Parable International
English-Hindi Dictionary

पैराबल इंटरनेश्नल
अंग्रेजी-हिंदी शब्दकोश

Parable International
English-Hindi Dictionary

पैराबल इंटरनेश्नल
अंग्रेजी-हिंदी शब्दकोश

Abhai Maurya

अभय मोर्य

Parable International

पैराबल इंटरनेश्नल

Published by: Parable International

e-mail: parable.inter@gmail.com

mobile: 09560503232

First Edition: 2017

ISBN: 978-81-924967-5-7

Price: Rs. 1095/-

Copy Editor: Prof. Dinesh Dadhichi

Printed by: Vikas Computer and Printers, Delhi

Contents विषय सूची **Page पृष्ठ**

Foreword

As a translator, I have often faced the problem of woeful inadequacy of English-Hindi resources. Particularly, the Hindi equivalents of English words available on the internet rarely served my purpose. This frequently led to a sense of frustration, and I kept wondering whether I could ever find a dictionary or an online resource to assist me in my translation work.

It is against this backdrop that I came to know about Professor Abhai Maurya's project of preparing an English-Hindi dictionary, which was in progress at the time. The proposal made by Professor Maurya that I join the project as Copy Editor took me by surprise. Though I had indulged in sundry creative and critical ventures in Hindi and English as well as in translation, I had never attempted participating in a project of the nature and magnitude of a dictionary. Initially, therefore, I was diffident and hesitant about the proposal. In fact, my first reaction was to resist it, and I was on the verge of declining it.

However, when I was assured that there would be no pressure of meeting deadlines and that I was free to work at my own pace, I accepted the daunting task. As I went through the pages, I began to realize the significance of the tremendous labour and missionary zeal that must have gone into this fascinating dream project of Professor Maurya, who was working almost single-handedly. Once I had started the work, I felt an unexpected sense of involvement. My subsequent interactions with Professor Maurya have been highly rewarding, and today, when the project is almost complete, I consider myself fortunate in choosing to be a part of it.

We have often seen that the Hindi equivalents of English words found in dictionaries serve only a limited purpose by providing a synonym. They don't help the Hindi-knowing reader to understand what the word in English actually means. What we need in such cases is a brief description of the import of the word, in Hindi. I'm glad to notice that Professor Maurya has taken care of this need. Many other special features of this dictionary have been given in the Introduction, and there is no point in repeating them here.

I dare say with confidence that, by filling a long-felt gap, this dictionary will prove to be highly useful. I earnestly hope that the readers will welcome it wholeheartedly. Suggestions for improvement are eagerly solicited.

Dinesh Dadhichi,
Professor and Chairperson (Retd.),
Department of English,
Kurukshetra University,
Kurukshetra-136 119

Introduction

The idea of creating an English-Hindi dictionary has been at the back of my mind for a long time. The use of existing resources right from the school days had often left me fumbling, more often than not. The need to undertake such a formidable challenge was felt by me extremely acutely while working on my lexicographical works like *Russian-English-Hindi Essential Dictionary*, *Russian-English Concise Naval Dictionary* and, finally, while translating the *Cambridge Learner's Dictionary* into Hindi (a joint project of The English and Foreign Languages University, Hyderabad and Cambridge University Press). All this while I had an agonising feeling that the existing English-Hindi resources were either extremely inadequate or they made me feel, much against my will, that Hindi was more difficult and prohibitive than English.

Grappling with the feeling of an utter uneasiness with the existing English-Hindi resources, I embarked on the mammoth task of creating a new English-Hindi dictionary which could provide some succour to many in distress. I, however, did not realise at that time as to what sort of plunge I was taking, particularly in the unfathomable waters of English-Hindi ocean. Only a few years less than a decade of my life have been swallowed by this gigantic endeavour. The task became all the more daunting because I had to accomplish this multi-strand work almost all alone. Usually such projects are undertaken by a collective of compilers and editors. But in the Indian conditions my experience of such collective efforts had been quite frustrating. So, I had to charter out the path through the turbulent sea of English-Hindi lexicography all alone. Thus, the result of this *tapasya* is in your hands, for better or worse.

The entire process of creating this dictionary, i.e. collection of material for all the entries, collections of Hindi equivalents to the English words, expressions, phrases, examples elucidating the meanings, etc., conceptualising the structural framework, composing it all in English and Hindi on the computer had to be carried out by me single-handedly, with intermittent help with the process of typing by my assistants.

Fortunately, through all this excruciating exercise there was one source from which I had been drawing constant sustenance. And that was my exposure and access to Russian lexicography. Indeed, the most significant factor that has contributed to the evolution of this work is the fact of Russian lexicographical sources being at my disposal through my long drawn out journey à la *The Journey Beyond Three Seas* ("Хождение за три моря", 1466-1472), a voyage undertaken to

India by the valiant Russian traveller Afanasy Nikitin in fifteenth century, which was also the theme of the classic Hindi film *Pardesi*.

The salient features of this dictionary:

* Each entry, the structure of which is given below, is given in a root-based word-family linkage;
* an up-to-date content, incorporating the latest words, including the "post-truth";
* the exhaustive nature of information given under each entry lends it an encyclopaedic character;
* total number of words and the **derived words (*dw*'s)** is more than the number of words given in any modern 'Advanced Learner's…' type dictionary;
* terms, taken from most fields of human activity, practices and disciplines, are denoted by abbreviations such as *med.* (medicine), *pathol.* (pathology), *phys.* (physics), *bot.* (botany), *tech.* (technical);
* the para of ***dw/lw*** (derived word/ linked word) is a unique distinction of an entry;
* word combinations or partner words are given under a separate para titled ***collocations*** of an entry;
* a large number of phrases, idioms, proverbs and winged words given under the sub-heading ***p&i*** (phrases and idioms) as part of an entry;
* each **entry** or ***dw/lw*** is followed by its grammatical label or category;
* **verbs** are followed by their **conjugation** in past (*pt.*), present participle (*pp*);
* **adjectives** of quality are followed by their comparative and superlative **degrees**;
* a large number of national and international **abbreviations** and **acronyms** are given in their due place in alphabetical order;
* Latin, French, Russian, Greek, Spanish, etc. words and expressions, frequently used in English, are given with their pronunciation and translation in Hindi;
* names of **countries of the world,** their **capitals** and main **geographical** places are given in English and Hindi in the appendix;
* **terms** used in **computer** system and **Internet** have been included separately as part of the appendix;
* Internet-based communication: **Web 2.0 and social media,** forming an important part of the appendix, is given both in English and Hindi;
* **text messages** and **chat abbreviations**, finding a place in any dictionary for the

first time, have been given with their translation in Hindi as part of the appendix.

The Structure of Entries

Entries in this dictionary are lemmatical in structure, i.e., different words of the same root have been given under one **headword** (hereinafter **entry**). The headword or the **entry** is immediately followed by its **pronunciation** in **Hindi** given in '//'. Thereafter comes the grammatical label or category of the entry word denoted by *n.* = **noun** + its plural form, *adj.* = **adjective**, *det.* = **determiner**, *pron.* = **pronoun**, *adv.* = **adverb**, *conj.* = **conjunction**, *prep.* = **preposition**, excl./ *interj.* = **exclamation/ interjection**, etc. The pronunciation given in '//' of a **verb** is followed by its **conjugation** in **past** (*pt.*), **present participle** (*pp*) forms. Wherever necessary, ***he/she/it*** form is given denoted by ***s/he/it***. In the case of irregular conjugations, the **past participle** form (*pt. p.*) has also been added.

An entry may consist of the meanings of all parts of speech of a word, such as noun, adjective, verb, etc. (whichever possible) given in separate paras followed by paragraphs of ***dw/lw*** (derived words/ linked words), ***collocations*** and ***p&i*** (phrases and idioms). **Adjectives** of quality have been listed along with their comparative and superlative **degrees** ('*degr.*').

The Structure of *dw/lw*

This part of the entry may consist of **complete** or ***hyphenated*** words derived from or linked with the root of the **entry** word. The ***dw's/lw's*** also have been given in alphabetical order. Each complete word or hyphenated ***dw/lw*** is followed by its grammatical label or category, i.e., *n.*, *adj.*, *adv.*, *v.*, *pt.* **~ed**, *pp* **~ing**, etc., whichever is applicable.

Very rarely the ***dw/lw*** may consist of **two paras**, where the second para may contain ***dw's/lw's***, beginning with the words **other** than the **entry** word given in alphabetical order.

The Structure of *Collocations*

A **collocation** in this dictionary is a combination of an **entry** and its **partner words**. It may also have **two paras** – the first consisting of word combinations **beginning** with the **entry** word denoted by '~' and given in the alphabetical order, while the second para, if any, consists of word combinations beginning with **non-entry words**, again given in the alphabetical order.

N.B. → There may be an overlap between a ***hyphenated dw/lw*** and a ***collocation*** in case of some words as a ***hyphenated dw/lw*** may be shown under ***collocations** in* some dictionaries. It is suggested that such a ***dw/lw*** or ***collocation*** be searched **both** under ***dw/lw*** and the ***collocations*** for overcoming this difficulty.

The Structure of *p&i*

This part of an entry consists of phrases and idioms including proverbs, winged words and pithy formulations.

It may also have **two paras** – the **first** consisting of phrases or idioms **beginning** with an **entry word** denoted by the diacritical mark '~' given in the alphabetical order, while the **second** para, if any, may consist of phrases or idioms **beginning** with **non-entry** words given in alphabetical order.

N.B.→ 1. In '***p&i***' '~' denotes only the selected parts or the complete **entry** words and **not** the ***dw***'s/***lw***'s. This means that in ***dw's/lw's***, ***collocations*** and '***p&i's*** mostly the selected part or complete original **entry** word denoted by '~' is used. However, expressions formed with derived/ linked words have also been occasionally used under '***collocations***' and '***p&i***.

2. All parts of each entry (***noun, adjective, verb***, etc., ***dw/lw, collocations* and *p&i***) constitute one running text, from beginning to the end of the entry. They are, therefore, separated by **semi-colon (;)** and not by a full stop. Hence capital letters have not been used (as has been done in several dictionaries) in the beginning of a phrase or expression.

Pronunciation

The pronunciation of all the entry words and, in some cases, that of the ***dw's/lw's*** is denoted in Hindi and enclosed in the '//' immediately after the **entry** word or ***dw's/lw'*s**. The rendering of pronunciation into Hindi is based on the **IPA (International Phonetic Alphabet)**, i.e. transcriptional signs recognized by International Phonetic Association, which are given below in the tables. Quite often the pronunciation has been checked and rechecked through various Internet audio and transcriptional sources. In case of a substantial difference between the British and American pronunciations, the latter has been marked by the letters *US.*

We have tried to bring the rendering of the pronunciation of the entry words into Hindi as close as possible. However, divergences, if any, may please be brought to our notice so that necessary rectification could be effected in future editions.

The International Phonetic Alphabet (IPA Transcriptional Signs)

Vowels

IPA *UK*	IPA *US*	Hindi (*UK*)	Hindi (*US*)	As in the English word		Pronunciation in Hindi	
				UK	*US*	*UK*	*US*
iː	i	ई	ई	fleet /fliːt/	/flit/	फ्लीट	फ्लीट
ɪ	ɪ	इ	इ	hit /hɪt/	/hɪt/	हिट	हिट
ɛ, e	ɛ, e	ए, ऐ	ए, ऐ,	press /prɛs/ pres/	/prɛs/ pres/	प्रेस, प्रैस	प्रेस, प्रैस
a	æ	ऐ	ऐ	cat /cæt/	/cæt/	कैट	कैट
ɑː	ɑː	आ	आ	father /fɑːðː/	fɑːðr/	फादः	फाद(र)
ɒ	ɑː	औ, ऑ	आः	cot /kɒt/	/kɑːt/	कौट, कॉट	काःट
ɔː	ɔr	ऑः	ऑ(र्)	horn /hɔːn/	/hɔrn/	हॉःन	हॉर्न
ʌ	ə	अ	अ	but /bʌt/	/bət/	बट	बट
ʊ	ʊ	उ	उ	put /pʊt/	/pʊt/	पुट	पुट
uː	uː	ऊ	ऊ	moon /muːn/	/muːn/	मून	मून
ə	ə	अ	अ	abet /əbet/	/əbet/	अबेट	अबेट
əː	ər	अः	अ(र्)	purse /pəːs/	/pərs/	पःस	पर्स
ɛː	ɛər	एअः	एअ(र)	glare /glɛː/	/glɛər/	ग्लेअः	ग्लेअ(र)
ɪə	ɛər	इअः	इअर	near /nɪəː/	/nɛər/	निअः	नेअ(र)
ʊə	ʊər	उअ	उअर	pure /pʊəː/	/pʊər/	प्युअः	प्युअ(र)
eɪ	eɪ	ए	ए	race /reɪs/	/reɪs/	रेस	रेस
ʌɪ	aɪ	आइ	आइ	rice /rʌɪs/	/raɪs/	राइस	राइस
əʊ	aʊ	ओ	ओ	boat /bəʊt/	/baʊt/	बोट	बोट
aʊ	oʊ	आउ	आउ	south /saʊθ/	/soʊθ/	साउथ	साउथ
ɔɪ	ɔɪ	ऑइ	ऑइ	voice /vɔɪs/	/vɔɪs/	वॉइस	वॉइस

Consonants

IPA (UK/ US)	Hindi	Example and its rendering into IPA signs	Pronunciation in Hindi
b	ब	bin /bɪn/	बिन
d	ड	did /dɪd/	डिड
dʒ	ज	jet /dʒet /	जेट
ð	द	them /ðem/	देम
f	फ	fit /fit/	फिट
g	ग	game /geɪm/	गेम
h	ह	hat /hæt/	हैट
j	य	yet /jet/	येट
k	क	kit /kɪt/	किट
l	ल	let /lɛt/	लेट, लैट्ट

m	म	m̲an /mæn/	मैन
n	न	n̲eck /nek/ nɛk/	नेक, नैक्क
ŋ	इंग	rin̲g̲ /rɪŋ/	रिंग
p	प	p̲et /pet/ pɛt/	पेट, पैट्ट
r	र	r̲am /ræm/	रैम
s	स	s̲et /sɛt/	सेट
ʃ	श	s̲h̲in /ʃɪn/	शिन
t	ट	t̲ale /teɪl/	टेल
tʃ	च	c̲h̲at / tʃæt/	चैट
θ	थ	t̲h̲ick /θɪk/	थिक
v	व	v̲ery/veri/	वेरि
w	व	w̲on /wʌn/	वन
z	ज	z̲ipper /zɪp:/	जिपः
ʒ	ज	vis̲ionary /vɪʒ(ə)neri/	विजनरि

Some points to be kept in mind while using the dictionary:

1. As it is too obvious a usage, '**to**' has not been used with infinitive forms of the verb with a view to save space.

2. Due to a problem with the **Unicode Hindi font (Kokila)** it is not possible to write words like श्रृंगार, श्रृंग, श्रृंखला ... with 'हलंत' (**श्र्**). Hence **श्र** should be read as श्र्.

3. 'नुक़्ता' has not been used because those who know it would pronounce it without its representation by a diacritical mark.

4. चंद्र बिंदु and other 'अनुस्वार-समानांतर ध्वनियां' have been denoted by 'अनुस्वार'.

5. In Hindi some words have two forms, like अंग्रेजी-अंगरेजी, इन्कार-इनकार, उल्टा-उलटा, महत्त्व - महत्व, तत्त्व-तत्व, गर्दन-गरदन, गर्मी-गरमी, कुर्सी-कुरसी, सर्दी-सरदी ... and so on. In this dictionary both have been used interchangeably.

5 The colon (:) that is given before the examples in English or after the meanings in Hindi should not be confused with विसर्ग as used in प्रायः.

6. In a root-based word-family the part of a head-word, repeated in '***dw's/lw's***', **collocations** and **p&i's,** is separated by the **reverse slash** (\) and the part coming before this '\' is denoted by a tilde (~) in the '***dw's/lw's, collocations, p&i's.***, etc.

I would like to express my deep gratitude and appreciation for Prof. Dinesh Dadhichi, formerly the Professor and Chairperson, Department of English, Kurukshetra University, who copy-edited and proof-read the entire manuscript of the dictionary. His mastery over both English and Hindi has lent this dictionary an authentic bilingual character.

I am immensely grateful to Mr. Manoj Singh and Mr. Pramod Singh for typing a considerable part of the manuscript of the dictionary.

Dr. Promila Sheokand painstakingly went through the entries falling under several alphabet letters of this dictionary. I would like to express my most sincere gratitude to her for her valuable contribution.

My sincere thanks to Dr. Sanjay Singh for reading the matter of a few letters.

I thank Dr. Rasal Singh, Dr. Jai Singh, Dr. Sushil Kumar and Dr. Anubhuti Maurya from the core of my heart for reading the matter of one alphabet letter each.

Dr. Anand Prakash, Dr. Sonu Saini and Prof. Ram Wadhwa deserve my sincere thanks for reading some parts of the manuscript and making valuable suggestions.

The work done together with Dr. Surabhi Bharati, Professor of English at The English and Foreign Languages University, Hyderabad (EFLU) on the translation of the *Cambridge Learner's Dictionary* into Hindi, has stood me in good stead. I express my gratefulness to Prof. Surabhi Bharati for this unique opportunity.

Prof. Shahid Amin meticulously went through a very important part of this work and made some hugely valuable suggestions. I am immensely grateful to him for his extremely useful inputs.

I must express my gratitude to Prof. Bhim S. Dahiya, an eminent scholar of English and former Vice-Chancellor of Kurukshetra University, for his constant encouragement which I needed so much.

My most sincere thanks to Dr. Sanjay Bohidar and Mr. Musa Raza for their immense help with the computer.

I would like to thank the friends who have shown such care, support and interest through this long drawn out endeavour.

Last but not the least, I must thank my family members Vibha, Anubhuti and Rohit for showing great understanding for this work and for rendering all the help I needed in my work on the computer.

Our nearly 4-year old grand-daughter Navira showed enough understanding by not switching off my computer while I, instead of playing with her, remained glued to the machine. As a token of gratitude, I dedicate this dictionary to Navira and her generation, sincerely hoping that it will prove useful for the future generations.

Despite our best efforts some infelicities might have remained, unavoidable as it is in the work of this size and span. I would earnestly request the users to send their suggestions for corrections, modifications, if any, to me so that we could incorporate them in future editions.

I can only hope that this dictionary is – as they say – 'user friendly', and of some help to people, turning to it in their scholarly pursuits and everyday work.

Abhai Maurya

भूमिका

अंग्रेजी-हिंदी शब्दकोश बनाने का विचार मेरे अंतर्मन को काफी समय से झकझोर रहा था। स्कूल के दिनों से लेकर वर्तमान कोशों का प्रयोग करते समय मुझे अक्सर किंकर्त्तव्यविमूढ़ होना पड़ता क्योंकि मेरे जहन में बार-बार यह प्रश्न बिजली की तरह कौंध जाता कि कहीं हिंदी के शब्द अंग्रेजी से भी ज्यादा मुश्किल तो नहीं, कहीं हिंदी अंग्रेजी से भी अधिक जटिल तो नहीं? मेरी इस मनःस्थिति ने उस समय और विकराल रूप धारण कर लिया जब मैं *रूसी-अंग्रेजी-हिंदी आवश्यक शब्दकोश, रूसी-अंग्रेजी संक्षिप्त नौसैनिक शब्दकोश* तैयार कर रहा था। इसी भावना के शिकंजे में मैं कैम्ब्रिज यूनिवर्सिटी प्रेस की *कैम्ब्रिज लर्नर्ज डिक्शनरी* के अनुवाद पर, जो अंग्रेजी एवं विदेशी भाषा विश्वविद्यालय, हैदराबाद और कैम्ब्रिज यूनिवर्सिटी प्रेस का एक साझा प्रयास था, मेरे एक सहयोगी प्रोफेसर के साथ मिलकर कार्य कर रहा था। असमंजस और दुविधा के इस शिकंजे से न केवल मैं स्वयं निकलना चाहता था, बल्कि मेरी यह जबरदस्त चाह थी कि मेरी तरह कोई और ऐसी बेबसी का शिकार न बने।

इसी पृष्ठभूमि में मैंने अंग्रेजी हिंदी शब्दकोश बनाने की विराट चुनौती को स्वीकार करने का दुस्साहस किया ताकि मेरी तरह अंग्रेजी और हिंदी की इस तनावपूर्ण टकराहट में फंसे पाठकों को कुछ राहत दे सकूं। पर इस कार्य को शुरू करते समय मुझे इस बात का अहसास नहीं था कि मैं अंग्रेजी-हिंदी के कितने विशाल और अथाह समुद्र को तैरकर पार करने का जोखिम उठा रहा था। और वह भी अकेले ही! प्रायः ऐसे कार्य संकलनकर्ताओं और संपादकों के समूह मिलकर किया करते हैं। कार्य दल के सदस्य शब्दकोश तैयार करने के कार्य को वर्णमाला के अक्षरों के आधार पर बांटकर पूरा किया करते हैं। भारत में ऐसे सामूहिक कार्य दलों या लेखकों-अनुवादकों के समूह में काम करने या उन्हें कार्यरत देखने का मेरा अनुभव बेहद दुखद रहा। अक्सर ऐसे प्रयास अधर में लटक जाते या फिर वे अनंत काल के लिए टलते रहते। ऐसे दलदल में मैं कतई नहीं फंसना चाहता था। परिणामतः मुझे 'एकला' ही चलना पड़ा। अंग्रेजी के शब्द चुनने, उन्हें अपनी समझ के अनुसार पद्धतिबद्ध करने, हिंदी के समानांतर अर्थ जुटाने और 'जुगाड़ने' का काम, अंग्रेजी के शब्दों के हिंदी में अर्थ को स्पष्ट करने हेतु अंग्रेजी में प्रयोग के उदाहरण संग्रहीत करने, उन्हें शब्दकोश की संरचना अनुसार व्यवस्थित करने, अधिकांश सामग्री को स्वयं अंग्रेजी और हिंदी में टंकित करने का बोझ मुझे अकेले ही ढोना पड़ा। कभी-कभार टंकण के कार्य में मेरे सहायकों का सहयोग मुझे अवश्य मिला। इस प्रकार मेरी इस तपस्या, जिसने मेरे जीवन के एक दशक से कुछ ही वर्ष कम का समय अपने ग्रास में ले लिया, का फल, अच्छा या बुरा जैसा भी हो, अब आपके हाथों में है।

परंतु, सौभाग्यवश, इस कांटों भरी यात्रा के दौरान एक ऐसा प्रेरणा स्रोत था जिसकी बदौलत मैंने हिम्मत नहीं हारी, हाथ नहीं खड़े किए। और वह था रूसी शब्दकोश विज्ञान (lexicography), एक अथाह ज्ञान का समुद्र, जो मेरी पहुंच के भीतर था और जिससे मैं निरंतर अंजलियां भर-भरकर अपने अंकुरित होते पौधे को सींचता रहा। रूसी शब्दकोश विज्ञान व इसके स्रोतों की बदौलत ही यह शब्दकोश एक अनूठा स्वरूप धारण कर सका। यह एक कठिन, जोखिमभरी व लंबी यात्रा थी, ठीक उसी तरह की जैसी त्वेर से आए बहादुर रूसी यात्री अफानासी निकितिन ने 1466 से 1472 तक भारत पहुंचने के लिए की थी। *तीन समुद्र पार यात्रा* (Хождение за три моря, 1466-1472) नाम से विख्यात रूसी जोखिमबाज की यह यात्रा, जिस पर '*परदेशी*' जैसी शानदार फिल्म भी बनी, मेरे लिए प्रेरणा का स्रोत बनी रही।

इस शब्दकोश की कुछ विशेषताएं:

* प्रविष्टियों के दायरे में दी गई अपार सामग्री की बदौलत विश्वकोश सदृश व्यापकता;
* नवीनतम शब्दों ("post-truth", etc.) के समावेश की बदौलत आधुनिकतम स्वरूप;
* प्रत्येक प्रविष्टि, जिसकी संरचना नीचे दी गई है, धातु-आधारित शब्द-परिवार के रूप में प्रस्तुत;
* प्रविष्टियां, उनसे व्युत्पन्न नए शब्दों या उससे जुड़े शब्दों की संख्या वर्तमान समय के किसी भी जाने-माने 'एडवांसड लर्नर शब्दकोश' के शब्दों से काफी ज्यादा;
* फ्रांसीसी, लातीनी, रूसी, स्पेनी आदि शब्दों व अभिव्यक्तियों का हिंदी में उच्चारण व अर्थों की प्रस्तुति;
* भिन्न-भिन्न मानवीय कार्य क्षेत्रों से संबंधित शब्द व पारिभाषिक प्रयोग विशेष संक्षिप्तियों द्वारा द्योतित, जैसे: *med.* (medicine)*, pathol.* (pathology)*, bot.* (botany)*, tech.* (technical) आदि;
* प्रविष्टि से व्युत्पन्न या उससे जुड़े शब्दों यानी '***dw/lw***' (derived words/ linked words) नामक उप-शीर्षक के तहत अनेक शब्दों की प्रस्तुति;
* '***collocations***' (पदबंध) उप-शीर्षक तले सहज रूप से जुड़ने वाले शब्द-समूहों की प्रस्तुति;
* मुहावरों, लोकोक्तियों या लोकोक्तिवत् प्रयुक्त होने वाले पदबंधों की विस्तृत प्रस्तुति;
* प्रत्येक प्रविष्टि के साथ शब्द के व्याकरणिक रूप या कोटि का नाम संकेतित;
* क्रियाओं की क्रिया-रूपों के संयोजन (conjugation) के साथ प्रस्तुति;
* गुणात्मक विशेषणों का तुलनावाचक रूपों यानी उत्तरावस्था और उत्तमावस्थाओं के साथ समावेश;
* देशीय व अंतर्राष्ट्रीय संक्षिप्तियों एवं आदिवर्णी शब्दों (acronyms) का उपयुक्त स्थान पर समावेश;
* विश्व के सभी देशों और उनकी राजधानियों के नाम, विश्व के मुख्य भौगोलिक नामों की सूची परिशिष्ट में अंग्रेजी-हिंदी में प्रस्तुत;
* कंप्यूटर प्रणालियों व इंटरनेट संचार में प्रयुक्त अंग्रेजी पारिभाषिक शब्द हिंदी में अनुवाद के साथ प्रस्तुत;
* इंटरनेट से अंग्रेजी में भेजे जाने वाले संदेशों व वार्तालाप के संक्षेप हिंदी में अनुवाद के साथ समावेशित।

प्रविष्टि की संरचना

शब्दकोश में एक ही धातु के भिन्न-भिन्न शब्दों के शीर्ष शब्द, जिसे प्रविष्टि कहना उचित होगा, के तहत व्यवस्थित किया गया है। प्रविष्टि के एकदम बाद उसका उच्चारण '//' में रखा गया है। इसके पश्चात चिह्न के माध्यम से शीर्ष शब्द के व्याकरणिक नाम यानी *n.* = **संज्ञा**, *adj.* = **विशेषण**, *det.* = **निर्धारक**, *pron.* = **सर्वनाम**, *adv.* = **क्रिया विशेषण**, *conj.* = **समुच्चयबोधक शब्द**, *prep.* = **पूर्वसर्ग**, *excl./ interj.* = **विस्मयबोधक शब्द** आदि दर्शाए गए हैं। क्रिया द्योतक चिह्न ***v.*** के साथ उसका क्रिया रूप संयोजन यानी *pt.* भूत काल, *pp* वर्तमान कालिक कृदंत भी दिए गए हैं। आवश्यकता के अनुसार कभी-कभार क्रिया के व्याकरणिक (*he/she/it*) अन्य पुरुष रूप को '*s/he/it*' चिह्न द्वारा संकेतित किया गया है। अपवाद वाचक क्रियाओं का भूतकालिक कृदंत रूप (past participle) भी '*pt. p.*' द्वारा द्योतित किया गया है।

शीर्ष शब्द के भिन्न-भिन्न व्याकरणिक रूपों यानी संज्ञा, सर्वनाम, क्रिया, विशेषण, क्रिया विशेषण आदि रूपों का अर्थ अलग-अलग परिच्छेदों में दिया गया है। तत्पश्चात शीर्ष शब्द से व्युत्पन्न व संबंधित शब्दों (***dw/lw***), पदबंधों (***collocations***), मुहावरों, लोकोक्तियों आदि (***p&i***) के अर्थ अलग-अलग

परिच्छेदों में दिए गए हैं।

शीर्ष शब्द से व्युत्पन्न व संबंधित शब्दों (*dw/lw*) की संरचना

प्रविष्टि का यह भाग एक अलग परिच्छेद के रूप में शीर्ष शब्द से व्युत्पन्न या उससे संबंधित पूर्ण शब्दों या समास-चिह्नित (*hyphenated dw/lw*) शब्दों से बना है। शीर्ष शब्द की तरह इन्हें भी वर्ण क्रम में रखते हुए इनके व्याकरणिक नाम और कभी-कभार आवश्यकता अनुसार उच्चारण आदि दिए गए हैं। क्रिया के संयोजन रूप (conjugations) भी दिए गए हैं। प्रविष्टि का यह भाग अक्सर एक ही परिच्छेद से बना है।

शीर्ष शब्द से मिलकर बने पदबंधों (*collocations*) की संरचना

प्रविष्टि का यह भाग एक अलग परिच्छेद के रूप में शीर्ष शब्द के साथ मिलकर बने सहज शब्द समूहों या पदबंधों से बना है। यह भाग अक्सर दो परिच्छेदों से बना है। पहले परिच्छेद में शीर्ष शब्द से शुरू होने वाले पदबंध दिए गए हैं जबकि दूसरे परिच्छेद में पदबंध शीर्ष शब्द से अलग किसी अन्य शब्द से शुरू होते हैं।

मुहावरों, लोकोक्तियों या लोकोक्तिवत् अभिव्यक्तियों (*p&i*) की संरचना

प्रविष्टि का यह भाग मुहावरों, लोकोक्तियों या लोकोक्तिवत् अभिव्यक्तियों से बना है और इसे एक या दो परिच्छेदों में समाहित किया गया है। पहले परिच्छेद में शीर्ष शब्द से शुरू होने वाली अभिव्यक्तियां वर्ण क्रमानुसार दी गई हैं। दूसरे परिच्छेद में अभिव्यक्तियां शीर्ष शब्द से भिन्न किसी अन्य शब्द से शुरू होती हैं और उन्हें भी वर्ण क्रम में रखा गया है।

N.B. → 1. (*dw/lw*), (*collocations*), (*p&i*) आदि परिच्छेदों में प्रयुक्त '~' चिह्न मात्र प्रविष्टि या उसमें लगे चिह्न ('\') से पहले आने वाले भाग को द्योतित करता है। व्युत्पन्न शब्द कभी-कभार ही '~' चिह्न द्वारा संकेतित होते हैं।

2. प्रविष्टि का पाठ आरंभ से अंत तक निरंतर चलता है। अतः बीच में अलग-अलग वाक्यों या अभिव्यक्तियों के बाद पूर्ण विराम (**full stop**) की बजाए अर्ध विराम (**;**) दिया गया है। इसीलिए अंग्रेजी के वाक्यों में राज अक्षर का प्रयोग नहीं किया गया है।

उच्चारण

जैसा कि ऊपर कहा गया है प्रविष्टि का उच्चारण एकदम उसके बाद '//' में रखा गया है। कभी-कभी यदि आवश्यक समझा गया तो व्युत्पन्न शब्दों (***dw's/lw's***) का भी उच्चारण '//' में दिया गया है। शब्दों का उच्चारण अंतर्राष्ट्रीय उच्चारण वर्णमाला (International Phonetic Alphabet) यानी International Phonetic Association द्वारा मान्य उच्चारण लिप्यंतरण चिह्नों (transcriptional signs) पर आधारित है। इन चिह्नों को प्रयोग के उदाहरणों के साथ तालिकाओं में नीचे दिया गया है। इसके अतिरिक्त शब्दों के उच्चारण को इंटरनेट पर उपलब्ध भिन्न-भिन्न श्रव्य (audio) व लिप्यंतरण (transcriptional) स्रोतों की मदद से भी जांचा-परखा गया है। जहां-जहां अमेरिकी उच्चारण अंग्रेजी उच्चारण से काफी भिन्न लगा वहां इस भिन्न रूप के पहले *US* लगाया गया है। हमने शब्दों के हिंदी में उच्चारण को अंग्रेजी उच्चारण के करीब से करीब लाने का प्रयास किया है। हमें पूरा विश्वास है कि इस

उच्चारण के प्रयोग से शिक्षार्थियों को कभी भी गलत उच्चारण का शिकार नहीं होना पड़ेगा।

अंतर्राष्ट्रीय उच्चारण वर्णमाला के लिप्यंतरण चिह्न एवं अंग्रेजी और हिंदी में उदाहरण

स्वर

IPA *UK*	IPA *US*	Hindi (*UK*)	Hindi (*US*)	As in the English word		Pronunciation in Hindi	
				UK	*US*	*UK*	*US*
iː	i	ई	ई	fl<u>ee</u>t /fliːt/	/flit/	फ्लीट	फ्लीट
ɪ	ɪ	इ	इ	h<u>i</u>t /hɪt/	/hɪt/	हिट	हिट
ɛ, e	ɛ, e	ए, ऐ	ए, ऐ,	pr<u>e</u>ss /prɛs/ pres/	/prɛs/ pres/	प्रेस, प्रैस	प्रेस, प्रैस
a	æ	ऐ	ऐ	cat /cæt/	/cæt/	कैट	कैट
ɑː	ɑː	आ	आ	f<u>a</u>ther /fɑːðː/	fɑːðr/	फादः	फाद(र)
ɒ	ɑː	औ, ऑ	आः	cot /kɒt/	/kɑːt/	कौट, कॉट	काःट
ɔː	ɔr	ऑः	ऑ(र्)	horn /hɔːn/	/hɔrn/	हॉःन	हॉर्न
ʌ	ə	अ	अ	b<u>u</u>t /bʌt/	/bət/	बट	बट
ʊ	ʊ	उ	उ	put /pʊt/	/pʊt/	पुट	पुट
uː	uː	ऊ	ऊ	moon /buːn/	/muːn/	मून	मून
ə	ə	अ	अ	<u>a</u>bet /əbet/	/əbet/	अबेट	अबेट
əː	ər	अः	अर	p<u>ur</u>se /pəːs/	/pərs/	पःस	पर्स
ɛː	ɛər	एअः	एअ(र)	gl<u>are</u> /glɛː/	/glɛər/	ग्लेअः	ग्लेअ(र)
ɪə	ɛər	इअः	एअ(र)	n<u>ear</u> /nɪəː/	/nɛər/	निअः	नेअ(र)
ʊə	ʊər	उअः	उअ(र)	pure /pʊəː/	/pʊər/	प्युअः	प्युअ(र)
eɪ	eɪ	ए	ए	r<u>a</u>ce /reɪs/	/reɪs/	रेस	रेस
ʌɪ	aɪ	आइ	आइ	r<u>i</u>ce /rʌɪs/	/raɪs/	राइस	राइस
əʊ	aʊ	ओ	ओ	boat /bəʊt/	/baʊt/	बोट	बोट
aʊ	oʊ	आउ	आउ	s<u>ou</u>th /saʊθ/	/soʊθ/	साउथ	साउथ
ɔɪ	ɔɪ	ऑइ	ऑइ	voice /vɔɪs/	/vɔɪs/	वॉइस	वॉइस

व्यंजन

IPA (UK/ US)	Hindi	Example and its rendering into IPA signs	Pronunciation in Hindi
b	ब	<u>b</u>in /bɪn/	बिन
d	ड	<u>d</u>id /dɪd/	डिड
dʒ	ज	<u>j</u>et /dʒet /	जेट
ð	द	<u>th</u>em /ðem/	देम
f	फ	<u>f</u>it /fit/	फिट
g	ग	game /geɪm/	गेम
h	ह	<u>h</u>at /hæt/	हैट
j	य	<u>y</u>et /jet/	येट
k	क	<u>k</u>it /kɪt/	किट

l	ल	let /lɛt/	लेट, लैट्ट
m	म	man /mæn/	मैन
n	न	neck /nek/ nɛk/	नेक, नैक्क
ŋ	इंग	ring /rɪŋ/	रिंग
p	प	pet /pet/ pɛt/	पेट, पैट्ट
r	र	ram /ræm/	रैम
s	स	set /sɛt/	सेट
ʃ	श	shin /ʃɪn/	शिन
t	ट	tale /teɪl/	टेल
tʃ	च	chat / tʃæt/	चैट
θ	थ	thick /θɪk/	थिक
v	व	very/verɪ/	वेरि
w	व	won /wʌn/	वन
z	ज	zipper /zɪp:/	जिपः
ʒ	ज	visionary /vɪʒ(ə)neri/	विजनरि

इस शब्दकोश को प्रयोग करते समय ध्यान में रखने योग्य कुछ बातें

1. **'to'** शब्द का प्रयोग अंग्रेजी क्रिया के मूल रूप (infinitive) के साथ जाना-माना होने के कारण नहीं किया गया है।

2. **Unicode Hindi font (Kokila)** के साथ कुछ समस्या है। इसमें श्रृंगार, श्रृंग, श्रृंखला... आदि शब्दों में **श्र** को हलंत रूप (**श्र्**) में नहीं लिखा जा सकता। ऐसे सभी शब्दों में **श्र** को 'हलंत' यानी **श्र्** माना जाना चाहिए।

3. 'नुक़्ता' के प्रयोग की आवश्यकता इसलिए नहीं समझी गई, क्योंकि जानकार पाठक इसे बिना चिह्न (diacritical mark) द्वारा दर्शाए उच्चरित कर सकता है।

4. चंद्र बिंदु व अनुस्वार-समांतर ध्वनियों के स्थान पर अनुस्वार का ही प्रयोग किया गया है।

5. हिंदी में बहुत सारे शब्दों के दो रूप प्रचलित हैं, जैसे अंग्रेजी-अंगरेजी, इन्कार-इनकार, उल्टा-उलटा, महत्त्व - महत्व, तत्त्व-तत्व, गर्दन-गरदन, गर्मी-गरमी, कुर्सी-कुरसी, सर्दी-सरदी इत्यादि। इस शब्दकोश में किसी एक रूप को एक मात्र सही वर्तनी नहीं माना गया है। फलस्वरूप दोनों ही रूपों का प्रयोग हुआ है।

6. अंग्रेजी प्रविष्टि के हिंदी में दिए गए अर्थ के बाद अंग्रेजी में दिए जाने वाले उदाहरणों से पहले लगाए गए ':' (colon) को हिंदी के विसर्ग (उदाहरण के रूप में जैसे 'प्रायः' में लगा है) न समझा जाए।

7. धातु-आधारित शब्द-परिवार में शीर्ष शब्द से बनने वाले अन्य शब्दों (***dw's/lw's***) में शीर्ष शब्द के दोहराए जाने वाले भाग को '\' लगाकर अलग किया गया है और '\' से पहले आने वाले भाग को ***dw's/lw's***, ***collocations, p&i*** आदि में '~' चिह्न से दर्शाया गया है।

अंततः में सबसे पहले कुरुक्षेत्र विश्वविद्यालय के अंग्रेजी के भूतपूर्व प्रोफेसर एवं विभागाध्यक्ष डॉ० दिनेश दधीच का तहे दिल से आभार व्यक्त करना चाहूंगा कि उन्होंने बड़ी तन्मयता और लगन के साथ इस शब्दकोश की पूरी पांडुलिपि को कॉपी-ऐडिट (copy-edit) और प्रूफ-रीड (proof-read) किया। उनकी अंग्रेजी और हिंदी दोनों पर बराबर की महारत की बदौलत यह शब्दकोश एक प्रामाणिक द्विभाषी स्रोत

बनकर तैयार हो सका है।

शब्दकोश की पांडुलिपि के काफी बड़े भाग को टाइप करने व हर प्रकार की सहायता देने के लिए मैं श्री मनोज सिंह व प्रमोद सिंह को धन्यवाद देना चाहूंगा।

डॉ० प्रोमिला श्योकंद ने इस शब्दकोश के कई अक्षरों की सामग्री को जांचा और गलतियां सुधारने के लिए बहुत सारे बहुमूल्य सुझाव दिए। मैं उनका बहुत आभारी हूं और तहे दिल से उनका शुक्रिया अदा करता हूं।

कई अक्षरों की सामग्री पढ़कर सुझाव देने के लिए डॉ० संजय सिंह को भी मैं धन्यवाद देना चाहूंगा।

डॉ० रसाल सिंह, डॉ० जय सिंह, डॉ० सुशील कुमार और डॉ० अनुभूति मोर्य ने शब्दकोश के वर्णमाला के एक-एक अक्षर की सामग्री पढ़ी और अपने कीमती सुझाव दिए। इन सब का मैं बेहद शुक्रगुजार हूं।

शब्दकोश के कुछ भागों को पढ़कर बहुमूल्य सुझाव देने के लिए डॉ० आनंद प्रकाश, डॉ० सोनू सैनी और प्रो० राम वधवा मेरे धन्यवाद के पात्र हैं।

अंग्रेजी एवं विदेशी भाषाओं के केंद्रीय विश्वविद्यालय, हैदराबाद और कैम्ब्रिज यूनिवर्सिटी प्रेस के कैम्ब्रिज लर्नर्ज डिक्शनरी के हिंदी में अनुवाद करने के साझे प्रोजेक्ट में अंग्रेजी की प्रोफेसर सुरभि भारती के साथ मिलकर किए गए काम का अनुभव इस शब्दकोश को तैयार करते समय बहुत काम आया। मैं इस बहुमूल्य अनुभव के लिए प्रो० सुरभि भारती को हार्दिक धन्यवाद देना चाहूंगा।

प्रो० शाहिद अमीन ने इस शब्दकोश के एक अत्यंत महत्त्वपूर्ण भाग को बड़ी बारीकी से जांचा-परखा। उनके बहुमूल्य सुझावों व योगदान के लिए उनके प्रति आभार जताते हुए मैं तहे दिल से उनका शुक्रिया अदा करता हूं।

हमेशा मेरा हौसला बढ़ाने के लिए अंग्रेजी के जाने-माने विद्वान व कुरुक्षेत्र विश्वविद्यालय के भूतपूर्व वाइस-चांसलर प्रो० भीम सिंह दहिया को मैं हार्दिक धन्यवाद देना चाहूंगा। इस कठिन यात्रा में उनके सतत प्रोत्साहन ने मुझ में निरंतर नई ऊर्जा का संचार किया।

मैं अपने उन सब दोस्तों को धन्यवाद देना चाहूंगा जिन्होंने इस प्रयास के दौरान मेरा साथ दिया, मेरे साथ संवेदनशीलता से पेश आते हुए मेरी हौसला अफजाई की।

मेरे परिवार के सदस्यों विभा, अनुभूति और रोहित ने मेरे इस प्रयास के समय बड़ी संवेदनशीलता और सहनशीलता का परिचय दिया और हर समय कंप्यूटर आदि की पेचीदगियों से निपटने में मेरी मदद की। इसके लिए मैं तहे दिल से उनका शुक्रगुजार हूं।

हमारी नातिन नविरा (शब्दकोश तैयार होते-होते वह लगभग चार वर्ष की हो गई) ने मेरी कठिनाई को समझा और उसने कंप्यूटर का बटन दबाकर उसे बंद नहीं किया हालांकि उसके साथ खेलने की बजाए मेरा कंप्यूटर से चिपके रहना उसे कतई पसंद न था। आभार-स्वरूप मैं इस कोश को नविरा और भावी पीढ़ियों को समर्पित करता हूं।

मुझे इस बात का अहसास है कि हमारी सारी कोशिशों के बावजूद शब्दकोश में कुछ कमियां जरूर रह गई होंगी। पाठकों से मेरा अनुरोध है कि ऐसी खामियों से हमें अवश्य अवगत कराएं ताकि हम इन कमियों या त्रुटियों को आने वाले संस्करणों में सुधार सकें।

इस आशा के साथ कि यह शब्दकोश विद्यार्थियों के शिक्षण-प्रशिक्षण, शोध प्रयासों व अन्य सभी व्यवसायियों के दिन-प्रतिदिन के कार्यों में सहायक सिद्ध होगा मैं इसे आपके सुपुर्द करता हूं।

अभय मोर्य

Abbreviations संक्षिप्तियां

Abbreviation	Complete word	हिंदी मे अर्थ
abbr.	abbreviation	संक्षिप्ति
abr.	abridged, abridgement	संक्षेपित, संक्षेपण
agric.	agriculture	कृषि, खेतीबाड़ी
AmE	American English	अमेरिकी अंग्रेजी
anat.	anatomy	शरीर-रचना (विज्ञान)
anton.	antonym	विपरीतार्थक शब्द
archaeol.	archaeology	पुरातत्व विज्ञान
archit.	architecture	भवन-निर्माण विज्ञान
astrol.	astrology	ज्योतिष विद्या
astron.	astronomy	खगोल विज्ञान
Austral.	Australia, Australian	आस्ट्रेलिया, आस्ट्रेलियायी
aux. v.	auxiliary verb	सहायक क्रिया
BC	Before Christ	ईस्वी पूर्व
biochem.	biochemistry	जीव-रसायन
biol.	Biology	जीव विज्ञान
bot.	botany	वनस्पति विज्ञान
Br., BrE	British, British English	ब्रितानवी, ब्रितानवी अंग्रेजी
Br. equiv.	British equivalent	ब्रितानवी समानार्थक शब्द
chem.	chemistry	रसायन विज्ञान
Christ.	Christianity	ईसाई धर्म
cinematog.	cinematography	चलचित्र कला
colloq.	colloquial	बोलचाल की भाषा का
comb. form	combining form	संयोजक रूप
comm.	commerce	वाणिज्य
comput.	computer	कंप्यूटर
conj.	conjunction	समुच्चयबोधक शब्द
contd	continued	जारी, चालू
degr.	degree	अवस्था, कोटि
derog.	derogatory	अभद्र, अपमानजनक
det.	determiner	निर्धारक
dw/lw	derived word/linked word	व्युत्पन्न या संबंधित शब्द
ecol.	ecology	पर्यावरण
econ.	economy	अर्थ-व्यवस्था
elec.	electricity	विद्युत
elec. engin.	electrical engineering	विद्युत अभियांत्रिकी
esp.	especially	विशेषकर
excl.	exclamation	भावावेश में प्रकट उद्गार
Fr.	French	फ्रांसीसी, फ्रेंच
geogr.	geography, geographical	भूगोल, भौगोलिक
geol.	geology	भूविज्ञान
gramm.	grammar	व्याकरण
Gr.	Greek	यूनानी
Ger.	German	जर्मनी से संबंधित
hist.	history	इतिहास
IndE	Indian English	भारतीय अंग्रेजी
interj.	interjection	विस्मयबोधक शब्द

IVR	International Vehicle Registration	अंतर्राष्ट्रीय वाहन पंजीकरण
Lat.	Latin	लातीनी
ling.	linguistics, linguist	भाषा विज्ञान, भाषा विज्ञानी
lit.	literature, literary	साहित्य, साहित्यिक
mech.	mechanics	यांत्रिकी
math.	mathematics	गणित
med.	medicine, medical	औषधि, औषध विज्ञानी
meteorol.	meteorology	मौसम विज्ञान
milit.	military	सैनिक
mythol.	mythology	पौराणिक कथाएं
naut.	nautical	जहाजरानी से संबंधित
N. Amer.	North American	उत्तरी अमेरिकी
NZ	New Zeeland	न्यूजीलैंड
pathol.	pathology	विकृति विज्ञान, रोग-लक्षण विद्या
philos.	philosophy	दर्शन, दर्शन शास्त्र
Phon.	phonetics	उच्चारण विज्ञान
phys.	physics	भौतिकी
physiol.	physiology	शरीर क्रिया-विज्ञान
print.	printing	छपाई
psychol.	psychology, psychological	मानसिक विज्ञान, मानसिक
psychoanal.	psychoanalysis	मनोविश्लेषण
pl.	plural	बहुवचन
prep.	preposition	पूर्वसर्ग
pt.	past	भूतकाल
pp	present participle	वर्तमानकालिक कृदंत
pt. p.	past participle	भूतकालिक कृदंत
SAfrE	South African English	दक्षिण अफ्रीकी अंग्रेजी
sb	somebody	कोई (व्यक्ति)
sth	something	कोई वस्तु
s/he/it	she/he/it	वह (स्त्रीलिंग/ पुल्लिंग/ नपुंसक)
sing.	singular	एकवचन
sl.	slang	खास बोली
Sp.	Spanish	स्पेनी
spell.	spelling	वर्तनी
surg.	surgery	शल्य क्रिया
syn.	synonym	पर्यायवाचक
tech./ techn.	technical	तकनीकी
telecomm.	telecommunication	दूर-संचार
theat.	theatre	रंगशाला, नाट्यशाला
tradem.	trademark	मार्का, ब्रांड
US	United States	अमेरिका
v.	verb	क्रिया
zool.	zoology	जंतु विज्ञान
	हिंदी की संक्षिप्तियां	
क.		करना
जा.		जाना
दे.		देना
र.		रहना
हो.		होना

To

Abid Hussain Saheb
who bequeathed the legacy to me saying,
"Keep the Hindi equivalents simple, Abhai!"

To
Russian lexicography and scholarship
as a mark of deep gratitude!

TO
Navira Noor and her generation, hoping that
the dictionary will stand the future generations
in good stead!

A a

A a /ए/ *n., pl.* **As, A's, a's** 1 आद्य अक्षर यानी अंग्रेजी वर्णमाला का पहला वर्ण और पहला स्वर 2 **'A'** श्रेणी यानी केवल वयस्कों के लिए फिल्म आदि 3 *med.* रक्त की चार श्रेणियों (**ABO** Blood Group System) में से एक यानी रक्त श्रेणी (Blood Group) **'A'** 4 कागज के माप की श्रेणियां: A4, A10, etc.;
p&i: **from A to B** एक बिंदु या स्थान से दूसरे तक; **from A to Z** आदि से अंत तक; **straight A** परीक्षा में सर्वोच्च अंक या श्रेणी

A 1 *abbr. temperature* 'Absolute', *cards* 'Ace', *music* 'Alto', *weight* 'Atomic' and other words like Acre, 'Ammeter', 'Ampere', 'Area', 'Argon' का प्रथमाक्षर 2 Austria (आस्ट्रिया) का अंतर्राष्ट्रीय वाहन पंजीकरण कोड (*IVR*)

a 1 *gramm.* अंग्रेजी व्याकरण में उप पद (*indefinite article*): किसी वस्तु या व्यक्ति (एकवचन) को, जिसका पहले जिक्र **न** हुआ हो या उस वस्तु/ व्यक्ति से वक्ता पहले से परिचित **न** हो और जिसका अंग्रेजी शब्द व्यंजन **ध्वनि** (consonant **sound**) से शुरू होता हो, दर्शाने वाली संज्ञा, विशेषण आदि के पहले प्रयुक्त: he is **a** teacher; I met **a** good girl/ **a** friend of mine; come and see me on **a** Monday; she is **a** university teacher (in this example though the 'university' has a vowel **'u'** in the beginning, but it does **not** give a vowel **sound**. Instead it produces a consonant sound 'य + ऊ'); hence the use of the article **'a'** before the word '**u**niversity' 2 'एक' के अर्थ में प्रयुक्त: **a** dozen apples; he could not say **a** word; wait **a** minute 3 'प्रत्येक', 'हर' के व्याकरण अर्थ में प्रयुक्त: they were ten to **a** side 4 बिल्कुल कोई भी नहीं (not any at all) के अर्थ में **not/ never** के साथ प्रयुक्त: not **a** chance 5 प्रति दिन, सप्ताह, मास, वर्ष आदि के साथ कार्य की आवृत्ति दर्शाने के लिए प्रयुक्त: twice **a** day/ **a** week/ **a** year; once **a** week 6 (***syn.*** per) प्रति नग (दर या मूल्य, rate) द्योतित करने के लिए प्रयुक्त 7 किसी श्रेणी या वर्ग की द्योतक संज्ञा से पहले प्रयुक्त: **a** horse is an animal; he is **a** real Romeo; **a** square is a plane figure; **a** man cannot live long without food 8 'कोई', 'किसी', 'कुछ', 'किसी' आदि अनिश्चय वाचक सर्वनामों के अर्थ में प्रयुक्त: I met **a** certain Alison; **a** certain Sharma had come; it's true to **a** degree 9 किसी प्रसिद्ध पात्र के चरित्र को दर्शाने के लिए प्रयुक्त: he thinks he is **a** Napoleon; he behaves like **a** Don Quixote 10 'many' के साथ एक वचनीय संज्ञा से पहले बहुवचनीय अर्थ में प्रयुक्त: many **a** man; many **a** book 11 'such', 'what', 'how,' 'so' आदि के साथ भावुकतापूर्ण अर्थ में प्रयुक्त: what **a** wonderful day!; so wonderful **a** day!; how wonderful **a** day!; he is such **a** talker!;
p&i: **not to know 'a' from 'b'** बिल्कुल अनपढ़ होना, काला अक्षर भैंस बराबर हो.

a *abbr.* 'acceleration', 'adjective', 'ante' का प्रथमाक्षर

a- *prefix, signifying:* 1 को या की ओर (to/ towards): **a**shore (किनारे की ओर) 2 किसी बात या कार्य के होने की क्रिया में (in the process of happening): **a**buzz (जीवंत, उत्तेजित), **a**fire (जिसे आग लगी हो), **a**sleep (जो सो रहा है)

a- *prefix, signifying:* नहीं, अ- (not), नकारात्मक उपसर्ग: **a**historical (गैर ऐतिहासिक), **a**moral (अनैतिक)

Å *symbol* **Ångström** का चिह्न

A1 /ए-वन/ (*US* **A No. 1**) *adj.* सर्वोत्तम, सर्वोच्च कोटि का (सामान या वस्तु): **A1** (**A One**) or **A No. 1** car (सर्वोत्तम या सबसे बढ़िया कार)

AA *abbr.* 'Alcoholics Anonymous', 'anti-aircraft', 'Automobiles Association', 'American Airlines' की प्रथमाक्षरी

AAA *abbr.* 'Amateur Athletic Association', 'American Automobile Association'

AAS *abbr.* 'American Association for the Advancement of Science' की प्रथमाक्षरी

AACAP *abbr.* 'American Academy of Child and Adolescent Psychiatry' की प्रथमाक्षरी

AACVPR *abbr.* 'American Association of Cardiovascular and Pulmonary Rehabilitation' की प्रथमाक्षरी

AAD *abbr.* 'Academics for Action & Development' की प्रथमाक्षरी

AAF *abbr.* 'Agricultural Adjustment Fund' की प्रथमाक्षरी

AAFI *abbr.* 'Amateur Athletic Federation of India' की प्रथमाक्षरी

AAFT *abbr.* 'Asian Academy of Film & Television (Noida)' की प्रथमाक्षरी

AAG *abbr.* 'Afro-Asian Games' की प्रथमाक्षरी

AAGR *abbr.* 'Annual Average Growth Rate' की प्रथमाक्षरी

AAI *abbr.* 'Airport Authority of India', 'Archery Association of India' की प्रथमाक्षरी

AAL *abbr.* 'ATM Adaptation Layer' की प्रथमाक्षरी

AAM *abbr.* 'air-to-air missile' की प्रथमाक्षरी

AAMA *abbr.* 'Asian American Manufacturing Association' की प्रथमाक्षरी

AAMT *abbr.* 'American Association of Medical Transcription' की प्रथमाक्षरी

AAP *abbr.* 'Aam Aadmi Party, 'Alternative Approval Process' 'American Academy of Pediatrics', 'Australian Associated Press' की प्रथमाक्षरी

AAPI *abbr.* 'American Association of Physicians of Indian Origin' की प्रथमाक्षरी

AAPM *abbr.* 'American Association of Physicists in Medicine' की प्रथमाक्षरी

AAR *abbr.* 'Annual Assessment Report' की प्रथमाक्षरी

A&E *abbr.* 'Accident and Emergency' की प्रथमाक्षरी

A&R *abbr.* 'artists and repertoire' की प्रथमाक्षरी

Aaron /एरन/ *Bible* हारून;
collocations: **~'s rod** एक ऊंचा फूलदार पौधा

AASAA *abbr.* 'All-Adivasi Students Association of Assam' की प्रथमाक्षरी

AASU *abbr.* 'All Assam Students Union' की प्रथमाक्षरी

AAWS *abbr.* 'Automatic Attack Warning System' की प्रथमाक्षरी

AB 1 (**ABO** Blood Group System), 'Appellate Body' की प्रथमाक्षरी 2 *US* 'Atrium Baccalaureus' *Lat.* = Bachelor of Arts की प्रथमाक्षरी (स्नातक यानी बीए की डिग्री)

ab- *prefix, signifying:* विपरीत (opposite to); से (from); से दूर (away from): **ab**normal

ABA *abbr.* 'Amateur Boxing Association', 'Asian Basketball Association' की प्रथमाक्षरी

abaca /ऐबअका/ (*also* **Manila hemp**) *n., pl.* **~s** सन, पटसन

aback /अबैक/ *adv.* 1 पीछे की ओर, पीछे 2 विस्मित, भौचक, चकित 3 घबराया हुआ, चकराया हुआ, हैरान;
p&i: **hold oneself/ stand ~ from** परे या हटकर खड़े रहना; **be taken ~** किसी बात द्वारा चकित, अचंभित या विस्मित हो.

abacus /ऐबअकस/ *n., pl.* **abaci/ ~es** गणना पट्ट, गिनतारा, अंकगणक, गिनने के लिए एक चौखटा जिसमें तारों या डोरी पर मनके टंगे होते हैं

abaft /अबाःफ्ट/ *US* अबैफ्ट/ *adv.* 1 पीछे, पिछौंता 2 दुंबाल में 3 जहाज के पिछले हिस्से में

abalone /ऐबअलोनि/ *n., pl.* **~s** सीप में मिलने वाला एक समुद्री जीव

abandon /अबैंडन/ *n.* 1 स्वच्छंदता, बेफिक्री, मस्ती 2 बेपरवाही, असंयम: he signed the document with careless ~;
v., pt. **~ed**, *pp* **~ing** 1 छोड़ दे., त्याग दे. 2 (*syn.* give up, leave) प्रयास, आशा आदि छोड़ दे.: ~ all hope 3 (*syn.* leave sb or sth) त्याग दे., तिलांजलि दे., फेंक दे.: the baby had been **~ed** by a helpless mother; the elderly fear being **~ed** by their career hungry children 4 (*syn.* leave a place) किसी स्थान को छोड़कर चले जा.: war often forces people to ~ their homes 5 (*syn.* stop) बीच में बंद कर दे., प्रयोग में लाना बंद कर दे.: ~ the attempt; ~ the research 6 भावाभिभूत हो., आवेश में आ जा.: **~ed** to grief/ despair/ passion (दुःख, निराशा या आवेश में डूब जा.) 7 पर छोड़ दे., के हवाले कर दे.: ~ oneself to the conqueror's mercy 8 साथ छोड़ जा.: courage **~ed** him 9 समर्थन करना बंद क., नाता तोड़ ले.: ~ an ideology, ~ a political leader;
dw/lw: **~ed** /~डंड/ *adj.* 1 छोड़ा हुआ, परित्यक्त: ~ed call 2 खाली, वीरान 3 अनियंत्रित: ~ed enjoyment 4 लंपट; **~ee** /~डनी/ *n., pl.* ~ees 1 परित्यक्त, छोड़ा हुआ या छोड़ी हुई 2 *law* जिसके हक में बीमाकृत या वसीयत आदि की वस्तु छोड़ी जाती है; **~er** /~डनः/ *n.* परित्यागी, त्यागने वाला, छोड़ने वाला; **~ment** /~डनमंट/ *n.* 1 परित्याग 2 स्वच्छंदता, बेपरवाही, असंयम, मनमौजीपन 3 *law* पत्नी-त्याग 4 अकेलापन, सभी द्वारा दयनीय हालत में छोड़ दिए जाने की अवस्था;
collocations: **~ed wretch/ villain** 1 मंजा हुआ बदमाश 2 असंयमी, बेपरवाह आदमी 3 लंपट, अधम, तुच्छ, दुराचारी, चरित्रहीन, निर्लज्ज व्यक्ति;
p&i: **~ed to grief/ despair** दुःख और निराशा में डूबा हुआ; **~ed to sottish credulity** आसानी से सब का विश्वास करने की मूर्खतापूर्ण कमजोरी का शिकार बना हुआ; **~ oneself to sth** भावाभिभूत होकर अपने को भूल जा. या बेपरवाही में खो जा.; **~ oneself to the idea** विचार की ओर झुकना, किसी विचार में खो जा.; **~ the sinking ship** 1 नाविकों द्वारा डूबते जहाज को छोड़कर चले जाना 2 परास्त होने वाले व्यक्ति का साथ छोड़ दे.

abase /अबेस/ *v., pt.* **~d**, *pp* **abasing** 1 बेइज्जती क., नीचा दिखाना 2 अपने आपको शर्मिंदा क., किसी के आगे गिड़गिड़ाना, दीन बनना: ~ oneself (before sb) 3 दुर्दशा, पतन 4 (*syn.* demotion) पदावनति

abash /अबैश/ *v., pt.* **~ed**, *pp* **~ing** 1 शर्मिंदा क. लज्जित क. 2 व्याकुल क.;
dw/lw: **~ed** /अबैश्ट/ *adj.* शर्मिंदा, लज्जित: feel ~ed मारे शर्म के गड़ जा., पानी हो जा.; **~ment** /अबैशमंट/ *n.* शर्मिंदगी, लज्जा

abate /अबेट/ *v., pt.* **~d**, *pp* **abating** 1 जाना या कम हो.: ~ the pain 2 दूर क., छुटकारा पाना, समाप्त क. 3 छूट दे., रियायत दे., कीमत आदि घटाना: ~ of/ from the price 4 रद्द क. 5 कम क.: ~ not a jot of one's demands (मांग जरा भी कम न क.)
dw/lw: **~ment** /अबेटमंट/ *n.* 1 घटाव, उतार, कमी: ~ment of a storm 2 मंदी 3 ह्रास: ~ment of the energies 4 *law* कटौती, समाप्ति, न्यूनीकरण, अर्जी आदि की बर्खास्तगी: plea in ~ment 5 कीमत में छूट: no ~ment 6 विरासती संपत्ति पर अवैध कब्जा

abator/ abater /अबेटः/ *n.* 1 उपशामक, कम करने वाला, कटौती करने वाला 2 अदालत में वाद या दावे को रद्द करने के लिए अर्जी 3 विरासती संपत्ति पर अवैध कब्जा करने वाला

abatial /अबेशिअल/ *adj.* ईसाई मठ या मठाधीश संबंधी, ख्रीस्त का (Christ's)

abattoir /ऐबअट्वाः/ *n.* (*syn.* slaughter house) बूचड़खाना, कसाईखाना, वधशाला

abbacy /ऐबअसि/ *n., pl.* **abbacies** मठाध्यक्ष या मठाधीश का कार्यालय

abbé /ऐबि/ *n., Fr.* फ्रांसीसी महंत (पादरी)

abbess /ऐबिस/ *n., pl.* **~es** मठाध्यक्षा

abbey /ऐबि/ *n., pl.* **~s** ईसाई मठ, ईसाई आश्रम, महा मठ;
collocations: **~ lubber** काम न काज का, नौ मन अनाज का

abbot /ऐबअट/ *n.* मठाध्यक्ष, मठाधीश;
dw/lw: **~ship** /~सिप/ *n.* मठाध्यक्षता

abbr./ abbrev. *abbr.* 'abbreviated', 'abbreviating', abbreviation' का संक्षेप

abbrevia\te /अःब्रीविए\ट/ *v., pt.* **~ted**, *pp* **~ting** शब्द-संक्षेपण क., शब्द को संक्षिप्त/छोटा क.;
dw/lw: **~tion** /~शन/ *n.* 1 संक्षेप 2 संक्षिप्तीकरण, संक्षेपण, शब्द का संक्षेपण: "arr" and "dep" are ~tions of/ for "arrive" and "depart" respecyively 3 छोटा रूप 4 प्रथमाक्षर/ प्रथमाक्षरी, संकेताक्षर; **~ture** /~चः/ *n.* संक्षिप्त पाठ या निबंध, सार

ABC /एबीसी/ *n., pl.* **ABC** or **ABC's** 1 वर्णमाला अक्षर क्रम, अक्षरावली: **ABC**-book 2 किसी विषय का प्रारंभिक ज्ञान: ~ of physics;
p&i: **as easy as ~** आसान से आसान

ABC *abbr.* 'American Broadcasting Company', 'Asian Badminton Confederation', 'Asian Basketball Championship', 'Asian Basketball Confederation', 'Australian Broadcasting Corporation' की प्रथमाक्षरी

abdicant /ऐब्डिकैंट/ (*also* **abdicator** /ऐब्डिकेटः/) *n.* सिंहासन या पद का त्याग करने वाला, पद त्यागी

abdica\te /ऐब्डिके\ट/ *v., pt.* **~ted**, *pp* **~ting** 1 सिंहासन त्यागना, गद्दी छोड़ दे. 2 जिम्मेवारी से मुंह मोड़ना, पद या अधिकार छोड़ दे.;
dw/lw: **~tion** /~शन/ *n.* पद-त्याग, सिंहासन त्याग, राज त्याग

abdomen /ऐब्डअमन/ ऐबडोमन/ *n., zool.* उदर, पेट

abdominal /ऐब्डौमिनल/ *US* ऐब्डाःमि-/ *adj.* उदरीय, उदर संबंधी : ~ cavity; ~ wall;
dw/lw: **~s** *n., [pl.]* उदरीय मांसपेशियां

abdominous /ऐब्डौमिनस/ *US* ऐब्डाःमि-/ *adj.* मोटा, मोटा पेट वाला

abducent /ऐब्ड्यूसंट/ *adj.* अपवर्तक, पीछे को खिंची हुई, विभाजक

abduct /अब्ड\क्ट/ *v., pt.* **~ed**, *pp* **~ing** (*syn.* kidnap) बलपूर्वक भगा ले जा., अपहरण क., अगवा क., हर ले जा.;
dw/lw: **~ed** /~क्टिड/ *adj.* भगाया हुआ, भगाई हुई, अपहृत; **~ee** /~क्टी/ *n.* अपहृत व्यक्ति, जिस व्यक्ति का अपहरण हुआ हो; **~ion** /~क्शन/ *n.* अपहरण, हरण; **~or** /~क्टः/ *n.* अपहरण करने वाला, अपहर्ता, अपहरणकर्ता

ABEA *abbr.* 'Association of Business Economics Alumni' की प्रथमाक्षरी

abeam /अबीम/ *adv.* जहाज या विमान की समकोणीय रेखा पर, आड़े, आर-पार

abecedarian /एबीसिडेअरिअन/ *adj.* 1 सीखने वाला 2 वर्णानुक्रमिक 3 प्रारंभिक, प्राथमिक;
n. अ-आ, इ-ई ... पढ़ाने वाला, साक्षर होने वाला;
dw/lw: **abecedarium** अ-आ, इ-ई ... की (वर्णमाला) पुस्तिका

abed /अबेड/ *adv.* शय्या पर, बिस्तर पर;
adj. शय्याग्रस्त, खाट पर पड़ा हुआ

Aberdonian /ऐबःदोनिअन/ *n.* ऐबर्दीन (NE Scotland) वासी

aberrance/ ~rancy /ऐबेरं\स/ ~सि/ *n., pl.* **~rances/ ~rancies** 1 असामान्यता 2 अलग या हटकर होने की स्थिति 3 विपथ गमन;
dw/lw: **~rant** /~ट/ *adj.* 1 असामान्य 2 अलग, भिन्न 3 गुमराह, विपथगामी 4 पथच्युत, विपथित; **~rantly** /~टलि/ *adv.* विपथित होते हुए

aberration /ऐबअरेशन/ *n.* पथ-भ्रष्टता, विपथन, भटकाव, बुद्धि भ्रष्टता

abet /अबे\ट/ *v., pt.* **~ted**, *pp* **~ting** 1 अपराध आदि करने में सहायता दे.: ~ sb in a crime 2 उकसाना, भड़काना, दुष्प्रेरणा दे.;
dw/lw: **~ment** /~टमंट/ *n.* उकसाहट, दुष्प्रेरणा; **~ter/ ~tor** /~टः/ *n.* 1 उकसाने वाला, भड़काने वाला 2 सह-अपराधी;

***p&i:* aid and** ~ किसी की अपराध करने में पूरी तरह मदद क.
Ab extra /ऐब एक्स्ट्रा/ *Lat.* बाहर से, बाह्यतः
abeyance /अबेअं\स/ *n.* 1 स्थगन, प्रास्थगन: keep/ hold in ~ (ठंडे बस्ते में डाले रखना) 2 प्रसुप्त अवस्था : fall into ~ (प्रसुप्त अवस्था में चले जाना) 3 *law* उत्तराधिकारी या मालिक के न होने की स्थिति: lands in ~ (लावारिस जमीन);
***dw/lw:* abeyant** /~ट/ *adj.* लावारिस, अनाथ;
***p&i*: keep in** ~ स्थगित रखना
ABH *abbr.* 'actual bodily harm' की प्रथमाक्षरी
abhor /अभॉः/ *v., pt.* **~red**, *pp* **~ring** घृणा/ नफरत क.;
***dw/lw:* ~rence** /अःभौरंस/ *US* अःभाःरंस/ *n.* नफरत, अत्यधिक घृणा, घिन: flattery is my ~rence
abhorrent /अःभौरंट/ *US* अःभाःरंट/ *adj.* (*esp.* **~ to sb**, ***syn.*** repugnant) घिनौना, नैतिक रूप से दुष्ट; **~ly** /अःभौरंटलि/ *US* अःभाःरंटलि/ *adv.* घिनौने ढंग से, दुष्टतापूर्वक
ABI *abbr.* 'Association of British Insurers' की प्रथमाक्षरी
abidance /अबाइडंस/ *n.* 1 पालन: ~ by rules 2 अनुरूपता
abi\de /अबाइ\ड/ *v., pt.* **~ded/ abode**, *pp* **~ding** 1 टिकना, बने रहना, निवास क. 2 (***syn.*** bear, stand) सहना, स्वीकार क., गवारा हो., मान लेना, झेलना : one shouldn't **~de** insincerity 3 पालन क. या मानना : **~de** by sth 4 समय काटना, अवसर की प्रतीक्षा क: **~de** one time;
***dw/lw:* ~ding** /~डिंग/ *adj.* 1 चिरस्थायी 2 टिकाऊ; **~dly** /~डिंगलि/ *adv.* चिरस्थायी या टिकाऊ ढंग से;
***collocations:* ~ding place** निवास स्थान;
***p&i*: ~de by sth** का पालन क.
abigail /ऐबिगेल/ *n.* परिचारिका, नौकरानी, सेविका
ability /अबिलिटि/ (***anton.*** inability) *n., pl.* **abilities** 1 योग्यता: a man of ~ 2 क्षमता, सामर्थ्य: ~ in doing sth; to the best of one's ~ 3 प्रतिभा 4 कौशल, निपुणता 5 ऋण-अदायगी क्षमता 6 अधिकार-क्षेत्रता;
***collocations:* ~ factor** कार्य-क्षमता सूचक तत्त्व; **~ test/ testing** मानसिक-तकनीकी परीक्षण;
ab init. *abbr.* 'ab initio' का संक्षेप
ab initio /ऐब इनीशिओ/ *adv., Lat.* आरंभ से: the agreement was void ~;
adj.: प्रारंभिक : ~ design of a new car
abintestate /ऐबिंटेस्टेट/ *n., law* वैध उत्तराधिकारी
ab intra /ऐब इंट्रा/ *adv., Lat.* भीतर से, अंतरतः
abioge\nesis /एबायो\जेनअसिस/ (*also* **~ny**) *n.* अजीवात् जीवोत्पत्ति, स्वतः जनन;
***dw/lw:* ~netic/ ~nous** /~जेनअटिक/ ~जिनस *adj.* स्वतः जनित
abiosis /एबायोसिस/ *n.* अजीवता, निर्जीवता
abiotic /एबायौटिक/ *US* एबायाःटिक/ *adj., US* अजैव, जीवेतर, निर्जीव
abirri\tant /ऐबिरि\टंट/ *n., med.* प्रदाहहर, जलनहर;
***dw/lw:* ~tate** /~टेट/ *v., pt.* ~tated, *pp* ~tating प्रदाह शांत क.
abject /ऐब्जे\क्ट/ *adj.* 1 भयंकर, आशाहीन: ~ poverty: ~ fear 2 हेय, अधम, कमीना: an ~ apology (हेय क्षमायाचना): ~ flatterer 3 अपमानित, दीन-हीन, दयनीय;
***dw/lw:* ~ly** /~क्टलि/ *adv.* तुच्छतापूर्वक, हेय दृष्टि से; **~ness/ ~ion** /~क्टनिस/ ~क्शन/ *n.* दयनीय अवस्था, अधोगति, दुर्दशा
abju\ration /अब्ज्यु\अरेशन/ ऐब्ज्यु\अरेशन/ *n.* 1 (***syn.*** renunciation) सशपथ त्याग: oath of **~ration** 2 दावे से इन्कार;
dw/lw:* ~re** /~अः/ *v., pt.* ~red, *pp* ~ring 1 (syn.*** renounce) कसम खाकर त्यागना: ~re the realm; ~re one's religion 2 कसम खाकर इन्कार क. 3 बाज आना, परे रहना
abl. *abbr.* 'ablative' का संक्षेप
ablactation /ऐब्लअक्टेशन/ *n.* 1 मां के दूध की छुड़ाई, स्तन त्याजन 2 (***syn.*** grafting) कलम लगाई, नति
abla\te /ऐब्ले\ट/ *v. pt.* **~ted**, *pp* **~ting** शरीर के किसी अंग यानी ऊतक या फोड़े आदि को शल्य क्रिया द्वारा हटाना;
dw/lw:* ~tion** /~शन/ *n. med.* 1 शरीर के किसी अंग, ऊतक या फोड़े आदि को शल्य क्रिया द्वारा हटाने का कार्य, अंशोच्छेदन 2 घुलन-क्रिया, वाष्पीकरण, घर्षण आदि के कारण किसी वस्तु के रूप का लोप 3 विमान की नोक पर लगे पदार्थ को हटाने की क्रिया; **~titious** /~टिशिअस/ *adj.* कम करने वाला: ~titious force (किसी उपग्रह या स्पुतनिक की उसके पिंड के प्रति गुरुत्व शक्ति); **~tive** /~टिव/ (*abbr.* ***abl.) *n., gramm.* अपादान कारक : ~tive absolute (निरपेक्ष अपादान); **~tive** *adj. astrophys.* 1 अपक्षरणकारक 2 *chem.* अपक्षारक; **~tor** /~टः/ *n.* अंगोच्छेदन करने वाला (अंग काटने वाला) औजार (instrument)
ablaut /ऐब्लाउट/ *n., ling.* भिन्न-भिन्न कारकों या कालों में शब्द के स्वर में होने वाला परिवर्तन, अपश्रुति, अवश्रुति
ablaze /अब्लेज/ *adj.* 1 जलता हुआ, दहकता हुआ, प्रज्वलित: be ~; set ~ 2 प्रदीप्त, उज्ज्वल, ज्वलंत, चमाचम, जगमगाता हुआ 3 उत्तेजित, जोशीला, अति उत्सुक, अधीर: ~ with anger
able /एब्ल\/ *adj., degr.* **~r**, **~st** 1 योग्य, सक्षम, समर्थ: be ~ to ...; the baby is ~ to walk already; he is old but still quite ~ 2 साधन-संपन्न : ~ to pay 3 चतुर, निपुण/ दक्ष/ कुशल/ प्रवीण: ~ lawyer; ~ speech 4 प्रतिभा-संपन्न, प्रतिभाशाली, मेधावी 5 यात्रा-योग्य (sea-worthy): ~ seaman;
***dw/lw:* ~-bodied** /~-बॉडिड/ *adj.* हृष्ट-पुष्ट, शारीरिक रूप से पूर्णतया सक्षम, हट्टा-कट्टा: ~-bodied seaman;
***collocations:* ~ seaman** ब्रितानवी नौसेना में कनिष्ठ नौसैनिक;
***p&i:* as one is** ~ सामर्थ्य अनुसार
ablism /एब्लिज्म/ *n.* विकलांगों को नौकरी न देने की करतूत को योग्यता की दुहाई देकर उचित ठहराने की प्रवृत्ति
-able *suffix, forming adjectives, signifying:* 1 **that may** or **must be** (जो हो सकता है या होना चाहिए): eat**able**, pay**able** 2 **that may be the subject of something** (किसी बात का विषय): objection**able** 3 **that is suitable for something** (अनुकूल, माफिक या उपयुक्त): fashion**able**
abloom /अब्लूम/ *adj.* पुष्पित, फलता-फूलता, खिला हुआ, फूलों से लदा हुआ, प्रफुल्ल
abluent /ऐब्लुअंट/ *adj.* साफ करने वाला (पदार्थ);
n. जर्म रहित करने वाला पदार्थ
ablush /अब्लश/ *adj.* शर्माया हुआ, सलज्ज, लज्जित
ablution /अब्लूशन/ (*usually* **~s** /अब्लूशन्ज/) *n.* 1 धार्मिक अनुष्ठान से पहले स्नान 2 अभिषेचन, प्रक्षालन 3 *colloq.* स्नान, साधारण नहाई-धुलाई
ably /एब्लि/ *adv.* कुशलतापूर्वक, अच्छी तरह, सफाई से, दक्षतापूर्वक
ABM *abbr.* 'Anti-Ballistic Missile', 'automated banking machine' की प्रथमाक्षरी
ABMT *abbr.* 'Anti-Ballistic Missile Treaty' की प्रथमाक्षरी
abnega\te /ऐब्निगे\ट/ *v., pt.* **~ted**, *pp* **~ting** 1 नकारना, अस्वीकारना 2 त्यागना, छोड़ दे.;
***dw/lw:* ~tion** /~शन/ *n., formal* 1 अस्वीकरण, अस्वीकृति 2 त्याग, आत्मत्याग 3 तपस्या, आत्म-संयम
abnormal /ऐब्नॉःमल/ *adj.* 1 *law* असामान्य, असाधारण: ~ law 2 विचित्र, सामान्य लोगों या वस्तुओं से भिन्न: ~ psychology 3 (***syn.*** unnatural) अस्वाभाविक 4 (***syn.*** irregular) अनियमित: ~ load;
dw/lw:* ~ly** /ऐबनॉःमअलि/ *adv.* विचित्र ढंग से, असामान्य ढंग से: ~ly high blood pressure; **~ity** /ऐब्नॉःमैलिटि/ *n., pl.* **~ities** 1 (syn.*** deformation) शारीरिक या मानसिक विरूपता, विकृति: ~ities of heart 2 (***syn.*** strangeness) विचित्रता 3 (***syn.*** irregularity) अनियमितता

Abo/ abo /ऐबो/ *n., pl.* **Abos** *extremely offensive, sl.* आस्ट्रेलियायी आदिवासी

ABO blood group system *med.* ऐसी चिकित्सा प्रणाली जिसके तहत मानव रक्त को चार श्रेणियों (A, B, AB, O) में बांटा गया है

aboard /अबॉःड/ *adv.* 1 (***syn.*** on board) जहाज, विमान, बस या रेल आदि में/ पर सवार be ~ a plane; life ~ ; go/ get ~; all ~! 2 के अगल-बगल, पास-पास, साथ-साथ: keep the land/ the coast/~;

prep. 1 (विमान या जहाज) पर, (रेलगाड़ी) में: go ~ a ship; ~ the train; ~ a camel 2 के साथ-साथ: hard ~ the shore

abode /अबोड/ *n.* 1 घर, आवास, निवास, बसेरा, धाम: welcome to my humble ~**!** 2 शकुन, पूर्व सूचना 3 *pt./ pt. p.*, **abide** का भूतकालिक या भूतकालिक कृदंत रूप;

p&i: **people of no fixed** ~ (*Br. law*) जिसका कोई स्थायी आवास या रहने का पता न हो

aboil /अबॉइल/ *adj.* 1 उबलता हुआ, खौलता हुआ 2 जोश में, आवेश में

abolish /अबौलिश/ *US* अबाःलिश/ *v., pt.* **~ed**, *pp* **~ing** 1 खत्म कर दे., उन्मूलन क.: ~ slavery; ~ taxes 2 कानूनी प्रावधान आदि को रद्द/ निरस्त क.;

dw/lw: **~ment** *n.* उन्मूलन, अंत, समाप्ति

abolition /ऐबअलिश\न/ *n.* 1 उन्मूलन, अंत, समाप्ति: the ~ of capital punishment 2 *hist.* दास प्रथा का अंत या उन्मूलन: the ~ of slavery;

dw/lw: **~ist** /~निस्ट/ *n.* (दास प्रथा जैसी मानव-विरोधी प्रथाओं आदि के) उन्मूलन का समर्थक या पक्षधर

abomasum /ऐबअमेसम/ *n., pl.* **abomasa** चतुर्थ आमाशय

A-bomb /ए-बम/ (*also* **atom bomb**) *n.* परमाणु बम, एटम बम

abominab\le /अबौमिनअ\बल/ *US* अबाःमिनअ\बल/ *adj.* 1 (***syn.*** appalling) घिनौना, घृणित, कुत्सित, घृणास्पद, निंद्य 2 अप्रिय, खराब, बुरा: **~le** weather 3 भयंकर, निकृष्ट: **~le** snowman (यति);

dw/lw: **~ly** /~बलि/ *adv.* घिनौने, घृणित या कुत्सित ढंग से

abomina\te /अबौमिने\ट/ *US* अबाःमिने\ट/ *v., pt.* **~ted**, *pp* **~ting** 1 अत्यधिक घृणा क. 2 बहुत नापसंद क., न सहन कर पाना;

dw/lw: **~tion** /~शन/ *n.* 1 घृणा, जुगुप्सा, नफरत: hold in ~tion 2 घृणित वस्तु या बात;

p&i: **the ~tion of desolation** वीरानी, सूनापन, निर्जनता आदि की विकरालता

a bon marche /आबॉन्माःरशे/ *Fr.* सस्ता, सस्ते दाम पर

aboriginal /ऐबअरिजअनल/ (*also* **Aboriginal**) *adj.* 1 मूल, आदिम, आदिवासियों से संबंधित 2 (आस्ट्रेलिया आदि देशों में यूरोपीय लोगों के आ बसने से पहले के) मूल लोगों, जानवरों, प्रकृति आदि से संबंधित;

n. (*usually* **Aboriginal**) 1 आदिवासी, मूल निवासी 2 आस्ट्रेलिया की आदिवासी जनजाति

ab origine /ऐबोरिजिनी/ *Lat.* प्रारंभ से, उद्गम बिंदु से

aborigine /ऐबअरिजि\नि/ (*also* **Aborigine**) *n., pl.* **~s** 1 *Austral.* देशी, आदिवासी, मूल निवासी, मूल प्रजाति का सदस्य, आदिम 2 देशी (देशज, देसी) पौधे या जीव-जंतु;

dw/lw: **aborigines** /~नीज/ *n., [pl.]* आस्ट्रेलिया के आदिवासी, मूल निवासी

abort /अबॉःट/ *v., pt.* **~ed**, *pp* **~ing** 1 बीच में थाम दे., किसी कार्य को पूरा होने से पहले ही रोक दे.: our plans **~ed**; ~ a mission 2 गर्भपात क.: ~ a child/ pregnancy/ foetus 3 (***syn.*** miscarriage) गर्भपात हो. 4 निष्फल या बेकार क. या हो. 5 *biol.* पूर्णतः विकसित न हो पाना 6 *comput.* किसी ऑप्रेशन (कार्य, आदेश) का पूरा न होना या उसे बीच में ही रोक दे.;

dw/lw: **~ed** /~टिड/ *adj.* 1 बीच में निष्फल किया हुआ 2 अपरिपक्व; **~ifacient** /~टिफेशिअंट/ *adj., med.* गर्भपात का कारण बनने वाला (पदार्थ), गर्भांतक, गर्भस्रावी; **~ifacient** *n.* गर्भपातक या गर्भांतक दवा; **~ion** /~शन/ (***syn.*** termination/ induced ~ion) *n., med.* 1 गर्भपात, गर्भस्राव 2 भ्रूण हत्या 3 *biol.* वृद्धि-रोध 4 *phys.* पूर्व पात; **~ionist** /~शअनिस्ट/ *n.* गर्भपात करवाने वाला, गर्भपाती, गर्भपातक; **~ive** /~टिव/ *adj.* 1 अकाल प्रसूत, गर्भच्युत 2 गर्भस्रावी, गर्भांतक 3 (***syn.*** unsuccessful, failed) विफल, निष्फल, व्यर्थ: ~ive attempt; ~ive scheme; render ~ive; an ~ive military coup; **~ively** /~टिवलि/ *adv.* निष्फल ढंग से; **~iveness** /~टिवनिस/ *n.* विफलता, निष्फलता;

collocations: **spontaneous ~ion** (*also* **miscarriage**) स्वतः या अकस्मात् होने वाला गर्भपात या गर्भस्राव; **~ion pill** गर्भपाती गोली (दवा)

aboulia /अबूलिआ/ *n.* निश्चयहीनता, इच्छा-दुर्बलता, संकल्प-अक्षमता

abound /अबाउं\ड/ *v., pt.* **~ed**, *pp* **~ing** 1 प्रचुर मात्रा या बहुतायत में हो., प्रचुर या विपुल हो.: ~ in one's own sense 2 से भरा-पूरा होना: fish ~ in the sea; land **~s** in oil;

dw/lw: **~ing** /~डिंग/ *adj.* भरा-पूरा, प्रचुर, विपुल, भरपूर;

p&i: **~ in/ with sth** से भरा हो.

about /अबाउट/*prep.* 1 के विषय में, के बारे में: speak/ think/ read/ write ~ sb/ sth; tell me all ~ it; a story ~ dogs 2 के इर्दगिर्द: there was a fence ~ the garden 3 यहां-वहां: all his belongings were lying ~ the floor 4 के पास, के आस-पास 5 में इधर-उधर : he walked ~ the garden; run/ walk ~ the room 6 के पास, के कब्जे में: do you have any money ~ you?; don't have the letter ~ me 7 गुण या विशेषता सूचक: there is sth ~ her; there is sth queer ~ him; there was a look of kindness ~ his face;

adv. 1 करने या होने को (हो.), की कगार पर (हो.): be ~ to do sth; he was ~ to say sth; the plane was ~ to take off 2 चारों ओर, यहां-वहां, जहां-तहां, इधर-उधर: don't leave papers lying ~; stroll ~ 3 के आस-पास, समीप, निकट: there is nobody ~; he was nowhere ~ 4 लगभग: ~ thirty miles; ~ three o'clock; he is ~ as tall as I am; it is ~ time you learned the rule; that's ~ right 5 के दायरे या घेरे में 6 उलटी दिशा में, उलटे, उलटकर, घूमकर, आगे-पीछे: after swimming a kilometre he turned ~ and swam back to the shore 7 किसी कार्य में व्यस्त: what are you **~?**;

dw/lw: **~-turn/ about-face** *n.* 1 विपरीत दिशा में मोड़, उलटी ओर मुड़ाव (मोड़) या घुमाव 2 नीति-परिवर्तन; **~-turn/ ~-face** *v., pt.* ~-turned/ ~-faced, *pp* ~-turning/ ~-facing उलटी ओर घूमना, मुंह दूसरी तरफ फेरना;

p&i: **~ to go** जाने को हो.; **~ to do sth** कुछ करने की कगार पर हो.;

be up/out/and ~ बीमारी के बाद चलने-फिरने लगना; **bring ~** घटित हो. या कराना; **come ~** हो., घटित हो.; **come ~ business** काम से आना; **he looked ~** उसने चोरों ओर घूमकर देखा; **how/ what ~ …?** 1 किसी के बारे में सूचना या जानकारी लेना, किसी का विचार या मत जानने की कोशिश क.: I am leaving. what ~ you? 2 किसी को सुझाव दे.: how ~ going for a movie?; **go ~ one's usual duties** अपने सामान्य काम में लग जा.; **it's ~ time sb did sth** अब कुछ करने का समय आ गया है; **(just) the other way ~** बिल्कुल उलटा; **there is a rumour ~** अफवाह है कि ...; **not ~ to do sth** कुछ करने को कटिबद्ध न हो.; **that's ~ it/ ~ all** *colloq.* बस इतना ही (जो कहना या करना था हो गया); **turn and turn ~** एक के बाद दूसरा, बारी-बारी से; **what are you ~?** आप किस काम में व्यस्त हैं; **what is it all ~ ?** मामला क्या है?

above /अबव/ *adv.* 1 ऊपर, ऊपरी मंजिल पर या खाने में: my bedroom is just ~; ~ were the snowy peaks 2 ऊपर की

ओर: he was led ~ 3 पाठ में उपर्युक्त: see the notes ~ 4 पद या रुतबे के हिसाब से ज्यादा ऊंचा: he appealed to the court ~ 5 ऊपरी स्थान: the fished ~ the bridge 6 संयुक्त शब्दों में: ~-stated; ~-cited 7 संख्या, मात्रा आदि में ज्यादा 8 *lit.* ऊपर, आसमानों में (स्वर्ग में);

prep. 1 के ऊपर, के ऊपर से: the aeroplane flew ~ the clouds; they live ~ us 2 स्थान (नदी आदि) के लिहाज से ऊपर, से आगे 3 समय के बारे में: से पहले not traced ~ the third century 4 संख्या, मात्रा, स्तर में अधिक ऊंचा, से ऊपर: the water reached ~ their knees; there were ~ 1000 people there; ~ 20^0 C; he is head and shoulders ~ his comrades 5 औसत से ज्यादा: ~ par; ~ the average 6 पद या स्थिति में: से अधिक महत्त्वपूर्ण या बड़ा: a captain is ~ a sergeant 7 सीमा या समझ से परे: ~ one's head; ~ sb's understanding/ comprehension 8 के परे, से परे, के बाहर, के ऊपर: ~ petty scheming (घटिया जोड़-तोड़ या तिकड़म से परे); ~ praise; ~ all suspicion; this is ~ price; he is ~ telling a lie;

adj. 1 ऊपर का, ऊपरी, उपरला 2 उपरोक्त, ऊपर-लिखित: the ~ figures;

***n.* the** ~ 1 उपरोक्त बात, ऊपर-लिखित बात या कथन 2 उच्चतर पद या संगठन: a voice (a view) from ~; an order from ~;

***dw/lw:* ~-board** *adj.* पाक-साफ, ईमानदार, निश्छल, निष्कपट; **~-board** *adv.* ईमानदारी से; **~-cited** *adj.* उपरोक्त, उपर्युक्त; **~-ground** *adj.* 1 धरती के ऊपर (≠ भूमिगत) 2 जीवित; **~-mentioned/ ~-named/ ~-said** *adj.* उपरोक्त, उपर्युक्त; **~-the-line** *adj., econ.* 1 सरकारी खर्चे और आय के उस भाग से संबंधित जो बजट या अनुमान-पत्र में शामिल है 2 *bookkeeping* कंपनी के उस खर्चे और आय से संबंधित जो उसके लाभ और हानि के हिसाब में शामिल है; **~-water** *adj.* पानी से ऊपर;

p&i: ~ **all** सबसे पहले, सर्वोपरि; ~ **and beyond** जरूरत से ज्यादा; ~ **oneself** घमंडी, दंभी, अहंकारी; ~ **par** औसत से अधिक या ऊपर या ज्यादा बेहतर; **~said** उपरोक्त, ऊपर कहा हुआ; **from** ~ ऊपर से; **live ~ one's means** आमदनी अठन्नी, खर्चा रुपइया; **over and** ~ 1 के अतिरिक्त, के सिवा 2 के ऊपर

ab ovo /ऐब ओवो/ *adv., Lat.* प्रारंभ से, एकदम शुरू से, आरंभ से, बिल्कुल शुरू से

Abp *abbr.* 'Archbishop' का संक्षेप

ABR *abbr.* 'Available bill rate' की प्रथमाक्षरी

abr. *abbr.* 'abridged', 'abridgement' का संक्षेप

abracadabra /ऐब्रअकडैब्रा/ *n.* 1 अनाप-शनाप, अंड-बंड 2 मंत्र, बीज मंत्र, जादू-टोना

abradant /अब्रेडंट/ *adj., tech* अपघर्षक, घिसाने वाला;
n. अपघर्षण, घर्षक सामग्री

abrade /अब्रेड/ *v., pt.* **~d**, *pp* **abrading** 1 छीलना, रगड़ना 2 घिसना 3 खाल का छिलना

Abraham /एब्रैहअम/ *n.* अब्राहम, इब्राहीम;

abranchial/ abranchiate /अब्रैंकिअल/ अब्रैंकिइट/ *adj., zool.* बिना गलफड़ा के, अक्लोम

abra\se /अब्रे\स/ *v., pt.* **~sed**, *pp* **~sing** 1 रगड़ खाने से घिसना 2 छिल जा. 3 रगड़कर तराशना 4 घिसना, घिसाना;

***dw/lw:* ~sion** /~जन/ *n.* 1 रगड़, घिसाई, अपघर्षण: ~sion resistance; ~sion testing; diamonds have maximum resistance to ~sion 2 खाल की छिलाई: suffer cuts and ~sions to the face; **~sive** /~सिव/ *adj.* 1 घिसाने वाली, छीलने वाली: ~sive disc; ~sive hardness 2 घिसने वाली: ~sive wear 3 खुरदरा, खुरदरी 4 अभद्र, रूखा, बदतमीज; **~sive** *n.* 1 अपघर्षक 2 तराशने वाली सामग्री; **~ly** /~सिवलि/ *adv.* अभद्र या रूखे ढंग से, बदतमीजी से; **~ness** /~सिवनेस/ *n.* अभद्रता, रूखापन

abreact /ऐब्रिऐ\क्ट/ *v., pt.* **~ed**, *pp* **~ing** भड़ास निकालना, भाव विरेचन क.;

***dw/lw* ~ion** /~क्शन/ *n., psychiatry* भड़ास निकालने की क्रिया, दबी भावनाओं की बेरोकटोक अभिव्यक्ति द्वारा मानसिक तनाव कम करने की प्रणाली

abreast /अब्रेस्ट/ *adv.* 1 से अवगत, किसी विषय या स्थिति में आए आधुनिकतम परिवर्तनों के साथ-साथ: ~ of sth; keep ~ of events (नई घटनाओं से अवगत रहना) 2 एक पंक्ति में, साथ-साथ (चलना): three ~;

***p&i:* keep ~ of the times** समय का हमराही हो.

abrid\ge /अब्रिज/ *v., pt.* **~ged**, *pp* **~ging** संक्षिप्त क.;

***dw/lw:* ~ged** /अब्रिज्ड/ *adj.* संक्षिप्त: ~ged edition; ~ged version of *War and Peace*; **~gement/ abridgment** /अब्रिजमंट/ *n.* 1 संक्षिप्तीकरण, काट-छांट 2 संक्षिप्त रूप, संक्षेप

abroad /अब्रॉड/ *adv.* 1 विदेश में, देश से बाहर: live ~; 2 विदेश को: travel/ live ~; go ~ 3 चारों ओर, जहां-तहां, फैला हुआ (over a wide area): the trees spread their branches ~ 4 (***syn.*** in circulation, current) प्रचलित, फैली हुई: there was news ~ that a change of guards was in the offing 5 अपने घर से बाहर या दूर 6 घर से बाहर निकला हुआ: he was ~ very early this morning;

***p&i:* all** ~ सच्चाई से कोसों दूर; **be all** ~ 1 झेंप जा. 2 भटक जा.; **I may be a little** ~ हो सकता है मैं सही नहीं हूं;

abrogable /ऐब्रअगेबल/ *adj.* निराकरणीय, समाप्त करने योग्य

abroga\te /ऐब्रअगे\ट/ *v., pt.* **~ted**, *pp* **~ting** (***syn.*** repeal) निरस्त क., रद्द क.;

***dw/lw:* ~ted** /~टिड/*adj.* निरस्त, रद्द, निराकृत, समाप्त; **~tion** /~शन/ *n.* निराकरण, समाप्ति, उन्मूलन, रद्दगी

abroma /ऐब्रोमा/ *n., bot.* उलट कंबल (एक औषधीय पौधा)

abrupt /अब्रप्ट\/ *adj.* (*sometimes degr.* **~er**, **~est**) 1 (***syn.*** sudden) आकस्मिक, अप्रत्याशित: ~ departure; ~ change 2 (***syn.*** brusque) रूखा, अटपटा 3 (***syn.*** steep) सीधा खड़ा, दुरारोह, चढ़ने में कठिन 4 (***syn.*** truncated) असंलग्न, कटा हुआ, हटा हुआ 5 (***syn.*** jerky and rude) असंबद्ध, असंगत, अटपटा, बेढंगा 6 ऊबड़-खाबड़, तीक्ष्ण, तेज: ~ coast; ~ turn; ~ curve;

***dw/lw:* ~ly** /~लि/ *adv.* 1 अचानक, सहसा, एकाएक, अकस्मात् 2 रूखे व अटपटे ढंग से; **~ness** /~नेस/ *n.* 1 आकस्मिकता 2 रुखाई, रुक्षता 3 अटपटापन, ऊबड़खाबड़पन, बेढंगापन (style)

ABS *abbr.* 'Anti-Lock Braking System', 'Anti-Skid Brake Systems' की प्रथमाक्षरी

abs /ऐब्ज/ *short* 'abdominals' का संक्षेप

abscess /ऐब्सेस/ *n., pl.* **~es** फोड़ा, मवाद (pus) से भरा फोड़ा

abscind /ऐबशिंड/ *v., pt.* **~ed**, *pp* **~ing** अलग क., काटना

abscise /ऐब्साइस/ *v., pt.* **~d**, *pp* **abscising** काटकर अलग क.

abscissa /ऐब्सिसा/ *n., pl.* **~s/ abscissae**, *math.* भुज, भुजांक

abscission /ऐब्शिज्न/ *n.* अपच्छेदन, काटने या तोड़ने की क्रिया: ~ of fruits/ leaves, buds

abscond /अःब्स्कौं\ड/ *US* अःब्स्कां\ड/ *n. v., pt.* **~ed**, *pp* **~ing** 1 जेल तोड़कर भाग जा. 2 फरार हो.;

***dw/lw:* ~er** *n.* /~डः/ *n.* भगोड़ा, फरार व्यक्ति, फरारी

abseil /ऐब्सेल/ (*US* **rappel**) *v. pt.* **~ed**, *pp* **~ing** *mountaineering* कमर में बंधे रस्से के सहारे चट्टान के सामने से ऊपर चढ़ना;

***dw/lw:* ~ing** *n.* कमर में बंधे रस्से के सहारे चट्टान के ऊपर चढ़ाई

absence /ऐब्संस/ *n.* 1 अनुपस्थिति, गैरहाजिरी: ~ (s) from school; ~ from court; ~ without (official) leave; leave of ~ 2 गैर-मौजूदगी: during/ in sb's ~; be sentenced in one's ~ 3 अभाव: in the ~ of evidence; in the ~ of witnesses 4 अन्यमनस्कता, अनमनापन: ~ of mind;

p&i: **~ makes the heart grow fonder = ~ sharpens love** विरह में प्रेम और पनपता है; **~ of mind** अनमनापन, खोया-खोयापन;

be conspicuous by one's ~ किसी की गैर-मौजूदगी उसकी

मौजूदगी से ज्यादा सनसनीखेज बन जाती है; **make the most of sb's** ~ किसी की गैर-मौजूदगी का पूरा फायदा उठाना

absent /ऐब्सं\ट/ *v., pt.* **~ed**, *pp* **~ing** अनुपस्थित हो., गैरहाजिर हो.: ~ oneself from the meeting; ~ without (official) leave; be ~ from school; be ~ from work; be ~ from duty;

adj. 1 अनुपस्थित, गैरहाजिर 2 अविद्यमान, नामौजूद 3 अनमना, खोया-खोया-सा: ~ look;

dw/lw: **~ee** /~टी/ *n., pl.* ~ees 1 अनुपस्थित व्यक्ति, नागा करने वाला व्यक्ति 2 अन्यत्र वासी: ~ee landlord; ~ee interview; ~ee voting = absent voting; **absentia** *see below under a separate entry*; **~eeism** /~टीइज्म/ *n.* नागा करने की आदत, अनुपस्थित रहने की प्रवृत्ति; **~ly** /~लि/ *adv.* अन्य मन से, अनमने-से, खोए-खोए-से; **~-minded** /~टमाइंडिड/ *adj.* (***syn.*** forgetful) अन्यमनस्क, अनमना, बेमना, खोया-खोया, दुचित्ता, शून्यमनस्क, भुलक्कड़; **~-mindedly** /~टमाइंडिडलि/ *adv.* अन्यमनस्कता से, अन्य मन से, अनमने ढंग से, बेमने-से, खोए-खोए-से; **~-mindedness** /~टमाइंडिडनेस/ *n.* अन्यमनस्कता, शून्यमनस्कता, अनमनापन, बेमनापन, खोया-खोयापन, भुलक्कड़पन;

p&i: **long ~, soon forgotten** आंख ओझल, पहाड़ ओझल; **the ~ are always in the wrong** अनुपस्थित आदमी सदा दोषी होता है

absentia /ऐब्सेंशिआ/ *n., Lat.* अनुपस्थिति;

p&i: **in** ~ की अनुपस्थिति में, की गैर-मौजूदगी में

absinth/ absinthe /ऐब्सिंथ/ *n.* हरे रंग की तेज शराब

absit /ऐब्सिट/ *n.* कक्षा से अनुपस्थित रहने की अनुमति

absolute /ऐब्सअलू\ट/ *adj.* 1 संपूर्ण, पूर्ण: ~ majority; ~ darkness; ~ monopoly; ~ confidence/ trust/ silence/ truth; ~ indifference; ~ beauty; ~ promise 2 विशुद्ध, अमिश्रित: ~ alcohol; ~ vodka 3 निश्चित, दृढ़, पक्का, पुख्ता: no ~ proof; their divorce became ~ last week 4 निरंकुश, निर्बाध, अबाध, अबाधित: ~ power/ authority; ~ control; an ~ ruler/monarchy 5 निरपेक्ष, अनपेक्ष: ~ music 6 असीम, अनंत, अपार: it must be an ~ fortune 7 (***syn.*** unqualified) अप्रतिबद्ध 8 परम, चरम: the ~ philosophy (परम तत्त्व, ऐसी वस्तु या क्रिया जो स्वयंभू हो, जो बिना किसी अन्य वस्तु या प्राणी के साथ तुलना के बिना अस्तित्व में रहती है) 9 अतुल्य: the prices are not falling in ~ terms; beauty cannot be measured by any absolute standard 10 वास्तविक, निस्संदेह: ~ fact; ~ proof 11 *gramm.* स्वतंत्र एवं स्वयंभू या अनन्वित वाक्य, सकर्मक क्रिया से संबंधित यानी जिसका कर्म लुप्त हो: ~ construction; an ~ standard 12 अधिकतम: ~ value; ~ pitch; ~ temperature; ~ humidity; ~ ceiling;

dw/lw: **~ly** /~टलि/ *adv.* 1 पूर्णतया, बिल्कुल, नितांत: ~ly nothing; ~ly not; ~ly no use 2 बिल्कुल सही, बेशक, निस्संदेह: are you sure ~ly?; this is ~ly the newest thing in music 3 अत्यधिक, बेहद: ~ly furious with sb 4 पूर्णतः (सहमत या असहमत): – do you agree? – ~ly/ ~ly not; **~ness** /~टनेस/ *n.* परमावस्था, निर्बाधता, अबाधता, चरमावस्था, पराकाष्ठा, अनंतता, असीमता, अपारता, निरपेक्षता, स्वयंसत्ता;

collocations: ~ **alcohol** इथानौल जिसमें 1% से कम पानी हो; ~ **altitude** भू-सापेक्ष तुंगता, अधिकतम ऊंचाई; ~ **magnitude** चरम परिमाण, निरपेक्ष परिमाण यानी मानक दूरी से देखे जाने पर किसी सितारे की कांतिमानता, दीप्ति; ~ **majority** पूर्ण बहुमत; ~ **pitch** परम स्वरमान; ~ **position** निरपेक्ष या मूल स्थिति; ~ **temperature** *phys.* परिशुद्ध या निरपेक्ष तापमान यानी केल्विन मानदंड (Kelvin scale) के अनुसार बिल्कुल शून्य से मापा जाने वाला तापमान; ~ **zero** *phys.* परम या पूर्ण शून्य यानी केल्विन मानदंड (Kelvin scale) के अनुसार सिद्धांत रूप से लघुतम शून्य (0^0 K) तापमान जो -273.15^0 (C) सेंटीग्रेड या -459.67^0 (F) फार्नहाइट के बराबर है और जिसपर अणुओं (atoms) और परमाणुओं (molecules) की काइनेटिक ऊर्जा (kinetic energy) लघुतम होती है

absolution /ऐब्सअलूशन/ *n.* पाप-निवारक क्षमा, पादरी द्वारा पापों के लिए क्षमादान, पाप क्षमा, पापमोचन

absolu\tism /ऐब्सअलूटि\ज्म/ *n.* 1 (***syn.*** despotism) निरंकुशतावाद, तानाशाही, निरंकुशता : political ~ 2 *philos.* निरपेक्षतावाद, सदा सत्य यानी परम सिद्धांत में विश्वास 3 (***syn.*** quality) निरपेक्षता;

dw/lw: **~tist** /~स्ट/ *n.* 1 निरंकुशतावादी, तानाशाही का पक्षधर 2 निरपेक्षतावादी;

absolve /अःब्जौल्व/ *US* अःब्जाःल्व/ *v., pt.* **~d**, *pp* **absolving** 1 दोषमुक्त घोषित क., निरपराध ठहराना: ~ sb from/ of sth; he was **~d** by a majority of fourteen; ~ from blame 2 दायित्व से मुक्त क., छुटकारा दे.: ~ from a promise 3 पापमुक्त क.: ~ sb from his sins

absolvent /अःबजॉल्वंट/ *n.* 1 क्षमादान देने वाला 2 मुक्त करने वाला

absonant /ऐब्सोनंट/ *adj.* 1 बेसुरा, कर्कश 2 बेतुका, असंगत

absorb /अःब्सॉः\ब/ अःब्जॉः\ब/ *v., pt.* **~ed**, *pp* **~ing** 1 सोख ले., अवशोषण क., चूसकर अपने भीतर समा ले.: plants ~ oxygen; the cream gets **~ed** into the skin 2 तन्मय हो. 3 (***syn.*** take in) आत्मसात् कर ले., अंतर्लीन क.: ~ the latest information 3 (***syn.*** engross) पूर्णतया रम जा., तल्लीन हो., ध्यानमग्न हो.: be **~ed** in work; **~ed** in one's own thoughts 4 हृदयंगम क. 5 बड़े संगठन संस्था द्वारा छोटे संगठन को निगलना, समा ले., खपा ले. 6 अपने अंदर समा लेना, आत्मसात् कर ले: ~ heat/ light 7 प्रहार या झटके को सह लेना, ओट लेना: the shock absorber **~s** the shocks on the uneven road 8 पैसों, समय और प्रयासों को काफी बड़ी मात्रा में खपा लेना: the educational reforms **~ed** a huge amount of financial grants;

dw/lw: **~ability** /~बअबिलिटि/ *n.* सोख लेने की क्षमता, आत्मसात् करने की क्षमता; **~ance** /~बंस/ *n.* पदार्थ की प्रकाश-चूषण क्षमता; **~able** /~बअबल/ *adj.* 1 जिसे चूसकर आत्मसात् किया जा सके: ~able gases 2 सोख लेने, अवशोषण करने या आत्मसात् करने योग्य; **~ed** /~ब्ड/ *adj.* (***syn.*** engrossed) पूर्णतया रमा हुआ, तल्लीन, तन्मय, मग्न, ध्यानमग्न, अंतर्लीन; **~efacient** /~बिफेशिअंट/ *adj.* प्रचूषी; **~ency** /~बंसि/ *n., pl.* **~encies** अवशोष्यता, द्रव को सोख लेने की क्षमता, तरल पदार्थों को खपा लेने की क्षमता; **~ent/~er** /~बंट/~बः/ *adj.* 1 अवशोषक, चूसक, प्रचूषक 2 सोखकर आत्मसात् करने वाला: ~ent cotton/cotton-wool; **~ing** /~बिंग/ *adj.* 1 अत्यंत रोचक, दिलचस्प 2 चित्ताकर्षक, मनमोहक: ~ing book/ play; ~ing capacity/ power; ~ing medium; **~ingly** /~बिंगलि/ *adv.* पूर्णतया रमाते हुए., तल्लीन करते हुए, ध्यानमग्न या ध्यान आकर्षण करते हुए

absorp\tance /अब्सॉः\प्टंस/ अब्जॉः\प्टंस/ *n., phys.* किसी पिंड द्वारा विकिरणता (radiation) को सोखने या समाहित करने की क्षमता, जिसे सोखी गई विकिरणता और पिंड को मिल सकने वाली विकिरणता के बीच अनुपात के रूप में मापा जाता है;

dw/lw: **~tion** /~प्शन/ *n.* 1 अवशोषण, अवचूषण, अवशोष्यता, द्रव को सोख लेने की क्षमता, तरल पदार्थों को खपा लेने की क्षमता: ~tion spectrum (अवशोषण स्पैक्ट्रम) 2 तन्मयता, तल्लीनता, अंतर्लीनता 3 आत्मसात्करण, समावेशन: ~tion capacity/ power; ~tion circuit; ~tion bands (अवशोषण या अवचूषण रेखाएं या धारियां); **~tive** /~प्टिव/ *adj.* 1 चूसने या सोखने में सक्षम 2 अवशोषी, चूसक, प्रचूषक; **~tivity** /~प्टिविटि/ *n.* अवशोषण क्षमता

abstain /अःब्स्टे\न/ *v., pt.* **~ed**, *pp* **~ing** (*usually* **~ from sth/ from doing sth**) 1 परहेज क., परे रहना, भाग न लेना, उपयोग में न लाना: ~ from force; ~ from drinking; ~ from meat 2 प्रस्ताव या सुझाव के पक्ष या विपक्ष में मत न दे.;

dw/lw: **~er** /~नः/ *n.* 1 परहेज करने वाला, परहेजगार 2 पक्षधरता

से टलने वाला

abstemious /अःब्स्टीमिअस/ *n.* परहेज करने वाला, संयमी, मिताहारी;

dw/lw: **~ly** /~लि/ *adv.* संयत ढंग से; **~ness** /~निस/ *n.* परहेज, संयम, मिताहारिता

abstention /अःब्स्टें\शन/ *n.* 1 परहेज, संयम 2 मत देने से परहेज: carried with two **~s**;

dw/lw: **abstentious** /~शिअस/ *adj.* परहेजी, संयत

abster\ge /अःबस्टअः\ज/ *v., pt.* **~ged**, *pp* **~ging** धोना, साफ क.;

dw/lw: **~gent/ ~sive** /~जंट/ ~सिव/ *adj.* (***syn.*** detergent) अपमार्जक, प्रक्षालक; **~sion** /~शन/ *n.* अपमार्जन, धुलाई, सफाई

absti\nence /ऐब्स्टि\नंस/ (*also* **~nency**) *n.* 1 आत्मसंयम 2 परहेज 3 मांसाहार त्याग, मद्य-त्याग 4 (***syn.*** armistice) युद्ध-विराम;

dw/lw: **~nent** /~नंट/ *adj.* संयत, मिताहारी, मद्य त्यागी; **~nent** *n.* संयत या मिताहारी व्यक्ति; **~nently** /~नंटलि/ *adv.* संयम से, संयत तरीके से

abstract /ऐब्स्ट्रै\क्ट/ *adj.* 1 निराकार, अमूर्त: ~ painting अमूर्त कलाकृति 2 (***syn.*** unpractical) सैद्धांतिक, अव्यावहारिक, मात्र विचारों में विद्यमान: ~ knowledge/ principles 3 (***syn.*** general) सामान्य, निरपेक्ष 4 (***syn.*** symbolic) प्रतीकवादी 5 *gramm.* भाववाचक: ~ noun 6 (***syn.*** abstruse) दुर्बोध, दुरूह, गूढ़, अस्पष्ट: ~ mathematics;

n. 1 (***syn.*** summary, resume) सारांश, सार, निचोड़: ~ of the paper; ~ bulletin/ journal 2 धारणा, सिद्धांत 3 अमूर्त कलाकृति;

v., *pt.* **~ed**, *pp* **~ing** 1 हटाना, हटा ले., अलग क.: ~ oneself from sth 2 सारांश तैयार क., सार तैयार क. 3 अमूर्त रूप से या से परे हटकर सोचना: **~ing** from;

dw/lw: **~ed** /~क्टिड/ *adj.* अनमना, अन्यमनस्क, किसी विचार में खोया हुआ, अंतर्लीन; **~edly** /~क्टिडलि/ *adv.* अनमने-से, अनमने भाव से, खोया-खोया-सा; **~ive** /~क्टिव/ *adj.* 1 = **abstract** अमूर्त 2 दुरूह, पेचीदा 3 से निकालने वाला 4 ध्यान को कहीं दूर ले जाने वाला; **~ness** /~क्टिडनेस/ *n.* 1 अमूर्तता, सूक्ष्मता 2 दुर्बोधता 3 खोया-खोयापन, अन्यमनस्कता;

collocations: **~ expressionism** *art* 1940 के दशक में अमेरिका में कला और साहित्य में शुरू हुई एक शैली जिसके तहत कलाकार, कवि या लेखक के अस्पष्ट, धुंधले, दुर्बोध विचार शब्दों या चित्रों आदि में व्यक्त किए जाते थे; **~ noun** भाववाचक संज्ञा;

p&i: **in the ~** सिद्धांत रूप में (वास्तविकता में नहीं), अमूर्त रूप में

abstraction /ऐब्स्ट्रैक्श\न/ *n.* 1 अन्यमनस्कता, अनमनापन 2 अमूर्त विचार, कपोल-कल्पना 3 अमूर्त कलाकृति 4 किसी चीज से कुछ निकालने की क्रिया: water ~ from rivers 5 सारबद्धता, संक्षेपीकरण 6 *euphemistic* चोरी 7 दिक्परिवर्तन: ~ of heat;

dw/lw: **~ism** /~निज्म/ *n.* 1 अमूर्त कला के सिद्धांत व व्यवहार 2 विचारों की दुर्ज्ञेय, दुर्बोध, अस्पष्ट अभिव्यक्ति; **~ist** /~निस्ट/ *n.* अमूर्त कला का समर्थक कलाकार

abstrict /ऐब्स्ट्रिक्ट/ *v. pt.* **~ed**, *pp* **~ing** अपाकुंचन क., संकुचन से अलग हो. या क.;

n. अपाकुंचन, अलगाव (separation under constriction)

abstruse /अःब्स्ट्रूस/ *adj.* गूढ़, दुर्ज्ञेय, दुर्बोध, दुरूह: an ~ argument

dw/lw: **~ly** /~लि/ *adv.* दुर्बोध ढंग से; **~ness** /~नेस/ *n.* गूढ़ता, दुर्बोधता, दुर्ज्ञेयता

absurd /अःब्सः\ड/ *adj., degr.* **~er**, **~est** 1 (***syn.*** ridiculous) बेतुका, बेसिर-पैर का, बेहूदा, विसंगत, अनर्गल 2 हास्यास्पद;

n. **(the ~)** बेहूदी या बेतुकी बात या कार्य आदि;

dw/lw: **~ism** /~डिज्म/ *n.* इस बात में विश्वास कि मानव जाति संसार में बिना किसी उद्देश्य या क्रम के विद्यमान है; **~ist** /~डिस्ट/ *n.* बेतुकी कला का समर्थक या रचनाकार: ~ist theatre; **~ly** /~डलि/ *adv.* (***syn.*** ridiculously) बेहूदे ढंग से: ~ly fussy; **~ity** /~डिटि/ (*also* **~ness**) *n., pl.* ~ities बेतुकापन, बेहूदापन, विसंगति

ABT *abbr.* 'Availability Based Tariff' की प्रथमाक्षरी

ABTA *abbr.* 'Association of British Travel Agents' का संक्षेप

ABTO *abbr.* 'Association of Basic Telecom Operators' की प्रथमाक्षरी

abulia *see under* **aboulia**

abun\dance /अबंडंस/ *n.* 1 बहुतायत, बाहुल्य, बहुलता, प्रचुरता, आधिक्य, अतिशयता 2 समृद्धि : **~dance** of people;

dw/lw: **~dant** /अबंडंट/ *adj.* 1 प्रचुर, अधिक: be ~dant 2 काफी: there is ~dant proof that ... 3 भरपूर 4 अतिशय; **~dantly** *adv.* बहुत अधिक, बिल्कुल, प्रचुर मात्रा में, काफी हद तक;

p&i: **~dance of law breaks no law** कानून का अतिशयता से कानून नहीं टूटता; **~dance of one's heart** भावनाओं का दरिया; **~dant in sth** किसी चीज में प्रचुर या बहुल; **in ~dance** बहुतायत में, प्रचुर मात्रा या संख्या में

abu\se /अब्यूस/ *n.* 1 (***syn.*** misuse) दुरुपयोग: **~se** of words/terms; **~se** of process (अदालती कार्रवाई के नियमों, विधि आदि का दुरुपयोग) 2 दुष्कर या अनैतिक उपयोग (जैसे मादक पदार्थों का सेवन) 3 दुर्व्यवहार, कुकर्म: child **~se**; sexual **~se** 4 गाली-गलौज, गाली, अपशब्द: exchange **~se**; break out into **~se**; scream torrents of **~se** 5 कुप्रथा 6 सत्ता आदि का दुरुपयोग: crying **~se**; **~se** of power;

dw/lw: **~se** /अब्यूज/***v.***, *pt.* ~sed, *pp* ~sing 1 दुर्व्यवहार क. 2 सत्ता आदि का दुरुपयोग क.: ~se one's position as principal 3 गाली-गलौज क., गाली दे. 4 विश्वासघात क. 5 मादक पदार्थों का सेवन क.: ~se alcohol 6 अनुचित ढंग से उपयोग में लाना 7 किसी की दयालुता, उदारता आदि का नाजायज फायदा उठाना: ~se rights/ privileges/ ~se sb's kindness/ hospitality; **~sive** /अब्यूसिव/ *adj.* 1 अभद्र, अश्लील, अनुचित, अपमानजनक: ~sive language 2 दुर्व्यवहारपूर्ण: an ~sive relationship; **~sively** /अब्यूसिवलि/ *adv.* गाली-गलौज करते हुए; **~siveness** /अब्यूसिवनेस/ *n.* व्यवहार में अनैतिकता, दुरुपयोग;

collocations: **drug ~** मादक पदार्थों का सेवन; **child ~** बच्चे का यौन शोषण;

p&i: **~se of riches is worse than the want of them** धन-दौलत का दुरुपयोग उसके अभाव से बदतर होता है

ABU *abbr.* 'Asia-Pacific Broadcasting Union', 'Australian Boxing Union' की प्रथमाक्षरी

abut /अबट/ *v., pt.* **~ted**, *pp* **~ting** (*usually* **~ against/ on sth**) 1 दीवार, मकान, स्थान, सीमा आदि से सटा या लगा हो.: a wall **~ting** the house 2 साझी सीमा या दीवार हो. : our land **~s** onto a road 3 संलग्न हो.;

dw/lw: **~ment** /अबटमंट/ *n.* 1 पीलपाया 2 पुल आदि का खंबा 3 अंत्याधार, आधार 4 जोड़, मेड़, सीमा-संयोग या मिलन 5 संसक्ति; **~tals** /अबट्ट्ल्ज/ *n.* 1 = **~ment** 2 साथ लगती जमीन 3 संसक्त सीमाएं, संसक्तता; **~ter** /अबटः/ *n.* संसक्त भूस्वामी, साथ लगती जमीन का मालिक; **~ting** *adj.* से लगती हुई: ~ting joint

abuzz /अबज/ *adj.* 1 भिनभिनाता हुआ 2 चहल-पहल भरा, कोलाहल-भरा

ABVP *abbr.* 'Akhil Bharatiya Vidyarthi Parishad' की प्रथमाक्षरी

abysmal /अबिज्म\ल/ *adj.* 1 (***syn.*** terrible) बहुत खराब, अति निकृष्ट 2 बेताल, अतल, अथाह, रसातलीय: ~ ignorance 3 गहरा 4 अत्यधिक, घोर;

dw/lw: **~ly** /~लि/ *adv.* बहुत खराब या निकृष्ट रूप में;

collocations: ~ **ignorance** घोर अज्ञानता

abyss /अबि\स/*n., pl.* **~es** 1 घोर दुर्दशा 2 गहरी खंदक या खाई: a gaping ~ 3 पाताल, रसातल, गर्त: the ~ of despair; the ~ of time; an ~ of despair/ loneliness 4 नरक 5 अपार समुद्री गहराई (प्रायः 2000 मीटर से ज्यादा);
dw/lw: **~al** /~सल/ *adj.* 1 समुद्रतलीय 2 3000 से 6000 मीटर की समुद्री गहराई से संबंधित

a/c *abbr. bookkeeping* 'account', 'account current' की प्रथमाक्षरी

AC *abbr.* 1 '*ante Christum*' (*Lat.*) का संक्षेप (ईसवीपूर्व, ≠ **BC**) 2 *abbr.* alternating current', 'air-conditioner', 'air conditioning', 'appellation controlee', 'Academic Council', 'Ashoka Chakra' की प्रथमाक्षरी

ACA *abbr.* 'Academic Cadet Adjutant', 'Advisory Committee for Aeronautics', Australian Cricket Academy' की प्रथमाक्षरी

ACAC *abbr.* 'Asian Circuit Archery Championships' की प्रथमाक्षरी

acacia /अकेशिआ/ *n., pl.* **~s** बबूल, कीकर

Academe/ academe /ऐकअडीम/ *n., formal/lit.* 1 यूनान के प्राचीन नगर अफीन के पास एक बगीचा जहां यूनानी दार्शनिक प्लैटो (Plato) अपने शिष्यों को पढ़ाता था 2 (**academe**) शिक्षा-जगत, अकादमिक जगत, शैक्षणिक गतिविधियों यानी पढ़ाई, शिक्षण, अनुसंधान आदि से संबंधित गतिविधियों से भरा जीवन 3 समस्त विश्वविद्यालयीय जीवन 4 सैद्धांतिक या शास्त्रीय जीवन

ACADEMIA *abbr.* 'Academic Conference of Indian Medical Association' की प्रथमाक्षरी

academia /ऐकअडीमिआ/ (***syn.*** academe /ऐकअडीम/) *n.* 1 शैक्षिक जगत और उसकी गतिविधियां 2 शैक्षिक जीवन, शिक्षक समुदाय

acade\mic /ऐकडेमि\क/ *adj.* 1 शैक्षिक, शिक्षा-संबंधी: **~mic** hour; **~mic** year; **~mic** failure 2 विद्वत्तापूर्ण, शास्त्रीय, सैद्धांतिक 3 अकादमिक कार्यक्रमों में मेधावी, 4 सैद्धांतिक मात्र, अव्यावहारिक: only of **~mic** interest; **~mic** argument 5 अकादमिक 6 विश्वविद्यालयीय व अकादमिक जगत संबंधी: **~mic** freedoms 7 परंपरागत, मानक: **~mic** painting;
n. प्राध्यापक, विश्वविद्यालयीय स्तर का शिक्षक, आचार्य;
dw/lw: **~mically** /~कलि/ *adv.* शैक्षिक दृष्टिकोण से; **~micals** /~कल्ज/ *n. [pl.]* शैक्षिक या अकादमिक परिधान (दीक्षांत समारोह आदि के लिए); **~micism** /~सिज्म/ *n.* 1 शैक्षिक सिद्धांतवाद, शास्त्रीयतावाद, पांडित्य 2 साहित्य में औपचारिक नियमों और परंपराओं का पालन; **~mician** /अकैडमिशिअन/ ऐकडअमिशिअन/ *n.* किसी अकादमी का सदस्य, शिक्षाविद्, अकादमीशियन;
collocations: **~mic atmosphere** शैक्षणिक वातावरण; **~mic calendar** वार्षिक शैक्षणिक गतिविधियों की सूची; **~mic year** वार्षिक शैक्षणिक सत्र

acade\my /अकैडअमि/ *n., pl.* **~mies** 1 अकादमी, उच्चतम शिक्षा व अनुसंधान संस्थान: Academy of Sciences 2, प्रशिक्षणालय, प्रशिक्षण-विद्यालय: National Defence Academy 3 विशेष प्रशिक्षण संस्थान: riding **~my**; **~my** of music 4 उच्च विद्यालय 5 कला परिषद, साहित्य परिषद आदि;
collocations: **Academy Award** (*also* **'Oscar'**) हॉलिवुड द्वारा दिया जाने वाला ऑस्कर पुरस्कार

Acadian /अकेडिअन/ *n.* 1 कैनेडा के अटलांटिक महासागर तटीय प्रांत के निवासी यानी न्यु ब्रुन्सविक (New Brunswick), क्विबेक (Quebec) के कुछ भाग, नोवा स्कोटिआ (Nova Scotia) या प्रिंस एडवर्ड द्वीप (Prince Edward Island) के वासी 2 अमेरिका में लुइजिऐना (Louisiana) के वासी, विशेषकर वे जो अठारहवीं सदी से लेकर कैनेडा के अटलांटिक महासागर तटीय प्रांत से आए हों

acajou /ऐकअजू/ *n.* 1 काजू का पेड़ 2 काजू 3 काजू का गोंद

acanth /अकैं\थ/ *n.* कंटीली झाड़ी;
dw/lw: **~a** /~था/ *n.* कांटा, कंटक; **~oid** /~थॉइड/ *adj.* कंटकोपम, कंट-सम; **~ous** /~थस/ *adj.* कंटीला, कांटेदार; **~us** /~थस/ *n., pl.* ~uses कंटीली झाड़ी

a cappella /ऐकअपेला/ *adj., adv. choral music:* बिना संगीत वाद्यों के सह गान से संबंधित

acapsular /अकैपस्युलः/ *adj.* बिना बीज आवरण के

acardiac /अःकाःडिऐक/ *adj.* हृदयहीन

acarpous /अःकाःपस/*adj.* जिसमें फल न लगता हो, फलहीन

ACAS *abbr.* 'Advisory Conciliation and Arbitration Service' की प्रथमाक्षरी

ACASH *abbr.* 'Association of Corporations & Apex Societies of Handlooms' की प्रथमाक्षरी

acatalectic /ऐकैटअलेक्टिक/ *adj.* पूर्णपदी (कविता)

acatalep\sy /एकैटअले\प्सि/ *n.* अबोधगम्यता, अनिश्चयवाद, संशयवाद, अज्ञेयवाद;
dw/lw: **~tic** /~प्टिक/ *adj.* अबोधगम्य, संशयवादी, अनिश्चयवादी, अज्ञेयवादी

acatamethesia /एकअटामेथिसिआ/ *n., psychol.* बोध-अक्षमता

acaudate /अकॉडेट/ *adj.* बिना पूंछ का, बेदुम

ACB *abbr.* 'Anti-Corruption Branch', 'Anti-Corruption Bureau', 'Australian Cricket Board' की प्रथमाक्षरी

ACBI *abbr.* 'Association for Cricket for the Blind' की प्रथमाक्षरी

ACC *abbr.* 'Anti-Corruption Committee', 'Appointments Committee of the Cabinet' की प्रथमाक्षरी

acc. *abbr.* 1 (*also* **acct.**), *bookkeeping* 'account' का संक्षेप 2 (*also* **accus.**), *gramm.* 'accusative' का संक्षेप

ACCA *abbr.* 'Association of Chartered Certified Accountants' की प्रथमाक्षरी

accede /अःक्सीड/ *v., pt.* **~d**, *pp* **acceding** 1 पदारूढ़ हो., गद्दी पर बैठना, गद्दीनशीन हो., कब्जे में ले लेना: ~ to the throne; ~ to an estate 2 कार्यभार ग्रहण क. 3 राजी हो जा., सहमत हो., मान ले.: ~ to a request/ to a proposal (प्रार्थना या प्रस्ताव मान लेना): ~ to sth (किसी बात के लिए राजी हो जा.) 4 किसी संगठन में शामिल हो.: ~ to a confederacy/ to a convention/ to a treaty

accelerando /अःक्सेलअरैंडो/ *adv., adj., music* और अधिक तेज, उत्तरोत्तर त्वरित;
n., *pl.* **~s** रफ्तार-त्वरण

accelera\te /अःक्सेलअरे\ट/ *v., pt.* **~ted**, *pp* **~ting** 1 गति बढ़ाना, तीव्र क., रफ्तार तेज क.: inflation continues to **~te**; **~te** a car 2 समय से पहले या तेज गति से हो.: exposure to sun **~tes aging** process;
dw/lw: **~ted** /~टिड/ *adj.* तेज गति से चलने वाला, त्वरित: ~ted ageing; **~ting** /~टिंग/(= **~tive**) *adj.* गति बढ़ानेवाला: ~ting force; ~ting capacity/ ability; **~tion** /~शन/ *n.* 1 गतिवर्धन, गतिवृद्धि, त्वरण: constant/ uniform ~tion; ~tion of gravity 2 त्वरण दर; **~tive** /~टिव/ *adj.* = **~ting**; **~tor** /~टः/ *n.* गतिवर्धक या त्वरक यंत्र, त्वरित्र, कार का ऐक्सेलरेटर;
collocations: **~tion lag** गति में उत्तरोतर कमी; **~tor board** *comput.* (***syn.*** circuit board) प्रोसेसिंग की गति बढ़ाने के लिए छोटे कंप्यूटर में लगाया जाने वाला सर्कट बोर्ड

accelerometer /अःक्सिलअरौमीटः/*n.* त्वरणमापी

accent /ऐक्सें\ट/ ऐक्सेंट/ *n.* 1 उच्चारण का लहजा या शैली: speak with a foreign/ slight/ strong ~; speak with a perfect ~ 2 बलाघात सूचक चिह्न 3 (***syn.*** stress) बलाघातित स्वर पर अधिक बल/ जोर: put the ~ on the first/last syllable 4 विशिष्टता: ~ of Ravishankar; give ~ to sth 5 पोशाक की सज्जा: a blue dress with white **~s** 6 (***syn.*** emphasis) किसी गुण पर बल: ~ on quality;
v., *pt.* **~ed**, *pp* **~ing** 1 बलाघात या स्वराघात करते हुए उच्चारण

क. 2 बल, जोर या महत्त्व दे. 3 उच्चारण चिह्न लगाना, स्वरांकन क. 4 विशिष्टता जताना 5 पोशाक आदि में सज्जा लगाना;

***dw/lw:* ~ed** /~टिड/ *adj.* 1 विदेशी लहजे में बोला जाने वाला: speak heavily ~ed English 2 बलाघातित या स्वराघातित : ~ed vowels/ syllables 3 जिस पर स्वराघात चिह्न लगा हो: ~ed characters; **~ual** /~चुअल/ *adj.* 1 बलाघात से संबंधित 2 बलाघातपरक (छंद): ~ual prosody;

***p&i:* put the ~ on sth** किसी बात पर बल दे.

accentua\te /अःक्सेंचुए\ट/ *v., pt.* **~ted**, *pp* **~ting** 1 बल देकर कहना 2 बलाघात चिह्न लगाना 3 महत्त्व चिह्नित क. या उस बर बल दे.;

***dw/lw:* ~tion** /~शन/ *n.* 1 बलाघात 2 बलाघात चिह्नों को लगाने की क्रिया 3 बल, जोर 4 बोलने का लहजा 5 विशिष्टीकरण

accept /अःक्से\प्ट/ *v., pt.* **~ed**, *pp* **~ing** 1 स्वीकार/ अंगीकार क.: ~ a present/ an invitation/ an offer; ~ sb's proposal 2 ग्रहण कर ले.: ~ a post; ~ an equipment 3 (***syn.*** receive favourably) अपनों की तरह स्वीकारना: he is **~ed** in this house 4 (***syn.*** believe) सही होना मान ले., औचित्य स्वीकारना: ~ sb's views; ~ sth at its face value; ~ the fact 5 (***syn.*** approve) मंजूर क., अनुमोदित क., स्वीकृति दे. ना: the article **~ed** as suitable for publication; ~ a report/ an account; ~ as valid and binding 6 (***syn.*** admit) भूल स्वीकारना: ~ full responsibility for the failure of the mission 7 (***syn.*** reconcile, tolerate) असमर्थता मान ले., परिस्थिति से समझौता कर ले.: ~ the fate accompli 8 (***syn.*** consent) राजी हो., मानना: he **~ed** the proposed changes 9 संगठन आदि में लेने के लिए तैयार हो,;

dw/lw:* ~ability** /~प्टअबिलिटि/ (*also* **~ableness**) *n.* 1 स्वीकार्यता, ग्राह्यता, ग्रहणशीलता 2 स्वीकारिता; **~able** /~प्टअबल/ *adj.* 1 स्वीकार्य, ग्राह्य 2 संतोषजनक 3 अनुमति प्राप्त, मंजूर 4 सुग्राह्य, सुखद, प्रीतिकर, रमणीय; **~ance** /~प्टंस/(*also* **~ancy**) *n.* 1 ग्राह्यता: ~ance of an invitation 2 मान्यता: the land acquisition bill does not find wide ~ance 3 स्वीकृति, मंजूरी 4 स्वीकरण 5 सहमति, अनुमोदन: speech of ~ance 6 अनुमति, अंगीकरण, स्वागत: ~ance of persons in an organisation; without ~ance of persons 7 स्थिति से समझौता: ~tance of suffering; **~ant** /~प्टंट/ *n.* स्वीकारकर्ता, स्वीकर्ता, ग्रहण करने वाला; **~ation** /~प्टेशन/ *n.* मान्य अर्थ, स्वीकृत अर्थ, गृहीतार्थ, रूढ़ार्थ; **~ed** /~प्टिड/ *adj.* 1 स्वीकृत 2 मान्य: ~ed definition; ~ed truth 3 सकारा हुआ 4, दत्त; **~ive** /~प्टिव/ *n.* मान्य, स्वीकार्य; **~or** /~प्टः/ *n.* 1 ग्राही, ग्रहीत, ग्रहण करने वाला, ग्रहणकर्ता: ~or's ledger (सरकारी खाता) 2 स्वीकर्ता 3 सकारने वाला, सकारी 4 (syn.*** competitor) प्रतियोगी;

***collocations:* ~ance flight** प्रयोगात्मक उड़ान; **~ance general** हुंडी का बेशर्त स्वीकरण; **~ance pilot** प्रयोगात्मक उड़ान भरने वाला विमान चालक; **~ance qualified/ ~ance special** हुंडी का सशर्त स्वीकरण; **~ance trial** स्वीकरण या परख प्रयोग;

***p&i:* ~ance of persons** लोगों का स्वागत

access /ऐक्से\स/ *n.* 1 पहुंच ~ to world markets; ~ to shelves; have/ gain/ obtain ~ to confidential information; internet ~ 2 पहुंचने का रास्ता, पैठ, प्रवेश रास्ता: ~ road; difficult ~ to the island/ to the mountain 3 बढ़ोतरी, वृद्धि, सुर में चढ़ाव: ~ of tone 4 आवेश, आवेग, उद्वेग को दौरा 5 रोग का दौरा 6 अभिगम 7 *comput.* सूचनाओं, पाठ, आंकड़ों, फाइल आदि तक पहुंच;

***v., pt.* ~ed**, *pp* **~ing**, *s/he/it* **~es** 1 पहुंचना 2 सूचना स्रोत तक पहुंचना 3 *comput.* कंप्यूटर में फाइल खोलना;

dw/lw:* ~ary** *see under* **accessory**; **~ibility** /अःक्सेसिबिलिटि/ *n.* 1 पहुंच, अभिगम्यता 2 सुलभता, सुप्राप्यता; **~ible** /अःक्सेसिबल/ *adj.* 1 पहुंच के अंदर 2 (anton.*** inaccessible) जिस तक पहुंचा जा सके 3 सुगम्य, सुगम, प्रवेश्य 4 सुलभ, प्राप्य 5 जिसे प्रभावित किया जा सके, प्रभाव्य: ~ible to bribery; he is not ~ible to pity;

***collocations:* ~ broadcasting/ ~ television** अल्प मत के समुदायों या विशेष स्थिति के लोगों द्वारा अपने हितों को बढ़ावा देने के लिए बनाए जाने वाले रेडियो या टीवी कार्यक्रम; **Access card** *trade* भिन्न-भिन्न बैंकों द्वारा दिए जाने वाले क्रेडिट कार्ड (credit card); **~ course** ऐसे विद्यार्थियों को विश्वविद्यालय में प्रवेश दिलाने के लिए प्रशिक्षण कार्यक्रम जिनके पास कोई औपचारिक डिग्री न हो; **~ provider** सूचना स्रोत तक पहुंच मुहैया करवाने वाली कंपनी; **~ road** पहुंचने का रास्ता या सड़क, पहुंच पथ; **~ time** *comput.* कंप्यूटर में किसी फाइल के खुलने में लगने वाला समय

accession /ऐक्सेशन/ *n.* 1 पद ग्रहण, पद प्राप्ति, गद्दीनशीनी 2 राज-सिंहासन पर बैठना, पदारोहण, राजारोहण, राजगद्दीनशीनी, राज्य प्राप्ति 3 स्वीकृति, सहमति 4 संख्या या मात्रा में वृद्धि: the ~ of new members 5 पुस्तकालय आदि में नई पुस्तक की प्राप्ति व पंजीकरण: ~ number (प्राप्ति-क्रमांक); ~ rate (हुंडी-प्राप्ति या हुंडी-परिग्रहण दर) 6 किसी राज्य का दूसरे राज्य में मिलन: ~ of Kashmir to India;

***collocations:* ~ book** परिग्रहण पुस्तिका; **~ catalogue** परिग्रहण नाम-सूची या नामावली; **~ to the throne** राजारोहण, राजगद्दीनशीनी; **instrument of ~** अंगीकार-पत्र

accessori\ze /अक्सेसअराइज/ (*also* **~ise**) *v. pt.* **~zed**, *pp* **~zing** अपनी पोशाकों में नए फैशनेबल वस्त्र जोड़ना

accesso\ry /अक्सेसअरि/ *n., pl.* **~ries** 1 उपांग, उपसाधन, सहायक सामग्री: **~ries** for the home 2 अतिरिक्त सामग्री: dress **~ries** 3 अतिरिक्त उपकरण या यंत्र: computer **~ries** 3 *law* (***syn.*** accomplice) सहकर्मी, अपराध में मददगार: an **~ry** before/ after the fact = an **~ry** before/ after the crime was committed;

adj. 1 अतिरिक्त: ~ fruit 2 गौण, सहायक, अप्रधान: ~ material; ~ defences 3 अभिगम्य 4 आगंतुक, बाहरी;

***dw/lw:* ~rial** *adj.* अतिरिक्त: ~rial agreement;

***p&i:* ~ry before/ after the fact** *law* अपराध करने के पहले या बाद में गौण सहकर्मी या मददगार

acciaccatura /अचाकतूरा/ अचैकअतुअरा/ *n., pl.* **~s**, *music* (***syn.*** Grace Note) एक छोटा-सा ग्रेस नोट

accidence /ऐक्सिडंस/ *n., techn.* 1 (***syn.*** inflections) शब्द रूप, रूपावली, रूप साधन, गर्दान, शब्दानुशासन 2 (***syn.*** rudimentary knowledge) प्रारंभिक ज्ञान

accident /ऐक्सि\डंट/ *n.* 1 दुर्घटना, वारदात, हादसा: meet with/ an ~; railway/ motor ~; fatal ~; industrial ~ 2 अप्रत्याशित घटना, वाकया 3 संयोग, इत्तफाक: managed it by ~; pure ~; by ~ (संयोगवश) 4 (***syn.*** attributes) उपलक्षण, गौण गुण 5 विषमता, ऊबड़खाबड़पन;

***dw/lw:* ~al** /~डेंटल/ *n.* 1 गौण तत्त्व या गुण 2 *painting* प्रकाश के प्रभाव तले पैदा होने वाली विशेषताएं 3 *law* समझौते की गौण शर्तें; **~al** *adj.* 1 संयोगवश, संयोगजन्य: ~al coincidence 2 आकस्मिक: ~al discharge (गोली के संयोगवश चल जाने की क्रिया) 3 गौण 4 आनुषंगिक 5 अनावश्यक; **~ally** /~टलि/ *adv.* 1 अचानक, संयोगवश, दुर्घटनावश 2 अनचाहे 3 अनजाने में, बिना सोचे-समझे; **~ed** /~टिड/*adj., geogr.* विषम, ऊबड़-खाबड़; **~-prone** /~ट-प्रोन/ *adj.* जहां अक्सर दुर्घटना होती हो;

***collocations:* ~ and emergency** (*abbr.* **A & E**, *N. Amer.* **emergency room**) दुर्घटना कक्ष, आपात कक्ष; **~ boat** दुर्घटना बचाव नौका; **~ clinic/ hospital** दुर्घटना उपचार केंद्र; **~ liability** दुर्घटना-दायित्व; **~ insurance** दुर्घटना बीमा; **~ prevention** दुर्घटना से बचाव;

***p&i:* ~s will happen/ occur in the best regulated families** हर किसी घर में कोई बखेड़ा हो सकता है;

by ~ संयोगवश, हादसे के रूप में; **without** ~ सकुशल
accidie/ **acedia** /ऐक्सिडी/ असीडिअ/ *n., esp. formal, church/ old use* मानसिक निष्क्रियता, निराशा, जड़ता, आलस्य
acclaim /अक्लेम/ *n.* शाबाशी, करतल-ध्वनि, तालियों की गड़गड़ाहट, जय-जयकार, जयघोष;
v., pt. **~ed**, *pp* **~ing** (*usually* **~ sb as sth**) 1 किसी की तारीफ के पुल बांधना: ~ the winner 2 विजेता घोषित क.: ~ sb (the) winner;
dw/lw: **~ation** /ऐक्लअमेशन/ *n.* 1 शाबाशी, करतल ध्वनि, जय-जयकार, जयघोष: ~ations of the multitude; hail with ~ations 2 प्रत्यक्ष अनुमोदन 3 करतल ध्वनि आदि से किसी प्रस्ताव आदि का समर्थन या अनुमोदन: passed/ carried/ voted by ~ation; **~atory** /अक्लेमअटरि/ *adj.* अनुमोदक, प्रशंसाजनक: ~atory shouts; **~ed** /अक्लेम्ड/ *adj.* सराहनीय या प्रशंसनीय;
p&i: **by** ~ ध्वनि-मत से
acclimate /ऐक्लअमेट /*v.* = **acclimatize** (*see below*);
acclimatation /अक्लाइमअटेशन/ *n.* = **acclimation** /ऐक्लअमेशन/ = **acclimatization** *see below*
acclima\tize/ **~tise** /अक्लाइमअटाइ\ज/ (*US* **~te**) *v., pt.* **~tized**, *pp* **~tizing** 1 पर्यनुकूलन/ परिस्थिति अनुकूलन हो.: **~tize** oneself to the surroundings 2 जलवायु का आदी हो., जलवायु के अनुकूल बनना या बनाना, अनुकूलन क.;
dw/lw: **~tization** /~जेशन/ (*also* **acclimation** *see above*) *n.* जलवायु या परिस्थिति-अनुकूलन, दशा-अनुकूलन, पर्यनुकूलन
acclivi\ty /अक्लिविटि/ *n., pl.* **~ties** ढलवां चढ़ाई, ढलान
acclivous /अक्लाइवस/ (*also* **acclivitous** /अक्लाइविटस/) *adj.* ढलवां
accolade /ऐकअलेड/ *n.* 1 पुरस्कार, उपाधि या सम्मान 2 प्रशंसा, सहमति या समर्थन की अभिव्यक्ति 3 किसी को 'नाइटहुड' (शूरवीर या सामंत) की उपाधि देते समय तलवार की नोक से शूरवीर के कंधे का स्पर्श
accommoda\te /अकौमअडे\ट/ *US* अकाःमअडे\ट/ *v., pt.* **~ted**, *pp* **~ting** 1 (***syn.*** lodge) स्थान दे., ठहराना: **~te** for the night; the hotel **~tes** a hundred guests 2 (***syn.*** oblige) सहायता क., अनुग्रहीत क.: be well **~ted**; **~te** a client 3 (***syn.*** find possibilities) संभावनाएं या गुंजाइश निकालना 4 (***syn.*** reconcile) झगड़ा मिटाना, तालमेल बैठाना, मेल-मिलाप करवाना: **~te** opinions; **~te** with sb 5 (***syn.*** adapt, adjust) अनुकूल बनाना: **~te** oneself to sb/ sth 6 सुविधा या स्थान दे. 7 मुहैया करवाना: **~te** sb with a loan;
dw/lw: **~ing** /~टिंग/ *adj.* 1 दूसरों की बात मानने वाला 2 सहायता के लिए तत्पर 3 उदार, भद्र, अनुग्रही, विनम्र: in an ~ing spirit 4 सुनम्य, नमनशील; **~ingly** /~टिंगलि/ *adv.* दूसरे की बात मानते हुए; **~ive** /~टिव/*adj.* 1 उदार 2 (***syn.*** obliging) दूसरों के विचारों का संज्ञान लेकर उन्हें उचित स्थान (space) देने वाला 3 आरामदेह
accommodation /अकौमअडे\शन/ *US* अकाःमअडे\शन/ *n.* 1 (***syn.*** lodge) आवास, ठहरने का स्थान, रिहायश, शयन स्थल: hotel ~ 2 (***syn.*** adaptation) अनुकूलन, स्थिति अनुसार परिवर्तन 3 (***syn.*** possibilities) गुंजाइश, संभावना 4 (***syn.*** kindness, generosity) सौजन्य, कृपालुता, उदारता, उपकार भावना: friendly ~ 5 आपूर्ति 6 (*also N Amer, esp. US* **~s**) रेलगाड़ी, विमान आदि में आरक्षित स्थान 7 समझौता या समझौता करने की प्रक्रिया: come to an ~; being forced to reach an ~ with the rebels 8 सुविधा : a flat with all modern **~s**; for your ~;
dw/lw : **~s** /~शन्ज/*[pl.]*, *US* 1 आवास स्थान 2 रेलगाड़ी, विमान आदि में आरक्षित स्थान;
collocations: **~ address** किसी के पत्र आदि को पाने का निर्देशित पता (अपने निवास या स्थायी पते को छोड़कर, सुविधाजनक पता); **~ allowance** रिहायश भत्ता; **~ crank** समंजक क्रैंक; **~ ladder** जहाज के बाहर लगी सीढ़ी जिसकी मदद से जहाज से नाव या नाव से जहाज में चढ़ा-उतरा जा सकता है, पोत नाव; **~ train** सभी स्टेशनों पर रुकने वाली जनता रेलगाड़ी; **~ unit** आवास इकाई
accompaniment /अकंपनिमंट/ *n.* 1 किसी व्यंजन के साथ खाने या पीने योग्य पदार्थ: wine as a good ~ to fish dishes 2 संलग्न वस्तु 3 मुख्य स्वर के साथ संगत, उपवादन: songs with piano ~ 4 किसी घटना के साथ-साथ होने वाली दूसरी घटना: high blood pressure is a common ~ to heart attack;
p&i: **to the ~ of sth** 1 किसी वाद्य की संगत में गायन 2 एक कार्य का दूसरे कार्य के साथ-साथ हो.: a speech to the ~ of loud cheers
accompa\ny /अकंप\नि/ *v., pt.* **~nied**, *pp* **~nying**, *s/he/it* **~nies** 1 (***syn.*** add) जोड़ना या साथ जुड़ना: **~ny** a text book with illustrations/CD; the explanations are **~nied** with examples 2 किसी के साथ चलना या जा.: **~ny** a friend on the trip 3 साथ-साथ हो. या घटना 4 स्वर संगत दे.: **~ny** a singer on the piano;
dw/lw: **~nying** /~निंग/ *adj.* साथ-साथ होने वाला, संलग्न, साथ का: ~nying element; ~nying artillery/ tanks; ~nying fire; **~nyist**/ **~nist** /~निस्ट/ *n.* संगीत में संगतकार, संगतिया, संगत करने वाला
accomplice /अकंप्लिस/ *n. law* सह-अपराधी, अपराध में साथ देने वाला
accomplish /अकंपलि\श/*v. pt.* **~ed**, *pp* **~ing**, *s/he/it* **~es** 1 कार्य पूरा क.: how did you ~ this?; ~ a task/ a promise; the mission is **~ed** 2 समापन क., संपन्न क., पूरा क.: ~ a distance; he **~ed** 70 years 3 (***syn.*** achieve) कुछ करने में सफल हो.: ~ a feat 4 और बढ़िया या दोषमुक्त बनाना;
dw/lw: **~able** /~लेबल/ *adj.* जिसे संपूर्ण किया जा सके, संपन्न करने योग्य, संपूर्णीय, साध्य; **~ed** /~शीट/ *adj.* 1 कला, संगीत या लेखन आदि में दक्ष, कुशल, प्रवीण, पारंगत: ~ed musician/ artist/ actor/ chef 2 पूरा किया हुआ, समाप्त, संपन्न 3 सुसंस्कृत, गुण संपन्न; **~ment** /~अशमंत/ *n.* 1 (***syn.*** achievement) उपलब्धि, सफलता, सिद्धि, प्राप्ति: a man of many ~ments 2 कला, संगीत, लेखन आदि में दक्षता, प्रवीणता: good marksmanship is not only a manly ~ment 3 निष्पादन, संपादन, समापन, संपूर्णता
accord /अकॉः\ड/ *n.* 1 मेल, मतैक्य, सहमति: with one ~ (एक राय से); be of one ~; bring into ~ 2 सहमति या समझौता: ~ payment; peace ~ 3 समरसता, सहचलन: be in ~; true ~ of hearts;
v., pt. **~ed**, *pp* **~ing** 1 सहमत, एकमत या समरस हो.: ~ with sb/ sth 2 मेल खाना: his conduct and his principles do not ~ well together 3 प्रदान क., सम्मान दे.: ~ due honour; ~ a warm/ hearty welcome; be **~ed** wide recognition;
dw/lw: **~ance** /~डंस/ *n.* 1 अनुरूपता, अनुकूलता, अनुसारता: in ~ance with sth 2 सहमति, समरसता 3 प्रदान करने की क्रिया: the ~ance of a privilege;
p&i: **be in** ~ एक मत हो.; **bring into** ~ मेल कराना; **in ~ with sth/sb** किसी बात या व्यक्ति के अनुसार या अनुरूप; **in ~ance with sth** किसी तथ्य या बात के अनुरूप; **of one's own** ~ अपने आप, स्वतः; **on one's own** ~ स्वेच्छा से, अपनी मर्जी से; **with one** ~ एक राय या मत से
according /अकॉःडिं\ग/ *adv.* (*usually* **~ to sb**) के अनुसार, के अनुरूप: ~ to my doctor ...; live ~ to one's principles;
dw/lw: **~ly** /~ग्लि/ *adv.* 1 (***syn.*** therefore) अतः, इसलिए 2 तदनुसार: act ~ly 3 यथा संभव, उचित रूप से, यथा साध्य;
collocations: **~ as** *phr. conj.* 1 जैसा कि: you may either go or stay ~ as you decide 2 जितना, उतना: pay ~ as one is able (जितना कोई दे सकता है, उतना दे); **~ to** 1 के अनुसार,

तदनुसार: ~ to rule 2 के अनुरूप: ~ to age 3 किसी के मत, कथन, कार्य आदि के अनुसार, के अनुरूप: ~ to promise 4 स्थिति या घटनाओं आदि के अनुसार: act ~ to the situation 4 के आधार पर: accept ~ to proof;

***p&i:* ~ to one's lights** अपनी समझ से;

work from one ~ to one's ability, reward ~ to the work done हर एक से काम लिया जाए उसकी योग्यता या क्षमता के अनुसार और उसे फल दिया जाए उसके काम के अनुसार; **work from one ~ to one's ability, reward to one ~ to one's need/s** हर एक से काम लिया जाए उसकी योग्यता या क्षमता के अनुसार और उसे फल दिया जाए उसकी जरूरतों के अनुसार

accordion /अकॉ:डिअ\न/ (*also* **piano** ~) *n.* हारमोनियम जैसा एक बाजा, आरगन बाजा;

***dw/lw:* ~ist** /~निस्ट/ *n.* अकॉर्डिअन वादक

accost /अकौस्ट/ *US* अकाःस्ट/ *v., pt.* **~ed**, *pp* **~ing** 1 पीछा करते-करते पास आकर बदतमीजी से बात क., छेड़ना 2 विक्रय प्रतिनिधियों आदि द्वारा अनुचित ढंग से लुभाया जाना

accouchement /अकूशमां/ *n., Fr.* प्रसव, प्रसूति, सौरी, बच्चा जनने की अवस्था

accouch\eur /ऐकूशः/ *n., Fr.* प्रसावक, पुरुष धाय;

***dw/lw:* ~euse** /ऐकूशःज/ *n., Fr.* प्रसाविका, धाय, दायी

account /अकाउंंट/ *n.* 1 हिसाब, लेखा-जोखा: statement of ~; keep ~ of sth; take an ~ of sth; learn **~s**; give/ render ~ (हिसाब दे.) 2 (*abbr.* **a/c**) बैंक खाता: open/ close an ~ with; ; adjust **~s**; bank ~; joint ~ ; current ~ (चालू खाता); saving ~ (बचत खाता); deposit ~ (जमा खाता); loan ~ (उधार खाता) 3 नियमित खातेधारी: the agency has lost several of its regular **~s** 4 ई-मेल खाता: e-mail ~ 5 वर्णन, विवरण, वृत्तांत, बयान: by all **~s** (लोगों के विवरण के अनुसार); full ~ of the incident; send in an accurate ~ of sth; newspaper ~; trust sb's ~ 6 महत्त्व: not to hold in much ~ (खास महत्त्व न दे.); of good/ much/ high ~; of no ~; of small ~; make little ~ of sb/ sth; he is of small ~ here 7 कारण : on no ~; on sb's ~; on this ~ 8 आधार, कारण: on what ~? 9 (***syn.*** explanation) विचार, सिद्धांत आदि का स्पष्टीकरण: the Biblical ~ of the creation of the world 10 लाभ, फायदा, हित: find one's ~ in sth; turn sth to one's ~;

v., *pt.* **~ed**, *pp* **~ing** 1 हिसाब रखना या क. 2 लेखा-जोखा रखना, हिसाब दे.: he **~ed** for the money; he **~ed** for five of the enemy (उसने पांच दुश्मनों का काम तमाम किया) 3 जिम्मेवारी हो., के लिए जिम्मेवार हो.: he will ~ for his crime 4 स्पष्टीकरण दे.: ~ for one's absence/one's being late; ~ for his behaviour; that **~s** for it (यही तो बात है) 5 वृतांत दे. 6 महत्त्व दे. 7 मत रखना या हो.: in law a person is **~ed** innocent until proved guilty; I ~ him a hero; he was **~ed** to be guilty;

***dw/lw:* ~ability** /~टअबिलअटि/ *n.* दायित्व, जिम्मेवारी, जवाबदेही; **~able** /~टअबल/ *adj.* किसी कार्य के लिए उत्तरदायी या जिम्मेवार, जवाबदेह: be ~able for one's actions; be ~able to sb for the money one spends; **~ancy** /~टंसि/*(US* **~ing)** *n.* हिसाब-किताब का हुनर, बही-खाता कार्य, लेखा-विद्या, लेखा-विधि, लेखा-कर्म, मुनीमी; **~ant** /~टंट/ *n.* लेखाकार, लेखापाल, मुनीम: ~ant general (महालेखाकार); ~ant branch; ~ant's office; **~-book** *n.* बही-खाता, लेखा-बही; **~ing** /~टिंग/ *n.* 1 = **~ancy** 2 लेखाकर्म 3 लेखा, हिसाब-किताब: ~ing machine; **~s** /~ट्स/*n* हिसाब-किताब, लेखा-जोखा, खाता;

***collocations:* ~ cost** लागत लेखा; **~ executive** खातेधारियों के साथ काम करने वाला अधिकारी; **~ holder** लेखाधारी, खाताधारी; **~ keeping** लेखा-पालन, लेखा-जोखा (हिसाब) रखने का काम; **~ payee** आदाता लेखा, प्राप्तकर्ता के खाते के लिए; **~s payable** कंपनी की देनदारी; **~s receivable** कंपनी की लेनदारी;

advance ~ अग्रिम राशि लेखा या खाता; **cash ~** रोकड़ बही; **checking ~** खाते की जांच-पड़ताल का काम; **closed ~** बंद खाता; **dead ~** निष्क्रिय खाता; **dormant ~** अक्रिय खाता; **the great ~ = Doom's day** कयामत का दिन, अंतिम न्याय का दिन;

***p&i:* ~ for debts and credits** जमा-खर्च का हिसाब रखना; **~ for sb/ sth** 1 किसी के साथ क्या हुआ आदि के बारे में सूचना रखना या प्रस्तुत क., स्पष्टीकरण दे.: all passengers ~ed for 2 किसी को हराकर खत्म क.: the anti-aircraft guns ~ed for five enemy bombers 3 हिसाब दे.; **~ for sth** 1 किसी बात के लिए जिम्मेवार हो., जवाबदेह हो., उत्तरदायी हो. 2 हिसाब दे, हिसाब चुकता क. 3 स्पष्टीकरण दे. 4 का एक निश्चित अनुपात में हिस्सा हो.: the Indian market ~ for 25% for the company's profits; **~ for sth to sb** प्राप्त राशि के खर्चे का हिसाब किसी को दे.; **bring/ call sb to ~** किसी को जवाबदेह ठहराना; **by/ from all accounts** सभी के वृत्तांत या मतानुसार; **by your own ~s** आपके अपने मतानुसार या वृत्तांत के अनुसार; **find one's ~** लाभ उठाना; **for ~ of** की ओर से; **give ~ of oneself** योग्यतापूर्वक कार्य सिरे चढ़ाना; **give an ~ of one's absence** अपनी अनुपस्थिति के बारे में स्पष्टीकरण दे.; **he cast up ~** उसे उलटी आ गई; **hold sb to ~** किसी को जिम्मेवार ठहराना; **lay one's ~ with** किसी पर भरोसा क.; **leave sth out of ~** कोई बात बिना विचार किए छोड़ दे., किसी बात को महत्त्वहीन या तुच्छ समझकर नजरंदाज क.; **make an ~ of** मूल्यांकन क.; **of great ~** महत्त्वपूर्ण; **of no/ little ~** महत्त्वहीन, गौण; **on ~** उधार पर, बाद में चुकती; **on ~ of sth** किसी बात के कारण; **on one's own ~ = on one's own ~** 1 अपने खर्चे और जोखिम पर 2 अपनी मर्जी से; **on no ~/ not on any ~** किसी हाल/ सूरत में भी नहीं, हरगिज नहीं; **on sb's ~** किसी के कारण या किसी की इच्छाओं के कारण; **on this/ that ~** इस या उस बात के कारण; **profit and loss ~** लाभ-हानि खाता; **put/ turn sth to good ~** किसी चीज का अच्छा उपयोग क.; **send sb to his ~** किसी को मार डालना; **settle/ pay an ~** लेखा-जोखा पूरा क, हिसाब चुकता क.; **settle/ square ~s with sb** 1 किसी के साथ हिसाब चुकता 2 किसी से बदला लेना; **take into ~/ be called to one's ~/ go to one's ~/ hand in one's ~s** मर जाना; **take sth into ~/ take ~ of sth** ध्यान में रखना, फैसला करते समय ध्यान में रखना; **there is no ~ing for tastes** काम सब का, स्वाद अपना-अपना; **turn sth to good ~** किसी बात का अच्छा उपयोग क., से लाभ उठाना

accoutre /अकूटः\/ (*US* **accouter**) *v., pt.* **~d**, *pp* **accoutring** 1 वस्त्र पहनाना 2 सजाना, सज्जित क. 3 वस्त्र-शस्त्र से लैस क.;

***dw/lw:* ~ments** /~मंट्स/ *n., [pl.]* 1 उपकरण, पोशाक, वर्दी, कपड़े 2 साजो-सामान, साज-सज्जा, लवाजामात 3 सैनिक उपकरण व परिधान (हथियारों को छोड़कर)

accredit /अक्रेडिट/ *v., pt.* **~ed**, *pp* **~ing** 1 मान्यता प्रदान क., का अधिकार दे.: he was **~ed** to the chairman 2 (***syn.*** give credentials to) किसी को किसी पद के लिए चुनना या नियुक्त या अधिकृत क.: he was **~ed** at Moscow 3 (***syn.*** certify) स्तर प्रमाणित क., प्रामाणिक ठहराना: good for nothing private universities should not be **~ed** to NAAC 4 विश्वास करना या क.: **~ed** his tale 5 (***syn.*** attribute) के नाम करना या बताना, को श्रेय दे.: he was **~ed** with this poem/this poem was **~ed** to him 6 गुणवत्ता का आश्वासन दे.;

***dw/lw:* ~ation** /~टेशन/ *n.* 1 मान्यता, प्रत्यायन, नियुक्ति 2 स्तर का प्रमाणीकरण: a letter of ~ation 3 गुणवत्ता का आश्वासन; **~ed** /~टिड/ *adj.* 1 आधिकारिक मान्यता-प्राप्त, अधिकृत: ~ed journalists 2 आधिकारिक रूप से उचित स्तर का घोषित: ~ed

school/ university/ course 3 जांच-सिद्ध, प्रमाण-सिद्ध: ~ed milk;
p&i: **~ sb to/ at a place** किसी व्यक्ति को कहीं पर आधिकारिक प्रतिनिधि (राजदूत आदि) बनाकर भेजना; **~ sth to sb/ ~ sb with sth** किसी को किसी बात का श्रेय दे.

accre\te /अक्री\ट/ *v., pt.* **~ted**, *pp* **~ting** 1 बढ़ना या बढ़ाना 2 साथ-साथ बढ़ना, इकट्ठा हो. या क., जुड़ जा.;
adj. सहवर्धित, सहविकसित;
dw/lw: **~tion** /~शन/ *n., formal or tech.* 1 वृद्धि 2 विकास, उन्नति 3 बढ़ाया या जोड़ा हुआ अंश, जोड़ 4 विस्तार: ~tion of power; ~tion of territory 5 (***syn.*** accession) क्षेत्रीय जुड़ाव; **~tive** /~टिव/ *adj.* 1 सहवर्धी 2 क्षेत्रीय रूप से जुड़ा हुआ

accrual /अक्रुअल/ *n.* 1 उपार्जन: ~ of interest 2 बढ़ोतरी, विस्तार 2 संभूति 3 प्राप्ति

accrue /अक्रू/ *v., pt.* **~d**, *pp* **accruing** 1 उपार्जित हो.: **~d** interest 2 (***syn.*** accumulate) बढ़ना, इकट्ठा हो.: ~ debts; **~d** a number of antique coins 4 प्राप्त हो जा., किसी को मिलना, किसी के हिस्से में आ जा.: ~ a right

ACCU *abbr.* 'Asia-Pacific Cultural Centre of UNESCO (Tokyo)' की प्रथमाक्षरी

accultura\tion /अकल्चअरे\शन/ *n., mainly US* 1 भिन्न संस्कृति में अनुकूलन 2 सांस्कृतिक-सहवास 3 सांस्कृतिक सह-अस्तित्व;
dw/lw: **~te** /~ट/ *v., pt.* ~ted, *pp* ~ting 1 सांस्कृतिक-सहवास क. 2 सांस्कृतिक सह-अस्तित्व में रहना

accumbent /अकमबंट/ *adj.* 1 पड़ा हुआ 2 शयित 3 लेटा हुआ

accumulable /अक्यूमुलेबल/ *adj.* संग्रहीत करने योग्य, संग्रह-योग्य, संग्राह्य, संचेय

accumula\te /अक्यूमुले\ट/ अक्यूमअले\ट/ *v., pt.* **~ted**, *pp* **~ting** 1 (***syn.*** amass) जमा क., संचय या संग्रह क., एकत्र क.: **~te** fortune 2 (***syn.*** get collected) जमा हो., संचय या संग्रह हो., एकत्रित हो.: have **~te** a lot of books 3 (***syn.*** build up) अंबार लगना, ढेर लगना: debts began to **~te**;
dw/lw: **~ted** /~टिड/ *adj.* जमा हुई (राशि), संचित, पुंजित; **~tion** /~शन/ *n.* 1 संचय, जमा राशि आदि: primitive ~tion 2 अंबार, ढेर, पुंज 3 संग्रह: ~tion of scientific data 4 केंद्रीयकरण: ~tion of power; **~tive** /~टिव/ *adj.* 1 बढ़ने या इकट्ठा होने वाला, वर्धनशील: ~tive formations 2 संचयी, संचयशील 3 कुल 4 धन-लोलुप; **~tor** /~टः/ *n.* 1 संचयन-यंत्र, संचायक 2 (*US* **storage battery)** बैटरी, अकम्युलेटर 3 *horse racing* (*also* **~tor bet)** चार या चार से अधिक घोड़ों पर बाजी 4 *comput.* कंप्यूटर स्मृति-पटल का एक भाग

accura\cy /ऐक्यु\रसि/ ऐक्य\रसि/ *n., pl.* **~cies** 1 शुद्धता, परिशुद्धता 2 (***syn.*** correctness) औचित्य, उचितता: **~cy** of reading 3 यथार्थता 4 (***syn.*** exactness) सहीपन: the task was executed with the greatest possible **~cy** 5 (***syn.*** preciseness) निशानेबाजी में सही बिंदु पर लगने की क्रिया: **~cy** of fire; **~cy** of hits; **~cy** table;
dw/lw: **~te** /~रिट/ *adj.* (***syn.*** inaccurate) शुद्ध, सही, उचित, त्रुटिहीन, नपा-तुला: ~te within 0.001; ~te fire; ~te to dimension; **~ly** /~रिटलि/ (***anton.*** inaccurately) *adv.* सही ढंग से; **~teness** /~रिटनिस/ *n.* औचित्य

accur\se /अकः\स/ *v., pt.* **~sed**, *pp* **~sing** अभिशापित क., शाप दे., बददुआ दे.;
dw/lw: **~sed** /~सिड/ (*also* **accurst**) *adj., colloq.* 1 अभिशप्त, अभिशापित, शापग्रस्त 2 घिनौना, जघन्य, अभागा; **~sedly** /~सिडलि/ *adv.* अभिशप्त रूप में, घिनौने तरीके से

accusa\tion /ऐक्युजे\शन/ *n.* 1 आरोप, इल्जाम: not believe sb's wild **~tions** against everybody 2 दोषारोपण, अभियोग: bring an **~tion** against sb; be under an **~tion** of ...; swear an **~tion** against sb;
dw/lw: **~tional** /~शनल/ *adj.* दोषारोपण संबंधी; **~tive** /ऐक्युजअटिव/ (*abbr.* **acc./ accus.**) *gramm. n.* कर्म कारक; **~tive** *adj.* कर्म कारक-संबंधी; **~tival** /ऐक्युजअटिवल/ *adj.* कर्म-कारकीय; **~torial** /~टॉरिअल/ *adj.* आरोपण से संबंधित; **~tory** /~टरि/ऐक्युजअटरि/ *adj.* 1 दोषारोपक 2 अभियोगात्मक

accu\se /अक्यू\ज/ (*usually* **~se sb of sth**) *v., pt.* **~sed**, *pp* **~sing** आरोप लगाना, दोष लगाना;
dw/lw: **~ser** /~जः/ *n.* दोष या आरोप लगाने वाला, अभियोक्ता, अभियोक्त्री, फरियादी; **~sed** /~ज्ड/ *n.* दोषारोपित, अभियुक्त, मुलजिम: stand ~sed; the ~sed has pleaded guilty; **~sing** /~जिंग/ *adj.* 1 दोष देने वाली: an ~sing look/ finger/ tone 2 दोषारोपण करने वाला, अभियोक्ता, अभियोक्त्री 2 फरियादी

accustom /अकस्ट\म/ (*usually* **~ sb/ oneself to sth**) *v., pt.* **~ed**, *pp* **~ing** 1 का आदी हो. या बना ले. 2 अभ्यस्त हो.: ~ oneself to sth/ to doing sth;
dw/lw: **~ed** /~म्ड/ *adj.* 1 (***syn.*** used to) आदी, अभ्यस्त: ~ed to sth/ doing sth; he is ~ed to getting up early 2 (***syn.*** habitual) सामान्य, आदतन: he spoke with ~ed ease;
p&i: **~ oneself to sth** किसी चीज का आदी हो जा.

ACD *abbr.* 'anti-collision device', 'anti-corruption department', 'Asia Cooperation Dialogue' की प्रथमाक्षरी

AC/ DC/ ac/ dc *abbr. elec.* 'alternating current/ direct current' की प्रथमाक्षरी;
adj., *sl.* उभयलिंगी

ACE *abbr.* 'Academy of Culinary Education', 'Advanced Career Education', 'Alumni Counselling & Empowerment', 'American Council on Education', 'angiotensin converting enzyme', 'Army Centre of Education', 'Association of Computer Enthusiasts' की प्रथमाक्षरी

acdysiasm /अक्डाइसिअज्म/ *n., psychol.* कपड़े उतारते समय नृत्य करने की प्रवृत्ति

ace /एस/ *n.* 1 (ताश का) इक्का: the ~ of trumps; trump sb's ~ 2 टेनिस का (सर्विस) शॉट जिसका जवाब देने में दूसरा खिलाड़ी असमर्थ रहता है 3 पारंगत वायुसैनिक अधिकारी जिसने दुश्मन के कई लड़ाकू विमान मार गिराए हों 4 रत्ती भर, थोड़ा-सा (a small measure): bate an ~ (रत्ती भर रियायत कर दे.); not to bate an ~;
adj. बहुत अच्छा, प्रवीण. कुशल, पारंगत;
v., *pt.* **~d**, *pp* **acing** खेल में अंक प्राप्त क.;
collocations: **~ player/ salesman** श्रेष्ठ खिलाड़ी या विक्रेता; **the ~ of ~s** श्रेष्ठ लोगों या वस्तुओं में सर्वोत्तम;
p&i: **an ~ up one's sleeve/ ~ in the hole** तुरुप चाल, छिपी चाल या गुप्त योजना, छिपा अस्त्र; **have an ~ up one's sleeve** वैकल्पिक चाल छिपाकर तैयार रखना; **he was within an ~ of telling her everything** वह उसे सब कुछ बताने ही वाला था; **hold all the ~s** आसानी से जीतने की स्थिति में हो.; **play one's ~** जीत के लिए अंतिम चाल चलना या ब्रह्मास्त्र दागना; **within an ~ of sth/ of doing sth** किसी काम को पूरा करने के बहुत करीब हो.: came within an ~ of winning

acedia /असीडिआ/ (*also* **accidie** or **accedie** /ऐक्सीडि/ *n.* अपने प्रति उदासीनता

Aceldama /अकेल्डअमा/ *n., Bible* हिंसा-स्थल, रक्तपात-स्थान, संहार-स्थल, वध-स्थल

acellular /असेल्यूलः/ *adj.* अकोशीय, कोशिका रहित

acentric /असेंट्रिक/ *adj.* अकेंद्रिक, विकेंद्रित

acephalous /असेफअलस/ *adj.* बिना सिर वाला, अशीर्षी 2 नेतृत्वहीन 3 प्रारंभ या शुरूआत का अभाव

acer /एसः/ *n.* सुंदर पत्तों के लिए उगाया जाने वाला पेड़ या पौधा

acerbate /ऐसःबेट/ *v., pt.* **~d**, *pp* **acerbating** 1 (***syn.*** embitter) कटु बनाना, कड़वाहट से भर दे. 2 (***syn.*** vex) तंग क.,

चिढ़ाना

acerbi\c /असःबि\क/ *adj.* कटु, कड़वाहट-भरा, तीखा;

dw/lw: **~ty** /~टि/ *n.* 1 कड़वाहट, तीखापन 2 अम्लता, खट्टापन, तिक्तता 3 कसाव, कसैलापन 4 *fig.* कटुपन, कटुता

ACES *abbr.* 'Asia Cellular Satellite' की प्रथमाक्षरी

acetaminophen /असीटअमिनअफेन/ *n., med.* = paracetamol

ace\tate /ऐसिटेट/*n.* 1 सिरके के तेजाब से बना लवण 2 सिरके के तेजाब से बना प्लास्टिक बनाने में प्रयुक्त रसायन 3 ओवर-हेड प्रोजेक्टरों में प्रयुक्त होने वाला पारदर्शी शीट

ace\tate/ ~tic /ऐसि\टेट/ ~टिक/ *adj.* सिरके का, खट्टा;

dw/lw: **~tify** /असेटिफाइ/ *v., pt.* ~tified, *pp* ~tifying सिरका बनाना या तैयार क.;

collocations: **~tic acid** सिरके का तेजाब

acetone /ऐसिटोन/ *n.* एक साफ द्रव जिसे सफाई पदार्थों, रोगन, गाढ़े द्रवों को पतला करने आदि में प्रयोग किया जाता है

acetylene /असेटअलीन/ *n.* अत्यधिक चमकदार लौ से जलने वाली गैस जिसे धातुओं को काटने या जोड़ने में प्रयोग किया जाता है

ACF *abbr.* 'Asian Carom Federation', 'Assistant Conservator of Forests' की प्रथमाक्षरी

ACG *abbr.* 'All Condition Gear' की प्रथमाक्षरी

ACHA *abbr.* 'Association for Commercial Harmony in Asia' की प्रथमाक्षरी

ac\he /एक/ *n.* दर्द, पीड़ा : have an **~he**; give an **~he**;

v., *pt.* **~hed**, *pp* **~hing** 1 (***syn.*** hurt) लगातार हल्का-हल्का दर्द हो., पीड़ा हो.: tooth **~hes** 2 (***syn.*** long for) किसी चीज या बात के लिए तड़पना: **~he** for sth (किसी बात के लिए तड़पना); his body **~hed** for a rest; **~he** for home; **~he** to see sb;

dw/lw: **~hing** /एकिंग/ *adj.* पीड़ाजनक, पीड़ादायक : ~ing tooth; **~y** /एकि/ *adj., degr.* **~hier**, **~hiest** पीड़ाजनक, पीड़ादायक, दर्दीला;

p&i: **~hing void** मन का दर्दनाक खालीपन;

do sth with an ~hing heart टूटे दिल से कोई काम क.; **my heart ~hes** मेरे दिल में टीस उठती है; **it makes my heart ~he to see him** उसे देखकर मेरे मन टीस उठती है

achievable /अचीवअबल/ *adj.* (***anton.*** un~) प्राप्य, प्राप्त करने योग्य

achie\ve /अची\व/ *v., pt.* **~ved**, *pp* **~ving** 1 (***syn.*** succeed) सफलता पाना 2 (***syn.*** accomplish) प्राप्त क., हासिल क. 3 संपन्न क. 4 (***syn.*** attain) उपार्जित क.: **~ve** one's purpose/ aim/ end/ object/ ambition; his words **~ved** their object;

dw/lw: **~ver** /~वः/ *n.* सफल व्यक्ति, उपलब्धि पाने वाला व्यक्ति; **~vement** /~वमंट/ *n.* 1 प्राप्ति, उपलब्धि: be proud of one's heroic ~vements 2 सफलता: ~vement sheet 3 महत्त्वपूर्ण उपलब्धि: ~vements of science 4 सफल प्रयास: considerable ~vement;

collocations: **~vement age** समसामयिक लोगों की तुलना में किसी व्यक्ति की शैक्षिक सफलताओं का स्तर; **~vement quotient** (*abbr.* **AQ**) उम्र और सफलता पाने की अवस्था का अनुपात;

p&i: **~ a victory/ distinction/ aim/ fame/ prosperity/ success** विजय/ विशिष्टता/ लक्ष्य/ प्रसिद्धि/ समृद्धि/ सफलता हासिल क.

Achilles /अकिलीज/ *n., Gr. myth.* यूनानी पौराणिक गाथा इलियाड (Homer's epic *Iliad*) का नायक अकील;

dw/lw: **Achillean** /अकीलिअन/ *adj.* अकील से संबंधित, अकील की;

collocations: **Achilles heel** /अकिलीज हील/ or **the heel of ~** मर्म स्थल, मर्मांग, कमजोरी, दुर्बल स्थान; **Achilles spear** जो दर्द भी देता है और दवा भी; **Achilles tendon** *anat.* टखने का जोड़ जो पिंडलियों की मांस पेशियों को एड़ी की हड्डी से मिलाता है

aching/achy *see above under* **ache: *dw/lw***

achondroplasia /एकौंड्रोप्लेजिया/ *US* एकांड्रो-/ *med. n.* एक विशेष प्रकार का बौनापन जिसमें हाथ और टांगें अत्यधिक छोटी होती हैं और सिर व धड़ सामान्य आकार के होते हैं

achromat/ achromatic lens *n., image, tech.* रंगों की विकृति को कम करने का लेंस

achroma\tic /ऐक्रोमैटि\क/ *adj.* 1 वर्णहीन, अवर्ण, रंगविहीन 2 वर्णांध (colour-blind);

dw/lw: **~ticity/ ~tism** /~सिटि/ ~ज्म/ *n.* रंग विहीनता, वर्णहीनता, अवर्णता, वर्णांधता; **achromica** /ऐक्रोमिका/ *n.* अवर्णता

achronic /ऐक्रौनिक/ *US* ऐक्राःनिक/ *adj.* अकालिक, काल रहित

achy /एकि/ *adj. see above under* **ache: *dw/lw***

ACI *abbr.* 'Aero Club of India' की प्रथमाक्षरी

acicular /एसिक्यूलः/ *adj.* सूई जैसा, सूच्यकार, तेज

acid /ऐसिड/ *n., chem.* 1 अम्ल, तेजाब 2 कोई भी खट्टा पदार्थ 3 *sl.* (LSD) नशीली दवाइयां;

adj. 1 अम्लीय, तेजाबी 2 (***syn.*** sour) खट्टा 3 *geol.* अधिसिलिक 4 गाढ़ा, गहरा, शोख, भड़कीला 5 (***syn.*** sarcastic, cutting) तीखा, चिड़चिड़ा: ~ looks; ~ medium; ~ salt;

dw/lw: **~-drop** *n.* खट्टी-मिट्ठी गोली; **~-etching** /ऐसिड-ऐचिंग/ *n.* अम्ल उत्कीर्ण; **~-fast** *adj.* अम्ल सह; **~-head** *n. drug-taking, sl.* नशेड़ी, नशीली दवाइयों का व्यसनी, (LSD) एलएसडी-सेवी; **~ic** /असिडिक/ *adj.* 1 अति खट्टा: some fruit juices are very ~ic 2 अम्लीय, तेजाबी, अधिसिलिक; **~ification** /असिडिफिकेशन/ *n.* अम्लीकरण; **~ifier** /असिडिफायः/ *n.* अम्लक; **~ify** /असिडिफाइ/ *v., pt.* ~ified, *pp* ~ifying, *s/he/it* ~ifies तेजाब बनना या बनाना; **~igenic** /असिडिजीनिक/ *adj.* अम्लजनी; **~imeter** /असिडिमीटः/ *n.* अम्लमापी; **~imetery** /असिडिमीटरि/ *n.* अम्लमापन; **~ity** /असिडिटि/ *n., pl.* **~ities** अम्लता, तेजाबीपन, अम्लपित्त, खट्टास (अम्लता) से पैदा होने वाली पेट की खराबी; **~ly** /ऐसिड्लि/ *adv.* चिड़चिड़ाकर, चिढ़कर; **~osis** /ऐसिडोसिस/ *n., pathol.* ऐसा विकार जब रक्त में अम्ल की मात्रा बहुत ज्यादा हो जाती है, जैसे मधुमेह और गुर्दा-रोगों में; **~-radical** *adj.* अम्ल-मूलक; **~-resistant/ ~-proof** *adj.* अम्ल सह; **~ulate** /असिड्युलेट/ *v., pt.* ~ulated, *pp* ~ulating खट्टा बनाना, अम्लीकृत क., खटास उत्पन्न क.; **~ulated** *adj.* अम्लीकृत, खट्टास भरा, अम्ल जैसा, थोड़ा खट्टा; **~ulous** /असिड्युलस/ *adj.* 1 कुछ-कुछ खट्टा 2 बातचीत में कटु, कटाक्षपूर्ण;

collocations: **~ comment/ remark, etc.** कटाक्ष, ताना या कटु कथन, क्रूर टिप्पणी; **~ containing** अम्लधारी; **~ content** अम्ल-मात्रा; **~ estimation** अम्लता का अनुमान; **~ house/ Acid House** एक प्रकार का डिस्को संगीत जो रात भर की पार्टियों आदि में नशीले पदार्थों के सेवन की संगति में बजाया जाता है; **~ jazz** एक नृत्य संगीत जिसमें जैज (jazz), फंक (funk), सोल (soul) और हिप-हॉप (hip-hop) मिले रहते है; **~ rain** *ecol.* तेजाबी बारिश, हानिकारक पदार्थों की वर्षा; **~ rock** एक प्रकार का रॉक संगीत जिसमें इलेक्ट्रॉनिकी और वाद्य प्रयोग मिले रहते हैं; **~ test** 1 तेजाब द्वारा की जाने वाली परख 2 *fig.* कठिन परीक्षा, अग्नि परीक्षा, कड़ी परीक्षा, सख्त कसौटी;

p&i: **come the ~** 1 अहांकारपूर्वक पेश आना 2 कटाक्ष क., चुभने वाले ताने कसना; **put the ~ on sb** *Austral. & NZ colloq.* 1 उधार देने के लिए किसी पर दबाव डालना 2 औरत से अपमानजनक व्यवहार क.

acinus /ऐसिनस/ *n.* रसभरी

ACJM *abbr.* 'Additional Chief Judicial Magistrate' की प्रथमाक्षरी

ack-ack /ऐक-ऐक/ *adj., World War II sl. from* **anti-aircraft** विमान भेदी = **anti-aircraft fire** विमान भेदी तोपों से बमवर्षा

acknowled\ge /अक्नौलि\ज/ *US* अक्नाःलि\ज/ *v., pt.* **~ged**, *pp* **~ging** 1 स्वीकारना, मानना, कबूलना: **~ge** one's mistakes; this truth is universally **~ged** 2 पावती या प्राप्ति-सूचना दे., पावती या प्राप्ति स्वीकारना: **~ge** due (रसीदी, पावती) 3 नमस्कार कर या हैलो कहकर किसी की मौजूदगी को स्वीकारना 4 किसी की मदद आदि के लिए आभार मानना: **~ge** sb's kindness 5 (***syn.*** recognise) किसी की हैसियत, उपलब्धि या दावे को कबूलना;

dw/lw: **~ged** /~जड/ *adj.* 1 स्वीकार किया हुआ, स्वीकृत 2 प्राप्त 3 माना हुआ; **~gement** (*also* **acknowledgment**) /~जमंट/ *n.* 1 मान्यता, स्वीकृति, दावा स्वीकृति 2 रसीद, प्राप्ति सूचना: ~gement signal 3 आभार/ कृतज्ञता की अभिव्यक्ति: in ~gement of sth;

p&i: **~ge defeat** हार स्वीकार क.; **~ge one's mistake** अपनी भूल स्वीकारना, अपनी गलती मानना

ACL *abbr.* 'anterior cruciate ligaments', 'anti-collision lights', 'Asia Cybernet Limited' की प्रथमाक्षरी

aclinic /अकलिनिक/ *adj.* 1 जो नत न हो, जिसमें झुकाव न हो, अनत 2 लंबाकार: ~ line

ACLU *abbr.* 'American Civil Liberties Union' की प्रथमाक्षरी

ACME *abbr.* 'Acme Centre of Management Excellence' की प्रथमाक्षरी

acme /ऐकमि/ *n.* 1 उच्चतम बिंदु 2 (***syn.*** height) सर्वोच्च शिखर/ चोटी: reach the ~ of skill 3 चरमावस्था, पराकाष्ठा: ~ of a disease 4 उपलब्धियों की पराकाष्ठा: ~ of perfection

ACMMs *abbr.* 'Additional Chief Metropolitan Magistrate' की प्रथमाक्षरी

ACN *abbr.* 'Acronytry' का छोटा रूप

acne /ऐक्नि/ *n., pathol.* मुंहासा, मुहांसा: have ~

ACO *abbr.* 'Air Customs Officers', 'automatic cycle out' की प्रथमाक्षरी

acock /ऐकॉक/ *adv.* 1 सावधानी से 2 तिरछे मुंह से, अक्खड़पन से, ऐंठ दिखाते हुए

acolyte /ऐकअलाइट/ *n.* वेदी-सेवक, अनुचर, सहायक

aconite /ऐकअनाइट/ *n.* 1 मोहरी 2 बछनाग (poison)

ACORD *abbr.* 'Asian Centre for Organisation Research & Development' की प्रथमाक्षरी

acorn /एकॉःन/ *n.* बांजफल या बंजुफल, बलूत का फल: the ~-cup

acosmism /अकॉस्मिज्म/ *n.* अविश्ववाद

acoumeter /अकूमीटः/ *n.* श्रव्यतामापी

acoustic\/ ~al /अकूस्टि\क/ ~कल/ *adj.* 1 ध्वनिकृत, ध्वनि-जनित 2 ध्वनि संबंधी, ध्वनिक: ~ sounder 3 ध्वनि-अवरोधक (plaster) 4 ध्वनि-अवरोधन संबंधी 5 श्रवण संबंधी: ~ apparatus 6 ध्वनि-अवरोधक भवन-सामग्री संबंधी 7 श्रवण-शास्त्रीय;

dw/lw: **~ally** /~कलि/ *adv.* श्रवण या ध्वनिकरण के दृष्टिकोण से; **~ian** /~शिअन/ *n.* 1 ध्वनि-श्रवण शास्त्री 2 ध्वनि-श्रवण उपकरणों की मरम्मत करने वाला; **~s** /~क्स/ *n., [pl.]* 1 ध्वनि-विज्ञान, ध्वानिकी, ध्वानिकता 2 ध्वनि-गुण 3 (कमरे में) प्रतिध्वनि/ गूंज का अभाव या आधिक्य 4 श्रवण-गुण;

collocations: **~ coupler** *comput.* एक ऐसा उपकरण जिसके द्वारा टेलीफोन लाइनों के माध्यम से (बिना टेलीफोन से जुड़े अंकीय सूचनाएं कंप्यूटर के मोडेम को और मोडेम से वापस भेजी जाती हैं। इसी उपकरण द्वारा कंप्यूटर पर इंटरनेट काम करता है); **~ phonetics** उच्चारण विज्ञान की एक शाखा जिसके तहत ध्वानिकी और श्रवण प्रक्रियाओं के भिन्न-भिन्न पहलुओं का वैज्ञानिक अध्ययन किया जाता है

ACP *abbr.* 'American College of Physicians', 'amorphous calcium phosphate', 'Assistant Commissioner of Police', 'Assured Career Promotion' की प्रथमाक्षरी

ACPC *abbr.* 'Agricultural Costs and Prices Commission', 'Association of Coffee Producing Countries' की प्रथमाक्षरी

ACPO *abbr.* 'Association of Chief Police Officers' की प्रथमाक्षरी

acquaint /अक्वें\ट/ *v., pt.* **~ed**, *pp* **~ing** 1 परिचय करवाना/ देना/ हो., जान-पहचान कराना: we are **~ed** already 2 जानकारी दे., अवगत कराना: ~ oneself with the information/ the situation, one's duties; be fully **~ed** with sth;

dw/lw: **~ed** /~टिड/ *adj.* 1 परिचित, जाना-पहचाना 2 परिचित, अवगत

p&i: **~ sb with sth** किसी को किसी चीज या बात से अवगत कराना;

be/ become ~ed with sb किसी से परिचित हो., किसी के साथ जान-पहचान क. या हो.;

acquaintance /अक्वेंटंस/ *n.* 1 जान-पहचान, परिचय, जानकारी: make sb's ~/make the ~ of sb/to make ~ with sb (किसी से जान-पहचान या परिचय क.) 2 परिचित व्यक्ति, जिससे सरसरी तौर पर (दुआ-सलामी) परिचय हो, जान-पहचान वाला: bowing/nodding ~; speaking ~ 3 मुलाकाती: be but slight **~s** 4 ज्ञान, जानकारी: ~ with a language/a book;

dw/lw: **~ship** /अक्वेंटंसशिप/ *n.* जान-पहचान, परिचय;

collocations: **~ rape** जान-पहचान के व्यक्ति द्वारा किया जाने वाला बलात्कार;

p&i: **a nodding ~** दुआ-सलाम की जान-पहचान; **a speaking ~** औपचारिक जान-पहचान; **drop an ~/ scrape ~ with sb** किसी से संबंध खत्म कर ले.; **form a closer ~** अच्छी जान-पहचान कर ले.; **on first ~** पहली मुलाकात में; **renew sb's ~** किसी से फिर जान-पहचान या दोस्ती शुरू क.; **short ~ brings repentance** नई-नई दोस्ती मुसीबत में डाल सकती है; **strike up an ~** किसी से जान-पहचान कर ले.;

acquest /ऐक्वेस्ट/ *n.* 1 उपलब्धि, प्राप्ति 2 अर्जित धन 3 *law* खरीदी हुई या उपहार स्वरूप मिली हुई संपत्ति

acquie\sce /ऐक्वि\एस/ (*usually* **~ in/ to sth**) *v., pt.* **~sced**, *pp* **acquiescing** 1 मौन सहमति या स्वीकृति दे., चुपचाप स्वीकार कर ले. 2 बिना एतराज स्वीकार कर ले.;

dw/lw: **~scence** /~एसंस/ *n.* बिना एतराज सहमति, मौन स्वीकृति; **~nt** /~एसंट/ *adj.* राजी, सहमत; **~scently** /~एसंटलि/ *adv.* राजी होते हुए, मौन सहमति के साथ

acquirable /अक्वाइअबल/ *adj.* प्राप्त किया जाने योग्य, प्राप्तव्य, प्राप्य

acquire /अक्वायः\/ *v., pt.* **~d**, *pp* **acquiring** 1 प्राप्त क.: ~ friends; ~ currency; ~ a reputation for honesty 2 ज्ञान या हुनर हासिल क.: ~ distinction;

dw/lw: **~d** /~ड/ *adj.* (≠ genetic) प्राप्त किया हुआ, संक्रमण आदि से मिला हुआ, अर्जित: ~d taste समय के साथ विकसित स्वाद; **~ment** /~मंट/ *n.* परिश्रम और विशेष प्रयासों द्वारा विकसित कौशल, हुनर या गुण आदि (जन्मजात गुण आदि के विपरीत);

collocations: **~d character/ characteristic** प्राप्त (≠ genetic) विशेषता; **~d immune deficiency/ immunodeficiency syndrome** (*abbr.* AIDS) प्राप्त (संक्रमण से मिले) रोग-प्रतिरोध अक्षमता लक्षण; **~d immunity** प्राप्त रोग-प्रतिरोध क्षमता;

p&i: **~ bad name** बदनाम हो.; **~ gain momentum** जोर पकड़ना

acquisible /अक्विजीबल/ *adj.* 1 प्राप्त या अर्जित करने योग्य 2 अधिग्रहीत करने योग्य

acquisition /ऐक्विजिशन/ *n.* 1 सीखने या अर्जित करने की प्रक्रिया:

~ department 2 अर्जन, प्राप्ति: this picture is one of my recent **~s** 3 खरीद: ~ of shares 4 अधिग्रहण, कब्जा: ~ of land 5 उपलब्धि, सिद्धि: he is a valuable ~ to the team

acquisitive /अक्विजअटिव\/ *adj.* 1 कुछ अर्जित या प्राप्त करने को आतुर, अर्जनशील, संग्रहणशील: ~ mind (ज्ञान-पिपासु, जिज्ञासु मन) 2 लोभी, लालची, धन-लोलुप: the ~ instinct;

***dw/lw:* ~ly** /~लि/ *adv.* अर्जित करते हुए; **~ness** /~नेस/ *n.* 1 अर्जनशीलता, संग्रहणशीलता 2 लोभ, धन-लोलुपता आदि की प्रबल प्रवृत्ति

acquit /अक्वि\ट/ (*often* **~ sb of sth**) *v., pt.* **~ted**, *pp* **~ting** 1 (***anton.*** convict) दोषमुक्त ठहराना, बरी क., छोड़ देना, रिहा क.: he was **~ted** of the crime 2 (**~ oneself well/ badly**) 2.1 परीक्षा आदि में अच्छा या खराब परिणाम लाना: ~ oneself brilliantly in the exams 2.2 अच्छा या बुरा बर्ताव क., अच्छी या बुरी तरह पेश आना: ~ oneself of one's duties well/ ill; ~ oneself well/ ill; ~ oneself like a man 3.1 हिसाब चुकता क.: ~ evil for evil 3.2 वायदा पूरा क.: ~ oneself of a promise;

dw/lw:* ~tal** /~टल/ *n.* 1 (anton.*** conviction) दोषमुक्ति, दोष मोचन, रिहाई, छुटकारा 2 कर्तव्य-पालन; **~tance** /~टंस/ *n.* 1 ऋण-मुक्ति, चुकौती, ऋण से छुटकारा, भुगतान 2 = **~tal** छुटकारा, रिहाई, मुक्ति 3 रसीद, पावती, भरपाई 4 वेतन चिट्ठा, भुगतान चिट्ठा; **~ted** /~टिड/ *adj.* दोषमुक्त, बरी, विमुक्त;

***p&i:* ~ oneself** अपने आप को सिद्ध क.: ~ted themselves with distinction (उसने बखूबी अपने कर्त्तव्य का पालन किया यानी अपनी योग्यता सिद्ध की)

ACR *abbr.* 'Analytic and Computational Research', 'American College of Radiology', 'Annual Confidential Report' की प्रथमाक्षरी

ACRE *abbr.* 'Advisory Committee on Releases to the Environment' की प्रथमाक्षरी

acre /एकअ(र)/ एकड़/ *n.* 1 एकड़, भूमि-मापन की इकाई, 4840 वर्ग गज या लगभग 4050 वर्ग मीटर 2 *colloq., loosely* लंबा-चौड़ा क्षेत्र: each house has **~s** of space around it;

***dw/lw:* ~age** /एकड़िज/ *n.* 1 एकड़ों में क्षेत्रफल, रकबा 2 प्रति एकड़ (लगान);

***p&i:* God's Acre** गिरजे का कब्रिस्तान

acrid /ऐक्रि\ड/ *adj.* 1 (***syn.*** pungent) तीखा, तिक्त, तीक्ष्ण 2 चरपरा 3 कटु, कड़वा;

***dw/lw:* ~ity/ ~ness** /~डिटि/ ~डनेस/ *n.* तीखापन, तिक्तता, कटुता, चरपराहट, कड़वाहट; **~ly** /~डलि/ *adv.* कटुतापूर्वक

acrimonious /ऐक्रिमोनिअस\/ *adj.* 1 क्रोधाभिभूत, क्रुद्ध 2 प्रचंड, उग्र 3 (***syn.*** bitter) कटु, कड़वाहटपूर्ण;

***dw/lw:* ~ly** /~लि/ *adv.* कटुतापूर्वक, रुखाई से; **~ness** /~नेस/ *n.* उग्रता, कटुता, प्रचंडता, रूखापन

acrimony /ऐक्रिमनि/ *n.* 1 कटुता, कड़वाहट, रुखाई 2 दुर्भाव, दुर्भावना 3 प्रचंडता, उग्रता

acritical /अक्रिटिकल/ *adj.* संकट या गंभीर स्थिति से बाहर

acro- /ऐक्रो-/ *comb. form, signifying:* 1 **tip/ point/ extremity** (सिरा, नोक, अंतिम छोर) 2 **summit/ height** (शिखर)

acrobat /ऐक्रअबै\ट/ *n.* नट, बाजीगर, कलाबाज;

***dw/lw:* ~ic** /~टिक/ *adj.* नट-जैसा, कलापूर्ण, कलाबाजी संबंधी; **~ically** /~टिकलि/ *adv.* कलाबाजी करते हुए; **~ics** /~टिक्स/ *n.* कलाबाजी, बाजीगरी, कलाबाजी का कौशल: ~ics on the high wire

acrocentric /ऐक्रॉसेंट्रिक/ *adj., biol.* अग्रबिंदुक

acrodont /ऐक्रॉडौंट/ *n.* अग्रदंती

acrogamy /ऐक्रॉगमि/ *n.* अयुग्मन

acrogenous /ऐक्रॉजिनस/ *n.* अग्रवर्धी, अग्रजात

acrolith /ऐक्रअलिथ/ *n.* काष्ठोपल मूर्ति

acromegaly /ऐक्रॉमेगअलि/ *n., pathol.* महांगता, अंग-वृद्धि (अंग-वृद्धि हार्मोन की अतिशय बढ़ोतरी के कारण चेहरे व दूसरे अंगों की अत्यधिक वृद्धि)

acronical/ acronycal/ acronychal /अक्रॉनिकल/ *adj.* सूरज छिपने के समय (शाम को) होने वाला

acronym /ऐक्रअनि\म/ (***syn.*** contraction/ initialism) *n.* शब्दों के पहले अक्षरों को जोड़ने से बना शब्द, प्रथमाक्षरी-आधारित या परिवर्णी या आदिवर्णी शब्द: **AIDS** (acquired immune deficiency syndrome);

***dw/lw:* ~ania** /~मेनिआ/ *n.* परिवर्णोन्माद, प्रथमाक्षरी-आधारित शब्द बनाने की झक; **~ous/ ~ic** /~मेनिअस/ ~मिक/ *adj.* परिवर्णी, आदिवर्णी, प्रथमाक्षरी-आधारित

acrophob\ia /ऐक्रअफोबि\आ/ *n., psychol.* ऊंचाई से लगने वाला डर, उत्तुंगता-भय, उत्तुंगता-भीति;

***dw/lw:* ~ic** /~क/ *adj.*, उत्तुंगता-भीतिग्रस्त, ऊंचाई से डरने वाला

acropolis /अक्रौपलिस/ *US* अक्राःपलिस/ *n., pl.* **~es** अतीत कालीन यूनानी नगर में गढ़, किला, नगर दुर्ग

acrospore /ऐक्रॉस्पॉर/ *n.* अग्रबीजाणु

across /अक्रौस/ *US* अक्रॉःस/ *adv.* 1 आरपार, चौड़ाई में: a line drawn ~; the lake is more than a kilometre 2 उस पार, विपरीत दिशा में, उलटी तरफ: by this time he is ~ 3 तिरछे बल, आड़े 4 बाजू पर बाजू: with arms ~ 5 *elec.* समानांतर;

prep. 1 के पार: run/ walk ~ the road/ the street; swim ~ a river; go ~ the Channel; step ~ the threshold; there is a forest ~ the river; we heard the radio ~ the street; he lives ~ the street 2 के आर-पार: a bridge ~ the river 3 के आड़े: lie ~ the bed; ~ a horse's back; a car stood ~ the road 4 शरीर के आर-पार: slap sb ~ the face; pass one's hand ~ one's forehead 5 एक सिरे से दूसरे तक: a head-line ~ the front page of the paper 6 (***syn.*** throughout) किसी स्थान या समूह के हर भाग में; the clouds scudded ~ the sky;

***collocations:* ~ country** सीधे, खेत-खलिहान से होकर (सड़क आदि से नहीं); **~ the border** 1 सरहद के उस पार 2 विदेश में;

***p&i:* ~ the board/ ~-the-board** सभी पर लागू: ~ the board increase in DA (महंगाई भत्ते में सभी के लिए वृद्धि); **come ~** अचानक मिलना; **get it ~** स्वीकार्य कराना, समझाकर मनाना; **put ~** 1 समझाना, स्पष्ट क. 2 प्रस्तुत क.; **with arms ~** आजू-बाजू रखे हुए

acrostic /अक्रौस्टिक/ *US* अक्राःस्टिक/ *n.* परिवर्णी या प्रथमाक्षरी-आधारित काव्य, ऐसी कविता या पहेली जिसमें प्रत्येक पंक्ति के पहले, मध्य या अंतिम अक्षर कोई शब्द या मुहावरा बनाते हों

acrylic /अक्रिलिक/ *adj.* रसायनी प्रक्रिया से बनाया हुआ (कपड़ा या पदार्थ): ~ fibre (ऐक्रिलिक रेशा);

***collocations:* ~ paint** *art* ऐक्रिलिक तेजाब से बना पेंट जिसे पानी मिले रंगों के (water colour) और तैल चित्रों (oil painting) में प्रयोग किया जा सकता है

ACS *abbr.* 'Additional Chief Secretary', 'Adivasi Chhatra Sangh' की प्रथमाक्षरी

ACSA *abbr.* 'American Community Support Association' की प्रथमाक्षरी

ACT *abbr.* 'advance corporate tax', 'Advanced Cell Technology', 'Advocacy for Control of Tuberculosis', American College Test, 'Australian Capital Territory' की प्रथमाक्षरी

act /ऐक्ट/ *v., pt.* **~ed**, *pp* **~ing** 1 व्यवहार क., पेश आना, बर्ताव क.: ~ tough; ~ strangely 2 कार्य क., कार्रवाई क.: need to ~ decisively; ~ immediately; ~ wisely/ foolishly 3 किसी के स्थान पर या किसी के रूप में काम क.: ~ for sb; ~ as caretaker until the permanent appointee joins; ~ on sb's behalf; ~ as interpreter 4 अभिनय/ भूमिका अदा क. (on stage): ~ a part; ~ as an angry young man; ~ the Ghost/ the part of the Ghost in "Hamlet" 5 प्रभाव पड़ना या डालना, असर हो. या डालना: ~ on/ upon sb/ sth; ~ on/ upon sth; ~ well; this medicine **~s** on the heart; acids ~ on metal 6 ढोंग भरना, स्वांग क., का नाटक क. (pretend): ~ the fool; his bravado is just an ~; he **~ed** very angry 7 व्यवहार क.: ~ strangely; ~ like a spoilt brat;

n. 1 कार्य, काम: ~ of kindness ~ of piracy 2 क्रिया, प्रक्रिया, कार्रवाई, कार्यवाही: final ~; unilateral ~; ~ of God; ~ of delivery; ~ of accession 3 अधिनियम, कानून, धारा: constituent ~; read the riot ~; ~ of the law; ~ and deed 4 नाटक का अंक 5 अभिनय, अदाकारी 6 *US* मंच, नाटक: put on an ~ 7 अदाकारी के छोटे-छोटे अंश 8 स्वांग, नाटक 9 गायकों, अदाकारों आदि का समूह 10 व्यवहार, बर्ताव;

dw/lw: **acta** /ऐक्टा/ *n.* आधिकारिक कार्यवृत्त, प्रामाणिक कार्य-विवरण **~able** /ऐक्टअबल/ *adj.* अभिनेय; **~ing** *see below under separate entry*; **~or** /ऐक्टः/ *n.* अभिनेता, नाटकों या फिल्मों में अभिनय करने वाला व्यक्ति: bad ~or (खतरनाक आदमी); **~orish/ ~orly** *adj.* अभिनेता-सा;

collocations: **~ of God** ईश्वरीय इच्छा, प्रभु की मर्जी; **~ of parliament** संसद द्वारा पारित अधिनियम; **double** ~ 1 दो अंकों का (नाटक आदि) 2 कपटी/ नकली/ पाखंडी व्यवहार;

p&i: **~ against one's conscience/ will** अपनी अंतर आत्मा की आवाज के विरुद्ध जा.; **~ as sth** 1 मिथ्या आचरण क. 2 प्रभाव छोड़ना, असर क.; **~ contrary to customary practices** उलटी गंगा बहाना; **~ for sb** 1 किसी के स्थान पर काम क. 2 किसी के प्रतिनिधि के रूप में काम क.; **~ from/ ~ out of** के कारणवश कुछ क.; **~ in a hurry/ ~ rashly** हड़बड़ी में काम क.; **~ on/ upon/ advice** की सलाह पर चलना; **~ one's age** अपनी उम्र के लिहाज से ठीक बर्ताव क.; **~ on the defensive** रक्षात्मक मुद्रा में हो.; **~ sth out** 1 स्वांग क., कोई कार्य दिखावे के लिए क. 2 अपनी भावनाओं को अपने कार्य-कलापों में झलकने दे.: he ~ed out the role of a wronged lover; **~ under** दबाव या विवशता के कारण काम क.; **~ up** *colloq.* 1 किसी यंत्र का बिगड़ जा. 2 नाटक क., नकल उतारना, स्वांग क. 3 बुरी तरह व्यवहार क.; **~ up to** किसी के या किसी बात के अनुसार या अनुरूप कार्य क.; **~ up to one's principles/ opinions** अपने सिद्धांतों व मत पर खरा उतरना; **~ up to one's promise** वायदा पूरा क.; **~ up to one's reputation** अपनी ख्याति अनुसार खरा उतरना;

an ~ of faith कठिन मेहनत का काम; **an ~ of God** भूकंप आदि प्राकृतिक आपदा; **be in the ~ of doing sth** किसी कार्य में सक्रिय रूप से रत हो.; **brakes refused to ~** ब्रेक नहीं लगीं (ब्रेकों ने काम नहीं किया); **catch sb in the ~ of doing sth** किसी को रंगे हाथों पकड़ना; **do/ perform/ stage a disappearing ~** लोगों की जरूरत के समय गायब हो जा.; **do the act** कार्रवाई क., कदम उठाना; **get in on the ~** *colloq.* ऐसे लाभकारी कार्य में शामिल हो जा. जिसे पहले ही किसी ने चला रखा है; **get into the ~** किसी कार्य में सक्रियता से जुटना.; **get one's ~ together** अपने को संभालना, अपने को सही ढर्रे पर लाना; **hard/ tough ~ to follow** ऐसा उदाहरण जिस पर दूसरे लोग खरा न उतर सकें; **plead the baby ~** अनाड़ीपन के बहाने जिम्मेवारी से बचना; **read the Riot Act** एकत्रित भीड़ को चले जाने का आदेश दे.; **the Dutch act** आत्महत्या; **the Organic Act** संघीय क्षेत्र आदि को पूर्ण राज्य में बदलने का कार्य

ACTA *abbr.* 'Affiliated College Teachers Association' की प्रथमाक्षरी

acting /ऐक्टिंग/ *adj.* 1 (***syn.*** temporary) कार्यकारी, अस्थायी: ~ chairman/ director etc.; ~ officer; ~ rank; ~ partner (कार्यकारी भागीदार) 2 चालू, सक्रिय: ~ model (वर्तमान में जारी प्रति या रूप);

n. 1 मंचन, नाटक 2 अभिनय 3 कार्य, व्यवहार 4 उर्जापूर्ण, सक्रिय गतिविधि 5 दिखावा, बहाना, स्वांग 6 नकल

acti\nic /ऐक्टि\निक/ *adj.* सूर्य की रोशनी द्वारा पैदा की जाने वाली प्रक्रिया से संबंधित, विकिरणशील;

dw/lw: **~nism** /~निज्म/ *n.* किरण-क्रियाशीलता; **~no-meter** /~नो-मीटः/ *n.* किरण-क्रियामापी; **~no-therapy** /~नॉथेरअपि/ किरण-चिकित्सा

action /ऐक्शन/ *n.* 1 कार्य, क्रिया, कर्म: verbal ~ 2 कार्यवाही, कार्रवाई, कदम: take ~; put/ into ~; time has come for ~; collective/ preventive ~; joint ~; overt ~ against sth/ sb (किसी के खिलाफ खुली कार्रवाई) 3 (***syn.*** dynamism, activeness) क्रियाशीलता, सक्रियता: man of ~ 4 मार-धाड़ 5 (***syn.*** fighting on the front) लड़ाई, युद्ध, भिड़ंत: saw ~ in World War II; in ~ (लड़ाई में); bring/ put/ into ~; go into ~; come out of ~; be killed/ fall in ~; he has seen/ has been in ~; through enemy ~ 6 प्रभाव, असर, नैसर्गिक प्रक्रियाओं का असर: the ~ of a drug/ of sunlight (***syn.*** lawsuit) वाद : bring to enter/ lay/ an ~ against sb; take ~ against sb 7 (***syn.*** play) कार्य-व्यापार 8 (***syn.*** plot of a story) घटना-क्रम: double ~ (कथानक की दो दिशाएं); the development of the ~; unity of ~ 9 (***syn.*** deeds) कर्म, कार्य, करनी, करतब, कौतुक: noble/ mean ~; for one's **~s**; judge sb by his **~s**; his **~s** show kindness of his heart 10 अभिनय 11 (***syn.*** way of working) क्रिया-विधि 12 (***syn.*** moving parts) चालू पुर्जे: in ~ 13 यंत्र-कार्य, किसी अंग की कार्यशीलता: put out of ~; physical ~; mental ~; ~ of the heart 14 मार-धाड़, ढिंशुम-ढिंशुम;

dw/lw: **~able** /ऐक्शनअब्ल/ *adj.* 1 वाद योग्य, कानूनी कार्रवाई करने योग्य, अनुयोज्य: ~able wrong 2 व्यवहार्य;

collocations: **~ Committee/ ~ group** कार्य समिति, कार्यकारिणी समिति; **~ crowd** आक्रामक भीड़; **~ figure** फिल्म आदि के पात्र का द्योतक या प्रतिनिधि; **~ group** = **~ Committee**; **~ movie/ film** मार-धाड़ या ढिंशुम-ढिंशुम वाली फिल्म; **~ packed** कार्य-व्यापार बहुल, मार-धाड़ से भरी (फिल्म); **~ painting** स्वच्छंद चित्रांकन (कागज पर बस रंग फेंक दिए जाने से बनने वाला चित्र); **~ plan** कार्य योजना; **~ point** कार्य बिंदु; **~ potential** *physiol.* नस की किसी झिल्ली में से आवेग (impulse) गुजरने से वैद्युत ऊर्जा (electrical potential) में परिवर्तन; **~ radius** प्रभाव-क्षेत्र; **~ replay** (*US* **instant replay**) क्रिया या कार्य को टेलीविजन पर फिर से धीमी रफ्तार से दिखाया जा., टीवी आदि पर मंद गति से पुनर्प्रदर्शन; **~ research** लोगों की कार्य विधि में सुधार लाने के लिए अध्ययन; **~ song** अभिनय-गीत, नाट्य-गीत; **~ stations** *pl.* युद्ध कालीन चौकियां; **amicable ~** वादी और प्रतिवादी की सहमति से दायर किया गया मुकदमा; **bring an ~ against sb** किसी के विरुद्ध मुकदमा दायर क.; **come into ~** 1 लागू हो. 2 संघर्ष शुरू क.; **go/ come out of ~** (यंत्र का) बिगड़ जा.; **legal ~** कानूनी कार्रवाई, मुकदमा, वाद; **put in ~** लागू क.; **put out of ~** 1 (सैनिक टुकड़ी आदि को) निष्क्रिय क. 2 (यंत्र आदि) बिगाड़ना, खराब क.;

p&i: **~ of the first impression** बिना किसी पूर्व उदाहरण के मुकदमे की सुनवाई; **~s speak louder than words** काम सिर चढ़कर बोलता है, कथनी और करनी में फर्क न हो.;

all talk and no ~ थोथी बातें; **a piece/ slice of an ~** कार्य या कार्रवाई की बानगी; **get a piece of the ~** किसी कार्य या घटना का नमूना पाना; **into ~** लागू करने की क्रिया: put a plan into ~; **out of ~** 1 निरस्त, क्षतिग्रस्त, चोटिल होने के कारण खेलने में असमर्थ 2 बिगड़ी हुई (मशीन) या बिगड़ा हुआ (यंत्र); **saw ~ in Korean war** कोरिया के युद्ध में भाग लिया; **suit the ~ to the word** कथनी और करनी में फर्क न हो.; **take ~** कार्रवाई क., (के) विरुद्ध कदम उठाना

activa\te /ऐक्टिवे\ट/ *v., pt.* **~ted**, *pp* **~ting** 1 क्रियाशील

बनाना, गतिशील क. 2 सक्रिय क., चालू क. 3 उत्प्रेरित क.;
dw/lw: **~ted** /~टिड/*adj.* सक्रिय किया हुआ, उत्प्रेरित: ~ted mine; **~tion** /~शन/ *n.* 1 सक्रिय करने की क्रिया या भाव, सक्रियण, सक्रियकरण 2 उत्प्रेरण; **~tor** /~टः/ *n.* सक्रिय करने वाला, सक्रिय कर्ता, उत्प्रेरक

acti\ve /ऐक्टि\व/ *adj.* 1 (***syn.*** energetic) सक्रिय, क्रियाशील, क्रियात्मक, चुस्त, कर्मठ, जीवंत: **~ve** child/ mind; be **~ve** for one's age; **~ve** demand; **~ve** service 2 (***anton.*** inactive) गतिविधियों या मिलने जुलने में खूब सक्रिय: become **~ve** 3 *gramm.* कर्तृवाच्य: **~ve** voice 4 (***syn.*** agile, nimble) फुर्तीला 5 (***syn.*** radioactive) रेडियो धर्मी 6 (***syn.*** on the credit side) अनुकूल: the market is **~ve** 7 (***syn.*** effective) असरदार, प्रभावशाली: the **~ve** ingredients; **~ve** help; **~ve** laws; **~ve** face (काटने वाले उपकरण का सक्रिय हिस्सा यानी धार); **~ve** remedy;
dw/lw: **~vely** /~वलि/ *adv.* सक्रिय रूप से, त्वरित शैली में; **~vism** /~विज़्म/ *n.* 1 सक्रियतावाद 2 सामाजिक या राजनीतिक बदलाव के लिए सक्रिय कार्यरतता; **~vist** /~विस्ट/ *n.* सक्रिय कार्यकर्ता जो सामाजिक या राजनीतिक बदलाव के लिए कार्यरत हो;
collocations: **~ve army** स्थायी सेना; **~ve class** रण सेवक वर्ग; **~ citizen** अपनी स्थानीय बिरादरी के सुधार-कार्य में सक्रिय व्यक्ति; **~ve debt** ब्याज पर लिया जाने वाला ऋण; **~ve immunity** सक्रिय रोग-रोध क्षमता; **~ve life** कर्मठ जीवन, कर्मण्य जीवन; **~ve list** सक्रिय कार्यकर्ताओं या स्वयं सेवकों की सूची; **~ve partner** कार्यशील भागीदार; **~ve service** सामरिक सेवा; **~ve voice** 1 कर्तृवाच्य 2 मताधिकार;
p&i: **an ~ve volcano could throw out rocks** जीवंत ज्वालामुखी, ऐसा ज्वालामुखी जो वर्तमान में लावा यानी अग्निमय चट्टानें आदि उगलता है; **as ~ve as a kitten** अत्यधिक चुस्त-दुरुस्त; **under ~ve consideration** सक्रिय रूप से विचाराधीन

actively *see above under* **act:** ***dw/lw***

activist *see above under* **act:** ***dw/lw***

activi\ty /ऐक्टिवि\टि/ *n., pl.* **~ies** 1 गतिविधि, क्रिया-कलाप, कार्य-कलाप: time of full **~ty** 2 आपराधिक या आतंकवादी गतिविधियां: illegal/ criminal **~ties** 3 गतिविधियां, हलचल, सरगर्मी: **~ty** in the market 4 (***anton.*** inactivity) सक्रियता 5 कर्मण्यता 6 फुर्ती, तत्परता 7 खेलकूद, आराम या मनोरंजन आदि लक्ष्य-आधारित क्रियाएं: leisure/ outdoor/ classroom **~ties**; literary **~ties** 8 स्थानीय लड़ाई या सामरिक गतिविधियां;
p&i: **~ty holiday** ऐसी छुट्टी जो फुर्सत बिताने की किसी गतिविधि में भाग लेने को बढ़ावा देती है; **flurry of ~ty** सरगर्मी, हलचल, ताबड़तोड़ गतिविधियां

activize /ऐक्टिवाइज/ *v., pt.* **~d**, *pp* **activizing** सक्रिय क.

actor /ऐक्टः/ *n. see above under* **act:** ***dw/lw***

actress /ऐक्ट्रेस/ *n., pl.* **~es** अभिनेत्री, नाटकों/ फिल्मों में अभिनय करने वाली नारी

ACTS *abbr.* 'Advanced Computing Training School' की प्रथमाक्षरी

ACTT *abbr. Br.* 'Association of Cinematograph, Television and Allied Technicians' की प्रथमाक्षरी

actual /ऐक्चुअ\ल/ ऐक्ट्युअल/ *adj.* 1 वास्तविक, यथार्थ, असल, मौलिक: ~ size; ~ fact; ~ speed 2 (***syn.*** net, effective) शुद्ध: ~ output; ~ numbers 3 वर्तमान, विद्यमान, प्रस्तुत: ~ state of things 4 (***syn.*** current) सामयिक;
dw/lw: **~ism** /~लिज़्म/ *n. philos.* जो जैसा दिखता है उसे ही वास्तविक मान लेने का सिद्धांत; **~ity** /ऐक्चुऐलिटि/ *n., pl.* ~ities 1 यथार्थता, यथातथ्यता, वस्तुस्थिति 2 (***syn.*** facts, realities) वास्तविकता: the grim ~ities of prison life 3 (*usually* ~ities) वर्तमान परिस्थितियां 4 यथार्थवाद: ~ity novel; **~ly** /~लि/ *adv.* 1 वस्तुतः, असल में, वास्तव में 2 सचमुच में: do you ~ly mean it? 3 दरअसल: you are ~ly the only friend I have 4 वर्तमान समय में: political party ~ly in power; **~ization** /~लाइजेशन/ *n.* कार्यान्वयन, क्रियान्वयन; **~ize** /~लाइज/ *v., pt.* ~ized, *pp* ~izing 1 कार्यान्वित या क्रियान्वित क. 2 यथार्थवादी बनाना;
collocations: **~ bodily harm** (*abbr.* **ABH**) *law* वास्तविक शारीरिक चोट; **~ cost** वास्तविक लागत; **~ damage** वास्तविक क्षति; **~ money** वास्तविक धन; **~ity film** दस्तावेजी फिल्म; **~ity programme** घटनास्थल से भेजा जाने वाला वृत्तांत; **~ output** वास्तविक उत्पादन; **~ turnover** 1 व्यापार की कुल मात्रा 2 कुल बिक्री; **~ weight** असली वजन;
p&i: **in ~ fact** वास्तव में

ACU *abbr.* 'Anti Corruption Unit' की प्रथमाक्षरी

actually *see above under* **actual:** ***dw/lw***

actua\ry /ऐक्चुअ\रि/ *n., pl.* **~ries** बीमांकिक (बीमा का प्रीमियम जोड़ने वाला);
dw/lw: **~rial** /~रिअल/ *adj.* बीमांकन संबंधी; **~rially** /~रिअलि/ *adv.* बीमांकन के अनुसार

actua\te /ऐक्चुए\ट/ ऐक्ट्युए\ट/ *v., pt.* **~ted**, *pp* **~ting** 1 चालू क., संचालन क. 2 प्रेरित क., प्रवृत्त क.: be **~ted** by sth (किसी बात से प्रेरित या कार्यरत हो.); what motives **~ted** him?
adj. 1 पैना, नुकीला 2 कुशाग्र 3 *bot.* निशिताग्र;
dw/lw: **~tion** /~शन/ *n.* 1 चालू करने की क्रिया, संचालन, कार्यान्वयन, क्रियान्वयन 2 प्रेरणा, प्रवृत्ति; **~tor** /~टः/ *n.* ऊर्जा को यांत्रिक शक्ति चालक में परिवर्तन करने वाला

acuity /अक्यूइटि/ अक्यूअटि/ *n.* 1 (*esp.* **visual ~**, ***syn.*** sharpness of vision) तीव्रता, प्रखरता, पैनापन: ~ of vision 2 (***syn.*** keenness, acuteness of mind) अनुभूति की स्पष्टता, ग्रहणशीलता, कुशाग्रता 3 (***syn.*** intensity) प्रचंडता, उग्रता: ~ of disease

aculeate /अक्यूलिइट/ *adj.* 1 कंटीला, कांटेदार, सशूल 2 डंकदार

aculeus /ऐक्यूलिअस/ *n.* 1 कांटा, शूल 2 (***syn.*** sting) डंक, दंश

acumen /अक्यूमअन/ ऐक्यअमन/ *n.* 1 सूझबूझ, कुशाग्र बुद्धि: business/ political ~ व्यापारिक या राजनीतिक सूझबूझ, कुशाग्रता 2 (***syn.*** keen insight) मूलग्राहिता, विदग्धता

acumina\te /अक्यूमिनेट/ *adj.* लंबाग्र, नोकदार, नुकीला;
v., pt. **~ted**, *pp* **~ting** 1 नुकीला बनाना 2 *fig.* तीक्ष्ण क.

acupressure /ऐक्युप्रेशः/ *n., alternative med.* सूइयों के स्थान पर दबाव का प्रयोग, तीव्र दबाव

acupuncture /ऐक्युपंक्चः/ *n.* सूई-चिकित्सा, एकुपंक्चर, सूची वेध

acute /अक्यूट\/ *adj., degr.* **~er**, **~est** 1 तीक्ष्ण, पैना, नुकीला: ~ point 2 (***syn.*** penetrating) चतुर, प्रखर, कुशाग्र, कुशाग्र बुद्धि: ~ judgement; ~ observer 3 (***syn.*** keen) संवेदनशील: ~ sense of smell 4 तीव्र, प्रचंड, प्रखर: ~ pain; ~ jealousy 5 (***anton.*** chronic) अति पाती (रोग), तेजी से गंभीर होने वाली (बीमारी): ~ bronchitis; ~ appendicitis 6 (***syn.*** extremely severe) विकट, घोर, संगीन, गंभीर: ~ shortage of water; ~ drought (घोर सूखा या अकाल) 7 *geom.* न्यून (कोण) यानी 90^0 से कम का कोण 8 (***syn.*** shrill) कर्कश, तीक्ष्ण: ~ sound 9 उदात्त: ~ pleasure;
dw/lw: **~ness** /~नेस/ *n.* प्रचंडता, तीव्रता, उग्रता, कुशाग्रता, प्रखरता; **~ly** /~लि/ *adv.* 1 प्रचंड/ तीव्र रूप से: ~ly aware of difficulties 2 विकट रूप से: ~ly embarrassed;
p&i: **~ accent** कुछ भाषाओं में प्रयुक्त बलाघात चिह्न; **~ angle** न्यून कोण; **~ mind** कुशाग्र-बुद्धि, विवेक-संपन्न, संवेदनशील

ACW *abbr.* 'Advanced Conventional Weapons' की प्रथमाक्षरी

ACWF *abbr.* 'Army Central Welfare Fund' की प्रथमाक्षरी

-acy *comb. form, forming nouns* (*plural* **-acies**), *signifying:* **a state, condition, office, etc.**: accur**acy**; **~acy**; pir**acy** (1 समुद्री डकैती 2 साहित्य या कला की कृतियों की चोरी)

acyclic /एसाइक्लिक/ *adj.* अचक्रीय, जो चक्राकार या वृत्ताकार न हो

AD *abbr.* 'Anno Domini', 'authorised dealer' की प्रथमाक्षरी

ad *colloq., contraction*, 'advertisement' का छोटा रूप (विज्ञापन);

collocations: **~ land** 1 विज्ञापन उद्योग, विज्ञापन जगत 2 कल्पना जगत; **~ man** विज्ञापन कर्मी, विज्ञापन-व्यवसायी; **~ mass** विज्ञापन-परिचालित समुदाय;

ADA *abbr.* 'Active Driving Assistant', 'Aeronautical Development Agency (Bengaluru)', 'American Dental Association', 'American Dietetic Association', 'Anti-Dumping Agreement' की प्रथमाक्षरी

ADAC *abbr.* 'Adivasi-Dalit Action Council', 'analog-digital analog-computer' की प्रथमाक्षरी

adactylous /एडैक्टिलस/ *adj.* उंगलीहीन, बिना उंगली का

adage /ऐडिज/ *n.* (***syn.*** saying) कहावत, लोकोक्ति, सूक्ति

adagio /अडाःजिओ/*music adj.* धीरे-धीरे बजाई जाने वाली;

adv. धीरे-धीरे;

***n.**, pl.* **~s** धीरे-धीरे बजाई जाने वाली संगीत रचना, कृति

Adam /ऐडम/ *n.* आदि मानव, आदम;

dw/lw: **Adam-and-Eve** *n.* कंदाकार या बल्बरूपी पौधा; **~ic**/ **~ical** /ऐडअमिक/ ~मिकल/ *adj.* आदम-जैसा, आदमवत्, नग्न; **~ite** /~माइट/ *n.* 1 आदम-वंशी व्यक्ति 2 नग्न पंथी; **~itism** /~माइटिज्म/ *n.* नग्नतावाद, नग्नपंथवाद; **Adam's-needle** *n.* रेशेदार पौधा;

collocations: **Adam's apple** *anat.* कंठ मणि, टेंटुआ, घेंटुआ, अवटु, आदमी के गले में गांठ जैसा अंग जो बोलते समय या खाते-पीते समय ऊपर-नीचे चलता दिखता है; **Adam's ale/ Adam's wine** पानी; **the faithful Adam** स्वामीभक्त बूढ़ा नौकर;

p&i: **not to know sb from Adam** किसी व्यक्ति विशेष को बिल्कुल न जानना; **one's outward old as Adam** नश्वर शरीर; **(as) old as Adam** दुनिया-सा पुराना

adamant /ऐडअमंट/ *n.* अति सख्त चीज, पत्थर या धातु, वज्र: will of ~ ;

adj. 1 हठी, जिद्दी 2 वज्रसार, कठोर 3 अटल, दृढ़: be ~;

dw/lw: **~ine** /~मैंटाइन/ *adj.* 1 हीरक-सम: ~ine lustre (हीरक कांति) 2 अति कठोर 3 वज्रसार, कठोर, दुर्भेद्य 4 अटल: ~ine courage

adapt /अडैप्ट/ *v., pt.* **~ed**, *pp* **~ing** 1 (***syn.*** adjust) स्थिति अनुसार ढलना: ~ oneself to/ for 2 स्थिति अनुसार ढालना: ~ plans to suit new circumstances 3 परिस्थिति अनुसार या अनुकूल बनाना या बदलना 4 साहित्यिक रचना, नाटक आदि को परिस्थिति अनुकूल रूपांतरित क.: ~ a book for use in schools; ~ a novel;

dw/lw: **~ability** /अडैप्टअबिलिटि/ *n.* अनुकूलता, अनुकूलन क्षमता, अनुकूलनशीलता; **~able** /अडैप्टअबल/ *adj.* अनुकूलनीय, रूपांतरणीय; **~ation** /अडैप्टेशन/ *n.* 1 अनुकूलन, रूपांतरण 2 किसी पुस्तक या उपन्यास का रूपांतरित रूप: translation and ~ation of a French play; ~ation of a musical composition 3 परिस्थिति अनुसार ढलने-ढालने की प्रक्रिया: ~ation to the ground; **~ed** /अडैप्टिड/ *adj.* अनुकूलित, रूपांतरित: ~ed text; **~er** (*also* **~or**) /अडैप्टः/ *n.* 1 अनुकूलक 2 अनुकूलित्र 3 उपायोजक, अडैप्टर (एक ऐसा यंत्र जिसके द्वारा बिजली के कई यंत्रों को विद्युत-स्रोत (socket) से जोड़ा जा सकता है): ~er-booster; **~ive** /अडैप्टिव/ *adj.* अनुकूलनशील, स्थिति अनुसार बदलने में सक्षम

A-day *n.* 1 प्रथम अणु बम परीक्षण दिवस 2 संभावित अणु बम हमले का दिन 3 पहले से सुनियोजित सामरिक आक्रमण दिवस

ADB *abbr.* 'Asian Development Bank' की प्रथमाक्षरी

ADC *abbr.* 'aid-de-camp', 'accelerated development centre', 'access deficit charge', 'Additional Deputy Commissioner', 'Anti-Dowry Cell', 'analogue-to-digital converter' की प्रथमाक्षरी

ADCA *abbr.* 'All Delhi Chemists Association' की प्रथमाक्षरी

ad clerum *adv.* पुरोहित के प्रति

ADD *abbr.* 'Attention Deficit Disorder' की प्रथमाक्षरी

add /ऐड/ *v., pt.* **~ed**, *pp* **~ing** 1 (*also* **~ sth up**; ***syn.*** total) एक से अधिक वस्तुओं या संख्याओं को जोड़ना, कुल जोड़ या योग प्राप्त क.: ~ all the sums; ~ our money 2 (*also* **~ sth together**; combine) किसी वस्तु या संख्या को दूसरी वस्तु या संख्या में मिलाना या जोड़ना: ~ to the total; ~ sth to sth else; ~ salt; ~ new wings to the building 3 दो या अधिक वस्तुओं को एक दूसरे से मिलाना या जोड़ना: ~ field to field 4 कुछ और कहना: they **~ed** a remark or two; have nothing to ~ to the earlier statement 5 (***syn.*** increase) मात्रा या स्तर को बढ़ाना: ~ to history; ~ to one's experience; this **~s** to the impression 6 किसी वस्तु, क्रिया या बात में कुछ जोड़कर नया आयाम दे.: ~ lustre to sth; the gold-threaded suit does not ~ depth to the person wearing it;

dw/lw: **~end** /अडेंड/ *n.* जोड़ी जाने वाली संख्या या राशि, योज्य; **~endum** /अडेंडम/ *n., pl.* ~enda पुस्तक आदि में जोड़ा जाने वाला सूचना का अतिरिक्त भाग, परिशिष्ट, संलग्नक, अनुपूरक; **~ing** /ऐडिंग/ *adj.* जोड़ करने वाला: adding machine (calculator) (जोड़ करने वाला यंत्र); **addition** *see below under separate entry*; **~itious** /ऐडिटिशिअस/ *adj.* अतिरिक्त; **~itive** /ऐडिटिव/ *n.* खाद्य या पेय पदार्थों को अधिक आकर्षक या अधिक देर तक तरोताजा रखने के लिए डाला जाने वाला रसायन पदार्थ; **~itive** *adj.* जोड़ संबंधी, योज्य, योजक; **~-on** /ऐड-ऑन/ *n.* 1 मुख्य यंत्र से जोड़ा जाने वाला कोई छोटा यंत्र या पार्ट 2 *compt.* अतिरिक्त कार्य के लिए मुख्य कंप्यूटर से जोड़ा जाने वाला अतिरिक्त यंत्र (e.g., pen-drive, flash, printer etc.);

collocations: **~ed value** *econ.* लागत में जोड़ा हुआ लाभ, लागत के ऊपर उत्पादक को मिलने वाला धन (value added); **value ~ed tax** मूल्य वर्धित कर यानी कुल मूल्य में से लागत निकालकर बची राशि पर लगने वाला कर;

p&i: **~ a feather to one's cap** नई उपलब्धि पाना; **~ a stone to sb's cairn** मृत्यु उपरांत किसी का यशोगान क.; **~ finem** अंत तक; **~ fuel/ oil to the fire/ to the flame** जलती आग में घी डालना, भड़काना; **~ in** में जोड़ना; **~ insult to injury** कटे या जले पर नमक छिड़कना; **~ little to a little and it will be a great heap** बूंद-बूंद कर घड़ा भर जाता है; **~ lustre** चार चांद लगा दे.; **~ sth in** में जोड़ लेना; **~ sth on** किसी अन्य वस्तु से जोड़ना या मिलाना; **~ together** जोड़ना, कुल जोड़ निकालना; **~ up** 1 = **~ together** 2 *colloq.* मेल खाना, मिलान हो. 3 कुछ अर्थ निकलना 4 (~ up to sth) के बराबर हो., के रूप में फलीभूत हो.: it all ~s up to a splendid performance;

addenda *see above under* **add: *dw/lw***

addendum *see above under* **add: *dw/lw***

adder /ऐडः/ *n.* एक छोटा जहरीला सांप, विषैला संपोलिया, गेहुंअन;

p&i: **have death ~s in one's pocket** *Austral. sl.* कंजूस-मक्खीचूस हो.

ADDH *abbr.* 'Attention Deficit Disorder with Hyperactivity' की प्रथमाक्षरी

addict /ऐडिक्ट/ *n.* 1 मादक पदार्थों का लती व्यक्ति, नशेबाज, नशाखोर, नशेड़िया 2 आदी, लती, लतिया, व्यसनी: a chess ~ (शतरंज के खेल का लती); internet ~;

***v.**, pt.* **~ed**, *pp* **~ing** 1 की लत पड़ना, आसक्त हो जा.: ~ oneself to vice; ~ oneself to drink 2 किसी कार्य या ध्येय को समर्पित हो., में जी-जान से लग जा.: ~ oneself to sth; ~ one's mind to business;

***dw/lw:* ~ed** /अडिक्टिड/(*esp.* ~ed to sth) *adj.* 1 मादक द्रव्यों आदि का लती, व्यसनी, आसक्त, आदी: ~ed to drink; ~ed to brooding; ~ed to computer games 2 को समर्पित, में तल्लीन, रमा हुआ: he is ~ed to good works; **~ion** /अडिक्शन/ *n.* 1 (*syn.* habit) लत, व्यसन 2 नशेबाजी 3 आसक्ति, तल्लीनता, झुकाव (state); **~ive** /~क्टिव/ *adj.* 1 लत/ व्यसन लगाने वाला (पदार्थ), व्यसनकारी: ~ive drugs; **~ness** /अडिक्टिवनेस/ *n.* व्यसनी अवस्था

add-in *n. comput.* 1 कंप्यूटर में पहले से लगे प्रोग्राम में जोड़ा जाने वाला अतिरिक्त प्रोग्राम 2 = expansion card;

adj. अतिरिक्त, जोड़ा हुआ: ~ software

addio /अदिओ/ *excl., interj., Italian* अलविदा!

addition /अडिशन\/ *n.* 1 वृद्धि, बढोतरी: an ~ to the family 2 (***anton.*** subtraction) योग, जोड़, संकलन, जोड़ने की क्रिया: learn ~ and subtraction 3 जुड़ाई, जुड़ाव, संयोजन: ~ in the margin 4 परिशिष्ट 5 जोड़, पहले की संख्या या मात्रा में नया जोड़ा गया तत्त्व 6 उप भवन, उप खंड: build a new ~ on to the house;

dw/lw:* ~al** /~ल/ *adj.* (syn.*** extra) अतिरिक्त; **~ally** /~लि/ *adv.* (***syn.*** in addition) ऊपर से, से अलग से;

***collocations:* ~ compound** संकलन यौगिक; ~ **formula** योग-सूत्र; ~ **product** संकलन उत्पाद; ~ **reaction** *chem.* ऐसी रासायनिक क्रिया जब एक अणु (molecule) दूसरे से मिलकर किसी तीसरे अणु का निर्माण करता है; ~ **sign** योग चिह्न (+); **~s and alterations** परिवर्धन और परिवर्तन; ~ **theorem** योग प्रमेय/ सूत्र/ सिद्धांत;

***p&i:* in** ~ इसके अतिरिक्त, भी; **in ~ (to sth)** के अतिरिक्त, भी

addititious *see above under* **add:** ***dw/lw***

additive *see above under* **add:** ***dw/lw***

additional *see above under* **addition:** ***dw/lw***

additive *see above under* **addict:** ***dw/lw***

addle /ऐडल/ *v., pt.* **~d**, *pp* **addling** 1 सड़-गल जा., खराब हो. 2 (***syn.*** get confused/ muddled) भ्रमित हो., भ्रमित क., उलझा दे. ;

adj. 1 गला-सड़ा 2 गड्ड-मड्ड 3 (***syn.*** empty) खाली;

***p&i:* ~-brained/ ~-headed/ ~-pated** खाली भेजे (दिमाग) वाला, मूर्ख, काठ का उल्लू; ~ **one's brain** दिमाग में भूसा भरना

add-on *see under* **add:** ***dw/lw***

address /अड्रे\स/ ऐड्रे\स/ *n., pl.* **~es** 1 पता, सरनामा: change one's ~ 2 ई-मेल/ वैब-साइट/ फेसबुक (face book) आदि का पता 3 कंप्यूटर में फाइल का पता 4 भाषण, अभिभाषण: opening ~; give/ deliver an ~; formal ~ 5 अभिनंदन, मान-पत्र 6 शैली, रंगढंग: a man of awkward ~ 7 प्रणय निवेदन: pay one's **~es** to a lady 8 संबोधन 9 हुनर, दक्षता: show great ~;

***v. pt.* ~ed**, *pp* **~ing**, *s/he/it* **~es** 1 भाषण दे., संबोधित क.: ~ a meeting 2 लिख भेजना: ~ a letter to sb 3 पता लिखना 4 कंप्यूटर में ई-मेल/ वैब-साइट/ फेसबुक आदि का पता लिखना 5 से मुखातिब हो., के संबोधन में कहना या लिखना: where are your words **~ed** to me? 6 भेजना: he **~ed** me to his chief 7 किसी समस्या, प्रश्न आदि से निपटने के बारे में सोचना: ~ oneself to sth/ ~ the issue/ problem (किसी समस्या का समाधान निकालने के लिए विचार-विमर्श क. या प्रयास क.);

***dw/lw:* ~able** /~सअबल/ *adj.* 1 ऐसी समस्या जिसका समाधान किया जा सकता है 2 कंप्यूटर में उसके पते से खुलने वाला भाग; **~ed** *adj.* 1 जिस पर पता लिखा हो 2 भेजा हुआ; **~ee** /~सी/ *n., pl.* ~ees पत्र आदि पाने वाला, प्राप्त कर्ता; **~ograph** /~सोग्राफ/ *n.* पतालेखी यंत्र, पते छापने वाली मशीन;

***collocations:* ~ book** 1 पता पुस्तिका 2 ई-मेल पतों की कंप्यूटर नोटबुक 3 ऐसी पुस्तिका जिसमें नामों की सूची और पते दिए होते हैं;

***p&i:* ~ an audience** श्रोताओं को संबोधित क.; **~ed to** के नाम, को संबोधित; ~ **oneself to sb** किसी से बात क. या उसे लिखना; ~ **sb as sth** किसी को किसी नाम या पदवी संबोधित क.

addressee *see under* **address:** ***dw/lw***

addu\ce /अड्यूस/ *v., pt.* **~ced**, *pp* **~cing** 1 प्रमाण/ तर्क/ उदाहरण आदि सबूत के रूप में प्रस्तुत क. 2 (***syn.*** cite) उद्धृत क., उल्लेख क.;

***dw/lw:* ~cible** *adj.* उल्लेखनीय

adduct /अड\क्ट/ *v., pt.* **~ed**, *pp* **~ing** 1 सामान्य केंद्र की ओर खींचना या ले जा. 2 (मास पेशियों को) केंद्रीय नली में लाना;

dw/lw:* ~ion** /~क्शन/ *n.* 1 प्रस्तुतीकरण, मांसपेशी आदि के सामान्य केंद्र की ओर खिंचने की क्रिया 2 (syn.*** citing) तथ्यों, सबूतों आदि का उद्धरण या उल्लेख; **~ive** /~क्टिव/ *adj.* सामान्य केंद्र की ओर खींचने वाला

ADE *abbr.* 'Aeronautical Development Establishment' की प्रथमाक्षरी

adeem /अडीम/ *v., pt.* **~ed**, *pp* **~ing** *law* 1 वसीयतनामे को रद्द क., निरस्त क. 2 वापस लेना

adeism /ऐडीइज्म/ *n.* अदेववाद

ademption /अडेंप्शन/ *n., law* 1 वसीयतनामे का निरस्तीकरण 2 विखंडन

adenine /ऐडअनीन/ *n., biochem.* एक औषधीय रसायन

adenoid\s /ऐडिनॉइ\ड्ज/ *n., [pl.] anat.* 1 गले में होने वाली गिल्टी 2 नासिका और गले के द्वार की सूजन 3 कंठ शूल;

***dw/lw:* ~al** /~डल/ *adj., anat.* 1 कंठ शूल से संबंधित 2 कंठशूल से पीड़ित व्यक्ति से संबंधित 3 कंठशूल के कारण बदली आवाज संबंधी

adept /अडेप्ट\/ *adj., degr.* **~er**, **~est** (*often* **~ at/in sth** *or* **~ at/in doing sth**; ***syn.*** skilful) (कुछ करने में) दक्ष, प्रवीण, निपुण, पारंगत;

n. किसी कार्य, कला या बात आदि में पारंगत व्यक्ति

***dw/lw:* ~ly** /~लि/ *adv.* कुशलता से, दक्षतापूर्वक; **~ness** /~नेस/ *n.* कौशल, दक्षता, निपुणता, पारंगतता, सिद्धहस्तता

adequacy /ऐडिक्वअसि/ *n.* 1 (***anton.*** inadequacy) पर्याप्तता, प्रचुरता 2 यथेष्टता, उपयुक्तता

adequate /ऐडिक्वअट\/ (*usually* ~ **to sth**) *adj.* 1 यथेष्ट 2 (***anton.*** inadequate) पर्याप्त, काफी: ~ strength; ~ compensation 3 ठीक-ठाक, उपयुक्त: ~ definition; is language ~ to describe it?; he is an ~ man for your job 4 (के) अनुरूप;

***v., pt.* ~d**, *pp* **adequating** पर्याप्त हो.

***dw/lw:* ~ly** /~लि/ *adv.* 1 पर्याप्त रूप में 2 के अनुरूप

à deux /आडअः/ *adv., Fr.* 1 दोनों 2 दो जनों के लिए: dinner **à deux**

ADF *abbr.* 'Asian Development Fund', 'Australian Defence Force' की प्रथमाक्षरी

ADFIAP *abbr.* 'Association of Development Financing Institutions in Asia and The Pacific' की प्रथमाक्षरी

ad fin *adv.* अंत में

ADG *abbr.* 'Additional Director General', 'Assistant Director-General' की प्रथमाक्षरी

ADGP *abbr.* 'Additional Director-General Police' की प्रथमाक्षरी

ADH *abbr.* 'Alcohol Dehydrogenase', 'Antidiuretic Hormone' की प्रथमाक्षरी

ADHD *abbr.* 'Attention Deficit Hyperactivity Disorder' की प्रथमाक्षरी

adhe\re /अःडहि\अः/ *US* अढिर/ *v., pt.* **~red**, *pp* **~ring** 1 किसी सतह से जुड़ा या चिपके हो., चिपकना, जुड़ जा.: mud **~red** to our shoes 2 (*often* **~re to sth**) अनुसरण क., पालन क.: **~re** to sth 3 निष्ठावान बने रहना 4 दृढ़ रहना, डटे रहना: **~red** to the decision 5 समर्थन क. 6 का अनुचर बनना, का सदस्य बनना;

dw/lw: **~rence** /~अरंस/ *n.* 1 चिपकाव, जुड़ाव 2 (***syn.*** allegiance) नियमों या सिद्धांतों का पालन, अनुसरण, के प्रति निष्ठा: ~rence to a cause 3 लगाव, समर्थन 4 अनुरूपता: ~rence to specification; **~rent** /~अरंट/ *n.* 1 (***syn.*** supporter) अनुयायी 2 नियमों का पालन करने वाला व्यक्ति; **~rent** *adj.* 1 अनुयायी 2 समर्थक;
p&i: **~re to sth** अनुसरण क., पालन क.

adhe\sion /अःड्ही\ज़्न/ *n.* 1 चिपकाव: **~sion** of soil 2 संसक्ति, संलग्नता 3 पक्षधरता, हिमायत 4 निष्ठा, लगाव, आसक्ति 5 प्रयोग, प्रदान 6 *pathol.* (*often* **~sions**) चोट या शल्य-क्रिया के बाद ऊतकों या मांसपेशियों के जुड़ाव के कारण बना गुच्छ, संजन, बंध;
dw/lw: **~sive** /~सिव/ ~ज़िव/ *n.* 1 चिपकाऊ पदार्थ, गोंद जैसा चिपकाने वाला पदार्थ, चेप, लेप, सिमेंट: an ~sive used in book-binding; **~sive** *adj.* 1 चिपकने या चिपकाने वाला, चेपदार, चिपचिपा: ~sive tape; ~sive plaster/ tape; ~sive power; ~sive capacity 2 लसलसा, लसदार, लसीला 3 आसंजक, आसंजनशील

adhibit /अःड्हिबिट/ *v., pt.* **~ed**, *pp* **~ing** 1 (***syn.*** affix) लगाना: ~ the seal; ~ one's signature (हस्ताक्षर क., सही क.) 2 चिपकाना, जोड़ना, नत्थी क. 3 प्रयोग में लाना, लेना: ~ medicine

ad hoc /ऐड-हौक\/ *US* ऐड-हाःक\/ *adj., Lat.* 1 तदर्थ, जो नियमित या नियोजित न हो और जिसे आवश्यकतानुसार किया जाता हो: appointed on **ad hoc** basis;
dw/lw: **ad hocery** /~रि/ *n., pl.* ad hoceries *facetious* तदर्थ ढंग से निर्णय करने और उन्हें लागू करने की शैली;
collocations: **ad hoc committee** तदर्थ समिति

ad hominem /ऐड हौमिनेम/ *US* ऐड हाःमिनेम/ *adj., adv., Lat.* 1 अपने श्रोताओं के तर्कों की बजाए उनके आग्रहों या दुराग्रहों को ध्यान में रखकर बात या काम क. 2 अपने प्रतिवादी के तर्कों का जवाब न देकर उसका चरित्र-हनन क.: **ad hominem** attack

ADI *abbr.* 'Analog Devices Inc.' की प्रथमाक्षरी

adiaphor\ism /ऐडिऐफअ\रिज़्म/ *n., theol.* तटस्थतावाद, सिद्धांत-निरपेक्षता;
dw/lw: **~ist** /~रिस्ट/ *n.* तटस्थतावादी, सिद्धांत-निरपेक्षवादी; **~on** /~रन/ *n.* तटस्थ विषय, सिद्धांत-निरपेक्षता; **~ous** /~रस/ *adj.* तटस्थ, उदासीन

adiather\mal /एडिअथः\मल/ *adj.* उष्मा-अपार्य: **~mal** wall (उष्मा-अपार्य भित्ति);
dw/lw: **~mancy** /~मंसि/ *n.* उष्मा-अपार्यता

ADIBA *abbr.* 'Association of Development and Industrial Banks in Asia' की प्रथमाक्षरी

adieu /अड्यू/*US* अडू/ *n., pl.* **adieus/ adieux** /अड्यूज़/ विदाई: **make/ take one's adieux** *or* **make/ take ~** *or* **bid/ say ~ to sb** किसी को अलविदा कहना;

adieu! *interj.* अलविदा!;

ADIG *abbr.* 'American Design Intelligence Group' की प्रथमाक्षरी

Adi Granth (*also* **Granth, Guru Granth Sahib**) सिखों का धार्मिक ग्रंथ

ad infinitum /ऐडइनफिनाइटम/ *adv., Lat.* सदा के लिए, अनंत काल तक, असीम

ad interim /ऐडइंटअरिम/ *adj., Lat.* अंतरिम, अस्थायी, अल्पकालीन

adios /अदिऔस/ अदिओस/ *interj., Sp.* अलविदा!

adipic /अडिपिक/ *adj.* वसामय, वसात्मक, चर्बीदार: ~ acid

adipo\se /ऐडिपोस/ *adj., techn.* मोटा, स्थूल, स्थूलकाय, वसामय: **~se** tissue (इंसुलीन व शारीरिक ऊर्जा के स्रोत ऊतक);
n. पशुओं की चर्बी;
dw/lw: **adiposity** /ऐडिपौसिटि/ *US* ऐडिपाःसिटि/ *n.* मोटापा, स्थूलता, वसामयता

adip\sous /अडिप्सस/ *adj., med.* प्यास बुझाने वाला (पेय, दवा);
dw/lw; **~sy** /अडिप्सि/ *n.* प्यास अनुभव करने में अक्षमता

ADIT *abbr.* 'Advanced Diploma in Information Technology' की प्रथमाक्षरी

adit /ऐडिट/ *n.* 1 (***syn.*** access) लंबाकार (भूमिगत) प्रवेश रास्ता, पहुंच 2 खनिमुख, बोग्दा

ADJ *abbr.* 'Additional District Judge', 'Association of Desk Journalists' की प्रथमाक्षरी

adj. *short form,* 'adjective' का लघु रूप

adja\cency /अड्जे\संसि/ *n.* समीपता, संलग्नता;
dw/lw: **~cent** /~संट/ (*often* **~cent to sth**) *adj.* 1 निकटवर्ती, पास का, नजदीकी, समीपवर्ती: ~cent strata; ~cent villages 2 संलग्न; **~cently** /~संटलि/ *adv.* पास से, निकट से, सटकर लगते हुए

adjectival /ऐड्जिक्टाइव\ल/ *adj.* विशेषण संबंधी, विशेषणात्मक;
dw/lw: **~ly** /~लि/ *adv.* विशेषण के रूप में

adjective /ऐड्जिक्टिव/ ऐड्जेक्टिव/ *n.* 1 विशेषण 2 मातहत या आश्रित व्यक्ति;
adj. 1 विशेषण से संबंधित 2 आश्रित

adjoin /अड्जॉइ\न/ *v., pt.* **~ed**, *pp* **~ing** जुड़ा/ सटा/ लगा हो., आसन्न हो.: the playing-field **~s** the school; the two countries ~;
dw/lw: **~ing** /~निंग/ *adj.* 1 के पास/ से सटा हुआ 2 निकटवर्ती 3 संलग्न

adjourn /अडजःन/ *v., pt.* **~ed**, *pp* **~ing** 1 स्थगित क., टालना, मुलतवी क. 2 मीटिंग को बीच में रोककर कुछ समय के लिए स्थगित क.: ~ a meeting/ a journey/ one's departure/ one's return; the matter was **~ed**; the parliament/ court **~ed** at five o'clock 3 किसी दूसरे स्थान को चले जा.: ~ to (आराम करने के लिए दूसरे स्थान पर चले जा.);
dw/lw: **~ed** /अडजःन्ड/ *adj.* स्थगित; **~ment** /अडजःनमंट/ *n.* स्थगन, सत्रावसान, आस्थगन: ~ment motion (कार्रवाई स्थगन प्रस्ताव);
p&i: **~ed sine die** अनिश्चित काल के लिए स्थगित कर दी गई

Adjt *abbr.* 'Adjutant' का संक्षेप

Adjt-Gen *abbr.* 'Adjutant-General' का संक्षेप

adjud\ge /अडजज\/ *v., pt.* **~ged**, *pp* **~ging** 1 न्याय-निर्णय क., निर्णय दे.: **~ge** sb (to be) guilty; **~ge** sb to die/ to jail 2 की हालत में पहुंचा दे.: **~ge** sb to beggary 3 माना जा., के रूप में आकलन हो.: the function was **~ged** a success;
dw/lw: **~g(e)ment** /~मंट/ *n.* न्याय-निर्णय, आकलन

adjudica\te /अडजूडिके\ट/ *v., pt.* **~ted**, *pp* **~ting** न्याय-निर्णय क., न्यायाधीश/ मध्यस्थ द्वारा निर्णय दिया जा.: **~te** on a matter; **~te** in a case;
dw/lw: **~tion** /~शन/ *n.* 1 न्याय-निर्णय, अधिनिर्णय 2 मध्यस्थता, विवाचन, पंचाट 3 संराधन 4 (***syn.*** decree) निर्णय-आदेश; **~tive** /~टिव/ *n.* न्याय-निर्णय-संबंधी, न्याय-निर्णयात्मक; **~tor** /~टः/ *n.* निर्णायक, पंच, मध्यस्थ

adjunct /ऐडजंक्ट/ *adj.* 1 गौण 2 अनुपद, अनुशब्द 3 अनुबद्ध, अनुलग्न 4 सहायक की हैसियत से किसी संस्था से अनुबद्ध;
n. 1 जोड़ी जाने वाली अतिरिक्त वस्तु: the memory expansion cards are useful **~s** to the computer 2 (***syn.*** fellow, associate) सहायक अध्यापक: ~ professor 3 परिशिष्ट 4 *gramm.* क्रिया के अर्थ में जुड़ाव करने वाला क्रिया-विशेषण, कर्ता के बारे में सूचना जोड़ने वाला वाक्यांश, अनुबंध 5 *logic* अतात्त्विक गुण;
dw/lw: **~ive** /ऐडजंक्टिव/ *adj.* 1 अतिरिक्त, योजक 2 गौण, सहायक

adju\ration /अड्जुअरेशन/ *n.* 1 सशपथ प्रार्थना 2 विनय, अनुनय प्रार्थना 3 शपथ 4 *law* शपथ-ग्रहण 5 शपथ दिलाने की क्रिया;
dw/lw: **~re** /अडजुअः/ *v., pt.* ~red, *pp* ~ring 1 सशपथ

कहना 2 किसी को शपथ लेकर कहने का आदेश दे. 3 अनुनय क. 4 शपथ-ग्रहण क. 5 शपथ दिलाना

adjust /अड्ज\स्ट/ *v., pt.* **~ed**, *pp* **~ing** 1 परिस्थिति अनुसार समायोजन क., व्यवस्थित क. 2 अनुकूलित हो.: ~ to sth 3 ताल मिलाना, ताल-मेल क., समन्वय बैठाना: ~ preliminaries 4 कार्य शैली या सोच को परिस्थिति अनुसार ढालना 5 आवश्यक फेर-बदल क., ठीक क.: ~ a suit; ~ the telescope to the eye; ~ fire;

dw/lw: **~able** /~स्टअबल/ *adj.* 1 समायोज्य, जिसमें आवश्यकता अनुसार फेर-बदल किया जा सके: ~able bookshelf; ~able clamp; ~able spanner, ~able wrench 2 समन्वय योग्य 3 अनुकूलन योग्य 4 घटा-बढ़ाकर या काट-छांटकर मिलान करने योग्य : ~able spacing; ~able pitch; **~ed** /~स्टिड/ *adj.* 1 समायोजित 2 जुड़ा हुआ 3 अनुकूलित 4 जिसमें आवश्यक फेर-बदल की जा चुकी हो; **~er** /~स्टः/ *n.* 1 जोड़ने या मिलान करने वाला कारीगर 2 अनुकूलक; **~ing** /~स्टिंग/ *n.* जुड़ाई, मिलान, नियंत्रण 2 जोड़ने वाला औजार या उपकरण 3 (चोट आदि पर) पट्टी की बंधाई 4 अनुकूलन; **~ing** *adj.* 1 मिलान करने वाला, नियंत्रक: ~ing shop; ~ing device 2 जिसमें फेर-बदल हो सके: ~ing belt; ~ing bolt; ~ing wedge; **~ment** /~स्ट्मंट/ *n.* 1 समायोजन, परिस्थिति अनुसार फेरबदल: make ~ment to 2 व्यवहार में अनुकूलन 3 ताल-मेल, मिलान 4 मतभेदों या झगड़े का निपटारा 5 सुर आदि का मिलान 6 *med.* पट्टी आदि की बंधाई में फेर-बदल: ~ment of dressing 7 यंत्र के काम में आवश्यक फेरबदल 8 स्थिति में फेर-बदल: ~ment of track;

adjutage /ऐड्जुटिज/ *n.* टोंटी

adjutant /ऐड्जुटंट/ *n.* सहायक सैनिक अधिकारी, एडजुटेंट;

dw/lw: **Adjutant-General** *n., pl.* ~s-General ऐड्जुटंट जनरल;

collocations: **~ bird** एक भारतीय सारस, लकलक

adjuvant /ऐड्जुवंट/ *adj.* 1 सहायक 2 मददगार 3 लाभकारी;

n. 1 सहायक व्यक्ति 2 सह-औषध, गुणवर्धक औषधि

ADL abbr. 'Activity of Daily Living' की प्रथमाक्षरी

ad-lib /ऐड-लिब/ *v., pt.* **~bed**, *pp* **~bing** 1 (***syn.*** improvise) बिना पूर्व तैयारी या योजना के बोलना/ संबोधित क. 2 संगीत को आवश्यकतानुसार ढालना;

n., *pl.* **ad-lib** (***syn.*** improvisation) तात्कालिक प्रस्तुतीकरण: the speech was full of ~;

adj. 1 तत्काल-प्रस्तुत 2 तात्कालिक;

adv. तात्कालिक ढंग से: deliver a speech ~;

dw/lw: **~bing** *n.* (***syn.*** improvisation) तत्काल प्रस्तुतीकरण

ad libitum /ऐड लिबिटम/ *adv., Lat.* 1 जितना चाहो, जैसे चाहो 2 जैसी मर्जी, यथेच्छ, इच्छानुसार 3 चुन-चुन कर

Adm. *abbr.* 'Admiral' का संक्षेप

ADM *abbr.* 'add drop multiplexer', 'Additional District Magistrate', 'Additional Divisional Magistrate' की प्रथमाक्षरी

ad manum /ऐड मानम/ *adj., Lat.* तैयार, प्रस्तुत

adman /ऐडमैन/ *n., pl.* **admen** *colloq.* विज्ञापन-कर्मी, विज्ञापन लेखक या बनाने वाला

ADMAP *abbr.* 'Administration and Assessment & Development of Managerial Potential' की प्रथमाक्षरी

ADMAS *abbr.* 'Animal Disease Monitoring and Surveillance' की प्रथमाक्षरी

admass /ऐडमैस/ *n.* विज्ञापन पर जल्दी से विश्वास कर लेने वाली जनता

admeasu\re /ऐडमेजः\/ *v., pt.* **~red**, *pp* **~ring** 1 हिस्से लगाना या क., बांटना, आबंटन क. 2 हद या सीमा तय क.;

dw/lw: **~rement** /~मंट/ *n.* हिस्से लगाने का काम, बांट, बंटवारा, आबंटन

admin /ऐडमिन/ *n., contraction, colloq.* 'administration' का छोटा रूप

admini\cle /ऐडमिनि\कल/ *n.* 1 सहायक या अतिरिक्त वस्तु 2 *law* परिपोषी या अतिरिक्त प्रमाण;

dw/lw: **~culate** /ऐडमिनिक्युलेट/ *v., pt.* ~culated, *pp* ~culating 1 सहायक हो. 2 *law* परिपोषक बनना या हो., अतिरिक्त सबूत हो.

administer /अःडमिनिस्टः/ *v., pt.* **~ed**, *pp* **~ing** 1 संयोजन या प्रबंधन चलाना 2 मामलों को देखना या चलाना: ~ sb's affairs; ~ upon/ to a will (वसीयत में मिली जमीन-जायदाद की देखरेख क.) 3 प्रशासन चलाना: ~ the affairs of the state; ~ trust territories 4 मदद दे.: ~ relief; ~ safeguards; ~ to sb's needs 5 दंड दे. : ~ punishment; ~ a rebuke/ reprimand 6 किसी को शपथ दिलाना : ~ an oath to sb 7 दवाई की खुराक दे.: ~ a dose intravenously 8 किसी को मारना, पीटना, चोट क. : ~ a blow to the opponents head; ~ a kick, a punch, etc. to sb;

p&i: **~ a blow** प्रहार या आघात क.; **~ a dose** (दवाई की) खुराक दे. या पिलाना; **~ an oath** शपथ दिलाना; **~ a rebuke** डांट लगाना **~ justice** न्याय दे.

administra\te /अःडमिनिस्ट्रे\ट/ *v., pt.* **~ted**, *pp* **~ting** प्रशासन चलाना;

dw/lw: **~tion** /~शन/ *n.* 1 प्रशासन: the Obama ~tion 2 प्रबंधन, कंपनी आदि का प्रबंधन 3 प्रशासन, शासन, सरकार, मंत्रालय 4 शासन काल 5 प्रबंध, संचालन: letter of ~tion (प्रबंध पत्र) सहायता संचालन, आबंटन 6 दंड का निष्पादन 7 दवाई की खुराक देने की क्रिया 8 वसीयत का संचालन; **~tive** /~टिव/ *adj.* प्रशासनिक, संयोजन या प्रबंधन से संबंधित: ~tive duties; ~tive link; ~tive operation; ~tive job/ assistant/ error; **~ively** /~टिवलि/ *adv.* प्रशासनिक रूप से; **~or** /~टः/ *n.* प्रशासक, प्रबंधक; **~rix** /~ट्रिक्स/ *n., pl.* **~trices** /~ट्राइसीज/ *pl.* 1 महिला-प्रबंधक 2 महिला वसीयत प्रबंधक;

collocations: **~tion and supply group** प्रशासन एवं आपूर्ति दल; **~tion senator** *US* सरकार का समर्थक सेनेटर; **~tive arrangements/ orders** प्रशासनिक प्रबंध/ आदेश; **~tive commandant** क्षेत्रीय कमांडेंट; **~tive discharge** सेना से बर्खास्तगी; **~tive services** प्रशासनिक सेवाएं; **~tive unit** प्रशासनिक इकाई; **~tor with the will annexed** वसीयत लागू करने के लिए नियुक्त प्रशासक

admira\ble /ऐडमिरअब\ल/ *adj.* 1 सर्वोत्तम, सर्वश्रेष्ठ, बढ़िया 2 (***syn.*** commendable) प्रशंसनीय, सराहनीय, स्तुत्य, श्लाघ्य;

dw/lw: **~bly** /~लि/ *adv.* प्रशंसनीय रूप से

admiral /ऐडमिरअ\ल/ *n.* ऐडमिरल, एक उच्च नौसेना अफसर: full ~;

dw/lw: **~ty** /~लिटि/ *n.* नौसेना मुख्यालय;

collocations: **~ of the Fleet** नौसेना बेड़े का ऐडमिरल, ब्रिटेन की शाही नौसेना का उच्चतम अफसर;

p&i: **~ of the blue** शराब ढाबे का मालिक; **~ of the red** पियक्कड़;

tap the ~ शराब के पीपे में छेद करके चोरी-छिपे पीना

admiration /ऐडमिरेशन/ *n.* 1 (**~ for sb/ sth**) आदर, अनुराग, श्रद्धा : profound/ sincere/ childlike ~; be the ~ of all the young men; watch/ gaze in ~ 2 श्लाघा, प्रशंसा: cry of ~; note of ~; excite general ~

admi\re /अःडमा\यः/ *v., pt.* **~red**, *pp* **~ring** 1 मन ही मन पसंद क.: **~re** sb 2 किसी के सौंदर्य का कायल हो. 3 प्रशंसक हो. 4 आदर क., श्रद्धा रखना: **~re** sb for their courage 5 *US* चाहना: he **~red** that all of us went to the theatre;

dw/lw: **~rer** /~यरः/ *n.* 1 प्रशंसक 2 अनुरागी: ~rer of music 3 किसी औरत का प्रशंसक या चाहने वाला: she never married, although she had many ~rers; **~ring** /~यरिंग/ *adj.* प्रशंसक, आदर करने वाला, कायल; **~ringly** /~यरिंगलि/ *adv.* पसंद करते हुए, प्रशंसापूर्वक

admissi\ble /अड्मिसि\बल/ *adj.* 1 ग्राह्य 2 (***anton.***

inadmissible) मान्य, स्वीकार्य: **~ble** evidence (मान्य प्रमाण);
***dw/lw:* ~bility** /~बिलिटि/ *adj.* ग्राह्यता, मान्यता, स्वीकार्यता

admission /अःड्मिशन/ *n.* 1 प्रवेश, दाखला: ~ to the school is by examination; ~ free; ~ fee; ~ by ticket 2 स्वीकारोक्ति, स्वीकृति, कबूलने की क्रिया: ~ of guilt 3 सदस्यता प्रदान, प्रवेश, भर्ती 4 सिलेंडर आदि में गैस आदि की भराई: ~ valve

admit /अःड्मि\ट/ (*also* **~ to sth**) *v., pt.* **~ted**, *pp* **~ting** 1 (***syn.*** confess) अपराध या गलती आदि स्वीकारना, कबूलना: I ~ it to be true 2 किसी दावे या दलील को वैध ठहराना, मानना, किसी दलील आदि के साथ सहमत हो., अदालत आदि द्वारा सत्यता स्वीकार किया जा.: ~ a hypothesis; ~ the truth of the story; you must ~ that he is right 3 अंदर आने दे.: ~ sb into the house 4 प्रवेश करने का अधिकार दे.: the ticket **~s** one; children are not **~ted** 5 (*also* **~ sb to sth**) भर्ती क. दाखिल क., प्रवेश दे .: ~ into college/ into school/ into club 6 (मयखाने आदि में) स्थान ग्रहण करने की अनुमति दे.: be **~ted** to the bar 7 समा लेना, स्थान दे.: a room **~ting** fifty students; the hall **~s** 300 8 गुंजाइश छोड़ना: it does not ~ of doubt; it **~s** of no delay; the words ~ of no other meaning;
***dw/lw:* ~table** /~टअबल/ *adj.* 1 प्रवेश योग्य, प्रवेश्य 2 मानने योग्य 3 अदालत द्वारा वाद के रूप में स्वीकार करने योग्य; **~tance** /~टंस/ *n.* 1 प्रवेश पत्र 2 प्रवेशानुमति, प्रवेशाज्ञा, प्रवेश अधिकार: grant ~tance; obtain ~tance; be refused ~tance 3 *elec.* चालकता, चालकत्व; **~ted** *adj.* स्वीकृत, स्वीकार्य, माना हुआ: ~ted fact; **~tedly** /~टिडलि/ *adv.* 1 निस्संदेह, निश्चय ही 2 सर्वमान्य मतानुसार, जैसा कि माना गया है ...;
***p&i:* ~ of sth** किसी बात को संभावित समाधान के रूप में स्वीकारना; **~ sb into one's confidence** किसी को अपने विश्वास में ले.;
be ~ted to/ into a hospital बीमार पड़ने पर अस्पताल में भर्ती हो.

admix /अःड्मिक्स\/ *v., pt.* **~ed**, *pp* **~ing** 1 मिलाना, मिश्रित क. 2 मिल जा.;
***dw/lw:* ~ture** /~चः/ *n., mainly tech.* 1 मुख्य तत्त्व के साथ किसी अन्य गौण पदार्थ का सम्मिश्रण 2 मिश्रण 3 कंकरीट, सिमेंट आदि के साथ किसी अन्य वस्तु का सम्मिश्रण

Admn *abbr.* 'Administration' का छोटा रूप

ad modum *Lat.* रीति के अनुसार

admonish /अःडमौ\निश/ *US* अःडमाः\निश/ *v., pt.* **~ed**, *pp* **~ing**, *s/he/it* **~es** 1 (***syn.*** scold, reprove) फटकारना, ताड़ना, डांटना: ~ sb for chewing gum in the class 2 (***syn.*** caution) चेताना, सावधान क.: ~ the students against being late 3 (***syn.*** advise, exhort) समझाना, प्रेरित क.: ~ sb to do sth 4 (***syn.*** remind) याद दिलाना, सूचित क.;
***dw/lw:* ~ment** /~निश्मंट/ *n.* 1 झिड़की, डांट-फटकार, डांट-डपट, भर्त्सना 2 चेतावनी 3 उपदेश

admoni\tion /ऐडमअनिशन/ *n.* 1 (***syn.*** scolding) प्रताड़ना, फटकार, डांट 2 चेतावनी, प्रबोधन: give an **~tion**;
***dw/lw:* ~tory** /अःडमौनिटरि/ *US* अःडमाःनिटरि/ *adj.* प्रताड़क, चेतावनीयुक्त

ADN *abbr.* 'People's Democratic Republic of Yemen' के अंतर्राष्ट्रीय वाहन रजिस्ट्रेशन अक्षर (IVR)

ad nauseam /ऐड्नॉजिऐम/ *adv., Lat.* 1 (बार-बार दोहराना कि कोई) ऊब जाए 2 घृणास्पद बन जाने की हद तक 3 अतिशय करते हुए

adnominal /ऐडनौमअनल/ *US* ऐडनाःमअनल/ *adj.* संज्ञात्मक

adnoun /ऐडनॉउन/ *n.* (***syn.*** substantivised) संज्ञात्मक विशेषण

ado /अडू/ *n., pl.* **~s** 1 कठिनाई, दिक्कत, परेशानी: have much ~ 2 बतंगड़, बखेड़ा, झमेला, गड़बड़ी: make/ much ~ about sth;
***p&i:* have much ~** बहुत कठिनाइयां झेलना; **much ~ about nothing** थोथा चना, बाजे घना; **without more/ further/ much ~** बिना देर किए, तुरंत

adobe /अडोबि/ *n.* 1 कच्ची ईट 2 कच्ची ईटों का मकान: ~ hut

adole\scence /ऐडलेसंस/ ऐडअलेसंस/ (*also* **~scency**) *n.* 1 किशोरावस्था 2 बाल्यकाल व प्रौढ़ अवस्था के बीच की अवस्था 3 उभरती जवानी 4 (***syn.*** puberty) तरुणाई या यौवन की दहलीज पर;
adj. 1 किशोर अवस्था संबंधी 2 *colloq.* अनाड़ी, कच्चा;
***dw/lw:* ~scent** /ऐडलेसंट/ऐडअलेसंट/ *n.* 1 किशोर या किशोरी 2 नवयुवती, नवयुवक;

Adonis /अडोनिस/*n., pl.* **~es**, *Gr. mythol.* 1 ऐडोनिस (यूनानी देवता) 2 अति सुंदर व स्वस्थ युवक 3 बांका, छैला

adopt /अडौ\प्ट/ *US* अडाः\प्ट/ *v., pt.* **~ed**, *pp* **~ing** 1 *law* गोद ले., दत्तक पत्र या पुत्री के रूप में ग्रहण क.: ~ a child 2 अंगीकार क., ले लेना : ~ stolen goods 3 कोई रुख, रवैया अपनाना, धारण क.: ~ the attitude of an onlooker 4 नई नीति, नई समझ या शैली आदि अख्तियार क.: ~ another course of action 5 किसी दूसरे के विचार या तरीके अपनाना: ~ sb's ideas; his methods should be **~ed** 6 किसी गली, मुहल्ले, गांव आदि के रख-रखाव की जिम्मेवारी लेना 7 किसी प्रत्याशी को अपना उम्मीदवार मानना 8 किसी दूसरी भाषा से शब्द ज्यों की त्यों ले लेना;
***dw/lw:* ~ed** /~प्टिड/ *adj.* 1 गोद लिया हुआ 2 दत्तक 3 ग्रहीत; **~ee** /~प्टि/ *n.* 1 गोद लिया हुआ, दत्तक पुत्री या पुत्र 2 अंगीकृत या ग्रहीत विचार आदि; **~er** /~प्टः/ *n.* गोद लेने वाले मात-पिता; **~ion** /~प्शन/ *n.* 1 गोद लेने की प्रक्रिया, दत्तक-ग्रहण: law of ~ion 2 अंगीकरण, अपनाने की क्रिया: ~ion of new technology 3 अनुमोदन: ~ion of the agenda 4 प्रत्याशी घोषणा: sb's ~ion as a candidate; **~ism** /~प्टिज्म/ *n., theol.* (ईसा संबंधी) दत्तकपुत्रवाद; **~ive** /~प्टिव/ *adj.* 1 दत्तक-ग्राही, दत्तकी 2 (*of language*) अपनाई हुई, ग्रहीत 3 जिसे अपना लिया गया हो 4 अपनाने वाली/ वाला;
***p&i*: ~ a resolution** प्रस्ताव का अनुमोदन क., प्रस्ताव पास क.; **~ new measures** नए कदम उठाना

adora\ble /अडॅाःरअ\बल/ *adj.* 1 पसंद करने योग्य, सुप्रिय 2 अति आकर्षक व सुंदर 3 प्रशंसनीय;
***dw/lw:* ~bleness** /~बलनेस/ *n.* आकर्षण, सौंदर्य, प्रशंसनीयता, सुप्रियता; **~bly** /~बलि/ *adv.* प्रशंसनीय या सुंदर ढंग से

adoration /ऐडअरेशन/ *n.* 1 अनुराग, प्रेम: popular **~tion**; object of **~tion** 2 पसंद या प्रशंसा का पात्र 3 आदर, आराधना

ado\re /अडॅाः/ *v., pt.* **~red**, *pp* **~ring** 1 किसी का कायल हो., किसी पर लट्टू हो.: **~re** sb 2 के प्रति आदर भाव रखना 3 अत्यधिक पसंद क.: **~re** children/ sweets/ painting/ music; **~re** swimming 4 चाहना;
***dw/lw:* ~rer** /अडॅाःरः/ *n.* 1 भक्त, आराधक 2 चाहने वाला या वाली, रसिक, रसिका; **~ring** /अडॉरिंग/ *adj.* कायल, चाहने वाला, पसंद करने वाला, प्रशंसक

adorn /अडॅाःन/ *v., pt.* **~ed**, *pp* **~ing** 1 अलंकृत/ विभूषित क. 2 बनना-ठनना: ~ oneself with fine clothes 3 शोभा बढ़ाना, शोभा में चार चांद लगाना 4 सुशोभित क., सजाना: ~ a room with flowers;
***dw/lw:* ~ment** /अडॅाःनमंट/ *n.* 1 सजावट, श्रृंगार, आभूषण: a simple necklace is her only ~ment 2 अलंकरण, अलंकार 3 शोभा

ADP *abbr. comput.,* 'automatic data processing', 'Area Development Project' की प्रथमाक्षरी

ADR *abbr.* 'alternative dispute resolution', 'American Depository Receipt' की प्रथमाक्षरी

ad rem /ऐड रेम/ *adv., adj., Lat.* 1 (***syn.*** to the point) सीधे मुद्दे पर 2 सीधे निशाने पर

adrenal /अड्रीनल/ *adj., anat.* 1 गुर्दों से संबंधित 2 गुर्दों के पास स्थित 3 अधिवृक्क;
***collocations:* ~ cortex** *zool., anat.* गुर्दे की ग्रंथि का बाहरी हिस्सा; **~ gland** *zool., anat.* गुर्दे की ग्रंथि

adrenalin (*also* **adrenaline**) /अड्रेनअलिन/ *n., biol.* क्रोध, उत्तेजना या भय की अवस्था में ग्रंथि से स्रवित एक रासायनिक पदार्थ जो हृदय गति को तेज कर देता है

ADRI *abbr.* 'Asian Development Research Institute' की प्रथमाक्षरी

adrift /अड्रिफ्ट/ *adj., adv.* 1 (***syn.*** off course) इधर-उधर बहका हुआ, भटका हुआ: go ~; be ~ 2 खुलकर या ढीली पड़कर बहती हुई नाव: set/ cut ~ 3 (***syn.*** without purpose) लक्ष्यहीन, निष्प्रयोजन: his mind was ~ 4 (***syn.*** without guidance) बिना मार्ग दर्शन के;

p&i: **cast/ set sb** ~ कटी पतंग की तरह छोड़ दे.: without language human beings are cast ~; **cut oneself ~ from one's people/ friends** अपने सगों व दोस्तों के साथ संबंध तोड़ ले; **I am all** ~ मैं पूर्णतः किंकर्त्तव्यविमूढ़ हूं; **turn** ~ घर से निकाल दे., किसी को उसके हाल पर छोड़ दे.

ADRIN *abbr.* 'Advanced Data Processing Research Institute' की प्रथमाक्षरी

adroit /अड्रॉइट\/ *adj.* 1 (***syn.*** skilful) दक्ष, पटु: ~ debater 2 चतुर;

dw/lw: **~ly** /~लि/ *adv.* दक्षतापूर्वक, चतुराई से; **~ness** /~नेस/ *n.* 1 दक्षता, पटुता 2 चतुरता, चतुराई, सयानापन

ADS *abbr.* 'Accelerator Driven Systems', 'adaptive damping system', 'Airborne Dependent Surveillance', 'Air Defence Ship', 'American Depository Shares', 'Attention Deficiency Syndrome' की प्रथमाक्षरी

adscititious /ऐड्सिटिशिअस/ *adj.* 1 अतिरिक्त 2 गौण 3 कल्पित 4 माना हुआ, अभिगृहीत

ADSJ *abbr.* 'Additional District and Sessions Judges' की प्रथमाक्षरी

ADSL *abbr.* 'asymmetric digital subscriber line' की प्रथमाक्षरी

adsorb /अःड्सॉः\ब/ अःड्ज़ॉःब/ *v., pt.* **~ed**, *pp* **~ing** अधिशोषण क.;

dw/lw: **~ent** /~बंट/ *adj.* चूसक, सोखने वाला पदार्थ, अधिशोषक;

adsorption /अःड्सॉःप्शन/ *n.* अधिशोषण, चूसने की क्रिया

ADSP *abbr.* 'Additional Deputy Superintendent of Police' की प्रथमाक्षरी

ad summum /एडसुम्मम/ *adv., Lat.* उच्चतम बिंदु को या बिंदु पर

ADT *abbr.* 'Atlantic Daylight Time', 'Automatic Detection and Tracking' की प्रथमाक्षरी

adula\te/ऐड्युले\ट/ *v., pt.* **~ted**, *pp* **~ting** खुशामद/चापलूसी क., चाटुकारितापूर्वक प्रशंसा क.;

dw/lw: **~tion** /~शन/ *n.* 1 चाटुकारिता 2 अत्यधिक प्रशंसा या आदर भाव, विशेषकर जब व्यक्ति इसका पात्र न हो 3 चापलूसी 4 ठकुर-सुहाती; **~tor** /~टः/ *n.* चापलूस या खुशामदी व्यक्ति, चाटुकार; **~tory** /~टरि/ *adj.* चाटुकारितापूर्ण, चापलूसीपूर्ण

adult /ऐडल्ट/ अडल्ट/ *n.* (***syn.*** grown-up) वयस्क, बालिग. प्रौढ़ व्यक्ति: courses for **~s**; for **~s** only;

adj. 1 प्रौढ़, वयस्क, बालिग 2 जिसका शारीरिक विकास संपूर्ण हो चुका हो 3 (***syn.*** grown-up) समझदार लोगों की तरह बर्ताव करने वाला 4 प्रौढ़ों के लिए (फिल्म आदि);

collocations: ~ **education** (***syn.*** continuing education) प्रौढ़ शिक्षा; ~ **franchise/suffrage** वयस्क मताधिकार; **'A' class** पुस्तकें, फिल्में आदि जिन्हें नग्न चित्र, अभद्र भाषा, हिंसा आदि के कारण केवल प्रौढ़ लोगों को देखने की अनुमति होती है

adulterant /अडल्टरंट/ *n.* खोट, मैल, मिलावटी पदार्थ, मिलावट

adultera\te /अडल्टरे\ट/ *v., pt.* **~ted**, *pp* **~ting** 1 (***syn.*** contaminate) मिलावट क., खोट मिलाना 2 (***syn.*** corrupt) दूषित क.;

adj. 1 (***syn.*** adulterous) व्यभिचारी 2 (***syn.*** illegitimate) जारज 3 मिलावटी;

dw/lw: **~ted** /~टिड/ *adj.* मिलावट वाला, मिलावटी; **~tion** /~शन/ *n.* मिलावट, खोट की मिलावट; **~tor** /~टः/मिलावट करने वाला

adulter\er /अडल्ट\रः/ *n.* व्यभिचारी, जार कर्मी, परस्त्रीगामी, जार;

dw/lw: **~ess** /~रस/ *n.* परपुरुषगामिनी, अन्यगामिनी, जारिणी, छिनाल; **~ine** /~राइन/ *adj.* 1 (***syn.*** adulterated) मिलावटी 2 (***syn.*** illegitimate) जारज 3 (***syn.*** illegal) अवैध 4 (***syn.*** fake) जाली 5 जार कर्म संबंधी; **~ous** /~रस/ *adj.* 1 परस्त्रीगामी/ परपुरुषगामी, जार कर्मी 2 जार कर्म में लिप्त, व्यभिचारिक; **~ously** /~रसलि/ *adv.* जार कर्मी के लहजे में या तरीके से; **~y** /~रि/ *n.* पर स्त्री या पर पुरुष से यौन संबंध, जार कर्म, छिनालपन, व्यभिचारिता, अन्यगमन

adulthood /अडल्टहुड/ *n.* प्रौढ़ अवस्था, प्रौढ़ता, वयस्कता

adulting /अडल्टिंग/ *n.* जिम्मेवार पौढ़ व्यक्ति की तरह व्यवहार करने का प्रवत्ति

adumbral /ऐडंब्रल/ *adj.* छाया देने वाला, छायादार, सायादार

adumbra\te /ऐडंब्रे\ट/ *v., pt.* **~ted**, *pp* **~ting** *formal, lit.* 1 भावी घटनाओं की झलक दिखाना, रेखाचित्र खींचना, प्रारूप प्रस्तुत क. 2 लक्षण बताना, संकेत क., पूर्वाभास दे. 3 छाया डालना, छायांकित क.;

dw/lw: **~tion** /~शन/ *n.* 1 भविष्य की झलक, पूर्वाभास 2 रूपरेखा, रेखाचित्र 3 आच्छादन, तमाच्छादन

adunation /ऐड्युनेशन/ *n.* जोड़, मेल, मिश्रण

adunc /अडं\क/ *adj.* अंकुश-चक्र, आनत, भीतर की ओर मुड़ने वाला;

dw/lw: **~ate** /~केट/ *v., pt.* ~ated, *pp* ~ating अंदर की ओर मुड़ना; **~ity** /~किटि/ *n.* अंकुश-वक्रत

adust /अडस्ट/ *adj.* 1 झुलसा या कुम्हलाया हुआ 2 उदास, विषण्ण

ADV *abbr.* 'Animal Driven Vehicles' की प्रथमाक्षरी

adv. *abbr. gramm.* 'adverb' का संक्षेप

ad valorem /ऐडवलॉःरेम/ *adv., Lat.* यथा मूल्य, लागत मूल्यानुसार: ~ duty (यथा मूल्य शुल्क); ~ tax (यथा मूल्य कर)

advan\ce /अःड्वां\स/*US* अःड्वैं\स/ *n.* 1 अग्रिम राशि, अग्रिम भुगतान, पेशगी, बयाना, अगाऊ: **~ce** for buying a flat; pay in **~ce** 2 उधार, ऋण: **~ce** for sb; the bank makes **~ces** 3 विकास, नई खोजें और आविष्कार: industrial **~ce**; **~ce** of science 4 आक्रमणकारी कूच, बढ़ते कदम: **~ce** on the capital; **~ce** in force (भारी सैनिक संख्या में आक्रमण); **~ce** of the main attack 5 प्रगति, उन्नति, तरक्की, सुधार: days of **~ce** (विकास का युग) 6 मूल्य वृद्धि 7 (***syn.*** overture) प्रेम प्रस्ताव, प्रेम पहल, प्रणयपूर्ण व्यवहार: make **~ces**; encourage sb's **~ces**; repel sb's **~ces** 8 वृद्धि, आगे की ओर बढ़ाव या बढ़त: **~ce** of glacier (हिम नद का आगे की ओर बढ़ाव); **~ce** of old age 9 पदोन्नति: **~ce** in rank; **~ce** in office;

v., pt. **~ced**, *pp* **~cing** 1 विकास क., विकसित हो., प्रगति पथ पर अग्रसर हो., आगे बढ़ना, ज्ञान-वृद्धि क.: **~ce** in knowledge; **~ce** by leaps and bounds/ by rushes (*see below under* ***p&i***); as the work **~ces** 2 अग्रिम राशि/ भुगतान/ पेशगी/ बयाना देना: **~ce** a month's salary 3 प्रस्तुत क., पेश क.: **~ce** a claim 4 (***syn.*** put forward) कोई प्रस्ताव रखना या सुझाव दे.: **~ce** an opinion 5 (***syn.*** promote, further) बढ़ावा दे.: **~ce** the cause of the country 6 उधार दे. 7 कीमतों का बढ़ना: prices **~ce** spirally 8 डरावने अंदाज में पास आना या आगे बढ़ना : **~ce** menacingly 9 (***syn.*** bring forward; ***anton.*** postpone) मीटिंग आदि को आगे (पहले) क. (सरकाना): we **~ced** the date of departure from July 20 to July 10; 10 प्रेम पहल क. 11 बढ़ाना, में वृद्धि क.: the bank has **~ced** the rate of discount/ interest 12 पदोन्नति दे.: he was **~ced** to the position of manager;

adj. अग्रिम, अग्रवर्ती: **~ce** tax; **~ce** information;

dw/lw: **~ced** *see below under separate entry*; **~cement** /~समंट/ *n.* 1 प्रगति, उन्नति, विकास: the ~cement of learning 2 फैलाव, बढ़ाव 3 अग्रिम अदायगी या भुगतान; **~ces** /~सिज/ *n.* प्रेम पहल; **~cing** *adj.* 1 बढ़ती (उम्र): ~cing years/ age 2 आगे बढ़ता हुआ, प्रगतिरत, प्रगामी;

collocations: **~ce booking** अग्रिम आरक्षण; **~ce copy** अग्रिम प्रति; **~ce corporation tax** अग्रिम निगम कर; **~ce factory** विकास के लिए इस उम्मीद के साथ बनाया गया कारखाना कि कोई न कोई कंपनी इसे खरीद लेगा; **~ce guard** सेना मुख, हरावल दस्ता; **~ce man** हरावल सैनिक; **~ce note** अग्रिम टिप्पणी या पत्रक;

p&i: **~ce at great rate** तेजी से आगे बढ़ना; **~ce in years** उम्र बढ़ना;

be in ~ce आगे हो.; **be in ~ce of** के शुरू यानी पहली पंक्ति में हो.; **be in ~ce of sb** किसी से आगे निकलना; **in ~ce** पहले ही; **in ~ce of sth** किसी घटना या बात से पहले; **sound the ~ce** आक्रमण का संकेत दे.; **well in ~ce** घटना से काफी समय पहले

advan\ced /अडवांसड/ *adj.* 1 विकसित, उन्नत 2 वृद्ध, काफी बढ़ी हुई उम्र या स्तर का: **~ced** in years/ in **~ced** years; **~ced** service 3 प्रगतिशील, उन्नतिशील: **~ced** ideas 4 उच्चतर, कठिनतर: **~ced** studies; **~ced** learner's dictionary; **~ced** works;

collocations: **~ced gas-cooled reactor** गैस द्वारा ठंडा किया जाने वाला विकसित अणु घर; **Advanced level** उच्चतर स्तर; **~ced ideas** उन्नत विचार; **~ced passenger train** *Br.* (*abbr.* **APT**) 250 किलोमीटर प्रति घंटे की रफ्तार से बिजली से चलने वाली रेलगाड़ी; **~ced placement** *US* उच्च स्कूल में पास किया जाने वाला कॉलेज स्तर का कोर्स (पाठ्यक्रम); **~ced studies** उच्च शिक्षा; **~ced Supplementary level** उच्चतर अतिरिक्त स्तर;

of ~ced years/ of ~ced age अधेड़ उम्र का, वृद्ध

advanta\ge /अःड्वांटि\ज/ *n.* 1 (***syn.*** disadvantage) लाभ, फायदा, नफा: the **~ges** of a good education; take **~ge** of sb's good nature 2 श्रेष्ठता 3 सफलता, उन्नति 4 सुविधा 5 अनुकूल परिस्थिति, लाभप्रद स्थिति 6 *sport, tennis* अंकों की बढ़त: gain/ get/ have/ score/ win an **~ge** of *or* over sb;

v., pt. **~ged**, *pp* **~ging** 1 किसी को या किसी चीज को फायदा पहुंचाना: **~ge** agriculture 2 बेहतर बनने में किसी की मदद क.;

dw/lw: **~ged** /~जड/ *adj.* (***anton.*** disadvantaged) समृद्ध, जो सामाजिक या आर्थिक रूप से बेहतर स्थिति में हो; **~geous** /ऐड्वंटेजिअस/ *adj.* 1 लाभप्रद, लाभकर, फायदेमंद: ~geous position/ offer/ business 2 अनुकूल, उपयुक्त; **~geously** /ऐड्वंटेजिअसलि/ *adv.* लाभकारी ढंग से; **~geousness** /ऐड्वंटेजिअसनिस/ *n.* लाभप्रदता, फायदेमंदी;

collocations: **~ge game** टेनिस के खेल में 'advantage' के अंकों के आधार पर मुकाबला जीतने की क्रिया;

p&i: **be/ work to sb's ~ge** किसी के हित में हो. या काम क.: what you tell me is not to his ~ge; **gain ~ge of sb** किसी से आगे निकलना; **have/ take the ~ge of sb/ sth** 1 किसी का/ स्थिति का अनुचित लाभ उठाना, अपना उल्लू सीधा करने के लिए किसी को इस्तेमाल क.: take ~ge of the opportunity 2 (***syn.*** exploit) का शोषण क. 3 फुसलाना; **play the ~ges over sb** *US* किसी को ठगना या धोखा दे.; **show sth to the best ~ge** किसी चीज को बेहतर स्थिति या दृष्टिकोण से प्रस्तुत क.; **take sb at ~ge** किसी को सहसा किसी स्थिति में पकड़ना; **the picture shows to good ~ge in this light** or **the picture is seen to more ~ge from a distance** तस्वीर का किसी प्रकार की रोशनी या दूर से अच्छा दिखना; **to ~ge** अच्छे पहलुओं पर बल देते हुए; **turn sth to ~ge** स्थिति को अपने हित में मोड़ दे.; **you have the ~ge of me** आप मुझे जानते हैं, पर मैं आपको नहीं

Advent /ऐडवें\ट/ *n., Christ.* 1 ईसा का प्रथम या द्वितीय आगमन 2 क्रिस्मस के पहले का महीना 3 ईसा से पूर्व काल के पश्चात ईसाई समय प्रणाली (AD) का आगमन/ प्रचलन 4 क्रिस्मस से पहले के एक महीने का समय;

n. आगमन, प्रक्रिया का प्रचलन, प्रकट होने की क्रिया: ~ of new technology;

dw/lw: **~ist** /~टिस्ट/ *n., Christ.* 1 ईसा के द्वितीय आगमन में विश्वास रखने वाले समूह का सदस्य 2 पुनरागमनवादी, आगमनवादी; **~ism** /ऐडवेंटिज्म/ *n.* पुनरागमनवाद

adventitious /ऐड्वेंटिशिअस\/ *adj.* 1 आकस्मिक, आनुषंगिक 2 *bot.* अपस्थानिक, बाहरी: ~ bud; ~ roots;

dw/lw: **~ly** /~लि/ *adv.* आकस्मिक रूप से

adventu\re /अःड्वें\चः/ *n.* 1 जोखिम, जोखिम भरा कार्य, साहसिक कदम: put (one's life) in ~re 3 अपूर्व अनुभव 4 (***syn.*** speculation) सट्टेबाजी 5 (***syn.*** spirit) साहस, जीवट: yearning after **~re**; he is full of **~re**;

v. pt. **~red**, *pp* **~ring** 1 जोखिम में डालना, जोखिम भरा कार्य क.: **~re** one's life 2 साहसिक कदम उठाना, हौसला दिखाना;

dw/lw: **~rer** /~चरः/ *n.* 1 जोखिम उठाने वाला व्यक्ति, साहसी व्यक्ति 2 जांबाज 3 तिकड़मी 4 सट्टेबाज, धंधेबाज; **~resome** /~चःसम/ *adj.* जोखिम उठाने वाला, खतरे का काम करने वाला, साहसी, दिलेर, निर्भीक; **~ress** /~चरस/ *n.* 1 साहसी महिला, जांबाज औरत 2 तिकड़मी; **~rism** /~चरिज्म/ *n.* 1 खतरनाक कदम, जोखिम उठाने की प्रवृत्ति 2 दुस्साहसपूर्ण कार्य करने की प्रवृत्ति; **~rous** /~चरस/ *adj.* 1 जोखिम उठाने को तत्पर, दिलेर, साहसी, जांबाज 2 उत्तेजनापूर्ण और खतरनाक, जोखिम भरा; **~rously** /~चरसलि/ *adv.* जोखिम उठाते हुए, जांबाजी से; **~ness** /~चरसनेस/ *n.* जोखिम उठाने की प्रवृत्ति, जांबाजी;

collocations: **~re game** ऐसा कंप्यूटर खेल जिसमें खिलाड़ी खुद हिस्सा लेता है; **~re playground** बच्चों के खेलने-कूदने का मैदान;

p&i: **a sense of ~re** जोखिम उठाने की भावना, जीवट

adventurism *see above under* **adventure: *dw/lw***

adventurous *see above under* **adventure: *dw/lw***

adverb /ऐड्वः\ब/ *n.* क्रिया विशेषण;

dw/lw: **~ial** /~बिअल/ *adj.* क्रिया-विशेषी, क्रिया-विशेषणात्मक: ~ial phrase; **~ially** /~बिअलि/ *adv.* क्रिया-विशेषण के रूप में;

collocations: **~ial particle** किसी जीव या वस्तु की स्थिति, गति की दिशा आदि दर्शाने के लिए क्रिया के बाद प्रयुक्त होने वाला क्रिया-विशेषण: come **back**. break **down**; fall **off**

ad verbum /ऐडवेःबम/ *adv., Lat.* शब्दशः, अक्षरशः

adversaria /ऐड्वःसेअरिआ/ *n., [pl.]* टिप्पणियां

adversa\rial /ऐड्वः\सेअरिअल/ *adj.* 1 प्रतिपक्षीय, परस्पर विरोधी: ~ politics 2 शत्रुतापूर्ण;

dw/lw: **~ry** /~सरि/ *n., pl.* ~ries 1 विरोधी, प्रतिपक्षी लोग 2 शत्रु 3 प्रतिद्वंद्वी: the (old) ~ry

adverse /ऐड्वःस\/ *adj., sometimes degr.* **~r, ~st** 1 प्रतिकूल, विरुद्ध: it is ~ to their interests 2 (***syn.*** harmful) हानिकर, नकारात्मक: ~ change/circumstance 3 (***syn.*** from opposite direction) प्रतिमुख: ~ winds 4 अक्षोन्मुख 5 आयात के निर्यात से अधिक होने की स्थिति: ~ balance of trade 6 शत्रुतापूर्ण: under ~ circumstance 7 *law* जमीन-जायदाद पर लंबे समय से चले आ रहे कब्जे के आधार पर मिलने वाला मालिकाना हक: ~ possession;

dw/lw: **~ly** /~लि/ *adv.* प्रतिकूल रूप में: affect ~ly (प्रतिकूल प्रभाव डालना); comment ~ly (प्रतिकूल टिप्पणी क.); **~ness** /~नेस/ *n.* प्रतिकूलता, विपरीतता, विरोध, शत्रुता

adversi\ty /अःड्वःसिटि/ *n., pl.* **~ties** 1 प्रतिकूल परिस्थिति/ परिणाम/ प्रभाव: in the face of **~ty** 2 कठिन परिस्थिति, तंगहाली: be schooled in **~ty** 3 मुसीबत, विकट स्थिति, विपदा:

the season of **~ty**; show courage under **~ty** 4 दुर्भाग्य: frowns of **~ty**;

p&i: **~ty introduces a man to himself** मुसीबत में ही व्यक्ति अपने को पहचानता है; **~ty is a good discipline** मुसीबत में इंसान कुछ सीखता है; **~ty is the touchstone of friendship** मुसीबत में ही दोस्ती की पहचान होती है

advert /ऐड्वःट/ (*now only in the phrase*: **~ to sth**) *v., pt.* **~ed**, *pp* **~ing** 1 विज्ञापन दे. 2 ध्यान दिलाना या खींचना: ~ to sth *formal* (की ओर ध्यान खींचना); ~ to other matters 3 की ओर ध्यान दे., उल्लेख क.: I ~ to what I have just said;

n. (*short,* **advertisement**) विज्ञापन;

dw/lw: **~ence**/ **~ency** /~टंस/ ~टंसि/ *n.* जागरूकता, सतर्कता, सावधानी, ध्यान; **~ent** /~टंट/ *adj.* जागरूक, सावधान, सतर्क, चौकस; **~ently** /~टंटलि/ *adv.* (≠ **inadvertently**) सावधानी से

adverti\se /ऐड्वःटाइ\ज/ (*usually* **~se for sth/sb**) *v., pt.* **~sed**, *pp* **~sing** 1 विज्ञापन दे., विज्ञापित क.: **~se** for sth 2 घोषित क. 3 आकर्षक ढंग से सूचना दे.: **~se** goods 4 (***syn.*** publicise) प्रचार क. 5 अपना ढोल पीटना: it's a pity he **~ses** himself so much 6 इंटरनेट आदि पर विज्ञापन दे.;

dw/lw: **~ser** /~जः/ *n.* 1 विज्ञापन दाता, विज्ञापक 2 विज्ञापन का व्यवसाय करने वाली कंपनी; **~sement** /अड्वःटिस्मंट/ *n.* 1 विज्ञापन, इश्तिहार, प्रचार सामग्री (चित्र, लघु फिल्म, गीत आदि जिन्हें किसी वस्तु या सेवा आदि की बिक्री या प्रसार को बढ़ावा देने के लिए प्रयोग किया जाता है): office for ~sement; insert/ put an ~sement (in the newspaper) 2 सार्वजनिक सूचना, विज्ञापन; **~sing** /अड्वःटाइजिंग/ *n.* विज्ञापन का व्यवसाय: ~sing media, such as newspapers and television; ~sing agency (विज्ञापन एजंसी);

collocations: **classified ~sement** वर्गीकृत विज्ञापन; **display ~sement** प्रदर्शन विज्ञापन

advertorial /ऐडवःटॉरिअल/ *n.* संपादकीय या लेख जैसा विज्ञापन

advice /अःड्वाइस/ *n.* 1 सलाह, नसीहत, उपदेश: a piece/ a bit/ a word of ~; let me give you a piece/ a bit/ a word of ~ 2 परामर्श, मंत्रणा: legal ~ 3 सुझाव या सलाह: take sb's ~ 4 *business, comm.* किसी माल के बारे में विक्रेता द्वारा दिया गया आधिकारिक निर्देश या पत्रक: ~ note 5 सूचना: disagreeable **~s**;

collocations: **~ book** सूचना-बही; **~ column** सलाह या सुझाव स्तंभ; **~ columnist** सुझाव स्तंभ लेखक; **~ note** सलाह पत्रक या निर्देश

p&i: **good ~ is beyond price** नेक सलाह सोने के भाव; **take** ~ 1 किसी से किसी बात के बारे में सलाह ले. 2 दी गई सलाह को लागू क.: take my ~, don't do it (मेरी सलाह मानो, यह काम मत करो)

advisability /अःड्वाइजअबिलिटि/ *n.* औचित्य, उपयुक्तता: the ~ of holding a conference

advisa\ble /अःड्वाइजअब\ल/ *adj.* 1 उचित, उपयुक्त, विवेकपूर्ण: **~ble** course 2 (***anton.*** inadvisable) समझदारीपूर्ण (कदम): it is not **~ble** for you to go there;

dw/lw: **~bly** /~लि/ *adv.* मंत्रणा अनुसार

advise /अःड्वाइ\ज/ *v., pt.* **~d**, *pp* **advising** 1 राय/ सलाह दे., सुझाव दे.: ~ sb to the contrary; ~ sb to stay in bed; be **~d** by me! (मेरी सलाह मानो!) 2 (*usually* **~ sb of sth**; ***syn.*** inform) किसी को किसी बात के बारे में सूचित क.: please ~ us when the goods reach you 3 किसी को परामर्श दे., मंत्रणा दे., किसी का सलाहकार के रूप में काम क.: ~ the university about sth;

dw/lw: **~d** /~जड/ *adj.* विचारित, विवेचित, सुविचारित : ill-~d (कुमंत्रित); well-~d (सुमंत्रित); he would have been better-**~d** to maintain silence; **~dly** /~जडलि/ *adv.* 1 अच्छी तरह सोच-विचारकर, सोच-समझकर, समझ-बूझकर 2 जान-बूझकर; **~e** /~जी/ *n.* जिसे परामर्श दिया जाता है; **~ment** /~मंट/ *n.* गहन विचार-विमर्श, विवेचन, परामर्श, मंत्रणा: take sth under ~ment (फैसला करने से पहले भली भांति सोच ले.); **~r** (*also* **advisor**) /~जः/ *n.* 1 सलाहकार, परामर्शदाता: medical ~r 2 *Br.* किसी शैक्षणिक संस्था का सलाहकार

advisorate /अःड्वाइजअरेट/ *n.* किसी शैक्षणिक संस्था द्वारा नियुक्त सलाहकार समिति

advisory /अःड्वाइजरि/ *adj.* सलाहकारी, परामर्शदाता: ~ committee/ panel/ board, etc.; ~ opinion (परामर्शदाता की राय);

n. आधिकारिक (सरकारी) घोषणा जिसमें कोई सलाह, सूचना या चेतावनी दी गई हो: a cyclone ~; an ~ about a terrorist attack

advoca\cy /ऐड्वअकअसि/ *n., pl.* **~cies** पक्ष-समर्थन, पैरवी, हिमायत, वकालत

advoca\te /ऐड्वअकेट/ *v., pt.* **~ted**, *pp* **~ting** 1 पक्ष-समर्थन क. 2 की पैरवी क.: **~te** peace 3 अधिवक्ता या वकील हो.;

n. **~te** /ऐड्वअकअट/ 1 पक्ष-समर्थक, पैरोकार: ~te for/ of sth/ sb; ~te of peace; a staunch ~te for free speech 2 एडवोकेट, अधिवक्ता, वकील;

p&i: **devil's ~te** 1 छिद्रान्वेषी, दोषदर्शी, वितंडतावादी 2 जो मात्र दलील के लिए नकारात्मक पहलू का हिमायती बना हो 3 कैथोलिक चर्च में संत घोषित करते समय संबंधित व्यक्ति में दोष निकालने की भूमिका अदा करने वाला व्यक्ति, शैतान का वकील

advowson /ऐड्वाउजन/ 1 *Br., ecles.* (रिक्त पुरोहित-पद के लिए) अनुशंसा अधिकार, नियुक्ति-अधिकार 2 दान-अधिकार (धर्मार्थ)

advt *abbr.* 'advertisement' का संक्षेप

adynamia /ऐडाइनेमिआ/ *n.* दुर्बलता, निर्बलता

adynamic /ऐडाइनैमिक/ *adj.* दुर्बल, निर्बल, शिथिल, क्षीण, कमजोर, मरियल

adytum /ऐडिटम/ *n.* गर्भगृह, गुप्त कक्ष

adze /ऐड्ज/ (*US* **adz**) *n.* 1 लकड़ी के मोटे टुकड़े काटने का लंबाकार आरा 2 बसूला, लंबे बिंडे वाला (हत्थे वाला) दरांतीनुमा बरछा

AE *abbr.* 'Acoustic Emission', 'Advance Estimates' की प्रथमाक्षरी

A&E 1 *abbr., UK* 'accident and emergency' की प्रथमाक्षरी 2 (*US* **emergency room**) *n.* आपात कक्ष

AEA *abbr.* 'Atomic Energy Authority' की प्रथमाक्षरी

AEC *abbr.* 'Atomic Energy Commission' की प्रथमाक्षरी

AECF *abbr.* 'Asia-Europe Cooperation Framework' की प्रथमाक्षरी

AED *abbr.* 'acceptable emergency dose', 'additional excise duty', 'anti-epileptic drug' की प्रथमाक्षरी

AEE *abbr.* 'Association of Energy Engineers' की प्रथमाक्षरी

AEF *abbr.* 'Asia Education Foundation' की प्रथमाक्षरी

aeger /ईजः/ *n.* (कई विश्वविद्यालयों में मान्य या उन द्वारा देय) बीमारी का प्रमाण-पत्र;

adj. (कई विश्वविद्यालयों में मान्य) बीमारी के कारण वैध रूप से गैर-हाजिर

aegis /ईजिस/ *n., pl.* **~es** /ईजिसीज/ 1 छत्रछाया, संरक्षण 2 (***syn.*** auspices) तत्त्वावधान, प्रायोजन: under the ~ of sb/ some organization (किसी व्यक्ति या संस्था के तत्त्वावधान में या छत्रछाया में)

aegrotat /ईग्रोटैट/ *n.* कई विश्वविद्यालयों में परीक्षा काल में बीमार पड़ जाने की सूरत में दिया जाने वाला विशेष सर्टिफिकेट

AEH *abbr.* 'All-electric homes' की प्रथमाक्षरी

AEI *abbr.* 'Australian Education International' की प्रथमाक्षरी

-aemia/*US* **-emia**/or **-haemia**/*US* **-hemia** /ईमिआ/

हीमिआ/ *comb. form, denoting:* **the presence of specified substances, esp. to excess** (कुछ तत्त्वों की अतिशय मात्रा में मौजूदगी): leukaemia

Aeolian /ईओलिअन/ *n.* ईओलियावासी: ~ mode (ईओलियायी शैली)

aeolian /ईओलिअन/ *adj.* 1 वातोढ़, वायूढ़ 2 वायु के प्रभाव तले बना हुआ: ~ deposits (वातोढ़ निक्षेप); ~ harp (बक्से में बंद हवा से बजने वाला तारों का बाजा); ~ rock (वातोढ़ शैल)

Aeolic /ऐऑलिक/ *adj.* ईओलियायी भाषा

aeolotropy /ईअलट्रअपि/ *US* ईअलाःट्रअपि/ *n.* (*syn.* anisotropy) विषमदेशिकता, संदिग्दध मूल

Aeolus /ईओलस/ *n.* यूनानी पौराणिक पवन देवता

aeon /ईअन/ *n.* (सृष्टि का) कल्प, युग, चिरकाल

AEPC *abbr.* 'Apparel Export Promotion Council' की प्रथमाक्षरी

AEQM *abbr.* 'Areawide Environmental Quality Management' की प्रथमाक्षरी

AERA *abbr.* 'Airports Economic Regulatory Authority' की प्रथमाक्षरी

aera\te /एअरे\ट/ *v., pt.* **~ted**, *pp* **~ting** 1 हवा में रखना, हवा दिखाना, हवा मिलाना 2 गैस मिलाना;
dw/lw: **~ted** /~टिड/ *adj.* गैसयुक्त, वातित: ~ted soda water; **~tion** /~शन/ *n.* हवा भराई, गैस-मिश्रण, वातन: ~tion of the soil

AERB *abbr.* 'Atomic Energy Regulatory Board' की प्रथमाक्षरी

aerial /एअरिअ\ल/ *UK* (*US* **antenna**) *n.* एंटिना, धातु की तार या छड़ीनुमा उपकरण जिसके माध्यम से दूरदर्शन या रेडियो के संकेत प्राप्त किए जाते हैं, विद्युत-चुंबकीय तरंगें पकड़ने वाला यंत्र;
adj. 1 हवाई, विमान से: ~ navigation; ~ pick-up 2 हवाई जहाज से लिया हुआ (चित्र आदि): ~ mapping/ photography/ attacks/ bombardment 3 विमान में: ~ sickness 4 हवा जैसा 5 हवा में होने वाला: ~ contamination (वायु-प्रदूषण): ~ growth 6 आकाशीय: ~ ropeway/ tramway 7 काल्पनिक;
dw/lw: **~ist** /~लिस्ट/ *n.* हवा में करतब दिखाने वाला कलाबाज;
collocations: **~ bridge** हवाई पुल; **~ cable** एरियल या एंटेना का तार; **~ map** आकाशीय या हवाई मानचित्र; **~ survey** हवाई सर्वेक्षण; **~ photography** हवाई फोटो; **~ warfare** हवाई युद्ध

aerie /एअरी/ (*US* **eyrie**) *n.* 1 ऊंचे स्थान पर बनाया हुआ घोंसला, ऊंचा नीड़ 2 ऊंचे स्थान (दुर्गम पहाड़ी आदि) पर बना दुर्ग आदि

aeriform /एअरिफाःम/ *adj.* वायवीय, वायुरूपीय, हवाई

aero- /एअरो/*comb. form, signifying:* 1 **air** (वायु): aerodynamics 2 **aircraft** (वायुयान): aeroplane, aerodrome
dw/lw: **~batic** /एअरो\बैटिक/ *adj.* हवाई कलाबाजी संबंधी; **~batics** /~बैटिक्स/ *n., [pl.]* वायुयान द्वारा की जाने वाली हवाई कलाबाजियां, हवाई करतब; **~be** /एअरोब/ *n., biol.* वायु जीव; **~bic** /~बिक/ *adj.* वायुजीवी, वातापेक्षी; **~bics** /~बिक्स/ *sing. n.* संगीत के साथ किया जाने वाला कलाबाजी व्यायाम; **~biology** /~बायॉलजि/ *n.* वायुजैविकी; **~biont** /~बॉयंट/ *n.* वायु जीव; **~biosis** /~बायॉसिस/ *n.* वायु जीवन; **~bomb** /~बॉम/ *n.* हवाई बम; **~bus** /~बस/ *n.* बड़ा यात्री विमान; **~cele** /~सील/ *n.* वातपटी; **~dart** /~डाःट/ *n.* हवाई प्रक्षेपास्त्र; **~drome** /एअरअड्रोम/ *n., Br.* छोटा हवाई अड्डा; **~dynamic** /~डाइनिमिक/ *adj.* वायुगतिक; वायु को चीरकर चलने के लिए एक विशेष आकृति का यंत्र, उहाहरणतः विमान; **~dynamically** *adv.* वायु गति अनुसार; **~dynamics** /~डाइनिमिक्स/ *n.* वायु गतिशीलता का अध्ययन, वायु गतिकी; **~dyne** /~डाइन/ *n.* वायुगतिक विमान; **~elasticity** /~इलैस्टिसिटि/ *n.* वायु प्रत्यस्थता; **~elastics** /~इलैस्टिक्स/ *n.* वायु प्रत्यास्थितिकी; **~embolism** /~एंबअलिज्म/ *n.* वायु वाहिकारोध; **~~engine** /~इंजिन/ *n.* हवाई इंजन; **~foil** /एअरअफॉयल/ *n.* वायु रोधक पंख आदि; **~generator** /~जेनरेटः/ *n.* वायु चालित जेनरेटर; **~gramme**/ **aerogram** (*also* **air letter**) /~ग्राम/ *n.* हवाई पत्र; **~graph** /~ग्राफ/ *n.* वायु-वर्णन, वायु लेख; **~graphy** /एअरॉग्रफि/ *n.* वायु-वर्णन; **~hydroplane** /~हाइड्रोप्लेन/ *n.* उड़न-नौका; **~lite** /एअरअलाइट/ *n.* उल्काश्म; **~lithology** /~लिथोलजि/ *n.* अश्म-उल्का विज्ञान; **aerology** /एअरौलजि/ *US* एअराःलजि/ *n.* वायु विज्ञान; **~mancy** /~मैंसि/ *n.* मौसम की भविष्यवाणी, वायु शकुन विचार; **~meter** /एअरॉमिटर/ *n.* वायु घनत्वमापी, एरोमीटर; **~meteric** /एअरॉमिटरिक/ *n.* वायु घनत्व-मापी; **~metery** /एअरॉमिटरि/ *n.* वायु घनत्व विज्ञान; **~motor** /~मोटर/ *n.* विमान मोटर, वायु मोटर; **~naut** /एअरॉनॉट/ *n.* गर्म हवा के गुब्बारे या विमान में उड़ान भरने वाला, वैमानिक; **~nautic/ ~nautical** /एअरअनॉटिक/ एअरअनॉटिकल/ *adj.* विमानीय; **aeronautics** /एअरअनॉटिक्स/ *n.* विमानिकी, विमान-चालन विज्ञान; **~neurosis** /~न्युरोसिस/ *n.* वायु (उड़ान) शिथिलता; **~nomist** /~नॉमिस्ट/ *n.* वायुविकीविद्; **aeronomy** /~नॉमि/ *n.* वायुमंडल की ऊपरी सतह की अध्ययन विज्ञान, सस्य विज्ञान, वायुविकी; **~pause** /एअरअपॉज/ *n.* वायु-सीमांत; **~philous** /~फिलस/ *n.* वायु रागी, वात प्रिय; **~phobe** /एअरअफोब/ *n.* वायु भीत; **~phobia** /एअरअफोबिया/ *n.* वायु भीति, वायु-भय; **~phone** /एअरअफोन/ *n.* एरोफोन; **~phonics** /एअरअफोनिक्स/ *n.* वायवसंवर्धन; **~phore** /एअरअफॉः/ *n.* कृत्रिम श्वास-यंत्र; **~phyte** /एअरअफाइट/ *n.* वातोदभिद्; **~plane** /एअरअप्लेन/ (*US* **airplane**) *n.* वायुयान, विमान, हवाई जहाज; **~sol** /एअरअसौल/ *US* एअरअसाःल/ *n.* वायु विलय, एक पात्र जिसका बटन दबाने से तरल पदार्थ बूंद-बूंद कर बाहर निकलता है; **~sonator** /~सोनेटः/ *n.* वायु अनुनादी; **~space** /~स्पेस/ *n.* वायु-स्थान, वायु-आकाश: the ~space industry; **~sphere** /एअरअस्फिअः/ *n.* वायुमंडल; **~stat** /एअरअस्टैट/ *n.* गर्म हवा से भरा लघु विमान (गुब्बारा); **~ics** /एअरअस्टैटिक्स/ *n.* वायु-स्थैतिकी; **~therodynamics** /~थेरॉडाइनैमिक्स/ *n.* वायुष्मा गतिकी; **~train** *n.* वायु रेल, विमानित रेल; **~tropic** /~ट्रॉपिक/ *adj.* वातानुवर्ती; **~tropism** /~ट्रॉपिज्म/ *n.* वायु-वक्रता, वातानुवर्तन

aeruginous /ईरूजिनस/ *adj.* नीलहरि

aesthe\sia /ईस्थीजि\आ/ (*US* **esthesia**) *n.* संवेदनशीलता, स्पर्श संज्ञान, संवेदन क्षमता: **~sia** meter (संवेदनशीलतामापी);
dw/lw: **~siogen** /~ओजन/ *n.* संवेदक, उद्दीपक; **~siology** /~औलजि/ *US*~आःलजि/ *n.* ज्ञानेंद्रिय-विज्ञान

aesthete /ईस्थीट/ (*US* **esthete**) *n.* सौंदर्य संवेदनवादी, सुरुचि संपन्न, कलावादी;
dw/lw: **~tic** /ईस्थेटिक/ (*also US* **esthetic**) *adj.* 1 सौंदर्य बोधी, सौंदर्य संवेदी, किसी व्यक्ति व कृति के सौंदर्य व सुरुचि संपन्नता से संबंधित, सौंदर्य-शास्त्र संबंधी 2 सुरुचि संपन्न, कलावादी 3 कलात्मक, सुरुचिकर; **~tical** /ईस्थेटिकल/ *adj.* सौंदर्यात्मक, कलात्मक, ललित; **~tically** /ईस्थेटिकलि/ *adv.* सौंदर्यात्मकतापूर्वक,, सौंदर्य-संपन्नतापूर्वक, सुरुचिकर ढंग से; **~ticism** /ईस्थेटिसिज्म/ *n.* 1 सौंदर्यवाद 2 सौंदर्य शास्त्रवाद, सौंदर्य-मीमांसावाद 3 सौंदर्य-उपासना 4 सौंदर्य बोधता, सौंदर्य संवेदनावाद; **~tism** /ईस्थेटिज्म/ *n.* कलावाद;
collocations: **~tic pleasure** रसास्वाद; **~tic movement** 1880 के दशक में इंग्लैंड में सक्रिय कलावादी लोगों का एक समूह जिनका विचार था कि साहित्य और कला का कोई नैतिक ध्येय नहीं होता और उनका मूल्य मात्र उनके भीतर अंतर्निहित होता है; बाद में इस तरह के विचार दूसरे देशों के साहित्य और कला के क्षेत्रों में समय-समय पर टिमटिमाते रहे

aesthetics /ईस्थेटिक्स/ (*also US* **esthetics**) *n* सौंदर्य-शास्त्र, कला शास्त्र, सौंदर्य बोध अध्ययन, सौंदर्य-मीमांसा, सौंदर्य-संवेदना

aestival/ estival /इस्टाइवल/ *adj.* ग्रीष्मीय, ग्रीष्म-संबंधी, ग्रीष्मकालीन

aestiva\te /ईस्टिवेट/ (*US* **estiva\te**) *v. pt.* **~ted**, *pp* **~ting** कई जानवरों द्वारा ग्रीष्मकाल को सोकर गुजारना, ग्रीष्म निष्क्रिय हो.;
dw/lw: **~tion** /ईस्टिवेशन/ *n.* ग्रीष्मकालीन निष्क्रियता

aet. *abbr.* '**aetatis**' (*Lat.*) का संक्षेप (आयु का, उम्र का)

aether /ईथर/ *n.* ईथर, *see under* **ether**

aetiolo\gy /ईटिऔलजि/ (*US* **etiolo\gy** /ईटिआःलजि/) *n., pl.* **~gies** 1 कारण विद्या, कारण-शास्त्र, कारण विज्ञान 2 रोगों का कारण अध्ययन विज्ञान, रोगहेतु विज्ञान, निदान शास्त्र, निदान विद्या

AEZ *abbr.* 'agricultural export zones' की प्रथमाक्षरी

AF *abbr.* 'Air France', 'Anglo-French', 'audio frequency' की प्रथमाक्षरी

AFA *abbr.* 'Action For Autism' की प्रथमाक्षरी

AFAIK *abbr. internet. acronym* **'**as far as I know' की प्रथमाक्षरी आधारित शब्द (जहां तक मुझे मालूम है...)

AFAL *abbr.* 'Academy of Fine Arts and Literature' की प्रथमाक्षरी

afar /अफाः/ *adv.* बहुत दूर से: see from ~

AFC *abbr.* 'Air Force Cross', 'automatic frequency control' की प्रथमाक्षरी

AFCON *abbr.* 'Association of Finance and Control' की प्रथमाक्षरी

AFCS *abbr.* 'Alliance for Cellular Signalling' की प्रथमाक्षरी

affability /ऐफअबिलिटि/ *n.* विनम्रता, शालीनता, सौजन्य, भद्रता, मिलनसारिता, सुप्रियता

affa\ble /ऐफअब\ल/ *adj.* (***syn.*** genial) विनम्र व मिलनसार;
dw/lw: **~bly** /~लि/ *adv.* विनम्रतापूर्वक, शालीनतापूर्वक

affair /अफेअः/ *n.* 1 (***syn.*** business) मामला, प्रश्न, समस्या: an ~ of a few days only; it is not you ~; mind your own **~s**; it is not your ~ 2 (*usally* **~s**) मामलात, कार्य-कलाप: foreign **~s**; ministry of home **~s** 3 व्यक्तिगत मामला, प्रणय-संबंध, प्रेम-प्रसंग, यौन संबंध 4 बात, अप्रिय घटना, प्रसंग 5 law झगड़ा, विवाद, लफड़ा: what is this ~ you've got on your head? 6 चीज, शैः: her hat was an amazing ~ with feathers;
dw/lw: **~s** /अफेअःज/ *n.* 1 कामकाज, कार्य-कलाप 2 कार्य, काम 3 कारोबार, व्यवसाय, मामलात 4 हालात: current ~s (वर्तमान घटनाएं, हालात); state of ~s (हालात, सूरते हाल);
p&i: **~ of heart** प्रेम-प्रपंच; **~ of honour** अपमान का बदला द्वंद्व युद्ध से;
a kid-glove ~ औपचारिक प्रीति-भोज; **put one's ~s in order** अपनी समस्याएं हल क., अपने मामले सुलझाना; **settle one's ~s** वसीयतनामा बनाना

affaire /अफेअ(र)/ *n., Fr.* प्रेम-प्रपंच

affect /अफेक्ट/ *v., pt.* **~ed**, *pp* **~ing** 1 प्रभावित क.: the climate has **~ed** his health; ~ public opinion/ sb's resolution/ sb's choice; ~ the atmosphere 2 छाप छोड़ना: the news/sb's words **~ed** him greatly 3 भावुक, उदास या दयनीय बनाना: ~ sb to tears; he was not **~ed** by the play 4 आक्रांत क., हानिकर हो.: ~ sb's interests; ~ eyes/ lungs; sb's lungs/ heart/ liver are (is) **~ed** 5 पसंद क.: rice **~s** moist land 6 अक्सर पहनना: ~ bright-coloured neck-ties 7 बनना, ढोंग रचना, दिखावा क., अभिनय क., स्वांग भरना: ~ ignorance/ indifference; ~ the free-thinker 8 नाटकीय ढंग से ध्यान खींचना 9 का रूप धारण क.: drops of every fluid ~ a round figure;
dw/lw: **~ation** /अफेक्टेशन/ *n.* 1 दिखावा, ढकोसला, ढोंग, कृत्रिम व्यवहार: he is full of ~ation; there is ~ation in his behaviour; do sth with ~ation; fall into ~ation 2 दिखावापूर्ण प्रेम: be disposed to ~ation 3 शब्दाडंबरपूर्ण अलंकरण: ~ation of literary style; **~ed** /अफेक्टिड/ *adj.* ढोंगी, कृत्रिम, बनावटी: ~ed manners; ~ed smile; **~edly** *adv.* ढोंगी तरीके से; **~edness** *n.* ढोंगीपन, कृत्रिमता; **~ing** /अफेक्टिंग/ *adj.* भावुकतापूर्ण, विषादपूर्ण: ~ing scene/ parting/ reunion;
p&i: **~ ignorance of sth** किसी बात का पता न होने का दिखावा क.; **~ the afflicted** कटे पर नमक छिड़कना

affection /अफेक्श\न/ *n., pl.* **~s** 1 स्नेह, अनुराग, प्यार: sincere/ true/ tender ~; filial ~ (पुत्र प्यार); the object of sb's **~s** 2 (**~s**) भाव, मनोभाव, प्रेम भाव: win sb's **~s** 3 लगाव, झुकाव, प्रवृत्ति: set/ fix one's **~s** upon sb 4 (***syn.*** disease) रोग: ~ of the throat the heart/ the liver 5 (***syn.*** attribute) गुण: **~s** of bodies (पिंडों के गुण) 6 *ling.* स्वर विकार;
dw/lw: **~ate** /~नेट/ *adj.* (***syn.*** loving) स्नेहशील, स्नेहपूर्ण, अनुरागमय: ~ate brother; ~ate farewell/ look; **~ately** /~नेटलि/ *adv.* सस्नेह, प्रेमपूर्वक, अनुराग से: yours ~ately;
p&i: **fix one's ~ on sb** किसी से लगाव हो जा.

affective /अफेक्टिव/ *adj.* 1 भावनाओं से संबंधित 2 भावनाओं से प्रेरित 3 भावनाओं को प्रभावित करने वाला 4 भावात्मक, भावपूर्ण: ~ insanity

afferent /ऐफरंट/ *n., anat.* शिरा या रक्त वाहिका आदि जो रक्त या ज्ञानेंद्रियों से संदेश केंद्र या दिमाग की ओर ले जाती हैं: ~ nerves

affian\ce /अफायंस\/ *v., pt.* **~ced**, *pp* **~cing** (*usually* **be ~ced to sb**) विवाह करने का वचन दे., मंगनी या सगाई क., विवाह की बात पक्की क.: be **~ced**;
n. 1 मंगनी, सगाई, वाग्दान, विवाह करने का वचन 2 भरोसा, विश्वास;
dw/lw: **~ced** /~ड/ *adj.* जिसकी मंगनी हो चुकी हो, जिसका विवाह पक्का हो चुका, मंगेतर, वाग्दत्त या वाग्दत्ता

affiant /अफायंट/ *n.* लिखित में गवाही देने वाला व्यक्ति

affiche /अफीश/ *n.* इश्तिहार, पोस्टर

affidavit /ऐफिडेविट/ *n. law* शपथ-पत्र, हलफनामा: swear/ make an ~; take an ~

affilia\te /अफिलिए\ट/ *v., pt.* **~ted**, *pp* **~ting** 1 से जुड़ना, जुड़ा/ संबद्ध हो.: **~te** to sth; **~te** with sth 2 किसी संगठन की शाखा बनना 3 पुत्र बनाना 4 स्रोत या मूल ढूंढना;
n. सहबद्ध संस्था या व्यक्ति: **~ted** societies;
dw/lw: **~ted** /~टिड/ *adj.* (*usually* **be ~ted with sb/to sth**) किसी व्यक्ति या संस्था से संबद्ध

affiliation /अफिलिएशन/ *n.* 1 सहबद्धता, सहबंधन: irrespective of party ~ 2 *law* पितृत्व स्थापन: ~ order *law* (अवैध संतान के पालन-पोषण में आर्थिक सहायता देने के बारे में अदालत का आदेश) 3 पुत्र के रूप में अपनाने की क्रिया

affined /अफाइंड/ *adj.* 1 सहबद्ध, संबद्ध 2 एक समान 3 सगे-संबंधी के रूप में सहबद्ध

affinity /अफिनिटि/ (*usually* **~ with sb**) *n., pl.* **affinities** 1 समीपता, पारस्परिक आकर्षण 2 समानता, साम्य, सादृश्य: there is much ~ between them; ~ of languages 3 घनिष्ठ संबंध, सगे-संबंधी का रिश्ता, नाता: close ~ between sb/ sth 4 विवाह-संबंध: related by ~ 5 भावनात्मक ऐक्य 6 (**~ for sth**) रासायनिक पदार्थों के बीच पारस्परिक रूप से संयुक्त होने के लिए खिंचाव

affirm /अफः\म/ *v., pt.* **~ed**, *pp* **~ing** 1 दृढ़तापूर्वक कहना: ~ a decision 2 घोषित/ सत्य घोषित क.: ~ one's loyalty 3 (***syn.*** confirm) पुष्टि क.: ~ the truth of the statement 4 स्वीकार क.;
dw/lw: **~ant** /~मंट/ *n.* 1 घोषणा या पुष्टि करने वाला 2 *law* औपचारिक घोषणा करने वाला; **~ation** /ऐफःमेशन/ *n.* 1 सत्य घोषणा 2 पुष्टि 3 समर्थन; **~ative** /~मेटिव/ *adj.* 1 (***anton.*** negative) सकारात्मक, स्वीकारात्मक 2 अनुकूल: ~ative action = positive discrimination (*esp. US* अल्प-संख्यकों के साथ भेदभाव रोकने के लिए नौकरी देने में सकारात्मक कदम); ~ative

answer/ sentence; answer in the ~ative; **~atively** /~मेटिवलि/ *adv.* सकारात्मक ढंग से; **~atory** /~मेटरि/ *adj.* सकारात्मक, पुष्टिकारक

affix /अफिक्स/*v. pt.* **~ed**, *pp* **~ing**, *s/he, it* **~es** 1 चिपका दे.: ~ a placard on/upon a board 2 जोड़ना, लगा दे.: ~ a stamp 3 के साथ जोड़ना: ~ a letter/ a syllable to a word; ~ a postscript; ~ one's signature/ one's name; ~ the seal 4 के साथ संबद्ध क: ~ blame to sb;
n. /ऐफिक्स/, *pl.* **~es** *gramm.* उपसर्ग या प्रत्यय आदि;
dw/lw: **~ation** /अफिक्सेशन/ *n., ling.* प्रत्यय-योजना; **~ture** /अफिक्सचः/ *n.* संयोजन, संलग्न (कागजात)

affla\te /अफ्लेट/ *v., pt.* **~ted**, *pp* **~ting** फूंक मारना, सांस ले.;
dw/lw: **~ted** /~टिड/ *adj.* (***syn.*** inspired) प्रेरित, उत्प्रेरित; **~tus** /~टस/ (*also* **afflation**) *n.* 1 प्रेरणा उत्प्रेरणा 2 बौद्धिसत्वात्मक क्रिया, दिव्य प्रेरणा

afflict /अफ्लि\क्ट/ *v., pt.* **~ed**, *pp* **~ing** 1 दुःख या कष्ट दे. या पाना 2 बीमारी आदि से पीड़ित या संतप्त हो.: be **~ed** with lameness;
dw/lw: **~ed** /~क्टिड/ *adj.* 1 दुखी, संतप्त, पीड़ित 2 व्याधिग्रस्त, रोगपीड़ित; **~ion** /~क्शन/ *n.* 1 संताप, वेदना, पीड़ा: be comforted in one's ~ion 2 झंझट, विपदा, विपत्ति 3 बीमारी, कष्ट, रोग, व्याधि: bear up against ~ion

affluen\ce /ऐफ्लुअं\स/ *n.* 1 प्रचुरता, बहुतायत, आधिक्य: an **~ce** of foreigners 2 (***syn.*** prosperity) धन, धनाढ्यता, समृद्धि: live in **~ce** 3 (***syn.*** flow) प्रवाह 4 (***syn.*** influx) अंतर्वाह;
dw/lw: **~t** /~ट/ *adj.* 1 प्रचुर, बहुत, विपुल: ~t in idioms 2 (***syn.*** prosperous) धनी, अमीर: ~t society 3 प्रवाह; **~tly** /~टलि/ *adv.* बहुतायत से, प्रचुर मात्रा में

afflux /ऐफ्लक्स/ *n.* 1 बहाव, प्रवाह: ~ of blood 2 चढ़ाव: ~ bund (चढ़ाव बंध) 3 जोर, प्रवाह: ~ of purchasers

afforce /अफॉःस/ *v., pt.* **~d**, *pp* **afforcing** और मजबूत क.: ~ a jury;
dw/lw: **~ment** /~मंट/ *n.* मजबूती का संवर्धन

afford /अफॉः\ड/ *v., pt.* **~ed**, *pp* **~ing** 1 समर्थ हो., धन जुटा पाना 2 दे सकना: ~ an instance (अवसर दे.); ~ shelter (आश्रय दे.); ~ consolation (सांत्वना दे.); ~ satisfaction; hills ~ a fine view; trees ~ shade; olives ~ oil 3 समय दे पाना: I can't ~ the time 4 करने में समर्थ हो.: I can't ~ the journey; I can ~ to speak freely; 5 खर्च आदि सह पाना: I can't ~ the money;
dw/lw: **~ability** /~डअबिलअटि/ *n.* सामर्थ्य, आर्थिक क्षमता; **~able** /~डअबल/ *adj.* 1 सस्ता, जिसका खर्च आसानी से वहन किया जा सके, सामर्थ्य के भीतर 2 संभव; **~ing** /~डिंग/ *adj.* प्रदान करते हुए: a room ~ing a view of the sea (समुद्र का दृश्य प्रदान करने वाला)

afforest /अफौरि\स्ट/ *US* अफाःरि\स्ट/ *v., pt.* **~ed**, *pp* **~ing** जंगल लगाना, पेड़ लगाना, वनरोपण क.;
dw/lw: **~ation** /~स्टेशन/ *n.* वनरोपण; **~ed** /~स्टिड/ *adj.* वनरोपित

affranchi\se /अफ्रैंचाइज/ *v., pt.* **~sd**, *pp* **~sing** 1 मत का अधिकार प्रदान क. 2 मुक्त क.;
dw/lw: **~ment** /अफ्रैंचिजमंट/ *n.* 1 मताधिकार 2 दासता से मुक्ति

affray /अफ्रे/ *n., pl.* **~s** 1 खुले आम होने वाला दंगा-फसाद, बलवा, बखेड़ा, झगड़ा 2 हंगामा, शोर-शराबा

affrica\te /ऐफ्रिकअ\ट/ *n., phon.* स्पर्श-संघर्ष, स्पर्श-घर्षण;
dw/lw: **~tive** /~टिव/ *adj.* स्पर्श-संघर्षी

affright /अफ्राइट/ *v., pt.* **~ed**, *pp* **~ing** डराना, आतंकित क.;
dw/lw: **~ed** *adj.* डरा हुआ, आतंकित, भयभीत

affront /अफ्रं\ट/ *v., pt.* **~ed**, *pp* **~ing** 1 सरे आम अपमानित क., लज्जित या शर्मिंदा क.: ~ the eye/the ear 2 ठेस पहुंचाना: ~ sb's sense of beauty 3 डटकर सामना क.: ~ death a hundred times;
n. 1 निरादरपूर्ण, अपमानजनक टिप्पणी, ठेस: deliberate/public ~; deadly/ mortal ~ (slight); put an ~ (up) on sb; bear/ an ~ 2 धृष्टता, बदतमीजी 3 तौहीन 4 मुकाबला, विरोध: offer an ~ to sb;
dw/lw: **~ed** /~टिड/ *adj.* बुरी तरह से अपमानित, ठेस खाए हुए; **~er** /~टः/ *n.* ठेस पहुंचाने वाला; **~ive** /~टिव/ *adj.* अपमानजनक

affronté /अफ्रंटी/ *adj.* आमने-सामने, चेहरे की ओर चेहरा मुड़ा हुआ

affusion /अफ्यूजन/ *n.* सिंचन

AFG 'Afghanistan' का अंतर्राष्ट्रीय वाहन पंजीकरण कोड (*IVR*)

Afghan /अफगान/ *adj.* अफगानी;
n. 1 (*also* **Afghani**) अफगानिस्तानी व्यक्ति 2 अफगानी भाषा पुश्तू 3 (*also* ~ **hound**) बड़ा, लंबा अफगानी शिकारी कुत्ता

AFGJI *abbr.* 'Air Force Golden Jubilee Institute' की प्रथमाक्षरी

AFHQ *abbr.* 'Air Force Head Quarters' की प्रथमाक्षरी

AFI *abbr.* 'Athletic Federation of India' की प्रथमाक्षरी

AFIC *abbr.* 'Asian Food Information Centre', 'Asian Finance Investment Corporation' की प्रथमाक्षरी

afgod /ऐफगॉड/ *n.* भगवान का पाखंड

aficiando /अफिशिअंदो/ *n., pl.* **~s** 1 प्रबल समर्थक, अंधभक्त 2 अंध खेलप्रेमी 3 सांड-युद्ध प्रेमी

afield /अफील्ड/ *adv.* 1 दूर/ आगे/ घर से दूर 2 खेत में;
p&i: **far/ further** ~ (घर से) बहुत दूर; **go too far** ~ रास्ते से भटक जा.

afire /अफायः/ *adj., adv.* 1 जलता हुआ, प्रज्वलित 2 उत्तेजित, आवेश में

aflame /अफ्लेम/ *adj., adv.* 1 जिससे लपटें निगल रही हों, दहकता हुआ, प्रज्वलित : ~ with colour 2 ज्वलंत 3 प्रदीप्त : ~ with blushes with curiosity

AFL-CIO *abbr.* 'American Federation of Labor and Congress of Industrial Organisations' की प्रथमाक्षरी

aflatoxin /ऐफ्लअटौक्सिन/ *US* ऐफ्लअटाःक्सिन/ *n., boil.* फफूंदी से पैदा होने वाला एक जहरीला पदार्थ

afloat /अफ्लोट/ *adj., adv.* 1 तैरता हुआ, प्रवाहित: keep ~ (तैरते रहना) 2 टिका हुआ, व्यापार में टिका हुआ, धंधा चालू रखे हुए 3 समुद्री जहाज पर 4 उड़ता हुआ (in swing) 5 चालू, चलता हुआ 6 ऋणमुक्त, आर्थिक रूप से सुरक्षित 7 आप्लावित 8 (***syn.*** adrift) बहता हुआ 9 जीवित: keep life ~ 10 नौसैनिक सेवा में रत;
p&i **decks are** ~ डेक पानी से भर गया; **rumours are** ~ अफवाहें फैली हुई हैं

aflutter /अफ्लटः/ *adj., adv.* 1 फड़फड़ाता हुआ, धड़तकता हुआ 2 व्याकुल, विकल, व्यथित

AFM *abbr.* 'atomic flaccid paralysis' की प्रथमाक्षरी

AFM *abbr.* 'audio frequency modulation' की प्रथमाक्षरी

AFMC *abbr.* 'Armed Forces Medical College' की प्रथमाक्षरी

a fond /आःफॉ/ *adv., Fr.* 1 पूर्णतः, अंत तक 2 पूरी तरह

afoot /अफुट/ *adj., adv.* 1 पांव पर खड़ा हो.: be early ~ 2 चालू, जारी: set sth ~; set ~ an inquiry (जांच शुरू क.) 3 प्रयोजन की क्रिया में: there is trouble ~

afore /अफॉः/ *adv., prep, old use or dialect* 1 पहले, के आगे, के सामने 2 जहाज के अगले भाग में

afore- *comb. form, signifying:* **before** (पहले): previously;
dw/lw: **~-cited/ ~mentioned** /अफॉः\-साइटिड/ ~मेंशन्ड/ *adj.* पूर्वोक्त, जिसका पहले उल्लेख हुआ हो, पूर्वोल्लेखित; **~said** /~सेड/ *adj.* पहले कहा हुआ, उपरोक्त; **~thought** /~थॉट/ *adj.* पूर्वविचारित, पूर्वनियोजित, सुनियोजित: with malice ~thought *law* (अपराध करने की या किसी को नुकसान पहुंचाने की

पूर्वनियोजित मंशा)

a fortiori /ए फॉःटिऑराइ/ *adv., Lat.* और भी अधिक, से बढ़कर, से अधिक सशक्त: ~ argument (से बेहतर दलील, से श्रेष्ठतर तर्क)

afoul /अफाउल/ *adj.* उलझा हुआ: run ~ of (किसी से झगड़ पड़ना)

AFP *abbr.* 'alpha-fetoprotein', 'Acute flaccid paralysis', 'Aravali Afforestation Project', 'Associated Foreign Press' की प्रथमाक्षरी

AFPFL *abbr.* 'Anti-Fascist Peoples Freedom League' की प्रथमाक्षरी

afraid /अफ्रेड/ *adj.* 1 (*often* ~ **of sb/sth**) किसी व्यक्ति या बात से डरा हुआ, भयभीत: who is ~ ?; be ~ of sb/ sth; make sb ~ (किसी को डराना) 2 (*usually* ~ **to do sth**) कुछ करने से भयभीत: be ~ of hard work; be ~ of doing sth/ to do sth 3 किसी के या किसी बात के बारे में चिंतित हो.: be ~ for sb/ sth 4 विनम्र ढंग से मतभेद जताने के लिए प्रयोग: I am ~ ... (मुझे लगता है कि ...); we are ~ he may not come (हमें डर है कि वह नहीं आएगा): be ~ (that) ...; I am ~ (that) we are late; I am ~ that we may be late;

p&i: **~ to say "bo" to a goose** एक शब्द भी बोलने से डरना

A-frame /ए-फ्रेम/ (*also* **A-frame house**) अत्यधिक ढलवां छत वाला मकान जिसकी दो तरफ की छत अक्षर '**A**' के आकार में मिलती हैं: **A-frame** tent

afresh /अफ्रेश/ *adv.* पुनः, फिर से, दोबारा, नए सिरे से: start ~

Africa /ऐफ्रीका/ *n.* अफ्रीकी महाद्वीप;

dw/lw: **~ans** /ऐफ्रिकाःन्स/ *n.* दक्षिण अफ्रीका की सरकारी भाषाओं में से एक जो डच भाषा के आधार पर विकसित की गई है; **~n** /ऐफ्रि\कन/ *adj.* अफ्रीका से संबंधित, अफ्रीकी; **~n.** अफ्रीकी नागरिक, अफ्रीका का निवासी: ~n-American/ Afro-American; **~nder** /~कैंडः/ *n.* 1 दक्षिणी अफ्रीकी नस्ल का पशु 2 *formerly* = **Afrikaner** *see below under separate entry*; **~nize**/ **~nise** /~क्नाइज/ *v. pt.* ~nized, *pp* ~nizing अफ्रीकीकरण क.;

collocations: **~n buffalo** *see under* **buffalo**; **~n elephant** *see under* **elephant**; **~n languages** अफ्रीकी भाषाएं; **~n renaissance** अफ्रीका के इतिहास में आर्थिक और सांस्कृतिक विकास का काल; **~n violet** दिलनुमा पत्तों वाला एक अफ्रीकी पौधा

Afrikaner /ऐफ्रिकाःनअः/ *n.* हालैंड (डच) मूल का श्वेत दक्षिणी अफ्रीकी व्यक्ति

Afro /ऐफ्रो/ *n., pl.* **~s** सिर से उठे हुए घने घुंघराले बाल

Afro- /ऐफ्रो/ *comb. form, signifying:* **African** (अफ्रीकी);

dw/lw: **~-American** अफ्रीकी मूल का अमेरिकी नागरिक; **~-Caribbean** /ऐफ्रो-कैरिबिअन/ *n. adj.* उन कैरिबियायी लोगों से संबंधित जिनके पूर्वज कभी अफ्रीका से आए होंगे

AFS *abbr.* 'Air Force School', 'Available for Sale' की प्रथमाक्षरी

AFSCB *abbr.* 'Air force Sports Control Board' की प्रथमाक्षरी

AFSPA *abbr.* 'Armed Forces Special Power Act' की प्रथमाक्षरी

aft /आःफ्ट/ *adv., adj.*, समुद्री जहाज या विमान के दुंबाल में, पिछले हिस्से में, पिछले भाग में, पिछौहें, पीछे: fore and ~

adj. पीछेवाला, पिछला

AFTA *abbr.* 'ASEAN Free Trade Area' की प्रथमाक्षरी

after /आफ्टः/*prep.* 1 के बाद, उपरांत: ~ the revolution; ~ two weeks; ~ two years' absence; ~ a year 2 क्रमशः, तरतीब से, के बाद: one ~ another; he reads page ~ page; ~ Sunday comes Monday; ~ examining the patient the doctor wrote a prescription 3 के कारण: he cannot be promoted ~ that arrogant speech; ~ what has happened he won't go 4 के बावजूद: ~ all those medicines he is no better; ~ all my care the vase was broken 5 के पीछे: run ~ him; the dogs ran ~ the fox; shut the door ~ sb 6 के बारे में: ask ~ him; inquire ~ sb; he asked ~ your health 7 की शैली में: ~ French symbolists 8 के सम्मान में (नाम रखना): name ~ (के सम्मान में नाम रखना); he was named/called John ~ his grandfather 9 बजे के बाद: it's ten ~ five;

adv. 1 (कुछ समय) बाद में: you speak first, I shall speak ~; I never saw him ~; soon ~ 2 (स्थान के) बाद: follow ~;

conj. के बाद जब: several years ~ they had split up they met again by chance in London;

adj. 1 बाद में आने वाला: in ~ years (बाद के वर्षों में); in ~ years/ days; an ~ period of life 2 *naut.* समुद्री जहाज का पिछला भाग: the ~ deck; the ~ part of the ship; ~ hold;

dw/lw: **~-birth** *n.* बच्चा पैदा होने के बाद औरत या मादा पशु से निकलने वाला द्रव आदि, आंवल, खेड़ी, जेर, अपराकला; **~-born** *adj.* पिता की मृत्यु के बाद पैदा होने वाला बच्चा; **~brain** *n., anat.* दिमाग का पिछला भाग; **~burner** *n., aeronautics* उड़ते प्रक्षेपास्त्र को और गति देने के लिए उसकी पूंछ से निकलते जले हुए ईंधन में नया ईंधन डालने का उपकरण; **~burning** *n.* ईंधन के पूरा जलने की क्रिया; **~care** *n.* शल्य-क्रिया, प्रसव आदि क्रियाओं के बाद की जाने वाली देखभाल; **~crop** *n.* दूसरी फसल; **~culture** *n.* पहले लगे पौधों में नए पौधे लगाने की क्रिया; **~damp** *n.* कोयला खानों आदि में विस्फोट होने के बाद निकलने वाली जहरीली गैस; **~days** *n., pl.* बाद के दिन; **~deck** *n.* समुद्री जहाज का दुंबाल यानी पिछला डेक; **~-dinner** *adj.* रात्रि-भोजन के बाद का; **~-effect** *n.* किसी अप्रिय घटना या कार्य के बाद का अप्रिय असर, उत्तर प्रभाव; **~-glow** *n.* 1 संध्याराग, उत्तर दीप्ति, सूर्यास्त के बाद में आकाश में फैलने वाली लालिमा 2 अच्छे अनुभव के बाद कुछ समय तक बनी रहने वाली मधुर अनुभूति; **~-image** *n.* किसी वस्तु या व्यक्ति आदि को देख लेने के बाद दर्शक के मन में कुछ समय तक रहने वाला बिंब; **~-life** *n.* परलोक, मरणोत्तर जीवन; **~light** *n.* कार आदि की पिछली बत्ती: in the cold ~light (परिपक्व सोच-विचार के बाद); **~math** *see below under separate entry*; **~noon** *n., pl.* **~s** अपराह्न, दोपहर बाद का समय : in the ~noon; this ~noon; on Sunday ~noon; good ~noon!; **~pains** *n.[pl.]* 1 प्रसवोत्तर वेदना, प्रसूति पीड़ा 2 घटना के उपरांत होने वाली पीड़ा; **~s** *n., [sing.] Br. colloq.* भोजनोपरांत परोसा जाने वाला मिष्ठान; **~shave** *n.* दाढ़ी बनाने के बाद चेहरे पर लगाया जाने वाला तरल पदार्थ; **~-shine** *n.* = **~-glow**; **~shock** *n.* भूकंप के बाद लगने वाले छोटे-छोटे झटके; **~-sun** *n.* धूप में रहने के बाद प्रयोग की जाने वाली क्रीम : ~sun lotion; **~taste** *n.* अनुस्वाद, खाने के बाद मुंह में बचा स्वाद; **~-tax** *n.* कर का भुगतान करने के बाद बचा शुद्ध आय; **~-time** *n.* भविष्य; **~thought** *n.* घटना उपरांत सोची या गढ़ी गई बात (चाल)/ विचार, उत्तर चिंतन; **~wards**/ (*esp. US* **~ward**) *adv.* बाद में; **~-wit** *n.* घटना घट जाने के बाद समझ में आने की क्रिया : an ~-wit is everybody's wit; **~word** *n.* उपसंहार; **~-world** *n.* = **~-life** *n.* परलोक, मरणोत्तर जीवन; **~years** *n., pl.* बाद के वर्ष;

collocations: **~sales service** विक्रयोत्तर, बेचने के बाद की (रखरखाव सेवा); **the day ~ tomorrow** परसों; **time ~ time** बार-बार;

p&i: **~ all** आखिरकार, अंततः, अंततोगत्वा: the wine shop was closed ~ all; ~ all, what does it matter? (आखिर इससे क्या फर्क पड़ता है?); **~ a manner/ fashion** के अनुसार, की शैली में; **~ a while** थोड़े समय बाद; **~ death the doctor** का बरखा जब कृषि सुखानी; **~ me, the deluge** आप मरे जग प्रलय (मेरे बाद चाहे कयामत आ जाए); **~ one's own heart** किसी की मन-मुनासिब बात हो.; **~ storm comes calm** युद्ध के बाद शांति आती है; **~ the same pattern** उसी नमूने के अनुसार; ~

you पहले आप!;
be ~ sb किसी व्यक्ति की खोज या टोह में हो., के पीछे हाथ धोकर पड़े हो.; **be ~ sb's own heart** किसी की मन की पसंद हो.; **be ~ sth** किसी बात के पीछे पड़ना; **be dressed ~ the latest fashion** नवीनतम फैशन के अनुरूप कपड़े पहनना; **behave ~ one's nature** अपने स्वभाव अनुसार बर्ताव क.; **day ~ day/ year ~ year, etc.** दिन-प्रतिदिन/ सालों साल; **look ~ sb** किसी की देखभाल क.; **one ~ another** एक के बाद एक, क्रमशः; **take ~ one's father** अपने पिता से शक्ल मिलना; **the ~noon of life** ढलती उम्र

aftermath /आफ्टःमैथ/ *n.* अप्रिय घटना के बाद के समय में, के परिणामस्वरूप: many children were left orphan in the ~ of the war

AFV *abbr.* 'armoured fighting vehicle' की प्रथमाक्षरी

AFWWA *abbr.* 'Air Force Wives Welfare Association' की प्रथमाक्षरी

AG *abbr.* 'Adjutant-General', 'Accountant General', 'Advocate-General', 'Attorney-General', 'Auditor-General' की प्रथमाक्षरी

Ag *symbol, chem.* चांदी का चिह्न

again /अगेन/ *adv.* 1 एक बार फिर, दोबारा, पुनः: do sth ~; be well ~ 2 पहले की तरह का 3 दुगना: twice as much ~; as large ~ 4 लेकिन, दूसरी ओर: he will agree, but then ~ he might not 5 इसके अतिरिक्त 6 परंतु फिर (**then/ there ~**): we might it buy it but then ~ we might not; this is better but ~ it costs more 7 किसी बात को दोहराने के लिए प्रयुक्त: what was the name ~?;
p&i: **~ and ~ = time and ~** बार-बार; **all over ~** फिर से, दोबारा शुरू से; **now and ~/ how and ~/ ever and ~** कभी-कभी; **then/ there ~** फिर भी, तब भी

against /अगेंस्ट/*prep.* 1 के विरुद्ध: say sth ~ sb/ sth; fight ~ sb/ sth; warn ~ sth; vote ~ sb/ sth; are you for or ~ the plan?; I have nothing to say ~ it 2 मुकाबले में (खेलना आदि): India played ~ Pakistan on Sunday 3 के पास, से सटकर: the house was built ~ a hill; she drew the child close ~ her 4 से बचाव में: sun glasses ~ the sun; she shielded her face ~ the sun; *med.* ~ flu; he wrapped in a blanket ~ the cold of the night; protect ~ diseases 5 विपरीत दिशा में: sail ~ the wind; ~ the sun 6 की पृष्ठभूमि में : ~ a white background; the yellow stands out ~ the black 7 की तुलना में, के बदले में : the exchange rate ~ Euro 8 नकारात्मक भूमिका में : his youth is ~ him 9 के बावजूद 10 के सामने 11 के ऊपर, पर: the rain was beating ~ the window 12 के सहारे: lean ~ the wall; she was sitting up in bed propped ~ pillows 13 की तुलना में: twenty votes ~ ten; three accidents this year as ~ thirty in 1964 14 को झेलने के लिए: save money ~ the rainy day 15 के खाते में: payment ~ 16 से टकराहट: bump ~ sth; strike one's foot ~ a stone 17 अदला-बदली में, विनिमय के रूप में: he exchanged books ~ sweets;
p&i: **~ sb's advice/ wishes, etc.** किसी की सलाह/ इच्छा आदि के विरुद्ध/ विपरीत; **~ the collar** थकाकर चूर कर देने वाला; **~ the law/ the rules** कानून/ नियमों के विरुद्ध/ के विपरीत; **as ~ sth** किसी चीज की तुलना में; **be up ~ sth** मुसीबत के साथ दो-दो चार हो., कठिनाई से पाला पड़ना; **have sth ~ sb/ sth** किसी के विरुद्ध कुछ दुराग्रह रखना

Aga Khan /आःगा खान/ *n.* इस्माइली मुसलमानों का सरदार

agalactous /ऐगअलैक्टस/ *adj., med.* जिसकी छाती में शिशु को पिलाने के लिए दूध न हो.

agamous /ऐगअमस/ (*also* **agamic**) *adj.* बिना लिंग का, बिना योनि का, अलिंगी

agapanthus /ऐगपैंथस/ *n., pl.* **~es** एक दक्षिणी अफ्रीकी पौधा

agape[1] /अगेप/ *adj.* 1 हक्का-बक्का, आश्चर्य चकितः ~ at sb/ sth 2 मुंह खुला, मुंह बाए हुआ, मुंह खुला का खुला रखे हुए : set ~

agape[2] *n., Christian* लैंगिक या यौन-संबंधों के बिना (ईसाई) प्यार

agar/ agar-agar /एगाः/ *n., med., cookery* 1 एक प्रकार की समुद्री वनस्पति जिसे दवाई बनाने में प्रयोग किया जाता है 2 खाद्य पदार्थों के ठोसीकरण में प्रयुक्त एक प्रकार की समुद्री वनस्पति

Aga-saga /आगा-सागा/ *n., pl.* **~s** एक ऐसा अत्यधिक पसंदीदा उपन्यास जिसका कथानक मध्यवर्गीय घरेलू औरत या परिवार की चिंताओं और समस्याओं के इर्दगिर्द घूमता है

agate /ऐगट/ *n., mineralogy* गोमेद (कीमती पत्थर), अकीक

agave /अगेवि/ *US* अगाःवि/ *n., pl.* **~s** /अगाविज/ *bot.* केंद्रीय व दक्षिणी अमेरिका में पैदा होने वाला सदाबहार पौधा

agaze /अगेज/ *adv.* टकटकी लगाए या एकटक देखते हुए

age /एज/ *n.* 1 आयु, उम्र: at the ~ of sixteen 2 अवस्था: school ~; old ~ 3 जीवन काल: the ~ of human life 4 युग, काल, कल्प: the Ice **Age** 5 बड़ी उम्र, बुढ़ापा: from youth to ~ 6 पुरानापन 7 पीढ़ी 8 बालिग उम्र 9 लंबा समय: **~s** ago; not seen you for **~s** 10 अमरत्व 11 काम करने (चालू रहने) की दीर्घता: ~ of boiler; ~ of concrete;
v., pt. **~d**, *pp* **ageing** बूढ़ा हो., उम्र बढ़ना;
dw/lw: **~d** /एजिड/ *adj.* 1 वयोवृद्ध, बूढ़ा, बुड्ढा: my ~d father/ parents 2 वरिष्ठ व्यक्ति 3 काल-प्रभावित 4 उम्र का: ~d five; a boy ~d fifteen; **~-group/ ~-bracket** *n.* विशेष आयु (अवस्था) के लोग; **~ing** *UK* (*US* **aging**) /एजिंग/ *adj.* वयोवृद्ध होते हुए, बुढ़ाते हुए, उम्र का, वृद्ध, उम्र से अधिक बूढ़ा; **~ing** *n.* 1 वृद्ध होने की प्रक्रिया 2 जरण 3 *geol.* कालप्रभावन 4 परिपक्वता: ~ing of wine; **~ism/ agism** /एजिज्म/ *n.* विभिन्न वय-वर्गों के बीच का भेदभाव, वयोवृद्ध लोगों के साथ भेदभावपूर्ण व्यवहार; **~ist/ agist** /एजिस्ट/ *n., adj.* वयगत भेदभाव करने वाला या उसका समर्थक; **~less** /एजलेस/ *adj.* चिरयुवा, चिरनूतन, अनंत; **~-old** *adj.* प्राचीन, पूर्वागत, वर्षों से चली आ रही: the ~-old dream of men; **~s** /एजिज/ *n.[pl.]* बहुत समय, काफी समय; **~-set** *n.* हम-उम्र लड़के या आदमी;
over-~ *adj.* नौकरी आदि के लिए निर्धारित उम्र से बड़ा; **under-~** *adj.* 1 कम उम्र का, अल्पायु 2 नौकरी आदि के लिए निर्धारित उम्र से छोटा;
collocations: **~d horse** छः वर्ष से ज्यादा उम्र का घोड़ा; **~ limit** आयु सीमा, उम्र की सीमा; **~ long** चिरकालीन; **~ of consent = lawful ~** सम्मति वय; **~ of discretion/ innocence** or **the awkward/ tender ~** (= adolescent) विवेक वय, भोली/ कमसिन उम्र, किशोरावस्था; **middle ~** अधेड़ उम्र; **missile ~** प्रक्षेपास्त्र काल; **the ~ of atom/ machinery** अणु काल/ यंत्र काल; **the infirmities of ~** बुढ़ापे की बीमारियां; **the Middle Ages** मध्य काल; **the Stone Age** पाषाण युग;
p&i: **a coon's** ~ *sl.* (a dog's ~) वर्षों पहले; **act one ~** अपनी उम्र अनुसार व्यवहार क.; **act one's ~!** बचपना मत करो! **be/ come of ~** बालिग हो., वयस्क हो.; **be/ look one's ~** अपनी उम्र का दिखना; **bear one's ~ well** अपनी उम्र के लिहाज से अच्छा दिखना; **bent with ~** उम्र के कारण झुका हुआ; **be under ~** 1 नौकरी के लिए निर्धारित उम्र से कम का हो. 2 नाबालिग हो.; **for ~s** जमाना गुजर गया, बहुत समय से; **golden ~** स्वर्ण युग; **have the age on one's side** कुछ करने-बनने के लिए बहुत समय बचा है; **if youth knew, if ~ could = join the strength of youth and the wisdom of ~** काश जवानी जानती और बुढ़ापा कर सकता!; **of one ~** हमउम्र, एक ही आयु के; **the Austrian ~** साहित्य और कला का स्वर्ण युग; **the Age of Reason** तर्क प्रधान (अंधविश्वास के विपरीत) काल; **the dark ~s** मध्य काल (अंधकार का समय); **the full ~** प्रौढ़ावस्था; **the gilded age** अमेरिका का स्वर्ण युग (1870-1898); **the**

green old ~ खुशियों भरा बुलंद बुढ़ापा;
-age *suffix, forming nouns, signifying:* **a condition** (अवस्था): post**age** (डाक शुल्क)
agency /एजंसि/ *n., pl.* **agencies** 1 सेवाएं बेचने वाला संगठन, सेवा संगठन: travel ~ service ~; tourist ~; specialized **agencies** 2 (***syn.*** instrumentality) माध्यम, साधन: by/ through the ~ of sb/ sth (किसी की या किसी चीज की मदद के परिणामस्वरूप) 3 अंतर्राष्ट्रीय या सरकारी कार्यालय/विभाग: UN ~ 4 (***syn.*** action, power, force) कार्य या शक्ति: ~ of creation or destruction 5 *US* अनुदान संगठन: grants giving ~ 6 कर्तृवाचक संज्ञा: nouns of ~;
***p&i*: by the ~ of** की मदद से
agenda /अजेंडा/ *n., pl. of* **agendum**; (*also pl.* **~s**) 1 कार्य-सूची, कार्यावली: an item on the ~ 2 विचाराधीन मामलों की सूची: on the ~; provisional/tentative ~; the ~ as it stands 3 कार्यक्रम, उठाए जाने वाले कदमों की सूची, लक्ष्य-सूची: adopt the ~ (लक्ष्य-सूची को स्वीकृति दे.);
***p&i:* be on the** ~ ऐसा प्रश्न जिसका तुरंत समाधान होना चाहिए; **place sth on the** ~ किसी समस्या से तुरंत निपटना शुरू क.
agenesis[1] /अजअनअसिस/ *n.* शरीर का अपूर्ण विकास
agenesis[2] /ऐजअनीसिस/ *n.* बांझपन, नपुंसकता
agent /एजंट/ *n.* 1 किसी का प्रतिनिधि: act as sb's ~ 2 (***syn.*** secret ~) किसी और के लिए गुप्त ढंग से काम करने वाला, एजेंट: secret-service ~; CIA ~; KGB ~ 3 किसी सेवा-संगठन का कर्ता या नुमाइंदा: publicity ~; commercial ~; consular ~; forwarding ~; advance ~; travel ~ 4 (***syn.*** cause of an action) कारण, शक्ति: rain and frost are natural **~s**; ~ of disease 5 *chem.* कारक, कर्मक (maker): chemical ~; physical ~; ~ of fusion;
***dw/lw:* ~-general** *n., pl.* ~s-general ब्रिटेन में आस्ट्रेलिया, कैनेडा आदि का प्रतिनिधि;
***collocations:* ~ noun** *non-tech.* कर्तृवाचक संज्ञा, कार्य करने वाले व्यक्ति या यंत्र की द्योतक संज्ञा; **Agent Orange** पेड़-पौधों के पत्ते सुखा देने वाला जहरीला रसायन (वियतनाम युद्ध में अमेरिका द्वारा प्रयुक्त)
advance ~ अंतिम समझौता करने से पहले बातचीत के लिए भेजे जाने वाला नुमाइंदा; **commission** ~ आढ़तिया, आढ़ती; **estate** ~ *UK* संपत्ति-दलाल, बिचौलिया; **parliamentary** ~ होने वाले किसी निर्णय के हक में या खिलाफ प्रचार या खिलाने-मनाने वाला एजंट (lobbyist); **secret** ~ गुप्तचर, जासूस; **travel** ~ यात्रा एजेंट
agent provocateur /ऐजॉं प्रअवौकअटः/ *US* आजां प्रोवाःकटः/ *n., pl.* **agents provocateurs** दुरुत्साहक व्यक्ति, किसी संगठन को बदनाम करने के लिए सरकार आदि द्वारा उस संगठन में तैनात एजंट जो अपने आकाओं की शह पर किसी षड्यंत्रकारी घटना (तोड़-फोड़, बम-फोड़, सांप्रदायिक रूप से भड़काऊ कदम आदि) को अंजाम देते हैं
agerasia /ऐजिरेसिआ/ *n.* बूढ़ा न होने या सदा जवान रहने का गुण
ageus(t)ia /अगुस्टिआ/ *n.* स्वादहीनता
agglomera\te /अग्लौमअ\रेट/ *US* अग्लाःमअ\रेट/ *v., pt.* **~ted**, *pp* **~ting** 1 ढेर लगाना, जमा क. या हो. 2 एकत्र या संचित क. या हो.;
adj. ~ /~रअट/ पुंजित, सपिंडित, संचित;
n. ~ /~रअट/1 ढेर 2 ज्वालामुखी चट्टान जिसमें लावा के अवशेष जमा होते हैं;
***dw/lw:* ~tion** /~रेशन/ *n.* 1 ढेर, संचय, पुंज 2 *geol.* संज्वालाश्म, ज्वालामुखी चट्टान जिसमें लावा के अवशेष जमा रहते हैं
aggluti\nate /अग्लूटिनेट/ *v., pt.* **~nated**, *pp* **~nating** 1 चिपकना या चिपकाना 2 जुड़ना या जोड़ना 3 लेई या गौंद बनना या बनाना 4 *ling.* योगात्मक हो. 5 *med.* संश्लिष्ट हो जा.;
***adj.* ~nate** /अग्लूटिनिट/ चिपकाया या चिपका हुआ;
***dw/lw:* ~nation** /अग्लूटिनेशन/ *n.* 1 चिपकाव 2 *ling.* संयोग, अभिश्लेषण (सरल शब्दों या शब्दांशों को जोड़कर बोझिल व जटिल शब्दों का निर्माण) **~native** /अग्लूटिनअटिव/ *adj.* 1 चिपचिपा, चिपकाऊ 2 योगात्मक, अभिश्लेषी
aggrandi\ze /अग्रैं\डाइज/ *v., pt.* **~zed**, *pp* **~zing** 1 आकार-प्रकार व क्षमता आदि सुधारना 2 धन का बढ़ना 3 सत्ता या शक्ति का बढ़ना 4 पद पर ऊंचा उठना 5 बढ़ा-चढ़ाकर कहना या दिखाना;
***dw/lw:* ~zement** /~डिजमंट/ *n.* 1 धन-वृद्धि 2 शक्ति या सत्ता का विस्तार: his sole aim is personal ~zement 3 पदोन्नत्ति 4 अतिशयोक्ति, अति प्रशंसा, चाटुकारिता
aggrava\te /ऐग्रअवे\ट/ *v., pt.* **~ted**, *pp* **~ting** 1 गंभीर कर दे., बदतर क., और बिगाड़ना: **~te** an illness 2 *law* दोष, आरोप को और विकट बनाना 3 (***syn.*** irritate, vex) और अधिक नाराज क.;
dw/lw:* ~ted** /~टिड/ *adj., law* 1 और अधिक जटिल व विकट बनाया हुआ: ~ted assault; ~ted burglary (अति गंभीर चोरी, डकैती) 2 नाराज, चिढ़ाया हुआ: feel/ be ~ted; **~ting** /~टिंग/ *adj.* 1 बदतर बनाने वाला: ~ting circumstances 2 (syn.*** irritating) विक्षुब्ध करने वाला: how ~ting to be interrupted; **~tingly** /~टिंगलि/ *adv.* अति जटिल व गंभीर बनाते हुए, विकट ढंग से; **~tion** /~शन/ *n.* 1 स्थिति में बिगड़ाव, विकटता: ~tion of guilt; the ~tion of the situation 2 प्रकोपन 3 छेड़छाड़; **~tor** /~टः/ *n.* 1 चिढ़ाने वाला 2 स्थिति को और जटिल बनाने वाला
aggrega\te /ऐग्रिगअट/ *n. UK* 1 कुल जोड़ 2 समुच्चय, समूह, समष्टि, संचय: one **~te** (एक समुच्चय) 3 *civil engineering, building* सिमेंट, कंकड, रेत आदि भवन निर्माण सामग्री का मिश्रण (समुच्चय): considered as an/ one **~te**;
adj. /ऐग्रिगअट/ कुल, समुचित: **~te** membership; **~te** fruit; **~te** forces;
***dw/lw:* ~te** /ऐग्रिगेट/ *v., pt.* ~ted, *pp* ~ting 1 जोड़ क. या हो. 2 एकत्र क. या हो. 3 मिश्रित क. या हो.; **~tion** /ऐग्रिगेशन/ *n.* 1 योग, जोड़ 2 संग्रह, संकलन, समुच्चय, समूह 3 समुच्चयन, समूहन; **~tive** /ऐग्रिगेटिव/ *adj.* योग-संबंधी, कुल;
***p&i:* in the ~te** कुल मिलाकर; **on ~te** कई मुकाबलों के अंकों का जोड़
aggress /अग्रे\स/ *v., pt.* **~ed**, *pp* **~ing** 1 झगड़ा या लड़ाई छेड़ना 2 आक्रमण क.;
***dw/lw:* ~ion** /~शन/ *n.* 1 आक्रमण, धावा, चढ़ाई: war of ~ion 2 हिंसक व्यवहार: direct/ indirect ~ion 3 छेड़छाड़ 4 दुराग्रह जनित या अकारण आक्रमण: unprovoked ~ion; **~ive** /~सिव/ *adj.* 1 आक्रामक, हिंसक, झगड़ालू, लड़ाकू: ~ive war/ policy; ~ive manner; ~ive person; ~ive tone (of voice) 2 उत्साही, दृढ़निश्चयी: ~ive defence; assume/ take the ~ive posture; **~ively** /~सिवलि/ *adv.* आक्रामक ढंग से, उद्दंडतापूर्वक, बदतमीजी से; **~iveness** /~सिवनेस/ *n.* आक्रामकता; **~or** /~सर/ *n.* आक्रांता, आक्रामक या आक्रमणकारी पक्ष: potential ~or
aggrie\ve /अग्रीव/ *v., pt.* **~ved**, *pp* **~ving** 1 दुःख दे., यातना दे., सताना 2 हानि या नुकसान पहुंचाना;
***dw/lw:* ~ved** /अग्रीवड/ *adj.* 1 अन्याय का शिकार 2 संतप्त, दुखी, खिन्न
aggro /ऐग्रो/ *n., Br., sl.* 1 झगड़ा: had a lot of ~ at the bank 2 हिंसक या धमकी भरा व्यवहार: don' give me any ~ or else ...
aghast /अगास्ट/ *adj.* 1 (***syn.*** horrified) आतंकित 2 (**~ at sth**) भौचक्का, विस्मित, सकपकाया हुआ: stand ~ at sth
AGIF *abbr.* 'Army Group Insurance Fund' की प्रथमाक्षरी
AGII *abbr.* 'Association of Grandparents of Indian Immigrants' की प्रथमाक्षरी
agi\le /ऐजाइ\ल/*US* ऐजल/ *adj., degr.* **~ler, l~est** 1 (***syn.*** nimble) चुस्त-दुरुस्त, फुर्तीला, स्फूर्त, जीवंत : mentally **~le**; **~le** wit/ mind 2 दक्ष, कुशल: as **~le** as a squirrel;

dw/lw: **~lely** /~ललि/ *adv.* दक्षतापूर्वक; **~lity** /अजिलअटि/ *n.* 1 फुर्ती, चपलता, गतिशीलता 2 दक्षता, कुशलता

agin /अगिन/ *prep., dialect/ colloq.* '**again**' का एक रूप

aging = ageing

agio /ऐजिओ/ *n.* सट्टेबाजी की हलचल

agiotage /ऐजअटिज/ *n.* शेयरों की खरीद-बिक्री का काम, सट्टेबाजी

agism = ageism

agist /अजिस्ट/ *v., pt.* **~ed**, *pp* **~ing** 1 भाड़े पर पशु चराना 2 चरागाह किराये पर लेना;

dw/lw: **~age** /अजिस्टिज/ *n.* चरागाह का किराया; **~er** /अजिस्टः/ *n.* चरवाहा, पाळी (*Hr.*); **~ment** /अजिस्टमंट/ *n.* चरवाही

agita\te /ऐजिटे\ट/ *v., pt.* **~ted**, *pp* **~ting** 1 (***syn.*** campaign) आंदोलन/संघर्ष क. : **~te** for (against) sth 2 उत्तेजित क.: be deeply **~ted** about sth 3 (***syn.*** fluster) परेशानी में डालना 4 उकसाना 5 (***syn.*** shake) हिलाना: **~te** one's hat (flag) 6 झाड़ना;

dw/lw: **~ted** /~टिड/ *adj.* 1 उद्वेलित, उत्तेजित, आंदोलित 2 दुखी, विक्षुब्ध, चिंतित 3 विमूढ़; **~tedly** /~टिडलि/ *adv.* विक्षुब्ध होकर, झुंझलाकर; **~tion** /~शन/ *n.* 1 आंदोलन: preliminary (wide-spread) ~tion; carry on ~tion for (against) sth 2 उद्वेलन, तरंगित अवस्था: the sea after a storm is in ~tion 3 उत्तेजना : nervous ~tion 4 आवेग, उद्वेग, क्षोभ, अशांति, परेशानी: visible (inner) ~tion; provoke/ produce ~tion 5 घबराहट, चिंता : keep in ~tion 6 आलोड़न; **~tional** /~शनल/ *adj.* आंदोलनकारी, आंदोलनात्मक, भड़काने वाला; **~tor** /~टः/ *n.* 1 आंदोलनकारी व्यक्ति 2 उत्पाती या आवेग या अशांति फैलाने वाला आदमी 3 हिलाने वाला उपकरण, विलोड़क

agitato /ऐजितातो/ *adv., music* उद्वेलित व अशांत ढंग से

agitprop /ऐजितप्रॉप/ *n.* राजनीतिक प्रचार, प्रोपेगंडा

agleam /अग्लीम/ *adj. & adv.* चमकता हुआ, चमचम, प्रदीप्त

aglet /ऐग्लट/ *n.* घुंडी, फीते के सिरे पर धातु की घुंडी

aglitter /अग्लिटर/ *adv.* चमचम, चमचमाता हुआ

aglow /अग्लो/ *adj., adv.* 1 दीप्त, प्रदीप्त: the sky is ~ with the setting sun 2 कांतिमान: all ~ with delight (with a long walk)

AGM *abbr.* 'Annual General Meeting' की प्रथमाक्षरी

AGMU *abbr.* 'Arunachal Pradesh, Goa, Mizoram and Union Territory' की प्रथमाक्षरी

agname /ऐनेम/ *n.* उपनाम

agnail /ऐग्नेल/ *n.* हाथ के नाखून के नीचे चोट (से घाव), गलका

agna\te /ऐग्ने\ट/ *adj., genealogy* 1 पितृ पक्ष से संबंधित, सजातीय, गोत्रज 2 संबद्ध 3 सदृश;

dw/lw: **~tion** /~शन/ *n.* पितृ पक्ष से संबद्धता, सपिंडता, सजातीयता, सदृश्यता

AGNI *abbr.* 'Action for Good Governance and Networking in India' की प्रथमाक्षरी

AGNIR *abbr.* 'Advisory Group on Non-ionising Radiation' की प्रथमाक्षरी

agnom\en /ऐग्नोमेन/ *n., pl.* **~ina** /ऐनौमीना/, *Lat.* उपनाम

agnosia /ऐग्नौजिया/ *US* ऐग्नाःजिया/ *n.* इंद्रियों द्वारा पहचानने में अक्षमता: auditory ~ (श्रवण अक्षमता); visual ~ (चाक्षुष अक्षमता)

agnostic /अग्नौस्टि\क/ *US* अग्नाःस्टि\क/ *n.* 1 अज्ञेयवादी 2 जो मात्र भौतिक वस्तुओं को जानने के बारे में आश्वस्त हो और ईश्वर को जानने में अपने को असमर्थ समझता हो;

dw/lw: **~ism** /~सिज्म/ *n.* अज्ञेयवाद

ago /अगो/ *adv.* पूर्व, पहले: long ~ ≠ not long ~; many years ~;

p&i: **long long ~** बहुत समय की बात है

agog /अगौग/ *US* अगाःग/ *adj.* 1 उत्सुक, आतुर, उत्कंठ: be all ~ to hear the news (to know what happened) 2 उत्तेजित, विकल, व्याकुल: be ~ on/ upon sth/ sb 3 जिज्ञासु, कुतूहली: set sb's curiosity ~;

p&i: **be all ~** अति उत्साहित एवं आतुर हो.

a-going *adv.* चालू, चालित : set ~

agon /ऐगोन/ *n.* 1 प्रतियोगिता 2 नाट्य वाद-विवाद 3 कुश्ती (प्राचीन यूनान में);

dw/lw: **~istic** /ऐगअनिस्टिक/ *adj.* 1 खेल-कूद विषयक 2 विवादपूर्ण, विवाद प्रिय 3 दिखावटी, कृत्रिम; **~istics** /ऐगअनिस्टिक्स/ *n.* प्राचीन यूनान में कलाबाजी का खेल

agonic /अगौनिक/ *US* अगाःनिक/ *n.* अकोण, कोण रहित: ~ line (शून्यदिक्पाती रेखा)

agoni\ze (*also UK* **~i\se**) /ऐगअनाइ\ज/ (*esp.* **~ze about/ over sth**) *v., pt.* **~zed**, *pp* **~zing** 1 सताना, व्यथित हो. या क.: I spent a lot of time, **~zing** as to whether I should accept the offer or not 2 तड़पना या तड़पाना: ~ after sth;

dw/lw: **~zed** /~जड/ *adj.* व्यथित, संतप्त; **~zing** /~जिंग/ *adj.* दुखदायी, पीड़ादायक, कष्टदायक; **~zingly** /~जिंगलि/ *adj.* कष्टकारी ढंग से: ~zingly slow process

agony /ऐगनि/ *n., pl.* **agonies** 1 वेदना, घोर व्यथा, कष्ट, यंत्रणा, शारीरिक या मानसिक पीड़ा: ~ of despair; in an ~ of suspense 2 (***syn.*** death pangs) प्राण पीड़ा: the ~/ **agonies** of death 3 संघर्ष 4 (***syn.*** paroxysm) पराकाष्ठा, दर्द का दौरा;

collocations: **~ aunt** 1 दर्द-निवारक 2 रेडियो, टीवी, समाचार-पत्र आदि के माध्यम से लोगों की व्यक्तिगत समस्याओं के बारे में सलाह देने वाली महिला 3 (*also loosely*) मित्रों को उनकी व्यक्तिगत समस्याओं के बारे में सलाह देने वाली महिला; **~ column** समाचार-पत्र आदि में लोगों की व्यक्तिगत समस्याओं के बारे में सलाह देने वाला स्तंभ; **~ uncle** *colloq.* '**agony aunt**' का पुरुष समानांतर;

p&i: **~ in the red** भड़कीला लाल रंग का सूट;
be in ~ of despair पूर्णतः निराशा के अंधकार में डूबा हो.; **pile on the ~** अधिक से अधिक अंधकारमय बनाना

agora /ऐगौरा/ *US* ऐगअरअ/ *n.* प्राचीन यूनान में सभास्थल, चौक, मैदान, खुला स्थान

agoraphob\ia /ऐगअरअफोबिआ/ *n.* भीड़ भरे मैदान से बेतुका डर, विवृत-स्थान-भीति;

dw/lw: **~e** /ऐगअरअफोब/ *n.* खुले स्थान से डरने वाला व्यक्ति; **~ic** /ऐग्रअफोबिक/ *adj., n.* खुला स्थान-भीति से संबंधित

AGP *abbr.* 'Asom Gana Parishad' की प्रथमाक्षरी

AGPL *abbr.* 'actual ground position line' की प्रथमाक्षरी

AGR *abbr.* 'Advanced Gas-cooled Reactor', 'adjusted gross revenue' की प्रथमाक्षरी

agraph\ia /अग्रैफिया/ *n.* लेखन-क्षमता लोप, लेखन-अक्षमता;

dw/lw: **~ic** /अग्रैफिक/ *n.* लेखन-अक्षमता से संबंधित

agrarian /अग्रेअरिअन/ *adj.* 1 कृषि-संबंधी, कृषीय 2 कृषि-भूमि संबंधी: ~ reforms (भू-सुधार); ~ laws;

dw/lw: **~ism** /अग्रेअरिअनिज्म/ *n.* भूमि के उचित और न्यायपूर्ण वितरण का आंदोलन, भू-आंदोलन, भू-सुधारवाद;

collocations: **~ revolution** कृषि क्रांति

agravic /अग्रैविक/ *adj.* बेवजन

agree /अग्रि/ *v., pt.* **~d**, *pp* **~ing** 1 (*often* **~ with sb/ sth about sth**) सहमत/एकमत हो.: ~ with sb; be **~d** on 2 (*usually* **~ to sth**) किसी बात को मान जा., राजी हो., से सहमत हो.: ~ that sth should be done; he invited us and we **~d**; ~ to do sth 3 तय क. 4 मेल खाना, के अनुकूल हो., अनुरूप हो.: alcohol/ smoking doesn't ~ with sb 5 नैतिक रूप से सहमत हो.: we did not ~; ~ on/ as to/ about sth 6 (*often* **~ upon sth**) करार/ समझौता क.: the principles **~d** upon 7 (***syn.*** tally) हिसाब का मिलान क., ठीक कर लेना: ~ with facts/ with statements/ with original); the figures do not ~ 8 मेल-

मिलाप या समरसता में रहना, आपस में बनना या निभना: the children can never ~ 9 (*often* ~ **with sth**) *gramm.* से अन्वय हो., क्रिया रूप आदि का कर्ता आदि के अनुरूप हो. 10 (***syn.*** approve) स्वीकृति दे.;

p&i: ~ **like dog(s) and cat(s)** सदा झगड़ते रहना; ~ **to disagree**/ ~ **to differ** असहमति पर सहमति हो.;

be ~d एक समान निष्कर्ष पर पहुंचना; **not ~ with sb** किसी चीज का किसी को रास न आना, मेल न खाना

agree\able /अग्रीअ\बल/ *adj.* 1 प्रिय, रुचिकर: **~able** person; **~able** voice; make oneself **~able** (to sb) 2 लुभावना, सुखद, सुहावना: **~able** to touch/ taste 3 (***anton.*** disagreeable) राजी, सहमत: be **~able** to sth (राजी हो., मानना, सुझाव मानने को तैयार हो.); if you are **~able** ...; I am quite **~able**; be **~able** to do sth 4 स्तर आदि से मेल खाना, के अनुसार हो.: **~able** to the standards; **~able** to the order of the day (कार्य-सूची के अनुसार हो.);

dw/lw: **~ability**/ **~ableness** /~बिलिटि/ *n.* सम्मति, रजामंदी, सहमति; **~ably** /~बलि/ *adv.* 1 सुखद ढंग से 2 किसी बात या कार्य के अनुसार: ~ably to my instructions; ~ably to/ with sth; **~d** /अग्रीड/ *adj.* जिस पर सहमति बनी हो;

p&i: **that is ~able to me** मुझे कोई एतराज नहीं

agreement /अग्रीमंट/ *n.* 1 समझौता, करार: collective ~; ~ between management and employees; gentleman's ~; by mutual ~ 2 अनुबंध, करारनामा, संविदा: ~ on/ about/ sth with sb; reach ~; make an ~ with sb about sth 3 एकमतता, सहमति, मतैक्य: ~ of opinion; come to an ~ 4 अनुरूपता: in ~ with sth 5 राजीनामा: be in ~ with sb 6 (***syn.*** concord) अन्वय;

collocations: **armistice ~** शांति समझौता; **cultural exchange ~** सांस्कृतिक आदान-प्रदान समझौता; **disarmament ~** निरस्त्रीकरण समझौता; **executive ~** (अमेरिका) के प्रेजिडेंट द्वारा दूसरे देशों के साथ किया जाने वाला समझौता; **stand-still ~** निजी ऋण-स्थगन;

agrest/ agrestic /अग्रेस्ट/ अग्रेस्टिक/ *adj.* देहाती, गंवार, जंगली

agri\business/ agrobusiness /ऐग्रिबिजनअस/ ऐग्रोबिजनअस/ *n.* 1 कृषि उत्पाद या कृषि यंत्र आदि बेचने-खरीदने का कारोबार 2 कृषि-व्यवसाय, कृषि-उद्योग 3 व्यावसायिक खेती;

dw/lw: **~chemical** /ऐग्रिकेमिकल/ *adj.* फलों और सब्जियों आदि की रासायनिक अभिक्रिया संबंधित; **~cole** /ऐग्रिकोल/ *n.* किसान; **~tourism** *see below* **agro-tourism**

agricultu\ral /ऐग्रिकल्च\रल/ *adj.* कृषि संबंधी, कृषीय: **~ral** labourers; **~ral** show; **~ral** implements;

dw/lw: **~ralist** /~रलिस्ट/ *n.* = **~rist** कृषक, किसान, खेतिहर;

collocations: **~ral economics** कृषि-अर्थशास्त्र; **~ral engineer** कृषि अभियंता; **~ral geology** कृषि भू-विज्ञान; **~ral income** कृषि आय; **~ral labour** कृषि श्रमिक, खेत मजदूर; **~ral law** कृषि कानून; **~ral marketing** कृषि मंडी, कृषि-विक्रय; **~ral produce** उपज, कृषि-उत्पाद; **~ral year** कृषि वर्ष

agricultur\e /ऐग्रिकल्चः/ *n.* कृषि, खेती-बाड़ी व पशुपालन;

dw/lw: **~er** = **~ist** /ऐग्रिकल्चरिस्ट/(*also* **agriculturalist**) *n.* कृषक, किसान

agrimony /ऐग्रिमनि/ *n., pl.* **agrimonies** उत्तरी गोलार्ध में पाया जाने वाला पीले फूलों वाला एक सदाबहार पौधा

agriolo\gy /ऐग्रिऔल\जि/ *US*/ऐग्रिआःल\जि/ *n.* आदिवासी जनजातीय प्रथा-शास्त्र;

dw/lw: **~gist** /~जिस्ट/ *n.* आदिवासी जनजातीय प्रथा-शास्त्र विशेषज्ञ

agro- /ऐग्रो/ *comb. form, signifying*: **agricultural** (कृषीय: **agrochemical**;

dw/lw: **~based** /~बेसड/ *adj.* कृषि-आधारित; **~biologist** /~बायअलअजिस्ट/ *n.* कृषि-जैविकीविद्; **~biology** /~बायौलजि/ *n.* कृषि-जैविकी; **~chemical** *adj.* कृषीय रासायनिक पदार्थ; **~logic** /~लॉजिक/ (*also* **~logical**) *n.* सस्यमृदा (soil) विज्ञान संबंधी; **~logist** /~लजिस्ट/ *n.* सस्यमृदा (soil) विज्ञानी; **agrology** /ऐग्रौलजि/ *US* ऐग्राःलजि/ *n.* (***syn.*** soil science) सस्यमृदा विज्ञान, मिट्टी विज्ञान; **~nomics** /ऐग्रोनॉमिक्स/ *n.* सस्य-विज्ञान; **~nomist** /अग्रौनअमिस्ट/ *US* अग्राःनअमिस्ट/ (*also* **~nom**) *n.* सस्य विज्ञानी; **~nomy** /~अग्रौनअमि/ *US* ~अग्राःनअमि/ *n.* सस्य विज्ञान, भूमि व फसल प्रबंधन विज्ञान; **~tourism** /~टूरिज्म/ *n.* कृषि फार्मों पर यात्रा या सैर-सपाटे का धंधा

aground /अग्राउंड/ *adv.* तल से लगा, भूग्रस्त, जमीन में धंसा हुआ: run ~ (जहाज आदि का जमीन में धंसना)

AGS *abbr.* 'Advanced Graphics Software' की प्रथमाक्षरी

AGSE *abbr.* 'Australian Graduate School of Entrepreneurship' की प्रथमाक्षरी

AGSU *abbr.* 'All Gorkha Students Union' की प्रथमाक्षरी

AGU *abbr.* 'American Geophysical Union' की प्रथमाक्षरी

ague /एग्यू/ *n.* 1 जूड़ी, शीत ज्वर 2 मलेरिया 3 सिहरन, कंपकंपी का दौरा;

p&i: **~s come on horseback but go away on foot** मुसीबतें तूफानी चाल से आती हैं, पर चींटी की चाल से वापस जाती हैं

AH *abbr.* 'animal husbandry' की प्रथमाक्षरी

AH *abbr.* 'anno Hegirae', *Lat.* की प्रथमाक्षरी (हिजरी सन, मुस्लिम वर्ष यानी पैगंबर मुहम्मद द्वारा मक्का छोड़ने का समय, 622 AD)

ah /आह/*excl.* 1 आह! वाह! 2 आश्चर्य : ओह! अहो! 3 वाह! आहा! (आनंद, पसंद)

AHA *abbr.* 'American Heart Association' की प्रथमाक्षरी

aha /अहा/*excl.* 1 अहा, ओहो! 2 अकस्मात् समझ में आई बात को जताने के लिए प्रयुक्त

AHB *abbr.* 'Academic Hand Book' की प्रथमाक्षरी

AHD *abbr.* 'Animal Husbandry Department' की प्रथमाक्षरी

AHEAD *abbr.* 'Association for Human Environment and Development' की प्रथमाक्षरी

ahead /अहेड/ *adj.* 1 (***syn.*** in front, opposite) सामने, आगे 2 भविष्य में आगे: ~ of holidays 3 मुकाबले में आगे, बढ़त में: ~ on points 4 (***syn.*** in advance) निर्धारित समय से पहले: ~ of time/ schedule 5 दूरी में आगे: be one step ~ of sb;

p&i: **~ of sb/ sth** किसी से या किसी अवसर से पहले; **~ of time** 1 निर्धारित समय से पहले 2 अपने समय (समकाल) के विचारों व जीवन-शैली से ज्यादा प्रगतिशील;

be ~ आगे निकलना; **be streets (street) ~ of** काफी आगे हो.; **be ~ of one's time** सोच-समझ में युग-काल से आगे हो.; **breaker ~** आगे खतरा है; **full speed ~!** पूरी रफ्तार से आगे बढ़ो!; **get ~** तरक्की क., सामाजिक रूप से ऊपर उठना; **get ~ of sb** किसी से आगे निकलना; **Go ahead!** हां, करो!; **look ~** आगे की ओर देखना, भविष्य में झांकना; **things are going ~** मामला आगे बढ़ रहा है

AHF *abbr.* 'Asian Hockey Federation' की प्रथमाक्षरी

ahistorical /एहिस्टौरिकल/ *US* एहिस्टाः-, एहिस्टॉरिकल/ *adj.* अनैतिहासिक

a huis clos /आः वीः क्लो/ *Fr.* बंद दरवाजों के पीछे, गुप्त रूप से

-aholic /-अहौलिक/ *US* -अहाःलिक, -अहॉलिक/ *suffix., comb. form, forming adjectives and nouns, signifying:* **addicted** (जो कार्य, खाद्य या पेय पदार्थों आदि का लती हो): workaholic

ahoy /अहॉय/ *excl., naut.* दूसरे जहाज को सलाम करने या उसका ध्यान खींचने के लिए प्रयुक्त चीख-पुकार

AHQ *abbr.* 'Army Headquarters' की प्रथमाक्षरी

AHSD *abbr.* 'Association of Health Services Doctors' की प्रथमाक्षरी

AHSI *abbr.* 'Archaeological and Heritage Service of India' की प्रथमाक्षरी

Ahriman /आःरिमअन/ *n., myth.* खराब शुरुआत का द्योतक देवता

ahull /अहल/ *adv.* उतारे हुए पालों के साथ, निष्पाल (पालपोत)

AI *abbr.* 'artificial insemination', 'artificial intelligence', 'Air India', 'Amnesty International' की प्रथमाक्षरी

AIADMK *abbr.* 'All-India Anna Dravida Munnetra Kazhagam' की प्रथमाक्षरी

AIAI *abbr.* 'All India Association of Industries' की प्रथमाक्षरी

AIATF *abbr.* 'All India Anti-Terrorist Front' की प्रथमाक्षरी

AIAWU *abbr.* 'All-India Agricultural Workers Union' की प्रथमाक्षरी

AIB *abbr.* 'Allied Irish Bank' की प्रथमाक्षरी

AIBA *abbr.* 'All-India Bar Association' की प्रथमाक्षरी

AIBEA *abbr.* 'All-India Bank Employees Association' की प्रथमाक्षरी

AIBF *abbr.* 'All India Boxing Federation' की प्रथमाक्षरी

AIBME *abbr.* 'All India Board for Management Education' की प्रथमाक्षरी

AIBO *abbr.* 'All India Biotech Organisation' की प्रथमाक्षरी

AIBOA *abbr.* 'All India Bank Officers' Association' की प्रथमाक्षरी

AIBP *abbr.* 'Accelerated Irrigation Benefits Programme' की प्रथमाक्षरी

AIC *abbr.* 'Australia India Council' की प्रथमाक्षरी

AICAR *abbr.* 'Asian Institute of Communication and research' की प्रथमाक्षरी

AICB *abbr.* 'All India Confederation of the Blinds' की प्रथमाक्षरी

AICC *abbr.* 'All India Christian Council', 'All India Congress Committee', 'Association of Immigration Council of Canada' की प्रथमाक्षरी

AICCF *abbr.* 'All India Correspondence Chess Federation' की प्रथमाक्षरी

AICF *abbr.* 'All India Chess Federation' की प्रथमाक्षरी

AICFB *abbr.* 'All India Chess Federation for Blinds' की प्रथमाक्षरी

AICFMS *abbr.* 'All India Council for Management Studies' की प्रथमाक्षरी

AICPA *abbr.* 'American Institute of Certified Public Accountant' की प्रथमाक्षरी

AICPI *abbr.* 'All India Consumer Price Index' की प्रथमाक्षरी

AICSCSTO *abbr.* 'All India Confederation of SC/ST Organisations' की प्रथमाक्षरी

AICTE *abbr.* 'All India Council for Technical Education' की प्रथमाक्षरी

AICU *abbr.* 'All-India Catholic Union' की प्रथमाक्षरी

AID *abbr.* 'artificial insemination by donor' [now called **DI = Donor insemination** (दाता गर्भ-धारण), 'Agency for International Development' की प्रथमाक्षरी]

aid /एड/ *n.* 1 सहायता, मदद: with the ~ of sth; mutual ~ (आपसी मदद); come to the ~ of sb 2 धन: financial ~ 3 भोजन या यंत्रों आदि के रूप में सहायता: in ~ of sb/ sth 4 साधन, किसी कार्य को करने में सहायक उपकरण: hearing ~; training/ visual **~s**; **~s** and appliances 5 प्रथम-चिकित्सा सहायता: give first ~ 6 सहायक, सहयोगी: my chief ~ in business 7 शैक्षिक सहायक सामग्री: teaching **~s**;
v., pt. **~ed**, *pp* **~ing** किसी की सहायता या मदद क.: ~ sb to do sth;
dw/lw: **~ed** /एडिड/ *adj.* सरकारी सहायता-प्राप्त: ~ed schools; **band-~** *n.* घाव पर बांधने के लिए पट्टी; **visual-~** *n.* देखने का उपकरण;
collocations: **~ climbing** (*also* **aiding**) सहायक उपकरणों के साथ खड़ी चट्टानों पर चढ़ने का शौकिया खेल; **first ~** प्रथम चिकित्सा सहायता;
p&i: **~ and abet (sb)** किसी को कोई नकारात्मक कार्य करने के लिए उकसाना, भड़काना;
come/ go to sb's ~ किसी की मदद करने के लिए आगे आना; **in ~ of sth/ sb** किसी कार्य या व्यक्ति की सहायतार्थ; **what's this in ~ of?** इसका क्या अर्थ है? यह किसकी सहायतार्थ है?

aide /एड/ *n.* सहायक, किसी उच्चासीन महामहिम की सेवा में रत अधिकारी: President's **~s**

aide-de-camp / *Br.* एड-डअ-कौं/ (*mainly US* **aid-de-camp** /एड-डअ-कैंप/) *n., pl.* **aides-de-camp/ aids-de-camp** किसी वरिष्ठ या विशिष्ट व्यक्ति की सेवार्थ या सहायतार्थ तैनात सैनिक अधिकारी

AIDEF *abbr.* 'All India Defence Employees Federation' की प्रथमाक्षरी

aide-mémoire /एड-मेम्वाः/ *n., pl.* **aides-mémoire/ aides-mémoires** कार्य में सहायतार्थ स्मरण पत्र

AIDS/ Aids /एडल्ट/ *n. abbr.* **'acquired immune deficiency syndrome'** परिवर्ती या प्रथमाक्षरी आधारित शब्द (शरीर में रोग-अवरोधक तत्वों के समाप्त हो जाने की स्थिति में मानवीय रोग-अवरोधक तत्त्व संक्रामक वारिस (HIV) का रूप धारण कर लेते हैं जिसके कारण व्यक्ति आसानी से घातक बीमारियों का शिकार हो सकता है);
collocations: **AIDS-related complex** (*abbr.* **ARC**), *patrol.* एड्ज की बीमारी शुरू होने से ऐन पहले की स्थिति

AIDSAA *abbr.* 'All India Defence Services Advocates Association' की प्रथमाक्षरी

AIDWA *abbr.* 'All India Democratic Women's Association' की प्रथमाक्षरी

AIE *abbr.* 'Air India Express' की प्रथमाक्षरी

AIEB *abbr.* 'All India Electricity Board' की प्रथमाक्षरी

AIEE *abbr.* 'All-India Engineering Entrance Examination' की प्रथमाक्षरी

AIEG *abbr.* 'Air India Employees Guild' की प्रथमाक्षरी

AIELTA *abbr.* 'All-India English Language Testing Authority' की प्रथमाक्षरी

AIESEC *abbr.* 'Association Internationale des Audients en Sciences Economies et Commercials' की प्रथमाक्षरी

AIETS *abbr.* 'All-India Education Testing Services' की प्रथमाक्षरी

AIEU *abbr.* 'Air India Employees Union' की प्रथमाक्षरी

AIF *abbr.* 'American India Foundation', 'Australian Infrastructure Fund' की प्रथमाक्षरी

AIFA *abbr.* 'All India Football Association' की प्रथमाक्षरी

AIFACS *abbr.* 'All India Fine Arts and Crafts Society' की प्रथमाक्षरी

AIFB *abbr.* 'All-India Forward Bloc' की प्रथमाक्षरी

AIFF *abbr.* 'All-India Football Federation' की प्रथमाक्षरी

AIFFO *abbr.* 'All-India Freedom Fighters Organisation' की प्रथमाक्षरी

AIFFSO *abbr.* 'All-India Freedom Fighters' Successors' Organisation' की प्रथमाक्षरी

AIFMP *abbr.* 'All-India Federation of Master Printers'

की प्रथमाक्षरी
AIFUCTO *abbr.* 'All-India Federation of Universities and College Teachers' Organisations' की प्रथमाक्षरी
AIG *abbr.* 'American Insurance Group', 'American International Group' की प्रथमाक्षरी
aigrette /एग्रेट/ *n.* 1 बगुले के पंख लगी कलगी 2 किरण-पुंज
aiguille /एग्वील/ *n.* सूई की तरह पैनी चट्टान की चोटी (शिखर)
AIH *abbr.* 'artificial insemination by husband' की प्रथमाक्षरी
AIHM *abbr.* 'All-India Hindu Mahasabha' की प्रथमाक्षरी
AIHSS *abbr.* 'All India Hindu Suraksha Samiti' की प्रथमाक्षरी
AIIF *abbr.* 'All India Islamic foundation' की प्रथमाक्षरी
AIIG *abbr.* 'Austria-India Interests Group' की प्रथमाक्षरी
AIIMAS *abbr.* 'All India Institute and Training of Management Studies' की प्रथमाक्षरी
AIIMS *abbr.* 'All India Institute of Medical Sciences' की प्रथमाक्षरी
AIJA *abbr.* 'All India Judges Association' की प्रथमाक्षरी
AIJH *abbr.* 'All-India Jamaat-e-Islami Hind' की प्रथमाक्षरी
AIKF *abbr.* 'All-India Karate Federation' की प्रथमाक्षरी
aikido /आइकीडो/ *n.* आत्म-सुरक्षा की जापानी विधि
AIKKMS *abbr.* 'All India Krishak Khet Majdoor Sangthan' की प्रथमाक्षरी
AIKS *abbr.* All India Kisan Sabha' की प्रथमाक्षरी
ail /एल/ *v., pt.* **~ed**, *pp* **~ing** 1 बीमार व क्षीण हो.: he is **~ing** 2 कष्ट दे., परेशान क.: what **~s** him?; sth **~s** him; what **~s** your eye?
dw/lw: **~ing** /एलिंग/ *adj.* बीमार, रोगी, कमजोर; **~ment** /एल्मंट/ *n.* छोटी-मोटी बीमारी, कष्ट: hereditary/ chronic/ incurable/ grave ~ment; diagnose/ neglect/ cure an ~ment
aileron /एलअरौन/ *US* एलअराःन/*n., aeronautics* (***syn.*** flaps) विमान के पंखों के सिरों पर लगे विमान की ऊंचाई को नियंत्रित करने के लिए ऊपर-नीचे होने वाले सह पंख
AILFCL *abbr.* 'All India Lawyers Forum for Civil Liberties' की प्रथमाक्षरी
AILTA *abbr.* 'All India Lawn Tennis Association' की प्रथमाक्षरी
AILU *abbr.* 'All India Lawyers Union' की प्रथमाक्षरी
ailuro\- /आइलुअरो\-/एलुअरो-/ *comb. form, signifying:* **cat** (बिल्ली);
dw/lw: **~phile** /~फिल/ *n.* बिल्ली-प्रेमी, मार्जारप्रेमी; **~phobe** /~फोब/ *n.* मार्जार-भीत, बिल्ली से भयभीत, मार्जार-घृणक; **~phobia** /~फोबिआ/ *n.* मार्जार-भीति (भय), बिल्ली-भय
AIM *abbr.* 'Alternative Investment Market', 'Anjuman Intejamia Mosajid', 'Asian Institute of Management', 'Association of Independent Music' की प्रथमाक्षरी
aim /एम/ *n.* 1 ध्येय, लक्ष्य, उद्देश्य: noble ~; one's ~ in life; sinister/sordid ~; ambitious ~; gain/ attain one's ~; ~ to do sth/ at doing sth; ~ at perfection/ at being perfect 2 अभिप्राय 3 (***syn.*** target) निशाना: take ~ at sth at sb 4 निशाना लगाने की क्रिया: take a good/ unerring ~; take a careful ~ 5 निशाना लगाने में दक्षता;
v., pt. **~ed**, *pp* **~ing** 1 ध्येय, लक्ष्य रखना 2 निशाना साधना: ~ futilely/ vainly; fire without **~ing**; ~ at sb/ at sth; ~ satire/ criticism/ an epigram/ remarks at sb/ sth 3 के लिए प्रयत्न क. 4 किसी पर पत्थर आदि फेंकना: ~ a stone at sb; I am not **~ing** at you;
dw/lw: **~less** /एम्लस/ *adj.* निरुद्देश्य, उद्देश्यहीन, लक्ष्यहीन; **~lessly** /~लि/ *adv.* यों ही, निरुद्देश्य, बिना किसी ध्येय के; **~lessness** /~नेस/ *n.* निष्प्रयोजन, उद्देश्यहीनता, लक्ष्यहीनता;
collocations: **good ~** अच्छा निशानेबाज;
p&i: **~ above sth** बहुत ऊंची उड़ान भरना; **~ high** बुलंद इरादे रखना;
be ~ed at doing sth 1 किसी कार्य को करने पर केंद्रित/लक्षित हो. 2 बंदूक आदि से निशाना साधना; **be ~ed at sb** किसी को प्रभावित करने का लक्ष्य बनाना; **take ~** निशाना साधना, निशाना लगाना
AIME *abbr.* 'American Institute of Mining Engineers' की प्रथमाक्षरी
AIMPLB *abbr.* 'All India Muslim Personal Law Board' की प्रथमाक्षरी
AIMR *abbr.* 'Association for Investment Management and Research' की प्रथमाक्षरी
AIMS *abbr.* 'Association of Indian Management Schools' की प्रथमाक्षरी
AINEC *abbr.* 'All India Newspaper Editors Conference' की प्रथमाक्षरी
ain't /एंट/ *contraction, colloq.* 'am not', 'is not', 'are not', 'have not', 'has not' का छोटा रूप
AIOCD *abbr.* 'All India Organisation of Chemists & Druggists' की प्रथमाक्षरी
AIOE *abbr.* 'All India Organisation of Employees' की प्रथमाक्षरी
aioli/ aioli /आइओलि/ *n. cookery* (***syn.*** mayonnaise) लहसुनयुक्त मायोनेज
AIP *abbr.* 'Aeronautical Information Publication', 'air-independent propulsion', 'Association of Internet Professionals' की प्रथमाक्षरी
AIPEU *abbr.* 'All India Postal Employees Union' की प्रथमाक्षरी
AIPGE *abbr.* 'All India Post Graduate Examination' की प्रथमाक्षरी
AIPGMEE *abbr.* 'All India Post Graduate Medical Entrance Examination' की प्रथमाक्षरी
AIPL *abbr.* 'Agro India Packaging Limited' की प्रथमाक्षरी
AIPMT/ PDT *abbr.* 'All India Pre-Medical/ Pre-Dental Test' की प्रथमाक्षरी
AIPNBOA *abbr.* 'All India Punjab National Bank Officers Association' की प्रथमाक्षरी
AIPRF *abbr.* 'All Indian Peoples Resistance Forum' की प्रथमाक्षरी
AIPSCB *abbr.* 'All India Public Sectors Control Board' की प्रथमाक्षरी
AIPWA *abbr.* 'All India Progressive Women's Association' की प्रथमाक्षरी
AIR *abbr.* 'All India Radio' की प्रथमाक्षरी
air /एअः/ *n.* 1 वायु, हवा, वात: stale/ fresh/ foul/ night/ winter ~ 2 (**the ~**) आकाश: in the open ~ 3 वायुमंडल 4 (***syn.*** breeze, draught) समीर 5 (**~s**, ***syn.*** appearance, look, manner) रूप रंग, शक्ल, रंगढंग, चाल-ढाल, हाव-भाव, नखरे, हवाबाजी, व्यवहार: with a nonchalant ~ (मस्त ढंग से); put on **~s**; with an ~ of importance; with a decisive/ businesslike/ pathetic/ belligerent/ sly ~ 6 (***syn.*** tune) *music* लय, तान, धुन 7 वातावरण, माहौल, परिस्थिति: a change of ~; friendly/ hostile ~ (मैत्रीपूर्ण या शत्रुतापूर्ण माहौल);
v., pt. **~ed**, *pp* **~ing** 1 *N. Amer., esp. US* रेडियो या टेलीविजन पर प्रसारित क. 2 कपड़ों को हवा में रखकर सुखाना, कपड़ों को हवा दे. 3 कमरे आदि में हवा क. या ताजी हवा आने दे.: ~ the room 4 विचार या भाव प्रकट क., जग-जाहिर क.: ~ one's

opinions/ one's theories 5 पर विचार-विमर्श क., बहस क.: the issue will be thoroughly **~ed** 6 दिखावा क.;
adj. 1 हवा का: ~ passage 2 हवा से भरा: ~ boat (raft); ~ bubble 3 हवा में होने वाला 4 (***syn.*** pneumatic) हवा-आधारित: ~ thermometer/ valve 5 हवाई: ~ age/ attack; ~ offensive; ~ superiority (supremacy); ~ ammunition/ support/ station; ~ co-operation; ~ alert; ~ warning 6 हवाई उड़ान से संबंधित: ~ zone (उड़ान का क्षेत्र) 7 विमानिकता से संबंधित: ~ interception; ~ observation (observer); ~ transport (हवाई परिवहन);
dw/lw: **~age** *n.* विमान-युग; **~almanac** /~अल्मानाक/ *n.* वायु पंचांग; **~arm** *n.* वायु सेना; **~-attack** *n.* वायु आक्रमण, हवाई हमला; **~-bag** *n.* एयरबैग, हवाई थैला जिसे कार के अगले हिस्से में दुर्घटना से रक्षा के लिए रखा जाता है, हवा थैली; **~-base** *n.* एयरबेस, सैनिक हवाई अड्डा; **~bath** *n.* वायुः-शोषक यंत्र; **~-bed** *n.* फूला हुआ बिछौना या मैटरस; **~-bell** वायु-घंटिका; **~-bladder** *n.* वाताशय; **~-blast** *n.* हवाई विस्फोट; **~borne** *adj.* हवाई उड़ान भरता हुआ या उड़ता हुआ, विमान-वाहित: ~borne division; ~borne operation; ~borne troops; become ~borne; be ~borne; **~brake** *n.* हवाई ब्रेक; **~-breather** /~ब्रीदः/ *n.* वायु-श्वासी; **~brick** /~ब्रिक/ *n.* छिद्रित ईंट; **~brush** *n.* फुहार-रंजित्र; **~brush** *v. pt.* ~ed, *pp* ~ing दबाव-चालित पेंट स्प्रे करने का उपकरण; **~-bubble** *n.* वायु बुलबुला; **~-bump** *n.* हवाई झटका; **~-built** *adj.* कतई निराधार, खोखला; **~-bus** *n.* हवाई बस, बड़ा विमान; **~-capacitor** *n.* वायु संधारित्र; **~-capacity** *n.* वायु-धारिता, वायु-धारण क्षमता; **~-car** *n.* हवाई कार; **~-carrier** *n.* विमान-वाहक; **~-cavity** /~केविटि/ *n.* वायु गुहिका; **~-chamber** *n.* वायु कोष्ठ; **~-circulation** *n.* वायु-प्रवाह; **~-cleaner** *n.* वायु-शोधित्र; **~-cock** *n.* वायु-टोंटी; **~-command** *n.* हवाई कमान; **~-compressor** /~कम्प्रेसः/ *n.,* वायु-संपीड़क; **~-condenser** /~कंडेंसः/ *n.* वायु-संधारित्र; **~-conditioned** *adj.* वातानुकूलित; **~-conduction** *n.* वायु-चालन; **~-control** *n.* विमान-नियंत्रण; **~-cooled** *n.* वायु-शीतित; **~-cooler** *n.* वायु-शीतक; **~-corridor** *n.* वायु कॉरिडोर; **~craft** *n.* वायुयान, हवाई जहाज: ~craft armament; ~craft camera; ~craft crew; ~craft depot; ~craft identification; **~crew** /एअःक्रू/ *n.* विमानकर्मी; **~-current** *n.* वायु प्रवाह; **~-cushion** *n.* फूलने वाला या वायु सिरहाना; **~drop** *n.* विमान से सामान गिराने या व्यक्तियों को कुदाने का कार्य; **~-dash** *n.* किसी काम के लिए विमान से जल्दी से जाने का कार्य; **~-defence** *n.* हवाई सुरक्षा: ~-defence command; **~-dox** /एअःडॉक्स/ *n.* वायु-विस्फोट; **~-drain(age)** /~ड्रेनेज/ *n.* वायु-निकास; **~-drome** /~डोम/ *n.* विमानपत्तन, हवाई अड्डा; **~-drop** *n.* हवाई संभरण, विमान से सामान गिराने का काम; **~-dry** *v., pt.* air-dried, *pp* ~ing हवा से सुखाना; **~-duct** *n.* वायु-वाहिका; **~er** /एअरः/ *n.* कपड़े सुखाने की घोड़ी; **~-engine** *n.* हवाई जहाज का इंजन; **~fare** *n.* हवाई यात्रा का किराया; **~field** *n.* विमान-क्षेत्र, लड़ाकू विमानों का अड्डा; **~-flow** *n.* वायु-प्रवाह; **~-form** *n.* हवाई पत्र; **~-frame** *n.* वायुयान ढांचा; **~-free** *n.* निर्वात; **~-freight** *n.* हवाई माल-भाड़ा; **~-friction** *n.* वायु-घर्षण; **~-gap** *n.* वायु-अंतराल; **~-glow** *n.* वायु दीप्ति; **~-graph** *n.* वायु लेखाचित्र; **~-gun** *n.* हवाई बंदूक: ~-gun mechanism (वायु विस्फोटक विधि); **~-gunner** *n.* विमान तोपची; **~head** *n., sl.* मूर्ख, गधा; **~hole** *n.* 1 रोशनदान 2 जानवरों द्वारा सांस लेने के लिए बर्फ में बना छेद; **~ily** /~लि/ *adv.* 1 लापरवाही से, ओछेपन से 2 प्रफुल्लतापूर्वक, खुशी से, स्फूर्ति से; **~iness** /~नेस/ *n.* 1 चपलता 2 लापरवाही, खोखलापन 2 हवादारी; **~ing** /एअरिंग/ *n.* हवा दिखाने या धूप दिखाने का कार्य: give an ~ing to sth (अच्छी तरह सुखाना); take/ go for an ~ing (खुली हवा में सैर क.); get a congressional ~ing (अमेरिकी कांग्रेस में के सामने रखना या विचार-विमर्श करवाना); ~ing cupboard *UK* (एक गर्म अल्मारी जिसमें बिस्तरे की चादरों आदि को साफ-सुथरा रखने के लिए रखा जाता है); **~-jacket** *n.* वायु जैकेट; **~-lane** *n.* वायु पथ, वायु मार्ग; **~-layer** /~लेअः/ *n.* वायु-स्तर: ~-layer map (वायु-स्तरीय मानचित्र); **~less** *adj.* वायु रहित; **~lessness** *n.* वायु विहीनता, वायुरहितता, हवा का अभाव; **~lift** *n.* वायु-परिवहन, आपात काल आदि में वायुयान से माल या लोगों को ढोने का काम; **~lift** *v., pt.* ~lifted, *pp* ~lifting हवाई जहाज से उठाना या ढोना; **~line** *n.* हवाई सेवा, एयरलाइन; **~liner** *n.* बड़ा विमान/ हवाई जहाज; **~-loadmaster** *n.* विमान लदान अधिकारी; **~-lock** *n.* वायु-बंध; **~-log** /एअःलॉग/ *n.* विमान द्वारा तय की जाने वाली दूरी का मापक यंत्र; **~mail** *n* हवाई डाक; **~man**/ **~woman** *n.* वायु सैनिक, वैमानिक; **~manship** *n.* विमान-चालन; **~-mapping** *n.* वायु मानचित्र; **~-mass** *n.* वायु-संहिति; **~-marshall** *n.* एअर मार्शल; **~-mechanic** *n.* विमान मिस्त्री; **~-minded** *n.* उड्डयन-प्रेमी, उड़ान-प्रेमी; **~-miss** *n.* दो हवाई जहाजों द्वारा खतरनाक ढंग से एक-दूसरे के करीब आने के कारण होने वाले टकराव से बचाव; **~-navigation** *n.* विमान-चालन; **~-officer** *n.* विमान पदाधिकारी, वायु सेना अफसर; **~ometer** /एअरोमीटः/ *n.* वायुमापी; **~-operated** /~ऑप्रेटिड/ *adj.* वायुचालित; **~-oven** /~अवन/ *n.* वायु भट्टी; **~-passage** *n.* वायु मार्ग, फेफड़ों तक हवा पहुंचाने वाली नलिका; **~-pillow** *n.* हवाई तकिया; **~-piracy** *n.* विमान अपहरण; **~-pirate** /~पाइरेट/ *n.* विमान अपहर्ता; **~plane** *US* (*UK* **aeroplane**) *n.* वायुयान, हवाई जहाज; **~plant** *n.* वायु-पादप; **~-play** *n.* रेडियो प्रसारण; **~pocket** *n.* वायु गर्त; **~-pollution** *n.* वायु प्रदूषण; **~port** *n.* हवाई अड्डा; **~-power** *n.* हवाई क्षमता; **~-pressure** *n.* वायु दाब, वायु दबाव; **~-proof** *n.* वायुरुद्ध, जिसमें से हवा न गुजर सके; **~-pump** *n.* वायु-पंप; **~-rifle** *n.* दबाव चालित राइफल; **~-route** वायु मार्ग; **~ship** *n.* वायु पोत; **~-route** *n.* वायु मार्ग; **air-sac** /~सैक/ *n.* मानव या पक्षियों के शरीर में हवा से भरा स्थान, वायु-कोश; **~-screw** *n.* वायु-पंखा; **~-shaft** *n.* वायु-कूपक; **~-ship** *n.* वायु-पोत; **~-sick** *n.* उड़ानसे होने वाली मितली का शिकार व्यक्ति; **~ness** *n.* वायुयानीय मितली; **~side** *n.* विमान तक सीधा पहुंच पथ; **~space** *n.* किसी देश का आकाश, जिसे देश का हिस्सा माना जाता है; **~-store** *n.* वायु कोष्ठ; **~-stream** *n.* वायु धारा; **~strike** *n.* हवाई हमला या बममारी; **~strip** *n.* हवाई पट्टी; **~-survey** *n.* हवाई सर्वेक्षण; **~-taxi** *n.* हवाई टैक्सी; **~-temperature** *n.* वायु तापमान; **~tight** *adj.* वायुरुद्ध, हवाबंद, ऐसे बंद होना कि हवा अंदर-बाहर न आ-जा सके; **~-time** *n.* प्रसारण अवधि; **~-to-~** *adj.* हवाई, आकाशीय; हवा से हवा में (हमला): ~-to-~ missile (हवा से हवा में मारक प्रक्षेपास्त्र); **~-to-surface** *n.* विमान से थल पर मार करने वाला प्रक्षेपक; **~-traffic** /~ट्रेफिक/हवाई यातायात; **~-trajectory** /~ट्रेजेक्टरि/ *n.* हवाई पथ; **~-trap** /~ट्रेप/ *n.* वायु पाश; **~-travel** *n.* विमान-यात्रा; **~-vice-marshal** *n., Br., India* एयर वाइस-मार्शल; **~-turbulence** *n.* हवाई ऊबड़-खाबड़ता; **~-volcano** /~वल्केनो/ *n.* गैस-ज्वालामुखी; **~waves** *pl., n. informal* वायु तरंग; **~-way** *n.* वायु मार्ग: ~-way traffic; **~-ways** *n.* विमान कंपनी; **~woman** *see* **airman**; **~-weapon** *n.* वायु अस्त्र; **~worthy** /~वर्दि/ *adj.* उड़ने योग्य या उड़ाने योग्य; **~worthiness** *n.* उड़न-क्षमता; **~-wrap** /~रैप/ *n.* वायु आवरण; **airy** *see below under separate entry;*
collocations: **~ ambulance** मेडिकल उपकरणों व दवाइयों आदि से लैस विमान; **Airborne Warning and Control System** (*abbr.* **AWACS**) विमान में लगा रडार सिस्टम; **~ break** वायु-विच्छेद; **~ chief marshal** *Br.* एयर चीफ मार्शल; **~ commodore** *Br., India* एयर कमोडोर, एक वरिष्ठ वायुसैनिक अधिकारी; **~ con** *UK* '**air conditioning**' का संक्षेपण; **~ conditioner** एयरकंडिश्नर, वातानुकूलक; **~ conditioning** वातानुकूलन, वातानुकूलक ढांचा; **~craft carrier** लड़ाकू

विमान वाहक समुद्री जहाज; ~ **cover** थल सेना, नौसेना आदि का लड़ाकू विमानों द्वारा रक्षण; ~ **force** वायु सेना: ~ force combat command; ~ force Medal; ~ **freshner** किसी स्थान को सुगंधित हवा से भरने का सुगंधित पदार्थ से भरा उपकरण; ~ **frost** *meteorol.* शून्य से नीचे तापमान; ~ **guitar** काल्पनिक वैद्युत गिटार-वादक; ~ **hostess** *UK* (*UK*/ *US* **flight attendant**) विमान परिचारिका; ~ **kiss** हवाई चुंबन; ~ **layering** *hortic.* पौधों को कम्पोस्ट से ढकने का कार्य; ~ **letter** हवाई पत्र; ~ **marshal** *Brit., India* एयर मार्शल; ~ **miles** हवाई यात्रा से किलोमीटर या मीलों के आधार पर मिलने वाले अंक; ~ **plant** जड़ों की बजाए हवा या हवा की आर्द्रता से पानी लेने वाला अमेरिकी पौधा; ~**port fiction** प्रायः हवाई अड्डों पर खरीदे जाने वाले सुरुचिकर उपन्यास; ~ **power** *milit.* हवाई शक्ति; ~ **pump** हवा को बाहर निकालने या अंदर डालने वाला उपकरण; ~ **quotes** बोलते समय किसी शब्द का असाधारण प्रयोग जताने के लिए उंगलियों के इशारे से दिखाए जाने वाले काल्पनिक उद्धरण चिह्न; ~ **raid** हवाई हमला; ~-**sea rescue** विमान द्वारा समुद्र में फंसे लोगों को बचाने का काम; ~ **shot** *golf, cricket* बल्ले का गेंद को न लगने वाला शॉट; ~-**speed head** वायुचालमापी; ~ **terminal** यात्री सुविधाओं से लैस हवाई अड्डे का भवन; ~ **traffic controller** हवाई जहाजों के उतरने व उड़ान भरने को नियंत्रित करने वाला व्यक्ति; ~ **umbrella** थल सेना के लिए लड़ाकू जहाजों का रक्षात्मक छाता या कवच; ~ **waves** रेडियो और टीवी प्रसारण में प्रयुक्त होने वाली रेडियो तरंगें;

p&i: ~ **one's opinions/ views, etc.** अपने विचार व्यक्त क.; **a change of** ~ रोज-मर्रा की उबाऊ जिंदगी से निकलकर कहीं दूसरे स्थान पर घूमने चले जा., आबो-हवा बदलना; **an ~ of importance** बनावटी रंग-ढंग, कृत्रिम रूप, दम्भ, अकड़; **be in the** ~ अधर में लटका हो., त्रिशंकू हो.; **be on** ~ रेडियो या टेलीविजन पर प्रसारण क.; **be off the** ~ रेडियो प्रसारण बंद क.; **be up in the** ~ आपे से बाहर हो.; **by** ~ हवाई जहाज से; **castles in the** ~ हवाई किले, खयाली पुलाव, दिवा स्वप्न; **clear the** ~ 1 हवा को ताजा क. 2 तनाव कम क. 3 गलतफहमी दूर क.; **come up for** ~ थोड़ी देर खुली हवा में सांस लेना; **command the** ~ हवाई (लड़ाई में) सर्वेसर्वा हो.; **disappear/ vanish into thin** ~ अकस्मात् गायब हो.; **fish in the air = plough the** ~ बेकार काम में समय गंवाना; **give ~ to a plan/ to a view/ to an opinion** किसी योजना, विचार या मत को जग-जाहिर क; **give oneself/ put on/ assume ~s** अहंकार हो., अकड़ या ऐंठ में रहना; **give sb the ~s** 1 किसी को नौकरी से निकाल दे. 2 किसी के साथ संबंध तोड़ लेना; **go on the** ~ रेडियो पर बोलना या प्रसारित क.; **hot** ~ थोथी या खोखली बातें; **in the open** ~ खुले में; **keep sb in the** ~ किसी को अधर में लटकाए रखना, त्रिशंकू बनाए रखना; **leave in the** ~ संस्पेंस बनाए रखना, किसी को संशय में फंसाए रखना; **make the ~ blue** गाली-गलौज क.; **off the** ~ जिसे आजकल रेडियो या टीवी पर प्रसारित नहीं किया जा रहा हो; **on the** ~ जो आजकल या अब रेडियो या टीवी पर प्रसारित हो रहा हो; **put on ~s** नखरे क. या दिखावा क.; **put sth on the** ~ रेडियो पर प्रसारित क.; **rend the** ~ वातावरण को कंपकंपा दे., थर्रा दे.; **rumours are in the** ~ अफवाहें फैली हुई हैं; **saw the** ~ हवा में दोनों हाथ जोर-जोर से हिलाना; **take** ~ जग-जाहिर हो.; **take sb for an ~ing** किसी को मार डालना; **take the** ~ खुली हवा में सैर करने जा.; **take to the** ~ नन्हे पक्षियों द्वारा पहली बार उड़ना; **(travel) by** ~ हवाई यात्रा क.; **(too many) ~s and graces** बहुत ज्यादा हाव-भाव, नखरेबाजी, हवाबाजी; **tread the** ~ आनंदविभोर हो., सातवें आसमान पर हो.; **up in the** ~ 1 अनिश्चित, लंबित या फंसे हुए प्रस्ताव आदि 2 उत्तेजित, गुस्से में, आपे से बाहर (व्यक्ति); **vanish/ melt into thin** ~ एकदम गायब हो जा.; **walk on** ~ *see above under* **tread on** ~

airy /एअरि/ *adj., degr.* **airier, airiest** 1 (***syn.*** open) हवादार: ~ room; ~ situation = open air (खुली हवा, खुला मैदान) 2 हवाई: ~ dress 3 (***syn.*** empty, unsubstantial) असार, निस्सार, अतात्त्विक: ~ promises; ~ notions 4 (***syn.*** high) ऊंचा, उत्तुंग 5 (***syn.*** graceful) रमणीय, मनोहर, सुकुमार 6 (***syn.*** lively, vibrant) जीवंत, जिंदादिल: ~ spirit 7 (***syn.*** flippant) लापरवाह, चपल, चंचल: ~ tread (हल्की-फुल्की चाल); ~ laughter;

dw/lw: **airy-fairy** *adj., colloq.* लापरवाह, अगंभीर, चपल, खोखला, हवाई, कूदती-फांदती

AIS *abbr.* 'All India Services', 'Amity International School', 'approved inspection scheme', 'Australian Institute of Sports' की प्रथमाक्षरी

AISA *abbr.* 'All India Students Association' की प्रथमाक्षरी

AISAD *abbr.* 'All India Shiromani Akali Dal' की प्रथमाक्षरी

AISC *abbr.* 'Association of Shipping Interests in Calcutta' की प्रथमाक्षरी

AISCD *abbr.* 'All India Sports Council of Deaf' की प्रथमाक्षरी

AISECT *abbr.* 'All India Society for Electronics and Computer Technology' की प्रथमाक्षरी

AISF *abbr.* 'All India Students Federation' की प्रथमाक्षरी

AISGEF *abbr.* 'All India State Government Employees Federation' की प्रथमाक्षरी

AISL *abbr.* 'All India Service Liability' की प्रथमाक्षरी

aisle /आइल/ *n.* 1 (***syn.*** passage) हवाई जहाज, थियेटर या चर्च आदि में सीटों की दो कतारों के बीच का रास्ता: ~ seat 2 (***syn.*** corridor) गलियारा 3 चर्च आदि का एक तरफ का हिस्सा;

dw/lw: ~**d** /~ड/ *adj.* 1 बाज के हिस्सों वाला: ~d hall (पार्श्व वीथि मंडप) 2 जिसके बीच में गलियारा हो; ~**less** *adj.* जिसमें कतारों के बीच का रास्ता न हो; ~-**sitter** *n.* नाट्य-आलोचक;

p&i: **have sb rolling in the ~s = have sb in the ~s** 1 हंसते-हंसते सांस चढ़ जा., हंसते-हंसते लोट-पोट हो. 2 भारी सफलता हासिल हो.; **knock them in the** ~ दर्शकों को मंत्र-मुग्ध कर ले.

AISSF *abbr.* 'All India Shia Sunni Front' की प्रथमाक्षरी

AISSSCE *abbr.* 'All India Senior Secondary School Certificate Exam' की प्रथमाक्षरी

ait /एट/ *n. geol.* नदी-द्वीपक

AIT *abbr.* 'Aryan Invasion Theory' की प्रथमाक्षरी

AITA *abbr.* 'All India Tennis Association' की प्रथमाक्षरी

AITAF *abbr.* 'All India Tax Advocates Forum' की प्रथमाक्षरी

aitch /एच/ *n., pl.* ~**es** अक्षर 'H' का उच्चारण;

dw/lw: ~-**bone** /एचबोन/ *n.* पुट्ठे की हड्डी

p&i: **drop one's ~es** शब्द के आरंभ में आने पर अक्षर **'H'** का ध्वनि-लोप

AITCI *abbr.* 'Australian IT Careers Institute' की प्रथमाक्षरी

AITP *abbr.* 'All India Tourist Permits' की प्रथमाक्षरी

AITRA *abbr.* 'All India Textile Research Association' की प्रथमाक्षरी

AITTF *abbr.* 'All India Table Tennis Federation' की प्रथमाक्षरी

AITUC *abbr.* 'All India Trade Union Congress' की प्रथमाक्षरी

AIU *abbr.* 'Air Intelligence Unit', 'Association of Indian Universities' की प्रथमाक्षरी

AIUKA *abbr.* 'All India University Karamchari Association' की प्रथमाक्षरी

AIWC *abbr.* 'All India Women's Conference' की

प्रथमाक्षरी
AIWHF *abbr.* 'All India Women's Hockey Federation' की प्रथमाक्षरी
AIY *abbr.* 'Alliance International Youth' की प्रथमाक्षरी
AIYF *abbr.* 'All India Youth Federation' की प्रथमाक्षरी
ajar /अजाः/ *adj.* 1 अधखुला 2 (***syn.*** out of tune) अत्यधिक बेमेल, बेसुरा 3 चिड़चिड़ा 4 किसी के साथ निरंतर चलने वाले झगड़े में लिप्त
AJFCM *abbr.* 'Additional Judicial First Class Magistrate' की प्रथमाक्षरी
AJJM *abbr.* 'Adivasi Jharkhand Janadhikar Manch' की प्रथमाक्षरी
AJS *abbr.* 'All Jatiya Sammelan' की प्रथमाक्षरी
AJSU *abbr.* 'All Jharkhand Students Union' की प्रथमाक्षरी
AJT *abbr.* 'Advanced Jet Trainer' की प्रथमाक्षरी
AJYCP *abbr.* 'Asom Jatiyatabadi Yuba Chhatra Parishad' की प्रथमाक्षरी
AK *abbr. US state* 'Alaska' (*also* **Alas.**)' का संक्षेप
AKA/aka *adv. abbr.* 'also known as' की प्रथमाक्षरी (उर्फ, उपनाम)
AKDN *abbr.* 'Aga Khan Development Network' की प्रथमाक्षरी
AKF *abbr.* 'Asian Karate Federation' की प्रथमाक्षरी
AKFED *abbr.* 'Aga Khan Fund for Economic Development' की प्रथमाक्षरी
AKFI *abbr.* 'Amateur Kabaddi Federation of India' की प्रथमाक्षरी
akimbo /अकिंबो/ *adv.* कटिहस्त: with arms ~ (कूल्हों पर हाथ रखकर खड़ा हो.)
akin /अकिन/ *adj.* 1 समान, सदृश: be ~ to sth; ~ to sb; those qualities were ~ to his own nature (वे गुण उसके स्वभाव के अनुरूप थे); pity is often ~ to love (दया और प्रेम सगी बहनें) 2 सगा
akinesia /एकिनीसिआ/ *n.* गति-अक्षमता, चलने की क्षमता का लोप
akrasia /अक्रासिआ/ *n.* संकल्प-दौर्बल्य, संकल्प-दुर्बलता, इच्छा-शक्ति क्षीणता
AKRSP *abbr.* 'Aga Khan Rural Support Programme' की प्रथमाक्षरी
AKS *abbr.* 'Ajax Knowledge Sphere' की प्रथमाक्षरी
AKTC *abbr.* 'Aga Khan Trust for Culture' की प्रथमाक्षरी
AL *abbr.* '*US state* '**Alabama**' (*also* **Ala**)', 'Awami League (Dhaka)' की प्रथमाक्षरी, 'Albanaia' का अंतर्राष्ट्रीय वाहन रजिस्ट्रेशन कोड (IVR)
AL *symbol, chem.* '**aluminium**' अल्युमीनियम का चिह्न
-al *suffix, forming adjectives, signifying:* 1 **related to sb specified** (से संबंधित): parent**al** 2 *forming nouns, signifying:* the action of doing sth specified (कोई कार्य): arrival
ALA *abbr.* 'alphalactaebumin' का छोटा रूप
à la /आःलाः/ *prep., Fr.* के अनुसार, की तरह, की शैली में: **à la** Raj Kapur (राज कपूर की शैली में); ~ mode (फैशन के अनुरूप); a new band sings ~ Beatles
ala /ऐला/ एला/ *n., pl.* **alae** पंख जैसा
alabaster /ऐलअबाःस्टः/ *n.* सिलखड़ी, खड़िया मिट्टी;
adj. दुधिया: an ~ tomb
à la carte /आःलाः काःत/ *adj., adv., Fr.* रेस्त्रां आदि में मेनु (व्यंजन-सूची) अनुसार परोसे जाने वाले व्यंजन: ~ dinner
alack /अलैक/ *excl.* खेद या खिन्नता प्रकट करने के लिए प्रयुक्त: alas and ~ we had missed our train
alacrity /अलैक्रिटि/ *n.* 1 फुर्ती, चुस्ती 2 तत्परता, उतावलापन 3 उत्साह, जोश: the accepted the offer with ~
alalia /अलेलिआ/ *n. med.* 1 वाणी-लोप, वाग्लोप 2 मूकता, जबानबंद
alameda /ऐलअमेडा/ *n.* भ्रमण-पथ जिसके दोनों तरफ पेड़ लगे हों, तोरण-पथ
à la mode /आः लाः मोड/ *adj., adv., Fr.* नए फैशन के अनुरूप, फैशनेबल
à la mort /अलअमॉःट/ *adj., Fr.* 1 घातक रूप से (हताश, निराश, निरुत्साहः 2 अत्यधिक सताया हुआ
ALARA *abbr.* 'as low as reasonably achievable' की प्रथमाक्षरी
alar /एलः/ *adj.* 1 पंखों के आकार का 2 पंखों वाला 3 बगल या कांख का;
dw/lw: **~y** /एलरि/ *adj.* 1 पक्ष- 2 पंखों जैसा
alarm /अलाःम/ *n.* 1 नींद से जगाने वाली घंटी: false/ midnight ~ 2 चेतावनी, चेतावनी-संकेत: ~ signal 3 खतरे की घंटी, संकट-सूचना: give/ sound/ beat/ raise the ~ 4 सावधान करने के लिए बजने वाली घंटी: shrill ~ 5 खलबली: in ~ 6 संत्रास, भीति, आकस्मिक भय: feel/ to take ~ 7 युद्ध का आह्वान;
v., pt. **~ed**, *pp* **~ing** 1 भयभीत क. या हो., डराना या डरना: be **~ed** by rumours; ~ the birds 2 सावधान क., चेतावनी दे.: ~ the camp; ~ the guard 3 व्याकुल क.: ~ profoundly (gravely) 4 दरवाजे पर लगी खतरे की घंटी बजाना;
dw/lw: **~-arrangement** *n.* सचेतक व्यवस्था; **~-bell** *n.* खतरे की घंटी; **~ed** /अलाःम्ड/ *adj.* 1 भयभीत, डरा हुआ 2 सतर्क, चौकन्ना 3 संत्रस्त 4 खतरे के संकेत से बना सुरक्षित: the door is ~ed; **~-gun** *n.* डराने वाली बंदूक; **~ing** /अलाःमिंग/ *adj.* भयप्रद, भयावह, डरावना, चिंताजनक; **~ingly** *adv.* चिंताजनक ढंग से; **~ism** /अलाःमिज्म/ *n.* भयभीत रहने की प्रवृत्ति, डरपोकपना, भीरुपन; **~ist** /अलाःमिस्ट/ *n.* 1 अतिशय भयप्रसारक व्यक्ति 2 डरपोक, भीरु; **~-note** *n.* आतंक का स्वर; **~-post** *n.* खतरे की घंटी बजने पर एकत्र होने का स्थान;
collocations: **~ call** 1 जगाने के लिए टेलीफोन की घंटी या अलार्म 2 पक्षी या पशु की भयभीत आवाज; **~ clock** घड़ी, क्लॉक, प्रबोधन या अलार्म घंटा; **~ reaction** सचेतक प्रतिक्रिया;
fire ~ आग लगने का संकेत;
p&i: **~ bells ring** लोग आशंकित और भयभीत हैं; **~s and excursions** शोर-शराबा, गहमागहमी, हड़बड़ाहट;
false ~ खतरे की झूठी घंटी; **give/ raise/ sound the** ~ खतरे की सूचना दे./ शोर मचाना/ घंटी बजाना; **raise the** ~ खतरे की घंटी बजाना; **take the** ~ अफरातफरी मच जा., खलबली या घबराहट छा जा.
alas /अलैस/ *excl.* अफसोस, ओफ, हाय!
alate /अलेट/ *adj.* = alar पक्षयुक्त, पंखों वाला, परों वाला
Alb /ऐब/ *n.* पादरी का सफेद लबादा
ALBA *abbr.* 'Aluminium Bahrain' की प्रथमाक्षरी
Albania /अल्बानिआ/ *n.* अल्बानिया;
dw/lw: **Albanian** /अल्बेनिअन/ *adj.* अल्बानिया का नागरिक या अल्बानिया वासी
albatross /ऐल्बअट्रौस/ *n., pl.* **~es** 1 एक बड़ा समुद्री पक्षी 2 किसी के भूतकाल से कोई अप्रिय व व्यथित करने वाला तथ्य या घटना: ~ around sb's neck
albeit /ऑल्बीइट/ *conj.* यद्यपि, हालांकि
albinism /ऐल्बीनिज्म/ *n., biol.* रंजकहीनता, शरीर के अंगों में रंगों का अभाव (lack of pigmentation)
albino /ऐल्बीनो/ *US* ऐल्बाइनो/ *n., pl.* **~s** 1 रंजकहीन जीव, ऐसा व्यक्ति या जानवर जिसके अंगों में रंग द्रव्य की कमी के कारण चमड़ी, बाल सफेद और आंखें गुलाबी हो जाती हैं 2 पौधे में क्लोरोफिल (chlorophyll) या अन्य रंगों का पूर्ण या आंशिक अभाव
Albion /ऐलबिअन/ *n.* ब्रिटेन या इंग्लैंड का प्राचीन नाम;
p&i: **perfidious** ~ धूर्त ऐलबिअन
ALBM *abbr.* 'automated lending borrowing

mechanism' की प्रथमाक्षरी

album /ऐल्बम/ *n.* 1 गीतों या संगीत के रिकॉर्डों की ऐल्बम (album) या सीडी (CD) 2 फोटू, स्टैंप (टिकट), स्वहस्ताक्षर (autograph) आदि रखने की विशेष कापी या पुस्तिका, चित्राधार

albumen /ऐलब्यूमिन/ *n.* 1 (***syn.*** white) अंडे की सफेदी 2 श्वेतक

albumin /ऐलब्यूमिन/ *n., biochem.* अंडे की सफेदी, दूध आदि में पाए जाने वाले प्रोटीन जो गर्म करने पर ठोस रूप धारण कर सकते हैं

alcalde /ऐल्कैल्डी/ *n.* 1 बिरादरी का मुखिया या सरदार 2 सैन्य दुर्ग का कमांडर

alche\mist /ऐल\कअमिस्ट/ *n.* कीमियागर, रसायन शास्त्री, अन्य धातुओं को सोने में बदलने की विद्या में माहिर;

***dw/lw:* ~my** /~कअमि/ *n.* कीमियागिरी, अन्य धातुओं को सोने में बदलने की विद्या

alcheringa /ऐल्चअरिंगा/ *n.* आस्ट्रिलियायी आदिवासियों के मतानुसार वह समय जब पहला मानव पैदा हुआ था

alcohol /ऐल्कअ\हौल/ *US* ~हाःल, ~हॉल/ *n.* अल्कोहल, मद्यसार, मदिरा, सुरा, शराब: ~ addict; ~ test;

***dw/lw:* ~ic** /~हौलिक/ *US* ~हाःलिक, ~हॉलिक/ *n.* 1 नशेड़िया 2 ऐसा व्यक्ति जो शराब का आदी हो जाता है और वह नियमित रूप से पिए बिना नहीं रह सकता 3 लती, व्यसनी; **~ic** *adj.* 1 मद्यसारयुक्त, मादक: ~ic beverage; ~ic drinks 2 मद्यजनित 3 मद्य-व्यसन से संबंधित; **~ism** /~हौलिज्म/ *n., pathol.* 1 मद्यपरस्ती, मद्य-व्यसन: chronic ~ism 2 अत्यधिक शराब पीने की लत;

***collocations:* ~ abuse** अतिशय मात्रा में शराब पीने की क्रिया या व्यसन;

absolute ~ शुद्ध सुरा; **denatured ~** पीने के लिए अनुपयुक्त मिथाइल अल्कोहल; **Alcoholics Anonymous** (*abbr.* **AA**) 1935 में शिकागो (Chicago) शहर में स्थापित एक अंतर्राष्ट्रीय संगठन जो व्यसन के शिकार लोगों से शराब छुड़वाने आदि में मदद करता है

alcove /ऐल्कोव/ *n.* 1 (***syn.*** shelf) अल्मारी आदि खड़ा करने के लिए दीवार में आलानुमा स्थान 2 लता मंडप, कुंज (in the garden) 3 शय्या कोष्ठ (for bed)

aldehyde /ऐल्डिहाइड/ *n.* 1 सुगंध बढ़ाने के लिए रासायनिक तत्त्व 2 रासायनिक तत्त्व

al dente /ऐल्डेंटि/ ऐल्डेंटे/ *adj., cookery* पास्ता को ठोस रूप में रखने के लिए भूनना या उबालना

alder /ऑःल्डः/ *n.* शहबलूत-सा पानी से प्रभावित न होने वाला लकड़ी देने वाला पेड़

alderman /ऑल्डःमअन/ *n.* नगरपालिका सदस्य, पौर-मुख्य;

***dw/lw:* ~ship** *n.* 1 पौर-मुख्य का पद 2 पौर-मुख्य की सलाह;

***p&i:* fat as ~** पौर-मुख्य-सा स्थूलकाय; **walk/come an ~'s pace** इतराकर चलना

aldrin /ऑल्ड्रिन/ *n.* ऐल्ड्रीन, एक कीटनाशक रासायनिक दवाई

Alderney /ऑल्डर्नि/ *n.* एक छोटी दुधारू गाय

Aldis lamp /ऑल्डिस लैंप/ *n.* संकेत देने के लिए एक छोटा-सा चल लैंप

ale /एल/ *n.* एक प्रकार की सफेद बीयर / यविरा, यव सुरा: fresh/ strong bitter ~;

***collocations:* ~ house** बीयरघर, मयखाना; **Adam's ~** पानी;

***p&i:* ~ will make cat speak** शराब गीदड़ को भी शेर बना देती है; **in the ~** पिए हुए, नशे में; **mend like sour ~ in summer** और खराब हो जा., बद से बदतर हो जा.

aleatory /एलिएटरि/ ऐलिएटरि/ *adj., techn.* 1 संयोगजन्य, भाग्याधीन, दैवाधीन 2 संयोगवश बना संगीत स्वर

alee /अली/ *adv., naut.* अनुवात

Alemannic /ऐलअमैनिक/ *n.* स्विटजरलैंड की उच्च जर्मन भाषा की बोली

alembic /अलेंबिक/ *n.* भभका, आसवन-यंत्र;

***p&i:* through the ~ of fancy** कल्पना की नजरों से

alert /अलःट\/ *adj., degr.* **~er**, **~est** 1 सतर्क, सचेत, सावधान, चौकन्ना: extremely ~; suspiciously ~; ~ to/ for/ the opportunity 2 फुर्तीला, तेज, जीवंत: amazingly ~; mentally ~; ~ with hope/ with curiosity;

n. 1 सतर्क रहने की चेतावनी, सतर्कता आदेश 2 संकट सूचना 3 अनुकूल स्थिति 4 युद्ध सतर्कता: ~ station;

v., *pt.* **~ed**, *pp* **~ing** (*usually* **~ sb to sth**) सतर्क/ सावधान/ सचेत क.;

***dw/lw:* ~ly** /~लि/ *adv.* सतर्कतापूर्वक, चौकसी से, फुर्ती से; **~ness** /~नेस/ *n.* 1 सतर्कता, चौकसी: nervous ~ness; quick/ sharp/ ~ness; mental ~ness 2 फुर्तीलापन, स्फूर्ति, जीवंतता 3 सावधानी: scientific ~ness; practical ~ness;

***collocations:* ~ crew/ pilot** ड्यूटी पर तैनात चालक दल;

***p&i:* be on full/ red ~** पूर्णतया सावधान/ सतर्क हो.; **on the ~** सावधान, चौकस, तैयार

Aleut /ऐलिऊट/ *n., pl.* **Aleut/Aleuts** अलास्का के ऐलिऊट द्वीप पर रहने वाले ऐस्कीमो जैसे लोग

alethiology /अलीथिऑलजि/ *n.* सत्य का अध्ययन करने वाले तर्क-मीमांसा का एक भाग

A level *n.* (*in full* **Advanced level**) इंग्लैंड व वेल्स (Wales) में अठारह वर्ष की उम्र में किसी एक विषय में दी जाने वाली परीक्षा

alewife /एलवाइफ/ *n.* 1 एक प्रकार की मछली 2 बीयर-घर की मालकिन

Alexander /ऐलिग्जांडः/ *n.* 1 सिकंदर 2 पट्टीदार रेशम की एक प्रकार;

***collocations:* Alexander technique** शारीरिक स्फूर्ति एवं लचक को चुस्त-दुरुस्त रखने के लिए शारीरिक व्यायाम की एक विधि

Alexandria /ऐलिग्जांड्रिआ/ *n.* अलेक्जांड्रिया (मिश्र का शहर), सिकंदरिया;

***dw/lw:* ~ian** /ऐलिग्जांड्रिअन/ *adj.* मिश्र के नगर ऐलिग्जांड्रिया से संबंधित

alexanders /ऐलिक्जांडःज/ *n.* एक पौधा जिसके पत्ते पहले अजमोद की तरह खाए जाते थे

alexandrine /ऐलिग्जांड्राइन/ ऐलिग्जैंड्राइन/ *n., poetry* एक विशेष छंद की कविता

alexandrite /ऐलिक्जांड्राइट/ *n.* (***syn.*** gems) गहरा हरा कीमती पत्थर

alexia /अलेक्सिआ/ एलेक्सिआ/ *n., pathol.* पाठन-अक्षमता, लेखांधता, दिमागी रोग के कारण पैदा हुई पाठन-अक्षमता

alfalfa /ऐल्फैल्फा/ *n.* दाल प्रजाति का सदाबहार पौधा

alfresco /ऐल्फ्रेस्को/ *adv. & adj.* खुले में, बाहर (खुली हवा में या खुले आसमान तले होने वाला)

algae /ऐल्जी/ ऐल्गी/ *n., [pl.]* (*sing.* **alga** /ऐल्गा/) काई, शैवाल, तने या पत्तों के बिना एक पौधा जो पानी में या उसके पास उगता है

algal /ऐल्गल/ *adj.* शैवालीय;

***collocations:* ~ ball** शैवाल कंदुक; **~ bloom** शैवाल प्रस्फुटन; **~ crust** शैवाल पपड़ी; **~ layer** शैवाल स्तर; **~ reef** शैवाल भित्ति

algebra /ऐल्जिब्रा/ *n.* बीज गणित;

***dw/lw:* ~ic/ ~cal** /ऐल्जिब्रेइ\क/ ~कल/ *adj.* बीज गणित संबंधी, बीजगणितीय; **~ist** /~इस्ट/ *n.* बीज गणितज्ञ

algedonic /ऐल्जिडॉनिक/ *adj.* गम और खुशी से संबंधित

Algeria /अल्जीरिआ/ *n.* अल्जीरिया;

***dw/lw:* ~an** /अल्जीअरिअन/ *n.* अल्जीरिया का नागरिक; **~an** *adj.* अल्जीरियायी, अल्जीरिया से संबंधित

algesia /ऐल्जीजिआ/ *n.* पीड़ा-संवेदनशीलता: **~-meter** (पीड़ामापी)

-algia /ऐल्जिआ/ *comb. form, med., signifying:* **pain** (पीड़ा): neuralgia

algia /ऐल्जिआ/ *n.* पीड़ा, वेदना

algicide /ऐल्जिसाइड/ *n.* शैवालनाशक

algid /ऐल्जिड/ *adj.* ठंडा, शीतल
algin\ate /ऐल्जिनेट/ *n.* ऐल्जीनिक एसिड का एक लवण जो समुद्री खरपतवार में मिलता है: **~ic** acid (ऐल्जीनिक एसिड)
ALGOL/ Algol /ऐल्गौल/ *US* ऐल्गॉल/ *n., comput.* कंप्यूटर की प्रारंभिक उच्च स्तरीय यानी वैज्ञानिक व तकनीकी प्रोग्राम भाषा
algolo\gical /ऐल्गअलौजिकल/ *US* -लाःजिकल/ *adj.* समुद्री शैवाल आदि से संबंधित
dw/lw: **~gist** /ऐल्गौलअजिस्ट/ *US* ऐल्गाःलअजिस्ट/ *n.* शैवाल विशेषज्ञ; **algology** /ऐल्गाःलअजि/ *US* ऐल्गाःलअजि/ *n.* शैवाल विज्ञान
Algonquian/ Algonkin /ऐल्गौ\न्कविअन/ ऐल्गौ\न्किन/ *US* ऐल्गाः\न्कविअन/ ऐल्गाः\न्किन/ *n.* उत्तरी अमेरिका के आदिवासियों का भाषायी परिवार;
dw/lw: **Algonquin/ Algonkin** /~न्कविन/ ~न्किन/ *n.* उत्तरी अमेरिका (ओटावा घाटी) के आदिवासी
algophobia /ऐल्गअफोबिआ/ *n.* पीड़ा भीति, दर्द का डर
algor /ऐल्गौः/ *n., med.* 1 ठंड, सर्दी 2 सर्दी का आभास
algorism /ऐल्गअरिज्म/ *n.* दशमलव-प्रणाली
algorithm /ऐल्गअरिदम/ *n., math.* परिकलन (गिनने की) प्रक्रिया
ALH *abbr.* 'Advanced Light Helicoptor' की प्रथमाक्षरी
ALHW *abbr.* 'Andaman Lakshadweep Harbom Works' की प्रथमाक्षरी
alias /एलिअस/ (*also* **AKA = also known as**) *adv.* 1 उर्फ, उपनाम: John Smith ~ the Baby; Dilip Kumar ~ Yusuf Khan;
n., *pl.* **~es** 1 उपनाम 2 अपराधियों आदि द्वारा जानबूझकर बदले हुए उपनाम: the thief had several **~es** 3 कंप्यूटर में फाइल आदि को दिया जाने वाला नाम
aliasing /एलिअसिंग/ *n., image, tech.* चित्र या बिंब में विकृति
alibi /ऐलिबाइ/ ऐलअबाइ/ *n., pl.* **~s** /ऐलिबाइज/ 1 अपराध के समय किसी और स्थान पर होने के बारे में दलील: the suspects had ~ for the day of robbery; prove/ have, to establish/ substantiate an ~ 2 *colloq.* किए गए गलत काम से बचने का बहाना: dubious/ unquestioned/ faked/ admirable ~;
v., *pt.* **alibied,** *pp* **alibiing** *colloq., law* 1 बचाव में कोई बहाना बनाना 2 अपने को बचाने या सही ठहराने की कोशिश क.
Alice band *n.* बालों में लगाई जाने वाली रंगीन फीते या रिबन की चौड़ी पट्टी;
Alice in Wonderland *n.* विचित्र बातें, आशा के विपरीत होने वाली बातें या घटनाएं: the country's economic system is nothing but **Alice in Wonderland**;
Alice-in-Wonderland *adj.* स्वप्नों की दुनिया में घटने वाली बातें: be like **Alice-in-Wonderland**
alien /एलिअ\न/ *adj.* 1 (***syn.*** exotic) विचित्र: ~ crops 2 पराया, परायी: the ~ ideas 3 *US* विदेशी, अन्यदेशीय: ~ domination; ~ soil/ shores/ tongue; ~ word/ origin; undeniably/ obviously ~ 4 अन्य ग्रहों के प्राणियों से संबंधित: ~ beings from outer space 5 (*usually* ~ **to sb/ sth**) भिन्न, प्रतिकूल, के विरुद्ध: ambition/ vanity is ~ to his nature; ~ to the country/ me; it is ~ to my thoughts 6 (***syn.*** hostile) शत्रुतापूर्ण, द्वेषपूर्ण: an ~ environment 7 असंबद्ध;
n. 1 दूसरे ग्रह का प्राणी: **~s** from outer space 2 *US* (*also* **non-citizen**) विदेशी, अन्यदेशीय नागरिक: resident ~; naturalize **~s** = grant naturalization to an ~ (नागरिकता प्रदान क.) 3 (≠ **resident ~**) बाहरी व्यक्ति किसी देश का स्थायी निवासी है: an illegal ~ 4 मनुष्य द्वारा बनाया गया (कृत्रिम रूप से पैदा किया हुआ) पौधा;
dw/lw: **~able** /~नअबल/ *adj.* (***anton.*** inalienable) जिसे अन्य व्यक्ति द्वारा हस्तांतरित किया जा सके, जिसे छीना जा सके; **~age** /एलिअनिज/ *n.* गैरनागरिक विदेशी की स्थिति: declaration of ~age (नागरिकता प्रदान करने की अस्वीकृति की घोषणा)
aliena\te /एलिअनेट/ *v., pt.* **~ted,** *pp* **~ting** 1 विमुख या उदासीन कर ले. 2 (**~te sb from sth/sb**) नाराज क., मानसिक रूप से दूर धकेलना: his comments have **~ted** many a voter 3 भिन्न होने का अहसास कराना 4 स्वामित्व बदलना, हस्तांतरित क., छीनना: the house is completely/ finally/ temporarily/ irretrievably **~ted**;
alienation / एलिअनेशन/ *n.* 1 (***syn.*** estrangement) विमुखता, उदासीनता, मनमुटाव, विलगाव: suffer from the sense of ~ 2 (***syn.*** appropriation) हस्तांतरण 3 अपहरण 4 अन्यसंक्रमण 5 विसंबंध 6 (***syn.*** metaphysics) इतरीभवन, अलगाव, विमुखता, उदासीनता, 7 (***syn.*** insanity) विसंबंधन, पागलपन, मनोरोग: complete/ temporary/ permanent ~
alight /अलाइट/ *adj.* 1 *UK* जलता हुआ, प्रज्वलित: get sth ~; her dress caught ~ in the fire 2 चमकने वाला, खुशी आदि से दमकता हुआ: faces ~ with happiness;
v., *pt.* **~ed,** *pp* **~ing** 1 (*often* ~ **from sth, get off**) बस, विमान आदि से उतरना: ~ at a station; don't ~ from the moving train! 2 पक्षी आदि द्वारा आकर पेड़ आदि पर बैठना: birds ~ on a tree; ~ in a cornfield/ on the plain 3 पर आकर पड़ना: snow **~s** on a roof 4 (***syn.*** land) विमान का उतरना 5 अचानक मिल जा.: ~ upon a collection of manuscripts 6 होटल आदि में आकर ठहरना;
dw/lw: **~ing** /अलाइटिंग/ *n.* 1 गाड़ी आदि से उतरने की क्रिया 2 विमान के उतरने की क्रिया: ~ing gear; ~ing deck
align /अलाइन\/ (*also* **aline**) *v., pt.* **~ed,** *pp* **~ing** 1 सीध में क., निशाने आदि की सीध मिलाना या बांधना: ~ the sights of a rifle and the mark 2 पंक्तिबद्ध क. या हो. 3 से जोड़ना या जुड़ना: ~ oneself with sb (किसी से जुड़ना) 4 छोटी-मोटी फेर-बदल करके किसी बड़ी तस्वीर या स्थिति के साथ जुड़ना: ~ domestic prices with those in world markets 5 किसी राजनीतिक दल या विचारधारा से जुड़ना: ~ oneself with sb/ sth;
dw/lw: **~ment** /~मंट/ (*also* **alinement**) *n.* 1 सीध, सिधाई, एकरेखण: be out of ~ment 2 जुड़ाव, समरसता, समीकरण, गठबंधन: present ~ment of forces in the world; restricted/ closed/ military ~ment 3 पंक्ति-बंधन: the desks are in/ out of ~ment
alike /अलाइक/ *adj.* समान, सदृश, एक जैसे: the brothers were very much or strikingly ~; their character, complexion was perfectly ~; they are all ~ in appearance; ~ in beauty/ value, development; ~ in colour;
adv. समान रूप से, एक ही तरह से, एक समान: behave/ act ~;
p&i: **share and share** ~ सब कुछ बराबर, सब कुछ आधा-आधा बांटना
ALIMCO *abbr.* 'Artificial Limbs Manufacturing Corporation of India' की प्रथमाक्षरी
aliment /ऐलिमंट/ *n., formal,* 1 भोजन, आहार, अन्न 2 भोजन-प्रबंध, पोषण, गुजारा 3 *law* (***syn.*** alimony, support) भरण-पोषण, पूर्व पत्नी आदि के लिए गुजारा भत्ता, संभरण, सहारा;
v., *pt.* **~ed,** *pp* **~ing** 1 किसी का भरण-पोषण क., किसी को सहारा दे. 2 गुजारा भत्ता दे.;
dw/lw: **~ary** /ऐलिमेंटरि/(*also* **~al** /ऐलिमेंटल/) *adj.* 1 (***syn.*** digestive) पौष्टिक, पोषक, पाचक 2 आहारीय, भोजन संबंधी: ~ary therapeutics 3 भरण-पोषण देने वाला: ~ary system (आहार-तंत्र, पाचक तंत्र); **~ation** /ऐलिमेंटेशन/ *n.* 1 भरण-पोषण 2 किसी खाने-पिलाने की क्रिया: forced ~ation;
collocations: **~ary canal = digestive tract** पोषण नाल, भोजन नली, अन्न पाचक नाल
alimony /ऐलिमनि/ *n., law* 1 भरण-पोषण 2 पूर्व पत्नी के लिए गुजारा भत्ता, तलाक के बाद पत्नी को दिया जाने वाला निर्वाह भत्ता, तलाक भत्ता: entitle sb to ~; sue the former husband for

~; settle ~ on sb (किसी के लिए तलाक भत्ता तय क.)

A-line *adj.* **A**-आकार का यानी नीचे से चौड़ा ऊपर से तंग यानी भीड़ा (*Hr.*): ~ skirt

aliphatic /ऐलिफैटिक/ *adj., chem.* वसीय, ऐसा कार्बन योग (compound) जिसमें अणु लड़ी के रूप में जुड़े होते हैं

aliquot /ऐलिक्वौट/ *US* ऐलिक्वाःट/ (*also* ~ **part**) *n.* 1 ऐसी संख्या या मात्रा जिसे पूर्णतः तकसीम किया जा सकता है, अशेषभाजक: ~ part; 3 is an ~ part of 9 (तीन नौ का अशेषभाजक खंड है) 2 किसी बड़ी चीज का थोड़ा-सा भाग

ALIS *abbr.* 'Andersen Labs for Internet Security' की प्रथमाक्षरी

ALIT *abbr.* 'Ashok Leyland Information Technology' की प्रथमाक्षरी

alive /अलाइव/ *adj.* 1 जीवित, जिंदा, जो मरा न हो: ~ or dead; burn/ bury sb ~; while ~; it is a wonder I'm still ~; the greatest man ~ (दुनिया में जिंदा या रहने वाला महानतम व्यक्ति) 2 (*usually* ~ **to sth**) संवेदनशील, के प्रति सजग: ~ to the danger; ~ to the influence of music; be ~ to a fact/ possibilities 3 जीवंत, सजीव, सक्रिय, जीवित: his face was suddenly ~; very much/ thoroughly ~; beamingly ~; her eyes were wonderfully intelligent and ~ 4 विद्यमान, चालू, वर्तमान: traditions that are still ~; keep sth ~; keep the fire ~; keep discontent/ hatred/ sedition ~ 5 (*usually* ~ **with sth**) से भरपूर, से लबालब भरा हुआ: ~ with sounds of music; ~ with emotion 6 जीवों से भरा: river ~ with fish 7 ऐसी तार जिस में से बिजली गुजर रही है;

p&i: **~ and well** सकुशल;

any man ~ कोई भी; **be ~ and kicking/ well** जीवित, सजीव, जीवंत एवं सकुशल हो.; **bring sth** ~ रुचिकर बनाना; **come** ~ 1 जीवंत हो जा. 2 किसी स्थान पर गहमागहमी और हलचल का बढ़ जा. 3 व्यक्ति का और सक्रिय व उत्तेजित हो जा.; **come ~ again** फिर से जीवंत हो जा.; **look ~!** जल्दी करो!; **no man** ~ कोई भी नहीं

alkale\scence /ऐल्कअले\संस/ *n.* क्षारीभवन;

dw/lw: **~scent** /~संट/ *adj.* थोड़ा खारा, क्षारीय, क्षाराभ

alkali /ऐल्कअलाइ\/ *n., pl.* **~s/ alkalies** अलकली, क्षार;

dw/lw: **~fy** /अल्कलिफाइ/ *v., pt.* ~fied, *pp* ~fying क्षारीय बनाना, खारा बनाना; **~ne** /~न/ *adj., chem.* क्षारीय खारा: ~ne earth; ~ne soil; **~nity** /ऐल्कलिनिटि/ *n.* क्षारीयता, खारापन, क्षारता; **~zation** /~जेशन/ *n.* क्षारीयकरण; **~ze** /~ज/ *v., pt.* ~zed, *pp* ~zing क्षारीय बनाना, क्षारयुक्त बनाना, खारा बनाना

alkaloid /ऐल्कलॉइड/ *n.* क्षारोद

alkalosis /ऐल्कलोसिस/ *n.* रक्त में होने वाली क्षारीय तत्त्वों की अधिकता, क्षारीयता

alkanet /ऐल्कअनेट/ *n.* मेहंदी

ALL *abbr.* 'Ashok Leyland Limited' की प्रथमाक्षरी

all /ऑल/*determiner*/ *adj.* 1 समस्त, संपूर्ण, सारा, सारी, तमाम/ पूरा, अखिल, सकल: ~ day; he lived here ~ his life; ~ the time; he sat up ~ night; ~ the year round (सारा साल); ~ India/ the country/ the world 2 सारे, सारी, सब, सभी: ~ things; ~ men; at ~ times; ~ ages 3 कोई (भी), कैसा भी, हर प्रकार का, किसी भी प्रकार का, हर संभव: beyond ~ doubt (बिना किसी शक के); in ~ directions; ~ manner of ...; in ~ respects; at ~ even; at ~ hours 4 कुल, तमाम, अधिकतम, यथासंभव: with ~ respect; in ~ earnestness; run with ~ speed; I wish you ~ happiness! ~ the best! 5 किसी, किसी प्रकार का, के, की: beyond ~ doubt; he denied ~ responsibility 6 पूरा, पूरी: he was ~ ears (वह पूरा ध्यान लगाकर सुन रहा था); he was ~ eyes ; I am ~ attention (मैं पूरी एकाग्रता से सुन रहा हूं); she is ~ gratitude (वह कृतज्ञता की साक्षात मूर्ति है); he was ~ smiles;

pron. 1 सब: ~ agree; they ~ came late 2 सब कुछ: ~ is lost; that's ~; I know it ~; ~ in good time (सब कुछ अपने समय पर); in the middle of it ~ 3 कई शब्द समूहों या पदबंधों में विभिन्न अर्थों में प्रयुक्त: 3.1 सब: ~ of them must come 3.2 यह सारा: ~ of it 3.3 यह सब: ~ of this is beside the point 3.4 सबसे ज्यादा: I love him most/ best of ~ 3.5 सबसे अच्छा: (the) best of ~ would be to ... 3.6 सब जने, हर कोई, प्रत्येक: one and ~/ each and ~ 3.7 इत्यादि: he bought the house and ~ 3.8 कुल मिलाकर: there were only ten men in ~; ~ in ~ the article undergoes 20 inspections/ corrections 3.9 सामान्यतः: ~ in ~, he is right 3.10 सबसे महत्त्वपूर्ण, अहम: her work was ~ in ~ to her (*for more see under* ***p&i***);

n. 1 सर्वस्व, सब-कुछ: give one's ~ 2 पूरी शक्ति, पूरे साधन;

adv. 1 पूरी तरह से, पूर्ण रूप से: ~ good; pin is ~ gold; ~ covered with mud; that's ~ wrong; I am ~ for staying here 2 बिल्कुल ही, पूर्णतया, एकदम: he was ~ alone; he lived ~ alone; he did it ~ alone; he arrived ~ too late 3 बराबर का स्कोर: the score was two ~; love ~ 4 सकल, अखिल: ~-British delegation; ~-girl team 5 बहुत: go ~ shy 6 निम्न शब्द समूहों या शब्दबंधों में: I knew it ~ along; ~ through अंत तक: read a book ~ through (*for more see under* ***p&i***);

dw/lw: **~-action** *adj.* रोमांचकारी घटनाओं से ओतप्रोत: an ~-action movie; **~-American** *adj.* गुणों और दिखने में पूरी तरह अमेरिकी, अखिल अमेरिकी; **~-around** *n.* बहु-आयामी (कुश्ती); **(the) ~-clear** *n.* सब ठीक होने या खतरा टलने की स्थिति; **~-comers** *n., pl.* किसी चीज में भाग लेने के इच्छुक सब; **~-consuming** *adj.* जिसमें पूर्णतः रमा हो; **~-electric** *adj.* जब घर आदि में सभी कार्य बिजली पर आधारित हों; **~-embracing** = **~-encompassing** *adj.* सर्वग्राही, जो हर पहलू पर लागू होता है; **~-day** दिन भर चलने वाला (कार्य, मीटिंग आदि); **~-heal** *adj.* एक औषधीय गुणों वाला (पौधा); **~-important** *adj.* सर्वाधिक महत्त्वपूर्ण; सर्वे-सर्वा; **~-in** *adj.* 1 थककर चूर: I am ~-in *2* (***syn.*** all-inclusive) सब को शामिल करने वाला 3 हर संभव कदम की इजाजत देने वाला; **~-inclusive** *adj.* सभी को या सब कुछ शामिल करने वाला, जिसमें सर्वस्व समाहित हो, सब के हितों को समाहित करने वाला; **~-in-one** *adj.* एक चीज में बहुत सारे प्रयोग वाली (वस्तु); **~-in wrestling** ऐसी कुश्ती जिसमें बहुत कम नियम हों; **~-knowing** *adj.* सब-कुछ जानने वाला, सर्वज्ञ; **~-metal** *adj.* शुद्ध धातु का; **~-might** *n.* सर्व-शक्तिमानता; **~ness** *n.* सर्व-सामान्यता, सर्व-व्यापकता; **~-night** *adj.* 1 पूरी रात खुली रहने वाली दुकान, रेस्त्रां आदि 2 पूरी रात चलने वाला रंगारंग कार्यक्रम 3 रात भर चलने वाला; **~-nighter** *n.* रात भर जगने वाला व्यक्ति; **~-or-nothing** *adj.* 1 कोई बात या शर्त जिसे पूरी तरह स्वीकार किया जाना चाहिए 2 पूरा नहीं, तो अधूरा भी नहीं; **~-out** /ऑल-आउट/ *adj.* 1 पुरजोर, पूरी शक्ति से: ~-out attack ***2*** निर्णायक ***3*** तनावपूर्ण ***4*** सभी क्षेत्रों व पहलुओं को प्रभावित करने वाला: ~-out warfare; **~-outer** *n.* निर्णायक या कठोर कार्रवाई का समर्थक; **~-over** *adj.* सारी जगह, हर स्थान पर; **~-party** *adj.* सर्वदलीय; **~-pervading** *adj.* सर्वव्यापी, पूर्णतः प्रभावी; **~-powerful** *adj.* 1 अत्यधिक शक्तिशाली 2 सर्वशक्तिमान; **~-purpose** *adj.* बहुप्रयोजन, बहु-उद्देश्यीय; **~-right** (*also see below under separate entry*) *adj.* काफी, संतोषजनक: an ~-right kind of a person; **~-rights** *n., [pl.]* सर्वाधिकार; **~-risks** *adj.* सभी खतरों के लिए लागू (बीमा पॉलिसी); **~-round** *adj.* सर्वतोमुखी, चौतरफा, बहु-आयामी: an ~-round player (क्रिकेट में अच्छा गेंदबाज व बल्लेबाज); ~-round man; ~-round champion; an ~-round education (बहुमुखी शिक्षा); ~-round price (शुद्ध दाम); **~-rounder** *n.* 1 सभी विषयों, पहलुओं या क्षेत्रों में माहिर व्यक्ति 2 (क्रिकेट में) अच्छा गेंदबाज व बल्लेबाज (हरफनमौला) खिलाड़ी; **All-**

Russian *adj.* अखिल रूसी; **~-seeing** *adj.* अंतर्यामी; **~-seer** *n.* सर्वद्रष्टा; **~-singing/ ~-dancing** *adj., colloq.* ऐसी फिल्म या ऐल्बम आदि जिसमें रंगारंग कार्यक्रम, खेल-तमाशे आदि सब कुछ हो: an ~-singing, ~-dancing video recorder; **~spice** /ऑल्स्पाइस/ *n.* सुगंधित मसाले; **~-star** *adj.* चोटी के सितारों से भरी फिल्म, रंगारंग कार्यक्रम, खेल की टीमें आदि; **~-sufficient** *adj.* बिल्कुल काफी, आत्म-निर्भर; **~-terrain** *adj.* सभी अच्छे या ऊबड़-खाबड़ तरह के रास्तों पर चलने वाली गाड़ी, मोटर साइकिल आदि; **~-ticket** *adj.* ऐसा कार्यक्रम जिसके लिए टिकट खरीदने की जरूरत है; **~-time** *adj., colloq.* 1 आज तक का सर्व श्रेष्ठ प्रदर्शन (खेल आदि में): ~-time record; ~-time high/ low (बहुत समय से उच्चतम या निम्नतम) 2 कालजयी रचना या प्रदर्शन: ~-time greats of Russian literature 3 चिर-स्थायी; **~-weather** *adj.* बारहमासी, सर्व ऋतु;

collocations: ~ **cheering** सर्वानंददायक; ~ **comprehensive** सर्वग्राही, पूर्ण रूपेण; ~ **dreaded** सर्वथा भयंकर; ~ **fired** *US* नारकीय; **All Fool's Day** पहली अप्रैल (जिस दिन मूर्ख-दिवस मनाया जाता है); ~ **found** कुल मिलाकर, सभी सुविधाओं से लैस; ~ **fours** 1 पशु के चार सिरे के अंग 2 इंसान के हाथ-पांव: on ~ fours (घुटनों के बल चलना या घिसटना); **All hallows eve** अक्तूबर की शाम (ईसाइयों के सर्व-संत दिवस की पूर्व संध्या); ~ **hid** आंख-मिचौनी; **~-in wrestling** कुश्ती की एक शैली, जिसमें बहुत कम कायदे-कानून या नियम आदि होते हैं; **All Saints' Day** *Christian* 1 एक ईसाई त्योहार जो नवंबर के महीने में आता है 2 सर्व-संत दिवस; ~ **seater** ऐसा स्टेडियम या अन्य स्थान जिसमें खड़े रहने वाले दर्शकों के लिए कोई स्थान न हो; **All Souls' Day** *RC Church* दो नवंबर का दिन जब शोधन-स्थल (purgatory) पर आत्माओं के लिए प्रार्थनाएं की जाती हैं; **~-wheel drive = four wheel drive** चारों पहियों को मिलने वाली शक्ति से चालित (गाड़ी);

p&i: ~ **aboard**! जहाज आदि में (अब चढ़ना शुरू करो!); ~ **along** 1 आरंभ से लेकर अंत तक, पूरी तरह से: it happened ~ along because of your carelessness 2 सदा; ~ **along the line** 1 चप्पे-चप्पे पर 2 सहमत; ~ **and sundry/ one and** ~ सब, हर कोई, किसी को बिना छोड़े, सभी; ~ **anyhow** किसी न किसी तरह, लापरवाही से; ~ **are not hunters that blow the horn** हर चमकने वाली चीज सोना नहीं होती; ~ **are not maidens that wear bare hair** सूरत और सीरत में फर्क होता है; ~ **at once** एकाएक, अचानक; ~ **at sea** पूर्णतः विस्मित, किंकर्त्तव्यविमूढ़; ~ **but drowned** बस डूबने ही वाला था, लगभग डूब गया था; ~ **but ready** लगभग तैयार हो.; ~ **cats are grey in dark** हमाम में सब नंगे होते हैं; ~ **clear** संकट समाप्ति का संकेत, सब ठीक!; ~ **covet,** ~ **lost** आधी छोड़ सारी को धावे, आधी मिले न सारी पावे; ~ **day long** दिन भर, सारे दिन; ~ **foot tread not in shoe** पसंद अपनी-अपनी स्वाद अपना-अपना; ~ **for** पूरा या प्रबल समर्थक; ~ **for doing sth** कुछ करने का पूरा समर्थक; ~ **for nothing** सब कुछ बेकार में; ~ **for sth** किसी बात के बारे में अत्यधिक उत्साहित; ~ **great truths begin as blasphemies** सत्य के लिए आस्था में कोई स्थान नहीं; ~ **Greek to sb** काला अक्षर भैंस बराबर; ~ **hell broke out** कोहराम मच गया; ~ **hell was let loose** बेतहाशा कहर ढाना; ~ **he touches turns to gold** वह जिस चीज को छूता है, सोना बन जाती है; ~ **his geese are swans** हर कुम्हार अपने घड़ों को सराहता है; ~ **in** थका-हारा, थका हुआ, थककर चूर 2 हर काम में खुशी से शामिल 3 समग्र 4 सब खर्चे मिलाकर; ~ **inclusive** सब कुछ मिलाकर; ~ **is fair in love and war** प्यार और युद्ध में सब कुछ चलता है; ~ **is over but shouting** शोर-शराबे को छोड़कर बाकी का खेल खत्म; ~ **is well that ends well** अंत भला सो भला; ~ **men's friend no man's friend** जो सब का दोस्त, वह किसी का भी दोस्त नहीं; ~ **mops and brooms** पिए हुए; ~ **my eye and Betty Martin!** बकवास! ~ **my life long** जीवन भर; ~ **night long** रात भर चलने वाला (कार्यक्रम); ~ **of** थोड़ा-सा; ~ **of a dither/ doodah/ flutter** पूर्णतः सिट्टी-पिट्टी गायब हो गई; ~ **of a sudden** अचानक; ~ **of sth** बहुत थोड़ा; ~ **one** कोई फर्क नहीं पड़ता; ~ **out** पूर्णतः; ~ **over** 1 से सारा भरा: his hands are ~ over scratches 2 पूर्णतः वैसा या वैसी ही जैसा या जैसी कि ... 3 सब जगह, सभी स्थानों पर: ~ over the room/ the table, the country/ the world 4 समाप्त: their troubles are ~ over; ~ **over sb** *colloq.* किसी के प्रति यथार्थ से ज्यादा करीब होने का दिखावा क.; ~ **over the shop** अंदर-बाहर सब जगह बिखरा हो., अस्त-व्यस्त; ~ **over the place** *colloq.* बुरी तरह बिखरा हुआ; ~ **philosophy in two words: sustain and abstain** जिओ और संयम रखो!; ~ **right** (*also* **alright** *colloq., also see below under separate entry*) 1 अच्छा है, ठीक-ठाक है!: all right, you may go 2 सकुशल, सही सलामत; ~ **right** 1 ठीक-ठाक, सभी को पसंद: a bit of ~ right *colloq.* 2 किसी को रास आने वाला: be ~ right with sb; I'll see you at eight, if that's ~ right with you; ~ **roads lead to Rome** सभी सयाने एक मत, सभी की एक है राय है; ~ **round** 1 सब जगह, सर्वव्यापी: ~ round the corruption is rampant 2 सभी पहलुओं के आधार पर: she is good, ~ round; **~'s fish that comes to my net** = ~ **is grist that comes to his mill** जो मिले सो हलाल; ~ **set** पूरी तरह से तैयार; ~ **shot** *sl.* थककर चूर; ~ **square** हिसाब चुकता, अच्छा!; ~ **systems go!** मशीन या गाड़ी का चलने के लिए पूरी तरह तैयार होना; ~ **tarred with the same brush** सभी एक ही थैली के चट्टे-बट्टे; ~ **that glitters is not gold** हर पीली चीज सोना नहीं होती; ~ **the best!** *colloq.* सफलता के लिए शुभ कामनाएं!; ~ **the better/ worse** और भी बेहतर/ बदतर; ~ **the go** फैशन में नवीनतम; ~ **the keys hang at not one man's girdle** सभी सवालों का जवाब एक व्यक्ति के पास नहीं होता; ~ **the more** और भी अधिक; ~ **the better/ easier/ more exciting, etc.** और भी अधिक अच्छा/ आसान/ अधिक रोचक आदि; ~ **the more (so)** इसलिए और भी जरूरी है; ~ **there** स्वस्थ मन, स्पष्ट मन, पूर्णतः सतर्क (≠ खोया-खोया-सा); ~ **the same** 1 कोई फर्क नहीं पड़ता 2 फिर भी, तो भी: ~ the same, I wish you had come (फिर भी अच्छा होता यदि आप आ जाते); ~ **the Tracys have the wind in their face** बुरे का अंत बुरा; ~ **the year round** सारे साल, वर्ष भर; ~ **the world and his wife** सारी दुनिया; ~ **the world over** सारी दुनिया में; ~ **(other) things being equal** ... यदि अन्य सभी पैमानों पर बराबर हैं तो...; ~ **things are obedient to money = money makes the mare go** पैसा ही भगवान है; ~ **things require skill but an appetite** भूख को छोड़कर अन्य सब कामों के लिए हुनर चाहिए; ~ **thinking men** सभी समझदार लोग; ~ **together** सब मिलकर; ~ **told** कुल मिलाकर, सकल; ~ **to pieces** थककर चूर; ~ **truths are not to be told** सच्चाई कड़वी होती है; ~ **up** सब आशाएं समाप्त, सब कुछ खत्म!; ~ **up with sb/ sth** 1 किसी के साथ या किसी प्रायोजना के संबंध में सब कुछ समाप्त 2 और कोई आशा नहीं हो.; ~ **wet** *sl.* 1 बेकार 2 गलत काम करने वाला; ~ **wool and a yard wide** खरा, असली; ~ **work and no play makes Jack a dull boy** हर समय काम करना भी हानिकर होता है;

above ~ इसके अतिरिक्त, इससे भी बढ़कर; **after** ~ तो भी, आखिरकार, अंततोगत्वा; **and** ~ = **and** ~ **that** इत्यादि; **and** ~ **that jazz/ rubbish, etc.** इत्यादि सभी बेकार चीजें; **as** ~ **that** उतना नहीं ...; **at** ~ बिल्कुल भी; **be** ~ **about sb/ sth** सबसे जरूरी बात: it's ~ about money these days; **be** ~ **abroad** समझ न पाना; **be** ~ **adrift** हक्का-बक्का हो जा.; **be** ~ **one to sb** किसी को कोई फर्क न पड़ना; **be/ go** ~ **out** कोई कसर न छोड़ना, पूरा जोर लगा दे.; **be** ~ **over** किसी से प्रीति या

लगाव हो.; **be ~ over oneself** = **be/ go ~ out; be ~ that** *US* आकर्षक हो.; **flying ~ through the night** पूरी रात उड़ान में हो.; **for ~** 1 के बावजूद 2 के होते हुए फिर भी 3 तथापि, तिस पर भी; **for ~ he is so silent nothing escapes him** यद्यपि वह चुप रहता है, पर उसकी नजर से कुछ बचकर नहीं निकलता; **for ~ he may say ...** वह जो भी कहे; **for ~ I care** मुझे परवाह नहीं; **for ~ I know** मुझे जितना मालूम है; **for ~ of me** मेरा जहां तक संबंध है; **for ~ that** इसके बावजूद; **for good and ~** हमेशा के लिए; **he ~ but drowned** वह लगभग डूब गया था, वह डूबने ही वाला; **he is ~ thumbs** उसके हाथों से सब कुछ फिसल रहा है; **he is a man, take him for ~ in ~** वह बिल्कुल सही आदमी है; **he is not as bad as ~ that** वह उतना बुरा नहीं जितना कि...; **he is not quite ~ there** वह पूरी तरह खोया-खोया-सा है; **I ~ but fell** मैं गिरने ही वाला था; **if he comes at ~** यदि वह आता भी है तो; **if he coughs at ~ she runs to him** यदि वह थोड़ा-सा भी खांसता है तो वह दौड़ी-दौड़ी उसके पास जाती है; **if you hesitate at ~** यदि आपको थोड़ी-सी भी झिझक है तो...; **in ~** कुल मिलाकर; **in ~ likelihood** शायद (जो हो सकता है), संभव है कि ...; **it's ~ the same to me whether he comes or not** उसके आने, न आने से मुझे कोई फर्क नहीं पड़ता; **it's ~ but impossible** ऐसा लगभग असंभव है; **it is ~ over/up with him** उसका खेल खत्म; **it is ~ over with him** उसके साथ सारे संबंध तोड़ लिए गए हैं; **make up one's mind ~ at once** एकदम से फैसला क.; **not ~ that good/ well** कोई खास अच्छा नहीं; **not as bad as ~ that** उतना बुरा नहीं जितना कि बताया जा रहा है; **not at ~** किसी तरह भी नहीं, किसी भी प्रकार से नहीं, बिल्कुल नहीं; **not at ~ good/ clever, stupid** बिल्कुल भी अच्छा/ चतुर/ मूर्ख नहीं; **nothing at ~** बिल्कुल कुछ नहीं; **of ~ the people** अचंभे की बात है कि आप भी (शामिल आदि) हैं!; **on ~ fours** घुटनों के बल; **once (and) for ~** सदा के लिए, अंतिम रूप से; **one and ~** सभी, सारे के सारे; **one for ~, ~ for one** एक आदमी दूसरों के लिए, दूसरे सब उसके लिए; **she is her mother ~ over** वह बिल्कुल अपनी मां पर गई है; **that's ~ right!** 1 अच्छा! ठीक है! धन्यवाद! 2 कोई बात नहीं 3 सहमति पाने के लिए प्रयुक्त, ठीक है ना?: we shall meet at four, ~ right?; **that treachery is Toravar ~ over** ऐसी गद्दारी तो तोरावर की खासियत है; **that's her ~ over** *colloq.* उससे ऐसी ही उम्मीद थी; **the All Blacks** *[pl.]* न्यूजीलैंड की अंतर्राष्ट्रीय रगबी टीम; **the deuce and ~** भाड़ में जाए (यह सब); **when ~ is said and done** *colloq.* सब कुछ पर सोच-विचारने के बाद

alla breve /ऐल ब्रेवि/ ऐल ब्रेवे/ *adv., adj., n. music* तेजी से बजने वाला संगीत

Allah /अल्लाह/ *n.* अल्लाह, इस्लाम में खुदा का नाम

alla marcha /आला-माःचा/ प्रयाण (संगीत)

allantois /ऐलैंटोइस/ (*also* **allantoids** /अलैंटोइड/) *n., pl.* **allantoides** /ऐलैंटोइडीज/ जीवों की भ्रूण में ऑक्सीजिन पहुंचाने के लिए थैली

allay /अले/ *v., pt.* **~ed**, *pp* **~ing** 1 शांत क., कम कर दे.: ~ pain/ anger; ~ excitement; ~ trouble/ anxiety; ~ thirst 2 मिटाना, दूर क.: ~ sb's concerns/ fears/ suspicions, etc.

allegation /ऐलअगेशन/ ऐलेगेशन/ *n.* 1 आरोप, दोषारोपण: unsubstantiated/ unsupported ~ 2 दावा, निश्चयात्मक कथन: prove/ refute an ~;

p&i: **~ of faculties** तलाक शुदा औरत की उसके पूर्व पति द्वारा दी जाने वाली गुजारा-राशि के लिए अर्जी

alle\ge /अलेज/ *v., pt.* **~ged**, *pp* **~ging** 1 आरोप लगाना, दोषारोपण क.: they are **~ged** to have signed a secret treaty 2 निश्चयपूर्वक कहना: **~ge** repeatedly/ insistently 3 का दावा क.: **~ge** sth as a fact; **~ge** illness; **~ge** sth as a reason for not doing the work 4 उद्धृत क., का संदर्भ दे.: **~ge** a fact/ an authority; **~ge** for/ against sth;

dw/lw: **~ged** /अलेज्ड/ *adj.* 1 जैसा कि आरोप है, कथित: the ~ged refusal/ acceptance 2 तथाकथित: the ~ged conference/ meeting; the ~ged murderer; **~gedly** /अलेजिड्लि/ *adv.* 1 आरोपानुसार, जैसा कि आरोप है: he ~gedly lost consciousness 2 जैसा कि कहा जा रहा है, कथनानुसार: ~gedly difficult/ impossible/ successful

allegiance /अलीजिअंस/ *n.* 1 निष्ठा व समर्थन 2 *hist.* राजनिष्ठा, स्वामीभक्ति, जमींदार, ठिकानेदार आदि की अपने मालिक के प्रति वफादारी: unflinching/ absolute, firm, enthusiastic ~; pledge ~; declare ~; swear ~; renounce/ repudiate ~; free from ~ (जमींदारी आदि के बंधन से मुक्ति)

allego\ric/ ~rical /ऐलअगौरि\क/ ~कल/ *US* -गाःरि\क *or* -गॉरि\क/ ~कल/ *adj.* 1 रूपक संबंधी, प्रतीकात्मक, लाक्षणिक: **~ric** figure/ poem 2 दृष्टांत कथा तथा अन्योक्तिपरक;

dw/lw: **~rily** /~लि/ *adv.* दृष्टांत कथा या अन्योक्ति के रूप में; **~ricize/ ~ricise** /ऐलिगअराइज/ *v. past* ~ricized, *pp* ~ricizing रूपक-कथा/ दृष्टांत/ प्रतीक-कथा/ लाक्षणिक कथा/ अन्योक्ति के रूप में प्रस्तुत क.; **~rist** /ऐलिगअरिस्ट/ *n.* दृष्टांत कथा या अन्योक्ति का लेखक; **~ry** /ऐलअगरि/ *n., pl.* **~ries** 1 रूपक-कथा, दृष्टांत, प्रतीक-कथा, लाक्षणिक कथा, अन्योक्ति: apt/ hidden ~ry 2 प्रतीक कथा जिसमें अमूर्त पात्र वास्तविक अदाकारों के रूप में प्रस्तुत होते हैं: philosophical ~ry

allegretto /ऐलिग्रेटो/ *adv., music* द्रुत गति व जीवंत ढंग से;

***n.**, pl.* **~s** 1 द्रुत गति व जीवंत ढंग से प्रस्तुत की जाने वाली संगीत रचना 2 **'allegro'** का छोटा रूप

allegro /अलेग्रो/ अलअग्रो/ *n., pl.* **~s**, *music* द्रुत गति व जीवंत ढंग से प्रस्तुत की जाने वाली संगीत रचना;

adv. द्रुत गति से, तेजी से;

allele /अलील/ *n., genetics* एक ही जीन (gene) का कोई अन्य रूप जिनमें से प्रत्येक व्यक्ति दो (माता-पिता में से एक-एक) विरासत में पाता है और जिनके भिन्न-भिन्न मिश्रण नाना प्रकार की मानवीय विशेषताओं को जन्म देते हैं;

dw/lw: **allelogenesis** /अलीलअजेनिसिस/ *n.* पीढ़ियों का बदलाव

alleluia /ऐलिलूया/ *n.* भजन, ईसाई प्रार्थना (= **hallelujah**)

all-embracing *adj.* = **all-encompassing** सर्व-व्यापक, सब-कुछ मिलाने वाला

allergen /ऐलअजन/ *US* ऐलर्जन/ *n., med.* ऐसा तत्त्व जिसके प्रति अतिशय संवेदनशीलता के कारण मनुष्य के शरीर में तीव्र प्रतिक्रिया (reaction) होती है

aller\gic /अलःजिक/ *US* ऐलर्जिक/ (*often* **~ to sth**) *adj., pathol.* 1 के प्रति अति संवेदनशीलता के कारण प्रतिक्रिया पैदा करने वाला: **~gic** reaction (प्रत्यूर्जा-जनित प्रतिक्रिया) 2 किसी पदार्थ या दवाई का शरीर पर उलटे प्रभाव का शिकार होने वाला यानी जिसे अर्जी हो 3 प्रत्यूर्जा (अलर्जी) के कारण होने वाला, प्रत्यूर्जा-जनित 4 जो किसी बात या प्रक्रिया को सहन नहीं कर पाता हो: he is **~gic** to draughts/ to *masala* cinema;

allergy /ऐलअजि/ *US* ऐलर्जि/ *n., pl.* allergies 1 दवाई या अन्य पदार्थों का शरीर पर प्रतिकूल या उल्टा प्रभाव, अलर्जी, प्रत्यूर्जा 2 प्रबल नापसंदगी

allevia\te /अलीविएट/ *v., pt.* **~ted**, *pp* **~ting** 1 (***syn.*** ease) हल्का क.: **~te** sorrows (sufferings) 2 समस्या या दर्द को कम क., घटाना, राहत दे. 3 प्रशमित क., आराम पहुंचाना;

dw/lw: **~tion** /~शन/ *n.* राहत, प्रशमन, आराम, पीड़ा में कमी; **~tive** /~टिव/ *adj.* पीड़ाहर, राहतकारी

alley /ऐलि/ *n., pl.* **~s** 1 (*also* **~way**) संकरी गली, गलियारा, संकरा पथ, पगडंडी: filthy/ twisting ~ 2 वीथि, वीथिका, रविश: shady/ secluded, lonely ~ 3 सीटों की कतारों के बीच का गलियारा;

dw/lw: **~way** *n.* समुद्री जहाज में गलियारा;

collocations: ~ **cat** रमती बिल्ली;
p&i: **a blind ~** बंद गली, जिस गली का दूसरा सिरा बंद हो; **a blind ~ employment** भविष्य में बिना किसी तरक्की की नौकरी; **an ~ cat** आवारा शहरी बिल्ली; *US* **be right up/ down sb's ~/** *UK* **be right up sb's street** किसी के अनुरूप हो.
alliaceous /ऐलिएशिअस/ *adj.* लहसुनगंधी, लहसुन जैसी उग्र गंध वाला, लशुनी
alliance /अलायंस/ *n.* 1 गठबंधन, गठजोड़: defensive (military) ~; an ~ between states; make/ to form to conclude an ~ 2 विवाह-संबंध, सहबंध: be in ~ with sb; unite in ~; matrimonial/ nuptial ~ 3 मैत्री 4 सहयोग: political/ tribal ~ 5 संसर्ग, साहचर्य;
p&i: **the unholy ~** बेईमान लोगों की टोली
allied /ऐलाइड/ अलाइड/ *adj.* 1 सहबद्ध, संबद्ध: ~ sciences/ subjects; ~ species 2 से जुड़ा हुआ, से अनुबंधित, संयुक्त, समवर्गी, समवर्णी: ~ rocks 3 सहयोगी, मित्र-देश: **Allied** troops/ forces [मित्र राष्ट्रों (1 प्रथम विश्व युद्ध में ब्रिटेन, फ्रांस, रूस आदि देशों का गुट 2 द्वितीय विश्व युद्ध में सोवियत संघ, अमेरिका, ब्रिटेन, फ्रांस आदि देशों) की सेनाएं];
collocations: **the Allies/ the Allied Powers** *hist.* 1 प्रथम विश्व युद्ध में ब्रिटेन, फ्रांस, रूस आदि देशों का संघ 2 द्वितीय विश्व युद्ध में सोवियत संघ, अमेरिका, ब्रिटेन, फ्रांस आदि देशों का संयुक्त मोर्चा, मित्र राष्ट्र
alligation /ऐलिगेशन/ *n.* मिश्रण
alligator /ऐलिगेटः/ *n.* घड़ियाल, नक्र, मगरमच्छ;
collocations: **~ pear = avocado** मैक्सिको में पैदा होने वाला नाशपाती जैसा एक फल, रुचिरा; **~ wrench** गैस से चलने वाली चाबी
all-important *see above under* **all: *dw/lw***
all-in *see above under* **all: *dw/lw***
all-in wrestling *see above under* **all: *dw/lw***
all-inclusive *see above under* **all: *dw/lw***
all-in-one *see above under* **all: *dw/lw***
allineation /अलिनिएशन/ *n.* (***syn.*** alignment) सरल रैखिक स्थिति, सीध में बैठाने की क्रिया
alliterate /अलिटरे\ट/ *v., pt.* **~ted**, *pp* **~rating** अनुप्रास का प्रयोग क., अनुप्रासित हो.
allitera\tion /~शन/ *n.* 1 अनुप्रास 2 वाक्य या वाक्यांश (phrase) के प्रत्येक शब्द या प्रत्येक बल-घातित (stressed) शब्द के आरंभ में एक ही ध्वनि की आवृत्ति (दोहराव): sing a song of sixpence;
dw/lw: **~tive** /~टिव/ *adj.* सानुप्रास, अनुप्रास-युक्त, आनुप्रासिक
all-night *see above under* **all: *dw/lw***
allo- *mainly tech., comb. form signifying:* 1 **other** (अन्य) 2 **different** (भिन्न) 3 **one of the groups which forms a unit** (सदस्य-समूहों में से एक इकाई)
allocable /ऐलअकअबल/ *adj.* 1 जिसका विनिधान किया जाना हो 2 विनिधेय 3 आबंटनीय, आबंटन योग्य, जिसे बांटना है
alloca\te /ऐलअके\ट/ *v., pt.* **~ted**, *pp* **~ting** 1 किसी कार्य हेतु पैसा, समय या स्थान दे. 2 निर्धारित क. 3 प्रावधान क. 4 बांटना, आबंटन क.;
dw/lw: **~ted** /~टिड/ *adj.* विनिहित, आबंटित; **~tion** /~शन/ *n.* 1 विनिधान 2 आबंटित राशि, समय या स्थान 3 आबंटन, प्रावधान, विनियोजन, नियतन, निर्धारण: ~tion of felling 4 बंटवारा, बांट, विभाजन 5 व्यवस्था: frequency ~tion
allocator /ऐलअकेतः/ *Lat.,* अनुमत, अनुमति दी जाती है
allochroic /ऐलअक्रोइक/ *adj.* परिवर्तनशील रंग का
allocution /ऐलोक्यूशन/ *n.* 1 वक्तृता, भाषण 2 (***syn.*** exhortation) उपदेश, प्रवचन
allogam\ous /ऐलॉगमस/ *adj.* परनिषेची, दो अलग-अलग किस्मों के बीच आदान-प्रदान या संकरण के फलस्वरूप बना;
dw/lw: **~my** /ऐलॉगमि/ *n.* 1 पर-संसेचन 2 दो अलग-अलग किस्मों के बीच आदान-प्रदान या संकरण
alloge\ne /ऐलअजीन/ *n.* अन्यत्रजात;
dw/lw: **~nous** /ऐलअजीनस/ (*also* **~nic** /ऐलजेनिक/) *adj.* अलग-अलग जन्म के, भिन्न-भिन्न प्रकार के
allograph /ऐलअग्राफ/ *n.* दूसरे व्यक्ति ओर से किया जाने वाला हस्ताक्षर
allomorph /ऐलअमॉःफ/ *n., ling.* उपरूप, सह-स्वनिम
allonym /ऐलअनिम/ *n.* छद्म नाम के रूप में लिया जाने वाला किसी दूसरे का असली नाम
allopath /ऐलोपैथ/ *n.* डॉक्टर, अंग्रेजी शैली का चिकित्सक;
dw/lw: **~ic** /ऐलोपैथिक/ *adj.* अंग्रेजी शैली का चिकित्सा से संबंधित; **~y** /ऐलोपैथि/ *n.* अंग्रेजी चिकित्सा पद्धति, विषम-चिकित्सा
allophyle /ऐलोफाइल/ *n.* परदेसी, विदेशी
dw/lw: **allophylian** /ऐलोफिलअन/ *adj.* दूसरी नस्ल का, परदेसी
allophon\e /ऐलअफोन/ *n.* 1 सहस्वसन, सस्वन 2 कैनेडा में आकर बसने वाला जो न अंग्रेज़ भाषी हो न फ्रांसीसी भाषी;
dw/lw: **~ic** /ऐलअफोनिक/ *adj.* संस्वनिक
all-or-nothing *adj. see above under* **all: *dw/lw***
allot /अलौ\ट/ *US* अलाः\ट/ *v., pt.* **~ted**, *pp* **~ting** 1 हिस्सा बांटना, आबंटित क.: ~ fairly/ unjustly/ impartially; ~ the houses 2 नियत क., निर्धारित क.: each speaker is **~ted** five minutes 3 (***syn.*** assign) दे., सौंपना: ~ a task;
dw/lw: **~ted** /~टिड/ *adj.* 1 आवंटित, नियत, निर्धारित 2 सौंपा हुआ; **~tee** /~टी/ *n.* 1 ग्राही, नियत भागी 2 जिसे दिया गया हो, पाने वाला; **~ment** /~ट्मंट/ *n.* 1 आबंटन, बंटाई: ~ment of shares to company employees; ~ment of billets 2 नियतन 3 हिस्से, भाग 4 ब्रिटेन में जमीन के छोटे-छोटे टुकड़े जिन्हें लोग सब्जियां आदि पैदा करने के लिए किराये पर लेते हैं: ~ment holder; ~ment crops
allotrop\e /ऐलअट्रोप/ *n., chem.* 1 अपरूप, कई रूपों में से एक 2 दो या अधिक संरचनाओं में से कोई एक जिसमें कुछ तत्त्व मात्र क्रिस्टलीय संरचनात्मक अंतरों के कारण वजूद में होते हैं: graphite and diamond are the **~es** of carbon
allotropy /ऐलौट्रपि/ *US* ऐलाःट्रपि/ (*also* **allotropism**) *n.* बहुरूपता, अनेकरूपता यानी रासायनिक तत्त्व बदले बिना बाह्य स्वरूप में बदलाव
allottee *see above under* **allot: *dw/lw***
allotheism /ऐलअथीइज्म/ *n.* अन्यदेव-पूजा, विचित्र या विदेशी देवताओं का पूजन
all-out *see above under* **all: *dw/lw***
allow /अलाउ/ *v., pt.* **~ed**, *pp* **~ing** 1 अनुमति दे.: ~ sb to do sth; smoking is not **~ed** (here); will you ~ me to use your pen?; she **~ed** herself no sweets 2 रोक न लगाना, होने दे.: this gate **~s** access to the garden 3 संभव बनाना 4 पैसा, समय आदि को किसी वस्तु के लिए प्रयोग करना मान ले., स्वीकार क.: ~ rupees 500 for food 5 पैसे दे., किसी और बात की अनुमति दे.: ~ regularly/ lavishly/ intermittently; ~ sb spending money; they ~ me one afternoon a week 6 दावा आदि स्वीकार क., से सहमत हो.: ~ a claim/ an argument; one must ~ his cleverness/ that he is clever 7 (*usually* **~ for**) गुंजाइश रखना, के लिए प्रबंध क.: **~ing** for the traffic jams, it will take an hour to reach the airport 8 (*usually* **~ of**) संभावना छोड़ना: the facts ~ only two explanations 9 अंदर आने दे. 10 रियायत दे.;
dw/lw: **~able** /~अबल/ *adj.* 1 अनुमति के योग्य 2 स्वीकार्य: ~able to error 3 अनुज्ञेय, वैध: ~able to sb; ~able to sale; **~ably** /~अबलि/ *adv.* अनुमति अनुसार; **~ed** /~ड/ अनुमत,

स्वीकृत;

p&i.: **~ for sth** कोई फैसला करते समय किसी बात को ध्यान में रखना, किसी बात या वस्तु को शामिल करने की संभावना बनाए रखना; **~ liberty** छूट दे.; **~ no proximity to** पास न फटकने दे.; **~ of sth** किसी बात या कार्य को होने दे.; **~ one's scruples to be thrown to the wind** अपने सिद्धांतों की धज्जियां उड़ने दे.; **~ relaxation** ढील दे.

allowance /अलाउअंस/ *n.* 1 भत्ता, गुजारा भत्ता: dress/ book ~; liberal/ modest/ regular/ intermittent/ stated ~ 2 अनुमति 3 नरमी: make ~; make ~ for sb's illness (youth, inexperience) 4 रियायत, छूट 5 गंजाइश, संभावना: ~ for wind; make **~s**/ every ~; make ~ for future developments; make ~ for leakage (waste) 6 राशन की मात्रा: ~ of food; water/ bread ~ 7 (***syn.*** clearance) पेंच आदि की कसावट में गुंजाइश, अंतराल, फर्क: negative ~;

v., *pt.* **~ed**, *pp* **~ing** 1 भत्ता दे. 2 राशन क., थोड़ा-थोड़ा करके दे. 3 राशन की मात्रा तय क.;

p&i: **make ~s for sb** किसी को ध्यान में रखकर निर्णय क., किसी की विशेष स्थिति को ध्यान में रखते हुए कुछ नर्मी बरतना; **make ~s for sth** किसी विशेष स्थिति के मद्दे नजर कुछ नर्मी बरतना

alloy /ऐलॉय/ *n., pl.* **~s** 1 मिश्र धातु 2 खोट, अपमिश्रण;

v. /अलॉय/ *pt.* **~ed**, *pp* **~ing** 1 धातुएं मिश्रित क. 2 मिश्रित क., मिश्र धातु बनाना 3 अपमिश्रित कराना 4 संतुलित क., कम क. 5 खोट मिलाना;

dw/lw: **~age** /अलॉयिज/ *n.* धातु मिश्रण; **~ing** /अलॉयिंग/ *n.* धातु मिश्रण की क्रिया: ~ing element

all-party; **all-pervading**; **all-powerful**; **all-purpose** *see above under* **all: *dw/lw***

all-right /ऑलराइट/ *adj.* (*also see above under* **all: *dw/lw***) 1 संतोषजनक: an ~ party 2 पर्याप्त 3 अनुकूल, जिससे कोई एतराज न हो: that is ~ with me ***4*** (***syn.*** OK) स्वस्थ, ठीकठाक: he was ill but he is ~ again ***5*** *sl.* ईमानदार, सदाचारी

all right *adv.* (*also see above under* **all: *p&i***) 1 संतोषपूर्वक 2 निस्संदेह, बेशक 3 अच्छा! 4 ठीकठाक: doing ~; getting along ~ ***5*** सहमत: the disease has been conquered, ~, but it still hits back ***6*** ठीक है!: ~, I'll meet you at ten;

p&i: **I'm ~, Jack** मैं ठीक-ठाक हूं (दूसरों की मुझे परवाह नहीं); **it'll be ~ on the night** सब ठीक-ठाक हो जाएगा

all-risks; **all-round**; **all-rounder**; **all-seeing**; **all-seer**; **all-singing/~-dancing**; **all~spice**; **all-star**; **all-sufficient**; **all-terrain**; **all-ticket**; **all-time** *see above under* **all: *dw/lw***

All Saints' Day; **~ seater**; **All Souls' Day** *see above under* **all: *collocations:***

allu\de /अल्यू\ड/ अलू\ड/ (*usually* **~de to sth**) *v., pt.* **~ded**, *pp* **~ding** 1 (परोक्ष या प्रत्यक्ष रूप से) इशारा या संकेत क.: he didn't mention your name but I'm sure he was **~ding** to you; **~de** obscurely/ subtly 2 का संदर्भ दे., उल्लेख क.: **~de** to recent facts/ to a sentence/ to a situation; the story **~des** to a recent transaction;

dw/lw: **~sion** /~जन/ अलूजन/ *n.* 1 इशारा, संकेत: obscure/ crude/ casual ~sion 2 *lit. theory* लेखक द्वारा किसी रचना में किसी ऐसे प्रसंग या घटना का रचनात्मक प्रयोग जिससे पाठक प्रायः परिचित हों: '*The Waste Land*' is replete with ~sions 3 उल्लेख, संदर्भ, उद्धरण: make an (no) ~sion to ...; **~sive** /~सिव/ *adj.* सांकेतिक; **~ly** /~सिवलि/ *adv.* सांकेतिक ढंग से

allu\re /अलु\अः/ *US* अलुः/ (= **~rement**) *n.* 1 लोभ, लालच 2 आकर्षण: the **~re** of the big city;

v., *pt.* **~red**, *pp* **~ring** 1 लुभाना, ललचाना: be **~red** by sb; **~re** artfully/ adroitly 2 (***syn.*** charm, fascinate) मोहित या लुब्ध क., मंत्र-मुग्ध क. 3 आकर्षित हो.: be **~red** to learning/ art/ to music;

dw/lw: **~rement** /~अःमंट/ *n.* 1 प्रलोभन, लालच 2 फुसलावा 3 आकर्षण 4 मोहित या लुब्ध करने का कार्य 5 आकर्षक, सम्मोहक व्यक्ति या वस्तु आदि: ~rements of the big city 6 सम्मोहन, मोहिनी शक्ति, माया; **~ring** /~अरिंग/ *adj.* 1 लुभावनी, ललचाने वाली 2 मोहक 3 आकर्षक: ~ring proposal/ prospects; **~ringly** *adv.* 1 आकर्षक या लुभावने ढंग से 2 मोहक अंदाज में

allusion *see above under* **allude: *dw/lw***

allusive *see above under* **allude: *dw/lw***

alluvi\al /अलूवि\अल/ (*also* **alluvian**) *adj.* 1 कछारी, जलोढ़, बाढ़ की मिट्टी का: **~al** soil 2 नदियों द्वारा बहाकर लाई गई महीन रेत, मिट्टी, गारा आदि से संबंधित;

dw/lw: **~um** /~अम/ *n., pl.* alluvia 1 जलोढ़ भूमि, कछार, बाढ़ की मिट्टी से बनी भूमि 2 नदियों द्वारा बहाकर लाई गई महीन रेत, मिट्टी, गारा आदि

all-weather; **all-wheel drive** *see above under* **all: *dw/lw***

ally /ऐलाइ/ *n., pl.* **allies** 1 मित्र, बंधु, सखा: faithful/ loyal/ trusty/ tested/ perfidious ~; ~ of the moment 2 सहगामी, सहयोगी: **allies** in the fight against corruption 3 संधिबद्ध मित्र देश 4 सम वर्ग, समान मूल: the mosses and their **allies** (काई और उसकी श्रेणी की दूसरी वनस्पति);

dw/lw: **ally** /अलाइ/ *v., pt.* allied, *pp* allying 1 किसी संघ का सदस्य बनना 2 जुड़ना या जोड़ना: ~ oneself to/ with sb 3 किसी से संधि द्वारा जुड़ना 4 विवाह के माध्यम से किसी से जुड़ना: ~ oneself with sb 5 साझे मूल की बदौलत जुड़े हो.: English is nearly **allied** to Swedish;

collocations: **allied/ the Allies** *see above under separate entry* **allied**

ALM *abbr.* 'Asset-Liability Management' की प्रथमाक्षरी

almagest /ऐल्मअजेस्ट/ *n.* 1 तौलेमी (Claudius Ptolemaeus) की खगोल विद्या पर शोध-पुस्तिका 2 ज्योर्विद्या पर महान कृतियां

almacantar *see below under* **almucantar**

Alma Mater /ऐल्मा माटः/ ऐल्मा मेटः/ *n., pl.* **alma maters**, *Lat.* 1 मातृ-विद्यालय या शिक्षण संस्थान 2 किसी का पुराना स्कूल, कॉलेज, विश्वविद्यालय आदि

almanac /ऑल्मअनैक/ (*also* **almanack**) *n.* 1 वार्षिकी 2 वार्षिक रूप से प्रकाशित की जाने वाली पुस्तक 3 पंचांग, पत्र, जंत्री, तिथि पत्र

almightiness /ऑलमाइटिनेस/ *adj.* 1 महाबलीपन 2 सर्वशक्तिमानता

almighty /ऑलमाइटि/ *adj.* 1 महाबली: the ~ dollar; ~ nonsense 2 भगवान, सर्वशक्तिमान;

adv. भीषण रूप से, अत्यधिक: ~ proud; it gets ~ cold;

collocations: **the Almighty** *Christ.* God भगवान

almirah /ऐल्माइरा/ *n.* अल्मारी, आलमारी

almond /आःमंड/ *n.* बादाम, वाताम: ~ paste

adj. बादामी: ~ cake (बादाम का केक); ~ blossom (बादाम का फूल);

dw/lw: **~-butter** *n.* बादाम की क्रीम या मलाई; **~-eyed** *adj.* बादाम जैसी आंखों वाली; **~-milk** *n.* बादाम मिला दूध; **~-oil** *n.* बादाम का तेल; **~y** /आःमंडि/ *adj.* 1 बादाम जैसा 2 बादाम के आकार का;

collocations: **blanched ~s** छिलका उतरे बादाम

almon\er /आःमनः/ ऐल्मनर/ *n., hist., Br., old use* दानी, दाता;

dw/lw: **~ry** /आःमनरि/ *n.* दान घर, ऐसी संस्था जहां सदावर्त (दान) खुला हो

almost /ऑल्मोस्ट/ *adv.* लगभग, करीब-करीब: ~ always/ everyone/ half, etc.; I ~ missed the train;

p&i: **~ was never hang'd/ ~ never killed a fly** सावधानी एक नेमत है

ALMS *abbr.* 'air-launched missile system' की प्रथमाक्षरी

alms /आम्ज/ *n., [pl.]* भिक्षा, भीख, दान;

dw/lw: **~-basket/ ~box** *n.* दान पात्र, दान-पेटी; **~giving** *n.* भिक्षा दान; **~-house** *n., Br., hist.* भिक्षुक-गृह, ऐसा स्थान जहां वृद्ध व अन्य असहाय लोगों को दान की बदौलत आश्रय दिया जाता है; **~man** *n.* भिखारी;

p&i **ask/ beg to give ~** कुत्ते से भीख मांगना; **donate ~** गरीबों को दान दे.; **live on the ~** दान के सहारे जीना; **support sb by ~** किसी को दान का सहारा दे.

almucantar/ almacantar /ऐल्म्युकैंटः/ ऐल्मअकैंटः/ *n., astron.* 1 खगोल में एक छोटा-सा वृत्त 2 पुराने जमाने में अंतरिक्षीय विस्तार मापने का यंत्र

Alnico /ऐल्निको/ *n. tradem.* लोहे, निकल, ऐल्म्युनियम, कोबाल्ट और तांबे से बनी एक मिश्रित धातु जो स्थायी चुंबक बनाने के काम आती है

aloe /ऐलो/ *n., pl.* **~s** 1 घृतकुमारी, घीकुंवार, घीरकुंआर, अगरु 2 एक अफ्रीकी पौधा जिसके पत्तों का रस जुलाब के रूप में प्रयोग किया जाता था;

dw/lw: **~s** उपरोक्त पेड़ के सुखाए हुए पत्तों का रस (bitter aloe) जो जुलाब के रूप में प्रयोग किया जाता था;

collocations: **~ vera** /ऐलो विअरा/ 1 अफ्रीकी 'aloe' पौधे की एक किस्म जिस का रस औषधीय गुण रखता है 2 क्रीम आदि में प्रयुक्त होने वाला 'aloe' पौधे का रस

aloft /अलौफ्ट/ *US* अलॉफ्ट/ *adv.* 1 ऊपर, ऊंचा, शिखर पर 2 हवा में, सिर के ऊपर: held the trophy ~ 3 (***syn.*** rigging) जहाज का साज-सामान;

prep. के ऊपर: the silver moon rose ~ the stormy sea;

p&i: **go ~** मर जाना

alogical /एलौजिकल/ *US* एलाःजिकल/ *adj.* अतार्किक, असंगत, बकवास

alone /अलोन/ *adj.* 1 अकेला: he is not ~ in his interests/ conclusions 2 एकाकी: all/ quite ~ 3 अकेले-अकेले 4 मात्र, केवल: the plan is mine ~; he ~ is to blame; science ~ can do it 5 अकेले में: ~ with sb; ~ with his thoughts 6 अद्वितीय, जिसके साथ का कोई दूसरा न हो: live ~; leave that ~!;

adv. अकेले, मात्र, केवल: one is not ~ in this opinion about her;

dw/lw: **~ness** /~नेस/ *n.* अकेलापन, एकाकीपन;

p&i: **go it ~** *colloq.* अकेले ही कोई काम क., 'एकला' चलना; **I have no time for this journey let ~ the money needed** पैसे की बात छोड़ो, मेरे पास इस यात्रा के लिए समय ही नहीं; **leave/ let sb/ sth ~** किसी को उसके हाल पर छोड़ दे.; **leave/ let me ~!** मुझे मेरे हाल पर छोड़ दो!; **leave sth ~** किसी वस्तु को न छूना; **let ~** किसी और (वस्तु आदि) की तो बात ही क्या करें; **not ~** अकेला नहीं, और भी साथ हैं; stand ~ अद्वितीय हो.

along /अलौंग/ *US* अलॉंग/ *prep.* 1 (सड़क, नदी आदि) की बगल में: a row of primroses ~ (by) the hedge; cottages ~ by the lake 2 के समानांतर, पंक्ति में, के साथ में: the shops ~ the street; walk ~ the road; sail ~ the coast; book-cases ~ the walls; trees ~ the river 3 लंबाई में कहीं पर: the office is just ~ the corridor;

adv. 1 के साथ, की संगत में: ~ with sb/ sth; sing ~ to Rehman track 2 किनारे-किनारे 3 आगे, एक ही दिशा में: he is just coming ~; they were told to move ~; come ~**!**; they carried me ~ with them 4 पहले ही: a man well ~ in years (पहले ही वृद्धावस्था में पहुंचा व्यक्ति); he was ~ towards fifty 5 बेहतर स्थिति की ओर 6 के अतिरिक्त, साथ में: bring/ take sb ~; ~ with the dictionary there is a CD; ~ with children grown-ups came to see the play;

dw/lw: **~shore** *adv.* किनारे-किनारे, समुद्र तट के पास; **~side** *adv.* 1 साथ, पास में, बगल में 2 के साथ कंधे से कंधा मिलाकर 3 *naut.* बाजू, पहलू, तरफ, बाजू में: tow a ship ~side; be ~side (नौकबंध स्थल पर हो.); come ~side! (नौका को रस्सी से बांध दो!) 4 माल को जहाज के बाजू तक लाने की शर्त के साथ: deliver goods ~side; **~side** *prep.* 1 के पास में, के साथ: walk/ sit ~side of sb; the car stopped ~side the kerb (कार सड़क के किनारे रुक गई) 2 जहाज के बाजू या पहलू में: come ~side of a ship; moor ~side (of) a ship; come ~side the quay (घाट की दीवार के पास आना);

p&i: **~ of** की बदौलत, के फलस्वरूप; **~ with sb/ sth** किसी से या किसी चीज से मेल खाना;

all ~ सदा, हमेशा: he knew it all ~; **be ~** *colloq.* पहुंचना, टेलीफोन क., किसी के घर आना; **coming ~ nicely** बहुत अच्छा बनकर तैयार हो.; **go ~ for the ride** साथ रहना; **get/ go ~ with you!** दफा हो जाओ!; **go ~ with sb/ sth** किसी से या किसी की दलील आदि से सहमत हो.; **how are you getting ~ with your English studies?** आपकी अंग्रेजी कैसी चल रही है?; **he does not get ~ well with his brothers** उसकी उसके भाइयों से नहीं बनती; **right ~** हमेशा वहां पर

aloo /आलू/ *n. IE* आलू

aloof /अलूफ/ *adj.* 1 (***syn.*** distant, remote) अलग-थलग: ~ from the commotion/ excitement/ confusion 2 एकांत प्रेमी 3 गैरमिलनसार 4 जो किसी मसले में सम्मिलित न हो;

adv. 1 पराए की तरह, उदासीनतापूर्वक: keep/ stand/ hold oneself ~ 2 अलग-थलग: coldly/ proudly/ magnificently ~;

dw/lw: **~ly** /~लि/ *adv.* बिना किसी विशेष रुचि के; **~ness** /~नेस/ *n.* 1 एकांत प्रेम 2 विलगाव, दूरी: dignified/ icy/ courteous ~ness 3 गैरमिलनसारी: maintain/ preserve ~ness

alopecia /ऐलअपीशिआ/ *n., pathol.* गंजापन

aloud /अलाउड/ *adv.* सुनाई पड़ सकने वाली आवाज में: read ~; speak ~; laugh ~; call ~ for help;

p&i: **it reeks ~** बहुत बुरी तरह गंध आ रही है; **think ~** बोलते हुए सोचना (मन ही मन सोचने के विपरीत)

alow /अलो/ *adv.* 1 नीचे 2 नीचे की ओर 3 जहाज के निचले भाग में 4 आग की लपटों में

ALP *abbr.* 'Australian Labour Party' की प्रथमाक्षरी

alp /ऐल्प/ *n.* 1 पर्वत शिखर, चोटी 2 गहन पर्वत 3 स्विटजरलैंड में पहाड़ों के साथ-साथ स्थित चरागाह

ALPA *abbr.* 'Air Line Pilots Association' की प्रथमाक्षरी

alpaca /ऐल्पैका/ *n., pl.* **~s** 1 भेड़ की तरह का एक अमेरिकी पशु 2 इस पशु की ऊन

alpenstock /ऐल्पनस्टौक/ *n.* पहाड़ों पर चढ़ने की विशेष छड़ी या लाठी

alpha /ऐल्फा/ *n.* 1 ग्रीक वर्णमाला का पहला वर्ण (**α**) 2 प्रारंभ, स्रोत 3 *Br.* परीक्षा में दिए या पाए जाने वाले ग्रेड या अंक: ~ plus/ ~ minus 4 *astron.* तारामंडल में सबसे चमकदार सितारा 5 *communications* नैटो (NATO) के संचार संदेशों में अक्षर **'A'** का प्रतीक;

adj. पशु समूह में प्रबलतम सदस्य से संबंधित: ~ dog;

dw/lw: **~-fetoprotein** /ऐल्फअफीटोप्रोटीन/ *n., med.* (*abbr.* **AFP**) एक प्रकार की प्रोटीन जो गर्भाशय में विकासमान भ्रूण में पैदा हो सकती है और यह शिशु के विकास में कई प्रकार की विकृतियां पैदा कर सकती है; **~numeric/ ~numerical** /ऐल्फअन्युमेरिक/ ~ल/ *adj., comput.* अक्षरों और अंकों से बनी सूचनाओं एवं पाठ को विराम-चिह्नों आदि के बिना चिह्नों और कूट-चिह्नों से दिखाने वाला;

collocations: **~ decay** *phys.* एक प्रकार का रेडियो धर्मी क्षय; **~ male** झुंड में प्रबलतम जानवर; **~ particles** *phys.* कम

सकारात्मक ऊर्जा वाले कण; ~ **ray** कम सकारात्मक ऊर्जा वाले कणों की लहर; ~ **rhythm**/ ~ **wave** *physiol.* तनावरहित मानव दिमाग द्वारा पैदा की जाने वाली कम आवृत्ति की तरंग की वैद्युत गतिशीलता; ~ **radiation** रेडियो धर्मी क्षय के कारण पैदा होने वाली रेडियो-विकिरणता; ~ **test** *comput.* नए कंप्यूटर प्रोग्राम के निर्माता द्वारा किया जाने वाला प्रारंभिक परीक्षण;

p&i: **Alpha and Omega** आदि और अंत; ~ **plus** सर्वश्रेष्ठ

alphabet /ऐल्फअबेट/ *n.* 1 वर्णमाला: the English/Russian ~ 2 प्रारंभिक ज्ञान: ~ of chemistry;

dw/lw: **~ic** /ऐल्फअबेटि\क/ (*also* **~ical** /~कल/) *adj.* वर्ण-क्रम से, वर्णानुक्रमिक: ~ical order; ~ical arrangement/ ~ical order; **~ically** /~कलि/ *adv.* 1 वर्ण-क्रमानुसार, वर्णानुक्रमिक 2 वर्णमालीय; **~ics** /~क्स/ *n.* वर्णमाला के अक्षरों की मदद से पाठ को दूसरी भाषा की लिपि में बदलने की क्रिया; **~ize**/ **~ise** /~साइज/ *v. pt.* ~ized, *pp* ~izing वर्णानुक्रम में रखना; **~ism** /~ज्म/ *n.* अक्षरों द्वारा ध्वनियों का चिह्नन;

collocations: **~ic soup** 1 प्रतीकों, चिह्नों व प्रथमाक्षरियों की बाहुल्यता के कारण जटिल बनी कोई भाषा 2 अक्षर आकार की पास्ता (pasta) वाला शोरबा (soup)

alphenic /ऐल्फेनिक/ *n.* गन्ने की सफेद चीनी

alphorn/ alpenhorn /ऐल्पहॉःन/ ऐल्पनहॉःन/ *n.* मुड़ा हुआ सींग जिसे बजाने के लिए प्रयोग करते हैं

alpine /ऐल्पाइन/ (*also* **Alpine**) *adj.* ऊंचे (ऐल्प) पर्वतों में मौजूद या उन से संबंधित: ~ skiing; ~ gardening; ~ meadows; ~ pastures; ~ plants;

dw/lw: **alpinist** /ऐल्पिनिस्ट/ *n.* ऊंचे पर्वतों की चोटियों पर चढ़ने वाला व्यक्ति

already /ऑलरेडि/ *adv.* 1 पहले 2 पहले ही: ~ paid; when I called he had ~ left 3 इससे पहले, पहले से ही: I've been there ~

alright /आल-राइट/ (*more correct form:* **all right**) *adj.* 1 बिल्कुल ठीक 2 अच्छा 3 ठीक-ठाक, सकुशल

ALS *abbr.* 'Amyotrophic Lateral Sclerosis' की प्रथमाक्षरी

Alsatian /ऐल्सेशन/ *n.* जर्मन शेपर्ड कुत्ता

also /ऑल्सो/ *adv.* 1 भी, इसके अतिरिक्त भी: ~ ran 2 साथ ही 3 इसी तरह;

dw/lw: **~ran** *n.* 1 पराजित प्रत्याशी, प्रतियोगी घोड़ा, कुत्ता, व्यक्ति आदि 2 प्रतियोगिता में अंत से पहला यानी अंतिम स्थान पाने वाला

alstroemeria /ऐल्स्ट्रअमिअरिआ/ *n., pl.* **~s** दक्षिणी अमेरिका का एक सदाबहार पौधा

alt /ऐल्ट/ *n., music* आवाज या वाद्य में ऊंचा स्वर (tone): in ~;

p&i: **be in** ~ आनंदविभोर हो.

alt. *abbr.* 'alternate', 'altitude', 'alto' का संक्षेप

Altaic /ऐल्तेइक/ *adj., ling.* ट्युर्किक, मंगोलियायी और तुंगस आदि भाषाओं के परिवार से संबंधित

altar /ऑल्टः/ *n.* 1 वेदी, वेदिका: family ~; sacrifice at the ~ (वेदी पर बली चढ़ाना) 2 पूजास्थल;

dw/lw: **~age** /ऑल्टअरिज/ *n.* वेदी का चढ़ावा, उपहार, भेंट; **~-boy** *RC Church* वेदी-सेवक; **~-fire** *n.* 1 बली अग्नि 2 धार्मिक क्रियाकर्म; **~piece** *n.* वेदी के पीछे ऊपर लगाया जाने वाला धार्मिक चित्र;

collocations: ~ **cloth** वेदी को ढकने का कपड़ा; ~ **piece** चर्च में वेदी के समीप स्थित चित्र आदि; ~ **rail** वेदी के चारों ओर या सामने लगीं सींखचें या जंगला; ~ **stone** वेदी की शिला; ~ **tomb** छत्तरीदार समाधि;

family ~ पारिवारिक वेदी; **high** ~/ **chief** ~ मुख्य वेदी;

p&i: **lead to the** ~ किसी स्त्री से विवाह क.

alter /ऑल्टः/ *v., pt.* **~ed**, *pp* **~ing** 1 बदलाव क., बदलना, हेर-फेर क.: ~ one's way of living/ mode of life ~ one's mind; ~ radically; ~ one's arrangements 2 आकार बदलना: ~ a decree; ~ clothes; ~ quantitatively/ markedly/ intangibly 3 बदल जा.: Moscow has **~ed** a lot since 1990; ~ subtly/ considerably/ appreciably 4 *US colloq.* बधिया क.;

dw/lw: **~ability** /ऑल्टअरअबिलिटि/ *n.* परिवर्तनीयता; **~able** /ऑल्टरअबल/ *adj.* परिवर्तनीय; **~ant** /ऑल्टअरंट/ *adj.* परिवर्तनकारी, परिवर्तक; **~ation** /ऑल्टअरेशन/ *n.* परिवर्तन, हेर-फेर, फेर-बदल, अदल-बदल, रद्दोबदल, परिवर्तन प्रक्रिया: basic/ significant/ profound ~ations; undergo/ important ~ations; trifling/ subtle ~ations; **~ative** /ऑल्टअरअटिव/ *adj.* 1 परिवर्तक 2 *med.* आपरिवर्ती 3 शक्तिवर्धक पदार्थ

alterca\te /ऑल्टःके\ट/ *v., pt.* **~ted**, *pp* **~ting** 1 झगड़ना, लड़ना-झगड़ना, बहस क. 2 वाद-विवाद में उलझना;

dw/lw: **~tion** /~शन/ *n., pl.* ~tions 1 झगड़ा, कहा-सुनी, तकरार, कलह, वाक्कलह, राड़: domestic ~tion 2 विवाद; **~tive** /~टिव/ *adj.* झगड़ालू, विवादप्रिय

alter ego /ऐल्टः-ईगो/ ऑल्टः-ईगो/ *n., Lat.* 1 घनिष्ठ/ अभिन्न/ अंतरंग मित्र 2 किसी का दूसरा 'मैं' यानी हू-ब-हू उसके समान, उसकी छाया जैसा: his real ~ manifests on being unjustly taunted

alterity /ऑल्टेरिटि/ *n.* भिन्नता, अंतर, असमानता

alter\nance /ऑःल्टः\नंस/ *n.* एकांतरण;

dw/lw: **~nant** /~नंट/ *adj.* एकांतरक: morphemic ~nant

alternando /ऐल्टःनैंडो/ *n.* एकांतर अनुपात

alterna\te /ऑल्टःनअ\ट/ *adj.* 1 एक को छोड़कर दूसरा, दो में से एक: **~te** capital and small letters; work/ serve **~te** shifts 2 एकांतर 3 हर दूसरा: **~te** stresses; on **~te** days/ each **~te** day 4 वैकल्पिक: **~te** day and night; **~te** materials; **~te** emplacement/ target, airdrome; **~te** design;

n. किसी के स्थान पर अस्थाई रूप से काम करने वाला व्यक्ति;

v. /ऑल्टःने\ट/, *pt.* **~ted**, *pp* **~ting** 1 बारी-बारी से हो. या क.: wet days **~te** with fine days; fields **~ted** with meadows; the tide and ebb **~te** with each other 2 एक दूसरे का स्थान लेना: hope and fear **~ted** in my breast; he **~ted** kindness with severity;

dw/lw: **~tely** /~टलि/ *adv.* एक छोड़कर दूसरा, बारी-बरी से; **~ting** /~टिंग/ *adj.* एक-दूसरे का स्थान लेने वाला, बदलता हुआ: ~ting current; ~ting discharge; ~ting motion; ~ting leaf position; ~ting insanity; **~tion** /~शन/ *n.* एकांतरण, क्रमांतरण, प्रत्यावर्तन, अदल-बदल: double ~tion (दोहरी अदल-बदल, द्वयंतरण); single ~tion (इकहरी अदल-बदल, एकांतरण); ~tion of generations *biol.* (पीढ़ियों की अदल-बदल); periodical/ endless, rapid ~tion; the ~tion of day and night/ of cold and heat; **~tive** *see below under separate entry*; **~tor** /~टः/ *n., elec. engin.* 1 आल्टरनेटर 2 प्रत्यावर्तित्र 3 एक उपकरण जो AC विद्युत धारा पैदा करता है

collocations: **~te angles** *[pl.] geom.* आसन्न कोण; **~te current** (*abbr.* **AC**) प्रत्यावर्ती प्रवाह (बिजली का); **~te days/ weeks/ years, etc.** बारी-बारी से हर दिन, हर सप्ताह, हर साल आदि;

p&i: **~te between fits of depression and moments of jubilation** अवसाद के दौरों और आनंदमय पलों का बारी-बारी से आना, कभी खुशी, कभी गम का आना-जाना हो.; **~te between two things** दो वस्तुओं का बारी-बारी से आना; **~te from sth to sth else** एक चीज को दूसरी द्वारा बारी-बारी से बदलना; **~te layers of pasta and sauce** पास्ता और चटनी की बारी-बारी से लगाई हुई परतें; **~te sth with sth** एक चीज को दूसरी द्वारा स्थानांतरित क. या बदना, दो वस्तुओं में अदला-बदली क.;

the mood ~tes from one extreme to the other मिजाज का खुशी और गम के बीच बदलना, कभी-खुशी, कभी गम हो.; **two persons ~te their days off** दो जनों द्वारा एक दूसरे

के साथ बदल-बदलकर अपना (साप्ताहिक) अवकाश लेना

alternative /ऑल्टःनअटिव/ *n.* विकल्प, चारा, दूसरा रास्ता या हल: undesirable ~; propose/ endorse/ reject an ~ 2 कई वस्तुओं या कार्यों आदि में से चुनने की संभावना: there is no other ~ but ...;

adj. (*also US* **alternate**) वैकल्पिक, विकल्पी, दूसरा, दूसरी: must make ~ action plans (कार्य करने की वैकल्पिक योजना अवश्य बनानी चाहिए); the two plans are not necessarily ~ to each other;

dw/lw: **~ly** /~लि/ *adv.* विकल्पतः, वैकल्पिक तौर पर, विकल्प के रूप में, अन्यथा, दूसरी ओर

collocations: **~ birth/ ~ birthing** बिना किसी तकनीकी या शल्य सहायता (चीर-फाड़) के सहज ढंग से होने वाला जन्म या जन्म-क्रिया; **~ comedy** परंपरागत लिंग या जाति आधारित मजाक करने या खिल्ली उड़ाने के स्थान पर अति गहन एवं विचित्र हास्य रस जिसमें 'black and surrealistic humour' का प्रयोग हो; **~ energy** *ecol.* नाभिक या ताप (nuclear or thermal) बिजली के स्थान पर सौर, पन, तरंग या पवन आदि (solar, hydro-, wave, wind etc.) अन्य स्रोतों से पैदा की जाने वाली ऊर्जा; **~ medicine/ complementary medicine** 1 वैकल्पिक औषधि 2 परंपरागत चिकित्सा (शल्य क्रियाएं, बहु आयामी रासायनिक औषधियों के प्रयोग) के स्थान पर वैकल्पिक यानी सुई क्रिया (acupuncture), होमियोपैथी (homeopathy), आयुर्वेद आदि चिकित्सा विधियां; **~ technology** (*also* **intermediate technology**) विकास प्रक्रिया में नवीनतम और आधुनिकतम तकनीकों का प्रयोग; **Alternative Vote** *politics* एक ऐसी मतदान प्रणाली जिसमें मतदाता उम्मीदवारों को पहली, दूसरी, तीसरी ... आदि पसंद के रूप में दर्शाते हुए मत देते हैं

p&i: **no ~ but to take the examination** परीक्षा देने के सिवा कोई चारा नहीं; **taking a train could be a good ~** रेल से जाना एक अच्छा विकल्प है;

alternatively *see above under* **alternative: *dw/lw***

alternator *see above under* **alternate: *dw/lw***

althaea /ऐल्थीआ/ *n., pl.* **~s** गुलाबी फूलोंवाला एक पौधा

althorn /ऐल्थॉःन/ *n., music* सैक्साफोन श्रेणी का एक वाद्य

although /ऑल्दो/ *conj.* 1 (***syn.*** though) यद्यपि, हालांकि: ~ they tried hard, they did not succeed 2 परंतु, लेकिन, किंतु: I'll be there, ~ I may be late 3 के बावजूद

altiloquence /ऐल्टिलअकवंस/ *n., rhetorics* शब्दाडंबरता, शब्दजाल

altimeter /ऐल्टिमीटर/ (*also* **radio altimeter**) *n., aeronautics* तुंगतामापी, ऊंचाई-मापक यंत्र

altisonant /ऐल्टिसअनंट/ *adj.* शब्दाडंबरपूर्ण, शब्दजालपूर्ण

altitude /ऐल्टिट्यूड/ *US* -टूड/ *n.* 1 ऊंचाई, तुंगता, ऊंचा स्थान: an ~ of 10,000 ft; breath-taking/ dizzy/ unattainable ~; gain an ~ of; be/ live at an ~ of ...; it is difficult to breathe in these **~s** 2 उच्चता, महत्त्व (in rank) 3 त्रिभुज का शीर्षलंब (of a triangle) 4 *astron.* उन्नतांश;

collocations: **~ chamber** ऊंचाई कक्ष, बैरोकक्ष; **~ control** ऊंचाई नियंत्रण; **~ correction** ऊंचाई सुधार; **~ sickness** तुंगता मिचली, *also see* **mountain sickness;**

p&i: **grab for ~** 1 प्रतिद्वंद्वी से ज्यादा ऊपर जाने की होड़ 2 आपे से बाहर हो., क्रोध से लाल-पीला हो.;

alt key (*also* **ALT key**) /ऑल्ट की/ कंप्यूटर में दूसरे बटनों के साथ मिलाकर दबाया जाने वाला एक बटन

alto /ऐल्टो/(*also* **contralto**) *n., pl.* **~s** 1 गाने वाले व्यक्ति की सबसे धीमी आवाज (lower than soprano) 2 ऐसी आवाज में गाने वाला व्यक्ति 3 'alto' स्वर वाला संगीत;

adj. 1 दूसरा उच्चतम स्वर वाला वाद्य या गायक 2 मरदानी टीप;

dw/lw: **~cumulus** /ऐल्टोक्यूम्युलस/ *n., pl.* **~cumuli** /ऐल्टोक्यूम्युलि/ *meteorol.* 1 मध्य कपासी 2 आसमान में 2000 से 7000 मीटर की ऊंचाई पर विचरते सफेद और भूरे रंग के बादल; **~relievo** /ऐल्टोरिलीवो/ *n., pl., art,* **~s**, 'High Relief' (सामान्य सतह से कहीं प्रखर उभारों वाली पत्थर की मूर्ति) का दूसरा नाम; **~stratus** /ऐल्टोस्ट्रेटस/ ऐल्टोस्ट्राःटस/ *n., pl.* **altostrati,** *meteorol.* 1 मध्यस्तरी 2 आसमान में 2000 से 7000 मीटर की ऊंचाई पर विचरते भूरी चादर-से दिखने वाले बादल 3 बहु-सतही बादल

collocations: **~ clef** *music* लिखित मध्यम संगीत स्वरों के आरंभ में बना चिह्न

altogether /ऑल्टअगेदः/ *adv.* 1 बिल्कुल, बिल्कुल ही, पूर्णतया, पूरी तरह से, पूर्णरूपेण, पूर्ण रूप से: the train stopped ~ 2 कुल, कुल मिलाकर: ~ the trip costs 10,000 rupees; ~ it was a wonderful holiday; not ~ bad 3 सामान्यतः, आम तौर से: ~, I am not sorry I stayed after all 4 कुल: there are ~ ten students in the group;

n. कुल जोड़, समिष्टि;

p&i: **in the ~** *colloq.* नग्न

altricial /ऐल्ट्रिशिअल/ *n., zool.* छोटे-नन्हे चूजों को जन्म देने वाला पक्षी;

adj. उड़ने और देखने में अक्षम छोटे-नन्हे चूजों से संबंधित

alt-right /अलेट राइट/ *n.* (***syn.*** ultra right) एक अति दक्षिणपंथी व पुराणपंथी विचारधारा और इंटरनेट के माध्यम से उसे फैलाने के प्रयास

altru\ism /ऐल्ट्रूइ\ज्म/ *n.* 1 परोपकारिता, परार्थवाद 2 निःस्वार्थ परहितवाद 3 दूसरों के लिए निःस्वार्थ चिंता: genuine **~ism;**

dw/lw: **~ist** /~स्ट/ *n.* परोपकारी, परहितवादी; **~istic** /~स्टिक/ *adj.* निःस्वार्थ; **~istically** /~स्टिकलि/ *adv.* निःस्वार्थ भाव से

ALU *abbr. comput.* 'arithmetic logic unit' की प्रथमाक्षरी

alula /ऐल्यूला/ (*also* **bastard wing**) *n., pl.* **alulae/ alulas** *zool.* कई पक्षियों में एक साथ उगने वाले 3-6 पंखों का समूह

alum /ऐलम/ *n.* फिटकरी: exsiccated ~ (सुखाई हुई फिटकरी)

alumin\ium /ऐल्युमि\निअम/ ऐल्यअमि\निअम/ *UK* (*US* **aluminum** /अलूमि\नम/) *n.* ऐलुमिनियम, एक हल्की सफेद धातु (symbol **Al**);

dw/lw: **~ize/ ~ise** /~नाइज/ *v. pt.* ~ized, *pp* ~izing ऐलुमिनियम, की परत चढ़ाना; **~osilicate** /~नोसिलिकट/ *n., chem.* अलुमिना (alumina) और सिलिका (silica) से बना एक रासायनिक यौगिक (compound); **~ous** /~नस/ *adj.* अल्युमिना, फिटकरी (alum), सिलिका (silica) आदि जैसा या इन तत्त्वों के कुछ अंशोंवाला

alumna /अलम्ना/ *n., Lat., pl.* **alumnae** /अलम्नी/ स्कूल, कॉलेज या विश्वविद्यालय की भूतपूर्व छात्रा, भूतपूर्व स्नातिका;

dw/lw: **alumnus** /अलम्नस/ *n., pl.* **alumni** /अल्मनाइ/ स्कूल, कॉलेज या विश्वविद्यालय का भूतपूर्व छात्र, भूतपूर्व स्नातक

alunite /ऐल्यूनाइट/ *n.* फिटकरी-पत्थर

ALV *abbr.* 'artificial lung ventilation' की प्रथमाक्षरी

alveary /ऐल्विअरि/ *n.* 1 शहद का छत्ता 2 (**"Alveary"**) प्रथम बहुभाषी शब्दकोश का नाम 3 *anat., pathol.* कर्ण-उलूखल

alveolar /ऐल्वीअलः/ *adj., anat.* वर्त्स्यः: the ~ ridge behind the front teeth;

n. ऊपरी दांतों के सामने के किसी भाग से स्पर्श करने से पैदा होने वाली ध्वनि

alveolate /ऐल्विओलेट/ *adj., anat.* छिद्रिल

alveolitis /ऐल्विओलाइटिस/ *n., anat.* दंत-उलूखल शोथ

alveolus /ऐल्वीअलस/ ऐल्विओलस/ *n., pl.* **alveoli** /ऐल्वीअलाइ/ ऐल्विओलाइ/ *anat.* 1 (*also* **pulmonary alveolus**) वर्त्स, फेफड़ों में लाखों पतली झिल्लियों से बनीं छोटी-छोटी थैलियों में से कोई एक, जिसमें सांस की हवा की ऑक्सिजन और रक्त की कार्बन डाइऑक्साइड में अदला-बदली होती है 2 (*also* **dental alveolus**) दाढ़ या दांत का छेद, दंत-उलूखल 3 कूपिका, किसी अंग में कोई छोटी-सी पिचकन

alvine /ऐल्विन/ *adj.* उदरीय, पेट-संबंधी: ~ flux/ ~ discharge (अतिसार, दस्त)

always /ऑल्वेज/ *adv.* 1 हमेशा, सदा, सर्वदा: not ~ 2 हर बार, प्रत्येक बार 3 बार-बार, अनेक बार: ~ happening 4 लगातार, निरंतर, बराबर: can/ could ~ do sth 5 भविष्य में हमेशा: I'll ~ love you;

p&i: **~ criticizing sb or the other** आलोचना करना (उसकी) आदत है; **~ in a tight position** सदा तंग हाथ, हमेशा फटे हाल; **~ is a long time** सदा एक लंबा समय है; **~ yours** सदा आपका;

as ~ हमेशा की तरह, आदतन;

alyssum /ऐलिसम/ अलिसम/ *n.* एक सजावटी पौधा

Alzheimer's (disease) /ऐल्तशाइमःज (डिजीज)/ *n., pathol.* (***syn.*** senile dementia) एक असाध्य दिमागी रोग जिसमें दिमागी कोशिकाओं के क्षय के कारण धीरे-धीरे स्मरण शक्ति समाप्त होती जाती है और संपूर्ण व्यक्तित्व नष्ट होता जाता है

AM *abbr.* 'amplitude modulation', 'Accounting Manager', 'Assistant Manager' की प्रथमाक्षरी

Am *symbol, chem.* 'americium' का चिह्न

a.m. (*also* **am**)/**A.M.** (*also* **AM**) *abbr.* 'Ante Meridiem' की प्रथमाक्षरी (दोपहर से पहले, आधी रात और दोपहर के बीच)

am /ऐब/*aux. v.* हूं

AMA *abbr.* 'American Medical Association' की प्रथमाक्षरी

amiability /ऐमअबिलिटि/ *n.* चित्ताकर्षणता, रमणीयता, मोहकता

amain /अमेन/ *adv.* 1 पूरी शक्ति से 2 पूरी रफ्तार से 3 पूरे जोर-शोर से 4 अचानक 5 जल्दी से

amai\ne /अमेन/ *v., pt.* **~ned**, *pp* **~ning** 1 कमजोर पड़ना, मंद पड़ना 2 हार मानने के संकेत में झंडे को झुकाना

amalgam /अमैल्गम/ *n.* 1 सम्मिश्रण, मिश्रण 2 *chem.* पारद मिश्रण 3 विलयन 4 समामेलन;

dw/lw: **~ate** /अमैल्गअ\मेट/ *v., pt.* ~ated, *pp* ~ating 1 (***syn.*** merge) मिलकर एक हो जा. या मिलाकर एक बनाना: ~ate companies/ businesses; ~ate interests 2 मिश्रित क. या हो. 3 सम्मिलित क.; **~ate** *adj.* 1 जुड़ा हुआ, मिला हुआ 2 मिश्रित; **~ated** /~मेटिड/ *adj.* पारदित, मिश्रित, समामेलित, एकीकृत; **~ating** *adj.* मिलने या मिलाने वाला: ~ating languages (संल्यत्मक भाषाएं); **~ation** /~मेशन/ *n.* मिश्रण, पारदन, एकीकरण, सम्मिश्रण: ~ation of railway companies; industrial ~ation; compulsory ~ation; racial/ ethnic ~ation; **~ative** /~मेटिव/ *adj.* सम्मिश्रक

amanita /ऐमअनाइटा/ *n., pl.* **~s**, *biol.* छतरीदार (जहरीली) खुमी

amanous /अमानस/ *n.* हस्तहीनता

amanuen\sis /अमैन्युअ\सिस/ *n., pl.* **~ses** /~सीज/ 1 साहित्यिक श्रुतिलेखक, लिपिक, किसी के लिए लिखने वाला 2 साहित्यिक डिक्टेशन सेक्रेटरी

AMAP *abbr.* 'Arctic Monitoring Assessment Program' की प्रथमाक्षरी

amaranth /ऐमअरैंथ/ *n.* 1 *poetic* एक सदाबहार पौधा, कभी न मुरझाने वाला कल्पित फूल 2 चौलाई 3 मरसा 4 जंगली चौलाई;

dw/lw: **~ine** /~थिन/ *adj.* 1 सदाबहार 2 बैंगनी (colour)

amaretti /ऐमअरेत्ति/ *n.* बादाम के स्वाद वाला इतालवी बिस्कुट

amaretto /ऐमअरेतो/ *n.* बादामी स्वाद की एक इतालवी मदिरा

amaryllis /ऐमअरिलिस/ *n.* 1 *poet.* ग्वालिन, चरवाहिन 2 तुरही आकार का एक ऊंचा सफेद, गुलाबी या लाल फूल

amass /अमैस/ *v. pt.* **~ed**, *pp* **~ing**, *s/he/it* **~es** 1 (***syn.*** accumulate) ढेर सारी सूचना, धन या अन्य किसी वस्तु को एकत्र क., बटोरना, संचय क., संचित क.: ~ riches 2 ढेर लगाना, जमा क.

amastia /अमैस्टिआ/ *n.* स्तनहीनता, छाती के स्तनों का जन्मजात अभाव

amateur /ऐमअ\टः/ *adj.* 1 शौकिया: play the ~ detective; ~ dramatics/ theatre (अव्यवसायी रंगमंच) 2 अव्यावसायिक; ***n.*** 1 शौकिया तौर से किसी कार्य को करने वाला, शौकिया खिलाड़ी या संगीतकार आदि: gifted ~ 2 नौसिखिया (नौसिखुआ), अनाड़ी: mere ~; ~ painter; ~ photographer; ~ sportsman 3 सतही जानकारी या ज्ञान रखने वाला: complacent ~ 4 शौकीन व्यक्ति: enthusiastic ~;

dw/lw: **~ish** /~टअरिश/ (*also* **amateur**) *adj.* 1 नौसिखुआ, अनुभवहीन, अनाड़ी, कच्चा, अपरिपक्व: ~ish attempt; ~ish work 2 अदक्ष, अप्रवीण, बेढंगा 3 शौकिया; **~ly** /~टरलि/ अनाड़ी की तरह, अव्यावसायिक ढंग से; **~ness** /~टरनेस/ *n.* अव्यावसायिकता, अनाड़ीपन;

collocations: **~ dramatics** शौकिया नाटक मंचन

ama\tive /ऐमअ\टिव/ *adj.* 1 प्रेम-प्रपंच में पड़ने को सदा आतुर 2 कामुक, कामी;

dw/lw: **~torial** /~टॉरिअल/ *adj.* वासनापूर्ण, कामुक; **~torially** /~टॉरिअलि/ *adv.* कामुक ढंग से; **~tory** /~टरि/ *adj.* 1 वासनापूर्ण, कामुक: sb's ~tory exploits 2 श्रृंगारिक, श्रृंगारात्मक

amaurosis /ऐमॉरोसिस/ *n., pathol.* काच, तंत्रिकांधता, आंख के तंतु बेकार होने के कारण होने वाला आंशिक या पूर्ण अंधापन

ama\ze /अमे\ज/ *v., pt.* **~zed**, *pp* **~zing** चकित/ विस्मित/ हैरान क., चकराना: **~ze** sb by/ with/ sth; be **~zed** at sth; he is utterly **~zed**;

dw/lw: **~zed** /~जड/ *adj.* विस्मित, आश्चर्य चकित, भौचक्का, हक्का-बक्का; **~zedness** /~जडनेस/ *n.* विस्मय, अचंभा; **~zement** /~जमंट/ *n.* विस्मय, आश्चर्य: sheer/ blank ~zement; in mute ~zement; ~zement at sth; filled/ struck with ~zement; **~zing** /~जिंग/ *adj.* (***syn.*** astounding) आश्चर्यजनक, विस्मयकारी; **~zingly** /~जिंग्लि/ *adv.* आश्चर्यपूर्वक

Amazon /ऐमअजन/ *US* ऐमअजाःन/ *n., Gr. myth.* 1 स्काइदिया जैसी वीर-गाथा वीरांगनाओं के राष्ट्र की सदस्या 2 (*usually* **amazon**) लंबी-ऊंची, सुगढ़, सबला महिला योद्धा 3 दक्षिण अमेरिका की दुनिया में सबसे बड़ी नदी अमाजोन (Amazon river) से संबंधित 4 (**amazon**) एक अमेरिकी तोता;

dw/lw: **Amazonian** /ऐमअजोनिअन/ *adj.* 1 ऐमाजोन जैसी या उससे संबंधित 2 ऐमाजोन जैसी लंबी-ऊंची, सुगढ़, सबला महिला से संबंधित 3 ऐमाजोन नदी से संबंधित;

collocations: **~ ant** यूरोप और अमेरिका में पाई जाने वाली एक चींटी; **the Amazonian rainforest** ऐमाजोनी वर्षा वन

ambag\es /ऐंबे\जीज/ *n., [pl.]* 1 टाल-मटोल 2 वक्रोक्ति या व्यंग्य 3 टेढ़े-मेढ़े रास्ते 4 काली करतूतें;

dw/lw: **~ious** /~जिअस/ *adj.* 1 वक्र 2 हेर-फेरदार 3 टाल-मटोलू 4 घुमा-फिराकर बोलने वाला; **~iousness** /~जिअसनेस/ *n.* 1 टाल-मटोली 2 हेरा-फेरी 3 वक्रता, टेढ़ा-मेढ़ापन, घुमाव-फिराव

ambassa\dor /ऐंबैसअ\डः/ *n.* 1 राजदूत: raise to the rank of **~dor**; act as sb's **~dor** in a negotiation 2 दूत: an **~dor** of goodwill (सद्भावना दूत); an **~dor** of peace (शांति का दूत);

dw/lw: **~~dorial** /~डॉरिअल/ *adj.* राजदूत संबंधी, राजदूतीय: ~dorial talks; **~dorship** /~डःशिप/ *n.* राजदूत का कार्य, पद, काल; **~dress** /~ड्रेस/ *n., pl.* ~dresses 1 महिला-राजदूत 2 राजदूत की पत्नी;

collocations: **~dor at large** अप्रतिनियुक्त राजदूत, ऐसा दूत जो भिन्न-भिन्न देशों में होने वाली वार्ताओं में किसी देश का प्रतिनिधित्व करने जाता है; **~dor extraordinary** असाधारण अधिकार संपन्न राजदूत; **~dor plenipotentiary** पूर्णाधिकार-प्राप्त राजदूत;

Ordinary/ Resident ~dor साधारण या आवासी राजदूत

ambassy /ऐंबैसि/ (= **embassy**) *n.* दूतावास

amber /ऐंबः/ *n.* 1 तृणमणि, कहरुबा, राल, अंबर 2 एक प्रकार के

पेड़ों से प्राप्त एक सख्त पीला-भूरा गोंदनुमा सख्त पदार्थ जिससे गहने बनाए जाते हैं: ~ Fauna (अंबर में मिलने वाली जानवरों की छाप); ~ Flora (अंबर में मिलने वाली पेड़-पौधों की छाप) पीली ट्रैफिक बत्ती;

adj. 1 पीला 2 अंबरीय;

collocations: **~ fluid** बीयर; **~ gambler** *Br. colloq.* हरी बत्ती से पीली होती हुई बत्ती (traffic light) पर तेजी से गाड़ी चलाकर चौराहा पार करने वाला ड्राइवर

ambergris /ऐंबःग्रीस/ ऐंबःग्रिस/ *n.* व्हेल मछली की आंतों में मिलने वाला मोम जैसा एक पीला-भूरा अति सुगंधमय पदार्थ जिसे अभी कुछ समय पहले तक इत्र जैसे सुगंधित द्रव (perfumes) को बनाने में प्रयोग किया जाता था

amberjack /ऐंबःजैक/ *n.* अटलांटिक महासागर में मिलने वाली एक मछली

AMBI *abbr.* 'Association of Merchant Bankers of India' की प्रथमाक्षरी

ambi- *prefix, denoting:* **both**, **on both sides** (दोनों, दोनों तरफ)

ambiance *see under* **ambience**

ambidexter /ऐंबिडेक्स्टः/ *n.* 1 सव्यसाची, दुबाहियां, उभयहस्त व्यक्ति 2 दोनों हाथों से समान रूप से काम कर सकने वाला व्यक्ति 3 दुतरफा चाल चलने वाला, धोखेबाज, दुरंगा आदमी;

adj. 1 सव्यसाची, दुबाहियां, उभयहस्त 2 दोनों हाथों से समान रूप से काम कर सकने वाला 3 धोखेबाज, दुरंगा;

dw/lw: **~ity** /~क्स्टरिटि/ *n.* 1 सव्यसाचिता, उभयहस्तकौशल 2 दुरंगापन, दोमुंहापन; **~ous/ ambidextrous** /~क्स्ट्रस/ (*also* **ambidextral**) *adj.* 1 सव्यसाची, दुहत्था, दुबाहियां 2 दोमुंहा, धोखेबाज, दुरंगा; **~ously/ ambidextrously** *adv.* दोनों हाथों से एक समान काम करते हुए, दुहत्था काम करते हुए

ambience (*also* **ambiance**) /ऐंबिअंस/ औंबिऔंस/ *n.* किसी स्थान विशेष का परिवेश या माहौल, वातावरण, परिवेशीय प्रभाव

ambient /ऐंबिअंट/ *n.* परिवेशी, आस-पास का: ~ noise/ temperature [आस-पास का शोर (परिवेश रव) या तापमान (परिवेश ताप)]; ~ illumination/ lighting (परिवेश दीप्ति); ~ electronic music

ambigenal /ऐंबिजिनल/ *adj., rhetorics* द्वयर्थक, मिश्रित

ambigenous /ऐंबिजिनस/ *adj.* मिश्रित, संकर

ambigu\ity /ऐंबिग्यूअ\टि/ *n., pl.* **~ities** 1 द्वयर्थकता, अस्पष्टता, द्विधार्थकता, अनेकार्थकता: the **~ity** of the relationships; express oneself with **~ity**; there is a slight **~ity** in his words; apparent/ deliberate **~ity**; 2 दुविधा, जटिलता, अस्पष्टता: answer without any **~ity**; no shadow of **~ity** 3 संदिग्धता 4 श्लेष, द्वयर्थक कथन, अलंकार: postmodern **~ity**; use **~ities**;

dw/lw: **~ous** /ऐंबिग्युअस/ *adj.* 1 (***syn.*** unambiguous) द्वयर्थक, अस्पष्ट: offensively ~ous; ~ous answer 2 उलझाने वाला, जटिल: ~ous terms; ~ous statement 3 संदिग्ध: undeniably ~ous 4 श्लेषात्मक, अनेकार्थ(क) अलंकारपूर्ण: ~ous words/allusions; ~ous style; **~ously** / ऐंबिग्युअसलि/ *adv.* 1 द्वयर्थक रूप में 2 अस्पष्ट या संदिग्ध ढंग से; **~ousness** / ऐंबिग्युअसनेस/ *n.* द्वयर्थकता, अस्पष्टता, द्विधार्थकता, अनेकार्थकता

ambil(a)evous /ऐंबिलीवस/ *adj.* बेढंगा, फूहड़

ambilateral /ऐंबिलैटरल/ *adj.* उभयवर्त्ती, उभयलैंगिक

ambiphonies /ऐंबिफनीज/ *n., [pl.], phys.* उभयध्वनिकता

ambisexual /ऐंबिसेक्सुअल/ *adj.* उभयलैंगिक

ambisonics /ऐंबिसोनिक्स/ *n., [sing.]* बहुपथीय चैनलों के प्रयोग द्वारा अत्यधिक विश्वसनीय ध्वनि पैदा करने की प्रणाली

ambit /ऐंबिट/ *n.* 1 परिधि, घेरा, सीमा: within the ~ of 2 विस्तार, फैलाव, क्षेत्र 3 परिवेश, पास-पड़ोस 4 अधिकार-क्षेत्र

ambition /ऐंबिशन/ *n.* 1 ज्वलंत अभिलाषा या तमन्ना: stifle ~; it is his ~ to become a writer 2 महत्वाकांक्षा, उच्चाकांक्षा: tremendous/ satisfied ~; have no ~ whatever; absurd ~ 3 सफलता पाने की तीव्र इच्छा/ उत्कंठा: achieve/ cherish **~s**; success crowned his ~ 4 सत्ता की भूख: free from ~ 5 महत्वाकांक्षापूर्ण स्वप्न: youthful ~; lifelong ~; sole ~; lofty **~s**;

dw/lw: **~less** /~लेस/ *adj.* महत्त्वाकांक्षाहीन

ambitious /ऐंबिशिअस\/ *adj.* 1 महत्वाकांक्षी, उच्चाकांक्षी: an ~ plan; ~ program 2 महत्वाकांक्षापूर्ण: ~ of/ for power 3 सफलता-अभिलाषी: extremely ~; ~ of wealth/ honour 4 चुनौती-भरा 5 शानदार, अनावश्यक रूप से अलंकारपूर्ण या भव्य, शब्दाडंबरपूर्ण: ~ style; ~ artist 6 दिलेर, दुःसाहसी: far too ~; ruthlessly/ mercilessly ~; ~ to do sth;

dw/lw: **~ly** /~लि/ *adv.* दिलेरी से, हिम्मत से; **~ness** /~नेस/ *n.* 1 महत्त्वाकांक्षा, उच्चाकांक्षा 2 दिलेरी

ambiva\lence/ ~lency /ऐंबिव\लंस/ ~लंसि/ *n., originally psychol.* 1 द्वयर्थकता, द्वैधवृत्ति, उभयवृत्तिता, उभयप्रवणता, 'हां' भी और 'न' भी की स्थिति: **~lence**-version (उभयमुखता) 2 श्लेषात्मकता, अस्पष्टता, दुचित्तापन: **~lence** towards TV and its effects on our lives;

dw/lw: **~lence-vert** /~लंस-वःट/ *adj.* उभयमुखी; **~lent** /~लंट/ *adj.* द्वयर्थक, दोअर्थी, उभयभावी, दुचित्ता 'हां' और 'न' वाला (उत्तर आदि): feel ~lent about one's job; **~lently** /~लंटलि/ *adv.* द्वयर्थक रूप में, दोहरे मायने में

amble /ऐंबल/ *v., pt.* **~d**, *pp* **ambling** 1 (***syn.*** stroll) टहलना, चहलकदमी क.: ~ along/ around/ through, etc. (कहीं से टहलते हुए जा.); ~ lazily 2 रहवाल चलना (of horse) 3 घोड़े द्वारा दुगामा चलना, मंथर गति से घूमना;

n. 1 मंथर गति 2 रहवाल

amblosis /ऐंब्लोसिस/ *n.* गर्भपात;

dw/lw: **ambolic** *n., med.* गर्भपात करवाने वाला पदार्थ; **ambolic** *adj.* गर्भपात करवाने वाला

amblyopia /ऐंबलिओपिआ/ *n., pathol.* दृष्टि पटल (retina) या दृक्-तंत्रिका (optic nerve) में आए किसी विकार के कारण हुई मंद दृष्टि, मंददृष्टिता

ambrette /ऐंब्रेट/ *n.* मुश्कदाना

ambroid /एंब्रॉइड/ *or* **amberoid** /ऐंबअरॉइड/ *n.* दूसरे पदार्थों में मिलाने के लिए ढाला हुआ अंबर या तृणमणी/ कहरुबा

ambrosia /ऐंब्रोजिआ/ *n.* 1 *Greek mythol., most commonly* सदा युवा व सुंदर रखने वाला देव-भोज (the food of the gods) 2 सदा युवा व सुंदर रखने वाला देव पेय (drink), अमृत, सुधा 3 दिव्य पदार्थ 4 स्वादिष्ट भोज्य पदार्थ;

dw/lw: **~l** /ऐंब्रोजिअल/ *adj.* 1 अमृतमय 2 दिव्य 3 स्वादिष्ट, मधुर 4 सुगंधित: ~l air; **~n** /ऐंब्रोजिअन/ *adj.* 1 अमृतमय 2 अमृत-सा स्वादिष्ट

ambs-ace /एम्ज-एस/ 1 दोहरा इक्का 2 पासे के खेल में सबसे कम अंक (नंबर) 3 बहुत कम 4 बदकिस्मती, दुर्भाग्य (bad luck)

ambulance /ऐंब्युलंस/ ऐंब्यलंस/ *n.* ऐंबुलेंस, अस्पताल-गाड़ी, रोगीवाहन: ~ airplane; ~ orderly; ~ station for accidents; ~ box;

collocations: **~ chaser** *US sl.* ग्राहक के साथ पहले से की गई सांठगांठ के तहत दुर्घटना स्थल पर मौजूद या उसके थोड़ी देर बाद बुलाया जाने वाला वकील जो मोटी रकम की खातिर भारी-भरकम नुकसान का दावा ठोक देता है

ambulant /ऐंब्युलंट/ ऐंब्यलंट/ *adj.* 1 चलने में सक्षम, चलने-फिरने लायक (बीमार व्यक्ति के बारे में) 2 गतिमान (ऐसी बीमारी या चोट जिसमें रोगी को बिस्तरे में लेटे रहने की आवश्यकता नहीं होती) 3 एक स्थान से दूसरे को चलते रहने वाला, घुमंतू: ~ merchant; ~ clinic

ambula\te /ऐंब्युले\ट/ ऐंब्यले\ट/ *v., pt.* **~ted**, *pp* **~ing** चलना-फिरना, टहलना;

dw/lw: **~tion** /~शन/ *n.* टहल, चलन, गतिमानता; **~tory**

/~टरि/ *adj.* 1 (***syn.*** mobile) चल, संचारी, स्थान-स्थान पर घूमने वाला, घुमंतू: ~tory court; an ~tory care service 2 चलने-फिरने, घूमने, टहलने आदि के अनुकूल यानी मात्र चलने के लिए बनाई हुई गली, सड़क, मोहल्ला: ~tory corridor 3 *med.* = ambulant चलनक्षम, चलने-फिरने में सक्षम 4 *law* अस्थायी, अस्थिर 5 परिवर्ती (variable); **~tory** *n.* 1 छत्ता 2 आच्छादित मार्ग, घूमने-फिरने का ढका पथ

ambusca\de /ऐंबस्केड/(**ambuscade** = **ambush**) *n.* घात, ताक;

v. *pt.* **~ded**, *pp* **~ding** घात या ताक में रहना, घात लगाकर बैठना

ambush /ऐंबुश/ *v., pt.* **~ed**, *pp* **~ing** 1 घात लगाकर हमला क. 2 पहरा लगाकर टूट पड़ना या हमला क.;

n. 1 घात, घात-स्थान, आड़, ताक: lie/ lurk in ~; make/ lay an ~ 2 पहरा (*Hr.*)

AMC *abbr.* 'annual maintenance contract', 'Army Medical Corps', 'Asset Management Company', 'Auto-Milk Collection (station)' की प्रथमाक्षरी

AMCA *abbr.* 'American Medical College Association' की प्रथमाक्षरी

AMCHAM *abbr.* 'American Chamber of Commerce in India' की प्रथमाक्षरी

AMD *abbr.* 'age-related muscular degeneration', 'Atomic Mineral Directorate' की प्रथमाक्षरी

AME *abbr.* 'Aircraft Maintenance Engineering' की प्रथमाक्षरी

ameb\a *US* (*UK* **amoeba**) /अमीबा/ *n.* अमीबा, एक चल रोगाणु जो पेचिश आदि बीमारी पैदा करता है;

dw/lw: **~ic** /अमीबिक/ *adj.* अमीबा या एक विशेष रोगाणु से संबंधित: ~ic dysentery (अमीबा जनित पेचिश)

amelia /अमीलिआ/ *n. biol.* जन्मजात अंग (हाथ या पांव) हीनता

ameliora\ble /अमीलिअ\रअबल/ *adj.* सुधार्य, जिसे ठीक किया जा सके, जिससे राहत दिलाई जा सके;

dw/lw: **~nt** /~रंट/ *adj.* सुधारक

ameliora\te /अमीलिअरे\ट/ *v., pt.* **~ted**, *pp* **~ting** 1 राहत दे. 2 समस्या को सुलझाना 3 सुधारना 4 बेहतर क.;

dw/lw: **~tion** /~शन/ *n.* 1 बीमार या गरीब आदमी आदि की स्थिति में सुधार 2 *ling.* शब्द के पुराने अर्थ की अधिक सकारात्मक नए अर्थ द्वारा पदच्युति यानी सुधार; **~tive** /~टिव/ *adj.* सुधारक, राहत देने वाला

amen /आमेन/ एमेन/ *excl., interj.* 1 आमीन! ईसाइयों द्वारा प्रार्थना के अंत में उच्चरित शब्द: sing the ~ 2 तथास्तु 3 'ओम् शांति-शांति-शांति!' की तरह ईसाई प्रार्थना के अंत में उच्चरित;

p&i: **say ~ to sth** 1 किसी समस्या का अंत होने पर यानी राह के रोड़े के हटने पर खुश हो. 2 राजी हो जा.

amenability /अमीनअबिलिटि/ *n.* अनुकूलता, आज्ञाकारिता, विनम्रता

amena\ble /अमीनअ\ब्ल/ *adj.* 1 वश्य, अनुकूल, सुनने-मानने वाला, आज्ञाकारी, विनम्र: **~ble** to discipline; winningly **~ble**; sufficiently **~ble** 2 किसी दूसरे के सुझाव, नसीहत, विचार या पथप्रदर्शन को सहर्ष स्वीकार करने या मान लेने वाला: **~ble** to suggestion; **~ble** to reason 3 (***syn.*** answerable) उत्तरदायी, जिम्मेवार, जवाबदेह: **~ble** to tribunal 4 अधीन, परीक्षणीय (subject to physical laws) 5 परिवर्तनीय 6 के प्रति जरूरत से ज्यादा संवेदनशील (कमजोर): **~ble** to flattery; scarcely **~ble**; **~ble** to the touch;

dw/lw: **~bleness** /~बलनेस/ *n.* आज्ञाकारिता, उत्तरदायित्व, विनम्रता; **~bly** /~बलि/ *adv.* विनम्रतापूर्वक, मित्र भाव से

amend /अमेंड/ *v., pt.* **~ed**, *pp* **~ing** 1 संशोधन क.: it is never late to ~ 2 सुधारना, सुधर जाना: ~ one's way of living (one's conduct); ~ your manners! 3 क्षतिपूर्ति क., भरपाई क.: make **~s** for sth (भरपाई क.);

dw/lw: **~able** /अमेंडअबल/ *adj.* सुधार के योग्य, जिसमें सुधार किया जा सके, संशोधनीय; **~atory**/ **~ing** /अमेंडअटरि/ *adj.* संशोधी, संशोधक; **~ed** /अमेंडिड/ *adj.* संशोधित; **~er** /अमेंडः/ *n.* सुधारक, संशोधक; **~ment** /अमेंडमंट/ *n.* 1 संशोधन, सुधार: move/ propose an ~ment to the Bill (to the resolution/ to the text); make/ insert/ reject) an ~ment; second ~ment 2 त्रुटिसुधार: ~ment list 3 क्षतिपूर्ति, भरपाई; **~s** /अमेंड्ज/ *n. [pl.]* क्षतिपूर्ति, हरजाना;

p&i: **amende honorable** /अमांडअनअराबल/ *Fr.* 1 पूरी क्षतिपूर्ति 2 अपमान करने के लिए सब के सामने क्षमा-याचना, सार्वजनिक क्षमायाचना; **a wrecking ~ment** विधेयक के अनुमोदन को बाधित करने के लिए प्रस्तुत सुधार; **make ~s** भूल सुधारना, क्षतिपूर्ति क., अफसोस जताकर स्थिति सुधारना

amene /अमीन/ *adj.* सुरुचिकर, शिष्ट, शालीन

ameni\ty /अमी\निटि/ अमीनअटि/ *n., pl.* **~ties** /~निटीज/~नअटीज/ 1 सुविधाएं, सुख-साधन, प्रसाधन, सहूलियत, आराम: **~ties** of life 2 मनोहरता, रमणीयता: the **~ty** of the Kashmir's climate; **~ties** of nature 3 सौम्यता, सौजन्य: the **~ty** of temper 4 शिष्टता, विनम्रता 5 शिष्टाचार के शब्द 6 सामाजिक शालीनता, भद्रता, सज्जनता (social courtesies and civilities);

collocations: **~ties of actions** किसी कार्य के करने में दिखने वाली शालीनता व शराफत; **~ties of conduct** आचारी या व्यवहार की शिष्टता; **~ty bed** सुविधायुक्त शय्या;

feline amenities चुभने वाली प्रशंसा

amenorrhoea/ amenorrhea /एमअनअरीआ/ *n., med.* 1 अनार्तव 2 (औरतों में) मासिक धर्म का अभाव या उसकी समाप्ति

ament /एमंट/ *adj.* दुर्बल-बुद्धि, दिमाग से कमजोर, दुर्बल-मनस्क;

dw/lw: **~al** /अमेंटल/ *adj.* 1 बुद्धि या विवेक को नकारने वाला 2 बुद्धिहीन; **~ia** /अमेंशा/ *n.* दिमागी कमजोरी, बुद्धि-दुर्बलता, मानसिक दुर्बलता

Amer. *abbr.* 'American' का संक्षेप

Amerasian /ऐमअरेशिअन/ *adj.* एशियायी मूल के अमेरिकी लोगों से संबंधित;

n. एशियायी और अमेरिकी माता-पिता की औलाद

amer\ce /अमःस\/ *v., pt.* **~ced**, *pp* **~cing** दंडित क., जुर्माना लगाना;

dw/lw: **~cement** /~मंट/ *n.* दंड, जुर्माना, अर्थदंड

America /अमेरि\का/ *n.* 1 अमेरिका, अमरीका 2 अमेरिकी महाद्वीप 3 उत्तरी अमेरिका 4 संयुक्त राज्य अमेरिका (the USA);

adj. अमेरिकी: **~n** Revolution; **~n** cloth/ leather (मोमजामे का कागज);

dw/lw: **~n** /~कन/ *adj.* 1 अमेरिकी, अमरीकी 2 अमेरिकी महाद्वीपीय: North/ South ~n (1 उत्तरी व दक्षिणी अमेरिकी देशों से संबंधित 2 अमेरिकी महाद्वीपों से संबंधित); **~n.** अमेरिकी व्यक्ति या नागरिक; **~nism** /~कअनिज्म/ *n.* 1 अमेरिकी विशेषताएं, प्रथाएं आदि 2 अमेरिकीपन 3 अमेरिकी विशेष वस्तुओं का संग्रह 4 अमेरिकी अंग्रेजी के शब्दों में विशेष अमेरिकी वर्तनी, लहजा या सांस्कृतिक अंदाज: such as 'Have a nice day!'; how are you? – 'I am good!'; **~nist** /~कअनिस्ट/ *n.* अमेरिका अध्ययन शास्त्री; **~ization** /~कअनाइजेशन/ *n.* अमेरिकीकरण; **~niz\e** /~कअनाइज/ *v. pt.* ~ed, *pp* ~ing अमेरिकी बनना या बनाना, अमेरिकीकरण हो. या क.: the ~ns (अमेरिकी लोग) 2 अमेरिकी महाद्वीप का वासी; **~na** /~काना/ *n.* 1 अमेरिका से जुड़ी चीजें, अमेरिकी वस्तु-संग्रह, खास अमेरिकी वस्तुएं, पुरानी अमेरिकी वस्तुएं 2 अमेरिकी संस्कृति व जीवनशैली आदि के बारे में पुस्तक आदि;

collocations: **~n aloe** अमेरिकी घृतकुमारी, घीकुंवार; **~n breakfast** (*also* **~n style breakfast**) दो अंडों, बेकन या सॉसिज, ब्रेड स्लाइस या जैम, मक्खन लगा टोस्ट, शर्बत के साथ पैनकेक (एक प्रकार का मालपुआ), कॉर्न फ्लेक, कॉफी या चाय या संतरे का रस आदि का नाश्ता; **~n cheese** अमेरिकी पनीर; **~n**

cockroach अमेरिकी तिलचट्टा; **~n eagle** अमेरिका के राष्ट्रीय प्रतीक के रूप में प्रयुक्त गंजा बाज (जिसके सिर और गर्दन सफेद पंखों से ढका होने के कारण बाकी का शरीर काला लगता है); **~n Express** *trade* अमेरिका की एक बहुत बड़ी आर्थिक कंपनी जो बैंक आदि चलाती है; **~n football** *UK* (*US* **football**) एक अंडाकार गेंद के साथ खेला जाने वाला विशेष प्रकार का फुटबाल का खेल; **~n Indian/ Amerindian** (अमअरिंडिअन)/ **Native ~n** मूल अमेरिकी वासी (रेड इंडियन), अमेरिका के मूल आदिवासी, अमेरिका के मूल निवासी; **~n league** व्यावसायिक बेसबॉल (baseball) का एक संगठन; **~n plan** होटल का कमरा आरक्षित करने की अमेरिकी प्रणाली जिसके तहत कमरे के किराये में खाने की कीमत भी शामिल होती है; **~n Sign Language** (*also* **Ameslan**, *abbr.* **ASL**) बहरे लोगों के लिए विकसित अमेरिकी संकेत भाषा;

the ~n Dream इस बात में विश्वास कि अमेरिकी राजनीतिक, आर्थिक व सामाजिक ढांचा हर व्यक्ति को अपनी आकांक्षाएं व उच्चाकांक्षायें पूरा करने का पूर्ण अवसर देता है;

p&i: **as ~n as apple pie** अमेरिका की विशेषता; **discover ~** जो पहले से ज्ञात है उसकी खोज की घोषणा क.

americium /ऐमरिसिअम/ *n., chem.* (*symbol* **Am**) एक रजत-सफेद रेडियो-धर्मी धातु तत्त्व

Amerindian /ऐमेरिंडिअन/ *adj.* अमेरिकी-इंडियन, अमेरिकी मूल के आदिवासी (रेड इंडियन)

Ameslan /ऐमस्लैन/ *see above under* **'American sign Language'**

AMET *abbr.* 'Academy of Maritime Education and Training' की प्रथमाक्षरी

amethyst /ऐमिथिस्ट/ ऐमअथिस्ट/ *n.* फीरोजा, जंबुमणि, जमुनिया: oriental ~

ametropia /ऐमअट्रोपिआ/ *n.* विषम-दृष्टि

Amex *abbr.* 'American Express' की प्रथमाक्षरी (*see above under* **'America:** ***collocations*'**)

AMF *abbr.* 'Always Means Fun' की प्रथमाक्षरी

AMFI *abbr.* 'Association of Mutual Funds of India' की प्रथमाक्षरी

Amharic /ऐम्हैरिक/ *n.* इथिओपिया की सरकारी भाषा

AMI *abbr.* 'American Megatrends India Private Limited', 'Association of Microbiologists of India' की प्रथमाक्षरी

ami\ability /एमिएबलिटि/ (*also* **~ableness**) *n.* 1 भद्रता, भलमनसाहत, शराफत 2 सौजन्य, सौम्यता 3 मिलनसारी स्नेहशीलता, मैत्री-भावना: sincere **~ability**; condescending **~ability**;

dw/lw: **~able** /एमिअबल/ *adj.* 1 (***syn.*** agreeable) मिलनसार, सौम्य, प्रिय, शरीफ: winningly ~able 2 मैत्रीपूर्ण, सौहार्दपूर्ण, प्यारा, भद्र: unfailingly ~able 3 स्नेही: sincerely ~able; ~able child; **~able** *n.* सौहार्द, मैत्री-भावना, शराफत; **~ably** /एमिअबलि/ *adv.* स्नेहपूर्वक, शालीन ढंग से, शराफत से: speak/ behave ~ably

AMIC *abbr.* 'Asia Media Information and Communication Centre', 'Automotive Multimedia Interface Collaboration' की प्रथमाक्षरी

amica\bility/ ~bleness /ऐमिकअ\बिलिटि/ ~बलनेस/ *n.* सौहार्द, मैत्री, मैत्री-भावना;

dw/lw: **~ble** /~बल/ *adj.* 1 मैत्रीपूर्ण: ~ble meeting; ~ble settlement; settle difficulties in an ~ble way 2 मित्र भाव से ओतप्रोत: an ~ble parting (मैत्रीपूर्ण विदाई) 3 आपसी: ~ble relations; **~bly** /~बलि/ *adv.* मैत्रीपूर्वक, सौहार्दपूर्वक: parted ~bly; live ~bly

amicus curiae /अमाइकस क्युअरि/ *n., pl.* **amici curiae** /अमाइकाइ क्युअरि/ *law* किसी मुकदमे से सीधे संबंधित न होने वाला व्यक्ति या व्यक्ति-समूह जो न्यायाधीशों को उस मुकदमे के बारे में सलाह देता है

amid /अमिड/ (*also* **amidst** /अमिडस्ट/) *prep.* के बीच में, में, अंदर: ~ the trees; villages ~ the woodlands; ~ the noise of the crowd;

dw/lw: **~most** *adv.* एकदम बीच में, बीचोंबीच, केंद्र के निकटतम; **~ships** *adv.* जलयान के बीचोंबीच या मध्य में, पोत मध्य

amide /ऐमाइड/ *n., chem.* एक रासायनिक यौगिक

amigo /अमीगो/ *n., pl.* **~s**, *Sp., mainly US, esp. in Spanish-speaking areas* मित्र, दोस्त, यार

amine /ऐमीन/ *n., chem.* ऐमीन

Amish /आमिश/ *adj.* 1693 में बने मिनोनाइट (**Mennonite**) चर्च की घोर प्रतिक्रियावादी शाखा

amiss /अमिस/ *adj.* 1 अटपटा-सा, बेतरतीब, गलत, गड़बड़ीपूर्ण: sth was ~ with him; take sth ~; act/ do ~; think ~; come/ happen ~ 2 बिगड़ा हुआ, खराब, सदोष (faulty, defective, out of order);

adv. 1 गलत, खराब, गड़बड़ी: shall come if nothing goes ~ 2 गलत समय पर, बेमौके: nothing comes ~ to him;

dw/lw: **amissible** /अमिसिबल/ *adj.* लोपनीय, जो खो सकती है;

p&i: **nothing comes ~ to a hungry stomach** भूख में चने भी बादाम; **not ~** उपयुक्त; **take it ~/ take sth ~** *UK* का बुरा मानना, अन्यथा समझना

amitosis /ऐमिटोसिस/ *n.* 1 असूत्रविभाजन 2 कोशिका विभाजन का सरल रूप

amity /ऐमिटि/ ऐमअटि/ *n.* मैत्री, मित्रता, सौहार्द, दोस्ती

AMM *abbr.* 'apparel marketing and merchandising', 'ASEAN Ministerial Meeting' की प्रथमाक्षरी

ammeter /ऐमीटः/ *n., elec. engin.* विद्युत धारा को ऐंपीयरों में मापने का उपकरण, ऐमीटर, विद्युत धारामापी

ammo /ऐमो/ *n., colloq. short form,* 'ammunition' का छोटा रूप

ammonia /अमोनिया/ (*also* **liquid ~**) *n.* 1 अमोनिया, एक अत्यंत दुर्गंधपूर्ण तरल या गैस पदार्थ जिसे सफाई करने के पदार्थों में प्रयोग करते हैं: ~ solution/ spirit 2 नौसादर

ammonium /अमोनिअम/ *n., chem.* अमोनिया के अम्ल के साथ हुई क्रिया के फलस्वरूप बना पदार्थ

ammophilous /अमोफिलस/ *adj.* रेत में उगने वाला

ammunition /ऐम्युनिशन/ *n.* 1 गोला-बारूद, युद्ध-उपकरण: ~ belt; ~ clip; ~ dump 2 किसी के विरुद्ध विस्फोटक तथ्य या सामग्री;

p&i: **~ leg** नकली टांग

amnesi\a /ऐम्नीजि\आ/ *n., pathol.* स्मृतिलोप;

dw/lw: **~ac** /~ऐक/ *adj.* स्मृतिलोप-संबंधी; **~ac** *n.* स्मृतिलोप रोगी; **~ac** /~क/ *adj.* स्मृतिलोपीय

amnesty /ऐम्नअस्टि/ *n., pl.* **amnesties** 1 सामूहिक क्षमा, सर्वक्षमा, राजक्षमा: general/ complete/ partial ~; proclaim/ to grant ~ 2 क्षमा किए जाने पर आत्म-समर्पण;

collocations: **Amnesty International** अपने विचारों के लिए सरकारों द्वारा पीड़ित लोगों की मदद करने व राजनीतिक बंदियों को शारीरिक यातना देने के विरुद्ध काम करने वाला एक अंतर्राष्ट्रीय संगठन

amnio *abbr.* 'amniocentesis' का छोटा रूप

amniocente\sis /ऐम्निओसेंटी\सिस/ *n., pl.* **~ses** /~सीज/ *obstetrics* गर्भवती औरत के गर्भाशय (uterus) में से सूई द्वारा कुछ द्रव बच्चे के विकास में संभावित विकार (Down's Syndrome etc) का पता लगाने के लिए निकाले जाने की शल्य क्रिया

amnion /ऐम्निअन/ ऐम्निऑन/ *n., pl.* **amnia** *anat.* 1 उल्व, उल्ब 2 जानवरों, पक्षियों और रेंगने वाले जीवों के भ्रूण के चारों ओर बनी झिल्ली

amniotic fluid गर्भ में बच्चों के चारों ओर रहने वाला द्रव
amn't /ऐमंट/ *contraction, non-standard, Scots, usually in questions:* am not?: I am also going, **amn't** I?
amoeba/ ameba /अमीबा/ *n., pl.* **amoebae** /अमीबी/ **amoebas** /अमीबाज/ *zool., see above under* **ameba**
amok/ amuck /अमक/ *adv.* बेतहाशा, हिंसोन्मत्त पागलों की तरह: to run ~
amomum /अमोमम/ *n.* इलायची
à mom avis /अमोमवी/ *Fr.* मेरे विचार में
among /अमंग/ (*also* **amongst** /अमंगस्ट/) *prep.* 1 में, के बीच/ मध्य में, बीच में: a village ~ the hills 2 किसी समूह में: one ~ many; several ~ the audience heard it; be ~ friends; he fell ~ thieves 3 के मध्य से होकर: he passed ~ the crowd; the explorers had to grope their way ~ the ruins 4 में से एक: it is one example ~ many 5 मिलकर, साझे रूप से 6 उत्तम, श्रेष्ठतम आदि: wittiest ~ poets; fairest ~ women; preeminent ~ the writers of his day; Paris is ~ the largest cities in the world 7 के बीच में (बंटवारा): divide property ~ the heirs 8 आपस में: lasting peace ~ the peoples; they quarrel ~ themselves; settle it ~ yourselves 9 के काल में: it was the custom ~ our ancestory; ~ the ancient Greeks 10 कई शब्द समूहों में: a strange figure rose from ~ the crowd;
p&i: **~ other things he said that ...** अन्य बातों के अलावा उसने कहा ...; **among people generally corrupt, liberty cannot last long** भ्रष्ट समाज में स्वतंत्रता देर तक नहीं टिक सकती
amongst = **among**
amontillado /अमांटअलादो/ *n., pl.* **amontillados** एक स्निग्ध, शुष्क स्पेनी शैरी;
collocations: **~ manner** रूखा-सूखा रवैया
amoral /एमौरल/ *US* एमॉरल, एमाःरल/ *adj.* 1 अनैतिक, बिना नैतिक सिद्धांतों व कार्यों के 2 चरित्रहीन, सदाचार-निरपेक्ष;
dw/lw: **~ism** /एमरैलिज्म/ *n.* अनैतिकतावाद, नैतिक खोखलापन; **~ist** /एमरैलिस्ट/ *n.* सिद्धांतहीन, अनैतिकतावादी; **~ity** /एमअरैलटि/ *n.* अनैतिकता, चरित्रहीनता; **~ly** /~अलि/ *adv.* अनैतिक ढंग से, बिना उसूलों के
amorance /एमारंस/ *n.* 1 प्रणय दशा, प्रेमावस्था 2 रोमांटिक प्रेमी
amoret /ऐमअरेट/ *n.* 1 प्रेम दीवानी लड़की या औरत 2 प्रणय-दृष्टि 2 प्रेम-पाश 3 प्रेम-गीत 4 प्रणय-प्रपंच;
dw/lw: **~to** /ऐमअरेट्टो/ *n.* प्रेमी, कामी; **amoretti** /ऐमरेट्टि/ *pl.,* **amoretto** का बहुवचन, प्रेमी
amorism /एमअरिज्म/ *n.* 1 श्रृंगारिकता 2 कामुकता
amorist /ऐमअरिस्त/ *n.* 1 श्रृंगारी 2 कामुक 3 प्रेमी 4 प्रेम के बारे में लिखने वाला
amoroso /ऐमअरोसो/ *n., pl.* **~s** एक गहरे रंग की मीठी शैरी
amorous /ऐमअरस/ *adj.* 1 प्रणयपूर्ण, प्रणयी, प्रेमपूर्ण, प्रेम दीवाना: ~ songs; ~ looks 2 प्रेम-दीवाने, प्रेमी: infatuatedly ~; sweetly/ passionately ~; ~ twosomes 3 कामुकतापूर्ण, कामुक, कामी 4 प्रणय-संबंधी 5 श्रृंगारी, श्रृंगारात्मक;
dw/lw: **~ly** /~लि/ *adv.* प्रेमपूर्वक, कामुकतापूर्वक; **~ness** /~नेस/ *n.* प्रेमपूर्णता
amorphous /अमॉःफस/ *adj.* 1 अनाकार, आकारहीन 2 बेढंगा, भद्दा 3 अनियतरूप 4 अक्रिस्टलीय, रवाहीन 5 अव्यवस्थित
amort /अमॉःट/ *adv.* निर्जीव ढंग से;
adj. निर्जीव, मृत
amorti\zation/ ~sation /अमॉः\टिजेशन/ *n.* 1 परिशोधन 2 किश्तों में ऋण का भुगतान;
dw/lw: **~ze** /~टाइज/ *v., pt.* ~zed, *pp* ~zing 1 किश्तों में ऋण चुकाना 2 परिशोधन क.
amount /अमाउंट/ *n.* 1 धनराशि, रकम: a large ~ of money 2 जोड़ 3 मात्रा, परिमाण: a great ~ of effort; small/ large/ considerable/ trifling ~ of sth; the ~ of clouds; the ~ used 4 कुल जमा, योगफल: what is the ~ of the debt? 5 मूलधन और ब्याज की राशि का कुल जोड़;
v., pt. **~ed**, *pp* **~ing** (*usually* **~ to sth)** 1 के बराबर हो., के समान हो.: **~ed** to several crores; **~s** to dereliction of duty; ~ to a refusal/ to a threat 2 कुल जोड़ हो.: ~ to very little/ not to ~ to much; what does it ~ to? 3 किसी कीमत या मूल्य का हो.: the bill **~s** to 5000 rupees;
p&i: **any ~ of sth** *colloq.* बहुत सारी मात्रा; **no ~ of sth** चाहे कितनी भी कोशिश क्यों न करे: no ~ of clarification could convince him
amour /अमुअः/ *US* अमुर *n., Fr., old use* प्रेम-प्रपंच, प्यार का सिलसिला, गुप्त प्रेम, (गुप्त) प्रेम-संबंध;
dw/lw: **amour-propre** /अमुअः प्रौप्र/ *n., Fr.* आत्म-सम्मान
amp *abbr.* 'ampere' का संक्षेप
amperage /ऐंपअरिज/ *n.* विद्युतधारा की ऐंपियरों में मात्रा और शक्ति
ampere /ऐंपेअः/ *n.* विद्युतधारा (वोल्टेज);
dw/lw: **amperometer** /ऐंपअरॉमिटः/ *n.* विद्युत धारा मीटर (मापक)
ampersand /ऐंपअसैंड/ *n.* **'and'** (और) का द्योतक चिह्न: **'&'**
amphetamine /ऐम्फेटअमीन/ ~मिन/ *n., med.* स्थूलता कम करने हेतु भूख दबाने वाली (पर लत डालने वाली) कृत्रिम ढंग से बनी दवा
amphi- *comb. form, denoting:* **both**, **or on both sides or ends** (दोनों/ दोनों तरफ या सिरों पर)
amphibian /ऐंफिबिअन/ *adj.* 1 उभय चर जीव जो पानी या थल दोनों जगह रह सकते हैं 2 जल-थली कार, टैंक, विमान, यान: ~ tank
amphibious /ऐंफिबिअस/ *adj.* 1 उभय चर, जल-थलचर 2 (*of plants, transport*) जल-थली, जलस्थलीय, जलथली 3 द्विस्वभावी, द्विविध, दोमुंहा;
dw/lw: **~ly** /~लि/ *adv.* उभयचरी ढंग से; **~ness** /~नेस/ *n.* उभयचरता, द्विस्वभावकता, दुमुंहापन;
collocations: **~ attack** *n.* थल तथा नौसेना का संयुक्त आक्रमण
amphibole /ऐंफिबोल/ *n., mineralogy* एक सिलिकेट खनिज
amphibo\logy/ amphibo\ly/ amphilogy /ऐंफि\बौलअजि/ ऐंफि\बअलि/ ऐंफिलजि/ *n.* द्व्यर्थकता, बहुअर्थकता, e.g., a woman **with a baby** (बच्चे के साथ महिला या महिला जिसके पेट में बच्चा हो); she could see **the girl with her binoculars** (वह अपनी दूरबीन से लड़की को देख सकती थी या वह दूरबीनवाली लड़की को देख सकती थी);
dw/lw: **~lic/ ~logical/ amphilogical** /~बौलिक/ ~बअलौजिकल/ ~लौजिकल/ *US* ~बाःलिक/ ~बअलाःजिकल/ ~लाःजिकल/*adj.* द्व्यर्थक, बहु-अर्थक
amphibrach /ऐंफिब्रैक/ *n.* जगणपदी, कविता जिसमें ऐसा पद हो जिसकी दोनों तरफ एक-एक दीर्घ व लघु शब्दांश (syllable) हों
amphigory /ऐंफिगरि/ (*also* **amphigoury** /ऐंफिगुअरि/) *n.* (***syn.*** burlesque) अनर्थक या मजाकिया कविता
amphimacer /ऐंफिमेसः/ *n.* रगणपदी, कविता जिसमें ऐसा पद हो जिसकी दोनों तरफ एक-एक लघु व दीर्घ शब्दांश (syllable) हों
amphimixis /ऐंफिमिक्सिस/ *n., biol.* उभय मिश्रण, नर और मादा के संभोग से प्रजनन
amphisbaena /ऐंफिस्बीना/ *n., pl.* **amphisbaenae** /ऐंफिस्बीनी/ or **amphisbaenas**, *zool., in Greek and Roman mythol.* द्विशिर सर्प, दोमुंहा सांप
amphistomous /ऐंफिस्टअमस/ *adj., zool.* केंचुआ, जोंक आदि रेंगने वाले दोमुंहा जीव
amphitheatre /ऐंफिथिअटः/ *n.* 1 प्राचीनकालीन यूनान और रोम में एक छतरहित अंडाकार संरचना जिसमें दर्शकों के बैठने के लिए स्थान एक खुले गोलाकार स्थल के इर्द-गिर्द बने होते थे: natural ~ 2 आधुनिक समय में सोपाननुमा गोलाकार दीर्घा वाली रंगभूमि,

सभागार आदि

amphitropous /ऐंफिट्रोपस/ *adj.* अनुप्रस्थ

ampho\ra /ऐंफअरा/ *n., pl.* **~s/~rae** /ऐंफअरी/ *US* ऐंफॉ:री/ *archaeol., etc.* एक तरह की सुराही (a Greek or Roman jar with a handle on either side), दोहत्था कलश;

dw/lw: **amphoric** /ऐंफौरिक/ *US* ऐंफा:रिक/ *adj.*, 1 दोहत्था कलश जैसा 2 *med.* बोतल में फूंक मारने से निकलने वाली ध्वनि-सी: an ~ric cough

ampicillin/ Ampicillin /ऐंपिसिलन/ *n., med., trade* एक ऐंटिबायोटिकी दवाई

amp\le /ऐंपल/ *adj., degr.* **~ler**, **~lest** 1 काफी, पर्याप्त मात्रा में, प्रचुर: **~le** resources; **~le** supply of bread/of water; **~le** time to do sth; **~le** room for sth; have **~le** means; make **~le** amends for sth 2 बड़ा, बड़ी, विशाल: make **~le** promises; give scope to one's imagination 3 लंबा-चौड़ा: **~le** room/ house/ hall 4 विस्तृत: **~le** description/ narrative;

dw/lw: **~ly** /ऐंपलि/ *adv.* पर्याप्त या प्रचुर मात्रा में, काफी तफसील में; **~eness** /ऐंपलनेस/ प्रचुरता, पर्याप्तता, अधिकता, आधिक्य

ampliative /ऐंप्लिअटिव/ *adj., logic* 1 विस्तारक, विस्तारी, विकासमान 2 स्पष्टीकारक 3 अतिरिक्त (सामग्री या अर्थ)

ampli\fication /ऐंप्लिफिकेशन/ *n.* 1 वृद्धि, विस्तार, प्रवर्धन 2 किसी वस्तु या स्थान आदि के विस्तारण की क्रिया 3 ध्वनि या विद्युत धारा का प्रवर्धन (शक्ति वर्धन): **~fication** factor 4 जीनों (genes) की संख्या वर्धन या विकास (gene amplification) 5 कहानी या रिपोर्ट (विवरण) के साथ पाठ या तफसील जोड़कर किया जाने वाला विस्तार या विकास: the matter requires **~fication** 6 विचार का विकास 7 *ling.* कर्म: **~fication** of the predicate;

dw/lw: **~fier** /ऐंप्लिफाय:/ (*also* **amp**) *n.* 1 ऐंप्लिफायर 2 ध्वनि को ऊंचा या सशक्त करने वाला यंत्र 3 विद्युत धारा का संवर्धन करने वाला यंत्र; **~fy** /ऐंप्लिफाइ/ *v. pt.* ~fied, *pp* ~fying, *s/he/it* ~fies 1 ऐंप्लिफायर के माध्यम से आवाज ऊंची क. 2 अर्थ, भाव या युक्ति को सशक्त बनाना 3 किसी कहानी या रिपोर्ट (विवरण) को बढ़ाना या विस्तार देना, बढ़ा कर कहना: ~fy on/ upon/ sth 4 विद्युतीय या इलेक्ट्रोनिकी संकेत (signal) को और अधिक सशक्त बनाना

amplitude /ऐंप्लिट्यूड/ *n.* 1 तरंग की अधिकतम ऊंचाई या निचाई 2 चौड़ाई, विस्तार, विस्तार-क्षेत्र 3 प्रचुरता, अधिकता, प्राचुर्य, आधिक्य 4 वैभव 5 विचारों की दरियादिली, विशाल-हृदयता 6 कोणांक, आयाम 7 *astron.* किसी सितारे की अधिकतम और न्यूनतम चमक में अंतर की मात्रा 8 पैमाना;

collocations: **~ modulation** *telecomm.* इलेक्ट्रोनिकी संकेत में होने वाले उतार-चढ़ाव के अनुसार भेजी जा रही तरंग (carrier wave) की अधिकतम ऊंचाई या निचाई (amplitude) में फेर-बदल

amply *see above under* **ample: *dw/lw***

ampoule/ ampule /ऐंपूल/ *n., med.,* संपुटक, द्रव रूप में इंजेक्शन की दवाई से भरी छोटी-सी शीशी

ampulla /ऐंपूला/ *n., pl.* **ampullae** /ऐंपूली/ 1 *anat.* (**vessel**) कोई भी छोटी-सी झिल्लीदार वाहिका, तुंबिका 2 कलशिका 3 वाहिका का द्रव या दवाई डालने से फैला या फूला हुआ सिरा 4 प्राचीन रोम में द्रव, इत्र या मदिरा के लिए दुहत्थी सुराही 5 धार्मिक अनुष्ठानों में प्रयोग होनेवाले द्रव, इत्र या मदिरा के लिए दहत्था कलश

amputa\te /ऐंप्यु\टेट/ *v., pt.* **~ted**, *pp* **~ting** अंग काटना;

dw/lw: **~tee** /~टी/ *n., pl.* ~tees छिन्नांग, जिसका अंग काटा गया हो; **~tion** /~टेशन/ *n.* अंग-विच्छेदन, विच्छेदन, अंगच्छेद; **~tor** /~टेट:/ *n.* अंगच्छेदक, विच्छेदक

amrita /अमृत/ *n., Sanskrit/ Hindi* अमृत

AMS *abbr.* 'Acute Mountain Sickness', 'Aggregate Measure of Support', 'American Medical Systems' की प्रथमाक्षरी

AMSU *abbr.* 'All Manipur Students Union' की प्रथमाक्षरी

amt *abbr.* 'amount', 'absent message texts' का संक्षेप

AMU *abbr.* 'Aligarh Muslim University', 'Army Marksmanship University' की प्रथमाक्षरी

amuck /अमक/ (*also see* **amok**) *adv.* क्रोध से लाल-पीला, आपे से बाहर: run ~ (1 पागलों की तरह दौड़ना 2 आत्म-नियंत्रण खो दे.)

amulet /ऐम्युलअट/ *n.* ताबीज, जंतर, जादुई कवच;

dw/lw: **~ic** *adj.* ताबीजी, जादुई;

AMUSA *abbr.* 'Aligarh Muslim University Teaching Staff Association' की प्रथमाक्षरी

amu\se /अम्यू\ज/ *v., pt.* **~sed**, *pp* **~sing** 1 हंसाना: **~se** sb with jokes/ stories 2 (***syn.*** entertain) मनोरंजन क., दिल, जी या मन बहलाना: **~se** sb by doing sth; I was highly **~sed** by their tricks; keep sb **~sed** 3 मौज-मस्ती करते हुए समय बिताना: **~se** one's leisure; **~se** oneself with sth/ by doing sth;

dw/lw: **~sed** /~जड/ *adj.* 1 हास्यास्पद बात पर हैरान: ~sed spectators; ~sed look; ~sed at sth 2 प्रसन्न, खुश: keep sb ~sed; **~sement** /~जमंट/ *n.* 1 मनोरंजन: innocent ~sements; do sth for one's own ~sements; favourite/ chief ~sements 2 मनोविनोद, मनबहलाव: plenty of ~sements; ~sements plays, moving pictures, football matches, and so on 3 आनंद, मजा: find much ~sements in/ derive much ~sements from reading; **~sing/ ~sive** /~जिंग/ ~जिव/ *adj.* 1 मनोरंजक, हास्यास्पद 2 रोचक; **~singly** /~जिंगलि/ *adv.* रोचक ढंग से

collocations: **~sement arcade** *Br.* ऐसा स्थान जहां लोग मशीनों में पैसा डालकर भिन्न-भिन्न खेल सकते हैं; **~sement park** *N. Amer., Br. equiv.* '**funfair**' बच्चों के लिए मनोरंजन पार्क

AMW *abbr.* 'Associated Motorways' की प्रथमाक्षरी

amygdal\a /अमिग्ड\ला/ *n., pl.* **~ae** /अमिग्डली/, *anat.* 1 प्रमस्तिष्कखंड 2 बादामी आकार का कोई भी शारीरिक अंग;

dw/lw: **~ic/ ~ate/ ~aceous** /~लिक/ ~लेट/ ~लेशियस/ *adj.* बादामी, बादामी आकार का; **~itis** /~लिटिस/ *n.* प्रमस्तिष्क खंड शोथ

amygd\ale/ ~ule /अमिग्डेल/ अमिग्ड्यूल *n.* लावा के बहाव के साथ चट्टान में से बाहर निकलती गैस द्वारा छोड़ी जाने वाली गर्त या पिचकन जो बाद में क्वार्ट्ज जैसे खनिजों से भर जाता है;

dw/lw: **~daloid** /अमिग्डअलॉइड/ *adj.* वातामकी, गैस द्वारा छोड़े गड्ढों वाली; **~daloid** *n.* वातामकी शैल, गैस द्वारा छोड़े गए गड्ढों वाली चट्टान

amylase /ऐमिलेज/ *n., biochem.* पाचक रसों में मौजूद एक ऐंजाइम

amyous /ऐमिअस/ *adj.* दुर्बल, कमजोर

amytal /ऐमिटैल/ (*also* **sodium ~**) *n.* बेहोश करने वाले पाउडर के रूप में प्रयोग होने वाला सफेद, क्रिस्टलनुमा चूरा

an /ऐन/ *determiner/ indefinite article* किसी वस्तु या व्यक्ति (एकवचन में), जिसका पहले जिक्र **न** हुआ हो या उस वस्तु या व्यक्ति से वक्ता पहले से परिचित **न** हो और जिसका अंग्रेजी शब्द स्वर ध्वनि (vowel sound) से शुरू होता हो, को दर्शाने के लिए संज्ञा या विशेषण आदि के पहले प्रयोग होता है: **an** apple, **an** interesting person; **an** honest person; **an** hour;

p&i: **an absolute blockhead** निरा काठ का उल्लू; **an ass in lion's skin** शेर की खाल में गधा

-an / -ean/ -ian *suffix, forming adjectives and nouns, signifying:* 1 **belonging to**, **relating to** or **coming from a specified place** (किसी स्थान से संबंधित): Rom**ans**; Georg**ian** architecture 2 *forming: adjectives and nouns, signifying* **time span of reign** (शासन काल): the Luther**an** church 3 *forming adjectives and nouns, denoting:* **belonging to a specified class or order**

(किसी श्रेणी या वर्ग से संबंधित): lobsters, crabs and shrimps are all crustac**eans**

ana /आःना/ *n., pl.* **~s** 1 किसी लेखक के चुटकलों, साहित्यिक गप-शप, सूक्तियों, विशेष उपलब्धियों आदि का संग्रह 2 किसी के बारे में चुटकलों, गप-शप, सूक्तियों, उपलब्धियों आदि का संग्रह

-ana/ -iana *suffix, denoting:* **things belonging to/ typical of particular person or period** (किसी व्यक्ति विशेष या युग से संबंधित बातों का संग्रह): Shakespeari**ana**; Victori**ana**

Anabapt\ist /ऐनअबैप\टिस्ट/ *n., Christ.* सोलहवीं सदी के सुधारवादी आंदोलनों के प्रभाव में शिशु बपतिस्मा का विरोध व वयस्कों की बपतिस्मा के समर्थक ईसाई घटक;
dw/lw: **~ism** /~टिज्म/ (*also* **Rebaptizer**) *n.* शिशु बपतिस्मा-विरोध तथा वयस्क बपतिस्मा समर्थन; **~istic** /~टिस्टिक/ *adj.* शिशु बपतिस्मा विरोधी; **~ize/ ~ise** /~टाइज/ *v., pt.* ~ized, *pp* ~izing पुनः (वयस्क आयु में) बपतिस्मा देना, पुनः नामकरण क.

anabatic /ऐनअबैटिक/ *adj.* आरोही: ~ wind *meteorol.* (पहाड़ी घाटी में 10-15 मीटर प्रति सैकंड की रफ्तार से ऊपर उठती हुई /आरोही/ तेज हवा)

anabiosis /ऐनअबायोसिस/ *n.* मृतावस्था से पुनर्चैतन्यता (फिर से होश में आने की क्रिया)

anableps /ऐनअब्लेप्स/ (*also* **four-eyed fish**) *n., pl.* **~s** कांटों वाली एक मछली

anabolic steroid /ऐनअबौलिक स्टेरॉयड/ *biochem.* पुरुष यौन हार्मोन जो बुढ़ापे में वजन आदि बढ़ाने के लिए लिया जाता है

anabolism /अनैबलिज्म/ *n., biochem.* उपचय, जीवों की कोशिकाओं में एक क्रिया जिसके तहत प्रोटीन जैसे जटिल अनुकण (complex molecules) छोटे परमाणुओं से बनाए जाते हैं

anabranch /ऐनअब्रांच/ *n.* नदी का अपने उद्गम स्थान की ओर बहाव जिसके फलस्वरूप एक द्वीप-सा (टापू) बन जाता है

anachro\nism /अनैक्रअ\निज्म/ *n.* काल दोष, ऐतिहासिक विसंगति, पुराना तत्त्व, पुरावशेष: flagrant **~nism**;
dw/lw: **~nistic** /~निस्टिक/ (*also* **anachronous** /~नस/) *adj.* काल दोष युक्त, ऐतिहासिक रूप से विसंगत, काल दोष संबंधी; **~nistically** /~निस्टिकलि/ *adv.* ऐतिहासिक विसंगति के दृष्टिकोण से

anacoluthia /ऐनअकल्यूथिआ/ ऐनअकलूथिआ/ *n., rhetoric* 1 ऐसा वाक्य जिसमें दूसरा भाग व्याकरण के लिहाज से पहले भाग से मेल नहीं खाता हो 2 अपवाक्य

anacoluthon /ऐनअकलूथन/ *n., pl.* **anacolutha** /ऐनअकलूथा/ अपवाक्य का उदाहरण

anaconda /ऐनअकौंडा/ *n.* हरे रंग का एक बड़ा दक्षिण अमेरिकी सांप, जो दूसरे जानवरों को कुचलकर निगल लेता है

anadem /ऐनअडेम/ *n., poetic* 1 फीता 2 सुमरनी, जपमाला 3 माला, हार 4 फूलमाला

anadiplosis /ऐनअडिप्लोसिस/ *n.* 1 आवृत्ति का विशेष रूप 2 टेक

anadrom /अनैड्रम/ *n.* अंडे देने के लिए समुद्र से निकलकर नदी में जाने वाली मछली

anaemi\a *UK* (*US* **anemia**) /अनीमि\आ/ *n., pathol.* रक्तक्षीणता, अरक्तता, अल्परक्तता;
dw/lw: **~c** *UK* (*US* **anemic**) /~क/ *adj.* 1 अल्परक्तक, अरक्तता से रुग्ण 2 पीला, निष्प्राण

anaero\be /ऐनेअरो\ब/ *n., biol.* 1 अवायुजीवी या वातनिरपेक्ष जीव 2 जीव जो बिना ऑक्सिजन के रह सकते हैं;
dw/lw: **~biotic/ ~bic** /~बिओटिक/ ~बिक/ *adj., biol.* अवायुजीवी, अनॉक्सीय, बिना ऑक्सिजन के रह सकने वाला जीव; **~biosis** /~बायोसिस/ *n.* अवायुजीवन, ऑक्सिजन रहित जीवन

anaesthe\sia/ *US* **anesthesia** /ऐनि\स्थीजिआ/ *or* **anaesthesis**/ *US* **anesthesis** /~स्थीसिस/ *n.* संवेदनाहरण, असंवेदनता, बेहोशी, संज्ञाहीनता, संवेदन-शून्यता, निश्चेतनता;
dw/lw: **~tic** *UK* (*US* **anesthetic**) /~स्थेटिक/ *n.* 1 चेतनशून्य या सुन्न बनाने वाली दवा; **~tic** *adj.* संवेदनाहर, निश्चेतक, संवेदनाहारी; **~tist**/ *US* **anesthetist** /~स्थिटिस्ट/ (*also* **anaesthesiologist**) *n.* चेतन शून्यता विशेषज्ञ, निश्चेतक; **anaesthesiologist** *US* /~स्थीजिऔलअजिस्ट/ *US* ~स्थीजिआःलअ-/ *n.* निश्चेतनविद्, चेतन-शून्यताकर्ता, निश्चेतक; **~siologistics** /~स्थीजिऔलअ-/ *US* ~स्थीजिऔलअ-/ *n.* संवेदन-शून्यतांक अध्ययन, निश्चेतन विज्ञान, संवेदन-शून्यताकरण अध्ययन विज्ञान; **~tize** *UK*/ *US* **anesthetize** /~स्थिटाइज/ *v., pt.* ~tized, *pp* ~izing 1 चेतनशून्य या सुन्न क. 2 बेहोश, निश्चेतन या असंवेदनशील क.

Anagalactic /ऐनअगअलैक्टिक/ *adj.* आकाश गंगा से बाहर स्थित

Anagenesis /ऐनअजेनिसिस/ *n., pl.* **~ses 1** विकास की प्रक्रिया में नए अंगों की बनने की क्रिया **2** मांस पेशियों का पुनर्जीवन

anaglyph /ऐनअग्लिफ/ *n.* 1 एक प्रकार का आभूषण 2 दो कोणों से ली गई फोटो

anaglypta /ऐनअग्लिप्टा/ *n.* एक सफेद दीवारी कागज (wall paper)

anagnorisis /ऐनअग्नॉरिसिस/ *n., pl.* **anagnorises** /ऐनैग्नॉरिसीज/ *a dénouement* 1 नियताप्ति 2 यूनानी त्रासदी में या आधुनिक काल में सभी विधाओं में प्रयुक्त एक तकनीक जिसके तहत मुख्य पात्र या तो किसी को पहचान लेता है या कोई महत्त्वपूर्ण खोज कर लेता है जिसकी बदौलत कथानक के समापन में निर्णायक मोड़ आ जाता है 3 उपन्यास, नाटक आदि का उपसंहार, नाटक का अंतिम दृश्य आदि

anagoge/ anagogy /ऐनअगॉज/ ऐनअगॉजि/ *n.* रहस्यात्मक या लाक्षणिक व्याख्या, शब्द या शास्त्र की आध्यात्मिक व्याख्या;
dw/lw: **anagogic** /ऐनअगॉजिक/ *adj.* रहस्यात्मक, लाक्षणिक

anagram /ऐनअग्रैम/ *n.* 1 किसी दूसरे शब्द के अक्षरों का क्रम बदलने से बना शब्द: **team ↔ meat, leader ↔ dealer** 2 वर्ण-विपर्यय 3 वर्ण-विपर्यास;
dw/lw: **~matic/ ~matical** /ऐनअग्रअमैटिक/ ~ल/ *adj.* वर्ण-विपर्ययात्मक, वर्ण विपर्ययमूलक; **~matist** /ऐनग्रैमअटिस्ट/ *n.* वर्ण विपर्ययकार; **~matize/ ~matise** /ऐनअग्रैमअटाइज/ *v., pt.* ~matized, *pp* ~matizing वर्णविपर्यय क.; **~matization** /ऐनअग्रैमअटाइजेशन/ *n.* वर्ण-विपर्ययकरण

anal /एनल/ *adj.* गुदा-संबंधी: ~-eroticism (गुदा-कामुकता)

analecta/ analects /ऐनअलेक्टा/ ऐनअलेक्ट्स/ *n.* उद्धरण-संग्रह, सूक्ति-संग्रह, साहित्यिक संकलन

analep\tic /ऐनअले\प्टिक/ *adj.* स्वास्थ्यवर्धक, पौष्टिक, शक्तिवर्धक, संजीवक;
dw/lw: **~sy** /~प्सि/ *n.* स्वास्थ्य वर्धन, शक्ति वर्धन

analge\sia /ऐनअल्जी\सिआ/ ऐनअल्जीजिआ/ *n.* पीड़ा-शून्यता, पीड़ा-असंवेदनशीलता, पीड़ा-हरण;
dw/lw: **~sic/ ~tic** /~सिक or ऐनअल्जीजिक/ ऐनअल्जीटिक/ (***syn.*** painkiller) *adj.* पीड़ानाशक, पीड़ाहारी, वेदनाहर, पीड़ानाशक: ~sic drugs/ effects

analog *US spell. of* **'analogue'** *see below*

analogous /अनैलअगस\/ *adj.* 1 समान, सदृश, मिलता-जुलता, एक-सा: be ~ to sth (के समान हो., तुल्य हो.); relatively ~; strikingly/ approximately ~ 2 अनुरूप, समरूप 3 तुल्य, समानांतर 4 सहधर्मी 5 समवृत्ति 6 सहर्थक;
dw/lw: **~ly** /~लि/*adv.* इसी प्रकार, इसी तरह, समान रूप से; **~ness** /~नेस/ *n.* समानता, तुल्यरूपता, सादृश्यता, अनुरूपता

ana\logue/ *US* **analog** /ऐनअ\लौग/ *US* ऐनअ\लाःग, ऐनअ\लॉग/ *n.* 1 मिलती-जुलती वस्तु 2 तुल्य रूप 3 तुल्यरूपी शब्द 4 समानांतर तत्त्व 5 अनुरूप वस्तु;
dw/lw: **~logic/ analogical** /~लौजिक/ ~लौजिकल/ *US* ~लॉजिक/ ~लॉजिकल/ *adj.* (***syn.*** similar) सादृश्यमूलक, सादृश्यवाची, अनुरूप, समरूप, समान; **~logically** /~लौजिकलि/ *US* ~लॉजिकलि/ *adv.* समान रूप से, इसी प्रकार; **~logize**/

~logise /~लअजाइज/ *v. pt.* ~loized, *pp* ~logizing सादृश्य या समान बनाना या दिखलाना, सादृश्यता (समानता) दिखलाना; *collocations:* **~logue/ ~log computer** *comput.* ऐसा कंप्यूटर जिसमें आंकडे, पाठ या सूचनाएं आदि निरंतर बदलते संकेतों (signals) के रूप में तैयार और संग्रहीत किए जाते हैं जो अलग-अलग संख्याओं की बजाए बदलते साइज और वास्तविक मात्रा को दिखाते हैं; **~logue-to-digital converter** *n.* (*abbr.* **ADC**) एक समग्र परिपथ (circuit) जो सांख्यिक कंप्यूटर (digital computer) द्वारा दूसरे समान कंप्यूटर से आंकडों, पाठ या सूचनाओं को ग्रहण करना संभव बनाता है

analogy /अनैलअजि/ *n., pl.* **analogies** 1 समानता, एकरूपता, तुल्यरूपता, तुल्यता: ~ between organs; ~ with/ to sth 2 सादृश्यता, अनुरूपता, समरूपता: reason from ~; bear ~ to sth; on the ~ of sth/ by ~ with sth 3 समानांतरता 4 समवृत्ति, समवृत्तिता 5 *ling.* सहर्थकता, समानार्थकता

analphabet/ analphabete /ऐनैल्फअबिट/ *n.* निरक्षर, अनक्षर; *dw/lw:* **~ic** /ऐनैल्फअबेटिक/ *adj.* पूर्ण निरक्षर

analysable /ऐनअलाइजअबल/ *adj.* विश्लेष्य, विश्लेषण योग्य

analysand /अनैलिजैंड/ *n., psychoanal.* मनोविश्लेषणाधीन व्यक्ति, वह व्यक्ति जिसका मनोविश्लेषणात्मक अध्ययन किया जा रहा है

analy\se *UK* (*US* **analy\ze**) /ऐनअलाइज/ *v., pt.* **~sed**, *pp* **~sing** 1 विश्लेषण क.: logically/ minutely **~se** 2 बारीकी से जांच-पड़ताल क.: carefully/ profoundly/ chemically/ scientifically; **~se** legally/ financially 3 साहित्यिक विवेचना क. 4 *chem.* किसी यौगिक (compound) के अलग-अलग अवयवों का पता लगाना 5 किसी वस्तु या पदार्थ को उसके अंगों या अवयवों में विभाजित क. 6 वाक्य-विन्यास क. 7 किसी का मनोविश्लेषक अध्ययन क.;
dw/lw: **~sed** *adj.* विश्लेषित; **~ser** *n.* विश्लेषक

analy\sis /अनैलअ\सिस/ *n. pl.* **~ses** /अनैलिसीज/ 1 विश्लेषण प्रक्रिया, विश्लेषण 2 बारीक जांच-पड़ताल, छानबीन: under **~sis** 3 साहित्यिक विवेचना 4 *chem.* यौगिक (compound) के अवयवों का पृथक्करण 5 वस्तु या पदार्थ का अंगों या अवयवों में विभाजन 6 वाक्य-विन्यास: sentence **~sis** 7 मनोविश्लेषक अध्ययन या विश्लेषण;
dw/lw: **~st** /~लिस्ट/ *n.* विश्लेषक, मनोविश्लेषक, जांचकर्ता
p&i: **in the final/ last ~sis** अंततः, निष्कर्षतः, अंततोगत्वा: in the final ~sis, it's a matter of personal choice; **~sis of variance** *statistics* पृथकता पैदा करने वाले अवयवों की पहचान करके उन्हें अलग-अलग करने की क्रिया

analytic/ ~al /ऐनअलिटिक/ ~ल/(*also*) *adj.* 1 विश्लेषण आधारित (दृष्टिकोण या रुख), विश्लेषणात्मक यानी किसी समस्या या प्रक्रिया के भिन्न-भिन्न पहलुओं के विश्लेषण पर आधारित अध्ययन, विश्लेषक: **~al** investigation 2 *lang.* वियोगात्मक, अयोगात्मक: **~al** languages;
collocations: **~al language** *ling.* अंग्रेजी, हिंदी जैसी भाषाएं जिनमें व्याकरणीय क्रिया, अर्थ एवं रूपांतरण शब्द-क्रम तथा पूर्वसर्ग व विशेषण और संज्ञाओं के संयोजन से लक्षित होते हैं; **~al philosophy** बीसवीं सदी के प्रथम भाग में पनपी एक दार्शनिक विचारधारा, जो विशेषकर बरट्रेंड रस्सल (Bertrand Russel, 1872-1970) और ल्युदविग विटगुनश्टाइन (Wittgenstein Ludwig, 1889-1951) से जुड़ी है, जिनके अनुसार भाषायी विश्लेषण दार्शनिक समस्याओं के समाधान का आधार हो सकता है

analytics /ऐनअलिटिक्स/ *n.* 1 विश्लेषण की कला या हुनर 2 विश्लेषण के नियम निर्धारित करने वाली तर्क-विज्ञान

analyse *see above under* **analyse**

anamne\sis /ऐनैम्नी\सिस/ *n., pl.* **~es** /~सीज/ 1 भूतकाल की घटनाओं को याद रखने की क्षमता 2 स्मरण शक्ति 3 संस्मरण 4 *med.* रोगी के अपने शब्दों में उसकी चिकित्सा इतिहास का वर्णन;
dw/lw: **~tic** /~टिक/ *adj.* भूतकाल की घटनाओं को याद रखने की क्षमता से संबंधित, स्मरणशील, अनुस्मरणात्मक

anamor\phic/ ~phous /ऐनअमॉः\फिक/ ~फस/ *adj.* झूठा, मिथ्या, विकृत, तोड़ा-मरोड़ा हुआ;
dw/lw: **~phism** /~फिज्म/ *n.* 1 विकृत चित्रण 2 निम्न श्रेणी से उच्चतर श्रेणी में परिवर्तन; **~phosis** /~फोसिस/ ~फअसिस/ *n., pl.* ~phoses /~फअसीज/ 1 ऐसा चित्र जिसे चालाकी से सच पर आधारित दिखाया गया है पर वास्तव में वह सर्वथा मिथ्या है 2 झूठ, धोखा 3 धूर्ततापूर्ण कायांतरण 4 विकास की प्रक्रिया रूप में बदलाव;
collocations: **~phic lens** 1 फिल्म-प्रोजेक्टर में लगा एक उपकरण जिसकी मदद से 35 mm फिल्म को चौड़े बिंब में बदला जा सकता है 2 ऐसा कैमरा लेंस जो चौड़े-स्क्रीन साइज की बिंब को 35 mm स्क्रीन साइज में बदल सकता है;

ananas /अनानास/ *n.* अनानास

anandrous /ऐनैंडरस/ *adj.* पुंकेसरहीन, परागकेसरहीन

ANANT *abbr.* 'Association for Nascent Art and Natural Theatre' की प्रथमाक्षरी

ananthous /ऐनैंथस/ *adj., bot.* पुष्पविहीन

ananym /ऐनअनिम/ *n.* छद्मनाम के रूप में अक्षरों के उलटे क्रम में लिखा हुआ असली नाम या उपनाम

anapaest /ऐनअपी\स्ट/ (*US* **anapaest** /ऐनअपेस्ट/) *n.* सगणी पद, कविता में ऐसा पद जिसमें दो लघु एवं अबलाघातित शब्दांशों (unstressed syllables) के बाद दीर्घ एवं सबलाघातित शब्दांश (stressed syllables) आते हैं;
dw/lw: **~ic** /~स्टिक/ ऐनअपेस्टिक/ *n.* सगणीपदीय

anaphor\a /अनैफअ\रा/ *n.* 1 *rhetorics* आद्य पुनरुक्ति 2 वाक्याशों, छंदों, कविताओं आदि की प्रत्येक पंक्ति के पहले शब्द की आवृत्ति (repetition) 3 *gramm.* वाक्य में पहले आई संरचना का गौण भाषीय इकाई द्वारा स्थानांतरण: I disagree and so does Ram;
dw/lw: **~ic** /~रिक/ *adj.* आद्य पुनरुक्ति संबंधी

anaphrodisiac /ऐनैफ्रअडिजि\ऐक/ ~आक/ (≠ **aphrodisiac**) *adj.* कामुकता शामक

anaphroditous /ऐनैफ्रअडाइटस/ *adj., physiol.* यौन-रुझान विहीन

anaphyla\xis /ऐनअफिलै\क्सिस/ *n., pl.* **~xes** /~क्सीज/ *med.* (*syn.* hypersensitive reaction) किसी दवा या पदार्थ के प्रति अत्यधिक संवेदनशीलता और इसके कारण होने वाली भयंकर शारीरिक प्रतिक्रिया;
dw/lw: **~ctic** /~क्टिक/ *n.* दवा या पदार्थ के प्रति अत्यधिक संवेदनशीलता से संबंधित: ~ctic shock

anaplasty /ऐनअप्लैस्टि/ *n.* प्लास्टिक शल्य क्रिया

anaplerosis /ऐनअप्लिरोसिस/ *n.* घाव की भराई

anapty\ctic /ऐनैप्टि\क्टिक/ *adj., ling.* स्वर-भक्तिजनित;
dw/lw: **~xis** /~क्सिस/ *n.,* स्वर-भक्ति, स्वर का जुड़ाव (insertion)

anar\chic/ ~chical /ऐनअः\किक/ ~किकल/ *adj.* अराजक;
dw/lw: **~chism** /~किज्म/ *n.* 1 अराजकतावाद 2 अव्यवस्थावाद; **~chist** /~किस्ट/ *n.* अराजकतावादी; **~chy** /~कि/ *n.* अव्यवस्था, अराजकता

anasarca /ऐनअसाःका/ *n.* सर्वांग जलशोफ, संपूर्ण शरीर में जलशोफज अवस्था

anastigmatic /अनैस्टिग्मैटिक/ *adj.* अनुबिंदुक, विषमदृष्टिक

anastomosis /ऐनअस्टअमोसिस/ *n.* शाखा मिलन, सम्मिलन

anastrophe /अनैस्ट्रअफि/ *n., ling.* व्युत्क्रम, शब्दों के सामान्य क्रम में उलटाव (inversion sense)

anathrous /ऐनाःथरअस/ *adj.* बिना उपपद (article) के प्रयोग होने वाला

anathema /अनैथ\मा/ *n., pl.* **~s** 1 कोई व्यक्ति या कोई चीज जिससे लोग घृणा करते हैं: casteism is an ~ to me 2 *Christ.* चर्च द्वारा की गई प्रताड़ना, चर्च से निष्कासन: fulminate an ~ (चर्च से निष्कासित क.) 3 अभिशाप: incoherent/ violent **~s**;
dw/lw: **~tize/ ~tise** /~मटाइज/ *v. pt.* ~tized, *pp* ~tizing 1 शाप दे. 2 भर्त्सना क., निंदा क.

Anatolian /ऐनअतोलिअन/ *n.* मृत या लुप्त भाषाओं का समूह जिसमें हिटाइट (Hittite) भी शामिल है, जो 2000 ईसवी पूर्व अनातोलिया (Anatolia) यानी आधुनिक तुर्की और सीरिया के क्षेत्रों में बोली जाती थी

anato\mical /ऐनअ\टॉमिकल/ *adj.* 1 मानव शरीर संबंधी 2 शरीर-रचनात्मक 3 संरचनात्मक;
dw/lw: **~mist** /अनअटअमिस्ट/ *n.* 1 शरीर-विज्ञानी 2 शल्य-चिकित्सक 3 शरीर-शास्त्री; **~mize** /~टअमाइज/ *v., pt.* ~mized, *pp* ~mizing 1 अवयवच्छेदन क. 2 विश्लेषण क.; **~my** /~टमि/ *n., pl.* ~mies 1 शरीर-रचना विज्ञान 2 शरीर रचना 3 चीर-फाड़, शल्यकर्म 4 अवयव-संघटन 5 वैज्ञानिक विश्लेषण 6 *non-tech.* मानव शरीर

ANAWA *abbr.* 'Army, Navy, Air Force Wives' Associations' की प्रथमाक्षरी

ANC *abbr.* 'African National Congress', 'Andaman and Nicobar Command', 'Asian News Channel', 'Awami National Congress' की प्रथमाक्षरी

-ance *suffix, forming, nouns, denoting:* abund**ance** (बहुतायत, प्रचुरता); perform**ance** (क्रियान्वयन)

ances\tor /ऐन्सेस्टः/ *n.* 1 (***syn.*** forbearer) पूर्वज, पुरखा, पूर्वपुरुष: remote/ illustrious **~tors** 2 जानवरों का पूर्व स्वरूप 3 (***syn.*** forerunner) किसी वस्तु का प्रारंभिक स्वरूप: the camera obscura is the **~tor** of the cinema; the **~tor** of the modern cycle was called a penny-farthing
dw/lw: **~tor-worship** *n.* पूर्वज-पूजा; **~tress** /ऐन्सेस्ट्रिस/ *n.,* पुरखिन; **~tral** /ऐन्सेस्ट्रल/ (= **~torial**) *adj.* पैतृक, वंशानुगत: the ~tral home (पुर्खों या पूर्वजों से चला आ रहा घर); ~tral forms of life; ~tral feature; ~tral property; **~try** /ऐन्सिस्ट्रि/ *n., pl.* ~tries 1 वंश, कुल 2 वंशक्रम, कुल-परंपरा 3 पैतृकता: trace one's ~try

anchor /ऐंकः/ *n.* 1 जहाज से मोटी तारों से बंधा धातु का एक भारी उपकरण जिसे समुद्र या नदी के तल में गाड़कर जहाज को स्थिर किया या रखा जाता है, लंगर, स्थिरक, अवलंब: cast/ drop ~ (लंगर डालना); at an ~; be/ lie/ ride at ~; come to (an) ~; let go the ~ (लंगर डालना); weigh/ raise ~ (लंगर उठाना); drag the ~ (लंगर से विस्थापित हो., लंगर को घसीट ले जा.) 2 सहारा या आश्रय 3 बचाव का साधन, आशा का प्रतीक 4 रेडियो, टीवी आदि पर कार्यक्रम प्रस्तुतकर्ता 5 रिले रेस में (चार में से) अंतिम धावक;
v., *pt.* **~ed**, *pp* **~ing** 1 लंगर डालना: ~ a ship 2 किसी चीज को बांधे रखना, स्थिर क. या रखना 3 रेडियो, टीवी आदि पर प्रोग्राम प्रस्तुत क. 4 रिले रेस में चार में से अंतिम धावक के रूप में दौड़ना;
dw/lw: **~age** /ऐंकरिज/ (**~-dues**/ **~-duty**) *n.* 1 लंगरगाह, लंगर डालने का स्थान 2 बंदरगाह आदि में लंगर डालकर खड़ा रहने का शुल्क 3 लंगर डालने की क्रिया, स्थिरण 4 आराम करने के लिए सुरक्षित स्थान, प्रतीक्षालय 5 लंगर का उपकरण 6 भरोसेमंद सहारा; **~ing** *n.* स्थिरण: ~ing ground/ place; ~ing organs (फूल को सहारा देने वाले पौधे के अंग); **~less** *adj.* 1 बिना लंगर के 2 आसानी से इधर-उधर बह जाने वाला 3 अवसरवादी; **~-ring** *n.* लंगर का छल्ला; **~-tow** *n.* =**~ cable**;
collocations: **~ bolt** लंगर की बोल्ट; **~ cable** लंगर की तार; **~ capstan** लंगर की सूई; **~ fluke** लंगर का पंजा; **~ hold** लंगरगाह; **~ man/ runner** रिले रेस में चार में से अंतिम धावक; **~ stay** खींचकर रखने वाली तार; **~ slings** सुरक्षा पेटी या (पहाड़-चढ़ाई की) कमर-रस्सी;
p&i: **~ one's hopes** किसी से या किसी चीज से आशा रखना, किसी पर भरोसा क.;
a sheet ~ भरोसेमंद सहारा, आशा की एक मात्र किरण; **at ~/ be ~ed** लंगर डाले हुए; **drag the** ~ लंगर को घसीट ले जाना; **lay/ cast/ have an ~ to windward** सावधानी के तौर पर पहले से कदम उठाते हुए लंगर पर टिक जाना; **ride at** ~ लंगर डला होने के कारण जहाज द्वारा सीमित गति से चल पाना या इधर-उधर घूमना; **ride at single** ~ लापरवाही बर्तना; **the ~ comes home/ the ~ drives** 1 लंगर घिसट रहा है, लंगर ठहर नहीं पा रहा है 2 कारखाना असफल हो रहा है; **weigh ~** 1 लंगर उठाना 2 रुके हुए काम को फिर से शुरू क.

anchorage *see above under* **anchor: *dw/lw***

anchoress/ anchress /ऐंकअरिस/ *n.* एकांतवासिनी (साध्वी)

anchoret/ anchorite /ऐंकअरेट/ *n.* एकांतवासी (साधु)

anchorman /ऐंकरमैन/1 समायोजक 2 रेडियो टीवी आदि पर प्रोग्राम प्रस्तुतकर्ता 3 *sports* रिले रेस में चार धावकों की कड़ी में अंतिम धावक

anchovy /ऐंचवि/ *n., pl.* **anchovies** नमकीन स्वाद वाली एक मछली

anchylosis /एंकिलोसिस/ *n.,* 1 *zool.* अस्थि-समेकन 2 *med.* संधि-काठिन्य, संधि ग्रह

ancien régime /आंस्यां रेजीम/ *n., pl.* **anciens regimes,** *Fr.* 1 फ्रांस में 1789 की क्रांति से पहले राजनीतिक और सामाजिक ढांचा 2 पुरातनपंथी व जर्जर ढांचा

ancient /एन्शिअं\ट/ *adj.* 1 (***anton.*** modern) पुरातन, पौराणिक: ~ art/ literature; ~ languages; ~ author; ~ history, ~ civilisation 2 प्राचीन, पुराना: ~ times; ~ city; ~ customs; ~ monuments 3 पुरातनपंथी, पुराने फैशन का 4 अति जर्जर;
dw/lw: **~ly** /~टलि/ *adv.* प्राचीन ढंग से, प्राचीन ढर्रे पर; **~ness** /एन्शिअंटनेस/ *n.* प्राचीनता, पुरातनता; **~ry** /एन्शिअंट्रि/ *n.* प्राचीनत्व, प्राचीनता;
collocations: **the ~s** *[pl.]* मिश्र वासी, यूनानी, रोमन, हीब्र्यू, भारतीय आदि पौराणिक लोग;
p&i: **~ history** 1 प्राचीन इतिहास 2 भूमध्यसागर के चारों तरफ बसे यूनान, एशिया माइनर, इटली, मिश्र आदि देशों का पश्चिमी रोमन साम्राज्य का अंत यानी 476 ईसवी से पहले का इतिहास; **~ monument** प्राचीन स्मारक; **the Ancient of days** परमेश्वर

ancillary /ऐंसिलरि/ *adj.* 1 (***syn.*** auxiliary) सहायक (सेवा आदि) 2 अतिरिक्त या गौण (भाग, कार्यकर्ता या सेवा): ~ staff/ services/ equipment 3 अनुषंगी, आनुषंगिक;
n. सहायक/ गौण सेवा/ भाग आदि

ancipital /ऐंसिपिटल/ *adj.* (***syn.*** double-edged) दो सिरों वाला, दोधारी, दो किनारों वाला

ancon /ऐंकोन/ *n.* (***syn.*** elbow) कोहनी;
dw/lw: **~al/ ~eal** /ऐंकोनल/ *adj.* कोहनी संबंधी

-ancy *suffix, forming nouns:* expect**ancy** (संभावना); vac**ancy** (रिक्त पद या स्थान)

AND *abbr.* '**Andorra**' का अंतर्राष्ट्रीय वाहन रजिस्ट्रेशन कोड (IVR)

and / ऐंड/ *US* एंड/ *conj.* 1 और, एवं, तथा, व: men ~ women; bread ~ butter; coffee ~ milk; two ~ two make four 2 अतः, इसलिए, और, दो घटनाओं या क्रियाओं में संबंध: he fell ~ banged his head; try ~ do it; wait ~ see; he told her ~ she wept 3 साथ-साथ: sang ~ danced 4 और अधिक, दोहराव, क्रिया काल: she cried ~ cried; he talked ~ talked; there were books ~ books everywhere 5 उत्तरोत्तर वृद्धि: the sound became shriller ~ shriller 6 विभिन्नता या अंतर: ins ~ outs; pros ~ cons 7 इसके अतिरिक्त: he is a capable leader ~ a man of energy; it is a mere joke, ~ a poor one 8 इत्यादि: ~ so forth 9 अटलनीय परिणाम: stir ~ you are a dead man 10 विरोधाभास: you take a seat ~ I shall stand 10.1 वाक्य के शुरू में विस्मय द्योतक: ~ you did it? 10.2 नए विचार की ओर मोड़: ~ who goes with you? 11 बल द्योतक (फिर भी): ~ he did come 12 उदात्त शैली में: ~ he said unto Moses; ~ she answered unto him;
n. सामान्य समस्या या घटना: no ifs or **~s** about it;

ANDA *abbr.* 'Abbreviated New Drug Application' की प्रथमाक्षरी

andante /ऐंडैंटे/ *n., music* विलंब, मंद गति;

adv. मंद एवं निरंतर गति से;
adj. विलंबित, मंद एवं निरंतर

andantino /ऐदैंतीनो/ *adj.* अविलंबित

Andean /ऐंडिअन/ *adj.* (of or like the Andes) ऐंडीज का या जैसा

andesite /ऐंडेजाइट/ *n.* ऐंडेजाइट शैल;

andiron /ऐंडाइरअन/ *n.* अंगाराधान, अंगीठी आदि में अंगारे या कोयला रखने की आधार सलाखें

and/or *conj.* दोनों या दोनों में से एक: cakes **and/ or** pastry

andro- /ऐंड्रो-/ऐंड्रौ-/*prefix; comb. form, denoting:* **male** (पुरुष);
dw/lw: **~-centric** /ऐंड्रो-सेंट्रिक/ *adj.* पुरुषकेंद्रिक; **~ecium** /ऐंड्रीसिअम/ *n., pl.* ~ecia /ऐंड्रीसिआ/ *biol.* पुमंग, पुष्प का नर या जनक भाग; **~cephalous** /ऐंड्रोसेफअलस/ *adj.* जानवर की धड़ पर मानव सिर वाला (like Egyptian Sphinx), पुंशिरस्क; **~gen** /ऐंड्रअजअन/ *n., physiol.* 1 पुरुष प्रजनन हार्मोन (produced mainly by testes) 2 सिंथेटिक रूप से पैदा किए हुए उपरोक्त हार्मोन; **~gynous** /ऐंड्रौजअनस / *adj.* जिसमें पुरुष व स्त्री दोनों के गुण मौजूद हों यानी न तो वह पुरुष लगता हो और न स्त्री; **~gyne** /ऐंड्रअजिन/ (*also* **hermaphrodite**) *n.* उभयलिंगी; **~gynous** /ऐंड्रौजीनस/ *adj.* 1 उभयलिंगी 2 पुरुष तथा नारी जातियों (दोनों) के लक्षणों वाला; **~gene** /ऐंड्रअजीन/ *n.* उभय लिंगी व्यक्ति; **~gyny** /ऐंड्रजीनि/ *n.* उभयलिंगत्व; **~id** /ऐंड्राइड/ *n.* यंत्र-मानव, ऐसा रोबोट जो रूप और नैन-नक्श में मानव से मिलता हो; **andrology** /ऐंड्रौलअजि/ *US* ऐंड्राःलअजि/ *n.* पुरुष प्रजनन अंग चिकित्सा विज्ञान

Andromeda galaxy/ Andromeda nebula *n.; astron.* ऐंड्रोमेडा तारामंडल में एक अत्यंत चमकदार व घुमावदार आकाश गंगा

-ane *suffix, chem., forming nouns, denoting:* **a hydrocarbon derivative** (हाइड्रोकार्बन से बना पदार्थ): prop**ane**

anecdo\tage /ऐनिक्डो\टिज/ *n.* 1 किस्से 2 उपाख्यानावली 3 बुढ़ापे का बातूनीपन;
dw/lw: **~tic/ ~tal** /~टिक /~टल/ *adj.* 1 हास्यास्पद, मजाकिया 2 उपाख्यानमूलक; **~te** /~ट/ *n.* 1 किस्सा, दंतकथा: this version is based on ~te, not fact 2 जीवन की झांकी 3 (***syn.*** witticism) चुटकुला; **~tist** /~टिस्ट/ *n.* किस्सागो, उपाख्याता, चुटकुले सुनाने वाला

anechoic /ऐनअकोइक/ *adj., phys.* 1 अप्रतिध्वनिक, ऐसा कमरा या स्थान जहां अनावश्यक प्रतिध्वनि या गूंज न हो 2 दीवार की ऐसी ईंटें जो प्रतिध्वनि को सोख लेती हैं, परिणामतः उस स्थान पर गूंज नहीं होती

ane\le /अनील/ *v., pt.* **~led**, *pp* **~ling** मृत्योपरांत विलेपन संस्कार क.

anelectric /ऐनिलेक्ट्रिक/ *adj.* जिस में से विद्युत धारा न गुजर सके

anemia /अनिमिआ/ *n. US spell.* of **'anaemia'**, रक्त-क्षीणता, अरक्तता

anemic /अनीमिक/ *adj. US spell.* of **'anaemic'**, रक्त-क्षीण

anemo\meter /ऐनिमैमिटः/ (*also* **wind gauge**) *n.* पवनवेगमापी;
dw/lw: **~graph** /अनेमअग्राफ/ *n.* पवनलेखी, पवन की गति को कागज पर अंकित करने वाला यंत्र; **~philous** /ऐनिमॉफिलस/ *adj.* पवन परागित; **~scope** /अनेमअस्कोप/ *n.* पवन दिग्दर्शी

anencephal\y /ऐननसेफअलि/ ऐननकेफलि/ *n.* दिमाग या उसके एक हिस्से का जन्मजात अभाव;
dw/lw: **~ic** /ऐननसअफैलिक/ *adj.* = **~ous**/ ऐननसअफैलस/ *adj.* दिमाग या उसके किसी हिस्से से अभावग्रस्त

anemophily /ऐनिमॉफिलि/ *n.* पवन-परागण

an-end /ऐन-एंड/ *adv.* 1 अंततः 2 अंत तक, लगातार 3 सीधा खड़ा

anent /अनेंट/ *prep.* के बारे में, के विषय में

aneroid /ऐनिरॉइड/(*also* **~ barometer)** *n., meteorol.* अनीर, अद्रव बैरोमीटर

ane\sis /ऐनि\सिस *n., med.* रोग के लक्षणों में कमी;
dw/lw: **~tic** /~टिक/ *adj.* पीड़ा-हर, दर्द कम करने वाला

anesthet\ic /ऐनिस्थेटिक/ *n. US spell.* of **'anaesthetic'**;
dw/lw: **~ist** /ऐनिस्थेटिस्ट/ *n. US spell.* **of 'anaesthetist'**

aneurysm/ aneurism /ऐन्युअरिज्म/ ऐन्यअरिज्म/ *n., pathol.* 1 नाड़ी अर्बुद 2 किसी नस में गुब्बारे जैसा फुलाव जो मांसपेशियों की झिल्ली में जन्मजात दोष या धमनी-शोथ के कारण पैदा होता है

anethole /ऐनअथोल/ *n.* सौंफ का तेल

anew /अन्यू/ *adv.* 1 फिर से, नए सिरे से, पुनः, दोबारा 2 नए ढंग से

ANF *abbr.* 'Atlantic Nuclear Force' की प्रथमाक्षरी

anfractu\osity /ऐनफ्रै\क्ट्युऑसिटि/ *n.* 1 जटिलता 2 टेढ़ामेढ़ापन;
dw/lw: **~ous** /~क्ट्युअस/ *adj.* 1 चक्करदार, जटिल 2 टेढ़ामेढ़ा

angary /ऐंगअरि/ *n.* युद्ध में संपत्ति को हथियाने का अधिकार, संकटाधिकार

angel /एंजल/ *n.* 1 देवदूत, फरिश्ता: sb's good ~ (किसी की रक्षा करने वाला फरिश्ता) = guardian ~ 2 प्रेत: evil ~; **the** devil and his **~s** 3 नेक व दयालु व्यक्ति, परोपकारी इंसान: as pure/ gentle/ mild as an ~ 4 स्वर्गदूत या देवदूत जैसा प्राणी: have the patience of an ~; voice of an ~ 5 अज्ञात रेडार की प्रतिध्वनि 6 किसी को चुनाव-प्रचार के लिए आर्थिक सहायता देने वाला व्यक्ति;
v., pt. **~ed**, *pp* **~ing** नाट्य-मंचन या किसी के चुनाव-अभियान को धन दे.;
dw/lw: **~fish** /एंजलफिश/ *n.* एक प्रकार की मछली; **~ic/ ~ical** /ऐंजअलिक/ ऐंजलिकल/ *adj.* 1 फरिश्तों जैसा, देवदूतोपम: ~ic expression 2 दिव्य, सुंदर, पवित्र 3 स्वर्गदूतोपम, देवदूतोपम; **~ically** *adv.* देवदूतों की तरह: behave ~ically; **~-like** *adj.* फरिश्तों जैसा; **~olatory** /एंजिलोलेटरि/ *n.* स्वर्गदूत-पूजा; **angelology** /एंजअलौलजि/ *US* एंजअलाःलजि/ *n.* देव-दूत शास्त्र; **~ophany** /एंजिलौफनि/ *US* एंजिलाःफनि/ *n.* स्वर्गदूत-दर्शन; **~ica** /ऐंजअलिका/ *n.* 1 अंजलीक 2 एक बड़ा-ऊंचा पौधा 3 इस पौधे के कच्चे तने के टुकड़े; **~us** /ऐंजिलस/ *n., Christ.* एक रोमन कैथौलिकी प्रार्थना, दूत-संवाद; **~-water** ऐंजेलिका-द्रव (सुगंधित द्रव);
collocations: **~ cake/ ~ food cake** *US* एक हल्का स्पंजनुमा केक; **~ dust** *drug-taking sl.* मति भ्रम करने वाली दवाई (drug) का सड़कछाप नाम;
p&i: **~ of death** यमराज; **~s on horseback** बेकन की ऑइस्टर (oyster) लेप वाली ब्रेड-स्लाइस, चटपटा अल्पाहार (snacks);
a little lower than the ~s देवताओं-सा; **a ministering ~** सहायता या सेवा करने वाला व्यक्ति; **an ~ of light** सभी को प्रिय व्यक्ति; **an ~ of mercy** दया का देवता; **as an ~** देवता की तरह दयालु, कृपालु; **a swamp ~** दलदल में फंसा व्यक्ति; **avenging ~** बदला लेने का हिमायती देवता; **be on the side of the ~s** परंपरागत विचार का हो.; **enough to make the ~s weep** इतना दारुण कि पत्थर दिल इंसान भी रो पड़े; **entertaining an ~ unawares** किसी बड़ी हस्ती की बिना उसे जाने-पहचाने की जाने वाली सेवा; **fallen ~** पतित देवता; **join the ~s** मर जाना; **like an ~** देवताओं-सी शालीनतापूर्वक; **rush in where ~s fear to tread** ऐसे (खतरनाक) रास्ते पर चल पड़ना जिस पर देवता भी चलने से डरते हैं; **speak of ~s and they flap their wings** तुम हमें याद करो, हम चले आएं; **visit like those of ~s** बहुत कम आना-जाना; **wrestle with an ~** महा शक्तिशाली प्रतिद्वंद्वी से पाला पड़ना;

anger /ऐंगः/ *n.* क्रोध, आक्रोश, रोष, कोप, गुस्सा: controlled/ sham/ hot ~;
v., pt. **~ed**, *pp* **~ing** 1 क्रुद्ध क.: he was speechlessly **~ed** 2 चिढ़ाना, गुस्सा दिलाना: ~ sb; be **~ed** by sth;

dw/lw: **~less** *adj.* शांत, क्रोधरहित;

p&i: **~ is a short madness** क्रोध एक पागलपन है; **~ is the fever and frenzy of the soul** क्रोध आत्मा का ज्वर है; **~ may glance into the breast of a wise man but rests only in the bosoms of fools**; बुद्धिमानों को गुस्सा कभी-कभी आता है, पर मूर्खों में हमेशा घर किए रहता है;

be filled with ~ क्रोध से लाल-पीला हो.; **blind with ~** क्रोध में अंधा (बना हुआ); **in a moment of ~** क्रोधवश, गुस्से में;

angina /ऐंजाइना/ *n., pathol.* 1 कंठ शूल, हृत्शूल 2 कंठ-शोथ;

collocations: **~ pectoris** हृत्शूल, छाती में दमघोंटू पीड़ा

angio /ऐंजिओ/ *n.* हृद्, हृदय संबंधी

angio- *comb. form, denoting:* **some kind of vessel** (वाहिका);

dw/lw: **~-cardiography** /ऐंजिओ-काःडिऑग्रफी/ *n.* वाहिकाहृद्-चित्रण; **~genesis** /ऐंजिओजेनिसिस/ *n., physiol.* भ्रूण या किसी फोड़े आदि में नई रक्त कोशिकाओं की वृद्धि; **~gram** /ऐंजिओग्राम/ *n., med.* वाहिका-चित्र; **~graphy** /ऐंजिओग्रफि/ *n., med.* वाहिका-चित्रण; **angioma** /ऐंजिओमा/ *n., pathol.* कैंसररहित फोड़ा; **~noid** /ऐंजिओनॉइड/ *n., pathol.* हृद्शूलाभ; **~sperm** /ऐंजिओस्पःम/ *n., bot.* आवृतबीजी

Angle /ऐंगल/ (*see also* **Anglo-Saxon**) *n.* उस उत्तरी जर्मन कबीले का सदस्य जो पांचवीं सदी में उत्तरी और पूर्वी इंग्लैंड, जिसमें नॉर्थम्ब्रिया (Northumbria), मर्सिया (Mercia), पूर्वी आंग्लिया (Anglia आदि रियासतें शामिल थी, में बस गया था; यहीं से इंग्लैंड और इंग्लिश भाषा का नाम पड़ा

angle /ऐंगल/ *n.* 1 कोण: acute/ right, obtuse ~ 2 ढालदार तल 3 दृष्टिकोण 4 स्थान या दिशा 5 बंसी, कांटा (fishhook) 6 धातु की एक तरफ;

***v.**, pt.* **~d**, *pp* **angling** 1 किसी विशेष कोण से निशाना लगाना 2 किसी बात या दलील को एक विशेष दृष्टिकोण से प्रस्तुत क. 3 अपने व्यक्तिगत लाभ के लिए प्रयास क.: ~ for compliments; ~ for promotion 4 मछली पकड़ना: ~ for trout;

dw/lw: **~d** 1 सकोण, कोणीय 2 पक्षपातपूर्ण; **~-iron** *n.* कोणनुमा मुड़ी हुई लोहे की विशेष पत्ती; **~poise** /ऐंग्लपॉइज / (*also* **~poise lamp**) *n.* पढ़ने के लिए मुड़ने वाला लैंप जिसे अलग-अलग तरह से लगाया जा सकता है; **~r** /ऐंग्लः/ (*also* **~r fish**) *n.* कांटे या बंसी (फिशिंग रॉड) से मछली पकड़ने वाला: ardent ~r; **~-wise** /ऐंग्ल-वाइज/ *adv.* कोण के नीचे वाला

angling /ऐंग्लिंग/ *n.* फिशिंग रॉड से मछली पकड़ने की क्रिया या खेल: ~ing rod;

collocations: **~ bracket '<'** या **'>'** में से कोई भी चिह्न; **~ iron/ ~bar/ angle** भवन निर्माण में प्रयोग की जाने वाली एक विशेष कोण पर मुड़ी लोहे या इस्पात की पट्टी; **~ of attack** हवाई हमले का कोण; **~ of celestial body** खगोलीय-पिंड का कोण; **~ of dip** चुंबकीय झुकाव का कोण; **sharp ~s of a stone** पत्थर के पैने कोने;

p&i: **~ for sth** 1 बंसी से मछली पकड़ना, फंसाना 2 मौके की ताक में रहना; **~s of approach to sth** किसी समस्या के प्रति दृष्टिकोण;

an ~r eats more than he gets आए सेर खाए सवा सेर; **be angling for sth** जुगाड़ या तिकड़म से कोई चीज या पद आदि प्राप्त करने की ताक में हो.; **brother of the ~** मछुआरा; **fish with an ~** मछली पकड़ना; **get a new ~ on sth** किसी समस्या पर नया दृष्टिकोण बनाना; **look at the question from all ~s** प्रश्न या समस्या पर सारे पहलुओं को ध्यान में रखकर विचार क.; **on the ~** टेढ़े कोण से, झुककर; **social/ legal/ humanitarian/ odd ~** सामाजिक, कानूनी, मानवीय या विषम दृष्टिकोण से

Anglican /ऐंग्लिकन/ *adj.* 1 इंग्लैंड के चर्च से संबद्ध: ~ chant (अंग्रेजी भजन); ~ Communion (अंग्रेजी चर्च) 2 आंग्ल;

dw/lw: **~ism** /ऐंग्लिकनिज्म/ *n.* ऐंग्लिकन धर्म;

Indo-Anglican भारतीय-आंग्ल, भारतीय मूल के 'अंग्रेजों' से संबंधित;

Anglicism/ anglici\sm /ऐंग्लि\सिज्म/ *n.* 1 आंगलियत, अंग्रेजियत 2 खास अंग्रेजी शब्द या लहजा 3 दूसरी भाषा में अनायास प्रयोग होनेवाले अंग्रेजी शब्द, जैसे 'week-end', 'shopping', etc.;

dw/lw: **~st** /~सिस्ट/ *n.* आंग्लविद्, अंग्रेजी का विद्वान; **~ze** /~साइज/ *v., pt.* ~zed, *pp* ~zing अंग्रेजी रंग-ढंग या शैली को स्थापित क.: Greywall is an ~zed verson of Grewal; **~zation** /~साइजेशन/ *n.* अंग्रेजी रंग-ढंग या शैली में बदलना

Anglo /ऐंग्लो/ *n., pl.* **Anglos** 1 ऐसा अमेरिकी नागरिक जो न तो अफ्रीकी मूल का हो और न ही लातीनी अमेरिकी मूल का 2 अंग्रेजी बोलने वाला कैनेडा वासी

Anglo- /ऐंग्लो-/ *comb. form, denoting:* 1 **English** (अंग्रेजी): Anglophobic 2 **British** (ब्रिटेन): Anglo-American (ब्रिटेन और अमेरिका से संबंधित);

dw/lw: **~-centric** /ऐंग्लो-सेंट्रिक/ *n.* आंग्ल-केंद्रिक, आंग्लवादी, ब्रितानियावादी; **~-Indian** /ऐंग्लो-इंडियन/ *n.* 1 ब्रिटेन मूल का व्यक्ति जो लंबे समय तक भारत में रहा हो 2 ऐंग्लो-इंडियन, भारतीय और ब्रितानवी मूलों के मिश्रण से बना व्यक्ति 3 आंग्लवादी भारतीय, आंग्लीकृत भारतीय: "ayah" is an ~-Indian name for a housemaid; **~-Irish** *adj.* 1 आयरलैंड में रहने वाले अंग्रेजी मूल के लोग 2 इंग्लैंड, ब्रिटेन और आयरलैंड के सामूहिक हितों या मामलों से संबंधित;

Anglomania /ऐंग्लोमेनिआ/ *n.* आंग्ल-उन्माद, अंध आंग्ल-भक्ति, अंग्रेज-भक्ति;

dw/lw: **Anglomaniac** /ऐंग्लोमेनिऐक/ *n.* 1 आंग्ल-उन्मादी 2 अंध अंग्रेज-भक्त

Anglo-Norman /ऐंग्लो-नॉःमन/ *n.* 1 नॉर्मन, फ्रेंच और अंग्रेजी का मिश्रण जिसका प्रयोग 1066 ईसवी में William the Conqueror की इंग्लैंड पर नार्मन विजय के बाद लगभग दो सौ वर्ष तक चलता रहा 2 नॉर्मन मूल का व्यक्ति जो इंग्लैंड, वेल्ज या स्कॉटलैंड में बस गया

Anglophile/ anglophile /ऐंग्लोफाइल/ ऐंग्लोफिल/ *n.* आंग्ल-भक्त, अंग्रेजी-प्रेमी;

dw/lw: **anglophilia** /ऐंग्लोफीलिया/ *n.* अंध आंग्ल-भक्ति, अंग्रेजी-प्रेम

Anglophobe/ anglophobe /ऐंग्लोफोब/ *n.* 1 इंग्लैंड या अंग्रेजी से घोर घृणा करने वाला 2 घोर अंग्रेज/ अंग्रेजी विरोधी 3 आंग्लभीत

Anglophobia/ anglophobia /ऐंग्लोफोबिआ/ *n.* 1 आंग्लभीति 2 अंग्रेजों या अंग्रेजी से घोर विद्वेष

Anglophone/ anglophone /ऐंग्लोफोन/ *n.* आंग्लभाषी या अंग्रेजी-भाषी व्यक्ति

Anglo-Saxon /ऐंग्लो-सैक्सन/ *n.* 1 नॉर्मन विजय से पहले के इंग्लैंडवासी, आंग्ल-सेक्सन 2 जर्मन कबीले, आंग्ल, ज्यूट (Jutes), सैक्सन के लोग जो पांचवीं सदी में इंग्लैंड में बस गए थे 3 ग्यारह सौ पचास से पहले की अंग्रेजी भाषा जिसे '**Old English**' यानी पुरातन अंग्रेजी भाषा भी कहते हैं (आंग्ल-सेक्सन लोगों की भाषा) 4 सपाट, एक-शब्दांशीय, वर्जित (taboo words) शब्दों से भरी अंग्रेजी भाषा 5 कोई भी अंग्रेजी बोलने वाला श्वेत आदमी, विशेषकर जर्मन मूल का व्यक्ति;

adj. 1 इंग्लैंड में बसने वाले जर्मन लोगों से संबंधित 2 अंग्रेजी भाषा के प्रारंभिक रूप से संबंधित 3 अंग्रेजी भाषा में ऐसे भाषण या लेखन से संबंधित जो लठमार और सीधे निशाने पर मार करने वाले लगते हों यानी जो भारी-भरकम बहुशब्दांशीय शब्दों से बचते हों 4 ब्रितानवी व अमेरिकी जीवन के सांस्कृतिक, सामाजिक व राजनीतिक शैलियों की साझी विरासत व मूल्यों से संबंधित: **Anglo-Saxon** values

angora/ Angora /ऐंगॉरा/ *n.* अंगोरा की बकरी की ऊन और उससे बना वस्त्र: ~ goat; ~ rabbit;

angostura bitters /ऐंगअस्ट्यूरा बिटःज/ *n., tradem.* जड़ी-बूटियों से बना कॉकटेलों (मिश्रित पेयों) में प्रयुक्त किया जाने वाला

एक पेय

angrily /ऐंग्रिलि/ *adv.* 1 क्रुद्ध होकर, गुस्से में 2 लाल, प्रदाही, दर्द भरा (inflamed)

angry /ऐंग्रि/ *adj., degr.* **angrier, angriest** (*also* **more ~, most ~**) 1 क्रुद्ध, कुपित, खफा, नाराज: an ~ expression or look; be ~; get/ grow ~; make sb ~ 2 क्रोधी, गुस्सैल, गुस्सावर, चिड़चिड़ा: ~ voices;

p&i: **~ man opens his mouth and shuts his reason** क्रोध आया, मति भ्रष्ट; **~ young man** समाज से संतप्त, व्यथित व क्रुद्ध युवक;

an ~ sky काली घटा से लदा आकाश; **be ~ about sth** किसी बात को लेकर क्रुद्ध हो.; **be ~ at sth/ sb** किसी बात या व्यक्ति पर गुस्सा हो.; **be ~ with sb/ sth** किसी से या किसी बात से नाराज हो.

angst /ऐंग्स्ट/ आंग्स्ट/ ऐंस्ट/ आंस्ट/ *n.* 1 अत्यधिक आशंका, चिंता व अपशकुन से भरी भावना: songs full of teenage ~ 2 पश्चाताप 3 अस्तित्ववाद में इस बात का डर या दुश्चिंता पर आधारित आशंका कि व्यक्ति के जीवन की राह उसकी अपनी जिम्मेवारी पर निर्भर करती है, वह पूर्व निर्धारित नहीं होती 4 निम्न प्रकार के संयुक्त शब्दों में प्रयुक्त: ~-ridden

angstrom/ ångstrom /ऐंग्स्ट्रम/ *n.,* (symbol Å) 10^{10} मीटर के बराबर लंबाई जो पहले इलेक्ट्रो-चुंबकीय विकिरणता की तरंगों की लंबाई और अणुओं और परमाणुओं के साइज मापने में प्रयुक्त होती थी

anguine /ऐंग्विन/ *adj.* सर्पिल

anguish /ऐंग्विश/ *n.* मनोव्यथा, मानसिक वेदना, घोर व्यथा, यंत्रणा: ~ of body and mind; be in ~ at sth; suffer ~;

v. *past* **~ed**, *pp* **~ing** घोर व्यथा का शिकार हो. या किसी को व्यथित क.;

dw/lw: **~ed** /ऐंग्विश्ड/ *adj.* दुखी, व्यथित, खिन्न, मानसिक वेदना से ग्रस्त

angular /ऐंग्यु\लः/ ऐंग्यअलः/ *adj.* 1 कोणीय, कोणिक: ~ acceleration 2 नुकीला 3 पतला-दुबला, इकहरा: ~ youth, a tall ~ woman 3 (***syn.*** awkward) भद्दा, बेढंगा: ~ figure;

dw/lw: **~ity** /~लैरिटि/ *n.* 1 कोणिकता, नुकीलापन 2 बेढंगापन: ~ity of character; **~ly** /~लःलि/ *adv.* 1 बेढब तरीके से 2 पैनी नजर तले

angula\te /ऐंग्यु\लिट/ *adj.* 1 सकोण, कोणीय 2 कोण-सा पैना;

dw/lw: **~ted** /~लेटिड/ *adj.* कोणित, कोणिक; **~tion** /~लेशन/ *n.* कोणाकृति

ANHAD *abbr.* 'Act Now for Harmony and Democracy' की प्रथमाक्षरी

anhedonia /ऐन्हीडॉनिआ/ *n.* सुख अनुभव करने की क्षमता का अभाव, सुखानुभूति-अक्षमता

anhy\dride /ऐन्हाइ\ड्राइट/ *n., chem.* किसी पदार्थ में से पानी निकालने के बाद (after the removal of water) बना नया पदार्थ, विशेषकर अम्ल में से पानी निकलने के बाद;

dw/lw: **~drous** /~ड्रस/ *adj.* 1 अजल, निर्जल, निर्जलीय 2 ऐसा रासायनिक यौगिक (compound) जिसमें पानी न बचा हो, विशेषकर जिसमें स्फटिक जल (water of crystallisation) न हो: ~drous copper sulphate

anicon\ic /ऐनाइकौनि\क/ *US* ऐनाइकाःनि\क/ *adj.* देवी-देवताओं के छवि चित्रों, मानवीय या पशुओं के रूप में न हों, से संबंधित;

dw/lw: **~ism** /~ज्म/ *n.* देवी-देवताओं या पशुओं के अमानवीय या गैर-पाशविक छवि चित्रण; **~st** /~स्ट/ *n.* देवी-देवताओं, पशुओं या प्राणियों के अमानवीय या गैर-पाशविक रूपों में छवि-चित्र बनाने वाला

anigh /अनाइ/ *prep.* के पास;

adv. पास, समीप

anil /ऐनिल/ *n.* नील;

aniline /ऐनिलीन/ *n.* एक अत्यंत जहरीला द्रव जिसे रबड़, प्लास्टिक, दवाइयों और रंगों आदि में प्रयुक्त किया जाता है;

adj. नीलिन, ऐनिलीन: ~ dye

anility /ऐनिलिटि/ *n.* 1 (***syn.*** snility) सठियापा, जर्जरता 2 वृद्धावस्था

anima /ऐनिमा/ *n., psychol.* मनोविश्लेषक जंग (Jung) द्वारा प्रयुक्त पारिभाषिक शब्द जिसका अर्थ है: 1 अंतर व्यक्तित्व ('inner' personality as opposed to the personality presented to the world), प्राण तत्त्व, 2 पुरुष चेतना का स्त्री-आयाम (the feminine side of the male consciousness; **anima ≠ animus**)

animadversion /ऐनिमैड्वःशन/ *n.* 1 आलोचना, टीका-टिप्पणी 2 आरोप 3 निंदा, बुराई

animadvert /ऐनिमैड्वःट/ *v., pt.* **~ed**, *pp* **~ing** 1 (*often* **~ upon sth**) तीखी आलोचना/ तीखा प्रहार क. 2 टीका-टिप्पणी या निंदा क.

animal /ऐनि\मल/ *n.* 1 पशु, जानवर: fur-bearing **~s** 2 प्राणी, जीव, जंतु 3 दरिंदा: the person who did this is an ~, a brute 4 बिल्कुल नई या अनजान वस्तु या नया व्यक्ति, *usually, colloq.*: an altogether different ~; the new multimedia computer is a different ~ 5 विशेष प्रकार का व्यक्ति: she isn't a political ~;

adj. 1 जांतवत, जांतव, पशु, जीव-जंतु संबंधी: free of ~ fat; the ~ kingdom; ~ breeder; ~ farm; ~ husbandry 2 पाशविक, जानवरों जैसा, दरिंदे-सा, बर्बरतापूर्ण: ~ fear 3 शारीरिक (आवश्यकताएं, काम-वासना संबंधी), विषयी: control one's ~ passions/ desires; ~ instincts (पशु प्रकृति, सहज स्वभाव): ~ spirits 4 जैव (of animal sexual heat नया दूध होने की दशा में);

dw/lw: **~bipes** /~मल-बाइप्स/ *n.* द्विपद प्राणी, मनुष्य; **~cule** /~मलक्यूल/ *n.* सूक्ष्म जंतु (जिसे बिना दूरबीन आदि के नहीं देखा जा सकता); **~drawn** /~मल-ड्रॉन/ *adj.* पशुओं द्वारा खींची या चलाई जाने वाली (गाड़ी आदि); **~-husbandry** /~मल-हस्बेंड्रि/ *n.* पशु-पालन; **~-implume** /~मल-इम्प्ल्यूम/ *n.* अपक्ष/ पंखहीन प्राणी; **~ism** /~मलिज्म/ *n.* 1 पशुवाद, पशुधर्म 2 काम-वासना 3 अनध्यात्मवाद, अध्यात्मवाद या बौद्धिकता की अपेक्षा भौतिक पहलुओं से असीम लगाव; **~ity** /~मैलिटि/ *n.* 1 पशु प्रकृति, पशुवृत्ति, पशु-स्वभाव, सहज स्वभाव 2 प्राणी जगत 3 पशुता, पाशविकता, बर्बरता; **~ize/ ~ise** /~मलाइज/ *v., pt.* ~ized, *pp* ~izing पशुवत् बना देना, पाशविक प्रवृत्तियों को जगाना; **~-kingdom** /~मल-किंगडम/ *n.* प्राणी जगत; **~-rights** /~मल-राइट्स/ *n.* पशु-अधिकार; **~-rightist** *n.* पशु-अधिकारवादी व्यक्ति; **~-spirits** /~स्पिरिट्स/ *n.* जिंदादिली, किलोल, पाशविक उत्साह; **~-worship** /~वःशिप/ *n.* पशु-पूजा; **~-worshipper** *n.* पशु-पूजक

collocations: **~ experimentation** पशुओं पर प्रयोग करने की वृत्ति या प्रवृत्ति; **~ husbandry** *see above under* **animal: *dw/lw***; **~ liberationist** पशु मुक्तिवादी; **~ magnetism** *often facetious* कामुक ढंग से आकर्षक लगने का गुण, स्त्री-पुरुष के बीच शारीरिक आकर्षण; **~ passion** काम-वासना; **~ pleasures** विषय-विलासिता, विषय-भोग; **~ rights** *see above under* **animal: *dw/lw***; **~ spirits** *see above under* **animal: *dw/lw***

animamundi /ऐनिमामुंडि/ *n., psychol.* विश्वात्मा

anima\te /ऐनि\मिट/ *adj.* 1 सजीव, जीवित, जीवंत 2 सजीव, सक्रिय, फुर्तीला (lively): **~te** nature;

dw/lw: **~te** /ऐनिमेट/ *v., pt.* **~ted**, *pp* **~ting** 1 जान डालना, नया जीवन दे, प्राण फूंकना, जीवन-संचार क.: ~te sb's courage; be ~ted by the best intention 2 जीवंत बनाना: joy ~tes her features 3 ऐसे चित्रित करना कि चल-चित्र में जीव चलते हुए दिखें; **~ted** /~मेटिड/ *adj.* 1 जीवंत, सजीव, जिंदादिल: ~ted discussion (जीवंत या गर्मागर्म बहस); ~ted conversation 2

फुर्तीला, जोशपूर्ण 3 जीवों की तरह चलते-फिरते हुए: ~ted cartoon (सजीव, जीवित या चलते-फिरते व्यंग्य चित्र); ~ted picture; **~teur** /~मअटः/ *n.* कलात्मक व सामाजिक गतिविधियों को प्रोत्साहन देने वाला व्यक्ति; **~tion** /~मेशन/ *n.* 1 रोचकता व उत्तेजना 2 (***syn.*** vivacity) जीवंतता, जिंदादिली: with ~tion; devoid of ~tion 2 प्राण-संचारण 3 कंप्यूटर पर चल चित्रण: ~tion films; **~tism** /~मअटिज्म/ *n.* जड़सजीवतावाद, जीवात्मवाद; **~tor** /~मेटः/ *n.* 1 कंप्यूटर के लिए सजीवक (animated) चित्र बनाने वाला 2 कंप्यूटर पर सजीवक चल चित्र चलाने वाला

animatronics /ऐनिमेट्रोनिक्स/ *n., [sing.], cinematog.* 1 सजीवता-इलेक्ट्रोनिकी, चल-चित्रक इलेक्ट्रोनिकी 2 कंप्यूटरी तकनीक से जीवों को चलता-फिरता चित्रित करने की कला

animism /ऐनिमिज्म/ *n.* 1 सर्वचेतनवाद, सर्वात्मवाद, जीववाद, निर्जीवात्मवाद, जड़ात्मवाद 2 इस बात में विश्वास कि पौधों, नदियों, झरनों, पहाड़ों आदि प्राकृतिक क्रियायों में आत्मा या प्राण होते हैं और ईश्वर हर वस्तु में विद्यमान है;
dw/lw: **animist** /ऐनिमिस्ट/ *n.* सर्वचेतनवादी व्यक्ति

animosity /ऐनिमौसिटि/ *US* ऐनिमाःसिटि/ *n., pl.* **animosities** विद्वेष, वैर, घोर शत्रुता, वैर-भाव: ~ between two people/ groups; with ~ (शत्रुतापूर्वक)

animus /ऐनिमस/ *n.* 1 दुराग्रह 2 घोर शत्रुता, विद्वेष, घृणा 3 *law* अभिप्राय, संकल्प 4 मनोविश्लेषक जंग (Jung) द्वारा प्रयुक्त पारिभाषिक शब्द जिसका अर्थ है: स्त्री चेतना का पुरुष-आयाम (the masculine side of the female consciousness: **animus ≠ anima**)

anion /ऐनायन/ *n., chem.* ऋणायन (a negatively charged ion);
dw/lw: **~ic** /ऐनायौनिक/ *adj.* ऋणायनी

anise /ऐनि\स/ *n.* सौंफ का सदाबहार पौधा;
dw/lw: **aniseed** /~सीड/ *n.* सौंफ के बीज; **~tte** /~सट/ *n.* सौंफ-अर्क;
collocations: **~ ball** सौंफ-सुगंधित मिठाई

ankle /ऐंक्ल\/ *n.* घुटना, टखना, गुल्फ;
dw/lw: **~-bells** /~-बेल्ज/ *n.* घुंघरू; **~-biter/ ~-nipper** /~-बाइटः/ ~-निपः/ *n., sl.* बच्चा, बालक; **~-bone** /~-बोन/ *n.* घुटिकास्थि; **~-boot** /~-बूट/ *n.* टखनेदार जूता; **~d** /~ड/ *adj.* टखनेदार, गुल्फयुक्त; **~-joint** /~-जॉइंट/ *n.* गुल्फजोड़, घुटनों का जोड़, गुल्फ-संधि; **~t** /ऐंक्लिट/ *n.* पायल, पाजेब, पैजनी, नूपुर, मंजीर;
collocations: **ankle sock** = *US* **anklet** बहुत छोटा मोजा

ankylosaur /ऐंकिलअसॉर/ *n.* एक छोटा वनस्पति-आहारी डायनासौर

ankylosis /ऐंकिलोसिस/ *n.* शरीर के किसी जोड़ के सख्त हो जाने (stiffening) के कारण चलने-फिरने में होने वाली अक्षमता

anlage /ऐनलाग/ (*also* **primordium**) *n., pl.* **anlages** कोशिकाओं का एक समूह जिन्हें भावी शरीरिक अंगों के रूप में देखा जाता है

ANM *abbr.* 'auxiliary nurse and midwife' की प्रथमाक्षरी

ANMC *abbr.* 'Asian Network of Major Cities' की प्रथमाक्षरी

an mo/anmo /ऐनमो/ *n., Chinese med.* मालिश करने की एक चीनी पद्धति

ANN *abbr.* 'Asia News Network' की प्रथमाक्षरी

Annal /ऐनाल/ *n.* एक वर्ष की घटनाओं का क्रमिक आधिकारिक वर्णन, वर्ष-वृतांत, वार्षिक वृतांत

annals /ऐनल्ज/ *n., [pl.]* 1 इतिवृत्त, साल-दर-साल की घटनाओं का लेखा-जोखा 2 वर्ष-वृतांत, वार्षिक वृतांत 3 आख्यान 4 ऐतिहासिक अभिलेख;
dw/lw: **annalist** /ऐनअलिस्ट/ *n.* इतिवृत्त-लेखक, इतिहासकार

annates /ऐनेट्स/ *n., pl., RC Church* नए-नए बने बिशपों (Bishops) द्वारा पोप को दी जाने वाली दक्षिणा

anneal /अनील/ *v., pt.* **~ed**, *pp* **~ing** *engin.* 1 शीशे या धातु को तपाकर धीरे-धीरे ठंडा क., तापानुशीतित क. 2 (***syn.*** temper) सुदृढ़ क., तपाना, सुदृढ़ क. 3 इच्छा-शक्ति या इरादा पक्का क.;
dw/lw: **~ed** /अनीलड/ *adj.* अनीलित, तापानुशीतित; **~ing** /अनीलिंग/ *n.* अनीलन, तापानुशीतन, इच्छा-शक्ति आदि का सुदृढ़िकरण

annectent /अनेक्टंट/ *n.* 1 संयोजक, संयोजी 2 जोड़क, जोड़ने वाला

annex /अनेक्स/ *US, v., pt.* **~ed**, *pp* **~ing** 1 (***syn.*** incorporate, occupy) कब्जे में लेना, कब्जा कर ले., हथियाना, मिला लेना: ~ territory 2 (भूमि या जायदाद) के साथ जोड़ना: outlying district were **~ed** by the city 3 के साथ नत्थी क., संलग्न क., अनुबद्ध क., जोड़ना या जुड़ना: ~ to a treaty/ to a convention 4 सहज गुण के रूप में जुड़ा हो.: happiness is not always **~ed** to wealth;
n. (*also UK* **annexe** /अनेक्स/) 1 उपभवन, उपगृह, बड़े भवन से लगती छोटी बिल्डिंग: ~ to Parliament library 2 (***syn.*** appendix) अनुलग्नक, परिशिष्ट, अतिरिक्त जुड़ाव, भाग: ~ to a treaty/ to a convention;
dw/lw: **~ation** /ऐनेक्सेशन/ *n.* 1 हस्तांतरण, कब्जा: forcible ~ation 2 विस्तारवाद; **~ure** /ऐनेक्सः/ *n.* परिशिष्ट, अनुलग्नक, संगलग्नक

annihila\te /अनाइअले\ट/ *v., pt.* **~ted**, *pp* **~ting** 1 सर्वनाश/ सत्यनाश/ ध्वस्त क. 2 अस्तित्व मिटाना, विनाश क. 3 विलोप क.;
dw/lw: **~ted** /~टिड/ *adj.* ध्वस्त, नष्ट; **~tion** /~शन/ *n.* विनाश, विध्वंस, सर्वनाश, सत्यानाश; **~tor** /~टर/ *n.* विध्वंसक, विनाशक, सत्यानाशी; **~tive** /~टिव/ *adj.* 1 विध्वंसक 2 विलोपक

anniversary /ऐनिवःसरि/ *n.* 1 वर्षगांठ, जयंती, वार्षिकोत्सव: wedding ~ 2 (***syn.*** birth day) जन्मदिवस, वर्षगांठ: the ~ of Shakespeare's birth ~ 3 बरसी: the death ~

Anno वर्ष (में);
collocations: **~ Christi** /ऐनोक्रिस्टाइ/ *n.* ख्रीस्तीय वर्ष, ख्रीस्तीय सन्; **~ Domini/ anno Domini** /ऐनोडौमिनाइ/ (*abbr.* **A.D.**) 1 ईसवी सन् में 2 *colloq.* बुढ़ापा: ~ is the trouble!; his chief complaint is A.D; **~ Mundi** /ऐनो मुंडाइ/ *adv.* सृष्टि वर्ष; **~ regni** /ऐनो रेग्नाइ/ राजत्व/ राज्य अभिषेक वर्ष, राजत्व वर्ष, राज्य वर्ष; **~ Salutis** /ऐनो सेलूटिस/ *adv.* मुक्ति वर्ष

annomination /अनॉमिनेशन/ *n.* शब्दों का खेल, यमक

annota\te /ऐनोटे\ट/ *v., pt.* **~ted**, *pp* **~ting** टिप्पणियां लिखना, व्याख्या क., टीका क.;
dw/lw: **~ted** /~टिड/ *adj.* पाठ और उसके लेखक के बारे में टिप्पणियों, टीकाओं और व्याख्याओं से सज्जित; **~tion** /~शन/ *n.* टिप्पणी, टीका, व्याख्या; **~tor** /~टः/ *n.* टीकाकार, टिप्पणकार

announ\ce /अनाउं\स/ *v., pt.* **~ced**, *pp* **~cing** 1 घोषित क., सूचित क., विदित क.: **~ced** the arrival on the radio; **~ce** the departure/ birth/ death 2 बतलाना, प्रकट क.: **~ced** next week's programme; it has been **~ced** that the conference will be held in Moscow; **~ce** sth by a peal of bells 3 अपने आपको चुनाव आदि में किसी पद के लिए उम्मीदवार घोषित क.: **~ced** the candidature for President 4 पूर्व बोध का अहसास कराना: dark clouds **~cing** a storm; shot **~ced** the presence of the enemy;
dw/lw: **~cement** /~स्मंट/ *n.* 1 घोषणा, मुनादी 2 सूचना 3 विज्ञप्ति, उद्घोषणा 4 घोषणा करने की क्रिया: spot ~cement; **~cer** /~सः/ *n.* 1 उद्घोषक, प्रोग्राम प्रस्तुतकर्ता, वाचक 2 घोषक, आख्यापक

annoy /अनॉ\य/ *v., pt.* **~ed**, *pp* **~ing** 1 (***syn.*** irritate) खिझाना, चिढ़ाना, गुस्सा दिलाना, झुंझलाहट पैदा क.: he felt **~ed** with bad weather/ constant noise/ silly questions 2 (***syn.*** bother) परेशान/ तंग क.: ~ sb to death; he swatted a fly that was **~ing** him;

dw/lw: **~ance** /~यंस/ *n.* 1 क्रोध, गुस्सा, 2 (***syn.*** irritation) चिढ़, खीझ, झुंझलाहट, क्षोभ 3 (***syn.*** nuisance) कंटक, कष्ट, मुसीबत 4 छेड़छाड़, कष्ट, छेड़खानी; **~ed** /~इड/ *adj.* 1 क्रोधित, नाराज 2 परेशान, तंग, क्षुब्ध 3 अप्रसन्न, चिढ़ा हुआ; **~ing** /~यिंग/ *adj.* खीझ दिलाने वाला, कष्टप्रद, कष्टकर: how ~ing!; **~ingly** /~यिंगलि/ *adv.* झुंझलाकर, गुस्से से, चिढ़ पैदा करते हुए

annual /ऐन्युअ\ल/ *adj.* 1 वार्षिक, सालाना: ~ vacation; ~ fair 2 साल भर की अवधि में फैला हुआ: ~ income/ balance/ examination; ~ review; ~ crop 3 साल में एक बार आने वाला अवसर: ~ general meeting (वार्षिक आम सभा); ~ march;
n. 1 वर्षजीवी/ मौसमी पौधा 2 वार्षिक अवधि का, एक वर्षीय गतिविधि, कार्यक्रम आदि 3 वार्षिकी, वर्ष में एक बार प्रकाशित होने वाली पत्रिका आदि;
dw/lw: **~ize/~ise** /~लाइज/ *v. pt.* ~ized, *pp* ~izing वार्षिक तौर पर प्रकाशित क./ कोई कार्य आदि वर्ष में एक बार क.; **~ly** /~लि/ *adv.* प्रति वर्ष, हर साल
collocations: **~ feature** वार्षिक प्रकाशन; **~ percentage rate** वार्षिक प्रति शत दर; **~ ring** *bot.* वार्षिक वलय, पेड़ों के तने में हर साल बनने वाला एक छल्ला (ring); **hardy ~** पाला सह सकने वाला पौधा

annuitant /अन्यूअटंट/ *n.* 1 वार्षिक वृत्ति धारी 2 वार्षिकी-ग्राही

annuity /अन्यूअटि/ *n., pl.* **annuities** 1 वार्षिक वृत्ति, वार्षिकी 2 प्रति वर्ष दी जाने वाली नियत राशि 3 वार्षिक अनुदान, हर वर्ष जीवन पर्यंत दी जाने वाली राशि;
collocations: **~ gift** वार्षिक अनुदान; **~ share** विभाज्य हिस्सा;
certain ~ कुछ वर्षों के लिए नियत वार्षिकी; **contingent ~** आकस्मिक वार्षिकी (किसी आकस्मिक घटना के संबंध में); **complete ~** जीवन-पर्यंत देय वार्षिकी

annul /अनल\/ *v., pt.* **~led**, *pp* **~ling** 1 रद्द क., निरस्त क.: ~ a law/ a decree; ~ an agreement; ~ marriage 2 नष्ट क., मिटा दे.;
dw/lw: **~ment** /~मंट/ *n.* रद्दगी, निराकरण, निरस्तीकरण, अमान्यकरण

annular /ऐन्यु\लः/ ऐन्यलः/ *adj.* छल्लेदार, वलयकार, वलयी, गोलाकार, चक्रिल: ~ eclipse *astron.* (पूर्ण ग्रहण); ~ recess;
dw/lw: **~ity** /~लअरिटि/ *n.* गोल आकार, वलयता; **~ly** /~लःलि/ *adv.* छल्ले की शकल में; **~y** *n.* अनामिका (उंगली)

annulate /ऐन्युलट/ *adj.* छल्लों से भरी या घिरी हुई (लकड़ी)

annulet /ऐन्युलेट/ *n.* क्षुद्र वलय

annulment *see above under* **annul: *dw/lw***

annuloid/ annulose /ऐन्युलॉइड/ ऐन्युलोज/ *adj.* वलयाभ, छल्लेदार

annum /ऐनम/ *adj., Lat.* वर्ष: per ~ (प्रति वर्ष)

annuncia\te /अनन्शिए\ट/ अनन्सिए\ट/ *v. pt.* **~ted**, *pp* **~ting** सरे आम आधिकारिक रूप से घोषणा क.;
dw/lw: **~te** *n.* घोषणा; **~tion** /~शन/ *n., Christ.* 1 देवदूत गैब्रियल की मैरी (Mary) द्वारा यीशु (Jesus) को जन्म देने के बारे में घोषणा, दूत-संदेश; **~tion** *n.* 1 घोषणा 2 सूचना; **~tor** /~टः/ *n.* 1 घोषणा करने वाला, उद्घोषक 2 बिजली के कई सर्किटों में से वर्तमान में इस्तेमाल होने वाले सर्किट को दिखाने वाली रोशनी, घंटी आदि;
collocations: **~te lily** श्वेत सोसन, श्वेत कुमुदिनी; **~tion Day** (*also* **Lady day**) 1 पच्चीस मार्च को होने वाला घोषणा उत्सव, माता मरियम दिवस 2 देव-संदेश

annus horribilis /ऐनुस हौरीबिलिस/ *Lat., n. pl.* **anni horribiles** /ऐनी हौरीबिलेज/ विपदाओं और आपदाओं से भरा वर्ष

annus mirabilis /ऐनुस मिरैबिलिस/ *Lat., n., pl.* **anni mirabilis** /ऐनी मिरैबिलेज/ शुभ वर्ष

A No. 1 *US* सर्वोत्तम, सबसे बढ़िया

anodal/ anodic /ऐनोडल/ ऐनोडिक/ *adj.* धनाग्रीय

anode /ऐनोड/ *n.* अनोड, धनाग्र

anodyne /ऐनोडाइन/ ऐनअडाइन/ *adj.* 1 वेदनाहर, पीड़ाहर 2 नर्म, राहतकारी
n. 1 वेदनाहर, पीड़ानाशक औषधि 2 आहत भावनाओं या मानसिक वेदना पर बाम का काम करने वाली बात या कार्य

anoint /अनॉइं\ट/ *v., pt.* **~ed**, *pp* **~ing** 1 अभ्यंजित क., लेप लगाना, तेल या मलहम लगाना 2 अभिषेक दे.: the priest **~ed** her with oil 3 पिटाई क., पीटना (ironical);
dw/lw: **~ed** /~टिड/ *adj.* अभ्यंजित, अभिषिक्त: the Annointed (परम अभ्यंजित, ईसा मसीह); **~ing** /~टिंग/ or **~ment** /~टमंट/ *n.* 1 अभ्यंजन, लेप, तेल की मालिश 2 अभिषेक, विलेपन;
collocations: **~ing of the sick** *RC Church* अत्यधिक बीमार या मरते हुए व्यक्ति को अभ्यंजित करने या लेप लगाने की क्रिया

anomal\istic /अनौम\लिस्टिक/ *US* अनाःम\लिस्टिक/ *adj.* असामान्य, अलग, हटकर, अलग तरह का: **~istic** month; **~istic** year;
dw/lw: **~ous** /~लस/ *adj.* 1 असामान्य, अनियमित 2 (***syn.*** incongruous) असंगत 3 *math.* कोणिकांतर; **~ously** /~लसलि/ *adv.* असामान्य या अनियमित ढंग से

anoma\ly /अनौमलि/ *US* अनाःमलि/ *n., pl.* ~lies 1 विसंगति, अनियमतता, अपवाद, असंगति: the apparent ~ly that those who produced the wealth, the peasants and workers, were the poorest 2 *astron.* कोणांतर

anomie/ anomy /ऐनअमि/ *n., pl.* **anomies** *social* 1 सामूहिक या व्यक्तिगत स्तर पर सामाजिक और नैतिक मूल्यों या मान्यताओं के प्रति आदर का अभाव 2 सामाजिक और नैतिक मूल्यों या मान्यताओं के प्रति आदर के अभाव की दशा या स्थिति 3 कानून का उल्लंघन

anon *abbr.* 'anonymous' का संक्षेप

anon /अनबन/ *adv., old use* शीघ्र, जल्दी, थोड़ी देर में: ever and ~ (बीच-बीच में, मिनट-मिनट में, समय-समय पर)

anonym /ऐनअनिम/ *n.* 1 अनाम व्यक्ति 2 (***syn.*** pseudonym) छद्म नाम, उपनाम 3 अज्ञात नाम के व्यक्ति की पुस्तक

anonymity /ऐनअनिमिटि/ *n.* 1 अज्ञातनामता, गुमनामी 2 अनामिकता, अनामत्व: the ~ of the city 3 छद्मनामता 4 असाधारण या रोचक विशेषता: the ~ of the hotel decor

anonymous /ऐनौनिमस\/ *US* ऐनाःनिमस\/ *adj.* 1 गुमनाम, बेनाम 2 अज्ञातनाम, जो अपना नाम अज्ञात रखना चाहता है 3 छद्मनामक (असली नाम की बजाए दूसरे नाम से लिखित या रचित) 4 सामान्य, अरोचक;
dw/lw: **~ly** /~लि/ *adv.* गुमनाम ढंग से, अज्ञात नाम से, छद्म नाम से; **~ness** /~नेस/ *n.* = **anonymity**;
collocations: **~ FTP** *comput.* इंटरनेट से बिना अपना बताए फाइल डाउनलोड करने की इजाजत देने वाली प्रणाली (*see also under* **Appendix: Terms Used in Computer Processes and Internet Communication**

anopheles /अनौफलीज/ *US* अनाः-/ *n.* अनाफलीज नामक मलेरिया फैलाने वाला मच्छर

anorak /ऐनअरै\क/ आःनअराः\क/ *n., sl.* 1 हुड वाली जैकेट, जो वर्षा, सर्दी आदि से रक्षा करती है 2 एस्किमो जैकेट, अनोरक 3 *sl.* बाल की खाल उतारने वाला उबाऊ व्यक्ति, पुराणपंथी व्यक्ति, पौंगा पंडित;
dw/lw: **~y** /~कि/ ~कि/ *adj.* उबाऊ, पुराण पंथी: an **~y** attitude (बाल की खाल उतारने वाला या पुराण पंथी रवैया)

anore\xia/ anore\xy /ऐनअरे\क्सिआ/ ऐनअरे\क्सि/ (*also* **anorexia nervosa** /~क्सिआ नःवोसा/) *n., med.* मानसिक रोग जिसके कारण भूख नहीं लगती, क्षुधा-अभाव;
dw/lw: **~xic/~ctic** /~क्सिक/ ~क्टिक/ *n. adj.* 1 जिसे क्षुधा-अभाव की बीमारी हो, क्षुधा-अभावी 2 क्षुधा-अभाव के मानसिक रोगी संबंधी 3 क्षुधा-अभाव से संबंधित

anosm\ia /ऐनौज़्मि\आ/ ऐनौस्मि\आ/ *US* ऐनाःज़्मि\आ, ऐनाःस्मि\आ/ *n., pathol.* 1 सूंघने की शक्ति का लोप 2 घ्राण नाश 3 घ्राण हानि;
dw/lw: **~ic**/ **~atic** /~क/ *adj.* सूंघने की शक्ति के लोप से संबंधित
another /अनअदः/ *adj.* 1 दूसरा, एक और: he is ~ Sehwag; have ~ cup of coffee; have ~ try!; in ~ ten years; without ~ word 2 (उस) जैसा, पहले जैसा कोई दूसरा, के समान: he may turn to be ~ Premchand; there is not such ~ man 3 अलग प्रकार का, अलग प्रकार की, दूसरी तरह का, अलग, असमान: that is quite ~ matter; I feel ~ man; couldn't we do it ~ time? 4 नया, दूसरा: she now has ~ husband; ~ day; ~ plan; ~ place; ~ pair of shoes;
pron. 1 एक और, दूसरा (one more): do you want ~? 2 इसी प्रकार का एक और, दूसरा: now let me try ~ (cuisine); take this cup away and bring me ~ 3 कोई और, पहले से भिन्न: one would blame him, ~ would excuse him; science is one thing, art is ~;
p&i: **~ pair of shoes** बिल्कुल अलग बात;
ask ~ मुझे कैसे पता होगा; **in ~ world** *euphemistic* किसी और दुनिया में खोया हुआ; **like ~** कोई खास बात नहीं; **on ~ planet** 1 जिसका दीन-दुनिया से कोई नाता न हो 2 नशे में धुत्त, नशीली दवा के प्रभाव में; **one ~** एक दूसरे को; **one way or ~** ऐसे या वैसे, किसी प्रकार से; **you are ~** तुम भी तो वैसे ही हो
A N Other /ए एन अदः/ *n.* ऐसा व्यक्ति जिसके नाम को किसी सूची में शामिल करने के बारे में अभी तक फैसला न किया गया हो (जैसे खिलाड़ियों की सूची में नाम आदि)
anoxia /एनॉक्सिया/ *US* एनाःक्सिया/ *n., pathol.* 1 अनॉक्सिता 2 ऊतकों में ऑक्सिजन का पूर्ण अभाव 3 ऑक्सिजन क्षीणता;
dw/lw: **anoxic** /अनॉक्सिक/ *adj.* ऑक्सिजन-क्षीण
ANP *abbr.* 'ammonium nitro phosphate', 'Awami National Party' की प्रथमाक्षरी
ANS *abbr.* 'answer' का संक्षेप
ANSAM *abbr.* 'All Naga Students Association of Manipur' की प्रथमाक्षरी
ansaphone /ऑंसअफोन/ *see under* **'answering machine'**
ansate /ऐंसेट/ *adj.* 1 हैंडल लगा, जिसमें हैंडल लगा हो 2 कोई ऐसी चीज जो हैंडल का काम कर सकती हो
anserine /ऐंसअराइन/ ऐंसअरीन/ (*also* **ansrous** /ऐंसअरस/) *adj., tech.* 1 हंस-संबंधी, हंस-जैसा 2 मूर्ख (stupid): gave an ~ reply
ansa /अंसा/ *n.* पाश;
dw/lw: **ansiform** *adj.* पाशाकार
answer /आंसः/ *US* ऐंसः/ *v., pt.* **~ed**, *pp* **~ing** 1 (***syn.*** reply) पत्र आदि का उत्तर दे., प्रश्न का उत्तर दे.: ~ a question request/ letter, etc.; **~ed** quietly; not to ~ a word 2 घंटी बजने पर दरवाजा खोलना या टेलीफोन का रिसीवर उठाना: ~ a call; ~ the bell/ the door 3 परीक्षा-प्रश्न का उत्तर दे.: **~ed** five questions out of seven 4 (***syn.*** react) प्रतिकार या प्रतिक्रिया दिखाना: ~ instantly/ readily/ ironically/ frankly/ haughtily; ~ to treatment 5 (***syn.*** retaliate) बदला ले. या प्रतिकार क.: ~ blows with blows; teachers **~ed** the VC's oppressive measures with a lightning strike 6 के अनुसार चलना या काम क.: ~ the demand of times 7 काम देना, पर्याप्त होना, पूरा हो. (be sufficient): ~ to sb's needs; ~ the purpose; ~ hopes/ expectations 8 (***syn.*** be responsible) उत्तरदायित्व लेना, उत्तरदायी होना: government has to ~ the problem of unemployment; ~ for sb; ~ for sb's honesty 9 खंडन क.: **~ed** the charges of alleged corruption; ~ a remark 10 हां या न में उत्तर दे.: ~ in the negative or positive 11 किसी प्रश्न, प्रार्थना आदि के जवाब में कार्यवाही क.: the VC **~ed** the teachers' protest with the draconian measure; 'no work, no pay' 12 आत्म-रक्षात्मक कदम उठाना या स्पष्टीकरण दे. 13 के अनुकूल हो.: ~ the description of sth 14 जरूरत पूरा क.: ~ the needs of the growing family 15 समस्या का समाधान हो. 16 आदेश, मांग आदि पूरा क.: ~ orders/ demands; ~ obligations; ~ claims; ~ debts;
n. 1 बोलकर या लिखकर दिया जाने वाला उत्तर: ~ to a question; teach foreign languages through questions and **~s**; favourable/ ready/ evasive ~; an ~ in the affirmative/ in the negative; have/ receive/ get an ~ 2 समस्या का समाधान: working hard would be the ~ to all our problems; prohibition might not be the ~; find the ~ to sth 3 *math.* सवाल का हल 4 दरवाजे या टेलीफोन की घंटी का जवाब 5 परीक्षा-प्रश्न का उत्तर 6 प्रतिकार, प्रतिक्रिया: his ~ to the reprimand by his boss was to resign 7 *law* वादी का लिखित जवाब 8 बदला: blow with blow was his ~;
dw/lw: **~able** /आंसरअबल/ *adj.* 1 (*usually* **~able to sb for sth**) किसी के प्रति किसी बात के लिए उत्तरदायी या जवाबदेह 2 जिसका जवाब दिया जा सके: his arguments are not ~able 3 के अनुरूप: the results were not ~able to the hopes; **~ability**/ **~ableness** /आंसरअबिलिटि/ आंसरअबलनेस/ *n.* 1 जवाबदेही 2 जवाब देने की संभावना; **~book** *n.* (परीक्षा की) उत्तर-पुस्तिका; **~phone** *UK* (*UK*/ *US* **~ing machine**) *n.* टेलीफोन से जुड़ा उत्तर देने वाला स्वचालित यंत्र;
collocations: **~ing machine**/ **~ phone**/ **Ansa phone** जवाबी यंत्र, उत्तर यंत्र/ स्वतः उत्तर देने वाला फोन; **~ print** *phys.* परीक्षण-छाप; **~ing service** किसी कंपनी की ओर से जवाब देने वाली सेवा;
p&i: **~ (sb) back** आगे से बोलना, आगे से दो टूक जवाब दे., ईंट का जवाब पत्थर से दे.; **~ for sb** किसी की तरफ से जवाब दे. या जवाबदेह हो.; **~ for sth** 1 के लिए जवाबदेह हो. 2 किसी के सामर्थ्य, योग्यता, भरोसेमंदी आदि के बारे में आश्वासन दे.; **~ like a Norman** गोलमाल जवाब दे.; **~ sb in his own language** तुर्की-ब-तुर्की जवाब दे.; **~ snappishly** तल्खी से बोलना; **~ the bell** घंटी बजने पर दरवाजा खोलना; **~ the call of nature** प्रातःकालीन क्रियाओं से निवृत्त हो.; **~ to a maiden's call** छैल-छबीला कुंवारा युवक; **~ to sb for sth** किसी के सम्मुख किसी बात के लिए जवाबदेह हो.; **~ with sth** किसी को उत्तर के रूप में सकारात्मक संकेत दे.;
get/ give/ know/ provide an ~ जवाब पाना/ देना/ जानना/ उपलब्ध कराना; **have a lot to ~ for** किसी गलती, अनुचित कदम आदि के लिए बहुत हद तक जवाबदेह हो.; **know all the ~s** हर सवाल का जवाब जानने का दावा क.; **the ~ to sth** किसी बात का हल;
ant /ऐंट/ *n.* चींटी, पिपीलिका;
collocations: **red ~** माटा; **white ~** दीमक;
p&i: **have ~s in one's pants** *colloq.* 1 अत्यधिक उखड़ा-उखड़ा या उतावला हो. 2 किसी कार्य को शुरू करने के लिए बहुत उतावला हो.
-ant/ **~ent** *comb. form, forming adjectives signifying:* **that is or does sth**: **significant**; **different**; forming nouns, signifying **sb/ sth**: **anti**convuls**ant** (मिर्गी आदि की दौरा-रोधक दवा)
antacid /ऐंटैसिड/ *n.* अम्लरोधक पदार्थ या दवा
antagon\ism /ऐंटैग\निज़्म/ *n* 1 (***syn.*** hostility) वैर-विरोध, विद्वेष, शत्रुता: great/ sharp/ obstinate ~ism 2 किसी से छत्तीस का आंकड़ा: be in **~ism** with sb; come/ be brought into **~ism** with sth 3 प्रतिरोध, प्रतिरोधी बल: **~ism** to/ against/sb

.../sth;
dw/lw: **~ist** /~निस्ट/ *n* विरोधी, प्रतिद्वंद्वी, वैरी, शत्रु; **~istic** /~निस्टिक/ *adj.* विरुद्ध, प्रतिकूल, विरोधी, प्रतिरोधी, विरोधात्मक; **~istically** /~निस्टिकलि/ *adv* प्रतिकूल रुख से; **~ize** (*also UK* **–ise)** /~नाइज/ *v., pt.* ~ized, *pp* ~izing 1 किसी को नाराज या अपने विरुद्ध क. 2 दुश्मनी मोल ले., विरोधी बनाना 3 चिढ़ाना 4 किसी मांसपेशी की क्रिया को निष्फल कर देना
antalgic /ऐंटैल्जिक/ *adj.* पीड़ाहर
antalkali /ऐंटैल्कलाइ/ *adj.* क्षार-अपकर्षक;
dw/lw: **~ne** /ऐंटैल्कअलाइन/ *chem.* प्रतिक्षारी
Antarctic /ऐंटाःक्टि\क/ *adj.* अंटार्किटक, दक्षिण ध्रुवीय: ~ pole;
dw/lw: **the Antarctic/Antarctica** /~का/ *n.* दक्षिण-ध्रुव प्रदेश
antbird /ऐंटबःड/ *n., zool.* चींटियों के पीछे-पीछे उड़ने वाला पक्षी जो चींटियों द्वारा तंग किए जाने वाले जीवों को खाता है
ante /ऐंटि/ *n., pl.* **~s** 1 अंधा दांव, ताश में बिना पत्ते देखे लगाई जाने वाली बाजी 2 अग्रिम भुगतान;
v., pt. **~d**, *pp* **~ing** दांव पर रखना
p&i: **~ up** *colloq., esp. US* अदायगी या भुगतान कर दे.;
raise/ up the ~ 1 मांग आदि बढ़ा दे. 2 ताश आदि के खेल में (जुए में) बाजी बढ़ा दे. 3 किसी बात या कार्य का महत्त्व बढ़ा दे.;
ante- *prefix*: **before** in place or time (स्थान या समय में पूर्व, पहले का): **ante**room (बाहरी कमरा); **ante**natal (प्रसव-पूर्व)
ant-eater /ऐंट-ईटः/ *n.* चींटीखोर
ante-bellum /ऐंटिबेलम/ *adj., Lat.* 1 युद्ध तक, युद्ध तक का 2 *US* अमेरिका के गृह-युद्ध तक
antecedence /ऐंटिसिडंस/ *n.* 1 पूर्वता, पूर्ववर्तिता 2 (***syn.*** priority) प्राथमिकता 3 *astron.* पश्च गमन
antecedent /ऐंटिसिडंट\/ *adj.* 1 पूर्ववर्ती, पहले का 2 पूर्वपदी 3 भूतकालीन;
n. (~s) 1 (***syn.*** ancestors, past history) वंशावली, पूर्वचरित, पूर्ववृत्त, भूतकालीन जीवन, पिछली नौकरी आदि: sb's **~s** 2 *logic* पूर्वांग, जिस पर कोई तर्क आधारित हो 3 *gramm.* पूर्व पद: in "the man who came ...", **'who'** का पूर्व पद **'man'** है;
dw/lw: **~ly** /~लि/ *adv.* पहले, से पहले
antecessor /ऐंटिसेसः/ (= **predecessor**) *n.* पूर्वगामी व्यक्ति
antechamber /ऐंटिचैंबः/ (= **anteroom**) *n.* उपकक्ष, बाहरी कमरा जिसमें से होकर बैठक में जाते हैं
anteda\te /ऐंटिडे\ट/ *v., pt.* **~ted**, *pp* **~ting** 1 पूर्वदिनांकित क., पहले (पीछे) की तारीख डालना 2 (से) पहले घटित होना, पहले रखना;
n. पूर्वदिनांक, भूतकाल की तिथि;
dw/lw: **~ted** /~टिड/ *adj.* पूर्वदिनांकित
antediluvian /ऐंटिडिलूविअन/ *adj.* 1 प्रलय पूर्व का, प्राक्प्रलय, पूर्वप्लावनिक 2 दकियानूसी, पुराणपंथी
antefix /ऐंटिफिक्स/ *n., pl.* **antefixes/ antefixa** or **antifixes/ antifixa** पट्टा, एक विशेष प्रकार की टाइल
antelope /ऐंटिलोप/ *n., pl.* **antelope/ ~s** 1 ऐंटिलोप, चौसिंगा, कुरंग, हिरण 2 (**Indian ~/ black buck)** मृग
antelucan /ऐंटिल्यूकन/ *adj.* प्रभातकाल से पहले का
antelucem /ऐंटिलूचेम/ *adv.* भोर होने या पौ फटने से पहले
ante meridian /ऐंटिमअरिडिअन/ *Lat.* दोपहर से पहले का, पूर्वाह्निक
ante meridiem /ऐंटिमेरिडिअम/ *Lat.* (*abbr.* **a.m./am, A.M./AM**) *adv.* पूर्वाह्न में, दोपहर से पहले (आधी रात से दोपहर तक का समय)
ante mortem /ऐंटिमोःटेम/ *Lat.* मृत्यु-पूर्वः ~ statement
antemundane /ऐंटिमंडेन/ *adj.* सृष्टि पूर्व
antenatal /ऐंटिनेटल\/ *UK* (*US* **prenatal**) *adj.* 1 प्रसव पूर्व, प्राक्प्रसव 2 बच्चे का जन्म होने से पहले 3 गर्भवती औरत के गर्भ के दौरान समय-समय पर किए जाने वाले (परीक्षण);
dw/lw: **~-clinic** /~-क्लिनिक/ *n.* प्रसवपूर्व चिकित्सालय
antenati /ऐंटिनेटाइ/ *n., pl.* शादी से पहले पैदा होने वाले बच्चे
antenn\a /ऐंटे\ना/ *n., pl.* **~ae** /ऐंटेनी/ 1 किसी कीड़े या समुद्री जीव के सिर पर बाल जैसे अंगों का जोड़ा जो चेतना या संवेदना सूचक का काम करता है 2 स्पर्श-शृंगिका, विद्युत-ग्राहक 3 *pl.* **~ae** or **~as** *US* (*UK* **aerial**) एंटेना, एरियल, एक उपकरण जिसके माध्यम से रेडियो या टेलीविजन के संकेत प्राप्त होते हैं;
dw/lw: **~al** /~नल/ *n.* शृंगिक, शृंगिकाकार; **~iferous** /~निफेरिअस/ *adj.* शृंगिकाधारी; **~i-form** /~निफॉःम/ *n.* शृंगिकारूप, शृंगिकाकार
ante\natal /ऐंटि\नेटल/ *adj.* गर्भवती स्त्री की चिकित्सीय देखभाल;
dw/lw: **~nuptial** /~नप्शल/ *adj.* विवाह-पूर्व; **~orbital** /~ऑःबिटल/ *adj.* नेत्राभिमुख; **~past** /~पास्ट/ *n.* क्षुधावर्धक व्यंजन; **~pendium** /~पैंडिअम/ *adv.* पूर्वावरण; **~penult** /~पिनल्ट/ *n.* शब्द के अंत से तीसरा शब्दांश; **~penultimate** /~पिनल्टिमिट/ *adj.* अंत से तीसरा: ~penultimate item on the agenda; **~-post** /~पोस्ट/ *adj.* घुड़दौड़ से एक दिन पहले लगाई गई बाजी या लगाया गया दांव; **~prandial** /~प्रैंडिअल/ *adv.* भोजनपूर्व, रात्रिभोजनपूर्व
anterior /ऐंटिअरि\अः/ *adj.* 1 (***anton.*** posterior) अग्रवर्ती, अग्र, अगला, सामने के हिस्से के पास या वहां पर 2 पूर्व, पूर्ववर्ती, समय में पहले 3 *bot.* मुख्य तने से निकला हुआ;
dw/lw: **~ly** /~अःलि/ *adv.* पहले से; **~ity** /~अःटि/ *adj.* पूर्ववर्तिता, ज्येष्ठता
antescript /ऐंटिस्क्रिप्ट/ *n.* पत्र या लेख के आरंभ में अनुलेख
antero- /ऐंटिरो/ *prefix* अग्र-
anteroom /ऐंटिरूम/ (= **antechamber**) *n.* 1 उपकक्ष, बाहरी कमरा 2 एक छोटा कमरा जो आगे एक बड़े और अधिक महत्त्वपूर्ण कमरे या बैठक में खुलता है
anteversion /ऐंटिवःशन/ *n.* अग्रनति, शरीर के किसी अंग का, विशेषकर गर्भाशय का असाधारण रूप से आगे को झुकाव
anthelion /ऐंथीलिअन/ *n., astron.* 1 सूर्य बिंब, बिंब सूर्य 2 सूर्य के सामने कभी-कभी प्रकट होने वाला अति चमकीला प्रकाश-बिंदु
anthelminthic /ऐंथेल्मिंथिक/ 1 कृमिनाशक 2 आंत के जीवाणुओं को नष्ट करने में सक्षम;
n. आंत के जीवाणुओं को नष्ट करने में सक्षम दवा
anthem /ऐंथम/ *n.* राष्ट्र गान, स्तोत्र, वंदना, भजन, गान, गीत: national ~ (राष्ट्र गीत, राष्ट्र गान)
anther /ऐंथर/ *n.* पराग कोश;
dw/lw: **~iferous** /ऐंथरिफअरस/ *adj.* परागकेशरधर
antheridium /ऐंथ्रीडिअम/ *n., bot.* पुंधानी
anthesis /ऐंथीसिस/ *n., bot.* फूलों का खिलने का समय, पुष्पण-काल
anthill /ऐंटहिल/ *n.* बॉबी, वल्मीक
antho\- *comb. form, denoting:* **a flower** (पुष्प);
dw/lw: **~carp** /ऐंथॉ\काःप/ पुष्पीफल; **~id** /~इड/ *adj.* पुष्पाभ; **~cyanin** /~स्यानिन/ *n., bot.* पौधों की कोशिकाओं में पाए जाने वाले रंग जिनकी बदौलत भिन्न-भिन्न रंगों के फूल होते हैं
anthologist /ऐंथौलअजिस्ट/ *US* ऐंथाःलअजिस्ट/ *n.* संग्रहकर्ता, चयनकर्ता, संकलनकर्ता
anthologi\ze/ anthologi\se /ऐंथौलअजाइज/ *US* ऐंथाःलअजाइज/ *v., pt.* **~zed**, *pp* **~zing** चयनिका या संग्रह में सम्मिलित क.
anthology /ऐंथौलअजि/ *US* ऐंथाःलअजि/ *n.* भिन्न-भिन्न लेखकों की कहानियों या कविताओं आदि का संग्रह, चयनिका, संकलन
anthomania /ऐंथोमेनिआ/ *n.* पुष्पोन्माद, पुष्पव्यसन
anthophilus /ऐंथोफिलस/ *n.* पुष्प रागी, पुष्प प्रेमी
anthophore /ऐंथोफॉः/ *n., bot.* दलवृंत
anthozoa /ऐंथजोआ/ *n.* पुष्प जीव
anthracite /ऐंथ्रअसाइट/ *n.* एक प्रकार का कड़ा चमकीला कोयला, जिसमें से धुआं नहीं निकलता, पर ताप खूब मिलता है (इसे घरों में

जलाने के लिए अक्सर प्रयोग करते हैं), अंगाराश्म

anthracosis /ऐंथ्रअकोसिस/ (*also* **coal miner's lung**) *n.* कोयला मजदूरों को कोयले की धूल के कारण होने वाली फेफड़ों की बीमारी

anthrax /ऐंथ्रैक्स/ *n.* गिल्टी रोग, पशुओं की दमघोंटू महामारी

anthrophagi/ anthrophagy /ऐंथ्रॉफागि/ *n.* मानवभक्षी; मानवभक्षण

anthropic/ ~al /ऐंथ्रॉपिक\/ ~ल/ *adj.* मानवीय

anthropo- /ऐंथ्रअपौ\/ ऐंथ्रोपो\/-- *comb. form, denoting:* **belonging to or like human beings** (मानव-);

dw/lw: **~biology** /~-बायॉलजि/ *n.* मानव जैविकी; **~centric** /~सेंट्रिक/ *adj.* मानव-केंद्रित; **~centrism/ ~centricism** /~सेंट्रिज्म/ ~सेंट्रिसिज्म/ *n.* मानव-केंद्रवाद; **~geny** /~जनि/ *n.* मानव-उद्भव विज्ञान, मानव-उत्पत्ति विज्ञान; **~genesis** /~-जेनिसिस/ *n.* मानव-उद्भव; **~genic/ ~genetic/ ~genous** /~-जेनिक/ ~-जिनेटिक/ ~-जेनस/ *adj.* मानव-उद्भव संबंधी; **~-geography** /~जिऑग्रफि/ *n.* मानव-भूगोल; **~gony** /~गनि/ *n.* मानव-उत्पत्ति विज्ञान; **~id** /~इड/ *adj.* मानवाकार, मानव कल्प, मानव समान; **~id** *n.* मानव जैसा वानर

anthropological /ऐंथ्रअपअलौजि\कल/ *US* ऐंथ्रअपअलाःजि\कल/ *adj.* नृशास्त्रीय, मानव शास्त्रीय, मानव-वैज्ञानिक;

anthropology / ऐंथ्रअपौ\लअजि/ *US* ऐंथ्रअपाः\लअजि/ *n.* नृशास्त्र, मानव विज्ञान;

dw/lw: **~logist** /~लअजिस्ट/ *n.* नृशास्त्र विशेषज्ञ, मानव-विज्ञानी; **~metry** /~मिट्रि/ *n.* मानव मिति;

anthropo\morphic /अंथ्रअपअ\मॉःफिक/ *adj.* मानवता रूपी, मानवाकृतीय;

dw/lw: **~morphism** /~मॉःफिज्म/ *n.* 1 मानवतारूप, मानवीकरण 2 पशुओं, भगवान या निर्जीव वस्तुओं आदि का मानवीकरण क.; **~morphize/ ~morphise/** ~मॉःफाइज/ *v. pt.* ~morphized, *pp* ~morphizing मानव रूप, मानवीय व्यवहार, विशेषतायें आदि को पशुओं, भगवान या किसी अन्य निर्जीव वस्तुओं पर लागू क. यानी उनका मानवीकरण क.; **anthropomorphology** /ऐंथ्रअपौमॉःफअलजि/ *US* ऐंथ्रअपाःमॉःफअलजि/ *n.* = **~morphism**; **~morphosis** /ऐंथ्रअपअअमॉःफोसिस/ *n.* मानव-रूपांतरण; **~morphous** /ऐंथ्रअपअमॉःफस/ *adj.* मानवरूपी, मानवाकार; **~nomical** /ऐंथ्रअपअनॉमिकल/ *adj.* मानव-व्यवहार से संबंधित; **anthroponomics** /ऐंथ्रअपअनॉमिक्स/ *n..* = **~nomy** /~नअमि/ *n.* मानव-व्यवहार विज्ञान; **~nymy** /~निमि/ *n.* मानव-नामिकी, मानवनाम-विज्ञान; **~phagy** /~फअजि/ *n.* (***sn.*** cannibalism) मानवभक्षण; **~phobia** /~फोबिआ/ *n.* मानव भीति; **~sophy** /अंथ्रअपौसफि/ *US* अंथ्रअपाःसफि/ *n.* 1 मानव बुद्धि 2 रुदोल्फ श्टाइनर (Rudolf Steiner, 1861-1925) की प्रणाली जिसके अनुसार व्यावहारिक व मानसिकता आधारित तत्त्वों को शिशु-शिक्षा में मिलाया जा सकता है; **~tomy** /~टमि/ *n.* मानव शरीर-रचना विज्ञान

anthurium /ऐंथ्यूरिअम/ *n.* एक घरेलू पौधा

anti /ऐंटि/ *adj., informal* किसी विशेष विचार, विचारधारा, नीति, राजनीतिक दल आदि के विरुद्ध:

n., pl. **antis** 1 विरोधी तत्त्व 2 विरोध 3 दो अच्छे नियमों या सिद्धांतों में विरोधाभास

anti- /ऐंटि-/ *prefix., signifying:* 1 प्रति-, विरोधी, प्रतिरोधी, विलोम 2 प्रतिरोधक: ~-vivisectionist march (जानवरों की चीर-फाड़ के विरुद्ध मार्च); ~-parallel (प्रतिसमांतर); ~phrasis (व्याजस्तुति); ~podean (प्रतिध्रुवस्थ) 3 प्रतिकार के लिए बनाया हुआ: ~-aircraft gun 4 उल्टी दिशा में (चलना आदि): ~clockwise, ~-climax 5 बीमारी पैदा करने वाले जीवाणुओं के विरुद्ध: ~biotic, ~toxin, ~depressant 6 अवरोधक क्षमता संपन्न: ~freeze, ~-lock-breaking system; ~-hijacking 7 अपेक्षा के विरुद्ध, आशा अनुरूप न हो.: ~hero, ~drama (अनाटक) 8 विकल्प, प्रतिद्वंद्वी: ~Christ, ~-mafia; ~fascist; ~centre; ~logical;

dw/lw: **~-abortion** /ऐंटि\-अबॉःशन/ *n.* गर्भपात निरोधी; **~-air-craft** *adj.* हवामार, विमान भेदी (तोप, प्रक्षेपास्त्र आदि); ~-air-craft artillery; ~-air-craft artillery fire control; ~-air-craft barrage; ~-air-craft battery; ~-air-craft gun; ~-air-craft missile; **~-atom** *n.* प्रति-परमाणु; **~-bacterial** /~-बैक्टिअरिअल/ *adj.* प्रतिजीवाणु, जीवाणु-रोधक; **~ballistic** /~बैलिस्टिक/ *adj.* प्रतिप्राक्षेपी, प्रतिपास्त्रविरोधी; **~-biosis** /~-बायोसिस/ *n.* 1 प्रतिजीवन, प्रतिजीविता, 2 दो जीवों के बीच संबंध जो एक दूसरे के लिए हितकारी न हो; **~biotic** /~बायौटिक/ *US* ~बायाःटिक/ *adj.* एंटीबायोटिक, जीवाणुनाशक औषधि, प्रतिजीवाणु, प्रतिजीव; **~-biotics** /~बायौटिक्स/ *US* ~बायाःटिक्स/ *n.* प्रतिजैविकी, जीवाणु-नाशक (दवाइयां); प्रतिजैविकी-विज्ञान; **~body** /~बौ\डि/ *US* ~बाः\डि/ *n.,* **~bodies** /~डीज/ 1 प्रतिपिंड 2 रक्त में स्वयमेव तैयार होने वाला रोग-अवरोधक तत्त्व 3 रोगाणु-विरोधी प्रोटीन जो शरीर में रोग-अवरोधक तंत्र का एक अहम हिस्सा है; **~-catalyst** /~-कैटलिस्ट/ *adj.* प्रतिउत्प्रेरक, उत्प्रेरक-विरोधी; **~-cathode** /~-कथोड/ *n.* प्रतिऋणाग्र, कैथोड के सम्मुख स्थित धातु की एक प्लेट, विशेषकर ऐक्स-रे ट्यूब में, जो कैथोड से निकली किरणों का निशाना होता है और वह स्वयं ऐक्स-रे (X-ray) पैदा करती है; **~-catholic** कैथोलिक-विरोधी; **Antichrist** /~क्राइस्ट/ *adj.* यीशु-विरोधी; **~-Christian** 1 ईसाई-विरोधी 2 सामान्य सामाजिक मान्यताओं को न मानने वाला; **~-choice** *adj.* महिलाओं को गर्भपात (abortion) का अधिकार देने के विरुद्ध;

antic /ऐंटिक/ *n.* (*often* **~s**) मजाकिया नाटक या हंसाने के लिए की जाने वाली हरकत, मजाक

anticipant /ऐंटिसिपंट/ *adj.* 1 प्रत्याशाग्रस्त, प्रतीक्षारत, प्रत्याशी 2 (***syn.*** apprehensive) आकांक्षा में डूबा हुआ

anticipa\te /ऐंटिसिपे\ट/ *v. past* **~ted**, *pp* **~ting** 1 पहले से जान लेना, महसूस क.: **~te** sb's wishes/ needs/ arguments 2 पूर्वानुमान हो., पहले से अंदाजा हो., प्रत्याशा क.: **~te** success/ happy/ solution/ favourable decision 3 आभास हो.: could **~te** his every move 4 (के लिए) तैयार रहना 5 की आशा रखना: **~te** pleasure from sth 6 आतुरतापूर्वक प्रतीक्षा क.: **~te** sth with pleasure 7 पहले से कहना, पहले से मनाना 8 (वार या चाल) से पहले ही बच जा., टाल जा.: **~ted** the attack; **~te** the enemy's move 9 आगे निकलना: **~te** sb in doing sth;

dw/lw: **~ted** /~टिड/ *adj.* प्रत्याशित, प्रवेक्षित, पूर्वानुमानित; **~tor** /~टः/ *n.* पूर्वानुमान या अंदाजा लगाने वाला; **~tory** /~टरि/ *adj.* 1 पूर्वानुमानिक 2 पूर्वापेक्षित, पूर्वप्रत्याशित, पूर्वाभासी 3 की आशंका में, संभावित: ~tory bail (अग्रिम जमानत);

p&i: **that which one least ~s soonest comes to pass** विपदा छप्पर फाड़कर आती है

anticipation /ऐंटिसिपेशन/ *n.* 1 पूर्वानुमान, पूर्वाभास, आशा, प्रत्याशा, अग्रज्ञान, प्रवेक्षा, अग्र-अनुभूति: in ~ (of) (की प्रत्याशा में); ~ of joy/ pleasure; thanking you in ~ 2 संभावना की अपेक्षा: exceed one's worst **~s**; in ~ of an early reply;

p&i: **in ~** की आशा करते हुए, की प्रत्याशा में, विश्वास करते हुए, जानते हुए कि ...; **waited with ~ for the birth** जन्म की आशंका के साथ इंतजार कर रहा था;

anti\-clerical /ऐंटि\क्लेरिकल/ *adj.* पुरोहित-विरोधी;

dw/lw: **~clericalism** /~क्लेरिकलिज्म/ *n.* पुरोहित विरोध (-वाद); **~climax** /~क्लाइमैक्स/ *n.* 1 अपकर्ष 2 अनुमान के विपरीत 3 (निराशाजनक) अंत या परिणाम 4 प्रतिकाष्ठा, विलोम पराकाष्ठा; **~cline** /~क्लाइन/ *n., geol.* ऐसा भूभाग, जिसके गर्भ में बनी चट्टानें बीच में ऊपर उभरती हैं और किनारों की ओर नीचे ढलती जाती हैं; **~-clockwise** /~कलॉक्वाइज/ *adv. UK* (*US* **counter-clockwise**) *adj.* घड़ी की चाल की उल्टी दिशा में (अग्रसर,

प्रतिगमन या प्रतिचाल का), वामावर्त; **~-coagulant** /~कोएग्युलंट/ ~कोऐग्यअलंट/ *adj., med.,* (***syn.*** anti-blood-clotting) स्कंदनरोधी, थक्का बनने से रोकने वाला; **~corruption** *n.* भ्रष्टाचार-विरोध

antics /ऐंटिक्स/ *n.* बेसिरपैर की या अनाप-शनाप बातें, बेतुकी या, ऊल-जलूल हरकतें, हास्यास्पद व्यवहार, मसखरापन

anti\-cyclone /ऐंटि\-साइक्लोन/ *n., meteorol.* प्रतिचक्रवात;
dw/lw: **~-cyclonic** /~-साइक्लोनिक/ *adj.* चक्रवातरोधी; **~dazzle** /~-डैजल/ *adj.* चुंधियाहट से बचाने वाला; **~-depressant** /~-डिप्रेसंट/ *n., med.* हताशा व निराशा निरोधक औषधि, विषादहर; **~dote** /~डोट/ *n.* 1 विषहर, प्रतिविष, विष-निरोधक 2 विपदा या बीमारी निरोधक कार्य 3 प्रतिकारक औषधि 4 शरीर के लिए हानिकारक तत्त्वों की प्रतिकारक औषधि 5 मारक, उतार; **~-establishment** /~-ऐस्टअब्लिशमंट/ *n.* प्रतिष्ठान-विरोधी; **~fascist** /~फैशिस्ट/ *adj.* नाजी-विरोधी, फासीवाद-विरोधी; **~-febrile** /~फेब्राइल/ *adj.* ज्वरहर, ज्वरनाशक; **~-freeze** *adj.* हिमनिरोधी, बर्फजमाव-रोधी; **~friction** /~फ्रिक्शन/ *adj.* घर्षण रोधी; **~-gas** *adj.* जहरीली गैस निरोधक: ~-gas cap; ~-gas clothing; ~-gas equipment; ~-gas intelligence (रासायनिक हथियार विरोधी गुप्तचरी); **~gen** /~जन/ *n.* प्रतिजन, रोगाणुरोधक तत्त्व; **~gravity** /~ग्रेविटि/ *n.* प्रतिगुरुत्व; **~helix** /~हेलिक्स/ *adj.* प्रतिसर्पिल; **~-hero** *n., pl.* ~es 1 प्रतिनायक 2 फिल्म या साहित्यिक रचना का ऐसा नायक जो नायक होकर भी नायक न बन सका या जिसमें नायक के गुण व क्षमता न हो; **~heroine** /~हिरोइन/ *n.* 1 प्रतिनायिका 2 फिल्म या साहित्यिक रचना की ऐसी नायिका जो नायिका होकर भी नायिका न बन सकी या जिसमें नायिका के गुण व क्षमता न हो; **~histamine** /~हिस्टेमीन/ *n., med.* ऐलर्जिरोधक दवा, ऐलर्जी के दौरे के समय पैदा होने वाले रासायनिक तत्त्व रोधक (दवा); **~-icer** *n.* बर्फ के जमाव रोकने के लिए विमान में लगा उपकरण; **~-inflammatory** *adj.* शोथ-विरोधी; **~jamming** /~जैमिंग/ *n.* रेडियो तरंगों में बाधा निरोधक (उपकरण आधि); **~-lock** *n.* मोटर वाहनों के आंतरिक ज्वलन इंजन में अधजले ईंधन मिश्रण और हवा के जलने से पहले होने वाले धमाके को रोकने के लिए पेट्रोल में मिलाया जाने वाला द्रव; **~logarithm** /~लॉगरिथ्म/ *n.* प्रतिलघुणक; **~logy** /~लजि/ *n.* शाब्दिक या वैचारिक विरोधाभास, वितर्क, परस्पर विरोध; **~macassar** /~मकैसः/ *n.* (***syn.*** cover) सोफे की कुर्सियों की पीठ या बाजुओं पर लगाया जाने वाला महीन आवरण; **~matter** *n.* प्रतिकण, लघु परमाणु कणों से बना पदार्थ या तत्त्व; **~mech** /~मेंक/ *n.* टैंक-रोधक उपकरण; **~mechanised** /~मेंकअनाइजड/ *adj.* टैंक-रोधक: ~mechanised defence; **~metabole** /~मेटैबोल/ *n.* एक ऐसा अलंकार जिसमें शब्दों का हेरफेर होता है; **~metathesis** /~मेटैथीसिस/ *n., rhetoric* एक ही शब्द की अलग-अलग अर्थों में आवृत्ति;
collocations: **~-lock braking system** ब्रेक लगाते समय वाहनों के पहियों को जड़ (lock) होने से रोकने के लिए एक विशेष उपकरण;

antimonide /ऐंटिमनाइड/ *n., chem.* सुरमे का ऐसा यौगिक जिसमें एक और (हाइड्रोजन, धातु आदि) तत्त्व मिला होता है

antimony /ऐंटिमनि/ *n., chem.* (*symbol* **Sb**) एंटिमनी, सुरमा, अंजन

anti\national /ऐंटि\-नेशनल/ *adj.* राष्ट्र-द्रोही:
dw/lw: **~nephritic** /~निफ्रिटिक/ *adj., med.* गुर्दाशोथ रोधक पदार्थ या दवा; **~neutrino** /~न्यूट्रीनो/ *n.* न्युट्रीनोरोधक पदार्थ; **~nomian** /~नोमिअन/ *adj.* विधि विरोधी, इस मत से सहमत व्यक्ति कि ईसाइयों के लिए नैतिक संहिता का पालन करना आवश्यक नहीं; **~nomic** /ऐंटिनॉमिक/ *adj.* विधि विरोधी, विधिक असंगत; **~nomy** /~नमि/ *n., pl.* ~nomies 1 विरोध, विप्रतिषेध 2 अपने में सही दिखने वाले दो नियमों या विश्वासों में आंतरिक विरोधाभास 3 अंतर्विरोध, विरोधाभास, विरोधोक्ति; **~novel** *n.* 1 प्रति-उपन्यास 2 ऐसा उपन्यास जो उपन्यास के प्रतिमानों पर खरा नहीं उतरता; **~nuclear** *adj.* नाभिक विरोधी; **~oxidant** /~ऑक्सिडंट/ *n., chem.* खाद्य पदार्थों व प्लास्टिक से बनी वस्तुओं में मिलाया जाने वाला ऑक्सिडंस-निरोधक पदार्थ; **~particle** *n., phys.* लघु परमाणु कण; **~pathetic** /~पअथेटिक/ (*also* **~pathetical**) *adj.* (*usually* **~ to sth**) 1 उदासीन 2 घृणास्पद 3 अरुचिकर; **~pathy** /~पथि/ *n., pl.* ~pathies 1 अरुचि, विरक्ति, चिढ़, नापसंदगी 2 नफरत, विद्वेष, वैर-भाव 3 विरोध, विरोधात्मकता 4 उदासीनता; **~personnel** /~पअःसअनेल/ *adj.* 1 प्राणिनाशक, मानव-नाशक (बम) 2 पैदल-सेना विनाशक बम; **~perspirant** /~पःस्पिरंट/ *adj.* पसीनाहर, प्रतिस्वेदक: ~perspirant spray (पसीना रोधक स्प्रे); **~phlogistic** /~फ्लोजिस्टिक/ *adj.* फेफड़ों की सूजनहारी (दवा); **~phon** /~फौन/ *n.* 1 अग्रस्तव, प्रतिस्तव 2 ऐसा भजन जो दो गायक मंडलियों द्वारा बारी-बारी से गाया जाता है; **~phony** /~फनि/ *n.* किसी संगीत रचना का दो गायक मंडलियों द्वारा बारी-बारी से गाया जाने का कार्य; **~pedal** /~पल/ *adj.* प्रति मुख, विपरीत, प्रतिध्रुवात्मक, विरोधात्मक; **~pode** /~पोड/ *n.* 1 परस्पर विरोधी, प्रतिध्रुव 2 उलटा 3 प्रतिविन्यासी 4 प्रतिव्यासांत; **~podes** /~पडीज/ *n., [pl.]* (*usually* **the Antipodes**) 1 परस्पर विरोधी दलीलें, परस्पर विरोधी बातें, प्रतिध्रुव 2 धरती की सतह पर दो एक दूसरे के परस्पर उलटे स्थान या बिंदु (आस्ट्रेलिया और न्यूजीलैंड यूरोप के विपरीत बिंदु); **~pole** *n.* प्रतिध्रुव, विपरीत; **~pope** *n.* पोप विरोधी; **~pyretic** /~पाइरेटिक/ *adj.* ज्वरहारी, ज्वरनाशी, ज्वरहर, ज्वरांतक

antiquar\ian /~क्वेअ\रिअन/ *adj.* पुरातत्त्व-विषयक, पुरातनिक;
dw/lw: **~ianism** /~रिअनिज्म/ *n.* पुरातनवाद, पुराणपंथिकता; **~y** /~क्वअरि/ *n., pl.* ~ies पुरावेत्ता, पुराविद्, पुरावशेष-संग्राहक

antiquated /ऐंटिक्वेटिड/ *adj.* (***syn.*** outdated) पुरातन, अप्रचलित, दकियानूसी, पुराना, पुराणपंथी

antique /ऐंटीक/ *n.* 1 प्राचीन वस्तु जो अद्वितीय एवं दुर्लभ हो, बहुमूल्य अवशेष या वस्तु: ~ shop 2 ऐतिहासिक महत्त्व का पुरावशेष, पुरावशेष: the **Antique** 3 रोमानी और यूनानी जैसी सभ्यताओं से प्रेरित कला, भवन-निर्माण शिल्प व साहित्य के अवशेष जो नवजागरण काल में नई कृतियों के लिए प्रेरणा स्रोत बन गए;
adj. पुराकालीन, पुरातन, पुराना, प्राचीन

antiquity /ऐंटिक्विटि/ *n., pl.,* **antiquities** 1 प्राचीन काल, पुरातन युग: nations/ history of ~ 2 पुरावशेष या वस्तु 3 प्राचीनत्व, पुरातनता, सनातनता, प्राचीनता: Athens is a city of great ~; a family of great ~; ascend to ~ 4 पुरावस्तु, पुरावशेष;
dw/lw: **antiquities** 1 पुरातन स्मारक: Greek and Roman antiquities 2 प्रथाएं, परंपराएं

anti\rabic /ऐंटिरैबिक/ *adj.* कुत्ते के काटने से फैलने वाले जातक विष रोधक (दवा);
dw/lw: **~rachitic** /~रेक्टिक/ *adj.* सूखारोधी, सूखानाशी, रिकेट (rickets) विरोधी; **~racism** /~रेसीज्म/ *n.* नस्लवाद-विरोधी; **~-racist** *adj., n.* नस्लवाद-विरोधी (व्यक्ति); **~rheumatic** /ऐंटिरूमैटिक/ *adj.* गठिया रोग रोधक; **~-roll-bar** *n.* मोटरवाहन के संस्पेंसन (suspension) में बनी एक सख्त छड़ जो दुर्घटना की स्थिति में गाड़ी को उलटने नहीं देती; **~scorbutic** /~स्कॉःब्यूटिक/ *adj.* विटामिन C की कमी के कारण मसूढ़े फूलने, उनसे खून बहने, रक्त-क्षीणता, स्मृति-लोप, जोड़ों के दर्द आदि बीमारियों की दवा या इलाज से संबंधित; **~scorbutic** *n.* विटामिन C की कमी के कारण मसूढ़ों से खून बहने, रक्त-क्षीणता, स्मृति-लोप, जोड़ों के दर्द आदि की दवा या उपचार; **~scriptural** /~स्क्रिप्चरल/ *adj.* शास्त्र-पुराण विरोधी; **~-Semite** /~-सिमाइट/ *n.* यहूदी विरोधी तत्त्व; **~-Semite** *adj.* यहूदी विरोधी; **~-Semitism** /~सिमिटिज्म/ *n.* यहूदी-विरोध, यहूदियों के प्रति घृणा; **~-Semitic** /~-सिमिटिक/ *adj.* यहूदी-विरोधी; **~sepsis** /~सेप्सिस/ *n.* प्रतिरोध, रोगाणु-निरोध, रोगाणु-विनाश, पूतिरोध, मवादरोध; **~septic** /~सेप्टिक/ *n.* रोगाणु-निरोधक दवा आदि; **~septic** *adj.* 1 (***syn.*** disinfectant) रोगाणु-विरोधी 2 उदासीन, उबाऊ, निरुत्साह,

शिथिल, जोशरहित 3 *informal* फीका-फीका-सा: an ~septic story; **~serum** /~सिअरम/ *n., pl.* **antisera** किसी एंटिजन के प्रभाव को निरस्त करने के लिए उपयुक्त रोग-प्रतिकारक युक्त रक्त सीरम; **~sexism** /~सेक्सिज्म/ *n.* लिंग भेद नीति का विरोध; **~sexist** *adj.* लिंग भेद नीति विरोधी; **~skid** /~-स्किड/ *adj.* फिसलन-रोधक; **~-slavery** *n.* दासता-विरोधी; **~-social** *adj.* 1 समाज विरोधी 2 समाज से विमुख व्यक्ति 3 गैर-मिलनसार: ~social elements; **~-spam** /~-स्पैम/ *adj.* स्पैम (अनचाही या बेकार ई-मेल) रोधक; **~-static** /~-स्टेटिक/ *adj.* प्रतिस्थैतिक, स्थिरण विरोधी; **~strophe** /ऐंटिसट्रअफि/ *n.* प्राचीन यूनानी नाटक में: 1 समूहगान में एक वापसी चाल 2 ऐसी चाल या गति में समूहगान 3 बहस में प्रति-पक्ष की दलील का प्रयोग; **~-submarine** *adj.* पन्डुब्बी मारक; **~-tank** *n.* टैंक मारक; **~-terrorist** /~-टेरअरिस्ट/ *adj.* आतंकवादी विरोधी; **antithesis** *see below under separate entry*; **~toxin** /~टॉक्सिन/ *n., med.* 1 विष-मारक पदार्थ, विष-रोधक 2 शरीर द्वारा पैदा किया हुआ या इंजेक्शन आदि के द्वारा शरीर में डाला जाने वाला एक प्रकार का रोगप्रतिकारक जो आक्रमणकारी जीवाणु या वाइरस को नष्ट कर देता है; **~-trades** *n., [pl.]* **'Trade-Winds'** के ऊपर से विपरीत दिशा में चलने वाली हवाएं; **~tropal** /~ट्रोपल/ *adj.* विषमदिक् वायुसंचार, विलोमदिशात्मक हवा का बहाव; **~-trust** *adj., law, N. Amer., esp. US* लघु व्यापार को बड़ी-बड़ी सर्वव्यापी और सार्वभौमिक कंपनियों से बचाने के लिए कानून; **~-type** *n.* प्रतीक तत्त्व, प्रतिरूप, प्रतिबिंब मूल; **~typous** /~टिपस/ *adj.* मजबूत, टिकाऊ; **~typy** *n.* निर्माण-सामग्री की मजबूती; **~venene** /~वनीन/ or **antivenin** /ऐंटिवेनिन/ *adj.* प्रतिदंश विष, प्रतिविष; **~-viral** /~वाइरल/ *adj.* वाइरस जनित संक्रमण की उपचारक (दवा); **~-virus** /~वाइरस/ *adj. comput.* कंप्यूटर वाइरस नाशक (प्रोग्राम)/ वाइरस जनित संक्रमण की उपचारक (दवा; **~-vivisection** /~वीविसेक्शन/ *n.* जानवरों की चीर-फाड़ का विरोध **~war** *adj.* युद्ध-विरोधी

antithe\sis /ऐंटिथि\सिस/ *n., pl.* **~ses** /~सीज/ 1 (***syn.*** contrast) वैषम्य 2 विपरीतता, वैपरीत्य, विरोधाभास 3 परस्पर विरोधी तर्क 4 विरोधालंकार 5 विरोध 6 (***syn.*** counter thesis) प्रतिस्थापना 7 प्रतिपक्ष 8 किसी मौखिक या लिखित तर्क में विरोधाभासी विचारों, शब्दों या विषयों का एक साथ प्रभावशाली प्रयोग;
dw/lw: **~tic/ ~tical** /~टिक/ ~टिकल/ *adj.* विपरीत, विरोधात्मक, प्रतिपाक्षिक; **~tically** /~टिकलि/ *adv.* विरोधात्मक रूप में

antler /ऐंट्लः/ *n., pl.* **~s** हिरन का सींग, मृग श्रृंग: ~ moth (यूरोपीय रात्रि पतंगा, जिसके पंखों पर हिरन के सींगों जैसी छाप होती है);
dw/lw: **~ed** /~ड/ *adj.* सींगों वाला जानवर; हिरन के सींग

antocci /ऐंटॉसाई/ *n., [pl.]* भूमध्य रेखा के आर-पार एक ही देशांतर पर रहने वाले लोग

antonomasia /ऐंटअनमेजिआ/ *n.* प्रतिनाम, उपनाम, किसी गुण या विशेषता की बदौलत मिला नाम: **Mahatma** Gandhi, the **Iron** Lady, Ivan the **Terrible**

antonym /ऐंटअनि\म/ *n.* (***syn.*** opposite) विलोम शब्द, विपरीतार्थक शब्द, विपर्याय: old ≠ young, new;
dw/lw: **~ous** /ऐंटौनिमस/ *US* ऐंटाःनिमस/ *adj.* विलोम, विपरीतार्थक; **~y** /ऐंटौनिमि/ *US* ऐंटाःनिमि/ *n.* भाषा और विचारों में विपरीतता

antrorse /ऐंट्रॉःस/ *adj., biol.* आगे या ऊपर को मुड़ता हुआ

antre /ऐंटर/ *n.* गुफा, कंदरा, कोटर, गुहा

antrum /ऐंट्रम/ *n., pl.* **antra** 1 (***syn.*** cave) गुफा, गुहा 2 खोह, गर्त 3 हड्डी में कोटर (cavity)

antsy /ऐंट्सि/ *adj., US* अधीर, उतावला, उखड़ा-उखड़ा-सा

ANU *abbr.* 'Australian National University' की प्रथमाक्षरी

anuclear /अन्युक्लिअः/ *adj.* परमाणु रहित

ANURAG *abbr.* 'Advanced Numerical Research and Analysis Group' की प्रथमाक्षरी

anuran/anurous /ऐन्युरन/ ऐन्युरस/ *adj.* अपुच्छ

anuresis /ऐन्युअरीसिस/ *n., pathol.* अमूत्रता, ब्लैडर में मूत्र का रुकाव

anuria /ऐन्युरिआ/ *n., pathol.* गुर्दों (kidneys) की मूत्र बनाने में अक्षमता

anus /एनस/ *n.* गुदा, मलद्वार

anvil /ऐन्विल/ *n.* निहाई, अहरन, संदान;
p&i: **a good ~ does not fear the hammer** सांच को आंच नहीं; **be on/ upon the ~** विचाराधीन हो., परीक्षाधीन हो.

anxiety /ऐंग्जायटि/ *n., pl.* **anxieties** 1 दुश्चिंता, परेशानी: slight/ vague, acute ~; hidden/ torturing/ mental ~; betray/ manifest ~; be in ~ about sth 2 उत्सुकता, आतुरता: wait sth with ~ 3 फिक्र, चिंता: all these **anxieties** made him look pale and thin 4 (अप्रिय घटना होने की) आशंका: ~ about the delay in payment 5 डर, व्याकुलता 6 उत्कट इच्छा: ~ for knowledge; ~ to please; my chief ~ is to help in every way

anxious /ऐंक्शिअस/ *adj.* चिंतित, परेशान: be/ feel ~ about sb's health/ future/ welfare 2 चिंताग्रस्त: ~ about sth/ ~ for sb/ sth; ~ person 3 आशंकित: ~ for safety/ for success/ for peace 4 उत्सुक, आतुर: ~ to do well; I am ~ for your impressions; be eagerly/ deeply/ keenly/ terribly ~ to get sth; he is ~ to do his best 5 चिंताजनक (causing anxiety): there were a few ~ moments; have an ~ period;
dw/lw: **~ly** /ऐंक्शिअस्लि/ *adv.* उत्सुकतापूर्वक, आतुरता से;
p&i: **on the ~ bench/ seat** 1 पश्चातापियों का स्थान 2 मानो अंगारों पर बैठा हो

any /एनि/ *pron.* 1 प्रश्नवाचक वाक्यों में: कोई, किसी, कुछ: have you ~ of these?; if ~ of them should see him 2 नकारात्मक वाक्यों में: कोई भी नहीं, कुछ भी नहीं: I don't like ~ of these actors; where are my books? I can't find ~ 3 सकारात्मक वाक्यों में: 3.1 कोई भी, हर कोई, प्रत्येक: he is free to choose ~ of these books 3.2 एक भी: I don't think that there are ~ who would run risks 4 निम्न शब्द-समूहों में: ~ one; ~ one of them; if ~: there are few English books, if ~, in that library; I have little time, if ~;
adj., determiner 1 प्रश्नवाचक वाक्यों में: 1.1 कोई?, किसी तरह की?: did you meet ~ difficulties? 1.2 कोई संख्या या मात्रा: have you read ~ new books? 2 नकारात्मक वाक्यों में: 2.1 कोई नहीं, एक भी नहीं: he cannot see ~ difference between these two statements 2.2 बिल्कुल नहीं, कतई नहीं: he hasn't ~ money 3 सकारात्मक वाक्यों में: 3.1 हर प्रकार का, हर तरह की, प्रत्येक, किसी भी प्रकार का/ के/ की: unable to find ~ answer; ask ~ person you meet; ~ plan would be better than no plan; ~ help will be valuable; in ~ case (कम से कम, बहरहाल) 3.2 जरा भी;
adv. 1 प्रश्नवाचक वाक्यों में: कुछ, कुछ-कुछ, और (अधिक): can't bear it ~ more; is that ~ better?; he does not live there ~ longer 2 नकारात्मक वाक्यों में: जरा भी नहीं, थोड़ा भी नहीं: I am not ~ better; he is not ~ the worse for it; it has not become ~ less true; he did not get ~ nearer; they have not behaved ~ too well 3 सकारात्मक वाक्यों में: और अधिक, फिर: I am surprised you come here ~ more 4 *US colloq.* सामान्यतः, बिल्कुल: did you sleep ~?; I have not read ~ for the last one year;
p&i: **~ child could tell you** कोई बच्चा भी आपको बता सकता है; **~ old how** हर हाल में, जैसे भी हो; **~ thing but** को छोड़कर कुछ भी; **~ wise** जरा भी समझदार नहीं हुए;
at ~ rate बहरहाल, खैर, कम से कम; **have ~ number of**

pens बहुत सारे पैन हो.; **it isn't ~ better** यह कोई ज्यादा बेहतर नहीं; **like ~ thing** पूरे उत्साह, उमंग या जोश के साथ
anybody /एनिबडि/ *US* एनिबाःडि/ (*also* **anyone**) *pron.* 1 कोई भी, कुछ भी: there wasn't ~ in the hostel; if ~ thinks this question is not settled, let him speak up; is there ~ else who thinks so? 2 कोई एक महत्त्वपूर्ण व्यक्ति या वस्तु: everybody who is ~ is welcome; he is not just ~ (वह कोई ऐसा-वैसा नहीं); I don't think he was ~; everybody who is ~ will be there; 3 कोई भी नहीं, कुछ भी नहीं: he hasn't seen ~ there 4 हर कोई, प्रत्येक, हर एक: ~ can do it;
p&i: **~ but he can say this** छाज तो बोले छलनी क्यों बोले जिसमें बहत्तर सौ छेद;
he speaks better than ~ वह सबसे बेहतर बोलता है; **he spoke to her as gently as he had ever spoken to ~ in his life** उसने उससे इतनी शालीनता से बात की, जितनी उसने जिंदगी में कभी किसी से नहीं की; **there was hardly ~ there** वहां कोई नहीं था
anyhow /एनिहाउ/ (*also* **anyway**) *adv.* 1 जैसे भी हो, हर हालत में 2 वैसे भी: we could not get into the building, ~ 3 जो भी हो, तिस पर भी, के बावजूद भी: I shall go ~ whether it rains or not 4 किसी भी तरह से, जैसे-तैसे: the work was done ~ 5 खैर: ~, you must admit I was right; 6 फिर भी: I may fail, but I intend to try hard, ~;
p&i: **any old how** 1 ऐसे ही 2 अस्त-व्यस्त ढंग से;
feel ~ ठीक हाल नहीं; **pulled his clothes on any old how** जैसे-तैसे कपड़े ओढ़े या पहने; **things are all ~** ठीक ही हाल है
any more (*also* **anymore**) *adv.* और (अधिक), पहले की तरह नहीं, अब, आजकल
anyone /एनिवन/ (*also* **anybody**) *pron.* कोई भी, कोई और, किसी की भी: he doesn't care for ~
anyplace /एनिप्लेस/ *adv.* (*US* **~where**) कहीं भी: ~ we could buy a book?
anything /एनिथिंग/ *pron.* 1 प्रश्नवाचक वाक्यों में: कुछ, कुछ-न-कुछ, कुछ भी, कोई और चीज, कुछ और: is there ~ you want?; I'm going to the post, ~ I can do for you? 1.1 कभी, कभी-कभार: do you see ~ of your friend? 2 नकारात्मक वाक्यों में: कुछ नहीं: he doesn't do ~ at all; not that he knows ~ about it 3 सकारात्मक वाक्यों में: सब कुछ, कुछ, कुछ भी: he will do ~ to help you; I would give ~ to know; he eats ~; ~ you say; if ~ should happen to him ... ;
adv. 1 किसी प्रकार से भी, कैसे भी: is this article ~ like his? 2 किसी भी हद तक: is her dress ~ like mine?;
dw/lw: **~arian** /~गेरिअन/ *n.* जुगाड़ू काम करने वाला आदमी यानी जिसके लिए कुछ भी 'चलता है'; **~arianism** /~गेरिअनिज्म/ *n.* निश्चित विचारधारा का अभाव, 'सब-कुछ या कुछ भी चलता है' पर आधारित रवैया, जुगाड़पन, जैसा-तैसापन;
p&i: **~ but** 1 को छोड़कर कुछ भी2 बिल्कुल भी नहीं; **~ from** से शुरू करके कहीं तक भी, से लेकर (दाम आदि): could cost ~ from 500 to 1000 rupees...; **~ like** कुछ भी;
as ~ अत्यधिक: it's as simple as ~; **for ~** अत्यधिक; **hardly ~** लगभग कुछ नहीं, नहीं के बराबर; **like ~** *colloq.* खूब जोर से, पूरी शक्ति लगाकर, बड़ी रफ्तार से: though he ran like ~, still he missed the train; **not for ~** किसी कीमत पर भी नहीं: I would not do it for ~
anytime /एनिटाइम/ *adv.* कभी भी, जब चाहो तब
anyway /एनिवे/ (*also* **anyhow**; *also US spoken* **anyways**) *conj.* खैर: ~, one would never know the truth;
adv. 1 (***syn.*** despite) फिर भी, कैसे भी, जो कुछ भी हो, हर हालत में, के बावजूद: I'm going ~ 2 येन-केन प्रकारेण, चाहे जैसे भी, चाहे जो हो: get it ~ you can 3 (***syn.*** besides) इसके अतिरिक्त: the price is exorbitant and ~ I don't like the colour 4 खैर (बात का विषय बदलने के लिए)
anywhere /एनिवेअः/ (*also US* **anyplace**) *adv.* 1 कहीं भी, कहीं-न-कहीं, सर्वत्र, सब जगह, किसी ओर भी: one can buy this book ~ one wants; put the books ~ you like 2 कहीं और, किसी अन्य स्थान पर: did you go ~ interesting 3 के समीप, लगभग: ~ near sth (के आस-पास); it costs ~ from five to seven hundred rupees 4 परिणाम रहित, कोई परिणाम न निकालना: this will not lead them ~ (इससे कुछ नहीं निकलेगा)
anywise /एनिवाइज/ *adv.* किसी भी तरह से, किसी तरह
Anzac /ऐंजैक/ (*sometimes* **ANZAC**) 1 प्रथम विश्व युद्ध में आस्ट्रेलिया और न्यूजीलैंड की सैनिक टुकड़ियां जो मध्य-पूर्व और पश्चिमी मोर्चों पर लड़ी थीं 2 इन टुकड़ियों का सैनिक
AO *abbr.* 'Adjudicating officer', 'Adjudication Order' की प्रथमाक्षरी
AOA *abbr.* 'Agreement on Agriculture' की प्रथमाक्षरी
AOB/ a.o.b/ and **AOCB/ a.o.c.b** *abbr.* 'any other business' and 'any other competent business' की प्रथमाक्षरी
AOC *abbr.* 'Airlines Operating Committee', 'Air Operator Certificate', 'Army Ordnance Corps' की प्रथमाक्षरी
AOL *abbr.* 'America Online' की प्रथमाक्षरी
A-OK /ए ओके/ *adj., adv.* ठीकठाक, ठीकठाक ढंग से: everything is ~ now; the function went ~
AOM *abbr.* 'air officer-in-charge of maintenance' की प्रथमाक्षरी
A one/ A1/ A-1 /एवन/ *adj., colloq.* 1 सर्वोत्तम 2 उत्तम श्रेणी का
AOPV *abbr.* 'Advanced Offshore Patrol Vessel' की प्रथमाक्षरी
AOR *abbr.* 'agency on record' की प्रथमाक्षरी
aorist /एअरिस्ट *n., gramm.* कई विभक्ति रूप संपन्न भाषाएं (जैसे संस्कृत, यूनानी, रूसी आदि भाषाएं)
aorta /एऑःटा/ *US* एऑर्टा/ *n., pl.* **~s** *anat.* महाधमनी, मुख्य धमनी जो ऑक्सिजनयुक्त रक्त को दिल से शरीर की अन्य छोटी धमनियों में प्रवाहित करती है और वे आगे सारे शरीर में पहुंचाती हैं
AP *abbr.* 'Associated press' की प्रथमाक्षरी
APA *abbr.* 'American Psychiatric Association', 'American Publishing Association' की प्रथमाक्षरी
APAC *abbr.* 'Aids Prevention and Control' की प्रथमाक्षरी
apace /अपेस/ *adv., lit.* तेजी से, झटपट, शीघ्रतापूर्वक, तीव्र गति से: develop ~; ill news comes ~
Apache /अपैचि/ *n., pl.* **Apaches** 1 उत्तरी अमेरिका के आदिवासी जो पहले बंजारा जीवन बिताते हुए न्यु मैक्सिको (New Mexico) और आरिजोना (Arizona) आदि क्षेत्रों में रहते थे: the ~ state (Arizona) 2 इन लोगों की भाषा 3 ऐपाश/ अपाश/ गुंडा: ~ dance (हिंसक नृत्य, तांडव नृत्य)
apagoge /ऐपअगोजि/ *n., logic* असंभव आपत्ति यानी ऊट-पटांग तर्क
apanage /ऐपअनिज/ *n.* 1 राजकुमारों की वृत्ति 2 अधीन राज्य, राजदेय 3 गुजारा, युवराजों के पालन-पोषण की व्यवस्था
apart /अपाःट/ *adv.* 1 अलग-अलग: live/ dwell ~; the friends have grown much ~; the various meanings of a word must be kept clearly ~ in a dictionary; you must view each argument ~ 2 टुकड़े-टुकड़े, टुकड़ों-टुकड़ों में: come ~; fall ~; take the watch/ the machine ~ 3 समय या दूरी में अलग: 10 kilometres ~ from each other; three years ~ from one another 4 एक तरफ, अलग: this house stood ~ from others; the new boy stood ~ from his classmates; set English books ~ 5 अलग करके (बचाकर) रखना: set ~

for his marriage 6 को छोड़कर, अलग रखकर: joking ~ (मजाक छोड़िए!) 7 अनोखा: a class ~ (जिसका कोई सानी न हो) 8 भिन्न: it is a group ~ from all others; ~ in manner/ in behaviour/ in demeanour; they are so much alike that only their mother knows them ~ 9 के सिवा: ~ from Ram everyone was bored; ~ from that; ~ from his knowledge/ affection ...

apartheid /अपाःथाइड/ एपाःथाइट/ *n.* 1 नस्लवाद, रंगभेद 2 जाति आधारित पार्थक्य 3 नस्ल, जाति, लिंग के आधार पर अलगाव: men's clubs often practise gender ~

apartment /अपाःटमंट/ *n., pl.* **~s** (*abbr.* **apt**) 1 फ्लैट, कवार्टर: **~s** to let 2 बड़े बहु-आवासीय भवन में एक आवासीय इकाई: ~ building (बहुत सारे फ्लैटों वाला भवन): private/ bachelor/ spacious ~ 3 गेस्ट-हाउस के रूप में प्रयुक्त होने वाली आवासीय इकाई;
***collocations:* ~ block/ building** बड़ा बहु-आवासीय भवन; **~ hotel** आवासीय इकाइयों को लंबे समय के लिए किराये पर देने वाला होटल; **~ house** एक छोटा आवासीय घर;
p&i: **have got ~s to let** पेच ढीला है

apatetic /ऐपअटेटिक/ *adj., zool.* पशुओं के झुंड में एक जैसे पशुओं की पहचान के लिए लगाए जाने वाले रंग से संबंधित

apathetic /ऐपअथेटिक/ *adj.* 1 उदासीन, विमुख, विरक्त 2 (***syn.*** listless) भावशून्य, निर्जीव, निरुत्साही;
***dw/lw:* ~ally** /ऐपअथेटिकलि/ *adv.* उदासीनतापूर्वक

apathy /ऐपअथि/ *n.* 1 उदासीनता, विमुखता, अरुचि: complete/ strange ~ towards sth; political ~ 2 भावशून्यता

apatite /ऐपअटाइट/ *n., geol.* एक अक्सर मिलने वाला फास्फेट खनिज

apatosaurus /अपैटअसॉःरैस/ (*also* **bron-to-saurus**) *n.* एक बहुत बड़ा अर्ध-जलीय डाइनॉसॉर

APBA *abbr.* 'Asia-Pacific Business Association' की प्रथमाक्षरी

APC *abbr.* 'Additional Police Commissioner', 'Adenomatous Polyposio Coli (gene)', 'Agriculture Production Commission' की प्रथमाक्षरी

APCA *abbr.* 'AIDS Prevention and Control Activities' की प्रथमाक्षरी

APCC *abbr.* 'Asia Pacific Customer Centre' की प्रथमाक्षरी

APCN *abbr.* 'Asia Pacific Cable Network' की प्रथमाक्षरी

APCS *abbr.* 'Air Pollution Control Systems' की प्रथमाक्षरी

APDP *abbr.* 'Accelerated Power Development Programme', 'Afforestation and Pasture Development Project' की प्रथमाक्षरी

APDR *abbr.* 'Association for the Projection of Democratic Rights' की प्रथमाक्षरी

ape /एप/ *n.* 1 बंदर जैसा घने बालों वाला पर पूंछ रहित (अपुच्छ) जानवर 2 पूंछहीन वनमानुस, वानर: manlike/ anthropoid ~ 3 नक्काल, नकल करने वाला: play the ~;
v.**, pt.* **~d**, *pp* **aping** 1 (syn.*** imitate) नकल क.: ~ manners/ fashions, habits 2 (***syn.*** mimic) किसी की नकल उतारना: ~ sb's accent;
***dw/lw:* ~dom** /एपडम/ (*also* **~hood**) *n.* नकलची जैसा व्यवहार; **~man** /एपमैन/ *n.* वानर और मानव के बीच के कई रूप; **apish** /एपिश/ *adj.* 1 बंदर-सा या वानर का-सा, वानरी 2 नकलची 3 मूर्ख; **apishly** /एपिशलि/ *adv.* बंदर की तरह, नकल करते हुए; **apishness** /एपिशनिस/ *n.* अनुकरणशीलता, नकलचीपन;
p&i: **~ is an ~, a varlet is a varlet, though they may be clad in silk or scarlet** लंगूर तो लंगूर ही रहेगा, चाहे ढाका की मलमल पहन ले; **~ it** बनना, बंदर की तरह मुंह बनाना; **act the ~** अपने आपको मूर्ख बनाना; **gibber like an ~** जल्दी-जल्दी कुछ अस्पष्ट-सा बुदबुदाना; **go ~** किसी पर लट्टू हो.; **God's ~** मूर्ख, बुद्धू; **do not put an ~ into his hood** उसको मूर्ख मत बनाओ; **lead ~s in hell** अधेड़ उम्र में कुंवारी ही मर जाना; **go ~** *N. Amer. sl.* 1 (के पीछे) पागल हो जाना 2 आपे से बाहर हो जा.; **play the sedulous ~** अंधाधुंध किसी की शैली की नकल क.; **pride which ~s humility** विनम्रता के रूप में अहंकार; **say an ~'s paternoster** सर्दी से दांत कटकटाना; **the higher the ~ goes, the more he shows his tail** अयोग्य व्यक्ति जितना ऊपर जाता है उतने ही स्पष्ट उसके दोष नजर आते हैं

apeak /अपीक/ *adv.* लंगर का सीधा खड़ा हो.

APEC *abbr.* 'Asia–Pacific Economic Cooperation' की प्रथमाक्षरी

APEDA *abbr.* 'Agricultural and Processed Foods Export Development Authority' की प्रथमाक्षरी

APEP *abbr.* 'ISRO's Ammonium Perchlorate Experimental Plant' की प्रथमाक्षरी

apercu /ऐपअःस्यू/ *US* ऐपरसू/ *n., Fr.* 1 (***syn.*** outline, overview) संरक्षित रूपरेखा, संक्षिप्त रिज्युमे, संक्षिप्त निबंध 2 (***syn.*** glimpse, insight) उड़ती-उड़ती-सी झलक, सरसरी झलक 3 पलभर की छाप 4 किसी समस्या को आसान बना देने वाली टिप्पणी

aperient/ aperitive /अपिअरिअंट/ अपेरिटिव/ *adj.* (हल्का-सा) रेचक, विरेचक, दस्तावर

aperiodic /एपिअरिऑडिक/ *adj.* 1 अनियमित, अनियतकालिक 2 *phys.* अनावर्ती

aperitif /अपेरअटिफ/ *n.* भोजन से पहले पी जाने वाली क्षुधा-वर्धक मदिरा

apepsia /ऐपैपसिआ/ (*also* **dyspepsia**) *n.* बदहजमी, अजीर्ण

aperture /ऐपःचः/ *n.* 1 छिद्र, सुराख, छेद, द्वारक, रंध्र 2 कैमरे आदि के लेंस पर प्रकाश आने के लिए छिद्र 3 ऐसे उपकरणों में लेंस का वास्तविक डायमीटर

apery /एपरि/ *n.* बंदर की औलाद, नक्काल, नक्काली

apetalous /अपेटअलस/ *adj.* पंखुड़ीविहीन

APEX *abbr.* 'Advance Purchase Excursion', 'autopartasia private exchange' की प्रथमाक्षरी (काफी समय पहले हवाई टिकट खरीदने पर भाड़े में की जाने वाली कटौती या छूट) 2 *Br.*, 'Association of Professional Executive, Clerical and Computer Staff' का संक्षेप

apex /एपेक्स/ *n., pl.* **~es/ apices** /एपिसीज/ 1 चोटी, शिखर: the ~ of one's career 2 शिरोबिंदु, शिखाग्र 3 नोक, सिरा, अग्रक: ~ of the heart 4 पराकाष्ठा, चरमोत्कर्ष (climax);
p&i: **~ stone** मुख्य या महत्त्वपूर्ण स्थान

APF *abbr.* 'Armed Police Force' की प्रथमाक्षरी

APFUTA *abbr.* 'Andhra Pradesh Federation of University Teachers Association' की प्रथमाक्षरी

APH *abbr.* 'Air Preheater' की प्रथमाक्षरी

aphaeresis/ apheresis /अफिअरिसिस/ *n., phon.* 1 आद्य अक्षर लोप, आद्य वर्ण लोप 2 शब्द के शुरू में आने वाले अक्षर या शब्दांश का लोप: **telephone → phone** (लुप्त अक्षर अपॉस्ट्रफि (apostrophe यानी '' से दिखाया जाता है): **'gator → alligator**

aphagia /अफेजिआ/ *n., pathol.* 1 क्षुधा लोप, खाने की अनिच्छा 2 कौर गटकने में अक्षमता

aphasia /अफेजिआ/ *n., pathol.* 1 वाचाघात, वाक् लोप 2 बोले गए या लिखित शब्दों को बोलने, लिखने या समझने में अक्षमता जो दायें हाथ से काम करने वाले लोगों में उनके दिमाग के बायें भाग के लकवा ग्रस्त होने से होता है

ADHD *abbr.* 'Attention Deficit Hyperactivity Disorder' की प्रथमाक्षरी

aphelion /ऐफीलिअन/ *n., pl.* **aphelia** /ऐफीलिआ/ 1 रवि-उच्च, सूर्योच्च 2 किसी ग्रह में वह बिंदु जो सूर्य से अधिकतम दूरी पर होता

है

apheliotropic /ऐफीलिऑट्रअपिक/ *adj.* सूर्य की रोशनी से परे हटने की प्रवृत्ति वाला (पौधा), सूर्यापवर्त;
dw/lw: **apheliotropism** /ऐफीलिऑट्रअपिज्म/ *n.* पौधों में सूर्य की रोशनी से परे हटने की प्रवृत्ति, सूर्यापवर्तन

aphesis /ऐफिसिस/ *n., phon.* आद्य अक्षर (पहले अक्षर) में निरंतर होने वाली क्षीणता के कारण होने वाला लोप, आदि लोप;
dw/lw: **aphetic** /ऐफिटिक/ *adj.* आदि लोप संबंधी

aphid/ aphis /एफिड/ एफिस/ *n., pl.* **aphids/ aphides** /एफिडीज/ माहूं, पौधों का एक कीटाणु

APHIS *abbr.* 'Animal and Plant Health Inspection Service (*US*)' की प्रथमाक्षरी

aphonia /एफोनिआ/ *n.* 1 ध्वनि लोप, स्वर हानि 2 मुंह से आवाज न निकलने का रोग जो भाव आवेश के दौरे, कंठों या दिमागी विकार के कारण होता है;
dw/lw: **aphonic** /एफोनिक/ *adj.* अनुच्चरित

aphori\sm /ऐफअरिज्म/ *n.* सूत्रबद्ध उक्ति, सूक्ति, जैसे: जिसकी लाठी उसी की भैंस (Might is right); नीम हकीम खतरे जान (a little knowledge is a dangerous thing);
dw/lw: **~st** /ऐफअरिस्ट/ *n.* सूत्रकार, सूक्तिकार; **~stic** /ऐफअरिस्टिक/ *adj.* 1 सूक्तिरूपक, सूत्रबद्ध 2 सूक्तिबहुल

aphotic /एफोटिक/ *adj., bot.* सूर्य की रोशनी से महरूम, सूर्य-प्रकाश विहीन: ~ region

aphrodisiac /ऐफ्रअडिजिऐक/ ऐफअरोडीजिऐक/ *adj., med.* कामोत्तेजक, कामोद्दीपक (पदार्थ), वाजीकर (Viagra)

Aphrodite /ऐफ्रोडाइटि/ *n., Gr. mythol. = Roman* Venus 1 सौंदर्य और प्रेम की देवी 2 छैल-छबीला, बांका व्यक्ति

aphtha /ऐफथा/ *n., pl.* **aphthae** /ऐफथि/ एफथाइ/ (***syn.*** thrush) अंछर, मुंह के छाले, मुख पाक (a disease of mouth)

aphthong /ऐफ्थॉग/ *n., ling.* स्वरविहीन वर्ण (अक्षर)

aphyllous /अफिलस/ *adj.* पत्रविहीन, पत्तेविहीन, बिना पत्तों वाला

API *abbr.* 'Active Pharmaceutical Ingredients', 'accredited platform integrator', 'American Petroleum Institute', 'Association of Physicians of India' की प्रथमाक्षरी

api\an /एपिअन/ *adj.* मधुमक्खियों से संबंधित;
dw/lw: **~arian** /एपिएअरिअन/ *adj.* मधुमक्खी (-पालन) संबंधी; **~arist** /एपिअरिस्ट/ *n.* मधुमक्खी-पालक; **~ary** /एपिअरि/ *n., pl.* **~aries** मधुमक्खी-वाटिका, मधु-मक्खी पालन स्थान; **~culture** /एपिकल्चः/ *n.* मधुमक्खी-पालन; **~cultural** *adj.* मधुमक्खी-पालन संबंधी; **~culturist** *n.* मधुमक्खी-पालक

apical /ऐपिकल/ एपिकल/ *n.* 1 चोटी या शिखर से संबंधित, शीर्षस्थ, अग्रस्थ 2 *phon.* जिह्वा की नोक से उच्चरित ध्वनि

apiculate /अपिक्युलेट/ *adj.* तीक्ष्णाग्र, नुकीला

apiculture *see above under* **apian:** ***dw/lw***

apiece /अपीस/ *adv.* एक-एक करके, एक-एक को, हरेक को, प्रत्येक को, प्रत्येक के लिए: they all got 100 rupees apiece; give the boys two books ~

APIM *abbr.* 'Asia Pacific Institute of Management' की प्रथमाक्षरी

apish *see above under* **ape:** ***dw/lw***

APJGA *abbr.* 'Asia Pacific Junior Golf Championship' की प्रथमाक्षरी

APL *abbr.* 'above the poverty line', 'Applied Physics Laboratory' की प्रथमाक्षरी

aplanat /ऐप्लअनैट/ *adj.* विपथ;
dw/lw: **~atic** /ऐप्लनैटिक/ *adj.* विपथी

aplasia /अप्लेजिया/ *n., pathol.* अविकसन, शरीर के किसी अंग का जन्म से अभाव या अविकास

aplastic anaemia /अप्लास्टिक अनीमिआ/ *n., pathol.* मेरुदंड की रक्त कोशिकाओं को बनाने में अक्षमता

aplenty /अपलंटि/ *adv.* बहुतायत में, प्रचुर मात्रा में

aplomb /अप्लौम/ *US* अप्लाःम/ *n.* 1 अति आत्मविश्वास 2 मान, शान, प्रतिष्ठा 3 (***syn.*** perpendicularity) लंबता

APMC *abbr.* 'Administered Pricing Mechanism', 'Agriculture Produce Marketing Committee' की प्रथमाक्षरी

APMITTA *abbr.* 'Asia-Pacific Multi-Media Super Corridor Information Technology and Communications' की प्रथमाक्षरी

apnoea/ apnea /ऐप्नीआ/ *n., pathol.* श्वास रोध, वयस्कों की नींद में और नवजात शिशुओं में कभी-कभी होने वाला अस्थायी श्वास रोध (temporary cessation of breathing)

APO *abbr.* 'advance purchase order', 'Army Purchase Organisation', 'Asian Productivity Organisation' की प्रथमाक्षरी

apocalyp\se /अपौकलि\प्स/ *US* अपाःकलि\प्स/ *n.* 1 प्रलय, पूर्ण विनाश: civilization is on the brink of ~ 2 (**The Apocalypse**) पैगंबर द्वारा संसार के अंत के बारे में रहस्योद्घाटन (revelation) 3 प्रकाशना-ग्रंथ 4 भयंकर खतरे की स्थिति: an environmental ~;
dw/lw: **~tic** /~प्टिक/ *adj.* प्रलयकारी भविष्य का सूचक, विनाशकारी भविष्य-उद्घोषी; **~tically** /~प्टिकलि/ *adv.* जग प्रलय की तरह; **~tist** /~प्टिस्ट/ *n.* प्रलय का लेखक

apocarpous /ऐपोकाःपस/ *adj., bot.* वियुक्तांडपी

apochro\matic /ऐपअक्रोमै\टिक/ *adj.* अति अवर्णी, रंगात्मक और गोलाकार विकृति से बचा हुआ;
dw/lw: **~mat** /~ट/ *n.* अवर्णी लेंस

apocopa\te /अपॉकअपेट/ *v. past* **~ted**, *pp* **~ting** शब्द के अंत को काटना

apocope /अपौकपि/ *US* अपाःकपि/ *n., phon.* शब्द के अंतिम वर्ण या शब्दांश का लोप, अंत्याक्षर-लोप: **television → telly**; **cup of tea → cuppa tea**

apocrine /ऐपअक्राइन/ *adj.* शरीर के बालदार अंगों में स्थित पसीने की ग्रंथियों से संबंधित

Apocrypha /अपौक्रि\फा/ *US* अपाःक्रि\फा/ *n., [pl.]* 1 बाइबल आदि आधिकारिक पाठ का गुप्त (विद्रोही) अर्थ वाला (गैरसरकारी) पाठ 2 अप्रामाणिक ग्रंथ 3 धार्मिक ग्रंथों का अनधिकारिक पाठ;
dw/lw: **~l** /~क्रिफ्ल/ *n.* 1 गुप्त (विद्रोही) अर्थ वाला या अनधिकारिक 2 रहस्यमय या अप्रामाणिक

apodal/apodous /ऐपअडल/ ऐपअडस/ *adj., zool.* सांप आदि अपाद (बिना पांवों के) जीवों से संबंधित: ~ lizard

apodictic/ apodeictic /ऐपअडिक्टिक/ ऐपडाइक्टिक/ *adj., philos.* 1 सुनिश्चित 2 अकाट्य 3 जिसे प्रदर्शन द्वारा सही सिद्ध कर दिया गया है 4 इमानुअल कांत (Immanuel Kant, 1724-1804) के शब्दों में: अवश्यंभावी सत्य, जिसकी कोई काट न हो, अकाट्य

apodosis /अपौडअ\सिस/ *US* अपाःडअ\सिस/ *n., pl.* **apodoses** /~सीज/ *logic* 1 शर्तवाचक वाक्य या प्रस्ताव में परिणामवाचक उप वाक्य 2 परिणामी उप वाक्य, फल वाक्य, विधि वाक्य का आनुषंगिक खंड

apogam\y /अपौगअ\मि/ *US* अपाःगअ\मि/ *n., bot.* कुछ पौधों में यौनीय प्रजनन के बिना यानी बिना युग्मन प्रजनन संसर्ग के विकास, अपयुग्मन;
dw/lw: **~ous** /~मस/ *adj.* उपरोक्त ढंग से विकसित होने वाले प्रणांग

apogean /ऐपोजीअन/ *adj.* भूमि-उच्चीय, चोटी का

apogee /ऐपोजी/ ऐपअजी/ *n., astron.* 1 भूमि-उच्च 2 शिरोबिंदु, चंद्रमा या किसी अन्य कृत्रिम स्पुतनिक (उपग्रह) का वह बिंदु जो धरती से दूरतम यानी सबसे ज्यादा दूरी पर होता है (*compare:* **apogee** *with* **aphelion**) 3 *phys.* गुरुत्व से मुक्त होने में अक्षम कम वेग से उड़ने वाली मिसाइल द्वारा पहुंचा गया शिखरतम बिंदु 4 पराकाष्ठा, उच्चतम बिंदु

apograph /ऐपअग्राफ/ *n.* सच्ची प्रतिलिपि, हू-ब-हू नकल

apolaustic /ऐपोलॉस्टिक/ *adj.* असंयमी, विषयासक्त, मौज-मस्ती में डूबा हुआ

apoliti\cal /एपअलिटि\कल/ *adj.* अराजनीतिक, राजनीति से परे, राजनीति निरपेक्ष;

dw/lw: **~cism** /~सिज्म/ *n.* अराजनीतिकता, राजनीति-निरपेक्षता

Apollinarian /अपॉलिनेअरिअन/ *adj.* 1 ईसा के विषय में अपोलिनारिस सिद्धांत (Appolinaris Laodicea 310-390) संबंधी 2 अपोलो (Apollo) को समर्पित 3 अमेरिका का अंतरिक्ष यान (Apollo) संबंधी

Apollo /अपोलो/ *n., pl.* **~s** 1 सूर्यदेव 2 अति सुंदर युवक 3 बारह यूनानी देवताओं में से अपोलो नाम का एक देवता जो अपने सौंदर्य के लिए प्रसिद्ध था और वह प्रकाश, सुगम संगीत, कविता, धनुर्विद्या, चिकित्सा पद्धतियों, पशु-पक्षियों आदि की सेवा-शुश्रूशा के लिए जाना जाता था;

dw/lw: **Apollonian** /ऐपअलोनिअन/ *adj.* 1 अपोलो समान 2 अपोलो से संबंधित; **apollonicon** अपअलॉनिकॉन, एक बहुत बड़ा वाद्ययंत्र

apologetic/ ~al /अपौलअजेटि\क/ ~ल/ *US* अपाःलअजेटि\क/ ~ल/ *adj.* 1 क्षमायाचक, खेदसूचक: be ~ for/about/ sth; be deeply/ profoundly ~ 2 पक्षसमर्थक, मंडनात्मक;

dw/lw: **~ally** /~लि/ *adv.* क्षमापूर्वक; **~s** /~क्स/ *n.* धर्म मंडन, पक्षमंडनशास्त्र

apologia /ऐपालोजिआ/ *n., pl.* **~s** 1 किसी के विश्वास, नेक काम या किसी के व्यवहार के समर्थन में औपचारिक बयान 2 अपने व्यवहार की सफाई, मंडन

apologist /अपौलअजिस्ट/ *US* अपाःलअजिस्ट/ *n.* 1 समर्थक 2 धर्म मंडक

apologi\ze (*also UK* **~is\e**) /अपौलअजाइज/ *US* अपाःलअजाइज/ *v., pt.* **~zed**, *pp* **~zing** 1 क्षमा मांगना 2 खेद प्रकट क., क्षमा मांगना, क्षमा-याचना क. 3 दोष स्वीकार क. 4 मंडन क., समर्थन क.

apalogue /ऐपअलॉग/ *n.* नीति-कथा, दृष्टांत

apology /अपौलजि/ *US* अपाःलजि/ *n., pl.* **apologies** 1 क्षमा, क्षमायाचना, क्षमा प्रार्थना: sincere/ public/ suitable ~; humble ~; make/ offer/ an ~; convey/ accept an ~; express/ to imply an ~; make a muttered/ a murmured ~; by way of ~ 2 किसी विश्वास या नेक नीयत का मंडन या समर्थन 3 (***syn.*** caricature) विद्रूप, हास्यास्पद नमूना या उदाहरण: a ridiculous ~ for man (इंसान या इंसानियत का एक हास्यास्पद नमूना या उदाहरण); a mere ~ for a dinner; an ~ for a painting;

p&i: **make no ~/ apologies for sth** कोई गलत काम नहीं किया जिसके लिए माफी मांगी जाए

apomixes /ऐपॉमिक्सिस/ *n., biol.* असंगजनन

aponeurosis /ऐपोन्युरोसिस/ *n., anat.* ऊतकों की एक पतली कंदरा चादर जो मांसपेशियों को हड्डियों से जोड़ने में अहम भूमिका अदा करती है

aponoea /अपॉनेआ/ *n.* श्वास रोध

apophasis /अपोफअसिस/ *n.* मौन अलंकार

apopthegm/ apothegm /ऐपोथेम/ *n.* सूक्ति, सुभाषित कथन;

apophyge /अपौफिजि/ *US* अपाःफिजि/ *n., archit.* नींव से ऊपर उठे हुए स्तंभ की बाहरी वक्रता या गोलाई

apophysis /अपौफिसिस/ *US* अपाःफिसिस/ *n., pl.* **apophyses** /अपौफिसीज/ *US* अपाःफिसीज/ *biol.* अपसूत्र, हड्डियों आदि पर गांठनुमा वृद्धि

apoplectic /ऐपअप्लेक्टिक/ *adj.* मिर्गी से पीड़ित या संबंधित

apoplexy /ऐपअप्लेक्सि/ *n.* 1 मिर्गी, मूर्च्छा 2 (cerebral haemorrhage) रक्त घात, अपसंन्यास

aporia /अपोरिआ/ *n.* सिद्धांत या दलील की संदेहात्मकता

a-port /अपॉःट/ *adj., adv., naut.* बंदरगाह पर या उसकी तरफ

aposematic /ऐपोसिमैटिक/ *adj., zool.* 1 सचेतक 2 कुछ जहरीले जीवों के निशान, जो परभक्षियों (predators) के लिए एक प्रकार की चेतावनी होती है

aposiopesis /ऐपोसायोपीसिस/ *n.* अर्द्धोक्ति, वाग्विच्छेद, अध कही बात

aposta\sy /अपौस्टअसि/ *US* अपाःस्टअसि/ *n., pl.* **~sies** 1 स्वधर्म त्याग 2 सिद्धांत त्याग, त्याग 3 पक्ष त्याग, दल त्याग;

dw/lw: **~te** /अपौस्टेट/ *US* अपाःस्टेट/ *adj.* धर्म/ कर्त्तव्य/ सिद्धांत को छोड़ने वाला, स्वधर्म त्यागी, स्वपक्ष त्यागी, संघ त्यागी, स्वदल त्यागी; **~te** *n.* धर्म/ कर्त्तव्य/सिद्धांत आदि से च्युत व्यक्ति; **~tize/ ~tise** /अपॉस्टअटाइज/ *v. pt.* ~tized, *pp* ~tizing धर्म/ पक्ष/ सिद्धांत या दल त्याग दे.

a posteriori /एपौस्टेरिऑराइ/ *US* एपाःस्टेरिऑराइ/ *adj., Lat.* 1 कार्य-कारण न्याय के अनुसार 2 अनुभवजन्य, अनुभव सापेक्ष, अनुभवाधारित 3 भुक्त-भोग से निकला हुआ

apostil /अपौस्टिल/ *US* अपाःस्टिल/ *n.* हाशिए पर लिखी जाने वाली टिप्पणी;

v., pt. **~led**, *pp* **~ling** हाशिए पर टिप्पणी लिखना

apostle /अपौसल/ *US* अपाःसल/ *n., Christ.* (*often* **Apostle**) 1 ईसा के 12 पट्ट शिष्यों में से एक, देवदूत 2 प्रेरित, उत्साही या जोरदार प्रचारक, प्रबल समर्थक (of a movement): an ~ of temperance/ of free trade;

collocations:**Apostles' Creed** *Christ.* ईसवी की तीसरी सदी में स्थापित ईसाई धर्म के मुख्य सिद्धांत जो परमात्मा के तीन रूपों यानी भगवान, पिता, पुत्र या पवित्र आत्मा और यीशु के पृथ्वी पर कार्य को परमात्मा के प्रतिनिधि के रूप में रोमन कैथोलिक, प्रॉटेस्टंट, यूनानी ऑर्थोडॉक्स चर्चों द्वारा माना जाता है

apostolate /ऐपौस्टअलिट/ *US* ऐपाःस्टअलिट/ *n.* 1 देवदूत का कार्य 2 धर्म प्रचार कार्य

apostolic /ऐपअस्टौलिक/ *US* ऐपअस्टाःलिक/ *adj.* 1 चर्च के पट्ट शिष्यों (देवदूतों) या उनके उपदेशों से संबंधित, देवदूतीय: ~ fervour; ~ succession 2 देवदूतों के उत्तराधिकारी के रूप में;

collocations: **~ See** रोम का धर्मासन, रोम की धर्म पीठ, सर्वोच्च धर्माधिकार, संत पिता का अधिकार; **~ succession** ईसाई धर्म, विशेषकर रोमन कैथोलिक चर्च द्वारा प्रतिपादित और प्रचारित धारणा कि यीशु ने अपने पट्ट शिष्यों या देवदतों को दिव्य शक्तियां प्रदान की थीं और ये शक्तियां पीढ़ी-दर-पीढ़ी निरंतर रूप से बिशपों की पीढ़ियों को विरासत में मिलती रहती हैं

apostrophe[1] /अपौस्ट्रअफि/ *US* अपाःस्ट्रअफि/ *n.* 1 वर्ण लोप चिह्न: **I am → I'm** 2 संबंधवाचक चिह्न: **John's** book

apostroph\e[2] /अपौस्ट्रअ\फि/ *US* अपाःस्ट्रअ\फि/ *n., rhetoric* संबोधन पाठ, कविता आदि में एक अलंकार जो पाठ से हटकर किसी (मृत) व्यक्ति को संबोधित करता है;

dw/lw: **~ic** /~फिक/ *adj.* 1 संबोधन-परक 2 संबंधकारकीय; **~ize** /~फाइज/ *v. pt.* ~ized, *pp* ~izing *rhetoric* संबोधित क.

apothecary /अपौथिकरि, अपौथअकरि/ *US* अपाःथिकरि, अपाःथअकरि/ *n., pl.* **apothecaries** *old use* औषधकार, भैषजिक, औषध-विक्रेता, दवाफरोश

apothegm *see above under* **apophthegm**

apotheo\sis /अपौथिओ\सिस/ *US* अपाःथिओ\सिस/ *n., pl.* **apotheoses** / *US* ~सीज/ 1 देवत्व रोपण, मनुष्य को देवता बनाने की प्रक्रिया 2 देवीकरण, संत घोषणा: the ~ of Roman Emperor 3 गुणगान, प्रशस्ति (glorification and idealisation) 4 परमोत्कर्ष, आदर्श, किसी वस्तु या व्यक्ति के विकास की सर्वोत्तम व सर्वोच्च पराकाष्ठा (an ideal embodiment) 5 किसी के जीवन या सेवा काल में सर्वश्रेष्ठ समय 6 परम पद-प्राप्ति, मुक्ति, मोक्ष;

dw/lw: **~size** /~साइज/ *v., pt.* ~sized, *pp* ~sizing देवता बनाना, महिमा क., देवता के रूप में संबोधित क.

app *abbr.* 'application' का छोटा रूप

APP *abbr.* 'Associate Press of Pakistan' की प्रथमाक्षरी

APPA *abbr.* 'Asian Pacific Publishers Association' की प्रथमाक्षरी

appal *UK* (*US* **appall**) /अपॉ\ल/ *v., pt.* **~led**, *pp* **~ling**, *s/he/it* **appals/ appalls** 1 (***syn.*** horrify) आघात लगना या

पहुंचाना 2 दहला दे., भयभीत क., डरा दे. 3 हताश क. 5 विस्मित कर दे.;

dw/lw: **~led** /~लड/ *adj.* (*syn.* horrified) दहला हुआ, आघातित, भयभीत; **~ling** /~लिंग/ *adj.* 1 अप्रिय 2 भयंकर, भयानक, भयावह: sb's pronunciation is ~ling 3 आघात पहुंचाने वाला 4 विस्मयकारी; **~lingly** /~लिंगलि/ *adv.* भयंकर तरीके से

appalto /अपॉल्टो/ *n.* ठेका, एकाधिकार

APPAN *abbr.* 'Asia-Pacific Performing Arts Networks' की प्रथमाक्षरी

appanage /ऐपनिज/ *n. see above under* **apanage**

apparatchik /अपअरात्चिक/ (*Russian* **аппара́тчик**) *n., pl.,* **apparatchiks**/ *Russian* **apparatchiki** (аппара́тчики) अफसरशाह या पार्टी-ब्यूरोक्रेट, पार्टी-बाबू

apparatus /ऐपअरेटस/ *n., pl.* **~es**/ **apparatus** 1 यंत्र, संयंत्र, औजार या उपकरण: heating ~; apply/ adjust/ modernize/ improve an ~ 2 उपकरण-समूह: monitoring ~ 3 शरीर का अंग-तंत्र: the digestive/ respiratory ~ 4 सामग्री: chemical/ physical ~ 5 संगठन-तंत्र: simple/ elaborate ~; party ~ 6 (*syn.* machinery) सरकारी तंत्र 7 संदर्भ सामग्री या तंत्र: perceptive ~; critical ~/ ~ criticus;

collocations: **breathing ~** 1 पी गई शराब की मात्रा या नशे के स्तर को फूंक मारकर मापने का यंत्र 2 सांस लेने में कठिनाई होने पर विशेष ढंग से सांस लेने का यंत्र; **critical ~** संदर्भ-सूची

apparel /अपैरअल/ *n., old use, formal* पोशाक, पहनावा, परिधान, वेशभूषा, कपड़े: rich/ gorgeous, ceremonious ~; array/ attire in ~;

v., pt. **~led**, *pp* **~ling** कपड़े पहनना, सजना

apparency /अपैरंसि/ *n.* 1 स्पष्टता 2 प्रत्यक्ष वस्तु 3 *law* सीधा उत्तराधिकार

apparent /अपैरंट/ *adj.* 1 (*syn.* obvious) स्पष्ट, साफ, प्रत्यक्ष, जाहिर: plainly/ clearly, easily ~; ~ error/ deceit/ contradiction 2 साफ दिखने वाला: ~ to the naked eye; ~ time; ~ to everybody 3 दृश्य, दृष्ट: ~ sense of a passage/ of a law; ~ in the results/ in the conclusion 4 (*syn.* seeming) आभासी, ऊपरी, बाहरी, दिखावटी, बाह्य: ~ cause; ~ death;

dw/lw: **~ly** /अपैरंटलि *adv.* 1 लगता है: he ~ly likes this work 2 जाहिर है, जैसा कि दिखता है: he is ~ly friendly 3 स्पष्ट रूप से: he is ~ly a good teacher; **~ness** *n.* दृश्यमानता, स्पष्टता, प्रत्यक्षता;

collocations: **heir ~** युवराज; **~ horizon** क्षितिज, वह रेखा जहां धरती आकाश से मिलती दिखती है; **~ magnitude** धरती से देखने पर किसी सितारे, ग्रह आदि की दीप्ति का नाप; **~ time**/ **~ solar time** सूर्य-घड़ी की सुइयों की परछाई की स्थिति द्वारा प्रदर्शित वास्तविक समय

apparition /ऐपअरिशन/ *n.* 1 अचानक प्रकट होने वाला भूत, प्रेत, बेताल, छाया, आदि: horrible/ fantastic ~; the ~ vanished 2 दिव्य दर्शन: the sudden ~ of a dark figure 3 छलावा, दिखावट 4 अचानक प्रकट होने की क्रिया

apparitor /अपैरिटः/ *n.* 1 चपड़ासी, परिचर 2 प्रवेशक (usher) 3 संदेशवाहक (herald) 4 (*syn.* macebearer) चोबदार, गदाधारी

APEAL *abbr.* 'Automotive Performance, Execution and Layout' की प्रथमाक्षरी

appeal /अपील/ *n.* 1 आह्वान: support an ~; make an ~ to sb's feelings 2 विनय, प्रार्थना: mute/ eloquent/ urgent ~; respond to an ~; make an ~ for help 3 अदालत में अपील, पुनरावेदन, निवेदन, आग्रह: by way of ~; file/ grant an ~; refuse an ~ 4 आकर्षण, खिंचाव: singular/ rare/ poetic/ mysterious ~; delicate ~; (not) to have much ~; the Beatles have never really lost their ~; mass/ wide ~ 5 क्रिकेट आदि के खेल में अंपायर से आउट देने के लिए की जाने वाली प्रार्थना (how's it?): make an ~ to the umpire;

v., pt. **~ed**, *pp* **~ing** 1 आह्वान क.: **~ed** for calm; ~ to the country 2 आकर्षित क., भाना, अच्छा लगना: the old films ~ more than the new ones; ~ to the eye; the paintings/ bright colours ~ to him 3 *law* अदालत के फैसले के विरुद्ध अपील (प्रार्थना) दायर क., पुनरावेदन क.: ~ against the verdict of the district judge; ~ against the judge's decision; the sentence has been **~ed** against 4 अनुरोध क., अपील क., अनुनय-विनय क., निवेदन क., आग्रह क.: ~ to reason/ to sb's feelings; I ~ to you to say whether I am speaking the truth; ~ eloquently/ publicly 5 की सहायता या समर्थन मांगना: ~ strongly/ passionately; ~ for help to flood victims; ~ to the public on sb's behalf; ~ to sb for help/ to help 6 क्रिकेट आदि के खेल में अंपायर से अपील क.: ~ the umpire 7 संदर्भित क.: ~ to facts/ to experience; ~ to history;

dw/lw: **~able** /अपीलअबल/ *adj.* अपील-योग्य, अपीलीय, पुनरावेदनीय; **~ing** /अपीलिंग/ *adj.* आकर्षक: ~ing glance/ tone, gesture; **~ingly** *adv.* प्रार्थना या आह्वान करते हुए;

collocations: **eye ~** आकर्षक शक्ल-सूरत; **the ~ court** ऐसी अदालत जहां अपील की जा सकती है;

p&i: **~ from Philip drunk to Philip sober** किसी से निवेदन करना कि वह किसी के अनुचित ढंग से किए गए फैसले को निरस्त करे; **~ to sb/ sth** किसी को आवेदन या आह्वान क.;

have ~ अच्छा लगना; **sex ~** यौन दृष्टि से आकर्षक

appear /अपीअः/ *v., pt.* **~ed**, *pp* **~ing** 1 दिखाई पड़ना, प्रकट हो.: ~ simultaneously/ mysteriously; ~ on the horizon/ in the south of France; a ship **~ed** far away; the enemy **~ed** on the frontier 2 (*syn.* seem) प्रतीत होना, लगना, दिखना: it **~s** unlikely that prices will come down; ~ as helpless as a child; he **~s** to be well but actually he is rather ill; the work **~s** to be interesting; it **~s** to me that you are all mistaken 3 पैदा हो. या वजूद में आना: the first sprouts have begun to ~ 4 प्रकाशित होना: the book **~ed** last month 5 *law* (अदालत में) पेश हो.: ~ before a judge/ a tribunal; ~ as an eye-witness (चश्मदीद गवाह के रूप में पेश हो.) 6 वकील के रूप में किसी मुवक्किल की ओर से हाजिर हो.: ~ for the defendant; ~ for the prosecution 7 (परीक्षा आदि में) बैठना 8 सार्वजनिक अवसरों पर विद्यमान रहना: ~ in society; ~ at social gatherings 9 की भूमिका क.: ~ in the character of Hamlet;

p&i: **~ in/ at/ on, etc.** कहीं पर प्रकट हो., दिखाई पड़ना; **~ on the scene suddenly/ unannounced** अचानक आ धमकना; **~ on TV** टीवी पर बोलने या कार्यक्रम देने के लिए आना; **it ~s from this that** इससे लगता है कि...; **it ~s from what you say** जो आप कह रहे हैं उससे लगता है कि...; **strange as it may ~** यद्यपि यह विचित्र लग सकता है, फिर भी...; **the defects ~ed soon** कमियां जल्दी प्रकट हो गईं; **you ~ to know everything** लगता है आप सब कुछ जानते हैं!

appearance /अपीअरंस/ *n.* 1 दर्शन, प्रकट होने की क्रिया: the time of the sun's ~ 2 (*syn.* look) आकृति, रूप-रंग, सूरत, शक्ल: have a noble/ a charming/ a repulsive ~; youthful/ emaciated ~; everything resumed its usual ~; the child had the ~ of being half-starved 3 मौजूदगी, उपस्थिति: the ~ of the warships; the comment duly made its ~ as predicted; the sudden ~ of the guard 4 अस्तित्व, वजूद: the ~ of lily flowers for a short while 5 प्रकाशन, उत्पादन: the first ~ of Chekhov's story 6 आविर्भाव, प्रकटन: the ~ of daffodils in spring 7 (*syn.* semblance) आभास, प्रतीति, छाया: **~s** can be deceptive 8 संभावना, सत्यता 9

सार्वजनिक उपस्थिति: make one's ~ in society 10 दिखाव-बनाव, दिखावा: the ~ of being a good scholar 11 पेशी (date in a court): default of ~ 12 (***syn.*** apparition, ghost) भूत, प्रेत, विचित्र दृश्य: queer ~ in the sky 13 भूमिका, अभिनय: make one's first ~ on the stage;

p&i: **~s are all against you** लगता है कि सब-कुछ आपके खिलाफ है; **~s can be deceptive/deceitful** रंग-रूप छलावापूर्ण हो सकता है, हाथी के दांत खाने के और, दिखाने और; **in all ~(s)** शक्ल से; **judge by ~s** शक्ल से आकलन क.; **keep up/ preserve/ save ~s** शालीनता बनाए रखना, मर्यादा बनाए रखना, सब-कुछ ठीक-ठाक होने का दिखावा क. (यद्यपि सब-कुछ ठीक-ठाक नहीं है); **make an ~/ put in an ~** थोड़ी देर के लिए हो आना; **not to bother much with one's ~** अपनी शक्ल या रंगरूप की ओर ज्यादा ध्यान न दे.; **put on ~s** दिखावा क.; **to all ~(s)** देखने में, स्पष्ट रूप से, जितना दिखाई पड़ता है

appeasable /अपीजअबल/ *adj.* तुष्टिकरणीय

appea\se /अपीज/ *v., pt.* **~sed**, *pp* **~sing** 1 तुष्ट क. 2 समझा-बुझाकर शांत क., संतुष्ट क.: **~se** wrath/ passion 3 प्यास या भूख मिटाना: **~se** hunger; **~se** curiosity 4 पीड़ा हरना या कम क.: **~se** pain; **~se** sorrow/grief;

dw/lw: **~ser** /अपीजः/ *n.* शांत करने वाला, तुष्टीकरण करने वाला; **~sing** /अपीजिंग/ *adj.* जो अच्छा लगे; **~singly** /अपीजिंगलि/ *adv.* रुचिकर ढंग से; **~sement** /अपीजमंट/ *n.* 1 तुष्टीकरण: ~sement-policy (तुष्टीकरण-नीति) 2 शमन, प्रसादन

appel /अपैल/ *n.* तलवारबाजी के खेल में पांव की जोरदार पटकन

appellant /अपेलंट/ *n.* अपील करने वाला, पुनर्वादिक, अपीलार्थी

appella\te /अपेलिट/ *adj., law* 1 अपील संबंधी 2 जिसे अपील सुनने का अधिकार हो 3 अपील न्यायालय;

appelation /ऐपअलेशन/ *n., formal* 1 नाम, पदवी, पारिभाषिक शब्द 2 उपाधि, पदवी 3 नामकरण, उपाधि-प्रदान करने की क्रिया;

dw:/lw: **~tive** /अपअलअटिव/ *n.* 1 संबोधनवाचक जातिवाचक संज्ञा: mother, doctor 2 उपनाम, पदवी, उपाधि

appell\ee /ऐपे\ली/ *n., law* अपील का प्रतिवादी (defendant);

dw/lw: **~or** /~लॉः/ *n., law* 1 अपील में दोषारोपण करने वाला व्यक्ति 2 अपने सहअपराधियों का पर्दाफाश करने वाला अपराधी

append /अपेंड/ *v., pt.* **~ed**, *pp* **~ing** 1 संलग्न या नत्थी क. 2 परिशिष्ट के रूप में लगाना: ~ a bibliography 3 साथ लगाना, जोड़ना: ~ a list of names/ notes;

dw/lw: **~age** अपेंडिज/ *n.* 1 संलग्न या नत्थी वस्तु, संलग्नक: **~s** of a property 2 परिशिष्ट, अनुबंध 3 *biol.* उपांग: the dance is merely an ~age to the song; **~ant/ ~ent** /अपेंडंट/ *n.* 1 अतिरिक्त अधिकार 2 संलग्न वस्तु; **~ant/ ~ent** *adj., law* 1 संलग्न, अनुलग्न, अनुबद्ध 2 साथ-साथ घटित होने वाला: ~ant circumstances 3 साथ चिपकाया या लगाया हुआ: a notice ~ant to the door; **~ed** /अपेंडिड/ *adj.* संलग्न या नत्थी की हुई वस्तु; **~icular** /अपेंडिकुलः/ *adj.* उपबंधी

append\ectomy/ ~icectomy /ऐपेंडेक्टमि/ अपेंडिसेक्टमि/ *n.* उपांत्र की शल्य-चिकित्सा, उंडुकपुच्छ की शल्य-चिकित्सा

appendicitis /अपेंडिसाइटिस/ *n.* बड़ी आंत से जुड़ी थैली में सूजन की बीमारी, उपांत्र-शोथ, उंडुकपुच्छ शोथ

appendix /अपेंडिक्स/ *n., pl.* **appendixes** /~सीज/ **appendices** 1 उपांत्र, बड़ी आंत से जुड़ी थैली 2 पुच्छ 3 उंडुकपुच्छ 4 (**appendices**) *[pl.]* परिशिष्ट

appercei\ve /ऐपःसीव/ *v., pt.* **~ved**, *pp* **~ving** *psychol.* आत्मसात् क., आत्मचेतना पाना

appercepient /ऐपःसिपिअंट/ *n.* अभिबोधक, आत्मबोधक

apperception /ऐपःसेप्शन/ *n.* आत्मबोध, आत्मचेतना, आत्म-पहचान

apperceptive /ऐपःसेप्टिव/ *adj.* अभिबोधनात्मक, संप्रत्यक्षात्मक

appertain /ऐपःटे\न/ *v., pt.* **~ed**, *pp* **~ing** (*usually* **~ to sth**) संबंध रखना, हिस्सा हो., अंतर्गत होना;

dw/lw: **~ing** /~निंग/ *adj.* संबद्ध, अनुलग्न

appe\tence /ऐपिटंस/ (*also* **~cy** /ऐपिटंसि/) *n.* 1 अभिलाषा, उत्कंठा, बेचैनी, विकलता 2 आकर्षण, लगाव, झुकाव 3 जन्मजात प्रवृत्ति 4 आकर्षण;

dw/lw: **~tent** /ऐपिटंट/ *adj.* 1 अभिलाषी, लालायित, उत्कंठित 2 बेचैन, विकल

appeti\te /ऐपिटाइ\ट/ *n.* 1 भूख, क्षुधा, बुभुक्षा: an **~te** for sth (खाने/ भोजन की इच्छा, भूख); good/ healthy/ poor **~te**; give sb an **~te**; lose one's **~te** 2 (***syn.*** passion) अभिलाषा, तृष्णा, उत्कटेच्छा, लालसा, जुनून, भावावेश, धुन: human **~tes**; **~te** for pleasure/ for fame/ for glory 3 प्रवृत्ति: **~te** for reading/ for work/ for music;

dw/lw: **~zer** /~ज़ः/ *US* (*UK* **starter**) *n.* 1 क्षुधावर्धक (पेय) 2 भोजन में पहला व्यंजन 3 रुचिवर्द्धक; **~zing/ ~sing** /~जिंग/ *adj.* 1 खाने की इच्छा तीव्र करने वाला पदार्थ, क्षुधा वर्धक 2 स्वादिष्ट 3 आकर्षक, मोहक: an ~zing title (पुस्तक आदि का) आकर्षक नाम; **~tizingly** *adv.* आकर्षक ढंग से;

p&i: **a good ~te is the best sauce** भूख में चने भी बादाम; **have an ~te for sth** किसी चीज या बात की चाह हो.; **the ~te comes with eating** स्वादिष्ट भोजन भूख बढ़ाता है; **whet sb's ~te** भूख को और तीव्र क.

applaud /अप्लॉड/ *v., pt.* **~ed**, *pp* **~ing** 1 सराहना, तारीफ क.: ~ an actor/ a musician 2 पसंद क. 3 तालियां बजाना, वाह-वाह क.: ~ loudly/ vigorously 4 (express approval) अनुमोदित क.: ~ a decision/ a decree

applause /अप्लॉज/ *n.* 1 वाहवाही, करतल-ध्वनि: a storm of ~; well-merited/ loud/ prolonged ~; ~ broke out; rise in ~; ~ redoubles 2 शाबाशी, साधुवाद: win general ~ 3 (***syn.*** approval) अनुमोदन: publish a poem to a great ~;

p&i: **the ~ of people is a blast of fresh air** जनता की वाहवाही निकाले नई राही

APPLE *abbr.* 'Arrogance Produces Profit-Losing Entity' की प्रथमाक्षरी

apple /ऐपल\/ *n.* 1 सेब का पेड़ 2 सेब का फल;

dw/lw: **~-blossom** /~-ब्लॉसम/ *n.* सेबों पर आने वाला बौर; **~-cart** *n.* सेब ढोने वाली गाड़ी; **~-green** *n.* सेब जैसा हरे रंग का, सेब हरित; **~jack** /~जैक/ *n.* सेब से बनाई गई एक प्रकार की मदिरा, सेबी मदिरा; **~-sauce** /~-सॉस/ *n.* 1 उबाले हुए सेब से बनाई हुई सॉस (चटनी) 2 *sl.* भद्दी चाटुकारिता 3 *sl.* बकवास

collocations: **~ butter/ brandy** सेब की शराब **~ dumpling** आटे में मिलाकर पकाया हुआ सेब; **~-pie bed** मजाक के रूप में बनाया जाने वाला बिस्तरा जिसमें चादरों को दोहरा कर दिया जाता है ताकि सोने वाला उस में घुस न पाए; **~-pie order** अच्छा प्रबंध या सजावट, बढ़िया अनुशासन; **~s and pears** *Cockney, rhyming sl.* (***syn.*** stairs) सीढ़ियां; **~ squire** वेश्या का दलाल, भड़ुआ; **~ strudel** ऑस्ट्रिया में सेब का एक केक; **~ tree** सेब का पेड़; **~ wife/ ~woman** सेब बेचने वाली औरत;

Adam's ~ कंठमणि, टेंटुआ, घेंटुआ, अवटु, आदमी के गले में गांठ जैसा अंग जो बोलते समय या खाते-पीते समय ऊपर-नीचे चलता दिखता है; **the Big Apple** *US colloq.* न्यु यॉर्क सिटी;

p&i: **~ of discord** झगड़े की जड़; **~ of Sodom or Dead Sea** नाम बड़े, पर दर्शन छोटे, चमकीली-भड़कीली पर बेकार चीज; **~s and oranges** बेमेल व्यक्ति या वस्तुएं;

a bad ~ घिनौना, कमीना आदमी; **an ~ a day keeps the doctor away** एक सेब रोज खाओ, डॉक्टर को दूर भगाओ!; **a rotten ~ injures its companions/ neighbours** एक सड़ी मछली सारे तालाब को गंदा कर देती है; **in ~-pie order** साफ-सुथरा, बढ़िया इंतजाम या अनुशासन; **the ~ doesn't fall/ never falls far from the tree** जैसे बाप वैसा बेटा; **the ~ of one's eye** आंखों की पुतली, आंख का तारा, बहुत प्यारा;

upset the ~ काम चौपट कर दे., बना बनाया काम बिगाड़ना, किए-कराए पर पानी फेरना

applet /ऐप्लेट/ *n., comput.* एक छोटा-सा Java प्रोग्राम जो HTML पृष्ठ में समाहित होता है (*see also under* **Appendix**: Internet and Communication Terminology)

appliance /अप्लायंस/ *n.* 1 बिजली का कोई भी उपकरण: electrical/ house-hold **~s** 2 यंत्र 3 उपकरण को चालू करने की युक्ति या क्रिया 4 साधित्र, साधन 5 प्रयोग 6 *old use* अग्निशामक इंजन;

collocations: **a scientific** ~ एक वैज्ञानिक यंत्र; **house-hold/ domestic ~s** घरेलू उपकरण; **the ~ of science** वैज्ञानिक समझ का प्रयोग

applicability /ऐप्लिकअबिलिटि/ *n.* उपयुक्तता, उपयोगिता, व्यावहारिकता, प्रयोजनीयता

applicable /अप्लिकअबल/ ऐप्लिकअबल/ *adj.* 1 लागू होने वाला 2 (***syn.*** appropriate, suitable) उपयुक्त 3 प्रयोज्य, उपयोज्य 4 जो लागू हो 5 (***syn.*** relevant) स्थिति अनुसार, माफिक

applicant /ऐप्लिकंट/ *n.* प्रार्थी, आवेदक, उम्मीदवार: there were a hundred **~s**; an ~ for the position

application /ऐप्लिकेशन/ *n.* 1 आवेदन-पत्र, प्रार्थना पत्र, दरखास्त, दरख्वास्त: written ~; ~ for the position/ for the job; ~ to sb 2 आवेदन, प्रार्थना: get books/ catalogues on ~; send/ put/ in an ~; refuse an ~ 3 प्रयोग: with the ~ of oil the squeak stopped; ~ of force (बल प्रयोग); ~ of drastic measures of punishment 4 प्रोग्राम 5 (***syn.*** use) उपयोग: the ~ of computer to process the data; ~ of atomic energy for peaceful purposes 6 विनियोग, प्रयुक्ति, पालन, पर लागू करने की क्रिया: ~ of rule; ~ of a theory in actual practice; ~ of law the present case 7 परिश्रम, अध्यवसाय 8 प्रतिबद्धता: her ~ to the mission is astonishing 9 एकाग्रता, एकचित्तता: give ~ to work/ to study; lack ~ 10 संगति, सुसंगति 11 (***syn.*** relevance) प्रासंगिकता 12 पट्टी, या सतह पर लगाई या चढ़ाई जाने वाली परत: ~ of dressing to a wound; ~ of ice to the forehead; hot and cold **~s**;

collocations: **~ form** प्रार्थना/ आवेदन-पत्र फॉर्म; **~ of law** विधि की प्रयुक्ति; **~ of mind** गंभीर सोच-विचार, एकचित्तता; **~s package** *comput.* विशेष उद्देश्यीय समग्र कंप्यूटर प्रोग्राम; **~s program** *comput.* किसी विशेष कार्य को पूरा करने के लिए बनाया जाने वाला कंप्यूटर प्रोग्राम;

computer and its ~s कंप्यूटर और इसके उपयोग या प्रोग्राम

applicator /ऐपलिकेटः/ *n.* किसी सतह पर कोई पदार्थ लगाने, परत चढ़ाने, लेप आदि लगाना का छोटा-सा औजार, आसंजक: ~ tampons (द्रव चूसक रूई का फाहा); use of ~ to apply cream to the affected area

applied /अप्लाइड/ *adj.* व्यावहारिक, प्रायोगिक, उपयोगात्मक: ~ science/ art; ~ psychology; ~ anatomy; ~ chemistry, ~ music;

p&i: **~ economics** उपयोगात्मक (प्रयोज्य) अर्थशास्त्र; **~ linguistics** व्यावहारिक/ प्रायोगिक/ प्रयोज्य भाषा विज्ञान; **~ mathematics/ science, etc.** व्यावहारिक/ प्रायोगिक/ उपयोगात्मक गणित या विज्ञान आदि

appliqué /अपलीःके/ *n.* टांकी जाने वाली सजावट की वस्तु, गोटा-पट्टा

apply /अप्लाइ/ *v., pt.* **applied**, *pp* **applying**, *s/he/it* **applies** 1 प्रार्थना/ आवेदन-पत्र दे., आवेदन क. दरख्वास्त देना: ~ for aid; ~ to sb for instructions; ~ for the position/ for the vacant office; ~ as a teacher/ as a typist 2 प्रार्थना क. या दे. 3 प्रयुक्त या लागू क., विनियोग हो.: rules should ~ to one and all alike; ~ an epithet; I wouldn't ~ the term scholarship to such research as his 4 प्रयोग में ला., उपयोग क.: ~ a match to a candle 5 लेप, सतह या परत चढ़ाना: **applied** three coats of paint; ~ glue to a surface 6 क्रीम आदि लगाना 7 में तल्लीन होकर लग जाना, एकाग्रता से लगना: ~ oneself to mathematics 8 एकचित्त होकर किसी बात पर विचार क.: ~ one's mind to a task 9 लागू क.: ~ the resolution/ the decision 10 (***syn.*** be relevant) पर लागू हो.: this rule does not always ~; that argument does not ~ in this case 11 जोर से दबाना: ~ breaks;

p&i: **~ coercion** बल प्रयोग क., जबरदस्ती करना; **~ing the theory without understanding the principles** सिद्धांतों को समझे बिना सिद्धांतिका (theory) को लागू करने की क्रिया; **~ one's mind** सोच-विचार क.; **~ oneself to sth** किसी काम में एकाग्रतापूर्वक जुटना; **~ the screw on/ upon sb** किसी पर दबाव डालना; **~ your mind before you reply** जवाब देने से पहले अच्छी प्रकार सोच-विचार कर लो

APPNA *abbr.* 'Association of Pakistani Physicians of North America' की प्रथमाक्षरी

appoggiatura /अपौजिअतु\अरा/ *US* अपाःजिअतु\अरा/*n., pl.* **-turas/ -ture** /~अरे/ ***music*** एक श्रृंगारिक स्वर जो पूरी धुन का हिस्सा तो नहीं होता पर वह अगले स्वर की ओर झुका होता है

appoint /अपॉइंट/ *v., pt.* **~ed**, *pp* **~ing** 1 नियुक्त क.: the government **~ed** her the VC; ~ sb (to be) ambassador/ head-master/ governor; ~ sb to a post; ~ sb to a professorship 2 निश्चित क., मुकर्रर क., नियत क., निर्धारित क.: ~ a day for the wedding/ for the meeting/ for the trial 3 को देना, के लिए तय क., निर्धारित क.: he executed his **~ed** task well 4 ठहराना 5 सजाना: the rooms were beautifully **~ed**; well/ badly **~ed** house;

dw/lw: **~ed** /अपॉइंटिड/ *adj.* 1 नियुक्त, नियत, निश्चित: ~ed date/ time/ place, etc. (निश्चित या निर्धारित तिथि/ समय/ स्थान आदि) 2 सुसज्जित: a well-~ed language lab; **~ee** /अपॉइंटी/ *n.* जिसे नियुक्त किया गया हो, नियुक्त व्यक्ति; **~ment** /अपॉइंटमंट/ *n.* 1 (*syn.* engagement) नियोजित भेंट, भेंट का समय: make/ have an ~ment for 6 o'clock; receive/ get/ obtain an ~ment; keep/ break an ~ment; have an ~ment with the doctor 2 पद, नौकरी, रिक्त स्थान 3 पद पर नियुक्ति: sb's ~ment as ambassador/ governor; get/ have/ hold an ~ment as a professor/ as an engineer 4 नियोजन, बहाली 5 (***syn.*** decree) सैनिक पद (rank) देने के बारे में अध्यादेश, आज्ञप्ति 6 (~ments) साज-सामान, फर्नीचर आदि 7 *law* विरासत में मिली संपत्ति को रखने का मुख्तारी अधिकार, मुख्तारनामा;

collocations: **well ~ted** सुसज्जित;

p&i: **by ~ment** पहले से निर्धारित कार्यक्रम के अनुसार; **by ~ment to HH Princess of Cambridge** महामहिम कैंब्रिज की राजकुमारी के लिए चुना हुआ या चुनी हुई (कोई वस्तु या उपकरण); **keep** or **break an ~ment** वादे के अनुसार नियत भेंट के लिए पहुंचना या न पहुंचना; **midnight ~ments** *US* सरकार के कार्यकाल के अंत के आसपास की जाने वाली नियुक्तियां

apport /अपॉट/ *n.* तांत्रिक उत्पत्ति, तंत्र-जनित पदार्थ

apportion /अपॉःशन/ *v., pt.* **~ed**, *pp* **~ing** बराबर बांटना: ~ one's time between various engagements;

dw/lw: **~able** /अपॉःशनेअबल/ *adj.* प्रभाजनीय, प्रभाज्य, विभाज्य; **~ment** /अपॉःशनमंट/ *n.* प्रभाजन, संविभाजन, विभाजन, आबंटन;

p&i: **~ blame/ responsibility** दोष/ जिम्मेवारी आदि को समता भाव से निर्धारित क., संविभाजित क.

appo\se /ऐपोज/ *v., pt.* **~sed**, *pp* **~sing** 1 (मोहर आदि) लगाना: **~se** a seal 2 (***syn.*** juxtapose) पास-पास रखना, साथ-साथ रखना

apposite /ऐपअ\जिट/ *adj.* 1 उपयुक्त, उचित, यथायोग्य, ठीक, समुचित 2 प्रासंगिक;

dw/lw: **~ly** /~जिटलि/ *adv.* यथायोग्य, यथा अनुसार; **~ness**

/~जिटनेस/ *n.* उपयुक्तता, औचित्य, प्रासंगिकता

apposition /ऐपअजिशन/ *n., gramm.* 1 पहले आए शब्द का स्पष्टीकरण या विस्तारण: Chitu, **the cat**; Paris, **the capital of France** 2 मोहर आदि की लगाई, अंकन; the ~ of a seal 3 पास-पास सटकर होने की स्थिति

apprai\sal /अप्रेज़ल/ *n.* 1 मूल्यांकन, समीक्षा 2 मूल्य निर्धारण, कूत 2 (***syn.*** estimate) अनुमानित खर्च (मूल्य) 3 समीक्षाकरण;

***dw/lw:*~se** /~ज़/ *v., pt.* **~sed**, *pp* **~sing** 1 मूल्य दर या कर नियत क., दाम लगाना 2 समीक्षा क., परखना 3 कूतना, मूल्य आंकना.; **~sal** /~ज़ल/ *n.* समीक्षा क., परख; **~sement** /~ज़मंट/ *n.* मूल्य निर्धारण, मूल्यांकन; **~singly** /~ज़िंगलि/ *adv.* समीक्षापूर्वक

apprecia\ble /अप्रीशिअ\बल/ *adj.* 1 (***syn.*** considerable) अच्छा खासा, काफी, बहुत अधिक 2 बुद्धिग्राह्य, बुद्धिगम्य, अनुभवगम्य, आंखों में पड़ने वाला, इंद्रियगोचर: the express way between Delhi and Agra makes an **~ble** difference to the travelling time 3 सराहनीय;

***dw/lw:* ~bly** /~बलि/ *adv.* पर्याप्त मात्रा में, काफी हद तक

apprecia\te /अप्रीशिए\ट/ *v., pt.* ~ted, *pp* ~ting 1 कदर क., पसंद क., अच्छा समझना, प्रशंसा क., सराहना (estimate highly): ~te sb's friendship/ kindness; ~te the true force/ the full meaning the talent 2 विवेचना या समालोचना क., मूल्यांकन क.: **~te** the worth 3 आभार मानना या जताना, कृतज्ञता अनुभव क. या जताना: **~te** the help 4 (***syn.*** realise) समझ सकना, महत्त्व समझना, गुण पहचानना, गुण ग्रहण क.: **~te** poetry/ music keenly; **~te** a rest after hard work 5 स्थिति की जटिलता को समझना, महसूस क.: **~te** the difficulty/ the risk 6 (***Anton.*** depreciate) कीमत में वृद्धि हो., भाव बढ़ना: this land has **~ted** greatly 7 रसास्वादन क.;

***dw/lw:* ~tor** /~टः/ *n.* गुण ग्राहक, प्रशंसक; **~tive** /~टिव/ *adj.* 1 यथोचित समझदारी या सूझबूझ दिखाने वाला 2 कद्रदान, प्रशंसक: ~tive audience 3 कृतज्ञ, एहसानमंद, आभारी: ~tive of favour/ of kindness/ of advice 4 गुण-दोष-विवेचक, समीक्षक, समालोचक: ~tive of minute difference of colour; **~tively** /~टिवलि/ *adv.* 1 काफी 2 कदरदानी दिखाते हुए, साभार; **~tiveness** /~टिवनेस/ *n.* ग्रहणशीलता, गुणज्ञता

appreciation /अप्रीशिएशन/ *n.* 1 कदरदानी, तारीफ, प्रशंसा, कद्र, सम्मान, आदर: show (one's) ~ (आदरभाव प्रकट क.); ~ of friendship/ of kindness 2 कृतज्ञता, एहसानमंदी, आभार: flowers as a token of sb's ~ 3 (***syn.*** realisation) बोध, समझ: ~ of intrinsic value 4 मूल्य-वृद्धि 5 मूल्यांकन, गुण-दोष-विवेचन, समीक्षा, समालोचना: ~ of aesthetic value 6 गुण ग्रहण, रसास्वादन: ~ of good music

apprehen\d /ऐप्रिहें\ड/ *v., pt.* **~ded**, *pp* **~ding** 1 पकड़ना, गिरफ्तार क.: **~d** a thief/ a cheat/ a pick-pocket 2 पूर्व अनुमान हो., पूर्व आशंका हो.: **~d** disagreeable surprises; **~d a** danger; **~d** aggravation of malady; **~d** a change of weather 3 डरना 4 समझना, (का) बोध होना, जानना: **~d** the intentions of an author; **~d** the meaning of a passage;

***dw/lw:* ~sible** /~सिबल/ *adj.* इंद्रियगोचर, बोधगम्य; **~sion** /ऐप्रिहेंशन/ *n.* 1 आशंका, डर, भय: ~sion about the conflict; vague ~sion; filled with the most fearful ~sions; in a tone of ~sion 2 समझ, बोध: of feeble ~sion; dull/ clear ~sion 3 गिरफ्तारी; **~sive** /~सिव/ *adj.* 1 आशंकित, चिंतित, संदेहशील: ~sive about his future; ~sive face/ glance/ look; ~sive of the disaster 2 ग्रहणशील, समझदार; **~siveness** /~सिवनेस/ *n.* 1 आशंका, भय 2 अहसास, बोध

apprentice /अप्रेंटिस/ *n.* 1 शिक्षार्थी, नौसिखिया (प्र)शिक्षु: bind ~ to a tailor/ to an electrician; ~ training 2 चेला, शिष्य: an ~ car-mechanic;

***dw/lw:* ~ship** /अप्रेंटिसशिप/ *n.* 1 शिक्षण, किसी हुनर या व्यवसाय को सीखने की प्रक्रिया 2 प्रशिक्षण काल, शिक्षुता, शिक्षार्थी का कार्यकाल, शिक्षार्थन, नौसिखियापन: serve one's ~ship

appressed /अप्रेस्ट/ *adj.* संलग्न, अनुलग्न

appri\se /अप्राइ\ज़/ *v., pt.* **~sed**, *pp* **~sing** जानकारी दे., सूचित क., अवगत कराना: **~se** sb of sth; they should be fully **~sed** of the situation;

***dw/lw:* ~sed** *adj.* से अवगत;

***p&i:* ~se sb of sth** किसी को किसी बात से अवगत कराना

appro /ऐप्रो/ (***syn.*** on approval) *n.* **on ~** *colloq.* स्वीकृति के लिए

approach /अप्रोच/ *n.* 1 विशेष ढंग, तरीका, पद्धति, शैली: a new ~; one-sided/ unified ~; the best ~ to the study of the spoken language 2 दृष्टिकोण: new lines of ~ to the problem 3 (किसी से) प्रार्थना 4 पहुंच, पहुंच मार्ग, प्रवेश-पथ: easy/ difficult of ~; at the **~es** to the city 5 विमान आदि का आगमन, समीपता, पहुंच: at our ~; the ~ of winter/ of night; to begin the final ~ to the runway ~ clearance (जहाज के उतरने की अनुमति); ~ light (जहाज के उतरने के लिए पथ-प्रदर्शक बत्तियां) 6 (***syn.*** resemblance) सादृश्य: the nearest ~ to an apology that one could get from him 7 (***syn.* ~es**; ***syn.*** overture, sexual advances) प्रस्ताव, यौन प्रस्ताव 8 के आस-पास, लगभग 9 सिफारिश;

***v., pt.* ~ed**, *pp* **~ing** 1 पास आना, समीप पहुंचना या आना: it's ~ing one o'clock; ~ the town/ the house; be unable to ~ any nearer; winter is **~ing**; holidays are **~ing**; the boy is **~ing** manhood; the work is **~ing** completion; ~ perfection 2 मदद के लिए किसी के पास आना या जा., संपर्क क.: ~ sb on the matter 3 अन्य तरह से पेश आना, अन्य दृष्टिकोण अपनाना: they **~ed** the project from an entirely new angle 4 सदृश होना, के बराबर हो.: few can ~ her beautiful singing voice; his kindness **~es** to imbecility (उसकी दयालुता मूर्खता की हद तक पहुंच रही थी) 5 (make advances) प्रस्ताव क., पहल क., यौन प्रस्ताव क. 6 प्रभावित करने या घूस देने की कोशिश क.: several cricket players had been **~ed** by the bookies 7 विमान के उतरने की तैयारी क.;

***dw/lw:* ~ability** /अप्रोचअबिलिटि/ *n.* 1 मिलनसारिता 2 सुगम्यता 3 सुबोध्यता; **~able** /अप्रोचअबल/ *adj.* 1 मिलने के लिए उपलब्ध, ज़िसके पास मिलने के लिए आसानी से पहुंचा जा सके, मिलनसार 2 सुगम्य 3 सुबोध्य: an ~able interpretation of Freud;

***p&i:* make ~s to sb** किसी को घूस देने के प्रयास क.

approba\te /ऐप्रोबेट/ *v., pt.* **~ted**, *pp* **~ting** 1 स्वीकृति दे. 2 सहमति जताना 3 अनुमोदन क.;

***dw/lw:* ~tion** /ऐप्रअबेशन/ *n.* 1 स्वीकृति, मंज़ूरी 2 सहमति, अनुमोदन; **~tory**/ **~tive** /ऐप्रोबेटरि/ ऐप्रोबेटिव/ *adj.* स्वीकृतिपूर्ण, सहमति देने वाला, अनुमोदक

appropria\te /अप्रोप्रिअट/ *adj.* 1 (***anton.*** inappropriate) उपयुक्त, उचित, मुनासिब, समुचित: **~te** instruments; **~te** examples; a dress **~te** for work 2 समयोचित, मेल खाने वाला: **~te** for a hot day/ for arctic weather; **~te** to occasion/ to the theme 3 निजी, किसी के लिए स्वाभाविक, सहज: ~ to sb;

***dw/lw:* ~te** /अप्रोप्रिएट/ *v., pt.* ~ted, *pp* ~ting 1 हड़पना, कब्जा क., हथियाना 2 अपना बना लेना, ले लेना, अपनाना 3 चुराना 4 धनराशि आदि किसी कार्य आदि के लिए अलग रखना, निश्चित क.: ~te money for sth; **~ted** /अप्रोप्रिएटिड/ *adj.* 1 विनियुक्त, निर्धाति, लिया गया 2 हथियाया हुआ; **~tely** /अप्रोप्रिअटलि/ *adv.* उपयुक्त या उचित ढंग से, यथा अनुसार; **~teness** /अप्रोप्रिअटनेस/ *n.* उपयुक्तता, औचित्य; **~tion** /अप्रोप्रिएशन/ *n.* 1 विनियोग, उपयोग 2 कब्जा: ~tion of a piece of property/ of the best land 3 चोरी 4 के लिए निर्धारण: ~tion of payments; **~tive**

/अप्रोप्रिएटिव/ *adj.* अपनाए हुए गुण या स्वभाव का वाहक; **~tor** /अप्रोप्रिएटः/ *n.* अनुप्रयोजक, अपनाने वाला

approvable /अप्रूवअबल/ *adj.* 1 अनुमोदनीय 2 (***syn.*** laudable) प्रशंसनीय

approval /अप्रूवल/ *n.* 1 स्वीकृति, मंजूरी: receive/ merit ~; the plan was submitted for ~ 2 अनुमोदन या सार्थक आकलन: for ~ (स्वीकृति हेतु); on ~ (स्वीकृति के लिए) 3 आधिकारिक अनुमति: I hope this plan has/ meets with your ~ 4 समर्थन, पसंद: nod in ~; the faintest sign of ~

appro\ve /अप्रूव/ *v., pt.* **~ved**, *pp* **~ving** 1 स्वीकृत या अनुमोदित क., मंजूर क., स्वीकृति देना: **~ve** a report/ a plan, the minutes of the meeting 2 समर्थन क.: **~ve** precaution 3 अच्छा समझना, पसंद क., प्रशंसा क.: **~ve** of sb/ sth; **~ve** (of) sb's answer/ choice/ way of acting 4 प्रदर्शित क., सिद्ध क.: **~ve** oneself a man of courage; he **~ved** himself a good teacher;
dw/lw: **~ed** /अप्रूवड/ *adj.* 1 स्वीकृति, अनुमति या मान्यता प्राप्त: ~ed school 2 अनुमोदित, स्वीकृत: ~ed agenda 3 मान्य, सम्मत: the old ~ed manner; **~vement** /अप्रूवमंट/ *n. law* संपत्ति का अधिगणन या मूल्यांकन; **~ver** /अप्रूवः/ *n.* 1 *law* इकबालिया गवाह, मुखबिर, भेद साक्षी, राज साक्षी 2 समर्थन करने वाला व्यक्ति, अनुमोदक; **~ving** /अप्रूविंग/ *adj.* अनुमोदन जताने वाला, समर्थक, अनुमोदक; **~singly** /अप्रूविंगलि/ *adv.* प्रशंसा करते हुए, पसंद करने के अंदाज में, अनुमोदन करते हुए

approx *abbr.* 'approximate', 'approximately' का संक्षिप्त रूप

approximate /अप्रौक्सिमे\ट, अप्रौक्सिमअट/ *US* अप्राःक्सिमे\ट, अप्राःक्सिमअट *adj.* 1 सरसरी तौर पर/ मोटे तौर पर, लगभग: **~te** cost/ distance; an **~te** account of what happened 2 सदृश, अनुरूप, समान 3 सन्निकट, समीपवर्ती, आसन्न;
n. अनुमानित मात्रा, लगभग सही निष्कर्ष;
dw/lw: **~te** /~ट/ *v.* (*also* **~te to**), *pt.* ~ted, *pp* ~ting 1 लगभग एक समान हो., समानता में बहुत कम फर्क रह जा., लगभग एक जैसा हो जा.: ~te to the description/ to what was said 2 एक जैसा होने के बहुत करीब आ जा.: ~te to the truth; **~tely** /~टलि/ *adv.* लगभग, करीब-करीब; **~tion** /~शन/ *n.* 1 सरसरा या मोटा अनुमान 2 करीब-करीब समानता 3 अनुमान लगाने की क्रिया 4 (***syn.*** proximity) निकटता 5 (***syn.*** resemblance) सादृश्य: a very close ~tion to the truth; a mere ~tion; **~tive** /अप्रौक्सिमअटिव/ *US* अप्राःक्सिमअटिव/ *adj.* आसन्न, लगभग करीब

appui /ऐप्वी/ *n.* अवलंब, सहारा, आधार, आश्रय

appurtenan\ce /अपःटिनंस/ *n.* (*usually* **~ces**) 1 साथ लगी हुई वस्तु 2 सहायक उपकरण, साज-सामान 3 गौण उपकरण;
dw/lw: **~t** /अपःटिनंट/ *n.* संबद्ध, अनुलग्नक, आनुषंगिक

APR *abbr.* 'annual percentage rate', की प्रथमाक्षरी

Apr/ Apr. *abbr.* 'April' का संक्षेप

apraxia /एप्रैक्सिआ/ *n., pathol.* 1 चलाघात 2 दिमागी विकार के कारण सचेत अवस्था (होश) में चलने में अक्षमता

APRC *abbr.* 'Asia Pacific Rally Championship' की प्रथमाक्षरी

après /अप्रे/ *adv.* बाद, पश्चात;
dw/lw: **~-ski** /अप्रे-स्कि/ (*also* **an ~-ski party**) *n.* दिन भर की स्किइंग के बाद होटल या रेस्त्रां में मौज-मस्ती पार्टी

aprica\te /ऐप्रिकेट/ *v., pt.* **~ted**, *pp* **~ting** धूप में सेंकना

apricot /एप्रिकौट/ *US* एप्रिकाःट/ *n.* 1 खुबानी, जरदालू 2 खुबानी का पेड़ 3 खुबानी रंग

April /एप्रिल/ *n.* अप्रैल: April is a hot month in India;
collocations: **~ fool** 1 पहली अप्रैल को किया जाने वाला एक मजाक 2 एक अप्रैल के मजाक का शिकार होने वाला व्यक्ति: ~ Fool's Day/ All Fool's Day (पहली अप्रैल का मूर्ख दिवस);
p&i: **~ fish** पहली अप्रैल का मजाक

a priori /एप्राइऑ\राइ/ *adv., Lat.* 1 कारण-कार्य-न्याय के अनुसार (तर्क) 2 आम सिद्धांत से विशेष उदाहरण की ओर: ~ reasoning 2 अनुभव की बजाय सिद्धांत पर आधारित, अनुभव-निरपेक्ष: determine the value of sth ~ 3 निगमनिक 4 प्रागनुभव;
dw/lw: **apriority** /~रिटि/ *n.* अनुभव निरपेक्षता, कारण-कार्य अनुरूपता, प्रागनुभवता

apron /एप्रन/ *n.* 1 एप्रन, रसोई घर आदि में काम करते समय कमर से बांधा जाने वाला एक विशेष प्रकार का कपड़ा 2 अग्र-वस्त्र, पेट बंद 3 पट्ट, अंचल 4 *theatre* घूमने वाला रंग मुख, अग्र मंच: ~ stage;
p&i: **tied to one's wife's ~ strings** पत्नी-भीरु, पत्नी भक्त, जोरू का गुलाम; **tied to sb's ~ strings** किसी के प्रभाव तले हो.

apropos /ऐप्रअपो/ *adv.* 1 (**~ of**) से संबंधित, के विषय में: ~ of our talk ..; ~ of what you were just saying ... 2 प्रसंगवश: ~ of sth (के विषय या संबंध में, के प्रसंग में उपयुक्त) 3 यथावसर, ठीक समय का, ऐन वक्त पर: the remark was very ~;
adj. प्रासंगिक, संगत, उपयुक्त

APS *abbr.* 'Advanced Planning and Scheduling', 'Army Public School', की प्रथमाक्षरी

apse /ऐप्स/ *n., pl.* **~es** /ऐप्सीज/ गिरजे का बाहर निकला हुआ अर्धवृत्ताकार भाग, अर्द्धवृत्त-कक्ष, गज पृष्ठ;
dw/lw: **apsidiol** /ऐप्सिडिओल/ *n.,* अनुस्तब्धिका; **apsis** /ऐप्सिस/ *n., pl.* **apsides** /ऐप्सिडीज/ ऐप्साइडीज/ 1 अर्द्धवृत्त-कक्ष, गज पृष्ठ 2 स्तब्धिका 3 *astron.* किसी ग्रह के कक्ष में उस ग्रह से निकटतम या दूरतम बिंदु जिसके इर्दगिर्द वह ग्रह चक्र लगाता है 4 नीचोच्च-बिंदु 5 अर्द्धवृत्त गवाक्ष

APSS *abbr.* 'Auto Program Search System' की प्रथमाक्षरी

APT *abbr.* 'advanced passenger train', 'Automatic Processing to Text Documents' की प्रथमाक्षरी

apt /ऐप्ट\/ *adj.* 1 (***syn.*** suitable) समुचित, उपयुक्त, संगत: ~ quotation/ remark/ comparison 2 कुशाग्र-बुद्धि, योग्य, सुयोग्य, मेधावी: ~ pupil; ~ at languages; ~ at sth 3 उपयुक्त 4 (***syn.*** inclined) प्रवण, प्रवृत्त, की ओर झुकाव वाला, स्वभाव या गुणों वाला: ~ take fire/ rust; ~ to take offence; not ~ to forgive; I am ~ to hurry (जल्दी करना मेरा स्वभाव है) 5 भावुक, भावपूर्ण;
dw/lw: **~ly** /~लि/ *adv.* उपयुक्त ढंग से; **~ness** /~नेस/ *n.* उपयुक्तता

apt./ apt *abbr.* 'apartment' का संक्षेप

apterous /ऐप्टअरस/ *adj.* अपक्ष, पंखहीन

apteryx /ऐप्टअरिक्स/ *n.* न्यूजीलैंड में पाया जाने वाला किवी जैसा उड़ने में अक्षम पक्षी

aptitude /ऐप्टिट्यूड/ *US* ऐप्टिटूड/ *n.* 1 उपयुक्तता 2 (*usually* **~ for sth**) रुझान, झुकाव, सहज अभिरुचि, स्वाभाविक प्रवृत्ति, अभिवृत्ति: ~ for playing the piano 3 (***syn.* talent**, *usually* **~ in sth**) योग्यता, क्षमता: ~ in languages;
adj. सहज अभिरुचि से संबंधित: ~ test (अभिरुचि एवं प्रतिभा परीक्षण)

apto\te /ऐपटो\ट/ *n.* अव्ययरूप संज्ञा, जिस संज्ञा का व्याकरणिक रूपों में परिवर्तन नहीं होता (indeclinable);
dw/lw: **~tic** /~टिक/ *adj.* 1 अव्ययात्मक 2 व्याकरणिक रूपों में अपरिवर्तनीय (संज्ञा)

APU *abbr.* 'Asia Pacific University' की प्रथमाक्षरी

apyrexia/ apyrexy /ऐपिरेक्सिआ/ ऐपिरेक्सि/ *n., pathol.*, मलेरिया बुखार से रहित समय

apyrous /अपाइरस/ *adj.* अग्निसह

AQ *abbr.* 'achievement quotient' की प्रथमाक्षरी

aq./ Aq. *abbr.* 'aqua' (*Lat.*), 'aqueous' का संक्षेप

aqua /ऐक्वा/ *n.* 1 पानी (विशेषकर खाद्यों व पेय की चिप्पियों पर प्रदर्शित) 2 नीला-हरा रंग, समुद्री नीला रंग

aqua- /**aqui-** *comb. form, denoting*: 1 **water** (पानी, जल) 2 **aqua colour** (नीला-हरा रंग);
dw/lw: **~belle** /ऐक्वा-बेल/ *n., Fr., facetious* (समुद्र-स्नान करने वाली) सुंदरी, तैराकी पोशाक पहने सुंदरी; **~cade** /ऐक्वाकेड/ *n.* जलक्रीड़ा केंद्र; **~culture**/ **aquiculture** /ऐक्वाकल्चर/ ऐक्विकल्चर/ *n., agric.* 1 जलकृषि 2 तालाबों, झीलों, नदियों आदि में मछली आदि का पालन; **~caelestis** /ऐक्वा-कैलेस्टिस/ *n.* वर्षा का जल; **~drome** /ऐक्वाड्रोम/ *n.* जलक्रीड़ा-केंद्र; **~fontana** /ऐक्वा-फॉन्ताना/ *n.* झरने का जल; **~fortis** /ऐक्वा फॉःटिस/ *n., old use* नाइट्रिक अम्ल, नाइट्रिक अम्ललेखन, नाइट्रिक निक्षारण; **~lung** /ऐक्वालंग/ *n.* गोताखोरों द्वारा प्रयुक्त उपकरण जिसमें मुंह से लगी ट्यूब पीठ पर टंगी दाबी हवा (pressure air) से भरी टंकी में से सांस लेने के लिए हवा पहुंचाती है; **~marine** /ऐक्वामरीन/ *n., geol.* पारदर्शी हरित नील रत्न; **~marine** *adj.* नीलापन लिए हरे रंग का; **~naut** /ऐक्वानॉट/ *n.* पनडुब्बा, गोताखोर; **~plane** /ऐक्वाप्लेन/ *n.* तेज रफ्तार वाली नौका के पीछे बंधा हुआ तख्ता, जलफलक जिस पर साहसी तैराक खड़ा होता है; **~plane** *v., pt.* ~planed, *pp* ~planning 1 उक्त तख्ते पर सवार होकर मोटरचालित नौका (मोटरबोट) के पीछे बंधकर जल-स्की (water-skiing) क. 2 पानी की परत पर गाड़ी का फिसल जाना और उसे जैसे-तैसे चलाना; **~pura** /ऐक्वा-प्यूरा/ *n.* शुद्ध जल; **~relle** /ऐक्वारेल/ *n.* 1 पारदर्शी जल-रंगों से पेंट करने की विधि 2 इस विधि से बनाए गए चित्र

aquarian /अक्वेअरिअन/ *adj.* जलजीवशाला या, मछली-घर संबंधी

aquarium /अक्वेअरिअम/ *n., pl.* **aquariums/ ~ria** 1 मत्स्यालय, जलजीवशाला 2 शीशे का घर जिसमें मछली पाली जाती है;
dw/lw: **~rist** /अक्वेअरिस्ट/ *n.* जलजीवज्ञ

Aquarius /अक्वेअरिअस/ *n., astron.* कुंभ राशि;

aqua\tic /अक्वै\टिक/ *adj.* 1 जल में या जल के आसपास रहने वाले जीवों से संबंधित 2 जलीय, जलचर, पानी से संबंधित 3 (*of animals*) जलचर;
dw/lw: **~robics** /~रोबिक्स/ *n.* पानी में किया जाने वाला व्यायाम; **~tics** /~टिक्स/ *n.* [*pl.*] पानी के खेल, जल-क्रीड़ा; **~tint** /अक्वअटिंट/ *n.* ताम्रपत्र-उत्कीरण; **~tint** *v., pt.* ~tinted, *pp* ~tinting तांबे पर उकेरना; **~vit** /ऐक्वाविट/ ऐक्वावीट/ *n.* आलू और उस जैसे पदार्थों से बनाई जाने वाली रूसी वोदका जैसी स्कैंडेनेवियायी (Scandinavian) शराब; **aqua-vitae** /ऐक्वा-वीताइ/ ऐक्वा-वाइति/ (शाब्दिक अर्थ: 'जीवन-जल') *n., Lat.* (रूसी वोदका जैसी) एक तेज स्कैंडेनेवियायी शराब;
collocations: **~tic regia** (ऐक्वा रीजिआ) *n., chem.* ऐक्वारेजिया (एक चौथाई गाढ़ी नाइट्रिक अम्ल और तीन-चौथाई गाढ़ी हाइक्लॉरिक अम्ल का तेज घोल जो चांदी को छोड़कर बाकी सभी धातुओं को घोल सकता है)

aqueduct /ऐक्विडक्ट/ *n.* 1 कृत्रिम जलमार्ग 2 कृत्रिम जल-प्रणाल, नाली, मोरी, जलसेतु 3 *physiol.* कुल्या

aqueous /ऐक्विअस/ *adj., anat.* जलीय, जलभरा, आबी: ~ solution (जल-घोल);
collocations: **~ humour** *physiol.* नेत्रोद, जलीय द्रव, कॉर्निआ और लेंस के बीच का जलीय द्रव या जलस्वच्छ

aquifer /अक्विफः/ *n., geol.* जलभर चट्टान, जलभृत, चट्टान या मिट्टी की एक सतह जो पानी सोख और रोक सकती है

Aquila /अक्विला/ *n.* पक्षी वंश, गरुड़ तारामंडल

aquilegia /ऐक्विलीजिआ/ *n., pl.* **~s**, *bot.* गुलकबूतर, बटरकप जैसा पौधा
adj. कबूतर का, कपोतीय (a columbine)

aquiline /ऐक्विलाइन/ (*also* **Roman Nose**) *adj.* 1 गरुड़ की चोंच की तरह टेढ़ा, वक्र 2 गरुड़ीय

aquiver /अक्विवः/ *adj.* कंपायमान, कंपित: On seeing the dictatorial VC the teachers went all aquiver with indignation

aquo- /अक्वो/ उद-; **~sity** आर्द्रता, सीलन

AR *abbr., US state* 'Arkansas' का संक्षेप

AR *symbol, chem.* **'argon'** का चिह्न

-ar *comb. form, forming adjectives, denoting:* **belonging** (से संबंधित, का, के, की): pol**ar**; muscul**ar**

-ar *comb. form, forming nouns, dignifying*: **who carries out the action of the attached verb** (क्रिया-कारक): li**ar**

Arab /अरब/ *n.* 1 अरब (देश) 2 (**the ~s**) अरब वासी, अरब लोग: city ~/ street ~/ ~ of the gutter (शहर के झुग्गी-झोंपड़ीवासी अरब लोग) 3 अरबी घोड़ा;
adj. 1 अरबी (देशीय) 2 अरबी (घोड़ा);
dw/lw: **~ia** /अरेबिआ/ *n.* अरब (देश); **~ian** /अरेबिअन/ *adj.* अरबी, अरब संबंधी: the ~ian bird; ~ian Nights (अलिफ-लैला, सहस्र रजनी चरित्र); **~ic** /ऐरअबिक/ *n.* अरबी भाषा; **~ic** *adj.* अरबी जनता, भाषा, साहित्य, कला आदि से संबंधित; **~bist** /ऐरअबिस्ट/ *n.* अरबवेत्ता, अरबविद्, अरब देशों का विशेषज्ञ
collocations: **~ian Sea** अरब सागर; **Arabic numeral** *n.* हिंदसा, अरबी अंकमाला (1, 2, 3, 4, 5, 6, 7, 8, 9, 10 आदि)

arabesque /ऐरअबेस्क/ *n.* 1 बैले नृत्य में एक मुद्रा 2 एक-दूसरे को काटती रेखाओं पर आधारित चित्रकला;
adj. 1 अरब देशों का, अरबी 2 बेलबूटेदार 3 विचित्र 4 विचित्र ढंग से सज्जित

arabica /अरैबिका/ *n.* दक्षिण अमेरिका, विशेषकर ब्राजील में उगाई जाने वाली कॉफी

arable /ऐरअबल/ *adj.* 1 कृषि योग्य भूमि, कृष्य: ~ land; ~ layer 2 जोती हुई जमीन में उगने वाली फसल: ~ farming/ farms/ crops/ meadow

arachnid /ऐरैकनिड/ *n.* छिपकलियों, बिच्छुओं जैसा छोटा-सा जीव

arachnoid /ऐरैकनॉइड/ *adj.* 1 मकड़ी-वंशी, लूता: ~ sheath 2 लूताभ 3 (*anat.*) जालतानिका 4 मकड़ी के जाले जैसा

arachnology /ऐरैक्नौलअजि/ *US* ऐरैक्नाःलअजि/ *n.* मकड़ियों, बिच्छुओं जैसे जीवों का अध्ययन

arachnopho\be /अरैक्नअफो\ब/ *n.* मकड़ियों आदि से डरने वाला
dw/lw: **~bia** /~बिया/ *n.* मकड़ियों आदि का भय

aragonite /अरैगअनाइट/ *n., geol.* कैल्सियम कार्बोनेट का खनिज

ARAI *abbr.* 'Automotive Research Association of India' की प्रथमाक्षरी

aralia /अरेलिया/ *n.* लबलब (ivy) परिवार का पौधा

Aram /ऐराम/ *n.* अरम, प्राचीन सीरिया;

Aramism /ऐरामेइज्म/ *n.* ऐरमेइक प्रयोग

Aramaic /ऐरामेइक/ *n.* अरमेनियायी परिवार की भाषा

Aran /ऐरअन/ *adj.* 1 ऐरन द्वीपों (आयरलैड के पश्चिमी तट के पास स्थित) से संबंधित 2 *knitting* उपरोक्त द्वीपों पनपी एक प्रकार की बुनाई जिसमें बिना रंगी ऊन प्रयुक्त होती है

Arapaho /अरैपहो/ *n., pl.* **Arapaho/ ~s** आधुनिक ओक्लाहोमा और व्योमिंग प्रांतों में बसने वाले अमेरिकी आदिवासी

arbiter /आःबिटः/ *n.* 1 मध्यस्थ, सुलह कराने वाला 2 विवाचक, रेफ्री पंच, निर्णायक 3 अधिपति, अधिनायक: ~ of our fate/ of our destinies 4 शैली, स्वाद जैसे मामलों में अगुवा;
p&i: **~ of elegance/ fashion/ style/ taste, etc.** फैशन/ शैली/ स्वाद आदि में निर्णायक भूमिका निभाने वाला व्यक्ति, प्रवर्तक; **~ elegantiarum** *Latin* स्वाद विवाचक

arbitrable /आःबिट्रअबल/ *adj.* मध्यस्थता-योग्य

arbit\rage /आःबिट्राज/ आःबिट्रिज/ *n., comm.* 1 अंतरपणन हुंडी का कारोबार, अंतरपणन 2 निरपेक्ष पंचाट द्वारा दिया जाने वाला फैसला, पंच फैसला;
dw/lw: **~ral** /आःबिट्रल/ *n.* विवाचन: ~al award (पंचाट या मध्यस्थ का निर्णय); **~rament** /आःबिट्रअमंट/ *n.* विवाचन; **~rarily** /आःबिट्रेरअलि/ आःबिट्रेरिलि/ *adv.* मनमाने ढंग से,

निरंकुशतापूर्वक; **~rariness** /आःबिट्रअरिनिस/ *n.* निरंकुशता, स्वेच्छाचारिता; **~rary** /आःबिट्रअरि/ *adj.* 1 (***syn.*** dictatorial, authoritarian) मनमाना, स्वेच्छाचारी, निरंकुश 2 (***syn.*** discretionary) इच्छाधीन, विवेकाधीन; **~rate** /आःबिट्रेट/ *v., pt.* ~rated, *pp* ~rating 1 मध्यस्थता क., विवेचन क. 2 मध्यस्थ पर छोड़ दे. 3 विवाचन द्वारा सुलझाना; **~ration** /आःबिट्रेशन/ *n.* 1 मध्यस्थता, पंचाटः settle by ~ration 2 विवाचन 3 पंच-फैसला, मध्यस्थ-निर्णय; **~rator** /आःबिट्रेटः/ *n.* मध्यस्थ, पंच, विवाचक, निर्णायक; **~ress** /आःबिट्रिस/ *n.* 1 मध्यस्था, स्त्री पंच, बिचवइन 2 विवाचिका

arbor /आःबः/ *n.* 1 वृक्ष जैसी संरचना 2 धुरी (axel of a clock or watch) 3 (***syn.*** spindle) धुरा;
dw/lw: **~eal** /आःबॉरिअल/ *adj.* 1 वृक्षीय, वृक्षों जैसा 2 पेड़ों से लिपटने वाली (बेलें) 3 वृक्षों में रहने वाला (जानवर), वृक्षवासी; **~eous** /आःबॉरिअस/ *adj.* 1 घने पेड़ों से भरा हुआ, वृक्षयुक्त 2 वृक्ष-सा, वृक्ष-जैसा 3 वृक्षसंकुल; **~escent** /आःबेरसंट/ *adj.* 1 वृक्षवत्, वृक्षसम, वृक्ष-जैसा 2 (***syn.*** branching) प्रशाखीः ~escent crystals; **~escence** /आःबेरसंस/ *n.* वृक्ष समता, वृक्षवतता, वृक्ष-साम्यता; **~etum** /आःबरीटम/ *n., pl.* ~eta, *bot.* वनस्पति-वाटिका (botanical garden); **~icul\ture** /आःबॉरिकल्चः/ *n.* 1 वृक्ष-पालन, वृक्षसंवर्धन 2 शौकिया या वैज्ञानिक अध्ययन के लिए पेड़-पालन; **~ization** /आःबरिजेशन/ *n.* प्रशाखीकरण, शाखाओं में विभाजन; **~turist** /आःबःचरिस्ट/ *n.* वृक्षसंवर्धन करने वाला व्यक्ति, वृक्ष-पालक;
collocations: **Arbor Day** अमेरिका, आस्ट्रेलिया, न्यूजीलैंड आदि देशों में वन-महोत्सव या वृक्षारोपण दिवस

arbour /आःबः/ *n.* वाटिका में पेड़ों व लताओं का छायादार स्थान 2 लतामंडप, कुंज

ARC *abbr.* 'additional rent controller', 'Administrative Reforms Commission', 'Aeronautical Research Council', 'Agriculture Research Council', 'Aids-Related Complex', 'Aids Related Complications', 'asset reconstruction company', 'Aviation Research Centre' की प्रथमाक्षरी

arc /आःक/ *n.* 1 चाप, वृत्तांश 2 कोण मापने का उपकरण (परकार) 3 (***syn.*** electric arc) निरंतर विद्युत धारा, विद्युत आर्क 4 कोई भी वक्र या वक्र दिखने वाली वस्तु या क्रिया, उदाहरणतः, इंद्रधनुष 5 *astron.* किसी ग्रह या स्पुतनिक के कक्ष का एक भाग;
v., pt. **~ed** /आःक्ट/ *US* आःरक्ट/, *pp* **~ing** /आःकिंग/ चाप या वृत्तांश बनाना 2 वृतांश जैसे कक्ष में घूमना या चलना;
dw/lw: **~lamp** /आःकलैंप/ *n.* चापदीप; **~light** /आःकलाइट/ *n.* 1 चाप-प्रकाश 2 एक प्रकार का विद्युत प्रकाश स्रोत जिसमें दो इलेक्ट्रोडों के बीच बहने वाली विद्युत धारा आयोनाइज्ड गैस में से पार होते हुए एक अत्यंत चमकीली व प्रकाशमान चाप बनाती है जो आपातकालीन परिस्थितियों आदि में प्रयुक्त होती है;
collocations: **~ welding** *engin.* दो इलेक्ट्रोडों के बीच बहने वाली विद्युत धारा को आयोनाइज्ड गैस में से पार करवाकर दो धातुओं के सिरों पर तापमान बढ़ाकर उन्हें जोड़ने की क्रिया

arcade /आःकेड/ *n.* 1 आच्छादित मार्ग, पेड़-पौधों या लताओं आदि से ढका पथ, विशेषकर दुकानों के बीच 2 तोरणपथ, तोरणमंडप, तोरणिका, छत्ता 3 ऐसा स्थान या मंडप जहां पैसा देकर मशीनों पर खेल सकते हैं (amusement arcade): ~ game (मनोरंजन मंडप जहां भिन्न-भिन्न इलेक्ट्रॉनिक खेल खेल सकते हैं)

Arcadia /आःकेडि/या/ *n.* दक्षिणी यूनान का एक भाग जिसे साहित्य में, विशेषकर कविताओं में एक आदर्श देहाती अंचल के रूप में चित्रित किया जाता है;
dw/lw: **~an** /आःकेडिअन/ *adj.* आःकेडिया से संबंधित; **~an** /आःकेडिअन/ *n.* 1 देहाती, ग्रामीण या सादे ढंग के मनोरंजन 2 शांतिमय विश्राम 3 ऐसा व्यक्ति जिसे सीधी-सादी व सरल देहाती जीवन शैली पसंद है

arcana /आःकेना/ *n.* 1 गुप्त व रहस्यवादी बातें 2 ताश के खेल में विशेष प्रकार के पत्तों का समूह

arcane /आःकेन/ *adj.* 1 गुप्त, रहस्यमय, आंखों से ओझल 2 गूढ़, दुरूह 3 समझने में कठिन;
dw/lw: **~ness** /आःकेननिस/ *n.* रहस्यमयता, गूढ़ता

arcanum /आःकेनम/ *n.* रहस्यः ~ of nature; ~ of political intrigues

arch /आःच/ *US* आःर्च/ *n., pl.* **~es** 1 मेहराब, चाप, डाटः the **~es** of a bridge/ of a viaduct 2 तोरण, बंदनवार 3 चापनुमा प्रवेश द्वार, तोरण पथ 4 चापनुमा स्मारिका आदिः semicircular/pointed **~es**; triumphal ~ 5 पांव के बीच का निचला भाग जो जमीन या फर्श को नहीं छूताः ~ of the foot 6 मानव शरीर के अंगों की चापनुमा आकृतिः ~ of the ribs 7 शिखर पर चापनुमा कोई भी संरचना 8 इंद्रधनुष 9 आकाशीय चापः the starry ~;
adj. 1 अत्यधिक, भयंकर, महा- 2 सबसे ज्यादा अनुभवी 3 चालाक, धूर्तः gave an ~ look/ smile (धूर्त नजर से देखा) 3 ढीठ, नटखटः look ~;
v., pt. **~ed**, *pp* **~ing** 1 आर-पार चाप बनानाः the river is **~ed** over by a bridge 2 शरीर द्वारा झुककर चाप-आकार अख्तियार क.: ~ the eyebrows; the cat **~ed** its back 3 मेहराब, चाप या तोरण जैसा बनाना;
dw/lw: **~ed** /आटः/ *adj.* मेहराबी, चापाकारः ~ed girder; **~let** /आःचलअट/ *n.* लघु तोरण; **~ly** /आःचलि/ *adv.* 1 चालाकी से 2 चुपके-चुपके 3 धूर्ततापूर्वक 4 नटखटी अंदाज में; **~ness** /आःचनिस/ *n.* 1 धूर्तता, दुष्टता 2 ढिठाई 3 शैतानी, नटखटपन; **~way** *n.* तोरण द्वार, छत्ता, तोरण पथ; **~wise** *adj.* तोरणवत, मेहराबी;
p&i: **~ look** तिरछी नजर

arch- /आःच/ *prefix, comb. form, denoting:* 1 **chief, the most important, high-ranking** (महा-): **arch**-poet (महाकवि); **arch**-traitor (महा-गद्दार); **arch**-conservative (घोर प्रतिक्रियावादी) 2 अपनी प्रकार का सर्वाधिक आदरणीय, भयावह, अतिवादी आदिः **arch**-criminal;
dw/lw: **~-enemy** /आःच-एनिमि/ (*also* **~-foe**) *n.* 1 (मानवता का) घोर शत्रु, महा शत्रु 2 मुख्य शत्रु 3 (***syn.*** the Devil) शैतान; **~-father** *n.* परदादा, पिता के पिता, दादा; **~-fiend** /आःचफींड/ *n.* (***syn.*** the Devil) महा शैतान, अंधकार का राजकुमार; **~-foe** *n.* = **~-enemy** घोर शत्रु; **~priest** /~प्रीस्ट/ *n.* महा पुरोहित, मुख्य पादरी, महायाजक, मुख्य प्रतिपादक; **~-traitor** *n.* महा-गद्दार; **~-villain** *n.* महा दुष्ट, खलनायक

Archaean/ *US* **Archean** /आःकिअन/ *adj., geol.* कैंब्रिअन पूर्व काल (लगभग 250 करोड़ वर्ष पूर्व) के दो भागों (geological eons) में से पहला

archaebacteri\um /आःकिबैक्टिअरिअम/ *n., pl.* **~a** *biol.* अति प्राचीनकालीन सूक्ष्म जीवाणु

archaeo\-/ *US* **archeo-** /आःकिओ\, आःकिऔ\/ *US* आःकिओ\, आःकिआः\/ *comb. form, indicating:* **ancient** (प्राचीन, पुरातन), **primitive** (आदिम): **archaeo**logy (पुरातत्त्व-विज्ञान);
dw/lw: **~-astronomy** /~-अस्ट्रौनमि/ *US* ~-अस्ट्राःनमि/ *n.* प्रागैतिहासिक खगोल-विज्ञान; **~-magnetism** /~-मैगनटिज्म/ *n.* प्रागैतिहासिक चुंबकत्व; **~-metallurgy** /~-मेटअलःजि/ *n..* पुरातात्त्विक धातुविज्ञान; **~-metric** /~मिट्रिक/ *adj.* पुरातात्त्विमिति-वैज्ञानिक; **~-metry** /~मिट्रि/ *n.* पुरातात्त्वमिति, पुरातत्त्व-विज्ञान में वैज्ञानिक प्रणालियों या विधियों का प्रयोग; **~pteryx** /~प्टअरिक्स/ *n.* यूरोप में जुरासिक काल से संबंध रखने वाला प्राचीनतम पक्षी कंकाल; **~zoic** /~जॉइक/ *adj.* आद्यकल्प; **~-zoology** /~-जुऔलजि, ~जोलजि/ *US* ~जुआःलजि, ~जोलजि/ *n.* पुरातात्त्विक जंतु-विज्ञान

archaeo\logy (*also US* **archeo\logy**) /आःकिऔलजि/ *US* -आःलजि/ *n.* पुरातत्त्व-विज्ञान;
dw/lw: **~logical** (*also US* **archeological**)

/आःकिअलौजिकल/ *US* -लाःजिकल/ *adj.* पुरातत्त्व-विज्ञान संबंधी, पुरातत्त्वीय, पुरातात्त्विकः ~ remains (पुरातात्त्विक अवशेष); **~logically** /आःकिअलौजिकलि/ *US* -लाःजिकलि/ *adv.* पुरातत्त्व-विज्ञान के अनुसार पुरावशेष; **~logist** (*also US* **archeologist**) /आःकिऔ\लजिस्ट/ *US* आःकिआः\लजिस्ट/*n.* पुरातत्त्ववेत्ता, पुरातत्त्वज्ञ, पुरा(तत्त्व)विद्;

archa\ic /आःकेइक/ *adj.* 1 आद्य, पुरातन, पुरातनिक, पुराकालीन, आर्ष, प्राचीनः **~ic** art 2 (***syn.*** outdated) जो अब प्रयोग में न हो, अप्रचलित, पुराण पंथी 3 ऐसे शब्द जो वर्तमान में प्रयोग में न हों, पर जो कभी-कभी साहित्यिक रचनाओं आदि में विशेष प्रभाव पैदा करने के लिए प्रयुक्त किए जाते हैं;

dw/lw: **~ically** /आःकेइकल/ *adv.* पुराणपंथी ढंग से, पुराने तरीके से; **~ism** /आःकेइज्म/ *n.* 1 आर्ष प्रयोग 2 ऐसे शब्द या शैली जो वर्तमान में प्रयोग में न हो 3 विशेष प्रभाव पैदा करने के लिए वर्तमान में अप्रचलित शब्दों या शैली का प्रयोग; **~ize/ ~ise** /आःकेआइज/ *v. pt.* ~ized, *pp* ~izing किसी वस्तु या पाठ आदि को देखने या शैली में पुरातन बनाना

arch\angel /आःकेंजल/*US* आःर्क एंजल/ *n.* 1 सर्वोच्च देवदूत, महादूत 2 मध्ययुगीन पदक्रम में सर्वोच्च (नौवें) पद से एक पद नीचे का यानी आठवें पद का दूत; **~bishop** /आःचबिशप/ *n.* आर्चबिशप, प्रधान बिशप; **~bishopric** /आःचबिशअप्रिक/ *n.* 1 महाधर्मप्रांत 2 महाधर्माध्यक्ष का कार्यालय (office of an Bishop); **~deacon** /आःचडीकन/ *n.* बिशप का सहायक, आर्चडीकन; **~deaconry** /आःचडीकनरि/ *n.* आर्चडीकन का कार्यालय या कार्य-कलाप; **~diocese** /आःचडाइअसिस/ *n.* आर्चबिशप का अधिकार क्षेत्र, महाधर्मप्रांत; **~duchess** /आःचडचिस/ *n., hist.* 1 आस्ट्रिया की राजकुमारी 2 महाड्यूक की पत्नी; **~duchy** /आःचडचि/ *n.* महाड्यूक का राज क्षेत्र; **~duke** /आःचड्यूक/ *n.* महाड्यूक

archegonium /आःकअगोनिअम/ *n.* पौधों, काई आदि में मिलने वाला बोतलनुमा (flask-shaped) संरचना जिसमें मादा युग्मक (female gamete) विकसित होता है

archeologist /आःकिऔलजिस्ट/ *US* आःकिआःलजिस्ट/*n.* = **archaeologist**

archeology /अःकिऔलजि/ *US* अःकिआःलजि/ *n.* = **archaeology**

archer /आःचः/ *n.* **(the Archer)** धनुर्धारी, धनुषधर, तीरंदाज;

dw/lw: **~y** /आःचरि/ *n.* धनुर्विद्या, तीरंदाजी;

collocations: **~ fish** ताजा पानी की एक मछली

arche\type /आःकिटाइप\/ *n.* आदि रूप, आद्य रूप, मूल रूप, आदर्श रूप;

dw/lw: **~typal** /~ल/ *adj.* आदिरूपीय, मूल नमूने के अनुरूप; **~ly** /~लि/ *adv.* आद्य रूप के अनुसार

ARCHI *abbr.* 'Association of Resource Companies of the Hospitality Industry' की प्रथमाक्षरी

archi- /आःकि/ = **arch-** (*see above under* **arch-**);

dw/lw: **~-ater** /आःकि-एटः/ *n.* राजा का वैद; **~diaconal** /आःकिडाइऐकनल/ *adj.* आर्चडीकन (बिशप का सहायक) के पद और कार्य-कलापों से संबंधित; **~ie** /आःचि/ *n.* विमान-भेदी तोप; **archie** *v., pt.* ~ied, *pp* ~ieing विमान-भेदी तोप से गोला दागना; **~episcopal** /आःकिपिस्कपल/ *adj.* महाधर्माध्यक्षीय, यूनानी या रूसी आःर्थोडॉक्स चर्च के मठाधीश से संबंधित; **~mandrite** /आःकिमैंड्राइट/ *n., Christ.* यूनानी आःर्थोडॉक्स चर्च का मठाधीश या भिक्षुओं का मुखिया

Archimedean /आःकिमिडीअन/ *adj.* आर्किमिडीज संबंधीः ~ principle;

collocations: **Archimedes' principle** *phys.* आर्किमिडीज का सिद्धांत जिसके अनुसार द्रव में डुबोए जाने पर किसी वस्तु द्वारा विस्थापित द्रव का भार उस वस्तु के भार के बराबर होता है; **Archimedes screw** *n.* झुके हुए व अच्छी तरह से बंद सिलेंडर में घूमने वाले सर्पिल पेच से बना एक उपकरण जो पानी को गुरुत्व की उल्टी दिशा में ऊपर चढ़ाने के लिए प्रयुक्त होता है

archi\pelago /आःकिपेलअगो/ *n., pl.* ~s *geog.* एक द्वीपसमूह, जो ऐसे द्वीपों से बना होता है जिन्हें पानी से भरी नदियां या समुद्र का पानी एक दूसरे से अलग करता है;

dw/lw: **~-phile** /आःकिफिल/ *n.* खिलौने-भालुओं का प्रेमी या संग्राहक; **~phoneme** /आःकिफोनीम/ *n., ling.* महा स्वनिम

architect /आःकिटे\क्ट/ *n.* 1 भवन-निर्माण कलाविद् 2 निर्माण शिल्पविद् 3 भवन योजक व निर्माता 4 किसी वस्तु, योजना या आंदोलन का संस्थापकः Nehru, the ~ of modern India;

dw/lw: **~ural** /~क्चरल/ *adj.* स्थापत्य संबंधी, भवन-निर्माण कला संबंधी, वास्तुशिल्पीयः ~ural engineer; ~ural style; **~ure** /~क्चः/ *n.* 1 भवन-निर्माण कला या शिल्प, स्थापत्यः Gothic/ Russian/ Arabian ~ure; the ~ure of the eighteenth century 2 भवन डिजायन कला या शैली: ruins of ancient ~ure 3 (***syn.*** design) संरचना, शिल्प, संघटनः ~ure of speech; **~urally** /~क्चःलि/ *adv.* भवन-निर्माण कला के अनुसार;

p&i: **every man is an ~ of his own fortune** इंसान अपने भाग्य का स्वयं विधाता होता है

architectonic /आःकिटेक्टौनि\क/ *US* आःकिटेक्टाःनि\क/ *adj.* 1 भवन-निर्माण शिल्प संबंधी 2 संरचनात्मक 3 ज्ञान को वैज्ञानिक ढंग से सुनियोजित करने की कला संबंधी;

dw/lw: **~s** /~क्स/ *n., [sing.]* 1 भवन-निर्माण शिल्प या विज्ञान 2 ज्ञान को सुनियोजित करने का विज्ञान

architecture *see above under* **architect: *dw/lw***

architrave /आःकिट्रेव/ *n., archit.* 1 प्रस्तरपाद 2 दरवाजे या खिड़कियों का ढलता या नीचे झुकता ढांचा

archival /आःकाइवल/ पुरालेखीय, पुरालेख-संबंधी

archi\ve /आःकाइव/ (*usually* **~ves**) *n., pl.* **~ves** 1 पुरालेखागार, अभिलेखागार 2 कंप्यूटर की हार्ड डिस्क में विशेष फोल्डर जिसमें ऐसी फाइलें रखी जाती हैं जिनकी कम जरूरत पड़ती हो, पुरालेख;

v., pt. **~ved**, *pp* **~ving** इलेक्ट्रोनिक दस्तावेज संग्रहीत क.;

dw/lw: **~ist** /आःकिविस्ट/ *adj.* पुरालेखपाल, जो पुरालेखागार में संग्रहीत करने योग्य सामग्री को कैटालॉग आदि में दर्ज करके सुरक्षित रखता है

collocations: **~ve material** टीवी और रेडियो रिकॉर्डिंग जिन्हें भविष्य में जरूरत पड़ने पर दिखाने के लिए संग्रहालय में सुरक्षित रखा जाता है: ~al material from the war

archivolt /आःकिवोल्ट/ *n., archit.* तोरण-पालिका

archlute /आःक्ल्यूट/ *n.* प्राचीन वाद्य

archology /आःकौलजि/ *US* आःकाःलजि/ *n.* 1 (***syn.*** study of origins of things) उत्पत्ति विज्ञान 2 (***syn.*** science of governace) राज्य प्रशासन शास्त्र 3 (***syn.*** theory of first principles of knowledge) ज्ञान के प्रथम सिद्धांतों की सिद्धांतिका

archon /आःकॉन/ *n.* प्रमुख दंडाधिकारी

archoplasm /आःकअप्लाज्म/ *n.* तर्कुद्रव्य

archprelate /आःचप्रेलिट/ *n.* = **~bishop**

arch-presbiter /आर्च-प्रेज्बिटः/ = **~-priest** बड़ा पादरी

arc light = **~ lamp** बहुत तेज रोशनी देने वाला लैंप

Arctic /आःकटिक/ (*also often* **the Arctic)** *n.* उत्तरध्रुवीय क्षेत्र, उत्तरी ध्रुव के ईर्दगिर्द का शीत क्षेत्र;

adj. उत्तरध्रुवी;

collocations: **~ circle** उत्तरध्रुवी वृत्त; **~ fox** उत्तरध्रुवी क्षेत्र में पाई जाने वाली दो प्रकार की लोमड़ियों में से कोई एक या दोनों; **~ Ocean** उत्तर-ध्रव महासागर, **~ region** उत्तर-ध्रुव प्रदेश; **~ tern** सर्दियों में अंटार्कटिक (Antarctic) महासागर की ओर चले जाने से पहले उत्तर-ध्रुवी क्षेत्रों में पलने वाला एक छोटा प्रवासी या घुमंतू पक्षी; **~ conditions** उत्तर-ध्रुव के ईर्दगिर्द के शीत क्षेत्र का परिवेश

arctoid /आःकटॉइड/ *adj.* भालू-जैसा

arctophile /आःक्टोफाइल/ *n.* टेडी भालुओं (teddy bears) का अत्यधिक शौकीन व्यक्ति और उनका संग्रहकर्ता

Arcturus /आःक्ट्युरस/ (*also called* **Alpha Boötis**) *n., astron.* स्वाति, बूटिस (Boötes) तारामंडल में सर्वाधिक चमकीला और आकाश में चौथा सर्वाधिक दमकीला तारा
arcuate /आक्युइट/ *adj.* चापाकार, चापी
arcuation /आःक्युएशन/ *n.* चापीकरण
arcus /आःकस/ *n.* चाप
ARD *abbr.* 'Alliance for Restoration of Democracy', 'Alliance for Revival of Democracy' की प्रथमाक्षरी
ardent /आःडंट/ *adj.* 1 अति उत्साही व प्रबल भावनाओं से ओतप्रोत: ~ love; ~ hate/ longing 2 (***syn.*** enthusiastic) प्रचंड, प्रबल, उग्र, उत्कट, उद्दीप्त: ~ heat; ~ spirits 3 (***syn.*** passionate) तीव्र, जोशीला, जोशपूर्ण: ~ champion/ admirer; ~ follower; supporter; ~ student
dw/lw: **~ly** /आःडंटलि/ *adv.* प्रचंड या उग्र ढंग से, जोशो-खरोश से
ardour/ ardency /आःडः/आःडंसि/ *n.* 1 (***syn.*** passion) ओज, जोश, उत्साह: fight with ~; argue with ~ 2 (***syn.*** heat) उत्ताप, गर्मी;
arduous /आःड्युअस/ *US* आःर्जुअस/ *adj.* 1 कठिन, जटिल, दुष्कर, श्रमसाध्य, दुःसाध्य: ~ task/ duty 2 (***syn.*** steep) दुरारोह, दुर्गम: ~ paths 2 (***syn.*** hard-working) परिश्रमी, कर्मठ: ~ efforts;
dw/lw: **~ly** /~लि/ *adv.* कर्मठतापूर्वक, कड़ी मेहनत से; **~ness** /~निस/ *n.* कठिनता, जटिलता, दुःसाध्यता, कर्मठता
are /आः/ हैं, हो: you ~ here; we ~ active; they ~ inactive; ***n.*** भूमि-मापन की एक इकाई जो 100^2 (100 वर्ग) मीटर के बराबर है
area /एरिआ/ *n., pl.* **~s** 1 क्षेत्र, इलाका, भूमि: vast ~; sown ~/ ~ under crops; ~ sown to wheat/ wheat growing ~ 2 विशेष लक्ष्य के लिए निर्धारित भूमि: depressed/ special ~ 3 स्थान, जगह: geographic ~; populated ~; ~ headquarters 4 विशिष्टीकरण (specialisation) का विषय, शोध क्षेत्र 5 क्षेत्रफल, विस्तार: ~ of a room; ~ of a triangle 6 (***syn.*** theatre) नाट्यभूमि 7 किसी भवन के तहखाने के सामने की खुली जगह 8 (***syn.*** scope) किसी विषय का विस्तार-क्षेत्र: **~s** of agreement 9 दृष्टिकोण, विचार-क्षेत्र: ~ of thought;
dw/lw: **~l** /एरिअल/ *adj.* क्षेत्रीय: ~l map/ sketch; ~ linguistics;
collocations: **~ code** किसी क्षेत्र-विशेष का टेलीफोन या डाक कोड;
p&i: **depressed/ distressed ~** विश्व आर्थिक संकट से सबसे अधिक क्षतिग्रस्त क्षेत्र, आर्थिक मंदी ग्रस्त क्षेत्र
areca /ऐरिका/ *n., pl.* **~s** 1 ऊंचा नारियल का पेड़ 2 सुपारी का पेड़;
dw/lw: **~nut** *n.* सुपारी, पूगीफल, पूगी
arena /अरीना/ *n., pl.* **~s** 1 अखाड़ा, क्रीड़ास्थल: ~ for boxing matches 2 रंगभूमि, रंगस्थल 3 सक्रिय राजनीति का क्षेत्र: the political ~; in the world ~ 4 कार्यक्षेत्र, कर्म-भूमि (area of operations);
collocations: **~ stage** मुक्त रंगमंच; **in the political/ public, etc. ~** राजनीतिक/ सार्वजनिक आदि क्षेत्रों में; **the ~ of the bears and bulls** सट्टा बाजार
arenaceous /ऐरिनेशिअस/ *adj.* 1 बालुकामय, रेत से बनी (चट्टान आदि) 2 रेत में उगने वाला
aren't /आरंट/ 1 'are not' का संक्षिप्त रूप 2 प्रश्नों में: **'Aren't** happy?'; **Aren't** they coming?
areogra\phic /ऐरिओग्रै\फिक/ *adj., Astron.* मंगल ग्रह की अवस्था एवं परिस्थिति के अध्ययन से संबंधित;
dw/lw: **~phy** /~फि/ *n.* मंगलग्रह का वैज्ञानिक अध्ययन
areola /अरीअला/ अरीएला/ ऐरीअला/ अरीओला/ *n., pl.* **~e** /अरीअलि/ or **~s** *anat.* 1 (***syn.*** area) क्षेत्रिका 2 मंडल 3 (छाती की) चूची के चारों ओर भूरे या गुलाबी ऊतक या चूची के गिर्द गोलाकार छल्ला 4 (***syn.*** interstice) अंतराल, दरार 5 आंख की पुतली के चारों ओर बनी परितारिका
arête /अरेट/ *n., mountaineering, Fr.* 1 पहाड़ के शिखर के साथ ढलवां पहाड़ी, रिज 2 तीक्ष्ण, कटक 3 उत्कर्ष, उत्कृष्टता
ARF *abbr.* 'Accounting Research Foundation', 'ASEAN Regional Forum' की प्रथमाक्षरी
argali /आःगलि/ *n., pl.* **argali** अर्गाली भेड़ जो एशिया के पहाड़ी क्षेत्रों में पाई जाती है
argent /आःजंट/ *n.* चांदी, रजत, नकली चांदी;
dw/lw: **~ic** /~टिक/ *adj.* रजतीय; **~iferous** /~टिफ़रस/ *adj.* रजतमय, रुपहला, चांदीमय; **~ine** /~टाइन/ *adj.* रजत, रजताभ
Argentina /आःजंटाइना/ *n.* अर्जेंटीना;
n. अर्जेंटीनावासी, अर्जेंटीना का नागरिक;
dw/lw: **Argentine/ Argentinian** /आःजंटाइन/ आःजेंटिनिअन/ *adj.* अर्जेंटीनावासी, अर्जेंटीना से संबंधित
argil /आःजिल/ *n.* 1 सफेद चिकनी मिट्टी, जो बर्तन बनाने में प्रयुक्त होती है 2 मृत्तिका;
dw/lw: **~laceous** /आःजिलेशिअस/ *adj., geol.* 1 चिकनी मिट्टी जैसा 2 मृण्मय, मृत्तिकामय
arginine /आःजिनीन/ आःजिनाइन/ *n., biochem.* पौधों और जानवरों की प्रोटीन में पाई जाने वाली आवश्यक अमीनो एसिड
argol /आःगौल/ *US* आःगाःल/ (*also* **tartrate**) *n.* मदिरा टंकी की अंदरूनी तह पर पाए जाने वाले अहानिकर पोटाशियम के क्रिस्टलीय अंश
argon /आःगौन/ *US* आःगाःन/ *n., chem.* (symbol **Ar.**) एक अहानिकर गैस, जो प्रकाश बल्बों में स्थिर वातावरण मुहैया करवाने के लिए प्रयुक्त होती है, आर्गन गैस
argosy /आःगसि/ *n.* (***syp.*** cargo ship) माल-पोत, जलयान
argot /आःगो/ *n., sl.* (***syn.*** jargon) अपराधियों या किसी वर्ग विशेष की (चोर या गुप्त) बोली, खास बोली
argua\ble /आःग्युअ\बल/ *adj.* 1 विवादास्पद: **~ble** point 2 संदेहास्पद 3 विवाद्य;
dw/lw: **~bly** /~बलि/ *adv.* शायद, संभवतः
argue /आःग्यू/ *v., pt.* **argued**, *pp* **arguing** 1 बहस क., तर्क-वितर्क क.: **argued** the point passionately; what are you **arguing** about? 2 के समर्थन या विरोध में तर्क या दलील रखना या प्रस्तुत क.: ~ against/ in favour of/ sth 3 (***syn.*** claim) दावा क.: ~ that black is white 4 वाद-विवाद क.: ~ about/ over sth 5 (***syn.*** quarrel) झगड़ा क.: ~ with sb (झगड़ा क.) 6 प्रमाणित क., सिद्ध क.: his accent **~s** him (to be) a foreigner 7 (***syn.*** convince) के लिए राजी क., कायल क.: he **~d** me into accepting his proposal;
dw/lw: **~ment** /आःग्युमंट/ *n.* 1 बहस, तर्क-वितर्क, शाब्दिक टकराव, वाद-विवाद: heated ~ment 2 तर्क, युक्ति, दलील: for ~ment's sake/ for the sake of ~ment; weak/ unconvincing ~ment; refute ~ments 3 झगड़ा, विवाद 4 (*syn.* summary) सार, संक्षेप, खुलासा 5 *math.* कोणांक; **~mentation** /आःग्युमंटेशन/ *n.* तर्क-वितर्क, वाद-विवाद, बहस; **~mentative** /आःग्युमेंटेटिव/ *adj.* विवादप्रिय, झगड़ालू, विवादी, अक्सर बहस में उलझने वाला, तर्कसंगत, युक्तियुक्त;
p&i: **~ away** गलती सिद्ध क.; **~ round and round the subject** बाएं-दाएं हांकना (मुद्दे पर बात न क.); **~s at home but a mole abroad** घर में शेर, बाहर सियार; **~ sb down** तर्क-वितर्क में किसी को मात देना; **~ sb out of an opinion** किसी का विचार बदलवा देना; **~ sth out** बातचीत करके कोई हल निकालना; **~ment is where two persons try to get to the last word first** बहस तब होती है जब एक आदमी दूसरे को मात देना चाहता है;
baculine ~ment (*in Latin:* **argumentum baculinum**) डंडे की दलील, जिसकी लाठी उसी की भैंस; **knock-down ~ment** धराशायी करने वाली दलील

Argus /आःगस/ *n.* सौ आंखों वाला यूनानी महाबली;
dw/lw: **~eyed** *adj.* चौकस, जागरूक, सतर्क, तीक्ष्ण-दृष्टि

argy-bargy /आःजि-बाःजि/ *n.* हल्का-फुल्का विवाद, झगड़ा;
v., pt. **argy-bargied,** *pp* **argy-bargying,** *s/he/it* **argy-bargies** जोर-जोर से बहस क.

ARHL *abbr.* 'Adjustable Rate Home Loans' की प्रथमाक्षरी

ARIA *abbr.* 'Allergic Rhinites and its Impact on Asthma' की प्रथमाक्षरी

aria /आःरिआ/ *n., pl.* **~s,** *music* 1 ओपेरा में लंबा एकल गान 2 लय, तान

Arian/Arien /एअरिअन/ *adj.* मेष राशि से संबंधित

Arian /एअरिअन/ *n.* आर्य, आर्य जाति का सदस्य

arid /ऐरिड/ *adj.* 1 शुष्क, सूखा, निर्जल: ~ desert 2 (**syn.** barren) अनुर्वर: ~ zone 3 नीरस: ~ studies;
dw/lw: **~ity/ ~ness** /अरिडिटि/ अरिडनेस/ *n.* 1 सूखापन, शुष्कता, पानी की कमी 2 अनुर्वरता 3 बांझपन

ariel /एरिअल/ *n.* पश्चिमी एशिया व अफ्रीका में पाया जाने वाला चिकारा (चिंकारा)

Aries /एअरीज/ *n., [pl.], astrol.* 21 मार्च से 20 अप्रैल के बीच पैदा होने वाले लोगों का जोडिआक चिह्न, मेष राशि

arietta /ऐरिअटा/ *n., music* हल्का-फुल्का आरिआ (aria) गान

aright /अराइट/ *adv., old use (a sort of short of* **all right***)* ठीक, ठीक से, ठीक तौर से, सही ढंग से

aril /ऐरिल/ *n.* 1 बीजचोल 2 छिलका 3 भूसी, भूसा 4 रद्दी का सामान 5 कूड़ा-कर्कट
dw/lw: **~ate** /ऐरिलेट/ *adj.* 1 बीजचोलीय 2 छिलका समेत 3 भूसी या भूसा समेत

arioso /आःरिओजो/ *n., pl.* **~s/ ariosi** /आःरिओजि/ सुरीली तान, में बजाई जाने वाली संगीत की धुन, सुरीली तान;
dw/lw: **ariose** /ऐरिओस/ *adj.* 1 सुरीला, सुरीली 2 मधुर

arise /अराइज/ *v., pt.* **arose,** *pt. p.* **arisen,** *pp* **arising** 1 जाग जाना, बिस्तरे से उठना 2 उठ खड़ा हो.: a small, white cloud **arose** above the horizon 3 उदय हो., उदित होना 4 उत्पन्न हो., वजूद में आना, पैदा हो.: a question/ a controversy **arose**; difficulties **arose**; nothing **~s** out of his statement 5 मृतक अवस्था से जी उठना (of Christ);
dw/lw: **arising** *adj.* उद्भूत, उत्पन्न;
p&i: **~ from/ out of sth** से उत्पन्न हो., में से निकलना

aristo /अरिस्टो/ ऐरिस्टो/ *n., pl.* **~s,** *colloq., often derog.* **'aristocrat'** का छोटा रूप

aristocracy /ऐरिस्टौक्रअसि/ *US* ऐरिस्टाःक्रअसि/ *n., pl.* **~cies** 1 अभिजातीय शासन-तंत्र 2 अभिजात/ कुलीन वर्ग 3 वैभवशाली लोग;

aristocrat /ऐरिस्टअक्रै\ट/ अरिस्टअक्रै\ट/ *n.* 1 अभिजात वर्ग का सदस्य, कुलीन, अभिजात वर्ग का व्यक्ति 2 शानदार व्यक्ति (stylish person);
dw/lw: **~tic** /~टिक/ *adj.* 1 अभिजातीय, कुलीन 2 सुसंस्कृत, शिष्ट 3 अभिजात-तंत्रीय 4 अभिजात-वर्गीय, कुलीन, अभिजात 5 (**syn.** grand, stylish) भव्य, वैभवशाली, शानदार; **~tism** /~टिक/ *n.* अभिजातवाद, कुलीनवाद

Aristotelian /ऐरिस्टअटीलिअन/ ऐरिस्टॉटीलिअन/ *adj.* यूनानी दार्शनिक अरस्तू (Aristotle) संबंधी, अरस्तू का;
n. अरस्तू का अनुयायी

arithmancy /अरिथमैंसि/ *n.* अंकों पर आधारित ज्योतिष

arithmetic /अरिथ्मअटिक/ *n.* 1 गणित, अंकगणित, पाटी गणित: four operations (=, -, x, ÷) of ~ 2 गणन, अंक-गणन 3 किसी विषय का ज्ञान या समझ: his ~ is poor 4 हुनर, कला;
dw/lw: **~al** /अरिथ्मेटिकल/ *adj.* गणितीय, अंकगणितीय, हिसाबी; **~cally** /अरिथ्मेटिकलि/ *adv.* अंकगणित के अनुसार; **~ian** /अरिथ्मेटिशिअन/ *n.* अंकगणितज्ञ
collocations: **~ logic unit** (*abbr.* **ALU**), *comput.* कंप्यूटर की केंद्रीय संसाधन इकाई (central processing unit) में ऐसा जाल (circuit) जो कई अंकगणितीय और कई तार्किक क्रियाओं (operations) को अंजाम देता है; **~ mean** योगात्मक माध्य; **arithmetic progression** समांतर श्रेणी

Ariz *abbr. US state* 'Arizona' का संक्षेप

Ark *abbr. US state* 'Arkansas' का संक्षेप

ark /आःक/ *n.* 1 बाबुल में वर्णित नोह (Noah) द्वारा निर्मित नाव, जिसमें बैठकर उनका परिवार और पशु आदि बाढ़ (Flood) से बच गए 2 पोत, नाव 3 *Judaism* सिनागोग में बनी मंजूषा, संदूक, तिजोरी, तिजौरी (chest or cupboard) जिसमें विधि दस्तावेज (scrolls) रखे जाते हैं;
p&i: **the ~ rested on mount Ararat** क्या अजूबा है!; **touch/ lay hands on the ~** अपवित्र क.; **you must have come out of the ~/ you were born in the ~** चांद से उतरकर आए हो क्या?

ARL *abbr.* 'Applied Research Laboratory' की प्रथमाक्षरी

ARM *abbr.* 'additional resource mobilisation' की प्रथमाक्षरी

arm /आःम/ *n., pl.* **~s** 1 बांह, बाजू, भुजा, बाहु 2 (**syn.** branch, wing) शाखिका, अंग: all **~s** of the fighting forces (सेना के सब अंग) 3 आस्तीन (sleeve) 4 कुर्सी का बाजू 5 बाजू के आकार का: the ~ of the record player 6 सत्ता, शक्ति, प्रभाव (power and influence): the ~ of the law 7 (*usually* **arms**) शस्त्र, अस्त्र, हथियार, आयुध: stand of **~s** (सैनिक को हथियारों से लैस करने की क्रिया); be under **~s** (हथियारों से लैस); carry **~s** (हथियार रखना) 8 संकरी खाड़ी 9 पेड़ की बड़ी शाखा 10 हत्था;
v., pt. **~ed,** *pp* **~ing** 1 हथियारों से लैस क., अस्त्र-शस्त्र से सज्जित क. 2 चद्दर (plate) लगाना, पट्टित या कवचित क. 3 बम को गिराने के लिए तैयार क. 4 सज्जित क., से लैस हो.: ~ oneself with knowledge;
dw/lw: **~ament** /आःमअमंट/ (*usually* ~aments) *n., pl.* ~aments 1 सेना व युद्ध-सामग्री, गोला-बारूद: bloated ~aments; conventional ~aments; nuclear ~aments 2 युद्ध की तैयारी: rush of ~aments; **~band** *n.* बाजूबंद पट्टी; **~bands** *UK* तैरना सीखते समय हवा भर कर प्रयोग की जाने वाली थैली; **~chair** (*also* ~ed-chair) *n.* 1 आराम कुर्सी 2 व्यावहारिक कार्य की बजाए सैद्धांतिक बातों में रुचि लेने वाला व्यक्ति: ~chair critic/ revolutionary (निष्क्रिय या हवाबाजी करने वाला समीक्षक या क्रांतिकारी); **~ed** *adj.* 1 हथियारबंद, सशस्त्र: ~ed services/ forces; ~ed neutrality (सैन्य तटस्थता); ~ed with sth (दलीलों, तथ्यों या वस्तु आदि से) लैस 2 कवचित (of vehicle); **~ful** *n., pl.* ~fuls अंकवार-भर, बांहों भर, बाहु पाश में जितना आ सके; **~hole** *n.* कमीज, कोट या ब्लाउज का मोंढा/ मोढा; **~ing** *n.* हथियारों से लैस करने की कार्यवाही; **~less** /आःमलिस/ *adj.* शस्त्रहीन, निहत्था; **~let** /आःमलअट/ *n.* बाजूबंद; **~like** *adj.* बाजू जैसा; **~lock** *n.* कुश्ती का एक दांव; **~pit** *n.* कांख, बगल; **~rack** *n.* बंदूकें रखने का खाना; **~rest** *n.* कुर्सी की बांह; **~s** /आःम्ज/ *n., [pl.]* हथियार, अस्त्र-शस्त्र: ~s race (1 हथियार बनाने या पाने की होड़ 2 कुछ देशों के बीच नवीनतम हथियारों को ज्यादा से ज्यादा मात्रा में इकट्ठा करने की होड़); **~twisting** *n.* 1 जबरदस्ती कुछ करवाने की क्रिया 2 ब्लैकमेलिंग, भय-दोहन, भावनात्मक दोहन 3 यातना; **~wrestling** (*also* **~bending**) *n.* पंजा लड़ाई;
collocations: **~ament drive/ race = ~s race** हथियारों की होड़, आयुध-स्पर्धा; **~ candy** लोगों पर रोब डालने के लिए आम सभाओं में किसी द्वारा अपने साथ लाई जाने वाली सुंदरी; **~ sling** चोटिल हाथ को सहारा देने के लिए लटकती पट्टी;
coat of ~s कुल चिह्न; **cold ~s** ठंडे हथियार; **infant in ~s** दूध पीता शिशु; **right ~** दायां हाथ, प्रमुख सहायक; **secular ~** धर्मनिर्पेक्ष शासन; **the ~ed forces** (*also* **the ~ed services**) थल, वायु व नौसेना;

p&i: **~ed to the teeth** सिर से पांव तक हथियारों से लैस; **~ in** ~ हाथ में हाथ डाले;
a babe in ~s दूध पीता बच्चा; **bear ~s** सैनिक बनना; **chance one's ~** खतरा उठाना; **companions in arms** सैनिक साथी; **cost/ pay an ~ and a leg** बहुत पैसा लगना या दे.; **fold one's ~s** बांहों को छाती पर आजू-बाजू रखना; **fly to ~s** जल्दी-जल्दी युद्ध के लिए तैयार हो.; **in ~s** हथियारबंद, लड़ाई के लिए तैयार, युद्ध-तत्पर; **in the ~s of Morpheus** नींद (स्वप्नों) की गोद में; **keep at ~'s length** कोसों दूर रखना; **lay down one's ~s** हथियार डालना; **long as one's ~** बहुत लंबा; **make a long ~** अंगड़ाई लेना, या हाथ को लंबा फैलाना; **of all ~s** सेना के सभी अंगों से संबंधित; **put one's ~ out further than one can draw it back again** सामर्थ्य से ज्यादा प्रयास क.; **put the ~ on sb** 1 मुक्के से प्रहार क. 2 किसी को जबरदस्ती रोकना; **receive/ welcome sb with open ~s** किसी का गर्मजोशी से स्वागत क.; **rescue sb from the ~s of death** किसी को मौत के मुंह से बचाना; **rise in ~s (against)** विद्रोह क.; **run/ rush/ fling/ fly into sb's ~s** 1 किसी से मदद मांगने पर मजबूर हो. 2 किसी की बांहों में जा बंधना; **stretch your ~ no further than your sleeve will reach** जितनी चादर उतने पांव पसारो; **take up ~s** उग्र विरोध क., हथियार उठाना, विद्रोह क., युद्ध करने लगना; **the long ~ of coincidence** कैसा विस्मयकारी संयोग है!; **the long ~ of the law** (कानून के लंबे हाथ, कानून की शक्ति); **the secular ~** धर्म-निरपेक्ष सरकार; **the strong ~ tactics** जोर-जबरदस्ती करने के तरीके; **throw down one's ~s** हथियार डालना; **throw oneself into sb's ~s** 1 किसी से सुरक्षा की भीख मांगना 2 किसी की बांहों में बंध जा.; **to ~s** शस्त्र उठाओ!; **twist sb's ~ = use the strong ~ tactics** 1 बाजू मरोड़ना यानी जोर-जबरदस्ती क. 2 यातना दे. 3 ब्लैकमेल क.; **under ~s** हथियारबंद, हथियारों से लैस; **under one's ~** अपने नियंत्रण में; **under the ~s** बेकार; **up in ~s** विद्रोह क.; **up to the ~pits** *US* सिर से लेकर पांव तक; **within ~'s reach** बहुत निकट; **with one ~ tied** 1 असहाय अवस्था में 2 आसानी से; **with open ~** गर्मजोशी से;

armada /आ:मा:डा/ आ:मेडा/ *n.* 1 (***syn.*** fleet, flotila) युद्धपोतों का बेड़ा 2 **the Armada** 1588 में स्पेन द्वारा इंग्लैंड पर हमला करने के लिए भेजा गया जहाजों का बेड़ा

ARMADA *abbr.* 'Association of Resource Managers against Alcohol and Drug Abuse' की प्रथमाक्षरी

armadillo /आ:मअडिलो/ *n., pl.* **~s** एक छोटा-सा अमेरिकी स्तनधारी रात्रि जीव, वर्मी

armageddon /आ:मअगेडन/ *n.* 1 (बाइबल की) न्यू टेस्टामेंट में वर्णित अंतिम निर्णय दिवस (कयामत) से पहले भलाई और बुराई की शक्तियों के बीच अंतिम युद्ध 2 कोई भी झगड़ा, युद्ध या महायुद्ध

Armagnac /आ:मन्यैक/ *n.* उत्तम श्रेणी की एक फ्रांसीसी ब्रैंडी

armalite /आ:मअलाइट/ *n., tradem.* छोटे बोर या छिद्र वाली तेज या दूर-मारक आक्रमण राइफल

armament आ:ममंट/ *n., pl.* **~s** *see above under* **arm: *dw/lw***

armature /आ:मअचः/ *n., engin.* 1 एक घूमने वाला विद्युत-चुंबकीय उपकरण जिसमें चुंबकीय फील्ड (magnetic field) द्वारा वोल्टेज (electric voltage) पैदा की जाती है 2 बनाई जा रही पत्थर की मूर्ति को सहारा देने के लिए बांधी जाने वाली तार 3 कवच, शस्त्रास्त्र

armband, armchair *see above under* **arm: *dw/lw***

arm candy *see above under* **arm: *collocations***

ARMD *abbr.* 'age related muscular degeneration' की प्रथमाक्षरी

armed *see above under* **arm: *dw/lw***

Armenia /आ:मीनिया/ *n.* अर्मेनिया;
dw/lw: **~n** /आ:मीनिअन/ *n.* अर्मेनियायी नागरिक, अर्मेनियायी भाषा

armet /आ:मेट/ *n.* मध्ययुगीन शिरस्त्राण, गोलाकार धातु टोप

armful, armhole *see above under* **arm: *dw/lw***

armiger /आ:मिजः/ *n.* शूरवीर या सामंत जो कुल-चिह्न पहन सकता है (*see* ***Don Quixote*** of Miguel Cervantes);
adj. अव्यावहारिक, कोरा, कोरा सिद्धांतवादी (Don-Quixotic)

armilla\ /आ:मि\ला/ *n.* 1 कंगन, बाजूबंद 2 मणिबंध 3 *botany* वलयक;
dw/lw: **~ry** /~लरि/ *adj.* वलयीय, छल्लेदार, वलयी; **~te** /~लअट/ *adj.* वलयकी

armipo\tence /आ:मिपो\टंस/ *n.* सैन्य-शक्ति;
dw/lw: **~tent** /~टंट/ *n.* सैन्य-शक्ति संपन्न, महाशक्तिशाली

armistice /आ:र्मिस्टिस/ *n.* युद्ध विराम, युद्ध-विराम-संधि: general/ partial ~;
collocations: **Armistice Day** *n.* 11 नवंबर 1918 का दिन जब प्रथम विश्वयुद्ध समाप्त हुआ था। द्वितीय विश्व-युद्ध की समाप्ति के बाद से यह दिन '**Remembrance Day**' यानी स्मृति-दिवस के रूप में मनाया जाता है

ARML *abbr.* 'Advanced Radio Masts Limited' की प्रथमाक्षरी

armlet, armlock *see above under* **arm: *dw***

armoire /आ:मवा:/ *n., Fr.* = ambry भंडार, दीवार में आळा (*Hr.*)

armorial /आ:मॉरिअल/ *adj.* कुल-चिह्न संबंधी, आयुधांक संबंधी
n. कुल-चिह्न-पुस्तिका

armour /*UK* (*US* **armor**) /आ:मः/ *n., hist.* 1 कवच, बख्तर, वर्म 2 कुल-चिह्न और प्रतीक 3 युद्ध में आत्म-सुरक्षा के लिए पहनी जाने वाली धातु-पोशाक;
dw/lw: **~-bearer** 1 कवच-वाहक, शस्त्र वाहक 2 स्क्वायर 3 भूपति, जमींदार 4 कुल-चिह्न वाहक; **~-clad** कवचधारी, कवचित, बख्तरबंद; **~ed** *see below under separate entry*; **~er** /आ:मरः/ *n.* शस्त्र साज, शस्त्रकार; **~-piercing** कवचभेदी; **~-plate** *n.* चद्दर; **~-plating** *n.* चद्दर-चढ़ाई;
p&i: **a chick in sb's ~ = Achilles heel** मर्मस्थल

armoured *UK* (*US* **armored)** /आ:मःड/ *adj.* 1 बख्तरबंद, कवचित: ~ car; ~ personnel carrier; ~ fighting vehicle; ~ turret; ~ observation post 2 शस्त्र-सज्जित: ~ forces 3 संवर्धित: ~ cable; ~ glass; ~ hose;
collocations: **~ car.** बख्तरबंद कार, बख्तरबंद गाड़ी; **~ concrete** संवर्धित कंक्रीट; **~ cow** *US milit. sl.* गाढ़ा बनाया हुआ दूध; **~ fighting vehicle** (*abbr.* **AFV**) बख्तरबंद सैनिक गाड़ी (टैंक, कार, सैनिक वाहक गाड़ी आदि); **~ personnel carrier** सैनिक वाहक गाड़ी; **~ ship** बख्तरबंद जहाज; **~ train** बख्तरबंद रेलगाड़ी

armourer *see above under* **armour: *dw/lw:* ~ shop**

armoury /आ:मरि/ *n., pl.* **armouries** 1 शस्त्रागार, हथियार घर 2 हथियार संग्रहालय 3 *US* हथियार निर्माणशाला 4 ज्ञान, कला, हुनर आदि का संग्रहालय, जहां से जरूरत पड़ने पर किसी हुनर को प्रयोग के लिए लिया जा सकता है;
p&i: **many cunning wiles in his ~** उसके पास कई धूर्त चालें हैं

armpit *see above under* **arm: *dw/lw***

arm-twisting *see above under* **arm: *dw/lw***

ARMS *abbr.* 'Automated Resource Management System' की प्रथमाक्षरी

armrest, arms *see above under* **arm: *dw/lw***

army /आ:मि/ *n., pl.* **armies** 1 सेना, फौज: Indian ~; the ~ in the field सक्रिय सेना; ~ of occupation 2 दल 3 भीड़, समूह: an ~ of supporters; ~ of unemployed 4 टुकड़ियां: ~ corps; ~ troops (सैनिक टुकड़ी) 5 बहुतायत: ~ of words 6 संगठन;
collocations: **~ ant** विध्वंसकारी चींटियां जो अक्सर उष्ण

कटिबंधी (tropical America) अमेरिका में मिलती हैं और वे अपने लिए भोजन की खोज में विशाल झुंडों में घूमती हैं; ~ **corps** सैनिक दल; ~ **list** सैनिक अधिकारी-सूची; ~ **surplus** सैनिक खपत से बचा समान

blue ribbon ~ पीने से परहेज करने वालों की बिरादरी

ARN *abbr.* 'Army Reserve North' की प्रथमाक्षरी

arnica /आःनिका/ *n.* 1 नर्म तापमान वाले उत्तरी ध्रुवी क्षेत्रों में पाया जाने वाला औषधीय पौधा 2 इस पौधे के सूखे पत्तों से बनाई जाने वाली टिंक्चर

A-road *n.* 1 *UK* मोटरवे (motorway) से कम परंतु बी-रोड (B-road) से ज्यादा महत्त्वपूर्ण सड़क 2 मुख्य पथ या सड़क (राजपथ, जनपथ)

AROCHEM *abbr.* '(National) Aromatics and Petrochemicals Corporation' की प्रथमाक्षरी

AROI *abbr.* 'Association of Radiation Oncologists of India' की प्रथमाक्षरी

aroma /अरोमा/ *n., pl.* **~s** 1 सुरभि, सुगंध, खुशबूः the delicate ~ 2 विशेषता, गुणः the delicate ~ of his nature 3 सुवास;

dw/lw: **~tic** /ऐरोमैटिक/ *adj.* (***syn.*** fragrant) सुरभित, सुगंधित, खुशबूदारः ~tic compound; ~tic oil; **~tize**/ **~tise** /अरमटाइज/ *v. pt.* ~tized, *pp* ~tizing सुगंधित क., सुवासित क.; **~tization** /अरोमटाइजेशन/ *n.* सुगंधिकरण

collocations: ~ **therapist** गंध-चिकित्सक; ~ **therapy** गंध-चिकित्सा

arose /अरोज/ *pt.,* **'arise'** का भूतकाल, उठा, खड़ा हुआ

around /अराउंड/ *prep.* (*also UK* **round**) 1 इर्दगिर्द, चारों तरफः scattered ~; travel ~ the world; roam ~ the country; he wrapped his blanket ~ him; the child played ~ the house 2 विपरीत दिशा में: turned ~ 3 अलग-अलग दिशाओं में: she gave a glance ~ the room 4 अलग-अलग जगहों परः he leaves his books ~ the house 5 लगभगः ~ 100 students; it cost ~ five hundred rupees; ~ four o'clock 6 के पास में: just ~ the corner;

adv. 1 इधर-उधर, सभी तरफ, सभी जगह, चारों ओरः see for miles ~ (मीलों दूर तक); a dense fog lay ~; all ~ were signs of decay; follow sb ~ 2 लगभगः for ten kilometres ~; the tree measures four feet ~ 3 यहीं-कहीं, पास में, आस-पासः best to shop ~; the river must be ~ her; there was no one ~; hang ~ 4 विभिन्न दिशाओं में: he walked ~ to see the town 5 वापस, उलटी दिशा में: turn **~!** you are going the wrong way;

p&i: **~ the clock** रात-दिन;

all ~ हर जगह, चारों ओर; **be** ~ किसी क्षेत्र में अनुभवी हो., वजूद में हो.; **be up and** ~ स्वस्थ, चुस्त-दुरुस्त हो.; **fool** ~ मूर्खतापूर्ण व्यवहार क.; **get** ~ *colloq.* 1 अफवाह आदि का फैल जाना 2 घाट-घाट का पानी पीकर अनुभवी हो. 3 चलना या पहुंचनाः get ~ by bus (बस से पहुंचना) 4 समस्या का हल निकालनाः having more staff will get ~ the problem; **get ~ to sth/ to doing sth** संभाल लेना, अनमने-से करने लगना; **have been ~** *colloq.* 1 घाट-घाट का पानी पिए हैं 2 *euphemistic* बहुत देखे हैं/ देखी हैं; **throw one's money** ~ पैसे लुटाना या बर्बाद क.; **throw one's weight** ~ रोब झाड़ना, अपनी महत्ता जताना

arousal /अराउजल/ *n.* 1 कामोत्तेजना 2 उत्तेजना

arou\se /अराउज/ *v., pt.* **~sed**, *pp* **~sing** 1 जागना, जगाना, जाग्रत क. या हो.: **~se** sb from his sleep; the village began to **~se** 2 सचेत क. या हो. 3 (***syn.*** excite) उत्तेजित क. या हो., भड़काना, भड़कनाः **~se** pity/ sorrow/ suspicion, curiosity; **~se** the dormant faculties 4 कामोत्तेजित क. या हो.

arow /अरो/ *adv.* पंक्तिबद्ध

ARP *abbr.* 'air-raid precautions' की प्रथमाक्षरी

ARPA *abbr.* 'Advanced Research Projects Agency' की प्रथमाक्षरी

arpeggio /आःपेजिओ/ *n., pl.* **~s** मीड़, एक के बाद एक जल्दी-जल्दी बजाए जाने वाले स्वर

ARPU *abbr.* 'average revenue per user' की प्रथमाक्षरी

arquebus/ **harquebus** /आःक्विबस/ हाःक्विबस/ *n., hist.* पुरानी चल तोप

arr /आःर/ *n., colloq.* 1 घाव 2 खरोंच

arr. *abbr.* 'arranged by', 'arrival', 'arrives' का छोटा रूप

ARR 'annual revenue requirement', 'Asia Recovery Report' की प्रथमाक्षरी

arrack /अरैक/ ऐरेक/ *n.* चावल या राब (गुड़) से बनी एक तरह की तेज शराब, अर्क

arraign /अरेन/ *v., pt.* **~ed**, *pp* **~ing** 1 अभियोग लगाना, दोषारोपण क.: be **~ed** for murder/ be **~ed** on a charge of murder 2 *law* आरोपित व्यक्ति को आरोप का जवाब देने के लिए कचहरी में पेश क. 3 किसी बात पर आपत्ति क., आक्षेप क. 4 किसी पर संदेह प्रकट क.;

dw/lw: **~er** /अरेनः/ *n.* दोषारोपण करने वाला; **~ment** /अरेनमंट/ *n.* 1 दोषारोपण, अभियोग 2 कटु आलोचना 3 आक्षेप

arrange /अरेंज/ *v., pt.* **~d**, *pp* **arranging** 1 का प्रबंध क., व्यवस्था क.: ~ for sth 2 कुछ करने के लिए कदम उठानाः ~ for the car to be there 3 सुनियोजित ढंग से तैयारी क.: **~d** their holiday 4 सुव्यवस्थित क.: ~ one's hair/ one's dress, one's tie; ~ oneself; ~ business/ affairs 5 तरतीब से रखना, क्रमबद्ध ढंग से सजाना, संजोना, वर्गीकरण क., क्रमबद्ध क. (classify, put into the proper order): ~ books in alphabetical order; ~ books on the shelves 6 समझौता कराना, निपटाना (settle): differences have been **~d** 7 (***syn.*** adapt) स्थिति अनुसार ढालना, के अनुसार रूपांतरित क.: ~ a novel for the stage; ~ a play etc. 8 निश्चित क.: ~ with sb (to do sth) (किसी के साथ कोई कार्य करना तय क.); ~ about transportation; ~ for an appointment 9 (***syn.*** deploy) पंक्तिबद्ध क., तैनात क.: ~ troops for battle 10 (***syn.*** fine-tune) अनुकूलन क., वाद्यवृंदकरण क. 11 कोई चीज लगाना;

dw/lw: **~d** /अरेंजड/ *adj.* 1 प्रबंधितः ~d three tickets to film show 2 व्यवस्थितः chairs ~d in three rows 3 (settled) ठीक-ठाक, निपटारितः ~d the differences 4 किसी दूसरे द्वारा निर्धारितः ~d marriage; **~ment** /अरेंजमंट/ *n.* 1 प्रबंध, व्यवस्था, इंतजाम, आयोजनः ~ment of an event 2 (*syn.* consent, coordination) सहमति, समन्वय, सामंजस्य 3 विन्यास, तरतीब से की हुई व्यवस्था, सजावट 4 (*syn.* agreement) समझौता 5 (*syn.* adaptation) अनुकूलन 6 (*syn.* contrivance) युगत, जुगाड़, यंत्र 7 (*syn.* fine-tuning) वाद्यवृंदकरण 8 *journalism* योजन; **~r** /अरेंजः/ *n.* 1 प्रबंध करने वालाः ~rs of care services for the elderly 2 दूसरों द्वारा रचित संगीत का पुनः सामंजस्य करने वाला;

p&i: **make ~s** 1 किसी से कोई सहमति बनाना 2 इंतजाम क.

arrant /ऐरंट/ *adj.* 1 पूरा, पक्का, निराः ~ fool; ~ nonsense 2 मंजा हुआः an ~ liar; ~ thief

array /अरे/ *n.* 1 (***syn.*** finery, fine clothes) *poetic* ठाठ-बाट, सज-धज, तड़क-भड़कः holiday ~ 2 व्यूह-रचनाः troops in battle ~ 3 *maths.* विन्यास, क्रम-विन्यास (arrangements in rows and columns) 4 बहु-संख्या, बड़ी तादाद, कुल संख्या (impressive number, display): a dazzling ~ of talent 5 (***syn.*** army, troops) सेना 6 सूचनाओं व आंकड़ों की कंप्यूटर में व्यवस्था (arrangement of data in computer): ~ of information 7 ज्युरी के सदस्यों की संख्या;

v. pt. **~ed**, *pp* **~ing** 1 तैयार क., क्रम में रखना, प्रदर्शित क.: jars of different shapes were **~ed** on the shelves 2 सजना-धजना या सजा-धजाकर रखना, अच्छे कपड़े पहनना या पहनानाः ~ oneself 3 तैनात क., व्यूह-रचना क. 4 सूची में नाम लिखना (empanel);

dw/lw: **~al/ ~ment** /अरेअल/ अरेमंट/ *n.* व्यवस्थापन, विन्यास; **~ed** /अरेड/ *adj.* व्यवस्थित; **~er** /अरेअ:/ *n.* व्यूह-रचना करने वाला

arrearage /अरिअरिज/ *n.* 1 बकाया 2 देनदारी 3 पिछड़ने की क्रिया (lagging behind): **~s** of housing

arrears /अरिअ:ज/ *n., [pl.]* 1 बकाया, शेष राशि: ~ of dearness allowance; **~s** of interest.; **~s** of rent/ of wages; collect **~s** 2 जिसकी तरफ बकाया हो 3 काम में पिछड़ा हुआ;

p&i: **be in ~ (s)** 1 देनदारी में हो. 2 काम पूरा करने में पिछड़ा हो.; **in ~** 1 उधार चुकाने, काम पूरा करने, किए गए वायदे आदि में पिछड़ा हुआ 2 मासिक किश्त चुकाने में चूका हुआ; **in ~ of ...** पीछे छूटा हुआ

arrest /अरेस्ट/ *v., pt.* **~ed**, *pp* **~ing** 1 गिरफ्तार क., हवालात में डालना: ~ sb for drug-pedalling 2 थामना, बढ़त रोकना, मूल्य वृद्धि आदि रोकना: ~ growth; ~ inflation; ~ the university's decline 3 बीमारी आदि का फैलाव रोकना 4 आकर्षित क., किसी का ध्यान खींचना: ~ sight/ attention, interest 5 (***syn.*** cardiac arrest) दिल का दौरा पड़ना: he **~ed** on way to the hospital;

n. 1 गिरफ्तारी, बंदीकरण: put sb under ~ 2 नजरबंदी: ~ to the room 3 (माल आदि की) कुर्की या जब्त करने की क्रिया: put sth under ~ 4 रोक, स्थगन: ~ of haemorrhage; ~ of judgement 5 अवरोध, रुकावट: ~ of development;

dw/lw: **~ed** *adj.* अवरुद्ध, गिरफ्तार, बंदी; **~er/ ~or** 1 बंदीकर्ता 2 बिजली के करंट को निकालने यानी डिस्चार्ज (discharge) करने वाला: lightning ~er; **~ment** *n.* 1 अवरोध 2 कर्जदार की संपत्ति की कुर्की; **~ing** /अरेस्टिंग/ *adj.* 1 दिलचस्प, रुचिकर, आकर्षक: ~ing speech 2 विरामक: ~ing device 3 गिरफ्तार करने वाला: the ~ing officer;

collocations: **an ~able offence** ऐसा अपराध जिसके कारण गिरफ्तारी की जा सके; **under ~** हिरासत में, गिरफ्तार;

p&i: **~ goods** माल जब्त क.

arrêt /अरे/ *n., Fr.* 1 आदेश 2 फ्रांस के राजा या संसद का आदेश

arrhythmia /अरिथ्मिआ/ *n., physiol.* 1 हृदय की धड़कन में गड़बड़ 2 दिल-धड़कन में असामान्यता

arride /अराइड/ *v., pt.* **~d**, *pp* **arriding** संतुष्ट क., प्रसन्न क.

arriere-pensee /आरिएआ पांसे/ *n., Fr.* 1 (***syn.*** ulterior motive) बुरा इरादा, घटिया मंशा: have no ~ (मन में कोई चोर न हो.) 2 (*mental reservation*) हिचक, मानसिक उलझन: without ~ (सच्चे हृदय से, बिना किसी मानसिक उलझन के)

arris /ऐरिस/ *n., pl.* **~es** *archit.* पत्थर या धातु की दो सतहों के मिलने के कारण बना तेज किनारा या कोण: ~ rail *archit.* तिकोणे हिस्से के कारण बनी लकड़ी या धातु की रेल: ~ tile (छत की एक कोणीय टाइल)

arrival /अराइवल/ *n.* 1 (***anton.*** departure) आगमन, पहुंच: unexpected ~; port of ~; on ~ of the train; after the ~ of sb's letter 2 आगमन, चलन: the first **~s** to the concert; ~ of dish TV 3 आगंतुक, नवजात शिशु 4 आमद, नवप्राप्ति (पुस्तकालय में पुस्तकें) 5 समझौता, फैसले आदि करने की अवस्था: ~ at a decision;

adj. आगमन से संबंधित: ~ time; ~ platform

arri\ve /अराइव/ *v., pt.* **~ved**, *pp* **~ving** 1 (***syn.*** reach) पहुंचना: **~ve** in London; the letter **~ved** by post; **~ve** punctually/ tardily/ in good time 2 वजूद में आना, वजूद दर्ज करवाना: with the purchase of the safari car he had really **~ved**; a genius who had never **~ved** 3 आना, घटित होना: the day of reckoning had **~ved**; at last the hour **~ved** 4 प्राप्त क.: **~ve** at a fortune 5 सफलता प्राप्त क. 6 किसी अवस्था या स्थिति में पहुंचना: **~ve** at the age of twenty 7 नाम क.: a star has **~ved**;

p&i: **~ve at an answer/ decision/ conclusion, etc.** उत्तर/ निर्णय/ निष्कर्ष पर पहुंचना, फैसला क.; **~ve at understanding** सहमत हो.; **~ve on the scene** वजूद दर्ज करवाना, प्रकट हो.;

he has ~ved वह सफल कलाकार या अन्य कुछ बन गया है; **the new ~** नवजात शिशु

arriviste /ऐरीवीस्ट/ *n.* जबरदस्ती अपने को थोपने वाला व्यक्ति

arro\gance /ऐरअगंस/ *n.* 1 घमंड, अहंकार: intolerable **~gance** 2 अक्खड़पन 3 हेकड़ी, दर्प;

dw/lw: **~gant** /~ट/ *adj.* 1 अहंकारी, अक्खड़, घमंडी 2 हेकड़ीबाज, शेखीबाज 3 उद्धत;

dw/lw: **~gantly** *adv.* अहंकार से भरकर, उद्दंडतापूर्वक;

p&i: **~gance is the obstruction of wisdom** अहंकार बुद्धि को कुंद कर देता है

arroga\te /ऐरोगेट/ ऐरअगेट/ *v., pt.* **~ted**, *pp* **~ting** 1 अनधिकार से अपनाना: they **~ted** to themselves this right 2 झूठा दावा क.;

dw/lw: **~tion** /ऐरोगेशन/ *n.* अनधिकार ग्रहण, झूठा दावा

arronddissement /आरॉडिस्मां/ *n., Fr.* 1 फ्रांस में एक प्रशासनिक इकाई (प्रांत) 2 नगर पालिका वार्ड

arrow /ऐरो/ *n.* 1 बाणमुख 2 तीरनुमा दिशा-सूचक चिह्न (→) 3 बाण, तीर, वाण शर 4 जरीब का सिरा 5 रेखाचित्र में मापक चिह्न;

dw/lw: **~-grass** *n.* सरपत घास; **~-head** n. 1 वाणमुख 2 बाणपत्र 3 वाणाग्र, तीरमुख की तेज नोक: broad ~-head; **~-headed** *adj.* तेज नोकवाला; **~-loop** रंद, बयाला, सुराख; **~-poison** *n.* वाण-विष; **~-quiver** *n.* तरकश; **~root** *n.* 1 अहारो 2 तिखार 3 महीन दानेदार मंड, जिसे भोजन में अति पाचक तत्त्व के रूप में प्रयोग करते हैं; **~-shot** *n.* वाण-परास; **~-slit** वाण सुराख; **~-wood** *n.* उत्तरी अमेरिकी पेड़ जिसकी लकड़ी तीर बनाने के लिए अति उत्तम होती है; **~y** *adj.* वाणयुक्त, तीर-जैसा: ~y minaret; ~y storm (वाण-वर्षा);

p&i: **~y swallow** तीर-सी तेज दौड़ने वाली चिड़िया; **~y tongue** तीखी जबान **~y words** तीर से चुभने वाले शब्द;

an ~ left in sb's quiver बचे हुए साधन; **a straight ~** सीधा, ईमानदार व्यक्ति; **as straight as an ~** तीर की तरह सीधा; **sharp ~y wit** तेज बुद्धि

arroyo /ऐरॉइओ/ *n., Sp.* 1 सूखा नाला 2 नदिका पथरीली खड्ड

ARRs *abbr.* 'average room rates' की प्रथमाक्षरी

ARS *abbr.* 'Agriculture Research Service' की प्रथमाक्षरी

arse /आ:स/ *UK* (*also US* **ass** /ऐस/) *n., pl.* **~s**, *sl.* 1 चूतड़, नितंब 2 घिनौना व्यक्ति: a wild-~ 3 संभोग;

adj. *in compounds*: **fat-~d/ big-~d** मोटे चूतड़ों वाला;

v. (*also* **~ about/ around**) *pt.* **~d**, *pp* **arsing** बेवकूफों की तरह व्यवहार क.;

dw/lw: **~hole/ asshole** *sl.* एक प्रकार की गाली; **~-licker/ ass-licker** एक प्रकार की गाली;

collocations: **~ bandit** *sl.* समलिंगी;

p&i: **~ over tip** उल्टा-सीधा हो.;

can't be ~d to do sth कोई काम करने का मन न हो.; **get one's ~ in gear** कुछ करने के लिए प्रेरित हो.; **my ~!** *excl.* और कितनी लंबी छोड़ोगे?!; **not know one's ~ from one's elbow** कख (*Punjabi*, कुछ भी) समझ में न आना; **work your ~ off** जी-तोड़ मेहनत क.

arsenal /आ:सनल/ *n.* 1 शस्त्रास्त्र भंडार, बारूद का अंबार, आयुधशाला, शस्त्रागार 2 विध्वंसक दलीलों आदि का भंडार

arsenic /आ:सनिक/ *n.* 1 एक रासायनिक तत्त्व जिसका चिह्न है **'As'** 2 एक अत्यंत विषैला रासायनिक पदार्थ, संखिया;

dw/lw: **arsenious/ arsenous** *adj.* संखियायुक्त;

collocations: **the ~ hour** शाम के भोजन से पहले का समय जब घर में माता-पिता व बच्चों के एक साथ होने की बदौलत अच्छी-खासी चहल-पहल होती है

arseni\de /आ:सना\इड/ *n.* आर्सनिक का किसी अन्य तत्त्व

(उदाहरणतः हाइड्रोजन) के साथ मिश्रण;
***dw/lw:* ~te** /~इट/ *n., chem.* आर्सिनस अम्ल का एक लवण
arsine /आःसीन/ *n.* सैनिक उद्देश्यों के लिए प्रयोग की जाने वाली एक रंगरहित जहरीली गैस
arsis /आःसिस/ *n.* छंद चरण (पाद) का बलाघातित (stressed) शब्दांश (syllable)
arsey /आःसि/ *adj., Austral.* बहुत भाग्यशाली
arson /आःसन/ *n.* आगजनी, गृहदाह;
***dw/lw:* ~ist** /आःसअनिस्ट/ *n.* आगजनी करने वाला व्यक्ति
ART *abbr.* 'Anti-Retroviral Treatment', 'Artists Repertory Theatre', 'Assisted Reproductive Technology' की प्रथमाक्षरी
art /आःट/ *n.* 1 कला: antique ~; popular/ folk ~; work/ masterpiece/ treasures of ~; be concerned in ~ (कला में रुचि हो.); decorative/ applied ~; be talented for an ~ (कला के किसी पहलू में मेधावी हो.); ~ critic; ~ director 2 (**the ~s, *syn.***, humanities, *also see below under* ***dw/lw***) कला-संबंधी विषय: faculty of **~s**; liberal **~s**; Bachelor/ Master of **Arts**; graduate in **Arts** 3 शिल्प, शिल्पकारी, दस्तकारी: useful/ mechanical, industrial ~ 4 रचनात्मकता, दक्षता, हुनर, कौशल, निपुणता: ~ of healing; ~ of execution; the lost ~ of conversation 5 (***syn.*** cunning) चालाकी, कपट: he gained his ends by ~;
dw/lw:* ~ful** /~फुल/ *adj.* 1 धूर्त, चालाक, चालबाज, तिकड़मी 2 (syn.*** skilful) निपुण, चतुर 3 (***syn.*** artificial) कृत्रिम; **~fully** /~फुलि/ *adv.* दक्षतापूर्वक, चतुराई से, चालाकी से; **~fulness** /~फुलनिस/ *n.* धूर्तता, चालाकी, चालबाजी, चतुराई; **~less** *see below under separate entry*; **arts** /आःट्स/ (*also US* **liberal arts**) *n., [pl.]* 1 (**the ~s**) कला संबंधी विषय, कला शिक्षा के विषय, मानविकी (साहित्य, संगीत, नाट्य-कला, नृत्य कला, सिनेमा, चित्रण, भवन-निर्माण-कला आदि) के विषय 2 पेंटिंग, संगीत, फिल्म, नृत्य, साहित्य संबंधी गतिविधियां या कार्यक्रम: ~s and crafts (दस्तकारी); **~ work** *n.* पुस्तक आदि में चित्र, डिजाइन आदि कलात्मक कार्य; **arty** *see below under separate entry*;
***collocations:* ~ cinema/ ~ movie/ ~ film** ≠ commercial cinema कलात्मक सिनेमा यानी बाजारू सिनेमा के ऐन उल्टे कलात्मक सिनेमा की फिल्म में कलात्मक पहलुओं को अधिक महत्त्व दिया जाता है; **~ crafty** कलाढोंगी, कलादंभी; **~ dealer** कलात्मक वस्तुओं का व्यापारी; **~ deco/ Art Deco** /डेको/ 1920-1930 के दशकों में पनपी आंतरिक डिजाइन (interior design) की एक शैली; **~ edition** कलात्मक संस्करण; **~ exhibition** कला प्रदर्शनी; **~ film** ≠ commercial film; **~ form** कलारूप, कलात्मक रूप; **~ gallery** कला दीर्घा; **~ house** कलात्मक फिल्में दिखाने वाला सिनेमा घर; **~ needlework** कलात्मक कढ़ाई; **~s centre** कला केंद्र; **~s and crafts** कलात्मक व व्यावहारिक वस्तुएं बनाने संबंधी कार्य; **Arts and Crafts Movement** उन्नीसवीं सदी के अंत में इंग्लैंड में चला एक आंदोलन जिसके तहत बढ़ते हुए यंत्रीकरण की पृष्ठभूमि में कलात्मक व व्यावहारिक वस्तुओं के महत्त्व पर बल दिया जाता था; **~s therapy** *psychol.* कला-चिकित्सा; **~ still** विज्ञापन के लिए फोटो; **~ student** कला-विषयों का छात्र; **~s student** कलासंकाय का छात्र;
fine ~s ललित कलाएं; **the black ~** काला जादू;
***p&i:* ~ for art's sake** साहित्य व कला के क्षेत्र में 'कला के लिए कला' नामक एक वैचारिक धारणा, जिसके अनुसार रचनाओं में कथा-वस्तु (content) और विचारों (ideas) के लिए कोई स्थान नहीं होना चाहिए क्योंकि कला की कोई सामाजिक भूमिका नहीं होती; **~ helps nature and experience art** कला से प्रकृति सुंदर बनती है और अनुभव से कला; **~s longa, vita brevis** (**Art is long and time is fleeting**) कलाएं (विद्यायें) अनेक, पर जीवन एक;
an ~ful fellow is a devil धूर्त आदमी शैतान का अवतार होता है; **be ~ and part in sth** किसी कार्य या बात में भागीदार हो.; **get it down to a fine ~** किसी कार्य को एक आदर्श में परिणत क.; **the Hermic ~** वायु-रोधक (air-tight) बर्तन बनाने की कला; **the lost ~ of conversation** लुप्त गुफ्तगू कला; **the manly ~ of self-defence** अपनी जान बचाना भी जांबाजी है
artefact *UK* (*US* **artifact**) /आःटिफैक्ट/ *n.* 1 ऐतिहासिक महत्त्व की मानव निर्मित वस्तुएं या कलाकृतियां 2 किसी विशेष उद्देश्य से तोड़-मरोड़कर बनाई हुई रचना या कृति आदि: an election-rigging **artifact** 3 बड़े पैमाने और सस्ते दामों पर बनाई जाने वाली वस्तु: the nasty touristy **artefacts**
artel /आःत्येल/ (*also in Russian* **артéль**) *n.* सहकारी संघ, साझा काम
artemisia /आःटिमिजिआ/ *n., bot.* 1 सरमी, समरी 2 नागदमन, नाग दाना 2 सुरभित जड़ी-बूटी या झाड़ी
arteri\al /आःटिअरि\अल/ *adj.* 1 धमनी संबंधी, धमनीय: **~al** bleeding 2 धमनी-तंत्र से संबंधित 3 शाखाओं में बंटा हुआ: **~al** drainage 4 मुख्य मार्ग व राजमार्ग जो देश में जन-जीवन के लिए जीवन धमनी का काम करते हैं: **~al** traffic; **~al** road;
***dw/lw:* ~alize/ ~alise** /~अलाइज/ *v., pt.* ~alized, *pp* ~izing धमनीकरण क.; **~ography** /~ऑग्रफि/ *n.* धमनी-चित्रण; **~ole** /~ओल/ *n., anat.* एक छोटी धमनी; **arteriology** /~औलजि/ *US* ~आःलजि/ *n.* धमनी विज्ञान; **~osclerosis** /~ओस्कलरोसिस/ *n., pl.* ~oscleroses *pathol.* धमनी काठिन्य, धमनी दीवारों का स्थूलन, उनमें लचकलोप, अंततः उनका पूर्ण अवरोध और रक्त-प्रवाह में रोध
arteritis /आःटिराइटिस/ *n., pathol.* धमनी-शोथ
artery /आःटरि/ *n., pl.* **arteries** *anat.* 1 धमनी, रक्त वाहिनी धमनी, नस 2 महत्त्वपूर्ण थलमार्ग;
***collocations:* ~ highway** मुख्य राजमार्ग
artesian /आःटीजिअन/ *n., geol.* चट्टानों में से पानी का रिसकर नीचे न जा सकने के कारण उसका धरती की तह तले संग्रहण;
***collocations:* ~ basin** उत्स्रुत द्रोणी/ बेसिन; **~ well** 1 सोता कुआं 2 बुंब या उत्स्रुत कूप 3 धरती की सतह के नीचे एकत्रित पानी के कुएं
artful *adj.*; **~fully** *adv.*; **~ness** *n. see above under* **art: *dw/lw***
arthralgia /अर्थराल्जिया/ *n.* संधि-आर्ति
arthri\tis /आःथ्राइटिस/ *n., pathol.* गठिया, जोड़ों का दर्द, संधि शोथ;
***dw/lw:* ~tic** /आःथ्रिटिक/ *adj.* गठिया से संबंधित, गठिया-पीड़ित
arthro /आःथ्रो/ *n.* जोड़, जोड़ वाली हड्डी आदि;
***dw/lw:* ~pathy** /आःथ्रौपथि/ *US* आःथ्राःपथि/ *n.* संधिरोग, जोड़ों का दर्द; **~pod** /आथ्रअपौड/ *US* आथ्रअपाःड/*n.* संधिपाद, जुड़ी हुई टांगों वाला प्राणी; **~scopy** /आःथ्रअस्कॉपि/ *n.* अस्थि जोड़ का यंत्र द्वारा निरीक्षण; **~sis** /आःथ्रोसिस/ *n.* हड्डियों का जोड़
Arthur /आथुः/ *n.* छटी सदी में ब्रितानवी लोगों का पौराणिक राजा;
***dw/lw:* ~ian** /आःथ्युअरिअन/ *adj.* राजा आर्थर से संबंधित: ~ian romances/ legends (आर्थर के बारे में किस्से-कहानियां)
ARTI *abbr.* 'Advanced Range Technology Initiative', 'Appropriate Rural Technology Institute' की प्रथमाक्षरी
artic /आःटिक/ *abbr. colloq.* 'articulated lorry' का संक्षेप (जुड़वां गाड़ी/ लॉरी/ ट्रक)
artichoke /आःटिचोक/ *n.* हाथी-चक (पौधा), गोल हरी सब्जी जो बाहर से नुकीले मोटे पत्तों से ढकी होती है.
article /आःटिकल/ *n.* 1 लेख, आलेख, निबंध: leading ~ 2 (***syn.*** item) वस्तु, चीज, सामान, पदार्थ: an ~ of clothing; ~ of luxury; ~ of luggage; **~s** of uniform; **~s** of consumption; **~s** of daily necessity; taxed ~; saleable/ unsalable ~ 3 *law* (***syn.*** section) अनुच्छेद, भाग, धारा, दफा:

~s of constitution 4 नियम, नियमावली: **Articles** of Association 5 *gramm.* अंग्रेजी व्याकरण में उप पद (**'a'**, **'an'**, **'the'**): the definite/ the indefinite ~ 6 *colloq., usually derog.* आदमी: You lazy ~**!** 7 धर्म सिद्धांत, सूत्र, मामला: final ~ 8 समझौता की शर्तें: be under **~s**;
v. *pt* **~d**, *pp* **articling** 1 एक-एक करके बताना 2 अभियोग लगाना 3 प्रशिक्षणार्थी को नियमावली अनुसार आबद्ध क.;
dw/lw: **~d** /आःटिकल्ड/ *adj.* नियमावली अनुसार आबद्ध प्रशिक्षण पाने वाला वकील, मुनीम या अन्य प्रशिक्षणार्थी;
collocations: **Articles of apprenticeship** प्रशिक्षण शर्तें; **~s of incorporation** *commerce, US* कंपनी के पंजीकरण का प्रमाण-पत्र; **~ of sth** किसी श्रेणी या समूह के अलग-अलग भाग (items): ~s of furniture; **Articles of War** सैन्य नियमावली;
leading ~ (समाचारपत्र आदि में) अग्र लेख; **of great** ~ बड़े महत्त्व का;
p&i: **a genuine** ~ *colloq.* खरा माल (जो खोटा न हो); **an ~ of faith** आस्था या श्रद्धा का प्रश्न यानी जिसमें किसी का अटूट विश्वास हो; **in the ~ of** ... के मामले में, के क्षेत्र में; **in the ~ of death** (*Lat.* in articulo mortis) आखिरी वक्त में, मृत्यु शैया पर; **the ~s of war** थल युद्ध की नियमावली; **the Thirty-nine Articles** (ब्रितानवी चर्च की उनतालीस-पंक्तियों की नियमावली)

articular /आःटिक्युलः/ *adj.* (शरीर के) जोड़ों से संबंधित, संधायक

articula\te /आःटिक्यु\लिट/ आःटिक्यु\लअट/ *adj.* 1 सुस्पष्ट: **~te** speech; **~te** argument 2 सशक्त ढंग से व्यक्त करने में सक्षम, वाग्मी 3 जोड़दार 4 (***syn.*** jointed) संधियुक्त, पोरदार;
dw/lw: **~te** /~लेट/ *v., pt.* ~ted, *pp* ~ting स्पष्ट तथा सशक्त ढंग से व्यक्त क. 2 *phonetics* साफ बोलना, स्पष्ट उच्चारण क. 3 *physiol.* जोड़ना, जोड़ से मिलाना (हड्डी आदि): the carpals ~te with the metacarpals; a robot with ~ted limbs 4 से मेल कराकर एकीकृत क., जोड़ना: the courses are designed to ~te with university degrees; **~ted** /~लेटिड/ *adj. UK* 1 जुड़वां गाड़ी: ~ted lorry (*see* **'artic'** *above*) 2 (***syn.*** pronounced) उच्चरित; **~tely** /~लेटलि/ *adv.* सुस्पष्ट ढंग से; **~teness** /आःटिक्युलेटनिस/ *n.* 1 वाग्-सक्षमता 2 सुस्पष्टता; **~tion** /~लेशन/ *n.* 1 स्पष्ट तथा सशक्त अभिव्यक्ति: manner of ~tion 2 उच्चारण: ~tion basis 3 संधि, जोड़ 4 संधियोजन; **~tor** /~लेटः/ *n.* 1 दूसरों के अनकहे विचारों, उद्गारों आदि को बोलकर बताने वाला व्यक्ति 2 जो किसी विशेष ढंग से बोलता है 3 *phonetics* उच्चारण-अंग (होंठ, जीभ, दांत आदि); **~tory** /~लेटरि/ *n.* स्पष्ट अभिव्यक्ति या उच्चारण से संबंधित: ~tory movements/ organs;
collocations: **~ory phonetics** उच्चारण विज्ञान की शाखा जिसके तहत उच्चरित शब्दों या ध्वनियों को भिन्न-भिन्न यंत्रों या विधियों से मापकर उनकी विशिष्टता स्थापित की जाती है

artifact /आर्टिफैक्ट/ *n. US spelling,* **'artefact'** की अमेरिकी वर्तनी

artifice /आःटिफिस/ *n.* 1 (***syn.*** clever trickery, cunning) कौशल, युक्ति: his scheme was constructed without much ~ 2 (***syn.*** crafty fraudulence) तिकड़म, चाल, चालाकी, छल-कपट: harmless/ wicked ~; ingenious ~; make sb do sth by some ~;
dw/lw: **~r** /आःटिफिसः/ *n.* 1 कुशल कारीगर, मिस्त्री, शिल्पी, दस्तकार 2 चालाक, धूर्त आविष्कारक या निर्माणकर्ता 3 थल या नौसेना में मकैनिक

artificial /आःटिफिशि\अल/ *adj.* 1 कृत्रिम, कला-निर्मित (not occurring naturally): ~ ice/ silk, daylight; ~ butter; ~ mineral; ~ horizon; ~ atmosphere; ~ eye/ denture; ~ limb; ~ respiration/ alimentation (पोषण); ~ feeding; ~ insolation (सूर्यातप)/ sun treatment 2 नकली, झूठा (imitating sth natural): ~ jewellery 3 (***syn.*** fake) बनावटी (not genuine): ~ smile; ~ person (अदालत द्वारा नियुक्त व्यक्ति); ~ year (कैलेंडर वर्ष);
dw/lw: **~ity**/ **~ness** /~ऐलिटि/ ~अलनेस/ *n.* कृत्रिमता, बनावटीपन; **~ly** /~अलि/ *adv.* कृत्रिम तरीके से; **~s** /~अल्ज/ *n., [pl.]* कृत्रिम वस्तुएं;
collocations: **~ culture** कृत्रिम संवर्द्धन; **~ insemination** (*abbr.* **AI**) कृत्रिम गर्भाधान; **~ intelligence** (*abbr.* **AI**) *UK* (*US* **~ intelligence**) कृत्रिम बुद्धि, कंप्यूटर द्वारा किए जाने वाले मानवीय बुद्धि से जुड़े कार्य (जैसे गणन, समस्याओं का समाधान आदि); **~ language** 1 अंतर्राष्ट्रीय संवाद को संभव बनाने के लिए विशेष रूप से विकसित भाषा (जैसे Esperanto) 2 *comput.* कंप्यूटर में प्रयुक्त होने वाली विशेष रूप से आविष्कृत भाषा; **~ radioactivity** *phys.* कृत्रिम रेडिओधर्मिता; **~ respiration** (*also* **~ ventilation**) कृत्रिम श्वसन; **~ satellite** *astron.* कृत्रिम स्पुतनिक

artiller\ist /आःटिलअरिस्ट/ *n.* तोपची;
dw/lw: **~y** /~लरि/ *n., pl.* ~ies पहियों पर लगी तोप, तोपखाना, गोलंदाज (आर्टिलरी से लैस) फौज: accompanying ~y; ~y in support; ~y under command; ~y with the army; ~y battalion; ~y duel/ engagement/ exchanges; ~y mount; ~y observation aircraft; ~y observer; ~y range; **~yman** /~लरिमैन/ *n.* तोपची, तोपखाना-सैनिक

artiness /आःटिनेस/ *n.* कला दंभ, आडंबर, भड़कीलापन

artiodactyls /आःटिओडैक्टिल/ *adj.* समखुरी;
n. समखुरी पशु या जानवर

artisan /आःटिज़ैन/ *n.* 1 दस्तकार 2 कारीगर, मिस्त्री 3 शिल्पी, शिल्पकार

artist /आःटि\स्ट/ *n.* 1 कलात्मक रचनाएं (paintings etc.) रचने वाला व्यक्ति 2 कलाकार, अभिनेता 3 अपने कार्य में माहिर: ~ in words; this cook is an ~ 4 *sl.* धूर्त कार्यों में लिप्त व्यक्ति: con ~ (ठग, धोखेबाज आदमी);
dw/lw: **artiste** *see below under separate entry*; **~ic**/ **~ical** /~स्टिक/ ~स्टिकल/ *adj.* 1 कलात्मक: ~ic temperament/ abilities/ skills/ talent 2 हुनरमंद: ~ic skill 3 सुंदर, आकर्षक, दक्षतापूर्वक व गहन सौंदर्यबोधपूर्वक रची या बनाई हुई: an ~ic arrangement of dried flowers; **~ically** /~स्टिकलि/ *adv.* कलात्मक या रचनात्मक ढंग से: ~ically done; **~ry** /~स्ट्रि/ *n.* 1 कला-कौशल, कलात्मकता, रचनात्मकता 2 कल्पनाशीलता;
p&i: **~ic/ poetic licence** रचना को रुचिकर बनाने के लिए लेखकों, कवियों, चित्रकारों आदि के पास तथ्यों या भाषा के नियमों से परे हटने का अधिकार;

artiste /आःटीस्ट/ *n.* 1 व्यावसायिक कलाकार (performer), गायक, गायिका, नट, नर्तक, नर्तकी 2 जिसके व्यवसाय में कुछ रचनात्मकता रहती है, जैसे खानसामा या रसोइया, हज्जाम

artistic/ **~al** *adj.;* **artistry** *n. see above under* **artist: *dw/lw*;**

Artium Baccalaureus /आःटियूम बैकालाउरिअस/ *Lat.* **Bachelor of arts** बी.ए.; **Magister Artium** /मगीस्तर आःटियूम/ *Lat.* **Master of Arts** एम. ए.

artless /आःटलेस\/ *adj.* 1 (***syn.*** simple, ingenuous) भोला-भाला, सीधा-सादा, निष्कपट: the ~ sincerity of a child; plain ~ people 2 स्वाभाविक, अकृत्रिम (natural in manner): ~ grace 3 (***syn.*** clumsy) भद्दा: ~ and massy pillars 4 (***syn.*** crude) बेढंगा, अपरिष्कृत, कच्चा: ~ artist 6 (***syn.*** uncivilized) असभ्य;
dw/lw: **~ly** /~लि/ *adv.* 1 सीधे-सादे तरीके से: he admired it ~ly like a child 2 बेढंगेपन से: ~ly wrought; **~ness** /~निस/ *n.* 1 भोलापन, सीधापन 2 बेढंगापन, अपरिष्कृतता

art nouveau /आःट नूवो/ *US* आःर्ट नूवो/ *n.* 1 नव-कला शैली 2

उन्नीसवीं सदी के अंत में अमेरिका और यूरोप में कला, भवन-निर्माण कला व आंतरिक सज्जा के क्षेत्र में पनपी एक शैली जिसके तहत पौधों, बूटियों जैसी आकृतियों पर आधारित जटिल आकारों की प्रधानता रहती थी

ARTRAC *abbr.* 'Army Training Command' की प्रथमाक्षरी

arts (*also US* **liberal arts)** *n.*; **artwork** *n. see above under* **art: *dw/lw***

arty (*also US* **artsy** /आ:ट्सि/) /आ:टि/ *adj., degr.* **artier, artiest** कला दंभी, कला ढोंगी (affectedly or ostentatiously artistic);
***dw/lw:* ~-farty** /आ:टि-फा:टि/ (*also* **artsy-fartsy**) *adj.* 1 दिखावापूर्ण या आडंबरपूर्ण 2 सतही तौर पर कलात्मक (pretentiously or snobbishly artistic): Ah, those ~-farty modernistic movies! **~-crafty** *adj.* विचित्र ढंग से कलात्मक (quaintly artistic)

arugula /ऐरूग्युला/ *n.* एक सुगंधित पत्तों वाला पौधा जिसके पत्तों को सलाद आदि में कच्चा खाया जाता है (*US also in this meaning* = rocket)

arum /एअरम/ *n.* अरबी, घुइयां

ARV *abbr.* 'annual rateable value', 'anti-retroviral', 'armoured recovery vehicles' की प्रथमाक्षरी

ARVO *abbr.* 'Association for Research in Vision and Ophthalmology' की प्रथमाक्षरी

arvo /आ:वो/ *n., pl.* **arvos** *Austral.& NZ, colloq.* दोपहर (बाद): see you this ~

ARWSP *abbr.* 'Accelerated Rural Water Supply Programme' की प्रथमाक्षरी

-ary *suffix:* 1 *forming adjectives:* custom**ary** (प्रथागत) 2 *forming nouns, denoting* **sb who is connected with sth** (किसी वस्तु या व्यक्ति से संबंधित): advers**ary**, secret**ary** 3 forming nouns, denoting some work (कार्य, प्रक्रिया): diction**ary**, api**ary**

Aryan /एअरिअन/ *n., hist.* आर्य, आर्य जाति: the **~s**;
***dw/lw:* ~ize/ ~ise** *v., pt.* ~ized, *pp* ~izing आर्यकरण क., आर्य बनाना

AS *abbr.* 'Accounting Standard' की प्रथमाक्षरी

As *symbol, chem.* **'arsenic'** का प्रतीक

as /ऐज/*conj.* 1 जब, जिस समय, ज्यों ही, ज्यों-ज्यों, जैसे ही, के समय: saw her ~ I was coming out of the bank; ~ I was coming here I lost my key; just ~ he finished his speech, ...; ~ he walked on he grew more and more tired 2 क्योंकि: came home late ~ he went out to see a movie; ~ I am here I'd better stay; I shall not translate, ~ you know English 3 जैसे कि, जैसी: throwing tantrums ~ only a school child can; I don't admire such books ~ he reads 4 जैसा कि, जैसा: do ~ the teacher tells you to do; he speaks English ~ easily as he speaks French 5 (***syn.*** though) यद्यपि, चाहे जितना/ जितनी भी: try ~ he might, he still couldn't come; tired ~ they were, they continued their way; strange ~ it may seem 6 जैसे कि: good books, ~ this one, are hard to find 7 के समान, जैसे कि: he gets up late ~ his brother does; he came the same day ~ you; they rose ~ one man 8 जैसे कि: ~ the teacher says, paper would be quite difficult 9 के रूप में: work ~ teacher/ as judge; he introduced her ~ his sister; he meant it ~ a joke 10 इतना, जितना, जैसे, वैसे: he is not so foolish ~ to do that; ~ you treat me, so will I treat you 11 जैसा कि: ~ is common/ customary (जैसी कि प्रथा है); ~ it happens 12 असल में: you have too many friends ~ it is 13 जैसा कि है: ~ it stands; ~ it were; he proved dishonest ~ it were; she has thought fit, ~ it were, to mock at him;
adv. 1 उतना ही: he ran fast, but she did not do ~ fast 2 जैसे (उदाहरणतः): some animals ~ the fox and the squirrel have bushy tails 3 के अनुसार: ~ per order; ~ per copy enclosed 4 निम्न शब्द समूहों में: **~ for** (जहां तक किसी चीज या बात का सवाल है): ~ for that book I don't like it; **as to** (के बारे में): he said nothing ~ to wages; ~ to you, you can do whatever you like; ~ concerns/ ~ regards = ~ to: ~ regards this journey we can decide nothing; ~ follows (निम्न प्रकार): the terms are ~ follows; **as much** (ऐसा ही, इतना ही): I thought ~ much; **as such** (जैसा कि है); **as usual** (हमेशा की तरह, जैसा अक्सर होता है): he was late ~ usual; **as well** (1 भी, उसी प्रकार 2 अच्छा होता): you may just ~ well stay; we might ~ well begin at once; he takes English lessons on Mondays and Fridays ~ well; **as yet** (अभी तक): there has been no change ~ yet;
prep. की हैसियत से, के रूप में: speaking ~ her friend;
***p&i:* as ... as** इतना ... जितना कि: ~ sly ~ a fox; **~ a fact/ ~ a matter of fact** असल में; **~ a general rule** साधारणतया; **~ a rule** सामान्य तौर पर; **as a rule man is fool** आम तौर पर इंसान मूर्ख होता है; **~ a whole** कुल मिलाकर; **as broad as it is long** थाली में घी इधर-उधर, बिखरा-बिखरा; **~ cheap ~ dirt** कौड़ियों के मोल; **~ compared with** की तुलना में; **~ dead ~ a door-nail** पूर्णतः मृत; **~ far ~** 1 जहां तक हो सकता है: we walked ~ far ~ the post-office 2 जहां तक, जितना हो सकता है: ~ far ~ I can judge this is correct; I shall help you ~ far ~ I can; **~ far back ~** इतना पहले, बहुत पहले: ~ far back as three years; **as fine as nun's hen** संतों-सा भोला-भाला; **~ for/ ~ to sth/ ~ to sb** जहां तक इसका या उसका ... सवाल है; **~ from/ ~ of** से शुरू करके/ किसी निश्चित समय पर: ~ from Monday, we'll be open till ten; **~ good ~** उतना अच्छा जितना कि ...; **~ if/ ~ though** जैसे कि: behaved ~ if nothing had happened; **~ it is** वैसे भी: ~ it is, he had worked a lot; **~ it were** एक तरह का, कुछ हद तक, असल में; **~ keen ~ mustard** जोशो-खरोश भरा; **~ like as chalk and cheese** देखने में एक पर गुणों में अनेक; **~ like as two peas** हू-ब-हू एक समान; **~ long ~** जब तक: keep it ~ long ~ you need it; ~ long ~ you apologize I'm satisfied; I will lend you the book ~ long ~ you keep it clean; **~ long ~ there is life, there is hope** जब तक सांस, तब तक आस; **~ luck would have it** किस्मत का खेल; **~ many ~** जितने हो सकते हैं; **~ much ~** जितना चाहो: take ~ much ~ you like; **~ naked as a robin** मस्त, बेफिक्र; **~ naked as a worm** बिल्कुल नंगा; **~ naked as one was born** मादरजाद नंगा; **~ neat ~ a new pin** बिल्कुल चमचमाता हुआ; **~ of now** अब (की तरह); **~ regards/ ~ to** के विषय में, जहां तक इस बात का सवाल है...; **~ sharp ~ needle** कुशाग्रबुद्धि; **~ soon ~** ज्यों ही, जितना जल्दी हो सके: ~ soon ~ he noticed it; **~ the case may be** जैसी स्थिति होगी; **~ the crow flies** नाक की सीध का रास्ता; **~ then** पहले की तरह; **~ the seed so the sprout** जैसी बीज वैसा अंजुआ; **~ thick as thieves** चोर-चोर मौसेरे भाई; **~ usual** बदस्तूर, हमेशा की तरह; **~ well ~** भी: there was a couch ~ well ~ a bed in the room; he gave me advice ~ well ~ money; he was a real scholar ~ well ~ a great composer; **~ well be hanged for a sheep as for the lamb** जहां सेर वहां सवा सेर; **~ white ~ a sheet** चादर की तरह सफेद; **~ yet** अभी तक; **~ you brew, so will you bake = ~ you sow, so will you reap** जैसा बोओगे वैसा काटोगे!; **~ you make your bed, so you will sleep** जैसा करोगे, वैसा भरोगे; **~ you were** (a *milit.* order) पहले-जैसा, जैसे थे, वैसे;
by day ~ well ~ by night दिन में भी और रात में भी; **it is ~**

easy as anything यह बिल्कुल आसान है; **so ~ to** के लिए, ताकि; **use one of the two medicines, ~ the case may be** जैसी स्थिति हो, दोनों में से एक दवाई लो

ASA *abbr.* 'Advertising Standards Authority', 'American Standards Association', 'American Statistical Association' की प्रथमाक्षरी

asafoetida /ऐसअफेटिडा/ ऐसअफीटिडा/ *n.* हींग, हिंगु

asap *abbr.* **'as soon as possible'** की प्रथामाक्षरी से बना शब्द (जितना जल्दी हो सके)

asbestos /ऐस्बेस्टअस/ *n.* एस्बेस्टोस नामक भवन-निर्माण सामग्री; *adj.* अदह;
dw/lw: **asbestic/ asbestiform/ asbestine** *adj.* ऐस्वेस्टॉस-जैसा, ऐस्बेस्टॉस का; **asbestosis** /ऐस्बेस्टोसिस/ *n.* ऐस्बेस्टॉस-रुग्णता, लंबे समय तक ऐस्बेस्टॉस की धूल का सांस द्वारा फेफड़ों में जाने से होने वाली बीमारी

Asbo (*also* **ASBO**) /ऐज़्बो/ *UK abbr.* 'anti-social behaviour order' की प्रथमाक्षरी

ASC *abbr.* 'Acceleration Skid Control', 'Accounting Standards Committee', 'Army Service Corps' की प्रथमाक्षरी

ascarid /ऐस्कुरिड/ *n.* राउंड वॉर्म (roundworm) जैसे रोगाणुओं की वजह से होने वाली पेट में गड़बड़

ascend /असेंड/ *v., pt.* **~ed**, *pp* **~ing** 1 (***anton.*** descend) ऊपर चढ़ना, आरोहण क.: the path **~ed** steeply; the mist **~ed** from the valley; ~ a mountain 2 राजगद्दी पर आसीन हो: ~ the throne 3 तरक्की क., आगे बढ़ना, जीवन की सीढ़ियों पर ऊपर चढ़ना: **~ed** to the position of Vice-Chancellor; ~ to the climax of one's glory;
dw/lw: **~ancy/ ~ency/ ~ance/ ~ence** /असेंडंसि/ असेंडंस/ *n. formal* 1 सत्ता-प्राप्ति, शक्ति या सफलता की प्राप्ति: in the ~ancy/ ~ency (प्रभुत्व, सत्ता, धन आदि में वृद्धि) 2 प्रभाव, प्रभुत्व: have/ exercise ~ancy over sb; **~ant/ ~ent** /असेंडंट/ *adj.* 1 (*syn.* dominating) जिसका प्रभाव या प्रभुत्व बढ़ रहा हो, प्रभावी, प्रबल: ~ant position 2 (***syn.*** rising) पूर्व में उदीयमान: ~ant Venus 3 आरोही; **~ant/ ~ent** *n.* 1 प्रभाव या प्रभुत्व: his star is in the ~ant 2 पूर्वज, पूर्वपुरुष, चढ़ते सूरज-सा पुरखा 3 घटना (जन्म आदि) के समय का जोडिआक प्रतीक (Zodiac sign) 4 प्रभुत्व; **~er** /असेंडः/ *n.* 1 ऊपर चढ़ने वाली वस्तु या व्यक्ति 2 *print.* (*syn.* capital letters) राज अक्षर, बड़े अक्षर; **~ing** /असेंडिंग/ *adj.* 1 बढ़ते क्रम का: in ~ing order 2 आरोही, अधिरोही, ऊपर चढ़ता हुआ; **~ing** *n.* 1 आरोहण: ~ing collateral branch 2 उत्तरोत्तर बढ़त या वृद्धि: ~ing scale 3 न्यूनतम से अधिकतम तक या निम्नतम से उच्चतम तक वृद्धि: ~ing aorta 4 भावी संतानों से पुर्खों की ओर आरोहण;
p&i: **~ the throne** सिंहासन पर बैठना;
be in the ~ant ज्यादा शक्तिशाली व प्रभावी बनने वाला; **the Moon ~ed the night sky** चंद्रमा आकाश में चढ़ आया

ascen\sion /असेन्शन\/ *n.* 1 आरोहण, ऊपर को चढ़ाई 2 सिंहासनारोहण, राज-गद्दी पर आसीन होने की क्रिया: ~ to the throne 2 (**Ascension**) यीशु का स्वर्गारोहण: ~ Day (*also* **Holy Thursday**) ईस्टर के रविवार के बाद चालीसवां दिन;
dw/lw: **~sional** /~ल/ *adj.* 1 उदीयमान 2 ऊपर उठने में समर्थ: ~al power; ~al rate (ऊपर उठने की रफ्तार); **~sive** /असेंसिव/ *adj.* आरोही

ascent /असेंट/ *n.* 1 (***syn.*** acclivity, upward slope; ***anton.*** descent) चढ़ाई, पहाड़ पर चढ़ाई का रास्ता, आरोहण, चढ़ाव, उड़ान: make/ effect/ an ~ of a mountain/ of the stairs; the ~ of a river; the ~ of vapours from the earth; rapid ~ 2 जीवन या व्यवसाय (career) आदि में उन्नति, उत्थान, सफलता: a meteoric ~ to name and fame 3 सोपान 4 पैतृक संबंध 5 भूत काल में गमन: our ~ into the past

ascertain /असःटेन/ *v., pt.* **~ed**, *pp* **~ing** (सच्चाई आदि का) पता लगाना: ~ sb's guilt/ innocence 2 पता लगाना: ~ sb's address 3 जांच-पड़ताल क., परखना: ~ how the thing happened;
dw/lw: **~able** /असःटनेअबल/ *adj.* निश्चेय, जिसका पता लगाया जा सके; **~ment** /असःटेनमंट/ *n.* जांच-पड़ताल, सच्चाई का निर्धारण: ~ment of facts

ascesis /असीसिस/ *n.* 1 संन्यास, वैराग्य, तप 2 कठोर संयम

ascetic /असेटिक/ *n.* 1 संन्यासी, संन्यासिनी, तपस्वी, तपस्विनी, तापस, तापसी, योगी, योगिनी 2 संयमी व्यक्ति 3 दैहिक आनंद से विरक्ति;
adj. 1 संयमी 2 विरक्त 3 योग, तपस्या संबंधी 4 तपोमय
dw/lw: **~(al)** /असेटिकल/ *adj.*1 तपोमय, तापसिक 2 दैहिक आनंद से विरक्त; **~ally** /असेटिकलि/ *adv.* संन्यासी ढंग से, दैहिक आनंद से विरक्त होकर; **~ism** /असेटिसिज्म/ *n.* 1 तपश्चर्या, तप, तपस्या 2 संन्यास धर्म, यति धर्म 3 वैराग्यवाद 4 दैहिक आनंद से विरक्ति का पालन

ASCI *abbr.* 'Administrative Staff College of India', 'Advertising Standards Council of India' की प्रथमाक्षरी

asci /ऐसाइ/ *n., pl. of* **ascus**, *bot.* एक खुमी

ascians /एशिअन्ज/ *n.* उष्णकटिबंध (equator) क्षेत्र का निवासी

ascidium /असिडिअम/ *n., pl.* **ascidia** /असिडिआ/, *bot.* घटपर्णी

ASCII *abbr., comput.* 'American Standard Code for Interchange' की प्रथमाक्षरी (अलग-अलग प्रोग्रामों का प्रयोग करने वाले कंप्यूटरों के बीच पाठ या आंकड़ों के आदान-प्रदान का मानक बाइनरी कोड); *also see in the Appendix under* **Terms Used in Computer System and Internet Communication**

ascites /असाइ\टीज/ *n., med.* जलोदर, पेट में पानी होने की बीमारी;
dw/lw: **ascitieal** *adj.* जलोदर रोग से पीड़ित

ascorbic /अस्कॉःबिक / *adj.* प्रतिस्कर, प्रतिस्कर्वी: ~ acid (विटामिन '**C**')

ascribable /अस्क्राइबअबल/ *adj.* 1 आरोप्य 2 किसी को श्रेय देने योग्य

ascribe /अस्क्राइब/ *v., pt.* **~d**, *pp* **ascribing** *formal* 1 किसी बात के लिए उत्तरदायी ठहराना, पर आरोपित क., के सिर मढ़ना: ~ sth to sth or to sb; ~ a quality/ conduct to sb; his death was **~d** to poison 2 (***syn.*** attribute) को श्रेय देना, किसी को योगदान को मानना: this play is sometimes **~d** to Shakespeare; ~ the success to hard work

ascription /अस्क्रिप्शन/ *n.* 1 आरोपण, दोष देने की क्रिया 2 श्रेयकरण 3 ईश-वंदना (Anglican)

ASCROM *abbr.* 'Asset Classification and Credit Monitoring System' की प्रथमाक्षरी

ascus /ऐसकस/ *n., pl.* **asci** /ऐसाइ/ or /ऐसकाइ/ *bot.* खुमी में प्रजनन थैली

ASD *abbr.* 'Action for Social Development' की प्रथमाक्षरी

ASDA *abbr.* 'Australian Sports Drug Agency' की प्रथमाक्षरी

asdic /ऐज़्डिक/ *n.* 'Anti-submarine detection investigation Committee' की प्रथमाक्षरी (ध्वनि आभास द्वारा पन्नडुबियों का पता लगाने वाला यंत्र)

a-sea /अ-सी/ *adv.* समुद्र की ओर, समुद्र में

ASE *abbr.* 'Association for Science Education', 'accredited system engineer' की प्रथमाक्षरी

-ase /एज/ *suffix, chem., forming nouns, indicating*: **an enzyme** (एंजाइम, किण्वक): amylase

ASEAN/ Asean /ऐसिऐन/ *n.* 'Association of South East Asian Nations' की प्रथमाक्षरी

ASEED *abbr.* 'Asian Society for Entrepreneurship

Education and Development' की प्रथमाक्षरी
aseismic /एसाइज्मिक/ *adj.* 1 ऐसा क्षेत्र जहां भूकंप नहीं आते हों 2 भूकंपसह (इमारतें)
aseity /एसीइटि/ *n.* स्वयंभूति, स्वयंसत्, अपने आप पैदा होने की क्रिया
ASEM *abbr.* 'Anti-ship Euromissile', 'Asia-Europe Meeting' की प्रथमाक्षरी
asepalous /एसेपअलस/ *adj., bot.* बाह्य दल (sepals, etc.) के बिना पौधा या फूल
asep\sis /एसेपसिस/ *n., pl.* **asepses** /एसेप्सीज/ 1 अपूति, अपौतिकता 2 रोगाणुरहितता, जीवाणुरहितता;
dw/lw:* ~tic** /एसेप्टिक/ *adj.* (anton.*** septic) रोगाणुरहित, अपूतित, अपूतिक, घाव को भरने से रोकने वाला
asexual /एसेक्शुअ\ल/ *adj.* 1 अलिंगी, अयौनिक, अलैंगिक 2 अयौनिक प्रजनन: ~ reproduction 3 यौन-अक्षम, नपुंसक;
***dw/lw:* ~ity** /~लिटि/ *n.* अयौनिकता, अलैंगिकता, नपुंसकता
ASF *abbr.* 'Airport Security Force', 'Asian Squash Federation' की प्रथमाक्षरी
ASG *abbr.* 'Additional Solicitor General', 'Air Safety Group', 'Assistant Secretary General' की प्रथमाक्षरी
asgard/ Asgard /ऐसगाःड/ *n., Scandinavian myth* वीरगति पाने वालों व देवताओं का आवास (स्वर्ग)
ASGB *abbr.* 'Aeronautical Society of Great Britain' की प्रथमाक्षरी
ASH *abbr.* 'Action on Smoking and Health' की प्रथमाक्षरी
ash /ऐश/ *n., pl.* **~es** 1 राख: a heap of **~(es)**; lay/ burn/ reduce to **~es**; ~ content; ~ free basis 2 अखरोट की जाति का एक जंगली पेड़ 3 अंगू (tree) 4 लावा (of volcano) 5 **ashes** *[pl.]* भस्म, भस्मी, अस्थियां: his **~es** are in Westminster Abbey; peace to his **~es** 6 (***syn.*** ruins) भग्नावशेष;
dw/lw:* ~bin = ~can** *n., US* राखदान; **~-content** *n.* राख-अंश; **~-free** *n.* राख-रहित, राख-मुक्त; **~es** /ऐशिज/ *n. [pl.]* भस्म, भस्मी, अस्थियां: sb's ~es (भस्म, भस्मी, अस्थियां); **~pan** /ऐशपैन/ *n.* अंगीठी में जाली तले राख एकत्र होने का स्थान; **~tray** /ऐशट्रे/ *n.* राख-दानी; **~y** /ऐशि/ *adj.* 1 भस्ममय, धूसर, भस्म-वर्ण, राख-सादृश्य 2 (syn.*** pale) विवर्ण, पीला, फीका, तेजहीन, कांतिहीन;
collocations: ~ **blonde** 1 राख-से फीके बाल 2 पीले बालों वाला व्यक्ति; ~ **furnance**/ ~ **oven** शीशा बनाने की भट्टी; ~ **man** कूड़ा-कर्कट उठाने वाला व्यक्ति; ~ **pit** भस्म-गर्त; ~ **pumpkin** पेठा;
***p&i:* ~es can't conceal fire** झूठे उसूलों से असलियत नहीं छुप सकती;
bring back the ~es आस्ट्रिया और इंग्लैंड के बीच क्रिकेट मुकाबलों की कड़ी जीतना; **lip of ~es** मृत-से पीले होंठ; **rake over old** ~ गड़े मुर्दे उखाड़ना; **turn to dust and ~es** (आशाओं आदि का) धूल में मिल जा.
ashake /अशेक/ *adv.* कांपते हुए
ashamed /अशेमड\/ *adj.* 1 शर्मिंदा, लज्जित 2 (*usually* **~ of sb/ sth**) के कारण लज्जित या शर्मिंदा: ~ of his humble origin; be ~ of sb/ feel ~ for sb (किसी के कारण शर्मिंदा या लज्जित हो.) 3 (*usually* ~ **that…**) शर्मिंदा, लज्जित: he was not ~ to say that he takes drugs 4 लज्जा या शर्म के डर से कोई काम करने से झिझका हुआ.;
***dw/lw:* ~ly** /~लि/ *adv.* लज्जापूर्वक; **~ness** /~निस/ लज्जा;
ashen /ऐशन/ *adj.* भस्मवत्, पीला, विवर्ण (चेहरा)
(the) Ashes *pl. n., cricket* इंग्लैंड और आस्ट्रिया के बीच टैस्ट मैचों की ट्रॉफी
ashlar /ऐश्ल्ः/ *n.* 1 एक बड़ा वर्गाकार पत्थर का टुकड़ा जिससे मुख्य दीवार बनाई जाती है 2 संगीन चिनाई
ashore /अशोः/ *adv.* 1 के किनारे/ तट पर: the cruise included several days ~ 2 किनारे या तट की ओर: come/ go ~
ashram /आश्रम/ *n.* आश्रम
ashpan *see above under* **ash: *dw/lw***
ashtray *see above under* **ash: *dw/lw***
Ash Wednesday *n., Christ.* चालीसा, (Lent) का पहला दिन
ashy */see above under* **ash: *dw***
ASI *abbr.* 'Annual Survey of Industries', 'Archaeological Survey of India', 'Association of Surgeons of India' की प्रथमाक्षरी
Asia /एशिआ/ *n.* एशिया;
***dw/lw:* ~n** /एशिअन/ एजिअन/ *adj.* एशिया से संबंधित, एशियायी; **~n.** एशियावासी व्यक्ति; **~tic** /एशिऐटिक/ एजिऐटिक/ *adj.* एशियायी; **~tic** *n., derog.* एशियावासी
A-side *n.* सर्वप्रिय संगीत के काफी सफल होने वाले ग्रामोफोन रिकॉर्ड का मुख्य फलक
aside /असाइड/ *adv.* 1 एक तरफ, किनारे, दूर: step ~ 2 एक ओर, अलग, दूर: took him ~ to give him the bad news 3 अपने से दूर, अपने से परे: tossed the magazine ~ in disgust 4 मन से दूर, मन से ओझल: tried to put his worries ~ 5 एक तरफ मुंह करके: speak ~ 6 की अनदेखी करते हुए: he was set ~ (पदोन्नति आदि के मामले में उसकी अनदेखी कर दी गई) 7 के अतिरिक्त: ~ from the weather there was a horrible traffic jam 8 अलग रखना: put/ set money ~; when spring came she put ~ her winter clothes;
n. 1 नाटक में इस तरह धीमी आवाज में कही गई बात जो श्रोताओं को तो सुनाई पड़े पर दूसरे पात्रों को सुनाई न पड़े 2 मुख्य संवाद से हटकर कथन 3 गौण घटना या बात: the **~s** of history (इतिहास की गौण घटनाएं या बातें);
p&i: ~ **from** के सिवाय, के अतिरिक्त; ~ **of** के पास में;
joking ~, I mean it मजाक छोड़ो, मैं पूरी गंभीरता से कह रहा हूं; **lay ~ bad habits** बुरी आदतें छोड़ दे.; **lay ~ decorum** शालीनता की अनदेखी क.; **lay the proposal temporarily** ~ प्रस्ताव को अस्थायी तौर पर टाल दे.; **put sth** ~ किसी विशेष अवसर क लिए रख छोड़ना; **put money ~ for their holidays** वार्षिक अवकाश बिताने के लिए पैसा बचा के रखना; **put your troubles** ~ अपनी समस्याओं को भूल जाओ!; **set** ~ रद्द या निरस्त क.; **set sth** ~ अलग रखना, एक ओर रख दे.
ASIMO *abbr.* 'Advanced Step in Innovative Mobility' की प्रथमाक्षरी
asinine /ऐसिनाइन\/ *adj.* गधे-सा मूर्ख, बेवकूफ, बुद्धू;
***dw/lw:* asininity** /ऐसिनिनिटी/ *n.* 1 गधापन 2 मूर्खता; **~ly** /~लि/ *adv.* 1 गधे की तरह 2 मूर्खों की तरह
ASIS *abbr.* 'Australian Security Intelligence Service' की प्रथमाक्षरी
ASJ *abbr.* 'Additional Session Judge' की प्रथमाक्षरी
ask /आस्क/ *v., pt.* **~ed**, *pp* **~ing** 1 पूछना, प्रश्न क.: ~ a question 2 जानकारी ले.: **~ed** about her health; ~ the time; he **~ed** me about my work; ~ after sb/ after sb's health 3 मिलना चाहना: has anybody **~ed** for me? 4 मांगना, निवेदन क.: **~ed** to help him; ~ for help/ for money; ~ sth of/ from sb; he **~ed** a favour of me 5 अनुमति मांगना: he **~ed** to speak 6 कुछ करने को कहना या मांग क.: it is too much to ~ of me 7 (***syn.*** invite) बुलाना, निमंत्रण दे.: **~ed** him to the dance; ~ sb to dinner; ~ sb in/ up/ down 8 अपेक्षा क. 9 दाम लगाना या मांगना: don't ~ too high a price this old car;
***n.* a big** ~ कठिन कार्य: beating the Australians is **a big** ~ for the Indian cricket team;
***dw/lw:* ~ing** /आस्किंग/ *n.* 1 पूछ, जानकारी के लिए निवेदन: lose nothing for the **~ing** (पूछने में कोई नुकसान नहीं) 2 निवेदन, याचना;**~ing** *adj.* मांगा जाने वाला, प्रारंभिक: ~ing

price (आरंभिक या मांग मूल्य);
***collocations:* ~ing price** जिस मूल्य पर कोई किसी चीज को बेचना चाहता है; ***p&i:* ~ a favour of sb** किसी से किसी बात की याचना क.; **~ after sb** किसी का हाल-चाल पूछना; **~ around** कई लोगों से जानकारी प्राप्त करने की कोशिश क.; **~ for** 1 याचना क., मांगना 2 मुसीबत को बुलावा दे.; **~ for botheration** झंझट मोल लेना; **~ for explanation** जवाब तलब क.; **~ for sb/ sth** किसी को मिलने के लिए या किसी बात के लिए निवेदन क.; **~ for the moon** असंभव मांग क., गूलर का फूल मांगना; **~ me another** मैं नहीं जानता, मुझसे मत पूछो!; **~ no questions and you will be told no lies** प्रश्न नहीं पूछोगे तो झूठ नहीं सुनना पड़ेगा; **~ oneself sth** अच्छी तरह सोच-विचार क.; **~ sb back** अपने साथ गए साथी को अपने घर बुलाना; **~ sb out** किसी को प्रेम-भेंट के लिए बुलाना; **~ sb over** किसी को अपने घर आमंत्रित क.;
be ~ing for it/ be asking for trouble मुसीबत मोल ले., आ बैल मुझे मार!; **don't ~ me** मुझसे मत पूछो, मुझे नहीं पता; **for the ~ing** मांगने पर आसानी से मिल जा.: it is yours for the ~ing; **I ~ you** क्रोध या आश्चर्य जताना; **if you ~ me** यदि मेरा विचार जानना चाहते हो तो...; **you may well ~** अब तुम यह भी पूछ सकते हो कि...

askance/ askant /अस्कैंस/ अस्कैंट/ *adv.* 1 बायें-दायें (देखना) 2 तिरछी नजर से, संदेहपूर्वक: look ~ at sb/ sth (किसी को या किसी चीज को शक की दृष्टि से देखना) 3 तिरस्कारपूर्वक: look/ view/ eye ~ at sb

askew /अस्क्यू/ *adv.,* adj. 1 तिरछा, टेढ़ा: his hat was slightly ~ 2 (***syn.*** crooked) जो सीधा या समतल न हो, उल्टा-पुल्टा, टेढ़ा-मेढ़ा

ASL *abbr.* 'American Sign Language', 'Applitech Solution Limited' की प्रथमाक्षरी

aslant /अस्लांट/ *US* अस्लैंट/ *adv.* 1 टेढ़ा, तिरछा: rain was falling ~ 2 आड़ा, आर-पार 3 एक तरफ झुकी हुई: the picture hung ~;
prep. आर-पार, के बीच में: the engine lay ~ the track

asleep /अस्लीप/ *adj.* 1 ऊंघता-सा: he was half-~ 2 सुप्त-सा, सोया हुआ: be ~; fall ~; fast/ sound ~; be ~; lull a child ~ 3 निष्क्रिय, लापरवाह 4 सुन्न, जड़ (*limb*) 5 *euphemistically* मृत;
***adv.* sound** ~ गहरी नींद में

ASLEF *abbr.* 'Associated Society of Locomotive Engineers and Firemen' की प्रथमाक्षरी

AS level, (*in full*) Advanced Subsidiary level की प्रथमाक्षरी (12 वर्षीय स्कूल शिक्षा के बाद दी जाने वाली परीक्षा)

aslope /अस्लोप/ *adj.* ढालू; *adv.* ढलान से

ASLV *abbr.* 'Augmented Satellite Launch Vehicle' की प्रथमाक्षरी

ASM *abbr.* 'air-to-surface missile', 'Area Sales Manager', 'assistant station masters', 'Asynchronous System Modem' की प्रथमाक्षरी

ASMMS *abbr.* 'Automation of Spectrum Management and Monitoring System' की प्रथमाक्षरी

ASNE *abbr.* 'American Society of Newspaper Editors' की प्रथमाक्षरी

ASO *abbr.* 'authorised service outlets' की प्रथमाक्षरी

asocial /एसोशल/ *adj.* 1 असामाजिक, गैर मिलनसार 2 समाज-विरोधी

asomatous /असोमअटस/ *adj.* शरीरहीन, अदैहिक

ASP *abbr.* 'Active Server Pages', 'Additional Superintendent of Police', 'Aircraft Surveillance Platform', 'Application Service Provider', 'Area Security Plan' की प्रथमाक्षरी

asp /ऐस्प/ *n.* 1 छोटा जहरीला सांप 2 मिश्र का कोबरा

asparagine /असपैरअजिन/ *n., biochem.* अमीनो ऐसिड जो मानवीय भोजन के लिए एक आवश्यक तत्त्व होता है

asparagus /अस्पैरअगअस/ *n., biochem.* 1 शतावर, एक सब्जी जिसका नुकीला तना हरा होता है 2 नागदौन 3 शतावरी

aspartame /अस्पाःटेम/ ऐस्पाःर्टेम/ *n.* एक मिठास लाने वाला कृत्रिम पदार्थ जो चीनी से दो सौ गुणा मीठा होता है

aspartic acid /असपाःटिक एसिड/ *n., biochem.* असपैरजिन द्वारा पैदा की हुई अमिनो एसिड

aspect /ऐस्पेक्ट/ *n.* 1 पहलू, आयाम, पक्ष: every ~ of the case; all **~s** of city life 2 आकृति, रूप, आकार: a worried ~; of pleasing ~; have/ bear an ~; assume an ~; the events began to take sinister ~ 3 दृष्टिकोण, रुख: from all **~s** a serious matter; view the matter in/ under this ~ 4 (***syn.*** orientation) मुंह, अभिमुखता, दिशा: garden with a southern ~; the house has a south ~; the eastern ~ of the house 5 पक्ष, अवस्था, सूर्य के सम्मुख किसी ग्रह की दूसरे के प्रति स्थिति (position): Aries under the benign ~ of Venus 6 (***syn.*** appearance) दृश्य: a lush green ~ 7 *phys.* छवि 8 संभावनाएं: economic **~s** 9 *gramm.* आयाम, रूप, क्रिया का संपूर्ण या अपूर्ण कालिक व आवृत्तिपूर्ण रूप: imperfective or perfective ~ of a verb;
***dw/lw:* ~ual** /ऐस्पेक्ट्युअल/ *adj.* क्रिया के संपूर्ण या अपूर्ण कालिक व आवृत्तिपूर्ण रूप संबंधी;
***collocations:* ~ ratio** *cinematog.* टीवी और सिनेमा स्क्रीन पर बिंबों की चौड़ाई व ऊंचाई में अनुपात

aspen /ऐस्पन/ *n,* पॉप्लर परिवार का यूरोपीय पेड़ जिसके पत्ते थोड़ी-सी हवा में भी कंपित हो उठते हैं;
adj. कंपित, कंपायमान (quivering): quake/ tremble like an ~ leaf

aspergation /ऐस्परगेशन/ (*also* **asperges** /ऐस्पाःजीज/) *n.* छिड़काव, अभिसिंचन

asperge /ऐस्पःज/ *v., pt.* **~ed**, *pp* **~ing** छिड़कना, पवित्र जल छिड़ककर एक धार्मिक क्रिया क.

aspergill / ~um /ऐस्पःजिल/ ऐस्पःजिलम/ *n.* अभिसिंचनी

aspergillosis /ऐस्पअःजिलोसिस/ *n* फफूंदी के संक्रमण से होने वाली फेफड़ों की बीमारी

aspergillus /ऐस्पःजिलस/ *n.* एक खुमी

asperity /अस्पेरअटि/ *n., pl.* **asperities** 1 खुरदरापन, ऊबड़-खाबड़पन 2 (***syn.*** harshness) कठोरता, कटुता, कड़वाहट: speak with ~ 3 चिड़चिड़ापन, रूखापन, रुखाई, रुक्षता (of temper)

asper\se/अस्पःस/ *v., pt.* **~sed**, *pp* **~sing** 1 (***syn.*** slander) कलंकित क., लांछन लगाना, बदनाम क.: **~se** sb's character/ sb's name 2 छिड़कना;
***dw/lw:* ~sion** /अस्पःशन/ *n.* 1 कलंक, लांछन, बदनामी, निंदा: cast ~sions on sb/ sth (किसी पर तोहमत लगाना) 2 अभिसिंचन, छिड़काव; **~sive** /ऐस्पःसिव/ *adj.* निंदात्मक, कलंकपूर्ण; **~sory** /ऐस्पःसरि/ *adj.* निंदात्मक, आक्षेपकारी;
***p&i:* cast ~sion on sb** किसी पर लांछन लगाना

aspersorium /ऐस्पसॉरिअम/ *n.* अभिमंत्रित जलकुंड

asphalt /ऐस्फैल्ट/ *US* ऐस्फॉल्ट/ *n.* तारकोल, डामर: ~ concrete; ~ plant; ~ work;
***v.,* pt. ~ed**, *pp* **~ing** डामर बिछाना, सड़क आदि पक्का क.;
***dw/lw:* ~ic** *adj.* तारकोल या डामरयुक्त

aspheteri\se /अस्फेटअराइज/ *v., pt.* **~sed**, *pp* **~sing** निजी संपत्ति के अधिकार से वंचित क.

asphodel /ऐस्फअडेल/ *n.* यूरोप में उगने वाला नरगिस परिवार का एक सदाबहार पौधा

aspherical /ऐस्फेरिकल/ *adj.* अगोलीय

asphyxia /ऐस्फिक्सिआ/ *n.* श्वासावरोध, दमघुटी, दम-घुटन

asphyxia\te /अस्फिक्सिएट/ *v., pt.* **~ted**, *pp* **~ting** 1 (***syn.*** suffocate) किसी का दम घोंटना: be **~ted** (दम घुटने से मरना) 2 बेहोश कर देना 3 श्वासावरोध हो जा. या कराना;
dw/lw: **~tion** /~शन/ *n.* श्वास अवरोध, दमघुटी, दम-घुटन; **~tor** /~टः/ *n.* अग्नि-शामक

aspic /ऐस्पिक/ *n.* पारदर्शी जेल्ली (jelly): chicken breast in ~

aspidistra /ऐस्पिडिस्ट्रा/ *n., pl.* **~s** एक सदाबहार घरेलू पौधा

aspirant /अस्पायरंट/ ऐस्पअअरंट/ *n.* 1 प्रार्थी, उम्मीदवार, प्रत्याशी, आकांक्षी: an ~ to/ for honours 2 उच्चाकांक्षी, महत्त्वाकांक्षी 3 उच्च पद आदि पाने के लिए अत्यधिक मेहनत करने वाला व्यक्ति

aspirate / ऐस्पि\रेट/ ऐस्पि\रअट/ *n. phonetics* महाप्राण, ह-कार, अक्षर '**h**' द्वारा प्रदर्शित ध्वनि, ध्वनिरहित ध्वनि (voiceless sound);
dw/lw: **~te** /~रेट/ *v. pt.* ~ted, *pp* ~ting 1 महाप्राण का उच्चारण क. 2 कई भाषाओं में अक्षर '**h**' द्वारा प्रदर्शित ध्वनि को उच्चरित क. 3 केविटी (cavity) में से पानी आदि द्रव को चूसकर निकालना; **~tion** *see below under separate entry*; **~tor** /~रेटः/ *n.* 1 द्रव चूषित्र 2 गैस चूषित्र

aspiration /ऐस्पिरेशन\/ *n.* 1 प्रबल इच्छा, महत्त्वाकांक्षा 2 आशा, अभिलाषा 2 श्वास 3 महाप्राण 4 शरीर के किसी गड्ढे या छेद (cavity) से द्रव का चूषण (suction) 5 महाप्राण का उच्चारण, महाप्राणत्व;
dw/lw: **~al** /~ल/ प्रबल इच्छा या महत्त्वाकांक्षा से संबंधित

aspi\re /अस्पायः/ *v., pt.* **~red**, *pp* **~ring** 1 आकांक्षा क., अभिलाषा क., महत्त्वाकांक्षा रखना: **~re** to become a poet; **~re** to honours/ to riches; **~re** after glory 2 चढ़ना, बढ़ना, ऊपर उठना (rise up); he was **~ring** to be made professor;
dw/lw: **~ing** /अस्पायरिंग/ *adj.* अभिलाषी, आकांक्षी: an ~ing novelist; **~ing** *n.* आकांक्षा, अभिलाषा, प्रयास;
p&i: **~re to do sth** किसी चीज या कुछ करने की प्रबल अपेक्षा या आशा रखना; **~re to sth** कुछ बनने की प्रबल इच्छा रखना या पालना; (*usually* **~re to/ after sth**) कुछ बनने या कुछ पाने की प्रबल आकांक्षा रखना

aspirin /ऐस्पिरिन/ *n. pl.* ~/ **~s** 1 ऐस्पिरीन, ज्वरहर, पीड़ाहर (औषध) 2 ऐस्पिरीन की टिकिया: take two **~s**

ASPNET *abbr.* 'Asia Pacific Network Programme' की प्रथमाक्षरी

a-spout *adv.* तेज धारा के रूप में: fountains ~

a-sprawl *adv.* (जमीन आदि पर) फैलकर

ASPS *abbr.* 'American Society of Plastic and Reconstructive Surgeons' की प्रथमाक्षरी

asquint /अस्क्विंट/ *adv.* तिरछे, कनखियों से, टेढ़ी आंख से: look ~

ASR *abbr.* 'Air Route Surveillance Radar' की प्रथमाक्षरी

ass /ऐस/ *US sl.* (*UK* **arse**) *n., pl.* **asses** 1 गधा, टट्टू 2 (***syn.*** fool) मूर्ख व्यक्ति, मिट्टी का माधो, गधा 3 पुराणपंथी गधा 4 (***syn.*** arse) चूतड़, गुदा 5 यौन जोड़ीदार, यौन विजय 6 किसी विशेष प्रकार का व्यक्ति: fat-**~ed** (मोटा आदमी); wild-**~ed** (गुस्सैल आदमी); smart-~ (आकर्षक व्यक्ति);
dw/lw: **~hole** *n.* = **arsehole** गुदा; **~licker** *n.* चापलूस; **~-licking** *n.* चापलूसी;
p&i: **~ in grain** निरा मूर्ख; **~es as well as pitchers have ears** मूर्ख लोग व बच्चे उससे कहीं ज्यादा समझ रखते हैं जितनी कि उनके बारे में लोग बतियाते हैं;
act/ play an ~ मूर्ख बनना; **all ~es wag their ears** मूर्ख भी दार्शनिक अंदाज में बातें करते हैं; **an ~ between two bundles of hay** दुविधा में दोनों गए माया मिली न राम; **an ~ in lion's skin** अपने मुंह मियां मिट्ठू (शेर की खाल में गधा); **an ~ with two panniers** कौए की चोंच में अंगूर; **Balaam's ~** चुप्पा और दब्बू भी बोल उठा; **be an ~ for one's pains** बुद्धू ही बना रहना; **drag, haul or tear an ~** बहुत तेज चलना; **get one's ~ in a sling** भारी मुसीबत या कठिनाई में पड़ना; **get your ~ in gear/ move your ~** *sl.* जल्दी करो!; **get your ~ over/ in here, etc.** इधर आओ!; **kick an ~** 1 सत्ता में आना 2 तेज और सशक्त हो.; **make an ~ act/ play the ~** बुद्धू बनाना या बनना; **make an ~ of oneself** बुद्धू बनना; **never bray at an ~** मूर्ख व्यक्ति से दूर ही रहना अच्छा; **out on one's ~** तिरस्कृत, ठुकराया हुआ, नौकरी से निकाला हुआ; **put one's ~ on the line** खतरा मोल ले. या किसी बात की जिम्मेवारी ले.; **up to one's ~ in sth** किसी काम में एड़ी से चोटी तक डूबा हुआ, पूरी तरह से दबा हुआ; **up your ~** भाड़ में जाओ! **work one's ~ off** खूब कोशिश क., बहुत काम क.

assagai/ assegai /ऐसअगाइ/ *n.* लकड़ी के डंडे वाला भाला, बरछा

assail /असेल/ *v. pt.* **~ed**, *pp* **~ing** 1 पर टूट पड़ना, आक्रमण क.: the fortress was **~ed** on all sides 2 का सामना क. 3 वार की बौछार क.: he was **~ed** with questions; we were **~ed** by a violent hail-storm 4 घोर आलोचना क.: ~ sb with epigrams 5 काम में जुट जा. 6 किसी को बहुत परेशान क.: he was **~ed** by/ with doubts; he was **~ed** by fears 7 किसी चीज पर काबू पाने के लिए उसका सामना क.;
dw/lw: **~able** /असेलअबल/ *adj.* आक्रमणीय, आक्रमण के लिए खुला; **~ant** /असेलंट/ (*also* **~er**; ***syn.*** attacker) *n.* 1 आक्रमणकारी 2 घोर निंदक

assart /असाःट/ *v. pt.* **~ed**, *pp* **~ing** 1 झाड़-झंखाड़ साफ करके (*Hr.* सूड़ काटकर) भूमि को कृषि योग्य बनाना 2 अभी तक अनजुती पड़ी जमीन में पहली बार हल चलवाना;
n. झाड़-झंखाड़ साफ कर (*Hr.* सूड़ काटकर) जुताई योग्य बनाई हुई भूमि;
collocations: **~ed land** नई-नई कृषि योग्य बनाई हुई भूमि, नई तोड़

assassin /असैसि\न/ *n.* 1 राजनीतिक हत्यारा, खूनी, कातिल 2 वध करने वाला 3 गुप्त घाती, छल घाती;
dw/lw: **~ate** /~नेट/ *v., pt.* **~ated**, *pp* **~ating** 1 हत्या/ कत्ल/ वध क., राजनीतिक या धार्मिक उद्देश्यों से (छिप कर) हत्या क. 2 किसी को बदनाम क.; **~ation** /~नेशन/ *n.* 1 राजनीतिक हत्या/ कत्ल/ वध: the ~ation of John F. Kennedy 2 छल घात, गुप्त घात; **~anator** /~नेटः/ (***syn.*** assassin) *n.* हत्यारा, खूनी, कातिल;
collocations: **~ bug** परजीवी कीटाणु

assault /असॉल्ट/ *n.* 1 आक्षेप, प्रहार, आक्रमण, हमला, धावा: make an ~ upon sb; make an ~ upon a fortress; take/ carry/ win a fortress by ~; repulse an ~; withstand an ~ 2 हथियाने के लिए प्रहार या धावा: **~s** upon the prerogatives of parliament/ upon the constitution 3 हिंसक शारीरिक या शाब्दिक प्रहार, किसी को शारीरिक या मानसिक यातना देने के लिए दी जाने वाली धमकी: commit an ~ upon sb 4 बलात्कार या बलात्कार करने की कोशिश: sexual **~s**; indecent ~ on women;
v., pt. **~ed**, *pp* **~ing** 1 प्रहार/ आक्रमण/ हमला क., धावा बोलना: ~ a city/ a fortress; 2 कटु आलोचना क.: ~ sb's reputation 3 बलात्कार की धमकी दे. 4 शोर-गुल से बहरा हो.: the cries **~ed** his ears;
dw/lw: **~er** /असॉल्टः/ *n.* हमलावर, आक्रमणकारी;
collocations: **~ and battery** *law* पहले दी गई धमकी के फलस्वरूप किया जाने वाला प्रहार या अपमान; **~ at arms** तलवार के खेल (fencing) में आक्रमण व बचाव का प्रदर्शन; **~ aviation/ boat** हवाई हमला करने वाली वायुसैनिक टुकड़ी या नौका; **~ course** सैनिकों के लिए बाधा पार करने व अन्य वास्तविक कठिनाइयों का मुकाबला करने का प्रशिक्षण; **~ distance** आक्रमण की दूरी; **~ echelon** प्रथम आक्रमण टुकड़ी; **~ landing craft** आक्रमण के लिए उतरने वाला विमान; **~ position** आक्रमण के लिए प्रारंभिक स्थिति; **~ wave** आक्रमण

कड़ी;
***p&i:* ~ of/ at arms** हथियारबाजी
assay /असे/ *n., metallurgy* 1 जांच, परख, परीक्षण, खरे-खोटे की जांच: mark of ~ 2 विश्लेषण: ~ office;
v., pt. **~ed**, *pp* **~ing** शुद्धता जांच/ परीक्षण क., खरे-खोटे की जांच क., परखना, कसौटी पर कसना;
***dw/lw:* ~er** /असेअः/ *n.* रासायन-शास्त्र का प्रयोगशाला-सहायक; **~ing** /असेइंग/ *n.* 1 धातु शुद्धता-परीक्षक 2 खनिज में धातु की परख
assegai *see* above *under* **assagai**
assemblage /असेंब्लिज/ 1 लोगों व वस्तुओं का समूह: an ~ of all ages and nations 2 मिलन 3 संग्रह, संकलन, समुच्चय, जमावड़ा 4 संग्रहण, जमाव, संचयन: varied ~ of plants 5 यंत्र में पुर्जों की लगाई, संयोजन
assemblage /असैंब्लैज/ *n., Fr.* 1950 के दशक के अंत में DADAism को फिर से जीवित करने के प्रयास के तहत भिन्न-भिन्न वस्तुओं, कागजों, लकड़ियों, धातुओं, बोरियों आदि को जोड़कर नई कलात्मक वस्तुएं बनाने की प्रक्रिया सज्जा, सज्जाकरण, संयोजन
assemb\le /असेंब्\ल/ *v., pt.* **~led**, *pp* **~ling** 1 एकत्र/ इकट्ठा हो. या क., जुटना या जुटाना: **~le** friends/ pupils/ followers; **~le** an audience; crowds of people **~led** themselves on the bank 2 मिलना या, संयोजन क.: the Parliament has **~led** 3 (***anton.*** disassemble) पुर्जों को जोड़कर यंत्र तैयार क. 4 मिलाना, जोड़ना: **~le** a book;
***dw/lw:* ~ler** /असेंब्लर/ *n., comput.* असेंबली भाषा (~ly language) में साधारण लिखित पाठ का कंप्यूटर कोड भाषा में परिवर्तन करने वाला; **~ling** /असेंब्लिंग/ *n.* भिन्न-भिन्न पुर्जों को एकत्र करके यंत्र आदि का निर्माण; **~ly** /असेंब्लि/ *n., pl.* assemblies 1 सभा, विधान सभा आदि: constituent ~ly; national ~ly; convene/ summon an ~ly; hold an ~ly 2 समूह, जमघट: ~ly of stockholders; never had there been so full an ~ly 3 भिन्न-भिन्न भागों या पुर्जों को जोड़कर बनाया हुआ यंत्र आदि: ~ly drawing; ~ly line; come off the ~ly line; **~lying** *n.* पुर्जों को जोड़कर यंत्र बनाने की क्रिया;
***collocations:* ~ly language** निम्न स्तर की कंप्यूटर प्रोग्राम भाषा; **~ly line** यंत्रों व कारीगरों की कतार जिससे होकर हर नया बनने वाला यंत्र गुजरता है; **Member Legislative Assembly** (*abbr.* **MLA**) विधान सभा सदस्य, विधायक; **~ly hall/ room** सभागार; **~ly point** एकत्रित होने का स्थान
assent /असेंट/ *n.* 1 आधिकारिक स्वीकृति, मंजूरी, अनुमति: President's ~ to bills; silent/ reluctant ~; give one's ~ to a plan; nod ~ 2 (***syn.*** approval) सहमति, सम्मति: by/ with ~ of;
v., pt. **~ed**, *pp* **~ing** 1 (*often* **~ to sth**) स्वीकृति/ मंजूरी दे.: ~ to a proposal/ to a statement/ to an opinion; ~ with reluctance 2 सहमत हो., राजी हो.: ~ to desire/ to request; the king **~ed** to the resolution
assert /असः\ट/ *v., pt.* **~ed**, *pp* **~ing** 1 निश्चयपूर्वक कहना, दावा क. बलपूर्वक कहना, दावे के साथ कहना: it is not directly **~ed** but it seems to be implied; his friends **~ed** that he was innocent 2 अपने अधिकारों, विचारों, मतों आदि की दृढ़तापूर्वक रक्षा क.: ~ oneself; ~ one's independence 3 असर दिखाना: good sense **~ed** itself;
dw/lw:* ~able** समर्थनीय, दावा करने योग्य; **~ion** /~शन/ *n.* 1 (syn.*** claim) मजबूत दावा, दृढ़ कथन: mere ~ion; evidence to support one's ~ions 2 दावा करने की प्रक्रिया: ~ion of right to peaceful protest; **~ive** /असःटिव/ *adj.* /***anton.*** submissive/ सशक्त व विश्वासपूर्ण ढंग से अपनी बात रखने वाला, दबंग: in an ~ive form; ~ive tone; ~ive manner; **~ively** /~टिवलि/ *adv.* दृढ़तापूर्वक; **~iveness** /~टिवनेस/ *n.* मजबूती, दृढ़ता; **~or** /~टः/ *n.* दावा करने वाला, समर्थक, हिमायती;
***collocations:* ~able proposition** दावा करने योग्य प्रस्ताव;
***p&i:* ~ oneself** विश्वासपूर्वक व जोरदार ढंग से अपनी बात कहना, बल देकर कहना; **~ one's authority/ control/ independence** अपनी सत्ता/ अधिकार/ स्वतंत्रता की रक्षा क., अपना दबदबा जतलाना; **~iveness training** लोगों के साथ व्यवहार में विनम्र दृढ़ता से पेश आने का प्रशिक्षण
Asses' bridge युक्लिड (Euclid) के प्रमेय (theorem) का पांचवां सिद्धांत; **he never crossed the ~** कठिन काम उसके बस की बात नहीं
assess /असे\स/ *v. pt.* **~ed**, *pp* **~ing**, *s/he/it* **~es** 1 मूल्यांकन क., परखना, महत्त्व समझना: ~ the effects of the new changes 2 मूल्य निर्धारित क., कूतना 3 दंड या कर की मात्रा तय क. 4 (***syn.*** estimate) नुकसान का अनुमान लगाना: ~ damages;
dw/lw:* ~able** /~सअबल/ (syn.*** taxable) करनिर्धार्य, निर्धारणीय; **~ee** /असेसी/ *n.* करदाता, निर्धारिती; **~ment** /~समंट/ *n.* 1 (***syn.*** evaluation) मत, मूल्यांकन: ~ment of the situation 2 मत या मूल्यांकन करने की क्रिया: forms of ~ment 3 कर का अनुमान, मूल्यांकन, कर-/ मूल्य-निर्धारण, कूत, अंदाजा: a tax ~ment; **~or** /~सः/ *n.* कर-निर्धारक
***collocations:* ~ment year** कर-निर्धारण वर्ष
asset /ऐसेट\/ *n.* 1 वरदान: good health is a great ~ 2 निधि 3 उपयोगी व्यक्ति या वस्तु: a real ~ to the company 4 संपत्ति: personal/ real **~s**; **~s** and liabilities 5 गुण, विशेषता: patience is a valuable ~;
***dw/lw:* ~s** *n., [pl.], accounting* 1 परिसंपत्ति, माल-मत्ता 2 किसी व्यक्ति या कंपनी की संपत्ति और अन्य संसाधनों की कुल कीमत 3 *law* किसी की मृत्यु के बाद उत्तराधिकारियों को देने के लिए बची संपत्ति व संसाधन;
***dw/lw:* ~stripping** ~ स्ट्रिपिंग/ *n.* किसी असफल कंपनी को खरीद कर उसके अलग-अलग हिस्सों को बिना मजदूरों आदि के हितों का ध्यान रखे बेचकर लाभ कमाने की प्रथा;
***collocations:* ~s and liabilities** देया-देय, देना-पावना, लेने-देने का लेखा-जोखा
assevera\te /असअवरे\ट/ *v., pt.* **~ted**, *pp* **~ting** सशपथ एवं दृढ़तापूर्वक कहना, विश्वास दिलाना;
***dw/lw:* ~tion** /~शन/ *n.* दृढ़ कथन
assibila\te /असिबिले\ट/ *v., pt.* **~ted**, *pp* **~ting** *phon.* ऊष्म उच्चारण क.;
***dw/lw:* ~ion** /~शन/ *n.* ऊष्मीकरण, ऊष्म उच्चारण
ASSICON *abbr.* 'Association of Spine Surgeons of India' की प्रथमाक्षरी
assidu\ity /ऐसिड्यूइटि/ *n., pl.* **~ities** 1 अध्यवसाय, मनोयोग 2 किसी की निरंतर देखभाल व सेवा-शुश्रूसा;
dw/lw:* assiduous** /असिड्युअस\/ *US* असिज्युअस\/ *adj.* 1 (syn.*** diligent) परिश्रमी, मेहनती, उद्यमी, श्रमशील: be ~ous in one's work 2 अध्यवसायी, सेवा-शुश्रूसाशील; **~ously** /~लि/ *adv.* मेहनत से, ध्यानपूर्वक; **~ousness** /~नेस/ *n.* = **assiduity**
assign /असाइ\न/ *v., pt.* **~ed**, *pp* **~ing** 1 कोई जिम्मेवारी सौंपना: ~ a mission; this is the task you are **~ed** 2 नियुक्त क.: ~ the best person for the job 3 किसी काम के लिए समय या स्थान निश्चित क., नियत क., निर्धारित क.: ~ a day for trial; the painting cannot be **~ed** to any particular epoch 4 देना, बांट दे. निर्दिष्ट क.: ~ a sum; ~ sb his share/ portion 5 किसी के या किसी बात के जिम्मे लगाना, कारण निर्धारित क.: jealousy was **~ed** as the motive for the crime 6 किसी को श्रेय दे.: ~ a quotation erroneously to Shakespeare 7 *law* करारनामे के तहत किसी को संपत्ति का अधिकार आदि सौंप दे.: the agreement **~s** the copyright to the author 8 सीमा या अधिकतम सीमा निर्धारित क. 9 (***syn.*** reserve for) पहले से किसी के लिए निर्धारित क.: these rooms have been **~ed** to us 10 किसी व्यक्ति को किसी के साथ काम करने के लिए भेजना: ~

to the team of Mr. ...;

dw/lw:* ~able** /~नअबल/ *adj.* निर्धार्य, निश्चित करने योग्य; **~ation** /ऐसिग्नेशन/ *n.* 1 निर्धारण 2 (*syn.* tryst, date) गुप्त या प्रेम मिलन, अभिसार 3 *law* हस्तांतरण 4 आबंटन 5 नियुक्ति 6 **~ed** /असाइन्ड/ *adj.* नियत, निर्दिष्ट, अभ्यर्पित; **~ee** /~नी/ *n., law* संपत्ति आदि पाने वाला, प्रतिनिधि, अधिन्यासी: ~ee in bankruptcy; **~ment** /असाइन्मंट/ *n.* 1 कार्यभार, सौंपा हुआ कार्य, दत्त कार्य: ~ment of a contract; one of our reporters on ~ment to China 2 आबंटन: ~ment of sums 3 नियुक्ति: ~ment to a position 4 *law* संपत्ति आदि का हस्तांतरण: ~ment of lands 5 दानपत्र 6 नियत कार्य, कर्त्तव्य: ~ment clause 7 निर्धारण 8 (syn.*** homework) विद्यार्थियों को घर पर करने के लिए दिया जाने वाला कार्य; **~or** /असाइनः/ *n., law* संपत्ति आदि को करारनामे के तहत सौंपने वाला, निर्धारक;

***p&i:* ~ sb to sth** किसी को कोई कार्यभार सौंपना

assimi\lable /असिमिले\बल/ *adj.* समावेशनीय, स्वांगीकरणीय;

***dw/lw:* ~lative/ ~latory** /~लेटिव/ ~लेटरि/ *adj.* आत्मसात्कारी, स्वांगीकारक, समीकारी, परिपाचक: ~lative colouration

assimila\te /असिमिले\ट/ *v., pt.* **~ted**, *pp* **~ting** 1 आत्मसात् क., समझना, अपना ले.: **~te** ideas what one reads 2 किसी को अपने समूह या संगति में सम्मिलित क., मिला ले. 3 सदृश बनाना या ब., तुलना क.: **~te** a breathed sound to a voiced sound 4 स्वांगीकरण क. 5 पचा ले.: **~te** food;

***dw/lw:* ~tion** /~शन/ *n.* 1 आत्मसात्: ~tion of sounds/ languages 2 समावेशन, सदृशीकरण, समीकरण, एकरूपता: progressive/ regressive ~tion 3 स्वांगीकरण 4 परिपाचन

assist /असिस्ट/ *v., pt.* **~ed**, *pp* **~ing** 1 सहायता क., मदद क.: **~ sb** with money; the father **~ed** his son with his mathematics; ~ sb into the carriage 2 गवाह के रूप में भाग ले., सहयोग दे.: ~ in the work; he **~ed** at the ceremony 3 काम को आसान बनाना: activities that ~ the decision making process;

dw/lw:* ~ed** /असिस्टिड/ *adj.* (syn.*** aided) सहायता-प्राप्त; **~ance** /असिस्टंस/ *n.* सहायता, मदद, सहयोग: mutual ~ance; technical ~ance; can I be of any ~ance?; they came to my ~ance; **~ant** /असिस्टंट/ *n.* 1 सहायक, सहयोगी, मददगार: sales/ shop ~ant (विक्री-सहयोगी) 2 सहायक: ~ant to memory (स्मरण सहायक उपकरण) 3 सहायक अध्यापक; **~ant** *adj.* सहायक: the ~ant manager; **~antship** *n.* 1 सहायक का पद 2 *US* स्नातक छात्र का वैतनिक अध्यापन कार्य

***collocations:* ~ant professor** (= Lecturer) अमेरिका, कैनेडा, भारत आदि देशों में कॉलेज या विश्वविद्यालयीय अध्यापक का पहला पद; **~ed area** (in Britain) ऐसा क्षेत्र जहां सरकार बेरोजगार लोगों को छोटा-मोटा व्यापारिक धंधा शुरू करने के लिए मदद देती है; **~ed suicide** असाध्य रोग आदि से पीड़ित व्यक्ति द्वारा चिकित्सक आदि की मदद से अपनी जीवन-लीला खत्म करने की क्रिया;

***p&i:* ~ at** में उपस्थित होना, में भाग ले.; **~ in the French sense** काम में भाग न लेते हुए उपस्थित रहना

assize /असाइज/ *n., pl.* **~s** 1 *formerly in England and Wales* चल न्याय सत्र 2 (***syn.*** trial) चल अभियोग: great/ last ~ 3 मूल्य निर्धारण, निर्धारित मूल्य;

***p&i:* maiden ~** बिना मुद्दे के लगने वाली कचहरी

assoc. *abbr.* 'associated', 'association' का संक्षेप

ASSOCHAM *abbr.* 'Associated Chamber of Commerce and Industry of India' की प्रथमाक्षरी

associable /असोशिअबल/ *adj.* संगत-अविरोधी, जिसके साथ मिला जा सके या जिसे साथ मिलाया जा सके

associa\te /असोशिए\ट/ *v., pt.* **~ted**, *pp* **~ting** 1 मिल जा., मेल-जोल या संपर्क रखना: **~te** with sb; **~te** oneself 2 के साथ जोड़ना, मिलाना, संयुक्त क., शामिल क., सम्मिलित क.: we **~te** the name of Columbus with the discovery of America; I **~te** myself with that answer 3 सहयोगी या साझेदार बना ले.: **~te** with men much older than oneself 4 संबंध या साहचर्य मानना, संबद्ध क.: **~te** lambs with spring (mentally) 5 *chem.* संगुणित क.: gold **~ted** with copper;

n. साझेदार, सहयोगी: in **~te** with (किसी के साथ जुड़ाव या संग) 2 संगी, साथी (companion): **~tes** of the Academy of Sciences 3 संबद्ध तत्त्व;

adj. 1 संबद्ध, संयुक्त: suffering from a cold and all its **~e** miseries 2 सहचारी: **Associate** Professor, **~te** director 3 सह-, गौण, उप-: **~te** societies; **~te** editor; **~te** producer; **~te** member;

dw/lw:* ~ted** /~टिड/ *adj.* 1 (*usually* **Associated**) कई छोटी कंपनियों से बनी कंपनी के नाम में प्रयुक्त, संयुक्त, से जुड़ी हुई: Associated Press (*abbr.* **AP**) (न्यु यॉर्क स्थित दुनिया की विशालतम समाचार एजंसी); ~ted company; ~ted movement 2 के साथ: not ~ted with any party 3 (syn.*** connected) पर निर्भर, से जुड़ी हुई: the risks ~ted with taking drugs; rise in salaries and ~ted costs; ~ted weeds; **~tion** /~शन *n.* 1 संस्था, समिति, संघ 2 दो या अधिक वस्तुओं या व्यक्तियों के बीच जुड़ाव या संबंध, संसर्ग, साहचर्य: pleasant ~tions with the place; ~tion of similarity/ of contrariety/ of contiguity (समानता/ विरोध या स्थानिक जुड़ाव आधारित मेल) 3 (***syn.*** relationship) साझेदारी: I benefited/ benefitted much from my ~tion with him 4 सहवास 5 संस्था, सभा, समाज, संघ, संसद 6 संयोजन 7 संगुणन 8 सह संघ 9 मानसिक जुड़ाव या संबद्धता: ~tion of snow with winter; articles of ~tion; ~tion psychology 10 पारस्परिक निर्भरता या जुड़ाव: a proven ~tion between passive smoking and cancer; **~tionism** /~शनिज्म/ *n., philos., psychol.* यह सिद्धांत कि हम भिन्न-भिन्न और सरल विचारों को जोड़कर सोचते और सीखते हैं; **~tive** /~टिव/ *adj.* 1 विचारों और वस्तुओं के संबंध से संबंधित, सह-, सहचारी 2 मिलनसार 3 *math.* विभिन्न तरीकों के जुड़ाव के बावजूद एक ही परिणाम या फल मिलने की स्थिति: (a x c) x b = (a x b) x c; **~tivity** /~टिविटि/ *n.* 1 सहचारिता, साहचर्य 2 मिलनसारिता;

***collocations:* ~te editor/ producer, etc.** सह संपादक/ निर्माता आदि; **Associate Professor** (= **Reader**) अमेरिका, कैनेडा, भारत आदि देशों में कॉलेज या विश्वविद्यालयीय अध्यापक का असिस्टंट प्रोफेसर और प्रोफेसर के बीच का पद; **~tive football** सहयोग फुटबॉल

***p&i:* ~te with sb/ sth** किसी से या किसी बात से जुड़ा हो.

assoil /असॉइल/ *v., pt.* **~ed**, *pp* **~ing** 1 (पादरी द्वारा) चर्च में पश्चात्ताप करने वाले को पापमुक्त क. 2 पश्चात्ताप क.

assona\nce /ऐसअनंस/ *n., prosody* 1 स्वरसाम्य, श्रुतिसाम्य 2 तुक 3 साम्य: **~nce** between facts;

n. एक शब्द या शब्दांश का दूसरे शब्द या शब्दांश से समस्वरता;

***dw/lw:* ~nt** /ऐसअनंट/ *adj.* समस्वर, समश्रुति

assort /असॉः\ट/ *v., pt.* **~ed**, *pp* **~ing** 1 वर्गीकरण क., समान श्रेणी में रखना 2 छांटना: ~ goods 3 (***syn.*** harmonize) से साम्य रखना, मेल खाना): it ill **~s** with her character 4 से संपर्क रखना (consort with);

dw/lw:* ed** /~टिड/ *adj.* 1 भिन्न-भिन्न प्रकारों से मिलकर बना हुआ: salad with ~ed vegetables 2 विविध, फुटकर: ~ed goods 3 मिली-जुली: ~ed chocolates 4 वर्गीकृत, छांटी हुई: ~ed goods; **~ing** *n.* छांटने का काम, छंटाई; **~ing** *adj.* छांटने वाला: ~ing machine (छंटाई मशीन); **~ment** /~टमंट/ *n.* 1 (syn.*** mixture) भिन्न-भिन्न वस्तुओं का मिश्रण, वर्गीकरण: rich ~ment of goods 2 छंटाई, छांट 3 चयन, संचय, संकलन, संग्रह: ~ment of tools;

well-~ed *adj.* सुमेल; **poorly-~ed** *adj.* बेमेल;

***collocations:* ~ing cylinder** छांटने वाला ढोल; **~ing**

engine छांटने वाली मशीन
asst/ asst. *abbr.* 'assistant' का छोटा रूप
assua\ge /अस्वे\ज/ *v., pt.* **~ged**, *pp* **~ging** 1 दर्द को कम क. 2 उग्र भावनाओं को नर्म क., राहत दे. 3 शांत क., मेल-मिलाप करवाना 4 बुझाना;
dw/lw: **~gement** /अस्वेज/ *n.* उपशमन, प्रशमन; **~ging** /अस्वेजिंग/ *adj.* 1 पीड़ा-शामक 2 शमनशील; **~ging** *n.* 1 पीड़ा-शमन 2 शांतिकरण; **~sive** /~सिव/ *adj.* 1 शमनकारी, शमनशील, शामक 2 शांतिकारक, शांत करने वाली: ~sive voice
assumable /अस्यूमअबल/ *adj.* 1 ग्राह्य 2 मान्य 3 अनुमान्य
assum\e /अस्यू\म/ *US* असू\म/ *v., pt.* **~med**, *pp* **~ming** 1 मानकर चलना, मान ले., मानना, कल्पना क.: let us assume for a moment that we shall win, … let us **~me** that this is true 2 (*syn.* put on) का स्वांग भरना, नाटक क., का अभिनय क.: **~me** an air/ expression of concern, etc. (बनना, दिखावा क.); **~me** a look of innocence 3 (*syn.* take) हाथ में ले., का भार या उत्तरदायित्व ले.: **~me** control/ power/ responsibility, etc. (नियंत्रण/ सत्ता/ पद भार संभालना); **~me** charge of a business 4 कदम आदि उठाना; **~me** measures 5 धारण क., अपनाना: **~me** a false identity/ name, etc. (मुखौटा या झूठा नाम धारण क.); he **~med** a new name 6 (*syn.* usurp) छीनना, जबरदस्ती ले लेना: he **~med** the reins of government 7 (*syn.* take on) ग्रहण क., विशेष रूप धारण क.: **~me** the original form; his illness **~med** a grave character; the matter **~mes** a new aspect; **~med** world-wide proportions; **~me** a formation *milit.* 8 अहंकारी हो., दंभ भरना: **~me** airs; they **~med** to have knowledge of the fact 9 अपने समूह में लेना;
dw/lw: **~mably** /~मअबलि/ *adv.* शायद, संभवतः, अनुमानतः; **~med** /~मड/ *adj.* 1 कृत्रिम, छद्म: ~med ignorance 2 (*syn.* supposed) गृहीत, छद्म: ~med name; 3 (*syn.* usurped) अपहृत, हथियाया हुआ, छीना हुआ 4 कल्पित, माना हुआ: ~med load; **~ing** /~मिंग/ *adj.* अभिमानी, घमंडी, अक्खड़; **~ming** *n.* अहंकार; **~ming** *conj.* मान लो कि...: ~ming that he is a good person, still he cannot be trusted
Assumption /असंप्शन/ *n., Christ.* 1 मां मरियम की स्वर्ग-यात्रा 2 इस घटना को 15 अगस्त को मनाया जाने वाला त्योहार
assump\tion /असंप्\शन/ *n.* 1 कल्पना, पूर्व धारणा, पूर्वानुमान: work on some **~tion**; unwarrantable **~tion** 2 अंगीकार, (कार्यभार) ग्रहण, धारण: responsibility, etc.; **~tion** of risk 3 अनधिकार-ग्रहण, अपहरण: the **~tion** of power 4 अभिमान, घमंड, अहंकार: **~tion** of airs of learnedness 5 दिखावा, स्वांग, नाटक: **~tion** of friendliness;
dw/lw: **~tive** /~टिव/ *adj.* 1 कल्पित, माना हुआ 2 (*syn.* presumptuous) अक्खड़, अहंकारी: ~tive tone;
collocations: **~tive arms** प्रदत्त कुल चिह्न
assurance /अश्युअरंस, अश्यॉरंस/ *US* अशुरंस/ *n.* 1 (*syn.* promise) वायदा, आश्वासन, भरोसा: **~s** of support; give **~s** 2 (*syn.* confidence) विश्वास, निश्चय: speak/ behave with ~ 3 आत्मविश्वास: shake sb's ~; meet danger with ~ 4 अति-आत्मविश्वास, ढिठाई, धृष्टता: he has not the ~ to deny it; where did you pick up so much ~? 5 (*syn.* guarantee) प्रत्याभूति 6 *Br.* बीमा 7 अधिकार-पत्र 8 हस्तांतरण-पत्र;
p&i: **make ~ double/ doubly sure** (Shakespeare) ठोक बजाकर पक्का क.
assu\re /अश्युअर\, अश्यॉर\/ *US* अशुर\/ *v., pt.* **~red**, *pp* **~ring** 1 भरोसा या आश्वासन दे., ढारस बंधाना: he **~res** me of his innocence; **~re** sth upon oath; you may rest **~red**; he **~red** me to the contrary; **assuring** you of my highest esteem 2 (*syn.* to guarantee) सुनिश्चित/ पक्का क.: perseverance **~red** him success 3 (*syn.* convince) आश्वस्त क., विश्वास दिलाना, कायल क.: **~re** oneself of sth; **~re** good work; **~re** comfort 4 प्रत्याभूति दे. 5 (*syn.* insure) बीमा क.: they are **~red** against any unpleasant consequences; what is the sum **~red**; **~re** one's life with a company 6 संदेह दूर क.: the news **~red** us;
dw/lw: **~red** /~ड/ *adj.* 1 सुनिश्चित: ~red income; ~red sale 2 बीमाकृत 3 आश्वस्त: be ~red of sth 4 आत्मविश्वासी: ~red ignorance; **~redly** /~डलि/ *adv.* निश्चय ही, विश्वासपूर्वक, दृढ़तापूर्वक; **~redness** /~डनिस/ *n.* विश्वास, दृढ़ता: encounter with ~redness any opposition; **~rer/ ~ror** /~र/ *n.* विश्वास दिलाने वाला, आश्वासक, बीमाकर्ता
assurge\nt /असःजं\ट/ *adj.* 1 होनहार, उदीयमान 2 *bot.* वक्रारोही (of stems, leaves curving upward) 3 आक्रामक महत्त्वाकांक्षी;
dw/lw: **~ncy** /असःजंसि/ *n.* 1 उदीयमानता 2 आक्रामक महत्त्वाकांक्षा
Assyrian /असीरिअन/ *adj., hist.* 1 ईसवीपूर्व 1530 से 612 तक भूमध्यसागर से लेकर इरान तक और फारस (Persian) की खाड़ी से टर्की तक फैले साम्राज्य का सदस्य या वासी 2 अस्सूर, अस्सूरी;
dw/lw: **Assyriology** /असिरिऑलजि/ *n.* अस्सूरी विद्या; **Assyriologist** /असिरिऑलजिस्ट/ *n.* अस्सूरीविद्
AST *abbr.* 'Atlantic Standard Time' की प्रथमाक्षरी
astart /अस्टाःट/ *adv.* एकदम, अचानक, यकायक
astatic /अस्टैटिक *adj.* 1 अस्थिर: ~ coil 2 अस्थैतिक
astatine /ऐस्टअटीन/ *n., chem.* (*symbol* **At**) एक रेडियो धर्मी तत्त्व
ASTC *abbr.* 'Asian Triathlon Confederation' की प्रथमाक्षरी
ASTE *abbr.* 'Aircraft Systems Testing Establishment' की प्रथमाक्षरी
asteism /ऐस्टिइज्म/ *n., rhetorics* शिष्ट व्यंग्य
ASTER *abbr.* 'Advanced Space-borne Thermal Emission and Reflection Radiometer' की प्रथमाक्षरी
aster /ऐस्टः/ *n.* 1 ऐस्टर, एक गुलाबी, नीले, सफेद फूलों वाला बगीचे का पौधा 2 तारा, तारक: ~ family (रंग-बिरंगी प्रजाति का)
-aster *suffix*, denoting: pejorative trait contained in a few nouns (व्यंग्यात्मक पुट): poet**aster**
asterisk /ऐस्टरिस्क/ *n.* तारक चिह्न (*);
v. pt. **~ed**, *pp* **~ing** तारक चिह्न (*) लगाना;
dw/lw: **~ed** /ऐस्टरिस्कड/ *adj.* तारक (*) चिह्नांकित
asterism /ऐस्टअरिज्म/ *n., astron.* 1 तारापुंज, तारकच्छटा 2 *print.* तीन सितारों के चिह्न (***)
astern /ऐस्टःन/ *adv.* जहाज के पीछे की ओर, पीछे: full speed ~
astroid /ऐस्ट्रॉयड/ (*also* **minor planet**) *n.* क्षुद्र ग्रह, ग्रहिका;
adj. ताराकार, तारा रूप
asthen\ia /ऐस्थीनिया/ *n., pathol.* अति शक्ति क्षीणता, दुर्बलता, ऊर्जाहीनता;
dw/lw: **~ic** /ऐस्थेनिक/ *adj., med.* दुर्बल, कृशकाय; **~opia** /ऐस्थअनोपिआ/ *n.* दृष्टि क्षीणता
asthenosphere /ऐस्थनअस्फिअः/ *n., geol.* मैंटल (mantle) की ऊपरी सतह (भूमि की ऊपरी सतह के एकदम नीचे)
asthma /ऐस्मा, ऐस्थ्मा/ *US* ऐज्मा/ *n.* दमा, श्वास रोग;
dw/lw: **~tic** /ऐस्मैटिक/ *US* ऐज्मैटिक/ *n.* दमे से ग्रस्त व्यक्ति; **~tic** *adj.* दमा-ग्रस्त: **~tic** asthma (दमा, दमे का रोग) 2 दमे से संबंधित 2 दमारोगीय, दमैल
as though = **as if** जैसे कि
astigma\tic /अस्टिग्मैटिक/ *adj.* अबिंदुक, विषमदृष्टिक: **~tic** lenses विषमदृष्टिक लेंस;
n. विषमदृष्टिक व्यक्ति;
dw/lw: **~tism** /अस्टिग्मैटिज्म/ *n.* अबिंदुकता, दृष्टिवैषम्य

astir /अस्टः/ *predict., adj., adv.* 1 गतिमान 2 उत्तेजित, आवेशित 3 जगा हुआ (awake and out of bed): you're ~ early this morning

astonish /अस्टौनि\श/ *US* अस्टाःनि\श/ *v., pt.* **~ed**, *pp* **~ing**, *s/he/it* ~es (***syn.*** amaze) आश्चर्यचकित क., विस्मित क., अचंभे में डालना: be **~ed** at sth;

dw/lw: **~ed** /~श्ड/ *adj.* (***syn.*** amazed) अत्यधिक अचंभित/ हैरान; **~ing** /~शिंग *adj.* (***syn.*** amazing) आश्चर्यजनक, विस्मयकारी, विस्मयकर: age of ~ing events; man of ~ing memory; **~ingly** /~शिंगलि/ *adv.* आश्चर्यजनक ढंग से, आश्चर्य की बात है कि ...; **~ment** /~श्मंट/ *n.* (***syn.*** amazement) विस्मय, आश्चर्य, अचंभा: his silence has long been my ~ment;

p&i: **to sb's ~ment** अचंभे की बात है कि **...**

astound /अस्टाउंड/ *v., pt.* **~ed**, *pp* **~ing** (***syn.*** astonish) अत्यधिक अचंभित क., स्तब्ध क.: ~ the world with great events;

dw/lw: **~ed** /~डिड/ *adj.* (***syn.*** astonished) अत्यंत अचंभित, स्तब्ध, आश्चर्यचकित; **~ing** /~डिंग/ *adj.* (***syn.*** astonishing) अति विस्मयकारी, अत्यधिक आश्चर्यजनक: ~ing memory; **~ingly** /~डिंगलि/ *adv.* (***syn.*** astonishingly) विस्मयकारी ढंग से

astr./ astron. *abbr.* 'astronomy', 'astronomical' का संक्षेप

ASTRA *abbr.* 'Application of Science and Technology for Rural Areas', 'Active Strategy to Reduce Accidents' की प्रथमाक्षरी

astraddle /अस्ट्रैडल/ *adv.* 1 टांगें चौड़ी फैलाकर 2 घोड़े पर दोनों ओर टांगें फैलाकर सवार हो.: ride ~

astragal /ऐस्ट्रअगल/ *n., archit.* 1 घुटिकास्थि 2 हारिका 3 छल्ला

astragalomancy /ऐस्ट्रैगअलोमैंसि/ *n.* अस्थि-ज्योतिष, हड्डियों को देखकर भविष्य बताने का हुनर

astrakhan /आस्त्राखान/ (*derived from Russian Volga river city* **Астрахань** /Astrakhan = आस्त्राखान/) *n.* भेड़ के मेमने की खाल से बना जैकट

astral /ऐस्ट्रल/ *adj.* तारक संबंधी, नक्षत्रीय: ~ body (सूक्ष्म नक्षत्र, सूक्ष्म पिंड); ~ navigation 2 आध्यात्मिक अनुभव से संबंधित: the ~ plane

astray /अस्ट्रे/ *adj. & adv.* भूला-भटका, पथभ्रष्ट;

p&i: **go** ~ 1 रास्ता भूल जा., रास्ते से भटक जा. 2 गलत रास्ते पर चल पड़ना; **lead sb** ~ पथभ्रष्ट/ गुमराह क., बुरी आदतों का लती बनाना; **went completely ~ due to drug addiction** नशीले पदार्थों के व्यसन के कारण पूरी तरह पथ-भ्रष्ट हो गया

astrict /अस्ट्रि\क्ट/ *v., pt.* **~ed**, *pp* **~ing** 1 नैतिक या कानूनी बंधनों में बांधना या बंधना 2 सीमित क. 3 कब्ज हो.;

dw/lw: **~ion** /~क्शन/ *n.* 1 संकुचन, सिकुड़न 2 कब्ज; **~ive** /~क्टिव/ *adj.* 1 संकोचक 2 स्तंभक (astringent) 3 ग्राही, काबिज

astride /अस्ट्राइड/ *adv. & prep.* 1 (***syn.*** straddling) घोड़े आदि पर बायीं और दायीं तरफ टांगें फैलाकर सवार 2 प्रगतजंघ: stand ~ 3 आर-पार: be ~ a road 4 मोटर साइकिल आदि पर प्रत्येक तरफ एक-एक टांग रखकर: ride ~

astrin\ge /अस्ट्रिंज/ *v., pt.* **~ged**, *pp* **~ging** 1 बांधना 2 संकुचित क., सिकोड़ना 3 (***syn.*** constipate) कब्ज पैदा क.;

dw/lw: **~gency** /अस्ट्रिंजंसि/ *n.* 1 कठोरता, कड़ापन 2 संकोचकता, स्तंभकता, सिकुड़न 3 (***syn.*** constipation) कब्ज; **~gent** /अस्ट्रिंजंट/ *adj.* 1 कठोर, कड़ा 2 कोशिकाओं का संकोचक या सिकोड़नेवाला: ~gent substances/ medicines; **~gent** *n.* स्तंभक, सिकोड़क पदार्थ

astro\- /ऐस्ट्रो\-/ *prefix., comb. form, denoting:* **stars** or **space** (तारकीय या नक्षत्रीय पिंडों, सितारों या अंतरिक्ष से संबंधित);

dw/lw: **~dome** /~डोम/ *n.* 1 वायुयान के ढांचे के ऊपर पारदर्शी मोमजामे का आवरण जिसकी बदौलत उसका खगोलीय प्रेक्षण किया जा सकता है 2 *US* पारदर्शी गुंबदों की छत वाला (indoor) क्रीड़ा क्षेत्र 3 अंतरिक्ष अध्ययन मीनार; **~ga\te** /ऐस्ट्रअगे\ट/ *v., pt.* ~ted, *pp* ~ting अंतरिक्ष यान का हस्त-चालन क.; **~gation** /~शन/ *n.* अंतरिक्ष यान का हस्त-चालन

astrol. *abbr.* 'astrology' का संक्षेप

astro\labe /ऐस्ट्रअ\लेब/ *n., astron., formerly* नक्षत्रों व ग्रहों की ऊंचाई मापक यंत्र;

dw/lw: **~latry** /~लअटरि/ *n.* तारों की पूजा; **~lithology** /~लिथौलजि/ *US* ~लिथाःलजि/*n.* उल्काश्म-विज्ञान

astro\loger /अस्ट्रौलअ\जः/ *US* अस्ट्राःलअ\जः/ *n.* ज्योतिषी, गणक, दैवज्ञ; **~logical** /अस्ट्रअलौजि\कल/ *US* अस्ट्रअलाःजि\कल/ *adj.* ज्योतिषीय; **~logically** /~कलि/ *adv.* ज्योतिष अनुसार;

astrology /अस्ट्रौलअजि/ *US* अस्ट्राःलअजि/ *n.* फलित ज्योतिष, ज्योतिष शास्त्र

astromancy /ऐस्ट्रअमैंसि/ *n.* नक्षत्र-प्राक्ख्यापन

astrometry /ऐस्ट्रौमअट्रि/ *US* ऐस्ट्राःमअट्रि/ *n., astron.* खगोलमिति, सितारों की स्थिति, गति और आकार का मापन

astronaut /ऐस्ट्रअनॉ\ट/ *n.* अंतरिक्ष यात्री, अंतरिक्ष नाविक;

dw/lw: **~ics** /~टिक्स/ *n. [sing.]* अंतरिक्ष यात्रा विज्ञान, अंतरिक्ष यानिकी; **~ic** / **~ical** /~टिक/ ~टिकल/ *adj.* अंतरिक्षयानीय

astronom\er /अस्ट्रौनअमः/ *US* अस्ट्राःनअमः/ *n.* खगोलज्ञ, ज्योतिर्विद;

astronom\ic/ ~al /ऐस्ट्रअनौमिक\ /~ल/ *US* ऐस्ट्रअनाःमिक\ /~ल/ *adj.* 1 विशाल: ~al prices of houses 2 खगोलीय, खगोल विज्ञान से संबंधित: ~ical navigation (सितारों से पथ-प्रदर्शित यान चालन);

dw/lw: **~ically** /~लि/ *adv.* 1 अत्यधिक मात्रा में 2 खगोलीय दृष्टि से;

collocations: **~ical unit** (*abbr.* **AU**) *astron.* धरती और सूरज के बीच औसत दूरी, यानी 149.6 मिलियन या 14.96 करोड़ किलोमीटर (93 मिलियन या 9.3 करोड़ मील); **~ical year** *see under* **solar year**

astronomy /अस्ट्रौनअमि/ *US* अस्ट्राःनअमि/ *n.* 1 खगोल विज्ञान, खगोल विद्या यानी सूर्य, चंद्रमा, नक्षत्रों, ग्रहों आदि का वैज्ञानिक अध्ययन: physical ~ 2 गणित-ज्योतिष;

astrophysic\s /ऐस्ट्रोफिजि\क्स/ *n., [sing.]* खगोल-भौतिकी;

dw/lw: **~ist** /~सिस्ट/ *n.* खगोल-भौतिकीविद्

Astroturf /ऐस्ट्रोटःफ/ *n., tradem.* हॉकी आदि खेलने के लिए जमीन पर बिछाई जाने वाली कृत्रिम सतह

'A' student उच्चतम अंक पाने वाला विद्यार्थी

astute /अस्ट्यूट\/ अस्टूट\/ *adj.* 1 (***syn.*** shrewd) बुद्धिमान, सयाना, विदग्ध: an ~ businessman politician/ observer 2 घाघ, चालाक, धूर्त;

dw/lw: **~ly** /~लि/ *adv.* चतुर या सयाने ढंग से, बुद्धिमानी से, चतुराई से; **~ness** /~नेस/ *n.* 1 सयानापन, बुद्धिमानी 2 धूर्तता, चालाकी

asunder /असंडः/ *adv.* 1 अलग-अलग: families rent/ torn ~ by the partition 2 टुकड़े-टुकड़े, तार-तार: ripped my heart ~;

p&i: **break/ cut/ rend/ tear** ~ तोड़कर/ काटकर/ फाड़कर टुकड़े-टुकड़े क.; **drive** ~ चीरकर अलग-अलग क.; **her heart was torn** ~ उसका दिल टुकड़े-टुकड़े हो गया; **rush** ~ अलग-अलग तरफ भागना; **the two places lay far** ~ दो स्थान एक-दूसरे से बहुत दूर थे; **wide ~ as pole and pole** दो ध्रुवों की तरह एक-दूसरे से बहुत दूर

ASVS *abbr.* 'anti-snake venom serum' की प्रथमाक्षरी

ASW *abbr.* 'anti-submarine warfare' की प्रथमाक्षरी

asylum /असाइलम/ *n., pl.* **~s** 1 सुरक्षित स्थान: territorial ~ 2 शरण स्थान, पनाह, शरण: give/ grant political ~ to sb; diplomatic ~ 3 मानसिक विकार से संबंधित अस्पताल, पागलखाना 4 आश्रम: orphan ~; ~ for the poor;

collocations: **right of ~** शरणागति-अधिकार; **~ seeker** शरणार्थी बनने के लिए प्रार्थी

asymmetric/ ~al /एसिमेट्रिक\/ ~ल/ *adj.* 1 (***anton.*** asymmetric/ ~al) ऐसी वस्तु या भवन जो सभी तरफ एक जैसा न हो 2 असम, विषम: ~ bars (जिमनास्टिक्स करने के बेमेल छड़); ***dw/lw:* ~ally** /~लि/ *adv.* विषम ढंग से

asymmetry /एसिमअट्रि/ *n.* असममितता, असममिति, विषमता

asympto\te /एसिमटोट/ ऐसिंपटोट/ *n., geom.* 1 अनंतस्पर्शी रेखा, जो अति निकट दिखने वाली वक्र रेखा को कभी नहीं छू पाती 2 जो पूरा होता दिखने पर भी कभी पूरा नहीं होता (कल कभी नहीं आता); ***dw/lw:* ~tic/ ~tical** /ऐसिमटॉटिक/ ~ल/ *adj., geom.* उपगामी, अनंतस्पर्शी

asymptomatic /ऐसिंपटोमेटिक/ *adj.* जिसमें लक्षण मौजूद न हों

asynarte\te/ ~tic /असिनरटेटे/ असिनरटेटिक/ *adj.* छंद-भिन्न; ***n.*** छंद-भिन्न कविता

asynchro\nism/ ~ny /असिन्क्रअ\निज़्म/ असिन्क्रअनि/ ऐसिन्क्रअ\निज़्म/ ऐसिन्क्रअनि/ *n.* असहकालिकता, अतुल्यकालिकता, दो या अधिक क्रियाओं के समय में भिन्नता; ***dw/lw:* ~nous** /~नस/ *adj.* असहकालिक, अतुल्यकालिक; **~nously** /~नसलि/ *adv.* विभिन्नकालिकता अनुसार

asyndet\on /ऐसिंडिटन/ ऐसिंडिटौन/ *US -/* ऐसिंडिटाःन/ *n., gramm.* 1 वाक्य आदि में समुच्चयबोधक (conjunction) की अनुपस्थिति 2 समुच्चयबोधक-लोप; ***dw/lw:* ~ic** /ऐसिंडेटिक/ *adj.* समुच्चयबोधक-लोपयुक्त

asynergia /असिनःजिआ/ *n.* असहक्रिया

asynergy/ asynergia /असिनःजि/ असिनःजिआ/ *n., pathol.* मांस पेशियों या अन्य अंगों के बीच समन्वय का अभाव

asyntactic /ऐसिंटैक्टिक/ *adj.* व्याकरण-विरोधी, वाक्य के अनुपयुक्त

asystole /एसिस्टलि/ ऐसिस्टलि/ *n., pathol.* हृदय-धड़कन में ठहराव, हृद्य गति की समाप्ति

AT *abbr.* 'Automatic Transmission' की प्रथमाक्षरी

at /ऐट/ *prep.* 1 के अंदर, पर, में (स्थित, मौजूद): ~ my aunt's/ at Raina's; ~ the table; ~ the factory; ~ the pole; ~ the zenith 2 के पास: ~ the door/ the window/ the sea; ~ the foot of the mountain 3 निश्चित भूगौलिक स्थान पर, में: ~ Liverpool; ~ Canary Island 4 किसी मंजिल पर पहुंच (arrival ~): land ~ a certain place; arrive ~ one's destination 5 में से प्रवेश: come ~ the front door 6 की ओर, की तरफ निशाना बांधने की क्रिया या कार्य: laugh ~ sb/ ~ sth; catch/ clutch ~ sth; point ~ sb/ ~ sth; stare/ gaze ~ sb/ sth; throw sth ~ sb; aim ~ sb/ ~ sth; working ~ (towards) getting fit 7 किसी गतिविधि के केंद्र पर, में: ~ court; ~ school; ~ Oxford; ~ the lathe; ~ the wheel; ~ the concert; ~ the lessons; ~ dinner/ lunch/ supper 8 अवस्था में: ~ peace; ~ war; ~ rest; ~ leisure 9 क्रिया या कार्य की शैली: ~ a flash; ~ intervals; ~ a run; ~ a foot's pace; ~ one blow 10 के कारण, पर: ~ the sound of her voice he started; ~ sb's request; be angry ~ sth; be surprised ~ sth 11 सूचनाओं का स्रोत, से: get information ~ the source/ ~ the fountainhead 12 मात्रा, माप, दाम, पर: ~ 30^0 C; ~ an altitude of 1000 feet; ~ par; ~ two per cent; ~ rupees 10 per kg; sold ~ profit; ~ a speed of 25 km 13 दूरी पर, से: keep sb ~ arm's length; ~ a distance 14 निश्चित समय पर: train arrives ~ eight; ~ dusk; ~ dawn; ~ noon; ~ night; ~ an appointed/ early/ set date; ~ the time; ~ the moment; ~ present; ~ one's arrival; ~ parting; ~ an early age; ~ the age of 70/ ~ 70 years of age; ~ 90 one cannot drive 15 लीन, तल्लीन, रत, में: as usual, children ~ play; work/ toil/ labour ~ sth; play ~ sth; he is working ~ a dictionary 16 में योग्यता, प्रतिभा: good ~ languages; he is quick ~ understanding 17 ई-मेल में प्रयुक्त चिह्न @: parable.inter@ gmail.com 18 किसी पर: annoyed ~ her 19 अवस्था में, स्थिति में: ~ liberty 20 श्रेष्ठतम या निकृष्टतम हालत या अवस्था में: ~ one's best/ worst 21 के उत्तर या प्रतिक्रिया के रूप में: ~ sb's invitation 22 टेलीफोन नंबर पर: you can reach me ~ 09560503232; ***p&i:* ~ a glance** सरसरी नजर में; **~ all** एकदम, बिलकुल; **~ all events** सर्वथा; **~ a loss** किंकर्त्तव्यविमूढ़, हक्का-बक्का; **~ a loss to know** जान पाने में असमर्थ; **~ an unearthly hour** देर रात गए; **~ any moment** किसी भी पल; **~ any rate** कुछ भी हो, हर सूरते हाल में; **~ an arm's length** पास न फटकने दे.; **~ a pinch** नाजुक घड़ी में; **~ a pin's fee** कौड़ियों के दाम; **~ a stretch** लगातार; **~ attention!** सावधान!; **~ best** अधिक से अधिक; **~ daggers drawn** जानी दुश्मन, कट्टर शत्रु; **~ dinner my man appears** दाने-दाने पर लिखा है खानेवाला का नाम; **~ ease!** आराम से!; **~ fault** गलती पर; **~ first** पहले तो; **~ first blush** पहली नजर में; **~ first sight** आंखें मिलते ही; **~ full tilt** पूरे जोर-शोर से; **~ hand** नजदीक ही; **~ heart** मन में या से; **~ home** 1 प्रीतिभोज 2 दक्ष, निपुण; **~ it** or **~ it again** 1 में लगा हुआ 2 की ताक में 3 के पीछे पड़ा हुआ 4 संलग्न; **~ large** स्वतंत्र, मुक्त, भगोड़ा, *also see under separate entry*; **~ least** कम से कम; **~ last** अंततोगत्वा, अंततः, आखिर में; **~ least** कम से कम; **~ loggerheads with** किसी के साथ छत्तीस का आंकड़ा हो.; **~ long last** अंततोगत्वा; **~ once** तुरंत; **~ one's own sweet will** मन-मर्जी से, जब चाहे तब; **~ one sweep** एक ही झटके में, एकमुश्त; **~ one's wit's end** हक्का-बक्का, हैरन, किंकर्त्तव्यविमूढ़; **~ par** बराबर, न लाभ, न हानि; **point ~ issue** विवाद का मुद्दा; **~ present** अभी, वर्तमान समय में, आजकल; **~ sb's mercy** किसी की दया पर; **~ sea** हक्का-बक्का, किंकर्त्तव्यविमूढ़; **~ sixes and sevens** अस्त-व्यस्त; **~ that** इसी बात पर: let it go ~ that (इसी बात पर आकर हम खत्म करते हैं); **~ the beck and call** किसी के इशारों पर नाचना; **~ the best of times** सर्वाधिक अनुकूल समय पर भी; **~ the dead of night** रात के घोर अंधेरे में; **~ the drop of a hat** छोटी-सी बात होने पर ही; **~ the eleventh hour** आखिरी वक्त पर, घटना घटित होने से थोड़ा-सा पहले; **~ the end of one's wits** किंकर्त्तव्यविमूढ़; **~ the expense of** किसी दूसरे की कीमत पर; **~ the mercy of** किसी के रहमो-करम पर; **~ the most** ज्यादा से ज्यादा; **~ the point of death** अंतिम घड़ियों में; **~ the point of gun** बंदूक की नोक पर; **~ the top of the tree** चोटी पर; **~ this rate** यदि ऐसा होता रहा तो ...; **~ times** कभी-कभी, कई बार; **~ worst** अत्यंत बुरी हालत में; **arrive ~ a conclusion/ ~ a decision** किसी निष्कर्ष या फैसले पर पहुंचना; **annoyed ~ her** किसी से नाराज हो.; **be ~ the back of** की पीठ पर हो.; **get sb ~ it** किसी को उत्तेजित या विक्षुब्ध क.; **sold it ~ a profit** लाभ पर बेच दिया; **where it's ~** अत्यधिक सफल या फैशनेबल: judging by the queues at the entrance, this seems to be **where it's at**

ATA *abbr.* 'Administrative Tribunals Act', 'Ammunition Technical Area' की प्रथमाक्षरी

At-a-boy! *inter., US* शाबाश!

ATACT *abbr.* 'Administrative Tribunal Act' की प्रथमाक्षरी

atactic /ऐटक्टिक/ *adj.* अव्यवस्थ, बिना तालमेल के

ataman /अतामान/ (*in Russian* **атама́н**) *n., pl.* **~s** रूस में कोजाक (Cossack) गांव का सरदार या सरपंच

AT&C *abbr.* 'aggregate technical and commercial' की प्रथमाक्षरी

ataractic/ ataraxic /ऐटऔरैक्टिक/ ऐटऔरैक्सिक/ *adj., med.* 1 शांत 2 शांत करने वाली (दवा), शामक 3 शांतिदायक, विरक्तिदायक

ataraxia/ ataraxy /ऐटऔरैक्सिआ/ ऐटऔरैक्सि/ *n.* 1 शांति 2 पूर्ण विरक्ति 3 क्रोध व उत्तेजना आदि से मुक्ति

ataunt /अटॉंट/ *adv.* पूरे तने हुए पालों के साथ

atavis\m /ऐटअविज़म/ *n.* 1 पूर्वज प्रवृत्ति, दूरस्थ पूर्वजों से समानता, पूर्वजता, पूर्वजन्म-अनुरूपता 2 कुलागत रोग 3 प्राचीन या पूर्वगत से समानता;
dw/lw: **~tic** /ऐटअविस्टिक/ *adj.* 1 प्रथम पूर्वजों के समान 2 भूतकाल की अवस्था जैसा: an **~tic** urge/ instinct/ fear

ata\xia/ ata\xy /अटैक्सि\आ/ अटैक्सि/ *n., pathol.* 1 मस्तिष्क में पैदा हुई शरीर अंग चालन अक्षमता या विकृति 2 इंद्रियगोचर क्षमताओं में विकार के कारण पैदा हुई बीमारी जिसमें अंगों का स्वतः-चालन, गति भ्रंश, गतिविभ्रम आदि विकृतियां आ जाती हैं;
dw/lw: **~xic** /~क/ *adj.* उपरोक्त विकार से संबंधित

ATBM *abbr.* 'anti-tactical ballistic missile' की प्रथमाक्षरी

ATC *abbr.* 'Air Training Corps', 'Advanced Technology Centre', 'Air Traffic Control', 'Air Traffic Controller' की प्रथमाक्षरी

ATCR *abbr.* 'Area Traffic Control Regime' की प्रथमाक्षरी

ATD *abbr.* 'Anthropomorphic Test Devices', 'Asynchronous Time Division' की प्रथमाक्षरी

ate /एट/ *pt.,* **'eat'** का भूतकाल

-ate *suffix* 1 *forming verbs, denoting:* **cause to be or have** (घटित क. या हो.): hyphen**ate** 2 *forming nouns denoting:* **a salt** (लवण): carbon**ate** 3 *forming:* adjectives: passion**ate**

-ate *suffix* 1 *forming nouns, denoting*: **rank, profession, or group** (पद, व्यवसाय, वर्ग): doctor**ate**; magistr**ate**; elector**ate**

A-team /ए-टीम/ *n.* 1 किसी संगठन या देश की सर्वोत्तम टीम 2 सर्वश्रेष्ठ कामगारों, सिपाहियों आदि का समूह

atelier /अतेलिए/ *US* ऐतलिए/ *n., Fr.* 1 (***syn.*** workshop) कला-गृह, कर्मशाला या शिल्पशाला 2 (***syn.*** studio) स्टुडियो 3 दर्जी की दुकान आदि

a tempo /आःटेंपो/ *adv., adj., Italian, music* पहले जैसी गति से बजाने का निर्देश

atemporal /एटेंपअरल/ *adj.* किसी भी समय या काल से संबंध न रखने वाला

ATF *abbr.* 'air turbine fuel', 'aviation turbine fuel' की प्रथमाक्षरी

ATFL *abbr.* 'anterior talofibular ligament' की प्रथमाक्षरी

athanasy/ athanassy /अथानसि/ अथैनअसि/ *n.* अमरत्व

athe\ism /एथिइज़्म/ *n.* (***anton.*** theism) नास्तिकता, अनीश्वरवाद;
dw/lw: **~ist** /~इस्ट/ *n.* (***anton.*** theist) नास्तिक; **~istic/ ~istical** /~इस्टिक/ ~इस्टिकल/ *adj.* निरीश्वरवादात्मक, नास्तिकीय, नास्तिकता संबंधी

athematic /ऐथिमैटिक/ एथिमैटिक/ *adj., music* जो धुनों पर आधारित न हो

Athenaeum /एथिनीअम/ (*US* **Atheneum**) *n.* 1 रोम में वक्तृत्व कला विद्यालय 2 साहित्यिक या वैज्ञानिक संस्था या गोष्ठी 3 पुस्तकालय, वाचनालय 4 साहित्यिक पत्रिका

Athena /अथीना/ (*also* **Athene**) *n., Greek myth.* (Athens /ऐथीन्ज़/) यूनान की राजधानी अथीना या एथींज;
dw/lw: **Athenian** /अथीनिअन/ *adj.* यूनान की राजधानी एथीन्ज का वासी

athermanous /अथःमनस/ *adj.* जो ताप वाहक न हो

atheroma /ऐथअरोमा/ *n., pl.* **~s**/ **atheromata** *pathol.* (धमनी काठिन्य में): धमनी की आंतरिक सतह पर चर्बी का जमाव

atherosclerosis /ऐथअरअस्क्लिरो\सिस/ *n., pl.* **atheroscleroses** /~सीज़/ धमनी काठिन्य, धमनियों की आंतरिक सतहों पर कोलेस्ट्रॉल (cholesterol) और चर्बी का जमाव, जिसके कारण वे तंग हो जाती हैं और अंततः पूर्ण अवरोध होने के कारण उनमें रक्त-प्रवाह में रोध पैदा हो जाता है

athirst /अथःस्ट/ *adj.* 1 प्यासा, तृषित: ~ for knowledge 2 उत्सुक

athle\te /ऐथिलीट/ *n.* 1 एथलीट, दौड़, उछल-कूद आदि के मुकाबलों में भाग लेने वाला खिलाड़ी 2 जिसमें किसी कार्य के लिए शक्ति, सहनशक्ति व माहिरता हो 3 व्यायामी, कसरती: a natural **~te**;

athle\tic /ऐथलेटि\क/ *adj.* 1 बलवान, स्वस्थ, बलिष्ठ, पुष्टकाय: ~tic build 2 अच्छा खिलाड़ी 3 एथलीटों आदि से संबंधित;
dw/lw: **~tically** /~कलि/ *adv.* चुस्त-दुरुस्त खिलाड़ी की स्फूर्ति के साथ; **~tics** /~क्स/ *UK* (*US* **track and field**) *n., [sing.]* खेल-कूद जिसमें दौड़, उछल-कूद, फेंकना आदि शामिल होते हैं; **track-and-field ~tics** दौड़-धूप के खेल: compete in ~tics; **~tism** /~ज़्म/ *n.* 1 व्यायाम, खेलकूद 2 एथलीटों-सी स्फूर्ति;
collocations: **~te's foot** *informal* दाद के कारण होने वाला फफूंदीय संक्रमण

-athlon /ऐथलॉन/ *comb. form, denoting:* **a specific sporting event** (खेलकूद की प्रकार): dec**athlon**;

ATHOC *abbr.* 'Athens Olympic Organising Committee' की प्रथमाक्षरी

at-home /ऐट-होम/ *n.* प्रीतिभोज, प्रीति गोष्ठी, जलपान
adj. 1 घर पर किया जाने वाला 2 माता-पिता में से कोई एक जो घर पर ठहरता हो

-athon *suffix, comb. form, denoting:* **a long sporting event** (लंबा समय लेने वाली खेलकूद की एक प्रकार): **a telethon** (= a long walk, *also* mar**athon**) अत्यधिक लंबी दौड़ या तेज चाल, काफी समय तक चलने वाला खेल

athrob /अथ्रौब/ *adv.* धड़कता हुआ, धधकता हुआ

athrong /अथ्रॉंग/ *adv.* भीड़ के रूप में

athwart /अथ्वॉःट/ *adv.* 1 आर-पार, आड़े, आड़ा (across, from side to side) 2 (***syn.*** against) प्रतिकूल, विरुद्ध: run ~ 3 (***syn.*** awry) तिरछा, टेढ़ा;
perp. 1 के लंबाकार, के आर-पार: the tree fell ~ the road; throw a bridge ~ a river 2 के बावजूद, के प्रतिकूल: mountains lie ~ the wind; run ~ a ship; ~ the wishes of his friends

athymy /ऐथिमि/ *n.* (***syn.*** melancholy) विषाद

ATI *abbr.* 'Administrative Training Institution', 'Advanced Training Institute' की प्रथमाक्षरी

-atic *suffix, forming adjectives, denoting:* **belonging, relating to, tending to do sth specific** (संबंधवाचक विशेषण): Asi**atic**

atilt /अटिल्ट/ *adv.* सीधा, से टकराता हुआ: **run/ ride ~** with/ at/ against sb; run ~ at death

-ation *suffix, forming adjectives, nouns, denoting:* **an action, process, condition, result, etc.** (क्रिया, प्रक्रिया, अवस्था, परिणाम आदि की द्योतक संज्ञाएं, विशेषण आदि): expect**ation**; mechaniz**ation**; represent**ation**

a-tiptoe /अ-टिपटो/ *adv.* पंजों के बल

atishoo /अतिशू/ (**ahchoo** आछू) *excl., indicating:* sound of a sneeze छींक की आवाज

-ative *suffix, forming adjectives, denoting:* **having a specified attribute or tendency** (विशेषता या झुकाव आदि के द्योतक विशेषण आदि): authorit**ative**; talk**ative**

ATL *abbr.* 'Academy of Telecom Limited' की प्रथमाक्षरी

atlantes /अट्लैंटीज़/ *n.* पुरुषाकार स्तंभ

Atlantic /अट्लैंटिक/ *n.,* **the Atlantic** 1 अंधमहासागर;
adj. अंधमहासागरीय, अतलांतक: ~ liner; ~ islands; ~ states 2 दूरस्थ: ~ regions 3 पूर्वी: northern and southern, ~ and western;
collocations: **Atlantic Ocean** अतलांतिक महासागर, अंधमहासागर जिसके पूर्वी तट पर यूरोपीय व अफ्रीकी महाद्वीप हैं, और पश्चिमी तट पर उत्तरी एवं दक्षिणी अमेरिका स्थित हैं; **Atlantic**

Daylight Time पूर्वी कैनेडा, पुएर्टो रीको, वर्जिन आइलैंड्ज (Virgin Islands) आदि के समय क्षेत्र में गर्मियों का समय; **Atlantic Standard Time** (*abbr.* **AST**) अमेरिका और कैनेडा की गर्मियों में दूरतम पूर्वी सामयिक कटिबंध यानी पूर्वी कैनेडा, पुएर्टो रीको, वर्जिन आइलैंड्ज आदि का समय क्षेत्र (time zone, four hours behind Greenwich Mean Time);
p&i: **try to sweep back the ~ with a broom** अनहोनी बात करने का दुस्साहस क., बेकार में समय गंवाना

atlantis /ऐट्लैंटिस/ *n.* कथा-कहानियों में वर्णित एक अपार सौंदर्य व धनाढ्यता से परिपूर्ण द्वीप जो अब अंधमहासागर में लुप्त हो चुका है

at large 1 मुक्त, खुले में: set ~ 2 तफसील से: talk/ write ~ (पूरी तफसील से बोलना या लिखना); go into the question ~ 3 पूरा का पूरा, सभी: country ~; people ~; public ~ 4 बाएं-दाएं, यों ही, बिना सोचे-समझे: imputations ~ (बिना-सोचे समझे लगाए जाने वाले आरोप) 5 असीम और अभूतपूर्व अधिकारों से लैस: ambassador ~ 6 सामान्य रूप में: promises made ~ 7 जो व्यस्त न हो: are you ~ or have you another occupation?

atlas /ऐटलस/ *n., pl.* **~es** /ऐटलअसअज/ नक्शा, मानचित्रावली, भूचित्रावली 2 *math.* सचित्रावली 3 *anat.* शीर्षधर 4 (**Atlas**) यूनानी पौराणिक कथाओं का पात्र, जो अपने कंधों पर पूरे आसमान को उठाने पर विवश है

ATM /एटीएम/ *n. US abbr.* 'automated/ automatic teller machine', 'Academy of Telecom Management', 'Aptitude Test in Mathematics', 'asynchronous transfer mode', 'at-the money' की प्रथमाक्षरी

atmology /ऐटमॉलजि/ *n.* वाष्प विज्ञान

atmolysis /ऐटमॉलिसिस/ *n., pl.* **atmolyses** /ऐटमॉलिसीज/ मिश्रित गैसों और वाष्पों को अलग-अलग करने की क्रिया

atmometer /ऐटमौमिटः/ *n., phys.* वाष्पणमापी

atmosphe\re /ऐटम\स्फिअः/ *n.* 1 वायुमंडल (layer of gas surrounding the planet Earth) 2 किसी स्थान विशेष पर वायुमंडल, पर्यावरण: the humid **~re** of the greenhouse 3 वातावरण, माहौल: an **~re** of jubilation; friendly/ tense **~re**; **~re** of freedom/ peace and security 4 (**the ~re**) अंतरिक्ष 5 परिमंडल (stellar);
dw/lw: **~ric**/ **~ral** /~स्फेरिक/ ~ल/ *adj.* 1 वायुमंडलीय, पर्यावरण संबंधी: ~ric condensation; ~ric pressure 2 विशेष माहौल; **~ically** /~स्फेरिकलि/ *adv.* वायुमंडल के अनुसार; **~rics** /~स्फेरिक्स/ (*also* **~ric interference**) *n. pl.,* 1 रेडियो संचार आदि में वायुमंडलीय बाधा 2 वायु-वैद्युत क्षोभ
collocations: **~re player** परिवेशीय अदाकार; **~ric pressure** वायुमंडलीय दबाव

ATN *abbr.* 'Action Taken Note' की प्रथमाक्षरी

atocia /ऐटॉशिया/ *n., med.* स्त्रीबंध्यता (बांझपन)

atokous /ऐटॉकस/ *adj.* संतानहीन

atoll /ऐटौल/ *US* ऐटाःल, ऐटॉल/ *n.* प्रवाल द्वीप, मूंगा टापू, प्रवाली: ~ lake

atom /ऐटम/ *n.* 1 परमाणु: ~ bomb; **~s** for peace program 2 अति सूक्ष्म वस्तु: there was not an ~ of water; smash to **~s**, break to/ into **~s** 3 अति सूक्ष्म जीव: a little ~ of a bird;
dw/lw: **~ic**/ **~ical** /अटॉमिक/ ~ल/ *adj.* 1 परमाणविक, परमाणवी: ~ic nucleus; ~ic formula; ~ic heat; ~ic propulsion 2 परमाणु ऊर्जा से संबंधित 3 नाभिक या परमाणु: ~ic waste 4 (***syn.*** minute) सूक्ष्म, अतिलघु; **~icity** /ऐटमिसिटि/ *n.* किसी पदार्थ के अणु (molecule) में परमाणुओं (atoms) की संख्या, परमाणुवीयता;
collocations: **~ic age** परमाणु-युग; **~ bomb/ atomic bomb** परमाणु बम, अणुबम; **~ic clock** *phys.* परमाणु-घड़ी; **~ic energy/ nuclear energy** परमाणु-ऊर्जा; **~ic mass unit** *chem.* (*also* **Dalton**), परमाणु संहति मात्रा; **~ic number** *chem.,* परमाणु-क्रमांक; **~ic particle** परमाणु-कण; **~ic philosophy** परमाणु-दर्शन; **~ic physics** परमाणु-भौतिकी; **~ic pile** (*formerly* **nuclear reactor**) परमाणु भट्टी/ रिएक्टर; **~ic power** परमाणु-शक्ति/ बिजली; **~ic smasher** (*also* **accelerator**) *non-techn.* आवेशित (charged) अणु कणों के लिए वेग वर्धक उपकरण; **~ic spectrum** परमाणु-स्पेक्ट्रम; **~ structure** परमाणु-संरचना; **~ic theory** *chem.* परमाणु सिद्धांत; **~ic time** परमाणु-काल; **~ic warfare** परमाणु-युद्ध; **~ weapon** परमाणु-आयुध, परमाणु हथियार; **~ic weight** (*formerly* **relative ~ic mass**) परमाणु-भार;
p&i: **blow to ~s = back to ~s** धज्जियां उड़ा दे.

atomicity *see above under* **atom:** ***dw/lw***

atom\ism /ऐटअमि\जम/ *n.* परमाणुवाद, 500 वर्ष ईसवीपूर्व प्रचलित एक दार्शनिक प्रथा जिसके अनुसार वर्तमान में मौजूद सभी वस्तुएं अति सूक्ष्म अभाज्य कणों से बनी हैं और संसार में होने वाली सभी क्रियाओं और प्रक्रियाओं को इन्हीं 'आधारभूत कणों' में विभाजन करके समझना चाहिए;
dw/lw: **~ist** /~स्ट/ *n.* परमाणुवाद अनुयायी; **~istic** /~स्टिक/ *adj.* अनेकों छोटे-छोटे कणों में तोड़ा हुआ; **~istics** /~स्टिक्स/ *n.* परमाणुविकी, परमाणु विज्ञान

atom\ization /ऐटअ\मिजम/ *n.* परमाणुकरण;
dw/lw: **~ize**/ **~ise** /~माइज/ *v., pt.* ~ized, *pp* ~izing छोटे-छोटे कणों में विभाजित क.; **~izer** /~माइजः/ *n.* (***syn.*** sprayer) कणित्र, स्प्रेयर, (सुगंधित) द्रव छिड़काव यंत्र; **~y** /ऐटमि/ *adj.* 1 परमाणुवीय 2 *facetious* बौना, कंकाल

atonal /एटोनल/ *adj., music* (***anton.*** tonal) अतान, बेसुरा;
dw/lw: **~ity** /एटोनैलिटि/ *n.* (***anton.*** tonality) बेसुरापन, अतानता

at once *adv.* तुरंत

ato\ne /अटोन/ *v., pt.* **~ned**, *pp* **~ning** प्रायश्चित क., क्षतिपूर्ति क.;
dw/lw: **~nement** /अटोनमंट/ *n., Christ.* 1 (Atonement) यीशु के प्रायश्चित (यातना व मृत्यु) के माध्यम से मनुष्य व परमात्मा का मिलन 2 प्रायश्चित (expiation): make ~nement for one's sins 3 क्षतिपूर्ति, हरजाना: offer ~nement for the damage done to the car; **~ner** प्रायश्चितकर्ता; **~nic** /एटौनिक/ *US* एटाःनिक/ 1 *phon.* बलाघात-शून्य: ~nic syllable (stressless/ unstressed syllables) 2 *music* बेतान, बेताल, बेसुरा 3 स्फूर्तिहीन, शक्तिहीन; **~ny** /ऐटनि/ *n., pathol.* 1 मांस पेशियों की क्षीणता, शक्तिहीनता 2 *phon.* (***syn.*** stresslessness, accentlessness) बलाघात-शून्यता

atop /अटौप/ *US* अटाःप/ *prep.* किसी चीज के ऊपर: ~ the waves;
adv. शिखर पर, चोटी पर, ऊपर: a glass of beer with white foam ~; ~ of the cliff;

atopic /एटौपिक/ *US* अटाःपिक/ *adj.* अलेर्जेन से बिना सीधे स्पर्श के होने वाली अलेर्जिक प्रतिक्रिया से संबंधित

-ator *suffix, forming nouns, denoting:* **sb/ sth performing specific action** (किसी कार्य का कर्ता): narr**ator**

A to Z 1 किसी बड़े शहर की गलियों के मानचित्र वाली पुस्तिका 2 किसी विषय पर संपूर्ण सूचनाओं वाली पुस्तिका

ATP *abbr. biochem.* 'adenosine triphosphate', 'automatic train protection' की प्रथमाक्षरी

ATR *abbr.* 'Action Taken Report', 'Avions de Transport Regional' की प्रथमाक्षरी

atrabilarious /ऐट्रअबिलेअरिअस/ *adj.* = **atrabilious** उदास, विषादी, विषादग्रस्त, स्वकायचिंतित, रोग-भ्रमित

atrabilious /ऐट्रअबिलिअस/ *adj.* विषादग्रस्त, विषण्ण, उदास, खिन्न

à travers /अट्रअवेर/ *adv., Fr.* पार, के पार, से होकर

ATREE *abbr.* 'Ashoka Trust for Research in Ecology and the Environment' की प्रथमाक्षरी

atremble /अट्रेंबल/ *adj.* कंपित, कंपायमान, कांपते हुए

a-trip /अट्रिप/ *adj.* 1 लंगर उठाया हुआ 2 चलने के लिए तैयार

at-risk *adj.* खतरे में, किसी के हमले के खतरे तले

atrium /एट्रिअम/ *n., pl.* **atria/ atriums** 1 आधुनिक मकान के बीच में उठा हुआ प्रांगण (central court or entrance hall) जिसके ऊपर शीशे की छत होती है 2 (***syn.*** cavity) परिकोष्ठ 3 (***syn.*** entrance) अलिंद 4 (***syn.*** auricle) हृद्गुहा, नसों में खून भेजने वाला दिल का परिकोष्ठ

atrocious /अट्रोशिअस/ *adj.* 1 दुष्ट, कमीना 2 बर्बर, नृशंस, निर्मम: ~ crime; ~ acts of brutality 2 वीभत्स, घोर: ~ weather 3 (***syn.*** terrible) कुत्सित, भद्दा: ~ handwriting; ~ dress;

dw/lw: **~ly** /~लि/ *adv.* भद्दे ढंग से: ~ly bad manners

atrocit\y /अट्रॉसिटि/ *US* अट्राःसिटि/ (*also* **atrociousness**) *n., pl.* **~ies** 1 बर्बरता, नृशंसता, निर्ममता, पाशविकता: commit **~ies** 2 अत्याचार 3 भद्दी भूल: **~ies** in spelling; picture's an **~y**

atroph\ic /ऐट्रॉफिक/ *adj.* क्षीण;

dw/lw: **~ied** /ऐट्रअफिड/ *adj.* क्षीण पड़े हुए: ~ied muscles;

atro\phy /ऐट्रअफि/ *n.* 1 क्षय, ह्रास: **~phy** of conscience 2 अपुष्टि 3 क्षीणता;

~phy *v., pt.* ~phied, *pp* ~phying, *s/he, it* ~phies 1 क्षीण हो. या कर दे.: memory can ~phy through lack of use 2 थंका-मांदा हो.;

p&i: **~phy of purse** कंगाली, फटेहाली

atropine/ atropin /ऐट्रअपिन/ ऐट्रअपीन/ (*also* **belladonna**) *n.* क्षारोद (alokoid) विषाक्त दवाई जिसे रोग उपचार में प्रयोग करते हैं

atropos /ऐट्रअपॉस/ *n.* (Atropos, *Greek myth.*) यमराज, मृत्युदेव, काल

ATS *abbr.* 'Anti-Terrorist Squad', 'Anti Tetanus Serum', 'anti-theft system', 'Aptitude Test Service', 'Authorised Training Schools', 'Amphetamine Type Stimulant' की प्रथमाक्षरी

Att. *abbr.* 'Attorney' का संक्षेप

attaboy /ऐटअबॉय/ *excl.* (*US* **at-a-boy**) शाबाश! बढ़िया बालक!

attach /अटैच/ *v. pt.* **~ed**, *pp* **~ing**, *s/he/it* **~es** 1 जोड़ना, जुड़ना, सटाना, सटना, लगाना, संलग्न क.: ~ documents to a letter; ~ a label to a parcel; ~ a stamp; ~ a seal to a document 2 कुर्क/ जब्त क., गिरफ्तार क. 3 मिला ले., सम्मिलित क.: he was **~ed** to a regiment 4 लगाव हो., मित्र बनना या बना लेना: he is deeply **~ed** to her 5 मिल जाना, सम्मिलित हो जाना, का सदस्य बनना: ~ oneself to 'Save Tiger' campaign; he **~ed** himself to the society 6 प्रदान क./ महत्त्व आदि दे.: ~ great importance to detail; ~ importance to a question 7 श्रेय या दोष दे.: no blame **~es** to his act 8 के जिम्मे लगाना 9 लागू हो.: the insurance **~es** from the moment the goods leave the warehouse;

dw/lw: **~able** /अटैचअबल/ *adj.* कुर्की-योग्य, (सं)लग्नीय; **~ed** /अटैचट/ *adj.* 1 जुड़ी हुई, साथ लगी हुई, संलग्न की हुई: copies ~ed to the document 2 लगा हुआ, संलग्न 3 कुर्क किया हुआ, आसंजित 4 जिसे किसी से लगाव हो गया है, अनुरागी, स्नेही: ~ed to one's friends; the brothers were deeply ~ed to each other; yours ~edly (आपका स्नेही); **~ment** /अटैचमंट/ *n.* 1 लगाव, अनुराग, स्नेह, आसक्ति: ~ment to a friend 2 कंप्यूटर की फाइल जिसे ई-मेल के मुख्य पत्र से जोड़कर भेजा जाता है, जुड़ित या संलगित दस्तावेज 3 उपकरण से जुड़ने वाले अतिरिक्त उपकरण, यंत्र या पुर्जे: a diffuser ~ment for the hairdryer 4 कुर्की, जब्ती, आसंजन: ~ment of insurance 5 संलग्न, संयोजन 6 संलगित वस्तु 7 समर्थन: the popular ~ment to the democratic government 8 जुड़ाव: be on short term ~ment to the local hospital;

p&i: **~ at the hip** *colloq.* जो किसी के साथ सदा इकट्ठा रहे, से बुरी तरह चिपका हुआ; **~ importance to sth** किसी बात को महत्त्व दे.; **~ to sth** से जुड़ा हो., का हिस्सा हो.; **~ value, etc. to sb/sth** किसी या किसी चीज को भाव दे.;

be ~ed to sb/ sth किसी से या किसी वस्तु से लगाव हो.

attaché /अतैशे/ *n., Fr., pl.* **attachés** 1 अताशे, राजदूत का सहायक 2 विशेष योग्यता की बदौलत बना कूट-नीति विभाग का सदस्य: naval/ military/ commercial ~;

dw/lw: **attaché-case** /अतैशिकेस/ *n.* अटैची, सूटकेस, चमड़े की पेटी

attack /अटैक/ *n.* 1 आक्रमण, हमला: sudden ~; armed ~ 2 धावा, चढ़ाई: ~ against an organized position; ~ in force; ~ through the depth of the hostile position; make an ~ (on); open an ~; return to the ~; repel/repulse an ~ 3 हिंसा: the racist **~s** 4 कटु आलोचना या भर्त्सना, आक्षेप: ~ against the policy of government in the Lok Sabha 5 जोशो-खरोश से काम में जुटने की क्रिया: the new assignment 6 दौरा, बीमारी का अकस्मात् दौरा: an ~ of 'flu'; heart ~ 7 धावा, खेल में हमला: ~ zone; sustained ~ on the goal 8 नुकसान: the roof was damaged by white ant ~;

v., pt. **~ed**, *pp* **~ing** 1 आक्रमण क., हिंसक हमला क., आक्रांत क.: ~ a town; ~ an enemy 2 धावा बोलना, चढ़ाई क. 3 हिंसा क.: a woman was **~ed** and robbed 4 कड़ी आलोचना या भर्त्सना क., आक्षेप लगाना: ~ sb's conduct; his proposals were **~ed** in the newspapers 5 बीमारी का दौरा पड़ना: the 'flu' **~ed** with a vengeance 6 फुटबॉल आदि खेल में धावा बोलना या गोल करने के लिए फुर्ती से आगे बढ़ना: ~ relentlessly the defence of the opponents 7 जोशो-खरोश से काम में जुटना, उत्साह के साथ हाथ में ले.: ~ one problem at a time; he **~ed** his dinner at once 8 नुकसान क.: plaque **~s** the teeth (दांतों पर जमी पपड़ी दांतों का नुकसान करती है); the damp is **~ing** the wall; crops are **~ed** by locusts;

dw/lw: **~able** /अटैकअबल/ आक्रमणीय, हमला करने योग्य: ~able point; **~ed** /अटैकड/ *adj.* आक्रांत, आक्रमित; **~er** /अटैकः/ *n.* आक्रमणकारी, हमलावर; **~ing** /अटैकिंग/ *adj.* 1 आक्रामक: **~ing** field 2 फुटबॉल आदि खेल में धावा बोलने या फुर्ती से आगे बढ़ने वाली (टीम);

collocations: **~ aviation** लड़ाकू विमानिकी; **~ formation** आक्रामक टुकड़ी; **~ frontage** आक्रामक मोर्चे की चौड़ाई; **~ plane** लड़ाकू विमान; **~ position** प्रारंभिक स्थिति; **~ order** चढ़ाई करने का आदेश;

p&i: **~ is the best method of defence** आक्रमण सुरक्षा श्रेष्ठतम तरीका है

atta-girl /ऐटअगःल/ *excl.* किसी लड़की या महिला का उत्साह बढ़ाने के लिए प्रयुक्त

attain /अटेन/ *v., pt.* **~ed**, *pp* **~ing** 1 प्राप्त क., प्राप्त करने में सफल हो.: ~ aims/ ideals; ~ a grade 2 लाभ पाना, पहुंचना: he **~ed** to power/ to prosperity 3 सफलता पाना, कहीं पर पहुंचना: **~ed** the summit (पर्वत शिखर पर पहुंच गया); he **~ed** the opposite shore 4 किसी उम्र या स्तर तक पहुंचना: the *cheetah* can ~ speeds up to 97 kph; he **~ed** the age of ninety; he **~ed** to man's estate (वह प्रौढ़ हो गया);

dw/lw: **~ability** /अटेनअबिलिटि/ *n.* प्राप्यता, साध्यता: ~ability of certain knowledge; **~able** /अटेनअबल/ *adj.* प्राप्य, साध्य, लभ्य, जहां पहुंचा जा सके: the highest pitch of perfection ~able; ~able goals/ objectives/ targets; **~ableness** *n.* = **~ability**; **~ment** /अटेनमंट/ *n.* 1 उपलब्धि, सफलता: a man of ~ments 2 लाभ, प्राप्ति 3 सिद्धि, योग्यता, गुण, ज्ञान: a man of varied ~ments;

p&i: **~ consciousness** होश में आना; **~ normalcy** सामान्यहो.

attainder /अटेंडः/ *n., formerly law* 1 देशद्रोह जैसे महापराध (felony) के कारण दंड पाने के फलस्वरूप सामाजिक अधिकारों से वंचना 2 कुर्की

attaint /अटेंट/ *v., pt.* **~ed**, *pp* **~ing** कलंकित/ बदनाम क.: ~ a good name 2 संकलुषित क.;
n. कलंक

attar /अतर/ (*also* **attar of roses**) *n.* इत्र, इतर, अतर

attemper /अटम्पः/ 1 (***syn.*** moderate) मंद, कम या हल्का कर दे. 2 (***syn.*** control) नियंत्रित क. 3 (***syn.*** accommodate) के अनुकूल बना लेना 4 (***syn.*** calm, soothe) शांत क., प्रशमित क. 5 दृढ़ क., पर पानी चढ़ाना (of metal)

attempt /अटेंप्ट/ *n.* 1 प्रयत्न, प्रयास, कोशिश, चेष्टा: make an ~; ~ to save sb's life 2 आक्रमण: an ~ on the life of 3 और बेहतर करने की कोशिश क.;
v., *pt.* **~ed**, *pp* **~ing** 1 कोशिश क., प्रयत्न क.: ~ a settlement of the dispute 2 ऊपर चढ़ने की कोशिश क.: ~ flying/ fly; ~ to climb the mountain;
dw/lw: **~able** /अटेंप्टअबल/ *adj.* 1 प्रयास करने योग्य 2 परीक्षा में जिस प्रश्न को हल किया जा सके; **~ed** *adj.* **~ed** /अटेंपटिड/ *adj.* की गई (कोशिश), असफल (प्रयास)
p&i: **~ to do the impossible** अनहोनी क.;
a maiden ~ पहला प्रयास; **an ~ed murder/ robbery, etc.** हत्या या लूट आदि की कोशिश; **an ~ on sb's life** किसी की हत्या करने की कोशिश; **make an ~ at something** कुछ करने की कोशिश क.; **make an ~ on sth** पहाड़ आदि पर चढ़ने की चेष्टा क.; **make an ~ at sth** कुछ करने की कोशिश क.

attend /अटेंड/ *v., pt.* **~ed**, *pp* **~ing** 1 में उपस्थित या हाजिर हो.: ~ a lecture/ a meeting/ a concert/ a ceremony 2 की परिचर्या/ सेवा-शुश्रूसा क.: he was **~ed** by the best doctors 3 ध्यान दे. (pay attention to): ~ to what is said 4 (***syn.*** attend to) हाथ में ले., प्रबंध करने में लग जाना, इंतजाम क.: ~ to the education of one's children; ~ to one's own business 5 (***syn.*** accompany) साथ जा., साथ-साथ हो आना: they **~ed** the group on their journey; our plans were **~ed** with great difficulties; may good luck/ success ~ you! 6 स्कूल, कॉलेज आदि जा.: ~ a church/ school, etc. (नियमित रूप से चर्च या स्कूल आदि जा.) 7 से निपटना, से बातचीत क.: ~ to a customer 8 की इच्छाएं या कामना पूरी क. या हो.: your wishes will be **~ed** upon;
dw/lw: **~ance** /अटेंडंस/ *n.* 1 उपस्थिति, हाजिरी: ~ance is requested 2 सेवा, सेवा-शुश्रूसा, परिचर्या: dance ~ance on/ upon/ sb 3 देखभाल, देख-रेख: medical ~ance 4 चर्च, स्कूल आदि को गमन: ~ance at school is compulsory; ~ance list; circulate an ~ance list 5 श्रोतागणों की संख्या: poor ~ance; large/ small ~ance 6 परिचर, सेवक: be in ~ance on sb; **~ant** /अटेंडंट/ *n.* 1 परिचर, परिचारक, सेवक, सेवादार 2 साथ चलने वाला परिचर, साथी 3 कार्य-स्थल पर तैनात कर्मी 4 समकालीन घटना 5 उपस्थित जन; **~ant** *adj.* 1 साथ चलने वाला 2 सेवक: be ~ant on sb 3 उपस्थित: ~ant crowd 4 समकालीन, साथ होने वाली: ~ant circumstances; war and its ~ant horrors; **~ee** /अटेंडी/ *n.* सभा या मीटिंग में उपस्थित रहने वाला; **~er** /अटेंडः/ *n.* 1 कक्षा आदि में नियमित उपस्थित रहनावाली 2 सेवक, परिचर;
collocations: **~ance allowance** *Br.* विकलांग लोगों की देखभाल के लिए दिया जाने वाला पैसा या भत्ता; **~ance physician** इलाज में रत डॉक्टर; **in** ~ सेवा में हाजिर;
p&i: **~ to sb/ sth** किसी की या किसी चीज की देखरेख क.; **higher prices ~ed by a lowering in demand** घटती मांग के साथ बढ़ते दाम; **had to ~ the princess's every need** राजकुमारी की हर जरूरत को पूरा करना पड़ा; **~ on/ upon sb** किसी की सेवा-शुश्रूसा क.; **~ on/ upon sth** के फल-स्वरूप हो.; **~ to sb/ sth** 1 की देखभाल करना 2 किसी के विरुद्ध कदम उठाना;
dance ~ance on/ upon sb किसी की जी-हजूरी क.

attendant /अटेंडंट/ *n.* 1 सेवक, परिचारक, परिचर, नौकर 2 उपस्थित, विद्यमान, हाजिर लोग 3 सहवर्ती, आनुषंगिक, अनुवर्ती 4 परिचारी 5 उपस्थित व्यक्ति: museum **~ant** (संग्रहालय सेवक); the queen and her **~ants** (रानी और उनके परिचर);
adj. 1 किसी काम से जुड़े अन्य क्रिया-कलाप या बातें: **~ant** responsibilities (साथ मिली जिम्मेवारियां); **~ant** circumstances; war and its **~ant** horrors 2 सेवक: be **~ant** on sb 3 उपस्थित: **~ant** crowd

attention /अटेन्शन/ *n.* 1 (***syn.*** notice) ध्यान, मनोयोग, रुचि: the problem caught my ~; attract ~; call/ draw sb's ~ to sth; a new problem claims our ~; the matter shall have immediate ~ 2 (***syn.*** concentration) एकाग्रता, एकचित्तता: direct all one's ~ to sth; redouble one's ~; he is all ~ 3 सावधानी: handle sth with ~ 4 (***syn.*** paying attention) आदर-सत्कार, परवाह: give (one's) ~ to sb/ to sth; pay ~ to sb/ to sth; pay **~s** to a lady 5.1 डॉक्टरी मदद, इलाज (***syn.*** care, treatment): received immediate ~ from the doctor 5.2 सेवा-शुश्रूसा, देख-भाल, देख-रेख 6.1 सावधान!: **Attention**, please! (कृपया, सावधान! कृपया ध्यान दीजिए!) 6.2 *milit.* फौज में सीधे तनकर खड़े होने की मुद्रा: **Attention!** (सावधान!) 7 *in compound words* (संयुक्त शब्दों में): ~-seeker; ~-seeking behaviour 8 बहुत गहन निरीक्षण, ध्यान: ~ to detail;
collocations: **~ deficit disorder** (*also* **~ deficit hyperactivity disorder**), *abbr.* **ADD**, **ADHD** (विशेषकर) बच्चों में होने वाली एक मानसिक अवस्था जिसमें बच्चा एक वस्तु या बात पर अपना ध्यान केंद्रित नहीं रख सकता या वह ज्यादा देर तक टिककर बैठ या खड़ा नहीं रह सकता; **~ line** ध्यानाकर्षण पंक्ति; **~ span** एकाग्रता अवधि; **~ value** ध्यानाकर्षण मूल्य;
p&i: **attract/ get (sb's) ~** ध्यान आकर्षित क. या पाना; **be all ~** ध्यान से सुनना; **bring/ draw (sb's) ~ to sth/ sb** किसी चीज या किसी की ओर किसी का ध्यान खींचना; **call ~ to sb** किसी की ओर ध्यान खींचना; **catch sb's ~** किसी के ध्यान में आना; **compel ~** ध्यान खींचना या अपने ऊपर ध्यान केंद्रित रखना; **pay ~ (to sb/ sth)** को ध्यान दे., आदर-सम्मान दे., परवाह क.; **rivet one's ~ on** किसी को आंखें गड़ाकर देखना; **slip sb's ~** किसी के ध्यान से निकल जा.; **stand at ~** सतर्क हो.; **the problem has recently come to my ~** इस समस्या का हाल ही में मुझे पता चला

attentive /अटेंटिव/ *adj.* 1 सावधान, सतर्क, चौकन्ना, एकाग्र: ~ to duty; she was very ~ to her little brother 2 भद्र, शिष्ट, आदर-सत्कारपूर्ण (polite and courteous): ~ to ladies; ~ audience;
dw/lw: **~ly** /अटेंटिवलि/ *adv.* ध्यान से, सतर्कतापूर्वक; **~ness** /अटेंटिवनेस/ *n.* सावधानी, सतर्कता, एकाग्रता

attenua\te /अटेन्युएट/ *v., pt.* **~ted**, *pp* **~ting** 1 दुबला-पतला/ कमजोर/ हल्का हो. या बनाना, क्षीण बनना या बनाना, तनु या पतला क. 2 किसी चीज की कीमत या महत्त्व कम क. या हो. 3 *phys.* बिजली, ध्वनि, विकिरणता आदि का संचार माध्यम द्वारा किए जाने वाले चूषण या फैलाव (scattering) के कारण कमजोर पड़ना, कम कर दे. या हो जाना 4 *med., pharm.* औषधि इस प्रकार बनाना कि वह बैक्टीरिया या वाइरस रोगाणुओं को मारे, पर उनकी रोग-अवरोध क्षमता कम न हो;
adj. 1 पतला-दुबला, क्षीण: **~te** hands 2 कमजोर: **~te** appetite 3 जो गाढ़ा न हो: **~te** substance;

dw/lw: **~ant** /अटैन्युअंट/ *n.* 1 *pharm.* खून को पतला करने वाला पदार्थ; **~ant** *adj.* पतला करने वाली, क्षीणक; **~ted** /अटेन्युएटिड/ *adj.* 1 क्षीण, पतला-दुबला 2 कमजोर, कम प्रभावी: an ~ted form of virus 3 कम गाढ़ा, पतला; **~tion** /अटेन्युएशन/ *n.* 1 तनुकरण, दुर्बलीकरण, पतला बनाने की क्रिया 2 घटाव, घटती, उतार 3 *phys.* संचार माध्यम द्वारा किए जाने वाले फैलाव (scattering) की प्रक्रिया में बिजली, ध्वनि, वैद्युत-चुंबकीय विकिरणता आदि में होने वाली क्षीणता: ~tion constant; **~tor** /अटेन्युएटः/ *n.* 1 तनुकारी, क्षीणकारी 2 रेडियो संकेत आदि को कमजोर करने वाला

attest /अटेस्ट/ *v., pt.* **~ed**, *pp* **~ing** 1 किसी बात को सही दिखाना या सिद्ध क. 2 (***syn.*** bear witness) प्रमाणित क., तसदीक क. 3 गवाही दे., साक्ष्य दे., साक्ष्यांकन क., साक्ष्यांकित क. 4 स्पष्ट कर दे., शपथ दिलाना;

dw/lw: **~ant/ ~er/ ~or** /अटेस्ट/ *n.* 1 साक्ष्यांकन/ सत्यापन/ तसदीक/ प्रमाणित करने वाला: the deed to which they are ~ants 2 शपथग्रहण करवानेवाला, गवाही देने वाला; **~ation** /अटेस्टेशन/ *n.* 1 तसदीक, सत्यापन, गवाही, साक्ष्य 2 प्रमाणीकरण; **~ed** /अटेस्टिड/ *adj.* सत्यापित, प्रमाणित, साक्ष्यांकित: ~ed document;

p&i: **~ the signature** हस्ताक्षर को प्रमाणित क.; **~ to sth** तसदीक क., साक्ष्य देकर सही ठहराना; **~ the gods** भगवान को साक्षी मानना

Att. Gen. *abbr.* 'Attorney General' का संक्षेप

Attic /ऐटिक/ *n.* 1 प्राचीन एथीन्स या ऐटिका (**Athens** *or* **Attica**) का निवासी 2 ऐटिका में बोली जाने वाली यूनानी भाषा, ऐटिक 3 एक अति सरल व सुंदर साहित्यिक शैली;

adj. 1 प्राचीन एथीन्स या ऐटिका (**Athens** *or* **Attica**) से संबंधित 2 (***syn.*** classic) परंपरागत, आदर्श व सरल;

Atticism /ऐटिसिज्म/ *n.* एक सरल व सुंदर साहित्यिक शैली;

p&i: **~ salt/ wit** सूक्ष्म व पैना हास्य; **~ faith** अटल वफादारी

attic /ऐटिक/ *n.* परछत्ती, अटारी: ~ storey;

***p&i*:** **he has rats in the ~** उसके दिमाग का पेंच ढीला है

atti\re /अटायः\/ *n.* 1 वस्त्र, कपड़े, वेशभूषा, पोशाक 2 साज-सज्जा, सज-धज, ठाट-बाट: earth in her rich **~re**;

v., *pt.* **~ed**, *pp* **~ing** 1 कपड़े पहनना: **~red** all in black; gorgeously **~red** 2 संवारना, सजाना: **~re** the bride;

dw/lw: **~red** /~ड/ *adj.* 1 कपड़े पहने हुए 2 सजा-धजा, बना-ठना

attitu\de /ऐटिट्यू\ड/ *US* ऐटिटू\ड/ *n.* 1 रुख, रवैया: friendly/ impartial **~de** towards sb; what's your **~de** towards this question? 2 आचार-व्यवहार: wait and-see **~de** 3 स्वभाव, मनःस्थिति, मानसिकता, मनोवृत्ति: youth is simply an **~de** of mind; hesitating, melancholic **~de** 4 मुद्रा, अंग विन्यास: strike an **~de**; the finger of her hand was raised in an **~de** of challenge; **~de** of admiration/ despair 5 (***syn.*** rancour) विद्वेषपूर्णता: adopt an intransigent **~de** over sth; **~de** of pride/ arrogance 6 विचार, भाव 7 स्थिति, वायुयान द्वारा बनाया जाने वाला अक्षों का किसी धरातल से सापेक्षिक कोण (of aeroplane) 8 **Attitude** *colloq.* संगीत, शैली आदि के संबंध में नाटकीय मुद्रा: wear clothes with real **Attitude** (अति नाटकीय शैली में कपड़े पहनना);

dw/lw: **~dinal** /~डिनल/ *adj.* नाटकीय; **~dinize/ ~se** /~डिनाइज/ *v. pt.* ~dinized, *pp* ~dinizing 1 दिखावा क., ढोंग क. 2 स्टाइल मारना; **~diniser** /~डिनाइजः/ *n.* स्टाइल मारने वाला; **~dinizing** /~डिनाइजिंग/ *n.* आडंबर, दिखावा: melodramatic ~dinizing; **~dinizing** *adj.* आडंबरपूर्ण ~dinizing writer;

p&i: **strike/ assume/ adopt an ~** नाटकीय रूप धारण क., आडंबर क.

attn (*also* **attn.**) *abbr.* 'attention' का संक्षेप

attorn /अटःन/ *v., pt.* **~ed**, *pp* **~ing** 1 दूसरे को अधिकार आदि सौंपना क. 2 विश्वासपात्र बनाना 3 किरायेदार द्वारा नए स्वामी को स्वीकारना 4 नए सामंत को स्वीकार क.

attorney /अटःनि/ *n., pl.* **~s** 1 *law* वकील, न्यायवादी, अधिवक्ता, अटॉर्नी: **Attorney** General; ~ general; district/ circuit ~ 2 वैधानिक अधिकार प्राप्त प्रतिनिधि, मुख्तारे आम, जिसे किसी की ओर से मुख्तारनामा दिया गया हो: private ~;

dw/lw: **~ship** *n.* अधिवक्ता या अटॉर्नी का पद/ कार्यकाल आदि;

***collocations:*~ at law** प्रमाणित अधिवक्ता; **Attorney General** *pl.* **Attorneys General/ Attorney Generals** महान्यायवादी, मुख्य सरकारी वैधानिक प्रतिनिधि;

p&i: **~ in fact** मुख्तार, जिसे अदालत के बाहर किसी के मुख्तार के रूप में अधिकृत किया गया हो;

by ~ के एवज में; **power of ~** वैधानिक अधिकार, मुख्तारनामा

attract /अट्रै\क्ट/ *v., pt.* **~ed**, *pp* **~ing** 1 आकर्षित क. 2 अपनी ओर खींचना, आकृष्ट क.: ~ much attention; magnet **~s** steel 3 पैदा क.: the warm damp air **~s** a lot of mosquitoes conditions which ~ disease; salt **~s** moisture 3 कोई प्रतिक्रिया पैदा क.: this scheme does not ~ me; his comments **~ed** a lot of criticism 4 मोहित या मुग्ध क.: her sense of humour **~s** me a lot;

dw/lw: **~able** /~क्टअबल/ *adj.* आकर्षणीय: parts ~able by magnet; **~ion** /~क्शन/ *n.* 1 आकर्षण, आकर्षण-शक्ति, खिंचाव: gravitational/ magnetic ~ion; Earth's ~ion 2 किसी की ओर आकर्षण, सम्मोहन: she possesses many ~ions; the exhibition has very little ~ion for me 3 प्रलोभन, लालच, लालसा: ~ions of a big city 4 *ling.* अन्वयाकर्षण 5 *phys.* दो चुंबकीय ध्रुवों आदि के बीच पारस्परिक खिंचाव 6 आकर्षक वस्तुएं या स्थान आदि: tourist ~ions; **~ive** /~क्टिव/ *adj.* 1 (***syn.*** appealing) आकर्षक, मनमोहक, सुंदर, लुभावना: ~ive power; ~ive smile 2 दिलचस्प, रोचक 3 लाभदायक: ~ive offer; **~ively** /~क्टिवलि/ *adv.* आकर्षक ढंग से; **~iveness** /~क्टिवनेस/ *n.* आकर्षकता, मनमोहकता; **~or** /~क्टः/ *n.* आकर्षक व्यक्ति या वस्तु;

p&i: **~ attention/ interest, etc.** 1 ध्यान खींचना या रुचि जगाना 2 अपनी ओर खींचना;

be ~ed to sb किसी की ओर आकर्षित हो., पर मोहित हो.

attributable /ऐट्रिब्यूटेबल/ *adj.* 1 आरोप्य 2 जिसका श्रेय किसी को दिया जा सके;

collocations: **~ to sth** जिसे किसी के सिर-माथे मढ़ा जा सके

attribu\te /अट्रिब्यू\ट/ *v., pt.* **~ted**, *pp* **~ting** 1 श्रेय दे., किसी का होना मानना: he **~ted** his success to hard work; the play is **~ted** to Shakespeare 2 देना, प्रदान क. 3 उत्तरदायी ठहराना, आरोप लगाना, आरोप(ण) क.: **~ted** the accident to human error;

n. 1 (***syn.*** quality) गुण-अवगुण, विशेषता, सहज गुण: her sharp wit is her great **~te**; beauty was an **~te** of the family 2 (***syn.*** feature, characteristic) लक्षण, प्रतीक: Hercules with his usual **~te**, the club 3 *gramm.* विशेषण 4 (***syn.*** symbol) प्रतीक: the crown is an **~te** of kingship;

dw/lw: **~ted** *adj.* माना जाने वाला: ~ted author; **~tion** /ऐट्रिब्यूशन/ *n.* 1 आरोपण, आरोप 2 (***syn.*** relation) संबंध, श्रेय, अधिकार: ~tion of the play to Shakespeare is unquestionable 3 (***syn.*** predication) गुणारोपण; **~tive** /~टिव/ *adj. gramm.* 1 गुणवाचक विशेषण या विशेषण पदबंध के रूप में: the ~tive use of a noun, e.g., a *family* business 2 प्रतीकात्मक; **~tively** /~टिवलि/ *adv.* गुणवाचक विशेषण या विशेषण पदबंध के रूप में; **~tiveness** /~टिवनिस/ *n.* गुणवाचकता;

p&i: **~te sth to sb** or **sth** किसी कार्य या घटना को किसी के सिर-माथे मढ़ना या किसी को उनका श्रेय दे.; **~te sth to sb** 1

किसी को किसी बात का श्रेय दे. 2 किसी बात या चीज को किसी के नाम से जोड़ना; **not for ~tion** बिना मूल पाठ को संदर्भित किए प्रकाशन हेतु

attrited /अट्राइटिड/ *adj.* घिसा हुआ, रगड़ खाया हुआ, छीजा हुआ

attrition /अट्रिशन/ *n.* 1 घर्षण, रगड़, घिसाई 2, अपूर्ण पश्चात्ताप 3 *milit.* शत्रु की शक्ति को लगातार कम करने की क्रिया: war of ~ (दोनों पक्षों द्वारा एक-दूसरे की शक्ति का ह्रास करने के लिए चलायी जाने वाली होड़): a war of ~ 4 नदी आदि में बहकर पत्थरों के घिसने की क्रिया

ATTSA *abbr.* 'Assam Tea Tribe Students Association' की प्रथमाक्षरी

attu\ne /अट्यून/ *v., pt.* **~ned**, *pp* **~ning** 1 सुर मिलाना 2 अनुकूल क.: **~ne** to/ become **~ned** to sth 3 मेल कराना

at. wt./ At. wt. *abbr.* 'atomic weight' का संक्षेप

a-tumble /अटंबल/ *adv.* ठोकर खाकर गिरते या लड़खड़ाते हुए

ATV *abbr.* 'Advance Technology Vessel', 'Air Touch Vodafone', 'all-terrain vehicle' की प्रथमाक्षरी

a-twist /अट्विस्ट/ *adv.* तिरछे, टेढ़े-मेढ़े

atypical /एटिपिकल/ *adj.* 1 (***anton.*** typical) विचित्र, अजीब 2 असामान्य;
dw/lw: **~ly** /एटिपिकलि/ *adv.* असामान्य तौर से

AU/ a.u *abbr.* 'angstrom unit', 'astronomical unit' की प्रथमाक्षरी

Au *symbol, chem.* सोने (gold) का चिह्न

AUA *abbr.* 'American University of Armenia' की प्रथमाक्षरी

aubade /ओबाड/ *n., Fr., poetic* प्रभात काल में गाया जाने वाला गीत, प्रभाती

auberge /ओबेःज/ *n.* 1 सराय, शराब का ढाबा 2 होटल

aubergine /ओबःजीन/ *UK* (*US* **eggplant**) *n.* 1 जामुनी रंग की अंडाकार सब्जी जो अंदर से सफेद होती है 2 बैंगन की एक प्रकार

aubrietia /ऑब्रीशिआ/ *n., pl.* **~s** रॉक गार्डन आदि में उगाया जाने वाला छोटा सदाबहार पौधा

auburn /ऑबःन/ *adj.* भूरे रंग का, कपिश, सुनहरा (hair)

au contraire /ओकॉंटरेअ/ *Fr.* इसके ऐन उल्टे

au courant /ओकूरां/ *adj., Fr.* (*literally:* in the stream/ current) 1 सुविज्ञ, ज्ञाता 2 नवीनतम सूचनाओं से लैस 3 वर्तमान परिस्थितियों से भली भांति परिचित

auction /ऑक्शन/ औक्शन/ *US* ओक्शन/ *n.* नीलामी, बोली: sell by ~/ put up to ~; ~ sale; ~ mart/ room;
v. (*also* **~ sth off**), *pt.* **~ed**, *pp* **~ing** नीलाम क.;
dw/lw: **~eer** /ऑक्शिअः/ *n.* नीलामी करने वाला, नीलाम कर्ता;
collocations: **~ bridge**, *cards* ताश का एक खेल; **~ house** नीलामी घर; **~ room** नीलामी कक्ष;
p&i: **Dutch** ~ बोली लगते समय बेचने वाला तब तक वस्तु का न्यूनतम दाम घटाता जाता है जब तक वह बिक नहीं जाती

audacious /ऑडेशिअस\/ *adj.* 1 दुस्साहसी, धृष्ट 2 निर्लज्ज, ढीठ 3 निर्भीक, दिलेर: ~ explorer
dw/lw: **~ly** /~लि/ *adv.* दिलेरी से, धृष्टतापूर्वक; **~ness** /~निस/ *n.* 1 धृष्टता 2 दिलेरी

audacity /ऑडैसिटि/ ऑडैसअटि/ *n.* 1 दुस्साहस, धृष्टता, ढिठाई: the calumnies which he had the ~ to spread 2 दुस्साहसपूर्ण साहसिकता, दिलेरी: **audacities** of style

audi\bility /ऑडअबि\लिटि/ ~लअटि/ *n.* श्रव्यता, श्रवणीयता;
dw/lw: **~ble** /ऑडअबल/ *adj.* सुनाई पड़ सकने वाला, श्रव्य, कर्णगोचर: he was scarcely ~ble; ~ble whisper; **~bly** /ऑडअबलि/ *adv.* सुनाई पड़ सकने जितनी आवाज में: speak ~bly; her heart throbbed ~bly

audience /ऑडिअंस/ *n.* 1 श्रोतागण, सभा, दर्शकगण, पाठकगण: perform before a large ~; there was a large ~ at the theatre 2 किसी पुस्तक के पाठकों और टीवी कार्यक्रम आदि के श्रोताओं का समूह 3 सुनवाई, किसी महत्त्वपूर्ण व्यक्ति से औपचारिक भेंट 4 साक्षात्कार, मुलाकात: give/ to grant ~ 5 श्रवण, दर्शन;
collocations: **~ chamber** दर्शनकक्ष; **~ hall** श्रोता-सभागार; **~ participation** दर्शक-सहभागिता, प्रेक्षकीय सहभागिता, पाठक-सहभागिता; **~ proof** नाटक जिसकी सफलता निश्चित हो; **~ research** दर्शक/ श्रोता अनुसंधान;
private ~ अकेले में मुलाकात; **right of** ~ सुने जाने का अधिकार
p&i: **give an ~ to** दर्शन दे., मुलाकात क., मिल लेना; **have an** ~ भेंट क.

audient /ऑडिअंट/ *adj.* सुनने वाला, ध्यान देने वाला

audile /ऑडिल/ *adj.* श्रव्यता संबंधी, श्रावणिक

audio /ऑडिओ/ *n.* रिकॉर्डिंग या बजती धुन: ~ **book** (श्रव्य-पुस्तक);
adj. श्रवण संबंधी: ~ frequency (श्रवण आवृत्ति)

audio- *comb. form, denoting:* 1 **sound** (ध्वनि) 2 **hearing** (श्रवण) 3 श्रवण या ध्वनि से संबंधित;
dw/lw: **~-aid** *n.* श्रव्य-साधन; **~-cassette** *n.* श्रव्य कैसेट; **~-disc** *n.* ध्वनि-अंकित डिस्क; **~-frequency** *n.* श्रव्यता-आवृत्ति; **~-gram** *n.*श्रवण लेख, ऑडियोग्राम; **~-lingual** *adj.* बोलने-सुनने के माध्यम से भाषा पढ़ाने के ढंग से संबंधित; **~logical** *adj.* श्रव्य-विज्ञान संबंधी; **~logy** *n.* श्रव्य-विज्ञान; **~meter** *n.* श्रव्यतामापी; **~metry** *n.* श्रव्यतामापन; **~typing** *n.* डिक्टाफोन-टंकण; **~typist** *n.* डिक्टाफोन टंकक; **~-visual** *adj.* श्रव्य-दृश्य; **~-visuals** *n., pl.* श्रव्य-दृश्य सामग्री; **~-visual aids** (*abbr.* **AVA**) *n.* श्रव्य-दृश्य अध्यापन सहायक सामग्री

audit /ऑडिट/ *n.* लेखा-परीक्षा, लेखा-परीक्षण;
v., *pt.* **~ed**, *pp* **~ing** आधिकारिक रूप से लेखा-परीक्षण क.: **~ed** and found correct;
dw/lw: **~ed** /ऑडिटिड/ *adj.* लेखापरीक्षित, संपरीक्षित; **~ing** /ऑडिटिंग/ *n.* लेखा-परीक्षण; **~or** /ऑडिटः/ *n.* लेखा-परीक्षक, अंकेक्षक;
collocations: **~ ale** विशेष प्रकार की तेज बीयर; **~ trail** लेखा-परीक्षण की प्रक्रिया का रिकॉर्ड

audition /ऑडिशन/ *n.* 1 श्रवण, श्रवण शक्ति 2 ध्वनि परीक्षण 3 अदाकारी या अभिनय परीक्षण (विशेषकर आवाज और डायलोग डिलिवरी का): first ~

auditive /ऑडिटिव/ *adj.* श्रवण-संबंधी

auditor *see above under* **audit:** ***dw***

auditorium /ऑडिटॉरिअम/ *n., pl.* **~s/ auditoria** 1 सभागार, सभा भवन 2 प्रेक्षागार, प्रेक्षागृह, श्रोता कक्ष 3 श्रोतागण, दर्शक कक्ष

auditory /ऑडिटरि/ *adj.* श्रवण-, श्रवण-अवयव (अंग) संबंधी: ~ phonetics (उच्चारण विज्ञान की एक शाखा जिसमें श्रोता की ध्वनियों, विशेषकर वाग्ध्वनि की समझ या अनुभूति (perception) को अध्ययन का विषय बनाया जाता है);
collocations: **~ acuity** श्रवण-तीक्ष्णता; **~ canal** बाह्य श्रवण वाहिका; **~ nerve** श्रवण तंतु; **~ passage** श्रवण निकास; **~ tube** श्रवण नली

AUEW *abbr.* 'Amalgamated Union of Engineering Workers' की प्रथमाक्षरी

au fait /औफे/ *adj., Fr.* (*usually* **au fait with something**) किसी चीज या बात से अच्छी तरह परिचित: be ~ in/ at sth

au fond /ओफॉं/ *fr.* असल में, वास्तव में

auf Weiderschen /ऑफवीडरजेन/ *interj.* अलविदा

Aug *abbr.* 'August' की प्रथमाक्षरी

Augean /ऑःजीअन/ *adj.* गंदगी से भरा हुआ;
p&i: **~ stables** गंदगी से भरे घुड़साल (स्थान या संस्थाएं); **cleanse the ~ stables** किसी संस्था में भरी गंदगी की सफाई क.

augend /ऑःजेंड/ *adj.* योजक, संकलक

auger /ऑगः/ *n.* लकड़ी में छेद करने वाला बर्मा, बेधनी

aught /ऑट/ *n.* (***syn.*** anything) किंचित, कुछ, किंचित्, थोड़ा-

बहुत: for ~ I know

augment /ऑग्मेंट/ *v., pt.* **~ed**, *pp* **~ing** 1 वृद्धि क., बढ़ाना, बढ़ोतरी क. या हो., बढ़ना: his family has **~ed** 2 और जोड़ना 3 बल दे.;

dw/lw: **~able** /ऑग्मेंटेबल/ *adj.* जिसमें वृद्धि की जा सके; **~ation** /ऑग्मेंटेशन/ *n.* वृद्धि, बढ़ोतरी, बढ़ती; **~ative** /ऑग्मेंटअटिव/ *adj.*1 संवर्धी 2 *gramm.* आगामी; **~ative** *n.* 1 वृद्धि 2 *gramm.* आगम, स्वरागम, प्रत्यय जोड़कर शब्द के अर्थ में किया जाने वाला विस्तार: ~ative suffix; **~ted** /ऑग्मेंटिड/ *adj.* बढ़ाया हुआ, विस्तृत: ~ted edition; ~ed interval; **~or** /ऑग्मेंटः/ *n.* वृद्धि करने वाला, जोड़ने वाला, आवर्धक

au grand serieux /ओग्रांसेरयः/ *Fr.* पूर्ण गंभीरता से: take it ~

au gratin/ gratin /ओग्रैटैन/ *adj., cookery, Fr.* एक व्यंजन, जिसे ब्रेड के ऊपर पनीर के टुकड़े रखकर चूल्हे (oven) आदि में पकाया जाता है

augur /ऑगः/ *v., pt.* **~ed**, *pp* **~ing** 1 भविष्य बताना: I ~ that he will fail 2 (***syn.*** bode) शकुन निकालना, सगुनाना 3 लक्षण या संकेत हो., आभास या पूर्व सूचना दे.: ~ well/ ill of or for sth; this closeness **~s** a thunderstorm (ऐसी घुटन का अर्थ है कि आंधी आएगी);

n. भविष्यवक्ता, शगुनियां, निमितज्ञ, शकुन बतानेवाला;

dw/lw: **augur\al** /ऑगरल/ *adj.* आभास या पूर्व सूचना देने वाला: **~al** sign; **~y** /ऑगरि/ *n., pl.* **~ies** 1 (***syn.*** omen) शकुन 2 आभास 3 भविष्यवाणी 4 शकुन-विद्या, शकुन विचार

p&i: **~ ill** अशुभ होना; **~ well** शुभ हो.

August /ऑगस्ट/ (*abbr.* **Aug**) *n.* अगस्त: ~ days

august /ऑगस्ट/ *adj.* 1 भला 2 भव्य, महान, प्रतापी: ~ personage;

dw/lw: **~ly** /ऑगस्टलि/ *adv.* भव्य ढंग से; **~ness** /ऑगस्टनेस/ *n.* भव्यता, प्रताप, महानता, भलाई

Augustan /ऑगस्टन/ *adj.* 1 रोमन सम्राट ऑगस्टस सीजर से संबंधित या उसके साम्राज्य जैसा 2 लातीनी साहित्य, जो सीजर के काल में होरेस (Horace), विर्जिल (Virgil), ओविड (Ovid) आदि द्वारा लिखा गया था, से संबंधित: ~ age 3 (*also* **Neoclassicism**) रोमन साहित्य को आदर्श मानकर पनपने वाले सत्रहवीं सदी के फ्रांसीसी और अठारहवीं सदी के अंग्रेजी साहित्यों से संबंधित;

dw/lw: **Augustinian** /ऑगस्टीनिअन/ *adj.* संत ऑगस्टीन, उनकी शिक्षाओं और उन द्वारा संस्थापित धर्म संघ से संबंधित: Augustinian friars, Augustinian hermits or Austin friars/ Austin hermits (संत ऑगस्टीन के भिक्षु संन्यासियों का धर्म संघ); **Augustinian** *n.* संत ऑगस्टीन के धर्म संघ का भिक्षु या उनके सिद्धांतों और नीतियों का अनुयायी

auk /ऑक/ *n.* पेंग्विन जैसा एक समुद्री पक्षी

au lait /ओले/*adj., Fr.* 1 दूध से बना या दूध के साथ परोसा जाने वाला: café **au lait** (दूध के साथ कॉफी)

aularian /ऑलेअरिअन/ *n.* ऑक्सफोर्ड या कैंब्रिज विश्वविद्यालयों के छात्रावासों में रहने वाला विद्यार्थी

aulic /ऑलिक/ *adj.* दरबारी

auld lang syne /ऑल्ड लैंग साइन/ *n., Scottish* बीते जमाने के सुनहरे दिन

Auld Reekie /ऑल्ड रीकि/ *n., Scottish* ऐडिनब्रा (Edinburgh) का उपनाम

AUM *abbr.* 'assets under management' की प्रथमाक्षरी

au naturel /ओ नैट्युरेल/ *adv., adj., Fr.* 1 सहज या स्वाभाविक रूप में 2 बिल्कुल नंगा 3 बिना मसालों के व अनपका (व्यंजन): the fish is served ~, uncooked and with nothing added

aunt /आंट/ *US* ऐंट/ (*also* **auntie/ aunty**) *n.* चाची, ताई, मामी, बुआ, मौसी, फूफी, काकी, चचिया सास, चचेरी सास, मासी, खाला, ममिया सास आदि: great ~; my **~!** (लो और ले लो!);

p&i: **Aunt Fanny** बिल्कुल नहीं ...; **Aunt Sally** /आंट सैलि/ *n., pl.* **Aunt Sallies** 1 एक ऐसा खेल जिसमें औरत के मुंह से पाइप निकलवाने के लिए उसके पुतले पर लाठियां या गेंदें बरसाई जाती हैं 2 हमलों और ज्यादतियों का एक शिकार; **Aunt Tabby** पुराने खयालों की औरत जो स्त्री और पुरुष की बराबरी में विश्वास नहीं रखती; **if my ~ had been a man, she'd have been my uncle** अगर-मगर क.; **Auntie** *n., informal* बीबीसी (the BBC); **since ~ had her accident** बहुत दिन हुए

auntie/aunty /आंटि/ *US* ऐंटि/ *n., colloq., see above* **aunt**

au pair /ओ पेअः/ *n., pl.* **~s**, *Fr.* एक ऐसा युवक या युवती जो भाषा सीखने के लिए विदेश में जाकर किसी परिवार के साथ रहकर परिवार के बच्चों की देख-रेख और अन्य घरेलू काम करता या करती है

au pied de la letter /ओ प्येडअलैलेटः/ *Fr.* शब्दशः, अक्षरशः

aura /ऑरा/ *n., pl.* **~s/aurae** /ऑरी/ 1 वातावरण 2 किसी व्यक्ति या स्थान की विशेषता 3 प्रभामंडल, प्रकाशचक्र 4 परिमल 5 *med./pathol.* दौरे का पूर्वाभास

aural /ऑरल/ *adj.* 1 श्रवण संबंधी, कान-संबंधी: ~ department 2 श्रुत: ~ impression; ~ lull (रेडियो की चुप्पी) 3 कर्णदर्शी, कर्णगत (heard): ~ surgeon

dw/lw: **~ly** /ऑरअलि/ *adv.* कानों सुना

Aura-Soma /ऑरा-सोमा/ *n., alternative med.* रंगीन तेलों, जड़ी-बूटियों और क्रिस्टलों से पैदा हुई तथाकथित ऊर्जा द्वारा चिकित्सा

aureate /ऑरिअट\/ *adj.* सुनहरा, सुनहला, स्वर्णिम;

dw/lw: **~ly** /~लि/ *adv.* 1 (***syn.*** golden) सुनहला, स्वर्णिम ढंग से 2 जटिल तरीके से अलंकृत: an ~ style of writing; **~ness** /~निस/ *n.* सुनहलापन, स्वर्णिमता

aureole/ aureola /ऑःरिओल/ ऑःरिअला/ *n.* 1 प्रभामंडल, आभामंडल, ज्योति-चक्र 2 *astron.* सूर्य व चंद्रमा के चारों ओर एक नीला-सा धूमिल ज्योति-चक्र 3 *astron.* (***syn.*** corona) प्रभामंडल 4 आभा, शान: the ~ of motherhood

au revoir /ओ रेववार/ *excl. n., Fr. pl.* (**au revoirs**) अलविदा

auric /ऑरिक/ *adj.* सोने का, सुनहरा

auricle /ऑरिकल/ *n., pl.* **~s**; *anat.* 1 बाहरी कान 2 हृद्गुहा, अलिंद: tip of atrium of heart (हृदय का प्रवेश द्वार) 3 *bot.* पालि 4 कान जैसा उपांग (appendage)

auricular /ऑरिक्युलः/ *adj.* 1 कर्ण या श्रवण संबंधी 2 अलिंद (हृदय के प्रवेश द्वार) संबंधी 3 कर्णाकार 4 सुनी-सुनाई (heard) या बताई गई बात (reported): ~ confession; ~ witness;

collocations: **~ therapy** *n., alternative med.* (***syn.*** acupuncture) कान के उन भागों, जो शरीर के किन्हीं अंगों से जुडे हों, का सूचीवेध चिकित्सा क.

aurist /ऑरिस्ट/ *n.* कर्णचिकित्क;

auriferous /ऑरिफरस/ *adj.* स्वर्णमय या सोनायुक्त खनिज: ~ goldfield

aurifex /ऑरिफेक्स/ *n.* माहिर स्वर्णकार, सुनार

aurification /ऑरिफिकेशन/ *n.* 1 स्वर्ण-कार्य 2 दांतों में सोना भरने का कार्य

Auriga /ऑराइगा/ *n., astron.* प्रजापति तारामंडल

auriscope /ऑरिस्कोप/ *n.* कान का अध्ययन करने का उपकरण

aurochs /ऑरौक्स, आउरौक्स/ *US* ऑराःक्स/ (*also* **urus**) *n., pl.* **aurochs** जंगली बैल की एक लुप्त नस्ल, जो कई घरेलू पशुओं की पुरखा मानी जाती है जैसा कि पाषाण युग के गुफा चित्रों में दिखाया गया है

Aurora /ऑरॉरा/ अरॉरा/ *n., pl.* **~s/ aurorae** /अरॉरी/ 1 *astron.* उषा काल की लालिमा 2 *poetic* प्रभात 3 दक्षिण या उत्तर ध्रुवीय ज्योति 4 जीवन-प्रभात;

collocations: **~ australis** /अरॉरा ऑस्ट्रेलिस/ ऑस्ट्राःलिस/ (*also* **the Southern Lights**) 1 दक्षिणी गोलार्द्ध में

'Aurora' का नाम 2 दक्षिण ध्रुवीय ज्योति; **~ borealis** /अरॉरा बॉरिएलिस/ बॉरिआःलिस/ (*also* **the Northern Lights**) 1 उत्तरी गोलार्द्ध में **'Aurora'** का नाम 2 उत्तर ध्रुवीय ज्योति; **~ polaris** ध्रुवीय ज्योति

auroral /ऑरॉरल/ *adj.* 1 *poetic* प्रभातकालीन 2 प्रारंभिक काल से संबंधित 3 गुलाब की तरह दमकदार 4 ध्रुवीय आभा जनित; ***collocations:*** **~ storm** चुंबकीय तूफान

aurous /ऑरस/ *adj., chem.* 1 स्वर्णमय 2 स्वर्णिम; ***dw/lw:*** **aurum** /ऑरम/ *n., chem.* स्वर्ण, सोना

AUS 'Australia' का अंतर्राष्ट्रीय वाहन पंजीकरण कोड (*IVR*)

ausculta\te /ऑस्कल्टेट/ *v., pt.* **~ted**, *pp* **~ting** 1 स्टेथोस्कोप से हृदय में रक्त एवं वायु की गति से होने वाली आवाज को सुनकर हृदय रोग का निदान या पहचान क. 2 परिश्रवण क.; ***dw/lw:*** **~tion** /ऑस्कल्टेशन/ *n., med.* 1 स्टेथोस्कोप से हृदय में रक्त एवं वायु की गति से होने वाली आवाज को सुनकर हृदय रोग का निदान या पहचान 2 श्रवण निदान

auspica\te /ऑःस्पिकेट/ *v., pt.* **~ted**, *pp* **~ting** शकुन विचारना

auspice /ऑस्पिस/ (*usually* **~s** /ऑस्पिसिज/) *n.* 1 भविष्य वाणी 2 शकुन, शकुन-विचार: under favourable **~s** 3 संरक्षण, तत्वावधान: a meeting under the **~s** of the Human Rights Council;

auspicious /ऑस्पिशिअस\/ *adj.* (***anton.*** inauspicious) शुभ, मंगलकारक, सौभाग्यशाली, मांगलिक, संपन्न: ~ event/ circumstance/ beginning/ year; ~ moment; ***dw/lw:*** **~ly** /~लि/ *adv.* शुभ-शुभ; **~ness** /~नेस/ *n.* मंगलमयता, संपन्नता

Aussie /ऑसि/ (*also* **Ozzie** /औजि/ *US* आःजि, ऑजि/) *n., colloq.* आस्ट्रेलियायी नागरिक, आस्ट्रेलियावासी; ***adj.*** आस्ट्रेलियायी

auster /ऑस्टः/ *n.* 1 दक्षिणी पवन 2 दक्षिण का देश

austere /औस्टिअः\/ *US* ऑस्टिअः\/ *adj.* 1 सादा, आडंबरहीन, संयमित: ~ life; ~ repast 2 गंभीर, कठोर, सख्त: ~ face/ look/ man 3 मिताहारी, अति संयमी 4 कड़वा, तेज: ~ wine; ***dw/lw:*** **~ly** /~लि/ *adv.* सादे, संयमित ढंग से

austerity /औस्टेरिटि/ औस्टेरअटि/ *US* ऑस्टेरिटि/ *n., pl.* **austerities** 1 सादगी, आडंबरहीनता 2 कठोरता 3 संयम, मिताहार, तप, तपस्या 4 आर्थिक मंदी का समय: ~ measures (मितव्ययिता आधारित कदम); national ~ programme; ~ car

austral /औस्ट्रल/ ऑस्ट्रल/ *adj.* दक्षिणी: ~ land/ ocean

Australasia /ऑस्ट्रअलेशि\आ/ *adj.* 1 आस्ट्रेलिया, न्यूजीलैंड व दक्षिणी-पश्चिमी पैसिफिक द्वीपों (Pacific islands) का समूह; ***dw/lw:*** **~n** /~अन/ *adj.* 1 आस्ट्रेलिया, न्यूजीलैंड व समीप के दक्षिणी-पश्चिमी पैसिफिक द्वीपों, वहां के निवासियों व भाषाओं आदि से संबंधित 2 आस्ट्रेलियायी

Australia /औस्ट्रेलिआ/ ऑस्ट्रेलिआ/ *n.* आस्ट्रेलिया; ***dw/lw:*** **~n** /औस्ट्रेलिअन/ ऑस्ट्रेलिअन/ *adj.* आस्ट्रेलियाई: **~n** Rules (*also* **national code**); ***collocations:~*** **Day** *n.* 1788 में ब्रितानवी लोगों के आस्ट्रेलिया आने के उपलक्ष्य में 26 जनवरी या उसके बाद के पहले सोमवार को मनाया जाने वाला त्योहार या सार्वजनिक छुट्टी का दिन

Austria /ऑस्ट्रिया/ *n.* आस्ट्रिया; ***dw/lw:*** **~n** /ऑस्ट्रिअन/ *adj.* आस्ट्रियावासी; ***collocations:*****Austrian blind** खिड़कियों के रंग-बिरंगे आवरण (पर्दे)

Austric /ऑस्ट्रिक/ *adj., ling.* ऑस्ट्रिक, आग्नेय

Austro- /ऑस्ट्रो-/ *comb. form, denoting:* **belonging, relating** (से संबंध रखना): the Austro-Hungarian Empire (आस्ट्रिया-हंगेरियायी साम्राज्य)

Austro-Asiatic *adj.* आस्ट्रो-एशियाई; ***n.*** आस्ट्रो-एशियाई भाषा परिवार [वियतनाम, थाईलैंड, लाओस, मलेशिया, म्यांमार (बर्मा) आदि देशों की भाषाएं]

Austronesian /ऑस्ट्रोनेशियन/ *n.* आस्ट्रोनेशियाई भाषा परिवार (मैडगास्कर, इंडोनेशिया, फिलिपीन्ज, मेलानेशिया, माक्रोनेशिया, पॉलिनेशिया ... आदि स्थानों की भाषाएं)

AUT *abbr.* 'Association of University Teachers' की प्रथमाक्षरी

autacoid /ऑटअकॉइड/ *n., physiol.* नैसर्गिक आंतरिक स्राव

autarch /ऑटाःक/ *n.* तानाशाह, निरंकुश शासक; ***dw/lw:*** **~y** /~कि/ *n., pl.* **~ies** 1 निरंकुश शासन, निरंकुशता, तानाशाही, अहं तंत्र 2 एकतंत्र; **~ice**/ **~ical** /~किक/ ~किकल/ *adj.* निरंकुश शासकीय; **~ist** /~किस्ट/ *n.* निरंकुश शासनपरस्त, निरंकुश शासनवादी, निरंकुश शासन का समर्थक

autar\ky /ऑटाःकि *n., pl.* **~kies** 1 स्वदेशी की विचारधारा, स्वदेशीवाद, आत्मनिर्भरतावाद 2 स्वदेशीवाद पर चलने वाला देश; ***dw/lw:*** **~kic**/ **~kical** /ऑटाःकिक/ ~ल/ *adj.* स्वदेशीवादी; **~kist** /ऑटाःकिस्ट/ *n.* स्वदेशीवाद का समर्थक व्यक्ति

auteur /ओतः/ *n.* मौलिक फिल्म निर्देशक; ***dw/lw:*** **~ism** /ओतःरिज्म/ *n.* मौलिक फिल्म निर्देशन; **~ist** /ओतःरिस्ट/ *n., adj.* मौलिक फिल्म निर्देशन का समर्थक

authentic /ऑथेंटिक/ *adj.* 1 प्रामाणिक, विश्वसनीय: ~ text 2 सच्चा: ~ news 3 वास्तविक, असली: ~ signature/ picture; ***dw/lw:*** **~ally** /ऑथेंटिकलि/ *adv.* प्रामाणिक ढंग से, विश्वसनीय तरीके से

authentica\te /ऑथेंटिके\ट/ *v., pt.* **~ted**, *pp* **~ting** प्रमाणित क., सच्चा या वास्तविक होने की तसदीक क.: **~te** a signature; **~te** the authorship of an old poem; the letter has been **~ted** by handwriting experts; ***dw/lw:*** **~ted** /~टिड/ *adj.* प्रमाणित; **~tion** /~शन/ *n.* प्रमाणीकरण: the use of seals for ~ion of a contract; **~tor** /~टः/ *n.* प्रमाणक(र्ता)

authenticity /ऑथेंटिसिटि/ ऑथेंटिसअटि/ *n.* प्रामाणिकता, विश्वसनीयता, वास्तविकता

author /ऑथः/ *n.* 1 लेखक, रचनाकार, रचयिता: **~'s** edition (लेखक द्वारा प्रमाणित संस्करण) 2 ग्रंथकार: **~'s** copies; **~'s** royalty 3 कर्ता, प्रवर्तक, स्रष्टा: the ~ of evil; ~ of mischief; ***v.*** *pt.* **~ed**, *pp* **~ing** 1 लिखना 2 पुस्तक, लेख, कहानी आदि रचनाओं का लेखक या रचनाकार हो.; ***dw/lw:*** **~ess** /ऑथअरेस/ *n.* लेखिका, रचनाकार, रचयिता, स्रष्टा; **~ial** /ऑथॉरिअल/ *adj.* लेखकीय; **~ship** /ऑथःशिप/ *n.* 1 लेखकता, लेखक की प्रामाणिकता: a book of doubtful ~ship 2 पुस्तक-लेखन, लेखन-व्यवसाय 3 कर्तृत्व, रचना-कार्य 4 लेखक-गौरव 5 अपराध के लिए जिम्मेवार व्यक्ति: ~ship of crime; ***p&i:*** **choose an ~ as you choose a friend** (पढ़ने के लिए) पुस्तक को ऐसे चुनो जैसे आप एक दोस्त को चुनते हैं

authoritarian /ऑथौरिटेअरिअ\न/ *US* ऑथाःरिटेअरिअ\न/ *adj.* 1 एकसत्तावादी 2 तानाशाह, डिक्टेटर, तानाशाही चलाने वाला, निरंकुश; ***dw/lw:*** **~ism** /~निज्म/ *n.* निरंकुशतावाद, तानाशाही

authoritative /ऑथौरिटअटिव\/ *US* ऑथाःरिटअटिव\/ *adj.* 1 आधिकारिक: ~ statement/ opinion 2 (***syn.*** reliable) विश्वसनीय, प्रामाणिक: ~ information; ~ source; ~ dictionary 3 विश्वस्त यानी जिसका स्थिति पर पूरा काबू हो 4 साधिकार, अधिकारपूर्ण: body sufficiently ~ to act 5 निरंकुशतात्मक: an ~ tone or voice; ~ manner; ***dw/lw:*** **~ly** /~लि/ *adv.* विश्वस्त ढंग से, अधिकारपूर्वक: state sth ~ly; **~ness** /~नेस/ *n.* (***syn.*** reliability) विश्वसनीयता, प्रामाणिकता

authori\ty /ऑथौरिटि, ऑथौरअटि/ *US* ऑथाःरिटि, ऑथाःरअटि/ *n., pl.* **~ties** 1 अधिकार, प्राधिकार, अनुमति: have/ exercise **~ty**; give/ receive **~ty** for an act/ to do sth; who gave you the **~ty** to do this?; act with the **~ty** of the law; act on sb's **~ty** 2 सत्ता, प्रभुत्व: supreme/ executive **~ty**; the

~ty of Parliament/ of commanding officer; have ~ty with/ over sb 3 (*sometimes* ~ties) सत्तारूढ लोग, अधिकारीगण, अधिकारी-वर्ग, सत्ताधारी तंत्र: a man set in ~ty; report sb to the ~ties; the Municipal **Authorities**; apply to the **authorities** 4 प्रभाव, अधिकार: moral ~y 5 प्रमाण ग्रंथ, मान्य ग्रंथ, प्रामाणिक स्रोत, प्रमाण: quote one's **authorities**; know sth on good ~ty 6 विशेषज्ञ: an ~ty on birds; he is an ~ty on phonetics 7 *logic* शब्द-प्रमाण, आप्त प्रमाण 8 प्रामाणिकता आप्तता: deliver a lecture with ~y 9 साधिकार संस्था, प्रबंधन, प्रशासन: the transport ~ty of Delhi; the airport ~ty of India 10 आधार: what is your ~ty for that statement; on the ~ty of news papers;
p&i: **carry ~ty** प्रभावशाली हो.; **have it on ~ty** विश्वस्त स्रोत (जिस पर विश्वास किया जा सके) से जानकारी पाना; **on good ~ty** विश्वस्त सूत्रों से; **an ~ty on sth** किसी विषय का माना हुआ विशेषज्ञ, माहिर या जाना-माना व्यक्ति

authorization /ऑथअराइजेशन/ *n.* 1 प्राधिकार, अनुमति, प्राधिकरण, अनुज्ञप्ति 2 अनुमोदन 3 सत्ता का या फैसले करने के अधिकार देने वाले दस्तावेज

authori\ze (*also UK* **-ise**) /ऑथअराइज/ *v., pt.* **~zed**, *pp* **~zing** 1 किसी को आधिकारिक रूप से फैसले करने का अधिकार दे.: the commander was **~zed** to launch the operation 2 किसी को प्रतिनिधि के रूप में अधिकार सौंपना: **~ze** sb to act for a person 3 स्वीकृति दे., अनुमति दे.: the government **~zed** a housing project; **~ze** the substitution 4 *law* वैध मानना: customs **~zed** by time 5 सही ठहराना, स्पष्टीकरण दे.: his action is **~zed** by the situation;
dw/lw: **~zed** /ऑथअराइजड/ *adj.* 1 आधिकारिक, अधिकार-प्राप्त: ~zed agent; ~zed equipment and stores 2 अनुमत, स्वीकृत: ~zed capital 3 प्रमाणित: ~zed edition; ~zed translation; ~zed abbreviation;
collocations: **Authorized Version** (*also* **King James Bible**, **King James Version)** बाइबल का आधिकारिक रूप;
p&i: **be ~zed to do sth** किसी काम को करने का अधिकार हो.

autism /ऑटिज्म/ *n., psychol.* शैशवकाल में होने वाला एक मानसिक विकार जिसके कारण पढ़ने-लिखने में कठिनाई, लोगों और दुनिया को जानने-पहचानने में अक्षमता, भाषण-अक्षमता, आत्मविमोह, स्वलीनता आदि दुर्बलताएं उत्पन्न हो जाती हैं;
dw/lw: **autistic** *adj.* उपरोक्त विकार से ग्रस्त

auto /ऑटो/ *n., pl.* **~s** 1 *N. Amer.* मोटर कार 2 संयुक्त शब्दों में: **auto**car मोटर कार

auto- *prefix, comb. form, denoting***: self**, same or **auto**matic, **self same** (1 स्वचालित 2 स्वयं 3 स्व-, स्वतः-, आत्म-);
dw/lw: **~bahn** /ऑटोबाःन/ *Ger., n.* 1 आस्ट्रिया, स्विटजरलैंड या जर्मनी में बड़ी-चौड़ी सड़क 2 मैट्रो

autobiograph\ic/ ~ical /ऑटअबायग्रैफिक/ ~ल/ *adj.* आत्मकथा परक, आत्मकथात्मक;
dw/lw: **~y** /ऑटअबायौग्रैफि/ *US* -बायाः-/*n., pl.* ~ies 1 आत्मकथा, आत्मचरित 2 साहित्यिक विधा, जिसके तहत रचनाओं में काफी मात्रा में आत्मकथात्मक पुट रहता है

autocatalysis /ऑटो\कैटेलाइसिस/ *n., pl.* **~catalyses** /~कैटेलाइसीज/ *chem.* स्वतः-उत्प्रेरण;
dw/lw: **~cephalous** /~सेफअलस/ *adj., Christ.* 1 चर्च की रूस, यूनान आदि देशों की शाखाएं जिनमें उनका अपना ही चर्च प्रमुख होता है 2 ऐसा बिशप जिसके ऊपर कोई उच्चतर तंत्र न हो.; **~changer** /~चेंजः/ *n.* स्वतःचालित पैसे बदलने वाला यंत्र; **~chthon** /ऑटौक्थौन/ *US* ऑटॉक्थाःन/*n., pl.* ~chthons/ ~chthonese 1 आदिवासी, मूलवासी 2 स्थानिक या स्थानीय जानवर या पौधे; **~chthonous** /ऑटौक्थौनस/ *US* ऑटॉक्थाःनस/ *adj.* देशीय, आदिवासी, स्वस्थानिक, स्थानीय, देसी; **~-clave** /~क्लेव/ *n.* भापसह पात्र

auto\cracy /ऑटौ\क्रसि/ *US* ऑटाः\क्रसि/ *n., pl.* **~cracies** 1 एक व्यक्ति की तानाशाही, एकतंत्र, निरंकुशता 2 निरंकुश शासन 3 निरंकुश शासन तले दबा देश

autocrat /ऑटअक्रै\ट/ *n.* 1 तानाशाह, अधिनायक, निरंकुश शासक 2 निरंकुश व्यक्ति; ***dw/lw:*** **~cratic** /~टिक/ *adj.* तानाशाही, निरंकुश, स्वेच्छाचारी; **~cratically** /~टिकलि/ *adj.* निरंकुशतापूर्वक

autocross /ऑटोक्रौस/ *US* ऑटोक्रॉस/ *n.* 500 और 800 गज के बीच की दूरी तक ऊबड़-खाबड़ घसीले पथ पर भिन्न-भिन्न श्रेणियों की मोटर गाड़ियों की दौड़

Autocue /ऑटोक्यू/ *n., tradem.* टीवी कैमरा से छिपा स्क्रीन जो बोलने वाले व्यक्ति को लाइन-दर-लाइन पाठ दिखाता है ताकि वह बिना किसी को दिखाई दिए या पता चले स्क्रीन पर चल रहे पाठ को बोलकर पढ़ सके

auto-da-fé /ऑटोडाफे/ ऑटोडअफे/ *n., pl.* **autos-da-fé** /ऑटोजडाफे/ *hist.* 1 स्पेन के धर्माधिकरण (Inquisition) द्वारा धर्म-विद्रोहियों के खिलाफ दंड की औपचारिक घोषणा 2 धर्माधिकरण द्वारा दंडित व्यक्ति का सरे आम दहन

auto\destruct /ऑटो\डअस्ट्रक्ट/ *v., pt.* **~ed**, *pp* **~ing** अपने को स्वयं ही विस्फोट से उड़ा दे.;
dw/lw: **~didact** /~डाइडैक्ट/ *n.* स्वयं-शिक्षित; **~didactic** *adj.* स्वयंशैक्षिक; **~dyne** /~डाइन/ *adj., radio* एक इलेक्ट्रॉनिकी जाल (circuit) जिसे ऐसे व्यवस्थित किया (configure) जाता है कि एक ही प्रकार के ऐलिमेंट (element) और वाल्व (valve) को ओसिलेटर (oscillator) और डिटेक्टर (detector) के रूप में प्रयोग किया जा सके; **~eroticism/ ~erotism** /~इरौटिसिज्म, ~इरौटिज्म/ *US* ~इराःटिसिज्म, ~इराःटिज्म/ *n.* स्वरति; हस्तमैथुन आदि द्वारा यौन इच्छाओं की तुष्टि; **~-exposure** /~इक्सपोजः/ *n.* स्वचालित कैमरे द्वारा कैमरे में आने वाले प्रकाश का नियंत्रण; **~gamy** /~गअमि / *n., bot.* 1 स्वयुगमन 2 फूलों वाले पौधों में स्वयुगमन

autogen\y /ऑटोजेनि/ *n.* स्वजनन, स्वतःजनन;
dw/lw: **~ic** /ऑटोजे\निक/ *adj.* स्वतःरचित, स्वतःजनित, स्वजनित; **~ics** /~निक्स/ *n., [sing.] med.* शारीरिक तनाव को कम करने की एक चिकित्सा शैली जिसे मानसिक व दैहिक तनाव का उपचार करने के लिए भी प्रयोग किया जाता है; **~esis** /~निसिस/ *n.* अजीवात् जीवोत्पत्ति, स्वतःजनन; **~ous** /ऑटोजनस/ *adj.* 1 स्वतःरचित, स्वतःजनित, स्वतंत्र 2 मनुष्य के शरीर के बेक्टीरिया या ऊतकों से बनाया हुआ (टीका, इंजेक्शन);

autogiro/ autogyro /ऑटोजाइरो/ *n.* हवा के दबाव से स्वतः घूमने वाले पंखों से उड़ने वाला हेलिकॉप्टर

autograft /ऑटोग्राफ्ट / *n.* स्वरोपण

autograph /ऑटअग्रा\फ/ *US* औटअग्रै\फ/ *n.* स्वहस्ताक्षर;
v., *pt.* **~ed**, *pp* **~ing** 1 स्वहस्ताक्षर क.: **~ed** will; **~ed** copy 2 ऑटोग्राफ दे.;
dw/lw: **~ic** /ऑटोग्रैफिक/ *adj.* स्वहस्ताक्षरात्मक; **autography** /~फि/ *n.* 1 स्वहस्तलेखन 2 अपने हाथ से किया जाने वाला लेखन;
collocations: **~ book/ ~ album** स्वाक्षरों या स्व-हस्ताक्षरों के लिए नोटबुक, कॉपी या ऐल्बम

autoharp /ऑटो\हाःप/ *n.* तार वाला वाद्य, जो उंगलियों या मिजराब (plectrum) से बजता है;
dw/lw: **~immunity** /~इम्यूनिटि/ *n., physiol.* शरीर में ऐसे रोग प्रतिकारकों का स्वतःजनन जो शरीर में बनने वाले रोगाणुओं को नष्ट करते हैं; **~intoxication** /~इंटॉक्सिकेशन/ *n.* शरीर के अंगों का स्वतः विषाक्त होने की क्रिया; **~lysis** /~लिसिस/ *n., biol.* स्वलयन, आत्मलयन

AUTOIS *abbr.* 'automated information storage' की प्रथमाक्षरी

AUTOSAR *abbr.* 'Automotive Open Systems Architecture' की प्रथमाक्षरी

automaker *n.* कारें बनाने वाली कंपनी

automat /ऑटअमैट/ *n., N. Amer.* फास्टफूड (पहले से तैयार व्यंजन) देने वाले स्वचालित यंत्र

automa\te /ऑटअमेट/ *v., pt.* **~ted**, *pp* **~ting** 1 कार्यालय आदि को कंप्यूटरों के माध्यम से स्वचालित ढंग से चलाना 2 स्वचालित मशीनों से उत्पादन क., स्वचालन क.: the office-functioning is being **~ted**;

dw/lw: **~ted** /ऑटअमेटिड/ *adj.* स्वचालित;

collocations: **~ted telling machine/ ~tic telling machine** *see above under* **ATM**

automatic /ऑटअमैटिक/ *adj.* 1 स्वचालित (मशीन, उपकरण या यंत्र): ~ machine; ~ telephone exchange; ~ detection finder; ~ rifle 2 स्वत:, प्रवृत्त, अपने आप होने वाला कार्य: the gravity of the offence meant an ~ driving ban 3 (***syn.*** instinctive) स्वत: स्फूर्त, सहज, स्वाभाविक रूप से होने वाला: ~ blinking of the eyelids 4 बिना गूढ़ विचार-विमर्श के जल्दी में किया जाने वाला (कार्य), अनायास होने वाला (कार्य), अविवेचित; ***n.*** स्वचालित बंदूक आदि 5 स्वचालित गिअर-परिवर्तन के साथ कार, (स्वचालित कार, जिसमें ड्राइवर को गियर नहीं बदलने पड़ते)

dw/lw: **~ally** /ऑटअमैटिकलि/ *adv.* 1 अपने आप, स्वचालित ढंग से 2 स्वाभाविक रूप से, अपने आप (से), स्वत: 3 यन्त्रवत्;

collocations: **~ transmission** मोटर कार में स्वत: गिअर परिवर्तन प्रणाली; **~ writing** 1 अचेत मन से बह निकलने वाली रचना 2 ऊपर वाले के प्रभाव तले स्वत: होने वाली रचनात्मक क्रिया; **~ pilot/ autopilot** एक स्वचालित उपकरण जिसकी बदौलत विमान, अंतरिक्ष यान आदि अपने आप चलते हैं;

p&i: **be an ~ pilot** अविवेचित ढंग से या बिना सोचे-समझे कोई कार्य क.: I got up and dressed on ~ piolet; **on ~** 1 अविवेचित ढंग से व्यवहार क. 2 थकावट, उकताहट या अनमनेपन से अपने-आप उठने वाले कदम (किए जाने वाले कार्य)

automation /ऑटअमेशन/ *n.* 1 स्वचलन, स्वचलीकरण 2 दफ्तर आदि के काम में स्वचालित यंत्रों या कंप्यूटरों का प्रयोग: loss of jobs due to ~ 3 उत्पादन कार्य में स्वचालित यंत्रों या कंप्यूटरों का प्रयोग 4 (***syn.*** robot) यंत्रवत् कार्य करने वाला व्यक्ति

automatism /ऑटौमटिज्म/ *US* ऑटाःमटिज्म/ *n.* 1 यंत्रवाद 2 यंत्रवत् कार्य करने की अवस्था 3 अनमने ढंग से कार्य करने की प्रवृत्ति, स्वचालनता जैसे नींद में चलना, अपने आप होने वाली लिखाई या रचना 3 कई कलाकारों या लेखकों द्वारा अपनाई जाने वाली शैली जिसके तहत विवेचित ढंग से कार्य जानबूझकर इस आशा में त्याग दिया जाता है कि कभी न कभी पवित्र रचनात्मक अंत:प्रेरणा अपने आप बह निकलेगी

automati\ze /ऑटॉम्टाइज/ ***v.*** *pt* **~zed**, *pp* **~zing** दफ्तरों आदि में स्वचालित यंत्रों या कंप्यूटरों के प्रयोग से काम चलाना

automaton /ऑटौमअटन/ *US* ऑटाःमअटन/ *n., pl.* **~s/ automata** 1 (***syn.*** robot) रोबोट या स्वचालित यंत्रों, जिन्हें अपने आप चलने या कार्य करने के लिए प्रोग्राम कर दिया जाता है, का प्रयोग 2 आदतन, अनमनेपन में या यंत्रवत् चलने वाला प्राणी

automobil\e /ऑटअमअबील/ *n. N. Amer.* कार, मोटर;

dw/lw: **~ia** /ऑटअमबिलिआ/ ऑटअमबीलिआ/ *n., [pl.]* कार आदि के लिए आवश्यक फुटकर वस्तुएं

automotive /ऑटअमोटिव/ *adj.* 1 कार उद्योग से संबंधित 2 स्वचालित

autonomic /ऑटोनौमिक/ *US* ऑटोनाःमिक/ *adj.* 1 स्वायत्त, स्वतंत्र, स्वशासित 2 स्वचालित स्नायु तंत्र;

collocations: **~ nervous system** (*abbr.* **ANS**) स्नायु तंत्र का वह भाग जो स्वत: होने वाली या अचेतन क्रियाओं को नियंत्रित करता है

autonomous /ऑटौनअमस\/ *US* ऑटाःनअमस *adj.* 1 स्वायत्त (शासन), स्वशासित, स्वतंत्र, स्वाधीन (देश, प्रदेश): ~ republic 2 (***syn.*** independent) जो दूसरों पर निर्भर न हो: ~ tariff 3 *philos.* जर्मन दार्शनिक इमैनुअल कांत (Immanuel Kant – 1724-1804) के दर्शन में इच्छा (will) अपने स्वायत्त सिद्धांतों पर निर्भर होती है;

dw/lw: **~ly** /~लि/ *adv.* स्वायत्त या स्वतंत्र रूप से

autonom\y /ऑटौनअमि/ *US* ऑटाःनअमि/ *n., pl.* **~ies** 1 (***syn.*** independence) स्वायत्तता, स्वशासन, स्वतंत्रता: dependence on a single currency (e.g., US dollar) may encroach upon the **~y** of different countries 2 स्वाधीन राज्य 3 दूसरों की दखलंदाजी के बिना निर्णय करने की क्षमता: greater **~y** for individuals in their own life

autonym /ऑटअनिम/ *n.* 1 लेखक का असली नाम 2 लेखक के असली नाम से प्रकाशित पुस्तक

autopilot *see above under* **automatic: *collocations:* automatic pilot**

autopista /आउतोपीस्ता/ *n. Sp.* कार सड़क, हाईवे (highway)

autoplasty /ऑटोप्लैस्टि/ *n., surg.* अंग रोपण (grafting) या अंग प्रतिरोपण (transplantation) के लिए रोगी के खुद के अंगों या ऊतकों का प्रयोग

autop\sy /ऑटौप्सि/ *US* ऑटाःप्सि/ *n., pl.* **~sies** शव-परीक्षण; ***v.***, *pt.* **~sied**, *pp* **~sying** शव-परीक्षण क.

auto-racing *n.* कार दौड़

autoradiograph /ऑटोरेडिओग्रै\फ/ *n., pl.* **~s** स्वविकिरणी चित्र;

dw/lw: **~y** /~फि/ *n., phys., biol.* स्वविकिरणी चित्रण

auto\-reverse /ऑटो\-रिवःस/ *n.* कैसेट प्लेयर में कैसेट की 'A' साइड खत्म होने पर 'B' का अपने आप चालू होने की सुविधा;

dw/lw: **~rickshaw** /~रिक्शा/ *n.* भारत में: तिपहिया स्कूटर या ऑटो; **~route** *n.* फ्रांस में: मोटर कार सड़क, हाईवे; **~save** *n., comput.* कंप्यूटर पाठ की स्वत: सुरक्षित होने की क्रिया; **~save** *v., pt.* ~-saved, *pp* ~-saving स्वत: सुरक्षित हो.; **~-soldering** /~सोल्डरिंग/ *n.* जोड़ी जा रही धातु को ही पिघलाकर किया जाने वाला धातु-जोड़ (welding); **~some** /~सोम/ *n., genetics* यौन क्रोमोसोम (sex chromosome) के सिवा कोई भी अन्य क्रोमोसोम (chromosome); **~strada** /~स्त्रादा/ *n., pl.* ~s *Italian,* मोटर कार सड़क, हाईवे; **~-suggestion** /~स्जेस्चन/ *n., psychol.* 1 रोगी के खुद के विचारों को दोहराकर (psychotherapy) किया जाने वाला उपचार 2 आत्म निर्देश, आत्म प्रेरणा, आत्म-सुझाव; **~-timer** *n.* प्रेशर कुकर आदि में लगी स्वत: बंद या चालू होने की प्रणाली; **~tomy** /ऑटौटमि/ *US* ऑटाःटमि/ *n.* कुछ जीवों में स्वत: होने वाली प्रतिक्रिया जिसके तहत वे अपने आप को बचाने के लिए शरीर के किसी अंग को त्याग देते हैं, जैसे छिपकलियां अपनी पूंछ छोड़ देती हैं; **~-telic** /~टेलिक/ *adj.* (उद्देश्यपूर्ण गतिविधि या कलातमक रचना से संबंधित) अपने अस्तित्व की बदौलत प्रभावशाली; **~troph** /~ट्रोःफ/ *n., biol.* साधारण कार्बन डायोक्साइड जैसे रसायनों से अपना भोजन बनाने की क्षमता रखने वाला जीव; **~trophism** /~ट्रोफिज्म/ *n., biol.* वायुमंडल में मिलने वाले अकार्बनिक रसायनों से कार्बनिक यौगिक बनाने की क्षमता; **~type** /ऑटोटाइप/ *n.* 1 फोटोग्राफीय छपाई की प्रणाली 2 फोटोग्राफीय छपाई से छापा हुआ पन्ना 3 पांडुलिपि या छपे पृष्ठ की फोटो-प्रति; **~-wind** /~-वाइंड/ *n.* कैमरे की रील की स्वत: घूमने की क्रिया

autumn /ऑटम/ (*also US* **fall**) *n.* 1 शरत् ऋतु, पतझड़: late ~ 2 (ढलती उम्र शुरू होने से पहले का) परिपक्वता काल;

adj. शरत् ऋतु से संबंधित: ~ sowing; ~ fruit; ~ month/ wind;

dw/lw: **~al** /ऑटम्नल/ *adj.* 1 शरद ऋतु जैसा: it is getting ~ 2 शारद, शरत्कालीन 3 ढलती उम्र का;

collocations: **~ crop** खरीफ; **~al equinox** विषुव, सूर्य द्वारा भूमध्य/ विषुवद् रेखा को पार करने के दो अवसरों में से एक यानी 22/23 सितंबर जब सूर्य भूमध्य रेखा या विषुवद् रेखा को दूसरी बार पार करता है। इस अवसर पर रात और दिन बराबर होते हैं; **~ crocus** (*also* **meadow saffron**) केसर का पौधा;

p&i: **in the ~ of one's life** जीवन की संध्या बेला यानी ढलती उम्र में

auxano\graph /ऑक्सअनॉग्राफ/ *n.* वृद्धि या विकास आलेख;

dw/lw: **~meter** /~मीटः/ *n.* वृद्धिमापक उपकरण

auxiliary /ऑग्ज़िलरि/ *adj.* 1 सहायक: ~ nurse; ~ verb; ~ arm (सहायक सैनिक टुकड़ी); ~ point; ~ target 2 (***syn.*** ancillary) अतिरिक्त: ~ engine; ~ accessories; ~ transmission 3 (***syn.*** complementary, resave) 4 पूरक: ~ landing 5 गौण, उप-, अपर;

n.**, pl.* **auxiliaries** 1 (syn.*** helper) सहायक 2 उपशाखा: nursing ~ 3 सहायक क्रिया (auxiliary verb) 4 सहायक सेना;

collocations: **~ language** 1 संवाद या विचारों के आदान-प्रदान की भाषा 2 दो या अधिक बहुभाषी लोगों के बीच बोलचाल की भाषा (link language), जैसे पढ़े-लिखे तामिलभाषी व हिंदीभाषी लोगों के बीच अंग्रेजी '~ language' हो सकती है; **~ verb** *gramm.* सहायक क्रिया

AV *abbr.* (*also* **av**) 'audiovisual', 'Authorized Version' of the Bible' की प्रथमाक्षरी

av. *abbr.* 1 'average', 'avoirdupois' का संक्षेप 2 'audio-video', 'audio-visual' की प्रथमाक्षरी

AVA *abbr.* 'audiovisual aid(s)' की प्रथमाक्षरी

avail /अवेल/ *n.* लाभ, फायदा: of ~ (फायदेमंद); to little *or* no ~/ of no ~/ without ~ (व्यर्थ, बेकार);

***v.** pt.* **~ed**, *pp* **~ing** 1 काम आना: this scheme will not ~ 2 उपयोगी हो. 3 लाभदायक हो. 4 लाभ उठाना: ~ oneself (of); he **~ed** himself of his position 5 उपयोग क.;

dw/lw: **~ability** /अवेलअबिलिटि/ *n.* 1 उपलब्धता, सुलभता: export **availabilities** 2 मौजूदगी 3 प्राप्यता 4 *US* सर्वप्रियता; **~able** /अवेलअबल/ *adj.* 1 सुलभ, प्राप्य: ~able supplies; ~able assets; ~able capital; make sth ~able; by all ~able means 2 मौजूद, जिसके पास मिलने आदि के लिए फुर्सत हो 3 उपलब्ध: ~able capacity; ~able hydrogen 4 उपयोगी: ~able head; ~able moisture 5 चालू, जारी: tickets ~able for three days only 6 सर्वप्रिय;

p&i: **~ oneself of sth** का लाभ उठाना, फायदा लेना

avalan\che /ऐवअलांच, ऐवअलांश/ *US* ऐवअलैंच/ (***syn.*** snow-slide) *n.* 1 हिमस्खलन, हिमधाव: **~che** of snow/ ice 2 झड़ी, वर्षा: **~che** of blows/ missiles; **~che** of words 3 भारी संख्या या मात्रा: his suggestion met with an **~che** of criticism; an **~che** of sth; **~che** of papers/ letters, circulars;

***v.** pt.* **~ched**, *pp* **~ching** हिम स्खलन की भांति धड़ाम से नीचे गिरना

avant-corps /आवांकॉः/ *n., archit.* बाहर निकलती ड्योढ़ी

avant-courier /आवां-कुरिअः/ *n.* अग्रिम प्रहरी, अग्रिम दस्ता

avant-gard\e /ऐवौंगाःड/ *US* ऐवांगाःड/ *adj.* 1 अग्रस 2 नवविचारक 3 क्रांतिकारी शैलीकार 4 ऐसे लेखक, चित्रकार, कलाकार जिनके विचार, शिल्प और शैली आदि वर्तमान समय से काफी आगे होते हैं जिसकी बदौलत उनकी कलाकृतियां अत्यधिक क्रांतिकारी लगती हैं;

dw/lw: **~ism** /~डिजम/ *n.* नवविचारवाद, नवशैलीवाद, नवकलावाद; **~ist** /अवांगाःडिस्ट/ *n.* नवविचारवादी, नवशैलीवादी, नवकलावादी

AVARD abbr. 'Association of Voluntary Agencies for Rural Development' की प्रथमाक्षरी

avari\ce /ऐवअरि\स/ *n.* 1 लालच, लोभ: insatiable **~ce**; pecuniary **~ce** (धनलोलुपता) 2 कंजूसी, कृपणता: hoard in **~ce** बहुत कंजूस हो.;

dw/lw: **~cious** /~शिअस/ *adj.* 1 धनलोलुप, लोभी 2 कंजूस, कृपण 3 अर्थ-पिशाच; **~ciously** /~शिअसलि/ *adv.* लालचपूर्वक; **~ciousness** /~शिअसनेस/ *n.* लालचीपन;

p&i: **no vice like ~ce** लालच बुरी बला है; **poverty is in want of much, ~ce of everything** गरीब को बहुत चाहिए, लालची व्यक्ति को सारा का सारा

avast /अवास्ट/ *interj., naut.* ठहरो! रुको!

avatar /अवतार/ *n.* अवतार

ave /आवि/ *interj., Lat.* स्वागतम्!, आइए!: ~ Caesar**!**; ~ Maria!;

n. स्वागत: **Ave** Maria, **Ave** Mary (मां मरियम के स्वागत में प्रार्थना)

Ave./ Av. *abbr.* 'Avenue' का संक्षेप

aven\ge /अवेंज/ *v., pt.* **~ged**, *pp* **~ging** बदला ले. या चुकाना, प्रतिशोध क., प्रतिकार क.: **~ge** insult/ wrong (up) on sb;

dw/lw: **~geful** = **vengeful** *adj.* प्रतिशोधी, प्रतिहिंसक; **~ger** /अवेंजः/ *n.* प्रतिशोधी, बदला लेने वाला

avenue /ऐवअन्यू/ *US* ऐवअनू/ *n., pl.* **~s** (*abbr.* **Ave**) 1 वृक्षवीथि, चौड़ा मार्ग या रास्ता जिसके दोनों तरफ पेड़ लगे होते हैं: ~ of limes 2 उपाय, युक्ति, ढंग, तरीका, रास्ता: ~ of contact; leave no ~ unexplored; ~ of approach 3 अवसर: new **~s**; ~ to success/ to fame/ to wealth/ to prosperity;

p&i: **explore every ~** सभी संभावनाएं खोजना, कोई कसर न छोड़ना

aver /अवः/ *v., pt.* **~red**, *pp* **~ring** 1 (***syn.*** assert) जोर देकर कहना 2 घोषणा क. 3 (***syn.*** declare) निश्चयपूर्वक कहना 4 *law* प्रमाणित क.;

dw/lw: **~ment** /अवःमंट/ *n.* 1 दृढ़ कथन, घोषणा 2 प्रमाण

avera\ge /ऐवअरिज/ *adj.* 1 (***syn.*** usual) साधारण, सामान्य: **~ge** life; **~ge** man/ ability; **~ge** reader 2 (***syn.*** ordinary, mediocre) औसत दर्जे की, साधारण: an **~ge** singer 3 औसत, मध्यम: **~ge** output; **~ge** rate of profit; **~ge** cost/ price

n. 1 औसत, माध्य: above/ below the **~ge**; his work is about/ up to the **~ge** 2 सामान्य या आम राशि: on an/ the **~ge**; translate on an **~ge** five pages a day; ascertain/ determine/ obtain the **~ge** 3 *cricket* (*also* **batting** and **bowling ~ge**) क्रिकेट में बल्लेबाजी और गेंदबाजी की औसत 4 औसत लाभ-हानि: general/ particular/ petty **~ge**;

***v.**, pt.* **~ged**, *pp* **~ging** 1 औसत संख्या पर पहुंचना या प्राप्त क. 2 औसत हो.: speed **~ged** 100 kmh on the highway; his wages **~ge** 100, 000 rupees a month; they **~ged** 100 miles a day;

dw/lw: **~ged** *adj.* जब औसत बना दिया हो;

collocations: **batting ~** बल्लेबाजी की औसत

p&i: **an ~ge soft of a day** मध्यम या नर्म-गर्म दिन; **of ~ge height** औसत ऊंचाई का; **gave a pretty ~ge performance** (अभिनय आदि का) साधारण-सा प्रदर्शन था; **on ~ge** सामान्यत: औसतन; **~ge out** औसत हो., के बराबर हो.

averment /अवःमंट/ *n. see above under* **aver:** ***dw/lw***

aver\se /अवःस\/ *adj.* (*usually* **~se to sth**) 1 (***syn.*** reluctant) अनिच्छुक: he is **~se** to hard work; **~se** to do sth 2 (***syn.*** opposed) प्रतिकूल, विरुद्ध: **~se** to war 3 विमुख;

dw/lw: **~sely** /~लि/ *adv.* उल्टे ढंग से; **~seness** /~नेस/ *n.* विरोध, प्रतिकूलता, विमुखता; **~sion** /अवःशन/ *n.* 1 (***syn.*** reluctance) अरुचि, अनिच्छा: have an ~sion to getting up early 2 विमुखता 3 (***syn.*** dislike) घृणा, विद्वेष: have a great ~sion to/ for sb/ sth; take/ conceive an ~sion to sb; **~sive** /अवःसिव/ *adj.* घृणास्पद, प्रतिकूल

collocations: **~sion therapy** *psychiatry* एक व्यावहारिक चिकित्सा जिसमें रोगी की किसी बुरी आदत को छुड़वाने के लिए उसे किसी घृणास्पद बात या क्रिया से जोड़कर दिखाया जाता है;

p&i: **be ~se to sth** किसी बात या वस्तु को पसंद न क.; **not be ~se to sth** के विरुद्ध/ प्रतिकूल/ अनिच्छुक न हो.; **one's pet ~sion** किसी बात से विशेष चिढ़

aversive /अवःसिव/ *adj. see above under* **averse: *dw/lw***
avert /अवःट/ *v., pt.* **~ed**, *pp* **~ing** 1 (***syn.*** ward off) बचा लेना, टालना: ~ a disaster; ~ war/ danger/ illness/ catastrophe/ accident/ tragic end; ~ the possibility of military conflicts 2 (***syn.*** prevent) रोकना: ~ a crisis 3 (नजरें आदि) फेरना, हटाना: ~ one's eyes; ~ one's gaze 4 निवारण क.
Avesta /अवेस्टाः/ *n., Persian* जोरोआस्ट्रिअनिज्म (Zoroastrianism) यानी जरदस्त या पारसी धर्म के पवित्र ग्रंथ
Avestan/ **Avestic** /अवेस्टन/ अवेस्टिक/ *n.* इंडो-यूरोपिअन (Indo-European) भाषीय परिवार की इंडो-इरानी शाखा की भाषा, जिसके पाठ 600 ईसवीपूर्व से भी पुराने हैं
AVHR *abbr.* 'Advanced Very High Resolution' की प्रथमाक्षरी
avian /एविअन/ *adj.* पक्षियों से संबंधित: ~ flu = bird flu (पक्षी की संक्रामक बीमारी जो कभी-कभी मनुष्यों को भी हो जाती है)
aviary /एविअरि/ *n., pl.* **aviaries** पिंजरा, बाड़ा, दरबा, पक्षीगृह
avia\te /एविएट/ *v., pt.* **~ted**, *pp* **~ting** 1 विमान चलाना 2 विमान से यात्रा क.;
dw/lw: **~tion** /एविएशन/ *n.* 1 विमान चालन: ~tion cadet; ~tion disease/ sickness 2 विमानन, विमान उद्योग: civil/ military ~tion 3 विमान कंपनी; **~tor** /एविएटः/ *n.* विमान चालक, विमान चालिका, उड़ाका; **~trix** /एविएट्रिक्स/ *n.* विमान चालिका, उड़ाकी, विमान उड़ाने वाली महिला
avicultu\re /एविकल्\चः/ *n.* पक्षी पालन;
dw/lw: **~rist** /~चरिस्ट/ *n.* पक्षी पालक
avid /ऐविड/ *adj.* 1 (***syn.*** keen) उत्सुक, उत्कंठित, उमंग भरा, जोशीला: an ~ reader; ~ for the discovery 2 लोभी, लालायित: ~ of power/of fame/of success;
dw/lw: **~ity** /ऐविडिटि/ *n.* 1 अति लोभ, लालच 2 उत्सुकता, उत्कंठा: ~ity to do sth 3 उमंग: eat/ read with ~ity; **~ly** *adv.* जोशो-खरोश से, उत्सुकतापूर्वक;
p&i: **~ for sth** किसी बात के लिए अति उत्सुक
avidin /ऐविडिन/ *n.* अंडे के सफेद भाग में मिलने वाली प्रोटीन
avidity *also see above under* **avid: *dw/lw***
avidly *also see above under* **avid: *dw/lw***
avifauna /एविफॉना/ *n.,* किसी स्थान विशेष का पक्षी संसार
AVM *abbr.* 'automatic vending machine', *Br., India* 'Air Vice-Marshal', 'additional volatility margins' की प्रथमाक्षरी
avion /आव्यॉ/ *n., Fr.* हवाई जहाज
avionics /एविऔनिक्स/ *US* एविआःनिक्स/ *n., [sing.] aeronautics* 1 विमान और अंतरिक्ष यानों के लिए इलेक्ट्रोनिकी के विकास और प्रयोग का अध्ययन 2 विमानिकी और अंतरिक्ष यानिकी में प्रयुक्त वैद्युत एवं इलेक्ट्रोनिकी यंत्र
aviso /अवाइजो/ *n., naut.* संदेशवाहक पोत
avital /अवाइटल/ *adj.* अतीतकालीन, प्राचीन, पुर्खों के समय की: ~ customs
avocado /ऐवअकाःडो/ (*also* **~ pear**) *n., pl.* **~s** उष्ण कटिबंधी (tropical) सदाबहार हरा पेड़ जिसका काला-हरा अंडाकार फल अंदर से पीला-हरा होता है और वह मीठा नहीं होता
avocation /ऐवोकेशन/ *n., old use* 1 किसी मुख्य व्यवसाय से हटकर शौकिया काम: worldly **~s** 2 (***syn.*** hobby) शौक 3 उपव्यवसाय, उपवृत्ति 4 शुगल, शगल 5 *colloq.* सामान्य व्यवसाय, पेशा 6 रुचि, रुझान, प्रवृत्ति: he is a musician by ~
avocet /ऐवअसेट/ *n.* पानी के पास रहने वाला एक लंबी टांगों वाला बड़ा पक्षी
avoid /अवॉइड/ *v., pt.* **~ed**, *pp* **~ing** 1 दूर र., से बचना, बचकर निकलना: ~ sb; ~ some place; ~ travelling during the rush hour 2, परहेज क., टलना: he couldn't ~ uttering his opinion 3 टालना, रोकना, से बचाना: ~ danger/ accident; ~ doing sth; narrowly ~ defeat 4 *law* शून्य क., निरस्त या रद्द क.: ~ a sentence; ~ an agreement/ a document;
dw/lw: **~able** /अवॉइडेबल/ *adj.* 1 जिससे बचा जा सके 2 वर्जनीय, परिहार्य; **~ably** *adv.* बचकर निकलते हुए, जितना बचा सके; **~ance** /अवॉइडंस/ *n.* 1 बचाव: for the ~ance of sth 2 किनाराकशी 3 परिहार, वर्जन 4 टाल-मटोल: the ~ance of the marriage;
p&i: **~ eye contact** नजरें मिलाने से टलना; **~ doing sth** किसी काम को करने से बचना; **~ sb/ sth like the plague** किसी से या किसी बात से दूर रहना या टलना;
avoidable *also see above under* **avoid: *dw/lw***
avoidance *also see above under* **avoid: *dw/lw***
avoirdupois /ऐवाःड्यूप्वाः/ ऐवअडअपॉइज/ (*abbr.* **av.**) *n.* 1 *Br.* भूतकाल में पाउंड आधारित वजन की पद्धति 2 *US* बोझ, वजन, स्थूलता, मोटापा
avouch /अवाउच/ *v., pt.* **~ed**, *pp* **~ing** 1 जिम्मेवारी ले., गारंटी दे.: ~ for sb's reputation 2 आश्वासन दे. 3 दावे के साथ कहना: ~ one's words with proofs; ~ the exact contrary (बिल्कुल उल्टा कहना) 4 स्वीकार क.: ~ oneself (to be) a coward;
dw/lw: **~ment** /अवाउचमंट/ *n.* 1 जिम्मेवारी, गारंटी, आश्वासन 2 दृढ़कथन, अभिकथन 3 इकबाल, स्वीकारोक्ति
avoué /आवुए/ *n., Fr.* संरक्षक, अभिभावक, सरपरस्त
avow /अवाउ/ *v., pt.* **~ed**, *pp* **~ing** 1 दृढ़तापूर्वक कहना, खुले आम या प्रकट (रूप से) कहना: ~ one's determination to fight to the end 2 स्वीकार क.: ~ one's errors; ~ oneself (to be) an art lover 3 *law* कबूलना: ~ some fact;
dw/lw: **~al** /~अल/ *n.* 1 घोषणा 2 सहमति 3 स्वीकृति 4 स्वीकारोक्ति: make an ~al of one's sentiments/love; **~ed** /~ड/ *adj.* स्पष्ट रूप से माना हुआ या स्वीकृत: the ~ed head of this literary school; **~edly** /~डलि/ *adv.* स्पष्ट रूप से, साफ-साफ, प्रकट रूप से, जैसा कि (कोई स्वयं स्वीकार करता है): be ~edly in the wrong;
avowal *also see above under* **avow: *dw/lw***
avowedly *also see above under* **avow: *dw/lw***
AVP *abbr.* 'Advanced Verification Products' की प्रथमाक्षरी
AVRI *abbr.* 'Automotive Vechicles Research Institute' की प्रथमाक्षरी
AVSM *abbr.* 'Ati Vishisht Seva Medal' की प्रथमाक्षरी
AVTS *abbr.* 'Advanced Vocational Training Systems', 'Automatic Vehicle Tracking System' की प्रथमाक्षरी
avul\se /अवल्स/ *v., pt.* **~sed**, *pp* **~sing** फाड़ना, टुकड़े-टुकड़े कर दे.;
dw/lw: **~sed** *adj.* जिसका ऊतक विदीर्ण हो गया हो; **~sion** /अवल्शन/ *n.* 1 विदारण, अलगाव 2 *law* नदी आदि के बहाव में आकस्मिक बदलाव के कारण भूमि के किसी खंड का किसी दूसरे के कब्जे में चले जाने की क्रिया
avuncular /अवन्क्युलः/ *adj.* 1 चाचा जैसा 2 (***syn.*** caring) चाचा की तरह दयालु व देखभाल करने वाला, मित्रतापूर्ण 4 *facetious* सूदखोरी जैसा: ~ relation
AVVID *abbr.* 'Architecture for Voice, Video and integrated data' की प्रथमाक्षरी
aw *excl., colloq.* ओह!: **aw!** what a shame!
AWACS *abbr.* 'airborne warning and control system' की प्रथमाक्षरी
await /अवेट/ *v., pt.* **~ed**, *pp* **~ing** *formal* 1 प्रतीक्षा क.: ~ sb/ sb's answer/ arrival/ decision 2 इंतजार में हो.: a hearty welcome **~s** him 3 के लिए तैयार रहना 4 अप्रिय बात घटने की संभावना हो.: what fate **~s** him?;
dw/lw: **~ed** *adj.*प्रतीक्षित, जिसकी प्रतीक्षा हो;
p&i: **~ keenly** घड़ियां गिनना
awake /अवेक/ *adj.* 1 जाग्रत, जागा हुआ: be ~; lie ~ all night; be ~ for forty-eight hours or more 2 के प्रति जागरूक, सतर्क, सावधान: be ~ to the needs/to the danger 3 सजग, सचेत: be ~ to one's faults;
v., pt. **awoke**, *pt. p.* **awoken**, *pp* **~ing** 1 जाग जाना, जगाना:

~ sb; ~ out of a dream 2 उठ जा. 3 सावधान/ सतर्क/ सजग/ सचेत क.: ~ to sth 4 उत्पन्न क., भावनाओं को झकझोरना (arouse feelings): ~ interest in sb;
p&i: **~ sb to a sense of duty** किसी में कर्त्तव्य भावना जगाना; **be/ lie/ stay, etc. ~** जागते र.; **be wide ~** पूरी तरह जगा हो., सतर्क या जागरूक हो.; **~ to sth** किसी बात के प्रति सचेत या संवेदनशील हो., किसी बात का अहसास हो.

awaken /अवेकन/ *v., pt.* **~ed**, *pp* **~ing** 1 जगाना 2 जाग्रत या सचेत क., सतर्क क. 3 उत्तेजित क., भड़काना: ~ jealousy/ suspicion 4 जिंदा क., अहसास कराना: the dream **~ed** happy memories;
dw/lw: **~ing** /अवेकनिंग/ *n.* 1 जागृति, जागरण, चेतना 2 उद्बोधन 3 अहसास;
p&i: **~ sb to sth** 1 किसी को किसी बात का अहसास कराना या उसके बारे मं सचेत क. 2 किसी को किसी बात का अहसास हो.; **a rude ~ing** भारी झटके के साथ किसी की आंखें खुलने, सचेत होने या जाग्रत होने की क्रिया; **rude ~ing** भारी धक्का या झटका

award /अवॉःड/ *n.* 1 पुरस्कार, सम्मान, इनाम: give/ the highest ~; ~ presentation ceremony; Academy **Award** 2 किसी आयोग की वेतन आदि में वृद्धि की सिफारिश: VII Pay Commission's ~ is too parsimonious 3 डिग्री या डिप्लोमा की प्रस्तुति: ~ of PhD degree 4 न्यायालय के निर्णय अनुसार दी गई हर्जाना राशि, अर्थ दंड 5 पंचाट, पंच-निर्णय;
v., pt. **~ed**, *pp* **~ing** 1 पुरस्कार या सम्मान दे.: strangely enough, this year's Nobel Peace Prize was **~ed** to European Union; ~ sb the (first) prize 2 धनराशि दे. या वितरित क.: ~ sth to sb/ ~ sb sth 3 *law* दावे का निर्णय क. (decide the claim): the court **~ed** custody of the child to the mother 4 (***syn.*** grant) प्रदान या प्रस्तुत क.: ~ degrees and diplomas 5 देना, मुहैया कराना: ~ additional time 6 न्यायाधीश द्वारा दंड दिया जा., कैद आदि की सजा दिया जा.: ~ a new sentence

aware /अवेअः/ *adj.* (*often* **~ of sth or sb**) 1 (***syn.*** unaware) अवगत, परिचित: be ~ of danger 2 जानकार: be ~ of that (के बारे में पता होना कि): be ~ of sb's unwillingness 3 जानकार, विज्ञ, जानने वाला, संवेदनशील: ecologically ~ (पर्यावरण के बारे में जानकार व जाग्रत); be well ~ of the problem 3 जाग्रत, जागरूक 4 सजग, सचेत: be fully ~ of sth;
dw/lw: **~ness** /अवेअःनेस/ *n.* ज्ञान, जानकारी, चेतना, बोध: AIDS ~ness; lack of ~ness; develop an ~ness of; raise/ heighten/ increase public ~ness

awash /अवौश/ *US* अवाःश/ *adj., adv. colloq.* 1 पानी से सराबोर: everything on the deck was ~; ~ with icy water 2 पानी की सतह पर प्लावित, बहता हुआ: the buoy floats ~ 3 *naut.* पानी की सतह के बराबर 4 किसी वस्तु या बात की बहुतायत में डूबा हुआ: the city is ~ with communal rumours;
p&i: **be ~ with sth** *UK* (*US* **be ~ in sth**) से बाढ़ग्रस्त या में डूबा हो.

away /अवे/ *adj.* 1 (***syn.*** distant) दूर: far ~; a small town ten kilometres ~ from here 2 (***syn.*** absent) बाहर, अनुपस्थित: be ~; he is ~ from home 3 दूरस्थ, किसी दूसरे के मैदान में: ~ game (किसी दूसरे के ग्राउंड में खेल): home and ~ games;
adv. 1 परे, दूरी पर: stay ~ from politics 2 परे, दूर: ~ to Chandigarh; go ~; run ~; throw ~; ~ from home 3 लगातार, निरंतर: talk ~ 4 तुरंत: ask straight ~; right/ straight ~ 5 अलग, अन्यत्र, दूर: put the books ~; lay ~ 6 दूसरी तरफ: looked ~ 7 कुछ क्रियाओं के साथ: whiled ~ his time gambling; frittered ~ his energies in useless pursuits 8 दूर के समय में: fade ~ into oblivion (धीरे-धीरे विस्मृति के ग्रास में चला गया); (**a**)**way** back (बहुत समय पहले); (**a**)**way** back in the nineties 9 (***syn.*** absent from) से अनुपस्थित: be ~ from work for week 10 कम, लुप्त होता हुआ: boil ~ 11 किसी को उपयोग करने के लिए दिया जा.: give ~ sth to sb;
dw/lw: **~-team** *n.* मेहमानों की टीम;
p&i: **~ for a week ~** सप्ताह भर अनुपस्थित; **~ from court ~ from care** कचहरी से दूर चिंतामुक्त; **~ go the guests** मतलबी यार किसके, दम लगाए खिसके; **~ with the fairies** हिला हुआ, पागल; **~ with sb!** मुर्दाबाद!; **~ you go!** यकीन नहीं होता!; **~ with you!** दफा हो जाओ!;
do ~ with sb/ sth काम तमाम कर दे.; **explain ~** अच्छी तरह समझा दे.; **fade ~** लुप्त हो.; **fall ~** नष्ट हो जा.; **fall ~ (from sb)** किसी को छोड़ दे.; **far and ~** बहुत अधिक, काफी, निस्संदेह; **far ~/ ~ off** *US* दूर कहीं दूर; **far/ out and ~** अतुल्य, अनुपम, निस्संदेह; **fire ~** गोली चलाते र.; **give ~** देना, बांटना, पुरस्कार दे.; **give ~ a secret** भेद खोल दे., भंडाफोड़ क.; **he is the best shot out and ~** निस्संदेह वह सर्वोत्तम निशानेबाज है; **idle ~** बर्बाद कर दे.; **make ~ with sb/ with sth** नष्ट क., मार दे.: he made ~ with himself (उसने आत्म-हत्या कर ली); **out and ~** परे, तुलना से दूर, अतुल्य; **pass ~** मर जा.; **right/ straight ~** एकदम, तुरंत; **work ~** काम करते रहना

AWBI *abbr.* 'Animal Welfare Board of India' की प्रथमाक्षरी

awe /ऑः/ *n.* 1 भय, डर, थरथराहट: hold/ keep in ~; strike with ~ 2 दबदबा, रोब, दबाव 3 (श्रद्धामय) विस्मय: be/ stand in ~ of sth/ of sb;
v., pt. **~d**, *pp* **awing** 1 विस्मित या भयभीत क. 2 विस्मित हो.;
dw/lw: **~-inspiring** /ऑः-इंस्पायरिंग/ *adj.* 1 विस्मयकारी 2 रुतबा या डर पैदा करने वाला; **~some** /ऑःसम/ *adj.* 1 भयंकर, डरावना 2 रहस्यमय 3 आश्चर्यजनक, विस्मयकारी: ~some beauty; **~somely** *adj.* विस्मयकारी ढंग से: ~somely beautiful; **~stricken/ ~struck** /ऑःस्ट्रिकन/ ऑस्ट्रक/ *adj.* 1 आश्चर्यचकित, विस्मयाकुल, विस्मय और डर से अभिभूत: **~stricken** 1 विस्मयाकुल 2 आतंकित;
p&i: **be in ~ of sb** किसी के रुतबे या भय से स्तंभित हो.

aweary /अविअरी/ *adj.* थका-मांदा;
dw/lw: **awearied** /अविअरिड/ *adj.* थककर चूर, थका-मांदा

aweather /अवेदः/ *adv., naut.* प्रतिवात, हवा की उल्टी दिशा में

aweigh /अवे/ *adv., naut.* लंगर उठाने की क्रिया

awe-inspiring *see above under* **awe: *dw/lw***

AWES *abbr.* 'Army Welfare Education Society' की प्रथमाक्षरी

awesome *see above under* **awe: *dw/lw***

awestricken/awestruck *see above under* **awe: *dw/lw***

awful /ऑःफुल/ *adj.* 1 (***syn.*** terrifying) खराब, भयंकर, भयानक, डरावना: the ~ horrors of war; ~ tragedy; be ~ for the health/ for sb's future 2 अतिशय: I'm ~ busy; be in ~ fear 3 विस्मयकारी 4 प्रभावशाली, शानदार: ~ sight 5 घिनौना, घृणास्पद, कुत्सित, बुरा, भद्दा: ~ manners/ handwriting/ storm; be ~ about the matter/ the affair;
dw/lw: **~ly** /ऑःफुलि/ *adv.* 1 अत्यधिक: been ~ly ill; be ~ly sorry/ glad/ interested 2 (***syn.*** terribly) भयंकर रूप से; **~fulness** *n.* भयंकरता, भयानकता
p&i: **an ~ lot (of sth)** ढेर सारा

awhile /अवाइल/ *adv. US* थोड़ी या कुछ देर तक

awhirl /अव्हःल/ *adj.* चक्कर लगाता हुआ

AWHO *abbr.* 'Army Welfare Housing Organisation' की प्रथमाक्षरी

awkward /ऑकवःड/ *adj.* 1 बेढंगा, फूहड़, भद्दा: ~ movement; ~ gait; he is still an ~ skater 2 अटपटा, झल्ला: the ~ age 3 अजीब-सा: an ~ customer 4 (***syn.*** clumsy) अकुशल, अनाड़ी: be ~ in one's speech/ in one's movements; be ~ with one's hands 5 अनुपयुक्त: an ~ moment; ~ question 6 कठिन, तकलीफदेह 7 an ~ turning; ~ door/ handle/ step; ~ situation; ~ pause; feel ~ with sb; ~ blow 8 (***syn.*** delicate) नाजुक: the ~ age (किशोरावस्था, नाजुक समय) 9 खतरनाक, टेढ़ा;

adv. अटपटे ढंग से;
dw/lw: **~ly** /~लि/ *adv.* बेहूदे ढंग से, झल्लेपन से, बेढंगे से; **~ness** /~नेस/ *n.* बेढंगापन, अटपटापन, झल्लापन, अनाड़ीपन
awl /ऑल/ *n.* छेद करने वाला सूआ, सुतारी;
dw/lw: **~shaped** *adj.* सूच्यग्री, सूए जैसा;
collocations: **awl right** *see* **all right**;
***p&i*:** **a cobbler's awl** मोची का सूआ; **pack up one's ~s/one's ends and ~s** अपना सामान या माल-मत्ता बांधना
awn *n., bot.* सीकुर, शूक, तूड़
awning /ऑनिंग/ *n.* 1 तिरपाल 2 सायबान (of doors and windows)
awoke, awoken *see above under* **awake**
AWOL/ A.W.O.L *abbr.* 'absent without official leave' की प्रथमाक्षरी
AWPS *abbr.* 'All-Women Police Station' की प्रथमाक्षरी
AWRE *abbr.* 'Atomic Weapons Research Establishment' की प्रथमाक्षरी
awry /अराइ/ *adj.* 1 (***syn.*** untidy) गड़बड़, खराब, गंदा: she rushed out, her hair ~ 2 गलत 3 टेढ़ा, तिरछा, विकृत: a face ~ with pain 4 असफल;
adv. 1 गड़बड़ या खराब तरीके से: go ~ (गड़बड़ा जा., उल्टा-पुल्टा हो जा.) 2 टेढ़े, तिरछे: look ~ 3 एक तरफ झुककर 4 गलत ढंग से: take sth ~ (गलत ढंग से लेना) 5 असफल: all his plans have gone ~;
p&i: **go/ run/ step/ tread/ walk** ~ 1 भटक जा. 2 बिगड़ जा.
AWT *abbr.* 'All Weather Track' की प्रथमाक्षरी
AWWO *abbr.* 'Army Wives Welfare Organisation' की प्रथमाक्षरी
axe /ऐक्स/ (*also US* **ax**) *n., pl.* **~s** 1 कुल्हाड़ी, कुल्हाड़ा, कुठार 2 (**the ~**) नौकरी से छुट्टी, बरखास्तगी 3 बजट में कटौती 4 *sl.* गिटार;
v., pt. **~d**, *pp* **axing** 1 निकाल दे., नौकरी से छुट्टी क.: 30 workers were **~d** 2 बजट आदि में कटौती क. 3 किसी को कुल्हाड़ी से मार डालना;
dw/lw: **~-breaker** *n., Austral.* कड़ी लकड़ी वाले स्थानीय पेड़; **~-head** *n.* कुल्हाड़ी का लोहे-वाला सिरा; **~-man** *n., pl.* **axemen** कुल्हाडी चलाने वाला आदमी, लकड़हारा; **pick-axe** *n.* गैंती;
p&i: **fit/ put the ~ in/ on the helve** निपटारा क., समस्या का समाधान निकलना; **get the ~** 1 नौकरी आदि से निकाल दिया जा. 2 किसी का सिर काट दिया जा.; **have an ~ to grind** निहित हित या स्वार्थ हो.; **hang up one's ~** काम-काज छोड़ दे.; **lay the ~ to root of sth/ set the ~ to sth** किसी चीज को नष्ट करने लगना; **send the ~ after the helve** नाउम्मीद काम करने की जिद्द क., पूरा खतरा उठाना;
axial /ऐक्सिअल/ *adj.* अक्ष संबंधी, अक्षीय, अक्ष: ~ bearing; ~ thrust;
dw/lw: **~ly** /ऐक्सिअलि/ *adv.* अक्ष के अनुसार;
collocations: **~ skeleton** खोपड़ी की हड्डियां
axil /ऐक्सिल/ *n., bot.* 1 कक्ष 2 तने और शाखा के बीच का कोण
axilla /ऐक्सिला/ *n., anat.* 1 (***syn.*** arm-pit) कांख 2 कक्ष;
dw/lw: **~ry** /ऐक्सिलरि/ *adj.* 1 कांख का 2 कक्षीय, कक्षवर्ती
axiolo\gy /ऐक्सिऔलजि\/ *US* ऐक्सिआःलजि\/ *n., philos.* 1 मूल्य-मीमांसा 2 नैतिक और सौंदर्य-बोध के मूल्यों के सिद्धांत;
dw/lw: **~gical** /ऐक्सिअलौजिकल/ *US* ऐक्सिअलाःजिकल/ *adj.* मूल्य-मीमांसात्मक; **~gically** /ऐक्सिअलौजिकलि/ *US* ऐक्सिअलाःजिकलि/ *adv.* मूल्य-मीमांसा अनुसार; **~gist** /~स्ट/ *n.* मूल्य-मीमांसाविद्
axiom /ऐक्सिअम/ *n.* 1 (***syn.*** maxim) सूक्ति 2 (***syn.*** self-evident) स्वयंसिद्ध स्वयं तथ्य 3 स्वयं-स्पष्ट कथन 4 (***syn.*** postulate) धारणा, अवधारणा;
dw/lw: **~atic/ ~atical** /ऐक्सिअमैटिक/ ~ल/ *adj.* 1 सूक्तीय 2 स्वयं-स्पष्ट, स्वयंसिद्ध, स्वतःसिद्ध 3 अवधारणात्मक; **~ally** /~लि/ *adv.* सूक्ति अनुसार, स्पष्टतः
axis /ऐक्सिस/ *n.* *pl.* **axes** /एक्सीज/ 1 धुरी 2 अक्ष: ~ of the equator/ terrestrial ~; ~ of rotation 3 आकार को दो भागों में बांटने वाली रेखा: the ~ of a circle is its diameter 4 मुख्य मुद्दा, केंद्रबिंदु 5 दो या अधिक देशों का गठबंधन: the Franco-German ~;
dw/lw: **axial** /ऐक्सिअल/ (*also see above* **axial**) *adj.* अक्षीय; **~ly** *adv.* अक्ष अनुरूप; **axile** /ऐक्साइल/ *adj.* अक्ष के साथ समकेंद्रित; *also see above* **axis: *dw/lw***
axle /ऐक्सल/ *n.* धुरी, कीली, धुरा: front/ rear ~ (सामने या पीछे की धुरी);
dw/lw: **~-box** *n.* धुरी-बक्स; **~tree** *n.* धुरादंड; **~wood** *n.* धाव, धौरी, बाकेली;
collocations: **~ base** दोनों धुरियों के बीच की दूरी;
axolotl /ऐक्सअलौटल/ *US* ऐक्सअलाःटल/ (*also* **mole salamander**) *n.* मैक्सिको की झीलों में मिलने वाला एक दुर्लभ समुद्री जीव (सैलामांदर)
axon /ऐक्सौन/ *US* ऐक्साःन/ *n.* अक्ष तंतु
ay *adv.* हमेशा: for ~; for ever and ~
ayatollah/ Ayatollah *n.* इरान का धार्मिक गुरु, आयातौल्ला
aye /आइ/ *adv., mainly dialect* हां, *excl.* हां, विशेषकर स्कॉटलैंड में और अब भारत में भी प्रस्ताव के पक्ष में दिए जाने वाले मत;
dw/lw: **ayes** *n.* 'हां' कहने वाले या प्रस्ताव के पक्ष में मत;
p&i: **the ayes have it, the ~s have it** प्रस्ताव पास हो गया, बहुमत जीत गया
aye-aye /आइ-आइ/ *n.* रात में पेड़ों पर रहने वाला एक नर-वानर
AYN *abbr.* 'Army Yachting Node', 'Army Yacht Node' की प्रथमाक्षरी
AYUSH *abbr.* 'Ayurveda, Yoga, Unani, Siddha, Homeopathy' की प्रथमाक्षरी
AZ *abbr. US state* 'Arizona' का संक्षेप
azan /आजान/ *n.* मुसलमानों के लिए पांच अजानों (नमाज पढ़ने के लिए आह्वान) में से कोई एक
Azerbaijan /अजरबैजान/ *n.* 1 अजरबैजान, भूतपूर्व15 रिपब्लिकों सोवियत में से एक 2 अब इसी नाम का एक स्वतंत्र देश;
dw/lw: **~i** /अजरबैजानी/ (= **Azerbaijan**) *n.* अजरबैजान का नागरिक, अजरबैजानी भाषा; **~ian** /अजरबैजानिअन/ *adj.* अजरबैजानी, अजरबैजान से संबंधित
azimuth /ऐजिमअथ/ *n.* 1 दिगंश 2 (***syn.*** bearing) दिशाकोण: magnetic ~; ~ compass; ~ sight;
dw/lw: **~al** /ऐजिमथल/ *adj.* दिगंशी, दिगंश-
azo- az- *comb. form, denoting:* **a compound containing nitrogen atoms** (नाइट्रोजनयुक्त यौगिक)
azobenzine /एजोबेंजाइन/ *n.* रंग बनाने में प्रयुक्त एक पीला पदार्थ;
dw/lw: **azo-dye** /एजोडाइ/ *n.* एजोबेंजाइनी रंग
azoic /अजोइक/ *adj.* भूत काल में अजैविक, प्राग्जैविक: marine life discovered at the depths of ocean or sea was previously thought to be ~
azonal /अजोनल/ *adj.* जो क्षेत्रों या वर्गों में बंटा हो
azote /ऐजोट/ *n.* नाइट्रोजन
AZT *abbr.* 'azidothymidine' का संक्षेप (AIDS उपचारक औषधि)
Aztec /ऐजटेक/ (*also* **Nahuatl.**) *n.* 1 मैक्सिको के इंडियन लोगों का समूह जिनका साम्राज्य स्पेनी शासकों ने नष्ट कर दिया था 2 इस समूह से संबंध रखने वाला कोई भी व्यक्ति 3 इन लोगों की भाषा
azu\re /ऐजः/ एजुअः/ *adj.* 1 नीलवर्णी: **~re** stone 2 नीला आसमानी;
n. 1 गहरा नीला रंग, नभोनील 2 *poetic* आकाश;
dw/lw: **~rine** /एजुराइन/ *adj.* 1 फीका-नीला, भूरा-नीला, चंबई; **~rite** /एजुराइट/ *n.* नीला मैलाकाइट, ऐजुराइट; **~ry** /एजरि/ *adj.* आसमानी नीला
azygous /ऐजिगस/ *adj., biol.* अयुग्मक (शारीरिक अंग, जिसके जोड़े में दूसरा अंग न हो), असम: ~ vein (अयुग्मक नस)
azyme /ऐजाइम/ *n.* बेखमीरी रोटी
azymous /ऐजिमस/ *adj.* बेखमीर

B b

B b /बी/ *n., pl.* **Bs**, **B's**/ **b's** 1 अंग्रेजी वर्णमाला का दूसरा अक्षर 2 (*usually* **B**) परीक्षाफल में 'B' ग्रेड: **B** class, **B** grade 3 *music* सप्तम स्वर 4 दूसरी श्रेणी का 5 गौण, कम महत्त्वपूर्ण 5 दूसरी कल्पित संख्या, दूसरा कल्पित व्यक्ति (वस्तु);
p&i: **not to know B from a bull's foot** काला अक्षर भैंस बराबर

B and B/ **B & B**/ **b and b**/ **b & b** 'Bed and Breakfast' की प्रथमाक्षरी

B *abbr.* 1 '**Bachelor**'/ *music* '**bass**' का प्रथमाक्षर 2 on pencils: **B** for Black 3 '**Belgium**' बेल्जियम का अंतर्राष्ट्रीय वाहन पंजीकरण कोड (*IVR*)

B *symbol chess* 'bishop', *chem.* 'boron' का चिह्न

b. *abbr.* 'born', *cricket* 'bowled' का संक्षेप

B2B *abbr.* 'Business-to-Business' की प्रथमाक्षरी

BA /बीए/ *n. abbr.* 'Bachelor of Arts', 'British Academy', 'British Airways, की प्रथमाक्षरी

Ba *symbol, chem.* 'barium' का चिह्न

BAA *abbr.* 'British Airports Authority' की प्रथमाक्षरी

baa /बा/ *n.* मिमियाने की आवाज, मिमियाहट;
v. *pt.* **~ed**, *pp* **~ing**, *s/he/it* **~s** मिमियाना

baba/ **rum baba** *n.* रम-रोटी, छोटी रोटी, स्पंजनुमा मीठा केक

baba /बाबा/ *n.* 1 *Ind. E* (Bengali) पिता 2 सम्मानसूचक संबोधन 3 (***syn.*** godman), *Ind. E* धर्म गुरु, साधु, बाबा 4 *Ind. E* छोटा बच्चा 5 (*Russian* **баба**), *derog.* बूढ़ी औरत

Babbit /बैबिट/ *n.* 1 मात्र पैसे और संपत्ति के बारे में सोचने वाला संकीर्ण मूल्यों व मन का व्यक्ति (after the hero of S. Lewis's novel "Babbit") 2 औसत अमेरिकी मध्यमवर्गीय व्यक्ति;
dw/lw: **Babbitry**/ **babbitry** /बैबिट्रि/ *n.* औसत अमेरिकी मध्यमवर्गीय मूल्य व रुचियां

babb\le /बैबल/ *v., pt.* **~led**, *pp* **~ling** 1 बड़बड़ क., बड़बड़ाना, बकबक क., प्रलाप क.: he **~led** something in response; she **~led** on without stopping 2 तुतलाना 3 भेद खोलना या प्रकट क.: **~le** (out) a secret 4 मूर्खों की तरह बात क. 5 *formal, lit.* Babylon मंद-मंद आवाज हो., कल-कल हो., मरमराना, सरसराना: a **~ling** brook;
n. 1 बकबक, बड़बड़: I could not make out his **~le** 2 बड़बड़ाहट: a **~le** of voices 3 बकवाद, प्रलाप: she couldn't stand the **~le** of her neighbours 4 तुतलाहट, चहक: a child's **~le**; the **~le** of birds 5 मरमराहट, कल-कल: the **~le** of the brook;
dw/lw: **~ler** /बैब्लर/ *n.* 1 बड़बड़िया, बकवादी, बड़बड़ करने वाला व्यक्ति 2 पेट का हल्का (जिसके पेट में बात न पचती हो), रहस्य बता देने वाला, भेद खोल देने वाला; **~ling** /बैब्लिंग/ *n.*, 1 कल-कल 2 बड़बड़ाहट, बकवाद; **~ling** *adj.* 1 कल-कल करने वाली (नदी) 2 बड़बड़िया, बकवादी

babe /बेब/ *n.* 1 *sl.* किसी युवती, औरत, पत्नी, पति आदि को बुलाने के लिए प्रयुक्त 2 *lit., old use* बच्ची 3 अत्यधिक कमसिन व सुंदर लड़की;
p&i: **~s and sucklings** कल के छोकरे, दुधमुंहे बच्चे; **~ of love** शादी से पहले पैदा होने वाला बच्चा; **~s in Christ** नए-नए ईसाई बने लोग; **~s in the wood** भोलेभाले व अनाड़ी लोग; **~ unborn** भोलाभाला भला आदमी;
a mere ~ in the ways of the world बिना सांसारिक अनुभव के, अनाड़ी

babel /बेबल/ *n.* 1 (***syn.*** tumult) कोलाहल, शोर-शराबा, हल्ला-गुल्ला 2 लंबा-चौड़ा निर्माण कार्य 3 (***syn.*** confusion) भीड़ द्वारा अलग-अलग भाषाओं में एक साथ बोलने के कारण मचने वाली खलबली, हड़बड़ी, भ्रम, भ्रांति, उलझन: what a **~!**; a perfect ~ 4 कपोल-कल्पना: it's but a ~ 5 बेबल की मीनार: tower of ~

Babinski reflex/ **Babinski effect** *physiol.* पांव के बाहरी हिस्से को हल्के से मारने पर अंगूठे से लेकर ऊपर की ओर उठने वाली सनसनाहट या सरसराहट

baboo/ **babu** /बाबू/ *n., Ind. E* बाबू: Indian **~s** are a formidable class.

baboon /बैबू\न/ *n.* 1 कुत्ते की शक्ल वाला अफ्रीकी बंदर, बैबून 2 मूर्ख व्यक्ति;
dw/lw: **~ery** /~रि/ *n.* 1 कपि स्थल 2 बदतमीजी: stop this ~ery; **~ish** /~निश/ *adj.* मूर्खतापूर्ण: ~ manners

babul /बबूल/ *n., Ind E* बबूल का पेड़, कीक्कर

babushka /बाबुश्का/ (*also Russian* **бабушка**) *n., pl.* **babushkas**/ **babushki** (**бабушки**) दादी, नानी, बुढ़िया

baby /बेबी/ *n., pl.* **babies** 1 छोटा बच्चा या छोटी बच्ची, शिशु: expecting a ~; **~'s** formula; ~-boy/ girl; he is a regular ~ 2 जिम्मेवारी, चिंता, योजना आदि: the project is our ~ 3 समूह या परिवार में सबसे छोटा सदस्य, नन्हा बच्चा: the ~ of the family; mother's ~ 4 भली सुंदर लड़की या औरत: she is my ~ 5 लड़की, प्रेमी, प्रेमिका, पत्नी या पति को प्यार से बुलाने के लिए प्रयुक्त 6 पुस्तकों में चित्र 7 बचकाना व्यक्ति: play the ~;
adj. 1 बच्चों का, के, की: ~ clothes; ~ food 2 बचकाना: ~ act 3 छोटे डील-डौल या साइज का: ~ elephant; ~ sister; ~ moon; ~ car; ~ tank; ~ plane; ~ doll;
v. *pt.* **~ied**, *pp* **~ing**, *s/he/it* **~ies** 1 लाड़ जताना 2 सर चढ़ाना 3 किसी के साथ बच्चे की तरह व्यवहार क.: she **~ied** him through all the years 4 बच्चे का पालन-पोषण क.;
dw/lw: **~-doll** *n.* गुड़िया की पोशाक-सी औरत की छोटे साइज की रात्रि-पोशाक; **~-farm** *n.* पैसे लेकर बच्चों का लालन-पालन करने वाला परिवार; **~-faced** *adj.* बच्चों-सा चेहरे वाला; **~hood** /बेबिहुड/ *n.* शैशव; **~-house** गुड़िया घर; **~ish** /बेबिश/ *adj.* 1 बचकाना, कच्चा, अपरिपक्व: it's a ~ish problem; what a ~ish thing to do! 2 भोलाभाला, सरल: have a ~ish look; **~-kisser** *n.* मतदाताओं के साथ आडंबर करने वाला राजनेता; **~-like** *adj.* बच्चों-सा; **~sit** /बेबिसिट/ *v., pt.* babysat, *pp* ~ting माता-पिता की अनुपस्थिति में बच्चे की देखभाल क., बाल-रखवाली क.; **~sitter**/ **~minder** *n.* बच्चे की देखरेख करने वाला या वाली, बच्चे की रखवाली करने वाला या वाली; **~sitting**/ **~minding** *n.* बच्चे की देखरेख;
collocations: **~ blue** बहुत फीका नीला रंग; **~ blues** (*also see* **postnatal depression**) (मां में) प्रसव पश्चात अवसाद या विषाद; **~ boom** नवजात शिशुओं का बड़ी संख्या में आना, आकस्मिक बहुत सारे बच्चों का पैदा होना; **~ boomer** अधिक संख्या में बच्चों के पैदा होने के समय पैदा होने वाला बच्चा; **~ bouncer**/ **~ jumper** (*N. Amer.*) 1 बच्चों के रात को सोने के समय पहनने के कपड़े (जंफर) 2 इलास्टिक से बंधी बच्चे की सीट; **Baby Buggy** *tradem.* बच्चों की मुड़ने-खुलने वाली कुर्सी; **~ carriage** शिशु गाड़ी, बच्चा गाड़ी, प्रैम; **~ doll** 1 बच्चे जैसी गुड़िया 2 बच्ची जैसी कमसिन औरत 3 महिला की रात्रि पोशाक; **~ doll pyjamas** *[pl.]* औरतों की रात को पहनने की पोशाक; **~ fat** 1 शिशु में होने वाली चर्बी जो बड़े होते-होते खत्म हो जाती है 2 गर्भकाल में महिला के शरीर में पैदा होने वाली अतिरिक्त चर्बी; **~ hunger** अधेड़ उम्र की अच्छे कैरियर वाली औरत में बच्चा पैदा करने की जबरदस्त चाह; **~ snatcher** *colloq.* **cradle-snatcher** प्रैम या पालने से बच्चे चुराने वाला; **~ talk** बात करने में बच्चों जैसी भाषा का प्रयोग, तुतली बोली; **~ tooth** (*also see* **milk tooth**) दूध के दांत; **~ walker** *बच्चों* की गाड़ी;
p&i: **~ unborn** 1 भोला-भाला 2 कमसिन 3 अनाड़ी
a ~ in the woods 1 भोला-भाला 2 दूसरों का जल्दी विश्वास कर लेने वाला व्यक्ति 3 अनाड़ी; **a hot ~** *US* उच्छृंखल छोकरी; **be left holding the ~** *colloq.* जिम्मेवारी गले पड़ना, गले पड़ा ढोल बजाना पड़ना; **be sb's ~** कोई योजना या रचना किसी की जिम्मेवारी हो. या उसके दिमाग की उपज हो.; **cry like a ~** जोर-

जोर से रोना; **give/ pass sb to hold/ to carry the ~** जिम्मेवारी किसी और के सिर मढ़ना; **look babies in sb's eyes** किसी नजरों में प्यार ढूंढना; **play the ~** बचकानी हरकतें क.; **send a ~ on errand** किसी काम को पहले से ही डुबो दे.; **the ~ of the family** परिवार की आंखों का तारा, हरमन प्यारा सबसे छोटा बच्चा; **throw away the ~ with the bathwater/ throw the ~ out with the bath water** अनुपयोगी वस्तु के साथ उपयोगी वस्तु को भी फेंक दे., अनावश्यक के साथ आवश्यक को भी फेंक दे.

Babylon /बैबिलअ\न/ *n.* 1 आधुनिक बेबिलोन (ऐशो-आराम में डूबा नगर) 2 वेटिकन (Vatican) में पोप की गद्दी;
dw/lw: **~ian** /~निअन/ *n.* बेबिलोनवासी; **~ian** *adj.* 1 बेबिलोन का 2 विशालकाय 3 *fig.* नीच, कमीना, बिकाऊ

BAC *abbr.* 'British Aircraft Corporation', 'Bioethics Advisory Committee', 'Business Advisory Committee की प्रथमाक्षरी

Bacardi /बकॉर्डि/ *n., tradem.* एक प्रकार की रम

baccalaureate /बैकलॉरिअट/ *n.* स्नातक (BA) की डिग्री

bacch\anal /बैकअनल/ *n.* = **~analian** *lit.* 1 सुरादेव का पुजारी, शराबी 2 दावते-दारू, सुरा-गोष्ठी 3 शोर-शराबे वाली दारू पार्टी, हुल्लड़बाजी, उच्छृंखलता 4 सुरादेव बैकस (**Bacchus**) का अनुयायी;
adj. = **~analian** सुरादेव-संबंधी, हुल्लड़बाज, उपद्रवी;
dw/lw: **~analia** /बैकअनेलिआ/ *n., [pl.]* सुरादेवोत्सव, मद्यपान उत्सव, दावते-दारू, दारू पार्टी; **~analian** /बैकअनेलिअन/ *n.* = **bacchanal**; **~analize** *v. pt* ~analized, *pp* ~analizing शराबी मौज-मस्तियों में पड़ना; **~ant** /बैकंट/ *n.* बैकस (Bacchus) का पुजारी, शराबी, बेवड़ा;
Bacchus /बैकस/ *n.* सुरा देवता: a lover of ~;
p&i: **~ has drowned more men than Neptune** समुद्र से ज्यादा सुरा ने लोगों को डुबोया

baccy /बैकि/ *n., pl.* **baccies** *colloq.* तंबाकू

bachelor /बैचलः/ *n.* 1 कुंआरा, अविवाहित: old ~; confirmed ~; he is a ~; ~ apartment 2 स्नातक: ~ of Arts (Law);
dw/lw: **~hood** /बैचलःहुड/ *n.* 1 कौमार्य 2 स्नातकत्व, स्नातक की डिग्री: receive one's ~hood; **~ism** *n.* कुंवारा पन; **~ette** /बैचअलअरेट/ *n.* कुंवारी युवती;
collocations: **~ girl** कुमारी, कुंआरी लड़की, कुमारिका; **Bachelor of Arts (B.A.)** बी.ए., मानविकी विषयों में स्नातक की डिग्री; **Bachelor of Science** बीऐससी, विज्ञान विषयों में स्नातक की डिग्री; **~'s degree** *n.* स्तानक की डिग्री; **~'s wife** आदर्श औरत;

Bach flower healing *alternative med.* पुष्प चिकित्सा, मानसिक और भावनात्मक तनाव को कम करने के लिए फूलों के प्रयोग के साथ की जाने वाली थेरपी (therapy)

bacill\ary /बअसि\लरि/ *adj.* दंडाणु का, दंडाकार रोगाणु संबंधी;
dw/lw: **~us** /~लस/ *n.,* **bacilli** /~लाइ/ *biol.* दंडाणु, दंडाकार रोगाणु

back /बैक/ *n.* 1 पिछवाड़ा, पीछे का हिस्सा: the ~ of the house 2 पीठ: broad ~; carry sth on one's ~; lie on one's ~; fall on one's ~; be on one's ~; stab in the ~ (1 पीठ में छुरा 2 गद्दारी); pat on the ~ (पीठ थपथपाकर दी जाने वाली शाबाशी); he has a strong ~; be put on one's ~; a sharp pain in the ~ 3 (***syn.*** backbone) रीढ़: he has broken his ~ 4 गर्दन का पृष्ठ भाग: the ~ of the head 5 दराज या खाने का पिछला भाग (part furthest from front) 6 पृष्ठ, कर पृष्ठ, पांव पृष्ठ: the ~ of the hand; the ~ of the foot 7 कुर्सी आदि की पीठ: the ~ of a chair 8 पृष्ठ का पिछला हिस्सा, पुस्तक का पिछला भाग: sign on the ~; the ~ of a book 9 प्रतिक्रिया 10 बल, ताकत 11 (vat) नांद, हौज, कुंड 12 (***syn.*** reverse) उल्टी तरफ: the sound is pronounced with the ~ of tongue 13 फुटबाल आदि में रक्षा-पंक्ति 14 चाकू आदि का कुंद हिस्सा: ~ of a knife
adv. 1 पहले से: I knew him ~ home 2 पीछे की ओर (towards the rear): he stood ~ in the crowd; the police kept the crowd ~; sit ~ 3 फिर से, पहले: a few years ~; an hour or so ~ 4 स्थान व समय आदि में वापस: come/ run/ ride/ fly ~; look ~; if we go ~ a few years ... 5 घड़ी की सूइयों की विपरीत दिशा में 6 के जवाब में, बदले में: hit ~; answer ~ (पलटकर जवाब दे.); talk ~ (दांत निकालकर गुर्राना, बदतमीजी से जवाब दे.) 7 कुछ समय पहले, बीते दिनों पर: look ~ to happier days 8 देर से, पिछड़ते हुए: he was three days ~/ behind in his work 9 बदले में 10 निम्न शब्द-समूहों में प्रयुक्त: ~ from (एक तरफ, परे हटकर); ~ of (के पीछे);
adj. 1 पिछला, पिछली (hind): through the ~ door; ~ rows; ~ entrance 2 पहले का, जिसकी अवधि निकल चुकी है (from an earlier time): ~ pay 3 (***syn.*** distant) दूरवर्ती: ~ settlement (दूर बसा डेरा); ~ blocks; ~ district 4 *phon.* पश्च: ~ vowel 5 (***syn.*** reverse) उल्टा: ~ current 6 देर का, बाद का, पिछड़ा हुआ, दकियानूसी: have a ~ view of things 7 पुराना: a ~ number/ issue of a magazine 8 पीछे से लंबित, अटका या अटकी हुई: ~ pay; ~ rent/ taxes; ~ payment; ~ order; ~ lessons 9 मोर्चे के पीछे का 10 गौण: ~ road; take a ~ seat 11 मोर्चे के पिछवाड़े का: ~ line; ~ areas;
v., pt. **~ed**, *pp* **~ing** 1 (***syn.*** support) समर्थन क., सहारा दे.: ~ a plan/ a draft resolution/ an appeal; ~ sb up; ~ an argument with proof 2 *music* संगत क., साथ दे. 3 पीछे क. या मोड़ना: ~ away from some place; ~ a car; ~ the troops into position (सैनिक दस्तों को वापस प्रारंभिक स्थिति में लाना) 4 पीछे या उलटे चलना (wind direction changing anticlockwise): ~ water (पीछे हटना) 5 पर बाजी लगाना (on a horse etc.) 6 (***syn.*** mount) पर चढ़ना, घोड़े आदि पर सवार होना: she **~ed** the horse at a jump (वह छलांग लगाकर घोड़े पर जा बैठी) 7 *finance* (***syn.*** countersign/ endorse, guarantee) हुंडी आदि के पीछे दस्तखत कर आश्वस्त क., पृष्ठांकन क.: ~ a bill 8 पृष्ठाधान लगाना, किताब की जिल्द में पीठ को मजबूत क.: provide with a ~/ spine 9 (जहाज के) लंगर आदि को और मजबूत क. 10 दीवार आदि को सहारा देकर और मजबूत क.: a sandy beach **~ed** by chalk cliffs 11 को झुकाना, झुकाकर टेक लगाना: he **~ed** the mirror against the wall 12 (***syn.*** subsidise) आर्थिक सहायता दे.: his father **~ed** him in business 13 कोट आदि में अस्तर लगाना: a coat **~ed** with fur 14 से पीठ या पिछवाड़ा लगना: our house **~s** on to a park;
dw/lw: **~ache** /बैकेक/ *n.* पीठ दर्द, पृष्ठ शूल; **~-alley** *n.* भवनों के बीच संकरी गली; **~-alley** *adj.* गुप्त या अवैध तरीके से किया जाने वाला: a ~-alley abortion; **~beat** *n.* जैज (jazz) और रॉक (rock) संगीत में एक-दो मुख्य सुरों (beat) पर बल; **~bench/ the ~benches** *n.* 1 *UK* संसद में गौण सांसद या राजनीतिक व्यक्तियों के बैठने का स्थान 2 फिसड्डी, उदासीन: a ~bench MP/ politician, etc.; **~bencher** *n.* गौण/ महत्त्वहीन राजनीतिक व्यक्ति; **~bite** /बैकबाइट/ *v., pt.* ~bit, *pt. p.* ~bitten, *pp* ~biting चुगली क., पीठ पीछे बुराई क.; **~biter** *n.* चुगलखोर, पीठ पीछे बुराई करने वाला, पिशुन, परोक्ष निंदक; **~biting** *n.* चुगली, पीठ पीछे बुराई, पिशुनता, पैशुन्य; **~board** *n.* बास्किटबॉल में वह तख्ता जिसमें बास्किट यानी टोकरी लगी होती है, पिछला, तख्ता, पृष्ठ-फलक; **~bone** *n.* 1 मुख्य सहारा, अवलंब: the ~bone of a company; the ~bone of the feudal system 2 मुख्य आधार, मुख्य सार: the ~bone of a theory 3 (*syn.* spine) रीढ़ की हड्डी, मेरु दंड 4 चरित्र बल: lack ~bone; **~breaker** *n.* 1 कमर तोड़ने वाला 2 कुश्ती में एक दाव; **~breaking** *adj.* कमरतोड़; **~-burner** *n.* स्थगन: keep/ place/ put sth on the ~-burner; **~-burner** *v., pt.* ~-burnered, *pp* ~burnering किसी योजना या विचार आदि को ठंडे बस्ते में (रखना), स्थगित (क.); **~channel** *n.* 1 सूचनाएं फैलाने का गुप्त या अवैध साधन 2 *ling.* बात सुनाई पड़ने को स्वीकारने की सार्थक ध्वनि या इशारा; **~chat** *n., Br.* (किसी वरिष्ठ व्यक्ति को) बेहूदा जवाब: **~cloth/ ~drop** *n.* थियेटर के मंच का

पिछला पर्दा, पृष्ठ पट; **~comb** /बैककॉम्ब/ *v., pt.* ~combed, *pp* ~combing (लंबे) बालों के सिरों से लेकर जड़ों की ओर कंघी क.; **~country** *n.* मुख्यमार्ग आदि से कटा हुआ अलग-थलग क्षेत्र या स्थान; **~court** *n., tennis* 1 सर्विस लाइन के पीछे का कोर्ट 2 दूसरे खेलों में कोर्ट की आधार रेखा (baseline) के समीपतम भाग; **~-crawl** *n.* = **~-stroke**; **~-cross** *n., genetics* हाइब्रिड और मौलिक के बीच संकर; *v., pt.* ~-crossed, *pp* ~-crossing संकरण क.; **~-date** *v., pt.* ~-dated, *pp* ~-dating 1 पीछे की तारीख डालना, पीछे की तारीख से लागू क.: the pay-rise was ~-dated to January 2016 2 पिछले या पूर्व आंकड़े दे.; **~-dated** *adj.* पीछे की तारीख में, पिछली तारीख का, पूर्वदिनांकित: ~-dated cheque; **~-door** *n.* गुप्त द्वार, लुका-छिपा, पिछला या चोर दरवाजा: by/ through the ~door (गलत तरीके से); **~-door** *adj.* 1 चोर दरवाजे से: ~-door entry 2 पिछला; **~-draught** /बैकड्राःफ्ट/ *US* बैकड्रैफ्ट/ (*also* **~draft**) *n.* 1 चिमनी या पाइप में उल्टा चलने वाला हवा का बहाव 2 आग को ज्यादा ऑक्सिजन मिलने के कारण होने वाला धमाका; **~-drop** /बैकड्रॉप/ *n.* 1 पृष्ठभूमि: against a ~-drop of sth 2 परिदृश्य; **~end** (*adj. meaning*) 1 समय या प्रक्रिया के अंत से संबंधित 2 *comput.*, ≠ **front-end** उपभोक्ता की बजाए प्रोग्राम या कंप्यूटर द्वारा प्रयुक्त उपकरण या प्रोग्राम; **~er** *n.* 1 आर्थिक सहायता देने वाला, समर्थक, प्रोत्साहक 2 बाजी लगाने वाला; **~fill** *v., pt.* ~filled, *pp* ~filling नींव आदि को वहीं से खोदी हुई मिट्टी आदि से भरना; **~fire** *v., pt.* ~fired, *pp* ~firing 1 उल्टा पड़ जा., लेने के देने पड़ जा.: his plan ~-fired 2 इंजन के पिस्टन-सिलेंडर में अधजली गैसों के कारण निकासी-लाइन (silencer) में धमाका हो.; **~-flip** *n.* उल्टी कलाबाजी; **~formation** *n., gramm., ling.* 1 पश्च रचना, प्रत्यावर्ती रचना, शब्द के शुरुआती या अंतिम भागों में फेर-बदल करके ऐसा नया शब्द बनाना कि वह किसी मौजूदा शब्द की धातु या सरल रूप लगे 2 इस प्रकार बनाया हुआ शब्द; **~gammon** /बैकगैमन/ *n.* दो जनों द्वारा खेला जाने वाला एक तख्ते (board) का खेल; **~ground** *n.* 1 पिछला हिस्सा, पिछवाड़ा, पृष्ठभूमि: ~ground noise 2 पारिवारिक पृष्ठभूमि आदि: he has the right ~ground for the job; look up sb's ~ground 3 पहले का, पूर्व इतिहास, भूमिका: the ~ground of the deal was easy to explain; give me the ~ground of the problem 4 चित्र आदि की पृष्ठभूमि, पृष्ठिका: the white house stood out against the ~ground of dark forest; melt into the ~ground; red spots on a white ~ground 5 संदर्भ, परिदृश्य 6 पूर्वपीठिका: ~ground music 6 अप्रसिद्धि (insignificant position) (पृष्ठभूमि में रहकर काम करने वाला, अपने को विनम्र भूमिका में रखने की स्थिति): stay in the ~ground; **~ground** *adj.* पृष्ठभूमि, पार्श्व; **~ground *p&i:* in the ~ground** *comput.* वर्तमान में अप्रयुक्त प्रोग्राम जिसे चालू प्रोग्रामों के पीछे देखा जा सकता है; **~hand** *n., tennis* 1 टेनिस आदि में बाजू को पूरी तरह घुमा कर मारा जाने वाला शॉट: she won the game because of her strong ~hand 2 बाएं मुड़ी हुई लिपि (जैसे उर्दू); **~hand** *adv.* उल्टे हाथ; **~handed** *adj.* 1 उल्टे हाथ से किया हुआ प्रहार आदि: he cut down the running man with a powerful ~handed blow 2 अप्रत्यक्ष, अनुचित या व्यंग्यपूर्ण, भद्दा: ~handed/ left compliment 3 संकेतों में, परोक्ष: ~handed reminder 4 प्रतिकूल 5 (***syn.*** equivocal, insincere) द्व्यर्थक, बहु-अर्थक या कपटपूर्ण (प्रशंसा); **~handedness** *n.* 1 द्व्यर्थकता 2 परोक्षता 3 अनौचित्य; **~hander** *n.* 1 (***syn.*** bribe) गुप्त या अवैध भुगतान 2 उल्टे हाथ का प्रहार; **~hoe** *n.* सड़क आदि बनाने के लिए गहरी खुदाई करने वाली मशीनों के साथ गाड़ी; **~house** *n.* पिछवाड़ा, पिछौती; **~ing** /बैकिंग/ *n.* 1 (***syn.*** support) सहारा, समर्थन 2 आर्थिक प्रोत्साहन, सहारा 3 समर्थक-समूह: he has a large ~ing 4 पृष्ठ पोषण, सहारा 5 पुश्ता, पृष्ठाधान 6 परत चढ़ाई: ~ing of gold 6 उल्टी तरफ: mirrors have a ~ing of quicksilver 7 (***syn.*** reversing) उल्टी चाल या गमन: there is no ~ing out of it now; **~ing** *adj.* समर्थक, सहायक: ~ing group/ singer/ track; **~ing**: ***collocations*:** **~ing store** *comput.* अतिरिक्त स्मृति उपकरण; **~lash** /बैक्लैश/ *n.* 1 उल्टी प्रतिक्रिया, प्रतिकूल, हिंसक या तीखी प्रतिक्रिया: face an angry ~lash from voters against the new tax 2 प्रतिक्षेप 3 किसी पुर्जे के फिट होने में ढीलापन (play) 4 जवाबी प्रहार 5 पेंच की फिसलन; **~less** /बैकलिस/ *adj.* 1 बिना पीठ का 2 जो पीठ न ढके, पृष्ठहीन (पोशाक): ~less swimsuit; **~list** /बैकलिस्ट/ *n.* किसी प्रकाशक की पहले प्रकाशित रचनाओं जो अभी विक्रयार्थ विद्यमान हैं, की सूची; **~log** /बैकलौग/ *n.* बकाया/ बचा हुआ/ पीछे से इकट्ठा हुआ काम आदि; **~lot** *n.* नेपथ्य (मंच, फिल्म, टीवी आदि); **~marker** *n.* दौड़ में अंतिम व्यक्ति या घोड़ा प्रतियोगी; **~most** *adj.* पीछे की दूरतम (farthest वस्तु आदि); **~pack** (*N. Amer., esp. US*) *n.* = (***syn.*** rucksack) पीठ पर लटकाया जाने वाला थैला या बैग, रकसक; **~pack** *v., pt.* ~packed, *pp* ~packing रकसक को पीठ पर लादकर यात्रा के लिए जाना; **~pedal** /बैकपैडल/ *v., pt.* ~pedalled/ *US* ~pedaled, *pp* ~pedalling/ *US* ~pedaling 1 पैडल पीछे या उल्टे घुमाना 2 वादे से मुकर जा., ब्यान से मुकर जा.; **~plane** *n., comput.* एक सर्कट बोर्ड जिससे दूसरे उपकरण जुड़ सकते हैं; **~reference** *n.* पिछला संदर्भ, पिछला हवाला; **~rest** *n.* कुर्सी की पीठ; **~room** *n.* 1 गुप्त कार्य करने का कक्ष 2 पर्दे के पीछे किया जाने वाला कार्य: ~room compromises; ~room boys; **~scratching** (quid pro quo) *colloq.* लाभ के बदले लाभ पहुंचाने का काम; **~set** *n.* 1 (***syn.*** setback, reverse) रोक, हार, अवरोध: it was a ~set to their plan 2 (***syn.*** eddy, countercurrent) प्रतिकूल धारा; **~-settler** *n.* दूर-स्थित डेरे आदि का निवासी; **~-shift** *n.* किसी दूसरे के कथन को बताते समय काल परिवर्तन: "what are you doing?", sb said → Sb asked me what I was doing; **~side** *n.* (***syn.*** behind) चूतड़, नितंब; **~slapping** /बैकस्लैपिंग/ *n.* खुशी से जोर-जोर से पीठ थपथपाने की क्रिया; **~slapping** *adj.* पीठ थपथपाने वाली: ~slapping friendship: (गाढ़ी दोस्ती) **~slash** /बैक्स्लैश/ *n.* बैक्स्लैश, तिर्यक रेखा: '\' ≠ '/'; **~slide** /बैकस्लाइड/ *v., pt.* ~slided, *pp* ~sliding 1 फिर से बुरे काम करने लगना, पुनः पाप करने लगना या पतित हो जा.: ~slide into intemperance; you are doing excellent work now, I hope you won't ~slide 2 धर्म त्याग देना, धर्मच्युत होना; **~slider** *n.* धर्मत्यागी, भ्रष्ट; **~space** *n.* टंकण (typing) में पीछे जाने का बटन; **~spin** *n., sport* गेंद का उल्टी दिशा में घुमाव, फिर्की गेंद फेंकना; **~stage** *adv.* 1 पर्दे के पीछे: he can wait ~stage 2 नेपथ्य (नाट्यशाला के पीछे का क्षेत्र जहां कलाकार पोशाक बदलकर तैयार होते हैं) में, गुप्त, प्रच्छन्न 3 चोरी-छिपे; **~stairs** *n.* चोर सीढ़ियां, पीछे की सीढ़ियां; **~stairs** *adj.* गुप्त और कपटपूर्ण: he's nothing but a ~stairs client; ~stairs influence; ~stairs politics; listen to ~stairs gossip; **~stay** *n.* जहाज के पीछे का रस्सा; **~stitch** *n.* बखिया; **~stitch** *adj.* अवैध; **~stitch** *v., pt.* ~stitched, *pp* ~stitching बखिया लगाना; **~stop** *n.* 1 दीवार या कोई अन्य अवरोध जो भिन्न-भिन्न खेलों के बीच में पार्टीशन दीवार का काम करती है 2 दीवार जिसे अतिरिक्त सहारा दिया गया हो; **~story** *n.* फिल्म, उपन्यास आदि में घटनाओं के शुरू होने से पहले हुई बातें; **~street** *n.* प्रायः गरीब क्षेत्रों में पिछली संकरी गली; **~street** *adj.* अवैध: ~street abortion; **~stroke** *n.* पीठ के बल तैराकी; **~swing** *n., sport* गेंद को रैकेट से मारने से पहले हाथ का पीछे को घुमाव; **~sword** /बैकस्वॉःड/ *n.* 1 तलवार 2 गतका (single stick); **~-talk** *n.* = **~chat** (*see above*); **~-to-~** *n.* पीठ से पीठ लगाकर खड़े हुए या बाजू से बाजू लगे मकान; **~-to-~** *adj.* 1 पीठ से पीठ सटा हुआ 2 एक के साथ एक; **~-to-~** *adv.*; **~track** v., *pt.* ~tracked, *pp* ~tracking 1 पीछे हट जा., उल्टे पांव लौट आना 2 मुकर जा., पहले कथन को वापस ले., (धारणा, विचार या नीति) बदलना; **~up** *n.* 1 अतिरिक्त सहायता, सहारा: army as a ~up for the police

2 उपकरण जिसे आवश्यकता पड़ने पर काम में लाया जा सकता है 3 कंप्यूटर में सूचना, पाठ या सामग्री की अतिरिक्त प्रति: one should always make a ~up of one's work in the computer; **~ward** *see below under separate entry*; **~wash** *n.* 1 अप्रिय परिणाम, प्रतिक्रिया: ~wash of hard times (कठिन समय का दुष्परिणाम) 2 प्रतिक्षिप्त जल, चलते जहाज या नौका द्वारा पीछे धकेलकर फेंकी जाने वाली लहरें: the ~wash of the big steamer made our little boat rock 3 तट से टकराकर वापस समुद्र में जाने वाली लहरें; **~water(s)** *n.* 1 खड़ा पानी, अप्रवाही जल, पश्च जल 2 पिछड़ा इलाका, पिछड़ा व दीन-दुनिया से कटा हुआ स्थान: a sleepy/ quiet/ rural ~water 3 मानसिक जड़ता: intellectual ~water; **~way** *n.* पगडंडी; **~whisper** *n.* पीछे से की जाने वाली कानाफूसी; **~woods** *n. [pl.]* 1 घना जंगल, अरण्य 2 बड़े नगरों और उनके प्रभाव से बचा हुआ दूरस्थ स्थान या क्षेत्र; **~woods** *adj.* 1 वन्य, जंगली 2 अनगढ़, अपढ़, गंवार: ~woods man; **~yard** *n.* 1 *Br.* घर का पिछवाड़ा, पिछवाड़े का सिमेंट वाला आंगन 2 *US* घर के पिछवाड़े की बगिया: ~yard production;

collocations: **~ and forth** (*also UK* **~wards and forwards**) आगे-पीछे, इधर-उधर; **~ copy** = **~ issue** = **~ number** पिछला अंक; **~ end** (*n. meaning*) समय या प्रक्रिया का अंतिम चरण 2 दराज आदि का पीछे का हिस्सा 3 चूतड़; **~ end** (*for adj. meaning see under* ***dw/lw***); **~ground music** पार्श्व संगीत, किसी विशेष अवसर पर पृष्ठभूमि में बजने वाला मंद-मंद संगीत; **~ heating** हल्की-हल्की गरमाहट; **~ing group** समर्थक समूह; **~ing store** *comput.* कंप्यूटर के मुख्य स्मृति भंडारण के साथ लगाया जाने वाला अतिरिक्त स्मृति उपकरण; **~ number** 1 पत्रिका का पुराना अंक, पश्च अंक 2 (***syn.*** retrograde) पुराणपंथी या दकियानूसी व्यक्ति, पौंगा पंडित; **~ O'Bourke** /बैकओबअक/ *Austral. sl.* दूर-दराज (में); **~ passage** *colloq.* गुदा, मलाशय; **~ processing** *comput.* आर्थिक साधन मिलने तक किसी योजना पर धीरे-धीरे, चुपके-चुपके काम करते रहना; **~ projection** पृष्ठ प्रक्षेपण, फिल्म आदि को उल्टी तरफ (फलक) से देखना (a cinematic technique); **~ radiation** *phys. astron.* ब्रह्मांडीय किरणों व अन्य स्रोतों से सहज रूप में होने वाला विकिरण; **~ road/ street** पिछवाड़े की, पिछली सड़क या गली; **~ room** 1 गुप्त कार्य करने का कक्ष 2 (*also* **~room**) पर्दे के पीछे किया जाने वाला कार्य; **~ scratcher** पीठ खुजलाने के लिए लंबे हत्थे वाला उपकरण; **~ scratching** (***syn.*** quid pro quo) *colloq.* लाभ के बदले लाभ पहुंचाने का कार्य; **~ seat** गौण स्थान; **~ seat driver** *derog.* कार में बैठा यात्री या अन्य कोई व्यक्ति जो ड्राइवर को कार चलाने के लिए हिदायत देता है; **~ shift** (*also see* ***dw/lw***) 1 मजदूरों का समूह जिनके काम की पारी दिन और रात की पारियों के बीच में होती है; **~ slab** पृष्ठ पट्ट; **~ slang** ऐसी भाषा जिसमें शब्दों की वर्तनी उल्टी पढ़ी जाती है; **~ translation** अनूदित पाठ का वापस मूल भाषा में अनुवाद; **~up light** गाड़ी पीछे करते समय जलने वाली बत्ती; **~ wool** भेड़ के पीठ की ऊन;

p&i: **~ and belly** खाना-पीना और कपड़े; **~ and belly keep everyone busy** पापी पेट क्या नहीं कराता!, पेट-पीठ के कारने, सब जग नाचे नाच; **~ and forth** आगे-पीछे; **~ and fill** 1 टेढ़े-मेढ़े या आगे-पीछे चलना 2 टालमटोल क.: he ~ed and filled until the last moment; **~ away** पीछे हट जा., छोड़ दे., इरादा बदल ले.; **~ down** = **go ~ on** 1 झुक जा., हार/गलती मान ले. 2 दावा छोड़ दे. 3 मुकर जा., वादे से हटना, धोखा दे.; **~ in the day** भूतकाल में, पहले; **~ in the days** पहले किसी निश्चित समय पर; **~ off** 1 दूर हटना 2 *US* हाथ खींच ले., पीछे हटना 3 धमकी देना बंद क.; **~ onto sth** किसी मकान के एकदम पीछे; **~ out of sth** 1 अलग हो जा. 2 इरादा बदल लेना, वादे से मुकर जा. 3 धोखा दे.; **~ pedal on sth** किसी बात से मुकरना; **~ slide** ह्रास हो., पतन हो.; **~ up** कार आदि को पीछे क.; **~ sb up** 1 समर्थन क., सहारा दे. 2 अनुमोदन क.; **~ sth up** 1 सिद्ध क., के द्वारा सही साबित क. 2 **~ (sth) up** *comput.* कंप्यूटर में अतिरिक्त प्रति या एक और कॉपी बनाना; **~ the wrong horse** गलत व्यक्ति का समर्थन क., गलत चुनाव क.; **~ to front** *UK* उल्टा, उल्टी (पोशाक); **~ up** समर्थन या सहायता क.; *Austral.* **~ up on sth** किसी कार्य या कदम को तुरंत दोहराना;

a pain in the ~ किसी को बहुत तंग (बोर) कर दे.; **as soon as one's ~ is turned** किसी की पीठ पीछे; **at/ in the ~ of your mind** मन ही मन; **at the ~ of beyond** कहीं बहुत दूर, धरती के उस छोर पर; **at the ~ of God-speed** दुनिया के उस छोर पर; **be at sb's ~** किसी के ऐन पीछे हो.; **be at the ~ of sth** के पीछे कारण छिपा जा.; **be glad/ happy, etc. to see the ~ of sb/ sth** or **see sb's ~** *UK* किसी के चले जाने या किसी से छुटकारा पाने पर खुश हो.; **behind sb's ~** किसी के पीठ पीछे, चुपके-चुपके; **be on one's back** 1 पीठ के बल लेटा हो. 2 असहाय हो. 3 बीमार पड़ना; **be on sb's ~** 1 किसी के पीछे पड़ना 2 किसी का शोषण क.; **bow one's ~** चापलूसी क., तलवे चाटना; **break one's ~** कमर तोड़ मेहनत क., जी-तोड़ परिश्रम क.; **break one's own ~** अपने आप को मिटा दे.; **break the ~ of** 1 काम का कठिन भाग पूरा क. 2 किसी की कमर तोड़ना; **break the camel's ~** किसी के धैर्य का बांध तोड़ दे.; **drive into the ~ground** गौण स्थिति में पहुंचा दे.; **flat on your ~** बीमार होने के कारण बिस्तरे में लेटा हो.; **for years ~** पहले कई वर्षों तक; **get off sb's ~** किसी को सताना छोड़ दे.; **get one's ~ up** क्रुद्ध हो.; **get to the ~ of sth** मामले की तह तक जाना; **give sb a ~-cap** किसी का मुखौटा उतारना, पर्दाफाश क.; **give sb ~/ give a ~ to sb** किसी को सहारा दे.; **have a broad ~** सब कुछ धैर्यपूर्वक सहना; **have sb on one's ~** किसी के लिए किसी का समर्थन या सहारा हो.; **hit ~** मुंहतोड़ जवाब दे., जवाब दे.; **in ~ of** *US* पीछे का हिस्सा, पीछे; **in your own ~yard** तुम्हारे अपने घर या दफ्तर के पास; **keep in the ~ground** पर्दे के पीछे (गौण स्थिति में) रखना; **on the ~ of sth** सफलता के फल स्वरूप; **pay ~** ऋण चुकाना, वापस क.; **on the sheep's ~** भेड़-पालन की बदौलत; **put one's ~ into one's work** जोशो-खरोश से काम क., सारी शक्ति लगा दे.; **put** or **set sb's ~ up** 1 किसी को चिढ़ाना या तंग क. 2 किसी को नाराज कर ले.; *UK* **ring ~/** *US* **call ~** टेलीफोन पर जवाबी कॉल क.; **see on the ~** कृपया पृष्ठ पलटकर देखिए!; **stab sb in the ~** किसी की पीठ में छुरा घोंपना; **stand behind sb's ~/ be at the ~ of sb** किसी को पूरा समर्थन या सहारा दे.; **talk through the ~ of one's neck** बकवास क.; **the ~ of beyond** कोसों दूर, दुनिया के उस छोर पर; **the ~ of my hand to sb** कुछ नहीं मिलेगा; **the monument stood on the ~ of a hill** स्मारक पहाड़ी के शिखर पर स्थित था; **there and ~** वहां (उस तरफ) और वापस, आना-जाना; **through the ~ door** चोर दरवाजे से; **turn one's ~ upon/ on sb** किसी से संबंध तोड़ लेना, से मुंह फेर ले., त्याग दे.; **to the ~bone** (*also* **through and through**) पूरी तरह; **what is got over the devil's ~ is spent under the belly** हराम की कमाई हराम में जाती है; **with one's ~ to the wall** विवश होकर, बिल्कुल असहाय होकर; **you scratch my ~ and I'll scratch yours (quid pro quo)** तुम मुझे (दो) और मैं तुम्हें (मैं तुम्हारे लिए कुछ करता हूं, बदले में तुम मेरे लिए करना)

BACKFINCO *abbr.* 'Backward Classes Land Development and Finance Corporation' की प्रथमाक्षरी

backward *adj.* 1 पीछे की ओर: on seeing me he made a ~**ward** movement 2 (***syn.*** retrograde) उल्टी दिशा में जाने वाला, दकियानूसी, पश्चगामी, प्रतिक्रियावादी: legitimizing the caste system is a ~ step 3 पिछड़ा हुआ: ~ class; a ~ country 3 अनिच्छुक: he is ~ in giving his views; he was not ~ in helping me 4 संकोची: he is not ~ in asking favours 5 (***syn.*** late) देर से होने वाला: ~ autumn; ~ in one's preparations; ~ crop;

n. भूत काल, बीते दिन;

adv. 1 पीछे की ओर: he stepped ~; they pushed the car ~; turn one's head ~; fall ~; turn ~ from his beliefs 2 उल्टी दिशा में: go ~ and forward; ~, march!; walk ~ 3 इसके उल्टे, पीठ के बल पीछे: read ~; lean over ~; sit ~ on a horse 4 बद से बदतर;

dw/lw: **~-looking** *adj.* दकियानूसी, प्रतिक्रियावादी; **~ness** *n.* 1 पिछड़ापन 2 पुराणपंथ, अतीतोन्मुखता, अतीतवाद, दकियानूसी; **~s** /बैक्वःड्ज/ (*also* ~) *adv.* 1 पीछे की ओर, उल्टी दिशा में 2 उल्टे क्रम में 3 (*also UK* ~wards to front) उल्टा, उल्टी (पोशाक): ~s and forwards *UK* (*UK/ US* ~s and forth) आगे-पीछे 4 बद से बदतर होने की ओर;

collocations: **~ classes/ castes** पिछड़े वर्ग;

p&i: **~(s) and forward(s)** अच्छी तरह से;

be ~ in coming forward अनिच्छापूर्वक क., टाल-मटोल क.; **bend/ fall/ lean over ~s** *colloq.* (कुछ पाने के लिए) जी-जान लगा दे., घुटने रगड़ना; **felt her career going ~s** उसे लगा कि उसका कैरियर पिछड़ रहा है; **know sth ~s** *colloq.* किसी चीज को अच्छी तरह जानना; **walk ~s out of the room** कमरे में से पीछे की तरफ पीठ करके निकलना

bacon /बेकन/ *n.* 1 लंबी पतली स्लाइसों में कटा सूअर का भुना गोश्त, सलामी 2 लाभ, इनाम;

dw/lw: **~y** /बेकनि/ *adj.* चर्बीदार: ~y liver;

p&i: **bring home the ~** 1 काफी कमा ले., जीविका चलाना 2 सफल हो., सफलता प्राप्त क.; **save one's ~** *colloq.* अपनी जान बचाना

bacteraemia/ bacteremia /बैक्टिअरीमिआ/ *n., med.* खून में बैक्टीरिया की मौजूदगी

bacteri\a/बैक्टिअरि\आ/ *n., [pl.]* जर्म, जीवाणु;

dw/lw: **~al** /~अल/ *adj.* जर्मों से पैदा हुआ, जीवाणु संबंधी: ~al action (जीवाणुओं की हरकतें); ~al cultivation; ~al equilibrium of soil; **~cide** /~साइड/ *n.* जीवाणुनाशक पदार्थ

bacterio\logy /बैक्टिअरि\औलजि/ *US* बैक्टिअरि\आःलजि/ *n.* जीवाणु विज्ञान;

dw/lw: **~logical** /~अलौजिकल/ *US* ~अलाःजिकल/ *adj.* जीवाणु-विज्ञान-संबंधी; **~lysin** /~औलाइसिन/ *US*~आःलाइसिन/ *n.* जीवाणु-संलायिका; **~lysis** /~औलाइसिस/ *US*~आःलाइसिस/ *n.* जीवाणु-संलयक-संबंधी; **~sis** /~ओसिस/ जीवाणु-रोग; **~logist** /~औलजिस्ट/ *US* ~आःलजिस्ट/ *n.* जीवाणु विज्ञानी; **~phage** /~ओफेज/ *n.* जीवाणुभोजी, जीवाणुओं को संक्रामक बनाने वाला वायरस (virus)

Bactrian camel /बैक्ट्रिअन कैमल/ *n.* केंद्रीय एशिया में पाया जाने वाला दो कूबड़ों वाला ऊंट जिसे सामान ढोने के लिए काम में लाया जाता हैं

baculine /बैक्युलाइन/ *adj.* दंड या डंडे संबंधी, डंडे से पिटाई संबंधी: ~ argument (डंडे के बल से दी जाने वाली दलील);

baculus /बैक्युलस/ *n., pl.* **baculi** *Lat.* सत्ता का प्रतीक डंडा या बेंत

bad /बैड/ *adj., degr.* **worse, worst** 1 (***syn.*** wicked, immoral) खराब, बुरा/ बुरी, दुष्ट, अनैतिक, घिनौना: ~ man; not a ~ fellow; not a ~ idea; not half as or so ~ 2 घटिया, बेकार, निकम्मा (not skilled): he is a ~ correspondent; ~ action/ handwriting/ novel/ habit; ~ food/ housing 3 दुर्भाग्यपूर्ण (ill luck): ~ luck 4 (***syn.*** stale) सड़ा हुआ, दूषित, खोटा, बासी: go ~ (सड़ना, खराब हो.); ~ fish; ~ air; fish soon goes ~ in hot weather; a ~ smell; a ~ taste 5 अनुपयुक्त, अशिष्ट, अभद्र: ~ manners; the remark was in ~ taste; ~ conduct; in the ~ sense of the word; children should not have access to ~ books; ~ language; it was a ~ time/ moment to let her now; ~ laws 6 अशुभ, बुरा: ~ omen; ~ news 7 अशुद्ध: ~ spelling; ~ grammar; ~ guess; ~ shot; ~ pronunciation; ~ answer; ~ French 8 अमान्य, खोटा, सदोष, जाली: a ~ cheque; ~ coin; ~ passport; ~ will 9 अप्राप्य, अशोध्य, डूबा हुआ: ~ debt 10 हानिकर: be ~ for sb/ sth; smoking/ tension is ~ for you; small print is ~ for the eyes 11 अस्वस्थ: a ~ arm/ leg/ heart, etc.; ~ bruise; he is in ~ shape; ~ tooth; he is in ~ health 12 प्रचंड, उग्र, भारी: strive against a ~ wind; ~ blunder 13 कपटी, बेईमान 14 क्रूर, गुस्सैल: be in a ~ temper 15 घाटे का: ~ deal 16 धूमिल, अंधकारमय: ~ visibility/ light 17 असफल, बुरी: ~ try; ~ crop; ~ bet 18 नालायक, अयोग्य, अकुशल, अदक्ष: ~ at figures 19 तेज, तीव्र, दुःखदायक: a ~ cold; ~ pain; a ~ attack of gout;

n. 1 घाटा, ऋण: 15,000 rupees to ~ 2 बुरे लोग: the ~;

dw/lw: **badass** /बैडैस/ (*also* **~ed**) *n., N. Amer., sl.* बहुत चिड़चिड़ा और कठिन व्यक्ति; **~die** /बैड्डी/ *n. UK* बुरा आदमी, फिल्म, किताब आदि; **~dy** /बैडि/ *n., pl.* ~dies *colloq.* फिल्मों या किताबों में चित्रित अपराधी या दुष्ट व्यक्ति (villain); **~ly** *adv., degr.* worse, worst 1 बहुत गंभीर रूप से, बुरी तरह से: he is doing ~ly; their hockey team was ~ly beaten 2 अभद्र तरीके से 3 खराब ढंग से, नकारात्मक रूप में: came off ~ly in the review 4 बहुत अधिक, अत्यधिक: ~ly in arrears with the rent; he needs the medicine ~ly 5 गम्भीर रूप से: ~ly wounded; ~ly injured; be ~ly ill 6 खराब हालत में: ~ly off (निर्धन, खराब माली हालत में): be ~ly off; he is not so ~ly off; **~lands** *n. [pl.]* 1 बंजर या अनुपजाउ भूमि 2 (**the Badlands**) पश्चिमी अमेरिका में एक विशाल क्षेत्र जहां कुछ नहीं उगता; **~man** *n.* पशु-चोर, आततायी, भाड़े का डकैत; **~mouth** *v., pt.* ~mouthed, *pp* ~mouthing *colloq., esp. N. Amer.* बुराई क., चुगली क.; **~ness** *n.* खराबी, दुष्टता; **~-tempered** *adj.* तुनुकमिजाज या चिड़चिड़ा;

collocations: **~ air** दूषित हवा; **~ behaviour** दुर्व्यवहार; **~ blood** दुश्मनी, वैमनस्य, दुर्भाव, कटुता; **~ breath** (***syn.*** halitosis) बदबूदार सांस; **~ case** गया-गुजरा मामला, गंभीर बीमारी; **~ character/ egg/ hat/ lot/ penny/ sort** बदमाश, गुंडा, दुश्चरित्र, घिनौना व्यक्ति, घटिया आदमी; **~ company** बुरी संगत, कुसंग; **~ conduct** दुराचरण; **~ conductor** कुचालक; **~ debt** कभी न चुकाया जाने वाला या डूबा हुआ ऋण; **~ disease** गुप्त रोग; **~ faith** बदनीयती, बेईमानी, धोखा; **~ form** अशिष्टता, बदतमीजी; **~ hair day** *colloq.* थोड़े विषाद में होने के कारण दुनिया का सामना करने की बजाए घर पर ही रहना; **~ language** (***syn.*** swear words) अश्लील भाषा, गाली-गलौज का प्रयोग; **~ law** अमान्य कानून; **~ man** पशु-चोर; **~ money** निकृष्ट धन; **~ news** 1 अप्रिय घटना 2 अप्रिय बात के बारे में सूचना 3 *sl.* शरारती और अप्रिय व्यक्ति; **~ sense** प्रतिकूल अर्थ; **~ shot** गलत निशाना, दुष्कल्पना; **~ tempered** चिड़चिड़ा; **~ trip** *colloq.* नशीली दवा, विशेषकर LSD लेने के कारण भयंकर मतिभ्रम (hallucination) और तकलीफ होती है;

p&i: **~ at sth** किसी विषय या हुनर में अदक्ष; **~ for sb** किसी के लिए खराब बात; **~ luck often brings good luck** गर रात है तो सुबह भी होगी; **~ is a ~ servant, but it is worse to be without it** यदि ऐब नहीं है तो देवता बन जाओगे, जो इस धरती पर नहीं रहते; **~ is the best** आगे कुछ भी बेहतर न होगा; **~ man in a ~ company** एक तो करेला, दूसरा (ऊपर से) नीम चढ़ा; **~ news travels fast** अफवाहों के पंख होते हैं; **~/ ~ly off** *US* मुसीबत में; **~ quarter of an hour** बुरा वक्त; **~ time** कठिन समय; **~ workman quarrels with his tools** नाच न जाने आंगन टेढ़ा;

a ~ way has a ~ end बोए पेड़ बबूल के आम कहां से होए, जो दूसरों के लिए खाई खोदता है खुद उसमें गिरता है; **act in ~ faith** बेईमानी क.; **be in ~** मुसीबत में हो.; **be in sb's ~** or **good**

book किसी का किसी के बारे में बुरा या अच्छा रवैया हो.; **be with sb for ~ or worse** हर हाल में किसी का साथ देना; **can't be bad** इसे खराब नहीं कहा जा सकता; **feel ~ about sth/ doing sth** बुरा महसूस क., किसी बात के बारे में खेद हो.; **from ~ to worse** बद से बदतर; **get a ~ name** बदनाम हो जा.; **give sth up as a ~ job** किसी चीज को गई-गुजरी समझकर छोड़ दे.; **go to the ~** 1 भटक जा., बुरी आदतों का शिकार हो जा., नैतिक रूप से पतित हो जा. 2 दिवाला पिट जा.; **have a ~ time doing sth** किसी कार्य को मुश्किल से कर पाना; **have got it ~** बहुत गहन प्यार में डूबा हो.; **he that spares the ~ injures the good** बुरे को छोड़ेंगे तो भले को मुसीबत होगी; **in ~** कृपा-पात्र न रहना; **in a ~ temper** गुस्से में; **in a ~ way** बहुत बीमार, भारी संकट में; **in ~ books** किसी की नजरों में खराब (व्यक्ति) हो.; **in ~ faith** बुरी नीयत से; **keep ~ hours** अनुचित ढंग से जीवन बिताना; **make a ~ shot** गलत अनुमान लगाना; **make the best of a ~ job** प्रतिकूल परिस्थितियों में अच्छा काम क.; **not ~** ठीक-ठाक, संतोषजनक, उम्मीद से काफी बेहतर; **not half as ~** *colloq.* काफी अच्छा; **take the ~ with the good** अच्छा-बुरा एक ही सिक्के के दो पहलू हैं; **the ~ for better** स्थिति का कुछ सुधर जा.; **to the ~** खाते में निश्चित राशि से कम हो जा.: after the payment they were 15,000 rupees to the ~ in their account; **too ~** *colloq. US* 1 दुर्भाग्यपूर्ण बात! 2 बहुत ही खराब बात! 2 खेद की बात है कि इसके बारे में कुछ नहीं किया जा सकता, इसे टाला नहीं जा सकता; **turn up like a ~ penny** लौटकर बुद्धू घर को आए; **with a ~ grace** अनिच्छापूर्वक

bade /बेड/ *pt.* **'bid'** का भूतकाल

badge /बैज/ *n.* 1 बैज, तमगा, बिल्ला: the school ~; the delegates were given **~s**; the ~ of his cap showed him to be a flyer; ~ of rank 2 *UK* (*US* **button**) सम्मान-द्योतक तमगा, चिह्न 3 लक्षण, चिह्न, प्रतीक: chains are the ~ of slavery; courtesy is the ~ of a gentleman; the top hat and striped trousers once served as the ~ of a diplomat 4 *sl.* पुलिस का सिपाही;
v., pt. **~d**, *pp* **badging** 1 तमगे या चिह्न से द्योतित क. 2 से सम्मानित हो.: the flag of the regiment was **~d** with the blood of its heroic dead

badger /बैजः/ *n.* पतला काला फर वाला जानवर जो रात को अपनी मांद से बाहर आता है, बिज्जू;
v., pt. **~ed**, *pp* **~ing** (***syn.*** pester) तंग क.: ~ sb to contribute दान देने के लिए तंग क.; **~ed** to death by creditors; stop **~ing** me!
p&i: **draw the ~** चिढ़ाना, किसी को आपे से बाहर क.; **overdraw the ~** बैंक खाते से ओवर-ड्राफ्ट लेना

badinage /बैडिनाज/ *n., Fr.* (***syn.*** banter) फबती, परिहास, ठठ्ठा, छेड़छाड़, हंसी-दिल्लगी

badlands *see above under* **bad: *dw/lw***

bad language *see above under* **bad: *collocations***

badly *see above under* **bad: *dw/lw***

badminton /बैडमिंटन/ *n.* बैडमिंटन

bad-mouth, badness, bad-tempered *see above under* **bad: *dw/lw***

BAe *abbr.* 'British Aerospace Engineering' की प्रथमाक्षरी

Baedeker /बेडिकः/ बेडेकः/ *n.* 1 यात्रा-निर्देशिका 2 यात्रा-पुस्तिका

BAF *abbr.* 'British Athletics Federation' की प्रथमाक्षरी

baff\le /बैफ\ल/ *v., pt.* **~led**, *pp* **~ling** 1 किंकर्त्तव्यविमूढ़/ विस्मित क.: be **~led** by the new turn in the matter 2 (***syn.*** hinder) रोकना, बाधा डालना: ~le pursuit (अपराधी आदि का पीछा करने की कार्रवाई में बाधा डालना); the ship **~led** with the wind 3 (***syn.*** perplex) चकरा दे., घबरा दे.: the last examination question **~led** him completely 4 व्यर्थ या निष्फल कर दे.: **~le** the enemy's plans;
dw/lw: **~le-board/ ~le-plate/ ~ler** *n.* बाधिका, रोक, बाधक पट्टी; **~lement** /बैफलमंट/ *n.* किंकर्त्तव्यविमूढ़ता, विस्मय; **~legab** /बैफलगैब/ *n.* दफ्तरी अस्त-व्यस्तता; **~ling** /बैफलिंग/ *adj.* असमंजस में डालने वाला, क्षोभकारी, रहस्यमय, विस्मयकारी: ~ing problem; ~ing wind; ~ing person; **~ingly** *adv.* विस्मयपूर्वक

BAFTA *abbr.* British Academy of Film and Television Arts' की प्रथमाक्षरी

bag /बैग/ *n.* 1 थैला, झोला, थैली, झोली: paper ~; shopping ~ 2 छोटा हैंड बैग, ब्रीफकेस: overnight ~ 3 (*also* **hand~**) *UK* महिलाओं का बैग, बटुआ 4 बोरा, बोरी (sack): ~ of cement 5 (***syn.*** rucksack, backpack) यात्रा थैला 6 बैग में आने वाली मात्रा 7 मर्दाना पायजामा 8 आंखों के नीचे के काले उभार: **~s** under one's eyes 9 शिकारी का शिकार: he got a very poor ~ 10 युद्धबंदियों का समूह: ~ of POW's was 50,000 11 थैलानुमा पैंट 12 बोरों भरे पैसों वाले धन्ना-सेठ 13 प्रचुर मात्रा: **~s** of time to catch the train 14 गाय या भैंस का थन 15 नौकरी से बरखास्तगी: give sb the ~;
v., pt. **~ged**, *pp* **~ging** 1 झोले या थैले में रखना 2 शिकार मार या पकड़ ले.: **~ged** two pheasants (दो तीतर पकड़ लिए); **~ged** a hare 3 पुरस्कार पाना 4 कब्जा कर ले., हस्तगत क., पकड़ना, ले उड़ना: **~ged** by the police 5 उभरना 6 इकट्ठा क.: ~ subscriptions (पत्रिकाओं आदि के लिए चंदा उगाहना); ~ butterflies (तितलियां पकड़ना) 7 पोशाक का बीच में बोरी की तरह खुलना: trousers that ~ at the knees; his coat **~s** about him like a sack 8 *Austral & NZ* किसी की आलोचना क.;
dw/lw: **~ful** *adj. & n., pl.* ~fuls झोला-भर, थैला-भर, बोरा-भर, ढेर सारा; **~ged** *adj.* थैलानुमा: ~ged trousers; ~ged sails; **~ger** *n.* बोरी में बांधने वाला व्यक्ति, बोरियां ढोने वाली गाड़ी; **~ging** *n.* 1 बोरियों में बंधाई 2 हल्का चाय-पान; **~gy** /बैगि/ *adj., degr.* ~gier, ~giest 1 बोरी जैसा, थैलानुमा, लटकने वाली, फूला हुआ, ढीली-ढाली: ~gy trousers; ~gy skin under one's eyes; ~gy cheeks 2 आडंबरपूर्ण (भाषण या कथन); **~memo** /बैगमेमो/ *n.* थैला-ज्ञापन; **~pipes** (*US* **~pipe**) *n., [pl.]* मश्कबीन; **~piper** *n.* मश्कबीनवादक; **~-play** *n.* चाटुकारिता, चापलूसी;
collocations: **~ lady** बेघर औरत जो बोरे में अपना सामान लेकर घूमती है; **~ lunch** स्कूल या दफ्तर ले जाने के लिए सैंडविच आदि; **~ man** 1 *Br.* सफरी विक्रेता 2 *Austral.* आवारा 3 *US* वेश्याओं और पुलिस के बीच दलाल; **~ memo** थैला-ज्ञापन; **~ ration** हर हालत में बचाकर रखा जाने वाला सैनिक राशन; **~ sleeve** कलाई पर तंग ढीली बांह; **~ wig** बालों पर बांधने वाली जाली;
game ~ शिकारी थैला; **mail ~** डाक थैला; **money ~** 1 पर्स, बटुआ 2 अत्यधिक धनी आदमी, सेठ-साहूकार; **travelling ~** यात्रा थैला;
p&i: **~s of sth** *UK* ढेर सारा; **~ sth up** थैले में डालना; **~s under one's eyes** आंखों के नीचे काले गोलाकार उभार; **bags I/ bags/ bagsy** *children's sl.* मुझे यह चाहिए: bags I sit in the front (मुझे आगे बैठना है);
a ~ of bones मात्र हड्डियों का ढांचा, सींक-सलाई, अत्यंत दुबला-पतला व्यक्ति; **a ~ of fruit** *Austral.* सूट (पोशाक); **a ~ of wind** थोथा बकवादी व्यक्ति; **a lucky ~** भानुमती का पिटारा; **a mixed ~** शंकर की बारात; **bear/ carry the ~** किसी स्थिति का मालिक हो.; **blow one's ~s** अपने मुंह मियां मिट्ठू; **clear out ~ and ~gage** पूरी तरह खाली क.; **empty the ~** जो कहना हो, कह डालना; **get a ~ on** पीना, पीकर धुत्त हो जा.; **Gladstone ~** चमड़े का थैला; **hold the ~** किसी की चिलम भरना; **in bottom of ~** आखिरी उपाय, अंतिम चारा; **in the ~!** बात बन गई!; **leave sb holding the ~** किसी को मुसीबत में

डालकर छोड़ दे.; **let the cat out of the ~** भंडाफोड़ क.; **make a ~** काफी बड़ा शिकार हाथ लगना; **not sb's ~** = not sb's cup of tea किसी की महारत न हो.: poetry is not my ~; **one more pull, and it's in the ~** एक झटका और दो, समझो काम बन गया; **pack sb off with ~ and baggage** बोरिया-बिस्तर समेत निकाल दे.; **pull sth out of the ~** अचानक स्तंभित कर देना; **put on the feed bag** भकोसना, जल्दी-जल्दी खाना; **put sb in a ~** किसी पर काबू पाना; **rough as ~s** बदतमीज, बेहूदा; **set one's ~ for sth** किसी चीज को फसाने या पाने के लिए जाल बिछाना; **set one's ~ for the office of mayor** मेयर के पद पर टकटकी लगाए बैठा हो.; **the whole ~ of tricks** 1 ढेर सारी करामातें 2 सब कुछ

bagasse /बगैस/ *n.* खोई (गन्ने की)

bagatelle /बैगअटेल/ *n.* 1 कोई छोटी-मोटी चीज, नगण्य या तुच्छ वस्तु 2 लघु संगीत-रचना 3 बहुत छोटी रकम 4 एक खेल

bagel/ beigel /बेगल/ *n.* गोल अंगूठीनुमा ब्रेडरोल या पावरोटी का पकौड़ा

baggage /बैगिज/ *n.* 1 सामान, असबाब: the porter carried her ~; personnel ~ 2 अतीत या भूतकाल से मिले संस्कार या अनुभव जो आपके वर्तमान विचारों और रवैये को प्रभावित करते हैं: ~ of the casteism (जातिवाद का भूत); emotional ~ 3 *pl.* **~s** *usually humorous, colloq*. चिड़चिड़ी व अप्रिय औरत 4 जीवंत लड़की: artful ~; saucy/ pert ~; impudent ~ 5 सेना का चल (portable) असला (उपकरण आदि);

dw/lw: **~-check** *n.* सामान की रसीद; **~-man** *n.* = **~-master** *n.* कुली; **~-room** *n.* सामान-घर;

collocations: **~ car** *N. Amer.* सामान ढोने वाली गाड़ी; **~ reclaim** (*US* **~ claim**) *1* हवाई यात्रा के बाद सामान की प्राप्ति 2 सामान की प्राप्ति का स्थान

bagnet /बैगनेट/ *n.* डोलजाल

bagnio /बान्यो/ *n.* 1 वेश्यालय 2 दासों के लिए कारागृह 3 (वाष्प) स्नानघर

bagpipes *see above under* **bag: *dw/lw***

BAgr/ BAgric *abbr.* 'Bachelor of Agriculture' का संक्षेप, कृषि स्नातक (की डिग्री)

baguette /बैगेट/ *n.Fr.* 1 फ्रेंच ब्रेड 2 लंबा आयताकार कीमती पत्थर

Bahai/ Baha'i /बहाई/ *n.,* 1 बहाई (सम्प्रदाय) 2 *pl.* **Bahais/ Baha'is** बहाइवाद का अनुयायी;

dw/lw: **Bahaism/ Baha'ism** *n.* बहाइवाद; **Bahaist/ Baha'ist** *adj., n.* बहाइवादी, बहाइवाद का अनुयायी

Bahasa Indonesia इंडोनेशियायी भाषा

BAI *abbr.* 'Badminton Association of India', 'Bank of America International', 'Bar Association of India' की प्रथमाक्षरी

bail /बेल/ *n.* 1 जमानत या जमानत की धरोहर, अमानत: ~ above (आदेशानुसार निर्धारित राशि की जमानत); ~ below/ special ~ (अग्रिम जमानत); stand ~ for sb; let to ~ (जमानत पर छोड़ा जा.); forfeit one's ~ (जमानत जब्त हो.); be out on short ~ 2 प्रतिभूति, प्रतिभू, जामिन, जमानतदार: save one's ~/ surrender to one's ~ 3 (bails) क्रिकेट की गिल्ली 4 बाल्टी, जग 5 दुर्ग की बाहरी रक्षा-दीवार 6 प्रिंटर पर कागज को दबाए रखने वाली चक्करदार फिर्की (hoop)

v., pt. **~ed**, *pp* **~ing** 1 जमानत पर छोड़ना या छूटना: be **~ed** for trial 2 धरोहर रखकर जमानत पर छुड़वाना, अमानत रखना 3 किसी को पैसे देकर उसे मुसीबत से निकालना 4 उधार पर कुछ लेना या कोई काम करवाना: ~ cloth to a tailor for a suit 5 (*usually* **bail/ bale out**) 5.1 बाल्टी आदि से नाव में से पानी निकालना 5.2 हवाई जहाज या हेलिकॉप्टर आदि से कूद कर जान बचाना 6 दुर्ग आदि को बाहरी दीवार से घेरना 7 (**~ up**) गाय आदि को दोहने के लिए खूंटे से बांधना;

dw/lw: **~able** /बेलअबल/ *adj.* जमानत पर छोड़ने लायक, जमानत देने योग्य; **~bond** /बेलबॉंड/ *n.* जमानतनामा, अमानत; **~ee** /बेली/ *n.* अमानतदार, धरोहर लेने वाला; **~er** *n.* नौका आदि से पानी निकालने के लिए बाल्टी, जग या लोटा 2 नौका आदि से पानी निकालने के लिए नाली; **~ey** *see below under separate entry*; **~sman** = **~or** *n.* जमानतदार, जामिन, धरोहर देने वाला; **~ment** /बेलमंट/ *n.* जमानत का प्रबंध;

p&i.: **~ sb out** 1 किसी को पैसे देकर मुसीबत से बाहर निकालना 2 अदालत में अमानत रखकर किसी को जमानत पर छुड़वाना; **~ out of sth** हवाई जहाज या हेलिकॉप्टर आदि से कूद कर जान बचाना; **~ up** गाय आदि को दोहने के लिए खूंटे से बांधना;

accept ~/ admit to or allow ~ (अदालत द्वारा) जमानत को मानकर रिहा किया जा.; **be ~ed** जमानत पर छूट जा.; **forfeit ~** जमानत का उल्लंघन कर फरार हो.; **give leg ~** नौ-दो ग्यारह हो जा., रफू-चक्कर हो जा.; **go ~** (***syn.*** vouch for) किसी बात का भरोसा दिलाना; **go ~ for sth** किसी बात के लिए शर्त लगाना; **jump ~** जमानत से फरार हो जा.; **put up/ go/ stand ~** जमानतदार बनना, जमानत पर छुड़वाना; **straw ~** जमानत जो भरोसेमंद न हो

bailage /बेलज/ *n.* चुंगी

bailey /बेली/ *n., pl.* **~s** 1 दुर्ग-प्राचीर या बाहरी दीवार 2 दुर्ग की बाहरी दीवार के भीतर अहाता या आंगन;

collocations: **Bailey bridge** जल्दी-जल्दी बनाया हुआ लोहे की पत्तियों का अस्थायी पुल; **Bailey's beads** *astron.* पूर्ण सूर्य ग्रहण के बाद चंद्रमा के किनारों पर दिखने वाले चमकीले धब्बे

bailiff /बेलिफ/ *n. law UK* 1 कारिंदा 2 कुड़की करवाकर सामान जब्त करने वाला अधिकारी 3 *US* अदालत में कैदियों का पहरा देने वाला, शेरिफ का नायब, अमीन 4 संपत्ति का रखवाला

bailiwick /बेलिविक/ *n., often slightly facetious* किसी का प्राधिकार क्षेत्र (area of jurisdiction)

bailout /बेलाउट/ *n. mainly US* किसी कंपनी को उसके आर्थिक संकट को हल करने के लिए सरकार द्वारा दी जाने वाली राशि

bain-marie /बिंमैरी/ बैंमैरी/ *n., pl., Fr.* **bain-maries**, *cookery* गर्म पानी से भरा पतीला आदि जिसमें किसी बर्तन को रखकर व्यंजन पकाया या गर्म रखा जाता है

bairn /बेअ:न/ *n., dialect, Scot.* बच्चा

bait /बेट/ *n.* 1 मछली या जानवरों को फांसने के लिए डाले गए भोजन या उसके टुकड़े: worms as ~ for fish 2 प्रलोभन: the ~ being too tantalizing to resist 3 घोड़ों को चारा खिलाने की क्रिया 4 कुत्तों द्वारा रौंदा जाने की क्रिया 5 चूहों आदि के लिए जहर 6 पड़ाव, ठहराव 7 रास्ते के लिए खाना;

v., pt. **~ed**, *pp* **~ing** 1 मछली पकड़ने की छड़ी पर भोजन के टुकड़े आदि लगाकर उन्हें फंसाना 2 लुभाना, ललचाना, प्रलोभन दे. 3 जानबूझकर खिल्ली उड़ाकर किसी को सताना, परेशान क.;

dw/lw: **~-and-switch** *n.* सस्ते दामों के विज्ञापन द्वारा ग्राहकों को आकर्षित करके ऊंचे दामों की वस्तुएं बेचने की चाल; **~ed** /बेटिड/ *adj.* संतप्त; **~er** /बेट:/ *n.* 1 प्रलोभन देकर फंसाने वाला 2 को सताने वाला: Negro-~er; Jew-~er; Red-~er; **~ing** /बेटिंग/ *n.* 1 संतापन, उत्पीड़न, अत्याचार: *dalit*-baiting; Negro-baiting; Jew-baiting; Red-baiting; bull-baiting 2 पड़ाव, ठहराव 3 घोड़ों को चारा खिलाने की क्रिया;

collocations: **bear-~ing** भालू का उत्पीड़न;

p&i: **~ hides the hook** ऊपर शहद, नीचे जहर;

fish or cut ~ *US* कोई काम करने का फैसला कर ले., 'हां' या 'न' कहना; **rise to the/ jump at the/ swallow the ~** प्रलोभन में फंसना

baize /बेज/ *n.* बिलियर्ड, कार्ड आदि की मेजों पर बिछाने का मोटा ऊनी कपड़ा, बनात: the green ~ on a billiard-table

ba\ke /बेक/ *v., pt.* **~ked**, *pp* **~king** 1 सूखी आग या अंगारों पर कुछ पकाना या भूनना: **~ke** a pie 2 सूरज के ताप से या आग पर रखकर किसी चीज को सुखाना व सख्त बनाना या सूखना तथा सख्त बनना: lips **~ked** with heat; the sun is baking the ground

through and through 3 धूप-स्नान क.: she **~ked** all day in the sun 4 ताप से सख्त हो.: the clay **~ked**;
dw/lw: **~ked** *adj.* भुना हुआ; **~kehouse** *n., old use* बेकरी, ब्रेड बनाने का कारखाना; **~ker** *n.* ब्रेड और केक बनाने वाला, नानबाई; **~kery** /बेकरि/ *n.* ब्रेड बनाने की दुकान, पावरोटी (या बिस्कुट) कारखाना, नानबाई की दूकान; **~king** /बेकिंग/ *adj.* 1 बहुत गर्म, इतना गर्म कि रोटी पकाई जा सके: ~king flour; ~king powder/ ~king soda (पाक चूर्ण, खमीर उठाने का पाउडर, खाना पकाने का सोडा) 2 पकाने के लिए: ~king coal; ~king sheet/ ~king tray (खाना भूनने की धातु की छोटी-सी चादर); **~king** *n.* सूखे ताप से पकाने की क्रिया, भुनाई: ~ing of *tandoori roti*; **~king capacity/ strength** रोटी पकाने या बनाने की क्षमता; **~king quality** रोटी पकाने या बनाने की गुणवत्ता;
collocations: **~ked Alaska** एक प्रकार का मिष्टान्न; **~ked beans** सेम के भुने दाने; **~ked potato** (*also* **jacket potato**) भुना आलू; **~ker's dozen** तेरही या तेरहवीं (कम तोल के आरोप से बचने के लिए मध्ययुगीन बेकर एक दर्जन रोटियों की बजाए एक अतिरिक्त यानी तेरहवीं रोटी देते थे); **~ked wind** शेखी, डींग; **~ker's = bakery** ब्रेड की दुकान; **~ker's feet/ leg(s)/ knees** *med.* अंदर की ओर मुड़े घुटने;
p&i: **~ baker** कठिनाइयों से टकराना, कठिन काम शुरू क.

bakelite /बेकलाइट/ *n., tradem.* बेकलाइट, सख्त प्लास्टिक जिससे पहले प्लेटें आदि बर्तन व बटन बनाए जाते थे

bakery *see above under* **bake: *dw/lw***

B.A.L *abbr.* 'Bachelor of Academic Laws' की प्रथमाक्षरी

BAL *abbr.* 'blood alcohol level' की प्रथमाक्षरी

Balaamite /बेलअमाइट/ *n.* 1 धर्म को अपने स्वार्थ के लिए प्रयोग करने वाला व्यक्ति 2 पाखंडी, ढोंगी, जोगड़ा 3 ढोंगी औरत

balalaika /बलालायका/ (*Rus.* **балала́йка**) *n., pl.* **~s/ balalaiki (балала́йки)** एक रूसी वाद्य, गिटार का एक अत्यंत सरल रूप

balan\ce /बैलंस/ *n.* 1 (***syn.*** equilibrium) संतुलन, सामंजस्य, समतोल: stable **~ce**; **~ce** of power; maintain a strict **~ce** of forces; hold the **~ce** even; stable **~ce** 2 तुला, कांटा, तराजू: quick/ Roman **~ce**; a pair of **~ce**; tip the **~ce**; assay **~ce** (परीक्षण तुला) 3 तराजू का पलड़ा 4 पासंग, संतुलन भार, प्रतिभार 5 मानसिक संतुलन, समरसता, मन की शांति: keep/ hold/ preserve one's **~ce**; the unexpected blow threw him off his **~ce**; be off one's **~ce**; lose one's **~ce**; kept his **~ce** even at the most trying moments 6 न्यायशीलता 7 बकाया (राशि), शेष, बाकी: **~ce** in hand; **~ce** of an account; he spent the **~ce** of his life in travel 8 प्राप्त राशि और खर्च की गई राशि में अंतर: **~ce** of payments 9 निर्णायक तत्त्व: hold the **~ce**; the **~ce** of advantage lies with him 10 आयात-निर्यात में मूल्यांतर: trade **~ce**/ **~ce** of trade; favourable/ unfavourable **~ce** (अनुकूल या प्रतिकूल व्यापारांतर) 11 *constellation, zodiac sign* तुला राशि;
v., pt. **~ced**, *pp* **~cing** 1 संतुलित हो., क. या रखना: the clown **~ced** a stick on his nose; **~ce** oneself; the little boy was **~cing** himself on the edge of a chair 2 तोलना 3 संतुलन बनाए रखना, समरसता बनाए रखना 4 तुलना क.: she **~ced** her answer to the sum with his answer 5 अनुकूल-प्रतिकूल पहलुओं को तोलना: **~ce** probabilities; we must **~ce** our chances of success and failure 6 शेष या बकाया निकालना 7 जमा-खाता बराबर क.: the accounts don't **~ce**; compute and **~ce** one's gain and loss 8 चुकता क. 9 विदेश व्यापार को संतुलित क. यानी आयात और निर्यात में अंतर मिटाना: **~ce** foreign trade 10 अच्छी तरह सोच-विचार क.: it was necessary to **~ce** the matter over before reaching any decision 11 धीमा क., दुविधा में हो.: **~ce** in indecision; a disposition to **~ce** and temporize (धीमापन और दुविधा में होने का स्वभाव) 12 (***syn.*** offset) की पूर्ति क., को निरपेक्ष (neutralize) क.: her lack of politeness was **~ced** by her readiness to help 13 दो पक्षों का बराबर का हो.: the teams were perfectly **~ced**;
dw/lw: **~ced** /बैलंस्ट/ *adj.* 1 संतुलित: a ~ced diet/ meal; ~ced type 2 सुविचारित, सुविवेचित: ~ced judgment 3 समरस, संतुलित: ~ced composition; ~ced reduction of armaments; **~cing** /बैलंसिंग/ *adj.* संतुलित करने वाला, संतोलक; **~cing** *n.* संतुलित करने की क्रिया या कार्य;
collocations: **~ce beam** 1 तुला-संतोलक 2 उठाऊ पुल का संतोलक 3 जिमनास्टिक्स में संतुलक दंड; **~ce bridge** उठाऊ पुल; **~ce of advantage** लाभ की स्थिति; **~ce distinguishes not between gold and lead** न्याय की तराजू में सब बराबर; **~ce due** देय, जो राशि अभी देनी है, घाटा; **~ce in hand** रोकड़बाकी, शेष राशि; **~ce of mind** मानसिक संतुलन; **~ce of nature** प्राकृतिक संतुलन; **~ce of payments** *econ.* भुगतान संतुलन; **~ce of power** शक्ति संतुलन: hold the ~ce of power (शक्ति-संतुलन बनाए रखना); **~ce of weight** पासंग; **~ce of trade** आयात-निर्यात में मूल्यांतर, व्यापारांतर; **~ce sheet** किसी कंपनी की आय और खर्चे के लेखा-जोखे का ब्योरा, तुलन-पत्र, पक्का चिट्ठा; **~ce the books/ budget** हिसाब या बजट को संतुलित रखना; **~ce wheel** संतोलक चक्र, संतोलक पहिया; **~ing act** 1 संतुलित करने की क्रिया 2 भिन्न-भिन्न पक्षों में सामंजस्य बनाने का कार्य; **closing ~ce** अंतशेष, इतिशेष; **on ~ce** माप-तोलकर बना संतुलित विचार; opening **~ce** अथशेष, रोकड़-जमा; **outstanding ~ce** बाकी शेष, बकाया जमा; **the ~ce out** राशियों का बराबर हो.;
p&i: **~ce sth against sth** (*often* **~ce sth against sth else**) दो संभावनाओं/ विकल्पों/ बातों के बीच तुलना क.; **be/ hang in the ~ce** अधर में लटकना, मुसीबत में हो.: the future is in the ~ce (भविष्य अधर में लटका है); **be off/ lose one's ~ce** मानसिक संतुलन खोना, आपे से बाहर हो.; **hold the ~ce** नियंत्रित क., सत्ता हाथ में हो; **keep one's ~ce** स्थिर रहना, संभाले रहना, आपा न खोना, शांत रहना; **strike a ~ce** 1 समझौता क., संतुलन स्थापित क. 2 निष्कर्ष निकालना; **swing/ tremble in the ~ce** कच्चे धागे से बंधकर लटकने जैसी स्थिति में हो., भीषण मुसीबत में हो.; **throw sb off ~ce** किसी को आपे से बाहर क.; **turn the ~ce** निर्णायक हो.: a moth will turn the ~ce (एक पतंगा भी तकदीर बदल सकता है); **upon/ on a ~ce** अच्छी प्रकार सोच-विचार करने पर; **weigh in the ~ce** हर दृष्टिकोण से सोच-विचार क.

BALCO *abbr.* 'Bharat Aluminium Company Limited' की प्रथमाक्षरी

balconet/ balconette /बैलकअनेट/ *n.* खिड़की के ऊपर छज्जा

balcony /बैलकनी/ *n., pl.* **balconies** 1 बाल्कोनी, दूसरी और उससे ऊपर की मंजिलों पर कमरे से बाहर बना छज्जा जिसमें बैठा या खड़ा हुआ जा सकता है 2 छज्जा, बारजा 3 रंगशाला या सिनेमाघरों आदि में दूसरी मंजिल के स्तर पर बने बैठने के स्थान

bald /बॉल्ड/ *adj.* 1 गंजा: ~ patch 2 *lit.* (***syn.*** flat, plain) अनलंकृत, सपाट: ~ style 3 नीरस, शुष्क (***syn.*** dull): ~ prose 4 (***syn.*** blunt) रूखा, मुंहफट: the ~ truth; a ~ statement of fact 5 नंगा, अनावृत, गंजा: ~ as a coot (पूरी तरह गंजा); ~ hill 6 सुस्पष्ट: a ~ lie (सफेद झूठ); ~ egoism; ~ rudeness;
dw/lw: **~-faced** (***syn.*** brazen-faced, blatant) *adj.* निहायत बेशर्मी से भ्रष्ट व्यवहार करने वाला; **~-headed** *adj.* 1 गंजा, खल्वाट 2 असंतुलित या बेलगाम व्यक्ति; **~ing** *adj.* गंजियाता हुआ, जिसके सिर के बाल झड़ रहे हो, गंजा होता हुआ; **~ist** /बॉल्डिस्ट/ *n.* खल्वाटप्राय, गंजानुमा; **~ly** *adv.* दो टूक (बात क.), नीरस ढंग से, रूखेपन से: told them ~ly they were not wanted (उन्हें दो टूक बता दिया गया कि वे वहां से चले जाएं); put

it ~ly; the room was ~ly furnished (फर्नीचर के नाम पर कमरे में कुछ न था); **~ness** (*also techn. equiv.* **alopecia**) *n.* 1 गंजापन, खल्वाटता, गंज, गंजापन 2 अलंकारहीनता; **~y** (*also* **baldie**) *n.* गंजा आदमी;

collocations: **~ eagle** *US* अमेरिका का राष्ट्रीय चिह्न, गंजा बाज, जिसे उसके सफेद सिर और गर्दन तथा काली धड़ की वजह से ऐसा नाम दिया गया है; **~ facts** दो टूक बात या तथ्य; **~ pate** नंगे-पेट बत्तख;

p&i: **~ head is soon shaven** गंजा सिर जल्दी से मुंड जाता है;

as ~ as a coot/ a billiard ball/ an egg बिल्कुल गंजा; **jerk sb ~-headed** नाकों चने चबवाना

balda\chino/ ~chin/ ~quin /बेल्डअकीनो/ बॉल्डअकीन/ बॉल्डअक्वीन/ *n., pl.* **~chinos** 1 (***syn.*** canopy) चार पाये या चार स्तंभों वाली चौकोर छातानुमा संरचना जिसे धार्मिक प्रदर्शनों में ग्रंथों व अन्य वस्तुओं के रक्षात्मक आवरण के रूप में बनाया जाता है 2 वितान 3 चर्च आदि में बनाई हुई कैनपी (canopy)

balderdash /बॉल्डःडैश/ *n.* बकवाद, बकबक, बकवास, प्रलाप

baldric/ baldrick /बेल्ड्रिक/ बॉल्ड्रिक/ *n.* 1 तलवार आदि टांगने के लिए चमड़े या रेशम की बनी पेटी या कमरबंद 2 परतला, परतली

baldwin /बॉःल्डविन/ *n.* बाल्डविन सेब

ba\le /बेल/ *n.* 1 भार, गट्ठर, गठरी, गांठ, भरोटा (*Hr.*): a **~le** of cotton 2 हानि, नुकसान;

v., pt. **~led,** *pp* **~ling** 1 भरोटे बनाना, पूली बनाना, गठरी बांधना 2 नाव आदि में से बाल्टी आदि द्वारा पानी निकालना, उलीचना 3 (*usually* **~le out**) विमान या हेलिकॉप्टर से पैराशूट से कूदकर जान बचाना;

dw/lw: **~le-fire** उत्सव-अग्नि; **~leful** *adj.* 1 हानिकारक: ~leful weeds 2 अनिष्टकर, विषादपूर्ण: give a ~leful look 3 दुष्ट, बुरा: ~leful envy/ prejudices 4 क्रूर, निष्ठुर 5 क्रुद्ध: ~leful stare; **~lefully** *adv.* दुष्टतापूर्वक, हानिकारक ढंग से; **~lefulness** *n.* हानि, अनिष्टता, दुष्टता; **~le-goods** *n., [pl.]* गांठों में बंधा सामान; **~leless** अहानिकर; **~ler** /बेलः/ *n.* घास या चारा की गांठें या भरोटे बनाने की मशीन;

p&: **~le out** विमान या हेलिकॉप्टर से पैराशूट से कूदकर बचना

baleen /बलीन/ बैलीन/ *n.* ह्वेल मछली की हड्डी (whalebone), बैलीन, कचकड़: ~ whale

baleful /~fully/ baler *see above under* **bale:*dw***

Balinese /बालिनीज/ *adj.* 1 बाली द्वीप निवासी 2 बाली भाषा

balk *US* /बाक/ (*also UK* **baulk**) /बॉल्क/ *v., pt.* **~ed,** *pp* **~ing** 1 रुकावट डालना, बाधा डालना, रोकना: ~ progress be **~ed**; the enemy is **~ed**; he was **~ed** in his plans 2 (*usually* **~ at sth**) आपत्ति क., हिचकिचाना, जाने से मना कर दे. अप्रिय कार्य करने से इन्कार क., ठुकरा दे.: ~ an unpleasant duty; she was **~ing** at the price 3 से जी चुराना, जाने दे., पास से गुजर जा., तवज्जो न दे.: ~ an opportunity/ a chance; ~ one's turn; death **~s** no creature 4 अड़ जाना, अचानक रुक जाना: the horse **~ed** a leap;

n. (*called* **~ line**) 1 (***syn.*** beam) शहतीर 2 (***syn.*** ridge) मेंड़, मेड़ 3 रुकावट, बाधा: proceed without **~s** 4 गलती, भूल: make a ~ 5 निराशा, विफलता 6 meet with a ~; have a sad ~;

dw/lw: **~y** /बॉकी/ *adj.* 1 हठी, अड़ियल 2 बेचैन

collocations: **~ line** दंड रेखा;

p&i: **make a ~ of good ground** अच्छा अवसर गंवा दे.

Balkan /बॉल्क\न/ *adj.* काला सागर (Black Sea), ऐड्रियाटिक सागर (Adriatic Sea) और ऐजिअन (Aegean Sea) सागर से घिरे और दक्षिण-पूर्व यूरोप में स्थित बलकान प्रायद्वीप के देशों से संबंधित;

dw/lw: **~isation** /~नाइजेशन/ *n.* किसी देश का परस्पर शत्रुतापूर्ण देशों या टुकड़ों में बंटवारा; **~ize/ ~ise** (*also* **balkan\ize/ balkan\ise**) /~नाइज/ *v. pt* ~ized, *pp* ~izing किसी देश को परस्पर शत्रुतापूर्ण देशों या टुकड़ों में बांटना (जैसे भारत या यूगोस्लाविया के टुकड़े किए गए);

collocations: **(the Balkans)** सावा (Sava) और दैन्यूब (Danube) नदियों के दक्षिण में बसे बल्गारिया आदि देश

balky *see above under* **balk: *dw/lw***

ball /बॉल/ *n.* 1 गेंद: the ~ is in; dead ~/ ~ out of play 2 गोला, पिंड: the earth is a ~; the terrestrial ~; a ~ of wool; moth **~s** (नैफ्थिलीन की गोलियां); **~s** of mud; ~ of fire (the sun) 3 शरीर का कोई गोलाकार अंग: the eye-~; the ~ of the knee 4 गेंद की फेंक (in cricket, etc.): wide ~; good ~ 5 बम का गोला, गोली: smoke ~ 6 बॉल नृत्य, सामूहिक नाच, आधिकारिक अवसर या पार्टी जिसमें लोग नृत्य करते हैं: we danced a lot at the ~; costume ~ (छद्म वेश नृत्य); give a ~ (बॉल नृत्य पार्टी क.) 7 (*usually* **balls**) *coarse sl.* पुरुषांड, अंडकोश (testicles) 8.1 अंडे 8.2 (**balls!**) बकवास!;

v., pt. **~ed,** *pp* **~ing** 1 गोल बनाना, गोलाकार बनाना 2 गोला बनाना, धागों आदि का गोला बनाना: ~ up (1गड़बड़-शड़बड़ क. 2 घालमेल क., बर्बाद क., नष्ट क. 3 रुकावट पैदा क.);

dw/lw: **~-bearing** *n.* बॉल बेयरिंग; **~-boy/ ~-girl** *n., tennis* टेनिस आदि के खेल में कोर्ट से बाहर जाती गेंद को पकड़कर खिलाड़ियों को देने वाला लड़का या लड़की; **~-breaker** *n.* यौन रूप से उग्र महिला जो पुरुष के विश्वास को चकनाचूर कर देती है; **~-cartridge** /बॉल-कैट्रिज/ *n.* सामान्य उपयोग का सैनिक कारतूस; **~-cock** *n.* टंकी की टोंटी या पानी नियंत्रक गोला; **~ed** *adj.* गोलाकार, कंदुकीकृत; **~ing** *n.* 1 ऊन आदि का गोला बनाने की क्रिया 2 क्रिकेट में गेंद फेंकने की क्रिया; **~room** *n.* नृत्य के लिए बड़ा कक्ष या हॉल; **balls/ ~s** *coarse sl.* 1 बकवास! 2 साहस: it took ~s to admit it; she's got ~s 3 अंडकोश; **~ism** /बैलिजम/ *n., med.* कंपन, कंपन-लकवा; **~s-up** *n., Br., coarse sl.* 1 गड़बड-शड़बड़ 2 उल्ट-पुल्ट: made a total ~s-up of the accounts;

collocations: **~-and-socket joint** 1 (***syn.*** hinge) गोलीदार चूल: ~-and-socket joint (1 ऐसा जोड़, जैसे शरीर में कंधों या घुटनों का जोड़, जिसमें एक अंग का गेंदनुमा या गोलाकार सिरा दूसरे अंग के प्यालानुमा सिरे में लग कर आसानी से घूम सकता है 2 कंदुक-खल्लिका-संधि, उलूखल-संधि; **~ dress** नृत्य वेश, नृत्य-परिधान; **~ estimate/ figure** लगभग, अनुमानित आंकड़ा; **~ game** 1 बेसबाल, बास्किटबाल या अमेरिकी फुट रेल; **~ hawk** अमेरिकी फुटबाल, बेसबाल व बास्किटबाल में गेंद को फुर्ती से झपट लेने वाला खिलाड़ी; **~ hockey** सूखी सख्त सतह पर गेंद के साथ खेली जाने वाली आइस-हॉकी की एक प्रकार; **~ park** *US* बेसबाल के खेल में बालपार्क; **~point/ ~point pen** बालपुआइंट पैन; **~room** नाचघर, नृत्यशाला; **~room dancing** नाच-घर में नाच;

p&i: **~ and chain** कैदी की बेड़ियां; **~ is in your court** अब कार्रवाई करने की बारी आपकी है; **~ of fire** 1 उफनते रोमांच भरी सुंदरी, सुंदर औरत 2 जीवंत/ जिंदादिल आदमी 3 एक गिलास ब्रांडी 4 सूर्य देव; **~ of fortune** किस्मत का खिलौना; **~ of lead** *sl.* सिर; **~ of muscle** महाबली; **~ up** रुकावट आना, फंसना;

a whole different/ new ~ game *colloq.* बिल्कुल अलग स्थिति या बात; **behind the eight ball** कठिन स्थिति में हो. **be on the ~** *colloq.* हाजिर जवाब हो., तुरंत कार्रवाई क.; **bounce like a ~** ऊर्जा से ओतप्रोत हो.; **carry the ~** 1 सक्रियता से काम क., मुख्य भूमिका निभाना 2 जिम्मेवारी निभाना, गले पड़ा ढोल बजाना; **catch/ take the ~ before the bound** जल्दी क., आगे निकलकर रोकना या रास्ता काटना; **get on the ~!** जल्दी करो!; **have a ~** आनंद ले., समय बहुत अच्छी तरह कटना या बीतना; **have a lot on the ~** *US* अत्यधिक हुनरमंद, जानकार व अनुभवी हो., घाट-घाट का पानी पिए हो.; **have the ~ at one's feet** सबसे अनुकूल अवसर हो., स्थिति काबू में हो.; **hit the ~** मेहनत क., काम क.; **in the same ~** में

समानता हो.; **keep up the ~/ keep the ~ rolling** काम या बातचीत जारी रखना; **keep one's eyes on the ~** पूर्णतः सचेत, सतर्क और चौकन्ना रहना; **open the ~** 1 नृत्य आरम्भ क. 2 काम शुरू क.; **play ~ with** *colloq.* सहयोग क.; **(as) round as ~** गेंद-सा गोल-मटोल हो.; **start/ set/ keep the ~ rolling** किसी काम या वार्तालाप को आरंभ क., श्रीगणेश क. और जारी रखना; **shoot the ~ into one's own goal** अपना ही नुकसान क.; **strike the ~ under the line** असफल हो.; **take up the ~** बातचीत में शामिल हो.; **that is the way the ~ bounces** जमाने की यही रीत है; **the ~ is with you** आपकी बारी!; **the three golden ~s** यूरोप के पहले तीन बड़े सूदखोरों की दुकान पर लटका संकेतक; **the whole ~ of wax** सारे का सारा, सारी चीज: panic and cry the whole ~ of wax; **you play ~ with me and I play ~ with you** (quid pro quo) आप मेरा साथ दें, मैं आपका

ballad /बैलड/ *n.* 1 एक मंद, रोमांसवादी गीत 2 लोक(वीर) गाथा-गीत: ~ stanza;
dw/lw: **~eer** /बैलैडिअः/ *n.* वीरगाथा-गीतकार, वीरगाथागायक; **~ist** /बैलैडिस्ट/ *n.* गाथाकार, गाथागायक; **ballad-monger** *n.* वीरगाथा लेखक या वीरगाथा गा-गाकर पैसे कमाने वाला 2 *derog.* तुकबंदी करने वाला; **~ry** /बैलैड्रि/ *n.* एक विधा के रूप में गाथा, काव्य गायन;
collocations: **~ opera** लोकप्रिय संगीत के साथ एक वीर-गाथा नाटक

ballade /बैलाड/ *n.* 1 गाथा-गीत 2 समत्रिपदी, त्रिपंक्ति पद कविता

ballast /बैलस्ट/ *n.* 1 स्थिरता के लिए रखा जाने वाला बोझ या धड़ा, स्थिरक भार, पूरक भार (जैसे खाली जहाज में संतुलन बनाए रखने के लिए या गर्म हवा के गुब्बारे को स्थिर करने के लिए): ~ lamp 2 कोई भी स्थिरता या संतुलन प्रदान करने वाला तत्त्व, वस्तु, बात या नीति: have no/ lack ~; mental ~ 3 (***syn.*** gravel) गिट्टी, कंकड़, रोड़ी: ~ trimming; ~ road;
***v.**, pt.* **~ed**, *pp* **~ing** 1 जहाज आदि में स्थिरक लादना 2 संतुलित क., शांत क., संजीदा बनाना: ~ impetuosity (उग्रता को संतुलित क.);
p&i: **have no ~** कोई स्थिर विचारधारा न हो.

ballatomane /बेलअटअमेन/ *n.* नृत्यनाटक-प्रेमी, बैले प्रेमी

ballerina /बैलिरीना/ **(балерúна)** *n., pl.* **~s/ balleriny (балерúны)** बैले नृत्यांगना/ नर्तकी

ballet /बैले/ *n.* 1 एक ऐसा नृत्य जिसके माध्यम से रंगशाला में कहानी बखान की जाती है, बैले 2 बैले नृत्य की कहानी या उसका आयोजन, बैले नृत्यकारों का समूह;
dw/lw: **~-dancer** *n.* बैले नर्तक, बैले नृत्यांगना/ नर्तकी; **~ic** /बेलेटिक/ *adj.* 1 रमणीय, मनोहर 2 बैले नाटक संबंधी

ballistic /बअलिस्टिक/ *adj.* 1 प्राक्षेपिक, प्रक्षेप-: ~ weapons 2 प्रक्षेपास्त्र संबंधी: ~ rocket; ~ course/ path, trajectory; ~ data; ~ pendulum (प्राक्षेपिक लोलक) 3 उग्र: go ~ (*see below under* ***p&i***);
dw/lw: **~s** /बअलिस्टिक्स/ *n.* प्राक्षेपिकी, प्रक्षेपण विज्ञान, अस्त्र-विज्ञान: sending a weapon to ~ for examination;
collocations: **~ missile** प्राक्षेपिक मिसाइल;
p&i: **go ~** *sl.* 1 अति क्रुद्ध हो 2 तेजी से ऊपर चढ़ना: prices have gone ~

ballonet /बैलअनेट/ *n.* गुब्बारक

balloon /बलून/ *n.* 1 गुब्बारा, बैलून: ~ barrage (गुब्बारों का घेरा): toy ~ 2 हवाई गुब्बारा: dirigible/ navigable ~ 3 टायर: ~ envelope 4 ऐरोस्टेट (गुब्बारे) का आवरण: trail ~; radio - sounding ~; ~ apron/ barrage; ~ bed (ऐरोस्टेट स्टैंड); ~ fabric 5 फूली हुई कोई चीज, पानी (साबुन) के बुलबुले, अचिरस्थायी वस्तु या क्रिया: the hollow ~ of applause 6 गेंदनुमा वस्तु;
***v.**, pt.* **~ed**, *pp* **~ing** अकस्मात् फूलना, बढ़ना: prices **~ed** of late;
dw/lw: **~-borne** *adj.* = **~-carried** गुब्बारे द्वारा ले जाया जाने वाला: ~-carried rocket; **~ing** /बैलूनिंग/ *n.* गुब्बारे की उड़ान; **~ist** /बैलूनिस्ट/ (*also* **~er**) *n.* गुब्बारा-यात्री;
p&i: **go ~ing** गुब्बारे में यात्रा क.; **like a lead ~** कोई फर्क नहीं पड़ा; **the ~ goes up** बखेड़ा शुरू हो गया; **trial ~** परीक्षण गुब्बारा; **when the ~ goes up** यहीं से तो मुसीबत शुरू होती है

ballot /बैलट/ *n.* 1 मत-पत्र 2 गुप्त मतदान प्रणाली 3 गुप्त मतदान की क्रिया 4 कुल मत या मत-पत्र: the ~ supported the honest candidates;
v.**, pt.* **~ed**, *pp* **~ing** *UK* (syn.*** poll) गुप्त मतदान क.;
dw/lw: **~-box** मतपेटी: stuff the ~box; **~-rigging** मतदान में हेराफेरी;
collocations: **~-box stuffing** मतपेटियों को जबरदस्ती मत ठूंसकर भरने की क्रिया; **~ paper** मतपत्र; **single ~** एक बार डाला जाने वाला मत-पत्र; **successive ~s** कई बार डाला जाने वाला मत-पत्र;
p&i: **elect/ vote by ~** मत-पत्र द्वारा मत डालना व चुनना; **stuff the ~box** (rig the election) फर्जी मत डालना; **take a ~** मत लेना

ballottement /बलौटमंट/ *US* बलाःटमंट/ *n., med.* 1 हाथ से दबाकर भ्रूण (fetus) आदि की गति का पता लगाकर गर्भधारण अवस्था को जानने की क्रिया 2 इसी तरीके से किसी अंग में पथरी आदि की पहचान

balls\y /बॉल्जि/ *adj., degr.* **~ier**, **~iest** *sl.* 1 (***syn.*** gutsy) हिम्मती, बहादुर 2 (***syn.*** tough) मजबूत

ball\y /बैलि/ *adj., degr.* **~ier**, **~iest** *dated, Br., colloq., euphemism* (***syn.*** bloody) बेहूदा, बदतमीज: what a **~y** nuisance!;
***v.** pt.* **~ied**, *pp* **~ying** बेहूदगी या बदतमीजी क.

ballyhoo /बैलिहू/ *n.* 1 होहल्ला, शोरगुल: what's all the ~ about? 2 धूमधामपूर्ण विज्ञापन;
***v.** pt.* **~ed**, *pp* **~ing** 1 होहल्ला या शोरगुल क. 2 सनसनीखेज विज्ञापन निकालना;
p&i: **~ of blazes** छोटा-मोटा जहाज

balm /बाम/ (*also* **balsam**) *n.* 1 बाम, (सुगंधित व कल्याणकारी) मलहम: lemon ~ 2 दुखहर, पीड़ाहर वस्तु या बात: ~ for a sad heart; pour ~ into sb's wounds 3 सुखदायक वस्तु: is there no ~ in Gilead? (क्या कहीं सुकून नहीं मिलेगा?);
dw/lw: **~y** /बामि/ *adj., degr.* ~ier, ~iest 1 बाम की तरह सुखदायक: ~y sap; ~y ointment 2 सुगंधित तथा सुहावना: the ~y breath of spring; the ~y perfume of roses 3 आराम, चैन और सुकून देने वाला, शांतिदायक: the ~y slumbers of youth; ~ talk 4 *sl.* मूर्ख, मंद बुद्धि: he's ~y; ~y on the crumpet (पागल);
collocations: **heart ~** पुरानी प्रेमिका या मंगेतर को आर्थिक क्षतिपूर्ति;
p&i: **~ in the Gilead** सांत्वना, सुकून

balneal /बैल्निअल/ *adj., med.* स्नान से संबंधित

balneary /बैल्निअरि/ *n.* 1 स्नानघर 2 चिकित्सकीय खनिज स्नान 3 *med.* चिकित्सकीय स्नानघर

balneo- /बैल्निओ/ *component of complex words* संयुक्त शब्दों का भाग, स्नान-;
dw/lw: **~logy** /बैल्निऑलजि/ *n.* स्नान-चिकित्सा-विज्ञान; **~therapy** /बैल्निअथेरपि/ *n.* स्नान-चिकित्सा

baloney/ boloney /बलोनि/ *n., sl.* बकवास, बकबक, कपट वार्ता

balsa /बॉःल्सा/ *n., pl.* **~s** उष्णकटिबंधी (tropical) अमेरिकी पेड़ जिससे मॉडल बनाए जाते हैं

balsam /बॉल्स\म/ *n.* 1 = **balm** मलहम 2 गोंद जिससे बाम बनता है;

***dw/lw:* ~ic** /बॉल्सैमिक/ *adj.* 1 बाल्जम से बना 2 सुगंधित 3 दर्द निवारक, आरामदायक; **~iferous** /~मिफरस/ *n.* बालसमधारी;
***collocations:* ~ic vinegar** एक काला मीठा इतालवी सिरका; **~ tree** मोखा; **garden** ~ गुलमेहंदी

Balt /बाल्ट/ *n.* 1 बाल्टिक क्षेत्रवासी 2 बाल्टिक भाषा-भाषी व्यक्ति

Baltic /बाल्टिक/ *adj.* 1 बाल्टीय, बाल्टिक (सागर, देश) 2 बाल्टीय क्षेत्र के स्वतंत्र देशों यानी इस्तोनिया (Estonia), लात्विया (Latvia) और लिथुएनिया (Lithuania) आदि देशों से संबंधित

balust\er /बैलस्टः/ *n.* सीढ़ियों का जंगला या उसकी छड़;
***dw/lw:* ~rade** /बैलस्ट्रेड/ *n.* सीढ़ियों के जंगले की छड़ों की कतार

bam /बैम/ *n.* 1 गोली चलने जैसा धमाका 2 अचानक होने वाली बात

bambino /बैंबीनो/ *n.* 1 छोटा बच्चा 2 शिशु ईसा का चित्र

bamboo /बैंबू/ *n., pl.* **~s** 1 बांस 2 बांस के डंडे;
***v., pt.* ~ed**, *pp* **~ing** बांस के डंडे या लाठी से सजा दे.;
***collocations:* ~ curtain** वेणुकपाट, बांस का पर्दा;
***p&i:* give sb the ~** मजा चखाना, सजा दे., बंबू क.

bamboo\zle /बैंबूजल/ *v., pt.* **~zled**, *pp* **~zling** 1 धोखा दे., ठगी क.: **~zle** sth out of sb; **~zle** sb into sth (किसी को धोखे से किसी चीज में फंसा लेना) 2 हतप्रभ क., चौंका दे., हक्का-बक्का क.;
***dw/lw:* ~zlement** /~मंट/ *n.* 1 धोखा, ठगी 2 हतप्रभता; **~zler** *n.* ठग, धोखेबाज

BAMS *abbr.* 'Bachelor of Ayurvedic Medicine & Surgery' की प्रथमाक्षरी

ban /बैन/ *v., pt.* **~ned**, *pp* **~ning** 1 (***syn.*** prohibit) प्रतिबंध लगाना, वर्जित क., मना क., निषेध क.: **~ned** from the club; ~ demonstration/ a meeting; ~ a newspaper 2 वर्जित क.: the novel *Satanic Verses* was **~ned** in India; ~ a play 3 चर्च द्वारा बहिष्कृत किया जाना: Tolstoy was **~ned** by Russian Orthodox Church;
n. 1 प्रतिबंध, निषेध, रोक, मनाही: a ~ on plastic bags; test ~; be under a ~; impose/ put under a ~; lift the ~ 2 अवैध होने की घोषणा, देश-निकाला: keep one's ~; break one's ~ 3 (***syn.*** anathema) चर्च से बहिष्कार: under the ~ 4 अभिशाप 5 निंदा: such opinions were under the ~ of society;
***dw/lw:* ~ned** *adj.* वर्जित, निषिद्ध: ~ned items

banal /बनाल/ *US* बेनल/ *adj.* 1 सामान्य, साधारण 2 घिसा-पिटा, सड़कछाप: a ~ speech; ~ remark; ~ idea 3 *hist.* सामूहिक: ~ mill;
***dw/lw:* ~ity** /बनैलिटि/ बनैलअटि/ *n., pl.* ~ities 1 घिसी-पिटी/ सड़क-छाप बात 2 घिसा-पिटापन, सड़कछापपन

banana /बनाःना/ *n., pl.* **~s** 1 केला: a hand of **~s** 2 *sl.* जोकर, मसखरा 3 *sl.* नाक;
***dw/lw:* ~land** *n. Austral.* क्वीन्जलैंड; **~-head** *n. US, sl.* मूर्ख;
***collocations:* ~ belt** उष्ण कटिबंध, गर्म जलवायु क्षेत्र; **~ republic** ऐसा गरीब देश जहां सरकार कमजोर हो और जिसकी अर्थ व्यवस्था पूर्णतः बाहरी पूंजी पर निर्भर करती है; **~ skin** 1 केले का छिलका 2 (blunder) भारी भूल 3 अकस्मात् होने वाली अपमानजनक बात; **~ split** केले का एक मीठा व्यंजन (cold dessert);
***p&i:* be/ go ~s** *sl.* पागल हो जा., बुद्धि भ्रष्ट हो जा.

banausic /बनॉःसिक/ *adj.* 1 साधारण, संकीर्ण 2 गंवार, भोंडा

Banbury /बैनबअरी/ *n.* शुद्धतावाद का गढ़ रहा इंग्लैंड का शहर बैनबरी: ~ man

banc /बैंक/ (*also* **banco** /बांको/) *n., Lat.* 1 **in ~/ in banco** (खंडपीठ) पूरी खंडपीठ या ज्युरी (jury) उपस्थित *2* स्कूली बच्चों द्वारा घर पर करने के लिए दिए हुए स्कूली काम करने की क्रिया

bancassurance /बैंक-अश्युअरंस/ *n.* बैंकों द्वारा बीमा पॉलिसियों की बिक्री

band /बैंड/ *n.* 1 गाने-बजाने वालों की टोली या मंडली, बैंड: a rock ~; military ~; ~ leader 2 अलग रंग की लाइन, धारी: the cup had a wide yellow ~ at the top 3 कपड़े की पट्टी, पट्टा, फीता: crepe ~; rubber ~ 4 पेटी, बंद (कमरबंद) जिसे शरीर के किसी भी अंग पर बांधा जाता है 5 बंधन-सूत्र: the **~s** of matrimony 6 *UK* समान विचारों व हितों वाले लोगों का समुदाय, समूह, मंडली 7 क्षेत्र: ~ of fire 8 रेडियों की तरंग-आवृत्ति: wave ~ 9 गिरोह,टोली: a ~ of robbers 10 झुंड: a ~ of wild dogs;
***v., pt.* ~ed**, *pp* **~ing** 1 एक हो., जोड़ना: the package were **~ed** together in one lot; the captain **~ed** the three units 2 एकजुट होकर संगठन बनाना: ~ people together; **~ed** by sympathy 3 किसी चीज के चारों ओर रंगीन धारी बनाना या हो.: several insects are **~ed** black and yellow 4 एक तरह की आय आदि की श्रेणी में रखना: the salaries are **~ed** into pay-bands;
dw/lw:* Band-Aid** *n., tradem.* (*also US* **~-aid**, *UK* **plaster**) 1 चमड़ी से चिपकने वाली एक विशेष प्रकार की पट्टी 2 चेपदार पट्टी 3 कामचलाऊ, अस्थायी पट्टी 4 समस्या का कामचलाऊ हल; **~box** *n.* 1 स्त्रियों के टोप रखने की पेटी 2 संदूकची, पेटी: just out of a ~box (बिल्कुल नए-नए सिले फैशनेबल कपड़े पहनना) 3 दफ्ती डिब्बा; **~-call** *n.* पूर्वाभ्यास; **~-council** कैनेडा में आदिवासियों (**Aboriginals**) की स्थानीय पंचायत; **~ed** *adj.* (syn.*** striped) पट्टित यानी भिन्न-भिन्न रंगों की पट्टियों वाला; **~ing** /बैंडिंग/ *n., UK* (*also* **streaming**) स्कूल छात्रों का स्तर-आधारित वर्गीकरण; **~-leader** *n.* संगीत-मंडली का निदेशक; **~master** *n.* शादी-ब्याह के बैंड का अगुआ; **~-saw** /बैंड-सॉ/ *n.* गोल आरा, पट्टी-आरा; **~sman** *n.* बैंड वादक; **~stand** *n.* संगीतकारों की स्टेज/ चबूतरा; **~wagon** and **~width** *see below under separate entries*;
***collocations:* ~ of hope** *facetious* दुल्हे की तलाश में अधेड़ उम्र की कुंवारी औरत;
adhesive ~ चिपकाने वाली पट्टी; **barrel ~** बेरल पट्टी; **occlusive ~** रोधन पट्टी;
***p&i:* ~ together** (*usually* **~ together/ ~ sb together**) एकजुट हो. या क.: the people ~ed together to fight the drug menace;
beat the ~ बहुत बढ़िया, अत्यधिक; **look as if one came out of a ~box** नवीनतम फैशन के कपड़े पहनकर आना; **then the ~ played** यहीं बाजा बज गया, यहीं सब कुछ समाप्त हो गया; **when the ~ begins to play** जब बाजा बजने लगा, जब बखेड़ा शुरू हुआ

banda\ge /बैंडिज/ *n.* 1 पट्टी: they put a **~ge** over his eyes 2 (*syn.* ~ gauze) घाव पर बांधी जाने वाली पट्टी;
***v., pt.* ~ged**, *pp* **~ging** पट्टी बांधना: she **~ged** his leg skilfully;
***dw/lw:* ~ging** /बैंडिजिंग/ *n.* पट्टी बांधने की क्रिया

bandanna/ bandana /बैंडैना/ *n., pl.* **~s/ ~s** बड़ा रंग-बिरंगा रूमाल

B and B ... *see in the beginning of the letter* **'B'**

bandeau /बैंडो/ *n., pl.* **~x** /बैंडोज/ 1 बालों को संभालने के लिए सिर पर बांधने की पट्टी या रिबन, सरबंद 2 आंखों की पट्टी

banderilla /बांडअरीला/ *n., pl.***~s**, *Sp.* सांड की लड़ाई में लड़ाकुओं द्वारा सांड की गर्दन में घोंपा जाने वाला तीर

banderole /बैंडिरोल/ *n.* लंबी तंग झंडी

bandicoot /बैंडिकूट/ *n.* आस्ट्रेलिया (Australia), तस्मानिया (Tasmania) और पपुआ न्यु गिनी (Papua New Guinea) में पाया जाने वाला एक शिशुधानी प्राणी, घूस;
***p&i:* as balmy/ barmy/ mad as ~** टेढ़ी टांगो वाला, बांडा; **as miserable as a ~** बेचारा, मुसीबत का मारा; **flee like a ~ before a bushfire** सिर पर पैर रखकर दौड़ना

banding *see above under* **band: *dw/lw***

bandit /बैंडिट/ *n., pl.* **~s/ ~ti** /बैंडिटी/ 1 दस्यु, डाकू, लुटेरा,

बदमाश 2 गिरोह: he has assembled a **~ti**;
dw/lw: **~o** /बैंडिटो/ (*also* **~ido**) *n., N. Amer. E from Sp.* मैक्सिको का लुटेरा; **~ry** /बैंडिट्रि/ *n.* लूटने का काम, बटमारी, लूट-खसोट;
p&i: **one-armed ~** जुआ में स्वचालित मशीन

bandobust *n. IndE* बंदोबस्त, इंतजाम, प्रबंध, तैयारी

bandog /बैंडॉग/ *n.* एक खूंखार पट्टीधारी कुत्ता;
p&i: **speak ~ and Bedlam** बकवास क.

bandoleer/ bandolier /बैंडअलिअर/ *n.* कारतूस पेटी;
dw/lw: **~ed** *adj.* कारतूस-पेटीधारी

bandolero /बैंडअलरो/ *n.* (***syn.*** highwayman) बटमार, लुटेरा

bandolier /बेंडोलिअ:/ *n.* कारतूस पेटी

bandwagon /बैंडवैगन/ *n.* 1 ऐसी गतिविधि जिसमें काफी लोग हिस्सा ले रहे हों: the IPL ~wagon has begun to roll; the reform ~ has swept across the country 2 बैंड गाड़ी, बैंड वाला ट्रक 3 *US* विजयी पक्ष: be on the ~ (चुनावों में विजयी हो.); the trend is on the history's ~ (इस रुझान की विजय को कोई नहीं टाल सकता);
p&i: **get/ jump/ climb on the ~** 1 *ironical* सफल दल-बल में शामिल हो जा., सफल अभियान में कूद पड़ना 2 बहती गंगा में हाथ धोना

bandwidth /बैंडविड्थ/ *n.* 1 रेडियो या टीवी के संकेतों के आदान-प्रदान में प्रयुक्त होने वाली तरंग-आवृत्ति की पहुंच की दूरी 2 टेलीफोन या तार से जुड़े कंप्यूटरों के बीच प्रति सेकंड आदान-प्रदान होने वाली सूचना की दर (bits/ mbps, etc.)

ban\dy /बैंडि/ *v. pt.* **~died**, *pp* **~dying** *s/he/it* **~dies** 1 सूचना को फैलाना, अफवाह फैलाना, कानों-कान खबर फैलाना: **~y** a rumour; the story was soon **~died** about; his name was **~died** about by one and all 2 बहस क., भिड़ या लड़ जा., चख-चख क.: they came near to **~dying** blows; **~dy** with nature 3 चर्चा क., कहना-सुनना, आदान-प्रदान क.: **~dy** words; **~dy** looks; how dare you **~dy** words with me? 4 फुटबाल आदि के खेल में एक दूसरे को गेंद (pass) देना: **~dy** a ball;
adj., *degr.* **~dier**, **~diest** 1 बीच में बाहर को खुले घुटने और टांगों वाले व्यक्ति से संबंधित 2 बांडा (*Hr.*);
collocations: **~dylegged** 1 बांडी (टेढ़ी) टांगों वाला, बांडा या बांडी 2 वक्रपाद 3 धनुर्जंघी;
p&i: **~y about** 1 के विषय में प्रवाद फैलना 2 फैलाना या आगे बढ़ाना: sb's name was ~ied about as the future VC 3 अनादर-पूर्वक चर्चा क. (discuss sth disparagingly);
p&i: **~dy with** के साथ गाली-गलौज क., के साथ मारपीट क., कटु शब्दों का आदान-प्रदान क.: ~dy words with sb (एक-दूसरे के साथ छींटा-कसी क. या एक-दूसरे पर ताने कसना)

bane /बेन/ *n.* 1 विष, जहर, हलाहल, अनिष्ट का कारण 2 विनाशक तत्त्व: drink has been the ~ of his life 3 शाप, अभिशाप: the ~ of sb's life; her neighbours were the ~ of her life;
dw/lw: **~ful** /बेनफुल/ *adj.* विनाशक, घातक या संहारक: the ~ful effect of alcohol;
collocations: **~ and antidote** विष और विषहर

bang /बैंग/ *n.* 1 धमाका, धड़ाका, आकस्मिक होने वाला जोर का शोर: shut the door with a ~; the gun went off with a loud ~; the ~ of the violent explosion; **~!** and the tyre exploded 2 प्रहार, आघात, शरीर के किसी अंग का किसी अन्य वस्तु से आकस्मिक टकराव, ठोकर: he got a nasty ~ on the head; ~ of elbow on the table 3 दबाव, तीव्रता, द्रुत-गति, जोशो-खरोश: he was fairly clever, but what he lacked was ~ 4 (**~s**) *US* (*UK* **fringe**) छोटे खड़े बाल या सिर के बीचोंबीच बाल काटने की शैली 5 आनंद: get a ~ out of sth 6 *sl.* अवैध दवाई का इंजेक्शन: he gave himself a ~;
v., *pt.* **~ed**, *pp* **~ing** 1 धमाका हो. या क.: the gun **~ed**; I heard a window ~ in the basement; the anvil **~ed** with hammers 2 ठोकर से शोर क., ठोकर मारना 3 टक्कर मारना या लगना: ~ against sth; ~ oneself against a tree 4 प्रहार क.: ~ a wedge with a hammer 5 (***syn.*** slam) दरवाजे को धड़ाम से बंद क.: went out and **~ed** the door behind her; the door **~ed** after him 6 (***syn.*** bump) शरीर के किसी अंग से किसी वस्तु को पीटना या उससे टकराना: he **~ed** his head as he went through the doorway; ~ the table with one's fist; **~ed** her elbow on the table; ~ a drum/ a gong 7 नशीली दवा ले.;
adv. 1 *UK* ऐन/ बिल्कुल सही समय या निशाने पर, बिल्कुल सीधे: the picture fell ~ on his head 2 अचानक: he jumped ~ out 3 बहुत अच्छा: a ~ good chappie 4 शोर करते हुए;
dw/lw: **~ed** /बैंगड/ *adj.* नशे में धुत्त: ~ed up to the eyes; **~er** /बैंग:/ *n., colloq. UK* 1 (*US* **beater**) छकड़ा, खटारा गाड़ी 2 मसालेदार ट्यूबनुमा सौसिज (sausage) 3 शोर-शराबे वाली आतिशबाजी; **~ster** /बैंग्स्ट:/ *n.* निर्दय व्यक्ति; **~-up** *adj.* बहुत अच्छा: look ~-up;
p&i: **~ about/ around** शोर करते हुए इधर-उधर डोलना; **~ away** *colloq.* किसी चीज को पीटते हुए शोर क.: banging away on an old typewriter; **~ed up** घायल, चोटिल; **~ for your buck** पैसा लगाओ, पैसा वसूल; **~ goes sth** *colloq.* खत्म, समाप्त, चौपट: ~ go his chances of promotion (उसकी पदोन्नति की संभावना खत्म हो गई); **~ into sth** गलती से किसी से या किसी चीज से टकरा जा.; **~ off** तुरंत, अभी; **~ on** *colloq.* किसी विषय पर देर तक उबाऊ ढंग से बोलना: forever ~ing on about what he did in the war; **~ on about sth** किसी चीज के बारे में देर तक उबाऊ ढंग से बातें क.; **~ on time** *colloq.* बिल्कुल सही समय पर; **~ one's head against a brickwall** व्यर्थ में सर फोड़ना, बेकार के काम में समय गंवाना; **~ out** हड़बड़ी में लिखना या टंकण (type) क.; **~ sb up** *sl.* जेल की कोठरी में बंद क.; **~ sth up** किसी चीज को नुकसान पहुंचाना; **~ to rights** 1 रंगे हाथ पकड़ाना 2 निःसंदेह, निश्चय ही;
be ~ed up about sth किसी बात को लेकर परेशान हो.; **come up with a ~** नए जोशो-खरोश के साथ काम में जुटना; **go ~** 1 धड़ाम से बंद होना 2 जोर से फटना; **go out with a ~** टांय-टांय फिस; **go with a ~/ go over with a ~** बहुत सफल होना, भारी सफलता मिलना, खुशियां मनाना, विजय मनाना; **more ~ for your buck(s)** *US* थोड़े-से प्रयास का उत्तम परिणाम

banger *see above under* **bang: *dw/lw***

bangle /बैंगल/ *n.* 1 चूड़ी, कंगन, कड़ा 2 नथनी: with **~s** in their noses;
p&i: **~ away** पैसे उड़ाना: he has ~d away a fortune

banian /बैनयन/ *n.* बरगद का पेड़

banian-hospital *n.* पशुओं का अस्पताल

banish /बैनिश/ *v., pt.* **~ed**, *pp* **~ing** 1 (***syn.*** exile) निर्वासित क.: the native population was **~ed** from the island by the colonialists; he **~ed** himself voluntarily 2 निकाल बाहर क.: ~ from the house 3 दिमाग से निकाल दे.: ~ from one's presence; the doctor said she must ~ fear and anxiety; you must ~ your shyness; ~ suspicion and we'll be friends;
dw/lw: **~ment** /बैनिशमंट/ *n.* निर्वासन, देश निकाला: ~ment for life; break ~ment

banister/ bannister /बैनिस्ट:/ *n., pl* **banisters** सीढ़ी का जंगला, रेलिंग

banjax /बैंजैक्स/ *v., pt.* **~ed**, *pp* **~ing**, *s/he/it* **~es** 1 नष्ट क., बर्बाद क. 2 बाधित क., रोकना

banjo /बैंजो/ *n., pl.* **~s/ ~es** एक वाद्य, बैंजो

bank /बैंक/ *n.* 1 बैंक, सराफा, गुलक: ~ account; keep an account at a ~; ~ deposit; ~ clerk; ~ holiday; ~ letter 2

सूदखोर की दुकान 3 (*also* **sand~**) नदी का किनारा, तट, बांध, तीर: the river overflowed its **~s** (नदी किनारों के ऊपर से बहने लगी): dig up a ~ of earth 4 स्टोर, भंडारालय: blood ~ 5 (***syn.*** mound) बर्फ, रेत या मिट्टी का ढेर, टीला, अंबार: snow **~s**; the ~ of clouds spelled rain; we ran into a ~ of fog 6 चढ़ाई, ढाल (***syn.*** slope): they had come up the ~ of the hill 7 (***syn.*** tier) पंक्ति: ~ of lights/switches/computers 8 करवट, फलक (of plane);

***v.**, pt.* **~ed**, *pp* **~ing** 1 पैसा बैंक में डालना 2 साहूकारी या सूदखोरी क. 3 बैंक चलाना या बनाना: he was a baker and his father and grandfather had been **~ing** before him 4 बैंक में जमा क., बैंक से लेन-देन क.: ~ at/ with the SBI (बैंक खाता भारतीय स्टेट बैंक में हो.) 5 संपत्ति को बेचकर पैसे में परिवर्तित क.: ~ an estate 6 बांध लगाना 7 पर भरोसा या निर्भर क.: ~ on/ upon sb's support; I was **~ing** on his honesty when I clinched the deal; you can ~ on it being true 8 ढेर में इकट्ठा क., एक के ऊपर एक करके अंबार लगना: the chairs were **~ed** one upon the other to provide room for dancing 9 पानी आदि को बांध या किनारा बनाकर रोकना: the brook (नदिया, जलधारा) was **~ed** with stone from the quarry; the river is **~ed** high on both sides 10 घेरना या घिरना: lake was **~ed** by forest from three sides 11 मुड़ते हुए एक तरफ झुककर उड़ना: a plane **~s** (हवाई जहाज ढाल /slope/ में यानी एक तरफ झुककर उड़ रहा है); the plane **~ed** steeply to the left 12 जलती आग पर कोयले का ढेर लगाना ताकि वह धीरे-धीरे सुलगती रहे: ~ up (जलती आग आदि में ईंधन डालकर उसे जलते रखना) 13 इकट्ठे काम करने के लिए एक पंक्ति में जोड़ना, सेट बनाना: the electric lamps were **~ed** in rows of five;

dw/lw: **~ability** /बैंकअबिलिटि/ *n.* बैंक ग्राह्यता, बैंक-स्वीकार्यता, क्षमता, लाभदायकता; **~able** /बैंकअबल/ *adj.* 1 बैंक ग्राह्य, बैंक-स्वीकार्य 2 भरोसा करने योग्य 3 लाभदायक सिद्ध होने में सक्षम: he is as ~able as a ~ (वह पूर्णत: भरोसेमंद व्यक्ति है); **~-credit** *n.* बैंक ऋण; **~er** *n.* 1 महाजन, साहूकार-सूदखोर, सराफ, बैंक चलाने वाला 2 *Austral., NZ* किनारों के ऊपर से बहने वाली नदी; **~ing** /बैंकिंग/ *n.* बैंक का व्यवसाय: a career in ~ing; **~ing** *adj.* बैंक संबंधी: ~ing operations (बैंक कार्य); ~ing service; ~ing time; ~ing transactions; ~ing business; ~ing board; ~ing-house; **~note** *UK* (*US* **bill**) *n.* बैंकनोट, रुपयों का नोट; **~-paper** *n.* बैंक नोट, बैंक द्वारा स्वीकार्य हुंडी आदि; **~rate** *n.* बैंक की ब्याज दर आदि; **~roll** *n.* पैसे का स्रोत, धन; **~roll** *colloq., mainly N. Amer., v. pt.* ~ed, *pp* ~ing पूंजी दे., धन दे.: it is believed that his presidential campaign has been ~rolled with drug money; **~-stock** *n.* बैंक की शेयर पूंजी; **~sman** /बैंक्समन/ *n. railways, mining* सिगनल मैन; **~ster** /बैंक्स्टः/ *n.* दिवालियापन का समर्थक;

collocations: **~ acceptance** बैंक की स्वीकारोक्ति; **~ agent** बैंक प्रबंधक; **~ balance** जमा राशि; **~ bill** बैंक हुंडी; **~ book** पास बुक, खाता-पुस्तिका; **~ card/ banker's card** उधार या नामे-खाता कार्ड; **~ cash** बैंक रोकड़, बैंक नकदी; **~ charge** बैंक शुल्क; **~ currency** मुद्रा; **~ deposit** बैंक जमा राशि; **~ draft** बैंक ड्राफ्ट; **~er's draft/ ~er's order** बैंक ड्राफ्ट (*also see* **standing order**); **~ guarantee** बैंक प्रत्याभूति, धरोहर; **~ holiday** बैंक की छुट्टी; **~ loan** बैंक का ऋण; **~ mortgage** बैंक के पास गिरवी/ रहन; **~ protection** नदी के किनारों को मजबूत करने का काम; **~ reconciliation** बैंक समाधान/ मिलान; **~ reserve** बैंक रिजर्व, बैंक आरक्षिति; **~ return** बैंक विवरणी; **~ statement** बैंक खाते के जमा-खर्च या हिसाब का विवरण; **~ switching** *comput.* कंप्यूटर में स्मृति-भंडारण स्थल (memory) कम होने पर भंडारण स्थलों में अदला-बदली; **blood ~** रक्त-कोष; **joint-stock ~** मिश्रित पूंजी बैंक; **mortgage ~** रहन या गिरवी बैंक;

p&i: **~ in** मोर्चे की खंदक में अंदर बैठना; **~ on sb/ sth** किसी पर भरोसा क. या निर्भर क.; **~ up** अंबार या ढेर लगना: the snow had ~ed up against the fence;

break the ~ जुआ के खेल में जुआ घर या कसीनो (casino) की किसी दिन की अधिकतम देय राशि के बराबर जीतना; **keep sth in ~** कोई चीज भविष्य में जरूरत के लिए बचाकर रखना; **you can't put it in the ~** धन्यवाद से रोटी-कपड़ा नहीं खरीदा जा सकता;

bankrupt /बैंकरप्ट/ *adj.* (***syn.*** insolvent) दिवालिया: be/ turn/ become ~; the company was declared ~ 2 विहीन, से महरूम: ~ in reputation; ~ in policy; ~ in/ of intelligence; ~ of ideas;

n. व्यक्ति जो दिवालिया हो गया है: a ~ in love; a ~ in honour; be a ~ to all manner of understanding; a ~ to all intents and purposes;

***v.**, pt.* **~ed**, *pp* **~ing** किसी का दिवाला निकलवा दे., किसी को दिवालिया बना दे.: the company was almost **~ed** by the legal costs;

bankrupt\cy /बैंकरप्ट्सि/ *n., pl.* **~cies** दिवाला, दिवालियापन: fraudulent **~cy**; court of **~cy**; the **~cy** of ability; **~cy** law; moral **~cy**; mental **~cy**;

p&i: **a moral ~cy** नैतिक रूप से दिवालिया; **~cy of ideas** जिसके पास कोई नए विचार न बचे हों

banksia /बैंकसिया/ *n., pl.* **~s** एक आस्ट्रेलियायी झाड़ी

banky /बैंकि/ *adj.* ऊबड़-खाबड़

banner /बैनः/ *n.* 1 झंडा, पताका, ध्वज: the ~ of freedom/ peace/ independence; tri-colour ~; red ~; under the ~ of national liberation 2 शीर्षक: ~ headline;

adj. श्रेष्ठतम, आदर्श, अग्रणी: ~ year (अत्यधिक सफल वर्ष); ~ occasion (बढ़िया अवसर); ~ investment (सर्वाधिक लाभदायक निवेश); of the ~ class (सर्वोत्तम श्रेणी का);

dw/lw: **~-bearer** *n.* ध्वज वाहक; **~-cry** *n.* हुंकार, ललकार, रणनाद, युद्धघोष; **~ol** /बैनरोल/ *n.* = **banderol** *n.* शवपेटी को ढकने वाला झंडा, मातमी झंडा; **the Star-Sprangled Banner** अमेरिकी राष्ट्रीय ध्वज;

collocations: **~ ad** मुख्य विज्ञापन; **~ headline** मुख्य शीर्षक, सुर्खी;

p&i: **carry the ~** बेघर व्यक्ति द्वारा रात भर मारा-मारा फिरना; **follow the ~ of sb** किसी के साथ जुड़ना, किसी का पक्षधर बनाना; **join the ~ of** के झंडे तले चलना, का नेतृत्व स्वीकार क.; **raise the ~ of** के लिए संघर्ष का बिगुल बजाना;

bannister *see above under* **banister**

banns /बैंज/ *pl. n.* गिरजे में की जाने वाली विवाह की पूर्व घोषणा;

p&i: **ask/ call/ publish/ put up the ~** विवाह की पूर्व घोषणा क. या पूर्व सूचना दे.; **forbid the ~** प्रस्तावित विवाह के विरुद्ध औपचारिक रूप से एतराज दर्ज क.

bannock /बैनक/ *n.* बेखमीरी रोटी, एक प्रकार का केक

ban offi pie /बअनौफिपाइ/ *US* /बअनॉफिपाइ/ बअनाःफिपाइ/ *n.* टौफी, केले और क्रीम से बनी एक मिठाई

banquet /बैंक्विट/ *n.* प्रीति-भोज, दावत, पार्टी: ~ hall; give a ~;

***v.** pt* **~ed**, *pp* **~ing** 1 भोज दे., दावत दे. 2 दावत का खाना: ~ one's guests;

dw/lw: **~ing-house** = **~ hall** *n.* दावत-खाना;

p&i: **~ of Lucullus** खाने-पीने के बेजोड़ बाहुल्य वाली पार्टी (रोम के प्रसिद्ध धनी व्यक्ति लुकुल (Lucullus) द्वारा दी खानेवाली दावतें जिनमें लजीज खाने और शराब की नदियां बहती थीं)

banquette /बैंकेट/ *n.* 1 सड़क किनारे पैदल-पथ 2 दीवार सोफा

banquetti /बैंकेटि/ *n.* गद्देदार बेंच

banshee /बैन्शी/ (*also* **banshie**) *n., pl.* **~s** *esp. Irish & Scottish folklore* आयरलैंड और स्कॉटलैंड की लोक-कथाओं में

एक ऐसी स्त्री की आत्मा जिसका किसी घर के बाहर रुदन उस घर के परिवार में किसी की मृत्यु का सूचक होता था: cry like a ~

bantam /बैंटम/ *n.* 1 मुर्गी-फार्म में पलने वाले छोटे मुर्गे की एक प्रजाति 2 जुझारू/ लड़ाकू व्यक्ति 3 नाटा सैनिक;
adj. 1 छोटा-सा 2 कम वजन की (कार आदि): ~ car 3 (***syn.*** portable) उठाकर साथ ले जाने योग्य 4 नाटा: ~ battalion;
dw/lw: **~-weight** 51 से 53.5 किलोग्राम श्रेणी का मुक्केबाज और 52 से 57 किलोग्राम श्रेणी का पहलवान

banter /बैंटः/ *n.* हंसी-मजाक, हास-परिहास, छेड़छाड़;
adj. हंसी-मजाक भरा
v. *pt.* **~ed**, *pp* **~ing** हंसी-मजाक क., हास-परिहास क., छेड़छाड़ क.: sb **~ed** noisily at the back;
dw/lw: **~er** /बैंटरः/ *n.* दिल्लगीबाज, ठट्ठेबाज; **~ing** /बैंटरिंग/ *n.* छेड़छाड़, दिल्लगी, ठट्ठेबाजी; **~ing** *adj.* हास-परिहासपूर्ण: a friendly ~ing tone in sb's voice

bantling /बैंटलिंग/ *n.* हराम का पिल्ला, उल्लू का पट्ठा

Bantu /बंटू/ *n., pl.* **Bantu** मध्य अफ्रीका का मूल वासी

banyan/ banian /बैनिअन/ *n.* वट वृक्ष, बड़ का पेड़

banzai /बैंजाइ/ *n., pl.* **banzais** *excl.* 1 जापानी युद्ध हुंकार: ~ attack!; ~ charge! 2 सम्राट को सलाम 3 जापानियों के बीच खुशी का इजहार

BAOR *abbr.* 'British Army of the Rhine' की प्रथमाक्षरी

BAP *abbr.* 'boiler auxiliaries plant' की प्रथमाक्षरी

bap\tism /बैप्टिजम/ *n.* 1 बपतिस्मा, ईसाई-दीक्षा, दीक्षा-स्नान 2 अभिषेक 3 नामकरण-संस्कार: name of **~tism**;
dw/lw: **~tismal** /बैप्तिज्मल/ *adj.* बपतिस्मा-, बपतिस्मा-संबंधी, बपतिस्मी: ~tismal name; ~tismal certificate; **~tist** /बैप्टिस्ट/ *adj.* बपतिस्मा-दाता; **Baptist** *n.* ईसाई प्रोटेस्टंट चर्च का सदस्य जो इस बात में विश्वास रखता है कि ईसाई-दीक्षा उस उम्र में दी जानी चाहिए जब व्यक्ति उसका अर्थ समझने लगे; **~tistery**/ **~tistry** /बैप्टिस्टरि/ *n., pl.* ~tisteries/ ~tistries बपतिस्मा कक्ष; **~tize** (*also UK* **-tise**) /बैप्टाइज/ *v., pt.* ~tized, *pp* ~tizing बपतिस्मा दे., ईसाई धर्मानुसार नामकरण क., दीक्षित क.;
p&i: **~tism of blood** लड़ाई में पहली बार घायल होने की अवस्था; **~tism of fire** सिपाही की पहली लड़ाई, पहला भयानक अनुभव

BAR *abbr.* 'British American Racing' की प्रथमाक्षरी

Bapu /बापू/ *n.* 1 पिता के लिए संबोधन शब्द 2 महात्मा गांधी के लिए आदरपूर्ण प्रयोग

bar /बाः/ *n.* 1 मधुशाला, मयखाना, मदिरा-पटल, शराब-घर, पानागार 2 खान-पान घर 3 टिकिया, पिंडी, चक्की, टुकड़ा: wooden ~; ~ of metal; a ~ of soap; a ~ of chocolate; a ~ of gold 4 (***syn.*** rod) सींखचें, छड़, सलाख, दंड, शलाका, डंडा 5 रुकावट, बाधा, अड़चन: ~ to happiness; ~ to economic development; let down the **~s** (व्यापार आदि की बाधाएं हटाना); poor health may be a ~ to success in one's studies; language ~; colour ~ 6 स्वर लिपि में ताल, संगीत के सुर 7 सिल्ली, सिल 8 अर्गल, अगरी, सांकल (of door): the ~ of a door/a gate 9 (***syn.*** band) पट्टी 10 (***syn.*** stripe) रेखा, धारी: as the sun went down there was a ~ of red across the sky; a ~ of green fringed her skirt 11.1 (**the Bar**) न्यायालय में न्यायाधीश को अन्य लोगों से अलग करने वाली रेलिंग 11.2 अदालत, न्यायालय में न्यायाधीश: he was brought to the ~ by two constables; prisoner at the ~; trial at (the) ~; plead at the ~ 11.3 मत, विचार: the ~ of conscience; the ~ of public opinion 11.4 लोहे या लकड़ी का कठघरा: on the wrong side of the ~ 12 जेल आदि का लोहे का जंगला, जेल की सींखचें: behind the **~s** 13.1 (**the Bar**) बैरिस्टरों यानी उच्च न्यायालयों के वकीलों का व्यवसाय: be called to the ~ 13.2 (**the Bar**) सामान्य वकीलों का व्यवसाय: the ~ council 14 अदालत में एतराज: blank ~ (प्रतिवादी का एतराज); plea in ~ (दावे के खिलाफ एतराज) 15 *meteorol.* हवा के दबाव की इकाई (10^{15} न्यूटन प्रति वर्गमीटर) 16 मापने की छड़ (गज): measuring ~ 17 समुद्र आदि में बर्फ, रेत आदि का ढेर: ice ~; the ship stuck fast on the ~ 18 जिमनास्टिक्स आदि की समानांतर छड़ें: uneven **~s**; parallel **~s** 19 ऊंची कूद की छड़: clear the ~ at two meters 20 सैनिक अफसर की पद-द्योतक पट्टी: get one's **~s** 21.1 कैफे, स्नैक बार, ढाबा: beer ~, snack ~ 21.2 बड़ी दुकान में सामान बेचने या देने का काउंटर: hat ~ 22 रेलवे आदि की फाटक: railway ~; toll ~/ the ~ of a gatehouse;
prep. के बिना, के अतिरिक्त, को छोड़कर: the police have now interrogated all the suspects, ~ one; ~ none (बिना किसी अपवाद के); I can come any day ~ Monday;
v., *pt.* **~red**, *pp* **~ring** 1 रोक लगाना, बाधित क., रुकावट डालना: ~ progress/ national liberation/ economic development; what is **~ring** our advance? 2 (*often* **~ sb from sth**) वर्जित क., प्रतिबंध लगाना: the police **~red** him for a year; they **~red** the possibility of his ever returning; ~ from fishing; ~ all claims completely and finally 3 प्रवेश आदि निषेध क., रास्ता रोकना, अंदर जाने से रोकना: the exits were **~red**; a fallen tree is **~ring** the way; soldiers **~red** the way 4 अर्गल या सांकल आदि लगाकर दरवाजा बंद क.: lock and ~ the door 5 पसंद न क., किसी को सहन न कर पाना: what I ~ is a man who talks about what he doesn't know 6 पट्टियां डालना: crimson **~red** 7 *law* निरस्त क., रद्द क. 8 अमान्य मानना: his move with the pawn has been **~red**;
dw/lw: **~red** *adj.* 1 बाधित, निषिद्ध, वर्जित 2 जंगलेदार, छड़ों वाला 3 अवरुद्ध, बंद 4 जो समय सीमा आदि के कारण अवैध या अमान्य हो जाए: time-barred, age-barred; **~hop** *v. pt.* ~ped, *pp* ~ping एक दिन में कई मयखानों (bars) में जाकर पीना; **~ring** *prep.* को छोड़कर, के सिवा: shall be there by four o'clock, ~ring accidents (यदि कुछ अनहोनी न हुई तो हम वहां चार बजे तक पहुंच जाएंगे); excellent book ~ring one or two chapters; ~ring a miracle, everything will be lost; **~maid** /बाःमेड/ *UK* (*US* **~tender**) *n.* मधु-बाला, साकी, शराब परोसने वाली लड़की; **~man** /बाःमन/ *UK* (*US* **~tender**) *n. pl.* ~men साकी, शराब परोसने वाला; **~-room** *n.* होटलों व क्लबों में मयखाना, मधुशाला;
collocations: **~ bell** भारोत्तोलन छड़; **~ chart**/ **~ graph** ऐसा रेखाचित्र जो धन की मात्रा को (छड़ों-सी) खड़ी यानी लंबाकार लाइनों से दर्शाता है, स्तंभ ग्राफ; **~ code** कंप्यूटरीकृत मूल्य पट्टी; **~ council** विधिज्ञ (अधिवक्ता) परिषद; **~ diagram** दंड-आरेख; **~ person** साकी, शराब परोसने वाला या वाली; **~ stool** मयखाने के स्टूल (बैठने की बिना टेक वाला घुमावदार स्टूल); **~ terminal** अंत्यरेखा;
coffee ~ कॉफी घर; **heel ~** जूतों में एड़ियां लगाने की दुकान; **snack ~** नाश्ता घर; **the bar** 1 वकील का पेशा, वकालत 2 वकीलों का समुदाय; **the colour ~** रंग-भेद;
p&i: **~ a suit** वाद का वर्जन क.; **~ from** 1 रोके रखना 2 बाहर रखना, शामिल न क.; **~ in** अंदर बंद रखना; **~ none** बिना अपवाद के; **~ out** अंदर न आने दे.; **~ up** छड़-बंदी क., सांकल लगाकर बंद क.;
a ~ on alcohol शराब पीने की मनाही, नशाबंदी; **at the ~** 1 न्यायालय में 2 वकील होना, अधिवक्ता होना, वकालत क.; **be called to the Bar** *UK* अधिवक्ता (बैरिस्टर) बनाया जाना; **behind ~s** सींखचों के भीतर यानी जेल या कैद में; **cross the ~** मर जा.; **in ~ of ...** दमदार दलील के रूप में; **let down the ~s** 1 बाधाएं हटाना 2 मात्रा, संख्या, समय आदि की सीमाएं हटाना; **not have a ~ of sth** *Austral & NZ* कुछ लेना-देना न हो.; **pitch sb over the ~** किसी के बैरिस्टर या वकील के पद को निरस्त क., वकालत करने के हक को रद्द क.; **read** (study) **for**

the ~ बैरिस्टर या वकील बनने के लिए पढ़ाई क.; **the ~ of conscience** अंतरात्मा का निर्णय या न्यायालय

barb /बाःब/ *n.* 1 कांटा, कंटक, तीर की नोक: the ~ stuck (तीर निशाने पर लगा) 2 (***syn.*** taunt) ताना, आक्षेप: her teasing words had the quality of a ~ 3 दंश 4 पिच्छक (of feather, beardlike growth) 5 मछली की मूंछ;

v. *pt.* **~ed**, *pp* **~ing** 1 कांटेदार तार आदि लगाना: the (Red) Indians **~ed** their arrows 2 चुभना, चुबोना, दंश मारना: she **~ed** him with her laughter;

dw/lw: **~ed** /बाःब्ड/ *adj.* 1 कंटीला 2 तीखा, चुभने वाला; **~ed-wire** *n.* कांटेदार तार, कंटीली तार

Barbadian /बाःबेडिअन/ *adj.* कैरिबियायी प्रायद्वीप में स्थित बारबेडोस (Barbados) का निवासी

barbaralia /बाःबेरेलिआ/ *n.* विदेशी लहजा

barbar\ian/ ~ic/ ~ous /बाःबेअरि\अन/ बाःबैरि\क/ बाःबरस/ *n.* 1 बर्बर, क्रूर: **~ous** ages; **~ous** war fare; **~ous** cruelty; **~ous** aspect of nuclear war 2 दरिंदों जैसा, वहशियाना, नृशंस: **~ous** treatment of war prisoners 3 असभ्य, जंगली, गंवारू: **~ic** style; **~ic** notions; **~ic** taste; **~ous** habit of talking at the top of one's voice; **~ous** conduct 4 कर्कश: **~ous** noise;

dw/lw: **~ically/ ~ously** /बाःबैरिकलि/ बाःबरसलि/ *adv.* क्रूर ढंग से;

collocations: **young ~ians** धनी लोगों की बिगड़ी औलाद

barbar\ity/ ~ism /बाःबैरि\टि/ ~ज़म/ *n., pl.* **~ities** 1 बर्बरता, नृशंसता, निर्दयता 2 क्रूरता, दरिंदगी 3 असभ्यता, जंगलीपन, गंवारपन 4 गंवारू या खिचड़ी भाषा, अशुद्ध प्रयोग;

dw/lw: **~ize** *v., pt.* ~ized, *pp* ~izing बर्बर या असभ्य बनना या बनाना

barbate /बाःबेट/ *adj.* 1 दढ़ियल 2 *bot.* शूकी

barbecu\e /बाःबिक्यू/ *n., pl.* **~es** 1 सींक पर भुना हुआ गोश्त, शशलिक (*shahshlik*) 2 *US* ऐसी दावत जिसमें सींक या सींखचों पर भुना हुआ गोश्त परोसा जाता है: she was invited to a **~e** and a dance 3 लोहे की जाली या सींखचें;

v., *pt.* **~ed**, *pp* **~ing** बाःबिक्यू बनाना;

dw/lw: **~ing** *n.* गोश्त के छोटे-छोटे टुकड़ों को सींखचों पर भूनने की क्रिया;

collocations: **~ sauce** भुने गोश्त के लिए मसालेदार चटनी

barbed /बाःब्ड/ *US* बाःर्ब्ड/ *adj.* 1 उल्टी मुड़ी नोक वाले तीर से संबंधित: ~ hook 2 कंटीली: ~ wire 3 नुकीला, तेज, चुभने वाली: ~ wit 4 कटु, तीखा: ~ hints; ~ words

barbel/ barbellate /बाःबल/ बाःबअलेट/ *n.* 1 एक बड़ी ताजे (नमक रहित) पानी की मछली 2 स्पर्शक, स्पर्शप्रवर्ध

barbell /बःबेल/ *n.* भारोत्तोलन में प्रयुक्त होने वाली दोनों सिरों पर धातु के भारी भारों के साथ एक छड़

barber /बाःबः/ *n.* नाई, हज्जाम: at the **~'s** (नाई की दुकान पर); ~ shop;

dw/lw: **~y** /बाःबरि/ *n.* हज्जाम का हुनर या व्यवसाय;

collocations: **~'s itch** एक गंभीर त्वचा रोग जो ठोडी के बालों की जड़ों के संक्रमण से होता है; **~ shop** 1 चार गायकों द्वारा बिना वाद्य संगत के गायन 2 नाई की दुकान 3 केश श्रृंगारशाला;

p&i: **~ learns to shave by shaving fools** सिखैया नाऊ का, काटेगा बटाऊ का;

every ~ knows that इस बात को सारी दुनिया जानती है; **no ~ shaves so close but another finds work** जो दूसरे के काम में सदा दोष निकालता है; **one ~ shaves another gratis** हाथ को हाथ धोता है

barberr\y /बाःबेःरी/ *n., pl.*~**ies** दारुहल्दी, झड़बेरी

Barbie doll 1 सुंदर लड़की जैसी एक गुड़िया 2 एक सुंदर पर मूर्ख युवती

barbet /बाःबिट/ *n.* बसंता

barbican /बाःबिकन/ *n.* चहारदीवारी, प्राचीर, गढ़गज, नगर की रक्षार्थ उसके बाहरी दरवाजे पर बना एक बुर्ज (tower)

barbicel /बैःबिकेल/ *n.* पिच्छिकावर्ध

barbiturate /बाःबिचुअरअट/ *n., med.* (***syn.*** sedative) राहत देने वाली औषधि

Barbour /बाःबः/ *tradem.* **Barbour jacket** एक पानीसह जैकेट

barbule /बाःब्यूल/ *n.* पिच्छिका

barcarole/ barcarolle /बेरकारोल/ बैरकारोल/ *n.* नौकागीत

BARC *abbr.* 'Bhabha Atomic Research Centre' की प्रथमाक्षरी

BArch *abbr.* 'Bachelor of Architecture' की प्रथमाक्षरी (भवन-निर्माण कला का स्नातक)

bard /बाःड/ *n.* चारण, भाट, तुकबंदी करने वाला कवि;

dw/lw: **~ic** /बाःडिक/ *adj.* चारण कवियों से संबंधित: ~ic poetry; **~ling** /बाःडलिंग/ *n.* तुक्कड़, तुकबंदी करने की क्रिया

bare /बेअः/ *adj., degr.* **~r, ~st** 1 नंगा, नग्न, निर्वस्त्र: with one's head ~ 2 नंगा, खुला: ~ to the waist; ~ knees; ~ feet; he laid ~ his heart before her 3 बिना घास या पेड़-पौधों वाला (क्षेत्र आदि): the country was eaten ~ by locusts 4 जिसका पर्दाफाश हो गया है: lay ~; their intrigues were laid ~ 5 प्रकट 6 खाली, शून्य, विहीन: the fridge was completely ~; a room ~ of furniture; ~ of thought/ ideas; ~ of fear; be ~ of credit; ~ facts 7 कम, थोड़ा, नाम-मात्र: ~ necessities; ~ possibility/ chance; ~ civility (लेश मात्र विनम्रता); ~ subsistence wage (मुश्किल से गुजारा योग्य वेतन); he earned a ~ living; elected by a ~ majority; he gets a ~ third of a column in the encyclopaedia 8 नंगा, नंगी, अनढकी: ~ walls; ~ floor; ~ pate (गंजी खोपड़ी); sleep on ~ boards; the dog picked the bone ~ 9 सादा, असज्जित: the ~ facts 10 निरा, मात्र, केवल 11 fight with ~ hands (निहत्थे लड़ना); tell the ~ truth; ~ recital of the proceedings; believe sb on his ~ word/ take sb at his ~ word; at the ~ mention of his name she would begin to cry; the ~ thought of such a crime made her shudder 11 फटा-पुराना;

v., *pt.* **~d**, *pp* **baring** 1 नंगा क., कपड़े उतारना: ~ one's arm for vaccination; ~ one's head 2 खोलना, उघाड़ना: ~ a sword; ~ one's heart/ soul/ thoughts 3 उजाड़ना: they burned the houses and **~d** the gardens;

dw/lw: **~back** *adv., adj.* घोड़े आदि की बिना काठी की (नंगी) पीठ; बिना काठी (का घोड़ा आदि): ~back riders (बिना काठी के घुड़सवार); **~-backed** *adj.* बिना काठी के: ~-backed horse; **~faced, ~foot(ed)** *see below under separate entry*; **~handed** *adj. & adv.* खाली हाथ (हाथों से), निहत्थे; **~headed** *adj., adv.* नंगे सिर, खुले सिर; **baring** /बेअरिंग/ *n.* 1 बेपर्दगी, नंगा होने की क्रिया 2 खनिज पदार्थ को ढकने वाली परत; **barish** /बेअरिश/ *adj.* खुला-जैसा, बेपर्द-सा **~knuckle** /बेअःनकल/ *adj.* 1 बिना बॉक्सिंग गलव्ज (मुक्केबाजी के दस्ताने) पहने: a ~knuckle fighter 2 अत्यधिक आक्रामक: the discussion turned into a ~knuckle skirmish (बहस ने एक आक्रामक भिड़ंत का रूप ले लिया); **~legged** /बेअःलेगड/ *adj., adv.* नंगी टांगो वाला; **~ly** *see below under separate entry*; **~ness** *n.* 1 प्रकटता, नंगापन, नग्नता 2 किफायत, खालीपन, रिक्तता, सादगी, निर्धनता; **~-stage** *n.* असज्जित मंच;

collocations: **~ area = ~ fallow** परती भूमि; **~ bones** आवश्यक तथ्य: the ~ bones of the case;

p&i: **~ as bone (as the palm of one's hand)** बिल्कुल खाली; **~ contract** बेशर्त वायदा या इन्कार; **~ excuses** झूठे (मात्र) बहाने; **in one's ~ skin** बिल्कुल नंगा; **~ one's chest/heart/soul** अपना सीना चीर कर दिखाना; **~ weight** शुद्ध वजन;

as ~ as Job बेहद अभागा; **the ~ flesh cannot stand it** इंसान इस बात को नहीं सह सकता; **the ~ necessities of life** जीवन की मात्र मूल आवश्यकताएं; **with one's ~ hands** खाली हाथ, निहत्थे: brought down the tree with his ~ hands

barefaced /बेअःस्ट\/ *adj.* 1 खुले चेहरे के साथ, बिना किसी मुखौटे के: ~ youth 2 बिना दाढ़ी और मूंछों के 3 खुले मिजाज का, सीधा, जो दो मुंहा न हो: he was a ~ fellow and always said things straight 4 स्पष्ट, सब को दिखने वाला: the ~ and open tyranny 5 निर्लज्ज, बेहया, धृष्ट, गुस्ताख: ~ lie; ~ impudence; ~ inquisitiveness;

dw/lw: **~facedly** /~लि/ *adv.* 1 (***syn.*** shamefacedly) निर्लज्जता से, बेहयायी से 2 धृष्टतापूर्वक, गुस्ताखी से; **~facedness** /~नेस/ *n.* 1 (***syn.*** shamefacedness) निर्लज्जता, बेहयायी, धृष्टता, गुस्ताखी

barefoot /बेअःफुट/ *adv.* नंगे पांव, बिना जूते पहने: walk ~;

adj. नंगे पांवों वाला: a ~ jump had them over the brook in a jiffy; ***dw/lw:*** **~ed** /बेअःफुटिड/ *adj.* नंगे पांव, बिना जूते के

barely /बेअःलि/ *adv.* 1 (***syn.*** scarcely) मुश्किल से, मात्र, केवल: ~ enough milk; we ~ caught the train; he ~ escaped; it is ~ 3 o'clock; with ~ strength enough to move 2 (***syn.*** simply) निर्धनतापूर्वक, निहायत किफायत से: the room was ~ furnished 3 सीधे, प्रकट रूप से: he stated the case ~ before us 4 केवल: not ~ in word but truly in deed

barf /बाःफ/ *v., pt.* **~ed**, *pp* **~ing** *sl., originally US* उल्टी क.

barfly /बाःफलाइ/ *n.* शराबघर का नियमित ग्राहक

bargain /बाःगेन/ *n.* 1 व्यापार, सौदा: good ~; bad/ hard/ losing ~; strike a ~ 2 (***syn.*** negotiate) मोल-तोल: make a ~ with the porter/ the cabman/ the boatman; drive a hard ~ 3 समझौता, करार: close/ conclude/ settle a ~ with sb; have the best of a ~; stand by one's ~ 4 फायदे का या सस्ता सौदा: it's a ~ at this price; buy at a ~/ pick up a ~ (सस्ता खरीदना) 5 जमीन का छोटा-सा टुकड़ा;

v., *pt.* **~ed**, *pp* **~ing** 1 (*often* **~ with sb**) मोल-तोल क., मोल-भाव क., लेन-देन क.: ~ for better conditions 2 सौदा क, करार क.: we **~ed** for the house and purchased it 3 *derog.* सौदेबाजी क.: let's try to ~ with that man;

dw/lw: **~ee** *n.* जमीन खरीदने वाला; **~er** /बाःगेनः/ *n.* 1 सौदेबाज 2 मोल-भाव या मोल-तोल करने वाला, करार करने वाला: hard ~er; **~-hunter** फायदेमंद सौदों की ताक में रहने वाला; **~ing** /बाःगेनिंग/ *n.* (***syn.*** negotiation) सौदेबाजी, मोल-तोल, मोल-भाव;

collocations: **~ and sale** *law* जमीन की खरीद और बिक्री के बारे में करारनामा; **~ basement** सस्ते सामान का विभाग; **~ hunter** सस्ती खरीदारी ढूंढने वाला व्यक्ति; **~ing chip/ ~ing counter** किसी करार को अपने हक में करवाने के लिए चली जाने वाली चाल, तुरुप या प्रयुक्त किया जाने वाला हथियार;

p&i: **~ between two equals** ठठेरे-ठठेरे बदलाई; **~ for sth** पहले से भांपना, अनुमान लगाना या तैयार हो. (expect): hadn't ~ed for a flood; **~ off** छुटकारा पाना; **~ on** आशा क., उम्मीद रखना: ~ on sb's support for getting a job; **~ on sth** भरोसा या अपेक्षा रखना: wasn't ~ing on my father's early return; **~ sth away** कौड़ियों के दाम बेच दे.;

a ~ is a ~ करार तो करार हो होता है यानी करार सोने-चांदी से भी बढ़कर होता है; **be off (with) one's ~** सौदा रद्द क.; **come between the ~ and the tree** दूसरों के मामलों में टांग अड़ाना; **drive a ~** करार पक्का क.; **drive a hard ~** अपने अनुकूल सौदा करवाने के लिए खूब सौदेबाजी क.; **into the ~** इसके अलावा, के अतिरिक्त: he saved the lady from drowning, and married her into the ~ (उसने डूबती औरत को बचाया और ऊपर से उससे शादी भी कर ली); **make or strike a ~** सौदा पक्का क.; **make the best of a bad ~** विषम परिस्थितियों में भी हिम्मत न हारना; **their maid was a real ~** उनकी नौकरानी असली हीरा थी; **more than one has ~ed for** उम्मीद से अधिक; **that's a ~!** सौदा पक्का!; **wet/ Dutch ~** शराब पीते हुए किया जाने वाला सौदा, एकतरफा सौदा

bar\ge /बाःज/ *n.* 1 बोझ ढोने वाली लंबी समतल नौका, बजरा 2 उत्सवों आदि के दौरान सजाकर प्रयोग की जाने वाली बड़ी, लंबी, पतली नाव: a ~ge of state;

v., *pt.* **~ged**, *pp* **~ging** 1 बजरा से आर-पार ले जा. 2 (*esp.* **~ge about/ around**, ***syn.*** push) रास्ते के लोगों को धक्का देकर इधर-उधर करते हुए फूहड़ ढंग से चलना;

dw/lw: **~gee** /बाःजी/ (*also* **~geman**) *n.* मांझी, बजरा में काम करने वाला व्यक्ति, नौका-प्रबंधक; **~emaster** *n.* नौका-मालिक; **~ge-pole** /बाःजपोल/ *n., pl.* ~ge-poles लंबी नाव को पीछे धकेलने के लिए प्रयुक्त होने वाले लंबे चप्पू या लाठी;

p&i: **~ge against = ~ into** किसी पर टूट पड़ना; **~ge couple** छज्जे के दो आधार शहतीर या छड़; **~ge in** संवाद के बीच किसी को बदतमीजी से टोकना; **~ge in on sb** जबरदस्ती घुस आना या बातचीत आदि में दूसरों को बीच में काटते हुए शामिल हो जा.; **~ge into sb** किसी पर फूहड़ ढंग से हमला क.: he ~ged right into her; **~ge into sth** जबरदस्ती घुस आना; **~ge past/ through/ ahead** फूहड़ ढंग से ताबड़तोड़ कहीं से आगे जा.: ~ged past, ignoring the queue;

be a regular ~ge बहुत ही बेहूदा या बदतमीज हो.; **not touch sth/ sb with a ~ge pole** *colloq.* किसी को पास न फटकना, दो कोस दूर रहना: wouldn't touch that job with a ~ge-pole; **swear like a ~ge** गालियों का बेतहाशा प्रयोग क.

bargeboard /बाःजबोःड/ *n., archit.* लकड़ी की छत के शहतीरों के सिरों को ढकने के लिए छत के किनारे पर लगाया जाने वाला एक सुसज्जित तख्ता

baring and **barish** *see above under* **bare: *dw/lw***

barista /बअरीस्टा/ *n.* कॉफी बार में काम करने वाला व्यक्ति

baritone /बैरिटोन/ *n., music* 1 मध्यम पुरुष आवाज 2 मध्यम आवाज का गायक 3 बैरिटोन के माफिक वाद्य

barium /बेअरिअम/ *n., symbol* **Ba**, बेरियम, एक मुलायम रुपहला-सफेद धातु-तत्त्व;

***collocations:*~ meal** *med.* बेरियम सल्फेट और पानी का घोल जो अपाचन की बीमारी के रोगियों को एक्स-रे से पहले दिया जाता है, क्योंकि उपरोक्त घोल एक्स-रे के लिए अपार-छिद्रीय (impenetrable) होने के कारण पेट की अंदरूनी अवस्था व आंतों को अच्छी तरह दर्शा सकता है

bark /बाःक/ *n.* 1 पेड़ की छाल, छिलका, वल्कल, सिनकोना, आवरण: he stripped the tree of its ~ 2 *sl.* खाल 3 कुत्ते या लोमड़ी की तीखी भौंक, भौं-भौं, गोली चलने की आवाज: the ~ of a gun 4 नौका, किश्ती 5 कुनीन के पेड़ की छाल;

v., *pt.* **~ed**, *pp* **~ing** 1 भौंकना, भौं-भौं क. 2 चिल्लाना: the sergeant **~ed** "Attention!" 3 कर्कश आवाज क.: the engine **~ed** 4 छाल उतारना, छिल जा.: **~ed** her shin when she fell; he **~ed** his knee/ elbow;

dw/lw: **~er** /बाःकः/ *n.* 1 चिल्ला-चिल्लाकर ग्राहकों को आकृष्ट करने वाला 2 कुत्ता, मात्र भौंकने वाला कुत्ता: great ~ers are no biters (जो गरजते हैं वे बरसते नहीं) 3 (*syn.* tout) बिचौलिया, दलाल 4 पिस्तौल; **~ing** *adj.* भौंकने वाला: ~ing dogs seldom bite (जो गरजते हैं वे बरसते नहीं, भौंकने वाला कुत्ता काटता नहीं); ~ing voice; **~ing** *n.* 1 भौं-भौं, भौंक: the ~ing kept me awake 2 पेड़ की छाल उतारने की क्रिया; **~-iron** *n.* पिस्तौल; **~y** /बाःकि/ *adj.* छालदार;

collocations: **~ beetle** वल्क भृंग; **~ cloth** वल्कल वस्त्र; **~ing deer** मुंजक; **~ing mad** बिल्कुल पागल;

p&i: **~ at the moon** व्यर्थ कार्य क.; **great ~ers are no biters = ~ing dogs seldom bite** जो गरजते हैं वे बरसते नहीं; **~ out of sth** भन्नाते हुए चिल्लाकर कुछ कहना; **~ up the**

wrong tree 1 निर्दोष पर आरोप लगाना 2 जांच-पड़ताल या कार्य करने का गलत रास्ता चुनना 3 अनुचित विचार मन में लाना; **a man with the ~ on** गंवार परंतु भला व्यक्ति; **come/ go between the ~ and the tree** दूसरों के मामलों में टांग अड़ाना; **sb's ~ is worse than their bite** जो गरजते हैं वे बरसते नहीं; **take the ~ off sth** किसी चीज को बेकार कर दे., किसी चीज का आकर्षण समाप्त कर दे.; **talk the ~ off a tree** बक-बक करके किसी की जान खा लेना;

barley /बाःलि/ *US* बाःर्लि/ *n., pl.* **~s** 1 जौ, यव: peeled ~; pearl/ French/ pot ~; ~ coffee 2 पशुओं के लिए चारे के रूप में काम आने वाले कच्चे (अनपके) जौ के पौधे;
dw/lw: **~-bree/ ~-broo/ ~-broth** *n.* यवसुरा, तेज बीयर, व्हिस्की; **~-hood** *n.* पीकर धुत्त होने की क्रिया, पियक्कड़ों का ऊधम; **~-straw** *n.* थोथी बात, बकवास;
collocations: also **~ corn** जौ का अनाज; **~ meal** जौ का आटा; **~ sugar** संतरे के रंग की एक मिठाई जो चीनी को उबालकर ठंडा करने से बनती है; **~ water** जौ का पानी; **~ wine** तेज अंग्रेजी बियर;
p&i: **cry ~** *Scot.* दया की भीख मांगना

barm /बाःम/ *n.* 1 खमीर 2 शराब निकालने के लिए तैयार किया जाने वाले खमीर की फेन या झाग

barmaid *see above under* **bar: *dw/lw***

barman *see above under* **bar: *dw/lw***

bar mitzvah /बाःमित्सवा/ *n.* 1 यहूदियों का धार्मिक क्रिया-कर्म जो बालक के 13 साल का होने पर किया जाता है 2 वह लड़का जिसका बामित्सवा किया जाता है 3 बामित्सवा का उत्सव

barm\y /बाःमि/ *adj., degr.* **~ier, ~iest** *colloq.* 1 फेनिल: **~y** bear 2 मूढ़, मूर्ख, झक्की, सनकी;
p&i: **~y on the crumpet** दिमाग से पैदल

barn /बाःन/ *n.* 1 खत्ता, धान्यागार, अनाज की कोठी 2 भुसौरा 3 खलिहान 4 बाड़ा;
dw/lw: **~-door** *n.* अन्न-भंडार का दरवाजा; **~-floor** *n.* खलिहान; **~-fodder** अनाज का चारा; **~-manure** अनाज का खाद; **~-grass** मोटा अनाज-घास; **~man** *n.* अनाज को भूसे से अलग करने वाला; **~storm** /बाःनस्टाम/ *v., pt.* ~ed, *pp* ~ing 1 गांव-गांव में भाषण करते या तमाशे दिखाते फिरना 2 *US* राजनीतिक भाषण देने के लिए गांव-गांव घूमना; **~stormer** *n.* गांव-गांव में भाषण करते या तमाशे दिखाते घूमने वाला; **~storming** *n.* गांव-गांव में जाकर की जाने वाली भाषणबाजी; **~yard** /बाःनयाड/ *n.* 1 खत्ते से संलग्न मैदान या अहाता 2 खलिहान; **~yard-grass** *n.* बाजरा, मोटा अनाज;
collocations: **~ dance** खुले स्थान पर मनाया जाने वाला अन्न-उत्सव व नृत्य; **~ owl** जंगली उल्लू, रुस्तक, करैल; **~ fowl** एक घरेलू पक्षी;
car ~ ट्रैम डिपो;
p&i: **born in a ~** गंवार, अनाड़ी; **nail sb to the ~door** किसी को सरे आम शर्मिंदा क.; **not to be able to hit a ~door** घटिया निशानेबाज हो.; **were you born in a barn?** उस व्यक्ति को कहा जाता है जो बाहर से घर या कमरे में घुसने के बाद दरवाजा खुला छोड़ देता है, मानो वह खेत खलिहान में रहने का आदी हो;

barnacle /बाःनअकल/ *n.* 1 चट्टानों, समुद्री जहाज की जलमग्न बाहरी दीवार या नावों आदि की बाहरी दीवार पर चिपकने वाली एक छोटी घोंगा मछली 2 चिपकू आदमी;
collocations: **~ goose** एक जंगली काली-सफेद कलहंस

barnet /बाःनिट/ *n.* किसी व्यक्ति के बाल

barney /बाःनि/ *n., pl.* **~s** *colloq.* भयानक शोर-शराबे के साथ होने वाला झगड़ा

barnyard *see above under* **barn: *dw/lw***

baro\gram /बैरोग्राम/ *n. meteorol.* वायुदाब-आलेख;
dw/lw: **~graph** /बैरोग्राफ/ *n., meteorol.* वायुदाब-लेखी, वायुदाब में बदलावों को एक चार्ट के रूप में छापने वाला बैरोमीटर; **~meter** /बैरॉमीटर/ *n., meteorol.* 1 स्थितिमापी: a ~meter of public opinion 2 बैरोमीटर, वायुदाबमापी: the ~meter points fair/ variable/ rain; the ~meter is falling/ rising; **~metric** *adj.* वायुदाबमापन संबंधी: ~meteric pressure; **~scope** वायुदाबदर्शी

barometer *see above under* **barogram: *dw/lw***

baron /बैरन/ *n.* 1 सामंत, ब्रितानवी शाही वर्ग में निम्नतम उपाधि या पद, बैरन, जमींदार, नवाब 2 एक बड़ा उद्योगपति: oil ~; Wall Street **~s**; Hollywood/ Bollywood ~; soap/ sausage **~s**; cattle **~s**;
dw/lw: **~age** /बैरअ\निज/ *n.* सामंत मंडल, सामंतगण; **~ess** /~नअस/ *n., pl.* ~esses 1 *UK* बैरन के पद या उपाधि से आभूषित महिला 2 बैरन की पत्नी 3 महिला सामंत; **~et** /~नअट/ *n.,* (*abbr.* **Bart**, **Bt**) (ब्रिटेन में) सबसे छोटे पद का सामंत; **~etcy** /~नअट्सि/ *n., pl.* ~etcies बैरोनेट (baronet) का पद **~ial** /~निअल/ *adj.* बैरन-संबंधी, सामंती: a ~ial hall; ~ial rank; ~ial splendour; ~ial mansion; **~y** /बैरअनि/ *n., pl.* ~ies 1 बैरन का पद 2 सामंत की जागीर 3 सामंत क्षेत्र, नवाबी रियासत

baroque /बअरोक/ (*also* Baroque) *n.* 1 बरोक शैली, यूरोप में 17-वीं और 18-वीं सदी के आरंभ में प्रचलित कला, भवन निर्माण एवं संगीत के क्षेत्रों में प्रचलित एक शैली जिसमें अलंकरण या सजावटी भड़कीलेपन की भरमार होती थी: paintings representatives of the ~ 2 बरोक काल;
adj. 1 अति अलंकृत: ~ churches; ~ music 2 उच्छृंखल, ओछे ढंग से सजावटी

barouche /बरूश/ *n.* चार स्थानोंवाली बग्घी

barque/ bark /बाःक/ *n.* 1 तीन या अधिक मस्तूलोंवाला छोटा-सा जहाज 2 *lit.* नाव या छोटा-सा जहाज

barracan /बैरअकैन/ *n.* 1 मोटा ऊनी कपड़ा 2 पानी-सह कपड़ा 3 बरसाती लंबा कोट

barrack /बैरअक/ ***v.***, *pt.* **~ed**, *pp* **~ing** 1 खेल में रमे खिलाड़ियों, भाषण देते वक्ताओं, नृत्य या अदाकारी करते कलाकारों की खिल्ली उड़ाना, उपहास क. (hoot) 2 मुकाबले में रत अपनी पसंदीदा टीम की (जोर-जोर से) वाहवाही क. 3 सैनिकों को बैरकों में आवास दे.;
dw/lw: **~-room** *n.* फौजी बैरक रिहाइश; **~s** /बैरअक्स/ *n., [pl.]* 1 बैरक, सैनिक निवास: the troops were ordered back to ~s; a ~s unit 2 बेडौल (भोंड़ा) मकान, बैरकनुमा मकान: a regular ~s of a place 3 चारे या राशन आदि का थैला: ~(s) bag; ~s bread (सैनिक राशन का थैला); **~-square** *n.* कवायद अहाता, अभ्यास प्रांगण;
collocations: **~ accommodation** फौजी बैरक रिहाइश; **~ joke** अश्लील हास्य रसयुक्त (सैनिक) मजाक; **~ language** फौजियों की हंसी-मजाक की भाषा; **~-room lawyer** सब कायदे-कानून जानने वाला व बिना मांगे कानूनी सलाह देने वाला सैनिक, हुज्जती सैनिक; **~ services** आवास-सेवा); **~ ship** फौजी बैरक जहाज;
p&i: **~ for sb** *Austral. & NZ* (खेल आदि में) प्रोत्साहित क.

barracuda /बैरअक्यूडा/ *n., pl.* **~/ ~s** एक उष्ण-कटिबंधी (tropical) तेज दांतों वाली अति उग्र मछली

barrage /बैराज/ *n., milit.* 1 बांध 2 रोक, आड़, बाधा: ~ jamming; ~ weapon 3 गोला-बारी, तोप-गोलों की बौछार, बराज: a ~ of gun-fire; creeping/ moving ~ (धीरे-धीरे होने वाली गोलियों की बौछार) 4 बहुत बड़ी संख्या या मात्रा, बौछार, झड़ी: ~ of questions/ criticisms/ complaints;
collocations: **~ balloon** (जाल से जुड़ा) तार से बंधा हवाई गुब्बारा जो नीचे उड़ने वाले विमानों द्वारा हवाई हमले को रोकने में काम आता है

barrater/ barrator /बैरअटः/ *n.* 1 मुकदमेबाज 2 झगड़ालू, फसादी 3 नारद 4 भ्रष्ट, रिश्वतखोर;
dw/lw: **~ry** /बैरअटरि/ *n.* 1 मुकदमेबाजी, फसाद, झगड़ा 2 जहाज

चालकों द्वारा मालिक को नुकसान पहुंचाने के लिए की जाने वाली चालाकी, समुद्री दगाबाजी

barre /बाःर/ *n., ballet* बैले नर्तकों की कमर में बंधी डोरी जो दीवार से बंधी होती है

barred *see above under* **bar:** ***dw/lw***

barrel /बैरल\/ *n.* 1 ढोलनुमा पीपा: a beer ~ 2 नाल, बैरल 3 बंदूक आदि की नाली: a gun with two **~s**; ~ burst 4 नली 5 सिलेंडर 6 कान की ढोलनुमा नली 7 ढेर (सारा): a ~ of fun; a ~ of laughs;

v. *pt.* **~led**, *pp* **~ling** /*US pt.* **~ed**, *pp* **~ing** 1 (*usually* ~ **along/ past**) तेज गति से जा. या (पास से अनियंत्रित होकर) गुजरना: huge lorries **~led** past us; he came **~ling** down the hill and smashed into a phone booth;

dw/lw: **~-chested** *adj.* चौड़ी छाती वाला व्यक्ति; **~ful** *n., pl.* ~fuls बैरल या पीपे की भराव-मात्रा; **~ful** *adj.* बैरल या पीपे की भराव-मात्रा जितना, पीपाभर; **~led** /~ड/ *adj.* नालीदार, पीपा भर;**~-bellied** /~-बेलिड/ *adj.* मोटे पेट वाला; **~ling** *n.* 1 पीपों की भराई 2 ढोलनुमा सिलिंडर में धुलाई; **~-shaped** *adj.* बेलनाकार, ढोलाकार, बेलनी;

collocations: ~ **chair** गोल पीठ वाली कुर्सी; ~ **churn** ढोलनुमा बिलोनी; ~ **organ** बैरल ऑरगन (चर्च वाद्य); ~ **vault** अर्द्धबेलनाकार मेहराब;

p&i: **a ~ of laughs** हंसी का फुव्वारा; **be in the~** *US sl.* नौकरी छूटने को हो.; **get/ have sb over a** ~ किसी को अपने जाल या पंजे में फंसा लेना: they've got me over a ~, if I don't toe their line I'll be shown the door; **hit the** ~ पियक्कड़ हो जा.; **in the** ~ ठन-ठन गोपाल हो.; **holler down a rain barrel** अपनी ही आवाज से प्यार हो.; **over a** ~ मुसीबत में: have sb over a ~ (किसी को रंगे हाथों पकड़ना); **pork** ~ सरकारी माल करें मालामाल; **round as a** ~ ढोल की तरह फूला हुआ (मोटा); **scrape the bottom of the** ~ अपने अंतिम साधन प्रयोग करने को मजबूर हो.; **sit on a ~ of gun-powder** ज्वालामुखी के मुंह पर बसना; **tap the** ~ सरकारी खजाने को लूटना; **wear a** ~ नंग-डींग हो.

barren /बैरन/ *adj.* 1 बंजर, उजाड़, अनुपजाऊ. ऊसर, अनुर्वर: ~ land/ soil 2 बांझ, बंधाया: ~ woman; ~ marriage; the ~ trees; ~ rock (पौधे की अनुत्पादक किस्म) 3 मंदबुद्धि, दकियानूस 4 निष्फल, व्यर्थ: all my efforts proved ~ 5 विचार-शून्य: ~ of ideas; ~ of imagination/ of creative spirit; ~ of interest; ~ scheme 6 विहीन, खाली, थोथा, खोखला: ~ praise; be beautiful, but be completely ~ of charm; hearts ~ of kindness 7 अनुत्पादक: ~ measure of coal (अनुत्पादक शैलस्तर) 8 उकताऊ, उबाऊ, उचाट करने वाला: ~ life; ~ style 9 उदासीन: ~ spectators;

dw/lw: **~er** *n.* बंध्य गाय; **~ness** *n.* 1 बांझपन, बंध्यता 2 अनुर्वरता, बंजरपन 3 निष्फलता 4 अनुत्पादकता 5 विचार-शून्यता 6 खालीपन, खोखलापन;

collocations: **~ fig-tree** 1 अनुत्पादक अंजीर का पेड़ 2 बांझ औरत

barret /बैरिट/ *n.* टोपी

barrett /बैरट/ *n.* बालों का क्लिप

barrica\de /बैरिकेड/ *n.* 1 बाधा, अवरोध, रुकावट, रोक, व्यवधान: **~de** tactics 2 मोर्चाबंदी, सुरक्षा भित्ति;

v., *pt.* **~ded**, *pp* **~ding** 1 सुरक्षा भित्ति/ अवरोध/ रुकावट बनाना: **~de** the door 2 मोर्चाबंदी क.: streets were **~ded** 3 बंद कर दे.: **~de** sb in (किसी को अंदर बंद क.)

barrier /बैरिअः/ *n.* 1 मोर्चाबंदी, सुरक्षा-भित्ति: the watchman drew up the ~ and let the car pass 2 बाधा, व्यवधान, रोध, अवरोध: sonic/ energy/ heat/ nuclear ~; trade **~s**; poor health may be a ~ to education 4 नाका, शुल्क द्वार (custom's post): show your ticket at the ~ of the railway station 5 (***syn.*** fence, seize) घेराबंदी, घेरा: the police formed a ~ around the building 6 फाटक, नाका: custom duty was collected at the ~ 7 सीमा-रक्षा दल, सीमा-चौकी, पहरा 8 भेदभाव, अलगाव, विभाजन: national/ racial **~s**; the **~s** of class or caste 9 विभाजन या सीमा रेखा, रक्षा पंक्ति, आड़: the mountains formed a natural ~ against the cold winds 10 बर्फीली आड़, बाधा: ice ~;

collocations: ~ **contraception** गर्भाधान रोधिका; ~ **cream** 1 त्वचा को धूप या संक्रमण से बचाने की क्रीम; ~ **layer** रोधिका स्तर; ~ **light** प्रकाश भत्ता; ~ **method** गर्भ निरोधक उपाय; ~ **nursing** संक्रामक रोगों से पीड़ित रोगियों की अलग वार्ड में रखकर की जाने वाली देखभाल; ~ **reef** *geol.* प्रवालरोधिका; ~ **works** रक्षा ढांचा; ~ **zone** रक्षात्मक बाधा क्षेत्र;

p&i: ~ **in** बाड़ से घेरना, चारों ओर नाकाबंदी क.; ~ **off** घेराबंदी हटाना

barring *see above under* **bar:** ***dw/dw***

barrio /बैरिओ/ *US* बाःरिओ/ *n., Sp.,* 1 *US* स्पेनी मुहल्ला/ बस्ती 2 नगर का जिला आदि

barrister /बैरिस्टः/ *n. UK* इंग्लैंड और वेल्ज में उच्च न्यायालयों में काम करने वाले वकील, बैरिस्टर, विधिवक्ता: inner ~ (उच्चस्तरीय बैरिस्टर);

dw/lw: **~-at-law** *n.*बैरिस्टर;

collocations: **briefless** ~ बेकाम या बेरोजगार बैरिस्टर; **utter/outer** ~ आरोपी के कटघरे से बाहर खड़े होकर बोलने वाला बैरिस्टर

barrow /बैरो/ *n. UK* (*UK/US* **wheel~**) हथगाड़ी, ठेला, ठेलागाड़ी: powered ~ 2 (***syn.*** tumulus) समाधि स्तूप, प्राचीन कबरों के ऊपर बना मिट्टी का ऊंचा-सा टीला 3 एकपहिया ठेला: ~ runner;

collocations: ~ **boy** ठेले से सामान बेचने वाला लड़का

Bart (*also* **Bart.**) *see under* **baronet**

bartender *see above under* **bar:** ***dw/lw***

barter /बाःटः/ *v., pt.* **~ed**, *pp* **~ing** 1 पैसे के लेन-देन के बिना वस्तुओं की अदला-बदली, आदान-प्रदान, विनिमय आदि क.: ~ ware for ware 2 बदले में दे. या जवाब दे.: ~ blows;

n. अदला-बदली व्यापारी: ~ agreement;

p&i: ~ **away** बदले में घटिया वस्तु पाना

Bartisan/ bartizan /बाःटिजन/ *n.* छज्जा, बुर्ज

barton /बाःटन/ *n.* खलिहान, बाहरी मकान

barycentric /बेरिसेंट्रिक/ *adj., phys.* केंद्रक, गुरुत्व-केंद्रक

baryon /बैरिऑन/ *n., phys.* भारी अणु: ~ number (बैरिऑन संख्या)

barysphere /बैरिस्फिअ/ *n.* गुरुमंडल

barytic /बैरिटिक/ *adj.* क्षारयुक्त

BAS *abbr.* 'Bachelor of Agricultural Science', 'British Antarctic Survey', 'Bihar Administrative Service' की प्रथमाक्षरी

BASA *abbr.* 'British Aerospace Staff Association' की प्रथमाक्षरी

basal /बेसल/ *adj.* 1 आधार-संबंधी, आधारिक: ~ plane (आधार रेखा के समांतर तल): ~ area 2 निम्नतम स्तर पर 3 मुख्य: ~ metabolism (पदार्थों की मुख्य आदान-प्रदान क्रिया)

basalt /बैसॉल्ट/ *n., geol.* असिताश्म, बेसाल्ट, महीन दानेदार काली ज्वालामुखी चट्टान

bascule /बैस्क्यूल/ *n.* 1 ऐसा उपकरण जिसका जब एक सिरा ऊपर उठता है, तो दूसरा नीचे डूबता है 2 (*also* ~ **bridge**) उत्तोलन-पुल, उठाऊ पुल

base /बेस/ *n., pl.* **~s**, 1 (***syn.*** foundation) आधार, नींव, बुनियाद: the ~ of the great pyramid 2 (***syn.*** bottom) पेंदी, तला, तह: mountain ~; ~ of leaf; ~ of cloud, the ~ of a pillar; the ~ of a statue 3 सहारा, आय, सत्ता 4 मूलाधार,

मूलांश, आधारभूत तत्त्व, मुख्य अवयव: rice is the ~ of this dish 5 आधार-बिंदु, मूल स्थान 6 *milit.* अड्डा, आस्थान, सैन्य-संचालन कार्यालय (base camp): air/ military/ naval ~; supply ~; the ~ of operations; launching ~ 7 केंद्रीय कार्यालय, स्थान 8 बेस (बेसबॉल खेल में एक नियत स्थान) 9 *chem.* क्षारक 10 *geol.* असिलिक 11 (***syn.*** basis) आधार विचार, तथ्य, मुख्य-बिंदु या धारा, स्थिति: the ~ of his thought runs true; stand on a sound ~; the argument has a sound economic ~ 12 *ling.* धातु, मूल, उद्गम-स्रोत;

adj. 1 (***syn.*** immoral, amoral) नीच, कमीना, अनैतिक: ~ act; ~ person; ~ ingratitude; ~ motives 2 (***syn.*** inferior quality) घटिया 3 (***syn.*** impure) अशुद्ध 4 खोटा, जाली, तुच्छ, गिरा हुआ (of a coin): ~ born (तथाकथित नीच कुल का); ~ estate (तुच्छ लोग) 5 अधम (socially): of ~ descent 6 निचले स्तर की 7 मद्धम, धीमी: ~ sound/ voice 8 लोक-, गंवार, जंगली: ~ Latin; ~ language 9 आधारभूत 10 आधार, प्रारंभिक, केंद्रीय: ~ camp; ~ depot; ~ area soldier; ~ hospital 11 मुख्य, आधारभूत: ~ rock; ~ pay; ~ map; ~ point; ~ piece 12 कच्चा: ~ oil; ~ ore; ~ material;

v., *pt.* **~d**, *pp* **basing** 1 आधारित क., स्थापित: **~d** on experiment 2 संस्थापन क., नींव बनाना 3 आधार बनाना: bank-notes **~d** on gold 4 मुख्य केंद्र बनाना: ~ the new university in the interior of the country 5 किसी विचार पर आधारित क.;

dw/lw: **~d** *adj.* 1 पर आधारित: the movie is **~d** on a real life incident 2 में केंद्रित: **~d** in Delhi 3 मुख्य अवयव या अंश आधारित: lead-**~d** paints; **~ball** /बेसबॉल/ *n.* 1 बेसबॉल (अमेरिकी खेल जिसमें दोनों टीमें गेंद को पीटकर चार नियत बिंदुओं के इर्दगिर्द दौड़कर अंक/ रन बटोरते हैं 2 बेसबाल में प्रयोग की जाने वाली गेंद; **~board** *n.* = skirting board; **~-born** *adj.* 1 हीन सामाजिक मूल का 2 (***syn.*** illegitimate, bastard) जारज, दोगला; **~less** *see below under separate entry*; **~line** *n.* 1 टेनिस कोर्ट की अंतिम लाइनें 2 तुलना करने के लिए आधार मूल्य; **~ly** *adv.* नीचतापूर्वक, बेईमानी से; **~ment** /बेसमंट/ *n.* 1 तहखाना, तलघर, बेसमेंट 2 आधार; **~ness** /बेसनेस/ *n.* अधमता, नीचता, दुष्टता, खोटापन;

collocations: ~ **ball** बेसबॉल; ~ **camp** आधार बिंदु, प्रारंभिक स्थान या अड्डा; ~ **cap** आंखों को धूप से बचाने के लिए पहनी जाने वाली एक विशेष प्रकार की टोपी; ~ **form** शब्द का मूल रूप जिसमें प्रत्यय आदि जोड़कर अन्य रूप बनाए जा सकते हैं: **base → based, baseless**, etc.; ~ **hearted** ओछा, कमीना, तुच्छ, घिनौना; ~ **jumping** पैराशूट से किसी ऊंचे स्थान से कूदने का खेल; ~ **metal** कोई भी धातु (सोने आदि से भिन्न) जो हवा और पानी लगने से क्षय होती है जैसे जिंक, तांबा, सीसा आदि; ~ **out** *US* सबसे कम हो जाना, सबसे निचले स्तर पर आना; ~ **plate** आधार पट्ट; ~ **rate** *finance* बैंक द्वारा निर्धारित आधार ब्याज दर;

p&i: ~ **sb/ sth in/ at somewhere** किसी को या किसी चीज को कहीं स्थापित क.; ~ **sth on sth** दलील आदि को किसी बात, तथ्य या विचार आदि पर आधारित क.;

be ~d at/ in, etc. स्थाई रूप से स्थित हो., स्थापित कार्यालय एवं निवास-स्थान रखना; **be ~d on** पर आधारित हो.; **be/ get off (one's)** ~ *US, colloq.* भटक जा.; दिमाग ठिकाने पर न हो., गलत या आधारहीन हो.; **catch sb off first** ~ किसी को रंगे हाथों पकड़ लेना; **change one's** ~ *US.* colloq. रफू-चक्कर हो जा.; **get to/ make first** ~ *US* 1 पहला आधार (कैंप आदि) बनाना 2 पहली या शुरुआती सफलता पाना; **home** ~ मंजिल; **off** ~ *US colloq.* निराधार, गलत; **reach home** ~ सफलतापूर्वक कार्य पूरा क., मंजिल पर पहुंचना; **touch/ cover all the ~s mainly** किसी स्थिति या कार्य के सभी मुख्य पहलुओं पर प्रकाश डालना

baseless /बेसलअस\/ *adj.* 1 आधारहीन, निराधार: **~less** fears/ rumours/ gossip 2 निर्मूल, असंगत;

dw/lw: **~lessness** /~नेस/ *n.* निराधारता: the ~lessness of the statement was evidentbarraterbarrater

bases /बेसिज/ *n. [pl.]* '**basis**' का बहुवचन

BASF *abbr.* 'Badische Anilin und Soda-Fabrik' (Badaen Aniline and Soda Manufactory)' की प्रथमाक्षरी

bash /बैश/ *v., pt.* **~ed**, *pp* **~ing** 1 जोर से आघात या प्रहार क., घूंसा/ मुक्का लगाना, पीटना, चूर-चूर क., फोड़ना: ~ one's head against a stone wall 2 किसी पर घिनौना प्रहार क. 3 किसी की या किसी बात की कड़ी आलोचना क.;

n. 1 रंग-रलियों व मौज-मस्ती वाली पार्टी या दावत 2 जोर की चोट, आघात/ प्रहार;

dw/lw: **~er** *n., esp. in compounds* निंदक, आलोचक; **~ing** *n., colloq.* 1 भयंकर शारीरिक प्रहार: the gang gave Ramesh a ~ing 2 कड़ी आलोचना या शाब्दिक प्रहार: government ~ing; **immigrant-~ing/ lawyer-~ing, etc.** समुदाय विशेष (प्रवासियों/ वकील समुदाय) की घोर निंदा; **union-~ing** मजदूर संघों की घोर निंदा;

p&i: ~ **away/ on/ at sth** or ~ **on with sth** किसी कार्य को करने के लिए परिश्रम करते रहाना; ~ **into sth/ sb** किसी वस्तु या किसी से जोर की टक्कर होना; ~ **sb/ sth up** किसी पर भयंकर हिंसक प्रहार क.; ~ **sth down/ in** दरवाजे आदि को पीट-पीट कर तोड़ना या उसे नुकसान पहुंचाना; ~ **sth out** (***syn.*** knock out) घटिया स्तर की पुस्तकें आदि निकालते रहना: he ~es out about four books a year;

have a ~ (at sth) *UK* (आश्वस्त न होते हुए भी) कार्य करने का प्रयास क.; **likes to ~ the unions** उसे मजदूर संघों की घोर आलोचना क. पसंद हैं

bashful /बैशफुल/ *adj.* 1 शर्मीला/ शर्मीली, भीरु, संकोची: ~ young girl; ~ child; ~ looks; ~ glance 2 झेंपू, जिसमें आत्मविश्वास न हो: a ~ smile;

dw/lw: **~fully** *adv.* लज्जाते/ शर्माते हुए; **~fulness** *n.* शर्मीलापन, भीरुता, संकोच;

p&i: **~ness is an enemy to poverty** जिसने की सरम उसके फूटे करम

basho /बैशो/ *n.* (*pl.* ***basho***) *sumo* जापानी कुश्ती प्रतियोगिता

BASIC/ Basic *n., comput.* कंप्यूटर प्रोग्राम लिखने के लिए सरल भाषा का प्रयोग

basic /बेसिक/ *adj.* 1 बुनियादी, मूल, आधारभूत, मूलभूत: ~ principles; ~ fact; ~ argument; ~ issues; ~ data; be ~ to a theory 2 मुख्य, प्रधान: ~ commodities; ~ industry; ~ research; ~ diet; ~ weapons 3 तात्त्विक, मौलिक: ~ rock; ~ dye; ~ salt 4 सादा, मुख्य तत्त्वों से बना 5 आधारीय, प्रारंभिक: ~ wage/ pay; her grasp of Russian is ~ 6 सरल, जो जटिल न हो 7 क्षारीय;

n. *usually* **the basics** 1 आधारभूत आयाम या पहलू, सरलतम सिद्धांत 2 मूल सिद्धांत, गुण या आवश्यकतायें, तत्त्व

dw/lw: **~ally** /बेसिकलि/ *adv.* 1 (***syn.*** essentially) मूल रूप से 2 मुख्यतः; **~s** /बेसिक्स/ *n.* सर्वाधिक महत्त्वपूर्ण व आवश्यक तथ्य, हुनर, विचार आदि जिनसे या जिनके आधार पर अन्य चीजें विकसित होती हैं: **~s** of computer programming 2 सरलतम व आवश्यक वस्तुएं जिनकी किसी को किसी स्थिति विशेष में आवश्यकता होती है: some schools lack **~s** like blackboards;

collocations: ~ **arithmetic** प्रारंभिक गणित; ~ **dress** सादी काली पोशाक; ~ **education** बुनियादी शिक्षा; ~ **fact** मूल तथ्य; ~ **English** बुनियादी अंग्रेजी; ~ **industry** मूल उद्योग; ~ **pay** मूल वेतन; ~ **period** मूल अवधि; ~ **principle** मूल सिद्धांत; ~ **process/ ~-oxygen process** इस्पात बनाने में प्रयुक्त आधारभूत तरीका, समाक्षरीय क्रिया; ~ **record** *US milit.* 1 व्यक्तिगत दस्तावेज 2 सैनिक संरचनाओं (formations) के बारे में मूल दस्तावेज; ~ **salt** समाक्षारीय लवण; ~ **training** बुनियादी प्रशिक्षण; ~ **vocabulary** आधार शब्दावली;

p&i: **go/ get back to ~s** सरलतम व सर्वाधिक महत्त्वपूर्ण विचारों से शुरू क.

basidium /बैसिडिअम/ *n., pl.* **basidia** एक प्रकार की फफूंदी

basil /बैजल/ बेजल/ *n.* काली तुलसी, तुलसी पत्र

basilar /बैसिलः/ *adj., esp. anat.* आधार-, आधार से विकसित

basilica /बजिलिका/ *n., pl.* **~s** एक प्राचीन रोमन जन सभागार, बासिलिका, महामंदिर, समाधिमंडप;

collocations: **~ vein** अंतर्बाहु-शिरा

basilisk /बैजिलिस्क/ *n., mythol.* 1 दैत्याकार गिरगिट, महागिरगिट, अमेरिकी छिपकली 2 एक सांप जो लोगों को उनके ऊपर सांस या घूरती नजर फेंककर मार सकता है: sighted like the ~;

dw/lw: **~-glance** *n.* बुरी नजर वाला व्यक्ति

basin /बेसिन/ *n. UK* 1 भोजन के लिए एक बर्तन, कुंडी, कुंडा: earthenware ~ 2 *UK* (*UK*/ *US* **sink**) वाश-बेसिन, हाथ-मुंह धोने की चिलमची, थाला: copper ~ 3 द्रोणी-क्षेत्र, नदी-थाला, नदी की घाटी: the Thames ~; catchment ~ 4 तट खाड़ी, नौका-बंदरगाह: dock ~ 5 (*syn.* pond) हौज, कुंड: the ~ at the bottom of the waterfall 7 (*syn.* hollow) घाटी, ऐसा क्षेत्र जहां धरती की सतह दुनिया के अन्य क्षेत्रों से नीची हो: the Pacific Basin;

dw/lw: **~ful** *pl.* ~fuls चिलमची-भर;

p&i: **have a ~ful of sth** *colloq.* काफी हो.: have a ~ful of his misfortunes; ~ful of work; ~ful of trouble; a ~ful of excitement

basinet /बैसिनेट/ *n.* शिरस्त्राण, टोप

basipetal /बेसिपिटल/ *n.* तलाभिसारी

basis /बेसिज/ *n., pl.* **bases** /बेसीज/ 1 आधार, मूलाधार: ~ and superstructure; on his ~ (इस आधार पर) 2 मूल सिद्धांत: on the ~ of peaceful coexistence 3 मुख्य भाग: the ~ of this beverage is milk 4 नींव, आधार: the tower stood on a solid ~;

p&i.: **a ~ for discussion** विचार-विमर्श का आधार; **on a commercial/ full-time/ percentage, etc. ~** व्यापारिक/ पूरा समय/ प्रतिशत आदि के आधार पर; **on a daily/ monthly/ regular, etc. ~** प्रतिदिन/ प्रतिमास/ नियमित आदि आधार पर; **using tomato as the ~ for the sauce** चटनी बनाने के लिए टमाटर का एक आधारभूत तत्त्व के रूप में प्रयोग

bask /बास्क/ *US* बैस्क/ *v., pt.* **~ed**, *pp* **~ing** 1 धूप सेंकना, धूप स्नान क., घमाना: **~ing** on the beach; ~ in the sun 2 किसी आभास का मजा लेना: ~ in fame;

collocations: **~ing shark** एक विशाल (दुनिया में दूसरी विशालतम) मछली

p&i: **~ in sb's reflected glory** किसी की सफलता के साये में मजा लूटना या आनंद ले.; **~ing in sb's approval** किसी का समर्थन पाकर आनंद उठाना

basket /बास्किट/ *US* बैस्किट/ *n.* 1 टोकरी, पिटारी, डलिया, टोकरा: clothes ~; wastepaper ~; a ~ of apples/ fish 2 टोकरी भर मात्रा 3 बास्किटबाल में प्रयोग की जाने वाली टोकरीनुमा जाली 4 आपस में संबंधित विचारों, दलीलों या वस्तुओं का पुंज 5 पिकनिक: ~ lunch/ dinner 6 हाथ के काम का पुंज: work ~;

dw/lw: **~ball** *n.* 1 बास्किटबाल 2 बास्किटबाल खेल में प्रयुक्त गेंद; **~ful** *n., pl.* ~fuls टोकरी-भर सामान, टोकरी भर मात्रा; **~maker** *n.* टोकरी-साज, टोकरी बनाने वाला; **~ry** /बास्किटरि/ *n., pl.* ~ries टोकरी बनाने का काम, टोकरीसाजी; **~weave** /बास्किटवीव/ *n.* दो या उससे अधिक धागों को टोकरी की तरह लपेटते हुए की जाने वाली बुनाई; **~work** *n., [sing.]* 1 लकड़ी, बांस आदि की पट्टियों से बनी वस्तु 2 इस ढंग से वस्तुएं बनाने का हुनर;

collocations: **~ case** *sl.* 1 मानसिक रूप से टूटा हुआ और असहाय व्यक्ति 2 पूर्णतः अक्षम या बेकार; **~ chair** बेंत की कुर्सी; **~ of currencies**, *econ.* मुद्राओं का समूह;

p&i: **be left in the ~** बाहर छूट जा.; **give sb the ~** शादी करने वाले को मना कर दे.; **the pick of the ~** सर्वोत्तम;

basketball *see above under* **basket:** ***dw/lw***

basmati /बासमती/ *n.* बासमती: ~ rice

Basque /बॉस्क/ *n.* 1 स्पेन और फ्रांस के पश्चिमी भागों में रहने वाले बास्क लोग 2 बास्क भाषा

basque /बॉस्क/ *n.* 1 कसकर अटने वाली चोली 2 बंडी

basquine /बास्किन/ *n.* घाघरा

bas-relief /बाःरिलीफ/ बासरिलीफ/ बैसरिलीफ/ *n., art* पत्थर या लकड़ी में थोड़ी-सी उभरी हुए चित्रित वस्तुओं (figures) आदि की नक्काशी

bass[1] /बेस/ *n., pl.* **~es** *music* 1 मंद्र स्वर में गाने वाला, मंद्रगायक 2 स्वरलिपि/ ताल का निम्न भाग 3 (**~ guitar**) चार तारों वाला एक बड़ा-सा वाद्य जिसे खड़े होकर या कुर्सी पर बैठकर बजाया जाता है 4 **bass** /बैस/ *n.* बैस मछली 5 /बैस/ *n.* सख्त मिट्टी;

adj. मंद्र स्वरीय, मद्धम ताल का;

dw/lw: **~ist** /बेसिस्ट/ *n.* बेस (bass) गिटार बजाने वाला व्यक्ति;

collocations: **~ clef** /बेस क्लेफ/ *music* संगीत स्वर चिह्न; **~ drum** मंद स्वर देने वाला एक बड़ा ढोल; **~ guitar** (*esp. colloq.*) मंद आवाज वाली विद्युत गिटार

bass[2] /बैस/ *n.* समुद्र या ताजे पानी की एक खाने योग्य मछली

basset /बैसिट/ *n.* **~ hound** एक कुत्ता, जिसकी धड़ लंबी और टांगें छोटी होती हैं

basset horn *n.* क्लेरिनेट परिवार का एक वाद्य

bassinet /बैसिनेट/ *n.* 1 (*syn.* pram) बच्चों के लिए बेंत का पालना या घुमाने की गाड़ी 2 अस्पताल में शिशुओं की देखभाल के लिए एक छोटा सा बिस्तरा

bassoon /बसून/ *n.* अलगोजा, युग्म मुरली, दुनाली बांसुरी

bast /बैस्ट/ *n.* 1 मूंज आदि का रेशा, जिससे रस्सा बनता है: ~ layer; ~ mats/ matting 2 पुराने जमाने में रूसी किसान इससे अपने जूते (bast shoes = лáпти) बनाते थे

bastard /बाःस्टःड/ *US* बैस्टःर्ड/ *n., pl.* **~s** 1 अवैध/ जारज/ वर्णसंकर संतान 2 हरामी: what a rotten **~!**; poor **~!** 3 अप्रिय एवं खीझ दिलाने वाली वस्तु या कार्य: this calendar is a ~ to hang;

adj. 1 (*syn.* counterfeit) नकली: ~ copy; ~ diamonds 2 दोगला, अवैध: ~ son 3 घटिया, संकर: speak ~ French; ~ type; ~ granite; ~ rocks 4 बनावटी, दिखावटी: ~ good nature; ~ charity; ~ patriotism 5 मजबूत, अति कड़ा, खुरदरा: ~ coal 6 भोंडा, बेडौल: ~ file;

dw/lw: **~ize** /~डाइज/ *v., pt.* ~ized, *pp* ~izing 1 जारज ठहराना, दूषित ठहराना 2 मूल की विकृत प्रतिलिपि बनाना: ~ize the language; **~y** /~डि/ ~र्डि/ *n., pl.* ~ies दोगलापन, अवैधता, जारजता, जारज होने की स्थिति;

p&i: **like a ~** बहुत ज्यादा

bas\te /बेस्ट/ *v., pt.* **~ted**, *pp* **~ting** 1 (*syn.* stitch) कच्चे टांके लगाना, तगियाना, तागना 2 जैसे-तैसे बनाना: **~te** up a story 3 घी से चुपड़ना 4 घी में गोश्त आदि पकाना 5 मारना-पीटना, धुनाई क. 6 घोर आलोचना क.;

dw/lw: **~ting** /बेस्टिंग/ *n.* पिटाई, धुनाई: that boy deserves a ~ting;

p&i: **~te flints with butter** व्यर्थ प्रयास क.; **~te sb's jacket** पीटना, धुनाई क.; **~te up a story** जैसे-तैसे कहानी गढ़ना

bastel-house /बैस्टलहाउस/ *n.* अत्यधिक सुरक्षित घर, दुर्गनुमा घर

bastinado /बैस्टिनेडो/ *v., pt.* **~ed**, *pp* **~ing**, *s/he/it* **~es** बेंत से पांव के तलवों की पिटाई क.;

n., pl.**~es** 1 दंड के रूप में बेंत से तलवों की पिटाई 2 बेंत, डंडा

bastion /बैस्टिअन/ *n.* 1 सेना द्वारा रक्षित गढ़, बुर्ज, केंद्र 2 रक्षक: a ~ of freedom of speech 3 किसी दकियानूसी प्रथा का रक्षक

समूह: a ~ of male privilege

BAT *abbr.* 'Balanced Audio Tech', 'border action team' की प्रथमाक्षरी

bat /बैट/ *n.* 1 बैट, बल्ला, डंडा 2 बल्लेबाज 3 चमगादड़, जतूक 4 विमान का पथ प्रदर्शन करने के लिए बल्ले जैसी संकेत दंडिका 5 बल्ले की समतल फलक से किसी की पीठ आदि पर हल्की-सी थपथपाहट 6 गादुर (fruit) 7 (***syn.*** noctule) चमगिदड़ी 8 (***syn.*** vampire) चमगादड़ 9 छोटा चमगादड़ (mouse-tailed) 10 *sl.* वेश्या 11 डायन, झगड़ालू औरत 12 (***syn.*** padding) रूई या ऊन की गद्दी या पैडिंग: wool ~ 13 *colloq.* विदेशी भाषा 14 कदम, रफ्तार 15 सैर-सपाटा;
***v.**, pt.* **~ted**, *pp* **~ting** 1 क्रिकेट में बल्लेबाजी क.: ~ before lunch 2 किसी को बल्ले से मारना 3 पलकें फड़फड़ाना/ झपकाना: **~ting** the eyelashes coyly at sb; not to ~ an eye on hearing the news 4 डंडे या बेंत से पीटना;
dw/lw: **~-blind** *n.* अंधा; **~man** /बैट्मअन/ *n.* सैनिक अफसर का व्यक्तिगत सहायक, अर्दली; **~sman** /बैट्समन/ (*also* **~woman**) *n.* 1 बल्लेबाज: the best ~sman in the team 2 विमान की टैक्सी करने में सहायक बल्लानुमा संकेत-बैट; **~manship**/ **~womanship** *n.* बल्लेबाजी का हुनर; **~-minded** *adj.* मूर्ख, सीमित दृष्टिकोण का; **~-money** *n.* सैनिक अफसर को अपना सामान दूसरी जगह भेजने के लिए दिया जाने वाला पैसा; **~ting** /बैटिंग/ *n.* 1 पहल, पारी 2 बल्लेबाजी; **~ting** *adj.* बल्लेबाजी करने वाली (टीम), बल्लेबाजी से संबंधित: ~ting side; ~ting average (बल्लेबाजी की औसत);
p&i: **~ around** 1 दुनिया भर में घूमना 2 किसी विचार या योजना पर सोच-विचार क.; **~ a thousand** अत्यधिक सफल हो.; **~ on a sticky wicket** विकट स्थिति में काम क.;
at a good ~ जल्दी से; **be at** ~ मुख्य भूमिका निभाना, सत्ता में हो.; **be ~s** पगला जा.; **blind as a** ~ एकदम अंधा, आंखों से देखने में पूर्णतः अक्षम; **carry (out) one's** ~ *US, sl.* जीत जा.; **come to** ~ *US, sl.* कठिन काम से पाला पड़ना; **go full** ~ ; सरपट दौड़ना; **go like a ~ out of hell** सरपट दौड़ते जाना; **go on a** ~ 1 सैर-सपाटा क. 2 शराब पीने लगना; **go to ~ against sb** *US, sl.* किसी के खिलाफ गवाही दे.; **go to ~ for** *sl.* किसी को बचाने के लिए बीच में कूद पड़ना; **have ~s in the belfry** *colloq.* झक्की या सनकी हो.; **he is ~s** वह हिल (पगला) गया है; **like a ~ out of hell** *colloq.* बड़ी तेजी से; **not to ~ an eye/ without ~ting an eyelid/ eyelashes** *colloq., originally US* आंख भी न झपकाना, उदासीन रहना, कोई अचरज न होना या दिखाना; **off one's own** ~ 1 स्वेच्छा से, स्वेच्छया, अपनी मर्जी से 2 अपने बलबूते पर; **right off the** ~ तुरंत, बिना देर किए; **sling the** ~ विदेशियों द्वारा स्थानीय लोगों से उनकी भाषा में बात क.; **the news came right off the** ~ खबर स्वयं प्रथम स्रोत से मिली;

batch /बैच/ *n.* 1 टोली, जत्था, ग्रुप, दल: a ~ of applicants; a ~ of visitors; a ~ of recruits 2 घान, घानी, खेप, ढेर, बंडल: a ~ of loaves; a ~ of books/ letters, documents; a ~ of eggs; a ~ of goods 3 मुट्ठा 4 बैंकिंग में उधार और जमा मदों का मिलान: the cheque hasn't been through the ~ yet 5 *comput.* कंप्यूटर पर एक साथ किए जाने वाले कार्यों का समूह;
***v.**, pt.* **~ed**, *pp* **~ing** 1 किसी चीज को एक खेप के रूप में ले. या एक खेप में उत्पाद क. 2 *comput.* सूचनाओं को खेप के रूप में लगाना 3 *Austral. & NZ, colloq.* अपने लिए अपने आप खाना बनाना और सफाई क.;
dw/lw: **~mate** *n.* स्कूल, कॉलेज या किसी कोर्स में एक साथ पढ़ने वाला साथी; **~ing** /बैचिंग/ *n.* खेप बनाने की क्रिया; **~y** /बैचि/ *adj.* मंदबुद्धि, थोड़ा हिला हुआ;
collocations: **~ dryer** क्रमबद्ध कपड़े सुखाने वाला यंत्र; **~ file** *comput.* किसी फाइल का नाम कंप्यूटर में लिखे जाने पर उससे संबंधित हरकत में आने वाली फाइलों की कतार; **~ process** समय-समय पर होने वाली क्रिया; **~ processing** *comput.* समान सूचनाओं की फाइलों की कई खेपों (batches) का एक साथ संसाधन (processing) ; **~ production** क्रमबद्ध या श्रृंखलाबद्ध उत्पाद;
at the same ~ एक ही खेप में

ba\te /बेट/ *n.* 1 कमी, घटाव, भाटा 2 भयंकर क्रोध;
v.**, pt.* **~ted**, *pp* **~ting** 1 क्षारीय घोल में रखना 2 (syn.*** diminish) कमजोर पड़ना, कम हो., घटना: hope **~ted** day by day 3 कम क.: **~te** expense; ~te claims; not to **~te** a farthing; not to **~te** an inch 4 रोकना 5 कुंद क. या हो.: **~te** the edge of a sword 6 नर्म क. (skin) 7 पंख फड़फड़ाना (of eagle) 8 तड़पना 9 (*also see* **bait**);
dw/lw: **~ted** /बेटिड/ *adj.* 1 थमा या रुका हुआ (सांस): waited with ~ted breath for the results 2 दबा हुआ, तनाव व उत्तेजना भरा;
p&i: **~ sb's pride** किसी का अपमान क., किसी को नीचा दिखाना;
get in a ~ about sth किसी बात के कारण आपे से बाहर हो.; **wait with ~ed breath** अधीरतापूर्वक इंतजार क.

bateu /बैटो/ *n.* 1 चपटे पेंदे वाली लंबी नाव 2 *milit.* पोंटोन (झूलने वाला) पुल: ~ bridge

bet-eyed /बैट-आइड/ *adj.* अदूरदर्शी, गहरे पानी में न पैठ सकने वाला, दीपक तले अंधेरा

bath /बाथ/ *US* बैथ/ *n., pl.* **~s** 1 *UK* (*US* **~tub**) स्नान-टब, कुंड, स्नान घर: a private ~; Turkish **~s** 2 स्नान, प्रक्षालन: have/ take a ~; shower ~; sea-water **~s** are essential for sb's health; ~ soap 3 स्नान जल (water filling a bath): run a ~; ran herself a ~ 4 (**the ~s**) जन साधारण के लिए तरण ताल 5 घोल (solution): baby ~ 6 ऊष्मक, तापन पात्र (for heating);
***v.**, pt.* **~ed**, *pp* **~ing** *UK* 1 नहलाना, स्नान कराना 2 घोल में रखना: ~ the baby 3 (*also* **have a ~/take a ~**) स्नान क.: ~ every day;
dw/lw: **~-chair** *n.* बीमार लोगों के लिए एक पहियों वाली बड़ी कुर्सी; **~ mat** *n.* स्नान मैट; **~-point/ station** *n.* स्नान-घर; **~robe** *n.* = dressing gown स्नान गाउन; **~room** *n.* 1 स्नान-घर, स्नानगृह, गुसलखाना 2 शौचालय 3 स्नान-घर व टॉयलट (toilet); **~-salts** *n.* स्नान लवण; **~-towel** *n.* स्नान तौलिया; **~tub** *US* (*UK* **bath**) *n. esp. N. Amer.* स्नान-टब: a ~tub जल स्नान-टब, जल कुंड (बिना टोंटियों के); **~-water** *n.* टब के लिए पानी (*see below* ***p&i***);
collocations: **~ house** 1 स्नान भवन, स्नानागार 2 जन-साधारण के लिए वाष्प-स्नान आदि के साथ स्नान-घर; **~ing costume** (dress, suit) स्नान-वस्त्र, नहाने के कपड़े, स्नान सूट, नहाने की पोशाक; **~ machine** (for sea) स्नान यंत्र; **~ salts** स्नान लवण;
an eye bath आंखों की धुलाई; **Bath bun** मेवा के साथ बना मसालेदार मीठा केक; **blood ~ = the ~ of blood** खून की नदियां (बहाना);
p&i; **go to the** ~ *US* स्नान-घर जा., टॉयलट आदि जा.; **his head was in a ~ of sweat** उसका सिर पसीने से सराबोर था; **take a** ~ स्नान क.; **throw the bay out with the ~ water** अनुपयोगी वस्तु के साथ उपयोगी वस्तु को भी फेंक दे.

bat\he /बेद/ *v., pt.* **~hed**, *pp* **~hing** 1 स्नान क., नहाना (wash oneself): it was too cold to **~he**; he **~hed** and shaved 2 शरीर के किसी अंग को धोना (part of body): **~he** one's face; **~he** one's eyes/a wound 3 *old-fashioned* तैरना 4 (***syn.*** immerse) डुबोना, निमज्जित क.: the garden was **~hed** in moonlight 6 (***syn.*** wet) भिगोना, तर क. 7 नहलाना, धोना: **~he** the children 8 समुद्र तट से सीमा लगना: **~hed** by the waters of the Pacific;
dw/lw: **~hed** *adj.* 1 *lit.* प्रकाश में धुला हुआ 2 पसीने या आंसुओं में सराबोर; **~her** /बेदः/ *n., pl.* ~hers 1 नहाने वाला 2

(~hers) *Austral. & NZ* नहाने की पोशाक: hang the ~hers up to dry; **~hing** /बेदिंग/ *n.* तरण ताल, नदी, समुद्र आदि में नहाने की क्रिया: ~hing in a river; **~hing** *adj.* नहाने की, स्नान करने से संबंधित: ~hing costumes/ suits/ trunks/ caps; ~hing beach; ~hing machine; ~hing tent; ~hing-suit/ ~hing-costume; ~hing-cap;

sun-~hing (*also* **sun-tanning**) धूप-स्नान, सूर्य-स्नान (धूप में लेटकर या बैठकर सांवला होने की क्रिया);

collocations: **~hing beauties** नहाने की पोशाक पहने सुंदरियां; **~hing cap** स्नान टोपी; **~hing costume/ suit** स्नान पोशाक;

p&i: **~he in blood** खून से लथपथ हो.; **~hed in sweat/ in tears** पसीने या आंसुओं से सराबोर; **~he one's hands in blood** अपने हाथों से बहुत खून बहाना; **~he the wound every hour** घाव को हर घंटे धोना; **~he sth/ sb in/ with sth** किसी को किसी द्रव में किसी चीज से धोना या नहलाना; **sunlight ~hed the room** कमरा प्रकाश से धुल रहा था; **be ~hed in light** प्रकाश से धुला हो.

bathetic /बथेटिक/ *adj.* 1 भाषण या लेखन से संबंधित 2 भावुकतापूर्ण 3 ऐसे भाषण या लेख से संबंधित जिसमें वक्ता या लेखक उच्च शैली में बोलते-बोलते या लिखते हुए अति सड़क-छाप स्तर पर उतर आता है

bât-horse /बाःट-हॉःस/ *n.* = **bat-horse** लद्दू घोड़ा

bathochromic /बैथोक्रॉमिक/ *adj.* वर्णापकर्षी

bath\oliths/ ~ylite/ ~ylith /बैथोलिथ्स/ बैथिलाइट/ बैथिलिथ/ *n. geol.* महास्कंध;

dw/lw: **~olithic/ ~ylitic/ ~ylithic** /बैथोलिथिक/ बैथिलिटिक/ बैथिलिथिक/ *adj.* महास्कंधी

bathometer /बथॉमिटः/ *n.* गहराई-मापी

bathophobia /बैथोफोबिआ/ *n.* गहनता-भीति, गहराई का डर

bathos /बेथौस/ *US* बेथाःस/ *n.* 1 भावापकर्ष, अपकर्ष, अकांडपात (anticlimax) 2 सस्ती भावुकता, हास्यास्पद उदात्तता, दिखावटी उमंग 3 ऐसा भाषण या लेख जिसमें वक्ता या लेखक उच्च शैली में बोलते-बोलते या लिखते-लिखते अत्यंत जमीनी या सड़क-छाप स्तर पर उतर आता है

bathroom *see above under* **bath: *dw/lw***

bathy\- *comb. form, signifying:* **deep** (गहरा);

dw/lw: **~metry** /बैथिमिट्रि/ *n., geol.* 1 गहराई-मापन 2 पानी के बड़े पिंडों (तालाब, बांध-सागर, खाड़ी, समुद्र आदि) के तल की गहराई व अन्य विशिष्टताओं का मापन; **~scaphe/ ~cape** /~स्कैफ/ ~स्केप/ *n.* समुद्र की गहराइयों का अध्ययन के लिए विद्युत-चालित जहाज में बना एक जलमग्न गोलार्द्ध या गोलाकार केबिन; **~seism** /~साइज़्म/ *n.* बहुत ज्यादा गहराई में भूकंप; **~sphere** /~स्फीअः/ *n.* बेथीस्फीअर, समुद्र की गहराइयों के अध्ययन के लिए जहाज में बना एक जलमग्न गोलार्द्ध केबिन जिसका स्थान अब बेथीस्केफ ले रहा है

bat-minded *see above under* **bat: *dw/lw***

bat mitzvah /बेटमित्स्वाह/ *n.* यहूदी बालिका के 12 या 13 वर्ष होने के अवसर पर किया जाने वाला धार्मिक क्रिया-कर्म

bathysphere *see above under* **bathy-: *dw/lw***

batik /बटीक/ *n.* 1 छींट की रंगाई 2 छींट का कपड़ा

batiste /बटीस्ट/ *n.* महीन छालटी (linen) या मलमल

batman *see above under* **bat: *dw/lw***

baton /बैटन, बैटौन/ *US* बटाःन/ *n.* 1 डंडा, सोंटा, बेंत, बैंडमास्टर की छड़ी 2 (*also* **truncheon** *or US* **night stick**) पुलिस या सैनिक अधिकारी की पद-सूचक बेंत: a Field-Marshal's ~ 3 रिले-दौड़ में एक खिलाड़ी द्वारा दूसरे को सौंपी जाने वाली छड़ी 4 संगीतकार या संगीत निर्देशक की छड़ी: under the ~ of Zubin Mehta/under Zubin Mehta's ~;

v., pt. **~ed**, *pp* **~ing** पुलसिए द्वारा डंडे से पीटा जाना;

collocations: **~ charge** लाठी-चार्ज, डंडा-चालन; **~ round** *formal* दंगों आदि के समय प्लास्टिक या रबड़ की गोलियों का प्रयोग;

p&i: **under the ~ of sb** समूहगान या ऑरकेस्ट्रा में किसी के निर्देशन में (गाना या बजाना); **~ sinister** *hist.* अवैध संतान के रूप में पैदा हुए शूरवीर की ध्वज में काली पट्टी

Batrachomyomachy /बैट्रअकोम्योमअकि/ *n.* "चूहों और मेंढकों का युद्ध" (जाने-माने प्राचीन यूनानी महाकाव्य "*Iliad*" पर एक प्राचीन विडंबना महाकाव्य /parody/)

batrachian /बैट्रेकियःन/ *n., zool.* बैट्रैकिआ, उभयचर, मेंढक

bats /बैट्स/ *adj., colloq.* सनकी: gone ~ (वह सनकी हो गया है)

batsman *see above under* **bat: *dw/lw***

battalion /बटैलिअन/ *n.* 1 ब्रिगेड के हिस्से के रूप में एक बड़ी सैनिक टुकड़ी, वाहिनी, बटालियन: ~ commander 2 किसी उद्देश्य के लिए संगठित लोगों का एक बड़ा समूह: ~ group

batten /बैटन/ *n.* 1 (***syn.*** plank) बत्ता, तख्ता, पट्टी 2 (***syn.*** strip) पट्टी 3 डंडा (of loom);

v., pt. **~ed**, *pp* **~ing** 1 *naut.* जहाज का फलका बंद क. 2 बत्ता लगाना 3 जहाज पर तूफान आदि के संभावित खतरे के लिए तैयार होने के लिए फलके बंद क. 4 मुटाना, मोटा हो. 5 पराये माल पर गुलछर्रे उड़ाना, मौज क. 6 धरती में खाद डालकर उपजाऊ बनाना;

dw/lw: **~ed** *adj.* बत्तेदार, तख्तेदार, पट्टीदार;

p&i: **~ down the hatches** *colloq.* 1 जहाज पर तूफान आदि के संभावित खतरे के लिए तैयार हो. 2 जहाज के डेक (deck) पर लगे फलकों को फट्टे या पट्टियां लगाकर बंद क. 3 मुसीबत या बुरे दिनों के लिए अपने आपको तैयार क.; **~ on sb** पराये माल पर गुलछर्रे उड़ाना, मौज क.

Battenburg/ Battenburg cake /बैटनबःग ... / *n.* एक जर्मन केक

batter /बैटः/ *n.* 1 घोल 2 फेंटे हुआ आटा, बेसिन, दाल, अंडे आदि 3 लपटा, लेई, लपसी (of flour) 4 बेसबाल के खेल में गेंद को पीटने की कोशिश करने वाला 5 दोष 6 निप्रवण (inward slope);

v., pt. **~ed**, *pp* **~ing** 1 (***syn.*** pound, break) पीट-पीटकर तोड़ना, कूटना, चकनाचूर क.: ~ at the door; the boat was **~ed** to pieces by the waves 2 बिगाड़ना 3 लगातार पहनकर किसी पोशाक को तार-तार कर दे.;

dw/lw: **~ed** /बैटःड/ *adj.* 1 जीर्ण-शीर्ण, दुरुपयोग के कारण विकृत: ~ed pavement 2 अत्यधिक प्रयोग से तार-तार: ~ed top-hat; **~ing** *see below under separate entry*;

p&i: **~ at the door** दरवाजे को जोर-जोर से पीटना; **~ away** एक-दूसरे की धुनाई क.; **~ down** तोड़ डालना; **~ed baby** बुरी तरह पीटा-कूटा हुआ बच्चा; **~ed baby syndrome/ ~ed child syndrome** किसी बड़े आदमी द्वारा बच्चे पर की जाने वाली शारीरिक हिंसा के फलस्वरूप उसके शरीर पर आने वाली खरोंचें, जलने के निशान, हड्डियों की टूटन आदि; **~ in** कील आदि ठोकना; **~ sth down/ in** पीट-पीटकर चकनाचूर क.;

go/ be on the ~ पीकर धुत्त हो.

battering /बैटरिंग/ *n.* 1 धुनाई, पिटाई 2 मुक्कों की बौछार 3 दरवाजे आदि पर जोतदार ठकठकाहट 4 विनाशक गोलाबारी; **battering** *adj.* धुनाई-पिटाई आदि से संबंधित;

collocations: **~ charge** तोपों का धावा; **~ engine** = **~ ram**; **~ gun** दुर्ग-भेदी तोप, भित्ति-पातक; **~ ram** किले की दीवार या फाटक को मार-मारकर तोड़ने के लिए शहतीर; **~ train** तोपों की कतार

batte\ry /बैटरि *n.*, **~ries** 1 कार आदि की बैटरी, सूखी बैटरी: atomic/nuclear **~ry** 2 (***syn.*** beating) मार-पीट, पिटाई, धुनाई, जान-बूझकर किया जाने वाला हमला या प्रहार 3 *milit.* तोपखाना व तोपचियों की यूनिट या इकाई: bring a **~ry** into action 4 (***syn.*** series) बड़ी संख्या में मौजूद वस्तुएं, माला: a whole **~ry** of surgical instruments on the table;

dw/lw: **~ry-operated** *adj.* बैटरी-चालित;

collocations: **~ry cell** बैटरी सेल; **~ry farm** छोटे-छोटे

पिंजरों या बहुत तंग जगह मुर्गियों या अन्य-पक्षियों या पशुओं का पालन; **~ry fire** (cannonade) धुआंधार गोलाबारी; **~ry of kilns** सुखाने के लिए बैटरी; **~ry piece** तोप; **~ry position/ site** बटालियन की स्थिति; **~ry tests** परीक्षणों की कड़ी; **cooking ~ry** रसोई की बैटरी; **floating ry~** जहाजी तोपखाना; ***p&i:*** **an action for ~ry** बदनामी करने के लिए दावा; **change one's ~ry** गोलीबारी की दिशा बदलना, रण-कौशल बदलना; **in ~ry** युद्ध के लिए तैयार; **mask one's batteries** अपनी मंशा छिपाना, अपना हथियार छिपाकर रखना; **turn sb's ~ry against himself** किसी के तर्क को उल्टे उसी पर पलट दे., दुश्मन को उसी के हथियार से ध्वस्त क.;

batting *see above under* **bat:** ***dw/lw***

batt\le /बैटल\/ *n.* 1 लड़ाई, रण: drawn **~le**; **~le** royal (आम लड़ाई); fight **~le**; offer **~le** (लड़ाई का प्रस्ताव रखना); give **~le** (लड़ाई क.); killed **in ~le**; the **~le** of life (जीवन-मरण का संघर्ष) 2 युद्ध 3 लड़ाई, संघर्ष: losing **~le**; fight one's **~le** 4 हार के आसार के बावजूद जारी रहने वाला संघर्ष 5 परस्पर विरोधी धड़ों के बीच मुकाबला या प्रतिस्पर्धा;
***v.**, pt.* **~led**, *pp* **~ling** 1 लड़ाई क. 2 संघर्ष क.: **~le** through life; **~le** against the wind; **~le** with adversity 3 जोर-शोर से अभियान चलाना: **~le** for the title of champion;
dw/lw: **~le-array** /बैटल-अरे/ *n.* व्यूह, चक्रव्यूह; **~le-axe** / *US* **~le-ax** /~ऐक्स/ *n.* 1 परशु, बड़े हत्थे वाला कुल्हाड़ा, फरसा 2 अधेड़ उम्र की एक उग्र औरत; **~le-axe block** *Austral, NZ* जमीन का ऐसा टुकड़ा जिसमें गली की तरफ रास्ता नहीं होता; **~le-blouse/ ~le-dress blouse** *esp. formerly* एक प्रकार की सैनिक वर्दी; **~le-cruiser** /बैटल-क्रूजः/ *n.* एक तेज चलने वाला बड़ा पर वजन में बैटलशिप (~leship) से हल्का युद्धपोत; **~cry** *n.* 1 युद्धघोष या हुंकार 2 युद्धनाद; **~ledore** /बैटलडॉः/ *n.* 1 बेलन, बेलना, बेलनी (for dough) 2 मोगरा, थापी (for beating clothes while washing) 3 बल्ला 4 रैकट (for playing badminton, etc.): ~ledore and shuttlecock; **~ledress** *n.* सैनिक वर्दी; **~le-field/ ~leground** /~फील्ड/ ~ग्राउंड/ *n.* 1 युद्धक्षेत्र, लड़ाई का मैदान, समर भूमि, रणक्षेत्र 2 असहमति की गहनता; **~lement** /~मंट/ *n.* 1 दुर्ग के शिखर पर दरारों वाले छोटे-छोटे बुर्ज जिनके पीछे बैठकर सैनिक दरारों में से गोलियां चला सकते हैं 2 परकोटा, फसील, प्राचीर 3 कंगूरा (of a house); **~ler** /बैटलः/ *n.* 1 लड़ने वाला, लड़ाकू 2 संकट की घड़ी में भी बहादुरी से लड़ने वाला 3 *Austral & NZ* मुश्किल से जीवन का निर्वाह करने वाला; **~-order** *n.* लड़ाई का आदेश; **~-seasoned** *adj.* युद्ध-अनुभवी सिपाही; **~scarred** *adj.* युद्ध में अनेकों बार घायल हुआ व्यक्ति; **~leship** /~शिप/ *n.* विशालतम युद्ध पोत; **~-tested** = **battle-tried** *adj.* युद्ध में परखा हुआ; **~-worthy** *adj.* लड़ाई के लिए सक्षम;
collocations: **~le blouse** सैनिक अभियान जैकेट; **~le casualty** लड़ाई में होनेवाले घायलों की संख्या; **~le cruiser/ fleet/ squadron** युद्ध पोत/ बटालियन; **~le dress** युद्ध अभियान वर्दी; **~le fatigue/ combat fatigue** *psychol. med.* युद्ध में लड़ाई के बाद होने वाला मानसिक तनाव, थकावट या मानसिक आघात; **~le inoculation** युद्धकालीन टीकाकरण; **~le line** युद्ध-सी व्यवस्था, मोर्चे की सीमा; **~le losses** लड़ाई में होने वाली जान-माल की हानि; **~le map** अभियान चल मान-चित्र; **~le practice** लड़ने की कला का प्रशिक्षण; **~le reconnaissance** युद्ध संबंधी खोजबीन; **~le royal** 1 एक शोर-शराबे वाला वाग्युद्ध या फसाद 2 दंगा-फसाद या भगदड़ (meleé /मअले/ मेले/) 3 दो से ज्यादा प्रतियोगियों में संघर्ष जिनमें आखिर में बचने वाला प्रतियोगी विजयी माना; **~le service** युद्धरत सेना में सेवा;
drawn ~le बिना हार-जीत की लड़ाई; **half the ~le** आधी विजय; **pitched ~le** जमकर होने वाली लड़ाई;
p&i: **~le out** कोई चीज जीतना;
above ~le लड़ाई से परे; **a ~le for equality** समता के लिए संघर्ष; **a ~le of wits** धुआंधार बहस, दिमागों की लड़ाई; **a ~ of words** शब्दों का द्वंद्व; **a political ~le** राजनीतिक रणक्षेत्र; युद्ध-सी व्यवस्था; **come unscathed out of the ~** विकट स्थिति में से बिना हताहत हुए निकलना; **do ~le with sb over sth** *esp. lit.* किसी बात को लेकर किसी से लड़ाई क.; **fight a losing battle** हाथ से निकली लड़ाई लड़ना; **fight one's ~ over again** पुरानी यादें ताजा हो.; **fight one's own ~** अपनी लड़ाई खुद लड़ना; **fight sb's ~les for him** किसी और की लड़ाई लड़ना; **first blow is half the ~le** पहले मारे सो मीर; **have the ~le** विजयी हो.; **join the ~le** युद्ध में सम्मिलित होना; **lose one's ~** असफल हो जा.; **the ~le lines are drawn** लोगों का दो परस्पर विरोधी घटकों में बंट जा.; **the ~le of the books** गंभीर सैद्धांतिक बहस; **the ~le is to the strong** लड़ाई में सर्वाधिक बलवान की जीत होती है; **the ~le of Waterloo was won on the playing fields of Eton** (नैपोलिअन के साथ) वाटरलू की लड़ाई ईटन (स्कूल) के खेल के मैदानों में जीती गई थी यानी खेल की बदौलत इंसान एक जुझारू व्यक्ति बनता है; **trial by ~le** संघर्ष में अग्नि-परीक्षा

battological /बटॉलौजिकल/ *US* बाटॉलाःजिकल/ *adj.* निरर्थक आवृत्तिमूलक

battology /बटौलजि/ *US* बटाःलजि/ *n.* एक ही तरह के शब्दों की निरर्थक आवृत्ति, थोथा शब्दाडंबर

battue /बैटू/ बैट्यू/ *n.* 1 हांककर किया जाने वाला जानवर का शिकार, हंकवा, हांका 2 किसी व्यक्ति की (पुलिस आदि द्वारा) धर-पकड़ 3 नर-संहार

batt\y /बैटि/ *adj., degr.* **~ier**, **~iest** 1 *colloq.* सनकी, पागल 2 चमगादड़ जैसा

bauble /बॉबल/ *n.* 1 एक छोटी दिखावटी वस्तु, भड़कीली पर साधारण वस्तु 2 दिखाऊ या लिफाफिया गहना 3 क्रिस्मस पेड़ पर लटकाई जाने वाली सजावटी गेंद

baud /बॉड/ (*also* **~ rate**) *n. comput.* 1 दो कंप्यूटरों के बीच सूचना के आदान-प्रदान की दर 2 *telecomm.* (***syn.*** pulse modulation) टेलीग्राफ की संचार दर

baulk /बॉल्क/ *UK* (*UK*/ *US* **balk**) *v., pt.* **~ed**, *pp* **~ing** 1 किसी अप्रिय कार्य या वस्तु को करने की अनिच्छा या अनिश्चय व्यक्त क. 2 अस्वीकार क., इन्कार क., जी चुराना 3 कुछ करने में बाधा डालना 4 घोड़े द्वारा बाड़ पर से न कूदते हुए अचानक अड़ जाना

bauxite /बॉक्साइट/ *n., geol.* बॉक्साइट, एक सफेद, पीली, लाल या भूरी चिकनी मिट्टी जैसा पदार्थ

bavardage /बाःवाःडाःज/ *n., Fr.* बकवास, बेवकूफीपूर्ण बकबक

BAW *abbr.* 'British Airways' की प्रथमाक्षरी

bawd /बॉड/ *n.*1 कुटनी, दूती 2 वेश्या, रंडी 3 कोठे की मालकिन;
dw/lw: **~iness** /बॉडिनेस/ *n.* अश्लीलता, फूहड़पन; **~ry** /बॉड्रि/ *n.* अश्लीलता, फूहड़पन, गाली-गलौज; **~y** /बॉडि/ *adj. degr.* ~ier, ~iest 1 अश्लील 2 फूहड़; **~y-house** *n.* वेश्यालय

bawl /बॉल/ *v., pt.* **~ed**, *pp* **~ing** 1 (*also* **~ out**) चिल्लाना, चीखना, जोर-जोर से चिल्लाना: ~ out the price rudely; ~ at sb; ~ across the street; you needn't ~, I can hear quite well 2 चीत्कार क., जोर-जोर से रोना: a child **~ing** for its mother; ~ and squall 3 चीखने से आवाज फटना या बैठ जा.: ~ oneself;
n. चीत्कार, चीख, दारुण रुदन की चीख;
p&i: **~ against** के विरुद्ध ऊंची आवाज में चीखना, धमकी दे.; **~ at the top of one's lungs** सर्वाधिक ऊंची आवाज में चीखना; **~ sb out** *colloq.*किसी को गुस्से से डांटना

bawn /बॉःन/ *n.* किले का सुरक्षित प्रांगण (of castle)

bay /बे/ *n., pl.* **~s** 1 तट-खाड़ी 2 दीवार, जहाज, भंडार आदि में खाली जगह (आला, आली) 3 (जहाज आदि में) भंडारण कक्ष: bomb a ~ 4 पार्किंग या माल लादने क़ा स्थान: parking ~, loading ~ 5 भौंक, भौं-भौं (howling bark) 6 (*also* **~ tree, sweet ~**) जय पेड़ के पत्र (laurel), जय पेड़ के पत्तों की माला,

जयमाला, कीर्ति माला 7 तेज पत्ता: ~ leaf 8 खंड (wing of a building) 9 (***syn.*** compartment) कक्ष 10 रेलवे स्टेशन पर गौण लाइन या रास्ता, प्लैटफॉर्म: ~ lines 11 लाखी (कुम्मैत) घोड़ा 12 विकट स्थिति: an animal at ~; be/ stand at ~;
adj. कुम्मैत, लाखी (काले रंग की): a ~-coloured horse
v., *pt.* **~ed**, *pp* **~ing** 1 कुत्तों द्वारा लंबी दारुण आवाज में भौं-भौं क. 2 भीड़ द्वारा गहन खतरनाक आवाज में चिल्लाना 3 चिल्लाकर कुछ कहना: ~ their welcome 4 शिकार को शिकारगाह में लाना;
dw/lw: **~-leaf** *n.* तेजपत्ता, तेजपात; **~-salt** *n.* मोटा नमक; **~-window** *n.* तीन तरफ से गोल खिड़की जो दीवार से बाहर निकली होती है; **~-tree** *n.* जय-पेड़;
collocations: **Bay (B.) State** मैसाचुसेट्स प्रांत का मजाकिया नाम;
p&i: **~ at the moon** चांद पर थूकना, व्यर्थ का काम करना; **at ~** विकट स्थिति में, फंसा हुआ; **Botany ~** वनवास, देश-निकाला; **bring/ drive/ have sth/ sb to ~** घेर ले., फंसा ले.; **keep/ hold sth at ~** दूर रखना: keep poverty at ~ (गरीबी को दूर रखना); **keep one's opponent at ~** अपने प्रतिद्वंद्वी को अपने पास न फटकने दे.; **stand at ~** हताश होकर अपनी रक्षा क.; **turn to ~** पूरे दम-खम से शत्रु से अपने को बचाना

bayadère /बायडेअः/ *n.* 1 नर्तकी, नृत्य बाला 2 धारीदार कपड़ा

bayonet /बेअनेट/ (*also* ~ **fitting**) *n.* 1 संगीन, किरच: fix/ unfix a ~; at the point of ~; ~ charge/ assault; ~ thrust 2 संगीनों से लैस सिपाही: he had twenty **~s** under his command 3 (*also* ~ **fitting**) लैंप के बल्ब या कैमरे के लैंस के लिए फिटिंग;
v. *pt.* **~ed**, *pp* **~ing** संगीन से प्रहार क., संगीन घोंपना: ~ into submission

bayou /बाइऊ/ *n., pl.* **~s** *US* नदी या झील की दलदली शाखा

bazaar /बजार/ *n.* 1 बाजार 2 दान के लिए माल की बिक्री

bazoo /बैजू/ *n.* मुंह, थोबड़ा: shut up your ~ **!**

bazooka /बजूका/ *n., pl.* **~s** छोटी तोप, एक चल टैंक भेदी तोप जो रॉकेट बरसाती है, बजूका (a rocket-launcher)

bazoom /बज़ूम/ *n.* औरत के उरोज

B&B /बीएनबी/ *n. abbr.* 'bed and breakfast' की प्रथमाक्षरी (होटल में नाश्ते के साथ बिस्तरा)

BB *abbr.* 'Boys' Brigade', 'Bank of Baroda' की प्रथमाक्षरी

BBA *abbr.* 'Bachelor of Business Administration', 'Bombay Bullion Association' की प्रथमाक्षरी

BBB *abbr.* of pencils: 'softest black' सबसे हल्का काला

BBBC *abbr.* 'British Boxing Board of Control' की प्रथमाक्षरी

BBC *abbr.* 'British Broadcasting Corporation' की प्रथमाक्षरी

BBEL *abbr.* 'Bhutan Boards Exports Limited' की प्रथमाक्षरी

BBFC *abbr.* 'British Board of Film Censors' की प्रथमाक्षरी

BBL *abbr.* 'Bank Brussels Lambert', 'Building By-Laws' की प्रथमाक्षरी

BBMB *abbr.* 'Bhakra Beas Management Board' की प्रथमाक्षरी

BBS *abbr.* 'Bachelor of Business Studies' की प्रथमाक्षरी

BBSAS *abbr.* 'Balco Bachao Samyukta Abhiyan Samiti' की प्रथमाक्षरी

BBQ *abbr.* 'barbecue' का संक्षेप

BBS *abbr., comput.* 'bulletin board system' की प्रथमाक्षरी

BBSRC *abbr.* 'Biotechnology and Biological Sciences Research Council' की प्रथमाक्षरी

BBT *abbr.* 'Biotechnology Brains Trust' की प्रथमाक्षरी

BBUNL *abbr.* 'Bharat Bhari Udhyog Nigam Limited' की प्रथमाक्षरी

BC /बीसी/ *abbr.* 1 'Before Christ' का संक्षेप (ईसा पूर्व, ईसवी पूर्व) 2 'backward castes' की प्रथमाक्षरी (पिछड़ा वर्ग)

BCA *abbr.* 'Bachelor of Computer Applications', 'Bureau of Civil Aviation' की प्रथमाक्षरी

BCAA *abbr.* 'British Civil Aviation Authority' की प्रथमाक्षरी

BCAS *abbr.* 'Bureau of Civil Aviation Security' की प्रथमाक्षरी

BCBS *abbr.* 'Basel Committee on Banking Supervision' की प्रथमाक्षरी

BCC *abbr.* 'British Council of Churches', 'Bengaluru City Corporation' की प्रथमाक्षरी

BCCI *abbr.* 'Board of Control for Cricket in India' की प्रथमाक्षरी

BCCL *abbr.* 'Bharat Coking Coal Limited' की प्रथमाक्षरी

BCCSL *abbr.* 'Board of Control for Cricket in Sri Lanka' की प्रथमाक्षरी

BCD *abbr.* 'binary-coded decimal', 'building construction department' की प्रथमाक्षरी

BCE *abbr.* 'Before the Common Era' की प्रथमाक्षरी

BCEC *abbr.* 'Bachelor of Computing and e-Commerce' की प्रथमाक्षरी

BCF *abbr.* 'Brokers Contingency Fund', 'Billion Cubic Feet' की प्रथमाक्षरी

BCG/ bcg *abbr.* 'bacillus Calmette-Guerin', 'Boston Consulting Group' की प्रथमाक्षरी

BCI *abbr.* 'Bar Council of India', 'business confidence index' की प्रथमाक्षरी

BCL *abbr.* 'Bachelor of Common Law', 'Bharati Cellular Limited', 'British Council Library' की प्रथमाक्षरी

BCM *abbr.* 'billion cubic metre' की प्रथमाक्षरी

BCom/ BComm *abbr.* 'Bachelor of Communications' की प्रथमाक्षरी

BCP *abbr.* 'business continuity planning' की प्रथमाक्षरी

BCS *abbr.* 'Bachelor of Corporate Secretaryship', 'Bishop Cotton School (Shimla)' की प्रथमाक्षरी

BCSO *abbr.* 'business customer sales organisation' की प्रथमाक्षरी

BCTT *abbr.* 'bank cash transaction tax' की प्रथमाक्षरी

BD *abbr.* 1 'Bachelor of Divinity' की प्रथमाक्षरी 2 बंगला देश का अंतर्राष्ट्रीय वाहन पंजीकरण कोड

BDA *abbr.* 'British Dental Association', 'British Dyslexic Association' की प्रथमाक्षरी

BDC *abbr.* 'bottom dead centre' की प्रथमाक्षरी

BDE *abbr.* 'Business Development Executive' की प्रथमाक्षरी

BDIC *abbr.* 'Bank Deposits Insurance Corporation' की प्रथमाक्षरी

BDIT *abbr.* 'Bachelor of Development Information Technology' की प्रथमाक्षरी

BDO *abbr.* 'Block Development officer' की प्रथमाक्षरी

BDR *abbr.* 'Bangladesh Rifles', 'Bihar Development Report' की प्रथमाक्षरी

BDS *abbr.* 1 'Bachelor of Dental Surgery', 'Bomb Disposal Squad' की प्रथमाक्षरी 2 Barbados का अंतर्राष्ट्रीय वाहन पंजीकरण कोड (*IVR*)

BE *abbr.* 'Bachelor of Engineering' की प्रथमाक्षरी

Be *symbol, chem.* 'beryllium' का प्रतीक

be /बी/ **I**: *v., **present tense:** is, am, are*; *pp* **~ing**: **is** 1.1 है: lunch **is** on; she **is** a doctor; she **is** at home 1.2 जीवित न हो.: **is** no more 2 **am** हूं: I think therefore I **am** (क्योंकि मैं

सोच सकता हूं, इसीलिए मैं हूं) 3 **are** हैं: we **are** to come tomorrow (हम कल आने वाले हैं) 4 रहना, ठहरना 5 किसी अवस्था में हो. 6 घटना, घटित हो.;
II: ***past*** **tense** (*pt.*): 1 *I/he/she/it* **was/ had been**: 1.1 था, थी: I **was** not present; she **was** a doctor; he **was** at home; it **was** yesterday; the concert **was** last night 1.2 **had been** क्रिया का भूतकालिक रूप (एक वचन) I/he/she had been to Brazil (मैं/ वह ब्राजील गया था/ गई थी) 2 *we/they* **were/ had been**: 2.1 **were** थे: we/ they **were** at home 2.2 **had been** क्रिया का भूतकालिक रूप (बहुवचन): we/ they had **been** to Brazil (हम या वे ब्राजील गए थे) 3 यदि होता/ होती/ होते: If it **were** to rain (यदि वर्षा होती, तो...);
III: ***future tense*****:** 1 *I/he/she/it* **shall** *or* **will be**: 1.1 मैं हूंगा/ वह/ यह होगा: s/he **will be** here all the year; it **will be** there tomorrow 1.2 we **shall** *or* **will be**/ they **will be** हम या वे होंगे 2.1 *I/he/she/it* **shall** *or* **will been** 2.2 we **shall have been**/ they **will have been** there हम/ वे वहां होते;
IV: ***in the expression***: a) ***present tense:*** there **is**/there **are** है/ हैं: **there is** plenty of time; **there are** many English books in our library; मौजूद है या हैं;
b) ***past tense:*** **there was** or **were** था/ थी/ थे; मौजूद था/ थी/ थे; c) ***future tense:*** **there will/ shall be** होगा/ होंगे, मौजूद होगा/ होंगे;
V: संयोजक क्रिया (linking verb) के रूप में: 1 **to be**: he **is** a teacher; his **is** a fine house 2 स्थिति, अवस्था: he **is** asleep/ alive/ tired; **he** is glad/ nervous/ silent/happy; he **is** in trouble 3 **be + gone, etc.**: I shall **be gone** (for) five days;; my pencil **is gone** 4 forms of **be** in combination with **to +** ***pt. p*** of a verb: he **is to come** at six; he **was to come** at six; he **was to have come** at six; the house **is to let**; it **was** not **to be**; they are not **to be trusted**; he **was** nowhere **to be found** 5 *forms of* **'be'** + ***present participle of a verb***: he **is working**; this question **is being discussed** 6 forms of **be** + ***pt. p.*** of a verb form passive voice: this **was made** by my son; they **will be punished**; he **was asked** to come;
dw/lw: **to-be** *adj.* होने वाली: his bride-to-be; **mothers-to-be** (गर्भवती औरतें); **would-~** भावी;
p&i: **as was/ as that was** जैसा कि पहले वह इस नाम से जाना जाता था; **be about** में लग जा./ लगा हो., व्यस्त हो.; **be above any meanness/ pettiness** किसी भी प्रकार के कमीनापन से परे हो.; **be above asking** घमंड के कारण दूसरों से कुछ न मांगना या पूछना; **be above suspicion** संदेह के दायरे से बाहर हो.; **be accursed** अभिशप्त हो.; **be addicted to** लती हो.; **be adversely disposed** के विरुद्ध हो.; **beads in hand and devil in capuche** मुंह में राम बगल में छुरी; **be a family trait** पारिवारिक विशेषता हो.; **be afflicted with** ग्रस्त हो.; **be afraid of one's own shadow** अपने ही साये से डरना; **be aghast/ baffled/ stunned** सदमा लगना, सांप सूंघ जा.; **be a hanger on** पिच्छलग्गू हो.; **be ahead of** किसी से आगे हो.; **be alarmed** भयभीत हो जा.; **be alert** सावधान हो.; **be all and end all** 1 एक मात्र उद्देश्य या प्रयोजन 2 साधना 3 सब कुछ, सर्वस्व 4 आदि और अंत; **be-all and end-all of sth** सबसे अधिक महत्त्वपूर्ण बात; **be as it may** चाहे जो हो; **be all for sth** किसी बात के पूर्ण समर्थन में हो.; **be all praise** किसी के किसी काम का प्रशंसक हो.; **be all set for** किसी काम के लिए बिल्कुल तैयार हो.; **be allured** लालच में आ जा.; **be almost in tears** रोने को हो.; **be a match for sb** टक्कर का हो.; **be a model for** किसी बात का आदर्श हो.; **be an eyesore** आंखों का कांटा हो.; **be a puppet in sb's hands** किसी के हाथों में कठपुतली हो.; **be armed** हथियारों से लैस हो.; **be as good as one's word** वचन का पक्का या धनी हो.; **be ashamed** शर्मिंदा हो.; **be as it may** जो भी हो; **be a slave to sth** किसी चीज का लती हो.; **be as lofty as the sky** अति उदात्त हो.; **be as poor as the church mouse** निरा कंगाल हो.; **be as thick as thieves** चोर-चोर मौसेरे भाइयों की तरह का हो.; **be a stickler for rules** मीन-मेख निकालने वाला हो.; **be at a dead end** बिल्कुल सिरे पर हो.; **be at a loose end** खाली हो.; **be at a loss to understand** समझ में न आना; **be at complete ease** बिल्कुल निश्चिंत हो.; **be at cross purposes** एक-दूसरे के विपरीत हो.; **be at daggers drawn** जानी दुश्मन हो.; **be at death's door** मरने को हो.; **be at one with sb** किसी के साथ एकमत हो.; **be at peace with** से तार से तार मिला हो.; **be at sea** भौचक्का हो., किंकर्त्तव्यविमूढ़ हो.; **be at the bottom of sth** मूल कारण हो.; **be at the end of one's tether** फट पड़ने की कगार पर हो., धैर्य खत्म होने को हो.; **be away** मौजूद न हो.; **be back** लौट आना; **be behind time** 1 समय से पिछड़ा हो., दकियानूस हो. 2 देर हो.; **be browned off** किसी से ऊबा हो.; **be committed to** के प्रति प्रतिबद्ध हो.; **be confined to bed** बीमार हो., खाट पकड़ना; **be down** 1 कीमत घटना 2 खराब मिजाज में हो. 3 के खिलाफ हो.; **be damned** जहन्नुम जा.; **be dead against sth** किसी बात के बिल्कुल खिलाफ हो.; **be dead set** बिल्कुल तैयार हो.; **be dead tired** थककर चूर हो.; **be deeply in love** सिर से पांव तक प्यार में डूबा हो.; **be deeply moved** करुणा से अभिभूत हो.; **be defrauded** ठगा जा.; **be deserted** सुनसान हो.; **be done with** काम खत्म क.; **be double-tongued** दोमुंहा हो.; **be down and out** पूर्णतः ठन-ठन गोपाल हो.; **be down in the dumps** अत्यधिक अवसाद में हो.; **be dressed in black** मातम मनाना; **be even with** बदला चुकाना; **be fagged out** निढ़ाल हो.; **be fed up with** तंग आ जा., ऊब जा.; **be food for worms** मर जा.; **be for** के समर्थन में हो.; **be for the high jump** कड़ी सजा दी जा.; **be good for nothing** बेकार हो.; **be green to** अनाड़ी हो.; **be green with envy** ईर्ष्या से जलना; **be harmonised** संगति से मेल खाना; **be high** नशीली दवा के नशे में हो.; **behind the light hall** भीषण खतरे में हो.; **be in** 1 घर पर हो. 2 सत्ता में हो. 3 पहुंचना 4 का समय या मौसम आना; **be in a bloody rage** खून उबलना; **be in at the death** अंतिम क्षणों में उपस्थित हो.; **be in blue funk** काटो तो खून नहीं; **be in a clover** चैन की बंसी बजाना; **be in for it** विकट स्थिति में फंसना; **being born in a stable does not make man a horse** व्यक्तित्व खानदान से नहीं, गुण-दोष से बनता है; **be in one's cups** नशे में हो.; **be in sb's black** किसी की निगाह में गिरना; **be in the cant** उलझन में हो.; **be in the pouts** मुंह फुलाना; **be in with sb** अपना आदमी हो.; **be jugged** जेल में हो.; **be left holding the bag** दूसरों के दोष का वहन क.; **be left with no footing at all** आधार खिसक जा.; **be like a dog with two tails** खूब इतराना; **bellowing cow soon forgets her calf** मातम शीघ्र समाप्त हो जाता है; **be off!** चले जाओ! **be off** 1 चले जाना 2 रद्द हो 3 रुखसत हो. 4 गलती क.; **be on** 1 जलना 2 बत्ती का जलना 3 फिल्म, नाटक आदि का चलना 4 मुकदमे का जारी हो. 5 का सदस्य हो.; **be on good footing with the world** अच्छा दुनियादार हो., सबसे बनाकर रखना; **be on one's mettle** जौहर दिखाना; **be on the ball** चौकन्ना हो., काम में तेज हो.; **be on the beach** कंगाल हो जा., मुसीबत में हो.; **be on uppers** फटेहाल हो.; **be out** 1 घर से बाहर गए हो. 2 दिए आदि का बुझ जा. 3 प्रकट हो जा.; **be out for sth** हथियाने पर तुला हो.; **be over** खत्म हो.; **be overcrowded** ठसाठस भरा बो.; **be pinched for money** हाथ तंग हो.; **be pink** नर्म वामपंथी हो.;

be puffed up for joy खुशी से फूला न समाना; **be put in a flutter** आवेश में हो.; **be put out** बुझाना; **be quite unhinged** उखड़ जा., संतुलन खो बैठना; **be sb** कोई सामाजिक हस्ती या हैसियत हो.; **besetting sin** सामाजिक रूप अमान्य व्यसन; **be sold on** पर लट्टू हो.; **be spoons on** किसी का दीवाना हो.; **be terribly fear-stricken** थर-थर कांपना; **better a good cow than a cow of good kind** खानदान से ज्यादा गुणों का महत्त्व होता है; **be that as it may** चाहे जो हो, कुछ भी हो; **be through** पूरा हो जा.; **be up** 1 जाग उठना 2 उठ खड़ा हो. 3 कीमतों का बढ़ना; **be up and about** भला चंगा हो जा.; **be up and doing** खूब सक्रिय हो.; **be up in arms** विद्रोह क.; **be up the spout** गिरवी रखा हो.; **be yourself! /be your age!** मूर्ख मत बनाओ!;
have been about बहुत अनुभव हो.; **he is all attention = he is all ears** वह एकाग्रता की साक्षात मूर्ति बना हुआ है, वह पूरे ध्यान से सुन रहा है; **he is not up to his father as a scholar** विद्वान के रूप में वह अपने पिता से कहीं कम है; **he is not up to his job** वह अपनी नौकरी के काबिल नहीं; **he pretends to be a very important person, but we're all on to him** वह अति विशिष्ट व्यक्ति होने का दिखावा करता है, पर हम उसकी रग-रग जानते हैं; **I am not up to going to the theatre tonight** मैं आज शाम थियेटर जाने की स्थिति में नहीं; **if I were you ...** यदि मैं आपकी जगह होता; **if it were not you...** आपके बिना मैं... (बर्बाद हो जाता, आदि), यदि आप नहीं होते, तो...; **I'll be!** हे भगवान!; **I have been there before** इसके बारे में पहले ही सब जानते हैं; **it is nothing to me** इसका मुझसे कोई नाता नहीं, मेरे लिए इसका कोई महत्त्व नहीं; **it is up to him to decide** फैसला उसे करना है; **Let it be!** इसे ऐसे ही रहने दो! इसे मत छेड़ो!; छेड़छाड़ करने की जरूरत नहीं; **seeing is believing** देखने पर ही विश्वास होगा; **see things as they are** चीजें या वास्तविकता जैसी है वैसी समझना; **so be it** तो फिर यही सही, जो होना है, सो हो; **success be to your efforts!** आपके प्रयास सफल हों!; **the boys are up to sth** लड़के कोई शरारत करने वाले हैं; **to be, or not to be, that is the question (Shakespeare)** सवाल यह है कि कोई कार्य करना है या नहीं क.; **twice two is four** दो गुणा दो चार होते हैं; **unity is strength** एकता में बल है **victory be yours!** आप विजयी हों!; **you've been and gone and done it!** क्या खूब गुल खिलाए हैं आपने!, कितना गलत काम किया है आपने!; **you never know where you are with him** कुछ नहीं पता कि वह किस समय धोखा दे जाए

be- *prefix, signifying:* 1 **all around** (चारों ओर): beset (घेर ले.); befuddle (चकरा दे.); bedeck (सजाना) 2 **enter into some relationship etc.** (कोई रिश्ता बनाना): befriend; belittle 3 **covered with or affected by** (से लदा या ढका हो.): bejewelled; beribboned 4 **affected sb by an action** (किसी कदम से संतप्त या प्रभावित): bedevilled; bereave; betroth; bewail

BEA *abbr.* 'British Esperanto Association', 'Bureau of Economic Analysis (Washington)' की प्रथमाक्षरी

beach /बीच/ *n., pl.* **~es** 1 बालू-तट, रेतीला समुद्री किनारा, पथरीला तट 2 पुलिन 3 बीच यानी रेतीला तट, जहां लोग समुद्र में नहाते और रेत आदि पर लेटकर धूप सेंकते हैं: ~ robe; ~ gravel; ~ area;
v., pt. **~ed**, *pp* **~ing** 1 धक्का दे. 2 नाव आदि को बीच पर ले जाने के लिए धकेलना;
dw/lw: **~-ball** *n.* बीच पर खेलने की एक रंगीली गेंद; **~-comber** *n.* किनारा-छन्नकड़, आवारा, लहरों द्वारा समुद्र तट पर लाई गई चीजों को ढूंढने वाला; **~-head** *n. milit.* तट मोर्चा, शत्रु द्वारा कब्जा किया हुआ क्षेत्र जहां वह अपनी सेनाएं और हथियार आदि उतारकर आगे आक्रमण जारी रख सकता है; **~-rest** *n.* टेकनी; **~-sand** *n.* बीच की रेत; **~-wear** *n.* बीच पर पहनने की पोशाक; **~y** /बीचि/ *adj.* कंकड़, रोड़ी या रेत से ढका;
collocations: **~ bum** आवारा; **~ dune** पुलिन टिब्बा; **~ front** समुद्रतटी; **~ umbrella** बीच पर अधिक धूप से बचने के लिए एक बड़ा-सा छाता;
p&i: **hit the** ~ तट पर उतरना; **on the** ~ बेरोजगार, तंग हाथ

beacon /बीकन/ *n.* 1 प्रकाश गृह, आकाशदीप, प्रकाश-स्तंभ, दीप-स्तंभ 2 मार्ग-दर्शक: ~ of the wise; **~s** of hope 3 (***syn.*** light-house) संकेत-प्रकाश, प्रकाश-चिह्न 4 बीकन, संकेत-दीप 5 (*in full* **radio** ~) रेडियो खतरा-संकेतक: radar ~ 6 *naut.* बोया, तिरंदा, बौता: safety ~;
v., pt. **~ed**, *pp* **~ing** 1 प्रकाश संकेत दे. 2 प्रकाशमान क.: ~ the dale with midnight fires 3 मार्ग-दर्शन क. 4 खतरे का संकेत दे. 5 सीमांकित क.: ~ out a boundary;
dw/lw: **~age** /बीकअनिज/ *n.* प्रकाश गृह का शुल्क

bead /बीड/ *n., pl.* **beads** 1 मनका, गुरिया दाना: thread **~s** 2 (***syn.*** drop) बूंद, बुलबुला, जलकण 3 (***syn.*** rosary) माला, जपमाला 4 बंदूक की मक्खी, दीदबान (of gun);
v. *pt.* **~ed**, *pp* **~ing** 1 किसी चीज को मनकों या मनकेदार लड़ियों से सजाना 2 मनकों से बांधना 3 बुलबुले बनाना;
dw/lw: **~ed** /बीडिड/ *adj.* मनकेदार: ~ed edge (मोटा सिरा); **~ing** /बीडिंग/ *n.* 1 मनकों की सज्जा 2 मनकों जैसी नक्काशी; **~y** /बीडि/ *adj.* 1 मनकों जैसा 2 मनकों से सज्जित; **~y-eyed** 1 *usually derog.* छोटी-छोटी गोल आंखों वाला (व्यक्ति) 2 तेज नजर वाला (व्यक्ति): keep a ~y eye on sb's behaviour;
p&i: **count one's ~s** प्रार्थना क.; **draw a ~ on sth/ sb** *colloq.* किसी या किसी चीज पर निशाना साधना; **keep a ~ on** किसी को निशाने पर रखना; **pray without one's ~s** माला फेरने में चूक जा.; **tell one's ~s** माला फेरना, माला फेरते हुए प्रार्थना क., माला जपना

beadle /बीडल/ *n., Br.* 1 चर्च आदि के जलूसों के आगे चलने वाला व्यक्ति 2 *formerly* इंग्लैंड में छोटे-मोटे अपराधों के लिए सजा देने वाला अधिकारी 3 कर्मचारी;
dw/lw: **~dom** /बीडलडम/ *n.* 1 दफ्तरशाही 2 नौकरशाही की मूढ़ चाटुकारिता 3 लालफीताशाही

BEAG *abbr.* 'Bombay Environmental Action Group' की प्रथमाक्षरी

beag\le /बीगल/ *n.* 1 छोटा शिकारी कुत्ता 2 (***syn.*** spy) गुप्तचर;
v. *pt.* **~led**, *pp* **~ling** बीगल कुत्तों को साथ लेकर शिकार क.

beak /बीक/ (*also* **bill**) *n.* 1 चोंच, थुथनी, नोक 2 टोंटा, टोंटी 3 *sl.* लंबी तेज नोक वाली नाक 4 *Br. sl.* हैडमास्टर, मैजिस्ट्रेट आदि अधिकारी;
dw/lw: **~ed/ ~y** *adj.* 1 चोंचदार, चंचुमान 2 (***syn.*** curved) टेढ़ा: ~ pelvis

beaker /बीकः/ *n.* 1 टोंटीदार पात्र, बीकर 2 जीभदार प्याला 3 (***syn.*** wine-cup) चषक;
dw/lw: **~ful** /बीकरफुल/ *n., pl.* ~fuls बीकर की धारण-क्षमता या पात्रता

beam /बीम/ *n.* 1 किरण: a ~ of hope; the **~s** of a smile; enjoy the **~s** of sb's kindness; a ~ of comfort 2 किरण-पुंज, रश्मि-पुंज, रश्मि माला, दमक, कांति: the ~ of a torch; on the ~; off the ~ 3 (***syn.*** rafter) शहतीर, धरन, धरनी, कड़ी 4 *UK* मुस्कान, हंसी, मुस्कराहट 5 दंड, तुला-दंड (of balance) 6 फड़ (of cart): broad in the ~ 7 तुर (of loom) 8 चौड़ाई: **~-ends**; on her **~-ends** 9 हलस, हरिस 10 अंशु (radio);
v., pt. **~ed**, *pp* **~ing** 1 खुशी से मुस्कराना: ~ with pleasure; her countenance **~ed** with smiles; ~ at/ upon sb 2 (***syn.*** radiate) टेलीविजन या रेडियो रश्मियां (सिग्नल) विकिरण क.: ~ a program at some country 3 (*often* ~ **down**/ ~ **out**) दमकना, चमकना: he merely sat and **~ed**;
dw/lw: **~-column** *n.* दंड-स्तंभ; **~-compass** *n.* दंड-

दिग्दर्शक; **~er** /बीमः/ *n.* यंत्र जिसके द्वारा शब्दों या चित्रों को स्क्रीन पर दिखाया जाता है; **~iness** /बीमिनस/ *n.* 1 चमक, दमक, कांति, दीप्ति 2 चौड़ाई; **~ing** /बीमिंग/ *adj.* चमकीला, चमकता हुआ; **~let** /बीमलेट/ *adj., n.* छोटी धरन, छोटी कड़ी; **~-sea** *n.* आड़ा सागर; **~-weapon** *n.* किरण पुंज; **~-wind** *n.* आड़ी हवा; **~y** /बीमि/ *adj.* 1 दीप्त 2 विस्तृत, लंबा-चौड़ा 3 विशालकाय;
collocations: **~ pattern** किरण पुंज;
p&i: **~ down/ out** चमकना, दमकना; **~ in one's own** अपनी खुद की कमी; **~ me up, Scotty!** *humorous* मुझे इस भंयकर स्थिति से जल्दी से निकालो, स्कॉटी!;
be off one's ~ पगला जा.; **be on the ~** सही रास्ते पर हो.; **broad in the ~** *colloq.* चौड़े चुतड़ों वाला आदमी; **kick/strike the ~** परास्त हो.; **off ~** *colloq.* गलत, पथ भ्रष्ट; **on the ~** *colloq.* सही रास्ते पर; **on one's ~ ends** *Br., colloq.* विपत्ति में, जिसके पास बहुत कम पैसे या साधन बचे रह गये हों; **on the port/starboard ~** *naut.* पोत के बायीं या दायीं तरफ; **throw sb off the ~** भौचक्का क.

bean /बीन/ *n., pl.* **~s** *US sl.* 1 फली, सेम, सेम के दाने 2 फली की सब्जी के बीज: ~ cultures 3 कॉफी और चॉकलेट आदि बनाने के लिए प्रयुक्त होनेवाले दाने: coffee **~s** 4 मटर परिवार का कोई भी पौधा 5 *sl.* सिक्का 6 *sl.* सिर, दिमाग 7 *milit. sl.* खाद्य-सामग्री 8 खाद्य-सामग्री आपूर्ति का मुखिया;
v. *pt.* **~ed**, *pp* **~ing** *US sl.* किसी के सिर पर प्रहार क.;
dw/lw: **~feast** /बीनफीस्ट/ *n., Br. colloq.* भोज, मेला; **~o** /बीनो/ *n., pl.* ~os *Br. Colloq.* पीने-खाने का मेला; **~pole/ ~-stick** *n.* 1 सेम के पौधे को सहारा देने के लिए गाड़ी जाने वाली छड़ी; **~sprout/ ~shoot** *n.* सेम के अंकुर; **~stalk** /बीनस्टॉल्क/ *n.* सेम के पौधे का तना; **~-wagon** *n.US* ढाबा; **~y** *adj., sl.* प्रसन्नचित्त, खुश, सजीव;
collocations: **~ bag** 1 सूखी फलियों से भरा एक छोटा-सा कपड़े का बैग; **~ curd** सोयाबीन की दही; **~ gun** चल-रसोईघर; **~s and bullets** खाद्य-सामग्री व गोला-बारूद; **~ sprouts** सेम के दानों आदि के अंकुर;
broad ~ बाकला; **field ~** बल्लार; **old ~**! यार!, दोस्त!;
p&i: **don't ask him, he doesn't know ~s** *US sl.* उससे मत पूछो, उसे कुछ नहीं पता; **every ~ has its black** हर चीज में कोई न कोई कमी होती है; **full of ~s** 1 ओजपूर्ण 2 (about a horse) खूब जोश में हो.; **get ~s** दंडित हो.; **give sb ~s** 1 खूब फटकार लगाना 2 शारीरिक चोट पहुंचाना; **know how many ~s make five** *colloq.* अच्छी तरह सचेत हो., सभी चीजों को भली भांति जानना; **know one's ~s** अपने काम में माहिर हो., सब दांव-पेंच जानना; **not a ~** एक फूटी कौड़ी भी नहीं; **not to have a ~** फूटी कौड़ी न हो.; **spill the ~s** भेद खोल दे., भंडा फोड़ दे.; **not to care a ~ for/ about sth** जरा भी परवाह न क., पूर्णतः उदासीन हो.

bear /बेअः/ *v., pt.* **bore**, *pt. p.* **borne**, *pp* **~ing** 1 सहन क.: ~ pain/ wrong; ~ torture/ a test; he **bore** the operation satisfactorily; I cannot ~ the sight of him 2 ढोना, वहन क., ले जा., वाहन क.: the ship **bore** him to a distant country; the mules **~ing** the baggage remained behind; ~ a banner 3 पर टिका हो., पर खड़ा हो., थामे रखना, ओटना: the whole building **~s** on these columns; his shoulders can ~ a heavy load; the old man was **~ing** heavily on his stick 4 दोष कबूलना: ~ the blame 5 जन्म दे., उत्पन्न क., पैदा हो.: **bore** one daughter; she has **borne** him two children; he was **born** in 1978 (February) 6 उपजाना, फलना: the trees ~ fruit 7 धारण क. या रखना: ~ a name/ a title 8 मन में पाले रखना: ~ grudges (मन में खुंदक पाले रखना); ~ malice/ spite/ ill-feeling; ~ goodwill 9 व्यवहार/ आचरण क.: ~ oneself well; ~ oneself with dignity 10 देना, लाना: **~ing** gifts; he came **~ing** a large parcel 11 रखना, दिखाना: her eyes **bore** the traces of tears; ~ the marks/ signs/ traces of sth; the monument **bore** an inscription 12 से संबंध रखना या हो.: ~ on sth; **~s** no relation to the matter 13 भार डालना, प्रभावित क.: bring sth to ~ 14 के काबिल हो.: his suggestion doesn't ~ thinking about 15 किसी स्तर का सिद्ध हो: the claim will not ~ close scrutiny 16 शक्ल मिलना: **~s** no resemblance to sb; this **~s** no comparison with 17 की दिशा में जा., किसी तरफ थोड़ा-सा मुड़ना: ~ left; the road **~s** to the right; ~ east/ north/ south/ west 18 धकेलना: the boat was **borne** backward by the wind 19 स्थित हो. 20 की आज्ञा दे, संभव मानना: he spends more than his salary can ~; your words ~ only one interpretation 21 स्वतंत्र बने रहना 22 दबाना, जोर डालना: don't ~ hard on the pencil, it will break 23 गवाही दे.: ~ evidence/ testimony/ witness; ~ false witness 24 खर्चा उठाना, हानि सहना: ~ losses; ~ expenses 25 अफवाह फैलाना: ~ tales;
n., *pl.* **~s/ bear** 1 रीछ, ऋक्ष, भालू (sloth), भूरा भालू (brown ~) काला भालू (black Himalayan) 2 सफेद भालू (polar ~): **~'s** cub 3 भालू की फर 4 उजड्ड व्यक्ति, गंवार, बदतमीज व्यक्ति: play the ~ 5 *comm.* मंदड़िया, मूल्यपाती: sell a ~/ go a ~ 6 सट्टेबाज, सटोरिया: ~ market;
dw/lw: **~able** /बिअरेबल/ *adj.* सहने योग्य, सह्य: ~able load; **~-baiting** /बिअःबेटिंग/ *n., hist.* पुराने जमाने में ब्रिटेन में एक अत्यंत क्रूर खेल जिसमें भालू को गड्ढ़े में डालकर उस पर भूखे कुत्तों को छोड़ दिया जाता था; **~-garden** *n.* 1 भालू-उत्पीड़न स्थान 2 होहल्ला करने वाली भीड़: don't turn the place into a ~-garden; **~ish** /बेअरिश/ *adj.* 1 भालू जैसा, भद्दा, बेडौल अशिष्ट, गंवार: ~ish fellow 2 *comm.* शेयरों गिरते दाम: ~ish operation/ speculation; have a ~ish effect (दाम गिरने का रुझान); **~skin** /बिअःस्किन/ *n.* 1 भालू की खाल का दरी के रूप में प्रयोग 2 कई ब्रितानवी सैनिकों द्वारा विशेष समारोहों में पहना जाने वाला फर का एक ऊंचा टोप;
collocations: **~ cat** पांडा; **~ garden** शोर-शराबे वाली जगह, भालू बाड़ा; **~ hug** *colloq.* 1 कसकर बांधा जाने वाला बाहु-पाश, खतरनाक (fatal) आलिंगन 2 कुश्ती में एक दांव; **~ market** मंदी के दौर आने की आशंका में शेयर-बेचने की होड़;
Teddy ~ एक छोटा-सा भालूनुमा बच्चोंHindi wordn का खिलौना; **the great ~** सप्तर्षि; **the small ~** लघु सप्तर्षि;
p&i: **~ a bob** तेजी से दौड़ना; **~ a burden** बोझ ढोना या सहन क.; **~ a charmed life** बिना ज्यादा नुकसान उठाए खतरों से बचकर निकलना; **~ a good character** अच्छे चरित्र का हो.; **~ a hand** मदद क.; **~ along** अपने साथ ले जाना; **~ and forbear** धैर्य और सहनशीलता से काम लेना; **~ and the tea-kettle** गुस्से में अपना सिर फोड़ लेना; **~ an evil look** खूंखार नजर से देखना; **~ arms** सेना में सेवा रत हो.; **~ arms against sb** किसी के विरुद्ध हथियार उठाना; **~ in mind** ध्यान में रखना; **~ away** 1 ले जाना 2 जीतकर कब्जा कर लेना 3 बहाकर ले जा.; **~ a resemblance/ relation, etc. to sb/ sth** किसी व्यक्ति या किसी चीज के समान हो.; **~ away the palm** विजयी हो.; **~ down** 1 पर काबू पाना 2 फेंकना 3 नीचे ढकेलना (press downwards); **~ down on/ upon sb/ sth** किसी की तरफ धमकियां देते हुए आगे बढ़ना; **~ down upon** पर टूट पड़ना; **~ examination** खरा उतरना; **~ fruit** सफल हो.; **~ hard upon** सताना, दबाना; **~ in mind** याद रखना, ध्यान में रखना; **~ in upon** अनुभव कराना, प्रभाव डालना; **~ left/ right** बाएं या दाएं मुड़ना; **~ off** 1 दूर ले जाना 2 से परे हटना; **~ on sth** 1 से संबंध रखना 2 प्रभाव डालना; **~ one's age well** अपनी उम्र से कम का लगना; **~ sb's company** सहयात्री हो.; **~ out** पुष्टि क., सिद्ध क., साबित क.; **~ sb a grudge/ malice** किसी के विरुद्ध द्वेष (खुंदक) पालना; **~ sb in hand** किसी को बांहों में उठाना या रखना; **~ sb/ sth out** पुष्टि क.: the evidence ~s out

my suspicions; ~ **sucking his paws** मौके इंतजार में कुछ-न-कुछ करते रहना; ~ **testimony/ witness** गवाही दे.; ~ **the bell** बाजी मार ले जा.; ~ **the brunt~ the brunt** सारा खामियाजा भुगतना; मुख्य वार झेलना, खामियाजा भुगतना; ~ **the charges/ expenses** खर्चा उठाना; ~ **the palm** बाजी मार जा., सर्वोत्तम हो.; ~ **the responsibility/ cost, etc.** जिम्मेवारी या कीमत अपने ऊपर ले ले.; ~ **up** 1 प्रोत्साहित क. 2 अटल डटे रहना, हिम्मत बांधे रखना; ~ **with sb** किसी को धैर्यपूर्वक सहन क.: ~ with me! (मेरी बात थोड़ी सुनिए!); ~ **witness to** साक्षी दे., गवाही दे., प्रमाण हो.;

a ~ garden शोर-शराबे या उत्तेजना भरा स्थान; **as cross as a ~ with a sore head** अत्यधिक क्रुद्ध हो.; **be a ~ for punishment** 1 हर तरह की कठिनाई सहने को तैयार हो. 2 कठिनाइयों की परवाह न करते हुए अपने लक्ष्य की ओर बढ़ना; **bring one's mind to ~ on sth** किसी प्रश्न पर एकचित्त होकर सोचना; **bring on your ~s** जो मर्जी करो, मैं तुमसे नहीं डरता; **bring to ~** ज़ोर डालना; **it was gradually borne in upon him that ...** धीरे-धीरे उसे समझ आ गया कि ...; **like a ~ with a sore head** *colloq.* अत्यधिक संवेदनशील हो.; **take a ~ by the tooth** व्यर्थ में मौत के मुंह में जा.; **you must not sell the skin till you have shot the ~** सूत न कपास जुलाहे से लट्ठम-लठ

beard /बिअःड/ *US* बिर्ड/ *n.* 1 दाढ़ी: long/ flowing/ grey/ red ~ 2 कुछ पौधों पर उगने वाले बाल; **laugh in one's ~** चुपके-चुपके हंसना;

v., pt. **~ed**, *pp* **~ing** 1 सामना क., मुकाबला क. 2 विरोध क.;

dw/lw: **~ed** /बिअःडिड/ *adj.* दढ़ियल, दाढ़ी वाला; **~less** /बिअःडलिस/ *adj.* 1 बिना दाढ़ी वाला, बिना दाढ़ी वाला 2 किशोर: ~less lad 3 बेदाढ़ी-मूंछ 4 अनुभवहीन, कोरा, अनाड़ी (immature); **grey-~ed** *n.* सफेद दाढ़ी वाला व्यक्ति; **~ie** *n.* दाढ़ी वाला व्यक्ति;

collocations: **Vandyke ~** वान डाइक (Van Dyke) के चित्रों जैसी दाढ़ी;

p&i: **~ sb in their den/ ~ the lion in his den** 1 शेर को उसकी मांद में घुसकर ललकारना 2 विशेषज्ञ को उसके विषय की त्रुटियां बताना;

by the ~ of the prophet पैगंबर की दाढ़ी की कसम; **he ~ed the boss and insisted on an explanation** उसने अपने बॉस को ललकारा और उससे स्पष्टीकरण मांगा; **in one's ~ = to one's ~** खुल्लमखुल्ला, मुंह पर; **laugh at sb's ~** किसी को चिढ़ाना; **laugh in one's ~** चुपके-चुपके हंसना; **pluck by the ~** निर्णायक कदम उठाना; **peak in one's ~** अस्पष्ट ढंग से बात क., मुंह में बुदबुदाना; **singe the ~ of the king of Spain** (F. Drake, 1545- 95) स्पेन को तहश-नहश क.; **take by the ~** निडरतापूर्वक बोलना

bearer /बिअरः/ *n.* 1 वाहक, धारक, वहन करने वाला: flag ~; the ~ of this letter 2 पर्वतारोहण अभियान के दौरान सामान ढोने वाला व्यक्ति 3 चैक, ड्राफ्ट, मनीऑर्डर आदि के एवज में पैसे प्राप्त करने वाला व्यक्ति: ~ bond/ cheque/ instrument 4 *Indian subcontinent, hist.* होटल या रेस्त्रां में बैरा 5 किसी यंत्र में एक पुर्जे के ऊपर चढ़ने वाला दूसरा पुर्जा 6 प्रसारक, फैलाने वाला व्यक्ति: ~ of rumours; ~ of dispatches 7 फल-दायक पेड़: this tree is a good ~ 8 आधार, सहारा 9 सिरहाना 10 (***syn.*** pall-~) कफन वाहक

bearing /बिअरिंग/ *n.* 1 वहन, धारण: the ~ of arms is forbidden 2 भार 3 प्रभाव: that has no ~ on the situation; have no ~ on the subject 4 संबंध, रुख, रवैया, दृष्टिकोण 5 आचरण, व्यवहार, बर्ताव: they loved her for her kindly ~ 6 छवि, डील-डौल, चाल-ढाल: a proud ~ 7 पहलू: consider a matter in all its **~s**; the legal **~s** of a case 8 अभिप्राय, अर्थ: the precise ~ of the word 9 दिशाकोण, दिक्मान: compass ~ 10 स्थिति, पोत की स्थिति, दिक्स्थिति: the **~s** of sth; take one's **~s**; lose one's **~s** (भटक जा.); be out of **~s** (खो जा., उलझ जा.) 11 टेक, सहारा, टेक की सतह 12 (***syn.*** endurance) सहन-शक्ति: past ~/ beyond all ~ 13 उत्पादन, प्रकाशन 14 फलन, उपज: keep trees in ~ 15 *mech.* ठवन, चाल 16 धारक, लेकर आने या जाने वाला 17 बेयरिंग;

adj. 1 धारक: ~ capacity 2 ले जाने वाला, ढोने वाला: ~ capacity 3 आधारनुमा 4 उत्पादक 5 फल-धारक;

dw/dw: **~-play** *n.* 1 शोर-शराब वाली हाय-तौबा 2 अशिष्ट व्यवहार; **~s** /बिअरिंग्ज/ *n.* दिशाकोण, दिक्मान, दिक्स्थिति, स्थिति;

collocations: **~ rein** घोड़े की गर्दन को मोड़ने आदि के लिए लगाम; **compass ~** कॉम्पस द्वारा दिखाई जाने वाली दिक्स्थिति आदि;

p&i: **a ship's ~s** जहाज की स्थिति या दिक्स्थिति का अनुमान; **be out of one's ~s** दिशाहीन हो जा., होशो-हवास में न हो ...; **bring sb to his ~s** किसी का होश ठिकाने लगाना, हेकड़ी उतार दे.; **get/ find one's ~** 1 अपने आसपास की स्थिति को जानकर अपनी स्थिति जानना, दिशा, दिक्कोण, दिक्स्थिति ढूंढना 2 अपनी स्थिति का आभास हो.; **lose one's ~** 1 दिक्मान खो दे., दिशाहीन हो जा., अपनी स्थिति का आभास खो दे. 2 रास्ते से भटक जा.

beast /बीस्ट/ *n.* 1 जंगली जानवर: wild/ savage/ ferocious **~s**; a ~ of prey 2 पशु: a ~ of burden 3 क्रूर व्यक्ति, दरिंदा, नरपशु: Nazi **~s**; drunken ~ 4 अप्रिय व जटिल व्यक्ति 5 (***syn.*** quadruped) चौपाया, चतुष्पद;

dw/lw: **~ie** /बीस्टि/ *n., Scots/humorous* कीड़े-मकौड़े जैसा छोटा-सा जीव; **~liness** /बीस्ट्लिनेस/ *n.* 1 पशुता, गंदगी, घिनौनापन: he has a mind full of ~liness; talk ~liness; live in a state of ~liness; this book is sheer ~liness 2 दरिंदगी, बर्बरता; **~ly** /बीस्ट्लि/ *adj., degr.* ~lier, ~liest 1 पाशविक, जघन्य, क्रूर: ~ly behaviour 2 घिनौना, घृणित (disgusting): ~ly vice of drinking to excess; **~ly** *adv.* 1 घिनौने तरीके से, पशुवत 2 अत्यधिक: it was ~ly cold; he is ~ly drunk; it is a ~ly difficult language to learn;

collocations: **~ of burden** लद्दू जानवर; **~ of prey** शिकार का जानवर;

black ~ घृणित या घिनौना व्यक्ति;

p&i: **a beast of a ...** घिनौना, अधम; **bring out the ~ in sb** 1 बर्बरतापूर्ण व्यवहार करवाना 2 किसी के स्वभाव के क्रूरतम आयाम का पर्दाफाश क.; **make a ~ of oneself** जानवरों-सा यानी नीचतापूर्ण व्यवहार क. ...;

beat /बीट/ *v., pt.* **beat**, *pt. p.* **~en**, *pp* **~ing** 1 (***syn.*** defeat) हराना, परास्त क.: ~ sb at chess; their team was **~en**; the enemy was **~en** and scattered; ~ sb on points 2 मात दे.: as a story-teller Chaucer **~s** all his contemporaries; that **~s** everything I ever heard 3 मारना, पीटना, प्रहार क.: ~ with a whip; ~ to death; ~ black and blue; he was **~ing** his horse mercilessly 4 चकमा दे., धोखा दे. 5 चोट क., जोर-जोर से खटखटाना., कूटने की आवाज क., चूरा बनाना: ~ to powder, ~ to small pieces 6 चकनाचूर क. 7 धड़कना/ धक-धक क.: hear sb's heart ~; his heart **~s** with joy 8 खोजना, छान मारना: ~ the town for sb; ~ the countryside for the fugitive 9 रफू-चक्कर हो जा.: let's ~ it! (आओ भाग जाएं!) 10 फड़फड़ाना: tent-flaps **~ing** 11 फेंटना: ~ eggs for making an omelette/ omelet; ~ eggs/ cream; ~ dough 12 टकराना, टपटप क., पीटकर बजाना: rain ~ing against the window; the hail was **~ing** against the window-panes; the waves were **~ing** (against) the shore 13 ताल में पीटना या बजाना: the clock was **~ing** midnight; ~ the drum; ~ a retreat 14 मोटे कपड़े को पीटकर साफ क. 15 चल-चलकर रास्ता बनाना, में से रास्ता बनाना: ~ a path; ~ one's way through 16 कठिन काम द्वारा परास्त हो.: the new puzzle ~ me

comprehensively (नई पहेली ने मुझे पूरी तरह से धराशायी कर दिया) 17 समय काटना या कठिनाई झेलना: ~ time/ ~ out time; ~ the heat 18 (*esp.* **~ sb/ sth back/ down/ off**) पीछे धकेलना 19 (*also* **~ up sth**) पक्षियों या जानवरों को शिकार के लिए खुले में लाने के लिए पेड़ों या झाड़ियों आदि को पीटना 20 (*also* **~ sth out**) पीट-पीटकर ढालना: ~ out horseshoes on the forge 21 हवा के प्रतिकूल या अनुकूल जहाज का चलना या जहाज को चलाना: ~ against the wind; ~ along the wind;
n. 1 ढोल आदि की बजाई, स्वराघात: the ~ of a drum 2 ताल, लय 3 संगीतकार-निर्देशक की बेंत का घुमाव 4 स्पंदन, धड़कन: the ~ of the heart; his heart missed a ~ 5 कार्य-क्षेत्र, गश्त क्षेत्र या रास्ता: a news reporter's ~; a policeman on his ~ 6 धर-पकड़ का स्थान 7 चोट, मार, वार, आघात 8 सनसनीखेज खबर 9 अजूबा: you never saw the ~ of it 10 ठग, धोखेबाज: hotel **~s** (बिना पैसे दिए कमरा छोड़कर चले जाने वाला ठग) 11 जहाज द्वारा हवा के प्रतिकूल अपना रास्ता बनाने की क्रिया;
dw/lw: **~en** *see below under separate entry*; **~er** /बीटर/ *n.* 1 मारने-पीटने या कूटने-पीटने वाला: carpet ~er 2 फेंटने का उपकरण: egg ~er 3 (***syn.*** hunting) हंकुआ, हंकवैया 4 (***syn.*** implement) दुरमुस, मुंगरी, थापी; **beating** *see below under separate entry*; **~-music** *n.* बीट संगीत, 1960 के दशक में ब्रिटेन में एक सर्वप्रिय संगीत में पांव की टपटपाहट; **~nik** /बीट्निक/ *n.* बीटनिक पीढ़ी, *US* 1950 के दशक में ऐसे युवकों की पीढ़ी जो घिसे-पिटे सामाजिक मूल्यों या प्रथाओं की परवाह नहीं करते थे; **~-up** *adj., colloq.* पुराना और फटा हुआ, जो बहुत अधिक प्रयोग में आने के कारण जीर्ण-शीर्ण हो गया हो: ~-up old truck;
collocations: **~ box** *colloq.* 1 एक इलेक्ट्रोनी मशीन जिस में से ढोल की आवाज निकलती है 2 ऊंची आवाज में कैसेट बजाने वाला एक चल यंत्र; **~ generation/ Beat Generation** *US* 1950 के दशक में ऐसे युवकों की पीढ़ी जो घिसे-पिटे सामाजिक मूल्यों या प्रथाओं की परवाह नहीं करते थे;
p&i: **~ about** 1 चारों ओर घूमना 2 भिन्न-भिन्न साधनों से तलाशना; **~ about the bush** बाएं-दाएं हांकना, असली मुद्दे पर न आना, इधर उधर की हांकना; गोलमोल ढंग से बात क.; **~ a hasty retreat** आनन-फानन में भाग खड़े होना, मैदान छोड़कर नौ दो ग्यारह हो.; **~ all** सब को मात दे.; **~ path to sb's door** बहुत सारे लोगों द्वारा कोई चीज पाने के लिए एक ही व्यक्ति का दरवाजा खटखटाना; **~ back** आक्रमण को पीछे खदेड़ना; **~ bare** मार-मारकर चमड़ी उधेड़ना; **~ black and blue** बुरी तरह धुनाई क.; **~ down** 1 गिरा दे. 2 ओला-वृष्टि या मूसलाधार वर्षा द्वारा गेहूं आदि के पौधों को लिटा दे. 3 सूर्य के ताप से भयंकर गर्मी हो जा. 4 मूल्य घटाना, दाम कम क. 5 विरोधियों को कुचल दे.; **~ goose/ ~ the booby** हाथों से अपने दोनों तरफ थपथपाना (गर्मी पाने के लिए); **~ hollow/ to a frazzle/ all to pieces** धज्जियां उड़ाना, टुकड़े-टुकड़े कर दे.; **~ in** 1 दरवाजा तोड़कर अंदर आ जा. 2 = into; **~ into** 1 में कील आदि ठोकना 2 किसी मंदबुद्धि व्यक्ति के भेजे में कुछ घुसेड़ना: can't ~ into his head; **~ it** *sl.* जल्दी से बाहर चले जा.; **~ off** = **~ back**; **~ on** = **upon**; **~ one's brains out** किसी बात पर बहुत सोचना, दिमाग लड़ाना; **~ one's breast** जोर-जोर से प्रलाप क., छाती पीट-पीटकर रोना; **~ one's gums/ chops** चपर-चपर क.; **~ one's way** बिना टिकट यात्रा क.; **~ one's head against a wall** अपने सिर को दीवार से मारकर फोड़ना; **~ out** 1 आग बुझाना 2 अर्थ स्पष्ट करवाना या क. 3 ढालकर कुछ बनाना 4 (दिमाग आदि) से बाहर निकालना 5 बात मनवाना 6 किसी को भ्रमित क.: ~ out of countenance (उलझन में डालना); **~ out a path** चल-चलकर रास्ता बना लेना; **~ sb down** *UK* सौदेबाजी करके दाम कम करवाना; **~ sb at their own game** किसी को उसी के खेल यानी चालों में मात दे देना; **~ sb's brains out** *colloq.* किसी के सिर पर प्रहार करना या घायल क.; **~ sb's time** *sl.* किसी से उसकी मंगेतर छीन लेना; **~ sth down** जोर से प्रहार करके गिरा दे.; **~ sb/ sth off** 1 परास्त क. 2 प्रहार का सही जवाब दे. 3 किसी को रोकने में सफल हो., भगा दे., पीछे खदेड़ दे.; **~ sb to the punch** एक ही काम किसी से पहले क.; **~ sb up** बार-बार जोर से प्रहार क., मारना-पीटना; **~ the air/ the wind** व्यर्थ का काम क., बेकार कोशिश करना, हारना; **~ the band** 1 बात को बढ़ा-चढ़ाकर कहना 2 स्तुति क.; **~ the bounds** सीमा लांघना; **~ the clock** समय पर काम पूरा क.; **~ the hoof** पैदल जा.; **~ the devil's tattoo** मेज आदि पर उंगलियां टकटकाना; **~ the living daylights out of sb** पीटकर अधमरा कर दे.; **~ the pants/ socks off sb** *colloq.* पूरी तरह से हराना; **~ the rap** *sl., originally US* बिना दंड पाए बचकर निकल जा.; **~ the retreat** सायंकाल में सिपाहियों का बैंड-बाजे के साथ मार्च करते हुए अपनी बैरकों में जा.; **~ the tar out** बेरहमी से पीटना; **~ the woods and rouse the bounding prey** चोर से चोरी करने और साह से जागते रहने को कहना, दोगली भूमिका निभाना; **~ to a mummy** मार-मारकर अधमरा कर दे.; **~ to ribbons** मार-मारकर कचूमर निकाल दे.; **~ up** 1 भर्ती क.: ~ up for soldiers 2 बर्बरतापूर्वक पीटना; **~ up and down** 1 ऊपर-नीचे दौड़ना 2 डांवांडोल हो.; **~ up the quarters** बिन बुलाए मेहमान; **~ upon** जोर डालना: ~ upon a fact;
a rod/ stick to ~ sb with किसी को हराने या दंड देने के लिए दलील; **be off one's ~** अधिकार क्षेत्र से बाहर हो.; **Can you ~ it?/ Can you ~ that?** हैरान हो., क्या ऐसा संभव है, क्या ऐसा हो सकता है? इससे बेहतर भी कुछ हो सकता है क्या?; **dead ~** थकान से चूर; **enough flowers were sent to ~ the band** फूलों के अंबार लगा दिए गए; **get a ~ on sb** किसी को ठगना; **he ~s it up a lot** वह अस्त-व्यस्त जीवन शैली का शिकार है; **if you can't ~ them, join them** यदि किसी को किसी बात में मात नहीं दे सकते, तो उनके साथ मिल जाओ; **it ~s me** *colloq.* मैं बिल्कुल भौचक्का हूं, यह मेरी समझ से बाहर है; **it ~s the band/ creation/ cockfighting/ the Dutch/ my grandmother/ the devil/ hell** ऐसा हो नहीं सकता!, विश्वास नहीं होता; **it is off my ~ altogether** यह मेरा काम नहीं; **it rained to ~ the band** मूसलाधार वर्षा हुई; **not to hear the ~ of ...** ऐसा पहले न कभी सुना, न देखा; **off ~** जो घिसा-पिटा न हो, अभूतपूर्व; **off the ~** सामान्य से हटकर, अलग; **one ~s the bush while another catches the birds** दूसरे के कंधे पर रखकर बंदूक चलाना; **one can't ~ sth** 1 इसका तो जवाब नहीं 2 इससे बेहतर और कुछ नहीं हो सकता 3 इससे आगे नहीं निकला जा सकता

beaten /बीटन/ *adj.* 1 मारा-पीटा हुआ 2 परास्त, पराजित, हारा हुआ 3 *colloq., esp. Austral. & NZ* थका-मांदा, थका हुआ, श्रांत, उदास 4 घिसा-पिटा: ~ path or track (घिसा-पिटा रास्ता): off the ~ track *or* path/ off-~ (घिसे-पिटे रास्ते से हटकर, किसी और रास्ते से, निराला, साधारण, अपूर्व) 5 फेंटा हुआ, पीट-पीटकर चपटा किया हुआ: ornaments of ~; silver and ~ gold 6 चिकना, घिसा हुआ 7 (***syn.*** trite) मामूली, साधारण 8 गोलीबारी का निशाना बना क्षेत्र: ~ zone;
p&i: **~ cob construction** मिट्टी का घर; **off the ~ path** घिसे-पिटे रास्ते से अलग हटकर; **the ~ path** घिसा-पिटा रास्ता

beati\fic /बीअटि\फिक/ *adj.* 1 परमानंदमय, परमानंद बिखेरने वाला, शांतिमय (मुखाकृति): a **~fic** smile/ expression 2 दिव्य: **~fic** vision;
dw/lw: **~fication** /बीएटिफिकेशन/ *n.* 1 धन्य-घोषणा 2 मृतक के स्वर्ग में आनंद से होने के बारे में पादरी की घोषणा; **~fy** /बीएटिफाई/ *v. pt.* ~fied, *pp* ~fying *RC Church* 1 स्वर्गीय व्यक्ति के बारे में धन्य-घोषणा क. 2 धन्य घोषित क.

beating /बीटिंग/ *n.* 1 (*often* **take a ~**) शारीरिक दंड, मार, पिटाई, प्रहार, मारपीट: the boy was given a sound ~ 2 *sl.* मालिश 3 हार, पराजय, हराकर की जाने वाली धुनाई: they gave the enemy a good ~ 4 टिक-टिक: the ~ of a watch 5 धड़कन: the ~ of the

heart 6 नब्ज का स्पंदन;
p&i: **take a ~** 1 बुरी तरह परास्त हो. 2 शारीरिक दंड पाना; **take a ~/ take a lot of ~** *colloq.* किसी चीज का बहुत ऊंचे स्तर का होने के कारण उससे कोई और बेहतर चीज न बना पाना: as a place to live Oxford takes some ~

beatitude /बिऐटिच्यूड/ *US* बिऐटिटूड/ *n., pl.* (**the Beatitudes**) *Bible* 1 परमानंद, स्वर्गसुख 2 प्रवचन के दौरान यीशु द्वारा परमानंद के विषय में दिए गए आठ परम आशीर्वचन (Sermon on the Mount);
p&i: **Your** or **His Beatitude** *Orthodox Church* चर्च के मुख्य पादरी के लिए आदर सूचक संबोधन शब्द

beatnik *see above under* **beat: *dw/lw***

beat-up *see above under* **beat: *dw/lw***

beau /बो/ *n., pl.* **beaux/ beaus** /बोज/, *Fr.* 1 छैला, बांका 2 *Br. or US* प्रेमी, यार: an old ~; she had many **~s**;
dw/lw: **beau-ideal** /बोआइडीअल/ *n., Fr.* आदर्श: the ~ of fashion; beaucoup /बोकू/ *Fr.* बहुत सारे, काफी ज्यादा: you can spend ~ bucks;
collocations: **Beau Brummel** /बो ब्रमअल/ *hist.* 1 सुंदर युवक ब्रमेल 2 (***syn.*** dandy) फैशनेबल युवक, डेंडी 3 फैशन का विधाता; **beau garcon** /बोगाःशॉन/ *Fr.* फैशनेबल, बांका, छैला; **beau monde** /बो-मॉड/ *n., pl.* **beaux mondes/ beau mondes** /बोज मॉड्ज/ फैशनपरस्त लोग या फैशनेबल उच्च समाज

beaucoup /बोकू/ *n.* बहुत सारे या बहुत सारा: spend ~ money on software

Beaufort /बोफःट/ *n., meteorol.* बिना उपकरणों के वायु वेग मापने की प्रणाली: ~ scale

beau monde *see above under* **beau: *collocations::***

beaut /ब्यूट/ *adj., excl., colloq., mainly Austral. & NZ* बहुत बढ़िया, अति उत्तम, अति सुंदर, प्रिय एवं शानदार;
n. *mainly, Austral, NZ & US* सौंदर्य की जीती-जागती तस्वीर: it's a ~, isn't it!; it's a ~, all right

beauteous /ब्यूटिअस/ *adj., poetic* 1 सुंदर, खूबसूरत 2 मोहक;
dw/lw: **~ly** *adv.* खूबसूरत तरीके से; **~ness** *n.* सुंदरता, सौंदर्य

beautician /ब्युटिशिअन/ *n.* श्रृंगारवेत्ता, रूप-सज्जा कर्मी, ब्यूटिशियन

beauti\fication /ब्यूटि\फिकेशन/ *n.* सौंदर्यकरण, श्रृंगारीकरण, श्रृंगार-सज्जा;
dw/lw: **~fy** /~फाइ/ *v. pt.* ~fied, *pp* ~fying, *s/he/it* ~fies 1 सुंदर ढंग से सजाना 2 और सुंदर बनना या बनाना

beautiful /ब्यूटिफुल/ *adj.* 1 सुंदर, खूबसूरत: a ~ poem 2 मनोहर, रमणीय: a ~ view (सुंदर दृश्य); ~ face/ painting; ~ women/ roses; ~ clothes 3 शानदार: ~ weather; ~ patience;
n. 1 सुंदर व्यक्ति, वस्तु, प्रक्रिया: love of the ~ 2 सुंदर लोग: the young, the ~, the brave;
dw/lw: **~ly** 1 सुंदर ढंग से: ~ly written stories 2 बहुत अच्छी तरह से: behaved ~ly

beauty /ब्यूटि/ *n., pl.* **beauties** 1 सौंदर्य, खूबसूरती, रमणीयता, मनोरमता, लावण्य: **beauties** of nature 2 बेजोड़ सुंदरता 3 सुंदरी: quite pretty, but hardly a ~; faded **beauties** 4 आकर्षण शक्ति, आकर्षकता, चित्ताकर्षण 5 सशक्तता: the ~ of the plan is its flexibility 6 सुंदर व्यक्ति या वस्तु: she had been quite a ~ in her college days 7 *colloq.* किसी चीज या बात का श्रेष्ठ उदाहरण: the last goal was a ~! 8 आकर्षक पहलू, गुण, विशेषता: ~ of form/ voice/ melody/ verse/ feeling; the poem contains a thousand **beauties**;
dw/lw: **~-sleep** *n.* मध्यरात्रि से पहले की गहरी नींद; **~-spot** *n. UK* 1 रमणीय स्थल 2 चेहरे आदि पर तिल;
collocations: **Beauty and the Beast** 1 एक लोक-कथा जिसके अनुसार एक युवती अपने प्यार के बल से एक भद्दे जीव को किसी दैत्य के जादुई प्रभाव से छुटकारा दिलाती है, बाद में वह भद्दा जीव एक सुंदर राजकुमार बन जाता है और वे शादी कर लेते हैं 2 दो व्यक्ति जिनमें से एक ज्यादा सुंदर और आकर्षक होता है; **~ contest/ parade** *n.* सौंदर्य प्रतियोगिता; **~ mark** औरत के चेहरे पर सुंदर लगने वाला तिल; **~ queen** सुंदरियों की रानी, महासुंदरी, रूपरानी; **~ salon** (*also* **~ parlour/ shop**) सौंदर्य-निखारिका, श्रृंगार-गृह, ब्यूटी-पार्लर; **~ show** सौंदर्य प्रदर्शनी; **a ~ product/ treatment** सौंदर्यवर्द्धक पदार्थ/ रूप-निखारण उपचार; **a famous ~** एक प्रसिद्ध सुंदरी; **aids to ~** (***syn.*** cosmetics) सौंदर्य-सज्जा का सामान;
p&i: **~ and folly are old companions** खूबसूरती और बेवकूफी जुड़वां बहने हैं; **~ and honesty seldom agree** जो सुंदर होगा वह ईमानदार नहीं होगा, और जो ईमानदार होगा वह सुंदर न होगा; **~ is in the eyes of the beholder** सुंदरता देने वाले की नजर में होती है; **~ is like blossom** or **~ is but a blossom/ ~ is nine days wonder** हुस्न दो दिन का मेहमान है, चार दिन की चांदनी फिर अंधेरी रात; **~ is only skin deep** ऊपरी सुंदरता से आंतरिक गुण या सौंदर्य ज्यादा अहम है; **~ is no inheritance** खूबसूरती विरासत में नहीं मिली, हुस्न खुदा दाद है; **~ needs no ornaments** सुंदरता को साज-श्रृंगार की जरूरत नहीं होती

beaux /बोज/ *n., pl. of* **beau**

beaux arts /बोज आः/*n., [pl.], Fr.* 1 ललित कला 2 *archit.* फ्रांस में 19वीं सदी में भवन-शिल्प में प्रचलित एक सज्जा प्रणाली

beaver /बीवः/ *n.* 1 ऊदबिलाव 2 ऊदबिलाव की खाल 3 ऊदबिलाव की खाल से बना टोप 4 (**Beaver/ ~ Scout**) कनिष्ठतम स्कॉउट 5 *coarse sl., originally US* औरत के गुप्तांग 6 हेल्मेट का चेहरे पर ऊपर-नीचे उठने वाला भाग;
v. *pt* **~ed**, *pp* **~ing** (*esp.* **~ away at sth**) *colloq., mainly Br.* किसी योजना आदि पर लगातार अत्यधिक परिश्रम क.;
dw/lw: **~-tail** *n., sl.* रेडियो;
p&i: **~ away at sth = work like a ~** खूब मेहनत क.; **an eager ~** मेहनती व्यक्ति

BEC *abbr.* 'Business English Certificate', 'Bid Evaluation Criteria', 'Bose-Einstein Condensate' की प्रथमाक्षरी

becall /बीकॉल/ *v. pt.* **~ed**, *pp* **~ing** नाम से पुकारना

becalm /बिकाम/ *v. pt.* **~ed**, *pp* **~ing** 1 शांत क. 2 रोकना, थामना (ship);
dw/lw: **~ed** *adj.* जब हवा न होने के कारण उड़न-गुब्बारा या पाल-पोत आदि आगे न बढ़ पा रहा हो, स्थिर

became /बिकेम/ **'become'** का भूतकाल

because /बिकौज/ *US* बिकाःज/ *conj.* 1 क्योंकि: we stayed at home ~ it rained/ we were late 2 किसी कारण से: I was the more astonished ~ I had not expected it 3 निम्न शब्द-समूहों में: **~ of** *prep.* के कारण, के परिणाम स्वरूप: **~ of** sth/ sb; **~ of** me; I said nothing **~ of** the children being there

béchamel/ béchamel sauce /बेशअमेल/ बेशअमेल सॉस/ *n., cookery* प्याज से बनी एक सफेद सॉस

bechan\ce /बिचांस/ *v., pt.* **~ced**, *pp* **~cing** 1 (संयोग से) घटना 2 भाग्य से किसी के हिस्से में आ जा.: all happiness **~ce** to thee! (खुदा करे कि सब खुशियां तुम्हें मिल जाएं!)

becharm /बीःचाःम/ *v. pt.* **~ed**, *pp* **~ing** सम्मोहित क., मुग्ध क.

beck /बेक/ *n.* 1 इशारा, इंगित, संकेत: give a ~ 2 सिर या हाथ हिलाकर दिया जाने वाला संकेत 3 *N. Eng. dialect* पहाड़ी नाला या नदियां;
v., pt. **~ed**, *pp* **~ing** संकेत दे., संकेत से बुलाना
p&i: **be at sb's ~ and call** किसी का हुक्म बजाने के लिए तैयार रहना, किसी के इशारे पर नाचना, किसी का ताबेदार हो.

beckon /बेकन/ *v., pt.* **~ed**, *pp* **~ing** 1 हाथ, उंगलियां या सिर हिलाकर बुलाना; इशारा/ इंगित क.: ~ with the hand 2 होने की

तरफ इशारा क. 3 आकर्षित क.: ~ sb in/ on 4 इशारे या संकेत से बुलाना: Kamla **~ed** me over

becket bend जुलाहा-गांठ

becloud /बिक्लाउड/ *v., pt.* **~ed**, *pp* **~ing** 1 ढक जा., छिप जा., आच्छादित हो जा. 2 धुंधला क. 3 (***syn.*** confuse) उलझाना: ~ unpleasant facts

become /बिकम/ *v., pt.* **became**, *pt. p.* **become**, *pp* **becoming** 1 उपस्थित हो. 2 हो., बनना, घटना: what will ~ of the children?; ~ famous; ~ angry/ cold/ red/ thin; ~ accustomed 3 (***syn.*** suit) उचित होना, ठीक लगना, जंचना: the dress **~s** you; the silvery moonlight **~s** the stillness of the night 4 शोभा दे.: it doesn't ~ you to complain; it **~s** a man of honour to speak the truth;

p&i: **~ a habitual visitor** किसी के यहां अक्स आने-जाने लगना; **~ lazy** सुस्त बन जाना; **~ an encumbrance** गले पड़ना, बोझ बन जा.; **~ arrogant** आंखों पर चर्बी चढ़ना, धृष्ट बनना; **~ cold-livered** = **~ indifferent** के प्रति उदासीन हो जा., आंखों पर ठीकरी रख लेना; **~ of sb/ sth** हो जाना, के साथ घटना; **~ vocal** मुखर हो जा., आवाज उठाने लगना;

that shirt ~s you वह कमीज तुम्हें शोभा देती है

becoming /बिकमिंग/ *adj.* 1 फबने वाला, सुहावना: a very ~ hat 2 (***syn.*** flattering) आकर्षक 3 भला: a most ~ outfit 4 (***syn.*** fitting; ***anton.*** un~) उचित, शोभनीय: words ~ to the occasion; with a modesty ~ his age;

n. 1 स्थापना 2 शिष्टता, शालीनता;

dw/lw: **~ly** /~लि/ *adv.* यथोचित रूप में, यथेष्ट ढंग से: ~ly dressed; **~ness** /~नेस/ *n.* 1 औचित्य (appropriateness) 2 शोभा

Becquerel /बकरल/ *n., phys.* (*symbol* **Bq**) रेडियो धर्मिता की एक इकाई

BEd/ B.Ed. *abbr.* 'Bachelor of Education' की प्रथमाक्षरी

bed /बेड/ *n.* 1 बिस्तर, चारपाई, खाट, पलंग, शय्या, शैया, सेज: folding/ camp ~; single/ double ~; hospital ~; marriage/ nuptial ~; make a ~ (सोने के लिए बिस्तरा बनाना या बिछाना) 2 (***syn.*** mattress) बिस्तरे का गद्दा: soft/ hard/ comfortable ~; a ~ of straw; ~ sheet 3 *colloq.* नींद, आराम, सोने की क्रिया: ready for ~; take to one's ~ (बिस्तरे में लेटना); put (a child) to ~; make the ~ 4 क्यारी: rose-~; ~ plant (नर्सरी का पौधा); flower ~; a ~ of onions 5 तल, समुद्र या नदी का तल, तह: the ~ of a river 6 सड़क की सतहों का आधार यानी निम्नतम सतह: ~ of ballast (सड़क की आधार सतह); base **~ded** in concrete 7 (***syn.*** stratum) परत, संस्तर 8 संभोग: ever thinking about ~ 9 अस्पताल आदि में भर्ती होने के लिए स्थान: ~ availability 10 कब्र: narrow ~/ ~ of dust;

v., pt. **~ded**, *pp* **~ding** 1 (**~ down/ ~ sb down**) सोना, सोने जा., सुलाना: ~ down on sofa 2 (*usually* **~ sth out**) क्यारी में लगाना, बैठाना: ~ out flowers 3 संस्तरित क., सतहों या परतों में लगाना 4 सड़क की सतहों को मजबूती से लगाना: **~ded** in concrete; ~ bricks in mortar 5 किसी के साथ हमबिस्तर हो.: ~ with sb;

dw/lw: **bedable, bedarken, bedaub, bedazzle** *see below under separate entries*; **~bath** (*also* **blanket bath**) *n.* बिस्तरे से न उठ पाने वाले बीमार व्यक्ति के शरीर की पूर्ण धुलाई; **~bug** *n.* खटमल; **~chamber** *n.* सोने का कमरा: the royal ~chamber; **~clothes** /बेडक्लोंद्ज/ *n. [pl.]* बिस्तरे के कपड़े, चादरें, बिछौने आदि; **~cover** = **~spread** *n.* पलंगपोश, चादर; **~dable** /बैडेबल/ *adj., colloq.* कामोत्तेजक; **~ded** /बेडिड/ *adj.* संस्तरित, सतहों में लगाया हुआ; **~ding** *n.* 1 बिस्तर, चादर, बिछौने और पलंग पोश आदि 2 घास-फूस या भूसा जिस पर पशु सोते हैं 3 ऐसा आधार जिस पर कुछ टिका हो; **~dy-byes** बच्चे द्वारा गुड-नाइट कहने के शब्द; **bedeck, bedevil, bedew** *see below under separate entries*; **~fast** *adv.* रुग्ण, शय्या ग्रस्त; **~fellow** *n.* 1 सहयोगी, पति-पत्नी 2 हमबिस्तर, शय्या संगी 3 थोड़ी देर के साथी: they make strange ~fellows; **~foot** *n.* चारपाई की पैंद (*Hr.*) यानी पांव की ओर: on the ~foot; **~gown** *n.* सोने की पोशाक; **~head** *n.* बिस्तरे या चारपाई का सिरहाना; **bedim, bedizen** *see below under separate entries*; **~jacket** *n.* सोने की पोशाक के ऊपर पहने जाने वाली एक छोटी-सी जैकिट; **bedlam** *see below under separate entry*; **~linen** *n.* पलंगपोश व चादरें, चादरें और खौल आदि; **~pan** *n.* मलपात्र, हाजती; **~post** *n.* चारपाई का पाया; **~quilt** *n.* रजाई; **bedrabble, bedraggle** *see below under separate entries*; **~rest** *n.* पूर्ण विश्राम, शय्या आराम; **bedrid** *see below under separate entry*; **~ridden** /बेडरिडन/ *adj.* शय्या ग्रस्त, रुग्ण; **bedrock** *see below under separate entry*; **~roll** /बेडरॉल/ *n.* बिस्तर बंद; **~room** *n.* शयन कक्ष, सोने का कमरा, शयनागार: ~room suite; ~room slippers; **Beds.** *see below under separate entry*; **~sheet** *n.* चादर; **~side** *n.* 1 बिस्तरे के पास का पहलू या बाजू की जगह: the nurse was sitting at the ~side of the patient; **~side** *adj.* बिस्तरे के पास का या उससे संबंधित: ~side manner; ~side nursing: at/ by the ~side; keep books at one's ~side; sit/ watch at sb's ~side; ~side literature; **~side table** (*also* **night stand** or **nigh table**) बिस्तरे के पास रखी जाने वाली छोटी-सी मेज; **~sit** or **~sitter** *n. Br.* or **~sitting/ bedsit/ ~sitter room** सोने-बैठने-खाने का किराये का कमरा; **~sore** /बेड्सोः/ *n.* खट-घाव, शय्याव्रण; **~spread** /बेडस्प्रेड/ or **~cover** *n.* पलंगपोश, चादर; **~stead** /बेडस्टेड/ *n.* चारपाई, पलंग, चौकी आदि; **~strength** *n.* शय्या संख्या, अस्पताल में बिस्तर संख्या; **~time** *n.* सोने का समय, शयन-बेला: it is past ~time; my ~time is 11 o'clock; it's past ~time; **~wetting** *n.* बिस्तरे में पेशाब करने का विकार; **~work** *n.* आसान काम;**~worthy** *adj.* सहवास योग्य;

collocations: **~ and board** 1 होटल आदि में कमरे के साथ खाना-पीना 2 पति-पत्नी का सहवास; **~ and breakfast** (*also* **b & b**) 1 नाश्ते के साथ आवास 2 *adj., stock exchange* सट्टा बाजार में देर दोपहर में शेयर खरीदने और अगले दिन सवेरे उन्हें बेचने वाला; **~ pressure** निद्रालु, आलसी; **~ swerver** लंपट; **~ tea** सवेरे उठते ही दी जाने वाली चाय

double ~ दो व्यक्तियों के लिए पलंग; **narrow ~** कब्र; **single ~** एक व्यक्ति के लिए पलंग;

p&i: **~ down** 1 मजबूत क. 2 सेना में: आराम मिलने की आशा रखना; **~ down to** अपने सोने के सामान्य स्थान पर न सोना; **~ of honour** सैनिक शहीद की कब्र: lie in the ~ of honour; **~ of roses/ of down/ of flowers** आराम की जिंदगी; **~ of thorns** कांटों की सेज; **~ up** 1 सड़क आदि कि सतहें बिछाना 2 हल जोतकर खूड (*Hr.*) बनाना;

apple-pie bed छोटी रजाई या ओढ़नी वाला बिस्तर; **a ~ of roses** फूलों की सेज; **a ~ of thorns** कांटों की सेज; **adversity/ misery makes a strange ~fellows** मुसीबत में विचित्र लोगों से पाला पड़ता है; **as crazy as a ~bug** *US* दिमाग के पेच ढीले हो.; **as you make your ~, so you must lie on it** जो बोओगे, सो काटोगे; **be all for Bedfordshire** सोने जा.; **be brought to ~ (of a boy** or **a girl)** लड़का या लड़की पैदा हो.; **be false to one's ~** बेवफाई क.; **between you, me and the ~post** हम दोनों के बीच, जिसकी जानकारी किसी तीसरे को न होनी चाहिए; **die in one's ~** अपनी सहज मौत मरना; **early to ~ and early to rise makes a man healthy, wealthy and wise** = **go to ~ with the lamb, and rise with the lark** जल्दी सोना और जल्दी उठना एक नेमत है; **get out of ~ on the wrong side** सुबह-सुबह चिड़चिड़े मिजाज में हो.; **go to ~** सोने जा., सोना; **go to ~ in**

one's boots *sl.* पीकर बेहोश हो.; **go to ~ with sb** किसी के साथ सोना, संभोग क.; **in ~ with sb/ sth** किसी के साथ सोया हो.; **in twinkling of ~post** पल भर में, एक चुटकी में; **make the ~** बिस्तरे की चादर और बिछौना आदि लगाना; **make one's ~ and have to lie in it** अपने किए का फल तो पाना पड़ेगा; **put sth to ~** *in journalism, printing, etc.* पत्रिका, समाचार पत्र आदि को छपने के लिए प्रेस में भेजना; **separation from ~ and board** पति-पत्नी का अलगाव; **the paper has gone to ~** अखबार छपने चला गया; **take to one's ~** खाट पकड़ ले., बीमार होकर बिस्तरे में पड़ जा.; **the eldest son of the second ~** दूसरी शादी से ज्येष्ठ पुत्र; **too fond of one's ~** बिस्तरे में लेटा रहने वाला सुस्त आदमी; **you've made your bed and you must lie in/on it** जैसा करना वैसा भरना है

bedabble /बिडैबल/ *v., pt.* **~d**, *pp* **bedabbling** धब्बे लगाना

bedarken /बिडाःकन/ *v., pt.* **~ed**, *pp* **~ing** धुंधलाना

bedaub /बिडॉब/ *v., pt.* **~ed**, *pp* **~ing** लीपना, पोतना

bedazzle /बिडैजल/ *v., pt.* **~d**, *pp* **bedazzling** 1 चकाचौंध क. चौंधियाना 2 उलझाना, चकराना, स्तंभित क.;
dw/lw: **~d** *adj.* स्तंभित, चकित; **~ment** *n.* चकाचौंध, उलझन, हैरानी

bedeck /बिडेक/ *v., pt.* **~ed**, *pp* **~ing** सजाना, संवारना, अलंकृत क.

bedevil /बिडेविल/ *v., pt.* **~led**, *pp* **~ling**/ *US pt.* **~ed**, *pp* **~ing** 1 परेशान क., सताना 2 निरंतर कठिनाइयां और उलझनें पैदा क.: the project was **~led** by problems 3 चिंतित हो. या क. 4 बिगाड़ना, अस्त-व्यस्त कर दे. 5 जादू डालना 6 गाली दे.;
dw/lw: **~ment** /बिडेविल्मंट/ *n.* 1 (*syn.* confusion) गड़बड़ी 2 कठिनाइयों में उलझाव 3 अस्त-व्यस्तता

bedew /बिड्यू/ *v., pt.* **~ed**, *pp* **~ing** नम होना, भीग जा., तर हो जा.: eyes **~ed** with tears

bedim /बिडिम/ *v., pt.* **~med**, *pp* **~ming** धुंधला क.

bedizen /बिडाईजन/ बिडिजन/ *v., pt.* **~ed**, *pp* **~ing** 1 भड़कीले कपड़े पहनना 2 फूहड़ ढंग से आभूषण या वस्त्र पहनना: ~ oneself with 3 तड़क-भड़क से सजाना: **~ed** with flags

bedlam /बेडलअम/ *n., colloq.* 1 कोलाहलपूर्ण दृश्य, शोर-शराबा, होहल्ला 2 पागलखाना 3 पागल, दिमाग से हिला हुआ 4 **Bedlam** लंदन में मानसिक रोगियों के लिए एक अस्पताल

Bedouin /बेडूइन/*also* **Beduin** *n., pl.* **Bedouin/ Bedouins** रेगिस्तान का खानाबदोश, अरबवासी, बद्दू

bedrabb\le /बिड्रैब\ल/ *v., pt.* **~led**, *pp* **~ling** कीचड़ से लथ-पथ क.;
dw/lw: **~led** /~ल्ड/ *adj.* कीचड़ से लथ-पथ: ~led skirt

bedragg\le /बिड्रै\ग्ल/ *v., pt.* **~led**, *pp* **~ling** लथेड़ना, मैला क.;
dw/lw: **~led** /~ग्लड/ *adj.* जिसके कपड़े और बाल गंदे एवं अस्त-व्यस्त हों: she looked rather ~led

bedrid /बेडरिड/ *adj.* 1 थका-मादा, पस्त-हल 2 कमजोर: ~ argument

bedridden *see above under* **bed: *dw/lw***

bedrock /बेडरौक/ *n.* 1 मजबूत आधार विशेषकर तथ्य, मूल सिद्धांत आदि: honesty is the ~ of any healthy relationship 2 तल/ आधार शैल आधार, तलशिला: get down to/ reach (solid) ~;
adj. मजबूत, सुदृढ़, आधारभूत: unshakeable ~ standards (पक्के मानदंड)

Beds. *abbr.* 'English county Bedfordshire' का छोटा रूप

bedsheet and other **bed-prefixed entries** *see above under* **bed: *dw/lw***

bee /बी/ *n., pl.* **~s** *N. Amer., esp. US* 1 मधु मक्खी: female/ queen ~; keeping of **~s** 2 भौंरा, भृंग, भ्रमर, मक्षिका 3 (*usually* **busy ~**) अति व्यस्त व मेहनती आदमी 4 *US* पड़ोसियों की मदद, साझा काम: spinning/ quilting ~ 5 सामूहिक कार्य: hanging/ lynching ~ 6 स्कूल मुकाबला: spelling ~, sewing ~;
dw/lw: **~-eater** *n.* पतेना, मक्षिकाभक्षी; **~-glue** *n.* छत्ता-गोंद; **~ pasture/ plants** मधु-मक्खी पालन चरागाह; **~hive** /बिहाइव/ (*also* **hive**) *n.* 1 मधु-मक्खियों का छत्ता, करंड, छत्ताधानी, मधुमक्खी-पालन 2 औरतों की मधु-मक्खी के छत्ते जैसी बाल शैली 3 बहुत सारे लोगों का मेहनत करने का स्थान; **~keeper** *n.* मधुमक्खियों को पालने वाला, मधुमक्खी-पालक; **~keeping** *n.* मधुमक्खी पालन; **~-line** *n.* सीधी पंक्ति, दो बिंदुओं के बीच न्यूनतम दूरी; **~-sting** *n.* मधुमक्खी का दंश;
collocations: **~ bread** फूल का पराग; **~-stung lips** लटक होंठ; **~ veil** मधु-मक्खियों के लिए जाल; **~ venom** मधु-मक्खियों का विष; **~'s wax** मधुमोम, मदन;
p&i: **a ~ in one's bonnet** सनक, ख्याली पुलाव; **as busy as a ~** अत्यधिक व्यस्त; **call in ~-line to cast out Satan** शैतान को बाहर निकालने के लिए दैत्य से मदद मांगना, लोहे को लोहा काटता है; **have ~s in the head** विचित्र आदमी हो.; **in a ~-line** सीधे, सबसे छोटे रास्ते से; **make ~-line for sth** कुछ लाने के लिए जल्दी से जल्दी (सबसे छोटे रास्ते से) जा.; **put the ~ on sb** *US* किसी से पैसे उधार मांगना; **the ~'s knees** *Br. colloq.* शानदार व्यक्ति

the Beeb *n., Br. colloq.* बीबीसी (BBC) का छोटा रूप

(the) Beeb 'BBC' का बोलचाल की भाषा में नाम

beech /बीच/ *n., pl.* **~es** 1 (*also* **~ tree**) बीच वृक्ष, चक्रकणवल्क 2 इस पेड़ की लकड़ी 3 इसी तरह के अन्य पेड़;
dw/lw: **~oil** बीच तेल; **~-nut** बीच फल

beef /बीफ/ *n.* 1 गोमांस 2 *colloq.* बाहुबल: he showed less ~ 3 *sl.* शिकायत या झगड़ा 4 *pl.* **beeves**/ *US* **~s** गाय, बैल आदि: ~ raising 5 रमती गाय: ~ cattle;
v., pt. **~ed**, *pp* **~ing** (*often* **~ away/ on about sth**) प्रलाप करते हुए शिकायत क. या कुड़कुड़ाना;
dw/lw: **~burger** /बीफबःगः/ *UK* (UK/ *US* **hamburger**) *n.* बीफ-बर्गर यानी गोलाकार सैंडविच; **~brained** *adj.* मूर्ख, उल्लू; **~cake** *n. sl.* बहुत शक्तिशाली आदमी, बॉडीबिल्डर, बाहुबली; **~eater** *n.* 1 गोमांसभक्षी 2 लंदन टावर का द्वारपाल; **~er** *n., thieves' sl.* (***syn.*** informer) मुखबिर; **~-head** *n.* काठ का उल्लू; **~ing** *n.* 1 बछड़ा 2 शिकायत; **~steak** /बीफस्टेक/ *n.* बीफस्टेक, चौंप; मांस का कतला; **~-witted** *adj.* बुद्धू बछिया का ताऊ, काठ का उल्लू; **~y** /बीफि/ *adj., degr.* beefier, beefiest 1 स्वस्थ, स्थूल, मांसल, मजबूत, शक्तिशाली 2 मंदबुद्धि, मूर्ख;
collocations: **~ cattle** मांस के लिए पाले जाने वाले पशु; **~ tea** मांस के शोरबे की चाय; **~ tomato** बहुत बड़ा टमाटर;
p&i.: **~ sth up** *colloq.* 1 मजबूत और चुस्त-दुरुस्त बनाना, सुदृढ़ क. 2 ज्यादा रुचिकर बनाना

beefalo /बीफलो/ *n., pl.* **~s**/ **~es** घरेलू गाय और उत्तरी अमेरिकी भैंस का संकर

beehive *see above under* **bee: *dw/lw***

beeline *see above under* **bee: *dw/lw***

been /बीन/ *pt. p.,* **'be'** का भूतकालिक कृदंत

beep /बीप/ *v., pt.* **~ed**, *pp* **~ing** 1 इलेक्ट्रोनिकी उपकरण द्वारा ध्वनि-संकेत क. 2 कार आदि के हॉर्न द्वारा पीं-पीं क.: **~ing** the horn;
n. पीं-पीं;
dw/lw: **~er** /बीपः/ (*also UK* **bleeper**) *n.* पीं-पीं करने वाला इलेक्ट्रोनिकी यंत्र

beer /बिअः/ *n.* बीयर, जौ आदि से बनी हल्के-से नशे वाली शराब, यविरा: ginger ~; ~ mug/ bottle/ glass; ~ yeast; ~ parlour; small ~;
dw/lw: **~age** मदिरा-उद्योग; **~-mat** बीयर का गिलास या मग रखने के लिए गत्ते से बने छोटे-छोटे कार्ड; **~-up** *Austral. sl.* शराब

पीने का दौर, शराबियों की शोर-शराबे भरी महफिल; **~y** /बिअरि/ *adj., degr.* ~ier, ~iest 1 बीयर से संबंधित: ~ smell; ~ breath 2 बीयर से गंधियाता हुआ 3 बीयर के नशे में धुत्त;

***collocations:* ~ & skittles** आनंद-मनोरंजन; **~ belly/ ~ gut** बहुत ज्यादा बीयर पीने से स्थूल बना पेट; **~ cellar** बीयर भंडारण कक्ष; **~ garden** पब से जुड़ा बगीचा जहां पर बीयर और खाने-पीने की चीजें परोसी जाती हैं; **~ mat** बीयर के गिलास के नीचे रखने की मैट या पट्टी;

bitter ~ तीखी बीयर; **ginger ~** अदरकी बीयर; **black ~** काली बीयर; **small ~** हल्की बीयर;

***p&i:* be in ~** थोड़ा पिए हो.; **chronicle small ~** बेकार के काम क.; **think no small ~ of oneself** अपने आपको तीस मारखां समझना; **life is not all ~ and skittles** जीवन जीना बड़ी टेढ़ी खीर है;

beeswax /बीसवेक्स/ *n.* 1 शहद की मक्खियों के छत्ते में से शहद निकालने के बाद बचा मोम जैसा पदार्थ 2 इस मोम से बनी मोमबत्तियां व लकड़ी पॉलिश करने का पदार्थ: ~ candle;

***p&i:* mind your own ~/ none of your ~!** *colloq., usually children's or facetious* इससे तुम्हारा कोई वास्ता नहीं, अपने काम से काम रखो!

beet /बीट/ *US* (*UK* **~root**) *n.* चुकंदर;

***collocations:* red ~** सब्जी या सलाद के लिए शलगम; white ~/ **sugar ~** चीनी बनाने के लिए शलगम; **~ sugar** शलगम की चीनी

beetle /बीट्ल/ *n.* 1 तिलचट्टा, भंवरा: carpet ~ 2 भृंग 3 (***syn.*** rammer) दुरमुट, मुंगरा, हथौड़ा, मूसल 4 कुटाई, पिटाई, धुनाई 5 अंधापन;

v.* pt. ~d,** *pp* **beetling** 1 कुटाई क., टुकड़े-टुकड़े क. 2 (*usually* **~ about/ around/ away**) खिड़की आदि से सिर या दूसरे अंग बाहर निकालना 3 (syn.*** scurry) जल्दी-जल्दी चलना, जाने के लिए जल्दी क.;

adj. बाहर निकला हुआ, प्रलंबी, उभरा हुआ;

***dw/lw:* ~-brain/ ~-e-brained/ ~-e-headed** *n.* महामूर्ख, महामूढ़; **~-eyed** *adj.* अंधा; **~-browed** *adj.* जिसकी भौंहें बाहर निकली हुई हों, उभरी हुई भौंहों वाला, घनी भौंहों वाला; **~ing** *adj.* उभरा हुआ;

***collocations:* ~ brow** घने बालों वाला, उभरी हुई भौंहों वाला;

***p&i:* ~ along/ about/ away/ off** जल्दी क.: **~ off** चल दे.; **be between the ~ and the block** कुएं और खाई के बीच हो., कांध और खोद बीच हो. (*Hr.*); **blind as a ~** पूर्णतया अंधा; **dead as a ~** बिल्कुल बहरा; **I rather would a husband wed with a ~ brow than a ~ head** मूर्ख पति से कुरूप पति बेहतर

beetroot /बीटरूट/ *UK* (*US* **beet**) *n.* कंद, चुकंदर

BEF *abbr.* 'British Expeditionary Force' की प्रथमाक्षरी

bef., *abbr.* 'before' का छोटा रूप

befall /बिफॉल/ *v., pt.* **befell**, *pt. p.* **~en**, *pp* **~ing** 1 आ पड़ना, घटित हो., हो.: stand firm, whatever **~s!** (जो भी हो, डटे रहो) 2 किसी के साथ कुछ घटना: I alone knew what had **~en** him; a strange fate **befell** him; I fear some evil will ~

befinned /बिफिन्ड/ *adj.* पंखदार, सपक्ष

befit /बिफिट/ *v., pt.* **~ted**, *pp* **~ting** 1 उपयुक्त/ उचित/ ठीक हो.: such behaviour does not ~ a man of his rank (इतने बड़े व्यक्ति को ऐसा व्यवहार शोभा नहीं देता); words to ~ the occasion (अवसर अनुसार शब्द) 2 जंचना, फबना: live in a style **~ting** a gentleman 3 पुष्पावृत हो. 4 (पर) फूल छिड़कना या छितराना;

***dw/lw:* ~ly** *adv.* उचित ढंग से; **~ting** *adj.* उपयुक्त, सही, वाजिब, नपा-तुला: ~ting reply; reply in a ~ting way

beflower /बिफ्लॉवः/ *v., pt.* **~ed**, *pp* **~ing** फूलों से ढकना, किसी व्यक्ति या किसी चीज पर फूल फेंकना

befog /बिफॉग/ *v., pt.* **~ged**, *pp* **~ging** 1 कुहरे से ढक जाना, धुंधला क. या हो. 2 बहकाना, भटकाना

befool /बिफूल/ *v., pt.* **~ed**, *pp* **~ing** 1 मूर्ख/ बुद्धू/ उल्लू बनाना 2 धोखा दे.

before /बिफोः/ *prep.* 1 समय के लिहाज से, के पहले, के पूर्व: ~ noon; drew back ~ the blast; come ~ five o'clock; the day ~ yesterday; just ~ the meeting; the generations ~ us 2 दूरी में आगे, से पहले: she saw a road ~ her; the Metro-station "Civil Lines" comes ~ Metro-station "Vishavvidyalaya" 3 के सम्मुख, के सामने: they knelt ~ the king; ~ one's (very) eyes; he appeared ~ the judge/ the court/ the committee 4 विचार-विमर्श के लिए किसी के सामने प्रस्तुत या विद्यमान: the question ~ us; the question is ~ the meeting/ the committee/ Parliament; we have two problems ~ us 5 क्रिया या प्रतिक्रिया चलने के समय, की उपस्थिति में 6 से पहले: ~ answering the letter he re-read it 7 के सामने, आगे आने वाला: the whole winter lay ~ me 8 वरीयता में पहले या ऊपर: your name is ~ mine in the list; put money ~ friendship 9 के मुकाबले में, से बेहतर या श्रेष्ठतर, से बढ़िया या से बढ़कर: be ~ others in class/ at school 10 आमने-सामने: they retreated ~ the enemy 11 की तुलना में चुनाव-योग्य: he will die ~ betraying his country; death ~ dishonour;

conj. 1 (भूतकाल में) से पहले: I finished my work ~ I went home 2 इससे पहले कि: finish the home work ~ Mom gets back 3 जब तक कि, इससे पहले कि: I'll do it now ~ I forget; come and see me ~ you leave; it will be long ~ we see him again 4 की तुलना में, की बजाए (rather than): I'd die before I apologised!; I'd die ~ I'd surrender;

adv. 1 इससे पहले: I have never seen him ~; men who have gone ~ 2 (earlier) से पहले: come at five o'clock, not ~ 3 पहले, पुराने समय में: the year ~; long ~: silent as ~ 4 (distance: static ahead) आगे: there were trees ~; this page and the one ~ 5 (distance: moving ahead) दूरी में आगे: he has gone on ~ 6 पूर्व-संध्या पर: the day ~;

***dw/lw:* ~-cited** /बिफोःसाइटिड/ *adv.* उपर्युक्त, उपरोक्त; **~hand** *adv.* 1 पहले से ही: make preparations ~hand 2 समय से पहले ही: got the food ready ~hand; pay rent ~hand; be ~hand in one's conclusions; **~mentioned** /बिफॉःमेंशन्ड/ *adj.* उपर्युक्त;

***collocations:* a man ~ mast** साधारण नाविक; **Before Christ** (BC) ईसा पूर्व, ईसवी पूर्व;

***p&i:* ~ long** जल्दी ही, निकट भविष्य में; **~ time** निर्धारित समय से पहले

befoul /बिफाउल/ *v., pt.* **~ed**, *pp* **~ing** 1 दूषित क. 2 बदनाम क.

befriend /बिफ्रेंड/ *v., pt.* **~ed**, *pp* **~ing** 1 दोस्ती क.: was a lonely child until he **~ed** her 2 एक दूसरे की मदद क., सहायता क.: ~ one another; ~ one's self (अपनी परवाह स्वयं क.)

befuddle /बिफडल/ *n.* 1 हतप्रभ/भ्रमित क. 2 अचेत क. 3 मतवाला बना दे. 4 चकरा दे.: I was **~d** by the wine and the noise;

***dw/lw:* ~d** *adj.* हतप्रभ, भ्रमित, अचेत, मतवाला; **~ment** *n.* हतप्रभता, अचेतना

beg /बेग/ *v., pt.* **~ged**, *pp* **~ging** 1 भीख मांगना: forced to ~ for survival; ~ from door to door 2 विनय/ याचना क. प्रार्थना क.: give me one chance, I ~ you!; ~ permission/ leave of sb; ~ sb to grant permission; ~ a favour of/ from sb; I ~ of you not to get into danger; ~ for help; ~ for mercy 3 (about a dog) सेवा क. 4 (in expressions like): I to differ (मैं असहमति जताना चाहूंगा कि...); ~ to do sth; I ~ to say;

dw/lw: **~ging** /बेगिंग/ *n.* 1 भिक्षावृत्ति, भीख मांगने का काम; **~ging** *adj.* भिक्षुकी: go with a ~ bowl (कमंडल लेकर मांगने जाना);
collocations: **~ letter** एक पत्र जिसके द्वारा पैसा मांगने के लिए झूठी कहानी बताई जाती है;
p&i: **~ leave to do sth** कुछ करने के लिए इजाजत मांगना; **~ off** पहले से निर्धारित कार्यक्रम में उपस्थित होने में असमर्थता जताने के लिए माफी मांगना; **~ of sb's forgiveness** or **~ of forgiveness from sb** किसी से माफी मांगना; **~ sb for a fool** किसी को मूर्ख समझना; **~ sb off** किसी से प्रार्थना करके किसी को मुसीबत से निकलवाना; **~ the question** 1 साध्य को सिद्ध मानकर तर्क क., जिसे सिद्ध क. है, उसे प्रमाण के रूप में प्रस्तुत क. 2 *colloq.* किसी जटिल या नाजुक मामले पर कोई जवाब न दे.; **~ to differ** माफ कीजिए, मैं आप से सहमत नहीं; **~ your pardon** माफ कीजिए!, मैं क्षमा चाहूंगा ...;
be going ~ging *colloq.* जिसकी कोई कदर या पूछ न हो: I'll have that sandwich if it's going **~ging** (यदि कोई और सैंडविच नहीं ले रहा तो मैं ले लेता हूं); **the manuscript goes a ~ging** पांडुलिपि को कोई पूछने वाला नहीं; **but that is begging the question!** 1 परंतु यह कोई सबूत नहीं 2 मुद्दे पर जवाब देने से टल जा.;

began /बिगैन/ *pt.*, **'begin'** का भूतकालिक रूप

begem /बिजेम/ *v., pt.* **~med**, *pp* **~ming** (*syn.* adorn) अलंकृत क.

beget /बिगेट/ *v., pt.* **begot**, *pt. p.* **begotten**, *pp* **~ting** 1 किसी बात के होने का कारण बनना: war **~s** misery; envy **~s** strife (ईर्ष्या के कारण संकट पैदा होता है) 2 जनक हो., पैदा करने वाला हो.: Abraham **begot** Isaac (अब्राहम ने आइजेक को जन्म दिया): beauty that **~s** wonders and admiration;
dw/lw: **~ter** *n.* जनक, उत्पादक

beggar /बेगः/ *n.* 1 भिखारी, भिखमंगा, भिक्षुक, याचक 2 (***syn.*** sordid) तुच्छ 3 *often facetious, with adj. in the positive sense:* लड़का, पट्ठा, धूर्त: he's a good-hearted ~; nice little **~s**; poor ~ (बेचारा!);
v., pt. **~ed**, *pp* **~ing** 1 भिखारी बना दे., कंगाल बना दे.: ~ oneself 2 से बढ़कर हो.: it **~s** all description (यह शब्दों से परे है); ~ comparison (तुलना से परे हो.) 3 मजबूर क.: ~ sb out of his obstinacy; ~ sb into submission;
dw/lw: **~my-neighbour** *n. card* ताश का एक खेल जिसमें जीतने वाला खिलाड़ी बाकी सब के पत्ते हथिया लेता है; **beggar's-lice** *n.* बरडाक; **~dom** /बेगःडम/ *n.* भिखारियों का समुदाय, भिखारीपन; **~liness** /बैगर्लिनेस/ *n.* कंगाली, भिखारीपन; **~ly** /बेगःलि/ *adj.* 1 गरीबी का मारा, अत्यंत निर्धन, बहुत अधिक गरीब 2 तुच्छ, ओछी: ~ly doings (ओछी हरकतें); ~ly arguments 3 जीर्ण-शीर्ण: ~ly hovel 4 बहुत कम, भिखारियों जैसी: ~ly wage; **~y** /बैगरि/ *n.* 1 भिखमंगापन, भिखारीपन, भिक्षावृत्ति 2 अति निर्धनता, कंगाली: reduced to ~y;
collocations: **lucky ~** *colloq.* भाग्यशाली आदमी; **~ belief** जिस पर विश्वास न किया जा सके; **cheeky ~** *colloq.* प्यारा बंदा; **good ~** चंदा जमा करने में दक्ष व्यक्ति;
p&i: **~s breed and men of charity feed** जने भिखारी, खिलाए दानी; **~ can never be a bankrupt** नंगे का कोई क्या लेगा? **~s can't be choosers** दान की गाय के दांत नहीं देखा करते; **~s all description!** इसे शब्दों में वर्णित नहीं किया जा सकता!;
a ~ on horseback मोर के पंख पहने कौवा; **conscience ~s any man that keeps it** (**Shakespeare**) जो अपनी जमीर की रखवाली करता है वह अमीर नहीं बन सकता; **he is a ~ for work** काम उसके हाथों में नाचता है; **know sb as well as a ~ knows his bag** किसी की रग-रग जानना; **set a ~ on horseback and he'll ride to the devil** सुअर को खाने की मेज पर बिठाओगे, तो वह वहां भी अपनी टांगे मेज पर रख लेगा; **that story ~s belief!** इस कहानी पर विश्वास नहीं होता!

begging *see above under* **beg:** ***dw/lw***

begild /बिगिल्ड/ *v., pt.* **~ed**, *pp* **~ing** 1 सोने का पानी चढ़ाना 2 सोना मढ़ना, सोने की परत चढ़ाना (cover with golden leaf)

begin /बिगिन/ *v., pt.* **began**, *pt. p.* **begun**, *pp* **~ing** 1 आरंभ क., शुरू क.: ~ a journey; he **began** studying/ to study English; he **began** his breakfast; I do not know how to ~ 2 शुरू हो.: the game **~s**; the performance **~s** at seven; it is **~ning** to rain 3 कोई काम करने का हुनर आने लगना: ~ to understand 4 नकारात्मक वाक्यों में: *US* तुलना में के पास भी न आना, कोई मुकाबला या तुलना न हो: they do not ~ to compare; the statement does not ~ to be comprehensible enough;
dw/lw: **~ner** /बिगिनः/ *n.* आरंभ करने वाला, नौसिखिया: not bad for a ~ner; English for ~ners; **~ning** /बिगिनिंग/ *n.* 1 आरंभ, शुरूआत: read a book from ~ning to end; it is important to make a good ~ning 2 शुरुआती भाग: the ~ings of English poetry; **~ningless** *adj.* अनादि;
collocations: **~ning rhyme** अनुप्रास अलंकार;
p&i: **~ again** शुरू से शुरू क.; **~ at the beginning** आरंभ से शुरू क.; **~ on** किसी चीज में शुरुआत हो.; **~ over** नए सिरे से शुरू क.; **~ the world** स्वावलंबी जीवन शुरू क.; **~ with** से शुरू हो: the word ~s with an A; **~ with sth** से निपटना; **~ner's luck** नौसिखुआ को अचानक मिलने वाली सफलता;
a bad ~ning makes a bad ending आदि बुरा तो अंत बुरा; **~ning and end of sth** सार तत्त्व, निचोड़; **everything must have a ~ning** हर बात कहीं से शुरू होती है; **the ~ning and the end** आदि और अंत; **the ~ning of the end** अंत होने की शुरुआत; **to ~ with** पहले तो, सबसे पहले तो, पहली बात तो यह है कि ...; **to ~ with, I did not see him** पहली बात तो यह है कि मैंने उसे नहीं देखा; **well begun is half done** = **a good ~ning is half the battle** आदि अच्छा तो अंत अच्छा, अच्छी शुरुआत सफलता की कुंजी है

begird /बिगःड/ *v., pt.* **~ed**, *pp* **~ing** 1 पेटी बांधना 2 (***syn.*** encircle) घेर लेना

begone /बिगौन/ *US* बिगाःन, बिगॉन/ *interj., excl., poetic* परे हटो, दूर हो जाओ, भागो यहां से!
adj. 1 पकड़ में, गिरफ्त में 2 संयुक्त शब्दों में एक भाग: woe-**begone** (1 की जकड़ में 2 मुसीबत का मारा)

begonia /बिगोनिया/ *n., pl.* **~s** एक उष्ण कटिबंधीय (tropical) पौधा

begot /बिगॉट/ *pt.*, 'beget' का भूतकालिक रूप

begotten /बिगॉटन/ 1 *pt. p.,* **beget** का भूतकालिक कृदंत 2 प्रजात, पैदा किया हुआ: ~ by despair;
dw/lw: **first-~** *adj.* पहली संतान; **only-~** *adj.* इकलौता बच्चा; **lawfully-~** *adj.* वैध संतान

begrime /बिग्राइम/ *v., pt.* **~d**, *pp* **begriming** गंदा क., कालिख या धुआं से गंदा हो. या क.: **~d** with dust

begrud\ge /बिग्रज/ *v., pt.* **~ged**, *pp* **~ging** 1 ईर्ष्या या डाह क., जलना, खार खाना, कुढ़ना: no one **~ged** him his good fortune; **~ge** sb/ sth (किसी से किसी बात के लिए जलना) 2 कुढ़ते हुए कुछ दे., पैसे आदि देते हुए मन ही मन कुढ़ना: **~ge** the cost of five-star culture;
dw/lw: **~gingly** *adv.* 1 कुढ़ते हुए, जलते हुए 2 मन ही मन दुखी होते हुए

beguile /बिगाइल/ *v., pt.* **~d**, *pp* **beguiling** 1 (*sometimes* **~ sb into/ out of sth**) फुसलाना, बहकाना, भुलावा/ झांसा दे.: ~ sb into doing sth 2 छलना, धोखा दे.: you have **~d** all my hopes 3 (***syn.*** captivate, charm) किसी पर अपने हुस्न का जादू-सा क., मोहित क. 4 परेशानी भुला देना, बहलाना (divert attention): our journey was **~d** with pleasant talk 5 (*usually* ~ **away sth**) मौज-मस्ती में समय गुजारना: ~ weary hours with music;

dw/lw: **beguiling** /~लिंग/ *adj.* छलिया, मजेदार; **beguilingly** /~लिंगलि/ *adv.* छल से, फुसलाकर; **~ment** /~लमंट/ *n.* झांसा, धोखा, कपट, छल;

p&i: **~ away the hours** मौज-मस्ती में समय गुजारना

beguine /बिगीन/ *n.* 1 फ्रांसीसी वेस्ट इंडियनों का सामूहिक नृत्य 2 इस नृत्य के लिए संगीत

begun /बिगन/ *pt. p.,* **'begin'** का भूतकालिक कृदंत

behalf /बिहाफ/ *n.* 1 ओर, तरफ (से): on ~ of (की ओर से); in my/ his/ her ~; for and on ~ of *N.*; speak on ~ of all progressive men and women 2 पक्ष या हित में: in ~ of oppressed peoples; speak in ~ of sb's case; plead in ~ of sb; in this/ that ~; a statute in that ~;

p&i: **on ~ of sb** or **on sb's ~** किसी की ओर/ तरफ से: acting purely on his own ~; **in ~ of sb/ in sb's ~** किसी के पक्ष या हित में, किसी के लिए

behave /बिहेव/ *v., pt.* **~d,** *pp* **behaving** 1 व्यवहार/ बर्ताव क.: ~ oneself with gallantry; ~ with insolence; ~ like a man of sense 2 (*also* ~ **oneself**) अच्छा बर्ताव क., ठीक से पेश आना: ~ yourself!; ~ strangely (विचित्र ढंग से पेश आना); ~ well/ badly/ courageously/ abominably 3 ठीक काम क.: how is your new car **behaving**?;

dw/lw: **~d** /बिहेवड/ (*also* **well-~**) *adj.* अच्छा बर्ताव करने वाला;

p&i: **~ to/ ~ toward** किसी के साथ किसी प्रकार का व्यवहार क.

behaviour *UK* (*US* **behavior**) /बिहेवि\अः/ *n.* व्यवहार, आचरण, बर्ताव: good/ bad/ courageous/ abominable ~; ill ~; the children were on their best ~; her gentle ~ to the children;

dw/lw: **~al** *UK* (*US* **behavioral**) /~अरल/ *adj.* व्यवहार संबंधी, आचरणगत: ~al science (व्यवहार-विज्ञान); **~ally** *adv.* आचरण के लिहाज से; **~istics** /~अरिस्टिक्स/ *n.* व्यवहारिकी, व्यवहार-विज्ञान; **~ist** /~अरिस्ट/ *n.* व्यवहारवादी; **~ism/ behaviorism** /~अरिज्म/ *n., psychol.* मानसिक विज्ञान के सिद्धांत जिनके अनुसार व्यवहार का वैज्ञानिक अध्ययन किया जाता है, व्यवहारवाद;

collocations: **~ report** स्कूल जाने वाले बच्चे के व्यवहार की रपट; **~ therapy** *psychol.* व्यवहार चिकित्सा;

p&i: **be on one's best ~** श्रेष्ठतम व्यवहार क.; **put ab on his best ~** किसी को ज्ञान-विज्ञान की शिक्षा दे.

behead /बिहेड/ *v., pt.* **~ed,** *pp* **~ing** (***syn.*** decapitate) सिर काटना/ उड़ा दे.;

dw/lw: **~ing** *n.* सिर की कटाई

beheld /बिहेल्ड/ *pt.,* **'behold'** का भूतकाल

behemoth /बिहीमौथ/ *n.* एक विशालकाय जानवर

behest /बिहेस्ट/ *n.* आदेश, सलाह;

p&i: **at the ~ of sb/ at sb's ~** किसी के कहने या सलाह पर

behind /बिहाइंड/ *n.* (***syn.*** backside, bottom) पुट्ठा, चूतड़, नितंब;

prep. 1 (location in space) पीछे, के पीछे: hide ~ the door; the house is ~ those trees; the sun went ~ the clouds; he walked with his hands ~; he shut the door ~ him 2 (***syn.*** backward) से पिछड़ा हुआ, कम उन्नत, पीछे छूटा हुआ 2 technologically ~ the Japanese; be ~ sb in knowledge; a country far ~ its neighbours 3 (***syn.*** support) के पीछे/समर्थन में: only the opportunists are ~ the VC; he has sb ~ him 4 (***syn.*** past, gone by) बीती हुई (बात), पीछे छूटी हुई, पीछे छूटा हुआ: alcoholism is all ~ him now; he has left all the bad habits ~ 5 (in time, (***syn.*** delayed) विलंबित: the train was ~ schedule/ ~ the time; he is ~ his usual time to-day 6 के पीछे कारण: reasons ~ the decision 7 (***syn.*** hidden) के पीछे छिपा हुआ: there is sth strange ~ that remark 8 जाने के बाद, अपने पीछे: the enemy left nothing but ruin ~; he left three children ~ him 9 के पीठ पीछे: ~ sb's back 10 निम्न प्रकार के शब्द समूहों में: *see below* ***collocations:and p&i;***

adv. 1 के पीछे या पीछे-पीछे: the dog ran ~ a hare; walk/ run ~ sb 2 पीछे को ओर: don't look ~ 3 (***syn.*** in reserve) बचाकर कर रखा हुआ/ बचाकर रखी हुई: ..., but stronger evidence is ~ 4 विलंबित, देरी से, पीछे छूटा हुआ, पिछड़ा हुआ: the clock runs ~; fell ~ with the payment; got ~ with the work (काम में पिछड़ गया); be ~ in/ with one's studies/ work 5 के बाद: wait ~ after class; left sth ~ 6 के बाद: the girl he left ~ after his death;

dw/lw: **~hand** *adj. rather formal/dated* 1 बकाया: ~hand with the rent 2 विलंबित: a ~hand project; be ~hand in replying to letters; ~hand with answer 3 पिछड़ा हुआ: be ~hand in politeness; be ~hand with the world; **~hand** *adv.* 1 देरी के साथ, पिछली तारीख से 2 ऋण आदि में बकाया में: wise ~hand (पिछली बातों के मद्दे नजर चतुर); **~-door** (***syn.*** surreptitious) गुप्त, प्रछन्न रास्ता;

p&i: **~ sb's back** के पीठ पीछे; **~ the scenes** पर्दे के पीछे; **~ the times** पिछड़ा हुआ, दकियानूस (out of date); **be ~ sth** किसी बात का कारण हो.; **go ~ one's word** अपने वायदे से मुकर जा.; **leave ~** पीछे छोड़ जा.; **put sth ~ one** (बुरी बात को) भूल जा.

behold /बिहोल्ड/ *v., pt.* **beheld,** *pt. p.* **beheld,** *pp* **~ing** 1 देखना, गौर क., अवलोकन क. 2 ध्यान दे. 3 चिंतन क.;

dw/lw: **~er** /बिहोल्डः/ *n.* दर्शक, प्रेक्षक: ~er of game (खेल दर्शक);

p&i: **beauty is in the eyes of ~** सौंदर्य देखने वाले की नजर में होता है; **shall I behold his face?** *excl.* देखो!

beholden /बिहोल्डन/ *adj.* आभारी, कृतज्ञ: ~ to sb for sth (किसी के प्रति किसी बात के लिए आभारी हो.);

behoof /बिहूफ/ *n.* लाभ, हित: in/ for/ to his/ her ~

behove /बिहोव/ *US* **behoove** /बिहूव/ *v., pt.* **behove/ behooved,** *pp* **behoving/ behooving** उचित हो., शोभा दे.: it does not ~ a teacher (एक अध्यापक को ऐसी बात शोभा नहीं देती);

p&i: **~ sb to tell sb the truth** सच बताना सभी का फर्ज हो.

beige /बेज/ *n.* मटियाला, मटमैला रंग;

adj. मटमैला

bein /बीन/ *adj.* 1 समृद्ध 2 आरामदेह, सुकूनदेह

being /बीइंग/ *n.* 1 प्राणी, जीव, जीवधारी अस्तित्व: a living ~; human **~s**; **~s** from another world 2 अस्तित्व, वर्तमान: come into ~; call into ~; new cities, brought to ~ by man; the law was in ~ since... 3 सत्ता, हस्ती: God as supreme ~ (परमात्मा); corporal ~ (दैहिक हस्ती) 4 तत्त्व, स्वभाव (essence): love of life was the very core of his ~ 5 सत्त्व, अस्तित्व: she was like part of my very ~ 6 *philos.* सामाजिक अस्तित्व, जीवन धारा: ~ determines consciousness (सामाजिक अस्तित्व से चेतना बनती है) 7 उपस्थिति, रहने की क्रिया: his ~ here shouldn't bother you; have no settled ~ 8 *present participle* (*pp*) **'be'** का वर्तमानकालिक कृदंत;

adj. वर्तमान, विद्यमान: the time ~ (वर्तमान में); for the time ~;

p&i: **far from being** ऐसा बिल्कुल नहीं

beink /बिइंक/ *v., pt.* **~ed**, *pp* **~ing** स्याही लगाना या पोतना (smear with ink)

bejade /बिजेड/ *v., pt.* **~d**, *pp* **bejading** थका दे.

bejesus /बिजिजस/ *n.* निम्न अभिव्यक्ति में: knock/ hit/ kick/ beat the ~ out of sb (मार-मारकर किसी का कचूमर निकाल दे.)

bejewel /बिजुअल\/ *v., pt.* **~led**, *pp* **~ling** रत्न जड़ना, हीरे-जवाहरातों से सजाना;
dw/lw: **~led** /~ड/ *adj.* रत्नजड़ित

bekiss /बिकिस/ *v., pt.* **~ed**, *pp* **~ing** बार-बार चूमना, चूमते रहना

bekna\ve /बिनेव/ *v., pt.* **~ved**, *pp* **~ivng** धूर्तता का आरोप लगाना, पाजी बताना

beknown /बिनोन/ *adj.* जाना-माना, ख्याति-प्राप्त

BEL *abbr.* 'Bharat Electronics Limited' की प्रथमाक्षरी

bel *n., phys.* (symbol **B**) दस डेसिबल के बराबर ध्वनि मापक इकाई

belabour /बिलेबः/ *v., pt.* **~ed**, *pp* **~ing** 1 मारना-पीटना, धुनाई क.: ~ with a stick; **~ed** by his own fears and fancies (अपने ही काल्पनिक भय आदि द्वारा संतप्त) 2 देर तक तर्क-वितर्क क.;
p&i: **~ a point (for hours)** किसी विचार को बार-बार दोहराकर रेखांकित क.

belace /बिलेस/ *v., pt.* **~d**, *pp* **belacing** किनारी या गोटा लगाना

belated /बिलेटिड\/ *adj.* 1 विलंबित, देर से होने वाला: ~ birthday greetings; ~ excuse; ~ confession; ~ account 2 रात के अंधेरे से घिरा हुआ;
dw/lw: **~ly** /~लि/ *adv.* देरी से; **~ness** /~नेस/ *n.* देर, देरी

belaud /बिलॉड/ *v., pt.* **~ed**, *pp* **~ing** भूरी-भूरी प्रशंसा क.

belay /बिले/ *v., pt.* **~ed**, *pp* **~ing** *naut.* 1 रस्से को किसी चीज के चारों ओर लपेटना या बांधना 2 दुफंदी बांध लगाना 3 पहाड़ पर चढ़ाई करते समय सुरक्षा के लिए रस्से को चट्टान में लगी खूंटी से बांधना 4 घेर लेना 5 अलंकार आच्छादित क. 6 घात लगाना;
n., *pl.* **~s** दुफंदी बांध लगाने की क्रिया;
excl., *naut.* काफी हो गया, बंद करो!;
collocations: **~ing pin** सीगिया खूंटी; **poor ~** खूंटी पर लगी कमजोर गांठ के कारण असुरक्षा; **positive ~** खूंटी से भरोसेमंद सुरक्षा

bel canto /बेल कैंटो/ *n.* ओपेरा (गीत-नाटिका) का एक संगीत

belch /बेल्च/ *v., pt.* **~ed**, *pp* **~ing**, *s/he/it* **~es** 1 डकार ले., डकारना 2 (*also* **~ out**) चिमनी आदि से धुआं निकालना (spew out): the cannons roared, ~ing fire and smoke;
n. डकार, डकार की आवाज: give a loud ~;
dw/lw: **~er** /बेल्चः/ *n.* बड़ा-सा रंग-बिरंगा रूमाल

beldam /बेल्डअम/ *n.* 1 बूढ़ी बदहाल औरत 2 चुड़ैल, डायन

beleaguer /बिलीगः/ *v., pt.* **~ed**, *pp* **~ing** 1 समस्याओं से घिरा हुआ हो.: **~ed** by sickness 2 त्रस्त या परेशान हो. या क.: the husband **~ed** her parents with constant demands 3 शहर आदि का घेरा डालना: a city **~ed** by the enemy;
dw/lw: **~ed** /बिलीगःड/ *adj.* 1 समस्याओं से घिरा हुआ, त्रस्त, परेशान 2 घेराबंदी में फंसा हुआ: Leningrad was a ~ed city for a long time during World War II

bel-esprit /बेलेस्प्री/ *n., pl.* **beaux-esprits** *Fr.* हाजिर-जवाब आदमी

belfried /बिलफ्रेड/ *adj.* घंटागार वाला, घंटाघर वाला

belfr\y /बेल्फ्रि/ *n., pl.* **~ies** गिरजे में घंटा घर, चल घंटाघर, घंटागार;
p&i: **have bats in the ~y** सनकी हो जा.

Belgian /बेल्जिअन/ *adj.* बेल्जियम वासी;
dw/lw: **Belgium** *n.* बेल्जियम

Belial /बीलिअल/ *adj.* 1 शैतान, दैत्य 2 मिल्टन (Milton) की *Paradise Lost* में पतित देवदूत

belie /बिलाइ/ *v., pt.* **~d**, *pp* **belying** 1 पर्दाफाश क., झूठा साबित क., अनुचित रूप में प्रस्तुत क., मिथ्या सिद्ध क., झुठलाना: his appearance **~s** him; ~ a proverb 2 भ्रमित क., विरोधाभासित क.: his acts ~ his words; ~ oneself; ~ one's inner thoughts 3 वास्तविक सामर्थ्य या गंभीरता से कम दिखना: her cheerful face **~d** the seriousness of the situation 4 इन्कार कर दे., से मुकर जाना (fail to act up to) 5 आशाओं पर खरा न उतरना, निराश कर देना (fail to justify a hope, etc.): the results **~d** expectations; the expectations based on his early successes were completely **~d** later on 6 सिद्धांतों से मुंह फेर लेना: ~ one's principles 7 बदनाम क, (झूठी) निंदा क.: he was inclined to abuse and ~ those who disagreed with him

belief /बिलीफ/ *n.* 1 विश्वास, यकीन: beyond/ past ~; light of ~ = credulous (कानों का कच्चा); unworthy of ~; it staggers ~ (विश्वास करना मुश्किल है); to the best of my ~ 2 धारणा, विचार (firm opinion): a man of strong **~s**; it is my ~ that ... 3 विश्वास, भरोसा: ~ in people; not to have much ~ in sb's honesty; he has a strong ~ in all-round education 4 आस्था: ~ in God/ afterlife; heathen **~s**; strange **~s**; superstitious **~s**;
p&i: **beyond ~** विश्वास के परे; **it staggers ~** विश्वास नहीं होता; **religious ~** धार्मिक श्रद्धा, आस्था; **to the best of one's ~** अपने गहनतम विश्वास के आधार पर

belie\ve /बिलीव/ *v., pt.* **~ved**, *pp* **~ving** 1 विश्वास, यकीन या भरोसा क.: **~ve** in sb; I **~ve** you; a man who deserves to be **~ved**; ~ sb on his word; **~ve** in human nature 2 सच/ सही मान ले. या समझना: **~ve** a rumour/ a statement/ a lie; I **~ve** what he says; **~ve** sb's implicity 3 आस्था/ निष्ठा/ श्रद्धा रखना, आस्तिक हो.: **~ve** in God 4 किसी प्रथा या प्रक्रिया में विश्वास रखना: **~ve** in ghosts 5 किसी धारणा या विचार को मानना, किसी प्रकार की सोच या समझ रखना, मानना: I **~ve** in early rising; people **~ved** the earth to be flat 6 आशा रखना, विजय में विश्वास रखना, भरोसा क.: I **~ve** him to be alive 7 किसी या किसी वस्तु, कार्य आदि के बारे में कोई मूल्यांकन, अनुमान, अवमानना, धारणा या विचार रखना: ~ that sb as a good person; I **~ve** (that) you are right (wrong); I **~ve** so; the plan is **~ved** to be realistic; he is **~ved** to be in Paris; **~ve** meanly of sb/ sth;
dw/lw: **~vable** /बिलीवअबल/ *adj.* (***syn.*** plausible) विश्वसनीय, विश्वास करने योग्य; **~vably** *adv.* जैसा कि माना जाता है; **~ver** /बिलीवः/ *n.* 1 आस्तिक, भगवान में आस्था रखने वाला, विश्वास करने वाला: true ~ver 2 किसी धारणा या विचार में विश्वास करने वाला: a firm/ great/ strong ~ver in sth/ doing sth; a ~ver in universal suffrage;
p&i: **~ve in sb** किसी में या किसी के सामर्थ्य में विश्वास हो.; **~ve in sth** आस्था रखना, किसी बात में विश्वास क.; **~ve in sth/ doing sth** किसी बात या किसी कार्य को करने में विश्वास हो.; **~ve it or not** चाहे यकीन करो या न करो; **~ve nothing of what you hear and only half of what you see** कानों सुना झूठा, आंखों देखा आधा सच; **~ve sth of sb** विश्वास कर लेना कि कोई किसी गलत काम कर सकता है; **~ve you me** बल देकर कहना: आप मेरा विश्वास कीजिए!;
be a firm ~ver in sth किसी बात के सही, न्यायपरक, महत्त्वपूर्ण आदि होने में गहन विश्वास हो; **don't you ~ve it** यह सही नहीं है, इसका विश्वास न करें!; **if you ~ve that, you'll ~ve anything** यदि इतनी मूर्खतापूर्ण बात पर विश्वास कर लेते हैं तो आप झूठ-सच किसी भी बात पर विश्वास कर लेंगे; **make ~ve** ढोंग या दिखावा क., झूठमूठ में मानना: let's make ~ve we're pirates; **not ~ve one's eyes/ ears** अपनी आंखों व कानों पर यकीन न हो., विश्वास से परे हो.; **seeing is ~ving** आंखों देखी बात सच होती है; **we soon believe what we desire** जो हम

चाहते हैं उसमें फौरन विश्वास कर लेते हैं; **would you ~ve it?** आप यकीन नहीं करेंगे कि ...; **you'd better ~ve it** विश्वास कीजिए, बिल्कुल सही बात है;

belisha beacon /बलीशा बीकन/ *Br.* पैदल-पथिकों को गुजरने का संकेत देने वाली टिमटिमाती पीली बत्ती

belitt\le /बिलिटल/ *v., pt.* **~led**, *pp* **~ling** 1 दर्जा या महत्ता घटाना या कम क.: **~le** sb's accomplishments 2 तुच्छता जतलाना या कबूल क.: feel **~led** in the presence of sb 3 अनादर क.;
dw/lw: **~lement** *n.* अनादर; **~ling** *adj.* अनादरकारी, तिरस्कारपूर्ण

bell /बेल/ *n.* 1 घड़ियाल, घंटा: Tom ~; a chime of **~s** (घंटों का बजने की क्रिया); strike the **~s** 2 *mainly pl.* घड़ियाल की आवाज 3 टेलीफोन की घंटी: answer the ~ 4 तैरने की घंटी: diving ~ 5 गरज 6 मदकाल में हिरणी की ऊंची चीत्कार;
v., *pt.* **~ed**, *pp* **~ing** 1 किसी चीज में घंटी लगाना 2 मदकाल में हिरणी द्वारा ऊंची आवाज में चीत्कार किया जा.;
dw/lw: **belladonna** *see below under separate entry*; **~bird** *n.* आस्ट्रेलिया और न्यूजीलैंड जैसे देशों में पाया जाने वाला घंटी जैसी आवाज वाला पक्षी; **~bottom/ ~bots** *n./* **~bottomed** *adj.* खुली मोहर वाली पतलून: ~bottomed trousers; **~-boy** (*also* **~hop**; *Br.* **porter**) *n.* होटल में मेहमानों के सामान को लाने-ले जाने वाला लड़का या व्यक्ति; **~-buoy** *n.* लहरों से बजने वाली घंटी वाहक उत्प्लावक, प्लव (बोया); **~crank** *n.* घंटी क्रैंक; **~-flower** *n.* घंटीनुमा फूल; **~hop** = **~-boy**; **~-metal** *n.* घंटा-धातु, कांसा; **~-pull** *n.* खींचकर घंटी बजाने की डोरी या हत्था; **~-push** *n.* घंटी बटन; **~ringer** *n.* घंटी या घड़ियाल बजाने वाला; **~ringing** *n.* घड़ियाल बजाने का हुनर **~shaped** *adj.* घंटाकार; **~tower** /बेल्टावः/ *n.* घंटाघर, जहां बहुत सारे घंटे लगे हों; **~-wether** /बेलवेदः/ *n.* 1 अगली भेड़ 2 (***syn.*** ringleader) अगुआ, नेता, सरगना 3 आने वाली घटनाओं का प्रतीक: university campuses are often ~wether of change;
collocations: **~ clapper** घड़ियाल की लटकन या लोलक; **~ jar** (*also* **bell glass**) बोतलों आदि को ढकने वाला शीशे का जारनुमा बर्तन; **~ man** घोषक; **Bell's palsy** *pathol.* मांसपेशियों का नुकसान होने के कारण चेहरे का लकवा; **~ pull** घड़ियाल को बजाने के लिए हत्था या डोरी; **~ push** घंटी बटन; **~s and whistles** *colloq.* अतिरिक्त आकर्षक चीजें या सजावटी आयाम; **~ tent** घंटाकार तंबू;
p&i: **~, book and candle** 1 चर्च में प्रार्थना करने की प्रक्रिया 2 चर्च से निष्कासन 3 निर्णायक ढंग से, अंतिम व अपरिवर्तनीय फैसला; **~ the cat** = **hang the ~ about the cat's neck** (बिल्ली के गले में चूहों द्वारा घंटी बांधा जा.) खतरा मोल ले., अपने आपको प्रहार का निशाना बनाना;
a fool with ~s on महामूर्ख; **bear the ~/ carry away the ~** पहला पुरस्कार पाना, सर्वप्रथम स्थान प्राप्त; **carry off the ~** जीतना, विजय प्राप्त क.; **clear as a ~** एकदम स्पष्ट आवाज; **crack the ~** काम बिगड़ जा., ध्वस्त हो जा.; **curse by ~, book and candle** *hist.* 1 चर्च से निष्कासित कर दे. 2 पूरी तरह ठुकरा दे.; **give sb a ~** *UK* टेलीफोन क.; **hear the ~** 1 अगुआ हो. 2 प्रथम पुरस्कार पाना; **lose the ~** खेल के मुकाबले में हार हो जा.; **ring a ~** 1 सावधान क. 2 किसी बात को स्मरण कर सतर्क हो. 3 घंटी बजाना; **ring the ~** सफलता पाना; **saved by the ~** (मुक्केबाज आदि को) अंतिम समय में बाहर के दखल द्वारा बचाया जा.; **sound as a ~** एकदम चुस्त-दुरुस्त, पूर्णतः स्वस्थ; **that/ it rings a ~ in my ears** यह मुझे किसी बात की याद दिला रहा है; **the ~ tolls for sb** किसी का अंतिम समय आ गया है: ***For Whom the Bell Tolls*** (a novel by Ernest Hemingway); **with ~s on** 1 स्पष्ट रूप से 2 सहर्ष;

belladonna /बेलाडौन्ना/ *US* बेलाडाःन्ना/ *n.* 1 (deadly nightshade) घातक, विषयुक्त धतूरा 2 बेलाडोन्ना नामक औषधि, घंटालिका, मकोय, अंगूरशेफा

bellbottom *see above under* **bell: *dw/lw***

bellboy, bell-buoy *see above under* **bell: *dw/lw***

BELLCOR *abbr.* 'Bell Communications Research' का छोटा रूप

belle /बेल/ *n.* 1 सुंदरी, रूपसी: southern ~ (दक्षिण की सुंदरी) 2 नृत्य-भोज की सुंदरतम बाला;
collocations: **~ amie** /बेलअमी/ प्रेमिका, महिला मित्र;
p&i: **the ~ of the ball** नृत्य-भोज की सुंदरतम बाला

belles letters /बेल-लेटःज/ *n.* (*pl.*), *Fr.* (विज्ञान या तकनीकी साहित्य से अलग) ललित या उदात्त कृतियां या साहित्य: ~ style
dw/lw: **belletrist** /बेलेतरिस्त/ *n.* साहित्यकार

bellhop = **bell-boy** *see above under* **bell-boy**

bellico\se /बेलिकोस/ बेलिकोज/ *adj.* (***syn.*** aggressive, war-like) 1 आक्रामक, लड़ाकू, जुझारू: **~se** statements; an editorial in a **~se** vein 2 युयुत्सु, युद्धप्रिय: **~se** tribe; a drunk in a **~se** mood;
dw/lw: **~sity**//बेलिकौसिटि/ *n.* लड़ाकूपन, आक्रामकता, युद्धप्रियता

bellied /बेलिड/ *adj.* तोंदिल, तोंदल, तुंदिल, तोंदैल: big-**~**/ round-**~**/ barrel~

belligeren\ce/ belligeren\cy /बलिजरं\स/ बिलिजरं\सि/ (*also*) *n.* आक्रामकता, युद्धोन्मुखता, लड़ाकूपन
dw/lw: **~t** /~ट/ *adj.* आक्रामक, युद्धोन्मुख, युद्धरत, युद्धकारी: ~t powers; ~t rights; speak in a ~t tone; **~t** *n.* ***1*** युद्धरत पक्ष: the ~ts (युद्धरत देश); accessory/ principal ~t ***2*** झगड़ने वाले खेमे; **~tly** /~टलि/ *adv.* आक्रामक ढंग से

belling /बेलिंग/ *n.* पशुओं और जानवरों का मद-मस्ती काल

bellow /बेलो/ *v., pt.* **~ed**, *pp* **~ing** 1 गाय की तरह रंभाना 2 (***syn.*** yell) जोर से चिल्लाना 3 गरजना, जोर से सरसराहट क.: the wind **~ed** in the night 4 (*often* **~ out**) चीखना, चिंघाड़ना, चीत्कार क.: ~ with pain;
n. 1 गर्जन, गरज: the deafening ~ of the sea; the ~ of the cannon 2 रंभाई 3 चीख, चीत्कार;
dw/lw: **~s** /बेलोज/ *n.* (*also* **a pair of ~s**, *sing./pl.*) धौंकनी, भाथी;
p&i: **~ forth/ ~ out** चीख-चीखकर गालियां दे.; **~ing cow soon forgets ~s her calf** आंख ओझल पहाड़ ओझल; **~ to mend** *esp. sport* घोड़े आदि में सांस फूलने की क्रिया, हांफ

belly /बेलि/ *n., pl.* **bellies** 1 (***syn.*** stomach, gut) पेट, उदर, तोंद: pot-belly; beer ~; the lower ~; crawl on one's ~ (पेट के बल रेंगना) 2 (***syn.*** womb) गर्भाशय, कोख 3 किसी वस्तु के बीच का गोल या वक्र भाग: the ~ of a ship;
v. pt. **bellied**, *pp* **~ing**, *he/she/it* **bellies** 1 (**~ out/~ sth out**) पेट की तरह फूलना 2 किसी चीज को पेट की तरह फुलाना;
dw/lw: **~ache** /बेलिएक/ *n., colloq.* पेट दर्द, शूल, उदर शूल; **~-band** पेटी; **bellied** *adj.* तोंदिल: pot-bellied; swollen-bellied; round-bellied; **~-dancer** *n.* पेट के बल नाचने वाला व्यक्ति; **~-flop** *n.*, पानी में पेट के बल छलांग; **~ful** /बेलिफुल/ *n., pl.* **~fuls** *sl.* (*usually* **a ~ful of sth/ sb**) 1 भरपेट खाना 2 काफी खाना: have a ~ful; I got a ~ful; **~-god** *n.* पेटू, भोजन-भट्ट; **~-gut** *n.* पेटू; **~pinched** *adj.* निराहार, भूखा; **~timber** *n.* भोजन, खाद्य-सामग्री; **~-wash** *n.* बीयर, व्हिस्की आदि पीने की क्रिया; **~-worship** *n.* पेट-पूजा;
collocations: **~ button** (*also* **tummy button**) *colloq.* नाभि, सुंडी (*Hr.*); **~ crawl** पेट के बल रेंगने की क्रिया; **~ dance** पेट के बल नाच; **~ flop** पेट के बल पानी में गलत ढंग की छलांग; **~ landing** पहियों में खराबी आने के कारण विमान की पेट के बल लैंडिग (नीचे उतरने की क्रिया); **~ laugh** जोरदार ठहाका; **~robber** *sl.* सेना आदि का रसोइया;

[redacted]

***p&i:* ~ teaches all arts** पेट सब हुनर सिखा देता है; **~ up to** *US* की ओर सीधे जा., की ओर जानबूझकर जाना; **~ out** फूलना या फुलाना;
be given to one's ~ पेटू हो.; **better ~ burst than good drink lost** अच्छा पैग न छोडेंगे, चाहे पेट फट जाए; **get a ~ful of sth** खूब खाना; **give sb the ~ache** किसी को चिढ़ाना, परेशान क.; **go ~ up** ढह जा., ध्वस्त हो जा.: sb's business went ~ up; **have a full ~** भरा पेट हो.; **on an empty ~** खाली पेट, बिना खाए; **the ~ has no ears/ the ~ is not filled with fair words** शब्दों से पेट नहीं भरता, भूखे भजन न होए गोपाला; **what is got over the devil's back is spent under his ~** हराम की कमाई हराम में जाती है; **with an empty ~** खाली पेट यानी भूखा हो.

belong /बिलौंग/ *US* बिलॉग/ *v., pt.* **~ed**, *pp* **~ing** 1 किसी का हो., किसी के हो., किसी की हो.: the book **~s** to me 2 का हिस्सा हो 3 किसी समूह का हिस्सा हो.: ~ to a certain set; an ardent wish to ~ 4 से संबंध रखना, से जुड़ा हो.: this **~s** to a different historical period; the letter **~s** in the archives 5 का निवासी होना, किसी समाज का सदस्य होना: I ~ here 6 की संपत्ति होना 7 से मिल जा., से मेल खाना, के अनुसार हो.: stockings that do not ~; things that ~ together; cheese **~s** with salad; she **~s** in the movies 8 में रम जा., घुल-मिल जा., किसी स्थिति में प्रसन्न हो.: It's a nice firm, but somehow I just don't ~ here 9 शक्ल-सूरत का मिलना: his child **~s** with him 10 कुछ करना उचित या अनुचित हो.: it does not ~ to do this; it does not ~ to a child to interrupt his parents;
dw/lw:* ~ing** /बिलौंगिंग/ *n.* 1 (*esp. in* **a sense of ~ing**) कहीं (किसी स्थान, देश आदि) का होने का अहसास: a sense of ~ing existing within an organization 2 आपके अपने, सगे, माता-पिता: be trouble enough to one's ~ings 3 (**~ings**) 3.1 (syn.*** possessions) संपत्ति, जायदाद 3.2 सामान, वस्तुएं, माल-असबाब: I left my ~ings in the hotel;
***p&i:* ~ in/ on there, etc.** 1 कहीं का हो. या से संबंधित हो. 2 के अनुसार हो., का हिस्सा हो. 3 से मेल खाना: these two socks ~ together; knives do not ~ in this drawer; **~ to sb** की संपत्ति हो.; **~ to sth** का सदस्य हो.; **~ to sb/ sth** किसी का हो.

Belorussia /बिलोरशि\या/ (*also Russian* **Белору́сь**) /बिलोरूस/) *n.* बिलोरूस नाम का एक स्वतंत्र देश;
***dw/lw:* ~n/ Byelorussian** 1 *adj.* बिलोरूसी; **~n.** बिलोरूस का नागरिक

beloved /बिलविड/ *n.* 1 प्रेमी, प्रेयसी: my ~ 2 मन का मीत, मन-पसंद: long words are ~ of bureaucrats;
adj. प्रिय, प्रिया: my ~ wife; he lost his ~ pipe;
***dw/lw:* best-~** प्रियतम; **well-~** अति प्रिय

below /बिलो/ *prep.* 1 के नीचे, के तले (स्थिति): ~ the third floor 2 (किसी स्तर) से नीचे या कम: ~ zero; temperature is 20^0 ~ zero; temperature ~ normal; set ~ the horizon 3 किसी सतह के तले: ~ water; ~ deck 4 निम्नतर स्थान या स्तर पर: ~ sea level; ~ the surface; ~ ground 5 पीछे, से कम: he is ~ his school-fellows in class 6 कनिष्ठतर: a captain is ~ a general in rank;
adv. 1 निम्नतर स्थान या स्तर की ओर, निचले स्थान पर: remain ~; be ~; his apartment is just ~ 2 आगे, (पुस्तक में) आगे: see page 101 ~; the passage quoted ~ 3 निम्न शब्द समूहों में: here ~ (धरती पर); the place ~ (नरक, पाताल लोक); down ~ (1 कब्र में 2 समुद्र की तली पर); all hands ~! (हाथ नीचे!);
***dw/lw:* ~-stairs** *n. [pl.]* जीने के नीचे; **~-the-line** *adj.* 1 *econ.* निर्धारित व्यय से अलग खर्चा 2 *book-keeping* लाभ-हानि खाते में साधारण व्यय से अलग खर्चा;
***p&i:* ~ par** औसत से नीचे, घटिया; **~ sb's dignity** किसी की शान के नीचे; **~ the belt** *colloq.* छल-कपटपूर्ण, अनुचित वार या चाल;
it is ~ you यह आपकी शान से परे है; **it is ~ his dignity** यह उसके स्वाभिमान के नीचे है; **~ the mark** 1 घटिया 2 कमजोरी महसूस करने वाला: I feel ~ par (मेरी तबीयत ठीक नहीं)

bel paese /बेल पाएजि/ *n.* एक इतालवी नर्म पनीर

belt /बेल्ट/ *n.* 1 पेटी, पट्टी: cross/ shoulder ~ 2 कमरबंद 3 (***syn.*** zone) कटिबंध, क्षेत्र, इलाका: rain ~ 4 पट्टा 5 मेखला, घेरा (of forest): a green ~ around the city; ~ or ring road 6 जूडो के खेल में स्तर-पट्टिका (grade) 7 (*also* **lap ~**) कार, विमान आदि में सुरक्षा पेटी: seat ~ 8 कार या मशीनों में पहियों आदि को चालन-शक्ति देने वाली पेटी: fan ~, conveyor ~ 9 *sl.* जोर का प्रहार;
***v., pt.* ~ed**, *pp* **~ing** 1 पेटी बांधना 2 घेर ले. 3 मारना, किसी पर जोर से प्रहार/ आघात क. 4 तेजी से आगे बढ़ना: **~ed** along on his bike 5 पेटी से बांधना: ~ sth on;
***dw/lw:* ~-and-braces** *adj.* दो तरह के सुरक्षात्मक ढांचे वाला (प्रबंध); **~-conveyor** *n.* पेटी वाहक; **~ed** /बेल्टिड/ *adj.* 1 पेटी बांधे हुए 2 धारीदार (गाय आदि): ~ed cattle 3 कवचित: ~ed cruiser (कवचित जहाज); **~er** /बेल्टः/ *n., colloq.* 1 अद्भुत, अद्वितीय, विशिष्ट: that song was a ~er; the poem is a little ~er 2 हलचल मचाने वाला गाना आदि; **~ing** *n.* चालन-शक्ति का पेटी से संचार; **~-line** *n.* घेरेदार या चक्राकार ट्रैम लाइन, मुद्रिका; **~man** *n., Austral.* समुद्र में तैरते हुए मुसीबत में फंसे व्यक्ति को बचाने वाला; **~-tightener** *n.* पेटी कसने वाला; **~way** /बेल्टवे/ *n. US* नगर के चारों ओर या उसके भीतर गोलाकार या चक्राकार सड़क, मुद्रिका;
***p&i:* ~ing along/ down/ through, etc.** तेजी से आगे बढ़ना; **~ into sb** किसी पर जोर से प्रहार/ आघात क.; **~ on** पेटी बांधना; **~ sth** *colloq.* ऊंची आवाज में कुछ कहना या गाना; **~ sth out** जोर-जोर से गाना; **~ the grape** खूब पीना; **~ up** *UK* 1 चुप हो जा. 2 सुरक्षा पेटी को बांधना;
a ~ policy दोहरी या दो स्तरीय सुरक्षा नीति; **a ~ of rain/ a rain ~** वर्षा कटिबंध या क्षेत्र; **have sth under one's ~** अपने अधिकार या कब्जे में रखना; **have the champion's ~** (मुक्केबाजी आदि में) में चैंपियन बनना; **hit/ strike/ tackle below the ~** *boxing* 1 अनुचित प्रहार क. 2 कपटपूर्ण वार क. 3 गद्दारीपूर्ण कार्य क.; **hold the ~** प्रथम स्थान पर आना; **lay under one's ~** पेटुओं की तरह खाकर गिरने लगना; **tighten one's ~/ pull in one's ~** हाथ थामकर खर्च क.; **under one's belt** 1 खा-पीकर तृप्त 2 बीते जमाने की बात

beluga /बिलूगा/ *n., pl.* **~s** 1 एक बड़ी मछली 2 (**~ caviar**) इस मछली की केवियार (काले या नारंगी अंडे) 3 सफेद व्हेल मछली

belvedere /बेलविडिअः/ बेलवअडिअः/ *n.* 1 एक प्रकाशमय कमरा जो घर के शिखरतम मंजिल पर बना होता है और वह प्रकाश और हवा से धुला रहता है 2 ऊंचे स्थान पर बना ग्रामीण घर (summer house)

belying /बिलाइंग/ *present p.* **'belie'** का वर्तमानकालिक कृदंत

BEM *abbr.* 'British Empire Medal' की प्रथमाक्षरी

bemire /बिमायः/ *v., pt.* **~red**, *pp* **~ring** 1 कीचड़ में धकेलना, कीचड़ में लथ-पथ क.: I was filthily **~d** 2 मैला क.: doubt **~s** the soul

BEML *abbr.* 'Bharat Earth Movers Limited' की प्रथमाक्षरी

bemoan /बिमोन/ *v., pt.* **~ed**, *pp* **~ing** 1 विलाप क., रोना-पीटना 2 घोर विषाद और उदासी का इजहार क.: **~ing** the loss of his freedom

bemock /बिमॉक/ *v., pt.* **~ed**, *pp* **~ing** खिल्ली उड़ाना

bemuddle /बिमडल/ *v., pt.* **~d**, *pp* **bemuddling** 1 घबराहट पैदा कर दे. 2 (***syn.*** confuse) उलझा दे.

bemuse /बिम्यूज/ *v.* 1 हतबुद्ध कर दे., मदहोश कर दे. 2 हक्का-बक्का कर दे.;
***dw/lw:* ~d** /बिम्यूजड/ *adj.* 1 भ्रमित, हतप्रभ 2 स्तब्ध; **~ment** *n.* हतप्रभता, किंकर्तव्यविमूढ़ता;

ben /बेन/ *n. Scottish* 1 पहाड़ के शिखर, चोटी आदि का नाम: **Ben** Nevis 2 रसोई के पीछे का कमरा;
adj. अंदरूनी;
adv. अंदर को;
p&i: **Big Ben** ब्रिटेन के संसद भवन पर 1856 में बैंजमिन हॉल (Benjamin Hall) के नेतृत्व में लगाया जाने वाला घंटा; **like but and** ~ दो कमरों यानी रसोई व सोने के कमरे का मकान

bench /बेंच/ *n.* 1 बेंच, तख्त 2 (**the** ~) न्यायाधीश का आसन, बैठने का कक्ष, न्यायालय (court) 2 (**the** ~) न्याय-पीठ, खंड-पीठ (of judges) 3 (***syn.*** ledge) कगार, पैंडी 4 (***syn.*** stand) मंच 5 (***syn.*** House of Commons) ब्रिटेन की लोक सभा में बैठने के स्थान: took his seat in the back **~es**;
v. pt. **~ed**, *pp* **~ing** 1 कहीं पर बेंच लगाना 2 बेंच पर कुछ रखना 3 *sport, esp. N. Amer.* किसी खिलाड़ी को घायल होने या नियमों का उल्लंघन करने पर बाहर (बैंच पर) बैठाना 4 बैंच पर बैठना या बैठा हो. 5 कुत्तों को नुमाइश के लिए बैंच पर खड़ा क.;
dw/lw: **~er** /बेंचः/ *n., Br.* ब्रिटेन में चार स्वायत्त समितियां (Inn of Court), जो अपने-अपने क्षेत्रों में वकालत करने का लाइसेंस देती हैं (call lawyers to bar), का सदस्य 2 न्यायालय (the bench) या खंड-पीठ का सदस्य; **~mark** *n.* 1 कसौटी 2 स्तर, तल 3 निर्देश-चिह्न, संदर्भिका, तल-चिह्न 4 *comput.* भिन्न-भिन्न मार्के के कंप्यूटरों के काम की तुलना करने वाला प्रोग्राम; **~warmer** *n.* (***syn.*** substitute) रिजर्व में रखा जाने वाला खिलाड़ी;
collocations: ~ **fees** प्रयोगशाला-शुल्क; ~ **hole** पाखाना, शौचालय; ~ **press** फर्श पर पांवों के बल लेटकर दोनों बाजुओं से भारोत्तोलन (weight-lift) करने का अभ्यास; ~ **show** कुत्तों की नुमाइश; ~ **test** निर्देश-चिह्न परीक्षा; ~ **warrant** अदालत द्वारा जारी किया जाने वाला गिरफ्तारी का आदेश;
back ~es साधारण संसद-सदस्यों के बैठने के स्थान; **front** ~ संसद में मंत्रीगणों का बैंच; **the ~ and the bar** न्यायाधीश और वकीलों का समूह; **the Treasury ~es** शासक दल के सदस्यों के बैठने के स्थान;
p&i: **be on the** ~ 1 खंड पीठ का (प्रधान) न्यायाधीश हो. 2 बिशप हो. 3 अतिरिक्त खिलाड़ी हो.; **raise to the** ~ 1 न्यायाधीश बनाना 2 धर्माध्यक्ष बनाना; **sit on the** ~ 1 किसी पर मुकदमे की कार्रवाई चलाना 2 मुकदमे की कार्रवाई में न्यायाधीश के रूप में भाग ले.

bend /बेंड/ *v., pt.* **bent**, *pt. p.* **bent**, *pp* **~ing** 1 झुकाना, झुकना: ~ beneath a burden; old man **~ing** under a heavy load; can you ~ down and touch your toes, but without **~ing** your knees? 2 मोड़ना, टेढ़ा क., मोड़कर चाप बनाना: ~ the iron rod/ the wire; ~ a bow 3 मुड़ना, टेढ़ा हो.: stick **~s** but does not break; ~ under a strain; be **bent** with age 4 (*usually* **~ sth/ sb towards sth**) दमन क. 5 वशीभूत क., झुकाना, झुकना: ~ sb to one's will; he bent to her wishes 6 वक्र के आकार में चलाना या चलना 7 किसी के घुटने टिकवाना, घुटने टेक दे.: ~ low before sb; ~ sb to a strict discipline 8 सड़क या नदी आदि का मुड़ना: the road/the river **~s** to the right;
n. 1 मोड़, झुकाव: back/ front, side ~ 2 (***syn.*** bent) टेढ़ापन, घुमाव: ~ of the arm 2 (***syn.*** knot) गांठ, गांठ बांधने की क्रिया 3 (***syn.*** gunwale) ऊपरी पट्टी, पेरज, जहाज या नाव का ऊपरी सिरा या किनारा, गनल, रांग 4 मोड़, दिशा-परिवर्तन: a ~ of a river; sharp ~ in a road;
dw/lw: **~able** /बेंडअबल/ *adj.* 1 जिसे मोड़ा जा सके 2 मोड़ने योग्य; **~ed** /बेंडिड/ *adj.* झुका हुआ, मुड़ा हुआ: on ~ed knee (घुटनों के बल झुककर); **~er** /बेंडः/ *n.* 1 मोड़ने वाला आदमी या यंत्र 2 *sl.* शराब पीने या नशीली दवा लेने का भयंकर दौर: go on a ~er; **~ing** /बेंडिंग/ *n.* नमन, वंकन; **~-leather** *n.* मोटी खाल; **the bends** *n. sing./ pl., non-techn.* कैसान रोग (decompressive sickness), ऊंचे दबाव वाली वायु में सांस लेने के बाद एकदम से साधारण दबाव वाले क्षेत्र में लौटने के कारण होने वाली भयानक दुःख-दायी व घातक बीमारी; **~y** /बेंडि/ *adj., pl.* ~ier, ~iest 1 बहुत सारे मोड़ों वाला 2 (***syn.*** flexible) अति लचकीला या लचकदार;
p&i: **~ one's energies to a task** किसी काम में अपनी शक्ति लगा दे.; **~ one's effort towards sth/towards doing sth** अपना प्रयास किसी कार्य या कुछ करने में लगा दे.; **~ one's gaze on sth** किसी चीज पर अपनी नजरें टिकाना; **~ one's mind to study** अपना ध्यान पढ़ाई में लगाना; **~ one's rage against sb** अपना गुस्सा किसी पर निकाल ले.; **~ one's steps homewards** घर लौट चलना; **~ over backwards** कोई कसर न छोड़ना; **~ the brow** गंभीर चिंतन की मुद्रा में हो.; **~ the knee** घुटनों के बल झुकना, प्रार्थना क.; **~ the rules** नियमों को तोड़ना मरोड़ना;
above one's ~ *US* किसी के बलबूते से बाहर; **all eyes were bent on her** सब की नजरें उस पर टिकी थीं; **be bent on** तुला हो.; **be bent on mastering Spanish** स्पेनी भाषा अच्छी तरह सीखने पर तुला हो.; **be on a ~er** नशे में धुत्त हो.; **drive/ send sb round the ~** किसी को नीचा दिखाना; **get a ~ on you!** थोड़ा हिलो-डुलो!; **give wire a ~** तार को मोड़ना; **round the ~** *colloq.* पागल, सनकी (mad); **go on a ~** मौज-मस्ती क., खूब पीना; **on the ~** बेईमानी से; **round the ~** पगलाया हुआ: go round the ~ or drive round the ~

beneaped /बिनीप्ट/ *adj.* भूग्रस्त

beneath /बिनीथ/ *adv.* 1 (***syn.*** below) नीचे, तले: the valley lay ~ 2 नीचे की ओर;
prep. 1 (***syn.*** under) के नीचे, के तले, निचले स्थान पर, से नीचे: he sat ~ a tree 2 (***syn.*** inferior) से घटिया, से कम योग्य: don't look on them as ~ you; he is far ~ her in intelligence 3 (***syn.*** inconsistent) से नीचे (के साथ बेमेल), किसी काम या बात के अयोग्य: ~ sb's dignity; ~ criticism (आलोचना से परे); that conduct is ~ you 4 के मातहत, के वश में 5 के जूए तले, के अधीन: ~ the yoke of the conqueror; live ~ tyranny (जुल्म तले पिसते हुए जीना) 6 के बोझ या दबाव तले: she dropped her eyes ~ his gaze 7 निम्न शब्द समूहों में: ~ one's breath (धीमी आवाज में); she hummed a tune ~ her breath

benedict/ benedick /बेनिडिक्ट/ बेनिडिक/ *n., facetious* 1 नव-विवाहित पुरुष 2 पक्का कुंवारा (छड़ा), जिसने अंततः शादी कर ली हो

Benedictine /बेनिडिक्टिन/ बेनिडिक्टाइन/ *n.* 1 (*the* **Order of St Benedict**) नुर्सिया के संत बेनेडिक्ट (480-543) की शिक्षाओं का अनुयायी 2 ब्रांडी से बनी एक प्रकार की लिक्योर (liqueur)

benedic\tion /बेनिडि\क्शन/ *n., Christ.* 1 मंगलकामना 2 उपकार, दान, भलाई 3 (***syn.*** blessing) आशीष आरती या प्रार्थना;
dw/lw: **~tive/ ~tory** /~क्टिव/ ~क्टरि/ *adj.* आशीर्वादात्मक, शुभ

benefac\tion /बेनिफै\क्शन/ *n.* उपकार, दान, खैरात;
dw/lw: **~tor** /~क्टः/ (*also* **~tress**) *n* भला करने वाला/ वाली, हितकारी, उपकारक, संरक्षक;
dw/lw: **~tory** /~क्टरि/ *adj.* 1 उपहार स्वरूप 2 उपकारक

benefi\ce /बेनिफि\स/ *n.* 1 स्थानीय पादरी का वेतन तथा पद, याजकीय वृत्ति 2 सामंत की भूमि-संपत्ति;
dw/lw: **~ced** /~सड/ *adj.* उपकार पाने वाला; **~cent** /~संट/ *adj.* 1 उपकारी, परोपकारी 2 हितकर, लाभकारी: ~cent bacteria; **~cence** /~संस/ *n.* 1 उदारता 2 उपकार, भलाई; **~cently** /~संटलि/ *adv.* उदारतापूर्वक; **~cient** /~सिअंट/ *adj.* परोपकारी, दयालु, उदार, उदारतापूर्ण

beneficial /बेनिफिशिअ\ल/ *adj.* 1 (***syn.*** advantageous) लाभदायक, हितकर, अनुकूल: ~ effect; I hope your holiday will be ~ 2 *law.* किसी संपत्ति का उपयोग और उससे होने वाले

लाभ;
dw/lw: **~ly** /~लि/ *adv.* लाभपूर्वक या फायदेमंद तरीके से; **~ciary** /~रि/ *n., pl.* ~ciaries 1 हितग्राही, संपत्तिभोगी 2 लाभभोगी, लाभाधिकारी, वृत्तिभोगी 3 वसीयत में लिखी संपत्ति या धन का प्राप्तकर्ता

beneficia\te /बिनेफिशिए\ट/ *v., pt.* **~ted**, *pp* **~ting** धातु-शोधन क., अयस्क का उपचयन क., परिष्करण क.;
dw/lw: **~tion** /~शन/ *n.* धातुशोधन, परिष्करण

benefit /बेनिफिट/ *n.* 1 लाभ, फायदा, हित, भला: for the ~ of sb; give sb the ~ of one's experience/ knowledge 2 अनुदान, सहायता, सुविधा 3 (*syn.* allowance) भत्ता 5 दान, उपकार: confer **~s** on/ upon/ sb 6 हितकर खेल मुकाबला, थियेटर शो, फिल्म-शो आदि: ~ concert/ performance; ~ cricket match;
v., pt. **~ed**, *pp* **~ing** (*also US* **~ted ~ting)** (*esp.* **~ from/ by sth**) 1 लाभान्वित हो., फायदा हो.: the sea air will ~ you 2 किसी की सहायता, हित या भला क.: he **~ed** by the medicine;
collocations: **~ of clergy** 1 चर्च द्वारा दी जाने वाली अनुमति 2 *legal, hist.* पादरी वर्ग के सदस्यों को नीचे की अदालतों की कार्रवाई से छूट; **~ of clergy** सामान्य न्यायालयों को पादरियों पर मुकदमा चलाने का अधिकार न होने की अवस्था; **~ period** हित-लाभ की अवधि; **~ society** मैत्री सभा;
p&i.: **~ of the doubt** संदेह का लाभ;
for sb's ~ सहायतार्थ किया गया कार्य; **give sb the ~ of the doubt** किसी को संदेह का लाभ देते हुए उसके विरुद्ध फैसला न क.; **social security ~** सामाजिक सुरक्षा भत्ता; **take the ~** अपने को दिवालिया घोषित क.

Benelux /बेनिलक्स/ *n.* 1 (Belgium + Netherlands + Luxembourg) बेल्जियम, हॉलैंड और लुक्सिम्बर्ग के बीच एक आर्थिक संघ 2 इन तीनों देशों का संघ

benevo\lence /बअनेवलं\स/ *n.* 1 परोपकार करने की मंशा 2 परोपकार, शुभचिंता, हितैषिता, परोपकारिता, हितकारिता: a man of great **~lence** of character;
dw/lw: **~lent** /~ट/ *adj.* 1 (***anton.*** malevolent) परोपकारी, उदार, हितैषी, हितकर, सद्भावपूर्ण, 2 परोपकारी संगठन; **~ly** /~लि/ *adv.* उदारतापूर्वक;
collocations: **~lent fund** कल्याण निधि

BEng *abbr.* 'Bachelor of Engineering' का संक्षेप

benight /बिनाइ\ट/ *v., pt.* **~ed**, *pp* **~ing** *poetic* 1 रात के अंधकार द्वारा ढका जा. 2 अंधकार में डूब जा.;
dw/lw: **~ed** /~टिड/ *adj., liter.* 1 अंधकार में डूबा हुआ: **~ed** travellers 2 अज्ञानी 3 अंधकार ग्रस्त, पिछड़ा हुआ: **~ed** prejudices

benign /बिनाइन/ *adj.* 1 *med.* अहानिकारक, हितकर, अघातक: ~ tumour 2 दयालु, उदार, अनुग्रहशील 3 सौम्य, भद्र, स्नेहशील, मृदु 4 (***syn.*** favourable) हितैषी, हितकर 5 *med.* नर्म, सुसाध्य, स्वास्थ्यवर्धक 6 उपजाऊ;
dw/lw: **~ancy** (बिनिग्नंसि) *n., pl.* ~ancies 1 अहानिकारकता 2 उदारता 3 सौम्यता 4 सुसाध्यता; **~ant** /बिनिग्नंट/ *adj.* 1 (***anton.*** malignant) दयालु, कृपालु 2 (***syn.*** gracious) सौम्य 3 (***syn.*** salutary) हितकर, शुभ, स्वागत योग्य; **~antly** (बिनिग्नंटलि) *adv.* उदारतापूर्वक, दयालुतापूर्वक; **~ity** /बनिग्निटि/ *n., pl.* ~ities 1 दयालुता, उदारता 2 अनुग्रह, दयालुतापूर्ण कार्य; **~ly** /बिनाइनलि/ *adv.* दयालुतापूर्वक, सौम्य ढंग से: smiled ~ly

benison /बेनिसन/ *n.* आशीर्वाद, मंगलकामना

benj /बेंज/ *n.* भांग

Benjamin /बेंजमिन/ *n.* 1 *Bible* जैकब और रचेल (Jacob and Rachael) का सबसे छोटा पुत्र 2 कनिष्ठ पुत्र, लाड़ला बेटा

benjamin /बेंजमिन/ *n., colloq.* 1 पुराने फैशन का ओवरकोट 2 बैंजमिन गोंद

benny /बेनि/ *n., pl.***~ies** *sl.* ऐम्फिटमाइन (amphetamine) की गोली

bent /बेंट/ *adj.* 1 मुड़ा हुआ, झुका हुआ 2 नत, बंकित, आज्ञाकारी 3 *UK* टेढ़ा, वक्र 4 *Br., sl.* चालू, कुटिल, बेईमान: ~ politicians 5 चालाकी या कुटिलता से प्राप्त: ~ goods 6 (*usually* **~ on/ upon sth**) कृतसंकल्प, कमर कसे हुआ: ~ on revenge 7 की ओर अग्रसर 8 *pt.,* **'bend'** का भूतकाल (**bend**: bent, bent);
n. 1 (***syn.*** twist) मोड़ 2 (***syn.*** natural inclination) सहज प्रवृत्ति, झुकाव, रुझान, रुचि: ~ for music/ poetry; natural ~ for singing 3 (धनुष की) खिंचाव या मोड़ सीमा: ~ of bow 4 तनाव: ~ of inner strength 5 सहन-शक्ति 6 (***syn.*** stalk) डंठल, पौधे का तना, घास (दूब) की सूखी डंठल 7 सूखी दूब की डंठलों से ढका मैदान;
dw/lw: **~wood** /बेंटवुड/ *n.* फर्नीचर बनाने के लिए कृत्रिम तरीके से मोड़ी हुई लकड़ी;
collocations: **~ grass** *bot.* दूब, कोई भी चरागाही घास; **~ of mind** मन की प्रवृत्ति, रुझान, झुकाव;
p&i: **~ as a nine bob note** *Br. sl.* 1 परले दर्जे का बेईमान 2 चुराई हुई या अवैध संपत्ति 3 उभयलिंगी व्यक्ति; **~ on sth/ doing sth** तुला/ अड़ा हुआ, कृत-संकल्प, दृढ़-प्रतिज्ञ, कमर कसे हुआ;
be out of one's bent किसी की पसंद अनुसार न हो.; **follow one's ~** अपनी पसंद के अनुसार काम क.; **take to the ~** नौ दो ग्यारह हो.; **to the top of one's ~** पूरे संकल्प के साथ, दृढ़ प्रतिज्ञ होकर, बिल्कुल, पूर्णतः

benthic, **benthonic** /बेंथिक/ बेंथॉनिक/ *adj.* तलस्थ, तल पर बैठा या जमा हुआ

bentho\s /बेंथौ\स/ *n., biol.* नितल जीवसमूह, समुद्र या झील के तल पर मिलने वाले जल-जीव व वनस्पति समूह (flora and fauna);
dw/lw: **~scope** /~स्कोप/ *n.* नितल-दर्शी

bentonite /बेंटअनाइट/ *n., geol.* बेंटोनाइट (मृदा), सफेद, पीली हरी छिद्रदार चट्टान

ben trovato *Ital.* सुकल्पित, सुआविष्कृत

ben venuto *Ital.* स्वागत

bentwood *see above under* **bent**: ***dw/lw***

benumb /बिनम\/ *v., pt.* **~ed**, *pp* **~ing** 1 सुन्न या संवेदन-शून्य बनाना, जड़ कर दे.: **~ed** by/ with cold 2 किंकर्त्तव्यविमूढ़ क.;
dw/lw: **~ed** /~ड/ *adj.* 1 किंकर्त्तव्यविमूढ़ 2 अशक्त, सुन्न, संवेदन-शून्य, लकवा ग्रस्त; **~ness** /~नेस/ (**~ment** /~मंट/) *n.* संवेदन-शून्यता, जड़ता

benzene /बेंजीन/ *n., chem.* (*formula* **C6 H6**) 1 बेंजीन 2 (~/ **benzin**) मोटर गाड़ी का ईंधन, पेट्रोल

benzoin /बेंजोइन/ *n.* 1 लोहबान, गुग्गल 2 जावा या सुमात्रा में पाए जाने वाले पेड़ों का रबड़ जैसा रस जो दवाइयां आदि बनाने में प्रयुक्त होता है

bepommel /बिपौमअल/ बिपमअल/ *v., pt.* **~led**, *pp* **~ling** खूब घूंसे लगाना

bequeath /बिक्वीद/ *v., pt.* **~ed**, *pp* **~ing** 1 वसीयत/ विरासत में दे.: **~ed** the entire estate to his daughter 2 आने वाली पीढ़ियों को सौंपना, उत्तरदान दे., के लिए छोड़ जा. (***syn.*** leave): ~ the dictionary to the posterity
dw/lw: **~able** /बिक्वीदेबल/ *adj.* 1 उत्तरदान योग्य 2 वसीयत योग्य; **~al** /बिक्वीथल/ (*also* **~ment**) *n.* 1 वसीयत, विरासत 2 उत्तरदान; **~er** /बिक्वीदः/ *n.* वसीयत करने वाला, उत्तरदान देने वाला

bequest /बिक्वेस्ट/ *n.* उत्तरदान, वसीयत, रिक्थ दान: leave the ~ to one's grand children

berate /बिरेट/ *v., pt.* **~d**, *pp* **berating** डांटना-डपटना, फटकारना, झिड़कना

berceuse /बेरसःज/ *n., Fr.* लोरी गीत

bere/ beer/ bear /बिअः/ *n.* तकिये का गिलाफ

bereave /बिरीव/ *v., pt.* **~d/ bereft**, *pt. p.* **~d/ bereft** *pp* **bereaving** 1 विधवा या विधुर हो. 2 अनाथ बनाना या ब. 3 निकट संबंधी से वंचित क. या हो. 4 असहाय कर दे. या हो. 5 छीन ले., लूट लेना 5 nothing can ~ me of my memories of the past;

dw/lw: **~d** /~ड/ *adj.* 1 निकट संबंधी की मृत्यु से शोक संतप्त, मृत्यु-शोकाकुल, शोकार्त्त: the ~d husband; **~ment** /~मंट/ *n.* (निकट संबंधी का) मृत्युशोक, वियोग, शोक-संतप्तता, गमी

bereft /बिरेफ्ट/ *adj.* 1 से वंचित, विहीन: ~ of the power of speech; ~ of ideas 2 असहाय, खिन्न: became utterly ~ when his wife died;

p&i: **~ of reason** सनकी; **~ of all hope** आशाविहीन, निराश;

feel ~ without one's wife पत्नी के बिना असह्य व निढाल हो.

beret /बेरे/ *n. Amer. n.* गोल ऊनी टोपी;

collocations: **a Green Beret** क्रांतिकारियों को कुचलने के लिए अमेरिकी सेना की विशेष टुकड़ी

berg /बेःग/ *n. S. Afr.* 1 पहाड़: ~-adder (पहाड़ी सांप) 2 हिम शैल, तैरता हुआ बर्फ का पहाड़: ~fall 3 **'iceberg'** का छोटा रूप;

collocations: **~ wind** गर्म उत्तरी हवा, तप्त उत्तर पवन

bergamot /बःर्गअमौट/ *US* बःर्गअमाःट/ (*also* **~ oil**) *n.* 1 (***syn.*** pear) नाशपाती 2 (***syn.*** orange) संतरा 3 (***syn.*** citron) जंभीर का पेड़

bergeret /बेर्जअरेट/ *n.* 1 गोप काव्य 2 ग्राम्य गीत या धुन

bergschrund /बःक्श्रुंड/ *n., geol.* किसी पहाड़ या हिम शैल के सिर के पास स्थिर या चल हिम के बीच दरार, हिमदर

berhyme /बिराइम/ *v., pt.* **~d**, *pp* **berhyming** 1 छंदोबद्ध क. 2 (***syn.*** lampoon) पद्य में खिल्ली उड़ाना

beribboned /बिरिबन्ड/ *adj.* रिबनों से सज्जित

beriberi /बेरिबेरि/ *n., pathol., med.* थियामीन (thiamine) की कमी के कारण होने वाली बीमारी जिससे तंत्र-शोथ, लकवा या हृदय रोग हो सकता है

berk/ burk /बःक/ बॉःक/ *n., Br. sl.* (***syn.*** idiot) मूर्ख, मूढ़

berkelium /बःकीलिअम/ *n., chem.* (*symbol* **Bk**) एक रेडियो धर्मी धातु तत्त्व जिसे अमेरिसियम-241 (americium-241) को आल्फा कणों (alpha particles) से बॉम्बार्ड (bombard) कर कृत्रिम तरीके से बनाया जाता है

Berks *abbr. English county* 'Berkshire' का संक्षेप

Berlin /बःलिन/ *n.* जर्मनी का प्रसिद्ध नगर बर्लिन: ~ blue (बर्लिन का नभोनील); ~ wool;

dw/lw: **~er** /बःलिनः/ *n.* बर्लिनवासी

berm /बर्म/ *n.* नदी, सड़क या नहर के साथ-साथ बनी पटरी

Bermuda /बर्म्यूडा/ *n.* पश्चिमी अटलांटिक महासागर में बर्मूडा नाम का एक द्वीप;

dw/lw: **~n** *adj.* बर्म्यूडा से संबंधित, बर्मूडा वासी;

collocations: **~ shorts/ ~s** टखनों तक आने वाली निक्कर; **~ Triangle** अटलांटिक का फ्लोरीडा, बर्म्यूडा और पुएर्टोरीको के बीच का क्षेत्र जहां किसी विचित्र संयोग से बहुत सारे जहाज ध्वस्त हो जाते हैं या खो जाते हैं

berry /बेरि/ *n., pl.* **berries** 1 रसभरी, सरस फल, बदरी फल 2 शोरबा;

p&i: **as brown as a ~** सूर्य-स्नानजनित सांवलापन

berserk /बजःक, बसःक/ *US* बर्जर्क/ *adj.* 1 उन्मत्त, आपे से बाहर 2 अति क्रुद्ध, आवेश से पगलाया हुआ, क्रोध से लाल-पीला: go ~;

dw/lw: **~er** *n.* उन्मत्त होने वाला

berth /बःथ/ *n.* 1 रेलगाड़ी या जहाज में सोने का स्थान, शायिका 2 पोत-कक्ष 3 *ship* लंगरगाह, घाट, गोदी 4 (***syn.*** job) नौकरी: good ~;

v., pt. **~ed**, *pp* **~ing** 1 लंगर डालना 2 घाट लगाना या लगना 3 सोने के लिए जगह दे. 4 नौकरी दे.;

dw/lw: **~age** /बअःथिज/ *n.* बंदरगाह या लंगरगाह शुल्क

p&i: **fall into a good ~** अच्छी नौकरी पाना; **give sb/ sth a wide ~ to** (से) दूर रहना, (से) बचना, टलना

beryl /बेरिल/ *n.* हरे रंग का रत्न, वैदुर्य, लहसुनिया

beryllium /बरिलिअम/ *n., chem.* 1 एक रसायन (चिह्न, **Be**) 2 बेरिल (byril) से बनी रुपहले-भूरे रंग की एक धातु

BES *abbr.* 'Broadcasting Engineering Society' की प्रथमाक्षरी

beseech /बिसीच/ *v., pt.* **~ed/ besought**, *pt. p.* **besought**, *pp* **~ing** 1 चिरौरी/ मिन्नत क., अनुनय-विनय क.: ~ sb for sth/ to do sth; I ~ you to listen 2 विनयपूर्वक मांगना: I ~ you never to pronounce this word again;

dw/lw: **~er** /~चः/ *n.* प्रार्थी, अनुनय करने वाला; **~ing** /~चिंग/ *adj.* अनुनयपूर्ण; **~ingly** /~चिंगलि/ *adv.* अनुनयपूर्वक

beseem /बिसीम/ *v., pt.* **~ed**, *pp* **~ing** 1 उपयुक्त/ भला लगना, जंचना, शोभा दे. 2 उचित होना, ठीक होना 3 शिष्ट/ विनीत हो.;

dw/lw: **~ing** /बिसीमिंग/ *adj.* आकर्षक, शोभनीय, उपयुक्त

beset /बिसेट/ *v., pt.* **beset**, *pt. p.* **beset**, *pp* **~ting** (*usually* **~ by/ with sth**) 1 घिर जा., अवरोधित हो., समस्याओं में फंस जा.: ~ with questions; the problem is ~ with difficulties 2 समस्यायें पैदा करके, लालच दे-देकर या बाधायें डालकर किसी को सताना 3 किसी व्यक्ति या जनसमूह को चारों ओर से घेर लेना 4 रोकना;

dw/lw: **~ment** /बिसेटमंट/ *n.* 1 घेरा; **~ting** /बिसेटिंग/ *adj.* निरंतर तंग करने वाला, सदा परेशान करते रहने वाला, पिंड न छोड़ने वाला, दुखदायी: ~ting sin (चिराभ्यस्त पाप या कमजोरी)

beside /बिसाइड/ *prep.* 1 पास में, बगल में, निकट: he sat/ stood/ walked ~ his friend; a house ~ the sea 2 पार्श्व में 3 की तुलना में: all beauty pales ~ hers; this invention is nothing ~ yours 4 से असंबद्ध, के बाहर: that is ~ the point/~ the question; it is ~ our purpose 5 के सिवा, के अलावा: this is ~ the matter in hand; he has nothing ~ this;

p&i: **~ oneself** आपे से बाहर: by the time she got ready, I was ~ myself; **~ the mark** असंगत, अनर्गल, निशाने दूर; **he was ~ himself with anger/ joy** वह गुस्से या खुशी के मारे उन्मत्त हो रहा था

besides /बिसाइड्ज/ *prep* के अतिरिक्त, के अलावा: I want nothing ~ this;

adv. 1 भी 2 और, साथ में: many more ~ (और बहुत सारे) 3 को छोड़कर: nothing ~ (इसको छोड़कर और कुछ नहीं) 4 इसके अतिरिक्त, इसके सिवा (moreover, in any case): it is too late. **Besides**, I am tired;

p&i: **~ the fact that ...** को न गिनते हुए

besiege /बिसीज/ *v., pt.* **~d**, *pp* **besieging** 1 (***syn.*** lay siege) हथियार डलवाने के लिए नगर या किले आदि को सेना लेकर घेरना 2 किसी जानी मानी हस्ती के चारों ओर भीड़ लगाना: **~d** by excited fans 3 की झड़ी या बौछार लगना: they **~d** me with questions; **~d** with offers of help किसी को लगातार सताना, किसी को बाधित क.: ~ sb with tormenting questions;

dw/lw: **~er** /बिसीजः/ *n.* अवरोधक, घेरा डालने वाला; **~ment** /बिसीजमंट/ *n.* घेरा

beslobber /बिस्लॉबः/ *v., pt.* **~ed**, *pp* **~ing** 1 लार टपकाना, चूमना-चाटना 2 गुलामों की तरह चापलूसी क.

beslubber/ besmear /बिस्लबः/ बिस्मिअः/ *v., pt.* **~ed**, *pp* **~ing** 1 लेपना, लेप क., पोतना 2 मैला क. 3 कलंकित क.

besmear /बिस्मिअः/ *v., pt.* **~ed**, *pp* **~ing** 1 गंदा/ मैला क.: face **~ed** with ink 2 किसी को कलंकित क., बदनाम क.

besmirch /बिस्मःच/ *v., pt.* **~ed**, *pp* **~ing** 1 (***syn.*** sully) गंदा/ मैला क., मलिन कर दे. 2 दूषित क. 3 धुंधला कर दे. 4 कलंकित क., कलंक लगाना: ~ reputation

besom /बिजम/ बीजम/ *n.* 1 लंबा हत्थे वाला झाड़ू 2 *Scots & N. Eng., derog. or jocular* औरत: cheeky ~;
collocations: ~ **head** मूर्ख;
p&i: **jump the** ~ मजाकिया रूप में शादी का कार्य-क्रम क.

besot /बिसौट/ *US* बिसाःट/ *v., pt.* **~ted**, *pp* **~ting** 1 दीवाना बनाना. 2 बुद्धू बनाना;
dw/lw: **~ted** /बिसौटिड/ *US* बिसाःटिड/ *adj.* (*esp.* **~ted by/ with sb/ sth**) 1 पागलों की तरह किसी पर मुग्ध, सम्मोहित, दीवाना 2 मदमत्त, नशे में धुत्त 3 मदहोश, अचेत; **~tedly** /बिसौटिडलि/ *adv.* मदमत्त या दीवाने की तरह

besought /बिसौट *US* बिसाःट/ *pt. & pt. p.,* '**beseech**' का भूतकाल

bespangl\e /बिस्पैंगल/ *v., pt.* **~ed**, *pp* **~ing** सितारे या चमकियां लगाना

bespatter /बिस्पैटः/ *v., pt.* **~ed**, *pp* **~ing** 1 कीचड़ के छींटे डालकर मैला क. 2 (***syn.*** defame) निंदा क., कलंकित क., बदनाम क.

bespeak /बिस्पीक/ *v., pt.* **bespoke**, *pt. p.* **bespoken**, *pp* **~ing** 1 पहले से इशारा/ इंगित क., की ओर संकेत क., पहले से कह रखना, जता दे., सूचित क.: the heavy rain **bespoke** trouble ahead; today's events ~ future tragedy 2 (***syn.*** reserve, order) पहले से ले रखवाना (book, reserve), मंगाना: ~ a box at the theatre; every room in this hotel is already **bespoken** 3 (***syn.*** custom-made) ऑर्डर या खरीद-निर्देश के अनुसार तैयार क. या बनाना: **bespoke** suit; **bespoke** software 4 का प्रमाण हो.: his manners **bespoke** him to be a gentleman

bespecle /बिस्पेकल/ *v., pt.* **~ed**, *pp* **~ing** 1 रंग-बिरंगा बनाना 2 धब्बे लगाना

bespectacled /बिस्पेक्टअकल्ड/ *adj.* चश्माधारी, ऐनक वाला

besprink\le /बिस्प्रिंक्ल/ *v., pt.* **~led**, *pp* **~ling** छिड़कना

Bessemer /बेसेमः/ **process** *techn.* ऐसी तकनीकी क्रिया जिसके द्वारा कच्चे (ढलवें) लोहे को इस्पात में परिवर्तित किया जाता है

BEST *abbr.* 'Brihanmumbai Electric Supply and Transport' की प्रथमाक्षरी

best /बेस्ट/ *adj.* (*superlative of* '**good**') 1 उत्तम, सर्वोत्तम, सर्वोत्कृष्ट: the ~ thing; he feels ~ in the morning 2 सर्वोच्च 3 (***syn.*** the most suitable/ appropriate) श्रेष्ठ, सर्वश्रेष्ठ: the ~ man for the job 4 मुख्य, अधिकतम या बड़ा (भाग): the ~ part of the day;
n. (**the best**) 1 सर्वोच्च स्तर: he has already reached his ~; he always gives the ~ under pressure; she won the race with her personal ~ 2 छुट्टी या उत्सव के दिन पहनी जाने वाली पोशाक: Sunday ~ 3 श्रेष्ठतम व्यक्ति या वस्तु: they always buy the ~; he is among the ~ in the profession; wish you all the ~! on par with the ~; with the ~ of them; they were ~ of friends 4 वांछित परिणाम के निकटतम: the ~ we can hope for is a draw in tomorrow's match;
v., pt. **~ed**, *pp* **~ing** 1 किसी से आगे बढ़ना, किसी को हराना या परास्त करना 2 किसी पर हावी हो. 3 बुद्धू बनाना;
adv. (*superlative of* '**well**') 1 सर्वाधिक, सबसे ज्यादा: which do you like ~? 2 सर्वश्रेष्ठ या सर्वोत्तम ढंग से: work ~ 3 सर्वाधिक, सबसे ज्यादा 4 सर्वाधिक उपयुक्त ढंग से: painting is ~ done in daylight; in compound words; the ~-loved teacher; the ~-admired actor;
dw/lw: **best-seller** *see below under separate entry*;
collocations: **~-before date** किसी वस्तु का निश्चित तिथि या समय से पहले प्रयोग करना सर्वोत्तम; ~ **boy/ girl** 1 प्रेमी या प्रेमिका 2 *cinema & TV, originally N. Amer.* किसी फिल्म आदि के निर्माण दल में कार्यकारी इलेक्ट्रीशियन; ~ **buy** सर्वोत्तम खरीदारी; ~ **girl** प्रेमिका; ~ **known** सर्वाधिक प्रसिद्ध; ~ **maid** सहबाला; ~ **man** 1 दुल्हे का निकटतम मित्र एवं सहायक, सहबाल 2 कार चालक; ~ **part** बड़ा भाग; ~ **practice** दूसरों द्वारा अनुकरणीय एक आदर्श उदाहरण; ~ **seller** सर्वाधिक बिकने वाला/ बिकने वाली (पुस्तक या पुस्तकें आदि);
p&i: **(the) ~ bet** सर्वोत्तम रास्ता या चुनाव; **(the) ~ cart may overthrow** गलती बड़े-बड़ों से हो जाती है; **(the) ~ fish swims near the bottom** जिन खोजा तिन पाइयां गहरे पानी पैठ; ~ **is bent cheap** सस्ता रोए बार-बार महंगा रोए एक बार; **(the) best of British luck to you!** खुदा करे कि आप डूब जाएं!; **(the) ~ of three/ five, etc.** तीन या पांच आदि सर्वोत्तम मुकाबले आदि; **(the) ~ of a bad bunch/ lot** दुष्टों के गिरोह में एक थोड़ा अच्छा तत्त्व; **(the) ~ that money can buy** सर्वोत्तम; **(the) ~ things in life are free** हवा, प्रकाश, गर्मी आदि नेमतें जिंदगी में मुफ्त में मिलती हैं; **(the) ~ throw with the dice is to throw it** जुए की लत को ठोकर मारना ही सबसे अच्छी बाजी है; **(the) ~ way out of a difficulty is through it** कठिनाइयों से जूझकर ही छुटकारा पाया जा सकता है; **(the) ~ is the worst enemy of the good** सर्वोत्तम कभी-कभी उत्तम का सबसे बड़ा दुश्मन हो सकता है (सर्वोत्तम के लिए दौड़ में उत्तम भी न कर पाना); ~ **wishes!** बहुत सारी शुभकामनाएं!; **all for the ~** सब-कुछ अच्छे के लिए होता है; **all the ~!** *colloq.* बहुत सारी शुभकामनाएं!; **as ~ as one can** जितना अच्छा हो सकता है; **at ~** अधिक से अधिक, ज्यादा से ज्यादा; **at his/ its, etc. ~** सर्वोच्च, सर्वोत्तम, शिखरतम, चोटी पर, सर्वोच्च कोटि का; **at one's ~** अपने सर्वोत्तम स्तर पर; **at the ~ of times** सर्वोत्तम (अच्छे से अच्छे) समय पर; **bad is the ~** आने वाले समय में इससे बेहतर कुछ नजर नहीं आता, भाग्य अच्छा नहीं; **be at one's ~** सर्वोच्च स्तर पर हो. **be on one's ~ behaviour** सर्वोत्तम व्यवहार क.; **bring out the ~ in sb** किसी के सर्वश्रेष्ठ गुणों, क्षमताओं या दक्षता को दिखाना; **do/ give/ try one's ~** सर्वाधिक प्रयास क., कोई कसर न छोड़ना; **do sth for the ~** अच्छे के लिए कुछ क.; **do, mean etc. sth for the ~** अच्छा परिणाम पाने या किसी की मदद करने के लिए कुछ करना या कहना; **for the ~** नेक इरादे से, अच्छी नीयत से, भले के लिए; **get the ~ of** परास्त करना; **give one ~** हार मान लेना; **give person the ~** की श्रेष्ठता (वरिष्ठता, महत्ता) स्वीकार क.; **have the ~ of both the worlds** पांचों उंगलियां घी में, चित्त भी मेरा, पट भी मेरा और अंटा मेरे बाप का; **have/ get the ~ of it** विजयी होना; **had ~ do sth** कुछ करना सबसे अधिक समझदारी का काम होगा; **had ~ find out straight away** तुरंत पता लगा लेना सबसे अधिक समझदारी का काम होगा; **hope for the best (be prepared for the worst, one must keep one's gun-powder dry)** अच्छे की आशा करते हुए बुरे के लिए भी तैयार रहना; **if you cannot have the best, make the best of what you have** यदि सर्वोत्तम नहीं मिलता, तो जो मिला है उसी से सर्वोत्तम परिणाम निकालो!; **I had ~/ I were ~** मेरे लिए यही श्रेष्ठ था; **like sb ~** किसी को सर्वाधिक पसंद क.; **make the ~ of it/ of a bad bargain/ of business/ of job** प्रतिकूल स्थिति में भी अच्छे से अच्छा परिणाम प्राप्त क.; **make the ~ of one's way** तेज से तेज या यथासंभव तेज चलना; **put one's ~ foot/ leg foremost** or **forward** सर्वाधिक अच्छे ढंग से काम क.; **Sunday ~** सर्वोत्तम पोशाक में; **to the ~ of one's ability** अपने सामर्थ्य अनुसार, अपनी पूरी शक्ति से; **to the ~ of one's belief** किसी के अच्छी तरह सोचे-समझे विचार में; **to the ~ of one's knowledge** जहां तक कोई जानता है, जितना किसी को पता है; **to the ~ of one's recollection** जितना किसी को याद है या याद हो सकता है; **took the ~ part of an hour** अधिकतम समय ले लिया; **which hat looks ~?** कौन सा टोप सबसे अच्छा लगता है?; **with the ~ (of them)** उतना ही अच्छा जितना कोई दूसरा, औरों से बुरा नहीं

bestead /बिस्टेड/ *v., pt.* **~ed**, *pp* **~ing** सहायता क., काम आना;

p&i: **hard**/ **ill**/ ~ जटिल स्थिति में हो.; **well** ~ अच्छी हालत में

bestial /बेस्टिअ\ल/ *adj., derog.* 1 पाशविक, पशुवत 2 बर्बर, क्रूर, निर्दय 3 वासनासक्त, कामातुर;
n. *Scot.* पशुओं का झुंड;
v., *pt.* **~ised**, *pp* **~ising** पशुवत् या पाश्विक बना दे.,
dw/lw: **~ism** /~लिज्म/ *n.* विचार-मूढ़ता, अविवेक; **~ity** /बेस्टिऐलिटि/ *US* बेस्चिऐलिटि/ *n., pl.* ~ities 1 पशुता, पाशविकता 2 दरिंदगी, क्रूरता 3 पशुधर्म, पशुगमन (man-beast sex)

bestiar\y /बेस्टिअरि/ *n., pl.* **~ies** 1 मध्य काल (middle ages) में यूरोप में प्रचलित लोकप्रिय पशु-चित्रावली पुस्तक, पशु-दृष्टांत संग्रह 2 पशु-कथा, जंतु-कथा संग्रह

bestir /बिस्टः/ *v., pt.* **~red**, *pp* **~ring** 1 सक्रिय हो., क्रियाशील हो. 2 प्रेरित क.;
p&i: **~ oneself** कार्य में लग जाना, दौड़-धूप करने लग जा., अपने आप को सक्रिय बनाना

bestow /बिस्टो/ *v., pt.* **~ed**, *pp* **~ing** 1 प्रदान क., अर्पण क., दे., समय आदि लगाना: he **~ed** much time on the project 2 सम्मान आदि से आभूषित क.: ~ sth on/ upon sb (किसी को उपहार या उपाधि प्रदान क.); ~ a title 3 भंडारण या सुरक्षा के लिए रखना;
dw/lw: **~al** /बिस्टोअल/ *n.* 1 उपहार 2 सम्मान आदि से आभूषण

bestradd\le /बिस्ट्रैडल/ *v., pt.* **~led**, *pp* **~ling** मोटर-साइकल आदि वाहन के दोनों ओर टांगे लटकाकर बैठना

bestrew /बिस्ट्रू/ *v., pt.* **~ed**, *pt. p.* **~ed**/ **~n**, *pp* **~ing** पर छितराना: ~ the floor with papers;
dw/lw: **~n** /बिस्ट्रुअन/ *adj., esp. formal/ lit.* इधर-उधर बिखरी चीजों से भरा (फर्श या अन्य स्थान)

bestride /बिस्ट्राइड/ *v., pt.* **bestrode**, *pt. p.* **bestridden**, *pp* **bestriding** 1 लंबे-लंबे कदम भरकर पार क. 2 टांगे फैलाकर बैठना या खड़ा हो.: ~ a horse; ~ a chair 3 आर-पार फैलना

best-sell\er /बेस्टसेलः/ (*also see above* **best seller** *under* **best**);
n. सर्वाधिक बिकने वाली किताब आदि;
dw/lw: **~ing** *adj.* सर्वाधिक बिकने वाली

besuited /बिसूटिड/ *adj.* सूट-बूट पहने हुए: the ~ prime minister

bet /बेट/ *v., pt.* **~ted**, *pp* **betting** 1 बाजी/ शर्त लगाना 2 (***syn.*** stake) दांव पर रखना या लगाना: ~ on/ against; I never ~; he **~ted** five pounds on the horse 3 विश्वस्त हो.: I'll ~ against your winning;
n. 1 बाजी, दांव: even ~ 2 पण 3 शर्त: make/ lay a ~; lose/ win a ~ 4 जीतने वाला व्यक्ति या टीम आदि: this team is a good ~;
dw/lw: **~ter**/ *sometimes* **~tor** /बेटः/ *n.* जुए में बाजी लगाने वाला, दांव लगाने वाला; **~ting** /बेटिंग/ *n.* जुआबाजी,. पणक्रिया, पणन, बदान; **~ing-shop** *n., Br.* जुआ-घर;
collocations: **your** ~ सर्वोत्तम निर्णय या कदम; **~ting shop** 1 घुड़दौड़ आदि पर पैसा लगाने का स्थान 2 जुआ-घर;
p&i: **~ one's bottom dollar**/ **one's life** आखिरी कौड़ी या जीवन तक दांव पर लगा दे.; **~ sb/ sth** शर्त या बाजी लगाना; **~ your boots on** पूरा भरोसा क.;
a good ~ 1 अच्छा दांव, अच्छी चाल या कदम 2 अच्छी टीम आदि; **an even** ~ समान अवसर, बराबर की संभावना; **a safe** ~ पक्की संभावना; **hedge your ~s** फैसला या निष्कर्ष टालना या उनके बारे में आनाकानी क.; **I bet** दावे से कहता हूं; **I shouldn't ~ on it**/ **don't ~ on it** ऐसा नहीं होगा; **I ~ they'll be late** मैं शर्त लगाकर कह सकता हूं कि वे देर से आएंगे; **my ~ is that he's bluffing** मुझे यकीन है कि वह झूठ बोल रहा है; **the best ~ is to postpone the trip** यात्रा को टालना सर्वोत्तम उपाय है; **you ~!** *sl., esp. US* 1 यकीनन, अवश्य ही, बेशक, निःसंदेह 2 लगी शर्त! 3 पक्का! **what is the ~ting? the ~thing is that ...** क्या कारण है? लगता है कि ...

beta /बीटा\/ *n., pl.* **~s** 1 यूनानी वर्णमाला का दूसरा वर्ण (**β**) 2 दोयम स्तर 3 किसी वर्ग या वर्गमाला में दूसरा स्थान;
dw/lw: **~carotene** *n.* गाजर में मिलने वाला मनुष्यों के लिए एक आवश्यक तत्त्व; **~cism** /~सिज्म/ *n.* **व** को **ब** बोलने की क्रिया;
collocations: **~ blocker** दिल की धड़कन व रक्तचाप नियंत्रण करने वाली दवा; **~ decay** *n., phys.* एक प्रकार का रेडियो धर्मी क्षय; **~ particles** बीटा कण; **~ ray** बीटा किरण-पुंज; **~ rhythm**/ **~ wave** physiol. नींद से जागे व्यक्ति के दिमाग की वैद्युत हलचल को दर्शाने वाली तरंग; **~ test** *comput.* नए सॉफ्टवेयर को बाजार में बेचने से पहले किया जाने वाला दूसरा परीक्षण; **~ version** कंप्यूटर आदि से संबंधित नया माल जो अभी-अभी बनकर तैयार हुआ है और उसे कुछ चुने हुए ग्राहकों को प्रयोग के लिए दिया गया है

betake /बिटेक/ *v., pt.* **betook**, *pt. p.* **betaken**, *pp* **betaking** *very formal/ lit.* (*usually* **~ oneself**) 1 आश्रय ले. 2 में लग जाना: ~ oneself to one's studies 3 किसी स्थान विशेष का हो जा., कहीं चला जा.: **betook** himself to Rome (वह रोम चला गया); you'd better ~ yourself to a place of safety;
p&i: **~ oneself to one's heels** रफू-चक्कर हो जा., भाग जा.

betel /बीटल/ *n.* पान, पान का पत्ता, ताम्बूल: the ~ nut (सुपारी)

bête noire /बेटअनवाः(र)/ *n., pl.* **bêtes noires** /बेटनवाः(र)/ *US* /बेटअनवाः(र)ज/ *Fr.* नापसंद व्यक्ति, घृणित/हेय व्यक्ति या वस्तु

bethel /बेथल/ *n.* 1 बैप्टिस्ट तथा मैथोडिस्ट गिरजा 2 (नौका आदि पर स्थित) मल्लाहों का गिरजा 3 पावन/पुण्य भूमि

bethink /बिथिंक/ *v., pt.* **bethought**, **pt.** *p.* **bethought**, *pp* **~ing** विचार क., याद क.: **bethought** me/ myself that I ought to write some letters

betide /बिटाइड/ *v., pt.* **~ed**, *pp* **~ing** घटित होना 2 होना, आ पड़ना: whatever may ~ (चाहे जो हो);
p&i: **woe ~ you if ...**; यदि ऐसा करोगे तो, मुसीबत में पड़ोगे!

betimes /बिटाइम्ज/ *adv.* 1 यथासमय, ठीक समय 2 शीघ्र 3 प्रातः जल्दी: rise ~

betoken /बिटोकन/ *v., pt.* **~ed**, *pp* **~ing** *formal* 1 संकेत द्वारा जताना 2 लक्षण होना, सूचित क.: that **~s** no good 3 अर्थ बतना

betook *pt.*, 'betake' का भूतकाल

betray /बिट्रे/ *v., pt.* **~ed**, *pp* **~ing** 1 विश्वासघात क., धोखा/ दगा दे.: he **~ed** my trust in him 2 (***syn.*** give away) गद्दारी क., गोपनीय तथ्यों को शत्रु को दे दे., देशद्रोही हो. 3 छिपे भाव या बातों का प्रकट हो जा., दिखाना: her face **~ed** her unhappiness/ fear; he **~ed** his ignorance 4 भंडा-फोड़ क., भांडा फूट हो जा.: ~ oneself; his voice **~ed** him 5 (***syn.*** disappoint) निराश क., पूरा न क. 6 वादा-खिलाफी क., वचन न निभाना 7 अपने पति या पत्नी के प्रति वफादार न हो.: he could never ~ his wife 8 अपने सिद्धांतों पर खरा न उतरना: ~ one principles;
dw/lw: **~al** /बिट्रेअल/ *n.* 1 विश्वासघात, देशद्रोह, गद्दारी 2 वादा-खिलाफी 3 बेवफाई; **~er** /बिट्रेअः/ *n.* विश्वासघाती, दगाबाज

betroth /बिट्रोथ/ *v., pt.* **~ed**, *pp* **~ing** 1 विवाह करने का वचन दे., वाग्दान क. 2 सगाई क.: she is **~ed** to him;
dw/lw: **~al** /बिट्रोथल/ (*also* **~ment**) *n.* सगाई, मंगनी, वाग्दान; **~ed** /बिट्रोथड/ (*also pt.*, **'betroth'** का भूतकाल) *adj.* 1 (***syn.*** engaged) जिसकी सगाई हो गई हो 2 वाग्दत्ता, मंगेतर

better /बेटः/ (*comp.* of **'good'**) *adj.* 1 **'good'** का तुलनात्मक रूप 2 बेहतर, श्रेष्ठतर, उच्चतर: one's ~ feelings 3 पहले से बेहतर 4 ज्यादा उपयुक्त, ज्यादा अच्छा या कुशल: you are a ~ man for this job than I am 5 ज्यादा स्वस्थ, प्रसन्न: I am/ feel ~ to-day; are you feeling any ~? 6 बड़ा या अधिकतर (भाग): the ~ part; ~ half of sth; I haven't been there for the ~ part of twenty years;

adv. (*comp.* of '**well**') 1 पहले से बेहतर, ज्यादा अच्छी प्रकार से, और अच्छी तरह से, से अधिक (more): he does it ~ than I do; I like him ~ than his brother 2 अधिकतर भाग में 3 ज्यादा बड़े स्तर पर: he is ~ loved than ever 4 ज्यादा गहराई से, पूरी तरह से, ज्यादा मजबूती से: I know ~;
n., pl. **betters** से ज्यादा योग्य व्यक्ति, से बड़े लोग: one's **~s**; change for the ~;
v., pt. **~ed**, *pp* **~ing** 1 सुधार क., सुधारना, पहले से बेहतर क., और अधिक अच्छा बना दे.: you can't ~ that; he never **~ed** his earlier works 2 पदोन्नति पाना 3 किसी से बेहतर क., से आगे बढ़ना: in a few years he had **~ed** himself considerably by his talents and industry 4 उन्नति क.: ~ oneself;
dw/lw: **~ing** *n.* सुधार, उन्नति; **~ment** /बेटःमंट/ *n.* 1 सुधार, बेहतरी 2 खुशहाली: for the ~ment of mankind; **~most** *adj.* सर्वश्रेष्ठ; **betters** /बैटःस/ *n. see above under* **better:** ***n.***;
collocations: **~ half** *jocular or patronizing* पत्नी, अर्द्धांगिनी; **~ living** बेहतर जीवन; **~ment tax** समृद्धि-कर; **~ off** *adj.* 1 खुशहाल, पहले से अधिक समृद्ध 2 बेहतर स्थिति में; **~ part** अधिकांश भाग;
p&i: **~ a known devil than an unknown one** बंद विचित्र पिटारे से खुला पिटरा भला; **~ an eye out than always aching** आंख फूटी पीर गई; **~ an open enemy than a false friend** कपटी दोस्त से तो दुश्मन भला; **~ at sth** कोई काम बेहतर ढंग से करना आना; **~ be born lucky than be born rich** धनवान से भाग्यवान भला; **~ be envied than pitied** तरस का पात्र बनने से ईर्ष्या का पात्र बनना बेहतर; **~ be first in a village than second in Rome = better be the head of an ass than the tail of a horse = ~ reign in hell than be ruled in heaven** रोम में हुक्म बजाने से बेहतर है गांव में हुक्म चलाना; **~ buy than borrow** मांग के न लो, मोल ले लो; **~ fed than taught** भीमकाय से भीम-बुद्धि बेहतर; **~ fill a glutton's belly than his eye** पेटू की घूर ओटने से बेहतर है उसका पेट भर दे.; **~ late than never** कभी न आने से बेहतर है देर से आना/ देर आए, दुरुस्त आए; **~ less, but** ~ चाहे थोड़ा हो, पर बेहतर हो; **~ luck next time!** (असफल रहने वाले व्यक्ति का हौसला बढ़ाने के लिए कहना) अगली बार आप सफल रहें!; **~ one-eyed than stone-blind** अंधे से काना भला; **~ oneself** अपने आप को बेहतर बनाना; **~ small fish than an empty dish** बिल्कुल न होने से तो छोटी मछली ही सही; **~ sort** महान लोग; **~ than nothing** (पास में) कुछ न होने से तो बेहतर है कुछ हो.; **~ than one's word** वायदे का धनी; **~ to bow than to break** टूटने से झुक जाना बेहतर; **~ to wear out than to rust out** पड़े-पड़े जंग लगने से इस्तेमाल से घिस जाना बेहतर;
all the ~ for sth से और भी बेहतर, कहीं बेहतर, और भी अच्छा; **all the ~ to** उसी तरह का, लगभग वैसा ही; **be/ feel/ get ~** पहले से बेहतर हो. या बेहतर लगना; **be ~ off** पहले से ज्यादा खुशहाल हो.; **be ~ off doing sth** किसी काम को करने से उसकी हालत बेहतर होगी; **can't ~ his original score** अपने पहले के परिणाम से बेहतर नहीं कर सकता; **change for the ~** अच्छे के लिए बदलना, पहले से बेहतर हो.; **do/ be ~ than one's word** वचन का धनी हो.; **for ~** or **for worse** अच्छा-बुरा जो भी हो, जो भी परिणाम हो; **for the ~** बेहतरी के लिए हो.; **get ~** बेहतर हो, भला-चंगा हो.; **get the ~ of sb** 1 किसी को मात दे दे., पराजित क. 2 हावी होना, छा जा., किसी के मानस पटल पर हावी होकर निर्णय में परिवर्तन करवाना; **go one ~ than sb** से बेहतर क.; **go one ~ than sth** किसी चीज से भी बेहतर क.; **had ~/ best do sth** आपके लिए अच्छा होगा कि आप कुछ करें; **he/ you, etc. had ~ do sth** अच्छा होगा यदि आप कुछ करेंगे तो; **I know ~** मुझे सब पता है, मैं इसे मानने को तैयार नहीं; **no ~ than** दूसरे से कोई ज्यादा बेहतर नहीं, वैसा ही या उतना ही खराब; **one can see ~ from here** यहां से ज्यादा बेहतर ढंग से देखा जा सकता है; **one's ~ half** अर्द्धांगिनी, पत्नी; **(one) knows ~** काम करने वाला व्यक्ति बेहतर जाने; **one's ~s** किसी के बड़े-बूढ़े या ज्यादा समृद्ध लोग; **one's ~ self** किसी के स्वभाव या व्यक्तित्व का बेहतर भाग या पहलू; **respect one's elders and ~s** अपने से बड़ों और बेहतर लोगों का आदर क.; **set out to ~ the conditions for the workers** मजदूरों की हालत को बेहतर करने के लिए निकल पड़ना; **she is ~ than she is bonny** वह सुंदर भी है और भली भी; **so much the ~** or **worse** और भी बेहतर या खराब होगा; **that's (much) ~** (किसी को सांत्वना देने के लिए प्रयुक्त), अब काफी बेहतर है: wipe you tears, that's ~; **the ~ part of** आधे से अधिक, अधिकांश; **the ~ part of a day** दिन का अधिकांश समय; **the bigger/ brighter/ hotter, etc. the ~** जितना ज्यादा बड़ा/ चमकदार/ गर्म होगा, उतना ही बेहतर; **the sooner the ~** जितना जल्दी हो सके, उतना बेहतर; **think (all) the ~ of sb** किसी के बारे में अच्छा विचार रखना; **think ~ of sth** किसी कार्य को करने के बारे में इरादा बदल लेना; **this is the ~ of my two attempts** यह मेरे दो प्रयासों में से बेहतर है; **to go sb one ~** किसी से बेहतर हो.; **you'd ~ believe** आप निश्चिंत रहें; **you're ~ off doing sth** अच्छा होगा कि आप कुछ करें ...

betting *see above under* **bet:** ***dw/lw***

between /बिट्वीन/ *prep.* 1 बीच में: there was a table ~ the door and the window 2 दो काल खंडों के बीच, के अंतराल में: it happened ~ one and two; ~ youth and old age; we went out ~ the acts 3 के बीच में: I don't want to stand ~ them; a look passed ~ them; there was no love lost ~ them 4 दो या अधिक पक्षों के बीच: agreement/ coalition/ war ~ two/ three countries 5 (***syn.*** about, approximately) के आसपास, लगभग: ~ five and six miles away 6 दो स्थानीय बिंदुओं या स्थानों के बीच: a regular bus service ~ Metro and KM College; a road runs ~ the two cities 7 (***syn.*** among) के मध्य: ~ you and me; divide it ~ the two children/ the members of the family; let us do it ~ us; ~ ourselves 8 दो या अधिक वस्तुओं के बीच में से 9 (***syn.*** together) मिलकर, इकट्ठे, साझेपन में: they dragged the boat out ~ them; they had 500 rupees ~ them 10 (***syn.*** comparison) के बीच समानता: there is not much resemblance ~ them; choose ~ them 11 कई बातों के कारण: ~ her job and studies she has no time for fun 12 के बीच मध्यस्थता: go/ act ~ 13 निम्न शब्द-समूहों में: as ~ sellers and buyers (जैसा कि विक्रेताओं और क्रेताओं के बीच में होता है); in ~ (बीच की स्थिति); ~ whiles (समय-समय पर, कभी-कभी);
adv. 1 (**in** ~) के बीच, के अंतराल में, रुक-रुककर, बीच-बीच में 2 बीच में;
dw/lw: **~-decks** *n.* दो डेकों के बीच का अंतराल; **~ity** *n.* मध्यांतरता, बिचलापन; **~ness** *n.* मध्य-स्थिति; **~time/ ~times** *adv..* एक-एक कर, बीच-बीच में;
collocations: **go** ~ बिचौलिया, दलाल;
p&i: **~ and ~** न यह, न वह, असमंजस, दुविधा, द्विविधा; **~ the cradle and the grave** जन्म से मृत्यु तक; **~ hay and grass** एक में अबेर, दूसरे में सबेर; **~ Scylla and Charybdis = between the devil and deep sea = between a rock and hard place** इधर कुआं उधर खाई; विकट स्थिति में; कांध बीच और खोद बीच; **~ two fires** दोहरी मार, दो पाटों के बीच; **~ you and me/ ~ you and me and the bedpost/ ~ the two of us/ ~ ourselves** केवल हमारे बीच में; **~ two stools** दुविधा में, दो नावों में पांव रखना; **~ whiles/ ~ time/ times** बीच-बीच में, कभी-कभी; **~ wind and water** डांवांडोल स्थिति में;
a fight ~ rivals प्रतिद्वंद्वियों के बीच लड़ाई; **bought the**

house ~ them उन्होंने मिलकर घर खरीदा; **choose ~ right and wrong** सही और गलत में से चुनना; **few and far** ~ कम, कभी-कभी; **far** ~ कभी-कभार; **in** ~ बीच में, दो स्थानों के बीच में, बीच-बीच में; **there was no love lost ~ them** उनके बीच खींच-तान चल रही थी; **stand** ~ मध्यस्थ हो., बीच में पड़ना; **time for a quick lunch ~ meetings** मीटिंगों के बीच में भोजन के लिए थोड़ा समय

betwixt /बिट्विक्स्ट/ *adv. & prep.* बीच में, के बीच में;
p&i: **~ and between** 1 न इधर का, न उधर का, बीच की अवस्था में 2 असमंजस में, दुविधा में

BEU *abbr.* 'BALCO Employees Union' की प्रथमाक्षरी

BeV *abbr. US, nuclear phys.* 'billion electron volts' की प्रथमाक्षरी (यहां billion = 1000 million); *Br. equivalent:* G_EV

bevel /बेवल/ *n.* 1 ढाल 2 गुनिया (instrument) मायलगुनिया 3 प्रवणकोण, पख (angle) 4 प्रवणता, कटाव 5 प्रवण पाश्र्व 6 *geol.* कोरतलन;
adj. बेलनाकार, गुनियाकार, प्रवण, ढलवां;
v., pt. **~led**, *pp* **~ling** (*US pt.* **~ed**, *pp* **~ing**) 1 पख मारना, प्रवण क., ढलान दे., किसी कोण पर ढलान दे. 2 लकड़ी के फाने को तिरछा लगाना;
dw/lw: **~led** (*US* **~ed**) *adj.* प्रवणित; **~gear/ bevel wheels** *n., engin.* आड़ी गरारी

beverage /बेवअरिज/ *n., formal* पेय: alcoholic ~ (मदिरा, मादक पेय)

bevue /बेवि/ *n., Fr.* (***syn.*** blunder) भारी भूल

bevvy /बेवि/ *n., pl.* **bevvies**/ *colloq.* 1 मदिरा, मादक पेय 2 शराब पीने का दौर;
dw/lw: **bevvied** *adj.* नशे में धुत्त

bevy /बेवी/ *colloq. n., pl.* **bevies** 1 औरतों या लड़कियों की टोली 2 समान वस्तुओं का संग्रह 3 चंडूलों, सारसों आदि पक्षियों का झुंड

bewail /बिवेल/ *v., pt.* **~ed**, *pp* **~ing** *mainly lit.* 1 विलाप क., रोना, आंसू बहाना: ~ one's loss (अपनी हानि पर आंसू बहाना) 2 शोक मनाना: ~ the death of a friend 3 शिकायत क., दुखड़ा रोना: he was **~ing** his failure in the examination;
dw/lw: **~ed** *adj.* जिसका शोक मनाया गया हो; **~ing** /बिवेलिंग/ *n.* विलाप, रुदन

beware /बिवेअः/ *v., pt.* **~d**, *pp* **bewaring** (*usually* **~ of sth**) सावधान/ सचेत/ सतर्क हो. या क., चौकस होना या रहना: ~ of pickpockets!; tell him to ~ of strangers;
p&i: **~ of him who regards not his reputation** जिसे अपनी इज्जत की नहीं परवाह, उसकी न देखो राह; **~ of the dog!** कुत्तों से सावधान!; **~ the cruel hand of fate** किस्मत की मार के बारे में चौकन्ना रहना चाहिए; **~ the Ides of March** आने वाले खतरों से सावधान!

bewhiskered /बिविस्कःड/ *adj.* मुछैल, मुच्छड़

Bewick's swan /ब्यूइक्स स्वौन/ *n.* यूरोप की सबसे छोटी सारस

bewig /बिविग/ *v., pt.* **~ged**, *pp* **~ging** विग पहनाना;
dw/lw: **~ged** *adj.* विग पहनने या लगाने वाला

bewilder /बिविल्डः\/ *adj.* अचंभित, आश्चर्यचकित, स्तंभित, भ्रमित;
v., pt. **~ed**, *pp* **~ing** अचंभित/ आश्चर्यचकित/ स्तंभित/ भ्रमित क.: ~ sb with a question;
dw/lw: **~ed** /~ड/ *adj.* अचंभित, आश्चर्यचकित, स्तंभित, भ्रमित, हक्का-बक्का: he looked ~ed; **~ment** /~मंट/ *n.* (***syn.*** confusion) हैरानी, अचंभा, घबराहट; **~ing** /~रिंग/ *adj.* विस्मयकारी; **~ingly** /~रिंगलि/ *adv.* विस्मयकारी ढंग से

bewitch /बिविच/ *v., pt.* **~ed**, *pp* **~ing**, *s/he/it* **~es** मोहित/ मुग्ध क., जादू क.;
dw/lw: **~ing** /बिविचिंग/ *adj.* मोहक, मुग्धकारी, सम्मोहक; **~ingly** *adv.* मोहक तरीके से; **~ment** /बिविच्मंट/ *n.* सम्मोहन, वशीकरण

bey /बे/ *n.* बेग

beyond /बियोंड/ *prep.* 1 के पार: ~ the hills; ~ the river 2 से आगे, से बढ़कर, सीमा से बाहर: ~ the horizon; ~ this country; ~ the mark 3 पहुंच, शक्ति, सामर्थ्य, संभावना, समझ आदि से बाहर, से परे: ~ my comprehension = ~ my understanding = ~ my grasp; task is ~ me; the price was ~ what he could pay; ~ one (किसी की समझ से परे); live ~ one's income; it is ~ my powers; ~ one's reach; ~ belief; ~ compare/ comparison 4 के बाद: stay on ~ nine o'clock 5 के अतिरिक्त, के सिवाय: he said nothing ~ what we already knew; unable to help ~ giving money; is there any hotel ~ this? 6 से ज्यादा, से आगे बढ़कर: ~ all our expectations; ~ measure 7 हद से परे, से ऊपर, दायरे से बाहर: ~ all question; ~ expression; it is ~ all praise; he is ~ recovery;
adv. 1 के पार, सीमा के उस पार, के परे: the ocean and the lands ~; in the days of Byron and ~ 2 से बाहर, से अधिक दूर, दूरी पर: ~ were the hills 3 आगे 4 इसके सिवाय;
n. **(the beyond)** दूसरी दुनिया, परलोक, मृत्यु के बाद का जीवन: the (great) ~: the back of ~;
p&i: **~ a joke** मजाक की हद से परे; **~ belief/ repair/ recognition, etc.** विश्वास/ मरम्मत/ पहचान से परे; **~ doubt** बिना किसी संदेह के, निश्चित रुप से; **~ measure** अपरिमित; **~ one** *colloq.* के सामर्थ्य से बाहर, की समझ से परे; **~ one's bend = ~ one's income** बूते से बाहर; **~ seas** समुद्र पार, विदेश में; **~ the limit** हद से बाहर;
go ~ से परे जाना, का उल्लंघन क.; **the back of** ~ दूरवर्ती स्थान, बहुत दूर: live at the back of ~

bezel /बैजल/ *n.* 1 छेनी की धार, (of instrument) तिरछी धार 2 तिरछी फलिका (of jewels) 3 (***syn.*** groove) खांचा 4 (***syn.*** dashboard/ instrument panel) उपकरण तख्ते पर दिखने वाला संकेत प्रकाश

bhangra /भंगड़ा/ *n.* भंगड़ा नाच

bf *abbr., Br. colloq.* **'bloody fool'**, **'bold face'**, *also* **b/f** in accounts, etc. **'brought forward'** की प्रथमाक्षरी

BFA *abbr.* 'Bachelor of Fine Arts' की प्रथमाक्षरी

BFAD *abbr.* 'Bureau of Foods and Drugs' की प्रथमाक्षरी

BFCO *abbr.* 'British Foreign and Commonwealth Office' की प्रथमाक्षरी

BFI *abbr.* 'British Film Institute', 'Basketball Federation of India', 'Bowling Federation of India', 'Bridge Federation of India' की प्रथमाक्षरी

B-film दोयम दर्जे की फिल्म

BFPO *abbr.* 'British Forces Post Office' की प्रथमाक्षरी

BFS *abbr.* 'Banking and Financial Services' की प्रथमाक्षरी

BFT *abbr.* 'Bachelor of Foreign Trade', 'Biofeedback Training' की प्रथमाक्षरी

BG *abbr.* 'bank guarantee', 'British Gas', 'Broad Gauge' की प्रथमाक्षरी

BG *abbr.* 'Bulgaria' बल्गारिया का अंतर्राष्ट्रीय वाहन पंजीकरण कोड (IVR)

BGA *abbr.* 'Blue Green Algae' की प्रथमाक्षरी

BGB *abbr.* 'business-government-business' की प्रथमाक्षरी

BGGTS *abbr.* 'BHEL-GE Gas Turbine Services' की प्रथमाक्षरी

BGH *abbr.* 'Bovine Growth Hormone' की प्रथमाक्षरी

BGJ *abbr.* 'Bharatiya Gorkha Janashakti' की प्रथमाक्षरी

BGML *abbr.* 'Bharat Gold Mines Limited' की प्रथमाक्षरी

BGMS *abbr.* 'Bharatiya Grameen Mahila Sangh' की

प्रथमाक्षरी

BGPMUS *abbr.* 'Bhopal Gas Peedit Mahila Udyog Sangahan' की प्रथमाक्षरी

BGS *abbr.* 'Bowne Global Solutions' की प्रथमाक्षरी

BGVS *abbr.* 'Bharat Gyan Vigyan Samiti' की प्रथमाक्षरी

BH *abbr.* Belize, *formerly* '**British Honduras**' का अंतर्राष्ट्रीय वाहन पंजीकरण कोड (*IVR*)

Bah *symbol, chem.* '**bohrium**' रसायन बोरियम का चिह्न

BHC *abbr.* 'British High Commission' की प्रथमाक्षरी

BHEL *abbr.* 'Bharat Heavy Electricals Limited' की प्रथमाक्षरी

bhp *abbr.* 'brake horsepower' की प्रथमाक्षरी

BHRA *abbr.* 'British Human Rights Act' की प्रथमाक्षरी

Bhs/ BHS *abbr.* 'British Home Stores' की प्रथमाक्षरी

BHU *abbr.* 'Banaras Hindu University' की प्रथमाक्षरी

BI *abbr.* 'Bank of India', 'business intelligence' की प्रथमाक्षरी

Bi *symbol, chem.* '**bismuth**' रसायन का चिह्न

bi- /बाइ/ *prefix*, *signifying*: 1 **having two things or elements** (द्वि-): bifocal 2 **happening twice** (दो बार): **bi**-monthly 3 **between two sides** (दो फलकों के बीच): **bi**lateral

BIA *abbr.* 'Bandarnaike International Airport Limited (Colombo)' की प्रथमाक्षरी

BIAL *abbr.* 'Bengaluru International Airport Limited' की प्रथमाक्षरी

biangular /बाइऐंग्युलः/ *adj.* द्विकोणीय

biannual /बाइऐन्युअल/ *adj.* 1 अर्धवार्षिक, छमाही 2 (biennial) द्विवार्षिक;
dw/lw: **~ly** /बाऐन्युअलि/ *adv.* वर्ष में दो बार

bias /बायस/ *n., pl.* **~es** 1 (***syn.*** prejudice) पूर्वग्रह: have a ~ towards/ against; be free from ~ 2 (***syn.*** partiality) पक्षपात, तरफदारी, झुकाव: racial ~; ~ against sth/ sb; ~ towards/ in favour of; ~ as regards to sth/ sb 3 (***syn.*** slant) तिर्यक् रेखा, मोड़, नति, झुकाव: cut on the ~ 4 (***syn.*** mental inclination) प्रवृत्ति, झुकाव: political ~; with considerable ~; without ~; lack of ~;
v. *pt.* **~ed**, *pp* **~ing** *s/he/it* **~es** 1 (***syn.*** prejudice) पक्षपाती या पक्षपातपूर्ण बनना, हो. या बना दे.: ~ sb favourably/ unfavourably/ fatally; be **~ed** against sb 2 किसी बात को एकांगी बना दे.: ~ sb's opinion 3 एक ओर को मोड़ना या झुकाना: ~ for the better/ for the worse 4 तरफदारी क.: be **~ed** against sb; be **~ed** by interest 5 तिरछा क.;
dw/lw: **~ed/ ~sed** *adj.* (*esp.* **be ~ed against/ towards sb/ sth**) 1 अभिनत, झुका हुआ 2 तरफदार, पक्षपाती (of person) 3 एकतरफा, एकांगी, पक्षपातपूर्ण (of opinion); **~-cut** *adj.* सहज धारियों के तिरछा कटा हुआ (कपड़ा);
collocations: ~ **band** तिरछी पेटी; ~ **binding** *dressmaking* एक विशेष प्रकार से सिली हुई पोशाक;
p&i: **cut the** ~ तिरछा काटना; **have a ~ towards** के प्रति पक्षपातपूर्ण हो.; **on the** ~ (कपड़े को) विकर्णी (diagonally) काटते हुए

biased /बायस्ड/*see above under* **bias: *dw/lw***

biathlon /बाइऐथलौन/ *n.* 20 कि. मील की स्की दौड़ (skiing)

biaxial /बाइऐक्सिअल/ *adj.* द्वि-अक्षीय

Bib., *abbr.* 'Bible' का संक्षेप

bib /बिब/ *n.* 1 बिब, शिशुओं की गले की गद्दी, गतिया, गांती 2 खिलाड़ियों की नंबर वाली बनियान 3 एक प्रकार की मछली;
v. *pt.* **~bed**, *pp* **~bing** मद्यपान क.;
dw/lw: **~acious** /बिबअशिअस/ *adj.* मद्यप; **~ation** /बिबेशन/ *n.* मद्यपान; **~ber** /बिबः/ *n.* पियक्कड़;
p&i.: **best ~ and tucker** *colloq.* सर्वश्रेष्ठ पोशाक; **spit a ~ful** (*sl.*) भेद खोलना, बात उगलना; **stick/ poke/ put one's ~ in** *Austral sl.* दखल दे., हस्तक्षेप क.

bibcock /बिब्कॉक/ *n.* नीचे मुंहवाली (नल की) टोंटी

Bibcol *abbr.* 'Bharat Immunologicals & Biologicals Corporation Limited' की प्रथमाक्षरी

bibelot /बीबअलो/ *n., Fr.* छोटी कलाकृति, गुटका, छोटी पुस्तक

bibl. *abbr.* 'biblical', 'bibliographical', 'bibliography' का संक्षेप

Bible /बाइबल/ *n.* 1 बाइबल 2 बाइबल की प्रति 3 किसी क्षेत्र विशेष में सर्वोत्तम या सर्वाधिक प्रयोग में लाई जाने वाली पुस्तक: a good dictionary is like a ~ for students of any language;
dw/lw:: **~-basher/ ~-thumper** *n., sl.* धर्मांध पादरी; **~-bashing** *n., colloq.* ईसाईयत का धर्मांधतापूर्वक प्रचार; **biblical** /बिबलिकल/ *adj.* बाइबल से संबंधित; **biblicism** /बिबलिसिज़्म/ *n.* बाइबलीय सिद्धांत, साहित्य या ज्ञान; **biblicist** /बिबलिसिस्ट/ *n.* 1 बाइबल-विद्, बाइबल-भक्त/ प्रेमी 2 बाइबल का शाब्दिक व्याख्याता;
collocations: **biblical criticism** बाइबलीय आलोचना; **biblical form criticism** बाइबलीय रूपालोचना; **biblical theology** बाइबलीय धर्मशास्त्र

biblio\- /बिब्लिओ/ *comb. form denoting*: **book** or **books** (पुस्तक/ पुस्तकें);
dw/lw: **~grapher** /बिबलिऔग्रअफः/ *US* बिबलिआः\ग्रअफः/ *n.* ग्रंथ विज्ञानी, ग्रंथ-सूचीकार, ग्रंथ-सूची संकलन-कर्ता; **~graphic/ ~graphical** /बिबलिअग्रैफिक/ (~ल)/ *adj.* संदर्भिका संबंधी, ग्रंथ-परक, ग्रंथवृत्तात्मक; **~graphy** /~ग्रअफि/ *n., pl.* ~graphies 1 संदर्भ-ग्रंथ-सूची, संदर्भिका, ग्रंथ-विवरणी 2 ग्रंथ-विज्ञान; **~later** *n.* ग्रंथ-पूजक; **~latry** /~लेटरि/ *n.* ग्रंथ-पूजा; **bibliological** /बिबलिअलौजिकल/ *US* बिबलिअलाःजिकल/ *adj.* ग्रंथ-विज्ञान संबंधी; **~logist** /~लजिस्ट/ *n.* ग्रंथ-विज्ञानी; **~logy** /~लजि/ *n.* ग्रंथ-विज्ञान; **~mancy** /बिबलिअमैंसि/ *n.* ग्रंथ-आधारित ज्योतिष, ग्रंथ शकुन विद्या; **~mania** /~मेनिआ/ *n.* पुस्तक संग्रहणोन्माद; ~ **maniac** /~मेनिऐक/ *n.* पुस्तक संग्रहणोन्मादी, ग्रंथोन्माद; **~pegic** /~पेजिक/ *adj.* जिल्दसाजी संबंधी; **~pegist** /~पेजिस्ट/ *n.* जिल्दसाज; **~pegy** /~पेजि/ *n.* जिल्दसाजी; **~phagist** /~फेजिस्ट/ *n.* किताबीकीड़ा; **~phil/ ~phile** /बिबलिअफिल/ बिबलिअफाइल/ *n.* पुस्तकप्रेमी, पुस्तकरागी, पुस्तक-संग्रहकर्ता; **~philism** /बिबलिअफिलिज़्म/ *n.* पुस्तक प्रेम, पुस्तक राग; **~philist** /बिबलिअफिलिस्ट/ *n.* पुस्तकप्रेमी/ पुस्तकरागी; **~phily** /बिबलिअफिलि/ *n.* पुस्तक प्रेम, पुस्तक राग; **~phobia** /बिबलिअफोबिआ/ *n.* पुस्तक-भीति, ग्रंथ-भीति, पुस्तक-भय; **~pole** /~पोल/ *n.* पुस्तक-विक्रेता; **~poly** /~पोलि/ *n.* पुस्तक-विक्रय; **~theca** /~थीका/ (*also* **library**) *n.* पुस्तकालय, ग्रंथ सूची, ग्रंथ-माला

bib overalls = **dungarees** मोटा सूती कपड़ा

bibulous /बिब्युलस/ *adj., humorous* 1 पियक्कड़, शराबी, मद्यप 2 शोषक, चूसने वाला (absorbent): ~ paper

bicameral /बाइकैमरल/ *adj.* द्विसदनी

bicarbonate /बाइकाःबोनेट/ *n., chem.* कार्बनक्षार

bicarbonate of soda *as* **baking soda/ baking powder** *n., colloq.* रोटियां या केक बनाने वाला सोडा जो पाचक तत्त्व के रूप में काम करता है

bice /बाइस/ *n.* पीत नील या हरा रंग-रोगन

bicentenary /बाइसेंटीनरि/ *UK* (*US* **bicentennial** /बाइसेंटेनिअल/) *n., pl.* **bicentenaries** द्वि-शतवार्षिक, द्विशतवार्षिकी, द्विशती

bicentennial /बाइसेंटेनिअल/ *n. & adj., mainly N. Amer., esp. US* द्विशतवार्षिक

bicephalous /बाइसेफअलस/ *adj.* द्विशिरस्क

biceps /बाइसेप्स/ *n.* दो-सिरी मांस पेशी, द्विशिरस्क;
dw/lw: **bicipital** /बाइसिपिटल/ *adj.* द्विशाखी, द्विशिरस्क
bichord /बाइकोःड/ *adj.* द्वितारक
bichromate /बाइक्रोमेट/ *adj.* द्विवर्णी, दोहरे रंगों वाली
bicker /बिकः/ *v., pt.* **~ed**, *pp* **~ing** *colloq.* झिक-झिक क., झगड़ना, कलह क. 2 (*syn.* gurgle) गड़गड़ाना 3 (*syn.* patter) पटपटाना 4 (*syn.* flash) टिमटिमाना, चमकना;
n. झिक-झिक, झगड़ा, कलह: constant ~; petty ~;
dw/lw: **~ing** /बिकरिंग/ *n.* झिकझिक, छोटे-छोटे झगड़े
bicolour/ bicolor/ bicoloured/ bicolored /बाइकलः/ बाइकलःड/ *adj.* द्विवर्णी, दो रंगों वाला
biconcave /बाइकॉन्केव/ *adj.* उभयावतल
biconvex /बाइकॉन्वेक्स/ *adj.* उभयोत्तल
bicultural /बाइकल्चरल/ *adj.* दो संस्कृतियों से बना, द्विसांस्कृतिक
bicuspid /बाइकस्पिड/ *adj. & n. N. Amer.* 1 द्विमूल या दो सिरों वाला (दंत) 2 द्विकपर्दी (of valve), दो कपाटों वाला;
n. द्विमूल दंत
bicyc\le /बाइसिक\ल/ *n.* साइकिल;
v., pt. **~led**, *pp* **~ling** साइकिल चलाना;
dw/lw: **~lic** /~लिक/ *adj.* द्विचक्रीय; **~ist** /~लिस्ट/ *n.* साइकिल चालक;
collocations: **~le chain** साइकिल चेन; **~le clip** साइकिल क्लिप; **~le lane** साइकल गलियारा; **~le pump** साइकिल का हवा पंप
bid /बिड/ *n.* 1 प्रयास, चेष्टा: a foolhardy ~; make a ~ for power 2 नीलामी में बोली: further/ higher ~; last ~; take-over ~ 3 बोला गया दाम: advance a ~ 4 प्रस्ताव: ~ for disarmament 5 *US* निमंत्रण: a ~ to a wedding 6 नौकरी या पैसे के एवज में काम करने का प्रस्ताव: make a ~ for sth 7 ताश के खेल में रंग की घोषणा: make a ~ of/ in diamonds;
bid[1] *v., pt.* **bid**, *pt. p* **bid**, *pp* **bidding** 1 नीलामी में बोली लगाना: ~ a fair price 2 दाम प्रस्तावित क. 3 घोषणा क.: ~ the banns 4 आदेश दे.: do as you are **~den**; ~ him come in; they were ~ **den** to attend 5 आमंत्रित या निमंत्रित क.: was **~den to** the ceremony 6 ताश के खेल में रंग या हाथ बोलना 7 (*syn.* attempt) साहस क., जोखिम उठाना, प्रयास क. 8 (*syn.* tender) पैसे के एवज में काम करने या सेवा मुहैया करने का प्रस्ताव रखना, बोली लगाना;
bid[2] *v., pt.* **bade** /बेड, बैड/ *pt. p* **bidden**, *pp* **bidding** 1 चाह या अभिवादन का इजहार क.: ~ welcome; ~ good morning/ good night; ~ sb farewell/ goodbye/ adieu 2 आदेश दे.: the policeman **bade** him kneel 3 (*often* **~ sb to sth/ to do sth**) निवेदन क.: **bade** her to start; he **bade** me (to) sit down 4 आमंत्रित या निमंत्रित क.;
dw/lw: **~dable** /बिडअबल/ *adj.* आज्ञाकारी, हुक्म की तामील करने को तत्पर; **~der** /बिडः/ *n.* बोली लगाने वाला; **~ding** /बिड्डिंग/ *n. formal, archaic/ lit.* 1 बोली लगाने की प्रक्रिया: brisk ~ding; start the ~ding at rupees 10,000 2 किसी सेवा आदि को मुहैया कराने के लिए बोली लगाने का काम 3 हुक्म की तामील करने का काम: be at sb's ~ding; do sb's ~ding;
p&i: **~ adieu** विदा आशीष दे., विदा क.; **~ against/ ~ over** से ज्यादा बोली लगाना, के विरुद्ध बोली लगाना; **~ beads** माला फेरना; **~ defiance to sb** की परवाह न क., को चुनौती दे., ललकारना., जोरदार विरोध क.; **~ fair** संभव लगना, की संभावना हो.: it ~s fair to be a fine day; **~ for** बोली लगाना; **~ for votes** वोट या मत मांगना; **~ good-bye** छोड़ दे., तिलांजलि दे.; **~ in** बेचने वाले द्वारा खरीददारों से ऊंची बोली लगाकर बेची जा रही वस्तु को अपने पास ही रख ले.; **~ one's beads** माला फेरना; **~ sb welcome** जोरदार स्वागत क.; **~ sth up** कृत्रिम दाम लगाकर बाजार भाव बढ़ाना (चढ़ाना); **~ up** दाम बढ़ाना;
make a ~ for sth को पाने का प्रयास क.; **~ to do sth** किसी कार्य को करने का प्रयास क.; **the highest ~der** सबसे ऊंची बोली लगाने वाला
biddy /बिड्डी/ *n., pl.* **biddies** *sl., mainly derog.* (*esp.* **old biddy**) कर्कशा, झगड़ालू स्त्री
bide /बाइड/ *v., pt.* **~d/ bode**, *pt. p.* **~d**, *pp* **biding** 1 प्रतीक्षा क., समय काटना: ~ one's time 2 टिकना, ठहरना, बने या जमे रहना: ~ at home; you ~ where you are 3 सहन क., झेलना;
p&i.: **~ by to support** सहारा देते हुए डटे रहना; **~ one's time** मौके की इंतजार में रहना, अवसर की प्रतीक्षा में होना
bident /बाइडेंट/ *n.* 1 द्विदंत औजार 2 द्विवर्षी भेड़;
dw/lw: **~al** /~ल/ *adj.* द्विदंती, द्विशूल
bidet /बिडे/ *n., Fr.* 1 छोटी कमोड 2 अश्वक, खच्चर
bi-directional /बाइ-डाइरेक्शनल/ *adj.* 1 दो दिशाओं में काम करने वाला, द्विदिशी 2 *comput. print.* ऐसा यंत्र जो एक बार बायें से दायें और दूसरी बार इसकी उल्टी दिशा में छापता है
bidimensional /बाइडाइमेन्शनल/ *adj.* द्विविमीय, दो-आयामी
bield /बील्ड/ *n.* 1 शरण-स्थल 2 मदद, सुरक्षा 3 बहादुरी, आत्म-विश्वास
bienni\al /बाइएनिअ\ल/ *adj.* द्विवार्षिक, दोसाला, द्विवर्षी: **~al** election;
dw/lw: **~ally** /~लि/ *adv.* द्विवार्षिक आधार पर; **~um** /~लम/ *n.* दो वर्ष का समय
bier /बिअः/ *n.* अर्थी, अर्धी, रत्थी, शवयान: weep round sb's ~
bifacial /बाइफेशिअल/ *adj.* द्विमुखी, द्विपृष्ठी, असदृश द्विपार्श्वी
bifarious /बाइफेरिअस/ *adj.* 1 द्विपंक्तिक, द्विशाखी 2 प्रतिमुखी
biff /बिफ/ *v. pt.* **~ed**, *pp* **~ing** *sl., esp. Br.* बहुत जोर से मुक्का मारना: ~ on the nose
bifid /बिफिड/ *adj., biol.* द्विशाखित, द्विशाखी
bifocal /बाइफोकल/ *adj.* 1 दो फोकल लंबाइयों वाला लेंस 2 ऐसा चश्मा जिसमें दूर और पास के दोनों लेंस हों, द्विफोकसी;
dw/lw: **~s** *n.* ऐसा चश्मा जिसमें दूर और पास देखने के दोनों लेंस हों, द्विफोकसी ऐनक
bifoliate /बाइफोलिइट/ *adj.* द्विपर्णी
bifold /बाइफॉल्ड/ *adj.* दुपरता, दो परत का
biform /बाइफॉःम/ *adj.* द्विरूप
BIFR *abbr.* 'Board for Industrial and Financial Reconstruction' की प्रथमाक्षरी
BIFT *abbr.* 'Bihar Institute of Film & Television' की प्रथमाक्षरी
BIFU *abbr.* 'Banking, Insurance and Finance Union' की प्रथमाक्षरी
bifurca\te /बाइफःकेट/ *v., pt.* **~ted**, *pp* **~ting** दो भागों में बांटना, द्विशाखित/विभक्त हो.;
adj. (*also* **~ted**) द्विशाखित, विभक्त;
dw/lw: **~tion** /बाइफःकेशन/ *n.* दो भागों में विभाजन
Big /बिग/ *adj.* बड़ा;
collocations: **~ Bang** महाविस्फोट (*see also below under* **big:** *collocations*; **Big Apple** *US, colloq.,* (New York City) न्यू यॉर्क शहर; **Big Ben** ब्रिटेन की संसद-भवन पर लगा बड़ा घंटा; **Big Brother** एक सर्वशक्तिमान सरकार जो अपने नागरिकों को पूरी तरह शिकंजे में जकड़कर रखती है, तानाशाह; **Big Chief** व्यापारिक ढांचे या किसी दूसरे संगठन का मुखिया; **Big Man on Campus** (*abbr.* **BMOC**) एक सफल व लोकप्रिय पुरुष-छात्र; **Big Muddy** 1 मिसिसिपी नदी 2 *pejor.* अमेरिकी सिपाहियों द्वारा वियतनाम के लिए प्रयुक्त अपमानजनक शब्द; **(the)** **(the) Big Bad Wolf** खतरनाक और डरावना शत्रु; **(the) Big C** *colloq.* कैंसर का रोग; **Big foot/ Bigfoot** यती, एक बड़ा-सा बालदार जीव, वनमानुष; **(the) Big Pond** अटलांटिक महासागर का उपनाम; **(the) Big Smoke** *sl.* 1 *Br.* लंदन शहर 2 (*also* **the Smoke**) *esp. Austral.* कोई भी बड़ा शहर
big /बिग/ *adj., degr.* **~ger**, **~gest** 1 बड़ा, विशाल, महान, ऊंचा,

चौड़ा, प्रबल: the ~ four banks; ~ book/ hotel; ~ repair; ~ gun; ~ man/ tree; ~ margins; ~ shoulders 2 महत्त्वपूर्ण, गंभीर: got a ~ day tomorrow 3 (***syn.*** loud) आवाज में ऊंचा, शोर वाला: ~ noise; ~ voice/ roar 4 (***syn.*** grown-up) वयस्क: ~ enough to go to school on her own 5.1 (***syn.*** pregnant) गर्भवती, गर्भिणी: ~ with child 5.2 से भरा: ~ with consequences/ possibilities 6 (***syn.*** important) महत्त्वपूर्ण, प्रभावशाली, महान: ~ man; ~ event; ~ news; look ~ (महत्त्वपूर्ण लगना) 7 (***syn.*** boastful) शेखी-बाज, आडंबरपूर्ण 8 (***syn.*** magnanimous) विशाल हृदय, उदार दिल: that was ~ of him; ~ heart; ~ mind; ~ nature 9 ऊंचे इरादों या महत्त्वाकांक्षाओं वाला: they are full of ~ ideas;

adv. दंभपूर्ण या दंभपूर्वक, शेखी बघारते हुए: likes to act ~ with his mates;

dw/lw: **~-bellied** *adj.* तोंदिल; **~gish** /बिगिश/ *adj.* बड़ा-सा; **big-eyed** /बिग-आइड/ *adj.* 1 बड़ी-बड़ी आंखों वाला 2 अत्यधिक विस्मित, आश्चर्यचकित; **~gy/ ~gie** /बिगि/ *n., colloq.* महत्त्वपूर्ण, शक्तिशाली व बड़े लोग; **~-headed** *adj.* घमंडी; **~head** *n., colloq., derog.* अति आत्मविश्वासी व अहंकारी व्यक्ति; **~-hearted** *adj.* उदार व दयालु, जिंदादिल, बड़े दिल वाला; **~horn** *n., pl.* **~s** उत्तरी अमेरिका व साइबेरिया में पाई जाने वाली जंगली भेड़ की एक किस्म; **~-mouth** *n., derog. colloq.* बड़बोला, शेखीबाज, शेखीमार, गपोड़, बकबकिया, डींग हांकने वाला; **~ness** *n.* 1 बड़ापन, बड़प्पन 2 प्रौढ़ता, वयस्कता 3 विशालता; **~-note** *v., pt.* ~noted, *pp* ~noting *Austral. colloq.* अपने मुंह मियांमिट्ठू बनना, अपने बारे में खूब शेखी बघारना: don't come the ~-note with me, I know who you are; ~-noting himself (अपने मुंह मियां मिट्ठू बनना); **~-ticket** *adj.* महंगी, कीमती: *US* ~-ticket items (कीमती चीजें, मूल्यवान वस्तुएं); **~up** *v., pt.* ~ged up, *pp* ~ging up बढ़ा-चढ़ाकर प्रशंसा क.; **~wig** /बिगविग/ *n.* बड़ा आदमी, *sl.* बड़ी तोप; **~-wigged** *adj., ironical* खास, बड़ा;

collocations: **~ bang (Big Bang)** बड़ा धमाका, संसार के उद्गम के विषय में एक कल्पित मॉडल जिसे अब सही माना जाता है और इसके अनुसार सभी पदार्थ पहले एक सघन अवस्था में एकत्रित थे और एक दिन हुए बड़े धमाके (Big Bang) के कारण संसार ने आधुनिक रूप धारण कर लिया; **~ bucks** ढेर सारा पैसा; **~ boy** *milit.* भारी हथियार; **~ bug/ gun/ pot/ shot = the ~ enchilada** बड़ी हस्ती, बड़ी तोप; **~ business** 1 बड़ा व्यापार 2 बड़े व्यापारी घराने; **~ cat** शेर, तेंदुआ (tiger) आदि जानवर; **~ cheese** किसी संगठन में शक्तिशाली व्यक्ति; **~ deal!**: what a ~ deal कौन सी बड़ी बात है!; **~ dipper** *Br.* 1 रोलर कॉस्टर, तेजी से ऊपर-नीचे जाने वाला मार्ग 2 सप्तर्षि मंडल; **~ eater** पेटू; **~ end** *Br.* आंतरिक ज्वलन इंजन में संयोजक छड़ का बड़ा सिरा; **~ fish** शक्तिशाली या प्रभावशाली व्यक्ति, बड़ी तोप; **~ game** बड़े जानवर, जैसे शेर, बाघ, तेंदुआ आदि; **~ government** सत्ता के केंद्रीयकरण पर आधारित सरकार जो लोगों के जीवन व आर्थिक नीतियों पर कड़ी जकड़ बनाकर रखती है; **~ gun/s** महारथी, बड़ी तोप;**~ head** अहंकार से फूली खोपड़ी; **~ hair** सिर के चारों तरफ बड़ा आकार बनाने वाली बालों की शैली; **~ house** 1 बड़ा घराना 2 जेल, बड़ा घर; **~ ideas**; (*usually* **big on sth**) उदात्त विचार; **~ joke** अच्छी चीज; **~ league** 1 खेल के क्षेत्र में टीमों का वर्गीकरण 2 **~ league** अत्यधिक सफल व्यापारिक घराना; **~ money** बहुत ज्यादा पैसा; **~ mouth** बड़बोला, शेखीबाज; **~ name** *colloq.* (***syn.*** celebrity) जानीमानी हस्ती; **~ noise/ ~ shot** *US colloq.* मालिक, बॉस, धाकड़, महत्त्वपूर्ण, शक्तिशाली व प्रभावशाली लोग; **(the) Big Apple** *see above under* **Big: *collocations***; **~ talk** शेखीबाजी; **(the) ~ time** *colloq.* किसी व्यवसाय, विशेषकर शो बिजनेस में बड़ी सफलता; **~ timer** अत्यधिक प्रसिद्ध व्यक्ति; **~ shot/ wig** 'महत्त्वपूर्ण' व्यक्ति, बड़ी तोप; **the ~ picture** सारी परिस्थिति; **the ~ screen** टेलीविज़न की तुलना में सिनेमाघरों का पर्दा; **the ~ stick** बल प्रयोग; **~ talk = ~ words** शेखी, डींग; **~ toe** पैर का अंगूठा; **~ top** सर्कस का बड़ा गोल तंबू (tent); **~ wheel** महत्त्वपूर्ण अधिकारी आदि;

p&i: **~ girl's blouse** *sl.* एक कमजोर, डरपोक व आत्म-विश्वासविहीन व्यक्ति; **~ sb up** किसी की बहुत ज्यादा प्रशंसा क.; **~ with child** गर्भवती; **~ on sth** *colloq., US* किसी बात के बारे में बहुत उत्साही व उत्तेजित;

a ~ fish in a small pond छोटे समुदाय में बड़ी हस्ती; **a ~ hit** सफल, लोकप्रिय; **a ~ pot** बड़ी हस्ती या तोप; **give sb a ~ hand** किसी को तालियां बजाकर प्रोत्साहित क.; **go over ~ with sb** किसी पर अच्छी छाप छोड़ना; **grow/be too ~ for one's boots** अहंकारी हो., अहंकार से सिर फिरना; **hit the ~ time** शो बिज आदि में बड़ी सफलता पाना; **in a ~ way** बड़े पैमाने पर; **look (talk) ~** डींग हांकना; **make it ~** *colloq.* सफल या प्रसिद्ध हो.; **no ~ deal** कोई बड़ी बात नहीं; **one's ~ brother/ sister** बड़ा भाई/ बड़ी बहन; **talk ~** बनना, बनावटी व्यवहार क., शेखी बघारना; **that's ~ of him** यह तो उसका बड़प्पन है; **the ~ three/ five/ eight ...** तीन, पांच या आठ आदि बड़े देश; **think ~** 1 हवाई किले बनाना, लंबी-चौड़ी योजनायें बनाना 2 ऊंचे विचार रखना

bigam\ist /बिगअमिस्ट/ *n.* द्विपत्नीक आदमी;

dw/lw: **bigam\ous** /बिगअमस/ *adj.* द्विपत्नीक, द्विविवाही; **~y** /बिगअमि/ *n, pl.* ~ies द्विविवाह, द्विपत्नीकता, द्विपतित्वता

bigener /बिगनेअः/ *n.* वंश-संकर;

dw/lw: **~ic** /बिगनेअरिक/ *adj.* वंश-संकरीय, वंश-संकर

bight /बाइट/ *n.* 1 खाड़ी का घुमाव 2 (***syn.*** bend) नदी आदि का मोड़: the Great Australian Bight 3 फंदा (of rope)

bigot /बिगअट/ *n.* कट्टर, कट्टर-पंथी, कठमुल्ला, अंधानुयायी व्यक्ति;

dw/lw: **~ed** /बिगअटिड/ *adj.* कट्टर-पंथी, धर्मांध, मताग्रही: a ~ed person; **~ry** /बिगअटरि/ *n., pl.* ~ries कट्टरता, धर्मांधता, कठमुल्लापन

bihourly /बाइ-आउअःलि/ *adv.* हर दो घंटे में होने वाला

BII *abbr.* 'bottled in India' की प्रथमाक्षरी

bijou /बीजू/ *n., pl.* **~x/ ~s** /बीजूज/ 1 अति साधारण गहना आभूषण, टूम-छल्ला 2 मंजूषा, पेटिका 3 सजावटी या नुमाइशी सामान 4 रत्न;

adj. छोटा और नफीस, सुघड़: ~ camera;

dw/lw: **bijouterie** /बिजूटअरी/ *n., Fr.* 1 आभूषण, टूम-छल्ला 2 हीरे-जवाहरात 3 मंजूषा, पेटिका

bike/ byke /बाइक/ *n.* 1 *Scot.* भिड़ों का छत्ता, मधुमक्खियों का छत्ता 1.1 आदमियों का झुंड या भीड़ 1.2 *short of* '**bicycle**' का संक्षेप 2 *short of* '**motorbike**'/ **motorcycle**' का संक्षेप, मोटर साइकिल, इंजन से चलने वाली दोपहरिया गाड़ी;

v., *pt.* **~d**, *pp* **biking** 1 साइकिल या मोटर-साइकिल चलाना 2 साइकिल या मोटर-साइकिल की सवारी क. 3 साइकिल से भेजना;

dw/lw: **~r** /बाइकः/ *n.* साइकिल या मोटर-साइकिल चालक; **~way** *n. mainly N. Amer.* (*Br. equiv.* **cycleway/ cycle path/ cycle lane**) साइकिल पथ; **bike** *n.* मोटर-साइकिल चालकों के दल का सदस्य; **biking** n. साइकिल या मोटर-साइकिल पर सवारी;

collocations: **~ lane = cycle lane = cycle path** साइकिल-गलियारा;

p&i: **get off one's ~** *Austral sl., usually with negatives* आपके से बाहर हो., गुस्से से पगला जा.: don't get off your bike, friend! ; **get on one's ~** *Br.* प्रयास करना शुरू कर दे.; **on one's ~** *Br., sl.* तिरस्कार पूर्वक कहना: दूर हटो!

bikini /बिकनी/ *n., pl.* **~s** बिकनी, औरतों की मात्र गुप्तांगों को ढकने वाली नहाने की पोशाक

bilabi\al /बाइलेबि\अल/ *adj., phon.* द्वि-ओष्ठ्य, दोनों होंठों के स्पर्श से उच्चरित (व्यंजन);

n. द्वि-ओष्ठ्य;
dw/lw: **~ate** /~इट/ *adj.* द्वयोष्ठी, द्वि-ओष्ठ्य, उभयोष्ठ्य

bilateral /बाइलैटर\ल/ *adj.* 1 द्विपक्षीय, उभयपक्षीय, द्विविध, दुतरफा, पारस्परिक: ~ treaty/ agreement; ~ observation 2 द्विदेशीय द्विपार्श्व (physically);
dw/lw: **~ism** /~लिज्म/ *n.* 1 द्विपक्षीयता, उभयपक्षीयता, द्विविधता 2 दो पक्षों के बीच पारस्पारिकता; **~ly** /~लि/ *adv.* पारस्परिक आधार पर

bilberry /बिलबअरि/ *n.* यूरोप में पाई जाने वाली एक झाड़ी

Bildungsroman /बिल्ड्युंगस्रोमान/ *n., Ger.* शैक्षणिक उपन्यास, जिसमें पात्र के शैशव काल में मिलने वाले भावुक या बौद्धिक लक्षण चित्रित होते हैं

bile /बाइल/ *n.* 1 जिगर द्वारा पैदा किया जाने वाला पीला-हरा गाढ़ा द्रव, पित्त 2 पित्त-प्रकोप, पित्त-दोष 3 *lit.* (ill temper) चिड़चिड़ापन, बदमिजाजी;
dw/lw: **~duct** *n.*पित्त वाहिनी, छोटी अंतड़ियों में पित्त को पहुंचाने वाली नलिका; **biliary** /बिलिअरि/ *adj.* पैत्तिक, पित्तीय;
collocations: ~ **cock** मुड़ी टोंटी; ~ **stone** (***syn.*** gall stone) पित्ताश्मरी;
p&i: **rouse sb's** ~ किसी को क्रुद्ध क. या चिढ़ाना

bilge /बिल्ज/ *n., pl.* **~s** 1 जलयान का सबसे चौड़ा पेंदा, जहाज के निम्नतम अंदरूनी तल के नीचे का भाग 2 बकवाद, बकवास 3 (*also* **~-water**) जहाज के निम्नतम अंदरूनी तल पर इकट्ठा होने वाला गंदा पानी, कूड़ा-कर्कट;
v., pt. **~d**, *pp* **bilging** 1 पेंदे में छेद होना या क. 2 (***syn.*** bulge) उभरना या फूलना

bilharzia /बिलहाःजिआ/ (*also* **~sis**, **bilharziosis**) *n., pl.* **~s** *pathol.* (***syn.*** tropical) उष्णकटिबंधीय रोग जो दूषित पानी द्वारा लाए गये परजीवी जीवाणुओं द्वारा मूत्राशय में पैदा होता है

biliary *see above under* **bile**: ***dw/lw***

bilinear /बिलिनीअः/ *adj.* द्विरेखीय, उभयवंशीय

bilingu\al /बाइलिंग्वल/ *adj.* द्विभाषी, द्वैभाषिक, द्विभाषिक: ~ dictionary;
dw/lw: **~ist** /~ग्विस्ट/ *n.* द्विभाषी, द्विभाषा विशेषज्ञ; **~alism** /~ग्वअलिज्म/ *n.* द्विभाषिकता, द्वैभाषिकता; **~ally** /~ग्वअलि/ *adv.* द्विभाषिता के आधार पर

bilious /बिलिअस/ *adj.* 1 पित्त से पीड़ित, पित्तदोष ग्रस्त, कै होने का आभास: ~ attack; ~ patient 2 कुछ-कुछ पीला 3 चिड़चिड़ा, तुनकमिजाज;
dw/lw: **~ness** /बिलिअसनेस/ *n.* 1 पित्त का बिगड़ाव, पित्त दोषग्रस्तता 2 चिड़चिड़ापन

bilirubin /बिलिरूबिन/ *n., biochem.* पीला नारंगी रंग जो पित्त में दिखता है

biliteral /बाइलिटरल/ *adj.* दो अक्षरों से बना हुआ, द्वि-अक्षरिक, द्विलिपि लिखित

bilk /बिल्क/ *v., pt.* **~ed**, *pp* **~ing** 1 (*esp.* **~ sb out of sth**) ठगना, धोखा दे. 2 ऋण चुकाने से टलना: ~ a cabman; ~ a creditor 3 टलकर भाग जाना;
dw/lw: **~er** /बिल्कः/ *n.* ठग, धोखेबाज

the Bill/ the Old Bill *sing./pl., Br. sl.* पुलिस बल, पुलिस बल का सदस्य

bill /बिल/ *n.* 1 (*US equiv.* **check**; ***syn.*** invoice) बिल, प्राप्यक, किसी सेवा का लागत पत्र: have you paid the hotel ~?; grocery ~; padded **~s** (बढ़ा-चढ़ाकर बनाया हुआ बिल); ~ of costs; charge sth on the ~; foot the ~; meet a ~; make out a ~ 2 माल का सूची-पत्र, विवरण: ~ of lading; ~ of materials; ~ of parcels 3 बीजक, हुंडी, विनिमय पत्र (~ of exchange): short (dated/ long(-dated) ~; ~ at sight; the ~ becomes due 4 दस्तावेज, प्रमाण-पत्र: ~ of health; ~ of credit; ~ of entry; ~ of sale; ~ of credit; ~ of entry; ~ of sale; ~ of sight 5 *US* (*UK* **note**) नोट, बैंक-नोट, कागज के रुपए: five-dollar ~ 6 विधेयक का मसौदा या प्रारंभिक रूप: private ~; introduce/ bring in a ~; pass/ throw out a ~; head/ top the ~ 7 *UK* (***syn.*** handbill, poster) विज्ञापन, इश्तिहार 8 (***syn.*** beak) चोंच 9 रंगशाला आदि का कार्यक्रम 10 *law* आरोपपत्र 11 *hist.* (***syn.*** halberd) अवतल फरसा, कुल्हाड़ी 12 अंतरीप, जमीन का लंबा, पतला टुकड़ा जो समुद्र में चला जाता है: Portland **Bill** (पुर्तगाली अंतरीप) 13 दावा, आरोप पत्र: ~ of complaint; ~ of indictment; ~ of review; the Grand Jury ignored/ threw out the ~;
v., pt. **~ed**, *pp* **~ing** 1 प्रचार क., इश्तिहार दे., विज्ञापन या इश्तहार लगाना 2 लागत बिल/ खर्चे का बिल प्रस्तुत क.: ~ for books 3 (***syn.*** list) सूची तैयार क. 4 बिल तैयार क., बिल में लिखना 5 (***syn.*** announce) घोषित क., विज्ञापित क.: was **~ed** as the actor of the year; she was **~ed** to speak on Russia 6 *birds* प्यार-दुलार में चोंच मिलाना 8 (*esp.* **~ and coo**) *colloq.* (***syn.*** caress) प्यार क., चूमा-चाटी क.;
dw/lw: **~abong** /बिलअबॉग/ *n., Austral.* 1 सूख जाने पर नदी का बचा पानी 2 उपनदी जो समुद्र तक पहुंचने से पहले ही सूख जाती है; **~board** /बिल्बोःड/ (*also UK* **hoarding**) *n.* 1 सूचना-पट्ट, विज्ञापन-पट्ट 2 नाम-पट्ट 3 लंगर-पट्टी; **~-book** *n.* हुंडी बही, बही-खाता, लेखा-रजिस्टर; **~-broker** *n.* हुंडी दलाल, बिल दलाल; **~-discounter** *n.* बट्टे पर हुंडी लेने वाला; **~ed** *adj.* विशेष प्रकार की चोंच वाला, चोंचदार; **~-fold** *see below under separate entry*; **~-head** *n.* बिल पत्रक; **~hook** *n.* गंडासा; **~man** *n.* फरसाधारी योद्धा; **~-poster/ ~-sticker** *n.* इश्तिहार लगाने वाला; **~posting/ ~sticking** *n.* दीवारों पर विज्ञापन के पोस्टर लगाने का काम;
duck-~ed *adj.* बत्तख जैसी चोंच वाला; **hard-~ed** *adj.* कठोर चोंच वाला;
collocations: ~ **at sight** दर्शन हुंडी; ~ **chamber** स्कॉटलैंड का न्यायालय; ~ **diary** हुंडी दैनिकी; ~ **discounter** भुगतान तिथि से पूर्व हुंडी को भुनाकर पैसे देने वाला: fill the ~ discounter (सारी शर्तें पूरी क.); ~ **market** हुंडी बाजार; ~ **of adventure** जोखिम बिल; ~ **of costs** खर्चे का बिल, लागत बिल; ~ **of credit** हुंडी; ~ **of entry** आगम पत्र; ~ **of exchange** *pl.* **~s of exchange** *finance* विनिमय पत्र, तीसरी पार्टी को अदायगी करने के बारे में कागजात; ~ **of fare** मिन्यू, रेस्त्रां आदि में व्यंजन सूची; ~ **of health** स्वास्थ्य-पत्र, पूर्ण निरोगता प्रमाण-पत्र; ~ **of indictment** अभियोग-पत्र; ~ **of lading**, *abbr.* **B/L** बिल्टी, जहाज का लदान-पत्र; ~ **of mortality** मृत्यु दर के आंकड़े, जन्म-मरण का लेखा; ~ **of sale** बैनामा, बिक्री-पत्र; ~ **of victualling** जहाज़ पर लाए गए सामान की सूची; **~s payable** देय बिल; ~ **of rights**/ ~ **of Rights** नागरिक अधिकार पत्र; ~ **of sale** *pl.* **~s of sale** *Br. law* विक्रय पत्र;
(a) foul ~ of health रोग पत्र; **clean** ~ निर्बंध हुंडी; **double** ~ दुहरा मनोरंजन कार्यक्रम; **entirement of** ~ हुंडी या बिल का पूर्व भुगतान; **fit/ fill the** ~ *colloq.* उपयुक्त हो.; **private** ~ विशेष मुद्दों पर निजी (सरकारी के विपरीत) विधेयक; **public** ~ सर्वांगीण सरकारी विधेयक;
p&i: ~ **and coo** प्रेमपूर्वक गप-शप क., गुटरगू क.; **Bill of Rights** *hist.* 1 इंग्लैंड में अधिकार विधेयक 2 अमेरिका के संविधान में पहले दस संशोधन;
a clean ~ of health 1 सुस्वस्थ होने का प्रमाण-पत्र 2 कार्य-क्षमता की पुष्टि; **a true** ~ ज्युरी का आरोपी पर मुकदमा चलाने की सिफारिश करने वाला फैसला; **butcher's** ~ युद्ध में मारे गए लोगों की सूची; **fill the** ~ 1 नाटक का लंबे समय तक चलते रहना 2 अपनी सफलता की बदौलत दसरों पर छा जाना 3 सब पहलुओं पर खरा उतरना; **foot the** ~ 1 बिल का भुगतान क. 2 दुष्परिणामों का खामियाजा भुगतना; **kill the** ~ विधेयक को रद्द कर दे.; **omnibus** ~ बहु-आयामी विधेयक; **phony as a three-dollar bill** अति विचित्र; **race the ~ through** ताबड़-तोड़ गति से विधेयक

स्वीकृत करवाना; **sell sb a ~ of goods** किसी को कोई बेकार चीज थमा दे.; **that will fill/ answer the** ~ यह ठीक हैं, चलेगा; **top the** ~ अभिनेताओं की सूची में सर्वोपरि हो., आकर्षण का मुख्य केंद्र हो.

billet /बिलिट/ *n.* 1 सैनिकों को ठहराने और खाने-पीने के लिए लिया गया निजी घर: go into **~s** 2 निजी घर के मालिक को सैनिकों को घर देने का आदेश 3 निशाना: every bullet has a ~ (बिना मौत आए गोली भी नहीं लगती) 4 *colloq. mainly Br.* नौकरी, व्यवसाय: good/ bad ~ 5 पद, ओहदा, 6 लक्ष्य 7 जलाने के लिए लकड़ियों का गट्ठा 8 छड़ 9 पत्रक 10 विश्रामालय;
v., pt. **~ed**, *pp* **~ing** (सिपाहियों को) ठिकाना: the soldiers were **~ed** at/ in a village; the soldiers were **~ed** with the villagers;
dw/lw: **~ing** /बिलिटिंग/ *n.* 1 सैनिकों के ठहराने का कार्य 2 बीमार लोगों के स्थान देने का काम;

billet-doux /बिले डू/ बिलेडू *n., pl.* **billets-doux** /बिले डूज/ *old use, lit. or humorous* प्रेम पत्र

billfold /बिल्फोल्ड/ *US* (*UK/ US* **wallet**) *n., N. Amer.* बटुआ, पेटी या जेबी थैला

billhook /बिलहुक/ (*also* **bill**) *n.* पौधों या पेड़ों को छांटने का औजार, गंडासा

billiards /बिलिअःड्ज/ *n. [sing.]* बिलियर्ड, अंटा: ~-cloth (बिलियर्ड मेज का कपड़ा);
dw/lw: **~-marker** *n.* बिलियर्ड के अंकों का हिसाब रखने वाला; **~-table** बिलियर्ड मेज

billing /बिलिंग/ *n.* 1 किसी नाटक या संगीत-समारोह (concert) में कलाकार की महत्ता जो नाटक के पोस्टर में कलाकारों की नाम सूची में झलकती है: star/ top ~ (चोटी का अभिनेता) 2 लागत बिल भेजने की प्रक्रिया 3 विज्ञापन या बीमा क्षेत्र में होने वाली कुल आय 4 *N. Amer.* विज्ञापन द्वारा किया जाने वाला प्रचार

billingsgate /बिलिंग्ज्गेट/ *n.* गालीगलौच, गाली;
collocations: **~ abuse/ language/ words** बिलिंग्जगेटी (मछली बाजार की) गाली/ भाषा/ शब्द: talk ~

billings method *n.* परिवार नियोजन में rhythm method जिसके द्वारा बच्चों के पैदा होने का क्रम निर्धारित किया जाता है

billion /बिलिअन/ *n., pl.* **~s** 1 एक अरब, एक हजार मिलिअन (1,000,000,000): ~/ **~s** of sth 2 बहुत अधिक मात्रा या संख्या में: **~s** of things to do;
dw/lw: **~aire/ ~aires** *n., fem.* **~airess/ ~airesses** अरब पति, खरब पति; **~th** *ordinal numeral* अरबवां

billow /बिलो/ *v., pt.* **~ed**, *pp* **~ing** 1 धुएं आदि के बादलों का उठना, सशक्त प्रवाह निकालना 2 हिलोर/ महातरंग उठना, महातरंगित हो. लहराना 3 जहाज के पालों का फूलना;
n. हिलोर, महातरंग, लहर;
dw/lw: **~ed/ ~ing** *adj.* तरंगित, तरंगायमान; **~y** /बिलोइ/ *adj.* 1 तरंगित 2 लहरदार, लहरिया

billposter/ billsticker; **billposting/ billsticking** *see above under* **bill:** ***dw/lw***

billy/ billycan /बिलि/ *n., pl.* **~ies**, **~cans** *Br. and esp. Austral.* 1 देगची, पतीला 2 पुलसिए का डंडा, लाठी;
dw/lw: **~boy** *n.* पाल पोत, माल-नौका; **~can** *n.* चाय की केतली; **~cock** *n.* बिली कॉक;
collocations: **Billy Bunter** मोटा, बेढब और पेटू छोकरा; **~ club** पुलसिए का डंडा, लाठी; **~ goat** बकरा;
***p&i*:** **boil the** ~ चाय का प्याला बनाना; **he ran to beat** ~ वह सिर पर पैर रखकर दौड़ा; **laugh like** ~ ठहाका मारकर हंसना

billy-o/ billy-oh /बिलीओ/ **like billy-o** *Br. sl.* बहुत सारा, फुर्ती से, पूरे जोर-शोर से, जल्दी से

bilobate/ bilobed /बाइलोबेट/ बाइलोबड/ *adj.* दो खंडों से बना हुआ

bilocation /बाइलोकेशन/ *n.* द्विदेशीयता, अनेकदेशीयता

bilocular /बाइलोक्युलः/ *adj., biol.* द्विकोष्ठकी

BIM *abbr.* 'British Institute of Management', 'Biodiversity Information Module' की प्रथमाक्षरी

bimanual /बाइमैन्युअल/ *adj.* दुहत्था, दो हाथों से किया जाने वाला

BIMARU *abbr.* 'Bihar, Madhya Pradesh, Rajasthan & Uttar Pradesh' की प्रथमाक्षरी

bimbo /बिंबो/ *n., pl.* **bimbos** *derog. sl.* मंदबुद्धि सुंदरी

bimestral /बाइमेस्ट्रल/ *adj.* द्वैमासिक

bimetalli\c /बाइमटैलि\क/ *adj.* द्विधातुवाद, दो धातुओं से बना;
***dw/lw*:** **~sm** /बाइमेटअलिज्म/ *n., econ.* द्विधातुवाद, दो धातुओं के मिश्रण वाले सिक्के; **~st** *n.* द्विधातु विशेषज्ञ, सोने और चांदी को मिलाकर सिक्का बनाने वाला

bimillenary/ bimillerium /बिमिलिनअरि/ बिमिलेरिअम/ *adj.* दो हजार वर्ष का समय, द्विसहस्राब्दी, द्विसहस्रवादी

bimodal /बाइमोडल/ *adj.* द्विबहुलक

bimonthly /बाइमंथलि/ *adj.* 1 द्वैमासिक 2 पाक्षिक (semi-monthly)

BIMSTEC *abbr.* 'Birla Institute of Management Technology' की प्रथमाक्षरी

BIN *abbr.* 'Business Identification Number' की प्रथमाक्षरी

bin /बिन/ *n.* 1 *UK* **dust ~** (*US* **trash can**) कूड़ादान, धानी 2 डिब्बा, पात्र: bread ~ (रोटीदानी) 3 कोष्ठ खाना;
v., pt. **~ned**, *pp* **~ning** 1 किसी चीज को कूड़ेदान या डिब्बे में डालना 2 मदिरा आदि को लकड़ी के पात्रों में रखना;
dw/lw: **~-bag** *n., Br. colloq.* कूड़े-कर्कट के लिए प्लास्टिक का बड़ा-सा बैग; **~man** *n., Br., US equiv.* garbage-man, garbage collector कूड़ा उठाने वाला व्यक्ति;
collocations: **~ liner** कूड़ेदान के अंदर लगाया जाने वाला प्लास्टिक का थैला

binary /बाइनरी/ *adj.* 1 द्वि-अंगी, युग्मक, द्वि-आधारी, द्विभाजक 2 (***syn.*** twofold) दोहरा, दुहरा 3 द्विचर, द्विआधारी (math.) 4 युग्मतारा (astro*n.*) 5 द्विअंगी, द्विकर्मी (chem.);
n., pl. **binaries** दो खंडों से बनी वस्तु 2 *astron.* (***syn.*** binary star) युग्म तारा, द्वितारा;
collocations: **~ code** *comput.* दो अंकों से बना सांख्यिक कोड; **~-coded decimal** (*abbr.* **BCD**) *comput.* संख्याओं का क्रम जिसमें दशमलव के प्रत्येक अंक को एक युग्मक संख्या के रूप में अलग से लिखा जाता है; **~ fission** (*biol.*) द्वि-खंडन, द्वि-विभाजन; **~ star** (*also* **double star**) *astron.* (*also* **binary**) युग्म तारा, दो सितारे जो एक ही कक्ष में साथ-साथ घूमते हैं और गुरुत्व आकर्षण की बदौलत एक दूसरे से जुड़े रहते है; **~ system** (*also* **~ notation**), *math & esp. comput.* द्वि-अंगी तंत्र, दो अंकों का सिस्टम जो सूचना, इलेक्ट्रॉनिकी और कंप्यूटर में आंतरिक कोडिंग का आधार बनता है; **~ weapon** दो रासायनिक पदार्थों के विस्फोट के फलस्वरूप पैदा होने वाले घातक जहरीले पदार्थ

binate /बाइनेट/ *adj., bot.* द्विपत्रकी

binaural /बाइनॉरल/ *adj.* द्विकर्णी: ~ stethoscope

bind /बाइंड/ *v., pt.* **bound**, *pt. p.* **bound**, *pp* **~ing** 1 बांधना: ~ hand and foot; **bound** with ropes; his head was **bound** by a kerchief 2 वादा कराना, वचन लेना, बाध्य क., पक्का कराना: his word **~s** him to good behaviour; ~ oneself; he is **bound** by a promise 3 एक क., एकता में बांधना: schools ~ a community together 4 (***syn.*** constipate) कब्ज पैदा क. 5 किताब पर जिल्द चढ़ाना या बांधना: I shall have these magazines **bound** in one volume 6 आवश्यक या अनिवार्य हो.: legally **bound** to reply; the court's decision **~s** them to pay the fine 7 (***syn.*** bandage) पट्टी बांधना 8 (***syn.*** coalesce) जमाना, सख्त क. या हो.: frost **~s** the ground in winter; clay **~s** when it is heated 9 (***syn.*** ratify) पक्का क.: ~ a bargain 10 जम जाना

(become hard) 11 पेट्टी बांधना और कसना 12 किनारी सीना, गोट लगाना: the edge of the carpet was worn out, so we had it **bound**;

n. (*also* **double** ~) 1 जटिल या अप्रिय स्थिति: I am in a ~ 2 *UK* जकड़, कठिन कार्य;

dw/lw: **~er** /बाइंडः/ (*also* **book~**) *n.* 1 जिल्दसाज 2 कागज को बांध कर रखने के लिए कवर, फाइल 3 पूली बांधने वाला 4 पट्टी 5 रस्सी, पटसन 6 जोड़क; **~ery** /बाइंडरि/ *n., pl.* ~eries जिल्दसाज की दुकान; **~ing** *see below under separate entry*;

p&i: **~ on about sth** *sl.* के बारे में शिकायत क.; **~ over** कुछ करने की जिम्मेदारी से बंधा हो.: ~ sb over (1 मुकदमे की कार्रवाई खत्म होने तक जमानत दे. 2 किसी को अदालत के आदेश के तहत बांधे रखना); **~ sb over** *Br. law* किसी को वैधानिक रूप से बांधना, विवश या पक्का क.; **~ the bargain** सौदा पक्का क.; **~ down** प्रतिबंध लगाना; **~ up** पट्टी बांधना;

be bound apprentice प्रशिक्षण के लिए भेजा हुआ; **bound up** पट्टी से बंधा; **fast ~, fast find** ठीक से बांधो, जल्दी पाओ! **he is bound to come** वह अवश्य आएगा; **he is bound to find a way out** वह अवश्य कोई रास्ता या समाधान निकाल लेगा; **in a ~** विकट स्थिति में; **it is bound to happen** ऐसा अवश्य होगा; **it is bound to rain to-morrow** कल अवश्य वर्षा होगी; **the ship is bound for Mumbai** जहाज मुंबई जा रहा है; **she is bound up in her work** वह अपने काम में डूबी हुई है;

binding /बाइंडिंग/ *n.* 1 पक्का समझौता, करार 2 (*also* **book~ing**) जिल्दसाजी, जिल्दबंदी 3 जिल्द 4 पूलियों की बंधाई;

adj. 1 (***syn.*** obligatory) बंधनकारी, बाध्यकारी, अनिवार्य: promise given under compulsion is not ~ 2 (***syn.*** legally obliging) बांधने वाला: in a ~ form 3 (***syn.*** constipating) ग्राही, काबिज, स्तंभक, जमाने वाला 4 जोड़क: ~ effect of grass roots 5 जकड़ने वाला, पकड़ बनाने वाला: cement as ~ agent/medium; ~ power;

collocations: ~ **folder** बंधक फोल्डर या फाइल; ~ **force** जोड़ने वाली शक्ति;

a ~ contract पक्का समझौता; **~ theory** (**government and binding, GB, GBT**) नोआम चोमस्की (Noam Chomsky) द्वारा प्रतिपादित वाक्यों, वाक्यांश या पदबंधों की संरचना के सिद्धांत

bindweed /बाइंडवीड/ *n.* एक सदाबहार पौधा जो दूसरे पौधों के इर्दगिर्द लिपटता है

bine /बाइन/ *n.* बेल, लता

Bing /बिंग/ *n. colloq.* (***syn.*** heap) ढेर

bin\gee /बिंजी/ *n.* शराब-कबाब में सनी मौज-मस्ती: be on a **~ge**; *v., pt.* **~ged**, *pp* **~ging** 1 खूब पीना-खाना 2 नशे में धुत्त हो.;

p&i: **~ge drinking** *n.* अत्यधिक शराब पीने की क्रिया

bingle /बिंगल/ *n.* 1 *Austral. sl.* कार की दुर्घटना, तहस-नहस 2 एक प्रकार की केश-सज्जा

bingo /बिंगो/ *n., pl.* **~s** 1 ताश का एक खेल 2 *excl.* जीतने वाले द्वारा प्रयुक्त जीत-सूचक विस्मयबोधक शब्द: **bingo!**; ~-caller (उपरोक्त खेल में विजेता) 3 एक प्रकार की ब्रांडी

binitarianism /बाइनिटेरिअनिजम/ *n., theol.* द्विएकता सिद्धांत

binnacle /बिनअक्ल/ *n., naut.* जहाज के कुतुबनुमा (compass) या दिक्सूचक की डिबिया

binocular /बिनौक्यु\लः/ बाइनौक्यु\लः/ *US* बिनाःक्यु\लः/ बाइनाःक्यु\लर/ *adj.* 1 द्विनेत्री दूरदर्शी, द्विनेत्री: ~ vision (द्विनेत्री नजर, कुछ जानवरों में किसी वस्तु या जीव पर दोनों आंखों को एक साथ केंद्रित करने की क्षमता) 2 दोनों आंखों की (दूरबीन आदि);

dw/lw: **~s** /~लःज/ *pl., n.* दूरबीन, द्विनेत्री दूरदर्शी

binomi\al/~nal /बाइनोमि\अल/ ~नल/ *adj.* 1 द्विपदीय/ द्विसंज्ञक: ~ equation 2 द्वि-नामक;

collocations: ~ **distribution** *statistics* आवृत्ति (frequency) का समान छितराव; **~ nomenclature** द्विशाब्दिक नाम, जैसे: Homo sapiens (विवेकशील मानव); **~ theorem** द्विपद प्रमेय

binotonous /बाइनॉटअनस/ *adj.* दो स्वरों से बना: ~ cry

bint /बिंट/ *n., offensive sl.* लड़की या औरत: a posh ~

bio- /बायो/ *prefix, comb. form, signifying:* 1 **living organisms** (जीव, जैव): **bio**logy 2 **related to** or **like a life** (जीवन संबंधी, जीवन-समान): biography 3 **biological** (जैव): **bio**control;

dw/lw: **~assay** /बायोअसे/ *n., biol.* जैव-परिमाप; **~availability** *n., biol.* जैव-उपलब्धता; **~chemical** *adj.* जैव रासायनिक; **~chemist** *n.* जीव-रसायन विज्ञानी; **~chemistry** *n.* जीव-रसायन विज्ञान; **~cidal** /बायोसाइडल/ *adj.* घातक; **~cide** /बायोसाइड/ *adj.* जीव-नाशी; **~blast** *n.* जीवकोरक; **~catalyst** *n.* जीव-उत्प्रेरक; **~climatology** *n.* जीव-जलवायु विज्ञान; **~coenisis** /बायोसीनिसिस/ (*also* **eco-systems** or **eco-communities**) *n.* जीव-परिस्थिति तंत्र, जीव-पारिस्थितिकी; **~caenology** /बायोसीनोलजि/ *n.* जैव आवासिकी; **~control** (*also* **~logical control**) *n.* जैव नियंत्रण; **~data** /बायोडेटा/ बायोडैटा/ *n., pl.* जीवनवृत्त (जीवन के आंकड़े या तथ्य); **~degradable** /बायोडिग्रडेबल/ *adj.* ऐसे जीव तत्त्व जो स्वयं गल-सड़कर खत्म हो जाते हैं; **~degradation** *n.* जैव अपघटन; **~degradeability** *n.* जैव अपघटन क्षमता; **~diesel** *n.* बायोडीजल, जैव-रसायनों से बना डीजल; **~diversity** /बायोडाइवःसिटि/ *n.*जैव विविधता; **~dynamics** *n.* जीवगतिकी; **~ecology** *n.* जीव-पारिस्थितिकी, जैव-वातावरण, जैव-वायुमंडल; **~electrotherapy** *n., alternative med.* हल्की विद्युत धारा को चमड़ी पर लगा कर की जाने वाली चिकित्सा; **~engineering/ ~logical engineering** (*also* **biomedical engineering**) *med.* जीव विज्ञान और औषध विज्ञान में इंजिनियरी और तकनीकी प्रणालियों का प्रयोग; **~energy** *n.* जीव ऊर्जा; **~energetics** *n., [sing.], biol.* जीवों द्वारा ऊर्जा के प्रयोग का वैज्ञानिक अध्ययन; **~ethanol** /बायोऐथानॉल/ *n.* इथानोल से बना गाड़ी ईंधन; **~ethics** /बायोएथिक्स/ *n.* जैव नैतिकता; **~feedback** *n., psychol.* मनुष्य द्वारा शरीर के अंगों के चलन को इलेक्ट्रॉनिक उपकरणों के पर्दे पर देखकर उनको नियंत्रण करने की विधि का प्रयोग; **~flavonoid** /बायोफ्लेवॉनॉइड/ *n., biochem.* विटामिन **P**; **~fuel** *n.* जैव ईंधन; **~gas** *n.* जैव गैस; **~genesis** /बायोजेनिसिस/ *n., biol.* जीवोत्पत्ति; **~genetic** *adj., law* जाति-आवर्तन (जात्यावृत्ति) नियम; **~geochemistry** *n.* जीव-भूरसायन विज्ञान; **~geography** *n.* प्राणि-भूगोल, जीव-भूगोल; **~graphee** *n.* चरित नायक, जीवन-चरित नायक, जीवनी नायक; **~grapher** *n.* जीवनी-लेखक, किसी की जीवनी लिखने वाला; **~graphy** *n.* जीवनी, जीवन चरित: campaign ~graphy (अमेरिका में उम्मीदवार का जीव चरित); **~-graphical** *adj.* जीवनी संबंधी; **~linguistics** /बायोलिंग्विस्टिक्स/ *n.* जीव-भाषा-विज्ञान; **~logical** /बायलौजिकल/ *US* बायलाःजिकल/ *adj.* 1 जीव-विज्ञान संबंधी: ~logical environment; ~logical métodos 2 जीव रसायनों या उनसे बने विष का प्रयोग; **~logy** /बायौलजि/ *US* बायाःलजि/ *n.* जीव विज्ञान; **~logist** /बायौलअजिस्ट/ *US* बायाःलअजिस्ट/ *n.* जीव-विज्ञानी; **~luminescence** /बायोलुमिनिसंस/ *n., biol.* जीवसंदीप्ति; **~luminescent** *adj.* जैवसंदीप्त; **~magnetics** /बायोमैग्नेटिक्स/ *n., [sing.] alter. med.* चुंबक के प्रयोग से की जाने वाली चिकित्सा; **~mass** *n., biol., ecol.* जैव संहति, जैव मात्रा; **~material** *n.* जैव पदार्थ; **~me** *see below under separate entry*; **~mechanics** /बायोमेकेनिक्स/ *US* बायामकेनिक्स/ *n., [sing.]* जैव यांत्रिकी; **~medicine** *n.* जैव औषध; **~metry/ ~metrics** /बायोमिट्री/ बायमेट्रिक्स/ *n., [sing.]* उंगलियों या आंखों आदि मानवीय अंगों की विशेषताओं का मापन, जीव-

सांख्यिकी; **~metric** *adj.* जीवमितीय; **~morph** /बायोमॉःफ/ *n.* जीव रूप; **~morfic art** जीवरूपी कला; **~nic** /बायौनिक/ *US* बायानिक/ *adj.* जैव इलेक्ट्रॉनिक; **~nics** /बायौनिक्स/ *US* बायानिक्स/ *n., [sing.]* बायोनिकी, जैव इलेक्ट्रॉनिकी; **~nomics** /बायोनौमिक्स/ *US* बायोनाःमिक्स/ *n. [sing.]* जीव-पारिस्थितिकी; **~phagous** /बायोफअगस/ *adj.* जीव-आहारी; **~phor/ ~phore** /बायोफोः/ *n.* जीव धर; **~physics** *n.* जीव-भौतिकी; **~pic** /बायोपिक/ *n.* किसी जाने-माने व्यक्ति की फिल्म-जीवनी; **~plasm** /बायप्लैज्म/ *n.* जीव-द्रव्य; **~plast** *n.* जीव द्रव्यक; **~poiesis** /बायोपीसिस/ *n.* जीव सृजन; **~psy** /बायौप्सि/ *US* बायाःप्सि/ *n., pl.,* **~psies** रोग का पता लगाने के लिए ऊतक-परीक्षण, प्राणी के काटे हुए ऊतक का परीक्षण; **~rhythm** /बायोरिदम/ *n., biol.* जैव लय; **~satellite** *n.* जैव-उपग्रह; **~science** *n.* जीव विज्ञान; **~scope** *n.* बाइस्कोप, सिनेमा, चलचित्र दर्शी, सिनेमाघर; **~sis** /बायोसिस/ *comb. form, forming nouns signifying:* **a specified way of living** (जीवन शैली); **~symbiosis** /बायोसिंबिओसिस/ *n.* सह जीवन; **~sphere** /बायस्फिअः/ (*also* **ecosphere**) *n.* जीव मंडल; **~stratigraph** /बायोस्ट्राटिग्राफ/ *n.* जैवस्तर; **~synthesis** *n.* जैव संश्लेष; **~systematic** *adj.* जैवस्तरिक, जैववर्गीय; **~technology** *n.* जीव-तकनीकी विज्ञान, जीव प्रविधि; **~terrorism** *n.* जैव आतंकवाद; **~terrorist** *n.* जैव आतंकवादी; **~tic** /बायौटिक/ *US* बायाःटिक/ *adj.* जीवों से संबंधित; **~type** *n.* समान वंशाणु संयोजन (genes combination) जीवों का समूह;

collocations: **~logical clock** (*also* **body clock**) शरीर की लय मापक घड़ी; **~logical control** *biol.* जैव नियंत्रण; **~logical warfare** कीटाणु-युद्ध, जैव-युद्ध; **~ medical engineering** जैव औषध इंजिनियरी; **~ rhythmic** जैवलयिक

biol. *abbr.* 'biology' का संक्षेप

biome /बायोम/ *n., biol.* विशेष वातावरण (वन, मरुस्थल आदि) में पाए जाने वाले प्रतिनिधि पौधे या जीव यानी जीवों का बड़ा वातावरणीय समूह जैसे घास का मैदान (grassland), वर्षा वन (rainforest) आदि

BIOS *abbr.* 'Basic Input-Output System' की प्रथमाक्षरी

biota /बायोटा/ *n., collective ecol.* किसी युग का जीव जगत या जीव समूह;

dw/lw: **biotic** /बायौटिक/ *US* बायाःटिक/ *adj.* जैव, जीव संबंधी

-biotic *comb. form, forming adjectives, corresponding to nouns ending in:* **symbiosis → symbiotic**

biotite /बायोटाइट/ *n. geol.* काला अभ्रक, बायोटाइट

BIPA *abbr.* 'bilateral investment protection agreement', 'British Internet Publishers Association' की प्रथमाक्षरी

bi\partisan /बाइपाःटिजन/ *adj.* द्विदलीय, द्विपाक्षिक, दो धड़ों का;

dw/lw: **~partite** /बाइपाःटाइट/ *adj.* द्विपक्षीय, द्विभागीय, द्विखंडी, द्विपक्षी, द्विदलीय; **~parous** /बाइपरस/ *adj.* 1 एक साथ दो शावकों को जन्म देने वाली 2 दो शाखाओं में बंटने वाली; **~ped** /बाइपेड/ *adj.* द्विपाद, दो पांवों वाला; **~pedal** /बाइपेडल/ *aaj.* चलने के लिए दो पांवों का प्रयोग करने वाले जीव; **~pedy** /बाइपेडि/ *n.* द्विपदता; **~petalous** /बाइपेटअलस/ *adj., bot.* दो पंखुडियों वाला, द्विदलीय; **~phosic** /बाइफअसिक/ *adj.* द्विप्रावस्थिक; **~plane** /बाइप्लेन/ *n.* द्वितल विमान; **~pod** /बिपौड/ *US* बिपाःड/ *n.* द्विपादिका, दुपाई; **~polar** /बाइपोलः/ *adj.* (*also* **manic depressive**) *adj.* परस्पर विरोधी अवस्थाओं में परिवर्तित होने के मानसिक विकार से ग्रस्त: bi-polar disorder (*also* bi-polar affective disorder/ manic depression) (परस्पर विरोधी अवस्थाओं में आकस्मिक परिवर्तित होने का (from extremely depressed to extremely happy) मानसिक विकार); **~polarity** द्विध्रुवीयता; **~quadratic** /बाइक्वौड्रैटिक/ *US* -क्वौ-/ *adj.* चतुर्घात: ~quadratic equation (चतुर्घात समीकरण); ~quadratic root (चतुर्घात मूल); **~quintile** *n.* ग्रहों की 144^0 अंश पर स्थिति; **~racial** /बाइरेशिअल/ *adj.* द्विजातीय; **~ramous** /बाइरेमस/ *adj.* द्विशाखी; **~rainy** *adj., metereol.* वर्षा की दो ऋतुओं वाला: ~rainy climate

birch /बःच/ *n., pl.* **~es** 1 भोज वृक्ष, भूर्ज 2 भूर्ज या बेंत की छड़ी: ~ rod (भूर्ज-दंड);

adj. **Birch/ birchen** भूर्जीय, भूर्ज निर्मित;

v. *pt.* **~ed**, *pp* **~ing** भोज वृक्ष की छड़ी से पीटना

BIRD *abbr.* 'Bispectral Infrared Detection Satellite' की प्रथमाक्षरी

bird /बःड/ *n.* 1 पक्षी, परिंदा, पंछी, विहग, चिड़िया: ~ of passage; ~ of prey 2 उड़ान भरने वाली मशीन, विमान 3 सैनिक विमान चालक 4 *Br. sl. considered offensive* छिछोरी युवती, लड़की: dolly ~ 5 छिछोरा युवक: a gay ~ 6 *Br. sl.* जेल में बंद कैदी: jail-~; the ~ is flown (कैदी भाग गया) 7 *colloq.* कोई अजीब व्यक्ति: a funny old ~ 8 *sl.* प्रशंसा-पात्र, प्रशंसनीय वस्तु 9 (**the** ~) *US sl.* एक तिरस्कार और घृणा सूचक अश्लील संकेत: give sb the ~;

v., *pt.* **~ed**, *pp* **~ing** पक्षियों पर गोली चलाना;

dw/lw: **~bath** *n.* वह पात्र जिसके जल में पक्षी स्नान करते हैं और पानी पीते हैं; **~-bolt** *n.* पक्षीमार कुंदा; **~brain** /बःडब्रेन/ *n.* मूर्ख व्यक्ति, मूढ़, गावदू आदमी; **~cage** *n.* पिंजरा; **~-call** *n. acoustics* 1 कूजिका, पक्षी की चहचहाहट 2 पक्षियों की चहचहाहट की नकल करने वाला उपकरण; **~-catcher** *n.* बहेलिया; **~-cherry** *n.* जामुन; **~-dog** *n.* 1 *esp. US* शिकारियों द्वारा घायल किए गए पक्षियों को ढूंढ लाने में दक्ष कुत्ता 2 अपनी टीम के लिए अच्छे खिलाड़ियों को ढूंढकर लाने में दक्ष व्यक्ति; **~ed** /बःडिड/ *adj.* मूढ़ गावदू; **~er** *n.* (***syn.*** ornithologist) पक्षी-विशेषज्ञ; **~-eyed** *adj.* तीव्र-दृष्टिवाला; **~-fancier** *n.* पक्षी-प्रेमी, पक्षी-व्यवसायी; **~house** *n.* दरबा; **~ie** *n.* 1 पक्षी के लिए बच्चों का शब्द 2 बैडमिंटन की शटल कॉक; **~ing** /बःडिंग/ (*also see below under separate entry*) *n.* 1 पक्षी-अवलोकन 2 पक्ष-आखेट; **~-life** *n.* पक्षी-समूह; **~-lime** *n.* छोटे पक्षियों को फांसने के लिए पेड़ की टहनियों और पत्तों पर लगाया जाने वाला चिपचिपा पदार्थ, लासा; **~lore** /बःडलोः/ *n.* पक्षियों संबंधी तथ्य या जानकारी; **~-pepper** *n.* लाल मिर्च की एक प्रकार; **~seed** *n.* दाना, चुगा; **~'s-foot** *n.* पंजक; **~shot** *n.* पक्षियों पर दागी जाने वाली गोलियां; **~song** *n.* पक्षियों द्वारा की जाने वाली संगीतमय ध्वनियां; **~watcher** *n.* (*also esp. US or colloq.* **birder**; ***syn.*** ornithologist) सहज माहौल में पक्षी-अवलोकन द्वारा उनका अध्ययन करने वाला व्यक्ति; **~-watching** *n.* (*also esp. US, colloq.* **birding**) *n.* पक्षी-दर्शन, पक्षियों को निहारने की क्रिया, पक्षी-अवलोकन; **~-witted** *adj.* चंचल; **~woman** *n.* महिला विमान चालक, विमानचालिका;

collocations: **~ brain** मूर्ख व्यक्ति; **~ catcher** बहेलिया; **~'s eye-view** विहंगम दृष्टि, सारांश; **~sfoot trefoil** यूरोप, अफ्रीका और एशिया में पाया जाने वाला छोटा-सा सदाबहार पौधा; **~ flu** (*also* **avian flu**) *n.* पक्षी को होने वाली नजले की बीमारी; **~'s nest** घोंसला; **~'s nest fern** एक सदाबहार पौधा; **~'s nest soup** मसालेदार चीनी शोरबा; **~ of Jove** गरुड़; **~ of Juno** मोर; **~ of Minerva = ~ of night** उल्लू, घुग्घू; **~ of Paradise** आस्ट्रेलिया, न्यू गिनी (New Guinea) आदि देशों में पाया जाने वाला अति रंग-बिरंगा पक्षी; **~ of paradise flower** रंगबिरंगा सदाबहार पौधा; **~ of passage** 1 प्रवासी पक्षी 2 रमता जोगी; **~ of prey** शिकारी पक्षी; **~ strike** पक्षियों की उड़ते विमान से पक्षी की टकराहट या टक्कर; **~ table** काफी ऊंचा उठा मेजनुमा प्लेटफार्म जिसपर बिल्ली आदि की पहुंच से बाहर पक्षियों के लिए खाना रखा जाता है; **the bird of Washington** अमेरिकी ध्वज में बाज;

the ~s and the bees *colloq., euphemistic* यौन-

गतिविधियां एवं प्रजनन;
p&i: **~'s-eye view** विहंगम दृष्टि, सिंहावलोकन, उड़ती नजर से देखा जाने वाला दृश्य; **~s of a feather** एक जैसे लोग; **~s of a feather flock together** चोर चोर मौसेरे भाई, चोर का साथी गिरहकट, एक ही थैली के चट्टे-बट्टे; **~s of passage/ migratory ~s** प्रवासी पक्षी, रमता जोगी;
a ~ in the hand is worth two in the bush = a ~ in the hand is better than two in the bush नौ नकद, न तेरह उधार, जैसा पैसा गांठ का तैसा मीत न होए; **a ~ may be known by the song** जैसी चाल वैसी ढाल; **a ~ of ill omen** अशुभ व्यक्ति या शुभ-अशुभ बढ़ानेवाला व्यक्ति; **a ~ of one's own brain** अपने दिमाग की उपज; **a dead ~** *Austral.* पक्की बात; **a dolly ~** सुंदर पर मंद बुद्धि लड़की; **a downy ~** चालाक या धूर्त व्यक्ति; **a gay ~** हंसमुख व्यक्ति; **a jail ~** अक्सर जेल में रहने वाला अपराधी; **a little ~ told me** मुझे काले चोर ने बताया, अफवाहों का बाजार गर्म है; **a lone ~** अकेला व्यक्ति; **an early ~** किसी कार्य के शुरू में ही सक्रिय होने वाला व्यक्ति; **an old ~** अनुभवी व्यक्ति, मंजा हुआ खिलाड़ी; **a queer ~** विचित्र व्यक्ति, बावळा; **a rare ~** (*Lat.* gaga avis) अजूबा; **do ~** *Br. sl.* जेल काटना, कैद में रहना; **do sth like a ~** सहर्ष कोई काम क.; **each ~ loves to hear himself sing** अपनी आवाज सब को प्यारी है; **eat like a ~** बहुत कम खाना; **every bird likes its own nest** अपना घर सब को प्यारा, जो सुख छज्जू दे चौबारे, ओह बलख न बुखारे; **for the ~s** बेकार या घिनौना आदमी, बेकार चीज या काम; **get the ~** 1 नौकरी से निकाल दिया जा., बर्खास्त किया जा. 2 दर्शकों द्वारा मंच पर कलाकार को दुत्कारा जाना (hissing and jeering) 3 शादी का प्रस्ताव ठुकरा दिया जा.; **give sb the ~** *sl. mainly Br.* किसी की सरे आम निंदा या आलोचना क.; **give the ~** 1 नौकरी से निकालना 2 किसी की खिल्ली उड़ाना; **go like a ~** *colloq.* कार आदि द्वारा सरपट दौड़ते हुए जाना; **it is ill ~ that fouls its own nest** मूर्ख ही अपने घर को बिगाड़ता है; **it is the early ~ (that) catches the worm** जो जागत है सो पावत है; **just out ~** अभी-अभी जेल से छूटकर आया हुआ; **like a ~** फुर्ती से; **kill two ~s with one stone** एक पंथ दो काज; **make a ~** *sl.* तीर निशाने पर लगना; **old ~s are not to be caught with chaff** पुराने घाघ को बुद्धू नहीं बना सकते; **strictly for the ~s/ for the ~s** *US colloq.* बेकार चीज, जिसे केवल बेवकूफ लोग ले या स्वीकार कर सकते हैं; **the ~ is flown** पंछी पहले ही उड़ गया, कैदी रफू-चक्कर हो गया; **the Arabian ~ = the bird of wonder** अमर पक्षी फीनिक्स (Phoenix); **the Roman ~** उकाब, महाश्येन;
birdie /बःडि/ *US* (*UK* **shuttle-cock**) *n., pl.* **birdies** 1 छोटे बच्चों द्वारा पक्षी के लिए प्यार-दुलार में प्रयुक्त शब्द 2 छोटी चिड़िया 3 बैडमिंटन के खेल में प्रयुक्त पक्षी-परनुमा शटल-कॉक 4 गोल्फ में एक स्कोर (score);
v., pt. **~d,** ***pp*** **birdying** गोल्फ के खेल में 'बर्डी' स्कोर (birdie score) के साथ छेद (hole) को पूरा क.;
p&i: **hear the ~s sing** बेहोश हो जा.; **watch the ~** *colloq.* फोटो खींचते समय फोटोग्राफर द्वारा मजाक में कहे गये शब्द
bireme /बाइरीम/ *n.* द्वपतवारी नौका, द्वतल नौका
biro /बाइरो/ *n. UK trade* बॉल-पुंआइट पैन
biriyani *n. Ind E.* बिरियानी
birretta /बिरेट/ *n., pl.* **birettas** चौकोर टोपी, पादरी टोपी
birth /बःथ/ *n.* 1 जन्म: artist by ~; crush a movement at ~; new/ second ~ 2 जनन, प्रसूति: two at a ~ 3 उद्भव, उत्पत्ति: of humble ~; Indian by ~ 4 शुरुआत, प्रारंभ: the ~ of socialism;
dw/lw: **~-certificate** *n.* जन्म प्रमाणक, जन्म के बारे में लिखित सनद; **~-date** *n.* जन्म-तिथि; **~day** *see the separate entry*; **~ing** *n.* जनन-क्रिया, प्रसव: a ~ing pool; **~night** *n.* जन्मरात्रि; **~-pill** *n.* गर्भ-निरोधक गोली; **~place** *n.* 1 जन्म-स्थान 2 किसी प्रसिद्ध वस्तु या घटना का जन्म-स्थल: the ~place of Buddhism; **~-register** *n.* जन्म पंजी; **~right** *n.* जन्मसिद्ध अधिकार, पैदाइशी हक; **~stone** *n.* जन्म राशि से जुड़ा रत्न; **~weight** *n.* जन्म के समय बच्चे का वजन; **~worth** *n.* 1 (***syn.*** bracteated) किरामार, धूम्र-पत्र 2 अकमूल (Indian);
collocations: **~ control** (*also* **family planning**) संतति-नियोजन, परिवार-कल्याण अभियान; **~ mark** (*also, techn.,* **naevus**) जन्म-चिह्न, तिल; **~ mother** गोद लिए बच्चे की असली मां; **~ partner** वह व्यक्ति जिसे जन्म देने वाली मां प्रसव के समय अपने साथ रहने के लिए चुनती है **~ rate** जन्म दर; **~ sign** *astrol.* राशि फल;
p&i: **give ~ to** (को) जन्म दे., पैदा क.; **give ~ to sth** कोई नई बात शुरू क.; **Indian/ Italian, etc. by birth** जन्म से भारतीय/ इतालवी आदि; **in one's birthday suit** बिल्कुल नंगा; **sell one's ~right** अपने जन्म-सिद्ध अधिकार का सौदा कर लेना
birthday /बःथडे/ (*also* **birth day**) *n.* जन्म-दिन, जन्म-तिथि, वर्ष गांठ: ~ cake/ card/ party/ present;
collocations: **~ honours** जन्म दिन पर प्रदान किया जाने वाला सम्मान; **~ pool** एक चल तरण ताल जिसमें आपात प्रसव के समय औरत पानी में बैठ सकती है; **in one's ~ suit** *humorous, colloq.* पूर्णतः नंगा
bis /बिस/ *adv.* (निर्देश) फिर, दोबारा, द्विरावृत्ति संकेत
BIS *abbr.* 'Bachelor of Information Science', 'Bachelor of Information Systems', 'Bachelor of Science in Internet Science', 'BSc in Internet Science', 'British India Corporation', 'British Information Service', 'Bureau of Indian Standards' की प्रथमाक्षरी
biscuit /बिस्किट/ *n.* 1 *UK* (*US* **cookie**) बिस्कुट 2 *N. Amer., US equiv.* **cracker** छोटा गोल केक 3 बिना पॉलिश (unglazed, biscuit ware) किए हुए मिट्टी के बर्तन;
collocations: **~ barrel** बिस्कुट का बर्तन;
p&i: **take the ~/ cake** *Brit, ironic colloq.* जो अब तक हुआ, उससे भी बदतर, हद पार क.: his last comment really took the ~
bisect /बाइसेक्ट/ *v., pt.* **~ed,** *pp* **~ing** दो हिस्सों में काटना, दोफाड़ क. द्विभाजित क., अर्धित क., दो टुकड़े क.;
dw/lw: **~ion** /बाइसेक्शन/ *n.* दोफाड़, समद्विभाजन, अर्धन; **~or** /बाइसेक्टर/ *n.* समद्विभाजक रेखा, अर्धक रेखा, अर्धक, द्विभाजक
bisexual /बाइसेक्सुअ़ल/ *adj.* उभयलिंगी, द्विलिंगी;
dw/lw: **~ity** /~लिटि/ *n.* उभयलिंगत्व
bishop /बिशप/ *n.* 1 बिशप, ईसाई धर्माध्यक्ष 2 शतरंज का फीला 3 ऊंट 4 बिशप मदिरा 5 बिशप पक्षी;
v., pt. **~ed,** ***pp*** **~ing** 1 पुष्टि क. 2 पकाते समय दूध को जलने दे. 3 घोड़े के दांत भरना;
dw/lw: **~ess** /बिशपअस/ *n.* बिशप-पत्नी; **~ric** /बिशअप्रिक/ *n.* धर्म प्रांत, बिशप का पद;
p&i: **~'s weed** अजवायन; **the ~ has played the cook = the ~ has put in his feet in it** पकाते समय जल गया
bismuth /बिज्मथ/ बिस्मथ/ *n., chem.* (*symbol* **Bi**) बिस्मथ नाम का रसायन
bison /बाइसन/ *n., pl.* **bison** जंगली भैंसा, जंगली गाय/ सांड
bisque/ bisk /बिस्क/ बीस्क/ *n., cookery* (मछली का) शोरबा
bissextile /बाइसेक्सटाइल/ *n.* लीप वर्ष, लौंद का वर्ष
bistrate /बाइस्ट्रेट/ *n.* द्विकंचुका, द्विस्तीन
bistable /बाइस्टेबल/ *adj. telecomm.* द्विस्थितिक;
n. *electronics, comput.* फ्लिप-फ्लॉप
bistro /बिस्त्रो/ (*also Russian* **быстро** = fast) *n., pl.* **~s** 1 फास्ट-फूड का ढाबा, सुरा गृह, जलपानालय 2 छोटा शराबघर, छोटा मदिरालय 3 छोटा रेस्तरां
BIT *abbr.* 'Bachelor of Information Technology', 'Birla

Institute of Technology' की प्रथमाक्षरी

bit /बिट/ *n.* 1 छोटा-सा टुकड़ा, कण, अंश, हिस्सा: small **~s** of sugar; every ~ of; go/ come to **~s** (छोटे-छोटे टुकड़े क. या हो.); a ~ of paper 2 (***syn.*** a little) थोड़ी-सी मात्रा, थोड़ा-सा: a ~ of luck; give me a ~; a ~ at a time; wait a ~; he is a ~ late; he is not a ~ tired; he is a ~ of a coward 3 ग्रास, कौर: dainty ~ (स्वादिष्ट कौर); a ~ of cake; he ate all the cake ~ by ~ 4 (*also* **drill ~**; ***syn.*** bridle) घोड़े की लगाम की धातु की पत्ती, दहाना की मुखरी 5 अनी, बरमी (of tool), बरमा (drill) की नोक 6 सिक्का: three penny ~; *N Amer. only* two-**~s**, four **~s**/ six **~s** (साढ़े बारह सेंट); short ~ (10 सेंट का सिक्का); long ~ (15 सेंट का सिक्का) 7 *comput.* 1 (***syn.*** binary digit) द्वयंक, जिसका मूल्य 1 या 0 होता है 2 (*comput.* **Bit**) कंप्यूटर द्वारा प्रोसेस (process) की जा सकने वाली न्यूनतम सूचना इकाई 8 *sl.* छोकरी 9 ताले में लीवर के साथ लगने वाला चाबी का सिरा 10 (**a bit**) थोड़ा-सा समय, एक-मिनट: wait a ~! 11 कैद या हवालात की अवधि 12 *Br.* (**quite a ~ of sth**) काफी मात्रा: he earns quite a ~ of money; a nice ~ of architecture (बहुत अच्छा भवन-निर्माण-शिल्प); a good/ nice ~ (बहुत अच्छा); a good ~ older (उम्र में काफी बड़ा); a nice ~ of money (काफी या बहुत सारा पैसा);

v., *pt.* **~ted**, *pp* **~ting** 1 (***syn.*** bridle) घोड़े के मुंह पर लगाम डालना 2 (***syn.*** restrain) (घोड़े आदि को) नियंत्रित क.;

dw/lw: **~-map** = **~-mapping** *n.* कंप्यूटर स्क्रीन पर सूचनाओं (data) को व्यवस्थित करने का ढंग; **~-player** *n.* लघु भूमिका-अभिनेता; **~-part** *n.* नाटक या फिल्म में लघु भूमिका; **~-stream** ***n.*** स्वयं रूप (binary form) में सूचनाएं का प्रवाह;

collocations: **~ map** कंप्यूटर स्क्रीन पर सूचानाओं (data) की व्यवस्था; **~s and pieces**/ **~s and bobs** छोटी-मोटी चीजें (odds and ends): she stuffed all her ~s and pieces into a bag and left; **~ stock** हाथ बर्मा;

p&i: **~ and sup** खाना तथा पीना; **~ by ~** थोड़ा-थोड़ा करके; **~s of sticks** थोड़ा-बहुत फर्नीचर;

a ~ 1 थोड़ा-सा (समय आदि), थोड़ी-सी (दूरी आदि): wait a ~ 2 थोड़ा-सा, जरा-सा: a ~ of fool; takes a ~ of doing (थोड़ा काम करने पड़ता है) 3 ढेर सारा: quite a ~ (बहुत सारा/ सारी, बहुत, ढेर सारा/ सारी); **a ~ in the morning is better than nothing all day** सारा दिन खाली पेट रहने से बेहतर है सवेरे-सवेरे थोड़ा खा लेना, बिल्कुल न होने से थोड़ा होना बेहतर है; **a ~ much/ thick/ rich** थोड़ा/ थोड़ी ज्यादा ही/ गाढ़ा/ धनी; **a ~ of a ...** थोड़ा-सा; **a ~ of a change/ fool/ problem, etc.** थोड़ी-सी रेजगारी/ थोड़ा-सा पागल/ थोड़ी-सी समस्या; **a ~ of all right** संतोषजनक, ठीक-ठाक; **a ~ of blue day** आशा की किरण; **a ~ of cavalry** सवारी का घोड़ा; **a ~ off** *Br. colloq.* बदतमीज, बुरा स्वाद या बर्ताव; **a ~ of fat** आकस्मिक सफलता; **a ~ of goods/ crackling/ flesh/ fluff/ skirt/ stuff/ muslin** अच्छी-भली सुंदर लड़की; **a ~ of no good** बहुत बड़ा नुकसान; **a ~ of rough** संभोग क्रिया में थोड़ा ऊबड़-खाबड़ (जिसकी वजह से वह कइयों को अच्छा लगता है), थोड़ा हिंसक; **a ~ on the side** 1 पर-नारी या पर-पुरुष गमन (an extramarital relationship) 2 पति या पत्नी से अलग प्रेमिका या प्रेमी; **a little ~** थोड़ा-सा; **a little ~ of a fellow** ठिगना आदमी; **a saucy ~** तेज-तर्रार (लड़की); **be off the ~** अपने ऊपर वश न हो.; **be on the ~** बुझा-बूझा-सा हो.; **be over the ~** (घोड़े द्वारा) लगाम की खिंचाई पर न रुका जा.; **champ at the ~** कुछ करने को उतावला हो.; **come up to the ~** कहा मानना; **do one's ~** *colloq.* अपना कर्त्तव्य निभाना, अपना योगदान दे., अच्छा-खासा प्रयास क.; **draw the ~** लगाम खींचना; **every ~ as good/ bad as sth else** प्रत्येक भाग, पूरी की पूरी या सारी की सारी चीज उतनी ही अच्छी या बुरा जितनी कि कोई दूसरी चीज; **every ~ of** पूरा का पूरा, सारा; **four ~s** *US sl.* 50 सेंट; **get a ~ on** थोड़ा पी लेना; **give a ~ of one's mind** खरी-खरी सुनाना; **not a ~/ not a ~ of it** जरा भी नहीं, बिल्कुल नहीं; **take a ~ of doing** काफी प्रयास करने की जरूरत; **take/ get the ~ between one's teeth** किसी काम में इस तरह जुट जा. कि रोकना मुश्किल हो जाए, बेलगाम होकर काम में जुट जा.; **the whole ... bit** सारा, सारे, सारी: she couldn't accept the whole drug-culture ~; **to ~s** 1 टुकड़े-टुकड़े 2 बहुत ज्यादा: love ones kids to ~s; **wait a ~** थोड़ी देर रुक जाइए!

bit *pt.*, 'bite' का भूतकाल

bitch /बिच/ *n.*, *pl.* **~es** 1 कुतिया, कुत्ती 2 (औरत के लिए गाली के रूप में प्रयुक्त), घृणित औरत, कुतिया 3 कठिन व अप्रिय वस्तु या काम: life's a ~;

v., *pt.* **~ed**, *pp* **~ing** 1 पीठ पीछे निंदा क., चुगली क. 2 सब गड्डमड्ड कर दे.;

dw/lw: **~ily** /बिचिलि/ *adv.* विद्वेषपूर्ण ढंग से; **~in** (*also* **~ing**) बहुत बढ़िया; **~iness** /बिचिनेस/ *n.* चिड़चिड़ापन, तुनकमिजाजी; **~\y** /बिचि/ *adj., degr.* ~ier, ~iest *colloq* द्वेषपूर्ण, चिड़चिड़ा व द्वेषभरा; **~y** *n.* दुष्ट, चुगलखोर, बदमाश व्यक्ति;

collocations: **~ wolf** मादा भेड़िया;

p&i: **~ about sb** किसी के बारे में घिनौने ढंग से काना-फूसी क., किसी की चुगली क.; **~ sth up** गड़बड़-घोटाला क.

BITCOM *abbr.* Bundesverband für die Informationswirtschaft, Telekommunikation Und Neue Medien का परिवर्णी शब्द (acronym) (German Association for Information Technology, Telecommunications and New Media)

bite /बाइट/ *v.*, *pt.* **bit**, *pt. p.* **bitten**, *pp* **biting** 1 दांत से कौर आदि काटना, कुतरना: ~ one's tongue 2 (***syn.*** sting) चुभना, दंश मारना, डंक मारना, डसना 3 चोंच मारना 4 (***syn.*** grip) दांत से पकड़ना 5 (***syn.*** trouble, annoy) कष्ट पहुंचाना, परेशान क.: what's **biting** him? 6 (***syn.*** corrode) जंग लगना या जंग या अम्ल आदि द्वारा काटा जाना 7 कष्टदायक बनना, बुरा असर डालना: austerity measures are beginning to ~ 8 जाल या धोखे में फंस जा. 9 मिर्च आदि से मुंह जलना 10 पाले (frost) द्वारा काटा जा. 10 जली-कटी सुनाकर कष्ट पहुंचाना 11 (be bitten with) में रम जा., आसक्त हो.: bitten with modern music 12 ब्रेक आदि द्वारा पकड़ बनाकर रखना: the brake will not ~;

n. 1 कौर, ग्रास: a ~ to eat; without ~ or sup (बिना खाए-पिए) 2 काटा हुआ अंश: ~ of an apple; have a ~ 3 (***syn.*** sting) दंश, काटने से हुआ घाव: the ~ became infected 4 ब्रेक आदि की पकड़ 5 पीड़ा: the ~ of the wound 6 (***syn.*** invectiveness) तीखापन, शब्दों की तीक्ष्णता;

dw/lw: **bitten** /बिटन/ 1 *pt. p.*, **'bite'** का भूतकालिक कृदंत 2 *adj.* (से) ग्रस्त, (से) पीड़ित; **~r** *n.* दंशक, धोखेबाज, काटू: the ~er bit (काटने वाला ही कट गया, गिननेवाला ही ठगा गया); **biting** /बाइटिंग/ *adj.* 1 अत्यधिक ठंडा, कड़ाके की ठंड, काटने वाली सर्दी, काटू: biting cold; biting wind 2 चुभने वाला (कथन) या चुभने वाली (बात): ~ words 3 तीखा; **~-sized** /बाइटसाइज/ *adj.* कौर या ग्रास भर;

p&i: **~ at** थोड़ा टुकड़ा लेना, एक कौर काटकर स्वाद चखना; **~ in** तेजाब (अम्ल) से मिटाना; **~ off** दांतों से एक टुकड़ा काटना; **~ off more than one can chew** सामर्थ्य से अधिक करने का प्रयत्न क.; **~ one's lips** 1 कुछ कहते-कहते रुक जा. 2 घबराहट या झुंझलाहट में होंठ चबाना; **~ one's nails** घबराना; **~ one's/ upon the bridle** अधीर हो.; **~ sb's head off** जरूरत से ज्यादा गुस्से से जवाब दे.; **~ sth away/ off/ out** किसी चीज में से कुछ काट लेना; **~ sth back** बोलने या कहने से हिचकना या संयम बरतना; **~ sth in** उकेरते समय पंक्तियां या शब्द तेजाब से मिटाना; **~ the tongue** कुछ कहते-कहते रुक जा., दांतों से जीभ काट ले.; **~ the bullet** बुरी स्थिति का बहादुरी से सामना क.; **~ the dust** 1 गिरकर मर जा. 2 धूल चाटना या मुंह की खाना; ~

the ground/ the sand 1 मार दिया जा. 2 परास्त कर दिया जा. धज्जियां उड़ा दीं जाना; ~ **the hand that feeds you** मदद या भला करने वाले का ही नुकसान क.; ~ **the thumb** ठेंगा दिखाना; **be bitten by sth** किसी चीज में अत्यधिक रम जा.; **bit his gloves** खून का प्यासा हो.; **bitten with** संक्रामक रोग से ग्रस्त; **come back to ~ you** आगे और कष्ट दे. या परेशान क.; **have a ~** थोड़ा-सा खा लेना; **have two ~s at a cherry** 1 पहले थोड़ी चीज को आगे और बांटना 2 जरूरत से ज्यादा कोशिश क.; **once bitten twice shy** दूध का जला छाछ को फूंक मार-मारकर पीता है; **put the ~ on sb** *sl.* पैसा ऐंठना; **the ~r bitten** ठग का स्वयं ठगा जाना; **what is biting you?** आपको क्या काट खाए जा रहा है?

BITM *abbr.* 'Bachelor in Information Technology and Management' की प्रथमाक्षरी

bit-mapping *see under* **bit: *dw/lw***; **bit map** *see under* **bit: *collocations***

bitonal /बाइटोनल/ *adj., music* संगीत जिसमें दो बटन या चाबियां (keys) एक साथ प्रयोग की जाती हैं

BITS *abbr.* 'Birla Institute of Technology and Science' की प्रथमाक्षरी

bitten *see above under* **bite: *dw/lw***

bitter /बिटः/ *adj., degr.* **more ~, most ~** 1 कड़वा, तिक्त: ~ taste 2 कटुता के विष से भरा, क्रुद्ध: ~ enemy 3 कटु, दुखद, पीड़ादायक: the ~ truth; ~ grief 4 कड़ाकेदार, कड़ाके की: ~ cold (सर्दी) 5 कटुतापूर्ण: ~ feeling; ~ tears 6 अत्यधिक निराश: ~ disappointment;

n. *UK* कड़वा पेय (बीयर), तीखी वस्तु (शराब आदि);

v. *pt.* **~ed**, *pp* **~ing** कड़वा या तीखा बनाना;

dw/lw: **~-apple** *n.* इंद्रावन; **~-cress** *n.* पादप; **~-earth** *n.* मैगनेसिया; **~-ender** *n.* 1 दृढ़ सिद्धांतवादी व्यक्ति 2 हठी आदमी; **~-gourd** करेला; **~ish** *adj.* कुतिक्त, कुछ-कुछ कड़वा; **~ly** /बिटःलि/ *adv.* 1 कटुता से, बहुत अधिक: weep ~ly (फूट-फूटकर रोना) 2 कड़ाकेदार: ~ly cold; it was ~ly cold; **~ness** /बिटःनेस/ *n.* कड़वाहट, कटुता, तीखापन; **~-pit** *n.* सेब की एक बीमारी; **~-root** *n.* एक पौधा; **~s** /बिटःज/ *n., pl.* जड़ी-बूटियों से बना द्रव जिसे अच्छे स्वाद के लिए कई पेयों, विशेषकर शराब के पेय में मिलाया जाता है; **~-spar** *n.* एक हल्के रंग का खनिज; **~-sweet** *adj.* खट्टा-मीठा, खट्टी-मीठी: a ~-sweet love story; **~-sweet** *n.* खट्टे-मीठे अनुभव: ~-sweet(s) of daily life; **~wood** *n.* एक कड़वी छाल व लकड़ी वाला औषधीय पेड़ या उसकी लकड़ी;

collocations: **~ disappointment** कटु निराशा; **~ end** (भयंकर) अंत तक: stay through to the ~ end; **~ lemon** कड़वा या तीखा नींबू; **~ memories** दर्दभरी यादें; **~ resentment** अत्यधिक कटुता;

p&i: **~ as gall/ ~ as wormwood** करेले-सा कड़वा; **~ tongue/ speech** 1 कड़वी जबान 2 जहरभरा भाषण;

a ~ pill to swallow कटु समाधान; **fight to the ~ end/ until the ~ end**: आखिरी दम तक; **that which was ~ to endure may be sweet to remember** कभी-कभी पार की गई मुसीबतों को याद करना अच्छा लगता है; **who has never tasted ~ knows not what sweet is** दुःख के बाद सुख अच्छा लगता है

bitter-sweet /बिटः-स्वीट/ *adj., see under* **bitter: *dw/lw***

bitts /बिट्स/ *n., naut.* (***syn.*** bollard) मकरी, जहाजी खूंटा

bit\ty /बिट्टि/ *adj., degr.* **~tier**, **~tiest** *colloq.* छोटे-छोटे टुकड़ों से बनी ऊबड़-खाबड़-सी वस्तु

bitumen /बिट्युमन\/ *US* बिटूमन\/ *n.* डामर, बजरी, कंकरीट, अस्फाल्ट;

dw/lw: **~ise** /बिट्युमनाइज/ *v. pt.* ~ised, *pp* ~ising बजरी का मिश्रण (डामर) लगाना; **~ous** /~स/ *adj.* कंकड़ीला: ~ous concrete; ~ous industry;

collocations: **the ~** *Austral. colloq.* पक्की सड़क

bitzer /बिट्सः/ *n., Auatral. & NZ* 1 अलग-अलग हिस्सों से बनी वस्तु 2 (***syn.*** mongrel) मिश्रित प्रजाति का कुत्ता

bivalent /बाइवेलंट/ (*also* **divalent**) *adj., chem.* द्विसंयोजक, युगली

bivalve /बाइवैल्व/ *adj.* द्विकपाटी

bivariate /बाइवेरिअइट/ *adj., math.* द्विचर

bivocal /बाइवोकल/ *n., phon.* द्विध्वनीय संयुक्त स्वर (diphthong)

bivouac /बिवुऐक/ *n.* बिना तंबुओं वाला या खुला शिविर, पड़ाव: ~-area (खुला शिविर क्षेत्र); go into ~; ~ outpost (संतरी की चौकी);

v. *pt.* **~ked**, *pp* **~king** पड़ाव डालना, बिना तंबू के किसी खुले स्थान पर डेरा डालना

bivvy /बिवि/ *n.* तंबू, अस्थायी शरणालय;

v. *pt.* **bivvied**, *pp* **bivvying**, *s/he/it* **bivvies** तंबू या अस्थायी शरणालय में सोना

biweekly /बाइवीक्लि/ *adj.* 1 पाक्षिक, अर्धमासिक 2 द्विसाप्ताहिक

biyearly /बाइयिअःली/ *adj.* द्विवार्षिक, अर्धवार्षिक

(the) biz *n.* मनोरंजन आदि से जुड़ा धंधा: the show ~;

p&i: **be the ~** बहुत अच्छा हो.

bizarre /बिजाः\/ *US* बिजाःर\/ *adj., Fr., Sp.* 1 (***syn.*** weird) विचित्र, बेतुका 2 (***syn.*** incongruous) गड़बड़, बेतुका;

dw/lw: **~ly** /~लि/ *adv.* विचित्र ढंग से; **~ness** /~नेस/ *n.* विचित्रता;

collocations: **~ behaviour** विचित्र व्यवहार

BJD *abbr.* 'Biju Janata Dal' की प्रथमाक्षरी

BJNC *abbr.* 'Bharat Janwadi Naujawan Sabha' की प्रथमाक्षरी

BJP *abbr.* 'Bharatiya Janta Party' की प्रथमाक्षरी

BJT *abbr.* 'bipolar junction transistor' की प्रथमाक्षरी

BJYM *abbr.* 'Bharatiya Janta Yuva Morcha' की प्रथमाक्षरी

Bk *symbol, chem.* 'berkelium' का चिह्न

bk *abbr.* 'bank', 'book' का संक्षेप

BKS *abbr.* 'Bbharatiya Kamgar Sena' की प्रथमाक्षरी

BKU *abbr.* 'Bharatiya Kisan Union' की प्रथमाक्षरी

BL *abbr.* 'Bachelor of Law', 'British Library' की प्रथमाक्षरी

B/ L or **b/ l** or **b.l.** *abbr.* 'bill of lading' का संक्षेप; *also see under* **bill**

BLA *abbr.* 'Baloch Liberation Army' की प्रथमाक्षरी

blab /ब्लैब/ *v., pt.* **~bed**, *pp* **~bing** 1 (**~ sb about sth**) रहस्य/ भेद खोलना या सुराग दे दे.: ~ to the police 2 बकना, गोपनीय बात प्रकट कर दे. 3 फूलना, सूजना;

n. बकवादी आदमी, बकबक करने वाला व्यक्ति;

dw/lw: **~ber** /ब्लैबः/ *v. pt.* ~bered, *pp* ~bering 1 बकवास क., भेद खोलना 2 बकबक क.; **~ber** *n.* बकबकिया, भेद खोलने वाला; **~bing** /ब्लैबिंग/ *n.* मूर्खतापूर्ण ढंग से की जाने वाली बकवास; **~bing** *adj.* मूर्खतापूर्वक बकवास करने वाला; **~bermouth** /ब्लैबःमाउथ/ *n., sl., originally US* बकबक करने वाला आदमी;

p&i.: **~ sth out** 1 भेद खोल देना 2 मूर्खतापूर्ण ढंग से बकबक क.; **~ on about sth** *colloq.* किसी बात के बारे में बिना थमे बकवास करते जा.

black /ब्लैक/ *adj., degr.* **~er**, **~est** 1 काला, स्याह, कृष्ण: ~ cloth; the monument became ~ with age; ~ diamond (कोयला) 2 सांवला, धुंधला: ~ and tan; ~ clouds; ~ night; ~ water; ~ iron 3 अश्वेत: ~ law; ~ blood in Pushkin's veins 4 क्रोध भरा, दुष्ट, मनहूस: ~-hearted, ~ comedy 5 (***syn.*** sullen) अप्रसन्न, निष्प्रभ, मनहूस, उदास: ~ looks; ~ despair 6 (*syn.* hopeless) अंधकारमय, निराशाजनक, काला: the future looks ~; things look ~ 7 अनैतिक, बेईमानीपूर्ण, अपराध में लथ-पथ: ~ deeds; ~ curse; ~ heart; ~ sins; ~ ordeal 8 अशुभ: ~ augury 9 (*syn.* dirty) काला-कलूटा, गंदा, मटमैला: ~ hands; ~ linen 10 क्रूर, क्रुद्ध: a ~ mood; ~ look; look ~ at/ upon sb 11 अंधेरे में डूबा हुआ, अंधेरी (रात) 12 पक्का, बेहद: ~ ingratitude (पक्की कृतघ्नता, अहसानफरामोशी); a ~ born fool; ~ lie; ~ cruelty 13 मंजा हुआ, पक्का: ~ fascist man 14 ब्लैक-मार्केट में खरीदा हुआ: bought in ~ market;

n. 1 काला रंग, कालापन, कालिमा, कृष्ण रंजक 2 काले रंग के कपड़े 3 अफ्रीकी मूल का व्यक्ति 4 बिना दूध की चाय या कॉफी 5 शोक-संतप्तता, मातमी कपड़े (black colour of mourning) 6 अकृतज्ञ या कृतघ्न व्यक्ति 7 गंदगी, काला धब्बा, कालिख, काजल, धुआंसा: you have some ~ on your hand;

v., (*also*~**en**), *pt.* ~**ed**, *pp* ~**ing** 1 काला क. 2 काला रंग चढ़ाना: they ~**ed** their faces with soot 3 गंदा क. 4 काली पॉलिश क.;

dw/lw: ~**amoor** /ब्लैकअमूअर/ *n., old use, usually derog.* अश्वेत व्यक्ति; ~**-a-vised** *adj.* श्यामल, सांवला; ~**-and-white** *adj.* 1 काला और सफेद: ~-and-white television (काला-सफेद टेलीविज़न) 2 लिखित: ~-and-white judgement (लिखित निर्णय); ~**ball** *v., pt.* ~balled, *pp* ~balling 1 बहिष्कृत क., किसी के विरुद्ध मत देकर किसी संगठन की सदस्यता रोकना 2 किसी से मिलने से मना क.; ~**berry** /ब्लैकबेरि/ *n.* झड़बेरी, कृष्ण बदरी; ~**bird** *n.* श्यामा पक्षी, कस्तूरा; ~**board** (*also US* chalkboard) *n.* श्याम पट्ट, ब्लैकबोर्ड; ~**boding** /ब्लैकबोःडिंग/ *n.* अपशकुन-सूचक, अपशकुनिया, असगुनिया; ~**-browed** *adj.* खिन्न, उदास; ~**-bully** *n.* चीकू की तरह का एक फल; ~**cap** *n.* 1 अपराधी को फांसी की सजा सुनाते समय न्यायाधीश द्वारा पहने जाने वाली काली टोपी 2 राष्ट्रीय स्वयं सेवक संघ की काली टोपी; ~**-cat** *n.* मछली मारकर खानेवाला केंकड़ा; ~**cock** *n.* काला नर तीतर; ~**currant** /ब्लैकक्युरंट/ *n. UK* काली रसभरी; ~**en** /ब्लैकन/ *v., pt.* ~ened, *pp* ~ening 1 काला क. या बनाना, काला पड़ जा. 2 बदनाम क.: ~en sb's name (1 किसी का मुंह काला क. 2 कलंक लगाना); ~**face** *n.* 1 काले मुंहवाली भेड़ 2 कलाकारों द्वारा अपना मुंह आदि काला करने का पदार्थ; ~**faced** *adj.* कलंकित, बदनाम, कुख्यात; ~**fly** *n.* बहते पानी के पास पाई जाने वाली काटने वाली मक्खी; ~**foot** *n.* अमेरिका के मोंताना (Montana) और कैनेडा के अल्बेर्ता (Alberta) आदि प्रांतों में रहने वाले आदिवासी समुदाय का सदस्य; ~**guard** /ब्लैक-गाःड/ *n. dated or facetious* बदमाश, लुच्चा, लंपट, घिनौना व्यक्ति; ~**head** (*also tech. equiv.* **comedo**) *n.* मस्सा; ~**-hearted** *adj.* मन का काला; ~**-heartedly** *adv.* गुस्से में, धमकी भरे स्वर में; ~**-heartedness** *n.* कालापन, दुष्टता, कालिमा; ~**-hole** *n.* 1 जेल में काल-कोठरी 2 *see below under* **black: *collocations***; ~**ing** /ब्लैककिंग/ *n.* कलौंछ, काली पालिश; ~**ish** /ब्लैकिश/ *adj.* 1 कुछ-कुछ काला, काला-सा 2 काला धब्बा 3 काला आदमी; ~**jack** *n.* 1 ताश का एक खेल 2 कोड़े बनाने का चमड़ा; ~**leg** *n.* (*also* strike-breaker) गद्दार, हड़तालतोड़ू; ~**-letter** *n.* अंग्रेजी की प्राचीन गोथिक लिपि या वर्णमाला: ~-letter day (सप्ताह का एक कामकाजी दिन); ~**list** /ब्लैकलिस्ट/ *v., pt.* ~listed, *pp* ~listing काली सूची बनाना, वर्जित नामों या कार्यों की सूची तैयार क., काली सूची में नाम डालना; ~**list** *n.* 1 वर्जित नामों या कार्यों की सूची 2 बहिष्कृत नामों की सूची; ~**mail** /ब्लैकमेल/ *n.* 1 भय दोहन 2 डरा-धमकाकर या किसी काली करतूत का भय जताकर करवाया जाने वाला कार्य; ~**mail** *v., pt.* ~mailed, *pp* ~mailing 1 दस्यु भेंट या भयदोहन क. 2 धमकी देकर बात मनवाना, बाध्य क. 3 किसी कमजोरी (काली करतूत) को पकड़कर कुछ ऐंठना 4 धमका कर धन वसूल क.; ~**out** (*also see under* ~**: *collocations***) *n.* 1 अचानक हो जाने वाली बेहोशी, अचेतना (loss of consciousness) 2 बिजली गुल 3 युद्ध के समय प्रकाश स्रोतों के बंद होने के फलस्वरूप संपूर्ण तम आवरण 4 चिरागगुल, तमावरण 5 (suppression of news) समाचार या संवाद विलोपन यानी जान-बूझकर किसी समाचार या तथ्य का विलोप; ~**sheep** /ब्लैकशीप/ *n.* 1 कुल कलंक, कुलद्रोही 2 गद्दार; ~**shirt** *n.* 1 दूसरे महायुद्ध के दौरान इतालवी फासीवादी दल का सदस्य 2 फासीवादी व्यक्ति; ~**smith** *n.* लोहार, अयस्कार; ~**thorn** /ब्लैकथॉःन/ *n.* एक कांटेदार यूरोपीय झाड़ी; ~**top** *n., N. Amer.* 1 तारकोलयुक्त बजरी 2 पक्की सड़क पर जमी तारकोलयुक्त बजरी;

collocations: **Black Africa** अश्वेत अफ्रीका; **Black American** अफ्रीकी मूल का अमेरिकी व्यक्ति; ~ **and white** 1 लिखित रूप में: in ~ and white (लिखित रूप में); put in ~ and white (लिखित में दर्ज क.) 2 दध का दूध और पानी का पानी, स्पष्ट, स्पष्टतः 3 काला-सफेद फोटो, फिल्म या टीवी: ~ or white (मात्र दो विकल्प या रंग यानी उदाहरणतः या तो सही या गलत, बिना किसी बीच के रास्ते, समझौते या बीच की संभावना के); ~ **area** गंदगी व बीमारी भरा क्षेत्र; **(the)** ~ **art/ magic** काला जादू, जादू-टोना, अभिचार; ~ **baiter** अश्वेत लोगों की स्वतंत्रता का विरोधी; ~ **bean** 1 चटनियों में पड़ने वाला सोयाबीन 2 राजमाह 3 सुंदर लकड़ीवाला आस्ट्रेलियायी पेड़; ~ **bear** काला भालू; ~ **beetle** तिलचट्टा; ~ **belt** जूडो की काली पेटी; ~ **boding** अपशकुन-सूचक; ~ **body** *phys.* विकिरण-शोषी; ~ **book** काली जिल्द वाली पुस्तक; ~ **box** (*also* **flight recorder**) दुर्घटना का कारण जानने के लिए हवाई जहाज में प्रयुक्त यंत्र; ~ **browed** भयावह; ~ **buck** कृष्णसार, काला हिरण; ~ **bun** नए साल के समय बनाया जाने वाला स्कॉटलैंड का एक काला केक; ~ **butter** मक्खन को पकाकर बनाई जाने वाली एक सॉस;~ **coat** पादरी; ~ **comedy** अश्लील प्रहसन; ~ **consciousness** अश्वेत चेतना; ~ **day** 1 शोक दिवस 2 विरोध दिवस 3 एक सामान्य कामकाजी दिन; **(the)** ~ **Death** काली महामारी, ब्यूबोनिक प्लेग; **(the) Black Country** इंग्लैंड का उद्योगों से भरा वेस्ट मिडलैंड्ज़ (West Midlands) का क्षेत्र; ~ **damp** ऑक्सिजन रहित वायु; ~ **diamonds** 1 कोयला 2 काले हीरों की एक प्रकार; ~ **dog** 1 भयंकर विषाद 2 उदासी; ~ **draught** रेचक औषधि, जुलाब; **(the)** ~ **economy** (*also* **the underground economy**) काला धंधा, काला धन पर आधारित अर्थव्यवस्था; ~ **empowerment** दक्षिणी अफ्रीका में अश्वेत लोगों का आर्थिक और सामाजिक उद्धार; ~ **edged** शोक सूचक, मातमी; ~ **English** अश्वेत लोगों की अंग्रेजी; ~ **eye** 1 कृष्ण तारिका वाली आंख 2 (*also* **bruise**) आंख के इर्दगिर्द चोट के कारण नीली पड़ी चमड़ी 3 बेशर्मी की बात 4 बदनामी; ~**-eye bean**/ ~**-eyed bean**/ *US* ~**-eyed pea** (*also* **cowpea**) लोबिया; ~ **flag** 1 समुद्री डाकुओं की पताका 2 काली झंडियां, किसी के आने का विरोध; ~ **Friday** गुड फ्राइडे, पुण्य शुक्रवार; ~ **frost** कृष्ण तुषार = ~ **ice**, *see below*; ~ **gold** पेट्रोलियम; ~ **gram** चना; ~ **grouse** काला तीतर; ~ **guard** गुंडा, बदमाश, घिनौना व्यक्ति; ~ **hand** डाकुओं-लुटेरों की चौकड़ी; ~ **hole**, *astron.* बाह्य अंतरिक्ष में एक क्षेत्र जो पदार्थों व प्रकाश को निगल लेता है, ब्लैक होल; ~ **humour** मक्कार हंसी, दुर्भावनापूर्ण मजाकियापन; ~ **ice** सहज रूप से पड़ने वाली बर्फ (snow) के पिघलने और सड़क आदि पर फिर से पानी के जमने से बनी बर्फ (ice); ~ **information** बैंकों द्वारा रखी जाने वाली उन लोगों के बारे में गुप्त सूचना जिनमें देय सामर्थ्य नहीं; ~ **lead** लिखिज, पेंसिल का सुरमा; ~ **literature** अश्वेत (लोगों द्वारा लिखा हुआ) साहित्य; ~ **looks** मनहूस-सी शक्ल; ~ **magic** काला जादू; **Black Maria** 1 कैदी वाहन, कैदियों को लाने-ले जाने की गाड़ी 2 *milit.* कड़क गोला; ~ **mark** 1 विरोध जताने के लिए बाजू आदि पर पहना जाने वाला काला बैंड या पट्टी 2 कलंक, काला धब्बा; ~ **market** चोर-बाजार, काला बाजार; ~ **marketeer** चोर या काला बाजारिया; ~ **marketeering** चोर बाजारी, काला बाजारी; ~ **mass** ईसाई प्रार्थना सभा की निंदाजनक नकल, जिसमें भगवान की जगह शैतान

की पूजा की जाती है; ~ **money** काला धन (जिस पर सरकार को कर नहीं दिया गया हो); **(a)** ~ **mood** मनहूस मिजाज; ~ **knight** छोटी कंपनी को जबरदस्ती निगलने वाली बड़ी कंपनी; ~ **light** इन्फरा रेड किरणें जिन्हें देखा नहीं जा सकता; ~ **lung** फेफड़ों की एक बीमारी जो लंबे समय तक कोयले की धूल में सांस लेने से होती है; ~ **out** 1 आकस्मिक चिराग गुल 2 हवाई हमलों के समय तम आवरण यानी युद्ध आदि के दौरान सारी बत्तियां बुझाकर किया जाने वाला अंधेरा 3 सूचनाओं और समाचारों पर सेंसर आदि द्वारा प्रतिबंध 4 टीवी और रेडियो कार्यक्रमों पर बंदिश 5 थियेटर में स्टेज की बत्तियां बुझाकर किया जाने वाला अंधेरा 6 पाठ के किसी भाग पर लगाई जाने वाली काली स्याही 7 पल भर के लिए होने वाली बेहोशी; ~ **pepper** *cookery* काली मिर्च; ~ **powder** बारूद; ~ **power** अश्वेत (अधिकार-आंदोलन); ~ **prince** काली तितली; ~ **pudding** (*also* **blood pudding**) सूअर के मांस व खून से बनी काली सॉसेज; **Black Rod** ब्रिटेन में हाउस आव लॉर्डज का काली बेंत लिए मुख्य प्रवेशक (दरबान); **Black Sea** काला सागर; ~ **spot** (*also* **accident prone area**) *mainly Br.* 1 सड़क का ऐसा टुकड़ा जहां बहुत दुर्घटनायें होती हैं, खूनी मोड़ 2 सामाजिक असंतोष का क्षेत्र 3 पौधों पर लगने वाली फफूंदी की बीमारी; ~ **stuff** अफीम; ~ **stump** *Austral. & NZ* सभ्यता बदलाव की दहलीज पर एक मिथिक दूरी चिह्न; ~ **swan** आस्ट्रेलिया व तस्मानिया में पाई जाने वाली काली धड़ वाली सारस; ~ **tie** समारोही पोशाक के साथ पहनी जाने वाली काली टाई (tie) या बो (bow); ~ **Town** *derog.* भारतीय मोहल्ला (of British period); ~ **velvet** शैंपेन मिलाकर बनाया हुआ एक पेय; ~**-water fever** कालामेह, एक प्रकार का मलेरिया जिसमें खून की लाल कोशिकाओं के तीव्र विनाश के कारण मूत्र बहुत काला हो जाता है; ~ **water** पशुओं में होने वाला एक रोग; ~ **widow** उत्तरी अमेरिका में पाई जाने वाली काली मकड़ी जो अपने नर को खा जाती है;

p&i: ~ **as hell/ night/ pitch/ soot/ my hat** घनघोर अंधेरा या कालिमा; ~ **and blue** *colloq.* खरोंच आने या पिटाई के कारण नीलों से भरी त्वचा (*n.*): beat ~ and blue (बुरी तरह पिटाई क.); ~ **as sin/ thunder/ thundercloud** घोर विषादपूर्ण; ~ **as a crow/ a crow's wing/ raven/ a raven's wing/ ebony/ ink/ jet/ the ace of spades/ coal** कोयले-सा काला; ~ **dog has walked over him** उसके मुंह पर मुर्धनी छाई है.; ~ **forest gateau** *cookery* काली चेरीवाला चॉकलेट केक; ~ **in the face** चिड़चिड़ेपन या गुस्से से लाल-पीला; ~**-letter day** सप्ताह का एक कामकाजी दिन; ~ **sth out** गुल क., ढकना, छिपाना; **(the)** ~ **ox has trod on sb's foot** किसी को बदकिस्मती और बुढ़ापे ने आ घेरा; ~ **will take no other hue** सूरदास की काली कमरी, चढ़ै न दूजौ रंग;

as ~ **as ink** कालिख-सा काला; **be in sb's** ~ **books** किसी की नजरों में खराब हो.; **be in the** ~/ **climb into the** ~ 1 लाभपूर्वक धंधा क. 2 देय-सामर्थ्य हो.; **be not so** ~ **as he is painted** इतना खराब न होना जितना कि दर्शाया जाता है; **beyond the** ~ **stump** दूर कहीं दूर; **go into** ~ लाभ देने लगना; **in** ~ **(IE)** = **on the** ~ **market** ब्लैक में, अवैध तरीके से, दो नंबर में; **in the** ~ (*usually* **be in the** ~) खाते में पैसा होना, ऋण मुक्त, मुनाफे में; **know** ~ **from white** दीन-दुनिया का पता हो.; **put up a** ~ अशिष्टता दिखाना; **swear/ prove** ~ **is white** जानबूझकर झूठ बोलना; **two blacks do not make a white** = **two wrongs do not make one right** दो बार गलती करने से गलती ठीक में नहीं बदल जाती; **with one's hands** ~ मिट्टी से सने हाथ

Blackberry *n. tradem.* ब्लैकबेरी नाम का चल (portable) कंप्यूटर;

p&i: **as common/ plentiful/ plenty/ thick as blackberries** बहुतायत में

blackmail *see above under* **black:** ***dw/lw***

bladder /ब्लैडः/ *n.* 1 मूत्राशय, मसाना, थैली, ब्लैडर, वस्ति, फुकना 2 (***syn.*** sac) हवा या पानी भरने से फूलने वाला रबड़ या चमड़े का थैला: football ~ 3 एक प्रकार का पौधा;

collocations: ~ **stone** पित्त की थैली की पथरी; ~ **worm** एक प्रकार का जर्म; ~ **wort** एक समुद्री शैवाल (weed); ~ **wrack** भूरे रंग का सख्त समुद्री पौधा; **gall** ~ पित्ताशय

bla\de /ब्लेड/ *n.* 1 चाकू, छुरे तलवार आदि का फलक, की धार या पत्ती: strong/ weak part of the ~**de** 2 हजामत बनाने का ब्लेड 3 घास या पौधों की पत्ती: in the ~**de** (अनपका, अधकच्चा) 4 नाव के चप्पू आदि का एक चपटा सिरा, बल्ले का चपटा फलक: the ~**de** of an oar 5 पंखे या हेलिकॉप्टर के पंखे के पंख का फलक 6 जीभ के नोक के पीछे का ऊपर-नीचे उठने वाला भाग 7 (चंचल, चालाक) छोकरा, लड़का: a knowing ~**de**; a jolly old ~**de**; a cunning young ~**de**;

adj. जिह्वा के अगले भाग से उच्चरित: ~**de** consonants;

dw/lw: ~**de-bone** *n.* अंस-फलक; ~**ded** *adj.* फलकित, क्षुरपत्रित; ~**de-work** *n.* पतवार चालन; ~**ding** *n.* 1 पहिएदार फलकों (rollerblades) पर चलने का खेल 2 टर्बाइन के पंखों का सेट

blag /ब्लैग/ *v. pt.* ~**ged**, *pp* ~**ging** *sl.* 1 कोई चीज चुराना या लूटना 2 चालाकी से कुछ मुफ्त में पाना: ~**ged** his way into the club;

dw/lw: ~**ger** *n.* चोर, लुटेरा;

p&i.: ~ **on about sth/** ~ **about sth** *colloq.* बढ़ा-चढ़ाकर बातें क. या शेखी बघारना

blague /ब्लाःग/ *n., Fr.* 1 बकवास 2 थोथी बातें 3 अपने मुंह मियां-मिट्ठूपन, गपोड़पन 4 आंखों में धूल झोंकने की क्रिया

blah /ब्लाः/ *sl., n. also* **blah-blah** ब्लाह-ब्लाह, फ्लां-फ्लां;

adj. उबाऊ, अरुचिकर: the film was quite ~

blain /ब्लेन/ *n.* फफोला, छाला, फोड़ा

blake /ब्लेक/ *adj.* फीका, निष्प्रभ, बीमारू-सा

blamable/ blameable /ब्लेमेबल/ *adj.* निंदनीय, निंद्य, जिस पर आरोप लगाया जा सके

blame /ब्लेम/ *v., pt.* ~**d**, *pp* **blaming** 1 दोष/ आरोप लगाना: she ~**d** it on him 2 जिम्मेदार ठहराना, दोष दे.: ~ oneself for the accident; who is to ~?; you are to ~; he is much to ~; he is entirely to ~; ~ sb for sth; he cannot be ~**d** for it; she ~**d** herself for having committed an error; I have nothing to ~ myself for 3 किसी में दोष निकालना, निंदा क. 4 कलंकित क.;

n. 1 दोष, आरोप: lay/ cast/ put the ~ upon sb; take the ~ upon oneself; shift the ~ on sb 2 फटकार, तिरस्कार, धिक्कार: deserve ~; his conduct is free from ~ 3 कलंक, निंदा, 4 उत्तरदायित्व जिम्मेवारी: the ~ is partly mine; he ~ lies with me; where does the ~ lie for his failure? bear the ~; shun the ~;

dw/lw: ~**less** /ब्लेमलस/ *adj.* दोषहीन, निर्दोष; ~**worthy** /ब्लेमवर्दि/ (*also* ~**ful**) *adj.* निंदनीय, दोष देने योग्य, दोषी;

p&i.: ~ **sb for sth**/~ **sth on sb** किसी पर दोष मढ़ना;

bad workers often ~ **their tools** नाच न जाने आंगन टेढ़ा; **be to** ~ **for sth** किसी बात के लिए दोषी होना; **lay the** ~ **at sb's door** किसी और के माथे दोष मढ़ना; **lay the** ~ **on right shoulders** असली कुसूरवार पर ही दोष मढ़ना; **only have yourself to** ~ दोष तुम्हारा ही है; **take the** ~ जिम्मेवारी या दोष कबूल क. या अपने ऊपर लेना

blanch /ब्लांच/ *US* ब्लैंच/ *v., pt.* ~**ed**, *pp* ~**ing**, *s/he/it* ~**es** 1 रंग उड़ जा., पीला पड़ जा., निष्प्रभ हो.: fear ~**ed** her lips; her cheeks ~**ed** with fear 2 रंग उतार कर सफेद क.: age had ~**ed** his hair 3 *cookery* सब्जियों या गोश्त को थोड़ी देर के लिए गर्म पानी में उबालकर पकाने के लिए तैयार क. 4 *cookery* आलू आदि को गर्म पानी में रखकर छिलका उतारना;

p&i: ~ **over** 1 सफेद क. 2 अपने आप को सही ठहराना

blancmange /ब्लअमौंज/ *US* ब्लअमांज/ *n.* दूध से बना जैली की तरह का ठंडा हलवा

bland /ब्लैंड/ *adj., degr.* **~er, ~est** 1 (***syn.*** nondescript) ढीला-ढाला, बेजोश, निरुत्साह 2 सपाट, नीरस, निष्प्रभ: ~ smile 3 बेस्वाद, स्वादरहित, फीका: ~ diet 4 (***syn.*** mild) विनीत, चिकना, चाटुकारितापूर्ण: a voice sweetly ~ 5 (***syn.*** ironical) व्यंग्यात्मक 6 उपशामक, सुकूनदायक: ~ medicine 7 अति मृदुल, नर्म: ~ statement;

dw/lw: **~iloquence** /ब्लैंडिलोक्वंस/ *n.* चाटुकारितापूर्ण भाषण; **~ish** /ब्लैंडिश/ *v. pt.* ~ished, *pp* ~ishing, *s/he/it* ~ishes चापलूसी करके काम निकलवाना, फुसलाना; **~ishment** /ब्लैंडिशमंट/ *n., pl.* ~s चापलूसी, खुशामद, लल्लो-चप्पो, प्रलोभन; **~ly** /ब्लैंडलि/ *adv.* फीके ढंग से, चाटुकारितापूर्वक, विनयपूर्वक; **~ness** /ब्लैंडनेस/ *n.* 1 फीकापन, नीरसता 2 चाटुकारिता, विनम्रता

blank /ब्लैंक/ *adj., degr.* **~er, ~est** 1 खाली, कोरा: leave the space ~; ~ paper/ sheet/ space 2 (incomplete) अपूर्ण, निरंक, शून्य, किसी शब्द या शब्द-समूह के लिए खाली छोड़ा हुआ, रिक्त (स्थान), जो भरा न गया हो: ~ cheque; ~ space for signature 3 विलोपित (स्मरण शक्ति): his memory went ~ 4 भावशून्य: a ~ look; ~ face; ~ amazement 5 विचारशून्य: mind went ~ 6 अतुकांत (कविता) 7 (***syn.*** utter, complete, total) निरा, सरासर, सपाट, पूरा, साफ, सीधा, दो टूक: ~ refusal; ~ impossibility; ~ silence; decline ~; deny sth ~; watched with ~ awe; ~ terror gripped him 8 खाली पड़ा हुआ, अनिर्मित (स्थान): there are still many ~ spaces in this suburb 9 जो भरा न हो, थोथा (गोली, कारतूस): ~ ammunition; ~ cartridge; ~ charge; ~ shot 10 उद्देश्यहीन, लक्ष्यहीन: ~ existence 11 निरुत्तर, परेशान, बेहाल: ~ expression; looked ~ 12 खोखला: ~ wall; ~ window 13 निस्सार, सारहीन;

n. 1 (कागज आदि पर) खाली/ कोरा या रिक्त स्थान: leave a ~ for his signature; fill in the **~s** 2 (***syn.*** void) रिक्तता, शून्यता: the next ten years of his life are a ~; her son's death made a great ~ in her life 3 भावशून्यता 4 विचारशून्यता: my mind is a complete ~; mind went a complete ~ 5 शब्द के स्थान पर दिया गया चिह्न (~) या डैश (–) 6 आवाजी (थोथी) गोली या कारतूस: ~ cartridge 7 खाली (लॉटरी) टिकट (ticket): draw a ~ 8 खाली फार्म (form) 9 अतुकांतक कविता 10 खाली छूटे आयाम, विषय या पढ़ाई में अपूर्ण पहलू: he must fill in the **~s** in his education/ literary reading 11 अनगढ़ या असुसज्जित वस्तु 12 निशाना 13 अंधकार में हाथ-पांव मारने की तरह का प्रयास;

v. *pt.* **~ed**, *pp* **~ing** 1 ढकना, छिपा ले. 2 अप्रयोग्य शब्द (blankety blank) के स्थान पर डैश (–) या त्रिबिंदु (...) लगाना 3 पूर्णतः अनदेखी क., शून्य कर दे. 4 विवर्ण कर दे. 5 खाली छोड़ दे. 6 स्मृति-विलोप हो. 7 कच्चे लोहे के टुकड़े बनाना;

dw/lw: **~ly** *adv.* 1 साफ-साफ, भावशून्य मुद्रा में: stare ~ly at sb/ at sth 2 साफ-साफ, दो टूक, सीधे: deny sth ~ly; decline ~ly 3 पूर्णतः: he is ~ly atheistic; **~ness** *n.* 1 खालीपन 2 भावशून्यता 3 रिक्तता;

collocations: **~ assay** अंधकार में हाथ-पांव मारने की तरह का प्रयास; **~ cheque** *UK* (*US* **~ check**) खुली चैक, कोरा चैक (पाने वाला जो चाहे जो रकम भर ले); **~ credit** कोरी साख यानी गारंटीरहित ऋण; **~ endorsement** कोरा पृष्ठांकन, कोरा बेचान, ऐसा बेचान जिससे चैक को कोई भी धारक तुड़वा सकता है; **~ file** खाली कतार (सैनिकों की); **~ map** (*also* **outline map**) रेखा-मानचित्र; **~ plea/ bar** (**plea in ~ = ~ plea**) मुकदमे के दौरान घटना या घटना के स्थान को पूर्णतः नकारते हुए प्रतिवादी का एतराज; (**point**) **~ refusal** दो-टूक जवाब या इन्कार; **~ side** कमजोर फलक; **~ spot** बीजाई करते समय खाली छूटा हुआ स्थान; **~ verse** (*also* **free verse**) अतुकांत छंद/ कविता; **a ~ form** कोरा फार्म; **a ~ look** भावशून्य चेहरा; **a ~ stretch of road** रास्ते या यात्रा का उबाऊ हिस्सा; **a ~ wall** निरंतर खोखली दीवार; **at ~/ drawn in ~** कोरा, हस्ताक्षर के लिए खाली छोड़ा हुआ स्थान; **check in ~** धारक के नाम चैक;

p&i: **~ sth off/out** छिपाना, ढक लेना;

draw a ~ खाली हाथ लौटना; **give a ~ cheque** फैसला लेने की पूर्ण स्वतंत्रता, पूर्ण अधिकार (carte blanche /का:ट ब्लांश/): get a ~ check; **go ~/ go a ~** कोई जवाब न सूझना, निरुत्तर हो जा.; **look ~** हक्का-बक्का दिखना; **point ~** पिस्तौल आदि को सीधे निशाने पर टिकाकर, सीधे-सीधे

blanket /ब्लैंकि\ट/ *n.* 1 कंबल, लोई, दोशाला, ऊनी चादर 2 ढकने वाली मोटी परत, आवरण: a ~ of fog; a ~ of snow; ~ of leaves 3 रक्षात्मक परत, *geol.* सतही परत 4 सड़क की डामर आदि की परत 5 *milit.* धुएं की गहन परत, धुएं का पर्दा;

adj. 1 पूरा, व्यापक, संपूर्ण, सर्वांगीण: ~ coverage; ~ ban~ proposal; ~ complaint 2 (***syn.*** general) सामान्य 3 सब पर लागू: a ~ rule; ~ price; ~ rules; ~ policy 4 *sport* एक साथ होने वाली: ~ finish;

v., *pt.* **~ed**, *pp* **~ing** 1 (कंबल आदि से) पूरी तरह ढकना, ढक लेना 2 आवृत क. 3 दबाना, छिपाना: ~ sth out; the scandal was **~ed** 4 पर्दे या पीछे रखना 5 शोर को दबाना 6 धुएं का पर्दा बनाना;

dw/lw: **~ed** /~टिड/ *adj.* 1 कंबल में लिपटा हुआ 2 से ढका हुआ: a ship ~ed in fog; **~ing** *n.* 1 कंबल का कपड़ा 2 अणु ईंधन का उत्पाद; **~ing** /~टिंग/ *adj.* 1 सघन, घना: ~ing smoke 2 धुएं के पर्दे से संबंधित; **~yblank** /ब्लैंकिटिब्लैंक/ *adj.* (***syn.*** euphemism) अश्लील शब्द के स्थान पर प्रयुक्त सभ्य शब्द: it's not my ~yblank fault!;

collocations: **~ agreement** व्यापक अनुबंध; **~ bath** बिस्तरे तक सीमित रोगी का गीले कपड़े से शरीर पोंछने की क्रिया; **~ deal** व्यापक सौदा; **~ door** गैस-अवरोधक पर्दा; **~ finish** कई खिलाड़ियों द्वारा दौड़ में एक समान परिणाम पाने की क्रिया; **~ order** व्यापक आदेश; **~ sheet** *US* बड़े साइज के समाचार-पत्र का पन्ना; **~ stitch** किनारों की सिलाई; **~weed** काई की तरह उगने वाला बड़े पत्तों वाला खरपतवार;

p&i.: **~ stg out** किसी बात या तथ्य को दबाना या छिपाना;

a wet ~ 1 काली कंबली 2 रंग में भंग करने वाला व्यक्ति 3 पीछे खींचने वाला बोझ, उत्साहमंदक 4 रूखा व्यक्ति; **blue ~** खुला आसमान: sleep under blue ~; **born on the wrong side of the ~** शादी से बाहर या अवैध संतान के रूप में पैदा होने वाला बच्चा; **put/ play a wet ~ on sb** किसी के उत्साह पर ठंडा पानी डालना; **split on one's own ~** अपने ही पांव पर कुल्हाड़ी मारना

blankly *see under* **blank:** ***dw/lw***

blanquette /ब्लांकेट/ *n., Fr., cookery* मुर्गे आदि के सफेद गोश्त को सफेद चटनी में पकाकर बनाया हुआ व्यंजन

blare /ब्लेअ:/ (*also* **~ out**) *v., pt.* **~d**, *pp* **blaring** 1 बिगुल की तरह बजना: the band **~d** (out) a march 2 दहाड़ना, गरजना 3 चिंघाड़ना, चिल्लाना 4 शोर क. 5 (***syn.*** announce) बोलकर कर घोषित क.: ~ (out) a warning;

n. 1 गरज, गर्जन, दहाड़ 2 चिल्लाहट, शोर: the ~ of the trumpets/ of the brass 3 भड़कीलापन, भड़कीला रंग: the ~ of colour in the picture

blarney /ब्ला:नी/ *n.* (***syn.*** the gift of the gab) चालाकीपूर्ण चापलूसी, खुशामद, फुसलाहट;

v. *pt.* **~ed**, *pp* **~ing** चापलूसी/ खुशामद क., फुसलाना

blasé /ब्ला:जे/ *adj.* 1 अघाया हुआ, तृप्त, छका हुआ 2 अतिशय परिचय के कारण उदासीन 3 निरुत्साह, बिना जोशो-खरोश के

blasphe\me /ब्लैस्फी\म/ *v., pt.* **~med**, *pp* **~ming** 1 ईश्वर या पूज्य वस्तु की बुराई क. 2 निंदा क. 3 ईश्वर का नाम लेकर सौगंध खाना;

dw/lw: **~mer** /ब्लैस्फीमः/ *n.* ईश-निंदक; **~mous** /ब्लैस्फिमस/ *adj.* ईश या धर्म के प्रति अनादर भरा या निंदापूर्ण, ईशनिंदात्मक, **~my** /ब्लैस्फिमि/ *n., pl.* ~mies ईश या धर्म निंदा

p&i.: **~mous libel** *law* ईसाई धर्मनिंदा

blast /ब्लास्ट/ *US* ब्लैस्ट/ *n.* 1 विस्फोट: set off a ~ 2 हवा का झोंका, झकोरा: icy ~; a ~ of steam 3 धमाकों का सिलसिला: ~ wave 4 *US* शोर-शराबे वाली मजेदार पार्टी 5 आकस्मिक तूर्य नाद: blow a ~ on the horn 6 सीटी (of siren): sound ~ 7 (***syn.*** blight, disease) अभिशाप, प्रकोप, विनाश: he turned the blessing into a ~ 8 आलोचनात्मक प्रलाप, विकराल रूप में फूटी आलोचना या गुस्सा 9 *sl.* टेलीफोन की कॉल: give me a ~ 10 मुक्के की मार: put a ~ on him! (उसे एक जड़ दो!) 11 अंतरिक्ष यान का धरती से उड़ान भरने की क्रिया;

***v.**, pt.* **~ed**, *pp* **~ing** 1 जोर से शोर क. 2 (*also* **~ out**) बारूद से उड़ा दे., बर्बाद क., विस्फोटकों द्वारा चट्टान आदि को तोड़ना: ~ out 3 नष्ट क., तहस-नहस क. तबाह क.: frost **~s** the fruit-buds; his death **~ed** all hopes; my personal prospects were **~ed** 4 की धज्जियां उड़ाना: time has **~ed** his ambitions; his evidence was **~ed**; he **~ed** away at the false idealism of his opponents 5 विकराल रूप में आलोचना क., कलंकित क. 6 गाली दे., अभिशप्त क. 7 नशीली पदार्थों का दुरुपयोग क. 8 माल का प्रचार क. 8 they **~ed** their product 9 हवा या पानी के झोंकों को किसी ओर मोड़ना 10 मुरझाना;

dw/lw: **~-drier** *n.* हवाई शोषक; **~ed** /ब्लास्टिड/ *adj., colloq.* 1 नीच, मूर्ख 2 *sl.* नशीली दवाइयों या शराब के नशे में धुत्त 3 नष्ट किया हुआ: an old ~ed apple-tree; ~ed 4 विस्फोट से घायल 5 अभिशप्त, मनहूस: do you have to go so ~ed fast?; ~ed nuisance; ~ed mess; **~er** /ब्लास्टः/ *n.* 1 धमाका करने वाला, शोर-शराबा करने वाला 2 विस्फोट करने वाली मशीन; **~-furnace** *n.* धमन-भट्टी, वात्या-भट्टी, झोंका-भट्टी; **~ing** /ब्लास्टिंग/ *n.* 1 विस्फोट 2 अभिशाप देने की क्रिया: damning and ~ing of sb; **~ing** *adj.* विनाशक, घातक: ~ing cap/ cartridge; ~ing machine; ~ing oil; **~proof** *adj.* विस्फोट-रोधक, विस्फोट-सह; **~y** /ब्लास्टि/ *adj.* हवा के झोंकों के कारण बना अति हवादार;

collocations: **~ hole** वायुग्रही छिद्र;

p&i.: **~ it!** *excl. UK* हे भगवान! ...; **~ off** *n.* रॉकेट आदि का धमाके के साथ छोड़ा जाने की क्रिया, अंतरिक्ष यान की उड़ान; **~ off** (*v.*) रॉकेट आदि का उड़ना;

a ~ from the past पुराने दिनों की धरोहर (यादें आदि); **at full ~/ full ~** पूरी शक्ति से, पूरे जोर-शोर से; **filibuster was going full ~** बाधा ने विकराल रूप धारण कर लिया था; **go full ~** पूरे जोशो-खरोश के साथ काम क.; **lay the ~ on sb** *US* किसी को मुक्का मारना

blastemal /ब्लैस्टअमल/ *n., bot.* प्रमुकुल

blasto\- /ब्लास्टो/ *biol. combining form, denoting:* **sprout**, **bud** or **germ** (अंकुर, कली): blastosphere

blasto /ब्लैस्टो/ *prefix., biol.* कोरक;

dw/lw: **~coel** *n.* कोरकगुहा; **~derm** *n.* बीज जनस्तर; **~genesis** *n.* बीज-जनन; **~genic** *adj.* बीज-जननिक; **~mere** *n.* कोरक खंड; **~oid** *adj.* कोरकाभ; **~sphere** *n., zool.* कोरक गोल

blastula /ब्लैस्ट्युला/ (*also* **blastosphere**) *n., pl.* **~s/ ~e** /ब्लैस्ट्युली/ बहुकोशिका भ्रूण के प्रारंभिक विकास के समय विभाजन प्रक्रिया में बना खाली कोशिका गोलार्द्ध (sphere)

blat *v., pt.* **~ted**, *pp* **~ting** 1 रंभाना, मिमियाना 2 व्यर्थ हल्ला क. 3 मूर्खतापूर्ण या निरर्थक बातें क.

blatant /ब्लेटंट/ *adj.* 1 खुला, खुल्लम-खुल्ला, साफ, स्पष्ट 2 शर्मनाक, निर्लज्जतापूर्ण 3 कोलाहलपूर्ण, ऊधमी, मुखर 4 (***syn.*** gaudy) भड़कीला 5 घोर: ~ injustice;

dw/lw: **~ly** *adv.* साफ-साफ, निर्लज्जतापूर्वक;

p&i: **a ~ lie** सफेद झूठ

blate /ब्लेट/ *adj.* 1 शर्मीला, लज्जालू 2 पिछड़ा हुआ 3 बुद्धू;

***v.**, pt.* **~d**, *pp* **blating** बक-बक क.

blather /ब्लैदः/ *n.*, ***v.**, pt.* **~ed**, *pp* **~ing** लगातार बकवास क.;

n. (*also* **blether**) बकवास

blaxploitation /ब्लैक्स्प्लॉइटेशन/ *n.*फिल्मों व टीवी में काले रंग के अफ्रीकी पात्रों, विषयों आदि का व्यापारीकरण

bla\ze /ब्लेज/ *v., pt.* **~zed**, *pp* **~zing** 1 धधकना, दहकना 2 चमचमाना, तड़कना-भड़कना 3 भावनाओं का धधकना, उत्तेजित हो.: she's still **~zing** (वह अभी भी गुस्से से धधक रही है); he was **~zing** with fury/ with anger 4 रंग-बिरंगे वस्तुओं की भरमार हो 5 आंखों में जबरदस्त आभा हो., प्रभा वर्धन हो.: his eyes were **~zing** 6 (***syn.*** proclaim) घोषित क., फैलाना, का डंका पीटना: **~ze** the decision; his fame **~zed** widely abroad; **~ze** a rumour/ abroad 7 बंदूक गोलियों की बौछार क. 8 किसी काम पर बहुत मेहनत क. 9.1 पेड़ों पर निशान लगाकर जंगल आदि में नया रास्ता बनाना: **~ze** the trail 9.2 नई राह का खोजी हो.: **~ze** away (1 गोलीबारी शुरू क. 2 जल्दी-जल्दी बोलना 3 कार्य को पूरी तन्मयता से क.);

n. 1 ज्वाला, लपटें उमड़ती हुई आग, धधक: in a **~ze**; set sth in a **~ze**; the fire burst/ sprang into a **~ze**; put the **~ze** out 2 चिंगारी: a flicker may turn, into a **~ze** 3 भावनाओं यानी क्रोध आदि का विस्फोट: in a **~ze** of anger 4 धमाका या विस्फोट 5 चमक, प्रदीप्ति, चकाचौंध: a **~ze** of lights (रोशनियों की चकाचौंध); the **~ze** of searchlights 6 आभा, शान, ठाट-बाट: in the full ~ of beauty 7 रंगों की तड़क-भड़क: a **~ze** of colour; the red tulips made a **~ze** of colour in the garden 8 बहुतायत, बाढ़, भरमार: a **~ze** of publicity 9 किसी पशु के चेहरे पर लगाया जाने वाला सफेद चिह्न, उजला धब्बा (on animal) 10 वृक्ष की छाल पर बनाया चिह्न 11 जहन्नुम: go to **~zes!** (जहन्नुम में जाओ!);

dw/lw: **~zer** /ब्लेजः/ *n.* 1 स्कूल की वर्दी के साथ पहना जाने वाला (फ्लानेल आदि का) कोट या जैकेट, ब्लेजर 2 घिनौनी झूठ 3 अश्लील वस्तु 4 निर्लज्जता, धृष्टता; **~zered** *adj.* ब्लेजर पहने हुए; **~zes** *[pl.] sl.* नरक-अग्नि, नरक-कुंड: like ~zes; **~zing** /ब्लेजिंग/ *adj.* 1 धधकता हुआ, अत्यधिक गर्म: ~zing sun 2 *UK* बहुत क्रुद्ध: a ~zing row (धधकता हुआ कलह) 3 बहुत प्रकट रूप से तेज: ~zing scent 4 ताजी, नई: ~zing foot-prints 5 निस्संदेह, भयंकर: ~zing lie; ~zing indiscretion (भयंकर बदतमीजी); ~zing hurry; what is the ~zing hurry? (इतनी जल्दी क्या है?);

p&i: **~ze a trail** 1 नई राह दिखाना, सर्वप्रथम खोजी के रूप में पथ-प्रदर्शक हो. 2 किसी कार्य के करने में सर्वप्रथम स्थान पर हो. 3 वृक्षों की छाल पर चिह्न बनाना ताकि पीछे आने वाले चिह्न देखकर रास्ता ढूंढ सकें; **~ze away** 1 किसी चीज पर गोली दागते जा., गोली का लगातार चलते जाना 2 जल्दी-जल्दी बोलना 3 काम में रम जा.; **~ze away at sth** किसी चीज पर बहुत मेहनत क.; **~ze of colour/ lights etc.** रंगों या प्रकाश आदि की तड़क-भड़क; **~ze of glory/ publicity** प्रसिद्धि की चकाचौंध; **~ze out** क्रुद्ध हो.; **~ze sth abroad** डंके की चोट पर घोषित क.; **~ze up** 1 एक दम बहुत तेज रोशनी से जलने लगना, भड़क उठना 2 गुस्से से फट पड़ना;

as ~zes बहुत ज्यादा, भीषण ढंग से; **how the ~zes ...?** यह कैसे ह गया?; **in the ~ze of the day** दिन दिहाड़े; **like ~zes** आंधी की तरह तेजी से; **run like ~zes** पागलों की तरह दौड़ना; **what the ~zes!** यह क्या हो रहा है? **who/ why/ how the ~zes…?** ऐसा क्यों? **so much money gone to ~zes** कितना पैसा जलकर राख हो चुका!

blazer, blazing *see above under* **blaze:** ***dw/lw***

blazon /ब्लेजन/ *n., heraldry* 1 कुल-चिह्न, कुल-चिह्न-जड़ा कवच 2 कुल-चिह्न विज्ञान 3 तड़क-भड़क 4 घोषणा 5 प्रदर्शन;

***v.**, pt.* **~ed**, *pp* **~ing** 1 (*often* **~ sth abroad/ forth/ out**) सार्वजनिक क., जग जाहिर क., घोषित क., चारों ओर फैलाना 2 प्रदर्शित क. = **emblazon**: he had the word 'cool' **~ed** across his chest 3 कुल चिह्न का तकनीकी अर्थ निकालना 4 (**~ sth with/ on sth**) कुल चिह्नों पर नाम लिखना या पेंट क.;
dw/lw: **~er** /ब्लेजनः/ *n.* अग्रदूत, उद्घोषक, हरकारा, अफवाह फैलाने वाला; **~ry** /बलेजनरि/ *n.* 1 कुल-चिह्न-कला, कुल चिह्न बनाने या उनका अर्थ निकालने का हुनर 2 कलात्मक प्रदर्शन;

bleach /ब्लीच/ *n.* 1 विरंजन, रंग उड़ाने की क्रिया 2 विरंजक रसायन, रंग उड़ाने वाला या सफेद करने वाला पदार्थ;
***v.**, pt.* **~ed**, *pp* **~ing**, *s/he/it* **~es** 1 रसायनी पदार्थों की मदद से रंग हटाना या हल्का क. 2 विरंजित क. 3 सफेद क.;
dw/lw: **~ed** /~चड/ *adj.* विरंजित: ~ed blonde; ~ed sand; **~er** /ब्लीचः/ *n.* रंग उड़ाने वाला पदार्थ; **~ers** /~चःज/ *n., [pl.] US* खेल के मैदान में दर्शकों के लिए खुले में रखी हुई सस्ती कुर्सियां; **~ery** /~चरि/ *n.* विरंजनालय; **~ing** /~चिंग/ *n.* रंग उड़ाने का क्रिया, विरंजन; **~ing** *adj.* रंग उड़ाने वाला: ~ing powder (विरंजक-चूर्ण)

bleak /ब्लीक/ *adj., degr.* **~er**, **~est** 1 (***syn.*** pale) पीला, विवर्ण 2 (***syn.*** harsh) सर्द, रूखा, कठोर: ~ wind 3 खुला (खुली हवा की मार तले), खाली 4 (***syn.*** cheerless) निरानंद, विषादपूर्ण, फीका: ~ smile 5 (***syn.*** gloomy) अंधकारमय: ~ prospects 6 हरियाली विहीन;
dw/lw: **~ly** /~लि/ *adv.* रूखे ढंग से, विषादपूर्वक; **~ness** /~नेस/ *n.* 1 सर्दी, कठोरता 2 निराशाजनकता या अंधकारमयता

blear /ब्लिअः/ *v., pt.* **~ed**, *pp* **~ing** 1 धुंधला पड़ना या क., मंद क. 2 दृष्टि को धुंधला क., आंखों पर धूल झोंकना, धोखा देना;
adj. 1 धुंधला 2 अस्पष्ट, धूमिल, पनीला;
dw/lw: **~ed** /~ड/ *adj.* मंद, धुंधला; **~ily** /ब्लिअरिलि/ *adv.* उनींदे ढंग से; **~iness** /ब्लिअरिनेस/ *n.* 1 धुंधलापन, मंदता 2 उनींदापन; **~y** /ब्लिअरि/ *adj., degr.* ~ier, ~iest 1 धुंधला/ धुंधली 2 मंद 3 अस्पष्ट 4 उनींदी (eyes); **~y-eyed** *adj.* 1 जिसकी आंखें डबडबाई व धुंधली हों, मंद-दृष्टि 2 उनींदी 3 अदूरदर्शी

bleat /ब्लीट/ *v., pt.* **~ed**, *pp* **~ing** 1 मिमियाना, में-में क. 2 मिमियाते हुए बोलना 3 मूर्खतापूर्ण बातें क.: ~ sth out;
n. मिमियाहट, रंभाई;
p&i.: **~ on about sth** झक-झक करते हुए शिकायतें करते रहना; **~ out a protest** हल्का-सा विरोध क.; **he went and ~ed it all over the place** उसने सब जगह जाकर फैला दी

bleb /ब्लेब/ *n.* 1 (***syn.*** bubble) बुलबुला 2 (***syn.*** blister) फफोला

bleed /ब्लीड/ *v., pt.* **bled**, *pt. p.* **bled**, *pp* **~ing** 1 खून बहना, रक्त-स्राव हो., रक्त निकलना: he is **~ing** at the nose 2 किसी से खून लेना 3 खून निकालना: ~ to death 4 खून निकालकर इलाज क. 5 रिसना, पौधों का रस बहना 6 (***syn.*** suffer) दुःखी हो.: my heart is **~ing** 7 (*also* **~ off**) *print.* छपाई का बाहर निर्धारित हाशिए से भागना, मुद्रण सीमा को काटना या मुद्रित भाग का कटना, चित्र का पृष्ठ सीमा से बाहर निकलना 8 रस निकलना या निकालना 9 (***syn.*** extort) रुपया ऐंठना, धन छीनना: they **bled** him for a cool one thousand 10 कार के रेडियेटर, हाइड्रॉलिक ब्रेकों में से हवा या द्रव खाली क. 11 गीला होने पर पेंट या रंग बहने लगना 12 किसी मशीन से हवा या द्रव निकालना;
adj. 1 रक्त-स्रावी 2 खून से लथपथ;
dw/lw: **~er** /ब्लीडः/ *n.* 1 *non-tech.* जिसे हीमोफीलीया (रक्त की बिना रुके बहने) की बीमारी हो 2 किसी की बदतमीज ढंग से की जाने वाली हत्यारा होने की घोषणा 3 स्राविका 4 रक्त स्रावक 5 पैसे ऐंठने वाला; **~ing** /ब्लीडिंग/ *n.* 1 रक्तस्राव: ~ing at the nose 2 रक्तस्राव के माध्यम से शल्य चिकित्सा; **~ing** *adj.* 1 रक्तस्रावी 2 रक्त-शोषित, क्षीण 3 करुणाजनक: the most ~ing pity (खून के आंसू रोने की अवस्था);
collocations: **~ing country** युद्ध द्वारा रक्त-रंजित देश; **~ing sickness** हीमोफीलीया की बीमारी; **functional ~** गर्भाशय से रक्त का रिसाव;
p&i: **~ing heart** *informal, usually, derog.* दिलपसीज, करुणहृदय व्यक्ति: with a ~ing heart; the ~ing words; **~ like a pig/ a stuck pig** बहुत ज्यादा खून का बहना; **~sb dry** किसी का पूरा पैसा ऐंठ लेना; **~ sb white** किसी का भयंकर शोषण क., किसी का बुरी तरह खून चूसना;
a ~ fool *coarse Br. sl.* (गुस्से का इजहार करते हुए प्रयोग क.) बदतमीज, गधा; **one's heart ~s for sb** दिल पसीजना, किसी पर दया आना; **paper ~s little** कागज सब कुछ ओट लेता है

bleep /ब्लीप/ *n.* संकेत-ध्वनि, पीं-पीं की आवाज;
***v.**, pt.* **~ed**, *pp* **~ing** 1 पीं-पीं क. 2 किसी को पीं-पीं करने वाली घंटी के माध्यम से बुलाना 3 (*often* **~ sth out**) रेडियो या टीवी में किसी अपशब्द आदि को पीं-पीं ध्वनि में बदलना;
dw/lw: **~er** /ब्लीपः/ *UK* (*UK/ US* **beeper**) *n.* पीं-पीं करने वाला इलेक्ट्रोनिक संकेत यंत्र

blemish /ब्लेमिश/ *n., pl.* **~es** 1 धब्बा, ऐब, दोष (physical): find a ~ in sth 2 (***syn.*** deficiency, drawback) कमी, त्रुटि 3 (***syn.*** moral blot) दोष, कलंक: without ~; his reputation is without a ~;
v., pt. **~ed**, *pp* **~ing**, *s/he/it* **~es** 1 धब्बा लगाना, बिगाड़ना 2 कलंकित क. 3 क्षति पहुंचाना

blench /ब्लेंच/ *v., pt.* **~ed**, *pp* **~ing**, *s/he/it* **~es** 1 सिकुड़ना, चौंककर पीछे हट जा. 2 दुम दबाकर भाग खड़े हो. 3 हिम्मत हारना, घबरा जाना 4 पीला पड़ जा. 5 पल भर के लिए आंखें बंद क.

blend /ब्लेंड/ *v., pt.* **~ed/ blent**, *pp* **~ing** 1 (*often* **~ in**, *also* **~ with sth**) मिश्रित क., मिलाना, सम्मिश्रण क.: ~ tea/ coffee/ wine 2 मिलान क. या हो.: the two rivers ~ their waters; oil and water do not ~ 3 रंगों का घुल-मिल जा.: ~ paints 4 इस तरह मिल जा. कि अलग पहचान खत्म हो जाए: the diverse elements of his character are strangely **~ed** 5 मेल खाना: these two colours ~ well; how well the new curtains ~ with the rug!; the old and new buildings ~ perfectly 6 मेल कराना: ~ parties 7 लोगों का गहन मेल-जोल हो.;
n. 1 दो या ज्यादा वस्तुओं का मेल, मिश्रण, सम्मिश्रण: a ~ of tea; this coffee is a ~ of two sorts; a pleasant ~ of youth and age 2 (**~-word**) *gramm., ling.* (*also* **portmanteau word**) दो शब्दों से मिलकर बना नया शब्द (*breakfast + lunch* = brunch); motel is a ~-word **(**portmanteau word**)** of motor and hotel;
dw/lw: **~ed** *adj.* मिश्रित: ~ed fuel; ~ed gasoline; ~ed product; **~er** /ब्लेंडः/ *n.* 1 (*also* **liquidizer**) भोजन या पेयों को मिश्रित करने वाला यंत्र 2 मिलनसार व्यक्ति; **~ing** /ब्लेंडिंग/ *n.* 1 मिश्रण बनाने की क्रिया 2 मिश्रण; **~ing** *adj.* सम्मिश्रक, मिलाने वाला: ~ing bin;
collocations: **~ed family** किसी दंपति की पहली शादियों से बच्चों और उनके अपने बच्चों से मिलकर बना परिवार

blende /ब्लेंड/ *n.* 1 सहज तरीके से पाया जाने वाला धातु का सल्फाइड (zinc sulphide) 2 जिंक सल्फाइड से बना एक खनिज

blenny /ब्लनि/ *n., pl.* **blennies** एक मछली का नाम

blepharitis /ब्लफराइटिस/ *n., pathol., med.* पलकों का लाल होने और सूजने की बीमारी

blepharoplasty /ब्लअफअरोप्लास्टि/ *n., surg.* झुर्रियों को हटाने के लिए की जाने वाली प्लास्टिक शल्य क्रिया (plastic surgery)

blepharospasm /ब्लअफअरोस्पैजम/ *n., pathol., med.* पलक की मांस पेशी का अपने आप खिंच जाना

bless /ब्लेस/ *v., pt.* **~ed/ blest**, *pp* **~ing** 1 यीशु के क्रास का संकेत करते हुए आशीर्वाद/ आशीष दे.: ~ oneself 2 का वरदान मिलना, सौभाग्यशाली हो.: he was **~ed** with good health 3 धन्य कहना या मानना 4 कृतज्ञ होना: ~ one's stars 5 वरदान दे. 6 देवी-देवता की पूजा क., प्रशंसा क. 7 किसी को संत मानना या घोषित

क. 8 (***syn.*** wound, thrash) घायल क., जख्मी क., चोट पहुंचाना, धुनाई क. 9 घुमाना, चारों तरफ घुमाना;

dw/lw: **~ing** /ब्लेसिंग/ *n.* आशीर्वाद;

p&i.: **~ her/ him/ them, etc.** उसे या उन्हें आशीर्वाद दो!; **~ me/ my soul!/ ~ my/ your heart!/ ~ my heart and soul!** भगवान भला करे!; **~ one's stars** कृतज्ञ हो., शुक्र करो कि...; **well I'm blest!** ऐसा नहीं हो सकता!; **~ you!** कुशल रहो!;

be ~ed with sth 1 कुछ वरदान में मिलना 2 किसी सहज गुण का हो. 3 पुत्र, पुत्री आदि का जन्म हो.; **God ~ you!** 1 ईश्वर आपका भला करे! (किसी के छींकने आदि पर कहा जाता है) 2 आशीर्वाद दे.; **not a penny to ~ oneself with** दरिद्र, अति निर्धन

blessed /ब्लेसिड/ *adj.* (*also* **blest**) 1 (**~ed/ blest**) अनुमंत्रित, समृद्ध, वरदानप्रफुल्ल, धन्य: those were the ~ days; the ~ ones 2 पवित्र, पावन 3 हक्का-बक्का, गया-गुजरा, शापित (damned, confused): this ~ zip's stuck (यह गई-गुजरी जिप फंस गई!); what a ~ lot!;

dw/lw: **~ness** /ब्लेसिड्नेस/ *n.* 1 समृद्धि, प्रसिद्धि 2 धन्यता, धन्यवाद, आनंद 3 कौमार्य, अविवाह, अविवाहित अवस्था: single ~ness (कुंवारापन, कौमार्य);

collocations: **~ed sacrament/ Blessed Sacrament** पवित्र जल और मदिरा; **Blessed Virgin** धन्य कुंवारी मारिया, माता मरियम, मरियम;

p&i: **I'm ~ed if I know what's wrong** काश यदि मुझे गड़बड़ी का पता होता!; **of ~ed memory** प्रातः स्मरणीय

blessing /ब्लेसिंग/ *n.* 1 वरदान, ईश्वर कृपा 2 अशीष, आशीर्वाद 3 सहमति 4 ईश्वर कृपा या उसके लिए की जाने वाली प्रार्थना 5 कृपादान, वरदान (favour) 6 कौमार्य, अविवाह, अविवाहितावस्था: an unappropriated ~;

p&i.: **a ~ in disguise** दुःख के रूप में सुख, छिपा वरदान; **a mixed ~** मिश्रित वरदान, सुख भी और दुःख भी, खट्टी-मीठी ईश्वर कृपा; **count one's ~s** जो है उसी के लिए भगवान के प्रति कृतज्ञ हो.; **have too much of mother's ~** आवश्यकता से अधिक शर्मीला या लजालू हो.

blet /ब्लेट/ *n.* अंतर्गलन, अंदर से सड़ने की अवस्था (off fruit);

v., *pt.* **~ted,** *pp* **~ting** सिकुड़ना, नर्म हो.;

dw/lw: **~ting** *n.* फल को तोड़ने के बाद पकाने की क्रिया

blether /ब्लेदः/ **blather** /ब्लैदः/ *n.* 1 प्रलाप, लंबे-चौड़े शब्दों में बकवास 2 गप;

v., *pt* **~ed,** *pp* **~ing** 1 लंबे-लंबे शब्दों का प्रयोग करते हुए मूर्खतापूर्ण ढंग से बात क. 2 बेकार में गप हांकना 3 प्रलाप क.;

dw/lw: **~ation** /ब्लेदरेशन/ *n.* = **~ing** *n.* प्रलाप, बकवास; **~skate** /ब्लेदःस्केट/ (*Scot.* **~anskate,** *US* **~skite**) *n.* बातूनी व्यक्ति, बकबकिया, प्रलापी

blew /ब्ल्यू/ *pt.,* 'blow' का भूतकाल

BLI *abbr.* 'Bausch and Lomb India' की प्रथमाक्षरी

BLIB & LSc *abbr.* 'Bachelor of Library & Information Science' की प्रथमाक्षरी

blight /ब्लाइट/ *n.* 1 पौधों में मरोड़िया का रोग, अंगमारी, चित्ती 2 दुष्प्रभाव, अभिशाप, बाधा: cast a ~ on sth; this was a ~ upon his youth 3 विनाश: his illness was a ~ to his hopes 4 गलन-सड़न, क्षय;

v., *pt.* **~ed,** *pp* **~ing** 1 पौधों में मरोड़िया या अंगमारी हो. 2 नष्ट-भ्रष्ट क.: all our hopes were **~ed** 3 (***syn.*** wither) मुरझा जाना 4 (***syn.*** disappoint) निराश या हताश क., चिंताग्रस्त क. 5 अभिशप्त क.;

dw/lw: **~er** /ब्लाइटः/ *n., colloq., old use* 1 बदमाश और घिनौना आदमी 2 किसी के प्रति सहानुभूति अनुभव करने वाला 3 सहानुभूति का पात्र: poor old ~er; lucky ~er; you lucky ~er!; **~y** /ब्लाइटि/ *n.* घाव (जिसके कारण घायल सैनिक को घर वापस भेजा जाता था); **~y** *adj. sl.* स्वदेशी: an exhibition and sale of ~y things; **Blighty** *n.* 1 प्रथम व द्वितीय महायुद्ध के दौरान सैनिकों द्वारा इंग्लैंड या ब्रिटेन के लिए प्रयुक्त नाम 2 घर, स्वदेश 3 गहरी चोट या घाव

blimey /ब्लाइमि/ *excl. Br. sl.* आश्चर्य द्योतक: **~!** it's Natasha!

blimp /ब्लिंप/ *n., derog.* 1 बुड्ढा, खूसट 2 (***syn.*** conservative) पुराणपंथी व्यक्ति, पोंगा पंडित, दकियानूसी आदमी;

dw/lw: **~is** *adj.* पुराण पंथी, दकियानूसी

blind /ब्लाइं\ड/ *adj.* 1 अंधा, नेत्रहीन, दृष्टिहीन: ~ in/ of an eye; go/ become ~ 2 (**~ to sth**) बेसमझ, विवेकशून्य, अविचारी: ~ search; go it ~ (बिना सोचे-समझे काम क.); in his ~ haste he was almost run over 3 अविवेचित, अंध: ~ hatred; ~ belief (अंध विश्वास); ~ obedience 4 असंवेदनशील, अनदेखी करने वाला, अज्ञानी, चश्मपोशी करने वाला: be ~ to the beauties of nature; be ~ to the future; ~ to his faults; be ~ to sb's faults/drawbacks; be ~ to the obvious 5 छिपा हुआ, अप्रत्यक्ष, अज्ञात: ~ entrance; ~ drain; ~ pit/ shaft 6 ओझल करने वाली: ~ summit (ओझल करने वाली पर्वत चोटी); ~ turn 7 (**the ~**) नेत्रहीन लोगों का समूह 8 अदृश्य, प्रच्छन्न, जब देखना संभव न हो: ~ landing/ flying (बिना देखे यानी मात्र यंत्रों की सहायता से विमान उतारना या उड़ाना) 9 अस्पष्ट, जिसे पढ़ा न जा सके: ~ letter; ~ department (डाकघर आदि में अस्पष्ट लिखाई का विश्लेषण करने वाला विभाग); ~ man/ officer/ reader (अस्पष्ट या अपूर्ण पतों का पता लगा सकने वाला डाकिया) 10 अंधकारमय, धुंधला, धूमिल 11 बिल्कुल बंद (बिना खिड़की या रोशनदान के): ~ wall 12 एक सिरे पर बंद (गली आदि): ~ alley; ~ arch; ~ maze; ~ path; ~ flange 13 बिना तैयारी के: ~ testing 14 निरुद्देश्य, हतबुद्धि, अज्ञानी 15 जिस पौधे को फूल न लग सकते हों 16 सजावटी: ~ arch 17 पीकर धुत्त: ~ to the world; drink oneself ~ (पीकर धुत्त हो जा.);

n. 1 (*US equiv.* **window shade**) खिड़की का विशेष प्रकार का पर्दा (curtain), आड़, ओट, झिलमिली (shutter): roller ~; Venetian; lower/ pull down the **~s**; raise/ draw up the **~s** 2 बहाना: his piety is only a ~ 3 (***syn.*** decoy) फंदा: his helpful offer is no more than a ~;

adv. 1 बिना देखे, आंखों पर पट्टी बांधे, आंखें बंद करके 2 (***syn.*** recklessly) बिना सोचे-समझे 3 बिना जांचे-परखे: bought the car ~;

v., pt. **~ed,** *pp* **~ing** 1 अंधा क., आंखें फोड़ दे. 2 आंखों पर पट्टी बांधना, तमावृत्त क., धुंधला क., धोखा दे.: ~ sb to sth 3 अनदेखी करवाना या क.: ~ sb to facts; her beauty **~ed** him to her faults 4 किसी को विवेकशून्य या अविवेचित बनाना: jealousy **~s** a person to all reason 5 (***syn.*** dazzle) चौंधियाना: he was **~ed** by the spotlight 6 (***syn.*** obscure) धुंधला या धूमिल कर दे.: darkness **~ed** the sky; her beauty **~ed** all the rest (उसकी सुंदरता के सामने अन्य सब फीके पड़ गए) 7 (***syn.*** hide) छिपाना: ~ the real state of affairs 8 तेज गति से दौड़कर जा.: ~ along the road at fifty miles an hour;

dw/lw: **~age** /~डिज/ *n.* आड़, ओट; **~born** *adj.* जन्मांध; **~drunk** *adj.* पीकर धुत्त; **~ed** *adj.* 1 दृष्टिहीन 2 विवेकहीन, अविवेकी; **~er** /~डः/ *n. colloq.* 1 शराब पीने का भीषण दौर 2 किसी खेल में शानदार परिणाम 3 अंधा करने वाला व्यक्ति या वस्तु 4 अंधक दीप्ति 5 झिलमिली 6 (***syn.*** blinkers) अंखौटा, अंघौटा; **~fold** *n.* आंखों पर बांधे जाने वाली पट्टी; **~fold** *v., pt.* ~folded, *pp* ~folding आंखों पर पट्टी बांधना, बहकाना; **~fold** *adj.* 1 पट्टीबंधी (आंखें) 2 बिना सोचे-समझे काम करने वाला, विवेकशून्य या अविवेचित 3 प्रचंड, अग्र: ~fold fury; **~fold** *adv.* 1 पट्टी-बंधे 2 अविवेकपूर्वक: act/ do sth ~fold; **~ing** /~डिंग *adj.* 1 आंखों को चौंधियाने वाली 2 अंधा कर देने वाली (पीड़ा) 3 सड़क या दीवार आदि में दरार भरने वाली (सामग्री) 4 अच्छा, मजेदार 5 अभिशप्त 6 घबराहट पैदा करने वाला; **~ing** *n.*

1 भयंकर पीड़ा या सिरदर्द 2 दरार भरने की सामग्री 3 चौंधियाहट: ~ing by headlights; **~ly** /~डलि/ *adv.* 1 यंत्रवत् 2 बिना सोचे-समझे या विचार किए: follow sb ~ly 3 अत्यधिक, बहुत: the reason is ~ly obvious; **~ness** /~डनेस/ *n.* 1 अंधापन, अंधता 2 विचारशून्यता, संवेदन शून्यता; **~s** /~डःज/ *n., [pl.], N. Amer.* (***syn.*** blinkers) घोड़े की अंधेरी; **~-side** *v., pt.* ~-sided, *pp* ~-siding, *esp. N. Amer.* किसी को न दिखने वाली तरफ (पीठ पीछे) से आकर हमला क. या उस स्थिति का फायदा उठाना; **~worm** *n.* एक बिना टांगो वाली अहानिकर छिपकली;

collocations: **~ alley** अंधी गली, एक सिरे पर बंद गली: your job is a ~ alley; ~ alley employment/ job, occupation; **~ arch** दर्शनी मेहराब; **~ asylum** अंधाश्रम; **~ coal** बिना लौ के सुलगने वाला कोयला; **~ date** दो अनजान व्यक्तियों की पहली प्रेम-भेंट; **~ ditch** अंधी खाई, अंधा कुआं; **~ door** ऐसा दरवाजा जो हमेशा के लिए बंद कर दिया गया हो; **~ follower** अंध अनुयायी; **~ flying** अंध-उड़ान, मात्र यंत्रों के सहारे की जाने वाली उड़ान; **~ gut** अंधांत्र; **~ letter** गुप्त पत्र, अज्ञात पते वाला पत्र; **~ man** अधूरे या अस्पष्ट पते का पता लगा लेने वाला डाकिया; **~-man's buff/ bluff** आंख मिचौनी; **~-man's holiday** गोधूलि बेला, संध्या-काल; **~ pig/ ~ tiger** *US colloq.* अवैध दारू ढाबा; **~ side** 1 जिस तरफ व्यक्ति कुछ देख नहीं सकता, इसीलिए उस तरफ से आने वाले खतरे से वह अनभिज्ञ होता है 2 आकस्मिक मुसीबत; **~ spot** 1 (***syn.*** retina) आंख की पुतली 2 रेडियो रेंज का ऐसा क्षेत्र जहां रेडियो की पकड़ ढीली हो, अंध-बिंदु 3 अज्ञान, अज्ञात विषय, ऐसा विषय जिसके बारे में न कोई सुनना चाहता हो न समझना 4 अंधा मोड़, वह स्थल जो वाहन चालक की दृष्टि से ओझल हो 5 किसी व्यक्ति की कमजोरी (blind spot); **~ Tom** आंख-मिचौनी; **~ trust** आंख मीचकर किया जाने वाला विश्वास, पूरा विश्वास; **~ wall** *esp. N. Amer., finance* अमेरिका में एक ऐसा ट्रस्ट (Trust) जो अति विशिष्ट व्यक्तियों, विशेषकर राजनेताओं के आर्थिक मामलों को बिना उनके मालिकों को बताए चलाता है;

p&i: **~ as a bat/ a mole** एकदम अंधा; **~ as a beetle** जिसे कम दिखाई देता हो.; **~ drunk** नशे में चूर/ धुत्त; **~ed by rage** गुस्से में आपे से बाहर (अंधा) हो.; **~ instrument** अंधे के हाथ में तोप; **~ panic/ rage/ trust, etc.** आंख मीचकर किया जाने वाला विवेकशून्य विश्वास आदि; **~ sb to sth** आंखों पर पर्दा डालना; **~ sb with sth** किसी को किसी विशेष चाल से गुमराह क.: ~ sb with philosophy; **~ side of sb** 1 किसी की दुखती रग 2 कमजोर पहलू; **~ the fact** देखी-अनदेखी क.; **~ to sth** अनदेखी क.;

a ~ corner/ bend *UK* अंधा मोड़/ तृणाच्छन कोना; **apply/ turn the ~ eye to sth** अनदेखी क.; **among the ~ the one-eyed man is king** अंधों में काना राजा; **as ~ as a bat/ a beetle/ a mole** चमगादड़-सा अंधा; **got it ~** कोई काम बिना सोचे-समझे क.; **if the ~ lead the ~, both shall fall into the ditch** अंधे को अंधा रास्ता दिखाए तो दोनों गड्ढे में गिरेंगे; **make sb ~** अंधा क., चौंधियाकर दृष्टिहीन क.; **none so ~ as those who won't see** जो देखकर भी देखना नहीं चाहता उससे बड़ा अंधा कोई नहीं; **not a ~ bit of…** *colloq.* जरा भी संवेदन शून्य नहीं, पूरी तरह सचेत; **swear ~** *colloq.* अत्यधिक आत्मविश्वास के साथ कहना; **the ~ leading the ~** एक मूर्ख दूसरे मूढ़ का पथ-प्रदर्शन करे; **turn a ~ eye to** की अनदेखी क.

blink /ब्लिंक/ *v., pt.* **~ed**, *pp* **~ing** 1 आंख झपकाना, पलक मारना या झपकना, आंखें मिचकाना (विशेषकर अनचाहे): don't ~ your eyes 2 अनदेखी क. 3 (***syn.*** twinkle) टिमटिमाना (twinkle, flash off and on): the lights of a steamer **~ed** out at sea 4 संकेत क. 5 मुलमुलाना, झिलमिलाना (wink rapidly) 6 देखी-अनदेखी क. (disregard): ~ the facts; ~ the question 7 आंखें बंद कर लेना: ~ at sth 8 (**~ sth away/ from/ out of sth**) आंखें झपक-झपककर आंख में से आंसू, धूल या कोई कतरा हटाना: ~ away the tears;

n. 1 झलक, झांकी 2 झपकी, निमेषण: in the ~ of an eye (आंख की एक झपकी में) 3 (***syn.*** moment) क्षण, पल: like a ~; he must have died like a ~ 4 (***syn.*** glimmer) हल्की चमक 5 टिमटिमाहट, टिमटिमाता संकेत: ~ signal;

dw/lw: **~ard** /ब्लिंकःड/ *n.* 1 झप-झप करने वाला व्यक्ति 2 मूर्ख आदमी; **~ed** /ब्लिंकःड/ *adj.* 1 देखने-समझने की क्षमता से महरूम या वंचित 2 (***syn.*** narrow-minded) संकीर्णमना, तंगदिल, दकियानूसी: a ~ed policy/ attitude/ approach; **~er** /ब्लिंकः/ (*usually* **~s**) *n.* 1 झप-झप करने वाली रोशनी: ~ lantern 2 घोड़े की लगाम से जुड़ी अंधेरी 3 धूप की ऐनक 4 मूर्ख आदमी 5 *sl.* आंख 6 *milit.* संकेत यंत्र; **~er** *v., pt.* ~ered, *pp* ~ering 1 ठगना, धोखा दे. 2 अंधेरी पहनाना; **~ers** /ब्लिंकःज/ *n. [pl.]* 1 देखने-समझने में असमर्थता 2 अंधेरी; **~ing** *n.* 1 आंख की झपक 2 झप-झप 3 तथ्यों की ओर से आंख मूंदने का कार्य: there is no ~ing of a fact; **~ing** *adj. sl.* 1 झपकने वाला 2 बेहूदा: broke the ~ing thing (बेहूदी चीज को तोड़ दिया);

p&i: **~ at sth** 1 पहचानने या मानने से इन्कार क. 2 किसी वस्तु के दिखाई पड़ने पर बहुत आश्चर्यचकित हो.; **~ sth away/ back** 1 आंसू थामे रखना 2 आंसू पोंछना;

be in ~ers आंखों पर अंधेरी हो., कूपमंडूक (अल्पज्ञ) हो.; **in the ~ of an eye** एक क्षण में, तेजी से; **keep sb in ~ers** किसी की आंखों पर पट्टी बांधे रखना, किसी को कूपमंडूक बनाए रखना; **on the ~ (out of order)** *US, colloq.* खराब, बिगड़ा हुआ, टूटा हुआ; **put sb on the ~** किसी को काम करने के लायक न रहने दे.

blip /ब्लिप/ *n.* 1 छोटा-मोटा, अस्थाई और नकारात्मक परिवर्तन, विशेषकर आर्थिक, आकस्मिक झटका, या थमाव 2 रडर स्क्रीन पर चमकीला प्रकाश बिंदु, जो किसी वस्तु की स्थिति जताता है 3 (radar) बिंब, झलक, ध्वनि या संकेत;

v. *pt.* **~ped**, *pp* **~ping** 1 पीं-पीं क. 2 हाथ-पांवों में छाले पड़ जा. 3 जोर से मारना: **~ped** him on the head with his stick

BLISc *abbr.* 'Bachelor's Course in Library & Information Science' की प्रथमाक्षरी

bliss /ब्लिस\/ *n.* आनंद, परमानंद, परम सुख: married/ wedded/ domestic ~; swimming on a hot day is sheer ~;

dw/lw: **~ful** *adj.* आनंदमय, अत्यंत सुखद, परम सुखी: we spent three ~ful weeks away from work; ~ful ignorance; **~fully** /~फुलि/ *adv.* आनंदपूर्वक, निश्चिंत होकर: ~fully happy; ~fully ignorant/ unaware; **~fulness** *n.* परमानंद की अवस्था

B-list *n.* दोयम श्रेणी (**A-list** से कम) के प्रसिद्ध लोगों का वर्ग

blister /ब्लिस्टः\/ *n.* 1 छाला, फफोला 2 दीवार आदि पर पेंट करते समय बना बुलबुला 3 किसी की बहुत तीखे शब्दों में निंदा 4 *sl.* थाने में हाजिरी: he had three **~s**;

v., pt. **~ed**, *pp* **~ing** 1 फूलकर बुलबुले बनना या बनाना: the heat has **~ed** the windowsill (गर्मी ने खिड़की के पटरे को फुला दिया) 2 हाथों या पांवों आदि में छाले पड़ना: ~ a tongue; his skin was beginning to ~ 3 कटु आलोचना क.;

dw/lw: **~ed** /~ड/ *adj.* 1 तीखा, घोर, तीव्र 2 *metal* बुलबुलेदार; **~foot** *n.* पैदल सैनिक; **~gas** जहरीली गैस; **~ing** /ब्लिस्टरिंग/ *adj.* 1 तीखी/ घोर कटु: ~ing criticism 2 प्रचंड (गर्मी) 3 (***syn.*** hard, fast, intense) कठोर, कड़ा, निर्मम, सख्त 4 (***syn.*** baking) बहुत गर्म, जलता हुआ: a ~ing July day; ~ing heat; ~ing weather; **~ringly** *adv.* तीखे रूप में, प्रचंड रूप में; **~ry** /ब्लिस्टरि/ *adj.* बुलबुलों से ढकी हुई;

collocations: **~ pack/ ~ card** (*also* **bubble pack**) पैक करने या बांधने की पारदर्शी प्लास्टिक की बुलबुलेदार सामग्री

blithe /ब्लाइद\/ *adj., degr.* **~r**, **~st** 1 निश्चिंत: ~ and gay; in ~ ignorance 2 प्रसन्न, प्रफुल्ल, भाग्यशाली 3 अगंभीर, लापरवाह, अनियत: a ~ disregard of the rights of others;

dw/lw: **~ly** /~लि/ *adv.* निश्चिंत होकर, मस्त होकर, बेफिकरी से; **~ness** /~नेस/ *n.* प्रसन्नता, प्रफुल्लता; **~some** /~सम/ *adj., lit., old use* प्रफुल्ल, प्रसन्न, निश्चिंत

blithering /ब्लिदरिंग/ *adj., derog., colloq.* 1 पूरा, पक्का, मंजा हुआ 2 बिल्कुल 3 महा मूर्ख 4 बकवादी, बकबकिया;
p&i: ~ **idiot** काठ का उल्लू

BLitt 'Baccalaureus Litterarum', *Lat.* की प्रथमाक्षरी (Bachelor of Letters)

B. Lit. *abbr.* 'Bachelor of Literature' की प्रथमाक्षरी

blitz /ब्लिट्स/ *n., pl.* **~es** 1 धावा, थोड़े समय में बड़ी सफलता 2 (**the Blitz** = **blitzkrieg**) दूसरे महायुद्ध (1940) में ब्रिटेन के शहरों पर जर्मनी द्वारा बेतहाशा हवाई हमले, जबरदस्त हवाई आक्रमण 3 (*esp.* **have a ~ on sth**) *colloq.* किसी कार्य को पूरा करने के लिए ताबड़तोड़ अभियान: an advertising/ a media ~ 4 *Amer. football* रक्षा पंक्ति द्वारा जबरदस्त जवाबी हमला 5 आकस्मिक हमला: five shops were damaged in firebomb ~;
v., pt. **~ed**, *pp* **~ing** 1 किसी को पूरी तरह परास्त क. 2 किसी स्थान पर बम फेंकना 3 हवाई हमले द्वारा किसी निशाने को ध्वस्त क. 4 *colloq.* किसी कार्य को अभियान चलाकर पूरा क.;
dw/lw: **~ed** *adj., sl.* नशे में धुत्त या नशीली दवाइयों के नशे में चूर; **~krieg** /ब्लिट्स्क्रीग/ *n.* 1 तूफानी हवाई हमला 2 बिजली की रफ्तार से होने वाला युद्ध; **~lull** *n.* बममारी में अस्थायी थमाव;
p&i: ~ **on sth** कुछ करने के लिए आकस्मिक अभियान

blizzard /ब्लिजःड/ *US* ब्लिजर्ड/ *n.* 1 (*syn.* snowstorm) बर्फीला तूफान, हिम झंझावत 2 अचूक निशाना: take a ~ at sth 3 गोलीबारी की बौछार 4 जबरदस्त वार, प्रहार 5 ढेर: ~ of documents 6 मंदी, गिरावट: trade ~

bloat /ब्लोट/ *v., pt.* **~ed**, *pp* **~ing** 1 (*sometimes* ~ **up**) फूलना, फुलाना, सूजना: ~ body/ face; ~ with overeating; he has begun to ~ 2 घमंड से फूलना 3 धुआंकर (धुंआकर) मछली पकाना 4 बढ़ा-चढ़ाकर बनाना;
dw/lw: **~ed** /ब्लोटिड/ *adj.* 1 फूला हुआ 2 अधिक खाना खाने के कारण फूला हुआ 3 बढ़ा-चढ़ाकर बनाया हुआ: ~ed budget; ~ed majority; **~edness** /ब्लोटिडनेस/ *n.* घमंड से पैदा हुई अकड़; **~er** /ब्लोटः/ *n.* धुआंई (धुंआई) हुई हिलसा मछली;
p&i: **my ~er**! मेरे प्रिय!

blob /ब्लौब/ *US* ब्लाःब/ *n.* 1 बूंद 2 (*syn.* globule) छोटी-सी मुलायम गोल वस्तु, गोलिका: a ~ of a nose 3 दाग, धब्बा, छींटा: a ~ of paint;
v., pt. **~bed**, *pp* **~bing** रिसना: my fountain-pen is **~bing**;
dw/lw: **~by** /~बि/ *adj.* धब्बायुक्त

blobber-lipped /ब्लौबःलिप्ट/ *US* ब्लाःबःलिप्ट/ *adj.* मोटे होंठों वाला

bloc /ब्लौक/ *US* ब्लाःक/ *n.* गुट, कई देशों का राजनीतिक गुट: opposing **~s**

block\ /ब्लौक/ *US* ब्लाः\क/ *n.* 1 सांचा, गुटका 2 भूखंड, खंड 3 (*US* apartment house/ building) भवन समूह: a ~ of flats 3 ऐसा भवन समूह जिसके चारों ओर सड़क बनी हो: a walk around the ~; he lives two **~s** from us 4 एक भवन समूह से दूसरे तक की दूरी: a ~ away; walk three **~s** 5 *Austral. & NZ* ब्लॉक या प्रखंड यानी कृषि या बस्ती बसाने के लिए काफी बड़ा क्षेत्र 6 कुंदा (of wood) 7 शिलाखंड (of stone), बड़ा-सा ईंटनुमा टुकड़ा: ice/ concrete/ stone ~; a ~ of soap; a ~ of cigarettes 8 (*syn.* platform) मंच 9 (*syn.* bloc) गुट, खेमा, समूह 10 *print.* ब्लॉक, ठप्पा 11 एक इकाई के रूप में समझे जाने वाले चुनाव क्षेत्रों, टिकटों, मतों, सूचनाओं आदि का समूह 12 (*syn.* obstacle) प्रगति के पथ में बाधा, रुकावट, अवरोध, यातायात में अवरोध: road ~; traffic ~ 13 प्रगति की राह में मानसिक बाधाएं: mental ~; writer's ~ 14 खेल में या दौड़ आदि में प्रारंभिक बाधा: fast off the ~ 15 नाली या पाइप आदि में पानी के बहाव में रुकावट: there was a ~ in the pipe and the water could not flow away 16 (*also* **nerve** ~) इंजेक्शन के द्वारा धमनियों में रक्त आदि के बहाव को किसी क्षेत्र विशेष में अस्थायी रूप में रोकने की क्रिया 17 *old use* छपाई में प्रयोग होने वाली लकड़ी का टुकड़ा 18 (*syn.* pulley) नीचे से सामान उठाने के लिए ढांचे में लगी फिर्की, घिरनी, गरारी 19 भावशून्य, कठोर या मूढ़, भोंदू व्यक्ति 20 *sl.* आदमी का सिर: knocked sb's ~ off 21 एक-सी चीजों का समूह, श्रेणी: a ~ of seats in a theatre; in (the) ~ (सारी की सारी) 22 नीलामी का तख्ता: go to the ~ 23 बड़ी मात्रा या संख्या 24 फांसी के शहतीरों का ढांचा: be sent to the ~;
v., pt. **~ed**, *pp* **~ing** 1 (*also* ~ **up**) बाधा खड़ी क., रोकना, बाधित क., अवरुद्ध क.: ~ the access; all the roads were **~ed** by the heavy snowfalls; they **~ed** up the entrance to the cave; ~ an appointment 2 रुकावट डालना, परेशान क. 3 थामना, ध्वस्त क.: the commander succeeded in **~ing** the enemy's plan 4 प्रस्ताव, विधेयक, अनुदान आदि के स्वीकृत होने में बाधा डालना 5 सांचे पर चढ़ाना, कोई आकार दे., ठप्पे लगाना 6 ऋण, अनुदान आदि अवरुद्ध क. 7 क्रिकेट आदि खेलों में गेंद को रोकना 8 नाली या नस आदि अवरुद्ध हो. 9 फुटबाल आदि खेलों में प्रतिद्वंद्वी की चाल को अवरुद्ध क. 10 चेतना शून्य करके धमनियों में रक्त प्रवाह आदि को अस्थायी रूप से अवरुद्ध या बंद क. 11 मानसिक बाधा पैदा क. या हो. 12 नाटक में किसी मुद्रा या चाल (move) का अभ्यास क. 13 भेंट या पेशी आदि के लिए तारीख आरक्षित क.;
dw/lw: **~ade** /~केड/ *n.* नाकेबंदी, घेराबंदी, घेरा: ~ade of Leningrad; America's ~ade of Cuba may be lifted soon; establish/ set up a ~ade; paper ~ade (असफल अवरोध); break/ breach a ~ade; raise/ lift a ~ade (नाकेबंदी उठाना); **~ade** *v., pt.* ~aded, *pp* ~ading 1 रोक दे., नाकेबंदी क. 2 किसी देश या स्थान की घेराबंदी क., घेरा डालना; **~age** /ब्लौकिज/ *US* ब्लाःकिज/ *n.* 1 (*syn.* obstruction) अवरोध, बाधा: clear the ~age 2 घेराबंदी करने का कार्य; **~board** *n., building* मुलायम लकड़ी को जोड़कर बनाई हुई प्लाईवुड की पट्टियां; **~-book** *n.* ठप्पा-मुद्रित पुस्तक; **~buster** /~कबस्टः/ *n.* 1 अत्यधिक सफल व रिकार्डतोड़ (कीर्तिमान भंजक) पुस्तक, फिल्म आदि 2 शक्तिशाली बम (विस्फोटक) 3 शक्तिशाली, जबरदस्त व्यक्ति या वस्तु; **~buster** *adj.* 1 शक्तिशाली, लोकप्रिय 2 धमाकेदार, बड़ा; **~-busting** /~कबस्टिंग/ *adj.* अत्यधिक सफल: ~busting performance; **~-chain** *n.* चल जंजीर, खंड श्रृंखला; **~-coal** *n.* धनखंडी कोयला; **~ed** /~कड/ *adj.* रोका हुआ, अवरुद्ध: ~ed account (निरुद्ध या अवरुद्ध खाता); ~ed capital (निरुद्ध पूंजी); ~ed style *typing* (एक प्रदर्शनी (display) शैली जिसमें सारा पाठ बायें तरफ के हाशिए से शुरू होता है); **~er** *n.* अवरुद्ध करने वाला; **~head** *n.* मूढ़ व्यक्ति; **~house** *n.* 1 *hist.* एक छोटा-सा लकड़ी का अस्थायी किला 2 सैनिक कार्रवाई आदि पर नजर रखने के लिए कंक्रीट की बनी अवलोकन चौकी (observation post); **~ing** /~किंग/ *n.* अवरोध, बंदी, नाकाबंदी: ~ing of the parliament; **~ing** *adj.* अवरोधक: ~ing motion (अवरोधक प्रस्ताव); **~ish** *adj.* मूढ़, मूर्ख;
collocations: ~ **booking** कई फिल्मों को एक साथ खरीदने का सौदा; ~ **capital** संघटित/ थोक पूंजी; ~ **and tackle** *mech., engin.* रस्सा-पुल्ली; ~ **capitals**/ ~ or **capital letter** लिखाई, छपाई आदि में प्रयोग होने वाला बड़ा अक्षर; ~ **diagram** आकार, रेखाओं व तीर के प्रयोग से बना रेखाचित्र; ~ **grant** समुच्चित अनुदान; ~ **paragraph** चौकोर पैरा; ~ **release** *Br.* अध्ययन के लक्ष्य से दी जाने वाली कई महीनों की छुट्टी; ~ **shoe** नुकीली जूती; ~ **vote** प्रतिनिधित्मक मतदान; **road** ~ सड़क अवरोध; **the** ~ *hist.* पुराने जमाने में मौत की सजा देने के लिए लकड़ी के दो शहतीरों के बीच सिर रखने का ढांचा; **the ~ off** अवरोध; **writer's** ~ लेखक का मानसिक अवरोध;
p&i: ~ **head** उल्टी खोपड़ी, बजरबट्टू; ~ **in** रूपरेखा बनाना; ~

out 1 कच्ची रूपरेखा बनाना: ~ out a plan 2 सेंसर आदि द्वारा काट दिया जा. 3 (**~ out/ sheet out**) रोध पट्टी लगाकर बाहर रखना यानी प्रकाश या शोर आदि को अंदर आने से रोकना 4 चेतना से बाहर रखना, विस्मृत क. (exclude from memory); **~ sb/ sth in** 1 (***syn.*** confine) में बंद क., सीमित क. 2 योजना (रूपरेखा) बनाना; **~ sb/ sth off** 1 किसी क्षेत्र आदि में आना-जाना बंद क., रास्ता बंद क. 2 एक सिरे पर बाधा लगाकर सड़क आदि को बंद क.; **~ sth up** 1 पूरी तरह बंद कर दे. 2 दरवाजे, खिड़की आदि को ईंटें आदि लगाकर बंद कर दे.; **~ up** रुकावट पैदा क.;

a mental ~ मानसिक बाधा; **chip of (off) the old ~** जैसा पिता वैसा पुत्र; **cut ~s with razor** बेकार काम क., कल्पना शक्ति का अपव्यय क.; **do one's ~** *sl., mainly Austral. & NZ* बहुत क्रुद्ध हो., आपे से बाहर हो.; **do the ~** टहलना, चहलकदमी क.; **fast off the ~** (*also* **nerve ~**) (खेल-कूद में) प्रारंभिक जकड़न को पार क.; **go on the ~** नीलामी के लिए उपलब्ध हो. (up for auction); **have been around the ~ a few times** काफी अनुभव हो.; **in ~** समूह में, सामूहिक रूप से; **knock sb's ~ off** किसी का सिर काट दे.; **put/ lay one's head/ neck on the ~** कोई बात कहकर या कोई काम करके अपनी नौकरी या नेकनामी को खतरे में डालना

blog /ब्लौग/ *US* ब्लाःग/ (*also* **web-~**) *n.* 1 दूसरों द्वारा पढ़े जाने के लिए इंटरनेट में डाले जाने वाले विचार-पुंज 2 इंटरनेट लेख, चिट्ठा, पत्रक सामग्री 3 व्यक्तिगत जानकारी;
v., pt. **~ged**, *pp* **~ging** ब्लॉग क.;
dw/lw: **~ger** /ब्लॉगः/ *n.* ब्लॉग-लेखक

bloke /ब्लोक/ *Br. colloq. n. UK* 1 यार, दोस्त 2 आदमी, बंदा;
dw/lw: **blokeish/blokish** /ब्लोकिश/ *adj.* यारों जैसा; **blokey** *adj.* मूर्ख, मंदबुद्धि

blond /ब्लौड/ *US* ब्लांड/ (*also* **blonde**) *adj.* 1 सुनहले बालों वाला 2 सुनहरा;
n. सुनहरे बालों वाला पुरुष

blonde (*also* **blond**) /ब्लौड/ *US* ब्लांड/ *adj.* 1 भूरे बालों वाली (औरत) 2 सुनहरे बालों वाली;
n. सुनहरे बालों वाली औरत: a natural ~;
collocations: **~ hair** भूरे बाल; **~ lace** रेशम का फीता;
p&i: **a bushfire ~** भूरे बालों वाली औरत; **a platinum ~/ a chemical ~** रंगे हुए भूरे बालों वाली औरत

blood /ब्लड/ *n.* 1 खून, रक्त, रुधिर, लहू: give one's ~ for one's country 2 (***syn.*** race) पूर्वज, वंश, वंश मूल, मूल स्थान: of royal ~; base ~ (1 अवैध संतान 2 निम्न वंश: fresh ~ (परिवार में नया यानी बाहर का खून); high/ blue ~ = royal ~ (राजसी रक्त); the ties of ~ (खून का रिश्ता); one's own flesh and ~ (सगा, संबंधी, अपना ही खून); young ~ 3 (***syn.*** human nature) स्वभाव, प्रकृति 4 रक्तपात, खून, हत्या, हिंसा: the ceasefire may lead to more ~ 5 सगा-संबंधी, रिश्ता: sb's flesh and ~ 6 शाही छैला, बांका 7 जोश, भावावेश, तुनुकमिजाज: watch out, his ~ is up! (सावधान! उसका खून खौल रहा है) 8 जीवंतता, ओज 9 पीढ़ी: young ~ 10 पेड़ या फल का रस 11 घटिया सनसनीखेज उपन्यास, अति नाटकीय कथा 12 घटिया सनसनीखेज सामग्री छापने वाली पत्रिका;
v., *pt.* **~ed**, *pp* **~ing** 1 खून बहाना, लहूलुहान क. 2 युद्ध या रक्तपात के लिए प्रेरित क. 3 छोटे या नए शिकारी कुत्ते को अभी-अभी किए गए शिकार के खून का पहला स्वाद चखने दे. 4 किसी को नया काम सिखाना 5 किसी को लड़ाई आदि का पहला अनुभव प्रदान क.;
dw/lw: **~-and-thunder** *adj.* बहुत मार-धाड़ वाली फिल्म या उसकी कहानी; **~bath** *n.* (***syn.*** massacre) खून की नदी, नरसंहार, कत्ल आम, रक्तपात; **~-bespotted** /ब्लड\स्पौटिड/ *US* ब्लड\स्पाःटिड/ *adj.* रक्तरंजित; **~-bird** *n.* रक्त पक्षी; **~-boltered** *adj.* रक्त-सना, लहूलुहान; **~-bought** *adj.* रक्त-क्रीत; **~-curdling** /~-कःडलिंग/ *adj.* रोमांचकारी, रोंगटे खड़े कर देने वाला, भयंकर, डरावना: ~-curdling scream/ story; **~-dust** *n.* रुधिर-धूलि (रोग); **~ed** /ब्लडिड/ *adj., usually in compounds* 1 रक्तपूर्ण, रक्त-संबंधी 2 कुलीन, उच्चवंशीय, विशुद्ध रक्त वाला 3 व्यक्ति के स्वभाव या खून के गुण संबंधी: hot-~ed (तुनक-मिजाज, गुस्सैल); **~feud** *n.* खूनी दुश्मनी, कुल-बैर; **~guilty** *n.* हत्यारा; **~-horse** *n.* शुद्ध नस्ल का घोड़ा; **~-hot** *adj.* रुधिरोष्ण; **~hound** *n.* 1 भेदिया कुत्ता 2 जासूस, भेदिया; **~ied** खून से लथपथ; **~ily** *adv.* रक्त-रंजित तरीके से; **~iness** *n.* रक्त-रंजन, बर्बरता; **~less** *adj.* 1 रक्तहीन: ~less gums 2 अहिंसक, रक्तपातहीन: ~less victory; ~less revolution (अहिंसक क्रांति) 3 (***syn.*** lifeless) निर्जीव 4 (***syn.*** pale) विवर्ण, पीला: ~less lips 5 निर्मोही 6 निष्ठुर; **~lessly** *adv.* बिना खून बहाए, अहिंसक ढंग से; **~letting** *n.* खून-खराबी, हत्या; **~-line** *n.* शुद्ध वंश-क्रम; **~lust** *n.* खून की प्यास, खून-खराबे की प्यास; **~-picture** *n.* रक्त का चित्र; **~-rain** *n.* लाल वर्षा; **~-red** *adj.* खून की तरह लाल, खूनी; **~root** *n.* रक्त-मूली; **~sacrifice** *n.* रक्तबलि; **~shed** /~शेड/ *n.* रक्तपात, मारकाट, नरसंहार; **~shot** *adj.* रक्ताभ, खूनी, लाल (आंखें); **~sized** *adj.* रक्तरंजित; **~spavin** /ब्लड स्पैविन/ *n.* घोड़ों का रोग; **~sprent** *adj.* रक्त-अंकित, रक्ताक्त; **~stain** /ब्लडस्टेन/ *n.* खून का धब्बा; **~stained** /ब्लडस्टेंड/ *adj.* रक्तरंजित, खून के दाग या धब्बे वाला, दगैल, दागी; **~stream** /ब्लडस्ट्रीम/ *n.* रक्त प्रवाह, रक्त धारा; **~stock** *n.,* अच्छी नस्ल का घोड़ा; **~stone** *n., geol.* रक्तप्रस्तर; **~sucker** /ब्लडसकः/ *n.* 1 खून चूसने वाला 2 (***syn.*** extortioner) खसोटा, शोषक 3 जोंक; **~-sucker** *adj.* खून चूस, शोषक; **~sucking** *adj.* खून चूसने वाला, शोषक; **~sucking** *n.* खून का शोषण; **~tax** *n.* सार्वजनीन सैनिक सेवा; **~-thirstiness** *n.* रक्त पिपासा, खून की प्यास; **~thirsty** /~थःस्टि/ *adj.* खून का प्यासा, रक्त पिपासु, खूंखार, निष्ठुर; **~-warm** *adj.* शरीर के तापमान जितना गर्म; **~wit** *n.* रक्तपात करने पर लगने वाला कर, रक्तपात कर लगाने का अधिकार; **~-wite** *n.* खून की सजा; **~wood** *n.* रक्त रसी वृक्ष; **~worm** *n.* रुधिर कृमि (कीट); **~y** *see below under separate entry;*
collocations: **~ and iron** बल प्रयोग; **~-and-nerve poison** आम विषाक्त पदार्थ; **~ and thunder** सनसनीखेज (साहित्य, फिल्म आदि); **~ bank** रक्तदान-केंद्र; **~ books** सस्ती सनसनीखेज किताबें; **~ brother** सहोदर या सगा भाई; **~ cell** रक्त कोशिका; **~ circulation** रक्त संचालन; **~ clot/ coagulation** खून की गांठ या थक्का; **~ count** *med.* रक्त कणिका संख्या, खून की निश्चित मात्रा में लाल या सफेद कोशिकाओं की संख्या; **~ corpuscle** रक्त कणिका, रक्ताणु; **~ donation** रक्त दान; **~ donor** रक्त-दाता; **~ doping/ ~ packing** एक खिलाड़ी की ऑक्सिजन धारण क्षमता को अस्थायी रूप से बढ़ाने के लिए उसके खून से निकाले गये लाल कोशिकाओं को फिर से अवैध रूप से चढ़ाने की क्रिया; **~ feud** अंतर्पारिवारीय कलह, खूनी दुश्मनी; **~ group/ ~ type** *UK* (*UK/ US* **~ type**) *med.* 1 खून की श्रेणी, रक्त-ग्रुप, रुधिर वर्ग 2 *med.* रक्त की चार श्रेणियां (**ABO** Blood Group System); **~ guilty** हत्यारा, खूनी; **~ heat** मानव का साधारण तापमान (**37^0 C** या **98.4^0 F**); **~ matching** रक्त-श्रेणियों का मिलान; **~ money** हत्या-धन, हत्या करने के लिए दी गई सुपारी, किसी की हत्या के एवज में मिला धन; **~ orange** लाल गूदे वाला संतरा; **~ packing** *see above ~* **doping**; **~ platelets** रक्त कण, रक्त-बिंबाणु; **~ poisoning** रक्त विषाक्तता; **~ pressure** रक्त-चाप, रक्तदाब; **~ pudding** सूअर के मांस व खून से बनी काली सॉसेज; **~ relation/ ~ relative** रक्त-संबंधी, सगा संबंधी; **~ sedimentation test** तलछटन या अवसादन परीक्षण; **~ serum** रक्तोदता, रक्त सीरम; **~ spitting** खूनभरा थूक, रक्तपीक; **~ sports** *[pl.]* 1 शिकार 2 पशु वध का खेल; **~ stroke** पक्षाघात, लकवा; **~ sucker** रक्तचूषक, जोंक; **~ sugar** रुधिर शक्कर; **~ supply** खून की आपूर्ति; **~ test** खून की जांच, रक्त-परीक्षण, रक्त-जांच; **~ transfusion** एक व्यक्ति का खून

दूसरे व्यक्ति में चढ़ाए जाने की क्रिया, रक्ताधान; **~ type** (*also UK* **~ group**) रक्त श्रेणी (**ABO** Blood Group System) में; **~ vessel** रक्त वाहिका, शिरा; **~ worm** मछली पकड़ने के लिए गलकांटे में लगाया जाने वाला चारानुमा प्रलोभन;
blue ~ कुलीन, शाही मूल का; **fresh ~** नए लोग, नए कार्यकर्ता, नया खून; **half ~** सौतेला भाई, सौतेली बहन; **young/ new ~** नई पीढ़ी, युवा लोग, युवा, नवयुवक, युवा (नया) रक्त; **whole ~ horse** शुद्ध नस्ल का घोड़ा;
p&i: **~ and iron policy** जोर-जुल्म की नीति; **~ for ~ = ~ will have ~** खून का बदला खून; **~ is thicker than water** अपने तो अपने होते हैं, पराया, अपना; **~ of a soldier makes the glory of the general** लड़े फौज नाम सरदार का; **~ rushed into her cheeks/ to her forehead** शर्म से उसका मुंह लाल हो गया; **~ thirsty** खून का प्यासा; **~ will be spilled** इस बात के लिए खून बहेगा; **~ will tell** वंशानुगत गुण सामने आ जाते हैं;
a bit of ~ शुद्ध नस्ल का घोड़ा; **after/ out for sb's ~** किसी के खून का प्यासा हो.; **bad ~** 1 रिश्तों में खटास 2 भूतकाल की घटनाओं के कारण दो पक्षों के बीच पनपती घृणा, वैमनस्य; **bathe in ~** बदला लेते हुए खून की नदियां बहाना; **be in one's ~** खून में हो.; **be sealed in ~** किसी कार्य के लिए बड़ी कुर्बानी करना पड़ना; **chill/ freeze the ~** खून को ठंडा करके जमाना; **draw ~** 1 दुःख सहने के लिए विवश क. 2 किसी की दुखती रग पर हाथ रख दे.; **draw the first ~** पहला वार क.; **drown in ~** खून की नदियां बहाना; **flesh and ~** 1 निकटतम संबंधी, सगा 2 मानव स्वभाव; **freeze sb's ~ = make sb's ~ creep** इतना डरा देना कि काटो तो खून नहीं; **get one's ~ up** आपे से बाहर हो.; **get sth out of one's ~** किसी चीज या बात को भूल जा., मुंह फेर ले.; **give one's life's ~ to** किसी बात के लिए खून बहाना; **have no ~ in one's veins** डरपोक होना; **have sb's ~ on one's head** किसी की मृत्यु या त्रासदी के लिए जिम्मेवार हो.; **high ~ = blue ~**; **hot ~** तीव्रोत्साही, तुनुकमिजाजी, गुस्सैल; **in ~** गुस्से से आग बबूला, क्रूर; **in cold ~** होशो-हवास में या सोच-समझकर किया जाने वाला जघन्य अपराध; **infuse ~ into an undertaking** किसी कारोबार को जीवंत बनाना; **in hot or cold ~** उत्तेजित होकर या ठंडे दिल से; **in one's ~** खून या स्वभाव में, संस्कार में; **it runs in his ~** ऐसा उसके खून में है; **let sb's ~** *med.* किसी का खून बहाना; **make bad ~ between sb and sb** दो जनों के रिश्तों में खटास पैदा क.; **make sb's ~ boil** किसी को अति क्रुद्ध क., किसी का खून खौलाना; **make sb's ~ run cold** डराकर किसी का खून जमा देना; **make sb's ~ turn** किसी को बहुत बड़ा सदमा पहुंचाना; **man of ~** क्रूर आदमी; **more than flesh and ~ can stand** इंसान की सहनशक्ति से बाहर; **move sb's ~** आवेश या जोश पैदा क.; **my ~ ran cold/ turned to ice** डर से मेरा खून जम गया; **one's ~ is on one's own head** स्वयं दोषी या कसूरवार हो.; **out of ~** मरियल; **red as ~** बिल्कुल लाल; **red ~** बहादुरी, हिम्मत; **runs in the ~** खून में है; **set sb's ~ hammering in one's temples** किसी का पारा चढ़ाना; **shed/ spill ~ like water** खून बहाना, हत्या क.; **spit ~** थूक के साथ खून आना; **sporting ~** हिम्मती और मनमौजी व्यक्ति; **stain one's hand with ~** अपने हाथ खून से रंगना, किसी की हत्या क.; **suck sb's ~** किसी का खून चूसना; **sweat ~/ sweat ~ over sth** बहुत मेहनत क., पसीना बहाना; **taste ~** खून का चस्का लग जा.; **the Man of Blood and Iron** कठोर अफसर शाह; **too rich for my ~** इसे मैं सहन नहीं कर पाऊंगा; **you cannot get/ take ~ from/ out of a stone** कठोर हृदय व्यक्ति से दया की आशा नहीं की जा सकती; **warm sb's ~** किसी को गर्माहट पहुंचाने के लिए;

blood\y /ब्लडि/ *adj., degr.* **~ier, ~iest** 1 लहूलुहान, रक्तरंजित, खून में लथपथ, रक्तिम, लाल 2 रक्तपातपूर्ण 3 रक्त पिपासु 4 गया गुजरा: ~y liar; you ~y fool!; not a ~y one;
adv. अत्यधिक: he can ~y well get his own dinner;
***dw/lw*:** **~y-bones** *n., pl.* 1 धूहा, डरावा, बिजूका, काक भगौड़ा 2 हौवा, जूजू; **~y-eyed** *adj.* रक्तिम नेत्रों वाला; **~y-faced** *adj.* रक्तिम चेहरे वाला; **~y-minded** *adj.* क्रूर, कठोर और दूसरों के लिए परेशानी पैदा करने वाला; **~y-mindedness** *n.* रक्तपात-प्रेम; **~y-sweat** *n.* सरुधिर स्वेद;
hot-~ed तुनक-मिजाज, गुस्सैल;
collocations: **~y battle** रक्तपातपूर्ण लड़ाई; **~y expectoration = blood spitting** खून का थक्का या थूक; **~y flux** पेचिश; **~y Mary** वोदका, टमाटर के नींबू रस आदि से मिलकर बना शराब का पेग (peg); **~y nose** 1 नाक से खून का बहाव, नकसीर 2 खूंखार, हत्यारा, खूनी, नृशंस, रक्तपातपूर्ण;
p&i: **wave a ~y shirt** एक-दूसरे के खिलाफ भड़काना

bloom /ब्लूम/ *n.* 1 पुष्प, पुष्प-पुंज, फूल के खिलने की अवस्था, पुष्प-प्रफुल्लता: in ~; burst into ~; in full ~ 2 प्रफुल्लित अवस्था, खिला हुआ या उत्फुल्लित पुष्प: roses in ~; the exotic ~ of orchid 3 (***syn.*** prime) नवयौवन, परमोत्कर्ष: in the full ~ of youth; take the ~ off sth (किसी चीज को पूरे जोबन में नष्ट कर दे.) 4 सौंदर्य का शिखर 5 (***syn.*** florescence) बहार 6 (***syn.*** glow) अरुणिमा, लाली, त्वचा की लाली: the ~ in her cheeks 7 फलों के ऊपर चूर्ण जैसा आवरण या परत, बौर 8 जमीन पर लवण की परत 9 तालाबों आदि में पानी के पौधों आदि का त्वरित विकास;
v., pt. **~ed**, *pp* **~ing** 1 (***syn.*** flower) खिलना, प्रफुल्लित हो., बौराना, चिटकना 2 सौंदर्य आदि के चरमोत्कर्ष को प्राप्त हो. 3 (***syn.*** blossom) फलना-फूलना 4 शिशु का भली प्रकार बढ़ना-फूलना 5 परत बनना 6 परत से ढक जा.;
dw/lw: **~er/ s** *see below under separate entries*; **~ing** /ब्लूमिंग/ *adj.* 1 पुष्पित 2 कुशल-मंगल, फलता-फूलता, समृद्ध: ~ing during ones stay in the mountains 3 *lit.* चमकदार, सुंदर 4 कमबख़्त, गया-गुजरा: lost my ~ing pen; did you see my ~ing pen?; **~ing** *adv., sl.* गुस्से में प्रयुक्त: ~ing fool;
p&i: **cut off in its ~** भरी जवानी में खत्म कर दे.; **in ~** प्रफुल्लित; **take the ~ off sth** किसी को चरमोत्कर्ष अवस्था में ही खत्म कर दे.

bloomer /ब्लूमः/ *n., Br.* (*US equiv.* **blooper**) 1 भारी भूल, बहुत बड़ी गलती 2 एक सफेद ब्रेड का टुकड़ा 3 फूलदार पौधा, पुष्पाक्षर (पहला सजावटी अक्षर)

bloomers /ब्लूमःज/ (*also* **bloomer** trousers) *n.* महिलाओं की घुटनों तक आने वाली पोशाक, सलवार

blooper /ब्लूपः/ *sl., mainly US* n. 1 मूर्खतापूर्ण गलती 2 रेडियो या टीवी पर बोलते समय होने वाली भूल (slip of tongue)

blossom /ब्लौसम/ *US* ब्लाःसम/ *n.* 1 फलदार पेड़ का पुष्पण: the trees are in ~; spray of ~; bear ~; burst into ~ 2 पौधों के फूलों का खिलने की अवस्था: in ~; cherry/ apple/ orange **~s**; ~ cluster/ truss सामूहिक (एक साथ) पुष्पण 3 एक छोटा पुष्प या पेड़ पर खिले छोटे-छोटे फूल, बौर, मंजरी 4 समृद्धि, चरमोत्कर्ष: in the ~ of one's youth; ~ of literature;
v., pt. **~ed**, *pp* **~ing** 1 पुष्पित/ मंजरित हो., हरा-भरा हो. 2 उन्नत/ समृद्ध/ फलित-फूलित हो.: their friendship has **~ed** into love 3 (*sometimes* **~ out**) फलना-फूलना, विकसित हो जाना: … has **~ed** into a fine dancer; she **~ed** out into a charming girl;
dw/lw: **~y/ ~ing** /ब्लौसमि/ ब्लौसमिंग/ *US* ब्लाःसमि/ ब्लाःसमिंग/ *adj.* 1 पुष्पित, मंजरित, मुकुलित 2 निहायत: ~ing fool; **~ing** *n.* पुष्पण, प्रस्फुटन;
collocations: **~ drop/ ~ fall** फूलों के झड़ने या गिरने की क्रिया; **nip ~** पाले से कली का खत्म हो जा.

blot /ब्लौट/ *US* ब्लाःट/ *v., pt.* **~ted**, *pp* **~ting** 1 (***syn.*** obscure) स्मृति से निष्कासित क., भूल जा.: ~ out unpleasant incidents from one's memory 2 आच्छादित

क., ढकना, साये से ढक लेना: the Moon was **~ted** by the Earth's shade 3 *US* धराशायी क. 4 (***syn.*** sully) धब्बे लगाना, मैला क.: fabric that **~s** (जल्दी मैला होने वाला कपड़ा) 5 कलंकित क., कलंक लगाना, लांछन लगाना: ~ on sb's character/ honour/ reputation 6 स्याही चूस (blotting paper) ब्लॉटिंग पेपर द्वारा कागज पर गिरी हुई स्याही को सुखाना (dry) 7 (*sometimes* **~ sth up**) तौलिया, टिशू पेपर आदि से अत्यधिक द्रव चूस लेना;

n. 1 धब्बा (विशेषकर स्याही का), दाग, निशान 2 किसी वस्तु के सौंदर्य पर दाग: a ~ on the landscape 3 दोष 4 किसी व्यक्ति या उसके चरित्र पर कलंक, लांछन, दाग: a ~ on/ in one's escutcheon (किसी की नेकनामी पर धब्बा) 5 *Austral. sl.* (*sometimes* **~ sth up**) चूतड़ या गुदा 6 कमजोर या सुभेद्य स्थल, आलोच्य बिंदु, कमजोर पहलू: hit a ~;

dw/lw: **~ter** *n.* 1 घटिया लेखक, कागज काले करने वाला लिखाड़ी 2 धब्बा डालने वाला 3 सोख्ता 4 थाने में बदमाशों का हाजिरी रजिस्टर: police ~ter; **~ting** /ब्लौटिंग/ *US* ब्लाःटिंग/ *n.* सोखने की क्रिया;

collocations: **~ out** सोख्ते सुखाने की क्रिया; **~ pad** सोख्ता पैड; **~ting paper** स्याही-चूस कागज, बलॉटिंग पेपर, सोख्ता, स्याही सोख;

p&i.: **~ sth out** 1 स्मृति से मिटाना, भूल जाना 2 छिपा दे., छिपाना 3 नष्ट क.; **~ one's copybook = ~ on one's escutcheon (scutcheon)** अपने चरित्र पर धब्बा लगाना, अपनी नेकनामी खराब क.;

a ~ is no ~ till it be hit जो रंगे हाथों नहीं पकड़ा गया वह चोर नहीं; **a ~ on sth** किसी चीज या बात पर कलंक, दोष, लांछन; **a ~ on the landscape** प्रकृति के सौंदर्य पर धब्बा

blotch /ब्लौ\च/ *US* ब्लाः\च/ *n., pl.* **~es** 1 धब्बा, बहुत बड़ा दाग, निशान 2 फोड़ा, दाना, छाला, मुंहासा, व्रण 3 गुच्छ: the snow fell in large **~es**;

v. pt. **~ed**, *pp* **~ing** धब्बों से भरना या ढक दे.;

adj. धब्बों से भरा, धब्बों से विरंगित;

dw/lw: **~y** /~चि/ (*also* **~ed**) *adj., degr.* **~ier**, **~iest** 1 छालेदार, मुंहासों से भरा: her ~y and swollen face 2 दागी, धब्बेदार, दगैल

blotter *sse above under* **blot: *dw/lw***

blottesque /ब्लौटेस्क/ *US* ब्लाःटेस्क/ *adj.* गाढ़े रंगों से बनाया हुआ अनगढ़ (चित्र)

blotto /ब्लौटो/ *US* ब्लाःटो *adj., rather dated Br. sl.* नशे में बुरी तरह धुत्त

blouse /ब्लाउज/ *n.* 1 ब्लाउज 2 कुर्ती (for women) 2 (*also* **battle-~/ battle-dress**) 3 *formerly* सिपाही की वर्दी का भाग एक ढीला जैकेट जिसपर कमर में पेटी लगाई जा सकती है;

v., pt. **~d**, *pp* **blousing** कपड़ों को ढीली तह बनाकर रखना

blouson /ब्लूजन/ *n.* छाती पर ढीली, परंतु कमर में कसी हुई जैकेट

blow /ब्लो/ *v., pt.* **blew**, *pt. p.* **~n**, *pp* **~ing** 1 हवा का बहना या चलना: it was **~ing** hard; it is **~ing** a gale (आंधी चल रही है) 2 (*often* **~ along/ down**) हवा द्वारा उड़ाकर ले जाया जा., हवा से हिलना: a lot of dust was **~n** in 3 फूंक मारना, फूंकना: ~ one's nails (फूंक मारकर सुन्न हुई उंगलियों का गर्माना) 4 (***syn.*** blossom) खिलना, फूल लगना 5 फूंक मारकर बंसी/ माउथ-आरगन आदि वाद्य बजाना: stop work when the whistle **~s** 6 फूंक मारकर बुलबुले उठाना: ~ bubbles 7 *sl.* लापरवाह होकर बहुत ज्यादा पैसे उड़ा दे. 8 अत्यधिक विद्युत धारा के कारण संगलन (fuse) का उड़ जाना और बिजली के उपकरणों का बंद हो. 9 हांफना: puffing and **~ing** after jog; the old man was **~ing** and puffing 10 नाक आदि साफ क.: ~ one's nose 11 शेखी बघारना 12 (*often* **~ sth off/ out/ in/ up**) किसी चीज को विस्फोट करके तहस-नहस कर दे., काम तमाम क. 13 (*often* **~ the gaff/ ~ one's/ sb's cover**) *sl.* किसी का भेद खोल दे., जग-जाहिर क. 14 *mainly US sl.* अकस्मात् उठकर चले जा. 15 दरवाजे आदि का अकस्मात् खुल जा.: a door **blew** open 16 सिगरेट आदि पीना 17 गुस्से से फट पड़ना 18 खबर या अफवाह फैलाना 19 *theatre sl.* संवाद भूल जा. 20 किसी काम को भली प्रकार क.: he **~s** great conversation 21 गाली दे., अभिशप्त क., धिक्कारना: I'm **~n** if I know 22 *hist.* किसी को तोप के मुंह से बांधकर उड़ा दे.: ~ a man from the mouth of a gun 23 मेहमाननवाजी क. 24 *sl.* हार जा. 25 बीमार हो. 26 हवाई चुंबन उड़ाना 27 अवसर गंवा दे.;

n. 1 (***syn.*** shock) आघात, झटका, धक्का: retaliatory ~; administer/ deal/ deliver/ strike a ~; aim a ~ at sb's authority; rain **~s** upon sb 2 फूंक 3 ताजी हवा का झोंका (blast): a ~ on the cliffs; get oneself a ~ 4 प्रहार, चोट, वार, घूंसा (with fist): come/ fall/ get to ~; exchange **~s** 5 फूंक से बांसुरी आदि बजाने की क्रिया 6 (***syn.*** disaster) विपत्ति: big ~ to sb (किसी के लिए बहुत बड़ी विपत्ति या आघात): it came as a crushing ~ to us 7 छींक या नाक साफ करते समय होने वाली आवाज 8 शेखी, शेखीबाज 9 (***syn.*** bloom) बहार;

dw/lw: **~-back** *n. milit.* लड़ाई में लूट के माल (booty) को अपने आप लौटा देने का कार्य; **~-by-~** /ब्लो-बाइ-ब्लो/ *adj.* ब्योरेवार, एक-एक करके: a ~-by-~ account/ description (ब्योरेवार, सिलसिलेवार वर्णन); **~-dry** *v., pt.* ~-dried, *pp* ~ing हेयर ड्रायर से बाल सुखाना; **~en** /ब्लोअन/ *n.* वेश्या; **~er** /ब्लोअः/ *n.* 1 धौंकनी 2 धौंकनेवाला 3 फूंक मारनेवाला 4 आध्माता (coal) गैस-निकास, गैस-छिद्र; **~fly** *n.* मांस-मक्खी; **~gun** *n.* धौंकनी, तुफंग; **~hard** *n., colloq., mainly US* अपने मुंह मियां मिट्ठू या बड़बोला व्यक्ति; **~hole** *n.* 1 जमी हुई बर्फ में वायु-छिद्र जिसकी बदौलत समुद्री जीव सांस ले सकते हैं 2 समुद्रतलीय गुफा से पानी की ऊपरी सतह तक बनी एक स्वाभाविक नली जिसके द्वारा हवा और पानी आदि गुफा तक पहुंचते हैं; **~ie** (*also* **~fly**) *n.* एक बड़ी मक्खी जो मांस या दूसरे खाद्यों पर अंडे देती है; **~-in** *n., Austral. derog., colloq.* नव आगंतुक, अभी-अभी आने वाला व्यक्ति; **~ing** *n.* 1 हवा का चलन 2 सांस लेने की क्रिया 3 शेखीबाजी 4 फूंक मारने की क्रिया 5 गैस का रिसाव 6 शीशे का फुलाव; **~ing-iron** *n.* शीशे को फुलाने वाली नली; **~ing-up** *n.* 1 विस्फोट 2 फटकार; **~lamp** (*esp. N. Amer.*) धमन-दीप (*also* **~torch**) *n.* द्रव गैस से जलने वाला तथा अत्यधिक गर्मी पैदा करने वाला लैंप, जिसके द्वारा पेंट को पिघलाकर हटाया जाता है या मुलायम धातु को पिघलाया जाता है; **~n** /ब्लोन/ *pt. p.* **'blow'** का कृदंत; **~n** /ब्लोन/ *adj.* 1 हवा द्वारा उड़ाया हुआ 2 क्लांत, थका हुआ, घबराया हुआ: he was too ~n to speak; **~-off** *n.* 1 हवा या भाप का निकास 2 शेखीबाज 3 चर्म बिंदु या पल; **~-out** *n.* 1 *oil industry* तेल या गैस के कुएं से आकस्मिक विस्फोट के साथ गैस या तेल का निकास या रिसाव 2 अचानक टायर फटने का धमाका 3 क्रोध या गुस्से का विस्फोट 4 बहुत ज्यादा खाना: a four course ~out 5 बड़ी दावत 6 (***syn.*** melting) विस्फोट से फ्यूज की पिघलन 7 (***syn.*** burst) धमाका, फटन, गलन 8 आसान-सी जीत; **~pipe** *n., colloq.* 1 शीशे की भिन्न-भिन्न आकारों की चीजें बनाने की धौंकनी 2 लंबी नाली जिसमें से तीर चलाए जाते हैं; **blowsy** *see below under separate entry*; **~torch = ~lamp**; **~-up** *n.* 1 (***syn.*** explosion) फटने की क्रिया, धमाका, विस्फोट 2 फुलाकर बड़ा करने की क्रिया 3 फोटो आदि को बड़ा करने की क्रिया **~-valve** *n.* वात-कपाट; **~y** /ब्लोवि/ *n.* तूफानी, वातल या तेज हवा वाला स्थान;

collocations: **~ job** (*also* **fellatio**) *coarse sl.* पुरुष के गुप्तांगों को मुंह से कामोत्तेजित क.;

p&i: **~ about** 1 बिखेर दे. 2 अस्त-व्यस्त कर दे. 3 अफवाह फैलाना; **~ abroad** अफवाह फैलाना; **~ a fuse** बहुत गुस्सा हो.; **~ a kiss** हवाई चुंबन दे.; **~ away** तोप की गोलाबारी से बाधा हटाना; **~ away the cobwebs** वास्तविक स्थिति सामने लाना; **~ by ~ description/ account of sth** किसी बात या घटना

का सिलसिलेवार विस्तृत वर्णन; ~ **down** पेड़ों आदि को गिराना; ~ **great guns** 1 धमा-चौकड़ी मचाना 2 आंधी या तूफान का जोरों से चलना; ~ **high/** ~ **low** लगातार अपना रवैया बदलते रहना, कभी धूप, कभी छांव; ~ **hopes/ speculation sky-high** = ~ **hopes/ speculation to smithereens** आशाओं या अटकलबाजी की धज्जियां उड़ा दे.; ~ **hot and** ~ **cold on sth/ sb in the same breath** *colloq.* 1 कभी गर्म, कभी नर्म हो., कभी धूप, कभी छांव 2 अपने विचारों या आकलन में अत्यधिक परिवर्तनशील हो., कभी हां, कभी ना क.; ~ **in** *colloq.* 1 अकस्मात् भाप छोड़ना 2 अचानक आ टपकना; ~ **it/** ~ **one's chance(s)** अनुचित कार्य या कथन के कारण अवसर गंवा दे.; ~ **itself -out** तूफान आदि का अपने आप खत्म हो.; ~ **off** 1 भाप को बाहर निकालना 2 अपनी भावनाओं को अभिव्यक्त क. 4 शिकायत क.; ~ **on** किसी के साथ गद्दारी करते हुए उसका भेद खोल दे.; ~ **one's brain (out)** भेजे में गोली दागना या गोली मारकर आत्महत्या क.; ~ **one's hide out** खूब खाकर कुप्पा हो जा.; ~ **one's mind** (शराब या नशीली दवा से) जबरदस्त सुखद आभास या सदमे की अनुभूति पाना; ~ **one's nose** नाक साफ क., सिनकना; ~ **one's/ sb's cover** *sl.* किसी की असलियत की पोल खोल दे.; ~ **one's own trumpet/ horn** *colloq.* अपने मुंह मियां मिट्ठू बनना, आत्मप्रशंसा करना; ~ **one's stack/ top** 1 क्रोध से फट पड़ना 2 आपे से बाहर हो जा.; ~ **out** 1 मोमबत्ती आदि को फूंक मारकर बुझाना 2 टायर आदि का फटना 3 बिजली के फ्यूज का उड़ना 4 गैस के कुएं आदि द्वारा धमाके के साथ गैस छोड़ी जा.; ~ **over** 1 हवा द्वारा पलट दिया जा. 2 तूफान, मुसीबत या कठिन स्थिति आदि का गुजर जा., थम जा., टल जा., शांत हो जा. 3 याददाश्त से निकल जा., भूल जा.; ~ **sb away** *N. Amer. sl.* किसी को गोली मारकर खत्म कर दे. 2 आश्चर्यचकित करके उत्तेजित क.; ~ **sb off** प्रणय प्रकरण खत्म करने के लिए किसी से जान-बूझकर न मिलना; ~ **out** किसी को आसानी से हरा दे.; ~ **sb/ sth out of the water** 1 किसी को या किसी चीज को पूर्णतः नष्ट कर दे. 2 किसी की या किसी चीज को घटिया प्रमाणित क.; ~ **sb up** *colloq.* 1 किसी को विस्फोट से उड़ा दे. 2 आपे से बाहर होकर किसी को भला-बुरा कहना., फटकार लगना; ~ **sky-high** बुरी तरह गालियां दे.; ~ **sth away/ off** 1 फूंक मारकर हटाना 2 किसी की दलील को ठुकराना; ~ **sth down/ across/ off, etc.** उड़ाकर ले जा.; ~ **(sth) out** फूंक मारकर बुझाना; ~ **sth sky high** पूरी तरह तहस-नहस कर दे., धज्जियां उड़ाना; ~ **sth up** 1 गुब्बारे आदि को फुलाना, फूंक मारकर हवा भरना या फुलाना 2 फोटो को बड़ा क. 3 किसी बात को वास्तविकता से अधिक बढ़ा-चढ़ाकर आसमान पर चढ़ा दे. 4 विस्फोट से उड़ा दे.; ~ **the coals** भावनाओं को भड़काना; ~ **the gaff on sb/ sth** *Brit sl.* किसी का भेद खोल दे., किसी के बारे में खुफिया सूचना दे.; ~ **the whistle on sb/ sth** *colloq.* 1 किसी की अवैध गतिविधियों के बारे में सूचना पुलिस आदि को दे. 2 किसी की अवैध गतिविधियों का पर्दाफाश करके उन्हें बंद करवाना; ~ **through** *Austral colloq.* 1 अचानक जल्दी से उठकर चले जा. 2 पाइपें, नालियां आदि साफ क.; ~ **up** 1 (***syn.*** explode) फट पड़ना, विस्फोटित हो. 2 क्रोध में आग-बबूला हो. 3 तूफान आदि का अचानक शुरू हो जा. 4 टायर आदि को हवा या गैस से भरकर फुलाना 5 योजनाओं आदि को ध्वस्त क. 6 अहंकार से फूलकर कुप्पा हो. 7 हवा का तेज हो. 8 हवा द्वारा वर्षा या तूफान को लाया जा. 9 गालियां दे. 10 फोटो को बड़ा क. 11 किसी को या किसी बात को बढ़ा-चढ़ाकर प्रस्तुत क.: the whole affair has been ~n up out of all proportion; ~ **up at sb** किसी पर गुस्सा हो.; ~ **up in sb's face** योजना आदि के असफल होने के कारण शर्मिंदगी उठाना; ~ **upon** 1 नयापन या रुचि का खत्म हो जा. 2 लांछित क., बदनाम क. 3 मुखबिरी क.; ~ **will answer ~s** ईंट का जवाब पत्थर से दे.;

at a ~ एक चोट से, अकस्मात्; **a threatened ~ is seldom given** जो गरजते हैं, वे बरसते नहीं; **exchange ~s** लड़ना-भिड़ना, मार-पीट करना; **come to ~s** मुक्का-मुक्की क., मुक्कों की बौछार में फंसना; **deal a** ~ चोट क., वार क.; **get a** ~ ताजी हवा में थोड़ा सांस लेना; **soften/ cushion the** ~ अत्यधिक घिनौनी बात या वस्तु को कम घिनौने रूप में प्रस्तुत क.; **strike a ~ for sth** किसी के समर्थन या रक्षा करने के लिए में खड़ा हो.; **strike the first** ~ पहले वार क.; **the first ~ is half the battle** पहला वार जीत पर सवार; **without a** ~ बिना खून बहाए

blowsy blowzy / /ब्लॉउजी/ *adj., degr.* ~ier, ~iest (***syn.*** slovenly) = **blowzed** /बलॉउजड/ फूहड़, मैली-कुचैली और बेढंगी) 2 मोटी और ललमुंहा;

BLT *abbr.* 'bacon, lettuce and tomato' की प्रथमाक्षरी

blub /ब्लब/ *v., pt.* **~bed**, *pp* **~bing** *colloq.* रोना-बिलखना, सिसकना, सुबकना;

dw/lw: **~ber** /ब्लबः/ *n.* 1 व्हेल मछली की चर्बी 2 शरीर की अत्यधिक चर्बी 3 रुदन; **~ber** *adj.* 1 मोटे (होंठ); **~ber** *v., pt.* ~bered, *pp* ~bering जोर-जोर से रोना; **~bered** *adj.* रुआंदा चेहरा, रोने से सूजा हुआ चेहरा; **~bery** *adj.* चर्बीदार, मोटा, फूला हुआ

bludge /ब्लज/ *Austral. & NZ sl.* ***v.*** *pt.* **~d**, *pp* **bludging** (*often* ~ **on sb**) 1 (***syn.*** **cadge**) बेशर्मी से मांगकर लेना 2 आवारागर्दी क. 3 कामचोरी क., कोई जिम्मेवारी अपने ऊपर न लेना; ***n.*** 1 बिना किसी काम की नौकरी, हल्का काम 2 आवारागर्दी;

dw/lw: **~r** /ब्लजः/*n.* 1 बेशर्मी से मांगकर लेने वाला 2 आवारा

bludgeon /ब्लजिअन/ *v., pt.* **~ed**, *pp* **~ing** 1 लाठी या भारी औजार से बेतहाशा पीटना, धर-पटकना 2 (*usually* ~ **sb into sth**) मार-पीटकर किसी को कोई करने को मजबूर क.;

n. गदा, लाठी, सोटा, डंडा: strike with a ~

bludger *see above under* **bludge**

blue /ब्लू/ *adj., degr.* **~r**, **~st** 1 नीला, आसमानी: dark ~/ navy ~ 2 कलौंसा, राख के रंग का: the ~ hills of Sussex 3 (***syn.*** depressed) उदास, दुखी, विवर्ण, धुंधला: look ~; things look ~; I am not a bit ~ over the prospect 4 (***syn.*** pornographic, indecent) अश्लील, गंदा 5 राजनीतिक तौर से प्रतिक्रियावादी, प्रतिगामी 6 चोट से हुई नीली (चमड़ी): go ~ with cold; baby cried till it was ~ in the face; you may talk till you are ~ in the face 7 भयंकर, डरावनी: in ~ fear/ funk; tell ~ stories 8 निष्ठावान: he is true ~ to his principles;

n. 1 नीला रंग 2 नीला पेंट 3 आकाश: Berlin/ Prussian ~; Paris ~ 4 नीली वर्दी, नीला वस्त्र: men/ gentleman/ boys in ~ 5 नील 6 समुद्र 7 ऑक्सफोर्ड या कैंब्रिज विश्वविद्यालयों का प्रतिनिधि खिलाड़ी: Oxford ~; Cambridge ~; get/ win one's ~ 8 *Br., colloq.* (***syn.*** Tory) ब्रिटेन के दक्षिण पंथी दल का समर्थक, टोरी: true ~; the old strife of Blues and Yellows (प्रतिक्रियावादियों और उदारवादियों के बीच पुराना संघर्ष) 9 *Austral. & NZ sl.* झगड़ा, बहस 10 (***syn.*** mistake, bloomer) भूल, गलती 11 *Austral. & NZ* **~s** 11.1 उदासी, विषाद, निराशा: have (a fit of) the **~s** (थोड़ा उदास या बीमार हो.); it gives me the **~s** (इसके कारण मैं विषाद में डूब जाता हूं) 11.2 करुण गीत (अफ्रीकी) 12 (**Blue**) *Austral. & NZ* लाल बालोंवाले व्यक्ति को दिया जाने वाला उपनाम 13 (*also* **washing-~**) Austral. *& NZ* नीला द्रव या चूर, जैसे नील, सफेद कपड़ों को धोकर दिया जाने वाला नील 14 (***syn.*** ~ stocking) लंबे, नीले मोजे, विदुषी, विद्याभिमानी स्त्री 15 पियक्कड़ 16 नीलांबर, नील वस्त्रधारी व्यक्ति;

v., *pt.* **~d**, *pp* **blueing/ bluing**, *s/he/it* **~s** 1 नीला क., नीले रंग से रंगना 2 सफेद कपड़ों को नील लगाना 3 *sl.* पैसा फूंकना, अपव्यय क. 4 बिखराना, छिटकाना 5 नीला पड़ जा. 6 नील उभर आना 7 धर-पटकना, मारना-पीटना, ठोंक डालना;

dw/lw: **~bearded** *n.* हत्यारा पति; **~bell** *n.* नीले रंग का घंटीनुमा फूल; **~berry** /ब्ल्यूबेरि/ *n.* 1 ब्ल्यूबेरी, एक छोटा, मीठा गहरा नीले रंग का फल जो झाड़ियों पर आता है 2 *Tradem.* चल टेलीफोन या कंप्यूटर; **~bird** *n.* नील-पंखी, पक्षी; **~-black** *adj.*

कृष्णनील, काला मिश्रित नीला (रंग); ~-**blooded** *adj.* राजसी, उच्च वंश का, शाही मूल का; ~-**bonnet** *n.* स्कॉटलैंडवासियों (किसानों) की नीली गोल टोपी; ~**book** *n.* **(Blue Book)** 1 सरकारी दस्तावेज 2 विशिष्ट लोगों की निर्देशिका 3 *US* उच्च सरकारी अफसरों की सूची 4 उच्च समाज की पुस्तिका 5 कार चालक की दिशा-पुस्तिका 6 सरकारी रिपोर्ट, संसद द्वारा पारित रिपोर्ट; ~-**bottle** *n.* 1 नीली मक्खी 2 नील-पुष्प 3 *Br.* पुलिस का आदमी, मुखबिर; ~-**bull** *n.* नील गाय; ~-**chip** *stock exchange, originally US adj.* सर्वाधिक विश्वसनीय या ऊंचे मूल्य का औद्योगिक शेयर (share); ~**coat** *n.* भृत्य, परिचर (नील वस्त्रधारी); ~-**collar** *n.* हाथ से काम करने वाला; ~**grass** *n.* 1 सरल ग्राम्य-संगीत शैली 2 यूरोप, उत्तरी अमेरिका में पाई जाने वाली नीली-हरी घास; ~-**green**/ ~**grey** *adj.* नील हरित; ~**ing**/ **bluing** *n.* नीला रंग देने की प्रक्रिया, नीलकरण, लकड़ी की नीली फफूंदी, *US* नील; ~**jacket** *n.* नौसैनिक; ~**ness** *n.* नीलापन; ~**nose** *n.* अतिनैतिक या विशुद्धतावादी (puritanical) व्यक्ति; ~-**pencil** *v., pt.* ~led, *pp* ~ling 1 संपादित क., काट-छांट क. 2 नीली पेंसिल से सेंसर क.; ~-**pencil** *n.* संशोधन, शुद्धीकरण, संपादन, काट-छांट; ~**print** *n.* 1 रूप-रेखा, (पूरा) खाका 2 नीला नक्शा, कार्य-योजना: a ~-print for a control system; national referendum ~-print 3 नीले नक्शे यानी अंतिम रूप-रेखा की फोटोग्राफी प्रति; ~-**print** *v., pt.* ~-printed, *pp* ~-printing पूरा खाका या योजना बनाना; ~**r** *adj.* नीला करने वाला, नील; ~-**rinse**/ ~**rinsed** *adj.* किसी भी मध्यम वर्गीय, पढ़ी-लिखी एवं समृद्ध महिला के लिए नकारात्मक प्रयोग; ~-**rot** *n.* नीली फफूंदी; ~**s** /ब्लूज/ *[pl.]* (*usually* **the blues**) 1 अफ्रीकी मूल के अमेरिकियों का एक प्रकार का धीमा व उदासीभरा संगीत 2 उदासी, खिन्नता: have/ get the ~s (उदास हो. या खिन्नता अनुभव क.); ~-**sky**/ ~ **skies** *adj., originally US* ऐसा शोध-कार्य जिसे निकट भविष्य में व्यावहारिक रूप से लागू नहीं किया जा सकता: ~-sky laws स्टॉक के विक्रय में धोखाधड़ी रोकने के लिए कानून; ~**stocking** /ब्लूस्टॉकिंग/ *n., often derog.* (ताश खेलने वाली या किट्टी पार्टी वाली औरतों के बिल्कुल विपरीत) उच्च-शिक्षा प्राप्त या सुशिक्षित महिला, जिसकी अकादमिक विषयों में विशेष रुचि हो, विदुषी; ~**stone** *n.* नीला थोथा, तूतिया; ~**throat**/ ~**breast** *n.* नील ग्रीव, नीलकंठ; ~**tooth** *n. comput.* कंप्यूटर में ऐसी तकनीक जिसके द्वारा मोबाइल फोन को कंप्यूटर से बेतार जोड़ा जा सकता है; ~**wing** *n.* नील पंखी; ~**y** /ब्ल्यूइ/ *adj.* (*esp. in compounds*) 1 रंग में नीला होता हुआ, नीला-नीला-सा: ~y-green eyes; ~**y** *n., pl.* ~ys *colloq.* 1 *Austral.* नीले कंबल या कपड़े में बंधी पोटली 2 *Austral.* कंबल 3 हवाई पत्र (aerogramme);

collocations: ~ **baby** नील रोग ग्रस्त शिशु, जन्मजात हृदयरोगी बच्चा; ~ **blanket** *hist.* ऐडिनबरा (Edinburgh) के दस्तकारों की पताका; ~ **blood** कुलीन, उच्च वर्ग का व्यक्ति, उच्च वंश, राजसी रक्त, शाही खून; ~ **bull** नील गाय; **(the)** ~ **channel** यूरोप में हवाई अड्डे पर केवल यूरोप में यात्रा करने वाले यात्रियों के लिए गलियारा (channel); ~ **collar job** हाथ से किया जाने वाला काम; ~-**collar worker** हाथ से काम करने वाला कारीगर, मजदूर; ~ **dahlia** अनहोनी बात; ~ **devil** भारी पाजी, शैतान; ~ **devils** घोर निराशा, उदासी, विषाद; **Blue Ensign** 1 झंडा 2 पताका, पोत ध्वज 3 (***syn.*** symbol) प्रतीक, चिह्न; ~-**eyed boy** *mainly. Br. & derog. colloq.* लाड़ला; ~ **film**/ **movie** अश्लील या पॉर्नोग्राफी फिल्म; ~ **flag** ऐसी समुद्रतटीय विश्राम-स्थल (beach) को दी जाने वाली ध्वज जो सफाई और पानी की शुद्धता के यूरोपीय संघ द्वारा तय किए गए मानदंड बरकरार रखती है; ~ **funk** *sl.* बहुत अधिक आतंक या बुजदिली के हालात; ~ **green** नीलरहित; ~-**green alga** *biol.* एक-कोशिका जीवाणुओं का नाम; ~ **ground** हीरक भूमि; ~ **gum** आस्ट्रेलियायी युक्लिपटिस पेड़ जिसके पत्ते नीले और लकड़ी अति कठोर होती है; ~**hare** पर्वती खरगोश; ~ **helmet** राष्ट्र संघ की शांति सेना का सदस्य; ~ **jay** उत्तरी अमेरिकी नीलकंठ, चाष; ~ **jeans** नीले डेनिम से बनी पैंट; ~ **laws** *Amer.* 1 यौन नैतिकता संबंधी कानून 2 वित्तीय नियम; ~ **light** *naut.* नकली रोशनी; ~ **moon** दुर्लभ (अवसर), यदा-कदा: once in a ~ (कभी-कभी); ~ **mould** नीली फफूंदी; ~ **murder** *colloq.* उथल-पुथल (ऊंचे कोलाहल व उत्तेजना द्योतक वाक्यों में प्रयुक्त): scream ~ murder (*also* shout/cry ~ murder) (उथल-पुथल द्योतक (ऊंचा, दर्दभरा, डरा हुआ विरोध या गुस्सेभरी चीख-चिल्लाहट); ~ **note** *music, esp. jazz* विषादपूर्ण संगीत का द्योतक एक सपाट स्वर चिह्न; **Blue Peter/ blue peter** यात्रा पर निकलने वाले समुद्री जहाज पर लहराई जाने वाली नीली-सफेद पताका, पोत संतरण ध्वज; ~ **ribbon**/ ~ **riband** 1 प्रथम पुरस्कार 2 *Br.* ऑर्डर आव गार्टर (Order of Garter) का नीला रेशमी रिब्बन; ~ **rinse** *hairdressing* भूरे बालों में थोड़ा नीलापन; ~ **ruin** घटिया जिन (gin); ~ **scream** चीख, चिल्लाहट; ~ **sheep** भराल (भेड़); ~ **sky** अव्यावहारिक, कपटी, धूर्त; ~ **water** खुला समुद्र; ~ **whale** नील तिमिंगिल, नील ह्वेल (सबसे बड़ा जीवित मछली या प्राणी);

p&i: ~ **one's money** अनाप-शनाप ढंग से पैसा उड़ाना; **a bolt from the** ~ अप्रत्याशित और दुखद घटना, सहसा होने वाला वज्रपात, अचानक आने वाली मुसीबत; **be in the** ~ 1 रास्ते से भटक जाना 2 असफलता या पराजय का मुंह देखना; **be** ~ **in the face** हक्का-बक्का होना; **be in the ~s** विषाद का शिकार हो.; **burn** ~ रोशनी नीली हो. (1 मृत्यु सूचित क. 2 शैतान की उपस्थिति सूचित क.); **by all that is** ~ किसी भी चीज की सौगंध; **cry/ shout** ~ **murder** चीखना, चिल्लाना, जोर-जोर से रोना; **do sth till one is** ~ **in the face** बार-बार किए जाने वाले अनथक प्रयास के बाद असफल रहना; **drink till all is** ~ पीकर धुत्त होना; **give sb the ~s** किसी को विषाद का शिकार बनाना; **like** ~ **murder** सिर पर पैर रखकर भाग जा.; **make/ turn the air** ~ भद्दी-भद्दी गालियां दे.; **once in** ~ **moon** कभी-कभी, कभी-कभार, यदा-कदा; **out of the** ~ अचानक, बिना किसी पूर्व सूचना के; **the Blue and Gray** *hist.* अमेरिका के गृह-युद्ध में दक्षिणी और उत्तरी प्रांतों की सेनाएं; **the boys in** ~ 1 नौसैनिक 2 भारतीय क्रिकेट खिलाड़ी; **the dark Blues** ऑक्सफोर्ड विश्वविद्यालय की खेल-टीम; **till all is** ~ आखिरी हद तक, अतिशय

bluff /ब्लफ/ *v., pt.* ~**ed**, *pp* ~**ing** 1 धोखाधड़ी या गीदड़-भभकी से काम करवाना 2 झांसा दे.: he was ~**ed** by his opponent 3 धौंस दिखाना या रोब झाड़ना;
n. 1 झांसा, धुप्पल 2 धौंस, रोब (overbearing demeanour) 3 झांसा-पट्टी, दमबुत्ता, धोखा-धड़ी 4 (***syn.*** steep cliff) सीधी खड़ी चट्टान (कगार) 5 (***syn.*** steep bank/ slope) सीधा खड़ा ऊंचा नदी आदि का किनारा 6 घोड़े की आंखों पर बांधी जाने वाली पट्टी;
adj., *degr.* ~**er**, ~**est** 1 खुरदरा-सा, रूखा, साफ-दिल, ईमानदार, स्पष्टवादी, खरा, मुंहफट: a ~ but not unpleasant countenance; he said it with ~ downright honesty 2 प्रसन्नचित्त 3 रोबीला 4 धौंस देने वाला 5 सीधा खड़ा, सीधी खड़ी, दुरारोह, ऊंची (a cliff) 6 सामने से चौड़ा (bow of a ship);
dw/lw: ~**er** *n.* झांसा देने वाला, धोखेबाज: that supreme political ~er; ~**ly** *adv.* धोखे से, रूखेपन से; ~**ness** *n.* 1 धोखा 2 रूखापन, खरापन, स्पष्टवादिता; ~**y** *adj.* 1 खड़ा या सीधा (नदी किनारा) 2 रूखा: a fat ~y money-lender 3 स्पष्टवादी;
p&i: ~ **it out** *colloq.* परेशानी से बचने के लिए धोखाधड़ी का जाल जारी रखना; ~ **sb into/ out of sth** किसी को धोखे से जाल में फंसा लेना या झूठ बोलकर जाल में से निकाल लेना;
as ~ **as a night constable** रात में ड्यूटी पर तैनात सिपाही-सा रूखा-सूखा; **call sb's** ~ किसी के धोखे को भांपकर पर्दाफाश क.

bluing/ blueing /ब्लूइंग/ *n.* नील

bluish /ब्लूइश/ *adj.* नीला-सा, हल्का नीला, नीलाभ: ~ discoloration

blunder /ब्लंडः/ *n.* 1 मूर्खतापूर्ण भूल, चूक: he committed/made a ~; it was a tactical ~ 2 लापरवाही से की जाने वाली गलती, प्रमाद;
v., pt. **~ed**, *pp* **~ing** 1 भारी भूल क., मुश्किल से निपटाना: he **~ed** through his examination paper 2 (*also* **~ about/ around/ in/ into through, etc.**) डमगाते हुए या लड़खड़ाते हुए चलना या कार्य क.: he managed to ~ through; ~ through one's work 3 अंधेरे में हाथ-पांव मारना: ~ one's way along 4 बुरी तरह गड्डमड्ड कर दे., चौपट क.: the negotiation was hopelessly **~ed** by him 5 संयोगवश टकरा जा., मिल जा.: ~ against sb/ sth; he **~ed** upon the truth;
***dw/lw:* ~er** /ब्लंडरः/ *n.* भारी भूल करने वाला; **~buss** /ब्लंडःबस/ *n., pl.* **~busses** पुराने ढंग की बड़े बोर की बंदूक; **~head** *n.* मूढ़, मिट्टी का माधो, मूर्ख, बुद्धू; **~ing** *adj.* 1 भूल करने वाला, लड़खड़ाने वाला 2 गलत, अशुद्ध: ~ing citations and erroneous interpretations; his ~ing account of the incident 3 बेढब: with ~ing fingers; **~ingly** *adv.* लड़खड़ाते हुए;
***p&i:* ~ about** संयोग से सफल हो. या प्राप्त क.; **~ away** गंवा दे.: ~ away one's chance; **~ out** बेवकूफीपूर्ण बात बक दे.: he ~ed out a secret; **~ upon** संयोगवश हाथ लगना;
he never ~ed upon a bon mot उसने कभी गलती से भी बुद्धिमत्ता की बात नहीं की

blunderbuss *see above under* **blunder: *dw/lw***

blunt /ब्लंट/ *adj., degr.* **~er, ~est** 1 कुंद, भोथरा, भोथर: ~ angle/ pencil/ edge; scissors with ~ ends 2 मूर्ख, मंदबुद्धि (dull): rude and ~ people 3 कुंठित, धूमिल 4 साफ-साफ कहने वाला, मुंहफट, खरी-खरी सुनाने वाला: a ~ letter; the ~ facts; ~ answer; he was ~ in his bearings;
v., pt. **~ed**, *pp* **~ing** 1 कुंद क. या हो.: the edge of this knife will never ~ 2 कुंठित क. या हो.: their sensitiveness was **~ed**; ~ the effect; ~ the edge of the pain;
n. 1 मूढ़ व्यक्ति 2 *sl.* पैसे;
***dw/lw:* ~ly** /ब्लंटलि/ *adv.* 1 स्पष्टतया 2 रुखाई से 3 मुंहफट ढंग से; **~ness** *n.* 1 भोथरापन 2 रुखाई, रूखापन 3 स्पष्टता 4 कुंठा;
***collocations:* ~ head** मोटी अक्ल का, मंद बुद्धि; **~ witted** मूर्ख

blur /ब्लः/ *v., pt.* **~red**, *pp* **~ring** 1 धुंधला या धूमिल क.: tears **~red** her eyes; the tracks are **~red** 2 अस्पष्ट बनाना: the vision became **~red** 3 विकृत क.: our sense became **~red** 4 दूषित/ गंदा/ मलिन क. 5 (***syn.*** smear) पर धब्बे या कलंक लगाना: a face **~red** by selfishness 6 अंतर मिटाना, ऊबड़-खाबड़पन ढकना: ~ out distinctions;
n. 1 धुंधलका, धुंधलापन, अस्पष्टता: without the glasses everything is a ~ for me; the ~ of the spring foliage 2 विकृति: he went on reading until the print was only a ~ 3 धब्बा, दाग, कलंक: a ~ on his honour; cast a ~ upon sb's reputation 4 मलिनता;
adj., *degr.* **~er, ~est** 1 धुंधला 2 अस्पष्ट 3 विकृत 4 दूषित, मलिन;
***dw/lw:* ~red** /ब्लःड/ = **blurry** /ब्लरि/ *adj., degr.* blurrier, blurriest 1 धुंधला, धूमिल: have a ~red vision of sth 2 अस्पष्ट: ~red impression; ~red image; ~red photograph 3 मलिन, धब्बेदार: ~red finger

blurb /ब्लःब/ *n.* 1 पुस्तक परिचय-आवरण, रचना विवरण 2 पुस्तक का विज्ञापन 3 शस्ति, शंसा

blurred *see above under* **blur: *dw/lw***

blurt /ब्लःट/ *v., pt.* **~ed**, *pp* **~ing** 1 (*usually* **~ sth out**) बिना सोचे-समझे बक दे., कह डालना, फूट पड़ना: ~ out/ ~ forth/ he **~ed** out the whole story/ the truth 2 सांस लेने में विषमता हो.;
n. 1 बिना सोचे-समझे कही गई बात 2 असावधानीपूर्ण शब्द

blush /ब्लश/ *v., pt.* **~ed**, *pp* **~ing** 1 झेंपना 2 लज्जित हो.: I do not ~ to own that I am wrong 3 शर्माना 4 (***syn.*** go red) लज्जा/ परेशानी/ उत्तेजना/ खुशी से मुंह लाल हो.: ~ like a rose; ~ to the roots of one's hair; I ~ for you;
n., *pl.* **~es** 1 शर्म, शर्मीलापन: put to the ~ 2 परेशानी या उत्तेजना के कारण पैदा होने वाली लज्जारुणिमा, मुखारुणिमा: spare sb's **~es**; she turned away to hide her **~es** 3 अरुणिमा, लालिमा: she said it with a ~; at (the) first ~;
***dw/lw:* ~er** *UK* (*US* **blush**) *n.* औरतों द्वारा सौंदर्य बढ़ाने के लिए प्रयुक्त लाल पाउडर या क्रीम जिससे गालों पर लालिमा आती है; **~ful** *adj.* शर्मीला; **~ing** /ब्लशिंग/ *adj.* लज्जा भरा, लज्जालु: ~ing bride;
***p&i:* ~ing is virtue's colour** शर्मीलापन विनम्रता की निशानी है;
at the first ~ सरसरी तौर पर, प्रथम दृष्टि में, पहली झलक में; **put sb to the ~** किसी को झेंपने पर विवश क.; **spare a sb's ~es** किसी को झेंपने या उलझन में पड़ने से बचाना

bluster /ब्लस्टः/ *v., pt.* **~ed**, *pp* **~ing** 1 (आंधी आदि का) प्रचंड हो.; हवा या पानी के थपेड़ों या झोंकों का तेजी से चलना 2 डींग हांकना, शेखी बघारना, थोथा गरजना 3 धमकाना, (बंदर) घुड़की दे.: he meant to ~ all into obedience; ~ out threats;
n. 1 आंधी या तूफान की दहाड़ 2 भयंकर शोर 3 डींग, शेखी, दर्पोक्ति: what he brags is all ~ 4 बंदर-घुड़की;
***dw/lw:* ~er** *n.* डींग हांकने वाला, शेखीबाज; **~ing** *adj.* 1 थोथी धमकी भरा 2 प्रचंड लगने वाला 3 गरजने वाला, तूफानी, **~ing** *n.* थोथी धमकी, बंदर-घुड़की; **~ingly** *adv.* धमकी भरे ढंग से, प्रचंडतापूर्वक; **~ous/ ~y** /ब्लस्टरस/ ब्लस्टरि/ *adj.* 1 तेज, ठंडी हवाओं वाला (दिन) 2 प्रचंड, तूफानी 3 दंभी, अभिमानी

blvd *abbr.* 'boulevard' का संक्षेप (नगर में दोनों ओर पेड़ों वाला चौड़ा पथ)

BM *abbr.* 'Bachelor of Medicine', 'British Museum', 'Brand Manager' की प्रथमाक्षरी

BMA *abbr.* 'British Medical Association' की प्रथमाक्षरी

BMAC *abbr.* 'Babri Masjid Action Committee' की प्रथमाक्षरी

BMB *abbr.* 'Bangkok Metropolitan Bank' की प्रथमाक्षरी

BMC *abbr.* 'Bachelor of Mass Communication', 'Basin Management Committee', 'Bombay Municipal Corporation' की प्रथमाक्षरी

BMCS *abbr.* 'bi-modular charge system' की प्रथमाक्षरी

BMD *abbr.* 'ballistic missile defence' की प्रथमाक्षरी

BMDB *abbr.* 'Basin Management and Development Council' की प्रथमाक्षरी

BMEWS *abbr.* 'ballistic missile early warning system or station' की प्रथमाक्षरी

BMI *abbr.* 'Biological and Medical Investigation', 'body mass index' की प्रथमाक्षरी

BMJ *abbr.* 'British Medical Journal' की प्रथमाक्षरी

BMM *abbr.* 'Bachelor of Marketing Management' की प्रथमाक्षरी

B-movie *(also mainly Br.* **B-film**) *n.* एक सस्ती, घटिया फिल्म

BMP *abbr.* 'British Metropolitan Police' की प्रथमाक्षरी

BMPEU *abbr.* 'Bengal Motion Picture Employees Union' की प्रथमाक्षरी

BMPP *abbr.* 'Barge Mounted Power Plant' की प्रथमाक्षरी

BMR *abbr.* 'Basal Metabolic Rate' की प्रथमाक्षरी

BMS *abbr.* 'Bharatiya Mazdoor Sangh' की प्रथमाक्षरी

BMT *abbr.* 'Bharatiya Mahanagar Telephone' की प्रथमाक्षरी

BMTC *abbr.* 'Bengaluru Metropolitan Transport Corporation' की प्रथमाक्षरी

BMTPC *abbr.* 'Building Material Technology Promotion Centre' की प्रथमाक्षरी

BMus *abbr.* 'Bachelor of Music' की प्रथमाक्षरी

BMW *abbr.* 'Bayerische Motoren Werke' की प्रथमाक्षरी

BMX *abbr.* 1 ऊबड़-खाबड़ रास्तों पर चलने की क्षमता वाला मोटरसाइकल 2 (*also* **BMX bike**) '**BMX**' दौड़ों के लिए बना मोटर साइकिल

bn *abbr.* 'billion', 'battalion' का संक्षेप

BNFL *abbr.* 'British Nuclear Fuels Limited' का संक्षेप

BNHS *abbr.* 'Bombay Natural History Society' की प्रथमाक्षरी

BNP *abbr.* 'Bangladesh Nationalist Party' की प्रथमाक्षरी

BNSC *abbr.* 'British National Space Centre' की प्रथमाक्षरी

b.o. *abbr.* (*also* **BO**) 'body odour', 'box office', 'branch office', 'buyer's option' की प्रथमाक्षरी

BOA *abbr.* 'British Olympic Association' की प्रथमाक्षरी

boa /बोआ/ *n., pl.* **~s** 1 अजगर: ~ constrictor ब्राजीलियायी अजगर 2 अपने भोजन के लिए जानवरों को अपने शरीर से जकड़कर मारने वाला अजगर 3 (***syn.*** feather ~) फर या पंखों से बना औरतों का गर्दन में लपेटने के लिए लंबा रूमाल, समूर या परों का गुलूबंद

boar /बोअः/ *n., pl.* **~s**/ **boar** 1 (*also* **wild** ~) जंगली सूअर, शूकर, वराह 2 जंगली सूअर का गोश्त;
dw/lw: **~hound** *n.* जंगली सूअर का शिकार करने वाला कुत्ता; **~ish** /बोअरिश/ *adj.* सूअर-सा;
collocations: ~ **spear** जंगली सूअर का शिकार करने के लिए भाला

board /बोःड/ *n.* 1 पटरा, पट: ironing ~; bed of **~s** 2 (***syn.*** plank) तख्ता, पटल: notice ~, black~ 3 खेलने का तख्ता: chess~, dart-~ 4 (***syn.*** council) मंडल, परिषद, बोर्ड, समिति: a ~ of examiners; ~ of directors 4 ब्लैकबोर्ड, श्याम पट 5 खान-पान, भोजन, होटल या छात्रावास में भोजन: bed and ~; how much do you pay for bed and ~?; ~ and lodging 6 *naut.* (***syn.*** side) समुद्री जहाज की एक तरफ, किनारा 7 जहाज (पर, द्वारा): come/ go on ~; go by the ~ 8 फाइबर बोर्ड, फाइबर रेशों को दबाकर और पिचकाकर बनाया हुआ पटल: chip~ 9 जिल्द बांधने का गत्ता 10 *US* सट्टा बाजार, विशेषकर न्यु यॉर्क सट्टा बाजार (New York Stock Exchange) 11 (**the ~s**) रंगशाला में मंच: tread the **~s**; go on the **~s** 12 अलमारी आदि का खाना 13 *Austral.* भेड़ों की मुंडाई के लिए तख्तों का फर्श 14 सड़क पर बेचा जाने वाला चित्र 15 (**~s**) *US* अमेरिका में कॉलेज में दाखिले से पहले की परीक्षा 16 (**~s**) बर्फ की हॉकी के मैदान के चारों ओर बनी लकड़ी के तख्तों की नीची दीवार 17 अतिथि सत्कार: hospitable ~ 18 नियंत्रण पटल: control ~;
v.*, pt.* **~ed**, *pp* **~ing** 1 रेलगाड़ी, विमान आदि में सवार हो. 2 जहाज आदि में बैठना 3 (*usually* ~ **sth up**) दरार या प्रवेश पथ को तख्तों से बंद क., पाटना, तख्ते जड़ना 4 पैसे देकर घर से बाहर भोजन पाना: ~ with sb 5 किसी को उसके घर से बाहर पैसे देकर आवास और भोजन दे.: she **~s** two boys 6 तख्ते लगाकर लकड़ी का फर्श बनाना 7 नए रंगरूटों की डाक्टरी जांच क.: he was **~ed** yesterday and passed for general service;
dw/lw: **~er** /बोःडः/ *n. UK* 1 (***syn.*** lodger) स्कूल या कॉलेज का छात्रावास निवासी, आवासी विद्यार्थी 2 *US* (*UK* **lodger**) भोजन एवं आवास के लिए पैसे देकर रहने वाला 3 तख्ते पर खड़ा होकर बर्फ (snow) पर स्की करने वाला 4 जहाज आदि पर सवार होने वाला; **~-out** *n.* अनाथ बच्चे को लालन-पालन के लिए किसी परिवार को स्थानांतरण; **~s** *n., [pl.]* रंगमंच; **~-wages** *n., pl.* नौकर के लिए आवास और भोजन के स्थान पर दिए जाने वाले दाम; **~walk** *n.* तख्तों का फर्श;
collocations: ~ **and** ~/ ~ **by** ~ साथ-साथ; ~ **bill** *US* विश्राम गृह की बिल अदायगी; ~ **game** तख्ते पर खेला जाने वाला एक खेल; ~ **in** किसी के यहां नियमित रूप से खाना-खाना; ~ **of directors**/ ~ **of governors** निदेशक मंडल; ~ **of revenue** राजस्व मंडल; ~ **of studies** पाठ्य-क्रम समिति; **Board of Trade** *Br.* व्यापार मंडल; ~ **of trustees** न्यासी मंडल; ~ **out** कहीं बाहर खाना खाना; ~ **room** बोर्ड-रूम, प्रबंध-समिति का सभागार; ~ **round** *US, hist.* गांव के सब घरों में खाना खाना; ~ **walk** *N. Amer., esp. US* तख्तों से बनी पगडंडी पर, विशेषकर समुद्र तट पर, चलना;
p&i: ~ **out** (*also* ~ **sb out**) किसी के लिए घर से बाहर खाने और आवास का इंतजाम क.; ~ **sth** (*usually* ~ **sth up**) दरवाजे या खिड़की को लकड़ी के तख्ते जड़कर बंद क.;
above ~ सच्चा, ईमानदार; **across the** ~ सभी पर लागू; **back to the drawing** ~ नए सिरे से शुरू क.; **bed and** ~ 1 आवास और भोजन 2 दाम्पत्य संबंध (marital relations), वैवाहिक दायित्व; **be / tread/ walk the ~s** अभिनेता बनना; **fall/ run on ~ of ...** से टकराना; **go by the** ~ *colloq.* धराशायी हो., तिरस्कृत हो., विपत्ति (संकट) में पड़ना; **go on the ~s** अभिनेता बनना; **groaning** ~ नाना प्रकार के व्यंजनों से लदी मेज; **on** ~ नौका, जहाज, रेल गाड़ी या वायुयान आदि में सवार;, यात्रा पर, विदेश यात्रा पर; **sweep the ~/ s** 1 ताश के खेल में सारी बाजी जीत लेना 2 निर्णायक सफलता पाना; **take on** ~ सभी के विचारों को लेकर चलना; सभी विचार, परामर्श आदि मानना या उनपर विचार क.

boarder *see above under* **board:** ***dw/lw.***

boarding *n* 1 तख्तों को जोड़कर बनाई गई संरचना (बैठने आदि का स्थान) 2 जहाज पर चढ़ने की क्रिया 3 भोजन व्यवस्था;
collocations: ~ **house** छात्रावास; ~ **kennel** ऐसा स्थान जहां छुट्टी आदि बिताने के लिए बाहर जाने वाले लोग देखभाल के लिए अपने कुत्ते छोड़ सकते हैं; ~ **pass** (*also* ~ **card**) उड़ान पत्रक (कार्ड), विमान में सवार होने के लिए अनुमति पत्र; ~ **school** आवासीय विद्यालय, ऐसा स्कूल जिसमें छात्रावास भी हो

boast /बोस्ट/ *v., pt.* **~ed**, *pp* **~ing** (*often* ~ **about/ of sth**) 1 शेखी बघारना, डींग मारना, बढ़-चढ़कर बातें क. 2 आत्मश्लाघा क., अपनी योग्यताओं पर अत्यधिक गर्व क. 3 स्वामित्व पर गर्व क.: not much to ~ of; the town **~s** of its gardens 4 किसी वस्तु या गुण के मौजूद होने पर गर्वित हो.: ~ that one can do sth 5 पत्थर को बेडौल तरासना;
n. 1 आत्मश्लाघा 2 शेखी, डींग: make ~ of sth 3 गर्वोक्ति, गौरव: the baby is her ~;
dw/lw: **~er** *n.* 1 आत्मश्लाघी, शेखीबाज, शेखीखोर, डींग-हांकू 2 इस्पात की चौडी छैनी; **~ful** *adj., usually derog.* शेखीबाज, शानियल, आत्मश्लाघी; **~fully** *adv.* शेखी बघारते हुए; **~fulness** *n.* शेखीबाजी, आत्मश्लाघा, झूठी शान; **~ing** *n.* डींग, शेखी;
p&i: **boast is a good dog but it has lost its tails** शेखी बघारना अच्छा लगता है पर यह शेखीबाज का खोखलापन भी दर्शाता है; **great** ~ **and small roast** थोथा चना बाजे घना, ऊंची दुकान**,** फीका पकवान

boat /बोट/ *n.* 1 नौका, नाव, किश्ती, तरणी: lower the **~s** (किश्ती को पानी में उतारना); sailing ~; rowing; pair-oar ~ / four-oar ~ 2 समुद्री जहाज; go by ~; take the ~ 3 पनडुब्बी 4 नाव के आकार की प्लेट जिस में सॉस (चटनी) परोसी जाती है: gravy ~, sauce~;
v. *pt.* **~ed**, *pp* **~ing** 1 नाव चलाना 2 नाव में ले जाना 3 नौका विहार क.: we **~ed** up the river;
dw/lw: **~bill** *n.* नौकाचंचु (पक्षी); **~-bridge** नौका पुल; **~-deck** *n.* नौका डेक; **~er** *n.* 1 तिनकों से बना एक सख्त टोप 2 नौका-विहार करने वाला; **~-fly** *n.* नाव खटमल; **~hook** *n.* नाव कांटा, नाव का आंकुड़ा, नाव को धकेलने या खूंटे से खींचने आदि के लिए प्रयुक्त किया जाने वाला हुक वाला डंडा, नाव-लगी; **~house** *n.* झील या नदी के पास नाव रखने का घर; **~ie** *n.,*

Austral & NZ. colloq. 1 ऐसा व्यक्ति जिसे नौका-विहार बहुत पसंद है 2 *Br. university sl.* नाव चलाने का अति शौकीन व्यक्ति; **~ing** *n.* नौका विहार; **~-load** *n.* 1 नौका की यात्री व सामान ढोने की क्षमता 2 *colloq.* बहुत बड़ी मात्रा, नौका भार: ~loads of jumble; **~man** *n.* मल्लाह, माझी, केवट; **~-race** नौका दौड़; **~-song** नाविकों का या माझी गीत; **~swain/ bosun** /बोटस्वैन/ बोसन/ *n.* जहाज पर जीवन रक्षा नौकाओं आदि के रख-रखाव के लिए जिम्मेवार अधिकारी; **~tail** *n.* नौपुच्छ (पक्षी); **~train** *n.* जहाजी गाड़ी; **~yard** *n.* नौका निर्माण स्थल या गोदी;
collocations: **~ belly** भीतर धंसा हुआ पेट; **~ people** नौका में बैठकर अवैध तरीके से अपने देश से किसी दूसरे देश जाने वाले लोग; **~ race** 1 दो नावों या नाविकों के दलों के बीच नौका दौड़ 2 (**the ~ race**) *Br.* ऑक्सफोर्ड और कैंब्रिज विश्वविद्यालयों की नाव दलों के बीच प्रतियोगिता जो हर साल लंदन में से गुजरने वाली टेम्ज (Thames) नदी पर होती है; **~swain's mate** बोसुन सहायक; **~ train** यात्रियों को जहाज तक ले जाने और वहां से वापस लाने वाली नाव;
p&i.: **be in the same ~** एक समान (गई-गुजरी) स्थिति में हो., एक जैसी नाव में सवार हो.; **burn one's ~s** पीछे हटने की कोई गुंजाइश न रहना; **have an oar in everyone's ~** हर एक के काम में टांग अड़ाना; **miss the ~** मौका गंवा दे.; **push the ~ out** *UK* किसी अवसर को मनाते हुए पानी की तरह पैसा बहाना; **put on the ~** देश निकाला देना; **rock the ~** नैया डुबोने का काम क., कोई ऐसा काम करना जिससे किसी की जीवन-नैया डगमगा जाए; **sail/ row in the same ~** मिलकर काम क.; **sail one's own ~** स्वतंत्र रूप से काम क.

BOB *abbr.* 'Bank of Baroda' की प्रथमाक्षरी

bob /बॉब/ *v., pt.* **~bed**, *pp* **~bing** 1 (*sometimes* **~ along/ past**) डूबना-उतराना, पानी में ऊपर-नीचे जाना: a stick **~bing** along on the water; a bottle was **~bing** about in the sea 2 अभिवादन करते समय गर्दन को ऊपर-नीचे क. 3 (*usually* **~ for sth**) एक खेल जिसमें खिलाड़ी तैरते या लटकते हुए सेब को अपने दांतों से पकड़ने की कोशिश करता है 4 औरतों द्वारा दोनों घुटनों के बल बारी-बारी से झुकते हुए अभिवादन क. 5 बॉब शैली में बाल काटना या कटवाना: she **~bed** her hair 6 बर्फ गाड़ी बॉब स्लेज (bobsleigh) पर सवारी क. 7 मछली को फंदे में फंसाना 8 कूदते-फांदते आना या चलना: a boy was **~bing** up and down on the horse 9 थोड़ा-सा नीचे झुकना 10 नाचना 11 बेंत से मारना 12 धोखा देना, चकमा देना, ठगना;
n., pl. **bob** *Br. colloq.* 1 पानी में जल्दी-जल्दी ऊपर-नीचे जाने-आने (डूबने-उतराने) की क्रिया 2 दीवार घंटे की लटकन या झूल 3 (***syn.*** curl) लट: twist up one's hair in a ~ 4 (***syn.*** refrain) गीत की टेक 5 झटका 6 (***syn.*** tap) थपकी 7 अलक, घूंघर: a Scottish blue bonnet with a red ~ on the top 8 (***syn.*** curtsy) दोनों घुटनों के बल बारी-बारी से झुकते हुए औरतों द्वारा किया जाने वाला अभिवादन, प्रणति;
dw/lw: **~bed** *adj.* बालकटी, परकटी; **~ber** *n.* ***1*** दोस्त, यार ***2*** मछली पकड़ने वाले कांटे को निश्चित गहराई पर रखने के लिए बांधा जाने वाला वजन ***3*** बर्फ गाड़ी का सवार ***4*** मछुआरा ***5*** चुगलखोर; **~bery** /बॉबरि/ *n.* शोर-शराबा, दंगा-फसाद: kick up a ~bery; **~bish** *adj.* प्रसन्नचित्त, हंसमुख; **~cat** *n.* एक प्रकार का विडाल; **~-cherry** *n.* एक तरह का खेल; **~-sled/ ~sleigh** *n.* बर्फ़ पर चलने वाली बिना पहिए की गाड़ी; **~tail** *n.* कटी पूंछ; **~wheel** *n.* पद्य में स्थायी और उसके बाद की पंक्तियां; **~wig** *n.* एक प्रकार का विग;
collocations: **~ pin** बालों की पिन; **~ up** अचानक आ जा.; **~ weight** बराबर या संतुलित करने वाला वजन;
p&i: **~ in/ ~into** अंदर आना; **~ is your uncle** फिक्र न करो सब ठीक हो जाएगा; **~ off** धोखे से छुटकारा पाना; **~ on the chin** ठोडी पर हल्की-सी चपत; **~ sb out of sth** ललचाकर बाहर निकालना; **~ up** 1 कूदकर बाहर निकलना 2 सतह के ऊपर निकल आना; **~ up like a cork** पिटकर फिर मैदान में आना; **a dry ~** भाग-दौड़ के खेलों (athletics) में भाग ले.; **all is ~** सब ठीक-ठाक है; **a wet ~** जल-खेलों में हिस्सा ले.; **bear/ shift a ~** टेक को पकड़कर साथ-साथ गाने लगना; **be eighteen ~ in the pound** *Austral.* दिमाग का पेंच ढीला हो.; **he's ~bed on a court martial** उसका कोर्ट मार्शल होने वाला है

bobbin /बौबिन/ *US* बाःबिन/ *n.* फिर्की, अटेरन, परेता, बोबिन, चर्खी;
dw/lw: **~-lace** *n.* बॉबिन द्वारा बनाई हुई महीन बेल; **~-net/ ~net** *n.* मशीन द्वारा बनाई हुई महीन बेल;

bobble /बौबल/ *US* बाःबल/ *v., pt.* **~d**, *pp* **bobbling** 1 *originally US, esp. Amer. football* गड़बड़ाना, भारी भूल क. 2 झूलते हुए चलना 3 गेंद को गिरा देना;
n. 1 ऊन की मुलायम गेंद 2 वस्त्रों के किनारों की सिलाई करने के लिए ऊन का गोला 3 पानी की हलचल

bob\by /बॉबी/ *US* बाःबी/ *n., pl.* **~bies** *Br. colloq. UK* ब्रिटेन में पुलिस अधिकारी के लिए प्रयुक्त;
dw/lw: **~by-dazzler** *n., Br. colloq. or dialect* अत्यधिक सुंदर व तड़कीली-भड़कीली औरत; **~by-pin** *US* (*UK* **hairgrip**) *n.* बालों की क्लिप; **~by-soxer** *n.* किशोरी;
collocations:*~by socks/sox *n., [pl.] originally US* टखने तक आने वाला मोजा

bobcat /बौब्कैट/ *US* बाःब्कैट/ *n.* उत्तरी अमेरिका के पहाड़ों और मरुस्थल में पायी जाने वाली जंगली बिल्ली

BOBHFL *abbr.* 'BoB Housing Finance Limited' की प्रथमाक्षरी

bobsled/ bobsleigh /बौब्स्लेड/ बौब्स्ले/ *US* बाःब्स्लेड/ बाःब्स्ले/ *n.* स्लेज, हिमशकट, लकड़ी के गट्ठों को ढोने के लिए बर्फ पर चलने वाली गाड़ी

bobstay /बौब्स्टे/ *US* बाःब्स्टे/ *n., pl.* **~s** जहाज के पालों को बांधने की रस्सी

bobtail /बौब्टेल/ *US* बाःब्टेल/ *n.* 1 कटी दुम वाला कुत्ता या घोड़ा, कटी दुम वाली बिल्ली 2 काटकर छोटी की हुई दम;
dw/lw: **~ed** /बॉब्टेलड/ *adj.* दुमकटा, दुमकटी;
p&i: **rag, tag and ~ = ragtag and ~** हर कोई

Boche /बौश/ *n., [pl.], derog. sl.* **the Boche** जर्मनी के सिपाही के लिए अपमानजनक अर्थ में प्रयुक्त

bock /बौक/ *US* बाःक/ *n.* तेज काली जर्मन बीयर

bocking /बॉकिंग/ *n.* मोटा ऊनी कपड़ा

boco-smasher /वोको-स्मैशः/ *n.* गुंडा, लड़ाकू बदमाश

BOD *abbr.* 'Biochemical Oxygen Demand', 'Biological Oxygen Demand' की प्रथमाक्षरी

bod /बौड/ *US* बाःड/*n., colloq.* 1 बंदा, आदमी 2 डील-डौल: he's got a fantastic ~

bodacious /बोडेशिअस/ *adj.* 1 (***syn.*** excellent) अति उत्तम, बढ़िया, शानदार 2 (***syn.*** audacious) अतिशय खतरा उठाने वाला, दुस्साहसी

bode /बौड/ *v., pt.* **~d**, *pp* **boding** 1 (***syn.*** augur) शकुन विचारना.: ~ ill/ well; this **~s** a happy ending 2 भविष्य-बोध होना;
dw/lw: **~ful** *n.* अपशकुन-सूचक: there was a ~ful pause; **~ing** *n.* भावी सूचना; **~ing** *adj.* भावी सूचक; **~ment** *n.* शकुन-अपशकुन;
p&i.: **~ ill/ well** अच्छे-बुरे शकुन हो.

bodega /बौडीगा/ बोडेगा/ *n., pl.* **~s,** *Sp.* शराब की दुकान या गोदाम

bodge /बौज/ *US* बाःज/ *v., pt.* **~d**, *pp* **bodging** *colloq.* किसी काम को खराब कर दे., गड्डमड्ड कर दे.;
n. घटिया काम, घटिया कारीगरी

bodice /बौडिस/ *US* बाःडिस/ *n.* कुर्ती, चोली, अंगिया: tight/ fitting ~

bodice-ripper /बौडिस-रिपः/ *US* बाःडिस-रिप/ *n., colloq., usually derog.* एक रोमांचक उपन्यास या फिल्म, जिसमें बहुत सारी हिंसा व यौन का प्रदर्शन हो

bodied /बौडिड/ *US* बाःडिड/ *adj., in compounds* शरीर वाला: able-~ (चुस्त-दुरुस्त, सही-सलामत); wide-~ (चौड़े डील-डौल वाला)

bodiless /बौडिलेस/ *US* बाःडिलेस/ *adj.* विदेह, अमूर्त

bodily /बौडिलि/ *US* बाःडिलि/ *adj.* शारीरिक, दैहिक, कायिक: ~ function (शारीरिक क्रियायें); ~ fear (शारीरिक हानि का भय); ~ suffering;

adv. 1 सशरीर, सदेह: carry sb ~ to some place 2 सांगोपांग, पूरा-पूरा 3 सब मिलाकर (in entirety) 4 व्यक्तिगत रूप से: he came ~; the audience rose ~

bodkin /बौड्किन/ *US* बाःड्किन/ *n.* छोटी छुरी, सूजा, सुआ, सूआ, सुतारी, सलाई;

p&i: **ride/ sit** ~ दो व्यक्तियों के बीच भिंचा हो., दो पाटों के बीच पिसना; **walk** ~ दो औरतों के बीच हाथ में हाथ लेकर चलना

body /बौडि/ *US* बाःडि/ *n., pl.* **bodies** 1 शरीर, देह, काया, तन, जिस्म, बदन: absent in ~, present in soul 2 लाश, शव: several **bodies** were washed ashore 3 धड़ 4 व्यक्ति: dear/ nice/ old ~; decent ~ 5 (***syn.*** society) निकाय, समिति, सभा, संगठन, संस्था, संघ: (the) ~ politic; advisory ~; governing ~; legislative/ executive ~; the school governing ~; subsidiary ~ 6 मुख्य भाग: the main ~; the ~ of the book 7 विशाल मात्रा, बड़ी संख्या, खंड, वस्तुओं का समूह, समुच्चय: ~ of cold air; a great ~ of facts; a ~ of water; a vast ~ of evidence/ information/ research 8 वाहन का मुख्य भाग या ढांचा: a ~ of car 9 समूह: a ~ of electors; large **bodies** of unemployed men 10 पिंड: heavenly **bodies** (खपिंड) 11 (***syn.*** majority) अधिकांश भाग: a ~ of opinion; ~ of the hall 12 द्रव की समरसता: ~ of oil 13 शराब की तेजी, तीखापन: the wine has no ~ 14 बंदूक की नाली 15 बम का आवरण 16 कलेवर 17 कथ्य 18 भौतिक तत्व 19 ठोसपन, संपूर्णता 20 रंग का गाढ़ापन 21 संहति 22 अक्षर का आकार 23 वस्तु, पदार्थ: solid/ liquid/ gaseous **bodies** 24 कानूनी प्रतिनिधि 25 सैनिक टुकड़ी: a ~ of cavalry; a ~ of troops 26 संकलन;

v., *pt.* **bodied**, *pp* **~ing**, *s/he/it* **bodies** 1 (*often* **~ sth out**) किसी वस्तु को पूर्ण आकार दे.: his main character **bodies** forth the age 2 चित्रित क., वर्णित क. 3 कलात्मक रूप देना 4 प्रतिनिधि स्वरूप देना;

dw/lw: **~board** *n.* एक हल्की पतली तरंग पट्टी जिस पर लेटकर तरंगों पर सवारी (तैराकी) की जाती है; **~-building** *n.* व्यायाम द्वारा शारीरिक सुगठता बढ़ाने का कार्य; **~-check** *n.* विपक्षी खिलाड़ी के लिए खड़ी की जाने वाली शारीरिक बाधाएं; **~-cloth** *n.* गर्दनी; **~-curer** *n.* डॉक्टर; **~guard** *n.* अंग-रक्षक; **~less** *adj.* शरीरहीन, आकृतिहीन, अपार्थिव; **~line** /बौडिलाइन/ *n., cricket* गेंद को सीधे बल्लेबाज के शरीर पर मारने की नीति; **~ly** *adj.* शारीरिक, भौतिक; **~-snatcher/ lifter** *n.* (चीरफाड़ के लिए) मुर्दों को कब्र से निकाल ले जाने वाला, **~suit** *n.* औरत की छाती और चूतड़ों पर कसकर आने वाली पोशाक; **~surfing** *n.* बिना तरंग पट्टी के तरंगों की सवारी; **~work** *n.* 1 गाड़ी का बाहरी धातुय भाग 2 *alternative med.* योग आदि की विधियों से की जाने वाली मालिश; **~worker** *n.* योग की विधियों से मालिश करने वाला व्यक्ति;

collocations: **~ and soul** सर्वस्व, संपूर्णतः, तन-मन से; **~ bag** युद्ध से आने वाले शव को रखने के लिए भारी कपड़े या अन्य सामग्री से बना थैला; **~ blow** 1 *boxing* धड़ पर लगने वाला प्रहार 2 भारी झटका, अपार क्षति; **~ carriage** डील-डौल, आकृति, सूरत, चाल-ढाल; **~ cavity** देह-गुहा; **~ clock** शरीर की आंतरिक संरचना जो शरीर के कार्यों की लय या क्रम निर्धारित करती है; **~ colour** पारदर्शी (शरीर-सा या कायिक) रंग; **~ double** फिल्मों में असली अभिनेता के स्थान पर शारीरिक दृश्यों में चित्रित होने वाला व्यक्ति; **~ language** शारीरिक हाव-भाव, मुद्रायें, चाल-ढाल; **~ lift** प्लास्टिक सर्जरी आदि द्वारा शरीर के उन अंगों को चुस्त-दुरुस्त करने की क्रिया जिनमें झुर्रियां पड़ गई हों; **~-louse** शरीर के कपड़ों या बालों की जूं; **~ mass index** (*abbr.* **BMI**) मोटापे का सूचक जो शरीर के वजन को ऊंचाई के वर्ग से विभाजित (divide) करके मिलता है; **~ odour** पसीने आदि के कारण शरीर से उठने वाली दुर्गंध; **~ of flame** लपटों के मुंह की नोक (जीभ); **~ of fuel** ईंधन की परत; **~ of troops** सैन्य दल; **~ on ~** तलवारबाजी में शरीर को स्पर्श करते हुए मुकाबला; **~ piercing** शरीर के कुछ अंगों में छल्ले या धातु के बटन आदि लगाने के लिए उनमें छेद करना, जैसे चूची या नाभि आदि में; **~ politic** (*usually* **the ~ politic**) कोई राष्ट्र और उसकी जनता; **~ popping** एक विशेष प्रकार का नृत्य जिसमें रोबोट की तरह अकड़नपूर्वक अंग-चालन होता है; यह नृत्य 1980 के दशक में लोकप्रिय हुआ था; **~ servant** व्यक्तिगत नौकर; **~ shop** वाहन के ढांचा निर्माण व मरम्मत की दुकान; **~ slam** कुश्ती का एक दाव जिसके तहत एक पहलवान दूसरे को उठाकर जमीन या मैट पर पटकता है; **~ stocking** (of women) औरत की सारे शरीर को ढकने वाली एक नग की (अंदर की) चुस्त पोशाक; **~ swerve** दौड़ते समय सामने से आ रहे व्यक्ति या वाहन से बचने के लिए बाएं या दाएं को एक झटके में मोड़; **~ temperature** शरीर का तापमान; **~ warmer** मोटी बंडी;

a foreign ~ बाहरी तत्त्व; **a heavenly ~** आकाशीय पिंड; **celestial ~** खपिंड; **corporate ~** निकाय; **governing ~** प्रशासक निकाय; **heavenly bodies** आकाशीय पिंड, सौर मंडल (सूर्य, चंद्रमा, तारामंडल आदि); **water ~ = a ~ of water** जलाशय, जल राशि, एक स्थान पर बड़ी मात्रा में एकत्रित पानी यानी तालाब, झील या रिजर्वोयर आदि;

p&i: **absent in ~, present in soul** तन से अनुपस्थित पर मन से विद्यमान हो.; **a little ~ often harbours a great soul** आत्मा को कोई लंबा-चौड़ा आवास नहीं चाहिए; **heir of the ~** *law* घटते क्रम में उत्तराधिकारी; **in a ~** एक साथ मिलकर, सामूहिक रूप से; **keep ~ and soul together** जैसे-तैसे गुजारा क., मुश्किल से गुज़ारा क.; **over my dead ~** ऐसा होने से तो मैं मर जाना बेहतर समझूंगा

bodyguard *see above under* **body: *dw/lw***

BOE *abbr.* 'Barrels of Oil Equivalent' की प्रथमाक्षरी

Boer /बोअः/ बुअः/ *n.* 1 हॉलैंड के मूल का दक्षिणी अफ्रीकी नागरिक 2 *SAfrE* किसान 3 *derog. SAfrE* दक्षिणी अफ्रीका में नस्ल भेद (apartheid) के समय पुलिस व सेना के सदस्य के लिए प्रयुक्त;

collocations: **~ Wars** (**boere-wars** /बूरअ वॉःस/) बोअरों और अंग्रेजों के बीच 1899 से 1902 तक चलने वाला युद्ध

boffin /बौफिन/ *US* बाःफअन/ *n., Br. colloq.* सशस्त्र सेनाओं के लिए काम करने वाला शोध-वैज्ञानिक

BOG *abbr.* 'Board of Governors' की प्रथमाक्षरी

bog /बौ\ग/ *US* बॉः\ग/ *n.* 1 दलदल, कीचड़, शैवाली स्थान, पंक 2 *coarse Br. sl.* टॉयलेट;

adj. बहादुर, हिम्मती: a ~ fellow;

v., *pt.* **~ged**, *pp* **~ging** 1 किसी चीज को दलदल या कीचड़ में धंसाना 2 बोझ व कठिनाइयों तले दबाकर किसी के काम में बाधा डालना: ~ sb/ sth down 3 काम के अत्यधिक बोझ व कठिनाइयों तले दबना 4 दलदल में फंस जाना: be **~ged** down;

dw/lw: **~bean** *n.* एक दलदली फली; **~butter** *n.* दलदली मृदा, दलदल में पाया जाने वाला मक्खन-सा पदार्थ; **~giness** /~गिनेस/ *n.* पंकिलता; **~land** *n.* दलदली भूमि; **~-Latin** *n.* जंगली (barbarous) लातीनी भाषा; **~moss** *n.* दलदली काई; **~myrtle** *n.* दलदली हिना, मेंहदी; **~oak** *n.* दलदली बॉज स्तंभ; **~-ore** *n.* दलदली अयस्क; **~-spavin** *n.* घोड़े की हड्डी टूटने का रोग; **~trotter** *n.* दलदल वासी; **~trotting** *n.* दलदली भूमि पर आवास; **~gy** /~गि/ *US* बाःगि/ *adj., degr.* ~gier, ~giest दलदली, कीचड़ भरा, दलदल से भरा, पंकिल;

collocations: ~ **asphodel** *bot.* उत्तर-पश्चिमी यूरोप में पाया जाने वाला सदाबहार दलदली पौधा;
p&i: ~ **down** किसी उलझन में फंस जाना; ~ **in** काम में जुट जा.; ~ **off** *coarse Br. sl.* तुरंत चले जाने को कहना

bogan /बोगन/ *n.* घिनौना व्यक्ति

bogey/ bogy /बौगि/ *US* बाःगि/ *n., pl.* **bogeys/ bogies** 1 हौआ, भूत, जूजू 2 (*syn.* devil) शैतान 3 अत्यंत डरावनी बात या वस्तु 4 (**bogy**) *sl.* (*syn.* mucus) नाक से बहने वाला रेंट, श्लेष्मा;
dw/lw: **bogeyman/ bogyman** /~मैन/ *n.* 1 हौआ 2 शैतान

boggard /बौगःड/ *US* बाःगःड/ *n., colloq., folklore* 1 बेताल 2 घर का भूत 3 ब्राउनी

bogg\le /बौगल/ *US* बॉःगल/ *v., pt.* **~led**, *pp* **~ling** *colloq.* 1 चौंक जा., हक्का-बक्का हो. 2 उलझ जा.: **~le** at a lock; **~le** over the exercise 3 (*usually* **~le** at sth, *syn.* hesitates) ठिठकना, आश्चर्यचकित हो. चौंक पड़ना 4 बायें-दायें क., टालमटोल क. 5 (*syn.* demur) आपत्ति क. 6 घबरा जा., व्यग्र हो उठना;
n. 1 डर, हिचक, शंका 2 बेशऊर काम, फूहड़ कार्य: what a **~le** he did make of it!; they got into that **~le** in their expedition 3 गोलमाल, घपला;
dw/lw: **mind-boggling** *adj.* किंकर्तव्यविमूढ़ करने वाला;
p&i.: **the mind ~les** *UK* (*US* **it ~les the mind**) 1 चौंक जा., घबड़ा जा., व्यग्र हो उठना, असमंजस में पड़ना 2 चौंकाना, व्यग्र क.

bogie/ bogey /बोगी/ *n., pl.* **bogies/ bogeys** 1 रेल का डिब्बा, बोगी 2 बड़े-बड़े ट्रकों या बसों आदि को ढोने वाली गाड़ी: ~ wheel

boggy *see above under* **bog:** *dw/lw*

bog-standard *adj.* (*syn.* average) साधारण, औसत, मामूली (आदमी)

BOGO *abbr.* 'Bye One Get One' की प्रथमाक्षरी

BOGOF *abbr.* 'buy one get one free' का संक्षेप

bogus /बोगस/ *adj.* (*syn.* false) जाली, बोगस, नकली, मिथ्या, झूठा, खोटा: ~ affair/ transaction; ~ prisoner

bohea /बोही/ *n.* घटिया काली चाय

bohemian /बोहीमिअन/ *adj.* 1 स्वेच्छाचारी 2 रूढ़िमुक्त 3 उच्छृंखल (कलाकार एवं साहित्यिक व्यक्ति), बोहीमियाई 4 कंजर, जिप्सी 5 बोहीमिया वासी (Bohemia, part of the Czech Republic);
dw/lw: **~ism** (*also* **Bohemianism**) /बोहीमिअनिज्म/ *n.* स्वेच्छाचारिता, रूढ़िमुक्तता, उच्छृंखलता

bohrium /बॉःरियम/ *n., chem.* (*symbol* **Bh**) एक रासायनिक तत्त्व

BOI *abbr.* 'Bank of India' की प्रथमाक्षरी

boil /बॉइल/ *v., pt.* **~ed**, *pp* **~ing** 1 उबलना, उबालना: ~ potatoes; ~ clothes 2 (**~ sth up**) खौलना, खौलाना, उबल पड़ना: make sb's blood ~ 3 बर्तन भर तरल पदार्थ का उबलने लगना 4 जोश में आना, आग-बबूला हो., उत्तेजित हो., व्यग्र हो. 5 उबलते पानी में भोजन पकाना 6 बहुत गर्मी पड़ना: it's **~ing** in the car 7 मछली द्वारा पानी में से कूदकर बाहर निकलना;
n. 1 उबाल, उबलने की क्रिया: bring to the ~; come to the ~; give sth a ~ for some minutes 2 क्वथनांक: the liquid has reached the ~; the coffee was near ~ 3 उबलता द्रव: put the linen into a ~ of soap 4 मछली की पानी से बाहर कूद 5 पानी की सतह पर भंवर, आवर्त्त 6 क्रोधाग्नि, क्रोध से होने वाला पागलपन 7 फोड़ा, फुंसी 8 पेंट आदि का फूलकर बना बुलबुला: the paint swelled into **~s**;
dw/lw: **~ed** /बॉइल्ड/ *adj.* उबला हुआ: ~ed dinner; soft ~ed egg; hard ~ed egg; ~ed linseed oil; **~er** /बॉइलरः/ (*also* **furnace**) *n.* पानी गर्म करने वाला यंत्र, देग, वाष्पित्र, क्वथित्र, बॉयलर; **~er-house** *n.* = **~er-plant** *n.* = **~er-room** *n.* उबालने का स्थान; **~er-maker** *n.* 1 पानी उबालने के देग या पतीले बनाने वाला 2 व्हिस्की के पैग के बाद बीयर का गिलास पीने की क्रिया; **~er-plate** *n.* आदर्श (नमूने का) दस्तावेज जिसके आधार पर अन्य व्यापारिक या कानूनी दस्तावेज बनाए जा सकते हैं; **~er-suit** (*also* **coveralls**) *n.* भारी भरकम काम करते समय साधारण कपड़ों के ऊपर पहना जाने वाला एक-नग वाला (one-piece) सूट; **~ery** /बॉइलरि/ *n.* क्वथन-गृह; **~ing** /बॉइलिंग/ *adj.* (*also* **~ing hot**) *adj.* 1 उबलता/ खौलता हुआ, क्वथनांक पर पहुंचा हुआ: ~ing hot; ~ing waves; ~ing water; a ~ing sun 2 आवेश में भरा हुआ: ~ing with anger; **~ing** *n.* 1 उबाल 2 क्वथन 3 संकलन;
collocations: **~ed sweet** (*US* **hard candy**) *n., mainly Br.* उबली चीनी व फलों से बनी एक मिठाई; **~ed shirt** *US* कलफ-लगा कमीज; **~ing point/ temperature** *n.* 1 क्वथनांक, उबाल बिंदु 2 क्रोध व उत्तेजना से फट पड़ने की अवस्था;
p&i: ~ **away** उबालना, भाप बनकर उड़ना, खौल कर खत्म होना; ~ **down** 1 उबालकर भाप निकाल दे., खौलकर कम हो. (घटना), गर्म करते समय द्रव का उड़ जाना 2 सार निकालना 3 उबालकर गाढ़ा क., संघनित हो.; ~ **down to sth** *colloq.* निष्कर्ष में किसी बिंदु तक पहुंचना, सार निकालना, निष्कर्ष के रूप में उभरकर आना: ~ down to a question of testing; ~ **sth down to** काट-छांटकर छोटा क.; ~ **off** उबालकर शुद्ध क.; ~ **over** 1 उबलकर कर बर्तन से बाहर निकलना 2 उबल पड़ना 3 आपे से बाहर हो., गुस्से में बोलना 4 स्थिति का और बिगड़ जाना; ~ **the pot/ make the pot ~/ keep the pot ~ing** गुज़ारा क., दो जून की रोटी पाना; ~ **sth up** किसी द्रव को क्वथनांक तक उबालना; ~ **up** 1 क्वथनांक तक पहुंचना 2 खतरनाक हद तक पहुंच जा.;
as sore as a ~ शैतान-सा क्रुद्ध हो., आग-बबूला (हो.); **be/ go off the** ~ 1 उबलना बंद हो. 2 कम हो., कमजोर पड़ना 3 सारा जोश खत्म हो जा. 4 सक्रिय न रहना; **bring sth to the** ~ उबाल बिंदु तक ले जा.; **burst one's ~er** बुरा अंत हो.; **burst sb's ~er** किसी को बुरे अंत तक पहुंचाना; **come to the** ~ 1 उबाल बिंदु/ क्वथनांक तक पहुंचना 2 स्थिति का गम्भीर होना; **feel like a ~ed rag** थककर चूर हो.; **keep sth on the** ~ कमजोर न पड़ने दे.; **make sb's blood** ~ किसी का खून खौलाना; **on the** ~ उबलता हुआ, खौलता हुआ; **take sth off the** ~ तनाव कम करना

boiler *see above under* **boil:** *dw/lw*

boiling *see above under* **boil:** *dw/lw*

boisterous /बॉइस्टरस/ *adj.* 1 प्रचंड, उग्र, प्रबल, तूफानी 2 ऊधमी, हुड़दंगी, गुल-गपाड़िया 3 शोर-शराबे भरा;
dw/lw: **~ly** /~लि/ *adv.* प्रचंड/ उग्र/ प्रबल ढंग से, प्रचंडतापूर्वक; **~ness** /~नेस/ *n.* हुड़दंग, ऊधम, कोलाहल

boite de nuit /ब्वात-ड-नुइ/ (*also* **discotheque**) *Fr.* रात्रि-क्लब

BOJ *abbr.* 'Bank of Japan' की प्रथमाक्षरी

BOL *abbr.* 'Bharat-on Line' की प्रथमाक्षरी

bolas /बोलाःस/ *n., sing./pl.* **bolas/ ~es** दक्षिणी अमेरिका में शिकार करने का एक हथियार (लंबी रस्सी के सिरों पर बंधे गोल पत्थर को फेंककर जानवर की टांगों को उलझाने वाला हथियार)

bold /बोल्ड/ *adj., degr.* **~er**, **~est** 1 साहसी, दिलेर, निर्भीक, निडर: ~ thinker; ~ plan/ speech 2 (*syn.* impudent) धृष्ट, ढीठ 3 तेज रंग का 4 (*syn.* conceited) अति आत्मविश्वासी 5 शक्तिशाली, जोरदार: ~ flames 6 सुस्पष्ट: ~ design; in ~ relief 7 *print.* टाइपिंग या छपाई में स्थूल (अक्षर) 8 तीव्र खड़ा (किनारा, चट्टान);
dw/lw: **~face** *n.,* 1 *print.* टाइपिंग में स्थूल अक्षर 2 धृष्ट, ढीठ आदमी; **~-faced** *n.* 1 निर्लज्ज, बेशर्म 2 स्थूल अक्षरों में टाइप किया हुआ; **~ly** *adv.* 1 दिलेरी से, साहसपूर्वक, हिम्मत से: go at it ~ly (कोई काम साहसपूर्वक क.) 2 निधड़क, बेखटके 3 धृष्टतापूर्वक 4 सीधे खड़े ढंग से: the coast rises ~ly; **~ness** *n.* 1 साहस, दिलेरी, निर्भीकता 2 धृष्टता, ढिठाई, दुःसाहस
collocations: ~ **letter** मोटा या स्थूल अक्षर/ टाइप;

p&i: ~ **as brass** 1 निर्लज्ज, बेशर्म 2 धृष्ट, धूर्त; ~ **as a lion** शेर-सा बहादुर; ~ **only in speech** कागजी शेर;
make ~ साहस क.: **be so ~ as to do sth** कुछ करने का साहस क., कुछ कर डालना; **put a ~ face on the matter** उत्साहसपूर्ण या हिम्मत वाला लगना
boldly *see under* **bold:** ***dw/lw***
boldness *see under* **bold:** ***dw/lw***
bole /बोल/ *n.* 1 (***syn.*** trunk) पेड़ का तना 2 लाल मिट्टी
bolection /बलेक्शन/ *n. archit.* उभरा हुई संरचना, उभार
bolero /बलेअरो/ *n., pl.* **~s** 1 स्पेन का पारंपरिक बोलेरो नृत्य 2 बोलेरो धुन 3 /बौलअरो/ *n.* औरत की आगे से खुली छोटी जैकेट
bolide /बोलाइड/ *n.* उल्का, टूटा तारा, आग का गोला
bolivar /बौलिवाः/ बलीवाः/ *n., pl.* **~s/ bolívares** वेनेजुएला की राष्ट्रीय मुद्रा (*symbol* **SB**)
Bolivia /बोलिविआ/ *n.* बोलीविया;
dw/lw: **Bolivian** /बोलिविअन/ *n.* बोलीविया का नागरिक; **boliviano** /बोलिविआनो/ *n.* बोलीविया की आधिकारिक मुद्रा (*symbol* **b**)
boll /बोल/ *n.* कपास का डोडा, बीजकोष;
dw/lw: **~-weevil** n. कपास के डोडों में लगने वाला कीड़ा, घुन
bollard /बौलाःड/ *US* बाःलाःड/ *n.* 1 (ब्रिटेन में) किसी क्षेत्र से गाड़ियों के रोकने या दूर रखने के लिए मोटा डंडा या छोटा-सा खंबानुमा खूंटा 2 जहाजी खूंटा
bollocking /बौलअकिंग/ *US* बाःलअकिंग/ *n., coarse sl.* 1 किसी के ऊपर बहुत बुरी तरह की चीख-चिल्लाहट 2 बहुत बुरी फटकार, डांट-डपट
bollocks/ ballocks /बौलअक्स/ *US* बाःलअक्स/ *coarse sl.* 1 *n., [pl.]* अंडकोष (testicles) 2 *[sing.]* बकवास!
Bollywood /बौलीवुड/ *US* बाःलीवुड/ *n.* मुंबई की फिल्मी दुनिया
bolo /बोलो/ *n.* एक प्रकार का भारी चाकू
Bologna /बअलौन्या/ *US* बअलोन्या/ *n.* इटली का बलोनिया नामक नगर
n. 1 बलोनिया का नागरिक 2 बलोनियायी (bologna /बलोन्या/) सॉसेज (sausage)
dw/lw: **Bolognese** /बौलअनीज/ बौलअनेज/ *adj.* 1 इटली के बलोनिया नामक नगर से संबंधित 2 *cookery* एक प्रकार के पास्ता से संबंधित: spaghetti bolognese
bolometer /बअलौमिटः/ *US* बअलाःमिटः/ *n.* तेजमापी, हृत्स्पंदमापी, बोलोमीटर
boloney/ baloney /बलोनि/ *n.* 1 *US* बलोनियायी सॉसेज 2 *sl.* बकवास, अनापशनाप, अंडबंड
Bolshevik /बोल्शेविक/ (*also in Russian* **Бóльшевик**) *n., pl.* **Bolsheviks**/ *sometimes* **Bolsheviki** (*also Russian* **Бóльшевики**) बोल्शेविक, व्लाडीमीर लेनिन की पार्टी का सदस्य; **Bolshevist** /बोल्शेविस्ट/ *n.* बोल्शेविक, बोल्शेविकों का समर्थक; **Bolshevism** /बोल्शेविज्म/ *n.* बोल्शेविकवाद, लेनिनवाद
bolshie /बोल्शि/ (*also* **bolshy**) *adj., Br. derog., colloq., degr.* **~r, ~st** 1 तुनकमिजाज, विद्रोही 2 कठिनाई पैदा करने वाला व्यक्ति
bolster /बोल्स्टः/ *v., pt.* **~ed**, *pp* **~ing** 1 सहारा दे., उत्साहित क.: ~ sth up; ~ sb's courage/ morale; falling inflation may ~ up the economy 2 तकिया लगाना 3 थामना, बढ़ावा दे.: ~ (up) a theory with one's authority; ~ superstition and prejudice 4 संभालना: the win really **~ed** his confidence; ***n.*** तकिया, मसनद, गद्दी
BOLT *abbr.* 'BSE Online Trading System' की प्रथमाक्षरी
bolt /बोल्ट/ *n.* 1 चटखनी, सिटकिनी: behind ~ and bar 2 बोल्ट, काबला 3 (***syn.*** arrow) तीर 4 (***syn.*** flash of lightning) गाज, वज्रपात, वज्र, बिजली: a ~ from the blue 5 छलांग (a dash away): make a ~ for it 6 पलायन (running away): his horse made a ~; make/ do a ~ for it 7 (***syn.*** roll of cloth) कपड़े का थान 8 (***syn.*** bundle) गट्ठा 9 अपने दल के सिद्धांतों से भटकाव या दुराव: make a ~ to another party;
bolt[1] *v., pt.* **~ed**, *pp* **~ing** 1 बोल्ट या काबला डालकर दो वस्तुओं को कसकर जोड़ना 2 दरवाजे या खिड़की को चटखनी लगाकर बंद क.: ~ sb in 3 चौंककर छलांग लगाकर भाग खड़ा हो., चंपत हो., फरार हो. (dash away): the horse **~ed** 4 दल से अलग हो. 5 जल्दी-जल्दी खाना या गटकना (gulp down): ~ one's dinner 6 घोड़े का बिदकना (run out of control) 7 पौधों पर समय से पहले फल आना 8 दो-साला पौधे का एक-साला हो जा. 9 सहारा देना, मजबूत क. 10 किसी बुरे काम में भागीदार होना 11 काल्पनिक समर्थन देना 12 भड़काना 13 जल्दी-जल्दी गोली चलाना 14 गट्ठों में बांधना: logs are **~ed** up in blocks 15 एकदम से फेंक देना या बक देना;
bolt[2] *v., pt.* **~ed**, *pp* **~ing** or **boulted, boulting** 1 आटा छानना 2 जांच-पड़ताल क. 3 उलट-पलट करके परखना;
dw/lw: **~-action** *adj.* बंदूक का सिटकनी से पीछे सरकाया जाने वाला (भाग); **~er** /बोल्टः/ *n.* 1 दल-द्रोही 2 पलायनवादी 3 भागने वाला घोड़ा; **~-head** *n.* काबले या मेख का सिर; **~-hole** *Br. colloq.* 1 चटखनी का छेद 2 गुप्त निकास, बच निकलने का गुप्त रास्ता (secret passage) 3 खतरे से बचने का सुरक्षित स्थान, गुप्त आश्रय, छिपने की जगह; **~-on** *n.* किसी मशीन पर लगाया जा सकने वाला पुर्जा; **~rope** *n.* जहाज की पाल-रक्षा रस्सी;
p&i: ~ **a bill** जल्दबाजी में विधेयक स्वीकृत क.; ~ **down** निगल जा., जल्दी-जल्दी खाना; ~ **food** निगलना, भकोसना; ~ **out/ through, etc.** 1 छलांग लगाकर भागना; ~ **out the truth** सच उगल दे.; **sit/stand ~ upright** सीधी पीठकर या अकड़कर बैठे हो., तीर जैसा सीधा हो.: sit/ stand ~ upright; ~ **up** चिटकनी से जोडना या बंद हो.;
a ~ from the blue अप्रत्याशित एवं अप्रिय घटना, आकस्मिक वज्रपात; **a fool's ~ is soon shot** भागते चोर से क्या ले लोगे; **go off like a ~** तीर की तरह चंपत हो जा.; **have shot one's** ~ सारी शक्ति चुक जा., और अधिक कुछ करने में असमर्थ होना; **make a ~ for sth/ make a ~ for it** जल्दी से फरार हो जाना; **my ~ is shot** जो मैं कर सकता था मैंने कर दिया; **shoot one's last** ~ एक बार और (अंतिम) प्रयास करना
bolthole *see* above under **bolt:** ***dw/lw***
bolus /बोलस/ *n., pl.* **~es** *tech., esp. med.* 1 (***syn.*** pill, dose) (दवाई की) बड़ी गोली 2 कौर, ग्रास 3 (***syn.*** lump) पिंड, गोली 4 दवाई की खुराक जिसे इंजेक्शन द्वारा जल्दी-जल्दी रक्त वाहिका में चढ़ाया जाता है
BOM *abbr.* 'Bank of Madura', 'Bureau of Meteorology' की प्रथमाक्षरी
bomb /बौम/ *US* बाःम/ *n.* 1 बम, गोला: air ~; flying/ winged ~; drop a ~ 2 (**the** ~) अणुबम, नाभिक शस्त्र: cobalt ~ 3 बारूदी सुरंग 4 हथगोला 5 (**a** ~) *Br. colloq.* भारी रकम 6 *N. Amer.* भारी असफलता: the film was a ~ 7 *Austral. & NZ colloq.* पुरानी छकड़ा गाड़ी 8 *Amer. football* लंबा पास 9 *comput.* सॉफ्टवेयर प्रोग्राम में डाला हुआ छोटा-सा प्रोग्राम जिसे सक्रिय बनाकर कंप्यूटर सिस्टम को ध्वस्त किया जा सकता है 10 (*also* **volcanic** ~) ज्वालामुखी लावा से बनी गोल चट्टान 11 पेंट, कीटनाशक दवाई का फट सकने वाला डिब्बा;
v., *pt.* **~ed**, *pp* **~ing** 1 बम फेंकना, बमबारी क., बम बरसाना या गिराना 2 (*esp.* ~ **along/ off,** *etc.*) जल्दी-जल्दी चलना या तेज गाड़ी चलाना: **~ing** along the road 3 बुरी तरह असफल हो.: the film has **~ed** (फिल्म बुरी तरह पिट गई);
dw/lw: **~-dropping** *n.* बम गिराने की क्रिया; **~ed** /बौमड/ *adj.* (*also* **~ed out**) ***sl.*** नशे में धुत्त या नशीली दवा के नशे में चूर; **~er** /बौमः/ *n.* 1 बमवर्षक विमान 2 बम गिराने वाला व्यक्ति; **~ing** /बौमिंग/ *n.* गोलाबारी: ~ing run (बम गिराते समय विमान की निश्चित उड़ान गति); ~ing sight; ~ing approach; **~-proof**

adj. अभेद्य, बमसह, बमरोक: ~-proof shelter; **~-raid** *n.* बमबारी का हमला; **~shell** *n. colloq.* 1 अप्रत्याशित एवं चौंका देने वाला (समाचार आदि), सनसनीखेज बात 2 *colloq.* अत्यधिक सुंदर औरत 3 आर्टिलरी बम; **~sight** *n.* बम छोड़ते वक्त निशाना साधने और बम गिराने वाला उपकरण; **~site** *n.* बम स्थल, बमबारी द्वारा नष्ट स्थल; **~-vessel/ ketch** बम ले जाने वाला जलयान;

collocations: **~ alert = ~ scare**; **~ bay** विमान में बम रखने का स्थान; **car ~** कार बम; **~ calorimeter** *chem.* ईंधन या भोजन के पूरी तरह जलने पर पैदा होने वाली गर्मी (calories) मापने का उपकरण; **~ disposal** *बम* को निपटाने की क्रिया; **~er jacket** 1 जिपवाला एक जैकेट 2 बमवर्षक विमानकों द्वारा पहना जाने वाला जैकेट; **human ~** मानव बम; **letter ~** पत्र बम; **~ scare/ ~ threat** बम का डर; **~ squad/~ disposal squad** बम को निपटाने वाला पुलिस कर्मियों या सैनिकों का दल

p&i.: **~ along/ down/ through, etc.** *UK* तेज गति से चलना या आना; **~ out** किसी क्षेत्र पर बम बरसाना; **~ up** विमान आदि में बम लादना;

explode a ~shell अकस्मात् सनसनीखेज बात क.; **go down like a ~/ go down a ~** *colloq., mainly Br.* 1 बड़ी तेजी से चलना 2 अच्छी तरह बिकना 3 काफी सफल हो. 4 अच्छा स्वागत पाना; **like a ~** बड़ी तेजी से, पूरी सफलता से; **make a ~** *Br. colloq.* बहुत सारा पैसा कमाना; **throw a ~ into** सनसनी पैदा क.

bombard /बौम्बाːड/ *US* बाःम्बाःड/ *v., pt.* **~ed**, *pp* **~ing** 1 बमबारी क., बम/ गोले बरसाना, बम गिराना 2 गोलाबारी क., गोलियों की बौछार क. 3 किसी पर प्रश्नों या गालियों आदि की बौछार क.;

dw/lw: **~ier** /बौम्बअडिअः/ *US* बाःम्बअडिअः/ *n.* बम बरसाने वाला, बमवर्षक विमान, बमवर्षक सैनिक; **~ment** /बौम्बाःडमंट/ *n.* बमबारी

p&i.: **~ with questions** प्रश्नों या सूचना की बौछार/झड़ी लगाना

bombast /बौम्बैस्ट/ *US* बाःम्बैस्ट/ *n.* 1 रुई, गद्दी, भराव, भरण 2 शब्दाडंबर, शब्दजाल, अतिशयोक्तिपूर्ण भाषा;

v., *pt.* **~ed**, *pp* **~ing** 1 गद्दी लगाना, भराव क. 2 शब्दाडंबरपूर्वक कहना, बढ़ा-चढ़ाकर बोलना;

dw/lw: **~ic** /~स्टिक/ *adj.* 1 भारी-भरकम शब्दों वाला 2 शब्दाडंबरी: his ~ic words signify nothing 3 दंभपूर्ण: ~ic in manner; **~ically** /~स्टिकलि/ *adv.* शब्दाडंबरपूर्वक

Bombay duck *n.* हिंद महासागर में मिलने वाली एक मछली

bombe /बौम्ब/ *US* बाःम्ब/ *n., Fr., cookery* भोजनोपरांत आइस्क्रीम जैसा मिष्टान्न

bombila\te/ bombinate /बौम्बिलेट/ बौम्बिनेट/ *US* बाःम्बिलेट/ बाःम्बिनेट/*v., pt.* **~ted**, *pp* **ting** (***syn.*** buzz, hum) भिनभिनाना, गूंजारना

bombo /बॉम्बो/ *n. Austral.* सस्ती शराब

bombora /बौंबॉरा/ *US* बांबॉरा/ *n.* 1 जल-मग्न चट्टान के क्षेत्र में बनने वाली एक खतरनाक तरंग (whirlpools) 2 जल-मग्न चट्टान का क्षेत्र

bombshell *see above under* **bomb: *dw/lw***

BOMC *abbr.* 'Bureau of Medical Services' की प्रथमाक्षरी

bomphlet /बौम्फ्लिट/ *US* बाःम्फ्लिट/ *n.* विमान से फेंका जाने वाला पंफ्लेट

bon /बौं/ *US* बान/ *adj., Fr.* अच्छा, प्रिय;

collocations: **~ voyage!** /बों वोयाज/ *US* बान वोयाज शुभ यात्रा! **~ ami!** /बोंआमि/ सुहृद, सुसखा

bona fide /बोनअफाइडि/ *adj., Lat.* 1 सच्चा, खरा: ~ competition 2 वास्तविक एवं प्रामाणिक, वैध: ~ purchaser; the ~ poor; a horse that is not ~ his own 3 निष्कपट, नेकनीयतपूर्ण: a ~ offer (निष्कपट प्रस्ताव);

adv. सद्भाव से;

dw/lw: **bonafides** /बोनअफाइडीज/ *n.* 1 खरापन 2 नेकनीयती, निष्कपटता 3 सद्भावना, सदाशय, सद्भाव

bonanza /बनैंजा/ *n., pl.* **~s** 1 अप्रत्याशित लाभ, सौभाग्य सफल संगठन: this company proved a ~ 3 सफलता: a ~ period of industrial development 4 समृद्धि: a ~ year for the computer industry 5 खान से मिली सोने की बड़ी खेप 6 (***syn.*** mining) अयस्क-पुंज 7 अच्छी फसल: ~ farming;

adj. 1 (***syn.*** prosperous) फलता-फूलता, समृद्ध 2 (***syn.*** well-equipped) सुसज्जित;

collocations: **Bonanza State** अमेरिका के प्रांत मोंताना (Montana) का मजाकिया नाम

Bonapartism /बोनअपाःटिज्म/ *n.* (नैपोलियन) बोनापार्टवाद

Bona vacantia /बोनअवकैंशिआ/ *Lat., law* बेमालिक संपत्ति

bonbon /बौनबौन/ *US* बाःनबाःन/ *n.* चॉकलेटी आइस्क्रीम, मिठाई

bonce /बौन्स/ *US* बाःन्स/ *n., Br. sl.* सिर

bond /बौंड/ *US* बांड/ *n.* 1 बांधने के लिए प्रयुक्त रस्सी आदि, गांठ, जोड़ 2 (*usually* **~s**) (***syn.*** shackles) बेड़ी: in **~s**; break one's **~s** asunder/burst one's **~s**; break from one's **~s** 3 बंधन, संबंध, सूत्र: a ~ of friendship; ~(s) of wedlock; common tastes make a ~ between us; speech/ language is the great ~ that holds society together 4 *law.* (***syn.*** binding engagement) अनुबंध पत्र, इकरारनामा: ~ of obligation 5 *finance,* (***syn.*** debenture) ऋण पत्र, रुक्का: government ~; war **~s** 6 गिरवी, रहन 7 गोदाम में रखा जाने वाला सीमा-शुल्क बंधित माल: goods in/ under ~; goods out of ~; take out of/ release from ~ 8 जामिन, जमानत या आश्वासन देने वाला व्यक्ति: stand ~ for sb; his word is as good as his ~ 9 *chem.* अणुओं के बीच शक्तिशाली आकर्षक बंधन 10 *build.,* (***syn.*** masonry) चाल, ईंटों की जुड़ाई 11 आश्वासन;

v., *pt.* **~ed**, *pp* **~ing** 1 जोड़ना, बांधना 2 भावनात्मक बंधन में बंधना, करीब आना, मेल हो. 3 बांधकर रखना 4 माल को सीमा-शुल्क गोदाम में रखना 5 ऋण-पत्र पर दस्तखत क.;

adj. 1 बंधा हुआ 2 परतंत्र, अधीन;

dw/lw: **~age** /बौंडिज/ *US* बांडिज/ *n.* 1 (***syn.*** slavery) दासता, गुलामी, परतंत्रता 2 बंधुआपन 3 बद्धता, पराश्रितता: women's liberation from the ~age of domestic drudgery 3 यौन आनंद के लिए रस्सियों, जंजीरों आदि में बांधकर रखने का चलन; **~ager** *n.* कृषि भृत्य; **~-creditor** *n.* अनुबंध पत्र के आधार पर ऋण-दाता; **~-debt** *n.* लिखित समझौते के तहत ऋण; **~ed** *adj.* 1 बद्ध 2 बंधुआ या बंधा हुआ: ~ed labour (बंधुआ मजदूर) 3 बंधक; **~er** *n.* माल को सीमा-शुल्क विभाग के गोदाम में रखने वाला; **~holder** *n.* 1 बंध-पत्रधारी 2 किसी कंपनी के या सरकारी बौंडों का धारक; **~ing** *n.* 1 संबंध, सूत्र 2 जुड़ाई, बंधन 3 बंधक; **~man/ ~sman** *n.* 1 दास, क्रीत दास, गुलाम 2 मुचलका देने वाला 3 प्रतिभू, लग्नक (security); **~maid/ ~woman/ ~swoman** *n.* क्रीत दासी, बांदी; **~s** /बौंड्ज/ *US* बांड्ज/ *n. [pl.]* कैदी को बांधने का रस्सा या जंजीर; **~servant** *n.* बंधुआ नौकर, गुलाम, दास; **~-service** *n.* गुलाम की स्थिति, गुलामी; **~-slave** *n.* गुलाम; **~stone** बंध पत्थर;

collocations: **~ energy** *chem.* रासायनिक बंधन बनते समय पैदा होने वाली ऊर्जा; **~ of security** प्रतिभू पत्र; **~ed slave** क्रीतदास; **~ed warehouse** गोदाम जिसमें सीमा-शुल्क आदि न देने की वजह से माल रोककर रखा जाता है; **~ paper** लिखने का एक अच्छा (bond) कागज;

indemnity ~ क्षतिपूरक बंध पत्र;

p&i.: **in/ out of ~** सीमा-शुल्क गोदाम में माल रखना या छुड़वाना; **take out of ~** बंधनमुक्त कराना

bondage *see above under* **bond: *dw/lw***

bonduc-nut /बौंडक-नट/ *US* बांडक-नट/ करंजी, लताकरंज, कुबेराक्षी

bone /बोन/ *n., pl.* 1 हड्डी 2 अस्थि, अस्थिपंजर 3 (**~s**) कंकाल, ठठरी हड्डी की करतालें 4 पासा 5 (*mainly* **one's ~s**) इंद्रियगोचर अस्थि, शरीर: I feel in my **~s** sth is wrong 6 मानव की हड्डी जैसा पदार्थ, जैसे हाथी-दांत 7 (**~s**) आधार, मुख्य भाग 8 हड्डी से बनी वस्तु: beautiful **~s** of a face 9 राख, फूल, अस्थि-कलश में रखकर नदी में बहाने के लिए अस्थि भस्म या अवशेष 10 *facetious* व्यक्ति: she will take care of your **~s** 11 हड्डियों का खाद: ~ manure 12 हड्डियों का गोश्त: broiled **~s** and ale 13 आनंद: now/ that's what I call **~s**;
***v., pt.* ~d**, *pp* **boning** 1 मांस या मछली से हड्डियां या कांटे निकालना 2 किसी पोशाक में हड्डियां लगाकर सख्त बनाना 3 हड्डियों का खाद डालना 4 *university sl.* रट्टा लगाना: ~ at a subject 5 उड़ा दे., चुरा लेना 6 गिरफ्तार क. 7 मांग क.;
dw/lw: **~-ache** *n.* अस्थि पीड़ा, हड्डी का दर्द; **~-ash/ earth** *n.* खुली भट्टी में जली हड्डियों की राख, अस्थि भस्म; **~-bed** *n.* फासिल हड्डियों का संचय; **~-black** *n.* अस्थि-कालिमा, अस्थि-कोयला; **~-breccia** *n.* अस्थितल, टूटी हड्डियों की शिला; **~-cave** *n.* अस्थि-गुफा; **~d** /बोन्ड/ *adj.* हड्डी वाला, हड्डियल; **~-dry** *adj.* बिल्कुल सूखा: ~-dry luncheon (बिना मदिरा के नाश्ता); **~-dust** *n.* अस्थि-धूल; **~head** *n.* मूर्ख व्यक्ति; **~-headed** *adj.* मूर्ख; **~-idle** *adj., colloq.* बिल्कुल सुस्त, पोस्ती; **~lace** *n.* बॉबिन पर बने हुए बेल-बूटे; **~less** *adj.* 1 अस्थिहीन 2 सिद्धांतहीन; **~meal** *n.* हड्डियों का चूर्ण; **~-mill** *n.* अस्थि-मिल; **~-oil** *n.* अस्थि-तेल; **~r** *n. sl.* भद्दी या भारी भूल: pull a ~r; **~s** *n.[pl.]* मुख्य बात, मूल मुद्दा, तथ्य; **~-setter** *n.* हड्डियां बैठाने वाला; **~shaker** *n., colloq.* पुरानी छकड़ा गाड़ी जिसमें बैठी सवारियों की हड्डियां टूटने को हो जायें; **~-spavin** *n.* हड्डा-भोथड़ा, घोड़ों की हड्डी-टूटने की बीमारी; **~-weary** /बोनवेअरि/ *adj.* थका-हारा, थका-मांदा, पस्त-हाल; **bony** *see below under separate entry*;
collocations: **~ china** एक बढ़िया चीनी मिट्टी जिसमें हड्डियों की राख मिली होती है; **~ marrow** हड्डियों में पाया जाने वाला एक मुलायम पदार्थ; **~ setter** हड्डियां बैठाने वाला;
p&i.: **~ head** मूर्ख; **~ of contention/ discord** झगड़े की जड़; **~ of the ~ and flesh of the flesh** पूरी तरह से, तन और मन से: ~ of one's ~ and flesh of one's flesh (तन और मन से अपने लोगों का हिस्सा); **~ up on sth** *colloq.* 1 किसी चीज के बारे में पता लगाना व सूचना एकत्र क. 2 किसी विशेष उद्देश्य से गहन अध्ययन क.;
a bag of ~s पतला, हड्डियों की पोटली; **a bag of ~s** सूखकर कांटा बना हुआ, हड्डियों की पोटली; **a ~ in sb's throat** किसी के गले की हड्डी; **a ~ in the mouth/ in the teeth = carry a ~ in her mouth** (जहाज द्वारा) पानी में झाग पैदा की जानी; **a ~ to gnaw/ to pick** 1 हल्का-फुलका अस्थायी काम 2 झगड़े की जड़ 3 कठिन व्यक्ति; **a funny/ crazy ~** दुखती (कोहनी की) रग; **be/ get near the ~** किसी की दुखती रग पर हाथ रख दे.; **be on one's ~s** बिल्कुल कंगला हो., बहुत तंग हाथ हो.; **bred in the ~** खून में, सहज ढंग से; **break no ~s** कान पर जूं न रेंगना, कोई असर न हो.; **cast a ~ between** ... दो जनों के बीच झगड़ा करवाना, बंदरों के बीच (गुड़ की) भेली फेंकना; **cut to ~** गहरा घाव क., दिल में छुरा घोंपना; **drenched to the ~** पूरी तरह भीगा हुआ; **feel in one's ~s** बिल्कुल आश्वस्त हो., पूर्णतः या सहज बोध से लगना; **give it a ~!** जाने भी दो, तंग आ गए!; **go to ~ right down to it** किसी काम में जी-जान से जुट जा.; **hard/ dry as a ~** पत्थर-सा सख्त; **hard words break no ~s** कठोर शब्दों से भी कान पर जूं न रेंगना, कोई असर न हो.; **have a ~ to pick with sb** किसी से शिकायत हो., आपत्ति हो., निपटाने के लिए शिकवे-शिकायत हो.; **have a ~ in one's arm/ leg** 1 हिलने-डुलने की स्थिति में न हो. 2 बहाना बनाना; **have a ~ in one's throat/ mouth** एक शब्द भी कहने की स्थिति में न हो., गले में शब्दों का अटकना; **have sb in one's ~** किसी के पीछे दीवाना हो जा.; **in the ~** पूर्णतः, रोम-रोम में (रमा हो.); **keep the ~s green** सेहतमंद रहना; **lay one's ~s** मर जा.; **make no ~s about sth/ doing sth** कोई संकोच न हो., जैसा है वैसा बता दे.; **make old ~s** बुढ़ापे तक जिंदा रहना; **pull ~r** भारी भूल कर दे.; **the bare ~s** मुख्य सार (quintessence); **the devil's ~s** (खेलने का) पासा; **the nearer the ~ the sweeter the flesh** 1 बिल्कुल निजी या जिसे केवल भुगत भोगी जानता हो 2 टुकड़े-टुकड़े का मोहताज होने को हो.; **to the ~** 1 पूरी तरह, बिल्कुल, सिर से पैर तक: chilled to the ~ 2 न्यूनतम, कम से कम: cut my living expenses to the ~; work one's fingers to the ~ (मेहनत करते-करते थककर चूर हो.); **~ up** 1 कान खड़े हो. 2 रटना: ~ up Sanskrit; **what is bred in the ~ will not out of the flesh** जो खून में है, वह नहीं मिट सकता (नकारात्मक अर्थ में: कुत्ते की दुम सीधी नहीं होती या कुबड़े के कूब को केवल मौत सीधा कर सकती है); **without more ~s** बिना किसी शक के, बेशक;

bonfire /बौन्फायः/ *US* बाःन्फायः/ *n.* बाहर खुले में या जंगल में अलाव, उत्सवाग्नि, होली: ~ night; make a ~;
collocations: **~ night** (also, **Guy Fawkes night/ day**) इंग्लैंड में पांच नवंबर को होली की तरह आग जलाकर और पटाखे चलाकर मनाया जाने वाला उत्सव जिसे 1605 में ब्रितानवी संसद भवन को **Guy Fawkes** के दल द्वारा बारूद से उड़ा देने के षड्यंत्र के असफल होने के उपलक्ष्य में मनाया जाता हैं;
p&i: **make a ~ of sth** किसी चीज को जलाकर राख या नष्ट क.

bong /बौंग/ *US* बांग/ *n.* 1 घड़ियाल की बड़ी लंबी आवाज: ~s of Big Ben 2 हुक्के की तरह का गांजा आदि पीने का उपकरण

bongo /बौंगो/ *US* बांगो/ (*also* **~ drum**) *n., pl.* **~s/ ~es** दो छोटे-छोटे आपस में जुड़े ढोल, बोंगो (ढोल);
dw/lw: **~s** *n.* तबलों की जोड़ी

bonhomie /बौनअमी/ *US* बाःनअमी/ *n., Fr.* सौजन्य, तार-तम्यता, आत्मीयता

Boniface /बौनिफस/ *n.* 1 खुश और उदार भठियारा या शराब के ढाबे वाला 2 सराय का मालिक

bonify /बौनिफाइ/ *US* बाःनिफाइ/ *v., pt.* **~fied**, *pp* **~ying** भला बनाना

bonk /बौंक/ *US* बांक/ *v. pt.* **~ed**, *pp* **~ing** 1 किसी चीज से टकराना या उस पर किसी चीज से वार क. 2 *coarse sl.* संभोग क.; ***n.*** संभोग;
dw/lw: **~buster** /बौंकबस्टर/ *US* बांकबस्टर/ *n.* प्रेम-यौन-बहुल उपन्यास

bonkers /बौंकःज/ *US* बांकर्ज/ *adj., mainly Br. sl.* बावला, सनकी, पागल: I'll go ~ if I have to wait any longer

bon mot /बौंमो/ *US* बांमो/*n., pl.* **bons mots**, *Fr.* 1 फब्ती 2 तीखा शब्द 3 ठीक निशाने पर बैठने वाला शब्द 4 सूक्ति

bonnet /बौनिट/ *US* बाःनिट/ *n.* 1 *UK* (*US* **hood**) कार के इंजन को ढकने वाली चादर या ढक्कन, बॉनेट, छज्जा 2 टोपी 3 औरतों का तस्मेदार टोप;
p&i: **fill sb's ~** किसी के स्थान पर बैठ जाना; **fling one's ~ over the mill** बेवकूफी क., जो न करना चाहिए कर दे.; **have a bee in one's ~** किसी बात को लेकर सनक हो.; **vail/ vale the ~** टोप उतार कर अभिवादन क.

bonn\y /बौनी/ *US* बाःनी/ (*also* **bonnie**) *adj., degr.* **~ier**, **~iest** *mainly Scottish & N. England* 1 सुंदर, सलोना, कमनीय: my ~ lass 2 स्वस्थ और सुंदर 3 (***syn.*** robust) हृष्ट-पुष्ट

bonsai /बौन्साइ/ *US* बाःन्साइ/ *n., pl.* **bonsai** बौनसाइ, वामन वृक्ष

bontebok /बौंटअबौक/ *n.* एक दक्षिण अफ्रीकी हिरण

bon ton /बौनटौन/ *US* बाःनटाःन/*n.* 1 कुलीनता 2 फैशनेबल उच्च समाज

bonus /बोनस/ *n., pl.* **~es** 1 बोनस, लाभांश 2 अप्रत्याशित लाभ या वेतन से ऊपर दिया जाने वाला इनाम: ~ system 3 बीमा पॉलिसी

पर बीमा कराने वाले को दिया जाने वाला अतिरिक्त लाभ; ***collocations:*** ~ **issue** *finance* किसी कंपनी के भागीदारों को उनके शेयरों के अतिरिक्त दिए जाने वाले शेयर; ~ **job** दिहाड़ी का काम

bon vivant /बौंवीवौं/ *US* बांवीवां/ (*also* **bon viveur** /बौंविवः/ *pl.* **bons/ bon viveurs**) *n., Fr.* खाने-पीने और मौज करने वाला व्यक्ति

bon voyage *see above under* **bon**: ***collocations***

bon\y /बोनी/ *adj., degr.* **~ier**, **~iest** 1 अत्यंत दुबला व्यक्ति, हड्डीला: he is a tall, **~y** man 2 अस्थि-, अस्थिल, अस्थिमय (of bone): ~ fishes (कांटों वाली मछलियां); ~ **pike** (अमेरिकी मछली) 3 चौड़ी हड्डी वाला 4 हड्डी से बना 5 हड्डियों से भरा

bonze /बौंज/ *n.* जापानी बौद्ध पुजारी, बौद्ध भिक्षु

bonzer /बौंजः/ *US* बांजः/ *adj., Austral. & NZ* बढ़िया, शानदार, अति उत्तम

BOO *abbr.* 'Build-operate-own' की प्रथमाक्षरी

boo /बू/ *excl., n., pl.* **~s** छी-छी या नापसंदगी की आवाज

v., *pt.* **~ed**, *pp* **~ing** 1 छी-छी क. 2 शोर-गुल कर किसी के प्रति अप्रसन्नता जताना 3 हो-हल्ला क., हूट क., सीटी बजाना: ~ sb off the stage; ~ a dog (कुत्ते को सिसकारकर भगाना);

p&i: **he can't/ couldn't/ wouldn't say ~ to a goose** वह बहुत शर्मीला है या उसे आसानी से डराया-धमकाया जा सकता है

boob /बूब/ *n., colloq.* 1 (*also* **booboo**) एक मूर्खतापूर्ण भूल 2 *sl.* औरत के स्तन 3 *espcially N. Amer.* मूर्ख व्यक्ति;

v., *pt.* **~d**, *pp* **~ing** *colloq.* बेवकूफीपूर्ण गलती क.;

collocations: ~ **tube** *sl.* 1 औरतों की कसकर आने वाली पोशाक 2 *N. Amer.* टीवी सेट

booboo /बूबू/ *n.* 1 मूर्खतापूर्ण गलती 2 कट जाने या घायल होने के अर्थ में बच्चे द्वारा प्रयुक्त शब्द

boob-tube *n.* (*also US* **tube top**) 1 औरतों की छाती की पोशाक 2 *sl.* टेलीविजन

booby /बूबि/ *n., pl.* ***boobies*** 1 (***syn.*** tropical) एक बड़ा उष्णकटिबंधीय पक्षी 2 मूर्ख व्यक्ति, चंडूल 3 मुकाबले में अंतिम, फिसड्डी 4 बच्चों द्वारा औरत की छाती के लिए प्रयुक्त शब्द;

collocations: ~ **hatch** *sl.* पागलखाना; ~ **prize** *ironical* फिसड्डी पुरस्कार, किसी प्रतियोगिता में सबसे फिसड्डी (अंतिम) रहने वाले को दिया जाने वाला मजाकिया इनाम; ~ **trap** 1 छिपाकर बिछाई हुई बारूदी सुरंग 2 चोर-बम, भ्रमित करने के लिए किया हुआ कार्य या चाल, छल, जाल 3 (***syn.*** practical joke) किसी के साथ किया जाने वाला व्यावहारिक मजाक;

p&i. **beat the** ~ थोड़ी गर्माहट पाने के लिए ताली बजाना

booby-trap /बूबिट्रैप/*v. pt.* **~ped**, *pp* **~ping** 1 जाल बिछाना 2 छल बम रखना 3 चोर-फंदा लगाना;

n. 1 छिपा बम जो पांव पड़ने या उसकी दूर छिपी तार आदि को छूने से फट सकता है 2 चोर-फंदा

boodle /बूडल/ *n., dated, sl.* 1 रिश्वत 2 बेईमानी से कमाया हुआ अथाह धन 3 समूचा ढेर, गड्ड (a whole lot) 4 (***syn.*** counterfeit) जाली पैसा 5 (***syn.*** loot) लूट का माल;

p&i: **whole kit and** ~ 1 सभी दोस्त 2 सारा सामान, अंड-बंड

boogie /बूगि/ *colloq.*, ***v.*** *pt* **~d**, *pp* **boogying** पॉप, रॉक या जैज संगीत पर नाचना;

n. पॉप, रॉक या जैज संगीत पर नाच;

dw/lw: **~-woogie** /बूगि-वूगि/ *n., music, originally US* बार-बार दोहराई जाने वाली: Boogie-Woogie (की टेकवाला रॉक संगीत)

boo-hoo *excl. n., pl.* **boo-hoos** जोर-जोर से रोने की आवाज

v. *pt.* **~ed**, *pp* **~ing**, *s/he/it* **~es** जोर-जोर से रोना

book /बुक/ *n.* 1 पुस्तक, किताब, ग्रंथ, पोथी 2 अध्याय, कांड: Milton's *Paradise Lost* consists of 12 **~s** 3 नोट-बुक, बहुत सारे खाली कागजों को जोड़कर बनाई हुई पुस्तिका: exercise ~ 4 (**the ~s**) किसी संगठन या कंपनी की हिसाब-पुस्तिकायें, बही-खाता, खाता-बही: account **~s**; ~ of blank sheets (बही) 5 पुस्तक की तरह बना कागजों का दस्ता, जैसे चैकों की पुस्तिका: a ~ of stamps 6 शर्तों या बाजी का खाता 7 (**the** ~) चालू टेलीफोन निर्देशिका (telephone directory) 8 बड़ी पुस्तक के खंड: *War and Peace: **Book** One* 9 (**the** ~) सूचना या ज्ञान के क्षेत्र में आधिकारिक पुस्तक: ~ for handling a car 10 (**the** ~) बाइबल: swear on the Book 11 ऑपेरा या अन्य संगीतमय नाटक के शब्द;

v., *pt.* **~ed**, *pp* **~ing** 1 आरक्षित क.: ~ seats for a performance; all seats are **~ed** 2 पुलिस द्वारा आरोप लगाया जा. या दर्ज क., गिरफ्तार क.: they **~ed** him on suspicion 3 खिलाड़ियों को नियमों के उल्लंघन के लिए सजा दे. 4 रंगे हाथों पकड़ना: if the teacher sees your absence you are **~ed** 5 (पुस्तक या सूची में) लिखना, दर्ज क.: he **~ed** all names 6 बुक क., आरक्षित करा लेना, ठीक क.: we are heavily **~ed**; I want to ~ you to dinner 7 टिकट ले. या दे.: ~a ticket; ~ a seat for Chandigarh; ~ a passage for New York 8 अर्थ पकड़ लेना, समझ में आ जा.: I **~ed** it at once 9 पुस्तक में लिखना 10 बही-खाते में दर्ज क.;

dw/lw: **~able** /बुकअबल/ *adj.* 1 सूची में लिखने योग्य, आरक्ष्य: ~able tickets can be obtained in advance 2 जिस पर मुकदमा चलाया जा सके; **~binder** /बुकबाइंडः/ *n.* जिल्दसाज; **~bindery** *n.* = **~binding** *n.* जिल्दसाजी; **~case** *n.* बुककेस, पुस्तकें रखने की अलमारी आदि; **~-debt** *n.* खाता ऋण; **~-convasser** *n.* पुस्तक प्रचारक; **~-cover** *n.* पुस्तक आवरण; **~ed** निर्धारित: certain ~ed trains will be discontinued; the recognized and ~ed principles; **~ed-up/ ~ed-out** *adj.* 'हाउस फुल', पूरा भर चुका, और कोई स्थान नहीं **~-ends** *n., pl.* मेज पर किताबें खड़ी करने की टेक; **~er** *n.* मुनीम, लेखापाल, लेखापरीक्षक; **~ery** /बुकरि/ *n.* पुस्तक-संग्रह; **~-holder** *n.* पुस्तक-खाना, पुस्तक-टेक; **~-hunter** *n.* पुस्तक-संग्रहक; **~ie** /बुकी/ *n., mainly Br. colloq.* 1 सट्टेबाज, सटोरिया, घुड़दौड़ आदि में भाव देने वाला 2 घुड़दौड़ की बाजी लगाने वाला 3 आरोपी, नामदर्ज; **~-in/ ~-out** *adj.* होटल में स्थान ले./ होटल छोड़ना; **~ing** *n.* 1 *UK* आरक्षण, होटल या सिनेमा हाल में अपना स्थान आरक्षित करवाने की क्रिया 2 खेल में खिलाड़ी को नियमों के उल्लंघन के लिए सजा देने की क्रिया 3 किसी कंपनी या कलाकार समूह को कार्य सूची में दर्ज करने का कार्य; **~ing-clerk** आरक्षण करने वाला क्लर्क; **~ing-counter** आरक्षण काउंटर; **~ing-office** आरक्षण कार्यालय, टिकट-घर; **~ish** /बुकिश/ *adj.* 1 किताबी (ज्ञान), सतही: a ~ish cast of mind 2 पंडिताऊ (pedantic) 3 अव्यावहारिक; **~-jacket** *n.* पुस्तक आवरण; **~-keeper** *n.* मुनीम, लेखाकार; **~-keeping** *n.* बही-लेखन, बहीखाता-पद्धति, हिसाब-किताब; **~-latin** *n.* 1 लातीनी भाषा 2 किताबी भाषा; **~-learned** *adj.* जिसे मात्र किताबी ज्ञान हो, जीवन से कटकर किताबों में डूबा हुआ; **~-learning** *n.* किताबी ज्ञान; **~less** /बुकलेस/ *adj.* अपढ़; **~let** /बुकलेट/ *n.* छोटी सी पुस्तिका; **~-lore** *n.*= **~-learning**; **~louse** /बुकलाउस/ *n., pl.* ~-lice किताबी कीड़ा; **~man** *n.* 1 विद्यार्थी 2 विद्वान; **~maker** (*also, mainly Br.* **bookie**) *n.* 1 पुस्तक-संकलन-कर्तव्यता 2 (*also* **turf accountant**) रेस में बाजी लगाकर आजीविका चलाने वाला 3 रेस में बाजी लगाने वालों की बाजियां दर्ज करने और उनके जीत के पैसे को देने वाला व्यक्ति; **~mark** /बुकमाःक/ *n.* 1 पुस्तक-चिह्न, पुस्तक पर्णी 2 इंटरनेट में पता-सूची; **~mark** *v., pt.* ~ed, *pp* ~ing इंटरनेट में पता-सूची बनाना; **~-marker** *n.* पुस्तक-चिह्न, पुस्तक पर्णी; **~mate** सहपाठी; **~-mindedness** *n.* पुस्तक प्रेम; **~muslin** *n.* जिल्द बांधने में प्रयुक्त मलमल; **~mobile** *n., N. Amer.* चल पुस्तकालय; **~plate** *n.* पुस्तक के मालिक का लेबल; **~-post** *n.* पुस्तक डाक, बुकपोस्ट; **~-postage** *n.* पुस्तक भेजने का शुल्क; **~price** *n.* खाता मूल्य,

लिखित मूल्य, आधिकारिक मूल्य; **~rack** किताबों रखने का रैक (अल्मारीनुमा संरचना); **~rate** *n.* पुस्तक-मूल्य; **~read** /बुकरेड/ *adj.* पढ़ा-लिखा, विद्वान; **~rest** *n.* पुस्तकों को खाने में रखने का सहारा या टेक; **~s** *n., [pl.]* बहियां, बही-खाता के रिकोर्ड; **~seller** /बुकसेलः/ *n.* पुस्तक-विक्रेता: second hand ~seller; **~selling** *n.* पुस्तक-विक्रय; **~shelf** *n., pl.* ~shelves बुकशेल्फ, पुस्तकें रखने के लिए खाने, पुस्तक-आधान; **~shop** *UK* (*US* **~store**) *n.* पुस्तकों की दुकान; **~stall** /बुकस्टॉल/ *n.* बुकस्टाल, किताबों की छोटी-सी दुकान; **~stand** *n.* 1 बुकस्टॉल, किताबों की छोटी-सी दुकान 2 पढ़ते समय पुस्तक खड़ी करने की टेक; **~trade** *n.* पुस्तक-व्यवसाय; **~value** *n.* लेखा-पुस्तक अनुसार दाम; **~ways** *adv.* पुस्तक के रूप में; **~wise** *adj.* पढ़ा-लिखा, विद्वान; **~wise** = **~ ways** *adv.*; **~worm** /बुक्वॉःम/ *n.* 1 किताबी-कीड़ा, पुस्तक-प्रेमी 2 पुस्तकों में लगने वाला कीड़ा; **~y** /बुकि/ *adj.* 1 पढ़ा-लिखा 2 कढ़ा हुआ, अनुभव आधारित (ज्ञानी); **~y** *n.* सट्टेबाज, सटोरिया;

***collocations:*~ club** = **~ group** = **reading group** पुस्तक क्लब; **~ end** मेज आदि में पुस्तकें खड़ी करने की टेक; *theatre* **~ holder** (prompter) अनुबोधक, पर्दे के पीछे से कलाकारों को संवाद बताने वाला; **~ of God** बाइबल; **~ of fate** भाग्य-लेख; **~ of hours** चर्च में प्रार्थना पुस्तिका; **~ learning/ knowledge** किताबी ज्ञान; **~ of life** जीवन-पुस्तिका; **~ of stamps/ tickets, etc** स्टैंप-पुस्तिका; **~ price** पुस्तक मूल्य; **~ tally** = **~ token** पुस्तकें खरीदने का उपहार टोकन;
autograph ~ स्वहस्ताक्षर-पुस्तिका; **exercise ~** कापी, नोटबुक, अभ्यास-पुस्तिका;

***p&i:* a talking ~** टेप-रिकॉर्डर में बोलकर दर्ज की हुई पुस्तक; **~ in** काम पर आते ही हाजिरी लगाना; **~ in/ ~ into sth** *UK* होटल आदि में आने के बाद अपनी उपस्थिति दर्ज करवाना; **~ out** होटल छोड़ना; **~ sb in/ ~ sb into sth** *UK* किसी के लिए होटल या यात्रा टिकट आदि आरक्षित करना; **~ sb in 1** होटल में अतिथि रजिस्टर में हस्ताक्षर करवाना 2 होटल आदि में कमरा पहले से आरक्षित क.; **~ sth up** पहले से टिकटें, छुट्टी आदि के दिन की मुलाकातें आदि दर्ज क.; **~ through** बीच में ठहराव के साथ अंतिम मंजिल तक का टिकट खरीदना;
be a sealed ~ to sb किसी के लिए बंद किताब हो.; **be an open ~** खुला जीवन हो. यानी ऐसा जीवन हो. जिसका कोई रहस्य छिपा न हो; **be at one's ~s** पढ़ाई में व्यस्त हो.; **be in sb's good/ bad ~s** *UK* किसी की नजरों में अच्छा या बुरा हो; **bring to ~** जिम्मेवार ठहराना, सजा दे.; **be upon the ~s** सरकारी खाते में दर्ज हो.; **beware of a man of one ~!** कठमुल्लाओं या कट्टरपंथियों से सावधान!; **by the ~** नियम अनुसार, बाकायदा; **close the ~s** 1 थोड़े समय के लिए धंधा बंद कर दे. 2 काम का हिसाब लगाना, निष्कर्ष निकालना; **dip into a ~** किसी पुस्तक को सरसरी नजर से पढ़ना; **do sth by the ~** नियमानुसार काम क.; **double ~-keeping** किसी कार्य को अनावश्यक रूप से दोहराने की क्रिया; **get one's ~s** बरखास्त होना, पदच्युत होना; **hit the ~** पट्टा लगाना; **in my ~** मेरे विचार में: this is cheating, in my book; **in the ~(s)** जो विद्यमान है (सब कुछ); **kept a ~ on whether it would snow** किसी होने या न होने वाली बात का अनुमान लगाना; **kiss the ~** बाबुल या किसी धार्मिक ग्रंथ को चूमना; **know sth like the ~** कोई चीज उंगलियों पर हो.; **one for the ~** अनहोनी बात, आश्चर्यजनक करामात; **on the ~s** आधिकारिक सदस्य; **play it by the ~ and not to take any chances** नियमानुसार काम क. और कोई खतरा मोल न लेना; **read sb like the ~** किसी को अच्छी तरह जानना; **shut the ~s** धंधा बंद कर दे.; **speak by the ~** मामले के बारे में पूरी जानकारी के साथ बोलना; **speak/ talk like the ~** आधिकारिक रूप से बोलना; **speak like a ~** किताबी भाषा बोलना; **speak without ~** बिना सही तथ्यों या आंकड़ों के बोलना; **suit sb's ~** को रास आना, किसी की पसंद के अनुसार हो.; **take a leaf out of sb's ~** दूसरे के अनुभव से सीखना, किसी की शैली या रंग-ढंग अपनाना; **take sb's name off the ~s** किसी का नाम सूची में से हटा दे.; **talk like a ~** किताबी भाषा बोलना, शास्त्र-गर्व से बात क.; **the blue ~** ब्रितानवी संसदीय आयोग की आधिकारिक रपट; **the ~ of ~s = the Book of God = the divine Book = the God Book** बाइबल; **the ~ of (the) words** ऑपेरा (संगीत नाट्य) की निर्देश पुस्तिका; **the Red Book** कुलीन घरानों की पुस्तिका; **the treaty suited their ~s politically** राजनीतिक रूप से संधि उनकी योजनाओं के अनुरूप थी; **throw the ~ at smb** अधिकतम सजा दे.; **tried every trick in the ~ to get the car started** कार चालू करने के लिए हर संभव तिकड़म लगाई; **without a ~** 1 याददाश्त से 2 अनौपचारिक रूप से; **without ~** अनाधिकारिक रूप से

Boolean algebra /बूलिअन ऐल्जेब्रा/ *n.* 1 ऐल्जेब्रा का एक रूप जो कंप्यूटर प्रोग्राम के माध्यम से मानव शरीर के भिन्न-भिन्न अंगों द्वारा काम करने के तर्क को स्थापित करता हैं 2 ऐल्जेब्रा का एक रूप जो कंप्यूटर प्रोग्रामों के तर्क को स्थापित करता है

booley /बूलि/ *n.* 1 उल्लू, बुद्धू, फिसड्डी छात्र 2 फिसड्डी पुरस्कार, फिसड्डी छात्र को दिया जाने वाला मजाकिया पुरस्कार

BOOM *abbr.* 'build-own-operate and maintain' की प्रथमाक्षरी

boom /बूम/ *n.* 1 *comm.* तेजी, गर्मबाजारी, सहसावृद्धि, बढ़ोतरी, व्यापार में तेजी, धूम: the great ~ in building has set in 2 गर्जन, दनदनाहट, दहाड़, धांय, धड़ाका, गूंज, कड़क: the dull ~ of the disturbed sea; the loud ~ of gun 3 गुंजार, भिनभिनाहट: the ~ of beetles 4 कोलाहल, कोलाहलपूर्ण विज्ञापन: a ~ was worked up before the arrival of the singer 5 पाल-बल्ली, रोक-बल्ली, डंडा, लंबी कड़ी, चल मचान;
v., pt. **~ed**, *pp* **~ing** 1 सहसा वृद्धि या विकास हो.: trade is **~ing**; the stocks may ~ to-day and drop to-morrow 2 गरजना, दनदनाना: the clock **~ed** out twelve 3 दमदार आवाज में बोलना: he **~s** out his lines 4 जबरदस्त प्रचार क., विज्ञापन देना: his books are **~ing**; the book had been **~ed** beforehand; they **~ed** him for mayor;
***dw/lw:* booming** /बूमिंग/ *n.* 1 गर्जन, दहाड 2 गुंजार;
***collocations:*~ city/ town** नए उद्योग के आने से शीघ्रता से बढ़ने वाला नगर;
***p&i.* ~ sth out** ऊंची दमदार आवाज में कुछ कहना;
lower the ~ किसी के साथ सख्ती से पेश आना, कटु आलोचना क., सख्त दंड दे.; **top one's ~** आनन-फानन चले जा., चंपत हो जा.

boomer /बूमः/ *n. US sl.* 1 शोर-शराबे वाला प्रचारक 2 त्वरित विकास के समय तेजी से बढ़ते शहर की ओर दौड़ने वाला: the Oklahoma **~s** 3 एक बड़ा नर कंगारू;
***collocations:* Boomer State** त्वरित विकास करने वाला प्रांत

boomerang /बूमअरैंग/ *n.* 1 उल्टछड़ी, आस्ट्रेलियाई आदिवासियों द्वारा प्रयुक्त अस्त्र 2 योजना या कदम का पूरा करने वाले पर उल्टाव: ~ effect 3 बुरे काम का बुरा फल;
v., pt. **~ed**, *pp* **~ing** 1 (***syn.*** recoil) पलटा खाना, उल्टा पड़ना: his argument **~ed** 2 निष्फल होना (fizzle out)
***collocations:* ~rang kid/ ~rang child** घर से भागने के बाद वापस लौट आने वाला बालक या बालिका

boon /बून/ *n.* 1 वरदान, आशीर्वाद 2 सुविधा, सुख-चैन: parks are a great ~ to people in big cities; internet is a ~ to people;
adj. 1 कल्याणकारी, सहृदय 2 आनंददायक 3 प्रफुल्ल, खुशमिजाज: ~ companion;
***collocations:* ~ companion** जिंदादिल, खुशमिजाज,

मिलनसार साथी

boondocks /बूंडाःक्स/ *n. Amer. n., [pl.]* (*usually* **the boondocks/ the boonies**) 1 दूरस्थ या जंगली स्थान 2 उजाड़ प्रांतीय या ग्रामीण स्थान 3 वन, जंगल

boondogg\le /बूनडौग्ल/ *US* बूनडाःग्ल/ *v., pt.* **~led**, *pp* **~ling** *US sl.* बेकार काम में समय बर्बाद क.;
n. बेकार या बेतुका काम

boor /बूः/ *n., derog.* 1 उजड्ड, अशिष्ट या गंवार व्यक्ति 2 हालैंड या जर्मनी का किसान;
dw/lw: **~ish** /बूःरिश\/ *adj.* उजड्ड/ अशिष्ट-सा, गंवार; **~ishly** /~रिशलि/ *adv.* अशिष्टतापूर्वक; **~ishness** /~रिशनेस/ *n.* अशिष्टता, उजड्डपन

boost /बूस्ट/ *n.* 1 बढ़ावा: a ~ in sales; tax cuts will give a much needed ~ to the economy 2 उत्साहवर्धन: ~ to the spirits; a tremendous/ welcome ~ 3 लोकप्रियता में उछाल के लिए प्रचार: he got a good ~ at the start 4 मूल्यों में उछाल या बढ़ोतरी 5 विद्युत धारा में चढ़ाव 6 इंजन आदि की शक्ति में वृद्धि 7 पीछे से धकेलकर आगे बढ़ाने की क्रिया: give sb a ~ 8 *milit.* गोलीबारी, हमला;
v., *pt.* **~ed**, *pp* **~ing** 1 उछाल दे., बढ़ावा दे., तूल दे.: he was **~ed** into power by business interests; ~ profits; perhaps advertising might ~ the sales 2 लोकप्रियता में उछाल के लिए प्रचार क., विज्ञापन द्वारा प्रचारित क., धूम मचाना: ~ sb into a position; many reviewers were **~ing** it as his best book 3 *elec.* विद्युत धारा बढ़ाना: **~ed** the power input 4 पीछे से समर्थन देकर आगे बढ़ाना 5 कीमतें बढ़ाना 6 वातावरण का दबाव बढ़ना;
dw/lw: **~ing** *n.* वर्धन; **~er** /बूस्टः/ *n.* 1 वर्धन करने वाला व्यक्ति: a great **~er** for one's home town 2 (*also* **~er shot**) पहले दी गई दवाई की शक्ति को बढ़ाने के लिए दिया जाने वाला इंजेक्शन: a tetanus ~er 3 (*also* **~er rocket**) अंतरिक्ष यान को छोड़ने के लिए प्रयुक्त किया जाने वाला अतिरिक्त इंजन 4 *electron.* रेडियो या टीवी के कमजोर संकेत को बढ़ावा देने वाला यंत्र 5 पहले यंत्र या उपकरण का वर्धक उपकरण 6 *US* जोशीला समर्थक: a confidence/morale, etc. ~er (1 विश्वास वर्धक/ मनोबल वर्धक आदि) 7 *US, sl.* दुकान से चोरी करने वाला

BOOT *abbr.* 'build-operate-own-transfer' की प्रथमाक्षरी

boot /बूटा/ *n.* 1 जूता, बूटा: high/ riding **~s**; nailed **~s** 2 *UK* (*US* **trunk**) कार की सामान-पेटी, टिक्की, सामान धानी 3 *aerospace* रैकेट में अतिरिक्त इंजन जो रैकेट को छोड़ते समय अतिरिक्त बल देकर ऊपर धकेलता है 4 (**the ~**) नौकरी से निलंबन, बरखास्तगी 5 *hist.* पुराने जमाने में कैदियों को यातना देने के लिए पांव में डाला जाने वाला उपकरण 6 *colloq.* जोर से मारी जाने वाली ठोकर;
v., *pt.* **~ed**, *pp* **~ing** 1 ठोकर मारना, लात मारना 2 (**~ sb/ sth out**) नौकरी या पद से निकालना: ~ out 3 (*often* **~ sth up**) *comput.* कंप्यूटर में नए प्रोग्राम आदि डालकर फिर से शुरू क. (boot) 4 किसी को जूता पहनाना, बूट पहनना 5 बरखास्त कर दे. 6 उपयोगी हो.;
dw/lw: **~able** /बूटअबल/ *comput.* कंप्यूटर में डालने योग्य; **~black** *n. US* बूट-पॉलिश करने वाला लड़का; **~boy** *n.* छोटे बालों वाला और ऊंचे बूटों वाला हिंसक युवक; **~cut** *adj.* बैल-बट जैसी (पतलून); **~ed** *adj.* जूते पहने हुए: ~ed and spurred (घुड़सवारी के लिए तैयार); **~-jack** *n.* जूते की एड़ी को पकड़कर रखने वाला उपकरण, ताकि पांव जूते से निकाला जा सके; **~lace** /बूटलेस/ *n.* जूतों का फीता; **~-last** *n.* कलबूत; **~less** *adj., lit.* बेकार, व्यर्थ, बेफायदे का; **~s** *old use* होटल में रहने वालों का छुटपुट काम करने वाला लड़का या जूता साफ करने वाला लड़का; **~-top** (*also* **shoe-upper**) *n.* बूटों का ऊपरी भाग;
collocations: **~ black** जूता-पॉलिश करने वाला **~ camp** रंगरूटों का प्रशिक्षण केंद्र; **~lace tie** बहुत पतली टाई; **high ~s** घुटने तक आने वाले जूते; **riding ~s** घुड़सवारी के जूते;
p&i.: **~ed and spurred** जाने को बिल्कुल तैयार; **~ on saddle** घोड़े पर चढ़ने की तैयारी क.; **~ sb out** किसी को नौकरी से निकाल दे.; **~s and all** *Austral., NZ* पूरा जोर लगाकर, बिना किसी हिचकिचाहट के; **~ to ~** भी, के अतिरिक्त; (*usually* **~ sb/ sth out**) किसी जगह या नौकरी से निकालना;
as old ~s अत्यधिक, भयंकर रूप में; **be in sb's ~s** किसी और के स्थान पर हो.; **bet one's ~s** में कोई संदेह न हो, पूर्णतः; **die in one's ~s** कर्त्तव्य निर्वाह करते समय मरना, नौकरी करते समय मरना; **get/ be given the ~** नौकरी से निकाला जा. या पदच्युत क.; **have one's heart in one's ~s** हिम्मत हार जा.; **lick the ~s of** किसी के तलवे चाटना; **lift/ pull oneself (up) by one's own ~straps** अपने बलबूते पर आगे बढ़ना; **like old ~s** बहुत अच्छी तरह से, जोशपूर्वक; **move/ star one's ~s** चले जा.; **not fit to black sb's ~s** जूता पॉलिश करने के काबिल भी नहीं; **pull oneself by one's own ~ straps** अपने बल बूते पर आगे बढ़ना; **put/ stick the ~ in** *colloq.* 1 जमीन पर पड़े व्यक्ति को लतियाना, ठोकर मारना 2 मुसीबत में फंसे व्यक्ति की आलोचना क.; **seven-league ~s** तेज चाल में सहायक बूट; **shake in one's ~s** बुरी तरह डर जा.; **the ~ is/ get the ~ on the other** or **wrong foot/ leg** *colloq.* बात इसके विपरीत है, कुसूर इसके बिल्कुल उल्टे दूसरे का है; **to ~** के अतिरिक्त; **too big for sb's ~s** *UK* (*US* **too big for sb's britches**) अपनी संभावनाओं या योग्यता से बढ़ाकर दिखाना, अहंकारी, घमंडी, अक्खड़;

bootee /बूटि/ *n., pl.* **~s** 1 बच्चे का एक मुलायम-सा बुना हुआ जूतानुमा मोजा 2 औरत के टखने तक आने वाला एक छोटा जूता या मोजा

Bootes /बोओटीज/ *n.* भूतेश नामक नक्षत्र

booth /बूथ/ *n., pl.* **~s** 1 बूथ, मंड: sentry ~ 2 अस्थाई निवास, कोष्ठ, कुटी, दुकान: took us to a separate ~ 3 मतदान के लिए अस्थाई कोष्ठ;
collocations: **~ capturing** बूथ-कब्जा; **milk ~** दुग्ध विक्रय केंद्र; **polling ~** मतदान केंद्र; **telephone ~** टेलीफोन बूथ

boot\leg /बूटलेग/ (*also* **~cut**) *adj.* बैल-बॉटम जैसी (पतलून);
n. 1 अवैध रूप से बनाई और बेची जाने वाली शराब 2 ऊंचे जूते की टांग: long **~leg** 3 लुटेरे की कोयला खान;
adj.: अवैध शराब की संगठित चोरबाजारी कारोबार से संबंधित: **~leg** industry
v., *pt.* **~legged**, *pp* **~legging** 1 अवैध रूप से शराब निकालना 2 शराब व अन्य सामान की तस्करी क.: **~legged** books (प्रतिबंधित पुस्तकें बेचना); **~legged** aliens into the country (विदेशियों को अवैध रूप से देश में लाना);
dw/lw: **~legger** *n.* तस्कर; **~legging** *n.* तस्करी;
collocations: **~leg town** अवैध शराब की संगठित चोरबाजारी में लिप्त शहर; **~leg radio station** या भूमिगत रेडियो स्टेशन;

bootlick /बूटलिक/ *v., pt.* **~ed**, *pp* **~ing** जीहजूरी क., तलवे चाटना, चापलूसी क.: he **~ed** anybody suspected of having money;
dw/lw: **~licker** *n., colloq.* चापलूस, जीहजूरिया; **~licking** *n.* चापलूसी, जीहजूरी

boots *see above under* **boot:** ***dw/lw***

bootstrap /बूटस्ट्रैप/ *comput. n.* एक छोटा प्रोग्राम जो कंप्यूटर को बूट करने के लिए प्रयुक्त होता हैं;
v., *pt.* **~ped**, *pp* **~ping** बूटस्ट्रैप प्रोग्राम की मदद से कंप्यूटर को बूट क.;
p&i: **pull oneself up by one's ~s** अपने प्रयासों से आगे बढ़ना

booty /बूटी/ *n., pl.* **booties** (***syn.*** loot) युद्ध के समय लूटा गया माल, लूट का माल, लूट;
p&i: **play ~** 1 अपने साथी की जीतने में मदद क. 2 बेईमानी से

खेलना 3 मुकाबले में धोखाधड़ी क. 4 जानबूझकर हारना
bootylicious /बूटीलिशिअस/ *adj., esp. N. Amer.* यौन रूप में आकर्षक
booze /बूज/ *n.* 1 शराब 2 शराब पीने का दौर
v., pt. **~d**, *pp* **boozing** ज्यादा शराब पी.;
dw/lw: **~r** *n., Br. Austral & NZ, sl.* शराबी; **~up** *Br. Austral & NZ, sl.* अत्यधिक शराब पीने का दौर; **~y** /बूजी/ *adj./ n.* 1 पियक्कड़, मद्यप, शराबी 2 (***syn.*** drunk) मदमत्त
p&i: **on the ~** अत्यधिक शराब पीने के दौर चलाना
BOP *abbr.* 'Balance of Payment', 'Bank of Punjab', 'Border Out Post', 'BSF Border Outpost' की प्रथमाक्षरी
bop /बौप/ *US* बाःप/ *n.* 1 हल्की ठोकर 2 जैज संगीत का एक स्वर 3 लोकप्रिय संगीत (pop music) पर एक नृत्य;
v., pt. **~ped**, *pp* **~ping** 1 pop music पर नाचना 2 *colloq., often humorous* हल्का-सा मारना: **~ped** him on the head with a stick
bopeep /बोपीप/ *n.* लुकाछिपी: play ~; he was forced to play ~ with his creditors
adj. गुप्त: were these your ~ thoughts?
BOPP *abbr.* 'biaxially oriented poly-propylene' की प्रथमाक्षरी
BOR *abbr.* 'Bank of Rajasthan' की प्रथमाक्षरी
borage /बौरिज/ *US* बॉरिज/ *n.* भूमध्य सागरीय क्षेत्र में मिलने वाला एक बालदार सलाद पत्ता
borak/ borack /बौरैक/ *n., Austral. & NZ, sl.* बकवास, हंसी-दिल्लगी, मजाक: poke ~ at sb (किसी की हंसी उड़ाना)
borate /बोरेट/ *n.* बोरिक एसिड का लवण
borax /बोरेक्स/ *n., pl.* **~es** सुहागा
borborygmus /बाःबरिगमस/ *n., pl., med.* अंतड़ियों में से गुजरने वाले गैस और द्रव द्वारा किया जाने वाला शोर, पेट में होने वाली गुड़गुड़ाहट
Bordeaux /बॉःडो/ *n.* फ्रांस की एक मदिरा
bordello /बॉःडेलो/ *n., pl.* **~s** वेश्यालय
border /बॉःडः/ *n.* 1 सीमा, सीमांत: on the ~; out of **~s** 2 किनारा, हाशिया 3 किनारी: a coloured ~ round a dress; the newspapers appeared with black **~s** in sign of mourning 4 सीमा के दोनों ओर का क्षेत्र: man in/ within our **~s** knows it; the enemy ravaged the **~s** 5 हद, अधिकतम सीमा: beyond the ~ of science; be on the ~ of 6 सड़क के किनारों पर बनी फूलों की सजावटी क्यारी;
v., pt. **~ed**, *pp* **~ing** 1 सीमा-रेखा पर हो., सीमा से सीमा लगना: lands that ~ the Mediterranean 2 सीमांत हो.: the two countries ~ on/ upon one another 3 (से) लगा हुआ हो. 4 (की) सीमा हो. 5 किनारा या किनारी लगाना: the cap was **~ed** with lace 6 के आसपास हो., की हद तक पहुंच चुका हो.: it **~s** on insanity (यह पागलपन की हद तक पहुँच चुका हैं); this **~s** upon truth 7 सीमा निर्धारित क. 8 चारों ओर से घेरना: the fields are **~ed** by large forests; the lane is **~ed** by trees;
dw/lw: **~ed** *adj.* 1 किनारी लगा हुआ, सीमांत; **~er** *n.* सीमांत वासी; **~ing** *n.* किनारी; **~land** *n.* 1 सीमांत प्रदेश 2 देश की सीमा के दोनों ओर की भूमि 3 व्यक्ति की दो अवस्थाओं के बीच की स्थिति (उदाहरणतः, सोने और जागने के बीच की अवस्था): ~-land between genius and insanity; **~less** *adj.* सीमारहित; **~line** /बॉःडःलाइन/ *adj.* सीमा-रेखा पर स्थित, विभाजन रेखा के पास: ~line cases of arthritis; **~line** *n.* 1 विभाजन रेखा, दो स्तरों के बीच की विभाजक रेखा 2 सीमा रेखा: on the very ~line;
collocations: **~ allowance** सीमा भत्ता; **~ effect** सीमांत प्रभाव; **~ collie** एक मध्यम आकार का अक्सर काला सफेद अत्यधिक चतुर कुत्ता; **~ed pit** गड्ढा, परिवेशित गर्त; **Border terrier** एक छोटा खुरदरे बालों वाला कुत्ता;
p&i.: **~ on sth** की कगार पर हो.: actions bordering on stupidity; **~ on** से संलग्न होना, के जैसा होना, के सदृश होना; **publish thrillers and rather shocking ~line books** मजेदार व घटिया अश्लील पुस्तकें प्रकाशित क.
bordereau /बोडेरो/ *n., pl.* **bordereaux** *Fr.* ज्ञापन, विस्तृत वर्णन
Borders /बॉःडर्ज/ *pl. n.* (**the ~**) 1 स्कॉटलैंड और इंग्लैंड के बीच सीमा के दोनों ओर का क्षेत्र 2 (**~ Council**) स्कॉटलैंड की एक स्थानीय प्रशासकीय इकाई
bore /बॉः/ *v., pt.* **~d**, *pp* **boring** 1 उबाना, थकाना: he **~s** me stiff; I hope you are not getting **~d** listening to me 2 (*often* **~ a hole in sth**) छेद/सुराख क., बींधना, बेधना, बर्मा से छेदना 3 मुश्किल से अपना रास्ता बनाना: ~ one's way through the crowd 4 घुड़दौड़ या मानव दौड़ में दूसरे खिलाड़ी को धक्का आदि देकर परेशान करना और इससे फायदा उठाना: he **~d** his opponent 5 भीतरघात क., किसी संगठन के भीतर तोड़ाफोड़ी क.: ~ from within;
n. 1 उकताहट, उबाऊपन 2 उबाऊ या कानखाऊ व्यक्ति: he is a terrible ~ 3 मुसीबत, कष्ट, तकलीफ 4 छेद, सुराग, छिद्र 5 खान का छेद 6 बंदूक आदि की नली 7 नलिका का व्यास 8 ऊंची लहर, ज्वार भित्ति, बमा 9 खोखलापन, अभ्यंतर व्यास (of gun) 10 *pt.,* '**bear**' का भूतकाल;
dw/lw: **~d** *adj.* उचाट, उकताया हुआ, ऊबा हुआ; **~dom** /बोःडम/ *n* उकताहट, ऊब, थकान, टूटन; **~hole** *n.* वेध-छिद्र; **~r** *n.* बेधक; **~well** *n.* ट्यूबवैल, पाइप वाला नल, नलकूप; **boring** *see below under separate entry*;
collocations: **~ specimen** नलकूप लगाते समय लिया जाने वाला मिट्टी का नमूना;
p&i: **~d stiff** or **~d to death/ tears** or **~d out of your mind** अत्यधिक उकताया हुआ;
Boreas *n.* उत्तरी हवा
boreal /बोरिअल/ *adj., astron.* उत्तरी, आर्कटिकी (हवायें)
borecole /बॉःकोल/ *n.* (एक प्रकार की) बंदगोभी
boredom *see above under* **bore: *dw/lw***
boring /बोरिंग/ *adj.* 1 उबाऊ, उकतानेवाला: thoroughly ~ evening 2 नीरस, फीका, पेचीदा: his attempts to moralize are tedious and ~ 3 छेद करने वाला, बेधक: ~ machine; ~ tool;
dw/lw: **~ingly** *adv.* नीरस ढंग से;
collocations: **tidal ~** ज्वारभित्ति
born /बॉःन/ *adj.* 1 उत्पन्न, जात 2 (***syn.*** natural quality) जन्मजात: a ~ actor/ leader/ teacher, etc. 3 अस्तित्व में आया हुआ, विद्यमान: the city where the protest movement was ~ 4 (**~ to do sth**) कुछ करने के लिए पैदा हो.: ~ to lead men;
dw/lw: **~-again** *adj.* 1 नए आध्यात्मिक जोश से भरा 2 किसी नेक कार्य के लिए अति उत्साहित: a ~-again Christian (नया-नया सक्रिय बना ईसाई); a ~-again vegetarian (थोड़े दिन पहले बना शाकाहारी व्यक्ति);
collocations: **~ fool** जन्मजात मूर्ख;
p&i: **~ and bred** पक्का, पूरी तरह से: ~ and bred in Delhi; **~ in gutter** गुदड़ी का लाल; **~in purple** शाही घराने में पैदा होने वाला; **~ on wrong side of the blanket** दोगली या जारज संतान; **~ rich** पैदाइशी रईस; **~ under lucky stars** शुभ घड़ी में पैदा हो.; **~ with silver spoon in one's mouth** धनी घर में पैदा हो., पोतड़ों का रईस;
as if ~ to the manner लगता है कि काम करने का काफी अनुभव है; **be ~** 1 पैदा/ उत्पन्न हो., जन्म लेना; **be ~ again** बिल्कुल नया व्यक्ति बन जा.; **be ~ tired** सदा हाथ पर हाथ धरे बैठने वाला; **be ~ to be/ do sth** कुछ करने के लिए पैदा हो.; **in all one's ~ days** *colloq.* किसी के अभी तक के पूरे जीवन में; **not be ~ yesterday** अनुभवी, चतुर, घाट-घाट का पानी पिए हुए हो.; **there's one ~ every minute** एक ढूंढों, हजार मूर्ख

मिल जाते हैं

borne /बॉःन/ 1 *pt. p.*, **'bear'** का भूतकालिक कृदंत 2 *adj.* पर सवार, में समाहित 3 /बॉःने/ *Fr.* सीमित, संकीरणमना, संगदिल;
dw/lw: **air-~** *adj.* हवा से फैलने वाला या उड़ने वाला; **food-~** *adj.* भोजन से फैलने वाला: food-~ infection (भोजन से फैलने वाला संक्रमण)

boron /बॉःरॉन/ *n., chem.* (*symbol* **B**) बोरान नामक तत्त्व

borough /बरअ/ *US* बरो/ *n.* (*also* **parliamentary ~**) *n.* 1 नगर या महानगर का भाग 2 *hist. in England:* स्थानीय रूप से स्वशासित नगर 3 स्थानीय रूप से स्वशासित बड़े शहर का भाग: the London ~ of Westminster; the Bronx is one of the five ~s of New York 4 अमेरिका के कई प्रांतों में: नगर निगम;
dw/lw: **~-English** *n.* इंग्लैंड के कुछ भागों में पुरानी प्रथा जिसके अनुसार संपत्ति का अधिकार छोटे बेटे को मिलता था; **~-monger** *n.* बरो का व्यापारी; **~-reeve** *n. hist.* नगर-शासक या उसका सहायक;
collocations: **county ~** जिला प्रशासन;
p&i.: **~ court sessions** जिला सत्र न्यायाधीश;
close/ pocket/ snug ~ एक आदमी की बपौती; **own/ buy a ~** जिला का मालिक हो. या उसे खरीदना; **rotten ~** कंगाल पर वोट की धनी काउंटी (county) या जिला

borrow /बौरो\/ *US* बाःरो/ *v., pt.* **~ed**, *pp* **~ing** 1 उधार लेना: ~ sth of/ from sb 2 बैंक आदि से उधार ले. 3 शब्द या विचार को किसी से ले.: he **~ed** my theory 4 उद्धृत क. 5 चुराना;
dw/lw: **~ed** /बौरोड/ *n.* उधार लिया हुआ: he travelled under a ~ed name; **~er** /~वः/ *n.* ऋणी, कर्जदार; **~ing** /~इंग/ *n.* 1 उधार 2 उधार की वस्तु 3 उधार लेने की क्रिया: go ~ing 4 किसी से शब्द या विचार को लेने की क्रिया; **~ing** *adj.* उधार का, उधार योग्य;
collocations: **~ pit** खनती, दूसरी जगह के लिए मिट्टी निकालने के लिए खोदा गया गड्ढ़ा; **~ed time** उधार का जीवन, उम्मीद से ज्यादा लंबा जीवन; **borrowing department** आदाता विभाग; **~ing power** = credit worthiness उधार-सामर्थ्य;
p&i: **~ed plumes** झूठी शान, कौवा चला हंस की चाल...; **~ trouble** समस्याओं से बचाए रखने वाला रास्ता न चुनना; **live on ~ed time** उम्मीद से ज्यादा लंबे समय तक जीना

borsch /बोर्श/ (*also in Russian* **борщ**) *n.* चुकंदर का रूसी शोरबा

borstal /बॉःस्टल/ *n., Br., hist.* बाल-अपराधियों के लिए स्कूलनुमा जेल: **Borstal** system

borzoi /बःजोय/ *n., pl.* **borzois**, (*Russian* борзой) बड़ा रूसी शिकारी कुत्ता

BOS *abbr.* 'Business Operations System' की प्रथमाक्षरी

boscage /बॉस्किज/ *n.* 1 झाड़ियों की झुरमुट 2 उपवन, वृक्ष-समूह

Bosch process /बॉश प्रॉसेस/ उद्योगीय स्तर पर हाइड्रोजन प्राप्त करने का एक विशेष तरीका

bosh /बॉश/ *n., excl., colloq.* अंडबंड, अनापशनाप, बकवास

bosk /बॉस्क/ *adj.* 1 (*syn.* wooded) वनाच्छादित 2 (*syn.* busky) झाड़ीदार

bosket/ bosquet /बॉस्किट/ *n.* उपवन

bosky /बॉस्कि/ *adj.* 1 दूसरों पर हुक्म चलाने वाला: be quite ~

Bosnia /बोस्नि\या/ *n.* भूतपूर्व युगोस्लाविया से अलग होकर बना एक स्वतंत्र देश;
dw/lw: **~n** *adj.* 1 बोसनियायी; **~n** /~न/ *n.* बोसनिया वासी, बोसनिया का नागरिक

bosom /बूजम/ *n.* 1 व्यक्ति का सीना, विशेषकर औरत की छाती, वक्ष, वक्षःस्थल, हृदय, अंतःकरण: his sorrows were locked in his own ~ 2 (*sometimes* **~s**) औरत की छाती 3 छाती की चोली 4 एक स्नेहपूर्ण व सुरक्षा दायक स्थल be in the ~ of one's family; a house **~ed** in trees 5 गहराई: the ~ of the sea; in earth's deepest ~ 6 चोली: put sth in one's ~ 7 इच्छा, लालसा 8 आलिंगन 9 विश्वासपात्र;
dw/lw: **~ed** /बूजमड/ *adj.* 1 छिपा हुआ, ढका हुआ: a house ~ed in trees 2 वक्ष युक्त; **~y** /बूजमि/ *adj.* पुष्ट उरोजोंवाली, बड़े-बड़े स्तनोंवाली (औरत)
p&i: **a ~ buddy/ pal/ friend** घनिष्ठ मित्र, लंगोटिया यार; **take sb to one's ~** 1 किसी को अपना लेना 2 किसी से शादी क.; **in the ~ of one's family** परिवार की (सुख-चैन भरी) गोद में; **the ~ of the sea** समुद्र की गहराइयां;

boss /बौस/ *US* बॉस/ *n., pl.* **~es** 1 अफसर, हाकिम, प्रधान, बड़ा साहब, बॉस 2 स्वामी, मालिक 3 राजनीति में प्रभाव रखने वाला 4 (*syn.* protuberance) शील्ड आदि बनाने या भवन-निर्माण शिल्प में अपनाया जाने वाला घुंडीनुमा उभार, उभाड़, उभरवां या उत्थ अलंकरण;
v. pt. **~ed**, *pp* **~ing**, *s/he/it* **~es** *colloq.* (*esp.* **~ sb about/ around**) 1 मालिक हो. 2 नियंत्रण क., प्रबंध क. 3 हुक्म चलाना, रोब झाड़ना: ~ the show 4 शील्ड आदि या भवन-निर्माण शिल्प को घुंडीनुमे उभार या उभाड़ आदि से सजाना 5 उभरवां नक्काशी क. 6 निशाना चूक जा.: he has six shots at the target and he **~ed** every time 7 उलझाना, घालमेल क., खराब क.: you are simply **~ing** up the whole show;
dw/lw: **~ed** /बौस्ड/ *US* बाःस्ड/ *adj.* उभारा हुआ या उभार देकर सुसज्जित किया हुआ, उभरवां नक्काशी वाला, जड़ीवदार; **~-eyed** *adj., Br., colloq.* 1 काना (one-eyed) 2 भेंगा 3 टेढ़ा, चालू; **~ily** *adv.* मालिक की तरह रोब झाड़ते हुए; **~iness** *n.* रोब झाड़ने की प्रवृत्ति; **~ism** /बॉसिज्म/ *n.* बौसगिरी; **~\y** /बॉसि/ *adj., degr.* ~ier, ~iest *colloq.* 1 रोब झाड़ने वाला, रोब झाड़ने की प्रवृत्ति वाला: he is rather ~y 2 उभरवां, जड़ावदार; **~y-boots** *n., pl.* ~y-boots *colloq.* रोब झाड़ने वाला और हुक्म चलाने वाला व्यक्ति
p&i: **~ about/ around** रोब डालते हुए हुक्म चलाना

bossa nova /बौसा नोवा/ *US* बॉसा नोवा / *n., pl.* **bossa novas** 1 सांबा जैसा ब्राजीलियायी नृत्य 2 इस नृत्य के लिए संगीत

bossy /बौसि/ *US* बॉसि / *adj.* हुक्म चलाने वाला, रोब झाड़ने वाला;
dw/lw: **~boots** हर किसी पर हुक्म चलाने वाला व्यक्ति

Baston Tea Party अंग्रेजों द्वारा अमेरिका में चाय आयातित करने के विरोध में बोस्टन शहर में विद्रोह

bot. *abbr.* 'botanical', 'botany', 'bottle' का संक्षेप

BoT *abbr.* 'Bank of Tokyo', 'Board of Trade', 'build-operate transfer', 'build-operate-transmission', 'build own and transfer' की प्रथमाक्षरी

bot/ bott *Austral. colloq. n.* 1 घोड़े की खाल के नीचे रहने वाला एक परजीवी जीवाणु 2 भिखमंगा 3 परजीवी 4 *sl.* क्षयरोगी 5 कंप्यूटर का एक प्रोग्राम जो एक कार्य को बार-बार या कई बार करता है;
v. pt. **~ted**, *pp* **~ting** भीख मांगना, परजीवी का जीवन बिताना

botan\ic/ ~ical /बटैनिक/ बटैनिकल/ *adj.* वानस्पतिक: **~al** garden;
dw/lw: **~ist** /बौटअनिस्ट/ *US* बाःटअनिस्ट/ *n.* वनस्पति-विज्ञान-वेत्ता, वनस्पतिशास्त्री; **~y** /बौटअनि/ *US* बाःटअनि/ *n., pl.* ~ies वनस्पति-विज्ञान;

botch /बौच\/ *US* बाःच\/ (*also* **~ up**) *v., pt.* **~ed**, *pp* **~ing** 1 खराब मरम्मत क. 2 फूहड़पन से बैठाना, जमाना या जोड़ना 3 बिगाड़ दे. 4 (*esp.* **~ sth up**) कच्चा या जुगाड़ू काम क., घाल-मेल क.: ~ a block of marble;
n., pl. **~es** (*also* **~-up**) 1 भद्दा पैबंद, अनगढ़, कच्चा या जुगाड़ू काम: he made a miserable ~ of this article 2 फुंसी, फफोला, फोड़ा 3 धब्बा, दाग कलंक;
dw/lw: **~ed** /~ट/ *adj.* 1 फूहड़ कारीगरी से बनाया हुआ, जुगाड़ू 2 बिगड़ा हुआ; **~er** /बौचः/ *US* बाःचः/ *n.* 1 फूहड़ कारीगर, जुगाड़ू 2 थिगली लगाने वाला; **~ing** *n.* पैबंद लगाने का काम; **~y** *adj.* पैबंद भरा

botel /बॉटिल/ *n.* 1 नाविक भोजनालय, भोजनालय-पोत 2 भोजनालय नौका

botfly/ bot fly /बॉटफ्लाइ/ *n.*पतंगी, दो पंखों वाला कीट

both /बोथ/ *adj.* (*sometimes* ~ **of sth**) दोनों, उभय: use ~ hands to lift a bundle; ~ sisters are doctors;
pron. दोनों: I see them ~; they ~ went there; ~ of them joined us;
adv. भी, उसी तरह से: ~ sth and sth (यह भी और वह भी, दोनों बातें, पहलू आदि); he is ~ rude and rascal (वह बदतमीज भी है और बदमाश भी);
both ... and *conj.* 1 न केवल, बल्कि: he is ~ a good doctor and a cleaver man 2 जैसे ... वैसे: ~ in Europe and in Asia 3 भी ... भी: ~ man and bird and beast; the picture ~ attracts and repels me; it is ~ good and cheap; he is ~ ready and willing to help us;
p&i.: **~ now and always** हमेशा; **have it ~ ways** चित्त भी मेरा, पट भी मेरा हो.; **you can't have it ~ ways** तुम चित्त भी मेरा, पट भी मेरा नहीं कर सकते

bother /बौदः/ *US* बाःदः/ *v., pt.* **~ed**, *pp* **~ing** 1 परेशान/ तंग क.: don't ~ me with foolish questions!; he **~s** me to death; his stomach has been **~ing** him 2 भेजा खाना: a point, which has **~ed** us; don't ~ your head about me! 3 खिझाना: he can't be **~ed** 4 (*esp.* **~ about/with sth**) किसी बात आदि के लिए चिंता क., परेशान हो.: be **~ed** about the cost; she **~s** too much about everything 5 (**sometimes ~ one's head about sth**) कष्ट उठाना, झंझट मोल ले.: don't ~ to lock the door!; he didn't ~ to be polite 6 (***syn.*** bewilder) घबराहट पैदा क.;
n. 1 झंझट, झमेला, बखेड़ा, परेशानी, चिंता: we had a little ~ with him at first 2 (***syn.*** trouble) दिक्कत: I am giving you a lot of ~ 3 (***syn.*** fuss) बतंगड़, उपद्रव 4 (***syn.*** nuisance) परेशान करने वाला व्यक्ति: what a ~ you are!;
dw/lw: **~ation** /बौदअरेशन/ *US* बाःदअरेशन/ *n.* छोटी-मोटी परेशानी, दिक्कत; **~ed** /बौदःड/ *US* बाःदःड/ *adj.* चिंतित, तकलीफ/ कष्ट में, परेशान, व्यथित; **~some** /बौदःसम/ *US* बाःदःसम/ *adj.* (***syn.*** **annoying**) तकलीफदेह, कष्टकर, झंझटभरा;
p&i: **~ one's head/ brains** अपना सिर खपाना;
be ~red (about sb/ sth) किसी को या किसी चीज को महत्त्वपूर्ण समझना; **can't be ~ed** परवाह न क.; **don't ~ to see me out** मुझे मिलने की तकलीफ न करो!; **not ~ed** *UK* कोई फर्क नहीं पड़ता, कोई परवाह नहीं; **not ~ oneself/ one's head with/ about sth** किसी बात या किसी के कारण परेशान न हो.; **they cannot be ~ed with sth/ sb** उन्हें किसी बात या किसी की कोई परवाह नहीं; **we never ~ with convention here** हम यहां परंपरा आदि की परवाह नहीं करते

bothy /बौथि/ *US* बॉथि/ *n., pl.* **bothies** *mainly Scottish* 1 एक अस्थायी आवास 2 झुग्गी, झोंपड़ी

botline /बॉटलाइन/ *n.* 1 ऊंचा जूता 2 औरतों का जूता 3 हाफ जूता 4 जूती

Botox /बोटौक्स/ *n. tradem.* Botulinum Toxin: व्यक्ति के चेहरे को युवा दिखाने व चिकना बनाने के लिए प्रयुक्त क्रीम

bo tree /बो ट्री/ *n.* पीपल, बोध वृक्ष, जिसके नीचे महात्मा बुद्ध को प्रबोधन या बुद्धत्व प्राप्त हुआ था

bottle /बौट्‌ल/ *US* बाःट्‌ल/ *n.* 1 बोतल, शीशी: a wine/ beer/ milk ~; put the top back on the ~ 2 बोतल भर मात्रा: drink a whole ~ 3 शिशु आहार बोतल: bring a child up on the ~ 4 *Br., sl.* (***syn.*** nerve) हिम्मत, आत्मविश्वास: he said he'd jump, but then he lost his ~ 5 (**the ~**) मदिरा, शराब: be too fond of the ~; he is addicted to the ~; discuss sth over a ~ 6 *sl.* (**the ~**) अत्यधिक शराब पीने का दौर;
v., pt. **~d**, *pp* **bottling** 1 बोतल में तरल भरना: wines are **~d** after three years;
dw/lw: **~brush** *n.* 1 बोतलों को साफ करने वाला बुरुश 2 कई पौधों का नाम; **~-coaster** *n.* बोतल-किश्ती; **~d** *adj.* 1 बोतल बंद 2 अवरुद्ध 3 मतवाला, मदमत्त; **~fed** *adj.* शीशी से दूध पीने वाला/ पीने वाली; **~-feed** *n.* बोतल का दूध; **~-feed** *v., pt.* ~-fed, *pp* ~-feeding बोतल से दूध पिलाना; **~-feeding** *n.* बोतल से दूध पिलाने की क्रिया; **~-green** *adj.* बोतली हरा, गहरा हरा; **~-holder** *n.* पिट्ठू; **~-imp** *n.* बोतल का भूत; **~neck** *n.* 1 गतिरोध, बाधा, रुकावट 2 संकरी सड़क या गली जहां ट्रैफिक जैम हो जाता है 3 संकीर्ण स्थान, मार्गावरोध 4 अड़चन, गति अवरोध; **~nose** *n.* मोटी सूजी हुई नाक; **~-opener** *n.* बोतल खोलने वाला उपकरण; **~r** /~लः/ *n.* 1 बोतल भरकर बंद करने वाली मशीन या व्यक्ति 2 *Austral. colloq.* बढ़िया आदमी या वस्तु: a ~r of a game; **~-screw** *n.* बोतल खोलने का उपकरण; **~-slider** *n.* बोतल-ट्रे; **bottling** *n.* बोतल में तरल भरने की क्रिया;
collocations: **~ bank** *UK* बोतलें या शीशियां एकत्रित करने का स्थान; **~ blonde/ blond** कृत्रिम रंग से रंगे सुनहरे बालों वाली औरत या सुनहरे बालों वाला आदमी; **~ gas/ ~d gas** सिलेंडर में भरी हुई गैस, गैस, सिलेंडर; **~ gourd** लौकी; **~ glass** रेत और चूना-पत्थर आदि से बना बोतली हरा शीशा; **~ party** ऐसा प्रीतिभोज जिसमें मेहमान अपनी-अपनी शराब लेकर आते हैं; **~ store/ shop** मदिरा-दुकान;
p&i.: **~ in** = **~ up**; **~ off** लकड़ी के कनस्तरों में से मदिरा को बोतलों में भरना; **~ out** *Br. sl.* हिम्मत हारकर कुछ करने से पीछे हट जाना; **~ sth off** लकड़ी के बने मदिरा के पीपों (casks) से बोतलों में मदिरा भरना; **~ sth up** अपनी भावनाओं को नियंत्रण में रखना; **~ up** 1 बोतल बंद क. 2 रोकना, छिपाना: ~ up one's anger 3 घेरना, घेरेबंदी में ले.: ~ up enemy's fleet; **~ up one's feelings** भावनाओं को काबू में रखना;
be fond of the ~ बोतल की लत लग जा.; **bring up on the ~** बोतल के दूध पर बच्चे को पालना; **crack a ~ together** इकट्ठे मिलकर एक पूरी बोतल पी जा.; **flee from the ~** शराब से बचना; **hit/ take to the ~** बहुत ज्यादा शराब पीने लगना; **know sb from his ~ up** किसी को पालने के दिनों से जानना; **look for a needle in a ~ of hay** फूस की पूली में सूई ढूंढना, अनहोनी बात क.; **over a ~** पीते वक्त, पीने वालों की संगत में; **pass the ~ of smoke** छल क., दिखावा क., जानते हुए भी न जानने का दिखावा क.; **take to the ~** पीने लगना; **~ baby** बोतल के दूध पर पलने वाला शिशु; **the black ~** विष, जहर;

bottom /बौट्‌म/ *US* बाःट्‌म/ *n.* 1 निचला भाग, अधोभाग: ~ soil 2 तल, धरातल, पेंदा, तह, तली: go/ send to the ~; take the ~; the ~ of a bucket/ of a cup; drain/ empty a goblet to the ~ 3 सबसे निचला स्थान, निम्नतम स्तर: the market has touched/has reached the rock ~ 4 समुद्र/ नदी आदि का तल, धरातल 5 दूरतम छोर 6 (***syn.*** backside, behind) चूतड़, नितंब: I'll smack your ~ 7 आधार (***syn.*** base), मूल, आधार-तथ्य: there's no ~ to it 8 निचान (low-lying land): the ~ of a mountain 9 (***syn.*** stamina) दम-खम, स्थैर्य, तितिक्षा, सामर्थ्य, बूता: a horse of good ~ 10 पेंदा (of ship, vessel) 11 (***syn.*** keel) नौतल, पोत तल, पठाण 12 (***syn.*** ship) जहाज: goods imported in British **~s** 13 निचला स्थान (of a list, etc.): be at the ~ of the class 14 आसन (seat of a chair): ~ of a chair 15 अंदर का कपड़ा, जांघिया, बिकिनी आदि 16 (*fig.*) रूपरेखा, असलियत, सच्चाई, वास्तविकता 17 नींव;
adj. 1 सबसे नीचे का, निचला: ~ rung; ~ shelf 2 अंतिम, निम्नतम: ~ price 3 आधारीय 4 तली या निम्नतम धरातल पर;
v., pt. **~ed**, *pp* **~ing** 1 पेंदी या आसन लगाना 2 (***syn.*** fathom) पूर्ण रूप से समझना, थाह लेना: ~ sb's plans/ arguments 3 (***syn.*** base) पर आधारित क.: his arguments were **~ed** on good practical sense 4 बद से बदतर होना बंद हो जा.: the recession seems to be finally ~ing out 5 मिट्टी या कंक्रीट बिछाना;

dw/lw: **~ed** /~मड/ *n.* 1 तली वाला 2 आधारित 3 किसी आधार या तर्क पर टिका हुआ; **~-glade** *n.* घाटी में वन मार्ग या खुला मैदान; **~-grass** *n.* निचली घास; **~-land** *n.* जलोढ़; **~less** *adj.* बेपेंदा, बेहद, अथाह, अत्यंत गहरा: a ~less pit (नरक); ~less abyss; ~less gloom; his kindness seemed ~less; ~less stupidity; ~less mystery; ~less arguments; **~most** *adj.* निम्नतम, पेंदे के समीपतम, सबसे नीच का, अधमतम; **~ry** *n.* पोत-बंधक ऋण; **~-sawyer** *n.* आरा के नीचे बना कक्ष; **~-up** (*also* **~upwards**) *adv.* पूरा पैग पीकर जाम खाली करते हुए;

collocations: **~ drawer** *Br.* 1 अलमारी में कपड़े रखने का निचला खाना 2 किसी लड़की को शादी के समय उसके भविष्य में प्रयोग के लिए दिया जाने वाला कपड़ों का सेट; **~ line** *colloq.* 1 सबसे अधिक महत्त्वपूर्ण बात 2 आर्थिक खाते की सबसे नीचे की लाइन जिसके नीचे लाभ या हानि दिखाई जाती हैं; **~ note** पाद-टिप्पणी; **~ pit** नरक;

p&i.: **~ falls out** (collapse occurs) ढेर हो जाता है, भट्ठा बैठ जाता है, ढह जाता है; **~ out** भाव को निम्नतर स्तर पर निर्धारित क.; **~ sth on/ upon sth** किसी चीज पर आधारित क.; **~s up!** पूरा का पूरा पैग पीने के लिए जाम!;

at ~ तह में, वास्तव में, आधारभूत रूप में; **at the ~ of one's heart** तहे दिल में; **at the ~ of the bag** तरकश का आखिरी तीर; **at the ~ of the ladder** निम्नतम दर्जे या स्तर पर; **be at the ~ of sth** बीमारी की जड़ या असली कारण हो., जड़ में होना; **be/ lie at the ~ of sth** का मूल हो., का मूल कारण हो., की तह में हो.; **bet one's ~ dollar** सब-कुछ दांव पर लगा दे.; **Foggy Bottom** धूमिल क्षेत्र (अमेरिका के विदेश विभाग के लिए प्रयुक्त); **from the ~ of one's heart** तहे दिल से; **from the ~ up** फिर से, दोबारा, शुरू से दोबारा; **from top to ~** सिर से पैर तक; **full ~** पुरुषों (न्यायाधीश आदि) का कंधों तक लटकने वाला विग (नकली बाल); **get to the ~** की तह तक जाना, असलियत जानना, गहराई से जांच-पड़ताल क.; **get to the ~ of the bare** सारा स्रोत सूख जा., सभी संभावनाएं खत्म हो जा.; **have no ~** अथाह, अंतहीन; **knock the ~ out of ...** किसी के पांव तले से जमीन खिसका दे.; **rock ~** निम्नतम सतह; **scrape the ~ of the barrel** सभी संभावनाएं खत्म कर ले.; **send to the ~** नाव, जहाज आदि को डुबो दे.; **stand on one's own ~** अपने पांव पर खड़ा हो.; **sth is wrong at the ~** दाल में कुछ काला है; **the ~** मूल कारण या मुद्दा: let's get to the ~ of the problem; **the ~ drops out of sth** पांव तले से जमीन फिसल रही है, सब बर्बाद हो गया; **the ~ has fallen out of the market** किसी माल के लिए बाजार में मांग न रहना; **the ~ of the garden** बाग का सबसे पिछला हिस्सा; **the ~ rung of the ladder** सीढ़ी का सबसे निचला पायदान; **there's no ~ to it** इसका कोई अंत नहीं दिखता; **the top and ~ of** 1 का सब कुछ, का संपूर्ण 2 (*syn.* whole explanation) की पूरी (संपूर्ण) व्याख्या; **touch/ hit ~** 1 निम्नतम स्तर तक पहुंचना 2 अधमतम बिंदु तक गिर जा. 3 तह तक पहुंचना; **wish sb at the ~ of the ~** किसी का विनाश चाहना

botulism /बौचुलिजम/ *US* बाःचअलिजम/ *n., pathol.* (*syn.* food poisoning) भोजन जन्य विषाक्तता, भोजन से पैदा होने वाला जहरीलापन

BOU *abbr.* 'British Open University' की प्रथमाक्षरी

boucle /बूकले/ *n., pl.* **~s** /बूकलेस/ 1 छल्लेदार धागों वाली ऊन 2 बूरदार कपड़ा

boudoir /बूड्वाः/ *n., Fr. rather old* महिला का निजी कक्ष, श्रृंगारकक्ष

bouffant /बूफौंत/ *US* बूफांत/ *adj., Fr.* 1 लबालब भरा हुआ 2 *hair* फूले हुए (बाल), फूला या फुलाया हुआ

bougainvillaea/ bougainvillea /बुगनविलिआ/ *n., pl.* **~s** बुगनवेलिया

bough /बाउ/ *n.* 1 शाखा, डाल, टहनी 2 फांसी का चौखटा या तख्ता;

dw/lw: **~-pot** 1 (*syn.* flower-vase) पुष्पदान, फूलदान 2 फूलों का गुच्छा, पुष्प-गुच्छ;

p&i: **the ~s that bear most hang lowest** जिस डाली पर फल लगते हैं वह नीचे झुकती है, जितना फले उतना झुके

bought /बॉट/ 1 *pt.*, **'buy'** का भूतकाल 2 *n.* ऐंठन, पेच (*see* **blight**)

bougie /बूजी/ *n., med.* 1 वर्ति, मोमबत्ती 2 श्लाका, सलाई

bouillabaisse /बूल्यबेस/ *n., cookery* एक गाढ़ा मसालेदार मछली का शोरबा

bouillon /बूल्यों/ *n.* चिकन शोरबा (clear soup)

boulder /बोल्डः/ *n.* शिलाखंड, प्रस्तरखंड, गोला पत्थर, गोलाश्म;

dw/lw: **~-clay** *n. geol.* कठोर मिट्टी में दबे भिन्न-भिन्न आकारों के बर्फीले टुकड़े, गोलाश्म मृत्तिका; **~-period** *n.* हिम-काल

bouleversement /बुलवास्मंट/ *n., Fr.* धक्का, झटका, विनाश

boules /बूल/ *n. [sing.], Fr.* फ्रांस में खेला जाने वाला बॉउल्स (bowls) जैसा खेल

boulevard /बूलअवाःड/ *US* बुलवाःर्ड/ *n., Fr.* 1 तरुवीथी, तरुपथ 2 दोनों तरफ पेड़ों की कतार वाली बड़ी सड़क या मुख्य पथ

bounce /बाउंस/ *v., pt.* **~d**, *pp* **bouncing** 1 (*syn.* rebound) टकराकर वापस उछलना: the ball doesn't ~ well 2 उछालना, उछलना 3 (*often* **~ about/ up**) उछल-उछलकर चलना: occupants of the car were **~d** from side to side 4 (*often* **~ in**) कमरे आदि में आ धमकना, घुस आना: ~ into the room 5 (*often* **~ out**) कमरे आदि से कूदकर बाहर चले जा.: **~d** out in a temper (आपे से बाहर हो गया); ~ out of a chair 6 फुसलाना, बहकाना: ~ sth out of sb; he tried to ~ me into a rash decision by concealing half the facts 7 डींग मारना: don't listen to him, he is bouncing 8 *colloq.* खाते में पैसा न होने या अन्य किसी कारण चैक का बैंक से बिना भुगतान हुए लौट आना 9 *colloq. esp. US* बाहर निकालना, नौकरी से निकालना 10 (*syn.* bum) लुढ़काना, टक्कर मारना 11 (**~ ideas of sb/ around**) किसी के विचार जानना 12 गेंद से मारना 13 बच्चे का ऊपर-नीचे जा. या कूदना: the boy was bouncing up and down on the bed 14 ई-मेल (e-mail) आदि का वापस आ.;

n. 1 कूद, उछल-कूद 2 गेंद का उछाल: the boy caught the ball at one ~ 3 जीवंतता, सजीवता 4 सक्रियता 5 जबरदस्त आकस्मिक प्रहार या धमाका, धड़ाम: the ~ burst open the door 6 लचक, लचकीलापन 7 डींग, शेखी: the whole story is a ~ 8 नौकरी से बरखास्तगी: get the ~;

adv. 1 (*syn.* suddenly) एकाएक, अचानक 2 खटाखट, झट से, तपाक से 3 जोर से, आवेश में;

dw/lw: **~r** /बाउंसः/ *n.* 1 *colloq., originally US* रेस्त्रां आदि से अवांछित व्यक्तियों को बाहर निकालने वाला भारी भरकम व्यक्ति, द्वारपाल 2 झूठ की पोट (big lie) 3 धौंस दिखाने वाला 4 दबंग 5 *cricket* तेजी से सिर के ऊपर से उछलकर जाने वाली गेंद; **~ing** /बाउंसिंग/ *adj.* 1 स्वस्थ और सक्रिय, हृष्ट-पुष्ट, स्थूल-काय, मोटा-ताजा (a baby) 2 (*usually* **~ with sth**) ऊर्जा से ओतप्रोत 3 शेखी-बाज 4 उछल-कूद करने वाला: ~ing on the toes; two ~ing boys;

p&i: **~ along/ around/ into, etc.** प्रसन्न-चित्त होकर चलना, फुदकना, कूदना-फांदना; **~ back** 1 फिर से जीवंत हो उठना, असफलता के बाद फिर से सक्रिय हो. 2 ई-मेल का बिना पहुंचे वापस लौट आना 3 फिर से स्वस्थ होना, खोया हुआ स्वास्थ्य (धन, उत्साह आदि) दोबारा प्राप्त क.; **~ sb into sth** किसी को कुछ करने के लिए फुसलाना;

be ~ing off the walls उत्तेजित होकर उछलना-कूदना;

bounc\y /बाउंसि/ *adj., degr.* **~ier, ~iest** 1 ऊर्जा से ओतप्रोत, प्रसन्नचित्त 2 टप्पा खाकर उछाल ले सकने वाली (गेंद);

dw/lw: **~ily** *adv.* उछल-कूद करते हुए; **~iness** *n.* टप्पा खाकर उछलने की क्षमता;

*collocations:***~y castle** हवा भरकर फुलायी हुई एक

गुब्बारानुमा संरचना जिस पर बच्चे उछल-कूद कर सकते हैं

bound /बाउंड/ *adj.* 1 को जाने को तैयार, प्रस्थानोमुख (बस, रेलगाड़ी आदि): a ship ~ for a voyage; ~ to start on Tuesday; a ship ~ for/ to London; homeward ~; outward ~; south-~; moon-~ rocket 2 रस्सी से बांधा हुआ 3 आबद्ध, परिबद्ध, बंधित, अनुबंधित, संबद्ध: ~ energy 4 (*syn.* obliged) बाध्य, करने को मजबूर: ~ to military service; he is legally ~ to do it 5 में फंसा हुआ: house ~, snow~ 6 बंधुआ, बंधा हुआ 7 आमादा, पर अड़ा या तुला हुआ 8 जिल्द वाली (पुस्तक): ~ in leather 9 हद, सीमा, अनुमत सीमा 10 सीमावर्ती (क्षेत्र) 11 (*syn.* constipated) कब्ज-ग्रस्त 12 *pt.,* **bind** का भूतकालीन रूप;

v., pt. **~ed**, *pp* **~ing** 1 सीमित क. 2 सीमा हो.: England is **~ed** on the north by Scotland; the Pacific Ocean **~s** California on the west 3 सीमा खींचना या लगाना: the river **~s** the farm to the north 4 नियंत्रित करना: you should ~ your desires by reason; no nice scruples **~ed** his conduct 5 (*often* ~ **back/ across/ in/ out/ over/ up**) उछलना, कूदना, छलांग लगाना, टप्पा खाना: the ball struck the wall and **~ed** back to me 6 धड़कना, धक-धक क.: his heart **~ed** with joy 7 तेजी से दौड़ना, चंपत हो.: the dog **~ed** across the field;

n. 1 सीमा, हद: the farthest **~s** of ocean 2 सीमावर्ती क्षेत्र या भूमि 3 (*syn.* limit) हद, दायरा, मर्यादा, औचित्य सीमा: his arrogance knows no **~s**; there are no **~s** to his ambitions; cross all **~s**; within the ~ of reason/ of possibility; overstep the **~s** of common sense 4 सीमित-क्षेत्र, अनुमत सीमा: keep within **~s** 5 बड़ी छलांग, कूद: with one ~; a ~ forward 6 उछाल, टप्पा: catch a ball on the ~ 7 दिल की धड़कन, धक-धक 8 *math.* परिबंध 9 (**in/ out of ~s**) वर्जित क्षेत्र (पहुंच से बाहर): this cafe has been placed out of **~s** for schoolboys;

adj. बद्ध, आबद्ध, बंधित, बंधुआ;

dw/lw: **~ed** /बॉउंडिड/ *adj.* परिबद्ध, सीमित, प्रतिबंधित; **~en** *see below under separate entry*; **~er** /बॉउंडर/ *n., dated, colloq.* बदतमीज, बेहूदा व्यक्ति; **~ing** *adj.* छलांग लगाकर आगे बढ़ता हुआ; **~less** *adj.* असीम, असीमित, बेहद, अपार: ~less ocean; ~less kindness; **~lessly** *adv.* असीमित रूप से; **~lessness** *n.* असीमता, अपारता; **~s** *sees below under separate entry*;

collocations: **~ form/ ~ morpheme** शब्द का वह भाग जो मात्र किसी शब्द से जुड़कर प्रयुक्त हो सकता हैं;

p&i: **~ across/ down/ into, etc.** छलांगे लगाते हुए या तेज चलना; **~ and determined** कुछ करने के लिए कटिबद्ध, तुला हुआ; **~ to come** (उसे) आना ही है; **~ to comply** पालन करना ही है, पालन करना आवश्यक है; **~ to do sth** अनिवार्य, कुछ करने के लिए बाध्य; **~ to happen** ऐसा तो होना ही हैं: something is ~ to happen; **~ up with sth** ठीक से जुड़ा हुआ;

be ~ up in sth किसी काम में बहुत व्यस्त या रमा हुआ; **feel ~ to say** कहने के लिए बाध्य हो.; **get/ go beyond (all) ~s** हद पार क., जो नहीं करना चाहिए वह क.; **I'll be ~** मुझे विश्वास हैं; **keep sth within ~s** हद पार न क.; **out of ~s** पहुंच से परे/ बाहर, वर्जित क्षेत्र; **progress by leaps and ~s** दिन दुगुनी और रात चौगुनी उन्नति क.; **put/ set ~s to sth** किसी चीज की सीमा निर्धारित क., हद में रखना; **the plan is ~ to succeed** योजना अवश्य सफल होगी; **within ~s** सीमा में, मान्यताओं के अनुसार

boundary /बाउंडरि/ *n., pl.* **boundaries** 1 सीमा, हद: artificial/natural ~; land **boundaries**; draw/extend **boundaries**; ~ dispute 2 मेड़: ~ of fields; this rivulet forms a ~ between the two estates; ~ river 3 चौहद्दी, मर्यादा 4 परिसीमा 5 क्रिकेट आदि खेलों के मैदानों की सीमा रेखा 6 *cricket* गेंद को सीमा रेखा के पार भेजने से मिलने वाले रन, चौक्का;

dw/lw: **~line** *n.* सीमा-रेखा; **~mark** *n.* सीमाचिह्न; **~rider** *n.* चारों तरफ घूमकर बाड़ की मरम्मत करने वाला; **~stone** *n.* सीमा-पत्थर

bounden /बॉउंडन/ *adj.* बाध्यकारी, अनिवार्य, आवश्यक, लाजिमी, मर्यादित: a ~ duty

bounds /बाउंड्ज/ *n., [pl.]* 1 सीमाएं: his enthusiasm knew no ~ 2 निषेध-रेखा: public spending must be kept within reasonable ~ 3 संभावनाएं: it was not beyond the ~ of possibility 4 अस्वीकार्यता, अमान्यता: beyond the ~ of acceptability;

p&i.: **beyond of the ~ of** असीम, बेइंतहा, बेशुमार; **know no ~** कोई सीमा या अंत न हो.; **out of ~ to/for sb** के लिए वर्जित

bounteous /बाउंटिअस\/ (*also* **bountiful** /बाउंटिफुल/) *adj., lit.* 1 प्रचुर, अत्यधिक, विपुल: ~ harvest 2 उदार, मुक्तहस्त, खुले दिल का: ~ giver;

dw/lw: **~ly** /~लि/ *adv.* खुले हाथ और दिल से; **~ness** /~नेस/ *n.* उदारता, मुक्तहस्तता, प्रचुरता

bounty /बाउंटि/ *n., pl.* **bounties** 1 उदारतापूर्वक दी जाने वाली भेंट या धनराशि 2 उपहार धन 3 उदारता, मुक्तहस्तता, दरियादिली: ~ of nature 4 (*syn.* gratuity) इनाम, वित्तीय सहायता;

collocations: **~ hunter** इनाम के लिए खूंखार अपराधियों या जानवरों का शिकार करने वाला; **King's/ Queen's ~** इंग्लैंड में तीन-चार बच्चों को एक-साथ जन्म देने वाली मां को दिया जाने वाला इनाम

bouquet /बुके/ *n.* 1 गुलदस्ता, गुच्छा: ~ of flowers 2 मदिरा की कोमल सुगंध 3 प्रशंसा, समर्थन: **~s** and brickbats (फूल और पत्थर, प्रशंसा और आलोचना);

collocations:~ **garni** /बूके गाःनि/ *n., pl.* **~s garnis** *cookery* जड़ी-बूटियों का पैकेट जिसे स्ट्यू (stew) आदि व्यंजन बनाने के लिए प्रयोग करते हैं;

p&i: **~s and brickbats** फूल और पत्थर, प्रशंसा और आलोचना; **hand sb a ~** किसी पर फूलों का गुलदस्ता फेंकना, बहुत तारीफ क.

bourasque /बोरैस्क/ *n., Fr.* तूफान, झक्कड़, झंझा

bourbon /बःबअन/ *n.* मक्की और राई से बनी व्हिस्की

bourdon /बुअःडन/ *n., music* 1 मंद्र खूंटी, मंद्र पर्दा (of organ) 2 मंद्र नली (of bagpipe)

Bourdon gauge /बुअःडन गेज/ *n., engin.* गैस के दबाव को मापने वाला यंत्र

bourgeois /बुअःज्वा/ *adj.* 1 मध्यमवर्गीय: a traditional ~ family 2 बुर्जुआ: petty ~ 3 पूंजीवादी 4 संपत्ति और मध्यवर्गीय सामाजिक मूल्यों के पीछे भागने वाला: ~ attitudes/ tastes/ values 5 रूढ़िबद्ध, पुराणपंथी 6 फीका, नीरस;

n. **bourgeois** /बुअःज्वा/ *n., pl.* **bourgeois** /बुअःज्वा/ 1 पूंजीवादी मूल्यों व मान्यताओं पर चलने वाला मध्यमवर्गीय व्यक्ति 2 बुर्जुआ 3 पूंजीपति वर्ग;

dw/lw: **bourgeoisie** /बुअःज्वाःजी/ बुर्ज्वाःजी/ *n., derog.* 1 पूंजीवादी मूल्यों व रीति-रिवाजों पर चलने वाला मध्यम वर्ग: petty bourgeoisie 2 पूंजीपति वर्ग: the rise of the ~ in the nineteenth century

bourguignon /बूरकीनयां/ *adj., cookery* गोशत का व्यंजन

bourn/ bourne /बॉःन/ बुअःन/ *mainly Southern England* 1 सीमा 2 लक्ष्य, मंजिल 3 नदी 4 सरिता

bourse /बुअस/ *US* बुर्स/ *n.* (*usually* **Bourse**), *Fr.* सराफा, सट्टा-बाजार (विशेषकर पेरिस का सट्टा-बाजार)

bouse/ booze/ boose /बूज/ *v., pt.* **~d**, *pp* **boozing** बहुत पीना, पीकर धुत्त हो.;

n. 1 शराब, मदिरा 2 मदिरापान का दौर

boustrophedon /बाउस्ट्रअफीडन/ *n.* दुतरफा लिखाई, सर्प लेखन

bout /बाउट/ *n.* 1 बार: this ~ (इस बार); at one ~ (एक बार में) 2 दौर: drinking ~; a ~ of cleaning 3 (***syn.*** round) मुक्केबाजी का दौर: a ~ with the adversary; boxing ~; ~ of one touch/ of five touches 4 बल परीक्षा (trial of strength) 5 (***syn.*** period) अवधि, पारी, बारी 6 दौरा, बीमारी का दौरा: a bad coughing ~

boutique /बूटीक/ *n., Fr.* 1 छोटी-सी दुकान जिसमें नए-नए फैशन का सामान बेचा जाता है 2 1960 के दशक में: औरतों के लिए कीमती पोशाक की छोटी-सी दुकान 3 एक छोटा-सा विशिष्ट प्रकार का बिजनेस या एजंसी 4 विशिष्ट या विशेषज्ञीय धंधा: ~ trading

boutonnière /बूटौन्येअः/ *US* बूटअनिर, बूटअन्येअः/ *n.* काज फूल, काज में लगाया जाने वाला फूल

bouts-rimes /बूरिमेज/ बूरिमे/ *n., pl., Fr.* तुकांत कविता

bouzouki/ bazouki /बुजूकि/ *n.* मेंडलीन परिवार का एक यूनानी वाद्य

bovine /बोवाइन/ *adj.* 1 गाय संबंधी, गोजातीय: ~ heart 2 *derog.* उबाऊ या मूर्ख (व्यक्ति);

collocations: ~ **somatotrophin** (*abbr.* **BST**) गाय आदि का दूध बढ़ाने के लिए दिया जाने वाला हार्मोन; ~ **spongiform encephalopathy** /~ स्पंजिफॉम एनकेफलौपथि/ (*also* **mad cow disease**) (*abbr.* **BSE**) गायों के पागलपन का रोग

bovver /बौवअ/ *US* बाःवर/ *v., pt.* **~ed**, *pp* **~ing** जानबूझकर उपद्रव क. (अशांति फैलाना);

collocations: ~ **boy** *Br. sl.* 1 बड़ा गुंडा 2 गली की लड़ाइयों में शामिल रहने वाले बड़े हिंसक गुट्ट का सदस्य; ~ **boots** कील लगे भारी जूते जिनसे गुंडे अपने शिकारों को ठोकर मारते हैं

bow /बो/ (*also* ~ **down**) ***v.**, pt.* **~ed**, *pp* **~ing** 1 (*also* **sometimes ~ down before sb/ sth**) झुककर आदर प्रकट क., नमन क.: he **~ed** to us as he passed by; ~ to a great writer; ~ to/ before grandeur/magnanimity 2 दबाव में आकर मुकाबले आदि से बाहर हो जा. या पद से त्याग पत्र दे दे. 3 के सामने झुक जा.: ~ to the inevitable/ to fate; ~ to sb's decision; not to ~ the neck to the invaders 4 बोझ तले झुक जा.: the branches were **~ed** down with the weight of the snow; his father is **~ed** with age; the trees **~ed** as the wind swept over them 5 झुककर धन्यवाद क.: ~ one's thanks 6 (*usually* **~ to sth**) विवश होकर स्वीकृति प्रकट कर दे.: ~ one's assent 7 मोड़कर तीर-कमानी आकार का बनाना 8 वायलिन आदि बजाना 9 तीर-कमान चलाना 10 लिखित में संगीत-स्वर बनाना;

n. 1 नमन, नमस्कार 2 जहाज का अगला भाग 3 चकरी/ फूल गांठ: a ~ of red ribbon; tie shoe-laces in a ~ 4 सारंगी आदि की कमानी या गज 5 (*often* **bows**) धनुष, कमान, चाप 6 इंद्रधनुष 7 (***syn.*** curve) मोड़, घुमाव 8 गज (for violin) 9 (***syn.*** slipknot) सरकफंदा, फिसलफंदा 10 जहाज का अगला भाग, अगवाड़;

dw/lw: **~-backed** *adj.* कुबड़ा, कुबड़ी; **~bent** *adj.* धनुष की तरह झुका हुआ; **~-boy** *n.* बाल धनुर्धारी, बालक तीरदांज, क्यूपिड (रोमन प्रेमदेवता, कामदेव); **~-compass** *n.* कमान-कुतुबनुमा; **~ed** *adj.* मुड़ा हुआ, टेढ़ा: ~ed shoulders; ~ed down with care; **~er** *see below under separate entry*; **~fin** *n.* एक प्रकार की मछली; **~-hand** *n.* धनुष पकड़ने वाला हाथ; **~-how** *n.* कुत्ते के लिए बच्चों का शब्द; **~-legged** *adj.* धनुर्जंघी, टेढ़ी टांगों वाला, वक्रपाद, बांडा (*Hr.*); **~line** *n.* 1 जहाज के पाल को कसकर खिंचा रखने के लिए रस्सा 2 कड़ी गांठ, आरसा, बोलिन; **~man** *n., mainly old use* तीरंदाज, धनुर्धारी; **~oar** *n.* आगल पतवार; **~-pen** *n.* कमान-लेखनी; **~saw** *n.* कमानदार आरा; **~shot** *n.* तिरवा, तीर के मार की दूरी, तीर का वार; **~sprit** /बोस्पिरिट/ *n., naut.* समुद्री जहाज से बाहर निकला हुआ मजबूत डंडा जिससे पाल के रस्से बंधते हैं; **~string** *n.* धनुष की डोरी, प्रत्यंचा; चिल्ला, पतंचिका, ज्या; **~tie** *n.* टाई के स्थान पर गले में बांधा जाने वाला सुंदर-से कपड़े का बढ़िया टुकड़ा; **~yer** *n.* धनुषकार;

collocations: **~ing acquaintance** साधारण परिचय, राम-सलाम या दुआ-सलाम भर का परिचय; ~ **legs** धनुष की तरह मुड़ी हुई टांगे, बांडी टांगें; ~ **knot** चक्री गांठ; ~ **wave** जहाज के अगले भाग के चलने के कारण पैदा होने वाली तरंग; ~ **window** तीन तरफ बाहर निकली हुई गोल खिड़की;

bold/ bluff ~ जहाज का चौड़ा अग्र भाग; **lean** ~ जहाज का संकरा अग्र भाग;

p&i: ~ **and scrape** *derog.* की चापलूसी क., अत्यधिक विनम्रता व आदर के साथ पेश आना; ~ **down one's ear to sb** किसी को अपने कान दे.; ~ **down to sb** किसी के सामने घुटने टेकना; ~ **long bent at last waxeth weak** ज्यादा झुकने से आदमी कमजोर हो जाता है, अति सर्वत्र वर्जयेत; ~ **one's head** सिर झुकाकर अभिवादन क.; ~ **out** हटना, पीछे हटना, अपने को अलग क.; ~ **sb in/ out** किसी को अंदर लाना या बाहर छोड़ आना; ~ **sth/ sb down** कुचल दे.; ~ **to sth/ sb** किसी के या किसी बात के दबाव में आकर कुछ क.;

bend the ~ of Ulysses सीता का धनुष तानना, बहुत मुश्किल काम क.; **Cupid's** ~ कामदेव के होंठों की छलिया मुद्रा; **draw a ~ at a venture** अंधेरे में हाथ-पांव मारना; **draw not your ~ till your arrow is fixed** पहले सोचो फिर बोलो; **draw the long** ~ लंबी-चौड़ी बातें क., लंबी छोड़ना; **give sb a** ~ किसी को नमन करना; **go to the ~-wows!** भाड़ में जाओ!; **have two strings to one's** ~ एक से अधिक साधन हो.; **make one's** ~ रंगमंच से प्रस्थान क.; **make one's best** ~ चले जा.; **on the** ~ एकदम अगले बिंदु से 45^0 पर स्थित, तिरछा; **on the ~ hand** निशाने से दूर; **take a** ~ तालियों की गड़गड़ाहट के जवाब में नमन करना; **two strings to one's** ~ हाथ में विकल्प हो.

bowdleri\ze /बाउड्लअराइज/ *v., pt.* **~zed**, *pp* **~zing** 1किसी पुस्तक या नाटक आदि से अश्लील बातें हटाना 2 (***syn.*** expurgate) काट छांट क., परिशोधन क.;

dw/lw: **~zation** /बाउड्लअराइजेशन/ *n.* परिशोधन, काट-छांट

bowel /बाउअल *n.* 1 आंत, विशेषकर मानवों में बड़ी आंत, अंतड़ी 2 (*usually* **~s**) किसी भी वस्तु का गहनतम (सबसे गहरा) बिंदु या स्थान: a rumble came from the ~s of the earth (धरती की गहराइयों से घड़घड़ाहट की आवाज आई;

collocations: ~ **movement** पेट साफ होने की क्रिया, पाखाना; **the ~s of compassion/ of pity** सहानुभूति की भावना;

p&i: **move one's ~s** मल-त्याग क.; **one's ~s yearned** पीड़ा से कराहना; **the ~s of compassion/of pity** सहानुभूतिपूर्वक पेश आना

bower /बाउअः/ *n.* 1 देहात में कॉटेज (summer house, *Russian*: **да́ча** /दाछा/) 2 कुंज, लता-मंडप 3 बाग में पेड़-पौधे की छांव तले कोई स्थान 4 महिला का निजी या भीतरी कक्ष या शयन-कक्ष (boudoir) 5 बड़ा या आगल लंगर: ~ anchor;

***v.**, pt.* **~ed**, *pp* **~ing** 1 घेरना 2 छायान्वित क. 3 कुंजयुक्त क. 4 कहना, वास क.;

dw/lw: **~-bird** *n.* ऑस्ट्रेलियायई पक्षी; **~-oar** *n.* आगल पतवार; **~y** /बाउरि/ *adj.* छायान्वित, कुंजयुक्त; **~y** /बाउअरि/ *n.* लता-मंडप वाला खेत;

p&i: **right** ~ सब की आंखों का तारा

bowie knife /बोइनाइफ/ *n.* छुरा, बड़ा चाकू

bowl /बोल/ *n.* 1 प्याला, कटोरा: tea ~ 2 प्याला भर मात्रा 3 लैवेटरी का फ्लश कुंड 4 प्यालानुमा बर्तन 5 मदिरामय दावत: the flowing

~ (मदिरामय पेय); the cheerful ~ (प्रफुल्ल मदिरामय दावत) 6 फलों के गहरी प्लेट 7 *US* ऐंफीथियेटर, खेल का मैदान 8 एक खेल 9 लकड़ी या धातु की गेंद 10 दुनिया: around the ~;

***v.**, pt.* **~ed**, *pp* **~ing** 1 *cricket* गेंदबाजी क. 2 गेंद फेंकना 3 (*often* **~ sb out**) बल्लेबाज को गेंद फेंक कर आउट क. 4 गेंद को लुढ़काना 5 किसी दिशा में तेजी से (गाड़ी आदि से) जा.;

dw/lw: **~er** /बोलः/ *n.* गेंदबाज; **~ful** *n., pl.* ~fuls प्याला भर; **~ing** /बोलिंग/ *n.* क्रिकेट के खेल में गेंदबाजी; **~ing-crease** *n.* गेंदबाजी की लाइन; **~s** /बोल्ज/ *n.* 1 एक खेल जिसमें बड़ी गेंदों को लकड़ी के तंग रास्ते पर एक छोटी गेंद (jack) के समीपतम लुढ़काया जाता है 2 स्किट्ल्ज (skittles) का खेल;

collocations: **~er hat** *UK* (*US* **Derby**) गोल घास का टोप (felt hat); **~ing alley** 1 लकड़ी के तख्तों से बना तंग-सा रास्ता जिसमें बाउलिंग के खेल में गेंदें चलती हैं; **~ing green** *बोल्ज* के खेल में समतल हरे घास का रास्ता;

p&i: **~ along/ down etc.** 1 जमीन पर लुढ़कते जाना 2 जल्दी-जल्दी (गाड़ी चलाकर) जा.; **~ out/ ~ over** 1 (***syn.*** knock down) गिरा दे., पछाड़ दे., चित्त कर दे. 2 (***syn.*** surprise, delight) किसी को आश्चर्यचकित या आनंदित क. 3 (***syn.*** disconcert) घबरा दे., बुरी तरह हड़बड़ा दे.;

get the/ a ~er hat सैनिक सेवा से बरखास्त कर दिया जा.; **goldfish ~** ढूंढे से भी तनहाई नहीं मिलती; **the flowing ~** शराब की नदियां बहना; **the golden ~ is broken** सपने टूटकर चूर हो गए; **they who play ~s must expect to meet with rubbers** जैसा बोओगे, वैसा काटोगे;

bowls *see above under* **bowl:** ***dw/lw***

bowser /बाउजः/ *n.* 1 हवाई अड्डे पर जहाजों में पेट्रोल डालने के लिए प्रयुक्त छोटा टैंकर 2 *now mainly Austral & NZ* पेट्रोल स्टेशन

bow-wow /बो-वो/ *n.* कुत्ते की भौं-भौं के लिए बच्चे के शब्द: the (bit) ~ style

box /बौक्स/ *US* बाःक्स/ (*also* **~ tree**) *n., pl.* **~es** 1 संदूक, बक्सा, पेटी, पिटारा, पिटारी, धानी, डिब्बा, डिब्बी, डिबिया: ~ with the pills; ~ of matches; he ate a whole ~ of chocolates 2 संदूक भर या डिबिया भर मात्रा 3 समाचार पत्रों या पत्रिकाओं में आयताकार में स्थूलाक्षरों में छपने वाली सामग्री 4 छोटी दुकान या स्टॉल का कक्ष, काठ-कोठरी: sentry ~; telephone ~ 5 थप्पड़, मुक्का 6 कठघरा, चौखटा: witness ~ 7 (**the ~**) टेलीविजन 8 थियेटर आदि में कई सीटो वाला अलग कक्ष 9 घुड़साल में घोड़े के लिए अलग कोठरी: horse-~ 10 *football* दंड-कक्ष 11 (*PO Box*) अखबार व डाकघर आदि में व्यक्तिगत पते के साथ पत्र-पेटी 12 यंत्र-डिब्बा: gear~ 13 *cricket* गुप्तांगों की सुरक्षा के लिए टोपीनुमा आवरण 14 उपहार बक्सा: gift ~ 15 छोटा-सा ग्रामीण घर जिसे शिकार की आधार चौकी के रूप में प्रयोग करते हैं: shooting-~ 16 ड्राइवर का कक्ष 17 उत्तर के रूप में निशान लगाने के लिए (tick-mark/cross: √/**X**) उत्तर-पुस्तिका पर बना खाना 18 एक छोटा सदाबहार पेड़ या झाड़ी: ~ wood (उपरोक्त पेड़ या झाड़ी की लकड़ी) 19 कैद कोठरी: prisoner's ~;

***v.**, pt.* **~ed**, *pp* **~ing** *s/he/it* **~es** 1 थप्पड़ मारना, मुक्केबाजी क. 2 (*also* **~ up**) बॉक्स में छपवाना या छापना 3 (*also* **~ sth up**) किसी वस्तु को बक्से में रखना, बक्से में डालना 4 (*esp.* **~ sb/ sth in/ up**) किसी की गतिविधियों और आने-जाने पर प्रतिबंध लगाना 5 (*also* **~ sth up**) *Austral., NZ* गलती से भेड़ों आदि के दो या अधिक झुंडों को मिला दे. 6 सब गड्डमड्ड कर दे.;

dw/lw: **~car/~wagon** *n. N. Amer.* माल ढोने का रेल का डिब्बा; **~cloth** *n.* मोटा-कपड़ा; **~coat** *n.* भारी ओवर-कोट; **~ed** *adj.* बक्से में रखा हुआ; **~er** /बॉक्सः/ *n.* मुक्केबाज; **~ercise** /बॉक्सःसाइज/ *n.* ऐरॉबिक्स (aerobics) और मुक्केबाजी की नकल से बना व्यायाम का मिश्रण; **~haul** *v.* दिशा बदलना; **~ing** /बॉक्सिंग/ *n.* मुक्केबाजी; **~iron** *n.* बक्स-इस्त्री; **~like** *adj.* बक्से जैसा; **~lobby** *n.* नाट्यशाला में बॉक्स-गलियारा; **~myrtle** *n.* कायफल; **~room** *n. mainly Br.* बोरियों, बक्सों आदि को रखने का कमरा या कोठरी; **~ers** /बॉक्सःज/ (*also* **~er shorts**) *n. [pl.]* पुरुषों का मुक्केबाजों की निक्कर जैसा ढीला कच्छा या निक्कर; **~wagan** *n.* मालगाड़ी का डिब्बा; **~wallah** *n.* फेरीवाला, डब्बे वाला; **~wood** *n.* कामिनी; **~\y** /बॉक्सि/ *adj., degr.* ~ier, ~iest 1 बक्से के आकार का 2 ढीली-ढाली पोशाक;

collocations: **~ girder** *engin.* इस्पात या लकड़ी का खोखला शहतीर जिसे भवन निर्माण में प्रयुक्त किया जाता है; **Boxing Day** ब्रिटेन, कैनेडा आदि देशों में 26 दिसंबर की छुट्टी का दिन; **~ing glove** मुक्केबाज के दस्ताने; **~ junction** *Br.* सड़क के चौराहे पर पीली लाइनों से घिरा क्षेत्र जिसपर खाली होने पर गाड़ियां चल सकती हैं; **~ kite** खुले सिरों वाला बक्से की शक्ल का पतंग; **~ lunch** स्कूल में ले जाया जाने वाला सैंडविच आदि का खाना; **~ number** समाचार-पत्र कार्यालय या डाक-घर में व्यक्तिगत डाक-पेटी का नंबर; **~ office** सिनेमा आदि का टिकट घर; **~ pleat** दोहरी पट्टी का स्कर्ट; **~ respirator** गैस-सुरक्षा डिब्बा; **~ room** घर में भंडारगृह; **~ shorts/ boxers** मुक्केबाज की निक्कर जैसा पुरुषों का कच्छा; **~ wood** बाक्स नामक पेड़ की लकड़ी;

Christmas Box क्रिस्मस के अवसर पर उपहार बक्सा; **sentry ~** पहेरदार का कक्ष या काठ-कोठरी; **telephone ~** टेलीफोन कक्ष; **witness ~** गवाह-कक्ष, कटघरा;

p&i: **Box and Cox** एक ही काम को बारी-बारी से करने वाले दो व्यक्ति, एक ही स्थान पर बारी-बारी से रहने वाले दो व्यक्ति, जीवन का खेल; **~ in** 1 बंद क. 2 घेरना; **~ off** पार्टीशन या अलगाव-पट्टी लगाकर अलग क.; **~ on the ear =~ the ear = ~ sb's ear** कानों पर थप्पड, चांटा, तमाचा लगाना; **~ sb/ sth in** कार आदि का दूसरी गाड़ियों के बीच इस तरह फंसकर खड़ा हो. कि उसे निकाला न जा सके; **~ the compass** *naut.* कुतुबनुमा में सभी 32 स्थितियों को ठीक से बताना;

a ~ of birds बढ़िया, शानदार; **be in a ~** कठिन स्थिति में हो.; **be in one's thinking ~** विचारों में डूब जा.; **be in the same ~ with sb** किसी के साथ एक समान स्थिति में हो.; **be in the wrong ~** अप्रिय स्थिति या संकट में हो.; **go home in a ~** मर जा. या मारा जा.; **in the ~ seat** बढ़त देने वाली या लाभकर स्थिति में; **omnibus ~** नाट्यशाला में धनी दर्शकों के लिए कई सीटो वाला अलग बना स्थान; **out of the ~** नए तरह का विचार या तरीका; **Pandora's ~** मुसीबतों का पिटारा;

boxer *see above under* **box:** ***dw/lw***

boxercise *sees above under* **box:** ***dw/lw***

boxers *see above under* **box:** ***dw/lw***

boxing *sees above under* **box:** ***dw/lw***

boxy *see above under* **box:** ***dw/lw***

boy /बॉय/ *n., pl.* **~s** 1 लड़का, बालक, किशोर, बेटा 2 नौकर 3 (**the boys**) लड़कों की टोली: go to the park with the **~s** 4 विशेष कार्य करने वाला लड़का: backroom ~; post ~ 5 अविवाहित युवक 6 **Oh ~!** *excl.* विस्मयबोधक शब्द;

dw/lw: **~friend** *n.* प्रेमी, यार; **~hood** /बुआयहुड/ *n.* युवावस्था, किशोरावस्था, लड़कपन; **~ish** /~इश/ *adj.* 1 लड़कों जैसा: my ~ish days 2 बालोचित, बालसुलभ, बाल्य 3 (***syn.*** puerile) बचकाना 4 (***syn.*** spirited) जोशीला, उत्साही; **~ishly** *adv.* बचकाने ढंग से; **~ishness** *n.* बचकानापन;

collocations: **~ band** युवा लोगों की संगीत मंडली; **~ racer** गाड़ी तेज चलाने वाला युवक; **Boys' Brigade** (*abbr.* **BB**) *UK* बालकों का एक संगठन जो अनुशासन और आत्म-सम्मान का समर्थक है; **Boy Scout** बालचर, बुआय स्काउट; **~'s play** बच्चों का खेल, सरल काम; **~ wonder** अति प्रतिभाशाली लड़का;

city ~ शहरी लड़का; **country ~** गांव का लड़का; **nice ~** अच्छा

लड़का; **the old** ~ राक्षस; **yellow** ~ सोने का सिक्का;

p&i: ~ **in buttons** होटल के गलियारे में काम करने वाला लड़का;

a backroom ~ गुप्त प्रयोगशाला का छिपा रुस्तम; **a mummy's** ~ मां का परम प्रिय बेटा; **a whipping** ~ *hist.* राजकुमार के साथ पाला-पोसा जाने वाला लड़का जिसे राजकुमार की बजाए सजा दी जाती थी, बलि का बकरा; **big** ~ 1 *US* मालिक 2 सरगना, सरदार 3 भारी हथियार; **boys will be ~s** बच्चे तो बच्चे ही रहेंगे; **big** ~ 1 *US* मालिक 2 सरगना, सरदार 3 भारी हथियार; **from a** ~ बचपन से; **Nancy (-Pansy)** ~ लौंडेबाज; **old** ~ स्कूल का दोस्त; **one of the ~s** अपना आदमी; **our ~s** हमारे सैनिक; **Peck's Bad Boy** दूसरों को परेशानी में डालने वाला व्यक्ति; **principal boy** पुरुषों का अभिनय करने वाली अदाकारा; **rah-rah ~s** क्लास न जाकर कहीं और मौज-मस्ती करने वाले छात्र; **since Adam was a** ~ आदिकाल से; **Teddy boy** विचित्र पोशाक पहनकर लड़ाई-झगड़ों में उलझने वाले युवक; **the blue eyed** ~ प्रिय व्यक्ति; **the ~s in blue** 1 (इंग्लैंड आदि में) पुलिस 2 भारतीय क्रिकेट खिलाड़ी

boycott /बॉयकौट/ *US* बॉयकाःट/ *n.* बहिष्कार, हुक्का-पानी बंद; ***v.**, pt.* **~ed**, *pp* **~ing** 1 सामान आदि का बहिष्कार क. 2 हुक्का-पानी बंद क.

Boyf /बॉइफ/ *n.* = **boyfrind**

boyhood, boyish *see above under* **boy:** ***dw/lw***

Boyle's law *n., phys.* भौतिकी का नियम जिसके अनुसार किसी निश्चित तापमान पर गैस का घन उसके दबाव के उल्टे अनुपात में होता है

bozo /बोजो/ *n., pl.* **~s** *sl., esp. US* अति मंदबुद्धि व्यक्ति

BP *abbr.* 'Bharat Petroleum', 'British Petroleum', 'British Pharmacopoeia', 'blood pressure' की प्रथमाक्षरी

bp *abbr.* (*also* **b/p**, **B/P**) 'bills payable', (*also* **Bp**) 'bishop', 'boiling point' की प्रथमाक्षरी

BPA *abbr.* 'British Publishers Association' की प्रथमाक्षरी

BPC *abbr.* 'Brand Protection Committee', 'British Pharmaceutical Codex' की प्रथमाक्षरी

BPCC *abbr.* 'Bharat Petroleum Corporation Limited' की प्रथमाक्षरी

BPD *abbr.* 'Barrels per Day' की प्रथमाक्षरी

BPE *abbr.* 'Bureau of Public Enterprises' की प्रथमाक्षरी

BPEF *abbr.* 'Bharatiya Postal Employees Federation' की प्रथमाक्षरी

BPharm *abbr.* 'Bachelor of Pharmacy' की प्रथमाक्षरी

BPhil *abbr.* 'Baccalaureus Philosophiae' *Lat.* (Bachelor of Philosophy) की प्रथमाक्षरी

bpi *abbr. comput.* 'bits per inch', 'bribe payers index', 'bytes per inch' की प्रथमाक्षरी

BPL *abbr.* 'Bayer Pharmaceuticals', 'Below Poverty Line' की प्रथमाक्षरी

BPM/ bpm *abbr.* 'beats per minute' की प्रथमाक्षरी

BPMS *abbr.* 'Bharatiya Pratiraksha Mazdoor Sangha' की प्रथमाक्षरी

BPNI *abbr.* 'Breastfeeding Promotion Network of India' की प्रथमाक्षरी

BPO *abbr.* 'Business Process Outsourcing' की प्रथमाक्षरी

BPP *abbr.* 'Bombay Parsi Panchayat' की प्रथमाक्षरी

BPR&D *abbr.* 'Bureau of Police Research and Development' की प्रथमाक्षरी

bps *abbr. comput.* 'bits per second', 'Bombay psychiatric Society' की प्रथमाक्षरी

BPSS *abbr.* 'Board for Regulation and Supervision of Payment and Settlement System' की प्रथमाक्षरी

BPT *abbr.* 'Bachelor of Physiotherapy' की प्रथमाक्षरी

BPTS *abbr.* 'battle physical efficiency tests' की प्रथमाक्षरी

Bq *symbol* Becquerel का चिह्न

BQC *abbr.* 'Bournvita Quiz Contest' की प्रथमाक्षरी

BR *abbr.* 1 'Brazil'(ब्राजील) का अंतर्राष्ट्रीय वाहन पंजीकरण कोड 2 *hist.* 'British Rail' की प्रथमाक्षरी

Br *abbr.* 'Britain', 'British', 'Brother' का संक्षेप

Br *symbol, chem.* bromine का चिह्न

br *abbr.* 'bank rate', 'bedroom', (*also* b/r, B/R) 'bills receivable' की प्रथमाक्षरी

br *abbr.* 'branch', 'bridge', 'bronze', 'brother', 'brown' का संक्षेप

Br. *abbr.* 'British' या 'Brother' का संक्षेप

BRA *abbr.* 'Banking Regulations Act' की प्रथमाक्षरी

bra /ब्रा/ *n., pl.* **bras** चोली, स्तनिका, ब्रा;

dw/lw: **~less** *adj.* बिना चोली के

braccate /ब्रैकेट/ *adj.* पक्षपदी, पंखदार पैरों वाला

brace /ब्रेस/ *v., pt.* **~d**, *pp* **bracing** 1 पट्टी या टेक लगाना 2 बांधना, कसना, तानना: ~ a bow 3 (*usually* ~ **oneself**) अपने आप को प्रहार के लिए तैयार या दृढ़ क.: ~ oneself, the VC is coming! 4 प्रोत्साहन दे., तैयार क. 5 शक्ति वर्धन क.: **~d** by the crisp November day; ~ one's energies/ heart;

n.**, pl.* **~s** 1 (syn.*** strap, fastener) टेक, पट्टी, सहारा 2 दांतों को सीधा जमाने के लिए पहनाई जाने वाली तारें, बंधनी 3 *UK* (*US* ***syn.*** suspenders) पैंट आदि को शरीर पर थामे रखने के लिए पहने जाने वाली पेटीनुमा फीते, गेलिस 4 *print.* धनुर्कोष्ठक, धनुर्बंधनी: (bracket: [] or {}) 5 (***syn.*** prop) ठेक, टेक, दीवारगीर, ताक 6 (***syn.*** tool) हाथ-बरमा 7 *pl.* शिकारी पक्षी 8 जोड़ा: a ~ of pheasants; twenty ~ of hares 9 *naut.* बंदरगाह में बंधा रस्सा जो जहाज के पालों को कसने के लिए प्रयोग किया जाता हैं;

dw/lw: **~ed** *adj.* मजबूत किया हुआ; **~er** *n.* (tonic) 1 टॉनिक, शक्तिवर्धक (औषध), बंध 2 शराब की एक घूंट; **bracing** /ब्रेसिंग/ *adj.* 1 पुष्टिकारक, स्फूर्तिकारक, स्फूर्तिदायक, ऊर्जावान 2 तरोताजा करने वाली (wind, air, climate) 3 उत्तेजक;

collocations: ~ **and bit** हाथ-बरमा; **wall** ~ दीवार का सहारा; **orthopaedic** ~ हड्डी की टेक

p&i: ~ **oneself** किसी कठिन एवं अप्रिय कार्य के लिए तैयार हो.; ~ **one's energies** अपनी शक्ति बढ़ाना; ~ **up** हिम्मत जुटाना, हिम्मत न हारना;

in a ~ **of shakes** एक पल में, तुरंत; **splice the main** ~ शराब पीना

bracelet /ब्रेसलिट/ *n., pl.* **~s** 1 कंगन 2 कड़ा 3 *sl.* हथकड़ी

brach /ब्रैक/ *n.* शिकारी कुतिया

brachial /ब्रेकिअल/ *adj., tech.* 1 कंधे या बाहु से संबंधित 2 आकार, कार्य व संरचना में बाहु जैसा 3 बाहु-: ~ artery

brachiopod /ब्रेकिअपौड/ *US* ब्रेकिअपाःड/ (*also* **lampshell**) *n., pl.* **~s**/ **~a; Brachiopoda** सीपदार घोंघा मछली

brachiosaurus /ब्रेकिअसॉरअस/ *n., pl.* **~es** *palaeontol.* यूरासिक (Jurassic) काल में मिलने वाला सबसे भारी डायनासौर

brachy- *com. form, denoting:* **small** (लघु);

dw/lw: **~axis (crystal)** लघु-अक्ष; **~cephal** /ब्रैकिसेफल/ ब्रैकिकेफल/ *adj.* लघु-कपाल; **~cephalic** /ब्रैकिसिफैलिक/ ब्रैकिकेफैलिक/ or **~cephalous** /ब्रैकिसिफैलस/ ब्रैकिकेफैलस/ *adj.* लघु-शिरस्क, लघु-शीर्ष; **~cephaly** /ब्रैकिसिफैलि/ ब्रैकिकेफैलि/ *n.* लघु-शिरस्कता; **~dactyl/ ~dactylic/ ~dactylous** /ब्रैकिडैक्टि\ल/ ~लिक/ ~लस/ *adj.* लघु-अंगुलिक; **~dactyly** /~लि/ *n.* लघु-अंगुलिता; **~diagonal** *adj.* लघु-पार्श्व अक्षीय, लघु-विकर्ण; **~dome** *n.* लघु-अक्षडोम, लघु-नतछाद; **~graphy** *n.* आशुलिपि, आशु-लेखन; **~logy** *n.* संक्षिप्त अभिव्यक्ति, संक्षिप्त वाग्-विमर्श; **~pinakoid/ ~prism** *n.* लघु-अक्ष पिलाकॉयड, लघु-पट्टपार्श्वक, लघु-प्रिज्म, लघुपस्तंभ; **~pterous** *adj.* लघु-पंखी, लघुपक्षधारी, छोटे पंखों वाला, छोटे

पंख वाला
Brachyura /ब्रैक्यूरा/ *n., pl,* ब्रैक्यूरा, केंकड़ा वर्ग;
dw/lw: **~ural/ ~urous** /ब्रैक्यूरल/ ब्रैक्यूरस/ *adj.* ब्रैक्यूरा संबंधी
bracing *see above under* **brace: *dw/lw***
bracken /ब्रैकन/ *n.* ब्रिटेन में पाया जाने वाला एक जहरीला पौधा
bracket /ब्रैकिट/ (*also* **parenthesis**, *pl.* **parentheses**) *n., pl.* **~s** 1 वर्ग, श्रेणी (group): the 20 to 50 age ~; there are several income **~s** 2 कोष्ठक: round ~s (), square ~s [], bow ~s {} 3 (***syn.*** support) टेक, बंधनी टेक, दीवारगीर, ताक;
v., pt. **~ed**, *pp* **~ing** 1 कोष्ठक में रखना, ब्रैकेट लगाना 2 बराबर समझना, एक स्तर/श्रेणी में रखना: the two sportsmen were **~ed** for the prize;
dw/lw: **~-change-~** *n.* स्केटिंग में **8**-नुमा आकार में नृत्य; **~-creep** *n., finance* मुद्रास्फीति द्वारा पैदा की गई स्थिति जब किसी व्यक्ति के वेतन में वृद्धि उसके लिए लाभकारी नहीं होती क्योंकि उसकी आय श्रेणी (tax group) बदल जाती है;
p&i.: **out of my price ~** मेरे दाम वर्ग (सामर्थ्य) से बाहर; **~ sb/ sth together** दो व्यक्तियों, वस्तुओं को एक ही स्थान पर रखना;
brackish /ब्रैकिश/ *adj.* 1 नून-खारा, खारा (पानी): ~ lakes/ marshes/ lagoons 3 (***syn.*** distasteful) अरुचिकर;
dw/lw: **~ness** *n.* खारापन
bract /ब्रैक्ट/ *n.* सहपत्र, अधःपत्र;
dw/lw: **~let** *n.* सहपत्रक; **~eal** /ब्रैक्टिइल/ *adj.* पत्रक
brad /ब्रैड/ *n.* चपटी कील, चोबा
bradawl /ब्रैडाःल/ *n.* सुम्मी, सूजा, आर, सूआ, बरमा
brady- *comb. form, denoting:* **slowness** (मंदता);
dw/lw: **~cardia** /ब्रैडिकाःडिआ/ *n., pathol.* ऐसी अवस्था जब दिल की धड़कन साधारण (50-60 प्रति मिनट) से काफी कम हो, हृद्-मंदता; **~peptic** *adj.* मंदाग्निग्रस्त; **~peptic** *n.* मंदाग्निग्रस्त व्यक्ति; **~seism** /ब्रैडिसाइज्म/ *n., meteorol.* धरती की सतह का मंद-मंद कंपन
brae /ब्रे/ *n., pl.* **braes** *Scottish* 1 पहाड़ी की ढाल 2 नदी का ढलवां किनारा 3 (**braes**) पहाड़ी क्षेत्र
brag /ब्रैग/ *v., pt.* **~ged**, *pp* **~ging** 1 शेखी बघारना, डींग मारना, 2 आत्म-प्रशंसा क., गाल बजाना;
n. डींग, शेखी, आत्मश्लाघा;
dw/lw: **braggadocio** /ब्रैगअडोचिओ/ *n.* 1 शेखीबाजी 2 डींग (empty boasting); **~gart** /ब्रैगअःट/ *n.* शेखीबाज, बड़बोल, आत्मश्लाघी, शेखी बघारने वाला, डींग हांकने वाला; **~gingly** *adv.* शेखी बघारते हुए;
p&i: **~ and boats** डींग मारना, शेखी बघारना; **~ is a good dog, but holdfast is better one** कथनी से करनी भली; **nothing to ~ about** साधारण, मामूली
braggart /ब्रैगःट/ *n. see above under* **brag: *dw/lw***
Brahms and Liszt /ब्राम्ज एंड लिस्ट/ पिए हुए
braid /ब्रेड/ *n. US* (*UK* **plait**) 1 लट या चोटी, वेणी 2 कशीदाकारी धागा, गोटा, रिबन, (***syn.*** border) किनारी 3 (***syn.*** band) फीता 4 *N. Amer.* बालों की चोटी या चुटिया 5 चौंक 6 वेणी-गुंथन;
***v.**, pt.* **~ed**, *pp* **~ing** 1 चुटिया बनाना, गूंथना, बांधना 2 गोटा या किनारी लगाना 3 पिरोना 4 फीता या बेल लगाना;
dw/lw: **~ed** *adj.* गुंथा हुआ; **~ing** *n.* 1 चुटिया बनाने की क्रिया 2 वेणी-गुंथन 3 कशीदाकारी, फीते, बेले
braill\e /ब्रेल/ (*also* **Braille-writer**) *n.* ब्रेल, उत्कीर्ण लेख, ब्रेल लिपि;
v. *pt.* **~ed**, *pp* **~ing** ब्रेल लिपि में लिखना;
dw/lw: **~er** *n.* ब्रेल लिपि में लिखने वाला यंत्र
brain /ब्रेन/ *n.* 1 दिमाग, मस्तिष्क, मगज, भेजा: disease of the ~ (मस्तिष्क रोग) 2 (*esp.* **~s**) चतुरता, बुद्धि, प्रतिभा, मेधा: it takes ~s to do that job 3 विवेक: use your **~s**! 4 बौद्धिक क्षमता: powerful/ weak, clear ~ 5 *colloq.* योजना या विचार का प्रवर्तक बुद्धिमान व्यक्ति: the **~s** behind sth (किसी काम की सफलता के पीछे दिमाग या बुद्धि);
v. *pt.* **~ed**, *pp* **~ing** *colloq.* 1 सिर फोड़ना 2 भेजा फोड़ना;
dw/lw: **~box** *n.* अत्यधिक बुद्धिमान व्यक्ति; **~ed** *adj.* जिसका दिमाग हो, बुद्धिमान; **~bird** *n.* कोयल; **~child** *n.* सूझ, उद्भावना, दिमाग की उपज: the ~child of sb; **~-convolution** *n.* मस्तिष्क संवलन, लहरिका; **~-damage** *n.* बीमारी के कारण होने वाली दिमाग की खराबी; **~-damaged** *adj.* मस्तिष्क-आघातित; **~-dead** *adj.* 1 दवाइयों के सहारे जीवित मस्तिष्क आघातित (व्यक्ति), मस्तिष्क-मृत; **~fag** *n.* दिमागी थकान; **~-fever** *n.* मस्तिष्क ज्वर, सरसाम; **~-growth** *n.* मस्तिष्क विकास; **~iness** *n.* बुद्धिसंपन्नता, बुद्धिकुशाग्रता; **~less** *adj.* बेदिमाग, निर्बुद्धि; **~-pan** *n.* खोपड़ी; **~power** *n.* प्रतिभा-शक्ति, बुद्धि; **~-sick** *adj.* पागल, विक्षिप्त; **~stem** *n. anat.* दिमाग का मुख्य भाग; **~storm** *US* (*UK* **~wave**) *n.* 1 आकस्मिक दिमागी धूमिलता 2 आकस्मिक विचारों की उड़ान, पते की बात; **~storming** *n.* कई लोगों द्वारा मिलकर किया जाने वाला नए विचारों या योजना को विकसित करने के लिए बौद्धिक मंथन; **~-surgeon** *n.* मस्तिष्क शल्य-चिकित्सक; **~teaser/ ~twister** *n.* कठिन समस्या, मुश्किल काम या पहेली, भेजा-फोड़; **~wash** /ब्रेन्वॉश/ *v., pt.* ~washed, *pp* ~washing बलात् मत परिवर्तन क., बुद्धि पलट दे., भेजे की धुलाई क.; **~washing** *n.* भेजा-धुलाई, मत-आरोपण; **~wave** *UK* (*US* **~storm**) *n.* आकस्मिक व चतुर विचार, सूझ, बौद्धिक उड़ान, पते की बात; **~y** /ब्रेनि/ *adj., degr.* ~ier, ~iest *colloq.* चतुर, बुद्धिमान, कुशाग्रबुद्धि;
collocations: **~ death** मस्तिष्क मृत्यु; **~ drain** प्रतिभा पलायन, प्रतिभाप्रवास; **~ sauce** ज्ञान, मति; **~ surgery** दिमागी शल्य-क्रिया; **Brains Trust** बुद्धिजीवियों का वर्ग, विज्ञ-मंडल, बौद्धिक मंडली;
p&i: **an idle ~ is the devil's workshop** खाली दिमाग शैतान का घर; **beat one's ~s out/ about** खूब दिमाग खपाना, भरसक प्रयास क.; **blow sb's ~ out** किसी के सिर में गोली मारकर भेजा उड़ा दे.; **crack one's ~(s)** दिमाग से हिल जा., पागल हो जा.; **cudgel/ beat/ puzzle/ rack/ drag one's ~s about/ with sth** दिमाग लगाना या खपाना; **get one's ~s fried** 1 लू लगना 2 नशीली दवा पिए हो.; **have one's ~s on ice** पूर्णतः शांत हो.; **have sth on the ~** *colloq.* मन में बैठी बात की सनक या धुन होना, किसी बात का भूत सवार होना; **have more ~s in one's little finger than sb has in his whole ~** किसी के पूरे भेजे से ज्यादा दिमाग किसी की छोटी उंगली में हो.; **it's not ~ surgery** यह तो आसान-सा काम है; **make sb's ~ reel** किसी को हक्का-बक्का क.; **not to have a ~ in one's head** भेजा खाली हो., दिमाग से पैदल हो.; **pick/ suck sb's ~s** किसी से सूचना विचार आदि लेकर उन्हें बेईमानी से अपनी बनाकर प्रयोग क.; **soak into sb's ~** बिल्कुल स्पष्ट हो जा.; **tax one's ~** दिमाग पर जोर दे.; **the ~s don't lie in the beard** दाढ़ी में दिमाग नहीं बसता; **turn sb's ~s** किसी का दिमाग खराब क., दिमाग बदल दे.
braise /ब्रेज/ *v., pt.* **~d**, *pp* **braising** घी में भूनना या लाल करना, दम दे., दम देकर यानी धीमी आग पर धीरे-धीरे पकाना
brake /ब्रेक/ (*also* **~ harrow**) *n.* 1 ब्रेक: put on the ~ 2 अवरोध, रोक, आरोध: a ~ on public spending 3 (***syn.*** thicket) झाड़ी, झुरमुट, झाड़-झंकाड़ 4 कंघी (toothed instrument) 5 (***syn.*** harrow) हेंगा;
v.**, pt.* **~d**, *pp* **braking** 1 ब्रेक लगाना 2 रोकना, थामना 3 (syn.*** crush) कूटना;
dw/lw: **braking** *n.* ब्रेक लगाने की क्रिया; **~man/ ~sman** *n.* इंजन चालक का सहायक, ब्रेकमैन;
collocations: **~ drum** *engin.* कार आदि के पहिए में घूमता

हुआ ढोलनुमा सिलेंडर जिस पर ब्रेक लगाई जाती हैं; ~ **fluid** द्रव-ब्रेक सिस्टम; ~ **horsepower** *engin.* (*abbr.* **bhp**) ब्रेक लगाकर थामने में लगने वाली शक्ति जिसे डायनमोमीटर से मापा जाता है; ~ **light** ब्रेक की बत्ती, पिछली बत्ती; ~ **pad** एक पतली प्लेट जो पहिए की डिस्क से चिपककर अवरोध पैदा करती है; ~ **parachute** विमान के उतरते वक्त पैराशूट खोलकर ब्रेक लगाने का सिस्टम; ~ **pedal** ब्रेक पैडल; ~ **shoe** *engin.* गुटका; ~ **van** ब्रेक-गाड़ी;

p&i: **apply the ~s** कुछ और करने या लेने से रुक जा.

bramb\le /ब्रैंबल/ (*also* **~le-bush**) *n.* झड़बेरी, कांटेदार झाड़ी;

dw/lw: **~ly** *adj.* कांटेदार

brambling /ब्रैंबलिंग/ *n.* तूती

Bramley /ब्रैम्लि/ (*also* **Bramley seedling**) *n., pl.* **Bramleys** पकाया जाने वाला सेब

bran /ब्रैन/ब्रान/ *n.* चोकर, भूसी;

dw/lw: **~bread** चोकर की ब्रेड/ रोटी

branch /ब्रांच/ *n., pl.***~es** 1 टहनी, शाखा, डाल, डाली 2 विषय: ~ of learning 3 क्षेत्र 4 विभाग: ~ of the service; the Executive ~ 5 उपशाखा: works in a ~ of geography called biogeography; pathology is a ~ of medicine 6 उपभाग, प्रशाखा: English is a ~ of the Germanic family of languages 7 रेलवे लाइन, नदी आदि की शाखाएं 8 बड़े संगठन या कंपनी की स्थानीय शाखा: a neighbourhood ~ of the city library; ~ post-office; ~ bank; ~ line; ~ establishment 9 पारिवारिक या वंशागत प्रशाखा;

v., *pt.* **~ed**, *pp* **~ing** 1 शाखाएं निकलना, फूलना, फूटना: ~ forth/ ~ out 2 (*also* ~ **off**) अलग-अलग रास्ते हो.: the road **~es** here 3 फैल जाना, भिन्नता लाना 4 से निकलना: poetry that **~ed** from Pushkin;

dw/lw: **~ed** *adj.* शाखाओं में बंटा हुआ; **~ing** *n.* (***syn.*** diversification) शाखा-विन्यास, शाखाओं में विकास या फैलाव; **~less** *adj.* शाखाहीन; **~let** *n.* टहनी; **~-office** *n.* शाखा कार्यालय; **~y** *adj, degr.* ~ier, ~iest शाखाओं से भरा हुआ;

collocations; ~ **line** शाखा (लाइन);

p&i: ~ **out** अलग-अलग रास्ते हो.; (*esp.* ~ **off**) **~-off** अलग हो जाना: a road branching off to the left; ~ **out (into sth)** भिन्न-भिन्न विचारों या योजनाओं के रूप में फलना-फूलना या विकसित हो., विविधिकरण हो.; ~ **out from sth** से निकलना, भिन्न-भिन्न शाखाओं के रूप में फैलना;

hold out the olive ~ शांति का प्रस्ताव रखना; **root and** ~ समूल, जड़ से

branch\ia /ब्रैंकिआ/ *n., pl.* **~iae** /ब्रैंकिइ/ आद्यग्रसनी, क्लोम;

dw/lw: **~ial** /ब्रैंकिअल/ *adj.* क्लोम-

brand /ब्रैंड/ (*also* **~ing-iron**) *n.* 1 (***syn.*** trademark) ट्रेडमार्क, मार्का, ठप्पा, व्यापार-चिह्न, छाप, ब्रांड, ब्रैंड 2 (***syn.*** kind, variety) प्रकार, किस्म: good ~ of flour; good/ ordinary ~ 3 (***syn.*** mark) दाग, छाप 4 (*also* **~ing iron**) दागने का लोहा 5 लुआठा, लुआठी, लुकाठी (burning stick) 6 (***syn.*** stigma) कलंक: the ~ of villainy 7 *lit.* मशाल (flaming torch) 8 *lit.* तलवार 9 (***syn.*** fungus disease, blight) चित्ती;

v., *pt.* **~ed**, *pp* **~ing** 1 पशु को गर्म छड़ से दाग लगाना, दागना, 2 कलंकित क., कलंक लगाना: ~ sb as a liar/ a coward/ a thief 3 मन में बैठाना: ~ sth upon sb's memory 4 मन में छाप छोड़ना: it is **~ed** on my mind;

dw/lw: **~ed** *adj.* 1 प्रसिद्ध कंपनी या ब्रांड का माल से संबंधित: ~ed drugs/ products/ goods 2 दागा हुआ: ~ed horse; **~ing** *n.* 1 ब्रांड नाम देने की क्रिया 2 दागांकन; **~ing** *adj.* दागने का: ~ing iron;

collocations: ~ **leader** सबसे अधिक बिकने वाला ब्रैंड; ~ **loyalty** किसी एक मार्के की वस्तुएं खरीदने की प्रवृत्ति; ~ **name** किसी कंपनी के माल विशेष का नाम, छाप या ठप्पा; ~ **new** बिल्कुल नया;

p&i: **a ~ from/ out of the fire/ the burning** लटकती तलवार के नीचे से बचाया हुआ व्यक्ति

bran-deer /ब्रैंडिअः/ *n.* मृग का बच्चा

brandish /ब्रैंडिश/ *v., pt.* **~ed**, *pp* **~ing** 1 (तलवार आदि) भांजना, घुमाना, हवा में चलाना 2 आक्रामक रुख दिखलाना;

n. हथियार आदि का हवा में घुमाव;

dw/lw: **~er** *N.* भांजने वाला, भांजू

brandy /ब्रैंडि/ *n., pl.* **~ies** ब्रैंडी: cherry ~;

collocations: ~ **butter** चीनी और ब्रैंडी में मिला मक्खन; ~ **glass** छोटे-छोटे ब्रैंडी गिलास; ~ **snap** एक पतला बिस्कुट

brangle /ब्रैंगल/ *v., pt.* **~d**, *pp* **brangling** तू-तू-मैं-मैं या झगड़ा क.;

n. कलह, झगड़ा

brant /ब्रैंट/ *adj.* 1 ऊंचा, लंबा 2 सीधा

bran tub छिपे हुए उपहारों का टब या टोकरा जिस में से उपहार इनाम पाने के इच्छुक बच्चों को स्वयं ढूंढना पड़ता है

brash /ब्रैश/ *adj., degr.* **~er**, **~est** 1 अति आत्मविश्वास से भरा, उद्धत, धृष्ट 2 कर्कश, भड़कीला, शोर-शराबाभरा (स्थान) 3 *US* (***syn.*** impetuous) उतावला , (***syn.*** impudent) धृष्ट, ढीठ 2 (***syn.*** brittle) भुरभुरा;

n. 1 (***syn.*** fragments) टुकड़े, छर्रे 2 (***syn.*** clippings) छांटे 3 छींटे, बौछार;

dw/lw: **~ly** *adv.* उतावलेपन से, उद्धततापूर्वक; **~ness** *n.* उद्धतता, ढिठाई, धृष्टता

brass /ब्रास/ *n., pl.* **~es** 1 पीतल, तांबे और जिंक की मिश्रित धातु, कांस्य: polish the ~ once a month 2 पीतल से बनी वस्तु: ~ plate 3 पीतल के वात वाद्य-यंत्र, तुरही 4 (*esp.* **the ~/ the ~ neck**) *colloq.* बेहयाई, निर्लज्जता, धृष्टता: had the ~ neck to send me the bill (बेहयाई तो देखो, मुझे बिल भेज दिया!) 5 *colloq. esp. N. England* पैसा, नकदी: ~ farthing 6 (*also* **horse ~**) एक चपटा पीतल का आभूषण 7 (*usually* **top ~/ the ~**) सर्वोच्च अधिकारी या नेता 8 स्मारिका-पटल 9 वेश्या;

adj. पीतल का;

dw/lw: **~age** /ब्रासिज/ *n.* (पीतल की) ढलाई; **~-bounder** *n.* सिखदड़ नाविक; **~ed** /ब्रास्ट/ *adj.* 1 पीतल का 2 पीतल-चढ़ा; **~-faced** *adj., colloq.* बेहया, निर्लज्ज; **~-foil** *n.* पीतल की पर्णिका; **~-founder** *n.* पीतल की ढलाई करने वाला; **~ily** /ब्रासिलि/ *adv.* बेहयाई से; **~iness** /ब्रासिनेस/ *n.* 1 बेहयाई, निर्लज्जता 2 उतावलापन; **~-works** *n., [pl.]* पीतल का सामान बनाने का कारखाना; **~y** *sees below under separate entry*;

collocations: ~ **band** 1 पीतल का वात (फूंक) बाजा 2 पीतल के वाद्यों वाली संगीत मंडली, तूर्य-वृंद; ~ **check** *US* 1 सूचना-कर्मी को दी जाने वाली घूस 2 समाचार-पत्र का क्रय-विक्रय; ~ **hat** *Brit, colloq.* एक उच्च सैन्य या अन्य अधिकारी; ~ **knuckles** = **knuckleduster** लोहे का दस्ताना; ~ **rubbing** कागज को पीतल के डिजाइन पर रखकर ऊपर से कोयले या मोमबत्ती से घिसाकर बनाया जाने वाला चित्र; ~ **ware** पीतल के बर्तन व अन्य वस्तुएं; ~ **winds** पीतल का वात वाद्य;

top ~ सर्वोच्च अधिकारी, आला अफसर गण

p&i: **~ed off** *Brit, sl.* (***syn.*** fed up) तंग, ऊबा हुआ; ~ **farthing** रत्ती भर, अल्प मात्रा; ~ **monkey weather** बहुत सर्द मौसम; ~ **neck** बेहयाई, निर्लज्जता; ~ **sb off** *Br. sl.* खिजाना या उबा दे.; ~ **tacks** आधारभूत तथ्य, मूलभूत बातें, असली बात, विस्तृत वर्णन: get down to the ~ tacks (प्रस्ताव आदि के मुद्दों पर विस्तार से विचार-विमर्श क.); **grab the ~ ring** कड़े परिश्रम से सफलता पाना;

as bold as ~ बेहया, निर्लज्ज; **big** ~ सेना के जनरलों का वर्ग; **come/ get/ down to ~ nails/ tacks** मामले की तह तक पहुंचना, विस्तार से बहस या छानबीन क.; **double in** ~ दो पेशों को एक साथ क.; **he ~es me off** उससे मुझे बड़ी चिढ़ होती है:

not a ~ farthing फूटी कौड़ी भी नहीं; **not to care a ~ farthing** जरा भी परवाह न क.; **part ~ rags with sb** किसी के साथ दोस्ती खत्म कर ले.; **sounding** ~ उदात्त आडंबरपूर्ण या थोथे शब्द

brassage *see above under* **brass: *dw/lw***

brassard /ब्रैसाःड/ *n.* 1 (***syn.*** brassart/ braset) बिल्ला 2 बाहु कवच, बाहरी (संकेत) पट्टी, बाजुबंद

brassica /ब्रैसिका/ *n., pl.* **~s** बंदगोभी, फूलगोभी, ब्रोकली, सरसों वंश आदि की सब्जियां या पौधे

brasserie /ब्रैसअरी/ *n.* सस्ता भोजनालय एवं मदिरालय

brassière /ब्रैसिएअ/ *n.* (***syn.*** bra) चोली, अंगिया, ब्रा, सीनाबंद

brass\y /ब्रासी/ ब्रैसी/ *adj., degr.* **~ier, ~iest** 1 पीतल की 2 पीतल जैसा 3 उजड्ड 4 निर्लज्ज, बेहया 5 *music* कर्कश, बेसुरा, तीखा: **~y** blare; **~y** cough 6 अति विश्वास भरा, दंभी, ढीठ: **~y** impudence 6 बेहयाई से कपड़े पहने (औरत): **~y** blonde behind the bar 7 भड़कीले पीले रंग का 8 मुंहफट, जो मन में आया कह देने वाला

brat /ब्रैट/ *n., derog.* 1 बिगड़ा हुआ या शरारती छोकरा 2 बिगड़े नवाब 3 मोटे कपड़े का ऊपरी वस्त्र 4 बच्चों के फ्रॉक के ऊपर पहना जाने वाला एप्रन;

dw/lw: **~tish** *adj.* बिगड़ा हुआ छोकरा-सा; **~ling** *n.* छोटा बच्चा; **~tery** /ब्रैटअरि/ *n.* बाल-घर; **~ty** *adj.* बिगड़ा हुआ;

collocations: **the ~ pack** *n., colloq, usually, derog.* बिगड़े नवाबों की टोली; **the ~packer** *n.* बिगड़े नवाब;

brattle /ब्रैटल/ *n.* 1 खड़खड़ाहट 2 कोलाहल 3 तू-तू-मैं-मैं

bratwurst /ब्रैटवुःस्ट/ *n.* सुअर के गोश्त की एक प्रकार की जर्मन सॉसेज

bravado /ब्रअवाडो/ *n., pl.* **~s**/ **~es** 1 दिखावे की दिलेरी या बहादुरी: an act of sheer ~ 2 झूठी शान 3 अक्खड़पन 4 डींग

brave /ब्रेव/ *adj., degr.* **~r, ~st** 1 बहादुर, साहसी, दिलेर 2 पराक्रमी, वीर 3 साहसी, साहसपूर्ण: a ~ action 4 *mainly lit.* अति उत्तम, बढ़िया: a vision of ~ new India 5 बना-ठना;

n., pl. **~s** 1 (**the ~s**) बहादुर लोगों का समूह 2 *formerly* लड़ाकू व्यक्ति, विशेषकर अमेरिकी आदिवासियों के बीच में, बहादुर सैनिक 3 किराए का हत्यारा;

v., *pt.* **~d**, *pp* **braving** 1 (*esp.* **~ sth out**) बहादुरी से किसी खतरे का सामना क.: we decided to ~ the storm 2 (***syn.*** defy) ललकारना, चुनौती दे.: ~ one's enemy/ danger/ death; ~ public opinion;

dw/lw: **~ly** *adv.* बहादुरी से; **~ry** /ब्रेवरि/ *n.* बहादुरी, दिलेरी, हिम्मत, साहस, शौर्य;

p&i: **~ actions never want trumpets** बहादुरी का काम, चाहे नहीं नाम, दिलेरी को ढोल-डफली की जरूरत नहीं; **~ fight with a person worth their steel** बहादुर अपने बराबर के प्रतिपक्षी से लड़ता है; **~ it out** बहादुरी से सामना क.; **~ new world** शानदार प्रगतिशील दुनिया;

none but the ~ deserves the fair दिलेरों के सामने सब घुटने टेकते हैं; **put on a ~ face** बहादुरी या निडरता का दंभ भरना

bravely *adv. see above under* **brave: *dw/lw***

bravery *see above under* **brave: *dw/lw***

bravo /बर्ताव/ 1 *excl.* (*also* **Bravo**) वाह, वाह! शाबाश! बहुत अच्छे! 2 *common.* NATO के संदेशों में अक्षर **B** का द्योतक

bravura /ब्रअव्युअरा/ *n., pl.* **~s** 1 साहसपूर्ण या दिलेर प्रदर्शन 2 *music* शानदार प्रदर्शन की झलक 3 ऐसी शैली जिसमें काफी तकनीकी महारत की जरूरत होती है

braw /ब्रॉ/ *adj., mainly Scot.* बढ़िया, शानदार

brawl /ब्रॉल/ *n.* 1 झगड़ा, मार-पीट 2 गुल-गपाड़ा;

v., *pt.* **~ed**, *pp* **~ing** जोर-जोर से झगड़ा या मार-पीट क.;

dw/lw: **~er** *n.* उपद्रवी, झगड़ा करने वाला; **~ing** *n.* झगड़ा, उपद्रव; **~ing** *adj.* झगड़ालू, उपद्रवी

brawn /ब्रॉन/ *n.* 1 शारीरिक शक्ति, बाहु-बल 2 हट्टा-कट्टा व्यक्ति 3 एक प्रकार का गोश्त जिसे पकाकर अचार बनाया जा सकता है;

dw/lw: **~y** *adj., degr.* **~ier, ~iest** 1 (***syn.*** burly) बाहुबली, बलवान तगड़ा, हट्टा-कट्टा 2 मांसल: ~y arm; **~iness** *n.* 1 बाहुबल, तगड़ापन, हट्टा-कट्टापन 2 मांसलता

braws /ब्रॉज/ *n., Scot.* सुंदर वेषभूषा

braxy /ब्रैक्सि/ *n.* भेड़ का रोग

bray /ब्रे/ *v., pt.* **~ed**, *pp* **~ing** 1 (गधे का) रींगना या रेंकना 2 व्यक्ति द्वारा ऊंची और कठोर आवाज में चिल्लाना 3 ऊंची और कठोर आवाज में चिल्लाकर कुछ कहना: ~ with laughter;

p&i: **braying of an ass does not reach heaven** चीख-चिल्लाहट या शोर-शराबे से भगवान प्रसन्न नहीं होते

Braz. *abbr.* 'Brazil', 'Brazilian' का संक्षेप

braze /ब्रेज/ *v., pt.* **~d**, *pp* **brazing** *engin.* 1 पीतल का रंग चढ़ाना 2 पीतल जैसा कठोर बनाना 3 (***syn.*** solder) पीतल का (मजबूत) टांका लगाना, पक्का झालना;

dw/lw: **~less** *adj.* टांके रहित; **brazier** /ब्रेजिअः/ *n.* 1 अंगीठी 2 कसेरा, ठठेरा, पीतल का काम करने वाला

brazen /ब्रेजन/ *adj.* (***syn.*** shameless) 1 निर्लज्ज, बेहया: ~ hussy (बेहया छोकरी); a ~ violation of the rules 2 कर्ण-कटु, कर्ण-बेधक: ~ tones of voice 3 पीतल या कांस्य का, पीतल-सा: ~ sky;

v. *pt.* **~ed**, *pp* **~ing** निर्लज्जतापूर्वक सामना क. या कुछ कहना;

dw/lw: **~-face** *n.* निर्लज्ज व्यक्ति; **~-faced** *adj.* निर्लज्ज; **~ly** *adv.* निर्लज्जता से; **~ness** *n.* (***syn.*** ~ery) निर्लज्जता, बेहयायी;

collocations: **~ age** कांस्य युग;

p&i: **~ sth out** बेहयाई से पेश आना, धृष्टतापूर्वक निपटना

Brazil /ब्रअजिल/ *n.* ब्राजील

dw/lw: **brazil** *n.* एक फली (nut), बर्थेलेशिया का बीज; **Brazilian** /ब्राजीलिअन/ *adj.* ब्राजील से संबंधित; **Brazilian** *n.*ब्राजील का नागरिक;

collocations: **brazil nut** एक दक्षिणी अमेरिकी पेड़ की बड़ी-सी फली; (*sometimes* **brazil wood**) कई उष्णकटिबंधीय देशों में पाई जाने वाली लाल लकड़ी

BRB *internet abbr.* 'be right back' की प्रथमाक्षरी (जल्दी ही आपको जवाब देंगे)

BRC *abbr.* 'British Research Council' की प्रथमाक्षरी

BRCS *abbr.* 'British Red Cross Society' की प्रथमाक्षरी

BRE *abbr. in the UK*: 'Building Research Establishment', *mainly US* 'Bachelor of Religious Education' की प्रथमाक्षरी

breach /ब्रीच/ *n., pl.* **~es** 1 *law* उल्लंघन, अतिक्रमण: ~ of the peace/ order (शांति भंग); ~ of justice 2 टूटन 3 संबंध-विच्छेद: ~ between friends; heal the ~ 4 व्यवधान 5, समझौता-भंग, प्रतिज्ञा-भंग: ~ of contract/of covenant 6 (***syn.*** gap, break, hole) दरार, छेद: get out through a ~; the guns made a ~ in the wall 7 लहरों की समुद्र तट से टकराहट (of waves): clean ~ 8 सेंधमारी: ~ of prison;

v., *pt.* **~ed**, *pp* **~ing** 1 नियम का उल्लंघन क. 2 (***syn.*** break) समझौता तोड़ना, करार भंग क. 3 दरार या छेद बनाना;

collocations: **~ of agreement** करार भंग; **~ of confidence** विश्वास भंग; **~ of contract** करार भंग, ठेका भंग; **~ of discipline** अनुशासन भंग; **~ of duty** कर्त्तव्य भंग; **~ of faith** विश्वासघात; **~ of law** कानून भंग; **~ of promise** वचन भंग; **~ of privilege** विशेषाधिकार भंग; **~ of trust** विश्वास भंग;

p&i: **a custom more honoured in the ~** प्रथा का पालन कम और उल्लंघन ज्यादा हुआ है; **fling oneself into the ~** मुसीबत में मदद क.; **heal the ~** लंबे कलह का अंत क.; **in ~ of sth** के उल्लंघन फलस्वरूप; **stand in/ throw oneself into the ~** सारे प्रहार को अपने ऊपर ओटना, सीधे आक्रमण झेलना; **step into the ~** संकट के समय उत्तरदायित्व ग्रहण करना;

without a ~ of continuity बिना अंतराल के, निरंतर

BREAD *abbr.* 'Basic Research Education and Development' की प्रथमाक्षरी

bread /ब्रेड/ *n.* 1 ब्रेड, रोटी, डबल रोटी: stale/ new ~; white ~; brown ~; a slice of ~ 2 भोजन, रोटी 3 (*often* **daily** ~) जीविका, जीने के साधन: make/ earn one's ~ 4 *sl.* पैसा;
v. pt. **~ed**, *pp* **~ing** पकाने से पहले गोश्त या मछली आदि पर ब्रेड का चूरा लगाना;
dw/lw: **~-and-butter** *adj.* अत्यधिक महत्त्वपूर्ण: ~-and-butter issues; **~-basket** *n.* 1 अन्न-उत्पादक क्षेत्र: Haryana – the ~-basket of India 2 *sl.* उदर, पेट 3 ब्रेड रखने की टोकरी, डलिया; **~board** *n.* चकला; **~-corn** *n.* रोटी का अनाज; **~crumb** *n.* (*usually* **~crumbs**) 1 रोटी का टुकड़ा 2 रोटी के टुकड़े या चूरा; **~ed** *adj.* ब्रेड लगी: ~ed haddock (ब्रेड लगी मछली); **~fruit** *n. pl.* ~fruit/ ~s लंबा-ऊंचा उष्णकटिबंधीय (tropical) पेड़; **~line** *n.* दान का या सरकारी भोजन पाने वालों की कतार: on the ~line (दान की रोटी पर निर्भर); **~stick** *n.* 1 नान, गुंधे या गुंथे आटे से तंदूर आदि पर तुरंत सेंककर बनाई हुई रोटी 2 डंडे के रूप में ब्रेड; **~-study** *n.* विशेषज्ञता प्राप्त करने के लिए पढ़ाई; **~-stuff** *n.* अनाज, आटा; **~winner** *n.* कमाने वाला, परिवार का भरण-पोषण करने वाला;
collocations: **~ and butter/ ~ and cheese** 1 रोजी-रोटी, जीविका 2 मक्खन लगी ब्रेड-स्लाइस; **~ bin** (*also* **~-box**) रोटी को ताजा रखने के लिए डिब्बा; **~-and-butter miss** स्कूल की छात्रा; **~-and-butter pudding** मिष्टान्न; **~ and water** सादा भोजन; **~ grain** रोटी का अनाज; **~ knife** ब्रेड स्लाइस काटने का चाकू; **~ line** बेरोजगार लोगों की मुफ्त रोटी के लिए कतार; **~ sauce** दूध और ब्रेड के टुकड़ों से बनी सॉस; **~ tree** ऐसा पेड़ जिसके फल या बीज ब्रेड के स्थान पर खाए जाते हैं;
p&i: **~ always falls on its buttered side** कंगाली में आटा गीला; **~ and butter** कमाई हुई रोटी, जीने के लिए न्यूनतम पदार्थ; **~ and circuses** रोजी-रोटी और मनोरंजन (रोमन सम्राट आवगुस्त के सम्मुख जनता की मांग); **~ and salt** रूस में: स्वागतम; **~ and water/ ~ and scrape** रूखा-सूखा खाना; **~ buttered on both sides** खुशगवार हालात; **~ and wine** यूखरिस्त; **~ upon the waters** बिना किसी स्वार्थ के; **ask for ~ and be given a stone** मांगे रोटी, मिले पत्थर; **break ~ with sb** 1 किसी की मेहमाननवाजी का आनंद लेना 2 किसी के साथ बैठकर भोजन क, मित्रता हो. 3 ईसा मसीह के सम्मान प्रीतिभोज में शामिल हो.; **cast one's ~ upon the water** नेकी कर दरिया में डाल, निःस्वार्थ सहायता क.; **daily ~** हाथों की कमाई; **earn one's ~** जीने के लिए अपनी रोटी कमाना; **eat the ~ of affliction** दुःख झेलना; **eat the ~ of idleness** हराम की खाना; **eat sb's ~** दूसरों के टुकड़ों पर पलना; **half a loaf is better than no ~** कुछ न होने से तो थोड़ा होना बेहतर है; **know which side one's ~ is buttered** अपना हानि-लाभ जानना; **like/ want one's ~ buttered on both sides** *colloq.* ऐशो-आराम की जिंदगी जीने की चाह रखना; **make one's ~** अपनी आजीविका चलाना; **quarrel with one's ~ and butter** अपने पांव पर कुल्हाड़ी मारना; **take the ~ out of sb's mouth** *colloq.* किसी की रोजी-रोटी छीन लेना, किसी के मुंह का ग्रास छीन लेना, किसी के पेट पर लात मारना

breadth /ब्रेड्थ/ *n.* 1 (***syn.*** width) चौड़ाई: the room is ten feet in ~ 2 दृष्टिकोण की उदारता: ~ of mind; ~ of vision 3 विस्तार, व्यापकता 4 अनियंत्रता, स्वतंत्रता, निस्संकोचकता: too much ~ in his behaviour;
dw/lw: **~ways/ ~wise** /ब्रेड्थवेज/ ब्रेड्थवाइज/ *adv.* चौड़ाई की तरफ से, चौड़ाई के बल;
p&i: **by a hair's ~** जरा-से अंतर से, जरा भी: it won't shake my belief in him by hair's ~; **sb's ~ of experience/ knowledge/ interest, etc.** किसी के अनुभव/ज्ञान/रुचियों आदि की व्यापकता या विविधता; **to a hair's ~** हू-ब-हू, बिल्कुल एक समान: **within a hair's ~ of sth** किसी चीज के बिल्कुल पास

break /ब्रेक/ *v., pt.* **broke**, *pt. p.* **broken**, *pp* **~ing** 1 तोड़ना, भागों में विभाजित क., टूटना: **broke** the ruler in half; the tape **broke** mid-way; ~ a rod/ a stick; the bench bent but did not ~; ~ in two; ~ one's leg/ one's arm/ one's neck; the rope **broke** and he fell to the ground 2 फोड़ना, तोड़ना (cut into pieces), टुकड़े-टुकड़े क. या हो., चूर-चूर हो. या क.: ~ the cup; ~ a lock/ a door; ~ a window/ dishes; ~ into pieces/ asunder; the vase **broke**; glass **~s** easily 3 समाप्त क., भंग क.: ~ the silence (चुप्पी तोड़ना) 4 (***syn.*** tame) वश में क., सधाना: ~ (in) a horse; ~ (in) a child 5 वचन या वादा आदि तोड़ना: ~ promise; ~ one's word/ an oath; ~ an appointment; ~ faith with sb; ~ an agreement/ contract 6 तबाह क, बर्बाद क.: the famine **broke** the back of peasants; this news **broke** his heart 7 दिवालिया बना दे.: the money-lenders soon **broke** him; he was completely **broken**; the depression made him **broke** 8 हल क., बाधा पार क.: the new proposal **broke** the stalemate; ~ a deadlock 9 (***syn.*** reveal) प्रकट क., पहली बार बताना, नए समाचार को पहली बार जग-जाहिर क.: ~ the news to sb (किसी को ताजा खबर दे.); he **broke** the news of her husband's death to her 10 यात्रा के बीच में थोड़े समय के लिए रुक जा.: ~ journey; we **broke** our journey at a village 11 दुर्बल या निस्तेज क.: the illness **broke** him 12 टकराना, तरंग का उतार हो.: the waves **broke** into foam 13 थोड़े समय के लिए अंतराल ले.: ~ for tea; ~ from work 14 मौसम का बिगड़ना 15 आवाज का बदलना, फटना, बैठना: the voice **~s** on reaching puberty 16 भेद या गुप्त कोड का पता लगाना: ~ a code; he **broke** his purpose to me; ~ one's mind to sb 17 तूफान आदि का उमड़ना या फूट पड़ना: a violent storm **broke** out in the east; ten minutes later the storm **broke**; his anger **broke** 18 यंत्र आदि का खराब हो. या क., बिगड़ जा. या बिगाड़ना: ~ a clock/ a sewing-machine 19 हड्डी आदि का टूटना: ~ one's arm/ leg, etc. 20 मुंह से निकल जा., फूट पड़ना: a cry **broke** from her lips: ~ into (a loud) laughter 21 कानून या नियम का उल्लंघन क.: ~ the law/ rule, etc.; ~ the sanctuary 22 जबरदस्ती अंदर घुस आना: ~ into a house 23 पहले के खेल रिकॉर्ड या कीर्तिमान तोड़ना: ~ a record 24 जेल आदि तोड़कर भाग जा.: ~ (out of) prison 25 हड़ताल आदि को तोड़ना: ~ a strike 26 विस्फोटकों आदि से कुछ तोड़ना: ~ a safe/ a wall 27 कुछ घटना, बह निकलना: ~ forth into explanations; the shouts of joy **broke** forth from the crowd 28 बिखर जाना, समाप्त हो जाना: the crowd **broke** up 29 कतार आदि तोड़ना: ~ ranks 30 सूर्योदय हो.: day **~ing** over the hills; the dawn **broke** 31 किसी की आदत आदि छुड़वाना: ~ sb of a habit etc. 32 नौकरी आदि में अंतराल आना या लाना: ~ service/ ~ sb's service 33 स्वर का टूटना, स्वर भंग हो.: ~ the rhythm 34 किसी की जिद्द या दृढ़ता तोड़ना: they couldn't ~ his will; ~ the spirit of the army 35 विरोध तोड़ना: ~ the enemy front; ~ opposition 36 पैसे तुड़वाना 37 हल चलाना: ~ the ground/ ~ fresh/ new ground 38 विचारों की कड़ी. या सिलसिला भंग क., तोड़ना या टूट जा.: ~ the thread of a thought 39 रिश्ते-नाते या विचार-विनिमय आदि तोड़ना या टूटना: telephone communications with the north have been **broken**; ~ a marriage 40 से स्वतंत्र हो.: ~ from one's bonds; the soldiers **broke** forth from an ambush 41 शांति आदि भंग क. या हो.: ~ the peace; ~ sb's rest/ sleep 42 (प्रहार आदि) कमजोर क. या हो.: ~ the blow/ the fall; the trees round the house ~ the force of the wind; the frost

broke; his attention **broke** 43 छितराव या बिखराव आना, समाप्त हो जाना: clouds **broke**; darkness **broke**; his gloom **broke**; the enemy **broke** before them 44 सेट या समूह के सदस्यों को अलग-अलग क.: ~ a set 45 ताला आदि तोड़कर खोलना.: ~ open a lock/a safe;

n. 1 अंतराल, विराम: see me at ~; coffee/ lunch/ tea ~ 2 (*US equiv.* **recess**) दिन के दो सत्रों के बीच अंतराल: ~ time 3 अवकाश, छुट्टियां: we spent summer break at Shimla 4 अवसर, सुअवसर: give sb a ~ (किसी को अवसर दे.) 5 टीवी कार्यक्रम आदि में बीच-बीच में होने वाला विज्ञापन-ठहराव: a ~ for commercials; the P.T. ~ 6 टूट, टूटन, भंजन, विच्छेदन: ~ in the pipe-line 7 (***syn.*** gap) दरार, खाली स्थान: see the moon through the ~ in the clouds 8 रिश्तों में टूटन या बिखराव: make a ~ with sb; make a (bad) ~ 9 विलोप, बहुबिंदुओं द्वारा द्योतित खाली स्थान 10 *ling.* दीर्घीकरण 11 दोष 12 बग्घी 13 सौभाग्य, दुर्भाग्य, सुअवसर: a bad ~; a lucky ~; get the **~s** 14 *tennis* दूसरे खिलाड़ी की सर्विस पर जीत: ~ of service/service ~ 15 सूर्योदय, प्रभात: the ~ of day/ of dawn 16 (***syn.*** interruption) क्रम भंग, निरंतरता-भंग, संगीत में ठहराव: a ~ in the song; without a ~; there was a ~ in the conversation 17 *cricket* जमीन पर टप्पा खाने के बाद गेंद की दिशा में परिवर्तन 18 मौसम में परिवर्तन: a ~ in the weather; a ~ of storm 19 विद्युत धारा में रुकाव या अवरोध: circuit ~ 20 शिष्टता-भंग 21 भूल, गलती 22 समय के दो दौरों के बीच अलगाव: a complete ~ with the past 23 जोती हुई जमीन का टुकड़ा 24 सेंधमारी करके की जाने वाली चोरी 25 बंधन से छूट: ~ from the clutches of cruel master 26 भारी मात्रा 27 फुटबाल में एक खिलाड़ी द्वारा दूसरे को दिया जाने वाला पास: long/ short pass ~ 28 संभावना: even **~s**; the **~s** were against us;

dw/lw: **~able** /ब्रेकअबल/ *adj.*, भंगुर, आसानी से टूटने वाला या टूटने वाली; **~age** /ब्रेकिज/ *n.* 1 टूट-फूट, टूटन 2 टूटन के कारण होने वाली हानि; **~away** /ब्रेक-अवे/ *adj.* अलग होने वाला: a ~away group/ republic/ region, etc. (अलग हुआ गुट/ देश/ क्षेत्र आदि); **~away** *n.* 1 प्रथाओं आदि से अलगाव 2 अपने दल से अलग होने वाला या पीछे छूटने वाला व्यक्ति: ~away from the racers; **~back** *adj.* कमरतोड़ (काम); **~beat/ backbeat** *n.* संगीत के पुराने टुकड़े में से बनाया गया नया संगीत; **~dance/ ~dancing** *n.* फुर्तीला नाच जिसमें कलाबाजी या उछल-कूद आदि भी शामिल हैं; **~down** *n.* 1 (*also* **nervous ~**) निपात, स्वास्थ्य विकार 2 टूटन, दरार 3 अलग-अलग हिस्सों में विघटन या टूटन 4.1 विवरण, तफसील 4.2 अलग-अलग हिस्सों में विभाजन 4.3 विवरण और विभाजित हिस्सों का विश्लेषण 5 पराजय, हार, राष्ट्र आदि का विघटन, टुकड़े-टुकड़े होने की क्रिया, पतन: ~-down of the Roman Empire 6 गलन-सड़न 7 संबंध-विच्छेद 8 गाड़ी आदि में खराबी, बिगड़ाव; **~down** *adj.* खराबी या बिगड़ाव आदि से संबंधित: ~down gang; ~down crane; ~down test (खराबी परीक्षण); ~down lorry; **~er** 1 तोड़ने वाला: the ship has gone to the ~er's yard 2 अपराधी 3 किनारे से टकराने वाली बड़ी लहर, हिलोर 4 बिजली बंद करने वाला स्विच; **~fast** *n.* नाश्ता: have ~fast; **~fast** *v. pt.* ~fasted, *pp* ~fasting; **~-in** घुसपैठ, सेंध; **~ing** *see below under separate entry*; **~-jaw** *adj.* जबड़ातोड़ (उच्चारण में कठिन शब्द आदि); **~neck** *adj.* गर्दन तोड़, अत्यधिक तेज, अंधाधुंध: ~neck speed/ growth, etc.; **~-through** *n.* 1 सफलता 2 युगांतरक परिवर्तन, अग्रसरता; **~-up** *n.* 1 संबंध-विच्छेद. 2 विघटन, टूटन, विखंडन 3 विवरण, तफसील 4 विश्लेषण: ~-up value (विश्लेषित मूल्य 2 अलग-अलग दी हुई कीमत); **~-water** *n.* तरंग का समुद्र के किनारे से रोध, पनकट दीवार; **~-wind** *n.* हवा छोड़ने की क्रिया, पाद (farting); **~-dawn/ day-~** *n.* प्रभात, सूर्योदय;

collocations: **~-down gang** दुर्घटना के सिलसिले में काम करने वाली मजदूर टोली; **~ing of the waters** समय से पहले गर्भ-भंजन; **~ing point** टूटने की कगार; **~ of day** *mainly lit.* सूर्योदय, प्रभात; **~ point** *tennis* खेल में निर्धारक स्कोर की कगार; **~ through** 1 किसी घेरे या बाड़ को तोड़कर बनाया जाने वाला रास्ता 2 कोई बड़ा आविष्कार या खोज; **~ through bleeding** *med.* महिलाओं की हार्मोन चिकित्सा के प्रारंभिक दौर में गुप्तांगों से हल्के-हल्के खून का रिसाव;

p&i: **~ a butterfly (a fly) upon a wheel** खोदा पहाड़ और निकली चुहिया, तलवार से मक्खी मारना; **~ a horse** घोड़े को सधाना; **~ a jest** ताना मारना; **~ a lance with** प्रतियोगिता में भाग ले., बहस क.; **~ a magical spell** तिलस्म तोड़ना; **~ away** 1 अलग हो. 2 (पुराने संगठन से) संबंध-विच्छेद करके नया संगठन बनाना; **~ away from/ out from sth** 1 आगे को उमड़कर छूट जा. 2 राजनीतिक दल से नाता तोड़ ले.; **~ bread with** 1 किसी के साथ बैठकर भोजन क, मित्रता हो. 2 ईसा मसीह के प्रीतिभोज में शामिल हो.; **~ bulk** सामान उतारना और अलग-अलग श्रेणियों में रखना; **~ camp** खेमा उठाना, शिविर हटाना; **~ china** अफरा-तफरा मचाना; **~ in the clouds** आशा की किरण; **~ cover** लोमड़ी द्वारा अपनी गुफा से तेजी से दौड़कर बाहर आना; **~ down** 1 ठप्प पड़ जा. 2 गाड़ी आदि का बिगड़ना 3 बातचीत आदि का विफल हो. 4 भाव-विह्वल या हताश होकर रोने लगना 5 स्वास्थ्य आदि का बहुत बिगड़ जा.; **~ down the figures** आंकड़ों को अलग-अलग क.; **(speed) ~ers ahead!** सावधान, आगे रफ्तार-अवरोधक हैं!; **~ even** घाटा पूरा हो., न हानि और न लाभ हो.; **~ for sth** की ओर भाग खड़ा हो.; **~ forth** उमड़ पड़ना, फूट पड़ना (तूफान आदि का); **~ free/ loose** छूट जा./ अलग हो., बेकाबू हो.; **~ fresh/ new ground** नई उपलब्धियां प्राप्त क., किसी बात को मौलिक ढंग से क., नवीन प्रक्रिया शुरू करना; **~ in** 1 घर या कार आदि में सेंध लगाना, घुसपैठ क. 2 बीच में बोल पड़ना 3 घोड़े आदि को सधाना; **~ in on sth** बातचीत के बीच में टोकना; **~ into column** पंक्तियों में खड़ा हो जा.; **~ into sth** 1 घुसपैठ क., सेंध लगाना 2 फट पड़ना, खिल जा.: her face broke into a radiant smile (उसका चेहरा मुस्कान से दमक उठा) 3 अचानक दौड़ पड़ना: ~ into a run/ into a gallop (दौड़ पड़ना/ घोड़े का सरपट दौड़ पड़ना); ~ into stride (लंबे-लंबे डग भरने लगना) 4 छोटी-सी रकम के लिए मुद्रा का बड़ा नोट तुड़वाना 5 संचित राशि में से खर्च क. 6 नए क्षेत्रों में प्रवेश पाना; **~ into revolt** विद्रोह में फूट पड़ना; **~ into song/ laughter** गाने या ठहाके में फूट पड़ना; **~ into tears** आंसुओं का बह निकलना; **~ in upon** यकायक आकर बाधा डालना, बीच में टोकना; **~ it down!** *Austral. & NZ* बंद करो!; **~ loose/ free** 1 बंधन से छूटकर आजाद हो जा., सब बंधनों से मुक्त हो जा. 2 निर्बाध हो.: his fury broke loose (उसके क्रोध का बांध टूट गया); her hair had broken loose (उसके बाल अस्त-व्यस्त हो गए); **~ new/ fresh ground** नई सफलता पाना, नई राह निकालना; **~ no bones** कोई नुकसान न क.; **~ no squares** 1 कोई नुकसान न क. 2 व्यवस्था भंग न क. 3 विशेष महत्त्व न हो; **~ of monsoon** मानसूनी वर्षा का आरंभ हो.; **~ of day/ dawn** पौ फटने या सूर्योदय का समय, भोर; **~ off** 1 एकदम बोलना 2 अलग हो जाना: the top broke off 3 अचानक खत्म हो जा. 4 यकायक काम करना बंद क. या रुक जाना; **~ off short** एकदम चुप्पी साध लेना; **~ one's back** दिवालिया हो जा.; **~ one's fast** (अपना) उपवास तोड़ना, रोजा तोड़ना; **~ one's head over sth** किसी समस्या पर अपना सिर खपाना; **~ one's mind** अपने विचार खोलकर रख दे., किसी को अपने विचारों से अवगत कराना; **~ one's neck** जान दे दे.; **~ the neck (of sth)** 1 विरोध तोड़ना 2 कठिनतम हिस्से को पार क. 3 कठिनतम स्थिति को झेल जा.; **~ one's word/ pledge** अपना वचन तोड़ना; **~ out** 1 आग, युद्ध, बीमारी, हिंसा, सांप्रदायिकता आदि का अचानक फैल जा. 2 कैद से फरार हो.; **~ out in a rash/ sweat, etc.** से ढक या भर जा, पसीना आदि का छूटना; अचानक बदन पर घमौरी आदि का निकल आना; **~ out of sth** किसी स्थान या स्थिति से भाग निकलना; **~ over** आड़ से बाहर निकल आना;

~ **sb/ sth in** 1 किसी को नई नौकरी या भूमिका से परिचित कराना 2 प्रशिक्षित क. 3 नए जूते आदि को पहनकर ढीला क.; ~ **sb's heart** किसी का दिल तोड़ दे.; ~ **sb up** *N. Amer.* हंसा-हंसाकर जान निकाल लेना; ~ **shins** पैसे उधार ले.; ~ **ship** छुट्टी खत्म होने पर जहाज पर लौट आना; ~ **short** बीच में स्थगित कर दे.; ~ **step** फौजियों आदि के मार्च में गलत कदमी क.; ~ **stones** कड़ी मेहनत का काम करके रोजी-रोटी कमाना; ~ **sth down** 1 छोटे या सरल भागों में बांटना, विभाजित क. 2 तोड़ डालना 3 बाधा, कठिनाई आदि को ध्वस्त कर दे.; ~ **sth in** 1 नए जूतों आदि को पहन-पहनकर आरामदेह बनाना 2 घोड़े आदि को सधाना; ~ **(sth) off** अलग क.; ~ **(sth) off** रिश्ता तोड़ना; ~ **sth open** दरवाजे या बक्से आदि का ताला तोड़कर खोलना; ~ **sth up** 1 छोटे-छोटे टुकड़ों में विभाजित क. 2 संबंध समाप्त क. 3 तितर-बितर क. या गुत्थम-गुत्थम हुए लोगों को अलग क.; ~ **(sth) up** टुकड़ों या हिस्सों में बांटना; ~ **the back of** महत्त्वपूर्ण अंश पूरा क., कठिन काम से कमर तोड़ना; ~ **the balls** *billiards* खेल आरंभ क.; ~ **the bank** जुए में बहुत ज्यादा पैसा जीत ले.; ~ **the bridge** कुश्ती में एक दांव लगाना; ~ **the camel's back** सब्र का बांध टूट जा.; ~ **the ice** 1 शुरूआत क., आरंभ क., पहल क., पहला कदम उठाना, बात शुरू करने के लिए चुप्पी तोड़ना 2 बर्फ तोड़ना; ~ **the record** किसी का रिकॉर्ड तोड़ना; ~ **the state** चुनाव से अपनी उम्मीदवारी वापस ले.; ~ **the water** (मछली द्वारा) पानी में से उछलकर बाहर निकलना; ~ **through** 1 नई उपलब्धि पाना, कोई बड़ी खोज कर ले. 2 किसी पहेली या समस्या को हल करने में सफलता पाना; ~ **through sth** 1 बाधा आदि लांघकर आगे निकलना 2 के पीछे से निकल आना: the winter sun at last broke through the clouds; ~ **to pieces** टुकड़े-टुकड़े कर दे., चकनाचूर कर दे.; ~ **up** 1 टुकड़े-टुकड़े हो जाना, विभाजित हो. 2 कमजोर हो जाना, टूट जाना 3 संबंध-विच्छेद हो.: their marriage has broken up 4 स्कूल या कालेज की छुट्टियां हो. 5 अचानक खत्म हो जाना: the meeting broke up early 6 ठहाकों में फूट पड़ना 7 (***syn.*** voice drop) चल टेलीफोन पर आवाज का कटना या टूटना; ~ **up camp** तंबू उखाड़ना; ~ **upon** 1 के सम्मुख बिखर जा., फैल जा.: a new landscape broke upon us 2 अचानक सूझना: the truth broke upon me; ~ **upon the wheel** पहिये से बांधकर खींच-खींचकर हड्डियां तोड़ दे.; ~ **vow** सौगंध या वचन भंग क.; ~ **wind** हवा छोड़ना, पादना; ~ **with sth** किसी बात से संबंध तोड़ लेना: ~ with tradition/ old habits/ the past; ~ **with sb** किसी क साथ संबंध-विच्छेद क.;

at ~neck pace ताबड़तोड़ रफ्तार से, सरपट; **dog's ~fast** अस्त-व्यस्तता; **get the ~s** शुभ स्थिति का फायदा उठाकर सफलता पाना; **give me a ~!** बस, बहुत होगा!, अब बंद भी करो!; **give sb a** ~ 1 किसी को अवसर दे. 2 किसी को ज्यादा कठोरता से न आंकना; **hell broke loose** भयंकर शोर-शराब होने लगा; **laugh before ~fast you'll cry before supper** समय से पहले खुशियां मनाना; **make a (bad)** ~ 1 अचानक अनुचित बात कह देना 2 गलत कदम उठा ले.; **make a ~ for sth/ for it** बच निकलने के लिए किसी ओर दौड़ पड़ना; **my heart is ~ing** मेरा दिल टूट रहा है; **the buds are ~ing** कजलियां खिल रही हैं; **who ~s pays** जो तोड़े, वही जोड़े

breaking /ब्रेकिंग/ *n.* *1* विभंजन, तोड़-फोड़ *2* टूटन *3* विच्छेद: ~ of contact 4 घोड़े आदि की सधाई 5 नई तोड (भूमि) की जोताई: ~ of sod 6 प्रारंभ, शुरुआत: ~ of spring 7 चूर-चूर होने की क्रिया; ***dw/lw:*** **~-in** *n.* 1 सेंधमारी: ~ and entering 2 सधाई; **~-out** *n.* बाहर निकास; **~-up** *n.* शतरंज के मोहरों की जमावट;

collocations: ~ **capacity** फ्यूज उड़ने की सीमा; ~ **of contact** शत्रु से कटाव; ~ **of sod** भूमि का कटाव या जुताई; ~ **of the waters** *med.* असामयिक गर्भपात; ~ **piece** बिजली का फ्यूज

bream /ब्रीम/ *n., pl.* **bream** ताजे पानी की ब्रीम मछली;

***v.**, pt.* **~ed**, *pp* **~ing** पोत तल की सफाई क.

breast /ब्रेस्ट/ *n., anat.* 1 वक्ष, औरत के स्तन: ~ milk; ~ nipple 2 (***syn.*** chest) छाती, वक्षस्थल, सीना: red ~; the ~ of the sea; ~ pocket 3 शिशु आहार का स्रोत: give the ~ to a child 4 छाती की ग्रंथि, गिल्टी 5 अंतरात्मा, मन, चेतना: have a troubled ~ 6 आगा (of garment): a row of medals pinned to the breast of his coat 7 (***syn.*** heart) हृदय: a child at the ~ 8 पक्षी का अग्र भाग 9 (पक्षी आदि की) छाती का गोश्त 10 (***syn.*** emotions) मनोभाव, भावनाएं 11 वक्र या टेढ़ी ढलान: ~ of hill, chimney ~;

***v.**, pt.* **~ed**, *pp* **~ing** 1 छाती अड़ाकर सामना क.: ~ the waves: ~ the wind 2 संघर्ष क. 3 मुकाबला क.: ~ the troubles bravely 4 विद्रोह क. 5 *athletics* दौड़ के मुकाबले के अंत में छाती से रस्सी को छूना 6 पहाड़ी के शिखर पर पहुंचना;

dw/lw: **~bone** *n.* उरोस्थि, छाती की हड्डी; **~-deep** *adv.* छाती तक; **~ed** *adj.* स्तनधारी; **~-feed** *v., pt.* ~fed, *pp* ~-feeding मां द्वारा बच्चे को अपनी छाती का दूध पिलाना, स्तनपान कराना; **~-feed** *n.* छाती का दूध; **~-fed** *adj.* मां के दूध पर पोषित; **~-feeding** *n.* स्तनपान; **~knot** *n.* छाती पर पहनने की फीतों की गांठ; **~-pin** *n.* टाई की पिन; **~plate** *n.* 1 कवच 2 पेशबंद (of harness); **~stroke** *n.* छाती के बल तैराकी; **~-summer/ bresssummer** *n.* धरन, मठोठ, पाटकड़ी; **~work** *n. fortification* मोर्चा लेने के लिए छाती तक ऊंची बनाई हुई दीवार, मिट्टी का बना पुश्ता;

double-~ed *adj.* दोहरे आगे वाला; **pigeon-~ed** *adj.* कबूतरी छाती वाला;

collocations: ~ **high** सीने तक; ~ **pin** छाती पर सजावट के लिए पहनने की टाई-पिन; ~ **plough** मशीनी हल; ~ **pocket** कोट या कमीज की छाती पर जेब; ~ **pump** मां की छाती से दूध निकालने का उपकरण ताकि बच्चे को बाद में उसे पिलाया जा सके; ~ **wall** मिट्टी का बांध, सहारा देने वाली दीवार; ~ **wheel** पानी से घूमने वाला पहिया;

p&i: ~ **the tape** दौड़ की समाप्ति पर छाती से फीते को छूने की क्रिया; **make a clean ~ of** अपना अपराध स्वीकार क., मान ले.

breath /ब्रेथ/ *n. physiol.* 1 सांस, श्वास: draw ~ (सांस लेना) 2 (***syn.*** breathing) सांस लेने की क्रिया, श्वसन: all in the same ~ (एक सांस में); bate/ hold one's ~ (सांस थामे रखना) 3 सांस भर हवा 4 सांस द्वारा छोड़ी गई गंध, वाष्प या गर्मी 5 (***syn.*** fragrance) सांस की गंध, महक: bad ~ 6 दम: deep ~ 7 हवा का हल्का, धीमा झोंका: ~ of wind 8 थोड़ा-सा संकेत: the ~ of spring 9 (***syn.*** whisper) सुझाव या अफवाह, कानाफूसी, फुसफुस: not a ~ of scandal 10 जीवन, सांस लेने की क्षमता: draw ~, get one's ~ back 11 ऊर्जा का नया प्रवाह: second ~ 12 पल 13 सांस में थोड़ा थमाव 14 सांस से होने वाला गीलापन 15 धब्बा, कलंक;

dw/lw: **~able** /ब्रीदअबल/ *adj.* सांस लेने योग्य; **breathe** *v. see below under separate entry*, **~r** /ब्रीदः/ *n. informal* 1 थोड़ा-सा विश्राम, आराम, राहत, विराम 2 सांस लेने वाला, श्वासी: he is a mouth ~er 3 हंफनेवाला काम: climbing the mountain was a real ~er 4 थोड़ा-सा विश्राम, दम लेने की क्रिया: take/ have a ~er; **~ing** /ब्रीदिंग/ *n.* 1 श्वसन 2 सांस लेने की क्रिया 3 पल, पलभर 4 *phon.* (*also* rough ~ing) प्राचीन यूनानी भाषा में एक चिह्न (ʽ) जो यह दर्शाता है कि आरंभिक स्वर ह-ध्वनि से उच्चरित होता है 5 (*also* smooth ~ing) प्राचीन यूनानी भाषा में एक चिह्न (ʼ) जो ह- ध्वनि के लोप को दर्शाता है; **~ing** *adj.* 1 सांस लेने वाला 2 जीवित 3 दम लेने से संबंधित: ~ing-space/ time (दम लेने का मौका, सांस लेने की फुर्सत, विराम); rough ~ing *phon.* (महाप्राण); soft ~ing *phon.* (अल्पप्राण); **~less** /ब्रेथलेस/ *adj.* 1 बेदम, हांफने वाला, जिसे सांस लेना मुश्किल हो रही हो 2 उमसभरा, दमघोंटू: a ~less summer day;

~less weather 3 अति उत्तेजित, श्वासहीन 4 मृत 5 दम थामने वाला, दम थामे हुए: they listened to his story with ~less attention; ~less silence; **~lessly** /ब्रेथलेस्लि/ *adv.* हांफते हुए, उत्तेजना से भरकर; **~lessness** /ब्रेथलेस्नेस/ *n.* सांस लेने में कठिनाई, हांफ; **~taking** /ब्रेथटेकिंग/ *adj.* रोमांचक, उत्तेजनापूर्ण, विस्मयकारी: a ~taking view; **~takingly** *adv.* रोमांचक ढंग से; **~y** /ब्रीदि/ *adj., degr.* ~ier, ~iest 1 अस्पष्ट, सांस लेते समय अस्पष्ट-सी आवाज 2 संगीतमय आवाज; **~ily** /ब्रीदिलि/ *adv.* सांस लेते समय आवाज करते हुए;

collocations: **~ing space** थोड़े विश्राम का अंतराल, दम लेने का समय; **~ test** *n., mainly Br.* सांस लेने की क्रिया का परीक्षण;

p&i: **(not) breathe a syllable** एक शब्द भी (न) कहना; **~ freely** चैन की सांस लेना; **~ing space** थोड़ा दम या सांस लेने का समय;

above one's ~ जोर से बोलना; **a ~ of fresh air** ताजी हवा का झोंका, नई बात, अलग तरह की पहल; **be out of ~** सांस फूलना, हांफना; **below one's ~** धीरे-धीरे बोलना; **catch one's ~** थका देने वाले काम के बाद सांस लेना; **catch your ~/ get one's ~ again/ back** थोड़े समय के लिए आराम क. ताकि आप ठीक-ठाक सांस लेने लगें; **don't hold your ~** ज्यादा प्रतीक्षा न करें; **hold one's breath** 1 सांस थामना 2 *colloq.* उत्सुकतापूर्वक प्रतीक्षा क.; **in the same ~** एक ही सांस में, अगले पल, साथ ही; **keep one's ~ to cool one's porridge** अपनी जुबान पर लगाम रखना, बात न क.; **out of/ short of ~** हांफना, सांस फूल जाना; **save one's ~** तर्क-वितर्क से बचना, बेकार की बहस से बचना; **sb's last/ dying ~** किसी के जीवन के अंतिम पल; **short of ~** हांफ, सांस की फूलन; **spend/ waste one's ~** व्यर्थ की बातें करके ऊर्जा गंवाना; **stop sb's ~** किसी का दम घोंट दे.; **take one's/ sb's ~ away** *colloq.* आश्चर्यचकित क., विस्मित कर दे., अचंभे में डाल दे.; **the ~ of one's life/ the ~ of the nostrils** किसी के लिए जीवन-अमृत की तरह आवश्यक, किसी के जीवन का हिस्सा; **under one's ~** फुसफुसाते हुए, अति धीमी आवाज में, फुसर-फुसर करते हुए; **waste one's ~** व्यर्थ बकबक क.; **with bated ~** आतुरता से, व्याकुलतापूर्वक, सांस थामकर

breathly\se/ ~ze /ब्रेथलाइज/ *v. pt.* **~sed**, *pp* **~sing** वाहन-चालक द्वारा पी गई शराब की मात्रा को यंत्र से मापना;

dw/lw: **~ser** *mainly US* **Breathalyzer** /ब्रेथलाइज़ः/ *n. UK* गाड़ी के ड्राइवर द्वारा पी गई शराब की मात्रा को मापने का यंत्र

breathe /ब्रीद/ *v., pt.* **~d**, *pp* **breathing** 1 सांस ले. और छोड़ना, सांस खींचना, श्वास निकालना: ~ freely 2 जीना, जीवित रहना: he's still **breathing**; a better fellow does not ~ (इससे अच्छा आदमी और कोई नहीं) 3 (***syn.*** whisper) फुसफुसाना: he softly **~d** her name; not to ~ a syllable/ a word 4 सांस छोड़ना (give out): warm air **breathing** over my face 5 प्राण फूंकना, (प्राण) डालना: ~ new life into sb; ~ life into a stone 6 (***syn.*** express/ manifest) व्यक्त हो. या क.: ~ confidence; his words ~ a spirit of humanity 7 हवा का हल्का झोंका आना, हवा का बहना (a ~ of wind) 8 गंध आना 9 (***syn.*** rest) दम लेना, आराम या विराम क.: a moment to ~ 10 मंद-मंद आवाज आना: sweet music **~s** 11 नेकनामी पर धब्बा लगाना, बदनामी करना 12 वात वाद्य बजाना 13 घोड़ों आदि को थोड़ा आराम करने दे.: ~ a horse 14 थकाकर चूर कर देना 15 वाक् तंतु (vocal chords) के कंपन के बिना उच्चरित क.;

p&i: **~ after** 1 किसी बात के लिए प्रयास क. 2 थोड़ी राहत महसूस क.; **~ again/ easily/ easy/ freely** *colloq.* चिंता-मुक्त होकर विश्राम क., फिर से चैन की सांस ले.; **~ down sb's neck** *colloq.* 1 किसी पर कड़ी निगरानी रखना 2 दौड़ आदि में किसी के प्रायः बराबर हो.; **~ fire** *colloq.* गुस्से से बोलना; **~ freely** सुख की सांस ले., निश्चिंत हो.; **~ in** नाक और मुंह से सांस लेकर फेफड़ों में ताजी हवा भरना; **~ new life into sth** किसी कार्य या बात में नए विचारों से प्राण फूंकना; **~ one's last** *euphemistic* मर जाना, अंतिम सांस ले. **~ out** फेफड़ों से हवा बाहर निकालना

breathy *see above under* **breath: *dw/lw***

breccia /ब्रेचिआ/ *n., pl.* **~s** *geol.* एक कठोर चट्टान, संकोणाश्म

bred /ब्रेड/ *pt.,* **'breed'** का भूतकाल

breech /ब्रीच/ *n., pl.* **~es** 1 चूतड़ 2 बंदूक की नाल की तली;

dw/lw: **~es** (*mainly N. Amer.* **britches**) *n., [pl.]* कच्छा, निक्कर: a pair of ~es; **~es-buoy** *n.* समुद्र में डूबते हुए लोगों को बचाने के लिए तैरता हुआ उपकरण; **~ing** *n.* 1 घोड़े की लगाम 2 काठी से बंधी एक पेटी जो घोड़े की पूंछ के नीचे से बंधती है; **~-loading** *adj.* बंदूक में गोली भरने की क्रिया; **~-mechanism** *n.* बंद करने वाला उपकरण, जल द्वार; **~-sight** *n.* निशाना;

***collocations:*~ birth/ ~ delivery** जन्म के समय बच्चे के सिर पहले बाहर आने की बजाए पांव और चूतड़ों का बाहर आना; **~ loader** बंदूक को भरने वाला उपकरण; **~es part** औरत द्वारा अभिनीत पुरुष की भूमिका; **riding ~es** 1 घुड़सवार की टखने तक आने वाली पैंट 2 *humorous, colloq.* पैंट

p&i: **wear the ~es** परिवार में औरत का सर्वेसर्वा हो.

breed /ब्रीड/ *n.* 1 पशुओं और पौधों की प्रजाति: a new ~ of cattle/ of horses 2 (***syn.*** race) नस्ल, संतति, वंश: people of true English ~ 3 (***syn.*** kind) विशेष प्रकार: thinkers of much the same ~; men of the same ~;

v., pt. **bred**, *pt. p.* **bred**, *pp* **~ing** /ब्रेड/ 1 संतान/ संतति पैदा क., प्रजनन क.: ~ true 2 गर्भवती होना 3 जन्म दे., प्रसव हो. 4 पालन-पोषण क., शिक्षा दे.: ~ sb to the law 5 पशु पालन क.: ~ chickens/ horses/ rabbits, etc.; ~ like rabbits; ~ cattle/ hens/ ducks; the pond **~s** fish 6 अंडे सेना 7 गंदगी आदि फैलाना 8 पैदा क., कारण होना: dirt **~s** disease; ~ wars; war **~s** misery and ruin;

dw/lw: **~er** *n.* पशु पालक, प्रजनक: cattle ~er; poultry ~er; **~ing** /ब्रीडिंग/ *n., biol.* 1 प्रजनन 2 पौधों और पशुओं की प्रजनन प्रक्रिया का नियंत्रण 3 पशुपालन 4 पशुओं की नस्ल-सुधार 5 शिक्षा और पालन-पोषण से पैदा होने वाला शिष्टाचार, शालीनता आदि (good manners);

collocations: **~er reactor** नाभिक रिऐक्टर जो ऊर्जा उत्पादन में प्रयुक्त किए जा रहे ईंधन से ज्यादा विस्फोटक तथा नाभिक हथियार बनाने में प्रयुक्त होनेवाले पदार्थ (plutonium-239) को पैदा करता है; **~ing ground** 1 प्रजनन या फलने-फूलने की भूमि या क्षेत्र 2 वह स्थान जहां पशु प्रजनन करते हैं 3 बीमारियों आदि के फैलने के लिए उपयुक्त स्थान: a ~ing ground for crime (अपराध पोषक स्थान); **~ing instinct** प्रजनन-वृत्ति; **~ing pond** प्रजनन ताल;

p&i: **~ in and in** पीढ़ी-दर-पीढ़ी रिश्तेदारों में की जाने वाली शादियां; **~ out and out** पीढ़ी-दर-पीढ़ी रिश्तेदारों से बाहर की जाने वाली शादियां;

a new ~ of salesmen विक्रेताओं की नई पौध (नस्ल); **familiarity ~s contempt** जरूरत से ज्यादा जान-पहचान से घृणा पैदा होती है; **of bull-dog ~** घातक पकड़ वाला, अत्यधिक दृढ़ व्यक्ति; **what is bred in the bone will not out of the flesh** किसी का स्वभाव छिप या बदल नहीं सकता

bree\ze /ब्रीज/ *n.* 1 समीर, शीतल वायु: a sea **~ze** 2 *colloq., esp. N. Amer.* सरल कार्य: it was a **~ze** 3 भवन निर्माण की ईंटों और ब्लॉकों में प्रयुक्त होने वाली कोयले की राख, भट्ठे की राख 4 कानाफूसी से बताई जाने वाली खबरें, अफवाहें 5 *colloq.* झगड़ा;

v., pt. **~zed**, *pp* **~zing** 1 मंद-मंद समीर चलना 2 *colloq.* (*usually* **~ze into/ out of somewhere/ ~ze along/ in/ through/out, etc.**) विश्वास के साथ जल्दी-जल्दी अंदर आना/ फुर्ती से आगे बढ़ना: **~zed** into the room;

dw/lw: **~ziness** *n.* समीर, ताजा हवा; **~zeway** 1 दो भवन खंडों के बीच छायादार रास्ता, तोरण पथ; **~zily** *adv.* प्रसन्नतापूर्वक;

~ziness *n.* जीवंतता, जिंदादिली; **~zy** /ब्रीजि/ *adj., degr.* ~zier, ~ziest 1 मंद-मंद शीतल समीर वाला (दिन) 2 नर्म-सर्द 3 प्रसन्नतादायक 4 विश्वास-भरा 5 स्फूर्तिप्रद, जीवंत एवं उत्साहवर्धक, प्रफुल्लित, जिंदादिल: he is bright and ~zy today;
collocations: **~ze block** (*US equiv.* **cinder block**) कोयले की राख से बनी ईंट या ब्लॉक; **~ze concrete** केरी कंक्रीट; **gentle ~ze** मंद-मंद समीर; **strong ~ze** जोर की हवा
p&i: **~ze through sth** किसी काम को आसानी से और जल्दी-जल्दी खत्म कर ले.; **~ze up** मंद समीर में घूमकर ताजगी पाना; **bat the ~ze** चुगली करते या अफवाहें फैलाते फिरना; **get the ~ze up** शुरू में डर जा.

bregma /ब्रेग्मा/ *n., anat.* ब्रह्मबिंदु, ब्रेग्मा;
dw/lw: **~tic** *adj.* ब्रह्मबिंदु-सम्बन्धी

bremsstrahlung /ब्रैमश्ट्राःलुंग/ *n.* अवमंदक विकिरण

brengun/ Bren gun /ब्रेनगन/ *n.* जल्दी-जल्दी गोलियां दागने वाली एक हल्की बंदूक जिसका प्रयोग द्वितीय विश्व युद्ध में हुआ था

bressumer /ब्रअसमः/ (*also* **bressomer**) *n.* = **breastsummer** *see above under* **breast:** ***dw/lw***

brethren /ब्रेद्रन/ *n. [pl. of* **brother***]* एक ही संस्था या संगठन के सदस्य, साथी, सह धर्मी या देशवासी, भाई-भाई

Breton /ब्रेटअन/ *adj.* ब्रिटनी (**Brittany**) से संबंधित;
n. 1 ब्रिटनी (**Brittany**) यानी उत्तर-पश्चिमी फ्रांस का वासी 2 केल्टिक (Celtic) भाषा जो ब्रिटनी में बोली जाती है

breve /ब्रीव/ *n.* 1 अबलाघात (non-stressed) चिह्न, लघुचिह्न: (˘), जो दिखाता है कि स्वर बलाघातित (stressed) या दीर्घ नहीं 2 पोप का या शाही आदेश पत्र 3 *prosody* लघुचिह्न, अर्धचंद्र

brevet /ब्रेविट/ *n.* क्रम का उल्लंघन करने वाला पदोन्नति का आदेश-पत्र

brevia\ry /ब्रीविअरि/ *n., pl.* **~ries** कैथोलिक पादरियों की प्रार्थना पुस्तिका

breviate /ब्रअविएट/ *n.* 1 संक्षिप्त सार 2 वकील के लिए विवरण-सार

brevi masu /ब्रेवि मासु/ *Lat.* तुरंत, तत्काल

brevity /ब्रेवटि/ *n., pl.* **brevities** *formal* 1 लघुता, संक्षिप्तता 2 गागर में सागर भरने का गुण 2 अल्पकालीनता 3 अल्पता (of time): the ~ of human life; ~ of speech;
p&i: **~ is the soul of wit** संक्षिप्तता में बुद्धिमत्ता की आत्मा है

brew /ब्रूः/ *v., pt.* **~ed**, *pp* **~ing** 1 शराब (बीयर आदि) बनाना, किण्वन क. 2 (*also* **~ up**) कॉफी/ चाय आदि तैयार क., बनाना 3 चाय आदि का उबलना: she let the tea ~ for a while 4 रचना 5 (*also* **~ up**) ज्यादा शक्तिशाली होकर खतरनाक बनना: there is storm/trouble **~ing** up 6 (*esp.* **~ up**) किसी काम की योजना बनाना 7 शरारतें गढ़ना: the boys are **~ing** mischief;
n. 1 बनाया हुआ पेय, निकाली हुआ मद्य-पेय, किण्वन: last year's ~ 2 निकाली गई मदिरा या बनाई गई चाय की मात्रा या गुणवत्ता: a good strong ~ 3 मनगढ़ंत कहानी, मिश्रण: a heady ~ of passion and intrigue;
dw/lw: **~age** /ब्रूइज/ *n.* 1 बीयर कारखाना 2 कई पेयों का मिश्रण; **~er** /ब्रूअः/ *n.* किण्वक, शराब निकालने वाला व्यक्ति; **~ery** /ब्रूअरि/ *n., pl.* ~eries शराब की भट्ठी, सुरा कर्मशाला; **~house** *n.* (***syn.*** brewery) बीयर कारखाना, सुरा कर्मशाला; **~ing** /ब्रूअइंग/ *n.* 1 किण्वन, शराब बनाने की क्रिया 2 बनाई गई मदिरा की मात्रा;
collocations: **~er's barley** बीयर बनाने का जौ; **~er's yeast** शराब निर्माता की खमीर;
p&i: **~ up** 1 टैंक को जला डालना 2 चाय बनाना; **~ up trouble** कठिनाई पैदा क., बखेड़ा खड़ा क.; **a storm is ~ing** तूफान उमड़ रहा है; **be ~ing** षड्यंत्र या परेशानी का सुलगना; **drink as you have ~ed/ as you ~ so must you drink** जैसा करना, वैसा भरना या जैसा बोना, वैसा काटना

brewery *see above under* **brew:** ***dw/lw***

brewis /ब्रूइस/ *n.* शोरबा, शोरबे में भिगोई हुई रोटी के टुकड़े

Brexiteer /ब्रेक्जिटीअः/ *n.* ब्रिटेन द्वारा यूरोपीय संघ से अलग होने का समर्थक (व्यक्ति)

briar/ brier /ब्रायः/ *n.* 1 कंटीली झाड़ी 2 *[pl.]* कठिनाइयां, बाधाएं 3 दक्षिणी यूरोप में उगने वाली छोटी झाड़ी या छोटा पेड़ जिसकी लकड़ी से तंबाकू की पाइप बनाई जाती हैं

Briareus /ब्राईऐरीअस/ *n.* सौ हाथ व पचास सिरों वाला दैत्य

BRI *abbr.* 'Brain Research Institute' की प्रथमाक्षरी

bribable /ब्राइबअबल/ *adj.* जो रिश्वत ले सकता है, जिसे रिश्वत दी जा सकती है, भ्रष्ट

bribe /ब्राइब/ *n.* 1 घूस, रिश्वत 2 अवैध कार्य या गलत काम करवाने के लिए दिया जाने वाला उपहार या धन 3 गलत ढंग से काम करवाने के लिए दिया जाने वाला उपहार;
v., *pt.* **~d**, *pp* **bribing** 1 रिश्वत दे. 2 किसी को उपहार या रिश्वत देकर उससे गलत काम करवाना;
dw/lw: **~less** *adj.* रिश्वत न लेने वाला; **~r** *n.* रिश्वत दाता; **~ry** /ब्राइबरि/ *n.* रिश्वतखोरी, घूसखोरी;
collocations: **~ taker** रिश्वत लेने वाला, घूसखोर

bric-a-brac /ब्रिक-अ-ब्रैक/ *n., Fr.* छोटी-मोटी चीजों का संग्रह, सस्ती कलाकृतियों का संग्रह

brick /ब्रिक/ *n.* 1 ईंट, इष्टिका 2 ईंटें बनाने के लिए गारा आदि सामग्री 3 भवन-निर्माण खिलौनों के रूप में ईंटनुमा प्लास्टिक के खिलौने 4 कोई भी ईंटनुमा वस्तु: a ~ of ice cream 5 (**a ~**) *Br., colloq.* एक विश्वसनीय व मददगार आदमी;
adj. ईंटों से बना: a ~ wall; ~ pavement; ~ lining;
v. *pt.* **~ed**, *pp* **~ing** (*usually* **~ sth in/ over/ up**) ईंटों से दीवार आदि बनाना या उसकी भराई क.;
dw/lw: **~bat** /ब्रिक्बैट/ *n.* 1 ईंट-रोड़े, गिट्टी, ईंट के टुकड़े 2 अपमान, कटु आलोचना, फब्ती, ताना; **~box** *n.* बच्चों के ईंटनुमा खिलौनों का बक्सा; **~-clay** *n.* ईंट बनाने की मिट्टी; **~dust** *n.* सुर्खी या राबिश, खोरा (*Hr.*); **~-earth** *n.* ईंट-मिट्टी; **~field** *n.* भट्ठा *see under* **~yard**; **~fielder** *n. Austral. colloq.* गर्म और धूल भरी हवा या आंधी; **~ing** *n.* 1 रोड़ेबाजी, पत्थरबाजी 2 ईंट-चिनाई, ईंट-जोड़ाई; **~kiln** /ब्रिककिल्न/ *n.* ईंटों का भट्ठा; **~layer** /ब्रिकलेअः/ *n., colloq.* (***syn.*** ~-setter, ~maker) राजगीर, राज, मिस्त्री; **~laying** /ब्रिकलेइंग/ *n.* चिनाई, राजगीरी; **~le** *n.* (***syn.*** brittle) आसानी से टूटने-फूटने वाला; **~work** *n.* 1 चिनाई, ईंटों का काम 2 ईंटों की इमारत; **~s** *n., [pl.]* ईंट बनाने का कारखाना; **~y** *adj.* ईंट का, ईंट-सा, ईंट जैसा, ईंट-भरा; **~yard** /ब्रिकयार्ड/ *n.* (*also* **~field**) 1 ईंटों का कारखाना 2 ईंटों का भट्ठा;
collocations: **~ red** भूरापन लिए लाल, भूरा-लाल;
p&i: **a gold ~** धोखा, ठगी; **a ~ short of a load** *colloq.* पत्थर-सा भारी; **bang one's head against a ~ wall** ईंटों की दीवार से मार-मारकर सिर फोड़ना, किसी पत्थर दिल आदमी से पाला पड़ना; **come down on sb like a cartload of ~s** किसी पर गालियों और आरोपों की झड़ी लगा दे.; **drop a ~** अनुचित बात कहना, भयंकर भूल करना; **have a ~ in one's hat** पीकर धुत्त हो.; **his dreams never reached the stage of ~s and mortar** उसके सपने कभी पूरे नहीं हुए; **hit the ~s** *sl.* हड़ताल की घोषणा कर दे.; **like a ~/ like ~s** सहर्ष, फुर्ती से; **like a cat on hot ~s** मानो पांव तले अंगारे हों; **like a ton of ~** भारी-भरकम तरीके से; **make ~s without straw** बिना साधनों के कार्य में जुटना, सूत न कपास जुलाहे से लट्ठम-लट्ठ, बेकार समय बर्बाद करना; **sell sb a gold ~** किसी को ठगना, किसी को बुद्धू बनाना

bridal /ब्राइडल/ *adj.* 1 दुल्हन संबंधी, विवाह संबंधी 2 वैवाहिक, वधू का: ~ party;
collocations: **~ gown** दुल्हन का लहंगा; **~ mysticism** दांपत्य रहस्यवाद; **~ suite** दूल्हे-दुल्हन का दो या अधिक कमरों का आवास

bride /ब्राइड/ *n.* दुल्हन, नववधू;
dw/lw: **~groom** /ब्राइड्ग्रूम/ (*also* **groom**) *n.* दुल्हा, वर; **~price** *n.,* (*esp. in tribal societies*) वधू-मूल्य; **~smaid** /ब्राइडमेड/ *n.*; सहबाला, वधू-सखी; **~man/ ~sman** /ब्राइड्ज्मन/ *n.* वर-सखा;
collocations: **~ bed** शादी का पलंग; **~ cake** विवाह के समय बांटकर खाया जाने वाला केक; **~ chamber** विवाह-कक्ष;
p&i: **~ goes to her marriage bed but knows not what shall happen to her** अनजाने की स्थिति, पंडोरा का बक्सा (Pandora's box) (न जाने उसमें से क्या निकलेगा);
bride of the sea समुद्र की दुल्हन, (इटली का नगर) वीनस (Venus)

bridewell /ब्राइडवअल/ *n.* अपराधी सुधार घर

bridge /ब्रिज/ *n.* 1 पुल, सेतु: ~ a river 2 किसी दरार के दो किनारों को जोड़ने वाली संरचना 3 संबंधों को सुधारने के लिए सेतु 4 सहारा, टेक 5 मेरु, घोड़ी (of violin) 6 बांसा (नाक का), नासादंड 7 ऐनक की कमानी 8 (*also* **~work**) नकली दांतों की टेक 9 समुद्री जहाज पर कैप्टन और अफसरों के खड़े होने का चबूतरा 10 *elec. engin.* एक प्रकार का विद्युत परिपथ 11 बिलियर्ड की छड़ की टेक 12 स्टेज से ऊपर उठने वाला मंच 13 योजक 14 बंधन कर्ता 15 सेतु वाक्य 16 *music* उत्तर मेरु;
v., pt. **~d**, *pp* **bridging** 1 पुल बनाना 2 किसी दरार को पाटना: managed to ~ our differences; ~ a gap 3 *elec. engin.* बिजली के जोड़ या क्नेक्शन को मिलाना;
dw/lw: **~able** *adj.* 1 जिसकी खाई पाटी जा सके 2 जिसके ऊपर से सेतु बनाया जा सके; **bridging** सेतु बंधन, पुल/ सेतु बनाने की क्रिया; **~builder** *n.* 1 पुल बनाने वाला 2 दो या अधिक लोगों के बीच झगड़े मिटाने वाला; **~building** *n.* सेतु बनाने की क्रिया; **~head** *milit.* 1 दुश्मन के क्षेत्र के काफी अंदर बनाया हुआ मोर्चा या दुश्मन के मोर्चे के अत्यधिक समीप पुल के परले सिरे पर बनाया हुआ मोर्चा 2 महत्त्वपूर्ण प्रगति या ऐसा रास आने वाला स्थान जहां से आगे प्रगति की जा सकती है; **~less** *adj.* सेतुहीन, बिना पुल का; **~work** *n.* 1 नकली दांत और उनकी टेक 2 नकली दांत बनाने का काम;
collocations: **~ span** सेतु स्पैन; **~ member** सेतु कड़ी; **~ crane** सेतु क्रेन; **~ equipage** सेतु के पार ले जाने का सामान; **~ of boats** नावों का पुल, पोंटून पुल; **~ site** पुल बनाने का स्थान; **bridging loan** बैंक आदि द्वारा दिया जाने वाला अस्थायी उधार; **~ over** बाधाओं को पार क.; **~ roll** एक लंबा मुलायम ब्रेड रोल; **~ work** नकली दांतों की टेक; **the ~** 1 पोताधिकारी/ जहाज के अफसरों का काम करने का चबूतरा 2 ताश में ब्रिज नामक खेल; **the ~ of one's nose** नासादंड, बांसा;
p&i: **~ over the difficulties** कठिनाइयों को पार क.; **~ the gap/ gulf, etc.** खाई पाटना, मतभेद दूर क., समझौता क.; **a ~ of gold/ a golden ~** पीछे हटने का आसान रास्ता; **burn one's ~s** अपने संबंध खत्म करना; **cross the ~ when one comes to it** उचित समय आने पर उचित कार्य क.; **don't cross the ~s before you come to them** समय आने से पहले कदम न उठाओ; **let every man praise/ speak well of the ~ he goes over** जिस डाली पर बैठे हो, उसे न काटो; **much water has flowed down/ under the ~s** तब से अब तक स्थिति बिल्कुल बदल गई है; **throw sb over the ~** किसी को धोखा दे.

bridle /ब्राइडल/ *n.* 1 (***syn.*** of horse) लगाम, बाग: give a horse the ~ (घोड़े का लगाम लगाना) 2 (***syn.*** restraint) रोक, नियंत्रण: put a ~ on sb; she must put a ~ on her tongue;
v., *pt.* **~d**, *pp* **bridling** 1 घोड़े पर लगाम चढ़ाना 2 लगाम लगाना, पर नियंत्रण क.: ~ one's temper; ~ one's ambitions/ passions 3 (*esp.* **~ at sth**/ *sometimes* **~ up**) मुंह ऊंचा करके क्रोध या नापसंदगी जाहिर क.: he **~d** visibly at the price;
collocations: **~ rein** लगाम;
p&i: **~ hand** बायां हाथ (जिसमें लगाम थामी जाती है); **~ one's anger** अपने गुस्से पर नियंत्रण क.; **~ path/ ~ way** घोड़े पर चढ़ कर जाने का रास्ता;
bite on ~ उतावला हो.; **put a ~ on** काबू में रखना; **turn ~** वापस मोड़ना

Brie /ब्रीः/ *n., Fr.* एक मुलायम फ्रांसीसी पनीर

brief /ब्रीफ/ *adj., degr.* **~er**, **~est** 1 अल्पकालिक, अल्पकालीनः ~ experience 2 छोटा: a ~ pair of shorts 3 संक्षिप्त: a ~note; ~ review; ~ remarks; be ~ 4 रूखा;
n. 1 संक्षेप में दिए जाने वाले निर्देश, संदेश या आदेश-पत्र 2 खुलासा, संक्षिप्त विवरण या ब्योरा 3 *law* कानूनी तर्कों का सार 4 *colloq.* वकील, बैरिस्टर: take a ~; hold a ~ 5 (**~s**) आदमी या औरत का कसकर आने वाला जांघिया, कच्छा, छोटी निक्कर, छोटी पैंट 6 *RC Church* (*also* **breve and papal ~**) अनुशासन के संबंध में पोप का पत्र;
v., *pt.* **~ed**, *pp* **~ing** 1 अवगत कराना, आवश्यक सूचना दे. 2 संक्षेप क., खुलासा (summary) तैयार क. 3 वकील को अपने अधिवक्ता के रूप में रखना 4 (***syn.*** instruct) वकील को विवरण देकर तैयार क. 5 किसी को विस्तार से बताना 6 किसी को निर्देश देकर तैयार क.;
dw/lw: **~case** *n.* छोटा बैग, ब्रीफकेस; **~ing** *n.* 1 निर्देश मीटिंग: ~ing for the lawyer 2 विवरण, निर्देश: a full ~ing; **~less** *adj.* निठल्ला; **~ly** *adv.* संक्षेप में; **~ness** *n.* संक्षिप्तता; **~s** /ब्रीफ्स/ *n. [pl.]* निक्कर
collocations: **~ particulars** संक्षिप्त विवरण; **~ resume** 1 संक्षिप्त वृत्त 2 (of lawyer) निर्देश, निर्देश पत्र, पक्ष पत्र, पक्ष कथन; **king's ~** शाही फरमान; **papal ~** पोप का आदेश;
p&i: **hold a ~ for sb/ sth** किसी की तरफदारी क., की ओर से वकालत क., का पक्ष ले., का समर्थन क.; **be ~** संक्षेप में बोलना; **hold no ~ for sb** किसी की तरफ से न बोलना, किसी की तरफदारी न क.; **in ~** सार-कथन, संक्षेप में; **take a ~** वकील द्वारा मुकदमा ले.

brier /ब्राइअः/ (*also* **briar**) *n.* कांटेदार झाड़ी, जंगली गुलाब;
dw/lw: **~y** /ब्राइअरि/ *adj.* कांटेदार

brig /ब्रिग/ *n.* 1 दो मस्तूलों वाला पाल पोत 2 *originally US navy, sl.* पोत कारागार, जहाज पर बनी जेल

Brig. *abbr.* 'Brigadier' का संक्षेप

brigade /ब्रिगेड/ *n.* 1 वाहिनी, ब्रिगेड: ~ commander; ~ group; ~ major 2 *UK* दल, वाहिनी: the fire ~

brigadier /ब्रिगअडिअ(र)/ *US* ब्रिगअडिर/ (*abbr.* **Brig.**) *n.* 1 ब्रिगेडियर 2 *in the US* **Brigadier General** ब्रिगेडियर जनरल

brigand /ब्रिगंड/ *n.* (***syn.*** bandit) 1 दूरस्थ क्षेत्रों आदि में सक्रिय लुटेरा 2 राहजन, बटमार, डाकू;
dw/lw: **~age/ ~ry** /ब्रिगंडिज/ ब्रिगंडरि/ *n.* लूट, राहजनी, बटमारी

brigantine /ब्रिगंटीन/ *n.* दो मस्तूलों वाला पोत

Brig. Gen. *abbr.* 'Brigadier General' का संक्षेप

bright /ब्राइट/ *adj., degr.* **~er**, **~est** 1 उज्ज्वल, चमकीला, चमकदार: ~ star 2 तेज, द्युतिमान, तीव्र बुद्धि, होनहार: he's a ~ boy, esp. at English 3 प्रकाशमान, दीप्त: ~ eyes 4 (***syn.*** lively) प्रसन्नचित्त, प्रफुल्ल, जीवंत: ~ imagination 5 चटकीला, तेज (of colours): ~ flash/ colours 6 शुभ, खुशियां बिखेरने वाला: ~ day; ~ future; ~ prospects 7 सुस्पष्ट (of sound) 8 विख्यात, प्रसिद्ध 9 पारदर्शी 10 बढ़िया, शानदार: ~ reply/ plan;
adv., *lit.* चमक-दमक से: the stars were shining ~;
dw/lw: **~en** /ब्राइटन/ (*also* ~en up) *v., pt.* ~ened, *pp* ~ening 1 चमका दे. या चमक उठना: the sky is ~ening 2 पहले से ज्यादा प्रसन्न क.: their countenances ~ened into smiles 3 आनंदित क., आनंदमय बनाना: flowers can ~en any room 4 उज्ज्वल हो 5 रंगों का भड़कीला हो. 6 मौसम का खुशगवार हो.: the day has ~ened up since morning; **~eyed** *adj.* जिसकी

आंखों में चमक हो, जीवंत, प्रफुल्ल; **~ly** *adv.* चमकते हुए, चमकदार ढंग से; **~ness** *n.* 1 उज्ज्वलता, दमक, चमक, कांति, द्युति, दीप्ति 2 प्रसन्नता; **~some** *adj.* कांतिमान, प्रतिभाशाली, दैदीप्यमान;

collocations: **a ~ future** उज्ज्वल भविष्य; **the ~ lights** *pl.* शहरी चकाचौंध, ऐशो-आराम; **Bright's disease** *med.* गुर्दे का रोग; **~ spark** *often derog.* चतुर, जीवंत एवं उत्सुक युवक; **~ young thing** जोशीला व चतुर युवक जो अपना भविष्य उज्ज्वल करना चाहता है;

p&i: **~ and bushy-tailed** उत्सुक और आश्वस्त; **~ and early** तड़के-तड़के, समय से काफी पहले;

as ~ as a button/ a new pin, a sixpence *colloq.* छैल-छबीला, बुद्धिमान व चतुर; **as ~ as day** दिन जैसा उजाला; **as ~ as silver** सूरज-सा चमकता-दमकता, चांदी-सा चमचमाता; **a/ the ~ spot** खराब चीज, बात या घटना में सकारात्मक पहलू; **keep ~ in spite of one's misfortune** दुर्भाग्यपूर्ण घटना के बावजूद प्रसन्नचित्त रहना; **look on the ~ side (of things)** आशावादी हो; **the ~ lights** शहर की चकाचौंध करने वाला जीवन

brigue /ब्रिग/ *n.* झगड़ा, षड्यंत्र;
v., pt. **~d**, *pp* **briguing** षड्यंत्र क.

brill /ब्रिल/ *n., pl.* **~s/ brill** एक प्रकार की समुद्री मछली

brill *adj., dated,* = **brilliant**; *Br. sl.* बहुत बढ़िया, शानदार

brilliance/ brilliancy /ब्रिलिअंस/ ब्रिलिअंसि/ *n.* 1 दमक, चमक, शान, दीप्ति: the ~ of a lamp 2 महिमा, प्रताप, प्रभा, वैभव 3 प्रतिभा, चातुर्य, बुद्धिमत्ता: a display of musical ~ (संगीत प्रतिभा का प्रदर्शन): ~ of mind

brilliant /ब्रिलिअंट/ *adj.* 1 शानदार: ~ polish 2 प्रतिभाशाली, चतुर, प्रभावी: ~ mind/ intellect; ~ wit 3 दैदीप्यमान, चमकीला, दमकदार: ~ sunshine 4 चटकीला (colour) 5 वैभवशाली, प्रतापी, सफल 6 दिखावापूर्ण 7 (*usually* **~-cut**) *tech.* चटकीला (diamond);
n. रत्न, हीरा;
dw/lw: **~ly** /~ली/ *adv.* शानदार तरीके से

brilliantine /ब्रिलिअंटीःन/ *n., old use* बालों को चमकदार बनाने के लिए सुगंधित तेल

brim /ब्रिम/ *v., pt.* **~med**, *pp* **~ming** किनारों तक भरना: he **~s** over with health;
n. 1 टोप का किनारा 2 किसी बर्तन का किनारा या मुंह: full to the ~;
dw/lw: **~full/ ~ful** *adj.* (*sometimes* ~full of/ with sth) लबालब भरा हुआ, मुंह तक भरा हुआ, छलकता हुआ: bucket ~ful of water; fill a glass ~ful; he is ~ful of new ideas; **~med** /ब्रिमड/ *adj.* 1 किनारीदार 2 लबालब भरा हुआ; **~less** *adj.* किनाराहीन; **~mer** /ब्रिमः/ *n.* लबालब भरा प्याला, गिलास या कटोरा; **~ming** /ब्रिमिंग/ *adj.* छलकता हुआ;
p&i: **be ~ming with sth** किनारे तक या लबालब भरा हो.; **eyes ~ming with tears** आंखों का आंसुओं से लबालब भरा हो.; **~ over** छलकना; **~ over with sth** फूले न समाना: she was ~ming over with excitement

brimstone /ब्रिम्स्टोन/ *n.* 1 गंधक, गंधकाश्म 2 चंडी, कर्कशा;
dw/lw: **brimstony** *adj.* गंधकीय;
p&i: **~ butterfly** एक चौड़े चमकदार पंखों वाली तितली; **fire and ~** नरक की ज्वाला

brindle /ब्रिंडल/ (***syn.*** ~d /ब्रिंडल्ड/) *adj.* चितकबरा, धारीदार

brine /ब्राइन/ *n.* 1 खारा पानी, लवण जल 2 नमक 3 समुद्र: fell into the foaming ~;
dw/lw: **~-pan/ ~-pit** *n.* लवण पटल; **brinish** /ब्राइनिश/ *adj.* (***syn.*** briny) लवणीय, नमक वाला; **briny** /ब्राइनि/ *adj., degr.* brinier, briniest खारा, नमकीन, लवणीय: briny tears; **briny** *n.* समुद्र

bring /ब्रिंग/ *v., pt.* **brought**, *pt. p.* **brought** *pp* **~ing** 1 लाना, ले आना: ~ your books with you; ~ me a cup, please!; ~ your friend with you next time you come; he **brought** his wife a handsome present from the town 2 तक पहुंचाना या लाना: they **brought** him safe to land; a shriek **brought** him to the door; ~ the score to ... 3 प्रस्तुत क. 4 बना दे., बनाना (cause to become): it **brought** him to his senses 5 (***syn.*** persuade) प्रेरित करना, मनाना, राजी क., कायल क.: ~ into accord; ~ to an end/ to a close; ~ to terms; the feeling of coldness **brought** him to himself 6 परिणाम हो. या बनना, की अवस्था तक पहुंचाना: this sad news **brought** tears to her eyes; spring **~s** warm weather; ~ water to the boil; ~ to ruin; ~ sb to disgrace; ~ into discredit; ~ into comparison; ~ into production; ~ to gallop; ~ a motor-car to a halt 7 पैदा क. या परिणाम के रूप में लाना (result in): war **~s** misery 8 (**~ oneself to do sth**) किसी को कुछ करने के लिए तैयार या विवश क.: I cannot ~ myself to believe; I wish I could ~ you to see the wisdom of my plan; I can't ~ myself to take strong action 9 किसी के विरुद्ध आरोप आदि लाना या लगाना 10 गवाही दे. 11 लागू क.: ~ two new rules into effect; ~ into vogue/ fashion; ~ into action 12 लाभ या आय दे.: his literary work **~s** him but a small income; the crop **brought** good income last year; used cars **brought** a good price 13 किसी दिशा में चलाना 14 औपचारिक रूप से आरोप लगाना: ~ an action against sb; ~ charges against a person;
dw/lw: **~-and-buy-sale** *n. mainly Br.* अपनी चीजें बेचने और दूसरों की चीजें खरीदने की हाट, पुरानी वस्तुएं बेचकर नई खरीदने का बाजार; **~er** *n.* लाने वाला;
p&i: **~ about** 1 लाना, उत्पन्न क., परिणाम पैदा क. या हो. 2 जहाज आदि को उल्टी दिशा में मोड़ना; **~ A and B together** दो जनों या दो पक्षों के बीच सुलह करवाना; **~ a charge home to one** किसी पर लगाया गया आरोप सिद्ध करना, आरोपित दोष प्रमाणित क.; **~ a criminal to justice** अपराधी को सजा दिलवाना; **~ against** (अभियोग) लाना या चलाना; **~ an action** दावा क.; **~ an argument** तर्क दे., अपना पक्ष सिद्ध करने का प्रयास क.; **~ around** = **~ back** 1 वापस ला. 2 याद क. या कराना 3 राजी या कायल करना; **~ before the bar** कटघरे में खड़ा क.; **~ down** 1 गिराना 2 पक्षी आदि को गोली से मार गिराना 3 विमान को मार गिराना 4 किसी को मार दे. या घायल कर दे. 5 कीमतें आदि कम क. 6 किसी पर गोलीबारी क. 7 किसी पर गुस्सा उतारना 8 कहानी को किसी निश्चित मोड़ तक पहुंचाना; **~ down the house** श्रोताओं को मंत्र-मुग्ध क., करतल ध्वनि पैदा क.; **~ forth** 1 उत्पन्न/ प्रकट क., पैदा क., फल दे., परिणाम स्वरूप हो. 2 स्पष्ट रूप से दिखाना; **~ forth with pain and breed with care** जिसे इतने दुःख-दर्द सहकर जन्म दिया है उसे संभालकर रखो, उसका भली प्रकार पालन-पोषण करो!; **~ forward** 1 हिसाब को अगले पेज पर जारी रखना 2 प्रस्तुत क., सामने लाना 3 मीटिंग आदि को समय से पहले कर ले.; **~ happiness/ peace/ shame, etc.** खुशी/ शांति/ लज्जा आदि दे. या ला.; (*often* **~ sth home to sb**)/ **~ home sth** सिद्ध क., समझा दे., कायल क.; **~ in** 1 लागू क. 2 विचार-विमर्श के लिए प्रस्तुत क. 3 आमदनी दे. 4 आयात क. 5 सजा या दंड दे.; **~ home a charge** दोष सिद्ध क.; **~ home to sb** किसी को समझाना, कायल क.; **~ in a new era** नए युग का सूत्रपात क.; **~ in by head and shoulders** बालों से खींचना; **~ into being/ into life/ into the world** पैदा क., रचना, दुनिया में ला.; **~ into sight** दृष्टिगोचर क., दृश्य बनाना; **~ into the dock** कटघरे में खड़ा क.; **~ into harmony** समरस बनाना; **~ into notice** ध्यान में ला.; **~ into play** लागू या चालू क.; **~ into the world** पैदा क., जन्म दे.; **~ light into sth** किसी बात या प्रश्न पर प्रकाश

डालना; ~ **low** किसी की सेहत या सामाजिक स्थिति खराब क., किसी की जड़ों में तेल दे.; ~ **off** 1 बर्बादी से बचाना 2 सफलतापूर्वक पूरा क.; ~ **oil to the fire** आग में घी डालना; ~ **on** 1 कारण हो. 2 विचार-विमर्श के लिए प्रस्तुत क. 3 अपने ऊपर लाना; ~ **a person on his knees** किसी का होश ठिकाने लगा दे., उसका घमंड चूर-चूर कर दे., किसी के घुटने टिकवा दे.; ~ **one's eggs to a bad/ wrong market** असफल हो., धंधा चौपट हो जा.; ~ **oneself to do sth** अपने को कुछ करने के लिए विवश क.; ~ **on the strength** सूची में दर्ज क.; ~ **out** 1 अपना विचार प्रकट क. 2 दक्षता दिखाना 3 किसी को कुछ कहने पर मजबूर क. 4 आकर्षित क., अपनी ओर खिचना 5 प्रकाशित क. 6 नाटक का मंचन क. 7 ऋण-बौंड़ घोषित क. 8 जग-जाहिर क. 9 मोर्चे से शांति क्षेत्र में भेजना; ~ **over** 1 मनाना, राजी क., कायल क. 2 किसी को उसका विचार बदलने के लिए विवश क. 3 अपने साथ ला.; ~ **pressure to bear upon sb** किसी पर दबाव बनाना; ~ **round** 1 होश में ला. 2 मनाना, राजी क., कायल क., अपने साथ ला.; ~ **sb back/ down to earth** किसी के होश ठिकाने लगाना; ~ **sb/ sth before sb** किसी को या किसी बात को किसी के सामने विचार-विमर्श या निर्णय के लिए प्रस्तुत क.; ~ **sb down** 1 किसी को निराश क. 2 किसी को परास्त क. 3 किसी को पदच्युत क., गिराना; ~ **sb in** 1 किसी विशेष कार्य के लिए किसी को बुलाना 2 किसी को गिरफ्तार क.; ~ **sb in sth/** ~ **in sth** कोई निश्चित राशि कमाना; ~ **sb/ sth into line** मना ले., सहमत कर ले.; ~ **sb on** किसी के प्रशिक्षण के दौरान बेहतर शिक्षा पाने में मदद क.; ~ **sb out** 1 लोगों का हड़ताल पर जाने के लिए मनाना 2 संकोच दूर क.; ~ **sb out in sth** किसी में घमौरी आदि की प्रतिक्रिया पैदा क.: cats ~ me out in spots (बिल्लियों के कारण मुझे चकत्ते हो जाते हैं); ~ **sb out of himself/ herself** अपने ऊपर आत्म-विश्वास अनुभव करने में किसी की मदद क.; ~ **sb over/ round/ around** किसी को मना ले. या सहमत करवाना; ~ **sb round** 1 होश में लाना 2 किसी को मना लेना; ~ **sb round/ around to** किसी को समझा-बुझाकर मना ले., राजी क.; ~ **sb over to sth** अपने मत का बनाना; ~ **sb to** होश में ला.; ~ **sb to heel** किसी के घुटने टिकवा दे.; ~ **sb to his senses** किसी के होश ठिकाने लगाना; ~ **sb together** मिलाना, मेल कराना, एक क.; ~ **sb up** लालन-पालन. पालन-पोषण क. और शिक्षा दे.; ~ **sb up against sth** किसी का क्रूर यथार्थ से आमना-सामना करवाना; ~ **sb up short** एक दम बंद करवाना; ~ **sth about** घटित करवाना, लाना; ~ **sth along** 1 कोई वस्तु या संदेश ला. 2 किसी चीज के विकसित होने में मदद क.; ~ **sth back** 1 लाना, लेते आना 2 पुरानी यादें ताजी कराना, स्मरण कराना; ~ **sth down** 1 किसी चीज को गिराना 2 का स्तर कम क.; ~ **sth forth** पैदा क.; ~ **sth forward** 1 किसी बात को निश्चित समय से पहले क. 2 किसी बात की ओर ध्यान खींचना 3 *bookkeeping* आंकड़ों को अगले पेज पर ले जाना; ~ **sth home to sb** किसी को कोई बात समझाना, बात किसी के भेजे में डालना; ~ **sth in** 1 लागू क. 2 आय या लाभ पाना शुरू क., पैसे कमाना 3 प्रस्तुत क. 4 समाविष्ट क.; ~ **sth off** *colloq.* किसी मुश्किल काम को करने में सफल हो.; ~ **sth on** 1 विकसित करने या आगे बढ़ने में मदद क. 2 होने या प्रकट होने में मदद क.; ~ **sth on oneself** अपने पांव पर कुल्हाड़ी मारना; ~ **sth out** 1 (~ **sth out in sb**) बल दे. या प्रकट क.: ~ out the worst in sb 2 प्रकाशित या विमोचित क.; ~ **sth round/ around to sth** बातचीत को किसी विषय विशेष की ओर मोड़ दे.; ~ **sth to** *naut.* जहाज को रोक दे.; ~ **sth to bear** 1 दबाव देकर करवाना 2 चालू करवाना; ~ **sth to hammer** नीलामी से बेचना; ~ **the house down** नाट्यशाला में अपनी बढ़िया भूमिका द्वारा श्रोताओं का दिल जीतना, करतल ध्वनि से रंगशाला का गूंज उठना; ~ **sth up** 1 किसी विषय पर बहस शुरू क., किसी मुद्दे को बातचीत के लिए उठाना, चर्चा क. 2 *UK* उल्टी/ वमन क.; ~ **the water to sb's mouth** किसी के मुंह में पानी ला.; ~ **through** 1 कठिनाई पार करने में मदद क. 2 परीक्षा के लिए तैयारी क. 3 रोग का उपचार क., से बचाना; ~ **to** 1 = ~ **round** 2 जहाज को रोकना 3 जहाज का रुक जा., होश में ला.; ~ **to book** 1 = ~ **to account** 2 सजा दे., सजा दिलवाना; ~ **to account** जवाब तलब क., कारण बताओ नोटिस दे.; ~ **to an end** समाप्त क.; ~ **to a standstill** पूर्ण ठहराव लगाना; ~ **to bear** 1 प्रयोग या काम में ला., का इस्तेमाल क. 2 दबाव डालना; ~ **to bear influence on** किसी पर प्रभाव डालना; ~ **to light** भेद खोलना; प्रकट करना, जगजाहिर क.; ~ **to mind** याद दिलवाना, स्मरण कराना; ~ **to naught** शून्य कर दे., विफल क., बेकार क.; ~ **to pass** घटित होना संभव क.; ~ **to reason** तर्क-सम्मत ढंग से मनाना; ~ **to senses** होश ठिकाने लाना; ~ **to the hammer** नीलामी क.; ~ **to want/ to beggary** कंगाल बना दे.; ~ **under** 1 अपने अधीन क., वश में क., के तहत ला. 2 किसी वर्ग या श्रेणी में शामिल क.; ~ **up** 1 पालन-पोषण क., शिक्षा-दीक्षा दे. 2 प्रश्न उठाना या उसे विचार-विमर्श के लिए रखना 3 बढ़ाना, वृद्धि क. 4 अचानक किसी को रोकना 5 जहाज को लंगर पर डालना या रोकना 6 गिरफ्तार क. 7 अदालत में दोषारोपण क. 8 नाश्ता या दोपहर आदि का भोजन दे; ~ **up against** विरोध में प्रस्तुत करना; ~ **sb up** अदालत में पेश क.; ~ **sth up** चर्चा के लिए प्रस्तुत क., मुद्दा उठाना; ~ **up the rear** प्रदर्शन (जलूस) के सबसे अंत में चलना; ~ **up to date** आधुनिकतम या नवीनतम बनाना; **what ~s you here to-day?** आप यहां क्यों आए हो?

brinish /ब्राइनिश/ *adj.* कड़वा, कटु, क्रूर

brinjal /ब्रिंजल/ (*also in SAfrE* **aubergine/ eggplant**) *n.* बैंगन, भांटा (corrupted brown jolly)

brinjarry /ब्रिंजरि/ *n.* बंजारा या घुमंतू अनाज व्यापारी

brink /ब्रिंक/ *n.* 1 नदी का किनारा: on the ~ of ... 2 कगार: the ~ of new era; be on the ~ of ruin; be on the ~ of grave; be on the ~ of tears 3 सीमा 4 युद्ध का खतरा: draw back from the ~;
dw/lw: **~manship/ ~smanship** /ब्रिंक्मनशिप/ ब्रिंक्समनशिप/ *n.* 1 (युद्ध का) दुस्साहसपूर्ण खेल 2 युद्ध की कगार पर रहने की प्रवृत्ति: policy of ~manship;
p&i: **be on the ~ of sth** (तबाही आदि) की कगार पर हो.; **on the ~ of extinction/ disaster** पूर्णतः लुप्त होने/ तबाही की कगार पर; **stand shivering on the ~** ढुलमुल हो., (नदी किनारे खड़ा होकर पानी में घुसने के बारे में) दुविधा में हो.

briny *see above under* **brine**: ***dw/lw***

brio /ब्रीओ/ *n., Italian* 1 जोश, उत्साह 2 सजीवता 3 निजी शैली

brioche /ब्रिऔश/ *US* ब्रिऑश/ *n.* ब्रेडरोल, केक जैसी ब्रेड (बन)

briquette/ briquet /ब्रिकेट/ *n.* कोयले के चूरे या राख से बनी ईंट या ब्लॉक

brisk /ब्रिस्क/ *adj.* 1 तेज, फुर्तीला, जीवंत: a ~ walk; a ~ response; ~ fire; at a ~ pace; ~ old man 2 तेजी वाला: ~ market (गर्म बाजार); ~ trade; ~ demand 3 स्फूर्तिदायक, तरोताजा करने वाला: brisk wind (कुछ-कुछ ठंडी, तेज और जानदार हवा): ~ morning air 4 बना-ठना;
v., pt. **~ed**, *pp* **~ing** 1 जीवंत या फुर्तीला बनाना 2 तेज क.: ~ up a fire; ~ up one's pace 3 जिंदादिल बनाना, जीवंत हो. 4 तेज हो., भड़क उठना: the rattle of rifle fire **~ed** up again;
dw/lw: **~ly** *adv.* फुर्ती से, तेजी से; **~ness** *n.* फुर्ती, फुर्तीलापन, जीवंतता;
p&i: **~ about** तेज चलना

brisket /ब्रिस्किट/ *n.* 1 जानवर का सीना, छाती, अधर-वक्ष 2 *cookery* सीने का गोश्त

brisling /ब्रिस्लिंग/ *n.* एक छोटी समुद्री मछली

brist\le /ब्रिसल/ *v., pt.* **~led**, *pp* **~ling** 1 रोंगटे खड़े हो., रोमांच हो., शरीर के बालों का तनकर सीधे खड़ा हो जा. 2 (*usually* **~le with sth**) क्रुद्ध हो., क्रोध से अभिभूत हो.: **~ling** with resentment; don't **~le** up like a hedgehog 3 (*usually* **~le with sth**) से ढका हो., ठसा-ठस भरा हो., बहुत अधिक मात्रा में

हो.: a room **~ing** with people; **~le** with difficulties/ quotations; the plan **~les** with technical difficulties;

n. 1 छोटे खड़े कड़े बाल 2 शूक, तूड़;

dw/lw: **~led** /ब्रिस्लड/ *adj.* शूकमय; **~ling** *adj.* 1 बालों से भरा हुआ 2 कांटेदार, नुकीला: a ~ling battery of pencils 3 क्रुद्ध, आक्रामक: ~ling tone; **~liness** *n.* 1 शूकमयता 2 क्रोध; **~ly** /ब्रिस्लि/ *adj., degr.* ~lier, ~iest 1 शूकमय 2 गुस्सैल: he is a ~ly character;

p&i: **~le with** भरा होना;

set up one's ~les 1 कांटेदार हो. 2 क्रुद्ध हो.; **set up sb's ~les** किसी को क्रुद्ध क.

bristols /ब्रिस्टल्ज/ *n. [pl.]* (*esp.* **pair of ~**) *Br. sl.* महिला के उरोज

Bristol-fashion *adj.* आदर्श ढंग से व्यवस्थित: ~ and ship-shape

Brit /ब्रिट/ *n., colloq.* ब्रिटेनवासी: the **Brits** abroad

Brit. /ब्रिट/ *abbr.* 'Britain', 'British' का संक्षेप

BRIT *abbr.* 'Board of Radiation and Isotope Technology' की प्रथमाक्षरी

Britain /ब्रिटन/ *n.* 1 इस शब्द का कोई वैध दर्जा नहीं, पर इसे या तो **Great Britain** (इंग्लैंड, स्कॉटलैंड और वेल्ज (**Wales**) से मिलकर बनी एक राजनीतिक इकाई) या यूके (UK) के अर्थ में प्रयोग किया जाता है 2 ब्रिटेन, ब्रितानिया

Britannia /ब्रिटैनिआ/ *n.* 1 हेल्मेट पहने और शील्ड धारण किए हुए एक वीरांगना जो ब्रिटेन की साक्षात मूर्ति मानी जाती है 2 ब्रिटेन, ब्रितानिया 3 रोमन साम्राज्य में आज का ग्रेट ब्रिटेन;

dw/lw: **Britannic** /ब्रिटैनिक/ *adj., formal* ब्रिटेन संबंधी, ब्रितानवी: His Britannic Majesty

Britannia metal *n.* टिन, सुरमा आदि से बना एक रुपहला-श्वेत धातु मिश्रण जिससे बियरिंग और कांटे-छुरी आदि बनते हैं

britches /ब्रिचिज/ (*also* **breeches**) *n., [pl.]* स्त्री या बच्चे का जांघिया;

p&i: **too big for (one's) ~** (***syn.*** over-confident) अतिशय आश्वस्त

brite /ब्राइट/ ***v.***, *pt.* **~d**, *pp* **briting** *1* अनाज की फसल का जरूरत से ज्यादा पक जा. *2* पके दानों का खेत में नीचे गिरना

Briticism/ Britishism /ब्रिटिसिज्म/ ब्रिटिशिज्म/ *n.* 1 ब्रितानवी प्रथायें, वेषभूषा, ब्रितानवी बोली, लहजा, मुहावरे आदि का समुच्चय 2 ब्रिटेन में बोली जाने वाली अंग्रेजी की विशेषता

British /ब्रिटिश/ *adj.* 1 ग्रेट ब्रिटेन (ब्रिटेन) या उसके निवासियों से संबंधित 2 ब्रितानवी साम्राज्य से संबंधित: ~ Defence Forces; ~ treasury note 3 ब्रिटेन में प्रयुक्त अंग्रेजी से संबंधित: ~ English;

dw/lw: **~er** /ब्रिटिशः/ *n., US* ब्रिटेन वासी, ब्रितानवी नागरिक, ब्रितानवी व्यक्ति; **~ness** /ब्रिटिशनेस/ *n.* 1 ब्रितानियता 2 ब्रितानवी स्वभाव, चरित्र, विचित्रताओं आदि का समुच्चय;

collocations: **the British** *[pl.]* 1 ब्रितानवी व्यक्ति या नागरिक: she is ~; the ~ have a strange sense of humour 2 ब्रितानवी लोग/ जनता; **the British Isles** /दि ब्रिटिश आइल्ज/ ब्रिटेन, आयरलैंड, और दूसरे छोटे द्वीपों यानी आइल ऑव मैन (Isle of Man), हेब्रिडेज (Hebrides) और चैनल द्वीपों (Channel Islands) से मिलकर बनी एक भौगोलिक इकाई

British Summer Time (*abbr.* **BST**) ब्रिटेन में गर्मियों का मानक समय

Britisher *see above under* **British*: dw/lw***

British thermal unit *n., phys.* (*abbr.* **BTU**) ब्रितानवी ऊष्मा इकाई (एक पाउंड पानी का तानमान एक डिग्री फार्नहाइट बढ़ाने के लिए आवश्यक ऊष्मा या ऊर्जा की मात्रा)

Briton /ब्रिटन/ *n.* 1 ब्रितानवी व्यक्ति, ब्रिटेन वासी 2 (*also* **ancient Briton**) *hist.* रोमन विजय से पहले दक्षिणी ब्रिटेन में बसने वाले केल्टिक (Celtic) जनताओं में से कोई एक;

collocations: **North ~** स्कॉटलैंड वासी, स्कॉटलैंड का नागरिक

Britpop /ब्रिटपौप/ *US* ब्रिटपाःप/ *n.* 1960 के दशक में अच्छे गीतों पर आधारित गितार-बहुल संगीत

brittle /ब्रिटल\/ *adj., degr.* **~r, ~st** 1 भंगुर, भुरभुरा 2 सख्त पर जल्दी टूटने वाला, भंजनशील: ~ bones/ nails 3 तीक्ष्ण, कठोर कर्कश: a ~ laugh 3 नाजुक, उखड़ा-उखड़ा-सा, कभी गर्म, कभी नर्म या पल में तोला, पल में माशा: ~ mood or state of mind; a ~ temperament 4 जिसे स्थाई या नियमित न रखा जा सके, क्षणभंगुर: a ~ relationship; a ~ diabetic;

n., pl. **Brittles** कठोर व भंजनशील टॉफी;

dw/lw: **brittly** /ब्रिटलि/ *adv.* तीक्ष्णता से, कठोरतापूर्वक; **~ness** /~नेस/ *n.* भंगुरता, भुरभुरापन, भंजनशीलता टूटनशीलता: cold ~ness; **~star** *n.* 1 एक भंगुर तारा 2 एक मछलीनुमा जीव

collocations: **~ bone disease/ ~ bones** *med.* एक वंशानुगत बीमारी जिसमें हड्डियां अति भंगुर और भंजनशील हो जाती हैं

BRN *abbr.* (**Bahrain**) बाहरेन का अंतर्राष्ट्रीय वाहन पंजीकरण कोड (*IVR*)

BRNS *abbr.* 'Board of Research in Nuclear Sciences' की प्रथमाक्षरी

BRO *abbr.* 'Border Roads Organisation' की प्रथमाक्षरी

Bro. *abbr. pl.* 'Bros, 'Brother' का छोटा रूप

broach /ब्रोच/ *v., pt.* **~ed**, *pp* **~ing**, *s/he/it* **~es** 1 छेद बनाना, छुरा आदि घोंपकर छेद बनाना: he was cruelly **~ed** to death with a dagger 2 सूआ आदि घोंपकर किसी बर्तन में छेद बनाना 3 खोलना: ~ a new jar of pickles 4 पत्थर को घिसाकर पैना बनाना 5 मुश्किल समस्या पर चर्चा छेड़ना, जिक्र क.: ~ an idea/ subject/ topic, etc.; we **~ed** the third point;

n., pl. **~es** 1 (***syn.*** roasting-spit) सींख, सींखचा 2 (***syn.*** spire) मंदिर, मस्जिद, गिरजा घर आदि की मीनार, शिखर 3 (***syn.*** boring-bit) बरमा;

dw/lw: **~er** /ब्रोचः/ *n.* 1 बरमे की नोक 2 सींखचा;

p&i: **~ the admiral** पीपे में से मदिरा चुराना; **~ to** *naut.* जहाज को वायु के रुख की ओर मोड़ना

broad /ब्रॉड/ *adj., degr.* **~er, ~est** 1 (***anton.*** narrow; ***syn.*** wide) चौड़ा: ~ (e.g., 56") chest 2 खुला, अधिक जगह वाला 3 (***syn.*** extensive) विस्तृत, व्यापक: the ~ lands stretched away as far as the eye could reach 4 विविध, व्यापक: a ~ range of products 5 (***syn.*** main) मुख्य: ~ gauge (बड़ी लाइन) 6 सरसरी, मोटा-मोटी: the ~ facts of the case; a ~ outline of the plan; in a ~ sense it is true 7 (***syn.*** general) सामान्य: a ~ inquiry 8 (***syn.*** tolerant) उदार, सहनशील: ~ opinions; take a ~ view to sth 9 (***syn.*** clear) साफ, स्पष्ट: ~ purpose; ~ hint; ~ statement; there is no ~ line of distinction 10 संपूर्ण, पूरी: in ~ daylight 11 (***syn.*** strong) जोरदार, स्पष्ट रूप से श्रव्य: ~ Scotch/ Yorkshire accent 12 (***syn.*** coarse, vulgar) अश्लील, गंवारू: ~ joke; ~ laugh; ~ story 13 पैसा जिसे बैंक से बिना पूर्व सूचना के न निकाला जा सके;

n. *N. Amer., offensive sl.* 1 लड़की, छोकरी: he refers to her as a ~, meaning no harm whatsoever 2 (**the ~s**) निचले स्तर पर स्थित और नदियों से जुड़ी हुई कई झीलें 3 किसी चीज का मुख्य भाग;

adv. 1 विस्तार से 2 खुले रूप से 3 पूरी तरह से: ~ awake 4 जोरदार ढंग से: speak ~;

dw/lw: **B-road** *n.* (*as opposed to* **A-Road**) यूके (UK) में एक गौण सड़क; **~-axe** *n.* बढ़ई का कुल्हाड़ा; **~-arrow** *n.* अंग्रेजी सरकारी चिह्न (↑); **~band** *n.* इंटरनेट का ऐसी प्रणाली जिसके माध्यम से कंप्यूटरों के बीच बड़े पैमाने पर सूचना का आदान-प्रदान हो सकता है; **~-based** (*also* **~ly-based**) *adj.* व्यापक आधार वाला: a ~-based sample; **~-brim** *n.* चौड़ी किनारी वाला टोप; **~brow** *n.* 1 सीधा, सरल व्यक्ति 2 उदारमना आदमी; **~-brush** *n.* सरसरी नजर, सतही, रूपरेखीय (बारीकी में न जाने

वाला) अध्ययन: a ~-brush approach; **~cast** *see below under separate entry*; **~cloth** *n.* 1 घना बुना हुआ चमकदार ऊनी कपड़ा 2 सूत या रेशम से बना एक अच्छा मोटा कपड़ा 3 बनात; **~day/ ~light** *adv.* दिन-दहाड़े; **~-faced** *adj.* चौड़े चेहरे वाला; **~-gauge** *n.* बड़ी लाइन, चौड़ी लाइन का रेल मार्ग; **~-leaved** *adj.* चौड़े पत्तों वाला; **~loom** /ब्रॉडलूम/ *adj.* चौड़ा अर्ज (पनहे) का कपड़ा; **~ly** *adv.* 1 सामान्यत:, मोटे तौर पर, सरसरी नजर से: ~ly speaking, to ~ly agree 2 सीधे, खुले रूप में (बिना लुका-छिपी के), निर्णायक ढंग से: he looked me ~ly in the face on; talk ~ly; **~-minded** *adj.* उदार दिल, सहिष्णु, उदार नजरिये वाला; **~-mindedly** *adv.* उदार तरीके से, खुले दिल से; **~-mindedness** *n.* उदारता, सहिष्णुता; **Broadmoor** *n.* दक्षिणी इंग्लैंड में खतरनाक मानसिक रोगियों का अस्पताल; **~ness** *n.* चौड़ाई: ~ness of the back (विस्तृत या चौड़ा भाग); **~scale** *adj.* व्यापक, बड़े पैमाने पर: ~scale cutting down of trees; **broadsheet** /ब्रॉडशीट/ *n.* 1 *UK* बड़ा चिट्ठा, ताव 2 चौड़े कागज (लगभग 40x60 सेंटीमीटर) पर छपा समाचार-पत्र, वृहद् पत्रक 3 चौड़े कागज पर छपा इश्तिहार आदि; **~side** *see below under separate entry*; **~-spectrum** *adj.* 1 व्यापक प्रभाव वाली (दवाई आदि); **~sword** *n.* खांडा, वस्तुओं को काटने के लिए दोधारी भारी तलवार; **Broadway** *n.* न्यु यॉर्क में एक बड़ी गली जहां पर कई नाट्यशालाएं स्थित हैं; **~ways** *adv.* चौड़ाई में;

collocations: **~ awake** पूर्णतः जाग्रत; **~ bean** लोबिया; **Broad Church** (*usually* **~ church**) चर्च ऑव इंग्लैंड (Church of England) के दायरे में आने वाली एक उदारवादी पार्टी; **~ irrigation** सतही सिंचाई; **~ jump** लंबी कूद; **~ outline** मोटा-माटी रूपरेखा; **~ principles** सामान्य (व्यापक) सिद्धांत; **~ rule** सामान्य नियम; **~ silk** रेशमी वस्त्र; **~ spoken** स्पष्टवादी; **~ways/ ~wise** /ब्रॉडवेज/ ब्रॉडवाइज/ *adv.* चौड़ाई के बल; **~ wife** दास की पत्नी;

p&i: **~ in beam** चौड़े चूतड़ों वाला व्यक्ति;

a ~ hint मोटा-माटा संकेत; **a ~ line of refining education** शिक्षा-सुधार की रूप-रेखा; **a ~ outline/ picture, etc.** सरसरी नजर में योजना/ रूपरेखा; **a ~ range/ variety, etc.** व्यापक विविधता आदि; **as ~ as it is long** चाहे किसी भी दृष्टिकोण से क्यों न परखें; **have ~ shoulders** चौड़े कंधे हो.; **in ~day light** दिन-दहाड़े; **it's ~ Scots** स्थानीय भाषा व लहजे से ओतप्रोत

broadband *see above under* **broad: *dw/lw***

broadcast /ब्रॉडकास्ट/ *US* ब्रॉडकैस्ट/ *n.* 1 टेलीविजन या रेडियो प्रसारण 2 रेडियो-टीवी कार्यक्रम 3 श्रोताओं के लिए रेडियो-टीवी कार्यक्रमों का प्रसारण 4 *agricult.* छिटका बुआई (sowing);

adj. 1 रेडियो-टीवी द्वारा प्रसारित: on ~ news 2 दूर-दूर तक जाना-पहचाना (widely known) 3 *agricult.* (***syn.*** scattered) बिखेरा हुआ, छितराया हुआ;

v., pt. **broadcast** (*also US* **~ed**), *pt. p.* **broadcast** (*also US* **~ed**), *pp* **~ing** टेलीविजन या रेडियो पर प्रसारित क. 2 टेलीविजन या रेडियो प्रसारण में भाग लेना 3 (***syn.*** spread) दूर-दूर तक पहुंचाना या फैलाना 4 *agricult.* (***syn.*** scatter) बीजों को छितराना;

adv. सभी दिशाओं में, दूर-दूर तक;

dw/lw: **~er** *n.* प्रसारण करने वाला, प्रसारक 2 (***syn.*** transmitter) प्रेषित्र; **~ing** *n.* रेडियो या टीवी प्रसारण: ~ing station

broaden /ब्रॉडन/ *v., pt.* **~ed**, *pp* **~ing** (*also* **~ out**) 1 विस्तृत क., अधिक व्यापक बनाना 2 और चौड़ा क.: ~ one's outlook 3 चौड़ा हो.: her face brightened and **~ed** out into a beaming smile

broadloom *see above under* **broad: *dw/lw***

broadly *see above under* **broad*: dw/lw***

broadsheet *see above under* **broad: *dw/lw***

broad\side /ब्रॉडसाइड/ *n.* 1 *naut.* लड़ाकू जहाज के एक तरफ की सब तोपें, इन तोपों द्वारा एकसाथ गोलाबारी 2 (***syn.*** attack) जबरदस्त आक्षेप, फब्ती, ताना, कड़ी आलोचना, घोर निंदा: fire a **~side**;

adv. (***syn.*** sideways) बाजू के बल: **~side** on (बाजू के रुख); the car crashed **~side** into another car;

v., pt. **~sided**, *pp* **~siding** किसी चीज को बाजू से टकराना: the car **~sided** the truck

broca\de /ब्रॉकेड/ *n.* जरी, ब्रोकेड, कमखाब, कमख्वाब: **~de** gown;

dw/lw: **~ded** *adj.* जरीदार

Broca's area *n., anat.* दिमाग का वह भाग जो बोलने की क्षमता (speech) के लिए जिम्मेवार है

broccoli /ब्रौकलि/ *US* ब्राःकलि/ (*also* **sprouting ~**) *n., [pl.]* ब्रोकली, फूलगोभी जैसी एक हरी सब्जी

brochette /ब्रौशेट/ *US* ब्राःशेट/ *n., cookery* 1 सींख पर गोश्त के टुकड़े लगाकर कोयलों आदि पर भूनकर पकाया जाने वाला व्यंजन 2 गोश्त के टुकड़ों को एक साथ जोड़कर पकाने के लिए सींख

brochure /ब्रोशः/ *US* ब्रोशुर/ *n.* स्मारिका-पुस्तिका, विवरणिका

brocket /ब्रॉकिट/ *n.* दो वर्षीय हिरण का बच्चा

broderie anglaise /ब्रोडअरि औंग्लेज/ *US* ब्रोडअरि ऑग्लेज/ *n.* 1 सफेद मल-मल के कपड़े पर कशीदाकारी 2 इस तरीके से कशीदाकारी किया हुआ कपड़ा

brogan /ब्रोगन/ *n., Irish* टखनों तक आने वाला खुरदरा जूता

brogue /ब्रोग/ (*usually* **brogues**) *n.* 1 मोटे तलवे वाला चमड़े का जूता 2 आयरलैंड, स्कॉटलैंड आदि क्षेत्रों का उच्चारण-लहजा

broil /ब्रॉइल/ (*UK/US* **grill**) *v., pt.* **~ed**, *pp* **~ing** *mainly N. Amer.* 1 कोयलों आदि पर भूनना: **~ed** chicken 2 सूर्य के ताप या धूप में तपना: they lay **~ing** in the sun 3 अत्यधिक तड़पना: ~ with impatience 4 झगड़ना;

n. 1 झगड़ा: fight in every ~ 2 शोर;

dw/lw: **~er** /ब्रॉइलः/ *n.* 1 हंगामा, हो-हल्ला, झगड़ा-झमेला, बखेड़ा 2 (*also* **~er** chicken) भूनने लायक छोटा-सा मुर्गा 3 (*UK/US* **grill**) *n. esp. N. Amer.* भट्ठी में भूनने का यंत्र 4 कबाब 5 *colloq.* तपता दिन; **~ing** *adj.* 1 गर्म, झुलसता हुआ: ~ing day 2 गर्म (मौसम): it was ~ing hot

broke /ब्रोक/ *adj., colloq.* 1 दिवालिया: during the recession many small businesses went ~; go ~ 2 तंगहाथ, कंगाल: be dead/ flat/ stony ~ (= completely ~); be ~ to the world (पास में फूटी कौड़ी न हो.) 3 सधाया हुआ: the horse is thoroughly ~ 4 *pt.,* **'break'** का भूतकाल;

dw/lw: **~r** *see below under separate entry*;

p&i: **~ to the wide/ world** बिल्कुल खस्ता हाल, दिवालिया; **be ~** पैसे के बिना खस्ता हाल हो.; **go ~** दिवालिया हो जा.; **go for ~** *sl.* सब कुछ जुए की बाजी या दांव पर लगा दे.

broken /ब्रोकन/ *adj.* 1 टूटा हुआ या टूटी हई, टूटा-फूटा: ~ leg 2 विघटित, खंडित (of home, marriage) 3 ऊबड़-खाबड़: ~ ground 4 फटा हुआ (of clouds) 5 बचा-खुचा (of meat), झूठन 6 सधाया हुआ, साधित (tamed horse etc.) 7 दिवालिया 8 अनिश्चित (of weather) 9 टूटी-फूटी (of language): he spoke ~ English; she told her story in ~ tones 10 अवकाश के साथ, टुकड़ों में: he read papers at ~ times; he worked a ~ week 11 जिसकी शांति भंग हो चुकी हो: ~ sleep; ~ rest 12 तोड़ा हुआ या तोड़ी हुई: ~ promise; ~ oath; the ~ law 13 टूटा हुआ या थककर चूर: ~ man; ~ spirit; he is a ~ man 14 बिगड़ा या खराब (स्वास्थ्य आदि) 15 अलग-अलग 16 *milit.* (***syn.*** demoted) पदोवनत: ~ from sergeant to private 17 टुकड़ों में, टुकड़े-टुकड़े: ~ masses of pine forest 18 परिवर्तनशील 19 मिश्रित (रंग आदि) 20 झूठन: ~ bread/ meat(s)/ victuals 21 *pt. p.,* **'break'** का भूतकालिक कृदंत;

dw/lw: **~-backed** *adj.* टूटी कमर वाला, उत्तल (जलपोत के

लिए); ~-down *adj.* 1 बिगड़ी हुई (गाड़ी आदि) 2 थक-कर चूर; **~-hearted** *adj.* दिल का मारा, भग्न हृदय: the ~hearted widows and destitute orphans; **~-heartedly** *adv.* टूटे हुए दिल से; **~-in** *adj.* (*also* ~) 1 सधाया हुआ जानवर 2 पहन-पहनकर आरामदेह बनाए हुए जूते आदि; **~ly** टूटे हुए ढंग से; **~ness** *n.* भग्नता, टूटन, विखंडन, विघटन; **~-winded** *adj.* हंफेल (घोड़ा);

collocations: ~ **chord** *music* अरपेगिओ (arpeggio); ~ **circuit** अलग किया हुआ सर्कट या विद्युत आपूर्ति जाल; ~ **English/ Spanish, etc.** टूटी-फूटी अंग्रेजी/ स्पेनी आदि; ~ **ground** ऊबड़-खाबड़ धरती; ~ **home** पति-पत्नी के अलग हो जाने के कारण छिन्न-भिन्न हुआ परिवार; ~ **man** *Scot.* कानून से बाहर किया हुआ व्यक्ति; ~ **meats** दावत की झूठन; ~ **money** रेजगारी; ~ **number** *math.* भिन्न; ~ **period** खंडित अवधि; ~ **reed** कमजोर व्यक्ति, ऐसा व्यक्ति जिसपर भरोसा नहीं किया जा सकता; ~ **time** काम में ठहराव; ~ **weather** अनिश्चित मौसम, अति परिवर्तनशील मौसम; ~ **wind** (*comp.* **heaves**) *vet. med.* घोड़ों की एक लाइलाज सांस की बीमारी, हांफ;

p&i: **a ~ arm/ leg, etc.** टूटी हुई बाजू/टांग आदि; **a ~ device** खराब, बिगड़ा हुआ यंत्र; **a ~ family** छिन्न-भिन्न परिवार; **a ~ feather in one's wing** दामन में दाग; **a ~ ground** ऊबड़-खाबड़ भूमि; **a ~ heart** टूटा दिल, भग्न हृदय, मन का मारा; **a ~ man** भग्न हृदय, टूटा हुआ व्यक्ति; **a ~ promise** तोड़ा हुआ वादा, भग्न वचन; **a ~ sack will hold no corn** फूटे घड़े में पानी नहीं टिक सकता; **a ~ sleep** उचाट नींद; **he slept ~ all night long** उसे सारी रात उचाट नींद आई

broker /ब्रोकः/ *n.* (*also* **stock~/ share~/ ~-dealer/ agent**) *n.* 1 दलाल: commodity ~ 2 आढ़तिया 3 (***syn.*** stockbroker) सट्टा-बाजार का दलाल 4 बिचौलिया, मध्यस्थ: insurance ~ 5 पुराना या उतरा हुआ सामान बेचने वाला, पुराना माल विक्रेता: pawn~;

v., pt. **~ed**, *pp* **~ing** 1 समझौता/सौदा करवाना 2 माल-तोल क. 3 दलाली क.

dw/lw: **~age** /ब्रोक्रिज/ (*also* **brokage**) *n.* 1 दलाली, आढ़त, कमीशन 2 दलाली का धंधा; **~-dealer** शेयरों के क्रय-विक्रय में बिचौलिया, दलाल; **~ing** *n.* (***syn.*** broking) बिचौलिये या दलाल का काम; **~y** /ब्रोकरि/ *n.* 1 दलाली का काम 2 दलाली का माल;

collocations: **an insurance/ mortgage, etc. ~** बीमा, रहन आदि का दलाल; **property ~** संपत्ति-दलाल;

p&i: **honest ~** निस्स्वार्थ दलाल या मध्यस्थ; **power ~** राजनीतिक सत्ता परिवर्तन में भूमिका अदा करने वाला दलाल

brokerage *see above under* **broker: *dw/lw***

brolga /ब्रोल्गे/ *n.* (*also* **native companion**) *n., pl.* **brolga** (आस्ट्रेलियायी) सारस

brolly /ब्रौलि/ *US* ब्राःलि/ *n., pl.* **brollies** *mainly Br., colloq.* 1 छाता 2 *Austral. sl.* पैराशूट से कूदने वाला व्यक्ति

bromide /ब्रोमाइड/ *n., chem.* 1 ब्रोमाइड 2 नींद की दवा 3 सड़कछाप, थोथा आदमी 4 घिसी-पिटी बात, थोथा जुमला;

collocations: ~ **paper** (प्रकाश के प्रति संवेदनशील) फोटो आदि छापने का ब्रोमाइड कागज

bromidrosis /ब्रोमिड्रोसिस/ *n. med.* दुर्गंधपूर्ण पसीना

bromine /ब्रोमीन/ *n.* (*symbol* **Br**) ब्रोमीन

bronchi /ब्रौंकाइ/ *pl. of* **bronchus** *sees below under* **bronchus**

bronch\ial /ब्रौंकि\अल/ *US* ब्रांकि\अल/ *adj., anat.,* फेफडों तक हवा पहुंचाने वाली दो नलियों से संबंधित, श्वास नली संबंधी: **~ial** tube;

dw/lw: **~ia** /~आ/ *n., [pl.]* श्वसनी बहुशाखन; **~itis** /ब्रौंकाइटिस/ *US* ब्रांकाइटस/ *n., med.* श्वसन नली में सूजन, श्वसनी शोथ; **~itic** /ब्रौंकाइटिक/ *US* ब्रांकाइटिक/ *adj. pathol. adj.* श्वसनी शोथ से पीड़ित; **~itic** *n.* श्वसनी शोथ से पीड़ित व्यक्ति; **~odilator** /ब्रौंकोडाइलेटः/ *US* ब्रांकोडाइलेट/ *n.* श्वास नली को फैलाकर सांस लेने में मदद करने वाली दवाई; **~iole** /ब्रौंकिओल/ *US* ब्रांकिओल/ *n., pl.* ~ioles/ ~ioli *anat.* श्वास नली तंत्र (bronchus) का भाग, श्वासनिका, श्वासनलिका; **~oscope** /ब्रौंकोस्कोप/ *US* ब्रांकोस्कोप/ *n., med.* फेफड़ों का आंतरिक निरीक्षण करने वाला यंत्र; **~us** /ब्रौंकस/ *US* ब्रांकस/ *n., pl.* bronchi /ब्रौंकाइ/ *US* ब्रांकाइ/ फेफडों तक हवा पहुंचाने वाली दो नलियां, श्वासनली (bronchial tubes)

bronco /ब्रौंको/ *US* ब्रांको/ *n., pl.* **~s** पश्चिमी अमेरिका का जंगली घोड़ा;

dw/lw: **~buster** /ब्रौंकोबस्टः/ *US* ब्रांकोहस्टः/ *n.* जंगली घोड़ों को काबू में लाने वाला घुड़-पाल (cow-boy)

bronto\saurus/ ~saur /ब्रौंटअसॉःरअस/ *US* ब्रांटअ-/ *n. pl.* **~sauri/ ~saur** अपैटोसाउरस (apatosaurus) का शुरुआती नाम

bronto\graph /ब्रौंटअ\ग्राफ/ *US* ब्रांटअ\ग्राफ/ *n., meteorol.* आसमानी बिजली-लेखी;

dw/lw: **brontology** /ब्रंटौलजि/ *US* ब्रंटाःलजि/ *n.* आसमानी बिजली अध्ययन विज्ञान

Bronx cheer /ब्रौंक्स चिअ(र)/ *US* ब्रांक्स -/ (*US Br. equiv.* **raspberry**) *n.* नापसंदगी जताने के लिए जीभ द्वारा होठों के स्पर्श से निकलने वाली कर्कश ध्वनि

bron\ze /ब्रौंज/ *US* ब्रांज/ *n.* 1 कांसा, कांस्य 2 कांसे का रंग, पीला-भूरा रंग 3 कांस्य मैडल (bronze medal) 4 कांस्य से बनी कलाकृति;

adj. 1 कांसे का बना हुआ 2 पीले रंग के पुट के साथ भूरा (रंग);

v. pt. **~zed**, *pp* **~zing** 1 कांसे का रंग या परत चढ़ाना 2 सूर्य-स्नान (sun-tanning) आदि से कांस्य-रंग का हो जाना: he was richly **~zed** by the summer sun 3 तीव्र या कठोर हो जा.: it **~zed** his feelings;

dw/lw: **~zed** /ब्रौंज्ड *US* ब्रांज्ड/ *adj.* 1 कांसे का रंग या परत वाला 2 (***syn.*** tanned) कांस्य रंग की चमड़ी वाला; **~zing** /ब्रौंजिंग/ *n.* कांस्य-वर्ण या कांस्य परत चढ़ाने की क्रिया; **~zy** /ब्रौंजि/ *adj., degr.* ~zier, ~ziest कांस्यवर्ण का;

collocations: **Bronze Age** कांस्य युग; **~ze medal** कांस्य पदक

broo /ब्रू/ *n. colloq.* अच्छी राय, अच्छा मत: I have no ~ of him

brooch /ब्रोच/ *n., pl.* **~es** जड़ाऊ (साड़ी) पिन

brood /ब्रूड/ *n.* 1 पक्षी द्वारा एक साथ पैदा किए जाने वाले अंडज शावक 2 पशुओं का परिवार, झुंड, वंशगत सदस्य: ~ mare/ stock 3 परिवार की पीढ़ियां 4 *colloq., usually humorous* संतान यानी बच्चों, पोतों आदि से बना परिवार: a widow with a ~ of daughters; a ~ of scoundrels (*said in humour*);

v., pt. **~ed**, *pp* **~ing** 1 (***syn.*** hatch) पक्षी द्वारा अंडे सेना, पंखों से ढकना 2 (*often* **~ about on/ over sth**) किसी बात के बारे में चिंतित हो., के बारे में सोचते रहना, चिंतन-मनन क.: ~ on the past; he likes to ~ and hates to act; he often **~ed** over his sorrow 3 दिमाग में योजनाएं आदि बनाते रहना: ~ over schemes of vengeance 4 छाया रहना या हो., के ऊपर लटकना: silence **~ed** over the park 5 स्नेहपूर्वक पालन-पोषण क.;

dw/lw: **~er** /ब्रूडः/ *n.* 1 अंडे सेने वाली मुर्गी आदि 2 सदा चिंतनशील, विचारमग्न व्यक्ति; **~ily** *adv.* सोचते हुए, चिंतामग्न होकर; **~iness** *n.* चिंतामग्नता, चिंतनशीलता; **~ing** *adj.* 1 किसी बात के बारे में चिंतित 2 विचारमग्न 3 सिर पर मंडराते हुए (मुसीबत के काले बादल आदि), अंधकारमय; **~ing** *n.* चिंतामग्नता, चिंतनशीलता; **~-pouch** *n.* भ्रूण-धानी, भ्रूण कोष्ठ; **~y** /ब्रूडि/ *adj., degr.* ~ier, ~iest 1 अंडे सेने को इच्छुक (पक्षी) 2 उदास, दुखी, चिंतित, चिंता-मग्न 3 बच्चा पैदा करने को उत्सुक (औरत): feel ~y;

collocations: **a ~ silence** भयावह चुप्पी या स्तब्धता; **~ mare** संतान पैदा करने के लिए पाली जाने वाली घोड़ी; **~ storm**

clouds मंडराते बादल;
p&i: ~ **over (above)**/ ~ **over (on)** किसी मुद्दे पर गहन विचार क./ पर चिंतन-मनन क.

brook /ब्रुक/ *n.* छोटी नदी, नदिया, नाला;
***v.**, pt.* **~ed**, *pp* **~ing** *formal, usually with negatives* 1 सहना, बर्दाश्त क.: she doesn't ~ any criticism 2 और संभावना न हो.: the matter **~s** no delay 3 मनोरंजन या आमोद-प्रमोद क.;
dw/lw: **~let** *n.* नाला

broom /ब्रूम/ *n.* 1 (***syn.*** besom) झाड़ू, बुहारी, कूंचा 2 मटर के परिवार का पौधा 3 (*also* **common** ~) यूरोप में पाया जाने वाला एक झाड़ीदार पौधा;
***v.**, pt.* **~ed**, *pp* **~ing** 1 झाड़ू मारना, बुहारना 2 सफाई क.;
dw/lw: **~rape** *n.* भुईफोड़; **~-stick** *n.* झाड़ू का डंडा;
collocations: ~ **corn** ऊंचे तनों वाला घास जिससे झाड़ू या बुरुश बनते हैं; ~ **cupboard** सफाई का सामान रखने के लिए दीवार में बनी अलमारी; **new** ~ सुधार की बहुत उत्सुकता दिखाने वाला नया नियुक्त व्यक्ति, नया-नया अधिकारी या कर्मी;
p&i; **a witch upon a ~stick** घर-गृहस्थी के बंधनों से मुक्ति पाने को आतुर झाड़ू पर सवार (जादूगरनी के रूप में) औरत; **marry over the ~stick** विवाह की रस्म निभाए बिना शादी क.; **new ~s sweep clean** नया-नया मुल्ला ज्यादा ही नमाज पढ़ता है, चार दिन की मुसलमानी, अल्लाह ही अल्लाह पुकारे; **not know a broom from ~stick** एकदम अपरिचित हो.

Bros. *abbr.* 'brothers' का छोटा रूप

broth /ब्रौथ/ *n.* 1 सूप, मांस रस, शोरबा 2 *scientific* वैज्ञानिक प्रयोगों के लिए बैक्टीरिया पालने का शोरबा;
p&i: **a ~ of a boy** अच्छे साथी के सभी गुणों वाला युवक; **too many cooks spoil the** ~ दो मुल्लाओं में मुर्गी हराम

brothel /ब्रॉथल/ *n.* वेश्यालय, रंडी का कोठा, चकला

brother /ब्रदः/ *n., pl.* **~s/ brethren** 1 भाई, भ्राता, बंधु, सहोदर 2 सहधर्मी, सहनागरिक 3 सखा, साथी 4 (*also* **Brother**) भिक्षु, वैरागी, ईसाई धर्म में 'ब्रदर' 5 (*often* **~-man**) बंधु: we are all **~s** under the sun 5.1 *esp. US, dialect* संबोधन शब्द (भाई) 5.2 मित्र, दोस्त, साथी: sworn **~s**; ~, give me a dime (दोस्त, मुझे एक दमड़ी दो!) 6 कॉलेज, विश्वविद्यालय में: सहपाठियों के संगठन का सदस्य;
dw/lw: **~-consanguinean** /ब्रदः-कॉसैंग्विनिअन/ *n.* एक ही खून का भाई; **~-german** /ब्रदः-जःमअन/ *n.* सगा भाई (दोनों एक ही माता और पिता के बेटे); **~hood** /ब्रदःहुड/ *n.* 1 सहोदरता, सगा-भाईपन: ~hood of blood 2 बंधुत्व, भ्रातृत्व 3 भाईचारा, सह-अस्तित्व: the great ~hood of nations 4 मानवों की कोई संस्था आदि 5 व्यावसायिक सहयोगी, साथी: legal ~hood; ~hood-in-arms (साथी सैनिक, सहयोगी); **~-in-arms** *n.* युद्ध भ्राता या साथी; **~-in-law** /ब्रदः-इन-लॉ/ *n. pl.* ~s-in-law बहनोई (जीजा), देवर, जेठ, साला, साढ़ू, नंदोई; **~ly** /ब्रदःलि/ *adj.* भ्रातृवत्, भ्रातृतुल्य, दयालु, भाई जैसा; **~ly** *adv.* भाई की तरह: the man he had loved so ~ly; **~liness** *n.* भ्रातृत्व; **~ship** *n.* = **~hood**; **~-uterine** सहोदर (जिनकी मां एक और पिता अलग-अलग हों); **half-~** सौतेला भाई;
collocations: ~ **of the brush** चित्रकार बंधु; ~ **of the quill** लेखक बंधु; **Brother Jonathan** पक्का अमेरिकी व्यक्ति, यांकी (Yankee);
p&i: **big** ~ बड़ी कंपनी, बड़ा पड़ोसी देश; **half** ~ सौतेला भाई; **sworn** ~ मुंहबोला भाई

brougham /ब्रूअम/ *n.* एक घोड़े द्वारा खींची जाने वाली चौपहिया बंद गाड़ी, बंद घोड़ा गाड़ी

brought /ब्रॉट/*pt.,* **'bring'** का भूतकाल: ~ down/ ~ forward (ऊपर या पिछले पृष्ठ से आगे लाया हुआ)

brouhaha /ब्रु-हाहा/ *n., pl.* **~s** 1 शोर-शराबे भरी उत्तेजना या शिकायत 2 होहल्ला, शोरगुल, गुलगोपाड़ा

brow /ब्राउ/ *n., pl.* **~s** 1 (***syn.*** forehead) माथा, मस्तक, ललाट: a furrowed ~ (त्योडियों-पड़ा माथा) 2 भौंह, भौं, भ्रू, भृकुटी: knit/ bend one's **~s** 3 (***syn.*** edge) चट्टान का किनारा: the path runs along the ~ of the cliff to the summit (शिखर) 4 व्यक्ति की मुखाकृति, मुद्रा, हाव-भाव, रूप-रंग, चाल-ढाल: a troubled/ an angry ~;
***v.**, pt.* **~ed**, *pp* **~ing** 1 किनारा बनाना 2 चारों ओर घेरा बनाना 3 भृकुटी चढ़ाना 4 धमकाना, धौंस दिखाना;
dw/lw: **~-antler** *n.* हिरण के सींग की नोक; **~beat** *see below under separate entry*; **~beaten** *pt. p.* of ~beat, धमकी देकर दबाया हुआ; **~-bound** *adj.* अभिषिक्त; **~ed** *adj.* भौंहों वाला; **~less** *adj.* 1 बिना भृकुटी का 2 बेशर्म, निर्लज्ज;
p&i: ~ **of a hill/ slope** *UK* चट्टान या ढलान का चोटी का भाग **knit one's ~s** त्योंड़ियां चढ़ाना, नाराज हो.

browbeat /ब्राउबी\ट/ *v., pt.* **~beat**, *pt. p.* **~beaten** *pp* **~ing** आंखें तरेरना, धमकाना, धमकी दे., धौंस दिखाना: he was **~en** and threatened into doing sth;
dw/lw: **~en** /~टन/ *adj.* धमकाकर डराया हुआ; **~ing** /~टिंग/ *n.* धौंस, धमकाने की क्रिया

brown /ब्राउन/ *adj., degr.* **~er**, **~est** 1 भूरा, बादामी: she has ~ hair; ~ tints of autumn 2 सूर्य-स्नान (sun-tanning) के कारण हुए भूरे रंग जैसा 3 अनछने गेहूं के आटे की रोटी के रंग वाला 4 भूरी त्वचा के रंग वाला: thin ~ hands 5 गोधूलि बेला के रंग का: the ivy's **~est** shade; I watched the twilight falling ~ 6 मोटा, खुरदरा (कपड़ा): ~ holland;
n. 1 भूरा रंग 2 भूरे रंग का पेंट 3 भूरे रंग का कपड़ा 4 *sl.* ताम्र, तांबा;
***v.**, pt.* **~ed**, *pp* **~ing** 1 किसी व्यंजन को पकाते समय भूरा क. या उसका भूरा हो.: ~ the meat in a little oil! 2 भूरे रंग का बनाना या हो. 3 सूर्य-स्नान से भूरा हो.: the hot sun had parched and **~ed** him
dw/lw: **~-bag** *n.* स्कूल या दफ्तर को ले जाया जाने वाला खाने का डिब्बा; **~-field** *adj.* शहर का दफ्तरों या उद्योग का पुराना क्षेत्र जिसे अब नए भवनों के लिए खाली करवा लिया गया है; **~ing** /ब्राउनिंग/ *n.* 1 *cookery, mainly, Br.* शोरबे या ग्रेवी को बादामी रंग का बनाने के लिए डाला जाने वाला मसाला 2 ब्राउनिंग पिस्तौल; **~ish** /ब्राउनिश/ *adj.* भूरा-सा, बादामी-सा; **~ness** *n.* भूरापन; **~-nose** *n. coarse, sl., esp. US* चापलूस, कमीना जूतीचाट; **~-nose** *v., pt.* ~-nosed, *pp* ~-nosing किसी के पांव में नाक रगड़कर काम निकलवाना; **~ed-off** *adj.* 1 अप्रसन्न, चिढ़ा हुआ 2 पूर्णतः तृप्त; **~spar** *n.* भूरा स्पार (बभ्रुकांत); **Brownshirt** *n., hist.* 1 फासीवादी जर्मनी (fascist Germany) में बादामी रंग की वर्दी पहने राजनीतिक पुलिस 2 किसी भी फासीवादी दल का सदस्य; **~stone** *n. US* बादामी रंग का पत्थर जिसे पहले अमेरिका में धनी लोग अपने घर बनवाने में प्रयोग करते थे; **~y** /ब्राउनि/ *adj.* कत्थई, भूरा;
collocations: ~ **ale** भूरे रंग की एक कम तेज बीयर; ~ **alga** *biol.* भूरा शैवाल; ~ **bear** भूरा भालू; ~ **bill** फरसाधारी पैदल सैनिक; ~ **bread** भूरी ब्रेड; ~ **coal** अधपका कोयला; ~ **dwarf** *astron.* एक छोटा-सा सितारा जो गुरुत्व के दबाव के कारण पिचक गया है और उस पर ऊष्मा-नाभिक विस्फोट नहीं हो सकते; ~ **fat** मानवों में एक भूरे रंग का चर्बीदार ऊतक जो ताप ऊर्जा का मुख्य स्रोत है; ~ **goods** *[pl.]* मनोरंजन के साधनों में प्रयुक्त होनेवाले विद्युत उपकरण; ~ **owl (Brown owl)** पिंगल (भूरा) उल्लू; ~ **paper** बादामी कागज; ~ **rat** इंग्लिस्तानी मूषक; ~ **rice** लाल चावल; ~ **sauce** *mainly Br.* एक प्रकार की बादामी रंग की सॉस; ~ **sugar** शक्कर; ~ **ware** मिट्टी के बर्तन;
p&i: **~ed off** *colloq.* 1 (*often* ~ **off with sth**; ***syn.*** fed up) से ऊबा हुआ, से मन उकताया हुआ 2 (*esp.* **~ed off with sb**) किसी से ऊबकर हताश, निराश और नाराज; ~**stone district** खुशहाल बस्ती; ~ **out** 1 बिजली का खर्चा बचाने के लिए गलियों की रोशनी मद्धिम क. 2 थोड़ा अंधेरा क.; ~ **study**

now rather dated or lit. विषादपूर्ण चिंतन: he has been standing there in a ~ study; *usually* be in a ~ study (1 गहन विषादग्रस्त व चिंतनशील मुद्रा में हो. 2 अन्य-मनस्क या खोया-खोया-सा हो.);

as ~ as berry भूरा, धूपजला (sun-tanned); **Brown Jones and Robinson** साधारण अंग्रेज लोग; **fire into the ~** भीड़ पर गोली चलाना; **do ~** धोखा दे.; **do a ~** 1 अच्छी तरह से पकाना: the fish was done ~ (मछली अच्छी तरह पका दी गई थी) 2 काम अच्छी तरह क.: ~ done! (बहुत अच्छा!) 3 बुद्धू बनाना, ठगना, धोखा दे.: we are all of us done so uncommonly ~ (हमें बहुत ही मौलिक तरीके से बुद्धू बनाया गया)

brownfield *see above under* **brown: *dw/lw***

Brownian movement/ Brownian motion *n., phys.* द्रव या गैस में लटके सूक्ष्म कणों की निरंतर गतिशीलता जो इन कणों पर द्रव या गैस के परमाणुओं के निरंतर प्रहारों के कारण पैदा होती है

brownie /ब्राउनी/ *n., pl.* **brownies** 1 अखरोट आदि गिरीदार फलों और चौकलेट से बना केक 2 *folklore* नेक परी, जो काम के बोझ तले दबी औरतों की मदद करती है

Brownie Guide/ Brownie *n.* 7 से 11 वर्ष की गर्ल गाइड;

collocations: **the Brownies** उन लड़कियों की क्लब, जिनकी उम्र अभी ब्राउनी गाइड बनने की नहीं हुई; **Brownie Guider** ब्राउनी गाइडों की इंचार्ज गाइड

Brownie point/ brownie point *n., colloq., usually ironic/facetious* किसी की मदद करने के बदले में दिए जाने वाले प्रशंसा-अंक

Brown v Board of Education 1954 अमेरिका के सुप्रीम कोर्ट में एक मुकदमा जिसके फैसले के तहत अमेरिका में अश्वेत व श्वेत बच्चों के लिए अलग-अलग स्कूलों को अवैध घोषित कर दिया गया

brow\se /ब्राउज/ *v., pt.* **~sed**, *pp* **~sing** 1 इंटरनेट में सूचना ढूंढना 2 किसी पुस्तक या पत्रिका के आराम से पन्ने उलटना या पढ़ना 3 विंडो-शोपिंग क., बिना कुछ खरीदे योंही दुकानों के चक्कर लगाना 4 हिरण आदि द्वारा चरने की बजाए यों ही कोंपले कतरना;

n. 1 कंप्यूटर में सूचनाएं ढूंढने की क्रिया 2 कोंपलों और हरे घास का चारा;

dw/lw: **~ser** /ब्राउजः/ *n.* 1 *comput.* इंटरनेट में पाठ पढ़ने के लिए प्रोग्राम 2 ब्राउज (**browse**) करने वाला व्यक्ति

BRPO *abbr.* 'Bank Recruitment Probationary Officer' की प्रथमाक्षरी

brr *excl.* सर्दी से ठिठुरते व्यक्ति द्वारा उच्चरित ध्वनि

BRS *abbr.* 'British Road Services' की प्रथमाक्षरी

BRU *abbr.* **'Brunei'** ब्रुनेइ का अंतर्राष्ट्रीय पंजीकरण कोड (*IVR*)

brucellosis /ब्रूसअलोसिस/ *n., vet med.* 1 पशुओं की एक बीमारी जिसके कारण उनमें दध की मात्रा कम हो जाती है, पशु बांझ हो जाता है या उसे गर्भापात होने लगता है 2 मानवों में इसके कारण ज्वर हो सकता है

bruin /ब्रुइन/ *n.* लोक-कथाओं में भालू के लिए प्रयुक्त उपनाम

brui\se /ब्रूज/ *n.* 1 खरोंच, रगड़, गुमटा 2 फल या पौधे को लगी खरोंच;

v., pt. **~sed**, *pp* **~sing** 1 किसी को खरोंच या चोट लगाना: he has **~sed** his arm 2 कूटना: large pieces must be **~sed** 3 भावनात्मक रूप से चोट पहुंचाना: she was badly **~sed**;

dw/lw: **~ser** /ब्रूजः/ *n., colloq.* 1 हट्टा-कट्टा आदमी, हृष्ट-पुष्ट व्यक्ति 2 मुक्केबाज 3 झगड़ालू 4 (***syn.*** bully) धौंसिया; **~sing** /ब्रूजिंग/ *n.* चोट का निशान, नील; **~sing** *adj.* 1 भावनात्मक व मानसिक रूप से चोटिल करने वाला 2 प्रचंड

bruit /ब्रूट/ *v. formal or old use, pt.* **~ed**, *pp* **~ing** (*usually* **~ sth about/ abroad/ around**) अफवाह आदि फैलाना, प्रचारित क., चर्चित क.

brulé/ brulée /ब्रुलेइ/ *adj. cookery* शक्कर की परत से ढका

brumal /ब्रूमअल/ *adj.* सर्दियों की कुंभकर्णी नींद

brume /ब्रूम/ *n.* कोहरा;

dw/lw: **brumous** /ब्रूमस/ *adj.* कुहरेदार, सर्द, शीत ऋतु संबंधी

brummagem /ब्रम्मजम/ *n.* नकली आभूषण की तरह दिखावटी वस्तु;

adj. दिखावटी, नकली, बेकार

Brummie/ Brummy *Br., colloq. adj.* बर्मिंघम से संबंधित;

n., pl. **Brummies** बर्मिंघम निवासी

brumous /ब्रूमस/ *adj.* कुहरेदार, सर्द

brunch /ब्रंच/ *n., pl.* **~es** *colloq.* ब्रंच, नाश्ते और दोपहर के भोजन से मिला खाना (breakfast + lunch = brunch);

collocations: **~ coat** छोटी लंबाई का घरेलू गाउन

brunet /ब्रुनेट/ *n.* ब्रुनेट, काले बालों वाला आदमी

brunette /ब्रुनेट/ (*also US* **brunet**) *n.* 1 काले बालों वाली गोरी औरत, श्यामला 2 काले बाल

brunt /ब्रंट/ *n.* (*esp.* **bear the ~ of sth**) मुख्य धक्का, चोट, आवेग, समाघात: bear the ~ of the attack;

p&i: **bear/ feel/ take the ~ of sth** प्रहार की अधिकतम चोट सहना या झेलना: bear the ~ of sth; the Soviet Union bore the ~ of the war;

brush /बुरुश/ *n., pl.* **~es** 1 बुरुश, बुरुश: hard ~; sweeping ~; a ~ for clothes; shine with a ~; stroke the hair with a ~; give one's clothes a good ~; give sth another ~; it needs a ~ 2 तूलिका, कूंची: whitewashing ~; writing ~; painter's ~ 3 लोमड़ी आदि की बुरुश जैसी मोटी पूंछ 4 हल्का स्पर्श (a light grazing contact) 5 हल्की-फुल्की भिड़ंत: a ~ of lips on sb's cheeks 6 अप्रिय अनुभव: a ~ with the law 7 नेवर (on horse's leg) 8 बुरुश करने की क्रिया: give your hair a ~ 9 बिजली की मोटर या जनरेटर में एक धातु या कार्बन का विद्युत चालक 10 चित्रण शैली, चित्रकार: Picasso's ~; the ~ of Raphael 11 टूटी हुई टहनियां 12 छोटी झाड़ियां, झुरमुट 13 झाड़ियों से भरा वन, अरण्य 14 तेज दौड़ 15 बुरुश से कपड़े की सफाई 16 *US* शाम की मनोरंजन दावत;

v., pt. **~ed**, *pp* **~ing** 1 बुरुश फेरना, बुरुश से कंघी आदि क.: hair **~ed** back 2 बुरुश से दांत आदि साफ क.: ~ teeth 3 बुरुश से पॉलिश क. 4 (*often* **~ sth/ sb down**) धूल आदि हटाने के लिए किसी को या किसी चीज को बुरुश से रगड़ना या साफ क., बुरुश से झाड़ना या पोंछना: ~ clothes 5 छूकर या रगड़कर निकल जा., स्पर्श क.: she **~ed** the child's cheek with her fingers; the foliage **~ed** my cheeks as I ran through the wood; I was **~ed** against by a cyclist; ~ past/ by sb 6 बुरुश से चित्रण क., बुरुश से चित्र में पेंट या रंग भरना 7 झाड़ियां लगाकर ढकना 8 किसी से भिड़ंत हो.;

dw/lw: **~back** *n.* वार से बचने के लिए पीछे हटने की क्रिया; **~ed** *adj.* 1 बुरुश से साफ किया हुआ 2 बुरुश से सीधा और मुलायम किया हुआ; **~-holder** *n.* बुरुश-दान; **~ing** *n.* बुरुश करने या सफाई करने की क्रिया; **~-off** *n.* (*usually* **the ~ off**) किसी को नजरअंदाज करने, मुंहतोड़ जवाब देने या तिरस्कार करने का कार्य: the critics gave the article a ~-off; **~-up** *n.* ज्ञान या हुनर को फिर से ताजा करने की क्रिया; **~wood** *n.* 1 झाड़-झंखाड़ 2 झाड़ियों से भरी वीरान भूमि; **~work** *n.* चित्रकारी, चित्रण शैली, कूची का काम: Renoir's ~work; **~y** *adj.* 1 झाड़ियों से भरा, झुरमुटदार, सघन 2 बुरुश-जैसा 3 बिखरे बालों वाला: his hair was thick and ~y;

collocations: **~ cutter** = **~ breaker** जुताई-हल; **~-fire war** स्थानीय लड़ाई; **~ kangaroo** छोटे कंगारुओं का झुंड; **~ turkey** बुरुश टर्की (पक्षी);

p&i: **~ against/ past sb/ sth** छूकर निकल जा.; **~ aside** 1 एक तरफ क. 2 उपेक्षा क., की ओर ध्यान न दे.: ~ aside objections; ~ sth/ sb aside (दर-किनार क., कोई ध्यान न दे., उपेक्षा क.); **~ away** 1 साफ करके हटाना: ~ away dirt; ~ sth away/ off, etc. (बुरुश से हटाना, परे क.) 2 कठिनाइयों से दूर क.: ~ away flies; **~ down** बुरुश करके मुलायम बनाना; **~ off** 1 साफ क.: ~ed a speck of dust off his sleeve 2 टालना, उपेक्षा

क.: ~ed off the whole matter; ~ sth/ sb off (परवाह न क., ध्यान न दे., किनारा कर ले.) 3 भाग जा. 4 से छुटकारा पाना: ~off sb; ~ **(sth) on** बुरुश से कोई पेंट, रंग या स्याही आदि लगाना; ~ **up** 1 अपने आप को साफ-सुथरा बनाना 2 अपने ज्ञान को नवीनतम सूचनाओं से संवर्धित क.; ~ **out** 1 अच्छी तरह सफाई क.: ~ out a room 2 चित्र में किसी चीज को रंग लगाकर दूर क.; **~ up (on) sth** ज्ञान या हुनर को फिर से ताजा क., ज्ञान बढ़ाना या मांजना; **a ~ with sth** किसी अप्रिय बात का अनुभव: a ~ with the enemy; **show one's** ~ पीठ दिखाना, भाग जा.; **the ~ of sth** छू जा.; **tarred with the same** ~ एक ही थैली के चट्टे-बट्टे; ~ **something aside** किनारे कर दे., दुत्कार दे. उपेक्षा कर दे, मंसुख क., विचार के अयोग्य समझना

brusque /ब्रस्क/ *adj., degr.* **~r, ~st** (*syn.* curt, abrupt) रूखा, अशिष्ट, अक्खड़: blunt and ~ ways of speaking;
v., pt. **~d**, *pp* **brusquing** धृष्टतापूर्वक पेश आना, गुस्ताखी क.;
dw/lw: **~ly** /ब्रस्कलि/ *adv.* रूखे व अशिष्ट ढंग से; **~ness** /ब्रस्कनेस/ *n.* अशिष्टता, रुखाई, बदजबानी, बदतमीजी, गुस्ताखी

brusquerie /ब्रस्कअरी/ *n., Fr.* धृष्टता, रुखाई, बेतकल्लुफी

Brussels lace *n.* एक बढ़िया मुलायम फीता या सुई की नोक

Brussel sprout /ब्रसल स्प्राउट/ (*usually as pl.* **Brussels sprout**) *n., colloq.* ब्रसल्ज अंकुर या चोकीगोभी

brut /ब्रूट/ *adj., Fr.* अति शुष्क (मदिरा, शैम्पेन)

brutal /ब्रूटल/ *adj.* 1 स्पष्ट, कठोर, कटु: ~ facts 2 अमानुषिक, अत्याचारी, क्रूर, नृशंस, निर्मम, हिंसक 3 दरिंदे जैसा, पाशविक, बर्बर: ~ indecency; ~ amusements 4 अति अप्रिय: the weather is extremely ~;
dw/lw: **~ism** /ब्रूटअलिज्म/ *n.* कला, साहित्य एवं भवन-निर्माण शिल्प के क्षेत्र में एक शैली की अत्यधिक अनगढ़ता एवं कठोरता; **~ity** /ब्रूटैलिटि/ *n.* अमानुषिकता, क्रूरता, दरिंदगी, पाशविकता, बर्बरता, प्रतिरोधिता: hellish ~ity; the brutalities commited by colonialists; **~ization** /ब्रूटअलाइजेशन/ *n.* पाशवीकरण; **~ize** /ब्रूटअलाइज/ *v., pt.* ~ized, *pp* ~izing 1 दरिंदों की तरह क्रूरता ढाना 2 दरिंदों जैसी हालत बना दे. 3 दरिंदा बन जा., मानवीय संवेदनशीलता पूर्णतः खो दे. 4 निर्दयतापूर्ण व्यवहार क.; **~ly** /ब्रूटअलि/ *adv.* क्रूरता से;

brute /ब्रूट/ *n.* 1 क्रूर, निर्दय जीव, जानवर: gnats and other little **~s** 2 दरिंदगी 3 हिंसक, बर्बर व्यक्ति 4 रोचक: what a ~ of a day!;
adj. 1 बुद्धिहीन, अतार्किक: ~ forces of nature 2 विषयासक्त, विषयी: ~ creature 3 पाशविक, क्रूर: ~ force/ strength (पशुबल, नृशंसता की ताकत, दरिंदों जैसी ताकत); ~ nature (पाशविक, क्रूर स्वभाव) 4 अनगढ़ एवं कठोर: ~ matter 5 तर्कहीन 6 अक्खड़;
dw/lw: **~ness** *n.* अमानुषिकता, पाशविकता, दरिंदगी, अविवेक; **brutish** /ब्रूटिश/ *adj.* 1 पशुवत, जानवरों जैसा, पाशविक 2 मूर्ख, काठ का उल्लू 3 अविवेकी;
collocations: **~ fact** *n.* कटु या क्रूर तथ्य; **~ force**/ ~ **strength** *n.* 1 बिना किसी हुनर की शारीरिक ताकत 2 पाशविक बल, पशुबल;
p&i: **it was a ~ of a job** भगवान जाने कैसा बर्बर काम था वह!

bryony /ब्रायनि/ *n., pl.* **bryonies** (*also* **black ~, white ~**) एक सदाबहार बेल

Brythonic /ब्रिथौनिक/ (*also* **Britonic**) *adj.* केल्टिक (Celtic) भाषाओं की दक्षिणी शाखा (Welsh, Cornis, Breton etc.) से संबंधित

BS *abbr.* 1 'Bachelor of Surgery', 'British Standard', 'Blood Sugar' की प्रथमाक्षरी 2 'Bahamas' का अंतर्राष्ट्रीय पंजीकरण कोड (*IVR*) 3 *US sl.* = **bullshit**

bs *abbr.* 'balance sheet', 'bill of sale' की प्रथमाक्षरी

BSA *abbr.* 'Bank Secrecy Act', 'Business Software Alliance' की प्रथमाक्षरी

BSB *abbr.* 'Bank Sport Board' की प्रथमाक्षरी

BSC *abbr.* 'Boston Scientific Corporation', 'British Safety Council', 'Bombay Stock Exchange' की प्रथमाक्षरी

BSc /बीएससी/ *UK (US* **BS** /बीएस/) *abbr.* 'Bachelor of Science' का संक्षिप्त रूप

BSE *n. abbr.* 'bovine spongiform encephalopathy' की प्रथमाक्षरी (*also* **mad cow disease**) गायों की बीमारी जिससे दिमाग नष्ट होने से उनकी मौत हो जाती है

BSF *abbr.* 'Border Security Force' की प्रथमाक्षरी

BSFC *abbr.* '(CBI's) Bank Security Fraud Cell' की प्रथमाक्षरी

BSFI *abbr.* 'Billiards and Snooker Federation of India' की प्रथमाक्षरी

BSI *abbr.* British Standards Institution', 'Bibliographical Society of India', 'Boston Scientific India', 'Botanical Survey of India' की प्रथमाक्षरी

B-side *n.* संगीत के रिकॉर्ड पर दूसरी तरफ जिस पर कम महत्त्वपूर्ण संगीत या गीत रहते हैं

BSIS *abbr.* 'Bachelor of Science in Information System' की प्रथमाक्षरी

BSIT *abbr.* 'Bachelor of Science in Information Technology' की प्रथमाक्षरी

BSM *abbr.* 'Barber Ship Management, India', 'British School of Motoring' की प्रथमाक्षरी

BSNL *abbr.* 'Bharat Sanchar Nigam Limited' की प्रथमाक्षरी

BSO *abbr.* 'Bata Shoe Organisation' की प्रथमाक्षरी

BSP *abbr.* 'Bhilai Steel Plant', 'Bokaro Steel Plant' की प्रथमाक्षरी

BSRB *abbr.* 'Banking Service Recruitment Board' की प्रथमाक्षरी

BSS *abbr.* 'Bachelor of Software System', 'Bodo Sahitya Sabha' की प्रथमाक्षरी

BST *abbr.* 'bovine somatotropin', 'British Summer Time', 'British Standard Time' की प्रथमाक्षरी

BT *abbr.* 'British Telecom' की प्रथमाक्षरी

Bt *abbr.* 'Baronet' का संक्षेप

BTA *abbr.* 'British Tourist Authority' की प्रथमाक्षरी

BTC *abbr.* 'Baku-Tbilisi-Ceyhan (pipeline)', 'Bengaluru Turf Club', 'Bodoland Territorial Council' की प्रथमाक्षरी

BTEC *abbr., UK* 'Business and Technology Education Council' की प्रथमाक्षरी

BTEF *abbr.* 'Bharatiya Telecom Employees Federation' की प्रथमाक्षरी

BTF *abbr.* 'Bengali Tiger Force' की प्रथमाक्षरी

BTG *abbr.* 'Boiler Turbine Generator' की प्रथमाक्षरी

BTO *abbr.* 'Business Technology Optimisation' की प्रथमाक्षरी

BTQ *abbr.* 'Basic Travel Quota' की प्रथमाक्षरी

BTS *abbr.* 'Base Trans-receiver Station', 'Blood Transfusion Service' की प्रथमाक्षरी

BTU *abbr.* 'British thermal unit' की प्रथमाक्षरी

BTW *Internet abbr.* 'by the way' की प्रथमाक्षरी (प्रसंगवश, संयोगवश)

BTWC *abbr.* 'Biological and Toxin Weapon Convention' की प्रथमाक्षरी

BU *abbr.* 'Bradford University' की प्रथमाक्षरी

BUAV *abbr.* 'British Union for Abolition of Vivisection' की प्रथमाक्षरी

bubble /बबल/ *n.* 1 बुलबुला, बुल्ला, फफोला: blow **~s** into water; champagne **~s**; soap **~s** 2 पारदर्शी प्लास्टिक या शीशे का गुंबद 3 बुदबुदाहट: ~ of water; the ~ of the sea 4 अव्यावहारिक योजना, हवाई किला, पानी का बुलबुला, छलावा, खोखली बात: ~ company/ scheme 5 क्षणिक क्रिया या प्रक्रिया: the property boom ~ of the first decade of 21st century 6 *comput. see below* ~ **memory** *under* **bubble: *collocations***;
***v.**, pt.* **~d**, *pp* **bubbling** 1 बुलबुले बनना 2 (*often* ~ **away**) बुदबुदाना, खदबदाना 3 बुलबुले बनकर बहना: water **bubbling** away in the pan 4 उत्साह, आनंद आदि से ओतप्रोत हो.: he **~d** over with fun; laughter **~d** up inside him 5 जोर-जोर से रोना 6 क्षणिक रूप से घटना या हो.: ~ of the property boom burst in the very first decade of 21st century, plunging most counties of the world into deep crisis;
dw/lw: **~-car** *n.* पारदर्शी कार; **~gum** *n.* च्यूइंग गम जिसे बुलबुलों में फुलाया जा सकता है; **~gum** *adj.* युवा लोगों की पसंद का यानी सरल व हल्की-फुल्की शैली का: ~gum pop; **~head** *n., US* मूढ़ व्यक्ति, काठ का उल्लू; **~pack** *n.* पारदर्शी पैक; **bubbly** /बबलि/ *adj., degr.* bubblier, bubbliest 1 चुलबुली, जीवंत 2 बुलबुलों से भरा; **bubbly** *n., pl.* bubblies शैम्पेन (एक बुलबुलेदार मदिरा);
collocations: **~ and squeak** *cookery, mainly Br.* आलू और बंद गोभी को कूटकर बनाया जाने वाला एक मिश्रित व्यंजन; ~ **bath** स्नान-कुंड (bath tub) में बहते पानी में सुगंधित साबुन आदि मिलाने से बने बुलबुलेदार द्रव से स्नान; ~ **bet** कपटपूर्ण बाजी या चाल; ~ **chamber** *phys.* अत्यधिक गर्म किए हुए द्रव से बने गैस के बुलबुलों के रूप में चित्रित (photographed) विद्युत धारक अणुओं को गतिशीलता देने वाला उपकरण; **~-jet printer** छपाई करने का ऐसा यंत्र जो अक्षरों, अंकों आदि को छापने के लिए स्याही के बुलबुलों का प्रयोग करता है; ~ **memory** *comput.* कंप्यूटर की स्मरण-शक्ति का एक रूप जो झटकों व कंपन के प्रति काफी असंवेदनशील है और उसमें चुंबकीय बुलबुले (magnetic bubbles) कृत्रिम रूप से पैदा किए गए विकार के रूप में एक पतली-सी चुंबकीय फिल्म में तैरता रहता है; ~ **pack** (*also* **blister pack**, **blister card**) पैक करने या बांधने की पारदर्शी प्लास्टिक की हवा से भरे बुलबुलों वाली सामग्री; ~ **wrap** (*also* **Bubble Wrap™**) सामान लपेटने या बांधने के लिए हवा से भरे बुलबुलों वाली प्लास्टिक की चादर;
p&i: ~ **under the radar** जल्दी ही लोकप्रिय होने की संभावनाओं वाला: the records that are bubbling under (the radar); ~ **over** 1 उफनकर बहना 2 खुशी से फूले न समाना 3 क्रोध से उबलना; ~ **(over) with confidence/ enthusiasm, etc.** विश्वास/ उत्साह से फूले न समाना: be bubbling over with excitement; **the ~ bursts** अच्छी दिखने वाली स्थिति का अचानक अंत हो जा.;
blow ~s बेकार समय गंवाना; **burst like a** ~ बुलबुले की तरह मिट जा.; **dote on ~es** हवाई किले बनाते हुए जीना, अपने को धोखा दे.; **prick the** ~ किसी का किसी बात के बारे में भ्रम भंग कर दे.

bubbly *see above under* **bubble: *dw/lw***

bubo /ब्यूबो/ *n., pl.* **~es** *pathol.* गिल्टी;
dw/lw: **~nic** *adj.* गिल्टीदार;
collocations: **~nic plague** (*also* **the plague**) *n., pathol.* ताऊन, सर्वाधिक व्यापक प्लेग जो मनुष्यों को पशु-मक्खियों (fleas) और चूहों आदि द्वारा फैलाए गए रोगाणुओं से होता है

bubonocele /ब्यूबॉनअसील/ *n.* उरुमूल का हर्निया

buccal /बकल/ *adj., anat.* मुंह या गाल के अंदर के हिस्से से संबंधित: ~ cavity; ~ respiration

buccaneer /बकअनिअः/ *n., hist.lit.* 1 जलदस्यु, समुद्री लुटेरे जो सत्रहवीं सदी में कैरिबियायी क्षेत्र में स्पेनी जहाजों को लूटते थे 2 *derog.* एक अवसरवादी व सिद्धांतहीन व्यापारी या राजनेता;
dw/lw: **~ing** /बकअनिअरिंग/ *adj.* जलदस्यु का जीवन जीने वाला; **~ing** *n.* 1 बकनिअर की भूमिका करने वाला 2 सिद्धांतहीन दुःसाहस 3 समुद्री डकैती

buck /बक/ *n., pl.* **~s** 1 *colloq, N. Amer., Austral. & NZ* अमेरिकी डॉलर, रुपया: make a fast/quick ~ (जल्दी-जल्दी पैसा कमाना); be in the **~s** (धनी यानी पैसेवाला हो.) 2 नर घोड़ा, खरगोश, हिरण, कंगारू आदि: the horse gave a huge ~; water ~ 3 (***syn.*** dandy) छैला: old ~ 4 *derog.* अश्वेत, अमेरिकी इंडियन 5 ताश के खेल में पोकर की बाजी 6 सवार को गिराने के लिए घोड़े की उछल-कूद 7 जिम्मेवारी: pass the ~ to sb (किसी और को दोष दे.) 8 जोशीला व्यक्ति 9 गाड़ी का ढांचा;
***v.**, pt.* **~ed**, *pp* **~ing** 1 बैलों आदि द्वारा कांधी मारना, जूआ उतार फेंकना (throw off) 2 विरोध क. (resist an idea or trend): you can't ~ (against) the rule 3 घोड़े द्वारा पछाड़ी मारना या अपने सवार को उतार फेंकना 4 उछलना 5 चापलूसी क.: ~ for a job 6 सोखना;
dw/lw: **~-basket** *n.* धुलने वाले कपड़ों की टोकरी; **~ed** *adj., Br. colloq.* खुश और उत्साहित: be ~ed by the good news; **~er** *n.* 1 कांधीमार (पशु) 2 *US, colloq.* चापलूस आदमी; **~eye** *n.* एक प्रकार का पेड़ और उसका फल; **~-eyed** *adj.* घोड़ा जिसे कम दिखता हो; **~horn** (**buck's horn**) हिरण आदि का सींग जिससे चाकू का हत्था बनाया जाता है; **~-hound** *n.* हिरण का शिकार करने वाला कुत्ता; **~shot** *n.* शिकार करने में प्रयुक्त होने वाली गोली के मोटे छर्रे; **~skin** *n.* 1 मृग-छाला 2 हिरण या भेड़ की खाल से बना मुलायम चमड़ा 3 मुलायम मजबूत ऊनी कपड़ा; **~thorn** /बकथॉःन/ *n.* झड़बेरी; **~tooth** *n.* आगे निकला हुआ दांत; **~wheat** *n.* कोटू, कूटू (पौधा), फाफर;
collocations: ~ **board** एक प्रकार की चार पहियों वाली गाड़ी; **buck House** बकिंघम पैलेस (Buckingham Palace) का बोलचाल की भाषा में नाम; ~ **horn** बारहसिंगे के सींग; ~ **jump** घोड़े की उछल-कूद, चौपैरी; ~ **jumper** छलांग लगाने वाला घोड़ा; ~ **naked** *US colloq.* बिल्कुल नंगा; ~ **passing** *derog colloq.* किसी काम या घटना की जिम्मेवारी दसरों के सिर मढ़ने की प्रवृत्ति; ~ **saw** लकड़ी चीरने की एक प्रकार की आरी; ~ **slip** एक संस्थान द्वारा दूसरे को भेजे जाने वाले दस्तावेज; ~ **skins** मृगछाला के वस्त्र; **~s party** *Austral, NZ* (*also* **stag party**) केवल आदमियों की पार्टी; **old** ~ वृद्ध पुरुष;
p&i: ~ **along** गाड़ी में बुरी तरह हिलना या कांपना; ~ **down** किसी कार्य में जुट जा.; ~ **off** घोड़े द्वारा उछलकर सवार को नीचे गिरा दे., पटक दे.; ~ **one's ideas up** अपना काम निकलवाने के लिए शिष्ट या सुप्रिय लगना या बनना, व्यवहार चिकना-चुपड़ा क.; ~ **out** *students' sl.* रटना; ~ **up** *colloq.* 1 जल्दी क. (hurry up) 2 साहस बंधाना (cheer up); ~ **sth up** *colloq.* 1 सुधारना 2 माहौल को खुशगवार बनाना; ~ **sb up** किसी का साहस बढ़ाना, हौसला-अफजाई क.;
hearty as ~ स्वस्थ, बिल्कुल भला-चंगा; **make a fast** ~ जल्दी व आसानी से पैसा कमाना; **much/ greatly** जीवंत, प्रसन्नचित्त; **pass the** ~ *colloq.* किसी और को दोष दे., बोझ या उत्तरदायित्व दूसरे पर डालना; **the ~ stops here** *colloq.* किसी और पर दोष नहीं मढ़ा जा सकता, किसी और को बलि का बकरा नहीं बनाया जा सकता

bucket /बकिट/ *n.* 1 (***syn.*** pail) बाल्टी, डोल 2 बाल्टीभर मात्रा 3 झाम का बेलचा 4 (**~s**) बड़ी मात्रा: need **~s** of confidence;
***v.**, pt.* **~ed**, *pp* **~ing** *colloq.* 1 (*esp.* ~ **along/ down**) अति ऊबड़-खाबड़ रास्ते से गाड़ी चलाकर जाना (ride hard or bumpily): **~ing** down the hill 2 (*also* ~ **down**) मूसलाधार वर्षा हो.: rain, weep etc. **~s** 3 पानी आदि बाल्टी भर-भरकर निकालना 4 घोड़े को सरपट दौड़ाना 5 *colloq.* ठगना, धोखा दे. 6 सट्टेबाजी में ठगना;

dw/lw: **~ful** /बकिटफुल/ *adj.* बाल्टी-भर; **~fuls** *n., [pl.]* बाल्टीभर मात्रा; **~-wheel** *n.* रहट;

collocations: **~ brigade** बुझाने हेतु लगी मनुष्यों की लंबी कतार जो एक दूसरे को पानी भरी बाल्टी देते जाते हैं; **~ down** जोर से वर्षा हो.; **~ seat** कार आदि में एक छोटी गोल पीठ वाली सीट; **~ shop** 1 *esp. Br., rather derog., colloq.* घटिया सेवाओं वाले सस्ते हवाई टिकट बेचने वाला यात्रा-दलाल (travel agent) 2 *mainly US* शेयर खरीदने-बेचने व जुआ खेलने की जगह 3 संदेहपूर्ण (shady) तरीकों से शेयर दलाली करने वाली दुकान;

p&i: **give the ~** बरखास्त क., निकाल दे.; **kick the ~** मर जा.;

Buckingham Palace 1 ब्रिटेन के शाही परिवार का सरकारी निवास 2 ब्रिटेन के शाही परिवार का कार्यालय तंत्र, व्यवस्था: ~ refused to comment

buckish /बकिश/ *adj.* 1 बकरे जैसा (दुर्गंधित या कामातुर) 2 छैला

buckle /बकल/ *n.* 1 बक्सुआ 2 पेटी का बकल 3 घुंघरालापन, घूंघर 4 मुड़ी या झुकी हुई स्थिति 5 (बैलों आदि का) जूआ 6 शादी;

v.**, pt.* **~d**, *pp* **~buckling** 1 बक्सुआ या बकल लगाना: ~ sth on / up; ~ on one's sword 2 बोझ तले झुक जा.: knees or legs ~ at the knees 3 समस्याओं के बोझ तले दबकर हार मान ले. 4 (syn.*** bend) धातु की किसी वस्तु के बोझ, गर्मी आदि के कारण झुकना: ~ up (टेढ़ा हो., मुड़ जा.) 5 *fig.* कमर कसकर काम में लग जाना 6 शादी क.: soon they were **~d**;

dw/lw: **~-beggar** *n.* असभ्य या अशिक्षित व्यक्ति; **~d** *adj.* झुका हुआ, मुड़ा हुआ; **~r** /बकलः/ *n.* 1 छोटी ढाल, फरी, रक्षक 2 पिंजरा;

p&i: **~ down to sth** *colloq.* कमर कसकर काम में जुट जा., किसी काम को लगन से करने लगना; **~ on** बक्सुए से बांधना या कसना; **~ under** किसी चीज के दबाव या बोझ तले ढह जाना; **make ~ and tongue meet** मुश्किल से गुजारा हो., दो जून को रोटी मुश्किल से पाना

buckler *see above under* **buckle: *dw/lw***

Buckley's/ Buckley's chance *n., Austral. & NZ* बिल्कुल कोई संभावना नहीं:

p&i: **not have Buckley's/ Buckley's chance to catch that train** गाड़ी पकड़ पाने की कोई संभावना नहीं

buckminsterfullerene /बकमिंस्टःफुलअरीन/ *n.* एक गोलार्द्ध परमाणु (*chem. formula* C_{60})

buckram /बकरम/ *n.* 1 सूत या लिनन को माप अनुसार सख्त बनाने की क्रिया 2 (***syn.*** stiffness) कड़ाई, रूखापन, शुष्कता, अत्यौपचारिकता: a fine unaffected lad, no pride or ~;

adj. 1 कड़ा 2 शुष्क, रूखा, (***syn.*** formal) अत्यौपचारिक: ~ style;

***v.**, pt.* **~ed**, *pp* **~ing** 1 लिनन पर चिपकाना 2 अत्यौपचारिक या परतकल्लुफ बनाना: later he **~ed** his manners

Bucks. *abbr. English county* Buckinghamshire का संक्षेप

Buck's fizz/ buck's fizz *n.* शैंपेन या बुलबुलेदार श्वेत मदिरा और संतरे के रस को मिलाकर बनाया जाने वाला एक पेय

buckshee *adj., adv., sl.* मुफ्त में, निःशुल्क (gratis): ~ tickets (इनाम-इकराम, बख्शीश, शुकराना)

buckyball /बकिबॉल/ *n., chem.* बकमिंस्टरफुलरीन (*see above*) का आम नाम

buco /बको/ *n.* धाकड़. दबंग, जिसकी धाक जमी हो

bucolic /ब्यूकौलिक/ *US* ब्यूकाःलिक/ *adj.* देहाती, गंवार, ग्रामीण, ग्राम्य: ~ poet;

***n.**, lit.* 1 देहाती, गंवार, ग्रामीण व्यक्ति 2 ग्राम्य जीवन के बारे में कविता, ग्वालगीत;

dw/lw: **~ally** /~लि/ *adv.* देहाती ढंग से

bud /बड/ *n.* 1 कली, मुकुल, कलिका: in ~; ~ grafting (कलियां चढ़ाने का काम) 2 युवति, युवक 3 कोई पहली पहल करने वाली या करने वाला: ~ of promise; ~ burst/ shooting;

v.**, pt.* **~ded**, *pp* **~ding** 1 कली निकलना, मुकुलित हो. 2 खिलना, विकसित हो. 3 (syn.*** graft) कलम लगाना;

adj. उदीयमान;

dw/lw: **~ded** *adj.* मुकुलित; **~ding** *adj., see separate entry*; उदीयमान; **rose~** *n.* गुलाब की कली;

p&i: **a ~ of promise** हाल ही में खिलने लगने वाली युवती; **in ~** मुकुलावस्था में; **check/ crush/ nip sth in the ~** प्रारम्भिक अवस्था में ही किसी चीज का अंत कर दे.; **nip/ crush evil in the ~**; किसी बुरी चीज को शुरू में ही खत्म कर दे.

Buddha /बुद्धा/ *n.* महात्मा बुद्ध;

dw/lw: **Buddhism** /बुद्धिज्म/ *n.* बौद्ध धर्म; **Buddhist** /बुद्धिस्ट/ *n.* बौद्ध, बौद्ध धर्म का अनुयायी; **~ic** *adj.* बौद्धमत संबधी

budding /बडिंग/ *adj.* 1 उभरता हुआ, पनपता हुआ: ~ hopes 2 उदीयमान, होनहार: a ~ star; ~ diplomat;

n. 1 पौधों में कलियां बनने की क्रिया 2 कलियों को कलम करके कृत्रिम पौधे बनाने की क्रिया 3 पशुओं में अयौनीय (asexual) प्रजनन

buddleia /बड्डलिआ/ *n., pl.* **~s** चीन में मिलने वालीं छोटी-छोटी झाड़ियां

budd\y /बड्डि/ *n., pl.* **buddies** *colloq., esp. N. Amer.* 1 लंगोटिया यार, साथी 2 क्रोध सूचक संबोधन शब्द: watch it, **~y**! 3 **AIDS** के रोगी की सहायता करने वाला स्वयं सेवक;

***v.** pt.* **~ied**, *pp* **~ying** 1 (*usually* **~y up** = pal up with sb) *intr., mainly US colloq.* दोस्त बन जाना: the kids normally **~y** up very quickly 2 कुछ अनुचित लाभ उठाने के लिए दोस्ती क. 3 **AIDS** के रोगी की सहायता करना;

dw/lw: **~y-~y** *n., colloq.*, 1 दोस्त 2 दुश्मन, घिनौना व्यक्ति 3 चापलूस;

collocations: **~y movie** *colloq.* दो मुख्य पात्रों वाली फिल्म जो पुरुष और स्त्री के दोस्ताना को चित्रित करती है; **~y seat** मोटर साइकिल की एक तरफ बना बैठने का स्थान

budge /बज/ *v., pt.* **~d**, *pp* **budging** 1 सरकना, सरकाना, हिलना, हिलाना, हटना, हटाना: three men could not ~ it 2 अपने विचार बदलना, किसी के विचार बदलवाना: nothing will ~ him on the matter; he did not ~ an inch

budgerigar /बज्रिगर/ *n. UK* आस्ट्रेलियायी तोता

budget /बजट/ *n.* 1 बजट, आय-व्ययक, आय-व्यय पत्र 2 किसी अवधि की आय और व्यय के ब्यौरे पर आधारित योजना, धनराशि 3 थैली, पोटली, गंठरी 4 (**the Budget** *Br., India*) वार्षिक आय और व्यय का लेखा-जोखा 5 किसी मुद्दे या योजना के लिए निश्चित धन राशि: used up my clothes ~ for the year 6 किसी चीज का संचय: a ~ of news;

adj. 1 बजट काल का: ~ holidays 2 सस्ते दामों का;

***v.**, pt.* **~ed**, *pp* **~ing** 1 (*usually* **~ for sth**) किसी कार्य या योजना के लिए धनराशि का प्रावधान क. 2 अपनी आय और व्यय का हिसाब रखकर योजना बनाना: we **~ed** 10,000 rupees for the holiday 3 योजना बनाना: ~ your time;

dw/lw: **~ary** /बजटरि/ *adj.* बजट-संबंधी, बजट का; **~-deficit** *adj.* बजट में दिखाया जाने वाला घाटा, बजट घाटा; **~ed** *adj.* बजट-विहित, जिसका बजट में प्रावधान हो; **~ing** *n.* बजट बनाने की क्रिया;

collocations: **a ~ hotel/ price, etc.** सस्ते दामों का होटल आदि; **~ account** 1 एक ऐसा बैंक खाता जिसमें नियमित रूप से भुगतान किया जाता है 2 किसी दुकान के पास किसी का अकाउंट जिसमें खर्चे की राशि की अदायगी नियमित मासिक रूप से की जाती है; **~ control** बजट नियंत्रण; **~ estimate** बजट अनुमान; **~ grant** बजट अनुदान; **~ procedure** बजट प्रक्रिया; **~ provision** बजट में प्रावधान; **revised ~** संशोधित बजट; **supplementary ~** अनुपूरक बजट; **surplus ~** बचत का बजट;

p&i: **~ for sth** बजट में किसी वस्तु या योजना के लिए धन का

प्रावधान क.

budgetary /बजटरि/ *adj. see above under* **budget: *dw/ lw***

budgie /बजी/ *n., pl.* **budgies** *colloq.*= **budgerigar** तोता

budla transactions बदला सौदा, लेन-देन

buff /बफ/ *n.* 1 *colloq.* किसी बात के बारे में दीवाना व्यक्ति: a sports ~; a computer/ film/ wine, etc. ~ (कंप्यूटर/ फिल्मों/ शराब आदि का भारी शौकीन या दीवाना व्यक्ति) 2 (***syn.*** **beige**) मटमैला पीला रंग 3 बिना रंग चढ़ाया हुआ भैंस का मुलायम चमड़ा 4 अनढकी त्वचा 5 (*sometimes* **buffer**) पॉलिश करने के लिए प्रयोग में लाया जाने वाला कपड़ा या अन्य सामग्री 6 धातुओं को पॉलिश करने के लिए घूमती हुई डिस्क;

adj. 1 मटमैला-सा पीला: a ~ envelope 2 बिना रंगे मुलायम चमड़े से बना हुआ: a military ~ coat 3 शारीरिक रूप से हट्टा-कट्टा और मजबूत मांस-पेशियों (muscles) वाला;

***v.**, pt.* **~ed**, *pp* **~ing** 1 (*also* **~ sth up**) मुलायम वस्तु (कपड़े, रूई आदि) से पॉलिश क. 2 चमड़े को बफ (buff) की तरह मुलायम बनाना;

dw/lw: **~er** *n.* बफ (buff) से पॉलिश करने वाला (*see also below under separate entry*);

collocations: **~ coat/ ~ jerkin** सैनिकों का कोट, चमड़े की फतूही; **~ gloves** चमड़े के पीले दस्ताने; **~ stick/ ~ wheel** चमड़ा चढ़ी हुए छड़ी/ पॉलिश करने के यंत्र; **~ tip** एक प्रकार का पतंगा;

p&i: **blindman's** ~ आंख मिचौनी; **in the** ~ *Br. colloq.* नंगा; **say neither ~ nor stye** कुछ न कहना या न जानना; **strip to the** ~ सारे कपड़े उतारकर बिल्कुल नंगा हो.; **stand** ~ खड़े रहना

buffa /बूफा/ *n.* हास्य अभिनेत्री (of opera)

buffalo /बफअलो/ (*also* **African** ~; **Indian** ~) *n., pl.* **~es** भैंस;

v. *pt.* **~ed**, *pp* **~ing** *US, sl.* 1 किसी को चिंता में डालना, आतंकित कर दे. 2 किसी को ठगना, बुद्धू बनाना: get sb **~ed**;

dw/lw: **~-bug** *n.* गलीचों में लगने वाला कीड़ा; **~-robe** *n.* भैंस के चमड़े का गलीचा या चोगा;

collocations: **~ bull = bull ~** भैंसा; **~ calf** पड़िया, कटिया; **~ cart** भैंसागाड़ी; **~ cow** भैंस; **~ grass** एक प्रकार की छोटी घास;

male ~ calf पाड़ा, कटड़ा, कटरा

buffer /बफः/ *n.* 1 टक्कर रोक, प्रतिरोधक, धक्का-सह उपकरण 2 अंतर्रोधी, दावड़ा 3 नुकसान या झटकों से बचाने वाला व्यक्ति या उपकरण 4 *Br. colloq.* (*also* **old** ~) बुद्धू एवं उबाऊ आदमी, बंदा 5 *comput.* सुरक्षित स्मृति पटल 6 दो पाटों के बीच सुरक्षित स्थान 7 *colloq.* कुत्ता 8 *sl.* रिवोल्वर;

v. *pt.* **~ed**, *pp* **~ing** 1 आघात (झटके) या हानिकारक प्रभाव से बचाना 2 (**~ sb against sth**) किसी को किसी से या किसी चीज से बचाना: ~ oneself against uncertainties 3 *comput.* आंकड़ों को कुछ समय के लिए स्मृति पटल में रखना;

collocations: **~ state** उभय प्रतिरोधी राज्य, मध्यवर्ती या अंतःस्थ राज्य, दो शत्रु देशों के बीच स्थित निरपेक्ष देश; **~ stock** *finance* सुरक्षित भंडार, समीकरण भंडार; **~ zone** उभय प्रतिरोधी/ अंत:स्थ/ मध्यवर्ती/ आघात सह क्षेत्र

buffet /बुफे/ *n.* 1 बुफे खाना, मेज पर लगाया हुआ भोजन जिसे अतिथि स्वयं लेते हैं, स्वरुचि या स्वयं-परोसित भोजन, बुफे भोज: ~ lunch/ supper 2 कंटीन, उप-भोजनालय 3 आहार यान: ~ car 4 उपहार-कक्ष, अलमारी 5 मुक्का, थप्पड़ 6 धक्का, झटका, झोंका: a sudden ~ of wind;

***v.**, pt.* **~ed**, *pp* **~ing** 1 आघात क., मुक्के से मारना 2 बार-बार टक्कर मारकर तोड़ना, तरंगों से टकराना: a ship **~ed** by the waves;

dw/lw: **~er** *n.* धक्का देने वाला, मुक्का मारने वाला; **~ing** /बफअटिंग/ *n.* मार-धाड़, मुक्कों की बौछार, पिटाई;

collocations: **~ car** 1 बुफे या भोजन यान 2 उपहार यान; **~ dinner** दावत, भोज, खुद परोस कर किया जाने वाला भोजन; **~ing wheel** धातु को चमकाने या उस पर पॉलिश करने हेतु मखमल अथवा चमड़े से ढका हुआ पहिया; **~ limit** प्रघात-सीमा

bufflehead /बफलहेड्/ *n.* मूढ़ व्यक्ति;

dw/lw: **~ed** /~डिड/ *adj.* मूढ़, बेदिमाग

buffo /बुफो/ *adj.* हास्य-, हास्यकार, हंसाने वाला;

n. (*of opera*) हास्य-अभिनेता

buffoon /बफून्/ *n., usually rather derog.* विदूषक, मसखरा, भांड;

dw/lw: **~ery** /~रि/ *n.* 1 जोकरपन, मसखरापन, विदूषकता 2 भद्दा मजाक 3 भंड़ैती, भड़आपन;

p&i: **play/ act the** ~ किसी को खुश करने के लिए मूर्खतापूर्ण बात या कार्य कहना

bug /बग/ *n.* 1 कीटाणु, जीवाणु, बीमारी: a nasty stomach ~ 2 खराबी, दोष 3 खटमल 4 गुप्तचरी करने के लिए चोरी-छिपे या चुपके-चुपके लगाया जाने वाला सुनने का यंत्र 5 किसी मशीन या कंप्यूटर में छोटा-सा दोष जो उसे ठीक से काम नहीं करने देता 6 *colloq.* (***syn.*** crazy idea) सनक, धुन, झोंक, मनोग्रस्ति: be bitten by the fitness ~/ get the ~ (रुचि पनपाना, कोई काम करने की धुन सवार हो.): he's got the ~ 7 बड़ा आदमी: big ~ 8 अंतरिक्ष यान से अलग होने वाला स्वचालित यंत्र या छोटा यान: lunar/ moon ~ 9 हौवा, डरावनी वस्तु;

v.**, pt.* **~ged**, *pp* **~ging** 1 गुप्त रूप से सुनने का यंत्र लगाना: the room is **~ged** 2 *sl.* किसी को क्रोधित या चिंतित क. 3 *US colloq.* चकित होना 4 (syn.*** bulge) बाहर निकलना 5 (*usually* **~ out/ off**) *mainly US colloq.* हड़बड़ाहट में चले जाना या पीछे हटना;

dw/lw: **~aboo** /बगअबू/ *n., pl.* **~aboos** *mainly US colloq.* हौवा, डरावनी वस्तु; **~bane** *n.* जिउंटी, एक पौधा; **~bear** /बगबेअः/ *n.* = **~aboo** हौआ, जूजू; **~-eyed** *adj.* जिसकी आंखें आश्चर्य से बाहर निकलने को हों; **~house** *n.* पागल खाना; **~-hunter** *n.* कीट-संग्रही, कीट विशेषज्ञ; **~ging** /बगिंग/ *n.* 1 गुप्त रूप से लगाए गए यंत्र की मदद से की जाने वाली गुप्तचरी 2 गुप्त रूप से लगाया जाने वाला यंत्र; **~wort** *n.* एक पौधा;

collocations: **big** ~ महत्त्वपूर्ण व्यक्ति; **~ moss** खुरदरे डंठल वाला एक पौधा;

p&i: **~ out** पीछे हटना, मैदान छोड़ दे.;

as snug as a ~ in the rug काफी अकड़ में, खूब मजे में; **put a ~ in sb's ear** किसी को चुपके से कुछ फुस-फुसा दे., बतिया दे.

bugger /बगः/ *n.* 1 मूर्ख व्यक्ति 2 *coarse sl.* लौंडेबाज 3 घिनौना व्यक्ति: he really is a ~ to work for (वह बहुत घटिया व्यक्ति है और उसके साथ काम क. संभव नहीं) 4 टेढ़ी खीर, जटिल व समस्या पैदा करने वाली वस्तु या यंत्र;

v. *pt.* **~ed**, *pp* **~ing** 1 (*also* **~ sth up**) किसी चीज को खराब क.: **~ sb's** weekend 2 थकान से चूर-चूर क. 3 लौंडेबाजी क.;

dw/lw: **~ed** /बगःड/ *adj.* 1 थककर चूर 2 नष्ट, टूटा हुआ (व्यक्ति या वस्तु) 3 सदमाग्रस्त, विस्मित; **~-out** *n.* पीछे हटने की क्रिया; **~s** *adj.* पागल: to go **~s**; **~y** /बगरि/ *n.* लौंडेबाजी, विकृत मैथुन;

p&i: **~ about/ around** समय बर्बाद क., घास काटना; **~ all!** कुछ भी नहीं, बिल्कुल शून्य; **~ it!** भाड़ में जाए! **~ off!** चले जाओ! दफा हो जाओ! **~ sb about** 1 किसी को गुमराह क. 2 किसी के लिए परेशानी पैदा क.;

not give a ~ बिल्कुल भी परवाह न क.; **well I'm ~ed!** मैं बेहद विस्मित हूं

bugging *sees above under* **bug: *dw/lw***

buggy /बग्गी/ (*also* **baby** ~) *n., pl.* **buggies** *UK* (*US* **stroller**) 1 बग्गी, चौपहिया घोड़ागाड़ी 2 दुपहिया बग्घी: beach ~ 3 बच्चों के लिए एक हल्की गाड़ी (*pram.*)

adj. खटमलों से भरा

bugle /ब्यूग्ल/ *n.* 1 बिगुल, भोंपू 2 बुलाने की आवाज: ~ call 2 (जंगली) भैंसा, सींग;
v. pt. **~d**, *pp* **bugling** 1 बिगुल बजाना 2 किसी तमाशे या खेल की घोषणा क.
dw/lw: **~call** *n.* बिगुल-आह्वान; **~r** /ब्यूग्लः/ *n.* बिगुल बजाने वाला, बिगुलर; **~t** /ब्यूग्लेट/ *n.* छोटा बिगुल, भोंपू
bugloss /ब्यूग्लौस/ *n., pl.* **~es** *bot.* (**viper's ~**) एक लता
build /बिल्ड/ *v., pt.* **built**, *pt. p.* **built**, *pp* **~ing** 1 निर्माण क., बनाना: ~ a railway; ~ a school 2 विकसित क., रचना, के ऊपर आधारित क.: you must ~ your theory upon facts 3 (*also* **~ up**) धीरे-धीरे माप, मात्रा, बल, तीव्रता आदि में वृद्धि क. या हो.: protesters' anger was **~ing** 4 किसी विशेष प्रकार से बनाना: **built** to last; a garden **built** for convenience 5 घोंसला आदि बुनना या बनाना 6 सपने या आशाएं पालना: ~ vain hopes; ~ plans 7 पर भरोसा क.: ~ upon a promise 8 बना हो.: I'm **built** this way 9 उत्तेजना, भावनाओं आदि में उफान आते जा.;
n. 1 आकार-प्रकार, गठन, बनावट, रचना: we are of the same ~ 2 डील-डौल: he had a slim ~; a man of sturdy ~;
dw/lw: **~er** /बिल्डः/ *n.* 1 निर्माणकर्ता, गृह-निर्माता: ~er's merchant 2 राजगीर; **~er-upper** *n.* शक्ति-संवर्धक पेय आदि: vegetable juice is a good ~er-upper; **~up** *n.* 1 धीरे-धीरे होने वाली वृद्धि: ~up to sth (किसी बात के लिए तैयारी) 2 धीरे-धीरे होने वाला समापन 3 होने वाली किसी बात या घटना से पहले किया जाने वाला प्रचार;
p&i: **~ castles in the air** हवाई किले बनाना; **~ in** बंद क., घेरना, अवरुद्ध क.; **~in/ ~ into** के अंदर बनाना या जोड़ना; **~ on sth** के ऊपर बढ़ाना, निर्माण या विकसित क., में जोड़ना; **~ sb/ oneself up** किसी को या अपने आप को अधिक स्वस्थ या मजबूत बनाना; **~ sth into/ on to sth** 1 पहले से बनी रचना के भाग के रूप में आगे बनाना 2 एक वस्तु को दूसरी में मिलाकर विकसित क.; **~ sth on sth** किसी अन्य बात पर आधारित क.: the new study is built on earlier work in the field; **~ sth round sth** पहले से बनी किसी संरचना के ऊपर या इर्दगिर्द कुछ और बनाना; **~ (sth) up** धीरे-धीरे बढ़ाना; **~ sth up to sth/ ~ oneself up to sth** (किसी चीज को या अपने आप को) किसी विशेष अवसर के लिए तैयार क.; **~ sth/ sb up** किसी की या किसी वस्तु की बड़ाई क.; **~ up** (***syn.*** assemble) इकट्ठा जोड़कर बनाना; **~ upon** भरोसा क.
building /बिल्डिंग/ *n.* 1 भवन, इमारत 2 भवन या इमारत बनाने की क्रिया, भवन-निर्माण: house in the course of ~;
dw/lw: **~lease** *n.* भवन बनाने के लिए जमीन का पट्टा; **~leasehold** *n.* भवन-निर्माण की अनुमति; **~term** *n.* भवन निर्माण अवधि;
collocations: **~ block** भवन खंड; **~ construction** भवन-निर्माण का कार्य; **~ density** निर्माण की सघनता; **~ engineer** निर्माण अभियंता; **~ lease** निर्माण-पट्टा, पट्टेदार को भूमि पर गृह निर्माण की अनुमति; **~ material** निर्माण सामग्री, इमारती सामान; **~ overseer** भवन सर्वेक्षक; **~ paper** गत्ता; **~ site** (**construction site**) निर्माण स्थल; **~ society** *UK* (*US* **savings and loan association**) भवन-निर्माण समिति जो अपने सदस्यों को घर बनाने या मरम्मत कराने के लिए उधार देती है; **~ yard** जहाज निर्माण गोदी
built /बिल्ट/ 1 *pt.*, **'build'** का भूतकाल 2 *adj.* बना हुआ, निर्मित 3 *adj.* रचित;
dw/lw: **~in** /बिल्ट-इन/ *adj.* 1 मुख्य ढांचे में स्थाई रूप से सम्मिलित भाग, दीवार आदि के अंदर बना हुआ: ~in cupboards/wardrobes; ~in bathtub: ~in battery 2 (*syn.* genetic) जननिक 3 सन्निहित, अंतस्थ, अंत:रचित: with ~in insurance cover 4 के अंदर समाहित: ~in elements of the budget; **~up** *adj.* बने हुआ भवनों का समूह: ~up area

buirdly /बुर्डलि/ *adj.* 1 मजबूत 2 बड़ा सारा 3 अच्छे डील-डौल वाला
Bul *abbr.* 'Bulgaria' का संक्षेप
bulb /बल्ब/ *n.* (*also* **light ~**) 1 बल्ब, लट्टू 2 कंद;
dw/lw: **~ar/ ~ed** /बल्बलः/ बल्बड/ *adj.* कंदयुक्त, सकंद, गोल; **~il/ ~el** /बल्बिल/ *n.* बल्बेल/ पत्र-प्रकलिका; **~ous/ ~baceous** /बल्बस/ बल्बेशिअस/ *adj.* कंदाकार, कंद जैसा, सकंद, गोल, बल्बनुमा; **~ously** /बल्बसलि/ *adv.* कंदाकार रूप में
bulbul /बुलबुल/ *n.* बुलबुल
bulgar /बल्गअर/ (*also* **bulgur**, *also* **bugar wheat**) *n.* उबाले हुए गेहूं के दानों से बना एक व्यंजन
Bulgaria /बल्गारि\या/ *n.* बल्गारिया;
dw/lw: **~n** /~अन/ *adj.* 1 बल्गारी/ बल्गारिआई 2 बल्गारी/ बल्गारिआई भाषा
bul\ge /बल्ज/ *v., pt.* **~ged**, *pp* **~ging** 1 (*often* **~ge out/ ~ge with sth**) फूलना, फुलाना: **~ge** one's cheeks 2 सूजना 3 फूलकर बड़ा हो: sack **~ging** with presents 4 वृद्धि हो. 5 किसी अंग का बाहर को निकलना: sb's eyes as if **~ging** out 6 *US* ~ for the door दरवाजे की तरफ भाग पड़ना;
n. 1 फुलाव, उभार, सूजन 2 *sl.* से बढ़त: have/ get the **~ge** on sb 3 शेयरों के दामों में उछाल 4 अस्थाई वृद्धि 5 जन्म-दर में वृद्धि 6 *naut.* बारूदी सुरंग रोधक मोटाई: **~ge** ship;
dw/lw: **~giness** *n.* 1 शोथ, सूजन 2 उभार, फुलाव; **~ging** *adj.* बाहर निकलता हुआ: ~ging eyes; **~gy** /बल्जि/ *adj., degr.* ~gier, ~giest उभरा हुआ, फूला हुआ
p&i: **~ge in** *US* अंदर घुसाना; **~ge off** *US* सिर पर पांव रखकर चंपत जा.;
get the ~ on sb किसी के मुकाबले में बढ़त पाना
bulimia/ bulimy /बुलिमिआ/ बुलिमि/ *n., med., psychol.* क्षुधा अतिशयता, अति बुभुक्षा, बहुत अधिक भूख लगने की बीमारी, भस्मक रोग;
dw/lw: **bulimic** /बुलिमिक/ *adj.* उपरोक्त विकार से ग्रस्त; **bulimic** *n.* उपरोक्त विकार से ग्रस्त व्यक्ति: she is bulimic;
collocations: **~ nervosa** *med., psychol.* युवतियों में फैला एक मानसिक विकार जिसमें वजन में वृद्धि रोकने के लिए अतिशय भोजन के बाद कृत्रिम तरीके से वमन किया जाता है
bulk /बल्क/ *n.* 1 (***syn.*** mass) ढेर, अंबार, थोक: buy in ~; sell in ~ (जैसा स्टॉक में माल है वैसी बिक्री, थोक बिक्री) 2 परिमाण, आयतन: the ~ and weight of car 3 वृद्धि 4 अधिकांश (greater part): the ~ of students work hard; the great ~ of mankind 5 (***syn.*** cargo) जहाज द्वारा ले जाया जाने वाला भार, माल, नौभार: load in ~; break ~ (जहाज से माल उतारना शुरू क.) 6 बड़े डील-डौल वाला व्यक्ति, धड़, शरीर, स्थूलता 7 (***syn.*** roughage) मोटा चारा 8 वृहत् ढांचा 9 पुंज, समूह, समष्टि 10 *chem.* प्रकाय;
v., pt. **~ed**, *pp* **ing** 1 (*often* **~ out**/*sometimes* **~ up**) भर जाना, फैल जाना, परिमाण या मात्रा बढ़ जा. 2 दिखना, जान पड़ना, लगना 3 (***syn.*** pile) ढेर लगाना 4 भार मालूम क. 5 (***syn.*** increase) बढ़ना;
dw/lw: **~er** /बलकः/ *n.* सीमा-शुल्क वसूलने के लिए आयतन अनुसार जहाज में माल की मात्रा का अनुमान लगाने वाला; **~head** *n.* भित्ति, पोतभित्ति (partition wall in a ship), विमान या समुद्री जहाज में पर्दा-दीवार या पार्टीशन; **~iness** *n.* स्थूलता, भारीपन, विपुलता, बृहदाकारिता; **~y** /बल्कि/ *adj., degr.* ~ier, ~iest भारी-भरकम, स्थूल; **~ily** *adv.* भारी मात्रा में;
collocations: **~ buying** थोक में खरीद; **~ cargo** खुले माल की लदाई; **~ carrier** थोक माल वाहक जहाज; **~ effect** रसमष्टि प्रभाव, समष्टि प्रभाव; **~ indent** थोक मांगपत्र; **~ inspection** सामूहिक निरीक्षण; **~ mining** खानों की बड़े पैमाने पर खुदाई; **~ purchase** थोक खरीद;
p&i: **~ and file** जेब कतरा और उसका सहायक; **~ large**

विशिष्ट हो. या लगना, महत्त्वपूर्ण दिखना: an issue that ~s large in my mind; ~ **not equal to sample** माल का नमूने जैसा न हो.; ~ **up** फूलना, वृद्धि हो.;
break ~ माल उतारना शुरू क.; **buy in** ~ थोक में खरीदना; **in** ~ थोक में, बड़ी मात्रा में, अंबार के अंबार; **sell in** ~ थोक में बेचना; **the ~ of sth** किसी वस्तु का बड़ा हिस्सा, अधिकांश भाग

bulky *see above under* **bulk:** ***dw/lw***

bull /बुल/ *n., sl.* 1 बैल, सांड, वृषभ (uncastrated male animal) 2 (***syn.*** male) गाय परिवार का नर 3 हाथी, व्हेल व कई अन्य विशाल जानवरों का नर 4 *comm., stock exchange* तेजड़िया, सट्टाबाजर में तेजी लाने वाला: go ~ 5 *astron., astrol.* (**the ~**; ***syn.*** Taurus) वृष 6 (***syn.*** edict) आदेशपत्र 7 (*esp.* **a ~ of a man**) बड़े डील-डौल वाला व्यक्ति 8 कठिन व उबाऊ काम 9 पोप का आधिकारिक यानी मोहर लगा पत्र 10 (***syn.*** = bullshit = nonsense = bull's eye) असंगतिपूर्ण उक्ति, बकवास, अर्थहीन मनगढ़ंत कहानी: cock and ~ story; don't give me any of that ~; hand out a line of ~; shoot the ~;
adj. 1 नर, पुल्लिंग: a ~ walrus 2 *stock exchange* तेजड़ियों के माफिक या माकूल, बढ़ते हुए (भाव), तेजी में 3 डील-डौल वाला, खुरदरा, बलवान: ~ neck 4 आशावादी;
v., pt. **~ed**, *pp* **~ing** 1 भाव बढ़ाने का प्रयत्न या सट्टेबाजी क. 2 भाव-वृद्धि (तेजड़िया) की सट्टेबाजी क.: ~ the market 3 गाय को नया दूध (ग्याभन, *Hr.*) करवाना;
dw/lw: **~bay** *n.* हिमचप्पा; **~boat** *n.* चर्म नौका; **~-calf** *n.* 1 बछड़ा 2 मूर्ख व्यक्ति; **~-dance** *n.* नर-नृत्य; **~dog** *n.* 1 कुत्ते की एक नस्ल 2 साहसी व्यक्ति (*see also under separate entry*); **~dyke** (*also* **~dike**) नर जैसी लगने वाली समलिंगी औरत (lesbian); **~fight**/ **~fighting** *n.* साहसी व्यक्ति की सांड से भिड़ंत; **~fighter** *n.* सांड से लड़ने वाला साहसी व्यक्ति; **~finch** *n.* एक गाने वाली चिड़िया; **~frog** *n.* बड़ा मेंढक; **~-fronted** *adj.* वृषभ मस्तिष्क वाला; **~-headed** *adj.* (***syn.*** obstinate) हठी, अड़ियल, दुराग्रही; **~-headedly** *adv.* अड़ियल तरीके से; **~-headedness** *n.* अड़ियलपन, दुराग्रह; **~horn** *n. N. Amer.* आवाज ऊंची करने वाला भोंपू; **~ish** *see below under separate entry*; **~-mastiff** *n.* कुत्ते की एक नस्ल; **~necked** *adj.* मोटी गर्दन वाला; **~ock** *see below under separate entry*; **~-pen** *n.* बैलों का बाड़ा; **~ring** *n.* सांड की लड़ाई का अखाड़ा; **~'s-eye** *n.* 1 (***syn.*** small window) गवाक्ष, झरोखा 2 निशाना चांद (of target) 3 पुलिस-लालटेन (lantern); **~shit** (*abbr.* **BS**) *n. coarse sl.* बकवास;
collocations: ~ **baiting** एक प्रकार का खेल जिसमें सांडों पर कुत्ते छोड़े जाते हैं; ~ **bars ~bars** *[pl.]* (*also* **roo/ rhino-bar**) कार या अन्य गाड़ी के सामने के भाग में टक्कर आदि से बचाने के लिए लगी धातु की मजबूत छड़ आदि; ~ **dust** *Austral. & NZ colloq.* 1 दूर-दराज की सड़कों पर मिलने वाली महीन धूल (कण) 2 *sl.* बकवास (bullshit); ~ **market** सट्टा बाजार में तेजी का दौर; ~ **point** *colloq.* खेल में अति महत्त्वपूर्ण अंक; ~ **session** अनौपचारिक विचार-विमर्श का दौर; ~ **pen** *baseball* बेसबाल के खेल में पिचर (pitcher) या जहां पिचर तैयार होते हैं; ~ **snake** उत्तरी अमेरिका का एक विषहीन सर्प; ~ **terrier** भारी-भरकम शरीर वाला कुत्ता; **blue** ~ नील गाय;
p&i: **a ~ in a china shop** बेढब व्यक्ति; **bellow like a ~** जार-जार रोना; **in a ~ rage** क्रोध से उन्मत्त; **in a ~ voice** खूब ऊंची आवाज में; **shoot the ~** गप लड़ाना; **take the ~ by the horns** चुनौती का बहादुरी के साथ मुकाबला क.

bulla /बुल्ला/ (*also* **bull**) *n., theol.* 1 (पोप का) आदेश-पत्र, फर्मान 2 (***syn.*** blister) फफोला

bullace /बुलिस/ *n.* जंगली आलूचा: ~ grape (मस्क आलूचा)

bulldog /बुलडौग/ *US* बुलडॉग/ *n.* 1 बुलडॉग 2 बैल जैसे भारी-भरकम शरीर वाला कुत्ता, वृषभ कुक्कुर 3 छोटी नाल का रिवोल्वर 4 दुराग्रही व्यक्ति 5 गोमक्खी;
collocations: **~ ant** (*also* **bull ant**) भयंकर दंश वाली एक लाल या काली आस्ट्रेलियायी चींटी; ~ **clip** गत्ते पर लगी कागज पकड़े रखने वाली क्लिप, कुत्ता; **~dog edition** *US* प्रभातकालीन समाचार-पत्रों का बहुत सवेरे का संस्करण

bulldoze /बुल्डोज/ (*also* **bulldose**) *v., pt.* **~d**, *pp* **bulldozing** 1 बुल्डोजर चलाकर साफ कर दे. 2 ताकत से दबा दे. 3 डराना, धमकाना 4 (*esp.* **~ sb into sth**) विवश क. 5 विरोध के बावजूद किसी बात को करके रहना: the VC **~d** his scheme through the Academic Council;
dw/lw: **~r** /बुलडोजः/ *n.* बुलडोजर

bullet /बुलिट/ *n.* 1 (*also* **cartridge**) बंदूक की गोली: be killed by a ~ in the head 2 साहुल;
dw/lw: **~-head** *n.* हठी व्यक्ति; **~-proof** *adj.* गोली के लिए अभेद्य, गोलीसह, गोली-रोक, गोली-रोधक;
collocations: ~ (**point**) कंप्यूटर टाइपिंग में एक छोटा गोलाकार टिक्का (धब्बा-सा) जिसके द्वारा सूची में अलग-अलग वस्तुएं दिखाई जाती हैं; ~ **train** अत्यधिक तेज रफ्तार से चलने वाली गाड़ी;
p&i: **bite the ~** किसी कठिन व अप्रिय बात को मानने के लिए विवश हो.; **every ~ has its billet** गोली अपना निशाना ढूंढ लेती है, दाने-दाने पर लिखा है खानेवाले का नाम

bulletin /बुलअटिन/ *n.* 1 समाचार, विज्ञप्ति 2 लघु-पत्रिका, विवरणिका, वृत्त पत्र;
collocations: ~ **board** *N Amer., US* (*UK* **notice board**) विज्ञप्ति बोर्ड, सूचना-पटल

bullhorn *see above under* **bull:** ***dw/lw***

bullion /बुलिअन/ *n.* सोने या चांदी की ईंट, सोना-चांदी: ~-market (सराफा बाजार); gold ~;
collocations: ~ **balance** कीमती धातुओं को तोलने के लिए तराजू; ~ **dealer** कीमती धातुओं का व्यापारी

bullish /बुलिश/ *adj.* 1 सांड जैसा 2 हठी 3 *stock market* तेजी के रुख वाला, तेजड़िया 4 भविष्य के बारे में अतिशय आशावादी
dw/lw: **~ly** *adv.* तेजी से; **~ness** *n.* (सराफा बाजार में) तेजी;
collocations: ~ **trend** तेजड़िया प्रवृत्ति;

bull-mastiff *n. sees above under* **bull:** ***dw/lw***

bullock /बुलअक/ *n.* 1 बछड़ा 2 बधिया बैल, जवान बैल;
dw/lw: **~-cart** /बुलॉक-काःट/ *n.* बैलगाड़ी, छकड़ा

bul\ly /बुलि/ *v., pt.* **~lied**, *pp* **~lying** 1 दुर्बलों को सताना/ डराना/ धमकाना 2 धौंस झाड़ना, गुंडई क., भयभीत क., खौफ पैदा क.: they were **bullied** out of their right (उन्हें इतना डरा दिया गया कि उन्होंने अपना अधिकार भी त्याग दिया) 3 (*usually* **~ly sb into sth**) किसी को डरा-धमकाकर कुछ करने के लिए विवश क.: **~ly** into submission 4 (*usually* **~ly off**) *hockey, formerly* हॉकी आदि के खेल में खेल को फिर से बुली-ऑफ (**bully** या **~ly-off**, *now* **pass back**) करके शुरू क.;
n., *pl.* **~lies** 1 दुर्बलों को सताने वाला/ डराने वाला/ धमकाने वाला, धौंसिया, गुंडा 2 (***syn.*** pimp) भडुआ, कुटना 3 झगड़ालू बंदा, कलहनी;
interj. **~ly for you!** शाबाश!, बहुत बढ़िया!;
dw/lw: **~ly-boy** *n.* भाड़े का गुंडा; **~lying** *n.* 1 धौंस झाड़ने, गुंडई करने या खौफ पैदा करने का काम 2 गुंडागर्दी, दादागिरी, धौंस, धमकियां; **~lism** *n.* गुंडागर्दी; **~ly-rook** *n.* आततायी, धौंसिया;
collocations: **~ly boy** (*also* **~l-boy**) गुंडई या खौफ पैदा करने वाला बदमाश, गुंडा, धौंसिया; **~ly pulpit** आधिकारिक पद जो किसी को किसी समस्या पर आधिकारिक तौर पर खुले आम कुछ कहने का अधिकार देता है;
p&i: **~ly for you!** *colloq., now usually ironic* 1 तुम्हारे लिए ठीक ही हुआ! 2 शाबाश!;
a ~ly is always a coward गुंडा सदा डरपोक होता है

bullying *n. see above under* **bull:** ***dw/lw***

bullyrag /बुलिरैग/ *v., pt.* **~ged**, *pp* **~ging** 1 किसी की निंदा क.

2 डराना-धमकाना

bulrush /बुलरश/ *n.* 1 नरकट, नरकुल 2 (***syn.*** papyrus) पटेरा, पपीरस

bulwark /बल्वःक/ *n.* 1 परकोटा 2 प्राचीर, आड़ 3 (***syn.*** earthwork) धुस्स 4 (***syn.*** protection) आड़, बचाव 5 (***syn.*** breakwater/seawall) तरंग रोध, समुद्र दीवार, अड़वाल 6 किसी आदर्श या जीवन शैली का रक्षक या समर्थक: a ~ of peace 7 (*esp.* **~s**) *naut.* जहाज की डेक (deck) से ऊपर वाला तरफ;
v., *pt.* **~ed**, *pp* **~ing** किसी बात, आदर्श या जगह की रक्षा क. या उसके रक्षा-कार्यों को बल दे.: friends **~ed** him about

bum /बम/ *n.* 1 *Br. colloq. UK* चूतड़, नितंब 2 *coarse* गुदा 3 *colloq. esp. N. Amer. & Austral.* भिखमंगा 4 सुस्त आदमी 5 टुकड़तोड़, हरामखोर, आवारा 6 शराबी-कवाबी महफिल;
adj. निकम्मा आवारा, नीच;
v., *pt.* **~med**, *pp* **~ming** 1 मुफ्त में किसी चीज की मांग क., दूसरों के टुकड़ों पर जीना, हरामखोरी क.: he **~med** it on his relatives 2 भीख मांगकर लेना: he **~med** me for five 2 (**~ around/ about**) आवारागर्दी क., व्यर्थ घूमना या समय गंवाना: ~ around the deck 3 गुदामैथुन क. 4 (***syn.*** hum) गुनगुनाना;
dw/lw: **~bag** *UK* (*US* **fanny pack**) *n., colloq.* कमर की पेटी से लटकता थैला या छोटा बैग; **~mer** /बमः/ *n., sl.* 1 निराशाजनक व अप्रिय बात 2 भूल, गलती, कटु अनुभव 3 बेकार आदमी;
collocations: **~ fluff** लड़के के पहली बार आने वाली मुलायम दाढ़ी; **~ rap** झूठे अभियोग में फंसाना **~ steer** *sl.* नकली व बेकार चीज;
p&i: **~ around/ about** आवारा घूमना, बिना किसी उद्देश्य के यों ही डोलते फिरना; **~s on seats** *theatre* दर्शक; **give sb the ~'s rush** *sl.* 1 जबरदस्ती निकाल बाहर क. 2 अचानक नौकरी से निकालना; **go on the ~** 1 आवारगी क., आवारा की जिंदगी बिताना 2 दूसरों के टुकड़ों पर पलना

bumb\le /बंबल/ (*also* **bummel**) *v., pt.* **~led**, *pp* **~ling** (*often* **~le about**) 1 फूहड़ ढंग से बोलना या व्यवहार क. 2 खोए-खोए-से बात क. या डोलना 3 घपला क.;
n. 1 (***syn.*** beadle) कर्मचारी 2 (***syn.*** jack-in-office) दफ्तरशाह;
dw/lw: **~le-bag** *UK* (*US* **fanny pack**) *n., colloq.* पेटी से लटकता छोटा थैला; **~lebee** /बंबलबी/ *also* **bumble-bee** *n.* बड़ी मक्खी; **~ler** *n.* दफ्तरशाह; **~ling** *adj.* 1 फूहड़, अनाड़ी, भद्दा 2 फूहड़ ढंग से बोलने वाला, मूर्ख; **~leboat** *n.* लंगर पर खड़े जहाज को बेचने के लिए सामान लाने वाली नौका; **~ledom** *n.* नौकरशाही

bumf/ bumph *n., Br., colloq., derog.* ऊल-जलूल कागजात

bummer *see above under* **bum: *dw/lw***

bump /बंप/ *v., pt.* **~ed**, *pp* **~ing** 1 (*esp.* **~ into/ against sth/ sb**) ठोकर मारना या खाना, किसी चीज से टकराना: ~ against the kerb; ~ into another car 2 किसी अंग के टकराने से चोट खाना: I have **~ed** my knee 3 (**~ along**) ऊबड़-खाबड़ सतह पर लुढ़कना या धीरे-धीरे चलना: the jeep **~ed** along the dirt track 4 (**~ together**) दो लोगों का आपस में टकराना 5 किसी विमान कंपनी द्वारा सीट-क्षमता से अधिक टिकट बेचने के कारण किसी यात्री को वापस भेज देना 6 *cricket* गेंद को झटके से जमीन पर पटककर (***syn.*** bounce) उछालना, उछलना 7 पाल-नौका दौड़ में जीतना;
n. 1 उभरा हुआ गोल धरातल, उभार, उभाड़ 2 (***syn.*** lump) गूमड़ा, गुमटा: a ~ on sb's forehead 3 धमाका 4 भारी आघात, धपक, धक्का 5 टक्कर 6 (**the ~s**) एक पुरानी प्रथा जिसके तहत जन्म-दिन के अवसर पर बालक को हाथ-पांवों से पकड़कर उसकी आयु के बराबर बार झुलाया जाता है, ऊपर से एक झूला शुभ भविष्य के लिए दिया जाता है 7 सड़क पर उभरा हुआ ढेला-सा: the ~ of locality;
adv. आकस्मिक ढंग से, एकदम: come ~ on the floor;
dw/lw: **~iness** *n.* ऊबड़-खाबड़ता, हिचकोलापन; **~ing** *adj.* बहुत बड़ा, विशाल; **~ology** (*also* **jocose**) *n.* कपालविज्ञान; **~-start** *v., pt.* ~-started, *pp* ~-starting गाड़ी को धक्का देकर चलाना; **~y** *see below under separate entry*;
collocations: **~ artist** फिल्म में असली कलाकार के स्थान पर खतरनाक दृश्यों में भूमिका निभाने वाला अतिरिक्त कलाकार;
p&i: **~ along** लुढ़कते जा.; **~ into sb/ ~ against sth** *colloq.* 1 अचानक मिल जाना 2 टक्कर लगना, अचानक टकरा/ भिड़ जा. 3 ठोकर लगना; **~ along/ over sth** गाड़ी द्वारा हिचकोले खाते हुए चलना; **~ sb off** *sl.* मौत के घाट उतारना, हत्या कर दे.; **~ sth up** *colloq.* उत्पाद या कीमतें आदि बढ़ाना;
like a ~ on a log मिट्टी के माधों की तरह; **the ~ of locality** किसी स्थान को अच्छी तरह जानने वाला; **with a ~** *colloq.* कठोर व आकस्मिक झटके के साथ

bumper /बंपः/ *n.* 1 *Br.* गाड़ी के सामने और पीछे लगाए जाने वाले धातु के आघात रोधक छड़, आघात रोधक या टक्कर-रोक बंपर 2 बच्चे की प्रैम (pram) में चारों ओर लगे पैड 3 *US* (***syn.*** buffer) रेल के डिब्बे के आगे बाहर निकलते दो गोल-गोल धक्का रोधक 4 बंप होकर उछलने वाला व्यक्ति या उछलने वाली गाड़ी आदि 5 भरपूरता, प्रचुरता 6 लबालब भरा प्याला 7 क्रिकेट में पटका खाकर ऊपर उछलने वाली गेंद;
adj. 1 पहले से बड़ा या बेहतर 2 प्रचुर, भरपूर: ~ crop/ harvest 3 अत्यधिक बढ़िया या बड़ा: a ~ edition (बढ़िया व बड़ा संस्करण);
v., *pt.* **~ed**, *pp* **~ing** 1 मय के प्याले को छलकते हुए भरना 2 किसी की सेहत के लिए जाम उठाना;
collocations: **~ crop** भरी-पूरी फसल; **~ car** मनोरंजन पार्क में चलाई जाने वाली हिचकोले खाती कार; **~ sticker** कार के बंपर पर लगाया जाने वाला मजाकिया स्टिकर (चिपकने वाला)
p&i: **traffic plying ~-to-~** बहुत भीड़-भड़क्कम वाला यातायात, जब गाड़ियां लगभग एक-दूसरे के बंपर से सटकर चलती हैं

bumpkin /बंपकिन/ (*also* **country ~**) *n.* 1 फूहड़ व्यक्ति, गंवार 2 देहाती, गंवार 3 बमकिन (of ship)

bumptious /बंपशिअस/ *adj.* घमंडी, अभिमानी, अक्खड़, अहंकारी;
dw/lw: **~ly** /~लि/ *adv.* अभिमानपूर्वक, घमंड से; **~ness** /~नेस/ *n.* अभिमान, अहंकार, अक्खड़पन

bum\py /बंपि/ *adj., degr.* **~pier**, **~piest** 1 ऊबड़-खाबड़ 2 हिचकोलों भरी (सवारी), झटकेदार: a **~py** ride; give sb a **~py** ride (किसी के लिए परेशानियां पैदा क.) 3 समस्याओं से भरा, जटिल;
dw/lw: **~pily** /~लि/ *adv.* हिचकोले खाते हुए; **~piness** /~नेस/ *n.* ऊबड़-खाबड़ता

bun /बन/ *n.* 1 *esp. Br.* छोटा गोल केक, मीठी रोटी: currant ~ 2 छोटी गोल ब्रेड 3 बालों की एक ऐसी शैली जिसमें सिर के पिछले भाग में बालों का गोलाकार जूड़ा बनाया जाता है 4 (**buns**) *US colloq.* चूतड़ या नितंब 5 गिलहरी, खरगोश का दुलार का नाम;
p&i: **~ fight** *Br. colloq.* 1 अति रोचक दावत, चाय-पार्टी 2 शोर-शराबे वाला उत्सव 3 क्रोध से परिपूर्ण बहस या झगड़ा;
have a ~ in the oven *Br., humorous, colloq.* गर्भवती होना; **have/ get the ~ on** पीकर धुत्त हो.; **take the ~** 1 प्रथम स्थान पर आना, पुरस्कार पाना 2 अद्भुत हो.

bunce /बंस/ *n., sl.* अवैध कमाई, आकस्मिक लाभ

bunch /बंच/ *n., pl.* **~es** 1 गुच्छा, पुंज: a ~ of keys; gave me a ~ of roses; ~ of grapes 2 समूह, झुंड: a ~ of fives; he is the best of the ~; leading or main ~ 3 (*usually* **~es**) बालों की दो चोटियां 4 घोंसला 5 थान, गट्ठा;
v., *pt.* **~ed**, *pp* **~ing** 1 एकत्र क. या हो.: ~ sb/ sth together/ up 2 गुच्छ बनना या बनाना, गुच्छित हो., पुंजीभूत हो. 3 तह लगाना, तहियाना 4 गट्ठा बनाना: ~ (sth) up 5 *US* घोड़ों को झुंड में इकट्ठा

क.;

***dw/lw:* ~ed** *adj.* गुच्छित; **~es** *n. [pl.] UK* सिर के दोनों तरफ बालों की चोटियां; **~-grass** *n.* गुच्छित घास; **~ing** /बंचिंग/ *n., pl.* **~ings** 1 गुच्छों में संग्रह 2 वर्ग या श्रेणी 3 समूहीकरण; **~-onion** *n.* गुच्छों में बंधा प्याज; **~y** /बंचि/ *adj., degr.* ~ier, ~iest 1 गुच्छेदार 2 बाहर निकलता हुआ 3 कुबड़ा;

***p&i:* ~ of fives** *Br. sl.* बंद मुट्ठी, मुक्का; **~ out** उभरकर आना; **~ of sth/ sb** *US* समूह या जमघट: the students here are a strange ~

bunco/ bunko /बंको/ *v., pt.* **~ed**, *pp* **~ing** झांसा दे.;

***n., pl.* ~s/ ~s** *US* विश्वास पात्र बनकर ठगने की चाल

buncom\be /बंकम/ *n. US* 1 बकवास: the talk is **~be** 2 थोथी बातें 3 जबड़ातोड़ शब्द या मुहावरे: speak/ talk **~be**;

***dw/lw:* ~ize** *v., pt.* ~ized, *pp* ~izing 1 बकवास क. 2 ऊंची-ऊंची डींग हांकना (indulge in demagoguery)

***p&i:* speak for ~be** सस्ती या घटिया लफ्फाजी क.

bund /बंड/ *n.* 1 बंद, बंध 2 बांध

Bundestag /बुंडस्टाग/ *n.* बुंदस्ताग, जर्मन संसद का निम्न सदन

bund\le /बंडल/ *n.* 1 पुलिंदा, गठरी, गट्ठ, पोटली: a **~le** of rags/ of clothes 2 समूह 3 बंडल, पूल, पूली, पूलिका, पंजिका: a **~le** of banknotes 4 गट्ठा, गट्ठर: **~le** of tubes 5 (*also* **vascular ~le**) *bot.* पौधे के तने के रेशों या नाड़ी-तंत्रों का पुंज: a **~le** of nerves 6 *sl.* रुपयों का ढेर: made a **~le** on the deal; a **~le** of calumnies 7 गुणों, कार्यों या वस्तुओं का समुच्चय: a **~le** of laughs, fun, joy;

***v., pt.* ~led**, *pp* **~ling** 1 *marketing* (*often* **~le sth with sth**) किसी मुख्य वस्तु को अन्य किसी गौण चीज के साथ मिलाकर बेचना: several additional applications are **~led** with the system 2 पूली या गट्ठा बनाना, बांधना, इकट्ठा क. 3 बाहर निकाल दे. या ले जाना (send away), से छुटकारा पाना: I **~led** him off; **~le** sb out 4 यात्रा के लिए प्रस्थान करने से पहले सामान को बक्से आदि में बांधना;

***p&i:* ~le carrier** बोझ लेकर चलने वाला मजदूर; **~le of energy** ढेर सारी शक्ति/हिम्मत; **~le off** भगा दे.; **~le of fun/ ~le of laughs** *colloq., usually ironic* 1 हंसी का फव्वारा 2 हंसमुख आदमी: he's a ~le of fun; **~le of nerves** घबराहट की पोटली, शीघ्र परेशान या उत्तेजित हो जाने वाला; **~le out** बाहर क. या हो.; **~le sb into/ out of/ through sth** 1 हड़बड़ाकर बाहर क. या अंदर घुसा दे. 2 मुख्य माल के साथ अतिरिक्त वस्तु जोड़ दे.; **~le sb/ sth away/ off/ out** किसी को या किसी चीज को तिरस्कारपूर्वक त्याग दे. या बाहर निकाल दे., से छुटकारा पाना: ~led him into a taxi; **~le sb up** *colloq.* किसी को दुलार से गर्म कपड़ों में लपेटना: ~ed her up in a blanket; **~le sth up** कई सारी चीजों को पुलिंदे में बांधना;

drop one's ~le किस्मत से हार मान ले., घुटने टेक दे.; **go a ~le on sb/ sth** *sl.* किसी बात या किसी को बहुत चाहना या उसे बहुत पसंद क.; **with a ~le** अकस्मात्, अचानक, झटके से

bung /बंग/ *v., pt.* **~ed**, *pp* **~ing** (*esp.* **~ sth up**) 1 डाट या कार्क लगाना 2 *Austral. colloq.* बंद या अवरुद्ध हो.: the sink is **~ed** up with dirt; my nose is **~ed** up 3 लापरवाही से कहीं कुछ रख या फेंक दे.: just ~ my hat in there 4 रिश्वत दे. 5 झगड़े में किसी की आंख को आघात पहुंचाना;

n. 1 डाट, कार्क 2 दारू-ढाबे का सहायक 3 झूठ, छल 4 घूस, रिश्वत 5 बटुआ;

adj. *Austral. colloq.* 1 मृत 2 दिवालिया 3 नष्ट, बेकार;

adv. सीधे, तुरंत: he went ~ into sleep;

***dw/lw:* ~hole** *n.* डिब्बे या बोतल आदि का मुंह;

***collocations:* ~ ball** लंदन के दारू-ढाबे वालों की सालाना पार्टी;

***p&i:* ~ sth in/ on, etc.** *UK* लापरवाही से कहीं कुछ रख दे.; **~ sth up** *UK* डाट/ कार्क लगाना; **eyes ~ed up** सूजन से बंद हुई आंखें; **go ~** 1 मर जाना 2 फेल हो जाना या ढह जाना 3 टूट जाना, टांय-टांय फिस हो जाना; **nip a ~** जेब कतरना, बटुआ उड़ाना

bungalow /बंगलो/ *n.* बंगला

bungee /बंजि/ *n.* 1 बंजी कूद लगाते समय पांव से बांधी जाने वाली रस्सी 2 माल को कड़ाई से बंधा रखने के लिए दोनों सिरों पर हुकों वाली प्लास्टिक की रस्सी;

***collocations:* ~ jumping** /बंजी जंपिंग/ (*also* **bungy jumping**) बंजी जंपिंग, अपने शरीर से इलास्टिक की रस्सी बांधकर ऊंचे स्थान से कूदते हुए देर तक हवा में झूलते रहना

bung\le /बंगल/ *v., pt.* **~led**, *pp* **~ling** 1 फुहड़ ढंग से क. 2 गड़ब्रड़/ घपला क. 3 (***syn.*** botch) गुड़-गोबर क.: he made a **~le** of it;

n. घपला, गड़बड़, गोलमाल, घोटाला;

***dw/lw:* ~led** *adj.* गड़बड़ किया हुआ; **~ler** *n.* गड़बड़िया, घपलेबाज; **~ling** *n.* गड़बड़-घोटाला, घपलेबाजी; **~ling** *adj.* बेढब, फूहड़

bunion /बनयन/ *n.* पांव के अंगूठे के जोड़ पर सूजन, शोथ, गोखरू

bunk /बंक/ *n.* 1 जहाज या रेलगाड़ी में दीवार से लगा तंग बिस्तरा या ऊपर-नीचे बनीं शायिकाएं, सोने का कोई छोटा-मोटा स्थान: need a ~ for the night 2 पेट्रोल स्टेशन 3 कारवां 4 ढोए जाने वाले शहतीरों के नीचे रखा जाने वाला पैड या गद्दा 5 *old-fashioned* (***syn.*** bunkum) बकवास 6 पलायन;

***v. pt.* ~ed**, *pp* **~ing** 1 (*esp.* **~ down**) *colloq.* जैसे-तैसे बने बिस्तरे पर लेटते ही सो जाना 2 बंक बिस्तरे पर बैठना या सोना 3 (*usually* **do a ~**) *Br. sl.* अचानक (चुपचाप) गायब हो जाना, अनुपस्थित हो. या रहना: ~ the gym/ classes;

***dw/lw:* ~-up** *n., colloq.* नीचे से ऊपर धकेलने के लिए दिया जाने वाला सहारा;

***collocations:* ~ beds** एक-दूसरे के ऊपर लगे दो या ज्यादा बिस्तरे; **~ feeder** स्वचालित चारा देने वाला उपकरण; **~ house** कर्मचारियों के लिए शयनकक्ष, शयनगृह;

***p&i*: ~ off** स्कूल या कार्यालय से गायब हो. या रहना; **do a ~** अचानक (चुपचाप) लापता हो जाना

bunker /बंकः/ *n.* 1 बमबारी से बचने के लिए जमीन में बनाया जाने वाला गढ़ा या खाई 2 तल घर, तहखाना 3 गोल्फ में रेत से भरा खाली स्थान 4 (*also* **coal ~**) कोयला-कोठरी, कोयला रखने का स्थान: ~ hatchway 5 (***syn.*** pit) गड्ढा: ash ~ 6 *milit.* मोर्चे पर बनाए जाने वाले बंकर 7 जहाज पर ईंधन का भंडारण स्थान;

***v. pt* ~ed**, *pp* **~ing** 1 *golf* गेंद को बंकर में डालना 2 जहाज के ईंधन रखने के स्थान को ईंधन से भरना

bunkum /बंकम/ (*also see above under* **buncombe**) *n., colloq.* बकवाद, बकबक, बकवास, छल-कपट

bunk-up *sees above under* **bunk: *dw/lw***

bunny /बन्नि/ (*also* **~ rabbit**) *n., pl.* **bunnies** 1 खरगोश के लिए बच्चों द्वारा प्रयोग किया जाने वाला शब्द 2 मूर्ख 3 छोटा खरगोश 4 (***syn.*** scape goat) बलि का बकरा;

***dw/lw:* ~-hop** *n.* घुटनों के बल आगे को लगाई जाने वाली कूद;

***collocations:* ~ girl** क्लबों में काम करने वाली परिचायिका जो ऊंचे स्कर्ट के साथ भड़कीले चित्रों वाले कपड़े पहनती है जिसमें खरगोश के कान और पूंछ आदि के चित्र लगे रहते हैं; **~ slope = nursery slope** स्कीइंग (skiing) के लिए बहुत आसान ढलान जिस पर नौसिखुआ भी स्की कर सकता है;

***p&i:* dumb ~** मूर्ख, बुद्धू लड़का या लड़की

bunodont /ब्युनअडौंट/ *n.* वक्र-दंत

bunraku /बुनराकू/ *n. Japan* कठपुतली का नाटक

Bunsen burner /बनसन बःनर/ *n.* गैस का चूल्हा (ज्वालक) जो धुआं पैदा किए बिना बहुत तेज आग देता हैं

bunt /बंट/ *v., pt.* **~ed**, *pp* **~ing** सिर से मारना, धक्का दे.;

n. गेहूं की बीमारी: Karnal ~ (गेहूं की बीमारी (कृष्णिका), जिसमें गेहूं की बाल (corn) काली होकर राख-सी बन जाती है);

***dw/lw:* ~ed** *adj.* कृष्णिका से ग्रस्त; **~ing** /बंटिंग/ *n.* 1 झंडे-झंडियां, ध्वजपट 2 पथचिरटा (black-headed) 3 पक्षियों का एक वर्ग

bunyip /बन्यिप/ *n., Austral. folklore* एक डरावना राक्षस जो झीलों और दलदली मैदानों के पानी के बिलों में रहता है

buoy /बॉय/ *US* बूइ/ *n., pl.* **~s** 1 समुद्र में नावों आदि के लिए लगाया जाने वाला तैरता हुआ खतरे का निशान, तरणशील, उत्प्लावक, प्लव 2 (***syn.*** gaiety) प्रफुल्लता;

***v., pt.* ~ed**, *pp* **~ing** 1 उत्प्लावकों द्वारा खतरे का निशान बनाना 2 (*usually* **~ sth up**) किसी चीज को तैरते रखना 3 (*usually* **~ sb up**) उत्साहित क., हौसला-अफजाई क. 4 (*often* **~ sth up**) किसी चीज को बनाए रखना, सहारा या बढ़ावा दे.: profits were **~ed** by the new economic confidence 6 पानी के नीचे से तैरकर ऊपरी सतह पर आना;

***dw/lw:* ~age** /बॉयिज/ *n.* तैरने वाले बोया की कतारें जो जहाजों के मार्ग दर्शन में सहायता करती हैं; **~an\cy** /बॉयंसि/ *n., pl.* ~ancies 1 उत्प्लावकता 2 ऊपर उठाने की क्षमता 3 उल्लास, उत्साह 4 सट्टा-बाजार में तेजी; **~ant** /बॉयंट/ *adj.* 1 उत्फुल्ल, प्रफुल्ल, उल्लासी व विश्वासपूर्ण: of ~ant disposition 2 सफल व लाभ कमाने वाला 3 तरणशील, उत्प्लावक, तरणक्षम: ~ant mine; salt water is more ~ant than fresh 4 तेजिड़िया (सट्टा-बाजार); **~antly** /बॉयंटलि/ *adv.* प्रफुल्लतापूर्वक; **~up** *v., pt.* ~ed-up, *pp* ~ing-up 1 तैरते रखना 2 सतह तक उठाना 3 उत्साहित क., ऊर्जा बनाए रखना, आशा बांधे रखना;

***p&i:* be ~ed (up) by sth** उत्साहित व प्रसन्नचित्त हो.

BUPA *abbr.* 'British United Provident Association' की प्रथमाक्षरी

BUR *abbr.* **'Burma'** (*now* **Myanmar**) का अंतर्राष्ट्रीय पंजीकरण कोड (*IVR*)

bur/ burr /बः/ *n.* कंटीला बीजकोष;

***p&i:* stick like a ~** डामर की तरह चिपक जा.; **~ in the throat** गले की हड्डी

Burberry /बःबेरि/ *n., pl.* **Burberries** *tradem.* उत्तम कोटि का रेनकोट

burble /बःबल/ *v., pt.* **~d**, *pp* **burbling** (*often* **~ on/away**) 1 देर तक बकवाद क., बुदबुदाना 2 किसी की न समझ में आने वाले तरीके से बोलना 3 झरझर क.;

n. 1 बुदबुदाहट, भुनभुनाहट 2 अस्त-व्यस्तता 3 मुसीबत, अप्रिय घटनाएं

burbot /बःबट/ *n., pl.* **burbot/ ~s** एक बड़ी मछली

burbs /बःब्ज/ *n.* = **suburbs**

burden /बःडन/ *n.* 1 बोझ, भार: ~ of taxation; ~ of (the) years 2 *fig.* कर्त्तव्य या नैतिकता का बोझ, अनुग्रह, आभार: be a ~ to sb; make sb's life a ~ 3 जिम्मेवारी: ~ of proof 4 *naut.* (*also* **burthen**) जहाज की ढुलाई क्षमता, ढोए जाने वाले माल की मात्रा 5 बोझ ढोने की क्रिया, ढुलाई 6 कविता या गीत की टेक 7 पुस्तक, भाषण आदि का मुख्य विषय: this was the ~ of his remarks;

***v., pt.* ~ed**, *pp* **~ing** 1 (*sometimes* **~ sth/ sb down**) किसी पर बोझ लादना: ~ one's memory with useless facts 2 (*sometimes* **~ sb with sth**) किसी को कठिन कार्य सौंपना, किसी पर कठिनाइयों, समस्याओं का बोझ डालना: ~ with tasks/ expenses/taxation 3 किसी पर दबाव डालना;

dw/lw:* ~some** /बःडनसम/ *adj.* 1 बोझिल, भारी, कष्टकर 2 थकाऊ 3 कष्टकर 4 (syn.*** onerous) दुःसह;

***p&i:* ~ of proof** *law* 1 वादी या मुकदमा करने वाले पर प्रमाणित करने की जिम्मेवारी 2 अपराध सिद्ध करने की जिम्मेवारी; **~ with** भार डालना, बोझ से दबाना;

beast of ~ लद्दू जानवर (गधा, टट्टू, खच्चर, घोड़ा आदि); **the ~ and heat of the day** दिन-प्रतिदिन की चिंताओं का बोझ; **the ~ of the song** गाने की टेक, भजन या पद्य की टेक; **the ~ of (the) years** उम्र का बोझ; **the white man's ~** के ऊपर अश्वेत लोगों को सभ्य बनाने का बोझ (R. Kipling's words);

bureau /ब्यूअरो/ *n., pl.* **bureaux** /ब्युअरोज/ **~s** 1 ब्यूरो, विभाग, कार्यालय 2 *Br.* दराजों वाली मेज 3 *N. Amer., esp. US* (*UK* **chest of drawers**) अलमारी 4 *N Amer.* सरकारी या समाचार-पत्र कार्यालय: information ~; Federal ~ of Investigation;

***dw/lw:* ~de-change** /ब्युअरो डअ शांज/ *pl.* ~s de change मुद्रा विनिमय कार्यालय

bureaucracy /ब्युअरौक्रअसि/ *US* ब्युअराःक्रअसि/ *n., pl.* **bureaucracies** 1 लालफीताशाही 2 अधिकारी-तंत्र, नौकरशाही, अफसरशाही, दफ्तरशाही

bureaucrat /ब्युअरअक्रै\ट/ *n.* नौकरशाह, दफ्तरशाह;

***dw/lw:* ~ise/ ~ize** /~टाइज/ *v., pt.* ~ised, *pp* ~ising 1 नौकरशाहीकरण क. 2 लालफीताशाहीकरण क.; **~ic** /~टिक/ *adj.* नौकरशाही; **~ically** /~टिकलि/ *adv.* नौकरशाही के रूप में; **~ism** /~टिज्म/ *n.* नौकरशाहीपन, लालफीताशाहीपन; **~ization** /~टाइजेशन/ *n.* नौकरशाहीकरण

burette /ब्युरेट/ *n., chem.* मापन नलिका, मापनली, शीशी, ब्यूरेट

burg /बःग/ *n.* दुर्ग, प्राचीरवाला नगर, शहर, पुरी

burgeon /बःजन/ *v., pt.* **~ed**, *pp* **~ing** (*also* **~ forth**) *lit.* 1 कोंपलें फूटना, मुकुलित हो. 2 जल्दी-जल्दी बढ़ना या विकसित हो.; ***n.*** किसलय, कली

***dw/lw:* ~ing** /बःजनिंग/ *adj.* तेज रफ्तार से बढ़ता/पनपता हुआ

burger /बःगः/ *n.* बर्गर, ब्रैड के दो गोल टुकड़ों के बीच में मांस या पनीर आदि के टुकड़े रखकर बनाया गया एक प्रकार का सैंडविच: cheese-~; nut-~

burgh /बरअ/ *n.* अपने स्थानीय प्रशासन वाला शहर या कस्बा;

***dw/lw:* burgher** /बःगः/ *n.* किसी शहर का वासी, नगर-निवासी

burglar /बःग्लः/ *n.* सेंधमार, चोर;

dw/lw:* ~y** /बःगलरि/ *n., pl.* **burglaries** (syn.*** housebreaking) सेंधमारी, लूट, चोरी;

***dw/lw:* ~ise/ ~ize** /बःग्लअराइज/ *v., pt.* ~ised, *pp* ~ising लूटना, सेंधमारी क., सेंध मारना, सेंध लगाकर चोरी क.;

***collocations:* ~y alarm** सेंधमारी निरोधक अलार्म, चोर घंटी

***p&i:* ~ alaram** चोर घंटी; **cat ~** रात का सेंधमार

burgle /बःग्ल/ *UK* (*US* **burglarize**) *v., pt.* **~d**, *pp* **burgling** सेंध मारना, चोरी क.

burgomaster /बःगअमाःस्टः/ *n.* जर्मनी में नगरप्रमुख, मेयर

burgonet /बःगअनेट/ *n.* शिरस्त्राण

burgundy /बःगंडि/ *n., pl.* **Burgundies** पूर्वी फ्रांस के बर्गंडी क्षेत्र में बनने वाली फ्रांसीसी मदिरा

burial /बेरिअल/ *n.* शवाधान, दफन;

***dw/lw:* ~-chamber** *n.* शव-कक्ष; **~-ground** *n.* कब्रिस्तान, समाधि-स्थल; **~-service** *n.* शव-संस्कार, दफन का अनुष्ठान या क्रिया;

***collocations:* ~ clothes** दफनाने वाले कपड़े; **~ place** कब्रिस्तान, समाधि-स्थल; **~ society** दफन-समिति

buried /बरिड/ *adj.* दबा हुआ, दबी हुई: ~ cable; ~ concrete

burin /ब्युअरिन/ *n.* तक्ष्णी, पकाई हुई इस्पात से बना औजार जिससे तांबे या लकड़ी पर उत्कीर्ण किया जा सकता है

burke /बःक/ *v., pt.* **~d**, *pp* **burking** 1 (***syn.*** smother) गला घोंटना, गला घोंटकर मार दे. 2 (***syn.*** hush up) दबा ले.: ~ a question

burl /बःल/ *n.* 1 ऊन या धागे में छोटी-सी गांठ 2 लकड़ी में गांठ 3 गंठु;

***v. pt.* ~ed**, *pp* **~ing** कपड़े में से गांठ निकालना

burlap /बःलैप/ *n., esp. N. Amer.* 1 टाट 2 सन का कपड़ा जिससे बोरियां आदि बनाई जाती हैं 3 इससे थोड़ा कम मोटा कपड़ा जो दीवारों को ढकने के लिए प्रयुक्त होता है

burlesque /बःलेस्क/ *n.* 1 भोंडी कलाकृति 2 (***syn.*** parody)

विद्रूप, नकल, व्यंग्य कृति 3 अश्लील मनोरंजन 4 प्रहसन 5 विडंबना;
adj. मजाकिया, प्रहसनी
v. pt. **~d**, *pp* **burlesquing** विद्रूप के प्रयोग द्वारा किसी बात या वस्तु का मजाक उड़ाना

burletta /बःलेट्टा/ *n.* संगीतमय प्रहसन, हास्य संगीतिका, प्रहसन

burl\y /बःलि/ *adj., degr.* **~ier**, **~iest** 1 (***syn.*** brawny) हट्टा-कट्टा, सांड-मुस्टंडा, स्थूलकाय 2 (**burley**) एक तरह का तंबाकू

burn /बःन/ *v., pt.* **burnt**/ **~ed**, *pt. p.* **burnt**, *pp* **~ing** (***syn.*** char, scald, scorch, singe) 1 जलाकर नष्ट क. 2 दग्ध/ ज्वलंत क., दागना: the fire will not ~ 3 भोजन को ज्यादा पका या जला दे.: smell the **~ing** in the kitchen 4 (*also* **~ up**) ईंधन जलाकर ताप या ऊर्जा पैदा क.: ~ coal/ wood in one's grate; ~ damp wood 5 सीडी (कौंपेक्ट डिस्क) में संगीत, सूचना या बिंब दर्ज क. 6 त्वचा का गर्मी से जलना: his hands and forehead were **~ing**; the coffee is very hot, don't ~ your mouth; delicate skins ~ very easily in the sun 7 चुनचुनाना, में जलन पैदा क., गले में जलन पैदा क.: vodka **~s** my throat 8 भड़काना 9 धू-धू जलना: the fire was **~ing** away cheerfully 10 जल जाना, झुलसना (be scorched): ~ oneself/ one's fingers, etc. (आग से जल जा. या उंगलियां आदि झुलसना) 11 अपमान आदि की आग में धधकना, उत्तेजित होना: ~ with anger/ hatred/ shame, etc. 12 (***syn.*** cauterize) (पशु को) दागना 13 पकाना (bricks etc.) 14 जलाकर छेद क.: acid can ~ holes in any material; his hands were badly **~t** with acid 15 आग या गर्मी से दर्दभरी जलन पैदा क. 16 कुछ करने को उतावला हो.: be **~ing** to do sth ~; with enthusiasm/ love, hatred 17 जलाकर मार दे., जिंदा जला दे.: ~ to death/ ~ alive 18 दिए या मोमबत्ती आदि द्वारा जलकर रोशनी दी जानी: all the lights were **~ing** 19 ईर्ष्या से जलाना या जलना;
n. 1 छाला 2 दाग 3 जलने से बना घाव 4 जलन 5 रॉकेट आदि दागने की क्रिया 6 (***syn.*** ~-up) कार या नौका आदि की तेज दौड़: went for a **~-up** on the bike 7 *mainly Scottish* एक छोटी-सी नदिया या जलधारा;
dw/lw: **~out** *n.* 1 पूरा जलने की क्रिया 2 रॉकेट इंजन आदि की पूरी तरह बंद होने की क्रिया 3 *esp. US* 1 अत्यधिक थकान; **~t** *see below under separate entry*; **~-up** *n. nuclear* नाभिक रिऐक्टर में ईंधन की खपत का माप
collocations: **~ed out** बेकाम, प्रभावहीन, बेअसर, चुकता;
p&i: **~ away** 1 धीरे-धीरे जलकर राख हो जा., जलकर लुप्त हो. 2 जलते रहना 3 जलने के कारण कम या छोटा हो जाना; **~ a hole in one's pocket** जेब में रुपया खर्च होने के लिए खनखनाता है.; **~ daylight** समय बर्बाद क.; **~ down** 1 आग का धीरे-धीरे कमजोर पड़ना 2 पूरी तरह जला दे., जलाकर खाक कर दे.; **~ in** अधिक गर्म करके किसी चीज को लगाना; **~ into** मिट्टी के बर्तनों पर बनी चित्रकारी को आग में तपाकर पकाना; **~ like a match** बारूद की तरह भभक उठना; **~ one's bridges/ boats** पीछे हटने के सारे रास्ते बंद कर लेना, सर्वस्व दाव पर लगा दे.; **~ one's fingers** दूसरों के झगड़ों में पड़कर (अक्सर आर्थिक) नुकसान उठाना, कटु अनुभव हो.; **~ one's house to get rid of the mice** 1 थोड़े लाभ के लिए बहुत अधिक बर्बाद क. 2 मूर्खता क.; **~ out/ ~ itself out** 1 जलकर राख हो जा. 2 जलकर खत्म हो., बुझ जा., पूर्णतः जल जा. 3 रॉकेट आदि द्वारा ईंधन खत्म होने पर रुक जा.; **~ rubber** बहुत तेज गाड़ी चलाना; **~ sb/ oneself out** अत्यधिक व्यायाम से अपने को थकाकर चूर कर ले.; **~ sb's effigy** (राजनीतिक प्रदर्शनों के दौरान) किसी का पुतला जलाना; **~ sb up** *N. Amer. sl.* क्रोधित क.: her taunt burned him up; **~ (sth) down** आग से जलाकर राख क. या से जलकर राख हो., स्वाहा क. या हो जा.; **~ sth off** 1 किसी चीज (पुराने पेंट आदि) को जलाकर हटाना 2 व्यायाम करके ऊर्जा (calories) फूंकना; **~ sth out** अत्यधिक प्रयोग से या बहुत ज्यादा गर्म होने के कारण काम करना बंद कर दे.; **~ sth to a cinder/ crisp** खाने को अधिक पकाकर बिगाड़ दे.; **~ (sth) up** 1 स्वाहा/ भस्म हो जा. या क. 2 किसी चीज को आग, अधिक गर्मी या तेजाब से जला दे. 3 इंजन द्वारा बहुत अधिक ईंधन खाना; **~ the breeze/ the road/ the wind/ the earth** सिर पर पांव रखकर भाग जा.; **~ the candle at both ends** 1 दिन रात मेहनत करके अपने को थकाकर चूर कर दे. 2 जीवन बर्बाद क.; **~ the midnight oil** देर रात तक काम क., आधी-आधी रात तक पढना, थककर मुरझा जा.; **~ the water** रात में मछली पकड़ने के लिए पानी पर प्रकाश फेंकना; **~ together** धातुओं को पिघलाकर जोड़ना; **~ up** 1 (ईर्ष्या से) जलाना या जल जा. 2 ताप से जल जा. 3 और तेज जलना; **ears ~** किसी के कान लाल हो रहे हैं तो जाहिर है कि उसके बारे में बतिया रहे हैं; **money to ~** बहुत अधिक मात्रा में धन हो.;

burner /बःनः/ *n.* 1 बर्नर, दाहक, ज्वालक, जलाने वाला 2 कल्ला (lamp);
p&i: **put sth on the back-~** टालना, ठंडे बस्ते में डालना

burning /बर्निंग/ *adj.* 1 प्रचंड, अति उष्म, दग्ध, तप्त 2 जलता हुआ, प्रज्वलित, गर्म: ~ oil 3 दाहक, झुलस देने वाला 4 (***syn.*** ardent) तीव्र, प्रबल: a ~ desire; ~ scent 5 (***syn.*** flagrant) घोर: ~ shame 6 (***syn.*** exciting) उत्तेजक 7 ज्वलंत, वर्तमान में सर्वाधिक महत्त्वपूर्ण समस्या: the ~ question/ matter/ issue/ problem;
n. 1 जलने की क्रिया, दहन, ज्वलन 2 दाहन, जलन: ~ sensation 3 उत्कंठा, चर्म आतुरता;
adv. बहुत गर्म: ~ hot;
dw/lw: **~-glass** आतशी शीशा, जलाने वाला शीशा; **~-house** भट्ठा, भट्ठी; **~-mirror** आतशी दर्पण; **~-point** दहन बिंदु;
collocations: **~ ambition/ desire, etc.** प्रचंड महत्वाकांक्षा/इच्छा आदि; **a ~ issue/ question** ज्वलंत प्रश्न; **~ bush** जलती झाड़ी (Bible); **~ ground/ *ghat*** श्मशान घाट; **~ mountain** ज्वालामुखी पर्वत

burnish /बःनिश/ *v., pt.* **~ed**, *pp* **~ing**, *he/she/it* **~es** रगड़कर चमकाना, घोटना: ~ gold/copper;
n. पॉलिश, चमक, दमक, आभा
dw/lw: **~ed** *adj.* 1 घोटा हुआ 2 चमकाया हुआ: ~ed gold/ copper; **~er** 1 घोटा, घोटनी, ओपनी 2 घोटने वाला; **~ing/ ~ment** *n.* चमकाने की क्रिया

burnous/ burnoos /बःनूस/ *n., pl.* **~es/ burnoos** अरब लोगों का लंबा चोगा/ लबादा

burnt /बअंट/ *adj.* 1 आग या गर्मी से जला या झुलसा हुआ 2 दग्ध: ~ child dreads the fire 3 *pt.,* '**burn**' का भूतकाल 4 *pt. p.,* '**burn**' का भूतकालीन कृदंत;
dw/lw: **~-out** (*also* **burned-out**) *adj.* 1 आग से पूरी तरह जला हुआ 2 थकान से टूटा हुआ, थक कर चूर;
collocations: **~ alum** जली हुई फिटकरी; **~ gas** अवशिष्ट गैस; **~ lime** बुझा चूना; **~ ochre** एक घना पीला-भूरा रंग; **~ offering/ ~ sacrifice** 1 आहुति, होम 2 वेदी पर जलाई जाने वाली बलि 3 जला हुआ खाना; **~ sienna** घना लाल-भूरा रंग; **~ umber** सहज भूरा रंग
p&i: **the ~ child dreads the fire** दूध का जला छाछ फूंक-फूंक कर पीता है, सांप का काटा रस्सी से डरे;

burp /बःप/ (***syn.*** belch) *v., pt.* **~ed**, *pp* **~ing** 1 डकार ले. 2 बच्चे के पेट से हवा निकालने के लिए उसकी पीठ को थपथपाना;
n. डकार;
collocations: **~ gun** स्वचालित पिस्तौल

burr /बः/ *n.* 1 तुतलाहट 2 (***syn.*** whirr) घरघर, घरघराहट 3 धुंधला प्रकाशमंडल 4 (***syn.*** whetstone) कुरंड, करंड, सान;
v., *pt.* **~ed**, *pp* **~ing** घरघराना, अस्पष्ट ढंग से उच्चारण क.
dw/lw: **~y** कांटों वाली, कांटों से भरी हुई

burrito /बुरीटो/ *n., pl.* **~s**; मैक्सिको का एक व्यंजन

burro /बुरो/ *n.* गधे का बच्चा

burrow /बरो/ *v., pt.* **~ed**, *pp* **~ing** 1 (*esp.* **~ in/ into/ through/ under sth**) किसी चीज के नीचे (से) बिल या सुरंग

बनाना 2 (***syn.*** dig) बिल खोदना 3 बिल या मांद आदि खोदकर उसमें घुसकर रहना 4 (*esp.* **~ away/ down/ in/ into sth**) अपने में बंद होकर रहना, अपने अकेले के बिल में घुसकर उसकी गर्माहट में रहना (दीन-दुनिया से कोई संबंध न रखना) 5 (***syn.*** hide) (बिल आदि में) छिप जाना, छिपकर रहना: the larvae ~ in the wood 6 गाड़ना या डुबोना 7 (*usually* **~ into sth**, ***syn.*** dig, search) गहराई से जांच क., गहराई से जांच करके कुछ निकालना; ***n.*** बिल, मांद, सुरंग, गड्ढा

bursa /बःसा/ *n., pl.* **bursae** /बःसी/ or **~s** जोड़ों के बीच स्थित थैलीनुमा छिद्र, स्नेह-पुटी, श्लेषपुटी

bursar /बःसः/ *n.* महाविद्यालय का खजांची, कोषाध्यक्ष;
dw/lw: **~ial** छात्रवृत्तीय, कोषाध्यक्षीय; **~ship** *n.* कोषाध्यक्षता; **~y** /बःसरि/ *n., pl.* ~ies कॉलेज खजांची का कक्ष या पद

burst /बःस्ट/ *v., pt.* **burst**, *pt. p.* **burst**, *pp* **~ing** 1 एकदम से फटना, फटकर खुल जा., टुकड़ों में फूट पड़ना: the bomb ~; a boiler ~; the regiment ~ into rebellion 2 (***syn.*** split) फोड़ना, तोड़ना: the boil ~ (फोड़ा फट गया); ~ open; ~ the door/ the safe open 3 कूट-कूटकर भर दे. 4 (*also* **be ~ing at the seams**) पूरी तरह भरा हो., भरकर फटने को हो., तोड़कर बाहर निकलना, छलककर बहना: my suitcase is **~ing**; a sack/ a seam/ a balloon ~; a dam ~; if you eat much more you will ~; the storehouses are **~ing** with goods 5 कागजों को छिद्रित (***syn.*** perforated) स्थानों पर फाड़ना 6 बांध आदि तोड़कर बाहर आना, बंधन आदि तोड़ डालना: ~ one's bonds/ chains; the river has ~ its banks; ~ a conspiracy 7 (***syn.*** swell) फूलना: ~ oneself 8 (*esp.* **~ in/ into/ out of somewhere** or **sth**; ***syn.*** appear) अचानक कहीं से आ धमकना, घुस आना, दिखाई पड़ना: ~ into the room; the sea ~ upon him all at once 9 एकदम से किसी क्षेत्र में आकर प्रसिद्ध हो जाना: ~ on to the political scene; ~ forth out of the earth 10 (*usually* **~ing with sth**) उत्साह, जोश, गुस्सा आदि से भरकर फटने को हो., से भरकर छलकना: floods of eloquence ~ forth; his indignation/ his rage ~ forth 11 अचानक फूट पड़ना: ~ into song/ tears; ~ into laughter; ~ into a rage; ~ into cheering; ~ into applause; ~ into flame; ~ with pride/ joy/ importance 12 कलियों आदि का खिलना: the buds are all **~ing** open; the bushes ~ into blossom/ bloom 13 बाधा पार करते हुए रास्ता बनाना: ~ one's way through the crowd;
n. 1 (***syn.*** explosion) धमाका, विस्फोट: a tyre ~; a ~ of a bomb; a ~ of thunder 2 विस्फोट का स्थान: ~ range/ interval 3 (***syn.*** breach) विघटन, विच्छेद, फटन, दरार: a ~ of mountain and plain 4 भड़क, भभक (of flame): ~ into flames; a ~ of flame; a ~ of applause/ of laughter; ~ of anger 5 की लहर, भरमार: ~ of initiatives (पहलकदमी की झड़ी); **~ effect** (विस्फोट की लहर का प्रभाव) 6 (***syn.*** bout) दौरा: ~ of energy; work in sudden **~s**; periodical **~s** 7 बाढ़, बौछार (of gun fire) 8 पीने का दौर: go on the ~;
dw/lw: **~ing** *adj., colloq.* 1 कुछ करने को उतावला 2 (*usually* ~ing with sth) से भरा हुआ, छलकता हुआ 3 जिसे जोर से पेशाब आ रहा हो; **~-up** *n.* 1 विघटन, विच्छेद 2 हो-हल्ला, क्षोभ 3 तबाही, विध्वंस 4 विफलता; **~y** /बःस्टि/ *adj., degr.* ~ier, ~iest 1 इंटरनेट पर आंकड़ों और सूचनाओं की आकस्मिक भरमार: ~y internet traffic 2 थोड़े समय के लिए रुक-रुक कर होने वाला;
p&i: **~ in/ out/ through, etc.** अकस्मात् घुस आना/ बाहर निकलना/ को चीरकर जा.; **~ into a room** यकायक कमरे में घुस आ.; **~ into flames** धू-धूकर जल उठना; **~ into laughter/ tears, etc.** एकदम से हंसने या रोने आदि लगना; **~ into sight** अचानक प्रकट हो जा.; **~ on/ onto sth** देखते-देखते किसी का प्रसिद्ध हो जा.: a new talent ~ on/ onto the literary scene; **~ one's sides with laughing/ laughter** हंसते-हंसते पेट में बल पड़ना; **~ open** झटके से या तोड़कर खोलना; **~ out** 1 अचानक ऊंची आवाज में कुछ कहने लगना, चिल्लाना 2 फट पड़ना, बरस पड़ना, बोल उठना 3 से निकल पड़ना, एकदम फैल जा. (come out); **~ out laughing/ crying** हंसी/ रोने आदि में फूट पड़ना; **~ sb's bubble** किसी की आशाओं और खुशियों पर पानी फेर दे.; **~ up** 1 फट जाना, विस्फोट हो जाना 2 (*syn.* collapse) ध्वस्त हो जा., ढह जाना 3 तबाह कर दे., फाड़ दे., तोड़ दे.; **~ upon** आ धमकना;
a ~ of applause तालियों की जोरदार गड़गड़ाहट; **a ~ of sth** किसी चीज का विस्फोट या लहर; **be ~ing with confidence/ joy, etc.** आत्म-विश्वास/ आनंद आदि से प्रफुल्ल हो.; **be ~ing with ideas** नए-नए विचारों से ओतप्रोत; **be ~ing to do sth** कुछ करने के लिए उतावला हो.; **~ buttons with food** इतना खाना कि पेट फटने को हो जाए; **~ forth with invectives** गाली-गलौज का फूट पड़ना

bursting *see above under* **burst**: ***dw/lw***

burton /बःटन/ *Br. sl. n.* केवल निम्न उक्ति में: gone for a ~ 1 सदा के लिए गायब या लुप्त 2 मृत, मार दिया गया, डूब गया
p&i: **go for a ~** लड़ाकू विमान चालक का लड़ाई में जाना और लौटकर न आना

bu\ry /बरि/ *v., pt.* **~ried**, *pp* **~rying**, *s/he/it* **~ries** 1 दफनाना: **~ry** sb with all due honours 2 जमीन में गाड़ना, छिपा दे.: **~ry** sth in sand/ in snow; **~ry** sth under a mountain of words 3 ढक देना: **~ry** one's face/ head in one's hands 4 मन से बाहर क., भुला दे., मिटा दे.: **~ry** one's differences/ one's injury/ the past 5 निकट संबंधी का मर जा. 6 किसी कार्य में डूबना: be **~ried** in thought; be **~ried** in memories of the past; **~ry** oneself in the country (अपने आप को देहात के एकांत में डुबो ले.);
collocations: **~ring ground/ place** कब्रिस्तान;
***p&i*:** **~ry in thoughts** विचारों में डूब जाना, खो जाना; **~ry one's face in one's hands** चेहरे को हाथों से ढककर विचारों में डूब जा.; **~y oneself in books** पुस्तकों में डूब जा.; **~ry oneself in sth** किसी काम आदि में डूब जा., तल्लीन हो.; **~ry one's head in the desert** शतुरमुर्ग हो., सच्चाई से मुंह छिपाना (मैं नहीं, तो जहान नहीं);
p&i: **~ry the hatchet** बीती बातों को भुलाकर मेल कर लेना; **be ~ried in sloth** सुस्ती का शिकार हो जा.

bus /बस/ *n., pl.* **buses** *mainly US* **busses** 1 बस 2 विमान 3 *comput.* विद्युत चालकों का सेट जिसके माध्यम से कंप्यूटर के भिन्न-भिन्न भागों को सूचनाएं संचारित की जाती हैं 4 (प्रारंभ में **omnibus**) *colloq.* कार या विमान;
v., *UK pt.* **bussed**, *pp* **bussing**/ *US pt.* **bused**, *pp* **busing**, *s/he/it* **~es** 1 (*also* **bus it**) बस से यात्रा क. 2 *esp. US* जातीय सद्भाव बढ़ाने के लिए बस द्वारा बच्चों को स्कूल लाया और ले जाया जा. 3 *N. Amer.* रेस्त्रां में जूठी प्लेटें मेज से उठाना;
dw/lw: **~-boy/ ~-girl** *n. N. Amer.* 1 बस से यात्रा करने वाला लड़का/ वाली लड़की 2 सहायक वेटर या वेटरेस, रेस्त्रां में मेजों से गंदे बर्तन उठाने वाला लड़का या लड़की; **~-fare** *n.* बस भाड़ा; **~load** *n.* बस भरकर लोग; **~man** *n.* बस चालक, बस संचालक;
collocations: **air ~** बड़ा विमान; **~ conductor** बस कंडक्टर; **~ lane** बस लेन, सड़क पर बस चलने का गलियारा; **~man's holiday** अवकाश के समय को भी धंधे में लगाना; **~ pass** बस यात्रा अनुमति पत्र; **~ shelter** बस स्टॉप पर धूप-छांव से बचाने के लिए बनी संरचना; **~sing** (*also US* **busing**) विद्यार्थियों को बस से लाए-लेजाए जाने की क्रिया; **~ station** (*also UK* **coach station**) बस-अड्डा; **~ stop** बस अड्डा, बस ठहराव, बस के रुकने या खड़े होने का स्थान;
p&i: **miss the ~** मौका/ अवसर गंवाना, अवसर चूकना

busby /बज्बि/ *n., pl.* **busbies** 1 एक ऊंचा हैट जिसके एक तरफ

गोला-सा झूलता है 2 हुस्सार (Hussar) का टोप 3 भालू की खाल

bush /बुश/ *n., pl.* **~es** 1 झाड़ी, क्षुप: rose/ jessamine or jasmine ~ 2 झाड़-झंखाड़ 3.1 (**the** ~) झाड़-झंखाड़ भरी अनजुती जमीन: live in the ~ 3.2 जंगल, आस्ट्रेलिया और अफ्रीका के जंगली भाग जहां पर बहुत कम लोग रहते हैं 4 गुच्छा (of hair): a ~ of hair 5 लोमड़ी की गुच्छेदार दुम 6 (***syn.*** lining) अस्तर 7 सिलेंडर की अंदरूनी दीवार पर लगा धातु का पतला अस्तर;

dw/lw: **~-baby** *n.* एक मोटी फर वाला फुर्तीला नर-वानर; **~ed** *adj. colloq.* (*syn.* exhausted) थककर चूर, थका-हारा; **~fowl** *pl.* ~fowl/ ~fowls *n.* भूरे पंखों वाला एक बड़ा पक्षी; **~-hammer** *n.* पत्थर तोड़ने वाले का हथौड़ा; **~-lawyer** *n.* गंवार, जो अपने आपको बड़ा कानूनबाज समझता है; **~-league** *adj.* घटिया; **~man** *n., Austral., NZ* 1 बुशमैन (tribe) जंगलों में रहने वाला 2 (**Bushman**) दक्षिणी अफ्रीका के खानाबदोश शिकारी प्रजाति का सदस्य 3 इन प्रजातियों द्वारा बोली जाने वाली भाषा; **~master** *n.* एक जहरीला अमेरिकी सांप; **~meat** *n.* जंगली जानवरों या पक्षियों का गोश्त; **~ranger** *n. Austral., hist.* जंगलों में रहने वाला घोषित अपराधी या कानूनी भगोड़ा, वनवासी दस्यु; **~-rope** *n.* जंगली अंगूर; **~walk** *Austral., NZ v., pt.* ~walked, *pp* ~walking जंगलों में से पैदल चलते हुए जाना; **~walker** *n.* जंगलों में घूमने जाने वाला व्यक्ति; **~walking** *n.* जंगल में घूमने की क्रिया; **~whack** /बुशवैक/ *v., pt.* ~whacked, *pt.* ~whacking *originally & esp. N. Amer.* 1 जंगलों में रहना या घूमना 2 घने जंगल में झाड़ियों या पेड़ों को काटते हुए रास्ता बनाना 3 (*syn.* ambush) किसी पर छिपकर प्रहार करना, गुरिला की तरह लड़ाई करना; **~-whacker** *n.* 1 (*also* ~-fighter) छापामार योद्धा 2 झाड़ी काटने का औजार; **~-whacking** *n.* छापामार युद्ध; **~y** /बुशि/ *adj., degr.* ~ier, ~iest 1 झाड़-झंखाड़ से भरा 2 घने घुंघराले फैलते बाल: ~y beard/ tail;

collocations: **~ chat** पिद्दा, फिद्दा; **~fire** *esp. Austral. & NZ* जंगल की आग; ~ **fruit** रसभरी के समान झाड़ियों पर लगना वाला फल; ~ **harrow** घास के बीजों को जमीन के अंदर दबाने का एक छोटा-सा हल; ~ **telegramme** अफवाह; ~ **shirt**/ ~ **jacket** एक हल्का कमीज जिसमें चार या दो जेबें होती हैं; ~ **telegraph** *mainly Br. humorous* जंगलवासी आदिवासियों की एक दूसरे को खबरें भेजने की व्यवस्था, जल्दी-जल्दी बात फैलाना; ~ **tit** उत्तरी अमेरीका में पाया जाने वाला एक पक्षी, जो अपना घोंसला लटका कर बनाता है, जैसे बया;

p&i: **a bird in the hand is worth two in the** ~ नौ नकद, न तेरह उधार; **bang the** ~ आशा से अधिक हो.; **beat about the** ~ इधर-उधर की हांकना, काम की बात न क.; **beat the ~es** चारों ओर तलाश क.; **fight in the** ~ रात को छिपकर आक्रमण क.; **go** ~ 1 वनवासी हो जा. 2 शहर छोड़कर कहीं गायब हो जाना 3 परिष्कृत जीवन शैली छोड़कर जंगलियों की तरह रहना; **good wine needs no** ~ अच्छा माल स्वयं अपना विज्ञापन होता है; **take to the** ~ 1 जंगल में छिप जा. 2 आवारा घुमाना 3 पुलिस से छिपना;

bushel /बुशल/ *n.* **~el** 1 (अनाज आदि का नाप) आठ गैलन का माप, तौल; 2 ब्रिटेन में द्रव मापने की पुरानी इकाई 3 आठ गैलन के बराबर 4 एक बुशल के बराबर मात्रा वाला बर्तन 5 *colloq., esp., US* बहुत सारी मात्रा या संख्या;

v., pt. **~led**, *pt.* **~ling** मरम्मत क.;

dw/lw: **~ler** *n.* मरम्मत करने वाला; **~ling** *n.* मरम्मत; **~-man** *n.* मरम्मत करने वाला; **~-woman** *n.* मरम्मत करने वाली;

p&i: **hide one's light under a ~el** अपनी प्रतिभा और अच्छे गुणों को लोगों से छिपाकर रखना, विनम्र हो.; **measure other's corn by one's own** ~ दूसरों को अपने मानदंडों के अनुसार आंकना

busily /बिजली/ *adv.* तन्मयता से

business /बिजनिस/ *n.* 1 (*also* **commerce, trade**) व्यापार, व्यवसाय, कारोबार, कामकाज, धंधा, रोजगार: his ~ was that of a solicitor/ of a stock-broker/ of a tailor; his ~ is selling motor-cars; retail/ wholesale/ slack ~; the general stagnation of ~; be in the wool ~; go into ~; engage in ~; do ~; carry on ~ in coffee/ rice/ wool/ furs 2 दुकान, कंपनी 3 व्यावसायिक संस्थान: banking ~ 4 मामला: a nasty ~: what a ~ it is!; a funny/ shady/ queer ~; an ugly/ a silly ~ 5 (***syn.*** job) कार्यक्रम, कामकाज, व्यस्तता, कार्य: you call it pleasure I call it ~; I asked him his ~ 6 सरोकार: mind your own ~; that's no ~ of yours; what ~ is that of yours?; it is nobody's ~ 7 *colloq.* परेशानी 8 (**the** ~) *sl.* किसी काम के लिए बिल्कुल सही व्यक्ति: a man of the ~ 9 व्यापार नीति, व्यवहार: prompt invoicing is a good ~ 10 आर्थिक या व्यापारिक लेन-देन, गतिविधि, प्रथा या संपर्क: I have some ~ with his company; transact one's ~ through a bank 11 व्यापारिक धंधे की मात्रा या स्तर: ~ is very poor this quarter 12 (*also* **stage** ~) *theat.* मंच (stage) पर कार्य-कलाप, रंगचर्या, नट चर्या 13 जिम्मेदारी, कर्त्तव्य, ध्येय, लक्ष्य: a doctor's/ a barrister's/ a teacher's ~; a soldier's ~ is to defend his country; it is part of a professor's ~; go about/ attend to one's ~ 14 ग्राहकता 15 मीटिंग का कार्यक्रम, कार्यसूची: the ~ of the day, the ~ of the meeting; any other ~ 16 अधिकार: you have (got) no ~ to be here 17 सौदा: a good stroke/ piece of ~ (अच्छा सौदा); a pretty piece of ~, isn't it!;

dw/lw: **~like** *adj.* चुस्त-दुरुस्त, कार्यकुशल, सुव्यवस्थित; **~man**/ **~woman** *n.* व्यापारी पुरुष/महिला; **~-to-~** *adj.* दो व्यापारिक संगठनों के बीच;

collocations: ~ **address** व्यापारिक पता, दुकान या कार्यालय का पता; ~ **administration** व्यापारिक प्रबंधन; ~ **call/ visit** व्यावसायिक टेलीफोन या भेंट; ~ **circles/ quarters** व्यापारी बिरादरी; ~/ **club class** विमान में साधारण वर्ग से उच्चतर श्रेणी; ~ **card** (*also* **visiting card**) व्यावसायिक (आगंतुक) कार्ड; ~ **depression** व्यापारिक मंदी; ~ **end** *colloq.* (*esp.* **the** ~ **end of sth**) किसी औजार का प्रभावी भाग: the ~ end of a knife; ~ **English** व्यापार में काम आने वाली अंग्रेजी; ~ **hours** कारोबार का समय; **genteel** ~ *theat.* सुवेश अभिनय; ~ **letter** व्यापारिक पत्र; ~ **library** व्यापारिक पुस्तकालय; ~ **meeting** व्यावसायिक मीटिंग; ~ **park** प्रायः शहर के बाहर बना व्यापार कार्यालय; ~ **plan** कारोबार की योजनाएं; ~ **place** व्यवसाय का स्थान, दुकान; ~ **school** कॉलेज या विश्वविद्यालय का व्यापारिक प्रबंधन विभाग; ~ **studies** *[pl.]* व्यापारिक अध्ययन; ~ **relations** कारोबारी संबंध; ~ **year** व्यापार वर्ष;

a partner in the ~ व्यापार में भागीदार; **big** ~ बड़ा व्यापारिक घराना;

p&i: ~ **as usual** कठिनाइयों के बावजूद काम-काज का सामान्य तरह से चलना; ~ **before pleasure** पहले काम फिर आराम; ~ **is** ~ व्यापार में भावुकता नहीं चलती, धंधा तो धंधा है; ~ **is the salt of life** काम ही पूजा है; ~ **neglected is** ~ **lost** काम बिसरा काम उसरा, लापरवाही से किया गया काम बिगड़ जाता है; **a land-office** ~ लाभदायक व्यापार; **a nasty/ strange, etc.** ~ दुष्कर/ विचित्र या अप्रिय काम; **any other** ~ मीटिंग के अंत में कार्य सूची से बाहर के मामलों पर चर्चा; **a pretty** ~ काफी रोचक मामला है!; **bad** ~ बुरी स्थिति; **be in** ~ कुछ करने के लिए सारे साधन हो.; **be none of sb's** ~ किसी का किसी काम से कुछ लेना-देना न हो.; **be out of** ~ दिवालिया हो.; **be sb's (own)** ~ किसी का अपना निजी धंधा हो.; **dark** ~ छल-कपटपूर्ण धंधा; **do the** ~ 1 निश्चित क. 2 नष्ट क.; **everybody's** ~ **is nobody's** दो मुल्लाओं में मुर्गी हराम; **get down to** ~ अपने काम में जुट जा.; **give sb the** ~ किसी की पिटाई क.; **go about one's** ~ सामान्य तरह से काम क.; **go out of** ~ धंधा चौपट हो जा.; **good** ~

बढ़िया बात है!; **have no ~ to do** किसी का किसी बात से कोई सरोकार न हो.; **like nobody's** ~ बहुत अच्छा, बहुत जल्दी होने वाला; **make it one's ~ to do sth** कोई काम करना अपना दायित्व समझना; **man of** ~ ऐसा व्यक्ति जो किसी के कानूनी झगड़े निपटाए; **mean** ~ 1 किसी कार्य को गंभीरता से लेना 2 निर्णायक कदम उठाना; **mind one's own** ~ अपने काम से काम रखना; **monkey** ~ बेवकूफीपूर्ण बातें; **nobody's** ~ अद्भुत बात; **no ~ of yours** आप से मतलब, आपका इससे कोई सरोकार नहीं; **no monkey ~!** बिना किसी फालतू बात के; **on** ~ किसी काम से; **put out of** ~ दिवालिया पिटवा दे., मटियामेट कर दे.; **send a person about his** ~ बरखास्त क.; **set up in** ~ कारोबार शुरू क.; **that will do his** ~ 1 उसके लिए इतना ही काफी है 2 यह उसे बर्बाद कर देगा; **the ~ of the day** दिन का कार्यक्रम, ज्वलंत मुद्दे; **what a ~ it is!** कितना कठिन कार्य है!

busk /बस्क/ *v., pt.* **~ed**, *pp* **~ing** *intr., mainly Br., UK* गली-गली में गा-बजाकर पेट पालना;
dw/lw: **~er** /बस्कः/ *n.* गली-गली गाकर पेट पालने वाला

buss /बस/ *v., pt.* **~ed**, *pp* **~ing** चूमना, चुम्मा ले., चुंबन क.

bust /बस्ट/ *v., pt.* **bust**/ *US* **~ed**, *pt. p.* **bust**/*US* **~ed**, *pp* **~ing** 1 तोड़ना, फोड़ना: ~ the lock; the radio is **~ed** 2 अचानक छापा मारना: the club was **~ed** last night 3 ध्वस्त क. या हो.: the show has **~ed**, go ~; 4 धंधा चौपट क., दिवालिया हो. 5 छापामारी कर भंडाफोड़ क. 6 गिरफ्तार क. 7 (***syn.*** dismiss) *N. Amer., usually milit.* पदच्युत क.: he was **~ed** for possession of marijuana 8 (***syn.*** demote) अफसर से सिपाही के रूप में पदावनति क.;
n. 1 औरत की छाती या उसका नाप, औरत के स्तन 2 सिर से छाती तक की प्रतिमा, अर्ध मूर्ति 3 *sl.* पुलिस छापा 4 दिवालियापन 5 घटिया चीज, फिल्म आदि 6 दिवालिया व्यक्ति;
adj., *colloq. UK* (*US* **busted** /बस्टिड/) 1 भग्न, टूटा हुआ, बिगड़ा यंत्र 2 कंगाल, दिवालिया;
dw/lw: **~-up** /बस्ट-अप/ *n., colloq. UK* 1 झगड़ा 2 रिश्तों का खात्मा, तलाक: ~-up of a marriage 3 भागीदारी का अंत; **~y** /बस्टि/ *adj., degr.* ~ier, ~iest *colloq.* बड़े-बड़े उरोजोंवाली (औरत)
p&i: **~ a gut (doing sth)** कुछ करने के लिए बहुत प्रयत्न क.; **~ up** 1 फटना 2 पति-पत्नी या दोस्तों आदि का अलग हो. 3 सभा का भंग हो.; **~ sth up** किसी कार्य को भंग करके या नष्ट करके वापस क.;
a drug ~ मादक-पदार्थों को पकड़ने के लिए मारा गया छापा; **go** ~ दिवालिया हो., असफल हो.; ...**or** ~ या तो काम बन जाएगा या ध्वस्त हो जाएगा

bustard /बस्टःड/ *n.* 1 सोहन चिड़िया, गोंडावन 2 निलोर

buster /बसटः/ *n., N. Amer., sl.* 1 अप्रिय व्यक्ति के लिए उपेक्षापूर्ण संबोधन: hey, ~, get your hands off her! 2 किसी नकारात्मक कार्य को बंद करने वाला व्यक्ति: crime-~; **block-~**;

bustier /बसटिअः/ *n., fashion* एक सटकर आने वाली बिना स्ट्रैप की चोली

bustle /बसल/ *v., pt.* **~d**, *pp* **bustling** 1 हड़बड़ाना: we ~ and he works 2 किसी से और ज्यादा तेजी से काम करवाना: ~ people out of the house;
n. 1 रेलम-ठेल, धूमधाम, चहल-पहल, हलचल: the town was in a ~; the usual railway ~ 2 हड़बड़ी: far away from the hustle and ~ 3 (of dress) गद्दी;
dw/lw: **~r** *n.* जल्दी-जल्दी या हड़बड़ाहट में काम करने वाला; **bustling** *adj.* हड़बड़ाहट में किया जाने वाला, धूमधाम से भरा;
p&i: **~ about/ around/ in, etc.** हड़बड़ाहट में काम क., दौड़-धूप क.; **~ with sth** हलचल, गहमागहमी, चहल-पहल से भरा हो.

busy /बिजि/ *adj., degr.* **busier, busiest** 1 व्यस्त: be too ~ to talk/ to read/ to play; I am very ~ to-day; keep sb ~ 2 कार्यरत, कार्य में डूबा हुआ, तल्लीन: be ~ with/ about/ over one's task; be ~ about the house; my garden keeps me always ~; then the police got ~ 3 सक्रिय, मेहनती: ~ man; the ~ bee; ~ brain 4 गहमा-गहमीपूर्ण, तनावपूर्ण: the ~ hours; ~ street; ~ town/ market-place; ~ (railway) line; the ~ world of men; be ~ about trifles 5 चहल-पहल भरा, व्यस्ततापूर्ण: boyishly ~; cheerfully/ noisily ~ 6 *US* (*UK* **engaged**) पहले से प्रयोग में, जो खाली न हो, व्यस्त: the doctor is ~ just now; the telephone/ the line is ~; ~ signal; I found him ~ packing his things 7 तुनकमिजाज व दूसरे के काम में टांग अड़ाने वाला, शक्की: a ~ interfering person 8 गिच-मिच चित्र 9 पुलिस का जासूस;
v., pt. **busied**, *pp* **~ing**, *s/he/it* **busies** 1 काम में जुटना, व्यस्त रखना या रहना, लगे रहना: ~ oneself with/ in/ about arranging a concert/ preparing a wedding; ~ oneself about/in the house 2 कोई कार्य क. 3 काम में लगाना: ~ one's hands/ eyes; ~ one's brain 4 कोई काम दे.: ~ the gardener/ the cook/ the nurse;
dw/lw: **~-body** *n.* दस्तंदाज, दूसरों के कामों में टांग अड़ाने वाला; **busily** *adv.* तल्लीनतापूर्वक; **busyness** *n.* व्यस्तता;
collocations: **~ Lizzie** घर के अंदर उगाया जाने वाला तेजी से बढ़ने वाला एक पौधा; **~ work** किसी को व्यस्त रखने के लिए दिया जाने वाला काम;
p&i: **~ as a bee** अति व्यस्त; **~ bodies never want a bad day** व्यस्त आदमी हमेशा ही किसी-न-किसी काम में जुटा रहता है; **~ folks are always meddling** दूसरों के कामों में टांग अड़ाने वाले की पांचों घी में;
keep oneself ~ करने को काफी काम हो.

but /बट/ *conj.* 1 परंतु, किंतु, पर, लेकिन, मगर: she fell down, ~ didn't hurt herself; they returned tired, ~ happy; that is the rule, ~ there are many exceptions 2 केवल, मात्र, सिर्फ: nobody, **but** nobody, must go in there 3 (***syn.*** except) के अतिरिक्त, को छोड़ कर: one can't do anything **but** wait; all ~ he were present; no one saw him, ~ I; we had no choice ~ to obey; he is anything ~ a poet 4 बल्कि: it wasn't the red one, **but** blue one; not he, ~ his brother 5 (***syn.*** otherwise) अन्यथा, यदि नहीं होता तो: he would not have believed it, ~ that he saw it himself 6 (***syn.*** however, despite this) के बावजूद: I never pass there ~ I think of childhood 7 कम से कम, कुछ करने से रहा न जा.: you can ~ try; I cannot ~ suggest; one cannot ~ wonder; I cannot help ~ think 8 लगभग: he all ~ fell 9 पर फिर: he came late, ~ then he stayed back longer 10 अंतिम से पहला: last ~ one;
prep. के सिवाय, के बिना, अंतिम से पहले का: they are all here ~ him; we had nothing ~ trouble with this car; who will do it ~ me;
adv. फिर भी, तथापि, तो भी, केवल: I can ~ try;
n. 1 एतराज, शक: no **~s** about it; too many ifs and **~s**; your ifs and **~s** make me tired 2 केवल मात्र: he is (nothing) ~ a boy; he called ~ once;
p&i: **~ and ben** दो कमरे का या बहुत छोटा मकान; **~ for** के बिना; **~ me no ~s** कोई अगर-मगर नहीं; **~ then** पर फिर;
all ~ प्रायः सभी, (किसी को) छोड़कर सभी; **ifs and ~s** अगर-मगर; **the last ~ one** आखिरी से पहले वाला

butane /ब्यूटेन/ *n.* ब्यूटेन नामक प्राकृतिक गैस

butch /बुच/ *adj., degr.* **~her**, **~est** *sl.* 1 मर्दों-सा, मर्दाना 2 कठोर और मजबूत (about man);
n. मर्दानी औरत

butcher /बुचः/ *n.* 1 कसाई: **~'s** meat 2 क्रूर हत्यारा;
v., pt. **~ed**, *pp* **~ing** 1 नृशंस ढंग से हत्या क.: ~ cruelly/

unfeelingly 2 किसी जानवर या पशु को हलाल क. 3 कत्ल क. 4 मार डालना 5 बिगाड़ना, अर्थ का अनर्थ कर दे.: the publisher **~ed** my manuscript;

dw/lw: **~'s** *UK* (*US* **~'s shop**) *n.* मांस-विक्रेता; **~y** /बुचरि/ *n., pl.* ~ies 1 कसाईखाना, कसाईगिरी 2 निर्मम हत्या, हत्या-कांड 3 बेचने के लिए गोश्त की तैयारी; **~y** *adj.* कसाई का: ~y business;

collocations: **~ bird** आस्ट्रेलिया और न्यूगिनी (New Guinea) में पाया जाने वाला एक पक्षी जो दूसरे पक्षियों की नृशंस रूप से हत्या करता है; **~ block** रसोई घर में काम करने का सामान; **~'s block** कसाई का तख्ता; **~'s broom** एक हरी यूरोपीय झाड़ी; **~ meat** कसाई द्वारा काटा जाने वाला मांस;

p&i: **~'s bill** 1 युद्ध में मरने वालों की सूची 2 सेना पर किया जाने वाला व्यय; **have/ take a ~'s** किसी चीज पर नजर डालना; **the ~ looked for his knife and it was in his mouth** बगल में छोरा, नगर में ढिंढोरा; **the ~/ the baker/ the candle-stick-maker** हर पेशे के लोग, नाई तेली धोबी

butler /बटलः/ *n.* मुख्य परिचर या सेवक, खानसामा, बटलरः

dw/lw: **~-English** *n.* टूटी-फूटी अंग्रेजी; **~y** /बटलरि/ (*also* **butler's pantry**) *n., pl.* butleries रसोई भंडार जहां शीशे के बर्तन, डिनर सेट और कटलरि आदि रखे जाते हैं

butt /बट/ *n.* 1 *US* चूतड़ 2 सिगरेट का आखिरी सिरा, टोटका, टुर्रा (of cigarette) 3 कुंदा (of rifle): the ~ of a rifle 4 ठूंठ (of tree) 5 टीला, आखण (mound behind target) 6 निशाना, चांद, चांदमारी (target) 7 (***syn.*** cask) बाियर आदि की बड़ी-सी बैरल, पीपा 8 (***syn.*** hit, thrust) टक्कर, धक्का 9 मूठ, हत्था, दस्ता (of tool): the ~ of a whip 10 विषय या निशाना: ~ of ridicule/ jokes 11 किसी व्यक्ति की छाती, गर्दन और सिर की मूर्ति;

v., *pt.* **~ed**, *pp* **~ing** 1 सिर से टक्कर मारना, सींग मारना: ~ sb in the stomach 2 से टकराना: ~ against a tree/ a pole; ~ into sb/ sth 3 बाहर निकला हुआ हो. 4 (*esp.* **~ against/ on sth**) मिलना, मिलाना, जुड़ना, जोड़ना;

dw/lw: **~-end** *n.* कुंदे का सिरा; **~-joint** *n.* सपाट या टक्कर-जोड़;

p&i: **~ away** बाहर खदेड़ना; **~ in** *colloq.* 1 (बिना बुलाए) दूसरों के कामों या बातचीत में टांग अड़ाना, दखल दे. 2 बोलने वाले को बीच में टोकना; **~ into sth.** किसी के निजी वार्तालाप या मामले में टपक पड़ना, दखल दे.; **~ out** दूसरों के कार्य में टांग अड़ाने से बाज आना;

a head ~ सिर से मारी गई टक्कर; **come (full) ~ against sth** पूरे जोर से किसी चीज से टकराना; kick **sb's** ~ *US* ठोकर मारना

butte /ब्यूट/ *n.* भीटा, एक खड़ी चढ़ाई वाली पहाड़ी या टीला

butter /बटः/ *n.* मक्खन, नवनीत: bread and ~; vegetable ~; apple ~;

v., *pt.* **~ed**, *pp* **~ing** मक्खन लगाना, चुपड़ना: ~ a slice of bread;

dw/lw: **~ball** *n.* 1 मक्खन का गोला 2 मोटा, मांसल व्यक्ति; **~-bean** *n.* बड़े-बड़े बीजों वाली बीन; **~-cream** *n., cookery* (*also* **butter-icing**) मक्खन, चीनी और रंग को मिलाकर केक के ऊपर दी जाने वाली आइसिंग (icing); **~cup** *n.* एक सदाबहार पौधा; **~ed** *adj.* मक्खन लगा, चुपड़ा हुआ, मक्खन में बना, पका या तला हुआ; **~fat** *n.* दूध और दूध के उत्पादों में मिलने वाली प्राकृतिक चर्बी, मक्खन-स्नेह; **~fingers** /बटःफिंगःज/ *n., [sing.], colloq.* ऐसा बेढब व्यक्ति जिसके हाथ से चीजें फिसल जाती हों; **~-icing** *n. also see above under* **~-cream**; **~ine** *n.* नकली मक्खन; **~-knife** *n.* मक्खन काटने वाला चाकू; **~milk** *n.* छाछ, मट्ठा, लस्सी; **~nut** *n.* अमेरिकी अखरोट; **~-oil** *n.* घी; **~pat** *n.* 1 मक्खन की छोटी-सी डली 2 मक्खन लगाने का लकड़ी का सपाट छुरी; **~-scotch** *n.* 1 मक्खन और चीनी से बनी एक सख्त टॉफी 2 इस टॉफी का जायका; **~wort** *n., bot.* एक सदाबहार पौधा; **~y** *adj.* मक्खनी, चिकना;

collocations: **~ chicken** मक्खन से बना चिकन; **~ dish** मक्खन से बनने वाला व्यंजन; **~ muslin** एक पतला पारदर्शी कपड़ा जिसमें पहले मक्खन लपेटा जाता था; **~ paper** मखनिया कागज; **coconut ~** नारियल का मक्खन; **peanut ~** मूंगफली का मक्खन; **liquid ~** घी;

p&i: **~ is gold in the morning/ silver at noon and lead at night** मक्खन सुबह सबसे अच्छा, दोपहर में ठीकठाक, रात में जहर; **~ is once a year in the cow's horn** सब दिन होत न एक समान; **~ one's bread on both sides** चित्त भी मेरा, पट भी मेरा, अंटा मेरे बाप का; **~ sb up** चापलूसी/ चाटुकारी क., मस्का लगाना; **~ to ~ is no relish** विविधता में ही मजा है; **kind/ soft/ fine words ~ no parsnips** शब्दों से पेट नहीं भरता; **know on which side one's bread is ~ed** अपना नफा-नुकसान जानना; **lay the ~ on = ~ sb up** मस्का लगाना, चापलूसी क.; **look as if ~ wouldn't melt in sb's mouth** जान-बूझकर बहुत ही भोलाभाला दिखना

butterfly /बटःफ्लाई/ *n.* 1 तितली 2 खाली मजा लूटने वाला अगंभीर आदमी: social ~ 3 (**butterflies**) *colloq.* पेट में घबराहट: **butterflies** in the tummy;

collocations: **~ effect/ ~ kiss** पलक-चुंबन; **~ nut/ ~ screw** (*also* **wing nut**) हाथों से घुमाकर खुलजाने वाला पेच या नट; **~ perfections** बाहरी चमक-दमक; **~ stroke** तैराकी की एक शैली; **~ table** बाजू में खुलने वाली छोटी टेबल वाली बड़ी मेज;

p&i: **always get dreadful butterflies before I stand up to speak** जब भी मैं बोलने के लिए खड़ा होता हूं, तो मुझे भयंकर घबराहट होने लगती है; **a social ~** पार्टियों, क्लबों आदि के चक्कर लगाने वाला अगंभीर व्यक्ति; **have butterflies (in one's stomach)** घबराहट हो. **(as) light as a ~** उच्छृंखल व्यक्ति;

butteris /बटरिस/ *n.* सुमतराश

buttery /बटरि/ *n., pl.* **butteries** *see above under* **butter: *dw/lw***

buttock /बटक/ *n., pl.* **~s** चूतड़, नितंब

button /बटन/ *n.* 1 बटन, बुता, घुंडी: sew on **~s**; undo **~s** 2 (*sometimes* **push ~**) बिजली चलाने या बंद करने के लिए दबाने वाला बटन आदि: press the ~ to call the lift; ~ switch 3 कंप्यूटर के बटन 4 फंसी, मुंहासा 5 छोटी-सी वस्तु 6 भेड़ की मिंगनी 7 वर्दीधारी नौकर 8 अनखिली कली;

v., *pt.* **~ed**, *pp* **~ing** 1 बटन लगाना 2 काज सीना 3 बटन लगाकर सजाना 4 (*usually* **~ sth up**) बटन लगाकर बंद क., बटन बंद क.: ~ up 5 बटन लगकर बंद हो.: this dress **~s** down the back;

dw/lw: **~-boot** *n.* बटनों वाले जूते; **~-boy** *n.* = **~s** होटल में बटन दबाकर बुलाया जाने वाला लड़का; **buttons** *n.*= **~ boy**; **~-down** *n.* (a ~-down collar) ऐसा कमीज जिसके कॉलर का सिरा बटनों द्वारा कमीज से जुड़ा होता है; **~ed** *adj.* बटनदार; **~ed-up** *adj.* बिल्कुल बंद, घुन्ना (जो अपनी भावनाओं को खुलकर व्यक्त न करे); **~hole** *n.* 1 काज 2 *UK* काज में लगाने का फूल (*also US* boutonniere /बुटअनिअः/); **~hole** *v., pt.* ~holed, *pp* ~holing 1 न बोलना चाहने वाले व्यक्ति को रोककर उसे वार्तालाप में भाग लेने के लिए मजबूर क. 2 पोशाक में काज बनाना; **~hook** *n.* एक प्रकार का कांटा या घुंडी जो बटन का काम करता है; **~less** *adj.* बिना बटन वाला, बटन रहित; **~y** *adj.* बटनदार

collocations: **~ lift** खंभों पर लगी लिफ्ट जो स्की (ski) करने वाले लोगों को ऊपर खींचती है; **~ mushroom** *n.* छोटी-सी गोल अधखिली खुमी; **~ torch/ ~ cell/ ~ cell battery** बटन जैसी बैटरी, जेब बैटरी (टॉर्च);

p&i: **~ sth up** *sl.* पूरा क.; **~ up** 1 बटन लगाना 2 काम (दायित्व) पूरा क. (complete a task etc.) 3 चुप रहना: ~ up one's mouth (चुप हो जा.); ~ up your lip! (चुप रहो, मुंह बंद करो!); **~ up one's pockets** पैसे के मामले में कंजूस हो.; **~ed up** *sl.* (*esp.* ~ed up about sth) मुंह न खोलने वाला व्यक्ति, घुन्ना;

bachelor's ~s बिना मेहनत किए लगाए (चिपकाए) जा सकने वाले बटन; **Brummagem ~** खोटा सिक्का; **burst one's ~s** हंसी से या मोटा हो जाने से बटन टूटने को हो.; **have a ~ loose/ missing/ be a ~ short** पेंच ढीला हो., थोड़ा पागल हो.; **have all one's ~s on** समझदार हो., अपना नफा-नुकसान जानना; **not to care a ~** कोई परवाह न क.; **not worth a ~** 1 फूटी कौड़ी का भी न हो. 2 रद्दी, फालतू, बेकार; **on the ~** बिल्कुल सही समय पर; **press the ~** 1 बटन दबाना, चालू कर दे. 2 सारे घोड़े दौड़ा लेना; **press the panic ~** घबराकर हाय-तौबा मचा दे.; **put into ~s** होटल में बेल-बुऑए द्वारा वर्दी पहनी जा.; **push/ press all the right ~s** किसी को खुश करने के लिए सही कदम उठाना; **push/ press sb's ~** किसी को सकारात्मक या नकारात्मक ढंग से पेश आने के लिए विवश क.; **take sb by the ~** किसी को बातचीत के लिए रोककर रखना, किसी को अपनी उबाऊ राम-कहानी सुनाना; **the ~s came off the foils** बहस आदि में भावनाएं भड़क उठीं; **touch the ~** मशीन चालू क.

buttress /बट्रेस/ *n., pl.* **~es** *archit., civil engin.* 1 छज्जे आदि के नीचे बना ईंटों, पत्थरों आदि का पुश्ता 2 (***syn.*** prop) सहारा, चांड, टेक 3 आधार, सहारा: the ~ of the constitution; the ~ of an argument;

v., *pt.* **~ed**, *pp* **~ing**, *s/he/it* **~es** 1 सहारा, समर्थन या टेक दे.: ~ up an argument 2 चांड लगाना, पुश्ता लगाना;

butty /बटि/ *n., pl.* **butties** *Br., esp. N. Eng., colloq.* 1 सैंडविच या ब्रेड का मक्खन लगा टुकड़ा 2 मित्र, साथी 3 सहयोगी, सीरी (*Hr.*), भागीदार 4 दलाल;

dw/lw: **~-collier** *n.* कोयले खान का ठेकेदार; **~gang** *n.* ठेका दल, सह-ठेका दल

butyraceous /ब्युटिरासिअस/ *adj.* मक्खनयुक्त, स्निग्ध

butyrometer /ब्युटअरॉमिटः/ *n.* मक्खन-स्नेहमापी

buxom /बक्सम/ *adj.* 1 बड़े-बड़े स्तनोंवाली, पुष्ट गोल उरोजोंवाली 2 आकर्षक लगने वाली मोटी-ताजी या हृष्ट-पुष्ट 3 प्रसन्नचित्त: noisily/ cheerfully ~;

dw/lw: **~ness** /बक्समनिस/ *n.* 1 हृष्टपुष्टता 2 आकर्षण, सुंदरता 3 मनमौजी स्वभाव, हंसमुखपन

buy /बाइ/ *v., pt.* **bought**, *pt. p.* **bought**, *pp* **~ing**, *s/he/it* **~s** 1 खरीदना, मोल ले., क्रय क.: ~ for cash/ on credit/ at a reasonable price 2 कुछ कीमत देकर प्राप्त क.: money can't ~ everything; ~ sth from/ of sb; the best that money can ~; that which no gold can ~ 3 (*sometimes* **~ sb off**) घूस देकर काम करवाना: an honest person can't be **bought** with money; ~ a public official/ electors 4 कुछ खोकर कुछ पाना, किसी चीज की कीमत पर कुछ पाना: success **bought** at the expense of health; ~ fame with one's life; the victory was dearly **bought** 5 किसी की बात पर विश्वास क., किसी की बात को सही मान ले.: ~ sb's story; I am willing to ~ that; I will not ~ that; nobody is eager to ~ the plan;

n. 1 निम्न उक्ति में: a bad/ good ~ 2 बुरा या अच्छा सौदा, खरीद, क्रय: I believe it is a good ~;

dw/lw: **~-back** *n., comm.* बेचने वाले द्वारा पहले बेची गई चीज की वापस खरीद; **~er** /बायः/ *n.* (***anton.*** seller, vendor) खरीदार, क्रेता; **~out** *n.* किसी कंपनी पर उसके अधिकांश शेयरों की खरीदारी द्वारा किया जाने वाला नियंत्रण;

collocations: **~ and sell** क्रय-विक्रय; **~er's market** माल की उपलब्धि मांग से अधिक होने के कारण भावों में गिरावट के कारण खरीददारों की चांदी हो.; **~er's remorse** खराब खरीदारी के कारण होने वाला पछतावा; **~ing and selling** क्रय-विक्रय; **space and time ~ers** विज्ञापन सेवाओं के कर्मी जो टीवी या रेडियो पर विज्ञापनों के लिए समय खरीदते हैं;

p&i: **~ a pig in a poke** ठगा जा.; **~ a pup** बुद्धू बनाया जा.; **~ back** 1 बेचे हुए माल को वापस खरीदना 2 बोली का आरक्षित मूल्य (reserve price) तक न पहुंचने पर मालिक के लिए की जाने वाली वापसी खरीद; **~ers want a hundred eyes, sellers none** लिवाल की सौ आंखें, बिकवाल की एक; **~ for a song** कौड़ियों के मोल खरीदना; **~ in** 1 बदला-खरीद क. 2 खरीद कर माल संग्रह क. 3 शेयर खरीदना; **~ into sth** 1 किसी कंपनी के शेयर खरीदना, विशेषकर उसका नियंत्रण पाने के लिए 2 बहुत सारे लोगों द्वारा स्वीकार्य मत को मान ले.; **~ not what you want, but what you have need of** जो चाहो वह मत खरीदो, जो आवश्यक हो वही खरीदो; **~ off** 1 दे-दिला कर छुटकारा पाना 2 पैसा देकर सैनिक सेवा आदि से फारिग हो.; **~ one's clothes off the peg** सिले-सिलाये (रेडीमेड) कपड़े खरीदना; **~ oneself out** सैनिक सेवा से पैसे देकर छुट्टी पाना; **~ out** खरीद ले.; **~ over** रिश्वत देकर खरीदना, घूस दे., रिश्वत देकर अपनी ओर मिलाना.; **~ sb off** धमकी आदि देने वाले व्यक्ति से पैसे देकर छुटकारा पाना; **~ sb out** 1 किसी से पूरे शेयर खरीदकर किसी चीज का मालिकाना हक प्राप्त क. 2 पैसों का भुगतान करके किसी संगठन विशेषकर सेना आदि से समय से पहले निवृत्त हो.; **~ sb/ sth out** खरीदकर मालिक बन जा., अदायगी करके अधिकार पाना; **~ sth in** 1 माल की पूरी खेप खरीद ले. या बड़ी मात्रा में माल खरीदना; **~ sth up** पूरी खेप खरीद ले., सारा माल खरीद ले.; **~ the farm** मर जा.; **~ time** किसी घटना को टालने के लिए अधिक समय पाना या ले.; **~ up** सारा माल या सारे शेयर खरीदकर मालिकाना हक पाना;

be bought and sold 1 खरीदा और बेचा जा. 2 बुद्धू बनना; **be on the ~** बेतहाशा खरीदारी क.; **(he) bought it** *sl.* 1 वह मर गया 2 भाग्य ने उसका साथ नहीं दिया; **have bought it** *sl.* मार दिया गया; **I'll ~ it!** 1 मैं हथियार डालता हूं 2 बोलिए, कहिए!

buzz /बज/ *n., pl.* **~es** 1 चहल-पहल, कोलाहल 2 भनभनाहट, गुंजार, गूंज 3 रेलम-ठेल, धमा-चौकड़ी 4 अफवाहें, गप्प, काना-फूसी 5 टेलीफोन 6 वाक्-तंतुओं (vocal chords) के कंपन की आवाज;

v., *pt.* **~ed**, *pp* **~ing** 1 भिन्न-भिन्न/ गुन-गुन क.: her brain was **~ing** 2 उड़ना, उड़ाना 3 रास्ते में बाधा बनना 4 हलचल व चहल पहल से भरा हो.: ~ with 5 शोर-शराबे के साथ आगे बढ़ना: students were **~ing** out of the building 6 हवाई हमला क. 7 टेलीफोन की घंटी बजना: give me a ~ from the airport 8 घंटी बजाकर किसी को बुलाना 9 हवाई जहाज द्वारा कम ऊंचाई पर उड़ना 10 पत्थर आदि फेंककर मारना: ~ a stone 11 काना-फूसी क.;

n. (**~es**, *also* **~ing**) 1 भिनभिनाहट, गूंज 2 टेलीफोन या बुलाने की घंटी 3 रुचिकर व मजेदार अहसास: the joy-riding gives him a real ~ 4 सरसराहट, मरमराहट;

dw/lw: **~-bomb** *n.* उड़न बम; **~er** *n.* 1 कानाफूसी करने वाला, चुगलखोर 2 गंजक 3 बजर (घंटी); **~ing** *n.* गुंजन, कल-कल, स्वर, मर्मर; **~ing** *adj.* गूंजने वाला; **~ingly** *adj.* गुंजन करते हुए, भनभनाते हुए; **~-saw** /बज-सॉ/ *n. US* चक्रक या गोल आरा; **~wig** *n.* घने बालों वाला विग (wig, नकली बाल); **~word** /बजवःड/ *n., colloq.* चालू जुमला यानी आधुनिकतम प्रचलित शब्द या अभिव्यक्ति जो लोकप्रिय होने के कारण काफी प्रयोग किया जाता है और जिसका प्रयोग प्रयोगकर्ता की आधुनिकता को दर्शाता है; **~y** *adj.* भिन-भिन करने वाला;

collocations: **~ cut** बालों की कटाई की एक शैली जिसमें बालों को उस्तरे से काटा जाता है; **~ group** लोगों के बड़े समूह से निकली एक छोटी-सी टोली जिसमें किसी विषय पर विचार-विमर्श होता है; **the ~** (***syn.*** rumour) अफवाह, गप्प;

p&i: **~ a bottle/ a glass** बोतल या गिलास को पीकर खाली क.; **~ about/ around, etc. = ~ along** 1 शोर-शराबे के साथ आगे बढ़ना 2 आवाजाही क., हड़बड़ाहट में इधर-उधर चलना; **~ away = ~ off** 1 चंपत हो जा. 2 चले जा.: ~off! *colloq.* (दफा जाओ!) 3 टेलीफोन पर बात काट दे.; **~ up** टेलीफोन क.;

at the ~er मुकाबले के अंत में; **give sb a ~** किसी को फोन क.
buzzard /बजःड/ *n.* 1 बाज, टीसा 2 *N. Amer.* गिद्ध 3 बुद्धू आदमी
buzzer *see above under* **buzz: *dw/lw***
buzzword *see above under* **buzz: *dw/lw***
BVDU *abbr.* 'Bharati Vidyapeeth Deemed University' की प्रथमाक्षरी
BVK *abbr.* 'Basti Vikas Kendra' की प्रथमाक्षरी
BVM *abbr.* 'Beata Virgo Maria', *Lat.* = 'Blessed Virgin Mary' की प्रथमाक्षरी
b/w or **B/W** *abbr.* 'black and white' की प्रथमाक्षरी
bwana /ब्वाना/ *n., pl.* **bwanas** *E. Afr.* साहब!
BWR *abbr.* 'Boiling Water Reactors' की प्रथमाक्षरी
BWW *abbr.* 'Broadcast World Wide' की प्रथमाक्षरी
by /बाई/ *prep.* 1 के द्वारा: the play was written ~ Shakespeare; a novel ~ Dickens; be bitten ~ a dog; destroyed ~ fire 2 के माध्यम से: travel ~ train; sent ~ speed post/ return post; ~ the sea; roads linked ~ a bridge 3 में से: come ~ the door/ ~ the side entrance 4 के पास (में): standing ~ the door; ~ the side of the road; sit ~ sb's side; he has no money/ papers ~ him (उसके पास कोई पैसा या कागजात नहीं) 5 से पहले, तक: shall return ~ 6 pm; ~ the end of the year; ~ then (तब तक); he ought to be here ~ now 6 के अनुसार: ~ my guess, she will succeed; it is 8 ~ my watch 7 के समीप या पास से गुजरते हुए, के साथ-साथ या के पार: drive ~ the house; the train flashed ~ us; a path ~ the river 8 कितने गुणा या कितने अंतर से बड़ा या छोटा आदि: smaller ~ four metres; the price rose ~ 100 rupees; worse ~ far (काफी खराब हो.) 9 के हिसाब से: paid ~ the hour 10 के जरिए, की बदौलत: get one's living ~ teaching; he achieved success ~ means of hard work 11 के प्रयोग द्वारा: engines driven ~ electricity; we broaden our outlook ~ learning languages 12 के समय: escape ~ night 13 से, शरीर के किसी भाग से: grab sb ~ the throat; pull/ seize sb ~ the hand (किसी को हाथ पकड़ कर खींचना) 14 गुणा क.: six ~ six is thirty six and not ninety six 15 भाग क.: divide ten ~ two 16 दिशा: north-north-east ~ north; the island lies North ~ East from here 17 माप, लंबाई-चौड़ाई: a room measuring ten feet ~ twelve 18 उन्नति या अवनति की रफ्तार: step ~ step; little ~ little; ~ degrees 19 की शर्तों पर या के अनुसार: do his duty ~ them (उनकी शर्तों पर) 20 सौगंध: swear ~ God; ~ God/ ~ Jingo/ ~ golly (खुदा ... की कसम!) 21 किस के द्वारा (किया गया), किस से: two children ~ her first husband;
adv. 1 के पास से: pass ~; drive ~ without stopping; he passed ~ without a word 2 पास, समीप: live close ~; no one was ~; stand ~; stand/ step ~ 3 अलग, बचाकर अलग रखना, स्थगित क. आदि: put money ~; put this work ~ for the moment 4 *mainly N. Amer.* के घर: come ~ for a cup of tea; stop ~ 5 की और की तरफ 6 गुजरा हुआ, विगत: in days gone ~; time went ~;
dw/lw: **~-and-~** *adv.* थोड़ी देर में, बहुत जल्द, शीघ्र ही; **~-blow** *n.* 1 बगल से प्रहार, बगल से किया जाने वाला आघात 2 अवैध संतान; **~catch** *n.* गौण-उत्पाद: thousands of small fish are thrown back into the sea as ~catch; **~-corner** *n.* दूर का स्थान; **~-election** *n.* मध्यावधि चुनाव, उपचुनाव; **~gone** *see below under separate entry*; **~lane** *n.* संकरी या छोटी गली, उपवीथिका; **~-law/ bye-law** *see below under separate entry*; **~line** *see below under separate entry*; **~name** *see below under separate entry*; **~path** *n.* उपमार्ग, बाह्य-पथ; **~pass** *see below under separate entry*; **~-passage** *n.* बाह्य पथ; **~-play** *n.* प्रासंगिक कथा, उप-व्यापार; **~-plot** *n.* 1 उप षड्यंत्र 2 गौण-कथानक; **~-product** *n.* उप-उत्पाद, उपजात, गौण उत्पाद, उपफल; **~-road** (*also* **side-road**) *n.* उपमार्ग, बाह्य-पथ; **~stander** *n.* दर्शक, तमाशबीन, पास खड़ा व्यक्ति; **~street** *n.* गुमनाम गली; **~-way** *n.* उप-मार्ग; **~word** *see under separate entry*; **~-work** *n.* उपजीविका;
collocations: **~ corner** निर्जन स्थान; **~ line** नाम पंक्ति (अखबार या पत्रिका में छपे लेख के लेखक की नामावली शीर्ष पंक्ति);
p&i; **~ accident/ chance/ mistake, etc.** अचानक, किस्मत या गलती से; **~ all accounts** सभी वर्णनों के अनुसार; **~ and ~** *rather lit./old use* आहिस्ता-आहिस्ता, धीरे-धीरे; **~ and large** लगभग, सामान्य तौर से, कुल मिलाकर; **~ blow** बगल में घूंसा (मारना); **~ chance** संयोगवश, इत्तफाक से; **~ cheque** चैक द्वारा; **~ day/ night** रात या दिन के समय; **~ dint of** के बलबूते से; **~ dint of argument** दलील की बदौलत; **~ dint of perseverance** लगन और दृढ़ता की बदौलत; **~ doing nothing we learn to do ill** ठाले बैठे उत्पात सूझे, खाली दिमाग, शैतान का घर; **~ (an) error** गलती से; **~ fair means** ईमानदारी से, कड़ी मेहनत से (कमाया हुआ); **~ far/ ~ much** बहुत ज्यादा, काफी; **~ force** बलात्, जबरदस्ती; **~ good luck/ ~ fortune** खुश-किस्मती से; **~ heart** कंठस्थ, रटा या/ घोटा हुआ; **~ hook or by crook** किसी भी तरह से, येन केन प्रकारेण, जैसे भी हो; **~ itself** अपने आप; **~ land and ~ sea** जल और थल मार्गों से; **~ leaps and bounds** दिन दूना रात चौगुना; **~ oneself/ all** अकेले ही, बिना किसी की सहायता के, अपने आप, स्वतः, स्वयं, खुद ही: he did it (all) ~ himself; can't do it ~ myself; **~ other's fault wise men correct their own** बुद्धिमान दूसरे की गलती देख अपनी सुधार लेते हैं; **~ resorting to the rod** डंडे के जोर से, जोर-जबरदस्ती से; **~ right/ ~ birth/ ~ name/ ~ nature/ ~ trade** जन्म से/ नाम से/ स्वभाव से/ पेशे से; **~ the ~/ ~ the bye/ ~ the way** प्रसंगवश, इसी बीच, प्रसंगवश, चलते-चलते; **~ the dint of might** जोर-जबरदस्ती से; **~ the look of something** ऊपर से देखने में; **~ the piece** एक-एक नग के हिसाब से; **~ the skin of one's teeth** बड़ी मुश्किल से, बाल-बाल बचना; **~ the stipulations of the treaty** संधि की धाराओं के अनुसार; **~ the strong arm/ hand** जोर जबरदस्ती से, जबरन, बलात्; **~ the sweat of one's brow** खून-पसीना एक करके; **~ the work one knows the workman** काम से ही कारीगर जाना जाता है; **~ fits and starts** रुक-रुक कर, कभी-कभार; **~ turns** बारी-बारी से; **~ virtue of** के बल पर, की बदौलत; के आधार पर; **~ virtue of the treaty** संधि के आधार पर; **~ way of** के रूप में, के उद्देश्य से; **~ your consent** आपकी सहमति से; **~ your permission/leave** आपकी आज्ञा या अनुमति से;
act/ deal/ do well ~ sb किसी के प्रति शराफत से पेश आ.; **a rise ~ 5000 rupees** पांच हजार रुपये की वृद्धि; **be better ~ far** काफी बेहतर हो.; **day ~ day/ little ~ little/ one ~ one, etc.** धीरे-धीरे/ दिन-प्रतिदिन/ थोड़ा-थोड़ा/ एक-एक करके; **die ~ starvation/ ~ hunger** भुखमरी या भूख से मरना; **do one's duty ~ sb** किसी के प्रति अपना कर्तव्य निभाना; **do sth ~ the hour** प्रति घंटे के हिसाब से क.; **drop ~ drop** बूंद-बूंद करके; **have/ keep sth ~ one** किसी बात को अपने तक रखना; **judge ~ sb's appearance/ face/ smile** किसी को उसकी शक्ल, चेहरे या मुस्कान से आंकना; **know ~ experience** अनुभव से जानना; **know sb ~ sight** किसी को चेहरे से या देखकर जानना-पहचानना; **lay ~** बचत क.; **lessen ~ a third** एक तिहाई कम क.; **older ~ two years** दो वर्ष बड़ा; **one ~ one = man ~ man** एक-एक करके; **pay/ engage ~ the month/ ~ the day** मासिक या दिहाड़ी के हिसाब से मजदूरी दे.; **sell/ buy ~ the**

rupees / ~ **rupees** रुपयों में बेचना; **stand ~ sb** किसी का साथ देना, समर्थन करना; **step ~ step** कदम-दर-कदम; **time gone** ~ प्राचीन समय में

by/ bye *prefix, signifying:* 1 **minor** (छोटा): byroad, bypass 2 **indirect** (परोक्ष) 3 **incidental** (उप-, गौण): by-product

bye /बाई/ (*also* **bye-bye**) *interj., excl.* **bye-bye!** बाइ-बाइ! विदा लेते समय प्रयुक्त, अलविदा;
***n.* bye-byes** अलविदा; *for children: esp.* **go byes/ go to bye-byes/ beddy-byes** सोने के समय की शुभ कामना; **good ~!** अलविदा! **draw/ have the ~** खेल से फ़ारिग हो.;

Byelorussian /बिलोरशिअन/ *adj.* स्वतंत्र देश बिलोरूस से संबंधित;
n. बिलोरूसी नागरिक, बिलोरूसी भाषा

by-end *n.* गुप्त या गौण उद्देश्य

bygone /बाइगौन/ *US* बाइगाःन, बाइगॉन/ *adj.* बीता हुआ, गुजरा हुआ, विगत: ~ age/ days/ era, etc. (बीता समय/दिन/युग आदि); in ~ days (बीते दिनों में); ~ sorrows/ joys;
n. बीता समय, बीते दिन, बीती बातें आदि: let us forget **~s**
***dw/lw:* ~s** /बाइगौन्ज/ *US* बाइगाःन्ज, बाइगॉनिज/ *n., [pl.]* बीती बातें आदि;
***p&i.:* let ~s be ~s** गड़े मुर्दे न उखाड़ो!, जो बीत गई, सो बीत गई! रात गई बात गई!, बीती ताहि बिसार दे

BYK *abbr.* 'Bharat Yatra Kendra' की प्रथमाक्षरी

by-law/ bye-law /बाइलॉ/ *n., pl.* **~s/ ~s** उपविधान, उपनियम

byline *n. journalism* समाचार-पत्र, पत्रिका आदि में लेख के शीर्षक के नीचे वाली लाइन जिसमें लेखक का नाम लिखा रहता है: under the ~ of ...

by-matter *n.* गौण प्रश्न, गौण विषय

BYN *abbr.* 'Bharat Yantra Nigam' की प्रथमाक्षरी

byname (*also* **nickname** *or lit.* **sobriquet** /सोब्रिके/ सूब्रिके/) *n.* उपनाम, अतिरिक्त नाम जो स्नेहपूर्वक या चिढ़ाने के लिए प्रयुक्त होता है

BYO *abbr.* 'bring your own' *usually meaning* 'bring your own alcohol' की प्रथमाक्षरी

BYOB *abbr. colloq.* 'bring your own bottle' की प्रथमाक्षरी

BYOFF *abbr.* 'Bring Your Own Film Festival' की प्रथमाक्षरी

bypass /बाइपास/ बाइपैस/ *n.* 1 बाईपास, उप मार्ग, शहर या बस्ती के बाहर से रास्ता 2 अलग मार्ग से खून पहुंचाने के लिए की जाने वाली शल्य क्रिया 3 गैस या बिजली की अतिरिक्त लाइन;
***v., pt.* ~ed,** *pp* **~ing** 1 पास से होकर गुजरना, बिना अंदर गए गुजरना 2 के बिना काम चलाना 3 से टलना: ~ the bureaucratic hurdle (नौकरशाही से बचकर निकलना) 4 उपेक्षित क.;
***collocations:* ~ surgery** अवरुद्ध रक्त-वाहिका के पास से रक्त-प्रवाह चालू करने के लिए की जाने वाली शल्य क्रिया

bypath *n. sees above under* **by: *dw/lw***

by-product /बाइ-प्रॉडक्ट/ *n. see above under* **by: *dw/lw***

byre /बायः/ *n., mainly Scots* गोशाला, गाय का दलान

byroad/ byway *n.* (*esp.* **byway**) *see above under* **by: *dw/lw***

byssus /बिसःस/ *n.* छाटली

BYST *abbr.* 'Bhatia Yuva Shakti Trust' की प्रथमाक्षरी

bystander *see above under* **by: *dw/lw***

by-street *n.* 1 उप-गली 2 अंधी-गली

byte /बाइट/ *n., comput.* 1 कंप्यूटर द्वारा दी जाने वाली सूचना की इकाई, कंप्यूटर प्रणाली में अंकों के समूह की इकाई, अष्टक 2 कंप्यूटर के स्मृति-भंडारण स्थान में घेरी जाने वाली जगह

by-way *n.* 1 अलग-सी शांत सड़क: deserted/ dark, romantic **~s** 2 गांव की सड़क

byword /बाइवःड/ *n.* 1 उदाहरणीय व्यक्ति या बात, गुण द्योतक शब्द: ~ of hard work 2 कहावत, कथन, उक्ति 3 (***syn.*** buzzword) प्रिय शब्द: his favourite ~ 4 नकारात्मक उदाहरण: he is a ~ for iniquity 5 प्रतीक: he has become a ~ for them, a synonym for strength 6 उपनाम

by-work *n.* 1 मुख्य कार्य के अतिरिक्त किया जाने वाला काम 2 फुर्सत के समय किया जाने वाला काम

Byzantine /बाईजैंटाइन, बाइजंटीन, बीजैंटाइन/ *US* बिजंटीन/ *adj.* 1 *hist.* बाइजैंटियम [जो बाद में कौंस्टेंटिनोपल (Constantinople) और वर्तमान काल में इस्तंबूल (Istanbul) बना] यानी 395 से 1453 ईसवी तक रोमन साम्राज्य के पूर्वी भाग से संबंधित 2 बाइजैंटियम की कला, चित्रकला, भवन-शिल्प आदि की शैली से संबंधित: ~ style/ architecture church 3 बाइजैंटियायी यानी जटिल, गुप्त एवं अपरिवर्तनशील (रूढ़िवादी)

Byzantinist /बाइजैंटिनिस्ट/ *n.* बाइजेंटियमविद्, बाइजेंटियम वेत्ता

Byzantium /बाइजैंटिअम/ *n.* बाइजैंटियम, कुस्तुनतुनिया इस्तंबूल

Byzantinesque /बिजैंटिनेस्क/ *adj.* बाइजैंटियम से जुड़ा हुआ

C c

C c /सी/ *n., pl.* **Cs, C's/ c's 1** अंग्रेजी वर्णमाला का तीसरा अक्षर **2** (*usually* **C**) परीक्षा परिणाम में ऊपर से तीसरा परीक्षांक या ग्रेड: a **C** in English 3 (**C**) *music* पश्चिमी संगीत प्रणाली का आधार स्वर 4 आधार **C** स्वर का संगीत बटन

C *abbr.* **1** 'Cape', 'Celsius or centigrade', 'century' का प्रथमाक्षर 2 क्यूबा (Cuba) का अंतरराष्ट्रीय वाहन पंजीकरण कोड (IVR) 3 तीसरा कल्पित व्यक्ति 4 *algebra* तीसरा ज्ञात परिमाण

C *symbol* **1** (*also* **c**) रासायनिक तत्त्व **Carbon** का चिह्न **2** (*also* **c**) **'centum'**, *Lat.* यानी 100 का चिह्न

c *abbr.* (*also* **c.**) **'circa'** का प्रथमाक्षर (सही तिथि का पता न होने की स्थिति में प्रयुक्त), लगभग: in the1900 **c** (*also, see below under* **ca**)

c *abbr.* **'centi-'**, **'cubic'** का प्रथमाक्षर

c *symbol, phys.* प्रकाश की गति (speed of light) का चिह्न

c. *abbr. cricket* 'caught', 'cent', 'century', 'chapter', 'cup' का प्रथमाक्षर

© *symbol* प्रतिलिपि अधिकार (copyright) का चिह्न

¢ *symbol* अमेरिकी सिक्के सेंट (cent) का चिह्न

CA *abbr.* 1 *US state* **'California'** (*also* **Cal.**)' का छोटा रूप 2 'Chartered Accountant', 'Chief Administrator', 'Computer Associates', 'Constituent Assembly', 'Constitutional Alliances', 'Consumers Association', 'Current Account' की प्रथमाक्षरी

Ca *symbol, chem.* रासायनिक तत्त्व केल्सियम (**calcium**) का चिह्न

ca *abbr.* **circa**, *Lat.* का संक्षेप (समय के संबंध में: लगभग, *see above under* 'c')

CAA *abbr.* 'Civil Aeronautics Administration', 'Civil Aviation Authority', 'Commercial Aviation Association' की प्रथमाक्षरी

CAAO *abbr.* 'Community Aid Abroad-Oxfam' की प्रथमाक्षरी

CAB *abbr.* **'**Citizen's Advice Bureau', 'Civil Aeronautics Board', 'Central Advisory Board', 'Consumer Affairs Bureau' की प्रथमाक्षरी

cab /कैब/ *n.* **1** टैक्सी: take a ~; ~ driver 2 *hist.* बग्गी 3 चालक-कक्ष;
dw/lw: **~man** *n.* कोचवान, चालक; **~-runner** *n.* टैक्सी-प्रबंधक; **~-rank/ ~-stand** *n.* टैक्सी-अड्डा, टैक्सी-स्टैंड, टैक्सी-पड़ाव;
p&i: **a gypsy** ~ ऐसी टैक्सी जो केवल टैक्सी अड्डे से यात्री बिठा सकती है

cabal /कअबैल/ *n.* 1 (***syn.*** coterie, clique) कुचक्री या षड्यंत्रकारी चांडाल चौकड़ी 2 राजनीतिक षड्यंत्र या कुचक्र, साजिश: the ~ against G. Washington; centres of ~;
v. *pt.* **~led**, *pp* **~ling** षड्यंत्रकारी चौकड़ी द्वारा षड्यंत्र रचा जा.;
dw/lw: **~er** /कअबैलः/ *n.* षड्यंत्रकारी व्यक्ति

caballine /कैबअलाइन/ *adj.* घोड़े का, घोड़े से संबंधित;
collocations: ~ **Fountain/ spring** *myth.* प्रेरणा का स्रोत

cabana /कअबाना/ *n.* **1** तटीय स्नानगृह **2** तटीय होटल में अलग कुटिया

cabaret /कैबअरे/ *n.* **1** कैबरे, रात्रि-क्लब में गीतों और नृत्य का कार्यक्रम: ~ show 2 कैबरे-घर 3 मधुशाला

cabbage /कैबिज/ *n.* **1** बंद गोभी, पत्ता गोभी, करमकल्ला **2** (***syn.*** plagiarism) साहित्य-चोरी **3** उबाऊ व निठल्ला व्यक्ति **4** *offensive* पूरी तरह से दूसरों पर आश्रित व्यक्ति **5** दर्जी द्वारा काटे हुए कपड़े के टुकड़े **6** दर्जी;
v. *pt.* **~d**, *pp* **cabbaging 1** चोरी क., उठाकर ले जा., अपनी जेब भरना **2** *school sl.* नकल के पुर्जों का प्रयोग क. 3 साहित्य-चोरी क.;
dw/lw: **~-lettuce** *n.* गोभीनुमा सलाद-पत्ता; **~-palm** *n./* **~-tree** *n.* गोभीनुमा फल देने वाला ताड़ का पेड़;
collocations: ~ **rose** बड़ा गोल गुलाब का फूल; **~-white butterfly** एक बड़ी-सी तितली;
p&i: **my ~!** प्रियवर!

Cabba\la/ caba\la/ kaba\la/ kabba\la /कबाला/ *n.* 1 यहूदियों के रब्बी की गुप्त विद्या 2 रहस्यवाद, गुप्त विद्या 3 रहस्यवादी (esoteric) व्याख्या;
dw/lw: **~lic/ ~lical** *adj.* रहस्यवादी, गुप्त; **~lism** *n.* रहस्यवाद, गुह्य तंत्र; **~list** *n.* यहूदी तंत्र वेत्ता, यहूदी तांत्रिक

cabbie/ cabby /कैबि/ *n., pl.* **cabbies** *colloq.* टैक्सी-ड्राइवर, टैक्सी-चालक, कोचवान

CABC *abbr.* 'Community Agro-biodiversity Centre' की प्रथमाक्षरी

CABE *abbr.* 'Central Advisory Board of Education' की प्रथमाक्षरी

Cabernet Sauvignon /कैबःने सोवीन्यून/ 1 लाल अंगूर की एक नस्ल 2 इस अंगूर की श्वेत मदिरा

CABG ***abbr.*** 'Coronary Artery Bypass Graft' की प्रथमाक्षरी

CABI *abbr.* 'Centre for Agriculture and Biosciences International' की प्रथमाक्षरी

cabin /केबिन/ *n.* **1** केबिन, कोठरी **2** समुद्री जहाज में छोटा-सा कमरा **3** पोत केबिन, दबूसा: ~ mess 4 विमान में यात्रियों के बैठने के लिए कंपार्टमेंट: second ~; ~ passenger 5 विमानचालक-कक्ष: ~ plane 6 बड़े व्यापारिक वाहन (ट्रक, लॉरी आदि) में चालक-कक्ष 7 कुटिया, कुटीर;
v. *pt.* **~ed**, *pp* **~ing 1** केबिन में या केबिन जैसी जगह के भीतर बंद हो जा. **2** तंग स्थान पर रखना: ~ in a cave 3 झोंपड़ी या झुग्गी में रहना;
collocations: ~ **baggage** विमान की केबिन में रखने योग्य सामान, केबिन असबाब; ~ **boy** जहाज पर छोटे-मोटे काम करने वाला लड़का, परिचालक, केबिन बैरा; ~ **class** जहाज की द्वितीय श्रेणी; ~ **crew** विमान परिचारक व परिचारिकाएं; ~ **cruiser** ऐशो-आराम के लिए एक बड़ी मोटर-बोट (**luxury motorboat**) जिसमें रहने के लिए केबिन और क्वाटर भी होते हैं; ~ **fever** लंबे समय तक बंद व घुटन भरी जगह पर रहने के कारण होनेवाला गंभीर मानसिक तनाव व तुनुकमिजाजी;
p&i: ~ **off 1** पार्टीशन-कुटियाओं में रहना **2** झुग्गी-झोंपड़ी में रहना

cabinet /कैबिनट/ *n.* **1** (**the Cabinet**) मंत्रिमंडल, कबीना: shadow ~ **2** खानेदार अल्मारी: kitchen ~; inner ~ **3** पेटिका: TV ~; medicine ~ **4** कोठरी;
adj. **1** खानेदार, पेटीदार: ~ piano; ~ size; ~ incubator 2 मंत्रिमंडल: ~ crisis; ~ decision; ~ council; ~ of ministers;
dw/lw: **~maker** *n.* बढ़ई, मिस्त्री, लकड़ी का कारीगर, अल्मारी-निर्माता; **~-making** *n.* अल्मारी-निर्माण; **~-minister** *n.* मंत्रिमंडल का सदस्य; **~work** *n.* लकड़ी की अल्मारियां आदि बनाने का काम;
collocations: ~ **affairs** मंत्रिमंडलीय कार्य; ~ **council** मंत्रि परिषद; ~ **crisis** मंत्रिमंडलीय संकट; ~ **edition** पुस्तकालय संस्करण; ~ **photograph** 6x4 नाप का चित्र; ~ **picture** छोटे निजी कमरे में टांगने या रखे जाने वाले चित्राधार पर बना छोटा-सा बढ़िया चित्र; ~ **pudding** स्पंज केक

cable /केबल/ *n.* 1 केबल: laying of ~ **2** टेलीफोन की तार 3 कई तारों वाली विद्युत-चालक तार 4 क्रेन (crane) आदि द्वारा भारी बोझ उठाने के लिए बटा हुआ तार-रस्सा **5** लंगर का तार-रस्सा **6** टेलीविजन कार्यक्रम प्रसारण के माध्यम के रूप में प्रयुक्त तारें **7** (***syn.*** cablegram) समुद्री तार, नौरज्जु, समुद्री संदेशवाहक तार, संदेश: by ~ **8** *naut.* गहराई का माप (*app.* 600 फुट या 200 मीटर) 9

(cable stitch) एक बटी हुई तार की तरह की जाने वाली बुनाई: ~ stitch 10 केबल टीवी का संक्षेप: ~ TV 11 पुल को सहारा देने वाली बटी हुई मोटी तारें, तार-रस्सा;
v. *pt.* **~d**, *pp* **cabling 1** तार-रस्से से बांधना **2** तार भेजना **3** केबल टीवी लगाना;
dw/lw: **~-moulding** *n.* तार की ढलाई; **~-railway** *n.* तारों द्वारा बिजली की आपूर्ति से चलने वाली रेलगाड़ी; **~-tramway** *n.* तार ट्रैम; **~way** *n.* तार-पथ; **cabling** *n.* **1** किसी यंत्र या प्रणाली में लगने वाली तारें **2** केबल की लगाई या बिछाई **3** क्रेन तार;
collocations: **~ television/ ~ TV/ ~ vision** केबल से चलने वाला टीवी; **~ car** केबल कार, तारगाड़ी, तार पर चलने वाली गाड़ी, आकाश गाड़ी; **~ circuit** केबल परिपथ; **~ fault** केबल में दोष; **~ house** केबल घर;
p&i: **cut/ slip one's ~** मर जा.

cabochon /काबअशौन/ *n., Fr.* अनतराशा रत्न: ~ emerald

caboodle /कअबूडल/ *n., colloq.* (*esp.* **the whole ~**) 1 ढेर 2 भीड़, जमावड़ा, समूह: the whole (kit and) ~ (सब कुछ)

caboose /कबूस/ *n.* **1** *N. Amer.* रेलगाड़ी में गार्ड (संचालक) का डिब्बा 2 *naut.* जहाज का रसोईघर, खुले में रखी जाने वाली भट्ठी

cabotage /कैबअटाज/ *n.* तटीय यात्रा या व्यापार

cabriole /कैब्रिओल/ *n.* पशु की टांग जैसी बनी हुई फर्नीचर की टांग

cabriolet /कैब्रिओले/ *n., hist.* 1 दो सवारियों के लिए टपदार घोड़ागाड़ी, टमटम 2 खुली या मुड़वीं छत वाली कार

CABS ***abbr.*** 'Centre for Airborne Systems' की प्रथमाक्षरी

CAC *abbr.* 'Capital Account Convertibility', 'Carrier Access Code', 'Central Advisory Committee', 'connection admission control', customer access code' की प्रथमाक्षरी

ca'canny /कअकैनि/ *n.* धीमा चलने वाला काम, इतालवी हड़ताल

cacao /कअकाउ/ कअकाओ/ *n., pl.* **~s** कोको पेड़ और उसके बीज

cachalot /कैशलॉट/ *n.* मोमीतिमि

cache /कैश/ *n., Fr.* **1** हथियारों आदि का गुप्त जखीरा या छिपाने का स्थान **2** गुप्त भंडार या खेप, छिपी हुई रसद 3 छिपी हुई चीजों का संग्रह;
v. *pt.* **~ed**, *pp* **~ing 1** बचाकर रखना **2** हथियारों आदि को गुप्त स्थान पर संग्रहीत क. 3 कंप्यूटर में आंकड़े संग्रहीत क.;
collocations: **~ memory computer** कंप्यूटर स्मृति-पटल का सबसे तेज भाग जिसके द्वारा भिन्न-भिन्न निर्देश दिए जाते हैं; **~ pot** सजावटी गमला

cachet /कैशे/ *n., Fr.* **1** सरकारी मोहर **2** (***syn.*** prestige) प्रतिष्ठा, मान विशिष्टता, उत्कृष्टता 3 *old use, med.* छोटा कैप्सूल, संपुटिका, पुटी, पुटक 4 विशिष्टता चिह्न 5 स्मृति डाक टिकट;
p&i: **letter of ~** किसी को दिए जाने वाले देश निकाला या कैद के बारे में शाही (मुहरबंद) फरमान

cachetic/ ~cal /ककेटिक\/ ~कल/ *adj.* **1** पतला-दुबला **2** विकृत

cache\xia /ककेक्सिआ/ *n., pathol.* कैंसर या तपेदिक जैसी बीमारी के कारण पैदा होने वाली शारीरिक दुर्बलता, वजन में बहुत अधिक कमी और बहुत खराब स्वास्थ्य;
dw/lw: **~xy** /ककेक्सि/ *n.* विकृति, दुर्बलता, क्षीणता

cachinna\te /कैकिने\ट/ *v., pt.* **~ted**, *pp* **~ting** अट्टहास क., ठहाका मारकर हंसना;
dw/lw: **~tion** /~शन/ *n.* अट्टहास; **~tory** /~टरि/ *adj.* अट्टहासपूर्ण

cacholong /कैशोलॉग/ *n.* कैशोलॉग, दूधिया स्फटिक

cack-handed /कैक-हैंडिड\/ *adj., colloq.* **1** बेढंगा, बेढब, भद्दा 2 खब्बू, बमहत्था;
dw/lw: **~ness** /~नेस/ *n.* 1 बेढंगापन, बेढबता 2 खब्बूपन

cackle /कैकल/ *n.* 1 मुर्गे की कुकड़ूंकूं 2 ठहाका 3 बकबक;
v., *pt.* **~d**, *pp* **cackling 1** ठहाका मारकर हंसना **2** बकबक क. **3** बांग दे., मुर्गे की तरह कुड़कुड़ क., कुड़कुड़ाना;
p&i: **cut the ~** व्यर्थ बातें बंद क.; **cut the ~ and come to the horses** फालतू की बातें बंद करो और मुद्दे पर आओ!

CACL *abbr.* 'Campaign Against Child Labour' की प्रथमाक्षरी

CACO *abbr.* 'Central Asian Cooperation Organization' की प्रथमाक्षरी

caco- /कैको\-/ ककॉ-/ *comb. form, denoting:* **bad, unpleasant** (बुरा, अप्रिय, खराब);
dw/lw: **~dorous** /कैकोडरस/ *adj.* बदबूदार; **~ethes** /~ईथीज/ *n.* 1 विनाशकारी लत 2 सनकपूर्ण व्यसन 3 घातक बीमारी; **cacodoxy** /~डौक्सि/ *US* ~डाःक्सि/*n.* मिथ्या-शास्त्र, कुसिद्धांत; **~gastric** /~गैस्ट्रिक/ *adj.* कुजठरी, अजीर्ण-ग्रस्त उदर संबंधी; **~graphy** /कअकौग्रफि/ *US* कअकाःग्रफि/ *n.* 1 खराब लिखावट 2 अशुद्ध वर्तनी; **~grapher** /कअकौग्रफः/ *US* कअकाःग्रफः/ *n.* खराब लिखावट वाला व्यक्ति; **~graphic** /कअकौग्रैफिक/ *US* कअकाःग्रैफिक/ *adj.* खराब लिखावट संबंधी; **~logy** /कअकौलजि/ *US* कअकाःलजि/ *n.* 1 शब्दों का अशुद्ध प्रयोग 2 खराब शैली या उच्चारण; **~mistle/ ~mixl** /कअकौमिसल/ *US* कअकाःमिसल/ *n.* मांस-भक्षी प्राणी; **~phony** *see below under separate entry*; **~trophy** /~ट्रॉफि/ *n.* कुपोषण

cacoon /कअकून/ *n.* 1 रेशम का कोया 2 दुनिया से अलग-थलगता

cacophon\y /ककौ\फनि/ *US* ककाः\फनि/ *n., pl.* **~ies 1** कर्कशता, कर्णकटुता, कर्णकटु ध्वनि 2 बेसुरापन 3 शोर-शराबा;
dw/lw: **~ous** /~फनस/ *adj.* कर्कश, कर्णकटु, बेसुरा

CACP *abbr.* 'Commission for Agriculture Costs and Prices' की प्रथमाक्षरी

CACTUS *abbr.* 'Campaign against Corporate Tyranny on Unity and Solidarity' की प्रथमाक्षरी

cactus /कलक्टर/ *n., pl.* **cacti** /कैक्टाइ/ *or* **~es** कैकटस, नागफनी, सेंहुड़;
collocations: **~ dahlia** दोहरे फूल वाला डेहलिया

cacu\men /कैक्यूमिन\/ *n.* शिखर या सर्वोच्च बिंदु;
n. मूर्धन्य ध्वनि;
dw/lw: **~minal** /~ल/ *adj., Fr., phon.*, मूर्धन्य; **~minous** /~स/ *adj.* नोकदार शिखर वाला, तीक्ष्णाग्र

cad /कैड/ *n., Br. colloq.* 1 अभद्र या अशिष्ट व्यक्ति 2 लुच्चा, लफंगा

CAD *abbr.* 'Computer Aided Design', 'compact audio disc', 'coronary artery disease', 'current account deficit' की प्रथमाक्षरी

CADA *abbr.* 'Capital Area Development Authority', 'Command Area Development Authorities' की प्रथमाक्षरी

CADAM *abbr.* 'Centre for Alternative Dalit Media' की प्रथमाक्षरी

cadast\re /कअडै\स्ट्र/ *n.* भूमि-पुस्तिका, करपंजी;
dw/lw: **~ral** /~स्ट्रल/ *adj.* भूसंपत्ति-विवरण संबंधी

cadaver /कअडै\वः/कअडेवः/ *n., med.* मुर्दा, शव, लाश, विशेषकर जिस पर शल्य-क्रिया होती है;
dw/lw: **~ic** /~वरिक/ *adj.* शव का, शव संबंधी; **~ous** /~वरस/ *adj.* 1 निष्प्राण 2 (***syn.*** pale, gaunt) पीला, फीका: ~ous countenance 3 मरियल; **~ousness** /~वरसनेस/ *n.* निष्प्राणता, शव-तुल्यता

CADD *abbr.* 'Computer-Aided Design and Drafting' की प्रथमाक्षरी

caddie/ caddy /कैडि/ *n., pl.* **caddies** गोल्फ में खिलाड़ियों की छड़ियां व सामान ढोने वाला परिचर;
v., *pt.* **caddied**, *pp* **caddying**, *s/he/it* **caddies** (*also* **caddie** for sb) गोल्फ में खिलाड़ियों की छड़ियां व सामान ढोना

caddish /कैडिश\/ *adj.* अभद्र, अशिष्ट, अश्लील: ~ behaviour;

dw/lw: **~ness** /~नेस/ *n.* अभद्रता, अशिष्टता, अश्लीलता
caddle /कैडल/ *n.* 1 उथल-पुथल, घड़बड़झाला 2 विद्रोह
caddy /कैडि/ *n., pl.* **caddies** चाय का डिब्बा, कस्तूरा पेटिका: make-up ~ (श्रृंगार-पेटिका)
caden\ce /केडंस/ *n.* **1** आवाज का उतार-चढाव, आरोह-अवरोह 2 (***syn.*** rhythm, beat) लय, स्वर-क्रम: without ~ **3** (तूफान आदि में) गिरावट, कमी 4 संगीत स्वर का अवरोह;
dw/lw: **~cy** /केडंसि/ *n.* 1 = **cadence** 2 वंशावली में अनुज की शाखा; **~t** /केडंट/ *adj.* **1** गिरती हुई: **~t** tears **2** पतनोन्मुख **3** लय-ताल में अवरोह-उन्मुख; **~tial** /केडंसिअल/ *n.* **1** लय के आरोह-अवरोह से संबंधित
cadenza /कअडेंजा/ *n., pl.* **~s** *music* 1 अवरोह 2 अंतिम धुन 3 तुनकमिजाजी
cadet /कअडेट\/ *n.* **1** छात्र सैनिक (अफसर) **2** अनुज, कनिष्ठ पुत्र;
collocations: ~ **branch** अनुज या छोटे बेटे से निकली वंशावली से संबंधित; ~ **corps** छात्र सैनिक टुकड़ी
cad\ge /कैज/ *v., pt.* **~ged**, *pp* **~ging** (*also* **~ge sth from/ off sb**) **1** दूसरों से खाना, पैसा आदि मांगना, टुकड़े तोड़ना **2** उपहार मांगना **3** फेरी लगाना;
dw/lw: **~ger** /कैजः/ *n.* 1 फेरीवाला 2 भिखमंगा, भिखारी; **~gy** /कैजि/ *adj.* 1 लंपट, लफंगा 2 मौजी
cadmium /कैडमिअम/ *n., chem.* (*symbol* Cd) रांगे जैसी धातु, कैडमियम, अर्गजी;
collocations: ~ **electrode** कैडमियम-इलैक्ट्रोड; ~ **yellow** कैड्मियम सल्फाइड से बना बहुत साफ पीला रंग;
p&i: ~ **nickel accumulator** कैडमियम निकल संचायक; ~ **vapour lamp** कैडमियम वाष्प लैंप
cadre /काडर/ कैडर/ *n., milit.* 1 एक स्थायी आधारभूत इकाई जिसे जरूरत पड़ने पर घटा या बढ़ा सकते हैं 2 काडर, सक्रिय कार्यकर्ता 3 अक्सर भूमिगत रहने वाले संगठन का सक्रिय कार्यकर्ता, भूमिगत संगठन का सदस्य
cadu\city /कअड्यू\सिटि/ *n.* 1 नश्वरता, क्षण-भंगुरता 2 जराजीर्णता, जीर्ण-शीर्णता;
dw/lw: **~cous** /~कस/ *adj.* शीघ्रपाती, नश्वर, क्षणभंगुर (fleeting)
CAE *abbr. Austral.* 'College of Advanced Education', 'Certificate in Advanced English', *comput.* 'computer-aided engineering' की प्रथमाक्षरी
caecilian /सीःसिलिअन/ *n.* एक उष्ण कटिबंधीय (tropical) जल-थलचर
caecum/ cecum /सीकम/ *n., anat.* अंधांत्र, उंडुक, अंधनाल
CAESAR *abbr.* 'Centre of Advanced European Studies and Research (Bonn)' की प्रथमाक्षरी
Caesar /सीजः/ *n.* जूलियस सीजर, रोमन सम्राट, तानाशाह;
dw/lw: **~ism** /सीजअरिज्म/ *n.* एकतंत्रवाद, तानाशाही; **~ian** /सीजेरिअन/ *adj.* सीजर के पक्ष का आदमी, सीजर से संबंधित;
collocations: **Caesar salad** लेट्टूस से बना हरा सलाद;
p&i: ~ **is not above the grammarians** नियम तो राजा पर भी लागू होते हैं;
appeal to ~ उच्च शासकों से प्रार्थना; **render unto ~ the things that are ~'s** जो जिसका है वह उसे मिलना चाहिए
caesarean (*also US* **cesarean**) /सीजेरिअन/ *n.* शल्य-प्रसव, गर्भ शल्य, बच्चे को पेट से निकालने के लिए किया जाने वाला शल्य-कर्म;
collocations:~ **section** (*also* ~ **operation**) बच्चे को पेट से निकालने के लिए किया जाने वाला शल्य-कर्म
caesura/ cesura /सिज्युअरा/ *n., pl.* **~s/ caesurae** /सिज्यूअरी/ 1 यति 2 कविता की पंक्ति के बीच में ठहराव/ टूटन 3 ठहराव, अंतराल
CAF *abbr.* 'Charities Aid Foundation' की प्रथमाक्षरी
CAFE *abbr.* 'Corporate Average Fuel Economy' की प्रथमाक्षरी
café /कैफे/ (*also* **cafe**) *n., pl.* **~s/ ~s** छोटा-सा रेस्त्रां जहां जलपान किया जा सकता है, कॉफी हाउस, कहवा घर;
collocations: **café au lait** /कैफे ओ ले/ 1 गर्म दूध के साथ बनाई जाने वाली कॉफी 2 इस कॉफी का पीला-भूरा रंग; **café noir** /कफे न्वाः(र)/ ब्लैक (काली) कॉफी; **café society** लोगों का ऐसा समूह जो फैशनेबल कैफे या रेस्त्रां जाते हैं
cafetería /कैफअटिअरिआ/ *n., pl.* **~s** 1 ऐसा रेस्त्रां जिसमें पहले पैसे देकर अपने आप खाने-पीने की वस्तुएं ली जाती हैं 2 अल्पाहार-गृह
cafetière /कैफअट्येअर/ *n.* जालीवाला शीशे का कॉफीदान
caff /कैफ/ *n.* सरल, साधारण अल्पाहार परोसने वाला ढाबा: a transport ~
caffei\ne /कैफी\न/ *n.* कॉफी बीन या चाय के पत्तों में पाया जाने वाला उत्तेजक तत्त्व कैफीन;
dw/lw: **~nated** /~नेटिड/ *adj.* कैफीनयुक्त
caffe latte /कैफे लाते/ (*also* **latte**) *n., Italian* झागदार गर्म दूध में थोड़ी-सी तेज कॉफी मिलाकर बनाया जाने वाला पेय
CAFOD *abbr.* 'Catholic Fund for Overseas Development' की प्रथमाक्षरी
caftan/ kaftan /कफ्तान/ *Russian* कफ्तान/ (*also in Russian* **кафта́н**) *n.* कफ्तान, चोगा, लबादा
CAG *abbr.* 'Commercial Artists Guild', 'Comptroller and Auditor General' की प्रथमाक्षरी
cage /केज\/ *n.* **1** पिंजरा (for birds and animals) 2 कटघरा, कठघरा (for humans) 3 (***syn.*** mining) खान मजदूरों के लिए लिफ्ट, उत्थापक 4 पिंजरानुमा संरचना 5 *sl.* कारागार;
v., pt. **~d**, *pp* **caging 1** (*also* ~ **sb in**) 1 किसी को पिंजरे में डालना 2 जेल में डालना;
dw/lw: **~d** /~ड/ *adj.* 1 पिंजरे में बंद: ~d animal 2 कैद में बंद; **~ling** /~लिंग/ *n.* पिंजराबंद पक्षी; **cagily** /केजिलि/ *adv.* धूर्त तरीके से; **caging** /केजिंग/ *n.* आवरण मृदा;
collocations: ~ **bird 1** पिंजरे का पंछी **2** कैदी;
p&i: ~ **sb in** कैद क., बंद क.;
rattle sb's ~ किसी को क्रुद्ध क.; **whistle/ sing in a** ~ सहअपराधियों के साथ गद्दारी करते हुए उनके नाम पुलिस को बता देना
cagey/ cagy /केजि/ *adj., degr.* **cagier, cagiest** *colloq.* **1** (***syn.*** evasive) घुन्ना, चुप्पा, चुप रहने वाला **2** धूर्त, चालाक, तिकड़मी;
dw/lw: **cagily** *adv.* चालाकी से
cagoule/ kagoule /कगूल/ *n., pl.,* **~s/ ~s** कगूल, एक हुड वाला ऐस्कीमो जैकेट
CAGR *abbr.* 'Compounded Annual Growth rate' की प्रथमाक्षरी
cahoots /कहूट्स/ *n., [pl.], US* साझेदारी, मिलीभगत: in ~ with sb; **go ~s** *usually derog., colloq.* किसी के साथ मिलीभगत में
CAI *abbr.* 'Consumers Association of India' की प्रथमाक्षरी
Cain /केन/ *n. Bible* **1** आदम के बेटा केन **2** भाई (अवेल) का हत्यारा;
dw/lw: **~ite** *n.* काइनवंशी;
p&i: **raise** ~ हंगामा मचाना, आफत करना, गड़बड़ी फैलाना; **the brand of** ~ केन की मोहर
cainozoic /काइनोजोइक/ *adj.* नूतन जीवयुगीन: ~ era
CAIR *abbr.* '(DRDO's) Centre for Artificial Intelligence and Robotics (Bengaluru)' की प्रथमाक्षरी
caique /काःईक/ *n.* 1 एक छोटी नाव जो एक या ज्यादा चप्पुओं से चलती है और टर्की के पानी के स्रोतों में प्रयोग की जाती है 2 नाव, किश्ती, पाल-जहाज
cairn /कःअन/ *n.* 1 स्तूप, तुमुली, शिलाकूट 2 पर्वत शिखर आदि पर

पत्थरों का ढेर जहां पर किसी को दफनाया गया हो

caisson /केसन/ कसून/ *n.* 1 गोला-बारूद का बक्सा या उसे ढोने वाली घोड़ा गाड़ी, बारूद पेटी, विस्फोटक यान 2 केसन, कोठी, वात-मंजूषा

caitiff /केटिफ/ *adj.* अधम, नीच, पाजी, कमीना

cajole /कजोल\/ *v., pt.* **~d**, *pp* **cajoling 1** खुशामद क., लल्लो-चप्पो क.: the fellow would ~ the devil 2 (***syn.*** coax) फुसलाकर काम निकलवाना: ~ sb into doing sth; he was **~d** into this; ~ money out of people's pockets; he managed to ~ a promise from her;

dw/lw: **~ment** /~मंट/ *n.* फुसलाहट; **~r** /कजोलः/ *n.* फुसलाने वाला, चापलूस; **~ry** /~रि/ *n.* फुसलावा, बहकावा, खुशामद, लल्लो-चप्पो, चापलूसी; **cajolingly** /कजोलिंगलि/ *adv.* 1 चुपचाप, चोरी-छिपे 2 चापलूसी करते-करते;

p&i: **~ sb into sth** तारीफ, वायदों, धमकी आदि का प्रयोग करके किसी से कोई काम करवाना

cake /केक/ *n.* **1** केक: wedding/ birth-day ~ **2** मीठी रोटी: a piece of ~ **3** साबुन आदि की टिकिया, टिक्की, बट्टी, पिंड 4 (***syn.*** Oilcake) खल 6 कोई भी केक जैसा व्यंजन: fish ~;

v., pt. **~d**, *pp* **caking 1** एक मोटी परत के रूप में सूख जा., सख्त हो जा. **2** मोटी परत से ढक जा.: skin **~d** with blood; ~ together;

d/lw: **~d** /केकड/ *adj.* एक मोटी परत के रूप में सूखा हुआ: be ~d in/ with sth (किसी गंदले द्रव यानी कीचड़ आदि में सना हो.) **2** जम जाने के कारण सख्त बना हुआ: ~d mud; ~d blood (थक्का बना खून) 3 सख्त या कड़ा बना हुआ भैंस, गाय आदि का थन या स्त्री का उरोज: ~d breast; **~hole** *n., sl.* मुंह; **caky** *adj.* केक जैसा;

collocations: **~ing coal** पिंड कोयला;

p&i: **~s and ale** मौज-मस्ती भरा जीवन; ~ **walk 1** बहुत आसानी से किया जा सकने वाला काम **2** एक उछल-कूद वाला मार्च **3** इसी शैली से निकला एक नृत्य;

a piece of ~ *colloq.* आसान काम; **a slice/ share of the** ~ *US* **a slice/ share of the pie** किसी को होनेवाले लाभ आदि में से मिलने वाला हिस्सा; **go (off)/ sell like hot ~s** हाथों-हाथ बिकना, खूब बिकना; **have one's ~ and eat it too** *colloq.* चित भी मेरी पट भी मेरा, दोनों हाथों में लड्डू, सांप भी मर जाए और लाठी भी न टूटे; **have one's ~ baked** सफल हो., खुशहाली में जीना; **his ~ is dough** उसका काम बिगड़ गया, उसकी आशाओं पर पानी फिर गया; **land of ~s** जहां दूध-दही की नदियां बहती हों; **life is not all ~s and ale** जीवन में कदम-कदम पर कांटे हैं; **take the** ~ बाजी मारना; **this takes the** ~ इससे बेहतर कुछ नहीं

cal. *abbr.* 'calorie' का संक्षेप,

CAL *abbr.* 'Computer Aided Learning', 'Computer Assisted Learning', की प्रथमाक्षरी

calabash /कैलअबैश/ (*also* **calabash tree**) *n.* 1 (***syn.*** gourd) कद्दू 2 तुंबी, तुमड़ी, तूंबा 3 *US, jocularly,* खाली भेजा, खाली खोपड़ी

calaboose /कैलअबूस/ *n., N. Amer., sl.* बंदीगृह, कारागार, जेलखाना

calabrese /कैलअब्रीस/ कैलअब्रीस/ *n.* अंकुरित हरी ब्रॉकली (broccoli)

calamari /कैलअमाःरि/ *n., [pl.]* 1 एक भूमध्यसागरीय व्यंजन 2 (***syn.*** squid) समुद्रफेनी

calami\tous /कलैमिटस/ *adj.* (***syn.*** disastrous) विपदाकारी, संकटमय, दुखपूर्ण;

dw/lw: **~tously** /कलैमिटसलि/ *adv.* विपदाकारी ढंग से; **~tousness** /कलैमिटसनिस/ *n.* संकटमयता, आपदाकारिता; **~ty** /कलैमअटि/ *n., pl.* **~ies** (***syn.*** disaster) आपदा, विपत्ति, संकट;

p&i: **~ty howler/ Jane/ prophet** निराशावादी, 'गिलास आधा खाली है' की सोच का समर्थक, कयामत का पैगंबर; **~ty issue** ज्वलंत प्रश्न; **~ty is man's (true) touchstone** = **~ty is the touchstone of a brave mind** मुसीबत में ही इंसान की पहचान होती है

calando /कालैंडो/ *adj.* उत्तरोत्तर विलंबित

calcareous /कैलकेअरिअस/ *adj.* कैल्सियमयुक्त, चूनेदार, खटीमयः ~ cement

calceolaria /कैल्सिओलेअरिआ/ *n., pl.* **~s** दक्षिणी और केंद्रीय अमेरिका का एक पौधा

calci- /कैल्सि/ *combining form, denoting:* **calcium** or **lime** (चूना);

dw/lw: **~ferol** /कैल्सिफिरॉल/ *n.* विटामिन D2; **~ferous** /कैल्सिफरस/ *adj., chem.* 1 कैल्सियमयुक्त 2 *biol.* कैल्सियम या कैल्सियमी लवण पैदा करने वाला; **~fication** /कैल्सिफिकेशन/ *n.* 1 खटीकरण 2 (***syn.*** hardening) कड़ा बनने की क्रिया 3 ठोस बनने की क्रिया 4 कैल्सियमी लवण में परिवर्तन; **~fy** *v., pt.* ~fied, *pp* ~fying कैल्सियमयुक्त बनाना, चूनेदार बनाना; **~nation** *n.* निश्चूर्णन, निस्तापन, भस्मीकरण; **~ne** /कैल्साइन/ *v., pt.* ~ned, *pp* calcining 1 चूना बनाना या बनना 2 (***syn.*** pulverize) पूरी तरह फूंकना 3 भस्म क दे., राख बना दे. (reduce to ashes)

calcifuge /कैल्सिफ्यूज/ *n., bot.* ऐसा पौधा जो अम्लीय मिट्टी, जिसमें चूने की मात्रा कम हो, में सबसे अच्छी तरह उगता है, कैल्सियमभीरु

calcite /कैल्साइट/ *n., chem.* कैल्सियम कार्बोनेट से सफेद या पारदर्शी व संगमरमर, लाइमस्टोन आदि का मुख्य अंश

calcium /कैल्सिअम/ (*abbr.* **Ca**) *n., chem.* कैल्सियम, चूना, हड्डियों या संगमरमर आदि में पाया जाने वाला रासायनिक तत्त्व: ~ bromide; ~ fluoride; ~ phosphate;

collocations: ~ **carbide** कैल्सियम कार्बाइड; ~ **carbonate** चाक में मिलने वाला सफेद ठोस पदार्थ; ~ **deficiency** कैल्सियम की कमी; ~ **hydroxide** बुझा हुआ चूना; ~ **treatment** कैल्सियम द्वारा उपचार

calcitrant /कैल्सिट्रंट/ *n.* अग्नि-सह, अग्नि-रोधक

CALCM *abbr.* 'Conventional Air-Launched Cruise Missile' की प्रथमाक्षरी

calcula\bility /कैल्क्युलअ\बिलिटि/ *adj.* गणनीयता;

dw/lw: **~ble** /~बल/ *adj.* गण्य, परिकलनीय

calcular /कैल्क्युलः/ *adj.* अवकलन गणित से संबंधित

calcula\te /कैल्क्युले\ट/ *v., pt.* **~ted**, *pp* **~ting 1** गिनना, परिकलन क., गणन या गणना क.: **~te** the velocity of light 2 (***syn.*** estimate) अनुमान लगाना, हिसाब लगाना: have you **~ted** what a trip to France would cost? 3 (*often* **~te on sth**; ***syn.*** work out) किसी अनुमान पर आधारित योजना बनाना, पर भरोसा क.: we can't **~te** on having fine weather for our holidays 4 के लायक हो.: he is not **~ted** for such a job 5 मानकर चलना: I **~te** we're going to have thunder 6 की ओर लक्षित: **~ted** for effect; statements **~ted** to deceive;

dw/lw: **~ted** /~टिड/ *adj.* पूर्वनिर्धारित योजना के तहत, गणित, सुविचारित, जानबूझकर किया हुआ: ~ted risk; ~ted weight; ~ted murder; ~ted insult; **~ting** /~टिंग/ *adj.* **1** योजनाबद्ध तरीके से या षड्यंत्र रचकर काम करने वाला **2** स्वार्थी, मतलबी 3 गणक: ~ting machine (गणनायंत्र, गणित्र); **~tingly** /~टिंगलि/ *adv.* स्वार्थपूर्ण ढंग से; **~tion** /~शन/ *n.* **1** गणना, हिसाब, परिकलन: be out in one's ~tion 2 सुविचारित योजना: analytical ~tions; ~tions exchange; ~tion of costs 3 सोच-विचार: after much ~tion 4 निहित स्वार्थ; **~tive** /~टिव/ *adj.* 1 गणक 2 माप-तोलकर रिश्ते-नाते बनाने वाला (scheming); **~tor** /~टः/ *n.* **1** गणनायंत्र, गणित्र, परिकलित्र 2 गणक, जोड़ने वाला 3 परिकलन-पुस्तक;

p&i: **be ~ted to do sth** सुविचारित परिणाम पाने की ओर

लक्षित

calculous /कैल्क्युलस/ *adj.* पत्थरी से पीड़ित

calculus /कैल्क्यु\लस/ *n., pl.* **~es/ calculi** /~लाइ/ कलन, अवकलन: differential ~ (चलन-कलन, अवकलन गणित, कैलकुलस); integral ~ (समाकलन गणित, चलराशिकलन);

collocations: ~ **of probabilities** संभावनाओं के सिद्धांत के मद्देनजर अवकलन; ~ **of variation** विविधता आधारित अवकलन

caldarium /कैल्डेरिअम/ *n.* स्नानकक्ष, हमाम

caldera /कॉल्डेअरा/ *n., pl.* **~s** (*syn.* crater) 1 ज्वालामुखी के कमजोर पड़ने या ठंडा पड़ने पर बनी एक बड़ी चट्टान 2 ज्वालामुख-कुंड

caldron /कॉल्ड्रन/ *n.* कड़ाहा, हंडा, महाकुंड, देग (*see also below under* **cauldron**)

Caledonia /कैलिडोनिया/ *n.* **1** *poetic* स्कॉटलैंड **2 New Caledonia** दक्षिण-पूर्वी प्रशांत महासागर में स्थित फ्रांस की एक कॉलोनी

Caledonian /कैलिडोनिअन/ *adj. esp. formerly* स्कॉटलैंड से संबंधित

calefac\tion /कैलिफैक्शन/ *n.* तापन, गर्माहट;

dw/lw: **~tor** /कैलिफैक्टः/ *n.* छोटी-सी अंगीठी; **~tory** /कैलिफैक्टरि/ *adj.* उष्मा-संचारक; **~ient** /कैलिफैसिअंट/ *adj.* तापक, ऊष्मोत्पादक, तापनकारी, गर्माने वाली; **~ient** *n.* 1 तापनी वस्तु, गरमाहट पैदा करने वाली औषधि 2 फफोला

calembour /कालअंबुअः/ *n., Fr.* श्लेष, शब्दों का खेल या जादूगरी

calendar /कैलिंड\र/ *n.* 1 कैलंडर, तिथि पत्र, जंत्री, पचांग, पत्रा: pull-off/ tear-off ~ (मास-दर-मास फाड़ दिया जाने वाला तिथि पत्र); ~ month; ~ year **2** सूची, तालिका, दस्तावेज तालिका, अभिलेख तालिका, बंदी सूची, कार्य-सूची: ~ of Bills and Resolutions; ~ of prisoners 3 वार्षिक या अन्य अवधि का प्रकाशन, विश्वविद्यालय आदि का वार्षिक प्रकाशन (almanac), वार्षिक सूचना पत्रिका **4** सावधिक घटना-क्रम सूची: the ~ of past endeavours 5 कालदर्श (system of time-reckoning): Julian ~; Gregorian ~; Christian ~; Jewish ~ **6** सभा की कार्यक्रम-सूची, समय तालिका **7** अदालत की एक-दिन की मुकदमा-सूची **8** कलंदर, दरवेश **9** कैलेंडर (मशीन), कुंदी करने की मशीन;

v., pt. **~ed**, *pp* **~ing 1** सूची में लिखना **2** वर्गीकरण क. **3** की सूची तैयार क. **4** इंडेक्स, सूची, निर्देश-पुस्तिका आदि तैयार क. **5** सभा की कार्य-सूची तैयार क. **6** प्रपीड़न क.;

dw/lw: **~er/ ~ist** /~रः/ ~रिस्ट/ *n.* पंचांगकार; **~ial/ ~ian** /~रिअल/ ~रिअन/*adj.* = **~ic/ ~al** /~रिक/ ~रिकल/ *adj.* पंचांग संबंधी, पंचांगीय; **~ize/ ~ise** /~राइज/ *v., pt.* ~ized, *pp* ~izing *accounting* बजट को समय की बराबर इकाइयों (महीनों आदि) में बांटना;

collocations: ~ **reform** कैलेंडर में सुधार; ~ **month** पंचांग मास; ~ **variations** पंजांगजन्य विभिन्नताएं; **the Christian/ Jewish/ Western/ Indian, etc.** ~ ईसाई/ यहूदी/ पश्चिमी/ भारतीय पद्धति का पंचांग; **the political/ school/ sporting, etc.** ~ राजनीति/ स्कूल/ खेल आदि के कार्य-कलापों का तिथि पत्र;

calends/ kalends /कैलेंड्स/ *n., [pl.] in the ancient Roman calendar:* हर महीने का पहला दिन;

p&i: **on/ at the Greek** ~ कभी-कभार

calendula /कअलेंड्युला/ *n.* 1 गेंदानुमा पौधा व उसके फूल 2 कैलेंडुला से बनी मरहम

calenture /कैलंट्युअः/ *n., med.* उष्ण जलवायु प्रधान देशों में जलपोत पर होने वाला ज्वर

calescent /कअलेसंट/ *adj.*1 गर्म करने वाला 2 गर्मी द्वारा तपित

calf /काफ/ *n. pl.* **calves** /कावज/ 1 बछड़ा, बछड़ी: ~ crop; ~ house 2 पिंडली (fleshy part of the leg below the knee) 3 बछड़े की चमड़ी 4 हिम पुंज, जो ग्लेशियर या आइसबर्ग से टूटकर बना हो 5 मूर्ख आदमी;

dw/lw: **~-bound** *adj.* वत्स चर्म की जिल्द वाला, काफ जिल्द वाला: bound in ~; ~ binding; **~-country/ ~-ground** *n.* कैशोर्यकालीन वास स्थान; **~-dozer** *n.* छोटा बुलडोजर; **~-lick** *n.* जुल्फ लट; **~-love** *n.* अवयस्क प्रेम, किशोर प्रेम, गोवत्स प्रेम; **~'s-foot** *n.* बछड़े का पैर; **~skin** *n.* बछड़े की खाल; **~-time** *n.* युवावस्था;

p&i: **~'s teeth** दूध के दांत;

eat the ~ in the cow's belly सूत न कपास जुलाहे से लट्ठम-लट्ठ; **in/ with** ~ गाय का गर्भवती (ग्याभन *Hr.*) हो.; **kill the fatted** ~ सवेरे के भूले हुए बुद्धू का शाम को घर लौट आने पर सहर्ष स्वागत क.; **the ~ never heard church bell** अकाल मृत्यु को प्राप्त; **worship the golden ~ 1** आरोन (**Aaron**) के स्थान पर रचित सोने के बछड़े का इजराइलियों द्वारा पूजा जा. 2 स्वर्ण बछड़े का धन-देवता के रूप में पूजा जा.

calibra\te /कैलिब्रे\ट/ *v., pt.* **~ted**, *pp* **~ting 1** व्यास नापना, अंशांकन क. 2 अंशशोधन क.;

dw/lw: **~ted** *adj.* अंशांकित, अंशशोधित; **~tion** /~शन/ *n.* 1 मापन यंत्र को आधिकारिक मानकों से मिलान: ~tion instrument 2 बंदूक की नाली का व्यास मापन 3 अंशांकन, अंश-शोधन; **~tor** /~टः/ *n.* व्यास-मापक;

collocations: **~ted airspeed** *aeronautics* मापक द्वारा दिखाई जाने वाली हवा की रफ्तार; **~tion trials** हवाई उड़ान का परीक्षण

calibre *UK* (*US* **caliber**) /कैलिबः/ *n.* **1** (*syn.* ability, standard) गुण या योग्यता का स्तर, मात्रा या क्षमता: the ~ of the staff **2** किसी नाली का व्यास, बंदूक की नाली का व्यास **3** चरित्रबल: there are few statesmen of his ~ **4** महत्त्व;

dw/lw: **~d/ calibered** *adj.*चरित्रबली, सक्षम, योग्य

calico /कैलिको/ *n., pl.* **~es** छींटदार कपड़ा, छींट: ~ dress;

dw/lw: **~-printer** *n.* छीपी;

collocations: ~ **cat** (*also* **tortoise shell**) काली, भूरी, नारंगी और सफेद रंग की फर (बालदार खाल) वाली बिल्ली;

calid /कैलिड/ *adj.* गुनगुना, कोष्ण;

dw/lw: **~ity** /कैलिडिटि/ *n.* गुनगुनापन, कोष्णता

caliduct /कैलिडक्ट/ *n.* उष्णता संचारक नाली या पाइप

Calif *abbr. US state* 'California' का संक्षेप

californium /कैलिफॉःनिअम/ *n., chem.* (*symbol* **Cf**) कैलिफोर्निअम का चिह्न

cali\go /कअलि\गो/ *n.* दृष्टि-मंदता;

dw/lw: **~ginous** /~जिनस/ *adj.* धुंधला, अस्पष्ट; **~ginosity** /~जिनोसिटि/ *n.* धुंधलापन, अस्पष्टता

caliology /कअलिऔलजि/ *US* कअलिआःलजि *n.* नीड़ विज्ञान (पक्षियों के घोंसलों का अध्ययन)

calipash /कैलिपैश/ *n., pl.* **~es** कछुए की ऊपरी सतह के नीचे वाला मुलायम भाग

calipee /कैलिपि/ *n., pl.* **calipees** कछुए की निचली सतह के करीब मुलायम अंग

caliper /कैलिपः/ (*US spelling* **calliper**) *n.* परकार, कैलिपर

caliph/ calif/ kalif/ khalif /केलिफ/ *n.* खलीफा, मुस्लिम शासक की उपाधि

calix /कैलिक्स/ *n.* पुटक

calk /कॉःक/ *n.* 1 (of horse shoe) नाल 2 कीला, कीलक, खूंटा

CALL /कॉल/*abbr.* **1** 'computer aided language learning' की प्रथमाक्षरी 2 'Computer for all' का परिवर्णी नाम (acronym)

call /कॉल/ *n.* 1 (*also* **phone** ~) टेलीफोन की घंटी या टेलीफोन पर बात: long-distance ~; take the ~; give me a ~; make a ~ **2** आह्वान: a ~ for peace 3 बुलावा: be within ~; out of ~ **4** पुकार, बोली: ~ for help; loud ~ **5** चहचहाहट, पक्षियों की बोली: ~ of birds; the ~ of the cuckoo; the ~ of the nightingale 6 ताश आदि के खेल में बोली (at cards) 7 (*syn.*

Signal) बिगुल आदि बजाकर दिया जाने वाला या विशेष संकेत: radio ~; distress ~ 8 (*usually* ~ **on sth**; ***syn.*** demand) मांग: not much ~ for Latin teachers 9 किसी के समय आदि पर बहुत ज्यादा दबाव (मांग): too many **~s** on sb's time 10 (***syn.*** Need) आवश्यकता 11 (***syn.*** Visit) भेंट, मुलाकात: courtesy ~; return ~; social ~; make **~s**; return sb a ~; pay a ~; place/ port of ~ 12 (***syn.*** alarm) जगाने आदि के लिए घंटी या स्वागत कक्ष का टेलीफोन: wake up ~ 13 **कर्त्तव्य,** अंतर्मन की आवाज: ~ of vocation 14 आकर्षण, खिंचाव: the ~ of the wild/ of the sea; the ~ of nature 15 **क्रिकेट,** टेनिस आदि खेल में रेफ्री के निर्णय की घोषणा: no ball ~ 16 संसद आदि के सत्र का आयोजन 17 नाट्यशाला आदि में कलाकारों का करतल-ध्वनि से हौसला-अफजाई: take a ~ 18 किसी को नाम से बुलाने की क्रिया 19 फैसला, निर्णय: study medicine was my ~;

v., pt. **~ed**, *pp* **~ing 1** (*also* **~ out**) किसी को आवाज देकर बुलाना: he **~ed** after her; he is in the next room, ~ him 2 (***syn.*** summon, invite) बुलाना, बुलावा भेजना, निमंत्रित क.: ~ a friend to one's marriage **3** नाम दे. या रखना: they **~ed** their son Rohit; his name is Alexander, but everyone **~s** him Sasha; what do you ~ this flower?; what do you ~ this in English? 4 तोहमत मढ़ना: ~ sb a liar **5** टेलीफोन क.: ~ sb; he **~ed** me from New York **6** (*also* ~ by/ in/ round) *UK* मिलने जा., किसी के यहां जा., कहीं पर कुछ समय के लिए ठहर जा.: the ship was **~ing** us; I was out when he **~ed**; the Ambassador **~ed** on the Foreign Minister; we are alone most of the time, very few people ~ **7** ताश आदि के खेल में बोली लगाना, तुरुप बोलना: you ~ now 8 अध्यापक द्वारा हाजिरी ली जानी: ~ the rolls **9** पर्दाफाश क., भंडाफोड़ क.: ~ a bluff 10 पक्षी द्वारा विशेष आवाज में बोलकर संकेत दे. 11 कोई चीज या माल लाने के लिए जा.: ~ at the grocer's (पंसारी की दुकान पर जा.) 12 (***syn.*** announce) घोषित क.: ~ an election; ~ a strike; ~ the banns (चर्च में दुल्हा-दुल्हन के नाम घोषित क.) 13 (***syn.*** Awaken) जगाना: ~ sb 14 रेलगाड़ी आदि का निर्धारित स्टेशन पर रुकना: few trains ~ at Badali 15 (***syn.*** Regard) किसी रूप में समझना, कोई लेबल दे., किसी के बारे में निश्चित धारणा प्रकट क.: she cannot be **~ed** a feminist: ~ sth strange 16 (*often* ~ for sth) आह्वान क.: ~ for a strike; ~ to penance; be **~ed** to sth 17 खेल के आरंभ में टॉस करते समय सिक्के की चुनी गई फलक का नाम लेना: heads or tails? You **~! 18** *cricket* गेंद को 'नो बॉल' आदि घोषित क.: ~ a no ball 19 किसी को नाम से पुकारना: where were you, when names were **~ed? 20** आकलन क.: Chinese cannot be **~ed** an easy language; I ~ this a very good house; I ~ that a shame 21 मीटिंग या संसद आदि का सत्र बुलाना: ~ a meeting; ~ Parliament 22 किसी सेवा के लिए सेवादाता को बुलाना: ~ a taxi; ~ a doctor 23 अदालत में मामला सुनना: ~ a cause;

dw/lw: **~-bird** *n.* शिकारियों द्वारा प्रयुक्त झांसा देने के लिए पक्षी; **~-board** *n.* सूचना-पट्ट; **~-boy** *n.* चेतक, सचेतक; **~-deposit** *n.* मांग-जमा; **~er** /कॉलः/ *n.* **1** टेलीफोन करने वाला **2** *UK* मिलने वाला, आगंतुक; **~-girl** *n.* टेलीफोन से बुलाई जाने वाली वेश्या; **~-in** *US* (*UK* phone-in) *n.* रेडियो या टीवी कार्यक्रम के बीच में श्रोताओं को किया जाने वाला फोन; **~ing** /कॉलिंग/ *n.* **1** (***syn.*** vocation) अंतःप्रेरणा, आह्वान: high ~ing; his ~ing is that of a poet; make one's choice of a ~ing **2** व्यवसाय **3** भेंट **4** संसद आदि का सत्र बुलाने का काम **5** निमंत्रण **6** अदालत का सम्मन; **~ing** *adj.* बुलाने वाला: ~ing party; ~ing signal; **~-loan** *n.* शीघ्रावधि ऋण, मांगने पर हाजिर ऋण; **~-notice** *n.* मांग-सूचना; **~-office** *n.* टेलीफोन-घर; **~-out** *n.* **1** मरम्मत के लिए बुलाया जाने वाला आदमी **2** किसी को बचाने आदि के लिए बुलाया जाने वाला ऐंबुलैंस आदि **3** जवाबी संकेत; **~-over** *n.* उपस्थिति, हाजिरी; **~-sign** *n.* परिचय-संकेत; **~-slip** *n.* मांग पर्ची; **~-up** *n.* **1** (***syn.*** conscription) सेना में भर्ती होने के लिए बुलावा 2 किसी टीम में खेलने के लिए प्रस्ताव;

collocations: **~able bond** प्रतिदेय बांड (बंध पत्र); **~ back 1** जवाबी टेलीफोन **2** टेलीफोन या कंप्यूटर का आने वाले फोन या कंप्यूटर से जवाबी संपर्क **3** इंटरव्यू के लिए दोबारा बुलावा **4** बेचे गए असुरक्षित माल का कंपनी द्वारा वापस लिए जाने का कार्य; **~ bell** बुलावा-घंटी, बुलाने की घंटी; **~ box** सार्वजनिक टेलीफोन बूथ; **~ centre** कॉल सेंटर, ऐसे केंद्र जहां टेलीफोन के माध्यम से ग्राहकों को सूचना दी जाती है या उनकी शिकायतों का निवारण किया जाता है; **~ collect** *N. Amer., esp. US* टेलीफोन कॉल पाने वाले द्वारा भुगतान करने का प्रावधान; **~er ID** टेलीफोन में बाहर से आने वाले टेलीफोन का नंबर दिखाए जाने की प्रणाली; **~ing card 1** *N. Amer.* (visiting-card) (भेंट कार्ड) 2 = phone card; **~ letter 1** संकेत ध्वनि **2** इंटरव्यू आदि के लिए बुलावा-पत्र; **~ market** मुद्रा बाजार; **~ money** मांगने पर मिल जाने वाला पैसा, शीघ्रावधि पैसा; **~ waiting** *telecomm.* टेलीफोन कॉल का प्रतीक्षा कतार में होने की स्थिति;

p&i: **~ an election/ meeting, etc.** चुनाव घोषित क./ मीटिंग आदि बुलाना; **~ aside** एक तरफ बुलाना; **~ a spade a spade** स्पष्ट बात कहना, खरी-खरी सुनाना; **~ at** किसी के यहां जा., कहीं पर थोड़ी देर ठहरना: ~ at a friend on the way; the train ~s at Kurukshetra; **~ attention to** ध्यान आकर्षित क.; **~ away** एक ओर बुलाना (*also see below* **~ sb away**); **~ back 1** जवाबी टेलीफोन क. **2** किसी को वापस बुलाना; **~ bell** बुलाने हेतु घंटी; **~ by** (चलते-चलते किसी के यहां) थोड़ी देर की मुलाकात के लिए जा.; **~ cousins** संबंधी होने का झूठा दावा क.; **~ down** 1 नीचे बुलाना 2 नीचे खड़े आदमी को पुकारना 3 आह्वान क. 4 किसी को फटकार लगाना; **~ for 1** ऊंची आवाज में मांग क. **2** आवश्यक बनाना; **~ for action** निर्णायक कदम उठाने के लिए मांग; **~ for an explanation** जवाब तलब क.; **~ for fire** गोली-बारी करने के लिए आह्वान; **~ for men** अतिरिक्त सैनिक टुकड़ी के लिए मांग; **~ for sb 1** किसी को बुला भेजना या लाना **2** किसी के लिए टेलीफोन; **~ for sth 1** किसी बात के लिए आह्वान क., मांग क. **2** किसी बात की जरूरत हो.; **~ forth 1** सृष्टि क., जन्म दे. 2 प्रार्थना करके प्राप्त क.; **~ for trumps** ताश के खेल में साथी को तुरुप चाल चलने का संकेत; **~ home** चर्च में शादी करने वालों के घोषित क.; **~ in** 1 अंदर बुलाना 2 डॉक्टर आदि को बुलाना 3 किसी चीज को वापस मांगना 4 मुद्रा की किसी इकाई को प्रसारण से निकाल ले. 5 किसी कानून को रद्द क.; **~ in evidence** अदालत में गवाही देने के लिए बुलाना; **~ in/ ~ sb in** सहायता या विचार-विमर्श के लिए बुलाना; **~ in on/ in at sb** = **~ at** किसी को थोड़ी देर के लिए मिलने जा.; **~ into being** जन्म दे.; **~ into play** सक्रिय क.; **~ into question** किसी बात के बारे में संदेह व्यक्त क.; **~ it a day** खत्म क., पूरा क.; **~ it square** हिसाब बराबर या चुकता क.; **~ it quits** बहस या झगड़े को हमेशा के लिए खत्म क.; **~ no man happy till he die** मरने से पहले खुश कौन?; **~ note** दूसरे पक्षी को बुलाने के लिए पक्षी की बोली; **~ of duty** कर्त्तव्य की पुकार; **~ of nature** टट्टी या पेशाब का दबाव, हाजत; **~ off** 1 रद्द क. 2 वापस बुलाना 3 ध्यान हटाना; **~ on/ upon sb 1** किसी के यहां मिलने जा. **2** किसी से प्रार्थना या आह्वान क. **3** आमंत्रित क.: the teachers ~ed on the President to present a memorandum against the VC; **~ on sb to do sth** किसी को कुछ करने के लिए आह्वान क.; **~ on sth** एकत्रित करना; **~ option** सट्टा बाजार में किसी तेजड़िये द्वारा तेजी लगाने का काम; **~ out 1** बुलाना **2** नारे लगाना; **~ out the militia** मिलिशिया को सैनिक ड्यूटी पर लगाना; **~ over** सूची के अनुसार नाम लेकर बुलाना; **~ over the coals** गालियां दे., डांटना; **~ over the names** हाजिरी ले.; **~ people out** मजदूरों को हड़ताल करने के लिए आह्वान क. **~ round** ऐसे ही चक्र लगाना या किसी के यहां जा.; **~ sb back 1** किसी को

जवाबी टेलीफोन क. 2 किसी को वापस बुलाना; ~ **sb a liar** किसी को झूठा बताना; ~ **sb away** पहले से किसी काम में व्यस्त व्यक्ति को किसी और काम के लिए भेज दे.; ~ **sb in** किसी को आमंत्रित क. या उसकी सहायता मांगना; ~ **sb names** किसी को अपशब्द कहना या गाली दे.; ~ **sb off** किसी व्यक्ति या कुत्ते को प्रहार करने या तलाशी लेना बंद करने का हुक्म दे.; ~ **sign**/ ~ **signal** *comm.* समुद्री जहाज या विमान को पहचानने के लिए कोई अक्षर या संख्या; ~ **sth forth** प्रार्थना करके (appeal) प्राप्त क.; ~ **sb/ sth to mind** याद क.; ~ **sb up 1** किसी को सेना में अनिवार्य सेवा के लिए भर्ती क. **2** टेलीफोन क.; ~ **sth up 1** भूली-बिसरी बातों को याद क. **2** सूचनाओं या आंकड़ों को कंप्यूटर स्क्रीन पर लाना; ~ **(sb) up** किसी को टेलीफोन क.; ~ **sth into question** किसी बात पर सवाल खड़े क.; ~ **sth off 1** किसी काम को आरम्भ होने से पहले ही रद्द कर दे., स्थगित क. **2** ध्यान पलट दे. **3** जानवर को किसी पर हमला करने से रोकना **4** किसी चीज को बंद करने का हुक्म दे.; ~ **sth up 1** कुछ यादें ताजा क. **2** किसी पाठ आदि को ढूंढकर कंप्यूटर स्क्रीन पर दिखाना: ~ up the file in order to print it out; ~ **the doctor** बीमार व्यक्ति को देखने के लिए डॉक्टर को बुलाना; ~ **the roll** हाजिरी ले.; ~ **the score** खेल के अंक बताना; ~ **the shots** सर्वेसर्वा हो., किसी का हुक्म चलना; ~ **the tune 1** अपनी चलाना **2** अपने मन-मर्जी की बात करवाना; ~ **time on sth** यह कहना के खत्म करने का समय हो गया; ~ **to account** जवाब तलब क.; ~ **to the bar** वकालत करने का लाइसेंस दे.; ~ **together** एकत्रित क.; ~ **to mind**/ ~ **up 1** ऊपर बुलाना **2** ऊपर खड़े आदमी को नीचे से बुलाना **3** टेलीफोन पर बुलाना **4** सैनिक सेवा के लिए बुलाना **5** जगाना **6** स्मरण क., याद आ.; ~ **to order 1** शांति या व्यवस्था बनाये रखने को कहना **2** मीटिंग को औपचारिक रूप से शुरू क.; ~ **to witness** 1 किसी को गवाह के रूप में बुलाना 2 गवाही को संदर्भित क.; ~ **upon** 1 किसी को बोलने के लिए मंच पर बुलाना 2 विवश हो. 3 आवश्यकता अनुभव क.;

a clarion ~ रण-हुंकार; **a** ~ **of the house** सदन के सत्र का बुलावा; **a** ~ **for sth 1** बारी **2** बोली **3** किसी चीज के लिए आह्वान; **a** ~ **to arms** हथियार उठा लेने के लिए हुंकार; **a close** ~ खतरे का काम, (कुछ बुरा) होते-होते बचना: it was a close ~ (मरते-मरते बच गया); **as the** ~, **so the echo** जैसा बोओगे, वैसा काटोगे; **at** ~ बिल्कुल तैयार, किसी की सेवा में हाजिर; **be ~ed sth** किसी नाम या तखल्लुस से पुकारा जाना; **be ~ed up** फौज आदि में भर्ती के लिए तलब क.; **be on** ~ बुलावा आने पर काम पर जाने को तत्पर; **be ready at a** ~ हुक्म मिलते ही काम करने को तत्पर; **be too many ~s on sb's time** किसी के समय पर काफी दबाव हो.; **deep ~s unto deep** घृणा से घृणा पैदा होती है; **get a** ~ **upon sth** किसी चीज पर किसी का पहला अधिकार हो.; **get one's** ~ मृत्यु की कगार पर हो.; **have/ get a** ~ **upon sth = have first** ~ **on sth** किसी चीज पर या किसी चीज का पहला अधिकार हो.; **have the** ~ किसी चीज की मांग हो.; **he had no** ~ **to do that** उसे ऐसा करने का कोई अधिकार न था; **he has many ~s on his money** उसके पैसे की काफी मांग है; **loan at/ on** ~ or **money on** ~ मांगने पर पैसा हाजिर; **not much** ~ **for** *Lat.* **teachers** लातीनी भाषा के अध्यापकों के लिए कोई विशेष मांग न हो.; **on** ~ मांगने पर हाजिर; **sb's** ~ बारी, बोली, निर्णय, मत; **the** ~ **of duty first** कर्त्तव्य -सर्वोपरि; **the** ~ **of the wild** प्रकृति की गोद में जाने के लिए आह्वान; **the meeting is ~ed to order** सभा औपचारिक रूप से शुरू होती है; **there is no** ~ **for you to worry** घबराने की कोई जरूरत नहीं; **too many ~s on my time** मेरे समय पर बहुत दबाव है; **within** ~ जो बुलाने पर तुरंत पहुंच जाए, पहुंच के भीतर, सुलभ

callanetics /कैलअनेटिक्स/ *n., [sing.], trade* मांस पेशियों को चुस्त-दुरुस्त करने के लिए किया जाने वाला व्यायाम

caller ID टेलीफोन या मोबाइल में फोन करने वाले का नंबर दिखाने की प्रणाली

callid /कअलि\ड/ *adj.* चतुर, घाघ, मक्कार, छलिया, कपटी;
dw/lw: **~ity** /~डिटि/ *n.* चालाकी, मक्कारी, दगाबाजी

calligraph\er /कैलिग्रअ\फ:/ *n.* सुलेखकार, खुशनवीस, खुशखतिया;
dw/lw: **~ic** /कैलिग्रैफिक/ सुलेख, सुलेखीय; **~ically** /कैलिग्रैफिकलि/ *adv.* सुंदर लिखाई में; **~y** /~फि/ *n.* सुलेखन, सुंदर लिखाई

Calliope /कअलाइअपि/ *n., pl.* **~s** *Gr. myth* महाकाव्य देवी

calliope /कअलाइअपि/ *n., pl.* **~s** *N. Amer.* एक वाद्य का बटन पटल (key board)

callipers /कैलिपःज/ *n.* चिमटीनुमा नाप उपकरण, परकार

callisthenic /कैलिस्थेनिक/ *adj.* तालमय व्यायाम (rhythmic gymnastics) संबंधी
***n.**, [pl.]* लयमय व्यायाम

callosity /कैलॉसिटि/ *n., pl.* **callosities 1** घट्टा, किण **2 = callousness** (*see immediately below*) कठोरता, निर्दयता

callous /कैलस\/ *adj.* 1 दूसरे लोगों की भावनाओं या दुःख-दर्द के प्रति संवेदनहीन: ~ answer; ~ to criticism **2** कठोर, निर्दय, निष्ठुर, कठोरहृदय: ~ to any appeal for help 3 बेदर्द, क्रूर: ~ man 4 उदासीन, बेरपरवाह: ~ to ridicule; ~ indifference;
dw/lw: **~ly** /~लि/ *adv.* क्रूरता से; **~ness** /~नेस/ *n.* क्रूरता, संवेदनहीनता, कठोरता, निर्दयता

calloused /कैलअस्ट/ (*US* **callused**) *adj.* कठोर परिश्रम के कारण खुरदरा और कठोर बना हुआ: ~ hands

callow /कैलो/ *adj., derog.* 1 अप्रौढ़, अनुभवहीन: ~ youth; ~ orators 2 कच्चा, पंखहीन 3 निचला, निचली;
n. निचली भूमि, जलोढ़;
dw/lw: **~ness** /कैलोनेस/ *n.* अप्रौढ़ता, अनुभवहीनता

callus /कैलस/ (*see also* **callous** *above*) *n., pl.* **calluses 1** हाथों आदि में घर्षण आदि से बना घट्टा, किण 2 टूटी हड्डी के सिरे पर बना खून का थक्का या मांस पेशी जो घाव के भरने का संकेत देता है

calm /कॉम/ *adj., deg.* **~er**, **~est 1** शांत, प्रशांत: please, be ~!; it was rather ~ of him 2 अनुत्तेजित, बिना किसी घबराहट के 3 (***syn.*** weather) स्थिर, शांत, अतरंगित **4** पाल पोत से यात्रा करने के लिए हवा की कमी **5** निरंतर, सम-समान **6** अति-आत्मविश्वासपूर्ण;
***n.* 1** सौम्यता, गंभीरता, शांति **2** संतुलन **3** हवा-रहितता, खामोशी अतरंगता, नीरवता: ~ before the storm 4 प्रशांत मंडल;
***v.**, pt.* **~ed**, *pp* **~ing** (*usually* ~ **sb/ sth down) 1** शांत हो. या क.: ~ yourself! 2 दंगा आदि शांत करके शांति स्थापित क.: ~ down the tempers **3** तूफान आदि का रुकना: the tempest **~ed** down;
dw/lw: **~ative** /कॉमअटिव/ *adj. med.* शामक, शांत करने वाली (दवा); **~ly** /कॉमलि/ *adv.* शांतिपूर्वक, आराम से; **~ness** /कॉमनेस/ *n.* **1** शांति **2** गंभीरता 3 चैन, सुकून; **~s** /कॉम्ज/*n.* प्रशांत मंडल;
p&i: ~ **sb/ sth down** शांत क या हो.: the sea ~ed down; **the** ~ **before the storm** तूफान से पहले की शांति, भयंकर घटना का अहसास

calomel /कैलोमेल/ *n.* सफेद स्वादहीन रेचक चूर्ण, रसकपूर

calor gas (*US* **cooking gas**) सिलेंडर में भंडारित रसोई गैस

calo\rie/ calory /कैलअरि\/ *n., pl.* **~ies** कैलरी, ऊष्मांक: watch one's **~ries**; **~rie** conscious;
dw/lw: **~ric** /~क/ *adj.* **1** कैलोरी-संबंधी: ~ic content; ~ric unit; ~ric value/ capacity 2 ताप-संबंधी, ऊष्मीय; **~ricity** /~सिटि/ *n.* = **~rimetery** (*see below*); **~rific**/ **~rifacient** /~फिक/ क्लॉरिफेशिअंट/ *adj.* ताप-संबंधी, तापजनक, ऊष्मीय: ~rific value *phys.* (एक इकाई द्रव्य मान को पूर्णतः जलाने से पैदा हुई ऊष्मा की मात्रा, उष्मीय मान); ~rific capacity; **~rification**

/~फिकेशन/ *n.* तापोत्पादन, ऊष्मोत्पादन; **~rifics** /कलॉरिफिक्स/ *n.* ताप-तकनीकी; **~rimeter** *n.* ऊष्मामापी; **~rimetery** *n.* ऊष्मा मापन;
collocations: **large ~rie** 10^0 **C** एक किलोग्राम पानी का तापमान **10** C^0 बढ़ाने के लिए आवश्यक ऊष्मा की मात्रा; **small ~rie 10 C** एक ग्राम पानी का तापमान **10** C^0 बढ़ाने के लिए आवश्यक ऊष्मा की मात्रा

calotte /कलॉट/ *n.* टोपी, टोपिका

calque /कैल्क/ (*also* **loan translation**) *n.* विदेशी भाषाओं से लिए गए ऐसे संयुक्त शब्द जिसके भिन्न-भिन्न हिस्से मूल भाषा के शब्दों या हिस्सों के शाब्दिक अनुवाद से बने होते हैं

caltrope /कैलट्रप/ *n.* गोखरू

CALSOFT *abbr.* 'California Software' की प्रथमाक्षरी

calumet /कैलअमेट/ *n.* (*also* **peace pipe**, **pipe of peace**) शांति का प्रतीक एक तरह का हुक्का

calumnia\te /कअलम्निएट/ *v., pt.* **~ted**, *pp* **~ting 1** झूठा आरोप लगाना: be **~ted 2** निंदा/ बुराई क.;
dw/lw: **~tion** /~शन/ (*also see below* **calumny**) *n.* 1 निंदा, बुराई, बदनामी 2 मिथ्यारोप, झूठा दोष; **~tor** /~टः/ *n.* 1 निंदक, बुराई करने वाला 2 मिथ्यारोपक

calumnious /कैलम्निअस/ *adj.* निंदात्मक, बदनामी-भरा

calumny /कैलम्नि/ *n., pl.* **calumnies 1** बुराई, निंदा, बदनामी 2 तोहमत, मिथ्यारोप, झूठा दोष

calurea /कैल्युरी/ *n.* यूरिया (खाद)

Calvados /कैल्वअडौस/ *n.* सेब के रस का आसवन (distil) करके बनाया जाने वाला एक फ्रांसीसी पेय

Calvary /कैलवअरि/ *n., pl.* **calvaries** ईसा को सूली पर चढ़ाने का स्थान: road to ~ (क्रूस पथ); ~ cross (कैलवरी या सूली क्रूस)

calv\e /काःव/ *v., pt.* **~ed**, *pp* **~ing** मादा पशु या जानवर द्वारा बच्चा दे., ब्याना;
dw/lw: **~er** *n.* ग्याभन; **~es** /काव्ज *n., pl.* 'calf' का बहुवचन, बछड़े, बछड़ियां

Calvin\ism /कैल्विनिज्म/ *n.* जॉन कैल्विन के सिद्धांत, कैल्विनवाद;
dw/lw: **~ist** /कैल्विनिस्ट/ *n.* कैल्विनवादी

calvish /काःल्विस/ *adj.* मूर्ख-सा, बुद्धू-सा

calx /कैल्क्स/ *n., pl.* **calces** /कैल्सीज/ *or* **calxes** /कैल्कसीज/ कैल्शियम ऑक्साइड, चूना

Calypso /कअलिप्सो/ *n., astron.* शनि (Saturn) का चौदहवां चंद्रमा

calypso /कअलिप्सो/ *n., pl.* **~s** वेस्टइंडीज का गीत जो वर्तमान काल की घटनाओं को हास्यास्पद ढंग से प्रस्तुत करता है

calyx /केलिक्स/ *n., pl.* **calyces** /केलिसीज/, **calyxes** /केलिक्सीज/ 1 बाह्यदल पुंज, बंद फूल की पंखुडियां: ~ lobe **2** पुटक, चषक,

calzone /कैल्त्सोन/ *n., pl.* **calzones** समोसे की तरह का गोल पित्जा व्यंजन

CAM *abbr. comput.* 'computer-aided manufacturing', 'Certificate of Advanced Mastery' की प्रथमाक्षरी

cam /कैम/ *n., engin.* कैम, घूमती हुई धुरी पर एक बाहर निकलता भाग जो इससे जुड़े दूसरे भागों को गति बदलता है: ~ wheel

camaraderie /कैमअराडरि/ *n.* भाईचारा, बंधु-भावना, बंधुत्व, साथीपन, सखापन

camarilla /कैमअरिल्ला/ *n.* सत्ता-पिपासु षड्यंत्रकारी चौकड़ी, कुठरिया

camber /कैंबः/ *n.* 1 सड़क, डेक आदि के बीच में उभारदार सतह (ताकि पानी अपने आप बहकर बाहर निकल जाए) 2 हवाई जहाज के पंखों में थोड़ा मोड़दार उभार 3 लकड़ी का मुड़ा हुआ टुकड़ा 4 उत्तलता;
v., pt. **~ed**, *pp* **~ing 1** सड़क, डेक आदि के बीच में उभारदार सतह बनाना 2 मोड़कर धनुषाकार बनाना

cambist /कैंबिस्ट/ *n.* सर्राफ, विदेशी विनिमय व्यापारी

Cambodia /कंबोडिया/ *n.* कंबोडिया;
dw/lw: **~n** /कंबोडिअन/ *adj.* कंबोडिया का नागरिक

Cambrian /कैंब्रिअन/ *adj., geol.* 'Palaeozoic' युग का पहला काल

cambric /कैंब्रिक/*n.* एक बढ़िया सूती सफेद कपड़ा, कैंब्रिक

Cambridge /कैंब्रिज/ *n.* कैंब्रिजशायर से संबंधित;
collocations: **Cambridge University** कैंब्रिज विश्वविद्यालय: ~ blue; ~ blues; ~ flag

Cambs. *abbr.* 'Cambridgeshire' का संक्षेप;

camcorder /कैमकॉःडः/ *n.* श्रव्य और दृश्य को एक साथ रिकॉर्ड करने वाला चल कैमरा

came /केम/ *pt.,* **'come'** का भूतकाल

camel /कैमल/ *n.* 1 ऊंट, ऊंटनी, उष्ट्र, उष्ट्री, दो-कोहा पशु (two-humped animal): Arabian ~; Bactrian ~ (एक-कोही ऊंट) 2 *tech.* उत्थापक, उत्प्लावक 3 कूबदार विमान;
dw/lw: **~back** *adj.* ऊंट जैसी पीठ वाला, कुबड़ा; **~-bird** *n.* शतुर्मुर्ग; **~cade** /कैमलकेड/ *n.* ऊंटों का काफिला; **~eer** /कैमलिअः/ *n.* ऊंटवान, सारबान; **~-hair**/ **~'s-hair** *n.* 1 ऊंट की ऊन के कपड़े 2 गिलहरी की पूंछ के बाल जिनसे शीशे साफ करने वाले बुरुश बनाए जाते हैं; **~ine** /कैमलाइन/ *n.* ऊंट के बालों का कपड़ा; **~ish** /कैमलिश/ *adj.* जिद्दी, हठी, ऊंट जैसा; **~ry** /कैमलरि/ (*also* **~-corps**) *n.* ऊंटसवार सेना; **~-yarn** *n.* अंगोरा भेड़ की ऊन का धागा;
p&i; **~'s thorn** कांटेदार जाड़ी जवासा;
swallow a ~ अत्यधिक सहनशील हो.; **it is easier for a ~ to go through the eye of a needle than ...** इस से आसान तो ऊंट का सूई के मुंह में से गुजर जाना होगा, बहुत कठिन काम; **the ~ going to seek horns, lost his ears** चौबे चले छब्बे बनने दूबे होकर लौटे, कौवा चला हंस की चाल, अपनी चाल भी भूल गया

camellia /कमीलिया/ *n., pl.* **~s** चीन व जापान की एक सदाबहार झाड़ी जिस पर लाल या गुलाबी रंग के फूल आते है

camelopard /कैमेलोपाःड/ (*also* **cameleopar**) *n.* जिराफ

camelot /कैमिलौट/ *US* कैमिलाःट/ *n.* 1 एक काल्पनिक स्थान जहां सम्राट आर्थर का दरबार लगता था 2 एक आदर्श स्थान (अति सुंदर, शांतिपूर्ण तथा प्रकाशयुक्त)

camel-yarn *see above under* **camel:** ***dw/lw***

Camembert /कैमम्बेअर/ *n.* एक सफेद मुलायम तेज जायके वाली फ्रांसीसी पनीर

cameo /कैमिओ/ *n., pl.* **~s 1** (*also* **~ role**) फिल्म में दिखने वाले प्रसिद्ध व्यक्ति की एक छोटी-सी झलक: a ~ appearance 2 लघु रत्न, उत्कीर्ण रत्न: ~ brooch; ~ binding (बीच में उभरी हुई जिल्द) **3** लघु रेखाचित्र, लघु दृश्य, तीक्ष्ण लघु लेख

camera /कैमअरा/ *n., pl.* **~s 1** कैमरा, फोटो खींचने का यंत्र: aerial/ air/ airborne ~ **2** सिनेमा का चल कैमरा: film ~; ~ series ~; ~ caricature 3 चलता हुआ टीवी कैमरा 4 न्यायाधीश का कमरा: in ~ (बंद कमरे में) 5 खोजी कैमरा: air survey ~;
dw/lw: **~man** *n.* कैमरामैन, फोटो खींचने वाला; **~-shy** *adj.* जिसे फोटो खिंचवाना अच्छा नहीं लगता;
collocations: **~ boy**/ **lad** *or* **~ clicker**/ **toter** सिने-रिपोर्टर या फोटो-रिपोर्टर; **~ eye** अच्छी दृश्य स्मृति; **~ lucida** आलोक चित्रक यानी माइक्रोस्कोप व अन्य ऑप्टिकल उपकरणों की मदद से चित्र या छवि को कागज पर लाने वाला कैमरा; **~ obscura** कैमरे का प्रारंभिक रूप, तमोकक्ष कैमरा यानी एक काला बक्सा जिसकी एक दीवार या छत में एक छेद होता था जिसमें से लेंस द्वारा चित्र को बाहर दिखाया जा सकता है; **~ recording** फोटो रिकार्डिंग; **~ spotting** कैमरा द्वारा सूक्ष्म चीजों की खोज;
movie ~ चल-चित्र बनाने वाला कैमरा; **reconnaissance ~** खोजी कैमरा; **reflex ~** दर्पण कैमरा;
p&i: **in ~ 1** बंद कमरे में, न्यायालय की बजाए जज के निजी कमरे में **2** गुप्त रूप से: meeting in ~ (बंद बैठक, गुप्त बैठक); **on ~** कैमरे

के सामने आकर, खुल्लम-खुल्ला; **candid** ~ सहज फोटो;
camiknickers /कैमिनिकःज/ *n., [pl.]* **1** रेशमी कपड़े से बनी महिलाओं के लिए निक्कर **2** औरतों के नीचे के कपड़े
camion /कैमिअन/ *n.* ट्रक, गाड़ी
camisole /कैमिसोल/ *n.* स्त्रियों की बिना बांह की कुर्ती या बनियान, शमीज
camomile/ chamomile /कैमअमाइल/ *n., pl.* **~s** बबूना नामक सुगंधभरा सदाबहार पौधा और उसके फूल
camoufla\ge /कैमअफ्लाःज/ कैमुफ्लाःज/ *n.* 1 छद्मावरण, ढक-तोप, छलावरण: **~ge** lighting 2 सैनिक गतिविधियों व उपकरणों आदि को छिपाने की क्रिया: **~ge** net/ painting;
v., pt. **~ged**, *pp* **~ging** **1** छलावरण से छिपाना **2** छिपाने के लिए छद्म रूप दे. या ढकना, (छद्मावरण से) छिपाना 3 सैनिक गतिविधियों व उपकरणों आदि को छिपाना
camp /कैंप/ *n.* 1 कैंप, शिविर, डेरा: open ~; summer ~; break/ strike ~ (शिविर से चले जा.) **2** यात्रा में रात्रि पड़ाव: pitch ~ (शिविर के तंबू आदि गाड़ना) **3** खेमा, दल, धड़ा: be in different **~s**; have a foot in both **~s** **4** सैनिक छावनी: ~ site/ commander; ~ equipage/ gear; ~ kit/ box; ~ stove 5 किलेबंदी वाला स्थल 6 सैनिक सेवा या जीवन: ~ of instruction; follow the ~ **7** बंदी शिविर: concentration ~; prison ~ **8** (***syn.*** tabor) जिप्सियों यानी रोमा लोगों (बंजारों) का डेरा या पड़ाव;
adj. **1** (***syn.*** Effeminate) औरतों जैसी हरकतें करने वाला (आदमी), स्त्रैण 2 (***syn.*** Homosexual) समलैंगिक 3 (***syn.*** Theatrical) अतिरंजित, नाटकीय **4** अत्युक्तिपूर्ण, भद्दा, फूहड़, कृत्रिम;
v., pt. **~ed**, *pp* **~ing** **1** शिविर में ठहरना: ~ down; ~ out 2 पड़ाव डालना: go **~ing**;
dw/lw: **~bed** *n.* सफरी बिस्तरा; **~chair** *n.* शिविर-कुर्सी; **~cot** *n.* शिविर-चारपाई; **~crafter** *n.* शिविर बनाने में माहिर; **~er** *n.* **1** शिविरवासी **2** (*also* **~er van**) शिविर-गाड़ी; **~fire** *n.* अलाव, खुले में जलाई जाने वाली आग; **~follower** *n.* **1** (दल या धड़े का) अनुयायी: monopolists and their ~followers 2 शिविर आदि लगाने-उखाड़ने में मदद करने वाले लोग 3 एक पेशे के कुछ लोगों के साथ घूमते हुए पैसे अर्जित करने वाला या करने वाली (e.g., a prostitute); **~ing** /कैंपिंग/ *n.* शिविर में निवास; **~site** (*also* **~ground**) *n.* 1 पड़ाव-स्थान, शिविर स्थान 2 छुट्टियां आदि बिताने का स्थल; **~stool** *n.* शिविर-स्टूल (पीढ़ा);
collocations: **~ address** पड़ाव/ शिविर का पता; **~ bed** सफरी (folding) बिस्तरा; **~ fever** एक प्रकार का बुखार, जो शिविरों में रहने से हो जाता है;
an army/ prison/ refugee ~ सैनिक/ कैदी/ शरणार्थी शिविर; **pitch** ~ कैंप-साइट पर तंबू आदि गाड़कर कैंप लगाना;
p&i: **~ it up/ ~ sth up** नाटकीय बनाना, नाटकीय बर्ताव क., अतिरंजित क.: ~ed his performance up to make the character more lively; **~ out** **1** बाहर या खुले में (तंबुओं के बिना या के अंदर) सोना **2** किसी अस्थाई मकान में कम से कम फर्नीचर आदि के साथ रहना **3** थोड़े समय के लिए कहीं डटना;
be in different ~s अलग-अलग खेमों में हो., विचारों के आधार बंटा हो.; **be in the same** ~ एक ही खेमे में हो., हमविचार हो.; **break** ~ खेमा (पड़ाव) उठाना, तंबू समेटना; **go ~ing** शिविर में जाकर रहना या छुट्टी मनाना; **have a foot in both ~s** दो नावों में पांव रखना; **high** ~ अनगढ़ता को कला में परिवर्तन क.; **take into** ~ परास्त करके पकड़ना
campaign /कैंपेन/ *n.* **1** अभियान, मुहिम, आंदोलन: ~ against cancer 2 युद्ध, सैनिक अभियान: ~ medal; ~ tactics 3 प्रचार: electoral ~; propaganda ~; ~ button; ~ text-book; ~ manager/ team;
v., pt. **~ed**, *pp* **~ing** (*usually* **~ for/ against sth**) **1** किसी लक्ष्य को प्राप्त करने के लिए अभियान चलाना **2** प्रचार क.: ~ for sb;
dw/lw: **~er** /कैंपेनः/ *n.* अभियान चलाने वाला, आंदोलनकारी: old ~er (मंजा हुआ प्रचारक)
campa\na /कैंपअ\ना/ *n.* घंटाकार वस्तु, कैंपेना (पुष्प);
dw/lw: **~niform** /~निफॉर्म/ *n.* घंटाकार, घंटारूप; **~nile** /~नीलि/ *n.* घंटा-घर, घंटा मीनार; **~nist** /~निस्ट/ *n.* घंटा-विशेषज्ञ, घंटाविद्; **~nology** /~नौलअजि/ *US* ~नाःलअजि/ *n.* घंटे बनाने और बजाने की कला, घंटा-विद्या; **~nula** /कैंपैन्युला/ (*also* **bell-flower**) *n., pl.* **~s** घंटाकार पुष्प
campestral /कैंपेस्ट्रल/ *adj.* क्षेत्रिक, खेतों में उगने वाला
camphor /कैंफर/ *n.* कपूर, कर्पूर;
dw/lw: **~aceous** /कैंफरेशिअस/ *adj.* कर्पूरी, कपूरजैसा; **~ic** /कैंफौरिक/ *adj.* कर्पूरी, कपूरी; **~ate** /कैंफरेट/ *v. pt.* ~ated, *pp* ~ating कर्पूर से संसाधित क., कर्पूर मिलाना; **~ated** /कैंफरेटिड/ *adj.* कर्पूरयुक्त: ~ated oil (कर्पूर का तेल)
campion /कैंपिअन/ *n.* एक वार्षिक या सदाबहार पौधा
CAMPS *abbr.* 'Community Adoption and Monitoring Programmes for School' की प्रथमाक्षरी
campsite (*also US* **~ground**) *n. see above under* **camp: *dw/lw***
campus /कैंपस/ *n., pl.* **~es** **1** परिसर, विश्वविद्यालय (परिसर): ~ life; ~ paper 2 मैदान, अहाता 3 शैक्षिक जगत: ~ English;
p&i: **on** ~ विश्वविद्यालय के भीतर या परिसर के मैदान में
campylobacter /कैंपिलॉबैक्टः/ *n., biol.* एक कुंडलीनुमा बैक्टीरिया जो इंसानों और जानवरों के प्रजनन अंगों में होता है और मानवों में दस्त (diarrhoea and gastritis) और भेड़ों आदि में प्रजनन अंग रोग पैदा कर सकता है
CAMRA *abbr.* 'Campaign for Real Ale' की प्रथमाक्षरी
camshaft *n., en0gin.* ऐसी धुरी जिससे कई कैम जुड़े होते हैं
can[1] /कैन/*modal v., pt.* **could** **1** कर सकना, समर्थ हो., सक्षम हो., का हुनर जानना: I ~ do it; he **can't** come to you tomorrow; we **could** see nothing; you **cannot** go there by bus; I will help you all I ~; he reassured her as well as he **could**/ as best he **could**; I ~ swim; she **can't** cook; she ~ read and write; he ~ run very fast; he **could** walk twenty miles 2 सकना, किसी कार्य को करने की अनुमति मिलना या हो.: yes, you ~ take that book; you ~ go now; you ~ cross the street here 3 सकना, कुछ करने की अनुमति मांगना: ~ I take that book? ; ~ I have some more bread, please? 4 सकना, प्रस्ताव रखना: you **could** consider my suggestion 5 सकना, संभव हो., हो सकना: I **can't** very well accept this offer; it ~ be done at once; the weather here ~ change very quickly; he **could** have walked there, it is not far; **cannot** help laughing/ smiling etc. 6 संदेह हो.: ~ it be true?; she couldn't have done it!;
can[2] *v., pt.* **~ned**, *pp* **~ning** **1** खाद्य पदार्थों को डिब्बाबंद क., डब्बा सील (seal) क. 2 कनस्तरों या पीपों में डालकर रखना 3 *US* कैद में डालना 4 छात्र को विद्यालय से निकालना 5 (***syn.*** sack, fire) नौकरी से निकालना 6 *US sl.* बंद क.: ~ it!; ~ the stuff!
can[2] ***n.*** **1** (***syn.*** tin) बंद (sealed) कनस्तर, पीपा, डिब्बा: ~ opener 2 कनस्तर या पीपा आदि में आने वाली द्रव की मात्रा 3 डिब्बा भर 4 डिब्बा, पीपा आदि 5 फिल्म का डिब्बा 6 कूड़ादान: garbage ~ **7** (**the** ~) *sl.* जेल (prison) 8 (***syn.*** buttock) नितंब 9 *N. Amer. sl.* (*usually* **the** ~) शौचालय;
dw/lw: **~ned** *adj.* डिब्बाबंद (*also see below under separate entry*); **~ful** /कैनफुल/ *n., pl.* ~fuls डिब्बा-भर मात्रा, कनस्तरभर (*also see below under separate entry*); **~ner** *n.* कनस्तर भरने वाला, डिब्बाबंद करने वाला; **~nery** *n.* कनस्तर गोदाम; **~ning** /कैनिंग/ *n.* टिनबंदी, डिब्बाबंदी: ~ing factory; ~ing industry; **~opener** (*also UK* **tin opener**) *n.* डिब्बा खोलने का उपकरण;

collocations: **~-for-~ exchange** खाली पीपों या डिब्बों की अदला-बदली;

p&i: **~ the leopard change his spots?** कुत्ते की दुम टेढ़ी की टेढ़ी;

a ~ of worms 1 गंदगी का घर **2** घिनौनी करतूतों का पिटारा; **carry the ~** *colloq.* दोष अपने ऊपर लेना; **in the ~** समाप्त, खत्म; **she is as pleased as she ~ be** वह बेहद खुश थी; **the neighbours were as generous as could be** जितना हो सकता था, पड़ोसी उतने उदार थे; **tie a ~ on** 1 किसी को बाहर निकाल दे. 2 किसी के साथ नाता तोड़ ले.; **it's as ugly as ~ be** इससे ज्यादा भद्दा और नहीं हो सकता;

CAN *abbr.* 'calcium ammonium nitrate' की प्रथमाक्षरी

Can. *abbr.* 'Canada', 'Canadian' का संक्षेप

CANA *abbr.* 'Carribbean News Agency' की प्रथमाक्षरी

Canaan /केनअन/ *Bible* 1 भूमध्यसागर के पूर्व में केनान देश जो मुसलमानों, ईसाइयों और यहूदियों के लिए तीर्थ स्थल है 2 प्रतिज्ञात देश 3 स्वर्ग

Canada /कैनअडा/ *n.* कैनेडा;

dw/lw: **Canadian** /कनेडिअन/ *adj.* कैनेडा संबंधी; **Canadian** *n.* कैनेडा वासी: French Canadians;

collocations: **~ Day** प्रांतों द्वारा मिलकर **1867** में की गई वर्तमान कैनेडा देश की स्थापना के उपलक्ष्य में पहली जुलाई को मनाया जाने वाला राष्ट्रीय त्योहार; **~ goose** उत्तरी अमेरिका, विशेषकर कैनेडा में मिलने वाली हंसिनी

canal /कअनै\ल/ *n.* **1** पानी की नहर, विशाखा: irrigation **~s**; ~ dues/ toll (नहर, जैसे सुएज नहर, में से जहाज का गुजरने का शुल्क) **2** (***syn.*** duct) *anat.* नली, नलिका, नाल, खातिका: alimentary ~ (पाचन नाल) **3** *astron.* कुल्या, मंगल ग्रह पर टेलीस्कोप आदि से दिखने वाली नहर जैसी रेखाएं;

dw/lw: **~-cell** *n.* नाल-कोशिका; **~icular** *adj.* नालिकावत्, नालिका संबंधी; **~iculate** /~लिक्युलेट/ *adj.* नालीदार, खांचेदार; **~iculus** *anat. n.* नलिका, सूक्ष्म-नालिका; **~ization/ ~isation** /~लाइजेशन/ *n.* नहरीकरण; **~ize/ ~ise** /कैनअलाइज/ *v., pt.* ~ized, *pp* ~izing 1 नहरें खोदना या बनाना 2 एक धारा में मिला ले., सारणीबद्ध क. 3 दिशा दे., एकदिश क. 4 एकजुट क.: ~ise public opinion 5 भावनाओं को प्रवाहित होने दे.;

collocations: **~ boat** नौका नहर, नहरी नाव; **~ rays** कुल्या किरण, कैनेल किरण

canale (**canali**) /कानालि/ *n.* कानाले, निमग्न घाटी

canapé /कानापे/ कैनअपे/ कैनपि/ *n., pl.* **~s**, *US* पनीर या गोश्त के साथ टोस्ट या छोटा बिस्कुट

canard /कैनाःड/ *n.* 1 उड़ती या बेपर की खबर, अफवाह, सनसनीखेज गप 2 विमान के अग्रभाग में (near the nose) दूसरा पंख 3 इस तरह के पंख वाला विमान

canary /कअनेअरि/ *US* कअनेरि/ *n., pl.* **canaries 1** कैनरी द्वीप (Canary Island) 2 अजोरेस (Azores) और मदेरा (Madeira) में पाई जाने वाली पीले रंग की गाने वाली कनेरी चिड़िया, पीत चटकी;

collocations: **~ creeper** कैनेरी बेल, पीले फूलों वाली एक बेल; **~ grass** एक प्रकार का बीज, कुकुनी; **~ wine** कैनेरी द्वीप समूह की सफेद मदिरा; **~ wood** कैनेरी द्वीप समूह में पाई जाने वाली एक प्रकार की इमारती लकड़ी; **~ yellow** चमकदार पीला

canasta /कअनैस्टा/ *n., [pl.]* रम्मी जैसा ताश का खेल, कनास्टा

cancan /कैं-कैं/ *n.* (*often* **the cancan**) एक जीवंत फ्रांसीसी नृत्य, जिसमें नाचने वाली लड़कियां अपनी ठोकर को पेटीकोट की ऊंचाई तक उठाती हैं

cancel /कैंसल/ *UK v., pt.* **~led**, *pp* **~ling** *or US pt.* **canceled**, *pp* **canceling 1** रद्द क.: ~ a treaty **2** माल या किसी सेवा के लिए दिया गया आदेश निरस्त क.: ~ a debt; ~ an order; ~ a subscription; ~ a contract **3** नियम, कानून आदि निरस्त या मंसूख क. 4 काटना हटा या रद्द कर दे. 5 व्यर्थ कर दे. 6 डाक टिकटों पर मोहर लगाकर उन्हें आगे के लिए निरस्त क. 7 मिटाना, काटना;

dw/lw: **~lation** /कैंसअलेशन/ *n.* 1 निरसन, मंसूखी, रद्द करने की क्रिया, विलोपन 2 रद्द किए हुए कार्यक्रम, निर्णय आदि; **~led** /कैंसल्अड/ *adj.* निरस्त, मंसूख, रद्द;

p&i: **~ each other out** बराबर हो जा.; **~ sth out** एक चीज द्वारा दूसरी को निरस्त क., एक हथियार से दूसरे को काट दे.; **~ out** बराबर क., काट दे., निरस्त क.: what you are saying ~s out what you have said in the past

cancell\ate /कैंसअलेट/ (*also* **~d**) *adj.* जालीदार: **~ated** structure;

dw/lw: **~ous** /कैंसअलस/ *adj.* जाली जैसा, जालीदार;

cancellation *see above under* cancel: ***dw/lw***

cancelbot *n., comput.* अनचाहे संदेशों को मिटाने वाला कंप्यूटर प्रोग्राम

Cancer /कैंसः/ *n.* 1 कर्क राशि;

collocations: **Tropic of Cancer** कर्क रेखा

cancer /कैंसः/ *n., pathol.* **1** कैंसर रोग, सरतान, कर्कट रोग, कर्कटार्बुद 2 (***syn.*** crab) कर्कट, केकड़ा 3 किसी संगठन के लिए घातक बुराई;

adj. कैंसर रोग संबंधी: ~ activity/ ~ control; ~ carrier/ case; ~ detection centre;

dw/lw: **~ous** /कैंसरस/ *adj.* कैंसर रोग संबंधी, कैंसर पैदा करने वाला: ~ous cells/ growths/ tumours; **~ate** /कैंसरेट/ *v. pt.* ~ated, *pp* ~ating कैंसरी फोड़े का रूप लेना; **cancriform** /कंकरिफोर्म/ *n.* कर्कटाकार; **cancrine** /कंकराइन/ *adj.* कर्कटीय, विलोमी; **cancroid** /कंकरोइड/ *adj.* कर्कटाभ, त्वचा-कैंसर

collocations: **~ bone** सुषिर अस्थि; **~ sticks** सिगरेट

candela /कैंडेला/ कैंडीला/ कैंडिला/ *n., pl.* **~s** (*symbol* **cd**) ज्योतिर्मयता की मापन इकाई

candela\brum /कैंडअलाब्रम/ (*also* **candelabra** /कैंडअलाःब्रा/) *n., pl.* **~s/ ~bra/ ~bras/** *US* **~brums** बत्तीदान, शमादान, दीयट, दीपाधार, झाड़फानूस, दीपवृक्ष, दीपस्तंभ

cande\nt /कैंडंट/ *adj.* उद्दीप्त, श्वेत, तप्त;

dw/lw: **~scence** /कैंडिसंस/ *n.* उद्दीप्तता, दीप्तोष्णता; **~scent** /कैंडिसंट/ *adj.* उद्दीप्त, प्रज्वलित, जगमग, दीप्तोष्ण

candid /कैंडिड\/ *adj.* 1 ईमानदार, विशेषकर अप्रिय एवं उलझन भरी बातों के बारे में स्पष्टवादी: be ~; let us be **~ 2** खरा, सच्चा: he was not ~ with me 3 सरल-हृदय 4 निष्पक्ष 5 बिना पेंट की परत चढ़ी: ~ photograph;

dw/lw: **~ly** /~लि/ *adv.* ईमानदारी से, बिना कुछ छिपाए; **~ness** /~नेस/ *n.* अभिव्यक्ति में बेबाकी, निष्कपटता, सच्चाई;

collocations: **~ camera** बिना पूर्व चेतावनी के फोटो लेने वाला छोटा कैमरा

candida\cy /कैंडिडसि/ *n.* उम्मीदवारी, अभ्यर्थिता;

dw/lw: **~te** /कैंडिडेट/ *n.* **1** उम्मीदवार: a ~te for promotion **2** परीक्षार्थी **3** अभ्यर्थी 4 प्रत्याशी: the Republican ~te for president; ~te for a degree; **~ture** /कैंडिडेचः/ *n.* उम्मीदवारी, अभ्यर्थिता: announce/ declare/ withdraw one's ~ture

candied /कैंडिड/ *adj.* 1 चाशनी में लिपटा हुआ, शक्करलगा 2 पगा (फल) 3 मीठा, मीठी: ~ tongue

candle /कैंडल/ *n.* **1** मोमबत्ती: tallow **~ 2** शमा, बत्ती **3** प्रकाश मापक इकाई;

dw/lw: **~-bomb** *n.* ज्वलंत बम; **~-dipping** *n.* (सांचे की बजाय मज्जन की) मोमबत्ती बनाने की विधि; **~-end** *n.* मोमबत्ती का बचा हुआ टुकड़ा; **~-holder** *n.* मोमबत्ती प्रदर्शक; **~light** *n.* मोमबत्ती का प्रकाश, गोधूलि, कृत्रिम प्रकाश, बत्ती की रोशनी; **~lit** /कैंडललिट/ *adj.* मोमबत्ती के प्रकाश से उज्ज्वल; **Candlemas** /कैंडलमस/ *n. Christ.* दो **(2)** फरवरी को मोमबत्तियों के साथ मनाया जाने वाला उत्सव जिसमें मां मरियम का प्रसव के बाद

पवित्रीकरण किया जाता है, वर्त्तिकोत्सव; **~-power** *n.* कैंडल शक्ति; **~-snuffer** *n.* मोमबत्ती का गुल झाड़ने का उपकरण, (थियेटर में) मोमबत्ती का गुल झाड़ने वाला कर्मी; **~stick** *n.* मोमबत्तीदान, शमादान, दीपाधार; **~-tree** *n.* कैंडल वृक्ष (मोमबत्तीनुमा फलियों वाला पेड़); **~-waster** *n.* रतजगा विद्यार्थी; **~wick** *n.* मोमबत्ती के भीतर लगी बत्ती या डोरी;

***collocations:*~ berry** एक प्रकार का रसभरी जैसा फल; **~ fish** एक प्रकार की खाने योग्य मछली जो उत्तरी प्रशांत महासागर में पायी जाती है और जिसे सुखाकर कभी-कभी मोमबत्ती की भांति काम में लाया जाता था; **~ wood** एक प्रकार की लकड़ी जो चमकते हुई जलती है;

***p&i:* blow out a ~** फूंक मारकर मोमबत्ती को बुझाना; **burn the ~ at both ends** सवेरे से देर रात तक परिश्रम करते-करते टूट जा.; **hold a ~ to sb** किसी से तुलना क.; **hold a ~ to the devil** सच्चाई के रास्ते से च्युत क., अपराध में भागीदार हो.; **not fit to hold a ~ to** के बीच कोई तुलना नहीं.; **not worth the ~** जहमत उठाने लायक नहीं, बेकार काम; **put out a ~** मोमबत्ती बुझा दे; **the ~ goes out** जलकर समाप्त हो जाना; **the game is not worth the ~** बेकार मामला

can-do /कैनडू/ *adj.* 'होंगे कामयाब' वाला रवैया

candour *UK* (*US* **candor**) /कैंडः/ *n.* **1** स्पष्टवादिता, सरलता **2** ईमानदारी, खरापन, निष्कपटता 2 (***syn.*** Impartiality) निष्पक्षता

C and W *abbr.* 'country and western' के प्रथमाक्षर

can\dy /कैंडि/ *n., pl.* **candies** *N. Amer., US* **1** मिठाई, मीठी टॉफी, मिसरी: five pieces of **~dy**; **~dy** store 2 *drug-taking sl.* कोई भी तेज नशीली दवा (कोकेन, गांजा, चरस आदि);

***v.** pt.* **~died**, *pp* **~dying**, *s/he/it* **~dies 1** चीनी को धीरे-धीरे उबालकर दानेदार (crystalline) बनाना **2** फलों को चीनी के घोल में उबालकर मुरब्बा बनाना **3** चीनी में पागकर मिठाई बनाना;

***dw/lw:* ~dyass** *n.* घिनौना और डरपोक व्यक्ति; **~dyfloss** /कैंडिफ्लॉस/ (*also* **cotton ~dy**) *n.* रंगदार रूई की तरह फूली हुई धागेदार चीनी जो एक छोटी-सी डंडी पर लगी होती है; **~dyman** *n.* अवैध नशीली पदार्थ बेचने वाला आदमी; **~dy-striped** *adj.* धारीदार कपड़े से बना; **~dy-strips** *n.* धारीदार कपड़ा; **~dytuft** /कैंडिटफ्ट/ *n.* वार्षिक या सदाबहार फूलदार पौधा

***collocations:* ~dy apple = toffee apple** चाशनी में पगा सेब; **sugar ~dy** कंद-मिश्री;

***p&i:* like taking ~dy from a baby** सरलतम या आसान काम

ca\ne /केन/ *n.* 1 बांस: **~ne** furniture 2 *UK* बेंत, छड़ी, लाठी 3 ईख, गन्ना: **~ne** sugar 4 कई पौधों का बांस-सा तना 5 चलने की बेंत 6 किसी को पीटने की छड़ी;

***v.**, pt.* **~ned**, *pp* **~ning** *UK* बेंत से पीटना/ मारना;

***dw/lw:* ~ne-binder** /केनबाइंडः/ *n.* बेंतसाज; **~ne-bottomed** /केन-बॉटमड/ *adj.* बुनी बेंत की तली वाला फर्नीचर; **~ne-brake** *n.* बेंत की घनी झाड़ी; **~ne-chair** *n.* बेंत की कुर्सी; **~ne-mill** *n.* गन्ना मिल; **~ne-sugar** *n.* चीनी, खांड, शक्कर या गुड़, इक्षु-शर्करा; **~ne-trash** *n.* गन्ने की सीठी/ खोई, छांटी; **~ning** *n.* बेंत-प्रहार, बेंत से पिटाई, बेंत की मार; **~ny** /केनि/ *adj.* 1 ईख का 2 बेंत-सा 3 बेंत से बना;

***collocations:* ~ne fruit** एक किस्म की रसभरी जो बेंत के पौधों पर पायी जाती है; **sugar ~ne** गन्ना, ईख

canephorus /कअनेफरस/ *n.* सिर पर टोकरी रखे एक व्यक्ति की मूर्ति

canescent /कअनेसंट/ *adj.* धूसर, मटमैला-सफेद

canful *see above under* **can: *dw/lw***

canicular /कनिक्युलः/ *adj.* श्वान-नक्षत्र संबंधी;

***collocations:* ~ days** अगस्त के पहले पक्ष में भयंकर गर्म दिन; **~ year** श्वान-नक्षत्र वर्ष

canine /केनाइन/ *adj.* कुत्तों से संबंधित, श्वानीय, रदनक: ~ space team;

***dw/lw:* caninity** /कअनिनिटि/ *n.* वफादारी;

***collocations:* ~ appetite/ hunger** भयंकर भूख; **~ distemper** कुत्तों की एक घातक बीमारी; **~ letter** श्वानाक्षर, **R-**ध्वनि; **~ madness/ rabies** कुत्ते का पागलपन (हड़क्यायापन, *Hr.*); **~ tooth** रदनक, श्वदांत, नुकीला दांत

Canis Major *n., astron.* दक्षिणी गोलार्द्ध में स्थित एक अति चमकीला छोटा-सा तारामंडल

Canis Minor *n., astron.* उत्तरी गोलार्द्ध में स्थित एक अति चमकीला छोटा-सा तारामंडल

canister /कैनिस्ट\र/ *n.* 1 गैस या सूखी वस्तुओं के लिए कनस्तर 2 चाय या कॉफी के लिए ढकने वाला बर्तन 3 फिल्म-रीलों का डिब्बा;

***dw/lw:* ~ize** /~राइज/ *v., pt.* ~ized, *pp* ~izing कनस्तरबंद क.

canities /कैनिटीज/ *n.* बालों की सफेदी

cank /कैंक/ *v., pt.* **~ ed**, *pp* **~ ing** बक-बक क.

canker /कैंकः/ *n.* 1 (***syn.*** ulcer) नासूर, व्रण, घातक रोग: ~ of the mouth 2 जानवरों या पशुओं के कानों का विकार 3 कफगीरा (of horse's foot) 3 दुष्टतापूर्ण प्रभाव 4 मनहूसपना;

v.**, pt.* **~ed**, *pp* **~ing 1** सड़ना, गलना 2 दूषित हो. 2 (syn.*** Corrupt) विकृत कर दे. 3 विकार-ग्रस्त हो. 4 विनाश क.;

dw/lw:* ~ed** /कैंकःड/ *adj.* व्रणित, गलित, विकृत; **~ous/ ~y** /कैंकरस/ कैंकरि/ *adj.* 1 बुरा, घातक, विनाशकारी, व्रण उत्पन्न करने वाला 2 गलनशील, विकारशील, विकृत 3 (syn.*** destructive) विनाशकारी, घातक

***collocations:* ~ sore** मुंह का छोटा दुखदायी फोड़ा; **~ worm** पत्तियां खाने वाला कीड़ा;

***p&i:* his mind ~s** उसका दिमाग फिर गया; **no lapse of moons can ~ love** प्रेम अक्षुण्ण है

canna /कैना/ *n.* (***syn.*** orientalis) सर्वजया, देवकली

cannabic /कैनअबिक/ *adj.* भांग (भंग) संबंधी

cannabis /कैनअबिस/ *n. UK* (*US* **marijuana**, *also* **hashish, pot, spliff, bhang)** *n.* गांजा, भांग, चरस, भंग;

***collocations:*~ resin** भंग की राल

cannakin /कैनअकिन/ *n.* डिबिया

canned /कैंड/ (*also UK* **tinned**) *adj.* **1** डिब्बाबंद भोजन या खाद्य पदार्थ: ~ goods; ~ fish **2** कनस्तरों में भरा पेट्रोल आदि: ~ fuel 3 *sl.* नशे में धुत्त **4** *colloq.* पहले से रिकॉर्ड की हुई: ~ laughter; ~ news; ~ drama; ~ music; ~ editorial;

cannery /कैनरी/ *n., pl.* **canneries** डिब्बों को सीलबंद करने वाला कारखाना

cannibal /कैनिब\ल/ *n.* **1** नरभक्षी, मनुजाद: ~ feast 2 मानव जाति से घृणा करने वाला 3 दुष्ट, अत्याचारी व्यक्ति 4 स्वजातिभक्षी जानवर;

***dw/lw:* ~ism** /~लिज्म/ (*also* **anthropophagy**) *n.* नर-भक्षण, नर-भक्षिता, स्वजातिभक्षण; **~istic** /~लिस्टिक/ *adj.* नरभक्षी जैसा: ~istic tribe; **~ity** /~लिटि/ *n.* = **~ism**; **~ization** /~लाइजेशन/ *n.* 1 मशीन के पुराने पुर्जों की एक-एक करके उतारकर की जाने वाली मरम्मत 2 किसी कंपनी द्वारा नया उत्पाद लाकर अपने पहले उत्पाद की बिक्री में की जाने वाली कटौती; **~ize/ ~ise** /~लाइज/ *v., pt.* ~izeed, *pp* ~izing 1 मशीन के पुराने पुर्जों को एक-एक करके उतारकर मरम्मत क. 2 *bussiness* किसी कंपनी द्वारा नया उत्पाद लाकर अपने पहले उत्पाद की बिक्री कम क.;

***collocations:* ~ policy** मानव जाति से घृणा पर आधारित नीति

cannikin/ canakin/ canikin /कैनिकिन/ *n.* बीयर आदि का एक छोटा कैन (डिब्बा-सा)

canniness *see below under* **canny: *dw/lw***

canning *see above under* **can: *dw/lw***

cannon /कैनन/ *n., pl.* **~s 1** लड़ाकू विमान से दागी जाने वाली स्वचालित बंदूक: ~ fighter 2 तोप, हथियार 3 *US* पिस्तौल, रिवॉल्वर 4 बिलियर्ड के खेल में जब कोई गेंद पहली गेंद से टकराकर फिर दूसरी से टकराती है 5 *mech.* पिंडली 6 (***syn.*** striker) घंटे या घड़ियाल की जीभ 7 जेब-कतरा;

v., pt. ~**ed**, *pp* ~**ing 1** गोलाबारी क. **2** टकराकर गिर जा.: ~ against/ into sb 3 बिलियर्ड के खेल में कैनन मारना;

dw/lw: **cannonade** *see below under separate entry*; ~**-ball** *n., hist.* तोप का गोला; ~**-bit** *n.* पिंडली; ~**-bone** *n., anat.* दंडास्थि हड्डी, नालास्थि; ~**ed** /कैनअंड/ *adj.* तोप के गोलों से लैस; ~**eer** /कैनअनिअः/ (*also* ~**ier**/ ~**ist**) *n.* तोपची, तोप चलाने वाला; ~**ry** /कैनअनरि/ *n.* **1** तोपखाना **2** गोलाबारी;

collocations: ~**ball service** टेनिस के खेल में जबरदस्त ध्वंसक सर्विस; ~ **fodder** *colloq.* सैनिक जिन्हें युद्ध की आग में झोंका जाता है, बलि का बकरा; ~ **metal** तोप बनाने में प्रयोग की जाने वाली वाली कांस्य (तोप) धातु; ~ **proof** तोप-गोला सह, जिस पर तोप के गोलों का असर न हो;

p&i: ~ **into sth** तेज चलते हुए किसी चीज से टकरा जा.; ~ **off sth** किसी चीज से टकराकर और उछलकर कहीं जा पड़ना

cannona\de /कैनअनेड/ *n.* 1 लगातार भारी गोलाबारी 2 प्रश्नों या टिप्पणियों की बौछार;

v. pt. ~**ned**, *pp* ~**ning 1** लगातार गोलों की बौछार क. **2** प्रश्नों या टिप्पणियों आदि की झड़ी लगा दे.

cannot /कैनौट/ *US* कैनाःट/ *modal v.*, नहीं कर सकना;

p&i: **can't have it both ways** दोनों बातें नहीं चल सकतीं, दो में से एक विकल्प चुनना पड़ेगा; ~ **get a word in edgeways** मुंह तक न खोल पाना; ~ **make chalk of one and cheese of the other** सबको एक आंख से देखना चाहिए; ~ **see the wood for the trees** बात की गहराई तक न पैठ पाना; **cannot but ...** विवश हो.

cannula /कैन्यु\ला/ *n., pl.* ~**s**/ **cannulae** /कैन्युलि/ *surg.* एक ऐसी नलिका जिसके द्वारा शरीर में या तो द्रव अंदर डाला जाता है या उससे बाहर निकाला जाता है, प्रवेशनी;

dw/lw: ~**te** /~लेट/ *v. pt.* ~ted, *pp* ~ting *med.* शरीर में पतली नली डालना; ~**tion** /~लेशन/ *n.* पतली नली द्वारा शरीर में द्रव आदि चढ़ाने की क्रिया

can\ny /कैनि/ *adj., degr.* ~**nier**, ~**niest 1** सयाना, समझदार, चौकस, चतुर, होशियार 2 (***syn.*** thrifty) सावधान, मितव्ययी 3 चतुर, घाघ, काइयां: ~**ny** husband 4 आरामदेह, सुकूनमय 5 सुप्रिय, रमणीय, अच्छा, माकूल **6** काफी बड़ा;

dw/lw: ~**nily** /कैनिलि/ *adv.* चतुराई से; ~**niness** /कैनिनेस/ *n., Scot.* **1** सयानापन, सूझबूझ, चातुर्य 2 सावधानी, मितव्ययिता 3 काइयांपन, घाघुन, चतुराई;

collocations: ~**ny moment** प्रसव पीड़ा

canoe /कअनू/ *n., pl.* ~**s** पैर-नाव, डोंगी, डोंगा, बनहटी: big ~; rubber ~;

v. pt. ~**d**, *pp* **canoing** डोंगी (डोंगा) खेना, डोंगी (डोंगे) में यात्रा क.;

dw/lw: **canoing** /कअनूइंग/ *n.* डोंगी चालन, डोंगी-यात्रा, डोंगी चलाने की क्रिया; **canoist** /कअनूइस्ट/ *n.* डोंगी चलाने वाला;

p&i: **in the same** ~ *NZ* एक ही कबीले के; **paddle one's own** ~ *colloq.* **1** अपने बलबूते पर काम चलाना **2** अपने काम से काम रखना

canon /कैनन/ *n.* **1** कैथिडरल (बड़े चर्च) का पादरी **2** बुनियादी सिद्धांत, कानून, नियम, धर्मसूत्र: ~**s** of taste 3 मानक, मापदंड, मानदंड, कसौटी: ethical ~ **4** प्रामाणिक धर्म-ग्रंथ संग्रह **5** प्रतिष्ठा खंड, संत तालिका **6** प्रामाणिकता के मानदंड 7 (***syn.*** criteria) साहित्यिक मानदंड: ~**s** of criticism; classical ~ 8 किसी लेखक की रचना का उसके जीवन काल में अंतिम संस्करण, आधिकारिक संस्करण, प्रामाणिक कृतियां **9** संगीत की बंदिश **10** बड़ी छपाई;

dw/lw: ~**ic**/ कअनौनिक\/ *adj.* **1** सिद्धांत के रूप में **2** ईसाई चर्चों के अनुसार 3 भली भांति स्थापित 4 आदर्श के रूप में स्वीकृत या मान्य, नियम के अनुसार; ~**icity** /कैनअनिसिटि/ *n.* 1 मान-दंड के अनुसार प्रामाणिकता 2 सिद्धांत अनुरूपता 3 नियमाधीनता; ~**ist** /कैनअनिस्ट/ *n.* धर्म-विधान शास्त्री; ~**ization** /कैनअनाइजेशन/ *n.* 1 संत की पदवी देने की क्रिया 2 ईश्वरीकरण 3 नियमीकरण, आदर्शीकरण; ~**ize** /कैनअनाइज/ *v., pt.* ~ized, *pp* ~izing **1** मृतक को संत घोषित करना **2** किसी को संत तालिका में शामिल क. **3** चर्च द्वारा मान्य हो.; ~**ry** /कैनअनरि/ *n.* 1 पादरी का पद 2 पादरी की पदवी; ~**s** *n.* याजकीय वस्त्र;

collocations: ~ **law** गिरजे का कानून, धर्म विधान; ~ **lawyer** धर्म विधिशास्त्री, धर्म विधिज्ञ;

canonical /कअनौनिकल/ *US* कअनाःनिकल/ *n.* 1 वैधानिक, प्रामाणिक, मानक, सर्व-मान्य 2 गिरजे के नियमानुसार 3 नियमित 4 गिरजे का, पुरोहिती: ~ hours (गिरजे की प्रार्थना का समय); ~ dress;

dw/lw: ~**s** *n., [pl.]* पादरी का औपचारिक परिधान

canood\le /कअनूःडल/ *v. pt.* ~**led**, *pp* ~**ling 1** आलिंगन क., कसकर पाश में बांधना **2** चुंबन ले.

cano\philia /कैनोफिलिया/ *n.* श्वान-प्रेम, श्वान-राग;

dw/lw: ~**philist/cynophilist** /कैनोफिलिस्ट/ साइनअफिलिस्ट/ *n.* श्वान प्रेमी, श्वानरागी. कुत्तों का शौकीन; ~**phobia**/ **cynophobia** /कैनोफोबिया/ साइनअफोबिआ/ *n.* श्वान भीति, कुत्तों से डर

cano\py /कैनअपि/ *n., pl.* ~**pies 1** छत्र, बड़ी छतरी **2** पलंग का वितान, पर्दा **3** चंदोवा, चांदनी, चंद्रातप **4** छतनुमा परत या आवरण: ~**py** of leaves; cloud ~**py**; ~**py** tree 5 विमानचालक-कक्ष का आवरण;

v. pt. ~**pied**, *pp* ~**pying 1** छतरी तानना या लगाना **2** चंदोवा लगाना **3** छाता बांधना **3** पेड़ आदि द्वारा छांवनुमा छाता बनना;

dw/lw: ~**pied** *adj.* छतरीदार: ~pied tree (वितानी वृक्ष);

p&i: **dwell under the** ~**py** खुले आसमान तले रहना; **the** ~**py of the heavens** आसमान; **what under the** ~**py?** यह क्या तमाशा है?

canorous /कनॉरस\/ *adj.* (***syn.*** melodious) श्रुति मधुर, सुरीला, संगीतमय, अनुनादी;

dw/lw: ~**ness** /~निस/ *n.* श्रुति मधुरता, सुरीलापन

CANS *abbr.* 'Consumer Action and Network Society' की प्रथमाक्षरी

canst /कैंस्ट/ *n.* '**can**' के अर्थ में प्रयुक्त: thou ~ = you can

can't /कांट/ *contraction modal v.* **'cannot'** का संक्षेपण;

p&i: **can't say ''boo'' to a goose** 1 ऐसा डरपोक होना कि कुत्ते को दुत्त तक न कह सके; **one can't/ cannot but...** कुछ करने को विवश हो.: one can't but admire her beauty

cant /कैंट/ *n.* 1 *derog.* शब्दाडंबर, ढोंगपूर्ण बात या कथन, पहल **2** (***syn.*** hypocrisy) दोमुंहापन, पाखंड 3 घिसा-पिटा वाक्य 4 घास-कटा स्थान या कोना 5 (***syn.*** slope) ढाल, ढलान, झुकाव 6 टेढ़ापन 7 (***syn.*** jerk) झटका, धक्का, प्रहार: give a ball a ~ **8** (***syn.*** slang or jargon) बोली, वर्ग भाषा, एक समान पेशेवालों की भाषा: thieves ~; the ~ of particular trades and employments; ~ phrase **9** (***syn.*** auction) नीलामी **10** निंदा, बुराई;

v., pt. ~**ed**, *pp* ~**ing 1** ढलवां हो. **2** धक्का दे., झटकना 3 पाखंडपूर्ण भाषा में बोलना 4 विशेष वर्ग की बोली बोलना;

dw/lw: ~**ed** /कैंटिड/ *adj.* **1** कटे हुए घास वाला **2** झुका हुआ **3** उल्टा हुआ; ~**ing** *n.* **1** झुकाव वाली अवस्था **2** उल्टाव **3** चोर-उचक्कों की बोली का प्रयोग **4** चोर-उचक्कों का समूह या वर्ग: ~ing crew (कंगाल-भिखारी समूह) 5 नीलामी; ~**ing** *adj.* **1** छलिया, दोमुंहा **2** चोर-उचक्कों की बोली बोलने वाला **3** चापलूसीपूर्ण लहजे में बोलने वाला **4** पाखंडपूर्ण, दो-मुंहा, छलिया, कपटी; ~**ing-coin** *n.* घड़ौंची; ~**ingly** *adv.* चापलूसीपूर्वक, पाखंडपूर्वक; ~**ing-wheel** *n.* नगदंती पहिया;

collocations: ~ **angle** तिरछा कोण; ~ **board** ढालुआं तख्ता

Cantab /कैंटैब/ 1 *abbr.* 'Cantabrigiensis', *Lat.* का संक्षेप **2** कैंब्रिज विश्वविद्यालय से संबंधित या उसकी डिग्रियों के साथ लिखा जा सकने वाला शब्द: John Cox MA **Cantab**;

dw/lw: **Cantabrigian** /कैंटअब्रिजिअन/ *adj.* इंग्लैंड में कैंब्रिज

या कैंब्रिज विश्वविद्यालय संबंधित; **Cantabrigian** *n.* कैंब्रिज विश्वविद्यालय का पुराना छात्र
cantabank /कैंटाबैंक/ *n.* घुमंतू या घुमक्कड़ गायक
cantabile /कैंटाःबिले/ *adv.* लय में गाते हुए, लयपूर्वक;
adj. मधुर, लयपूर्ण, सहज, स्पष्ट, प्रवाहशील;
n. मधुर व लयपूर्ण गान, मृदुगायन
cantaloup/ cantaloupe /कैंटअलूप/ *n., pl.* **~s**/ **~es** विलायती खरबूजा
cantankerous /कैंटैंकरस\/ *adj.* झगड़ालू, बदमिजाज, चिड़चिड़ा;
dw/lw: **~ly** /~लि/ *adv.* चिड़चिड़े ढंग से; **~ness** /~निस/ *n.* बदमिजाजी, चिड़चिड़ापन, झगड़ालूपन, कलहप्रियता
cantata /कैंटाःटा/ *n., pl.* **~s** धार्मिक कथा-गायन, संगीत काव्य;
dw/lw: **cantatrice** /कैंटाट्रीस/ *n.* गायिका
Cantebury /कैंटअबअरि/ *n.* ब्रिटेन का एक प्रसिद्ध नगर;
collocations: **Cantebury Bells** बड़े-बड़े घंटानुमा फूल; **Cantebury Tales** चौहदवीं सदी के अंतिम भाग में जिओफरि चौसर (Geoffrey Chaucer) द्वारा लिखित बीस कहानियों का संग्रह
cantebury /कैंटअबअरि/ *n.* पुस्तकें आदि रखने का खाना, अल्मारी
canted *see above under* **cant:** *dw/lw*
canteen /कैंटीन/ *n.* **1** दफ्तर, फैक्टरी, स्कूल आदि में जलपान गृह, कैंटीन: ~ service 2 सैनिक छावनी में खाद्य व पेय सामग्री बेचने वाली दुकान 3 कटलरी (छुरी, कांटे चम्मच आदि) सेट व उसका बक्सा 4 सैनिकों या शिविर वासियों द्वारा प्रयोग लाई जाने वाली छोटी-सी बोतल या फ्लास्क;
collocations: **~ culture** पुलिस अधिकारियों के बीच दकियानूसी रवैया
canter /कैंटः/ *v., pt.* **~ed**, *pp* **~ing** दुलकी और सरपट दौड़ने के बीच की (पोइया) चाल से चलना;
n. **1** घोड़े की दुलकी और सरपट के बीच की यानी पोइया चाल: preliminary ~ (घोड़े की तेज चाल से पहले की थोड़ी हल्की चाल) **2** चोरों आदि की बोली (slang) में बोलने वाला आदमी 3 दोमुंहा आदमी, छलिया और धोखेबाज व्यक्ति;
p&i: **win at a ~** आसानी से विजय पा लेना
cantharus /कैंथारस/ *n.* दुहत्था प्याला
canthus /कैंथःस/ *n.* अपांग, आंख के छिद्र का कोण
canticle /कैंटिकल/ *n.* भजन: ~ of **~s** (सर्वश्रेष्ठ या सुलेमान का गीत)
canticum /कैंटिकम/ *n.* 1 भजन (of drama) 2 गीतांश, गीत-भाग
cantilena /कैंटिलीना/ *n.* 1 कथागीत 2 सुगम गीत 3 चर्च गीत
cantilever /कैंटिलीवः/ *n.* बीम, गर्डर, शहतीर, बहुधरन, डाट
collocations: **~ bridge** शहतीरों य गर्डरों पर टिका सेतु
cantilla\te /कैंटिले\ट/ *v., pt.* **~ted**, *pp* **~ting** सुर में गाना;
dw/lw: **~tion** /~शन/ *n.* सुरीला गाना; **~tory** /~टरि/ *adj.* गायन संबंधी
canting *see above under* **cant:** *dw/lw*
cantle /कैंटल/ *n.* 1 टुकड़ा 2 (of saddle) पीछा 3 अलग हिस्सा 4 नुक्कड़ 5 किनारा
v. pt. **~d**, *pp* **cantling** अंश काटना, बांटना
canto /कैंटो/ *n., pl.* **~s 1** महाकाव्य का खंड, कांड, स्कंध, सर्ग **2** गायन, गीत, टेक **3** उच्चतम स्वर, सोपरानो
canton /कैंटौन/ *n.* स्विटजरलैंड में स्वायत्त राज्य, प्रांत, प्रदेश;
dw/lw: **~ize** *v. pt.* ~ized, *pp* ~izing 1 खंडों में बाटना 2 क्वार्टर आवंटित क.; **~ment** /कैंटौन्मंट/ कंटूनमंट/ *n., milit.* छावनी, कैंट: ~ment building
Cantonese /कैंटअनीज/ *adj.* दक्षिणी चीन में स्थित कैंटॉन नामक क्षेत्र से संबंधित;
n., pl. (*also* **Yue** /यूए/) **Cantonese 1** दक्षिणी-पूर्वी चीन (जिसमें **Hong Kong** भी शामिल हैं) में बोली जाने वाली चीनी भाषा की एक बोली (dialect) 2 कैंटॉन का निवासी;
adj. कैंटॉनी (Cantonese) भाषा बोलने वाले लोगों से संबंधित
can-to-pop /कैंटोपौप/ *n.* Cantonese भाषा और पश्चिमी शब्दों से बना लोकप्रिय संगीत
cantor /कैंटॉः/ *n., Judaism* **1** गायक मंडली का अगुआ, चर्च में अग्रगायक **2** सिनॉगोग (यहूदियों का चर्च);
dw/lw: **~ial** /कैंटॉरिअल/ अग्रगायकीय
canty /कैंटि/ *adj.* सजीव, जीवंत, उत्तेजनापूर्ण
Canuck /केनअक/ *n., US, derog.* फ्रेंच भाषी कैनेडियायी नागरिक
Canute /कअन्यूट/ *n.* सदा असफल प्रयास करने वाला व्यक्ति
canvas /कैनवअस/ *n., pl.* **~es 1** किरमिच **2** सन का एक मोटा भारी कपड़ा जिसे जहाज के पाल, तंबू व चित्र बनाने के कपड़े के रूप में प्रयोग किया जाता है 2 चित्रपटी कपड़ा: ~ cloth/ sheet 3 (***syn.*** sail) पाल: ~ bag 4 कैनवेस पर बना चित्र: fill up a ~ 5 (***syn.*** ring) कैन्वस से बना बॉक्सिंग आदि का अखाड़ा 6 कैनवस से ढके नाव के सिरे;
dw/lw: **~-back** *n.* उत्तरी अमेरिका की बुनी बेंत की तली बत्तख; **~-climber** *n.* नाविक, मल्लाह;
p&i: **under ~ 1** तंबू में **2** ताने हुए पालों के साथ
canvass /कैनवअस/ *v., pt.* **~ed**, *pp* **~ing 1** पक्ष में प्रचार क.: ~ a subject; ~ the town for subscriptions 2 (***syn.*** drum up) लोगों का मत या समर्थन मांगना: ~ public opinion; ~ support **3** किसी विषय पर विचार-विमर्श क. **4** परखना, जांचना 5 बहस क.;
dw/lw: **~er** /कैनवअसः/ *n.* मतार्थक, चुनाव प्रचारक, अनुयाचक, निवेदक; **~ing** /कैनवअसिंग/ *n.* **1** चुनाव प्रचार **2** पक्ष का प्रचार, पक्ष प्रचार 3 मतार्थन, मत-याचना
canyon /कैन्यअन/ *n.* गहरी नदी-घाटी, दर्रा, खड्ड
CAO *abbr.* 'Chief Accounts Officer', 'chief applications officer', 'Concerned Accounts Officer' की प्रथमाक्षरी
CAOP *abbr.* 'Central Asia Oil Pipeline' की प्रथमाक्षरी
caoutchouc /काउच्चुक/ *n.* रबड़: ~ cement; hardened ~; ~ tree
CAP *abbr.* 'circular area probable', 'Combat Air Patrol', 'Comprehensive Action Plan', 'Common Agricultural Policy', 'Current Account Premium' की प्रथमाक्षरी
cap *abbr.* 'capacity', 'capital' letter का संक्षेप
cap /कैप/ *n.* **1** टोपी: fur ~; college/ square/ trencher ~; jockey ~; black ~ **2** टोपी, ढक्कन **3** खिलाड़ियों की (देश-द्योतक) टोपी: peaked ~; win one's ~; ~ insignia 4 छादन, आवरण, छत्रक 5 चोटी, शिखर 6 खोल (of tooth) 7 (*also* **contraceptive diaphragm = the cap/ Dutch for women**) टोपी 8 कलम, बोतल आदि का ढक्कन 9 धन-राशि की सीमा **10** (*also* **percussion cap**) एक कागजी थैली (खिलौना-पटाखा) जिसमें बजने वाला चूर्ण (gunpowder) रखा रहता है जो झटके के साथ मारने पर धमाके के साथ फट पड़ता है 11 शिखर का आवरण: ice ~;.~ of snow; cloud ~;
v., pt. **~ped**, *pp* **~ping 1** संपूर्णता प्रदान क.: ~ an anecdote/ a proverb, a quotation 2 बैंक आदि में से पैसे निकालने की सीमा तय क. 3 आच्छादित हो. या ढक जा., ढकना: snow **~s** the mountain 4 टोपी पहनना या पहनाना 5 किसी जटिलता और पेचीदा क.: to ~ the misery, it started pouring 6 आदर या सहमति जताने के लिए टोप उतारना: I ~ to that 7 उपाधि (degree) प्रदान क. 8 देश के खिलाड़ी दल में शामिल क.: be **~ped** for India 9 दांत पर सोने आदि की टोपी चढ़ाना;
dw/lw: **~-case** *n.* टोप पेटी; **~-paper** *n.* पैकिंग कागज, लेखन कागज का माप; **~per** *n.* 1 टोपों का व्यापारी 2 मुकाबले का विजेता 3 कठिन कार्य 4 ठगों की चौकड़ी का सदस्य; **~ping** *n.* 1 उपाधि वितरण समारोह 2 टोपों का उत्पादन 3 ढक्कन; **~py** *adj.* टोप जैसा; **~sleeve** *n.* छोटी आस्तीन;
collocations: **~ of liberty** शंकुनुमा (रोमन) टोपी; **black ~** न्यायाधीश द्वारा मृत्यु दंड देते समय पहनी जाने वाली काली टोपी; **steel ~** लोहे का सुरक्षात्मक टोप;
p&i: **~ acquaintance** दुआ-सलाम की जान-पहचान; **~ and**

bells घंटियां लटकी हुई टोपी जिसे पहले मसखरे पहना करते थे; **~ and gown** दीक्षांत समारोह का परिधान; **~-and-gown affair** दीक्षांत समारोह आदि; **~-a-pie** नख से शिख तक (*see also below under separate entry*); **~ everything/ ~ the climax** हद हो जा., इससे बुरा या अच्छा और नहीं हो सकता; **~ in hand 1** भिखारी की तरह 2 विनम्रतापूर्वक, दीनतापूर्वक; **~ of maintenance** पुराने जमाने में किसी की सेवाओं के लिए दिए जाने वाला सम्मान; **~ sb's achievement** मात दे.; **~ the climax** हद पार क.; **~ verse** अंत्याक्षरी खेलना;

a feather in sb's ~ यशस्वी उपलब्धि, किसी के सिर पर नया सेहरा; **filing one's ~ over the mill** बेवकूफीपूर्ण व्यवहार करते हुए हद पार कर जा.; **fit the ~ on** किसी की टिप्पणी को अपने ऊपर कटाक्ष मानना; **fool's ~** मसखरे की टोपी; **fortunatus's ~** मालिक की सारी कामनाएं पूरी करने वाला जादुई टोप; **hairless and ~py age** बुढ़ापा; **if the ~ fits, wear it** चोर की दाढ़ी में तिनका है तो मानो!; **pull ~s** झगड़ना; **put on one's thinking ~** सोच-विचार में पड़ जा.; **put on the black ~** फांसी की सजा सुनाना; **send the ~ round** उगाही क.; **set one's ~ at sb** *colloq.* औरत द्वारा किसी आदमी को आकर्षित किया जा.; **the ~ fits** ठीक निशाने पर लगना; **this ~s it all** बस इसकी कमी रह गई थी!; **throw up one's ~** खुशी से टोपी उछालना या पागल हो.; **to ~ it all** *colloq.* इससे बड़ी बात तो यह है कि...; **to ~ some one's joke/ story** किस्सागोई/ लतीफेबाजी में नहले पे दहला लगाना; **touch one's ~ to sb** किसी का स्वागत क.

capabilit\y /केपअबिलिटि/ केपअबिलअटि/ *n., pl.* **~ies 1** क्षमता: the caged parrot has lost the ~ to fly; ~ to distinguish musical notes 2 सामर्थ्य, शक्ति: India's nuclear **~ies** 2 योग्यता: the applicants will have to offer proof of ~ 3 प्रतिभा

capable /केपअबल/ *adj.* 1 सक्षम, समर्थ: ~ of sth/ of doing sth (कुछ करने में सक्षम); ~ of bringing happiness **2** योग्य, मेधावी: ~ pupil **3** हुनरमंद **4** गुंजाइश के साथ: the plan is ~ of improvement; ~ of explanation 5 संवेदनशील, मिजाजी: ~ of wounds 6 नकारात्मक रूप से सक्षम: ~ of every wickedness;

***dw/lw:* ~ness** *n.* क्षमता, सामर्थ्य, योग्यता; **capably** /केपअबलि/ *adv.* सक्षमतापूर्वक, सक्षम ढंग से, सुयोग्य ढंग से

capacious /कअपेशिअस/ *adj., formal* 1 खुला: ~ pocket 2 (***syn.*** roomy) विशाल: ~ stage 3 लंबा-चौड़ा 4 उदार: ~ mind;

***dw/lw:* ~ly** /कपेशिअसलि/ *adv.* विशाल मात्रा में; **~ness** /कपेशिअसनिस/ *n.* खुलापन, विशालता

capacitance /कअपैसिटंस/ *n.* आवेश-धारिता, संधारिता, विद्युत-धारिता, भंडारण क्षमता

capacita\te /कपैसिटे\ट/ (***anton.*** incapacitate) *v., pt.* **~ted,** *pp* **~ting** समर्थ बनाना, योग्य बनाना, सक्षम बनाना;

***dw/lw:* ~tion** /कपैसिटेशन/ *v.* क्षमता, योग्यता;

capacitor /कपैसिटः/ *n., elec.* आवेशधारक, संधारित्र

capacity /कपैसिटी/ *n., pl.* **capacities 1** धारिता, समाई, आयतन, विशालता, भराई की अधिकतम मात्रा: a ~ crowd; with a ~ of 50 litres; ~ of vehicle; ~ of craft; packed to ~; play to ~; ~ of highway/ of road 2 सामर्थ्य, क्षमता: ~ for sth; a ~ for work; a child's ~ for learning; ~ to transact business 3 गुंजाइश 4 हैसियत, बिसात: ~ to pay; ~ of earning a living; in the ~ of a friend 5 योग्यता, मेधा, बुद्धि: a person of ~; a mind of great ~ **6** वैध अधिकार संपन्नता: contractual ~; in official ~; in the ~ of an engineer 7 उत्पादन क्षमता: work at/ to ~; ~ production; production ~; ~ factor; ~ operations 8 विद्युत धारिता: ~ load 9 अधिकतम सीमाएं: ~ audience; the play drew ~ audiences 10 वाहन की ढुलाई क्षमता: carrying ~;

***collocations:* growth ~** संवृद्धि क्षमता; **output ~** उत्पादन क्षमता;

***p&i:* full to ~/ filled to ~** ठसा-ठस भरा हुआ; **in the ~ of** के रूप में, की हैसियत से; **play to ~** खचाखच भरी नाट्यशाला के सम्मुख मंचन क.;

cap-a-pie /कैपअपी/ *adv.* नख से शिख तक, सिर से पैर तक: armed ~;

***v., pt.* cap-a-pied,** *pp* **cap-a-pying** सिर से पैर तक सज्जित क.

caparison /कअपैरिसन/ *n. hist.* 1 लगाम की सजावट, झूल (of horse) 2 सज्जा, साज, सजावट;

***v. pt.* ~ed,** *pp* **~ing** 1 साज लगाना, सज्जित क. 2 घोड़े पर झूल डालना, ठाट-बाट के वस्त्र पहनाना;

***dw/lw:* ~ed** /कपैरिसंड/ *adj.* सज्जित

CAPART *abbr.* 'Council for the Advancement of Peoples Action and Rural Technology' की प्रथमाक्षरी

CAPD *abbr.* 'Continuous Ambulatory Peritoneal Dialysis' की प्रथमाक्षरी

cape /केप/ *n.* **1** लबादा, बिना आस्तीन का ढीला कोट **2.1 the Cape** अंतरीप **2.2** दक्षिणी अफ्रीका का सबसे दक्षिणी प्रांत **2.3** केपटाउन (Capetown) नगर 2.4 दक्षिण-अफ्रीकी गणतंत्र (South Africa) का सुदूरतम दक्षिणी प्रांत 3 कोट के कंधों में लगाया जाने वाला अतिरिक्त कपड़ा या अस्तर (lining);

***dw/lw:* ~ed** /केपट/ *adj.* लबादा पहने हुए; **~let** *n.* लघु अंतरीप;

***collocations:* the Cape/ the Cape of Good Hope** आशा अंतरीप (अफ्रीका का सुदूरतम दक्षिणी भाग); **~ boy/ girl** वर्णसंकर लड़का/ लड़की; **~ cart** दुपहिया बग्गी; **Cape Coloured** दक्षिणी अफ्रीका के केप (Cape) प्रांत के वर्णसंकर लोग; **Cape doctor wind** केप प्रांत में दक्षिण-पूर्वी पवन; **~ nightingale** मेढक; **~ and dagger fiction/ novels/ stories** जासूसी या सनसनीखेज साहित्य, उपन्यास या कहानियां; **~ and dagger activities** जासूसी गतिविधियां

capella /कैपेला/ *n.* ब्रह्म हृदय (नक्षत्र), कैपेला

caper /केपः/ *n.* **1** नटखटी शरारत या मजाक **2** जोशीली छलांग, उछल, बकर फांद, अज कल्लोल 3 कपटी या अवैध गतिविधि 4 तरंग, सनक, मौज 5 दक्षिणी यूरोप की एक सदाबहार झाड़ी, कबरा 6 मनोरंजक फिल्म;

***v., pt.* ~ed,** *pp* **~ing** उछल-कूद क., कूद-फांद क., बकर-फांद क.;

***dw/lw:* ~-bush** *n.* कबरा; **~er** *n.* उछल-कूद करने वाला;

***collocations:* wild ~** करील;

***p&i:* cut a ~/ cut ~s 1** उछल-कूद क., कल्लोल क. **2** अपने व्यवहार द्वारा ध्यान खींचना; **cut a ~ (up)on nothing** (फांसी के) फंदे में फंस जा.

capercallie /कैपःकेली/ *n.* एक बड़ा पक्षी

capias /केपिऐस/ *n., law* गिरफ्तारी का हुक्म: order of ~

capillarity /कैपिलैरिटि/ (*also* **capillary action**) *n.* 1 केशिका, केशिका क्रिया, केशिकात्व, केशिकत्व 2 सतह के तनाव के कारण पानी जैसे द्रव की तंग नली में ऊपर उठने की क्रिया

capillary /कैपिलरि/ कअपिलरि/ *n., pl.* **capillaries 1** केशिका, शीशी की एक अति तंग नली 2 सबसे तंग रक्त वाहिकाएं जो जीव के शरीर में धमनियों से मिलकर एक जाल-सा बनाती हैं;

adj. केशिकीय, बाल-जैसी: ~ network; ~ fracture;

***collocations:* ~ action** केशिका क्रिया; **~ attraction** केशिका आकर्षण; **~ electrometer** केशिका विद्युतमापी; **~ tube** केशिका या अति तंग नली

capita /कैपिटा/ (*also see* **per capita**) *n., [pl.], Lat.* प्रति व्यक्ति: per ~; per ~ consumption

capital /कैपिटल/ *n.* **1** राजधानी: ~ city 2 सकल पूंजी: working ~; fixed/ constant/ variable loan *or* advanced ~; ~ of a company; subscribed ~ (शेयर-होल्डरों की पूंजी); labour and

~ **3** मूलधन: ~ and interest 4 राज या बड़ा अक्षर: ~ letter; small **~s 3** स्तंभशीर्ष (of column);

adj. **1** राजधानी से संबंधित **2** मुख्य, प्रधान **2** (***syn.*** important) महत्त्वपूर्ण, मुख्य: ~ point; ~ error; ~ amount; ~ expenditure; ~ construction/ repairs 3 मृत्यु-दंडनीय, फांसी की सजा के योग्य (अपराध): ~ crime; ~ punishment/ sentence 4 (***syn.*** fatal) घातक 5 (***syn.*** excellent) उत्कृष्ट, उत्तम: ~ idea; ~ fellow 6 (***syn.*** upper-case) दीर्घ, राज या बड़ा (अक्षर);

dw/lw: **~-intensive** *adj.* ऐसा उद्योग या कारोबार जिसे चलाने के लिए बहुत अधिक पूंजी की जरूरत पड़ती है; **~ism** /कैपिटलिज्म/ *n.* पूंजीवाद; **~ist** /कैपिटलिस्ट/ *n.* पूंजीवादी व्यक्ति; **~ist** *adj.* पूंजीवादी; **~istic** /कैपिटलिस्टिक/ *adj.* पूंजीवादी; **~istically** /कैपिटलिस्टिकलि/ *adv.* पूंजीवाद अथवा पूंजीपतियों के दृष्टिकोण से; **~ly** /कैपिटलि/ *adv., Br., old use, colloq.* **1** गंभीर रूप से: accuse ~ly 2 अत्यधिक महत्त्वपूर्ण रूप में 3 बढ़िया तरीके से 4 मृत्यु-दंड योग्य अपराध की सजा देते हुए: ~ly convicted; punish ~ly; **caps** *see below under separate entry*;

collocations: ~ **account** पूंजी लेखा; ~ **accumulation** पूंजीगत (संपत्ति) संचयन; ~ **assets** किसी व्यक्ति या कंपनी की संपत्ति जिसे बेचकर पूंजी प्राप्त की जा सकती है; ~ **at large** प्रभार्य पूंजी; ~ **consumption** मुख्य पूंजी का उपयोग; ~ **cost** पूंजीगत लागत; ~ **crime/ offence** मृत्युदंड योग्य अपराध; ~ **equipment** पूंजीगत उपकरण; ~ **expenditure** ऐसा व्यय जिससे यंत्र, उपकरण व भवन आदि खरीदे जाते हैं, पूंजीगत व्यय; ~ **gains** संपत्ति आदि की बिक्री से होने वाला लाभ; ~ **gains tax** (*abbr.* **CGT**) पूंजीगत लाभ कर, संपत्ति बेचने से होनेवाले लाभ पर कर; ~ **goods** *n. [pl.]* उत्पादन के साधन, कच्चा माल, पूंजीगत माल; ~ **grant** पूंजीगत अनुदान; ~ **intensive** *see above under:* ***dw/lw***; ~ **letter** बड़ा अक्षर; ~ **levy** पूंजीगत कर; ~ **punishment** फांसी, मृत्यु-दंड; ~ **ship** महायुद्ध पोत; ~ **sin** मूल या महा पाप; ~ **structure** पूंजीगत संरचना; ~ **sum** एकमुश्त अदायगी की राशि; ~ **transfer tax** संपत्ति तबादला कर; ~ **territory** राजधानी क्षेत्र;

a ~ist economy ऐसी अर्थव्यवस्था जिसमें पूंजीपतियों का वर्चस्व हो; **circulating** ~ चल पूंजी; **floating** ~ व्यापार में बदलते रहने वाली संपत्ति, चल पूंजी; **gross** ~ सकल पूंजी; **net ~ formation** शुद्ध पूंजी निर्माण; **working** ~ कार्यकारी पूंजी, कारोबार को चलाने के लिए आवश्यक पूंजी;

p&i: **a ~ crime** अपराध जिसमें मृत्यु दंड दिया जा सकता है; **(the) ~ sentence** मृत्यु दंड का आदेश; **make ~ by/ out of sth** किसी बात या अवसर का पूरा लाभ उठाना; **with a capital A, B, C, etc.** बिल्कुल वास्तविक और सही अर्थ में

capitalism *see above under* **capital: *dw/lw***

capitalist *see above under* **capital: *dw/lw***

capitali\zation/ ~sation /कैपिटलाइजेशन/ *n.* 1 पूंजी निर्माण: rules of **~zation 2** लिखाई-छपाई में बड़े अक्षरों का प्रयोग;

dw/lw: **~ze** (*also UK* **-ise**) /कैपिटलाइज/ *v., pt.* ~zed, *pp* ~zing **1** राज या बड़े अक्षरों में लिखना या छपवाना: names are always ~zed 2 पूंजी में परिवर्तित क. 3 संपत्ति आदि बेचकर पूंजी पैदा क. 4 कारोबार को आवश्यक पूंजी मुहैया कराना;

p&i: **~ze on/ upon sth** स्थिति का फायदा उठाना;

capitan *n.* तुर्की के बेड़े का मुख्य एडमिरल

capitate /कैपिटेट/ *adj.* शीर्षाभ, सिर जैसा, समुंड, घुंडीदार

capitation /कैपिटेशन/ *n.* 1 जनगणना 2 प्रति व्यक्ति से निश्चित फीस या कर की उगाही 3 उपरोक्त उगाही प्रणाली

Capitol /कैपिटल/ *n. US* अमेरिकी कांग्रेस का भवन;

dw/lw: **~ian** *adj.* = **~ine** /कैपिटअलाइन/ *adj.* उपरोक्त कैपिटल (Capitol) पहाड़ी से संबंधित

collocations: ~ **Hill** उपरोक्त अमेरिकी कांग्रेस का भवन स्थल

capitular *n.* 1 अध्यादेश 2 अध्यादेश-अध्याय का अवयव;

dw/lw: **~y** *n.* अध्यादेश संहिता; **~y** *adj.* अध्यादेश का

capitula\te /कपिच्युले\ट/ *v., pt.* **~ted**, *pp* **~ting 1** (***syn.*** surrender) हथियार डालना, हाथ खड़े क., हार मानना, आत्मसमर्पण क.: **~te** to overwhelming numbers 2 (***syn.*** give in/ yield) झुकना: women's tears always make him ~te 3 संधि क.;

dw/lw: **~tion** /कपिच्युलेशन/ *n.* आत्म-समर्पण, संधि-पत्र, शर्तनामा; **~tory** /कपिच्युलेटरि/ *adj.* आत्म-समर्पण करार की शर्तों से संबंधित

capitulation *see above under* **capitulate: *dw/lw***

capitalism /कपिट्युलम/ *n.* 1 पसली का सिरा 2 पुष्प का ऊपरी भाग

caple /कैपल/ *n.* घोड़ा

CAPM *abbr.* 'Capital Asset Pricing Model' की प्रथमाक्षरी

cap-money *n.* दर्शकों आदि के बीच टोप घुमाकर पैसे का संग्रहण

capnomancy /कैपनअमैंसि/ *n.* धुएं को देखकर भविष्य बताना

capon /केप\न/ *n.* खस्सी या बधिया मुर्गा;

dw/lw: **~ise** /~नाइज/ *v., pt.* ~ised, *pp* ~ising बधिया क.

Capon-justice *n.* मुर्गियों के रूप में घूस लेने वाला न्यायाधीश

caporal /कैपअरल/ *n., Fr.* एक प्रकार का तेज काला तंबाकू

capote /कअपोट/ *n.* टोपी वाला लबादा

cappuccino /कैपुचीनो/ *n., pl.***~s 1** कैपुचीनो कॉफी **2** कैपुचीनो का प्याला

capreolate /कैपरेओलेट/ *adj.* प्रतानवत्, मूंछों जैसे तंतुओं वाला पौधा

capriccio /कैप्रीचिओ\/ *n., pl.* **capricci/ ~s 1** (*also* **caprice**) जीवंत संगीत 2 कलाकार की व्यक्तिगत सनक की उपज;

dw/lw: **~so** /~सो/ *adv., music* स्वतंत्र व जीवंत शैली में

capri\ce /कअपरी\स/ *n.* 1 (***syn.*** whim) सनक, खब्त **2** अचानक मन बदलने की प्रवृत्ति, अस्थिरता;

dw/lw: **~cious** /~शिअस/ *adj.* **1** सनकी, खब्ती 2 मनमौजी, तरंगी, चलचित्त 3 स्वेच्छाचारी 4 चिड़चिड़ा **5** (***syn.*** unpredictable, erratic) अस्थिरमना; **~ciously** /~शिअसलि/ *adv.* चिड़चड़े या सनकी ढंग से; **~ness** /~शिअसनेस/ *n.* सनकीपन, झक्कीपन, स्वभाव की अस्थिरता, स्वेच्छाचारिता

Capricorn /कैप्रिकॉःन/ *n.* (*also* **Capricornus**) *n.* मकर राशि;

p&i: **Tropic of ~ 1** मकर रेखा, दक्षिणी अक्षांश 2 मकर राशि

caprification /कैप्रिफिकेशन/ *n.* कृत्रिम पराग सेचन

caprifig /कैप्रिफिग/ *n.* जंगली अंजीर

caprine /कैप्राइन/ *adj.* अजवत्, बकरी का, बकरी जैसा

caprio\le /कैपरिओल/ *n.* 1 घोड़े की उछाल/ छलांग, दुलत्ती 2 उछल-कूद, कुलांच;

v., pt. **~led**, *pp* **~ling** उछल-कूद क.;

p&i: **~les of fancy** कल्पना की उड़ान

caps. *abbr.* 'capital letters' का संक्षेप

caps /कैप्स/ *n., [pl.]* राज अक्षर, बड़े अक्षर;

capsicum /कैप्सिकम/ *n.* पहाड़ी मिर्च

capsi\ze /कैप्साइज/ *v., pt.* **~zed**, *pp* **~zing** उलट जा., पलटना

capstan /कैप्स्टन/ *n.* लंगर की रस्सी खींचने के लिए ढोल चर्खी, हवीत 2 टेप-रिकार्डर में धुरी जिस पर घूमकर टेप लिपटती है

capstone /कैपस्टोन/ *n.* 1 भवन या दीवार का सर्वोच्च पत्थर 2 किसी की अंतिम सर्वोत्तम उपलब्धि

capsular /कैप्स्यूलः/ *adj.* संपुटीय, संपुटी

capsulate /कैप्सूलेट/ *adj.* संपुटीय

capsu\le /कैप्स्यू\ल/*n.* **1** कैप्सूल, संपुटिका **2** थैली, बीजकोष **3** (*also* **space ~le)** अंतरिक्ष यान में आवास व उपकरण कक्ष 4 (*bot.*) डोडा, बीज कोष;

dw/lw: **~led** /~लड/ *adj.* पुटित; **~lize/ ~lise** /~लआइज/ *v. pt.* ~led, *pp* ~ling सूचनाओं को सारगर्भित रूप में प्रस्तुत क.;

collocations: **~le biography** संपुटीय जीवनी; **~le explanation** संपुटीय (सार रूप में) स्पष्टीकरण

Capt. *abbr.* 'Captain' का संक्षेप

captain /कैप्टिन/ *n., pl.* **~s 1** जहाज का कैप्टन: **~'s** country = **~'s** quarters; **~'s** watch 2 थल सेना में कप्तान 3 टीम का कप्तान: **~'s** toss **4** नायक, नेता, अगुआ: ~ of industry 5 किसी क्षेत्र में सर्वश्रेष्ठ व्यक्ति: Homer that ~ of all poetry; foremost ~ of his time 6 ड्यूटी अधिकारी: ~ of the day;

***v.**, pt.* **~ed**, *pp* **~ing** टीम या जहाज का कप्तान हो., कप्तानी क.;

dw/lw: **~cy** /कैप्टंसि/ *n.* कप्तानी; **~ship** /कैप्टनशिप/ *n.* कप्तानी; **~less** कप्तान के बिना, सरदार रहित;

p&i: **be the ~ of one's soul** अपनी मर्जी का मालिक हो.; **led ~** टुकड़-तोड़, दूसरों के टुकड़ों पर पलने वाला

captation /कैप्टेशन/ *n.* 1 चापलूसी से ली जाने वाली वस्तु या कृपापात्रता 2 *med.* मंत्र-मुग्धता (hypnosis) की शुरुआत

caption /कैप्शन/ *n.* 1 (***syn.*** heading) शीर्षक 2 गिरफ्तारी, बंदीकरण 3 *law* प्रमाणपत्र 4 (***syn.*** sub-titles) उपशीर्षक (फिल्म में नीचे दिए जाने वाले संवाद);

***v.** pt.* **~ed**, *pp* **~ing 1** शीर्षक दे. **2** फिल्म में नीचे संवाद लिखना

captious /कैप्शिअस\/ *adj.* **1** (***syn.*** fault-finding, pedantic) छिद्रान्वेषी, बाल की खाल उतारने वाला, मीनमेख निकालने वाला: ~ criticism **2** (***syn.*** deceptive) भ्रामक, कपटपूर्ण: ~ question;

dw/lw: **~ly** /~लि/ *adv.* बाल की खाल उतारते हुए; **~ness** /~नेस/ *n.* छिद्रान्वेषण, भ्रामकता

captiva\te /कैप्टिवे\ट/ *v., pt.* **~ted**, *pp* **~ting** (***syn.*** enchant) मुग्ध/ मोहित क., लुभा ले., लुभाना: **~te** sb with one's smile; her beauty **~ted** him; they were **~ted** by his eloquence;

dw/lw: **~ting** /~टिंग/ *adj.* मोहक, लुभावना: ~ting smile; with ~ting frankness; **~tingly** /~टिंगलि/ *adv.* मोहक अंदाज में; **~tion** /~शन/ *n.* सम्मोहन

capti\ve /कैप्टि\व/*n., pl.* **~ves 1** कैदी, बंदी: hold/ take sb **~ve** (किसी को बंदी बनाना); *Caucasian Captive* 2 युद्धबंदी;

adj. **1** बंदी: **~ve** bird **2** बंधुआ: **~ve** nations 3 मोहित, मंत्र-मुग्ध 4 किसी के साथ विवशतापूर्ण जुड़ा हुआ: a **~ve** audience/ market; **~ve** audience; **~ve** balloon;

dw/lw: **~vity** /~विटि/ *n.* **1** बंदी काल, कैद काल, कारावास **2** बंधनावस्था, बंदी-स्थिति, कैद: some birds will not sing in ~vity 3 दासता, अधीनता;

p&i: **Babylonian ~vity** यहूदियों का बेबीलोनी बंदी काल; **take/ hold sb ~ve** किसी व्यक्ति को बंदी बनाना, कैद करना

captor /कैप्टः/ *n.* बंदी बनाने वाला व्यक्ति, बंदीकर्ता, विजेता

captu\re /कैप्चः/ *v., pt.* **~red**, *pp* **~ring 1** बंदी बनाना **2** जीत ले., अधिकार में क., कब्जा क.: **~re** a city 3 हथियाना, कब्जा क.: **~re** 1,000 soldiers of the enemy 4 वर्णन/ चित्रित क.: **~re** sb's smile; **~re** sb/ sth on camera/ film, etc (कैमरे में कैद क., फोटो ले.) **5** मुग्ध क.: **~re** all hearts 6 (***syn.*** catch) आकर्षित क.: this advertisement will **~re** attention;

n. **1** बंदीकरण, गिरफ्तारी **2** कब्जा **3** अभिग्रहण **4** (***syn.*** Booty) लूट;

dw/lw: **~red** /कैप्चःड/ *adj.* 1 बंदी, कैद में 2 गिरफ्त या कब्जे में: ~red documents/ equipment; ~red material; **~rer** /कैप्चरः/ *n.* पकड़ने वाला;

p&i: **~re sb's attention/ imagination** किसी के ध्यान या कल्पना पर छा जा.; **~re sb's heart** किसी का दिल जीत लेना

capuchin /कैप्युचिन/ *n.* मदारी का बंदर

capybara /कैपिबारा/ *n., pl.* **~s** (***syn.*** rodent) विशालतम चूहा

CAR *abbr.* 'Capital Adequacy Ratio', 'Central Asian Region', 'Central Asian Republics', 'Compiler and Architecture Research' की प्रथमाक्षरी

car /कार/ (*also* **motor ~/ automobile**) *n.* **1** कार, गाड़ी, रथ: come by ~; ~ dealer; ~ driver 2 कार दौड़ में प्रयुक्त होने वाली कार: racing/ sports ~ **3** *US* रेलगाड़ी में बैठने, सोने या खाने आदि की सुविधाओं से सुसज्जित डिब्बा: pleasure ~; smoking ~; lounge ~ (कुशन कार); through ~; sleeping ~ **4** मालगाड़ी का डिब्बा: goods ~; goods/ box freight ~;

dw/lw: **~boy** *n., pl.* **~boys** क्षयकारी पदार्थों को ढोने के लिए टोकरीनुमा जाली में लिपटी शीशे या प्लास्टिक की बोतल; **~coat** *n.* कार चालक का जैकेट; **~fare** *n.* गाड़ी भाड़ा; **~man** *n.* ड्राइवर, कार चालक; **~pool** *n.* लोगों के एक समूह द्वारा काम पर जाते समय किसी एक की कार का उपयोग किए जाने की प्रणाली; **~port** *n.* घर के पास कार खड़ी करने का छतदार स्थान; **~sick** *adj.* जिसे कार में बैठने पर घबराहट महसूस होती हो, सिर चकराता हो या उल्टियां होती हों;

collocations: **~ bomb** कार बम; **~ boot sale/ boot sale** *UK* कार की डिक्की से सामान की बिक्री; **~ festival** रथयात्रा; **~ lifting** कार चोरी; **~ park** कार का ठहराव या कार खड़ी करने का स्थान; **~ phone** कार में प्रयोग करने के लिए रेडियो टेलिफोन; **~ post** बस स्टैंड; **~ wash** कार की धुलाई;

p&i: **~ engine is misfiring** कार का ज्वलन बेमेल है; **~ was written off** कार को बेकार करार दे दिया गया; **~ with a low mileage** ज्यादा ईंधन खाने वाली कार;

a Jim crow ~ नस्ल-भेद के समय अश्वेतों के लिए अलग डिब्बा; **an owl ~** रात्रि टैक्सी या ट्राम; **dining ~** रेलगाड़ी में खाने का डिब्बा; **television ~** चल टेलीविजन स्टेशन;

CARA *abbr.* 'Central Adoption Resource Agency', 'Co-ordinating Voluntary Adoption Resource Agency' की प्रथमाक्षरी

carabineer/ carabinier /कैराबिनिअः/ *n.* कारबीन (राइफल) धारी सैनिक

caracal /कैरअकैल/ *n.* स्याहगोश

caraco\le /कैरअकोल/ *n.* घोड़े और घुड़सवार द्वारा खड़े-खड़े काटा गया गोल चक्र;

***v.**, pt.* **~led**, *pp* **~ling** एक ही स्थान पर गोल चक्र काटना

carafe /कअरैफ/ कअराःफ/ *n.* जग, सुराही

caramel /कैरअमेल/ *n.* टॉफी, भुनी शक्कर, भुनी चीनी, दग्धशर्करा

carannne/ carauna /कैराना/ कैरोना/ *n.* कैरोना (गोंद)

carapace /कैरअपेस/ *n.* कछुए का कड़ा खोल, खोपड़ी, पृष्ठवर्म

carat (*also US* **karat**) /कैरअट/ *n.* **1** कैरट, करात 2 सोने की शुद्धता मापन इकाई

caravan /कैरअवैन/ *n.* **1** अवकाश बिताने के लिए कार द्वारा चालित रिहायशी डिब्बा: ~ dweller = caravanner; ~ park 2 रोमाओं (gypsies) का जंगम गृह: ~ home 3 काफिला, कारवां, सार्थ: ~ track 4 गंवार, बुद्धू;

***v.** pt.* **~ed**, *pp* **~ing** कारवां या काफिले में चलना

dw/lw: **~ner** *n.* सार्थवाह, कारवां का नेता; **~ning** *n.* काफिले में यात्रा; **~nette** /कैरावैनेट/ *n.* चल (गश्ती) मोटर गाड़ी; **~serai** /कैरावैनसराय/ (*US*) **~sary** /कैरावैन्सरि/ *n., pl.* **~serais/ ~saries** काफिलों के लिए बड़ी सराय;

collocations: **~ bookshop** चल पुस्तक दुकान; **~ site** कारवांओं के ठहरने का चल या अचल स्थान

caravel/ carvel /कैरावेल/ *n.* छोटा पाल-जलयान, हल्का पाल-जहाज

caraway /कैरावे/ *n.* जीरे का पौधा: ~ cake;

collocations: **~ oil** अजमोद-तेल, अजवायन का तेल, ओवा तेल; **~ seed** जीरा

carb. *abbr. colloq.* 'carburettor' का संक्षेप

carbide /काःबाइड/ *n., chem.* कारबाइड

carbi\ne /काःबाइन/ *n.* कारबीन, छोटी नाली वाली स्वचालित राइफल;

dw/lw: **~ner** *n.* कारबाइनधारी

carbohydrate /कार्बोहाइड्रेट/ *n.* कार्बोहाइड्रेट

carbolic acid *see* **phenol**
carbolic soap कार्बोलिक अम्लयुक्त साबुन
carbon /काःबन/ *n.* **1** कार्बन, प्रांगार, अंगारक 2 *chem.* पेंसिल 3 कोयला 4 कापी में रखकर प्रतियां बनाने का कागज: make several **~s**; ~ copy;
dw/lw: **~aceous** /काःबनेशिअस/ *adj.* 1 कार्बनयुक्त 2 कोयले जैसा; **~ate** /काःबोनेट/ *n.* कार्बोनेट; **~ated** /काःबनेटिड/ *adj.* कार्बोनेट-युक्त: ~ated water; **~ation** *n.* कार्बन-डाई ऑक्साइड (सोडा वाटर आदि) युक्त बनाने की क्रिया; **~ic** *adj.* कार्बन युक्त: ~ic acid; **~iferous** /काःबनिफरस/ *adj.* कार्बनी, कार्बन या कोयला बनाने वाला; **~ise/ ~ize** /काःबनाइज/ *v., pt.* ~ised, *pp* ~ising **1** कार्बनकृत क. **2** कोयला कर दे., अंगार में परिणत क., जलाकर अंगारक (काजल) बनाना 3 कार्बन बनाना (अन्य प्रतिलिपि प्राप्त करने हेतु); **~ization** *n.* कार्बनीकरण; **~yl** /काःबअनिल/ *n.* कार्बन-डाई-ऑक्साइड;
collocations: **~ic acid** कार्बोनिक अम्ल, कार्बोनिक एसिड; **~ black** अधजली प्राकृतिक गैस या पेट्रोलियम तेल से बना महीन कार्बन जिसे रंग बनाने व छपाई की स्याही बनाने में प्रयोग करते हैं; **~ copy 1** कार्बन पेपर से बनी प्रतिलिपि **2** कार्बन कापी; **~ cycle** वातावरण में कार्बन का एक रूप से दूसरे में परिवर्तन; **~ dating** कार्बन द्वारा वस्तुओं का काल-निर्धारण; **~ dioxide** कार्बन डायोक्साइड; **~ emissions** फैक्टरियों व कारों आदि कार्बन जलाने वाले व प्रदूषण फैलाने वाले स्रोतों द्वारा छोड़ा गया कार्बन डायोक्साइड व कार्बन मोनोऑक्साइड; **~ fibre** कपड़े के रेशों को गर्म करने से बना अत्यधिक मजबूत कपड़ा जिसे विमानों व रॉकेट आदि के बनाने में प्रयुक्त होनेवाले प्लास्टिक में मिलाया जाता है; **~ monoxide** पेट्रोल आदि के जलने से पैदा होने वाली जहरीली गैस; **~ neutral** जो कार्बन युक्त जहरीली गैस न छोड़ती हो; **~ paper** कार्बन पेपर; **~ process** कार्बन प्रक्रिया (photo); **~ steel** *engin.* कार्बनयुक्त इस्पात
carbonnade /काःबनाःड/ काःबनेड/ *n.* बीयर (beer) मिला चिकन स्टियू (chicken stew)
carborundum /काःबअरंडम/ *n., chem.* करंड
carbuncle /काःबंकल/ *n.* 1 (***syn.*** tumour) फोड़ा 2 विस्फोटक 3 माणिक, माणिक्य, लाल (gem stone); **~d** /काःबंकल्ड/ *adj.* **1** माणिक्यजड़ित **2** कारबंकलयुक्त, विस्फोटक **3** (***syn.*** timorous) फोड़े वाला
carburettor *UK* (*US* **carburetor**) /काःब्युरेटः/ *n.* काबुरेटर, कार का ईंधन आपूर्ति व नियंत्रक यंत्र
carcajou /काःकजू/ (*also* **gulo-gulo**) *n.* एक जानवर
carcass/ carcase /काःकअस/ *n., pl.* **~es/ ~es 1** शव, लाश, अस्थिपंजर, मुर्दा, लोथ: the ~ of a lion 2 (***syn.*** fire-ball) आग्नेय गोला 3 (***syn.*** framework) ढांचा, ठठरी 4 निष्प्राण-से या मुर्दानुमा व्यक्ति का शरीर 5 गली-सड़ी चीज: the mere ~ of nobility;
p&i: **pamper one's own** ~ अपने मुंह मियां मिट्ठू; **save one's** ~ अपनी जान बचाना
carceral /कैरसेरल/ *adj.* कारावास-संबंधी
carcino\gen /काःसिनअ\जन/ *n.* कैंसर पैदा करने वाला पदार्थ;
dw/lw: **~genesis** /~जेनिसिस/ *n., pathol.* जीव ऊतकों में कैंसरीय कोशिकाओं क जनन; **~genic** /~जेनिक/ *adj.* कैंसर पैदा करने वाला
carcinology /काःसिनौ\लजि/ *US* काःसिनाः\लजि/ *n.* जलजंतु-विज्ञान;
dw/lw: **~logical** /काःसिनअलौजिकल/ *US* काःसिनअलाःजिकल/ *adj.* जलजंतु-विज्ञान संबंधी; **~logist** /~लजिस्ट/ **n.** जलजंतु-विज्ञानी
carcinoma /काःसिनोमा/ *n., pl.* **~s** *pathol.* कैंसरी नासूर, कर्कट-रोग;
dw/lw: **~tous** *adj.* कर्कटरोगीय
CARD *abbr.* 'Computer-aided Registration Department' की प्रथमाक्षरी
card /काःड/ *n.* **1** पत्र, पत्रक 2 कंधा 3 लाइब्रेरी कार्ड आदि 4 (*also* **playing** ~) ताश के पत्ते: plain ~; trump ~; pack of **~s**; play **~s**; play one's **~s** well; play one's **~s** badly 5 *UK* मोटा सख्त कागज **6** कंप्यूटर संचालन कार्ड **7** पहचान पत्र **8** बैंक के उधार (credit card, etc.) आदि कार्ड 9 बधाई कार्ड आदि: Christmas ~; wedding ~; birthday ~ **10** पोस्टकार्ड: postal ~ **11** लेबल (label) कार्ड **12** चेतावनी पत्रक **13** असाधारण व रोचक व्यक्ति: cool ~; odd/ queer/ strange ~; loose ~; big/ great ~ **14** निमंत्रण पत्र: invitation ~ **15** बिजनेस कार्ड, भेंट कार्ड: calling/ visiting/ business ~ **16** सदस्यता कार्ड: ~ of admission; party ~ **17** कुतुबनुमा (compass) यानी दिक्सूचक कार्ड 18 (***syn.*** menu) व्यंजन कार्ड 19 नमूना: show/ sample, pattern ~ 20 सूची पत्र: ~ index; ~ drawer (कैटालॉग कार्ड दराज); ~ file;
v., pt. **~ed**, *pp* **~ing 1** धुनना, धुनकना 2 कार्ड भरना
dw/lw: **~er** *n.* धुनियां; **~board** *n.* कार्डबोर्ड, गत्ता: ~board cover; ~board scissors; **~-carrying** *adj.* 1 राजनीतिक दल का कार्डधारी (सदस्य) 2 *colloq.* बहुत बड़ा समर्थक; **~-index** *n.* कार्ड-तालिका; **~ing** *n.* धुनाई: ~ing machine (धुनाई मशीन); **~phone** *n.* कार्ड से चलने वाला नकदी फोन; **~shark/ ~sharper** *n.* पत्तेबाज, पत्तेचोर;
collocations: **~board government** कठपुतली सरकार; **~ case** पत्र रखने की पेटी; **~ catalogue** कार्ड-सूची; **~ city** *informal* गत्तों पर सोने वाले स्लम (झुग्गी-झोंपड़ी) वासी; **~ swipe** क्रेडिट कार्ड आदि से भुगतान करते समय कार्ड को मशीन में से चलाना; **~ table** ताश खेलने के लिए हरे कपड़े से ढकी फोल्डिंग मेज; **~ vote** किसी संगठन की प्रबंधक इकाई के चुनाव में मतदाताओं को सदस्यों के आधार पर मिले मतों की संख्या; **collecting** ~ दान पत्र, दाताओं की नामावली; **correspondence** ~ पत्र व्यवहार का सादा कार्ड; **court** ~ (ताश का) बादशाह, बेगम, गुलाम; **credit ~ etc.** बैंक द्वारा दिया हुआ उधार कार्ड आदि; **greeting** ~ बधाई पत्र; **identity** ~ पहचान पत्र; **playing ~s** ताश के पत्ते; **post** ~ पोस्टकार्ड; **visiting/ business** ~ भेंट पत्र; **wedding** ~ विवाह का निमंत्रण पत्र;
p&i: **~ are the devil's books** जुआ किसी का सगा नहीं; **~s in one's hands** सब कुछ अपने नियंत्रण में; **~s on the table** सब कुछ खुला, कुछ भी गुप्त न हो.; **~ tricks** ताश में चोर चालें; **a big** ~ महत्त्वपूर्ण व्यक्ति, बड़ी तोप; **a house of ~s** ताश के पत्तों का घर, रेत का घर; **a ~ up one's sleeve** आखिरी (छिपा या गुप्त) दांव; **ask for one's ~s** नौकरी छोड़ दे.; **be ~ed** फुटबाल आदि खेल में नियम तोड़ने वाले खिलाड़ी को पीला, लाल आदि कार्ड दिखाकर सजा देना; **be on the ~s** *UK* (*US* **be in the ~s)** घटने को होना, संभावित; **count on one's ~s** भाग्य पर भरोसा रखना; **get one's ~s** *colloq.* नौकरी से निकाल दिया जा.; **give sb their** ~ किसी को नौकरी से निकाल दिया जा.; **go in with good ~s** सफलता की अच्छी संभावना हो.; **hold all the ~s** सभी पत्ते हाथ में हो., दूसरों की तुलना में कहीं बेहतर स्थिति में हो.; **leading ~s** प्रबल तर्क; **lucky at ~s, unlucky in love** जुए में किसी के पत्ते सीधे पड़ते हैं, तो प्यार में उल्टे; **no ~s** जनाजे के लिए कोई विशेष बुलावा नहीं होता; **one's best** ~ सर्वोत्तम तर्क या चाल; **one's last** ~ अपने ब्रह्मास्त्र को दागना; **play all one's ~s** अपने सारे घोड़े दौड़ा चुकना; **play a wrong** ~ गलत चाल चलना; **play one's** ~s अपनी योजना को कार्यान्वित क.; **play one's ~s badly** अपनी चाल ठीक से न चल पाना; **play one's ~s well/ right well** अपनी बाजी अच्छी तरह खेलना, अवसर का पूरा उपयोग क.; **play one's best, strongest/ trump** ~ *colloq.* अपनी सबसे मजबूत चाल चलना; **play one's ~s close to one's chest** अपनी चालें गुप्त रखना; **put one's ~s on the table** सारे पत्ते खोलकर रख दे.,

अपने इरादे प्रकट क.; **play the** ~ किसी विचार, विषय या गुण का दुरुपयोग क.: play the caste ~; **show one's ~s** अपना भेद खोल दे.; **speak by the ~s** सटीक बात क.; **sure** ~ सफलता का निश्चित मार्ग; **that's the** ~ यही तो हमें चाहिए; **the ~s are stacked against sb/sth** *colloq.* हालात का किसी के विरुद्ध हो.; **throw up/ fling up/ in the ~s** हार मानना, समर्पण क.

cardamom/cardamum/cardamon /काःडअमम/ *n.* इलायची

cardiac /काःडिऐक/ *adj., med.* हृदय-संबंधी, हृद-रोग संबंधी, हृदयी: ~ defect/disease/dilatation; ~ infarction 2 जठरागमी (of upper stomach);
n. 1 हृदय-गति को बढ़ानेवाला पदार्थ 2 हृदरोग पीड़ित व्यक्ति;
dw/lw: **~al** /~ल/ *adj.* हृदयी, हृदय का;
collocations: **~ arrest/ ~ failure** दिल का दौरा; **~ massage** दिल का दौरा पड़ने पर दिल की मालिश; **~ muscle** *anat.* दिल की दीवारों की मांस-पेशियां; **~ surgery** दिल का दौरा पड़ने पर की जाने वाली शल्य-क्रिया

cardialgy /काःडिऐल्जि/ *n.* हृद्-दाह, अम्ल-शूल, हृदय की जलन

cardigan /काःडिगन/ *n.* 1 (*also* **~ sweater**) आगे से खुला या बटनों/ जिप (zip) से बंद होने वाला स्वेटर, जैकेट **2** कार्डीगन

cardinal /काःडिनल/ (*also* **~ red**) *n.* कैथोलिक चर्च में उच्चतम पद का पादरी, कार्डिनल **2** (**~ number**) गणन संख्या (1, 2, 3 ...) 3 एक उत्तरी अमेरिकी पक्षी 4 कार्डिनल नाम का फूल;
adj. अत्यंत **1** (***syn.*** fundamental) महत्त्वपूर्ण, मूलभूत: ~ virtues; ~ point 2 प्रधान, मुख्य, प्रमुख: ~ arguments; ~ events; ~ problem 3 गणन संख्या से संबंधित 4 (*also* **~ red**) सिंदूरी, सुर्ख, लाल;
dw/lw: **~ly** /काःडिनलि/ *adv.* मूलतः; **~ship** *n.* पादरी का पद;
collocations: **~ bird** (*also* **~ grosbeaks/~-buntings**) उत्तरी अमेरिका में मिलने वाला एक पक्षी; **~ flower** लाल रंग का एक अमेरिकी पुष्प; **~ number** (*also* **cardinal**) गणन संख्या: **1**, 2, 3 **...** आदि पूर्ण संख्याएं; **~ points** (कुतुबनुमा के) चार (पूर्व, पश्चिम, उत्तर, दक्षिण) मुख्य दिग्बिंदु, दिशा बिंदु; **~ sin 1** गंभीर भूल **2** ईसाई चर्च के अनुसार महा पाप; **~ virtues** मूल सद्गुण; **~ vowels** *phon.* उच्चारण अंगों के चलन के आधार पर किसी भाषा की स्वर ध्वनियों की पहचान के कुछ संदर्भ बिंदुओं का समूह (set of reference points); **~ winds** चतुर्दिश या मुख्य पवन;

cardinalate/ cardinalship /काःडिनलेट/ *n.* कार्डिनल का पद या कार्यकाल

cardio\- /काःडिओ/ *comb. form, denoting*: **heart** (हृदय);
dw/lw: **~graph** *n. short,* 'electrocardiograph' का छोटा रूप; कार्डिओग्राफ, हृदय-गतिलेखक; **~grapher** /काःडिऔ\ग्रफः/ *US* काःडिआः\ग्रफः/ *n.* हृदय-गति लेखी; **~graphy** /~ग्रफि/ *n.* **1** हृदय-गति लेखन **2** हृदय-गति विज्ञान; **~gram** *n., short,* 'electrocardiogram' का छोटा रूप**,** कार्डिओग्राम, हृद्-आलेख; **cardioid** /~इड/ *adj.* हृदय की आकृति का; **~logist** /~लअजिस्ट/ *n.* हृदयरोग विशेषज्ञ, हृदय-विज्ञानी; **~logy** /काःडिऔ\लजि/ *US* काःडिआः\लजि/ *n.* हृदय-विज्ञान; **~logical** /काःडिऔलजिकल/ *US* काःडिआःलजिकल/ *adj.* हृदय-संबंधी; **~meter** *n.* हृदय-मापी, कार्डिओमीटर; **~pathy** /~पथि/ *n.* हृदयरोग; **~pulmonary** /~पल्मअनरि/ *adj., anat.* दिल और फेफड़ों संबंधी; **~pulmonary resuscitation** /काःडिओपल्मअनरि-रिससिकेशन/ *n.* (*abbr.* **CPR**) = **~repiratory** /काःडिओरेस्पिरेटरी/ *n.* हृद्-श्वसन; **~repiratory** *adj.* हृद्-श्वसन संबंधी; **~vascular** /काःडिओवैस्क्युलः/ *n., anat.* हृदय-वाहिका; **~vascular** *adj.* हृदय-वाहिका संबंधी;
collocations: **~vascular system** रक्त-संचार प्रणाली

carditis /कॉःडाइटिस/ *n.* हृदय सूजन की बीमारी

CARE *abbr.* 'Co-operative for Assistance and Relief Everywhere' की प्रथमाक्षरी

care /केअः/ *v., pt.* **~d**, *pp* **~ing 1** (*usually* **~ about/ for sb/ sth**) परवाह क., सुध ले., ध्यान रखना: ~ for 2 किसी के बारे में चिंता क. 3 किसी में मोह हो. 4 (***syn.*** like) किसी चीज को पसंद क.: I don't ~ for mushrooms; I don't ~ to be seen here 5 देखभाल या देखरेख क.: the children are well **~d** for 6 चिंतित हो., परवाह क.: I don't ~ what people say; what do I ~?, who **~s**? (किसी को कोई परवाह नहीं); as if I **~d**!; I know nothing and ~ less 7 चाहना, इच्छा हो.: would you ~ to read this article?; would you ~ for a walk?;
n. **1** परवाह, ध्यान (regard for safety): take ~ of veterans; take ~ about sb = take ~ of sb; you should give more ~ to your work 2 देख-भाल, देख-रेख, रखवाली, अनुरक्षण: in ~ of sb; the baby was left in Mary's ~; the child was returned to its mother's ~; I will leave this to your ~; the library is under the ~ of Mr. Singh 3 के प्रति लगाव, प्यार 4 एकाग्रता**,** ध्यान**,** सावधानी, पूरी सतर्कता (attention and alertness): be handled with **~!** take **~!** (अपना ख्याल रखो!); have a ~!; take ~ not to wake the baby **4** पीड़ा**,** परेशानी, चिंता**,** चिंता का विषय**,** चिंताएं**,** भय (worry or anxiety): a formidable foe to take ~ of; her face was worn with ~; free from **~s**; troubled by the **~s** of a large family **5** जिम्मेवारी: the financing of the enterprise has been taken ~ of by the bank; don't worry, I'll take ~ of it; I'll take ~ of him 6 इच्छा, चाह: the **~s** of the day 7 डॉक्टरी परीक्षण, जांच; under the ~ of a physician **8** you'll have the best of ~ in this hospital; ~ of equipment;
dw/lw: **~-crazed** *adj.* चिंताकुल, अत्यंत चिंतित; **~free** *adj.* निश्चिंत, बेफिक्र; **~ful**; **~fully**; **~fulness** *see below under separate entry*; **~giver** *US* (*UK* **carer**) *n.* सेवा करने वाला, देखभाल करने वाला; **~-laden** *adj.* चिंताग्रस्त; **~less** *adj.* **1** असावधान, लापरवाह: a ~less piece of work; ~less in his work; ~less driving 2 प्रमादी, अविचारी**,** निश्चिंत, बेपरवाह: ~less charm; ~less grace 3 गैर-जिम्मेवार: ~less mistake; ~less of dangers; **~lessly** *adv.* लापरवाही से: they did their duty ~lessly; **~lessness** *n.* **1** असावधानी, लापरवाही 2 निश्चिंतता, बेपरवाही; **~-line** *n.* टेलीफोन से ग्राहक-सेवा प्रदान करने की लाइन; **~r** /केअरः/ *UK* (*US* **caregiver**) *n.* देख-रेख करने वाला, सेवक; **~taker** *see below under separate entry*; **~-worn** *adj.* चिंताकुल, चिंताग्रस्त;
collocations: **~ assistant** = **~ worker** मानसिक रोगियों की देख-भाल करने वाला; **~ in the community** = **community ~** बिरादरी सेवा; **~ label** पोशाक के अंदर की ओर लगी चिप्पी जिसपर इस पोशाक को धोने**,** इस्त्री करने आदि के बारे में निर्देश होते है; **~taker government** (अस्थायी या कामचलाऊ सरकार);
the I-couldn't ~-less attitude बेपरवाह रवैया;
p&i: **~ about** परवाह क.; **~ a fig for** जूती की नोक पे लेना, जरा भी परवाह न क.; **~ a straw** तिनका भर/ जरा भी परवाह न क.; **~ for sb/ sth 1** किसी की या किसी चीज की देख-भाल/ देख-रेख क. 2 किसी चीज या किसी को पसंद क.; **~free sleep** गहरी नींद, घोड़े बेच कर सोना; **~ killed a/ the cat 1** चिंता चिता समान **2** चिंता में हाथी भी घुल जाता है; **~less watch invites the vigilant foe** 1 चौकीदार सोए डाकू लूटे 2 असावधानी चोर को निमंत्रित करती है; **~ of** (*abbr.* **c/o**) = **in care of sb** की मार्फत;
as if I ~/ ~d *colloq.* जैसे कि मुझे कोई परवाह है; **couldn't ~ less** जरा भी परवाह नहीं; **could you ~ for sth/ to do sth?** क्या आप कुछ लेना या करना चाहेंगे?; **for all I ~ = for what I ~** *colloq.* मुझे क्या? मुझे जरा भी फर्क नहीं पड़ता, मुझे कोई परवाह नहीं; **fretting ~s gray hairs** काम नहीं, बल्कि चिंता

आदमी को खा जाती है; **have a ~!** थोड़ा सावधान रहिए! थोड़ा रहम कीजिए!; **I don't ~ if I do** मैं खिलाफ नहीं; **I might be dead for all you ~** मैं मर भी जाऊं तो तुम्हें क्या! तुम्हें मेरे जीने-मरने से तुम्हें कोई फर्क नहीं पड़ता; **in ~** *UK* (किसी की) देख-रेख में; **not to ~ a bean/ a brass farthing/ a button/ a cent/ a curse/ a damn/ a hang/ a hoot/ a rap/ two straws** = लेशमात्र भी चिंता या परवाह न क.; **send me the bill ~ of my solicitor** बिल मुझे मेरे वकील की मार्फत भेज दो (इस मामले से अब अदालत में ही निपटेंगे); **take ~!** अपना ख्याल रखो! सावधान रहो!; **take ~ of sb/ sth** किसी की या किसी चीज की देखभाल क.; **take ~ of sth/ doing sth** कोई काम संभालना या क.; **take ~ of the pence** फिजूलखर्ची न क.; **take ~ of the pence and the pounds will take care of themselves** एक-एक सेंट जोड़ोगे तो पौंड बनेगा; **who ~s?**; = **what do I care?** कोई परवाह नहीं, मुझे क्या?; **would you ~ for a drink?** क्या आप पीने को कुछ लेंगे?

careen /करीन/ *v., pt.* **~ed**, *pp* **~ing 1** नाव की सफाई करने के लिए उसे उलटना **2** जहाज द्वारा एक तरफ झुकना (heel over) 3 खतरनाक तरीके से जल्दी-जल्दी चलना 4 *N. Amer.* (***syn.*** hurtle) गाड़ी को बेतहाशा इधर-उधर मोड़ते हुए चलाना: the vehicle **~ed** across the road and hit the cyclist;

n. **1** किसी वस्तु की तिरछी स्थिति **2** जहाज का पानी में डूबा भाग;

dw/lw: **~age** *n.* **1** (जहाज की) सफाई और मरम्मत **2** वह स्थान जहां जहाज की सफाई और मरम्मत होती है

career /कअरिअः/ *n.* **1** (***syn.*** profession) जीविका, पेशा: **~s** open to women; she had the choice between a home and a ~; follow teaching as a ~ **2** पेशे में बिताया समय, जीवन-पथ, जीवन वृत्ति: ~ of great men 3 तेज रफ्तार: in full ~ **4** पेशे में पदोन्नति, सफलता: make/ carve out a ~ for oneself; he has a brilliant ~ **5** प्रगति, तरक्की **6** आगे को बेतहाशा छलांग (swift course);

v., *pt.* **~ed**, *pp* **~ing 1** ताबड़तोड़ टूट पड़ना या आगे बढ़ जा. **2** घोड़े को सरपट दौड़ाना;

adj. व्यवसाय संबंधी: ~ diplomat; ~ service; ~ woman;

dw/lw: **~ism** /करिअरिज्म/ *n.* पेशे में आगे बढ़ने के लिए अपनाया जाने वाला अवसरवाद, स्वार्थ-वृत्ति; **~ist** /करिअरिस्ट/ *n., sometimes derog.* स्वार्थजीवी, अवसरवादी, स्वार्थ-वृत्तिपूर्ण व्यक्ति; **~woman** *n.* काम-काजी महिला;

collocations: **~ break** व्यवसाय काल में विघ्न या ठहराव; **~s adviser/ ~s officer** नौकरी-पेशा सलाहकार या अधिकारी; **~ diplomat** पेशे से राजनयिक;

p&i; **~ about/ along/ past** तेजी से चलना; **~ down/ into/ off, etc.** *UK* पटरी या सड़क से अचानक नीचे उतरना;

a chequered ~ भाग्य का खेल, ऊबड़-खाबड़ व्यावसायिक जीवन; **in full ~** बड़ी तेजी से

carefree *see above under* **care: *dw/lw***

careful *adj.* **1** सावधान, किसी की परवाह या चिंता करने वाला: ~ mother; be ~ of one's health 2 परिश्रमी, एकचित्त, गहराई में जाने वाला **3** शरीफ, ध्यान रखने वाला: ~ to maintain his obligations 4 (*usually* **~ful of sth**) नुकसान न करने के प्रति सजग 5 सावधान, सतर्क, खबरदार: more ~ for his second child; be ~ that the seals are kept intact; ~ with that knife!; be ~ not to break it 6 स्पष्ट लिखाई वाला 7 सही, उपयुक्त: a ~ piece of work 8 कृपण, किफायती, मितव्ययी: ~ housewife; a ~ spender of money 9 गहन जांच: ~ examination;

dw/lw: **~fully** *adv.* ध्यानपूर्वक, सावधानी से: handle ~fully; **~fulness** *n.* सावधानी, सतर्कता; **~less, ~lessly see** *above under* **care: *dw/lw*;**

caress /कअरेस/ *v., pt.* **~ed**, *pp* **~ing**, *s/he/it* **~es 1** दुलार/ लाड क.: she **~ed** her child; half **~ing** half coercing his subjects **2** शनैः-शनैः दुलार-प्रेमपूर्वक स्पर्श क.: she **~ed** the boy's cheek; ~ the ear 3 चूमना 4 हल्के से आलिंगन क.;

n., *pl.* **~es** दुलार, लाड, प्यार, प्रेम-स्पर्श, हल्का-सा आलिंगन: shower **~es**; respond to the **~es**;

dw/lw: **~ant** /कअरेसंट/ *adj.* दुलार करने वाला; **~ing** *adj.* स्नेहपूर्ण (*also, see below under separate entry*); **~ingly** *adv.* स्नेहपूर्वक

caret /कैरअट/ *n.* काकपद, लोपचिह्न '^'

caretaker /केअःटेकः/ *n.* **1** (***syn.*** custodian) रखवाला, केयरटेकर, मरम्मत या रख-रखाव का प्रभारी 2 *US* (***syn.*** janitor) देख-भाल या सेवा करने वाला, सेवक;

dw/lw: **caretaking** *n.* 1 रख-रखाव का काम 2 अस्थाई जिम्मेवारी: on a caretaking status;

collocations: **~ speech** *ling.* (***syn.*** motherese /मदअरीज/) प्रौढ़ लोगों द्वारा बच्चों को बोलना सिखाते समय प्रयुक्त की जाने वाली बोली, जिसमें छोटे-छोटे वाक्य, स्पष्ट उच्चारण, ऊंची आवाज व बल देकर बोलने का अंदाज आदि मुख्य बातें होती हैं

carefax /कैअःफैक्स/ *n.* चौराहा

carfuffle/ kefuffle/ kerfuffle /कःफफल/ *n., colloq.* (***syn.*** commotion) उत्तेजना, होहल्ला

CARG *abbr.* 'Compounded Annual Growth Rate' की प्रथमाक्षरी

cargo /काःगो/ *n., pl.* **~es 1** समुद्री जहाज या विमान में लादा जाने वाला सामान, माल, भार: bulk ~; deck ~; general ~; homeward/ return ~; inward/ outward ~; ~ and passenger ship 2 नौभार, (जहाजी) माल, पोतभार: carry ~; discharge ~; keep the ~ moving; transfer ~;

collocations: **~ airplane** माल-वाहक विमान; **~ boat** माल-नौका, पोतभारक; **~ carrier** = **~ transporter** माल-वाहक जहाज; **~ container** माल-डिब्बा; **~ handling** माल की लदाई-उतराई; **~ oil** पेट्रोल की खेप; **~ pants** (***syn.*** combats, combat trousers); **~ ship** मालवाहक जहाज; **~ turn-over** माल की वार्षिक ढुलाई की मात्रा

Carib *n., pl.* **~s/Carib** कैरिबियाई व्यक्ति

Caribbean /कैरिबीअन/ *adj.* कैरिबीयाई द्वीपसमूह निवासी

caribou /कैरिबू/ *n., pl.* **~s**/ ~ एक बड़ा अमेरिकी रेंडियर (reindeer)

caricatu\re /कैरिकचुअः/ *n.* **1** व्यंग चित्र, विरूप चित्र, विद्रूप: a talent for **~re 2** हास्यास्पद प्रयास: propensity to **~re** (हंसी उड़ाने की प्रवृत्ति) **3** मखौल, प्रतिकृति: **~re** of justice;

v. *pt.* **~red**, *pp* **~ring 1** व्यंग या विरूप चित्र बनाना **2** हास्यास्पद बनाना **3** नकल उतारकर मजाक उड़ाना;

dw/lw: **~rest** *n.* व्यंग्य चित्रकार, विरूपणकार

CARICOM ***abbr.*** 'Caribbean Community' की प्रथमाक्षरी

caries /केअरीज/ *n., pl.* **caries** अस्थिक्षय, दंत क्षय, अस्थिक्षरण;

dw/lw: **carious** /केअरिअस/ *adj.* क्षयित, क्षरणग्रस्त

carillon /कअरिल्यन/ *n.* 1 चर्च आदि के बुर्ज में बंधे बहुत सारे घंटों का समूह, घंटवृंद 2 घंटा-वाद्यों से बजाई जाने वाली एक धुन

carina /कराइना/ *n.* नौतल, कूटक;

dw/lw: **~l/ ~te** /करईनल/ *adj.* नौतली, कूटकी, कमरखी

caring /केअरिंग/ *adj.* **1** ध्यान रखने वाला/ वाली 2 स्नेहशील 3 व्यावसायिक रूप से सामाजिक आदि मुद्दों के बारे में संवेदनशील;

dw/lw: **~ly** *adv.* स्नेहपूर्वक

collocations: **~ profession** ऐसा पेशा जिसमें लोगों की देख-भाल की जाती है

carious /केअरिअस/ *see above under* **caries**: ***dw/lw***

carjack\ing /काःजैकिंग/ *n.* कार की लूट, जबरदस्ती कार की छीना-झपटी;

dw/lw: **~er** /काःजैकः/ *n.* कार छीनने वाला

cark /काःक/ *v., pt.* **~ed**, *pp* **~ing** *Austral.* घबराना, चिंतित या उद्वेलित क., परेशान क.
carl /काःल/ *n.* 1 कृषक 2 देहाती 3 विदूषक 4 कंजूस;
dw/lw: **~ine** /काःलाइन/ *n.* बुढ़िया, डायन, जादूगरनी; **~ot** /काःलॉट/ *n.* कंजूस व्यक्ति, किसान
carling /काःलिंग/ *n.* बंधन-कड़ी
carload /काःलोड/ *n.* गाड़ी-भर बोझ, गाड़ी का बोझ
carminative /काःमिनअटिव/ *adj.* वातहर, वायुसारी औषधि
carmine /काःमाइन/ *adj.* किरमिजी, गहरे लाल रंग का;
n. किरमिज, कृमिराग, कृमिज, कियाह
carnage /काःनिज/ *n.* (*syn.* slaughter) नरसंहार, खून-खराबा
carnal /काःन\ल/ *adj.* 1 (*syn.* worldly) सांसारिक, ऐहिक 2 (*syn.* sensual) यौन-संबंधी, विषयी, विषयासक्त: ~ pleasures; ~ desires; ~ infatuation; ~ knowledge 3 (*syn.* material) भौतिक 4 शारीरिक: his ~ mother;
dw/lw: **~ise/ ~ize** /~लाइज/ *v., pt.* ~ized, *pp* ~izing सांसारिक या विषयी बनाना; **~ism** /~लिज्म/ *n.* कामुकता, विषयासक्ति, दैहिकता, भोगवाद; **~ity** /काःनैलिटि/ *n.* कामुकता, विषयासक्ति, दैहिकता; **~lly** /काःनलि/ *adv.* कामुकतापूर्वक, दैहिक रूप से: ~lly-minded
carnassial tooth /काःनैसिअल टूथ/ *n., anat.* चर्वण दंत, दाढ़
carnation /काःनेशन/ *n.* **1** कारनेश्न फूल **2** गहरा गुलाबी रंग;
adj. गहरे गुलाबी रंग का
carnauba /काःनाःऊबा/ *n., pl.* **~s 1** ब्राजीलियायी खजूर का पेड़ **2** इस पेड़ से प्राप्त पीला-सा मोम जिसे मोमबत्तियां, पॉलिश आदि बनाने के लिए प्रयोग किया जाता है
carneous /काःनिअस/ *adj.* दैहिक, शारीरिक
carni\fication /काःनिफिकेशन/ *n.* मांस में परिवर्तन;
dw/lw: **~fy** /काःनिफाइ/ *v., pt.* ~fied, *pp* ~fying मांस में परिणत क. या हो.
carnival /काःनिवल/ *n.* **1** आनंदोत्सव, मनोरंजन मेला **2** *US* खुली हवा में मनोरंजन स्थान **3** सर्कस-मेला **4** खाने-पीने व हर्षोल्लास से भरा पिशितोत्सव (before the festival of Lent);
p&i: **~ of bloodshed** खून की होली
carnivo\re /काःनिवॉर/*n.* मांसाहारी या मांस-भक्षी जीव;
dw/lw: **~rous** /काःनिवरस/ *adj.* मांस भक्षी, मांसाहारी
carno\se /कॉनोज/ (*also* **carnous** /काःनस/ *adj.*) *adj.* मांसल;
dw/lw: **~sity** /कॉःनोसिटि/ *n.* मांस वृद्धि
carny /काःनि/ *n.* कार्नीवल, आनंद-मेला
carob /कैरअब/ (*also* **locust tree**) *n.* भूमध्य सागर के क्षेत्र का सदाबहार पेड़
carol /कैरल/ (*also* **Christmas carol**) *n.* क्रिस्मस का उल्लास गीत, भजन, आनंद गान;
v. pt. **~ed**, *pp* **~ing 1** कैरल गाना **2** उल्लासपूर्वक गाना
collocations: **~ singers** बड़े दिन पर घर-घर जाकर गाने वाले (खैरात के लिए धन संग्रहण हेतु) गायक
Carolingian /कैरअलिंजिअन/ *adj.* पश्चिमी यूरोप में शार्लिमेन (Charlemagne) द्वारा स्थापित राजवंश (751 से 987 तक) से संबंधित;
n. इस राजवंश का सदस्य
carom /कैरअम/ *v., pt.* **~ed**, *pp* **~ing** किसी सतह से टकरा कर दूसरी दिशा में चला जा.: ~ the ball
carotene/ carotin /कैरअटीन/ (*bot.*) *n.* पर्णपीतका
carotid /कअरौटिड/ *US* कअराःटिड/ (*also* **carotid artery**) *n.* ग्रीवाधमनी (सिर को खून पहुंचाने वाली दो धमनियों में से एक)
carotinoid /कैरौटिनॉइड/ *n.* पर्णपीतकाभ
carous\al /कअराउ\जल/ *n.* सुरा-पान व आमोद-प्रमोद;
dw/lw: **~e** /~ज/ *v., pt.* ~ed, *pp* ~ing शोर-शराब वाले सुरा-पान में भाग लेना
carousel /कैरुसेल/ *n.* **1 = merry-go-round**, *US* चक्रदोला, चर्ख हिंडोला 2 हवाई अड्डे आदि पर सामान देने वाली दोलन-पट्टी
carp /काःप/ *n. pl.* **carp** एक बड़ी-सी मछली या उसका गोश्त;
v., pt. **~ed**, *pp* **~ing** (*often* **~ at sb/ sth**) **1** मीनमेख या दोष निकालना, शिकायती टट्टू बनना, नुक्ताचीनी क., छिद्रान्वेषण क. **2** कुड़कुड़ाना, बड़बड़ाना;
dw/lw: **~er** /काःपः/ *n.* नुक्ताचीनी करने वाला व्यक्ति; **~ing** *adj.* नुक्ताचीनी करने वाला: ~ing tongue; ~ing spirit; **~ing** *n.* छिद्रान्वेषण; **~ingly** *adv.* छिद्रान्वेषण करते हुए
carpal /काःपल/ *n. anat.* कलाई की आठ हड्डियों में से कोई एक;
collocations: **~ tunnel syndrome** कलाई की किसी धमनी के लंबे समय तक दबते रहने के कारण होने वाला भीषण दर्द
carpe diem /काःपेडायम/ *Lat.* बहती गंगा में हाथ धो लो! (make hay while the sun shines)
carpel /काःपेल\/ *n.* गर्भ केसर, अंडप, स्त्री केसर;
dw/lw: **~lary/ ~late** /काःपलरि/ काःपलेट/ *adj.* अंडपी; **~phagous** /~फेगस/ *adj.* फल नाशी कीट, फल भक्षी; **~phore** /~फोः/ *n.* फलधर
carpenter /काःपेंटः/ *n.* बढ़ई, खाती, तरखान, काष्ठकार;
v., pt. **~ed**, *pp* **~ing** बढ़ई का काम क.;
dw/lw: **~bee** *n.* भौंरा; **~y** /काःपेंटरि/ *n.* **1** बढ़ईगीरी **2** बढ़ई द्वारा बनाया हुआ सामान;
p&i: **~ is known by his chips** आदमी अपनी बात, रुचि और सलीके से पहचाना जाता है
carper *see above under* **carp:** ***dw/lw***
carpet /काःपिट/ *n.* **1** दरी, कालीन, गलीचा: magic ~ **2** दरी की तरह का आवरण: ~ of leaves; ~ coat/ veneer;
v., pt. **~ed**, *pp* **~ing 1** दरी/ कालीन/ गलीचा बिछाना 3 *colloq.* डांटना, फटकारना;
dw/lw: **~-bag** *n.* मोटे कपड़े का पुराण-पंथी थैला; **~bagger** *n., derog.* बिना स्थानीय जड़ों व जान-पहचान वाले स्थान पर चुनाव लड़ने वाला नेता; **~-beating** *n.* दरी (या गलीचे) झाड़ना; **~-bedding** *n.* पुष्प रोपण पद्धति; **~-bomb** *v., pt.* ~-bombed, *pp* ~-bombing बमों की जबरदस्त बौछार करके दरी-सी बिछा दे.; **~-bombing** *n.* 1 व्यापक बमबारी 2 अवांछित डाक का वितरण; **~-grass** *n.* घास लगी दरीनुमा पट्टियों को जमीन से उठाकर दूसरे स्थान पर लगाई जाने वाली घास; **~ing** *n.* **1** दरियां **2** दरी आदि बनाने में प्रयुक्त कपड़ा आदि सामग्री; **~-knight** *n., derog.* 1 लड़ाई के समय घर में बैठा रहने वाला सैनिक 2 औरतों के पीछे भागने वाला पुरुष; **~-moth** *n.* शलभ; **~-rod** *n.* दरी रोक छड़ी; **~-snake** *n.* आस्ट्रेलियाई अजगर; **~-sweeper** *n.* दरियां, कालीन आदि साफ करने वाला यंत्र;
collocations: **~ beetle** (*also* **~ bug**) ऊनी कपड़ों में लग जाने वाला कीड़ा; **~ biter** भारी गुस्सैल, अति क्रोधी व्यक्ति; **~ slippers** *[pl.] slippers esp.* कालीननुमा कपड़े से बनी स्लिपर; **red ~** शानदार स्वागत;
p&i: **a ~ of sth** दरी जैसी तह, परत; **be/ get called on the ~** किसी गलती के लिए अधिकारी द्वारा बुलाकर डांटा-फटकारा जा.; **be on the ~** 1 विचार-विमर्शाधीन हो. 2 डांट पड़ना; **brush/ sweep under the ~ 1** बात या तथ्य को छिपाना **2** भुला दे. **3** अंतरिक्ष यात्री (astronaut) द्वारा भूतल के समीप आना; **come on the ~** प्रकट हो.; **on the ~** विचार-विमर्श अधीन; **roll out the red ~ for sb** किसी का भव्य स्वागत क.; **step off the ~** *US* शादी क.; **sweep under the ~** *see above*; **why were they ~ed?** उन्हें क्यों सजा मिली?
carphology /काःफअलजि/ *n.* उन्मादावस्था, चित्तविकृति
carping/ carpingly *see above under* **carp:** ***dw/lw***
carport /काःपोःट/ *n.* कार खड़ी करने के लिए छतदार स्थान
carpus /काःपस / *n., pl.* **carpi** /काःपाइ/ काःपि/ कलाई, मणिबंध
carrageen/ carragheen /कैरअगीन/ (*also* **Irish moss**) *n.* उत्तरी अटलांटिक महासागर में मिलने वाला खाने योग्य समुद्री खरपतवार
carrel/ carrel /कैरल/ *n.* लाइब्रेरी में निजी अध्ययन के लिए एक

छोटा-सा बूथ या डेस्क

carriage /कैरिज/ *n.* **1** *UK* सवारी डिब्बा **2** (***syn.*** coach) गाड़ी, वहन **3** *UK* (***syn.*** handling) मालभाड़ा, ढुलाई, परिवहन-व्यय: ~ by rail/ by sea 4 पारण, चाल 5 (***syn.*** carrying out) कार्यान्वयन, लागू करने या चलाने की क्रिया: ~ of affairs; ~ of an enterprise 6 (***syn.*** deportment, bearing) चाल-ढाल, ठवन: graceful ~ of the head 7 (***syn.*** framework) गाड़ी आदि का ढांचा 8 प्रस्ताव आदि पारित करने की क्रिया: ~ of a resolution;

dw/lw: ~**way** /कैरिजवे/ *n. UK* सड़क का एक ही दिशा में जाने वाला मुख्य भाग, मार्ग

collocations: ~ **clock** एक छोटा-सा घंटा जिसके सिर पर एक हत्था लगा होने के कारण पहले यात्री प्रयोग करते थे; ~ **forward** पाने वाले द्वारा माल की ढुलाई; ~ **free/ paid** माल की ढुलाई माल भेजने वाले द्वारा दे दी गई, अतः माल पाने वाले को नहीं देनी होगी; ~ **trade** नाट्यशाला में अमीर लोगों का जमावड़ा; ~ **work** गाड़ी के कक्ष बनाने का काम;

p&i: ~ **and pair** दो या चार घोड़ा गाड़ी या बग्गी

carrier /कैरिअः/ *n.* **1** वाहक, संवाहक 2 यात्री गाड़ी, यात्री विमान, यात्री कोच: public/ common ~ **3** मालवाहक गाड़ी, मालवाहक कंपनी: cargo ~; timber ~ **4** मोटिया, भारिक (of cycle) 5 कैरियर 6 (***syn.*** pigeon, postman) पत्रवाहक, डाकिया, पत्रवाहक कबूतर: letter ~/ mail ~ **7** रेडियो तरंग **8** सामान ढोने का बैग 9 रोग वाहक;

adj. माल-ढुलाई से संबंधित: ~ vehicle; ~ point (माल लदाई स्थान); ~ truck;

collocations: ~ **bag** *UK* वस्तु थैला; ~ **pigeon** संदेशवाहक कबूतर; ~ **wave** *phys.* रेडियो तरंग

carrion /कैरिअन/ *n.* 1 सड़ा-गला मांस 2 कूड़ा-कर्कट;

adj. **1** सड़ा **2** (***syn.*** loathsome) घिनौना;

collocations: ~ **crow** भारत व यूरोप में मिलने वाला काला कौवा

carrot /कैरअट/ *n.* **1** गाजर **2** प्रोत्साहन पुरस्कार;

dw/lw: ~**y** /कैरअटि/ *adj.*1 लाल 2 लाल बालों वाला 3 गाजर जैसा

p&i: ~ **and stick** पुरस्कार व तिरस्कार (नीति); **dangle a ~ before sb** किसी को झांसा दे.

carry /कैरी/ *v., pt.* **carried**, *pp* **carrying**, *s/he/it* **carries** **1** ढोना: porters **carried** trunks on their heads; she was ~**ing** a baby in her arms; he went as fast as his legs could ~ him; ~ by rail; railways and ships ~ goods 2 वहन क., लाना, ले जाना या किसी के पास पहुंचा दे., दूर तक पहुंचना: ~ a bundle in one's arms; ~ a horse to water 3 अपनो हाथों में या पास या साथ में रखना: ~ one's passport on oneself; I never ~ a walking stick; I never ~ much money about me; ~ a sword 4 रोग का संक्रमण क.: mosquitoes ~ malaria **5** (***syn.*** hold) बोझ संभालना या झेलना, थामना: the walls ~ the roof; he knows how to ~ his liquor 6 बढ़ाना, खींचना 7 मतदाताओं आदि का समर्थन जीतना या उन्हें अपने साथ कर लेना: ~ one's audience with oneself 8 पहनना: a hat **9** प्रभावित क. **10** (***syn.*** behave) आचरण क., किसी तरह का व्यवहार क.: she really **carries** herself well 11 गर्भवती हो.: ~ a boy 12 (***syn.*** win, capture) जीत ले., जीतना: ~ the day; ~ a position; ~ by storm; ~ a fortress; ~ an election; ~ a case 13 की मार करने की दूरी होना (बंदक की मार - 1500 गज) 14 प्रकाशित क., छापना, रेडियो या टीवी पर प्रसारित क.: the story was first **carried** by the Times of India; ~ a large amount of advertising; ~ weather report 15 जिम्मेवारी निभाना या ले. 16 खर्चा या बोझ उठाना 17 (***syn.*** stock or sell) जमा करके रखना या बेच देना: this shop does not ~ fruit **18** आवाज का किसी दूरी तक जाना **19** प्रस्ताव या निर्णय आदि पास करवाना या क.: ~ one's point; the bill/ the resolution was **carried**; ~ a motion by a large majority 20 किसी बाहरी या आंतरिक प्रभाव को ठीक से सह ले.: ~ the age well **21** हद पार क.: ~ politeness too far; ~ to extremes; ~ sb to excess/ too far 22 अपने में समाहित क.: the book **carries** many tables; ~ an analogy; ~ inference 23 चोट या घाव आदि हो.: ~ a wound 24 फसल उठाना 25 आमदनी दे. 26 विद्युत धारा, ध्वनि, द्रव आदि को चलाना या प्रवाहित क.: pipes ~ water; wires ~ sound; the sound of the firing **carried** many miles 27 किसी चौकी या मोर्चे पर कब्जा क. 28 अपनी धारणा को सफल बनाना 29 हिसाब लिखते समय आंकड़ों का अगले पृष्ठ या स्तंभ पर ले जा.: ~ to the next column 30 किसी अवस्था में पहुंचाना 31 विशेष चाल-ढाल हो., किसी मुद्रा में हो.: ~ yourself better, don't slouch or crouch! 32 कीमत हो.: ~ a price/ a value (याद रखना) 33 से ओत-प्रोत हो. 34 का परिणाम हो. 35 किसी स्थान या बिंदु तक पहुंचाना: ~ the war into the enemy's country; ~ the fight to the enemy 36 कोई लेबल या संदेश वहन क. 37 किसी के सिर पर इनाम हो.: the terrorist **carries** a reward of one lac on his head;

n., pl. **carries 1** ढोने की क्रिया, ढुलाई **2** बल्ले आदि से मारे जाने पर क्रिकेट आदि की गेंद की हवा से जमीन पर जा पड़ने की दूरी **3** बंदूक आदि की मार की दूरी **4** जहाज आदि द्वारा तय की जाने वाली दूरी **5** नौ-संवहन शुल्क **6** नौ-यात्रा की दूरी;

dw/lw: ~-**all** *US* (*UK* **holdall**) *n.* बड़ा थैला, बिस्तरा आदि बांधने का होल्डॉल; ~**cot** *n.* बच्चे की बक्सेनुमा खाट; ~-**home** *n.* घर ले जाने वाला खाना; ~**ing** *adj.* 1 दूरी पर आसानी से सुनी जा सकने वाली (आवाज) 2 ढोने या प्रवाहित करने में सक्षम: ~ing capacity; ~**ing** *n.* 1 ले जाने की क्रिया: ~ing concealed weapon; ~ing trade 2 माल की ढुलाई, पहुंचाई; ~-**on** *n.* 1 उत्तेजना, बतंगड़, 2 मूर्खतापूर्ण हरकत, उच्छृंखलता 3 प्रेम-प्रपंच; ~-**out** *n., Scot. colloq.* 1 रेस्त्रां में खाना खरीदकर कहीं और जाकर खाने का कार्य 2 तैयार खाना बेचने वाली दुकान या रेस्त्रां 3 दुकान, पब आदि में खरीदकर कहीं और पी जाने वाली शराब; ~-**over** *n.* पूर्वावशिष्ट, अवशेष, अगली पंक्ति में स्थानांतरण; ~-**tale** *n.* चुगलखोर, इधर की बात उधर करने वाला;

collocations: ~**ing capacity 1** पाले जा सकने वाले जीवों की अधिकतम संख्या **2** जहाज आदि की बोझ धारण क्षमता; ~**ing charge** भुगतान किश्तों पर लगने वाला ब्याज; ~**ing trade 1** एक जलमार्ग द्वारा माल की ढुलाई **2** ढुलाई शुल्क;

p&i: ~ **about** इधर-उधर चले जा., पत्तों आदि द्वारा उड़कर जहां-तहां पहुंच जा.; ~ **all before one 1** सब बाधाएं पार क. **2** बड़ी सफलता पाना, बाजी मार ले जा.; ~ **along** किसी के प्रभाव तले आना; ~ **another person's judgment** किसी व्यक्ति को अपने विचारों से कायल क., मात दे.; ~ **a thing about** किसी वस्तु को अपने पास रखना; ~ **away** उठा ले जा., बहा ले जा., जबरदस्ती हटा दे.; ~ **back** 1 वापस ले जाना या भेजना 2 अतीत में झांकना या ले जाना; ~ **captive away**/ ~ **a captive** or **to lead a captive** युद्ध बंदी बनाकर ले जाना; ~ **coals to New Castle** उल्टे बांस बरेली को; ~ **conviction** विश्वास पैदा क.; ~ **down** नीचे लाया जा.; ~ **fire and sword** विनाश क.; ~ **fortress** अपने शत्रु पर विजय पाना; ~ **forward** 1 आगे बढ़ाना या बढ़ना 2 जारी रखना 3 सफलता पाना; ~ **hearers with oneself** श्रोताओं को अपने मतानुकूल बनाना; ~**ing into execution** लागू क.; ~ **into** अमल में लाना; ~ **into effect** कार्यान्वित क., अमल में ला.; ~ **it** पर विजय पाना; ~ **me out** मुझ में और दम नहीं; ~ **modesty to excess** लज्जा जताने में हद कर दे.; ~ **matters with a high hand** सख्त कदम उठाना, सख्ती से दबा दे.; ~ **off 1** जीत लेना **2** जीतकर उठा ले जा., छीन ले जाना **3** मार डालना, कब्र में धकेल दे. **4** किसी जटिल स्थिति को ठीक से संभालना **5** झेल जा. **6** सफलतापूर्वक गुत्थी सुलझा ले.; ~

off meat from the graves फटेहाल हो.; ~ **off one's feet** उत्तेजना से पागल हो.; ~ **off the bell** प्रथम स्थान पर आना; ~ **off the palm** बाजी मार ले जा., अव्वल/ सर्वोत्तम हो.; ~ **off with high hand** गुस्ताखी से पेश आना; ~ **on 1** जारी रखना, चलते जाना 2 *colloq.* बात का बतंगड़ बनाना 3 आपे से बाहर हो.; ~ **on regardless** सब कुछ होने के बाद भी जारी रखना; ~ **one's bat** डटकर मुकाबला क.; ~ **one's point** अपनी बात मनवा ले.; ~ **oneself away** आत्म-संयम खो दे., आपे से बाहर हो.; ~ **on with sb** प्रेमाचार जारी रखना; ~ **out commands** हुक्म बजाना; ~ **out sth** पूरा क., कार्यान्वित क.; ~ **sb back** बीते दिनों की याद दिलाना; ~ **someone out bodily** किसी को उठाकर बाहर क.; ~ **sth away** टूटकर बह जाना; ~ **sth forward** बही खाते में एक पृष्ठ का जोड़ दूसरे पृष्ठ पर ले आना; ~ **sth off 1** निभाना, निर्वहण क. **2** निपटाना, मार डालना 3 जीतना; ~ **sth on 1** किसी धंधे या काम में लगे रहना **2** प्रबंध चलाना; ~ **sth over** 1 अगले पृष्ठ या पंक्ति पर ले जाना, अग्रनयन क., आगे बढ़ाना **2** स्थगित क., उठा रखना; ~ **sth/ sb through** मुसीबत में किसी की मदद क.; ~ **sword** तलवार को सलामी की स्थिति में रखना; ~ **the day** विजयी होना, सफल होना; ~ **the torch** एक-तरफा प्रेम हो.; ~ **the war into the enemy's camp** साहसपूर्वक आक्रमण क.; ~ **(take sth) too far** किसी बात में सीमा पार कर जाना; ~ **the world before one** देखते-देखते कामयाबी के झंडे गाड़ दे.; ~ **through 1** पूरा क., संपन्न क. 2 संभालना, निकाल ले जा.; ~ **too many guns for sb** बस से बाहर हो.; ~ **two faces under one hood** नाम से हाजी वैसे पाजी; ~ **water to the river** उल्टे बांस बरेली को ले जा.;~ **weight** प्रभावी होना, महत्त्व रखना, (बात) में दम होना; ~ **with one** संतुष्ट क.;

be carried पारित हो., पराभूत हो.; **be/ get carried away** उत्तेजित हो., आपे से बाहर हो.; **be carried off by cancer** कैंसर से मर जा.; **commit a crime ~ing the death penalty** ऐसा अपराध क. जिसकी सजा मृत्यु दंड हो; **fetch and ~ (for sb)** किसी के हाथ के नीचे होना, सेवा में हाजिर हो.

carse /का:स/ *n.* नदी के अंत में उपजाऊ भूमि (fertile lowland)

cart /का:ट/ *n.* **1** गाड़ी, छकड़ा, ठेला **2** *US* (*UK* **trolley**) ठेला; *v., pt.* **~ed**, *pp* **~ing 1** ढुलाई क., गाड़ी से ढोना 2 (*often* ~ **sth around/ off**), *colloq.* ले जा. या कहीं तक पहुंचाना;

dw/lw: **~able** /का:टअबल/ *adj.* गाड़ी के चलने योग्य (रास्ता); **~age** /का:टिज/ *n.* ढुलाई, गाड़ी-भाड़ा; **~er** *n.* गाड़ीवान, कुली; **~horse** *n.* 1 गाड़ी खींचने वाला घोड़ा; **~-load** *n.* गाड़ी-भर वजन या मात्रा: two ~loads of hay; **~man** *n.* कोचवान; **~-track/ ~way** *n.* लीक, रथ्या; **~wheel** *n.* 1 गाड़ी का पहिया: ~wheel with turning 2 एक प्रकार की कलाबाजी; **~wright** *n.* गाड़ी बनाने वाला व्यक्ति;

collocations: ~ **road** लीक, रथ्या; **hand** ~ हाथ से खींची जाने वाली गाड़ी, ठेला;

p&i: ~ **off** हटाना, ले जा.; ~ **sb** or **sth around/ away/ off, etc.** किसी को या किसी चीज को गाड़ी से ले जा. या घुमाना **in the** ~ मुसीबत या कठिनाई में; **put/ set the** ~ **before the horse** उल्टे क्रम में काम क., गड़बड़झाला क.; **upset sb apple-~** किसी का खेल बिगाड़ दे.;

cartage /का:टिज/ *n. see above* **cart: *dw/lw***

carte blanche /का:ट ब्लांश/ *n.* कुछ करने का पूर्ण/ असीमित अधिकार, पूर्ण स्वतंत्रता: give ~ to handle the issue

carte-de-visite /का:ट-डअ-विजीट/ *n.* **1** भेंट कार्ड **2** पासपोर्ट-साइज फोटो

cartel /का:टेल/ *n.* **1** व्यापारियों का गुट जो आपस में सांठ-गांठ करके अवैध तरीके से बाजार में दामों को घटाता-बढ़ाता है **2** राजनीतिक संघ (political combination) **3** उत्पादक संघ **4** (***syn.*** challenge) द्वंद्व युद्ध के लिए लिखित चुनौती 5 ऐसा पत्रक जिस पर कुछ लिखा हो: ~ with some Greek verses;

dw/lw: **~ist** /का:टेलिस्ट/ *n.* उत्पादक संघ का सदस्य; **~-clock** *n.* दीवार घड़ी

carter *see above* **cart: *dw/lw***

Cartesian /का:टीजिअन/ *adj.* फ्रांसीसी दार्शनिक रेने डेकार्ट (René Descartes) के दर्शन व गणित के विषय में विचारों से संबंधित

cartwright *see above* **cart: *dw/lw***

Carthusian /का:थ्यूजिअन/ *n.* 1 एक रोमन कैथौलिक धर्म शाखा (1084 में स्थापित) जिसके सदस्य अतिवादी सादगी (abstinence) में विश्वास करते थे, एकांतमय कुटियों में रहते थे 2 इस शाखा का सदस्य

cartila\ge /का:टि\लिज/ *n.* कुरकुरी, उपास्थि, जोड़ों का एक मजबूत ऊतक जो हड्डियों को एक-दूसरे से रगड़ खाने से बचाता है;

dw/lw: **~ginous** /का:टिलैजिनस/ *adj.* उपास्थीय, उपास्थियुक्त;

collocations: ~ **fishes** एक उपास्थियुक्त शार्क वर्ग की मछली

cartogram /का:टअग्रैम/ *n.* (*geog.*) मानचित्र आरेख

cartograph\er /का:टौग्रअ\फ:/ *US* का:टौ:ग्रअ\फ:/ *n.* मानचित्रकार; **~y** /~फि/ *n.* मानचित्र कला, मानचित्रकारी, नक्शानवीसी; **~ic** /~फिक/ *adj.* मानचित्रण संबंधी

cartomancy /का:टोमैंसि/ *n.* पत्र-ज्योतिष, ताश के पत्तों से भाग्य बताने की क्रिया

carton /का:टन/ *n.* **1** गत्ता बॉक्स, दफ्ती का डिब्बा 2 खाद्य पदार्थों व पेय आदि को पैक करने का गत्ते का बक्सा 3 (***syn.*** Target) निशाना, चांद;

dw/lw: **~age/ ~nage** /का:टअनिज/ *n.* गत्ता, ममी का आवरण;

collocations: ~ **pierre** लुगदी से बना सामान

cartoon /का:टून/ *n.* **1** रेखाचित्र **2** व्यंग्य/ हास्य चित्र 3 (*also* **strip** ~ = **comic strip**) समाचार पत्र में छपने वाले घटनाओं के क्रमबद्ध हास्य-चित्र 4 (*also* **animated** ~) हास्यास्पद या व्यंग्य चलचित्रों की फिल्म 5 रूपरेखात्मक (rough) चित्र;

v., pt. **~ed**, *pp* **~ing** 1 व्यंग्य चित्र बनाना 2 ऐसे चित्र द्वारा किसी का मजाक उड़ाना;

dw/lw: **~ist** /~निस्ट/ *n.* **1** रेखाचित्रकार **2** व्यग्य/ हास्य-चित्रकार

cartophily /का:टॉफि\लि/ *n.* सिगरेट कार्ड-संग्रह;

dw/lw: **~philist** /~लिस्ट/ *n.* सिगरेट कार्ड संग्रह-कर्ता

cartouche /का:तूश/ *n., hist.* 1 बंदूक पाउडर से भरा कारतूस 2 किसी पोशाक की मुड़े सिरों वाली अलंकृत किनारी

cartridge /का:ट्रिज/ *n.* 1 (*also* **shell**) कारतूस **2** गोली पाउडर से भरा कारतूस.खोल **3** स्याही से भरा संपुटक;

dw/lw: **~-pouch** /का:ट्रिज-पाउच/ *n.* कारतूसों की छोटी थैली;

***collocations:*~ belt** कारतूस की पेटी; ~ **illuminating sign** रॉकेट का प्रकाशमय संकेत; ~ **paper 1** छपाई के लिए गत्तानुमा पर्चा **2** कारतूस बनाने या छपाई के लिए गत्ता;

blank ~ हवाई कारतूस जिससे केवल आवाज होती है

cartulary /का:ट्युलरि/ (= **chartulary**) *n., pl.* **cartularies** **1** अभिलेख-संग्रह, अभिलेखालय 2 प्रतिलिपि पंजी, रजिस्टर

cartwheel *see above* **cart: *dw/lw***

cartwright *see above* **cart: *dw/lw***

carunc\le /कैरंक्ल/ *n.* 1 मांस ग्रंथि, मांसांकुर **2** बीज-चोलक **3** गलचर्म;

dw/lw: **~ulate/ ~ulous** /कैरंक्युलेट/ कैरंक्युलस/ *adj.* (*bot.*) बीज चोलीय

car\ve /का:व/ *v., pt.* **~ved**, *pp* **~ving 1** (***syn.*** engrave) तराशना; नक्काशी क., उत्कीर्णन क.: **~ved** in ivory; the chest is finely **~ved**; an ivory box **~ved** with figures **2** मांस के पके हुए बड़े लौंदे के टुकड़े क. **3** काटना, में से काटकर बनाना: ~ve out of stone 4 रचना, निर्मित क. **5** (***syn.*** sculpture) काटकर मूर्ति बनाना: **~ved** in stone 6 अपने प्रयास की बदौलत अपने लिए विशेष स्थान बनाना: **~ve** (out) a niche/ career/ role, etc. (किसी व्यवसाय में उपयुक्त स्थान/ पेशे में पदोन्नति या विशेष भूमिका आदि बनाना): **~ve** (out) a career;

dw/lw: **~ver** /काःवः/ *n.* **1** मूर्तिकार, नक्काश, उत्कीर्णक 2 संगतराश चाकू: ~ver knife-~ver; **~very** /काःवरि/ *n., pl.* carveries ग्राहक के कहने पर भुने गोश्त के किसी अंग विशेष को काटकर परोसने वाला रेस्त्रां; **~ve-up** *n.* किसी देश, कंपनी आदि का हिस्सों में विभाजन; **~ving** /काःविंग/ *n.* 1 तराशी हुई मर्ति 2 नक्काशी करने या तराशने का काम: ~ving wood; ~ving-fork (तराशने का कांटा);

p&i **~ve out 1** उत्कीर्ण क., नक्काशी क. 2 परिश्रम से अपना स्थान बनाना 3 संपत्ति में से कोई भाग काटकर दे.; **~ve out a career** अपने लिए पेशा चुनकर उसमें सफल हो.; **~ve sth up 1** टुकड़े-टुकड़े क. **2** *colloq.* जमीन या लूट के माल को मोटे-मोटे बांटना;

wrinkles ~ved his skin झुर्रियों ने उसकी त्वचा को उत्कीर्तित कर दिया

carvel-built *adj.* सपाट (नाव)

carvery *see above under* **carve: *dw/lw***

caryatid /कैरिऐटिड/ *n., pl.* **~s**/ **~es** /कैरिऐटिडीज/ 1 एक स्त्री रूपी स्तंभ जिस पर छत टिकी रहती है 2 पुत्तलिका, मदलनिका, परी स्तंभ, नारी स्तंभ

CAS *abbr.* 'Cable Addressable System', 'Career Advancement Scheme', 'Centre for Advanced Studies', 'Chief of the Air Staff', 'Civil Aviation Security', 'commissioner of security', 'Conditional Access System', 'Cost-Accounting Standards', 'Court of Arbitration for Sport' की प्रथमाक्षरी

Casanova /कैसानोवा/ *n., pl.* **~s** *derog.* प्रेम प्रपंची, नारीबाज (womaniser), महाकामुक, लंपट, कैसानोवा

casca\de /कैस्के\ड/ *v., pt.* **~ded**, *pp* **~ding 1** क्रम जल-प्रपात की तरह गिरना **2** सोपानी जल-प्रपात के रूप में गिरना;

n. **1** सोपानी प्रपात, क्रमप्रपात, जल प्रपात, झरना: fall in **~des 2** जलप्रपातनुमा वस्तु या प्रक्रिया **3** बहुत सारे कामों या घटनाओं का क्रम: the new movie star received a **~de** of sms's 4 एक के बाद एक होने वाली रासायनिक प्रक्रियाएं 5 कई वैद्युत उपकरणों में से पहले द्वारा दूसरे को, दूसरे द्वारा तीसरे को, तीसरे द्वारा ... को चालू करने की क्रिया: **~de** system;

collocations: **~ding effect** एक के बाद एक व्यक्ति या वस्तु पर होने वाला प्रभाव

case /केस/ *n.* **1** (***syn.*** incident, example) उदाहरण, घटना: the ~ in point; a hard ~ (मंजे हुए अपराधी का उदाहरण) **2** (***syn.*** suit) मुकदमा: criminal **~s**; a leading ~/ a ~ in precedent (जिसका पहले से उदाहरण हो); a ~ of circumstantial evidence; try a ~; the ~ for the prosecution; the ~ for the defendant; the ~ of law 3 छानबीन का मामला: this is a ~ for the dean to find out; open a ~ **4** बीमारी का मामला, रोगी: two **~s** of cholera (हैजे के दो रोगी); mental ~; ~ of emergency 5 विषय, प्रकरण, मामला: in the ~ of children under fourteen; that's the ~; is it the ~ that he has lost his job?; in your ~; it is another ~ **6** प्रश्न, समस्या: as the ~ may require; the ~ with me is the reverse 7 (***syn.*** state) विशेष अवसर, स्थिति या हालात, वस्तुस्थिति: out of ~ (बुरी हालत में); in ~ for sth (किसी भी बात के लिए राजी) 8 (*sometimes* ~ **for/ against sth**) तर्क, दलील, पक्ष (argument of one side); the ~ for or against; a ~ exists for pay revision; there is the strongest ~ for self-government; an unanswerable ~; base one's ~ on sth **9** (***syn.*** presentation) वाद-प्रतिवेदन: have a good ~; make out one's ~; state one's ~; put one's ~ over; press one's ~ **10** (***syn.*** precedent) नजीर 11 *gramm.* कारक: nominative ~ **12** खोल, गिलाफ, आवरण (outer covering) **13** खाना, म्यान, दीवारों की अस्तकारी **14** (***syn.*** suitcase) बक्सा, संदूक, मंजूषा, सूटकेस **15** *print.* मुद्राधान, अक्षर का आकार: lower ~; upper ~ **16** सनकी, झक्की (odd character): she is a difficult ~; he is a hard ~ **17** *bookbinding* सख्त जिल्द **18** उपचार पाने वाला;

v., pt. **~d**, *pp* **casing 1** किसी चीज को बक्से या केस में रखना **2** ढांचे में लगाना **3** सांचे में ढालना **4** कवच, आवरण या परत से ढकना: the doctor **~d** the limb in plaster; **~d** in armour 5 कैदी को अकेले एक कोठरी में बंद क. 6 काम में विघ्न डालना 7 जांचना-परखना, छानबीन क.;

dw/lw: **~book** *n.* विधि या चिकित्सा-संबंधी मुकदमों या मामलों की पुस्तिका या संकलन; **~bound** *adj.* पक्की जिल्द वाला; **~-harden** *v., pt.* ~-hardened, *pp* ~hardening *metallurgy* 1 इस्पात की ऊपरी सतह के नीचे कार्बन मिलाकर उसे कठोर बनाना 2 किसी को कठोर एवं क्रूर बनाना; **~-ending** *n.* कारक का अंत प्रत्यय; **~in** पनीर का मुख्य तत्त्व यानी मिल्क प्रोटीन, छेना; **casing** /केसिंग/ *n.* 1 खोल 2 आवरण: casing paper; **~load** *n.* डॉक्टरों आदि द्वारा देखे या उपचारित किए जाने वाले रोगियों की संख्या (*see also under* ***collocations::***); **~ment/ ~ment-window** *n.* दरवाजे की तरह कब्जा या चूल पर खुलने वाली खिड़की, फरमेदार खिड़की; **~-sensitive** *adj.* बड़े और छोटे अक्षरों में अंतर पहचानने वाला कंप्यूटर प्रोग्राम; **~work** *n.* किसी व्यक्ति की मदद करने के लिए उसकी पारिवारिक पृष्ठभूमि का अध्ययन करने का काम; **~-worker** *n.* उपरोक्त काम करने वाला व्यक्ति;

collocations: **~ cloth** जिल्द का कपड़ा; **~ ending** विभक्ति, कारक रूप का अंतिम शब्दांश; **~ history = ~ record/ sheet** 1 बीमारी की पृष्ठभूमि 2 मामले का इतिहास/ रिकॉर्ड, वृत्त अध्ययन, व्यक्ति वृत्त; **~ law** दृष्टांत-विधि; **~ load** किसी वकील, डॉक्टर आदि के पास मामलों की संख्या; **~ of drawing instruments** रेखा-चित्र बनाने के उपकरण; **~ study** किसी वास्तविक उदाहरण (व्यक्तिवृत्त) का अध्ययन;

a basket ~ हाथ-पांव कटा अपाहिज व्यक्ति; **attaché ~** छोटा बक्सा; **cigarette ~** सिगरेट का डिब्बा; *gramm.* **nominative ~** कर्त्ता कारक; **vanity ~** श्रृंगार डिबिया;

p&i: **~ in point** अच्छा उदाहरण, उदाहरणीय मामला; **~ the joint = ~ the gaff** *sl.* बाद में लूटने की मंशा से किसी जगह की अच्छी तरह जांच-परख क.; **~ of conscience** नैतिक समस्या/ उलझन/ गुत्थी; **~ up** कागज आदि में लपेट कर बांधना;

a gone ~ चुकता या खत्म हुआ मामला; **a hard ~** मंजा हुआ अपराधी; **as the ~ may/ might be** जैसी भी स्थिति होगी, जैसा भी मामला बनता है; **as the ~ stands** वर्तमान में जो स्थिति है; **as was formerly the ~** जैसे कि पहले स्थिति थी; **be a ~ of doing sth** कुछ कदम उठाने का मामला हो.; **be/ get on sb's ~** किसी के पीछे पड़ना या किसी की हमेशा आलोचना क.; **be on the ~** *UK* किसी मामले को सुलझाने में लगा हो.; **be the ~** सही; **come/get down to ~s** मुद्दे पर आना, मामले की तहकीकात शुरू क.; **get off my ~!** मेरी आलोचना करना बंद करो!; **have a good ~** सही पक्ष हो.; **have a ~ on sb** किसी पर लट्टू हो.; **if that's the ~** यदि ऐसी बात है तो ...; **(just) in ~** यदि ऐसा होता है, तो ...; **in any ~** बहरहाल, वैसे भी, खैर, अस्तु; ऐसे हालात में, ऐसी परिस्थिति में, जो भी हो; **in ~ of sth** यदि कुछ होता है तो; **in good/ evil ~** अच्छी, बुरी स्थिति में; **in no ~** कदापि नहीं, हरगिज नहीं; **in ~ of sth 1** कुछ होने की सूरत में **2** किसी वस्तु या बात के मामले में; **in that ~** उस सूरते हाल में; **it is a gone ~ with him** उसे कोई नहीं बचा सकता; **it is not the ~** ऐसा कुछ नहीं; **it's the ~** वे एक दूसरे से प्रेम करते हैं; **make out a ~ for** के लिए दलील या स्पष्टीकरण तैयार क.; **make out one's ~** अपने पक्ष को सही व सत्य सिद्ध करना; **should this be the ~** यदि ऐसा है तो ...; **such being the ~** ऐसी सूरतेहाल में; **such is the ~ with us** हमारे साथ ऐसे ही हालात बन गए हैं

caseous /केसिअस/ *adj.* किलाटी, पनीर का, पनीर-जैसा, पनीरी

cash /कैश/ *n.* **1** नकदी, रोकड़: hard ~; prompt ~; ~ in hand/ ready ~; by/ in ~; ~ on delivery 2 रुपया-पैसा, राशि;

v., pt. **~ed**, *pp* **~ing** 1 चैक आदि से नकदी पाना, चैक भुनाना: ~ a check/ a draft; 2 नकदी दे.: ~ in;
dw/lw: **~able** *adj.* जिसे भुनाया जा सके; **~-account** *n.* रोकड़-लेखा; **~-and-carry** *n., pl.* **~-and-carries** बड़ी थोक की दुकान जहां ग्राहक नकद भुगतान करके अपना माल ले जाते हैं; **~-book** *n.* रोकड़-बही; **~-box** *n.* नकदी पेटिका, गुल्लक, गोलक; **~-discount** *n.* नकद-बट्टा या छूट; **~ed** भुक्त, जो अदा हो चुका; **~ier** /कैशिअः/ *n.* खजांची, मुनीम, रोकड़िया; **~ier** *v. pt.* ~iered, *pp* ~iering किसी अफसर को सेना से कलंक के साथ बरखास्त क.; **~less** *adj.* क्रेडिट, डेबिट कार्ड आदि द्वारा भुगतान; **~memo** नकद पर्ची, नकदी-रसीद, रोकटीप; **~-point** (*also* **ATM, hole-in-the-wall**) कार्ड डालने पर नकदी देने वाला यंत्र; **~-starved** *adj.* = **~-strapped** *adj.* रोकड़ की कमी से ग्रस्त;
collocations: ~ **allowance** नकद भत्ता; ~ **assets** नकद पैसे के रूप में संपत्ति; ~ **audit** नकद राशि की जांच; ~ **back** *UK* बाकी, बकाया पैसा; ~ **balance** बची हुई नकद राशि, ~ **bar** दावतों में पैसा देकर शराब देने वाला मयखाना; रोकड़-बाकी; ~ **card** *UK* क्रेडिट, डेबिट आदि कार्ड; ~ **cow** किसी कंपनी का लाभकारी कारोबार जिसकी बदौलत दूसरे धंधों को भी चलाया जाता है; ~ **credit** नकद उधार; ~ **crop** तुरंत नकद पैसा दिलाने वाली फसल; ~ **desk** *UK* भुगतान स्थान या डेस्क; ~ **dispenser** *see below under* **cash machine**; ~ **flow** रोकड़ की आवत-जावत, अच्छी आमदनी; **hard** ~ = **spot** ~ नकद रुपया; ~ **in hand** रोकड़ शेष; ~ **market** नकद बाजार; ~ **machine**/ ~ **dispenser** = *UK* **~-point** (*also* **ATM**) कार्ड डालने पर नकदी देने वाला यंत्र; ~ **payment** नकदी अदायगी; ~ **price** नकद मूल्य; ~ **ratio** नकदी अनुपात; ~ **receipts** नकद प्राप्ति; ~ **register** रोकड़ लेखित्र, रोकड़ बही; ~ **remittance** नकदी स्थानांतरण; ~ **reserve** प्रारक्षित नकदी; ~ **sale** नकद में बिक्री; **spare** ~ फालतू-नकदी; ~ **subscription** रोकड़ अंशदान, अभिधान; ~ **subsidy** नकद आर्थिक सहायता; ~ **tenant** नकद भुगतान करने वाला किरायेदार;
p&i: ~ **down** *colloq.* = ~ **up front** खरीदने पर तुरंत नकद भुगतान; ~ **in hand** भुगतान पाने वाले व्यक्ति द्वारा कर-चोरी की मंशा से नकद लेन-देन; ~ **in on sth** *colloq.* किसी बात या स्थिति का फायदा उठाना, बहती गंगा में हाथ धोना; ~ **in your chips** मर जा.; ~ **on delivery** (*abbr.* **c.o.d.**) माल सुपुर्द किए जाने पर अदायगी; ~ **on the nail** तुरंत नकद भुगतान; ~ **sth in** टोकन, वाउचर आदि का भुगतान लेना; **out of** ~ = **short of** ~ नकदी की किल्लत हो.; ~ **up** *Br. colloq.* दिन भर की रोकड़ गिनना; ~ **with/ in bank** बैंक में जमा राशि; ~ **with order** ऑडर की आपूर्ति पर किया जाने वाला नकदी भुगतान;
in ~ धनी, पैसेवाला

cashew /कैश्यू/ (*also* **cashew nut**) *n.* काजू
cashier *see above under* **cash: *dw/lw***
cashmemo *see above under* **cash: *dw/lw***
cashmere /कैशमीर/ *n.* मुलायम कश्मीरी कीमती ऊन: ~ shawl (कश्मीरी शाल)
casing *see above under* **case: *dw/lw***
casino /कसीनो/ *n., pl.* **~s/ casini** जुआ घर, कैसीनो, जुआखाना
CASIT *abbr.* 'Centre for Advanced Studies in Information Technology' की प्रथमाक्षरी
cask /कास्क/ *n.* 1 पीपा 2 शराब संग्रहीत करने के लिए लकड़ी का ढोलनुमा बर्तन;
v. pt. **~ed**, *pp* **~ing** कास्क में डालकर रखना;
collocations: ~ **buoy** समुद्र या झील में ढोल के रूप में तैरने वाला संकेत;
p&i: **the ~ of Danaides** बिना पैंदे का पीपा; **the ~ savours of the first fill** इंसान बचपन में ही बनता-बिगड़ता है

casket /कैस्किट/ *n.* 1 मंजूषा, संदूकची 2 (*UK/US* **coffin**) ताबूत, शव पेटिका;
v. pt. **~ed**, *pp* **~ing** 1 मंजूषा में डालना 2 शव पेटिका में रखना
CASP *abbr.* 'Community Aid Sponsorship Programme' की प्रथमाक्षरी
Caspian /कैस्पिअन/ *adj.* कैस्पिअन सागर से संबंधित
casque /कैस्क/ *n.* मध्ययुगीन शिरस्त्राण, सिर का टोप
Cassandra /कअसैंड्रा/ *n., Greek myth of Cassandra* 1 अनिष्टकारक भविष्यवाणी करने वाला स्रोत 2 कलमुंहा व्यक्ति
cassation /कैसेशन/ *n.* (***syn.*** stay) स्थगन, अभिशून्यन, मंजूरी: court of ~
cassero\le /कैसअरोल/ *n.* 1 धीमी आग पर पका मांस, फलियों व सब्जियों आदि का व्यंजन 2 (*also* **~le dish**) पतीला, हंडिया, हांडी आदि 3 व्यंजन को गर्म रखने के लिए एक ढकनादार बर्तन;
v. pt. **~led**, *pp* **~ling** कैसेरोल में खाना बनाना
cassette /कसेट/ *n.* कैसेट;
collocations:~ **player** कैसेट बजाने वाला एक यंत्र; ~ **recorder** कैसेट पर रिकार्डिंग करने वाला यंत्र; ~ **single** एक मुख्य गीत तथा दो-एक गीतों वाला कैसेट
cassia /कैसिआ/ 1 (***syn.*** fistula) अमलतास, किरवरा, धनबहेड़ा: ~ bark 2 (***syn.*** lignea) तेजपात, तेजपत्ता 3 (***syn.*** occid) चकवड़ 4 (***syn.*** sophera) कासुंदा, कसौंदी, कसौंजा
cassis /कैसीःस/ *n.* एक तेज मीठा मदिरामय पेय
cassiterite /कसिटराइट/ *n., geol.* रांगा पत्थर, एक सख्त काली चट्टान जिसमें से टिन (tin) का खनिज मिलता है
cassock /कैसक/ *n.* पादरियों द्वारा पहना जाने वाला काला या लाल लबादा, चोगा
cassonade /कैसोनेड/ *n.* अपरिष्कृत शर्करा, कच्ची खांड
cassone /कैसोन/ *n.* नक्काशीदार संदूक या बड़ी तिजोरी
cassowary /कैसअवेअरि/ *n.* शतुरमुर्ग जैसा आस्ट्रेलियायी पक्षी, कैसवरी
cassytha /कसीथा/ *n.* (*filiformis*) आकाश बेल
CAST *abbr.* 'Centre for Applied Special Technology' की प्रथमाक्षरी
cast /कास्ट/ *v., pt.* **cast**, *pt. p.* **cast**, *pp* **~ing** 1 पात्र बनाना, भूमिका अदा करवाना, भूमिका-निर्धारण क. (of an actor): ~ actors for parts; she was badly ~ 2 फेंकना, पटकना, गिराना: ~ sth ashore; ~ into prison; ~ into hell 3 प्रकाश को किसी दिशा में फेंकना, किसी चीज को किसी रूप में दिखाना: ~ a shadow; ~ light upon sth 4.1 (***syn.*** shed) किसी जीव द्वारा अपनी पुरानी हो जाने वाली खाल आदि उतारना 4.2 उतार कर फेंकना: ~ sb's clothes in a heap 4.3 दांत खोना 4.4 सींग बदलना 4.5 पत्ते गिरना या गिराना 5 (***syn.*** scatter) बिखेरना, छितराना 6 (वोट) डालना या दे.: ~ a vote 7 (***syn.*** lose) खो दे. 8 हरा दे., पछाड़ना 9 सांचे में ढालना: ~ molten metal into a mould 10 (*usually* **~ sth off/ aside/ out**) बाहर फेंक दे., छुटकारा पाना, निकाल दे. 11 (***syn.*** calculate) हिसाब लगाना 12 लंगर डालना: ~ anchor 13 मछली पकड़ने के जाल को पानी में फेंकना 14 (***syn.*** vomit) वमन क., उल्टी क. 15 (***syn.*** arrange) सुव्यवस्थित क.: ~ facts under heads 16 (***syn.*** formulate) सूत्रबद्ध क. 17 (***syn.*** veer) मुड़ना 18 (***syn.*** deliberate) विचार क., अपने को किसी रूप में प्रस्तुत क. 19 नजरें फेंकना, की तरफ देखना: ~ a glance at sb/ sth; ~ a look/ an eye/ at/ over or on sth 20 किसी को सुरक्षित स्थान से निकाल बाहर क.: they were ~ adrift 22 पांसा फेंकना 22.1 (घोड़े आदि द्वारा सवार को) उतार फेंक दिया जा.: the horse ~ its rider 22.2 पद-च्युत कर दे.: ~ from the throne 23 किसी के पांव पड़ जा.: ~ oneself 24 सांचे में ढालना: ~ in a different/ the same mould 25 जानवरों द्वारा समय से पहले ब्याना 26 किसी के माथे दोष मढ़ना: ~ the blame on sb 27 किसी अवस्था में पहुंचाना: ~ into sleep; ~ into despondency;

n. 1 भूमिका, पात्र-वृंद: good ~; choose the ~ 2 (***syn.*** mould) सांचा, सांचे में ढली वस्तु, ढांचा, ढलाई 3 (***syn.*** kind) प्रकार, आकार 4 पछाड़ (in wrestling) 5 (***syn.*** forecast) पूर्वानुमान 6 भेंगापन: ~ in the eye 7.1 (***syn.*** throw) निक्षेपण, निक्षेप, फेंकने की क्रिया 7.2 फेंक की दूरी: ~ of a stone 8.1 फेंक (of dice) 8.2 डाइस की संख्या, अंक 8.3 (***syn.*** chance, risk, possibility) खतरा, संभावना: stake/ set/ put on a ~; last ~; ~ of the die 9 (***syn.*** calculation) उत्पाद का हिसाब 10 (***syn.*** vomit) कै, वमन 11 (***syn.*** defect) दोष 12 (***syn.*** tinge) पुट, जायका, रंगत 13 नमूना: a ~ of sb's trade (किसी के हुक्म का नमूना) 14 बौद्धिक संरचना, स्वभाव: ~ of mind; men of one ~; heroines of such a ~ 15 *med.* निर्मोक, पलस्तर पट्टी 16 नजर;

adj. 1 ढलवें लोहे से बना 2 ढला हुआ: ~ concrete; ~ steel 3 (***syn.*** stern) बहुत मजबूत व कठोर 4 अकाट्य, पक्की, पक्का (of alibi) 5 विश्वसनीय, जिसमें पूरा विश्वास किया जा सके 6 चुका हुआ, हारा हुआ;

dw/lw: **~ability** /कैस्टअबिलिटि/ *n.* ढलाई के गुण; **~away** /कास्टअवे/ *n.* 1 टूटे जहाज से त्यक्त व्यक्ति या फेंका हुआ माल 2 टूटे जहाज से गिरकर दूर पहुंचा हुआ मलबा; **~away** *adj.* 1 टूटे जहाज से गिरकर दूर पहुंचा हुआ 2 तिरस्कृत; **~ing** *n. see below under separate entry*; **~-iron** *n.* ढलवां लोहा; **~-iron** *adj.* मजबूत, दृढ़: ~-iron physique; ~-iron nature; ~-iron will; ~-iron guarantee/ promise/ excuse/ alibi; **~-off** (*also* **hand-me-down**) /कास्ट-ऑफ/ *n., pl.* **~s** 1 पुरानी व त्यक्त वस्तुएं या वस्त्र 2 *print.* पांडुलिपि द्वारा छपाई में घेरे जाने वाले स्थान का अनुमान उतारा हुए; **~-off** *adj.* त्यक्त, उतारा हुआ: ~-off lover; ~-off clothing ~-off coat;

collocations: ~ **anchor** लंगर डालना; ~ **aside** बेकार समझकर फेंक दे.; ~ **out** निकाल दे., बहिष्कृत क.; ~ **iron** 1 कच्चा लोहा 2 ढलवां लोहा; ~ **up** जोड़ना, योग लगाना;

p&i: ~ **a blank look** फटी आंखों से देखना; ~ **a boat adrift** काम निकल जाने पर किश्ती को लहरों के हवाले कर दे.; ~ **a bone in devil's teeth** कुत्ते को हड्डी डाल देना, दुष्ट का मुंह भर कर अपना काम निकाल लेना; ~ **about** सोच-विचार क., मन ही मन ढूंढना; ~ **about/ around for sth** 1 चारों तरफ खोजना या देखना 2 किसी बात के बारे में बहुत गहराई से सोचना: ~ about for ideas; ~ about for evidence (प्रमाण ढूंढना); ~ **a chill over** मनहूसी बिखेर दे.; ~ **a cloud** संबंधों का धूमिल हो जा.; ~ **a column of figure** जोड़ना; ~ **a doubt** संदेह पैदा क.; ~ **a glamour over sb** किसी को चकाचौंध क., मुग्ध क.; ~ **a gloom on** अवसादपूर्ण बनाना; ~ **a horoscope** जन्म-कुंडली बनाना; ~ **a lot** लॉटरी डालना; ~ **a new light on sth** किसी प्रश्न आदि के नए पक्ष उजागर क.; ~ **an eye** नजर डालना; ~ **an imputation on** किसी की नेकनामी पर धब्बा लगाना; ~ **a/ one's vote** वोट या मत दे.; ~ **a sheep's eye at one** कनखी मारना; ~ **aside** त्याग दे., भुला दे., छोड़ या निकाल दे.: ~ aside one's cares; ~ **a slur upon sb's reputation** किसी की नेकनामी पर कलंक लगाना; ~ **a spell on sb** 1 किसी को अपने शब्दों या अपने आकर्षण से मंत्रमुग्ध क. 2 किसी पर जादुई प्रभाव डालना, मोहित क.; ~ **aspersions on** किसी पर तोहमत मढ़ना; ~ **back** 1 पीछे की ओर फेंकना: be ~ away (जहाज के टूट जाने पर उसके मलबा का कहीं दूर जा पड़ना) 2 आरोप का खंडन क. 3 अतीत में झांकना: ~ one's mind back (बीते समय को याद क.) 4 प्रतिवर्तित क.; ~ **beyond the moon** कल्पना के घोड़े दौड़ाना; ~ **doubt/ suspicion on sb/ sth** किसी के या किसी चीज के बारे में शक या संदेह पैदा क.; ~ **down** 1 नष्ट क. 2 पदच्युत क. 3 निरुत्साह क.: be ~ down (निरुत्साहित हो., उदास होना); **~ing vote** *see below under* **casting**; ~ **in one's lot with** किसी के दुःख-सुख में शामिल हो., के साथ मिलना; ~ **in one's teeth** किसी चीज को किसी के मुंह पर दे मारना, किसी को धिक्कारना; ~ **into the shade** किसी दूसरे के प्रयास का महत्त्व कम कर दे.; ~ **loose** से अलग हो जा.; ~ **not a clout till may be out** आगे कुछ मिलने की उम्मीद के बिना अपनी बचत न उड़ाओ!; ~ **of mind** सोचने का ढंग; ~ **of the eye** भेंगी दृष्टि; ~ **off** 1 रवाना होने के लिए नाव खोलना 2 छोड़ दे., त्याग दे.: ~ off clothes (अनचाहे वस्त्रों को त्याग दे.) 3 दासता की जंजीरें तोड़ फेंकना 4 छपाई में पाठ द्वारा लिया जाने वाला स्थान 5 बुनाई बंद क. और सुइयों से बुनाई उतारना; ~ **oil on troubled waters** बिगड़े हालात को शांत क.; ~ **on** स्वैटर बुनते समय लूप बनाकर सुइयों पर धागा लपेटना; ~ **oneself adrift** अपने को अलग क.; ~ **oneself on** पूर्ण रूप से दूसरे पर छोड़ दे.; ~ **one's breads upon the waters** नेकी कर दरिया में डाल; ~ **in one's lot with sb** किसी के साथ अपनी किस्मत जोड़ना; ~ **one's net wide** चारों ओर तलाश करना, दूर तक जाल फैलाना ताकि वांछित वस्तु या व्यक्ति मिल जाए; ~ **out** निकाल दे.; ~ **pearls before swine** भैंस के आगे बीन बजाना, बंदर क्या जाने अदरक का स्वाद; ~ **sheep's eyes** प्रेमपूर्वक निहारना; ~ **sth in sb's teeth** किसी की किसी बात के लिए निंदा क.; ~ **sth up** 1 किसी व्यक्ति को फटकारने के लिए उसके भूतकाल की ओर इशारा क. 2 समुद्रतटीय स्नान-स्थल (beach) पर फेंक दे.; ~ **the first stone** कीचड़ उछालने में पहल क.; ~ **to the winds** 1 बिखेर दे. 2 सारा कब्जा खो दे.; ~ **water** निदान करते समय पेशाब का निरीक्षण या परीक्षण क.; ~ **up** 1 वमन क. 2 योग (total) निकालना;

the last ~ अधिकतम मात्रा

castanets /कैस्टअनेट्स/ *n., [pl.]* स्पेनी नर्तकों का लकड़ी का वाद्य

caste /कास्ट/ *n.* 1 जाति 2 जाति-प्रथा या प्रणाली 3 जातिगतता: renounce ~; lose ~ 4 विशेषाधिकार प्राप्त सामाजिक वर्ग: the ~ of Indian *babus*;

dw/lw: **~-distinction** *n.* जाति भेद; **casteism** /कास्टिज्म/ *n.* जातिवाद; **casteist** *adj.* जातिवादी; **~-mark** *n.* तिलक, चुटिया, जनेऊ आदि सांप्रदायद्योतक प्रतीक; **~-ridden** *adj.* जातिवाद में डूबा हुआ, घोर जातिवादी; **~-system** *n.* मनुवादी जाति प्रथा, जातिगत विभाजन, जाति-व्यवस्था;

collocations: ~ **Hindu** सवर्ण हिंदू; **scheduled** ~ अनुसूचित जाति;

p&i: **cancer of casteism** जातिवाद का नासूर; **lose** ~ जाति गंवाना, जाति च्युत हो.; **lose ~ with/ among** समाज में मान-सम्मान खो दे.

castella\n /कैस्टअलन/ *n.* दुर्गपति;

dw/lw: **~ted** /कैस्टअलेटिड/ *adj.* किले जैसा, कंगूरेदार (with turrets and battlements like those of a castle), कंगूरेनुमा: ~ted mountains; **~tion** /कैस्टअलेशन/ *n.* 1 किलों का निर्माण 2 किलेनुमा कंगूरों का निर्माण 3 कंगूरेदार संरचना

caster /कैस्टः/ (*also see below* **castor**) *n.* 1 बिखेरने वाली या फेंकने वाली वस्तु 2 ढलाई उपकरण 3 नमकदानी, चीनीदानी 4 हिसाब-किताब तैयार करने वाला: ~ of accounts 5 पात्रों को भूमिका देने वाला;

collocations: ~ **sugar** महीन दानेदार चीनी, बूरा;

p&i: ~ **of the evil eye** बुरी नजर वाला व्यक्ति

castiga\te /कैस्टिगेट/ *v., pt.* **~ted**, *pp* **~ting** 1 प्रताड़ित क., डांटना, फटकारना 2 दंड दे., पीटना, धुनाई क. 3 अवगुण सुधारना;

dw/lw: **~tion** /कैस्टिगेशन/ *n.* 1 (***syn.*** reprimand) प्रताड़न, डांट-फटकार, फटकार, डांट-डपट 2 कटु आलोचना 3 दंड, चाबुक से पिटाई 4 अवगुणों का संशोधन या सुधार

Castilian /कैस्टिलिअन/ *adj.* स्पेन की एक भाषा: ~ Spanish

casting /कास्टिंग/ *n., engin.* 1 पिघली धातु को सांचे में डालकर ढालने की क्रिया 2 सांचे में ढली वस्तु 3 नाटक आदि के पात्रों का चुनाव, पात्र-सूची: ~ director 3 (***syn.*** vomit) वमन, कै;

adj. 1 ढलाई से संबंधित: ~ machine; ~ bed 2 नाटक आदि में भूमिकाएं देने वाला 3 फेंकने वाला 4 निर्णायक: the chairman has the ~ vote/ voice;

dw/lw: **~-vote** *n.* सभा के अध्यक्ष द्वारा दिया जाने वाला निर्णायक मत; **~-couch** *n.* यौन संबंधों के एवज में नाटक या फिल्म आदि में भूमिका देने की प्रथा; **~ing-weight** *n.* झुकाव-भार

cast\le /किस्ल/ *n.* 1 दुर्ग, किला, गढ़, महल 2 (*also* **rook**, *in chess*) शतरंज का हाथी 3 किश्त 4 किले की तरह का कंगूरेदार भवन 5 बर्तन: shielding **~le** 6 अभेद्य दुर्ग, शरण: an Englishman's home is his **~le** (अंग्रेज का घर उसका दुर्ग होता है);

v., pt. **~led**, *pp* **~ling** शतरंज के खेल में एक विशेष चाल चलना;

p&i: **~le builder** कल्पना-लोक वासी, अपने मन में लड्डू फोड़ने वाला; **~le the king** (शतरंज में) रुख की किश्त दे.; **build ~les in the air/ ~les in Spain** हवाई किले बनाना, खयाली पुलाव पकाना; **built like a ~le** भारी-भरमक डील-डौल वाला (व्यक्ति)

cast-off *see above under* **cast:** ***dw/lw***

castor/ caster /कास्टः/ *n.* 1 फर्नीचर की कुर्सियों आदि के नीचे लगे छोटे-छोटे पहिए 2 अंडी, अरंडी 3 (*also see* **caster** *above*);

collocations: **~ and pollux** अटल भ्रातृ-प्रेम का प्रतीक; **~ artist** *sl.* चिकित्सक, डॉक्टर; **~ oil** अरंडी का तेल, एरंड तैल; **~ oil plant** अंडी, अरंडी का पौधा; **~ sugar** अरंडी या एरंड शर्करा;

castral /कैस्ट्रल/ *adj.* शिविर-संबंधी

castra\te /कैस्ट्रेट/ *v., pt.* **~ted**, *pp* **~ting** 1 बधिया क., खस्सी क. 2 पाठ आदि को काट-छांटकर छोटा क.;

dw/lw: **~ted** *adj.* बधिया; **~tor** /कैस्ट्रेटः/. *n.* बधियाकार; **~tion** /कैस्ट्रेशन/ *n.* 1 बधियाकरण, खस्सी करने का काम 2 काट-छांट

castrametation /कैस्ट्रामेटेशन/ *n.* शिविर (तंबू) निर्माण कला

castration *see above under* **castrate:** ***dw/lw***

casual /कैजुअल/ *adj.* 1 (***syn.*** sudden) आकस्मिक: ~ discovery 2 (***syn.*** fortuitous) संयोगजन्य: it was no ~ re-encounter 3 विश्राम मुद्रा में 4 अनौपचारिक (पोशाक, व्यवहार): ~ dress 5 *UK* अस्थायी, अनियमित (दिहाड़ी का कार्य): ~ labourer; ~ worker; ~ reader; ~ poor 6 अगंभीर: ~ relationship; talk of ~ things; ~ sex 7 लापरवाह (of persons), बेपरवाह: ~ tone; ~ remark; ~ attitude; ~ towards success/praise; ~ towards dress 8 दुर्घटनाग्रस्त;

n. pl. **~s** 1 दिहाड़ी-मजदूर 2 (*usually* **~s**) अनौपचारिक पोशाक 3 (*usually* **~s**) *Br. colloq.* अनौपचारिक पर कीमती पोशाक पहने युवक जो फुटबाल दंगों आदि में भाग लेते हैं;

dw/lw: **~ism** /कैजुअलिज्म/ *n.* आकस्मिकतावाद, संयोगवाद; **~ly** *adv.* 1 आराम से, बिना तनाव के 2 अनौपचारिक ढंग से 3 बेपरवाही से 4 संयोगवश, यों ही; **~ness** *n.* अनौपचारिकता, बेपरवाही; **~ty** *see below under separate entry*;

collocations: **~ clothing** अनौपचारिक पोशाक; **~ house** निर्धन सहायता स्थान; **~ labour** अनियमित या दिहाड़ी मजदूर; **~ labourer** दिहाड़ी मजदूर; **~ leave** आकस्मिक छुट्टी; **~ look** अनौपचारिक या सरसरी नजर; **~ vacancy** आकस्मिक खाली पद; **~ ward** अनियमित आवास; **~ water** (golf) पानी का अस्थायी संग्रह या जमाव

casually *see above under* **casually:** ***dw/lw***

casual\ty /कैजुअल्टि/ *n., pl.***~ties** 1 दुर्घटना 2 युद्ध आदि में हताहत/ मृत व्यक्ति: clear/ dispose of **~ties**; detect **~ties**; in case of **~ty**; **~ty** sweep (हताहतों की खोज) 3 युद्ध में जान-माल की हानि: regiment suffered heavy **~ties**; the tank become a **~ty**; **~ty** report 4 (**~ties**) *UK* (*US* **emergency room**) अस्पताल में दुर्घटना (आपात कालीन) खंड: **~ty** ward 5 *med.* दुर्घटना आदि के फलस्वरूप हुई हानि, विनाश या मौतें 6 *law* आकस्मिक घटना या स्थिति 7 आकस्मिक आय-व्यय 8 (***syn.*** victim) दुर्घटना या अन्याय का शिकार: become a **~ty**;

collocations: **~ty department/ ~ty ward** हताहत/ दुर्घटना खंड; **~ty report** हताहत रिपोर्ट

casuist /कैजुइस्ट/ *n.* 1 वाक्छली, जो चतुर शब्द प्रयोग व दलीलों द्वारा अनैतिक कार्य को भी नैतिक-सा बना देता है 2 धर्म-अधर्म विचारक 3 किंकर्त्तव्यमीमांसक व्यक्ति;

dw/lw: **~ic/ ~ical** कर्त्तव्यमीमांसक, धर्म-अधर्म विचार-संबंधी

casuistry /कैजुइस्ट्रि/ *n.* 1 *derog.* वितंडा, वाक्छल, शब्द-जाल 2 किंकर्त्तव्य मीमांसा, धर्मसंकट मीमांसा

casus /केसस/ *Lat.* घटना, तथ्य;

collocations: **casus belli** /केसस बेलाइ/ काःसुस बेली/ युद्ध का कारण बनने वाली परिस्थिति या हालात; **~ conscientiae** /केसस कॉन्शिऐंशी/ अंतःकरण प्रेरित, अंतर्आत्मा की आवाज के रूप में, व्यक्तिगत व नैतिक रूप में; **~ foederis** /केसस फीडरस/ गठबंधन या संधि की धाराओं के लागू होने की स्थिति

CAT *abbr.* 'computer-assisted training'/ 'computer-aided training', 'Central Administrative Tribunal', 'Centre for Advanced Technology', 'Computer Adaptive Test', 'Common Admission Test', 'clear air turbulence' की प्रथमाक्षरी

cat /कैट/ *n.* 1 बिल्ली, बिल्ली परिवार के जानवर (चीता, बाघ, जैगुआर, तेंदुआ): wild ~ 2 (चीता जैसी) जंगली बिल्ली 3 लंगरकुंदा (of ship) 4 फैशनेबल व्यक्ति 5 (***syn.*** spiteful woman) ईर्ष्यालु, कलहप्रिय या झगड़ालू औरत, मंथरा यानी इधर की बात उधर करने वाली 6 *geol.* अग्निसह मृत्तिका;

v., *pt.* **~ted**, *pp* **~ting** सी-सी क., सिसकारना, सीटी बजाना;

dw/lw: **~a-mountain** or **~ o' mountain** *n.* 1 चीता, बाघ आदि पशु 2 वन्य पर्वतारोही जीव; **~a-mountain** or **~ o' mountain** *adj.* खूंखार, बर्बर; **~call** *n.* सिसकारी, सीटी, ताना, दर्शकों की किलकारी भरी नापसंदगी, श्रोताओं द्वारा सीटियां बजाकर दिखाई जाने वाली नापसंदगी; **~call** *v., pt.* ~called, *pp* ~calling किसी के ऊपर सीटियां बजाकर नापसंदगी जाहिर क.; **~-eyed** *adj.* 1 अंधकार में देखने में सक्षम ***2*** बिल्ली-सी आंखों वाला; **~fish** *n.* अशल्क मीन, ताजे पानी की एक मछली, मूंछदार मछली; **~-flap** *n.* बिल्ली का दरवाजा; **~-footed** *adj.* बिल्ली की तरह दबे पांव चलने वाला; **~'s-foot** *n.* एक पौधा; **~-gut** *n.* 1 वायलिन आदि तार वाद्य 2 मोटा कपड़ा; **~-hammed** *adj.* बिल्ली जैसी जांघोंवाला; **~head** *n.* जहाज के निचले भाग का भारी लट्ठा; **~-hole** *n.* 1 बिल्ली मोखा 2 मात्र बिल्ली के गुजरने लायक छेद 3 जहाज में खाना देने के लिए विवर; **~-house** *n.* वेश्यालय; **~-like** *adj.* दबे पांव; **~ling** *n.* बिलौटा; **~-meat** *n.* बिल्लियों के लिए घोड़े का मांस; **~mount** *n.* बिलाव विशेष; **~nap** *n.* नींद की झपकी; **~nap** *v., pt.* ~napped, *pp* ~napping झपकी लेना; **~-o'-nine-tails** *n. sl.* नौ लड़ोंवाला चाबुक जिससे पुराने जमाने में कैदियों को पीटा जाता था; **~-silver** *n.* रौप्य अभ्रक; **~tery** *n.* ऐसा स्थान जहां मालिक की अनुपस्थिति में बिल्लियों की देखभाल की जाती है; **~tiness** *n.* डाह, ईर्ष्या; **~tish** *adj.* 1 बिल्ली-जैसा 2 चालाक, चतुर, कपटी 3 दुष्ट, ईर्ष्यालु; **~-walk** *n.* 1 (*also* **run-way**) फैशन मॉडलों द्वारा चलने के लिए रैंप 2 संकरा रास्ता, सेतु-पथ; **~-witted** *adj.* संकुचितमना, घंमडी, द्वेषी; **~ty** *see below under separate entry*;

collocations: **~ burglar** ऐसा चोर जो दीवारें, पानी की पाइपों आदि फांदकर घर में घुसता है; **~'s cradle** एक खेल; **~'s eye** 1 (Catseye) *tradem.* रात के अंधेरे में वाहन चालकों का पथ प्रदर्शन करने के लिए सड़क के बीच या दोनों ओर लगाया जाने वाला शीशे का छोटा-सा लिशकारे मारने वाला उपकरण 2 लहसुनिया नाम का एक कीमती पत्थर; **~'s meal** बिल्ली का खाना; **~'s paw** 1 मंद बयार 2 दूसरे के इशारों पर नाचने वाला या घिनौने कार्य करने वाला व्यक्ति: make a ~ out of sb 3 शतरंज का मोहरा; **~suit** कसकर आने वाली एक पीस से बनी औरतों की पोशाक;

fat ~ पैसे की बोरी यानी बहुत पैसेवाला आदमी; **fishing ~** बाघ-दशा; **jungle ~** वनबिलार; **leopard ~** तेंदुआ-बिल्ली;

marbled ~ सिकमार; **old** ~ बूढ़ी डायन;
p&i: ~**-and-dog life** कलहपूर्ण जीवन, लड़ाई-झगड़े का जीवन; ~ **in the pan** गद्दार; ~ **is a good mouser** बिल्ली चूहों का काम तमाम करती है; ~**'s ice** = ~ **ice** सड़क के पास पैदल पथों पर पिघले पानी से जमकर बनी बर्फ जिसके नीचे से पानी बह गया है और जो कम वजन वाले जीव के चलने के लिए सुरक्षित है; ~**'s paw** किसी को बुद्धू बनाना; ~**ted and fished** लंगरकुंदे में बंधा हुआ;
a ~ **has nine lives** = **a** ~ **with nine lives** जाट मरा तब जानिए जब तेरहवीं होले; **a** ~ **in gloves catches no mice** बिना मेहनत के काम सिरे नहीं चढ़ता; **a** ~ **in the meal** गुप्त बात, भेद; **a** ~ **may look at a king** इतना मत बनो, हम भी तुम से कम नहीं!; **a cool** ~ शांत व सुकूनमय जैज संगीत का शौकीन; **a copy** ~ नकलची बंदर; **a gay** ~ नया-नया आवारा; **all** ~**s are grey in the dark** अंधेरे में शूर्पनखा भी हूर-परी; **all** ~**s love fish but fear to wet their paws** कुछ करने को मन तो करता है, पर कष्ट होता है; **as a** ~ **loves mustard** उतना ही प्यार जितना कुत्ते को डंडे से; **a singe** ~ दूर से खराब लगने वाले व्यक्ति का करीब से देखने पर अच्छा लगना; **a tame** ~ बेपैंदे का लोटा; **bell the** ~ बिल्ली के गले में घंटी बांधना, शेर की मांद में हाथ डालना; **care killed the** ~ चिंता चिता समान; **Cheshire** ~ खीसें निपोरनेवाला; **curiosity killed the** ~ अतिशय जिज्ञासा चिता समान; **dog my** ~**s!** की सौगंध!; **don't be a** ~**!** गालियां मत दो!; **enough to make a** ~ **laugh** इससे कोई भी लोट-पोट हो जाएगा; **fight like** ~ **and dog** *colloq.* कुत्ते-बिल्लियों की तरह लड़ना, हर समय झगड़ना; **grin like a Cheshire** ~ पूरा मुंह खोलकर हंसना; **has the** ~ **got your tongue?** तुम्हारी बोलती क्यों बंद हो गई?; **jerk/ shoot the** ~ (पिए हुए आदमी द्वारा) उल्टी की जानी; **let the** ~ **out of the bag** (अनजाने में) भेद/ रहस्य खोल दे.; **like a** ~ **on a hot tin roof/ on hot bricks** *colloq.* मानो जलते अंगारों पर चल रहा हो; **like a** ~ **round hot milk** बगलें झांकना, बाएं-दाएं क.; **like a scalded** ~ सिर पर पैर रखकर चंपत हो.; **like a** ~ **strange garret** अपने पूरे रंग में न हो.; **like sth the** ~ **brought/ dragged in** *colloq.* बहुत गंदा, अस्त-व्यस्त, गड्ड-मड्ड; **like the** ~ **got/ ate/ swallowed the canary** अपने आप से बेहद खुश; **nervous as a** ~ अत्यधिक घबराया हुआ; **no room to swing a** ~ तिल धरने की भी जगह नहीं; **not have a** ~ **in hell's chance** *colloq.* बिल्कुल कोई संभावना न हो.; **old** ~ झगड़ालू औरत; **play** ~ **and mouse with sb** अपने पत्ते न खोलते हुए किसी को बुरी तरह सताना; **put/ set the** ~ **among the pigeons** अचानक मुसीबत पैदा क.; **rain** ~**s and dogs** मूसलाधार वर्षा होना, भारी वर्षा होना; **see how/ which way the** ~ **jumps** देखते हैं ऊंट किस करवट बैठता है; **send not a** ~ **for lard** चोर को कोतवाल नहीं बनाना चाहिए; **skin the** ~ कलाबाजी.क.; **teach the** ~ **the way to the kirn** चोर को कोतवाल बना दे.; **that** ~ **won't jump/ fight** यह चाल नहीं चलेगी; **the** ~ **did it** काला चोर इसे ले गया; **the** ~ **is out of the bag** भंडा फूट गया, भेद खुल गया; **the** ~ **shuts its eyes when stealing cream** अपने दोषों की ओर आंख मूंदना; **the** ~**'s pajamas/ whiskers** *Amer. sl.* बिल्कुल बढ़िया चीज; **there are more ways than one to kill a** ~ किसी काम को कई तरह से किया जा सकता है; **weak as a** ~ थककर चूर; **what can you have of a** ~ **but her skin** भागते चोर की लंगोटी ही मिल सकती है; **when the** ~**'s away the mice will play** घर वाला घर नहीं, और किसी का डर नहीं; **whip the** ~ गंभीर हानि के कारण उदास हो.; **wild** ~ 1 जो भरोसेमंद न हो 2 नकली; **you cannot even swing a** ~ तिल धरने की भी जगह नहीं

catabasis /कअटअबेसिस/ *n. med.* रोगावरोहण
catabolic /कअटैबॉलिक/ *adj.* अपचयात्मक
catabolism /कटैबअलिज्म/ *n., biochem.* 1 अपचय 2 अपचयात्म प्रक्रिया जिसके तहत जीवों में जटिल जैवी यौगिक (compounds) सरल परमाणुओं (molecules) में विभक्त होकर ऊर्जा छोड़ते हैं
catacaustic /कअटअकॉस्टिक/ *adj.* 1 परावर्ती किरणस्पर्शी 2 परावर्ती वक्र संबंधी
catachresis /कैटअक्रिसिस/ *n.* 1 शब्दों का अनुचित प्रयोग 2 अलंकारों का दुष्प्रयोग
cataclas\m /कैटअक्लै\ज्म/ *n.* विनाश, ध्वस्त होने की क्रिया, मृत्यु;
dw/lw: ~**mic** /~ज्मिक/ *adj.* विनाशकारी; ~**tic** /~स्टिक/ *adj.* अपदलनी
cataclysm /कैटअक्लिज़्\म/ *n.* 1 बहुत बड़ी राजनीतिक या सामाजिक उथल-पुथल, विप्लव, क्रांति 2 (***syn.*** destruction) विनाश, तबाही, विभीषिका 3 महाप्रलय, जल प्रलय;
dw/lw: ~**ic** /~मिक/ *adj.* 1 महाप्रलयकारी 2 क्रांतिकारी 3 विनाशकारी
catacombs /कैटअकूम्ज/ *n.,* (*usually* ~**s**) 1 अंतर्भौम समाधि-स्थल, भूमिगत कब्रगाह 2 टेढ़ी-मेढ़ी भूमिगत सुरंगनुमा कब्र
catacoustics /कैटअकूस्टिक्स/ *n. phys.* प्रतिध्वनि
catadioptrics /कैटअडायप्ट्रिक्स/ *n.* अपवर्तन (refraction) एवं प्रतिबिंबता (reflection) के सिद्धांत
catadromous /कअटैड्रअमस/ *adj.* समुद्राभिगामी, अधोगामी: ~ fish
catafalque /कैटअफैल्क/ *n.* अर्थी-आधार, शवमंच, जिस पर किसी बड़ी हस्ती का शव दफनाने से पहले या उसके दौरान औपचारिक स्थिति में रखा जाता है 2 (***syn.*** hearse) अर्थी वाहन
Catalan /कैटअलअन/ *adj.* 1 कैटैलोनिया (Catalonia, स्पेन के उत्तर-पूर्वी भाग में एक स्वायत्त क्षेत्र) से संबंधित या उसका निवासी 2 कैटैलोनियायी भाषा 3 कैटैलोनियायी जनता: the ~**s**
catalectic /कैटअलेक्टिक/ *adj., ling., poetics* 1 शब्दांशलुप्त (पद) 2 कविता, जिसके अंतिम पद में एक शब्दांश (syllable) लुप्त हो
dw/lw: **catalexis** /कैटलेक्सिस/ *n. ling., poetics* वर्णलोप, शब्दांशलोप, अपूर्णता
catalep\sy /कैटअलेप्सि/ (*also* **catalepsis**) *n., pl.* ~**sies** 1 मूर्च्छा, मिर्गी, अपस्मार, स्तंभ, स्तब्धि, पेशी-प्रतिष्टंभ 2 पशुओं में मूर्च्छा, मिर्गी आदि;
dw/lw: ~**tic** /कैटअलेप्टिक/ *adj.* मूर्च्छा, मिर्गी आदि से संबंधित
catalexis *see above under* **catalectic*: dw/lw***
catallac\tics /कैटअलेक्टि\क्स/ *n.* राजनीतिक अर्थशास्त्र;
dw/lw: ~**tic** /~क/ *adj.* राजनीतिक अर्थशास्त्र संबंधी
catalo\gue (*also US* **catalog**) /कैटअलौग/ *US* कैटअलाःग/ कैटअलॉग/ *n.* 1 सूची, सूचीपत्र, तालिका: mail-order ~**gue** 2 सारिणी 3 बेचे जाने वाले सामान की सूची पुस्तिका: price ~**gue** 4 पुस्तकालय में वर्णानुसार सूचीपत्र: card ~**gue**; ~**gue** by authors' names; ~**gue** cabinet/ case; ~**gue** item (सूचीपत्र का विषय); ~**gue** librarian;
v., pt. ~**gued**, ***pp*** ~**guing** 1 सूची बनाना: ~**gue** a woman's features 2 सूची में रखना 3 एक-एक करके बुलाना, गिनाना या लिखना: ~**gue** sb's virtues and vices; he ~**gued** all her faults;
dw/lw: ~**guer** /कैटालॉगः/ *n.* सूचीपत्र-निर्माता, सूची-निर्माता, सूचीकार; ~**gue-verse** / कैटअलौग/ *US* कैटअलाःग, कैटअलॉग/ /*n.* परिगणन पद्य, समाकलन पद्य;
p&i: **a** ~**gue of disasters/ errors/ failures, etc.** दुर्घटनाओं/ गलतियों/ असफलताओं आदि की सूची; **the** ~**gue of sb's faults** किसी के दोषों की गिनती
cataly\se/ *US* ~**ze** /कैटअ\लाइज/ *v. pt.* ~**sed**, *pp* ~**sing** उत्प्रेरक अभिकर्ता, रासायनिक प्रक्रिया की गति को बढ़ाना;
dw/lw: ~**ser**/ ~**tic** /~लाइजः/ ~लिटिक/ *adj.* उत्प्रेरक: ~tic agent (उत्प्रेरक अभिकर्ता); ~tic converter (मोटरगाड़ी के बाह्यकरण यंत्र (exhaust system) में लगा एक उपकरण जो

हानिकारक पदार्थों को हवा में जाने से रोककर वायु प्रदूषण से बचाता है); ~tic cracking (पेट्रो-रासायनिक उद्योग में एक प्रक्रिया जिसमें उत्प्रेरकों की मदद से जटिल हाइड्रोकार्बन को तोड़कर तरह-तरह की लाभकारी वस्तुएं बनाई जाती हैं); **~sis** /~लिसिस/ *n., pl.* ~ses /~लिसीज/ उत्प्रेरण, रासायनिक क्रिया में त्वरण; **~st** /~लिस्ट/ *n.* 1 *chem.* उत्प्रेरक, परिवर्तनकारी 2 क्रिया, परिवर्तन आदि में तेजी लाने वाला: ~st of social change

catamaran /कैटअमअरैन/ *n.* 1 दो पेंदोंवाली नौका 2 बेड़ा, तरापा

catamenia /कैटअमेनिआ/ *n.* रजःस्राव विकृति, ऋतुधर्मविकार, आर्तव विकृति

catamite /कैटअमाइट/ *n.* लौंडा, यौन क्रिया का शिकार दास युवक

catamount /कैटअमाउंट/ *n.* 1 पहाड़ी बाघ 2 वन बिलाव

catamountain /कैटअमाउंटेन/ *n.* 1 तेंदुआ 2 झगड़ालू व्यक्ति

cataphor /कैटअफः/ कैटअफॉः/ *n., ling.* ऐसा शब्द जिसका अर्थ बाद में आने वाले शब्द जैसा होता है;
***dw/lw:* ~a** /कैअटैफअरा/ *n., ling.* उपर्युक्त शब्द (cataphor) का प्रयोग

cataphoresis /कैटअफअरीसिस/ (*engin.*) धनकण-संचलन

cataphract /कैटअफ्रैक्ट/ *n.* कवच

cataphyll /कैटअफिल/ (*bot.*) अधःपर्ण

cataplasm /कैटप्लैज्म/ *n.* पुलटिस, अपवृद्धि

cataplexis /कैटप्लेक्सिस/ *n., zool.* 1 मृत अवस्था समान 2 जीवभक्षियों (predators) से बचने के लिए कुछ जानवरों द्वारा मृत अवस्था में दिखना

catap\lexy /कैटप्लेक्सि/ *n., pathol.* भावुकता, आकस्मिक हंसी या क्रोध के दौरे के कारण पैदा होने वाली सारे शरीर की मांसपेशियों में कमजोरी जिसके कारण व्यक्ति मूर्च्छावस्था में जाने से पहले ही ढह जाता है; **~lectic** /कैटप्लेक्टिक/ *adj.* उपरोक्त अवस्था से संबंधित

catapult /कैटअपल्ट/ *v., pt.* **~ed**, *pp* **~ing** 1 गुलेल से मारना या गुलेला छोड़ना 2 गोफिया या गोफन से मारना;
n. (*also UK* (*US* **slingshot**) 1 गुलेल, गोफन: ~ seat 2 *hist.* पुराने जमाने में बड़े-बड़े ढेले या पत्थर दागने की तोप 3 विमान वाहक समुद्री जहाज में विमानों को उड़ाने का एक यंत्र;
***p&i:* ~ launching gear** विमान वाहक पोत में लड़ाकू विमान की उड़ान भरवाने के लिए उपकरण; **~ sb/ sth into/ out/ through, etc.** किसी को या किसी चीज को गुलेल से किसी स्थान में या में से निकालना; **~ sb to stardom/ into the lead, etc.** किसी को अचानक सितारा या सफल व्यक्ति बनाकर प्रसिद्ध कर दे.

cataract /कैटअरैक्ट/ *n.* 1 मोतियाबिंद: ~ extraction 2 कई प्रपातों की कड़ी 3 एक ही स्रोत के बड़े जलप्रपात से तेजी से बहने वाला पानी 4 मूसलाधार वर्षा: **~s** of heaven 5 फव्वारा 6 अलंकारपूर्ण शब्दों की झड़ी

catarrh /कअटाः\(र)/ *n. UK* नजला या जुकाम या उससे बना बलगम: epidemic ~; summer ~;
***dw/lw:* ~al/ ~ous** /~रल/ ~रस/ *adj.* जुकाम या नजले से संबंधित

catastasis /कअटैस्टअसिस/ *n.* 1 अतिरिक्त पुरःसरण 2 (***syn.*** drama) नाटक में घटनाओं का चरम बिंदु की ओर अग्रसरता (ancient drama) 3 भूमिका (introductory part)

catatropic /कैटअट्रॉपि\क/ *adj., ophthalmology* (***syn.*** catatropic image, Purkinje images, Sanson's images) परावतर्नी, आंख की पुतली की रक्षा करने वाले स्वच्छ मंडल (श्वेत मंडल) की बाह्य और भीतरी परतों से संबंधित;
***dw/lw:* ~s** /~क्स/ *n.* परावर्तन-विज्ञान

catastrop\he /कअटैस्ट्रअफि/ *n., pl.* **~hes** 1 घोर विपत्ति, अनर्थ 2 (***syn.*** disaster) तबाही, विध्वंस 3 त्रासदीपूर्ण अंत 4 (***syn.*** of play) निर्वहण 5 घटना-चक्र में आकस्मिक मोड़;
dw/lw:* ~hic** /~स्ट्रौफिक/ *US* ~स्ट्राःफिक/ *adj.* (syn.*** disastrous) विपत्तिकारक, विनाशकारी, भंयकर, अनर्थकर; **~ically** /~स्ट्रौफिकलि/ *adv.* विनाशकारी ढंग से;
***collocations:*~e theory** *math.* एक सिद्धांत जिसके अनुसार किसी तंत्र के निवेश में निरंतर परिवर्तनों के कारण उसके निर्गम यानी उत्पाद में स्थिर बदलाव (discontinuous changes) होते हैं

catatonia /कैटअटोनिआ/ *n., pl.* **~s** *pathol.* (***syn.*** stupor) जड़िमा, एक शारीरिक अवस्था जिसमें या तो जड़िमा, भावशून्यता, ध्वनि-लोप एवं क्षणिक अंगाघात हो जाता है या अत्यधिक उत्तेजना, हिंसक या अनियंत्रित गतिशीलता पैदा हो जाती है

CATC *abbr.* 'Civil Aviation Training Centre' की प्रथमाक्षरी

catcall *see above under* **cat: *dw/lw***

catch /कैच/ *v., pt.* **caught**, *pt. p.* **caught**, *pp* **~ing** 1 (***syn.*** seize and hold) पकड़ना: ~ a ball 2 (***syn.*** hold) पकड़कर रखना: ~ hold of sth 3 किसी को शरीर के किसी अंग से पकड़ना: ~ hold of sb by his/ her arm 4 भागते हुए को पकड़ ले., धर-पकड़ना: the policeman **caught** the thief 5 गिरफ्तार क. 6 गाड़ी या बस पकड़ना: ~ the train, ~ the last post 7 रंगे हाथों पकड़ना: ~ sb red-handed; ~ sb red-handed/ in the act; I **caught** him at it; ~ sb napping/ off guard; ~ in a lie; be **caught** cheating 8 निदान क., रोग को पहचानना: if **caught** early, the disease may be cured 9 फंस जा.: the dress **caught** on a nail; be **caught** in the rain; we were **caught** in a snow-storm; be **caught** in the turmoil; the boat was **caught** in the reeds 10 चलकर या दौड़ कर पकड़ना या बराबर आ पहुंचना: ~ a horse near the winning-post 11 (***syn.*** hit) पर मार क., प्रहार क.: ~ sb square on the chin; the blow **caught** him in the abdomen; I **caught** him one in the eye 12 समझना: ~ a point or an argument; I don't ~ your meaning; I didn't quite ~ what you said 13 आकर्षित क.: ~ the attention of; ~ a baby's eye 14 (***syn.*** ensnare) फंसाना: a rat/ lion was **caught** in the trap 15 धोखा दे. 16 (***syn.*** charm) मोहित क. 17 फैल जाना 18 (***syn.*** burn) जल उठना: the fire **caught** within seconds 19 वर्णित क., चित्र आदि में दिखाना: the artist **caught** her expression perfectly; ~ in a word; ~ a likeness 20 कल्पना का केंद्र बनना: ~ sb's imagination 21 बीमार पड़ना: ~ a chill/ (a) cold 22 झलक पाना: ~ sight/ a glimpse/ a glance of sth;
n., *pl.* **~es** 1 किसी चीज को पकड़ने की क्रिया, क्रिकेट में गेंद की पकड़ या लपक: take a ~ 2 दरवाजे आदि को बंद करने वाला उपकरण, सांकल, बोल्ट आदि 3 पकड़ी गई वस्तु: day's ~ of a fisherman; no ~/ not much of a ~ 4 फंसाया हुआ व्यक्ति: that bachelor is a good ~ 5 (***syn.*** trick, snag) गुप्त चाल, चालाकी: there is a little ~ there; there must be a ~; what's the ~ in his offer?; that's the ~ 6 भावुकता के कारण होने वाली आवाज में फटन: with a ~ in her voice 7 *music* दो-तीन गायकों द्वारा गाया जाने वाला हास्य-गीत 8 सांस का क्षणिक थमाव 9 ब्रेक 10 छोटे-मोटे अंश: **~es** of old tunes; play ~ 11 कठिनाई;
dw/lw:* ~able** *adj.* पकड़ने योग्य; **~-all** *adj.* 1 किसी समझौते में ऐसा वाक्य जो सभी पहलुओं का समावेश कर लेता है: ~-all phrase 2 बहुत सारी फुटकर वस्तुओं की पिटारी: most attics are ~-alls; ~all organization; **~-crop** *n.* दो मुख्य फसलों के बीच में बोई जाने वाली फसल; **~er** *n.* पकड़ने वाला, पकड़कर रखने वाला; **~ing** *adj.* 1 आकर्षक, लुभावना 2 (syn.*** contagious) संक्रामक, छुतहा: yawning is ~ing; **~ing** *n.* 1 पकड़ने की क्रिया 2 क्रिकेट में हवा में गेंद पकड़कर थाम लेने की क्रिया: Indian ~ing has been good today; **~phrase/ catchword** *n.* 1 अति प्रचलित कथन, नारा, तकिया कलाम 2 संकेत शब्द (cue), सूचक-शब्द; **~pole** *n.* कुड़की अमीन, बेलिफ, संतरी, सिपाही; **~-question** *n.* छल-प्रश्न; **Catch-22** *adj.* कुएं और खाई के बीच (कांध और खोद के बीच) फंसे होने की स्थिति;
***collocations:* ~ crop/s** *agric.* 1 जल्दी बढ़नेवाली फसल 2 ऐसी फसल जो या तो मुख्य फसलों के बीच (अंतराल के समय) में बोई जाती है, अंतवर्ती फसल; **~ pit** नाली के मुंह पर कूड़ा आदि

रोकने को लगी जाली;
p&i: **~ a cold/ a bad cold** सर्दी/ बहुत बुरी सर्दी लगना, बहुत बुरा जुकाम हो.; **~ a glimpse** एक झलक पाना; **~ as ~ can** जैसे तैसे, किसी भी तरह से, येन केन प्रकारेण; **~ at** 1 (**~ at sth = clutch at**) किसी चीज को पकड़ने की कोशिश क. 2 में फंस जा. 3 किसी बात पर प्रसन्न हो.; **~ a Tartar in him** आ बैल मुझे मार! संकट मोल ले.; **~ a train** रेलगाड़ी पकड़ना; **~ away** ले जा., छीनना; **~ a weasel asleep** चोर के घर छिछोर हो., चोर के घर में मोर हो.; **~ fire** आग लगना या पकड़ना; **~ flat footed** रंगे हाथों पकड़ना; **~ hell, get it** किसी बात के लिए दंडित किया जा. या फटकार लगाई जा.; **~ hold by the neck** गला पकड़ना; **~ hold of sth** किसी चीज को पकड़कर रखना; **~ it** फटकार पड़ना; **~ off** ऊंघना; **~ me doing that!** मैं ऐसा कभी नहीं कर सकता!; **~ me ever telling him anything again!** मैं उसे अब कुछ नहीं बताऊंगा!; **~ on** *colloq.* 1 किसी बात से चिपक जा. 2 समझ जा. 3 फैशनेबल हो जा., सर्वप्रिय हो.; *sometimes* **~ on to sth** पकड़कर रखना, किसी चीज को पकड़कर उसके सहारे खड़े हो; **~ one's breath** क्षण भर के लिए सांस थामकर रखना, हक्का-बक्का रह जा.; **~ one's foot** ठोकर लगकर गिरना; **~ one's studies** काम आदि में डूबना या व्यस्त हो जाना.; **~ out** 1 ढूंढ ले. 2 गलती या धोखा पकड़ना; **~ sb bending** किसी को ड्यूटी पर ऊंघते हुए पकड़ना; **~ sb on the hop** अनपेक्षित या आकस्मिक काम करके किसी को अचंभे में डालना; **~ sb out** 1 किसी को विस्मित करके कठिनाई में फंसा दे. 2 दिखा देना कि कोई कुछ ज्यादा नहीं जानता; **~ sb tripping** किसी को गलती करते हुए पकड़ना; **~ sb with their pants/ trousers down** किसी को रंगे हाथों पकड़ना; **~ sight of/ catch a glimpse of sb/ sth** किसी की या किसी चीज की एक झलक पाना; **~ sb out** 1 चालाकी से गलती करवाना 2 किसी को लज्जाजनक स्थिति में पाना या पकड़ना; **~ someone unaware** किसी को रंगे हाथों पकड़ना; **~ sth up** 1 उठाना, पकड़ ले. 2 (***syn.*** snatch) छीनना 3 का दोष पकड़ना 4 (***syn.*** heckle a speaker) वक्ता आदि को बीच-बीच में टोकना, तंग क.; **~ the Speaker's eye** लोकसभा में अध्यक्ष द्वारा बोलने का अवसर दिया जा.; **~ the trick of doing sth** कोई चीज बनाने का हुनर सीख ले.; **~ up on sth** अपने काम व नवीनतम घटनाओं से अवगत हो.; **~ up speaker** बीच में बोल उठना; **~ up with sb** बराबरी में आना; **~ up** 1 उठाना, पकड़ना 2 के बराबर आ जा., से आगे निकल जा. 3 कमी पूरी क. 4 वक्ता को बीच में टोकना 5 पताका लहराना 6 से उलझना या के पीछे पड़ जा.; **~ with chaff** आसानी से धोखा दे.; **~ up with sb** 1 किसी के लिए परेशानी पैदा क. 2 पुलिस द्वारा पकड़ा जा.; **~ your breath** क्षण भर के लिए सांस थाम कर रखो!
be completely caught up in sth किसी बात में शामिल हो जा.; **drowning man ~es at a straw** डूबते को तिनके का सहारा; **on a catch-as-catch-can basis** बिना किसी विशेष क्रम के; **no ~** कोई खास उपलब्धि नहीं; **not to ~ on** मतलब न समझना; **you don't ~ old birds with chaff** अनुभवी व्यक्ति को आसानी से बुद्धू नहीं बनाया जा सकता;

catchiness *see below under* **catchy**

catching *see above under* **catch:** ***dw/lw***

catchment /कैच्मंट/ *n.* 1 ऐसा भूमि या क्षेत्र जो किसी विशेष नदी, नहर या झील से सिंचित होता है 2 किसी स्कूल, कॉलेज, अस्पताल के इर्दगिर्द रहने वाली जनता;
***collocations:*~ area** (*also* **drainage basin**) *UK* 1 (जल)-ग्रहण-क्षेत्र, सिंचाई-क्षेत्र 2 ऐसा क्षेत्र जो अस्पताल, स्कूल या कॉलेज आदि के इर्दगिर्द हो

catchpenny /कैचपेनि/ *n., derog.* 1 दमड़ी साहित्य 2 एक घटिया पर चमकीली-दमकीली वस्तु: a ~ watch

catch\y /कैचि/ *adj., degr.* **~ier**, **~iest** 1 सहज स्मरणीय, आकर्षक, सरल: **~y** song or tune 2 (***syn.*** misleading, deceptive) कपटपूर्ण: **~y** question 3 कभी-कभी होने वाला: **~y** rain;
dw/lw: **~iness** *n.* सरलता, सहजता, आकर्षण

cate /केट/ *n., [pl.]* भोजन, स्वादिष्ट पदार्थ

catechesis /कैटिकीसिस/ *n.* नव-दीक्षित ईसाइयों के लिए धर्म-उपदेश

catechetic\/ ~al /कैटिकेटिक/ ~ल/ *adj.* 1 प्रश्न-उत्तर रूपी 2 ईसाई धर्मशिक्षा-संबंधी 3 प्रश्नोत्तरीय;
dw/lw: **~s** /~क्स/ *n.* प्रश्नोत्तरीय शिक्षा पद्धति;

catechi\sm /कैटि\किज्म/ *n.* 1 ईसाइयों द्वारा प्रश्नोत्तरी के माध्यम से दी जाने वाली धर्म-शिक्षा 2 प्रश्नोत्तरी द्वारा शिक्षण 3 साक्षात्कार आदि में प्रश्न-उत्तरों का एक लंबा सत्र: put sb through his **~sm;**
dw/lw: **~ismal** /~किज्मल/ *adj.* प्रश्नोत्तरी द्वारा शिक्षण संबंधी; **~ist** /~किस्ट/ *n.* 1 प्रश्नोत्तरीय शिक्षण विधि का पालनकर्ता, शिक्षक 2 प्रश्नोत्तरी आधारित धर्म शिक्षक; **~ze/ ~se** /~काइज/ *v., pt.* ~zed/ ~sed, *pp* ~zing/ ~sing प्रश्नोत्तरों के माध्यम से शिक्षा या धर्म-शिक्षा दे.; **~zer** /~काइज़ः/ *n.* प्रश्नोत्तरों के माध्यम से शिक्षा देने वाला

catechu /कैटिचू/ *n.* 1 कत्था 2 (***syn.*** black) खैर, खदिर

catechumen /कैटिक्यूमेन/ *n.* 1 नया ईसाई, नवख्रीस्त, दीक्षार्थी 2 किसी संगठन का नया सदस्य 3 अनाड़ी

categoric/ ~al /कैटिगौरिक\/ ~ल/ *US* कैटिगाःरिक\/ ~ल/ *adj.* 1 किसी श्रेणी, समूह या वर्ग से संबंधित: **~al** concepts 2 दो-टूक, सुस्पष्ट, सुनिश्चित: **~al** assertions; **~al** denial; **~al** answer 3 निरपेक्ष, निरुपाधि(क);
dw/lw: **~ally** /~लि/ *adv.* साफ-साफ, दो-टूक; **~alness** /~लनेस/ *n.* 1 निरपेक्षता, निरुपाधिकता 2 सुस्पष्टता, दो-टूकता

categori\zation/ ~sation /कैटअग्रअराइ\जेशन/ *n.* श्रेणीकरण, श्रेणी बंधन, वर्गीकरण;
dw/lw: **~ze** (*also UK* **-se**) /~ज/ *v., pt.* ~zed, *pp* ~zing वर्गीकरण/ श्रेणीबद्ध क.

category /कैटअगअरि/ *n., pl.* **categories** 1 (***syn.*** class) वर्ग, श्रेणी, कोटि 2 *philos.* अरस्तू (Aristotle, 384-322 B.C.) के दर्शन में अस्तित्व की दस मौलिक श्रेणियों (काल, स्थान, मात्रा आदि) में से कोई एक 3 कांत (Kant Immanuel, 1724-1804) के दर्शन में संसार का अर्थ समझने के लिए कोई भी व्याख्या 4 प्रवर्ग, वैचारिक रूप 5 खेल के क्षेत्र में श्रेणी

catena /कअटीना/ *n., pl.* **catenae/ ~s**, *Lat.* (***syn.*** row) श्रृंखला, लड़ी, पंक्ति, कतार: a ~ of opinions; a ~ of platitudes;
dw/lw: **~te** /कैटिनेट/ *v., pt.* ~ted, *pp* ~ting 1 श्रृंखला बद्ध क. 2 लड़ी या कड़ी में जोड़ना; **~ed** /कैटिनेटिड/ *adj.* श्रृंखलित; **~tion** /कैटिनेशन/ *n.* श्रृंखला, कड़ी

catenary /कअटीनरि/ *US* कैटअनरि/ *n.,* **catenaries** 1 रज्जु-वक्र 2 झूलन, झूला;
adj. श्रृंखलात्मक
***collocations:*~ bridge** झूलन पुल, झूला

cater /केटः/ *v., pt.* **~ed**, *pp* **~ing** 1 खाने-पीने का सामान मुहैया कराना: ~ for dinners/ weddings/ receptions 2 प्रबंध क., प्रदान क., जुटाना 3 परोसना: ~ for the best public 4 भोजन दे., खिलाना-पिलाना 5 जरूरतमंद व्यक्ति की मदद क. 6 चापलूसी क., किसी की पसंद अनुसार चलकर अपना काम निकलना: ~ to the public demand;
dw/lw: **~-cousin** *n.* 1 दूर का रिश्तेदार 2 पक्का दोस्त, घनिष्ठ मित्र: be ~-cousins; **~er** /केटरः/ *n.* 1 भोज-प्रबंधक 2 किसी के लिए भोजन, रहने का स्थान और मनोरंजन आदि का प्रबंध करने वाला;
p&i: **~ for sb/ sth** 1 किसी के लिए भोजन, रहने का स्थान और मनोरंजन आदि का प्रबंध क. 2 किसी की या किसी बात की मांग पूरा क., का ध्यान रखना; **~ to sth** अनुचित और अश्लील मांगें पूरी क.;

caterer *see above under* **cater:** ***dw/lw***

cateran /कैटरन/ *n.* दस्यु, डकैत

catering /केटरिंग/ *n.* 1 खान-पान व्यवस्था, भोज-व्यवस्था 2 किसी के लिए भोजन, रहने का स्थान और मनोरंजन आदि का प्रबंध;
collocations: ~ **department** खान-पान विभाग, भोजन-प्रबंध

caterpillar /कैटःपिलः/ *n.* 1 सूंडी, इल्ली, झांझा 2 (*usually* **Caterpillar**, *mech., tradem.*) उपभोक्ता, पहिएदार संगली, चक्रपट्टी (ऊबड़-खाबड़ रास्तों पर भारी वाहनों के चलने के लिए पहियों पर चढ़ाई जाने वालीं धातु की प्लेटें): ~ track; ~ truck

caterwaul /कैटःवॉल/ *v., pt.* **~ed**, *pp* **~ing** 1 (कामोत्तेजना में) बिल्ली द्वारा ऊंचे-ऊंचे म्याऊं-म्याऊं किया जा. 2 विसंगत ध्वनि निकालना 3 (कामोत्तेजना में) बिल्ली कि तरह रोना-धोना और चीखना-चिल्लाना, झगड़ना 4 लंपट व्यवहार क.;
n. रुदन, चीख-चिल्लाहट, विसंगत ध्वनि;
dw/lw: **~ing** *n.* रुदन, चीख-चिल्लाहट

cat-eyed *see above under* **cat:** ***dw/lw***

catfish *see above under* **cat:** ***dw/lw***

cat flap *see above under* **cat:** ***dw/lw***

catgut /कैटगट/ *n.* तांत, कई जानवरों की सुखाई हुई आंतों से बनाई जाने वाले मजबूत तारें या धागे

Cath. *abbr.* 'Catholic' का संक्षेप

cathari\ze /कैथअराइज/ *v., pt.* **~zed**, *pp* **~zing** सफाई क.

cathar\sis /कअथाःसिस/ *n., pl.* **~ses** /कअथाःसीज/ 1 *med.* जुलाब, रेचन, विरेचन 2 *psycho-analysis* मन के भीतर दबी हुई भावनाओं आदि को बेरोकटोक व्यक्त करने से होने वाली मन की सफाई, भावोन्मयन, भाव-शुद्धिकरण, भाव शांति 3 नाटक, विशेषकर त्रासदी आदि देखने पर होने वाली अंतःकरण की सफाई;
dw/lw: **~tic** /कथाःटिक/ (*also* **~tical**) *adj.* 1 अंतर्विरेचक, दस्तावर 2 भावनाओं के बेरोक-टोक प्रवाह द्वारा अंदरूनी सफाई करने वाला, अंतर्शुद्धिकारक

cathedral *see below under* **cathedra**

cathetometer /कैथअटॉमिटः/ *n.* ऊर्ध्वतामापी

cathedra /कअथीड्रा/ *n.* 1 धर्मपीठ 2 मंदिरः ~ of science;
dw/lw: **~l** /कअथीड्रल/ *n.* किसी क्षेत्र का सबसे बड़ा गिरजा घर;
~l *adj.* धर्म पीठ संबंधी: ~l church; ~l epistle (धर्म पीठ के पत्र)

Catherine wheel /कैथअरीन व्हील/ *n.* 1 चर्खीदार पटाखा 2 यातना देने का पहिया, घनचक्कर

catheter /कैथिटः/ *n., med.* 1 शरीर में तरल देने और निकालने के लिए रबर की नली, नाल श्लाका 2 मूत्र नलिका

cathexis /कअथेक्सिस/ *n., pl.* **cathexes** /कथेक्सीःज/ *psychol.* किसी उद्देश्य की पूर्ति पर केंद्रित मानसिक ऊर्जा का उफान

cathode /कैथोड/ *n.* ऋणाग्र, कैथोड, इलेक्ट्रोडः ~ beam (इलेक्ट्रोकैथोड किरण पुंज); ~ stream;
collocations: **~-ray oscilloscope** *see under* **oscilloscope; cathode rays** *pl.* निर्वात नली में कैथोड की सतह द्वारा छोड़े जाने वाले इलेक्ट्रोन किरण पुंज; **~-ray tube** (*abbr,* **CRT**) निर्वात नली जिसमें कैथोड किरणों यानी इलेक्ट्रोनों का प्रवाह होता है, कैथोड किरण नलिका

catholic /कैथोलिक/ (*also* **Roman Catholic**) *adj.* 1 रोमन कैथोलिक ईसाई जिनका मुख्य पादरी पोप होता है 2 विश्वव्यापी, सार्वभौमः ~ humanity 3 ईसाई जगत संबंधित 4 उदार, सहिष्णु, उदारमनाः a man of ~ tastes; ~ vocabulary;
n. 1 रोमन कैथोलिक ईसाई, रोमन कैथोलिक समुदाय का सदस्य, ईसाई जगतः they are **~s** 2 कैथौलिकी;
dw/lw: **~ism** /कैथौलिसिज्म/ (*also* **Roman Catholicism**) *n.* कैथौलिक धर्म; **~ity** /कैथअलिसिटि/ *n., pl.* ~ities 1 उदारता, सहिष्णुता 2 विश्वजनीनता, विश्वबंधुत्व की भावना 3 काथलिकता; **~ize**/ **~ise** /कैथौलिसाइज/ *v., pt.* ~ized, *pp* ~izing कैथौलिक बनाना या बनना, कैथौलिकीकरण क.

catholicon /कैथॉलिकोन/ *n.* 1 *med.* रामवाण, सर्वगोहर, अमोघ औषधि 2 सर्वसमावेशी ग्रंथ, विश्वकोशात्मक ग्रंथ

cation /कैटाइन/ *n., chem.* धनायन, कैटायन

catkin /कैट्किन/ *n., bot.* मंजरी (के फूलों का गुच्छा)

catling *see above under* **cat:** ***dw/lw***

catmint/ catnip *n., bot.* एक सदाबहार पौधा

catnap *see above under* **cat:** ***dw/lw***

catnip /कैट्निप/ *n.* पुदीना

catoptrics /कटॉप्ट्रिक्स/ *n.* परावर्तन-विज्ञान

catoptromancy /कअटॉपट्रअमैंसि/ *n.* दर्पण-ज्योतिष

CATS *abbr.* 'Centralised Accident & Trauma Services', 'Computer Associates TCG Software' की प्रथमाक्षरी

CAT scan (*also* **CT scan**) एक ऐसा चिकित्सिक परीक्षण जिसके तहत कंप्यूटर और एक्स-रे या अल्ट्रा-साउंड आदि के बिंबों की मदद से शरीर के आंतरिक अंगों की स्थिति देखी जा सकती है;
collocations: **CAT scanner** *abbr. med.* कंप्यूटर द्वारा चालित एक प्रोग्राम जिसके द्वारा शरीर के भिन्न-भिन्न अंगों का चित्रण करने वाला यंत्र शरीर की आंतरिक स्थिति दर्शाता है

catsuit *see above under* **cat:** ***dw/lw***

catsup /कैटसअप/ *n. another US spell. of ketchup/* **catchup** सॉस, टमाटर की सॉस

cattery /कैटरि/ *see above under* **cat:** ***dw/lw***

cattiness /कैटिनेस/*see below under* **catty:** ***dw/lw***

cattle /कैटल/ *n. [pl.]* 1 घास खानेवाले, सींगोंवाले बड़े-बड़े जानवर, जिनमें जंगली जानवर भी शामिल हैं: ~ stock; ten head of ~; small ~; pedigree ~ (सींगोंवाले अच्छी नस्ल के जानवर) 2 पालतू जानवर, पशु, मवेशी, डांगर (*Hr.*), ढोर, गाय-बैल आदि जिन्हें घरेलू या खेती आदि में उपयोग करने के लिए पाला जाता है: ~ house; ~ shed; ~ farm; ~ farmer 3 दुष्ट और घिनौने लोगः ~ and creeping thing and beast of the earth;
dw/lw: **~-breeding** *n.* पशुपालन; **~-lifter** *n.* पशु-चोर; **~man** *n.* ढोर चराने वाला, ढोर पालने वाला, पशुपालक; **~ management** पशु-पालन प्रबंधन; **~-plague** *n.* पशु प्लेग, पोंकनी, पशु-महामारी; **~-ranch** /कैटल-रांच/ *n.* पशुपालन-खेत; **~-range** *n.* = **~-post** = **~-run** बड़ी चरागाह; **~-shed** *n.* छांव देने वाला छप्पर, दलान;
collocations: **~ box/ truck** पशुओं को लाने-लेजाने के लिए (रेल)-डिब्बा; **~ cake** पशु चारा, जैसे खल आदि के टुकड़े; **~ census** पशु गणना; **~ compound/ ~ shed** पशुनिरोधिका, अवरोधशाला, काजीघर, आवारा घूमने वाले पशुओं को पकड़कर रखने का स्थान; **~ dealer** पशु-व्यापारी; **~ dung cake** गोबर का उपला, गोस्सा (*Har.*); **~ grid** सड़क आदि के नीचे से गुजरने वाला पुल (under pass) जिसकी दोनों ओर लोहे की छड़ें या स्तंभ लगा दिए जाते हैं ताकि पशु अंडरपास में न जा सकें; **~ leader** नथ, नकेल, जानवरों की नाक में बांधने वाली रस्सी; **~ lifting** ढोर चुराने का पेशा; **~ pen** पशुशाला, जानवरों के बांधने और रखने का स्थान; **~ show** पशु प्रदर्शनी; **~ trail** जानवरों के चलने से बनने वाला मार्ग, खुरमार्ग; **~ yard** पशुशाला, खरक;
p&i: **~ and sheep** गाय बैल, मवेशी, गोधन; **~ do not die from cow's cursing** किसी के कोसने से कोई मरता नहीं

cat\ty /कैटी/ *adj., degr.* **~tier**, **~tiest** *informal* 1 ईर्ष्यालु, विद्वेषपूर्ण, डाह भरी 2 बिल्ली जैसी 3 (***syn.*** spiteful, bitchy) = **~tish** चुगलखोर, दूसरों के बारे में घटिया व दुष्टतापूर्ण बातें करने वाली (of a woman): **~ty** comment; **~ty-cornerd** *adj.* (*also* **kitty-cornered**) दूसरी तरफ ऐन सामने (diagonally opposite)
dw/lw: **~tily/ ~tishly** *adv.* 1 ईर्ष्यालु ढंग से 2 बिल्ली की तरह; **~tiness/ ~tishness** *n.* 1 ईर्ष्यालुता, विद्वेषपूर्णता 2 बिल्लीपना

catwalk *see above under* **cat:** ***dw/lw***

cat-witted *see above under* **cat:** ***dw/lw***

CAU *abbr.* 'Central Asian Union', 'Consumer Affairs Union' की प्रथमाक्षरी

Caucasian /कॉकेजिअन/ *adj.* 1 कॉकेशिया पर्वत माला, जो काला सागर (Black Sea) व कैस्पिअन सागर (Caspian Sea) के बीच

फैली है, से संबंधित 2 कॉकेशियायी 3 काकेशिया क्षेत्र की 38 भाषायें, जो इंडो-यूरोपीय (Indo-European), सेमिटिक (Semitic) या उराल-अल्तायी (Ural-Altaic) आदि भाषायी परिवारों से संबंध नहीं रखतीं;
n. 1 कॉकेशियायी प्रजातियों का सदस्य 2 कॉकेशियावासी 3 कॉकेशियायी भाषा;
dw/lw: **Caucasoid** /कॉकेसॉइड/ *adj.* कॉकेशियायी प्रजातियों से संबंध रखने वाला

caucus /कॉकस/ *n., pl.* **~es** *sometimes derog.* 1 किसी बड़े संगठन में बने किसी गुट के नेताओं का जमावड़ा, खेमा: Republican ~ 2 *N. Amer., esp. US* किसी राजनीतिक दल के सदस्यों का गुट 3 इस गुट या चंडाल-चौकड़ी की मीटिंग

caudal /कॉडल/ *adj., anat.* 1 पूंछ में, पीछे 2 किसी पिंड की दुम जैसा

caudate/ **caudated** /कॉडेट/ कॉडेटिड/ *adj., zool.* दुमदार, पुच्छल

caudillo /काउडील्यो/ *n., Spanish* अधिनायक, तानाशाह (स्पेन के तानाशाह फ्रांको की पदवी)

caught /कॉट/ *pt., pt. p.,* **'catch'** का भूतकाल व भूतकालिक कृदंत

caul /कॉल/ *n., anat.* 1 जरायु, खेड़ी, झिल्ली 2 शीर्षावरण, बालों की जाली

cauldron /कॉल्ड्रन/ (*US* **caldron**) *n.* कड़ाहा, हंडा, महाकुंड, देग: the stadium was seething ~ of emotions

caulescent /कॉःलेसंट/ *adj.* दृश्यस्तंभी

cauliculate /कॉलिक्यूलेट/ *adj.* लघुस्तंभी

cauliflower /कौलिफ्लाउवः/ *US* काःलिफ्लाउवः, कॉलिफ्लाउवः/ *n.* फूलगोभी;
collocations: ~ **cheese** फूलगोभी का गर्म-गर्म व्यंजन जिसे पनीर की सॉस के साथ परोसा जाता है; ~ **ear** किसी चोट के कारण सदा के लिए सूजा हुआ कान

cauliform /कॉलिफॉःम/ *US* काःलिफॉःम/ *adj.* स्तंभाकार

cauline /कॉःलाइन/ *adj.* स्तंभिक, स्तंभीय

caulis /कॉलिस/ *n.* पौधे का तना, कंटकी दंड

caulk /कॉक/ *v., pt.* **~ed**, *pp* **~ing** 1 रिसाव बंद क. 2 पुटी लगाना 3 संदबंद या कलापट्टी या कालपट्टी क. 4 *sailors' sl.* ऊंघना;
dw/lw: **~er** /कॉकः/ *n.* 1 सफेद झूठ 2 = **~ing-iron** *n.* दराज बंद करने का औजार; **~ing** *n.* संदबंदी

cauma /कॉमा / *n.* बुखार

causa /काउजा/ *n., Lat.* कारण: ~ proxima (सीधा कारण);
dw/lw: **~causans** *Lat.* मूल कारण, सृष्टिकर्त्ता

causal /कॉज\ल/ *adj.* 1 हैतुक, कारणात्मक 2 दो वस्तुओं के बीच संबंध जिसके तहत एक वस्तु दूसरे के कारण वजूद में आदि है 3 प्रेरणार्थक/ कारणात्मक (verb): ~ clause;
dw/lw: **~ly** /~लि/ *adv.* किसी कारणवश
collocations: ~ **connection** कारण-संबंध; ~ **fungus** रोककारक फफुंदी

causalit\y /कॉजैलिटि/ *n., pl.* **~ies** 1 कारण-परिणाम संबंध 2 कारणता 3 कारण-परिणाम ('कुछ तो कारण होगा') का सिद्धांत

causation /कॉजेश\न/ *n.* 1 एक घटना द्वारा दूसरी घटना पैदा की जाने की प्रक्रिया 2 कारण-परिणाम संबंध 3 परिणाम-उत्पादन;
dw/lw: **~ism** /~निज्म/ *n.*सार्वभौम कारणतावाद; **~ist** /~निस्ट/ *n.* सार्वभौम कारणतावादी

causati\ve /कॉजअटि\व/ *adj.* 1 कारणात्मक, कारणवाचक, पैदा करने वाले कारण से संबंधित 2 प्रेरणात्मक, प्रेरणार्थक 3 कार्योत्पादक, परिणाम-उत्पादक: **~ve** agent; **~ve** organism 4 *gramm.* कारण बनने की क्रिया की अभिव्यक्ति करने वाला;
n. कारणात्मक क्रिया (verb);
dw/lw: **~vely** /~वलि/ *adv.* कारण के रूप में, कारण बनते हुए; **~vity** /~विटि/ *n.* कारणात्मकता, कारणता

cause /कॉज\/ *n.* 1 कारण, वजह: ~ and effect; prime ~; root **~s**; first ~ of all **~s**; ~ of death; he is the ~ of all our troubles; there is no ~ for anxiety/ for despair 2 हेतु, निमित्त, प्रयोजन, बहाना, लक्ष्य, ध्येय: stay away from school without good ~; ~ for rejoicing 3 (***syn.*** motive, ideal) उद्देश्य, आदर्श, सिद्धांत: dedicate one's life to the ~ of revolution; just ~; a ~ of action; without ~; the ~ of peace; in the ~ of science; he died for the ~; good ~; work in a good ~; fight for the ~ of justice 4 (***syn.*** law suit) पक्ष, मुकदमा (case of one party), वाद, मामला, दावा: no one should be a judge in his own ~; without ~; plead a ~; gain one's ~ (मुकदमा जीतना) 5 (***syn.*** movement) आंदोलन, संघर्ष: the ~ of the workers; lost ~ (हारी हुई बाजी) 6 इच्छा, प्रोत्साहन 7 आधार, दलील: ~ for divorce; show ~ notice ('कारण बताओ' आदेश);
v., pt. **~d**, *pp* **causing** 1 उत्पन्न या पैदा क., घटित क.: what **~d** his death?; the King **~d** him to be put to death 2 प्रेरित क., विवश क., हासिल करना: it **~d** my going; ~ sb to be informed; he **~d** the letter to be sent; we **~d** the roof to be mended 3 कारण बनना;
dw/lw: **~less** /~लेस/ *adj.* 1 (***syn.*** groundless) अकारण, बिना कारण का, कारण रहित, बेवजह, अहैतुक 2 निर्मूल 3 निरुद्देश्य; **~list** /कॉज्लिस्ट/ *n.* वाद सूची; **~way** /~वे/ *n.* 1 दलदली भूमि में काफी ऊंचा पक्का रास्ता 2 सेतुपथ, सेतुक 3 पक्का नदी पथ;
collocations: ~ **and effect** परिणाम और कारण; ~ **of action** कार्रवाई का कारण, वाद मूल, वाद-कारण;
efficient ~ कर्ता; **exemplary** ~ आदर्श; **final** ~ उद्देश्य; **first** ~ सृष्टिकर्ता, सृजन कर्ता; **formal** ~ औपचारिक कारण, तत्त्व, स्वरूप कारण; **inherent** ~ अंतर्निहित कारण; **instrumental** ~ निमित्त कारण, साधन; **material** ~ भौतिक या वास्तविक कारण; **non-inherent** ~ बाह्यनिहित कारण; **primary** ~ आदि कारण, मूल कारण; **secondary** ~ गौण कारण;
p&i: ~ **a flutter** सनसनी पैदा कर दे.; ~ **someone grievous bodily harm** किसी को भयंकर रूप से घायल कर दे.;
a losing ~ हारी जाने वाली बाजी; **hour of** ~ परीक्षा की घड़ी, आजमाने का वक्त; **make a common** ~ **with** किसी के साथ मिलकर साझे आदर्श की पूर्ति में लगना; **occasional ~s** प्रासंगिक कारण (प्रसंगवाद); **secondary ~s** गौण कारण, अप्रधान कारण; **show** ~ **notice** 'कारण बताओ' निर्देश

'cause /कॉज/ *contraction, colloq.* **because** का छोटा रूप (क्योंकि)

cause célèbre /कॉजसलेब्रअ/ *n., pl.* **causes célèbre** *Fr.* सनसनीखेज मुकदमा या अन्य कोई मामला जो विवाद पैदा करता है और जनता के ध्यान का केंद्र बन जाता है

causerie /कोजरि/ *n., Fr.* 1 कोरी बकवाद 2 इधर-उधर की बातें

caus\tic /कॉस्टिक/ *adj.* 1 (***syn.*** scathing) कटु, कड़वा, तीक्ष्ण, मर्म भेदी: **~tic** tongue; **~tic** remarks/ comments/ wit 2 (***syn.*** corrosive) दाहक, क्षारक: **~tic** lime; **~tic** soda; **~ic** stick;
n. 1 तीक्ष्ण पदार्थ 2 विषाक्तता, जहरीलापन, जहर 3 क्रोध से विषाक्त: full of **~tic**;
dw/lw: **~tically** /कॉस्टिकलि/ *adv.* 1 कटु अंदाज में 2 कटु व्यंग्यात्मक ढंग से 3 कास्टिक पदार्थ के रूप में; **~ticity** /कॉस्टिसिटि/ *n.* 1 कटुता, तीक्ष्णता 2 दाहकता 3 व्यंग्यात्मकता
collocations: **~tic lime** बुझा हुआ चूना (*comp.* **slaked lime**)

cauteri\zation /कॉटअराइ\जेशन/ *n.* दाहन, प्रदाहन;
dw/lw: **~ze** /कॉटअराइज/ *v., pt.* ~zed, *pp* ~zing 1 किसी जैव

ऊतक को गर्मी, बिजली के करंट, लेजर बीम (laser beam), दाहक रसायन आदि से दग्ध क., जलाना 2 दागना 3 कठोर बनाना

cautery /कॉटरि/ *n., med.* 1 प्रदाह-यंत्र 2 दाहक पदार्थ 3 प्रदाहन

caution /कॉशन/ *n.* 1 सावधानी, सतर्कता, चौकसी, सजगता: do sth/ with great ~; use ~; ~ signal 2 चेतावनी 3 चेतावनी के साथ लगाई जाने वाली डांट-फटकार 4 *law* न्यायाधीश आदि की आरोपित व्यक्ति को चेतावनी कि उसके कथन व बयान आदि उसके विरुद्ध गवाही के रूप में प्रयुक्त किए जा सकते हैं: the judge gave the defendant a ~ 5 जमानत, आश्वासन: find ~ for sb; ~ money 6 विचित्र व्यक्ति: he is a ~!;
v., pt. **~ed**, *pp* **~ing** 1 सचेत/ सतर्क/ सावधान क.: I **~ed** him against being late 2 किसी को कानूनी रूप से चेतावनी दे.: ~ against unwarranted expectations;
dw/lw: **~ary** /कॉशनरि/ *adj.* सतर्कतात्मक, सचेतक, मंत्रणासूचक: ~ary remarks (सावधान करने वाली टिप्पणी): ~ary example; ~ary tales; ~ary advice; **~ism** /कॉशनिज्म/ *n.* सावधानी, सतर्कता; **~-money** *n.* 1 जमानती पैसा 2 संभावित नुकसान आदि की भरपाई के लिए ली जाने वाली अग्रिम राशि;
collocations: **~ board** सचेतक पट्ट
p&i: **~ against** सचेत क., आगाह क.; **~ is the eldest child of wisdom** सावधानी सबसे बड़ी बुद्धिमत्ता है; **dismissed with a ~** चेतावनी देकर खारिज कर दिया; **throw ~ to the wind** सावधानी न बरतना, दुस्साहस भरा कार्य क.;

cautious /कॉशिअस\/ *adj.* सावधान, सतर्क, सचेत, चौकस, जागरूक: ~ man; ~ policy 2 सावधानीपूर्ण: a ~ choice of words; ~ in one's movement; ~ not to disturb the sleepers;
dw/lw: **~ly** /~लि/ *adv.* सावधानीपूर्वक, चौकसी से; **~ness** /~निस/ *n.* सावधानी, सतर्कता, चौकसी, सजगता, जागरूकता

cavalcade /कैवल्केड/ *n.* 1 घुड़सवारों का जुलूस, शोभायात्रा 2 गाड़ियों की लंबी कतार 3 घटनाओं की लंबी कड़ी या कतार: ~ of fashion

cavalier /कैवअलि\अः/ *n.* 1 घुड़सवार 2 बांका 3 सत्रहवीं सदी के अंग्रेजी गृह युद्ध में चार्ल्स I का समर्थक 4 उद्धत, अक्खड़, बेपरवाह व्यक्ति, दबंग 5 महिला का साथ देने वाला आदमी;
adj. 1 लापरवाह, बेपरवाह: ~ treatment 2 उद्धत, अक्खड़, अहंकारी, दुस्साहसी: ~ manners; ~ tone;
v., pt. **~ed**, *pp* **~ing** 1 घुड़सवार हो. 2 बांका-छैला हो. 3 महिला के साथ शिष्ट एवं उदारतापूर्ण व्यवहार क., महिला को उसके घर तक छोड़कर आना;
dw/lw: **~ism** /~रिज्म/ *n.* शूरवीरता, शौर्य; **~ly** /~रलि/ *adv.* 1 अक्खड़ ढंग से, उद्धततापूर्वक 2 शौर्यपूर्वक

cavalry /कैवलरि/ *n., pl.* **cavalries** *usually hist.* 1 (**the ~**) घुड़सवार फौज, रिसाला, अश्वारोही सेना: ~ raid; ~ soldier; ~ sword 2 बख्तरबंद गाड़ियों में सैनिक टुकड़ी;
dw/lw: **~man** *n.* घुड़सवार, अश्वारोही सैनिक

cave /केव/ *n.* 1 गुफा, कंदरा, गुहा: ~-dweller; ~ bear 2 दरार 3 बड़े दल से अलग होकर बनाया गया नया गुट, खेमा;
v., pt. **~d**, *pp* **caving** 1 (**~ in**) ढह जा., इमारत का बैठ या धंस जा.: the one side of the building has **~d** in 2 गुफा खोदना 3 गुफा में निवास क. 4 आत्मसमर्पण क. या प्रतिपक्ष के सामने चुप हो जा., हार मानना: when I argued he **~d** in and fell silent;
dw/lw: **~-deposits** *n.* गुफा-निक्षेप या जमाव; **~-dweller/ ~-man** *n.* गुफा वासी, गुफा मानव, गुहा मानव; **~r** /केवः/ (*also* **pot-holer**; *US* **spelunker** /स्पिलंकः/) *n.* शौकिया गुफा-खोजी, भूमिगत गुफाओं के भीतर जाने का शौकीन व्यक्ति; **~-in** /केविन/ *n. pl.* ~-ins **1** टूटन, विनाश 2 दबाव या भार के कारण धंसन 3 आत्मसमर्पण, हार; **caving** /केविंग/ (*also* **pot-holing**; *US* **spelunking** /स्पिलंकिंग/) *n.* 1 शौकिया गुफा-अन्वेषण 2 विध्वंस या ढहने के कारण गुफा बनने की क्रिया;
collocations: **~ painting** गुफाओं में बने चित्र;
p&i: **Cave!** सावधान! **Cave canem!** कुत्ते से सावधान! **~ in to sth** 1 ढह जा., ध्वस्त हो जा., धंस जाना 2 झुक जा., आत्मसमर्पण कर दे., हार मानना 3 समझाने-बुझाने से मान जा.; **keep ~** निगरानी या सावधानी रखना

caveat /कविएट/ कैविऐट/ *n.* 1 चेतावनी 2 *law* अदालत से प्रार्थना कि मामले में प्रार्थी को बिना बताए कोई कार्रवाई न की जाए: put in/ enter a ~;
p&i: **caveat actor** कर्ता, सावधान! **caveat emptor** *Lat., law* 1 खरीदार, सावधान! 2 खरीददार को चेतावनी कि वह सामान को ठोक बजाकर खरीदे, अन्यथा खरीदे गए माल में खराबी के लिए विक्रेता जिम्मेवार न होगा!; **caveat venditor**! *Lat., law* विक्रेता सावधान! देखकर बेचो!

Cavendish /केवंडिश/ *n.* तंबाकू की पिंडी

cavendo tutus *Lat.* सावधानी की बदौलत सुरक्षित

cavern /कैवःन/ *n.* 1 *poetic* गहरी बड़ी कंदरा या गुफा 2 *unpoetic* बड़ा-सा भूमिगत कमरा या चैंबर;
v., pt. **~ed**, *pp* **~ing** 1 किसी चीज को कंदरा में रखना 2 खोदकर कंदरा आदि बनाना;
dw/lw: **~ous** /कैवःनअस/ *adj.* 1 गुफाओं से भरा 2 बड़ा, गहरा, खाली 3 धंसी हुई: ~ous eyes; **~ulous** /कैवःन्युलस/ *adj.* 1 गुहिकायुक्त, कंदराओं से भरा 2 छिद्रित (porous);

cavetto /क्वेटो/ *n.,* **cavetti** /क्वेटी/ खाली सांचा, अवतल सज्जा-पट्टी

caviar (*also* **caviare/ caviarre**) /कैविआः/ *n.* मत्स्यांड, एक बड़ी मछली (sturgeon) के अंडे, केवियार;
p&i: **~ to the general** 1 भैंस के आगे बीन बजाना 2 अत्यधिक नाजुक स्वाद का व्यंजन

cavil /कैविल/ *v., pt.* **~led**, *pp* **~ling** (*usually* **~ at/ about sth.**) 1 (***syn.*** quibble) नुक्ताचीनी क. 2 व्यर्थ आपत्ति क. 3 वितंडा क., बाल की खाल उतारना, छिद्रान्वेषण क.;
n. छोटी-मोटी आपत्ति, नुक्ताचीनी, बेकार आपत्ति;
dw/lw: **~lation** /कैविलेशन/ *n.* छिद्रान्वेषण, नुक्ताचीनी; **~ler** /कैविलः/ *n.* छिद्रान्वेषक, नुक्ताचीनी करने वाला, वैतंडिक;
p&i. **~ at** किसी बात के विरुद्ध एतराज क.

cavin /कैविन/ *n.* 1 नीची भूमि, घाटी 2 गड्ढा, गर्त

caving *sees above under* **cave: *dw/lw***

cavit\ate /कैविटे\ट/ *v., pt.* **~ated**, *pp* **~ating** खोखला हो., धंसना;
dw/lw: **~ated** खोखला, छिद्रित, विवरयुक्त; **~ation** /~शन/ *n., phys.* 1 छिद्र, गुफा, गड्ढा 2 किसी द्रव में बने बुलबुले 3 ऊंची रफ्तार से चलने वाले द्रव में अर्धशून्यता;

cavity /कैविटि/ *n., pl.* **cavities** 1 छेद, गड्ढा, खोड़, विवर, कोटर, कोटरिका 2 दांत में छिद्र, खोखला स्थान: fill ~ties;
dw/lw: **cavitied** *adj.* 1 छिद्रित, विवरदार 2 गड्ढों से भरा हुआ
collocations: **~ radiation** कोटरीय विकिरण; **~ wall** गुहिका भित्ति

cavort /कअवॉःट/ *v., pt.* **~ed**, *pp* **~ing** *US* 1 उछल-कूद/ कूद-फांद क. 2 इतराकर चलना

cavy /केवि/ *n., pl.* **cavies** दक्षिणी अमेरिका में पाया जाने वाला एक प्रकार का चूहा

caw /कॉः/ *n.* कौवे की कर्कश आवाज;
v., pt. **~ed**, *pp* **~ing** कांव-कांव या कांय-कांय क.;
collocations: **~ out** कौवे की बोली बोलना

CAWC *abbr.* 'Crime Against Women Cell' की प्रथमाक्षरी

cawk /कॉक/ *v., pt.* **~ed**, *pp* **~ing** कांय-कांय क.

cawl /कॉल/ *n., colloq.* (मछली के लिए) टोकरी

caxon /कैक्सन/ *n.* नकली बालों का एक प्रकार का विग (wig)

Caxton /कैक्सटन/ *n.* ब्रिटेन में सब से पहले छपाई का कार्य प्रारंभ करने वाला विलियम कैक्सटन (William Caxton, 1422-1491)

cay /के/ *n.* 1 प्रवाली (of coral) 2 बलुई भित्ति, बालू की दीवार, छोटा रेतीला या चट्टानी टापू

cayenne /केअन/ (*also* ~ **pepper**) *n.* पिसी लाल मिर्च
cayman/ caiman /केमन/ *n., pl.* ~**s** मगरमच्छ, अमेरिकी घड़ियाल
CAZRI *abbr.* 'Central Arid Zone Research Institute' की प्रथमाक्षरी
CB *abbr.* 'Canara Bank', 'Citizens Band (Radio)', 'Commemoration Bureau', 'Corporation Bank', 'cumulonimbus (or cauliflower clouds)' की प्रथमाक्षरी
CBC *abbr.* 'Canadian Broadcasting Corporation', 'Commonwealth Business Council', 'complete blood count', 'city bred cynics' की प्रथमाक्षरी
CB-CID *abbr.* 'Crime Branch-Criminal Investigations Department' की प्रथमाक्षरी
CBCS *abbr.* 'choice-based credit system' की प्रथमाक्षरी
CBD *abbr.* 'Central Business District', 'Common Bile Duct', 'Convention on Biological Diversity' की प्रथमाक्षरी
CBDPP *abbr.* 'Community Based Disaster Preparedness Plan' की प्रथमाक्षरी
CBDT *abbr.* 'Central Board of Direct Taxes' की प्रथमाक्षरी
CBE *abbr.* 'Commander of the Order British Empire' की प्रथमाक्षरी
CBEC *abbr.* 'Central Board of Excise and Customs' की प्रथमाक्षरी
CBET *abbr.* 'Central Board of Excise & Taxation' की प्रथमाक्षरी
CBFC *abbr.* 'Central Board of Film Certification' की प्रथमाक्षरी
CBFS *abbr.* 'Cricketers Benefit/ Benevolent Fund Series' की प्रथमाक्षरी
CBH *abbr.* 'coca bean husk' की प्रथमाक्षरी
CBI *abbr.* 'Central Bank of India', 'Central Bureau of Investigation', 'common business identifier', 'Criminal Investigation Bureau' की प्रथमाक्षरी
CBM *abbr.* 'coal bed methane' की प्रथमाक्षरी
CBN *abbr.* 'Central Bureau of Narcotics', 'cubic boron nitride' की प्रथमाक्षरी
CBO *abbr.* 'Community-based organisations' की प्रथमाक्षरी
CBOM *abbr.* 'Computer Based Organisational Management' की प्रथमाक्षरी
CBPO *abbr.* 'Central Base post Office' की प्रथमाक्षरी
CBR *abbr.* 'Community Based Rehabilitation', 'crude birth rate' की प्रथमाक्षरी
CBRI *abbr.* 'Central Building Research Institute' की प्रथमाक्षरी
CBRN *abbr.* 'Chemical, Biological, Radiological and Nuclear' की प्रथमाक्षरी
CBS *abbr.* 'Columbia Broadcasting System' की प्रथमाक्षरी
CBSE *abbr.* 'Central Board of Secondary Education' की प्रथमाक्षरी
CBSEI *abbr.* 'Council of Boards of School Education of India' की प्रथमाक्षरी
CBSO *abbr.* 'City of Birmingham Symphony Orchestra' की प्रथमाक्षरी
CBT *abbr.* 'Central Board of Trustees', 'Centre for Biochemical Technology', 'Centre for Biotechnology', 'Computer Based Test', 'Computer Based Training' की प्रथमाक्षरी
CBU *abbr.* 'completely built units' की प्रथमाक्षरी
cc *abbr.* 'carbon copy', 'cubic centimetre' की प्रथमाक्षरी
CC *abbr.* 'Columbia College', 'Constitutional Court', 'Contempt of Court', 'Cosmic Consciousness', 'County Council' की प्रथमाक्षरी
CCA *abbr.* 'Cabinet Committee on Accommodation', 'Certificate in Computer Application', 'City Compensatory Allowance', 'Communication Convergence Act', 'Contempt of Courts Act', 'Controller of Certifying Authorities', 'Cultivable Command Area' की प्रथमाक्षरी
CCAD *abbr.* 'Certificate in Computer Aided Design' की प्रथमाक्षरी
CCC *abbr.* 'Committee of Concerned Citizens' की प्रथमाक्षरी
CCCHD *abbr.* 'Concerned Citizens for Community Health and Development' की प्रथमाक्षरी
CCCN *abbr.* 'Certificate Course in Child Care and Nutrition' की प्रथमाक्षरी
CCCTS *abbr.* 'Cell Centre Consultancy and Training Services' की प्रथमाक्षरी
CCD *abbr. comput., electronics* 'charge-coupled device' की प्रथमाक्षरी
CCD *abbr.* 'Cabinet Committee on Disinvestment', 'Charge Coupled Devices' की प्रथमाक्षरी
CCDA *abbr.* 'Conservation and Development Advisory Committee' की प्रथमाक्षरी
CCDTP *abbr.* 'Certificate Course in Desk Top Publishing' की प्रथमाक्षरी
CCEA *abbr.* 'Cabinet Committee on Economic Affairs' की प्रथमाक्षरी
CCI *abbr.* 'Cement Corporation of India', 'Clearing Corporation of India', 'Communications Commission of India', 'Cottage Corporation of India', 'Cricket Club of India' की प्रथमाक्षरी
CCI&E *abbr.* 'Chief Controller of Imports & Exports' की प्रथमाक्षरी
CCICI *abbr.* 'Central Cottage Industries Corporation of India' की प्रथमाक्षरी
CCIE *abbr.* 'Cisco Certified Internet-Work Expert', 'Central Cottage Industries Emporium' की प्रथमाक्षरी
CCIL *abbr.* 'Clearing Corporation of India Limited', 'Continental Carbon India Limited' की प्रथमाक्षरी
CCIM *abbr.* 'Central Council of Indian Medicine' की प्रथमाक्षरी
CCIT *abbr.* 'Chief Commissioners of Income Tax' की प्रथमाक्षरी
CCKS *abbr.* 'Cabinet Committee for Knowledge Society' की प्रथमाक्षरी
CCL *abbr.* 'contingency credit line' की प्रथमाक्षरी
CCLS *abbr.* 'Centre for Cyber Legal Studies' की प्रथमाक्षरी
CCMB *abbr.* 'Centre for Cellular and Molecular Biology' की प्रथमाक्षरी
CCNA *abbr.* 'Cisco Certified Network Administrator' की प्रथमाक्षरी
CCNS *abbr.* 'Cabinet Committee on National Security' की प्रथमाक्षरी
CCO *abbr.* 'Customer Care Office' की प्रथमाक्षरी
CCP *abbr.* 'Cabinet Committee on Prices' की प्रथमाक्षरी
CCPA *abbr.* 'Cabinet Committee of Political Affairs' की प्रथमाक्षरी
CCPC *abbr.* 'Central Consumer Protection Council' की प्रथमाक्षरी
CCPD *abbr.* 'Chief Commissioner for Persons with

Disabilities' की प्रथमाक्षरी

CCR *abbr.* 'cotton crop residue' की प्रथमाक्षरी

CCRA *abbr.* 'Canada Customs and Revenue Agency' की प्रथमाक्षरी

CCRDU *abbr.* 'Cyber Crime Research and Development Unit' की प्रथमाक्षरी

CCRI *abbr.* 'Centre for Corporate Research & Training' की प्रथमाक्षरी

CCRIMH *abbr.* 'Central Council for the Research in Indian Medicine and Homoeopathy' की प्रथमाक्षरी

CCRP *abbr.* 'Co-ordinated Child Rights Protection Camp' की प्रथमाक्षरी

CCRS *abbr.* 'Chief Commissioner of Railway Safety' की प्रथमाक्षरी

CCRT *abbr.* 'Centre for Cultural Resources and Training' की प्रथमाक्षरी

CCS *abbr.* 'Cabinet Committee on Security', 'Central Contributory Scheme', 'Centre for Canadian Studies' की प्रथमाक्षरी

CCSHAU *abbr.* 'Chaudhary Charan Singh Haryana Agricultural University' की प्रथमाक्षरी

CCSU *abbr.* 'Chaudhary Charan Singh University' की प्रथमाक्षरी

CCT *abbr.* 'Current Computed Tomography' की प्रथमाक्षरी

ccTLD *abbr.* 'country code Top Level Domain' की प्रथमाक्षरी

CCTV *abbr.* 'closed-circuit television' की प्रथमाक्षरी

CCU *abbr.* 'Cardiac Care Unit', 'Critical Care Unit' की प्रथमाक्षरी

CD *abbr.* 'Certificate of Deposits', 'Christian Democrats', 'compact disc', 'Conference in Disarmament', 'Content Developers', 'Corps Diplomatique', 'credit-deposit' की प्रथमाक्षरी

Cd *symbol, chem.* 'cadmium' कैडमियम का चिह्न

cd *abbr.* 'candela' का संक्षेप

cd. *abbr.* 'cash discount' की प्रथमाक्षरी

c/d *abbr.* 'carried down' की प्रथमाक्षरी

CDA *abbr.* 'Child Development Authority' की प्रथमाक्षरी

CDAC *abbr.* 'Centre for Development of Advanced Computing' की प्रथमाक्षरी

CDC *abbr.* 'Chief of Defence Staff', 'Commonwealth Development Corporation', 'Curriculum Development Centres' की प्रथमाक्षरी

CDCP *abbr.* 'Centres for Disease Control and Prevention' की प्रथमाक्षरी

CDFD *abbr.* 'Centre for DNA Fingerprinting and Diagnostics' की प्रथमाक्षरी

CDHR *abbr.* 'Centre for *Dalit* Human Rights' की प्रथमाक्षरी

CD-i/CDI *abbr.* (*also* **ICD**) 'compact disc interactive' की प्रथमाक्षरी

CDIT *abbr.* 'Centre for Development of Imaging Technology' की प्रथमाक्षरी

CDM *abbr.* 'Centre for Disaster Management', 'Clean Development Mechanism' की प्रथमाक्षरी

CDMA *abbr.* 'Code Division Multiple Access' की प्रथमाक्षरी

CDN *abbr.* Canada का अंतर्राष्ट्रीय वाहन पंजीकरण कोड (*IVR*)

cDNA *abbr.* 'complementary DNA' की प्रथमाक्षरी

CDO *abbr.* 'collateralised debt obligation', 'continental development officer' की प्रथमाक्षरी

C-DOT *abbr.* 'Centre for Development of Telematics' की प्रथमाक्षरी

CDP *abbr.* 'Career Development Program', 'Composite Dialogue Process' की प्रथमाक्षरी

CDPD *abbr.* 'Cellular Digital Packet Data' की प्रथमाक्षरी

CDPO *abbr.* 'Child Development Programme Officer' की प्रथमाक्षरी

CDR *abbr.* 'Centre for Dialogue and Reconciliation', 'Corporate Debt Restructuring', 'credit deposit ratio' की प्रथमाक्षरी

CD-R *abbr.* 'compact disc - recordable' की प्रथमाक्षरी

Cdr/Cdr. *abbr.* 'Commander' का संक्षेप

CDRI *abbr.* 'Central Drug Research Institute' की प्रथमाक्षरी

CD-ROM (*US* **CD/ROM**) *abbr. comput.* 'compact disc read-only memory' की प्रथमाक्षरी

CD-RW *abbr.* 'compact disc rewritable' की प्रथमाक्षरी

CDS *abbr.* 'Centre for Development Studies', 'Chief of Defence Staff', 'Combined Defence Services' की प्रथमाक्षरी

CDSCO *abbr.* 'Central Drugs Standard Control Organisation' की प्रथमाक्षरी

CDSE *abbr.* 'Combined Defence Services Examination' की प्रथमाक्षरी

CDSL *abbr.* 'Central Depository Services Limited' की प्रथमाक्षरी

CDT *abbr.* 'craft, design and technology' की प्रथमाक्षरी

CDT *abbr.* 'Control Data Terminal' की प्रथमाक्षरी

CDTS *abbr.* 'Central Detective Training School' की प्रथमाक्षरी

CDW *abbr.* 'Competency Development Workshop' की प्रथमाक्षरी

CE/C.E. *abbr.* 'civil/chemical engineer', 'Common Era', 'College of Engineering', 'Continuing Education' की प्रथमाक्षरी

Ce *symbol., chem.* Cerium का चिह्न

CEA *abbr.* 'Central Election Authority', 'Central Electricity Authority' की प्रथमाक्षरी

CEAI *abbr.* 'Consulting Engineers Association of India' की प्रथमाक्षरी

cease /सीज/ *v., pt.* **~d**, *pp* **ceasing** 1 बंद हो. या क./ करवाना, रोकना, रुकना: ~ one's efforts; ~ talking; ~ payment; never **~d** falling; he **~d** going there 2 उठ जाना, समाप्त हो जाना: the rain has **~d**;

n. रुकावट, थमाव, अंतराल: work without ~;

dw/lw: **~-work** *n.* कामबंदी; **without ~** *formal* निरंतर, बिना रुके; **~-fire** *n., pl.* **~s** (***syn.*** truce) युद्ध-विराम, लड़ाई-बंदी, युद्ध स्थगन; **~less** *adj.* (***syn.*** constant) निरंतर, अनवरत, लगातार; **~lessly** *adv.* निरंतर ढंग से, बिना रुके, लगातार

p&i: **~ fire/ firing!** गोली-बारी बंद करो; **~ and desist order** गैर कानूनी कार्य को रोकने के लिए सरकारी आदेश

CEC *abbr.* 'Central Election Commission', 'Centre for Environment Education', 'Chief Election Commission', 'Chief Election Commissioner', 'Chief Executive Councillor', 'Civil Engineer Corps' की प्रथमाक्षरी

CECA *abbr.* 'Comprehensive Economic Cooperation Agreement' की प्रथमाक्षरी

CECC *abbr.* 'Commonwealth Economic Consultative Council' की प्रथमाक्षरी

cecils /सीसिल्ज/ *n., [pl.]* कीमा, रोटी के टुकड़े, प्याज आदि की बाटियां

cecity /सीसिटि/ *n.* अंधता, अंधापन
C-Eco *abbr.* 'Centre for Environment Concerns' की प्रथमाक्षरी
CECRI *abbr.* 'Central Electrochemical Research Institute' की प्रथमाक्षरी
cecum /सीकम/ *n.* थैली की तरह का अंग
cecutiency /सिक्युशेंसि/ *n.* अंधा या अंधता की ओर झुकाव
CED *abbr.* 'Civil Engineering Division', 'Committee for Economic Development', 'Computer Education Division', 'controlled etching of dislocations' की प्रथमाक्षरी
cedar /सीडः/ *n.*, 1 देवदार, देवदारु, तून, महानीम 2 (*also* ~ **wood**) देवदार की लकड़ी: ~ forest;
dw/lw: **~ed/ ~n** /सीडरड/ सीडःन/ *adj.* देवदारुबहुल; **~ine** /सीडराइन/ *adj.* देवदारु, देवदारीय;
collocations:~ **pine** देवदारु चीड़
cede /सीड/ *v., pt.* **~d**, *pp* **ceding** 1 छोड़ दे., दे दे., सौंप दे.: they **~d** some of their rights 2 हार मानना, अर्पण क.: I ~ the point; ~ to one's boss;
dw/lw: **~d** /सीडिड/ *adj.* समर्पित, दी हुई
CEDEDCL *abbr.* 'Central-East Delhi Electricity Distribution Company Limited' की प्रथमाक्षरी
cedilla /सिडिला/ *n., pl.* **~s** 1 सिडिल्ला 2 स्पेनी, पुर्तगाली आदि भाषाओं में उच्चारण चिह्न 'ç' जिसके अनुसार 'ç' का उच्चारण 'क' की बजाए 'स' होता है: **façade** (फसाड)
cedrate citron /सीडरिट सिटरन/ बिजौरा नींबू
cedreal /सेड्रील/ *n.* तून
CEDTI *abbr.* 'Centre for Electronics Design and Technology of India' की प्रथमाक्षरी
CEE *abbr.* 'Combined Entrance Examination' की प्रथमाक्षरी
CEED *abbr.* 'Common Entrance Examination for Design' की प्रथमाक्षरी
CEERI *abbr.* 'Central Electronics Engineering Research Institute' की प्रथमाक्षरी
CEF *abbr.* 'continuous energy flow' की प्रथमाक्षरी
CEG *abbr.* 'Centre for Evolutionary Growth' की प्रथमाक्षरी
CEGAT *abbr.* 'Central Excise and Gold Control Appellate Tribunal' की प्रथमाक्षरी
CEGB *abbr.* 'Central Electricity Generating Board' की प्रथमाक्षरी
CEIB *abbr.* 'Central Economic Intelligence Bureau' की प्रथमाक्षरी
ceil /सील/ *n. poetic* छत;
v., pt. **~ed**, *pp* **~ing** छत डालना, छत पर पलस्तर क.
ceiling /सीलिंग/ *n.* 1 भीतरी छत, छत का पलस्तर 2 सीमांत, उच्चतमांक: absolute ~ 3 अधिकतम ऊंचाई सीमा, जहां तक विमानों को उड़ने की इजाजत हो 4 *metereol.* धरती से लेकर बादलों की निचली सतह तक की ऊंचाई 5 *geog.* छादन, छाद 6 अधिकतम सीमा: a new ~ has been fixed on rents; put a ~ on conventional weapons 7 अधिकतम मूल्य 8 तख्तों का फर्श: ~ lights;
collocations: ~ **fan** छत-पंखा; ~ **joist** छत का शहतीर, कड़ी; ~ **price** उच्चतम मूल्य; ~ **rose** (*also* **rose**) छत में लगी एक गोलाकार वस्तु जिसमें से बिजली की तारे गुजारी जाती हैं;
land ~ भूमि के मालिकाना हक की अधिकतम सीमा या हदबंदी;
p&i: **hit the** ~ आपे से बाहर हो.
ceilometer /सीलॉमिटः/ *metereol.* सीलोमीटर, बादलों की ऊंचाई मापने का यंत्र
CEIP *abbr.* 'Carnegie Endowment for International Peace' की प्रथमाक्षरी
CEL *abbr.* 'Chemical Examiner Laboratory' की प्रथमाक्षरी
celadon /सेलअडॉन/ *n.* भूरा-हरा, समुद्री लहर का रंग
celandine /सेलनडाइन/ *n.* सेलनडाइन, यूरोप व पश्चिमी एशिया में पाया जाने वाला पीले फूलों वाला एक पौधा
celeb /सलेब/ *n.* 'celebrity' का संक्षेप (प्रसिद्ध हस्ती)
celebetarian /सेलेबिटेरिअन/ *adj.* ब्रह्मचर्यवादी, अविवाहवादी
celebrant /सेलिब्रंट/ *n.* याजक, पुरोहित, कर्मकांडी, अनुष्ठाता
celebra\te /सेलिब्रे\ट/ *v., pt.* **~ted**, *pp* **~ting** 1 उत्सव मनाना 2 कविता आदि के माध्यम से किसी का गुणगान क.: **~te** a hero in a song; district **~ted** for its wine 3 यज्ञ/ अनुष्ठान क.;
dw/lw: **~ted** /~टिड/ *adj.* विख्यात, प्रसिद्ध, यशस्वी, प्रख्यात, नामी; **~tion** /~शन/ *n.* मनाने की प्रक्रिया, अनुष्ठान, समारोह, उत्सव; **~tor** /~ब्रेटः/ *n.* खुशी मनाने वाला, उत्सव करने वाला; **~tory** /~टरि/ *adj.* मनाने के लिए किया गया (कार्यक्रम)
celebrity /सलेब्रटि/ *n., pl.* **celebrities** 1 (*also* **celeb**) विख्यात/ यशस्वी व्यक्ति 2 (***syn.*** fame) प्रसिद्धि, ख्याति
celeriac /सअलेरिऐक/ *n.* अजवाइन की एक प्रकार
celerity /सिलेरिटि/ *n., formal* 1 विचार प्रक्रिया या गति में तेजी, शीघ्रता 2 गति, वेग, फुर्ती: with ~
celery /सेलरि/ *n., pl.* **celeries** अजवाइन
celesta /सिलेस्टा/ *n., pl.* **~s** (*also* **celeste** /सअलेस्ट/) एक संगीत वाद्य
celeste /सअलेस्ट/ *adj.* आसमानी रंग का, अवनील
celestial /सिलेस्टिअ\ल/ *adj.* 1 दिव्य, स्वर्ग से संबंधित: ~ voices; ~ visitant; ~ bliss/ happiness; ~ food 2 खगोलीय: ~ bodies; ~ map; ~ pole; ~ navigation 3 आसमानी: ~ blue;
dw/lw: **~ly** /~लि/ *adv.* स्वर्ग जैसे रूप में;
collocations:~ **bodies** प्राकृतिक (दैवी) रूप से अच्छा, सहज रूप से सुंदर; ~ **body** खपिंड; ~ **damsel** दिव्य सुंदरी, परी; **Celestial Empire** चीनी साम्राज्य, दिव्य साम्राज्य; ~ **equator** *astron.* वह महावृत्त जिसमें भूमध्य रेखा खगोल से मिलती है और उसे उत्तरी व दक्षिणी गोलार्द्धों में बांट देती है; ~ **globe** आकाश मंडल; ~ **mechanics** खगोल विज्ञान की शाखा जो गुरुत्व-क्षेत्र में खपिंडों की गति का अध्ययन करती है; ~ **sphere** *astorn.* खगोल; ~ **world** देव लोक, स्वर्ग
celiba\cy /सेलिबअसि/ *n.* 1 ब्रह्मचर्य 2 अविवाहित जीवन;
dw/lw: **~te** /सेलिबेट/ *adj.* 1 ब्रह्मचारी 2 अविवाहित
cell /सेल/ *n.* 1 कोशिका, कोषाणु: ~ biology; ~ carrier; ~ dissolution; ~ fission; ~ multiplication 2 जेल या ईसाई भिक्षु-विहार की कोठरी 3 (***syn.*** dungeon) काल कोठरी: condemned ~ 4 (***syn.*** chamber) कक्ष, कोष्ठिका, कुटिया 5 सेल, बैटरी: photoelectric ~ 6 (***syn.*** group) गुप्तचरों आदि का गुट्ट: a terrorist ~ 7 इकाई 8 (***syn.*** compartment) खाना 9 (***syn.*** cavity) कोटर 10 भंडारण कक्ष: storage ~ 11 कंप्यूटर स्मृति-पटल पर सबसे छोटी बिट द्वारा घेरा जाने वाला स्थान 12 सेल फोन (cell phone);
dw/lw: **~ar** *see below under separate entry*; **~aret** *n.* तहखाने में मयखाना; **~ated** /सेलेटिड/ *adj.* कोशिकामय, कोशिकीय, सकक्ष; **~block** *n.* कारा गृह का एक भाग; **Cellnet** *n. radio UK* चल-संचार का एक ढांचा, जिसमें अलग-अलग क्षेत्रों (cells) के नेटवर्क को अलग-अलग ट्रांसमीटरों से चालित रखते हैं; **~ed** /सेल्ड/ *adj.* 1 = ~ated 2 बंदीगृह में बंदी; **~oid** /सेलोइड/ *adj.* कोशिका-आकार का; **~oist** /चेलोइस्ट/ *n.*, वायलन-चेलोवादक; **Cellophane** /सेलोफेन/ *n. tradem.* 1 सेलोफेन, अमरी 2 काचाभ पत्र 3 एक पतली पारदर्शी चिपकाने वाली टेप (फीता-सा); **~ulate** /सेल्युलेट/ *adj.* कोशिकाओं से बना; **cellule** /सेल्यूल/ *n., biol.* छोटी कोशिका; **~uliferous** *adj.* लघु कोशिकाधर; **~ulite** /सेल्युलाइट/ *n.* चर्बी की कोशिकाओं का जमाव, जो त्वचा को गड्ढेदार व चेचकरू बनाता है; **~ulitis** /सेल्यूलाइटिस/ *n., med.* कोशिका शोथ;

collocations: ~ **body** *anat.* मानव शरीर की कोशिकाओं से संबंधित; ~ **membrane** कोशिका की झिल्ली;
condemned ~ काल-कोठरी, मृत्यु दंड प्राप्त कैदी की कोठरी;
p&i: **use your little grey ~s** थोड़ा अपना दिमाग लड़ाओ

cella /सेला/ *n. archit.* प्राचीन मंदिर का गर्भगृह

cellar /सेलः/ *n.* 1 तहखाना, तलघर: ~ kitchen; ~ gardening (भूमिगत बागबानी) 2 भूमिगत सुरागार;
v. *pt.* **~ed**, *pp* **~ing** तहखाने में रखना;
dw/lw: **~age** /सेलअरिज/ *n.* 1 किसी वस्तु को भंडार-गृह में रखने का भाड़ा 2 भूमिगत भंडार-गृह में भंडारण; **~-book** *n.* मदिरा-सूची; **~ess** /सेलअरेस/ *n.* चर्च खजांची की मां; **~et** /सेलअरेट/ *n.* 1 सुरा पेटी 2 तहखाने में मयखाना;
collocations: ~ **flap** तहखाने का चोर दरवाजा; ~ **man** सुरागार प्रभारी, मदिरा प्रबंधक; ~ **wall** *bot.* पौधों की कोशिकाओं की झिल्ली के चारों ओर सेल्यूलोज से बना कड़ा बाहरी आवरण;
p&i: **from ~ to garret** सारे घर में फैला हुआ; **keep a good** ~ शराब का अच्छा भंडार (stock) रखना

cellist /सेल्लिस्ट/ *n.* चेलोवादक, वायलनचेलो बजाने वाला

cello /चेलो/ *n., pl.* **~s** वायलनचेलो (वाद्य) का छोटा रूप

cellophane /सेलअफअन/ *n.* (में) लपेटने के लिए पारदर्शी प्लास्टिक सामग्री: wrapped in ~

cellular /सेल्युलः/ *adj.* 1 कोशिकीय, कोशिकामय: ~ structure/ processes; ~ tissue 2 बहुत सारे छोटे-छोटे गड्ढों (cavities) व छिद्रों वाला (holes), छिद्रिल (porous): ~ radiator; ~ rubber; ~ shirt 3 खुली शैली में बुना हुआ 4 सेलुलर फोन संबंधी (*see* **Cellnet** *above under* **cell:** ***dw/lw***);
dw/lw: **~ity** /सेल्युलअरिटि/ *n.* कोषमय अवस्था, कोष्ठमयता;
collocations: ~ **phone** (*also* **~phone/ cellphone**) *US* मोबाइल फोन, चल फोन जो सेल्नेट (cellnet) यानी रेडियो संचार पद्धति के अनुसार काम करता है (*see* **Cellnet** *above under* **cell:** ***dw/lw***); ~ **plant** वह पौधा जिसके तने में पत्तियां प्रकट न हों, कोष-वनस्पति; ~ **radio** (*see above* **Cellnet** *under* **cell:** ***dw/lw***); ~ **shirt** जालीदार कमीज; ~ **therapy** मानव की विकृत कोशिकाओं व ऊतकों को फिर से सजीव बनाने के लिए उसकी मांस पेशियों में विशेष प्रकार से तैयार किए हुए जानवर के ऊतकों को चढ़ाने की क्रिया (*see also* **live cell therapy**);
p&i: ~ **team** रिजर्व दल

cellulite /सेल्लुलाइट/ *n.* त्वचा के नीचे एकत्रित होने वाली चर्बी जिसके कारण त्वचा कठोर लगती है

cellu\loid /सेल्युलाइड/ *n., tradem.* पारदर्शी प्लास्टिक की सामग्री, जिससे पहले फिल्म बनाने में प्रयोग किया जाता था;
adj. सेल्युलाइड संबंधी: **~loid** flicker 2 फिल्म: **~loid** gabber (ध्वनित फिल्म)

cellulose /सेल्युलोस/ *n.* कागज व प्लास्टिक बनाने का एक जैविक पदार्थ

celonavigation /सेलोनैविगेशन/ *n.* खगोलीय पिंडों के अनुसार मार्ग-दर्शन पाना

celsitude /सेल्सिट्यूड/ *n.* उच्चता

Celsius /सेल्सिअस/ (*abbr.* **C**) *n.* सेल्सियस, सेंटिग्रेड;
collocations: ~ **scale** सेल्सियस माप विधि

celt /सेल्ट/ *n.* पुराकुठार, आदिम कुल्हाड़ी

Celt /केल्ट/ सेल्ट/ (*also* **Kelt**) *n.* 1 रोमन साम्राज्य से पहले यूरोप के अधिकतर भागों में बसने वाले जनसमूह का सदस्य 2 इस जाति से निकलीं प्रजातियां जैसे आयरलैंड, स्कॉटलैंड व वेल्ज की केल्ट जाति 3 केल्टी भाषी व्यक्ति;
dw/lw: **~ic/ Keltic** /केल्टिक/ *adj.* 1 आयरलैंड, स्कॉटलैंड व वेल्ज की केल्ट प्रजातियों से संबंधित 2 केल्ट भाषीय; **~icism** /केल्टिसिज्म/ *n.* केल्टिक मुहावरा, केल्टिक प्रथाओं का चलन; **~icist** /केल्टिसिस्ट/ *n.* केल्टविद्;
collocations: ~ **cross** एक विशेष प्रकार का क्रूस; ~ **harp** (*also* **clar sach**) स्कॉटलैंडी और आयरलैंडी संगीत का एक वाद्य; **the ~ic/ Keltic Fringe** *jocularly* उपरोक्त केल्ट क्षेत्रों के दूरस्थ निवासी

CEM *abbr.* 'Customer Experience Management' की प्रथमाक्षरी

cembal\o /चिंबेलो/ *n.* चिंबेलो (बाजा);
dw/lw: **~list** /चिंबअलिस्ट/ *n.* चिंबलोवादक

CEMDE *abbr.* 'Centre for Environmental Management of Degraded Ecosystems' की प्रथमाक्षरी

cement /सिमेंट/ *n.* 1 सिमेंट, वज्रचूर्ण: ~ mortar 2 कठोर पदार्थों को जोड़ने वाला कोई चिपकाऊ पदार्थ 3 दांतों के गड्ढों को भरने वाला पदार्थ 4 लोगों को एक सूत्र में बांधने वाला भाव;
v., *pt.* **~ed**, *pp* **~ing** 1 पक्का क., दृढ़ बनाना 2 सिमेंट लगाना, सिमेंट से जोड़ना 3 (*also* ~ **over**) सिमेंट लेपकर ढकना 4 संबंध को मजबूत क.: ~ a friendship;
dw/lw: **~ation** /सिमेंटशन/ *n.* सिमेंटीकरण, जुड़ाई; **~atory/ ~itious** /सिमेंटेटरि/ सिमेंटिशिअस/ *adj.* संयोजक, योजक; **~er** /सिमेंटः/ *n.* जोड़ने वाला, संयोजक, संयोजी; **~ing** /सिमेंटिंग/ *n.* ससंयोजी, जोड़ने की क्रिया; **~ite** /सिमेंटाइट/ *n., chem.* सिमेंटाइट, लोहे का कारबाइड;
collocations: ~ **gun** सिमेंट की पिचकारी; ~ **mixer** (*also* **concrete mixer**) सिमेंट और रोड़ियों को मिलाने वाला एक उपकरण; ~ **stone** एक पत्थर जिसे पीस कर सिमेंट बनाते हैं; ~ **water** तांबे की खानों का पानी जिसमें तांबा मिश्रण मिला होता है

cementum /सिमेंटम/ *n.* दांतों और जाढ़ों या दाढ़ों को जोड़ने वाला सख्त हड्डीनुमा ऊतक

cemeter\y /सेमिटरि/ सेमअटरि/ *n., pl.* **~ies** कब्रिस्तान, समाधिक्षेत्र;
dw/lw: **cemeterial** /सेमिटिअरिअल/ *adj.* कब्रिस्तान संबंधी

CEM-IIPM *abbr.* 'Centre for Enterprise Management-Indian Institute of Planning and Management' की प्रथमाक्षरी

CEMILAC *abbr.* 'Centre for Military Airworthiness and Certification' की प्रथमाक्षरी

cenacle /सिनअक्ल/ *n.* 1 *hist.* प्रीतिभोज-गृह 2 गोष्ठी कक्ष

-cene /सीन/ *comb. form, geol., denoting:* **any epoch** (युग)

Cenka *abbr.* 'Century Enka' का संक्षेप

cenobite /सीनोबाइट/ *n.* मठवासी, मठवासिनी

cenotaph /सेनाटाःफ/ *n.* अनाम सैनिक का गुंबदनुमा स्मारक

cenote /सिनोट/ *n.* बलि-भूगुफा

Cenozoic /सीनोजोइक/ *adj.* पक्षियों व स्तनपायियों से संबंधित: ~ era (पक्षी युग, स्तनपायी युग)

cen\se /सेंस/ *v., pt.* **~sed**, *pp* **~sing** धूप दे., धूप चढ़ाना;
n. धूपदानी, धूपपात्र, लोबान पात्र

censer /सेंसः/ (*also* **thurible**) *n.* धूपदानी, धूम पात्र, लोबान पात्र

censor /सेंसः/ *v., pt.* **~ed**, *pp* **~ing** 1 सेंसर क. 2 फिल्म आदि से नियम विरुद्ध या आपत्तिजनक अंश काटना-छांटना 3 नियंत्रण क. 4 नैतिक पुलिस का काम करना;
n. 1 सेंसर 2 संवाद नियंत्रक 3 निरीक्षक, प्राचीन रोम में लोगों की संपत्ति का हिसाब व उनके नैतिक व्यवहार पर नजर रखने वाला मजिस्ट्रेट 4 नैतिक पुलिस का काम करने वाला व्यक्ति या संगठन 5 *psychol.* इंसान के मन में स्वतः चलने वाली एक प्रक्रिया जिसके तहत उप-चेतना में जो भी दर्दनाक दबाव पड़ा है उसे चेतन मन में आने से रोका जाता है;
dw/lw: **~ial** /सेंसॉरिअ\ल/ *adj.* निंदात्मक; निरीक्षण-संबंधी; **~ious** /सेंसॉरिअस/ *adj.* छिद्रान्वेशी: ~ious remarks; read with a ~ious eye; be ~ious of/ upon sb/ sth; **~iously** /~सलि/ *adv.* निंदा करने के अंदाज में, निंदात्मक रूप में; **~iousness** /~सनिस/ *n.* छिद्रान्वेषण, दोष दृष्टि; **~ship** /सेंसःशिप/ *n.* 1 सेंसर-व्यवस्था 2 चलचित्र निर्माण आदि पर नियंत्रण व्यवस्था 3 सेंसर-कार्य

censurable /सेंशरेबल/ *adj.* निंदनीय, दोषपूर्ण, आलोचनीय

censure /सेंशः/ *v., pt.* ~**d**, *pp* **censuring** 1 (*syn.* rebuke) कटु आलोचना क., घोर निंदा क., फटकार लगाना: ~ me in your wisdom (अपने विवेकानुसार मेरी आलोचना करें!);
n. आलोचना, घोर निंदा, फटकार: vote of ~;
dw/lw: ~**r** /सेंशरः/ *n.* 1 आलोचक 2 दुष्टतापूर्ण निंदक
collocations: ~ **motion** निंदा प्रस्ताव
census /सेंसस/ *n., pl.* ~**es** 1 जनगणना, मर्दुमशुमारी 2 किसी स्थान या संगठन के कार्य-कलापों या उनके प्रयोगकर्ताओं की गणना करके आकलन करने की विधि: take the ~;
collocations: ~ **enumerator/ interviewer** जनगणक/ जन-साक्षात्कारक; ~ **office** जनगणना कार्यालय; ~ **officer** जनगणना अधिकारी; ~ **report** जनगणना रपट
cent. *abbr.* 'centigrade', 'central', 'century' का संक्षेप
cent /सेंट/ *n.* 1 एक सेंट, अमेरिकी डॉलर का सौवां भाग 2 शत, सौ: per ~;
dw/lw: ~**age** *n.* प्रतिशत दर, सैंकड़े की दर; ~**al** *adj.* सौ पौंड तोल का बाट
collocations: ~ **per** ~ शत प्रतिशत; **one hundred per** ~ संपूर्ण रूप से; **per** ~ प्रतिशत (%);
p&i: **not to care a red** ~ कोई परवाह न हो.; **not worth a red** ~ कौड़ी के दाम भी नहीं है; **pay to the last** ~ अंतिम कौड़ी तक दे दे.; **put in one's two** ~**s** अपनी सलाह देकर टांग अड़ाना; **ten** ~**s** एक कौड़ी दाम का भी नहीं
CENTAC *abbr.* 'Centralised Admission Committee' की प्रथमाक्षरी
CENTCOM abbr. 'Central Command' की प्रथमाक्षरी
centaur /सेंटॉः(र)/ *n., Gr. mythol.* अश्वमानव यानी जिसके मनुष्य जैसे सिर और धड़ घोड़े जैसे चार टांग वाले जानवर से जुड़े हों
Centaurus /सेंटॉरअस/ *n., astron.* दक्षिणी ध्रुवीय क्षेत्र में एक बड़ा तारामंडल
centavo /सेंटावो/ *n., pl.* कई देशों की मुद्रा
centenarian /सेंटिनेअरिअन/ *n.* शतजीवी, शतायु, शतवर्षीय व्यक्ति
centena\ry /सेंटीनरि/ (*also US* **centennial** /सेंटेनिअल/) *n., pl.* ~**ries** 1 शताब्दी, शतवार्षिकी 2 शताब्दी-महोत्सव;
centennial /सेंटेनिअल/ *adj.* शतवर्षीय: **Centennial** State of America (कोलोराडो);
n. N. Amer. शतवार्षिकी
centennium /सेंटेनिअम/ *n.* शताब्दी
center /सेंटः/ *n., US spell.,* **'centre'** की अमेरिकी वर्तनी
centering /सेंट्रिंग/ *n.* ढूला (मेहराब आदि बनाते समय सहारा देने वाला), केंद्रण
centerpiece /सेंटःपीस/ *n. US spell.,* **'centrepiece'** की अमेरिकी वर्तनी, मेज के बीच रखी सजावटी वस्तु, मध्यालंकरण
centesimal /सेंटेसिम\ल/ *n.* शतांश, सौवां हिस्सा;
adj. शतांशी, शतिक: ~ system (शतिक पद्धति);
dw/lw: ~**ly** /~लि/ *adv.* सौवें हिस्से के आधार पर
centi-/ cent- /सेंटि/ सेंट/ *prefix, denoting:* 1 **one hundredth** (सौवां, शतांश): centigram 2 **one hundred** (सौ): centipede
centigrade /सेंटिग्रेड/ (*abbr.* **C**) *n.* 1 सेंटिग्रेड 2 सेल्सियस स्केल (Celsius scale) का पुराना नाम;
adj. सेल्सियस स्केल से संबंधित
centigram/ centigramme /सेंटिग्राम/ सेंटिग्रैम/ *n.* सेंटीग्राम, ग्राम का सौवां भाग
centilitre /सेंटिलीटः/ *UK* (*US* **centiliter**, *abbr.* **cl**) *n.* सेंटिलीटर
centillion /सेंटिलिअन/ *n.* 1 इकाई के बाद 600 शून्य 2 (अमेरिका और फ्रांस में) इकाई के बाद 300 शून्य
centimetre *UK* (*US* **centimeter**, *abbr.* **cm**) /सेंटिमीटः/ *n.* सेंटिमीटर
centipede /सेंटिपीड/ *n.* शतपदी, कनखजूरा, गुजर, कथांतर
canter /सेंट/ *n.* लगभग 50 किलोग्राम के बराबर वजन;
collocations: **metric** ~ (*also* **double** ~) 100 किलोग्राम
CENTO abbr. 'Central Treaty Organisation' की प्रथमाक्षरी
cento /सेंटो/ *n., pl.* ~**s** भानुमती का काव्यात्मक पिटारा, लेखकों की कविताओं को जोड़-तोड़कर बनाया हुआ संकलन, बेहूदा संकलन, गड़बड़-झाला;
dw/lw: ~**ist** *n.* ऐसा संकलन करने वाला
central /सेंट्रल/ *adj.* 1 (*syn.* principal) केंद्रीय, मुख्य: ~ idea; ~ figure; ~ failure/ inadequacy; ~ texts; ~ catalogue; ~ station; ~ storage; ~ nervous system 2 केंद्र-नियंत्रित: ~ bureau 3 सर्वाधिक महत्त्वपूर्ण, प्रधान: this is ~ to his criticism 4 के केंद्र में या केंद्रीय क्षेत्र में स्थित, जहां कई स्थानों से आसानी से पहुंचा जा सके: a ~ location; ~ line; our house is very ~ 5 *phon.* जीभ के मध्य भाग द्वारा सिरे या अंतिम भाग से ऊपर उठकर उच्चरित की जाने वाली ध्वनि 6 भौगोलिक रूप से केंद्रीय: **Central** Asia;
collocations: **Central American** केंद्रीय अमेरिकी क्षेत्र, जिसमें दक्षिणी मैक्सिको, गुवातेमाला, ऐल सल्वादोर, बिलीज, और निकारागुआ आदि देश शामिल हैं, से संबंधित; ~ **bank** केंद्रीय बैंक, जो देश के लिए बैंकर का काम यानी मुद्रा देना और उसके वितरण और खर्च आदि पर नियंत्रण रखता है; ~ **cabinet** केंद्रीय मंत्रिमंडल; ~ **cess** केंद्रीय उपकर; ~ **civil services** केंद्रीय प्रशासनिक सेवा; **Central Criminal Court** केंद्रीय आपराधिक न्यायालय; **Central Daylight Time** गर्मियों में मध्य अमेरिका और कैनेडा में प्रचलित समय जो ग्रीनविच मीन टाइम (**GMT**) से सात घंटे पहले होता है; **Central European Time** (*abbr.* **CET**) मध्य यूरोप व पश्चिमी यूरोप के कई भागों में प्रचलित समय जो ग्रीनविच मीन टाइम (**GMT**) से एक घंटे बाद होता है; ~ **excise** केंद्रीय उत्पाद शुल्क; ~ **government** केंद्र सरकार; ~ **heating** केंद्रीय तापन यानी किसी केंद्रीय स्थान से पाइपों आदि द्वारा ताप भेजकर सारे भवन को गर्म करने की प्रणाली; **(the) Central Intelligence Agency** (*abbr.* **CIA**) अमेरिका का केंद्रीय गुप्तचर संगठन; ~ **locking** कार आदि में एक ही बटन से सभी तालों को बंद करने की क्रिया; ~ **meaning** मुख्य अर्थ; ~ **nervous system** केंद्रीय स्नायुतंत्र या तंत्रिका-तंत्र; ~ **processing unit**, *comput.* (*abbr.* **CPU**) सांख्यिक कंप्यूटर की मुख्य प्रोसेसिंग इकाई या हिस्सा जो दूसरे सभी भागों की क्रियाओं को नियंत्रित करती है; ~ **registry** केंद्रीय रजिस्ट्री (पंजीकरण कार्यालय); ~ **reservation** 1 *Br.* केंद्रीय आरक्षण (कार्यालय) 2 (*US* **median strip**) जमीन का एक संकरा टुकड़ा जो दो तरह की सड़कों (जैसे motorway को interstate highway से) को अलग करता है; ~ **revenue** केंद्रीय राजस्व; ~ **room** केंद्रीय कक्ष; ~ **sales tax** केंद्रीय बिक्रीकर; ~ **sponsored** केंद्र आयोजित; **Central Standard Time** (*abbr.* **CST**) सर्दियों में मध्य अमेरिका और कैनेडा में प्रचलित समय जो ग्रीनविच मीन टाइम (**GMT**) से छः घंटे पहले होता है; ~ **tendency** परिवर्ती राशि (variable) के मूल्य का औसत मूल्य के करीब होने की प्रवृत्ति; **Central Time** मध्य अमेरिका और कैनेडा में प्रचलित मानक समय जो देशांतर रेखा के 90^0 W के समय के बराबर होता है
centralism /सेंट्रअलिज्म/ *n.* 1 केंद्रीयतावाद 2 देश या किसी दल के प्रबंधन का केंद्रीकरण 3 केंद्रीय-आदेश प्रणाली 4 बुर्ज्वा दलों में 'हाई कमांड' और साम्यवादी दलों में एक केंद्र का वर्चस्व, जिसके कारण नौकरशाही पनपती है
centrally /सेंट्रलि/ *adv.* 1 किसी केंद्र से संचालित: ~ guided; ~ directed system 2 केंद में: ~ situated; ~ heated (किसी केंद्रीय स्थान से तापित (भवन आदि);
collocations: ~ **aided/ funded** केंद्र से सहायता प्राप्त/ केंद्र-पोषित; ~ **sponsored** केंद्र से सहायता प्राप्त/ केंद्र-पोषित/ केंद्र आयोजित
centrality /सेंट्रैलिटि/ *n.* 1 केंद्रीयता, मुख्य स्थान 2 अधिकतम

महत्ता

centrali\ze/ centrali\se (*also UK* **~se**) /सेंट्रलाइ\ज/ *v., pt.* **~ed**, *pp* **~zing** 1 केंद्रीकरण क. 2 एक ही व्यक्ति या गुट के हाथ में सारी सत्ता दे. या आ जा.;
dw/lw: **~zation** /~जेशन/ *n.* केंद्रीकरण, केंद्रीयकरण; **~zed** /~जड/ *adj.* केंद्रित, केंद्रीकृत;
collocations: **~ed service** केंद्रीकृत सेवा

centre *UK* (*US* **center**) /सेंटः/ *n.* 1 केंद्र, मध्य, मध्य भाग: chocolates with soft **~s**; ~ of tracks 2 मध्य बिंदु, केंद्र बिंदु, मिलन बिंदु: dead ~; ~ of the table/ of the square; ~ of attraction; ~ of gravity; ~ of low *meteorol.* (चक्रवाती तूफान का केंद्र); ~ of impact 3 (***syn.*** down-town) नगर आदि का केंद्रीय स्थान 4 धुरी: ~ to ~ (धुरी से धुरी तक); ~ distance 5 आकर्षण केंद्र: the ~ of attraction 6 अड्डा, गतिविधि का केंद्र: ~ of resistance; ~ of infection 7 किसी गतिविधि का स्थान या भवन: a health ~; community ~; shopping ~; business ~; amusement ~ 8 उच्च कोटि के अध्ययन या कार्य का केंद्र: ~ of excellence; ~ of learning; information; atomic ~; the ~ of Russian Studies 9 मुख्य नियंत्रक स्थान या बिंदु: the ~ of operations; control ~ 10 (*also* **the ~**; ***syn.*** moderate) मध्यमार्गी नीति 11 प्रमुख व्यक्ति: the ~ of every hope 12 शरीर का मध्य भाग, दिमाग का मध्य बिंदु: ~ of inhibition 13 निशाना;
v., *pt.* **~d**, *pp* **centring** 1 केंद्र में स्थित क., केंद्रित क. 2 (*often* **~ on/ upon sth.**) केंद्रीभूत हो. या क., पर ध्यान केंद्रित क.: ~ one's hopes on/ in sb 3 एकाग्रचित्त हो., पर केंद्रित क. या हो.: the interest **~s** in this 4 के इर्दगिर्द घूमना: the discussion **~d** round one point 5 केंद्र-बिंदु अंकित क.: ~ one leg of the compasses 6 नृत्य आदि सही बिंदु पर शुरू क.;
dw/lw: **~-back** *n., football* रक्षा पंक्ति के बीच में; **~bit** *n.* लकड़ी में सूराख करने का यंत्र, बरमा; **~-board** *n.* चल पठाण; **~d** *adj.* केंद्रित; **~fold/ ~spread** *n.* पुस्तक या पत्रिका आदि के बीच के पन्नों को मोड़कर दी जाने वाली तस्वीर, मध्य के दो पृष्ठ; **~-forward** *n., sport* फुटबाल आदि खेल में अग्रिम पंक्ति के बीच में खिलाड़ी; **~-half** *n., sport.* 1 फुटबाल आदि खेल में अर्ध-पिछली पंक्ति का बीच 2 आधी-पिछली पंक्ति के केंद्र-स्थान का खिलाड़ी; **~most** *adj.* मध्यतम; **~-piece** *n. see below under separate entry*; **~-rail** *n.* तीसरी पटरी;
collocations: **~ funded** केंद्र-पोषित; **~ of attraction** आकर्षण-केंद्र; **~ of buoyancy/ displacement** उप्लावकता केंद्र; **~ of gravity** गुरुत्व केंद्र; **~ of mass/ centre of inertia** *phys.* किसी पिंड में सिद्धांत रूप से तय बिंदु जिसके ऊपर उसका पूरा द्रव्यमान केंद्रित होना चाहिए; **~ of oscillation** दोलन केंद्र; **~ of pressure** दबाब केंद्र; **~ spread** समाचार पत्र या पत्रिका के बीच के एक-दूसरे के सामने के पृष्ठ; **~ stage** प्रमुख स्थिति या आकर्षण का केंद्र; **~ of symmetry** सममिति केंद्र;
left of ~ वाम पंथ/ वाम पंथी; **right of ~** दक्षिण पंथ/ दक्षिण पंथी, प्रतिगामी, प्रतिक्रियावादी;
p&i: **~ around/ on sb/ sth** किसी व्यक्ति या बिंदु पर केंद्रित हो.; **~ on/ around** के ऊपर या के इर्दगिर्द केंद्रित हो.;
be off one's ~ थोड़ा हिला हुआ हो.; **be the ~ of attention** आकर्षण का केंद्र-बिंदु हो.; **catch on the ~** बिल्कुल रुक जाना या फंस जा.; **I will find ... truth ... with the ~** मैं जमीन के नीचे भी सच का पता लगा लूंगा

centred /सेंटःड/ *adj. see above under* **centre: *dw/lw***

centrepiece *UK (US* **centerpiece)** /सेंटःपीस/ *n.* 1 सर्वाधिक महत्त्वपूर्ण भाग 2 मेज के बीच रखी जाने वाली सजावटी वस्तु, मध्यालंकरण

-centric /सेंट्रिक/ *comb. form, denoting:* **related to centre, focus, basis** (केंद्र, एकाग्रचित्तता आधारित);
adj. 1 केंद्रोन्मुक्त, केंद्रस्थ, केंद्रित: ego~ (स्वयं-केंद्रित, मात्र अपने ऊपर केंद्रित, स्वार्थी) 2 जिसका कोई विशेष केंद्र हो या जिसे पर विशेष बल दिया जाता हो: Euro~; ethno~

centric/ ~al /सेंट्रिक\/~ल/ *adj.* 1 केंद्रोन्मुख, केंद्रस्थ, केंद्रिक 2 की ओर उन्मुख;
dw/lw: **~city** /सेंट्रिसिटि/ *n.* केंद्रस्थता, केंद्रीयता

centrifu\gal /सेंट्रिफ्यू\गल/ *adj.* 1 केंद्रविमुखी, अपकेंद्री, केंद्रापसारी 2 केंद्र से दूर हटती हुई: **~gal** conductibility
dw/lw: **~gally** /~गलि/ *adv.* केंद्र से दूर जाने की प्रवृत्ति से; **~gation** /~गेशन/ *n.* केंद्रविमुखता;
collocations: **~gal force** अपकेंद्रीबल, वह बल जिसके कारण किसी केंद्र के इर्दगिर्द घूमने वाली वस्तु केंद्र से दूर होती जाए; **~gal machine** एक यंत्र जिससे भिन्न-भिन्न घनत्व के पदार्थ अलग-अलग किए जाते हैं; **~gal tendency** केंद्र से दूर जाने की प्रवृत्ति

centrifuge /सेंट्रिफ्यूज/ *n.* अपने अंदर एक घूमने वाले यंत्र के साथ एक उपकरण जिससे भिन्न-भिन्न घनत्व के पदार्थ किसी मिश्रण में से अलग किए जाते हैं;
v., *pt.* **~d**, *pp* **centrifuging** उपरोक्त यंत्र से मिश्रण के भिन्न-भिन्न घनत्व वाले पदार्थों (e.g., liquids and solids) को अलग-अलग क.

centriole /सेंट्रिओल/ *n., boil.* जानवरों की कोशिकाओं में एक छोटी-सी बेलनाकार संरचना, जो कोशिकाओं के विभक्त करण में महत्त्वपूर्ण भूमिका अदा करती है

centripetal\al /सेंट्रिपी\टल/ *adj., phys.* 1 केंद्रोन्मुख, केंद्राभिमुखी, केंद्राभिसारी 2 केंद्र की ओर खिंचती हुई;
dw/lw: **~ence, -cy** /~टंस/ ~टंसि/ *n.* केंद्रोन्मुखता, केंद्र की ओर गतिशीलता;
collocations: **~ force** वह बल जो किसी वस्तु को केंद्र बिंदु की ओर बढ़ाने के लिए आवश्यक होता है

centris\m /सेंट्रिज्म/ *n.* मध्यमार्गवाद, जीवन में मध्य मार्ग पर चलने की नीति, नर्म-पंथ;
dw/lw: **~t** /सेंट्रिस्ट/ *n.* (***syn.*** moderate) मध्यमार्गी, नर्मपंथी

centro\barbic /सेंट्रो\बाःबिक/ *adj.* भारकेंद्रीय;
dw/lw: **~clinal** /~क्लिनिकल/ *adj.* केंद्रनतिक; **~de** /सेंट्रोड/ *n.* घूर्णन-केंद्रपथ; **~genous** /~जिनस/ *adj.* एक केंद्र से निकलने वाली; **~id** /सेंट्रॉयड/ *n.* गुरुत्व बल, वजन का केंद्र

centrum /सेंट्रम/ *n.* 1 केंद्र 2 *geol.* (***syn.*** epicentre) भूकंप का केंद्र 3 रीढ़ की हड्डी;
collocations: **~ commune** नाभि में धमनी तंत्र का मिलन (गुच्छ)

centumvirate /सेंटमविरिट/ *n.* सौ लोगों की पंचायत

centuple/ centuplicate /सेंट्युपल/ सेंट्युप्लिकेट/ *adj.* सौगुना: in ~

centurion /सेंच्युरिअन/ *n., hist.* प्राचीन रोम की सेना में सौ सैनिकों का कमांडर, शतपति

centuriation /सेंट्युरिएशन/ *n.* शतविभाजन

centu\ry /सेंचरि/ *n., pl.* **~ries** 1 शताब्दी, सदी: from the 17th **~ry**; a **~ry** of great inventions; from **centuries** past 2 शतक, (क्रिकेट में) 100 रन: score a **~ry**

CEO *abbr.* 'chief executive officer' की प्रथमाक्षरी

cep /सेप/ *n.* एक अति उत्तम खुमी (mushroom)

CEP *abbr.* 'Circular error probable', 'Computer Education Project', 'Continuing Education Programme' की प्रथमाक्षरी

CEPAA *abbr.* 'Council of Economic Priorities Accreditation Agency' की प्रथमाक्षरी

cephalalgi\a /सेफअलैल्जि\आ/ *n., med.* सिर दर्द;
dw/lw: **~c** /~क/ *n.* सिर की पीड़ाहर दवा

-cephalic/ -cephalous /सिफैलिक/ सिफैलस/ *comb. form, forming adjectives, signifying:* **head/ skull** (सिर या खोपड़ी से संबंधित)

cepha\lic /केफैलिक/ *adj.* 1 सिर संबंधी, शीर्ष 2 खोपड़ी संबंधी;

dw/lw: **~lagra** /केफैलाग्रा/ *n.* शिरोदना; **~litis** /सेफअलाइटिस/ *n.* मस्तिष्क शोथ, दिमागी ज्वर; **~lometer** /सेफअलॉमिटः/ *n.* सिर-मापक यंत्र; **~lometry** /सेफअलॉमिटरि/ *n.* सिर-मापन; **~lotomy** /सेफअलॉटमि/ *n.* शिरोविच्छेदन, खोपड़ी की चीर-फाड़; **~lous** /सेफअलस/ *adj.* सिर वाला;
collocations: **~lic artery** ग्रीवा धमनी; **~lic index** *anthropol.* सिर की खोपड़ी की लंबाई के प्रतिशत से निकली चौड़ाई और दूसरी खोपड़ियों की चौड़ाइयों की तुलना से निकला अनुपात; **~lic thorax** शिरोवक्ष

cephalopod /सेफअलअपौड/ *n.* समुद्री परभक्षी जीव जिनमें दिमाग और इंद्रियगोचरता अत्यधिक विकसित होते हैं, जैसे शीर्षपाद, समुद्रफेनी (squid), अष्टभुज (octopus) आदि

CEPM *abbr.* 'Centre for Excellence in Project Management' की प्रथमाक्षरी

CEPT *abbr.* 'Centre for Environment, Planning and Technology' की प्रथमाक्षरी

CER abbr. 'certified emission reduction' की प्रथमाक्षरी

ceraceous /सरेशिअस/ *adj.* मोम जैसा

cerami\c /सिरैमि\क/ *adj.* मिट्टी से ढालकर और आग में पकाकर बनाया हुआ चीनी मिट्टी का;
dw/lw: **~cs** /~क्स/ *n., [sing.]* मृत्तिका-शिल्प, मृत्कला, मिट्टी के बर्तन बनाने की कला; **~ist** /~स्ट/ *n.* मृत्तिका-शिल्पकार

CERAS *abbr.* 'Centre for Economic Research and Advance Studies' की प्रथमाक्षरी

CERC *abbr.* 'Central Electricity Regulatory Commission', 'Consumer Education and Research Centre' की प्रथमाक्षरी

CERD *abbr.* 'Committee for the Elimination of Racial Discrimination' की प्रथमाक्षरी

cere /सिअः/ *n.* 1 पक्षियों की चोंच के ऊपरी भाग में मोम जैसी झिल्ली जिसमें पक्षी के नथुने होते हैं 2 मोम-झिल्ली;
dw/lw: **~cloth** *n.* कफन; **~ment** /सिअःमंट/ *n.* मोम-जामा

cereal /सिअरिअ\ल/ *n.* 1 खाद्यान्न पौधे, धान्य पौधे 2 अनाज, अन्न 3 दलिया आदि व्यंजन;
dw/lw: **~ist** /~लिस्ट/ *n.* धान्यविद्;
collocations: ~ **land** अन्न या अनाज क्षेत्र

cerebellum /सेरिबेलम/ *n.* (मांसपेशियों की) गति में सामंजस्य स्थापित करने वाला मस्तिष्क का पिछला भाग, छोटा मस्तिष्क

cerebral /सेरिब्रल\/*often facetious adj.* 1 मस्तिष्कीय 2 मूर्धन्य 3 (***syn.*** intellectual) बुद्धिजैविक, भावनाओं की बजाए दिमाग से संबंध रखने वाला;
collocations: ~ **argument** बौद्धिक दलील; ~ **concussion** दिमागी आघात; ~ **cortex** *anat.* मस्तिष्क गोलार्ध का बाहरी भाग जो चेतना, अनुभूति, स्मृति, सचेत गति आदि को नियंत्रित करता है; ~ **films, books, etc.** बौद्धिक फिल्में, पुस्तकें आदि; ~ **haemorrhage** /~ हेमअरिज/ *pathol.* रक्त वाहिका, विशेषकर धमनी के फटने से होने वाला रक्त स्राव जिससे लकवा या मृत्यु आदि हो सकते हैं; ~ **hemisphere** मस्तिष्क गोलार्ध; ~ **letters** मूर्धन्य अक्षर या वर्ण (ऋ, ट, ठ, ड, ढ, ण, र, ष); ~ **music** धमनियों की ध्वनि; ~ **palsy** *pathol.* मस्तिष्क घात, छोटे बच्चों में सामान्य रूप से मस्तिष्क विकसित न होने की बीमारी; ~ **softening** (*also* encephalomalacia) दिमागी धमनियों के रक्तस्राव से होने वाला स्थानीय दिमागी पिलपिलापन;

cere\brate /सेरि\ब्रेट/ *v., pt.* **~brated,** *pp* **~brating** सोच-विचार क., चिंतन क., अपने मस्तिष्क का प्रयोग क.;
dw/lw: **~bration** /~ब्रेशन/ *n.* मस्तिष्क के कार्यकलाप, बौद्धिक क्रिया या प्रक्रिया, चिंतन-मनन; **~bric** /सेरिब्रिक/ *adj.* मस्तिष्क संबंधी; **~brifugal** /सेरिब्रिफ्युगल/ *adj.* मस्तिष्क से निकलकर दूसरे अंगों की तरफ जाने वाली; **~bripetal** /सेरिब्रिपिटल/ *adj.* मस्तिष्क की ओर आने वाली; **cerebrology** /सेरिब्रौ\लजि/ *US* सेरिब्राः\लजि/ *n.* मस्तिष्क विज्ञान; **~bropathy** /सेरिब्रॉपअथि/ *n.* मस्तिष्क शोथ; **~broscopy** /सेरिब्रॉस्कअपि/ *n.* मस्तिष्क घात का पता लगाने के लिए ऑफतल्मास्कोप का प्रयोग; **~brospinal** /सेरिब्रोस्पाइनल/ *adj.* मस्तिष्क व मेरुदंड से संबंधित;
collocations: ~ **fever** मस्तिष्क व मेरुदंड ज्वर; ~ **fluid** मस्तिष्क व मेरुदंड द्रव; ~ **puncture** मस्तिष्क व मेरुदंड में छेद

cerebrum /सेरिब्रम/ *n., pl.* **~s** *anat.* मस्तिष्क, दिमाग, भेजा

ceremoni\al /सेरमोनि\अल/ *adj.* 1 अनुष्ठानिक, औपचारिक, अनुष्ठानिक, उत्सवी: **~al** dress; the **~al** part of worship 2 प्रथागत: **~al** laurel wreath 3 औपचारिक: **~al** call; bid **~al** welcome;
n. 1 (***syn.*** ritual) विधि-विधान, क्रिया-कर्म: the **~al** of the court 2 (***syn.*** ceremony) अनुष्ठान, धर्मानुष्ठान 3 (***syn.*** solemnity) समारोहिकता: **~al** and honours; maritime **~als;**
dw/lw: **~cs** /~क्स/ *theol.* धार्मिक कर्मकांड; **~ally** /~अलि/ *adv.* विधि-विधान के अनुसार; **~alism** /~अलिज्म/ *n.* धार्मिक कर्मकांड; **~alist** /~अलिस्ट/ *n.* धार्मिक कर्मकांडी;
collocations: **~al parade** समारोहिक परेड

ceremonious /सेरिमोनिअस\/ *adj.* 1 औपचारिक 2 अनुष्ठानिक, रस्मी 3 (***syn.*** pompous) आडंबरी: ~ politeness; ~ bow;
dw/lw: **~ly** /~लि/ *adv.* औपचारिक रूप से

ceremon\y /सेरिमनि/ *n., pl.* **~ies** 1 समारोह, अनुष्ठान 2 औपचारिक व्यवहार, शब्द व कार्य 3 (***syn.*** religious rites) धार्मिक कर्मकांड, धर्मानुष्ठान 4 गृहकर्म 5 (***syn.*** formalism) तकल्लुफ, औपचारिकता: stand on **~y** (अत्यधिक औपचारिकता बरतना);
p&i: **master of ~ies** विधिनायक, समारोह अधिकारी, विधि-विधान या औपचारिकता पर जोर देने वाला; **stand on ~y** तकल्लुफ क., औपचारिकता पर बल दे.; **without ~y** सादगी से, बिना किसी तकल्लुफ के

cerise /सअरीज/ सअरीस/ *adj.* गुलाबी-लाल रंग का;
n. गुलाबी-लाल रंग

cerium /सिअरिअम/ *n., chem.* (*abbr.* **Ce**) सीरियम

cernuous /सःन्युअस/ *adj.* मुरझाया हुआ, झुका हुआ

cermet /सःमेट/ *n., engin.* चीनी मिट्टी व धातु से बना एक कठोर मजबूत मैटरियल जिससे धातुएं काटी जा सकती हैं

CERN *abbr.* 'Conseil Européen pour la Recherche Nucléaire' की प्रथमाक्षरी (नाभिक शोध कार्य का यूरोपीय संगठन)

ceroc /सरॉक/ *n.* रॉक-ऐंड-रोल संगीत के साथ नाचने की आधुनिक शैली

ceromancy /सिरअमैंसि/ *n.* मोम-आधारित भविष्य बताने की क्रिया

ceromel /सिअरअमल/ *n.* मोम और शहद की मलहम

ceroplastic /सिअरोप्लैस्टिक/ *adj.* सिक्थ-प्रतिरूपण संबंधी;
dw/lw: **~s** *n.* सिक्थ-प्रतिरूपण

CERT *abbr.* 'Computer Emergency Response Team' की प्रथमाक्षरी

cert /सःट/ *n., colloq.* (*usually* **dead ~**; ***syn.*** a certainty) पूरी संभावना, उहाहरणतः घुड़दौड़ आदि में जीत की पूरी संभावना

cert. *abbr.* 'certificate', 'certified' का संक्षेप

certain /सःटेन/ *adj.* 1 निश्चित: ~ relief; for ~ reason; of a ~ age 2 (*sometimes* **~ about/ of sth**) अनिवार्य रूप से घटित होने वाला, अवश्यंभावी: face ~ death; there is no ~ cure for this disease; it is ~ to happen; he is ~ to come 3 निर्विवाद: the fact is ~ 4 अचूक, अमोघ, पक्का, आश्वस्त: his aim was ~; feel ~ of (that) ...; make ~; he is ~ of returning 5 (***syn.*** reliable) विश्वसनीय, विश्वस्त: the evidence is ~; regard sth as ~; make ~ of your facts before you argue 6 कोई, कुछ, एक: a ~ (कोई, एक, किन्हीं); a ~ friend of mine; under ~ conditions 7 महत्त्वहीन (किसी व्यक्ति की महत्त्वहीनता दर्शाने के लिए उसके नाम से पहले प्रयुक्त): a ~ Mr. Vij; a ~ person 8 एक विशेष प्रकार का (गुण): the streaks of grey hair

gave his face a ~ seriousness 9 कुछ हद तक का: to a ~ extent; true to a ~ extent (किसी हद तक सही); a ~ degree;
pron.: कोई-कोई, कई: ~ of the teachers do not teach well;
dw/lw: **~ly** /सःटेनलि/ *adv.* 1 निश्चित रूप से 2 अवश्य, निस्संदेह, बेशक; **~ty** /सःटेंटि/ *n., pl.* **~ties** 1 निश्चितता: know for a ~ty; say with ~ty 2 अवश्यंभावी यथार्थ: ~ty of death; scientific ~ty;
p&i: **~ of** पक्का, आश्वस्त;
a moral ~ty *n.* लगभग पूरी संभावना; **for a ~** निस्संदेह, बेशक; **for ~** निस्संदेह, अवश्य; **know for ~** भली प्रकार जानना; **make ~ of sth** किसी बात को पक्का क.; **make ~ that** सुनिश्चित करना कि; **never quit ~ty for hope** नौ नकद तेरह उधार; **of a ~ age** एक उम्र का

certifiable /सर्टिफायबल/ *adj.* 1 प्रमाण्य, जिसे प्रमाणित किया जा सकता है 2 *colloq.* जिसे आधिकारिक रूप से पागल, पगलैट (crazy) घोषित किया जा सके

certifica\te /सःटिफिके\ट/ *n.* सर्टिफिकेट, प्रमाण-पत्र, प्रमाणक: **~te** of birth; **~te** of character; **~te** of health; **~te** of weight; **~te** of quality; **~te** of origin; **~te** of registry; **~te** of seaworthiness; **~te** of airworthiness; **~te** of service; **~te** of discharge; **~te** of capacity; **~te** of audit; **~te** of expenditure;
v., *pt.* **~ted**, *pp* **~ting** 1 (***syn.*** certify) किसी तथ्य के बारे में प्रमाण-पत्र दे. 2 कोई तथ्य प्रमाणित क. 3 अधिकार की पुष्टि क.;
adj. = **certified** प्रमाणित: ~te receipt voucher;
dw/lw: **~ted** /सःटिफिकेटिड/ *adj.* 1 अधिकार प्राप्त, प्रशिक्षित: ~ted teacher 2 घोषित: ~ted bankrupt; **~tion** /सःटिफिकेशन/ *n.* 1 प्रमाणन, प्रमाणीकरण 2 प्रमाण-पत्र की सुपुर्दगी 3 तथ्य के सही होने की सनद 4 वैधीकरण; **~tory** *adj.* प्रमाणक, सिद्ध करने वाला: letter ~tory (लिखित चरित्र प्रमाण-पत्र);
collocations: **~te of deposit** बैंक में जमा बड़ी राशि का सर्टिफिकेट जिसे खरीदा-बेचा जा सकता है; **~te of eligibility** पात्रता-प्रमाणपत्र; **~te of fitness** अरोग्यता-प्रमाणपत्र; **~te of posting** डाक प्रमाणपत्र;
marriage ~te विवाह प्रमाणपत्र;

certified /सःटिफाइड/ *adj.* 1 प्रमाणित: ~ copy; ~ invoice; ~ check 2 परखा या जांचा हुआ: ~ milk; ~ seeds 3 जिसके पास प्रमाणपत्र हो 4 अधिकार प्राप्त: ~ public;
collocations: **~ cheque** चैक जिसके भुगतान की बैंक (ग्राहक के खाते में पर्याप्त धन होने के आधार पर) गारंटी करता है; **~ mail** बीमारहित डाक जिसकी प्राप्ति की रसीद प्राप्तकर्ता से प्राप्त कर ली जाती है; **~ public accountant** प्रमाणित लेखाकार

certi\fy /सःटिफा\ई/ *v., pt.* **~fied**, *pp* **~fying** 1 प्रमाणित क., तसदीक क.: this is to **~fy**; I **~fy** this a true copy 2 प्रमाणपत्र दे. 3 आधिकारिक रूप से घोषित क.: **~fy** a death 4 विश्वास दिलाना, आश्वासन दे.: **~fy** sb of sth; I **~fy** to his character 5 किसी को कानूनी तौर पर पागल घोषित क.: **~fy** to sb's insanity; the doctors **~fied** him;
dw/lw: **~fiable** /~यबल/ *adj.* प्रमाण्य, (रोगी) घोषित करने योग्य; **~fiably** /~यबलि/ *adv.* प्रमाणित करते हुए; **~fier** /~यः/ *n.* प्रमाणक; प्रमाणित करने वाला;
p&i: **have sb ~fied** किसी को पागलखाने में डलवाना

certitude /सःटिच्यूड/ *n.* 1 निश्चितता का अहसास, निश्चयता 2 आश्वस्तता, विश्वास 3 असंशय;
collocations: **absolute ~** निरपेक्ष निश्चितता; **metaphysical ~** अभौतिक निश्चितता, (दार्शनिक निश्चितता: 'मैं नहीं तो कुछ भी नहीं'); **moral ~** नैतिक निश्चितता; **physical ~** भौतिक निश्चितता

cerulean /सिरूलिअन/ *adj.* आसमानी, गहरा नीला, नभोनील

cerumen /सिरूमन/ *n.* (***syn.*** earwax) कर्णमल, कर्णगूथ, कान का मैल

ceruse /सिरूस/ *n.* सीरूज, सफेदा

cervical /सःविकल/ सःवाइकल/ *adj.* 1 ग्रीवा संबंधी, ग्रैव: ~ nerves; ~ cord; ~ spine; ~ vertebra (ग्रैवा मेरुदंड) 2 गर्भग्रीवा से संबंधित;
collocations: **~ smear** *med.* गर्भग्रीवा से कोशिकाओं से लिया जाने वाला नमूना; **~ smear test** गर्भग्रीवा से कोशिकाओं का नमूना लेकर उसकी कैंसर संबंधी जांच करने के लिए टेस्ट

cervine /सःवाइन/ *n.* मिर्ग जैसा, मिर्ग का

cervix /सःविक्स/ *n., pl.* **~es**/ **cervices** /सःविसीज/, *Lat., anat.* गर्भग्रीवा

CES *abbr.* 'cranial electrotherapy stimulator' की प्रथमाक्षरी

cesarean /सिजेरिअन/ *n. US spell.,* **'caesarean'** की अमेरिकी वर्तनी, शल्यक्रिया द्वारा प्रसव कराना

cesium /सीजीम/ (*UK* **caesium**) *n.* सीसियम

CESP *abbr.* 'Continuing Education and Special Programs' की प्रथमाक्षरी

cespitose /सेस्पिटोस/ *adj.* गुच्छेदार

CESS *abbr.* 'Centre for Earth Science Studies' की प्रथमाक्षरी

cess /सेस/ *n.* 1 उपकर 2 स्थानीय कर;
p&i: **bad ~ to him** खुदा करे कि वह बर्बाद हो जाए!; **bad ~ to you!** तू तो गया!

cessation /सेस्सेशन/ *n.* 1 (***syn.*** ceasing) समाप्ति, अंत: ~ of arms/ of hostilities 2 (***syn.*** pause) विराम, ठहराव, अंतराल

cessavit /सेस्सेविट/ *n.* किरायेदार को दो साल तक किराये की शर्तें पूरी न करने के लिए निकालने का दावा

cesser /सेसः/ *n.* किरायेदार द्वारा किराये की शर्तें पूरी न करने की स्थिति

cession /सेशन/ *n.* 1 (***syn.*** territory) छोड़ने या सौंपने की क्रिया 2 (***syn.*** yielding) अपना अधिकार या कब्जा दूसरे को सुपुर्दगी: ~ of rights 3 सत्तांतरण, स्वत्व त्याग;
dw/lw: **~ary** /सेशनरि/ *n.* वैध उत्तराधिकारी

cesspit /सेस्पिट/ *n.* 1 मलकुंड 2 गंदा, सड़ांधभरा स्थान 3 भ्रष्टाचार का अड्डा

cesspool /सेस्पूल/ *n.* 1 हौदी 2 मलकुंड 3 भ्रष्टाचार आदि का अड्डा

cestus /सेसटस/ *n., Lat.* 1 पेटी 2 *myth.* रति देवी (Venus) की कमर ***3*** प्रेम-झांसा

cesur\a/ caesura /सिज्यूअरा/ *n., pl.* **~s**/ **cesurae** /सिज्यूअरि/ 1 यति 2 कविता की पंक्ति के बीच में ठहराव, टूटन, अंतराल

CET *abbr.* 'Centre for Educational Technology', 'Common Entrance Test', 'Central European Time' की प्रथमाक्षरी

cetacean /सिटेशन/ *n., biol.* डॉल्फिन, व्हेल आदि की श्रेणी का जानवर, तिमिवर्ग, तिमिगण

Cetane /सीःटेन/ (*also* **hexadecane**) *n.* पेट्रोल में मिलने वाला एक बेरंग द्रव हाइड्रोकार्बन जिसे घोलक पदार्थ (solvent) के रूप में प्रयुक्त होता है;
collocations: **~ Number** डीजल इंजन में डीजल की ज्वलनशीलता को मापने की इकाई

CETC *abbr.* 'Continuing Education and Training Centre' की प्रथमाक्षरी

CETEC *abbr.* 'Consumer Electronics Testing and Engineering Centre' की प्रथमाक्षरी

CETP *abbr.* 'Common Effluent Treatment Plants' की प्रथमाक्षरी

Cetus /सीटस/ *n., astron.* चौथा सबसे बड़ा तारामंडल जो खगोलीय मध्य रेखा के ऊपर स्थित है, पर उसमें चमकदार तारों की संख्या कम होने के कारण वह गौण तारामंडल बनकर रह गया

Ceylonese /सीलोनीज/ *adj., old use* श्रीलंका-संबंधी, सिंहली, ***n.*** श्रीलंका का निवासी

Cf *symbol., chem.* 'californium' का चिह्न

CF *abbr.* 'Conservator of Forests', 'Career Forum' की प्रथमाक्षरी
c.f. *abbr.* 'carried forward' की प्रथमाक्षरी
cf *abbr.* (*also* **compare**) **'confer'**, *Lat.* का संक्षेप (तुलना, वर्तमान तथ्य की किसी अन्य तथ्य से तुलना क.)
CFA *abbr.* 'Clearing and Forwarding Agents' की प्रथमाक्षरी
CFB *abbr.* 'Community Food Banks' की प्रथमाक्षरी
CFC *abbr.* 'chloro-fluorocarbon' की प्रथमाक्षरी, रेफ्रिजरेटरों आदि में प्रयुक्त गैस जो धरती के गैस मंडल को हानि पहुंचाती है
CFCD *abbr.* 'Compulsorily Fully Convertible Debentures' की प्रथमाक्षरी
CFD *abbr.* 'Computational Fluid Dynamics' की प्रथमाक्षरी
CFF *abbr.* 'Compensatory Fund Facility' की प्रथमाक्षरी
CFI *abbr.* 'Chief Flight Instructor' की प्रथमाक्षरी
CFID *abbr.* 'Chronic Fatigue Immune Dysfunction' की प्रथमाक्षरी
CFIUS *abbr.* 'Committee on Foreign Investment in the US' की प्रथमाक्षरी
CFL *abbr.* 'calcaneofibular ligament', 'ceasefire line', 'Central Food Laboratory', 'Composite Fluorescent Lamps' की प्रथमाक्षरी
CFM *abbr.* 'Community Forest Management' की प्रथमाक्षरी
CFMG *abbr.* 'Ceasefire Monitoring Group' की प्रथमाक्षरी
CFO *abbr.* 'Chief Finance Officer' की प्रथमाक्षरी
CFPA *abbr.* 'Centre for Foreign Policy Analysis' की प्रथमाक्षरी
CFR *abbr.* 'Centre for Reliability' की प्रथमाक्षरी
CFRI *abbr.* 'Central Fuel Research Institute' की प्रथमाक्षरी
CFRS *abbr.* 'carry forward rolling settlement (Bombay Stock Exchange)' की प्रथमाक्षरी
CFS *abbr.* 'Consolidated Financial Statements', 'consumer financing satisfaction', 'Container Freight Station' की प्रथमाक्षरी
CFSI *abbr.* 'Children's Film Society of India' की प्रथमाक्षरी
CFSL *abbr.* 'Central Forensic Science Laboratory' की प्रथमाक्षरी
CFTC *abbr.* 'Commodity Futures Trading', 'Common Fund for Technical Cooperation' की प्रथमाक्षरी
CFTI *abbr.* 'Central Footwear Training Institute' की प्रथमाक्षरी
CFTRI *abbr.* 'Central Food Technological Research Institute' की प्रथमाक्षरी
cg *abbr.* 'centigram' का संक्षेप
CG *abbr.* 'Coast Guard', 'Computer Graphics', 'Consul General' की प्रथमाक्षरी
CGA *abbr.* 'Coast Guard Auxiliary' की प्रथमाक्षरी
CG&M *abbr.* 'Computer Graphics and Multimedia' की प्रथमाक्षरी
CGCRI *abbr.* 'Central Glass and Ceramic Research Institute' की प्रथमाक्षरी
CGDA *abbr.* 'Controller General of Defence Accounts' की प्रथमाक्षरी
CGE *abbr.* 'greenhouse gas emissions' की प्रथमाक्षरी
CGF *abbr.* 'Commonwealth Games Federation' की प्रथमाक्षरी
CGHS *abbr.* 'Central Government Health Scheme', 'Cooperative Group Housing Societies' की प्रथमाक्षरी
CGI *abbr.* 'Computer Generated Image' की प्रथमाक्षरी
CGIAR *abbr.* 'Consultative Group on International Agriculture Research' की प्रथमाक्षरी
CGM *abbr.* 'Chief General Manager' की प्रथमाक्षरी
CGMT *abbr.* 'Chief General Manager, Telecommunication' की प्रथमाक्षरी
CGO *abbr.* 'Central Government Offices' की प्रथमाक्षरी
CGP *abbr.* 'Central Government Pensioners' की प्रथमाक्षरी
CGR *abbr.* 'corporate governance ratings' की प्रथमाक्षरी
CGS *abbr.* 'Central Generating Station', 'Computer Generated Solutions', 'Computer Graphics Systems' की प्रथमाक्षरी
cgs unit *abbr. phys.* 'centimetre-gram-second unit' की प्रथमाक्षरी (सेंटिमीटर, ग्राम और सेकंड का लंबाई, वजन और समय मापने की मूलभूत इकाइयों के रूप में प्रयोग की जाने वाली प्रणाली)
CGSI *abbr.* 'Consumer Guidance Society of India' की प्रथमाक्षरी
CGWA *abbr.* 'Central Ground Water Authority' की प्रथमाक्षरी
CGWB *abbr.* 'Central Ground Water Board' की प्रथमाक्षरी
ch *abbr.* 'chapter', 'chain', *chess* 'check', 'church' का संक्षेप
CH *abbr.* 'Companion of Honour' की प्रथमाक्षरी (देश के लिए विशेष सेवा के लिए दी जाने वाली ब्रितानवी उपाधि)
CH *abbr.* 'Confederatio Helvetica' *Lat.* स्विटजरलैंड का अंतर्राष्ट्रीय वाहन पंजीकरण कोड(*IVR*)
CHA *abbr.* 'Custom House Agents' की प्रथमाक्षरी
Chablis /शैब्ली/ *n.* एक तरह की फ्रांसीसी श्वेत मदिरा
cha-cha/ cha-cha-cha /चा-चा-चा/ *n., pl.* **~s** 1 एक सामूहिक लातीनी अमेरिकी नृत्य 2 इस नृत्य के साथ बजने वाला संगीत; *v., pt.* **cha-chaed**, *pp* **cha-chaing** चा-चा नृत्य क.
Chaconne /शैकॉन/ *n.* एक पुराना स्पेनी नृत्य और उसके साथ बजने वाला संगीत
Chadian /चाडिअन/ *adj.* चाड (Chad) का निवासी या नागरिक
chador/ chadar/ chuddar /चादर/ *n.* मुसलिम औरतों द्वारा किया जाने वाला पर्दा, चादर
cha\fe /चेफ/ *v., pt.* **~fed**, *pp* **~fing** 1 (*also* **~fe at/ under sth**) किसी पर या किसी बात पर क्रुद्ध हो., खीझना या खिझाना, झुंझलाना: **~fe** against restraints/ teasing; he **~fes** at a mere nothing; the delay **~fed** her 2 त्वचा को रगड़-रगड़कर या छीलकर दर्दनाक बनाना: stiff collars **~fe** the neck; woollen garments **~fe** some skins; badly **~fed**;
n. 1 खीज, झुंझलाहट 2 छिलन 3 (***syn.*** friction) घर्षण, रगड़;
p&i: **~fe at the bit** उतावला हो.
chafer /चेफः/ *n.* 1 रात के पतंगे 2 *in compounds* (**cock-~**) एक बड़ा भूरा भृंग (insect)
chaff /चाफ/ चैफ/ *n.* 1 भूसी, चारा, चोकर 2 भूसा, कुट्टी, गेहूं आदि की नालियां: ~ bed 3 कूड़ा-कर्कट, बेकार सामग्री 4 धातु की पतली पन्नी जिसे रडर के संकेतों को काटने के लिए हवा में छोड़ा जाता है 5 (***syn.*** banter) छेड़छाड़, दिल्लगी, हंसी-मजाक, ठट्ठा;
v., *pt.* **~ed**, *pp* **~ing** 1 (***syn.*** tease) छेड़छाड़ क., मजाक क. 2 भूसा निकालना;
dw/lw: **~-cutter** *n.* चारा-मशीन, गंडासा; **~-flower** *n.* (*syn.* prickly) लट-जीरा; **~fy** /चाफि/ *adj.* 1 चोकर-सा, भूसी-सा: ~fy flax 2 बेकार, खोखला: ~fy thoughts;
p&i: **an old bird is not caught with** ~ मंजे हुए खिलाड़ी को आसानी से बुद्धू नहीं बनाया जा सकता; **catch with** ~ किसी को आसानी से बुद्धू बना दे., ठगना; **separate wheat from the** ~ अनाज को भूसे से अलग क., भले को बुरे से अलग क.; **sift the grain from the** ~ अनाज से भूसा अलग क., असली चीज से फालतू की चीजें हटा दे.
chaffer /चैफः/ *v., pt.* **~ed**, *pp* **~ing** मोल-भाव क., भाव तय क.; ***n.*** मोल-भाव;

dw/lw: **~rer** /चैफअरः/ *n.* मोल-तोल करने वाला, झगड़ालू ग्राहक; **~ry** /चैफरि/ *n.* क्रय-विक्रय, मोल-तोल

chaffinch /चैफिंच/ *n.* यूरोप की एक गाने वाली चिड़िया

chafing /चेफिंग/ *n.* 1 रगड़ 2 छिलाई 3 चिड़चिड़ाहट;

collocations: ~ **dish** खाना गर्म रखने का बर्तन, अंगीठी, आतिशदान

chaft /शॉफ्ट/ *n.* जबड़ा, हनु

chagrin /शैग्रिन/ *n.* 1 झुंझलाहट, चिढ़, खीझ: petty **~s** 2 निराशा, संताप: much to his ~;

***v.**, pt.* **~ed**, *pp* **~ing** किसी को खिझाना या परेशान क.: be/ feel **~ed**; **~ed** at his failure

chain /चेन/ *n.* 1 जंजीर, लड़ी: watch and ~; ~ cable; ~ tape 2 कड़ी, माला, श्रृंखला: ~ of proofs; ~ belt 3 सिलसिला: ~ of discourse 4 श्रेणी 5 कड़ी, पंक्ति, घटनाक्रम: ~ of events; ~ reaction; ~ reactor 6 पर्वतमाला: mountain ~/ ~ of mountains 7 द्वीप समूह 8 (***syn.*** fetters) बेड़ी 9 (***syn.*** captivity) कैद, दासता: in **~s**; **~s** of colonialism 10 (***syn.*** ornament) हंसली, सिकड़ी 11 जरीब = 22 गज: ~ measure; ~ off (जरीब से जमीन को मापना) 12 जाल, प्रणाली: ~ of radio stations; transformation ~;

***v.**, pt.* **~ed**, *pp* **~ing** (*also* **~ sb/ sth up/ down**) 1 जंजीर से बांधना: ~ (up) the dog; **~ed** to the desk 2 बेड़ी डालना: ~ prisoners together; **~ed** to the wall; **~ed** book (मध्यकाल में गिरफ्तार की हुई पुस्तक);

dw/lw: **~ed** *adj.* जंजीरों में बंधा हुआ, बेड़ियों में बंदी; **~-gang** *n.* कैदियों का हथकड़ी बंद दल, जिसे जेल से बाहर काम पर लगाया जाता है; **~less** *adj.* जंजीर रहित, स्वतंत्र, बंधन-मुक्त; **~let** *n.* छोटी-सी जंजीर; **~-letter** *n.* पत्र-श्रृंखला, पत्र की बहुत सारी प्रतियां; **~-mail** *n.* जिरह-कवच; **~-smoker** *n.* लगातार एक के बाद एक सिगरेट पीने वाला; **~-smoke** *v., pt.* ~-smoked, *pp* ~-smoking एक के बाद एक सिगरेट पीना; **~saw** *n.* लकड़ी काटने या चीरने का एक चल आरा; **~work** *n.* कार्य-व्यवस्था, कार्य-श्रृंखला;

collocations: ~ **action** परमाणु बम की तरह एक के बाद एक होने वाली क्रिया; ~ **armour** कवच, जिरह, बख्तर; ~ **bolt** जहाज में जंजीर बांधने का कड़ा; ~ **bridge** झूला पुल; ~ **cable** जंजीरों से बना लोहे का केबल (मोटा बटा हुआ तार); ~ **drive** एक विद्युत-वाहक यंत्र; ~ **letter** प्राप्त पत्र की प्रतिलिपियां बनाकर आगे अन्य लोगों को भेजने की क्रिया, पत्र-श्रृंखला; ~ **link fence** कुंडानुमी तार की बाड़; ~ **mail** कुंडों का बना हुआ कवच, बख्तर; ~ **of office** गर्दन में पहने जाने वाली एक भारी पद-द्योतक (symbol of office) सोने की जंजीर; ~ **pump** जंजीरें लगा हुआ एक पंप; ~ **reaction** श्रेणीबद्ध प्रतिक्रिया, एक के बाद एक होने वाली प्रतिक्रिया; ~ **smoker** एक के बाद एक लगातार सिगरेट पीने वाला; ~ **stitch** *needle-craft* एक श्रृंगारिक कढ़ाई जो जंजीर की कड़ियों जैसी होती है; ~ **store** कंपनियों, दुकानों आदि की श्रृंखला;

p&i: **~s of gold are stronger than the ~s of iron** माया में बहुत आकर्षण होता है; ~ **sb/ sth up** or **down** किसी को बेड़ियां पहनाना;

a ~ of events घटना-क्रम; **a ~'s weakest link is the measure of its strength** कमजोर कड़ी ही किसी चीज की असली शक्ति का द्योतक होती है; **drag the** ~ *Austral.* दूसरों से पीछे छुट जा.; **horror ~ed his steps** भय के मारे उसके कदम जम गए; **in ~s** बेड़ियों में; **keep sb on the** ~ किसी को बांधकर रखना, आजादी पर अंकुश लगाना

chair /चेअः/ *n.* 1 कुर्सी: cane ~; folding/ hammock ~; be/ sit in the ~; ~ covers 2 (***syn.*** chairman) अध्यक्ष, सभापति: address the ~ 3 विभागाध्यक्ष 4 (***syn.*** position) पीठ, प्रोफेसर का स्थान या रिक्त स्थान 5 (***syn.*** office) पद: ~ of state; ~ of authority 6 (**the chair**) *N. Amer., colloq.* मृत्यु-दंड पाए अपराधी को मारने के लिए बिजली की कुर्सी: send to the ~; get/ go to the ~;

***v.**, pt.* **~ed**, *pp* **~ing** 1 अध्यक्षता क.: the council **~ed** by Prof. M 2 *Br.* विजेता को उठाकर (in triumph) ले जाना 3 किसी को किसी पद पर बैठाना;

dw/lw: **~-bed** *n.* बिस्तर-कुर्सी; **~-borne** *adj.* 1 निठल्ला, आराम-तलब 2 निष्क्रिय: ~-borne troops; **~-car** *n.* कुर्सीयान; **~-lift** *n.* एक चलती हुई बहुत मोटी तार पर लटकी हुई कुर्सियों की श्रृंखला जिनकी सहायता से लोगों को पर्वतीय स्थानों आदि पर लाया-लेजाया जाता है; **~man/ ~woman/ ~person** *n.* अध्यक्ष या अध्यक्षा; **~womanship/ ~manship/ ~personship** *n.* अध्यक्षता; **~warmer** *n.* = **~-borne** (1);

collocations: ~ **days** बुढ़ापा; **the** ~ अध्यक्ष;

p&i: **be in/ take the** ~ अध्यक्ष का पद ग्रहण क.; **get/ go to the** ~ मृत्यु-कुर्सी पर बैठना; **in the** ~ अध्यक्ष; **leave the** ~ 1 मीटिंग खत्म क. 2 पद त्यागना; **take a** ~ बैठना, आसन ग्रहण क.; **take the** ~ सभाध्यक्ष बनना

chaise /शेज/ *n., hist.* एक या दो व्यक्तियों के लिए खुली घोड़ा गाड़ी

chaise-longue /शेज-लॉग/ *n., pl.* **~s-~s** आराम-कुर्सी

chalcedong /कैल्सिडोंग/ *n.* सिक्थ स्फटिक

chalcedony /कैल्सेडनि/ कैल्सडोनि/ *n.* खनिज स्फटिक, बिलौर, काचमणि

chalcography /काल्कोग्रफि/ *n.* ताम्रतक्षक, ताम्र-उत्कीर्णन

chalcolithic /कैल्कोलिथिक/ *adj., geol.* ताम्रप्रस्तरयुगीन

chalcopyrite /कैल्कोपाइराइट/ *n., geol.* तांबे का मुख्य खनिज

Chaldean /कैल्दीअन/ *n.* खल्दी जाति या भाषा, ज्योतिषी;

adj. खल्दी;

dw/lw: **Chaldee** /कैल्दी/ *n.* खल्दी जाति या भाषा

chalet /शैले/ *n., Fr.* 1 पहाड़ों आदि में लकड़ी का अवकाश घर (**да́ча** = summer cottage) 2 सड़क पर लकड़ी का मूत्रालय

chalice /चैलिस/ *n., poet.* जाम, प्याला, चषक

chalk /चॉक/ *n.* 1 खड़िया, चॉक, सफेद और मुलायम चट्टान 2 चॉक, श्याम पट पर लिखने के लिए प्रयुक्त होने वाली बत्ती: write in ~; ~ drawing; ~ talk (श्याम-पट पर चॉक से लिखते हुए दिया जाने वाला भाषण) 3 ऋण 4 खेल में अंक;

***v.**, pt.* **~ed**, *pp* **~ing** 1 *UK* चॉक से लिखना, खड़िया से लिखना, चिह्नित क., चित्र बनाना 2 चूने का खाद डालना 3 कपड़ों आदि पर चॉक लग जा.: his coat was **~ed** all over 4 सफेद या फीका पड़ना या बनाना: fear **~ed** her face;

dw/lw: **~board** (*UK/ US* **blackboard**) *n.* श्याम पट; **~iness** *n.* खड़िया का गुण; **~-like** *adj.* चॉक जैसा; **~-pit** = **~-quarry** *n.* खड़िया गर्त, खड़िया खदान; **~stone** *n.* खड़िया; **~-stripe** *n.* खड़िया पट्टी; **(the) ~face** *n.* स्कूल स्तर पर पढ़ाने पर चर्चा: the teachers at the ~face; **~y** /चॉकि/ *adj., degr.* ~ier, ~iest चाक से बना, चाक मिश्रित: ~y clay;

p&i: ~ **down** चॉक से लिखना; ~ **out** योजना की रूपरेखा तैयार क.; ~ **sth up** अपनी उपलब्धियों में एक और सफलता जोड़ ले.; ~ **sth up to sb** ली गई उधार की राशि में और पैसा जोड़ लेना; ~ **sth up to sth** इस बात का संज्ञान लेना कि कोई सफलता किस बात की बदौलत मिली है: we can ~ that win up to a lot of luck; ~ **up** 1 प्राप्त क. 2 खेल के अंक लिखना 3 जमा क.; ~ **up with** किसी खेल में सफलता या अंक दर्ज क.;

as like ~ and cheese/ as different as ~ and cheese पूर्णतः भिन्न हो., दोनों में कोई समानता न हो.; **as white as** ~ चक की तरह सफेद; **away by a long ~/ by long ~s** काफी ज्यादा अंतर से, काफी मात्रा से; **not by a long** ~ *colloq.* बिल्कुल नहीं; **not to know ~ from cheese** सरल से सरल बातें न जानना; **send sb to the** ~ किसी को मृत्यु दंड दे.; **walk/ stump one's** ~ भाग जा. रफू चक्कर हो जा. ; **walk the** ~ **(line)** लकीर का फकीर हो., सीधे लकीर पर चलना

challan /चलान/ *n.* चालान

challen\ge /चैलं\ज/ *n.* 1 चुनौती, ललकार: launch a **~ge**

against sb; meet the **~ge**; address a **~ge** to sb 2 आह्वान: give the **~ge** 3 दावा: **~ge** of superiority; lay **~ge** to sth 4 टोक 5 आपत्ति, एतराज, उज्र 6 संदेह, प्रश्न-चिह्नता: bring sb's title into **~ge**; a **~ge** of the premises of an argument 6 नामंजूरी अस्वीकार्यता: peremptory **~ge**; **~ge** to the array; **~ge** to the polls; **~ge** to the favour;

***v.**, pt.* **~ged**, *pp* **~ging** 1 आपत्ति जताना: **~ge** the accuracy of a statement 2 चुनौती दे., ललकारना 3 मुकाबले के लिए ललकारना: **~ge** sb to run a race 4 संदेह जताना, नकारना: **~ge** sb's knowledge 5 को ठुकराना 6 की मांग क.: this idea **~ges** attention 7 अस्वीकार क. 8 एतराज क. 9 विरोध क. 10 संतरी द्वारा दिन का कूट या संकेत शब्द (parole) पूछा जा.;

dw/lw: **~ed** *adj. euphemism* विनम्र ढंग से वर्णित अपाहिजता; **~ger** *n.* चुनौती देने वाला; **~ging** /चैलंजिंग/ *adj.* चुनौतीभरा, आकर्षक; **~gingly** *adv.* चुनौतीपूर्वक

p&i: **~ge sb's right to do sth** किसी के कुछ करने के अधिकार को चुनौती दे.; **~ge sb to a duel** किसी को द्वंद्व के लिए ललकारना; **a task that ~ges one** एक चुनौतीभरा कार्य

chalumeau /शैल्युमो/ *n., pl.* **~x** /शैल्युमो/ अठाहरवीं सदी के आरंभ के बाद में शहनाई बनी बांसुरी का प्रारंभिक रूप

chamaeleon /कमीःलिअन/ *n., astron.* दक्षिणी गोलार्द्ध में एक मद्धिम रोशनी का तारामंडल (constellation)

chamber /चैंबर/ *n.* 1 कक्ष, कमरा, हॉल: privy ~ (महारानी का कक्ष) 2 किसी कार्य विशेष के लिए कमरा: ~ of death (काल-कोठरी); decontamination ~; exposure ~; climatic ~ 3 सदन, सभा: senate ~ 4 न्यायाधीश या वकील का कक्ष: the case was heard before the judge in **~s** 5 प्रकोष्ठ, कक्षिका: live in **~s** 6 (***syn.*** cavity) गड्ढा, खड्ड 7 (***syn.*** of gun) पेट, खजाना, कोठी 8 निजी कक्ष या सोने का कमरा 9 मंडल: ~ of Commerce; ~ of Commerce and Industry 10 भूमिगत कक्ष: deep ~ 11 छेद, गुहिका: ~ of the eye;

adj. बंद कमरे के भीतर: ~ concert;

dw/lw: **~er** *n.* 1 कमरे में गुप्त मंत्रणा (षड्यंत्र) करने वाला 2 शूरवीर, नारी सेवा परायण, रमणीरंजक; **~ing** *n.* अनैतिक आचार, लंपटता; **~lain** *see below under separate entry*; **~-lye** *n.* पेशाब, मूत्र; **~s** *n. [pl.]* कमरों की पंक्ति, विधान मंडल के दो सदन; **~maid** *n.* सेविका, होटल में महिला सफाई कर्मचारी; **~pot** *n.* शयन कक्ष में रखा जाने वाला मूत्र-पात्र;

collocations: **~ concert** कक्ष संगीत व नृत्य; **~ council** गुप्त सभा; बंद कमरे में होने वाली गुप्त बैठक; **~ counsel/ barrister** घर पर ही कानूनी सलाह देने वाला वकील (जो कचहरी न जाता हो); **~ fellow** एक ही कमरे में सोने वाला या साथ रहने वाला; **~ hangings** कमरे में लटकाये हुए पर्दे; **~ music** कक्ष संगीत; **~ of commerce** वाणिज्य-मंडल; **~ orchestra** कक्ष ऑरकेस्ट्रा; **~ practice** कानूनी व्यवसाय का कार्य, कानूनी परामर्शकार्य;

p&i: **the ~ of sickness is the chapel of devotion** जान लगी घटने खैरात लगी बंटने;

the Gilded Chamber लॉर्ड सदन (राज्य सभा की तरह); **the Star Chamber** *hist.* पंदरहवीं से सतरहवीं सदियों में इंग्लैंड में न्यायालय

chambered tomb *n., archaeol.* निओलिथिक काल की एक बहुत बड़ा कब्र कक्ष

chamberlain /चेंबःलेन/ *n.* 1 शाही गृह-प्रबंधक 2 नगरनिगम का खजांची;

dw/lw: **~ship** *n.* चैंबरलेन का पद या अधिकार;

collocations: **Lord ~** (लार्ड चैंबररलेन) राजमहल का प्रबंधक; **Lord Great ~ of England** वेस्टमिंस्टर पैलेस का वंशानुगत इंचार्ज अफसर

chamcha /चमचा/ *n., IndE, sl.* चमचा, चापलूस, तलवेचाट

chameleon /कअमीलिअन/ *n.* 1 गिरगिट, जो वातावरण के अनुसार रंग बदल सकता है 2 गिरगिट की तरह रंग बदलने वाला व्यक्ति, बहुरूपिया 3 घोर अवसरवादी व्यक्ति;

dw/lw: **chameleonic/ chameleon-like** *adj.* जो अपनी बात पर अडिग न रहता हो, बात-बात में फिसलने वाला, घोर अवसरवादी

chamfer /चैंफः/ *n.* 1 गोल या ढलवां किनारा 2 (***syn.*** groove) खांचा;

***v.**, pt.* **~ed**, *pp* **~ing** किनारे को गोल या ढलवीं शक्ल दे.

chamois /शैम्वा/ *US* शैमि/ *n., pl.* **chamois** 1 सांभर: ~ leather/ shammy leather 2 कमीज बनाने के लिए मोटा मुलायम सूत;

***v.**, pt.* **~ed**, *pp* **~ing** सांभर-चर्म बनाना

chamomile/ camomile /कैमअमाइल/ *n., pl.* **~s** बबूना नामक सुगंधभरा सदाबहार पौधा और उसके फूल

champ /चैंप/ *n.* 1 चैंपियन 2 चबड़-चबड़ चर्वण 3 भूख;

***v**, pt.* **~ed**, *pp* **~ing** चबड़-चबड़ करके खाना: the horses were **~ing** 2 उतावला हो.: the boys were **~ing** to start;

p&i: **~ at the bit** कुछ करने के लिए अधीर हो., उतावला हो.

champagne /शैंपेन/ *n., adj.* 1 शैंपेन से संबंधित: champagne bottle 2 चमचमाने वाली श्वेत मदिरा 3 गुलाबी-पीला रंग 4 ठाठ-बाट की जीवन शैली: ~ lifestyle;

collocations: **~ socialist** धनी समाजवादी व्यक्ति

champers /शैपःज/ *n., colloq. [sing.], informal* = शैंपेन

champert\or /चैंपःटः/ *n.* 1 वादक्रयी, मुकदमा खरीने वाला व्यक्ति 2 वादी को पैसे देकर मुकदमे में से होनेवाले लाभ को अवैध रूप से हड़पने वाला बाहरी व्यक्ति;

dw/lw: **~y** /चैंपःटि/ *n., pl.* **~ies** वादी को पैसे देकर मुकदमे में से होनेवाले लाभ को अवैध रूप से हड़पने का काम

champion /चैंपिअन/ *n.* 1 विजेता, सर्वजेता: world/ European ~; current/ reigning ~ 2 पक्षधर, सशक्त समर्थक, हिमायती: **~s** of peace;

***v.**, pt.* **~ed**, *pp* **~ing** समर्थन क., पक्षधर हो., हिमायत क.: ~ disarmament; ~ the cause of peace;

adj. उत्तम, बढ़िया, शानदार: it was ~! (क्या बढ़िया चीज थी!);

dw/lw: **~ship** *n.* 1 प्रतियोगिता 2 सर्वजेता पद: individual/ team ~ship; free style ~ship

champlevé /शैंपलअवे/ *n., Fr.* धातु पर एक विशेष तकनीक से पेंट द्वारा की जाने वाली मीनाकारी

chance /चांस/ *n.* 1 संभावना: have a good/ a fair ~; stand little ~ of success; not the slightest/ the ghost of a ~; there's just a ~ that he'll help you; there is a ~/ no ~ of success; his ~ of success is one in ten; even **~s** (बराबर की संभावना); he has every ~; **~s** are against him; have a ~ with sb 2 मौका, अवसर: sb's big ~; rare/ happy/ unexpected ~; a ~ to do sth; get a ~ to do sth; lose the ~; throw away a ~; give sb a/ the ~; it is the ~ of a lifetime 3 संभावित सफलता 4 संयोग, इत्तफाक: by ~; by a lucky ~; it was a ~ that they met on the road; is he, by any ~, behind this scheme? 5 भाग्य, भाग्य का खेल: number nine is my ~ (नौ नंबर पर मेरी जीत संभव है); bludgeoning of **Chance** (भाग्य का खेल); bear stoutly the **~s** of fortune 6 आकस्मिक घटना, आकस्मिकता 7 खतरा, बा़जी: take a ~; take one's ~ with sth; we can't take any **~s**;

v.**, pt.* **~d**, *pp* **chancing** 1 दांव पर लगाना 2 भाग्य परखना 3 बिना योजना के कुछ करने का प्रयास क. 4 (syn.*** risk) जोखिम उठाना, बाजी लगाना: ~ one's luck 5 संयोगवश घटित होना, संयोग से होना: it **~d** that he lost; it **~d** that I was out when he called; I **~d** to be passing when she fell;

adj. आकस्मिक, सांयोगिक, बिना पूर्व निश्चित योजना के होनेवाला: ~ encounter; ~ shell;

dw/lw: **~able** /चांसिअबल/ *adj.* संयोगवश होने वाला; **~-child** *n.* अवैध या अप्रतीक्षित बच्चा; **~-comer** *n.* संयोगवश

आने वाला; **~r** *n.* सदा मौके की तलाश में रहने वाला; **~-comer** *n.* आकस्मिक आगंतुक; **~ful** *adj.* जोखिम भरा; **~less** *adj.* 1 जिसकी सफलता की संभावना न हो 2 अवसर से वंचित;
collocations: ~ **comer** अचानक आने वाला; अप्रत्याशित अतिथि;
p&i: ~ **in a million** 1 क्षीणतम संभावना 2 (*also* ~ **of a lifetime**) ऐसा मौका जो जीवन में मात्र एक बार आता है और उसे हाथ से नहीं जाने देना चाहिए; ~ **is a great thing** संयोग बहुत महत्त्वपूर्ण बात है; ~ **it/** ~ **one's luck/** ~ **one's arm** सफलता की संभावना कम होते हुए भी जोखिम उठाना या प्रयास क.; ~ **meeting** सौभाग्य से; ~ **on/** ~ **upon** संयोगवश मिल जा.; ~ **on/ upon sb/ sth** किसी से संयोगवश मिल जाना; **~s are/ the ~s are...** हो सकता है...; ~ **would be a fine thing!** *colloq.* आशा नहीं कि ऐसा होगा; ~ **upon** संयोगवश पाना, संयोग से देख ले.;
an off ~ थोड़ी-सी संभावना; **an outside** ~ अति क्षीण संभावना; **as ~ would have it** हुआ यों कि...; **be in with a** ~ सफल होने की उम्मीद हो.; **by any** ~ किसी प्रकार के संयोग से; **by** ~ संयोगवश; **even** ~ समान संभावना, बराबर की टक्कर; **fat** ~ काफी बड़ी संभावना; **game of** ~ दैवक्रीड़ा, भाग्य का खेल; **give sb/ sth half a** ~ किसी को कुछ करने का अवसर दे.; **have an eye/ look to the main** ~ (अपने फलने-फूलने के अवसरों के बारे में जानना); **leave things to** ~ भाग्य भरोसे छोड़ दे.; **let ~ decide** जो होना है सो होने दो; **let the ~ slip** मौका गंवा दे.; **long** ~ खतरा, जोखिम भरा अवसर; **No ~!/ Not a ~!** कोई संभावना नहीं!; **not a dog's/ a cat's** ~ बिल्कुल कोई संभावना न हो.; **not have** (got) **a Chinaman's** ~ कोई संभावना न हो.; **on the** ~ की आशा से; **on the off ~ (that)** संभावना कम, आशा ज्यादा हो.; **stand a** ~ संभावना हो.; **stand a good** ~ अच्छी संभावना हो.; **take a** ~ जोखिम उठाना, प्रयास क.; **take a ~ on sth** किसी बात के सही होने के बारे में आश्वस्त न होते हुए भी जोखिम उठाना; **take one's** ~ अपना भाग्य अजमाना; **the ~s are that...** हो सकता है कि...; **the main** ~ मुख्य उद्देश्य या स्वार्थपूर्ण मकसद धनी बनना हो.;

chancel /चांसेल/ *n.* गिरजाघर का वेदी के पास का भाग, चांसेला

chanceller\y/ chancellor\y /चांसलरि/ *n., pl.* **~ies/ ~ies** 1 चांसलर का पद 2 चांसलर का कार्यालय 3 (*also* **chancery**) चांसलर का आवास 4 राजदूतालय का कार्यालय;
collocations: **~y handwriting** सुंदर लिखाई

chancellor /चांसलः/ *n.* 1 कई यूरोपीय देशों में शासनाध्यक्ष 2 ब्रिटेन और भारत आदि देशों में विश्वविद्यालय का मानद एवं अवैतनिक कुलाधिपति 4 ब्रिटेन में: **Chancellor of the Exchequer** (वित्त मंत्री) 5 *US* विश्वविद्यालय का प्रेजिडेंट (भारत में वाइस-चांसलर या कुलपति) 6 *US* दूतावास का प्रथम सचिव 7 *Scot.* मुख्य न्यायाधीश: ~ of the jury;
dw/lw: **~ship** /चांसलःसिप/ *n.* चांसलर का पद;
collocations: **Chancellor of the Exchequer** *UK* वित्तमंत्री

chance-medley /चांस-मेडलि/ *n., low* 1 आकस्मिक झगड़ा 2 संयोगवश हो जाने वाली हत्या 3 सांयोगिक दुर्घटना 4 (***syn.*** inadvertency) अनवधान, अन्यमनस्कता

chancery /चांसरि/ *n., pl.* **chanceries** 1 (*also* **Chancery**) दूतावास में वीजा कार्यालय 2 (*also* ~ **court**) उच्च न्यायालय की शाखा 3 धर्मोपदेश विभाग 4 दस्तावेजों का आगार (archive of records);
p&i: **in** ~ 1 चांसरी की अदालत में चालू मुकदमा 2 *UK* लॉर्ड चांसलर के अधीन 3 कठिन एवं नाजुक स्थिति में

chanc\re /शैंक\र/ *n., pl.* **~s** *pathol.* एक गुमटा या रिसौली जो रतिज व्रण (primary stage of syphilis) का लक्षण हो सकती है;
dw/lw: **~rous** /~रस/ *adj.* रतिज व्रण से ग्रस्त; **~roid** /~रोइड/ *n.* रतिज व्रण, यौन रोग

chanc\y /चांसि\/ *adj., degr.* **~ier**, **~iest** 1 अनिश्चित 2 (***syn.*** risky) जोखिम-भरा;
dw/lw: **~iness** /~नेस/ *n.* भाग्यवाद, जोखिमवाद

chandelier /शैंडिलिअः/ *n.* झाड़-फानूस, दीपाधार, दीपवृक्ष

chandler /चांडलः/ *n.* 1 मोमबत्ती बनाने या बेचने वाला 2 (***syn.*** grocer) पंसारी, जहाज को तेल, साबुन आदि पंसारी का सामान व उपकरण बेचने वाला;
dw/lw: **~y** *n., pl.* ~ies 1 मोमबत्तियां रखने का स्थान 2 पंसारी द्वारा बेचा जाने वाला माल;
collocations: **corn** ~ 1 मक्का पंसारी 2 अनाज व्यापारी

change /चेंज/ *v., pt.* **~d**, *pp* **changing** 1 बदलाव/ परिवर्तन क. या हो., बदलना: ~ one's address; the weather **~s** very often; how he has **~d**! (वह कितना बदल गया है!) 2 विनिमय क. (money exchange): ~ rupees into dollars; ~ pounds into rupees 3 व्यक्तियों की अदला-बदली क., को बदलना 4 पैसा भुनाना/ तुड़ाना: ~ a 1000-rupee note; ~ a cheque 5 गाड़ी बदलना: ~ from one train to another; we ~ at Ambala/ at the next stop 6 (*also* **~ into/ out of sth**) कपड़े बदलना: ~ for dinner; ~ into a new suit; he **~d** his clothes; she **~d** her feet (उसने नए जूते पहन लिए) 7 वाहनों के इंजनों को बदलना 8 अवस्था बदलना: success **~d** him; that has **~d** my ideas; we **~d** the room by making a new window; the moon will ~ on the fourteenth 9 दिशा बदलना: ~ the course; the wind has **~d** from north to east 10 बिस्तर आदि की चादरें बदलना: ~ a bed 11 वस्तुओं, क्रियाओं की अदला-बदली क.: ~ step/ foot or feet; take the hat back to the shop and ~ it; ~ places with sb; shall we ~ seats? 12 बच्चे के डाइपर आदि बदलना: I have to ~ the child 13 रंग छूटना: this colour **~s** 14 दूध आदि का खराब हो. या फटना: the milk is **~d**;
n. 1 बदलाव, परिवर्तन, हेर-फेर: make a ~ in the agenda 2 किसी वस्तु के स्थान पर दूसरी वस्तु का प्रयोग, अदला-बदली: subject to ~ (1 परिवर्तनीय वस्तु 2 ऐसी वस्तु जिसकी अदला-बदली की जा सकती है) 3 (***syn.*** variation) आदत में परिवर्तन या भिन्नता, अलग तरह के वातावरण का अनुभव: eat out for a ~ 4 बड़े नोट का छोटों में परिवर्तन: give ~ for a 100-euro note 5 (*also* **small/ loose** ~) रेजगारी, खुदरा सिक्के, छुट्टा, छिल्लर: keep the ~!; small ~ 6 लिंग-परिवर्तन 7 (***syn.*** exchange) विनिमय, अदला-बदली 8 पोशाक का बदलाव: a ~ of underwear 9 बिस्तरे की चादरों आदि का बदलाव 10 यात्रा में एक गाड़ी छोड़कर दूसरी लेने की क्रिया: no ~ for Oxford; make a ~ at Ambala 11 अवस्था में परिवर्तन: ~ for the better/ for the worse 12 चंद्रमा के आकार में परिवर्तन 13 मौसम में बदलाव: ~ of weather; the ~ from winter to spring 14 क्रिया-कलाप में परिवर्तन 15 स्थान परिवर्तन: ~ of front (1 मोर्चे में परिवर्तन 2 आमूलचूल परिवर्तन, 180^0 का मोड़); ~ of station 16 स्थिति में परिवर्तन: ~ of scene; ~ of air; ~ of life; ~ of tide (ज्वार का भाटे में परिवर्तन या इसका उल्टा); you need a ~; this journey will be (a bit of) a ~ for you 17 रफ्तार में परिवर्तन: ~ gear;
dw/lw: **~ability/ ~ableness** *n.* परिवर्तनशीलता; **~able** /चेंजिअबल/ *adj.* परिवर्तनशील: ~able weather; a ~able sort of person; ~able places of meeting; **~ed** *adj.* बदला हुआ: a ~ed person; **~r** *n.* बदलनेवाला; **~ful** *adj.* लगातार बदलते रहने वाला, परिवर्तनशील; **~fulness** *n.* चपलता, चंचलता, परिवर्तनशीलता; **~less** *adj.* अपरिवर्तनशील, निर्विकार; **~lessness** *n.* अपरिवर्तनशीलता; **~ling** /चेंजलिंग/ *n., folklore* चोरी से बदला हुआ बच्चा; **~ment** /चेंजमेंट/ *n.* बदलाव; **~over** *n., pl.* ~-overs 1 काम करने की एक शैली से दूसरी में परिवर्तन, बदलाव 2 पोशाक का परिवर्तन 3 संक्रमण: the ~over from English to Hindi; **~-ringing** *n., Br.* घंटी बजाने की एक शैली; **~-slip** *n.* अदला-बदली की पर्ची;
collocations: ~ **purse** रेजगारी के लिए छोटा-सा बटुआ;

~(ing) room *UK* कपड़े बदलने का कमरा; **the ~ of life** रजोनिवृत्ति, मासिक धर्म बंद होने की अवस्था;
***p&i:* ~ back into sb/ sth** पहले जैसी स्थिति में आ जा.; **~ colour** भय, क्रोध अथवा शर्म के मारे फक या फीका पड़ जाने की क्रिया; **~ countenance** शक्ल या मुद्रा बदल जा.; **~ down** गाड़ी को निचले गिअर में डालना; **~ face** दूसरी ओर मुंह फेर ले.; **~ for** 1 अदला-बदली क. 2 के स्थान पर दूसरी चीज ला.; **~ for the better** अच्छे के लिए बदलाव, पहले से बेहतर जीवन; **~ hands** का मालिक बदलना, एक से दूसरे खरीददार के हाथों में चले जा.: the house has ~d hands four times; **~ horses in midstream** मझदार में बड़े परिवर्तन क.; **~ into** में बदल जा. या बदलना; **~ of base** 1 पीछे हटने की क्रिया 2 घर का आकस्मिक बदलाव; **~ of clothes** कपड़े बदलने की क्रिया; **~ of hands** स्वामित्व या मालिकों का बदलना, संपत्ति का हस्तांतरण हो.; **~ of heart** हृदय-परिवर्तन, बुरे से अच्छा हो.; **~ of life** (*also* **the change**) रजो-निवृत्ति; **~ of mind/ heart** मन या इरादे में बदलाव; **~ of venue** अदालती कार्रवाई के स्थान में परिवर्तन; **~ of weather is the discourse of fools** मौसम के अदलने-बदलने की बात करना मूर्खों का काम है; **~ one's coat** रवैया या रुख बदलना; **~ oneself** 1 अपने को बदलना 2 कपड़े बदलना; **~ one's mind** मन या इरादा बदलना; **~ one's note** अपना सुर या लहजा बदल ले.; **~ one's quarters** निवास-स्थान बदलना; **~ one's skin** बिल्कुल बदल जा., पहचान में न आ.; **~ one's spots** अपने स्वभाव के विपरीत काम क.; **~ one's tune** विनम्र या कठोर हो जाना, व्यवहार में बदलाव लाना; **~ over from sth to sth** *UK* पहले से प्रयुक्त वस्तु या पदार्थ के स्थान पर दूसरी वस्तु या पदार्थ का प्रयोग आरंभ क.; **~s and chances** भाग्य का खेल; **~ sides** पक्ष या खेमा बदल ले.; **~ sth around/ round** कमरे में मेज-कुर्सी आदि का स्थान परिवर्तन क.; **~ the hand** (घुड़-दौड़ में) चाल की दिशा बदल दे.; **~ the order** हेर-फेर करना; **~ up** गाड़ी को ऊंचे गियर में डालना;
a ~ for the better/ worse पहले से बेहतर या बदतर होने की स्थिति; **a ~ of air** स्थिति में परिवर्तन; **a ~ is as good as rest** परिवर्तन उतना ही अच्छा होता है जितना कि आराम; **as ~ful as the moon** चांद की तरह घटने-बढ़ने वाला; **for a ~** विविधता हेतु, नवीनता के लिए, बदलाव के लिए: let's eat out for a ~; **get no ~ out of sb** *colloq.* किसी से कोई भी मदद या सूचना आदि प्राप्त न कर पाना; **not want to ~ places with sb** किसी जैसी (कठिन) स्थिति में होना न चाहना; **put the ~ on** धोखा दे.; **ring the ~s** 1 एक ही बात को बार-बार दोहराना 2 छोटे-मोटे बदलाव क., पोशाक बदलकर शक्ल बदलना, छद्म वेश धारण क. 3 कार्य शैली में परिवर्तन लाना; **take one's ~ out of sb** किसी से बदला चुकाना; **take your ~ out of that!** लो और लो! (प्रहार करते समय प्रयुक्त); **the last great ~** मृत्यु; **times ~** समय बदलता है

changing /चेंजिंग/ *n.* परिवर्तनशीलता;
adj. परिवर्तनशील, बदलता हुआ;
***dw/lw:* ~-room** *n.* कपड़े बदलने का कमरा
***collocations:* ~ piece** गिरगिट की तरह रंग बदलने वाला, अस्थिर प्रकृति का मनुष्य, घोर स्वार्थी आदमी

channel /चैनल/ *n.* 1 (*often* **~s**) दूर-दर्शन या रेडियो के चैनल आदि, संचार माध्यम, स्रोत संवाद-मार्ग, संवाद साधन, संचार-साधन, मार्ग, माध्यम: **~s** of information; television ~ 2 रेडियो संकेत संचार पथ 3 जलधारा, चैनल, नौगम्य, जलमार्ग: the great **~s** of trade 4 (***syn.*** canal) नहर, कवाह, वाहिका, प्रणाल: ~ for irrigation 5 नदी तल, नदी का रूख, लीक, मार्ग 6 रास्ता, माध्यम: ~ of communication; through proper ~; through the usual **~s**; ordinary diplomatic **~s**; your only chance of success lies through this ~; the soldier made his request through proper **~s** 7 प्रणाली: **~s** of distribution 8 *geogr.* जलांतराल: the **Channel** (*also* **the English Channel**) इंग्लैंड और फ्रांस के बीच जलांतराल 9 धारा, प्रवाह (of thought) 10 *electronics* तरंग आवृत्ति (band frequency) 11 *comput.* आंकड़े या संकेतों का प्रवाह पथ 12 जीवन-ऊर्जा प्रवाहिका: a ~ for one's energies;
v., *UK pt.* **~led**, *pp* **~ling**/ *US pt.* **~ed**, **~ing** 1 जलधारा को विशेष दिशा या मार्ग पर मोड़ना 2 नहरें बनाना: the water from Bhakra dam has been **~led** through canals to the Punjab and Haryana 3 व्यक्तिगत ऊर्जा, प्रतिभा, शक्ति आदि को किसी माध्यम से अभिव्यक्त करना या किसी कार्य-कलाप में लगाना: ~ one's energies into sport 4 सूचनाओं या किसी द्रव को किसी पथ से प्रवाहित क. 5 के माध्यम से भेजना: aid is **~led** through U.N.;
***dw/lw:* ~ise** *v., pt.* ~ised, *pp* ~ising दिशा दे., में लगाना, के माध्यम से प्रवाहित क., अभिव्यक्त क.; **~led** *adj.* नाली के समान, जिसमें नालियां बनी हों, नालीदार; **~ling** *n.* प्रवाहीकरण, अभिव्यक्ति क्रिया; **~ling** *adj.* प्रवाहकरक, अभिव्यक्त; **~-surfing** *n.* (*also* **~-hopping**) टीवी के चैनलों को खंगालने या उन पर कार्यक्रम ढूंढने की क्रिया;
***collocations:* ~ iron** झरीदार सलाख या छड़; **~ of distribution** वितरण माध्यम; **~ swimming** इंग्लिश चैनल के आर-पार तैराकी; **Channel Tunnel** (*also* **Chunnel/ Eurotunnel**) 1994 में चालू हुई इंग्लिश चैनल के नीचे से रेल सुरंग जो इंग्लैंड के (चेरीटोन, Cheriton) और फ्रांस के (संगाटे, Sangatte) स्टेशनों को जोड़ती है; **the Channel Islands** फ्रांस के उत्तरी-पश्चिमी तट पर स्थिर ब्रिटेन के द्वीपों का समूह;
***p&i:* ~ off** अलग-अलग दिशाओं में बिखर जा.; **apply through the proper ~** उचित माध्यम या रास्ते से प्रार्थना पत्र भेजना

chanson /शांसॉ/ *n., Fr.* गीत, वीर-गाथा;
***dw/lw:* ~ette** /शैंसअनेट/ *n., Fr.* छोटा-सा गीत

chant /चांट/ *US* चैंट/ *v., pt.* **~ed**, *pp* **~ing** 1 गाकर या ऊंची आवाज में बार-बार दोहराना, नारे लगाना 2 मंत्र उच्चरित क. 3 स्तुति गीत गाना, गुणगान क.: ~ the praises of sb 4 अलापना;
n. 1 स्तुति गीत, मंत्र: Buddhist ~ 2 (***syn.*** melody) राग: the ~ of birds 3 नारा;
***dw/lw:* ~age** /चांतिज/ शांतिज/ (*also in Russian* **шантáж**) *n.* 1 ब्लैकमेल 2 ठगी, छल आदि से रुपया ऐंठने का काम; **~ing** *n.* स्तुति-गीत गायन; **~ing** *adj.* गाने वाला; **~er** /चांटः/ *US* चैंटः/ *n.* 1 मश्कबीन जिस पर धुन बजाई जाती है 2 मश्कबीन जिस पर रियाज किया जाता है 3 गायक; **~ress** /चांटरिस/ *US* चैंटरिस/ *n.* गायिका; **~ry** /चांट्रि/ *US* चैंट्रि/ *n., pl.* ~ries 1 स्तुति-गायन के लिए दिया जाने वाला अनुदान 2 स्तुति-गान के लिए चर्च का एक विभाग;
***collocations:* double ~** दो बंद का गीत; **quadruple ~** चार बंद का गीत; **single ~** एक बंद का गीत;
***p&i:* ~ horses** खोटा सिक्का चलाना; **~ the praises of** प्रशंसा या स्तुति के पुल बांधना

chanteuse /शांटज/ *n., Fr.* नाइट-क्लब गायिका

chanticleer /चांटिक्लिअः/ *n., folklore* पालतू मुर्गा, मुर्ग, कुक्कुट

chanty /शांटि/ चांटि/ *n.* नाविकों का एक अच्छा गीत

Chanukah /हानक/ हानूका/ (*also* **Festival of Dedication, Festival of Lights**) *n., Hebrew* हनुक्का

chao\s /केऔ\स/ *US* केआः\स/ *n.* 1 उथल-पुथल, अफरा-तफरी, अव्यवस्था, अस्त-व्यस्तता 2 दुर्व्यवस्था, अंधव्यवस्था 3 आदिकाल में आकार रहित पदार्थ, आदि-गर्त्त;
***dw/lw:* ~tic** /~टिक/ *adj.* 1 अस्त-व्यस्त, अव्यवस्थित 2 दुर्व्यवस्थित; **~tically** /~कलि/ *adv.* अस्त-व्यस्त ढंग से
***collocations:* ~ theory** एक सिद्धांत जिसके अनुसार अव्यवस्थित समझी जाने वाली प्रक्रियाएं वास्तव में किसी व्यवस्था के अधीन घटती हैं

chap /चैप/ *n., colloq.* (*also* **chappie**) *UK* 1 लड़का, साथी,

आदमी: merry ~; nice ~; old ~ 2 (***syn.*** fissure) दरार 3 त्वचा में बिवाई (crack in skin) 4 (***syn.*** cheek) गाल 5 जबड़ा;
v., *pt.* **~ped**, *pp* **~ping** 1 फटना, चटकना, दरकना: cold weather **~s** the skin; hands **~ped** by wind; my skin **~s** easily 2 मारना (strike) या खटखटाना: ~ hands; the hour **~s**;
dw/lw: **~-book** *n.* फेरी-पुस्तिका; **~man** *n.* बिसातिया, फेरी वाला; **~ped** *adj.* फटी हुई (त्वचा), फटे हुए (होंठ आदि): ~ped hands/ skin; **~py**/ **~ped** /चैपि/ चैपड/ *adj.* दरारदार

chap. *abbr.* 'chapter' का संक्षेप

chaparajos/ **chaparejos** /चैपअराहोस/ चैपरेहोस/ *n.* चरवाहों (cow boys) की चमड़े की पैंट

chaparral /शैपअरैल/ चैपअरैल/ *n.* दक्षिण-पश्चिमी अमेरिका में घने झाड़-झंखाड़, झाड़ी-वन

chape /चेप/ *n.* 1 म्यान की टोपी (of sword) 2 (***syn.*** loop) तुकमा

chapeau /शापो/ *n., pl.* **–peaux**/ **-peaus** /शापोस/ शापोज/ *Fr.* टोपी

chapel /चैपल/ *n.* 1 छोटा गिरजा या प्रार्थनागृह 2 किसी भी घर के साथ जुड़ा पूजा-घर 3 इंग्लैंड और वेल्ज में अनौपचारिक पूजा प्रणाली 4 गायक मंडली 5 छपाई घर के मजदूरों का संघ;
collocations: **~ master** संगीत निर्देशक; **~ of ease** दूरवर्ती उपासकों की सुविधा हेतु निर्मित उपासना-स्थल; **~ of rest** जनाजे से पहले शव रखने के लिए शव कक्ष;
father of the ~ छापाखाने (अथवा मुद्रक संघ) का अध्यक्ष; **proprietary** ~ वह गिरजा जो किसी व्यक्ति की निजी संपत्ति है

chaperone (*also* **chaperon**) /शैपअरोन/ *v., pt.* **~d**, *pp* **chaperoning** प्रौढ़ महिला द्वारा युवतियों की संरक्षिका बनकर जा., उनके साथ रहना: your aunt will ~ you;
n., *pl.* **~s** संरक्षिका, दावतों आदि में युवतियों के साथ संरक्षिका के रूप में जाने वाली प्रौढ़ महिला;
dw/lw: **chaperonage** /शैपअरोनिज/ *n.* प्रौढ़ महिला द्वारा दावतों आदि में युवतियों को संरक्षण

chapfallen /चैप्फॉलन/ *adj.* निरुत्साह, उदास, थक कर चूर

chapiter /चैपिटः/ *n., archit.* स्तंभ का शीर्ष

chaplain /चैप्लिन/ *n.* 1 सेना, स्कूल, अस्पताल या जेल का पादरी 2 पुरोहित (of family), कुलगुरु

chaplainc\y /चैप्लंसि/ (*also* **chaplainship**) *n., pl.* **~ies** पुरोहिताई

chaplet /चैप्लिट/ चैप्लअट/ *n.* 1 सिर पर पहनी जाने वाली फूलों की माला या सोने की पट्टी 2 (***syn.*** necklace) हार, पुष्प माला: a ~ of roses 3 सुमिरनी, माला, कंठी

chapman /चैप्मन/ *n., hist. see above under* **chap:** ***dw/lw***

chapped *see above under* **chap:** ***dw/lw***

chaps *short of* **chaparajos**/ **chaparejos** /चैपरेओस/ *n., [pl.]* घोड़े पर बैठने के लिए चरवाहे की टखनों तक आने वाली चमड़े की पैंट

chapter /चैप्टः/ (*abbr.* **chap.**) *n.* 1 अध्याय, प्रकरण: the end of the ~ 2 काल खंड, अवधि: curious ~ in history; university as an exciting ~ in anybody's life 3 शाखा 4 *US* छात्र संघ 5 विषय, संसर्ग 6 धार्मिक सभा के सिद्धांतों की कड़ी 7 क्रम या श्रृंखला: a ~ of accidents;
v., *pt.* **~ed**, *pp* **~ing** 1 अध्यायों में बांटना 2 डांटना, फटकारना;
collocations: **~ house** चर्च, कैथिडरल आदि का सभागार; **~ lands** मठ की भूमि;
p&i: **quote ~ and verse** लेखक द्वारा अपने समर्थन में मूल स्रोत से ज्यों का त्यों उद्धृत किया जाना

char /चाः/ *v., pt.* **~red**, *pp* **~ring** 1 कोयला बनाना या बनना 2 किसी के घर में चौका-बर्तन करने की नौकरी क. 3 जलने से दीवार आदि का काला हो.;
n. 1 चौका-बर्तन 2 दिहाड़ी आदि का काम 3 *sl.* चाय 4 लकड़ी का कोयला 5 साल्मोन परिवार की एक मछली;
dw/lw: **~a** *n.* ताजे पानी में उगने वाले पौधे की एक किस्म; **~-woman**/ **~-lady** /चाःलेडी/ *n.* सफाई/ चौका-बर्तन करने वाली, झाड़दारिन, महरी;
collocations: **~ grill** गोश्त आदि को तेज आग पर भूनना

charabanc /शैरअबैंक/ (*also* **char-à-banc**) *n., dated* सैर-सपाटे और दृश्य-दर्शन के लिए एकमंजली बस

character /कैरअक्टः/ *n.* 1 चरित्रबल, व्यक्तित्व, आचरण, चरित्र, चालचलन: a man of ~; he has no ~ at all; ~ building; a slur/ attack on sb's ~ 2 (***syn.*** nature, distinction) स्वभाव, विशेषता, स्वरूप, लक्षण, गुण: see a thing in its true ~; be out of ~ (with); that is quite in ~ with the man 3 (***syn.*** protagonist) पात्र, चरित्र (of a play or novel etc.): play the ~ of Macbeth; a major/ minor ~ in the novel 4 चरित्र-चित्रण (character portrayal): ~ sketch 5 (***syn.*** personage) महापुरुष, महामानव, विभूति, विशेष व्यक्ति: public ~; he was a great ~ in his day 6 (***syn.*** status) पद, हैसियत, आन-बान, स्वाभिमान, गुण-दोष: he spoke in the ~ of lawyer; under the ~ of ... ; innate **~s**; acquired ~ 7 (***syn.*** eccentric) विलक्षण व्यक्ति, सनकी व्यक्ति: quite a ~; a bit of a ~ 8 *comput.* (***syn.*** symbol) वर्ण, अक्षर, अंक, लिपि आदि के प्रतीक, जो स्क्रीन पर दिखाई पड़ते हैं: a line twenty ~ long 9 कूट अक्षर, चिह्न, कूट संकेत, लिपि, हस्तलेख, लिखावट 10 सिफारिशनामा: the servant came with a good ~; she gives you a bad ~ 11 नाम (reputation), नेकनामी (good name): he has an excellent ~ for honesty; he has gained the ~ of a miser; at the expense of his ~; redeem one's ~ 12 छाप, ठप्पा (distinctive mark): with the ~ of sublimity 13 (***syn.*** sort) प्रकार;
dw/lw: **~-building** *n.* चरित्र-निर्माण; **~ful** *adj.* अति रोचक व असाधारण; **~less** *adj., derog.* 1 व्यक्तित्वविहीन, चरित्रहीन 2 (***syn.*** person) साधारण, लक्षणहीन, विशेषगुणहीन; **~lessness** /कैरअक्टःलेसनेस/ *n.* लक्षणहीनता, चरित्रहीनता **~-roll** *n.* चरित्र-पंजी; **~-training** *n.* चरित्र-प्रशिक्षण;
collocations: **~ actor** चरित्र-अभिनेता; **~ aspect** चारित्रिक पहलू; **~ assassination** चरित्र-हनन; **~ certificate** चरित्र-प्रमाण पत्र; **~ code** *comput.* कंप्यूटर में किसी लिपि के वर्णों के अतिरिक्त अक्षरों या अंकों का बाइनरी कोड; **~ literature** चरित्र-प्रधान साहित्य; **~ part** फिल्म या नाटक में रंगीले या सनकी पात्र (eccentric person) की भूमिका; **~ sketch**/ **~ portrayal** चरित्रांकन, चित्रण; **~ recognition** हस्तलिखित अक्षरों, अंकों, चिह्नों आदि को पढ़ने की कंप्यूटर की क्षमता; **~ witness** चारित्र्य साक्षी; **public** ~ सुपरिचित व्यक्ति, प्रसिद्ध व्यक्ति; **~ rating** *US* कामकाज का आकलन;
p&i: **a house with** ~ अपनी विशिष्ट पहचान वाला घर; **blacken sb's** ~ किसी के चरित्र पर कालिख पोतना; **in** ~ स्वभाव के अनुरूप; **in ~ with sth** किसी की रचना आदि की शैली में; **man of** ~ चरित्रवान व्यक्ति; **out of** ~ स्वभाव के प्रतिकूल; **when ~ is lost, all is lost** सत डिगा जहाज डिगा

characteristic /कैरअक्टअरिस्टिक/ *n.* 1 विशिष्टता, लक्षण, विशेषता: general **~s**; ~ of classification/ of division 2 प्रतीक, चिह्न 3 पूर्णांश (of logarithm): decay ~; operating ~; resonance ~ 4 सैनिक गुण या विशेषता;
adj. 1 विशेषतासूचक, विशिष्ट, स्वभावसूचक: the ~ enthusiasm of youth; it's ~ of him; he answered with ~ courtesy 2 अभिलाक्षणिक, अभिलक्षक: a ~ feature; ~ spectra;
dw/lw: **~al** *adj.* विशिष्ट; **~ally** *adv.* विशेषता या स्वभाव अनुसार

characteri\zation (*also UK* **~sation**) /कैरअक्टअराइजेशन/ *n.* (***syn.*** portrayal) लेखक द्वारा चरित्र-चित्रण के माध्यम से की जाने वाली पात्र विशिष्टता की स्थापना, लक्षण-वर्णन;
dw/lw: **~ze** (*also UK* **~se**) /कैरअक्टअराइज/ *v., pt.* ~zed,

pp ~zing 1 चरित्र के अनुरूप बनाना, के लक्षण रखना 2 चरित्र का चित्रण क.: ~ze sb; ~ze sth 3 विशेषता हो. या बताना: this action ~zes your attitude; a miser is ~zed by greed; the excellent taste which ~zes her writings; mass participation ~zes the present campaign;

characterology /कैरअक्टअरॉलजि/ *n.* चरित्र-विज्ञान, चरित्र-चित्रण अध्ययन

charade /शअराड/ शअरेड/ *n., pl.* **~s** 1 (***syn.*** pretence) ढोंग, पाखंड 2 प्रहेलिका 3 (***syn.*** mime) मूक रूप से हाव-भाव व्यक्त करने की कला 4 मूक रूप से हाव-भाव व्यक्त करने की कला पर आधारित पहेली

charas /चरस/ *n.* चरस, गांजा

charbroil /चाःब्रॉइल/ *v., pt.* **~ed**, *pp* **~ing** गोश्त व अन्य व्यंजनों को कोयलों पर भूनना

charcoal /चाःकोल/ *n.* 1 चारकोल, कठ-कोयला: wood ~ 2 तख्ती पर रेखाएं खींचने के लिए कठ-कोयला की बत्ती 3 (*also* ~ **grey**) काला-भूरा रंग;
v., pt. **~ed**, *pp* **~ing** कठ-कोयला की बत्ती से चित्र बनाना

charge /चाःज/ *n.* 1 कीमत, मूल्य, दाम 2 आरोप, दोषारोप, अभियोग: a ~ of murder; bring/ proffer a ~ against sb; meet the ~ (आरोप खंडित क.); be acquitted of the ~; he was arrested on a ~ of murder; convict on a ~ of sth 3 (***syn.*** cost) शुल्क, खर्चा, भाड़ा, प्रभार: free of ~; no ~ for admission; ~ for admittance; ~ for haulage/ porterage; extra ~; at his own **~(s)**; bill of **~s**; overhead **~s**; **~s** forward; there is a small ~ for registering the deed; port **~s** 4 (***syn.*** task, duty, burden) भार, बोझ: ~ of surety; additional ~ 5 (***syn.*** office) पद भार, कार्यभार: give sb in ~; give sb ~ over sth; I am in ~ of this office; he is in sole ~ of the matter; officer in ~; this office is in my ~; have over-all ~ 6 निगरानी, देख-रेख, देखभाल, रखवाली: the child in nurse's/ grandmother's ~; the police took his ~; be in ~ of sb 7 (***syn.*** responsibility) उत्तरदायित्व: in ~ of repairs 8 (***syn.*** command) आदेश 9 (***syn.*** attack) धावा, ताबड़तोड़ हमला, चढ़ाई: rush to the ~; sound the ~ (युद्ध का बिगुल बजाना) 10 विस्फोटक, बारूद 11 (*also* **electrical** ~) आवेश, चार्ज 12 ऋण का भार या आर्थिक बोझ: floating ~ (छोटी अवधि का सरकारी ऋण) 13 गिरफ्तारी: take in ~;
v., pt. **~d**, *pp* **charging** 1 दोषारोपण क., आरोप लगाना, अभियोग चलाना: ~ sb with a crime/ ~ a crime upon sb; ~ with/ of murder; we ought not to ~ what we cannot prove; the neighbours accused him of murder but he has never been **~d** with it; he **~d** me with neglecting my duty 2 धावा बोलना, टूट पड़ना, चढ़ाई क.: ~ forward; **~d** forward; our soldiers **~d** the enemy; the police **~d** (at) the strikers; the dog **~d** at me 3 शुल्क लेना, दाम मांगना या वसूल क.: ~ a high price; how much do you ~ for mending a pair of shoes? 4 के खर्चे में लिखना, के उधार खाते में लिखना: ~ sth to sb; ~ the breakages to sb; ~ to account; ~ these goods to m 5 कार्यभार सौंपना: he was **~d** with an important mission 6 उत्तरदायित्व दे., की जिम्मेवारी दे.: be **~ed** with sth; he has **~d** me with his son 7 बिजली आदि से ऊर्जित क., भरना (बैटरी आदि) चार्ज क., आवेशित क.: **~d** with electricity 8 लादना, भर दे.: the lorry was **~d** to the full 9 बोझ डालना, भार डालना: ~ one's memory with trifles 10 आदेश दे. 11 अवबोधित क. (a jury) 12 (***syn.*** load) बंदूक, आदि को विस्फोटकों से भरना 13 आदेश दे.: I ~ **y**ou to open the door!; the watchmen were **~d** to remain at their posts 14 अदालत द्वारा गलत काम करने की जिम्मेवारी तय क. 15 हवा आदि का किसी तत्त्व से लबालब भरा हो.: **~d** with steam 16 पानी में गैस मिलाना 17 पुस्तकालय में पुस्तक दे. (issue) 18 निशाना साधना;
dw/lw: **~able** /चाःजिअबल/ *adj.* 1 वसूलने योग्य, से वसूलने के लिए, ग्राह्य: repairs ~able on the owner; ~able assets 2 दोषारोपित करने योग्य: a person ~able with murder 3 उत्तरदायी, प्रभार्य: made ~able by the party; ~able with money 4 के खाते में डालने के लिए: this is ~able to the account of Mr. M.; **~ableness** *n.* दोषी ठहराये जाने लायक; **charge d' affaires** *see below under separate entry*; **~d** *adj.* 1 आरोपित 2 प्रभारित 3 *electr.* आवेशित, तनावपूर्ण: the ~d atmosphere in the room; **~ful** *adj.* कीमती; **~hand** *n.* फोरमैन का सहायक; **~-holder** *n.* भारधारक, उत्तरदायी; **~r** *n.* 1 बैटरी को आवेशित करने (बिजली भरने) वाला उपकरण 2 युद्ध में प्रयुक्त घोड़ा; **~-sheet** *n.* आरोप-पत्र, दोषारोपण दस्तावेज, फर्दजुर्म; **~-sheet** *v., pt.* ~-sheeted, *pp* ~-sheeting दोषारोपित क.;
collocations: **~ capping** स्थानीय प्रशासन द्वारा जनता से वसूल की जाने वाली अधिकतम राशि का सीमा निर्धारण; **~ card** उधार कार्ड, क्रेडिट कार्ड; **~-coupled device**, *comput. electronics* स्मृति इकाई जिसमें विद्युत आवेशित कणों का प्रयोग करके सूचना भंडारित की जाती है; **~ house** विद्यालय, पाठशाला; **~ nurse** *किसी* वार्ड का इंचार्ज पुरुष नर्स;
p&i: **~ against**/ **~ with** के विरुद्ध दोष; **~ around/ into/ through, etc.** इधर-उधर भागते फिरना; **be in ~/ take ~** कार्य भार संभालना, दायित्व ले.; **~ for/ to** 1 कीमत मांगना 2 नाम (खाते में) लिखना; **~ off** 1 खाते से हटाना 2 खर्चे में डालना 3 किसी के नाम कुछ लिखना; **~ oneself with** किसी चीज को अंगीकार क.; किसी चीज का बीड़ा उठाना, अपने जिम्मे ले.; **~ out** देना (issue); **~ sales** उधार पर बिक्री; **~ to/ ~ up to** खाते में (नाम में) लिखना: ~ to capital (पूंजी खाते डालना); **~ with** काम सुपुर्द क.; **~ up** दाम बढ़ाना, दाम मांगना;
at one's own ~ अपनी जिम्मेदारी पर, अपने व्यय पर; **bring a** ~ अभियोग क.; **face a ~ of sth** का आरोप लगा हो.; **free of** ~ मुफ्त; **in ~ of** उत्तरदायी; **lay to sb's** ~ किसी को जिम्मेवार बनाना; **press/ prefer ~s** किसी के विरुद्ध आरोप-पत्र दाखिल क.; **reverse the ~s** *UK* (*US* **call collect**) प्राप्तकर्ता द्वारा अदा की जाने वाली टेलीफोन कॉल क.; **take ~ of** 1 का भार अपने ऊपर ले. 2 प्रभार ग्रहण क., कार्य भार संभालना; **under sb's** ~ किसी के नियंत्रण में

charge d' affaires /शाःजेडैफेअः/ *n.* प्रभारी राजदूत, सहायक-राजदूत

charger /चाःजः/ *n.* 1 *hist.* शूरवीर का बलशाली सैनिक घोड़ा 2 मोबाइल टेलीफोन आदि की बैटरी चार्ज करने का उपकरण 3 चौड़ी तश्तरी

charging /चाःजिंग/ *n.* बैटरी आदि का आवेशन, विद्युत प्रभार;
adj. बैटरी आदि के आवेशन से संबंधित;
collocations: **~ board** आवेशन पटल; **~ current** आवेशन विद्युत धारा; **~ desk** लाइब्रेरी में पुस्तकें देने की मेज; **~ plant** आवेशन यंत्र

chari\ly /चेअरिलि/ *adv.* 1 सावधानी से, ध्यान से 2 किफायत से 3 कृपणतापूर्वक, कंजूसी से;
dw/lw: **~ness** *n.* 1 सावधानी 2 किफायत 3 कृपणता, कंजूसी

chariot /चैरिअट/ *n., hist.* रथ;
v., pt. **~ed**, *pp* **~ing** रथ चलाना, रथ पर बैठना;
dw/lw: **~eer** /चैरिअटिअः/ *n.* सारथी, रथवान
p&i: **be tied to the ~ of sb** किसी का पिछलग्गू हो.

charis /कॅरिस/ *n.* अनुग्रह, कृपा-देवी, वरदान;
dw/lw: **~m** /कैरिज्म/ *n.* वरदान, अनुग्रह

charisma /कअरिज्मा/ *n.* 1 करिश्मा 2 चामत्कारिक आकर्षण शक्ति: sb has a great personal ~ 3 जादुई आकर्षण 4 प्रेरणा-स्रोत;
dw/lw: **~tic** /कैरिज्मैटिक/ *adj.* 1 चामत्कारिक ढंग से आकर्षक

2 जादुई 3 भगवान-प्रेरित, वरदान प्राप्त;
collocations: **~tic movement** *Christ.* एक ऐसा आंदोलन जिसके तहत इंसानों की अंतरात्मा में सक्रिय पवित्र आत्मा (Holy Spirit) व्यक्ति द्वारा किसी के घाव भरने, भविष्यवाणी करने में विशिष्टता आदि में झलकने पर बल देता है

charita\ble /चैरिटे\बल/ *adj.* 1 दान में दिया जाने वाला, खैराती, पुण्यार्थ, धर्मार्थ 2 परोपकारी, दयालु, हितैषी, उदार, दानशील: **~ble** institution; be **~ble** (उदार हो.);
dw/lw: **~bleness** /~बलनिस/ *n.* परोपकारिता, पुण्यार्थता, दयालुता, प्रेममयता, उदारता; **~bly** /~बलि/ *adv.* पुण्यार्थतापूर्वक;
collocations: **~ble endowment** धर्मस्व-निधि, पुण्यार्थ-निधि; **~ble trust** धर्मार्थ-न्यास; **~ble institutions** धर्मार्थ संस्थाएं;
p&i: **~ble man gives out at the door and God puts in at the window** दातार देवे दर पर, दाता देवे अंदर; **~ble man is the true lover of God** परोपकारः परमोधर्मः

charity /चैरिटि/ *n., pl.* **charities** 1 दयालुता, उदारता 2 (***syn.*** benevolence) प्रेम, हितैषिता, सद्भाव: with ~ for all 3 (***syn.*** benefaction) दान, खैरात, परोपकार: he left his money to **charities**; be/ live in ~; be/ live out of ~ 4 (***syn.*** charitableness) दानशीलता 5 धर्मार्थ संस्थान, परोपकारी संगठन: Brother/ sister of **Charity**;
collocations: **~ school** धर्मार्थ पाठशाला, दान-विद्यालय; **~ shop** *UK* (*US* **thrift shop**) परोपकारी दुकान, दातव्य संगठन; **~ show** सहायतार्थ प्रदर्शन या मनोरंजन कार्यक्रम;
Brother, **Sister, of ~** धार्मिक दान सहायक समिति का सदस्य या सदस्या; **faith, hope and ~** आस्था, आशा एवं प्रेम; **fraternal ~** भ्रातृप्रेम, भाईचारा; **universal ~** विश्व प्रेम;
p&i: **~ begins at home** पहले आत्मा फिर परमात्मा, घर में दिया तो मस्जिद में दिया, अपने उदाहरण से प्रेरित क.; **~ covers a multitude of sins** दान से अनेक पाप धुल जाते हैं;
be/ live in ~ प्रेम व भ्रातृभाव से जीना; **be/ live out of ~** किसी का बुरा न चाहना; **out of ~** दया भाव से

charivari /शारिवारि/ *n., Fr.* शोरगुल, गुलगपाड़ा, भद्दा संगीत

charlady *see above under* **char:** ***dw/lw***

charlatan /शाःलअ\टन/ *n.* 1 नीम हकीम, कठबैद, कूट चिकित्सक 2 नकली व्यक्ति, ठग, धूर्त, कपटी, मक्कार व्यक्ति, बहरूपिया;
dw/lw: **~nic/ ~nical** /~निक/ ~निकलि/ *adj.* धूर्त, कपटी, नकली चिकित्सकीय; **~nism** /~निज्म/ = **~nry** /~नरि/ *n.* कपट, मक्कारी, ठगी, वंचना, झूठा उपचार, छद्म प्रपंच

Charles's law *n., phys.* एक सिद्धांत जिसके तहत यदि दबाव स्थिर रहे तो गैस की किसी निश्चित मात्रा का घनत्व तापमान के सीधे अनुपात में होता है

Charleston /चाःलस्टन/ *n.* 1920 के दशक में प्रचलित एक नृत्य

charles's wain *n.* सप्तर्षि मंडल

charley /चाःलि/ *n., folklore* 1 लोमड़ी का मजाकिया नाम 2 रात का चौकीदार 3 बकरी जैसी तिकोनी दाढ़ी;
collocations: **~ horse** मांस पेशियों की अकड़न या खिंचाव, ऐंठन;
p&i: **a proper Charley** निरा मूर्ख

charlie /चाःलि/ *n., pl.* **~s** *Br. colloq.* 1 एक मूर्ख व्यक्ति: a right ~ 2 (**Charlie**) नाटो (NATO) के संदेशों में इस शब्द को अक्षर '**C**' के लिए प्रयोग करते हैं 3 *sl.* स्तन;
collocations: **~ pitcher** *sl.* हाथ की सफाई दिखाने वाला, बाजीगर;
p&i: **good time Charlie** आवारा, लफंगा, लटपट; **turn ~** डर जा.

charlock /चाःलक/ *n.* एक प्रकार की जंगली सरसों

charlotte /शाःलअट/ *n.* एक मिठाई

charm /चाःम/ *n., pl.* **~s** 1 आकर्षण, लावण्य, मनमोहकता, सौम्यता: her ~ of manner; ~ of style; displaying all her **~s** 2 सौजन्य 3 (***syn.*** amulet) ताबीज: a lucky ~ 4 (***syn.*** spell) जादू: act like a ~; be under a ~ 5 (***syn.*** incantation) मंत्र 6 (***syn.*** rituals) तंत्र-मंत्र;
v., pt. **~ed**, *pp* **~ing** 1 आकृष्ट क., मोहित क., मुग्ध क.: she **~ed** everybody 2 जादू डालना: the witch **~ed** the princess and she fell asleep 3 (*usually* **~ sb into/ out of sth**) किसी को अपने व्यक्तित्व के जादू के बल पर जाल में फंसाना या किसी कठिन स्थिति से निकालना;
dw/lw: **~ed** *adj.* 1 अति प्रसन्न: I'll be ~ed to meet your family 2 मंत्राभिरक्षित, भाग्यशाली, जादू से रक्षित: a ~ed life; **~er** *n., colloq.* 1 जादूगर, मनमोहक 2 संपेरा: a snake-~er; **~ful** *adj.* जादुई प्रभाव वाला; **~ing, ~less** *see below under separate entry;*
collocations: **~ed circle** प्रभावशाली लोगों का समूह; **~ offensive** अपना काम निकलवाने के लिए नेता आदि द्वारा किया जाने वाला अत्यधिक विनम्र या उदार होने का नाटक; **~ school** सौम्यता स्कूल यानी आचार-व्यवहार व शिष्टता पाठशाला;
a ~ing manner मनमोहक अंदाज या शैली;
p&i: **~ away** जादू से भगाना: she ~ed away his sorrow; **~ out** चालाकी या चापलूसी से भेद ले.; **~ sth out of sb** चालाकी से किसी से कुछ भेद आदि निकलवाना;
bear/ lead a ~ed life खतरे से बाल-बाल बच जा., मंत्राभिरक्षित जीवन जीना; **like a ~** जादू की तरह; **work like a ~** जादुई छड़ी की तरह चामत्कारिक कार्य क.

charmeuse /शारमूज/ शारमूज, एक प्रकार का वस्त्र

charming /चाःमिंग/ *adj.* 1 मनमोहक, चारु, आकर्षक: ~ girl; ~ smile; what a ~ idea! 2 सम्मोहक, जादूगर, वश में करने वाला;
dw/lw: **~ingly** *adv.* मनमोहक अंदाज में;
p&i: **that would be ~ of you** यह आप की तरफ से बहुत अच्छी बात होगी

charmless /चाःमलेस/ *adj.* अनाकर्षक, असुंदर, कुरूप, भद्दा;
dw/lw: **~lessly** *adv.* भद्दे तरीके से

charnel /चाःनल/ *n.* 1 कब्रिस्तान 2 = **charnel house**;
adj. 1 कब्रिस्तानी 2 कब्रिस्तान जैसा, मुर्दे जैसा;
collocations: **~ house** *hist.* अस्थि-गृह, ऐसा भवन जहां शव या हड्डियां रखी जाती हैं, मुर्दा-घर

charred /चाःड/ *adj.* जो जलकर काला हो गया हो

charpoy /चारपॉय/ *n., Ind* चारपाई

chart /चाःट/ *n., pl.* **~s** 1 मानचित्र, नक्शा 2 (***syn.*** graph, table) लेखा, चार्ट, सारणी, तालिका के रूप में प्रस्तुत सूचना: comprehensive (weather, wall, star) ~; barometric ~; calculating/ calculation ~; temperature ~; ~ of the patient 3 समुद्री या हवाई नक्शा: Admiralty ~ = naval ~; Marine Survey ~; aviation ~ 4 (**the ~s**) *colloq.* सर्वप्रिय संगीत (pop music) के रिकार्डों की साप्ताहिक बिक्री की तालिका: top the ~;
v., pt. **~ed**, *pp* **~ing** 1 सूचनाएं दर्ज करके सूची बनाना, चार्ट या तालिका के रूप में सूचना प्रस्तुत क.: ~ the history of independence movement 2 मानचित्र/ नक्शा/ चार्ट बनाना: Cook **~ed** the coast of New Zealand in 1768 3 भावी कार्य की रूपरेखा बनाना;
dw/lw: **~ography** /चाःटअग्रफि/ *n.* मानचित्र कला, मानचित्रकारी, नक्शानवीसी;
collocations: **~ buster** सर्वाधिक बिकनेवाला; **~ed position** नक्शे में दिया हुआ स्थान; **the ~s** गीत-सूची आदि

charter /चाःटः/ *n.* 1 (***syn.*** declaration) शासक द्वारा जारी किया जाने वाला जन-अधिकार घोषणा-पत्र, शासन-पत्र: ~ of pardon 2 (***syn.*** constitution) किसी संगठन का नियम एवं सिद्धांत पत्र: ~/ founder member 3 स्वायत्त नगर, कस्बा आदि बनाने का घोषणा-पत्र 4 अधिकार-पत्र, विशेष अधिकार सनद 5 (***syn.*** deed of hire) विमान व समुद्री जहाजों आदि को भाड़े पर लेने के बारे में समझौता-

पत्र, भाटक-पत्र: time ~; trip/ voyage ~; ~ freight;
***v.**, pt.* **~ed**, *pp* **~ing** 1 भाड़े या भाटक पर ले.: the vessel was **~ed** to Mr. J.; the vessel was **~ed** by Mr. J. 2 अधिकार-पत्र दे.;
adj. भाड़े पर लिया हुआ: a ~ flight/ company/ bus, etc. (भाड़े पर ली हुई विशेष उड़ान/ कंपनी/ बस आदि);
dw/lw: **~ed** /चाःटःड/ *adj.* 1 *UK* व्यावसायिक योग्यता से लैस 2 शासनपत्रित, अधिकृत, सनद प्राप्त: ~ed accountant (अधिकृत या सनदी लेखापाल) 3 भाड़े पर किया हुआ: ~ed bus etc.; a ~ed plane/ a ~ed flight; ~ed company; **~er** /चाःटरः/ *n.* 1 सनद प्राप्त, अधिकार-पत्रित 2 यानों व गाड़ियों को भाड़े पर लेने वाला; **~ing** /चाःटरिंग/ *n.* जहाज को भाड़े पर लिए जाने की क्रिया;
collocations: ~ **house** 1 मठ तथा उसके साथ लगा हुआ विद्यालय तथा चिकित्सालय 2 गरीबों को भिक्षा देने का स्थान; ~ **member** चार्टर (संगठन) का मौलिक सदस्य (founder member); ~ **of demands** मांग पत्र; ~ **party** जहाज का व्यापार के लिए अस्थायी पट्टा, जहाज को किराये पर लेने का करार, नौभाटिक संविदा

charting /चाःटिंग/ *n.* 1 नक्शे में अंकित करने की क्रिया 2 यात्रा का मार्ग तय करने की क्रिया

Chartism /चाःटिज्म/ *n., Br. hist.*, एक राजनीतिक आंदोलन जो मजदूरों को सत्ता सौंपने का पक्षधर था

chartreuse /शाःट्रज/ *n., Fr.* सुगंधित जड़ी-बूटियों व ब्रांडी से बनी पीली-हरी लिकर (liqueur)

charwoman *see above under* **char:** ***dw/lw***

cha\ry /चेअरि/ *adj., degr.* **~rier**, **~riest** (*usually* **~ry of sth**) 1 अनिच्छुक: be **~ry** of giving offence; **~ry** of lending money 2 (***syn.*** wary) संकोची, भीरु: **~ry** of strangers 3 सावधान, सतर्क: **~ry** of catching cold 4 (***syn.*** sparing) मितव्ययी, कृपण, कंजूस-कमीना: **~ry** of (giving) praise (प्रशंसा करने में कंजूस): **~ry** of hospitality;
dw/lw: **~rily** *adv.* चौकन्ना होकर, सावधानीपूर्वक, कंजूसी से; **~riness** *n.* 1 सतर्कता 2 संकोच, भीरुता 3 मितव्ययिता, कृपणता

Charybdis /करीब्डिस/ *n., Gr. myth.* भंवर (a whirlpool);
p&i: **between Scylla and Charybdis = between the devil and the deep blue sea** उधर कुआं, इधर खाई

chase /चेज\/ *v., pt.* **~d**, *pp* **chasing** 1 (*often* **~ after sb**) पीछा क.: the boy **~d** after the butterfly; the police **~d** the criminal; they **~d** him in a car 2 पीछे पड़ना, किसी मुश्किल चीज को पाने का प्रयास क.: too many applicants **chasing** too few jobs (एक अनार सौ बीमार); ~ riches 3 शिकार क.: ~ the boar 4 (*often* **~ sb away/ off**) खदेड़ना, बाहर निकाल दे.: he was **~d** out of the country; ~ fears from one's mind 5 धातु पर नक्काशी/ उत्कीर्ण क. (engrave/ emboss) 6 (***syn.*** groove) खांचा (नाली) बनाना 7 (***syn.*** rush, hurry) जल्दी क., दौड़ना, भागना: they **~d** each other merrily; I **~d** after him 8 किसी मामले की जी-जान से तहकीकात क.: ~ the university about the missing result; I **~d** around town looking for you 9 यंत्र को चलाकर परखना 10 यौन तुष्टि के लिए सीधे-सीधे पीछे पड़ना;
n. 1 पीछा करने की क्रिया: give ~ to sb; in ~ of 2 कुछ प्राप्त करने के लिए तीव्र प्रयास 3 (**the** ~) शिकार, आखेट 4 एक खुला बड़ा मैदान जहां पर शुरू में शिकार करने के लिए जंगली जानवर रखे जाते हैं 5 (***syn.*** frame) *hist.* छपाई में जमाई हुई टाइप को थामे रखने के लिए ढांचा 6 (***syn.*** groove) खांचा;
dw/lw: **~r** /चेजः/ *n.* 1 पीछा करने वाला 2 (***syn.*** engraver) नक्काशी करने वाला, नक्काश, नक्शतराश 3 शिकारी 4 (***syn.*** tool) चूड़ीकाट 5 हल्के पेय के बाद तेज पेय का प्याला; **~ing** *n.* 1 उत्कीर्ण 2 पीछा करने या पकड़ने की क्रिया 3 शिकार;
p&i: **~ away** बाहर निकालना या खदेड़ना; **~ back** खदेड़कर वापस अंदर ला.; **~d on the memory** स्मृति में अंकित; **~ forth = ~ away**; **~ one's own tail** आगे दौड़ पीछे चौड़; **~ sb/ sth away/ off/ out, etc.** किसी को खदेड़ दे., भगा दे.; **~ sb up** कुछ करवाने के लिए किसी से बात क.; **~ sth down** आवश्यक चीज को ढूंढना, बुरी बात को याद क.; **~ sth up** ढूंढना, किसी मामले के बारे में पूछताछ क. या उसके बारे में सूचना पाने का प्रयास क.; **~ the dragon** *drug-taking sl.* हेरोइन (गांजा या चरस आदि) का कश भरना या लेना;
and ambulance ~r मुसीबत के मारे लोगों पर अपनी जबरदस्ती सेवाएं थोपने वाला; **cut to the** ~ व्यर्थ समय बरबाद न करते हुए मुद्दे पर आना; **give** ~ किसी के साथ के बराबर होने के लिए दौड़ कर पीछे जा.; **go ~ yourself** *US* दफा हो जाओ!; **wild goose** ~ बेकार की मेहनत, निरर्थक प्रयास

chasm /कैज्म/ *n.* 1 जमीन, फर्श, छत गुफा आदि में गहरी दरार: volcanic **~s** 2 (***syn.*** fissure) गहरी खाई, दरार: ~ between A and B 3 गहरे मतभेद 4 अंतराल, खालीपन: ~ of seven centuries; the ~ his departure has left;
dw/lw: **~al** /कैज्मअल/ *adj.* गहरा, बेतल; **~y** /कैज्मि/ *adj.* = **~al** दरारों वाला, बेतल;
p&i: **the bloody** ~ खूनी दुश्मनी

chasmogamy /कैज्मौगमि/ *US* कैज्माःगमि/ *n.* उन्मीलित-अवस्था या पूरे खिले फूल में परागण

chassé /शैसे/ *n., pl.* **~s** बॉलरूम नृत्य में एक फिसलता हुआ कदम;
***v.**, pt.* **~d**, *pp* **chasséing** फिसलते-से कदम से नाचना

chasseur /शैसः/ *n., Fr.* 1 *cookery* खुमी और श्वेत मदिरा की सॉस 2 शिकारी, तीरंदाज 3 चपरासी

chassis /शैसि/ चैसि/ *n. pl.* **chassis** /शैसिज/ चैसिज/ *Fr.* 1 ढांचा जिस पर कार बनी होती है, न्याधार (मोटर गाड़ी का नीचे का ढांचा) 2 रेडियो, टीवी आदि का ढांचा 3 चौकी, चौखटा 4 (***syn.*** landing gear) विमान को नीचे उतारने के लिए गियर

chaste /चेस्ट/ *adj.* 1 भोलीभाली, कमसिन: ~ eyes 2 पवित्र, पावन 3 कुमारी, अक्षतयोनि 4 पतिव्रता: ~ wife 5 शुद्ध, विशुद्ध: ~ taste 6 (***syn.*** behaviour) संयत, अच्छा: ~ deportment 7 प्रांजल, अनलंकृत (clothes, jewellery) 8 (शैली या भाषा) सरल: ~ style;
dw/lw: **~ly** *adv.* संयम से; **~ness/ chastity** *n.* पवित्रता, शुद्धता, संयम, प्रांजलता, सरलता, शुद्धता

chasten /चेसन/ *v., pt.* **~ed**, *pp* **~ing** 1 परिष्कृत क., शुद्ध क.: time has **~ed** him 2 डांट-फटकारकर अनुशासित क., संयत क. 3 दंड दे. 4 पश्चाताप क.;
dw/lw: **~ed** *adj.* शुद्ध किया हुआ, नम्र, शांत; **~er** /चेसनः/ *n.* दंड देने वाला; **~ing** /चेस्निंग/ *adj.* परिष्कृत करने वाला; **~ing** *n.* परिष्कृत करने की क्रिया

chasti\se/ ~ze /चैस्टाइ\ज/ *v., pt.* **~sed**, *pp* **~sing** 1 आलोचना क. 2 प्रताड़ित क. 3 (***syn.*** beat) दंड के रूप में अच्छी-खासी पिटाई क.;
dw/lw: **~seable** /~जिअबल/ *adj.* दंड देने योग्य, सुधारने योग्य; **~sement** /~जमंट/ *n.* 1 कठोर दंड, कड़ी सजा 2 प्रताड़ना 3 पिटाई; **~ser** /~जः/ *n.* दंडाधिकारी; ताड़क; दंड देने वाला;
p&i: **~ sb with scorpions/ whips** किसी को यातना देकर सुधारना

chastity /चैस्टिटि/ *n.* 1 कौमार्य, चारित्रिक विशुद्धता, शील, शुचिता: a vow of ~; ~ of renown (निष्कलंकता) 2 अक्षतयोनि अवस्था 3 सतीत्व 4 सादगी व सीधा-सादापन: ~ of dress; ~ of style;
collocations: **vow of** ~ शुद्धता (या ब्रह्मचर्य) का व्रत; **~ belt** प्राचीन काल में पत्नियों की शुचिता बचाए रखने के लिए युद्धरत पतियों (crusaders) द्वारा पत्नियों को सतीत्व पेटी बांधे जाने की प्रथा

chasuble /चैजुबल/ *n., Christ.* पादरी का बिना बांह का लबादा

CHAT *abbr.* 'Checklist for Autism in Toddlers' की प्रथमाक्षरी

chat /चैट/ *v., pt.* **~ted**, *pp* **~ting** गप-शप लगाना, बातचीत

(क.);

n. गप-शप: have a ~; had a long ~ with sb;

dw/lw: **~tiness** /चैटिनेस/ *n.* बातूनीपन, गप्पीपन; **~ty** /चैटी/ *adj., degr.* ~tier, ~tiest *colloq.* बातूनी, लगातार बक-बक करने वाला, बिना रुके गप्पें हांकने वाला; **~tily** *adv.* गप-शप लगाते हुए;

collocations: **~ room** इंटरनेट के माध्यम से बातचीत करने का स्थान; **~ show** *UK* (*US* **talk show**) *n.* टेलीविजन या रेडियो प्रोग्राम जिसमें भाग लेने वालों से उनके बारे में प्रश्न किए जाते हैं;

p&i: **~ sb up** किसी को यौन-संबंध बनाने हेतु फुसलाना;

a fireside ~ राष्ट्रपति या प्रधानमंत्री की टेलीविज़न और रेडियो पत्रकारों के साथ गुफ्तगू

chatbot /चैटबौट/ *US* चैटबाःट/ *n.* मानव उपभोक्ताओं के साथ छद्म संवाद पैदा करने (simulate conversation) के लिए बनाया जाने वाला कंप्यूटर प्रोग्राम

château /शैटो/ *n. pl.* **~x** /शैटोज/ *Fr.* 1 फ्रांसीसी दुर्ग, गढ़ी 2 दुर्ग के गिर्द अंगूरों का बगीचा

Chateaubriand /शैटोब्रिऑं/ *n., Fr.* भुने बीफ का चपटा टुकड़ा

châtelaine /शैटअलेन/ *n., hist.* 1 दुर्ग स्वामिनी 2 करधनी, तगड़ी, स्त्री की पेटी में घड़ी, चाबियां टांगने की जंजीर

chattel /चैटल/ *n.* (घर, जमीन आदि से भिन्न) ऐसी वस्तु जो चल संपत्ति के रूप में हो जैसे टूम (गहने), धन-राशि, रकम: personal **~s**/ **~s** personal;

collocations: **~ mortgage** व्यक्तिगत चल संपत्ति को रहन रखकर लिया जाने वाला ऋण; **~s real** अचल संपत्ति; **~ slavery system** दास प्रथा;

p&i: **goods and ~s** व्यक्तिगत चल-संपत्ति, जंगम-संपत्ति (personal moveable possessions)

chatter /चैटः/ *v., pt.* **~ed**, *pp* **~ing** 1 बकबक क. 2 बंदर आदि द्वारा शोर किया जा., खर-खर क. 3 दांत बजना या दांत कटकटाना;

n. 1 बकबक, बकवाद 2 बड़बड़ाहट 3 खरखराहट, गड़गड़ाहट;

dw/lw: **~box** *n., derog.* 1 बातूनी 2 बकबकिया, बकवादी, गप्पी; **~er** *n.* बकबक करने वाला;

collocations:**~ing classes** *informal, derog.* समाज और देश आदि के बारे खोखली बातें करने वाला वर्ग, टर्रटर्राते 'मेंढक'; **~ing of teeth** ठंड से दांतों के किट-किटाने की आवाज;

p&i: **~ like a magpie** भेद उगल दे.;

someone ~ed किसी ने गलती से बक दिया, भेद खोल दिया; **who ~s to you will ~ of you** जो दूसरों की चुगली आप से करता है, वह आपकी भी चुगली दूसरों से करेगा

chattiness *see above under* **chat: *dw/lw***

chauffer /चॉफः/ *n., Fr.* आतिशदान, चूल्हा, अंगीठी

chauffeur /शोफः/ *n.* , *Fr.* ड्राइवर, वाहक, गाड़ी-चालक;

***v.*,** *pt.* **~ed**, *pp* **~ing** गाड़ी चलाना

chauffeuse /शोफज/ *n.* , *Fr.* महिला ड्राइवर, गाड़ी-चालिका

chaussee /शोस/ शुसे/ *n., Fr.* (***syn.*** highway) दो बड़े शहरों के बीच राजमार्ग

chaussure /शोसूर/ *n., Fr.* जूता

chauvini\sm /शोविनि\ज्म/ *n., derog.* 1 अंध राष्ट्रवाद, उग्र राष्ट्रीयता 2 देश, लिंग, धर्म, जाति आदि को लेकर घोर अतिवाद या दुराग्रह;

dw/lw: **~st** /~स्ट/ *n.* 1 घोर राष्ट्रवादी, अपने देश व जाति को सर्वश्रेष्ठ और दूसरों को हेय समझने वाला 2 (*also* **male ~st**) औरतों को दुर्बल या अबला होने में विश्वास करने वाला पुरुष, पुरुषवादी, घोर महिला विरोधी; **~stic** /~स्टिक/ *adj.* अति पुरुषवादी; **~stically** *adv.* अति पुरुषवादी तरीके या नजरिये से

p&i: **male ~st pig** प्रचंड महिला विरोधी सूअर

chav /चैव/ *n. UK* घटिया कपड़े व गहने पहनकर कीमती पोशाक व गहने पहनने का दिखावा करने वाला मंदबुद्धि व्यक्ति

chaw /चॉ/ *n.* चपर-चपर, चबड़-चबड़;

***v.*,** *pt.* **~ed**, *pp* **~ing** चबड़-चबड़ की आवाज करते हुए खाना;

dw/lw: **~-bacon** *n.* गंवारपना

p&i: **~ up** टुकड़े-टुकड़े कर दे.

ChB *abbr.* 'Chirurgiae Baccalaureus', *Lat.*' की प्रथमाक्षरी (Bachelor of surgery शल्य-चिकित्सा का स्नातक)

CHD *abbr.* 'congenital heart disease' की प्रथमाक्षरी

cheap /चीप/ *adj.* 1 (***syn.*** inexpensive) सस्ता या सस्ती, कम मूल्य का: **~er** edition; buy/ sell ~ 2 गुणवत्ता के नजरिये से कम दाम का/ की: ~ trip 3 दाम में कम और गुणों में घटिया: ~ jewellery; ~ finery 4 बेकार, निकम्मा, अश्लील 5 सुलभ (easily got): ~ victory; ~ money (ill-got money) 6 *US* कमीना, कंजूस: ~ and nasty; ~ trick 7 तुच्छ, साधारण: war makes human life seem ~; ~ politics;

adv. *colloq.* सस्ते में: good cars don't come ~;

dw/lw: **~en** /चीपन/ *v., pt.* ~ened, *pp* ~ening 1 सस्ता हो. या क., दाम घटाना: ~en production 2 (*syn.* degrade) अपने को गिराना, नैतिक पतन हो. 3 किसी चीज की अहमियत घटाना: ~en human life; **~ish** *adj.* सस्ता-सा, तुच्छ; **~ly** *adv.* सस्ते में; **~ness** *n.* सस्तापन, घटियापन; **~o** *adj.* सस्ता और घटिया;

collocations: **~ Jack** 1 फेरीवाला 2 घटिया, रद्दी; **~ money policy** कम ब्याज पर उधार देने की नीति; **~ skate** *US sl.* कंजूस आदमी; **~ trip** रेल आदि में कम किराये पर यात्रा करने की सुविधा; **~ tripper** सस्ती यात्रा करने वाला;

p&i: **~ and nasty** सस्ता और घटिया;

be going ~ *UK* दाम घटना; **come/ get off ~** सस्ते में छूट जा.; **dirt ~** कौड़ियों के भाव, मिट्टी के मोल, बहुत सस्ता; **feel ~** हतप्रभ होना, शर्मिंदा होना, लज्जित होना; **hold sth ~** कौड़ी के दाम न गिनना, तुच्छ या हीन समझना; **make oneself ~** घटिया व्यवहार क.; **not come ~** सस्ता न हो.; **on the ~** बहुत सस्ते में; **the ~ buyer takes bad meat** सस्ता रोए बार-बार महंगा रोए एक बार

cheat /चीट/ *v., pt.* **~ed**, *pp* **~ing** 1 धोखाधड़ी क., ठगना, बेईमानी क.: ~ at examinations 2 (*usually* **~ sb of/ out of sth**) छल क., किसी को किसी चीज से धोखे से वंचित क.: ~ sb out of his money 3 बहकाना, फुसलाना 4 फायदा उठाने के लिए बेईमानी से काम ले.: ~ at cards 5 किसी अप्रिय बात या दुर्घटना से (मृत्यु आदि) से बाल-बाल बचना: ~ the gallows; ~ time 6 अपने पति, पत्नी, प्रेमी या प्रेमिका से बेवफाई क.: ~ on sb;

n. 1 (*also* **~er**) ठग, धोखेबाज 2 धोखा, छल, कपट 3 *comput.* बिना खेले अगले गेम तक पहुंच जाने की चाल, गुप्त तरीके से बाजी जीतने की तरकीब;

dw/lw: **~ee** /चीटि/ *n.* ठगी का शिकार; **~er** *n.* दगाबाज, धोखा देने वाला, ठग; **~er** /चीटः/ *n.* 1 खरीदा हुआ मतदाता; **~ers** /चीटःज/ *n.* ऐनक, चश्मा; **~ery** *n.* प्रवंचकता, छल-कपट; **~ing** कपट, धोखा; **wind-~er** *n.* हवा रोकने वाला जैकेट आदि

collocations: **~ing cock** ठग, धोखेबाज; **~ sheet** परीक्षा में नकल करने की पर्ची;

p&i: **~ death** मृत्यु आदि से बाल-बाल बचना; **~ing the devil** चोरी का माल कुछ धर्मखाते बाकी हलाल; **~ on sb** *colloq.* यौन संबंधों में बेवफाई क.; **~ sb out of sth** धोखे से किसी चीज से वंचित क.; **~ the eye** नजर को धोखा दे.; **~ the journey** यात्रा के उबाऊपन को काटना

check /चेक/ *v., pt.* **~ed**, *pp* **~ing** 1 (***syn.*** examine, inspect) जांचना, जांच-पड़ताल क.: ~ if the door is locked; ~ figures; ~ by sight; ~ for errors; ~ an instrument 2 सत्यापन क. 3 पता लगाना 4 (***syn.*** examine) मिलाना, मिलान क.: ~ against sth 5 थामना, रोकना: ~ the advance of the enemy; ~ the growth 6 काबू में रखना, रोकना.: ~ oneself; he **~ed** himself just as he was about to blurt out his indignation; **~ed** himself from losing his cool 7 नियंत्रित क.: ~ extravagant spending; ~ anger/ love/ laugh; he **~ed** his impetuous son; ~ one's speed 8 *US* (*UK* **tick**) उत्तर-पत्रिका (answer script) को जांचकर अंक दे. 9 *US* किसी के भरोसे सामान छोड़ना 10 (*syn.* checkmate) शह-मात दे., (*syn.* frustrate) हराना, हमलों को टाल जा. 11 किश्त दे. 12 मेल खाना 13 सामान आदि को भंडार-गृह आदि में दे.: **~ed** all your luggage?;

n. 1 परीक्षण, जांच, जांच-पड़ताल 2 निरीक्षण, परख: accuracy ~; loyalty ~ 3 नंबर का मिलान: a ~ for a suit-case 4 *US spell.*, '**cheque**' की अमेरिकी वर्तनी, बैंक का चैक 5 *US* (*UK* **bill**) रेस्त्रां का बिल 6 *US* (*UK* **tick**) उत्तर-पत्रिका की जांच के फलस्वरूप दिए गए अंक 7 डिजाइन, चारखाना (cloth pattern): cotton with a purple check 8 रोक, रोध, अवरोध, निरोध, अटकाव, रुकावट: serve as a ~; wind acts as a ~ on speed 9 नियंत्रण: keep in ~; keep your emotions in ~; keep a ~ on your tongue 10 (*syn.* flaw) खराबी, दोष 11 निशान, दरार (timber) 12 स्तर, मानक, मानदंड, मापदंड, कसौटी 13 मात: double ~; perpetual ~;

adj. 1 नियंत्रक: ~ cage 2 जांच-परख संबंधी: ~ analysis; ~ experiment; ~ station; ~ sample/specimen; ~ test 3 चारखानेदार: ~ handkerchief; ~ system of irrigation 4 रोक, थाम: ~ dam; ~ valve;

dw/lw: **~-book** *n.*, *US spell.*, '**cheque-book**' की अमेरिकी वर्तनी, बैंक की चैक बुक; **~box** *n.* टिक चिह्न '√' लगाने का खाना; **~dam** *n.* रोक बांध; **~ed** *adj.* 1 चैक, खानेदार (कमीज), चारखानेदार 2 अवरुद्ध 3 नियंत्रित 4 जांचा हुआ; **~er** *n.* 1 जांचकर्ता, पड़ताली: ~er's count 2 सामान-घर का कर्मचारी 3 कंप्यूटर में वर्तनी परखने वाला प्रोग्राम (spell-checker); **~erboard** *n.* = **~ers** /चेकःज/ *US* (*UK* draughts) *n.* शतरंज की बिसात या फलक; **~ered** *adj.* = chequered 1 अच्छा-बुरा भूतकाल वाला 2 खानेदार (कपड़ा); **~-in** *n.* हवाई अड्डे पर यात्रा करने के लिए टिकट दिखाकर व सामान आदि तुलवाकर बोर्डिंग पास की प्राप्ति; **~ing** *n.* जांच-पड़ताल की क्रिया; **~list** *n.* जांच-सूची, चिह्नांकन-सूची; **~mate** *n.* 1 शहमात, मात, शह, हार, पराजय: ~mate sb's ingenuity (किसी की चालाकी को दी जाने वाली मात) 2 किश्त; **~mate** *v., pt.* ~mated, *pp* ~mating मात दे., हरा दे.; **~out** *n.* 1 (*also US* ~-out counter *or* ~out desk) बड़ी दुकान में सामान आदि खरीदने के बाद बाहर जाने से पहले भुगतान पटल: ~out clerk 2 सामान खरीदने के लिए ऑर्डर देने का इंटरनेट पता; **~-pass** *n.* बरखास्तगी पत्र; **~point/ ~post** *n.* वाहनों आदि की निरीक्षण चौकी, जांच नाका; **~-rein** *n.* रोक लगाम, घोड़े की कसी लगाम या बाग जिससे वह सिर नीचा न कर सके; **~-roll** *n.* नाम-सूची; **~-room** *n.* सामान घर: ~room attendant; **~sum** *n. comput.* अंकित आंकड़ों (digital data) का कुल जोड़; **~-up** *n.* डॉक्टरी जांच, जांच, निरीक्षण, परीक्षण: enter a hospital for a ~up; **~-weigher** *n.* कोयला तोलने वाला;

collocations: **~ action** चैक से रोकना (पियानो); **~ in** 1 हवाई यात्रा में टिकट दिखाकर लिया जाने वाला बोर्डिंग पास (boarding pass) 2 होटल-काउंटर पर नाम दर्ज करवाकर कमरा लेने की क्रिया; **~ing account** = *Cont. Europe* **chequing account** = **current account** चालू खाता; **~ nut** ढिबरी का कसाव, दोहरी ढिबरी; **~ point** वाहन जांच चौकी; **~ string** गाड़ी चालक को रोकने का संकेत देने की जंजीर या रस्सी; **~ through** पूरी तरह जांच क.;

p&i: **~ back** दोबारा जांच-परख क.; **~ in at** 1 होटल में आकर कमरा लेना 2 हवाई यात्रा में टिकट दिखाकर बोर्डिंग पास आदि लेना; **~ into** होटल में कमरा लेना या अस्पताल में भरती हो.; **~ off** टिक मार्क लगाना (√); **~ (up) on sb/ sth** किसी की आगे-पीछे की पड़ताल क.; **~ out** 1 होटल आदि छोड़ना 2 होटल के बिल का भुगतान क. 3 सारी खरीदारी का मूल्य जोड़कर चेक दे. 4 संबंध खत्म क. 5 मर जा. 6 जांच-पड़ताल के बाद सही पाया जा.; **~ out of** होटल का कमरा छोड़ना; **~ out sb/ sth** = **~ sb/ sth out** *esp. N Amer. colloq.* 1 निरीक्षण क., जांच-पड़ताल क. अच्छी तरह देखना 2 किसी आकर्षक चीज को जांचना-परखना; **~ over/ through sth** किसी चीज को ठोक बजाकर परखना; **~s and balances** 1 किसी संगठन में संतुलन बनाए रखने के लिए आंतरिक नियंत्रण 2 सरकारी तंत्र में अलग-अलग वर्गों का एक-दूसरे पर नियंत्रण का तारतम्य; **~ sb in** 1 होटल में स्वागत पटल पर कमरा दे. 2 हवाई अड्डे पर यात्री को बोर्डिंग पास दे.; **~ sth off** *US* (*UK* **tick sth off**) परखकर टिक (√) चिह्न लगाना; **~ sth out** 1 जांच/ निरीक्षण/ मुआयना करने पर ठीक पाया जा. 2 मौके पर जाकर देख ले. 3 *US* लाइब्रेरी से किताबें ले.; **~ up** जांच-पड़ताल क.; **~ up on sb** किसी के आचार-व्यवहार पर नजर रखना; **~ up on sth** किसी चीज के सही-गलत होने की जांच-पड़ताल क.; **~ with sth** 1 सूचनाओं का मिलान क. 2 सही-गलत होने के बारे में किसी के साथ क्रॉस-चेक क.;

a rain ~ निमंत्रण को किसी दूसरे दिन के लिए टालना; **cash in one's ~s** हार मान ले., हथियार डाल दे.; **hold/ keep sth in ~** नियंत्रण में रखना; **in ~** नियंत्रण में, वश में;

cheddar /चेडः/ *n.* पनीर

cheek /चीक/ *n.* 1 गाल, कपोल: with rosy **~s**; turn the other ~; dance ~ to ~ 2 *UK* (*syn.* nerve) भद्दा भाषण या व्यवहार 3 गुस्ताखी, धृष्टता, बदतमीजी 4 कोई एक नितंब 5 बरमे की चूड़ी 6 दो-दो करके लगाई हुई चीज;

v., pt. **~ed**, *pp* **~ing** 1 गुस्ताखी या धृष्टता क. 2 बदतमीजी क.: he **~ed** me;

dw/lw: **~bone** *n.* गंडास्थि; **~ily** *adv.* कपटी ढंग से; **~iness** *n.* गुस्ताखी, धृष्टता, बदतमीजी; **~tooth** *n.* दाढ़, चौभड़, चौधड़; **~y** /चीकि/ *adj., degr.* ~ier, ~iest *UK* गुस्ताख, ढीठ, कपटी, धृष्ट, बदतमीज;

p&i: **~ brings success** घिनौनेपन या धृष्टता से कुछ भी पाया जा सकता है; **~ by jowl** एक दूसरे के निकट, बिल्कुल पास-पास; **give ~** बदतमीजी से पेश आना; **have the ~ to say sth** कुछ कहने की धृष्टता क.; **I'll have none of your ~** मैं तुम्हारी बदतमीजी नहीं सहूंगा; **one's own ~** सब कुछ अपने लिए, सब कुछ अपनी जेब में; **the ~!** घिनौनापन तो देखो!; **turn the other ~** हिंसा का बदला हिंसा से न ले.

cheep /चीप/ *v., pt.* **~ed**, *pp* **~ing** चूजों द्वारा चीं-चीं क.;

n. चूजों की चीं-चीं

cheer /चिअः/ *v., pt.* **~ed**, *pp* **~ing** 1 वाहवाही क., जोर-जोर से शाबाशी दे., करतल ध्वनि क., ताली बजाना: the speaker was **~ed** loudly 2 धैर्य बंधाना, आशा बंधाना: ~ yourself! (हौसला रखो!, हिम्मत न हारो!); your visit has **~ed** (up) the sick man 3 जय-ध्वनि/ जय-जयकार क.: the people all **~ed** when he rode past 4 खुशियां मनाना, स्वागत क.: everyone **~ed** the news that peace had come;

n. 1 वाहवाही: the result was received with **~s** and counter-cheers 2 करतल-ध्वनि 3 जयजयकार: three **~s** for our visitors! 4 प्रसन्नचित्तता, मिजाज, खुशी, प्रसन्ता: be of good/ glad ~ 5 दावत, भोजन: make good ~; feed on simple ~ (सादा भोजन क.) 6 सांत्वना, दिलासा: words of ~ 7 साधुवाद, शाबाशी: **~s!**;

excl. **~s!** *Br. colloq.* 1 शराब का जाम उठाते समय टोस्ट के रूप में उच्चरित शब्द 2 *UK* खुश रहो!

dw/lw: **~er** *n.* आनंद का प्रसार करने वाला व्यक्ति, तालियां बजाकर शाबाशी देनेवाला; **~ful** *adj.* 1 प्रसन्नचित्त, खुश, आनंदित 2 भड़कीला-चमकीला: ~ful mood; ~ful face; always ~ful; ~ful room; ~ful day; ~ful conversation; ~ful helper; **~fully** *adv.* खुशी-खुशी, प्रसन्नतापूर्वक; **~fulness** *n.* प्रसन्नचित्तता, प्रसन्न अवस्था; **~ing** /चिअरिंग/ *n.* वाहवाही, करतल-ध्वनि; **~ing** *adj.* आनंददायक, हौसला बढ़ानेवाला; **cheerio** /चिअरिओ/ *intej./ excl., Br. colloq.* 1 अलविदा, विदा! 2 आपके स्वास्थ्य के लिए! जय हो!; **~leader** /चिअःलीडः/ *n.* 1 प्रोत्साहन अग्रणी, वाहवाही करने वालों का अग्रणी 2 किसी

नेता या विचार के समर्थन में वाह-वाही करने वाला; **~less** *adj.* 1 (***syn.*** gloomy) उदास, खिन्न 2 नीरस, दुःखी: ~less day 3 खिन्नतापूर्ण: ~less room; ~less prospect; **~lessly** *adv.* बिना किसी खुशी के, खिन्नतापूर्वक; **~lessness** *n.* अप्रसन्नता, उदासी, सन्नाटा, सूनापन; **~ly** /चिअःलि/ *adv.* खुशी-खुशी, सहर्ष; **~y** /चीअरि/ *adj., degr.* ~ier, ~iest 1 प्रसन्न, प्रफुल्ल, प्रमुदित, हंसमुख, जीवंत, सजीव: ~y smile 2 उत्साहवर्धक: ~y remark/ wave 3 चमकदार: ~y cup;

p&i: **~ sb on** करतल ध्वनि क., वाहवाही क., प्रोत्साहित क.; **~ sb up** मायूसी से उबारना, प्रसन्न क., साहस बांधना, दिलासा दे., ढाढस या ढारस बंधाना; **~ sth up** किसी बात या माहौल को आनंददायक बनाना; **~ to the echo** दिल खोलकर ताली बजाना; **~ up** प्रसन्न हो जा.;

a Bronx ~ एतराज जताते हुए खर-खर की अप्रिय आवाज निकालना; **be ~ed by sth** से प्रसन्न हो.; **be of good ~** प्रसन्न क., आनंदित क., दिलासा दे.; **make good ~** मौज-मस्ती क.; **the fewer the better ~** खाने-पीने वाले कम होंगे तो उपस्थित मेहमानों को ज्यादा खाना-पीना मिलेगा; **three ~s!** जय हो!, जिंदाबाद!, शाबाश!; **with good ~** गर्मजोशी से, सहर्ष

cheese /चीज/ *n.* 1 पनीर: cottage ~/ white ~; ~ dairy/ factory 2 पनीर के जायके वाला व्यंजन 3 (*also* **the big ~**) *sl.* कोई बड़ी तोप (बड़ा आदमी);

dw/lw: **~burger** *n.* चीजबर्गर, पनीर के साथ बना एक सैंडविचनुमा व्यंजन; **~cake** *n.* पनीर केक; **~cloth** *n.* मोमजामा; **~-cutter** *n.* पनीर तराश; **~-mite** *n.* कीट; **~monger** *n.* पनीर विक्रेता, पनीर का व्यापारी; **~paring** *n.* कंजूसपन, कृपणता; **~paring** *adj.* (***syn.*** mean) कंजूस-मक्खीचूस, कृपण; **~-press** *n.* पनीर संपीडक; **~-rennet** *n.* एक पौधा; **~-vat** *n.* पनीर पात्र; **cheesy** /चीजि/ *adj., degr.* cheesier, cheesiest 1 गंध और स्वाद में पनीर जैसा 2 *colloq.* (***syn.*** corny, tacky) सस्ता पर घटिया 3 बढ़ा-चढ़ाकर किया हुआ (दिखावापूर्ण): a cheesy grin (कपटी मुस्कान);

collocations: **~ board** 1 एक तख्ता जिस पर पनीर परोसा जाता है 2 परोसे गए पनीर की किस्म; **~ diet** दही-पनीर का खाना; **~d off** *Br. sl., dated* ऊबा हुआ, थका हुआ, खीझा हुआ; **~ plant** (*also* **Swiss ~ plant/ monstera**) घरों में उगने वाली एक अमेरिकी लता; **~ straw** पनीर के जायके वाला एक लंबा बिस्कुट;

p&i: **~ it!** रोक दो, छोड़ दो!;

as different as chalk and/ from ~ बिल्कुल भिन्न; **bread and ~** सादा-भोजन, दाल-रोटी; **get the ~** ध्वस्त हो जा.; **hard cheese!** *Br. sl.* दुर्भाग्य की बात है! **make ~s** घाघरा पहनकर नाचना; **quite/ that's the ~** बिल्कुल वही जो चाहिए; **say cheese!** प्रसन्न करने के लिए फोटोग्राफर द्वारा कहे जाने वाले शब्द; **the king's ~ goes half away in paring** सरकारी माल - आधा धर्म खाते आधा हलाल

cheetah /चीता/ *n.* चीता

cheez /शीज/ *n., sl.* चीज (*Punjabi sl.* कुत्ती शै) कामोत्तेजक स्त्री

chef /शेफ/ *n., Fr.* प्रधान रसोइया, बावर्ची;

p&i: **~'s salad** एक प्रकार का सलाद जिसमें हरी सब्जियां, उबले हुए अंडे तथा पनीर होते हैं

chef-d'oeuvre /शेडअवः/ *Fr.* शेडुवअ/ *n., pl.* **chefs d'oeuvre** /शेडअवः/ *Fr.* (***syn.*** master-piece) उत्कृष्ट कलाकृति, कलाकार की महान कृति

cheirognomy /कायरॉग्नअमि/ *n.* = **chironomy** /कायरॉनअमि/ हस्त-रेखा विद्या

cheiromancy /काइअरअमैंसि/ काइरौमैंसि/ (*also* **chiromancy**) *n.* (***syn.*** palmistry) हस्त-सामुद्रिक विद्या, हस्तरेखा-भविष्यवाणी विद्या

cheiroptera /काइरॉप्टअरा/ *n.* हस्त-पक्षी (चमगादड़)

Chelsea tractor बड़े-बड़े पहियों वाली ऊबड़-खाबड़ रास्तों पर चलने में सक्षम कार

chemical /केमिक\ल/ *adj.* 1 रासायनिकी से संबंधित: ~ affinity; ~ constitution; ~ symbol; ~ projectile; ~ war gases; ~ warfare service; ~ weed killer 2 रासायनिक: ~ decay; ~ balance; ~ propellant; ~ attack; ~ agent;

n. 1 रसायन 2 रासायनिक पदार्थ;

dw/lw: **~ly** /~लि/ *adv.* रासायनिक प्रक्रिया या दृष्टि से; **~s** /~ल्ज/ *n., [pl.]* 1 रसायन 2 रासायनिक पदार्थ;

collocations: **~ engineer** रसायन अभियंता (इंजीनियर); **~ engineering** रसायन अभियांत्रिकी; **~ element** रासायनिक तत्त्व; **~ equation** रासायनिक समीकरण; **~ factor** रासायनिक गुणक; **~ formula** रासायनिक फार्मूला; **~ reaction** रासायनिक प्रतिक्रिया; **~ symbol** रासायनिक चिह्न; **~ toilet** रासायनिक टॉयलेट, ऐसा टॉयलेट जहां पानी के अभाव में मानवीय मल-मूत्र को रासायनिक तरीके से साफ किया जाता है; **~ warfare** रासायनिक युद्ध; **~ weapon** रासायनिक हथियार

chemiluminescence /केमिलुमिनिसंस/ *n.* रसोसंदीप्ति

chemin de fer /शअमैंडअफेअः/ *n.* ताश का एक खेल

chemise /शअमीज//शिमीज/ *n.* साया, शमीज, कुर्ती;

dw/lw: **~tte** /शेमिजेट/ शेमीजेट/ *n.* बेलदार कुर्ती

chemist /केमिस्ट/ *n.* 1 *UK* (*US* **pharmacist**) 1 (***syn.*** dispensing ~, druggist) औषध विक्रेता, औषध-व्यवसायी, दवाफरोश, अत्तार, औषधकार 3 रसायन-विशेषज्ञ, रसायन-शास्त्री;

dw/lw: **chemist's** /केमिस्टस/ *UK* (*US* **drugstore, druggist's**) *n.* औषध दुकान, दवाई घर

chemist\ry /केमिस्ट्रि/ *n., pl.* **~ries** केमिस्ट्री, रसायन-विज्ञान: organic/ inorganic **~ry**; agricultural **~ry**; applied **~ry**; atom/ nuclear **~ry**; photographic **~ry**; tracer **~ry**

chemo /कीमो/ *n.* = **chemotherapy** /कीमोथेरपि/ *n.* कीमोथेरपी, केंसर के इलाज में प्रयुक्त इलाज पद्धति, रसायन-चिकित्सा, रस-चिकित्सा

chemo- /केमो/ *comb. form, signifying:* 1 **chemical** (रासायनिक पदार्थ) 2 **chemical reactions** (रासायनिक प्रतिक्रियायें);

dw/lw: **~receptor** *n., biol.* मानव इंद्रियां जो रासायनिक पदार्थों के प्रभाव की प्रतिक्रियायें दिखाती हैं; **~tactic** /केमॉटेक्टिक/ *adj.* रसायन-अनुचलनी; **~taxis** /केमॉटेक्सिस/ *n., biol.* रासायनिक प्रभाव की प्रतिक्रिया स्वरूप सारी संघटित जीव-रचना (organism) की गति; **~therapy** *see above under* **chemo**; **~therapeutic** /कीमोथेरअपअटिक/ *adj.* रसायन-चिकित्सा संबंधी, रसोचिकित्सा संबंधी

chenille /शनील/ *n.* मखमली कपड़ा, डोरी

cheque *UK* (*US* **check**) /चेक/ *n.* 1 बैंक का चैक 2 धनादेश, हुंडी, देयक: certified ~; crossed ~; draw a ~ on a bank/ on Delhi for rupees 10000;

dw/lw: **~book** *n.* चैक पुस्तिका;

collocations: **~ account** बैंक खाता; **~book journalism (paid-journalism)** *derog.* बिकाऊ पत्रकारिता; **~ card** *n.* अग्रिम भुगतान कार्ड; **~ clearance** चेक समाशोधन;

bearer ~ धारक चेक, वाहक चेक, अरेखित चेक; **blank ~** निरंक चेक, कोरा चेक, खुली छूट; **crossed ~** रेखित चेक; **endorsed ~** पृष्ठांकित चेक; **open ~** अरेखित चेक; **order ~** आदिष्ट चेक, नामयोग; **returned ~** प्रत्यावर्तित चेक; **stale ~** अवधिपार (lapsed) चेक;

chequer /चेकः/ *n., [pl.]* 1 चारखाना 2 बिसात;

v., pt. **~ed**, *pp* **~ing** 1 चारखानेदार क. 2 रंगबिरंगे खानों में चिह्न लगाना: the good and ill that ~ life (अच्छाई और बुराई जो जीवन को रंग-बिरंगा बनाती हैं) 3 शतरंज के क्रम में लगाना;

dw/lw: **~ed** /चेकःड/ *adj.* 1 चारखानेदार: ~ed flag (सफेद-काले चार-खानेदार झंडी जिसे हिलाकर कार-दौड़ में विजेताओं का

स्वागत किया जाता है) 2 जिसके जीवन में बहुत अच्छे-बुरे उतार-चढ़ाव आए हों: ~ed career; ~ed fortune 3 रंग-बिरंगा: ~ed light and shade

Chequers/ *US* **checkers** *n., [sing.]* ब्रितानवी प्रधानमंत्री का ग्रीष्मकालीन आवास (Chequers Court)

chequers/ *US* **checkers** *n., [sing.]* 1 एक खेल 2 शतरंज की बिसात 3 खानेदार कपड़ा

chequing account = current account

cherish /चेरिश/ *v., pt.* **~ed**, *pp* **~ing**, *s/he/it* **~es** 1 यादगार आदि मन में संजोए रखना: ~ the memory of sb/ sth; ~ youthful days in one's bosom 2 आंख की पुतली समझना: she **~es** her children 3 की कदर क. (value highly): ~ a just and lasting peace 4 (***syn.*** foster) पोसना, लालन-पालन दुलारना: she still **~ed** an affection for him 5 परंपरा बनाए रखना 6 किसी आशा, विश्वास, विचार आदि से लगाव बनाए रखना: ~ hopes; ~ an idea; **~ed** beliefs; ~ ideals of freedom and independence; he **~es** fame 7 मन में बसाए रखना: ~ a hatred/ a resentment;

dw/lw: **~er** *n.* पोषक, प्रोत्साहन देने वाला, समर्थक; **~ing** *adj.* पोषण करने वाला, समर्थन करने वाला, पालन करने वाला; **~ingly** *adv.* प्यार से, सस्नेह, स्नेहपूर्वक

chernozem /छिर्नोजेम/ (*also in Russian* **чернозём**) *n., geol.* रूस, युक्रेन आदि देशों में पाई जाने वाली अति उपजाऊ काली मिट्टी वाला भूमि-क्षेत्र

cheroot /शरूट/ *n.* दोनों सिरों पर खुला सिगार, चुरूट

cherry /चेरि/ *n., pl.* **cherries** 1 चेरी, आलूबालू, ओलची, गिलास (फल): black ~; sweet/ mazzard ~ 2 ओलची का वृक्ष 3 (*also* ~ **wood**) ओलची वृक्ष की लकड़ी: inlaid with ~ 4 चमकदार लाल रंग: ~ lipstick 5 *US sl.* अक्षतयोनित्व, अक्षतयोनि, कुमारी, अनाड़ी;

adj. 1 चेरी का: ~ jam 2 चमकदार लाल रंग का: ~ silk dress; ~ lips; ~ lipstick 3 चेरी की लकड़ी से बना;

dw/lw: **~-blossom** *n.* चेरी के फूल; **~-pepper** *n.* लाल मिर्च; **~-picking** *n., colloq.* 1 किसी समूह से तथाकथित सर्वश्रेष्ठ लोगों को चुनकर अन्य को दुत्कार देने की क्रिया 2 तथाकथित जोखिम उठाने वाले लोगों की बीमा अर्जियों को ठुकराने की व्यावसायिक चालबाजी; **~pie** *n.* चेरीयुक्त केक; **~-ripe** *adj.* चेरी की तरह पका हुआ;

collocations: ~ **bob** दो वृक्ष जिनके तने जुड़े हों; ~ **brandy** लाल शराब; ~ **merry** 1 खुशमिजाज 2 थोड़ा पिए हुआ 3 *IE* बख्शीश; ~ **picker** 1 एक तरह की क्रेन 2 चेरी तोड़ने वाला व्यक्ति; ~ **pit** बच्चों का गोली का खेल; ~ **red** बदरी रक्त, अत्यधिक लाल; ~ **stone** चेरी की गिटक (गुठली); ~ **tomato** एक विशेष प्रकार का टमाटर;

bird ~ जामुन; **wild** ~ पदम;

p&i: **make two bites of a** ~ जरूरत से ज्यादा प्रयास क.; **(get) two bites at the** ~ अप्रत्याशित रूप में दूसरा सुअवसर (मिलना); **the whole tree or not a** ~ या तो सब कुछ या कुछ भी नहीं;

chersonese /कःसअनीस/ *n.* प्रायद्वीप

cherub /चेरअब/ *n., [pl.]* 1 (*also* **~im** /चेरुबीम/) देवदूत, जिसे गिरजाघर के चित्रों में एक पंखदार शिशु के रूप में दिखाया जाता है 2 निर्दोष, भोला व सुंदर शिशु: rosy ~ 3 मध्यकालीन प्राचीन परंपरा के नौ देवदूतों में से दूसरे स्थान पर स्थित देवदूत;

dw/lw: **~ic** /चेरूबिक/ *adj.* स्वर्गदूतोपम, देवदूतोपम

Ches. *abbr.* 'English country Cheshire' का संक्षेप

chess /चेस/ *n.* शतरंज: play ~; ~ champion; ~ theory; ~ tournament;

dw/lw: **~board** *n.* शतरंज खेलने का बोर्ड, बिसात; **~men** *n., [pl.]* शतरंज के मोहरे, गोटी;

collocations: **~board pattern** शतरंजी आकार का; **~board method** शतरंज प्रणाली

chest /चेस्ट/ *n.* 1 छाती, सीना, वक्ष, वक्षस्थल: weak ~; ~ surgical case; ~ department; ~ pain; ~ wall 2 पेटी, संदूकची: ~ of drawers 3 तिजोरी, संदूक: linen ~; hope ~ (दहेज के सामान का संदूक) 4 दवाइयों के लिए खाना: medicine ~; carpenter's/ surgeon's ~ 5 मात्रा का माप: a pittance from the university ~;

dw/lw: **~ed** *adj.* 1 (संयुक्त शब्दों में एक भाग): deep-~ed (धंसी छाती वाला); full-~ed (बड़ी छाती वाली) 2 संदूक में रखा हुआ; **~er** /चेस्टः/ *n.* एक प्रकार का ओवरकोट, चैस्टर; **~-foundering** *n.* 1 जोश-खरोश 2 हांफा, दमा, ऊपरी सांस; **~ful** *adj.* संदूक में आने योग्य मात्रा; **~iness** /चेस्टिनिस/ *n.* छाती का भारीपन (बड़ा आकार); **~-on-~** *n., US* ऊंचा कमोड; **~-register** *n.* मंद्रतम स्वर, आवाज का सबसे निचला सुर; **~-shot** *n.* बास्केट बॉल में दोनों हाथों से टोकरी में फेंकी जाने वाली गेंद; **~-tone = ~-voice** *n.* गंभीर स्वर या आवाज; **~y** /चेस्टि/ *adj., degr.* ~ier, ~iest *colloq.* 1 फेफड़ों की बीमारी से ग्रस्त: a ~y cough 2 बड़े उरोजोंवाली महिला 3 अतिशय आत्मविश्वासी, शेखीबाज;

collocations: ~ **facility** तिजोरी सुविधा; ~ **of drawers** *UK* (*US* **bureau**) कपड़े रखने की दराज, खानेदार या दराजों वाली अलमारी; ~ **protector** सीनाबंद सदरी;

p&i: **get sth off one's** ~ *colloq.* किसी बात को साफ-साफ बताकर मन हल्का क., मायूसी से उबरना; **keep one's cards close to one's** ~ किसी रहस्य को अपने सीने से लगाए रखना, छिपाये रखना

chesterfield /चेस्टःफील्ड/ *n.* 1 चेस्टर 2 वेल्वेट कॉलर वाला लंबा कोट 3 गद्दम सोफा

chestnut /चेस्टनट/ *n.* (*also* **sweet** ~) 1 अखरोट 2 गहरा लाल-भूरा (अखरोट जैसा) रंग 3 ऐसे रंग का घोड़ा 4 अखरोट की गिरी 5 घिसी-पिटा या बासी मजाक;

p&i: **Indian horse** ~ बनखोर; **pull sb's ~s out of the fire** *colloq.* किसी को मुसीबत से बचाना

cheval glass /शवैल ग्लास/ *n.* स्टैंड पर लगा घूमने वाला मनुष्य की लंबाई-चौड़ाई का दर्पण

chevalier /शेवअलिअः/ (*comp.* **cavalier**) *n.* 1 वीर पुरुष 2 'शूरवीर' जैसा व्यक्ति 3 घुड़सवार;

p&i: ~ **of industry**/ ~ **of fortune** ठग, मक्कार, धोखेबाज व्यक्ति

chevet /शअवे/ *n.* अर्धवृत्त झरोखा (of church)

cheviot /शैविअट/ *n.* ऊनी भेड़

chevron /शेवरन/ *n.* 1 बांह पर पहने जाने वाली V-आकार की पद सूचक पट्टी 2 सड़क पर लगाए जाने वाले चिह्न

che\vy /चेवि/ *n.* 1 शिकार 2 लोमड़ी का पीछा करते समय शिकारियों की पुकार

v., pt. **~vied**, *pp* **~vying** पीछा क., तंग क., भाग जा.

chew /च्यू/ *v., pt.* **~ed**, *pp* **~ing** 1 चबाना 2 (*sometimes* **chew at/ on sth**) बार-बार कुतरना, काटना 3 चिंतन-मनन क. 4 के विषय में सोचना;

dw/lw: **~er** *n.* चबाने वाला, विचारशील व्यक्ति, चिंतन-मनन करने वाला; **~ing** *n.* चर्वण; **~-stick** *n.* दातुन क.; **~y** /च्यूई/ *adj., degr.* ~ier, ~iest *colloq.* चर्वणीय, जिसे चबाने की बहुत आवश्यकता हो;

collocations: **~ing gum** च्यूइंग गम;

p&i: ~ **on** लगातार चबाना; ~ **on sth**/ ~ **sth over** के ऊपर विचार-विमर्श या सोच-विचार क.; ~ **out** कठोरता से झिड़कना; ~ **sth up** चबा-चबाकर बर्बाद कर दे.; ~ **the cud** 1 जुगाली क. 2 चिंतन-मनन क. 3 हर समय गुजरे जमाने को याद करते रहना; ~ **the cud for a time** थोड़ा सोच लो!; ~ **the rag**/ ~ **the fat** *sl.* पुराने घावों को ताजा करते हुए कुढ़ते रहना, किसी मुद्दे के बारे में लंबी बहस क.;

bite off more than one can ~ सामर्थ्य से अधिक जोखिम उठाना, अपनी क्षमता से ज्यादा कार्यभार अपने ऊपर ले., चादर से ज्यादा पांव पसारना

chez /शे/ *prep., Fr.* किसी के घर पर

chhang /छंग/ *n.* छांग, कच्ची तिब्बती बीयर (Tibetan beer)

chiaroscuro /किआरअस्क्युअरो/ *n., pl.* **~s** 1 धूप-छांव का चित्रांकन, प्रकाश और छाया के विरोधाभास या वैषम्य का चित्रण

chiasma /काइऐज़्मा/ (*also* **chiasm**) *n., pl.* **~s/ ~ta** व्यत्यासिका, दिमाग का वह बिंदु जहां चक्षु स्नायु एक दूसरे के आर-पार होते हैं

chiasmus /काइऐज़्मअस/ *n., pl.* **chiasmi**, *stylistics* व्यतिक्रम, विलोम समानांतरता (reverse parallelism)

chic /शीक/ *adj.* 1 (***syn.*** stylish) ललितकला-दक्ष 2 बांका, रमणीय 3 फैशनेबल, सुंदर: this is a ~ hat 4 टीप-टाप 5 शोभनीय: it was very ~ for him to resign 6 परिष्कृत, नफीस, शिष्ट

chica /चीका/ *n.* युवती या युवा औरत

chica\ne /शिकेन/ *v., pt.* **~ned**, *pp* **~ning** 1 धोखाधड़ी क. 2 धोखे या कुतर्क से कुछ हासिल क. 3 बाल की खाल उतारना 4 (**~ sb into/ out of sth**) ठगना;

n. 1 *motor sport* दोहरा खड़ा मोड़ 2 चालबाजी 3 धोखाधड़ी: an election won by **~ne** 4 ताश में बिना तुरुप का हाथ, खराब पत्ते

chicane\ry /शिकेनरि/ *n., pl.* **~ries** 1 वाक्छल, कपट, चालाकियां 2 धोखाधड़ी, प्रवंचना 3 वितंडा, झांसा, झांसापट्टी, कुतर्क 4 मोटर-दौड़ में दोहरा खड़ा मोड़

chiccory /चिकअरि/ = **chicory** *n.* मक्की से बनी वोदका

chichi /शी-शी/ *adj.* 1 आडंबरी, आडंबर-पूर्ण, भड़कीली 2 दिखावटी;

n. तड़क-भड़क, आडंबर, तड़कीला-भड़कीलापन

chick /चिक/ *n.* 1 चूजा, चिंगना, *sl.* मुन्ना, लल्ला 2 *dated sl., derog.* युवती, लड़की;

dw/lw: **~pea** *n.* एक वार्षिक पौधा, जिसके दाने मटर जैसे होते हैं; **~weed** *n.* सफेद फूलों वाला एक यूरोपीय खरपतवारी पौधा;

collocations: **~ flick** रोमांस प्रधान फिल्म जो औरतों को बहुत भाती है; **~ lit** औरतों को भाने वाली रोमांस प्रधान पुस्तक

chicken /चिकिन/ *n.* 1 मुर्गा, मुर्गी: spring ~ (छोटा मुर्गा); ~ coop; ~ farm; ~ ranch (बड़ा मुर्गी-पालन फार्म) 2 मुर्गे का मांस: a pound of ~ 3 *sl.* डरपोक या कायर आदमी 4 कोई खेल जिसमें किसी को कोई खतरनाक काम करने के लिए ललकारा जाता है 5 युवा व्यक्ति, अनुभवहीन आदमी: she is no ~;

***adj.**, derog., sl.* डरपोक, भीरु, कायर;

***v.**, pt.* **~ed**, *pp* **~ing** भयभीत हो जा., डर जा.;

dw/lw: **~-feed** *n.* 1 छोटी-सी धनराशि, मामूली रकम, कुछ पैसा 2 कुक्कुट दाना, कुक्कुट चारा; **~-hearted/ ~-livered** *adj.* डरपोक, भीरु; **~ling** *n.* चूजा; **~-pox** *n.* चेचक, खसरा, छोटी माता;

collocations: **~-and-egg problem/ situation** 1 'कौन पहले आया, मुर्गी या अंडा?' का फंडा, सिद्धांत, प्रश्न, मुद्दा 2 कौन किसके कारण पैदा हुआ का पता लगाने जैसी जटिल समस्या; **~ flu** = **bird flu** पक्षियों की एक संक्रामक बीमारी; **~ run** मुर्गा-बाड़ा; **~ salad** जैतुन के तेल (olive oil) में बना मुर्गे के गोश्त का सलाद; **~ shit** मुर्गी की बीठ; **~ wire** तार की जाली;

p&i: **~ is off** है नहीं, मौजूद नहीं; **~ out** घबरा जा., हाथ-पांव फूल जा.; **~ out of sth/ doing sth** डरकर किसी काम से पीछे हट जा.;

be no ~ पहली जवानी की उम्र की न हो.; **count one's ~s before they are hatched** सूत न कपास, जुलाहे से लट्ठम-लट्ठ, खयाली पुलाव पकाना; **he got it where the ~ got the axe** उसे (चोट) उसकी गर्दन पर पड़ी; **Mother Carey's** ~ समुद्री काक (stormy petrel; *Russian* **буревéстник**); **no** ~ किशोरपन से पार की आयु की औरत: she is no ~; **play** ~ बहादुरी दिखाने का खेल

chicle /चिकल/ *n.* चीकू का पेड़ जिससे मिलने वाले गोंद से च्यूइंग गम बनाया जाता है

chico /चिको/ *n., Sp.* लड़का, युवक

chico\ry /चिकरि/ *n., pl.* **~ries** 1 चिकोरी, कासनी 2 चिकरी चूर्ण

chi\de /चाइड/ *v., pt.* **~ded/ chid**, *pt. p.* **~ded/ ~den**, *pp* **~ding** (***syn.*** rebuke) डांटना-डपटना, झिड़कना, निंदा क.

chief /चीफ/ *adj.* 1 (*often* **Chief**) मुख्य, प्रमुख: ~ magistracy; ~ editor; ~ engineer; Chief Justice; ~ librarian; ~ officer; ~ petty officer; ~ signal officer; ~ surgeon; ~ medical officer; ~ nurse 2 सर्वाधिक महत्त्वपूर्ण: ~ problem; the ~ thing to remember is this; the ~ thing to do; the ~ rivers of India; ~ opposing force; ~ concern is ...; ~ business 3 (*often* **-in-chief**) सर्वोच्च: commander-in-~; ~ good; ~ happiness;

n. 1 प्रधान, अध्यक्ष, नेता, प्रमुख: ~ of chemical corps; fire ~; ~ of the hill; ~ of a library; ~ of police; ~ of staff 2 प्रजाति का मुखिया, सरदार, सरगना, नेता: Red Indian ~; robber ~;

dw/lw: **~-commissioner** *n.* मुख्य आयुक्त; **~dom** *n.* 1 किसी समुदाय की रियासत 2 मुखिया का पद, मुखिया का काल; **~ly** *adv.* मुख्यत: he is valued ~ly for; they eat ~ly fish; **~-Minister** *n.* मुख्यमंत्री; **~-rent** *n.* पैसे के रूप में कर अदायगी की सामंती प्रणाली; **~tain** /चीफ्टेन/ *n.* मुखिया, सरदार; **~taincy/ ~ tainship** *n.* मुखिया का पद, मुखिया का काल; **~tainry** /चीफटेनरि/ *n.* 1 (जनजाति का) नेताओं या सरदारों का वर्ग 2 सरदार की सत्ता या पद;

commander-in-~ *n.* सेनाध्यक्ष; **editor-in-~** *n.* मुख्य संपादक;

collocations: **~ constable** प्रधान सिपाही; **~ executive** (*also* **~ executive officer**, *abbr.* **CEO**) *n.* प्रधान कार्यकारी अधिकारी; **~ inspector** मुख्य इंस्पेक्टर; **~ master sergeant** अमेरिकी वायु सेना में मध्यम श्रेणी का अफसर; **~ of staff** *milit.* सेनाध्यक्ष; **~ petty officer** *n.* नौसेना में एक वरिष्ठ नॉन-कमीशन्ड अफसर;

p&i: **~ cook and bottle washer** (***syn.*** factotum) मुख्य दौड़-धूपिया, मुख्य छुटभैया; **~ mourner** निकटतम संबंधी;

in ~ मुख्यतः, विशेषकर, सर्वोपरि; **too many ~s and not enough Indians/ all ~s and no Indians** बहुत सारे नेता, पर काम करने वाला कोई नहीं

chieftain /चीफ्टेन/ *n. see above under* **chief: *dw/lw***

chiffchaff /चिफचैफ/ *n.* कीट-भक्षी पक्षी

chiffon /शिफॉन/ *n.* 1 शिफॉन, एक बढ़िया रेशमी या नाइलोन का पारदर्शी कपड़ा 2 जाली 3 बेलदार कपड़ा;

adj. 1 पारदर्शी कपड़े से बना हुआ 2 हवाई

chiffonier/ chiffonnier /शिफनिअः/ *n.* 1 कपड़ों की एक ऊंची, सुंदर खानेदार अलमारी 2 एक नीचा चौड़ा बक्सा (केबिनेट) जिसका सामने का फलक या तो खुला होता या जंगले वाला

chigger /चिगः/ **chigoe** /चिगो/ (*also* **harvest mite**) *n., pl.* **chigoes** 1 कुटकी, पिस्सु 2 (*also* **sand flea**) एक उष्णकटिबंधीय पिस्सू जो आदमी की त्वचा में, विशेषकर अंगूठों के नाखूनों में घुसकर, बहुत कष्ट पहुंचाता है

chignon /शिनयों/ *n.* गर्दन के पीछे झूलता जूड़ा

chigoe /चिगो/ *n. see above under* **chigger**

chihuahua /चिवाःवाः/ *n., pl.* **~s** एक छोटे शरीर और बड़े सिर वाला कुत्ता

chikara *n.* 1 चार सींगों वाला मृग 2 एक तार वाद्य

chilblain /चिल्ब्लेन/ *n.* बिवाई, विपादिका, शीत-शोथ

child /चाइल्ड/ *n., pl.* **~ren** 1 बच्चा, बच्ची, बालक, बालिका, बाल, शिशु: male/ female ~; mother and ~; little **children**; you speak as a ~; **children's** hospital;

children's service 2 बेटी/ बेटा: what a sweet ~!; she is an obedient ~; an only ~ 3 बेटी-शिशु: a boy or a ~? 4 संतान: ~ of our grandmother Eve; ~ of the Renaissance (नवजागरण काल की संतान); **children** of the East; ~ of nature; ~ of the soil 5 जन्म, परिणाम: fancy's ~; dreams ..., the **children** of an idle brain (Shakespeare);
adj. 1 बच्चों का: ~ welfare; ~ hygiene 2 बच्चों से संबंधित: **~'s** primer (बाल पाठ-पुस्तिका);
dw/lw: **~-bed** *n.* 1 प्रसव, प्रसूति: die in ~-bed; ~-bed fever 2 कोख, गर्भाशय; **~bearing** *n.* गर्भकाल तथा प्रसूति; **~birth** *n.* प्रसव, प्रसूति, बच्चे का जन्म; **~care** *n.* बच्चों की देखभाल; **~hood** *n.* बचपन, बाल्यावस्था, शैशव, शैशव काल: in one's second ~hood; ~hood of the world; the ~hood of our joy; bond of ~hood; ~hood friend; ~hood disease; ~hood reading; **~ish** /चाइल्डिश/ *adj.* 1 बचकाना, नादान 2 बच्चों जैसा, धृष्ट: ~ish argument; ~ish idea; ~ish behaviour; ~ish mind; don't be ~ish!; believe this would be ~ish; **~ishly** *adv.* बच्चों की तरह, बचकाना तरीके से; **~ishness** *n.* बचकानापन: a piece of ~ishness; **~less** *adj.* निपूत, निस्संतान; **~-lifter** *n.* बच्चा चोर; **~like** *adj.* बच्चों जैसा, भोला-भाला, कमसिन, बालोचित: ~like heart; ~like faith; ~like duty; **~ly** *adj.* 1 बच्चों जैसा 2 बच्चों का 3 भोला-भाला; **~-lock** *n.* बच्चे द्वारा अचानक कार के दरवाजे को खोलने से बचने के लिए एक विशेष उपकरण (ताला); **~minder** *n.* बच्चों की देखरेख करने वाली, आया; **~proof/ child-resistant** *adj.* बालसह यानी ऐसा डिब्बा आदि जिसे बच्चे न खोल सकें;
collocations: **~ abuse** शिशु (यौन) शोषण; **~ benefit** बच्चों के पालन-पोषण के लिए मिलने वाला भत्ता; **~ labour** बाल-श्रम, बाल मजदूरी; **~ marriage** बाल विवाह; **~ psychology** बाल मनोविज्ञान; **~ restraint** कार में बच्चे को नियंत्रित रखने के लिए एक पेटी या छोटी-सी सीट; **~ seat = car seat**; **~ support** बच्चों के निर्वाह के लिए दिया जाने वाला धन; **~ welfare** बाल कल्याण; **~ wife** बाल-वधू; **Child Support Agency** (*abbr.* **CSA**) बाल कल्याण संगठन या एजंसी; **second ~hood** बुढ़ापा;
p&i: **~ of god** भगवान का भक्त; **~ of nature** प्रकृति का प्रेमी, भक्त; **~ prodigy** बच्चा-अजूबा; **~'s pig but father's bacon** माल किसी का हजम कोई कर ले; **~'s play** *colloq.* आसान काम, बच्चों का खेल, बाएं हाथ का खेल;
a burnt ~ dreads the fire दूध का जला छाछ को फूंक मार-मार कर पीता है; **a ~ is a picture of his father** जैसा बाप वैसा बेटा; **a ~ may have too much of his mother's blessing** मां का अतिशय प्यार-दुलार बच्चे को बिगाड़ सकता है; **a ~ of his time** किसी युग की संतान या देन; **an absolute ~ in financial matters** आर्थिक मामलों में बिल्कुल अनाड़ी; **a natural ~** शादी से बाहर पैदा हुआ बच्चा; **a problem ~** कठिन बच्चा; **be big with ~** गर्भ की अंतिम अवस्था में हो.; **be in one's second ~hood** वृद्धावस्था में वापस बचपन में पहुंच जा.; **be with ~** गर्भवती हो.; **children and chicken must be always picking** बच्चे और मुर्गे सदा कुछ न कुछ टूंगते रहते हैं; **children and fools have merry lives** बच्चों और मूर्खों को सच-झूठ में फर्क मालूम नहीं होता; **children and fools must not play with edged tools** बच्चों और नासमझ लोगों को तेज-धारी औजारों से नहीं खेलना चाहिए; **children are poor men's riches** गरीब का धन उसकी औलाद होती है; **children learn to creep 'ere they can go** चलने से पहले बच्चे रेंगना सीखते हैं; **children need models than critics** बच्चों को आलोचकों से अधिक आदर्शों की आवश्यकता होती है; **four months gone with ~** चार महीने से गर्भवती हो.; **many kiss the ~ for the nurse's sake** कोई काम अपनी स्वार्थ-सिद्धि के लिए क.; **the ~ is the father of/ to the man** पूत के पांव/ पैर पालने में ही दिखाई दे जाते हैं; **the children of light** प्रबुद्ध संतान; **the ~ says nothing, but what is heard by the fire** बच्चा वही कहता है जो घर में सुनता है; **the cobbler's children usually go unshod** जो कमाता है उसी को खाना नहीं मिलता; **when children stand quiet, they have done some harm** बच्चे गलती करने के बाद चुप होते हैं;

Chile /चिली/ *n.* दक्षिणी अमेरिकी देश चिली;
dw/lw: **Chilean** /चिलिअन/ *adj.* दक्षिणी अमेरिकी देश चिली (Chile) का निवासी या नागरिक

chili /चिलि/ *n. US spell.* **'chilli'** की अमेरिकी वर्तनी, मिर्च

chili\ad /किलिऐड/ *n.* सहस्र संख्या, सहस्राब्दी;
dw/lw: **~agon** *n.* सहस्रकोणी; **~ahedron** *n.* सहस्र तली; **~arch** *n.* एक हजार मंसबदार, सहस्र नायक; **~archy** *n.* सहस्र नायकत्व; **~asm** /किलिऐजम/ *n., theol.* सहस्राब्दवाद, (***syn.*** millennialism) एक हजार वर्ष बाद ईसा की वापसी में विश्वास का चलन; **~ast** /किलिऐस्ट/ *n.* एक हजार वर्ष बाद ईसा की वापसी में विश्वास करने वाला, किलास्मवादी, सहस्राब्दवादी व्यक्ति

chill /चिल/ *v., pt.* **~ed**, *pp* **~ing** 1 ठंड से ठिठुरना 2 ठंडा हो. 3 डराना, दबाना या निरुत्साह क. या हो. 4 (***syn.*** cold fit) जूड़ी हो. 5 पिघली धातु को पानी से ठंडा किए जा रहे सांचे में ढालकर उसकी कठोरता बढ़ाना;
n. 1 (***syn.*** shivering) ठंड, सर्दी, ठिठुरन, कंपकंपी, झुर-झुरी: the **~s** of night; there is quite a ~ in the air this morning 2 जुकाम, सर्दी 3 आकस्मिक डर की लहर, भय आदि से होने वाली सिहरन 4 (***syn.*** depression) उदासी, नैराश्य: send a ~ down sb's spine 5 उदासीनता, रुखाई, बेरुखी;
adj. 1 ठंडा, सर्द, ठिठुरन पैदा करने वाला: ~ breeze 2 उदासीन, रूखा: ~ welcome; ~ courtesy 3 बिना किसी भावनाओं के, निष्ठुर, निर्मम 4 जमा हुआ: my blood ran ~;
dw/lw: **~ed** *adj.* 1 शीतित: ~ed milk; ~ed champagne 2 ठंडा करके कठोर बनाया हुआ: ~ed cargo **3** ठंड (फ्रिज आदि) में रखकर खराब होने से बचाया हुआ (काना आदि) **4** तपाने के बाद ठंडी (मजबूत) की हुई धातु **4** तनावरहित, मजे में; **~er** *n.* ठंडा या भयभीत करने वाला; **~ing** *adj.* भयावह, डरावना; **~ing** /चिलिंग/ *n.* द्रुतशीतन; **~y** *see below under separate entry*;
collocations: **~ box** फ्रिज; **~ factor** कम तापमान (ठंड) के प्रभाव को बढ़ानेवाले कारणों (जैसे हवा की रफ्तार आदि) का आकलन करने का तरीका या साधन; **~ item** ऐसी चीज जिसे ठंडा करना चाहिए; **~ mould** गर्म की हुई धातु को ठंडा करने का सांचा; **~s and fever** मलेरिया; **~ perishables** ठंडे किए हुए खराब होनेवाले खाद्य पदार्थ;
p&i: **~ out** (*also* **~ed**) बेफिक्र हो., पूरी तरह निश्चिंत होकर आराम फरमाना, मस्ती क.; **~ penury** निष्ठुर कंगाली;
a ~ comes o'er my heart मैं उदासी में सराबोर हो रहा हूं; **a ~ over** 1 गर्मजोशी पर ठंडा पानी डालना 2 उदासी छाना, उदासी फैलाना; **be ~ed to the bone = ~ed with terror** डर से खून जम जा.; **cast/ throw catch a ~** सर्दी लग जाना, जुकाम हो.; **feel a ~** डर के मारे जम-सा जा.; **put the ~ on sb** *US sl.* किसी से रूखेपन से पेश आना; **send a ~** down **sb's spine** किसी को डराकर सुन्न कर दे.; **take the ~ off sth** 1 हल्के-हल्के सेंकना 2 (बातचीत आदि में) थोड़ी गर्माहट लाना

chilli *UK* (*US* **chili**) *n., pl.* **~s/ ~ies** 1 मिर्च 2 तेज मसालेदार व्यंजन

chilli con carne /चिलि कॉन काःनि/ *n.* मैक्सिको का एक मिर्च-मसालेदार व्यंजन

chilling /चिलिंग/ *adj. see above under* **chill: *dw/lw***

chil\ly /चिलि/ *adj., degr.* **~lier, ~lietst** 1 ठंडा. सर्द, शीतल: **~ly** room; **~ly** morning; it is getting **~ly** 2 अमैत्रीपूर्ण, रूखा, उदासीन: **~ly** manner; **~ly** reception; be **~ly** to sth 3 भावशून्य, निर्मम, निष्ठुर: feel **~ly**; **~ly** sensation 4

हतोत्साहक
chi\me /चाइम/ *v., pt.* **~med**, *pp* **~ming** 1 घड़ियाल या घंटे की टनटनाहट (बजने की आवाज) हो.: the bells are **~ming**; the clock **~med** midnight 2 घड़ियाल बजाना 3 राजी हो., मेल खाना: that **~mes** with what had been said; **~me** (in) with sb's idea; **~me** with sb's mood; I think your plans will **~me** in with mine 4 उबाऊ ढंग से दोहराया जा.: **~me** verse;
n. 1 घड़ियाल या घंटे की टनटनाहट 2 घंटानाद 3 लय 4 (***syn.*** harmony) सामंजस्य, समरसता 5 सहमति: in **~me** (समरसता में)
v., pt. **~med**, *pp* **~ming** 1 (*usually* **chimes**) घंटा बजाना या बजना 2 घड़ियाल या घंटे की आवाज का गूंजना 3 रटना, दोहराना 4 समस्वर हो., मेल खाना;
p&i: **~me in** 1 बीच में बोल पड़ना, वार्तालाप के बीच में टपक पड़ना या उसमें शामिल हो जा. 2 किसी के सुर में सुर मिलाना
chimenea /चिमअनेआ/ (*also* **chimenea** /चिमअनिआ/) *n.* गर्माहट पाने के लिए मिट्टी से बनी अंगीठीनुमा छोटी-सी हांड़ी
chimera/ chimaera /काइमिअरा/ काइमिरा/ *n., pl.* **~s** 1 असंगत या अनहोनी कल्पना, आशा या स्वप्न, कपोल कल्पना 2 (***syn.*** chimera) *Gr. mythol*. आग उगलता दानव 3 भिन्न-भिन्न जानवरों के मिश्रण से बना कल्पनातीत जानवर का चित्र 4 दो या अधिक ऊतकों से बना जीव;
dw/lw: **chimeric/ ~al** /काइमेरिक/ ~ल/ *adj.* 1 आग उगलता दानव जैसा 2 बेलगाम, वहशियाना, जंगली
chimnex /शिमन्ने/ *n.* चिमनी
chimney /चिमनी/ *n., pl.* **~s** 1 चिमनी, धुंआरा, धुंआकश 2 शैलविवर 3 लालटेन का शीशे का आवरण 4 पहाड़ पर चट्टान में एक तंग-सा झरोखा जिसमें से मात्र पर्वतारोही निकल सकते हैं;
dw/lw: **~-board** *n.* गर्मियों में चिमनी को ढकने के लिए तख्ता; **~-cap** *n.* चिमनी की नाली के ऊपर ढक्कन; **~-corner** *n.* चिमनी के पास बैठने का सुकूनमय स्थान; **~-pot** *n.* चिमनी (धुआंकश) के शिखर पर बनी घड़ा-सी संरचना; **~-stalk** *n.* फैक्टरी की चिमनी का धुआंकश; **~-swallow** *n.* अबाबील; **~-sweeper** *n.* चिमनी की सफाई करने वाला;
collocations: **~ breast** चिमनी के आधार के इर्दगिर्द दीवार का तोंदनुमा भाग; **~ stack** 1 चिमनी को ढकने के लिए छत पर बना चिमनी का शिखर 2 कारखानों आदि की लंबी-ऊंची चिमनी;
p&i: **smoke like a ~** एक के बाद एक सिगरेट पीते जा.
chimp /चिंप/ (*also* **chimp**) *n., colloq.* वनमानुष, चिपैंजी
chimpanzee /चिंपैंजी/ चिंपजी/ (*also* **chimp**) *n., pl.* **~s** वनमानुष, चिंपैंजी
chin /चिन/ *n.* ठोढ़ी, ठोड़ी, ठुड्डी, चिबुक: retreating ~ (अंदर धंसती ठोढ़ी);
dw/lw: **~less** *adj.* 1 छोटी व पीछे धंसी हुई ठोडी वाला 2 कमजोर इरादे वाला (व्यक्ति); **~-wag** *n.* बक-बक; **~-wagging** *n.* गप्प हंकाई;
collocations: **~ less wonder** *Br. colloq.* कमजोर इच्छा-शक्ति वाला अभिजात वर्ग का व्यक्ति;
p&i: **~s are wagging** अफवाहे फैली हुई हैं;
he may well swim that is held up by the ~ हर काम में समर्थन की जरूरत होती है; **hold up by the ~** मदद क.; **keep one's ~ up** *colloq.* मुसीबत व कठिनाइयों के बावजूद अपना सिर ऊंचा रखना, हिम्मत न हारना; **take on the ~** मुसीबत को धैर्य और बहादुरी से झेलना; **take things on the ~** हताश न हो.; **up to the ~** सिर से पैर तक
China /चाइना/ *n.* चीन;
dw/lw: **~man** *n.* 1 चीनी नागरिक, चीन वासी; **~town** *n.* 1 चीन से बाहर कोई भी शहर 2 किसी शहर में ऐसा क्षेत्र जहां अधिकतर चीनी मूल के लोग रहते हैं, चीनी मोहल्ला;
collocations: **~ tea** चीनी चाय
china /चाइना/ *n.* 1 चीनी मिट्टी (आरंभ में चीन से आई हुई), मुलायम सफेद मिट्टी, जिसे चीनी के बर्तन, ईंटें, सिमेंट आदि बनाने, रबड़, कागज, पेंट आदि भरने और पेचिश, उल्टियों आदि बीमारियों का इलाज करने के लिए प्रयुक्त किया जाता है 2 चीनी मिट्टी के बर्तन: ~ shop;
adj. चीनी मिट्टी का: ~ vase;
dw/lw: **~-blue** *n.* पीला-भूरा-नीला रंग; **~clay** *n.* चीनी मिट्टी; **~man** *n.* 1 *cricket* बायें बाजू के गेंदबाज द्वारा दायें बाजू के बल्लेबाज को की जाने वाली गेंद 2 चीनी-मिट्टी के बर्तनों का विक्रेता; **~mania** /चाइनामेनिआ/ *n.* पुराने चीनी के बर्तन संग्रहीत करने की ललक; **~-pink** *n.* चीनी-कार्नेशन; **~-rose** *n.* सुगंधित लाल-गुलाबी फूलों की झाड़ी; **~-ware** /चाइनावेअः/ *n.* चीनी मिट्टी के बर्तन;
collocations: **~ aster** एक सुंदर फूल का नाम; **~ ink** काजल तथा गोंद आदि से बनने वाली काली स्याही; **~ play** चीनी मिट्टी; **~ shop** चीनी मिट्टी के बर्तनों तथा कांच के सामान की दुकान; **~ tea** चीन में पैदा होने वाली विशेष प्रकार से तैयार की हुई चाय;
p&i.: **a bull in a ~ shop** किसी नाजुक जगह पर भारी-भरकम बेढब आदमी का होना; **break ~** हलचल या हड़बड़ाहट पैदा क.; **from China to Peru** कश्मीर से कन्याकुमारी तक, हर जगह
chinch /चिंच/ (*also* ~ **bug**) *n.* खटमल
chinchilla /चिंचिला/ *n., pl.* **~s** 1 एक प्रकार की गिलहरी 2 एक प्रकार की गिलहरी का फर
chin-chin /चिन-चिन/ *v. pt.* **~ed**, *pp* **~ing** अलविदा क., स्वागत क., हेलो क.
chi\ne /चाइन/ *n.* 1 पशु की रीढ़ की हड्डी, मेरुदंड 2 पुट्ठा 3 खड़ी चट्टानों वाले फलक वाला पर्वतीय क्षेत्र, चोटी, पर्वतपृष्ठ 4 कगार 5 *colloq.* (***syn.*** ravine) खड़ी चट्टानों वाली गहरी खंदक;
v. pt. **~ned**, *pp* **~ning** 1 अस्थि-पंजर को रीढ़ की हड्डी के साथ-साथ काटना 2 रीढ़ की हड्डी तोड़ना: I'll **~ne** the villain
Chinese /चाइनीज/ *adj.* 1 चीन (China) से संबंधित, चीनी: ~ wall; ~ red; ~ wood 2 चीनी, चीनदेशीय 3 चीनी भाषा से संबंधित 4 चीन के नागरिक या चीन में पैदा होनेवाले व्यक्ति से संबंधित;
n. 1 चीनी नागरिक: the ~ 2 चीनी भाषा: speak ~;
collocations: **~ cabbage/ ~ leaves** *[sing.]* बंद गोभी जैसी हरी सब्जी जिससे सलाद बनाया जाता है; **~ chequers** (*US* ~ **checkers**) 1 एक चीनी खेल 2 एक फलदार पौधा; **~ copy** सही प्रतिलिपि; **~ lantern** 1 एक मुड़जाने वाली लालटेन 2 एक प्रकार का एशियायी पौधा; **~ paper** एक बढ़िया कागज; **~ radish** मूली; **~ whispers** कानों-कान फुसर-फुसर करके बात फैलाने की क्रिया; **~ white** चाइनीज ह्वाइट, चीनिया सफेदा;
p&i: **~ attack** बनावटी आक्रमण; **~ compliment** दूसरों के विचार को दी जाने वाली बनावटी तवज्जो; **~ puzzle** अनसुलझी गुत्थी, अनबुझी पहेली, पेचीदा सवाल; **~ tumbler** न गिरने वाला खिलौना
chink /चिंक/ *n., pl.* **~ies** 1 दरार, झरोखानुमा-छेद 2 इस छिद्र में से आने वाला प्रकाश पुंज 3 टनटन, खनखन, ठनकार, खनक: a ~ of glasses 4 पैसा, धन: a man of ~;
v. pt. **~ed**, *pp* **~ing** 1 (***syn.*** clink) खनकना, खनकाना, खनखनाना, ठनठनाना 2 कांपते हुए हंसना या खांसना 3 हंसते-हंसते सांस रुक जा.;
p&i: **~ in sb's armour** किसी की या किसी दलील की कमजोरी, कमी या दुर्बलता; **a man of ~** धनी आदमी
Chink/ Chinkie/ Chinky *n. pl.* **Chinkies** *offensive sl.* चीनी व्यक्ति के लिए अपमानजनक प्रयोग;
adj. चीनी
chinky/ chinkie *n., pl.* **chinkies** *sl.* 1 चीनी खाना, विशेषकर जिसे रेस्त्रां से घर ले जाया जा सके 2 चीनी रेस्त्रां;
adj. दरार भरा, तरेड़ों वाला (*Hr.*)
chin-music *n.* बक-बक, बकवाद
chinoiserie /शिनवाःजरि/ *n. Fr.* पश्चिमी कला, फर्नीचर व सज्जा

में चीनी बिंबों और शैली का प्रयोग
chinos /चीनोज/ *n., [pl.]* खाकी रंग के मोटे कपड़े से बनी पैंट
chinstrap *n.* ठोढ़ी पर बंधने वाला हेल्मेट का फीता
chintz /चिंटस/ *n., pl.* **~es** छींट का कपड़ा
chintz\y /चिंट्सि/ *adj., degr.* **~ier**, **~iest** 1 भड़कीला, सस्ता, हल्का 2 छींट के कपड़े से ढका व सजाया हुआ 3 (***syn.*** cheat, stingy) कंजूस
CHIP *abbr.* 'Children's Health Insurance Program' की प्रथमाक्षरी
chip /चिप/ *n.* 1 *UK* (*US* **French fry**) तले हुए आलू, टुकड़े, चिप्पड़ 2 *US* (*UK* **crisp**), *N. Amer.* (*also* **potato ~s**) आलू की जिप्सम, कचरी: orange **~s**; roast to a ~ 3 माइक्रोचिप, कंप्यूटर का एक अति सूक्ष्म भाग जिसमें सारी सूचना एकत्रित की जाती है 4 छोटा-सा टुकड़ा, चिप्पी 5 छिद्र 6 बेकार का अड़ंगा, नुक्स वाली या दोषपूर्ण वस्तु (defective piece), बेस्वाद खाद्य का टुकड़ा: ~ rejecter 7 (***syn.*** **strip**) खपची, तीली 8 *in gambling:* प्लास्टिक की चकती जिसे पैसे के टोकन के रूप में प्रयुक्त किया जाता है (counter) 9 पत्थर का छोटा-सा टुकड़ा 10 कांच, चीनी मिट्टी आदि के बर्तन में से टूटकर अलग हुए छोटे टुकड़े का स्थान: a ~ in the edge of a plate 11 कांच, चीनी मिट्टी आदि के बर्तन में से टूटकर अलग हुआ छोटा-सा टुकड़ा;
v.**, pt.* **~ped**, *pp* **~ping** 1 (*sometimes* ~ **at sth**) छोटा-सा टुकड़ा काटना, तोड़ना या अलग क. 2 (syn.*** crack) छोटे-छोटे टुकड़ों में तोडना या टूटना: these cups ~ if you are not careful 3 छोटे-छोटे टुकड़े काट-काटकर कोई शक्ल दे. 4 आलू की चिप काटना 5 खो जाने से बचाने के लिए कुत्ते या अन्य जानवर की त्वचा के नीचे कंप्यूटर चिप रखना;
dw/lw: **~-axe** *n.* बसूला; **~board** *n.* लकड़ी की छोटी-छोटी दबाई हुई (compressed) खपचियों से बना ठोस तख्ता, प्लाई बोर्ड; **~munk** /चिप्मंक/ *n.* गिलहरी परिवार का एक छोटा-सा उत्तरी अमेरिकी जीव; **~ped** *adj.* 1 खुरदरा 2 किनारों पर टूटी या छिली हुई: ~ped surface 3 टुकड़ों में कटा हुआ: ~ped potatoes; **~per** /चिपः/ *adj., N. Amer., colloq.* 1 जीवंत, सजीव, मनमौजी 2 काटने वाला, कटेरा, पत्थर-तराश; **~ping** *n.* 1 टुकड़ा 2 पत्थर का चूरा 3 तराशने की क्रिया; **~pings** *n., [pl.]* पत्थर, संगमरमर आदि के टुकड़े, रोडियां; **~py** *n., pl.* ~pies, *Br. colloq.* 1 चिप्स की दुकान 2 खपचियां जोड़ने वाला बढ़ई; **~py** *adj.* 1 टुकड़ों में टूटा हुआ 2 किनारों पर छीला हुआ 3 रूखा 4 जिसका अधिक पीने के कारण सिर दुःख रहा हो;
collocations: **~ and pin** पिन नंबर के साथ क्रेडिट-कार्ड; **~ basket** फल की टोकरी जो बांस की बेंत को चीरकर बुनी जाती है; **~ card** क्रेडिट कार्ड आदि जिसमें छोटी-सी चिप में प्रयोग कर्ता के बारे में आवश्यक जानकारी रहती है; **~ carving** लकड़ी पर कटाई करके नक्काशी करने का शिल्प; **~ hat** खजूर के पेड़ के पत्तों को चीरकर बनाया हुआ टोप; **~ shop** घर ले जाने के लिए चिप्स के साथ अन्य व्यंजनों की दुकान; **~ shot** *golf, football* एक छोटा ऊंचा शॉट (golf shot) या ठोकर (football kick);
p&i: **~ away at sth** किसी चीज से छोटे-छोटे टुकड़े तोड़ते रहना; **~ in** *colloq.* 1 बीच में आ टपकना, बीच में बोलना 2 बात में दखल दे.; **~ in (sth)** मिलकर पैसा दे., (***syn.*** contribute), किसी काम के लिए थोड़ा-बहुत पैसा या मदद दे दे.: the friend's ~ped in for the car; **~ off/ ~ sth off** किसी चीज में से छोटा टुकड़ा तोड़कर नुकसान क.; **~ of/ off the old block** *colloq.* जैसा बाप, वैसा बेटा, एक ही थैली का चट्टा; **~per as a canary** पीतचटकी-सा प्रसन्नचित्त; **~ out** 1 से काटना 2 से काटकर बनाना; **a ~ in a pottage pot** जिससे न छांव, न धूप होती हो, बेकार की चीज; **dry as a ~** बेरुखा; **in the ~s** पैसेवाला, धनी व्यक्ति; **hand/ pass/ cash in one's ~s** 1 हिसाब चुकता करना 2 मर जा.; **have a ~ on one's shoulder** *colloq.* बिना बात के बुरा मानना; **have had one's ~s** *colloq.* 1 मारा जाना 2 हारना या हराया जा.; **have/ wear/ go about with/ carry a ~ on one's shoulder** झगड़ालू हो., जान हथेली पर रखकर चलना; **I don't care a ~** मुझे कोई फर्क नहीं पड़ता; **knock a ~ from/ off sb's shoulder** झगड़ा शुरू क.; **the ~s are down and the stakes are high** निर्णायक घड़ी आ गई है और बहुत कुछ दांव पर लगा हैं; **throw in one's ~s with sb** किसी के साथ मिलकर एक हो जा.; **when the ~s are down** 1 जब निर्णायक पल आता है 2 जब लड़ाई शुरू हो जाती है
chipmunk *see above under* **chip: *dw/lw***
chipolata /चिपअलाःटा/ *n., pl.* **~s** एक छोटा सौसेज (sausage)
chiro\-/ cheiro- /कायरो\-/ *comb. form, signifying:* **hand** (हाथ);
dw/lw: **chiro\gnomy** /~ग्नमि/ *n.* हस्तरेखा-विद्या; **~graph** /~ग्राफ/ *n.* हस्ताकरित/ हस्तलिखित दस्तावेज; **~grapher** /~ग्राफः/ *n.* हस्त-लिपिक, हस्त-लिपि कलाविद्; **~graphy** /~ग्राफि/ *n.* हस्तलेखन कला, हस्त-लिपि-कला; **~mancy** /~मैंसि/ (*also* **cheiromancy**) *n.* (***syn.*** palmistry) हस्तरेखा-विद्या; **~podist** /किरौपअडिस्ट/ *UK* (*US* **podiatrist**) *n.* समस्याओं का समाधान पांवों देखकर बताने वाला, पाद चिकित्सक, कील काट; **~pody** /किरौपअडि/ (*US* **podiatry**) *n.* पाद-चिकित्सा; **~practic** /किरौप्रैक्टिक/ *n.* रीढ़ को हिला-डुलाकर पीठ दर्द को ठीक करने की कला; **~practor** /किरौप्रैक्टः/ *n.* रीढ़ को हिला-डुलाकर पीठ दर्द को ठीक करने वाला
chirp /चःप/ *v., pt.* **~ed**, *pp* **~ing** 1 चींचीं क., चहचहाना 2 बक-बक क. 3 सहर्ष कुछ कहना;
n. 1 चींचीं, चहचहाहट 2 बक-बक;
dw/lw: **~y** /चःपि/ *adj., degr.* ~ier, ~iest *colloq. UK* 1 जीवंत, सजीव 2 बातूनी; **~iness** *n.* 1 चहचहाने की प्रवृत्ति 2 बातूनीपन
chirr /चिः/ *v., pt.* **~ed**, *pp* **~ing** झंकारना;
n. झंकार
chirrup /चिरप/ *n.* 1 (= **chirp**) चहचहाहट, कूज 2 उकसाहट, प्रोत्साहन 3 खाली बक-बक;
***v.** pt.* **~ed**, *pp* **~ing** चहचहाना, चहचहाहट क., कूजना
dw/lw: **~y** *adj.* 1 चहचहाने वाला 2 जीवंत व मनमौजी 3 बातूनी
chisel /चिजल/ *n.* छेनी, टांकी, रुखानी: ~ cultivator/ plough;
***v.**, pt.* **~led**, *pp* **~ling** 1 छेनी से काटना 2 छीलना, तराशना 3 *US sl.* ठगना: they **~ed** him out of one thousand rupees;
dw/lw: **~led**/ *US* **~ed** *adj.* 1 अच्छी तरह तराशा हुआ 2 तीखे नैन-नक्श वाला: ~led features; **~ler** /चिजलः/ *n.* 1 पत्थर तराश, नक्काश 2 तिकड़मी, धूर्त, ठग;
***collocations:*~ tooth** छेनी जैसे दांत;
p&i: **~ in** किसी के काम में टांग अड़ाना; **full ~** *US., sl.* पूरा जोर लगाकर
chi-square test /काइ-स्कवेअः टेस्ट/ *n., statistics* ऐसा जोड़ जिसे इस बात को परखने के लिए प्रयोग किया जाता है कि आंकड़ों का समूह उन परिणामों के अनुरूप बैठता है जिनकी अपेक्षा थी
chit /चिट/ *n., derog.* 1 चिट, पुर्जा, रुक्का, पर्ची 2 (***syn.*** cheeky girl) धृष्ट लड़की, छोकरी: ~ of a girl 3 *colloq.* अंकुर, कोंपल;
***v.**, pt.* **~ted**, *pp* **~ting** अंकुरित हो., कोंपलें निकलना;
dw/lw: **~ty** /चिट्टि/ *adj.* मरियल, दुबला-पतला
chitchat /चिटचैट/ *n., colloq.* बतकही, बातचीत, गपशप;
***v.**, pt.* **~ted**, *pp* **~ting** गपशप क.
chitin /काइटिन/ *n.* कार्बोहाइड्रेट का एक जटिल तत्त्व
chiton /काइटन/ *n.* काइटन, ऊनी लबादा
chitterlings/ chitlings /चिटःलिंग्ज/ चिटलिंग्ज/ *n., [sing./pl.]* सुअर की आंतें
chival\ric/ ~rous /शिवल\रिक/ शिवल\रस/ *adj.* 1 (***syn.*** gallant) बहादर, वीर 2 उदारचेता, उदारमना, उदात्त, विशाल हृदय 3 स्त्रियों के प्रति उदार व भद्र व्यवहार करने वाला, शूरवीर 4 नारी सेवापरायण, रमणीरंजक;
dw/lw: **~resque** /~रेस्क/ *adj.* शौर्यपूर्ण; **~rously** /~रसलि/

adv. उदारतापूर्वक; **~rousness** /~रसनिस/ *n.* उदारता, शौर्य; **~ry** /~रि/ *n.* 1 शूरवीरता, शौर्य: the age of ~ry 2 उदारता 3 शूरवीर-वर्ग 4 शूरवीरों के गुण: flower of ~ry 5 शौर्यपूर्ण करामात: tale of ~ry

chive /चाइव/ *n.* 1 *pl.* **~s** लंबे पत्तों वाला प्याज परिवार का पौधा, जिसके पत्ते भोजन में प्रयोग किए जाते हैं 2 *sl.* of thieves, चाकू; *v. pt.* **~d**, *pp* **chiving** चाकू घोंपना

chivv\y /chivy /चिवि/ *v. pt* **~ied**, *pp* **~ying**, *s/he/it* ~ies 1 किसी को तंग क., परेशान क. 2 (*syn.* pester, pursue) पीछे पड़कर जबरदस्ती कुछ करवाना

chloasma /क्लोऐज़्मा/ *n., pl.* **~ta**, *med.* चेहरे पर पीले रंग के धब्बे होने का चर्म रोग

chloraemia /क्लोरेमिआ/ *n.* हरितरोग, क्लोराइडरक्तता

chloral /क्लोरल/ *n., med.* क्लोरल, एक चिकना रंगविहीन जहरीला पदार्थ, जिसे डीडीटी और शामक औषधियां (sedatives) बनाने में प्रयोग किया जाता है

chloride /क्लोराइड/ *n., chem.* क्लोराइड

chlorina\te /क्लोरिने\ट/ *v., pt.* **~ted**, *pp* **~ting** क्लोरीन द्वारा जीवाणुविहीन क.;
dw/lw: **~ted** /~टिड/ *adj.* क्लोरीनयुक्त: ~ted water; **~tion** /~शन/ *n.* क्लोरीनीकरण, पानी में क्लोरीन का मिलान

chlorine /क्लोरीन/ *n., chem.* (*symbol.* **Cl**) क्लोरीन

chloro- /क्लॉरो\-/ क्लौरअ\-/ *comb. form, denoting:* **green** (हरा);
dw/lw: **~form** /~फॉःम/ (*also* **trichloromethane**) *n., chem.* क्लोरोफार्म, एक रंगविहीन एवं सुगंधित द्रव, जिसे पहले संवेदनशून्यकरण (anaesthesia) के लिए प्रयोग करते थे; **~phyll** /~फिल/ *n., bot.* क्लोरोफिल, पर्णहरित, पर्णहरिम, पौधे में वह हरा तत्त्व जिसकी बदौलत पौधे को सूर्य की रोशनी मिलती है; **~plast** /~प्लास्ट/ *n., biol.* पौधे की पर्णहरित धारक संरचना जिसमें फोटो-सिंथेसिस (photo-synthesis) होता है; **~sis** /~सिस/ *n.* 1 हरिमाहीनता (of plants) 2 हरितरोग

choc /चौक/ *n.* चॉकलेट;
dw/lw: **~aholic/ ~oholic** /चौकअहौलिक/ *n.* चॉकलेट-प्रेमी, जिसे चॉकलेट की लत लग गई हो; **~-bar** *n.* चॉकबार, चॉकलेट की बार, छड़नुमा चॉकलेट; **~ice** *n.* चॉकलेट आइसक्रीम

chock /चौक/ *n.* 1 (*syn.* log) लक्कड़, कुंदा, अड़ास 2 (*syn.* block) गट्टा, गुटका;
adv. ठसाठस, खचाखच, पूरी तरह;
v., pt. **~ed**, *pp* **~ing** 1 ठसाठस भरना: ~ up 2 अड़ासा लगाना 3 पच्चड़ (पच्चर) या पान लगाना;
dw/lw: **~-a-block** /चौक-अ-ब्लौक/ (*also* **~-full**) *adj.* ठसाठस या खचाखच/ पूरा भरा हुआ: a room ~-a-block with people; filled ~-a-block; **~-full** *adj.* = **~-a-block** खचाखच भरा हुआ

chocoholic /चौकअहौलिक/ (*also* **chocaholic**) *n.* चॉकलेट-दीवाना

chocola\te /चौकलअट/ चौकलिट/ *n.* 1 कोको (cacao) के दानों से बना खाद्य 2 कोको की परत से ढकी मिठाई, चॉकलेट 3 चॉकलेट का टुकड़ा 4 (*also* **hot ~te**) चॉकलेटी पेय 5 कत्थई रंग;
adj. 1 चॉकलेट संबंधी, चॉकलेट का/ के/ की: **~te** ice 2 कत्थई रंग का;
dw/lw: **~te-box** *adj., derog.* अति सुंदर या अति आदर्श (अयथार्थपूर्ण): a ~te-box village; **~tier** /चौकलअटिअः/ *n.* चॉकलेट निर्माता; **~ty/ ~tey** /चौकलअटि/ *adj.* चॉकलेटी, कत्थई रंग का;
collocations: **~te colour** कत्थई रंग

CHOGM *abbr.* 'Commonwealth Heads of Government Meeting' की प्रथमाक्षरी

choice /चॉइस\/ *n.* 1 चयन, चुनाव, चयन क्रिया: make a ~ of sth; make one's ~; take one's ~; make a careful ~/ be careful in your ~ 2 विकल्प, चारा: I have no ~ but ...; he had no ~ but to go 3 पसंद, रुचि: sb's first ~; this is my ~ 4 पसंदीदा विकल्प चुनने का अवसर: I have no ~ in the matter; he had no ~ in the determination of his profession 5 (*syn.* variety) विविधता, चुनने के अच्छे विकल्प: a wide ~; a poor ~ 6 जिस व्यक्ति या वस्तु को चुन लिया गया हो: he was the peoples' ~; everyone admires his ~;
adj. degr. **~r, ~st** 1 चुनने लायक, श्रेष्ठ, उत्तम, बढ़िया: ~ pieces of cloth; of the **~st** quality; ~ goods; ~ passage/ piece 2 चुनिंदा, पसंदीदा 3 (*syn.* connoisseur) चुनने में सक्षम 4 गुण-अवगुण पहचानने में दक्ष: ~ and master spirit; be ~ of one's company 5 चुने हुए (शब्द आदि): sum up a situation in a few ~ words/ phrases;
dw/lw: **~ness** /~नेस/ *n.* पसंद, चयन: the ~ness of the language;
p&i: **~ drawn** बहुत ध्यान से पसंद किया हुआ; **~ peaches** बहुत बढ़िया फल या सामान;
by ~ अपनी मर्जी से; **for ~** पसंद से, अच्छा होगा कि...; **from ~** 1 खुशी-खुशी, अपनी मर्जी से 2 यदि चुनने के लिए कुछ हो तो; **Hobson's ~** जो सामने है उसे लो या छोड़ दो यानी पसंद या चयन का पूर्ण अभाव; **make ~ of** चुनाव या पसंद क.; **of ~ for sb/ sth** किसी के लिए या किसी विशेष उद्देश्य के लिए; **of one's ~** किसी की अपनी मर्जी का या अपनी मर्जी से; **take one's ~** अपनी पसंद का चुनना; **there is small ~ in rotten apples** सड़े सेबों में से चयन का क्या मतलब?

choir /क्वायः/ *n.* 1 समूह-गान: sing in a school ~ 2 (*syn.* ensemble) गायक-मंडली, गायक वृंद 3 गिरजा घर के गायक वृंद का समूहगान स्थान: ~boy/ ~man (गायक वृंद का सदस्य, वृंद गायक); ~ brother/ sister; ~ service;
dw/lw: **~girl** /क्वायःगःल/ *n.* गिरजे की वृंद गायिका; **~master/ ~mistress** *n.* गायक वृंद का शिक्षक;
collocations: **~ man** सहगान में भाग लेने वाला पुरुष; **~ organ** सहगान में बजाया जाने वाला बाजा; **~ screen** गायक दल का स्थान; **~ service** भजन मंडली; **~ stalls** *pl.* गिरजा घर के चांसेला (पूर्वी भाग में) गायक वृंद के लिए लकड़ी की कुर्सियां

choke /चोक/ *v., pt.* **~d**, *pp* **choking** 1 दम घुटना: ~ to death; she almost **~d** to death in the thick fumes 2 (*syn.* strangle) गला घोंटना: ~ the life out of sb 3 (*also* **~ up**) रुद्ध/ अवरुद्ध क., बंद कर दे., रुद्ध करके शमन क.: ~ a fire 4 भावुकता या आवेश में गला रुंध जा.: **choking** with rage; ~ with smoke; tears **~d** him 5 स्थान आदि भरना, अवरोधित क., सीमित क.: the garden is **~d** (up) with weeds; the chimney is **~d** (up) with soot; the roads are **~d** with traffic 6 विकास को अवरुद्ध क.: weeds ~ plants 7 किसी चुनौती के सम्मुख रुंध जा., दब जा., असफल हो जा. 8 गले कुछ फंसने के कारण गले का रुंध जा.: **~d** with a bone; ~ with tears;
n. 1 श्वासरोधन, घुटन, दम घुटने का दौरा 2 गला घोंटने की क्रिया 3 रोधक 4 कार इंजन में हवा के प्रवेश को नियंत्रित करने वाला उपकरण (कार या मोटर साइकिल आदि के ठंडे इंजन को चालू करने के लिए चोक (choke) देकर यानी वायु के छिद्र को बंद करके पेट्रोल आदि के मिश्रण को और तेज करने की क्रिया) 5 **~ coil** (*electronics*) के द्वारा रेडियो तरंगों का वर्धन;
dw/lw: **~d (up)** *adj.* (गला) रुंधा हुआ, बोलने में असमर्थ; **~r** /चोकः/ *n.* 1 कंठी, गले में कस कर फिट बैठने वाला हार 2 गले में बांधी जाने वाली मखमल की पट्टी 3 दमघोंटू माहौल बनाने वाला व्यक्ति या संगठन; **choking** *adj.* 1 जिसका दम घुट रहा हो 2 दम घोंटने वाला; **choking** *n.* 1 दम घुटने की क्रिया 2 यातायाती जैम (traffic jam) 3 घुटन; **chok(e)y** *adj.* 1 श्वासावरोधी 2 जिसका दम घुट रहा हो: I feel ~y 3 दमघोंटू 4 गले से नीचे न उतरने वाली (बात);

collocations: ~ **berry** सेब के समान एक फल जो अमेरिका में होता है; ~ **bore** बंदूक का छेद जो नाल की ओर तंग होता है; ~ **cherry** अमेरिका का एक फल जो चेरी के समान मीठा होता है; ~ **coil** *electronics* रेडियो तरंगों का वर्धन करने वाली तार का गुच्छा; ~ **damp** खानों व कुओं आदि में दम घोंटने वाला वातावरण; ~ **somebody** अचानक बीच में रोक दे.;
p&i: ~ **back** दबाना; ~ **down** 1 कठिनाई से (भोजन) निगलना, गटकना 2 घबराहट को दबाना; ~ **off** 1 गला घोंटकर मार दे. व्यक्ति को दबा दे.; ~ **pear** गले न उतरने वाली बात; ~ **sth back** भावावेश आदि को दबाकर रखना (न दिखाना); ~ **sth off** 1 दबा दे. 2 किसी की आवाज को दबा दे.; ~ **(sb) up** गला भर आना, गला रुंध जाना; ~ **up** 1 नाली आदि का अवरुद्ध हो जा. 2 ठसाठस भर दे.

cholaemia/ cholemia /कअलीमिआ/ *n.* पित्तरक्तता

cholecalciferol /कौलिकैल्सिफअरौल/ *n.,* विटामिन D_3

choler /कौलः/ *US* काःलः/ *n., dated* पित्त, क्रोध, तुनुकमिजाज;
dw/lw: **~ic** *adj.* पित्तप्रकृति, गुस्सैल, तुनुकमिजाज, चिड़चिड़ा;
p&i: **~ic hates a counselor** क्रोधी को सीख नहीं सुहाती

chole\ra /कौलअरा/ *US* काःलअरा/ *n. pathol.* हैजा, विषूचिका: Asiatic/ epidemic **~ra**;
dw/lw: **~ric** *adj.* 1 हैजा संबंधी 2 (***syn.*** bad-tempered) चिड़चिड़ाहटपूर्ण: ~ric word

cholesterol /कलेस्टअरौल/ *n., biochem.* कोलेस्ट्रॉल, शरीर में चर्बी की जरूरत से ज्यादा मात्रा

chomp /चॉप/ *US* चाम्प/ *v. pt* **~ed**, *pp* **~ing** (***syn.*** munch) चबड़-चबड़ करके खाना

Chomskyan/ Chomskian /चौम्सकिअन/ *adj.* अमेरिकी भाषाविद् व राजनीतिक चिंतक नाओम चौमस्कि (Naom Chomsky, *also in Russian* **Нaýм Хóмский**) व उसकी राजनीतिक विचारधारा से संबंधित

chook /चुक/ *n., Austral. & NZ* 1 मुर्गा या मुर्गी या उनका गोश्त 2 वृद्ध औरत के लिए अपमानजनक शब्द

choose /चूज/ *v., pt.* **chose**, *pt. p.* **chosen**, *pp* **choosing**, *s/he/it* **~s** 1 चुनना, चयन क.: ~ a friend/ a wife/ a husband; ~ books for the library 2 छांटना: ~ an apple 3 पसंद अनुसार क., मन मर्जी से क., सही समझकर चुनना: (do) just as you ~; leave when one **~s**; ~ for yourself; he chose to hide 4 नेता या प्रतिनिधि आदि चुनना: ~ a leader/a chairman 5 (***syn.*** prefer) तरजीह दे., श्रेयस्कर समझना, ज्यादा पसंद क., अधिक चाहना, दो या अधिक में से चुनना: ~ between death and dishonour; between the two evils not worth **choosing**; nothing/ not much/ little to ~ between them 6 कुछ करने के सिवा और कोई चारा न हो: I cannot ~ but do sth ...; I cannot ~ but agree;
dw/lw: **~r** /चूजः/ *n.* चुनने वाला, चुनाव करने वाला; **choos(e)y** /चूजी/ *adj., degr.* ~ier, ~iest (***syn.*** fussy, picky) नकचढ़ा, जिसे कुछ भी जल्दी पसंद न आता हो;
p&i: ~ **the line of least resistance** आसान रास्ता चुनना; ~ **to do sth** कुछ करने का निश्चय क. ~ **between the devil and the deep sea** इधर कुंआ, उधर खाई में से चुनना;
beggars can't be ~rs दान की गाय के दांत नहीं देखा करते; **nothing/ not much to ~ between them** किन्हीं के बीच चुनने को कुछ न हो.; **pick and** ~ बिना किसी नियम के मन-मर्जी से चुनना

chop /चौप/ *US* चाःप/ *v.pt.* **~ped**, *pp* **~ping** 1 (*also* **~ up**) छोटे-छोटे टुकड़े क.: ~ tle carrots 2 काटना, चीरना: ~ wood 3 (***syn.*** cut) काटकर छोटा क., मात्रा, संख्या या साइज घटाना: the plan allocations wee ~ped by 50% 4 अदला-बदली क. 5 (*also* **~ and chang**e) अपने इरादे, योजनाएं आदि बदलते रहना 6 अलग क., हटाना, निप्टाना (dispense with) 7 कीमा बनाना 8 गेंद को नीचे की ओर बाकर मारना 9 *colloq.* आर्थिक समर्थन (funding) बंद कर देना, बीच में रोक दे. 10 प्रहार क. 11 झटके से कुछ क.;
n. 1 पतली हड्डी के साथ मांस की चॉप (piece of meat with bone) 2 गेंद को नीचे की ओर दबा देने के लिए किया जाने वाला वार, प्रहार 3 कराटे आदि में एक तीव्र प्रहार 4 अदला-बदली: ~ and change (*UK* विचारों/ गतिविधियां/ नौकरियों में जल्दी-जल्दी किया जाने वाला बदलाव) 5 तरंग-भंग 6 जबड़ा 7 (***syn.*** cheek) गाल 8 (***syn.*** seal, brand) छाप, मार्का 9 कटे टुकड़े से बनी कटलेट 10 दरार, प्रवेश-छेद: **~s** of the Channel 11 वस्तु की कोटि या श्रेष्ठता: first/ second ~ 12 लाइसंस, अनुमति 13 (***syn.*** clearance) सारे माल की बिक्री: grand ~;
dw/lw: **~house** *n.* 1 *colloq.* चॉप (chop) और स्टेक (steak) के लिए मशहूर रेस्त्रां 2 (चीन में) सीमा-शुल्क घर; **~ped** *adj.* ***1*** टुकड़े-टुकड़े या कीमा बनाया हुआ ***2*** सानी किया हुआ (पशुओं का हरा चारा); **~per** /चॉपः/ *n., pl.* ~pers *colloq.* 1 हेलीकॉप्टर 2 कुल्हाड़ा, छुरा 3 बड़े-बड़े हत्थों वाली मोटर साइकिल 4 (*also* **~pers**) *colloq.* दांत; **~ping** *n.* 1 कटाई, टुकड़ों में कटाई 2 कीमा बनाने की क्रिया; **~ping** *adj.* मजबूत, शक्तिशाली; **~ping-board** *n.* तख्ता जिसपर सब्जियां काटी जाती हैं; **~pily** *adv.* उखड़े-उखड़े से; **~piness** *n.* 1 उखड़ा-उखड़ापन, अस्थिरता 2 क्षुब्धता; **~py** /चॉपि/ *adj., degr.* ~pier, ~piest 1 उखड़ा-उखड़ा, अस्थिर, चंचल 2 क्षुब्ध 3 ऊबड़-खाबड़: ~py market 4 तरंगित, झकझोरा हुआ (समुद्र) 5 दरारदार; **~s** *n., [pl.]* मानवों या जानवरों का जाढ़, जबड़ा: the dog sat licking its ~s; **~sticks** /चौप्स्टिक्स/ *n. [pl.]* चॉप्स्टिक्स, पूर्वी एशियायी (चीन आदि) देशों में खाने के लिए प्रयोग की जाने वाली लकड़ी की पतली-पतली डंडियां या सींखें, चीनी कांटा;
collocations:: ~ **logic** अतिशय गूढ़ और भूल-भुलैया में डालने वाली दलील या तर्क; **~ping block** लकड़ी का छोटा तख्ता जिस पर रखकर मांस आदि काटा जाता है; **~ping knife** गोश्त काटने की छुरी; **~ping sea** तूफानी व तरंगित समुद्र;
first ~ प्रथम कोटि का, सर्वोत्तम; **no ~** रद्दी, बेकार; **potato ~s** आलू के छोटे-छोटे, पतले-पतले टुकड़े;
p&i: ~ **about**/ ~ **round** एकदम दिशा बदल ले.; ~ **and change** *UK* जल्दी-जल्दी विचार/ गतिविधियां/ नौकरियां बदलते रहना; ~ **at** पर चोट क.; ~ **away** से काटकर अलग क.; **chop chop** *excl.* जल्दी करो!, जल्दी-जल्दी!; ~ **down** पेड़ आदि काटना; ~ **off** से कुछ हिस्सा काटना, छांटना; ~ **fallen** हतोत्साह, निराश, हताश लुटा-पिटा; ~ **in** 1 टेनिस आदि की गेंद को मारना 2 शब्द आदि बीच में जोड़ना या लगाना 3 बीच में टपक पड़ना, दखल दे.;~ **sth down** काटना; ~ **sth off** किसी चीज से कुछ काटना; ~ **through** चीरते-फाड़ते निकल जाना; ~ **up** टुकड़े क., टुकड़े-टुकड़े क.;
be given the ~ 1 नौकरी से बरखास्त किया जा. 2 बंद कर दिया जाना: the plan got a complete ~; **for the ~** *colloq.* बरखास्त होने वाला; **get the ~** *colloq.* 1 नौकरी से बरखास्त हो. 2 बंद कर दिया जा.: the project got the ~; **get the ~per** मारा जा.; **lick one's ~s** *colloq.* किसी आनंददायक वस्तु या बात का उत्सुकतापूर्वक इंतजार क.; **not much ~** बेकार

chop suey /चौपसूइ/ *n.* गोश्त व सब्जी के टुकड़ों को चीनी शैली में पका कर सूखी (crisp) नूडलों के साथ परोसा जाने वाला व्यंजन

choragus/ choregus /कोरागुस/ *n.* वृंदगान-प्रमुख, सहगान-प्रमुख

choral /कोरअल/ *adj.* गायक मंडली के लिए बनाया हुआ संगीत;
dw/lw: **~ly** *adv.* समूहगान के रूप में

chorale/ choral /कौराःल/ *n., N. Amer., esp. US* 1 एक अति सुरीला चर्च भजन 2 समूह गान मंडली, गायक वृंद;
collocations: ~ **society** समूह-गान संगठन

chord /कॉःड/ *n., music, poetic* 1 *music* स्वर संघात, कई तरह के सुरों का मिश्रण 2 *math.* जीवा, चापकर्ण, वक्र रेखा पर दो बिंदुओं को मिलाने वाली एक सरल रेखा 3 (***syn.*** string) तंत्री, तार, वाद्य

की तार 4 *anat.*, **cord** की एक और वर्तनी: strike a deep ~ in the hearts
*collocations:***common** ~ एक-सा सुर; **spinal** ~ मेरुदंड, रीढ़ की हड्डी; **vocal** ~ स्वरतंत्री;
p&i: **strike/ touch a ~ (with sb)** 1 स्वर से स्वर मिलाना, एकमत हो 2 किसी के मन की बात कहना.: touch the right ~

chordophone /कोःडॉफॉन/ *n.* तार वाद्य

chore /चॉः/ *n.* 1 रोज-रोज का काम: daily **~s**; house-hold/ domestic **~s** 2 एक ही ढर्रे पर चलने वाला काम-काज, उबाऊ काम 3 दिहाड़ी का काम: his ~ is washing the dishes; shopping is a tedious ~ for me

chorea /करिआ/ *n., pathol.* 1 लास्य, कोरिया 2 शरीर के किसी अंग में स्वतः तेज चालन की बीमारी

choreograph /कौरिअग्रा\फ, कौरिअग्रै\फ/ *US* कॉरिअग्रै\फ/ *v., pt.* **~ed**, *pp* **~ing** 1 प्रबंध क. 2 नृत्य का निर्देशन क.;
n. 1 नृत्य सर्जक 2 नर्तक;
dw/lw: **~er** /कौरिऔग्रअफः/ *US* कॉरिआःग्रैफः/ *n.* नृत्य-निर्देशक; **~ic** /कौरिअग्रैफिक/ *US* कॉरिअग्रैफिक/ नृत्यकला संबंधी; **~y** /कौरिऔग्रफि/ *US* कॉरिआःग्रफि/ *n.* नृत्य-निर्देशन

choric /कौःरिक/ कॉःरिक/ *adj.* समूह-गान संबंधी

chorion /कॉःरिऔन/ *US*/कॉःरिआःन/ *n.* जरायु, भ्रूण की बाहरी झिल्ली

chorister /कौरिस्टः/ *US* कॉरिस्टः/ *n.* गायक, वृंदगायक

chorograph\er /कौरौग्रअफः/ *n., geog.* कॉराःग्रअफः/ क्षेत्रीय भूगोलविद्;
dw/lw: **~ic** /कौरग्रैफिक/ *adj.* क्षेत्रीय भूगोल संबंधी; **~y** /कौरौग्रफि/ *US* कॉराःग्रफि/*n.* क्षेत्रीय भूगोल, क्षेत्रवर्णनी, क्षेत्रवर्णनी भूगोल

choroid /कॉरॉइड/ (*also* **~ coat**) *n., anat.* रक्तक, रंजित पटल;
adj. जरायुक्त;
dw/lw: **choroiditis** /कॉरॉइडिटिस/ *n.* रंजित पटल रोग

chorologist /कॉरॉलअजिस्ट/ *n.* जीव-भूविस्तार विज्ञानी;
dw/lw: **~y** /कॉरॉलजि/ *n.* जीव-भूविस्तार

chort\le /चॉःटल/ *n.* ठहाका, खिलखिलाहट, हंसी;
v. *pt.* **~led**, *pp* **~ling** आनंदविभोर होकर (खिलखिलाकर) हंसना

chorus /कॉरस/ *n., pl.* **~es** 1 वृंदगान, सहगान, वृंदगीत 2 (***syn.*** choir) गायक-मंडली, गायक-वृंद 3 गीत-नाट्य में एकल गायकों के साथ गौण या सहायक भूमिका निभाने वाली गायक-मंडली या नर्तक: a ~ girl 4 (***syn.*** refrain) गीत की टेक 5 बहुत सारे लोगों द्वारा एक साथ उच्चरित शब्द: a ~ of 'no's (rejection); a ~ of 'yes's' (approval); a ~ of demands, etc. 6 *theat.* नाटक में प्रारंभिक व अंतिम पाठ पढ़ने वाला कलाकार 7 *Gr. theat.* कथानक के बढ़ते क्रम पर टीका-टिप्पणी करने वाले स्टेज पर मौजूद कलाकार;
v., *pt.* **~ed**, *pp* **~ing** दो या अधिक लोगों द्वारा एक साथ किसी बात को कहा जा., गीत गाना आदि;
p&i: **a ~ of loud laughter** हंसी का अट्टहास; **a ~ of protest** सामूहिक विरोध की अभिव्यक्ति; **anvil ~** विरोध रहनेवालों की नारेबाजी; **in ~** एक साथ

chose *pt.*, **'choose'** का भूतकाल;
dw/lw: *pt. p.* **~n 'choose'** की भूतकालिक कृदंत;
collocations:**~n few** थोड़े-से चुनिंदे लोग

chou\se /शोज/ *n.* ठगी, चालबाजी, धोखाधड़ी;
adj. ठग;
v., *pt.* **~sed**, *pp* **~sing** ठगना

chow /चौ/ *n., US sl.*, भोजन, खाना, नाश्ता, दोपहर और शाम का खाना: ~ time;
dw/lw: **~mein** *n.* चाउमिन, चीनी सेवइयों (noodles) से बना एक व्यंजन

chow-chow /चौ, चौ-चौ/ *n.* 1 मश्रित व्यंजन 2 एक चीनी कुत्ता

chowder /चौडः/ *n., mainly N. Amer.* एक गाढ़ा शोरबा

CHPS *abbr.* 'Combined Heat Power House' की प्रथमाक्षरी

cremat\ic /क्रेमअटिक/ *adj.* राजनीतिक अर्थशास्त्रीय;
dw/lw: **~ist** /क्रेमअटिस्ट/ *n.* राजनीतिक अर्थशास्त्री

chrestomathy /क्रअस्टॉमअथि/ *n.* उद्धरणिका, उद्धरण-ग्रंथ, टिप्पणियों के साथ दिए हुए मूल साहित्यिक पाठों की पुस्तिका

CHRI *abbr.* 'Cancer Hospital & Research Institute', 'Commonwealth Human Rights Initiative' की प्रथमाक्षरी

chrism /क्रिज्म/ *n., relig.* पवित्र विलेपन, अभ्यंग;
dw/lw: **~al** /क्रिज्मल/ *adj.* पवित्र विलेपन संबंधी; **~atory** /क्रिज्मेटरि/ *n.* अभ्यंग पात्र, पवित्र विलेपन पात्र;
collocations: **~ mass** अभ्यंग मिस्सा

chrisom /क्रिजम/ *n., relig.* बपतिस्मा कमीज, नव बपतिस्मा प्राप्त शिशु;
dw/lw: **~robe** /क्रिजमरोब/ *n.* बपतिस्मा वस्त्र

Christ /क्राइस्ट/ (*also* **Jesus Christ**) *n.* यीशु, ईसा, ईसा मसीह, ख्रीस्त: Jesus ~; ~ child; spirit of ~;
dw/lw: **~adelphian** /क्रिस्टअडेल्फिअन/ *n., Christ.* एक ईसाई मत जो सशर्त अमरता में विश्वास रखता है; **~dom** /क्रिस्डम/ *n.* 1 ईसाई जगत 2 दुनिया के वे भाग जहां ईसाईयत एक मान्यता प्राप्त धर्म है; **~en** /क्रिस्न/ *v., pt.* ~ened, *pp* ~ening 1 नामकरण संस्कार के माध्यम से ईसाई चर्च का सदस्य बनाना, बपतिस्मा दे. 2 किसी को नाम या उपनाम देना: the child was ~ened Mary after her grandmother 3 *humorous, colloq.* किसी वस्तु को पहली बार प्रयोग में लाना: ~en the new wine glasses; **~ing** /क्रिस्निंग/ *n.* नामकरण/ बपतिस्मा संस्कार; **~less** *adj.* ईसाई मत को न मानने वाला; **~like** *adj.* ईसा मसीह के समान;

Christian /क्रिस्चिअ\न/ *n.* ईसाई धर्म का अनुयायी;
adj. ईसा संबंधी, ख्रीस्तीय, मसीही: ~ name; ~ era; Men's/ Women's ~ Association;
dw/lw: **~ity** /क्रिस्चिऐनिटि/ *n.* ईसाई धर्म, ईसाईपन, ईसाईयत, ख्रीस्तीय धर्म, ख्रीस्तीयता; **~ize** /~नाइज/ *v., pt.* ~ized, *pp* ~izing *n.* 1 ईसाई बनाने या ईसाई धर्म में दीक्षित क. 2 ईसाई नाम देना; **~ization** /~नाइजेशन/ *n.* ख्रीस्तीकरण, ख्रीस्तीय धर्म-प्रचार; **~like** *adj.* व्यवहार तथा आचरण में ईसाइयों की भांति; **~ly** /~लि/ *adv.* ईसाइयों जैसा
collocations: **~ era** ईसवी सन; **~ name** व्यक्ति का अपना/ पहला नाम; **~ Science** मेरी बेकर ऐड्डी (Mary Baker Eddy) द्वारा 1879 में स्थापित एक धार्मिक आंदोलन, जिसके तहत साधारण चिकित्सा की बजाए आध्यात्मिक उपचार पर बल दिया जाता है

Christmas /क्रिस्मस/ (*also* **~ Day**) *n.* बड़ा दिन (25 दिसंबर), यीशु-जन्मोत्सव, ख्रीस्त-जयंती, ख़ीस्त जन्मोत्सव, क्रिस्मस: merry ~!; ~ cad; ~ gifts; ~ stocking;
dw/lw: **~sy** /क्रिस्मसि/ *adj.* 1 क्रिस्मस से संबंधित या उसके अनकूल 2 किस्मस के रंग में रंगा; **~tide** /क्रिस्मस्टाइड/ *n.* क्रिस्मस के दिन; क्रिस्मस ऋतु
***collocations:*~** **box** क्रिस्मस के अवसर पर डाकिए व अन्य सेवायें देनेवालों को दिया जाने वाला उपहार; **~ cactus** संकर किस्म का कैक्टस जो सर्दियों में फूल देता है; **~ cake** क्रिस्मस के अवसर पर बनाया व खाया जाने वाला बड़ा-सा केक; **~ card** बड़े दिन के अवसर पर भेजा जाने वाला शुभकामना कार्ड; **~ Eve** 24 दिसंबर की क्रिस्मस-पूर्व संध्या; **~ Father** सांता क्लॉस; **~ present** बड़े दिन का उपहार; **~ pudding** क्रिस्मस के अवसर पर बनाई व खायी जाने वाली हलवे जैसी मिठाई; **~ rose** एक सदाबहार नरगिसी परिवार का फूल वाला पौधा (Hellebore); **~ stocking** क्रिस्मस के अवसर पर बच्चों द्वारा टांगा जाने वाला एक बड़ा-सा मोजा (sock) जिसमें उपहार डाले जाते हैं; **~ ime/ ~ tide** क्रिस्मस के पहले और बाद के कुछ दिन; **~ tree** बड़े दिन के अवसर पर सजाई जाने वाली सदाबहार पेड़ की शाखा.;
p&i: **~ comes but once a year** बरस में दीवाली एक ही बार आती है

Christingle /क्राइस्टिंग्ल/ *n.* क्रिस्मस दीप/ मोमबत्ती

Christology /क्रिस्टॉलजि/ *n., Christ.* ख्रीस्तशास्त्र, ख्रीस्त-विद्या, ईसाई धर्मशास्त्र की एक शाखा जिसमें ईसाईयत के लिए ईसा मसीह के महत्त्व का अध्ययन किया जाता है

Christophany /क्रिस्टअफअनि/ *n.* ईसा के प्रकट होने की क्रिया

chroma /क्रोमा/ *n.* रंग के असली और पक्का होने का स्तर

chromakey /क्रोमकि/ *n.* टीवी (TV) आदि पर पृष्ठभूमि परिवर्तन, बिंब के ऊपर बिंब चढ़ाने की क्रिया

chromatic /क्रोमैटि\क/ *n.* रंग संबंधी, वार्णिक, रंगीन: ~ accent; ~ press; ~ printing; ~ aberration; ~ depression/elevation;
dw/lw: **~ally** /~कलि/ *adv.* रंग के हिसाब से; **~ity** /~सिटि/ *n.* रंगीनता; **~s** /क्रोमैटिक्स/ (*also* **chromatology** /क्रोमटॉलजि/) *n.* रंग/ वर्ण-विद्या
collocations: **~ aberration** वर्ण विपथन या बिगड़ाव; **~ printing** (ब्लॉक बनाकर विविध रंगों में की जाने वाली) रंगीन छपाई; **~ scale** *music* सरगम

chromatism /क्रोमटिज्म/ *n., med.* वर्ण विपर्यय

chromatography /क्रोमअटौग्रफि/ *n., chem.* 1 वर्ण लेखन 2 द्रवों या गैसों के मिश्रण के तत्त्वों को अलग-अलग करने की तकनीक

chromatology = **chromatics** *see above under* **chromatic:** ***dw/dw***

chrome /क्रोम/ *n., non-techn.* क्रोम (जिससे दूसरी धातुओं पर रुपहली परत /silver plating/ चढ़ाते हैं): ~ green; ~ steel; ~ nickel steel;
v. *pt.* **~d**, *pp* **chroming** 1 क्रोमियम का घोल चढ़ाना 2 क्रोमियम की परत चढ़ाना

chromium /क्रोमियम/ *n.* (*symbol* **Cr**) एक रुपहली धातु का तत्त्व, जिसे जंग नहीं लगता और इसे इलेक्ट्रोप्लेटिंग में प्रयोग करते हैं। इसे लोहे और निकल में मिलाकर धातु मिश्रण (alloy) बनाते हैं जिससे स्टेनलेस इस्पात बनाई जाती है

chromo /क्रोमो/ *n., abbr.* '**chromolithograph**' का संक्षेप, वर्णता, रंग: ~ paper;
dw/lw: **~gen** /क्रोमोजअन/ *n.* वर्णकोत्पादक; **~gram** *n.* विभिन्न रंगों के चित्रों का समन्वय; **~graph** *n.* रंगीन चित्र छापने की क्रिया; **~lithograph** /क्रोमोलिथोग्राफ/ *n.* लीथो यानी पत्थर या जस्ते की प्लेट से छापा गया रंगीन चित्र; **~lithography** /क्रोमोलिथॉग्रफि/ *n.* इस प्रकार छापने की कला या प्रणाली; **~meter** *n.* वर्णमापी; **~plast** *n.* जीवित तत्वों में रंगात्मक पदार्थ; **~scope** *n.* वर्णदर्शी; **~sphere** *n.* वर्ण मंडल; **~typography** /क्रोमोटाइपॉग्रफि/ *n.* रंगीन छपाई, क्रोमोटाइप; **~typy** *n.* = **~type** रंगीन टाइपिंग;
p&i: **contest the** ~ *US colloq.* किसी के साथ मुकाबला क.

chromo\some /क्रोमअसोम/ *n.* 1 जीवों या पौधों में गुण सूत्र 2 कोशिका के केंद्र में असंख्य धागेनुमा अति सूक्ष्म रचनाएं जो कोशिका के विभाजन के समय छड़नुमा आकार की दिखती हैं और वे डीएनए (DNA) के रूप में कोशिका या सारे जीव के विकास के बारे में सारी जैविक सूचनाएं समाहित रखती हैं: **~some** map; **~ some** set;

Chron. *abbr. Bible* 'Chronicles' का संक्षेप

chron-/ chrono- /क्रोन-/ *comb. form, signifying:* **time** (समय)

chronic /क्रौनि\क/ *adj.* 1 चिरकालिक, दीर्घकालिक: ~ doubts; ~ wars; ~ poverty; the weather is ~; a ~ alcoholic 2 बहुत समय से चल रही बार-बार होने वाली (बीमारी आदि): ~ pain; ~ rheumatism; ~ headache 3 बहुत बुरा: a ~ film (एक बुरी फिल्म);
dw/lw: **~ally** /~कलि/ *adv.* बार-बार होने वाली; **~ality** /~कैलिटि/ *n* चिरकालिकता, बार-बार आवृत्ति;
collocations: ***a*** **~ dieter** आदतन कम खाना खानेवाला; **~ fatigue syndrome** (*also* **myalgic encephalomyelitis**, *abbr.* **ME**) वाइरस से संबंधित विकार जिसमें कमजोरी, बदन की टूटन, मांसपेशियों में दर्द, एकाग्रता या एकचित्तता का अभाव (loss of concentration), स्मरण-शक्ति का लोप आदि लक्षण देखने को मिलते हैं

chroni\cle /क्रौनि\क्ल/ *US* क्राःनि\क्ल/ *n.* 1 इतिवृत्त, इतिहास 2 ऐतिहासिक वृतांत;
v., *pt.* **~cled**, *pp* **~cling** 1 इतिहास लिखना 2 घटनाओं को वर्ष वृतांत के रूप में लिखना 3 छोटी-मोटी घटनाओं को दर्ज क.: **~cle** small beer;
dw/lw: **~cler** *n.* इतिहासकार;
collocations: **~cle play** *n.* लिखित इतिहास पर आधारित नाटक;
p&i: **small-beer ~cle** छोटी-मोटी घटनाओं का वृतांत

chrono\- /क्रौनो-/ *US* क्राःनो-/ *comb. form, denoting:* **time** (समय, काल);
dw/lw: **~biology** /~बायॉलजि/ *n.* कालजैविकी; **~gram** /क्रौनअ\ग्रैम/ *US* क्राःनअ\ग्रैम/ *n.* तिथिबंदता; **~graph** /~ग्राफ/ *n.* समयलेखी घड़ी; **~graphy** /~ग्राफि/ *n.* काल-लेखन, समय-गणन विज्ञान; **~logical**, **~logy** *see below under separate entry*; **~~meter** /क्रअनौमिटः/ *n.* 1 अत्यंत सही घड़ी 2 समुद्र में पानी के नीचे प्रयोग की जाने वाली एक घड़ी; **~metry** /क्रअनौमिट्रि/ *n.* काल-मापन; **~scope** /~स्कोप/ *n.* अवधिदर्शी, अति कम अवधि बताने वाला यंत्र; **~tron** /~ट्रेन/ *n.* अतिसूक्ष्मकालमापी यंत्र

chronolo\gy /क्रअनौ\लजि/ क्रअनाः\लजि/*n.* 1 कालक्रम, क्रम जिसमें अतीत की घटनाएं घटित हुई 2 समय निश्चय करने की विद्या, कालानुक्रमण 3 काल-क्रम सूची, घटनाओं का तिथि के अनुसार निर्धारण;
dw/lw: **~gical** /क्रौनअलौजिकल/ *US* क्राःनअलाःजिकल/ *adj.* 1 कालानुक्रमिक, कालक्रमिक: ~ order (तैथिक क्रम) 2 काल-क्रम मापी; **~gically** /क्रौनअलौजिकलि/ क्राःनअलाःजिकलि/ *adv.* कालक्रम से, सिलसिलेवार, काल-क्रमानुसार; **~gist** /~लजिस्ट/ *n.* काल-क्रमानुसार इतिहास लेखन करने वाला विशेषज्ञ;
collocations: **~gical age** (≠ mental age/ level of physical, mental or emotional development) किसी व्यक्ति द्वारा जिए गए वर्षों की संख्या

chrysalis /क्रिसअलिस/ (*also* **chrysalid**) *n.* 1 कोषावस्था 2 कोष में पूर्णतः विकसित अवस्था, प्यूपा 3 (***syn.*** cocoon) कोष

chrysanthemum /क्रिसैंथअमम/ (*also* **chrysanth**) *n.* गुलदाउदी, बगीचे में उगने वाला डेजी (daisy) परिवार का बड़े-बड़े फूलों वाला पौधा

chryselephantine /क्रिसेलिफैंटाइन/ *adj.* सोने व हाथी दांत का

chrysoberyl /क्रिसोबेरिल/ *n., geol.* हरे-पीले खनिज, जिनसे रत्न बनाए जाते हैं

chrysograph /क्रिसअग्राफ/ *v., pt.* **~ed**, *pp* **~ing** स्वर्ण अक्षरों में लिखना;
dw/lw: **~y** /क्रिसॉग्रअफि/ *n.* स्वर्ण अक्षरों में लिखाई

chrysocrancy /क्रिसोक्रैसि/ *n.* धनतंत्र, धनिकतंत्र, सामंतशाही

chrysolite /क्रिसअलाइट/ *n., geol.* लहसुनिया

chrysophilist/ chrysophilite /क्रिसॉफिलिस्ट/ क्रिसॉफिलाइट/ *n.* स्वर्ण-दीवाना, स्वर्ण प्रेमी, स्वर्ण रागी

chrysoprase /क्रिसोप्रेज/ *n., geol.* अर्ध-पारदर्शी चमकदार हरा रत्न

chrysostomic /क्रिसअसटॉमिक/ *adj.* लच्छेदार भाषा बोलने वाला

CHS *abbr.* 'Centre for Historical Studies' की प्रथमाक्षरी

CHTR *abbr.* 'Compact High Temperature Reactor' की प्रथमाक्षरी

chub /चब/ *n.* नदी की एक मोटी मछली

chub\by /चबि/ *adj., degr.* **~bier**, **~biest** 1 गोल-मटोल एवं प्यारे-से बच्चे की तरह का: **~by** baby 2 मांसल: **~by** cheeks;
dw/lw: **~biness** /चबिनेस/ *n.* प्यारापन, मांसलता

chuck /चक/ *v., pt.* **~ed**, *pp* **~ing** *sl.* 1 अनमने-से फेंकना 2 घुमाकर फेंकना 3 छोड़ दे., कुछ करना तज दे.: ~ work 4 रिश्ता तोड़ लेना 5 थपथपाना, दुलारना: ~ under the chin;
n. 1 हवा में उछाल, फेंक 2 (**the ~**) *sl.* बरखास्तगी, नौकरी आदि से हमेशा के लिए छुट्टी 3 दोस्त की छुट्टी: ~ a friend 4 ठोढ़ी के नीचे बच्चे को दी जाने वाली स्नेहपूर्ण थपथपाहट 5 *sl.* खाना, भोजन 6 कंधा, गर्दन;
dw/lw: **~er** *n.* क्रिकेट में गलत ढंग से गेंद फेंकने वाला खिलाड़ी: ~er out (किसी को शारीरिक रूप से उठाकर बाहर निकालने वाला);
collocations: **~ and ~ steak** गर्दन और कंधे के बीच का मांस का टुकड़ा; **~ farthing** गुच्चीपाड़ा, एक खेल जिसमें सिक्के को छेद (छोटे गड्ढे) में डाला जाता है; **~ hole** सड़क का गड्ढा; **~ wagon** खाद्य-गाड़ी या आहार गाड़ी;
the ~ 1 नौकरी से बरखास्तगी, नौकरी से छुट्टी 2 ठोड़ी के नीचे थपथपाहट;
p&i: **~ away** 1 ऊर्जा आदि बेकार खर्च क. 2 अवसर गंवा दे.; **~ it!** बंद करो!; **~ off** गाली दे.; **~ one's hand in** हार मान लेना, हथियार डाल दे.; **~ one's weight about** अहंकारपूर्वक पेश आना; **~ off sth** किसी स्थान या नौकरी आदि से निकाल दे.; **~ sb out of sth** *colloq.* किसी को बाहर निकाल दे.; **~ sb under the chin** प्यार-दुलार में स्पर्श क.; **~ sth** *UK* बेकार समझकर छोड़ दे.; **~ sth in** *colloq.* छोड़ या त्याग दे.; **~ sth out** *colloq.* किसी बात से पिंड छुड़ाना या छुटकारा पाना, ठुकरा दे.; **~ up** *colloq.* 1 नौकरी आदि छोड़ दे. 2 बीमार पड़ जा., उल्टी क.; **~ up a chance** मौका गंवा दे.; **~ up the sponge** संघर्ष को समाप्त क.;
give the ~ नौकरी से बरखास्त कर दे.

chuckle /चकल/ *v., pt.* **~d**, *pp* **chuckling** मुंह बंद करके हंसना;
n. 1 दबी हंसी 2 मुर्गी की कुड़कड़ाहट 3 मूर्ख, उल्लू;
dw/lw: **~-head** *n.* मूर्ख व्यक्ति; **~-headed** *adj.* मूढ़, मूर्ख

chuff /चफ/ *v. pt.* **~ed**, *pp* **~ing** रेल के भाप के इंजन से पफ-पफ करते हुए भाप का निकलना;
dw/lw: **~ed** /चफट/ *adj., Br. colloq.* बहुत खुश; **~iness** *n.* उजड्डता; **~y** बदमिजाज, अनाड़ी, असभ्य, जंगली; **~ing** *adj. euphemism for* 'fucking': the whole ~ing world has gone crazy.

chug /चग/ *v., pt.* **~ged**, *pp* **~ging** 1 घर्र-घर्र क.: ~ across/ along/ up, etc. (घर्र-घर्र करते हुए धीरे-धीरे चलना) 2 किसी पेय को एक घूंट में या जल्दी से पी जा.;
n. घर्र-घर्र की आवाज

chugger /चगः/ (charity + mugger) *n.* सड़क पर खड़े होकर पथिकों से प्रायः दान की संस्था के लिए पैसे मांगने वाला व्यक्ति

chukka boot पोलो खेलते समय पहना जाने वाला ऊंचा बूट

chum /चम/ *n., colloq.* 1 यार, बेली, घनिष्ठ मित्र 2 एक कमरे या कैद-कोठरी का साथी: new ~;
v. *pt.* **~med**, *pp* **~ming** 1 (*usually* **~ up with sb**) दोस्ती क. 2 छात्रावास आदि में किसी के साथ एक ही कमरे में रहना 3 दोस्त के साथ कहीं जाना: ~ up with a friend to the Health Centre;
dw/lw: **~mage** /चमिज/ *n.* एक कमरे में कई जनों का एक साथ रहने का अनुभव; **~mery** /चमरि/ *n.* 1 छात्रावास में छात्रों का सामूहिक जीवन 2 छात्रावास; **~my** /चमि/ *adj.* ~mier, ~miest 1 घनिष्ठ, पक्का, अंतरंग 2 मिलनसार 3 मैत्रीपूर्ण, दोस्ताना, याराना;
p&i: **~in/ ~ up (with)** दोस्ती क.

chump /चंप/ *n., colloq.* 1 गुट्ठक, लक्कड़, लकड़ा (a block of wood) 2 मूर्ख व्यक्ति 3 गोश्त का पुट्ठा 4 कुंदा (thick end) 5 *Br. colloq.* सिर;
p&i: **be off one's ~** मूर्ख या पगलैट हो.

chunder /चंडः/ *mainly Austral., sl. v. pt.* **~ed**, *pp* **~ing** उल्टी या कै क., बीमार हो.

chunk /चंक/ *n.* 1 मोटा बड़ा टुकड़ा: bite off a big ~ 2 *colloq.* किसी वस्तु का एक बड़ा हिस्सा, काफी बड़ी मात्रा;
dw/lw: **~ing** *n.* शोर, किलकारी, भौंह, भौंक; **~y** /चंकि/ *adj., degr.* ~ier, ~iest 1 छोटा, गठीला, तगड़ा 2 *about clothes:* बड़ा, भारी-भरकम 3 ठोस और मजबूत 4 टुकड़ों से बना;
p&i: **a ~ of a ...** बहुत बढ़िया, अति उत्तम

chunnel /चनल/ *n., colloq.* 1 **channel** or **tunnel** को मिलाकर बना वैकल्पिक नाम 2 **channel** or **tunnel** का मिश्र शब्द (portmanteau word)

church /चर्च/ *n.* 1 चर्च, गिरजा, गिरजा घर, कलीसा: go to ~ (1 चर्च जा. 2 चर्च में विवाह क.) 2 (*also* **Church**) ईसाई समुदायों या शाखाओं में से एक: the Methodist **Church**; what ~ does he belong to? 3 चर्च में होने वाली प्रार्थना: ~ is over 4 (*also* **Church**) पादरी समाज का व्यवसाय: enter the **Church**; go into the ~ 5 पादरी गण व चर्च का सारा ताम-झाम एक राजनीतिक पक्ष के रूप में: quarrels between ~ and State 6 चर्च का पूरा ताम-झाम (paraphernalia);
adj. 1 चर्च से संबंधित: ~ book; ~ service 2 चर्च का/ की/ के;
dw/lw: **~goer** *n.* नियमित रूप से चर्च जाने वाला; **~ianity** /चर्चिऐनिटि/ *n., derog.* चर्च के क्रिया क्रमों व मंत्र-तंत्र (ritualism) में आस्था; **~ism** *n.* चर्च के प्रति प्रतिबद्धता; **~less** 1 किसी भी चर्च से असंबद्ध 2 नास्तिक; **~ly** /चर्चलि/ *adj.* चर्च की दृष्टि से उपयुक्त; **~man/ ~woman** *n.* पादरी समुदाय का सदस्य; **~warden** *n.* 1 चर्च की जायदाद व पैसे का प्रबंधक 2 पुराने फैशन की एक लंबी मिट्टी की पाइप; **~y** *adj.* कलीसाई, यीशु का अंध भक्त 2 कपटी सदाचारी 3 (***syn.*** fanatic) दूसरों के मत के प्रति असहिष्णु; **~yard** *n.* चर्च का कब्रिस्तान;
collocations: **~ militant** पाप, अत्यचारों और शासक वर्ग के छल-कपट के विरुद्ध संघर्ष करने वाले ईसाई (प्रतयमान); **Church of England** इंग्लैंड का सरकारी चर्च जिसका मुखिया राजा या रानी होते हैं; **~ officer** चर्च की देखभाल व रख-रखाव करने वाला अधिकारी; **~ rate** गिरजे का चंदा; **~ register** किसी क्षेत्र में जन्म, विवाह मृत्यु का लेखा; **~ service** ईसाइयों की उपासना; **~ suffering/ ~ penitent** सहमान; **~ triumphant** विजयमान;
p&i: **a piece of a ~yard fits** सबको एक न एक दिन वहीं जाना है (मरना है); **ask in the ~** विवाह रहनेवालों के नाम चर्च में घोषित क.; **fat ~yard** मुर्दों से भरा हुआ कब्रिस्तान; **go into the ~** पादरी बन जाना; **in the right ~ but in the wrong pew** आम तौर पर सही, पर अलग-अलग बातों में गलत; **let the ~ stand in the churchyard** हर चीज का अपना स्थान होता है; **nearer the ~, the farther from God** चिराग तले अंधेरा; **poor as a ~ mouse** बिल्कुल कंगाल

churl /चःल/ *n.* 1 फूहड़, उजड्ड, बदमिजाज आदमी 2 मध्ययुगीन किसान (**мужúк** = मुझइक) 3 (***syn.*** miser) कंजूस व्यक्ति;
dw/lw: **~ish** /चःलिश/ *adj.* 1 अभद्र, फूहड़, उजड्ड, गंवार, बदमिजाज, चिड़चिड़ा: ~ish reply 2 कंजूस 3 (***syn.*** intractable) अवश: ~ish blasts (तूफानी हवा); **~ishness** *n.* 1 अभद्रता, गंवारपन, बदमिजाजी, चिड़चिड़ापन 2 कंजूसी

churn /चःन/ *v., pt.* **~ed**, *pp* **~ing** 1 मथना, बिलोना, मथकर मक्खन निकालना 2 (*also* **~ sth up**) (***syn.*** stir) हिलाना, आलोड़ित क.: ~ the water 3 उमड़ना, आलोड़ित हो., आंदोलित हो. 4 पेट में मरोड़े उठना;
n. 1 (***syn.*** vessel) मंथन-ढोल, बिलोनी 2 (***syn.*** churning) मंथन, विलोड़न;
dw/lw: **~-staff** *n.* मथानी, रई;
p&i: **~ sth out** बड़ी मात्रा में पैदा क.; **~ up** झकझोरना

churr /चः/ *n.* हल्की गुर्राहट, गुड़गुड़, गुड़गुड़ाहट, घर्र-घर्र

chute /शूट/ *n.* (*also* **shoot**) 1 ढाल, पतनाला, कूड़े-कर्कट की नाल 2 बच्चों के तरण ताल में फिसलने का स्थान 3 पैराशूट 4 जलप्रपात;
collocations: **rubbish ~** ढालू नाली जिसमें से कूड़ा नीचे जाता है;
p&i: **~ the ~(s)** (क्रीड़ा स्थल पर) नौका में तेजी से पहाड़ी से नीचे

उतरना

chutzpah /क्षुत्स्पा/ *n., mainly N. Amer. colloq.* धृष्टता, ढिठाई, गुस्ताखी, बदतमीजी, निर्लज्जता

CI *abbr.* 'cast iron', 'Counter-insurgency', 'counterintelligence' की प्रथमाक्षरी

CI *abbr.* 1 'Channel Islands' का संक्षेप 2 *IVR* 'Cote d'Ivoire, Ivory Coast' का अंतर्राष्ट्रीय वाहन पंजीकरण कोड(*IVR*)

Ci *symbol., phys.* **'curie'** का चिह्न

CIA *abbr.* 'Central Intelligence Agency' की प्रथमाक्षरी

CIA *abbr.* 'Criminal Investigating Agency' की प्रथमाक्षरी

CIAA *abbr.* 'Common Investigation of Abuse of Authority' की प्रथमाक्षरी

ciabatta /चअबैटा/ *n., pl.* **~s/ ciabatte** एक इतालवी ब्रेड (रोटी)

CIAE *abbr.* 'Central Institute of Agricultural Engineering' की प्रथमाक्षरी

CIAL *abbr.* 'Cochin International Airport Limited' की प्रथमाक्षरी

ciao /चाउ/ *excl. n., pl.* **~s** चाओ! एक गैरतकल्लुफी इतालवी अलविदा या विदाई नमस्कार

CIAT *abbr.* 'Computer and Informatics Aptitutde Test' की प्रथमाक्षरी

CIB *abbr.* 'Central Intelligence Board', 'credit information bureau', 'Chartered Institute of Bankers' की प्रथमाक्षरी

Cibarious /सिबेअरिअस/ *adj.* पौष्टिक, स्वादिष्ट

CIBIL *abbr.* 'Credit Infomation Bureau India Limited' की प्रथमाक्षरी

ciborium /सिबॉःरिअम/ *n.* 1 परमप्रसाद-पात्र 2 छतरी (canopy)

CIBRD(LB) *abbr.* 'Credit and International Bank for Reconstruction and Development loan bids' की प्रथमाक्षरी

CIC *abbr.* 'Community Internet Centres', 'Crises Intervention Centre', 'customer interaction centres', 'Custom Integrated Circuit' की प्रथमाक्षरी

cicada /सिकाःडा/ सिकेडा/ **cigala** or **cicala** /सिकाःल/ *n.* रइयां, चिश्चिर, एक चींचीं करने वाला कीट

cicatri\x/ cicatri\ce /सिकअट्रिक्स/ सिकअट्रिस/ *n., pl.* **~es/~s** घाव भरने पर बनी पपड़ी, क्षतचिह्न, व्रणचिह्न, घाव का दाग, क्षतांक;
***dw/lw:* ~ze** /सिकअट्राइ\ज/ *v., pt.* ~zed, *pp* ~zing 1 पपड़ी आ जाना, घाव भर जाना 2 (लोहे की गर्म छड़ से) दाग दे., दागना;
***dw/lw:* ~zation** /~जेशन/ *n., med.* 1 घाव की भराई 2 दाग देने की क्रिया

CICEF *abbr.* 'Central Institute of Coastal Engineering and Fisheries' की प्रथमाक्षरी

Cicero /सिसअरो/ *n.* लच्छेदार भाषण झाड़नेवाला व्यक्ति;
***dw/lw:* Ciceronian** /सिसअरोनिअन/ *adj.* लच्छेदार भाषण झाड़ने वाला

cicerone /चिचअरोनि/ *n.* गाइड, सैलानियों का पथ-प्रदर्शक;

CICR *abbr.* 'Central Institute of Cotton Research' की प्रथमाक्षरी

CICs *abbr.* 'Communication Information Centre' की प्रथमाक्षरी

CICST *abbr.* 'Canadian Institute of Computer Science & Technology' की प्रथमाक्षरी

CID *abbr.* 'Crime Investigation Department', 'Criminal Investigation Department' की प्रथमाक्षरी

CIDA *abbr.* 'Canadian International Development Agency' की प्रथमाक्षरी

CIDC *abbr.* 'Construction Industry Development Council', की प्रथमाक्षरी

CIDCO *abbr.* 'City and Industrial Development Corporation' की प्रथमाक्षरी

-cide/-icide /-साइड/ *comb. form, forming nouns, denoting:* **sth that kills** (मारने वाली, मारक)

cider /साइडः/ *n.* 1 *UK* सेब की शराब 2 *US* सेब का पेय;
***collocations:* ~ press** सेब का रस निकालने वाली मशीन;
***p&i:* all talk and no ~ = much ado about nothing** थोथा चना बाजे घना

ci-devant /सिडअवां/ *adj., Fr.* भूतपूर्व: ~ president; a ~ friend of mine

CIDS *abbr.* 'Chief of Integrated Defence Staff' की प्रथमाक्षरी

CIE *abbr.* 'Centre for International Education' की प्रथमाक्षरी

CIEE *abbr.* 'Council for International Education Exchange' की प्रथमाक्षरी

CIEFL *abbr. formerly* 'Central Institute of English and Foreign Languages (*now* EFLU, 'The English and Foreign languages University', Hyderabad)' की प्रथमाक्षरी

CIEP *abbr.* 'Council on International Economic Policy' की प्रथमाक्षरी

CIER *abbr.* 'Centre for Industrial and Economic Research' की प्रथमाक्षरी

CIF *abbr.* 'cost, insurance and freight' की प्रथमाक्षरी

CIFE *abbr.* 'Central Institute of Fisheries Education (Mumbai)', 'Centre for Electronics and Technology of India (Augangabad)' की प्रथमाक्षरी

CIFT *abbr.* 'Central Institute of fisheries Technology' की प्रथमाक्षरी

CIFTI *abbr.* 'Confederation of India Food Trade and Industry' की प्रथमाक्षरी

cig /सिग/ *n.* सिगरेट, सिगार

cigar /सिगाः/ *n.* सिगार, चुरुट;
***dw/lw:* ~illo** /सिगअरिलो/ *n., pl.* ~s छोटा सिगार; **~-shaped** *adj.* सिगार जैसा

cigarette /सिगरेट/ *n.* सिगरेट: ~ end;
***dw/lw:* ~-holder** *n.* सिगरेट-होल्डर; **ciggy/ cig** *n., pl.* ciggies *colloq.* सिगरेट; **~-lighter** *n.* सिगरेट जलाने वाला उपकरण
***collocations:* ~ case** सिगरेट की डिबिया; **~ end/ ~ butt** सिगरेट का टोटका; **~ paper** सिगरेट बनाने का कागज

CIHR *abbr.* 'Canadian Institute of Health Research' की प्रथमाक्षरी

CII *abbr.* 'Chartered Insurance Institute', 'Confederation of Indian Industry' की प्रथमाक्षरी

CIIL *abbr.* 'Central Institute of Indian Languages (Mysore)' की प्रथमाक्षरी

CII-SR *abbr.* 'Confederation of Indian Industry-Southern Region' की प्रथमाक्षरी

CIL *abbr.* 'Coal India Limited', 'Cyberspace Infosys Limited' की प्रथमाक्षरी

cilantro /सिलैंट्रो/ *US* (*UK*/ *US* **coriander**) *n.* धनिया या धनिया जैसी बूटी

cilia /सिलि\आ/ *n., [pl.]* 1 (***syn.*** eyelashes) बरौनी 2 *biol.* पक्ष्माभिका, पक्ष्म, लोमक, रोमक, रोमिका, रोमाभ;
***dw/lw:* ~ted** /सिलिएटिड/ *adj.* = **~ry** /~अरि/ *adj.* रोमक: ~ry body; ~ry motion;
***collocations:* ~ry muscle** *n., anat.* आंख-घुमाव मांस-पेशी

cilice /सिलिस/ *n.* 1 रोमच्छद 2 बालों से बना वस्त्र, लोम वस्त्र

cilium /सीलिअम/ *n., [sing.]* बरौनी, पलक (eyelash)

cill /सिल/ *n.* गवाक्ष, झरोखा

CIM *abbr.* 'constraint-induced movement' की प्रथमाक्षरी

CIMA *abbr.* 'Charted Institute of Managment Accountants' की प्रथमाक्षरी
CIMAP *abbr.* 'Central Institute of Medicinal and Aromatic Plants' की प्रथमाक्षरी
cimbino /सिंबिनो/ *n.* रोशनदान
CIMIT *abbr.* 'Centre for Innovative Minimally Invasive Therapy' की प्रथमाक्षरी
CIMS *abbr.* 'Centre for Image Management Studies' की प्रथमाक्षरी
CIN *abbr.* 'Corporate Identity Number' की प्रथमाक्षरी
C-in-C *abbr.*, **'Commander-in-Chief'** की प्रथमाक्षरी, सेनाध्यक्ष
cinch /सिंच/ *n., pl.* **~es** *colloq.* 1 (***syn.*** doddle) आसान काम, सरल काम 2 सुनिश्चित बात: it's a ~ 3 जीन की पेटी: have a ~ on sb;
v., pt. **~ed**, *pp* **~ing** 1 कसना 2 पक्का क.
cinchona /सिन्कोना/ *n., pl.* **~s** सिनकोना की छाल, जिससे कुनीन बनती है: ~ bark; ~ tree
cincture /सिंक्चः/ *n., mainly lit.* 1 पेटी 2 कमरबंद 3 मेखला;
v. *pt.* **~d**, *pp* **cincturing** पेटी बांधना, घेरना
cinder /सिंडः/ *n., pl.* **~s** 1 अधजला या सुलगता हुआ अंगार, जलता कोयला 2 जली (दग्ध) वस्तु 3 राख (ash): burnt to a ~ 4 लावा की राख: the volcano ejected **~s**;
dw/lw: **~-box** = **~-pit** *n.* राख का गड्ढ़ा; **~y** /सिंडरि/ *adj.* दग्ध, जलकर राख बनी हुई;
collocations: **~ concrete** राख-रोड़ी घोल; **~ mill** राख कारखाना;
p&i: **burn to a** ~ जलाकर खाक बना दे.
Cinderella /सिंड्रेला/ *n., pl.* ~**s** 1 अचानक प्रसिद्ध होने वाली एक गरीब प्रताड़ित लड़की: ~ story (सहसा प्रसिद्ध होने वाली बेचारी सिंड्रेला की कहानी) 2 उपेक्षित नौकरानी, जिसके गुण व सौंदर्य की कोई कदर न करता हो
cine- /सिनि/ *comb. form, signifying:* film (चलचित्र): a **~camera**
cineaste/ cineast /सिनिऐस्ट/ *n.* सिनेमा प्रेमी, फिल्मकार, फिल्म-निर्माता
cinema /सिनअमा/ *n., pl.* **~s** 1 *UK* (*US* **movie theater**) सिनेमा-घर 2 सिनेमा, चलचित्र 3 चलचित्र निर्माण कला या धंधा: amateur ~; ~ theatre;
dw/lw: **~-actor** *n.* फिल्म अभिनेता; **~-actress** *n.* फिल्म अभिनेत्री; **~-goer** *n.* सिनेमा जाने वाला; **~-hall** *n.* सिनेमाघर; **~tic** /सिनअमैटिक/ *adj.* फिल्मी, चलचित्रात्मक; **~-vérité** /सिनअमा-वेरिटे/ *n.* दस्तावेजी फिल्मी शैली द्वारा काल्पनिक चित्रण को यथार्थपूर्ण बनाने की कला
cinematograph /सिनअमअटौग्रअफ/ *US* सिनअमअटाःग्रअफ/ *n.* 1 चलचित्र प्रदर्शन, चलचित्र-मशीन 2 सिनेकैमरा;
dw/lw: **~er** /~ग्रअफः/ *n.* फिल्मी चलचित्रकार; **~ic** /सिनअमअटअग्रैफिक/ *adj.* चल-चित्रण संबंधी; **~y** /~ग्रअफि/ *n.* चलचित्र निर्माण, चलचित्रिकी, चलचित्र कला, चलचित्रण
cinephile /सिनिफाइल/ *n.* सिनेमा का शौकीन, फिल्म-प्रेमी
Cineplexes *abbr.* 'Cinema Complexes' से बना मिश्रित शब्द (portmanteau word)
Cinerama /सिनअराःमा/ *n. Tradem.* तीन प्रोजेक्टर लगाकर उभरी हुई स्क्रीन पर त्रिफलकी (three-dimensional) चलचित्रण की तरकीब
cinerar\ia /सिनिरेअरिआ/ *n.* अफ्रीका और मडगास्कर में पाई जाने वाली एक बौनी-सी झाड़ी
cinerar\ium /सिनरेअरिअम/ *n., Lat.* अस्थि अवशेष (भस्म) रखने का स्थान (niche आळा);
dw/lw: **~y** /सिनअरेरि/ *adj.* भस्म का, भस्मी: a ~y urn; **cinereous** /सिनिरिअस/ *adj.* भस्मी, भस्मवर्ण
cineritious /सिनअरिशिअस/ *adj.* भस्मवर्णी, भस्म या राख से संबंधित
cingulum /सिन्ग्युलम/ *n.* कमरबंद, मेखला
CINI *abbr.* 'Child in Need Institute' की प्रथमाक्षरी
cinnabar /सिनअबाः/ *n.* सिंदूर, हिंगुल, सिंगरिफ;
dw/lw: **~ic**/ **~ine** /~बारिक/ ~बअरीन/ *adj.* सिंदूरी
cinnamon /सिनअमअन/ *n.* दालचीनी (मसाला), दारु-सिता
cinquain /सिन्क्वन/ *n., lit.* पंचपदी
cinque /सिंक/ *n.* पंजा, पांच;
dw/lw: **~foil** *n. bot.* पंचवर्णी
cinquecento /चिन्क्विचेंटो/ *n., lit.* सोलहवीं सदी के नवजागरण काल के इतालवी कला एवं साहित्य: ~ art
CIO *abbr.* 'Central Intelligence Organisation', 'Chief Information Officer' की प्रथमाक्षरी
CIOL *abbr.* 'Cyber India Online Limited' की प्रथमाक्षरी
CIP *abbr.* 'Central Institute of Psychiatry (Ranchi)', 'central issue price' की प्रथमाक्षरी
CIPA *abbr.* 'Chartered Institute of Patent Agents' की प्रथमाक्षरी
CIPET *abbr.* 'Central Institute of Plastic Engineering & Technology (New Delhi)' की प्रथमाक्षरी
CIPFA *abbr.* 'Chartered Institute of Public Finance and Accountancy' की प्रथमाक्षरी
cipher/ cypher /साइफः/ *n.* 1 शून्य, सिफर 2 (***syn.*** figure) अंक: a number of three ~s 3 (***syn.*** secret code) गूढ़ लिपि, बीज लेख, बीजांक, संकेताक्षर: in ~; translate into/ out of ~ 4 संकेताक्षरों का प्रयोग: ~ text; ~ message 5 (***syn.*** key) संकेताक्षरों की कुंजी 6 किसी डिजाइन में जुड़े और किसी वस्तु के प्रतीक के रूप में काम करने वाले किसी के नाम के प्रथम अक्षर 7 निकम्मी चीज, नगण्य व्यक्ति, छुटभैया: he is a ~; stand for ~;
v. *pt.* **~ed**, *pp* **~ing** बीजांक (code) में लिखना, बीजांकन क.: read, write and ~; ~ out;
dw/lw: **~ed** /सिफःड/ *adj.* संकेताक्षरित: ~ed message; ~ed code; **~ed- key** *n.* बीजांक कुंजी; **~ed procedure** *n.* बीजांक-प्रक्रिया
CIPHET *abbr.* 'Central Institute of Post Harvest Engineering and Technology (Ludhiana)' की प्रथमाक्षरी
CIR *abbr.* 'Court of Industrial Relations' की प्रथमाक्षरी
CIRB *abbr.* 'Central Institute for Research on Buffaloes' की प्रथमाक्षरी
circa /सःक/ (*abbr.* **'c.'**) *prep.* के आसपास, लगभग, के समय में
circadian /सःकेडिअन/ *adj., biol.* 1 जैव लयात्मक, जो 24-घंटे के समय चक्र (pattern of sleeping and waking in adult humans) से मेल खाती है, जैवचक्रीय 2 चौबीस घंटे के चक्र-काल में मानव व पशु शरीरों होने वाले बदलावों से संबंधित
Circassian /सःकैसिअन/ *adj.* कॉकेशियायी क्षेत्र की एक प्रजाति
Circean /सःसिअन/ *adj.* बढ़ा-चढ़ाकर जादुई प्रभाव डालने वाला: ~ charms
circensian /सःसेनशिअन/ *adj.* सर्कस से संबंधित: ~ games
circinate /सःसिनेट/ *adj.* कुंडलाकार, कुंडलित
Circinus /सःसिनस/ *n., astron.* दक्षिणी गोलार्द्ध में आकाश-गंगा (Milky Way) में स्थित एक गौण (मद्धिम) तारामंडल
circle /सःकल/ *n.* 1 *geom.* वृत्त, परिधि, घेरा, चक्कर, चक्र: move in **~s**; in a ~ of trees/ of hills; the aeroplane made two **~s** and landed 2 दायरा: a wide ~ of interests; within the ~ of possibilities 3 मंडल, मंडली, समूह, गोष्ठी 4 (***syn.*** orbit) ग्रहकक्ष 5 परिक्रमा, कक्ष: come full ~ 6 (***syn.*** cycle) चक्र, कालचक्र, मौसम का चक्र: ~ of seasons; ~ of declination/ hour ~ 7 (***syn.*** district) क्षेत्र, मंडल, हल्का, इलाका: polar ~ (ध्रुव वृत्त) 8 (***syn.*** community) समाज, समुदाय, बिरादरी: ~ of

friends; family ~; the ~ of his acquaintance widened; ruling/ business **~s** 9 (***syn.*** ring) वलय 10 *theat.* मुख्य हाल के ऊपर के स्थानों की गैलरी (gallery of seats): the dress ~; parquet ~; family/ upper ~ 11 (**the circle**) *UK* निचले सदन (House of Commons) के ऊपरी भाग में स्थान 12 घटनाचक्र 13 तार्किक वृत, दुष्चक्र: vicious ~ 14 चंद्रमा के गिर्द चक्कर 15 सर्कस आदि का गोलाकार अखाड़ा 16 धुरी के गिर्द चक्र: a ~ of sewing; earth's ~ around its axis;

***v.**, pt.* **~d**, *pp* **circling** 1 के इर्दगिर्द घूमना 2 के चारों ओर घूमना, परिक्रमा क., चक्कर लगाना: the Sputnik **~d** the Earth several thousand times 3 मंडराना: the hawk **~d** about/ around his prey; the aeroplane **~d** above us; ~ around 4 के चारों ओर चक्कर बनाना, घेरे में रखना 5 लोगों के बीच घूमना: ~ among the voters;

dw/lw: **~d** /सःकल्ड/ *adj.* 1 = encircled घिरा हुआ 2 वृत्ताकार, गोलाकार 3 गोलाकार सीमांकित किया हुआ; **circling** *n.* 1 गोलाकार गति 2 चक्कर; **~t** /सःक्लअट/ *n.* 1 छोटा चक्र या वृत्त: ~t of flower 2 गोलाकार आभूषण 3 (***syn.*** ring) अंगूठी, वलय, छल्ला 4 शिरोबंध (headband of gold or silver): ~ of flowers; **~-wise** *adv.* वृत्त में, गोलाकार रूप में;

p&i: **~ back** फिर वहीं आ जा.;

argue/ reason in a ~ घुमा-फिराकर बात क., टालमटोल क., बाएं-दाएं हांकना; **come full** ~ चक्र पूरा क. या हो., पूरी परिक्रमा करना, जहां से चले थे फिर वहीं लौट आना; **go round in ~s** वहीं घूमते रहना, बहस आदि में बार-बार दोहराई जाने वाली बातों के पचड़े में फंसना; **run round in ~s** हड़बड़ाहट में इधर-उधर दौड़ना पर कहीं पहुंच न पाना; **square the** ~ अनहोनी बात या काम करने की कोशिश क., असंभव को संभव बनाने की कोशिश करना; **vicious** ~ दुष्चक्र, गोल-मोल दलील

circuit /सःकट/ *n.* 1 मार्ग, परिपथ 2 घेरा, चक्कर, परिधि, परिक्रमा: the Moon's ~ of the Earth; ~ of the globe; the ~ of the city walls 3 रूट, रास्ता, दौड़ने का गोलाकार रास्ता: he devoted many hours to the ~ of Paris; fetch/ take/ make ~ 4 (**electric** ~) बिजली का सर्किट, विद्युत परिपथ: short ~; open ~; close ~ television; ~ breaker (परिपथ भंग करने वाला) 5 मंडल, समाज, बिरादरी, क्षेत्र: ~ of action 6 दौरा: the commanding officer made a ~ of the camp; theatre companies travel over regular **~s**; ~ court (चल अदालत); ~ rider 7 चारों ओर या गोलाकार उड़ान 8 जाल: theatre ~;

***v.**, pt.* **~ed**, *pp* **~ing** 1 गश्त लगाना 2 परियात्रा क.: ~ the globe 3 दौरे पर निकलना;

dw/lw: **~ous** /सःकटस/ *adj.* घुमावदार, चक्करदार; **~ry** /सःकटरि/ *n., pl.* ~ries किसी इलेक्ट्रोनिकी या वैद्युत उपकरण में प्रयोग की जाने वाली परिपथ योजना या प्रणाली; **~-breaker** *n.* परिपथ वियोजक, परिपथ का जोड़ हटाने वाला उपकरण; **~y** /सर्किटि/ *n.* 1 चक्कर 2 लंबा खिंचने की क्रिया: ~y of action;

collocations: **~ board** विद्युत परिपथ पटल; **~ house** दौरा करने वाले न्यायाधीश आदि का विश्राम-सदन; **~ judge** दौरा करने वाला न्यायाधीश; **~ training** बार-बार दोहराए जाने वाले अभ्यास के रूप में व्यायाम प्रशिक्षण; *electric* ~ विद्युत परिपथ; **short** ~ बिजली के परिपथ में दो तारों का आकस्मिक जुड़ाव;

p&i: **fetch a** ~ (चक्कर लगाकर) पास से गुजर जा.

circular /सःक्युलः/ *adj.* 1 गोलाकार, गोल, वृत्ताकार: ~ staircase; ~ life-belt 2 चक्राकार, चक्रवर्ती: ~ motion 3 चक्करदार: ~ trip/ tour; ~ railway 4 अपूर्ण तर्क, ऐसा तर्क जो पूरा न हो या जो किसी निष्कर्ष पर न पहुंचे: ~ insanity; ~ proof (प्रमाण जिसे स्वयं प्रमाण की जरूरत हो) 5 बहुत सारे पतों पर भेजा जाने वाला पत्र, गश्ती चिट्ठी या परिपत्र: ~ letter; ~ order; ~ note;

dw/lw: **~ity** /सःक्युलैरिटि/ *n.* गोलाई, चक्राकारिता, वर्तुलता; **~ize**/ **~ise** /सःक्युलराइज/ *v., pt.* ~ized, *pp* ~izing 1 गश्ती चिट्ठी भेजना 2 गोल बनाना;

collocations: **~ route** चक्कराकार रास्ता, परिक्रामी पथ; **~ saw** बिजली से चलने वाला आरा जिसमें एक गोल डिस्क लगी होती है

circula\te /सःक्युले\ट/ *v., pt.* **~ted**, *pp* **~ting** 1 घूमना या घुमाना 2 चक्कर काटना, परिक्रमा क.: traffic **~ting** through the town 3 प्रसारित/ प्रचारित क., फैलना या फैलाना: **~te** the letter; **~te** a document 4 चारों तरफ चक्कर काटते हुए बहना या घूमना 5 रक्त आदि का संचारित हो. 6 पार्टी आदि में भिन्न-भिन्न लोगों से बातें करते घूमना;

dw/lw: **~ting** *adj.* 1 गश्ती, संचारी: ~ting notes/ letter 2 चल: ~ting capital (चल पूंजी): ~ting department; ~ting book;

collocations: **~ting assets** चल संपत्ति; **~ting library** चल पुस्तकालय;

p&i: **~te a loving-cup** मय के प्याले को पीने वालों के बीच घुमाना; **bad news ~tes quickly** अफवाहों के पंख होते है

circulation /सःक्युलेशन/ *n.* 1 संचार: air ~; blood ~; poor ~ 2 संचार, चलन: ~ tube 3 वितरण, प्रसारण: ~ file; ~ period 4 पाठक-संख्या, प्रसार-संख्या, बिक्री प्रसार (of newspapers, etc.): this paper has a ~ of more than a million; ~ department 5 चलन, प्रचलन: in/ out of circulation; ~ of money/ of bills; ~ of commodities; medium of ~; withdraw from ~; put into ~ 6 जनसाधारण के बीच प्रयोग में होने या न होने की क्रिया 7 अपने काम-काज या मिलने-जुलने में भाग लेने या न लेने की क्रिया;

collocations: **~ map** यात्रा-पथ की रूपरेखा;

p&i: **get back into** ~ अपने सामान्य जीवन में लौट आना

circulator /सःक्युले\टः/ *n.* संचारक, परिवहक, प्रचारक;

dw/lw: **~y** /~रि/ *adj.* संचरण-संबंधी, संचरणीय, संचारी;

collocations: **~y system** (*also* **cardiovascular system**) रक्त प्रवाह-तंत्र, रक्त-संचार तंत्र

circum- /सःकम\/*comb. form, signifying:* **round about** (चक्कराकार);

dw/lw: **~ambages** /सःकमैंबे\जिज/ *n. [sing.& pl.]* गोलमोल बात, शब्द प्रपंच; **~ambagiouss** /~जिअस/ *adj.* गोलमोल (बात); **~ambient** /सःकमैंबिअंट/ *adj.* परिवेष्टिक, परिव्यापक; **~ambulate** /सःकमैंबुलेट/ *v., pt.* ~ambulated, *pp* ~ambulating चक्कर लगाना, परिक्रमा क., घूमना; **~aviate** /सःकमेविएट/ *v., pt.* ~aviated, *pp* ~aviating दुनिया का चक्कर लगाना

circumci\se (*also US* **-ize**) /सःकम\साइज/ *v., pt.* **~sed**, *pp* **~sing** सुन्नत/खतना क.;

dw/lw: **~sion** /~सिजन/ *n.* सुन्नत, खतना, परिच्छेदन

Circumcision *Christ.* पहली जनवरी (ईसा के जन्म के 8 दिन बाद) को मनाया जाने वाला ईसा को सुन्नत करने के उपलक्ष्य में उत्सव

circumferen\ce /सःकमफअ\रंस/ *n., geom.* 1 परिधि, वृत्त रेखा की लंबाई: orbit **~ce** 2 घेरा: **~ce** of chest is 56" 3 दायरा, परिवेश;

dw/lw: **~tial** /~रेंशिअल/ *adj.* परिधि, घेरा आदि से संबंधित

circumflect /सःकमफ्लेक्ट/ = *see below* **circumflex**

circumflex /सःकमफ्ले\क्स/ *n., pl.* **~es** *gramm., phon.* स्पेनी, फ्रांसीसी आदि भाषाओं में स्वर या उच्चारण चिह्न, जैसे, ó, é, â, ç, ỳ आदि जो उच्चारण की दीर्घता या शून्यता आदि दर्शाते हैं

***adj.**, anat.* मुड़ी हुई धमनियों या मांसपेशियों संबंधी, परिवेष्टक;

***v.** pt.* **~es**, *pp* **~ing**, *s/he/it* **~es** मोड़ना या मुड़ना

dw/lw: **~ion** /~क्शन/ *n.* परिवेष्टन, धमनियों या मांशपेशियों का मुड़ाव

circum\fluence /सःकम\फ्लुअंस/ *n.* 1 परिप्रवाह 2 घेराव, घुमाव;

dw/lw: **~fluent** /~फ्लुअंट/ *adj.* परिप्रवाही 2 (*syn.* surrounding) परिवेष्टित; **~fluous** /~फ्लुअस/ *adj.* जलपरिवृत्त,

परिप्रवाही; **~fuse** /~फ्यूज/ *v. pt.* ~fused, *pp* ~fusing उंडेलना, आवृत्त क.; **~fusion** /~फ्यूजन/ *n.* परिवेष्टन, उंडेलने की क्रिया; **~gyrate** /~जाइरेट/ *v. pt.* ~gyrated, *pp* ~gyrating परिभ्रमण क., धुरी के गिर्द चक्र काटना; **~gyration** /~जाइरेशन/ *n.* धुरी के गिर्द चक्र; **~gyratory** /~जाइरेटरि/ *n.* धुरी के गिर्द चक्र लगाने वाला; **~jacence** /~जेसंस/ *n.* इर्दगिर्द का माहौल, घेराव, परिभ्रमण; **~jacency** /~जेसंसि/ *n.* = **~jacence**; **~jacent** /~जेसंट/ *adj.* चारों तरफ से घेरने वाला; **~jovial** /~जोविअल/ *adj., astron.* बृहस्पति ग्रह के इर्दगिर्द घूमने वाला; **~littoral** /~लिटअरल/ *adj.* तटीय

circumlocu\tion /सःकमलअक्यु\शन/ *n.* 1 शब्दजाल, शब्दाडंबर, वाग्जाल, वाक्चक्र 2 गोलमाल बात, टाल-मटोल, घुमाव-फिराव वाली बात 3 परोक्ष कथन 4 व्यास शैली;
dw/lw: **~tional** /~शनल/ *adj.* शब्दाडंबरी, शब्दबहुल, टालने वाला; **~tionary** /~शनरि/ *n.* = **circumlocutional**; **~tory** /~टरि/ *adj.* शब्दाडंबरी, घुमाव-फिरावी बात वाला

circumlunar /सःकमलूनः/ *adj.* चंद्रमा का चक्कर लगाने वाला, चंद्रपरिक्रामी;
dw/lw: **~meridian** /~मअरिडिअन/ *adj.* 1 देशांतर रेखा के समीप 2 क्षितिज के पास से आसमान की ऊंचाई

circum\navigate /सःकम\नैविगेट/ *v. pt.* **~navigated**, *pp* **~navigating** के गिर्द, विशेषकर दुनिया के गिर्द उड़ना या जलमार्ग से चक्कर लगाना: **~navigate** the earth/ the world;
dw/lw: **~navigation** /~नैविगेशन/ *n.* के गिर्द परिक्रमा या चक्कर; **~navigatory** /~नेविगेटरि/ *adj.* परिक्रमा करने वाला; **~nutation** /~न्युटेशन/ *n.* शिखाचक्रण; **~nuclear** /~न्युकलिअर/ *adj.* नाभि को घेरने वाला; **~polar** /~पोलः/ *n.* परिध्रुवी; **~pose** /~पोज/ *v. pt.* ~ posed, *pp* ~posing के चारों ओर रखना

circum\scribe /सःकम\स्क्राइब/ *v., pt.* **~scribed**, *pp* **~scribing** 1 रेखा से घेरना, सीमाबद्ध क. 2 (*syn.* restrict) सीमित क. 3 सीमा से घिरा हो.: **~scribed** by the ocean;
dw/lw: **~scription** /~स्क्रिप्शन/ *n.* 1 हदबंदी, घेरने का कार्य, परिसीमन 2 सीमित करने का कार्य: put into ~scription 3 घेरा, सीमा; **~solar** /~सोलः/ *adj.* सूर्य की परिक्रमा करने वाला

circum\spect /सःकम\स्पेक्ट/ *adj.* (*syn.* cautious) सावधान, बात करते समय सतर्क, चौकस, चौकन्ना;
dw/lw: **~spectly** *adv.* सावधानी से; **~spection** /~स्पेक्शन/ *n.* सतर्कता, चौकसी, सावधानी

circumstance /सःकमस्टंस/ *n.* 1 घटना, बात, तथ्य: certain curious **~s** in his history; the **~s** of the preceding hours; lucky ~ (सौभाग्यशाली घटना) 2 परिस्थिति और हालात: he was the victim of **~s** 3 आर्थिक स्थिति: easy/ comfortable **~s**; reduced/ strained **~s** 4 माहौल, आसपास का जीवन: creature of **~(s)**; the blows of ~; in the clutches of ~ 5 (*sing.*) समारोह, औपचारिकता, आडंबर, तड़क-भड़क: pomp and ~; receive with ~; pride, pomp and ~ of glorious war (Shakespeare) 6 वर्णन, वृतांत, ब्योरा, तफसील: omit no essential ~; the story was told with great ~ 7 (***syn.*** fate) भाग्य, किस्मत: a victim of ~;
dw/lw: **~s** /सःकमस्टंसिज/ *n. [pl.]* परिस्थिति, हालात, अवस्था: died in mysterious ~s (रहस्यमय हालात में मरा);
p&i: **~s alters cases** परिस्थितियां कानून को बदल देती हैं, गरीब-अमीर के लिए कानून एक नहीं होता;
a mere ~ 1 बेकार चीज 2 नगण्य व्यक्ति; **easy ~s** समृद्ध जीवन; **in/ under the ~s** इन हालात में, ऐसी सूरत हाल में; **mere/ remote** ~ शून्य या थोथा व्यक्ति; **not a ~ to...** कोई तुलना नहीं; **reduced ~s** तंग हाथ, कंगाली; **the ~ that** वह तथ्य कि...; **under no** ~ कभी नहीं, किसी हालात में भी नहीं, किसी भी हालत में नहीं

circumstanti\al /सःकमस्टैंशि\अल/ *adj.* 1 परिस्थितिजन्य, हालात से पैदा हुई: **~al** evidence 2 आकस्मिक: things essential and things **~al** 3 ब्योरेवार: **~al** report; **~al** detail
dw/lw: **~lity** /~अलिटि/ *n.* बारीकी, परिस्थिति; **~ally** /~अलि/ *adv.* हालात के आधार पर: ~ally proved; **~ate** /~एट/ *v., pt.* ~ated, *pp* ~ating पूरा ब्योरा या विवरण देकर सिद्ध क. या प्रमाणित क.; **~ation** /~एशन/ *n.* विवरण देकर सिद्ध करने की क्रिया;
collocations: **~al evidence** परिस्थितिजन्य साक्ष्य/सबूत, पारिस्थितिक प्रमाण

circumvalla\te /सःकमवैले\ट/ *v., pt.* **~ated**, *pp* **~ating** परकोटे या खाई से घेरना;
adj. परकोटे या खाई से घिरा हुआ;
dw/lw: **~ation** /~शन/ *n.* खाई, दीवार आदि का घेरा, प्राचीरबंदी

circum\vent /सःकम\वेंट/ *v., pt.* **~vented**, *pp* **~venting** 1 टाल जा., बचकर निकलने का रास्ता ढूंढ निकालना 2 चकमा दे., चालाकी से मात दे दे. 3 नियमों आदि की चालाकी से अवहेलना क. 4 घेरकर पकड़ लेना, घेर लेना 5 रोकना;
dw/lw: **~vention** /~वेंशन/ *n.* 1 प्रवंचना, धोखा, कपट 2 चालाकी से किया जाने वाला बचाव 3 चालाकी से की जाने वाली नियमों की अवहेलना 4 निवारण, निरोध; **~ventive** /~वेंटिव/ *n.* परिवंचनकारी, चालाकीपूर्ण; **~volute** /~वअल्यूट/ *v., pt.* ~voluted, *pp* ~voluting 1 घुमाना, फिराना 2 धागों आदि से लपेटना; **~volution** /~वअल्यूशन/ *n.* 1 घुमाव, घूर्णन 2 कुंडलीकरण 3 लपेट

circus /सःकस/ *n., pl.* **~es** 1 सर्कस: flying ~ 2 सर्कस का खेल या तमाशा: 3 भयंकर हड़बड़ाहट का दृश्य: as good as a ~ 4 अखाड़ा 5 (***syn.*** Circus) गोलाकार चौक आदि का नाम: Oxford **Circus**;
dw/lw: **~sy** *adj.* 1 हड़बड़ाहट भरा 2 रोचक;
collocations: **~ horse** सर्कस का घोड़ा; **~ performer** सर्कस कलाकार;
p&i: **bread and ~es** रोटी और तमाशा; **see the** ~ मुसीबत में फंस जा.

cirque /सःक/ *n., Fr.* = corrie 1 कटोरीनुमा खंदक 2 अखाड़ा 3 *geol.* हिमज गह्वर, बर्फीली कटोरीनुमा खंदक 4 *poet.* रंगभूमि, नाट्यभूमि

cirrho\sis /सिरोसिस/ *n.* प्रायः अतिशय शराब पीने के कारण होने वाला जिगर का रोग, सूत्रण रोग;
dw/lw: **~tic** /सिरोटिक/ *adj.* सूत्रण रोग संबंधी

cirrocumulus /सिरोक्यूम्युलस/ *n., pl.* **cirrocumuli** पक्षाभ-कपासी बादल यानी कपास जैसे सफेद और मुलायम दिखने वाले बादल

cirrostratus /सिरोस्ट्राःटअस/ सिरोस्ट्रेटअस/ *n., pl.* **cirrostrati** *meteorol.* पक्षाभ-स्तरी बादल, आसमान में बहुत ऊंचे उड़ने वाले खाली सफेद बादल

cirrous /सिरअस/ *adj.* पक्षाभ, आसमान में बहुत ऊंचे उड़ने वाले हल्के बादल

cirrus /सिरस/ *n., pl.* **cirri** *meteorol.* 1 हल्के सफेद रंग का बादल, पक्षाभ मेघ 2 पक्षाभ

CIRT *abbr.* 'Central Institute of Road Transport' की प्रथमाक्षरी

CIS *abbr.* 'Chartered Institute of Secretaries', 'Commonwealth of Independent States', 'Collective Investment Scheme' की प्रथमाक्षरी

CISA *abbr.* 'Certified Information System Auditors' की प्रथमाक्षरी

CISCE *abbr.* 'Council for the Indian School Certificate Examination' की प्रथमाक्षरी

CISF *abbr.* 'Central Industrial Security Force' की प्रथमाक्षरी

cislunar /सिस्लूनः/ *adj. phys.* धरती और चंद्रमा के बीच का चंद्रानुकूल

cissy (*also see* **sissy**) *sl.* स्त्रैण, जनखा
cist /सिस्ट/ *n., archaeol.* 1 बक्से जैसा मकबरा, जो पत्थर की स्लैबों से ढका हो 2 *geol.* कोटर
Cistercian /सिस्टःशिअन/ *n.* 1908 में बना एक धार्मिक मत जिसके अनुयायी सादगी, निर्धनतापूर्ण व एकांतमय जीवन जीने में विश्वास रखते हैं
cistern /सिस्टःन/ *n.* पानी की टंकी, हौज, हौद, कुंड, कुंडिका
CIT *abbr.* 'Central Institute of Technology', 'Centre for Industrial Technology', 'Chartered Institute of Transport', 'Commissioner of Income Tax' की प्रथमाक्षरी
cit /सिट/ *n.* नगर निवासी, शारीरिक काम न करने का आदी
CITA *abbr.* 'Central Immoral Trafficking Act', '(US interagency) Committee for the Implementation of Textile Agreements' की प्रथमाक्षरी
citable /साइटेबल/ *adj.* उद्धरणीय, उल्लेख्य
citadel /सिटडल/ *n.* दुर्ग, किला, गढ़
citation /साइटेशन/ *n.* 1 (***syn.*** quotation) उद्धरण, हवाला (reference to a statute etc.), उल्लेख: ~ of facts 2 प्रशस्ति, प्रशस्ति-पत्र: award a ~ 3 आह्वान, उपस्थिति-पत्र, सम्मन, तलबी (summons to appear in court): get a ~ 4 हवाला, उपनय;
collocations: ~ **analysis** अकादमिक पुस्तकों में प्रयुक्त ग्रंथ उद्धरणों का संख्यात्मक (quantitative) अध्ययन
cite /साइट/ *v., pt.* **~d**, *pp* **citing** 1 (***syn.*** quote) उद्धरण/ हवाला दे., उल्लेख क.: **~d** a passage; ~ precedent/ authority, law; **~d** for bravery; ~ an instance; ~ the circumstances; he was **~d** for bravery under fire 2 *US* सम्मन भेजना, बुलाना, तलब क.: he was **~d** for contempt of court 3 प्रेरित क.
CITES *abbr.* 'Convention on International Trade in Endangered Species' की प्रथमाक्षरी
citi\fy /सिटिफाई/ *v., pt.* **~fied**, *pp* **~fying** 1 नगरीकरण क., 'सभ्य' बनाना;
dw/lw: **~fied** *adj.* शहरिया, छद्मसभ्य: the son ..., the ~fied version of his father; her ~fied surroundings; **~fication** /सिटिफिकेशन/ *n.* नगरीकरण, शहरीकरण
citizen /सिटिजन/ *n.* 1 नगर-वासी, शहरी व्यक्ति: both **~s** and peasants (शहरी लोग व किसान) 2 नागरिक: ~ of India; fellow **~s**; become a ~; solid ~; ~ of the world; **~s** committee; a mass meeting of **~s** 3 सरकारी व्यक्ति: private ~; police in **~s**' clothes; **~s**' military training camp;
dw/lw: **~ry** /~रि/ *n., pl.* **~ies** शहर के नागरिक-वृंद; **~ship** /~शिप/ (*also* **~hood**) *n.* नागरिकता: lose one's ~ship; apply for ~ship; ~ship papers; **~s-in-arms** *n., pl.* नागरिक मंच;
collocations: **~'s arrest** *n.* एक नागरिक की गिरफ्तारी; **Citizens' Band/ Citizens' Band Radio** (*abbr.* **CB**)' की प्रथमाक्षरी; ~ **journalist** समाचार माध्यमों को खबर भेजने वाला सामान्य नागरिक
p&i: **a ~ of no mean city** आदरणीय व्यक्ति; **a ~ of the world** जो व्यक्ति वसुधैव कुटुंबकं की विचारधारा में विश्वास रखता है
citrate /सिट्रेट/ *n., chem.* सिटरिक अम्ल का लवण
citr\ic /सिट्रिक/ **~ic** *adj.* साइट्रिक, सिट्रिक;
dw/lw: **~ine** /सिट्रिन/ *n.* नींबूवर्ण; **~on** /सिट्रअन/ *n.* गलगल, बिजौरा, तुरंज; **~onella** /सिट्रअनेला/ *n.* गंजनी; **~ous** /सिटरस/ *adj.* नींबूयुक्त; **~us** /सिटरस/ (*also* **citrus fruit**) *n., pl.* ~es खट्टे रस वाले फल-वृक्षों का वर्ग (नींबू, संतरा, गलगल आदि), नींबू-वंश;
cittern/ cithern/ cither *n.* पुराने जमाने का गितारनुमा वाद्य
CITU *abbr.* 'Central Industrial Trade Union', 'Centre of Indian Trade Union', 'Confederation of Indian Trade Union' की प्रथमाक्षरी
CITUS *abbr.* 'Confederation of Indian Teachers of Universities and Schools' की प्रथमाक्षरी
city /सिटि/ *n., pl.* **cities** 1 नगर, शहर: live in the ~; in the ~ of Delhi/ Moscow; free ~ 2 (**the City**) *UK* लंदन का वाणिज्य केंद्र या गढ़, किसी बड़े नगर का वाणिज्य केंद्र;
adj. शहर का, नगरीय: ~ court; ~ council; ~ ball; ~ government; ~ manager; ~ fathers; ~ planning/layout; ~ gas; ~ water; ~ entrances; ~ ward;
dw/lw: **~-born** *adj.* शहर में पैदा हुआ; **~-bred** *adj.* शहर में पला-पोसा हुआ; **~-planning** *n.* नगर-नियोजन; **~-scape** *n.* नगर-परिदृश्य; **~-wide** *adj.* सारे शहर के पैमाने पर;
collocations: ~ **article** वित्तीय मामलों पर लेख; ~ **complex** नगर का प्रशासनिक भवन-समूह; ~ **council** नगर परिषद; ~ **desk**/ ~ **editor** वित्त संपादक; ~ **father** नगर प्रतिनिधि, नगर पिता, नगर पार्षद; ~ **folk** नगरवासी, शहरी लोग; (*often* **City Hall**) ~ **hall** नगर का स्थानीय प्रशासन भवन; ~ **page** वाणिज्य पृष्ठ; ~ **scape** नगर-पर दृश्य; ~ **slicker** सामान्य दुनियादार शहरी व्यक्ति;
city state *hist.* केवल एक शहर से बना स्वतंत्र राज्य, जैसे सिंगार; **Federal City** अमेरिकी राजधानी, वाशिंगटन;
p&i: **be in a fat** ~ अच्छा मिजाज हो.; **cities are taken by the ears** शहर कानों (प्रचार) से नियंत्रित होते है; **the ~ of Angels** देव नगरी – लॉस एंजेलस (Los Angeles); **the City of Brotherly Love** फिलाडेल्फिया (Philadelphia); **the City of David** ~ = **Holy city** येरुसलम (Jerusalem); **the ~ of Magnificent Distances** चौड़ी-चौड़ी सड़कों वाला शहर – वाशिंगटन (Washington); **the City of Saints** कैनेडा की संत नगरी – मौंट्रिऑल (Montreal); **the City of the Falls** झरनों का शहर – लुईस्विल (Louisville); **City of the Seven Hills** = **Eternal city** रोम (Rome); **the Empire City** न्यू यॉर्क (New York); **the Forest City** वन नगरी – क्लीवलैंड (Cleveland); **the Garden City** = **the Windy City** हवाई नगरी – शिकागो (Chicago); **the Golden City** = **the Queen City of the Pacific** = **the City of Hundred Hills** सानफ्रांसिस्को (San Francisco); **the Granite City** ग्रेनाइट सिटी – अबर्दिन (Aberdeen, Scotland); **the Puritan City** = **the City of Notions** पवित्र नगरी – बोस्टन (Boston); **the Queen City of the Lakes** झीलों की नगरी – बफलो (Buffalo); **the Queen City of the Mississippi** मिसिसिपी नगरों की रानी – सेंट लुइस (St Louis); **the Queen City of the West** पश्चिम की जवाहर नगरी – सिनसिनाटी (Cincinnati); **the Crescent City** अर्ध चंद्रमा नगर – न्यु ऑर्लीन (New Orleans);
civet /सिविट/ (*also* **civet cat**) *n.* 1 बिल्ली की जाति का एक जानवर, गंध बिलाव, मुश्क बिलाव, बिलाव-कस्तूरी 2 इस जानवर की फर
civic /सिविक/ *adj.* 1 नगरीय: ~ crown/ garland/ wreath 2 नगर निवासियों से संबंधित 3 नगर-विषयक 4 नागरिक: ~ virtues/ rights;
dw/lw: **~ism** /सिविसिज्म/ *n.* नागरिकों के अधिकारों और कर्त्तव्यों की बराबरी का सिद्धांत; **~-minded** *adj.* नागरिक कर्त्तव्यों के बारे में सजग;
collocations: ~ **centre/ complex** 1 नगर का प्रशासनिक भवन-समूह 2 नगर का मनोरंजन व जन-सभा स्थल; ~ **holiday** कैनेडा में अगस्त के पहले सोमवार की छुट्टी
civics /सिविक्स/ *n., [sing.]* नगर-अध्ययन, सामाजिक अध्ययन
civil /सिविल/ *adj.* 1 नागरिक, नागर: ~ rights/ duties 2 असैनिक: ~ war; ~ servant; ~ blood (Shakespeare); enter ~ life (सेना से निवृत्ति); ~ defence; ~ list 3 जनसाधारण या सामान्य नागरिकों से संबंधित: ~ liberties; ~ disturbances; ~ disobedience; ~ death (नागरिक अधिकारों से वंचन) 4 शिष्ट,

सौम्य: ~ righteousness; keep a ~ tongue/ in one's head (शिष्ट या सभ्य हो.) 5 दीवानी (मुकदमा), वैधानिक, कानूनी: ~ case/ law; ~ justice; ~ registration; ~ official; ~ marriage 6 धर्म-निरपेक्ष 7 निर्माण कार्य से संबंधित: ~ engineer; ~ engineering;
***dw/lw:* ~ian** /सिविलिअन/ *n.* असैनिक या गैर-पुलिसिया व्यक्ति, जनसाधारण, असैनिक पदाधिकारी; **~ian** *adj.* असैनिक, जनसाधारण का: ~ian occupation; ~ian employee personnel; ~ian supply (नागरिक आपूर्ति); **~ly** /सिविलि/ *adv.* सभ्य व शालीन ढंग से; **~ity** *see below under separate entry*; **~-spoken** *adj.* बात-चीत करने में शिष्ट व सभ्य;
***collocations:* ~ action** दीवानी मुकदमा; **~ affairs** जन-साधारण के मामले; **~ code** नागरिक संहिता; **~ court** दीवानी अदालत; **~ defence** नागरिक सुरक्षा; **~ disobedience** सविनय अवज्ञा; **~ disturbances** आम दंगे; **~ divorce** कानूनी तलाक; **~ engineering** सिविल इंजीनियरिंग; **~ law** दीवानी कानून, विधि; **~ liberty** *(often* **~ liberties)** नागरिक स्वतंत्रता; **~ lines** असैनिक मुहल्ला; **~ list** राजा-रानी पर खर्चे की मात्रा; **~ marriage** अदालती शादी, अदालत में विवाह; **~ power** शासन अधिकार; **~ procedure code** दीवानी कानून प्रक्रिया संहिता; **~ rights** नागरिक अधिकार; **~ servant** लोक सेवा अधिकारी, लोक सेवक; **~ service** जन सेवा, सिविल सेवा; **~ suit** दीवानी मुकदमा; **~ supplies** नागरिक आपूर्ति; **~ war** गृह-युद्ध; **~ year** वाणिज्य या वित्त वर्ष

civilian /सिविलिअन/ *n. see under* **civil:** ***dw/lw***

civility /सिविलिटी/ *n., pl.* **civilities** 1 विनम्रता, शिष्टता, विनम्र/ सभ्य व्यवहार, शिष्टाचार 2 विनम्र टिप्पणी, शालीन कार्य, पहल

civilization (*also UK* **-isation**) /सिविलाइजेशन/ *n.* 1 मानव समाज के राजनीतिक, सामाजिक, सांस्कृतिक, आर्थिक व तकनीकी आदि विकास का स्तर, युग सभ्यता 2 विश्व का वह भाग जहां किसी युग में सभ्यता उपरोक्त ढंग से विकसित हो चुकी हो: the Harappan ~ 3 विकसित जीवन पद्धति 4 इस सभ्यता के तहत जीने वाली जनता व उसका जन-जीवन 5 उपरोक्त सभ्यता के तहत भवन-निर्माण का स्तर व विस्तार 6 बौद्धिक एवं आध्यात्मिक विकास का स्तर (जंगलीपन व दरिंदगी पर विजय की व्यापकता व गहनता)

civili\ze (*also UK* **–i\se**) /सिविलाइज/ *v., pt.* **~zed**, *pp* **~zing** 1 सभ्य/ शिष्ट बनाना 2 शैक्षिक, बौद्धिक, आध्यात्मिक विकास क.;
***dw/lw:* ~zed** (*also UK* **~sed**) /सिविलाइजड/ *adj.* 1 सामाजिक, राजनीतिक, सांस्कृतिक, आध्यात्मिक, तकनीकी आदि रूप से विकसित, सभ्य 2 विनम्र, शिष्ट, सौम्य, शालीन 3 *facetious* सभ्य व शिष्ट तरीके से बातचीत करने में प्रशिक्षित

civism /सिविज्म/ *n.* नागरिक भावना

civvy /सिवि/ *n., pl.* **civvies** *colloq.* 1 असैनिक नागरिक 2 (**civvies**) असैनिक या सामान्य पोशाक;
***collocations:* ~ street** *colloq.* सैनिक सेवा या सैनिक सेवा-निवृत्ति के बाद व्यक्ति का सामान्य नागरिक जीवन

CIW *abbr.* 'Certified Internet Webmaster' की प्रथमाक्षरी

CIWTC *abbr.* 'Central Inland Water Transport Corporation' की प्रथमाक्षरी

C. J. /सीजे/*abbr.* 'Chief Justice' की प्रथमाक्षरी

CJAS *abbr.* 'Criminal Justice Administration System' की प्रथमाक्षरी

CJCSC *abbr.* 'Chairman of Joint Chief of Staff Committee' की प्रथमाक्षरी

CJD *abbr.* 'Creutzfeldt-Jakob disease' की प्रथमाक्षरी

CJI *abbr.* 'Chief Justice of India' की प्रथमाक्षरी

CJM *abbr.* 'Chief Judicial Magistrate' की प्रथमाक्षरी

CJR *abbr.* 'Criminal Justice Reforms' की प्रथमाक्षरी

CKD *abbr.* 'completely knocked down' की प्रथमाक्षरी

CL *abbr.* 'Career Launcher', 'casual leave' की प्रथमाक्षरी

CL *abbr. IVR* '**Sri Lanka**' श्रीलंका का अंतर्राष्ट्रीय वाहन पंजीकरण कोड(*IVR*)

CCL *abbr., chem.* chlorine क्लोरीन का चिह्न

cl *abbr.* 'centilitre' का संक्षेप

CLA *abbr.* 'Child Labour Act', 'Contract Labour (Regulation and Abolition) Act' की प्रथमाक्षरी

clabber /क्लैबः/ *n.* 1 दही, लस्सी;
v., pt. **~ed**, *pp* **~ing** दही बनाना

clack /क्लैक/ *n.* 1 एक सख्त वस्तु का दूसरी सख्त वस्तु से टकराने पर होने वाला शोर या आवाज 2 टनटन, ठक-ठक 3 (***syn.*** chattering) बकबक;
v., pt. **~ed**, *pp* **~ing** 1 उपरोक्त ढंग से ठक-ठक या टनटन आदि की आवाज हो.: ~ a whip 2 जोर-जोर से बकबक क.;
***dw/lw:* ~er** *n.* 1 ठक-ठक करने वाला 2 बातूनी; **~-valve** *n.* मुड़वां कपाट

clad /क्लैड/ *adj.* 1 (***syn.*** dressed) कपड़े पहने हुए: she was poorly ~ 2 ढका हुआ;
v., pt. **clad**, *pp* **~ding** 1 किसी चीज को ढकना 2 धातु आदि की परत चढ़ाना;
***dw/lw:* ~ding** /क्लैडिंग/ *n.* एक धातु पर अन्य धातु की परत

claim /क्लेम/ *v., pt.* **~ed**, *pp* **~ing** 1 दावा क.: ~ to be exempt 2 मौत द्वारा ग्रास में ले लिया जा.: the tsunami **~ed** thousands of lives 3 नुकसान या मौत के लिए जिम्मेवार हो., किसी कार्य या करतूत की जिम्मेवारी लेना 4 मजबूती से कहना, दावा क.: **~ed** that he was innocent; ~ that sth is false 5 होने या करने का दावा क.: he **~ed** that his word should be law; an automatic self-starter which is **~ed** to be reliable; she **~s** the author has proved his case; he **~s** to be the only survivor 6 के पास किसी चीज का न होने का दावा क.: **~ed** no knowledge of the crime 7 अधिकार के रूप में मांगना: ~ one's right; ~ that the hearing should be postponed 8 मांगना: baby **~ing** its mother's attention; ~ a court of inquiry 9 मालिक होने का दावा ठोककर वस्तु को वापस लेना: ~ one's towed away car from the police station; does anyone ~ this umbrella?; ~ the throne 10 बीमा का दावा डालना: ~ for a new engine; ~ a fault; ~ damages; ~ compensation for the loss;
n. 1 दावा, मांग: ~ to attention 2 हक, किसी चीज का हकदार होने का दावा: ~ to throne; territorial ~; prior ~; he has no ~ on/ upon me; counter ~; ~ against the public; abandon/ give up/ relinquish a ~; acknowledge/ admit/ a ~ 3 सत्य-स्थापना का दावा: ~ to truth; his **~s** to the contrary notwithstanding 4 सफलता या किसी उपलब्धि का दावा: ~ to fame 5 क्षतिपूर्ति की मांग या दावा: ~ for compensations; lay ~ to sth/ set up a ~ to sth/ put in a ~ for sth 6 मालिकाना हक या दावा: does anyone make a ~ to this purse?; raise a ~; lay ~ to sth/ put sth to ~; reject a ~; put in a ~; jump a ~; stake out a ~;
***dw/lw:* ~able** *adj.* दावा योग्य; **claimant** /क्लेमंट/ *n.* 1 दावेदार, मांगकर्ता 2 सरकार से बेरोजगारी भत्ता आदि पाने वाला; **~ed** /क्लेमड/ *adj.* 1 अधियाचित 2 जिस वस्तु के लिए दावा किया गया हो; **~er** *n.* = **claimant**;
***collocations:* ~ing race** ऐसा घुड़दौड़ मुकाबला जिसके बाद प्रत्येक घोड़ा खरीदा जा सकता है;
***p&i:* ~ to fame** ख्याति का दावा; **~ credit/ success, etc.** श्रेय/ जिम्मेवारी आदि ले.; **have a ~ on sb** किसी से समय, ध्यान आदि पाने की अपेक्षा रखना; **jump a** ~ किसी और की चीज या संपत्ति पर दावा क.; **lay ~ to sth** मालिकाना हक जतलाना, दावा ठोकना, मांग क.; **make no** ~ कोई दावा न क.

clari-obscure /क्लेअरअब्स्क्युअः/ = **chiaroscuro** /किआरअस्क्युअरो/

clairaudience /क्लेअःऑडिअंस/ *n.* 1 श्रवण इंद्रियों की श्रवण शक्ति से अलग श्रवण-क्षमता, परोक्ष श्रवण, अतींद्रिय श्रवण 2 उन वस्तुओं, घटनाओं आदि को सुनने की क्षमता जिन्हें सामान्य श्रवण-क्षमता से नहीं सुना जा सकता 3 भविष्य में होने वाली घटनाओं को सुनने की क्षमता, भविष्य श्रवण-क्षमता

clair\voyance/ ~voyancy /क्लेअःवॉयं\स/ ~सि/ *n.* 1 चक्षु इंद्रियों की दृष्टि से अलग दृष्टि, परोक्ष दर्शन, उन वस्तुओं, घटनाओं आदि को देखने की क्षमता जिन्हें सामान्य दृष्टि से नहीं देखा जा सकता 2 भविष्य में होने वाली घटनाओं को देखने की क्षमता, भविष्य दृष्टि;
***dw/lw:* ~voyant** /~ट/ *n.* 1 चक्षु इंद्रियों की दृष्टि से अलग दृष्टि रहनेवाला, परोक्ष दर्शक 2 भविष्य द्रष्टा

clam /क्लैम/ *n.* 1 बड़ी सीपी वाली मछली 2 *colloq.* चुप्पा, घुन्ना, जो किसी से बात ही न करता हो 3 कंजूस, कृपण;
v., pt. **~med**, *pp* **~ming** 1 (सीपियों वाली) मछलियां पकड़ना 2 बात न क., चुप्पी साध ले., घुन्ना बना रहना 3 चिपक जा., पीछा न छोड़ना;
***dw/lw:* ~bake** /क्लैमबेक/ *n.* बड़ी सीपी वाली मछली के व्यंजन के साथ घर बाहर (खुले में) की जाने वाली दावत; **~ shell** *adj.* अपने आप बंद होने या खुलने वाले ढक्कन के साथ;
***p&i:* ~ up (on sb)** 1 अचानक बोलना बंद कर दे. 2 प्रश्नों के उत्तर देने या बोलने से मना कर दे., चुप्पी साध ले. 3 घंटा बजाना; **as happy as a ~ at high tide** खुशी से पागल; **close as a ~** कंजूस

clamant /क्लेमंट/ *adj.* 1 (***syn.*** noisy) चिल्लाने वाला 2 गंभीर मुद्दे पर ऊंचा चिल्लाकर बात करने वाला 3 बात पर अड़ा रहने वाला

clamber /कलैंबः/ *v., pt.* **~ed**, *pp* **~ing** 1 (***syn.*** scramble) हाथ-पांव के बल मुश्किल से चढ़ना या चलना;
***dw/lw:* ~er** /कलैंबरः/ *n.* हाथ-पांव के बल चलने वाला;
***p&i:* ~ into/ over/ up, etc.** कठिनाई से किसी वाहन में या ऊपर चढ़ना

clamjamphrie /कलैम्जैंफरि/ *n.* 1 बदतमीज, बेहूदा व्यक्ति 2 बकवास 3 बेकार चीज

clamm\y /क्लैमि/ *adj., degr.* **~ier, ~iest** 1 गीला व चिपचिपा: **~y** fogs 2 उमसभरा (weather)
***dw/lw:* ~ily** *adv.* चिपचिपे से; **~iness** *n.* चिपचिपापन, उमस

clamour *UK* (*US* **clamor**) /क्लैम\र/ *v., pt.* **~ed**, *pp* **~ing** 1 शोर मचाना: men were eagerly **~ing** to go home 2 दुहाई दे.: there are people who constantly ~ about sth 3 जोरदार ढंग से मांग क.: ~ against colonialism;
n. 1 जोरदार मांग, चिल्ला-चिल्लाकर की जाने वाली मांग: the ~ of an angry crowd 2 चिलपों या चिल्लाहट 3 होहल्ला, कोलाहल 4 जोरदार विरोध: ~ against the bill; ~ against colonial oppression;
***dw/lw:* ~ous** /~रस/ *adj.* 1 शोर मचाने वाला 2 चीखने-चिल्लाने वाला 3 जोर-जोर से विरोध करने वाला; **~ly** /~रसलि/ *adv.* कोलाहलपूर्ण ढंग से; **~some** /~रसम/ *adj.* शोर-शराबे वाला, ऊंची आवाज वाला, चींचीं करने वाला;
***p&i:* ~ down** चीख-चिल्लाकर किसी को चुप करा दे.; **~ for sth** किसी चीज या बात के लिए जोर-जोर से मांग क.; **~ out** चीख-चीखकर विरोध क.; **~ to do sth** कुछ करने के लिए चीखना-चिल्लाना

clamp /क्लैंप/ *n.* 1 किसी चीज के भागों या दो या दो से अधिक चीजों को कसकर एकसाथ जुड़े रखने के लिए लगाया जाने वाला शिकंजा, संधर, बांक, क्लैंप: ~ plate 2 *UK* अवैध रूप से खड़ी की गई गाड़ी पर कार के पहिये पर लगाया जाने वाला क्लैंप 3 लकड़ी के काम में दो टुकड़ों या पट्टियों को जोड़ने के लिए कसकर लगाया जाने वाला क्लैंप 4 खलिहान आदि में अनाज या भूसे आदि का ढेर जिसे ऊपर से गारा पोतकर या घास-फूस से ढककर रखा जाता है 5 भारी कदमों की आवाज;
v., pt. **~ed**, *pp* **~ing** 1 कसना, जकड़ना 2 अनाज के ढेर पर गारा पोतकर या उसे घास-फूस से ढककर रखना 3 *UK* गलत ढंग से पार्किंग करने पर कार के पहिये पर क्लैंप (clamp) लगाना;
***dw/lw:* ~down** *n.* छापा, सख्त प्रतिबंध: a ~down on drugs; **~er** /क्लैंपः/ *n.* शिकंजा; **~er** *v., pt.* ~ered, *pp* ~ering जमीन पर जोर-जोर से डग भरते हुए चलना, किसी चीज की जल्दी-जल्दी मरम्मत कर दे.; **~ing** *n.* शिकंजा कसने की क्रिया; **~ing** *adj.* शिकंजा कसनेवाला;
***p&i:* ~ down (on sb/ sth)** 1 थोपना 2 कड़ाई से बंद क. 3 छापे आदि मारकर सख्त नियंत्रण रखना; **~ sth on/ onto/ to/ together, etc.** 1 किसी चीज को किसी दूसरी चीज पर चढ़ाकर कसना 2 दो चीजों को जोड़कर जकड़े रखना; **~ sth on sb/ sth** किसी पर कोई चीज थोप दे.: ~ a curfew on the city

clan /क्लैन/ *n.* 1 कबीला, कुल, खानदान: ~ Mac Gregor; the Soren ~ 2 *humorous* परिवार या स्वजन: a ~ of crows 3 समान रुचियों वाले लोगों का समूह: the learned ~;
***dw/lw:* ~nish** *adj.* गोत्रवादी, कबीलापरस्त; **~nishly** *adv.* कबीलापरस्ती से; **~nishness** *n.* कबीलापरस्ती; **~ship** *n.* कबीलापरस्ती, गोत्र-व्यवस्था; **~sman/ ~swoman** *n.* स्वजन

clandesti\ne /क्लैंडेस्टि\न/ क्लैंडअस्टाइ\न/ *adj.* 1 गुप्त, गोपनीय: ~ne meeting 2 चोरी-छिपा, प्रच्छन्न: ~ne movement of capital 3 नजर-चोर, रहस्यमय 4 धूर्त;
***dw/lw:* ~nely** /~नलि/ *adv.* गुप्त रूप से, चोरी-छिपे; **~nity** /~निटि/ *n.* चोरी-छिपापन, गुप्तता, गोपनीयता

clang /क्लैंग/ *v., pt.* **~ed**, *pp* **~ing** (***syn.*** clank) टनटन/ झनझन क., टनटनाना, झनझनाना: ~ glasses;
***n.**, colloq.* झझनाहट, झंकार, टनटनाहट

clanger /क्लैंगः/ *n., colloq.* सपाट, बेशऊर और शर्मनाक गलती;
***p&i:* drop a ~** *colloq.* बेहूदी भूल क.

clangour/ clangor /क्लैंगः/ *n., poetic* घनघनाहट, टनटनाहट;
v., pt. **~ed**, *pp* **~ing** टनटनाना, झनझनाना;
***dw/lw:* clangorous** *adj.* टनटनाने वाला

clank /क्लैंक/ *v., pt.* **~ed**, *pp* **~ing** धातु की दो वस्तुओं का टकरा कर टनटनाना, खनखनाना, झनझनाना;
n. झनझनाहट, टनटनाहट, झनझन, टनटन, खनखन

clannish /क्लैनिश/ *adj. see above under* **clan: *dw/lw***

clap /क्लैप/ *v., pt.* **~ped**, *pp* **~ping** 1 तालियां बजाना, करतल-ध्वनि क.: the audience **~ped** the violinist 2 तालियां बजाकर प्रोत्साहन दे. 3 थपथपाना: ~ a friendly dog; ~ spurs to one's horse 4 धड़ाम से रखना: **~ped** the book on the table 5 (***syn.*** flap) फड़फड़ाना 6 किसी को बलपूर्वक कहीं (जेल आदि में) बंद क.: ~ in prison 7 धड़ाम से ढक्कन, दरवाजा आदि बंद क.: ~ the lid of a chest; ~ a hat on one's head 8 तेजी से आगे बढ़ना;
n. 1 तालियां, करतल-ध्वनि: ~ of hands 2 थपथपाहट 3 (***syn.*** blow) थप्पड़, तमाचा 4 (***syn.*** thunder) गड़गड़, गड़गड़ाहट;
***dw/lw:* ~board** *n.* = **weatherboard**;
***p&i:* ~ eyes on sb/ sth** *colloq.* किसी को देख लेना या किसी पर नजर पड़ जा.: I've never ~ped eyes on him; **~ hold of sb** किसी को बदतमीजी से पकड़ना; **~ of thunder** गर्जन, गड़गड़ाहट; **~ on** 1 किसी चीज को तख्ते आदि में जड़ना 2 जहाज का पाल उठाना 3 थोपना; **~ one's dish at the wrong man's door** गलत व्यक्ति से भिड़ जा.; **~ sb on the back/ shoulder** किसी की पीठ/ कंधे पर थपथपाकर शाबाशी दे.; **~ up** देर तक तालियां बजाना; **~ up peace/ bargain** जल्दबाजी में सुलह/ सौदा क.; **~ upon** थोपना;
at a/ one ~ 1 एक वार से 2 एक बार में; **in a ~** एकदम, एक पल में; **the clap** *coarse sl.* (***syn.*** gonorrhoea) एक गुप्तांग रोग, विशेषकर, सूजाक

Clapham omnibus: **the man on the Clapham omnibus** सामान्य और साधारण व्यक्ति, आम आदमी

clapped out *adj., colloq.* 1 पुरानी, बिगड़ैल (छकड़ा गाड़ी या मशीन) 2 थककर चूर

clapper /क्लैपः/ *n.* 1 घड़ियाल या लटकते घंटे की लोलक (जीभ)

2 पक्षियों को डराकर उड़ाने वाली घड़ियाल जैसी टनटनाहट;
v., pt. **~ed**, *pp* **~ing** 1 घंटा बजाना 2 घंटे की जीभ हिलाना
p&i: **like the ~s** *colloq.* बहुत तेजी से, तेज रफ्तार से: run/ ride/ drive like the ~s

clapperboard *n.* फिल्म की शूटिंग शुरू करने से पहले कैमरे को समरस करने के लिए पेचों से जुड़ी दो छोटी पट्टियां

claptrap /क्लैप्ट्रैप/ *n.* 1 वाहवाही लूटने के लिए कही गई घटिया बात, दिखावा 2 मिथ्या प्रलाप, बकवास

claque /क्लैक/ *n.* 1 थपोड़ी पीटने (तालियां बजाने) या किसी को हूट (hoot) करने के लिए इकट्ठे किए हुए भाड़े के लोग 2 चापलूसों की टोली, भाड़े के तालीबाज या हूटर

claret /क्लैरअट/ *n., Fr.* 1 *UK* फ्रांस के बर्डो (Bordeaux) क्षेत्र की लाल मदिरा (वाइन) 2 इस मदिरा का गहरा लाल रंग;
p&i: **tap sb's ~** किसी की नाक पर घूंसा मारकर खून निकालना;

clarif\y /क्लैरिफाइ/ *v., pt.* **~ied**, *pp* **~ying** स्पष्ट क., स्पष्टीकरण दे.: **~y** one's meaning;
dw/lw: **~ication** /क्लैरिफिकेशन/ *n.* 1 स्पष्टीकरण, स्पष्टीकरण की क्रिया 2 निर्मलीकरण; **~ier** /क्लैरिफायः/ *n.* निर्मलकारी पदार्थ आदि

clarinet /क्लैरिनेट/ *n.* शहनाई;
dw/lw: **~tist** /क्लैरिनेटिस्ट/ *n.* शहनाई वादक

clarion /क्लैरिअन/ *n., mainly poetic, hist.* 1 तुरही, बिगुल 2 आह्वान: the ~ couplets of Pope (पोप की आह्वानपूर्ण द्विपंक्तिक);
p&i; **~ call** आह्वान, समाह्वान

clarity /क्लैरिटी/ *n.* 1 स्पष्टता, प्रांजलता: ~ of a gem 2 शुद्धता, स्वच्छता: ~ of water 3 सुनने या दिखाई पड़ने में स्पष्टता 4 विचार-क्रिया की स्पष्टता: ~ of style is ~ of thought; ~ of purpose/ vision

clash /क्लैश/ *v., pt.* **~ed**, *pp* **~ing**, *s/he/it* **~es** 1 (***syn.*** collide) 1 भिड़ जा.: **~ed** into him as I went round the corner 2 विरोध या संघर्ष क., लड़ जा. 3 टकराना: their swords **~ed** 4 (***syn.*** conflict) मेल न खाना, समरस न हो.: their interests ~; your views ~ with mine; one statement **~ed** with another; these colours ~ 5 दो या अधिक घटनाओं या कार्यक्रमों का एक ही समय पर होने के कारण टकराव हो.: it's pity that the two concerts ~;
n. 1 लड़ाई या बहस, टकराव: ~ of interests; ~ of opinions 2 (***syn.*** collision) टक्कर, भिड़ंत, विरोध: **~es** with the police 3 टक्कर होने से पैदा हुई आवाज 4 (***syn.*** noise) खट-खट, ठक-ठक 5 दो या अधिक क्रियाओं या कार्यों के एक समय पर होने के कारण होने वाला टकराव;
p&i: **~ with sb** किसी के साथ टकराना या भिड़ना

clasp /क्लास/ *US* क्लैस्प/ *v., pt.* **~ed**, *pp* **~ing** 1 हाथों या बांहों में जोर से पकड़ना: ~ sb's hand; ~ in one's arms 2 हाथों या बांहों में जोर से भींचकर रखना: the thief was **~ing** a knife; ~ (one's own) hands 3 पेटी आदि लगाकर कसना: he **~ed** the bracelet round her wrist 4 बकसुआ लगाना, बांधना, जकड़ना;
n. 1 बकसुआ, बकलस 2 पकड़, जकड़, हाथ-मिलाव: he gave my hand a warm ~ 3 आलिंगन 4 मैडल आदि लगाने का बकलस;
dw/lw: **~er** *n.* आलिंगन करने वाला; **~-knife** *n.* खटकेदार चाकू; **~pin** *n.* बकसुई, बकसुआ

CLASS *abbr.* 'Computer Literacy and Studies in Schools' की प्रथमाक्षरी

class /क्लास/ *n., pl.* **~es** 1 श्रेणी, जमात, दर्जा 2 वस्तुओं या सामान की श्रेणी, प्रकार, विशिष्ट समूह (kind, type) या वर्ग (category): ship's ~; **~es** of weight 3 अध्यापक द्वारा एक साथ बैठाकर पढ़ाए जाने वाले छात्रों का समूह: ~ of 40; take a ~ of beginners 4 पढ़ाने का घंटा (पीरियड), पाठ, पढ़ाई: what time does the ~ begin?; take **~es** (in); take **~es** in cookery 5 वर्ग, जाति: the working ~; the middle ~; the upper ~; lower middle ~; landed **~es** 6 (***syn.*** classification) 1 श्रेणीबद्धता, वर्गीकरण 2 खूबी, गुणवत्ता के आधार पर छंटाई या वर्गीकरण: travel first ~; the top of the ~ 7 स्तर, कोटि, श्रेष्ठता, शैली की श्रेष्ठता: two **~es** of poets; different **~es** of intellect; a good **~ of** man; the best ~ of hotels; an inferior ~ of novels; that girl's got a ~! 8 जीव व वनस्पति संसार की श्रेणियां 9 पद, पदवी;
v., pt. **~ed**, *pp* **~ing** 1 (***syn.*** classify) वर्गीकृत क.: the vessel is **~ed** A1 2 किसी वर्ग में स्थान पाना: he cannot be **~ed** among the best 3 किसी वर्ग (category), श्रेणी में रखना: Smith got a degree but was not **~ed**;
adj. वर्ग-आधारित, वर्ग-विभाजित: ~ society; ~ struggle; ~ alien;
dw/lw: **~able** *adj.* वर्गीकृत करने योग्य, परिभाषी; **~-conscious** *adj.* वर्ग चेतना से ओतप्रोत; **~-consciousness** *n.* वर्ग चेतना; **~-book** *n.* बढ़िया पुस्तक; **~-fellow** *n.* सहपाठी; **~less** *adj.* वर्गहीन; **~lessness** *n.* वर्गहीनता; **~mate** *n.* सहपाठी; **~-room** *n.* पढ़ाने/पढ़ने का कमरा, कक्षा; **~-struggle** *n.* वर्ग संघर्ष; **~-system** *n.* वर्ग-व्यवस्था; **~wise** *adv.* वर्गवार, श्रेणी अनुसार; **~y** *adj.* उत्कृष्ट (*also see under separate entry*);
collocations: **first ~** श्रेष्ठ, उत्तम; **~ war** वर्ग युद्ध; **~ worker** वर्ग-चेतना के विषय में जागरूक मजदूर;
p&i: **~ sb/ sth as sth** खूबी या विशेषता के आधार पर गुणवत्ता की श्रेणी तय क.;
be no ~ घटिया किस्म का हो., बेकार हो.; **he is no ~** किसी श्रेणी में न हो.; **be in a ~ by itself** दूसरों से कहीं ज्यादा बेहतर हो.; **in a ~ by oneself** अपनी तरह का अकेला ही, अद्वितीय, बेजोड़; **in a ~ of its own** बेजोड़, अद्वितीय, श्रेष्ठतम

classic /क्लैसिक/ *adj.* 1 आदर्श कोटि/ श्रेणी का 2 उत्कृष्ट, श्रेष्ठतम: ~ case of sth 3 चिर-सम्मत: ~ grounds; ~ battle-ground 3 पुरातन आदर्शों के अनुसार: ~ authors; ~ lands; ~ music 4 अलंकृत 5 विशिष्ट प्रकार का: ~ regularity of features 6 संसार-प्रसिद्ध 7 सादी व सरल (पोशाक आदि): ~ taste;
n. 1 सदाबहार रीति बद्ध शैली 2 पारंपरिकता 3 गौरव-ग्रंथ 4 आदर्श, उच्च कोटि 5 (***syn.*** classics) साहित्य की स्थापित या जानी-मानी कृति: timeless ~ 6 अपनी कोटि का श्रेष्ठतम उदाहरण 7 पोशाक की सदाबहार शैली या फैशन: a ~ of the 1950s 8 (**Classic**) जानी-मानी खेल-प्रतियोगिता

classical /क्लैसि\कल/ *adj.* 1 साहित्य व कला के क्षेत्र में: प्राचीन यूनान व रोम से आई हुई या पुरातन यूनानी, रोमन शैलियों से प्रभावित 2 प्राचीन आदर्शों पर आधारित 3 शास्त्रीय, पुरातन, प्राचीन 4 प्रतिष्ठित, संस्थापित 5 रीति आधारित/ पारंपरिक शैली का 6 डिजाइन के बारे में: सरल, शुद्ध, बिना किसी जटिल अलंकरण के 7 भाषा के बारे में: पुरातन साहित्यिक शैली की 8 शिक्षा के क्षेत्र में: लातीनी, यूनानी व मानविकी (humanities) आधारित: ~ high school; ~ sociology;
dw/lw: **~ity** /~कैलिटि/ *n.* शास्त्रीयता; **~ly** /~कलि/ *adv.* पारंपरिक, मानक आधारित शैली में;
collocations: **~ music** आदर्श कोटि के स्थापित संगीतकारों द्वारा रचित संगीत, शास्त्रीय संगीत; **~ literature** पुरातन साहित्यिक शैली का आदर्श आधारित साहित्य; **~ revival** पश्चिमी कला में एक शैली जिसमें पुरातन कला, साहित्य, विषयों, सरोकारों, भवन-निर्माण शिल्प आदि की प्रचुरता रहती है

classicism /क्लैसि\सिज्म/ *n.* 1 शास्त्रीय शैली 2 रीतिवाद, परंपरावाद, पुरातन साहित्यिक आदर्श-आधारित शैली 3 पांडित्य, शास्त्रीय ज्ञान;
dw/lw: **~cist** /~सिस्ट/ *n.* 1 शास्त्रवेत्ता 2 पुरातन साहित्य, संगीत, कला आदि में माहिर व्यक्ति

the Classics *n., [pl.], Br. Horse-racing* ब्रिटेन में: पांच मुख्य

घुड़-दौड़ें

classics /क्लैसिक्स/ *n., [sing.]* (*often* **the Classics**) 1 लातीनी व यूनानी भाषा का अध्ययन 2 पुरातन यूनान व रोम के साहित्य एवं इतिहास का अध्ययन 3 साहित्य या कला की स्थापित या जानी-मानी कृति(यां)

classification /क्लैसिकेशन/ *n.* 1 वर्गीकरण, श्रेणीबद्धता: ~ of maps by scale 2 श्रेणियों या वर्गों का निर्धारण 3 गोपनीयता की सीमा का निर्धारण: ~ standards; ~ estimate; ~ code; ~ make/ number; ~ scheme/ system/ schedule

classified /क्लैसिफाइड/ *adj.* 1 गोपनीय, सरकारी तौर से गुप्त रखे गए तथ्य या कागजात जिन तक मात्र चुनिंदा लोगों की पहुंच होती है: ~ information; ~ publication 2 वर्गीकृत, श्रेणियों में बांटा हुआ: ~ arrangement; ~ catalogue; ~ page/ advertising; ~ salvage 3 जिसे मुख्य यानी द्रुत गति की सड़क घोषित किया गया हो;
dw/lw: **~s** *adj.* समाचार पत्रों में छोटी-मोटी चीजों या नौकरियों आदि के बारे में विज्ञापन, वर्गीकृत विज्ञापन;
collocations: **~ advertisement = ~ ad = ~s** *see above under* ***dw/lw***

classi\fy /क्लैसि\फाई/ *v., pt.* **~fied**, *pp* **~fying** 1 वर्गीकरण या श्रेणीबद्ध क.: **~fy** by date 2 प्रकार, कड़ी, वर्गों आदि में विभाजन क.: be classified as ...; not otherwise **~fied**;
dw/lw: **~fying** *n.* वर्गीकरण: ~fying screen; ~fying by points/ time; ~ying for style; **~fier** /~फायः/ *n.* प्रत्ययों का वर्गीकरण करने वाला प्रत्यय (affix): the prefix 'un' is a ~fier, showing that the word is negative

classmate *see above under* **class:** ***dw/lw***

clas\sy /क्लासि/ *adj., degr.* **~sier**, **~siest** 1 उत्कृष्ट 2 रमणीय, चारु 3 फैशनेबल 4 परिष्कृत, उच्च कोटि का (शैलीकार आदि)

clastic /क्लैस्टिक/ (*or* **clast**) *adj., geol.* खंडों में विभक्त, टुकड़ों से बनी

clatter /क्लैटः/ *v., pt.* **~ed**, *pp* **~ing** 1 खड़खड़ क., खड़खड़ाना, खनखनाना, टनटनाना: dishes were **~ing** in the kitchen; don't ~ your knife on the plate; **~ing** machinery 2 बकबक क.;
n. खड़खड़ाहट, ठोस वस्तुओं के सख्त स्थान पर गिरने से होने वाला शोर;
p&i: **~ about/ around/ down, etc.** खड़खड़ाहट के साथ गिरना; **~ along** खड़खड़ाते हुए जा., दौड़ जा.

clau\se /क्लॉज/ *n.* 1 *law* धारा, दफा, खंड: the famous **Clause 4/ Clause IV** (ब्रिटेन की लेबर पार्टी के कार्यक्रम-पत्र की धारा नंबर 4 /four/ जिसमें उद्योगों के निजीकरण का विरोध दर्ज है); enacting a **~se**; general participation **~se** 2 समझौते की धारा: **~se**; optional **~se**; political and territorial **~ses** 3 *gramm.* उपवाक्य, वाक्यांश: principal/ main/ subordinate **~se** 4 शर्त: price **~se**; payment **~se**;
dw/lw: **~sal** /क्लॉजल/ *adj.* 1 धारा, दफा या खंड संबंधी 2 उपवाक्य संबंधी;
p&i: **escalator ~se** परिवर्तनशील धारा या पंक्ति; **escape ~se** समझौता में ऐसी पंक्ति जिसके तहत यह परिभाषित किया जाता है कि किन्हीं हालात में किसी धारा को पूरा करने से इन्कार किया जा सकता है; **the most-favoured-nation ~se** ऐसी धारा जिसके तहत किसी देश को अति सुविधाजनक शर्तों पर व्यापार करने का अधिकार दिया जाता है

claustral /क्लॉःस्ट्रल/ क्लौस्ट्रल/ *adj.* मठ का, मठीय: ~ rule

claustropho\bia /क्लॉस्ट्रअफोबि\आ/ क्लौस्ट्रअफोबि\आ/ *US* क्लाःस्ट्रअफोबि\आ/ *n.* बंद स्थान में दम घुटने का भय, घुटन, दमघुटी, संवृत्त-स्थान-भीति;
dw/lw: **~bic** /~क/ *adj.* 1 दमघुटी से संतप्त 2 दमघोंटू स्थान 3 संवृत्त-स्थान-भीत

clausura /क्लॉःसुरा/ *n.* अंतर्मठ, मठघेरा

clavate/ claviform /क्लेवेट/ क्लैविफॉःम/ *n.* गदाकार, मुद्गर-आकार

claver /क्लेवः/ *n.* बकवास, चुगली, अफवाह

clavichord /क्लैविकॉःड/ *n.* एक तरह का पियानो बाजा, तार वाद्य

clavi\cle /क्लैवि\कल/ *n.* (***syn.*** collarbone) हंसली, अक्षक, जत्रुक;
dw/lw: **~cular** /~क्युलः/ *adj.* अक्षकीय, नाभिक: ~cular artery

clavier /क्लैविअः/ *n.* पुरानी चाल का पियानो

claw /क्लॉ/ *n.* 1 पंजा, चंगुल, शिकंजा, नखर 2 पंजाकार औजार 3 (*pl.*) उंगलियां;
v., *pt.* **~ed**, *pp* **~ing** 1 (*often* **~ at sth**) पंजा मारना, पंजे से नोचना 2 खुरचना 3 चापलूसी क.: ~ the back 4 किसी चीज को मजबूती से पकड़ना: ~ hold of sth;
dw/lw: **~back** *n.* 1 सरकार द्वारा टैक्स लगाकर किए गए खर्चे की वापसी 2 एक हाथ देने, दूसरे हाथ से लेने द्वारा वापसी; **~-bar** *n.* जंबूरा; **~ed** *adj.* नखरित, बड़े-बड़े नाखूनों वाला; **~less** *adj.* नखर रहित, पंजा रहित;
collocations: **~ back** चापलूस; **~ clutch** क्लच का हत्था; **~ed frog/ ~ed toad** एक दक्षिण अमेरिकी मेढक; **~ foot** ऊंचे तलवों वाला; **~ hammer** कंटिया उखाड़ने वाली हथौड़ी, जंबूर; **~ hammer coat** पर्व या समारोहों के अवसर पर पहनने का कोट; **~ hand** पंजा;
p&i: **~ away** डांटना-फटकारना; **~ off** रुख बदलते-बदलते जीना; **~ me and I will ~ thee** तुम मेरी पीठ खुजलाओ, मैं तुम्हारी (तुम मुझे अनुचित लाभ दो, मैं तुम्हें); **~ sth back** 1 खोई वस्तु या अवसर को वापिस लाना 2 सरकार द्वारा जनता के लिए किए खर्चे को नए कर आदि लगाकर जनता से वापस ले.;
clip sb's ~s किसी को निहत्था क.; **draw in one's ~s** मर जा.; **get one's ~s into sb** किसी पर गुस्से से टूट पड़ना; **have sharp ~s** अपने अधिकारों की रक्षा करने में सक्षम हो.; **in sb's ~s** किसी के शिकंजे में; **put out a ~** आंखें दिखाना, पंजा मारना

clay /क्ले/ *n.* 1 (चिकनी) मिट्टी: ~ court 2 धरती या मिट्टी 3 *poetic* मानव शरीर: ~ loam; ~ sand; ~ band/ course (मिट्टी की परत);
v., *pt.* **~ed**, *pp* **~ing** मिट्टी लगाना;
dw/lw: **~-brained** *adj.* मूर्ख; **~ey** /क्लेई/ *adj.* मिट्टी का बना, मृण्मय, मटियार: ~ brick; ~ soil (चिकनी मिट्टी); **~-cold** *adj.* निष्प्राण, निर्जीव; **~ish** *adj.* मृण्मय, मिट्टी जैसा; **~mation** *n., cinema* सजीवीकरण; **~more** *n., hist.* खांडा, दोधारी तलवार;
collocations: **~ mineral** *geol.* ऐल्युमिनियम जैसा; **~ pigeon** (*also* **~ pigeon shooting**) मिट्टी की वह तश्तरी जिसे उछालकर निशाना लगाते हैं; **~ pipe** मिट्टी से बना पाइप या चिलम;
p&i: **have feet of ~** योग्य व्यक्ति में कोई छोटा-मोटा दोष या चारित्रिक दुर्बलता हो.; **moisten/ wet one's ~** शराब पी., गला तर क.; **smoke a short ~** थोड़े से तंबाकू वाली चिलम पीना

CLB *abbr.* 'Company Law Board' की प्रथमाक्षरी

CLC *abbr.* 'Campus Law Centre' की प्रथमाक्षरी

CLDASP *abbr.* 'Children's Liver Disease Awareness and Support Programme' की प्रथमाक्षरी

CLE *abbr.* 'Council for Leather Exports' की प्रथमाक्षरी

CLEAN *abbr.* 'Community Led Environment Action Network' की प्रथमाक्षरी

clean *adj., degr.* **~er**, **~est** 1 साफ, शुद्ध, साफ-सुथरा, स्वच्छ, निर्मल: ~ hands/ room; keep oneself ~; keep one's house ~ 2 सफाई-पसंद: ~ habits 3 दोषहीन, जो अश्लील न हो: a ~ joke 4 ईमानदार: lead a ~ life; have a ~ record 5 (***syn.*** dexterous) दक्ष: ~ stroke/ blow; ~ ball 6 घास-पात रहित, अच्छी कटाई: ~ cutting 7 (***syn.*** unobstructed) निर्बाध, बिना ऊबड़-खाबड़ता के: ~ coast 8 तरो-ताजा: a ~ taste 9 अभी हाल ही में धोया हुआ: ~ linen (साफ चादरें) 10 आदतन साफ: a ~ animal 11 (***syn.*** athletics) खेल-कूद: ~ and jerk

(भारोत्तोलन) 12 (***syn.*** legible) साफ, स्पष्ट: ~ handwriting 13 जिसे अभी प्रयोग में न लाया गया हो: a ~ sheet of paper 14 साफ-सुथरा, समतल, मुलायम: ~ cut 15 सरल, सादा व सुंदर: a ship with good ~ lines 16 जिसने किसी कानून का उल्लंघन न किया हो: a ~ driving licence 17 नैतिक रूप से निर्दोष 18 न्यायपूर्ण: a ~ fight 19 *sl.* नशे की लत से मुक्त 20 खिलाड़ियों के विषय में: प्रतिबंधित दवाइयों के सेवन से मुक्त 21 पूरा: make a ~ break 22 शुद्ध (सुर): a ~ note 23 रेडियो-धर्मिता से मुक्त: a ~ fuel 24 भूल या गलती से मुक्त: ~ proof; ~ copy 25 मिलावट रहित, शुद्ध: ~ gold; ~ diamond;

v., pt. **~ed,** ***pp*** **~ing** 1 साफ-सफाई, धुलाई आदि क. : ~ teeth/ nails/ shoes 2 पेट्रोल आदि से सफाई क.: dry-clean; I must have these clothes **~ed** 3 घर या कमरे में झाड़ू से साफ क., झाड़ना, पोंछना: ~ a room; ~ a window; ~ a floor 4 बर्तन आदि धोना: ~ one's plate/ dishes 5 सब्जी, फल आदि के फालतू भाग को काटकर खाने या पकाने के लिए तैयार क. 6 पूरी तरह सफाया क., पूर्ण रूप से विजयी होना 7 किसी चीज को काट-छांटकर या साफ करके तैयार क. 8 मुलायम क. 9 भार उत्तोलन में सारा भार छाती पर लेना;

n. 1 सफाई करने की क्रिया 2 *weightlifting* वजन को कंधों तक उठाने की क्रिया;

adv. 1 पूर्ण रूप से पूरी तरह से, बिल्कुल: ~ forgot (बिल्कुल भूल गया) 2 साफ-साफ 3 सीधे: sailed ~ through the window; the bullet went ~ through the shoulder (गोली सीधे कंधे में से निकली) 4 पूर्ण सफाया करते हुए;

dw/lw: **~-cut** *adj.* सुडौल, साफ-सुथरा, मान्य: ~-cut features (आकर्षक नैन-नक्श); ~-cut young man; ~-cut scheme (स्पष्ट योजना); **~er** *n.* 1 सफाई कर्मचारी 2 सफाई करने की मशीन 3 सफाई करने का पदार्थ 4 कपड़ों की सफाई करने की दुकान 5 (**~er's** */also* **dry-cleaner's**/) रासायनिक पदार्थों से कपड़ों सफाई करने वाली दुकान; **~-fingered** *adj.* ईमानदार; **~-handed** *adj.* ईमानदार, निर्दोष; **~ing** *n.* सफाई, झाड़ू-पोंछा, **शोधन,** मार्जन: the ~ing of the streets; **~ing** *adj.* सफाई करने वाला; **~-limbed** *adj.* सुडौल, साफ-सुथरे शरीर का धनी; **~-living** *n.* साफ-सुथरी जिंदगी; **~ly** *adv.* 1 साफ-सुथरे तरीके से 2 सफाई से 3 आसानी से 4 पूरी तरह से; **~ly** *adj.* निजी आदतों में साफ-सुथरा; **~ness** *n.* स्वच्छता; **~-out** *n.* 1 अच्छी तरह की जाने वाली सफाई 2 ठगी 3 (***syn.*** manhole) नर-द्वार; **~-up** *n.* 1 सफाई, झाड़ू-पोंछा 2 = *US* ~er सफाई करने वाला 3 *US* ढेर सारा लाभ 4 फसल की कटाई; **~-shaven** *adj.* दाढ़ी-मूंछ साफ, सफाचट, मोना;

collocations: **~ bill of health** 1 रोग-मुक्त होने का प्रमाण-पत्र 2 दोष-मुक्तता 3 किसी मशीन के ठीक-ठाक होने के बारे में सूचना; **~ bill of lading** जहाज पर लादी जाने वाली ठीक-ठाक या साफ-सुथरी खेप; **~ break** पूरा अलगाव, पूर्ण संबंध विच्छेद; **~ credit** बिना जामनी (guarantee) के दिया जाने वाला ऋण; **~ hands** निर्दोष; **~ing lady/ ~ing woman** सफाई करने वाली, सफाई कर्मचारी; **~ room** 1 अत्यंत साफ व धूल-रोधक कमरा 2 अंतरिक्ष आदि में जाने वाले सामान के लिए एक धूल-रोधक व साफ-सुथरा कक्ष; **~ service** निष्कलंक सेवा; **~ sheet** 1 निष्कलंक रिकॉर्ड; **~ slate** 1 ताजी व साफ-सुथरी शुरुआत 2 पूर्वाग्रहमुक्त; **~ sweep** 1 पूरा सफाया, पूर्ण विजयी 2 पूरा बदलाव; **~ up** 1 पूरी सफाई 2 *sl.* चोखा लाभ; **the ~er's** सफाई घर, धुलाई-घर;

p&i: **~ broke** बिल्कुल कंगाल या तंगहाल; **~ down** 1 अच्छी तरह धोना, धुलाई क. 2 साफ क. 3 फर्श की सफाई क. 4 घोड़े आदि की सफाई क.; **~ gone** बिल्कुल गायब होने वाला; **~ hands want no washball** जिसका दामन साफ होता है उसे किसी और की मदद की आवश्यकता नहीं होती; **~liness is next to godliness** सफाई सबसे बड़ा धर्म है; **~ oneself up** 1 अपने आपको साफ करके ठीक-ठाक क. 2 काम पूरा क.; **~ out** निकाल बाहर क., बाहर फेंक दे.; **~ sb out** *sl.* किसी का सारा पैसा उड़ा दे., किसी से पैसे ठगना या छीनना; **~ (sb/ sth)** साफ-सुथरा बनाना; **~ sb/ sth out** चोरी करके सारा माल उड़ा लेना; **~ sb/ sth up** किसी को या किसी चीज को साफ क., गंदगी को साफ क.; **~ sth off/ from sth = ~ sth off** बुरुश करके या रगड़कर साफ क.; **~ sth out** 1 पूरी तरह खाली करके सफाई क. 2 किसी वस्तु की अंदर से सफाई क. 3 सारा माल चुरा ले.; **~ sth up** 1 गंदगी को साफ क. 2 अपराध, रिश्वतखोरी आदि को खत्म क.; **~ sweep** संपूर्ण जीत; **~ the problem out of headlines** मामले को अनंत काल के लिए स्थगित क.; **~ the state** पुरानी जिम्मेवारियों से मुक्ति पाना; **~ up after sb** किसी द्वारा छोड़ी गई गंदगी की सफाई क.; **~ up = ~ sth up** 1 झाड़ू दे., अच्छी तरह साफ क. 2 बहुत सारा पैसा कमाना 3 किसी को ठगना: send a person to the ~-ups;

(as) ~ as a new pin बिल्कुल साफ; **(as) ~ as a whistle** सीधे, सारे का सारा, संपूर्णतः; **as ~ as bill of health** बिल्कुल ठीक-ठाक होने का प्रमाण-पत्र; **a sharp knife makes a ~ cut** अच्छे औजार से अच्छा काम होता है; **come ~** *colloq.* साफ-साफ कबूल कर ले., सब कुछ मान ले., पूरी तरह स्वीकार कर लेना; **go to the ~ers** सारा पैसा खो दे या लुटा दे.; **have ~ hands in a matter** किसी मामले में निर्दोष हो.; **he is ~ mad** बिल्कुल पागल है; **keep a ~ tongue** साफ-सुथरी भाषा का प्रयोग क.; **make a ~ breast of it** कबूल करना, गलती मान लेना; **make a ~ breast of sth** भंडा-फोड़ कर दे., भेद खोल दे.; **make a ~ sweep of sth** पूरी तरह सफाया क., किसी चीज में पूर्ण विजय पाना; **make sb to the ~ers** 1 किसी का सारा पैसा ऐंठना या ठगी से ले ले. 2 किसी को पूरी तरह पराजित क.; **scrub the floor ~** फर्श को बिल्कुल साफ क.; **show a ~ pair of heels** सिर पर पांव रखकर भागना, नौ-दो ग्यारह हो., चंपत हो जा.; **take sb to the ~s** *colloq.* किसी का सारा पैसा ऐंठ या छीन ले.; **the ~ thing** ईमानदारी, सीधा-सादापन, खुलापन; **two hand ~ and press** दोनों हाथों से जकड़ या पकड़; **wipe the slate ~** भूतकाल की गलतियों आदि को भुलाकर बिल्कुल नई जिंदगी शुरू क.

cleaner /क्लीनः/ *n., pl.* **cleaners**; *see above under* **clean: *dw/lw***

cleanliness /क्लीन्लिनेस/ *n.* स्वच्छता, सफाई, सफाई-पसंदगी;
p&i: **~ is next to godiness** सफाई एक बड़ी नेमत है

clean\se /क्लेंज/ क्लिंज/ *v., pt.* **~sed,** *pp* **~sing** 1 साफ क. 2 शुद्ध क. 3 किसी के पाप धोना या माफ क.;
dw/lw: **~sable** /क्लेंजअबल/ *adj.* शोधनीय; **~ser** /क्लेंजः/ *n.* सफाई करने का पदार्थ, निर्मलक, शोधक **~sing** *n.* 1 शोधन, सफाई, मार्जन 2 सफाया, खात्मा: ethnic ~sing;
collocations:**~sing department** स्थानीय प्रशासन का सड़कों आदि को साफ रखने वाला विभाग

clear /क्लिअः/ *adj.* 1 स्पष्ट, प्रांजल, सुस्पष्ट, संशयरहित: ~ about the plan 2 निर्दोष, निर्मल, बेदाग, निष्कलंक: ~ conscience; ~ reputation 3 साफ, स्वच्छ: ~ skin 4 (***syn.*** transparent) पारदर्शी, पारदर्शक, साफ: ~ water of the lake; ~ glass 5 ऋण आदि से मुक्त: ~ of debt/ of worry 6 मुक्त, खाली, बाधारहित: ~ line; ~ opening; ~ way; a ~ path/ passage; roads ~ of traffic; well ~ of the rocks 7 साफ, बादलरहित: a ~ day/ sky 8.1 (***syn.*** pure) शुद्ध: ~ notes (of music) 8.2 (***syn.*** net) शुद्ध: ~ income; ~ profit, etc. 9 पूरा, सारा: need a ~ month to finish 10 (***syn.*** positive, definite) सुनिश्चित: ~ conclusion; make a ~ statement; have a ~ idea 11 निर्बाध: a ~ sight 12 दोषमुक्त, दोषरहित: ~ of all charges, sins etc.; ~ of suspicion 13 (*syn.* lucid) सुबुद्ध, सुबोध, तर्क-संगत: ~ intellect 14 (*syn.* distinct) स्पष्ट: ~ outline; ~ sight; ~ reflection in the water; ~ view 15 स्पष्ट दिखने वाला: a ~ photograph 16 (*syn.* audible) स्पष्ट, साफ सुनाई पड़नेवाला: ~ tone; ~ voices of the children; (as) ~ as a bell; ~ and distinct delivery of speech 17 पूर्ण: ~ majority;

***v.**, pt.* **~ed**, *pp* **~ing** 1 किसी स्थान को पूरी तरह खाली क.: ~ the table; ~ the ground; ~ a ship of her cargo 2 बादलों का छंट जा.: the sky is **~ing** 3 निष्कलंक/ निर्दोष हो. या घोषित क.: ~ sb of the blemish; ~ sb in regard to a matter; ~ one's character/ one's name; ~ oneself of a charge 4 बैंक में जमा किए गए चैक के बदले में पैसे मिलना 5 आज्ञा या अनुमति दे. या मिलना: the aeroplane was **~ed** for take-off 6 स्पष्ट क.: ~ one's meaning 7 साफ या स्वच्छ क. 8 पार क., लांघना: the ball **~ed** the boundary; ~ an examination 9 चुकाना (बकाया पैसा, उधार): **~ed** the mess dues 10 (सामान आदि) का सीमा-शुल्क आदि से निकालना: **~ed** the customs through the Green Channel; ~ a ship at the custom-house 11 से मुक्त क.: **~ed** the petrol from customs duty 12 प्रस्ताव, योजना आदि को मंजूरी मिल जाना: the proposal was **~ed** by the VC 13 शुद्ध लाभ पाना 14 सुलझाना: ~ a hawser (/मोटी/ रस्सी) सुलझाना 15 किसी स्थान या आवास आदि को खाली करवाना 16 तरल का छनकर या निथरकर पारदर्शी हो जा. 17 धुंध, धुएं आदि का छंट या मिट जा.: thunder has **~ed** the air; the sky is **~ing**; the weather is **~ing** 18 क्रोध आदि का मिट जा. 19 संदेह आदि का मिटना: ~ one's mind of doubts/ suspicions 20 चिंता आदि से मुक्त हो., मन का बोझ उतरना 21 ऋण आदि चुका दे.: this sum will ~ all his debts; ~ an encumbered estate 22 रास्ते से हटाना, बाधा दूर क.: ~ stones from the road; ~ the snow from the walk; ~ a way/ a passage 23 बाधा आदि पार क.: ~ the bar/ the height; ~ the hurdle 24 मोर्चे से कुछ हटाना या कुछ क्षेत्र को खाली करवाना: ~ casualties; ~ the enemy 25 दाम आदि घटाकर सारा सामान बेच डालना: ~ goods 26 फुटबाल, हॉकी आदि में पेनल्टी कॉर्नर आदि को बचाना: ~ a corner 27 खंगारकर गला साफ क.: ~ one's throat/ voice;

adv. 1 साफ-साफ: three feet ~ 2 बिल्कुल, पूर्णतः, पूरी तरह से 3 हटकर: stand ~ of the train doors 4 दूर तक साफ: see ~ down the highway;

n. मुक्ति: in the ~ (1 दोषरहितता 2 समस्याओं से मुक्ति);

dw/lw: **clearance** *see below under separate entry*; **~age** /क्लिअरिज/ *n.* साफ जमीन; **~-cut** *adj.* साफ-साफ, दो टूक, निश्चित: ~-cut path to a future: ~-cut policy; I want everything quite ~-cut; **~-headed** *adj.* समझदार, सुलझे दिमाग वाला, कठिन स्थिति में स्पष्ट ढंग से सोच-समझ सकने वाला; **~-headedly** *adv.* समझदारी से; **~ing** (*syn.* glade) *n.* घने जंगल के बीच में बिल्कुल खाली जगह (*see also below under separate entry*); **~ly** *adv.* 1 साफ-साफ, आसान व सरल ढंग से 2 (*syn.* obviously) साफ है कि, स्पष्टतः: this version is ~ly wrong; it is ~ly impossible to start in such bad weather 3 स्पष्ट रूप से: speak ~ly; see ~ly; understand ~ly; state one's case ~ly; **~ness** *n.* स्पष्टता, प्रांजलता; **~-out** *n.* सामान या व्यक्तियों आदि से छुटकारा पाने की क्रिया; **~-sighted** *adj.* समझदार, सयाना; **~-sightedly** *adv.* समझदारी से; **~-sightedness** *n.* समझदारी, सयानापन; **~story/ clerestory** /क्लिअःस्टोरि/ *n.* चर्च आदि में ऊपर की खिड़कियों (रोशनदानों) की कतार या दीवार का ऊपरी भाग; **~-up** *n.* कूड़ा-कर्कट हटाकर सफाई करने की क्रिया; **~-way** *n.* ऐसी सड़क जिस पर गाड़ियां चलने की मनाही हो;

collocations: ~ **day** 1 पूरा दिन 2 बादलरहित दिन; **~ing bank**; **clearing house**, *see below under separate entry* **clearing**: *dw/lw*; ~ **majority** पूर्ण बहुमत; ~ **service** निष्कलंक सेवा; ~ **sighted** कुशाग्र-बुद्धि; ~ **vacancy** स्पष्ट रिक्ति;

p&i: ~ **a score/ scores** हिसाब बराबर या चुकता क.; ~ **as day** बिल्कुल स्पष्ट; ~ **as that two and two make four** बिल्कुल स्पष्ट, सुस्पष्ट, सुविदित; ~ **away/ ~ sth away** हटा दे. 1 खाने की मेज से बर्तन हटाना 2 तरतीब से सामान या चीजें रखना 3 बादलों का छंट जा. 4 चले जा. 5 आंख ओझल हो. 6 जहाज द्वारा लंगर उठाया जा.; **~ly, he's wrong** साफ दिख रहा है कि गलती उसकी है; ~ **off** *colloq.* 1 लंबित या लटके काम को पूरा क. 2 चले जा., दूर हटना, तुरंत स्थान छोड़कर जा.; ~ **out/ ~ sth out** 1 फालतू की वस्तुओं को हटाकर तरतीब से सामान रखना और सफाई क. 2 सारा पैसा ले लेना या लूट ले 3 अचानक चले जा.; ~ **sth off** छुटकारा पाना, चले जाना; ~ **sth up** स्पष्टीकरण देकर संशय दूर क.; ~ **the account** जिम्मेदारी से मुंह मोड़ना या किनारा क.; ~ **the air** संदेह या तनाव दूर क.; ~ **the decks** 1 युद्ध की तैयारी क. 2 लंबित कार्य (pending work, back-log) आदि को पूरा क.; ~ **the way for sth to happen** किसी कार्य के राह के रोड़ों को हटाना; ~ **up** 1 आसमान का साफ हो., बादलों का छंट जा. 2 स्वच्छ हो जाना, विकार से छुटकारा मिलना: her acne ~ed up quickly 3 स्पष्ट हो जाना, सुलझना, स्पष्ट क., सुलझाना: the mystery has not been ~ed up as yet 4 सुव्यवस्थित क., ठीक क.; ~ **view** साफ दिखने वाली स्थिति; ~ **way** अबाधित रास्ता; **a ~ conscience is a sure card** पाक दामन होना सबसे बड़ा हथियार है; **all ~ signal** चेतावनी संकेत हटा लिया गया है, सब ठीक-ठाक है; **as ~ as a bell** घंटे जैसी स्पष्ट (टनटनाहट, आवाज); **as ~ as crystal** बिल्कुल स्पष्ट; **as ~ as the nose on your face** बिल्कुल स्पष्ट; **be ~ abreast/ ahead/ astern** स्पष्ट रूप से आगे हो.; **get ~ away** 1 बिना कोई निशान छोड़े चंपत हो जा., गायब हो जाना 2 से छुटकारा पाना; **get ~ off** = **get ~ away** = **keep ~ off** दूर खड़े रहना, कतराना; **in** ~ खुला, जिसे गोपनीय न बनाया गया हो; **in the** ~ 1 संदेह से मुक्त 2 ऋण मुक्त, निर्दोष, निष्कलंक; **keep ~ of the traffic!** यातायात से दूर रहो!; **keep/ stay/ steer ~ of sth** समस्या खड़ी करने वाले व्यक्ति या वस्तु से दूर रहना; **make oneself** ~ अपनी बात ठीक-ठीक समझाना; **steer ~ of sb/ sth** पचड़ों से बचकर निकलना; **the coast is** ~ रास्ता साफ है, कोई नहीं देख रहा; **steer ~ of trouble** मुसीबत से परे रहना; **the coast is ~ = all ~** रास्ता साफ है, कोई बाधा नहीं

clearance /क्लिअरंस/ *n.* 1 विमान को उड़ान भरने या उतरने के लिए अनुमति: ~ for the plane to land 2 रवन्ना (of ships) 3 दो तलों, वस्तुओं के बीच का ऐसा फासला या अंतराल जिसके कारण वे एक दूसरे को छू न सकें: ~ diagram; ~ gauge; ~ space 4 फालतू की चीजों को निकालकर की जाने वाली सफाई 5 निकासी: baggage/ letter-box ~ 6 विश्वसनीयता और सुरक्षा-क्षमता की सनद: security ~; ~ papers 7 फुटबाल आदि को ठोकर मारकर अपने गोल से दूर भेजने की क्रिया 8 दुकान के सारे माल की घटे दामों पर बिक्री: ~ sale;

collocations: ~ **sale** पूर्ण निकासी बिक्री, बचे हुए पूरे सामान की काम दामों पर बिक्री; ~ **space** अंतर-स्थान, मुक्तांतर, अंतराल, कार की धुरी और सड़क के बीच का अंतर

clearing /क्लिअरिंग/ (*also US* **opening**) *n.* 1 जंगल के बीच में साफ, खाली या खुली जगह, वृक्षहीन क्षेत्र 2 निकासी (of cheques) 3 निर्मलन 4 कार आदि में दोष की मरम्मत 5 घटे दामों पर बिक्री: ~ sale 6 बैंकों के बीच चैकों का भुगतान;

adj. युद्ध काल का (अस्पताल); ~ hospital/ station; ~ company;

dw/lw: **~-bank** *n.* केंद्रीय चैक अदला-बदली बैंक की सेवाएं लेने वाला बैंक; **~-house** *n.* क्लियरिंग हाउस, बैंकों के चैकों का

अदला-बदली केंद्र, निकासी-गृह, वितरण-केंद्र;
collocations: ~ **agent** निकासी एजेंट

clearly /क्लीअःलि/ *adv. see above under* **clear:** *dw/lw*;

cleat /क्लीट/ *n.* 1 पच्चर, फन्नी, फान्ना 2 कोयला-संधि 3 जहाज को बांधने का खूंटा;
v. pt. **~ed**, *pp* **~ing** 1 किसी चीज को फन्नी लगाकर और मजबूत क. 2 जहाज आदि को खूंटे से बांधना

cleavable /क्लीवअबल/ *adj.* विभेद्य, विदार्य;
dw/lw: **~ness** *n.* विदार्यता, विभेद्यता

cleavage /क्लीवेज/ *n.* 1 स्त्री के स्तनों के बीच की जगह 2 दरार 3 विदलन, भेदन 4 मतभेद, फूट: ~ in regard to views/ opinions

clea\ve /क्लीव/ *v., pt.* **clove/ cleft/ ~ved**, *pt. p.* **cloven/ cleft/ ~ved**, *pp* **~ving** 1 चीरना, फाड़ना, विभाजित क.: the earth quake has **cleft** great chasms in the rocks; the sections into which society is **cleft** 2 चीरते हुए निकल जा.: the vessel will soon ~ her way through the strait 3 चिपकना, लगा रहना (*pt.* **~ved**, *pp* **~ving**): **~ve** to a principle 4 काटना, फन्नियां बनाना 5 तराशना 6 छेदना, वेधन क.: the ground was **cloven** by frost;
dw/lw: **~ver** /क्लीवः/ *n.* 1 गंडासा, कुल्हाड़ा 2 गोश्त काटने का गंडासा; **~vers** /क्लीवःज/ (*also* **goosegrass**) *n., [sing./pl.]* कपड़ों से चिपट जाने वाला एक यूरेशियन पौधा

clef /क्लेफ/ *n. music* संगीत के सुरों का एक चिह्न

cleft /क्लेफ्ट/ *n.* दरार, फटन, विदर;
adj. 1 फटा हुआ, तरेड़ वाला/वाली, विदीर्ण: ~ foot = **cloven** foot 2 विभ्रंश, भंग;
collocations: ~ **lip** भंग या फटा होंठ; ~ **palate** दो भागों में फटे तालू के साथ पैदा होने वाला शिशु; ~ **sentence** 'it' या 'that' के साथ शुरू होनेवाले वाक्य: **it** is he I like; **that** is my friend you are talking ill of;
p&i: **in a ~ stick** जटिल स्थिति में

cleg /क्लेग/ *n.* घुड़मक्खी

cleidoic /क्लेइडोइक/ *adj.* सकोश

cleistogamic /क्लाइस्टॉगैमिक/ *adj.* स्वपरागणी

clem /क्लेम/ *v. pt.* **~med**, *pp* **~ming** 1 भूख से मारना 2 भूख और प्यास से तड़फना

clematis /क्लेमअटिस/ क्लमेटिस/ *n., pl.* **clematises** एक बेल

clemen\cy /क्लेमं\सि/ *n.* 1 दयाशीलता, मृदुलता 2 (***syn.*** mercy) क्षमादान, राज्यक्षमा 3 मंदी, शिथिलता, नर्मी (of weather);
dw/lw: **~t** /~ट/ *adj.* 1 दयालु, मृदु, मृदुल 2 मंद, शिथिल; **~tly** /~टलि/ *adv.* मृदुलतापूर्वक, दयालुतापूर्वक;
p&i: **~cy is a revolutionary measure** क्षमा एक क्रांतिकारी कदम है

clementine क्लेमंटीन/ क्लेमंटाइन/ *n.* नींबू या संतरे का फल

clenbuterol /क्लेनब्युटअरौल/ *n.* अस्थमा या दमा के रोग की दवाई

clench /क्लेंच/ *v., pt.* **~ed**, *pp* **~ing**, *s/he/it* **~es** 1 भींच ले., कसकर पकड़ना 2 (मुट्ठी) बांधना: ~ one's hand in a hard fist 3 (दांत) पीसना, जकड़ना 4 (कील) मोड़ना 5 कठोर फैसला ले.: ~ a matter; ~ a bargain (सौदा पक्का क.);
n., pl. **~es** पकड़, जकड़;
dw/lw: **~ed** /क्लेंचड/ *adj.* बंद, बंधी, भिंची;
collocations: **~ed fist** बंधी हुई मुट्ठी

clepsydra /क्लेप्सिड्रा/ *n.* जलघड़ी

cleptomania/ kleptomania /क्लेपटोमेनिआ/ *n.* चौर्योन्माद, छोटी-मोटी चीजों को चोरी करने की लत

clerestory/ clearstory /क्लिअःस्टॉरि/ *n., see above under* **clear:** *dw/lw:* **clearstory**

clergy /क्लःजि/ *n., pl.* **clergies** पादरीगण, पुरोहितवर्ग, पुजारी वर्ग, याजक-वर्ग: the regular/ secular ~;
dw/lw: **~man/ ~woman** (*also* **cleric**) *n.* पुरुष या महिला पादरी;
*collocations:***regular ~** संघीय पादरीगण; **secular ~** धर्म-प्रांतीय पादरीगण;
p&i; **~man's sons always turn out badly** दीपक तले अंधेरा, बड़ों के बिगड़ैल बच्चे; **~'s sore throat** स्वर-तंतुओं का शोथ, पुराना ग्रसनी-शोथ

cleric /क्लेरिक/ *n.* पादरी, मुल्ला, पुजारी

clerical /क्लेरि\कल/ *adj.* 1 क्लर्की काम, लिपिक संबंधी, लिपिकीय: ~ worker; ~ error 2 पादरी वर्ग संबंधी 3 पुरोहिती, याजकीय: ~ garment;
dw/lw: **~ism** /~क्लिज्म/ *n.* याजकवाद, पुरोहितवाद, चर्च की सत्ता व प्रभाव; **~ist** /~क्लिस्ट/ *n.* पुरोहितवाद का समर्थक
collocations: ~ **collar** (*also* **dog-collar**) पादरियों द्वारा गले में पहने जाने वाली सख्त सफेद पट्टी; ~ **error** क्लर्की गलती, लेखन-अशुद्धि, कलर्की भूल; ~ **staff** लिपिक वर्ग

clerihew /क्लेरिह्यू/ *n.* तुक्तक, ढकोसला, किसी जानी-मानी हस्ती के बारे में दो पदों वाली हास्य कविता

clerisy /क्लेरिसि/ *n.* विद्वन्मंडली

clerk /क्लः\क/ *n.* 1 क्लर्क, लिपिक, मुंशी, बाबू: bank ~; correspondence ~ 2 *US* सेल्समैन, होटल सहायक, विक्रयकर्ता, किरानी 3 पेशकार (of court);
dw/lw: **~age** /~किज/ *n.* लिखाई; **~dom** /~कडम/ *n.* लिपिकगण; **~ess** /~केस/ *n.* महिला क्लर्क, बाबू; **~ish** /~किश/ *adj.* क्लर्क जैसा; **~ly** /क्लःकलि/ *adj.* 1 सुलेख लेखक, लिखाड़ी 2 चर्च का; **~ly** *adv.* सुलेख में (लिखा); **~ship** *n.* लिपिक का पद;
collocations: ~ **in holy orders** डीकन, पादरी और बिशप आदि का आधिकारिक नाम; **~ly hand** सुलेख; **Clerk of the Weather** मौसम का हाल बढ़ानेवाला बाबू, मौसम का दूत; ~ **of works** भवन-निर्माण और रख-रखाव निरीक्षक;
desk ~ होटल में आने वाले आगंतुकों से निपटने वाला बाबू; **sales** ~ बिक्री बाबू

clever /क्लेवः/ *adj., degr.* **~er**, **~est** 1 (***syn.*** intelligent) चतुर, बुद्धिमान, सयाना: he is a ~ fellow 2 प्रवीण, दक्ष, निपुण: the boy is ~ at sums; he is ~ at foreign languages; ~ workman; ~ piece; ~ stroke at golf 3 अच्छी तरह सोचा-समझा हुआ: ~ book/ speech 4 *sl.* धूर्त, चालाक, चतुर, चालू, चालाकीपूर्ण: ~ trick; ~ conjurer 5 अच्छे डील-डौल वाला व्यक्ति, आकर्षक व्यक्ति: ~ lad; ~ horse 6 सुविधाजनक, आरामदेह: ~ boat 7 जीवंत, जल्दी सोच लेने वाला;
dw/lw: **~ly** *adv.* 1 चतुराई से, दक्षतापूर्वक 2 धूर्ततापूर्वक; **~ness** *n.* चतुरता, दक्षता, प्रवीणता, चालाकी;
collocations: ~ **Dick** (*also* ~ **clogs**) *n., derog. sl.* अपनी चतुराई पर इतराने वाला

clew /क्लू/ *n. naut.* 1 अंटी, लच्छी, पिंडी (ball of yarn) 2 जहाज के पाल का कोना;
v. *pt.* **~ed**, *pp* **~ing** 1 धागे को गोल लपेटकर अंटी बनाना 2 पाल चढ़ाना: ~ up/ down (पाल चढ़ाना या उतारना);
p&i: **from ~ to earing** सिर से पांव तक, पूरी तरह से

CLI *abbr.* 'Caller Line Identification' की प्रथमाक्षरी

cliché /क्लीशे/ (*also* **cliche**) *n., pl.* **~s**, *Fr.* घिसी-पिटी बात, सड़कछाप कथन 2 पदबंध रूढ़ोक्ति 3 (***syn.*** stamp) ठप्पा, छापा;
dw/lw: **~d/ cliché'd** /क्लीशेड/ *adj.* घिसा-पिटी, सड़कछाप: a ~d view of life

click /क्लिक/ *v., pt.* **~ed**, *pp* **~ing** 1 खट-खट/ टिक-टिक क.: ~ the door; ~ one's heels (together) 2 *phon.* जीभ को अंदर खींचकर चट-चट आवाज निकालना, जैसा कई अफ्रीकी भाषाओं में होता है: ~ one's tongue 3 कंप्यूटर का बटन दबाना 4 दो एक दूसरे को पसंद करने वालों में गाढ़ी छनने लगना: your nephew and I did not ~ 5 अकस्मात् कुछ समझ में आना: the meaning **~ed** after a while 6 सफल हो.;
n. 1 खट-खट, टिक-टिक 2 किसी यंत्र में खटका, अड़ानी, घोड़ा 3

phon. जीभ को अंदर खींचकर की जाने वाली चट-चट की आवाज 4 एक दूसरे को पसंद करने वालों में होने वाली दोस्ती 5 पसंदीदा व्यक्ति 6 *comput.* कंप्यूटर में क्लिक-क्लिक का बटन;
dw/lw: **~able** *adj.* कंप्यूटर में क्लिक करके देखा जा सकने वाला; **~-beetle** *n.* धनकुट्टी; **~-clack** *n.* खटखट; **~ety-~** /क्लिकअटि-क्लिक/ *n.* लगातार होने वाली खट-खट की आवाज; **~stream** *n.* एक सत्र में प्रयुक्त वैबसाइटों की सूची;
p&i: **~ through to sth** कंप्यूटर का बटन क्लिक करके वैबसाइट तक पहुंचना; **~ with sb** किसी के साथ गहरी छनना, मित्रता हो.

clicket /क्लिकेट/ *v., pt.* **~ed**, *pp* **~ing** खट-खट क., टकटक क.; ***n.*** सिटकिनी

client /क्लायंट/ *n.* 1 ग्राहक 2 मुवक्किल (वकील का): act on behalf of the ~ 3 जिसकी कोई समाज-सेवक देखभाल करता हो, आश्रित 4 *comput.* सर्वर (server) से जुड़ा हुआ कंप्यूटर;
dw/lw: **~age** /क्लायंटिज/ *n.* 1 ग्राहक समुदाय, मुवक्किल, ग्राहक-गण 2 ग्राहकों व वकीलों आदि के बीच संबंध; **clientele** /क्लीअंटेल/ क्लीऔटेल/ *US* क्लायंटेल/ *n., Fr.* 1 ग्राहक समुदाय, स्थाई ग्राहक 2 मुवक्किल, ग्राहक-गण 3 थियेटर, पब, क्लब आदि स्थानों पर आदतन जाने वाले लोग;
collocations: **~ server** कई कंप्यूटरों को सूचनाएं और आंकड़े आदि मुहैया कराने वाला केंद्रीय सर्वर; **~ state** किसी शक्तिशाली व बड़े देश पर रक्षा आदि के लिए निर्भर छोटा देश

cliff /क्लिफ/ *n.* 1 समुद्र के पास खड़ी चट्टान, शैल, प्रपात: the white ~s of Dover 2 भृगु, उत्तुंग, दरद, पातुक, उच्छृंग 3 रोमांचक धारावाहिक (चलचित्र, TV) 4 उत्सुकता वर्द्धक अन्त्योक्ति (of episode);
dw/lw: **~-face** *n.* चट्टान का सामने वाला खड़ा फलक; **~-hanger** /क्लिफहैंगः/ *n.* 1 कुतूहलपूर्ण व रोमांचक कहानी 2 लोमहर्षक प्रतियोगिता/ होड़/ मुकाबला; **~-top** *n.* चट्टान का शिखर

climacteric /क्लाइमैक्टरिक/ *n., biol.* 1 अधेड़ अवस्था 2 संकट काल 3 रजोनिवृत्ति-काल (of women), यौन-लालसा में मद्धमता काल (of men) 4 महत्त्वपूर्ण घटना 5 संकटकालीन घटना;
adj. संकटकालीन, संकटपूर्ण, खतरनाक
dw/lw: **~al** /क्लाइमैक्टरिकल/ *adj.* अधेड़ अवस्था संबंधी

climactic /क्लाइमैक्टिक/ *adj.* चरमावस्था संबंधी, चरम, पराकाष्ठापूर्ण

clima\te /क्लाइ\मअट/ *n.* 1 जलवायु, आबो-हवा, हवा-पानी: healthy/ scorching/ dry/ humid/ wet **~te**; temperate/ moderate **~te** (नर्म जलवायु) 2 वातावरण, परिवेश, माहौल, फिजा: **~te** of confidence; international **~te** 3 जन-भावना, जनमत: **~te** of opinion;
dw/lw: **~tic = ~tical** /~मैटिक/ ~मैटिकल/ *adj.* जलवायु संबंधी: ~tic treatment; ~tic changes/ conditions; ~tical influence; **~tically** /~मैटिकलि/ *adv.* जलवायु के अनुसार; **~tise** /~मअटाइज/ *v., pt.* ~tised, *pp* ~tising नए जलवायु अनुसार ढलना; **~tography** /~मअटॉग्रफि/ *n.* जलवायु-आरेखण; **~tologist** /~मअटअलौजिस्ट/ *n.* जलवायु-विज्ञानी; **~tology** /~मअटौलजि/ *US* ~मअटाःलजि/ *n.* जलवायु-विज्ञान; **~tological** /~मअटअलौजिकल/ *adj.* जलवायु-विज्ञान संबंधी;
collocations: **~te change** जलवायु परिवर्तन; **~te friendly** जलवायु पर बुरा असर न डालने वाली क्रिया या वस्तु; **~te of opinion** वैचारिक वातावरण; **~te of confidence** विश्वास का वातावरण; **international ~te** अंतर्राष्ट्रीय वातावरण

climax /क्लाइमैक्स/ *n., pl.* **~es** 1 चरम बिंदु, चरमोत्कर्ष, पराकाष्ठा 2 शिखर, चोटी 3 *rhet.* क्रमोत्कर्ष, क्रमिक चढ़ाव;
v., *pt.* **~ed**, *pp* **~ing**, *s/he/it* **~es** चरम बिंदु पर पहुंचना या पहुंचाना;
dw/lw: **climactic/ climactical** *adj.* चरमोत्कर्षी, *rhet.* क्रमोत्कर्षी
collocations: **~ community** *ecol.* वनस्पति जगत के किसी क्षेत्र विशेष में विकास संबंधी: किसी जलवायु परिवेश में किसी वानस्पतिक प्रजाति के विकास की अंतिम चिरकालिक अवस्था;
p&i: **~ of eruption** ज्वालामुखी विस्फोट होने का चरमोत्कर्ष; **arrive at the ~** पराकाष्ठा पर पहुंचना; **cap the ~** सब रिकॉर्ड तोड़ दे., शिखर पर पहुंचना; **the ~ of dramatic action** नाटक का पराकाष्ठा बिंदु; **the ~ of the struggle** संघर्ष की शिखरतम अवस्था

climb /क्लाइम/ *v., pt.* **~ed**, *pp* **~ing** (*often* **~ up**) 1 ऊपर चढ़ना, आरोहण क.: the aeroplane **~ed** steadily; ~ a rope; he **~ed** to the upper deck of the bus; ~ on all fours 2 तिकड़म से पदोन्नति पाना: ~ the heights of power; ~ to success; ~ up the ladder 3 महंगाई/ भाव आदि का ऊपर चढ़ना: the dollar has been **~ing** all last week 4 कठिनाईपूर्वक ऊपर की ओर बढ़ना या चढ़ना: the path started to ~ suddenly; ~ a tree/ a mountain; the sun was **~ing** to the zenith 5 पर्वतारोहण क. 6 विमान का ऊपर चढ़ना 7 रास्ते का सीधी चढ़ाई में बदलना 8 बेल का ऊपर चढ़ना: the ivy is **~ing** up the wall 9 सामाजिक सीढ़ी पर ऊपर चढ़ना 10 संख्या में बढ़ना: the circulation of paper **~ed** sharply;
n. 1 चढ़ाई, आरोहण 2 पहाड़ी या चट्टान जिसपर लोग चढ़ते है 3 दाम या मात्रा में वृद्धि: the dollar's ~ against the rupee 4 सामाजिक स्तर में वृद्धि: ~ to stardom;
dw/lw: **~able** /क्लाइमबल/ *adj.* जिस पर चढ़ा जा सके; **~down** *n.* 1 *UK* पीछे हटने की प्रक्रिया 2 *UK* विचार या दृष्टिकोण में बदलाव 3 झुकने की क्रिया 4 स्तर या मान-सम्मान में गिरावट; **~-down** *v., pt.* **climbed-down**, *pp* **climbing-down** 1 नीचे उतरना 2 खुले आम अपनी बात छोड़कर दूसरे की बात मान ले.: we stood firm and at last they climbed-down; **~er** /क्लाइमः/ *n.* 1 पहाड़ों या चट्टानों पर चढ़ने वाला, आरोहक 2 अवसरवादी, स्वार्थजीवी;
p&i: **~ in/ out** कहीं तक बड़ी कठिनाई से पहुंचना; **~ into/ out of/ through, etc.** के अंदर/ से बाहर/ के बीच में से चढ़ना; **~ not too high lest the fall be the greater** न ऊंचे चढ़ो न नीचे गिरो; **~ on the band wagon** चढ़ते सूर्य को नमस्कार क.; **hasty ~ers have sudden falls** आगे दौड़ पीछे चौड़; **he that never ~ed never fell** जो ऊपर चढ़ा ही नहीं वह कभी गिरा नहीं; **on the ~** तिकड़मबाजी से अपनी व्यावसायिक सीढ़ी पर ऊपर चढ़ना

climbing /क्लाइंबिंग/ *n.* 1 चढ़ाई, चट्टानों आदि पर चढ़ाई: ~ ability 2 पहाड़ों या चट्टानों पर चढ़ने का शौक 3 पर्वतारोहण: fond of mountain ~;
collocations: **~ frame** (*US* **jungle gym**) बच्चों द्वारा चढ़ने-उतरने के लिए लकड़ी या लोहे का ढांचा; **~ iron** पेड़ों, खंभों पर चढ़ने के लिए जूते के नीचे लगने वाला स्पाइकों वाला जूता; **~ perch** एशिया की ताजे पानी की एक मछली; **~ plant** सूर्य की ओर चढ़ने वाली बेल; **~ wall** चढ़ने उतरने का अभ्यास करने के लिए दीवार

clime /क्लाइम/ *n., mainly poetic/ humorous* 1 (विशेष जलवायु, आबो-हवा) वाला क्षेत्र: he is heading for cooler **~s** next month 2 दुनिया का कोई देश या क्षेत्र: seek a milder ~ (नर्म जलवायु-प्रदेश या देश में जाने की इच्छा)

clinamen /क्लिनेमन/ *n.* रुझान, झुकाव

clinch /क्लिंच/ *v., pt.* **~ed**, *pp* **~ing**, *s/he/it* **~es** 1 अंतिम रूप से निपटा दे., फैसला कर दे., जीत ले.: ~ the case; ~ a bargain 2 कसना 3 *boxing, wrestling* और प्रहारों से बचने के लिए एक-दूसरे से लिपटे रहना 4 कील या रिपिट जड़ना 5 *colloq.* आलिंगन में बंधे रहना;
n., *pl.* **~es** 1 निपटारा 2 *boxing, wrestling* और प्रहारों से बचने के लिए एक-दूसरे से लिपटे रहने की स्थिति 3 आलिंगन में बंधे रहने की स्थिति;
dw/lw: **~er** *n.* 1 अंतिम रूप से निपटा देने वाली दलील या कदम

2 निपटाने वाला व्यक्ति 3 कील ठोकने वाला
p&i: ~ **it** बहस खत्म क., फैसला क., निर्णायक कदम उठाना
cline /क्लाइन/ *n., biol.* (***syn.*** continuum) प्रवणता, प्रवण
cling /क्लिंग/ *v., pt.* **clung**, *pt. p.* **clung**, *pp* **~ing** 1 सटकर लिपटना: the child **clung** to its mother's hand; ~ to the saddle; this skirt **~s** badly 2 चिपकना, चिपके रहना: wet clothes ~ to the body; mud **~s** to the boots 3 कसकर पकड़े रहना: ~ (on) to sth (किसी चीज को पकड़े रहना) 4 साथ लगे रहना 5 निष्ठा रखना, पर अड़े रहना: ~ tenaciously to one's arguments;
dw/lw: **~er** *n.* चिपके रहने वाला; **~film** *UK tradem.* (*US* **plastic wrap**) *n.* सामान लपेटने वाली प्लास्टिक की पतली फिल्म; **~ing** *adj.* चिपकने या लिपटने वाली: ~ing dress; **~stone** *n.* ऐसा फल जिसकी गुठली गूदे से कसकर चिपकी होती है; **~y** /क्लिंजि/ *adj., degr.* ~ier, ~iest *UK* दूसरों से चिपके रहने वाला;
p&i: **~ like grim death** मृत्यु की तरह गले पड़ने वाला; **~ on to sth/ ~ to sth** किसी चीज या आदत आदि से छुटकारा पाने के लिए अनिच्छुक हो.: have a hope to ~ on to
clinic /क्लिनिक/ *n.* 1 चिकित्सालय: an asthma ~ 2 चिकित्सालय, निदान-गृह 3 क्लिनिक 4 विशेषज्ञ द्वारा छात्रों को दिए जाने वाले लेक्चर का सत्र: the antenatal ~ is on Mondays 5 विशेष प्रकार का चिकित्सालय: a rehabilitation ~ for alcoholics 6 विद्यार्थियों के लिए विशेषज्ञ द्वारा की जा रही निदान, उपचार, शल्य-क्रियाओं आदि को देखने का सत्र 7 खेल विशेषज्ञ द्वारा दिए जाने वाले प्रशिक्षण का सत्र
clinical /क्लिनिक\ल/ *adj.* 1 निदान एवं चिकित्सा संबंधी: ~ record = ~ history 2 अत्यधिक साधारण व सपाट 3 विश्लेषणात्मक, व्यावहारिक, अभावुकतापूर्ण: watch sb's suffering with ~ detachment 4 रोग-विषयक, नैदानिक: ~ teaching; ~ work;
dw/lw: **~ly** /~लि/ *adv.* शरीर की अवस्था की दृष्टि से: ~ly dead;
collocations: ~ **baptism** मृत्यु-शय्या पर किया जानने वाला बपतिस्मा; ~ **death** (*also* **brain death**) दिमाग में उन स्नायुओं का मृत हो जाना जो सांस प्रक्रिया व महत्त्वपूर्ण प्रक्रियाओं को चालू रखते हैं, जिसके कारण रोगी बिना कृत्रिम श्वसन-यंत्र (ventilator) के जिंदा नहीं रह सकता; ~ **linguistics** बोली-लिखी जाने वाली व प्रतीकात्मक भाषाओं में विकारों के अध्ययन व चिकित्सा में भाषा-विज्ञान का प्रयोग; ~ **medicine** नैदानिक औषधि; ~ **psychology** बहुत सारे मानसिक विकारों के निदान, चिकित्सा व रोक-थाम में मनो-विज्ञान के शोध परिणामों का प्रयोग; ~ **surgery** चिकित्सीय शल्य-कर्म; ~ **thermometer** शरीर का तापमान मापने का थर्मामीटर
clinician /क्लिनीशिअन/ *n.* चिकित्सक
clink /क्लिंक/ *v., pt.* **~ed**, *pp* **~ing** 1 टनटन या झनझन क. 2 (***syn.*** chink) झनझनाना 3 कील मोड़ना;
n. 1 टनटनाहट, झनझनाहट 2 *sl.* जेल, खंगार, झांवा;
dw/lw: **~-built** *adj.* नाव के ढांचे में दोहरे तख्तों वाला पेंदा; **~-clank** *n.* टनटन या क्रमिक आवाज; **~er** /क्लिंकः/ *n., Br. sl.* 1 सर्वप्रिय, श्रेष्ठ 2 कोयले के जलने के बाद बचा रोड़ा, लावा पर राख की परत, एक सख्त ईंट 3 *mainly US sl.* भूल 4 टांय-टांय फिस; **~ing** /क्लिंकिंग/ *adj.* 1 टनटनानेवाला 2 बढ़िया: ~ing good horse 3 बहुत; **~stone** *n.* टनटन बजने वाला पत्थर
clinometer /क्लाइनौमिटः, क्लिनौमिटर/ *n., surveying* प्रवणता-मापी, ढालमापी
clinquant /क्लिंकंट/ *n.* 1 नकली तड़क-भड़क 2 नकली सोना;
adj. भड़कीला
clip /क्लिप/ (*also* **cartridge clip**) *n.* 1 क्लिप, कागजों को जुड़ा रखने वाली क्लिप (कुत्ता, *Hr.*): paper ~ 2 क्लिप लगी तख्ती 3 फिल्म या टेलीविजन कार्यक्रम का एक छोटा-सा भाग 4 तेज प्रहार: a ~ round the ear/ ear hole (कानों पर मारा जाने वाला आकस्मिक तमाचा); he hit him a ~ 5 तेज रफ्तार: driving at a fair ~; go at a good ~ 6 *Austral., NZ* भेड़ की एक मुंडाई में मिली कुल ऊन 7 स्टेनगन (sten gun) आदि से जुड़ा गोलियों का डिब्बा: cartridge ~ 8 चुटकी 9 पंजा 10 कंप्यूटर में सूचनाएं संग्रहण स्थान;
v., *pt.* **~ped**, *pp* **~ping** 1 क्लिप से कागजों या वस्तुओं को कसकर पकड़े रखना: ~ sheet of paper together 2 कतरना, कैंची से काटना, भेड़ आदि की ऊन उतारना: ~ the hedge; ~ a sheep 3 पत्रिका आदि में से लेख काटकर रखना: ~ an article from a newspaper 4 *colloq.* तेजी से आघात क.: ~ sb with a box 5 यात्रा टिकट को पंच क. 6 वेतन आदि में से छोटी-मोटी रकम काटना 7 फिल्म आदि में कुछ अंश लेना 8 *colloq.* ठगना 9 किनारा काटना, छोटा क.: ~ one's stride;
dw/lw: **~art** /क्लिपःट/ *n.* कंप्यूटर में संग्रहीत छोटे-छोटे चित्र जिन्हें आसानी से कागजों में जोड़ा जा सकता है; **~board** *n.* कुत्तालगी तख्ती; **~-clop** *n.* घोड़े की टाप; **~-on** *n.* किसी चीज का किसी दूसरी चीज के साथ जुड़ाव; **~per** /क्लिपः/ *n., [sing.], hist.* 1 द्रुतगामी जहाज 2 कतरने वाला 3 चिपकू; **~pers** /क्लिपःज/ *n., [pl.]* कैंची, कतरनी, नेल-कटर; **~ping** /क्लिपिंग/ *n.* 1 (*also UK* **cutting**) समाचार पत्रों से कतरी हुई तस्वीरें आदि 2 कतरा हुआ टुकड़ा 3 बालों, कागजों आदि को जोड़-थामकर रखने वाली क्लिप: hair ~s
collocations: **~ joint** *sl.* महंगे मधुशाला, रेस्त्रां, नाइट-क्लब आदि; ~ **ring** डाट छल्ला;
nail ~pers नाखून काटने वाला;
p&i: ~ **coin** सिक्का काटना; ~ **sb's wings** किसी के पर काटना, प्रभाव कम क.; ~ **one's stride** छोटे कदमों से तेज चलना; **at a fast, good, steady, etc.** ~ तेजी से
clipped /क्लिप्ड/ *adj.* 1 शब्द का छोटा रूप, शब्द का संक्षेप: **deli** from *delicatessen* 2 बोलने के ढंग के बारे में: छोटा किया हुआ या लुप्त (स्वर या व्यंजन) 3 साफ पर रूखा: ~ military tones 4 काटा-छांटा हुआ: ~ hair; ~ tree
clipping *see above under* **clip: *dw/lw***
cliqu\e /क्लीक/ *n., pl.* **~es** गुट, खेमा, धड़ा, अंतरंग मंडली, चंडाल-चौकड़ी;
dw/lw: **~ey** /क्लीकि/ *adj., degr.* (*also* **cliquish**) ~ier, ~iest खेमेबाज, गुट्टबाज, धड़ेबाज; **~ish** *adj.* खेमेबाज, गुट्टबाज; **~iness/ ~ishness** *n.* खेमेबाज, गुट्टबाज या धड़ेबाज चरित्र; **~ism** /क्लीकिज्म/ *n.* गुटबाजी, खेमाबाजी, धड़ाबंदी
clitch /क्लिच/ *v., pt.* **~ed**, *pp* **~ing** 1 कसकर पकड़ना 2 चिपकाना
clitic /क्लिटिक/ *n.* अबलाघातित शब्द, दूसरे शब्द के साथ मिलाकर प्रयुक्त शब्द: **I'm** = I am
clitoridectom\y /क्लिटरिडेक्टमि/ *n., pl.* **~ies** (***syn.*** clitoris) भगशेफ को शल्य-कर्म द्वारा हटाए जाने की क्रिया
clitoris /क्लिटअरिस/ क्लाइटरिस/ *n., pl.* **clitorises** *anat.* भग-शिश्न, भगशेफ
clitter /क्लिटः/ *v., pt.* **~ed**, *pp* **~ing** बकवास क., बकवास करवाना;
dw/lw: **~-clatter** *n.* बकवास, गपशप
Cllr *abbr.* 'Councillor' का संक्षेप
CLMV *abbr.* 'Cambodia, Laos, Myanmar and Vietnam (the four newest member of Asean)' की प्रथमाक्षरी
cloaca /क्लोएका/ 1 मोरी 2 (***syn.*** drain) मल प्रणाल 3 शौचालय 4 (***syn.*** zoo) अवस्कर
cloak /क्लोक/ *n.* 1 चोगा, लबादा 2 (***syn.*** pretext) बहाना 3 (***syn.*** disguise) आड़, आवरण, ओट: job as a ~ for spying; under the ~ of charity; under the ~ of night 4 परत: a ~ of mist (धुंध की परत); ~ of snow;

***v.** pt.* **~ed**, *pp* **~ing** 1 लबादा पहनाना 2 छिपाना, पर्दा डालना, आवरण डालना: he **~ed** his wicked purpose;

dw/lw: **~-bag** *n.* सफरी थैला; **~room** /क्लोकरूम/ *n.* 1 अमानती सामान घर 2 (*US* **check room**, **coat check**, **coat-room**) किसी भवन में ऐसा कमरा जिसमें लोग कुछ समय के लिए अपने कोट, थैले आदि छोड़ सकते हैं 3 पेशाब घर, शौचालय;

p&i: **a ~ of sth** किसी चीज की आड़; **~-and-dagger boys** गुप्तचर; **~-and-dagger story, etc.** रहस्यों, षड्यंत्रों, जासूसी जोखिम आदि से भरी कहानी;

have not thy ~ to make when it begins to rain अब पछताए होत क्या जब चिड़िया चुग गई खेत, अवसर निकल जाने के बाद कार्रवाई क.; **under a ~ of sth** किसी बात की आड़ में

cloam /क्लोम/ *n.* मिट्टी का बर्तन, मृद्भांड

clobber /क्लौबः/ *US* क्लाःबः/ *v., pt.* **~ed**, *pp* **~ing** 1 बुरी तरह पीटना 2 किसी को आर्थिक सजा दे.: the news paper was **~ed** with a fine of ten lac rupees 3 किसी को बुरी तरह हराना;

n. (***syn.*** stuff) व्यक्ति के कपड़े व यंत्र

cloche /क्लौश/ *US* क्लाःश/ *n., Fr.* 1 पौधों को पाला आदि से बचाने के लिए प्लास्टिक आदि का आवरण 2 (*also* **~ hat**) स्त्रियों की गुंबदनुमा टोपी

clock /क्लौक/ *US* क्लाःक/ *n.* 1 दीवार-घड़ी, घंटा: hanging/ standing ~; the ~ is fast/ slow; wind (up) a ~; it is five **o'clock** 2 (**the clock**) गतिमापक (speedometer), मीलोमीटर 3 डैंडेलिअन के बीज का ऊपरी हिस्सा 4 (*in full* **time ~**) कार्यालय कर्मियों का काम पर आने और काम से जाने का समय आरेखित करने वाली घड़ी 5 *comput.* कंप्यूटर में लगा इलेक्ट्रोनिक उपकरण जो कंप्यूटर सिस्टम में चलने वाली प्रक्रियाओं को समय बद्ध करके निश्चित समय पर संकेत देता है 6 उपकरण जो स्विच परिपथों, संचार प्रणालियों आदि में चलने वाली प्रक्रियाओं को समय बद्ध करता है 7 *sl.* चेहरा: sitting with a grin all over his ~ 8 मोजों (socks) की एक तरफ बना एक चित्र-सा;

***v.**, pt.* **~ed**, *pp* **~ing** 1 घड़ी आदि द्वारा समय मापना और आरेखित क. 2 स्टॉप वाच आदि द्वारा दौड़ का समय मापना 3 *colloq.* स्पीडोमीटर द्वारा दिखाई जाने वाली गति से चलना 4 *sl.* किसी को मारना, प्रहार क. 5 दौड़ में कोई प्रमाणित समय प्राप्त क.: she **~ed** 10.00 seconds in the final; ~ the best time 6 स्पीडोमीटर की सुई पीछे क. 7 *sl.* किसी को देख लेना;

dw/lw: **~-case** *n.* घड़ी या घंटे का केस; **~er** /क्लौकः/ *US* क्लाःकः/ *n.* 1 गाड़ी द्वारा तय किए गए किलोमीटरों को कम दिखाने के लिए गति मापक की सूई को अवैध तरीके से पीछे करने वाला आदमी 2 अवैध नशीले पदार्थ बेचने वाला आदमी; **~-face** *n.* घड़ी या घंटे का डायल; **~-watcher** *n.* काम खत्म होने के समय की प्रतीक्षा में घड़ी देखते रहने वाला; **~wise** *adj., adv.* (***anton.*** anticlockwise, counterclockwise) दक्षिणावर्त, घड़ी की सूई की दिशा में; **~work** *n.* हैंडल या चाबी घुमाने पर चलने वाला घंटा; **~work** *adj.* चाबी वाली घड़ी की तरह चाबी से चलने वाला (यंत्र): a ~work mouse;

collocations: **~ radio** रेडियो-अलार्म-क्लॉक; **~ speed** *comput.* कंप्यूटर की कार्य रफ्तार; **~ tower** घंटाघर;

a ~work mouse चाबी से चलने वाला माउस (चूहानुमा उपकरण); **hanging ~** दीवार-घंटा; **like ~work** ठीक-ठाक और नियमित रूप से, बिना किसी समस्या के;

p&i: **~ in/ on** (*also* **punch in**) काम पर आने का समय नोट क.; **~ out/ off** (*also* **punch out**) काम पर से जाने का समय अंकित क.; **~ sth up** समय की दौड़ में कुछ हासिल क.; **~ up sth** किसी रफ्तार तक पहुंचना, कोई दूरी पार क., क्रिकेट आदि में कोई स्कोर खड़ा क.;

against the ~ कठिन समय अवधि में; **around/ round the ~** दिन-रात, चौबीसों घंटे, लगातार; **(as) regular as ~** समय का पाबंद; **beat the ~** निर्धारित समय में काम पूरा कर ले.; **fix sb's ~** किसी को चुप करा दे., किसी को रास्ते से हटाना; **grandfather('s)/ grandmother's ~** बड़े-बड़े लटकते लोलकों वाली दीवार घड़ी; **like a ~** घड़ी की तरह समयबद्ध; **like one o'clock** 1 बहुत तेज: he ran down the street like one o'clock 2 बड़ी खुशी से, सहर्ष: shall come to the theatre like one o'clock 3 बहुत अच्छा: get on like one o'clock; **know/ find what o'clock it is** वास्तविक स्थिति को जानना; **race/ work against the ~** कम समय होने के कारण तेज रफ्तार से काम क.; **run down/ out the ~** खेल के मुकाबले में किसी टीम द्वारा आखिरी समय में किसी तरह समय पूरा करने की कोशिश क.; **run/ go like ~** योजनानुसार काम हो.; **sleep/ work the ~ round** रात-दिन सोना या काम क.; **the ~ gains/ losses two minutes in a day** घंटा प्रतिदिन दो मिनट आगे या पीछे चलता है; **the ~ goes as it pleases the clerk** घंटा चले जैसे मुंशी चाहे; **the ~ is fast** घंटा तेज है; **the ~s go forward/ back** गर्मियों आदि के शुरू होने के समय घड़ी के समय को सारे देश में आगे या पीछे क.; **turn/ set/ put the ~ back** 1 प्रगति में रोड़े अटकाना 2 पुरानी, दकियानूसी बातों की ओर लौटना; **watch the ~** दफ्तर का समय पूरा होने की प्रतीक्षा में घड़ी को बार-बार देखना; **when one's ~ strikes** किसी के समय आने पर; **wind up a ~** घड़ी को चाबी दे.

clod /क्लौ\ड/ *US* क्लाः\ड/ *n.* 1 मिट्टी का ढेला: break the **~s** 2 मंदबुद्धि व्यक्ति 3 गांठ 4 शव 5 गोश्त की गर्दन;

***v.**, pt.* **~ded**, *pp* **~ding** 1 डले काटना 2 डले फेंकना;

dw/lw: **~dish** /~डिश/ *adj.* फूहड़ या बुद्धू, मूर्ख, गंवार; **~dishly** *adv.* फूहड़ तरीके से; **~dishness** *n.* फूहड़पन, मूर्खता; **~hopper/ ~pole/ ~pate** *n.* 1 फूहड़ व्यक्ति 2 भारी जूता

clog /क्लौग/ *US* क्लाःग/ (*also* **~ up**) *v., pt.* **~ged**, *pp* **~ging** 1 बाधा डालना, अवरुद्ध क.: ~ sb's movement 2 अवरुद्ध या बंद हो जाना: the road was **~ged** with cars 3 ठूंसकर भरना: his brain is **~ged** with useless facts;

n. **~s**, *[pl.]* 1 खड़ाऊं जैसे लकड़ी के जूते 2 बाधा, अड़ंगा, विघ्न: a perpetual ~ to public;

dw/lw: **~-dance** *n.* लकड़ी के जूते पहन कर टप-टप करने वाला नाच; **~ged** *adj.* अवरुद्ध, बंद;

p&i: **~ one's clogs** *sl.* मर जा.; **~ up** अवरुद्ध या बंद हो.; **brain ~ged with useless facts** व्यर्थ तथ्यों से या भूसा भरा दिमाग

cloister /कलॉइस्टः/ *n.* 1 छायादार पथ 2 (***syn.*** covered) छत्ता 3 विहार, मठ: retire to a ~; confine/ shut up sb in a ~;

***v.** pt.* **~ed**, *pp* **~ing** 1 अपने को जीवन की समस्याओं व गोरख-धंधों से दूर रखना: ~ oneself 2 मठ में डालकर सड़ने दे.;

dw/lw: **~ed** /कलॉइस्टःड/ *n.* 1 अलग-थलग, अकेला पड़ा हुआ 2 मठ में सड़ने वाला

cloistral *adj.* 1 मठ जैसा 2 मठ में बंद

clo\ne /क्लोन/ *n.* 1 पौधे आदि का हु-ब-हू प्रतिरूप (कॉपी), कृतंक 2 किसी से हू-ब-हू मिलने वाला व्यक्ति/ मिलने वाली शक्ल 3 *comput.* कंप्यूटर की नकल 4 पहली चीज से मिलने वाली दूसरी चीज;

***v.**, pt.* **~ned**, *pp* **~ning** 1 पौधे, पशु आदि का हू-ब-हू प्रतिरूप बनाना 2 कंप्यूटर में संग्रहीत सूचनाओं, आंकड़ों आदि की अवैध रूप से हू-ब-हू प्रति बनाना;

dw/lw: **~nal** *adj.* हू-ब-हू प्रतिरूप वाला; **~ing** /क्लोनिंग/ *n.* पौधे आदि का हू-ब-हू प्रतिरूप बनाने की क्रिया;

collocations: **~ned ideas** मूल विचारों जैसे हू-ब-हू विचार

clonk /कलौंक/ *US* कलांक/ *n.* धपधप, टनटन, ठकठक

cloot /क्लूट/ *n.* 1 खुर 2 (**Cloot**) दैत्य, दानव, राक्षस

CLOP *abbr.* 'Consequential Loss of Profits (Fire) Insurance' की प्रथमाक्षरी

clop /क्लॉप/ (*also* **clip-clop, clop-clop**) *n.* टपटप, घोड़े की टाप;

***v.**, pt.* **~ped**, *pp* **~ping** टपटप क.

clo\se /क्लो\ज/ *v., pt.* **~sed**, *pp* **~sing** 1 (*syn.* shut) बंद क./ हो.: **~se** the door; **~se** a drawer 2 (*syn.* conclude) समाप्त क.: he **~sed** with a joke; **~se** a speech; **~se** a meeting 3 (*also* **~se down**) काम-धंधे आदि का बंद हो./ क.: **~se** down a factory 4 मिलाना या मिलना, जोड़ना या जुड़ना: **~se** up the gaps; **~se** a hole 5 पास आना 6 पक्का क., पूरा क.: **~se** a deal 7 (*syn.* grapple) भिड़ना, सहमत हो जाना 8 बाजार बंद होने के समय रुपये आदि का किसी विनिमय दर पर बंद हो.: the rupee **~sed** ten paise up on the dollar 9 (*sometimes* **~se sth off**) सड़क (रास्ता) आदि बंद क. 10 दुकानें आदि बंद क. 11 खाता आदि बंद क.: **~se** an account; **~se** a subscription-list (पत्रिका आदि के ग्राहकों की सूची बंद क.) 12 छाता आदि बंद क.: **~se** an umbrella;

adj. 1 पास, नजदीक: sit **~se** to the fire; in **~se** proximity (बहुत पास); at **~se** quarters (बिल्कुल पास में) 2 पास में: **~se** by 3 घनिष्ठ, अंतरंग, गहरा, बहुत करीबी: a **~se** friend 4 रिश्ते में नजदीक, सगा: a **~se** relation 5 गहरा, नजदीकी: **~se** adviser 6 नजदीकी (मामला), बराबरी का, कांटे की टक्कर का, कड़ा: a **~se** finish; a **~se** vote/ contest 7 सघन, घना: **~se** forest 8 (*syn.* stuffy) उमस भरा, उमसदार, दमघोंटू: **~se** air 9 तंगहाल: **~se** money 10 (*syn.* hidden, secretive) गुप्त, छिपा हुआ, छिपाऊ: keep sth **~se** to one's chest; be **~se** about one's past 11 कृपण, कंजूस-कमीना: **~se**-fisted; **~se** with money 12 सीमित 13 (*syn.* thorough, detailed) सूक्ष्म, गहन: a **~se** reading; **~se** investigation; **~se** analysis 14 कठोर, कड़ा: under **~se** arrest; **~se** cell; **~se** prisoner; keep in **~se** confinement 15 संवृत्त (vowels), जिस शब्दांश (syllable) की अंतिम ध्वनि व्यंजन (consonant) हो: **~se** vowel 16 अल्पभाषी, मितभाषी, चुप्पा, घुन्ना: **~se**-tongued; **~se**-mouthed 17 सतह के करीब, बहुत छोटे: a **~se** haircut; **~se**-cropped; **~se** mowing (घास की बहुत छोटी कटाई) 18 दुर्लभ 19 सटा हुआ, कसकर आने वाला: **~se**-fitting; a **~se** fit 20 चुस्त-दुरुस्त, पुष्ट, ठोस 21 मूल का प्रतिरूप, हम-शक्ल: a **~se** resemblance 22 (*often* **~se to sth**) शीघ्र होने वाला, की कगार पर: **~se** to tears 23 (*syn.* compact) संकोचित, संक्षिप्त: **~se** statement; **~se** style of writing 24 बाल-बाल बचने आदि की स्थिति से संबंधित: he had a **~se** shave when his motor cycle hit the kerb; it was pretty **~se,** the car nearly turned turtle 25 पंक्तियों के बीच कम अंतराल वाला (पाठ आदि): **~se** print;

n. 1 समाप्ति, समापन: bring a meeting to a **~se** 2 अंत, निष्कर्ष 3 हाथापाई 4 घेरा, अहाता 5 दीवार आदि द्वारा बनाई हुई सीमा या बंद रास्ता, एकतरफा रास्ता: breaking sb's **~se** 6 (*also* **Close**) एकतरफा प्रवेश वाली गली आदि;

adv. 1 नजदीक/ पास में: **~se** at hand 2 के करीब, लगभग: **~se** to one hundred 3 बहुत छोटे-छोटे: cut sb's hair **~** ;

dw/lw: **~se-bodied** *adj.* सटकर या कसकर आने वाली; **~se-cropped** *adj.* जिसके बाल बहुत छोटें कटे हों; **~sed** *see below under separate entry*; **~se-down** *adj.* बंद, समाप्त; **~se-down** *n.* बंद होने की क्रिया, समाप्ति; **~se-fisted/ ~-handed** *adj., colloq.* कंजूस; **~se-fitting** *adj.* चुस्त, कसकर आने वाली (पोशाक); **~se-grained** *adj.* महीन दानेदार; **~se-harbour** *n.* वर्जित बंदरगाह; **~se-hauled** *adj., naut.* हवा के साथ-साथ चलने के लिए चढ़ाए जाने वाले (पाल); **~se-in** *n.* पास में होने वाली लड़ाई; **~se-in** *adv.* एक-दूसरे से सीधे टकराकर; **~se-knit** *adj.* दृढ़ सूत्र में बंधे हुए, एक-दूसरे के बहुत करीब; **~sely** *see below under separate entry*; **~se-mouthed** *adj.* चुप्पा, मितभाषी; **~-out** *n.* = **clearance sale** सारा माल निकलने के लिए सस्ते में बिक्री; **~se-range** *adj.* बहुत नजदीक का; **~se-run** *adj.* कांटे की टक्कर का; **~se-set** *adj.* एक दूसरे से मिले हुए, एक-दूसरे से सटकर लगे हुए, बहुत करीब; **~se-up** *n.* नजदीकी चित्र, क्लोज-अप;

collocations: **~se attention** बहुत अधिक ध्यान; **~se bonnet** सिर पर ठीक आने वाली टोपी या टोप; **~se breeding** वर्तमान नस्ल के समीप पशुओं या पौधों का पालन; **~se call/ ~se shave** बाल-बाल बचाव; **~se carriage** बंद गाड़ी; **~se combat** सीधी टक्कर, हाथ से हाथों की लड़ाई; **~se company** कुछ चुनिंदा लोगों की कंपनी; **~se competition** कुछ चुनिंदा प्रतियोगियों के लिए प्रतियोगिता; **~se contact/ alliance** गहरा गठबंधन या रिश्ता; **~se co-operation** बहुत अधिक सहयोग; **~se corporation** कुछ चुनिंदा लोगों की कार्पोरेशन जो अपने मामले स्वयं चलाती है; **~se day (room)** दमघोंटू दिन (कमरा); **~se district** कांटे की टक्कर वाला चुनाव क्षेत्र; **~se encounter** सीधी भिड़ंत; **~se fighting** सीधी (आमने-सामने की) लड़ाई; **~se friend** प्रगाढ़ मित्र; **~se harmony** *music* जब सुर एक दूसरे के करीब हों; **~se intent** गुप्त योजना या मंशा; **~se lid** कसकर बंद होने वाला ढक्कन; **~se mourning** गहरा मातम; **~se planting** बहुत ज्यादा पास-पास रोपे जाने वाले पौधे; **~se play** टेनिस के नेट के पास का खेल; **~se price** अंतिम दाम; **~se print** पंक्तियों के बीच कम अंतराल वाली छपाई; **~se proximity** निकट क्षेत्र, पास की जगह; **~se reconnaissance** आसपास के इलाके की खोज; **a ~se shave/ thing** बाल-बाल होने वाला बचाव; **~se resemblance** हमशक्लता, शक्लें बहुत मिलने की स्थिति; **~se scholarship** कुछ चुनिंदा लोगों के लिए छात्रवृति; **~se season** 1 शिकार की मनाही वाला समय 2 (*syn.* off-season) ऐसा समय जब कई टीमें महत्त्वपूर्ण मुकाबलों में नहीं खेलतीं; **~se shave** 1 बाल-बाल बचाव 2 बहुत महीन दाढ़ी बनाई (shave); **~se stand** सटकर खड़े होने की जगह; **~se statement** सुगढ़ कथन; **~se support (defence)** सीधा समर्थन व सहारा; **~se thicket** गहन वन; **~se timber** बहुत घना वन; **~se thing** कांटे की टक्कर; **~ translation** सही अनुवाद; **~se upon** लगभग: ~se upon 100 students (लगभग 100 छात्र); **~se vowel** व्यंजन में खत्म होने वाला शब्दांश; **~se working** कठिन हालात में किया जाने वाला काम;

p&i: **~se a door (shut)** चुप क.; **~se at hand** पास में, नजदीक; **~se at/ to hand** पास में; **~se but no cigar** किसी का अनुमान लगभग ठीक पर पूरी तरह ठीक नहीं; **~se by** समीप ही, पास में ही; **~se call/ shave** बाल-बाल बचने की स्थिति; **~se down** बंद क.; **~sed mouth catches no files** बिना रोये मां भी दूध नहीं देती; **~sed up for several years** कई सालों से (के लिए) बंद; **~se in** 1 छोटा होना: days are ~sing in (दिन छोटे हो रहे हैं) 2 नजदीक आना: enemy ~sed in on us; night ~sed in; ~se in on sb (पास आकर घेर लेना); **~se in upon** पास पहुंचना; **~se on/ ~se to** लगभग, बिल्कुल करीब; **~se one's days** मर जाना; **~se one's ear to** अनसुनी क.; **~se one's eyes to sth** जान-बूझकर अनदेखी क.; **~se one's mind to sth** किसी विकल्प के बारे में सोचने से साफ इन्कार कर दे.; **~se one's mouth** चुप हो जाना; **~se one's parent's eyes** माता-पिता की मृत्यु के समय वहां हो.; **~se one's purse (to)** पैसे देने से इन्कार क.; **~se over sb/ sth** पानी का किसी चीज को चारों ओर से घेरते हुए उसके ऊपर से फिर जा.: the flood water ~sed over the hut; **~se planting** पास-पास रोपे जाने वाले पौधे; **~se ranks** लामबंद हो., एकता को मजबूत क.; **~se run thing** थोड़े-से अंतर से हारी या जीती जाने वाली बाजी; **~se sb's eye** किसी की आंख को चोट पहुंचाना; **~se shot** सिनेमा या फोटो आदि में खूब बड़ा करके दिखाया हुआ दृश्य; **~se sits my shirt but ~ser is my skin** जान है तो जहान है; **~se sth down** किसी चीज को बंद कर दे.; **~se sth off** 1 प्रवेश बंद कर दे. 2 पहुंच से बाहर कर दे.; **~se the book on sth** किसी मामले में सफलता की आशा छोड़कर उसे बंद कर दे.: the police ~sed the book on the case; **~se the door upon sb** किसी को अंदर आने से मना कर दे.; **~se to** 1 लगभग 2 के नजदीक; **~se to home** सच्चाई के करीब; **~se up to sb/ sth** किसी से थोड़े-

से फासले पर हो.; **~se with sb** सौदा पक्का क.;
a ~se thing कांटे की टक्कर, कुछ भी हो सकता है; **as ~se as an oyster/ as wax** बिल्कुल चुप्पा, जहां जरूरी हो चुप्पी साधने वाला; **as ~se as the grave** अत्यंत गोपनीय; **at/ from ~se quarters** बहुत करीब से; **at the ~se of one's days** अंतिम दिनों में; **be ~se to sth** की कगार पर, ऐन पास; **come ~se to sth/ to doing sth** कुछ करने के बिल्कुल करीब आ जा.; **day has reached its ~se** दिन पूरा हो गया; **draw ~se** निकट आना; **follow ~se behind** थोड़ी दूरी पर पीछे-पीछे आना; **have one's eyes ~sed** मर जाना; **he ~sed with the offer of 100 rupees** उसने 100 रुपये में सौदा पक्का कर लिया; **he was too ~se to name his circumstances to me** चुप्पा होने के कारण वह मुझसे अपने बारे में खुलकर बात नहीं कर सकता था; **his short life ~sed** उसका छोटा-सा जीवन समाप्त हुआ; **keep a ~se eye/ watch on sb/ sth** किसी पर या किसी बात पर कड़ी निगरानी रखना; **many flowers ~se at night** कई फूल रात में बंद हो जाते हैं; **money is ~se** पैसा बहुत मुश्किल से मिलता है; **night ~sed in** रात आ गई; **run sb/ sth ~se** उतना ही सफल होना जितना कि कोई और या कोई और चीज; **the days are closing in** दिन छोटे हो रहे हैं; **the enemy now ~sed in upon us** शत्रु अब हमें घेर रहा है; **the house is ~se to the station** घर स्टेशन के पास है; **the house has been ~sed up for several days** घर कई दिनों से बंद पड़ा है; **the ship sank and the water ~sed over it** जहाज डूब गया और पानी उसके ऊपर से फिर गया; **the theatre ~ses down** नाट्यशाला हमेशा के लिए बंद हो गई; **the wound ~sed** घाव भर गया

closed /क्लोज्ड/ *adj.* 1 बंद 2 अवरुद्ध 3 बंद-दिमाग, बंद-मन, संकीर्णमना, सीमित 4 किन्हीं समुदायों तक सीमित;
dw/lw: **~-captioned** *adj.* विशेष मशीन की मदद से पढ़े जा सकने वाले संदेश;
collocations: **~ account** बंद खाता; **~ basin** बंद तालाब या तालाबनुमा झील; **~ book** रहस्य, जिसे समझा न जा सके; **~ car** बंद छत वाला ट्रक; **~ circuit** बंद या पूर्ण परिपथ; **~-circuit TV** बंद परिपथ टीवी; **~ drainage** बंद नाले; **~ fracture** हड्डी की अंदरूनी टूटन; **~ issue** खत्म हुई बात; **~ sea** भीतर का सागर, गहरा समुद्र; **~ shop** जहां कर्मियों के लिए यूनियन की सदस्यता लेना आवश्यक हो; **~ syllable** *phon.* जिस शब्दांश की अंतिम ध्वनि व्यंजन हो, बद्ध शब्दांश; **~ work** भूमिगत खनन;
p&i: **a ~ book to sb** ऐसा व्यक्ति या विषय जिसके बारे में किसी को कोई जानकारी न हो; **behind ~ doors** बंद दरवाजों को पीछे, पर्दे में, चुपके-चुपके

closely /क्लोजलि/ *adv.* 1 ध्यान से: look ~ at sth; watch sb ~ 2 एक दूसरे के अति निकट 3 थोड़ी देर बाद, जल्दी ही: follow ~ 4 साथ-साथ, मिलकर: work ~ with sb 5 निकट से, ध्यानपूर्वक: examine a case ~ 6 कसकर, ठसाठस भरकर: ~ packed 7 बहुत अधिक: he resembles his father very ~

closet /क्लॉजिट/ *US* क्लाःजिट/ *n. US* (*UK* **wardrobe**) 1 छोटी अल्मारी 2 छोटी कोठरी: bed-~ (सोने की छोटी-सी कोठरी) 3 *hist.* किसी शहंशाह के निजी कमरा 4 शौचगृह;
adj. 1 गुप्त: a ~ gambler (चोरी-छिपे जुआ खेलने वाला) 2 अव्यावहारिक, कमरे में बैठकर दर्शन झाड़ने वाला: ~ politician (बिना जनता के बीच गए राजनीति करने वाला, मात्र सैद्धांतिक नेता);
v. pt. **~ed**, *pp* **~ing** बंद हो.: be **~ed** with sb (किसी के साथ (गुप्त) परामर्श क.);
dw/lw: **~-drama** *n.* श्रव्य या पाठ्य नाटक, वेश्म-नाटक;
p&i; **~ intellectual/ liberal/socialist, etc.** गुप्त व्यवहार या विचार रखने वाला बुद्धिजीवी/ उदारवादी व्यक्ति/ समाजवादी आदि; **~ queen** *sl.* गुप्त रूप से समलैंगिक; **~ vows** गुप्त शपथ; **be ~ed with** के साथ (गुप्त) परामर्श क.; **be in the ~** *colloq.* किसी बात को गुप्त रखना, विशेषकर समलैंगिकता आदि; **come out of the ~** अपने समलैंगिक संबंध को स्वीकार क.

close-up /क्लोज-अप/ *n. see above under* **close:** ***dw/lw***

closing /क्लोजिंग/ *adj.* आखिरी, अंतिम, समापन: ~ speech (समारोह आदि का अंतिम भाषण);
collocations: **~ balance** अंत शेष, दिन भर में खाते की बची हुई अंतिम राशि; **~ date** अंतिम तारीख; **~ motion** समापन प्रस्ताव; **~ quotation/ rate** सट्टा बाजार के बंद होने के समय अंतिम बोली; **~ stock inventory** भंडार के माल की अंतिम सूची; **~ switch** बंद करने वाला स्विच; **~ time** समापन-समय, बंद करने का समय;
p&i: **it's early ~ today** आज जल्दी बंद होना है; **the ~ stages of the session** सत्र के अंतिम क्षण

clostridium /क्लॉस्ट्रिडिअम/ *n., pl.* **clostridia** एक छड़ जैसा रोगाणु (bacterium) जो जमीन में और मानव शरीर की पाचन नली में पनपता है

closure /क्लोजः/ *n.* 1 कारोबार, बस के रास्ते (route) आदि या किसी बात के चलन आदि पर पाबंदी, समाप्ति 2 (ताला) बंदी 3 संसद में बहस आदि का समापन: ~ motion 4 व्यथा का अंत;
v. pt. **~d**, *pp* **closuring** समापन क.;
p&i: **a one-week ~ of schools** स्कूलों की एक सप्ताह की छुट्टी; **kangaroo ~** संसद के अध्यक्ष द्वारा विधेयक के मात्र कुछ प्रश्नों पर बहस की अनुमति दी जानी; **move the ~ motion** संसद आदि में समापन प्रस्ताव रखना;

clot /क्लौट/ क्लाःट/ *n.* 1 थक्का, खून के जमने से बनी गांठ 2 स्कंद, आतंच 3 बुद्धू, मिट्टी का माधो, काठ का उल्लू;
v., pt. **~ted**, *pp* **~ting** थक्का बनना;
dw/lw: **~ted** /क्लौटिड/ *adj.* थक्केदार; **~ting** *n.* आतंचन, स्कंदन, थक्का बनने की क्रिया: ~ting factor (खून का थक्का बनाने वाली प्रोटीन); **~ty** /क्लौटि/ *adj.* थक्केदार

cloth /क्लौथ/ *US* क्लॉथ/ *n., pl.* **~s** /क्लौथ्स/ *US* क्लॉदज/ 1 कपड़ा, बनात: bound in ~; ~ of gold/ silver 2 कपड़े का टुकड़ा, पोंछा, झाड़न 3 विशेष प्रयोग का कपड़ा: table ~; lay the ~ 4 (**the ~**) पादरी गण: gentlemen of the ~ = the ~ (पादरीगण);
dw/lw: **~-eared** *adj.* बहरा, थोड़ा बहरा; **~-ears** *n., colloq.* बहरापन; **~-line** *n.* रेडियो ऐंटिना; **~-maker** *n.* कपड़े बनाने वाला; **~-yard** *n.* गज (कपड़ा मापने की छड़);
collocations: **~ cap** 1 कपड़े की टोपी 2 मजदूर; **~ of gold** सोने के धागा मिला ऊनी कपड़ा: the famous suit of ~ of gold;
p&i: **~ of gold/ silver** सोने/ चांदी के धागों की धारियों वाला कपड़ा, जरीदार कपड़ा; **~ of estate** राजगद्दी के लिए कीमती धागों से सिला कपड़ा;
bound in ~ कपड़े की जिल्द वाला; **cut from the same ~** एक ही थैली के चट्टे-बट्टे; **cut one's coat according to one's ~** जितनी चादर देखो, उतने पांव पसारो! आमदनी के हिसाब से खर्च करो!; **gentlemen of the ~** पादरी गण; **have a ~ in the wind** 1 थोड़ी मस्ती में हो. 2 चिथड़े पहने हो.; **out of (the) whole ~** निर्लज्जतापूर्वक; **the green ~** बिलियर्ड की मेज; **wear the black ~** पादरी का पद लेना

clothe /क्लोद/ *v., pt.* **~d**, *pp* **clothing** 1 कपड़े पहनना: ~ oneself 2 कपड़े पहनाना, कपड़े दे.: ~ one's family 3 आवरण से ढकना: rainy season **~d** the earth with verdure (वर्षा ऋतु ने धरती को हरियाली से ढक दिया) 4 अधिकार आदि से लैस क.: **~d** with full powers 5 जामा पहनाना: ~ one's ideas in suitable language;
dw/lw: **~d** /क्लोदड/ *adj.* 1 कपड़ों में, कपड़े पहने हुए 2 जामे में;
p&i: **~ one's family** अपने परिवार को कपड़े पहनाना; **he ~d himself in his best** उसने अपनी सबसे बढ़िया पोशाक पहनी; **the sun ~d the village with light** सूरज ने गांव को अपनी रोशनी से नहला दिया (ढक दिया); **face ~d in smiles** मुस्कान भरा चेहरा;

clothes /क्लोद्ज़/ *n. [pl.]* 1 पूरे बने हुए कपड़े या ड्रेस, पोशाक, परिधान, पहनावा: Sunday ~; work-day ~; a suit of ~ 2 बिस्तर की चादरें 3 धुलाई के कपड़े 4 धुले हुए कपड़े;
dw/lw: **~-basket** *n.* धुलाई के कपड़ों की टोकरी; **~-brush** *n.* कपड़ों का बुरुश; **~-horse** *n. colloq., derog.* कपड़े सुखाने की घोड़ी; **~-line** *n.* कपड़े सुखाने की रस्सी, अलगनी; **~-man** *n.* पुराने कपड़ों का व्यापारी;
collocations: ~ **hanger** कपड़े टांगने का हैंगर; ~ **moth** कपड़-कीड़ा; ~ **peg** *UK* (*US* **~-pin**) खूंटी, कपड़ों को सुखाने के लिए रस्सी पर पकड़े रखने की चिमटी; ~ **pole** कपड़े सुखाने की रस्सी या डोरी का सहारा या खूंटा; ~ **press** कपड़े रखने की दराजदार अल्मारी; ~ **prop** कपड़े सुखाने का खंबा;
a suit of ~ पुरुषों का सूट; **in long** ~ *fig.* बचपन में; **in plain** ~ सादे कपड़ों में गुप्तचर; **long** ~ दूध पीते शिशुओं का पांवों तक आने वाला लंबा फ्रॉक; **store** ~ कपड़ों की दुकान; **work-day** ~ काम पर जाने की औपचारिक पोशाक;
p&i: ~ **make the man** परिधान व्यक्ति की शान में चार चांद लगाता है; ~ **do not make the man** पोशाक से इंसानियत नहीं आती;
jump into one's ~ जल्दी-जल्दी कपड़े पहनना; **still in swaddling** ~ अभी दूध के दांत भी नहीं टूटे

clothier /क्लोदिअः/ *n.* 1 (***syn.*** cloth-merchant) कपड़ा व्यापारी 2 बजाज, वस्त्र-विक्रेता 3 जुलाहा

clothing /क्लोदिंग/ *n.* 1 पहनावा, पोशाक, वस्त्र: ready-made ~ 2 आवरण 3 (***syn.*** ceremony) वस्त्र-धारण 4 (पुलिस आदि की) वर्दी 5 कपड़े-सिलाई 6 जहाज के पाल;
dw/lw: **~-store** *n.* तैयार-शुदा कपड़ों की दुकान;
collocations: **articles of** ~ पोशाक के अलग-अलग कपड़े; **ready-made** ~ बने-बनाए कपड़े

clotted /क्लौटिड/ *US* क्लाःटिड/ *adj.* थक्केदार: ~ blood (थक्केदार खून); ~ cream; ~ nonsense;
collocations: ~ **cream** (*also* **Devonshire cream**) मलाई; ~ **hair** घुंघराले बाल; ~ **nonsense** कोरी बकवास

cloture /क्लोचः/ *n., Fr.* (**cloture = closure**) विधानसभा, संसद आदि में बहस की समाप्ति व मतदान

clou /क्लू/ *n., Fr.* सबसे दिलचस्प बात: the ~ of the party

cloud /क्लाउड/ *n., meteorol.* 1 बादल, मेघ, घटा: **~s** covering the sun; the sun hidden by **~s** 2 धुएं/ धूल आदि के बादल: smoke ~; ~ of dust/ steam 3 धुंधलापन, धुंधला स्थान: ~ attack (अश्रु गैस के गोलों का दागा जा.) 4 भीड़, झुंड: **~s** of mosquitoes/ arrows 5 आवरण: under the ~ of night 6 आसमान, आकाश: sail up into the **~s** 7 (***syn.*** gloom) उदासी, मातम, संदेह का वातावरण: **~s** of war; ~ of grief; ~ on sb's happiness 8 सरल बुनाई का औरतों का मफ्लर (ऊनी रूमाल);
v., pt. **~ed**, *pp* **~ing** 1 बादलों का घिर आना 2 (*usually* ~ **over/ ~ sth over**) धूमिल क., धुंधला क.: her eyes **~ed** 3 ढकना: the moon is **~ed** 4 बात को उलझाकर समझ से बाहर कर दे. 5 (*often* ~ **over**) उदास हो जा.: his face **~ed** at the terrible news; ~ the spirits/ happiness; his mind was **~ed** with suffering 6 नेकनामी पर दाग लगाना या लगना;
dw/lw: **~-assembler** *n.* मेघ-संग्रहक, इंद्र देव; **~-built** *adj.* हवाई, कल्पित; **~-burst** /क्लाउडबःस्ट/ *n.* अति-वृष्टि, एक स्थान पर मूसलाधार बारिश, मेघ (वि)स्फोट; **~-cape** *n.* मेघ चित्र; **~-capped** *adj.* बादलों से ढका; **~-castle/ ~-cuckoo-land** *n.* हवाई किले (castles in the air), दिवा स्वप्न/ अति आशावादियों का कल्पना लोक, कल्पना जगत; **~-compeller = ~-assembler** *n.* 1 मेघ-संग्रहक, (***syn.*** thunderer) गर्जन देवता जुपिटर (Jupiter), इंद्र देव 2 *facetious, sl.* सिगरेट पीने का स्थान; **~-drift** *n.* उड़ते मेघ; **~ed** *adj.* धूमिल: **~iness** *n.* धूमिलता: ~iness of understanding (समझ की धूमिलता); **~ing** *n.* धूमिल होने की क्रिया; **~land** *n.* 1 कल्पना लोक 2 सिद्धांत का बांझपन, धूमिल सोच; **~less** *adj.* मेघविहीन, निर्मेघ, साफ, स्वच्छ; **~let** *n.* बदली; **~-world = ~land** *n.* कल्पना लोक; **~y** /क्लाउडि/ *adj., degr.* ~ier, ~iest 1 मेघाच्छादित, बादलों से घिरा हुआ 2 काला 3 गंदला तरल 4 धुंधला, धूमिल: eyes **~y** with sleep 5 उदास, मलिन 6 खोया-खोया-सा;
collocations: ~ **base** *meteorol.* समुद्र तल से बादल के निम्नतम स्तर तक की ऊंचाई; ~ **buster** 1 गगनचुंबी अट्टालिका 2 द्रुतगामी विमान 3 ऊंची उठती गेंद; ~ **castle** हवाई किले; ~ **chamber** *phys.* गैस में घूमते अणु के छोटे-छोटे कणों को पहचानने वाला उपकरण; **~ed glass** धूमिल-सा शीशा; **~ed marble** काली धारियों वाला संगमरमर; **~ed tiger** काले टीकों या धारियों वाला चीता; ~ **of suspicion** संदेह की सुई; ~ **seeding** बादलों पर हेलिकॉप्टर आदि से ठंढा करने वाले रासायनिक पदार्थ बरसाकर वर्षा करवाने की क्रिया;
p&i: ~ **on tittle** मालिकाना दस्तावेजों में कमी; **~s on the horizon** मुसीबतों के आसार नजर आना; ~ **over/ up** बादल छा जा., बादलों से घिर जा.; ~ **the spirits** हौसले या खुशियों पर मातमी बादल छा जाना;
a ~ of words शब्द-जाल, शब्दों की बाढ़; **a ~ in one's sky** खुशियों पर मुसीबतों की परछाईं; **a ~ of witnesses** बहुत सारे चश्मदीद गवाह; **a little ~ no bigger than a man's hand** अपशकुन; **be lost/ lose oneself in the ~s** अपनी दलीलों में उलझ जा., भटक जा.; **be in the ~s** बादलों की उड़ान पर, अति प्रसन्न; **be lost in the ~s/ lose oneself in the ~s** खोया-खोया-सा हो., बे ध्यानी में खोना; **be on ~** सातवें आसमान पर हो.; **be on ~ nine** *colloq.* अत्यधिक प्रसन्न या सातवें आसमान पर हो.; **be under a ~** 1 शक के घेरे में या संकट में हो. 2 मुसीबत में या गर्दिश में हो.; **blow a ~** तंबाकू का धुआं छोड़ना; **cast a ~** संबंधों में कड़वाहट या रूखापन पैदा क.; **drop from the ~s** आसमान से उतरकर आना, कल्पना लोक से हकीकत की दुनिया में आना; **every ~ has its silver lining** हर रात की एक सुबह होती है; **have a ~ on one's brow** मनहूस लगना, मातम छाया हो.; **have one's head in the ~s = be in the ~s** बादलों में उड़ना, सातवें आसमान पर हो.; **his mind was ~ed with suffering** उसका जहान संताप से धूमिल-सा हो गया; **her eyes ~ed** उसकी आंखों में अंधेरा-सा छा गया; **if there were no ~s, we should not enjoy the sun** बिन रात दिन नहीं होता, धूप-छांव तो जिंदगी में होती ही रहती है; **up in the ~** *colloq.* दुनिया से कटा हुआ, कल्पना लोक में, कल्पित, अव्यावहारिक; **wait till the ~s roll by** मुसीबत के बादलों को छंट जाने दो

cloudiness, cloudy *see above under* **cloud: *dw/lw***

clough /कल्/ *n.* खड्ड, दर्रा, खंदक

clout /क्लाउट/ *n.* 1 दबदबा, प्रभाव: political and financial ~ 2 (***syn.*** cuff) *colloq.* मुक्के की मार, भारी चोट 3 कपड़े का टुकड़ा, चिथड़ा: filthy ~
v. pt. **~ed**, *pp* **~ing** *colloq.* 1 मारना या प्रहार क. 2 पैबंद (टांकी) लगाना
dw/lw: **~ed** *adj.* 1 टांकी लगा, मरम्मत किया हुआ 2 गाढ़ा बनाया हुआ; **~-nail** *n.* बतासा, चपटे सिर वाली मेख

clove /क्लोव/ *n.* 1 (***syn.*** spice) लौंग, लवंग 2 (***syn.*** bulb) लहसुन की गांठ, गंठी 3 लौंग का पेड़;
adj. लौंगिया;
collocations: ~ **hitch** *naut.* रस्सी की गांठ; ~ **pink/ ~ carnation** बगीचे का कार्नेशन फूल (carnation); **oil of ~** लौंग का तेल

cloven /क्लोवन/ *pt. p.,* **'cleave'** का भूतकालिक कृदंत;
adj., poetic फटा हुआ, विदीर्ण;
collocations: ~ **hoof/ ~ foot = (~-hooved/ ~-footed)** *adj.* 1 फटा खुर 2 शैतान की चालें

clover /क्लोवः/ *n.* तिपतिया;

dw/lw: **~-leaf** *n.* तिपतिया पत्ता
collocations: **sweet** ~ 1 बनमेथी, सिंजी (pale yellow) 2 (***syn.*** yellow) असपूर्क 3 (***syn.*** Persian) शतफल;
p&i: **be/ live in** ~ *colloq.* ऐशो-आराम की जिंदगी जीना

clown /क्लाउन/ *n.* 1 जोकर, विदूषक, मसखरा, भांड 2 मूर्ख, गंवार;
v., *pt.* **~ed**, *pp* **~ing** लोगों को हंसाने के लिए बुद्धू होने का ढोंग रचकर मूर्खतापूर्ण बातें या हरकतें क.;
dw/lw: **~ish** *adj.* गंवारू, जोकर-सा; **~ishly** *adv.* जोकर की तरह; **~ness/ ~ery** *n.* मसखरापन, भांडपन, जोकरपना;
p&i: ~ **about/ around** मूर्ख-सा व्यवहार क.; **to ~ it** बुद्धू बनना

cloy /क्लॉइ/ *v., pt.* **~ed**, *pp* **~ing** छककर या अघाकर ऊबा दे., मन भर जा.: be **~ed** with pleasure;
dw/lw: **~ing** /क्लॉइंग/ *adj.* 1 (अधिक खाने से बना) उबाऊ 2 अरुचिकर मिठाई 3 अतिशय भावुकतापूर्ण: ~ing sentimentality

cloze /क्लोज/ *v., pt.* **~d**, *pp* **clozing** छूटे शब्द जोड़ना;
collocations: ~ **test/ testing** परीक्षार्थी के किसी भाषा के स्तर को परखने के लिए अपनाया जाने वाला एक तरीका जिसके तहत दिए गए पाठ में छूटे शब्दों के लिए खाली स्थानों को परीक्षार्थी को भरना होता है

CLRI *abbr.* 'Central Leather Research Institute (Chennai)' की प्रथमाक्षरी

CLRWF *abbr.* 'Child Labour Rehabilitation-Cum-Welfare Fund' की प्रथमाक्षरी

CLSS *abbr.* 'Company Law Settlement Scheme' की प्रथमाक्षरी

club /क्लब/ *n., pl.* **~s** 1 क्लब, सभा 2 व्यावसायिक खेल संगठन (क्लब) 3 (*also* **golf** ~) गोल्फ का डंडा 4 लाठी, डंडा, गदा, मुद्गर 5 नाच-गाने आदि की क्लब 6 (बंदूक का) कुंदा 7 (**~s**) चिड़ी का पत्ता 8 क्लब का भवन, रेस्त्रां आदि 9 पुस्तक विक्रेता-संगठन;
v., *pt.* **~bed**, *pp* **~bing** 1 डंडे से पीटना 2 मिलकर कुछ क., सम्मिलित हो जा. 3 क्लब में जा.;
dw/lw: **~babble/ ~by** /क्लबअबल/ क्लबि/ *adj.* मिलनसार, सहृदय; **~bed** *adj.* एक तरफ से मोटे सिरे वाली; **~ber** *n.* क्लब जाने वाला; **~foot** (*also tech.* **talipes**) *n., non-tech.* मुड़ा या टेढ़ा पैर; **~footed** *adj.* मुड़े या टेढ़े पैरो वाला, पांवफिरा; **~house** *n.* क्लब-घर, सभागृह; **~bing** /क्लबिंग/ *n., pathol.* पांव की उंगलियों और अंगूठे के सिरों की सूजन; **~land** *n.* 1 सभा भूमि, क्लबों से भरे क्षेत्र 2 लंदन का एक भाग; **~-law** *n.* 1 'जिसकी लाठी उसी की भैंस' (might is right) वाला कानून 2 (***syn.*** charter) क्लब की नियमावली; **~man/ ~woman** *n.* क्लब की सदस्य या सदस्या; **~moss** *n., bot.* एक पौधा; **~-root** *n.* मुद्गर-मूल, बंदगोभी आदि को लगने वाली फफूंदी की बीमारी; **~-shaped** *adj.* मोटे सिरे वाला;
collocations: ~ **car** रेलगाड़ी में आरामदेह कुर्सियों वाला डिब्बा; ~ **class** (*also* **business class**) विमान आदि में प्रथम और तीसरी (economy class) श्रेणियों के बीच की श्रेणी; ~ **sandwich** ब्रेड की तीन स्लाइसों के बीच दो भराव वाली सैंचविच; ~ **soda** *mainly US* सोडावाटर, गैसयुक्त पानी;
p&i: ~ **together** 1 किसी उद्देश्य के लिए पैसे एकत्र क. 2 किसी उद्देश्य की पूर्ति में शामिल हो.;
go ~bing *UK* क्लब में जा.; **go ~bing every weekend** हर सप्ताहांत में क्लब जा.; **the book of the month** ~ महीने की सर्वोत्तम पुस्तक क्लब; **the best ~ in London** लंदन की लोक सभा (House of Commons); **the ~/ pudding** ~ *colloq.* गर्भवती महिला; **the Darby and Joan** ~ वरिष्ठ नागरिक क्लब; **the hell-fire** ~ युवा लोगों की बेतहाशा मौज-मस्ती की क्लब; **join the ~!** मुझे भी;

cluck /क्लक/ *v. pt.* **~ed**, *pp* **~ing** 1 कुड़कुड़ क., कुटकुटाना 2 जीभ से कुट-कुट या चट-चट करके नापसंदगी जाहिर क.;
n. 1 कुड़कुड़, कुटकुट 2 नापसंदगी की आवाज: a ~ of impatience/ annoyance/ irritation 3 मूर्ख व्यक्ति;
dw/lw: **~y** /क्लकि/ *adj., Austral. & NZ* 1 (***syn.*** broody) अंडे सेने के लिए के लिए बैठने के लिए तैयार (मुर्गी) 2 (***syn.*** broody) प्रसव पीड़ा में (औरत)

clue /क्लू/ *n.* 1 अता-पता, सुराग 2 सूत्र, पद चिह्न आदि 3 क्रॉस वर्ड (cross word) हल करने के लिए संकेत;
v. *pt.* **~d**, *pp* **cluing** 1 संकेत देकर दिखाना या बताना 2 नवीनतम घटनाओं के बारे में बताना;
dw/lw: **~-in/ ~-up (on sth)** *adj.* (नवीनतम) सूचनाओं से लैस; **~less** /क्लूलस/ *adj.* 1 बिना किसी सुराग या अता-पता के, सूचना या सूत्र विहीन 2 अनभिज्ञ, बिल्कुल अंधेरे में;
p&i: ~ **sb in/ up (on sth)** *colloq.* किसी को नवीनतम सूचना दे. या बताना; **~d up** 1 सयाना, चतुर, चालाक, चालू 2 हर बात के बारे में आवश्यक खबर रखने वाला; ~ **to a puzzle** पहेली के बारे में कुछ अता-पता; **not have a** ~ कुछ अता-पता न हो., बिल्कुल अंधेरे में हो., पूरी तरह से अनभिज्ञ हो.

clump /क्लंप/ *n.* 1 झुरमुट, गुच्छा: ~ of lilacs 2 डला, ढेला, पिंड 3 तल्ला 4 कदमों की भारी उबाऊ (dull) आवाज;
v. *pt.* **~ed**, *pp* **~ing** 1 भारी-भरकम व बेढंगे कदमों से चलना: the children **~ed** down the stairs 2 झुरमुट में एकत्रित क.;
dw/lw: **~iness** *n.* बेढंगापन, भोंडापन; **~y** /क्लंपि/ *adj., degr.* ~ier, ~iest 1 भारी-भरकम: **~y** shoes 2 ढेले जैसा;
p&i: **a ~ of weeds** खर-पतवार का ढेर

clumse /क्लम्स/ *adj.* 1 ठंड से सुन्न 2 मूर्ख 3 बेढंगा, फूहड़ 4 आलसी 5 मातमी, अत्यधिक खिन्न, मनहूस

clum\sy /क्लम्जि\/ *adj., degr.* **~sier**, **~siest** 1 फूहड़, बेढंगा, भोंडा: **~sy** fingers 2 भारी-भरकम, अनगढ़: **~sy** furniture 3 बेढब, बेढंगी, बेडौल: **~sy** verse 4 अनाड़ी: **~y** person;
dw/lw: **~sily** /~लि/ *adv.* फूहड़ तरीके से; **~siness** /~नेस/ *n.* 1 फूहड़पन 2 भोंडापन, भद्दापन 3 अनगढ़ता

clung /क्लंग/ *pt.*, **'cling'** का भूतकाल

clunk /क्लंक/ *n.* टनटनाहट, झनझन, ठकठक, गड़गड़ाहट;
v. *pt.* **~ed**, *pp* **~ing** धातु का किसी अन्य वस्तु से टकराने जैसी आवाज हो.;
dw/lw: **~er** *n.* 1 छकड़ा गाड़ी 2 भयंकर गलती या भूल; **~-head** *n.* मूर्ख, मूढ़; **~y** /क्लंकि/ *adj., degr.* ~ier, ~iest 1 ठकठक की आवाज करने वाला 2 *colloq.* फूहड़, भोंडा 3 अनगढ़, बेढब: ~y verse

cluster /क्लस्टः/ *n.* 1 झुरमुट 2 (***syn.*** bunch) एक टहनी पर गुच्छा: ~ of grapes 2 झुंड, समूह, भीड़;
v., *pt.* **~ed**, *pp* **~ing** 1 एकत्र क. 2 जमा हो. 3 गुच्छा बनाना;
dw/lw: **~ed** *adj.* गुच्छित, गुच्छेदार; **~y** *adj.* गुच्छों में उगने वाला;
collocations: ~ **bean** ज्वार; ~ **bomb** गिराये जानेपर एक बम में से निकलकर छोटे-छोटे बमों के रूप में निशाने पर पड़ने वाला बम
p&i; ~ **around/ round/ together, etc.** 1 झुंड/ समुदाय बनाना या बनना 2 गुच्छों में लगाना

clutch /क्लच/ *n., pl.* **~es** 1 कार का क्लच, ग्राभ: friction ~; ~ box; ~ slip 2 क्लच का हत्था 3 (*usually* **~es**) सत्ता, मजबूत जकड़, चंगुल 4 पंजा, शिकंजा 5 (***syn.*** grip) पकड़, जकड़ 6 मुर्गी या अन्य पक्षी द्वारा एक बार में दिए गए अंडे, वे अंडे, जिन्हें मुर्गी से रही हो 7 चूजों का खून, झोल (of eggs) 8 समूह या लोगों की संख्या;
v., *pt.* **~ed**, *pp* **~ing**, *s/he/it* **~es** 1 कसकर पकड़ना, जकड़ना 2 (*usually* ~ **at sth**) पकड़ने की कोशिश क. 3 छीनना, झपट मारना (snatch at) 4 *US* कार आदि में क्लच का पैडल दबाना 5 (***syn.*** hatch) अंडे सेना;
collocations: ~ **bag** बिना हैंडल का छोटा-सा थैला जिसे हाथ में या बांह के नीचे रखा जाता है; ~ **case** गाड़ी के क्लच का बक्सा; ~ **facing/ friction** ~ घर्षण क्लच; **~slip** क्लच की फिसलन;
p&i: ~ **at sth** किसी चीज को कसकर पकड़ना; **a drowning**

man ~es/ catches at a straw डूबते को तिनके का सहारा; **fall or get into sb's ~es** किसी के चंगुल में फंसना; **in sb's ~es** किसी के चंगुल में हो.; **in the ~s of poverty** गरीबी की चपेट या शिकंजे में; **out of sb's ~s** किसी के चंगुल से मुक्त; **slip one's ~** बहुत बक-बक क.; **throw in/ out the ~** क्लच लगाना या हटाना

clutter /क्लटः/ (*also* **~ up**) *v., pt.* **~ed**, *pp* **~ing** 1 (*often* **~ sth up**) बहुत सारी चीजों से भरकर बेतरतीब ढंग से फैलाना, अस्त-व्यस्त क. 2 गिचमिच करके पृष्ठ भरना 3 छीनना, झपट मारना 4 शोर-शराबा क., खलबली मचाना 5 (***syn.*** stutter) हकलाना;
n. 1 (***syn.*** chaos, mess) बेतरतीब फैली हुई चीजों का घाल-मेल, गड्डमड्ड: the room is in a ~ 2 (***syn.*** noise) शोर-शराबा, कोलाहल 3 रेडियो संचार में स्थानीय शोर, चर्र-मर्र;
dw/lw: **~ed** *adj.* अस्त-व्यस्त चीजों से भरा: the desk was ~ed up with papers

CLV *abbr.* 'Customer Lifetime Value' की प्रथमाक्षरी

ClW *abbr.* 'Chittaranjan Locomotive Works' की प्रथमाक्षरी

CLWs *abbr.* 'Community Link Workers' की प्रथमाक्षरी

CM *abbr.,* 'Chief Minister', 'Command Module', 'Chirurgiae Magister' (*Lat.,* Master of Surgery, MSurg.) की प्रथमाक्षरी

Cm *symbol., chem.* 'curium' का चिह्न

cm *abbr.* 'centimetre' की प्रथमाक्षरी

CMAG *abbr.* 'Commonwealth Ministerial Action Group' की प्रथमाक्षरी

C-MARS *abbr.* 'Centre for Marine Analytical Reference and Standards' की प्रथमाक्षरी

CMC *abbr.* 'Computer Maintenance Corporation' की प्रथमाक्षरी

CMCS *abbr.* 'Centrally Monitoring Communication System' की प्रथमाक्षरी

CMD *abbr.* 'Chairman-cum-Managing Director', 'Continuing Medical Education' की प्रथमाक्षरी

CMDA *abbr.* 'Computer Media Dealers Association' की प्रथमाक्षरी

CME *abbr.* 'College of Military Engineering', 'Continuing Medical Education' की प्रथमाक्षरी

CMEA-AIMA *abbr.* 'Centre for Management Education, All India Management Association' की प्रथमाक्षरी

CMERI *abbr.* 'Central Mechanical Engineering Research Institute' की प्रथमाक्षरी

CMEV *abbr.* 'Centre for Monitoring Election Violence' की प्रथमाक्षरी

CMFRI *abbr.* 'Central Marine Fisheries Research Institute' की प्रथमाक्षरी

CMG *abbr. Br.* 'Ceasefire Monitoring Group', 'Crisis Management Group' की प्रथमाक्षरी

CMHO *abbr.* 'Chief Medical and Health Officers' की प्रथमाक्षरी

CMIE *abbr.* 'Centre for Monitoring Indian Economy' की प्रथमाक्षरी

CMIL *abbr.* 'Cyber Media India Limited' की प्रथमाक्षरी

CML *abbr.* 'chronic myeloid leukaemia', 'Computational Mathematics Laboratory', 'Computer Maintenance Corporation' की प्रथमाक्षरी

CMLRE *abbr.* 'Centre for Marine Living Resources and Ecology' की प्रथमाक्षरी

CMLT *abbr.* 'Certificate in Medical Laboratory Technician' की प्रथमाक्षरी

CMM *abbr.* 'Chief Metropolitan Magistrate', 'College of Material Management' की प्रथमाक्षरी

CMMACS *abbr.* 'Centre for Mathematical Modelling and Computer Stimulation' की प्रथमाक्षरी

CMO *abbr.* 'casualty medical officer', 'Central Marketing Organisation', 'Chief Medical Officer', 'Chief Minister's Office' की प्रथमाक्षरी

CMOS *abbr.* 'Complementary Metal Oxide Semiconductor' की प्रथमाक्षरी

CMP *abbr.* 'Common Minimum Programme', 'Communist Marxist Party', 'country-made pistols' की प्रथमाक्षरी

CMPDI *abbr.* 'Central Mine Planning and Design Institute' की प्रथमाक्षरी

CMR *abbr.* 'child mortality rate', 'Counter Magnet Regions' की प्रथमाक्षरी

CMRA *abbr.* 'Child Marriage Restraint ACT' की प्रथमाक्षरी

CMRI *abbr.* 'Central Mining Research Institute (Dhanbad)' की प्रथमाक्षरी

CMS *abbr.* 'Central Monitoring Services', 'Central Media Studies', 'Commercial Marketing Strategies' की प्रथमाक्षरी

CMSO *abbr.* 'Cellular Mobile Service Operations' की प्रथमाक्षरी

CMSP *abbr.* 'Cellular Mobile Service Providers' की प्रथमाक्षरी

CMST *abbr.* 'Council for Marine Science and Technology' की प्रथमाक्षरी

CMT *abbr.* 'Certified Medical Transcriptionist' की प्रथमाक्षरी

CMU *abbr.* 'Carnegie Mellon University (USA)', 'Corridor Management Units' की प्रथमाक्षरी

CMV *abbr.* 'Cyto Megalo Virus' की प्रथमाक्षरी

CMVA *abbr.* 'C-Dot Manufacturers and Vendors Association' की प्रथमाक्षरी

CMX *abbr.* 'Leader-Member Exchanges' की प्रथमाक्षरी

CN *abbr.* 'Commonwealth Nations' की प्रथमाक्षरी

CNAA *abbr.* 'Council for National Academic Awards' की प्रथमाक्षरी

C-NANCE *abbr.* 'Centre for National Academic Network for Continuing Education' की प्रथमाक्षरी

CNAS *abbr.* 'Central for Nepal and Asian Studies' की प्रथमाक्षरी

CNC *abbr.* 'Computerised Numeric Control' की प्रथमाक्षरी

CND *abbr. Br.* 'Campaign for Nuclear Disarmament' की प्रथमाक्षरी

CNDP *abbr.* 'Coalition for Nuclear Disarmament and Peace' की प्रथमाक्षरी

CNF *abbr.* 'Certificate Course in Nutrition and Food' की प्रथमाक्षरी

CNG *abbr.* 'Compressed Natural Gas' की प्रथमाक्षरी

CNI *abbr.* 'Church of North India' की प्रथमाक्षरी

CNN *abbr. US* 'Cable News Network', 'Cellular Neutral Network' की प्रथमाक्षरी

CNR *abbr.* 'Canadian National Railway', 'Cable Network Rules', 'Civil Nursing Reserve' की प्रथमाक्षरी

CNS *abbr.* 'Central Nervous System', 'Chief of Naval Staff', 'continuous net settlement' की प्रथमाक्षरी

CNS/ ATM *abbr.* 'Communication, Navigation and Surveillance/ Air Traffic Management' की प्रथमाक्षरी

Co *symbol., chem.* 'cobalt' का चिह्न

co- /को-/ *prefix, indicating:* **with** (सह-)

CO *abbr.* 1 'Commanding Officer' की प्रथमाक्षरी 2 'Colombia' का अंतर्राष्ट्रीय वाहन पंजीकरण कोड 3 *US state* 'Colorado' का संक्षेप

Co. *abbr.* 'Company', 'country', 'County' का संक्षेप

c/o *abbr.* 'care of' की प्रथमाक्षरी (मार्फत, के माध्यम से)

COA *abbr.* 'College of Art', 'Council of Agriculture', 'Council of Architecture' की प्रथमाक्षरी

coach /कोच/ *n., pl.* **~es** 1 लंबी यात्रा के लिए बस कोच: ~ tour 2 रेल का डिब्बा 3 कोच, (खेल) प्रशिक्षक 4 (***syn.*** tutor, coach) निजी शिक्षक 5 बंद घोड़ा-गाड़ी, रथ, यान 6 विमान में सस्ते स्थान; ***v.***, *pt.* **~ed**, *pp* **~ing**, *s/he/it* **~es** 1 खेल-प्रशिक्षण दे. 2 (***syn.*** tutor) निजी तौर पर पढ़ाना, परीक्षा के लिए तैयार क. 3 साक्षात्कारों के लिए प्रशिक्षित क. 4 बस-कोच से यात्रा क.;
dw/lw: **~builder** *n.* बड़ी बस (कोच) का ऊपरी ढांचा (body) बनाने वाली कंपनी या संगठन; **~ing** *n.* प्रशिक्षण, निजी शिक्षण; **~load** *n.* कोच में यात्रा करने वाले लोगों का समूह; **~man** *n.* कोचवान; **~-whip** कोचवान का चाबुक; **~work** *n.* मोटर कोच या रेल गाड़ी के डिब्बे आदि की रंगाई-पुताई आदि का काम;
collocations: **~ house** घुड़-गाड़ी स्थान; **~ inn** पुराने जमाने में रास्ते में घोड़ों की अदला-बदली करने की सराय; **~ party** बस से यात्रा करने वाले लोगों का समूह; **~ station** *UK* (*UK/ US* **bus station**) केंद्रीय कोच या बस अड्डा: **~ tour** कोच द्वारा यात्रा;
p&i: **a slow ~** पिछड़ा हुआ या दकियानूसी व्यक्ति; **drive a ~ and four/ six through sth** *colloq.* दलील या कानून में स्पष्ट दिखने वाली त्रुटियां बताकर उन्हें ठुकरा देना; **ride in a marrow-bone ~** *facetious* पैदल चलकर आना या जा.

coadjutor /कोऐज्युटः/ *n.* सहायक, सहयोगी

coadunate /कोऐड्युनेट/ *adj.* संयुक्त, समेकित

coagu\late /कोऐग्यु\लेट/ *v., pt.* **~lated**, *pp* **~lating** 1 जमना या जमाना 2 थक्का बनना या बनाना;
dw/lw: **~lant** /~लंट/ *n.* जामन, स्कंदक; **~lation** /~लेशन/ *n.* जमाव, जमा हुआ दूध, दही आदि; **~lator** /~लेटः/ *n.* जमाने वाला; **~lum** /~लम/ *n.* 1 जमाव 2 जमा हुआ दूध, दही आदि

COAL *abbr.* 'Cellular Operators Association of India' की प्रथमाक्षरी

coal /कोल/ *n.* 1 लकड़ी या पत्थर का कोयला: altogether ~ 2 अंगारा: live ~; a hot ~ felt from the fire 3 (कोयला का) ईंधन: lay in **~s** for the winter;
dw/lw: **~-basin** *n.* कोयला-थाला, कोयला क्षेत्र; **~bearing** *adj.* कोयला वाला (क्षेत्र); **~-bed** *n.* कोयला-तल, कोयला संस्तर; **~-belt** *n.* कोयला-क्षेत्र; **~-breaker** *n.* कोयला-कारखाना; **~-cut** *n.* कटानी; **~-cutter** *n.* कोयला काटने वाला, मलकट्टा, खोदइया; **~-dust** *n.* कोयला धूलि या चूरा; **~er** *n.* कोयला ढोने वाला; **~face** *n.* 1 कोयले की खान या उसका मुंह 2 किसी क्षेत्र के कार्य-कलापों का केंद्रीय स्थान; **~-fired** *adj.* कोयले के ईंधन से चलने वाली; **~-flap** *n.* भूमिगत कोयला के भंडार का ढक्कन; **~-heaver** *n.* कोयला-आपूर्ति करने वाला, कोयला बांटने वाला; **~-house** *n.* कोयला भंडारण स्थान; **~ite** /कोलाइट/ *n.* ईंधन; **~man** *n.* कोयला-मजदूर; **~pit** *n.* कोयला-खदान; **~-porter** *n.* कोयला खान मजदूर; **~s** *n. [pl.]* कोयले के अंगारे; **~-sack** *n.* कोयला-बोरी; **~-seam** *n. see above* **~bed**; **~-tar** *n.* संस्तर, तारकोल, अलकतरा; **~-trimmer** *n.* कोयला लादने-उतारने वाला; **~-whipper** *n.* कोयला उतारने वाला मजदूर; **~works** *n.* कोयला-कारखाना; **~y** /कोलि/ *adj.* कोयलामय, कोयलायुक्त, कोयला जैसा काला;
collocations: **~ black** अत्यंत काला, काला भुजंग; **~ bunker** कोयला भंडारण बर्तन या स्थान; **~ clay** आग-सह मिट्टी; **~ field** कोयला क्षेत्र; **~ gas** हाइड्रोजन और मीथेन (methane) से बनी ज्वलनशील गैस; **~ industry** कोयला उद्योग; **~ing station** कोयला-स्टेशन; **~ loader** कोयला लादने वाला, बोझाटी; **~ mine** (*also UK* **colliery)** कोयले की खान; **~ mining** कोयला खनन; **~ oil** पेट्रोल; **~ petrology** कोयला शैल विज्ञान; **~ quality** कोयला की गुणवत्ता; **~ rank** कोयला-कोटि; **~ scuttle** टोकरा, मोखा; **~ tit** यूरोप, एशिया और अफ्रीका में मिलने वाला एक काला पक्षी;
p&i; **be on hot ~s** धधकते अंगारों पर बैठना, सूइयों की नोकों पर बैठे हो.; **bear/ carry ~s** कोयला ढोना; **call sb over the ~s** किसी की अग्नि-परीक्षा लेना, प्रताड़ित क.; **carry/ take ~s to Newcastle** उल्टे बांस बरेली को; **drag/ call/ haul sb over the ~s** *colloq.* किसी को सख्ती से डांटना, फटकारना, झिड़कना; **heap ~s of fire on sb's head** बुराई का जवाब भलाई से देकर किसी को अपराध भावना से ग्रस्त होने पर मजबूर क.; **lay in ~s for the winter** बुरे समय के लिए (ईंधन) बचाकर रखना (save for a rainy day); **live ~** सुलगता हुआ कोयला, अंगारा

coalesce /कोअले\स/ *v., pt.* **~d**, *pp* **coalescing** 1 एकजुट हो., इकट्ठा हो. या क. 2 मिलकर बड़ा पिंड बनाना, संलयित क.;
dw/lw: **~nce** /~संस/ *n.* 1 सम्मिलन 2 मिश्रण, एक पिंड का निर्माण; **~nt** /~संट/ *n.* 1 एकजुट, एकत्रित 2 एकपिंडित, मिश्रित

coalface /कोलफेस/ (*also* **face**) *n.* कोयला खान की गहराई में स्थान जहां कोयले को चट्टान से काटा जाता है

coalition /कोअलिशन/ *n.* 1 गठबंधन, संयुक्त संगठन: ~ government; ~ ministry 2 कई घटकों से मिलकर बना संगठन 3 कई घटकों का मिलन

coaming /कोमिंग/ *n., naut.* समुद्र के पानी को जहाज में आने से रोकने के लिए जहाज का मुंडेरा या अड़वाल

coaptation /कोऐप्टेशन/ *n.* 1 वस्तुओं को पास-पास रखने या लाने की क्रिया 2 समायोजन 3 टूटी हड्डी का जुड़ाव

coarctate /कोआःकटेट/ *adj.* सपिंडित, संकुचित

coarse /कॉःस/ *adj., degr.* **~r**, **~st** 1 खुरदरा: ~ cloth (मोटा कपड़ा); ~ clothes/ furniture 2 मोटा, स्थूल: ~ sand; ~ grain/ salt 3 (***syn.*** unrefined) अनगढ़: ~ features (अनगढ़ नैन-नक्श); ~ tuning 4 अपरिष्कृत, उजड्ड, रूखा, अशिष्ट: ~ manners/ laughter 3 घटिया 4 (***syn.*** vulgar) फूहड़, गंवारू, अश्लील (language): ~ joke;
v., pt. **~d**, *pp* **coarsing** 1 खुरदरा बनाना, मोटा बनाना 2 घटिया काम क.;
dw/lw: **~-grained** *adj.* मोटे दानों वाला; **~ly** /कोःसलि/ *adv.* रूखे ढंग से; **~n** /कॉःसन/ *v., pt.* **~ned**, *pp* **~ning** खुरदरा हो. या बनाना; **~ness** *n.* 1 खुरदरापन 2 अनगढ़ता अपरिष्कृतता, फूहड़पन, अशिष्टता, अश्लीलता;
collocations: **~ fish** ताजे पानी की एक मछली; **~ fishing** इस तरह की मछली पकड़ने का शौक या कार्य

COAS *abbr.* 'Chief of Army Staff' की प्रथमाक्षरी

coast /कोस्ट/ *n.* 1 तट, समुद्रतट: on the ~; off the French ~; flat/ sleep/ rocky ~ 2 तटीय क्षेत्र: **Coast** Air Force (तट वायु सेना) 3 (**the Coast**) प्रशांत महासागरीय तट 4 बर्फगाड़ी से फिसलने के लिए बर्फ के टीले 5 सीधी ढलान पर साइकिल से तीव्र गति से नीचे उतराव 6 लक्ष्य घर (radar): ~ watch post;
v., *pt.* **~ed**, *pp* **~ing** 1 धीरे-धीरे बिना किसी कठिनाई के लक्ष्य तक पहुंचना 2 ढाल या ढलान पर उतरना 3 आसानी से सफल हो.: the Indian cricket team **~ed** through to thee final 4 व्यर्थ समय गंवाना 5 जहाज द्वारा चलते हुए तट के करीब रहना;
dw/lw: **~al** *see below under separate entry*; **~eering** /कोस्टिअरिंग/ *n.* तटीय चट्टानों पर चढ़ाई व उनसे समुद्र में कूदने का जोखिम भरा खेल; **~guard** *n.* तट-रक्षक, समुद्र तट-रक्षक बल या उसका सदस्य; **~ing** *n.* 1 तटीय पोत-चलन 2 ढलान दौड़; **~-line** *n.* 1 समुद्रतटीय भूमि या क्षेत्र: rugged/ rocky/ beautiful ~-line 2 नक्शे में दिखाया हुआ या हवाई जहाज से दिखने वाला तट का आकार; **~man** *n.* समुद्र तटीय क्षेत्र का निवासी; **~-trade** *n.* तटीय-व्यापार; **~wards** *adv.* तट की ओर; **~-waiter** *n.* तट

शुल्क अधिकारी; **~ways**/ **~wise** *adv.* तट के साथ-साथ: sail ~wise;
collocations: **~ defence** समुद्र तटीय सुरक्षा; **~ pilot** समुद्र तटीय विमान चालक; **flat/ steep/ rocky ~** समतल/ खड़ा/ चट्टानी समुद्र तट; **~ watch post** समुद्र-तट पहरा-चौकी; **~ waiter** सीमा शुल्क इंस्पेक्टर;
p&i: **~ to ~** द्वीप के पार, एक तट से दूसरे तक; **from ~ to ~** अटलांटिक महासागर से प्रशांत महासागर तक, सारे अमेरिका में; **off the Indian ~** भारतीय तट के पास; **on the ~** समुद्र तट पर; **the ~ is clear** कोई खतरा नहीं, रास्ता साफ है

coastal /कोस्टल/ *adj.* समुद्रतटीय, तटवर्ती: ~ waters; ~al resorts; ~al scenery;
collocations: **~ submarine** तट-क्षेत्र रक्षा पनडुब्बी; **~ state** समुद्र तट से लगने वाले देश; **~ traffic** समुद्रतटीय जहाजरानी; **~ patrol service** समुद्र तटीय पहरा सेवा

coaster /कोस्टः/ *n.* 1 तटपोत 2 तटीय क्षेत्र के निवासी 3 मेज पर गिलास आदि रखने की मैट (table mat);
collocations: **~ brake** साइकिल की पांव से लगाई जाने वाली ब्रेक

coat /कोट/ *n.* 1 कोट: morning ~ 2 पशु के बाल, ऊन या फर, लोम चर्म (of animals) 3 ऊपरी परत, तह: ~ of snow 4 लेप, पुचारा, पुताई: ~ of paint/ varnish/ dirt/ dust 5 (***syn.*** covering) आवरण 6 ओवर-कोट, लबादा;
v., pt. **~ed**, *pp* **~ing** 1 लेप लगाना, परत/ तह चढ़ाना, पुताई क.: ~ wood with paint 2 सड़क पर सिमेंट या तारकोल की परत बिछाना 3 कोट पहनना 4 टायल आदि लगाना;
dw/lw: **~ed** *adj.* 1 लेपित: pills ~ed with sugar 2 आलेपित: ~ed electrode 3 आवृत, ढका हुआ; **~ee** *n.* कुर्ती; **~-hanger** *n.* कोट टांगने का हैंगर; **~ing** *n.* 1 बाहरी सतह पर लेप, विलेपन 2 लेप की सामग्री 3 पुताई, परत: ~ing of white; **coatroom** = **cloak-room**; **~-style** *adj.* ऊपर से नीचे तक बटन लगा कमीज; **~-tails** *n. [pl.]* पूंछ वाले कोट से लटकते दो पल्ले;
collocations: **~ and skirt** महिला की पोशाक; **~ armour/ ~ of arms** कुल चिह्न; **~ dress** सामने बंद होने वाली कोट-सी पोशाक; **~ of mail** धातु के एक-दूसरे से जुड़े कुंडों (metal rings) से बना कवच, बख्तर: on sb's ~ of mail; **~ed tongue** मीठी छुरी, मिठ-बोली; **~ of paint** रोगन की परत; **~ of snow** बर्फ की परत; **~ stand** कोट टांगने के लिए हुकों वाली घोड़ी; **morning ~** जैकेट; **sugar-~ed pills** चीनी की परत चढ़ी गोलियां, मीठा जहर; **turn ~** गिरगिट की तरह रंग बदलने वाला, अवसरवादी व्यक्ति;
p&i: **~ wood with paint** लकड़ी पर रोगन क.; **a blue ~** सैनिक, नौ-सैनिक, अमेरिका के गृह-युद्ध (1861-65) में उत्तरी सेनाओं का सैनिक; **a claw-hammer ~** पूंछ वाला कोट; **a red ~** अंग्रेज सैनिक; **black ~** पादरी, वकील, न्यायाधीश; **cut the/ one's ~ according to the/ one's cloth** जितनी चादर देखो उतने पांव पसारो!; **dust sb's ~** किसी की खूब धुनाई या पिटाई क.; **it's not the gay ~ that makes the gentleman** वेशभूषा से इंसान की शान में चार चांद नहीं लगते; **on sb's ~-tail** दूसरे की सफलता का सहारा लेकर सफल हो.; **take off one's ~** मारपीट के लिए उतारू होना; **take off one's ~ to the work** कमर कसकर काम शुरू क.; **trail one's ~** झगड़ा मोल ले.; **turn one's ~** सिद्धांत (मत) बदलना, दल बदलना; **wear the king's/ the queen's ~** ब्रितानवी सेना में सेवा क.;

co-author /कोऑथः/ *n.* सह लेखक;
dw/lw: **~ship** *n.* सह लेखन, संयुक्त लेखन

coax /कोक्स/ *v., pt.* **~ed**, *pp* **~ing**, *s/he/it* **~es** 1 (*often* **~ sb into/ out of sth**) फुसलाना, खुशामद करके मनाना 2 (***syn.*** cajole) फुसलाकर कोई चीज ले. 3 (***syn.*** manipulate) तिकड़मबाजी से काम निकाल लेना: **~ed** the key into the lock;
dw/lw: **~er** *n.* फुसलाने वाला; **~ingly** *adv.* फुसलाकर, फुसलाते हुए;
p&i: **~ a fire to burn** धैर्य के साथ आग सुलगाना; **~ a secret out of sb** किसी से भेद खुलवाना; **~ sb out of his money** फुसलाकर किसी के पैसे ले लेना, ठगना; **~ thing out of a person** किसी से चापलूसी से काम निकालना

coaxial /कोऐक्सिअल/ *adj.* समान अक्षीय, सहअक्षीय, समाक्षी: ~ cable

cob /कौ\ब/ *US* काः\ब/ *n., Br.* 1 = **corncob** भुट्टा, मकई के बाल 2 टट्टू 3 राजहंस 4 घर बनाने के लिए प्रयुक्त किया जाने वाला गारा और फूस का लेप: ~ wall 5 पहाड़ी बादाम 6 घास का ढेर 7 कोयले का ढेला 8 हंसनी 9 पाव रोटी 10 बड़ा आदमी (तोप) 11 बुनी हुई टोकरी 12 प्रहार;
v., pt. **~bed**, *pp* **~bing** 1 कोयले को हाथ से तोड़ना 2 प्रहार क. 3 जहाज के नाविक को सजा दे. 4 फेंकना;
dw/lw: **~ber** /~बर/ *n. Austral. & NZ* (*used when a man addresses another man*) (***syn.*** a friend) यार, दोस्त; **~by** /~बि/ *adj.* 1 ठिगना 2 तगड़ा, सुस्वस्थ 3 मर्जी का मालिक, अड़ियल;
p&i: **be off the ~** बिल्कुल गंवार व सड़कछाप हो.

cobalt /कोबॉ\ल्ट/ *n., chem.* (*symbol* **Co**) कोबाल्ट;
dw/lw: **~ic**/ **~iferous** /~ल्टिक/ ~ल्टिफरस/ *adj.* कोबाल्टयुक्त;
collocations: **~ bomb** *chem.* कोबाल्ट के आवरण में हाइड्रोजन बम जो फटने पर कोबाल्ट-60 की धूल वातावरण में फैला देता है; **~ blue** कोबाल्टी नीला

cobb\le /कौब\ल/ *US* काःब\ल/ *v., pt.* **~led**, *pp* **~ling** (*often* **~le sth together/ up**) 1 गांठना, जूती की मरम्मत क. 2 पैबंद/ थिगली लगाना 3 बजरी बिछाना;
n. बजरी: **~lestone**;
dw/lw: **~led** /~लड/ *adj.* बजरी से बना हुआ; **~ler** /~लः/ *n.* 1 मोची, जूते गांठने वाला 2 एक मिठाई; **~lers** *n., pl., Br. sl.* बकवास; **~les** /~ल्ज/ (*also* **~lestone**) *n.* रोड़ी, कंक्रीट; **~ling** /~लिंग/ *n.* जूते की गठाई: ~ling done here! (यहां जूते की गठाई होती है!);
p&i: **~le sth** भद्दी तरह सिलाई क., गांठना या जोड़ना; **a ~ler should stick to his last** जिसका काम उसी को साजे और करे तो ठेंगा बाजे

co-belligerent /कोबिलिजरंट/ *n.* लड़ाई में साझे संघ का सदस्य

COBO *abbr.* 'company-owned bottling operations' की प्रथमाक्षरी

COBOL *abbr.* 'Common Business Oriented Language' 1 की प्रथमाक्षरी 2 कंप्यूटर की प्रारंभिक प्रोग्राम भाषा

cobra /कोब्रा/ *n., pl.* **~s** फनधर, जहरीला सांप, कोबरा

co-brother *n.* साढ़ू, हमजुल्फ

cobweb /कौबवे\ब/ *US* कॉःबवे\ब/ *n.* 1 मकड़ी का जाला, तंतु जाल 2 मकड़जाल का रेशा 3 नाजुक चीज, जिसे आसानी से तोड़ा जा सकता है 4 वाग्जाल, मकड़जाल 5 (*usually* **~s**) अंधेरी कोठरी, जाले लगा या फफूंदीदार स्थान;
dw/lw: **~by** /~बि/ *adj.* जालेदार, मकड़ी के जाले जैसा; **~bed/ ~by** /~बड/ ~बि/ *adj.* मकड़जाली, जालनुमा, अस्पष्ट; **~bery** /~बरि/ *n.* जाल रचना; **~bing** /~बिंग/ *n.* सूत्रजालन;
collocations: **~ morning** धुंधली सुबह; **~ plan** जालनुमा प्रारूप;
p&i: **blow away the ~s = blow ~s from sb's mind** 1 थोड़ी ताजा हवा खाने के लिए कमरे आदि से बाहर निकल आना 2 ज्वलंत मन से नए सिरे से किसी काम को शुरू करने में मदद क.; **have ~ in the throat** गला सूख जा.; **rope of ~** गुप्त चालों का जाल

COC *abbr.* 'Contempt of Courts' की प्रथमाक्षरी

Coca Cola /कोकाकोला/ (*also* **coke**) *n. trademark*

कोकाकोला
cocaine /कोकेन/ *n., med.* कोकीन, मादक पदार्थ, एक नशीली दवा;
collocations: ~ **addict** कोकेन का लती व्यक्ति
cocculus /कॉक्यूलस/ *n.* काकमारी
coccygeal /कॉक्सिजिअल/ *adj.* अनुत्रिक, गुदास्थि संबंधी: ~ body (अनुत्रिक पिंड)
coccyx /कौक्सिक्स/ *US* काःक्सिक्स/ *n., pl.* **coccyges** /कौकसाइजीज/ *US* काःक-/ (*syn.* tailbone) *n.* अनुत्रिक, पीठ के सबसे निचले भाग में एक छोटी हड्डी, गुदास्थि
co-chairperson *n.* सह-अध्यक्ष
cochineal /कौचिनील/ *US* काःचअनील/ *n.* 1 किरिमदाना (insect) 2 किरमिज, कृमिज (dye)
cochlea /कौ\क्लिअ/ *US* को\क्लिअ, काः\क्लिअ/ *n., pl.* **cochleae** /~क्ली/ *n.* भीतरी कान की थैली, कर्णावर्त्त
cocus /कॉकस/ *n., pl.* **cocci** /कॉक्साइ/ सूक्ष्म जीवाणु
cock /कौ\क/ *US* काः\क/ *n.* 1 (*syn.* rooster) मुर्गा, कुक्कुटः fighting ~; the ~ bird of this species 2 नर-पक्षी 3 मुर्गे की बांग (~crow) 4 (*syn.* windsock = weathercock) वातदिग्दर्शक 5 (बंदूक) का घोड़ा 6 तराजू का कांटा 7 (*syn.* spout) टोंटी: stop-~ 8 *coarse sl.* पुरुष का लिंग 9 *coarse sl.* बकवास 10 *sl.* यार: old ~ 11 घास का छोटा-सा ढेर 12 लड़ाका, भिड़ाका: ~ of the school 13 संयुक्त शब्दों में: wood~; pea~ (मोर);
v., pt. **~ed**, *pp* **~ing** 1 बांग दे. 2 (बंदूक का) घोड़ा चढ़ाना 3 चौकन्ना हो जा. 4 नाक चढ़ाना 5 आंख मारना 6 हैट तिरछा क. 7 शरीर के किसी भाग को ऊपर उठाना: **~ed** an ear towards the door 8 घास के ढेर बनाना;
dw/lw: **~ade** /~केड/ *n.* कलगी, पंखों व रंगदार फीतों से बना सेना पद द्योतक तुर्रा या कलगी; **~-a-doodle-doo** /~कअडूडलडू / *n.* बांग, कुकड़ूंकूं की नकल; **~-a-hoop** *adj., colloq.* 1 प्रफुल्लित 2 शेखीबाज, दंभी; **~-a-leekie** (*also* **~-a-leekie soup**) *n., Scottish* मुर्गे/ मुर्गी का पारदर्शी शोरबा (clear soup); **~atoo** /~कअटू/ *n., pl.* ~atoos कलगीदार तोता, काकातुआ, किंकिरात; **~crow** /~क्रो/ *n.* 1 (*syn.* dawn) सुबह होने पर बांग 2 तड़का, प्रभात, भोर, भोर की बांग; **~ed** /~कड/ *adj.* 1 ऊपर उठा या मुड़ा हुआ, तिरछा: ~ed hat 2 दुमकटा, ओछा; **cocker** *see below under separate entry*; **~erel** /~कअरल/ *n. UK* चूजा, जवान मुर्गा; **~ily** /~किलि/ *adv.* अति-आत्मविश्वासी ढंग से; **~-eyed** *adj.* 1 भेंगा: be built ~-eyed (भेंगा हो.) 2 सनकी 3 टेढ़ा, एकतरफा 4 बेवकूफीपूर्ण: ~eyed schemes to make money 5 गाड़ी में अस्थिर बोझ 6 पीकर धुत्त; **~fight** *n.* पालतू मुर्गों की लड़ाई; **~fighting** *n.* मुर्गों की लड़ाई: beat ~fighting; **~iness** /~किनेस/ अति-आत्मविश्वास; **~scomb/ coxcomb** /~क्स्कोम/ *n.* 1 मुर्गे की कलगी 2 कलगीनुमा फूल 3 *old use* मूर्ख और दम्भी आदमी; **~spur** /~क्स्पः/ *n.* कांटा, पदकंट; **~tailed** *adj.* दुमकटा;
collocations: **~ed hat** तिकोना हैट, तिरछा हैट: knock into a ~ed hat/ knock sb or sth into a ~ed hat *colloq.* (पूरी तरह से हरा दे., परास्त कर दे.); ~ **of the walk** समूह का सबसे प्रभावशाली व्यक्ति; **red** ~ धधकती आग;
p&i: **cock-and-bull story/ tale** *colloq.* उटपटांग कथा, मनगढ़ंत कहानी; ~ **a snook(s)** नाक-भौं सिकोड़ना/ चढ़ाना; **Cock at the loft** किसी समूह की मुख्य वस्तु या व्यक्ति; ~ **of the roost** सरगना, सरदार, बड़ी तोप; ~ **of the walk/** ~ **of the dunghilll** बड़ी तोप, सरगना; ~ **one's nose** मर जा., नाक चढ़ाना; ~ **sth up** *UK* काम बिगाड़ना: he really ~ed up his exams; ~ **the eye** संकेतात्मक ढंग से आंख मारना; ~ **the hat** बुरी तरह पीटना, खूब मरम्मत क.;
a ~ **is valiant/ bold on his own dunghill** अपने घर में तो बिल्ली भी शेर होती है; **a fighting** ~ लड़ाका, लड़ाकुओं का सरगना; **as the old** ~ **crows, so doth the young** जैसा बाप वैसा बेटा; **every** ~ **fights best on his own dunghill** अपनी गली में कुत्ता भी शेर होता है; **live like a fighting** ~ ऐशो-आराम की जिंदगी जीना; **knock into a** ~ 1 पिटाई क., पीट-पीटकर शक्ल बिगाड़ दे. 2 धज्जियां उड़ा दे.; **that** ~ **won't fight!** यह चाल नहीं चलेगी; **the** ~ **of the school** स्कूल का दादा, लड़ाका; **the red** ~ **will crow in his house** उसे आग लगाकर जला डालेंगे; **with a knowing** ~ **of his eye to his neighbour** बड़े सारे अर्थों में
cockaigne /कौकेन/ *US* काःकेन/ *n.* 1 परियों का ऐशो-आरामभरा देश 2 कॉकनी लंदन
cockalorum /कौकअलॉरम/ *US* काःकअलॉरम/ *n., colloq.* अति-आत्मविश्वासी और घमंडी नाटा आदमी, दंभी ठिगना बंदा
cockama\mie /कौकअमेमि/ *US* कौकअमेमि/ (*also* **~my**) *adj., sl., mainly US* (of an idea, a story, etc.) मूर्खतापूर्ण, अनहोनी: a **~mie** thing
cockatiel /कौकअटील/ *US* काःकअटील/ *n.* एक छोटा आस्ट्रेलियायी तोता
cockatrice /कौकअट्रिस/ *US* काःकअट्रिस/ *n.* मारक दृष्टिवाला पौराणिक सर्प
cockchafer /कौक्चेफः/ *US* काः-/ (*also* **May beetle/ May bug**) *n.* पौधों का कीड़ा
cocker /कौकः/ *US* काःकः/ *n.* 1 मुर्गों की लड़ाई का शौकीन 2 लड़ाकू मुर्गों का मालिक 3 एक शिकारी कुत्ता 4 घास को इकट्ठा करने वाला 5 फसल काटने वाला;
v., pt. **~ed**, *pp* **~ing** 1 बच्चों को बहुत लाड़-प्यार क. 2 अतिशय लाड़-प्यार से बच्चों को बिगाड़ना;
collocations: Br. ~ **spaniel** लटकते कानों वाला कुत्ता
p&i: ~ **up** 1 सहारा दे., मदद क.: ~ up an idea/ hope 2 मनमानी करने दे. 3 ढील दे.: ~ up evil;
according to ~ सही, ठीक निशाने पर; **(as) game as a ~el** बेहद बहादुर
cock-horse *n.* 1 लकड़ी (खिलौना) का घोड़ा 2 बछेरा;
p&i: **on** ~ घुटनों के बल हो.; **ride a** ~ कल्पना की उड़ान भरना
cockle /कौकल/ *US* काःकल/ *n.* 1 गेगला (disease of plants) 2 मक्की की फसल का एक खत-पतवार 3 (*syn.* mollusc) घोंघा 4 (*syn.* wrinkle) शिकन, झुर्री;
v., pt. **~d**, *pp* **cockling** 1 सिकुड़ना, बल या शिकन पड़ना 2 सिकोड़ना 3 शिकन या झुर्री डालना;
dw/lw: **~bur** *n.* छोटा धतूरा; ~ **-shell** *n.* 1 कंबु, शंख 2 छोटी-सी किश्ती;
p&i: ~ **brained** मूर्ख, बेवकूफ; **hot** ~ आंखों पर पट्टी बांध कर खेला जाने वाला एक खेल; **the ~s of one's heart** आंतरिक भावनाएं; **warm/ rejoice/ cheer/ delight the ~s of sb's heart** किसी के मन को प्रसन्न क.
Cockney /कौक्नि/ *US* काःक्नि/ *n., pl.* **cockneys** (*often* **Cockney**) 1 पूर्वी लंदन में बोली जाने वाली अंग्रेजी, लंदनियाः ~ accent 2 कौकनी अंग्रेजी में बोलने वाला (पूर्वी लंदन वासी) व्यक्ति
cockpit /कौक्पिट/ *US* काःक्पिट/ *n.* 1 विमान में पायलट का कक्ष 2 कार दौड़ में चालक की सीट 3 *naut.* छोटी नाव का एक भाग 4 मुर्गों की लड़ाई का गड्ढा 5 युद्ध में लंबी खिंची लड़ाई या झगड़ा;
p&i: ~ **of Europe** *hist.* बेल्जियम (यूरोपीय शक्तियों के बीच संघर्ष का अखाड़ा)
cockroach /कौकरोच/ *US* काःकरोच/ *n., pl.* **~es** तिलचिट्टा
cockscomb/coxcomb *see above under* **cock:** *dw/lw*
cock-shut /कौकशट/ *US* काःकशट/ *n.* गोधूलि बेला, संध्याकाल: ~ light/ time
cock\sure /कौक्श्युअर/ *US* काःक्श्युअर/ *US* काःक्श्युअर/ *adj.* सुनिश्चित, अति आश्वस्त;
dw/lw: **~-sureness** *n.* अति-आश्वतता
cock-shy /कौकशाइ/*US* काःकशाइ/ *adj.* फेंके जाने वाले पत्थर

आदि का निशाना
cock-sy /कौकसि/*US* काःकसि *adj.* अति आत्म-विश्वासी, धृष्ट
cocktail /कौक्टेल/ *US* काःक्टेल/ *n.* 1 कई तरह की शराबों का मिश्रित पेय, कौकटेल: a ~ of drinks 2 मिश्रित व्यंजन 3 आपस में मेल न खानेवाले पेयों का मिश्रण: a lethal ~ of drugs;
collocations: ~ **dress** अनौपचारिक अवसरों पर पहनी जाने वाली पोशाक; ~ **party** कौकटेल, पीने-खाने की दावत; ~ **stick** प्रीति-भोजों में परोसे जाने वाले तिल्ली लगे व्यंजन (टिक्का, कबाब आदि)
cock-tailed /कौकटेलड/*US* काःकटेलड *adj.* 1 कटी पूंछ वाला 2 ऊपर उठी पूंछ वाला
cock-up /कौक-अप/*US* काःक-अप/ *n., pl.* **~-ups** *sl.* 1 *UK* मूर्खतापूर्ण हरकत 2 अयोग्यता (incompetence) के कारण होने वाली गड़बड़ 3 ऊपर उठा या मुड़ा हुआ, तिरछा सिरा या टोप
cock\y /कौकि/*US* काःकि/ *adj., degr.* **~ier**, **~iest** 1 अहंकारी, घंमडी, दंभी, बदतमीज 2 अति-आत्म-विश्वास भरा;
dw/lw: **~ily** *adv.* दंभपूर्वक; **~iness** *n.* दंभ, अति-आत्म-विश्वास
coco /कोको/ *n.* नारियल;
dw/lw: **~de-mer** *n.* जुड़े हुए दो नारियल, जुड़वां नारियल
cocoa /कोको/ *n., pl.* **~s** 1 कोको के बीज 2 कोको का बना चूर्ण 3 कोको से बना पेय 4 हल्का भूरा रंग;
collocations: ~ **bean** कोको के दाने; ~ **butter** कोको मक्खन
coconut /कोकोनट/ (*also* ~ **palm, coco**) *n.* 1 नारियल का पेड़ 2 नारियल का फल
dw/lw: **coconut** *n.* नारियल, गोला, नारिकेल, खोपरा, खोप्पा (*Hr.*); **~-matting** *n.* नारियल की चटाई; **~-milk** *n.* नारियल दुग्ध; **~-oil** *n.* नारियल का तेल;
collocations: ~ **shy** *pl.* ~ shies मेले आदि में लटकते नारियल के फलों पर गेंद मारकर इनाम जीतने का खेल
cocoon /ककून/ *n.* रेशम का कोवा, कोया, कृमिकोष, कुसवारी;
v., *pt.* **~ed**, *pp* **~ing** 1 किसी को या किसी चीज को कोया की तरह लपेटना: **~ed** oneself in a blanket 2 किसी को दिन-प्रतिदिन की समस्याओं से बचाने के लिए या दीन-दुनिया से अलग-थलग करके रखना: ~ oneself in the care of family;
dw/lw: **~ing** *n.* सामाजिक कार्यक्रमों की बजाए अपने साथियों या परिवार के साथ समय बिताने का रुझान या नीति
co-counselling *n.* एक प्रकार की स्वयं-सहायता कार्य जिसमें दो या उससे अधिक लोग बारी-बारी से रोगी और चिकित्सक की भूमिका करते हैं
COD *abbr.* 'Central Ordnance Depot', 'Corps of Detectives', 'Council of Ocean Development' की प्रथमाक्षरी
cod (*also* **codfish**) /कोड/ *n. pl.,* **cod** 1 एक बड़ी समुद्री मछली, जिसे खाने के व्यंजन बनाए जाते हैं, स्नेहमीन 2 धोखा, छलावा 3 पैरोडी, मूल रचना पर आधारित हास्यजनक रचना
c.o.d/ COD *abbr.* 'cash on delivery' or '*US* collect on delivery' की प्रथमाक्षरी (माल सौंप दिए जाने पर अदायगी)
coda /कोडा/ *n.* किसी संगीत रचना का अंतिम टुकड़ा
CODAC *abbr.* 'Centre for Development of Advanced Computing' की प्रथमाक्षरी
coddle /कौडल/ *US* काःडल/ *v., pt.* **~d**, *pp* **coddling** 1 अंडे आदि को उबलते पानी की बजाए मात्र गर्म पानी में पकाना 2 हल्की आंच पर पकाना 3 अतिशय लाड़-दुलार या सुरक्षा द्वारा किसी को बिगाड़ना
CODE *abbr.* 'Core Developers' की प्रथमाक्षरी
code /कोड/ *n.* 1 गूढ़ लिपि, कूट संकेत पद्धति, संकेतिकी 2 संदेश भेजने के लिए संकेतों का समूह 3 गूढ़ लिपि में संदेश 4 *UK* (*UK*/*US* **area** ~) नगर या क्षेत्र का कोड 5 *comput.* संख्याओं, अक्षरों आदि को दर्शाने वाले बाइनरी (binary) रूप में प्रयुक्त प्रतीकों के समूह जिसे कंप्यूटर में भंडारित किया जा सकता है या भिन्न-भिन्न कंप्यूटर प्रणालियों के बीच आदान-प्रदान किया जा सकता है 6 संहिता, विधान, विधि-संग्रह, कानूनों का समूह, नियमावली: civil ~; criminal/ penal ~ 7 *comput.* कंप्यूटर प्रोग्राम के निर्देशों का समूह 8 (***syn.*** password) संकेत चिह्न, पहचान चिह्न के रूप में प्रयुक्त संख्याओं या अक्षरों का समूह 9 *telecomm.* क्षेत्र या नगर का (पिन) कोड;
v., *pt.* **~d**, *pp* **coding** कूटबद्ध क., कूट रूप दे.;
dw/lw: **~d** *adj.* गूढ़ लिपि में, कूटबद्ध; **~-sharing** *n.* दो या अधिक हवाई कंपनियों के बीच एक-दूसरे के यात्रियों को लाने-लेजाने आदि के बारे में समझौता; **codification** /कोडिफिकेशन/ *n.* गूढ़लिपिकरण; **codifier** /कोडिफायः/ *n.* गूढ़लिपिकार; **codify** *see below under separate entry*; **~-language** *n.* कूट-भाषा; **~-number** *n.* सांकेतिक संख्या; **~-word** *n. ling.* (***syn.*** password) संकेत-शब्द, कूट-शब्द;
collocations: ~ **beacon** संकेत प्रकाश-घर; ~ **map** कोड-युक्त नक्शा; ~ **message** कूट-संदेश; ~ **name** छद्म नाम; ~ **of commerce** व्यापार संहिता; ~ **of conduct** आचार-संहिता; ~ **of ethics** नैतिक संहिता; ~ **of honour** सम्मान संहिता; ~ **of practice** आचार संहिता; ~ **panel** संहिता समिति; ~ **switching** एक भाषा से दूसरी में अदला-बदली; ~ **telegramme** कूट तार; ~ **word** कूट शब्द, गुप्त शब्द;
civil ~ नागरिक संहिता; **criminal** ~ अपराध संहिता; **criminal penal** ~ अपराध दंड संहिता; **moral** ~ नैतिक संहिता;
p&i: **live up to the ~ of the school** स्कूल की नियमावली का पालन क.; **the black** ~ दास प्रथा के कानून
codeclination /कोडेक्लिनेशन/ *n.* 1 ध्रूवीय दूरी 2 एक साथ झुकाव 3 एक साथ रूप परिवर्तन
codeine /कोडीन/ *n., med.* अफीम से बनी दर्दनिवारक/ पीड़ाहर दवाई
co-depend\ency /कोडिपेंड\सि/ *n.* दूसरे का ध्यान रखते हुए अपनी भावनात्मक जरूरतों की पूर्ति करने की क्रिया;
dw/lw: **~ant** /~ट/ *n.* एक-दूसरे पर आश्रित
codex /कोडेक्स/ *n., pl.* **codices** /कोडिसीज/ प्राचीन हस्तलिखित ग्रंथ
codfish /कॉड्फिश/ *n.* कॉड मछली
codger /कौजः/ *n., colloq.*खब्ती बूढ़ा
codicil /कोडिसिल/ *n.* क्रोड़पत्र, वसीयत पत्र में सुधार
codicolo\gy /कोडिकॉ\लजि/ *n.* पांडुलिपि विज्ञान;
dw/lw: **~gical** /~लजिकल/ *adj.* पांडुलिपि विज्ञान संबंधी
codification, codifier *see above under* **code: *dw/lw***
codi\fy /कोडिफाई/ *v., pt.* **~fied**, *pp* **~fying**, *he/she/it* ~fies संहिताबद्ध क., विधिबद्ध क., वर्गीकृत क., सुव्यवस्थित क. गूढ़लिपिबद्ध क.
codling /कोडलिंग/ *n.* 1 छोटी कॉड मछली 2 लंबे आकार का एक पकाया जाने वाला सेब
cod-liver oil कॉडलिवर आयल, कॉड मछली के जिगर का औषधीय तेल जिसमें काफी मात्रा में विटामिन A और D होते हैं
co-domain /कोडोमेन/ *n.* सहप्रांत;
dw/lw: **co-dominance** /कोडोमिनंस/ *n.* सहप्रभाव
codswallop /कौड्ज्वौलअप/ *US* काःड्ज्वाःलअप/ *n., Brit. sl.* बकवास
COE *abbr.* 'Centre of Excellence', 'Computer Engineering' की प्रथमाक्षरी
co-ed /को-एड/ *adj.* सहशिक्षण संस्थान;
dw/lw: **~ucation** /कोएड्युकेशन/ *n.* सहशिक्षा; **~ucational** /कोएड्युकेश्नल/ *adj.* सह-शिक्षा संबंधी, सह-शिक्षीय
coefficient /कोइफिशिअंट/ *n.* गुणांक;
collocations: ~ **of efficiency** लाभदायक कार्य का गुणांक; ~ **of expansion** विस्तार का गुणांक; ~ **of safety** सुरक्षा का गुणांक

coeliac /सीःलिऐक/ (*US* **celiac**) *adj.* उदरगुहा संबंधी;
collocations:~ **disease** *pathol.* बदहजमी की बीमारी
coemption /कोएम्प्शन/ *n.* संक्रय, सामान की पूरी खेप की खरीददारी
coenobite /सीःनअबाइट/ *n.* मठवासी समुदाय का सदस्य
coequal /कोईक्वल/ *adj.* समानाधिकारी, समान, सम, बराबर;
dw/lw: **~ity** /कोइक्वेलिटि/ *n.* समानता, समता
coerce /कोअःस/ *v., pt.* **~d**, *pp* **coercing** 1 (*often* ~ **sb into sth**) बाहुबल या धमकियों आदि का प्रयोग करके विवश क., बाध्य क.: ~ sign a document/ ~ to confess the full truth 2 दबाव डालकर या बल प्रयोग करके कुछ पाना;
dw/lw: **coercible** /कोअःसिबल/ *adj.* जिसे विवश किया जा सके;
p&i: **~ sb into silence** किसी को चुप होने के लिए विवश क.; **~ compliance with the conditions** शर्तों का पालन करने के लिए मजबूर क.; **~ obedience [acquiescence]** आज्ञा पालन करने के विवश क.
coercion /कोअःशन/ *n.* जोर-जबरदस्ती, बल प्रयोग द्वारा पैदा की गई विवशता, दबाव;
p&i: **~ of ice** बर्फ का दबाव; **strict ~ of outrage** बलात्कार के मामलों को सख्ती से दबाना; **under ~** जोर-जबरदस्ती से;
coercive /कोअःसिव/ *adj.* परपीड़क, बल प्रयोग करने वाला, दबाव डालने वाला, सताने वाला: ~ force; ~ methods;
dw/lw: **~ness** *n.* धींगा-मस्ती, जोर-जबरदस्ती, विवशता
coessential /कोइसेंशिअल/ *adj.* एकतत्त्व, एकसार
coetaneous /कोटेनिअस/ *adj.* = **coeval**
coeternal /कोइटःनल/ *adj.* सहशाश्वत
coeval /कोईवल/ *adj.* 1 समान आयु के, समवयस्क (same age) 2 समसामयिक (समकालीन): she was ~ with him; this custom is ~ with Christianity in England;
coexist /कोइग्जि\स्ट/ *v., pt.* **~ed**, *pp* **~ing** 1 साथ-साथ जीना 2 मतभेदों के बावजूद सह-अस्तित्व में रहना;
dw/lw: **~ence** /~स्टंस/ *n.* सह-अस्तित्व, सहभाव: peaceful ~ence; competitive ~ence; **~ent** /~स्टंट/ *adj.* 1 साथ-साथ जीने वाले 2 सहवर्ती
coextensive /कोइक्स्टेंसिव/ *adj.* सह-विस्तृत, समकालीन
C of E *abbr.* 'Church of England' की प्रथमाक्षरी
COFEPOSA *abbr.* 'Conservation of Foreign Exchange and Prevention of Smuggling Activities Act' की प्रथमाक्षरी
coffee /कौफि/ *US* कॉफी, काःफी/ *n., pl.* **~s** 1 कॉफी, कहवा: black ~ (बिना दूध की कॉफी) 2 (**~ beans**) कहवा के बीज या दाने 3 कॉफी का पेय 4 कॉफी का प्याला 5 दूध मिली कॉफी का रंग;
collocations: **~ and cake(s)** *US* बहुत थोड़ा वेतन, बहुत कम पैसा; **~-and-cake** कम पैसे वाला काम; **~ bar** कॉफी बार; **~ bean** कॉफी के दाने या बीज; **~ break** काफी पीने के लिए छोटा-सा अंतराल; **~ cooler** काम-चोर, बिना काम किए पैसे देने वाली नौकरी ढूंढने वाला; **~ essence** कॉफी से निकाला हुआ गाढ़ा द्रव; **~ house** कहवा घर; **~ mill** = **~ machine** = **~ maker** कॉफी के दाने पीसने वाला यंत्र; **~ morning** दान के लिए पैसा इकट्ठा करने के लिए किसी के घर पर कॉफी मिलन; **~ pot** कॉफीदानी; **~ shop** बिना शराब वाले पेयों के साथ खाने के छोटे-मोटे व्यंजन परोसने वाली दुकान; **~ table** कॉफी टेबल, एक नीची व छोटी मेज; **~-table book** *often derog.* एक महंगी सचित्र बड़ी-सी पुस्तक जिसे पढ़ने की बजाए सरसरी नजर से पन्ने पलटने के लिए रखा जाता है; **white ~** दूध के साथ कॉफी
coffer /कौफः\/ *US* काःफः, कॉफः\/ *n.* 1 तिजोरी 2 कीमती चीजें रखने के लिए बक्सा, संदूक, पेटी;
dw/lw: **~er** /कौफरः/ *US* काःफरः, कॉफरः/ *n.* खजांची, घरेलू खजांची; **~s** /~ज/ *n., [pl.]* तिजोरी, खजाना, कोषागार: the nation's **~s** are empty
cofferdam /कौफःडैम/ *US* काःफःडैम/ *n.* जल बंध
coffin /कौफिन/ *US* कॉफिन/ (*also US* **casket**) *n.* ताबूत, शव पेटी;
v. *pt.* **~ed**, *pp* **~ing** ताबूत में रखना;
dw/lw: **~-bone** *n.* सुम (खुर) की हड्डी; **~-nail** *n.* 1 ताबूत की कील 2 *sl.* सिगरेट; **~-plate** *n.* ताबूत पर लगी मृत व्यक्ति के नाम, जन्म-मरण तिथि के साथ धातु की प्लेट या पट्टिका; **~-ship** *n.* ताबूत;
collocations: **flying ~** विमान (जिसकी दुर्घटना में चालक प्रायः मारा जाता है);
p&i; **a nail in sb's ~** विनाश को बुलावा देने वाली बात; **drive a nail in sb's ~** किसी की मौत को बुलावा दे.
coffle /कॉफल/ *n.* काफिला: ~ of camels
cog /कौग/ *US* काःग/ *n.* दांता, कागः ~ in a machine; ~ nail;
dw/lw: **~ged-wheel** 1 दंतीला पहिया, दंत चक्र, गरारी 2 एक छोटा गिअर चक्र;
p&i: **~ in the wheel** किसी संस्था का साधारण या गौण सदस्य; **~ged-wheel breathing** हांफते सांस के समय रुक-रुककर आने वाली सांस; **a ~ in the machine** छोटा या नगण्य आदमी
cogency /कोजंसि/ *n.* युक्तियुक्त तर्क की अकाट्यता
cogent /कोजंट/ *adj.* जोरदार, विश्वसनीय, युक्तियुक्त, अकाट्यः ~ argument;
dw/lw: **~ly** *adv.* अकाट्य ढंग से;
collocations: **~ reason** अकाट्य तर्क या कारण;
cogitable /कॉजिटेबल/ *adj.* विचारणीय, चिंतनीय
cogita\te /कौजिटे\ट/ *US* काःजिटे\ट/ *v., pt.* **~ted**, *pp* **~ting** गहराई से सोचना, चिंतन क.: **~te** a scheme;
dw/lw: **~tion** /~शन/ *n.* चिंतन-मनन: the ~tions and purposes of one's adversaries (किसी के विरोधियों की योजनाएं व मंशा); **~tive** /~टिव/ *adj.* चिंतनशील: ~tive faculties;
p&i: **~te over the past** बीते दिनों के बारे में सोचना; **~te mischief against sb** किसी के विरुद्ध शरारत की योजना बनाना
cognac /कौन्यैक/ *US* कोन्यैक/ (*also in Russia* **коньяк**) *n.* कोन्याक, ब्रांडी, अंगूर की तेज शराब
cogna\te /कौग्ने\ट/ *US* काःग्ने\ट/ *adj.* 1 सजातीय, समस्रोतीय: English, Dutch and German are **~te** languages; geometry and the **~te** sciences 2 समान पूर्वजों की संतान, बंधु, सपिंड (of persons) 3 सहार्थी (of a word): **~te** object *gramm.* (क्रिया की धातु से बनी कर्म-संज्ञा);
n. 1 सगा-संबंधी 2 समस्रोतीय शब्द 3 समस्रोतीय भाषाएं;
dw/lw: **~tely** /~टलि/ *adv.* समस्रोतीय ढंग से; **~teness** /~टनिस/ *n.* सजातीयता, समस्रोतीयता; **~tion** /~शन/ *n.* संबंध, रिश्ता;
collocations: **~te ideas** समान विचार; **~te tastes** समान स्वाद
cogni\tion /कौग्नि\शन/ *US* काःग्नि\शन/ *n., psychol.* 1 ज्ञान, संज्ञान, प्रज्ञान 2 मनःशक्ति 3 बोध 4 अनुभूति, चिंतन-मनन जैसी प्रक्रियाएं जो मानव को ज्ञान, सूचनाओं आदि को अनुभव करने व खंगालने आदि में मदद करती हैं;
dw/lw: **~tive** /~टिव/ *adj.* संज्ञानात्मक, संज्ञानार्थक, ज्ञान संबंधी: ~tive power (ज्ञान प्राप्त करने की क्षमता या शक्ति); **~tively** /~टिवलि/ *adv.* संज्ञानात्मक ढंग से;
collocations: **~tive psychology** संज्ञानात्मक मनो विज्ञान, जो स्मृति (memory), तर्क-वितर्क करने की क्रिया, भाषा आदि का अध्ययन करती है; **~tive science** मन का अध्ययन; **~tive therapy**, *psychol.* एक ऐसी मानसिक व शारीरिक चिकित्सा प्रणाली, जिसके तहत मनो-विज्ञानी रोगी के अपने, दूसरों और दुनिया के बारे में विकृत धारणाओं व आकलनों को दुरुस्त करने की कोशिश करते हुए अवसाद (depression) आदि मनोविकारों का उपचार करता है

cognizable /कौग्निजेबल/ *US* काःग्निजेबल/ *adj.* 1 संज्ञेय 2 ध्यान देने योग्य 3 विचारणीय 4 जो न्यायालय में सुनवाई के योग्य हो: the cause is not ~ by the court

cognizance/ cognisance /कौग्निजंस/ *US* काःग्निजंस/ *n.* 1 ज्ञान, समझ, अनुभूति, संवेदनशीलता 2 संज्ञान: take ~ of sth (संज्ञान ले.) 3 किसी को अपने ज्ञान की गहराई, व्यापकता आदि के बारे में अहसास 4 विचाराधिकार, मुकदमे आदि की सुनवाई करने का अधिकार (jurisdiction): fall under the ~ of a court 5 सुनवाई (hearing): come/ fall/ lie within/ under sb's ~ (सुनवाई के लिए किसी के अधिकार क्षेत्र में हो.); be/ come/ fall/ lie beyond/ out of sb's ~

cognizant /कौग्निजंट/ *US* काःग्निजंट/ *adj.* 1 अवगत 2 ज्ञाता, प्रज्ञाता 3 किसी बात के बारे में ज्ञान या सूचना रखने वाला

cognize /कौग्नाइज *US* काःग्नाइज/ *v., pt.* **~d**, *pp* **cognizing** 1 ज्ञात क., जानना 2 संज्ञान लेना 3 (का) बोध हो जाना

cogno\men /कौग्नो\मन/ *US* काःग्नो\मन/ *n., pl.* **~mens/ ~mina** /~मिना/ 1 कुलनाम 2 छेड़ का नाम 3 उपनाम;
dw/lw: **~minal** /~मिनल/ *adj.* कुलनाम-संबंधी, उपनाम-संबंधी

cognomina\te /कौग्नोमिने\ट/ *US* काःग्नोमिने\ट/ *v., pt.* **~ted**, *pp* **~ting** नामकरण क., नाम रखना;
dw/lw: **~tion** /~शन/ *n.* नामकरण

cognosce /कग्नॉस/ *v., pt.* **~ed**, *pp* **~ing** छानबीन करके अदालती फैसला सुनाना

cognoscenti /कौन्यअशेंटि/ *US* काःन्यअशेंटि/ *n., pl.* पारखी, गुण-ग्राहक: the ~ (किसी विषय विशेष में विद्वान)

cognoscible /कौग्नॉसिबल/ *US* काःग्नॉसिबल/ *adj.* ज्ञेय

cognovit /कौग्नोविट/ *US* काःग्नोविट/ *n. law* वादी की मांग से लिखित सहमति

cogwheel /कौग्व्हील/ *US* काःग्व्हील/ *n.* दांतेदार पहिया (*also see under* **cog: *dw/lw***)

CoH *abbr.* 'Carbohydrate' की प्रथमाक्षरी

cohabit /कोहैबि\ट/ *v., pt.* **~ed**, *pp* **~ing** सहवास क.;
dw/lw: **~er/ ~ee** /~टः/ ~टी/ *n., pl.* **~ees** /~टीज/ सहवास करने वाले; **~ation** /~टेशन/ *n.* सहवास, मैथुन, संभोग

coheir /कोएअः/ *n.* सह-उत्तराधिकारी, सहवारिस, हमवारिस, सहदायाद

cohe\re /कोहि\अः/ *v., pt.* **~red**, *pp* **~ring** 1 जुड़े या चिपके रहना: the moral principles by which society **~res** 2 सुसबद्ध रहना, अपने मत पर अडिग रहना 3 घटनाओं के विकास के बारे में स्पष्ट तर्क-सम्मत संबंध हो. 4 के अनुसार हो, मेल खाना: his version doesn't **~re** with the known facts

coherence /कोहिअरंस/ *n.* 1 संगति, सुसंगति 2 संबद्धता, सामंजस्य: ~ of thought with an action 3 मेल: ~ of soil;
collocations: **~ theory** *philos.* 1 सत्य का सिद्धांत जो इस बात पर बल देता है कि कोई भी विचार या मत तभी सत्य होता है जब वह दूसरे मतों के साथ सुसंगत हो 2 औचत्यकरण का सिद्धांत जिसके तहत किसी भी विश्वास को तभी सही माना जा सकता जब वह धारक के अन्य विश्वासों से मेल खाता हो

coherent /कोहिअरंट\/ *adj.* 1 युक्तिसंगत, सुसंगतः his arguments are ~ 2 युक्तियुक्त, समनुगत: ~ thought;
dw/lw: **~ly** /~लि/ *adv.* युक्तिबद्ध या सुसंगत ढंग से;
collocations: **~ rocks** मजबूती से जुड़ी हुई चट्टानें; **~ thought** सुसबद्ध या सुसंगत विचार

coherer /कोहिअरर/ *n., elec.* विद्युत तरंगों का पता लगाने का उपकरण

coheritor /कोहेरिटः/ *n.* = **coheir** (*see above*)

cohesible /कोहेसिबल/ *adj.* संसक्तिशील

cohesion /कोहीज्न/ *n.* 1 सामंजस्य, संबद्धता, संगति: ideas that have no natural ~ 2 साहचर्य, संलाग 3 एकजुट होकर साथ रहने की प्रवृत्ति: ~ of the party 4 एक पदार्थ के अणुओं और परमाणुओं के बीच आकर्षण जिसके कारण सतही तनाव पैदा होता है

cohesive /कोहीसिव\/ *adj.* 1 संगत, सामंजस्यपूर्ण 2 संसक्तिशील 3 एकजुट, एकसूत्रबद्ध;
dw/lw: **~ness** /~नेस/ *n.* सामंजस्य शक्ति, संसक्तिशीलता

cohibit /कोहिबि\ट/ *v., pt.* **~ed**, *pp* **~ing** निग्रह क.;
dw/lw: **~ion** /~शन/ *n.* निग्रह; **~ive** /~टिव/ *adj.* निग्रहकारी

cohort /कोहॉःट/ *n., hist.* 1 संगी, सहकर्मी, साथी 2 अनुयायी 3 *hist.* प्राचीन रोम में एक लीजन (legion) के दस दस्तों में से एक 4 *bot.* सहगण

co-holder /को-होल्डः/ *n.* सह-धारक: ~ of the record; brother of the ~

COHSE *abbr.* 'Confederation of Health Service Employees' की प्रथमाक्षरी

COI *abbr.* 'Court of Inquiry' की प्रथमाक्षरी

COICA *abbr.* 'Coordinating Body of Indigenous Organisations of the Amazon Basin' की प्रथमाक्षरी

coif /कॉइफ/ क्वाःफ/ *n.* 1 टोपी जिन्हें मध्यकाल में औरतें या मठ की साध्वी पहनती थीं 2 इंग्लैंड आदि में न्यायाधीशों, वकीलों का श्वेत कनटोप 3 बालों की शैली;
v. pt. **~ed**, *pp* **~ing** बाल बनाना;
p&i: **brother of the ~** चोटी का वकील

coiffeur /क्वाःफः/ *n., pl.* **~s**, *Fr.* केश-प्रसाधक

coiffeuse /क्वाःफःज/ *n., pl.* **~s**, *Fr.* केश-प्रसाधिका

coiffure /क्वाःफ्युअः/ *n., Fr.* बाल बनाने-संवारने की शैली, केश विन्यास;
v. pt. **~d**, *pp* **coiffuring** केश-प्रसाधन क.

coign (e) /कॉइन/ *n.* बाहरी कोना;
p&i: **~ of vantage** ऐसा स्थान जहां से आसानी से सब साफ-साफ देखा जा सके, प्रेक्षण-स्थान

coil /कॉइल/ *n.* 1 तार या रस्सी की कुंडली या लच्छा: ~ of rope 2 कुंडली 3 *elec.* बिजली की मोटरों आदि में तार की कुंडली 4 पिंडी;
v., pt. **~ed**, *pp* **~ing** 1 कुंडल या लच्छा बनाना 2 लपेटना: a serpent **~ed** round a tree (पेड़ के इर्दगिर्द लिपटा हुआ सांप);
dw/lw: **~ed** *adj.* कुंडलित; **~ing** *n.* कुंडलीकरण, कुंडलीभवन;
p&i: **~ up** कुंडलित हो.; **mortal ~** दुनियादारी की गहमागहमी; **shuffle off this mortal ~** इस नरकमय दुनिया को छोड़कर जा., मरना

coin /कॉइन/ *n.* 1 सिक्का: copper ~; base ~; false ~; current ~ 2 मुद्रा, टंक 3 नकदी: he has plenty of ~;
v., pt. **~ed**, *pp* **~ing** 1 शब्द-निर्माण क., नया शब्द गढ़ना: ~ a word 2 सिक्का ढालना, गढ़ना: be **~ing** money;
dw/lw: **~-operated** *adj.* सिक्कों से चलने वाला;
collocations: **~ slot** मशीन में सिक्का डालने के लिए छेद; **base/ false ~** खोटा सिक्का; **current ~** वर्तमान या चालू सिक्का; **decimal ~** दशमलव प्रणाली का सिक्का; **gold/ silver/ copper ~** सोने/ चांदी/ तांबे का सिक्का;
p&i: **~ a lie** झूठ गढ़ना; **~ a phrase** नए जुमले बनाना; **~ a word** नया शब्द बनाना;
be ~ing it in *colloq.* बहुत पैसा बनाना; **be ~ing money** पैसे में खेलना, बहुत धनी हो.; **be merely the ~ of sb's brain** किसी के दिमाग की कल्पना हो.; **common ~** (*Lat.* communi moneta) घिसा-पिटा सिक्का; **false ~** खोटा सिक्का; **pay sb back in their own ~** ईंट का जवाब पत्थर से दे.; **spin/ toss (up) a ~** सिक्के को ऊपर में उछालना, टॉस क.; **the ~ most current is flattery** चापलूसी का ही जमाना है; **the other side of the ~** सिक्के का दूसरा पहलू

coinage /कॉइनेज/ *n., pl.* **~s** 1 सिक्कों की ढलाई, सिक्का ढलाई, टंकण 2 मुद्रा प्रणाली: decimal ~ 3 धातु-मुद्रा, ढले सिक्के 4 आविष्कार, कल्पना: this is merely the ~ of sb's brain (यह किसी के दिमाग की कोरी कल्पना है) 5 शब्द-निर्माण: words of modern ~ (नए शब्द का निर्माण)

coincide /कोइन्साइड/ *v., pt.* **~d**, *pp* **coinciding** 1 एक साथ

हो., एक ही समय में पड़ना: events that ~ 2 एक समान हो., सहमत हो.: our tastes ~ 3 ठीक-ठीक ढक ले., के बराबर हो.: his expenditure **~s** with his income; 100^0 Centigrade **~s** with 212^0 Fahrenheit 4 संपाती हो., अनुरूप हो., से मेल खाना: his story **~s** with the facts

coincidence /कोइंसिडंस/ *n.* 1 मेल 2 संपात 3 संयोग, इत्तिफाक: by an amazing/ sheer/ pure ~ (आश्चर्यजनक ढंग से/ पूर्णतः संयोगवश): strange ~ 4 अनुरूपता, समानता: ~ of space/ time/ numbers (स्थान, समय और संख्याओं की एक-समानता)

coincident /कोइंसिडंट/ *adj.* 1 संपाती 2 अनुरूप, समान 3 एक साथ पड़ने वाली: his mother's death was ~ with his birth; ***dw/lw:*** **~al** /~डेंटल/ *adj.* संयोगजन्य; **~ally** /~डेंटलि/ *adv.* संयोगवश

coinstantaneous /कोइंस्टंटेनिअस/ *adj.* समक्षणिक, समसामयिक, तात्कालिक

coir /कॉयः/ *n.* नारियल की जटा

coital /कोइटल/ *adj.*संभोग संबंधी

coition/ coitus /कोइशन/ कोइटस/ *n.* संभोग, मैथुन, समागम; ***collocations:*** **coitus interruptus** /कॉइतस इंतरपतस/ कॉडोम के फटने के कारण जानबूझकर बीच में रोका हुआ संभोग; **coitus reservatus** /कॉइतस रेजःवातस/ संभोग क्रिया को लंबा खींचने के लिए जानबूझकर टाला हुआ चरमोत्कर्ष (orgasm)

COJA *abbr.* 'Committee on Judicial Accountability' की प्रथमाक्षरी

Coke /कोक/ *n. tradem. short of* 'Coca Cola' का संक्षेप

coke /कोक/ *n.* कोक (कोयला): ~ oven (कोयला भट्ठी); ***p&i:*** **go and eat** ~ दफा हो जाओ!

COL *abbr.* 'Campus of Open Learning', 'Commonwealth of Learning (Canada)' की प्रथमाक्षरी

Col *abbr.,* 'Colonel', *US state* 'Colorado', bible 'Colossians' का संक्षेप

col. *abbr.* 'colour', 'column' का संक्षेप

col /कौल/ *US* काःल/ *n.* (***syn.*** pass) दर्रा, घाटी

cola /कोला/ (*also* **koka** कोका)/ *n., pl.* **~s** कोकाकोला; ***collocations:*** **~ nut** कोला के पेड़ के बीज

colander /कलंडः/ *n.* छलनी

colatitudes /कोलैटिट्यूड/ *n.* कोटिपूर्क अक्षांश

colcannon /कौलकैनन/ *n.* आलू और बंदगोभी से बना एक आयरलैंडी या स्कॉटलैंडी व्यंजन

cold /कोल्ड/ *adj.* 1 ठंडा, शीत, सर्द: I'm/ I feel ~ (मुझे सर्दी लग रही है); ~ day/ wind/ room; ~ hands/ feet; be ~ (सर्दी लगना) 2 रूखा, स्नेहहीन: ~ heart 3 भावशून्य: a ~ and calculating person; ~ greeting; he is ~ in manner; give sb a ~ look 4 ठंडा व्यंजन: ~ meat 5 तटस्थ: ~ reason; take a ~ survey of the situation 6 उदासीन: this story leaves him ~ 7 निरुत्साह: the suggestion left him ~ 8 निराशाजनक, निर्जीव 9 यौन क्रिया के प्रति उदासीन 10 मनहूस (रंग) 11 *colloq.* चोट आदि लगने के कारण बेहोश: out ~ 12 मृत 13 बासी (गंध आदि), जो ताजा न हो;

n. 1 (*also* **the common ~**, ***syn.*** catarrh) जुकाम, नजला: catch/ take (a) ~; have a ~ 2 सर्दी, ठंडक, शीत: shiver/ tremble with ~; be dead with ~ 3 रूखापन: diplomatic ~ 4 उदासीनता 5 स्नेहहीनता 6 भावशून्यता: leave sb (out) in the ~;

adv. 1 बिना किसी तैयारी के: one cannot just walk in the ~ and give a speech 2 अचानक, पूरी तरह से: his words stopped her ~;

dw/lw: **~-blooded** /~-ब्लडिड/ *adj.* निर्मम, निष्ठुर, नृशंस, ठंडे दिमाग से या सोच-समझकर किया जाने वाला: ~-blooded murder (सोच-समझकर किया जाने वाला खून); **~-hearted** /~-हाःटिड/ *adj.* कठोर-हृदयी, हृद्यहीन, संगदिल, बेदर्द; **~ly** /~लि/ *adv.* 1 नृशंस ढंग से, क्रूरतापूर्वक 2 रूखेपन से: treat sb ~ly; consider ~ly; **~ness** /~नेस/ *n.* 1 नृशंसता 2 रूखापन, भावशून्यता: the ~ness of sb's reception; **~ish** /कोल्डिश/ *adj.* ठंडा-सा; **~-shoulder** /~-शोल्डः/ *v., pt.* ~-shouldered, *pp* ~-shouldering रूखा व्यवहार या उपेक्षा क.: be ~-shouldered (उपेक्षित हो.); **~-shoulder** *n.* उपेक्षा, तिरस्कार, धिक्कार: give a ~-shoulder (उपेक्षित, तिरस्कृत क.);

collocations: **~ biscuit** *US* उबाऊ लड़की; **~ boot** *comput.* बिजली से हटाकर कंप्यूटर को फिर से चालू करने की क्रिया; **~ calling/ ~ canvassing** अनजाने ग्राहक से अचानक फोन करके किसी चीज को बेचने का प्रयास; **~ cash** नकदी; **~ chisel** ठंडी धातु को काटने के लिए मजबूत छेनी; **~ comfort** अधूरा आश्वासन, कोई राहत न मिलने की स्थिति; **~ cream** त्वचा को तरोताजा रखने के लिए क्रीम; **~ cuts** *pl.* ठंडे गोश्त के टुकड़े; **~ day/ wind/ room** ठंडा दिन/ ठंडी हवा/ कमरा; **~ frame** पौधों को सर्दी से बचाने के लिए शीशे का आवरण; **~ front** *meteorol.* गर्म हवाओं को पीछे धकेलती ठंडी हवाएं; **~ fusion** सामान्य तापमान पर होने वाला नाभिक संलयन या द्रवण; **~ hands/ feet** सर्दी से हुए ठंडे हुए हाथ या पांव; **~ pack** ठंडी पट्टी; **~ pig** सोते व्यक्ति पर ठंडा पानी डालना या उसके ऊपर से कंबल खींच लेना; **~ snap** आकस्मिक होने वाली सर्दी; शीत लहर का एक छोटा-सा झोंका; **~ sore** होंठों के पास होने वाली फुंसियां; **~ spell** शीत लहर का दौर; **~ storage** शीतागार, सर्दखाना, ठंडा गोदाम; **~ store** शीतागार; **~ sweat** परेशानी, डर व घबराहट आदि के कारण आने वाला पसीना; **~ truth** कटु सत्य; **~ turkey** *drug-taking sl.* एक दम से नशीली दवाइयों का सेवन बंद करवाकर लत छुड़वाने का एक तरीका; **~ ulcer** पाला लगने से सुन्न हुई त्वचा; **~ war** शीत युद्ध; **~ warriors** शीत युद्ध के समर्थक; **~ wave** शीत-लहर;

diplomatic ~ कूटनीतिज्ञों के बीच रूखापन; **intense/ dreadful/ murderous/ piercing/ icy ~** अत्यधिक/ भयंकर/ कातिलाना/ शरीर को छलनी कर देने वाली/ बर्फीली ठंड;

p&i: **~ greeting** रूखा स्वागत; **~ in hand** कंगाल, बिना किसी पैसे के; **~ in the head/ in the nose** जुकाम हो.; **~ reason** शांत और संयत विवेक; **~-shoulder sb** किसी से रुखाई से पेश आ.; **~ without** शराब; **~ water without sugar** शराब;

a ~ in the head जुकाम; **act in ~ blood** योजनाबद्ध ढंग से काम क.; **as ~ as a stone** बुत की तरह बेजान; **as ~ as charity** बिना किसी गर्माहट के; **as ~ as frog** मेंढक-जैसा ठंडा, बर्फ-जैसा ठंडा; **be ~ in manner** व्यवहार में रूखा हो.; **be dead with ~** ठंडी हवा के झोंकों से मरना; **catch/ take (a)** सर्दी लगना; **come in from the ~** कुछ समय के लिए दुत्कारा जाने के बाद खेमे में वापस शामिल कर लिया जा.; **develop ~ feet** अनिच्छुक हो जा.; **get sb ~** किसी को अपनी ताबेदारी में रखना; **give sb a ~ look** किसी को बड़े रूखे ढंग से घूरना; **have a ~** सर्दी लगना; **in ~ blood** निर्ममतापूर्वक, योजनाबद्ध तरीके से, सोच-समझकर; **in ~ storage** ठंडे बस्ते में; **it made his blood run ~** इसके भय के मारे उसका खून जम गया; **knock sb ~** मारकर बेहोश कर दे.; **lay/ knock sb ~** किसी को पीट-पीटकर अधमरा कर दे.; **leave (out) in the ~** उपेक्षित करके छोड़ दे., तिरस्कृत कर दे.; **leave people ~** उत्तेजित या प्रभावित न कर पाना; **out in the ~** उपेक्षित; **pour or throw ~ water on** हतोत्साहित क. निराश क.; **quit ~** हमेशा के लिए छोड़कर चले जा.; **shiver/ tremble with ~** सर्दी से थर-थर कांपना; **take a ~ survey of the situation** स्थिति का शांत भाव से जायजा ले.; **the ~ weather** सर्दी का मौसम; **they laid/ knocked him ~** उन्होंने उसे बेहोश (अधमरा) होने तक पीटा

coldblooded, cold-hearted, coldish, coldly, coldness, cold-shoulder *see above under* **cold:**

dw/lw
cole /कोल/ *n., pl.* ~s बंदगोभी जैसी सब्जी
colectomy /कोलेक्टमि/ *n., pl.* **colectomies** *med.* वृहत् आंत्र को हटाए जाने के लिए शल्य-क्रिया
coleoptera /कोलिऔप्टअरा/ *n.* (***syn.*** beetle) कठोर पंखों वाला एक कीट
coleseed /कोल्सीड/ *n.* वन्य कपिशक, गोभी के बीज
coleslaw /कोलस्लॉ/ *n.* बंद गोभी काटकर बनाया हुआ सलाद
coleus /कोलिअस/ *n., pl.* **coleuses** /कोलिअसीज/ रंग-बिरंगे पत्तों वाला एक सदाबहार पौधा
colewort /कोल्वःट/ *n.* करमसाग, चारे की बंद गोभी
coley /कोलि/ (*also* **coalfish, saithe**) *n., pl.* **~s** खाने की एक मछली
colic /कौलिक/ *US* काःलिक/ *n., pathol.* 1 अंत्र शूल, उदर शूल, पेट दर्द 2 कब्ज या आंत के पूरी तरह बंद होने से होने वाला दर्द 3 (घोड़ों का) कुरकुरी
coliseum/ colosseum /कॉलिसिअम/ *n.* खेल का एक बड़ा मैदान
colitis /कअलाइटिस/ *n.* आंत्रशोथ, बृहदांत्र-शोथ
collabora\te /कअलैबअरेट/ *v., pt.* **~ted**, *pp* **~ting** 1 सहयोग क. 2 शत्रु के साथ सांठ-गांठ या सहयोग क.;
dw/lw: **~tion** /~शन/ *n.* 1 सहयोग: work in ~tion with sb 2 शत्रु के साथ सांठगांठ; **~tionism** /~शनिज्म/ *n.* समझौतावाद; **~tionist** /~शनिस्ट/ *n.* समझौतावादी; **~tive** /~टिव/ *adj.* कई लोगों द्वारा मिलकर किया जाने वाला: ~tive project; **~tively** /~टिवलि/ *adv.* कई लोगों के सहयोग से; **~tor** *n.* 1 सहयोगी 2 शत्रु-संगी
colla\ge /कौलाःज/ *US* कलाःज/ *n.* 1 जोड़चित्र, बनात पर बना समुच्चित चित्र 2 जोड़चित्रों की कला 3 समान या असमान वस्तुओं का संग्रह: **~ge** of old songs;
dw/lw: **~gist** *n.* 1 समुच्चित चित्रकार. जोड़ चित्रकार 2 संग्रहकार
collap\se /कअलैप्स/ *v., pt.* **~sed**, *pp* **~sing** 1 गिरना, ध्वस्त हो.: the shares **~sed** suddenly 2 ढह जा., ढेर हो जा.: the tent/ roof **~sed** 3 बैठ जाना (धंस जा.): he **~sed** into the chair 4 टूट जाना, जवाब दे दे., काम करने लायक न रहना: the car **~sed** 5 हिम्मत हारना: **~se** under pressure 6 भावनात्मक रूप से टूट जा.: she **~sed** in a flood of tears 7 अचानक बीमार पड़ना, बेहोश हो जा., फेफड़े आदि का चौपट हो.: he suddenly **~sed** and died two hours later 8 विफल हो जा., समाप्त हो जा.: negotiations **~sed** 9 किसी बड़ी वस्तु को मोड़कर छोटी बनाना: **~se** the table into a small box;
n. 1 विफलता: **~se** of negotiations 2 पतन: **~se** of a ministry 3 विध्वंस, विनाश: the **~se** of the old building 3 हार, शक्तिपात, निपात: **~se** of struggle 4 टूटन: **~se** of a roof 5 चौपट होने की क्रिया: **~se** of plans/ hopes; **~se** of a bank 6 शारीरिक या मानसिक टूटन: mental/ nervous **~se**;
dw/lw: **~sibility** /~प्सिबिलिटि/ *n.* 1 चौपट होने की क्रिया 2 मुड़कर इकट्ठा होने की क्षमता; **~sible** /~प्सिबल/ *adj.* 1 मोड़ने या जोड़ने योग्य 2 मुड़वां, सिमटवा, जिसे बार-बार मोड़ा, जोड़ा और खोला जा सके: ~sible boat; ~sible seat; ~sible car top
collar /कौलः/ *US* काः\लः/ *n.* 1 कमीज का कॉलर (गला): stand-up ~ 2 कॉलर पट्टी 3 गर्दनी, गरेबान 4 पट्टा, पट्टी (of dog) 5 दो पाइपों को जोड़ने वाला छल्ला 6 (***syn.*** chain) सिकड़ी 7 टांगे आदि के घोड़े की गर्दन में पहनाई जाने वाली गद्दियों वाली जुआ पट्टी 8 माला, कंठ, कंठ धरणी: ~ of pearls (हीरे-जड़ित कॉलर);
v., *pt.* **~ed**, *pp* **~ing** 1 गला सीना या लगाना 2 पट्टी लगाना 3 जुआ डालना 4 गला नापना 5 गले से पकड़ना: she **~ed** him in the hall 6 रोककर गिरफ्तार क.: police **~ed** the culprit 7 अपने लिए कुछ छीनना 8 किसी को रोककर बात क.;
dw/lw: **~bone** *n.* (***syn.*** clavicle) हंसली, जत्रुक; **~ed** ~लःड/ *adj.* कॉलर लगी; **~less** *adj.* बिना कॉलर के;
p&i: **against the** ~ भारी तनाव में; **an accommodation** ~ बिना समुचित कारण के गिरफ्तार क.; **fill one's** ~ ईमानदारी से अपना काम निभाना; **have one's ~ felt** *sl.* गिरफ्तार हो.; **hot under the** ~ *colloq.* गुस्से से लाल-पीला; **in** ~ नौकरी में; **out of** ~ नौकरी से बाहर; **slip the** ~ जुआ गिरा दिया जा. (घोड़े आदि द्वारा); **wear the** ~ आश्रित हो.; **white ~ unions** बाबू लोगों की यूनियन (संघ); **work up to the** ~ बहुत काम क.
colla\te /कअलेट/ *v., pt.* **~ted**, *pp* **~ting** 1 मिलाना, कई पाठों को मिलाते हुए उनका अध्ययन क. 2 *bookbinding* जिल्द चढ़ाने से पहले पृष्ठों का क्रम मिलाना, सही क्रम से रखना: **~te** with the original (मूल पाठ के साथ मिलान क.);
dw/lw: **~tor** /~टः/ *n.* मिलान करने वाला व्यक्ति या उपकरण
collateral /कअलैटरल/ *adj.* 1 (***syn.*** concomitant) समपार्श्विक, साथ-साथ होनेवाले, समानांतर: ~ fibres 2 सपिंड, सगोत्र: ~ relation 3 (***syn.*** subordinate) गौण, सहायक 4 प्रासंगिक, आनुषंगिक: ~ facts 5 परोक्ष रूप से मुख्य बात या क्रिया से जुड़ा हुआ: ~ evidence 6 अतिरिक्त गिरवी रखी जाने वाली वस्तु: ~ loan;
dw: **~ly** /~लि/ *adv.* के साथ-साथ;
collocations: **~ damages** *milit.* सैनिक कार्रवाई के दौरान आकस्मिक या छिटपुट असैनिक नुकसान; **~ security** समर्थक या अतिरिक्त ऋणाधार, ऋण लेने के लिए गिरवी रखी जाने वाली अतिरिक्त वस्तु
collation /कअलेशन/ *n.* 1 मिलान, परितुलन 2 पुस्तक के पृष्ठों का मिलान 3 *RC Church* नाश्ता 4 (***syn.*** meal) कोई भी अल्पाहार
colleague /कॉलीग/ *n.* सहकर्मी, सहयोगी: esteemed ~
collect /कअलेक्ट/ *v., pt.* **~ed**, *pp* **~ing** 1 (***syn.*** gather) एकत्रित या इकट्ठा हो. या क.: a crowd soon **~ed** at the cricket ground 2 (***syn.*** gather) संग्रह क., संगृहीत या संग्रहीत क.: ~ stamps/ books/ pictures/ curiosities (कौतूहलपूर्ण वस्तुएं)/ signatures 3 जाकर ला.: ~ goods from the station 4 दान कार्य हेतु धन उगाहना: ~ for an orphanage 5 उधार वापिस प्राप्त/वसूल क., उगाहना 6 (***syn.*** accumulate) इकट्ठा/ जमा हो.: water **~s** in potholes/ hollows 7 (***syn.*** conclude) निष्कर्ष निकालना 8 सुव्यवस्थित क.: ~ one's thoughts 9 किसी वस्तु की प्राप्ति पाना, प्राप्त क.: ~ on delivery 10 गेंद आदि को जमीन से उठाना: ~ a ball from the ground;
adj. *N. Amer., esp. US* ~ (**call**) पाने वाले से दाम दिलाने वाली (टेलीफोन पर बातचीत);
dw/lw: **~able** *adj.* जो लेने लायक हो: a highly ~able item; **~ables** *n., [pl.]* प्राप्त करने योग्य वस्तुएं; **~ed** *adj.* 1 शांत, संयत 2 संग्रहीत या संगृहीत (रचनाएं आदि) (*also see below under separate entry*);
p&i: **~ oneslef/ one's thoughts** अपने को संभालना, अपने विचारों को सुव्यवस्थित क.; **~ one's courage** हिम्मत जुटाना
collectanea /कॉलेक्टानिआ/ कॉलेक्टेनिआ/ *n.* (***syn.*** anthology) लेखकों की रचनाओं आदि से उद्धरण, कथन आदि का संकलन
collected /कअलेक्टिड\/ *adj.* 1 संगृहीत या संग्रहीत: ~ edition/ works 2 सौम्य, शांत, संयत 3 प्रकृतिस्थ, सहज: be was calm and ~ (वह शांत और सहज था);
dw/lw: **~ly** /~लि/ *adv.* सहज ढंग से; **~ness** /~नेस/ *n.* सहजता
collect\ing /कलेक्टिंग/ *adj.* संग्राहक, संग्राही: **~ing** area (नदी या झील से पानी पाने वाला क्षेत्र);
n. **~ing** उगाही, वसूली;
collocations: **~ing post** युद्ध में घायल सैनिकों को एकत्र करने /या लेने की चौकी
collec\tion /कअले\क्शन/ *n.* 1 संचयन, संग्रहण: **~tion** of books/ plants/ stamps 2 ढुलाई, लिवाई: **~tion** of rubbish 3 उगाही, वसूली, प्राप्ति: **~tion** of taxes; ~ charge (वसूली-प्रभार, संग्रहण-प्रभार) 4 ढेर 5 संग्रह: a stamp **~tion** 6 समूह: **~tion** of people 7 समुच्चय: **~tion** of facts/ of evidence

8 चंदा, दान: **~tions** for refugees; make/ take up a **~tion** (चंदा आदि एकत्र करने का काम लेना) 9 डाक-पेटी से पत्रों की निकासी 10 संकलन: **~tion** of stories; **~tion** of letters

collecti\ve /कअलेक्टि\व/ *adj.* 1 सामूहिक: a **~ve** effort; **~ve** ownership of land; **~ve** leadership 2 समूहवाचक, समूहवाची: **~ve** noun 3 समष्टिवाची 4 साझा, साझी: **~ve** farm (साझा खेत);
n. समूह: teachers' **~ve**; students' **~ve**;
dw/lw: **~vely** /~वलि/ *adv.* सामूहिक तौर से, मिलकर; **~vism** /~विज्म/ *n.* समष्टिवाद, समूहवाद; **~vise**/ **~vize** /~वाइज/ *v., pt.* ~vised, *pp* ~vising सामूहिकरण क., साझा या साझी बनाना; **~vity** /~विटि/ *n.* सामूहिकता, साझापन: ~vity of efforts (प्रयासों का साझापन); ~vity of the soil (जमीन पर साझा हक); ~vity of effort; **~vization** /~विजेशन/ ~वाइजेशन/ *n.* समष्टीकरण, साझाकरण;
collocations: **~ve agreement** साझा समझौता; **~ve bargaining** सामूहिक सौदेबाजी; **~ve interests of a community** समाज के सामूहिक हित; **~ve security** साझी सुरक्षा; **~ve title** साझा मालिकाना हक; **~ve unconscious** *psychoanal.* अचेत मन का वह भाग जो सारी मानव जाति के साझे अनुभवों का प्रतिनिधित्व करता है

collector /कअलेक्टः/ *n.,* (*often in compounds* **tax** ~) 1 संग्राहक, संचयनकर्ता, संग्रहकर्ता: stamp ~ 2 जिला अधिकारी, जिलाधीश: district ~ (*abbr.* **DC**) 3 संग्राही, समाहर्ता, वसूली या उगाही करने वाला: debt ~;
collocations: **~'s item** दुर्लभ व बहुमूल्य प्राचीन वस्तु

collectorate /कअलेक्टअरेट/ *n.* जिला अधिकारी का दफ्तर, कलक्टरी, समाहरणालय

colleen /कौलीन/ *US* काःलीन/ *n.* 1 लड़की, युवती 2 *Irish* ऑयरलैंड की लड़की

colle\ge /कौलि\ज/ *US* काःलि\ज/ *n.* 1 *UK* कॉलेज, महाविद्यालय: teachers' training **~ge** 2 *US* विश्वविद्यालय 3 विश्वविद्यालय से जुड़ा हुआ कॉलेज: **~ge** sports 4 कॉलेज के अध्यापक, छात्र व कर्मी: he is a **~ge** man 5 कॉलेज भवन 6 मंडल, मानक परिषद, समूह (समिति): **~ge** of surgeons 7 *sl.* जेल;
dw/lw: **~gian** /~जिअन/ *n.* 1 कॉलेज का छात्र 2 कॉलेज का भूतपूर्व छात्र 3 *sl.* कैदी; **~gian**/ **~gial** /~जिअन/ ~जिअल/ *adj.* महाविद्यालय-विषयक; **~iality** /~जिअलिटि/ *n.* सहशासन; **~giate** /~जिएट/ *adj.* 1 कॉलेज या विश्वविद्यालय संबंधी 2 कॉलेज जैसा 3 कॉलेज के छात्रों संबंधी 4 कई कॉलेजों में बंटा हुआ: Delhi University is a ~giate University; **~gium** /~जिअम/ *n.* समिति, अधिशासी मंडल, मानक परिषद;
collocations: **~ge church** मंडलीय गिरजा घर; **~ge life** कॉलेज के दिनों की जिंदगी; **~ge of education** शिक्षक प्रशिक्षण विद्यालय; **~ge man** *Br.* 1 कॉलेज तक शिक्षा पाने वाला व्यक्ति 2 कॉलेज का सदस्य; **~gate institute** कैनेडा के कई भागों में एक पब्लिक हाई स्कूल; **sports ~ge** खेल महाविद्यालय;
p&i: **a fresh-water ~ge** छोटा-सा प्रांतीय कॉलेज

colli\de /कअलाइ\ड/ *v., pt.* **~ded**, *pp* **~ding** 1 टकराना, टक्कर लगना: the motor cars **~ded** 2 मतभेद हो., विरोधात्मक हो., में टकराव हो.: our aims/ purposes **~de**; their interests **~ded**;
dw/lw: **~der** /~डः/ *n.* एक ऐसी मशीन जो कणों के दो प्रवाहों को तेज रफ्तार से एक दूसरे से टकराकर ध्वस्त करवाती है

collie /कौलि/ *US* काःलि/ *n., pl.* **collies** कुत्ते की एक नस्ल

collier /कौलि\अः/ *US* काःलि\अः/ *n.* 1 कोयला खनक 2 कोयला वाहक (जहाज) 3 कोयला वाहक जहाज का चालक-दल;
dw/lw: **~y** /~अरि/ *UK* (*UK/US* **coal mine**) *n.* 1 कोयले की खान 2 कोयला कारखाना

colliga\te /कौलिगे\ट/ *US* काःलिगे\ट/ *v., pt.* **~ted**, *pp* **~ting** 1 बातों या तथ्यों आदि को जोड़कर देखना 2 निष्कर्ष निकलना;
dw/lw: **~tion** /~शन/ *n.* 1 मिलान, दलीलों व तथ्यों की तारतम्यता, सहवर्तिता 2 (***syn.*** generalisation) सामान्यकरण: ~tion of facts (तथ्यानुबंधन, तथ्यों का मिलान या तारतम्यता); **~tive** /~टिव/ *n.* सहजात, अणुसंख्य

collima\te /कौलिमे\ट/ *US* काःलिमे\ट/ *v., pt.* **~ted**, *pp* **~ting** 1 समानांतर बनाना 2 टेलीस्कोप की दृष्टि रेखा पर लाना;
dw/lw: **~tion** /~शन/ *n.* संधान, समानांतरण; **~tor** /~टः/ *n., phys.* संधानक, समांतरित्र, सही निशाने पर लाने वाला टेलिस्कोप;
collocations: **~ting lens** समांतरकारी लेंस

collinear /कोलीनिअः/ *adj., math.* एक-रेखीय, एक ही रेखा पर स्थित, एकरेखास्थ

Collins /कलिन्ज/ *n.* वोदका या व्हिस्की के साथ चीनी और नींबू रस मिला पेय (कॉक्टेल)

collision /कअलिजन\/ *n.* 1 भिडंत, टक्कर: ~ of trains/ ships 2 टकराव, मतभेद, संघर्ष: the ~ of principles; ~ process (टकराव प्रक्रिया);
dw/lw: **~al** /~ल/ *n.* टकराव के रास्ते वाला;
p&i: **be on a ~ course** टकराव/ संघर्ष के रास्ते पर हो.; **come in (to)** ~ टक्कर हो.

colloca\te /कौलअके\ट/ *US* काःलअके\ट/ *v., pt.* **~ted**, *pp* **~ting** 1 क्रम से रखना, साथ-साथ रखना 2 *gramm.* किसी शब्द का दूसरे शब्द के साथ सहज रूप से जुड़ना: 'bitter' **~tes** with 'tears' to make a collacation 'bitter tears';
dw/lw: **collocation** /~शन/ (in the present dictionary denoted by: ***collocations***) *n.* 1 किन्हीं शब्दों के साथ सहज रूप से जुड़ने वाले शब्द 2 (***syn.*** word combination) सह-विन्यास, दो या अधिक शब्दों के एक साथ प्रयोग से सहज अर्थ बनाने वाले शब्द: dictionary of **collocations**

collocution /कौलअक्यू\शन/ *US* काःलअक्यूशन / *n.* संवाद
dw/lw: **~tor** /~टः/ *n.* संवादी

collogu\e /कअलोग/ *v., pt.* **~ed**, *pp* **~ing** 1 चुपके-चुपके तय क. 2 कपट-जाल में फंसाना 3 एक-दूसरे के पास बैठकर गुटरगू क.,

colloid /कॉलोयड/ *n., chem.* कलिले, अधघुला घोल

colloquial /कअलोक्विअ\ल/ *adj.* 1 (***syn.*** informal) बोलचाल की भाषा के (शब्द आदि), अनौपचारिक 2 स्थानीय बोली प्रयोग करने वाला;
dw/lw: **~ism** /~लिज्म/ *n.* अनौपचारिक (बोली के) शब्द; **~ly** /~लि/ *adj.* अनौपचारिक रूप में

colloquist /कॉलोक्विस्ट/ *n.* संवादी, संवाद करने वाला व्यक्ति

colloquium /कअलोक्वि\अम/ *n., pl.* **colloquia** /~आ/ अकादमिक गोष्ठी, साहित्यिक सभा: hold a ~

colloquy /कौलअक्वि/ *US* काःलअक्वि/ *n., pl.* **colloquies** 1 औपचारिक बात-चीत, वार्तालाप, विचार-विमर्श 2 लिखित रूप में विचार-विमर्श

collosseum /कौलअसीअम/ *US* काःलअसीअम/ (*also* **Colosseum, coliseum**) *n.* (रोम में लगभग 75-80 ईसवी में बनी) महा-रंगशाला

collow /कॉलो/ *n.* 1कोयले की धूल 2 (***syn.*** soot) कालिख

collu\de /कअल्यू\ड/ *v., pt.* **~d**, *pp* **colluding** सांठगांठ क.;
dw/lw: **~sion** /~जन/ *n.* 1 सांठगांठ, मिलीभगत, कुचक्र 2 वादी और प्रतिवादी के बीच सांठगांठ, मिलीभगत, कुचक्र; **~sive** /~सिव/ *adj.* 1 सांठ-गांठ से की जाने वाली संधि, कुचक्र पर आधारित: ~sive treaty with the enemy 2 कुचक्र में लिप्त;
p&i: **~ with sb in sth/ in doing sth** किसी कार्य में या कोई काम करने में किसी के साथ सहयोग या साठ-गांठ क.;

collusion, **collusive** *see above under* **collude**: ***dw/lw***

collyrium /कअलिरिअम/ *n.* मलहम, आंखों की दवाई

collywobbles /कौलिवौबल्ज/ *US* काःलिवाःबल्ज/ *n., [pl.]* (*usually* **the collywobbles**) *colloq.* 1 पेट दर्द 2 घबराहट, परेशानी

Colo. *abbr. US state* 'Colorado' का संक्षेप

collobus /कौलअबस/ *US* का:लअबस/ (*also* ~ **monkey**) *n.* लंबी पूंछ वाला एक बंदर
cologne /कअलोन/ (*also* **eau de cologne**) *n.* सुगंधित द्रव, यूडिक्लोन,
Colombia /कोलंबि\आ/ *n.* एक लातीनी अमेरिकी देश;
dw/lw: **~n** /~अन/ *adj.* कोलंबिया वासी या नागरिक
colon /कोलन/ *n.* 1 अपूर्ण विराम (:) 2 *anat.* बृहदांत्र का मुख्य भाग
colonel /कःनल/ (*abbr.* **Col.**) *n.* कर्नल, सेना में एक वरिष्ठ अफसर;
dw/lw: **~cy** /कःनल्सि/ *n., pl.* ~cies कर्नल का पद; **~-in-chief** *n., pl.* ~s-in-chief मुख्य कर्नल;
collocations: ~ **general** सेना की सभी रेजिमेंटों का मुख्य अफसर;
p&i: **a Kentucky** ~ केंटुकी के वासियों को दिया जाने वाला एक सम्मानसूचक पद; **Colonel Blimp** पिछड़ेपन, दकियानूसीपन की साक्षात मूर्ति; **Colonel Chinstrap** मस्त-मौला किस्म का व्यक्ति
colonial /कअलोनिअ\ल/ *adj.* 1 उपनिवेशीय, औपनिवेशिक: ~ system/ power; ~ rule/ slavery; ~ countries/ nations/ markets 2 उपनिवेशीय शैली का: ~ architecture/ furniture 3 अमेरिकी तेरह (13) कॉलोनियों (now states) के वजूद संबंधित 4 सामूहिक जीवन व्यतीत करने वाले जीवों से संबंधित, संघजीवी;
dw/lw: **~ly** /~लि/ *adv.* उपनिवेशी तरीके से; **~ism** /~लिज्म/ *n.* उपनिवेशवाद: abolish/ destroy ~ism; **~ist** /~लिस्ट/ *n.* उपनिवेशवादी: curb the ~ists
colonist /कौलअनिस्ट/ *US* का:लअनिस्ट/ *n.* 1 बस्तियां बसाने वाला भवन निर्माता 2 किसी चुनाव क्षेत्र में मतदाता 3 उपनिवेशक;
coloni\zation /कौलअनाइ\जेशन/ *US* का:लअनाइ\जेशन/ *n.* 1 उपनिवेशीकरण 2 कॉलोनियां काटकर बस्तियां बसाने का काम;
dw/lw: **~ze** (*also UK* **–se**) /~ज/ *v., pt.* ~zed/ ~sed, *pp* ~zing/ ~sing 1 दूसरे देश में अपने लोगों को बसाकर उसे अपनी कॉलोनी बनाना 2 देश के भीतर भवन-निर्माताओं आदि द्वारा बस्ती (colony) या बस्तियां (colonies) बसाया जाना 3 किसी चुनाव क्षेत्र में अपने समर्थक मतदाताओं को बसाना 4 किसी मोहल्ले में बड़ी संख्या में किसी विशेष मूल या समुदाय के लोगों का हो (China Town) 5 नई बस्ती में बसना; **~zer**/ **~ser** /~जः/ *n.* 1 नई बस्ती/ बस्तियां बसाने वाला 2 दूसरे देशों को अपना उपनिवेश बनाने वाला 3 नई बस्तियां बसने वाला
colonnade /कौलअनेड/ *US* का:लअनेड/ *n. archit.* 1 स्तंभ-समूह, स्तंभावली 2 पेड़ों की दोहरी कतार;
dw/lw: **~d** *n.* कतार में बने (स्तंभ) या लगे हुए (पेड़ आदि)
colony /कौलअनि/ *n., pl.* **colonies** 1 उपनिवेश 2 उपनिवेश वासी 3 औपनिवेशिक क्षेत्र 4 किसी बस्ती में किसी जाति, नस्ल या व्यवसाय आदि के लोगों का समूह, दल (China Town): writers' ~; ~ of artists; summer ~ (मात्र गर्मियों में आ कर रहनेवालों की बस्ती); the Indian ~ in London 5 किसी बस्ती में किसी नस्ल विशेष के पेड़-पौधों, जीवों आदि का समूह 6 विशेष उद्देश्य के लिए बनाई जाने वाली बस्ती: penal (labour) ~ (सुधार-दंड या श्रम सुधार बस्ती);
p&i: **the old ~ = the Old Colony** अमेरिकी प्रांत मैसाचुसेट्स (**Massachusetts**), जहां पहली अंग्रेजी नगरी बसाई गई थी, का पुराना नाम
colophon /कौलअफअन/ *US* का:लअफअन/ *n.* 1 छपी पुस्तक के अंत (भारत में: आरंभ में) दी जाने वाली लेखक, प्रकाशक, मुद्रक के नाम व प्रकाशन तिथि आदि के बारे में जानकारी 2 प्रकाशक का प्रतीक-चिह्न, पुष्पिका: read a book from title-page to ~ (पुस्तक को आरंभ से लेकर अंत तक पढ़ डालना); ~ date
color /कलः/ *US spell.* '**colour**' की अमेरिकी वर्तनी
colorant/ **colourant** /कलअरंट/ *n.* रंग करने के लिए प्रयुक्त द्रव्य
coloration/ **colouration** /कलअरेशन/ *n.* 1 रंगाई, रंगने का काम 2 रंग-व्यवस्था 3 पौधे का सहज रंग
coloratura /कौलअरअतुअरा/ *US* कलरतुअरा/ *n., music* एक अति विशिष्ट एवं जटिल गान-शैली
colored /कलःड/ *adj. US spell.* '**coloured**' की अमेरिकी वर्तनी
colorful /कलःफुल/ *adj. US spell.* '**colourful**' की अमेरिकी वर्तनी
colorimet\er /कलअरिमि\टः/ *n., chem.* वर्णमापी, रंग के घोल की सघनता-मापक उपकरण;
dw/lw: **~ric** /~ट्रिक/ *adj.* वर्णमापीय; **~ry** /~ट्रि/ *n.* वर्णमापन, वर्णमिति
coloring /कलरिंग/ *n. US spell.* '**colouring**' की अमेरिकी वर्तनी
colorless /कलःलेस/ *adj. US spell.* '**colourless**' की अमेरिकी वर्तनी
colossal /कलौस\ल/ *US* कलाःस\ल/ *adj.* 1 विशाल, विराट, बहुत बड़ा, बृहत्, वृहत्: the ~ liar! (महा झूठा!); ~ stupidity (महा मूर्खता) 2 आश्चर्यजनक, चामत्कारिक: a ~ view; that ~ liar!;
dw/lw: **~ly** /~लि/ *adv.* विराट रूप में, बहुत बड़े पैमाने पर
Colosseum = **collosseum** *see above*
colossus /कअलौसस/ *n.,* **colossi** /कअलौसाइ/ **~es** 1 विराट प्रतिमा 2 विशालकाय व्यक्ति 3 प्रभावशाली व्यक्ति 4 आश्चर्यजनक, चामत्कारिक दृश्य आदि
colostrum /कलौस्ट्रम/ *US* कलाःस्ट्रम/ *n.* मां का नव-दूध
colour *UK* (*US* **color**) /कलः/ *n.* 1 रंग: primary/ fundamental/ simple ~; bright/ dark/ deep/ pale/ dull/ faded ~ 2 रंगीनता, चमक-दमक: dress in **~s**; paint sth in bright/ dark **~s** 3 वर्ण, रंग, रंग द्रव्य: dead ~ (रोगन की पहली परत) 4 (चेहरे की) आभा, चमक, लाली: have a fresh ~ (बिल्कुल ताजा व दमकदार रंग हो.) 5 रंगत, विशेषता: local ~ to the story 6 (***syn.*** semblance) आभास: this material is light/ dark in ~ 7 (***syn.*** excuse) बहाना: under (the) ~ of friendship 8 (***syn.*** kind) प्रकार 9 ध्वज, झंडा, पताका, राष्ट्रीय ध्वज का रंग 10 त्वचा का रंग 11 सांवले रंग का व्यक्ति 12 *photog., art* काले-श्वेत रंग के अतिरिक्त सभी रंगों का प्रयोग: complimentary ~; in full ~; ~ TV 13 रोचक और उत्तेजनापूर्ण विशेषताएं या गुण: he is as great in ~ as in form 14 खिलाड़ियों की टीम, राष्ट्रीय टीमों आदि की पताका का रंग;
v., *pt.* **~ed**, *pp* **~ing** *UK* (*US pt.* **colored**, *pp* **coloring**) 1 रंगना 2 रंग प्राप्त क. या किसी रंग का हो.: the leaves have begun to ~ 3 प्रभावित क.: feelings do ~ one's judgement; his experience has **~ed** his views; his criticisms are clearly **~ed** by animus 4 (*often* **~ sth in**) रंग भरना 5 रंग-रोगन/ चढ़ाना या क. 6 (***syn.*** blush) लजाना, झेंपना: the girl **~ed** (up);
dw/lw: **~able** *adj.* 1 जिस पर कोई रंग चढ़ सके 2 आभासी 3 काल्पनिक, रहस्यमय: ~able imitation; **~ant** *n. see above under* **colorant**; **~-bearer** *n.* ध्वज-वाहक; **~-blind** *adj.* जिसे रंगों में भेद न दिखता हो, वर्णांध; **~-code** *n.* रंग-संकेत, रंग-चिह्न; **~ed** *adj. UK* (*US* **colored**) /कलःड/ *adj.* 1 रंगदार, रंगीन: ~ed paper 2 वर्ण-भेद या रंग-भेद के आधार पर अश्वेत 3 रंजित; **~fast** *adj.* पक्के रंग में रंगा, पक्के रंग का; **~-film** *n.* रंगीन फिल्म; **~ful**, **~ing** *see below under separate entry*; **~-index** *n.* रंग तालिका; **~ist** *n.* रंग करने वाला; **~ize**/ **~ise** *pt.* ~ized/ ~ised, *pp* ~izing/ ~ising अश्वेत-श्वेत (black & white) फिल्म में रंग भरना; **~less** (*US* **colorless**) *adj.* 1 रंगहीन, फीका, विवर्ण 2 अरुचिकर, नीरस: ~less speech (नीरस भाषण); ~less person (नीरस आदमी); **~-man** *n.* रंग-व्यापारी; **~-map** *n.* रंगीन नक्शा; **~party** *n.* ध्वज सैनिक टुकड़ी; **~printing** *n.* रंगीन छपाई; **~-scheme** *n.* रंग-योजना; **~wash** *n.* हल्की रंगाई; **~way** *n.* मौजूद खानेदार कपड़े की रंग-योजना;

collocations: **~ bar/ line** रंग भेद; **~ cast** रंगीन प्रसारण; **~ combination** रंग संयोजन; **~ contrast** प्रतिरंगता, रंगों का विरोधाभास; **~ desiccation** रंग शुष्कन (सुखाना); **~ filter** *photog.* एक विशेष प्रकार का पदार्थ जो चुनिंदा तरीकों से प्रकाश को पार करने देता है; **~ guard** ध्वज सैनिक; **~ ink** रंगीन स्याही; **~ magazine** रंगीन पत्रिका; **~ people** अश्वेत लोग; **~ photograph** रंगीन फोटोग्राफ; **~ printing** रंगीन छपाई; **~ response** रंग के प्रति संवेदनशीलता; **~ sergeant** सैनिक टुकड़ी का सार्जंट; **~ shade** वर्णाभास; **~ supplement** रंगीन परिशिष्ट; **~ television** रंगीन टीवी; **~ therapy** स्वास्थ्यवर्धक व खुशाहालीदायक रंगों को चुनने और प्रयोग करने का प्रशिक्षण; **~ tint** वर्ण-छटा; **~ trial** रंग-परीक्षण;
local ~ स्थानीय रंगत; **protective ~** रक्षात्मक रंग या पेंट; **rhetorical ~s** लाक्षणिक या आलंकारिक रंगत;
p&i: **all ~s of the rainbow** इंद्रधनुष के सब रंग, सतरंगी; **argument has the ~ of reason** दलील में कुछ तुक है; **be as great in ~ as in form** रंग-रूप दोनों का जादूगर हो.; **blind men can/ should judge no ~s** अक्षम आदमी किसी चीज के गुण-अवगुण नहीं बता सकता; **change ~** गिरगिट की तरह रंग बदलना; **come out in/ show one's true ~s** अपना असली रूप दिखाना; **dress in ~s** भड़कीले कपड़े पहनना; **gain ~** रंग की दमक से त्वचा का गुलाबी दिखना; **give a false ~ to sth** किसी बात को छलावापूर्ण बनाना; **give ~ to sth** अधिक विश्वसनीय बनाना, पुष्टि क.; **give some ~ of truth to sth** सच्चाई का जामा पहनाना; **have very little/ too much ~** फीका, फक या गुलाबी दिखना; **high ~** त्वचा की चमक-दमक; **in one's true ~s** अपने असली रूप में; **lay on the ~s too thickly** बढ़ा-चढ़ाकर दिखाना; **lend ~ to sth** किसी बात को ज्यादा रोचक बनाना; **lose ~** रंग उड़ जा., फीका पड़ना, पीला पड़ना, विश्वसनीयता खोना; **match ~s** रंगों का मिलान क.; **mix ~s** रंग मिश्रित क.; **nail one's ~s to the mast** किसी बात या किसी व्यक्ति के लिए अपने समर्थन की खुले आम डफली पीटना; **off ~** फीका या चुका हुआ, पीला पड़ा हुआ; **out of ~** उड़ी रंगत, फीका; **paint sth in black ~s** किसी बात को निराशाजनक ढंग से पेश क.; **paint sth in bright/ dark ~s** चमकदार (आशावादी) या काले (निराशावादी) रंगों में रंगना.; **sail under false ~** असलियत छिपाना; **see the ~ of sb's money** 1 किसी से पैसे प्राप्त क. 2 किसी के पास पैसे होने के बारे में तसल्ली हो.; **see things in their true ~s** दुनिया को असली रूप में देखना; **take one's ~ from sb** किसी की नकल क.; **there is ~ in his writing** उसके लेखन में कुछ दीप्ति है; **under (the) ~ of friendship** दोस्ती का चोला पहनकर; **with flying ~s** सफलतापूर्वक, विशिष्टता के साथ; **without ~** साफ-साफ: tell the whole story without ~ (सारी कहानी साफ-साफ बता दे.)

colourful *UK* (*US* **colorful**) /कलःफुल/ *adj.* 1 रंगीन 2 रंग-बिरंगा 3 रंगारंग, विविधतापूर्ण 4 रमणीय 5 रोचक, सजीव 6 चामत्कारिक

colouring *UK (US* **colouring)** /कलरिंग/ *n.* 1 वर्ण छटा, रंग-विशेषता 2 रंगने का पदार्थ या रंग 3 रंजन: protective ~; tell the whole story without ~;

colourless *see above under* **colour:** ***dw/lw***

colours *n., [pl.]* 1 राष्ट्र ध्वज, रेजिमंट की पताका, जहाज की पताका: regimental ~ 2 किसी खेल दल को दी जाने वाली खेल-पोशाक का रंग: the Indians play under blue ~ 3 किसी दल के समर्थकों या बिल्लों (badges) का रंग 4 रेस-घुड़सवार की पोशाक का रंग;
p&i: **be with the ~** सक्रिय सैनिक सेवा में हो.; **call to the ~** सेना की नौकरी के लिए भर्ती क.; **come off with flying ~** शानदार सफलता पाना; **desert the ~** भगोड़ा बन जा.; **join the ~** सेना में भर्ती हो जा.; **lower/ strike one's ~** हार मानना; **nail one's ~ to the mast** अपनी विचारधारा को खुल्लम-खुल्ला दर्शाना; **sail under false ~** छद्म नाम से जीना; **salute the ~** ध्वज को सलामी दे.; **stick to one's ~** अपनी बात पर अडिग रहना; **wear sb's ~** किसी का समर्थक हो.; **with the ~s** सक्रिय सैनिक सेवा में

colport\age /कॉल्पॉःटॉज/ *n.* फेरी द्वारा पुस्तक-वितरण;
dw/lw: **~eur** /कॉल्पॉःटः/ *n.* पुस्तकों का फेरीवाला, सड़क पर सस्ती किताबें बेचने वाला

Colt /कोल्ट/ *n., tradem.* पिस्तौल एक मार्का;
collocations: **~ machine-gun** कोल्ट मशीन गन

colt /कोल्ट/ *n.* 1 (चार वर्ष की आयु तक का) बछेरा 2 अनुभवहीन युवा खिलाड़ी;
dw/lw: **~ish** /कोल्टिश/ *adj.* ऊर्जा से ओतप्रोत पर बेढब;
p&i: **a ragged ~ may make a good horse** गया-गुजरा बछेरा भी अच्छा घोड़ा बन सकता है

coltsfoot /कोल्ट्स्फुट/ *n., pl.* **coltsfoot/ ~s** एक सदाबहार पौधा

colubrine /कौल्युब्राइन/ *adj.* सर्पिल, सांप का

colugo /कॉलूगो/ *n., pl.* **~s** विसर्पी लेमूर

Columba /कलंबा/ (*also* **the Dove**) *n., astron.* दक्षिणी गोलार्द्ध में स्थित एक छोटा-सा तारामंडल

Columbia /कअलंबिआ/ *n.* दक्षिणी अमेरिकी देश कोलंबिया;
p&i: **Hail Columbia** डांट-फटकार

columbine /कौलंबाइन/ *n.* गुल-कबूतर नामक पौधा

Columbus Day क्रिस्टोफर कोलंबस द्वारा अमेरिका की खोज के उपलक्ष्य में अमेरिका में अक्तूबर के दूसरे सोमवार को मनाया जाने वाला उत्सव

column /कौलम\/ *US* काःलम\/ *n.* 1 स्तंभ, गोल खंभा: the building is supported by **~s**; ~ scrubber 2 समाचार-पत्रों में स्तंभ: newspaper ~; in our **~s** 3 संख्याओं का लंबाकार खाना: ~ of figures 4 अखबार में लंबाकार छपा खाना 5 दस्ता, सैन्य-बल, सैनिक टुकड़ी 6 सैनिक गाड़ियों या लोगों की कतार: a long ~ of troops and tanks; ~ of files (सैनिकों की इकहरी कतार) 7 स्तंभाकार वस्तु या क्रिया: ~ of water/ smoke; ~ of mercury 8 पुस्तक के पाठ-पृष्ठ के दो या अधिक स्तंभ: the present dictionary has two **~s** per page;
dw/lw: **~al/ ~ar** /कलमनल/ कलमनर/ *adj.* स्तंभाकार, स्तंभी: ~al structure; **~ed** /कौलअम्ड/ *adj.* दो या अधिक स्तंभों में बंटा हुआ पाठ पृष्ठ, सैनिक दस्तों में बंटा हुआ; **~ist** /कौलमनिस्ट, कौलमिस्ट/ *US* काःलमनिस्ट, काःलमिस्ट/ *n.* समाचारपत्र के स्तंभ का लेखक, स्तंभाकार; **~-wise** *adv.* स्तंभानुसार;
collocations: **a ~ of sth** (धुएं आदि का) गोलाकार बादल; **~ inch** अखबारों में छपे विज्ञापनों आदि की लंबाई-चौड़ाई मापने का फीता; **~ of figures** आंकड़ों का खाना; **~ of masses** टुकड़ियों की कतारें; **~ of mercury** पारे का स्तंभ; **~ of water/ smoke** वाष्प या धुएं के ऊपर उठते बादलों का स्तंभ; **~ structure** मिट्टी की स्तंभाकार संरचना; **newspaper ~** समाचार पत्र का स्तंभ; **the spinal ~** मेरु दंड;
p&i: **agony ~** अखबार में 'गुमशुदा की तलाश' स्तंभ; **dodge the ~** काम करने से टलना; **fifth ~ist** देश के आंतरिक पराजयवादी तत्त्व; **sixth ~** देश के आंतरिक पराजयवादियों के समर्थक

coma /कोमा/ *n., pl.* **~s/ comae** /कोमि/ 1 (नींद में) मूर्च्छा, बेहोशी: be in a ~ 2 रोमगुच्छ 3 *astron.* जटा (of a comet), पूंछल तारे के केंद्रबिदु के इर्द-गिर्द बना गैस और धूल का आवरण

Coma Berenices *n., astron.* उत्तरी गोलार्द्ध में स्थित एक छोटा-सा, मद्धिम तारामंडल जहां अनेकों आकाशगंगाएं हैं

Comanche /कअमैंचि/ *n.* अमेरिकी प्रांत ओक्लाहोमा (Oklahoma) में बसने वाली अमेरिकी आदिवासी प्रजाति का सदस्य

COMAPS *abbr.* 'Coastal Ocean Monitoring and

Predictive Systems' की प्रथमाक्षरी

comatose /कोमअटोस/ *adj., med.* 1 मूर्च्छित, बेहोश, कोमा में 2 सुप्त, निद्रालु, तंद्रिल, निष्क्रिय, मंथर

COMB *abbr.* 'Centre of Marine Biotechnology' की प्रथमाक्षरी

comb /कोम/ *n.* 1 कंघा, कंघी 2 कलगी 3 धुनकी 4 (***syn.*** honeycomb) छत्ता, करंड: ~ honey 5 मुर्गे के सिर पर मुलायम गोश्त;

v., *pt.* **~ed**, *pp* **~ing** 1 कंघी क.: ~ one's hair (अपने बाल कंघी क.); ~ a horse (घोड़े को घुड़-कंघी से साफ क.); ~ wool (ऊन को कंघी से साफ क.) 2 कंघे से बाल संवारना 3 किसी स्थान का चप्पा-चप्पा छान मारना, छानबीन क., तलाशना 4 (रुई कोटा) धुनना 5 लहरों आदि का टकराकर टूटना: the waves **~ed** over the vessel 6 पीटना 7 गाली दे., डांटना, फटकारना;

dw/lw: **~er** /कोमः/ *n.* धुनिया; **~ing** /कोमिंग/ *n., pl.* ~ing(s) 1 बालों की कंघी करने की क्रिया 2 कंघी करने के बाद कंघी पर लगे रह जाने वाले बाल, झड़न-झुड़न 3 किसी स्थान की जांच पड़ताल 4 सफाई, कंघी करने की क्रिया 5 सफाई 6 किसी स्थान का चप्पा-चप्पा छान मारने की क्रिया;

collocations: **~ing operation** चप्पे-चप्पे की खोज, सघन छापामारी;

p&i: **~ out** 1 बाहर निकलना 2 सफाई क. 3 छान-बीन क. 4 सैनिकों की दोबारा गिनती क.; **~ sb's hair for him** किसी को खूब डांटना-फटकारना; **~ sb's hair the wrong way** किसी के विरुद्ध काम क.; **~ sb's head with a three-legged stool** किसी को खूब पीटना; **~ sth out** कंघी करके बालों से कुछ निकाल दे.;

cut the ~ of sb किसी को सीधा कर दे., किसी के पर काट दे., हवा निकाल दे., अपमानित क.; **with a (fine-)tooth ~** बहुत गहराई से (छानबीन क.)

combat /कौं\बैट/ *US* कां\बैट/ *n.* 1 लड़ाई, हथियारबंद मुठभेड़, भिड़ंत: ~ action; ~ area (रण-क्षेत्र); ~ aviation; ~ echelon; ~ formation; ~ command 2 (***syn.*** desire) युयुत्सा 3 के विरुद्ध संघर्ष: ~ liaison (भिड़ंत संवाद); ~ team;

v., *pt.* **~ted**, *pp* **~ting** *US pt.* **~ed**, *pp* **~ing** 1 लड़ाई क., का सामना क. 2 के विरुद्ध संघर्ष क.: ~ unemployment; ~ a tendency (किसी गलत प्रवृत्ति के विरुद्ध संघर्ष क.);

dw/lw: **~ant** /~बअटंट/ *n.* योद्धा, लड़ाकू: ~ant forces; ~ant officer; ~ant suit; **~ive** ~बअटिव/ *adj.* 1 लड़ाका, लड़ाकू 2 युयुत्सु, युद्धप्रिय, लड़ने को आतुर; **~-ready** *adj.* लड़ाई के लिए तैयार: ~-ready rocket; **~s** /~बैट्स/ (*also* **combat trousers**) *n., pl.* = **cargo pants**

collocations: **~ fatigue** रण-क्लांति; **~ forces** युद्ध-रत सैनिक बल; **~ officer** युद्ध-रत अफसर; **~ order** लड़ाई से संबंधित आदेश; **~ outpost** हथियारबंद पहरा चौकी; **~ rocket** लड़ाकू रॉकेट; **~ suit** लड़ाई की वर्दी;

continuous ~ लंबी लड़ाई; **single** ~ द्वंद्व-युद्ध;

p&i: **~ a problem** समस्या से जूझना; **~ global warming/ racism/ terrorism** विश्वव्यापी गर्माहट/ नस्ल भेद/ आतंकवाद के विरुद्ध संघर्ष क.; **~ the effects of sth** किसी संकट या खराब बात के परिणामों से लड़ना; **~ the rise in crime, etc.** अपराध में वृद्धि से लड़ना; **~ the threat of sth** किसी खतरे से लड़ना

combination /कौंबिनेशन/ *US* काःम्बिनेशन/ *n.* 1 संयोजन, मिश्रण, समुच्चय: phraseological ~ 2 नंबरों वाले ताले को खोलने की चाबी के रूप में नंबरों का संयोजन: ~ lock 3 संगठन 4 संचय 5 *phon.* संधि 6 *elec.* संयुक्ति 7 *Br.* एक तरफ लगी छोटी-गाड़ी वाला मोटर-साइकिल 8 रासायनिक पदार्थों, जिनसे नया यौगिक बनाते हैं, का समुच्चय: ~ reaction 9 नया यौगिक 10 (*usually* **~s**) औरतों की पुराने फैशन की एक इकाई की (one-piece) अंदरूनी पोशाक: ~ garment;

collocations: **~ lock** *see above under* **combination** 2; **~ body** मुड़वां छतवाली कार आदि; **~ switch** सकल नियंत्रण स्विच पट्ट; **~ tool** बहुद्देशीय औजार;

p&i: **in ~** के साथ मिलकर, के साथ मेल में

combi\ne /कंबाइ\न/ *v., pt.* **~ned**, *pp* **~ning** 1 मिलाना या मिल जा., मेल क., मिलाकर चलना या चलाना 2 संयुक्त हो. या क., एक या संघटित हो जा.: **~ne** forces/ efforts 3 जोड़ना, जुड़ना 4 दो परस्पर विरोधी गुणों को मिलाना: **~ne** harshness and softness 5 एक समय पर दो अलग-अलग काम करने में सक्षम हो. 6 दो या अधिक पदार्थों को मिलाकर एक नया यौगिक बनाना, सम्मिश्रित क. या हो जाना 7 कंबाइन से फसल उठाना;

n. /कौंबाइन/ 1 गठजोड़: political/ commercial ~ne 2 व्यापार-संघ आदि 3 गेहूं आदि काटने, कूटने व दाना और भूसा अलग करने वाली मशीन 4 मशीनों का जुड़ाव;

dw/lw: **~native** /कंबिनेटिव/ *adj.* जुड़ी हुई; **~natory** *adj.* जोड़ने वाली; **~ned** *see below under separate entry*; **~ning** /कंबाइनिंग/ *adj.* मिलाने वाला, जोड़ने वाला;

collocations: **~ne harvester** (*also* **combine**) फसल काटने की कंबाइन (मशीन); **political/ commercial ~** राजनीतिक/ व्यापारिक गठजोड़; **~ning form** शब्द का एक रूप जो दूसरे शब्द या शब्द-जोड़क रूप के साथ मिलकर नया शब्द बनाता है;

p&i: **oil and water do not ~ne** पानी और तेल का मिश्रण नहीं होता

combined /कंबाइंड/ *adj.* 1 मिला हुआ, सम्मिलित 2 मिश्रित 3 संयुक्त: ~ operations (संयुक्त कार्रवाई) 4 कुल मिलाकर 5 यौगिक 6 एकजुट: ~ efforts; ~ rake (कंबाइन से जुड़ी हुई जेळी आदि);

collocations: **~ arms operation** संयुक्त सशस्त्र कार्रवाई; **~ drill** संयुक्त बीजाई यंत्र; **~ water** मिश्रित पानी

combing *see above under* **comb: *dw/lw***

combo /कौंबो/ *US* कांबो/ *n., pl.* **~s** *colloq.* नृत्य-संगीत मंडली

combust /कंबस्ट/ *v., pt.* **~ed**, *pp* **~ing** जलने लगना, जलाने लगना

combustibility /कंबस्टिबिलिटि/ *n.* ज्वलनशीलता, दाह्यता

combustible /कंबस्टिबल/ *adj.* ज्वलनशील, दाह्य

combustion /कंबस्चन/ *n.* ज्वलन, दहन;

collocations: **~ chamber** इंजन का अंदरूनी दहन बक्सा; **spontaneous ~** स्वतः दहन

Comdr. *abbr.*, 'commander' का संक्षेप

Comdt. *abbr.*, 'commandant' का संक्षेप

come /कम/ *v., pt.* **came**, *pt. p.* **come**, *pp* **coming**, *s/he/it* **comes** 1 आना: ~ and see what I have found; ~ to sb for advice 2 पहुंचना: he hasn't ~ yet; he has ~ a long way (वह बहुत दूर से गाड़ी से पहुंचा है) 3 चलना: a number of people **came** past; ~ through the wood (जंगल में से चलकर आना); ~ and go (बार-बार आगे-पीछे चलना) 4 पास आना, करीब आना: the train is **coming** to the station slowly; ~ near; ~ to the third point 5 (*often* **~ to do/ to be sth**) घटना, किसी को कुछ हो जा.: how did you ~ to hurt yourself? 6 मौजूद हो., चलन में हो., आना: jeans ~ in several sizes 7 पहले या पिछले आदि स्थान पर हो या आना (स्थिति): in the word '**come**' the letter '**e**' **~s** after '**m**'; on what page does it ~? 8 अनुभूत हो., दिखाई पड़ना: ~ into view 9 शुरू हो., भविष्य में होना, पूरा हो.: the crisis is coming; the years to ~; the life to ~; orders to ~; a fortnight ~ Sunday = Sunday ~ fortnight (अगले रविवार से लेकर दो सप्ताह पूरे होंगे); it'll be a year ~ Monday since he left (अगले सोमवार को उसे गए हुए एक वर्ष हो जाएगा) 10 होना, हो जाना: ~ undone (बिगड़ जा., बिखर जा.); how did it ~ that you quarrelled?; no harm will ~ to you; be ready for whatever **~s**; ~ what may; it will ~ all right in the end; nothing **came** of the matter; no good will ~ of it 11 का परिणाम हो.: this is what **~s** of rash driving 12 कुछ लगने की कोशिश क.: don't ~ the innocent 13 अवसर, समय, सफलता, असफलता आदि का आना: ~ to an end; his turn **came**; ill luck **came** to me; the time will ~ when …; success is yet to ~ 14 समय के किसी बिंदु पर पहुंचना: ~ next Sunday, I'll be free 15 तक पहुंचना, तक लंबा खिंचना: the forest **came** to the very bank of the river; the dress **~s** to her knees; his voice **came** to me through the mist; it **came** to me (to my ears) that... 16 के बराबर हो., परिणामतः हो.: it all **~s** to the same thing; what he knows does not ~ to much; his embassy had ~ to naught; this **~s** from disobedience 17 विचार, प्रेरणा आदि का आना, सूझना, याद आना: an idea **came** into his head; inspiration **came** to him; it **came** to me that... (मेरे मन में विचार आया कि ...); it **~s** to me that I owe some money to him (मुझे याद आया कि...) 18 प्रकट हो.: a smile **came** to her lips; his colour **came** and went 19 से निकलना, में पैदा हो.: this word **~s** from Sanskrit; she **~s** from a well-known family 20 (उत्तराधिकार आदि में) मिलना: the house is **coming** to his son after his death 21 अंकुर फूटना, बढ़ना: the barley had ~ remarkably well 22 किसी अवस्था तक पहुंचना: gradually she **came** to love him; ~ to a decision; ~ to an understanding (किसी समझ पर पहुंचना);

exclamation: दिलासा देने या डांटने-फटकारने के लिए प्रयुक्त: oh, **come** now, don't tell a lie!

n. *sl.* (*sometimes* **cum**) वीर्य (sperm);

dw/lw: **~-and-go-people** *n. [pl.]* ऐरे-गैरे-नत्थू खैरे; **~-at-able** *adj.* आसानी से मिल जाने वाला, जिस तक आसानी से पहुंचा जा सके; **~-back** *n.* 1 वापसी, पुनःउद्धार: stage a ~back 2 ऋण की वापसी 3 (***syn.*** retort) एतराज, मजाकिया कथन, मुंहतोड़ जवाब: her ~back was biting (उसने मुंहतोड़ जवाब दिया) 4 अन्याय के लिए किसी पर आरोप; **~-between** *n.* बिचौलिया; **~-by-chance** *n.* 1 संयोग से होने वाला, आकस्मिक 2 अवैध शिशु; ~ **clean** पूरी बात साफ-साफ बताना; **~-down** *n.* 1 पतन, गिरावट 2 स्थिति में अधोपतन 3 प्रतिकाष्ठा; **~-from** *n.* जन्म स्थान; **~hither** *adj., colloq.* 1 काम-उत्प्रेरक: ~ smile (कामोत्तेजक मुस्कान) 2 चालू; **coming** *see below under separate entry*; **~-off** *n.* 1 संपूर्णता 2 टालमटोल; **~-on** *n., colloq.* 1 उत्साह वर्धन, हौसला अफजाई: give sb the ~-on 2 ठग 3 भद्दा इशारा 4 आसानी से बुद्धू बन जाने वाला 5 चाल; **~er** *n.* (*also see below under separate entry*);

p&i: ~ **about** हो., घटना/ घटित हो. शुरू हो.; ~ **a cropper** असफल हो.; ~ **across** विशेष प्रकार का बनकर निकलना, झलकना; ~ **across sb/ sth** किसी से अचानक मिलना, मिल जा.; ~ **across with sth** जरूरत पड़ने पर किसी चीज की आपूर्ति क.; ~ **after a situation** नौकरी ढूंढना; ~ **after/ first/ last, etc.** के बाद/ प्रथम/ अंतिम स्थान पर आना; ~ **after one's father** पिता की जायदाद उत्तराधिकार में मिलना; ~ **after sb** किसी के पीछे जा.; ~ **again** दोहराना: what did you say? come again, please.; ~ **against sb** किसी पर आक्रमण क.; ~ **against sth** 1 किसी चीज से टकराना 2 किसी स्थिति से पाला पड़ना; ~ **alive** जीवंत हो उठना; ~ **along** 1 साथ चलना, सहमत हो जाना 2 ठीक हो.: his recovery was coming along nicely (उसकी हालत ठीक सुधर रही थी); **came a long way** लंबे सफर (कठिन मेहनत) के बाद सफलता पाना; ~ **amiss** अनुचित हो.; ~ **and go** आगे-पीछे चलना, आना-जा., समय-समय पर हो.; ~ **and see what I have found** आओ देखो, मुझे क्या मिला!; ~ **and take pot luck with someone** किसी के साथ रूखा-सूखा खा लेना; ~ **apart/ off, etc.** अलग-अलग/ टुकड़े-टुकड़े हो जा., फट जा.; ~ **around** 1 किसी के यहां आना/ जा. 2 अपना विचार या राय बदलकर सहमत हो. 3 घटित हो.; ~ **as a surprise** आश्चर्य की बात हो.; **~asunder** दो पाट हो जा.; ~ **at sb/ sth** पर टूट पड़ना: the dog came at the boy; ~ at sb in fury (गुस्से में टूट पड़ना); ~ **at the fence at full speed** पूरे जोर से बाड़ से टकराना; ~ **at the truth** सच्चाई तक पहुंचना; ~ **away** 1 (हत्थे आदि का) उतर जाना 2 अलग हो. 3 दूर हटना: the poster came away from the wall; ~ **away empty** खाली हाथ लौट आना; ~ **away none the wiser** बिना कुछ पाए चले जा.; ~ **away with sth** किसी स्थान से किसी विशेष भाव के साथ लौटना; ~ **back** 1 होश आना, वापस आना 2 वापसी क.; ~ **back as wise as one went** अनुभव से कोई विशेष सीख न लेना; ~ **back at sb** किसी को गुस्से से जवाब दे.; ~ **back to earth** अपनी औकात पहचान लेना; ~ **back to sb** याद आना; ~ **before** ज्यादा जरूरी हो.: health ~s before everything else; ~ **between sb** बीच में आना, बाधा बनना, फूट डालना; ~ **by sth** मिलना, प्राप्त हो.; ~ **clean** साफ-साफ बताना, पूरी बात कबूल क.; ~ **day go day** दिन आया और चला गया; ~ **down** 1 टूटकर नीचे गिरना 2 दाम या भाव का घटना 3 मूसलाधार वर्षा हो. 4 खुल्लम-खुल्ला किसी के समर्थन या विरोध में हो.; ~ **down from** किसी विश्वविद्यालय से पास होकर निकलना; ~ **down in the world** दुनिया में प्रकट हो., सितारे डूबना; ~ **down on sb** दंड दे. या आलोचना क.; ~ **down on someone like tons of bricks** बुरी तरह लताड़ना; ~ **down on the right side of the fence** चढ़ते सूर्य को नमस्कार क.; ~ **down on the side of** के साथ हो., का साथ दे., की तरफदारी क.; ~ **down to bed-rock/ brass tacks** असली मुद्दे पर आना; ~ **down to sth/ doing sth** असली मुद्दे पर पहुंचना; ~ **down upon one** आड़े हाथों लेना; ~ **down with sth (came down with the flu)** बीमारी (जुकाम आदि) लेकर आना; ~ **easily/ easy/ naturally** आसानी से/ सहज ढंग से हो.; ~ **easy to sb** किसी को कोई चीज आसानी से समझ में आना या मिल जा.; ~ **forth** प्रकट हो.; ~ **forward** बढ़कर आगे आना; ~ **forward to offer** कुछ देने के लिए तैयार हो., सेवा अर्पित करने के लिए तत्पर हो.; ~ **from Missouri** केवल आंखों देखा सच मानना; ~ **from sth** से आना, में पैदा हो., से संबंध रखना; ~ **from sth/ doing sth** से पैदा हो., द्वारा पैदा हो.; ~ **full circle** घूम-फिरकर वहीं पहुंचना; ~ **high,** ~ **low** जो होना है सो हो, कोई परवाह नहीं; ~ **home to grief** मुसीबत में फंस जा., दिवालिया हो जा.; ~ **home to one** दिल में घर क.; ~ **home to roost** वार उल्टा षड्यंत्रकारी पर पड़ जाना; ~ **home to sb** किसी की समझ में आना; ~ **in** 1 अंदर आना 2 सर्वप्रिय हो., फैशन में आना 3 प्राप्त हो. 4 मुकाबले में कोई स्थान पाना: ~ in first/ second, etc. 5 ज्वार-भाटा का उठना 6 संदर्भ में फिट बैठना, भूमिका शुरू हो. 7 कहीं पहुंचना 8 विचार-विमर्श में भाग लेना 9 लागू क.; ~ **in for it** दंडित हो., डांटा जा.; ~ **in for sth** 1 आलोचना या प्रशंसा का पात्र हो. 2 वसीयत में पाना; ~ **in handy** काम आना; ~ **in on sth** मैं भागीदार हो जा.; ~ **into a fortune** विरासत में बहुत सारा रुपये-पैसा पाना; ~ **into an inheritance** विरासत में कुछ मिलना; ~ **into a scheme** किसी योजना से जुड़ जा.; ~ **into being/ existence** वजूद में आना; ~ **into conflict** टकराव हो जा.; ~ **into disuse** प्रयोग में आना बंद हो.; ~ **into ear** गेहूं आदि की बाल आना; ~ **into effect/ force** लागू हो.; ~ **into fashion/ vogue/ wear** फैशन में आना या हो.; ~ **into flower** खिल जाना, पूरे जोबन में आ जा.; ~ **into force** लागू हो.; ~ **into it** *UK* प्रभावित क., बीच में आना; ~ **into notice** ध्यान में पड़ना; ~ **into one's own** पूरी तरह से अपने रंग में आना; किसी को अपनी प्रतिभा दिखाने का अवसर मिलना; ~ **into office** पद-भार संभालना; ~ **into operation** चालू हो.; ~ **into play** 1 भूमिका अदा करने लगना 2 चालू हो.; ~ **into prominence** प्रसिद्ध हो.; ~ **in(to) sight/ into view** दिखाई पड़ने लगना; ~ **into sth** 1 अकस्मात् प्राप्त हो. या मिलना, विरासत में मिलना: he came into some money/ a property/ an estate; ~ **into**

the open = **~ out in the open** खुलकर सामने आ जा.; **~ into the public eye** जग-जाहिर हो जा.; **~ into the strike** चपेट में आना; **~ into the stroke** प्रहार या वार क; **~ into the world** वजूद में आना; **~ into use** प्रयोग में आना; **~ it** *sl.* दिखावा क.: don't ~ it over me (मेरे साथ यह ड्रामा बंद करो); **~ it strong** 1 जरूरत से ज्यादा क.: that is coming a little too strong 2 अति या हद पार क. 3 निर्णायक कदम उठाना; **~ many miles** काफी दूरी तय कर ले.; **~ natural (to sb)** किसी के लिए सहज काम हो.; **~ now!, be patient!** देखो! धैर्य रखो! **~ of age** बालिग हो.; **~ of/ from sth** किसी चीज का परिणाम हो.; **~ off** 1 सफल हो. 2 हटाया जा. 3 हो., घटना; **~ off a loser** घाटे में रहना; **~ off badly/ best/ well, etc.** किसी झगड़े या बहस के अंत में पहले से बदतर/ श्रेष्ठतम या बेहतर आना; **~ off one's high horse** हकीकत की जमीन पर उतर आना; **~ off second best** हार जा.; **~ off sth/ doing sth** कुछ हो., में से कुछ निकलना; **~ off with flying colours** शानदार सफलता पाना; **~ off your perch/ your high horse!** इतना गुरूर न करो!; **~ off it!** छोडिए!: ~ off it! It doesn't gel (छोड़िए! यह बात कुछ हजम नहीं होती!); **~ on** 1 हो. या घटना शुरू हो. 2 आगे बढ़ना 3 प्रगति क. 4 तबीयत आदि खराब हो. शुरू हो. 5 यंत्र को चालू क.; **~ on!** 1 हिम्मत बढ़ाना 2 **~ on!** छोड़ो भी!: ~ on, Ram! you are wrong (छोड़ो भी, राम, तुम्हारी बात सही नहीं); **~ one's way** (*US* **ways**) किसी की किस्मत में आना, अपने रास्ते जा.; **~ on the wings of the wind** सरपट आना; **~ out** 1 प्रकट हो., प्रकाशित हो. 2 उदय हो. जग जाहिर हो., पता चलना 3 *UK* साथ चलना 4 किसी तरह की बनकर तैयार हो.: how did the poem come out? (कविता कैसी रही?) 5 प्रकाशित हो., निकलना 6 धब्बे आदि का हटना: the photo came out well 7 उल्टा पड़ना 8 समलैंगिगता का प्रगट हो.; **~ out against/ in favour of sth** समर्थन या विरोध में खड़ा हो.; **~ out at/ of the little/ small end of the horn** घाटे का सौदा हो., हानि उठाना; **~ out flat-footed** किसी का जोरदार समर्थन क.; **~ out in the wash** उचित समय आने पर स्पष्ट हो जा.; **~ out into the open** खुलकर आ., खुले आम कोई काम क.; **~ out of a condition** किसी विशेष स्थिति से बाहर आ.; **~ out in sth** किसी बात में प्रगट हो.; **~ out of a condition** किसी अवस्था से बाहर आना; **~ out of one's reverie** मौज-मस्ती से बाहर आना; **~ out of one's shell** अपने एकांतवास से बाहर आना, सामने आना, असली रूप में प्रकट हो.; **~ out/ through/ with clean hands** साफ-पाक निकलना; **out of sth** किसी बात से कोई परिणाम निकलना; **~ out right** ठीक होना; **~ out with sth** अचानक अप्रत्याशित बात कह दे.; **~ out with clean hands** साफ-सुथरा यानी ईमानदार सिद्ध हो.; **~ over** 1 अपना विचार या पक्ष बदलना 2 विशेष प्रकार का दिखना, लगना या सिद्ध हो.; **came over well on TV** टीवी पर अच्छा लगना; **~ over (all) queer funny/ dizzy** (अचानक ही) अजीबोगरीब हरारत/ सिर दर्द/ सूनापन महसूस क.; **~ over sb** किसी को कुछ हो जा.: sth has ~ over you to speak like that; **~ past/ to/ up to, etc.** के पास से/ कहीं तक/ किसी बिंदु तक आना; **~ riding** घुड़सवार होकर आ.; **~ round** *UK* 1 भेंट करने किसी के घर जा. 2 अपनी पहला मत बदलकर किसी से सहमत हो. 3 हो., आना, घटित हो. 4 होश में आना; **~ short of sth** से कम या नीचे रहना: this ~s short of accepted standards; **~ straight from the shoulder** सपाट/ बेबाक/ ईमानदार आलोचना क.; **~ the old soldier over sb** 1 किसी को सबक सिखाना 2 किसी के ऊपर हुक्म चलाना 3 किसी को ठगना; **~ through** 1 बच जा. 2 सफल हो. 3 में से रिस आना, अंदर आ.; **~ through for sb** संकट के समय किसी के बुलाने पर आ.; **~ through (sth)** में से मुश्किल से बाहर निकलना, बच निकलना; **~ through the wood** जंगल के रास्ते से निकलकर आना, मुसीबत से बच निकलना; **~ to** होश में आना; **~ to a condition** किसी अवस्था में पहुंचना; **~ to a dead end** अंधी गली के मुहाने पर पहुंचना, आगे जाना संभव न हो.; **~ to a deadlock** संवादहीनता की स्थिति में पहुंचना/ हो., बातचीत का आगे न बढ़ पाना; **~ to a decision/ conclusion/ arrangement, etc.** 1 फैसले, निष्कर्ष या सहमति पर पहुंचना 2 कोई नुकसान हो.; **~ to a full stop** पूरी तरह रुक जाना; **~ to a grinding halt** पूरी तरह रुक जा.; **~ to a head** टकराव की स्थिति में पहुंचना; **~ to a pretty-pass** उलझते चले जा.; **~ to a standstill** बिल्कुल बंद हो जा., रुक जा.; **~ to a sudden stop** एकदम थम जा.; **~ to bat** *US* कठिन समस्या या अग्नि परीक्षा झेलना; **~ to blows** मार-पीट पर उतर आना; **~ to close quarters** से टकराव क.; **~ to decision** फैसला ले.; **~ to disgrace** बेइज्जत हो.; **~ to do sth** कोई काम शुरू क., कुछ करने लगना; **~ to fruition** फलीभूत हो.; **~ together** एकजुट हो.; **~/ get to grips** असली मुद्दे से निपटना, से जूझना; **~ to hand** 1 पत्र आदि प्राप्त हो. 2 प्रकट हो. 3 हाथ लगना 4 नया मोड़ आना; **~ to harm** = **~ to grief** बुरी गत ब., नुकसान उठाना; **~ to head** 1 जरावस्था को पहुंचना 2 किसी संकट द्वारा विकटता रूप धारण क.; **~ to heel** 1 किसी के पीछे-पीछे चलना 2 किसी का हुक्म बजाना; **~ to know one's opponent** अपने प्रतिद्वंद्वी को जानने लगना; **~ to light** 1 पता चलना, मालूम हो., जगजाहिर हो. 2 प्रकट हो.; **~ to love sb** किसी से प्रेम करने लगना; **~ to much** काफी मात्रा में हो.; **~ to naught** = **~ to nothing** 1 शून्य हो जा., शून्य परिणाम निकलना 2 सब बेकार हो जा., कुछ न निकलना 3 पूरी तरह असफल हो जाना; **~ to one's hand** आसान हो., बाएं हाथ का खेल हो., पास में हो. (जहां आसानी से पहुंचा जा सके); **~ to one's rescue** काम आना, मदद दे., बचाव क.; **~ to one's senses** होश में आना, अहंकार छोड़ना; **~ to pass** घटित हो.; **~ to pieces** टुकड़े-टुकड़े हो जा.; **~ to power** सत्ता में आना; **~ to quarters** शुरू क.; **~ to rest** आराम क.; **~ to sb** याद आना; **~ to sth** कुल जोड़ हो.; **~ to terms (with sb)** से समझौता कर लेना; **~ to think of it** 1 किसी बात के बारे में सोचने लगना 2 जरा सोचिए तो!; **~ to the fore** सामने आने, प्रकट हो., मुख्य मुद्दा बनना; **~ to the front** खुल कर सामने आना; **~ to the point** असली मुद्दे पर आ.; **~ to the second point** दूसरे मुद्दे पर आना; **~ to the wrong shop** गलत पते पर पहुंच जा.; **~ to under hammer** बोली लगाकर बेचा जा., नीलामी क.; **~ to understand it** समझने लगना; **~ true** सच्चा सिद्ध हो.; **~ under sth/ sb** किसी के प्रभाव तले आ.; **~ under fire** आलोचना आदि का निशाना/ शिकार बनना; **~ undone** तस्मों आदि खुल जा., बिखर जा.; **~ under sth** 1 हमला, आलोचना या जांच-पड़ताल का निशाना ब. 2 किसी शासक के तहत हो. 3 पुस्तक के किसी शीर्षक तले हो.; **~ unstuck** खुल जा., गिर जा., ध्वस्त हो जा.; **~ up** 1 के पास आना 2 चर्चा का विषय ब., बातचीत के मुद्दे के रूप में उठना 3 अवसर आना या मिलना 4 समस्या पैदा हो. 5 पौधे का अंकुर निकलना 6 उदय हो. (सूरज आदि का) चढ़ना 7 हो., घटना 8 किसी बात का जिक्र क. या उस पर चर्चा क. 9 अदालत में सुनवाई के लिए आना 10 कम्प्यूटर आदि पर प्रकट हो., स्क्रीन पर दिखना या प्रकट हो. 11 जूए के खेल में नंबर (लौटरी) निकलना 12 जल्दी तैयार होने को हो.; **~ up against sb/ sth** से पाला पड़ना; **~ up to** आना, नजदीक आना; **~ up to sth** = **~ up to the mark** के स्तर तक उठना या आना; **~ up with sth** कोई विकल्प या नया विचार सुझाना या प्रस्तुत क.; **~ up to scratch** शून्य से शुरु क., शुरू से काम करने के लिए तैयार हो.; **~ upon** आ पड़ना, संयोगवश मिलना; **~ upon sb** दिमाग में आना, विचार सूझना; **~ upon sb for sth** किसी के सामने मांग रखना या दावा क.; **~ upon sth** or **sb** संयोगवश किसी वस्तु या व्यक्ति को देख लेना या ढूंढ ले.; **~ very cheap** बहुत सस्ता पड़ना; **~ what may** चाहे जो हो जाए; **~ within** की सीमा में रहना; **after dinner ~s the reckoning** खाना खाया है तो दाम भी दो; **an idea came into his head** एक विचार उसके दिमाग

में आया; **a smile came to her lips** उसके होंठों पर मुस्कराहट खेलने लगी; **as they ~** आश्चर्य की बात है; **be coming along** पनपना, प्रगति क., विकसित हो., सुधरना; **be ready for whatever ~s** जो भी होना है उसके लिए तैयार रहना; **cross that bridge when one ~s to it** समस्या आने पर ही उससे जूझना; **everything ~s to him, who waits** धैर्य का फल मीठा होता है; **he came riding** वह घोड़े पर सवार होकर आया; **he ~s from village** वह गांव का रहने वाला है; **he who ~s uncalled, sits unserved** बिन बुलाया मेहमान आदर का पात्र नहीं होता; **he ~s a great man** वह बहुत बनता है, बड़ा होने का दिखावा करता है; **his colour came and went** वह कभी फीका पड़ जाता, कभी दमकने लगता; **How ~?** यह कैसे हुआ?, ऐसा कैसे?; **I came, I saw, I conquered** (*Lat.* **veni, vidi, vici**) मैं आया, मैंने देखा, मैंने जीत लिया (**Julius Caesar**); **ill luck came to me** मेरा भाग्य अच्छा नहीं रहा; **it all ~s to the same thing** वही बात हो जाती है, उतना ही बनता है; **it came as a surprise** यह उसके लिए अचंभे की बात थी; **it's ~ day, go day with him** उसे कोई फर्क नहीं पड़ता, उसके लिए तो दिन बीता, जग जीता; **it ~s on page** 20 यह बीसवें पृष्ठ पर है; **it will be a year ~ Sunday** अगले रविवार को एक साल हो जायेगा; **it will ~ all right** सब ठीक हो जायेगा; **it will ~ very cheap/ expensive to you** यह तुम्हारे लिए बहुत सस्ती या महंगी होगी; **light ~, light go** हराम का पैसा हराम में ही जाता है; **make sb to ~ across with the money** किसी को भुगतान करने के लिए विवश क.; **mechanization has ~ to stay** यंत्रीकरण एक स्थायी प्रक्रिया हो गई है; **new evidence came to hand** नए सबूत मिल गए; **no good will ~ of it** इससे कोई फायदा नहीं होगा; **no harm will ~ to him** उसे कुछ नहीं होगा; **nothing came of it** इससे कुछ नहीं निकला; **not know whether one is coming or going** किसी की गतिविधियों का कुछ पता न चलना; **only ~ at sb less important** किसी गौण व्यक्ति से मिलना; **orders to ~** आने के लिए आदेश; **she is coming 15** वह पंद्रह वर्ष की हो रही है; **success is yet to ~** सफलता मिलनी अभी बाकी है; **the dress ~s to her knees** पोशाक उसके घुटने तक आती है; **the forest came to the very bank** वन बिल्कुल किनारे तक फैला है; **have it coming to one** *colloq.* किसी के साथ ऐसा होना ही है; **the house will ~ to her after her mother** उसकी मां के बाद घर उसे मिलेगा; **the life to ~** आगामी जीवन में, आने वाले दिनों में; **the rain came pouring (down)** मूसलाधार वर्षा होने लगी; **the time to ~** आगामी समय में; **the time will ~** समय आयेगा; **this ~s from laziness** ऐसा सुस्ती के मारे होता है; **this word ~s from Lain** यह शब्द लातीनी भाषा से आया है; **what is he coming at** उसका मतलब क्या है?; **when it ~s to hard work, he's your man** जब मेहनत करने का प्रश्न है तो वह बिल्कुल आप जैसा ही है; **when it ~s to sth/ doing sth** यदि कुछ करने की बात होती है तो ...; **you will get what's coming to you** तुम्हें तुम्हारे किए की सजा अवश्य मिलेगी

comedian /कमीडिअन/ *n.* 1 विदूषक, जोकर 2 हास्य-अभिनेता 3 हंसोड़ या विचित्र व्यक्ति

comedienne /कमीडिअन/ *n., Fr.* 1 विदूषिका, जोकर 2 हास्य-अभिनेत्री 3 हंसोड़ अभिनेत्री

comedietta /कअमीडिअटा/ *n.* एकांकी हास्य-नाटिका

COMED-K *abbr.* 'Consortium of Medical, Engineering and Dental Colleges in Karnataka' की प्रथमाक्षरी

comedo /कॉमीडो/ (*non-tech. equival.* **black head**) *n., pl.* **~nes** /कॉमीडोनीज/ **~s** *tech.* एक प्रकार की चर्बी जो त्वचा की वाहक धमनियों का मुंह बंद कर देती है

comedy /कौमअडि/ *US* का:मअडि/ *n.* 1 प्रहसन, हास्य-नाटक, मनोरंजन-प्रधान नाटक, सुखांतिकी: a romantic ~ 2 (*syn.* humour) किसी स्थिति का रोचक पहलू: appreciate the ~ of the situation;
collocations: **~ of manners** किसी समुदाय विशेष के मूर्खतापूर्ण व्यवहार को दर्शाने वाली रोचक नाटक, फिल्म, उपन्यास आदि;
p&i: **black ~** अवसाद पूर्ण नाटिका; **cape-and-sword ~** = **cloak and sword** कपट एवं साजिश आधारित नाटिका

comehither *see above under* **come:** ***dw/lw***

comeliness /कमलिनेस/ *n.* चारुता, मनोहरता, सुंदरता

comel\y /कमली/ *adj., degr.* **~ier**, **~iest** 1 (*syn.* attractive) आकर्षक, चारु, मनोरम, सुहावना 2 समुचित, उपयुक्त

come-on *see above under* **come:** ***dw/ lw***

comer /कम:/ *n.* 1 आने वाला: late **~s**; a new ~; **~s** and goers 2 आगंतुक 3 *US* सफल व्यक्ति, होनहार;
p&i: **first ~** पहला आने वाला; **for all ~s and goers** सभी आने-जाने वालों के लिए

comestible /कमेस्टिबल/ (*usually* **comestibles**) *adj.* (*syn.* edible) खाद्य, खाने योग्य;
n. खाद्य पदार्थ

comet /कौमि\ट/ का:मअ\ट/ *n.* पुच्छल तारा, धूमकेतु, केतु;
dw/lw: **~ic**/ **~ary** /~टिक/ ~टरि/ *adj.* धूमकेतु संबंधी; **~-finder** *n.* (*syn.* instrument) धूमकेतु दर्शी; **~ology** /~टअलजि/ *n.* धूमकेतु विज्ञान

comeuppance /कमअप्पंस/ *n., colloq.* न्यायोचित दंड: she got her ~ when no one voted for her

comether /कअमेद:/ *n.* चापलूसी, फुसलाहट, आकर्षण

comfit /कम्फिट/ *n.* मिठाई, मिष्टान्न

comfort /कंफ:ट/ *n., pl.* **~s** 1 आराम, सुख, चैन, सुख-सुविधा: in ~; the ~ of solitude (एकांत का सुख) 2 दु:ख के बाद मिलने वाला सुख, चैन, शांति, राहत: this news is a great ~ to me 3 (*syn.* consolation) सांत्वना, दिलासा, तसल्ली: a ~ to sb 4 संतोष, सुविधा, सुख-साधन: home **~s**; enjoy **~s** 5 (*syn.* quilt) रजाई 6 दु:ख-दर्द में राहत देने वाला व्यक्ति या आरामदेह साधन या वस्तु;
v., *pt.* **~ed**, *pp* **~ing** 1 सांत्वना दे., दिलासा दे., धीरज बंधाना 2 दु:ख-दर्द में राहत दे.;
dw/lw: **~able** *see below under separate entry*; **~ably** /कंफ:टअबलि/ *adv.* (*syn.* easily) आसानी से, आराम से: ~ably off (खुशहाल); **~ing** /कंफ:टिंग/ *adj.* धीरज बंधाने वाला, सांत्वनादायक, आरामदेह; **~less** *adj.* 1 दु:खी, निरानंद, उदास 2 असुविधाजनक; **~-seeking** *adj.* आरामतलब;
collocations: **~ station** सार्वजनिक शौचालय; **~ zone** चिंता मुक्त स्थिति;
p&i: **cold ~** क्षीण सांत्वना; **creature ~s** निजी ऐहिक सुविधा की वस्तुएं; **take ~** अपने को सांत्वना दे.

comfortable /कंफ:टअबल/ *adj.* 1 आरामदेह, आरामदायक 2 सुखी, मजे में, बिना किसी कठिनाई के: do you feel ~? 3 निश्चिंत, चिंता मुक्त 4 समृद्ध, संपन्न 5 तनाव मुक्त: make one self ~ 6 काफी बड़ा या बड़ी: win by a ~ margin;
collocations: **~ words** सांत्वना देने वाले शब्द; **~ income** अच्छी-खासी आमदनी; **~ chair/ room** आरामदायक कुर्सी/ कमरा

comforter /कंफ:ट:/ *US* (*UK* **duvet**) *n.* 1 रजाई, कंबल 2 सांत्वनादाता, पवित्र आत्मा: job's ~ 3 गुलबंद 4 चुसनी (for babies);
p&i: **a job's ~** क्षीण सांत्वनादायक

comfrey /कंफ्रि/ *n., pl.* **~s** एक चौड़े पत्तों वाला सदाबहार पौधा

com\fy /कंफि/ *adj., degr.* **~fier**, **~fiest** *colloq.* आरामदायक: a **~fy** bed

comic /कौमिक/ *US* का:मिक/ *adj.* 1 (*syn.* ludicrous) हास्यजनक हास्यास्पद, व्यंग्यात्मक, विनोदपूर्ण: all this has its ~

side; ~ paper 2 हास्य नाटिका से संबंधित: ~ writer;
n. 1 (*also* **comic book**) मनोरंजन-चित्र पत्रिका 2 चुटकुला-संग्रह 3 (***syn.*** comedian) जोकर, विदूषक, हंसाने वाला आदमी 4 (**the ~s**) अखबार का व्यंग्य चित्र पृष्ठ, व्यंग्य-चित्र साहित्य: horror **~s**;
collocations: **~ relief** विनोदपूर्ण मनोरंजन, मध्यांतर मनोरंजन; **~ strip** (*also* cartoon, strip cartoon) मनोरंजक/ व्यंग्य चित्र पुस्तिका, हास्य नाटिका

comi\cal /कौमि\कल/ *US* का:मि\कल/ *adj.* विचित्र, हास्यास्पद, विनोदपूर्ण: **~cal** picture (caricature);
dw/lw: **~cality** /~कअलिटि/ *n.* विचित्रता, हास्यास्पदता; **~cally** /~कलि/ *adv.* हास्यास्पद या विचित्र ढंग से

coming /कमिंग/ *n.* आगमन, पहुंच: the ~ of sth;
adj. आने वाला (समय, घटना आदि), भावी, आगामी: ~ author;
collocations: **~ of age** बालिग होने की क्रिया; **up and ~** 1 होनहार 2 जो अच्छी प्रगति कर रहा हो 3 जो पास आ रहा हो: the up and ~ pension issue;
p&i: **~s and goings** *colloq.* हलचल, गतिविधियां; **have it ~ to one** जो होगा, सही होगा; **in the ~ months** आगामी महीनों में; **the ~ man** आने वाला व्यक्ति

comity /कौमिटि/ *US* का:मिटि/ *n., pl.* **comities** 1 विनम्रता, सौम्यता, शिष्टता: ~ of manner 2 सौजन्य, सौहार्द: international ~;
collocations: **~ of nations** देशों के बीच एक-दूसरे के कानूनों और प्रथाओं के प्रति पारस्परिक आदर भाव, सौहार्द

comma /कौमा/ *US* का:मा/ *n., pl.* **~s** कौमा का चिह्न (,), अल्पविराम;
collocations: **inverted ~s** ("...") उद्धरण चिह्न

command /कमांड/ *US* कमैंड/ *n.* 1 (***syn.*** order) हुक्म, आदेश, आज्ञा, समादेश: at the word of ~; ~ by voice; at your ~; awaiting your further **~s** 2 नियंत्रण: ~ of emotions/ passions; in ~ of the situation 3 नियंत्रक प्रशासन: ~ of execution; suspend from ~; take/ relinquish ~; under the ~ (of) 4 (***syn.*** sway) प्रभुता, प्रभुत्व, शासन, वश, काबू 5 आदेश 6 (***syn.*** mastery) निपुणता, ज्ञान के स्रोत में महारत: a good ~ of Russian language 7 *milit.* कमान, रक्षा क्षेत्र 8 कंप्यूटर को दिया जाने वाला आदेश या कमांड 9 (एक जिले की) फौजी टुकड़ी की कमान 10 सेना, वायु सेना का विशेष रूप से प्रशिक्षित दस्ता: bomber ~ 11 समुद्र पर नियंत्रण: ~ of the sea;
v., pt. **~ed**, *pp* **~ing** 1 (***syn.*** order) आदेश दे. 2 वश में रखना: ~ the services (of) 3 पर शासन क. 4 नियंत्रण में रखना, अधिकार में रखना: he **~s** vast sums of money 5 के योग्य होना, का अधिकारी होना: ~ respect; ~ sympathy 6 में माहिर हो.: ~ a large vocabulary 7 *milit.* की कमान संभालना: ~ a battalion/ a ship 8 के ऊपर उठना, से दिखाई पड़ना, का दृश्य दिखना: the mountain **~s** the plain; the hill **~s** a good view 9 मूल्य हो., दाम दे.: oil **~s** a high price;
dw/lw: **~-driven** *adj., comput.* किसी अन्य कंप्यूटर के या प्रयोगकर्ता द्वारा की-बोर्ड से दिए जाने वाले आदेशों से चलने वाला; **~ant** /कौमंडैंट/ *US* का:मंडैंट/ *n., milit.* 1 कमांडर, युद्ध कैदियों के शिविर या सैनिक प्रशिक्षण संस्थान का मुख्य अधिकारी 2 आदेशक, कमांडेंट; **~eer** /कौमंडिअ:/ *v., pt.* ~eered, *pp* ~eering 1 हथियाना/ छीन ले. 2 (***syn.*** requisition) सैनिक उद्देश्यों से आधिकारिक रूप से संपत्ति का कब्जा ले ले., अधिकृत कर ले. 3 मांग लेना; **~er** /कमांड:/ *US* कमैंड:/ *n.* 1 किसी सैनिक टुकड़ी का मुख्य-अधिकारी, कमांडर, सेना नायक: ~er of the guard; ~er in charge 2 ब्रितानवी और भारतीय नौसेना आदि में कैप्टन से निचले पद का अफसर, कमांडर 3 उच्च पुलिस अधिकारी 4 अगुआ, नेता, मुख्य अधिकारी: ~er of an expedition; **~er-in-chief** *n., pl.* ~ers-in-chief प्रधान सेनापति; **~ership** *n.* सेनापतित्व; **~ery** /कमांडरि/ *n.* सेनापति-क्षेत्र;
collocations: **~ economy** = planned economy केंद्रीय आदेशों पर आधारित अर्थ-व्यवस्था; **~ language** कंप्यूटर प्रणाली को निर्देश देने के लिए प्रयुक्त होनेवाले अक्षर, अंक, चिह्न आदि; **~ missiles** नियंत्रित बम; **~ module** (*abbr.* **CM**) *space flight* अंतरिक्ष यान का वह भाग जहां से उड़ान की सारी कार्रवाई नियंत्रित या चालित होती है; **~ paper** ब्रिटेन में महारानी के आदेश पर पार्लियामेंट में प्रस्तुत किया जाने वाला पत्र, समादेश-पत्र; **~ performance** शासनाध्यक्ष के लिए की जाने वाली नाट्य प्रस्तुति, आदेश-प्रस्तुति; **~ pilot** वरिष्ठ विमान चालक; **~ post** अस्थायी सैनिक मुख्यालय, कमान चौकी;
chain of ~ कमान की वरिष्ठता कड़ी; high ~ आला कमान;
p&i: **~ esteem** आदर का पात्र हो.;
be at sb's ~ किसी के हुक्म की तामील करने के लिए तत्पर रहना; **the window ~s a view of the sea** खिड़की से समुद्र का पूरा दृश्य दिखता है

commandant *see above under* **command: *dw/lw***

commandeer *see above under* **command: *dw/lw***

commander, **~-in-chief**; **~ship**; **~y** *sees above under* **command: *dw/lw***

commanding /कमांडिंग/ *US* कमैंडिंग/ *adj.* 1 किसी सैनिक टुकड़ी के मुख्य-अधिकारी संबंधी: ~ officer (कमान अधिकारी) 2 जिसकी छत्रछाया हो, रोबदार, जहां से दूर तक दृश्य दिखाई देते हों: ~ hill; ~ view; the ~ position of the castle on the hill 3 मुख्य धारा का: ~ views in literature 4 (***syn.*** impressive) प्रभावशाली: ~ influence; ~ feature; ~ speech; ~ figure/ presence/ voice 5 बहुत बड़ी, अत्यधिक: ~ lead

commandment /कमैंड्मंट/ कमैंड्मंट/ *n.* 1 आदेश, नियम 2 ईश्वरीय आदेश: the ten **~s** (दश शील)

commando /कमांडो/ *US* कमैंडो/ *n., pl.* **~s** 1 छापामार सैनिक 2 जोखिमभरा व कठिन छापामार कार्रवाई के लिए प्रशिक्षित सैनिक

comme il faut /कॉमीलफो/ *Fr.* सौम्य, शिष्ट

commedia dell'arte /कौमेडिअ डेल आ:टे/ *US* कमेडिअ डेल आ:र्टे/ *n., Italian* इतालवी नवजागरण कालीन (renaissance) प्रहसन जिसमें घिसे-पिटे पात्र व जटिल जासूसी कथानक होता है

commemora\te /कअमेमअरे\ट/ *v., pt.* **~ted**, *pp* **~ting** 1 पुनःस्मरण क., किसी व्यक्ति का स्मृति उत्सव मनाना, जयंती मनाना: **~te** the revolution 2 गुणगान क., कीर्ति गान क. 3 स्मृति स्मारक बनाना: a monument was built to **~te** the victory;
dw/lw: **~tion** /~शन/ *n.* 1 स्मृति उत्सव, जयंती समारोह, स्मरणोत्सव: ~tion lecture (स्मृति व्याख्यान); ~tion stamp (स्मारक डाक टिकट); ~tion volume (स्मृति-ग्रंथ) 2 कीर्ति गान 3 स्थापना दिवस समारोह: in ~tion of sth; **~tive** /~टिव/ *adj.* 1 जयंती संबंधी 2 स्मरणार्थ 3 स्मारक: ~tive tablet (स्मारक पट्टी); **~tive** *n.* स्मारक

commen\ce /कमेंस\/ *v., pt.* **~ced**, *pp* **~cing** शुरू क. या हो.: **~ce** a lawsuit; the meeting **~ces** at 3 pm;
dw/lw: **~cement** /कमेंसमेंट/ *n.* 1 प्रारंभ, श्रीगणेश, शुरुआत: the ~cement of the financial year 2 (***syn.*** graduation) दीक्षांत समारोह;
p&i: **~ce on** शुरू हो.; **he who ~ces many things, finishes but few** एक साथ कई काम शुरू करने वाला कुछ भी पूरा नहीं कर सकता

commend /कमें\ड/ *v., pt.* **~ed**, *pp* **~ing** 1 प्रशंसा क., सराहना: ~ sb highly; his work was highly **~ed** 2 सिफारिश क.: ~ sb to sb; this book doesn't ~ itself to me 3 सौंपना, सुपुर्द क.: ~ sb's soul to God;
dw/lw: **~able** /~डअबल/ *adj.* प्रशंसनीय, सराहनीय; **~ation** /कौमेंडेशन/ *US* का:मेंडेशन/ *n.* 1 श्लाघा, प्रशंसा 2 सिफारिश 3 सुपुर्दगी 4 सार्वजनिक सम्मान: ~ation list; **~atory** /~डेटरि/ *adj.* प्रशंसात्मक, सिफारिशी: ~atory letter;
p&i: **~ me to** मेरी सिफारिश क., याद दिलाना

coommensal /कअमेंस\ल/ *adj.* सहयोजी, सहजीवी;
dw/lw: **~ism/ ~ity** /~लिज्म/ ~लिटि/ *n.* सहयोजिता, सहजीवन

commensurable /कमेंशरेबल/ कमंस्यूरेबल/ *adj.* 1 तुल्य, एक मानक पर आधारित, सम्मेय 2 (*syn.* proportionate) आनुपातिक

commensurate /कमेंशअरअट/ *adj.* 1 किसी वस्तु के समान 2 किसी वस्तु के विस्तार, परिमाण और मात्रा के बराबर 3 किसी वस्तु के समानुपातिक 4 सम्मेय

comment /कौमें\ट/ *US* काःमें\ट/ *n.* 1 टिप्पणी, टीका: no ~, please! (कोई टिप्पणी नहीं, कुछ नहीं कहना); ~ is needless 2 (*syn.* idea) विचार: call for **~s** 3 बहस या गप्प 4 (*syn.* criticism) आलोचनात्मक या समीक्षात्मक पाठ: make **~s** on a text;
v., pt. **~ed**, *pp* **~ing** 1 (*often* **~ on sth**) टीका/ टिप्पणी क.: several people **~ed** on his absence 2 अपना मत या विचार रखना;
dw/lw: **~ate** /~टेट/ *v., pt.* ~ated, *pp* ~ating चल-विवरण प्रस्तुत क., आंखों देखा हाल सुनाना; **~ation** /~टेशन/ *n.* भाष्य, टीका; **~ator** /~टेटः/ *n.* 1 टीकाकार टिप्पणीकार 2 भाष्यकार, विवरणकार, वृत्तकार 3 चल-विवरण देने वाला, कमेंट्री करने वाला

commentar\y /कौमेंट्रि/ *US* काःमेंट्रि/ *n., pl.* **~ies** 1 आंखों देखा हाल, चल-विवरण, प्रत्यक्ष विवरण: radio/ TV **~y**; running **~y** 2 टिप्पणी, टीका-टिप्पणी, टीका 3 व्याख्या, वृत्ति 4 विवरण, वर्णन (of eye-witness)

commentate *see above under* **comment:** ***dw/lw***

commerce /कौमःस/ *US* काःमर्स/ *n.* 1 व्यापार, वाणिज्य: home ~ 2 (*syn.* dealings) संसर्ग, संपर्क, परस्पर व्यवहार: have but little ~ with one's neighbours;
collocations: **chamber of ~** व्यापार-मंडल

commercial /कमःशिअ\ल/ *adj.* 1 वाणिज्यीय, व्यापारिक, वाणिज्य संबंधी: ~ transaction; ~ custom; ~ law; ~ court; ~ attaché; ~ aviation 2 बाजारू: ~ film 3 व्यावसायिक: ~ treaty; ~ education; ~ correspondence 4 लाभोन्मुखी, लाभकारी 5 दत्त विज्ञापन;
n. रेडियो या टीवी विज्ञापन;
dw/lw: **~ism** /~लिज्म/ *n.* वाणिज्यवाद, लाभ वृत्ति, व्यापारिक बुद्धि, बनियापन; **~ity** /~लिटि/ *n.* व्यापारिकता, बनियापन; **~ly** /~लि/ *adv.* व्यापारिक दृष्टि से, लाभ-हानि की दृष्टि से;
collocations: **~ art** 1 वाणिज्यीय चित्रण कला 2 वाणिज्यीय कला; **~ break** (TV, radio) विज्ञापन अंतराल; **~ complex** व्यापारिक परिसर; **Commercial Court** वाणिज्य न्यायालय; **~ graphic art** वाणिज्यिक लेखा-चित्रण; **~ traveller** वाणिज्य यात्री; **~ vehicle** वाणिज्य गाड़ी; **~ wing** वाणिज्य विभाग

commerciali\ze /कमःशिआलाइ\ज/ (*also* **~se**) *v., pt.* **~zed/ ~sed**, *pp* **~zing/ ~sing** व्यापारिक बनाना, बाजार में चलाना, बेचना;
dw/lw: **~zed/ ~sed** *adj.* लाभोन्मुख, बाजार चालित; **~zation** /~जेशन/ *n.* व्यावसायीकरण, व्यापारीकरण

commerge /कअमर्ज/ *v., pt.* **~d**, *pp* **commerging** 1 मिलाना, एकीकरण क. 2 एकीभूत हो., विलीन हो., मिल जा.,

commie /कौमी/ *US* काःमी/ *n., colloq., derog.* कम्युनिस्ट (communist) के लिए अपमानजनक शब्द

commina\te /कौमिने\ट/ *US* काःमिने\ट/ *v., pt.* **~ted**, *pp* **~ting** डराना, धमकाना, शाप दे.;
dw/lw: **~tion** /~शन/ *n.* धमकी, ईश्वरीय दंड भय या विधान, धिक्कार; **~tory** /~टरि/ *adj.* 1 ईश्वरीय भय का द्योतक 2 शापात्मक 3 धमकीभरा, डरावना

comming\le /कौमिंग्ल/ *US* कमिंग्ल/ *v., pt.* **~led**, *pp* **~ling** 1 मिश्रित हो. 2 घुल-मिल जा., मिलना-मिलाना

comminu\te /कौमिन्यू\ट/ काःमिन्यू\ट/ *v., pt.* **~ted**, *pp* **~ting** 1 चकना-चूर कर दे. 2 चूर्ण कर दे. 3 संपत्ति को छोटे-छोटे टुकड़ों में बांटना;
dw/lw: **~ted** /~टिड/ *adj.* विखंडित, टुकड़े-टुकड़े बना हुआ: ~ted fracture; **~tion** /~शन/ *n.* विखंडन;
collocations: **~ted fraction** विखंडित अस्थि भंग; **~ted fracture** हड्डी की कई स्थानों पर टूटन;

commis/ commis chef /कौमि/ कौमिशेफ/ *n.* (*pl.* **commis/commis chefs**) सहायक बैरा या रसोइया

commisera\te /कअमिजअरे\ट/ *v., pt.* **~ted**, *pp* **~ting** (*often* **~te with sb on/ for/ over sth**) 1 सहानुभूति जताना, प्रकट क. 2 संवेदना प्रकट क.: **~te** with sb on his loss;
dw/lw: **~tion** /~शन/ *n.* सहानुभूति, दया, तरस, दिलासा, संवेदना

commissar /कौमि\साः/ *US* काःमि\साः/ *n.* 1 कमिसार, 1917 की अक्तूबर क्रांति के बाद रूस में मंत्री के पद का नाम 2 रूसी सेना में विचारधारा अधिकारी;
dw/lw: **~iat** /~सेअरिअत/ *n.* 1 सेना का रसद विभाग, कमिसारियत 2 भूतपूर्व सोवियत संघ में सरकारी विभाग; **~y** /~सरि/ *n., pl.* ~ies 1 रसद अधिकारी 2 *US* सेना को रसद देने वाली दुकान 3 *originally US* फिल्म स्टूडियो की कैंटीन 4 बिशप का सहायक अधिकारी

commission /कमि\शन/ *n.* 1 आयोग, समिति, कमीशन (body of persons): human rights ~; sit on the government ~; on the ~ 2 (*syn.* authority) अधिकार, कार्याधिकार, किसी से कोई कार्य करवाने का अनुबंध या निर्देश: act within one's ~; go beyond one's ~; carry out a ~ successfully 3 (*syn.* remuneration) कमीशन, आढ़त, दलाली की फीस, बट्टा: hold a ~ from the government 4 अपराध करने की क्रिया: ~ of murder 5 नियुक्ति 6 कारण, आचरण 7 अधिकार-पत्र, शासनपत्र 8 (अर्पित) कार्य 9 *milit.* सेना में अफसर का पद 10 पेटंट, लाइसेंस 11 कार्य पूरा करने की क्रिया: a ship in ~; come into ~;
v., pt. **~ed**, *pp* **~ing** 1 किसी को कुछ करने की जिम्मेवारी सौंपना 2 नियुक्ति क. 3 अधिकार दे. 4 चालू क. 5 *milit.* सेना में अफसर का पद दे. 6 किसी वस्तु को लेने के लिए आदेश दे. 7 नौसेना में सक्रिय सेवा के लिए जहाज बनाना;
dw/lw: **~aire** /~शअनेअः/ *n.* द्वारपाल, संदेशवाहक; **~ary** /कमिशनरि/ *n.* मंडल, जनपद; **~ed** /~शंड/ *adj.* सेना में कमिशन प्राप्त; **~ing** /~शनिंग/ *n.* 1 चालू करने की क्रिया 2 सेना में कमिशन देने की क्रिया;
collocations: **~ agent** आढ़तिया, कमीशन एजेंट, कमीशन अभिकर्ता; **~ merchant** आढ़तिया; **~ed officer** सेना में कमिशन प्राप्त अधिकारी; **~ of conciliation** समझौता समिति; **~ of inquiry** जांच आयोग; **~ of the peace** शांति आयोग; **error of ~** करण त्रुटि; **interim ~** अंतरिम सैनिक अफसर बनाने की क्रिया; **permanent ~** स्थाई सैनिक अफसर बनाने की क्रिया; **~ merchant agent**;
p&i: **get a ~** अफसर नियुक्त होना, सेना में अफसर ब.; **in ~** 1 चलने योग्य, चालू हालत में 2 अधिकार प्राप्त; **out of ~** (मशीन) बिगड़ी हालत में, बिगड़ा हुआ; **put into ~** चालू क.; **put out of ~** बिगाड़ दे.

commissioner /कमिशनः/ *n.* 1 आयोग का सदस्य 2 आयुक्त, कमिश्नर 3 उच्चायुक्त: High **Commissioner** (उच्चायुक्त, कॉमनवेल्थ देशों में सदस्य देशों के राजदूत);
collocations: **~ for oaths** (**oath ~**) शपथ आयुक्त; **police ~** पुलिस आयुक्त;

commissure /कौमिस्युअः/ *US* काःमिस्युअः/ *n.* 1 संयोजिका, संधायिनी, जोड़क 2 तंतुबंध (of nerves)

commit /कमि\ट/ *v., pt.* **~ted**, *pp* **~ting** 1 गलत काम या अपराध क.: ~ a breach of the peace/ of promise 2 वायदा क., वचनबद्ध हो., प्रतिबद्धता जताना, प्रतिज्ञा क.: ~ oneself to the cause of down-trodden; be **~ted** to neutralism; don't ~ yourself 3 सौंपना, सुपुर्द क., के हवाले कर देना: ~ a child to the care of a nurse; **~ted** it to a friend for safe-keeping 4 गिरफ्तार क.: ~ to prison/ to jail 5 आग आदि में

झोंकना, दफनाना, किसी अवस्था में पहुंचाना: ~ to the flames; ~ a body to the ground/ to the earth; ~ to oblivion; ~ to paper/ to writing 6 करना, कर डालना: ~ an error/ a sin/ a blunder/ a murder/ an aggression; ~ to action 7 बंध जाना, फंस जाना 8 अभियुक्त पर आगे की कार्रवाई के लिए मुकदमे को उच्चतर न्यायालय को भेजना: ~ the case to sessions court; ~ for trial;

***dw/lw:* ~ment** /~टमंट/ *n.* 1 प्रतिबद्धता, वायदा, वचनबद्धता, प्रतिज्ञा: meet ~ment; make no ~ment; treaty ~ments; meet ~ments 2 सुपुर्दगी, गिरफ्तारी 3 *law* किसी को कैद की सजा का आधिकारिक आदेश; **~tal** /~टल/ *n.* 1 जेल या पागलखाने आदि को सुपुर्दगी 2 ताबूत का दफन 3 किसी नेक काम के लिए समर्थन: enthusiastic ~tal to the cause; **~ted** /~टिड/ *adj.* 1 वचनबद्ध, वफादार 2 किसी विचारधारा के प्रति प्रतिबद्ध: a ~ted artist; ~ted theatre/ writer 3 सुपुर्द;

***p&i:* ~ a fault/ mistake** गलती क.; **~ an atrocity/ outrage** कहर ढाना; **~ breach of trust** अमानत में खयानत क., विश्वासघात क.; **~ nuisance** (*IE*) सार्वजनिक स्थान पर गंद फैलाना (मलमूत्र त्याग क.); **~ oneself** के प्रति प्रतिबद्ध हो.; **~ sth to memory** रट ले., रटना, याद कर ले.; **~ suicide** आत्म-हत्या क.; **~ to memory** कंठस्थ क.; **~ no nuisance** गंदगी का न फैलाना; **~ to oblivion** भुला दे.; **~ to paper/ to writing** लेखबद्ध क., लिख ले.;

he that ~s a fault thinks every one speaks of it चोर की दाढ़ी में तिनका; **not ~ oneself** किसी विषय पर अपनी स्थिति साफ करने से इन्कार क., प्रतिबद्धता न जताना

committee /कमिटी/ *n., pl.* **~s** 1 समिति, सभा, परिषद, कमेटी: executive ~; resistance ~; ~ English (सभा, समितियों में बोली जाने वाली अंग्रेजी) 2 अभिभावक, संरक्षक, अभिरक्षक, अर्पिती (of a lunatic);

***dw/lw:* ~man** *n.* समिति का सदस्य; **~ship** *n.* समिति का सदस्यता

***collocations:* ~ room** सभागार; **~ stage** *politics* संसद में विधेयक का संबद्ध समिति द्वारा अध्ययन करने की अवस्था; **action ~** संघर्ष समिति; **ad-hoc ~** तदर्थ समिति; **a hanging ~** प्रदर्शनी समिति; **credentials ~** मताधिकार जांच समिति; **drafting ~** संपादन समिति; **interim ~** अंतरिम समिति; **joint parliamentary ~** संसदीय संयुक्त समिति; **preparatory ~** तैयारी समिति; **standing ~** स्थायी समिति; **Steering Committee** परिचालन समिति; **strike ~** हड़ताल समिति;

***p&i:* a vigilance ~** (अमेरिका में) अश्वेत लोगों की मुक्ति के लिए संघर्षशील लोगों के विरुद्ध लड़ने वाले श्वेत लोगों का संगठन; **go into ~** विधि समिति को भेजना; **in ~** समिति द्वारा अध्ययन के लिए; **the ~ of the whole House** विधेयक पर विचार-विमर्श करने के लिए संसद का सत्र; **the ~ of Ways and Means** अमेरिकी कांग्रेस का बजट आयोग;

commix /कॉमिक्स\/ *v., pt.* **~ed,** *pp* **~ing** सम्मिश्रण क.;

***dw/lw:* ~ture** /~चः/ *n.* सम्मिश्रण

commo\de /कमो\ड/ *n.* 1 (***syn.*** chest) अलमारी 2 शौचालय कमोड; ***dw/lw:* ~dious** /~डिअस/ *adj.* 1 खुला, विस्तृत, बड़ा, लंबा-चौड़ा 2 (***syn.*** comfortable) सुविधाजनक; **~diousness** /~डिअसनेस/ *n.* विस्तार, सुविधा-संपन्नता; **~diously** /~डिअसलि/ *adv.* खुले ढंग से

commodi\ty /कमोडिटि/ *US* कमाःडिटि/ *n., pl.* **~ties** 1 वस्तु, पण्य पदार्थ, माल, जिन्स: staple **~ties** (मुख्य पदार्थ या माल) 2 उपयोगी वस्तु: **~ty** production (माल का उत्पाद) 3 सुविधा, लाभ

commodore /कौमअडॉर/ *US* काःमअडॉर/ *n.* 1 कमाडोर (नौसेना अफसर) 2 व्यापारी जहाजों के बेड़े का कप्तान

common /कौम\न/ *US* काःम\न/ *adj.* 1 (***syn.*** general) सामान्य, आम: ~ mistakes; ~ decency; the ~ cold 2 (***syn.*** ordinary) साधारण, मामूली: the ~ people; ~ species; man of no ~ abilities (असाधारण व्यक्ति) 3 (***syn.*** joint) साझा, साझी, सामूहिक, जनसाधारण का: ~ language/ lot; by ~ consent; a contribution to the ~ cause; make ~ cause; ~ nuisance; ~ carrier 4 (***syn.*** public) सार्वजनिक: ~ stock 5 (***syn.*** simple) *UK* अपरिष्कृत, मोटा, खुरदरा, सीधा-सादा, गंवारू, बेढब: ~ clothes/ furniture/ decoration; ~ wool 6 उभय, उभयनिष्ठ: ~ to both 7 सर्वमान्य, सर्वनिष्ठ, सार्व, सर्व सामान्य, व्यापक: ~ knowledge; ~ practice; this word/ expression is in ~ use in English; ~ to all; ~ expression 8 (***syn.*** equal) समान 9 *math* सार्व, दो या अधिक संख्याओं के बीच साझा, महत्त्व समापवर्त्य: highest ~ factor;

n. 1 (***syn.*** commonage) आम मैदान, परती, पड़ती, पंचायती या सार्वजनिक जमीन: ~ of pasturage (साझी चरागाह) 2 *pl.* जनसाधारण 3 रसद;

***dw/lw:* ~able** /~नअबल/ *adj.* पंचायती, सामूहिक; **~ality** /~नअबिलिटि/ *n.* सामान्यता, एकरूपता; **~alty** /~नअल्टि/ *n.* जन साधारण, आम लोग; **~er** /~नः/ *n.* आम व्यक्ति, साधारण व्यक्ति; **~-law** *n.* बिना शादी किए पति-पत्नी की तरह साथ रहने का चलन: a ~-law marriage (बिना शादी किए पति-पत्नी की तरह रहने की प्रथा, लोक-विधि); **~ly** /~नलि/ *n.* अक्सर, प्रायः, साधारणतः; **~ness** /~ननेस/ *n.* सामान्यता, साधारणता; **~-or-garden** *adj.* साधारण, मामूली, घिसा-पिटा; **~hold** /~नहोल्ड/ *n.* साझी जायदाद; **~place** *adj.* व्यापक, सड़क-छाप, घिसा-पिटा: it's a mere ~place; **~place** *n.* घिसा-पिटापन: the atmosphere of ~place; **~-riding** *n.* स्कॉटलैंड की सीमाओं पर घुड़-सवारों द्वारा अपनी सीमा के चारों ओर चक्कर लगाने का उत्सव जो उनकी भूमि का इंग्लैंड द्वारा संभावित अतिक्रमण का प्रतीकात्मक विरोध का प्रतीक है; **Commons** /कौमन्ज/ *US* काःमन्ज/ (*also* **the Commons, the House of Commons**) *n.* ब्रिटेन की संसद का लोक सभा जैसा सदन, जन-प्रतिनिधि;

***collocations:* ~ advantage** साझा फायदा; **~place book** नोटबुक, ज्ञापन पुस्तिका; **~ cause** समान उद्देश्य, आम हित; **~ clothes** गंदे या मामूली कपड़े; **~ code** समान संहिता; **~ cold** साधारण सर्दी-जुकाम; **~ council** नगर-निगम; **Common Era** (*abbr.* **CE**) आधुनिक युग; **~ error** सामान्य भूल या गलती; **~ denominator** सामान्य हर; **~ efforts** साझा प्रयास; **~ factor** समीपवर्ती; **~ gender** *gramm.* उभयलिंग; **~ good** सर्वहित, लोकहित; **~ ground** समान विचार, साझा मंच; **~ land** साझी जमीन; **~ law** साझी प्रथाओं व न्यायाधीशों के फैसलों पर आधारित कानून; **~ life** सार्वजनिक जीवन; **~ man** आम आदमी; **~ manners** शिष्टाचार के आम तौर-तरीके; **~ multiple** सामान्य गणांक; **~ noun** जातिवाचक संज्ञा; **~ people** जनता, जनसाधारण, आम लोग; **philosophy of ~ sense** व्यावहारिक ज्ञानवाद, सहज बुद्धिवाद; **~ property** साझी संपत्ति; **~ room** छात्र सदन; **~ school** *US* प्रारंभिक विद्यालय, सार्वजनिक विद्यालय, सामान्य विद्यालय; **~ sense** सहज बुद्धि, सामान्य बुद्धि या बोध, व्यावहारिक समझ: ~ sense proposal; **~ stairs** सामान्य सीढ़ियां, आम जीना; **~ time** दो या दो चार बोलों की ताल, चतुरस्र कालमान; **~ seal** कंपनी की मोहर; **~ wealth** 1 जनसमुदाय, जनता 2 स्वतंत्र देशीय सरकार, गणराज्य; **~ woman** वेश्या; **~ year** सामान्य वर्ष (जो लीप वर्ष न हो);

the Common Market यूरोपीय देशों का साझा बाजार (यूरोपीय संघ/ European Union/ का पुराना नाम);

***p&i:* ~ horse is worst shod** साझे की हंडिया चौराहे पर फूटती है; **~ or garden** साधारण, मामूली; **~ run of men** साधारण व्यक्ति; **~ sense is not so ~** सामान्य ज्ञान बहुत सामान्य नहीं होता; **as ~ as dirt** बिल्कुल साधारण या मामूली; **at the ~ rate** प्रचलित दर से; **by ~ consent** आम राय से; **have nothing in ~** कोई समानता न हो.; **have sth in ~** थोड़ी-बहुत समानता हो.; **in ~** साझेदारी में, सम्मिलित रूप से; **in ~ with sb/ sth** के साथ मिलकर; **it is ~ knowledge that...** यह बात जग-जाहिर है कि

..., इस बात को सब जानते हैं कि...; **out of the** ~ असाधारण; **the ~ touch** किसी प्रसिद्ध व्यक्ति की जनसाधारण के साथ करीबी; **make ~ cause** साझे उद्देश्य की पूर्ति के लिए संघर्ष क.; **nothing out of the** ~ कोई विशेष बात नहीं (मामूली); **the first Commoner** ब्रिगेड की संसद का अध्यक्ष

commonality *see above under* **common: *dw/lw***

commonalty *see above under* **common: *dw/lw***

commoner *see above under* **common: *dw/lw***

commonly *see above under* **common: *dw/lw***

commonplace *see above under* **common: *dw/lw***

Commons *see above under* **common: *dw/lw***

common sense *see above under* **common: *collocations***

commonweal / *US* का:मनवील/ *US* का:मन-/ *n.* सार्वजनिक हित, सामुदायिक कल्याण

Commonwealth /कौमनवेल्थ/ *US* का:मनवेल्थ/ *n.* (*in full* **the commonwealth of Nations**) राष्ट्र कुल, राष्ट्रमंडल: ~ of artists/ literary men;

***collocations:*~ Day** राष्ट्रमंडल दिवस

Commonwealth of Independent States (*abbr.* **CIS**) (भूतपूर्व सोवियत गणराज्यों से बना) स्वतंत्र देशों का राष्ट्रमंडल

commoran\cy /कौमअरं\सि/ *US* का:मअरं\सि/ *n., law* (***syn.*** residence) आवास स्थान;

***dw/lw:* ~t** /~ट/ *adj.* विश्वविद्यालय के छात्रावास में रहने वाले छात्र

commotion /कमोशन/ *n.* 1 हो-हल्ला, हुड़दंग, हुल्लड़, शोरगुल, हलचल, उथल-पुथल 2 उत्तेजना: ~ of the nerves = ~ of the spirits (मानसिक धक्का)

communal /कम्युन\ल/ *adj.* 1 साझा, पंचायती सामुदायिक: ~ property 2 सांप्रदायिक: ~ harmony (सांप्रदायिक सद्भाव, समरसता); ~ riots (सांप्रदायिक दंगे); ~ trouble;

***dw/lw:* ~ism** /~लिज्म/ *n.* सांप्रदायिकता, फिरकापरस्ती; **~ist** /~लिस्ट/ *adj.* सांप्रदायवादी, फिरकापरस्त; **~ist** /~लिस्ट/ *n.* फिरकापरस्त आदमी; **~ize**/ **~isc** /~लाइज/ *v., pt.* ~ized, *pp* ~zing साम्प्रदायिक रूप दे.

Communard /कौम्युना:ड/ *n.* 1870 के पैरिस कम्यूनों का सदस्य, कम्युनार

commune /कौम्यून/ *US* का:म्यून/ *n.* 1 समुदाय, कम्यून, बहुत सारे लोगों का साझा जीवन;

v. *pt.* **~d**, *pp* **communing** 1 किसी के साथ बहुत आत्मीयता से बातचीत क. 2 प्रकृति आदि से आत्मीयतापूर्ण संबंध रखना: ~ with nature;

***collocations:* ~ bonum** *Lat.* 1 सार्वजनिक हित 2 कई यूरोपीय देशों में सबसे छोटी प्रशासनिक इकाई 3 पेरिस कम्यून

commune bonum *see above under*: **commune: *collocations***

communibus annis /कम्यूनिबस ऐनिस/ *Lat.* वार्षिक औसत दर से

communicable /कम्यूनिकअबल/ *adj.* 1 संचारी, संचरणीय 2 मिलन सार 3 संक्रामक: ~ diseases (संक्रामक बीमारियां)

communicant /कम्यूनिकंट/ *n.* 1 प्रभु-भोज या परम प्रसाद (Communion) पाने वाला 2 सूचना देने वाला

communica\te /क्म्यूनिके\ट/ *v., pt.* **~ted**, *pp* **~ting** 1 (***syn.*** convey) सूचनाओं, विचारों आदि को किसी को भेजना: **~te** news/ an opinion/ thoughts/ intentions to sb 2 (***syn.*** exchange) विचारों, भावनाओं आदि का आदान-प्रदान क., संवाद स्थापित क. या बनाए रखना: **~te** with one's neighbour; **~te** with the outer world 3 संचारित क. या हो.: her nervousness was ~ting itself to the kids 4 कोमुन्यो (Communion) या परम प्रसाद ग्रहण क. 5 बीमारी या अवसाद से संक्रमित क.: **~te** a disease/melancholy to sb 6 दो कमरों आदि का आपस में जुड़ा हो.: the dressing-room **~tes** with the bedroom 7 संचार साधनों के माध्यम से आदान-प्रदान क.: countries **~ting** by a canal;

***dw/lw:* ~tion** /कम्यूनिकेशन/ *n., pl.* ~tions 1 संवाद, विचारों का आदान-प्रदान: theory of ~tion 2 संदेश, खबर, पत्र: receive ~tion from sb 3 पत्र-व्यवहार 4 सामाजिक संपर्क, संसर्ग: be in ~tion with sb 5 (~tions) इलेक्ट्रोनिकी संचार, संचारण, संसूचन, संप्रेषण: wireless ~tion; ~tion channel; internet ~tion 6 *pl.* संचार-व्यवस्था, आवागमन, यातायात 7 संक्रमण: ~tion of diseases 8 दो कमरों आदि का आपस में जुड़ाव; **~tions** /~शन्ज/ *n.* संचार साधन; **~tive** /~टिव/ *adj.* संवादशील, मिलनसार, अभिव्यक्तिशील, आलापप्रिय: ~tive skills (संवाद हुनर); **~ly** /~टिवलि/ *adv.* संवादशील ढंग से; **~tor** /~ट:/ *n.* 1 संचारक, संदेशवाहक 2 संवादक: a good ~tor;

***collocations:* ~tion channel** संचार चैनल; **~tion cord** *Br.* रेलवे डिब्बे में आपात जंजीर; **~tion officer** संचार अधिकारी; **~tion pipe** योजक नली; **~tion service** संचार सेवा; **~tion skills** संवाद/ अभिव्यक्ति के हुनर; **~tion theory** सूचना, संचार एवं संवाद सिद्धांत; **~tions satellite** *astron.* संचार उपग्रह; **privileged ~tion** गुप्त या रक्षित सामग्री; **wireless ~tion** बेतार सेवा;

***p&i:* ~ between sb and sb** दो लोगों के बीच संवाद या विचारों का आदान-प्रदान; **~ting door** दो कमरों को जोड़ने वाला दरवाजा; **evil ~tions corrupt good manners** जैसी संगत वैसी रंगत;

a breakdown in ~ संपर्क विच्छेद; **in ~ with sb** किसी के साथ संपर्क में (हो.); **means of** ~ यातायात, संपर्क एवं संचार साधन

communi consensu /कौमनि कोनसेंसु/ *adv., Lat.* सर्व सम्मति से, सब की सहमति से

communion /कम्यूनिअन/ *n.* (*also* **Communion**) 1 ईसाई आध्यात्मिक समागम जिसमें ईसा के शरीर व रक्त के प्रतीक के रूप में ब्रेड खाते हैं और वाइन पीते हैं 2 (***syn.*** Holy Communion) प्रभु-भोज, परम प्रसाद (कोमुन्यो): take ~ (परम प्रसाद ग्रहण क.) 3 (***syn.*** fellowship) सहभागिता, भाईचारा: ~ with one's fellows 4 (***syn.*** group) धर्म समाज: be of the same ~ 5 (***syn.*** relation) संपर्क, घनिष्ठता, आत्मीयता: close ~ with nature;

***dw/lw:* ~-cloth** *n.* प्रभु-भोज परिधान; **~-rails** *n. [pl.]* कठहरा, जंगला;

***collocations:* ~ service** परम प्रसाद प्रार्थना; **~ table** परम प्रसाद मेज

communiqué /कम्यूनिके/ *n., pl.* **~s** विज्ञप्ति, सरकारी घोषणा या सूचना: joint ~

commu\nism /कौम्यु\निज्म/ *US* का:म्यु\निज्म/ *n.* साम्यवाद, एक ऐसा समाज जिसमें अमीर-गरीब, शोषक-शोषित वर्ग न रहेंगे; न पैसा का चलन होगा, न सेना होगी, न पुलिस, न राजनीतिक दल होंगे, न दलगत राजनीति, न देशों के बीच सीमाएं रहेंगी, न सरकार होगी न उसका अत्याचारी प्रशासनिक तारतम्य; सत्ता सीधे जनता के हाथ में होगी; समाज इस सिद्धांत पर काम करेगा कि हर व्यक्ति काम करेगा अपनी क्षमता और योग्यता के अनुसार और इसके बदले में फल पाएगा अपनी आवश्यकताओं के अनुसार (Each works according to his/ her ability and to each according to his/ her` needs); समाज में हर व्यक्ति पहले सोचेगा दूसरों के बारे में और दूसरे सब सोचेंगे प्रत्येक व्यक्ति के बारे में (one for all, all for one); साम्यवाद के प्रवर्तक कार्ल मार्क्स के अनुसार साम्यवाद विकृतिविहीन समाजवाद के पूर्णतः विकसित होने के बाद ही आ सकता है, यानी तब जब समाज में सभी वस्तुओं की बहुतायत होगी और प्रत्येक व्यक्ति सामाजिक रूप से अत्यधिक सचेत व कर्त्तव्यपरायण होगा;

***dw/lw:* ~nist** /~निस्ट/ *n.* साम्यवादी व्यक्ति; **~nist** *adj.* साम्यवादी; **~nistic** /~निस्टिक/ *adj.* साम्यवादी: ~nistic

principles;
collocations: **the ~nist party** साम्यवादी सिद्धांतों का समर्थक साम्यवादी दल
communitarian /कम्यूनिटेरिअन/ *n.* 1 कम्यून या समूह का सदस्य 2 सामूहिक जीवन शैली का समर्थक
community /कम्यूनिटि/ *n., pl.* **communities** 1 एक स्थान के निवासी लोगों का समुदाय, समूह, समाज, बिरादरी: local ~; international ~; foreign ~ in a country; ~ of race 2 साझी आस्थाओं, क्षेत्र या व्यवसाय आदि के आधार पर बने बिरादरी-समाज, समुदाय आदि: the Asian ~ 3 मठ, मठवासी-संप्रदाय 4 भागीदारी, हिस्सेदारी, साझापन: ~ of interests; the welfare of ~; ~ of goods; ~ kitchen/ dining-room; ~ chest 5 साझे हितों से जुड़े देशों का समूह: European ~ 6 समान जलवायु या क्षेत्र के वानस्पतिक जीवन का समूह 7 (***syn.*** commonness) साझेदारी की भावना, समता, समानता: ~ of opinions, thoughts and feelings etc.;
collocations: **~ care** सामुदायिक उपचार या देखरेख; **~ centre** *UK* (*US* **~ center**) सामुदायिक केंद्र, सांस्कृतिक केंद्र; **~ college** *US* 1 दो-साला कॉलेज जहां विद्यार्थी कुछ हुनर सीख सकते हैं या विश्वविद्यालय में प्रवेश के लिए तैयारी कर सकते हैं 2 सारे समुदाय को शिक्षा देने वाला कॉलेज; **~ council** सामुदायिक परिषद; **~ development** सामुदायिक विकास; **~ hall** सामुदायिक सदन; **~ home** 1 अनाथ या माता-पिता की देख-रेख से वंचित बच्चों का घर 2 बाल-अपराधियों के लिए सुधार घर; **~ kitchen** लंगर, सामाजिक भोजन केंद्र; **~ language learning** छोटे-छोटे समूहों में बंटकर विदेशी भाषा सीखने का एक तरीका; **~ nurse** सामुदायिक परिचारिका; **~ of race** जातीय संप्रदाय; **~ physician** सामुदायिक चिकित्सक; **~ policing** एक प्रकार की पुलिस सेवा जिसके तहत किसी पुलिस अधिकारी को किसी क्षेत्र या समुदाय विशेष में सेवा रत किया जाता है ताकि वह स्थानीय समूह के साथ जान-पहचान कर सके और फिर समुदाय के साथ मिलकर पुलिस कार्य कर सके; **~ school** सारे समुदाय को शिक्षा देने वाला स्कूल; **~ service** 1 अपराध के लिए जेल की सजा की बजाए समाज सेवा; बिना किसी मुआवजे के की जाने वाली सामुदायिक सेवा; **~ singing** सामुदायिक गायन जिसमें सभी लोग भाग लेते हैं; **~ spirit** सामुदायिक भावना; **~ work** सामुदायिक कार्य; **international** ~ अंतर्राष्ट्रीय समाज
communi\zation /कौम्युनाइ\जेशन/ *US* काःम्युनाइ\जेशन/ *n.* समुदायीकरण, सामूहीकरण;
dw/lw: **~ze** /~ज/ *v., pt.* ~zed, *pp* ~zing सामुदायिक या साम्यवादी बनाना
commuta\te /कौम्युटे\ट/ *US* काःम्युटे\ट/ *v. pt.* **~ted**, *pp* **~ting** *elec.* आवर्ती-प्रत्यावर्ती विद्युत धाराओं की अदला-बदली हो. या क.;
dw/lw: **~ble** /कम्यूटबल/ *adj.* विनिमेय; **~bility** /कम्यूटअबिलिटि/ *n.* विनिमेयता; **commuta\tion** /~शन/ *n.* 1 रुपांतरण 2 विनिमय, अदला-बदली, परिवर्तन 3 *law* दंड में कमी: ~tion of death-penalty to life imprisonment 4 *elec.* दिक्परिवर्तन, आवर्ती व प्रत्यावर्ती विद्युत धाराओं की अदला-बदली 5 उपनगरों से प्रतिदिन रेल यात्रा: ~tion ticket = seasonal ticket (मौसमी टिकट); **~tive** /कअम्युटेटिव/ *adj.* 1 दिक्परिवर्तक 2 *math.* क्रमविनिमेय: ~tive justice (योग्यतानुत्पाती न्याय); **~tor** /~टः/ *n.* दिक्परिवर्तक, आवर्ती-प्रत्यावर्ती विद्युत धारा अदला-बदली यंत्र
commu\te /कम्यू\ट/ *v., pt.* **~ted**, *pp* **~ting** 1 नियमित/ दैनिक यात्रा क. 2 विनिमय क. 3 भुगतान का रूप बदल दे., रुपांतरित क. 4 *electr.* दिक्परिवर्तन क., आवर्ती-प्रत्यावर्ती विद्युत धारा की अदला-बदली क. 5 का स्थान ले. 6 एक दंड को दूसरे में बदल दे.: **~te** the death-penalty to life imprisonment;
n. काम आदि पर जाने में लगने वाला समय: one hour **~te** to work;
dw/lw: **~ted** /~टिड/ *adj.* 1 परिवर्तित: ~ted leave (परिवर्तित/ रूपांतरित अवकाश) 2 दूसरे दंड में बदला हुआ 3 दूसरे भुगतान में बदला हुआ: ~ted value (परिवर्तित मूल्य); **~ter** /~टः/ *n.* काम पर जाने वाला दैनिक यात्री: ~ter belt (शहर के आस-पास का दैनिक यात्रियों का क्षेत्र);
collocations: **~ter train** दैनिक यात्रियों की रेलगाड़ी
commu\tal/ ~tual /कम्यूटल/ कोमम्यूच्युअल *adj.* पारस्परिक, आपसी
commuter /कम्यूटः/ *n.* *see above under* **commute:** ***dw/lw***
comose /कोमोस/ *adj. bot.* 1 गुच्छकेशी 2 (***syn.*** hairy) रोमिल
comp *abbr.* 'comparative', 'compare', 'composer', 'compound' का संक्षेप
compact /कौंपैक्ट/ कंपैक्ट/ *adj.* 1 (***syn.*** dense) सघन: ~ texture 2 (***syn.*** firm) सुसंहत, सुसंबद्ध, ठोस: ~ tissue 3 (***syn.*** concise) सुसंबद्ध, छोटा, संक्षिप्त: ~ style 4 से बना या भरा हुआ: mind ~ of clichés/ of formulas (घिसी-पिटी बातों से ठुंसा हुआ जहन) 5 चुस्त-दुरुस्त, सशक्त, दृढ़;
***v.**, pt.* **~ed**, *pp* **~ing** 1 दबाकर संहत बनाना 2 कसना, छोटा बनाना, संक्षिप्त क. 3 ठोस बनाना 4 ठसाठस भरना;
n. 1 सघनता 2 (औरतों का श्रृंगार) डिब्बा 3 छोटी कार;
dw/lw: **~ed** /कौंपै\क्टिड/ *US* कांपै\क्टिड/ *adj.* संहत, सुसंबद्ध, संगठित, एकीकृत; **~ion** /~क्शन/ *n.* संहनन, संक्षेपण; **~ly** *adv.* सुसंबद्ध ढंग से; **~ness** /~क्ट्नेस/ *n.* सघनता, संहतता, सुगठन, सुसंबद्धता;
collocations: **~ disc** CD सीडी, संहत डिस्क; **~ disc interactive** (CD-I) *see under* CD-I; **~ disk read-only memory** (CD-ROM) *see under* CD-ROM
compactness *see above under* **compact:** ***dw/lw***
compadre /कौंपादरे/ *US* कांपादरे/ *n. Sp.* मैत्रीपूर्ण संबोधन
compa\ges /कौंपेजीज/ *US* कांपेजीज/ *n.* संरचना प्रणाली, अंगों की जुड़ाव प्रणाली: **~ges** of pipes (पाइपों को जोड़ने की प्रणाली);
compagina\te /कंपैजिने\ट/ *v., pt.* **~ted**, *pp* **~ting** संहित क., जोड़ना;
dw/lw: **~tion** /~शन/ *n.* कसाव, जुड़ाई, सुनियोजन, सुयोजन
companion /कंपैनिअ\न/ *n.* 1 साथी, सखी, बेली, संगी, सहचर, सहचरी, मित्र: ~ in misfortune; ~ of one's youth; boon ~ (हंसोड़ बोतल यार) 2 यात्रा में संगी (*Fr.* compagnon de voyage): not much of a ~ 3 *hist.* किसी महिला द्वारा अपनी देखभाल के लिए रखी जाने वाली दूसरी महिला: a lady's ~ 4 सूचनापूर्ण पुस्तिका 5 किसी चीज से मेल खानेवाली वस्तु: ~ vase 6 (**Companion**) एक निम्न-स्तरीय पदवी 7 *naut.* जहाज के केबिन में प्रकाश आने के लिए रोशनदान 8 जोड़े में बनी वस्तु का एक हिस्सा: the glove for the left hand is here, but where is its **~?** 9 सहसंवादी: poor ~ 10 (***syn.*** sputnik) सितारों का सहगामी 11 सहअपराधी: ~ in crime;
***v.**, pt.* **~ed**, *pp* **~ing** 1 साथी या संगी हो. 2 साथ चलकर छोड़कर आना 3 दोस्ती क.;
dw/lw: **~able** /~नेबल/ *adj.* मिलनसार, मैत्री-योग्य; **~ate** /~नेट/ *adj.* सख्य, सौहार्दपूर्ण, सहचरी; **~ship** /~नशिप/ *n.* 1 साथ, संगति, संग-साथ, सहचारिता: enjoy the ~ship of sb; ~ship of many years 2 सखाभाव, सखीभाव, भाईचारा, बहनचारा, मित्रमंडल; **~-ladder** *n.* तागड़ सीढ़ी; **~-way** *n.* डेक से केबिन तक की सीढ़ी;
collocations: **~ate marriage** साहचर्य विवाह, ऐसी शादी जिसमें दुल्हा-दुल्हन द्वारा होनेवाले बच्चों की संख्या व तलाक आदि की शर्तों के बारे में लिखित समझौता किया जाता है; **~ in arms** युद्ध का साथी; **~ set** आग को उलटने-पलटने के लिए अंगीठी के पास रखे औजारों का समुच्चय (set);
p&i: **~ in adversity = ~ in misfortune** मुसीबत में साथ देने वाला मित्र

compan\y /कंपनी/ *n., pl.* **~ies** 1 *comm.* व्यापारिक संगठन, कंपनी: chartered **~y**; *US* ~ union; **~y** store; **~y** checkers/ spotters (कंपनी के गुप्तचर, मुखबिर) 2 संगति, संग-साथ, मित्र-टोली: keep **~y**; keep good **~y**; keep bad **~y** 3 (***syn.*** group) कलाकारों का समुदाय, समवाय मंडली, टोली, दल: theatrical **~y** 4 सैनिक या नाविक दल 5 *milit.* 120 सैनिकों की टुकड़ी, कंपनी: **~y** headquarters; **~y** officers 6 जहाज का चालक दल 7 प्रीतिभोजों में मेहमानों की टोली: expecting **~y**; receive a great deal of **~y** 8 लोगों का समूह;
collocations: **~y car** कंपनी द्वारा दी जाने वाली कार; **~y commander** कंपनी (120 सैनिकों की टुकड़ी का) कमांडर; **~y headquarters** सैनिक कंपनी मुख्यालय; **~y secretary** कंपनी सचिव; **~y sergeant major** नौन-कमीशंड वरिष्ठ सैनिक अधिकारी;
bad ~y कुसंगति, कुसंग; **good ~y** सुसंग, सुसंगति; **holding ~y** नियत्रंक कंपनी; **insurance ~y** बीमा कंपनी; **joint stock ~y** मिश्रित पूंजी कंपनी;
p&i: **bear sb ~y** किसी के साथ रहना या चलना; **be good/ bad/ poor ~y** अच्छा या खराब साथी हो.; **be in good ~y** अच्छी संगत में हो.; **bubble ~y** ठगों का संगठन; **expect ~y tomorrow** कल मेहमान आ रहे हैं; **fall into ~y with sb** किसी से अचानक मिलना; **get into bad ~y** बुरी संगत में पड़ना; **in ~y** दूसरों की उपस्थिति में; **keep sb ~y** किसी के साथ र., संग-साथ निभाना; **keep ~y with sb** साथ दे., साथ रहना, प्रणय-प्रसंग में हो.; **know a man by the ~y he keeps** किसी को उसकी संगत के आधार पर जानना, आंकना; **one who keeps ~y with wolves will learn to howl** जैसी संगत वैसी रंगत; **part ~y with** अलग हो., संबंध तोड़ना; **present ~y excepted** यहां बैठे लोगों की बात नहीं हो रही; **sin in good ~y** कई बड़े या जाने-माने लोगों की तरह गलती क.; **the ~y makes the feast** दूल्हे को मदद; **two is ~y but three is none = two's ~y, three's crowd** दो जनों के बीच तीसरा कबाब में हड्डी होता है
compara\ble /कौंपअरअ\बल/ *adj.* तुलना-योग्य, तुलनीय, तुल्य;
dw/lw: **~bility** /~बिलिटि/ *n.* तुलनीयता, तुल्यता
comparative /कंपैरअटिव\/ *adj.* 1 तुलनात्मक: ~ comfort/ freedom/ silence, etc. (किसी और स्थिति की तुलना में ज्यादा आराम/ आजादी/ शांति आदि); ~ method of investigation; ~ grammar of Indo-European languages 2 (***syn.*** relative) सापेक्षिक, आपेक्षिक: with ~ ease 3 तुलनात्मक विधि से संबंधित: the ~ strengths of sth 4 *gramm.* उत्तरावस्था, तुलनात्मक कोटि: ~ degree
n. *gramm.* उत्तरावस्था, तुलनात्मक कोटि;
dw/lw: **~ly** /~लि/ *adv.* (***syn.*** relatively) अपेक्षाकृत, अपेक्षातया: ~ly cheap/ easy/ difficult/high, etc.;
collocations: **~ history** तुलनात्मक इतिहास; **~ linguistics** तुलनात्मक भाषा विज्ञान; **~ literature** तुलनात्मक साहित्य
comparatist /कंपैरअटि\स्ट/ (*also* **comparativist**) *n.* तुलनात्मक साहित्यकार;
dw/lw: **comparativistics** /~विस्टिक्स/ *n.* तुलनात्मक अध्ययन
comparator /कौंपअरेटः/ *n.* तुलनाकारी, तुलनित्र
compa\re /कंपे\अः/ *v., pt.* **~red**, *pp* **~ring** 1 तुलना क., मिलाना: **~re** the translation with the original; **~re** with/ to (के साथ तुलना क.) 2 (***syn.*** contrast) समानता या असमानता जताना या स्थापित क.: can't **~re** with his predecessor in ability 3 (*often* **~re with sth/ sb**) बराबर हो., सादृश्य या साम्य हो.: **~re** well/ favourably with (भली प्रकार बराबरी क.); it is not to be **~red** with; as **~red** with 4 *gramm.* विशेषणों (adjectives), क्रिया-विशेषणों (adverbs) का तुलनात्मक कोटि (उत्तरावस्था) बनाना;
n. तुलना, मिलान: beyond/ without/ past **~re**;
dw/lw: **~rer** *n.* मिलानकर्ता, तुलना करने वाला/वाली;
p&i: **~re favourably with sth** से बेहतर हो.; **~re notes** विचारों व मतों का आदान-प्रदान क.; **~red to/ with sb/ sth** किसी की या किसी बात की तुलना में;
beyond/ without/ past ~re तुलना के परे, अतुलनीय; **his later novels ~re well with is earlier ones** उसके बाद के उपन्यास उसके पहले के उपन्यासों से बेहतर हैं
comparison /कंपैरिजन/ *n.* 1 तुलना: draw/ make ~ between 2 मिलान: bring into ~ 3 (***syn.*** similarity) समानता, साम्य, सादृश्य: there is no ~ between... 4 तुलना करने की क्रिया;
collocations: **degrees of ~** *gramm.* तुलनात्मक कोटियां;
p&i: **~s are odious** तुलनाएं सदा सटीक नहीं होतीं;
beyond ~ अद्वितीय, अतुलनीय; **by ~** तुलनात्मक दृष्टि से; **in/ by ~ with** की तुलना में, के मुकाबले में; **out of all ~** कोई तुलना नहीं हो सकती, अद्वितीय; **stand ~ with** सदृश होना; **there is no ~** कोई तुलना नहीं; **without ~** अतुलनीय
compart /कंपाःट/ *v., pt.* **~ed**, *pp* **~ing** विभक्त क.: the interior was **~ed** by screens
compartment /कंपाःटमंट\/ *n.* 1 डिब्बा: ~ ceiling 2 उपखंड: ~ of terrain 3 कक्ष: watertight **~s** 4 खंड, खाना;
dw/lw: **~al** /~ल/ *adj.* बहुखंडीय; **~alisation/ ~alization** /~लाइजेशन/ *n.* प्रखंडीकरण, विखंडन, विभाजन; **~alise/ ~alize** /~लाइज/ *v., pt.* ~alised/ ~alized, *pp* ~alising/ ~alizing खंडों/ टुकड़ों में बांटना, खंड-खंड क.;
p&i: **live in watertight ~s** दीन-दुनिया से अलग-थलग रहना
compass /कंपअ\स/ (*also* **magnatic ~**) *n., pl.* **~es** 1 दिक्सूचक, कुतुबनुमा, कंपास: mariner's ~ 2 (***syn.*** boundary) परिधि, घेरा, वृत्त 3 (***syn.*** range, scope) क्षेत्र, विस्तार, पहुंच: within the ~ of philosophy 4 (***syn.*** limit/s) सीमा, हद: within the ~ of a lifetime; keep one's desires within ~; within/ beyond one's ~/ the ~ of one's powers 5 (*usually* **~es**, *also* **pair of ~es**) परकार 6 ध्वनि परास: voice of great ~;
v.**, pt.* **~ed**, *pp* **~ing**, *s/he/it* **~es** 1 की परिक्रमा क. (go round): ~ the world; the ship wherein Magellan **~ed** the world 2 घेर ले., घेराबंदी क. 3 (syn.*** comprehend) समझ ले. 4 पूरा क., प्राप्त क.: ~ one's purpose 5 का उपाय निकालना 6 षड्यंत्र रचना: ~ a murder;
dw/lw: **~able** /~सअबल/ *adj.* प्राप्य, साध्य; **~-adjuster** *n.* दिक्सूचक समायोजक; **~es** /~सिज/ *n., [pl.] UK* (*US* **compass**) परकार; **~-saw** *n.* गोलकाट आरी;
collocations: **~ bearing** दिक्मान, दिक्कोण, दिशा कोण; **points of the ~** दुनिया के देश; **wireless ~** रेडियो कुतुबनुमा;
p&i: **box the ~** पूरा चक्कर लगाना, जहां से शुरू किया था वहीं लौटकर आना; **fetch/ cast/ go/ set/ take a ~** चक्कर काट कर जा.; **keep one's desires within ~** अपनी इच्छाओं को हद में रखना; **within/ beyond one's ~** किसी की क्षमता के भीतर या बाहर
compassion /कंपैशन/ *n.* 1 संवेदना, सहानुभूति: her heart was filled with ~ for the child 2 करुणा, दया, रहम: have/ take ~ (up)on sb;
dw/lw: **~able** *adj.* संवेदना योग्य;
p&i: **take ~ on sb** किसी पर रहम क.
compassionate /कंपैशनेट\/ *adj.* 1 संवेदनशील 2 करुणामय, दयालु;
dw/lw: **~ly** /~लि/ *adv.* संवेदनशीलतापूर्वक, करुणापूर्वक;
collocations: **~ allowance** अनुकंपा भत्ता; **~ disposition** करुणामय स्वभाव; **~ fatigue** अनुकंपा योग्य पात्रों की कभी न खत्म होने वाली कतार के कारण अनुकंपा कार्यों में धीरे-धीरे आने वाला ठहराव (होने वाली थकान); **~ ground** संवेदनशील आधार;

~ **leave** अनुकंपा छुट्टी

compati\bility /कंपैटिबिलिटि/ *n.* 1 समरूपता, अनुरूपता 2 सद्भावना, समरसता 3 साहचर्यता, मेल: the **~bility** of several properties in one thing 4 मेल होने की संभावना;
dw/lw: **~ble** /कंपैटिबल/ *adj.* (*often* **~ with sb/ sth**) 1 अनुरूप, संगत 2 *comput., engin.* एक समान काम करने वाले (यंत्र, प्रोग्राम): ~ble programmes, ~ble devices 3 एक-दूसरे से मेल खानेवाले (विचार या स्थितियां), अनुकूल, मुआफिक: ~ble ideas or situations 4 ऐसे सहजीवी, जिनकी एक दूसरे से पटरी बैठती हो 5 संयोज्य, साहचर्य 6 दूसरों के साथ मिल या घुल-मिल जाने वाला 7 (***syn.*** consistent, congruous) जिसके विचार और आचरण में सामंजस्य हो: actions ~ble with belief

compatriot /कंपेट्रिअट/ *n.* (***syn.*** countryman) देशभाई, देशबंधु, हमवतन

compeer /कंपिअः/ *n.* 1 समकक्ष 2 समान या बराबर का व्यक्ति 3 साथी, सहचर 4 समान पदस्थ 5 तुल्य, बराबरी वाला

compel /कंपे\ल/ *v., pt.* **~led**, *pp* **~ling** 1 बाध्य क., विवश/ मजबूर क.: **~led** to stay at home by illness; **~led** by illness to give up smoking 2 बलात्/ जबरदस्ती कराना: ~ sb to do sth; ~ sb to one's will 3 कोई भावना या प्रतिक्रिया पैदा क.: their plight **~s** sympathy 4 जबरदस्ती मातहत बनाना, हुक्म चलाना, बात मनवाना: ~ obedience/ silence/ confession; ~ attendance;
dw/lw: **~lable** /~लेबल/ *adj.* जिसे विवश किया जा सके, विवश्य; **~ling** /~लिंग/ *adj.* 1 प्रबल, सशक्त, जबरदस्त: ~ling force/ manner; ~ling evidence; ~ling reason 2 सम्मोहक, अप्रतिरोध्य, अकाट्य: ~ling smile; ~ling novel; **~lingly** /~लिंगलि/ *adv.* जबरदस्त तरीके से

compellation /कौंपअलेशन/ *US* कांपअलेशन/ *n.* संबोधन शैली, संबोधन

compendi\ous /कंपेंडि\अस\/ *adj.* 1 (***syn.*** compact) संक्षिप्त और सारगर्भित 2 (comprehensive) सभी सूचनाओं व तथ्यों से परिपूर्ण;
dw/lw: **~ly** /~लि/ *adv.* सारगर्भित रूप में, सूचनाओं व तथ्यों की परिपूर्णतापूर्वक; **~ness** /~नेस/ *n.* सारगर्भिता, सूचनाओं व तथ्यों की परिपूर्णता; **~um** /~अम/ *n., pl.* **~s/ ~a** 1 सार, सार संग्रह, सारांश, संक्षेप, सूचनाओं व तथ्यों से परिपूर्ण लेख 2 संक्षिप्त निर्देश पुस्तिका 3 पहेलियों आदि का संग्रह

compensable /कौंपेंसअबल/*US* कांपेंसअबल/ *adj.* पूर्तियोग्य

compensa\te /कौंपेनसे\ट/ *US* कांपेनसे\ट/ *v., pt.* **~ted**, *pp* **~ting** 1 (*often* **~te for sth**) नुकसान की क्षतिपूर्ति क., कमी पूरी क., भरपाई क., हरजाना या मुआवजा दे.: **~te** sb for a loss/ for a damage; **~te** injury etc. 2 (***syn.*** make up for) संतुलित क., बराबर क.: the present success will **~te** for your earlier failure;
dw/lw: **~ted** /~टिड/ *adj.* क्षतिपूरित; **~ting** /~टिंग/ *adj.* क्षतिपूरक; **~tional** /~शनल/ *adj.* क्षतिपूरक, प्रतिपूरक; **~tor** /~टः/ *n.* (***syn.*** automatic transformer) क्षतिपूरक (यंत्र), प्रतिकारित्र; **~tory** /~टरि/ (*also* **~tive** /~टिव/) *adj.* क्षतिपूरक, प्रतिपूरक, अनुपूरक, त्रुटिपूरक, प्रतिकारी: ~tory payment;
collocations: **~tory allowance** प्रतिपूरक भत्ता; **~tory leave** प्रतिपूरक छुट्टी; **~tory tariff** प्रतिपूरक दर

compensation /कौंपेनसेशन/ *US* कांपेनसेशन/ *n.* 1 क्षतिपूर्ति 2 हरजाना, मुआवजा: the ~ of employees 3 दोष का प्रतिकार, नुकसान या कमी की भरपाई: ~ for sth; claim for ~ 4 त्रुटिपूर्ति, प्रतिकरण: ~ balance (प्रतिकारक दोलक)

compe\re/ compè\re /कौंपेअः/ *US* काःम्पेर/ *n.* 1 प्रस्तुतकर्ता, सूत्रधार, कार्यक्रम-उद्घोषक 2 परिचायक, परिचायिका;
v., *pt.* **~red**, *pp* **~ring** 1 प्रस्तुत क., किसी कार्यक्रम में प्रस्तुतकर्ता के रूप में काम क. 2 सूत्रधार, कार्यक्रम-उद्घोषक हो.

compe\te /कंपीट/ *v., pt.* **~ted**, *pp* **~ting** 1 (**~te for**) प्रतियोगिता में भाग ले.: **~te** in a race; **~te** for a prize 2 (**~te with/ against**) स्पर्धा क., होड़ लगाना, मुकाबला क.: traders **~te** with one another; **~te** with other firms

competen\ce/ competency /कौंपिटं\स/ कौंम्पिटं\सि/ *US* काःम्पिटं\स/ *US* काःम्पिटं\सि/ *n.* 1 योग्यता, सक्षमता: **~ce** to run a university; **~ce** to direct the enterprise 2 हुनर, कला: the knowledge and **~ce** reuired for a particular job 3 वैधानिक अधिकार, सामर्थ्य 4 संपन्नता: enjoy a modest **~ce**;
dw/lw: **~t** /~ट/ *adj.* 1 सुयोग्य: ~t teacher 2 सक्षम 3 समर्थ 4 समुचित, यथेष्ट: ~t rate (प्रतियोगी दर); he has a ~t knowledge of law 5 वैध, उचित, अधिकार-संपन्न: ~t authority (अधिकार-संपन्न प्राधिकारी/ पदाधिकारी); **~tly** *adv.* सक्षमतापूर्वक, योग्य ढंग से

competi\tion /कौंपिटि\शन/ *US* काःम्पिटि\शन/ *n.* 1 प्रतियोगिता, मुकाबला, होड़ा-होड़ी: peaceful **~tion**; boxing/ swimming/ skiing **~tion**; qualifying **~tions**; enter a **~tion** 2 प्रतिस्पर्द्धा, होड़, प्रतिद्वंद्वता: spirit of **~tion**; **~tion** with sb; **~tion** between two countries 3 (**the ~tion**) किसी से प्रतिस्पर्द्धा: meet **~tion** 4 प्रवेश आदि के लिए परीक्षा: cut-throat/ keen/ severe **~tion** for admission;
dw/lw: **~tor** /~टः/ *n.* प्रतियोगी, पर्तिद्वंद्वी, प्रतिस्पर्द्धी; **~tive** /~टिव/ *adj.* 1 स्पर्द्धात्मक, प्रतिस्पर्द्धात्मक: ~tive examination (स्पर्द्धात्मक-परीक्षा) 2 आक्रामक 3 प्रतियोगी 4 की तुलना में (सस्ता आदि), स्पर्द्धात्मक: ~tive prices; **~tively** /~वलि/ *adv.* अपेक्षाकृत, तुलना में; **~tiveness** /~वनेस/ *n.* स्पर्द्धा सामर्थ्य, स्पर्द्धात्मकता, प्रतिद्विंद्वता;
collocations: **competitive compassion** दूसरों से ज्यादा दयावान व संवेदनशील दिखने के लिए दान आदि देने का कार्य
p&i: **cut-throat ~tion** गला-काट स्पर्द्धा या होड़

compila\tion /कौंपिले\शन/ *US* काःम्पिले\शन/ *n.* 1 संग्रह करने की क्रिया 2 संकलन, संग्रह, संचयन 3 तथ्यों, आंकड़ों आदि का संग्रहण;
dw/lw: **~tor** /~टः/ *n.* संकलनकर्ता, संग्राहक;
p&i: **~tion of a contract** संविदा-पत्र या अनुबंध-पत्र पर हस्ताक्षर करने की क्रिया

compi\le /कंपाइ\ल/ *v., pt.* **~led**, *pp* **~ling** 1 संग्रहित क., संकलन क., संरचना क.: **~le** a dictionary/ a guide-book/ an anthology 2 सूची आदि तैयार क. 3 *comput.* उच्च-स्तरीय कंप्यूटर भाषा के आधार पर यांत्रिकी कोड या निर्देश तैयार क.;
dw/lw: **~led** /कंपाइल्ड/ *adj.* संगृहीत, संकलित; **~ler** *n.* 1 संकलनकर्ता 2 *comput.* उच्च-स्तरीय कंप्यूटर भाषा के आधार पर यांत्रिकी कोड या निर्देश तैयार करने वाला प्रोग्राम

compital /कंपिटल/ *adj.* 1 संगमी 2 चतुष्पथीय 3 प्रतिच्छेदी 4 व्यत्यासी

compla\cence/ ~cency /कंपले\संस/ ~संसि/ *n.* अति आत्मतुष्टि/ अति आत्मसंतुष्टि, अति संतोष, अति-आत्मसंतोष: with sincere **~cence**;
dw/lw: **~cent** /~संट/ *adj.* अति आत्मतुष्ट, आत्मसंतुष्ट: ~cent smile; ~cent ignorance; **~cently** /~संटलि/ *adv.* अति आत्मतुष्टिपूर्वक

complain /कंप्ले\न/ *v., pt.* **~ed**, *pp* **~ing** 1 शिकायत क., दुखड़ा रोना: ~ about sth/ ~ of sth (किसी बात के बारे में दुखड़ा रोना, शिकायत क.) 2 कुड़कुड़ाना: he is always **~ing** 3 फरियाद क. 4 कष्ट बताना: ~ of headache/ loneliness/ boredom;
dw/lw: **~er/ ~ant** /~नः/ ~नंट/ *n.* 1 फरियादी, शिकायत करने वाला 2 (***syn.*** plaintiff) *law* वादी

complaint /कंप्लें\ट/ *n.* 1 शिकायत, उलाहना, शिकायत करने की क्रिया: he is full of **~s**; make a ~ 2 कष्ट, शिकवा, दुःख-निवेदन 3 (***syn.*** sickness) बीमारी, व्याधि, रोग, विकार, कष्ट, बीमारी: a ~ of the lever; ~ of chest pain; he is suffering from a heart ~ 4 *law* वाद, फरियाद, निवेदन: lodge/ prefer a ~

against sb;
collocations: ~ **book** शिकायत पुस्तिका; ~ **report** शिकायत रिपोर्ट;
p&i: **he who makes constant ~ gets little compassion** जरूरत से ज्यादा शिकायतें करने के कारण शिकायतकर्ता दूसरों की सहानुभूति खो देता है; **the universal ~** सर्दी-जुकाम

complaisan\ce /कंपलेजं\स/ *n.* 1 परोपकार, उपकारिता 2 परसेवा-तत्परता, दूसरों को खुश करने को तत्परता: abuse sb's **~ce** 3 अतिशय शालीनता, शिष्टता, भद्रता;
dw/lw: **~t** /~ट/ *adj.* 1 परोपकारी, सेवानुमुखी 2 भद्र, सुशील: he is ~t, cordial and well-bred 3 नमनशील, विनयशील 4 दूसरों को खुश करने को तत्पर, अनुग्राहक

complanate /कंप्लेनेट/ *adj.* समतलित, समतलीय, चिपटी

complect /कंपले\क्ट/ *v., pt.* **~ed**, *pp* **~ing** 1 1 मिलाना, जोड़ना 2 बुनना;
dw/lw: **~ed** /~क्टिड/ *adj.* बुना हुआ

complement /कौंप्लिमें\ट/ *US* कांप्लिमें\ट/ *n.* 1 पूरक, संपूरक अतिरिक्त जोड़ने वाला: ~ to dinner 2 (*often* **a full** ~) संपूर्णसंग्रह या समच्चय (set), निश्चित या निर्धारित संपूर्ण संख्या: a full ~ of singers 3 *maths* कोटिपूरक, पूर्ण संख्या 4 *gramm.* विधेय को संपूर्ण करने वाला शब्द, विधेयार्थ 5 निश्चित संख्या वाला कर्मी-मंडल (of ship): its full ~ of passengers; a ~ of 1000 men;
v., pt. **~ed**, *pp* **~ing** 1 गुणों में चार चांद लगाना, और अधिक आकर्षक बनाना 2 का पूरक हो., पूर्ण कर दे. 3 कुछ अतिरिक्त अंश जोड़ना 4 सेट बनाना;
dw/lw: **~al** /~टल/ *n.* पूरक, परिपूरक; **~ary** /~टरि/ *adj.* 1 पूरक, अनुपूरक: ~ary medicine/ treatment, etc. (पूरक/ अतिरिक्त दवाई या उपचार) 2 एक दूसरे की पूरक (दो वस्तुएं) 3 समकोण का पूरक कोण: ~ary angle 4 अतिरिक्त: ~ary factor; **~arily** /~टरिलि/ *adv.* पूरक के रूप में; **~arity** /~टअरिटि/ *n.* पूरकता; **~ation** /~टेशन/ *n.* 1 पूर्तिकरण की क्रिया 2 किसी वाक्यांश में क्रिया का पूरक; **~iser/ ~izer** /~टाइजः/ *n., gramm.* शब्द की पूरक के रूप में भूमिका दर्शाने वाला शब्द या शब्दांश;
collocations: **~ary colour** ऐसा रंग जो दूसरे किसी रंग में मिलकर श्वेत-अश्वेत (black and white) रंग बनाता है; **~ary medicine** वैकल्पिक चिकित्सा विधि, जैसे acupuncture, *pranayaam*, etc.

complete /कंप्लीट/ *adj.* 1 संपूर्ण, पूरा, समूचा: ~ set; ~ edition of Shakespeare's works (शेक्सपियर की रचनाओं का संपूर्ण संस्करण); ~ disarmament (पूर्ण निशस्त्रीकरण); ~ round; ~ operation 2 पूर्णतः तैयार, समाप्त: the work on building is ~ 3 हर अर्थ में संपूर्ण और कुछ अतिरिक्त: the car is ~ with power windows; ~ overhaul; the furniture is ~ with tools and instructions 4 बिल्कुल: ~ stranger; ~ fool 5 (***syn.*** total) अधिकतम, पूर्ण: be in ~ agreement; ~ reaction; ~ master of fence;
v., pt. **~d**, *pp* **completing** 1 पूरा क., समाप्त क.: ~ a task 2 संपूर्ण बनाना: need one more volume to ~ the set 3 सर्वांगीण बनाना, दोषमुक्त क.: ~ the colour-scheme 4 (***syn.*** fill in/ fill out) प्रार्थना पत्र आदि भरना: ~ the application form; ~ a task;
dw/lw: **~d** /~टिड/ *adj.* समपूरित, पूरा, पूर्ण, समाप्त, संपन्न; **~ly** /~टलि/ *adv.* पूरी तरह से, संपूर्ण रूप से, पूर्णतया: he is ~ly convinced; **~ness** /~टनेस/ *n.* 1 संपूर्णता, निःशेषता 2 सर्वांगीणता

comple\tion /कंप्लीशन/ *n.* 1 समापन, समाप्ति: **~tion**-report (समापन रिपोर्ट) 2 संपूर्णता, पूर्ति, निष्पत्ति: **~tion** certificate;
dw/lw: **~tive/ ~tory** /~टिव/ ~टरि/ *adj.* संपूरक, पूरक: ~tive of a task/ of a plan, of an undertaking; ~tive of education

complex /कौंप्लेक्स/ *US* काःम्प्लेक्स/ *adj.* 1 (***syn.*** complicated) जटिल, पेचीदा, कई भागों से बनी: ~ machinery; ~ situation; ~ process 2 दुर्बोध, कठिन: ~ idea/ system 3 मिश्रित, संश्लिष्ट (*also see below under* ~ **sentence**): ~ sentence; ~ object/ attribute/ adverbial modifier 4 संकर;
n., *pl.* **~es** 1 बहुभागी भवन, समूह, समष्टि: a leisure ~ 2 आपस में संबद्ध वस्तुओं, बातों, समस्याओं आदि का समूह: ~ of issues 3 सनक, झोंक 4 मनोग्रंथि, भावग्रंथि, ग्रंथि: an inferiority/ superiority ~ (हीन/ श्रेष्ठता भावग्रंथि); guilt ~ (अपराध भावना);
dw/lw: **~ity** /कंपलेक्सिटि/ *n., pl.* ~ities 1 जटिलता, पेचीदगी: understand the size and ~ity of the matter 2 मिश्रता 3 (**~ities**) उलझाव: the ~ities of the system;
collocations: ~ **fraction** मिश्र भिन्न; ~ **number** वास्तविक और कल्पित संख्याओं का जोड़; ~ **sentence** ऐसा वाक्य जिसमें एक मुख्य भाग हो (the root of the word or main clause of a sentence) और एक अन्य या गौण भाग (affixes or subordinate clause)

complexion /कंप्लेक्श\न/ *n.* 1 रूप, स्वरूप, शक्ल, मुद्रा: threatening ~ of the sky 2 मुखराग 3 भाव-भंगिमाएं, रंग-ढंग, रूप-रंग, रंगत: a dark/ fair/ rosy ~ 4 चरित्र: the matter has acquired a strange ~; political ~;
dw/lw: **~al** /~नल/ *adj.* रंग-रूप संबंधी; **~ioned** /~न्ड/ *adj.* रूप-रंग वाला: dark-~ioned; fair-~ioned; pale-~ioned; **~less** /~नलेस/ *adj.* विवर्ण, पीला, फीका;
p&i: **put a different ~ on the matter** मामले को नए दृष्टिकोण से प्रस्तुत क.

complexity *see above under* **complex: *dw/lw***

complian\ce /कंप्लायं\स/ *n.* 1 (***anton.*** non-~ce) पालन: in **~ce** with the law (के पालन हेतु, के अनुसार) 2 घुटने टेकने की प्रवृत्ति, दब्बूपन: base **~ce** (चाटुकारिता, चमचागीरी);
dw/lw: **~t** /~ट/ *adj.* 1 आज्ञानुवर्ती, हुक्म बजाने को तैयार, घुटनेटेक 2 नियमों, विशेषताओं आदि के अनुरूप: computer software ~t with the latest programs

complicacy /कौंप्लिकअसि/ *US* काःम्प्लिकअसि/ *n.* जटिलता, पेचीदगी, उलझन: ~ of the subject

complica\te /कौंप्लिके\ट/ *US* काःम्प्लिके\ट/ *v., pt.* **~ted**, *pp* **~ting** 1 जटिल/ पेचीदा बनाना 2 उलझाना: **~te** matters/ situation;
dw/lw: **~ted** /~टिड/ *adj.* 1 (***syn.*** complex) जटिल, पेचीदा: ~ted system; ~ted disease 2 दुर्बोध, दुरूह: ~ted idea; **~tion** /~शन/ *n.* 1 जटिलता, पेचीदगी 2 बीमारी में पेचीदगी, नया रोग: influenza with ~tion

complicit /कंप्लिसि\ट/ *n.* 1 सह-अपराधी 2 सांठगांठ या मिलीभगत करने वाला व्यक्ति;
dw/lw: **~y** /~टि/ *n.* (*syn.* collusion) सह-अपराधिता, सांठगांठ, मिलीभगत: apparent ~y between the two friends

compliment /कौंप्लिमं\ट/ *US* कांप्लिमं\ट/ *n.* 1 प्रशंसापूर्ण कथन: pay sb the **~s**; return the ~; left-handed/ back-handed/ doubtful ~ (व्यंग्यपूर्ण प्रशंसा, कटाक्ष, कूट बाण) 2 (**~s**) शुभकामनाएं, उपहार आदि के साथ भेजी जाने वाली शुभकामनाएं: with the ~ from sb (शुभकामनाओं के साथ); **~s** of Diwali; **~s** of the season (किसी उत्सव के अवसर पर भेजी जाने वाली शुभकामनाएं); pay sb **~s**; present one's **~s**; with **~s** (शुभकामनाओं के साथ);
v., pt. **~ed**, *pp* **~ing** (*often* **~ sb on sth**) 1 किसी बात के लिए किसी की प्रशंसा क., बधाई दे.: ~ a lady on her appearance; ~ sb on his/ her performance 2 (pay **~s**) अभिनंदन क.: ~ sb on the occasion of *Diwali* 3 किसी उत्सव के अवसर पर शुभकामनाएं भेजना 4 व्यंग्यपूर्ण प्रशंसा क., कूट बाण चलाना;

p&i: **a double-barrelled** ~ दोहरे अर्थों वाला (कपटपूर्ण) प्रशंसापूर्ण कथन; **angle for ~s** प्रशंसापूर्ण कथन सुनने के लिए तिकड़म क.; **pay a ~ to sb** किसी की प्रशंसा क.

complimentary /कौंप्लिमेंटरि/ *adj.* 1 मुफ्त: ~ ticket (for a concert for a theatre); ~ dinner 2 प्रशंसापूर्ण, सम्मानसूचक: be ~ about sb's work;
collocations: **a ~ copy** मानार्थ या नमूने की प्रति; **a ~ entry pass** मानार्थ या मुफ्त प्रवेश पत्र; **a ~ report** सम्मानजनक या प्रशंसापूर्ण रिपोर्ट;
p&i: **Bristol ~** ऐसा उपहार जो भेंटकर्ता को भी नहीं चाहिए

comp\ly /कंप्ला\इ/ *v., pt.* **~lied**, *pp* **~lying**, *s/he/it* **~lies** (*usually* **~ly with sth**) 1 आज्ञा या इच्छा का पालन क.: **~ly** with sb's request/ sb's wish 2 हुक्म बजाना: **~ly** with the orders 3 नियमों का पालन क.: **~ly** with rules 4 मानना, राजी हो.: threats/ commands/ entreaties were useless, he would not **~ly**;

compo /कौंपो/ *US* कांपो/ *n.* (***syn.*** compensation) *Austral. & NZ* कार्य स्थल पर घायल होने के बदले में श्रमिक को दिया जाने वाला मुआवजा

component /कंपोनंट/ *n.* 1 भाग 2 घटक 3 अवयव, अंग: **~s** of collocation (शब्दों के सहज समूहों के अंग या भाग): ~ part;
dw/lw: **~ial** /कौंपअनेंशिअल/ *adj.* घटकीय, अवयवीय;
collocations: **~ial analysis** *semantics* किसी लेख, शब्द आदि के हर अंश का अलग-अलग किया जाने वाला विश्लेषण या अध्ययन

comport /कंपॉःट/ *v., pt.* **~ed**, *pp* **~ing** 1 आचरण क, व्यवहार क.: ~ oneself decently/ with dignity 2 (*always* **~ with sth**) पद, स्थिति के अनुकूल हो.: his conduct does not ~ with is position;
dw/lw: **~ment** /कंपॉःटमंट/ *n.* व्यवहार, आचरण, चाल-ढाल, शान

compo\se /कंपो\ज/ *v., pt.* **~sed**, *pp* **~sing** 1 अवयवों या घटकों से बनना या बनाना: water is **~sed** of hydrogen and oxygen; be **~sed** of many ingredients 2 (संगीत आदि की) रचना क.: **~se** music 3 लेख, कविताएं आदि लिखना 4 सुव्यवस्थित क. 5 (मतभेदों, झगड़ों आदि) का समाधान या निपटारा क. 6 शांत हो जा. या क.: **~se** one's mind/ one's thoughts; **~se** oneself 7 (छपाई के लिए) कंपोज क., पाठ को गेलीबद्ध क.;
dw/lw: **~sed** /~जड/ *adj.* शांत व संतुलित: ~sed face/ manner; ~sed and extremely grave; **~ser** /~जः/ *n.* संगीतकार, स्वर लिपिकार; **~ition**; *see below under* **composition**;
p&i: **~se oneself** अपने को शांत और संतुलित क., शांत हो.; **~se your features!** मुंह बनाना बंद करो!;

composite /कौंपअजिट/ *US* कांपअजिट/ *adj.* 1 संरचित 2 सम्मिश्रित: ~ photograph 3 एकीकृत, संकलित: ~ unit 4 भिन्न-भिन्न सामग्रियों, शैलियों आदि से बना, संयुक्त: ~ book 5 सामूहिक: ~ authors 6 *archit.* (*often* **Composite**) निर्माण-शिल्प के पांच क्रमों (Corinthian, Doric, Lonic. Tuscan etc.) में से सर्वाधिक श्रृंगारिक: ~ style;
n. 1 यौगिक 2 मिश्रण 3 निर्माण शिल्प का जटिल क्रम;
v. *pt.* **~d**, *pp* **compositing** बहुत सारे सुझावों आदि को एक शीर्षक तले एकीकृत क., संयुक्त बनाना
collocations: **~ book** संयुक्त पुस्तक, संग्रंथ; **~ carriage** बहुश्रेणीय रेल; **~ cinematography** तरह-तरह के तरीकों से ली गई फोटुओं का एकीकृत रूप (montage); **~ culture** सामासिक (मिली-जुली) संस्कृति; **~ number** संयुक्त संख्या; **~ resolution** संयुक्त प्रस्ताव; **~ style** मिली-जुली शैली; **~ unit** संयुक्त इकाई; **~ vessel** भिन्न-भिन्न सामग्रियों से बना जहाज

composi\tion /कौंपअजि\शन/ *US* कांपअजिशन/ *n.* 1 (***syn.*** essay) लेख, निबंध 2 रचना, कृति, कहानी आदि 3 संगीत की धुन, संगीत रचने की कला, सर्जन, रचना-प्रक्रिया 4 संरचना, गठन, संघटन, बनावट: **~tion** of a novel; **~tion** of a medicine/ air/ water; **~tion** of speech; **~tion** of a ministry/ parliament 5 सम्मिश्रण 6 शांति, शमन, निपटारा, समझौता 7 रचना, कृति: photographic **~tion**; **~tion** of a picture 8 संयोजन 9 छपाई के लिए पाठ-पृष्ठ का संयोजन 10 स्वभाव, प्रकृति के आयाम: spark of generosity in sb's **~tion**;
dw/lw: **compositive** /कंपौजिटिव/ *adj.* संयोजक; **~tor** /कंपौजिटः/ *n., print.* कंपोजिटर, अक्षरयोजक

compos mentis /कौंपअस मेंटिस/ *US* कांपअस -/ *adj., law* (***anton.*** non-compos mentis) ठीक दिमागी हालत में, तार्किक रूप से सटीक

compost /कौंपौस्ट/ *US* कांपोस्ट/ *n.* वानस्पतिक या कूड़ा खाद, कंपोस्ट
colons: **~ heap** कूड़ा खाद का ढेर

composure /कंपोजः/ *n.* 1 संतुलन व शांतचित्तता: act with ~; recover/ regain ~ 2 शांति 3 आत्मसंयम: preserve/ one's ~;
p&i: **feign ~** संयत और शांतचित्त होने का दिखावा क.; **lose ~** आत्मसंयम खोना; **preserve ~** संतुलन बनाए रखना

compote /कौंपौट/ *US* कांपोट/ *n.* चीनी में उबाले हुए फल

compound /कौंपाउंड/ *US* कांपाउंड/ *n.* (*in full* **chemical ~**) 1 यौगिक, सम्मिश्रित पदार्थ 2 मिश्रण 3 (*esp. in China, India, etc.*) परिसर, आंगन, अहाता, घेरा, जेल में किसी विशेष उद्देश्य से घेरकर बनाया हुआ स्थान 4 *SA* अफ्रीकी मूल के मजदूरों की निवास कॉलोनी 5 *gramm.* (*also* **~ noun/ verb/ *adj*ective**) दो या अधिक शब्दों से बना संयुक्त शब्द, समस्तपद, समास, समासपद: ~ word; ~ sentence; ~ predicate;
adj. 1 संयुक्त, यौगिक, संयोजित 2 संयुक्त (वाक्य)
v., *pt.* **~ed**, *pp* **~ing** 1 और जटिल बनाना, और तीव्र क., और खराब क. 2 (*often* **~ with sb**) संयोजित क., मिलाना 3 मिश्रित क. 3 *law* पैसे आदि लेकर मुकदमा वापस ले लेना 4 (*often* **~ with sb**) आर्थिक समझौता क. 5 ऋण की राशि को कम करके समझौता क. 6 पहेली बूझना: ~ a riddle;
dw/lw: **~able** /कंपाउंडअबल/ *adj.* 1 शमनीय, समाधेय 2 जिसके तहत समझौता हो सके; **~er** /कंपाउंडः/ *n.* (अस्पताल में) कंपाउंडर, सम्मिश्रक;
collocations: **~ eye** कीटों की कई इकाइयों से बनी आंख; **~/ open fracture** हड्डी की ऐसी टूटन जब उसके ऊपर की त्वचा पूरी तरह छिल गई हो; **~ householder** ऐसे घर का किरायेदार जिसके किराये में कर की राशि भी जुड़ी रहती है; **~ interest** चक्रवृद्धि ब्याज; **~ number** मिश्र संख्या; **~ quantity** मिश्र राशि; **~ ratio** मिश्र अनुपात; **~ sentence** संयुक्त वाक्य; **~ tariff** मिली-जुली दर; **~ word** संयुक्त शब्द; **~ wound** घाव जिसके ऊपर की त्वचा पूरी तरह छिल गई हो;
p&i: **~ a felony** पैसा लेकर अपराध छिपाना या समझौता क.; **~ a riddle** पहेली गढ़ना

comprador /कौंप्रअडॉः/ *US* कांप्रअडॉः/ *n. see below under* **compradore**

comprehend /कौंप्रिहेंड/*US* कांप्रिहेंड/ *v., pt.* **~ed**, *pp* **~ing** 1 समझना: ~ a question/ a purpose 2 समावेश या समाहित क. या हो.: establishments ~ in the firm

compoundable *see above under* **compound: *dw/lw***

compounder *see above under* **compound: *dw/lw***

comprador(e) /कौंपराडोः/ *US* कांपराडोः/ *n.* बिचौलिया, विदेश हित में काम करने वाला दलाल;
collocations: **~ bourgeoisie** विदेश हित में काम करने वला किसी देश का पूंजीपति वर्ग, बाहर के देशों के शासकों का एजेंट

compre\hend /कौंप्रिहें\ड/ *US* कांप्रिहें\ड/ *v., pt.* **~hended**, *pp* **~hending** 1 अच्छी तरह समझना 2 सम्मिलित क. या हो.: establishments **~hend** in the firm;
dw/lw: **~hensibility** /~सिबिलिटि/ *n.* सुबोधता, बोधगम्यता;

~hensible /~सिबल/ *adj.* समझने में सरल, बोधगम्य
comprehension /कौंप्रिहेन्शन/*US* कांप्रि-/ *n.* 1 किसी की समझने की योग्यता 2 समझ, बोध, परिज्ञान: beyond anybody's ~ (सभी के लिए दुर्बोध) 3 समावेश 4 व्यापकता: a term of wide ~ 5 *logic* व्याप्ति 6 परखने के लिए बनाया जाने वाला अभ्यास व परीक्षा पत्र;
p&i: **pass one's ~** किसी की समझ से परे हो.;
comprehensive /कौंप्रिहेंसिव\/*US* कांप्रि-\/ *adj.* 1 (***syn.*** complete, full) सर्वांगीण 2 व्यापक, विस्तृत 3 बौद्धिक, कुशाग्रबुद्धि, विचक्षण;
dw/lw: **~ly** /~लिए/ *adv.* पूरी तरह से; **~ness** /~नेस/ *n.* 1 सर्वांगीणता, व्यापकता 2 गहन समझदारी;
collocations: **~ account** व्यापक हिसाब; **~ collection of philosophical writings** दर्शन की पुस्तकों का व्यापक संग्रह; **~ definition** व्यापक परिभाषा; **~ index** व्यापक सूची; **~ insurance** व्यापक या सर्वांगीण बीमा; **~ knowledge** व्यापक या सर्वांगीण ज्ञान; **~ school** व्यापक क्षमताओं के बच्चों के लिए स्कूल, ब्रिटेन में 11 से 18 वर्ष के हर स्तर या योग्यता के छात्रों के लिए स्कूल; **~ study** व्यापक या सर्वांगीण अध्ययन; **~ term** व्यापक पारिभाषिक शब्द
compress /कंप्रेस/ *v., pt.* **~ed**, *pp* **~ing** 1 दबाना, सिकोड़ना: ~ an artery 2 काट-छांटकर छोटा क. 3 *comput.* (***syn.*** condense) कम स्थान घेरने के लिए पाठ को छोटा क. 4 (***anton.*** de~) संपीड़ित क., सिकोड़ना: with **~ed** lips;
n., pl. **~es** पानी आदि में भिगोया हुए कपड़े का पैड जिसे शरीर के किसी अंग की सूजन या खून बहने को रोकने के लिए अंग पर रखा जाता है;
dw/lw: **~ed** /कंप्रेस्ड/ *adj.* 1 दबाया या निचोड़ा हुआ 2 दबाकर संकुचित की हुई: ~ed air (दबाकर रखी हुई हवा); **~ible** /कंप्रेसिबल/ *adj.* जिसे दबाया जा सके, संपीड्य; **~ibility** *n.* संपीड़ित होने की क्षमता; **~ive** *adj.* संपीड़क; **~ion** /कंप्रेशन/ *n.* संक्षेपण, संपीड़न: ~ion ignition engine (संपीड़न-ज्वलन यंत्र); ~ion of ideas; ~ion chamber; **~or** /कंप्रेसः/ *n., engin.* संपीड़क
collocations: **~ed air** उच्च दबाव की हवा, संपीड़ित हवा; **~ed air disease/ illness/ sickness = decompression sickness** हवा के दबाव में द्रुत गति से होनेवाले उतार-चढ़ाव के कारण होने वाली जोड़ों आदि के दर्द (*also* **bends**) की बीमारी; **~ed lips** दबे होंठ
comprimario /कंप्रिमारियो/ *n.* बैले या ऑपेरा में गौण भूमिका, गौण नर्तक (गायक)
compri\se /कंप्राइ\ज/ *v., pt.* **~sed**, *pp* **~sing** 1 (*also* **be ~sed of**; ***syn.*** consist of) से बनना या गठित हो., कई भागों या इकाइयों से बनना: the family **~es** five sons; the committee is **~ed** of seven members 2 (***syn.*** make sth up) बनाना: chapters that ~ the book 3 समाविष्ट हो.: the chapters that ~ part one; his course of study **~s** English, French, history and mathematics 4 के बराबर हो. 5 के अंतर्गत हो.: examination **~s** several tests
compromi\se /कौंप्रमाइ\ज/*US* कांप्रमाइ\ज/ *n.* 1 समझौता: reach a **~se**/ come to a **~se** 2 दो पक्षों के बीच सुलह 3 मध्यम मार्ग 4 समझौता या सुलह करने की क्रिया: **~se** is an integral part of life;
v., pt. **~sed**, *pp* **~sing** 1 समझौता क.: we shall have to **~se** on this point; with much difficulty, the dispute was **~sed** 2 जोखिम में डालना 3 अपने सिद्धांतों के साथ समझौता क.: **~se** with one's conscience 4 दुष्प्रभाव डालना 5 अनुचित व्यवहार द्वारा किसी की इज्जत को मिट्टी में मिलाना: **~se** one's position by brazen misconduct; the position of the whole government was **~sed**;
dw/lw: **~ser** /~जः/ *n.* 1 समझौता करने वाले पक्ष 2 समझौतावादी व्यक्ति; **~sing** /~जिंग/ *adj.* 1 जो किसी के चरित्र या ख्याति पर दाग लगाने का काम करे 2 अनुचित रूप से यौन-क्रिया में लिप्त: they were caught together in a ~sing situation;
p&i: **a lean ~se is better than a fat law suit** एक कमजोर समझौता किसी भी महंगे मुकदमे से कहीं बेहतर है; **~se on some points** कुछ मुद्दों पर समझौता क.; **~se with one's conscience** अपनी आत्मा से समझौता क., आत्मा की आवाज के विरुद्ध काम क.
comptroller see *below under* **controller**
compulsion /कंपल्शन/ *n.* 1 जबरदस्ती, बल प्रयोग 2 बाध्यता, विवशता, मजबूरी: act under ~ 3 दबाव 4 कुछ करने की मानसिक झोंक या सनक (मनोग्रस्तता)
compulsive /कंपल्सिव\/ *adj.* 1 बाध्य करने या होने वाला, (कुछ करने को) विवश: a ~ eater (पेटू होने को मजबूर) 2 कुछ करने को आदतन विवश: ~ gambler/ liar, etc.;
dw/lw: **~ly** /~लि/ *adv.* 1 मजबूरी के कारण 2 अत्यधिक रोचक या अच्छी (जिसे पढ़ना लगभग अनिवार्य हो): a ~ly readable book;
p&i: **~ reading** जिसे अवश्य पढ़ना चाहिए, अत्यधिक पढ़ने योग्य
compulsorily /कंपलसअरिलि/ *adv.* अनिवार्य रूप से: numerous workers were ~ retired
compulsor\y /कंपलसरि\/ *adj.* 1 (***syn.*** mandatory) अनिवार्य, आवश्यक: **~y** education; **~y** subject; **~y** payment; **~y** vaccination (अनिवार्य टीका); **~y** military service; **~y** measures 2 (***syn.*** forced; ***anton.*** voluntary) बाध्यकारी: **~y** acquisition of farmers' land (सरकार आदि द्वारा किसानों की जमीन का उनकी सहमति के बिना अधिग्रहण);
dw/lw: **~ily** /~लि/ *adv.* (***syn.*** forcedly) जबरदस्ती, बलपूर्वक, या विवशतापूर्वक: many employees were ~ily retired by the company; **~iness** /~नेस/ *n.* बाध्यता, विवशता, अनिवार्यता
compunc\tion /कंपक्शन/ *n.* 1 पश्चाताप, खेद: reject sth without **~tion** 2 झिझक, शर्म: do sth without **~tion**;
dw/lw: **~tious** /कंपक्शिअस/ *adj.* पश्चातापी, अनुतापी
compurgation /कौंपःगेशन/ *US* कांपःगेशन/ *n.* दोषनिवारण, दोषमार्जन
computation /कंप्यूटेशन\/ *n.* संगणना, परिकलन;
dw/lw: **~al** /~ल/ *adj.* संगणना संबंधी: ~al linguistics (कंप्यूटर भाषा विज्ञान)
compu\te /कंप्यूट/ *v., pt.* **~ted**, *pp* **~ting** संगणना क., हिसाब लगाना: **~te** sb's losses
computer /कप्यू\टः/ *n.* 1 कंप्यूटर: ~ man; ~ test 2 संगणक;
dw/lw: **~-aided** *adj.* कंप्यूटर की मदद से चलने वाला; **~-generated** *adj.* कंप्यूटर की मदद से बनाया जाने वाला; **computerate** /~ट्रेट/ *n.* = **~-literate**: applicants need to be computerate/ ~-literate; **~ization** /~टराइजेशन/ *n.* दफ्तर आदि के काम-काज का कंप्यूटरीकरण; **~ize** (*also UK* **~ise**) /~टराइज/ *v., pt.* ~ized/ ~ised, *pp* ~izing/ ~ising कंप्यूटरीकरण क., मनुष्य द्वारा किए जाने वाले लिखाई-पढ़ाई के कार्यों को कंप्यूटर के माध्यम से करना; **computing** /~टिंग/ *n.* 1 संगणक, कंप्यूटर कार्य करने वाला 2 कंप्यूटर प्रयोग क्रिया 3 संगणन; **computing** *adj.* संगणीय;
collocations: **~ aided design (CAD)** कंप्यूटर की मदद से बनाया जाने वाला डिजाइन या रूपरेखा; **~ centre** कंप्यूटर केंद्र; **~ code** कंप्यूटर का कूट शब्द; **~ conferencing** कंप्यूटर को माध्यम से किया जाने वाला परामर्श या विचार-विमर्श; **~ crime** कंप्यूटर के माध्यम से किए जाने वाले अपराध; **~ dating** कंप्यूटर के माध्यम से प्रेम-प्रपंचों का आयोजन; **~ friendly** कंप्यूटर-हितैषी; **~ game** कंप्यूटरी खेल; **~ generated** कंप्यूटर की मदद से बनाया जाने वाला (बिंब, डिजाइन आदि); **~ generations**

कंप्यूटर युग के पांच मुख्य काल: first-generation (प्रारंभिक काल, 1945-55); fifth-generation (अति आधुनिक काल जिसमें कृत्रिम बुद्धि /artificial intelligence/ का प्रयोग किया जा रहा है); ~ **graphics** कंप्यूटर रेखाचित्र; ~ **language** कंप्यूटर भाषा; ~ **literacy** कंप्यूटर के प्रयोग में प्रशिक्षण व सक्षमता; ~ **literate** कंप्यूटर प्रशिक्षित, कंप्यूटर के प्रयोग में सक्षम; ~ **memory** कंप्यूटर स्मृति; ~ **science** कंप्यूटर विज्ञान; ~ **virus** अपने आप फैलने वाला कंप्यूटरी प्रोग्राम जो इंटरनेट आदि से कंप्यूटर में आता है और वह कंप्यूटर की हार्ड डिस्क में संग्रहीत सूचनाओं व आंकड़ों (data) को नष्ट कर सकता है

computerization, **computerize** (*also UK* **–ise**), **computing** *see above under* **computer:** ***dw/lw***

comrade /कौमरेड\/ *US* काःमरेड\/ *n.* 1 सखा, साथी, संगी: old ~ of hunting days 2 कामरेड, साथी, सहचर 3 साथी कम्युनिस्ट या सोशलिस्ट;
dw/lw: **~ly** /~लि/ *adj.* सखात्वपूर्ण, साथी जैसा, मैत्रीपूर्ण; **~ship** /~शिप/ *n.* मैत्री भाव, बंधुता, संग-साथ, साहचर्य; **~-in-arms** *n., pl.* comrades-in-arms साथी सिपाही या संघर्ष-रत साथी

COMSAT/ comsat *abbr. US* 'Communications Satellite' की प्रथमाक्षरी

con /कौन\/ *US* काःन\/ *n. colloq.* 1 चालाकी, छल, धोखा, ठगी (a confidence trick) 2 विरोध में दिया हुआ तर्क या मत, संभावित समर्थन व प्रतिपक्ष के पहलू: pros and **~s** (किसी बात के पक्ष या विपक्ष में तर्क) 3 *prison sl.* कैदी, अभियोगी, अपराधी 4 पोत-चालन;
v., pt. **~ned**, *pp* **~ning** 1 छलना, फुसलाकर पैसा ठगना 2 (*esp. US* **conn**) जहाज चालन में निर्देश दे. 3 अध्ययन या कंठस्थ क.;
dw/lw: **~man** /~मअन/ *n.* ठग;
collocations: **con artist** धोखेबाज, ठग;
p&i: **~ into** छलकर फंसाना; ~ **sb out of** धोखे से बाहर क.

con amore /कौन ऐमॉरे/ *US* काःन ऐमॉरे/ *adv., Italian* बड़े नाजुकता व प्यार से (tenderly) दिया जाने वाला निर्देश

conat\ion /कनेशन/ *n., pdychol., philos.* संकल्प, संकल्प-शक्ति, प्रयत्न, क्रिया, गतिशीलता-क्षमता;
dw/lw: **~ive** /कौनअटिव/ *US* काःनअटिव/ *adj.* क्रियात्मक, क्रियावृत्तिक

con au vin /कॉन ओ वैं/ *n., Fr.* मुर्गे का गोश्त जिसे प्याज, जड़ी-बूटियों व लहसुन के साथ लाल मदिरा में पकाया जाता है

conbrio /कौनब्रिओ/ *US* काःनब्रिओ/ *adv., Italian* उत्साहपूर्वक, जोश-खरोश से

conc *abbr.* 'concentrated', 'concentration' का संक्षेप

concatena\te /कैन्कैटअने\ट/ *v., pt.* **~ted**, *pp* **~ting** पिरोना, श्रृंखलाबद्ध/ क्रमबद्ध क.;
dw/lw: **~tion** /~शन/ *n.* श्रृंखला, कड़ी, माला

concause /कन्कॉज/ *n.* सहयोगी कारण

concav\e /कौन्केव/ *US* काःन्केव/ *adj.* (***anton.*** convex) अवतल, नतोदर;
v. *pt.* **~ed**, *pp* **~ing** अवतल ब. या बनाना;
dw/lw: **~ity** /कौन्कैविटि/ *US* काःन्कैविटि/ *n., pl.* ~ities अवतलता; **~o-concave** /कौन्केवो-कौन्केव/ *US* काःन्केवो- *US* काःन्केव/ *adj.* उभयावतल

conceal /कन्सील\/ *v., pt.* **~ed**, *pp* **~ing** छिपाना, गुप्त रखना: ~ a fugitive (भगोड़े को छिपाना); ~ one's origin;
dw/lw: **~ed** /~ड/ *adj.* गुप्त, प्रच्छन्न, अप्रकट: ~ed wiring; **~er** /~र/ *n.* संगोपक; **~ment** /~मंट/ *n.* 1 गोपनीयता 2 दुराव, छिपाव 3 गुप्त रखने की प्रक्रिया 4 गुप्त स्थान: keep in ~ment

concede /कन्सीड/ *v., pt.* **~ed**, *pp* **~ing** 1 सही मानना, स्वीकार क. 2 सहमत हो. 3 देना, प्रदान क. 4 छोड़ दे., हार मान लेना: ~ defeat; ~ points;
p&i: **~ to** मानना, राजी हो.

conceit /कन्सी\ट/ *n.* 1 अपने बारे में मिथ्यागर्व, अहंकार, अहं भाव, दंभ 2 सनक 3 कल्पना 4 कष्टकल्पना;
dw/lw: **~ed** /~टिड/ *adj.* 1 अहंमन्य, अहंकारी 2 दंभी, घमंडी, गर्वीला; **~edly** /~टिडलि/ *adv.* अहंकारपूर्वक; **~edness** /~टिडनेस/ *n.* अहंमन्यता, अहंकार;
p&i: **be out ~ with sb** किसी के बारे में मोहभंग हो.; **in one's own** ~ अपनी ही नजरों में

conceiva\ble /कन्सीवअ\बल/ *adj.* 1 (***syn.*** possible, ***anton.*** inconceivable) कल्पनीय, संभव, कल्पना में आने योग्य: try every **~ble** method;
dw/lw: **~bility** /~बिलिटि/ *n.* कल्पनीयता, संभाव्यता; **~bly** /~बलि/ *adv.* शायद, हो सकता है, संभवतः

concei\ve /कन्सीव/ *v., pt.* **~ved**, *pp* **~ving** 1 गर्भवती हो., गर्भ धारण क. 2 सोचना या कल्पना क., समझना 3 प्रकट क. 4 विचार या दिमाग में आना: **~ve** of sth; **~ve** a plan;
p&i: **~ve of** की कल्पना क.

concentra\te /कौंसंट्रे\ट/ *US* कांसंट्रे\ट/ *v., pt.* **~ted**, *pp* **~ting** (*often* **~te on sth/ sb**) 1 एक बिंदु पर ध्यान केंद्रित क., एकत्रित क.: **~te** on sth 2 एकाग्र हो., एकचित्त हो.: be **~ted** around/ in/ on, etc. 3 गाढ़ा क., सांद्र क.;
dw/lw: **~ted** /~टिड/ *adj.* 1 केंद्रित, एकाग्र, एकचित्त: ~ted attention 2 गाढ़ा, सांद्रित: ~ted acid; **~tion** /~शन/ *n.* 1 एकाग्रता, एकचित्तता: power of ~tion 2 गाढ़ापन 3 केंद्रीकरण 4 समाहार, सकेंद्रण;
collocations: **~tion camp** बंदी शिविर, राजनीतिक बंदी शिविर

concent\re /कौन्सेंटः/ *US* काःन्सेंटः/ *v., pt.* **~red**, *pp* **~ring** एक केंद्र बिंदु पर मिलना;
dw/lw: **~ric** /कन्सेंट्रिक/ *adj.* समकेंद्रित, समकेंद्री; **~ricity**/कन्सेंट्रिसिटि/ *n.* समकेंद्रितता, समकेंद्रीयता

concept /कौन्से\प्ट/ *US* काःन्से\प्ट/ *n.* 1 विचार, सिद्धांत, धारणा 2 सामान्य समझ;
dw/lw: **~ive** /~प्टिव/ *adj.* संकल्पनाशील, कल्पनाक्षम

conception /कन्सेप्शन\/ *n.* 1 अवधारणा: poetic ~ (काव्यत्मक अवधारणा, संकल्पना, परिकल्पना); ~ of honour 2 विचार, सिद्धांत 3 गर्भधारण, गर्भाधान 4 प्रारंभ, शुरूआत 5 भावना 6 (***syn.*** understanding) समझ: beyond one's ~ (किसी की समझ से परे); clear ~ (साफ समझ);
dw/lw: **~al** /~ल/ *adj.* संकल्पना-संबंधी, अवधारणात्मक

conceptual /कन्सेप्चुअ\ल/ *adj* वैचारिक, सैद्धांतिक;
dw/lw: **~ization** /~लाइजेशन/ *n.* अवधारणाकरण, सैद्धांतिकरण; **~ly** /~लि/ *adv.* सैद्धांतिक रूप से; **~ize/ ~ise** /~लाइज/ *v., pt.* ~ized/ ~ised, *pp* ~izing/ ~ising संकल्पना क.; **~ism** /~लिज्म/ *n., philos.* यह समझ कि सर्वमान्य धारणायें मात्र मन (mind) में पैदा होती हैं और मन में ही बसती हैं, उनका मन से बाहर कोई स्वतंत्र वजूद नहीं
collocations: ~ **art** अवधारणात्मक कला; ~ **constructs** मनजन्य संरचना, बिंब; ~ **poetry** मनजन्य काव्य; ~ **skill** अवधारणात्मक कौशल(हुनर)

concern /कन्सः\न/ *v., pt.* **~ed**, *pp* **~ing** 1 संबंध रखना, से जुड़ा हो.: it **~s** your son 2 (*often* **be ~ed about sth/ sb**) चिंता का विषय हो., चिंतित क., त्रस्त क.; वास्ता/ सरोकार रखना, दिलचस्पी ले.: ~ oneself 3 के लिए महत्त्व रखना;
n. 1 चिंता, उद्विग्नता, सोच: deep ~; cause ~ 2 ध्यान देने का विषय, मामला, जिम्मेवारी: that's my ~ 3 संबंध, सरोकार: this is no ~ of mine (इसका मुझसे कोई सरोकार नहीं) 4 महत्त्व 5 दिलचस्पी, रुचि 6 व्यापारिक संगठन या संस्थान, कारोबार, प्रतिष्ठान: a family ~ (पारिवारिक कारोबार या संस्थान);
dw/lw: **~ed** /~न्ड/ *adj.* 1 चिंतित: a ~ed look 2 संबंधित 3 संबद्ध, सरोकार रखने वाला: all ~ed; as far as he is ~ed (जहां

तक उसका संबंध है); as far as sth is ~ed; **~ing** /~निंग/ *prep.* 1 से संबद्ध/ संबंधित 2 के विषय में: queries ~ing his health;
p&i: **~ned for** के बारे में चिंतित; **~ned in** शामिल हो., लिप्त हो.; **a going** ~ खूब चलने वाला धंधा या बिजनेस

concert /कौन्सःट/ *US* काःन्सःट/ *n.* 1 संगीत कार्यक्रम/ समारोह, रंगारंग कार्यक्रम: ~ master; ~ pitch (वाद्यों की मानक आवाज) 2 सामंजस्य, सहमति, मेल: in ~ (मिलकर, एक सुर होकर); acting in ~;
v. *pt.* **~ed**, *pp* **~ing** 1 सहमत हो.: ~ about methods 2 सुर में सुर मिलाकर गाना-बजाना या काम क.;
dw/lw: **~ed** /कन्सःटिड/ *adj.* 1 योजना बनाकर मिलकर किया जाने वाला (कार्य): ~ed efforts 2 आयोजित, संगठित, संयुक्त: ~ed action; **~goer** *n.* नियमित रूप से रंगारंग कार्यक्रमों में जाने वाला व्यक्ति; **concertise** /कौन्सःटाइज/ *IUS* काःन्सःटाइज/ *v., pt.* ~ised, *pp* ~ising संगीत के रंगारंग कार्यक्रम आदि में गाना या अन्य कला दिखाना;
collocations: **~ band** वाताधारित वाद्यों के वादकों का समूह; **~ grand** रंगारंग कार्यक्रमों में बजाया जाने वाला सबसे बड़े साइज का पियानो; **~ master** = **~ leader**; **~ party** रंगारंग कार्यक्रम करने वाले कलाकारों की मंडली;
p&i: **cat's/ Dutch** ~ बिखरा हुआ कार्य

concerted *see above under* **concert: *dw/lw***

concertina /कौन्सःटीना/ *US*काःन्सःटीना/ *n., pl.* **~s** हारमोनियम या अकोर्डियन जैसा एक वाद्ययंत्र;

concretise *see above under* **concert: *dw/lw***

concerto /कन्चःटो/ *n., pl.* **~s/ concerti** वाद्य पर आधारित एक संगीत रचना या स्वर रचना

concession /कन्सेश\न/ *n.* 1 रिआयत, छूट: make **~s** 2 सुविधा 3 मान लेने की क्रिया: ~ to public opinion 4 अनुदान, अनुमोदन 5 इजाजत, कुछ करने का अधिकार;
dw/lw: **~aire** /~नेअः/ (*US* **concessioner**) *n.* 1 सुविधा-प्राप्त, सुविधा-भोगी 2 खनन या व्यापार करने का अधिकार प्राप्त; **~al** /~नल/ *adj.* रियायती दर; **~ary** /~नरि/ *adj.* रियायती: ~ary fares for students

concessive /कन्सेसिव/ *adj.* सुविधा या रियायत के रूप में होने वाला, रियायती

conch /कौंच/ *US* कांच/ *n., pl.* **~s/ ~es** घोंघा, शंख;
dw/lw: **~ology** /कौंचौ\लजि/ *US* कांचाः\लजि/ *n.* घोंघा-सीप अध्ययन; **~ologist** /~लजिस्ट/ *n.* घोंघा-सीप अध्ययेता या विशेषज्ञ

concierge /कौन्सिअःज/ *US* काःन्सिअःज/ *n., Fr.* भवन का रख-रखाव करने वाला

concilia\te /कंसिलिए\ट/ *v., pt.* **~ted**, *pp* **~ting** 1 समझा-बुझाकर मना ले. 2 सुलह कराना, समाधान कराना 3 मिला ले.;
dw/lw: **~tion** /~शन/ *n.* सुलह, समझौता, निपटारा, समाधान: ~tion commission/ court; **~tor** /~टः/ *n.* मध्यस्थ; **~tory** /~टरि/ *adj.* शांतिकर, मैत्रीपूर्ण: ~tory measures; ~tory act; ~tory spirit

concinn\ity /कंसि\निटि/ *n.* 1 सामंजस्य, सुघड़ता 2 आलंकारिकता, चारुता;
dw/lw: **concinnous** /कंसिनस/ *adj.* सामंजस्यपूर्ण, सुघड़

concise /कन्साइ\स/ *adj.* 1 संहत, संक्षिप्त, सारिक, लघुकृत: a ~ dictionary 2 गागर में सागर;
dw/lw: **~ly** /~लि/ *adv.* संक्षिप्त रूप में; **~ness/ concision** /~जनेस/ कन्सिजन/ *n.* संक्षिप्तता, लघुता, संहतता

conclave /कौन्क्लेव/ *US* काःन्क्लेव/ *n.* 1 गुप्त बैठक 2 *RC Church* पोप की निर्वाचिका सभा

conclu\de /कन्क्लू\ड/ *v., pt.* **~ded**, *pp* **~ding** 1 समापन क. या हो. 2 निष्कर्ष निकालना, निर्णय कर ले. 3 निपटाना, पूरा क. 4 समझौता सिरे चढ़ाना: **~de** a treaty with a neighbouring state;
dw/lw: **~ding** /~डिंग/ *adj.* 1 अंतिम 2 समापन करने वाला: ~ding speech (समापन भाषण); **~sion** /~जन/ *n.* 1 निष्कर्ष, सारांश: in ~sion (निष्कर्ष के रूप में, निचोड़ के रूप में) 2 समाप्ति, अंत, समापन 3 उपसंहार 4 परिणाम, निश्चय: jump to ~sions (जल्दबाजी में निष्कर्ष निकालना); a foregone ~sion (पूर्वनिश्चत निष्कर्ष);
p&i: **a foregone ~sion** पहले से तय फैसला या निष्कर्ष

conclusive /कन्क्लूसिव/ *adj.* निर्णायक, निश्चयात्मक: ~ evidence;
dw/lw: **~ly** /~लि/ *adv.* निर्णायक ढंग से, अंतिम रूप से; **~ness** /~नेस/ *n.* निर्णायकता

concoct /कन्कौ\क्ट/ *US* कन्काः\क्ट/ *v., pt.* **~ed**, *pp* **~ing** 1 (***syn.*** cook up, make up) मन से गढ़ना: ~ a story 2 कुचक्र रचना, षड्यंत्र क. 3 काढ़ा तैयार क., क्वाथ बनाना 4 पकाना, तैयार क.;
dw/lw: **~er/ ~or** *n.* मन से गढ़ने वाला; **~ion** /~क्शन/ *n.* 1 गढ़ी हुई कहानी 2 षड्यंत्र, कुचक्र, कपट-जाल: a ~ion of lies झूठ का पुलिंदा 3 काढ़ा, क्वाथ 4 भिन्न-भिन्न पेयों व खाद्य-पदार्थों का मिश्रण: a ~ion of cream and rum

concomitance /कन्कौमिटंस/ *US* कन्काःमिटंस/ *n.* सहवर्तिता, सहगमन

concomitant /कन्कौमिटंट/ *US* कन्काःमिटंट/ *adj.* साथ-साथ होने वाली, सहगामी: anxiety with ~ sleeplessness; ~ circumstances (आस-पास के/ साथ-साथ होनेवाले हालात)

CONCOR *abbr.* 'Container Corporation of India Limited' की प्रथमाक्षरी

concord /कौन्कॉःड/ *US* काःन्कॉःड/ *n.* 1 करार, समझौता 2 संधि 3 मेल, समरसता, सामंजस्य, सुसंगति: live in ~ 4 *gramm.* अन्वय, व्याकरण अनुसार जुड़ाव: there must be ~ between a verb and its subject 5 स्वरसाम्य, सुश्रवता;
dw/lw: **~ance** /कन्कॉःडंस/ *n.* 1 समरसता 2 सामंजस्य: in ~ance with one's colleagues 3 मेल 4 शब्दानुक्रमणिका: ~ance of Shakespeare 5 *gramm.* अन्विति 6 *comput.* किसी पुस्तक में एक शब्द के उदाहरणों की कंप्यूटर द्वारा बनाई हुई सूची; **~ant** /कन्कॉःडंट/ *adj.* 1 समरस, सामंजस्यपूर्ण 2 मेल खानेवाला, सुसंगत, अनुरूप, सदृश

concordat /कन्कॉःडैट/ *n.* धर्म-संधि, रोमन कैथौलिक चर्च और सरकार के बीच संधि

concourse /कौन्कॉःस/ *US* काःन्कॉःस/ *n.* 1 भीड़, जमावड़ा, रेला: the whole ~ looked at with admiration 2 संगम, मेल, संयोग: unforeseen ~ of circumstances 3 हवाई अड्डे या रेलवे स्टेशन आदि पर यात्रियों के खड़ा होने के लिए बड़ा-सा खुला स्थान

concre\te /कौंक्री\ट/ *US* कांक्री\ट/ *n.* 1 बजरी, सिमेंट, रेत और पानी का मिश्रण 2 वस्तुवाचक संज्ञा;
adj. 1 बजरी से संबंधित: **~te** reinforcements; **~te** block house 2 मूर्त, साकार, प्रत्यक्ष, ठोस: **~te** objects 3 वास्तविक 4 निश्चित: **~te** evidence/ proof (ठोस गवाही/ प्रमाण) 5 *gramm.* द्रव्यवाचक, मूर्तवाचक, वस्तुवाचक (संज्ञा);
v., *pt.* **~ted**, *pp* **~ting** बजरी बिछाना, कंक्रीट से बनाना;
dw/lw: **~tly** /~टलि/ *adv.* वास्तविक रूप में; **~te-mixer** कंक्रीट-मिश्रक; **~teness** /~टनेश/ *n.* साकारता, प्रत्यक्षता, वास्तविकता; **~tize/ ~ise** *v., pt.* ~tized, *pp* ~tizing निश्चित और ठोस रूप दे.
collocations: **~te art** यथार्थवादी कला; **~te jungle** ऊंची-ऊंची अट्टालिकाओं वाला शहर; **~te music** यथार्थवादी संगीत; **~te poetry** यथार्थवादी कविता; **~te steel** प्रबलित कंक्रीट

concretion /कन्क्रीशन/ *n.* 1 ठोस होने की क्रिया या भाव 2 ठोस पदार्थ 3 शरीर में बनने वाली पथरी 4 बजरीकरण

concubinage /कौन्क्युबिनिज/ *US* काःन्क्यु-/ *n.* 1 रखैलपन, उपपत्नित्व 2 उपपत्नी-सहवास

concubine /कौन्क्युबाइन/ *US* काःन्क्युबाइन/ *n.* रखैल, रखेली, रखनी, उपपत्नी
concupi\scence /कन्क्यूपि\संस/ *n.* (*syn.* lust) कामावेग, काम वासना, काम तृष्णा, संभोगेच्छा, विषय-वासना;
dw/lw: **~scent** /~संट/ *adj.* कामुक, विषयासक्त; **~scible** /~सिबल/ *adj.* वासनात्मक
concur /कन्कः/ *v., pt.* **~red**, *pp* **~ring** 1 सहमत हो.: ~ with the speaker (सहमति दे.) 2 सहयोग दे. 3 मिलकर काम क. एक साथ हो.: everything **~red** to make him successful 4 एक ही समय पर हो. या घटना
concurrence /कन्करंस/ *n.* 1 करार, सहमति 2 समापात, सम्मिलन: ~ of ideas 3 सहयोग, योगदान 4 एक साथ घटने की प्रक्रिया: ~ of events
concurrent /कन्करंट/ *adj.* 1 समकालीन: ~ existence of two or more different systems; ~ lists 2 साथ-साथ/ एक साथ होने वाली: ~ reaction 3 एक बिंदु पर मिलने वाली: ~ lines 4 सहमत, संगामी: ~ views of experts;
dw/lw: **~ly** /~लि/ *adv.* एक साथ, साथ-साथ
concursus /कन्कःसस/ *n.* धर्मवृत्ति-परीक्षा
concuss /कन्क\स/ *v., pt.* **~ed**, *pp* **~ing** 1 हिला दे., धक्का पहुंचाना 2 धमकाकर बाध्य क. 3 दिमाग आदि को आघात पहुंचाना;
dw/lw: **~ion** /~शन/ *n.* 1 शिराघात, मस्तिष्काघात: ~ion of brain 2 धक्का, झटका, हिचकोला 3 चोट, आघात **~ed** /~सिड/ *adj.* जिसे झटका लगा हो, जिसे शिराघात हुआ हो, चोटिल
concyclic /कौन्साइक्लिक/ *US* काःन्साइक्लिक/ *adj.* एकवृत्तीय, एकचक्राकार
condemn /कंडे\म/ *v., pt.* **~ed**, *pp* **~ing** 1 बुरा और गलत समझकर निंदा क.: ~ a person for his misconduct 2 असुरक्षित इमारत को गिराने का आदेश दे. 3 (*usually* **~ sb to sth**, ***syn.***, sentence) किसी को दोषी या अपराधी ठहराना, दंडित क., सजा दे.: ~ to death (मौत की सजा दे.) 4 जब्त कर ले. 5 (***syn.***, doom) निकम्मे जीवन जीने के लिए बाध्य हो.: **~ed** to inactivity/ silence/ poverty 6 रोग को असाध्य बताना 7 हाव-भावों द्वारा पोल खोल दिया जाना, चोर की दाढ़ी में तिनका हो.: obvious nervousness **~ed** him 8 दूषित बताकर ठुकरा दे.: the meat was **~ed** as unfit for food;
dw/lw: **~able** /~म्नेबल/ *adj.* निंदनीय, कोसने योग्य, दंडनीय; **~ation** /कौंडेम्नेशन/ *US* कांडेम्नेशन/ *n.* 1 निंदा 2 दंडाज्ञा, दंडादेश 3 निराकरण; **~natory** /~म्नेटरि/ *adj.* निंदापरक, निंदनीय, निंदात्मक; **~ed** /~म्ड/ *adj.* 1 सिद्धदोष, दोषित, दंडित, अपराधित: ~ed cell (काल कोठरी) 2 निराकृत, निंदित 3 निकम्मा;
p&i: **~ to slog** कोल्हू का बैल बनाना
condensation /कौंडेन्सेशन/ *US* काःडेन्सेशन/ *n.* 1 संघनन 2 भाप से द्रव बनने की प्रक्रिया 3 गाढ़ा करने की प्रक्रिया 4 घनीकरण 5 संक्षेपण
collocations: **~ reaction** *chem.* दो या अधिक छोटे परमाणुओं द्वारा मिलकर एक बड़ा परमाणु बनाने की क्रिया
conden\se /कंडें\स/ *v., pt.* **~sed**, *pp* **~sing** 1 भाप का द्रव में बदलना 2 संक्षिप्त बनाना 3 गाढ़ा बनाना, संघनित क. 4 घनीभूत हो. 5 छोटा व घना बनाना, संहित क.;
dw/lw: **~sed** /~सड/ *adj.* 1 संघनित: ~sed milk (संघनित दुग्ध) 2 घना, संहित: ~sed type (छोटी व सघन टाइप) 3 संक्षिप्त: ~sed account of an event; **~ser** /~सः/ *n.* 1 वाष्प को द्रव में बदलने वाला यंत्र, कंडेंसर 2 बिजली का कैपेसिटर 3 *optics* प्रकाश को सकेंद्रित (focus) करने वाले लेंस; **~sery** /~सरि/ *n.* सूखा (powder) दूध बनाने वाला कारखाना
condescend /कौंडिसें\ड/ *US* कांडिसें\ड/ *v., pt.* **~ed**, *pp* **~ing** 1 की कृपा क. 2 झुकना 3 ऊंचा पीढ़ा दे., कृपादृष्टि का दिखावा क.: ~ to do sth (अपने तथाकथित उच्च स्तर के बावजूद कुछ करने का ढोंग क.); ~ to sb (ऊंचा पीढ़ा दे., किसी को ओछा समझते हुए दरियादिली का दिखावा क.);
dw/lw: **~ing** /~डिंग/ *adj.* कृपालु, दूसरे को ओछे स्तर का दिखाने हेतु उदारदिली का दिखावा क.: hauty and ~ing manner; **~ingly** /~डिंगलि/ *adv.* किसी को ओछा दिखाने के लिए कृपालुतापूर्वक बोलना: speak ~ingly to one's subordinates;
p&i: **~ upon** उल्लेख क., तय क.
condescension /कौंडिसेंशन/ *US* कांडिसेंशन/ *n.* 1 अपने को दूसरों से बेहतर जतलाने या दिखाने की प्रवृत्ति 2 अति-कृपालुता 3 सौजन्य 4 छद्म भद्रता
condign /कंडाइन\/ *adj.* 1 उपयुक्त, समुचित: ~ censure/ punishment 2 समीचीन;
dw/lw: **~ly** /~लि/ *adv.* उपयुक्त ढंग से
condiment /कौंडिमंट/ *US* कांडिमंट/ *n.* 1 व्यंजनों में डाले जाने वाले मसाले 2 जायके के लिए खाने के साथ प्रयुक्त सॉस
condisciple /कॉंडिसाइपल/ *n.* गुरुभाई, सहपाठी
condition /कंडिश\न/ *n., pl.* **~s** 1 हालत, स्थिति, दशा, अवस्था: house in a terrible ~ 2 शर्त, नौकरी आदि की जरूरतें 3 स्वास्थ्य की दशा: patient in a critical ~ 4 बीमारी, विकार: a heart ~ (दिल की बीमारी) 5 (**~s**) हालात, परिस्थितियां: poor working **~s** (काम करने के हालात); climatic **~s** 6 समझौते आदि की शर्तें 7 नियम-जन्य शर्तें 8 समुदाय की दशा;
v., pt. **~ed**, *pp* **~ing** 1 अनुकूल दशा पैदा क. 2 के अनुरूप ढालना 3 अनुकूलित क. 4 किसी द्रव से बालों आदि को मुलायम और स्वस्थ बनाना 5 प्रतिबंध या शर्त लगाना 6 घोड़े आदि को प्रशिक्षित क. 7 जटिलता दूर करके प्रयोग योग्य बना;
dw/lw: **~al** /~ल/ *adj.* 1 सशर्त 2 सप्रतिबंध: ~al promise; **~ed** /कंडीशंड/ *adj.* 1 अनुकूलित: ~ed by external factors; ~ed reflex 2 मानक अनुसार; **~er** /~नः/ *n.* 1 संवर्धक: hair ~er (बाल अनुकूलक या संवर्धक) 2 अनुकूलक: fabric ~er (कपड़ा अनुकूलक); air ~er (वातानुकूलक); **~ing** /~निंग/ *n.* अनुकूलन; **~ity** /~नैलिटि/ *n.* सशर्तता; **~ly** /~लि/ *adv.* शर्त के साथ, सशर्त;
collocations: **~s of flight** उड़ान के हालात; **~s of life** जीवन की दशा; **~s of sale** विक्रय की शर्तें; **living ~** जीने की स्थिति; **service ~s** सेवा शर्तें;
p&i: **~s make and ~s break** परिस्थितियां सब कुछ करवाती हैं;
be in ~ अच्छी हालत में हो.; **be in certain ~** गर्भवती हो.; **be in no ~ to travel** यात्रा करने की हालत में बिल्कुल न होना; **be out of ~** खराब हालत में हो.; **better one's ~s** अपनी हालत सुधारना; **change one's ~** विवाह क.; **lay down ~s** शर्तें रखना; **live beyond ~** आय से अधिक खर्च क.; **meet the ~s** शर्तें पूरी क.; **men of all ~s/ people of every ~ of life** हर क्षेत्र के लोग; **on ~ that** इस शर्त पर कि; **on no ~** किसी भी सूरत में नहीं, बिल्कुल नहीं
condo /कौंडो/ *US* कांडो/ *n. US* 1 'condominium' का संक्षेप 2 सहशासन, संयुक्त शासन
condolatory /कंडोलअटरि/ *adj.* संवेदनात्मक
condo\le /कंडो\ल/ *v., pt.* **~led**, *pp* **~ling**; (*always* **~ with sb**) 1 किसी के साथ सहानुभूति जताना 2 शोक व्यक्त क.;
dw/lw: **~lence** /~लंस/ *n., pl.* **~s** 1 शोक, अफसोस: ~lence meeting (शोक सभा); offer one's ~lences 2 संवेदना: please, accept our ~lences;
p&i: **~le with** अपनी सहानुभूति जताना
condom /कौंडॉम/ *US* कांडअम/ *n.* (*also UK* **sheath,** *US tech.* **prophylactic**) कंडोम, निरोध, शिश्नावेष्टन
condominium /कौंडअमिनिअम/ *US* कांडअमिनिअम/ (*also* **condo**) *n. US* सह-मलकीयत, सह-सत्ता, सह-राज्य
condonation /कौंडअनेशन/ *US* कांडअनेशन/ *n.* क्षमा, क्षमादान
condo\ne /कंडो\न/ *v., pt.* **~ned**, *pp* **~ning** क्षमा क., अनदेखी क.;
dw/lw: **~able** /~नेबल/ *adj.* क्षमा करने योग्य
condor /कौंडॉः/ *US* कांडॉः/ *n.* बड़ी जाति का गीध, गिद्ध

condu\ce /कंड्यूस/ *v., pt.* **~ced**, *pp* **~cing** (*always* **~ce to sth**) 1 सहायक हो. 2 उत्पन्न क. 3 का कारण बनना;
dw/lw: **~cive** /~सिव/ *adj.* (*often* **~ to sth**) प्रेरक, सहायक: early rising is **~cive** to health;
p&i: **~cive to** सहायक, मददगार

conduct /कंडक्ट/ *v., pt.* **~ed**, *pp* **~ing** 1 व्यवहार/ आचरण/ बरताव क.: ~ oneself with dignity 2 संचालन क., चलाना 3 प्रबंध क. 4 मार्ग दिखाना 5 *music* ताल दे., संगीत मंडली का निर्देश क. 6 बिजली आदि का आर-पार चालन क. 7 हवा, पानी आदि को आर-पार प्रवाहित क.: hot air is **~ed** through the pipes 7 तक ले जा.;
n. 1 व्यवहार, आचरण, बरताव 2 आचार-व्यवहार, चाल-चलन, रहन-सहन: sb's ~ 3 संचालन, कार्य-प्रबंध 4 पथप्रदर्शन 5 *music* ताल;
dw/lw: **~ance** /कडंक्टंस/ *n.* 1 चालन-शक्ति 2 संवहन शक्ति 3 चालकत्व; **~ed** /कंडक्टिड/ *adj.* आयोजित: ~ed tour (आयोजित यात्रा); **~ible** /कंडक्टिबल/ *adj.* चालन योग्य; **~ing** /कंडक्टिंग/ *n.* चालन; **~ing** *adj.* चालक: ~ing wire (चालक) तार; **~ing-money** *n.* 1 गवाह को अदालत में लाने के लिए दिया जाने वाला पैसा 2 सेना में सिपाहियों की भर्ती कराने के लिए लाने का भत्ता 3 यात्रा-भत्ता; **~ion** /कंडक्शन/ *n.* चालन, संवहन; **~ive** /क्डंक्टिव/ *adj.* विद्युत चालन-सक्षम: ~ive body; **~ivity** /क्डंक्टिविटि/ (*always* **electrical ~**) *n.* विद्युत चालन-सक्षमता, चालकता; **~or** /कंडक्टः/ *n.* (*in full* **thermal ~/ electrical ~**) 1 ऊष्मा या विद्युत चालक, बिजली या उष्मा चालन-सक्षम पदार्थ 2 संगीतमंडली निर्देशक, निदेशक, संचालक 3 *UK, India* बस कंडक्टर, संवाहक 4 *US* (*UK* **guard**) रेल कंडक्टर 5 मार्गदर्शक 6 नेता, अगुआ; **~ress** /कंडक्ट्रेस/ *n.* महिला बस आदि की संचालक;
collocations: **~ive education** मोटर विकार से ग्रस्त बच्चों का अभ्यासों द्वारा शारीरिक व सकेंद्रित (focused) बौद्धिक विकास कराना; **lightening ~or** तड़ित-चालक;
p&i: **~ a raid** छापा मारना; **~ed tour** यात्री गाईड द्वारा कराया जाने वाला सैर-सपाटा; **infamous ~** दुर्व्यवहार, कुकर्म; **safe ~** सुरक्षात्मक प्रमाण-पत्र

conduit /कौंड्युइट/ *US* कांडुइट *n.* 1 वाहिका, पाइप, नाली 2 नली, आवरण नली 3 भूमिगत गुप्त रास्ता 4 नहर, या समुद्री रास्ता: the **~s** through which the produce of the East flowed into England

condyle /कॉंडिल/ *n.* स्थूलक, अस्थिकंद

cone /कोन/ *n.* 1 कोन, शंकु, शंकुफल 2 आइस्क्रीम का कोन 3 आंख की पुतली में प्रकाश-ग्राहक कोशिका 4 (***syn.*** traffic ~) सड़क पर यातायात को टालने के लिए रखा जाने वाला प्लास्टिक का शंकु 5 चीड़ के पेड़ का सूखा सख्त फल: a pine ~;
v., pt. **~d**, *pp* **coning** प्लास्टिक के शंकु से सड़क के यातायात को टालना: ~ sth somewhere off (यातायात को टालना)

coney/ cony /कोनि/ *n.* खरगोश की त्वचा या फर

confab /कौनफैब/ *US* काःनफैब/ *n.* 1 किसी व्यवसाय के सदस्यों की मीटिंग 2 अनौपचारिक गपशप;
v. pt. **~bed**, *pp* **~bing** गपशप क.

confabula\te /कौन्फैब्युले\ट/ *US* काःन्फैब्युले\ट/ *v., pt.* **~ted**, *pp* **~ting** 1 विचार-विमर्श क. 2 गप-शप/बातचीत क.;
dw/lw: **~tion** /~शन/ *n.* गप-शप, बातचीत

confect /कन्फे\क्ट/ *v., pt.* **~ed**, *pp* **~ing** मिठाई तैयार क., मिष्टान्न बनाना;
dw/lw: **~ion** /~किशन/ *n.* 1 मिठाई 2 पाक 3 मिश्रण 4 अवलेह 5 मुरब्बा; **~ionary** /~क्शनरि/ *n., pl.* ~ionaries 1 मिठाई 2 मिठाइयां, मिष्टान्न 3 *UK, India* हलवाई की दुकान 4 मिष्ठान भंडार; **~ironer** /~किशन/ *n.* हलवाई;
collocations: **~ironer's custard = sweet dishes**; **~ironer's sugar** (*US* **icing sugar**) हलवाई की चीनी

CONFED *abbr.* 'Consumer Federation' का संक्षेप

confederacy\y /कन्फेडरअसी/ (*also* **confederation** /कन्फेडरेशन/) *n., pl.* **~ies** (**the Confederacy**) *hist.* 1 महासंघ, कई संघों से मिलकर बना संगठन 2 राज्यसंघ 3 षड्यंत्र, साजिश

confedera\te /कन्फेड्रेट/ *n.* 1 राज्यसंघ का सदस्य 2 मित्र 3 साथी, बंधु, सहयोगी 4 अपराध में भागीदार 5 (**Confederate**) *US hist.* महासंघ (**the Confederacy** = confederate states) के समर्थक प्रांत
adj. 1 संघाधीन 2 संधिबद्ध, मंडलित 3 महासंघ (**Confederacy**) से संबद्ध;
v., pt. **~ted**, *pp* **~ting** महासंघ बनाना या उसका सदस्य बन जाना

confederate /कन्फेडरअट/ *n.* (***syn.*** accomplice) किसी की अवैध काम में मदद करने वाला व्यक्ति;
adj. महासंघ (**Confederacy**) से संबद्ध;
collocations: **the confederate states** (*also* **the Confederacy**) अमेरिका के ग्यारह दक्षिणी प्रांत जिन्होंने 1860-61 में अमेरिका छोड़ दिया जिसके कारण अमेरिकी गृहयुद्ध शुरू हुआ

confederation /कन्फेड्रेशन/ *n.* 1 एक-दूसरे की मदद करने के लिए बनने वाला राज्यों या संगठनों का महासंघ 2 (**Confederation**) कैनेडा में 1 जुलाई 1867 को शुरू हुई राज्यों (provinces) और क्षेत्रों (territories) के मिलने की प्रक्रिया

confer /कन्फः/ *v., pt.* **~red**, *pp* **~ring** 1 सलाह-मशविरा क., परामर्श क., वार्तालाप क.: ~ with one's lawyer 2 (*usually* **~ sth on sb**) प्रदान या प्रदत्त क.: ~ a degree; ~ a title upon sb;
dw/lw: **~rable** /कन्फरेबल/ *adj.* प्रदान करने योग्य, प्रदेय; **~red** *adj.* प्रदत्त; **~ee** /कन्फरी/ *n.* प्रदत्ती, जिसे कुछ दिया जाता है; **~rer** /कन्फरः/ *n.* प्रदाता; **~ment** /कन्फःमंट/ *n.* विभूषण, भेंट

conference /कौन्फअरंस/ *US* काःन्फअ\रंस/ *n.* 1 कांफ्रेस, सम्मेलन: regional ~ 2 पत्रकारों के साथ मीटिंग: press ~ 3 परामर्श: in ~ with the teachers 4 वार्ता योजन: hold a ~;
dw/lw: **conferencing** /~रेंसिंग/ *n.* व्यापारिक सहयोगियों के बीच टेलीफोन, कंप्यूटर आदि पर परामर्श या व्यापार-वार्ता;
collocations: **~ call** *n.* अलग-अलग जगहों पर स्थित दो या अधिक लोगों के बीच टेलीफोन या कंप्यूटर पर बातचीत;
p&i: **a round table ~** गोल मेज सम्मेलन

conferment /कन्फःमंट/ *n.* सम्मान या विश्वविद्यालय की उपाधि आदि प्रदान करने की क्रिया

confess /कन्फे\स/ *v., pt.* **~ed**, *pp* **~ing** 1 कबूल क., अपराध करने की बात मान ले. 2 पादरी के सामने गुनाह/ पाप कबूल क. 3 पादरी द्वारा कबूलिया बयान सुनना;
dw/lw: **~ed** /~सड/ *adj.* माना हुआ; **~edly** /~सडलि/ *adv.* जैसा कि माना गया है; **~or** /~सः/ *n., Christ.* 1 पापमोचक, पादरी 2 पाप कबूलने वाला

confession /कन्फेशन\/ *n.* 1 (***syn.*** admission) अपराध की स्वीकारोक्ति: extrajudicial ~ (अदालत से बाहर अपराध की स्वीकारोक्ति) 2 पाप-स्वीकारोक्ति 3 किसी द्वारा अपने धार्मिक संप्रदाय की घोषणा: a ~ of faith 4 धार्मिक सम्प्रदाय
dw/lw: **~al** /~ल/ *n.* पाप-स्वीकार-गृह/ पीठिका जहां बैठकर पादरी पाप-स्वीकारोक्ति सुनता है;
adj. अपराध स्वीकृति संबंधी;
p&i: **~ is good for the soul** पाप स्वीकारोक्ति से आत्मा साफ होती है; **~ is the first step to repentance** पाप स्वीकारोक्ति पश्चाताप की राह पर पहला कदम है

confetti /कन्फेटि/ *n.* त्योहार या विवाह के अवसर पर बारातियों आदि पर बिखेरे जाने वाले रंगीन कागज के छोटे-छोटे टुकड़े

confidant/ confidante /कौन्फिडैंट, कौन्फिडांट/ *US* काःन्फिडैंट/ *n.* विश्वस्त व्यक्ति, विश्वास पात्र, अंतरंग मित्र जिससे निजी या गुप्त बातें बताई जा सकती हैं

confi\de /कन्फाइड/ *v., pt.* **~ed**, *pp* **~ing** 1 विश्वासपात्र समझकर किसी को रहस्यपूर्ण बात या निजी रहस्य बता दे. 2 पर भरोसा क. 3 विश्वास में ले. 4 किसी को किसी की विश्वसनीय देखभाल में सौंपना: the children were **~ded** to the care of the nurse;
p&i: **~de in sb** किसी को विश्वास में लेकर अपना भेद आदि बताना

confidence /कौन्फिडंस/ *US* का:न्फिडंस/ *n.* 1 विश्वास 2 अपनी सक्षमता आदि पर यकीन, भरोसा, आत्म-विश्वास, दृढ़ता 3 गुप्त या गोपनीय बात, भेद 4 पारस्परिक विश्वास;
collocations: **~ gain** विश्वास प्राप्ति; **~ interval** *math.* आंकड़ों के विश्लेषण में ऐसा अंतराल जिसमें किसी अज्ञात पैरामीटर का सही मूल्य होता है; **~ in the government** सरकार में विश्वास; **~ trick** किसी का विश्वास जीतकर की जाने वाली धोखा-धड़ी या ठगी;
breach of the ~ विश्वास भंग; **growing ~** बढ़ता आत्मविश्वास; **in strict ~** केवल (हम) दोनों के बीच; **no ~ motion** अविश्वास प्रस्ताव;
p&i: **~ man** विश्वास पैदा करके गिननेवाला;
a ~ game ठगी से पैसे की प्राप्ति; **be in sb's ~** विश्वास-पात्र हो.; **in ~** गुप्त तरीके से बताना; **take into one's ~** विश्वास में लेकर रहस्य बताना; **worn oneself into sb's ~** चालाकी से किसी का विश्वासपात्र बनना

confident /कौन्फिडं\ट/ *US* का:न्फिडं\ट/ *adj.* (*sometimes* **~ of sth**) 1 विश्वस्त 2 विश्वास से भरा हुआ, आश्वस्त: ~ of success;
dw/lw: **~ly** /~लि/ *adv.* विश्वासपूर्वक;
collocations: **~ manner** विश्वासपूर्ण शैली; **~ move** विश्वासपूर्ण कदम

confidential /कौन्फिडेंशि\अल/ *US* का:न्फिडेंशि\अल/ *adj.* 1 गोपनीय, गुप्त: a ~ whisper (एक गोपनीय कानाफूसी) 2 विश्वस्त, भरोसे लायक 3 जिसे विश्वास में लेकर रहस्य बताया गया हो;
dw/lw: **~ity** /~ऐलिटि/ *n.* गोपनीयता; **~ly** /~अलि/ *adv.* गोपनीय ढंग से, विश्वास में लेते हुए: speak to sb ~ly;
collocations: **~ correspondence** गोपनीय पत्र-व्यवहार; **~ documents** गोपनीय कागजात; **~ information** गोपनीय सूचना; **~ tone** पारस्परिक विश्वास का लहजा; **~ relation** 1 गुप्त संबंध 2 विश्वास पर आधारित पर रिश्ता;
p&i: **strictly ~** पूर्णतः गोपनीय

confiding /कन्फाइडिंग\/ *adj.* 1 विश्वास करने वाला 2 ऐसा संबंध जब एक-दूसरे पर विश्वास हो;
dw/lw: **~ly** /~लि/ *adv.* विश्वास करते हुए

configuration /कौन्फिगअरेशन/ *US* का:न्फिगअरेशन/ *n.* 1 रचना, बनावट, आकृति, स्वरूप 2 *comput.* कंप्यूटर प्रणाली को बनाने वाले यंत्र, प्रोग्राम और प्रोग्रामों की व्यवस्था

configu\re /कन्फिग:/ *v., pt.* **~red**, *pp* **~ring** 1 समनुरूप बनाना 2 कंप्यूटर को आवश्यकता अनुसार व्यवस्थित क.

confi\ne /कन्फा\इन/ *v., pt.* **~ned**, *pp* **~ning** 1 (***syn.*** restrict) आना-जाना सीमित क., परिसीमित क. 2 कैद में (अंदर) रखना: **~ne** a bird in a cage 3 तक परिसीमित हो. 4 स्वास्थ्य खराब होने के कारण चलने-फिरने में सीमित हो.: flu **~ned** her to her bed;
n. सीमाप्रांत, सीमांत;
dw/lw: **~ned** /~इन्ड/ *adj.* 1 सीमित, तंग, परिरुद्ध 2 में बंद; **~nement** /~न्मंट/ *n.* 1 कैद, कारावास: solitary ~nement (एकांत कारावास, कैद-तन्हाई); ~nement to barracks (नजरबंदी बैरक); live in ~nement 2 परिरोध 3 प्रसूति, प्रसव; **~es** /~इन्ज/ *n.* चौहद्दी, सीमाएं;
p&i: **be ~ned** प्रसूति-गृह में हो., प्रसव क.; **~ne sb/ sth to sth** किसी को किसी हद तक सीमित रखना;
close ~ne सख्त कैद; **expect to be ~ned about the end of the month** महीने के अंत तक प्रसव-गृह में जाने की आशा रखना; **live in ~ne** अलग-थलग रहना

confirm /कन्फर्म/ *v., pt.* **~ed**, *pp* **~ing** 1 पुष्टि क.: refused to ~ or deny the rumour 2 स्थाई क., पक्का क.: appointment was **~ed** 3 अनुमोदन क.: later events **~ed** his opinion 4 समर्थन क.: **~ his** decision 5 प्रमाणित क.: the report has been **~ed** 6 दृढ़ीकरण-संस्कार दे. 7 आरक्षण को पक्का क.: ~ the seat in a train 8 विचार, धारणा या फैसले को पक्का क.: ~ the decision;
dw/lw: **~ation** /कॉन्फर्मेशन/ *n.* 1 पुष्टि, अनुमोदन, समर्थन: ~ation of a statement 2 स्थायीकरण: ~ation-order (स्थायीकरण आदेश) 3 दृढ़ायन, दृढ़ीकरण-संस्कार, विशेष अनुष्ठान में चर्च की सदस्यता प्रदान: ~ation note 4 प्रमाणीकरण: find further ~ation; **~ative** /कन्फर्मेटिव/ *adj.* पुष्टिकारक: ~ative order (पुष्टि आदेश); ~ative test (पुष्टि परीक्षण); **~atory** /कन्फ:मेटरि/ *adj.* पुष्टिकर, पुष्टिकारक; **~ed** /कन्फर्मड/ *adj.* पक्का, सुदृढ़, चिरकालिक: ~ed countryman (पक्का गांव वाला); a ~ed atheist/ bachelor/ pessimist/ criminal, etc. (पक्का नास्तिक/ कुंआरा/ निराशावादी/ अपराधी आदि);
p&i: **a ~ed bachelor** अविवाहित व्यक्ति

confisca\te /कौन्फिस्के\ट/ *US* का:न्फिस्के\ट/ *v., pt.* **~ted**, *pp* **~ting** जब्त/ कुर्क क.;
dw/lw: **~tor** /~ट:/ *n.* अधिहृत/ जब्त/ कुर्क करने वाला; **~tion** /~शन/ *n.* अधिहरण, जब्ती, कुर्की; **~tory** /~टरि/ *adj.* 1 कुर्क करने वाला: ~tory order 2 सख्ती से वसूल करने वाला

confisery /कॉन्फिसरि/ *n.* , *Fr.* मिष्टान्नशाला

conflagration /कौन्फ्लअग्रेशन/ *US* का:न्फ्लअग्रेशन/ *n.* भीषण अग्निकांड

confla\te /कन्फ्ले\ट/ *v. pt.* **~ted** *pp* **~ing** वस्तु या कहानी आदि के दो भिन्न-भिन्न रूपों को एक में मिलाना;
dw/lw: **~tion** /~शन/ *n.* सम्मिश्रण

conflict /कौन्फ्लिक्ट/ *US* का:न्फ्लिक्ट/ *n.* 1 (हिंसक) टकराव, झगड़ा, मतभेद: a ~ of interests 2 युद्ध, लड़ाई: armed ~ 3 पारस्परिक विरोध: the demands of a career often ~ with those of family; ~ of laws 4 *psychol.* आंतरिक संघर्ष या द्वंद्व: a ~ of feelings;
v., pt. **~ed**, *pp* **~ing** 1 (***syn.*** clash) टकराव हो., विरोध या वैषम्य हो. 2 मतभेद हो. 3 संघर्ष क., लड़ना;
dw/lw: **~ed** /कन्फ्लिक्टिड/ *adj.* परस्पर विरोधी भावनाओं के बीच फंसा हुआ: ~ed evidence; *comput.* a ~ed file; **~ing** /कन्फ्लिक्टिंग/ *adj.* परस्पर विरोधी: ~ing emotions; **~-theory** *n., social.* एक धारणा कि समाज में टकराव अवश्यंभावी है क्योंकि उसका गठन दोषपूर्ण है

conflu\ence /कौन्फ्लु\अंस/ *US* का:न्फ्लु\अंस/ *n., pl.* **~es** 1 संगम: built on the **~ence** of two rivers 2 समागम 3 (***syn.*** throng) जमावड़ा;
dw/lw: **~ent** /~अंट/ *adj.* 1 संगमित 2 संगामी, सम्प्रवाही: ~ent streams;
collocations: **~ent smallpox** चेचक

conflux /कौन्फ्लक्स/ *US* का:न्फ्लक्स/ (*also* **confluence**) *n.* 1 संगम 2 समागम

conform /कन्फॉ:म/ *v., pt.* **~ed**, *pp* **~ing** 1 (*often* **~ to sth**) घिसी-पिटी लीक पर चलना: ~ to/ with sth 2 समनुरूप/ सदृश/ अनुरूप हो. या क.: ~ to/ with sth;
dw/lw: **~able** /कन्फॉ:मबल/ *adj.* के अनुरूप, समरूप: ~able to the wishes of parents; **~ation** /कौन्फॉ:मेशन/ *US* का:न्फॉर्मेशन/ *n.* 1 बनावट, रचना, संरचना 2 विन्यास, संरूप; **~er/ ~ist** /कन्फॉ:म:/ कन्फॉ:मिस्ट/ *n.* 1 घिसी-पिटी लीक पर चलने वाला, परंपरावादी 2 दकियानूसी तरीके से नियमानुवर्ती 3 अनुसारक 4 जीहजूरिया; **~ist** *see above under* **conform: *dw/lw***; **~ity** /कन्फॉ:मिटि/ *n.* 1 अनुरूपता: in ~ity to/with sth (के अनुरूप या अनुसार) 2 समविन्यास 3 समनुरूपता: ~ity between the facts and the fiction

confound /कन्फाउं\ड/ *v., pt.* **~ed**, *pp* **~ing** घबराहट/ दुविधा या

हैरानी पैदा क.: **~ed** by sb's evidence 2 गड़बड़/ अस्तव्यस्त कर दे.: ~ words 3 किसी को कोई और समझना: **~ed** him with his twin brother 4 (***syn.*** baffle) चकरा दे., परेशानी में डाल दे., हतबुद्धि कर दे.: feel **~ed** by sb's praise 5 हराना 6 नष्ट क.: ~ plans;

dw/lw: **~ed** /~डिड/ *n., colloq.* 1 हैरान, भौचक, हतबुद्धि 2 कंबख्त, पतित: that boy's a ~ed nuisance! 2 भ्रमित, परेशान; **~edly** /~डिडलि/ *adv.* हैरतमय ढंग से;

p&i: **Confound it!** भाड़ में जाए!; **~edly good dinner! = damn good dinner!** बेहद अच्छा खाना!

confraternity /कौन्फ्रअटःनिटि/ *US* काःन्फ्रअ-/ *n.* भ्रातृसंघ, बिरादरी, संगत, धर्म वृंद

confrère /कॉन्फ्रेअः/ *n., Fr.* (***syn.*** colleague) सहयोगी, सहकर्मी

confront /कन्फ्रंट/ *v., pt.* **~ed**, *pp* **~ing** 1 किसी का तथ्यों आदि से सामना करवाना: ~ sb with sth 2 का सामने हो., सम्मुख हो.: her house **~s** yours 3 मिलान क. 4 (***syn.*** face up) मुसीबत या कठिन स्थिति से आमना-सामना हो.: be **~ed** by/ with sth 5 समस्या से दो-दो हाथ क./ सुलझाना 6 किसी का साहसपूर्वक सामना क.;

dw/lw: **~ation** /कौन्फ्रंटेशन/ *US* काःन्फ्रंटेशन/ *n.* 1 टकराव, लड़ाई, भिड़ंत, उग्र विवाद: armed ~ation 2 सामना, मुकाबला 3 मिलान, आमने-सामने मुलाकात; **~ational** /कौन्फ्रंटेशनल/ *US* काःन्फ्रंटेशनल/ *adj.* उग्र, आक्रामक, टकरावपूर्ण

Confucian /कन्फ्यूशिय\न/ *n.* चीनी दार्शनिक कन्फ्यूशियस के सिद्धांतों पर आधारित या उनका अनुयायी;

dw/lw: **~ism** /~निज्म/ *n.* 1 कन्फ्यूशियस के सिद्धांत, कन्फ्यूशियसवाद 2 चीनी दर्शन की प्राचीनतम अवधारणा जो नैतिकता, दूसरों के प्रति सद्भाव, आज्ञा परायणता और अच्छी शिक्षा पर बल देती थी; **~ist** /~निस्ट/ *n.* कनफ्यूशियसवादी

confu\se /कन्फ्यूज/ *v., pt.* **~sed**, *pp* **~sing** 1 भ्रम में डालना, चकरा दे.: **~se** students with complicated questions 2 किसी व्यक्ति या वस्तु को दूसरा व्यक्ति या दूसरी वस्तु समझ बैठना, घालमेल क.: **~se** 'ascetic' with 'aesthetic' 3 अस्तव्यस्त कर दे. 4 उलझाना, चकरा दे. 5 लज्जित क., परेशानी में डालना;

dw/lw: **~sed** /~जड/ *adj.* 1 भ्रमित, घाल-मेल में फंसा हुआ: become ~sed 2 अस्पष्ट 3 घबराया हुआ, चकराया हुआ, भ्रांत, किंकर्त्तव्यविमूढ़ 4 अस्तव्यस्त; **~sedly** /~जडलि/ *adv.* घबराकर, भ्रमित होकर; **~sing** /~जिंग/ *adj.* 1 भ्रमित करने वाली 2 हक्का-बक्का करने वाला; **~singly** /~जिंगलि/ *adv.* भ्रमपूर्वक

confusion /कन्फ्यूजन/ *n.* 1 भ्रम, भ्रांति, धोखा 2 गड़बड़-घोटाला, घपला, घालमेल 3 (***syn.*** disorder) विभ्रम की स्थिति, अस्तव्यस्तता: state of ~ 4 अस्पष्टता 5 किसी को कोई और समझने के कारण होने वाली गड़बड़ 6 होहल्ला, हड़बड़ाहट 7 (***syn.*** bewilderment) संभ्रांति, किंकर्त्तव्यविमूढ़ता, संभ्रम, घबराहट, उलझन: the incident threw the entire school into utter ~ 7 (***syn.*** shame) लज्जा, परेशानी;

p&i: ~ **compounded** उलझे को और उलझाना; ~ **of tongues** भाषाओं का घाल-मेल; **throw into** ~ घाल-मेल पैदा क.

confut\able /कन्फ्यूटेबल/ *adj.* खंडनीय; खंडनात्मक

dw/lw: **~ation** /~टेशन/ *n.* खंडन, निराकरण; **~e** /~ट/ *v., pt.* ~ed, *pp* ~ing 1 खंडन/ निराकरण क., भ्रांत सिद्ध क. 2 मिथ्या सिद्ध क. 3 निरुत्तर कर दे. 4 व्यर्थ कर दे.; **~ative** /~टेटिव/ *adj.* खंडनात्मक

conga /कौंगा/ *US* कांगा/ *n., pl.* **~s** 1 कोंगा नृत्य 2 (*also* ~ drum) कोंगा नगाड़ा

congé /कॉन्जे/ *n., Fr.* 1 (***syn.*** dismissal) आकस्मिक विसर्जन 2 (***syn.*** permission) जाने की अनुमति

congeal /कंजी\ल/ *v., pt.* **~ed**, *pp* **~ing** जमना, गाढ़ा/थक्का ब.;

dw/lw: **~able** /~लअबल/ *adj.* जिसे जमाया जा सके; **~ment**/ **~ation** /~लमंट/ ~लेशन/ *n.* जमाव, जमावट, स्कंदन

congener\ic/ ~ous /कॉन्जिनेरिक/ कॉन्जिनेरस/ *adj.* सजातीय, सवर्गीय, समवंश, समजनिक

congenetic /कनजेनिटिक/ *adj.* समानुवंशिक

congenial /कन्जीनिअ\ल/ *adj.* 1 सुप्रिय, सौहार्दपूर्ण 2 अनुकूल 3 भला, अच्छा, लाभकारी: ~ climate; ~ to health;

dw/lw: **~ly** /~लि/ *adv.* सौहार्दपूर्वक; **~ity** /~लिटि/ *n.* 1 सौहार्द 2 अनुकूलता;

p&i: **~ to** के लिए उचित

congenital /कन्जेनिट\ल/ *adj.* 1 जन्मजात, जन्मगत: a ~ defect (जन्मजात दोष) 2 सहज, प्रकृतिजन्य: ~ idiocy 3 पूरा, जन्मजात: a ~ liar;

dw/lw: **~ly** /~लि/ *adv.* जन्म से, जन्मजात

conger /कौंगः/ *US* कांगः/ *n.* बड़ी समुद्री सर्पमीन, सर्पाकार समुद्री मछली

congery /कॉजि\रि/ *n., pl.* **congeries** /~रीज/ *n., [sing.* or *pl.]* भिन्न-भिन्न वस्तुओं का ढेर, अस्त-व्यस्त समूह

congest /कंजे\स्ट/ *v., pt.* **~ed**, *pp* **~ing** 1 ठसाठस भर दे./ जा. 2 भीड़-भाड़ हो. 3 रक्त के साथ जमकर शोथ पैदा क. 4 नाक आदि का रेंट से ठस जा.;

dw/lw: **~ed** /~स्टिड/ *adj.* 1 भीड़-भाड़ वाला: ~ed traffic 2 (***syn.*** over-crowded) घना, अतिसंकुल: ~ed population 2 ठसाठस भरा हुआ 3 *med.* संकुलित; **~ion** /~स्चन/ *n.* 1 भीड़-भाड़, ठसठसाहट: ~ion of population 2 रक्त संकुलता 3 (छाती की) रुंधाई: chest ~ion 4 अवरोध, भीड़-भाड़: traffic ~ion 5 *med.* रक्तसंकुलता: ~ion of blood (रक्त का थक्का);

collocations: **~ion charge** कई शहरों में भीड़-भाड़ को रोकने के लिए कई स्थानों पर आने वाली गाड़ियों से लिया जाने वाला शुल्क

congloba\te /कौंग्लोबेट/ *US* कांग्लोबेट/ *adj.* संगोलित, संपीड़ित, गोल;

v., pt. **~ted**, *pp* **~ting** गोल-गोल बनना, संपीड़ित बनना

conglomera\te /कंग्लौमअ\रअट/ *US* कंग्लाःमअ\-/ *adj.* संपिंडित, एकत्रित, गुच्छित;

n. 1 छोटी-छोटी कंपनियों से बना समूह 2 संगुटिका, संपिंडन, ढेर, समूह 3 *geol.* मिश्रपिंडाश्म, संगुटिकाश्म;

v., pt. **~ted**, *pp* **~ting** 1 पिंडीभूत हो जाना 2 एकत्र क. या हो., ढेर लगाना या लगना, समूह बनाना; **~tion** /~रेशन/ *n.* 1 समूह, ढेर 2 संगुटीकरण, राशि 3 पिंड 4 पुंज, अटाला

conglutina\te /कंग्लूटिने\ट/ *v., pt.* **~ted**, *pp* **~ting** चिपकना, चिपकाना;

dw/lw: **~tion** /~शन/ *n.* चिपकाव, मिलान; **~tive** /~टिव/ *adj.* चिपचिपा

congrats /कंग्रैट्स/ *abbr.* 'congratulations' का संक्षेप (बधाइयां!)

congratulant /कंग्रैच्युलंट/ *n.* बधाई देने वाला

congratula\te /कंग्रैच्युले\ट/ *v., pt.* **~ted**, *pp* **~ting** (*usually* **~te sb on sth**) किसी को किसी बात के लिए बधाई दे.: **~te** sb on his/ her success;

dw/lw: **~tion** /~शन/ *n.* बधाई, मुबारकबाद: ~tions on sb's marriage; a letter of ~tions; **congratulations!** *excl.* बधाई! मुबारकबाद!; **~tive/ ~tory** /~टिव/ ~टरि/ *adj.* बधाईपूर्ण, बधाई का, मुबारकबादी: ~tory address; **~tor** /~टः/ *n.* बधाई देने वाला;

congregant /कौंग्रिगंट/ *US* कांग्रिगंट/ *n.* धर्मसंघी

congrega\te /कौंग्रिगे\ट कौंग्रिगे\ट / *v., pt.* **~ted**, *pp* **~ting** एकत्रित हो. या क.;

dw/lw: **~tion** /~शन/ *n.* 1 समागम, सभा 2 भक्त मंडली, भक्त गण, संगत 3 धर्म संघ (religious order) 4 शैक्षिक समागम: academic ~tion 5 संचय (of things) 6 संचयन; **~tional** /~श्नल/ *adj.* सामूहिक, सामुदायिक

Congregationalism /कौंग्रिगेश्न\लिज्म/ *US* कांग्रिगेश्न\-/ *n.,*

Christ. चर्च प्रशासन का एक स्वरूप जिसके तहत प्रत्येक कौंग्रिगेशन (**Congregation**) अपना प्रशासन खुद चलाता है

congress /कौंग्रेस/ *US* काःग्रेस/ *n., pl.* **~es** 1 किसी एक या कई संगठनों के सदस्यों की सभा: go into ~ 2 सम्मेलन, कांग्रेस: historical ~ 3 मैथुन (coition) 4 **Congress** अमेरिका की संसद 4 भारत का एक पुराना शासक दल: Indian National **Congress**;
dw/lw: **~ional** /कंग्रेश्नल/ *adj.* 1 अमेरिकी कांग्रेस (संसद) से संबंधित: ~ional debates 2 किसी विषय की सदस्य सभा से संबंधित; **~man/ ~woman/ ~person** *n. pl.* ~men/ ~women/ ~persons 1 अमेरिकी कांग्रेस के सदस्य 2 भारत की कांग्रेस पार्टी का/ की सदस्य, कांग्रेसी;
p&i: **a lame-duck Congress** अमेरिका की कांग्रेस की चुनाव से पहले के चुने हुए सदस्य

congru\ence/ ~ency / कौंग्रु\अंस, ~अंसि/ *US* कांग्रु\अंस, ~अंसि/ *n.* 1 समरूपता, संगति, अनुकूलता: **~ence** with the law 2 सामंजस्य 3 उपयुक्तता 4 सर्वांगसमता, *math* समशेषता;
dw/lw: **~ent/ ~ous** /~अंट/ ~अस/ *adj.* 1 समनुरूप, सर्वांगसम, उपयुक्त, संगत 2 (*often* **~ent with sth**) अनुकूल 3 *geom.* सर्वसम, सर्वांगसम, समशेष 4 यथायोग्य, उचित; **~ently** /~अंटलि/ *adv.* समरूपता से, अनुकूलता के आधार पर; **~ity** /~इटि/ *n.* 1 समनुरूपता 2 *geom.* सर्वांगसमता 3 उपयुक्तता, औचित्य 4 सामंजस्य, संगति; **~ous** *see above under* **~ent/ ~ous**

conic\/ ~al /कौनिक\/ ~ल/ *US* काःनिक\/ काःनिक\ल/ *adj.* 1 शंकु-संबंधी, शांकव, शंकु के आकार का, शांकवीय, शंकवाकार, शंकुरूप 2 शांकव गणित, शंकु-गणित (conics);
dw/lw: **conical** *see above under* **conic**;
collocations: **~ section** (*also* **conic**) चपटे तल का गोला आधार वाले शंकु से मिलने पर बनने वाला आकार

conifer /कौनिफः/ *US* काःनिफः/ *n.* फर पेड़ जैसे नुकीले सख्त सदाबहार हरे पत्तों वाले पेड़ 2 शंकुवृक्ष;
dw/lw: **~ous** /कनिफरस/ *adj.* शंकुधारी

conj. *abbr. gramm.* 'conjunction' का संक्षेप

conjectural /कंजेक्चअर\ल/ *adj.* 1 अनुमान पर आधारित, आनुमानिक 2 अटकल-पच्चू, अटकलबाज (of person) 3 ऊहात्मक;
dw/lw: **~ly** /~लि/ *adv.* अनुमानतः

conjectu\re /कंजे\क्चः/ *n.* 1 (***syn.*** guess) अनुमान: right/ well-founded/ erroneous/ dubious **~re** 2 अटकलबाजी: mere **~re** 2 निराधार कल्पना: lose oneself in **~res**;
v., pt. **~red**, *pp* **~ring** 1 अटकलें लगाना: **~re** the cause of sth 2 (***syn.*** guess) अंदाजा लगाना: difficult to **~re** what will happen

conjee /कांजी/ *n.* मांड़, कंजी;
dw/lw: **~house** *n.* कैदखाना

conjoin /कन्जॉ\इन/ *v., pt.* **~ed**, *pp* **~ing** 1 मिलना या मिलाना 2 जुड़ना या जोड़ना: ~ in wed-lock 3 संयुक्त क. या हो जाना;
dw/lw: **~ed** /~इंड/ *adj.* जुड़ा हुआ, संयुक्त; **~t** /~इंट/ *adj.* सामूहिक, संयुक्त, जुड़ा हुआ: ~t action; **~tly** /~इंटलि/ *adv.* मिलकर, एक साथ, संयुक्त रूप से

conjugal /कौंजु\गल/ *US* कांजु\गल/ *adj.* वैवाहिक, दांपतिक, दापंत्य: ~ rights (*law* दांपतिक अधिकार); ~ family (पति के माता-पिता या पत्नी के माता-पिता का परिवार;
dw/lw: **~ilty** /~गैलिटि/ *n.* विवाहित अवस्था; **~ly** /~गलि/ *adv.* दांपत्य अनुसार

conjuga\te /कौंजुगे\ट/ काःजुगे\ट/ *v., pt.* **~ted**, *pp* **~ting** *gramm.* 1 क्रिया के कर्ता-काल रूप आदि बनाना 2 क्रिया का रूप-साधन क.;
adj. 1 अनुबद्ध 2 संयुक्त, संयुग्मित 3 *math* संयुग्मी: **~te** angles 4 *chem.* अनुबद्ध, संयुग्मी;
n. संबद्ध शब्द;
dw/lw: **~ted** /~टिड/ *adj.* 1 युग्मित 2 *chem.* संयुग्मित, अनुबद्ध;
collocations: **~te angle** दो कोणों का युग्म जिनका जोड़ 360^0 से ज्यादा हो; **~te deviation** लकवे से तिरछे हुए आंख और मुंह

conjugation /कौंजुगेशन/ कांजुगेशन/ *n., gramm.* 1 क्रिया का रूप साधन, क्रियारूप 2 संयोजन, संयोग 3 युग्मन, संयुग्मन (of two): e.g., and ⟶ but, either ⟶ or, etc;

conjunct /कंजंक्ट\/ *adj. gramm.* संयुक्त: ~ attempt; ~ professor (सहायक प्रोफेसर); **~ly** /~लि/ *adv.* मिलकर, एक साथ

conjunction /कंजंक्शन/ *n.* 1 *gramm.* समुच्चबोधक, योजक शब्द, जैसे: *and, but, if, that, because* आदि 2 संयोजन, सहयोजन: in ~ with sth/ sb 3 (***syn.*** coincidence) संयोग 4 युति, योग (of stars) 5 *math* युति;
p&i: **in ~ with** से मिलकर

conjunctive /कंजंक्टिव/ *adj.* 1 संयोजक, जोड़ने वाला 2 संयुक्त 3 पूर्वकालिक (of participle) 4 समुच्चयबोधक 5 *math* यौगिक

conjuncti\va /कौजंकटाइवा/ *US* काःजंकटाइवा/ *n., pl.* **~vas/ ~ae** आंख की पुतली की अश्रुमय झिल्ली, नेत्र श्लेष्मला

conjunctivitis /कंजंक्टिवाइटिस/ (*also* **pink eye**) *n.* एक नेत्र रोग, नेत्र श्लेष्मा या आंख की पुतली की अश्रुमय झिल्ली का शोथ

conjuncture /कंजंक्चः/ *n.* 1 हालात का संयोग, योग 2 संकट

conjuration /कौंजुरेशन/ *US* कांजुरेशन/ *n.* 1 चालाकी 2 (***syn.*** jugglery) हाथ की सफाई, जादू, इंद्रजाल, जादू 3 (***syn.*** sorcery) तंत्र-मंत्र 4 (***syn.*** invocation) निवेदन 5 (***syn.*** incantation) मंत्रोच्चार, अभिचार

conju\re /कंजः/ *v., pt.* **~red**, *pp* **~ring** 1 हाथ जोड़कर निवेदन क.: I **~re** you to grant my request 2 (भूतप्रेत) बुलाना: **~re** up the spirits of the dead 3 भूत-प्रेत भगाना: **~re** away the spirits 4 जादू क. 5 हाथ की सफाई दिखाना 6 मन ही मन आह्वान क.: **~re** up the visions of the past;
dw/lw: **~rer/ conjuror** /कंजरः/ *n.* 1 जादूगर, ऐंद्रजालिक, मायावी 2 हाथ की सफाई दिखाने वाला: he is no ~ror (वह कोई कृष्ण भगवान नहीं जो सुदर्शन चक्र से कुछ भी पैदा कर देगा); **~ring** /कंजरिंग/ *n.* जादूगरी; **~ring** /कंजरिंग/ *adj.* जादुई: a ~ring trick (जादुई चालाकी या चाल);
p&i: **~re sth up** 1 मन में लाना 2 मन ही मन किसी विचार या बिंब को याद क. 3 जल्दी-जल्दी कुछ बना लेना 4 आवाहन क.; **~re up memories** याद ताजा क.; **~re up a spirit** प्रेतात्मा बुलाना;
a name to ~re with महत्त्वपूर्ण व्यक्ति का नाम, बहुत प्रभावशाली व्यक्ति; **he is no ~rer** वह कोई जादूगर नहीं

conjurer /कंजरः/ *n.* **'conjuror'** की दूसरी स्पेलिंग *see above under* **conjure:*dw/lw***

conk /कौंक\/ *US* कांक\/ *n., sl.* 1 नाक 2 सिर 3 सिर या नाक पर आघात 4 मुक्का;
v., pt. **~ed**, *pp* **~ing** *sl.* (*usually* **~ out**) 1 मुक्का मारना 2 सिर पर प्रहार क. 3 अनियमित हो., बिगड़ जा.;
dw/lw: **~er** /~र/ *n.* 1 अखरोट का फल 2 (**~ers**) बच्चों का एक खेल;
p&i: **~ out** 1 सो जा. 2 इंजन का अचानक बिगड़ जा.

conman /कौनमअन/ काःनमअन/ *n., see under* **con**

con moto /कौन मोटो/ *US* काःन मोटो/ *adv.* 1 तेजी से, फुर्ती से 2 लय के साथ

Conn. *abbr., US state* **'Connecticut'** का संक्षेप

connate /कौनेट/ काःनेट/ *adj.* 1 (***syn.*** innate) सहज, जन्मजात, नैसर्गिक 2 (***syn.*** cognate) सजातीय 3 *bot.* संयुक्त 4 एक साथ पैदा होने वाले (विचार आदि)

connatural /कनैचरल/ *adj.* जन्मजातीय, सहज, सहजातीय, नैसर्गिक

connect /कने\क्ट/ *v., pt.* **~ed**, *pp* **~ing** (*usually* **~ to/ with sb/ sth**) 1 रेलगाड़ियों, बसों आदि की समय सारणी को जोड़ना,

मिलाना, गाड़ियों की अदला-बदली करने की सुविधा प्रदान क. 2 जोड़ना, जुड़ा हो., संबंध हो.: well **~ed** 3 से संबद्ध हो. या क.: **~ed** with advertising 4 से मानसिक रूप से जुड़ जाना या मेल हो जा.: we **~ed** immediately 5 टेलीफोन मिलाना 6 शादी आदि के फलस्वरूप संबंध बनना, संबंध स्थापित क.;
dw/lw: **~ed** /~क्टिड/ *adj.* 1 संबंधित, जुड़े हुए 2 संयुक्त, संबद्ध 3 तर्कसंगत; **~ing** /~क्टिंग/ *adj.* 1 संयोजक 2 योजक 3 संयोजी: ~ing rod (मशीन के दो हिस्सों को जोड़ने वाली छड़); **~ion** *see below under separate entry*; **~ive** /~क्टिव/ *adj., gramm.* जोड़ने वाला, योजक; **~ive** /~क्टिव/ *n.* जोड़ने वाला व्यक्ति या वस्तु; **~ivity** /~क्टिविटि/ *n.* जुड़ाव, संबंध, संयोजकता; **~or** /~क्टः/ *n.* योजक, जोड़ने वाला, संयोजित्र;
p&i: **~ sth up** किसी चीज को किसी अन्य चीज से जोड़ना; **~ up** एक स्थान के कंप्यूटरों को एक-दूसरे से जोड़ना

connection /कनेक्शन/ (*also* **connexion**) *n.* 1 संबंध, रिश्ता, नाता, मेल: ~ between two ideas 2 जुड़ाव: the ~ of a new telephone 3 संयोजन 4 संयोग 5 संगति, सिलसिला 6 संदर्भ: in this ~ 7 परिचित: have good **~s** 8 अगली रेल या हवाई उड़ान से जुड़ाव 9 *US colloq.* अवैध दवाइयों (drugs) को मुहैया कराने वाला व्यक्ति 10 ग्राहकों का जाल: establish a ~ (ग्राहकों का जाल बनाना) 11 यौन-संबंध 12 आपराधिक संबंध: criminal ~;
dw/lw: **~s** /कनेक्शंज/ *n., [pl.]* बड़े-बड़े लोगों से संबंध

conning tower *n.* पन्नडुबी का ऊपर उठा हुआ हिस्सा जिसमें पेरिस्कोप लगा होता है

conniption /कनिप्शन/ *n.* दौरा, क्रोध का दौरा (hysteria)

conni\vance /**~vence** /कनाइवंस/ *n.* 1 (***syn.*** conspire) मिलीभगत, चश्मपोशी 2 मौन सहमति 3 देखी-अनदेखी, अव्यक्त अनुमति, गुप्त सहयोग 4 *law* मौन सहमति;
dw/lw: **~ve** /कनाइव/ *v., pt.* **~ved**, *pp* **~ving** 1 (*often* **~ve with sb**) गुप्त ढंग से मिला हो., चोरी छिपे बुरे काम में सहयोग क. 2 देखी-अनदेखी क. 3 आंखें मूंद ले. 4 अनजान बनना, मौन सहमति दे., चश्मपोशी क.: ~ve at the violation of the rules (नियमों के उल्लंघन की अनदेखी क.); **~ving** /कनाइविंग/ *adj.* चोरी-छिपे बुरे काम में लिप्त या उसकी अनदेखी करने वाला

connivent /कनाइवंट/ *adj.* अग्रस्पर्शी

connoisseur /कौनअसः\/ *US* काःनअसः\/ *n.* 1 जानकार, माहिर, पारखी 2 गुणग्राहक, गुणज्ञ 3 कदरदान;
dw/lw: **~ship** /~शिप/ *n.* 1 जानकारी, माहिरता, परख 2 गुणज्ञता, गुणग्राहिता 3 कदरदानी

connota\tion /कौनअटेश्शन/ काःनअटे\शन/ *n.* 1 मुख्य अर्थ के सिवा अन्य छिपा हुआ अर्थ: 'home' has a **~tion** of comfort 2 संकेतात्मक अर्थ;
dw/lw: **~tive** /~टिव/ *adj.* 1 सांकेतिक, लक्षित 2 गुणार्थक

conno\te /कनो\ट/ *v., pt.* **~ted**, *pp* **~ting** 1 मुख्य अर्थ के अतिरिक्त कुछ और अर्थ भी जतलाना, का संकेत क. 2 संकेतित/ लक्षित क.: **~te** pomposity 3 शर्त के रूप में शामिल क., परोक्ष रूप से जतलाना

connubial /कन्यूबिअल/ *adj.* 1 वैवाहिक, दांपत्य 2 विवाहित जीवन से संबंधित;
dw/lw: **~ity** /कन्यूबिऐलिटि/ *n.* विवाहित अवस्था, दांपत्य

conoid /कोनॉइड/ *n.* शंकुभ, शंक्वाकार वस्तु

conquer /कॉंकः/ *v., pt.* **~ed**, *pp* **~ing** 1 जीतना, विजयी हो.: ~ poverty; ~ new territories 2 अप्रिय बात पर विजय पा लेना: ~ the fear of flying; ~ bad habits 3 हराना, पराजित क., अधीन क.: ~ a people 4 पर्वत शिखर पर विजय पाना;
dw/lw: **~or** /कॉंकरः/ *n.* विजेता

conquest /कौंक्वेस्ट/ *US* कांक्वेस्ट/ *n.* 1 विजय, जीत: ~ of the outer space 2 किसी देश या क्षेत्र पर कब्जा: the Norman ~ of England in 1066; the Spanish ~ in South America 3 किसी पुरुष या स्त्री द्वारा किसी स्त्री या पुरुष का दिल जीतना 4 किसी समस्या पर विजय: the ~ of unemployment

conquistador /कौन्कविस्टअ\डॉः, कौन्कीस्टअ\डॉः/ *US* काःन्कविस्टअ\डॉः, काःन्कीस्टअ\डॉः/ *n., pl.* **~s**/ **~es** /~डॉरेज/ 1 जोखिम उठाने वाला, जांबाज 2 सोलहवीं सदी में पेरू और मैक्सिको को जीतने वाले स्पेनी जोखिमबाज 3 प्रेम में जीता हुआ व्यक्ति (पुरुष या स्त्री)

consangui\ne/ ~neous /कौन्सैंग्वि\न/ ~निअस or *US* काःन्सैंग्वि\न/ ~निअस/ *adj.* सगोत्र, समरक्त (एक ही खून से पैदा होने वाले), समोद्भव;
dw/lw: **~nity** /~निटि/ *n.* सगोत्रता, समरक्तता, एकरक्तता

conscience /कौंशिअंस\/ *US* कांशिअंस\/ *n.* 1 अंतर्आत्मा, अंतःकरण, अंतर्मन 2 विवेक, अंतरचेतना 3 अंतःकरण/ अंतर्आत्मा पर बोझ;
dw/lw: **~less** /~लेस/ *adj.* विवेकहीन, विवेकशून्य; **~-smitten** /~-स्मिटन/ *adj.* पश्चाताप से संतप्त; **~-stricken** /~-स्ट्रिकन/ *adj.* गलत काम करने के कारण अंतर्आत्मा पर बोझ ढोने वाला;
p&i: **~ money** अंतर्आत्मा का बोझ कम करने के लिए दिया जाने वाला पैसा;
a bad/ evil/ guilty ~ अपराध बोध से ग्रस्त मन; **a clear ~** साफ-पाक मन; **act according to one's ~** अंतर्आत्मा की आवाज को सुना; **a good ~ is a constant feast/ a quite ~ sleeps in thunder** जिसकी अंतर्आत्मा पर बोझ न हो उसे अच्छी नींद आती है; **a guilty ~ is a self accuser** चोर की दाढ़ी में तिनका; **come to terms with one's ~** अपनी अंतर्आत्मा से समझौता क., अंतर्आत्मा की आवाज न सुनना; **crisis of ~** विवेक/ अंतरात्मा का संकट; **duty in ~** अंतर्आत्मा का कर्त्तव्य; **for ~'s sake** अपने अंतःकरण की संतुष्टि के लिए; **freedom of ~** विवेक स्वतंत्रता; **get sth off one's ~** अंतर्आत्मा को किसी पाप के बोझ से मुक्त क.; **go against one's ~** अंतर्आत्मा की आवाज को न सुनना; **have no ~** भले-बुरे का विवेक न होना; **have sth on one's ~** अपराध बोध से ग्रस्त हो.; **have the ~ to do sth** विवेकशील व्यक्ति बुरा काम नहीं कर सकता; **in all ~** अंतःकरण से, सदविवेक से; **lie heavy on one's ~** किसी के मन पर भारी बोझ हो.; **make sth a matter of ~** अंतर्आत्मा का प्रश्न बना ले.; **on one's ~** अंतर्आत्मा पर किए गए किसी गलत काम का बोझ हो.; **pangs/ pricks/ remorse of ~** अंतर्आत्मा के दुःख-दर्द या पश्चाताप; **prisoner of ~** स्वमतबद्ध, विवेकावलंबी; **public ~** जनता की चेतना; **voice of ~** अंतर्आत्मा की आवाज; **the pangs of ~** जमीर का चीत्कार

conscientious /कौंशिअंशिअस\/ *US* कांशिअंशिअस\/ *adj.* 1 निष्ठावान, कर्त्तव्यनिष्ठ: be ~ in one's duty 2 ईमानदारी से मन लगाकर काम करने वाला 3 विवेकशील 4 ईमानदार: ~ piece of work;
dw/lw: **~ly** /~लि/ *adv.* निष्ठापूर्वक, अंतःकरण से, ईमानदारी से; **~ness** /~नेस/ *n.* ईमानदारी, विवेकशीलता, निष्ठा
collocations: **~ objection** नैतिक आपत्ति; **~ objector** युद्ध को एक नैतिक बुराई मानकर सैनिक सेवा से इन्कार करने वाला विवेकशील व्यक्ति

conscienti\zation /कौंशिअंटाइ\जेशन/ *US* कांशिअंटाइ\जेशन/ *n.* अधिकार-चेतना फूंकने या कर्त्तव्य-बोध कराने या होने की क्रिया;
dw/lw: **~ze** /~ज/ *v., pt.* **~zed**, *pp* **~zing** अधिकार-चेतना फूंकना या हो., कर्त्तव्य-बोध कराना या हो.

conscious /कौंशिअस\ कांशिअस\/ *adj.* 1 सचेत: be ~ of being watched by sb 2 अवगत, संवेदनशील: ~ of pain 3 जागरूक: be ~ of sth; man is a ~ being 4 सोच-विचार कर किया हुआ: a ~ decision/ choice/ effort, etc. 5 होशो-हवास में, सुविचारित: a ~ effort to be polite;
suffix किसी के या किसी कार्य के प्रति सचेत, संवेदनशील: fitness-~/ fashion-~; guilt-~; image-~; superiority ~;
dw/lw: **~ly** /~लि/ *adv.* 1 सोच-समझकर, जानबूझकर 2 विवेक के साथ; **~ness** /~नेस/ *n.* 1 चेतना, संज्ञा, चैतन्य, सुधबुध, होशो-

हवास: lose ~ness; recover/ regain ~ness 2 सजगता, जागरूकता; **~-raising** *n.* लोगों में सामाजिक व राजनीतिक चेतना फूंकने की क्रिया

conscri\be /कंस्क्राइब/ *v., pt.* **~bed**, *pp* **~bing** 1 सेना में भर्ती के लिए आह्वान क. 2 (*syn.* mobilise) भर्ती के लिए कार्यक्रम चलाना

conscript /कंस्क्रिप्ट/ *n.* जिसे जबरदस्ती फौज में भर्ती किया गया हो, जबरी रंगरूट;
v., pt. **~ed**, *pp* **~ing** (*syn.* call up) जबरदस्ती सेना में भर्ती क.;
dw/lw: **~ion** /~प्शन/ *n.* (*syn.* call up) जबरन भर्ती, अनिवार्य सैन्य भर्ती

consecra\te /कौन्सिक्रे\ट/ *US* काःन्सिक्रे\ट/ *v., pt.* **~ted**, *pp* **~ting** 1 धार्मिक समागम में किसी स्थान को पवित्र या संस्कारित क.: customs **~ted** by time 2 भगवान को समर्पित क.: time **~ted** to the worship of god 3 किसी विशेष कार्य को समर्पित क.: **~te** one's life to the service of the country; an evening **~ted** to fight against communalism;
dw/lw: **~tion** /~शन/ *n.* 1 पवित्रीकरण: the ~tion of a church 2 समर्पण: the ~tion of one's life to sth 3 अभिषेक, पवित्रीकरण: the ~tion of sth by law/ custom/ time 4 प्रतिष्ठा

consectary /कौन्सेक्टरि/ काःन्सेक्टरि/ *n.* 1 तर्कसंगत परिणाम 2 निष्कर्ष

consecution /कौंसिक्यूशन/ *US* कांसिक्यूशन/ *n.* 1 तर्कसंगत क्रम 2 क्रमवार निरंतरता

consecutive /कंसेक्युटिव\/ *adj.* 1 क्रमवार, क्रमिक, एक के बाद दूसरा आने वाला: ~ days 2 निरंतर 3 तर्कसंगत 4 *gramm.* परिणामवाचक: ~ clause;
dw/lw: **~ly** /~लि/ *adv.* क्रमशः, लगातार, निरंतर; **~ness** /~नेस/ *n.* क्रमिकता, निरंतरता

conseil /कन्सिइल/ *n. Fr.* 1 परामर्श, सलाह 2 परिषद, समिति

consenescence /कॉन्सिनअसंस/ *n.* जराजीर्णता

consensual /कन्सेंश्युअल/ *adj.* 1 सहमति-जन्य, सहमति से: ~ reflex (सहवेदी प्रतिवर्त) 2 रजाबंदी से, सहमति-जन्य: ~ contract (मौखिक सहमति पर आधारित समझौता); ~ sex

consensus /कन्सेंसस/ *n.* 1 एकमतता, मतैक्य: ~ of opinion 2 सर्वसम्मति, आम राय: general ~ 3 शरीर के भिन्न-भिन्न अंगों का एक लय में चलन

consent /कन्सेंट/ *n.* 1 अनुमति, स्वीकृति: give one's ~ 2 सहमति, सम्मति: by common ~ (आम सहमति से);
v., pt. **~ed**, *pp* **~ing** 1 (*often* **~ to sth**) मानना, राजी हो.: ~ to an operation 2 स्वीकृति दे.: ~ to a suggestion;
p&i: **~ing adult** 18 वर्ष का बालिग व्यक्ति जो किसी कार्य के लिए अपनी रजामंदी जताने के लिए वैधानिक रूप से सक्षम है; **age of** ~ व्यक्ति के बालिग होने की अवस्था (18 वर्ष), जब वह स्वतंत्र रूप से अपनी रजामंदी दे सकता है; **by mutual** ~ आपसी रजामंदी से; **subject to your** ~ आपकी अनुमति होने पर ही, शर्त यह है कि आप राजी हो.; **with one** ~ सर्वसम्मति से

consentaneous /कौंसेंटेनिअस/ *US* कांसेंटेनिअस/ *adj.* 1 पूर्ण संयोगी 2 अनुकूल 3 सर्वसम्मत, सहमत

consent\ience /कौंसेंशिअंस/ *US* कांसेंशिअंस/ *n.* समभाव, समनुभूति, संचेतना: with one ~ (एक मत से)

consentient /कौंसेंशिअंट/ कांसेंशिअंट/ *n.* 1 एकमत, सहमत 2 सहमत

consequence /कौंसिक्वंस/ *US* कांसिक्वंस/ *n.* 1 परिणाम, फल, नतीजा: ~ of an action 2 (*syn.* conclusion) निष्कर्ष: a logical ~ 3 महत्त्व: of little/ no ~ (महत्त्वहीन); a matter of great ~ (अति महत्त्वपूर्ण मामला);
p&i: **in ~/ in ~ of** फलस्वरूप, परिणामतः; **take the ~s** परिणाम स्वीकार क.

consequent /कौंसि\क्वंट/ *US* कांसिक्वंट/ *adj.* 1 परिणाम स्वरूप: the confusion ~ upon the earth quake 2 परिणामिक 3 तर्कसंगत;
n. 1 फल, निष्पत्ति 2 परिणाम 3 फलवाक्य, कार्य;
dw/lw: **~ial** /~क्वेंशिअल/ *adj.* 1 परिणामिक, फलतः 2 तर्कसंगत रूप में मिलने वाला (परिणाम): ~ial amendment, अनुवर्ती 3 आडंबरप्रिय 4 गर्वीला 5 अहंमन्य; **~iality** /~क्वेंशिअलिटि/ *n.* परिणाम; **~ly** /~क्वेंट्लि/ *adv.* परिणाम स्वरूप, फलतः, अतः **~ialism** /~क्वंशिअलिज्म/ *n., ethics.* एक सिद्धांत जिसके अनुसार किसी चीज या कार्य के अच्छा या बुरा होने का निर्णय उसके अच्छे या बुरे परिणाम करते हैं; **~ialist** /~क्वंशिअलिस्ट/ *n.* उपरोक्त मत को मानने वाला व्यक्ति

conservan\cy /कंसःवंसि/ *n., pl.* **~ies** 1 (**Conservancy**) जहाजरानी व मछली-पालन नियंत्रण समिति 2 (*syn.* conservation) पर्यावरण व प्रकृति का सुरक्षा 3 (मल) सफाई, सफाई-व्यवस्था 4 जल आदि बचाने के प्रति सजगता 5 ऐतिहासिक कृतियों, पुस्तकों, चित्रों, स्मारकों आदि का सुरक्षण एवं संरक्षण;
dw/lw: **~cy-staff** *n.* सफाई अमला

conservation /कौंसःवे\शन/ *US* कांसःवे\शन/ *n.* 1 सुरक्षण, संरक्षण, रक्षण 2 (*syn.* **conservancy**) पर्यावरण, वन्य जीवन व प्राकृतिक संसाधनों की सुरक्षा 3 ऐतिहासिक व प्राकृतिक संसाधनों का प्रबंधन तथा संरक्षण 4 (*syn.* saving) संसाधनों का बचाव, उनके खर्च में मितव्ययिता के बारे में सजगता: ~ of energy;
dw/lw: **~ist** /~श्रिस्ट/ *n.* पर्यावरण सुरक्षा के बारे में सजग व्यक्ति;
collocations: **~ area** ऐतिहासिक महत्त्व के शैल्पिक औजारों, महत्त्वपूर्ण कृतियों के क्षेत्र का रक्षण; **~ law** *phys.* भौतिकी का एक नियम जिसके तहत एक प्रकार के अणुओं का दूसरे अणुओं के साथ मिलन में अणुओं के कई भौतिक गुण अपरिवर्तनशील रहते हैं; **~ of energy** ऊर्जा का बचाव; **~ of mass** *phys.* भौतिकी का एक सिद्धांत जिसके तहत भिन्न-भिन्न तंत्रों (systems) का कुल वजन (mass) अपरिवर्तनशील रहता है

conservatism /कन्सःवअटिज्म/ *n.* 1 रूढ़िवाद 2 अपरिवर्तनशीलता 3 (**Conservatism**) ब्रिटेन की **Conservative Party** की नीतियां

conservative /कन्सःवअटिव/ *n.* 1 रूढ़िवादी, दकियानूसी व्यक्ति: go ~ (रूढ़िवादी व्यक्ति बनना);
adj. 1 रूढ़िवादी, दकियानूसी: go ~ in tastes 2 संतुलित, परिमित: a ~ estimate/ guess (परिमित कम मात्रा में होने का अनुमान) 3 पुराने मूल्यों व प्रथाओं का संरक्षक;
collocations: **Conservative Party** *UK* ब्रिटेन की मुख्य राजनीतिक दलों में से एक, ब्रिटेन का अनुदारवादी दल

conservatoire /कन्सःवअट्वाः(र)/ (*also* **conservatory**) *n.* संगीत-शिक्षालय

conservator /कन्सःवअटः/ *n.* वनपाल, वनाधिकारी

conservator\y /कन्सःवअट्रि/ *US* कन्सःवअटॉरि/ *n., pl.* **~ies** 1 घर से जुड़ा एक ऐसा कमरा, जिसमें चारों तरफ खिड़कियां होती हैं और जिसकी छत शीशे की होती है, संरक्षिका, रक्षागृह 2 हरितगृह (greenhouse) 3 (**conservatoire**) संगीत-शिक्षालय

conser\ve /कन्सःव/ *v., pt.* **~ved**, *pp* **~ving** 1 सुरक्षित रखना 2 बनाये रखना: **~ve** one's strength 3 मुरब्बा आदि बनाना 4 पशुओं व स्थानों की रक्षा क.;
n. /कौन्सःव/ मुरब्बा आदि

consider /कंसिडः/ *v., pt.* **~ed**, *pp* **~ing** 1 पर सोच-विचार क.: ~ a request/ matter/ a proposal/ a question 2 किसी पहलू पर ध्यान दे.: all things **~ed** 3 का ध्यान रखना, का लिहाज क. 4 मानना, समझना: ~ sb/ sth (to be) sth; **~ed** Rahul to be his best friend; ~ oneself happy 5 नौकरी आदि के लिए किसी की उम्मीदवारी पर सोच-विचार क.: ~ sb for a job;
dw/lw: **~ed** /कंसिडःड/ *adj.* सोच-समझकर लिया गया/ सुविचारित; **~ing** /कंसिडरिंग/ *prep, conj.* पर विचार करते हुए, ध्यान में रखते हुए: ~ing her age, it is excusable
p&i: **all things ~ed** सभी बातों को ध्यान में रखते हुए, सब

पहलुओं पर विचार करने के बाद; **highly ~ed** जिसे बहुत अच्छा समझा जाता है; **sb's ~ed opinion** किसी का सुविचारित मत

considerab\le /कंसिडरअब\ल/ *adj.* 1 (***syn.*** significant) अच्छा-खासा, पर्याप्त मात्रा में, प्रचुर: **~le** part of money 2 यथेष्ट: give **~le** thought to the matter 3 महत्त्वपूर्ण: become a **~le** personage 4 विचारणीय;

dw/lw: **~ly** /~लि/ *adv.* (***syn.*** significantly) काफी ज्यादा मात्रा में: ~ly colder today

considerate /कंसिड्रेट\/ *adj.* 1 दयावान व विवेकशील 2 दूसरों का ध्यान रखने वाला: ~ to sb;

dw/lw: **~ly** /~लि/ *adv.* मुरव्वत से, लिहाज से; **~ness** /~नेस/ *n.* 1 दयाशीलता 2 विवेकशीलता

consideration /कंसिड्रेशन/ *n.* 1 विचारणीय बात, स्थिति, तर्क, विचार 2 सोच-विचार, ध्यान, मनन 3 लिहाज, मुलाहजा, दया भावना, उदारता: show great ~ for sb 4 सम्मान 5 महत्त्व: it's of no ~ at all 6 इनाम, रिश्वत, क्षतिपूर्ति: do sth for a ~ 7 प्रतिफल 8 ध्यान का केंद्र: take into ~;

p&i: **~ zone** विचार क्षेत्र; **~ is the parent of wisdom** समझ-बूझकर करना सबसे बड़ी बुद्धिमत्ता है;

give the problem one careful ~ समस्या पर एक बार अच्छी तरह सोच-विचार क.; **in ~ of sth** के बदले में, के फलस्वरूप; **now under ~** विचाराधीन; **take sth into ~** ध्यान में रखना, विचार क.

consign /कन्साइन/ *v., pt.* **~ed**, *pp* **~ing** 1 सौंपना, के हवाले कर दे.: the court **~ed** the child to its parents 2 में डालना या रखना: ~ the body to the grave 3 भेजना, किसी को किसी के हाल पर छोड़ दे.: ~ sb to oblivion (किसी को भूल जा.); ~ sb to starvation (भूखे मरने दे.) 4 माल भेजना: ~ the goods by ship;

dw/lw: **~able** /~नअबल/ *adj.* भेजा जाने वाला; **~ation** /~नेशन/ *n.* 1 भुगतान 2 माल की भिजवाई, प्रेषण; **~ee** /कौन्साइनी/ *US* कन्साइनी/ *n.* माल पाने वाला, प्रेषिती; **~ment** /~नमंट/ *n.* माल की खेप, प्रेषण, प्रेषित माल: new ~ment of tea; on ~ment (माल बिकने पर अदायगी); **~or/ ~er** /कन्साइनः/ *n.* माल भेजने वाला, प्रेषक

consignatory /कन्सिगनअटरि/ *n.* सह-हस्ताक्षरी

cosilient /कन्सिलिअंट/ *adj.* एक दूसरे से मिलने वाले, सहमत

consist /कन्सिस्ट/ *v., pt.* **~ed**, *pp* **~ing** 1 से बना हो.: ~ of sth; water **~s** of hydrogen and oxygen 2 (**~ in/ of sth**) से बनना: national strength **~s** in not only in national army ... 3 से मिलना;

p&i: **~ in** से बनना

consisten\cy/ ~ce /कन्सिस्टंसि/ कन्सिस्टंस/ *n., pl.* **~ies** 1 एकरूपता, निरंतरता: actions lacking **~cy**; **~cy** of conduct (आचरण की एकरूपता या दृढ़ता) 2 गाढ़ापन, संसक्ति: **~cy** of texture 3 (***syn.*** harmony) सामंजस्य, समरसता: **~cy** of opinions

consistent /कन्सिस्टंट/ *adj.* 1 (***anton.*** in ~) एकरूप, समनुरूप, निरंतर, सदाबहार 2 सुसंगत, समरस, विरोधाभास रहित: deeds ~ with words 3 स्थापना करने वाला: ~ act (स्थापक विधेयक);

dw/lw: **~ly** /~लि/ *adv.* लगातार, निरंतर, समान रूप से

consocia\te /कन्सोशिएट/ *n.* साथी, सहयोगी;

dw/lw: **~ion** *n.* 1 संघ, संगठन 2 समिति, परिषद: the ~ion of tribes

consolable /कौन्सअलेबल/ *US* काःन्सअलेबल/ *adj.* जिसे सांत्वना दी जा सके, जिसकी धीरज बंधाई जा सके

consolation /कौंसअलेशन/ *US* कांसअलेशन/ *n.* 1 दिलासा, ढाढस 2 (***syn.*** comfort) सांत्वना, तसल्ली: ~ prize (सांत्वना पुरस्कार)

consolatory /कंसौलअटरि/ *US* कंसोलअटॉरि/ *adj.* दिलासा भरा, सांत्वनाप्रद, समाश्वासक: ~ words

conso\le /कन्सोल/ *v., pt.* **~led**, *pp* **~ling** सांत्वना/ दिलासा या तसल्ली दे.;

n. /कौन्सोल/ *US* काःन्सोल/ कंट्रोल पैनल का सहारा, घोड़िया, कंसोल

consolida\te /कन्सौलिडे\ट/ *US* कन्साःलिडे\ट/ *v., pt.* **~ted**, *pp* **~ting** 1 और मजबूत बनाना, दृढ़ क., संघटित क., पक्का या ठोस बनना, सख्त ब.: **~te** power/ influence 2 समेकित क., संचित क., एकताबद्ध क.: **~te** territories/ banks 3 जोड़ क., मिलाना: **~te** different data;

dw/lw: **~ed** /~टिड/ *adj.* 1 संचित, समाहित, समेकित: ~ted fund (समेकित निधि); ~ted balance sheet; ~ted annuities (संचित वार्षिकी) 2 पक्का, ठोस, सख्त: ~ted mud (सख्त गारा); **~tion** /~शन/ *n.* 1 दृढ़ीभवन, दृढ़ीकरण, संपिंडन, संघनन: ~tion of peace 2 समेकन 3 भूमि की चकबंदी: ~tion officer (चकबंदी अधिकारी); ~tion of land 4 कानूनी मामलों का संपिंडन: ~tion of suits (वादों कानूनी मामलों का समेकन)

consolute /कन्सॉल्यूट/ *n.* परस्पर घुलनशील, समघुलनशील

consols /कौन्सौल्ज/ *US* काःन्साःल्ज/ *n., pl.* डूबे हुए सरकारी बॉंड

consommé /कन्सौमे/ *US* कान्समे/ *n., pl.* **~s** गोश्त के रसों से बना पारदर्शी (clear) शोरबा

consonance /कौंसअनंस/ *US* कांसअनंस/ *n.* 1 (***anton.*** dissonance) सन्नादिता, स्वर-साम्य, स्वर-संगति 2 सुरीलापन 3 सामंजस्य: in ~ with sth

consonant /कौंसअनंट/ कांसअनंट/ *n.* वर्णमाला में व्यंजन;

adj. 1 अनुरूप: the opinion is ~ with/ to law 2 (***anton.*** dissonant) सन्नादी, समस्वर: ~ word/ syllables/ rhymes

consort /कौन्सॉःट/ *US* काःन्सॉर्ट/ *v., pt.* **~ed**, *pp* **~ing** 1 से मेलजोल रखना: ~ with sb 2 के अनुकूल या अनुरूप हो.: it doesn't ~ with his ideas 3 सहमति या मतैक्य हो.;

n. 1 पति या पत्नी, महाराजा या महारानी: Sita, the ~ of Rama/ Rama, the ~ of Sita 2 गायक मंडली;

p&i: **~ with** किसी की संगत में समय बिताना, समरसता में हो.

consortium /कन्सॉःटिअम/ *n., pl.* **~s/ consortia** 1 कई व्यापारिक संगठनों का संकाय, संघ 2 *law* पति-पत्नी का साथ

conspectus /कंस्पेक्टस/ *n., pl.* **~es** 1 सिंहावलोकन, दिग्दर्शन 2 संदर्शिका, रूपरेखा 3 सारांश, संक्षिप्त विवरण

conspicuous /कंस्पिक्युअस\/ *adj.* 1 स्पष्ट, सुप्रकट, सहजदृश्य 2 उल्लेखनीय: ~ errors 3 ध्यानाकर्षक, चित्ताकर्षक: ~ by one's absence 4 उत्कृष्ट, विशिष्ट;

dw/lw: **~ly** /~लि/ *adv.* उल्लेखनीय या स्पष्ट रूप से

p&i: **~ consumption** अंधाधुंध खर्च करने के कारण बना आकर्षण और सामाजिक प्रतिष्ठा का केंद्र;

make one self ~ ध्यान आकर्षित क.;

conspira\cy /कंसपिरअ\सि/ *n.* 1 षड्यंत्र, साजिश: **~cy** of silence 2 कुचक्र: **~cy** to overthrow 3 कपटसंधि;

dw/lw: **~tor** /~टः/ *n.* साजिश करने वाला, षड्यंत्रकारी; **~torial** /~टॉरिअल/ *adj.* षड्यंत्रपूर्ण;

p&i: **a ~cy of silence** चुप्पी साधने का षड्यंत्र

conspi\re /कंसपा\यः/ *v., pt.* **~red**, *pp* **~ring** 1 षड्यंत्र रचना 2 साजिश क.: **~re** against sb; **~re** to do sth;

dw/lw: **~er** /~यरः/ *n.* षड्यंत्रकारी

constable /कंस्टअबल/ *US* कांस्टअबल/ *n.* पुलिस का सिपाही, कांस्टेबल;

p&i: **overrun/ outrun the ~** आमदनी चवन्नी, खर्चा अठन्नी

constabular\y /कंस्टैब्यु\लअरि/ *US* ~लेरि/ *n., pl.* ~ies सशस्त्र पुलिस बल

constancy /कौंस्टंसि/ *US* कांस्टंसि/ *n.* एकरूपता, स्थायित्व, निश्चितता, निरंतरता, अनवरतता: ~ of love/ friendship

constant /कौंस्टंट\/ *US* कांस्टंट\/ *adj.* 1 निरंतर, लगातार: ~ care and attention 2 अपरिवर्तनीय: ~ load 3 (***syn.*** fixed) स्थिर 4

अटल 5 एकनिष्ठ, ईमानदार: ~ friend;
n. 1 अटलता 2 नियतांक, स्थिरांक;
dw/lw: **~ly** /~लि/ *adv.* लगातार, सदा, निरंतर;
p&i: **~ dropping wears away a stone** रसरी आवत जात तै सिल परत निशान करत-करत अभ्यास के जड़मति होए सुजान
constantia et virtute /कॉन्स्टेंशिआ एट वर्ट्यूट/ *Lat.* दृढ़निश्चय और हिम्मत के साथ
Constantinopolitan /कौंस्टैंटिनअपौलिटन/ *US* कांस्टैंटिनअपाःलिटन/ *adj.* कॉनस्टैंटिनोपल (Constantinople) से संबंधित
constat\e /कौंस्टेट/ *US* कांस्टेट/ *v., pt.* **~ed**, *pp* **~ing** उल्लेख क., घोषणा क.
constella\te /कौंस्टअले\ट/ *US* कांस्टअले\ट/ *v., pt.* **~ed**, *pp* **~ing** 1 तारामंडल या आकाश-गंगा बनना 2 अलंकृत क.: flowers that **~te** on earth (जिन पुष्पों से धरती अलंकृत है);
dw/lw: **~tion** /~शन/ *n.* 1 तारामंडल, नक्षत्र समूह 2 मंदाकिनी, आकाशगंगा 3 विशिष्ट विद्ववद गण: ~tion of genius
consterna\te /कौंस्टःने\ट/ कोस्टःने\ट/ *v., pt.* **~ted**, *pp* **~ting** 1 घोर चिंता व निराशा पैदा क. 2 भौंचक्का या हक्का-बक्का कर दे.;
dw/lw: **~tion** /~शन/ *n.* 1 घोर चिंता व निराशा 2 आतंक 3 संत्रास 4 विस्मय, भौंचक्कापन: looked at each other in ~tion
constipa\te /कौंस्टिपे\ट/ *US* कांस्टिपे\ट/ *v., pt.* **~ted**, *pp* **~ting** 1 कब्ज पीड़ित हो. 2 मलबंध पैदा क.: be **~ted** (कब्ज से पीड़ित हो.);
dw/lw: **~ted** *adj.* कब्ज पीड़ित; **~tion** /~शन/ *n.* कब्ज, मलावरोध, मलबंध; **~tive** /~टिव/ *adj.* कब्जकारक, मलावरोधी
constituen\cy /कंस्टिट्यु\अंसी/ *n., pl.* **~cies** 1 चुनाव/ निर्वाचन-क्षेत्र 2 मतदातागण;
dw/lw: **~t** /~अंट/ *n.* 1 संघटक: ~t part 2 निर्वाचक 3 संविधानी, संविधान में परिवर्तन करने में सक्षम: ~t power 4 *ling.* संघटक भाग: ~t analysis (भाषायी संघटकों का उनके भागों में विघटन करके किया जाने वाला अध्ययन);
collocations: **~t assembly** संविधान सभा;
p&i: **nurse a ~cy** अपने हल्के की देख-भाल क.
constitu\te /कौंस्टिट्यू\ट/ *US* कांस्टिट्यू\ट/ *v., pt.* **~ted**, *pp* **~ting** 1 बनाना, गठित क.: twelve months **~te** a year; these facts **~te** links in one and the same chain 2 संघटित क., संस्थापित क.: **~te** a board of enquiry 3 नियुक्त क.: they **~ted** him chief adviser 4 बना हो.: be not so **~ted** that he can accept the insults
constitution /कौंस्टिट्यूश\न/ *US* कांस्टिट्यूश\न/ *n.* 1 संविधान, विधान, नियम-संग्रह 2 स्वास्थ्य, स्वभाव: a robust ~ (सुघड़ शारीरिक गठन) 3 शारीरिक गठन: ~ of sb's mind 4 संघटन, संस्थापन, नियुक्ति 5 बनावट, संरचना: ~ of the air;
dw/lw: **~al** /~नल/ *adj.* 1 संविधान संबंधी 2 संविधानिक, संवैधानिक: ~al monarchy; ~al reform 3 मूलभूत 4 स्वाभाविक, सहज, स्वास्थ्यकर, शारीरिक गठन संबंधी: ~al type (शारीरिक बनावट की प्रकार); ~al weakness 5 संरचनात्मक: ~al formula; **~ality** /~नैलिटि/ *n.* संविधानिक वैधता, वैधानिकता; **~alism** /~नलिज्म/ *n.* संविधानवाद; **~alize**/ **~alise** /~नलाइज/ *v., pt.* ~alized/ ~alised, *pp* ~alizing/ ~alising संवैधानिक बनाना; **~ally** /~नलि/ *adv.* 1 संविधान के अनुसार: he was not ~ally appointed 2 शारीरिक गठन के हिसाब से: he was ~ally weak;
collocations: **~al court** दक्षिणी अफ्रीका की उच्चतम संवैधानिक न्यायालय
constitu\tive /कौंस्टिट्यू\टिव/ *US* कांस्टिट्यू\टिव/ *adj.* 1 संविधान में परिवर्तन करने में सक्षम, संघटक 2 आवश्यक 3 विधायक संबंधी 4 मूलभूत: the **~tive** essence 5 अंगभूत: **~tive** parts;
dw/lw: **~ly** /~टिवलि/ *adv.* आवश्यक रूप से
constrain /कंस्ट्रेन/ *v., pt.* **~ed**, *pp* **~ing** 1 सीमित क., नियंत्रित क.: ~ within prescribed limits 2 बाध्य क.: feel **~ed** 3 कैद रखना;
dw/lw: **~ed** 1 बाध्य: ~ed movement 2 कृत्रिम, तनावग्रस्त, दबी हुई: ~ed smile/ manner/ voice 3 बंद, अवरुद्ध
constraint /कंस्ट्रेंट/ *n.* 1 बाध्यता, विवशता: act under ~ 2 दबाव, जबरदस्ती: write without **~s** 3 (***syn.*** restriction) नियंत्रण, प्रतिबंध: **~s** of time/ money/ space 4 कृत्रिमता 5 सीमा, दबाव: felt ~ in sb's presence 6 कैद
constrict /कंस्ट्रि\क्ट/ *v., pt.* **~ed**, *pp* **~ing** 1 सीमित या संकुचित क. (inhibit): **~ing** rules of censor 2 सिकोड़ना, कसना, दबाना: ~ a muscle 3 कसकर बंद क.: the neck **~ed** by a tight collar;
dw/lw: **~ion** /~क्शन/ *n.* 1 संकुचन 2 सिकुड़न 3 कसाव 4 संकुचित वस्तु; **~or**/~क्टः/ *n.* अपने शिकार को अपने कुंडलन में भींचकर मारने वाला सांप
constrin\ge /कंस्ट्रिं\ज/ *v., pt.* **~ged**, *pp* **~ging** संकुचित क., भींचना;
dw/lw: **~gency** /~ज/ *n.* कसाव, संकुचन, भींच; **~ent** /~जंट/ *adj..* संकोचक, भींचने वाला
construct /कंस्ट्र\क्ट/ *v., pt.* **~ed**, *pp* **~ing** 1 निर्माण क., बनाना: ~ a house 2 रचना क.: ~ a theory; ~ the plot of a play 3 रूपरेखा बनाना: ~ a geometrical figure;
n. 1 कल्पित रूपरेखा या निर्माण 2 कई सरल व सामान्य विचारों से बना एक जटिल विचार;
dw/lw: **~able**/ **~ible** /~क्टअबल/ *adj.* जिसे बनाया जा सके; **~or**/ **~er** /~क्टः/ *n.* निर्माणकर्ता
construction /कंस्ट्र\क्शन/ *n.* 1 निर्माण: housing ~; under ~ 2 रचना, बनावट, संरचना 3 बड़ा भवन, इमारत: huge ~ 4 व्याकरणीय रचना: infinitive ~ 5 वाक्य-विन्यास 6 शब्द-विन्यास 7 (***syn.*** interpretation) व्याख्या, स्पष्टीकरण: put a wrong ~ on sb's action/ behaviour;
dw/lw: **~al** *adj.* निर्माण संबंधी, निर्माणीय: ~al works; ~al defects; ~al paper (डिजाइन बनाने का कागज);
collocations: **~ advance** निर्माण पेशगी (अग्रिम भुगतान); **~ department** निर्माण विभाग; **~ engineering** निर्माण यांत्रिकी; **~ plant** निर्माण कारखाना; **~ site** निर्माण स्थल; **~ work** निर्माण कार्य
p&i: **bear a ~** अन्य व्याख्या की संभावना रखना; **place a false ~ on sth** झूठी व्याख्या क.
constructi\ve /कंस्ट्रक्टि\व/ *adj.* 1 निर्माणात्मक 2 रचनात्मक, सार्थक: **~ve** criticism 3 अनुमानित, परोक्ष: **~ve** denial (परोक्ष इन्कार); **~ve** crime (परोक्ष रूप से किया जाने वाला अपराध); **~ve** dismissal (परोक्ष बरखास्तगी);
dw/lw: **~veness** /~वनेस/ *n.* रचनात्मकता, सार्थकता; **~vism** /~विज्म/ *n.* एक साहित्यिक धारा
constru\e /कंस्ट्रू/ *v., pt.* **~ed**, *pp* **~ing** 1 (***syn.*** interpret) तोड़-मरोड़ कर समझना: his remarks were wrongly **~ed** 2 अर्थ निकालना, स्पष्ट क., अनुमान लगाना 3 संकुचित क. 4 *gramm.* (*often* **~e with**) वाक्य में शब्दों को व्याकरणीय आधार पर मिलाना, वाक्यात्मक विश्लेषण क. 5 *gramm., dated* शब्दशः अनुवाद क. 6 से अर्थ निकालना
consubstan\tial /कौंसबस्टैंशि\अल/ *US* कौंसबस्टैंशि\अल/ *adj.* एकत्व, अभिन्नतत्व, संतत्व;
dw/lw: **~tiation** /~एशन/ *n., Christ.* समद्रव्यभाव, संतत्व भाव
consuetu\de /कौंस्विच्यू\ड/ *US* कांस्विच्यू\ड/ *n.* 1 प्रथा, रिवाज 2 मैत्रीपूर्ण संबंध, मेलजोल, परिचय;
n. आचार-संग्रह, नियमावली, परिपाटी, पद्धति;
dw/lw: **~dinary** /~डिनरि/ *adj.* प्रथागत, आदतन
consul /कौंसल\/ *US* कांसल\/ *n.* वाणिज्यदूत: ~ general (महावाणिज्यदूत);

dw/lw: **~age** /कौंस्युलिज/ *US* कांस्युलिज/ *n.* वाणिज्य दूतावास का शुल्क; **~ar** /कौंस्युलः/ *adj.* वाणिज्य दूतावास से संबंधित: ~ar fees; ~ar certificate (वाणिज्य दूतावास द्वारा दिया गया प्रमाण-पत्र); **~ate** /कौंस्युलिट/ *US* कांस्युलिट/ *n.* वाणिज्य दूतावास; **~ship** /~शिप/ *n.* वाणिज्य दूत का पद

consult /कन्स\ल्ट/ *v., pt.* **~ed**, *pp* **~ing** 1 (*often* **~ with sb**) परामर्श ले. या क.: ~ with one's chief about sth 2 सलाह लेना: ~ a doctor 3 सलाहकार के रूप में सलाह दे.: he **~s** on Tuesday and Thursday 4 शब्दकोश, मानचित्र आदि में कुछ देखना: ~ a map/ a dictionary 5 किसी की भावनाओं, हित आदि को ध्यान में ले.: ~ sb's interests/ feelings;

dw/lw: **~ancy** /~ल्टंसि/ *n., pl.* ~ancies परामर्श कार्य, परामर्श कार्यालय; **~ant** /~ल्टंट/ *n.* 1 व्यावसायिक सलाहकार, परामर्शदाता 2 अस्पताल में किसी विशेषज्ञता का मुख्य डॉक्टर: ~ant-doctor 3 सलाह मांगने या लेने वाला, परामर्श करने वाला; **~ation** /~ल्टेशन/ *n.* 1 परामर्श: legal ~ation; ~ation hours 2 मंत्रणा: hold ~ation with 3 सलाह-मशवरा: in ~ation with (के साथ परामर्श से); **~ative** /~ल्टेटिव/ *adj.* 1 (***syn.*** advisory) परामर्शक: ~ative committee 2 मंत्रणात्मक: ~ative vote; **~ing** /~ल्टिंग/ *adj.* परामर्शी: ~ing physician;

collocations: **~ing architect** परामर्शी निर्माण-शिल्प विशेषज्ञ; **~ing engineer** परामर्शी अभियंता; **~ing hours** परामर्श समय; **~ing room** परामर्शी कमरा

consumable /कन्स्यूमअ\बल्ज/ *adj.* 1 उपभोग्य: ~ items (उपभोज्य वस्तुएं) 2 खपाने योग्य: ~ load;

dw/lw: **~s** *n. [pl.]* उपभोग्य या उपभोज्य पदार्थ: computer ~s

consume /कन्स्यूम/ *v., pt.* **~d**, *pp* **consuming** 1 उपभोग क., खपा दे. 2 खाना-पीना 3 व्यय क., खर्च क., उड़ा दे.: ~ one's energy 4 समाप्त क., नष्ट क., विनाश क.: the fire **~d** the whole building 5 क्षीण हो जा., घुलना, ग्रस्त हो.: be **~d** with jealousy (उसे ईर्ष्या खा रही है); be **~d** with a desire (किसी चाह से ज्वलंत हो.); ~ away with grief (उसे घोर शोक खाए जा रहा है);

dw/lw: **~d** उपभुक्त, व्ययतित, ग्रसित: ~d with a desire; **consuming** *adj.* उपभोगी; **consuming** *n.* खपत

consumer /कन्स्यूमः/ *n.* ग्राहक, उपभोक्ता;

dw/lw: **~ism** /~मरिज्म/ *n.* उपभोक्तावाद; **~ist** /~मरिस्ट/ *n.* उपभोक्तावादी;

collocations:~ **durables** देर तक चलने वाला सामान; ~ **goods** उपभोज्य वस्तुएं; ~ **price(s) index** (**CPI**) साधारण माल व सेवाओं के दामों में मासिक परिवर्तन; ~ **protection** ग्राहक रक्षा; ~ **research** उपभोक्ता अनुसंधान; ~ **society** उपभोक्ता समाज; ~ **sovereignty** *econ.* उपभोक्ता स्वायत्तता, माल के निर्माण में उपभोक्ता की भूमिका; ~ **terrorism** उपभोक्ता आतंकवाद, निर्माताओं को आतंकित करने के लिए कुछ खाद्य पदार्थों में हानिकारक पदार्थों का मिश्रण

consumma\te /कौंसअमे\ट/ *US* कांसअमे\ट/ *v., pt.* **~ted**, *pp* **~ting** 1 विवाहोत्तर संभोग द्वारा शादी को पूर्णता तक पहुंचाना 2 पक्का क. 3 किसी बात या क्रिया को पूरा क.;

adj. 1 पक्का: a **~te** idiot 2 उत्कृष्ट: **~te** taste 3 दक्ष: **~te** skills 4 पूरा, पूर्ण: **~te** happiness;

dw/lw: **~tion** /~शन/ *n.* 1 विवाहोत्तर संभोग, सहवास, संसिद्धि (of marriage) 2 पूर्णता, उत्कर्ष, समापन: ~tion of work 3 निष्पन्नता 4 समाप्ति, परिपूर्ति

consump\tion /कंसं\प्शन/ *n.* 1 उपभोग, खपत: **~tion** of food 2 खर्च, व्यय: per capita **~tion** (प्रति व्यक्ति उपभोग) 3 (***syn.*** tuberculosis) तपेदिक, क्षय रोग, यक्ष्मा;

n. क्षयरोगी, क्षयरोग पीड़ित व्यक्ति;

dw/lw: **~tive** /~प्टिव/ *adj.* 1 क्षयी: ~tive cough 2 क्षयकर, विनाशकारी 3 उपभोक्तीय: ~tive demand; **~tive** *n.* क्षयरोगी;

p&i: **galloping ~** त्वरित क्षयरोग

cont. *abbr.* 'contained', 'continued' का संक्षेप

contabe\scence /कॉटअबेसंस/ *n.* 1 क्षीयमाणता 2 परागहीनता

dw/lw: **~scent** /कॉटअबेसंट/ *adj.* 1 क्षीयमाण 2 परागहीन

contact /कौंटै\क्ट/ *US* कांटै\क्ट / *n.* 1 संपर्क या संपर्क-साधन: come in/ into ~ with; out of ~ 2 स्पर्श, संसर्ग: make ~ 3 परिचित व्यक्ति: make useful social ~ 4 संयोग 5 (*also* ~ **lens**) कॉंटेक्ट लेंस 6 (*also* **electric** ~) बिजली का स्पर्श 7 स्रोत: information given by a ~ 8 संक्रामक स्रोत 9 रिश्ता, नाता, संबंध: diplomatic/ cultural ~;

v., *pt.* **~ed**, *pp* **~ing** 1 संपर्क क. या स्थापित क.: ~ the supervisor 2 स्पर्श कराना, मिलाना, जोड़ना 3 मिलना, मिल जाना: succeeded in **~ing**;

dw/lw: **~able** /~क्टअबल/ *adj.* संयोज्य; **~-breaker** /~क्ट-ब्रेकः/ *n.* स्पर्श-तोड़क; **~ee** /~क्टी/ *n.* दूसरे ग्रहों के वासियों (aliens) से संबंध रखने वाला व्यक्ति; **~-maker** /~क्ट-मेकः/ *n.* स्पर्श-जोड़क; **~-metamorphosis** /~क्ट-मेटअमःफोसिस/ *n.* संस्पर्श कायांतरण; **~or** /~क्टः/ *n.* मेलक; **~ual** /~क्चुअल/ *adj.* संपर्क संबंधी;

collocations: ~ **flight** संपर्क उड़ान; ~ **lens** कॉंटेक्ट लेंस ~ **man** बिचौलिया; ~ **mine** विस्फोटक सुरंग; ~ **mission** हवाई खोजी कार्रवाई; ~ **printing** स्पर्श फोटो प्रिंटिंग; ~ **sport** ऐसा खेल जिसमें खिलाड़ियों का एक-दूसरे से शारीरिक स्पर्श होता हो;

p&i: **come in ~ with** किसी से मुलाकात हो.

contagion /कंटेजिअन/ *n.* 1 संसर्ग, छूत 2 संक्रामक रोग, छुतहा रोग 3 विष 4 फैलाने-बढ़ने की प्रवृत्ति, संक्रमण 5 बुरा प्रभाव 6 भावनात्मक स्थिति का संक्रमण: ~ of excitement

contagious /कंटेजिअस/ *adj.* 1 संक्रामक (रोग), सांसर्गिक/ छुतहा (रोग): ~ disease 2 सहज रूप से फैलने वाला 3 भावनात्मक संक्रामक: ~ laughter

contagium /कंटेजिअम/ *n.* संसर्गज रोग

contain /कंटेन/ *v., pt.* **~ed**, *pp* **~ing** 1 समावेशित क., समाहित हो., भरा हो.: ~ a lot of information 2 अपने निहित अंग के रूप में रखना 3 नियंत्रित क.: ~ the riot easily 4 रोककर रखना, काबू में रखना: ~ one's anger 5 समाहित क., आविष्ट क.: the hall cannot ~ too many people 6 *maths.* बिना शेष रहे विभाजित हो.;

dw/lw: **~ed** /कंटेंड/ *adj.* 1 नियंत्रित 2 शांत; **~er** /कंटेनः/ *n.* 1 बर्तन, धारक, पात्र, बक्सा, पीपा 2 समुद्री जहाज से माल ले जाने वाला एक बड़ा-सा मानक बक्सा, कंटेनर 3 टंकी, हौज, कुंड, जलाशय, तालाब, आधान, पात्र

containeri\ze/ containeri\se /कंटेनराइज/ *v., pt.* **~zed/ ~sed**, *pp* **~zing/ ~sing** माल बक्सों (containers) में भरकर ढोना

containment /कंटेन्मंट/ *n.* 1 संयमित रखने की क्रिया, संयमन, संरोधन, परिरोधन 2 समावेशन, अंतर्वेशन 3 शत्रु की शक्ति या फैलाव पर अंकुश लगाने की नीति;

collocations: ~ **building** अणुबम रखने का स्थान

contaminant /कंटैमिनंट/ *n.* प्रदूषक, अशुद्धता: filters do not remove all **~s** from water

contamina\te /कंटैमिने\ट/ *v., pt.* **~ted**, *pp* **~ting** 1 संदूषित हो. 2 प्रदूषित क. या हो., बिगड़ जा.: drinking water has become **~ted** with lead; **~te** a river with industrial waste;

dw/lw: **~ted** /~टिड/ *adj.* प्रदूषित: ~ted zone; **~tion** /~शन/ *n.* 1 दूषण, संदूषण, प्रदूषण: ~tion of water 2 संपर्क-विकार 3 रेडियो-धर्मिता संक्रमण: radio-active ~tion; **~tor** /~टः/ *n.* प्रदूषक

contango /कंटैंगो/ *n.* 1 शेयर मार्किट में सामान्य स्थिति जब किसी चीज का नकद मूल्य भावी मूल्य से कम हो 2 स्थगन शुल्क, विक्रय शुल्क, बेच कमाई, तेजी बदला

contd = cont. = continued

conte /कॉट/ *n.* गल्प कहानी, लघु कथा
contemn /कंटेम/ *v., pt.* **~ed**, *pp* **~ing** *lit.* 1 नफरत क. 2 तिरस्कार क., उपेक्षा क.;
dw/lw: **~er** /कंटेमः/ *n.* तिरस्कार करने वाला
contemper /कन्टेंपः/ *v., pt.* **~ed**, *pp* **~ing** 1 मिश्रित क. 2 अनुकूलन क.
contempla\te /कौंटंपले\ट/ *US* काःटंपले\ट/ *v., pt.* **~ted**, *pp* **~ting** 1 (*syn.* consider, think about) चिंतन-मनन क., गहराई से सोच-विचार क.: **~te** a problem 2 (*syn.* stare at) अवलोकन क., दृष्टि गड़ाना: stand **~ting** herself in the mirror 3 विचारना 4 इरादा हो. 5 संभावना मानना: **~te** opposition from sb;
dw/lw: **~tion** /~शन/ *n.* 1 चिंतन-मनन: sit in deep ~tion 2 ध्यान-प्रार्थना 3 इरादा, संभावना: have sth in ~tion 4 अपेक्षा, प्रतीक्षा: in ~tion of sth;
contemplative /कंटेंपलअटिव\/ *adj.* विचारशील, मननशील, चिंतनशील: ~ look;
dw/lw: **~ly** /~लि/ *adv.* विचारशीलतापूर्वक; **~ness** /~नेस/ *n.* चिंतनशीलता;
collocations: **~ order** ध्यानपरायण धर्मसंघ
contempora\neous /कंटेंपअरे\निअस/ *adj.* (*often* **~neous with sth**) समकालीन, समसामयिक: **~neous** styles; **~neous** events;
n. समकालीन व्यक्ति, समवयस्क व्यक्ति, एक उम्र के आदमी;
dw/lw: **~neousness** /~निअसनेस/ *n.* समकालीनता, सम-सामयिकता; **~ry** /~रि/ *adj.* 1 (*syn.* modern) वर्तमान, आधुनिक: ~ry writers; ~ry society 2 समकालीन, सम-सामयिक: writers ~ry with the events they write about 3 समवयस्क
contempori\ze/ contempori\se /कंटेंपअराइज/ *v., pt.* **~zed/ ~sed**, *pp* **~zing/ ~sing** समकालीन/ समसामयिक/ आधुनिक हो. या बनाना
contempt /कंटें\प्ट/ *n.* 1 घृणा, तिरस्कार, उपेक्षा: hold sb in ~ 2 अवमानना, अवहेलना, अपमान, अवज्ञा: ~ of court;
dw/lw: **~ible** /~प्टिबल/ *adj.* (*syn.* despicable) तिरस्करणीय, घृणित, घिनौना: ~ible conduct; **~uous** /~प्चुअस/ *adj.* (*often* ~uous of sb/ sth, *syn.* scornful) तिरस्कारणपूर्ण, घृणापूर्ण: ~uous look; an air of ~uous indifference; **~uously** /~प्चुअसलि/ *adv.* तिरस्कारपूर्वक;
p&i: **be beneath** ~ घृणा के लायक भी नहीं; **familiarity breeds** ~ नित्य मिलन से आदर जाए; **in ~ of sth** के बावजूद
contend /कंटें\ड/ *v., pt.* **~ed**, *pp* **~ing** 1 दावे के साथ कहना, बलपूर्वक कहना, निश्चयपूर्वक कहना 2 स्पर्धा क., मुकाबला क., प्रतियोगिता में भाग ले.: ~ for gold medal 3 संघर्ष क.: ~ with sth (के साथ संघर्ष क.); ~ for truth 4 विवाद क., तर्क क.;
dw/lw: **~er** /~डः/ *n.* प्रतिस्पर्धी, प्रतिद्वंद्वी, प्रतियोगी: ~er to the title; **~ing** /~डिंग/ *adj.* 1 परस्पर विरोधी: ~ing **interests** 2 आपस में लड़ने वाले: ~ing parties
content /कंटें\ट/ *n., pl.* **~s** 1 विषय-वस्तु, अंतर्विषय, सार, कथ्य, अंतर्वस्तु: ~ and form 2 पुस्तक के आरंभ में दी जाने वाली विषय-सामग्री या विषय सूची, अनुक्रमणिका, अंतर्निहित सामग्री की सूची 3 मात्रा: a diet with a high fat ~ 4 संतोष 5 (*syn.* capacity) धारिता: ~ 100 kg (100 किलोग्राम) 6 (**~s**) धारित वस्तु: **~s** of the bag 7 *comput.* वेब्साइट, सीडी आदि में समाहित सामग्री;
adj. (*often* **~ with sth**) 1 संतुष्ट, तृप्त: ~ with food 2 संतुष्ट, राजी, सहमत: be ~ to remain where one is now;
v.*, pt.* **~ed**, *pp* **~ing** 1 संतुष्ट हो. या क.: ~ oneself with what one has got; nothing will ever ~ him 2 तृप्त हो. 3 राजी हो.;
dw/lw: **~ed** /~टिड/ *adj.* संतुष्ट; **~edness/ ~ment** /~टिडनेस/ ~टमंट/ *n.* संतोष, संतुष्टि;
collocations: **~ analysis** *ling.* भाषीय संरचनाओं को अलग-अलग अंगों में बांटकर किया जाने वाला विश्लेषण; **~ word** संज्ञा, क्रिया, विशेषण या क्रिया विशेषण जिनका मुख्य कार्य है शब्दों का अर्थ जतलाना;
p&i: **to one's heart's** ~ दिल खोलकर, जितना मन चाहे
contention /कंटें\शन/ *n.* 1 (*syn.* dispute) मत, दावा 2 दृष्टिकोण 3 प्रतियोगिता मुकाबला, संघर्ष: ~ of valour 4 कलह, कहा-सुनी, झगड़ा, विवाद, वाग्युद्ध;
p&i: **bone of** ~ झगड़े की जड़; **in ~ for sth** किसी मुकाबले आदि को जीतने की संभावना हो.; **out of ~ for** मुकाबले को जीतने की संभावना न हो.
contentious /कंटेंशिअस\/ *adj.* 1 विवादास्पदः ~ clause in a treaty 2 झगड़ालू, कलहप्रिय: ~ temper;
dw/lw: **~ly** /~लि/ *adv.* झगड़ालू ढंग से; **~ness** /~नेस/ *n.* विवादास्पदता, झगड़ालूपन;
collocations: **~ issue** विवादास्पद प्रश्न; **~ jurisdiction** (अदालत आदि का) विवादास्पद अधिकार क्षेत्र
contentment *see under* **content:** ***dw/lw***
contents *see under* **content:5**
conterminous/ conterminate /कन्टःमिनस/ कन्टःमिनेट/ *adj.* 1 जिनकी सीमा मिलती हो, संलग्न सीमा वाले: the side of Germany ~ to France 2 जिनकी काल-सीमा एक समान हो: the term of Pro-VC is ~ with that of VC
contest /कंटे\स्ट/ *n.* 1 मुकाबला, प्रतियोगिता: international ~; musical ~ 2 संघर्ष 3 चुनाव-संघर्ष 4 विवाद, कलह;
v.*, pt.* **~ed**, *pp* **~ing** 1 चुनौती दे., प्रतिवाद क. 2 अमान्य सिद्ध करने की कोशिश क. 3 स्पर्धा क., मुकाबला क.: ~ match 4 संघर्ष क. 5 विरोध क. 6 चुनाव लड़ना: ~ an election;
dw/lw: **~able** /~स्टेबल/ *adj.* 1 विवादास्पद, दावा योग्य 2 जिसको लेकर मुकाबला किया जा सके; **~ant** /~स्टंट/ *n.* 1 प्रतिस्पर्धी, प्रतियोगी 2 विवादी; **~ed** /~स्टिड/ *adj.* विवादित;
p&i: **a close** ~ कड़ा मुकाबला
context /कौंटे\क्स्ट/ *US* कांटे\क्स्ट/ *n.* 1 प्रसंग, संदर्भ: out of ~ 2 प्रकरण: in today's ~ 3 परिस्थिति;
dw/lw: **~ual** /~क्स्चुअल/ *adj.* 1 संदर्भित, प्रासंगिक 2 प्रसंगगत, प्रसंगाश्रित, प्रसंगाधीन: ~ual meaning of the word; **~ualisation** /~क्स्चुअलाइजेशन/ *n.* संदर्भण, प्रासंगिकरण; **~uality** /~क्स्चुअलिटि/ *n.* संदर्भितता, प्रासंगिकता; **~ualize/ ~ualise** /~क्स्चुअलाइज/ *v. pt.* ~ualized/ ~ualised, ~ualizing/ ~ualising किसी बात को उसके संदर्भ में देखना-समझना; **~ually** /~क्स्चुअलि/ *adv.* प्रासंगिकता के हिसाब से, प्रसंग अनुसार
contexture /कंटेक्स्चः/ *n.* 1 बुनाई 2 मिलावट, उलझावः ~ of truth and lies 3 तानाबाना, बनावट, संरचना
conticent /कंटिसेंट/ *adj.* मौन, चुप रहने वाला
contigu\ity /कौंटिग्यू\इटि/ *US* कांटिग्यू\इटि/ *n.* 1 संलग्नता, समीपता, सान्निध्य 2 संसक्ति;
dw/lw: **~ous** /~अस/ *adj.* (*often* **~ with/to sth**) 1 संसक्त, समीपस्थ, संलग्न, सटा हुआ: corn-field ~ous to the garden 2 संबद्ध 3 संस्पर्शी 4 सन्निहित;
dw/lw: **~ly** /~असलि/ *adv.* संबद्ध तरीके से
conti\nence /कौंटि\नंस/ *US* कांटि\नंस/ *n.* 1 आत्मसंयमः **~nence** in speech 2 आत्मनिग्रह, इंद्रियनिग्रह नियंत्रण 3 ब्रह्मचर्य 4 शुद्धता;
dw/lw: **~nent** /~नंट/ *adj.* 1 संयमी 2 जितेंद्रिय 3 पक्का ब्रह्मचारी, शुद्ध
continent /कौंटिनंट/ *US* कांटिनंट/ *n.* 1 महाद्वीप (एशिया, उत्तरी अमेरिका, दक्षिणी अमेरिका, अफ्रीका, आस्ट्रेलिया, अंटार्कटिका, यूरोप) 2 किसी महाद्वीप का मुख्य भू-भाग 3 (**the Continent**) यूरोप का मुख्य-भूभाग (ब्रितानवी द्वीपों को छोड़कर);
continental /कौंटिनेंटल/ *US* कांटिनेंटल/ *n.* 1 (**the Continental**) ब्रिटेन को छोड़कर यूरोप के मुख्य भूभाग का

निवासी 2 अमेरिका में स्वतंत्रता संग्राम का सिपाही 3 अमेरिका में स्वतंत्रता संग्राम काल में प्रचलित मुद्रा 4 सात महाद्वीपों से किसी एक का भाग;
adj. 1 महाद्वीपी 2 यूरोपीय भूभाग से संबंधित 3 महाद्वीपीय 4 महाद्वीप संबंधी 5 सात महाद्वीपों से किसी एक जैसा;
collocations: ~ **alliance** यूरोपीय संघ; ~ **breakfast** यूरोपीय नाश्ता (फलों का रस, कॉफी और गोल ब्रैड); ~ **climate** यूरोपीय मुख्य भूभाग का जलवायु; ~ **divide** महाद्वीप-विभाजक पर्वतमाला; ~ **drift** (*also* **drift**) यह धारणा कि महाद्वीप एक भूभाग के टूटने से बने थे, महाद्वीप विस्थापन; ~ **glacier** यूरोपीय बर्फीला आवरण; ~ **quilt** मोटी मुलायम रजाई; ~ **shelf** किसी महाद्वीप का वह भाग जो समुद्र के उथले क्षेत्र में डूबा है; ~ **wars** यूरोप में हुए युद्ध;
p&i: **not worth a** ~ बिल्कुल बेकार (एक पुराने अमेरिकी सिक्के के बराबर भी नहीं = दमड़ी के भाव भी नहीं)

contingen\cy /कंटिन्जं\सि/ *n., pl.* **~cies** 1 अप्रत्याशित घटना, आकस्मिकता, आकस्मिक परिस्थिति: unforeseen **~cy** 2 अनिश्चय, संभाव्यता, कदाचितता 3 संयोग, विशेष स्थिति: this unexpected **~cy** upset all our plans 4 संभावना: be ready for any **~cy** 5 आकस्मिक व्यय, फुटकर खर्च: a **~cy** fund/ plan (आकस्मिक व्यय निधि/ योजना);
adj. 1 अनिश्चित, संभाव्य: **~t** liability 2 आकस्मिक: **~t** causes 3 आपातिक 4 प्रासंगिक, सांयोगिक 5 (*usually* **~t on/ upon sth**) पर आश्रित: peace **~t** upon compliance with the terms 6 सापेक्ष 7 आनुषंगिक, फुटकर;
dw/lw: **~t** /~ट/ *n.* 1 सैनिक टुकड़ी, सैन्य-दस्ता 2 संयोग 3 अंग, भाग: the British ~t at the Olympic games 4 अपरिचित समूह: boos from the German ~t; **~tly** /~लि/ *adv.* अप्रत्याशित रूप से;
collocations: **~cy fee** आकस्मिक फीस (खर्चे का हिस्सा, वकीलों आदि की फीस); **~t bill** आकस्मिक बिल (देयक); ~ **charge** आकस्मिक प्रभार; ~ **charges** फुटकर खर्च,; ~ **mood** संभावनार्थ;
p&i: **~t on sth** किसी अन्य बात पर निर्भर होने वाला कार्य

continual /कंटिन्युअ\ल/ *adj.* 1 सदा रुक-रुककर होने वाला: ~ flashes of lightning 2 सतत, कुछ अंतराल के साथ रुक-रुककर होने वाली: ~ rain; ~ pain;
dw/lw: **~ly** /~लि/ *adv.* बारंबार, रुक-रुककर, अंतराल के साथ

continuance /कंटिन्युअंस/ *n.* 1 निरंतरता 2 चालू रहने की क्रिया: the ~ of the war 3 सिलसिला 4 अटूट क्रम

continuation /कंटिन्युएशन/ *n.* 1 जारी रहने की प्रक्रिया: ~ sheet 2 निरंतरता, पुनरारंभ: ~ of studies after the holidays 3 अटूटता, कड़ी, क्रम: in that ~ (उसी क्रम में) 4 वर्तमानता

conti\nue /कंटि\न्यू/ *v., pt.* **~nued**, *pp* **~nuing** 1 जारी रहना, चलते रहना: **~nue** along/ down/ up, etc. 2 जारी रखना, फिर से चालू क. या रखना: the story will be **~nued** 3 बनाए रखना: be **~nued** in the office 4 आगे बढ़ाना या बढ़ना: the road **~nues** for miles 5 सेवा या सत्ता में बने रहना: **~nued** in power;
dw/lw: **~nued** /~न्यूड/ *adj.* 1 जारी, निरंतर 2 सतत 3 क्रमागत 4 धारावाहिक: ~nued story; **~nuing** /~न्यूइंग/ *adj.* जारी रहने वाला: ~nuing education (= adult education)

continuity /कंटिन्यूइटि/ *n.* 1 निरंतरता: break the ~ of sb's ideas 2 अटूटता 3 अविछिन्नता 4 क्रमागतता;
collocations: ~ **announcer** दो कार्यक्रमों के बीच में बोलने वाला रेडियो या टीवी उद्घोषक; ~ **girl**/ ~ **man** *cinema.* फिल्मों की निरंतरता बनाए रखने वाला व्यक्ति

continuo /कौंटिन्युओ/ *US* कांटिन्युओ/ *n., pl.* **~s** *music* सकलमंद्र

continuous /कंटिन्युअस/ *adj.* 1 निरंतर, अविरल, अनवरत: ~ laughter 2 अविच्छिन 3 सतत 4 अखंड;
n. (**the continuous**) क्रिया का सातत्यक रूप;
dw/lw: **~ly** /कंटिन्युअसलि/ *adv.* निरंतर, सतत रूप में
collocations: ~ **appointment** अनवरत नियुक्ति; ~ **assessment** *educ.* प्रायः लिए जाने वाले टेस्टों के माध्यम से छात्र का अनवरत परीक्षण; ~ **creation** सतत सृष्टि; ~ **representation** *art.* फिल्म में ऐसा चित्रण जिसमें एक ही पात्र कई बार दोहराया जाता है; ~ **service** सतत सेवा; ~ **stationery** लंबा रोल के ऊपर चढ़ा कागज जो लगातार छपता रहता है; ~ **wave** सतत तरंग

continuum /कंटिन्युअम/ *n., pl.* **continua/~s** 1 (***syn.*** cline) निरंतरता, सदा चलने वाला सिलसिला 2 सांतत्यक: time-space ~ (दिक्-काल सांतत्यक)

contline /कौंटलाइन/ *US* कांटलाइन/ *n.* रज्जु-अंतराल

contorno /कौंतोर्नो/ *US* कांतोर्नो/ *n.* समुच्च रेखा

contort /कंटॉ:ट/ *v., pt.* **~ed**, *pp* **~ing** 1 शक्ल को विकृत क.: ~ his features palpably 2 ऐंठना या मरोड़ना 3 अर्थ विकृत क.: ~ a word out of its normal meaning;
dw/lw: **~ed** /कंटॉ:टिड/ *adj.* विकृत, कुंचित: a face ~ed with anger; **~ion** /कंटॉ:शन/ *n.* ऐंठन, कुंचन, मरोड़, विकृति; **~ionist** /कंटॉ:शनिस्ट/ *n.* 1 शरीर को मोड़-मरोड़ लेने वाला कलाबाज, नट 2 शब्दों का अर्थ तोड़ने-मरोड़ने वाला

contour /कौंटुअ:/ *US* कांटुअ:/ *n.* 1 (*often* **~s**) बाह्यकृति, परिरेखा, रूपरेखा: ~ of the human body 2 (*also* ~ **line**) परिरेखा: ~ map (समोच्च नक्शा) 3 *US* स्थिति, हाल-चाल: jubilant over the ~ of things;
collocations: ~ **farming**/ **tillage** समोच्च कृषि-कार्य; ~ **irrigation** समोच्च सिंचाई

contra /कौंट्रा/ *US* कांट्रा/ *prep.* के विरुद्ध: pro and ~ (पक्ष और विपक्ष);
n. 1 विपर्याय: ~ account (प्रतिलेखा) 2 निकारागुआ आदि देशों में दक्षिणपंथी छापामार गुट का सदस्य

contra- /कौंट्रा-/ कांट्रा-/ *prefix, denoting:* **against** (1 प्रति- 2 विरोधात्मक, विपरीतता सूचक प्रत्यय): **~ception**

contrabass /कौंट्राबास/ *US* कांट्राबास/ *n.* (संगीत) मंद्रवादनी

contraband /कौंट्राबैंड/ *US* कांट्राबैंड/ *adj.* 1 वर्जित, निषिद्ध 2 अवैध: ~ goods;
n. 1 अवैध या निषिद्ध माल 2 तस्करी का माल;
dw/lw: **~ist** /कौंट्राबैंडिस्ट/ *US* कांट्राबैंडिस्ट/ *n.* तस्कर व्यापारी

contraception /कौंट्रासेप्शन/ *US* कांट्रासेप्शन/ n. 1 गर्भनिरोध 2 गर्भनिरोधक साधनों का प्रयोग

contraceptive /कौंट्रासेप्टिव/ *US* कांट्रासेप्टिव/ *n.* गर्भनिरोधक (दवाई या उपकरण);
adj. गर्भनिरोधक

contract /कौंट्रै\क्ट/ *US* कांट्रैक्ट\/ *n.* 1 करार, अनुबंध, संविदा: ~ of purchase 2 इकरारनामा, संविदा-पत्र, अनुबंध-पत्र: ~ of insurance 2 ठेका, ठीका 3 विवाह-बंधन 4 मौसमी टिकट: season ~;
v., pt. **~ed**, *pp* **~ing** 1 सिकुड़ना, सिकोड़ना, संकुचित हो. 2 भौंहों का सुकड़ना 3 बीमारी पकड़ना: ~ bad habits/ a disease 4 (*often* ~ **with sb**) अनुबंध या करार क.: ~ to build a house 5 ठेका ले., संविदा क. 6 विवाह-अनुबंध क.: ~ a marriage with sb 7 संक्षिप्त क.: are not ⟶ aren't 8 ऋण के नीचे आना 9 *sl.* किसी को मारने का ठेका (सुपारी) दे. 10 संघ बनाना: ~ an alliance with SAARC countries 11 दोस्ती बनाना: ~ friendship with sb;
dw/lw: **~ed** /~क्टिड/ *adj.* सिकुड़ा हुआ: ~ed brow (जिसके नाक-भौं सिकुड़े हों); ~ed mind (तंग-दिल, संग-दिल); ~ed ideas (संकीर्ण विचार); ~ed form (संकुचित रूप या शब्द); **~ible/ ~able** /~क्टिबल/ ~क्टअबल/ *adj.* संकुंचनशील, सिकुड़नशील; **~ile** /कंट्रैक्टाइल/ *adj.* सिकुड़ने वाला, संकुंचनशील; **~ing** /~क्टिंग/ *adj.* अनुबंध करने वाला: ~ing parties; **~ive** /~क्टिव/

adj. संकुंचनशील, सिकुड़नशील, भींचने वाला: ~ive muscle

collocations: **~ bridge** ताश का एक खेल; **~ labour** ठेके पर काम करने वाले मजदूर, ठेका मजदूर; **~ law** ठेका मजदूर करारनामा, संविदा-पत्र; **~ price** आपस में तय किया जाने वाला मूल्य; **~ under seal** मुहर-लगा करारनामा; **~ value** अनुबंध के अनुसार माल की कुल कीमत;

period ~ लंबी अवधि का अनुबंध; **yellow dog ~** *US* हड़ताल पर न जाने का करारनामा;

p&i: **~ in** भाग लेने का वचन दे.; **~ out** अनुबंध मुक्त हो.; **~ out sth** किसी चीज या माल का ठेका दे.;

accept a ~ अनुबंध स्वीकार क.; **annul a ~** अनुबंध निरस्त क.; **award a ~** ठेका दे.; **be engaged on ~ supply** माल देने के लिए अनुबंधित हो.; **break a ~** अनुबंध तोड़ना; **draw up a ~** अनुबंध तैयार क.; **enter into ~** अनुबंध क.; **mess up the ~** सारा गुड़ गोबर क.; **on ~** ठेके पर

contraction /कंट्रैक्शन/ *n., pl.* **~s** 1 जन्म देते समय औरत के शरीर का संकुंचन, सिकुड़न, आकुंचन 2 शब्द-संकोच, स्वर-संधि, शब्दों का संक्षेपण, संक्षिप्त संकेत 3 संकुचित रूप: **do not → don't** 4 रोग संक्रमण: ~ of disease 5 विवाह-अनुबंध

contractor /कंट्रैक्टः/ *n.* 1 ठेकेदार, ठीकेदार, संविदाकार 2 संकुंचक

contractual /कंट्रैक्चुअल/ *adj.* 1 संविदात्मक: ~ document (संविदा/ठेका प्रलेख) 2 संविदा के लिखित दस्तावेज से संबंधित 3 ठेके पर काम करने वाले कर्मियों से संबंधित;

dw/lw: **~ly** /कंट्रैक्चुअलि/ *adv.* ठेके के आधार पर

collocations: **~ liability** संविदागत दायित्व; **~ period** ठेके की अवधि;

~ service संविदा सेवा;

contracyclicle /कौंट्रासिक्लिकल/ *US* कांट्रा-/ *adj.* प्रतिचक्रिक, प्रतिचक्रीय

contradict /कौंट्राडि\क्ट/ *US* कांट्राडि\क्ट/ *v., pt.* **~ed**, *pp* **~ing** 1 खंडन क.: the results of the experiment **~ted** the theory 2 विरोधाभासी हो.: the reports ~ each other 3 विपरीत बात क., बात को काटना: don't ~ me 4 विरोधी हो.;

dw/lw: **~able** /~क्टेबल/ *adj.* खंडनीय

contradic\tion /कौंट्राडि\क्शन/ *US* कांट्राडि\क्शन/ *n.* 1 विरोधाभास, विसंगति, अंतर्विरोध: a **~tion** in terms (तार्किक अंतर्विरोध) 2 खंडन: an official **~tion** of the rumours 3 प्रतिवाद, विरोध, विपरीतता;

dw/lw: **~toriness** /~क्टरिनेस/ *n.* विरोधात्मकता, अंतर्विरोध; **~tory** /~क्टरि/ *adj.* 1 (***syn.*** conflicting) विरोधात्मक 2 विरोधाभासी, अंतर्विरोधी, परस्पर विरोधी: ~tory assertions/ statements 3 प्रतिकूल: schemes ~tory to common sense;

p&i: **a ~tion in terms** एक-दूसरे को काटने वाले शब्दों पर आधारित तर्क

contradistinc\tion /कौंट्राडिस्टिंक्शन/ *n.* 1 विभेद, विपरीतता, विसंगति, प्रतिकूलता 2 विरोध: in **~tion** to के विपरीत 3 खंडन;

dw/lw: **~t/ ~tive** *adj.* विरोधाभासी, प्रतिकूल, अलग तरह का;

p&i: **in ~tion to sth/sb** के विपरीत

contrafactive /कौंट्राफैक्टिव/ *US* कांट्राफैक्टिव/ *adj.* (***syn.*** untrue) तथ्य की विपरीत

contraflow /कौंट्राफ्लो/ *US* कांट्राफैक्टिव/*n.* दो-तरफा सड़क के एक तरफ का यातायात बंद किए जाने पर दूसरी आधी सड़क को अस्थायी रूप से दो-तरफा बनाने की प्रणाली

contrail /कौंट्रेल/ *US* कांट्रेल/ *n.* संपुच्छ, विमान की पूंछ से निकलने वाली धूम्र रेखा

contraindica\te /कौंट्राइंडि\केट/ *US* कांट्राइंडि\केट/ *v. pt.* **~ted**, *pp* **~ting** *med.* इलाज के प्रतिकूल हो., सही न हो.;

dw/lw: **~ion** /~केशन/ *n.* उपचार की प्रतिकूलता,; **~nt** /~कंट/ *n.* उपचार के प्रतिकूल दवा आदि; **~tive** /~केटिव/ *adj.* उपचार के प्रतिकूल संकेतक

contralto /कंट्रैल्टो/ *n., pl.* **~s/ contralti** स्त्री का मंद स्वर, मंदस्वरीय गायिका

contranatural /कौंट्रानैचरल/ *US* कांट्रानैचरल/ *adj.* कृत्रिम, असहज

contrapo\se /कौंट्रापो\ज/ *US* कांट्रापो\ज/ *v., pt.* **~sed**, *pp* **~sing** आमने-सामने रखकर तुलना क.;

dw/lw: **~sition** /~जिशन/ *n.* 1 प्रतिस्थिति 2 (***syn.*** antithesis) विपरीतता: in ~sition to/ with (के विपरीत)

contraption /कंट्रैप्शन/ *n., humorous, colloq.* अजीबोगरीब मशीन (जुगाड़), विलक्षण जुगत यंत्र

contrariety /कौंट्रारायटि/ *US* कांट्रारायटि/ *n.* 1 अंतर्विरोध 2 अति प्रतिकूलता/ विपरीतता 3 वैषम्य, विसंगति: ~ to sound logic

contrariness /कौंट्ररअरिनेस/ *US* कांट्ररअरिनेस/ *n.* 1 विपरीतता, प्रतिकूलता 2 अड़ियलपन, अड़ियल-टट्टूपना

contrariwise /कौंट्रेरिवाइज/ *US* कांट्रेरिवाइज/ *adv.* 1 इसके विपरीत, उल्टे 2 उल्टी दिशा में, दूसरी तरफ

contra\ry /कौंटरअरि\/ *US* कांटरअरि\/ *adj.* 1 (*often* **~ry to sth**) विरुद्ध, विपरीत, प्रतिकूल: **~ry** views 2 बिल्कुल अलग 3 उल्टी दिशा की (हवा), प्रतिकूल: **~ry** wind; look the **~y** way 4 हठीला, अड़ियल: **~ry** child 5 तरंगी, सनकी: **~ry** disposition;

n., pl. **~ries** 1 विरोधी बात 2 विपक्ष 3 उल्टी स्थिति: on the **~ry** (ऐन विपरीत);

v., pt. **~ried**, *pp* **~rying** के विरुद्ध बोलना/ चलना

dw/lw: **~riety** *see above under separate entry* = **~riness** /~नेस/ *n.* प्रतिकूलता; **~rily** /~लि/ *adv.* बिल्कुल विपरीत ढंग से;

p&i: **~ry to** के प्रतिकूल: act ~ to the rules (नियमों का उल्लंघन क.);

just/ quite the ~ry बिल्कुल उल्टा; **on the ~ry** ऐन विपरीत, इसके बिल्कुल उलटे; **to the ~ry** इसके विपरीत, बल्कि उल्टे

contrast /कौंट्रा\स्ट/ *US* कांट्रै\स्ट/ *n.* 1 अंतर, भेद, भिन्नता 2 भिन्न व्यक्ति, वस्तु 3 रंग व प्रकाश में अंतर या वैषम्य 4 विषमता, विरोध;

v., pt. **~ed**, *pp* **~ing** 1 भिन्नता/ भेद/ अंतर/ फर्क दिखलाना: his words **~ed** sharply with his deeds 2 वैषम्य दिखाना: two brothers **~ed** sharply 3 (*often* **~ with sth**) आमने-सामने रखकर भिन्नता जताना 4 भिन्नता जताने के लिए तुलना क.;

dw/lw: **~ing** /कंट्रास्टिंग/ *US* कंट्रैस्टिंग/ *adj.* बिल्कुल भिन्न, अलग; **~ive** /कंट्रास्टिव/ *US* कंट्रैस्टिव/ *adj.* भिन्न, अलग (भाषाएं): ~ive comparison; a ~ive analysis of British and Indian Englishes

p&i; **~ well with** मेल खाना, मेल बैठना; **by/ in ~ to/ with sth/ sb** की तुलना में बिल्कुल भिन्न, से अलग, अन्य प्रकार का;

contrastimulant /कौंट्रास्टिमुलंट/ *US* कांट्रास्टिमुलंट/ *n.* शांत करने वाला पदार्थ

contravallation /कौंट्रावैलेशन/ *US* कांट्रावैलेशन/ *n.* घेराबंदी, किलाबंदी

contra\vene /कौंट्रा\वीन/ *US* कांट्रा\वीन/ *v., pt.* **~vened**, *pp* **~vening** 1 नियम का उल्लंघन क., भंग क. 2 प्रतिवाद क., बात काटना, खंडन क.;

dw/lw: **~vention** /~वेन्शन/ *n.* उल्लंघन, खंडन, विरोध; (*often* **in ~vention of sth**) के उल्लंघन में

contretemps /कौंट्रअटां/ *US* कांट्रअटां/ *n., pl.* **contretemps**, *Fr.* 1 अप्रिय बात या घटना 2 आकस्मिक अटकाव 3 अनिष्ट 4 आकस्मिक जटिलीकरण

contribu\te /कंट्रिब्यूट/ *v., pt.* **~ted**, *pp* **~ting** 1 (*usually* **~te to sth**) योगदान क., अंशदान दे., चंदा दे.: **~te** to the Red Cross; **~te** to the relief fund 2 लेख दे.: **~te** articles to the news papers, etc. 3 सहयोग दे. 4 कई कारणों में से एक कारण हो.: drink **~ted** to his downfall;

n., pl. **~tory → ~tories** 1 योगदान करने वाला/ अंशदाता/ चंदा देने वाला;

dw/lw: **~tion** *see below under separate entry*; **~tor** /~टः/ *n.* 1 पत्र-पत्रिकाओं के लिए लेख लिखने वाला 2 चंदा/ अंशदान/ योगदान देने वाला 3 कारण; **~tory/ ~tive** /~टःरि/ ~टिव/ *adj.* 1 सहयोगकर्ता 2 योगदाता 3 अंशदायी, अंशदायक: ~tory dinner; ~tory pension;

p&i; **~te to sth** 1 भूमिका निभाना 2 किसी बीमारी के पनपने का कारण बनना: smoking ~tes to cancer (धूम्रपान से कैंसर होता है) 2 पत्र-पत्रिकाओं में प्रकाशन हेतु लेख दे.

contribution /कौंट्रिब्यूशन/ *US* कांट्रिब्यूशन/ *n.* 1 योगदान, सहयोग 2 (***syn.*** donation) चंदा, अंशदान, दान 3 पत्रिका आदि में दिया जाने वाला लेख 4 पेंशन आदि के लिए नियमित रूप से नौकरीदाता को दी जाने वाली राशि

con trick *n., colloq.* (*short for* **confidence trick**) विश्वास पैदा करके की जाने वाली ठगी

contri\te /कौंट्राइट\/ *US* कांट्राइट\/ *adj.* 1 ग्लानियुक्त 2 पश्चातापी: **~te** apology; **~te** words 3 खिन्न;

dw/lw: **~ely** /~लि/ *adv.* पश्चातापपूर्वक; **~eness/ ~ion** /~नेस/ कंट्रिशन/ *n.* 1 पश्चाताप, पछतावा 2 पहले की भूल के लिए पछतावा और भविष्य में उसे न दोहराने का संकल्प 3 ग्लानि

contriv\ance /कंट्राइ\वंस/ *n.* 1 चालाकीपूर्ण उपाय या युक्ति, कूटयुक्ति 2 जुगाड़, जुगत 3 आविष्कार, जुगाड़ू यंत्र 4 छल, तिकड़म, चालाकी;

dw/lw: **~e** /कंट्राइव/ *v., pt.* **~ed**, *pp* **~ing** 1 तिकड़म भिड़ाना 2 युक्ति लगाकर या चालाकी से काम निकालना 3 कुछ करने में सफल हो.: ~e a means of escape 4 बड़ी कठिनाई से कोई वस्तु बना पाना: ~e a new type of airship; **~ed** /~व्ड/ *adj.* तिकड़मी/ युक्ति द्वारा किया गया काम: a ~ed ending to a play; **~er** /~वः/ *n.* युक्तिशील, तिकड़मी, जुगाड़ू

control /कंट्रो\ल/ *n., pl.* **~s** 1 नियंत्रण, कब्जा, शासन संचालन: take ~ of; under Government ~ 2 नियंत्रण, संचालन: mission ~; lose ~ of a motor car; regain ~ over sth 3 अंकुश, बाध्यता: beyond sb's ~ 4 संयम: feelings under ~; in full ~ of one's temper; regain ~ of oneself 5 (**~s**) यंत्र चालन बटन या संचालन व नियंत्रण यंत्र 6 नियंत्रण/ जांच कार्यालय या पटल: go through passport ~ 7 (*in full* **~ experiment**) निरीक्षण, परीक्षण, परख: ~ flight 8 रोक-थाम: ~ of epidemics; ***v.***, *pt.* **~led**, *pp* **~ling** 1 नियंत्रित रखना या क.: ~ a horse 2 वश या काबू में रखना, पर शासन क. 3 निरीक्षण क., परीक्षण क. 4 संचालन क. 5 यंत्र चलाना 6 संख्या, मात्रा या वृद्धि आदि सीमित या नियंत्रित क.: ~ expenditure; ~ prices; ~ pain 7 संयम बरतना, संयत रहना: ~ emotions 8 काबू पाना: ~ fire;

dw/lw: **~gear** *n.* नियंत्रण-यंत्र; **~lability** /~लअबिलिटि/ *n.* सीमित, संयत, नियंत्रित रखने की क्षमता; **~lable** /कंट्रोलअबल/ *adj.* नियंत्रणीय, जिसे सीमित, संयत, नियंत्रित रखा जा सके; **~led** /~लड/ *adj.* नियंत्रित, संयत; ~led substance (मादक पदार्थ); **~ling** /~लिंग/ *adj.* नियंत्रक, नियंत्रण: ~ling interest (किसी कंपनी पर प्रभुत्व बनाए रखने के लिए अधिकांश शेयर अपने कब्जे में रखने का तरीका);

collocations: **~ airport** नियंत्रण हवाई अड्डा; **~ board** नियंत्रण पटल; **~ character** नियंत्रण लक्षण; **~ chart** नियंत्रण चार्ट; **~ commission** नियंत्रण आयोग; **~ device** नियंत्रण-युक्ति/ उपकरण; **~ engineering** नियंत्रण यांत्रिकी; **~ freak** जिसे नियंत्रण या प्रतिबंध लगाना पसंद हो; **~ from earth** स्वचालित नियंत्रण या संचालन; **~ group** नियंत्रण दल; **~ key** नियंत्रण कुंजी; **~ling interest** कंपनी आदि पर कब्जा रखने के लिए आवश्यक शेयर संख्या; **~led economy** योजनाबद्ध आर्थिक नीति; **~ling officer** नियंत्रण अधिकारी; **~ point** नियंत्रण चौकी; **~ station** नियंत्रण स्टेशन; **~ register** नियंत्रण पंजी; **~ rod** नियंत्रण दंड या छड़; **~ tower** नियंत्रण कक्ष या बुर्ज; **~ unit** नियंत्रण इकाई;

birth ~ शिशु-प्रजनन संख्या नियंत्रण; **immigration ~** आप्रवासन नियंत्रण; **remote ~** किसी दूरी से नियंत्रण; **rent ~** किराया नियंत्रण; **traffic ~** यातायात नियंत्रण; **visa ~** देश-प्रवेश पत्र नियंत्रण

p&i: **~ sb/ sth** काबू में रखना, नियंत्रित रखना; **~ oneself** अपने आप पर संयम रखना, अपने आप को संयत रखना;

be in ~ नियंत्रणाधीन या नियंत्रण में हो.; **be/ get/ run out of ~** काबू/ नियंत्रण से बाहर, हाथ से बाहर; **be under ~** नियंत्रण में, ठीक-ठाक या काबू में हो.; **bring/ get/ keep sth under ~** 1 समाधान क., निपटाना 2 काबू में क. या हो.

controller /कंट्रोलः/ *n.* 1 नियंत्रक 2 प्रबंधक 3 शासक, संचालक 4 नियंत्रक उपकरण 5 कंपनी आदि का वित्त अधिकारी

controversial /कौंट्रवःशिअल/ *US* काःट्रवःशिअल/ *adj.* 1 विवादास्पद: highly ~ question 2 झगड़ालू

controver\sy /कौंट्रअवःसि, कंट्रौवःसि / *US* कांट्रअवःसि/ *n., pl.* **~sies** 1 विवाद: border **~sy** (सीमा विवाद); beyond ~sy (निर्विवाद, विवाद से परे) 2 झगड़ा: to cause/ provoke/ spark **~sy** (विवाद पैदा क./ भड़काना/ को चिंगारी दे.);

p&i: **~sy around/ about/ over sth** किसी बात के बारे में विवाद;

at the centre of a ~sy विवाद के केंद्र में; **bitter/ continuing/ furious ~sy** घोर/ निरंतर/ प्रचंड विवाद

controvert /कौंट्रअवःट/ *US* कांट्रअवःट/ *v., pt.* **~ed**, *pp* **~ing** 1 (***syn.*** refute) खंडन क. 2 विवाद क., झगड़ना

contuma\cious /कौंट्युमेशिअस\/ *US* कांट्युमेशिअस\/ *adj.* 1 धृष्ट 2 उद्धत, उद्दंड 3 दुराग्रही, हठी, अक्खड़ 4 शासनतंत्र के प्रति अवज्ञाकारी 5 अदालत में पेशी पर गैर-हाजिर रहने वाला;

dw/lw: **~ciously** /~लि/ *adv.* 1 धृष्टतापूर्वक, उद्दंडतापर्वक; **~cy/ ~ciousness** /कौंट्युमेसि/ ~नेस/ *n.* 1 धृष्टता, उद्धतता, दुराग्रह 2 अवज्ञा, अवहेलना 3 अवज्ञाकारिता

contume\lious /कौंट्यूमीलि\अस/ *US* कांट्युमीलि\अस/ *adj.* 1 गुस्ताख, बदतमीज 2 धृष्ट, उद्दंड: **~lious** taunt (गुस्ताखीपूर्ण ताना) 3 ढीठ;

dw/lw: **~liously** /~असलि/ *adv.* 1 गुस्ताखी से, बदतमीजी से 2 धृष्टतापूर्वक, उद्दंडतापूर्वक; **~ly** /कौंट्युमिलि/ *US* कांट्युमिलि/ *n., pl.* ~lies 1 गुस्ताखी, बदतमीजी 2 धृष्टता, उद्दंडता 3 तिरस्कार, अपमान, कलंक

contu\se /कंट्यूज/ *v., pt.* **~sed**, *pp* **~sing** 1 नील पड़ना 2 चोट लगना;

dw/lw: **~sion** /कंट्यूजन/ *n., techn.* नील, गुमटा, अंतःक्षति

CONUS *abbr.* 'Continental United States' की प्रथमाक्षरी

conundrum /कननड्रम/ *n.* 1 (***syn.*** riddle) पहेली: speak in **~s** 2 समस्या, उलझन

conurbation /कौनअःबेशन/ *US* काःनअर्बेशन/ *n.* किसी बड़े नगर के इर्दगिर्द बने बहुत सारे उपनगर: the Paris ~; Delhi ~

convale\sce /कौन्वअले\स/ *US* कान्वअले\स/ *v., pt.* **~sced**, *pp* **~scing** (***syn.*** recuperate) स्वास्थ्य-लाभ क., अच्छा हो जा.;

dw/lw: **~scence** /~संस/ *n.* (***syn.*** recuperation) स्वास्थ्य-लाभ; **~scent** /~संट/ *adj.* 1 स्वास्थ्य-लाभ पानेवाला 2 स्वास्थ्यकर: ~scent home; ~scent diet

convec\tion /कन्वे\क्शन/ *n.* तरल या गैस में से ताप का संवहन;

dw/lw: **~tional** /~क्शनल/ *adj.* संवहनीय; **~tive** /~क्टिव/ *adj.* संवहनीय; **~tor** /~क्टः/ *n.* संवहनकारक, तापक (heater)

convenable /कन्वीनअबल/ *adj.* जिसकी बैठक आदि बुलाई जा सके

convenances /कॉन्विनांसिज/ *n.* शिष्टाचार, औचित्यताएं, शालीन व्यवहार

conve\ne /कन्वीन/ *v., pt.* **~ned**, *pp* **~ning** बुलाना, संयोजन क., आयोजन क.: **~ne** a meeting/ council/ assembly

convener/ convenor /कन्वीनः/ *n.* संयोजक, मीटिंग बुलाने वाला

convenien\ce /कन्वीनि\अंस/ *n.* 1 सुविधा, सहूलियत: for the **~ce** of customers 2 सुविधाएं: the house full of **~ce** 3

शौचालय 4 लाभ, फायदा;

***dw/lw:* ~t** /~अंट/ *adj.* 1 सुविधाजनक: ~t time; ~t tool; ~t method 2 आरामदेह, सुखकर 3 पास में, निकट-स्थित; **~tly** /~अंटलि/ *adv.* आराम से, सुविधापूर्वक;

collocations: **~ce food** अल्पकाल में आसानी से बनने वाला भोजन; **~ce store** *US* देर तक खुली रहने वाली खाद्य पदार्थों की दुकान;

p&i: **at one's ~ce** अपनी सहूलियत या सुविधा अनुसार; **at sb's earliest ~ce** जैसा किसी के लिए सुविधाजनक हो; **await sb's ~ce** किसी की सुविधाजनकता का इंतजार क.; **for ~ce's sake** सहूलियत के लिए; **make a ~ce of sb** किसी की दयालुता का नाजायज फायदा उठाना; **suit sb's ~ce** किसी की सुविधा अनुसार हो; **marriage of ~ce** स्वार्थपूर्ण संबंध

convenor = convener

convent /कौनवंट/ *US* काःनवंट/ (*also* **~ school**) *n.* 1 ईसाई साध्वियों का मठ, आश्रम 2 ऐसा स्कूल जहां ईसाई साध्वियों (nuns) द्वारा अध्यापन किया जाता है

conventicle /कन्वेंटिकल/ *n.* 1 गुप्त व अवैध धार्मिक सभा 2 इस प्रकार की सभा करने का स्थान

convention /कन्वेन्श\न/ *n.* 1 (***syn.*** conference) सम्मेलन, जलसा, सभा, समागम: international/ multilateral ~; **Convention** on International Trade in Endangered Species (*abbr.* **CITES**) *ecol.* 2 प्रथा, परिपाटी, रीति, रिवाज, रूढ़ि 3 संधि, समझौता 4 *US* चुनाव के लिए उम्मीदवार तय करने के लिए प्रतिनिधि सभा: Democratic election ~;

***dw/lw:* ~eer** /~निअः/ *n.* सम्मेलन में भाग लेने वाला व्यक्ति

conventional /कन्वेन्श\नल/ *adj.* 1 (***anton.*** un~) रूढ़िवादी, पारंपरिक ~ manners 2 प्रथागत, परंपरागत, रूढ़िगत 3 औपचारिक, कृत्रिम 4 गैर-नाभिक, परंपरागत (अस्त्र-शस्त्र): ~ arms/ forces/ warfare, etc. 5 पारस्परिक सहमति पर आधारित: ~ exchange rate; ~ tariff 6 मानक, सामान्य;

***dw/lw:* ~ly** /~नलि/ *adv.* प्रथा अनुसार, पारंपरिक रूप से; **~ism** /~नलिज्म/ *n.* 1 रूढ़िवाद, रूढ़ि 2 पारंपरिकता; **~ity** /~नैलिटि/ *n., pl.* ~ities 1 रूढ़िवादिता, रूढ़ि 2 पारंपरिकता, प्रथागतता 3 औपचारिकता; **~ize** *v., pt.* ~ized, *pp* ~ izing पारंपरिक बनाना;

p&i: **~ wisdom** रीतिगत लोकमत या लोकबुद्धि

conver\ge /कन्वः\ज/ *v., pt.* **~ged**, *pp* **~ging** (*often* **~ge on/ upon sb**) 1 (***anton.*** diverge) एक बिंदु पर मिलना 2 एक स्थान पर आकर मिल जा., केंद्राभिमुखी हो. 3 विचारों का एक समान हो.;

***dw/lw:* ~gence** /~जंस/ *n.* 1 केंद्राभिमुखता 2 एक बिंदु पर मिलन, मिलान: ~gence zone (अभिसरण क्षेत्र) 3 विचारों में एकमतता; **~gent** /~जंट/ *adj.* 1 केन्द्राभिमुखी 2 एक बिंदु पर मिलने वाले 3 एकमत: ~gent thinking (एक समान चिंतन, एक जैसी सोच) 4 *biol.* समान पर्यावरण में पौधों व जानवरों की असमान नस्लों का समान वर्धन: ~gent evolution; **~ging** /~जिंग/ *adj.* 1 एक बिंदु पर मिलने वाले 2 कॉन्वेक्स लेंस: ~ging lens *phys.* (सूर्य की किरणों को एक बिंदु पर एकत्रित करने वाला लेंस)

conversable /कन्वःसेबल/ *adj.* 1 मिलनसार, मधुरभाषी 2 आलापप्रिय, बातूनी 3 बातचीत के लिए उचित (विषय)

conversant /कन्वःसंट/ *adj.* (*usually* **~ with sth**) 1 से भली भांति परिचित, अवगत, का जानकार: ~ with a subject (विषय से सुपरिचित) 2 में निपुण, कुशल: ~ with the questions of finance

conversation /कौन्वःसेश\न/ *US* काःन्वःसेश\न/ *n.* 1 बातचीत, गुफ्तगू: have a ~ with sb 2 वार्तालाप, संवाद: continue ~ 3 यौन संबंध: criminal ~;

dw/lw:* ~al** /~नल/ *adj.* 1 संवादपटु, आलापप्रिय 2 संवादात्मक: ~al style 3 वार्तालाप से सबंधित: ~al English 4 (syn.*** colloquial) अनौपचारिक, बोल-चाल की भाषा में; **~alist** /~नलिस्ट/ *n.* 1 बातूनी 2 बातचीत में चतुर, वार्ता-कुशल;

***collocations:*~ analysis** *ling.* वास्तविक जीवन में होनेवाले संवादों का भाषायी विश्लेषण; **~ piece** 1 ऐसी वस्तु जिस पर बातचीत शुरू हो सके, चर्चा का विषय 2 परिवार के लोगों का सामूहिक फोटोग्राफ जिसपर बातचीत शुरू हो सकती है, संवाद नाटक; **~ stopper** *colloq.* बातचीत के लिए घातक (ठंडा पानी डालने वाला) कथन;

p&i: **a brief/ casual/ long/ polite/ private ~** छोटा-सा/ अनौपचारिक/ लंबा/विनम्र/ व्यक्तिगत वार्तालाप; **a ~ about sth** किसी चीज के विषय में चर्चा; **a ~ between sb** लोगों के बीच संवाद; **engage in/ have/ join in/ strike up a ~** वार्तालाप में भाग ले. /शामिल हो./ वार्तालाप शुरू क.

conver\se /कन्वः\स/ *v., pt.* **~sed**, *pp* **~sing** (*often* **~se with sb**) 1 बातचीत/ गुफ्तगू क. 2 आध्यात्मिक स्तर पर एक-दूसरे से संपर्क रखना;

adj. 1 विपरीत, विरुद्ध 2 उल्टा, विलोम 3 प्रतिकूल;

n. 1 बातचीत, गपशप 2 संपर्क;

***dw/lw:* ~sely** /~सलि/ *adv.* उल्टे, विलोम रूप में

conversion /कन्वःशन/ *n.* 1 परिवर्तन, बदलाव 2 धर्म-परिवर्तन 3 मत-परिवर्तन: ~ of heathen to Christianity (म्लेच्छों का ईसाईयत में परिवर्तन) 4 रूपांतरण: ~ of cream into butter 5 मुद्रा विनिमय: ~ charge (विनिमय शुल्क); ~ table (विनिमय सारणी) 6 बदलाव, परिवर्तन 7 पुरानी के स्थान पर नई प्रणाली अपनाने की क्रिया: ~ of teachers to new methods 8 भाषायी रूपांतरण;

collocations: **~ van** (*also* **van ~**) *US* ऐसी गाड़ी जिसमें ड्राईवर के पीछे के हिस्से में आवास स्थान बना रहता है

convert /कन्वः\ट/ *v., pt.* **~ed**, *pp* **~ing** 1 परिवर्तित क.: ~ swamps into parks (दलदल को पार्क में बदलना) 2 रूप बदलना, रूपांतरित क. 3 धर्म-परिवर्तन क. 4 मत या विचारधारा परिवर्तित क. 5 विनिमय क.: ~ dollars into rupees 6 रासायनिक परिवर्तन क.: ~ hydrogen and oxygen into water;

n. 1 जिसने धर्म-परिवर्तन किया हो: a Christian ~ 2 दल-परिवर्तित व्यक्ति: a ~ to socialism;

***dw/lw:* ~er** /~टः/ *n.* 1 विद्युत परिवर्तक: electric ~er 2 धर्म परिवर्तन करवाने वाला व्यक्ति: Christian ~ers 3 *comput.* कंप्यूटर में कूट सूचनाओं को सामान्य भाषा में परिवर्तित करने वाला उपकरण; **~ibility** /~टिबिलिटी/ *n.* 1 परिवर्तनीयता 2 जिसका विनिमय हो सके; **~ible** /~टिबल/ *adj.* परिवर्तनीय; **~ible** *n.* 1 परिवर्तनीय या मुड़वीं छत वाली कार की मुड़कर बंद-खुल जाने वाली छत 2 विनिमेय मुद्रा: ~ible currency

convex /कौन्वे\क्स/ काःन्वे\क्स/ *adj.* (***anton.*** concave) उत्तल, उन्नतोदर, सूर्य की किरणों को एक बिंदु पर एकत्रित करने वाला (लेंस);

n. उत्तलाकार वस्तु;

***dw/lw:* ~ity** /~क्सिटि/ *n.* 1 उत्तलता, उन्नतोदरता 2 किसी आकार की बाहरी गोलाई 3 गोल वस्तु या रूप; **~o-concave** /~क्सो-कॉन्केव/ *adj.* उत्तलावतल; **~o-~** *n.* उत्तलोत्तल

convey /कन्वे\/ *v., pt.* **~ed**, *pp* **~ing** 1 (***syn.*** communicate) सूचनाएं पहुंचाना: ~ greetings/ ideas/ information; it **~s** nothing to my mind 2 भावनाएं आदि व्यक्त क.: words fail to ~ my feelings 3 सामान आदि ढोना, वहन क. 4 एक स्थान से दूसरी जगह पहुंचाना: ~ goods/ passengers/ luggage 5 *law* संपत्ति आदि खरीद-बेचकर हस्तांतरित क. या उसका मालिकाना हक बदलना;

***dw/lw:* ~able** /~यबल/ *adj.* किसी तक पहुंचाने योग्य; **~ance** /~यंस/ *n.* 1 गाड़ी, यान, परिवहन, वाहन: means of ~ance; air ~ance 2 ढुलाई 3 *law* संपत्ति के मालिकाना हक को दूसरे व्यक्ति के नाम करने की क्रिया: ~ance deed (वाहन विलेख) 4 सवारी, वाहन: ~ance allowance (वाहन भत्ता) 5 हस्तांतरण: ~ance expenses (वाहन व्यय); **~ancer** /~यंसः/ *n.* संपत्ति के क्रय-विक्रय संबंधी कानून विशेषज्ञ या वकील; **~ancing** /~यंसिंग/ *n.* संपत्ति के मालिकाना हक नियंत्रण संबंधी नागरिक विधान (civil law) का अध्ययन करने वाली शाखा; **~or/ conveyer** /~अः/ *n.*

वाहक, ढोने वाला: ~or belt (वाहक पट्टा, सामान ढोने वाली चालक पेटी (belt) या पट्टी)

convict /कन्विक्ट/ *v., pt.* **~ed**, *pp* **~ing** 1 दोषी सिद्ध क. 2 दोषी ठहराना 3 अपराध साबित होने पर सजा दे.;
n. 1 दंडित अपराधी, सिद्ध दोषी 2 कैदी, बंदी, सजायाफ्ता व्यक्ति
adj. दंडित, दंड पाने वालों से संबंधित: ~ colony; ~ prison; ~ system;
dw/lw: **~ion** /कन्विक्शन/ *n.* 1 सजा, दंड, दोष सिद्धि 2 दंड देने की क्रिया: summary ~ion 3 आस्था: religious ~ions 4 दृढ़ विश्वास: political ~ions 5 विश्वास: carry ~ion (विश्वसनीय हो.); his novel does not carry much ~ion;
p&i: **carry ~ion** विश्वसनीय हो.

convin\ce /कन्विंस/ *v., pt.* **~ced**, *pp* **~cing** 1 कायल क. 2 मनवाना, स्वीकार करवाना 3 विश्वास दिलाना, मत या यकीन बदलना 4 संदेह दूर करके मनाना;
dw/lw: **~ced** /~स्ड/ *adj.* 1 विश्वस्त, जिसने किसी बात को समझने के बाद पूरी तरह विश्वास कर लिया हो: I am ~ced (मुझे यकीन हो गया है) 2 जिसे विश्वास दिलाकर राजी कर लिया गया हो 3 निश्चय 4 कायल; **~cible** /~सीबल/ *adj.* जिसे विश्वास दिलाया जा सके; **~cing** /कन्विंसिंग/ *adj.* 1 विश्वस्त कराने वाली (दलील आदि) 2 विश्वासोत्पादक, युक्तियुक्त: a ~cing win/ victory (विश्वासपूर्ण जीत) 3 सकारात्मक 4 बड़े अंतर से (विजय); **~ly** /~सिंगलि/ *adv.* विश्वासपूर्वक, साफ-साफ, भारी अंतर से

convive /कन्वाइव/ *n.* हमबोतल, पीने का साथी

conviv\ial /कन्विविअल/ *adj.* 1 खुशमिजाज, जिंदादिल, मस्त-मौजी, तबीयतदार 2 (***syn.*** sociable) मिलनसार;
dw/lw: **~iality** /कन्विविऐलिटि/ *n.* खुशमिजाजी, जिंदादिली, मिलनसारी; **~ially** /कन्विविऐलि/ *adv.* जिंदादिली से

convocation /कौन्वअकेशन/ काःन्वअकेशन/ *n.* 1 दीक्षांत समारोह: ~ of a university 2 संगोष्ठी, सभा 3 संसद आदि सत्र या संसद अवधि: the ~ of parliament

convo\ke /कन्वोक/ *v., pt.* **~ked**, *pp* **~king** 1 (***syn.*** convene) संसद आदि का सत्र बुलाना 2 आयोजित क.

convolu\te /कौन्वअल्यूट/ *adj.* 1 मरोड़ा हुआ, ऐंठित 2 जटिल;
n. कुंडल;
dw/lw: **~ted** /~टिड/ *adj.* 1 जटिल, भूल-भुलैया में डालने वाली (दलील) 2 कुंडलित, टेढ़ी-मेढ़ी, मुड़ा हुआ: ~ted like a ram's horn (मेंढ़ा के सींगों की तरह मुड़ा हुआ); **~tion** /कौन्वल्यूशन/ *n.* 1 मरोड़, ऐंठन, कुंडल, लपेट, बल 2 कुंडलीकरण 3 (गणित में) संवलन 3 जटिलता

convol\ve /कन्वौल्व/ *v., pt.* **~ved**, *pp* **~ving** संवलित या कुंडलित हो., लपेटना

convolvulus /कन्वौल्व्युलस/ *US* कन्वाःल्व्युलस/ *adj.* हरिणपदी;
n., *pl.* **~es / convolvuli** नर्म जलवायु में पैदा होने वाला पौधा, हरिणपद

convoy /कौन्वॉय/ काःन्वॉय/ *n., pl.* **~s** 1 सार्थवाह, रक्षित दल, काफिला: ~ guard 2 संरक्षण, सार्थरक्षण, रक्षादल: ~ party 3 सार्थ;
v., *pt.* **~ed**, *pp* **~ing** किसी के रक्षार्थ साथ जा.: sail under ~ (रक्षक दल के संरक्षण में यात्रा क.);
p&i: **in ~** साथ-साथ (काफिले बनाकर) चलना या यात्रा क.

convul\se /कन्वल्स/ *v., pt.* **~sed**, *pp* **~sing** 1 झकझोरना, जोर से हिला दे., आलोड़ित क.: island was **~sed** by an earth quake 2 उथल-पुथल मचाना, खलबली पैदा क.: the country **~sed** with civil war 3 ऐंठना या मरोड़ पैदा क. या हो.: be **~sed** with laughter (हंसी से लोटपोट होना, हंसते-हंसते पेट में बल पड़ना);
dw/lw: **~sion** /~ल्शन/ *n.* 1 मरोड़, ऐंठन, झटका, आक्षेप 2 ठहाका, अट्टहास: ~sions of laughter; was in ~sions 3 (***syn.*** fit) दौरा: was in ~sions of laughter (paroxism of laughter); ~sions of mirth 4 (***syn.*** upheaval) खलबली, आलोड़न, विप्लव: ~sion of nature (cataclysm of nature) (प्राकृतिक उथल-पुथल, भूकंप, बाढ़, ज्वालामुखी विस्फोट आदि); **~sive** /~ल्सिव/ *adj.* 1 मरोड़ पैदा/ उथल-पुथल करने वाला: ~sive attack 2 आक्षेपात्मक, आक्षेपकारी, आक्षेपी; **~sively** /~ल्सिवलि/ *adv.* दौरा पड़ने की तरह विलाप क.;
collocations: **~sive movements** दौरे जैसी हलचल; **~sive laughter** दौरा पड़ने पर होने वाला ठहाका; **~sive tic** पेशी खिंचाव या संकुचन; **~sive therapy** पेशी-खिंचाव चिकित्सा;
p&i: **the ~sion of nature** प्राकृतिक आपदा

cony/ coney /कोनि/ *n., pl.* **conies/ ~s** *dialect* 1 खरगोश: **~burrow** 2 खरगोश की खाल (फर);
dw/lw: **~burrow** *n.* खरगोश का बिल; **~-catch** *v., pt.* ~-caught, *pp* ~-catching 1 झूठ बोलकर ठगना 2 धोखा देना; **~warren** *n.* खरगोशी बाड़ा

COO *abbr.* 'Chief Operating Officer' की प्रथमाक्षरी

coo /कू/ *v., pt.* **~ed**, *pp* **~ing** 1 कूजना, गुटरगूं क., कुहू-कुहू क. 2 हल्की मधुर आवाज में बात क.;
n., *pl.* **~s** कूजन, गुटरगूं, कलरव, हल्की मधुर ध्वनि: ~ one's words;
p&i: **bill and ~** प्रेमालाप क.

cooee/ cooey /कूई/ *excl.* ऊई (मां!);
v. *pt.* **~ed**, *pp* **~ing** आहिस्ते से बुलाना
p&i: **within a ~ of sb/ sth** *Austral., NZ* समीप हो., आवाज देकर बुलाने की दूरी पर हो.

COOIT *abbr.* 'Central Organisation for Oil Industries & Trade (New Delhi)' की प्रथमाक्षरी

co-occur *v. pt.* **~red**, *pp* **~ring** एक साथ हो.

cook /कुक/ *v., pt.* **~ed**, *pp* **~ing** 1 खाना बनाना 2 पकाना 3 (***syn.*** concoct) गढ़ना: ~ a story 4 हिसाब-किताब में हेराफेरी क., गोलमाल क.: what's **cooking**? (क्या पक रहा है? क्या गोलमाल हो रहा है?);
n. रसोइया, खानसामा;
dw/lw: **~-chill** *adj.* ताजा बना खाना जिसे बाद में खाने के लिए फ्रिज में बचाकर रखा जा सकता है; **~ed** *adj.* पका हुआ; **~book** (*also UK* **~ery book)** *n.* पाक-पुस्तिका, खाना बनाने का हुनर (पाक-कला) पुस्तिका; **~er** /कुकः/ *n. UK* (*UK/ US* **stove**) 1 अधिक दबाव तले खाना पकाने का विशेष बर्तन: pressure ~er 2 अंगीठी; **~ery** /कुकरी/ *n. UK* पाक-क्रिया, खाना बनाने की प्रक्रिया, पाक-विधि, पाक-शास्त्र, पाक विद्या, पाक-कला; **~-house** *n.* इमारत से बाहर बनी पाकशाला, रसोई; **~-out** *n.* कहीं खुले में बनाया और खाया जाने वाला भोजन; **~-room** *n.* रसोईघर; **~-shop** *n.* भोजनालय, डाइनिंग हाल;
collocations: **~ ware** रसोई के बर्तन;
p&i: **~ a hare before catching him** सूत न कपास जुलाहे से लट्ठम-लट्ठा; **~ sb's goose** किसी को तबाह क., किसी का खेल बिगाड़ना; **~ sth up** *colloq.* गढ़ना, मनगढ़ंत बात बनाना; **~ the books** हिसाब-किताब में हेराफेरी क., जाली लेखा तैयार क.; **~ with gas/ electricity = ~ on front/ top burner** *colloq.* किसी कार्य को सफलतापूर्वक क.;
be ~ing चुपके-चुपके योजनाएं बनाना या कुछ क.; **cold ~** ताबूत बनाने वाला; **every ~ praises his own broth** कुम्हारी अपने ही घड़े को सराहती है; **he is a poor (an ill) ~ that cannot lick his own fingers** रसोइया भूखा नहीं मरता; **head-~ and bottle-washer** पीर, बवर्ची, भिश्ती, खर; **too many ~s spoil the broth** दो मुल्लाओं में मुर्गी हराम

cookie /कुकी/ *n., pl.* **~ies** *mainly N. Amer.* 1 *US* (*also UK* **biscuit**) बिस्कुट 2 *comput.* किसी व्यक्ति द्वारा प्रत्येक बार इंटरनेट प्रयुक्त किए जाने पर केंद्रीय सरवर (server) को भेजी जाने वाली सूचना फाईल 3 व्यक्ति, आदमी: a smart ~ 4 सुंदर स्त्री, सुंदरी;
dw/lw: **~-cutter** *n.* बिस्कुटों को किसी विशेष आकार में काटने का चाकू आदि; **~-cutter** *adj.* घिसा-पिटा, एक ही प्रकार का;
collocations: **~ jar** बिस्कुट का जार; **~ sheet = baking**

sheet भर्जन की चादर, अवन (oven) की ट्रे;
p&i: **how the ~ crumbles** बस ऐसा ही हाल है; **that's the way the ~ crumbles** *N. Amer. colloq.* ऐसे ही होता है, जमाने का यही रिवाज है; **toss one's ~s** *sl.* बदबू छोड़ना

cooking /कुकिंग/ *n.* 1 खाना बनाने की क्रिया 2 पाक-विधि 3 व्यंजन;
adj. खाना बनाने में प्रयुक्त पदार्थ: ~ apple/ cooker (खाना बनाने में प्रयुक्त खट्टा सेब);
collocations: **~ butter** खाना बनाने का मक्खन; **~ peas** खाना बनाने की मटर; **~ salt** खाना बनाने का नमक; **~ soda** खाना बनाने का सोडा; **~ utensils** खाना बनाने के बर्तन

cooky /कुकि/ *n., colloq.* रसोइया

cool /कूल/ *n.* 1 (**the ~**) ठंडक, शीतलता: the ~ of the evening;
adj. 1 शीतल, मंद-मंद ठंडा: a ~ breeze; a ~ evening 2 बनने-ठनने वाला (स्टायल मारने वाला), अच्छा 3 शांत व संयत, धीर, धैर्यवान, अनुद्विग्न: very ~ under pressure; keep ~ (शांत रहो!); a ~ head 4 रूखा, उदासीन, गैरमिलनसार: a ~ response 5 उद्दंड, बदतमीज, ढीठ, गुस्ताख 6 पूरे, कम से कम: made a ~ million 7 उत्कृष्ट, शानदार, बढ़िया 8 ठंडक पहुंचाने वाला (रंग), पीला-नीला 9 सोचा-समझा हुआ, योजना बनाकर किया हुआ: murder in ~ blood;
v., pt. **~ed**, *pp* **~ing** 1 (*often* **~ down/ off**) शीतल हो., ठंडा क. 2 शांत हो. 3 उदासीन हो जा.: ~ towards sb 4 हौसला या जोश आदि का ठंडा पड़ना: ~ the enthusiasm;
excl. बढ़िया! स्वादिष्ट!;
dw/lw: **~ant** /कूलंट/ *adj.* शीतलक; **~-box/ ~-bag** *n.* किसी वस्तु को ठंडा रखने के लिए वायु-रोधक बक्सा या थैला; **~drink** *n.* = **softdrink**; **~er** *n.* कूलर, शीतलक; **~-headed** /कूलहेडिड/ *adj.* शांत प्रकृति या स्वभाव वाला, धीर; **~hunter** *n.* किसी कंपनी का ऐसा कर्मी जो युवा लोगों की पसंदीदा नवीनतम फैशन की वस्तुओं का पता लगाता है; **~ness** *n.* 1 शीतलता, हल्की ठंडक 2 धैर्य 3 उदासीनता; **~ly** /कूलि/ *adv.* 1 शांत और संयमित ढंग से 2 धैर्यपूर्वक;
p&i: **~ beggar/ hand/ fish/ customer** कमीना, बेशर्म बंदा; **~ off** क्रोध शांत क. या हो.; **~ one's coppers** अत्यधिक मदिरापन के बाद नशे की उतरने की क्रिया में हो.; **~ one's heels** इंतजार में रहना, विवश होकर इंतजार करना; **~ (sb/ sth) down/ off** 1 ठंडा क. या हो., आराम पाना 2 शांत हो. या क.;
a ~ reception फीका स्वागत; **as ~ as a cucumber** बिल्कुल शांत, धरती-सा धीरज वाला; **be ~ with sth** उदासीन, उत्साहीन हो.; **keep one's ~** शांत रहना; **lose one's ~** आपे से बाहर हो.; **play it ~** किसी बात को आराम से ले., शांत रहना; **put in the ~er** ठंडे बस्ते में डालना, स्थगित क.; **what a ~ cheek!** कितना बेशर्म है!

coolie /कूली/ *n., pl.* **~s** *offensive.* कुली, मजदूर, भारिक

cooling /कूलिंग/ *n.* शीतलन, उपशमन:
collocations: **~ jacket** शीतक जैकेट; **~ medium** शीतलन माध्यम; **~-off period** कोई कार्रवाई करने से पहले सोच-विचार या बातचीत करने का समय; **~ pond** शीतलन तालाब; **~ tower** शीलतन बुर्ज, ठंडा करने का

coolly *see under* **cool:** ***dw/lw***

coolness *see under* **cool:** ***dw/lw***

coomb/ coombe/ combe /कूम/ *n.* घाटी

coom /कूम/ *n.* कालिख, काजल, कोयला-धूलि;
dw/lw: **~y** /कूमि/ *adj.* धूमिल, मलिन, धूलभरा

coon /कून/ *n. offen. sl.* अश्वेत व्यक्ति: ~ song (अश्वेत लोगों का गीत);
p&i: **hunt the same old ~** *sl.* हर समय एक ही हरकत क.

coop /कूप/ *n.* 1 पक्षियों के लिए पिंजरा 2 दरबा 3 खांचा, झाबा, टोकरा;
v., pt. **~ed**, *pp* **~ing** 1 (में) बंद रखना, कैद रखना;
p&i: **~ sb/ sth up** किसी व्यक्ति या जानवर को पिंजरे जैसे तंग स्थान में बंद रखना; **fly the ~** *US sl.* चंपत हो.

co-op /को-ऑप/ *n. short of* '**cooperative**' का संक्षेप

cooper /कूपः/ *n.* पीपे/ टब बनाने वाला व्यक्ति;
v., pt. **~ed**, *pp* **~ing** पीपा बनाना, मरम्मत क.;
dw/lw: **~age** /कूपरेज/ *n.* पीपा या टब फैक्टरी

cooperant /कोऑप्रंट/ *adj.* सहायक, मददगार: ~ factors of human progress

coopera\te (*also UK* **co-operat\e**) /कोऑपअरे\ट/ *US* कोआःपअरे\ट/ *v., pt.* **~ted**, *pp* **~ting** (*often* **~te with sb**) 1 सहयोग क., मिलकर काम क. 2 मदद क.;
n. (*also UK* **co-operative**) सहकारी समिति: agricultural **co-operatives** in India;
dw/lw: **~tion** (*also UK* **co-operation**) /~शन/ *n.* सहयोग: in ~tion with; cultural ~tion; **~tive** (*also UK* **co-operative**) /~टिव/ *adj.* 1 सहयोग करने को तत्पर, सहयोगशील 2 सहकारी: ~tive society

coopt /कोऑप्ट/ *v., pt.* **~ed**, *pp* **~ing** सहयोजित क., सदस्य बनाना;
dw/lw: **~ed** /~प्टिड/ *adj.* सहयोजित; **~ion** /~प्शन/ (*also* **co-optation**) *n.* सहयोजन; **cooptive/ co-optive/ co-optative** /~प्टिव/ ~प्टेटिव/ *adj.* सहयोजक

coordina\te (*also UK* **co-ordina\te**) /कोऑःडिने\ट/ *v., pt.* **~ted**, *pp* **~ting** 1 समन्वय क.: **~te** policies 2 शरीर के अंगों के चलन में तालमेल बैठाना: **~te** one's movements in swimming 3 समकक्ष बनाना 4 मिलकर काम क. 5 समरस बनाना;
adj. समकक्ष, समान, तुल्य: **~te** geometry; **~te** curve
n. 1 समकक्ष 2 निर्देशांक 3 (व्याकरण में) समानाधिकरण, समान वाक्यांश जिन्हें 'and' या 'but' आदि समुच्चयवाचक शब्दों (conjunctions) द्वारा जोड़ा जाता है 4 (**co-ordinates**) एक साथ पहने जाने वाली पोशाक 5 सहसंयोजकता;
dw/lw: **~ted** /~टिड/ समन्वित;
collocations: **~te clause** समान वाक्यांश; **~ting conjunction** समान वाक्यांशों को जोड़ने वाले शब्द, e.g. 'and', 'but', 'or', etc.

coordina\tion (*also UK* **co-ordina\tion**) /कोऑःडिने\शन/ *n.* 1 समन्वय, समन्वयन 2 तालमेल: **~tion** of muscular movements 3 सामंजस्य, मेल 4 (व्याकरण में) समानाश्रय, समान वाक्यांश जिन्हें 'and' या 'but' समुच्चयवाचक शब्दों द्वारा जोड़ा जाता है;
dw/lw: **~tor** (*also UK* **co-ordinator**) /~टः/ *n.* समन्वयकारी, सामंजस्यकारी

coot /कूट/ *n.* 1 एक जल पक्षी 2 मूर्ख व्यक्ति, गंवार 3 हठी व्यक्ति;
p&i: **bald as a ~** बिल्कुल गंजा

co-owner /कोओनः\/ *n.* सहस्वामी;
dw/lw: **~ship** /~शिप/ *n.* सहस्वामित्व

COP *abbr.* 'Certificate of Proficiency' की प्रथमाक्षरी

cop /कौप/ *US* काःप/ *n., sl.* 1 *US* पुलिसिया, सिपाही 2 गिरफ्तारी: fair ~ (अपराध-स्थल पर गिरफ्तारी) 3 अंटी, कुकड़ी 4 शिखर, शीर्ष;
v., pt. **~ped**, *pp* **~ping** 1 पकड़ना 2 झपटना 3 दंड भुगतना, कोई अशुभ वस्तु या समाचार पाना 4 कुछ देखना;
dw/lw: **~ped** *adj.* शीर्षस्थ;
collocations: **~ shop** थाना;
p&i: **~ a plea** छोटे-मोटे अपराध की अदालत में स्वीकारोक्ति क.; **~ hold of sth** किसी चीज को पकड़ना; **~ it** *sl.* 1 दंडित हो. 2 मारा जा.; **~ out of sth** *colloq.* जिम्मेवारी न ले., से बच निकलना; **courtesy ~** विनयशील पुलिसिया गश्त; **not much ~** *colloq.* बेकार, किसी काम का नहीं; **silent ~** सड़क के स्पीड-ब्रेकर

co-parcen\er /कोपाःसि\नः/ *n., law* सह-उत्तराधिकारी,

सहदायाद;

dw/lw: **~ery** /~नरि/ *n.* उत्तराधिकार में सह-भाग: estate in ~ery/ ~y (कई लोगों की बराबर की हिस्सेदारी की संपत्ति)

co-partner /को-पाःटनः/ *n.* सहभागी, साझेदार;

dw/lw: **~ship** *n.* सहभागिता, साझेदारी

cope /कोप/ *v., pt.* **~ed**, *pp* **~ing** 1 (*syn.* manages) कर पाना, चला पाना 2 मुकाबला क. 3 सामना क. 4 ढांकना 5 अदला-बदली का धंधा क.;

n. 1 प्रावरक 2 वितान 3 पादरियों का चोगा;

p&i: **~ with danger** खतरे का मुकाबला क.; **~ with difficulties** कठिनाइयां झेल पाना; **the ~ of heaven** आसमानी चाप; **the ~ of night** रात का अंधेरा

copeman /कोपमन/ *n.* घोड़ों का व्यापारी

coper /कोपः/ *n.* 1 घोड़ों का व्यापारी 2 खुले सागर में मछुआरों को मछली के बदले दारू देने वाला छोटा-मोटा जहाज

Copernican system /कपरनिकन -/ *n., astron.* 543 ईसवी में पोलैंड के साइंसदान कोपरनिकस द्वारा प्रतिपादित नई ग्रह-प्रणाली (Copernican theory) जिसके अनुसार धरती सूरज के इर्दगिर्द घूमती है

copia verbroum /कोपिआ वेःब्रूम/ *n., Lat.* शब्दबाहुल्य, शब्दबहुलता

copier /कौपिअः/ *US* काःपिअः/ *US* (*UK*/ *US* **photocopier**) *n.* प्रतिलिपि बनाने वाला यंत्र, फोटोकोपिअर, प्रतिलिपिक

co-pilot /कोपायलट/ *n.* सहचालक, सह-विमानचालक

coping /कोपिंग/ *n.* नीचे को ढलती मुंडेर या मुंडेरा, मुंडेर में लगाया जाने वाला पत्थर;

collocations: **~ saw** मोटी लकड़ी को काटने के लिए अर्धगोलाकार आरा या आरी; **~ stone** मुंडेर का पत्थर

copious /कोपिअस\/ *adj.* (*syn.* abundant) अत्यधिक, प्रचुर, विपुल: ~ material; ~ information; ~ style (शब्दांडबरपूर्ण शैली); ~ writer (बहुत ज्यादा लिखने वाला लेखक);

dw/lw: **~ly** /~लि/ *adv.* भारी मात्रा में; **~ness** /~नेस/ *n.* प्रचुरता, विपुलता, बाहुल्य

cop-out /कॉप-आउट/ *n. colloq.* 1 जिम्मेवारी से आना-कानी 2 बचकर निकलने या अपना हाथ खींच लेने (withdraw) की क्रिया

copper /कौपः/ *US* काःपः/ *n.* 1 तांबा, ताम्र 2 (*usually* **~s**) *UK* तांबे के सिक्के, पैसे 3 पानी उबालने का बड़ा-सा पतीला 4 ताम्र वर्ण, तांबई रंग 5 *mainly Br., sl.* पुलिस अधिकारी (copper *shortened to* **cop**);

adj. 1 तांबे का 2 तांबई

v., pt. **~ed**, *pp* **~ing** तांबा चढ़ाना;

dw/lw: **~-bottomed** *adj.* तल पर तांबा लगा, ताम्र-तलित; **~-captain** *n.* स्वघोषित कप्तान; **~-coloured** *adj.* ताम्रवर्ण; **~ed** *adj.* ताम्र-तलित; **~-faced** *adj.* 1 तांबा-चढ़ा 2 बेशर्म व घिनौने चेहरे वाला; **~-glance** *n.* ताम्र चमक; **~head** *n.* 1 तांबे की केतली का ढक्कन 2 ताम्रवर्ण विषधर; **~-nickel** *n.* ताम्र निकल; **~-nose** *n.* लाल नाक; **~plate** *n.* ताम्रपत्र; **~plating** *n.* ताम्र-मुलम्मा; **~smith** *n.* 1 ठठेरा 2 ताम्रकार, ताम्र; **~-top** *n.* लाल बालों वाला व्यक्ति; **~y** /कॉपरि/ *adj.* ताम्रवर्ण, तामड़ा;

p&i: **cool one's ~s** थोड़ा पीना

coppersmith *see above under* **copper: *dw/lw***

coppi\ce /कौपिस/ काःपिस/ *n., bot.* छोटी उम्र के पेड़ों वाला वन;

v. *pt.* **~ced**, *pp* **~cing** वन के किसी क्षेत्र विशेष में पेड़ों को बार-बार काटकर जलाने की लकड़ी प्राप्त क.;

n. **copse** (*see below*)

copra /कोप्रा/ *n.* (नारियल का) गोरा, गरी, खोपड़ा

coprolalia /कौप्रोलेलिया/ *US* काःप्रोलेलिया/ *n., psychol.* किसी व्यक्ति द्वारा अभद्र भाषा का स्वतः बार-बार होने वाला प्रयोग (एक मानसिक विकार)

copro\lite /कौपरअलाइट/ *US* काःपरअलाइट/ *adj.* विष्ठाश्म;

dw/lw: **coprology** /कौपरौ\लजि/ *US* काःपराः\लजि/ *n.* (*syn.* scatology) विष्ठानुरक्ति, अश्लीलता; **~pahgous** /~फअगस/ *adj.* विष्ठाभोजी; **~phagy** /~फअगि/ *n.* विष्ठाभोजिता; **~philia** /~फीलिआ/ *n.* विष्ठानुरक्ति

copse /कौप्स/ *US* काःप्स/ *n.* झाड़ी

COPTO *abbr.* 'Confederation of Public Transport Operators' की प्रथमाक्षरी

copter /कौप्टः/ *US* काःप्टः/ *n.* हेलिकॉप्टर

Copt /कॉप्ट/ *n.* 1 मिश्र का ईसाई 2 प्राचीन मिश्री पूर्वजों का वंशज

COPU *abbr.* '(Parliamentary) Committee on Public Undertakings' की प्रथमाक्षरी

copula /कौप्युला/ *US* काःप्युला/ *n., pl.* **~s/copulae** 1 (व्याकरण में) संयोजक 2 सेतुक, संबंध 3 मैथुन

copula\te /कॉप्युले\ट/ *v., pt.* **~ted**, *pp* **~ting** संभोग/ मैथुन क.;

dw/lw: **~tion** /~शन/ *n.* 1 संभोग, मैथुन, रति क्रिया 2 संयुग्मन: ~tion of ideas; **~tory** *adj.* जोड़ने वाला; **~tive** /~टिव/ *adj. gramm.* 1 जोड़क 2 कर्ता और विधेय को जोड़ने वाली क्रिया 3 संभोग संबंधी

co\py / कौपी\/ *US* काःपी\/ *n., pl.* **~ies** 1 प्रतिलिपि 2 प्रति, प्रतिकृति 3 नकल 4 (*syn.* note-book) लिखने की कापी;

v., *pt.* **~pied**, *pp* **~pying**, *s/he/it* **~pies** 1 प्रतिलिपि बनाना 2 (*syn.* imitate) नकल उतारना 3 अनुकरण क. 4 परीक्षा में नकल क. 5 अपनी ई-मेल आदि में किसी दूसरे को उद्धृत क. 6 फोटो कापी क.;

dw/lw: **~pybook** /~बुक/ *n.* कापी, अभ्यास-पुस्तिका: blot one's ~pybook (अशिष्ट व्यवहार या गलती करके अपना अच्छा रिकॉर्ड खराब क.); **~pyycat** /~कैट/ *n., colloq. derisive* नकलची बंदर; **~pyist** /~इस्ट/ *n.* नकलनवीस, प्रतिलिपिकार; **~pyright** /~राइट/ *n.* कॉपीराइट, प्रतिलिपि-प्रकाशन अधिकार, रचना-स्वामित्व;

collocations: **~py editor** पांडुलिपि का संपादन करने वाला व्यक्ति; **~pyright library** ब्रिटेन में हर प्रकाशित पुस्तक की प्रति पाने वाला पुस्तकालय; **~py typist** लिखित दस्तावेजों से नकल उतार कर टाइप करने वाला व्यक्ति; **~py writer** 1 प्रतिलिपिक, नकलनवीस, विज्ञापन लेखक 2 सामान्य, घिसापिटा;

p&i: **~py sth out** *UK* प्रतिलेख बनाना, दोबारा लिखकर प्रति बनाना; **~py sb in/on sth** 1 किसी के कथन या गीत आदि की प्रति बनाना 2 पत्र या ई-मेल आदि की प्रति भेजना; **~py read** उपसंपादन क.;

blot one's ~pybook अपनी नेकनामी पर कलंक लगाना; **make ~py out of sth** किसी भी विषय पर घास काटते हुए लिखना

coquet /कौकेट/ *US* काःकेट\/ *v., pt.* **~ted**, *pp* **~ting** 1 चोंचलेबाजी/ नखरेबाजी क. 2 रिझाना 3 नए-नए प्रेम-प्रपंच क. 4 (प्रेम में) खिलवाड़ क. 5 किसी काम के साथ खिलवाड़ क.

coquetry /कौकिट्री/ *US* कोकिट्री/ *n.* 1 चोंचलेबाजी 2 रिझाव, प्रेम-प्रपंच

coquet\te /कौके\ट/ कोके\ट/ *n.* (*syn.* flirt) चोंचलेबाज, नए-नए प्रेम-नाटक करने वाली;

dw/lw: **~tish** /~टिश/ *adj.* चोंचलेबाज, प्रेम-नाटकबाज; **~tishly** /~टिशलि/ *adv.* चोंचलेबाजी से; **~tishness** /~टिशनेस/ *n.* चोंचलेबाजी, प्रेम-नाटकबाजी

cor /कॉः/ (*also* **cor bilmey**) *excl.* अचंभित, आनंदित या प्रभावित होने पर प्रयुक्त: **cor!** look at that!

coracle /कौरअक्ल/ *US* काःरअक्ल, कोरअक्ल / *n.* वेल्ज (Wales) और आयरलैंड में प्रयुक्त की जाने वाली टोकरीनुमा अंडाकार छोटी नाव, चर्मावृत्त नौका

coral /कौरल/ *US* काःरल, कॉरल/ / *n.* 1 मूंगा, प्रवाल 2 मूंगी पत्थर;

adj. मूंगिया, मूंगी;

dw/lw: **~line/ ~lod** *adj.* प्रवालाभ, प्रवाल जैसा, प्रवाल संबंधी;

collocations: **~ island** प्रवाल द्वीप, प्रवाली; **~ lips** मूंगिया होंठ; **~ reef** मूंगे की चट्टान, प्रवाल भित्ति; **~ snake** चमकीला

जहरीला सांप; ~ **tree** 1 दौलढक, मदार 2 फराद, पगोरा, पारिजात

coram domino rege /कौरैम डौमिनो रेगि/ *Lat.* हमारे अधिपति राजा के सामने;
collocations: **coram nobis** हमारे सामने; **coram populo** जनता के सामने

cor anglais /कॉःर औंगले/ *US* कॉःर ऑगले/ (*also* **English horn**) एक संगीत वाद्य

coranto/ courante /कॉरांटो/ *n.* एक द्रुत नृत्य, द्रुत संगीत

corbeu /कॉःबो/ *n.* कृष्णाभहरित वर्ण, हरा-काला रंग

corbeil /कॉःबल/ *n.* पेड़ की छड़ियों से बुनी फूलों या फलों के लिए टोकरी

corbel /कॉःबल/ *n.* 1 घोड़िया 2 टोडा, कड़ी, खूंटी

cord /कॉःड/ *n.* 1 डोरी, रस्सी, रज्जु: red ~ 2 *US* (*also UK* **flex**) बिजली उपकरणों की तार 3 रस्सीनुमा कपड़ा, विशेषकर कॉर्डरॉय (corduroy) 4 (**cords**) कॉर्डरॉय कपड़े से बनी पतलून या कोट आदि 5 प्रेम के धागे: ~**s** of affection (प्रेम के सूत्र) 6 तंतु: vocal ~**s** 7 कोई भी डोरीनुमा शारीरिक अंग: umbilical ~;
v., pt. ~**ed**, *pp* ~**ing** 1 रस्सी से बांधना 2 रस्सियों का गट्ठा बनाना;
dw/lw: ~**age** /कॉडेज/ *n.* रस्सियां (जहाज की), (जहाज में) आलात: ~age of life; ~**ectomy** /कॉडेक्टमि/ *n.* स्वर-रज्जु शल्य; ~**ed** /कॉःडिड/ *adj.* 1 रस्सियों से बंधा हुआ, रज्जुबद्ध 2 कॉर्डुरॉय कपड़ा; ~-**grass** *n.* रस्सी घास; ~**ing** /कॉःडिंग/ *n.* रस्सी बांधने की क्रिया; ~**less**/ *adj.* डोरीरहित, रज्जुरहित, बेतार: ~less telephone;
collocations: **spinal** ~ मेरु-रज्जु, रीढ़; **telephone** ~ टेलीफोन की डोरी; **vocal** ~ स्वर-रज्जु, स्वर-तंतु;
p&i: **the silver ~ is loosed** अब आखिरी वक्त आ गया है

cordate /कॉःडेट/ *adj.* हृदयाकार, पान रूपी, तांबुलाकार

CorDECT *abbr.* 'digitally enhanced cordless telephone' की प्रथमाक्षरी

cordial /कॉःडिअ\ल/ *adj.* 1 हार्दिक: ~ thanks 2 स्नेहपूर्ण: ~ smile 3 सौहार्दपूर्ण 4 गहन: ~ liking 5 पुष्टिकर, पौष्टिक, शक्तिवर्धक (पेय): ~ drink; ~ medicine;
dw/lw: ~**ity** /~लिटी/ (*also* ~**ness**) *n.* 1 सौहार्द, प्रेमभाव, मैत्री 2 मैत्रीपूर्णता, स्नेहपूर्ण भावना; ~**ly** /~लि/ *adv.* 1 स्नेहपूर्वक: ~ly yours 2 बहुत अधिक: they ~ly detest each other

cordite /कॉःडाइट/ *n.* गोलियों, बमों आदि में प्रयुक्त विस्फोटक सामग्री

cordon /कॉःडन/ *n.* 1 (पुलिस आदि का) घेरा: police ~; sanitary ~ 2 फीता, डोरी 3 सम्मान पट्टी 4 सीढ़ियों के साथ-साथ लगी पत्थरों की पेटीनुमा पंक्ति;
v., pt. ~**ed**, *pp* ~**ing** 1 घेरा डालकर किसी क्षेत्र को बंद क. 2 नाकेबंदी क.: ~ the flanks;
p&i: ~ **sth off** घेराबंदी/ घेरा डालकर अलग क.

cordon bleu /कॉडॉबल/ *n., pl.* ~**s bleus** /कॉडॉबल्ज/ *Fr.* 1 नीला फीता (ribbon) 2 विशिष्ट व्यक्ति 3 *facetious* बढ़िया रसोइया 4 बढ़िया खाना 5 ऊंची किस्म की पाक विद्या 6 अति उच्च कोटि का रसोइया

cords *see above under* **cord:** ***dw/lw***

corduroy /कॉःडअरॉय/ *n.* 1 (*also* **cord**) डोरीनुमा धारियों वाला सूती कपड़ा, कार्डराय 2 (~**s**) कॉर्डरॉय कपड़े से बनी पतलून या कोट आदि 3 (*also* ~ **road**) *N. Amer.* लट्ठों को जोड़कर बनाई गई सड़क

CORE *abbr.* 'Centre of Relevance and Excellence (in High Voltage & Power Systems Engineering)' की प्रथमाक्षरी

core /कॉः/ *n.* 1 बीजकोष: the ~ of an apple 2 गूदा, गिरी, मगज 3 मध्य भाग, केंद्रबिंदु: English to the ~ 4 नाभिक रिऐक्टर का केंद्रीय भाग 5 मर्म, हृदय 6 महत्त्वपूर्ण: ~ committee (मुख्य समिति); ~ issues 7 *elec.* बिजली की मोटर के केंद्र में रखा जाने वाला चुंबक 8 बिजली की तार का भीतरी भाग 9 *comput.* (*also* ~ **memory**) कंप्यूटर की स्मृति-पटल का केंद्रीय भाग 10 सार भाग: the ~ of a subject 11 खनन मजदूरों की एक पारी का मजदूर-समूह;
v., pt. ~**d**, *pp* **coring** फल आदि की गिरी को हटाना;
dw/lw: ~**d** *adj.* क्रोडित; ~**less** *adj.* बीजकोष रहित;
collocations: ~ **curriculum**/ ~ **syllabus** *educ.* मुख्य विषयों के समूह का पाठ्यक्रम, मुख्य पाठ्यांश; ~ **time** मजदूरों की एक पारी का मुख्य समय (घंटे);
p&i: ~ **of one's heart** कलेजे का टुकड़ा; **rotten to the** ~ पूरी तरह सड़ा हुआ

co-referential /कोरेफअरेंशिअल/ *adj.* एक ही वस्तु, व्यक्ति, प्रक्रिया आदि के द्योतक दो शब्द या अभिव्यक्तियां: in the sentence: he had a guitar, but it was old 'guitar' and 'it' are ~

co-regent /को-रीजंट/ *n.* सह-शासक

co-rela\te /कोरिलेट/ *v., pt.* ~**ted**, *pp* ~**ting** 1 परस्पर संबंध स्थापित क. या दिखाना 2 सहसंबद्ध हो. या रखना

co-respondent /को-रिस्पॉडंट/ *n.* सह-प्रत्यर्थी, सहप्रतिवादी

coriander /कौरिऐंडः/ कॉरिऐंडः/ (*also US* **cilantro**) *n.* 1 धनिया 2 धनिया के बीज

Corinthian /करिंथिअन/ *adj.* यूनानी भवन-शिल्प के अनुसार पतले खंभे जिनके शिखर पर पत्तों की सजावट होती थी: ~ columns

cork /कॉःक/ *n.* 1 एक विशेष प्रकार के पेड़ की छाल से बनी सामग्री 2 बोतलें आदि बंद करने के लिए काग, डाट, कार्क;
v., pt. ~**ed**, *pp* ~**ing** (*often* ~ **up**/ ~ **sth up**) काग या डाट लगाना;
dw/lw: ~**age** /कॉःकिज/ *n.* बाहर से लाकर पी जाने वाली शराब पर रेस्त्रां द्वारा लिया जाने वाला शुल्क; ~**ed** /कॉःक्ट/ *adj.* खराब कॉर्क के प्रयोग से खराब हुई मदिरा; ~**er** /कॉःकः/ *n. sl.* 1 बढ़िया आदमी या वस्तु 2 बोतलों में कार्क लगाने वाला; ~**ing** /कॉःकिंग/ *adj.* 1 बहुत बढ़िया 2 बोतलों में कार्क लगाने की क्रिया; ~**screw** /कॉःकस्क्रू/ *n.* 1 कार्क खोलने वाला उपकरण, कार्क-पेंच 2 मुक्केबाजी में एक प्रहार; ~-**tree** *n.* आकाशनीम, शाहबलूत का पेड़; ~**y** /कॉःकि/ *n.* कार्क के कारण खराब होने वाला द्रव;
collocations: ~ **oak** ऐसा शाहबलूत का पेड़ जिससे कार्क बनते हैं; ~ **rule** कॉर्क खोलने का तरीका; ~ **staircase** पेंचनुमा घुमावदार सीढ़ियां;
p&i: ~ **up** *sl.* चुप रहना या हो जाना

corm /कॉःम/ *n.* कंद

cormorant /कॉःमोरंट/ *n.* 1 एक बड़ा जल-पक्षी, समुद्री चील 2 लची आदमी

Corn. *abbr. English county* 'Cornwall' का संक्षेप

corn /कॉःन/ *n.* 1 *UK* मक्की के दाने 2 *US* (*UK* **sweet-**~) मक्के का पौधा, मक्का 3 दाना, अनाज, गल्ला, धान्य (गेहूं, राई, मक्की आदि की फसल): sell ~ standing (खड़ी फसल को बेच दे.); ~ failure (अकाल) 5 छोटे-छोटे दाने: ~ of salt, sugar or snow 6 (चमड़ी पर) घट्टा, किण, गोखरू, पक्का और सख्त छाला 7 *US* सड़कछाप या घिसा-पिटा विचार, सस्ती भावुकता;
v. pt. ~**ed**, ~**ing** 1 मक्की के दानों को नमकीन पानी में बचाकर रखना 2 अनाज की फसलों की बीजाई क. 3 दानेदार बनाना 4 नमक छिड़कना 5 *sl.* नशा क.;
dw/lw: ~**brash** *n.* कोर्नब्रेश, चूना पत्थर; ~**bread** *n.* मक्के की रोटी; ~-**chandler** *n.* परचून में अनाज बेचने वाला; ~**chip** *n.* मक्की के आटे से बना एक क्रिस्प खाने का व्यंजन; ~-**cob** *n.* भुट्टे की कुकड़ी, गुल्ली: ~-cob on the cob (कुकड़ी का एक व्यंजन); ~**crake** *n.* एक पक्षी; ~**dealer**/ ~ **merchant**/ ~**factor** *n.* अनाज का व्यापारी; ~**ed** /कॉःन्ड/ *adj.* 1 दानेदार 2 नमकीन पानी में रक्षित (मांस आदि): ~ed mutton (नमकीन पानी में रक्षित बकरी-गोश्त) 3 नमकीन; ~**dodger** *n.* मकई की रोटी या केक; ~**field** *n.* मकई का खेत; ~**flakes** *n.* *[pl.]* 1 कॉर्नफ्लेक 2 झक्की; ~**flour** /कॉःनफ्लाउअः/ *n.* *N. Amer. equiv.* corn-starch

मक्के का आटा, बेसिन; ~-**kist** अनाज की टंकी या बक्सा; ~**loft** *n.* घर में अनाज का गोदाम; ~**meal** *n.* अनाजी भोजन, रोटी, मक्की (मकई) का आटा; ~**mill** *n.* आटा चक्की; ~**rows** *n. [pl.]* बालों की पट्टीदार सज्जा; ~**starch** *n.* = ~**flour**;
collocations: ~ **ball** 1 मकई का लड्डू 2 उजड्ड 3 तुच्छ; ~ **belt** मकई पैदा करने वाला क्षेत्र; ~ **bread** मकई की रोटी; ~ **circle** फसलों की बीजाई का चक्र; ~ **dolly** मक्की का सुसज्जित (decorated) पौधा; ~ **exchange** ऐसी इमारत जहां अनाज बेचा-खरीदा जाता था; ~ **law** अनाज व्यापार कानून; ~ **oil** मकई का तेल; ~ **pone** मकई की रोटी; ~ **rent** अनाज के रूप में अदा किया जाने वाला लगान; ~ **salad** (*also* **lamb's lettuce**) सलाद के जंगली पौधे; ~ **silk** मकई की कलगी; ~ **syrup** मकई का शरबत जिसे खाना बनाने में प्रयोग करते हैं;
p&i: ~ **is Egypt** प्रचुरता, बाहुल्य;
acknowledge the ~ किसी के कथन को सहीं मानना; **feed sb on soft** ~ चापलूसी करते हुए प्रशंसा क.; **measure sb's ~ by one's own bushel** किसी और के काम को अपने माप-दंडों पर आंकना; **not to carry** ~ आशाओं पर खरा न उतरना; **one's pet** ~ दुखती रग; **tread on sb's ~s** *colloq.* किसी की दुखती रग पर हाथ रखना; किसी की भावनाओं को ठेस पहुंचाना

cornea /कॉːनि आ/ *n., pl.* ~**s**/ ~**e** /कॉːनिई/ *anat.* 1 स्वच्छ मंडल, श्वेत मंडल 2 चक्षु पटल 3 कॉर्निया;
dw/lw: ~**l** /~अल/ *adj.* चक्षुपटलीय;
collocations: ~**l graft** कॉर्निया प्रतिरोपण; ~ **lens** कॉर्निया लेंस

cornelian/ carnelian /कॉːनीलिअन/ *n., geol.* इंद्रगोप, खनिज, स्फटिक

corner /कॉːनः/ *n.* 1 कोना: ~ of the room 2 कोण 3 नुक्कड़, नाका 4 एकांत स्थान: cosy ~ 5 भूभाग, प्रदेश 6 बाजार का पूरा माल खरीदकर किया जाने वाला कब्जा 7 फुटबाल में कॉर्नर 8 मुक्केबाजी के अखाड़े में एक-दूसरे के सामने के कोने 9 कठिन परिस्थिति;
v., pt. ~**ed**, *pp* ~**ing** 1 घेर ले., कोने में धकेलना 2 कोने पर गाड़ी मोड़ ले. 3 बाजार आदि पर कब्जा क. 4 किसी को निश्चयपूर्वक घेरना;
dw/lw: ~**back** *n.* कोने का पिछवाड़ा; ~**ed** *adj.* 1 कोनों वाला 2 कोने में लगाया हुआ, कठिन स्थिति में फंसा हुआ; ~-**kick** *n.* फुटबाल आदि में कॉर्नर प्रहार; ~-**man** *n.* 1 अश्वेत ऑर्केस्टरा में विदूषक 2 आवारा, गुंडा; ~**stone** *n.* नींव का पत्थर, आधार-शिला: ~stone of a philosophical system; ~**wise** *adv.* तिरछा;
collocations: ~ **kick** फुटबाल आदि में विपक्ष को कोने से खुली ठोकर (kick); ~ **shop** घरों के पास स्थित खाद्य पदार्थ, अखबार आदि बेचने वाली छोटी-सी दुकान;
p&i: ~ **the market** बाजार में किसी वस्तु की बिक्री पर एकाधिकार कर ले.;
a dark ~ अंधेरा कोना; **a hot** ~ खतरनाक स्थिति, खतरनाक स्थान; **around the** ~ अच्छे के लिए बदलाव आना, मुसीबत पार क.; **cut ~s** 1 औचित्य या गुणवत्ता आदि की परवाह किए बिना छोटा रास्ता अपनाना 2 जितना चाहिए उससे कम पैसे, समय, प्रयास लगाना; **done in** ~ कोई काम चोरी छिपे क.; **drive sb into a** ~ किसी को कोने में लगाना, पूरी तरह घेर लेना; **fight/ stand one's** ~ 1 (मुक्केबाजी आदि में) दृढ़ता से अपना बचाव क. 2 तर्क-वितर्क क.; **four ~s** चौराहा; **from/ out of the ~ of your eye** तिरछी नजर से; **have a ~ in sb's heart** किसी को प्रिय हो.; **look round the** ~ सावधानी बरतना; **make a ~ in** एकाधिकार कर ले.; **push sb into a** ~ किसी को मुसीबत में डालना; **rough ~s** गंवारपन, बेढबपना; **round the** ~ एकदम पास, बहुत समीप, होने को हो.; **see sth from out of the ~ of one's eye** अचानक देख लेना या साफ-साफ न देख पाना; **take a** ~ मोटरगाड़ी से कोने का चक्कर लगाना; **the four ~s of the earth** सारा जहां, दुनिया में दूर-दूर; **the poets' Corner** वेस्टमिंस्टर में कवियों की कब्रें; **the speakers Corner** लंदन के हाइड पार्क (Hyde Park) में वक्ताओं का कोना; **tight** ~ कठिन स्थिति में हो.; **turn the** ~ 1 कोने का चक्कर काटना 2 किसी मुसीबत के कठिनतम दौर से बच निकलना या पार पा लेना; **within the four ~s of...** की सीमा के भीतर, के अंदर

cornet /कॉːनिट/ *n.* 1 तुरही की तरह फूंक से बजाया जाने वाला बाजा, तुरही 2 = cone: an ice-cream cone
dw/lw: ~**ist** /कॉःनिटिस्ट/ *n.* तुरही-वादक; ~-**drum** /कॉःनिट-ड्रम/ *n.* कर्ण पटल

cornflower /कॉःनफ्लाउअ/ *n.* यूरोप में मिलने वाला एक जंगली फूल, नीलकुपी

cornice /कॉःनिस/ *n.* 1 कंगनी, दीवार के ऊपरी हिस्से पर सजावटी झूलन 2 *mountaineering* जमी बर्फ का छज्जा-सा: ~ glacier

corniculate /कॉःनिक्युलिट/ *adj.* सींगदार, श्रृंगी

cornific /कॉःनिफिक/ *adj.* श्रृंगज

Cornish /कॉर्निश/ *n.* इंग्लैंड की काउंटी कॉर्नवेल (Cornwell) से संबंधित;
n. पहले कॉर्नवेल में बोली जाने वाली एक केल्टिक भाषा;
collocations: ~ **cream** कॉर्नवेल की एक मोटी (clotted) क्रीम; ~ **pasty** गोश्त व सब्जियों से बना अर्ध-गोलाकार समोसानुमा व्यंजन

cornu /कॉःन्यु/ *n.* श्रृंग, सींग;
dw/lw: ~**copia** /कॉःन्युकोपिआ/ *n.* (*also* **horn of plenty**) *n., pl.* ~s 1 *art* फलों व अन्य खाद्य पदार्थों से भरे सींग का चित्र (बाहुल्य व समृद्धि का प्रतीक) 2 परिपूर्ण शृंग, अक्षय पात्र 3 बाहुल्य 4 सींगरूपी सजावटी फूलदान; ~**ted** /~टिड/ *n.* 1 श्रृंगी, सींगदार 2 व्यभिचारी

cor\ny /कॉःनि/ *adj., degr.* ~**nier**, ~**niest** *colloq.* 1 घिसा-पिटा, पिटा-पिटाया (मजाक): a ~**ny** joke/ song 2 अति दकियानूसी, (सस्ती) भावुकतापूर्ण 3 सुस्त, मूर्ख 4 अनाज से भरा

corolla /करौला/ *US* कराःला, करोला/ *n., pl.* ~**s** दलपुंज, फूल की पत्तियों का गुच्छ

corollary /कअरौलरि/ *US* कअरौलरि, कॉरअलअरि / *n.* 1 किसी मुख्य बात से निकली बात या सिद्धांत से निकला सिद्धांत 2 उपप्रमेय, निष्कर्ष 3 किसी बात या प्रस्ताव का सहज परिणाम, उपपरिणाम

corona /करोना/ *n., pl.* ~**e**/ ~**s** 1 *astron.* सूर्य का बाहरी परिवेश 2 *astron.* (**syn.** halo) सूर्य व चंद्रमा का परिमंडल, प्रभा मंडल, कांति चक्र 3 किरीट, मुकुट 4 (चक्राकार) दीप वृक्ष

coronach /कॉरअनअक/ *n.* शोक गीत, अर्थी-गीत, अर्थी-आर्तनाद, मरसिया

coronal /कौरोनअल/ *adj.* शिरोबंध, किरीट, माला

corona\ry /कौरअनरि/ कॉरअनरि/ *adj.* 1 *physiol.* हृदय को रक्त पहुंचाने वाली वाहिनियों से संबंधित 2 चक्रीय;
n., pl. ~**ies** (*also* ~**y thrombosis**) खून के थक्के द्वारा रक्तवाहिनी में खून के प्रवाह में पैदा की गई रुकावट के कारण पड़ने वाला दिल का दौरा, हृद्-धनास्रता;
collocations: ~**y artery** *med.* चक्रीय रक्तवाहिनी; ~**y circulation** चक्रीय परिसंचरण; ~**y thrombosis** (*also* **coronary**) *see above under* **n.**, *pl.* ~**ies**

coronation /कौरअनेशन/ कॉरअनेशन/ *n.* 1 राज्याभिषेक, ताजपोशी, तिलकोत्सव 2 परिपूर्ति, परिसमाप्ति

coroner /कौरअनः/ *US* कॉरअनः/ *n.* संदेहजनक हालात में होने वाली मृत्यु आदि की जांच-पड़ताल करने वाला अधिकारी

coronet /कौरअनेट/ *US* कॉरअनेट/ *n.* 1 शिरोवस्त्र, किरीटिका, छोटा मुकुट, शिरोभूषण, कुल्ला, केशबंध 2 शिरोबंध, श्रृंगार पट्टी 3 (घोड़े का) सुमशीर्ष

coronograph/ coronagraph /कअरोनअग्राफ/ *n., astron.* सूर्य व चंद्रमा के परिमंडल या प्रभामंडल को देखने का यंत्र

corp./ Corp. *abbr.* 'corporal', 'corporation' का संक्षेप

corpora *pl.,* 'corpus' का बहुवचन

corporal /कॉःपअरल/ *n.* 1 दफादार, नायक 2 (*abbr.* **cpl**) थल

या वायु सेना में निम्न पद का सिपाही, छोटा सैनिक: ~ of the guard 3 *Christ.* (कपड़ा) दिव्यान्न-पट;
adj. (*also* **corporeal**) शारीरिक, दैहिक, शरीर-संबंधी, जिस्मानी: ~ defects;
collocations: ~ **punishment** शारीरिक दंड;
p&i: **the Little Corporal** ठिगना कॉरपोरल (नेपोलियन बोनापार्ट का उपनाम)
corporality /कॉ:पअरलिटि/ *n.* भौतिकता, दैहिकता, शारीरिकता
corporate /कॉ:पअरअट/ *adj.* 1 सामूहिक, सम्मिलित, समाहारी, समष्टि: ~ ownership (कंपनी का सामूहिक स्वामित्व) 2 निगम-संबंधी, कंपनी समूह से संबंधित, नैगम, निगमित: ~ body;
collocations: ~ **bond** *finance* कंपनी द्वारा स्थापित दीर्घ-अवधि का बॉंड; ~ **raider** *finance* किसी कंपनी के अधिकतर शेयर खरीदकर उस पर कब्जा करने वाली कंपनी या व्यक्ति; ~ **plan** कंपनी की संपूर्ण योजना; ~ **savings** कंपनी की बचत; ~ **sector** कंपनी क्षेत्र; ~ **state** *politics* नैगम राज्य; ~ **strategy** *finance* किसी कंपनी के दीर्घकालीन उद्देश्य; ~ **undertaking** निगमित उपक्रम या संगठन;
corporation /कॉ:पअरेशन/ *n.* 1 निगम, संघ, बड़ी कंपनी या कंपनी-समूह: trading ~ 2 (नगर) निगम, (महानगर) पालिका: public utility ~ 3 *facetious* (***syn.*** paunch) तोंद;
collocations: ~ **property** निगम संपत्ति; ~ **tax** निगम कर, कंपनी द्वारा अपने लाभ पर अदा किया जाने वाला कर
corporatism/ corporativism /कॉरपअरेटि\ज्म/ ~विज्म/ *n., politics* सामूहिक नियंत्रणवाद, देश की अर्थ व्यवस्था पर कुछ उत्पादकों का नियंत्रण
corporator /कॉ:पअरेट:/ *n.* पार्षद, नगरपालिका/ निगम का सदस्य
corporeal /कॉ:पॉ:\रिअल/ *adj.* 1 शारीरिक, दैहिक: ~ punishment 2 मूर्त 3 भौतिक;
dw/lw: **~ity/ corporeity** /कॉ:पअरिईटि/ *n.* 1 शारीरिकता 2 भौतिकता 3 द्रव्य, भौतिक तत्त्व; **~ism** /~रिअलिज्म/ *n.* भौतिकतावाद; **~ist** /~रिअलिस्ट/ *n.* भौतिकवादी
corpori\fy /कॉ:पॉरिफाइ/ *v., pt.* **~fied**, *pp* **~fying** मूर्त क., भौतिक बनाना, साकार क., ठोस आकार दे.
corposant /कॉ:पअजैंट/ *n.* प्रभा गोलक
corp /कॉ:/ *n., pl.* **~s** /कॉ:ज/ 1 सैनिक दल, कोर: the intelligence ~ 2 कोर, समूह: ~ headquarters;
dw/lw: **~s** /कॉ:ज/ *n. [pl.]* 1 दो-तीन डिविजनों से बना बड़ा-सा सैनिक बल 2 विशेष उद्देश्यीय सैनिक दल 3 विशेषज्ञ दल;
collocations: **~s de ballet** /कॉ: डअ बैले/ बैले नर्तक दल; **~s diplomate = diplomatic ~s** राजनयिक कोर या दूतवर्ग; **~s of volunteers** स्वयंसेवक दल
corp\se /कॉ:प्स/ *n.* लाश, शव: **~se** candle (श्मशान घाट पर रात को दिखने वाली टिमटिमाती रोशनी);
v. *pt.* **~sed**, *pp* **~sing** *theat. sl.* 1 *rude* मारना 2 मंच पर अभिनेता द्वारा संवाद भूल जा. 3 हंसना, हंसाना
corpu\lence/ ~cy /कॉ:प्युलं\स/ कॉ:प्युलंसि/ *n.* स्थूलता, मोटापा;
dw/lw: **~lent** /~ट/ *n.* स्थूलकाय, मोटा, मांसल
corpus /कॉ:पस/ *n., pl.* **~es/ corpora** /कॉ:पअरा/ 1 *facetiously* शरीर, धड़, काय, निकाय 2 संग्रह, समूह 3 पिंड, वांगमय सामग्री 4 समग्र साहित्य, ग्रंथ-संग्रह;
collocations: ~ **Christi** ख्रीस्तदेह-पर्व; ~ **callosum** /कॉ:पस कलॉसम/ *pl.* **corpora callosa** दिमाग के केंद्र में तंत्रिकाओं का एक मोटा-सा गुच्छ जो दिमाग के बायें और दायें भागों को जोड़ता है; ~ **deliciti** /कॉ:पस डिलिक्टाई/ 1 अपराध किए जाने के हालात 2 ठोस प्रमाण, जैसे शव आदि; ~ **fund** समग्र निधि, कायिक निधि; ~ **juris** विधि-संग्रह, विधि-समूह;
corpuscle/ corpuscule /कॉ:पसल/ कॉ:पस्क्यूल/ *n.* रक्त-कणिका;
dw/lw: **corpuscular** /कॉ:पस्क्यूल:/ *adj.* कणिका संबंधी; **corpuscularity** /कॉ:पस्क्यूलअरिटि/ *n.* कणिकामयती;
collocations: ~ **theory** कणिका सिद्धांत; **red** ~ लोहिताणु, लाल कणिका; **white** ~ श्वेताणु
corradiation /कॉरेडिएशन/ *n.* किरणों का एक बिंदु पर केंद्रीकरण
corral /कराल/ *US* करैल/ *n., mainly N. Amer.* 1 पशुओं का बाड़ा, अहाता 2 डिब्बों का रक्षात्मक घेरा;
v., *pt.* **~led**, *pp* **~ling** 1 पशुओं को बाड़े में हांकना/बंद क. 2 बहुत सारे लोगों को एक जगह पर इकट्ठा करके बंद क.
correct /कअरे\क्ट/ *adj.* 1 (***syn.*** right) सही, ठीक, सटीक, शुद्ध: ~ answer; ~ time 2 (***anton.*** incorrect) उचित, यथोचित: ~ dress 3 शालीन: very ~ in his behaviour; ~ deportment or ~ manners (उचित शिष्टाचार)
v., *pt.* **~ed**, *pp* **~ing** 1 भूल सुधारना, गलती दूर क., ठीक क., संशोधित क.: ~ mistakes 2 दोष निवारण क., सुधारना, दुरुस्त क. 3 डांटना, दंड दे.: ~ a child for rudeness;
dw/lw: **~ed** /~क्टिड/ *adj.* सुधारा हुआ, संशोधित: stand ~ed (भूल स्वीकार करता/ करती हूं); **~ing** *adj.* ठीक करने वाला, गलती सुधारने वाला: ~ing fluid (*also* **liquid paper**); **~ive** /~क्टिव/ *adj.* 1 शोधक 2 सुधारात्मक, दोष-निवारक: ~ive training 3 संशोधनात्मक; **~ive** *n.* सुधार करने वाली बात या वस्तु; **~ly** *adv.* उचित तरीके से: answered quite ~ly; behave ~ly (उचित व्यवहार क.); **~ness** *n.* 1 औचित्य 2 शुद्धता: speak with pedantic ~ness of pronunciation; **~ion** /~क्शन/ *n.* 1 भूल-सुधार, संशोधन: ~ions in red 2 संशुद्धि, दुरुस्ती 3 डांट-डपट 4 दंड: house of ~ion; **~ional** /~क्शनल/ *adj.* सुधारक, दंडात्मक; **~itude** /~क्टिच्यूड/ *n.* 1 औचित्य 2 सही व्यवहार;
collocations: ~ **slip** सुधार पर्ची;
p&i: **say under ~ion** गलती होने की संभावना जताते हुए क.
correctitude *see above under* **correct: *dw/lw***
corrective *see above under* **correct: *dw/lw***
correctly *see above under* **correct: *dw/lw***
correctness *see above under* **correct: *dw/lw***
correla\te /कौरिले\ट/ *US* का:रिले\ट, कॉरिले\ट/ *v., pt.* **~ted**, *pp* **~ting** 1 परस्पर संबंध स्थापित क. या दिखाना 2 सहसंबंध हो. या रखना;
adj. 1 सहसंबद्ध, सहसंबंधित;
dw/lw: **~tion** /~शन/ *n.* 1 पारस्परिक संबंध, परस्परता 2 अन्योन्याश्रय, सहसंबंध: ~tion between crops and climate; **~tive** /~टिव/ *adj.* 1 परस्पर-संबद्ध 2 *gramm..* तत्संबंधी (शब्द): ~tive words;
collocations: **~te coefficient** *statistics* दो भिन्नों के बीच पारस्परिकता दिखाने वाली संख्या
correspond /कौरअस्पौंड/ *US* कॉरअस्पांड/ *v., pt.* **~ed**, *pp* **~ing** 1 (*usually* ~ **to sth**) किसी वस्तु के समान या उसका द्योतक हो.: the double lines on the map ~ to roads 2 (*usually* ~ **with/ to sth/ sb**) समरूप हो., अनुरूप हो. 3 (***syn.*** equivalent) के सदृश हो., तदनुरूप हो. 4 (*usually* ~ **with sb**) पत्र-व्यवहार क.
correspondence /कौरअस्पौंडंस/ *US* कॉरअस्पांडंस, का:रअस्पांडंस/ *n.* 1 पत्र-व्यवहार, लिखा-पढ़ी, चिट्ठी-पत्र: commercial ~; be in ~ with sb 2 पत्राचार: ~ college 3 समरूपता, अनुरूपता, समतुल्यता: ~ between sign and phonetic symbol 4 सादृश्य, साम्य: to study ~ between the two novels;
collocations: ~ **clerk** पत्राचार लिपिक; ~ **course** पत्राचार पाठ्यक्रम; ~ **number**/ ~ **principle** संगति संख्या/ नियम; ~ **school** पत्राचार विद्यालय
correspondent /कौरअस्पौंडंट/ *US* कॉरअस्पांडंट, का:रअस्पांडंट/ *n.* 1 संवाददाता: political ~ 2 पत्र-व्यवहारी, पत्राचारी: a good ~ 3 सहसंबंधी 4 संपर्की
corresponding /कौरअस्पौंडिंग/ *US* कॉरअस्पांडिंग, का:रअस्पांडिंग/ *adj.* 1 अनुकूल, समरूप, समतुल्य 2 (***syn.***

equivalent) सदृश 3 पत्र-व्यवहारी: ~ member of a learned society 4 संगत

corridor /कौरिडॉः/ *US* कॉरिडॉः, काःरिडॉः/ *n.* 1 गलियारा 2 रेल के डिब्बे में गलियारा 3 चारों ओर से थल सीमा वाले देश के लिए समुद्री बंदरगाह तक पहुंच का गलियारा 4 वायुयानों की उड़ान का निश्चित गलियारा;
collocations: **~ carriage** गलियारा गाड़ी; **~ train** गलियारा रेल; **~ work** अनौपचारिक विचार-विमर्श;
p&i: **~s of power** सत्ता के गलियारे

corrie /कौरि/ *US* कॉरि, काःरि/ *n., pl.* **~s**, *Scotish* 1 पहाड़ी खंदक 2 भूमि में निचान

corrigenda /कौरिजें\डा/ *US* काःरिजें\डा, कॉरिजें\डा/ *n. [pl.]* शुद्धिपत्र;
dw/lw: **corrigendum** /~डम/ *n., sing.* भूल-सुधार, शुद्धिपत्र

corrigent /कौरिजेंट/ *US* काःरिजेंट/ *n.* सुधारक, संशोधक, दोष-निवारक

corrigible /कौरिजिबल/ *US* काःरिजिबल/ *adj.* संशोधनीय, वश्य, जिसे सुधारा जा सके: ~ fault

corroborant /करौबरंट/ *adj.* 1 समर्थक 2 पौष्टिक: ~ medicine; ***n.*** 1 समर्थक 2 बल्य

corrobora\te /करौबरे\ट/ *US* कराःबरे\ट/ *v., pt.* **~ted**, *pp* **~ting** (***syn.*** confirm) संपुष्टि क., पुष्टि क., समर्थन क.: the facts ~ his statement;
dw/lw: **~tor** /~टः/ *n.* पुष्टिकारक, समर्थक; **~tion** /~शन/ *n.* 1 पुष्टि 2 पुष्टीकरण 3 समर्थन: in ~tion of sth; **~tive** /~टिव/ *adj.* 1 संपोषक: ~tive evidence 2 परिपोषक, समर्थक

corroboree /कअरौबअरि/ *n., pl.* **~s** *Austral.* आस्ट्रेलियायी आदिवासियों का लोकनृत्य

corro\de /करो\ड/ *v., pt.* **~ded**, *pp* **~ding** 1 छीजना 2 जंग लगने से क्षय हो.: rust **~des** iron 3 संक्षारित क. 4 आहिस्ता-आहिस्ता क्षीण हो. या क.: mutual suspicion **~ded** their relationship;
dw/lw: **~dent** /~डंट/ *n.* संरक्षारण कर्मक, संरक्षारण क्षम; **~dentia** /~डंशिआ/ *n.* किताबी जूं; **~ing** /~डिंग/ *n.* संक्षारक, छीजने वाली: ~ing medium; ~ing hate

corrodiary /करोडिअरि/ *n. law* पोषण भत्ता पाने वाला, पेंशन धारक;
dw/lw: **corrody** /कॉरअडि/ (*also* **carody**) *n.* पोषण भत्ता, पेंशन

corro\sion /कअरो\जन/ *n.* 1 क्षय, छीजन 2 संक्षारण 3 जंग: ~ inhibitor;
dw/lw: **corrosive** /~सिव/ ~जिव/ *adj.* 1 छीजने वाला 2 संक्षारक, क्षयकारक 3 विनाशक: ~ sublimate; ~ effect of unemployment on the economy 4 उग्र, प्रचंड, काटने वाली (भाषा, टिप्पणी आदि) 5 जहरीली: ~ air of the town; **~ness** /~सिवनेस/ ~जिवनेस/ *n.* 1 संक्षारकता 2 क्षयकारिता

corruga\te /कौरअगे\ट/ *US* काःरअगे\ट/ कॉरअगे\ट/ *v., pt.* **~ted**, *pp* **~ting** 1 झुर्रियां/ शिकन/ सिकुड़न पड़ना या डालना: **~te** the forehead 2 नालीदार क., लहरदार बनाना;
dw/lw: **~ted** /~टिड/ *adj.* लहरियादार, नालीदार: ~ted iron (नालीदार चादर); ~ted paper पट्टीदार (pleated) कागज; **~tion** /~शन/ *n.* 1 नालीदार बनाने की क्रिया 2 लहर, नाली 3 शिकन, सिकुड़न, झुर्रियां

corrupt /करप्ट/ *adj.* 1 भ्रष्ट, रिश्वतखोर, घूसखोर, दुराचारी: ~ officials 2 विकृत: ~ practices 3 दूषित: ~ air 4 कंप्यूटर में क्षतिग्रस्त सूचनाएं: the text on the disk is ~;
v., *pt.* **~ed**, *pp* **~ing** 1 बेईमान/ भ्रष्ट बनाना: ~ the morals 2 बिगाड़ना: ~ the character 3 घूसखोर बनाना 4 विकृत/ अशुद्ध क. 5 कंप्यूटर में सूचना को क्षतिग्रस्त क. या हो.: **~ted** data;
dw/lw: **~er**/ **~or** /करप्टः/ *n.* भ्रष्ट करने वाली बात/ वाला तत्त्व; **~ibility** /करप्टिबिलिटि/ *n.* 1 भ्रष्टता 2 विकृत होने की संभावना 3 बिकाऊपन; **~ible** /करप्टिबल/ *adj.* 1 जिसे भ्रष्ट या विकृत किया जा सके 2 विकारशील, क्षयशील 3 बिकाऊ, नैतिक रूप से खोखला: ~ible officials; **~ive** /करप्टिव/ *adj.* भ्रष्ट करने वाली/ वाला;
p&i: **a ~ passage** ग्रंथ अथवा पांडुलिपि का दुरूह हिस्सा

corruption /करप्शन/ *n.* 1 भ्रष्टाचार, बेईमानी, दुराचार, रिश्वतखोरी 2 विकृति, विकार: the word 'holiday' is a ~ of 'holy day' 'Santa Claus' is a ~ of 'Saint Nicholas'; ~ of the body 3 दुष्टता, दुराचार;
p&i: **~ of blood** किसी से पदवी, उपाधि या उत्तराधिकार का हक छीन लेना

corsage /कॉःसाज/ *n.* 1 छाती, चोली 2 स्त्री की कलाई पर बंधने वाला फूलों का गुच्छा

corsair /कॉःसेअः/ *n., old use* 1 समुद्री डाकू 2 जल दस्यु नौका 3 निजी लड़ाकू जहाज

corselette /कॉःसअलेट/ *n., hist.* (*also* **corselet**) कवच, वक्षस्त्राण

corset /कॉःसिट/ *n.* 1 औरतों का एक तरह का कसा हुआ जांघिया 2 चोली 3 बैंकों के उधार देने के अधिकार का संकुचन;
v. *pt.* **~ed**, *pp* **~ing** 1 कसा हुआ जांघिया या चोली आदि पहनना 2 बैंकों आदि के उधार देने के प्रावधान को सीमित क.

CORT *abbr.* 'Cognitive Research Trust' की प्रथमाक्षरी

cortège /कॉःटेज/ *n.* 1 (***syn.*** funeral procession) शवयात्रा 2 अनुचर-गण

cortex /कॉःटेक्स/ *n., pl.* **cortices** /कॉःटिसीज/ *anat.* 1 दिमाग आदि शारीरिक अंगों का आवरण या झिल्ली 2 त्वचा, छाल

cortical /कॉःटिकल/ *adj.* त्वचीय, छाल-संबंधी

cortile /कॉःटाइल/ *n.* आंगन, प्रांगण

cortisone /कॉःर्टिजोन/ कॉःर्टिसोन/ *n., biochem.* सहज तरीके से पैदा होने वाला एक स्टिरॉयड हार्मोन

corundum /करंडम/ *n., geol.* सख्त ऐल्युमिनियम ऑक्साइड

corus\cant /कौर\स्कंट/ *US* काःर\स्कंट/ कॉर\स्कंट/ *adj.* दमकदार;
dw/lw: **~cate** /~स्केट/ *v., pt.* **~cated**, *pp* **~cating** चमकना, चमचमाना, दमकना, लिश्कारे मारना; **~cating** /~स्केटिंग/ *adj.* चमकदार; **~cation** /~स्केशन/ *n.* चमक, चमचमाहट, दमक: ~cations of wit

corvée /कॉःवे/ *n.* बेगार

corvette /कॉःवेट/ *n.* द्रुत गति से चलने वाला छोटा सशस्त्र युद्धपोत

corvine /कॉःविन/ *adj.* कौवे जैसा, काकीय

corybant /कॉरअबैं\ट/ *n.* ओझा, एक देवी का सहचर
dw/lw: **~ic** /~टिक/ *adj.* उन्मत्त, उद्दाम

coryphaeus /कॉरिफीअस/ *n.* 1 समूह गान का निर्देशक 2 नायक 3 प्रमुख नर्तकी

coryphée /कौरिफेइ/ *US* काःरिफेइ/ *n.* प्रमुख नर्तकी

coryza /कअरिजा/ *n.* नाक में सूजन व पानी बहने का रोग, नजला

COS *abbr.* 'Committee of Secretaries' की प्रथमाक्षरी

cos *abbr.* '**cosine**' का संक्षेप, कुरकुरे पत्तों वाला सलाद

'cos/ coz /कॉज/ *colloq., contraction,* 'because' का छोटा रूप

COSC *abbr.* 'Chief of Staff Committee' की प्रथमाक्षरी

coscinomancy /कोसीनोमंसि/ *n.* छलनी पर शकुन विचार, छलनी पर भविष्य बताने की कला

coset /कोसेट/ *n.* (गणित में) सह-समुच्चय

cosh /कॉश/ *n., pl.* **~es** धातु के टुकड़ों से भरा रबड़ का डंडा;
v., pt. **~ed**, *pp* **~ing** धातु भरे रबड़ के डंडे से मारना

cosharer /कोशेअरः/ *n.* सहअंशधारी, सहभागी

cosher /कॉशः/ *v., pt.* **~ed**, *pp* **~ing** 1 बहुत लाड़-प्यार क. 2 दावत उड़ाना
v., pt. **~ed**, *pp* **~ing** 1 जमींदारों, ठिकानेदारों (vassals) आदि के सहारे गुलछर्रे उड़ाना 2 दूसरों के पैसे उड़ाकर मौज क.

cosignatory /कोसिग्नेटरि/ *n.* सह-हस्ताक्षरकर्ता

cosily /कोजिलि/ *adv.* आराम से, बेफिक्र होकर

cosine /कोसाइन/ *n.* कोज्या, कोटिज्या

COSIST *abbr.* 'Committee for Strengthening of Infrastructure in Science and Technology' की प्रथमाक्षरी
cosme\tic /कौज्मे\टिक/ *US* काःज्मे\टिक/ *adj.* 1 सौंदर्य-वर्धक 2 सतही;
dw/lw: **~tically** *adv.* ऊपर-ऊपर से; **~tician** /~टीशिअन/ *n.* सौंदर्य-प्रसाधक; **~tics** /~टिक्स/ *n. [pl.]* सौंदर्य-सामग्री, प्रसाधन;
collocations: **~tic changes** सतही परिवर्तन; **~tic surgery** सौंदर्य-वर्धन के लिए किया जाने वाला शल्यकर्म
cosmetolo\gy /कौस्मिटौल\जि/ *US* काःस्मिटाःल\जि/ *n.* सौंदर्य-प्रसाधन विज्ञान;
dw/lw: **~gist** /~जिस्ट/ *n.* सौंदर्य-प्रसाधन विशेषज्ञ;
cosmic /कौज्मि\क/ *US* काःज्मि\क/ *adj.* 1 ब्रह्मांड-संबंधी, ब्रह्मांडीय 2 अंतरिक्षीय: ~ rays/ ~ radiation 3 विशाल, विराट
dw/lw: **~ally** /~कलि/ *adv.* 1 ब्रह्मांडीय रूप में 2 सूर्य के साथ; **~ism** /~सिज्म/ *n.* ब्रह्मांडवाद;
collocations: **~ abundance** अंतरिक्षीय बाहुल्य; **~ background radiation** *astron.* अंतरिक्ष से आने वाली सूक्ष्म तरंगी (short-wavelength) वैद्युत-चुंबकीय विकिरणता जो विराट धमाके (big bang) के बाद बची ऊष्मा से बनी है; **~ constant** ब्रह्मांडीय स्थिरांक; **~ dust** अंतरिक्ष-धूलि, ब्रह्मांड-धूलि; **~ flatsam** अंतरिक्ष मलबा; **~ flight** अंतरिक्ष उड़ान; **~ fog** अंतरिक्षीय कोहरा; **~ iron** धूमकेतु का लोहा; **~ ray** अंतरिक्ष किरण; **~ research** अंतरिक्ष अनुसंधान; **~ shower** अंतरिक्ष किरणवर्षण; **~ string** *astron.* अंतरिक्षीय सूत्र
cosmo- *comb. form, indicating:* **the Universe** (ब्रह्मांड)
cosmo\gonic /कौज्मौ\गोनिक/ *US* काःज्माः\गोनिक/ *adj.* ब्रह्मांड-विकास/ ब्रह्मांडोत्पत्ति विषयक;
dw/lw: **~gonics** /~गोनिक्स/ *n.* ब्रह्मांडोत्पत्ति विज्ञान; **~gony** /~गनि/ *n., pl.* ~gonies ब्रह्मांडोत्पत्ति/ विश्वोत्पत्ति एवं ब्रह्मांड-विकास अध्ययन; **~graphy** /~ग्रफि/ *n.* सृष्टि लेखन या वर्णन; **~logy** /~लजि/ *n., pl.* ~ies 1 ब्रह्मांडोत्पत्ति, प्रकृति एवं ब्रह्मांड-विकास का वैज्ञानिक अध्ययन 2 ब्रह्मांड-विद्या; **~logist** /~लजिस्ट/ *n.* ब्रह्मांडोत्पत्ति एवं ब्रह्मांड-विकास विज्ञानी; **~rama** /~रअमा/ *n.* विश्व दृश्यावली, भू-चित्रावली; **~theism** /~थीइज्म/ *n.* सर्ववाद, विश्वेश्वरवाद;
collocations: **~logical argument** *theol.* ब्रह्मांड के अस्तित्व के आधार पर दी जाने वाली दलील कि यदि ब्रह्मांड है तो इसके स्रष्टा यानी ईश्वर भी है; **~logical principle** *astron.* यह सिद्धांत कि किसी समय विशेष पर दूसरे ग्रहवासियों को ब्रह्मांड वैसा ही दिखता है जैसा कि वह हमें दिखता है
cosmonaut /कौज्मअनॉ\ट/ काःज्मअनॉ\ट/ *n.* अंतरिक्ष यात्री;
dw/lw: **~ics** /~टिक्स/ *n.* अंतरिक्षयानिकी, अंतरिक्ष अध्ययन
cosmopoli\s /कौज्मअपौलि\स/ *US* काःज्मअपाःलि\स/ *n.* सर्वदेशीय नगर, विश्वनगर;
dw/lw: **~tan** /~टन/ *adj.* 1 बहुदेशीय, सर्वदेशीय 2 सार्वभौम, विश्वव्यापी: ~tan politics (1 विश्व-राजनीति 2 भिन्न-भिन्न देशों व संस्कृतियों का अनुभव प्राप्त व्यक्ति 3 राष्ट्रीय दुराग्रहों से मुक्त); ~tan businessman (बहुदेशीय व्यापारी); **~tan** *n.* विश्व मानव; **~tanism/ ~politinism** /~टनिज्म/ ~टनिज्म/ *n.* सर्वदेशीयता, विश्वनागरिकता, विश्वबंधुत्व
cosmos /कौज्मौस/ काःज्मोस/ (*also* **the cosmos**) *n.* ब्रह्मांड, विश्व, विश्व-व्यवस्था: the structure of the ~
co-sponsor /कोस्पॉन्सः/ *n.* सह-प्रयोजक
coss /कोस/ *n., India* कोस, भूतकाल में दूरी मापने की इकाई (एक मील से थोड़ा ज्यादा)
Cossack /कॉसैक/ कॉजैक/ (*also in Russian* **казáк**) *n.,* रूस के काला सागर के तटीय क्षेत्र में बसने वाली कजाक प्रजाति का सदस्य
cosset /कौसिट/ *v., pt.* **~ed,** *pp* **~ing** 1 लाड़-प्यार क., पुचकारना, छाती से लगाना 2 खूब आवभगत क. 3 (***syn.*** pamper) लाड़-प्यार से बिगाड़ना;
n. 1 पालतू जानवर, विशेषकर मेमना 2 लाड़ला व्यक्ति
cost /कौस्ट/ *US* कॉस्ट/ *n., pl.* **~s** 1 कीमत, दाम, मूल्य: prime ~ 2 कीमत, कुर्बानी, (जान की) बाजी आदि: the ~ of human life in the war 3 खर्च, व्यय: count the ~ 4 (कानून में) वाद-व्यय (*see below* **'with costs'** *under* **p&i**;
v., pt. **cost/ ~ed,** *pt. p.* **~ed,** *pp* **~ing** 1 कीमत लगाकर पाना, कीमत लगाना, दाम दे. 2 कीमत दे.: he will buy the book, whatever it ~ him 3 खर्च हो. 4 लागत का हिसाब/ अनुमान लगाना 5 नुकसान उठाना;
dw/lw: **~-account** *n.* लागत-लेखा; **~-accountant** *n., business* किसी वस्तु के उत्पाद या किसी परियोजना की कीमत का आकलन करने वाला लेखापाल;**~-cutting** *n.* कीमत में कटौती; **~-effective** *adj.* सही व कम कीमत वाला; **~ing** *n.* लागत निर्धारण; **~ly** *adj., degr.* ~ier, ~iest 1 कीमती, महंगी, महंगा 2 जो महंगा/ महंगी पड़े; **~iness** *n.* महंगापन; **~plus** /कॉस्टप्लस/ *n.* पड़ता, उत्पादन कीमत व लाभांश;
collocations: **~ accounting** किसी वस्तु के उत्पाद या किसी परियोजना की कीमत का आकलन; **~ allocation** लागत-विनिधान विभाजन; **~-benefit analysis** किसी परियोजना की लागत-लाभ का विश्लेषण; **~ ceiling** लागत सीमा; **~ estimating** लागत का अनुमान लगाना; **~ function** लागत फलन; **~, insurance, freight (c.i.f.)** माल का दाम, बीमा और ढुलाई का शुल्क; **~ of living** निर्वाह-व्यय; **~ of living index** निर्वाह-व्यय सूचकांक; **~ of production** उत्पाद लागत; **~ overrun** लागत-बंधन; **~ price/ ~ value** प्रचून क्रय-मूल्य या कीमत; **~ sheet/ ~ card** कीमत का आकलन या गणन; **~ variance** लागत भेद;
bill of ~ लागत का बिल; **capital ~** लागत कीमत;
p&i: **~ sb dear** किसी को बड़ी कीमत चुकानी पड़ी; **~ what it may** हर कीमत पर;
at all ~s हर कीमत पर, किसी भी मूल्य पर; **at ~** लागत मूल्य पर; **at the ~ of life** जीवन की बाजी लगाकर, की कीमत पर; **count the ~** कार्रवाई करने से पहले उसकी कीमत आंकना; **free of ~** मुफ्त में; **to your ~** *UK* किसी के कटु अनुभव की कीमत पर; **to one's ~** कुछ हानि उठाकर; **with ~s** अदालत द्वारा दिए गए फैसले के अलावा मुकदमे की लागत चुकाने का आदेश
costa /कॉस्टअ/ *n., pl.* **costae** *anat.* 1 पर्शुका (rib) 2 शिरा
cost-accountant *see above under* **cost: *dw/lw***
costal /कौस्टल/ *US* काःस्टल/ *adj., anat.* पसलियों से संबंधित
co-star /को-स्टाः/ *n.* सह-अभिनेता, सह-अभिनेत्री;
v., pt. **~red,** *pp* **~ring** 1 सह-अभिनेताओं से भूमिका करवाना 2 फिल्म, नाटक आदि में अन्य अभिनेता के साथ भूमिका क.
Costa Rica /कोस्टा रिका/ *n.* मध्य अमेरिका में कोस्टा रिका नामक देश;
collocations: **Costa Rican** कोस्टा रिका से संबंधित
costermonger /कॉस्टमंगः/ (*also* **coster**) *n. Br.* फेरी वाला सब्जी-विक्रेता
costive /कॉस्टिव/ *adj.* 1 कब्ज करने वाला, मलावरोधक, बद्धकोष्ठ 2 अनिच्छुक 3 कृपण, कंजूस 4 कमीना
costly, ~iness *see above under* **cost: *dw/lw***
costu\me /कौस्ट्यू\म/ *US* काःस्टू\म/ *n.* 1 पोशाक, परिधान: national **~me** 2 पहनावा, वर्दी: a swimming-**~me** 3 वेशभूषा, पहनावा: her **~me** was simple 4 वस्त्र सज्जा;
v., pt. **~med,** *pp* **~ming** पोशाक बनाना, पोशाक पहनना;
dw/lw: **~med** /~म्ड/ *adj.* सूट-बूट पहने हुए; **~mier** /~मिअः/ *US* (*also UK* **costumer**) *n.* दर्जी, ड्रेस वाला
collocations: **~me drama** वेश नाटक; **~me jewellery** नकली गहने, नकली आभूषण; **~me party = fancy dress party** विचित्र पोशाक दावत
cos\y *UK* (*US* **cozy**) /कोजी/ *adj., degr.* **~ier, ~iest** 1 आरामदेह, सुखद 2 हार्दिक, मैत्रीपूर्ण;

***n.**, pl.* **~ies** टोप, टोपी;
***v.** pt.* **~ied**, *pp* **~ying** 1 दिलासा दे. 2 ढाढस बंधाना;
dw/lw: **~ily** /कोजिलि/ *adv.* मैत्रीपूर्वक, सुखद ढंग से;
p&i: **~y up with/ to sb** किसी के साथ सौहर्दपूर्ण ढंग से गले लगाना

cot /कौट/ *US* काःट/ *UK* (*US* **crib**) *n.* 1 चारपाई, खाट, खटिया 2 अस्पताल में बिस्तर 3 समुद्री जहाज में लकड़ी के चौखटे वाली खाट 4 हल्की चल (मुड़वां) खाट: folding ~ 5 *poetic* कुटिया
collocations: **~ death** *UK* (*US* **SIDS**) बच्चे की नींद में मृत्यु

COT *abbr.* 'Central office Terminal' की प्रथमाक्षरी

cotangent /कोटैंजंट/ *n., trig.* (*abbr.* **cot**) कोटिस्पर्शज्या, कोस्प

cote /कोट/ *n.* दरबा, बाड़ा या अहाता: dove~

coterie /कोटरि/ *n., pl.* **~s** 1 दुष्ट मित्र-मंडली 2 (***syn.*** clique) चांडाल-चौकड़ी, गुट: literary ~

co-trustee /कोट्रस्टी/ *n.* सह-न्यासी

cotta\ge /कौटिज/ *US* काःटिज/ *n.* 1 झोंपड़ी 2 कुटिया, कुटीर, कुटी 3 छोटा बंगला, मकान;
collocations: **~ge cheese** मुलायम सफेद पनीर; **~ge hospital** ग्रामीण क्षेत्र में छोटा-सा अस्पताल; **~ge industry** कुटीर उद्योग; **~ge loaf** गोल रोटी; **~ge pie = shepherd's pie;**
p&i: **a tied ~ge** सरकारी मकान

cotter pin मशीन में किसी पुर्जे को थामे रखने वाली पिन

cotton /कौटन\/ काःटन\/ *n.* 1 कपास: ~ in seed (बिनौले के साथ कपास); raw ~ (कपास का कच्चा माल) 2 *US* (*UK* **~ wool**) रूई जिसे जिस्म साफ करने के लिए प्रयोग किया जाता है 3 सूत, सूती कपड़ा: ~ manufacture (सूत का उत्पाद); ~ yarn (सूती धागा);
***v.** pt.* **~ed**, *pp* **~ing** (*always* **~ on to sth**) *colloq.* 1 किसी बात को समझने लगना 2 बनने लगना, दोस्ती हो जाना: gradually all **~ed** together 3 अच्छा लगने लगना: ~ to sb;
dw/lw: **~ade** *n.* सूती धागा; **~-cake** *n.* बिनौले की खल/ खली; **~-mill** *n.* कपास मिल; **~-mouth** *n.* अमेरिका में पानी के पास रहने वाला एक जहरीला सांप; **~ocracy** *n.* कपास के क्षेत्र के महाबली व्यापारियों का गठबंधन; **~-picking/ ~-pickin** *adj., N. Amer, sl.* (used to indicate annoyance) बेकार, कमीना: I'll get my own back on that ~-picking liar; **Cottonopolis** *n.* ब्रिटेन की कपास राजधानी, मानचेस्टर शहर; **~-seed** *n.* कपास का बीज, बिनौला; **~-spinner** *n.* सूती कर्घा; **~-tree** *n.* 1 सेमल 2 कुंबी, गुबदी, सफेद सेमल; **~-wood** *n.* पॉपलर का पेड़; **~-worm** *n.* कपास का कीड़ा; **~y** /कौटनि/ *US* काःटनि/ *adj.* सूत जैसा, नर्म, गुदगुदा, रूईदार;
collocations: **~ belt** कपास उत्पाद क्षेत्र; **~ bud** तिल्ली के ऊपर लगी रूई जिससे कान साफ करते हैं; **~ candy** हवा मिठाई; **~ gin** कपास से बिनौले निकालने का उपकरण; **~ lord** कपास के क्षेत्र के महाबली व्यापारी; **~ stripper** कपास काटने की मशीन; **~ waste** कच्चा सूत; **~ wool** धुनी हुई कपास, फुलावदार रूई;
p&i: **~ existence** आनंदमय जीवन; **~ on** समझने लगना; **~ to** से पटना/ बनना/ निभना; **~ to the idea** किसी विचार का खूब अच्छा लगना; **keep sb in ~wool** किसी को छुई-मुई बनाना

cotyledon /कॉटिलीडन/ *n.* बीजपत्र

cotyloid /कॉटिसोइड/ *adj.* शराब के प्याला जैसा, चषकाकार

couch /कॉउच/ *n., pl.* **~es** 1 (***syn.*** settee) सोफा, कोच 2 गद्देदार पलंग 3 *poetic* बिस्तरा;
***v.**, pt.* **~ed**, *pp* **~ing** 1 लेटना: be **~ed** in slumber 2 (हथियार) साधना 3 विशेष प्रकार के शब्दों में व्यक्त क.: **~ed** in the idiom; the offer was **~ed** in most flattering terms 4 अस्पष्ट शब्दों में बात क.: **~ed** under the allegory 5 घात लगाकर बैठना;
dw/lw: **~ant** /कॉउचंट/ *n.* शयित, शायी; **~ettee** /कूसेट/ *n.* रेलगाड़ी में तंग मुडवां बिस्तरा; **~-grass** *n.* (*also* **quitch**) दूब; **~ing** /काउचिंग/ *n., surg.* 1 मोतियाबिंद हटाने के लिए शल्यक्रिया 2 *needlecraft* कपड़े पर कढ़ाई;
collocations: **~ potato** सारे समय टीवी देखने वाला व्यक्ति;
p&i: **be ~ed in/ as sth** विशेष प्रकार के शब्दों में लिखा हो.; **~ potato** *colloq. UK* शिथिल व सुस्त व्यक्ति जो टीवी देखने में रमा रहता हो

couchee /कूशे/ *n.* सांध्य स्वागत समारोह

cougar /कूगः/ *n., N. Amer.* = **puma** पहाड़ी तेंदुआ

cough /कौफ/ *US* कॉफ/ *v., pt.* **~ed**, *pp* **~ing** खांसना, खंखारना;
n. 1 खंखार 2 खांसी, कास;
dw/lw: **~ing** *n.* खांसने की क्रिया: a fit of **~ing;**
collocations: **~ drop** खांसी की गोली; **~ mixture** खांसी का मिश्रण; **whooping ~** कूकर/ काली खांसी; **churchyard ~** बहुत खराब खांसी;
p&i: **~ down** वक्ता को खांस-खांसकर चुप करा दे.; **~ sth up** खांसी के साथ बलगम, खून आदि निकालना; **~ up** *sl.* (धन, जानकारी आदि) अनिच्छापूर्वक दे.; **have bad ~** बुरी खांसी हो.; **have slight ~** हल्की-सी खांसी हो.;

could /कुड/ *modal v.* 1 कर सकना: I found I ~ lift it 2 हो सकना: you ~ be right 3 क्या आप (मेरी मदद) कर सकते हैं?: ~ you do it (help me)? 4 आज्ञा मांगने के लिए प्रयुक्त: ~ I have some more bread? 5 सुझाव देने के लिए प्रयुक्त: you ~ try telephoning her 6 I ~ (have) मैं कर सकता था;
dw/lw: **~n't** /कुडंट/ *short, contraction*: **'could not'** का संक्षिप्त रूप, नहीं कर सका; **~'ve** /कुडहैव/*short*, **'could have'** का संक्षिप्त रूप, कर सकता था;
p&i: **~ be** हो सकता है; **~ cry for shame** शर्म के मारे रोने को था; **~ do with sth** ले सकता हूं, कर सकता हूं ...; **~ it be true?** क्या यह सच है?; **he ~ sing for joy** वह खुशी के मारे गाने को था

coulee/ coulée /कूलि/ कूले/ *n.* 1 जमी लावा की धारा 2 खड्ड, गहरी संकरी घाटी 3 सूखी हुई नद धारा

coulis /कूली/ *n., pl.* **coulis** /कुलीज/ फल व सब्जियों आदि की चटनी

coulisse /कूलीस/ *n.* 1 (***syn.*** groove) खांचा 2 (मंच का) पाश्र्वभाग 3 मंच के दोनों तरफ के गलियारे: gossip of the **~s** (पीठ पीछे की कानाफूसी, गप-शप)

couloirs /कूलवा/ *n.* खड्ड, खंदक

coulomb /कूलौम/ *US* कूलाःम/ *n.,* (*symbol.* **C**) विद्युत धारा मापन इकाई, कूलंब

coulrophobia /कलरोफोबिआ/ *n.* 1 विदूषकों से बेतुका व अतिशय भय 2 (***syn.*** clown frenzy) विदूषकों द्वारा किए जाने वाले तथाकथित भयावह हमलों के बारे में दुनिया भर में फैलाया जाने वाला बेतुका उन्माद व आक्रोश (इसकी शुरुआत सबसे पहले अमेरिका के दक्षिण कैरोलाइना प्रांत में अगस्त 2016 में हुई)

coulter /कोल्टः/ *n.* हल का फाल, हल की फाली

council/ Council /काउंसल/ *n.* 1 समिति, सभा, परिषद 2 विधान-परिषद 3 परामर्श समिति, सोवियत, पंचायत;
dw/lw: **~board** *n.* समिति पटल; **~fire** *n.* आग जिसे अमेरिकी आदिवासियों की पंचायत के दौरान जलते हुए रखा जाता था; **~lor** *UK* (*US* **councilor**) /कॉउंसलः/ *n.* पार्षद, सभासद;
collocations: **~ chamber/ ~ hall** परिषद कक्ष; **~-estate = houses/ flat** *UK* निगम या परिषद द्वारा किराये पर देने के लिए बनाए हुए घर; **~man/ ~woman** *n.* = **councillor** निगम पार्षद; **~ of ministers** मंत्री परिषद; **~ of war** युद्ध परिषद; **~ tax** गृह कर;
city ~ नगर निगम; **family ~** परिवार पंचायत; **legislative ~** विधान परिषद;
p&: **in ~** 1 परिषद-कक्ष में 2 परामर्शाधीन

councillor *see above under* **council:** ***dw/lw***

counsel /काउंसल/ *n.* 1 वकील, अधिवक्ता, परामर्शदाता 2 सलाह, परामर्श, मंत्रणा, विचार-विनिमय;
v., UK pt. **~led**, *pp* **~ling** *US pt.* **~ed**, *pp* **~ing** 1 सलाह/ परामर्श दे. 2 मदद करने के लिए सलाह दे.;
dw/lw: **~ling** *UK* (*US* **counseling**) /काउंसलिंग/ *n.* 1 परामर्श, परामर्श सेवा 2 परामर्श देने की प्रक्रिया; **~lor** *UK* (*US* **counselor**) /काउंसलः/ *n.* 1 सलाहकार 2 परामर्शदाता: ~lor of embassy (दूतावास का सलाहकार-अधिकारी); ~lor-at-law (वकील)
p&i: **~ for the defendant** प्रतिवादी का वकील; **~ for the plaintiff** वादी का वकील; **~ for the prosecution** सरकारी वकील; **~ is never out of date** नेक सलाह कभी भी अनुपयोगी नहीं होती; **~ is no command** उपदेश आदेश नहीं होते;
a ~ of despair किसी कार्य को कठिन बताकर उसने न छेड़ने की सलाह; **a king's ~** सरकारी वकील; **a ~ of perfection** अच्छी सलाह पर मुश्किल सलाह; **be heard by ~** वकील के माध्यम से बात क.; **darken ~** समस्या को और उलझाना; **give good ~** सही सलाह दे.; **good ~ does no harm** नेक सलाह कभी नुकसान नहीं करती; **hold ~ with sb** किसी के साथ परामर्श क.; **keep one's own ~** 1 भेद छिपाना 2 अपने विचार, मंशा, पत्ते आदि न खोलना; **take ~'s opinion** वकील की सलाह ले.

counselling; **counsellor** *see above under* **counsel:** ***dw/lw***

count /काउंटV *v., pt.* **~ed**, *pp* **~ing** 1 गिनना: ~ one's money 2 गिनती सुनाना 3 किसी के बारे में विशेष विचार रखना, समझना: ~ oneself lucky to still have a job 4 गिनती में हो. 5 (***syn.*** matter) महत्त्व रखना: money **~s** with him more than anything else; good contacts ~ in business; every minute **~s** 6 गिनती में शामिल क.: remember to ~ sb 7 हिस्सा हो., मान्य हो., समझा जा.;
n. 1 जोड़ 2 गिनती, गणना, गणन: keep ~ 3 संख्या: out of ~ (अनगिनत) 4 अभियोग का विषय, कारण 5 (*also* **Count**) सामंत 6 महत्त्व: not to take any ~ of (ध्यान न दे., महत्त्व न दे., परवाह न क.).;
v., *pt.* **~ed**, *pp* **~ing** उल्टी गिनती क.
dw/lw: **~able** /~अबल/ *adj.* गणनीय, गिनने योग्य, भाव/ महत्त्व देने योग्य; **~down** /~-डाउन/ *n.* उल्टी गिनती, विलोम गणन; **~down** *v., pt.* ~ed-down, *pp* ~ing-down उल्टी गिनती क.; **~less** /काउंटलिस/ *adj.* असंख्य, अनेक, अनगिनत, बेशुमार;
collocations: **~able noun** (*also* **~ noun**) ऐसी संज्ञा जिसे गिना जा सके और जिसे बहुवचन में प्रयोग किया जा सके;
p&i: **~ against sb/ sth** विरुद्ध जा.; **~ down** उल्टी गिनती क.; **~ down to sth** भविष्य में होने वाली किसी बात के बारे में उत्साहित हो. या उसका बेसबरी से इंतजार क.; **~ for** का महत्त्व हो.; **~ for a good** काफी महत्त्व देना; **~ for little/ nothing** व्यर्थ होना, कुछ न होना; **~ heads** विद्यमान लोगों की गिनती क.; **~ing his beads he conceals a dagger in his breast** हाथ सुमरनी पेट कतरनी; **it is not words that ~, but deeds** शब्दों से ज्यादा काम महत्त्वपूर्ण होता है; **~ off** गिनती पूरी कर ले.; **~ on sb/ sth (= bank on sb/ sth)** किसी पर भरोसा क.; **~ one's blessings** अपने जीवन की सभी नेमतों के लिए शुक्रगुजार हो.; **~ one's chickens before they are hatched** सूत न कपास जुलाहे से लट्ठम-लट्ठ; **~ sb in/ out** शामिल क./ न क.; **~ sheep** बाड़ पर से कूदती भेड़ों की कल्पना में गिनती करते हुए सो जा.; **~ the cost** सोच-समझकर कदम उठाना; **~ the cost of sth** किसी गलती का खामियाजा भुगतना; **~ the last days of life** जिंदगी के आखिरी दिन गिनना; **~ the last moments** अंतिम घड़ियां/ सांसे गिनना; **~ towards sth** में गिना जा., के लिए लाभदायक हो.; **~ up** जोड़ लगाना; **~ up sb/ sth** मिलाकर एक समूह में गिनना;
and counting इतने हो गए पर अभी और होना या आना है; **at the last ~** नवीनतम गिनती के अनुसार; **be able to ~ sb/ sth on the fingers of one's hand** किसी को या किसी चीज को अपने हाथ की उंगलियों पर गिन ले. (संख्या में बहुत कम हो.); **be out for the ~** पराजित हो.; **guilty on all/ both/ several, etc. ~s** सभी पहलुओं (आदि) में दोषी; **keep a ~ of sth** गिनती का हिसाब रखना; **lose ~ of sth** गिनती में चूक जा.; (*in boxing*) **out for the ~ = down for the ~** 10 गिनने तक बेहोश रहना या अपने पांवों पर खड़ा न हो पाना; **stand up and be counted** किसी का या किसी बात का खुल्लम-खुल्ला समर्थन क.; **that doesn't ~** इसकी कोई गिनती या महत्त्व नहीं; **... who is ~ing?** कोई फर्क नहीं पड़ता कि कितने बार होता है या कितने होते हैं

countable; **countdown** *see above under* **count:** ***dw/lw***

countenance /काउंटअनंस/ *n.* 1 मुखाकृति, मुखमंडल, मुद्रा 2 चेहरा, मुख, मुखड़ा, शक्ल 3 समर्थन, अनुमोदन 4 धैर्य, शांति;
v., pt. **~d**, *pp* **countenancing** 1 घटने/ होने दे. 2 (***syn.*** consent to) अनुमोदन क., गवारा क., सहन क. 3 प्रोत्साहित क.;
p&i: **~ a fraud** घोटाला होने दे.;
an expressive ~ सार्थक मुखाकृति; **change ~** चेहरे का रंग बदलना; **give ~ to sb** किसी का साहस बढ़ाना; **give/ lend ~ to a plan** योजना को समर्थन दे.; **his ~ fell** उसका चेहरा उतर गया; **in ~** लज्जित न हो.; **out of ~** लज्जित; **lose ~** शर्मिंदा हो.; **keep one's ~** शांत और गंभीर बने रहना; **the peoples of the world should never ~ a war** दुनिया के लोगों का युद्ध का कभी समर्थन नहीं करना चाहिए

counter /काउंटःV *n.* 1 (***syn.*** table) पटल, काउंटर: ~ clerk (काउंटर पर बैठने वाला क्लर्क); bargain ~ (सौदा पटल); over the counter (बिना नुस्खे के दवाई आदि खरीदना) 2 *US* पटल 3 गिट्टी 4 (***syn.*** piece) कंकड़, अंकटा 5 गणक, (मशीन) गणित्र: Geiger ~ (गेगर का गणक) 6 खोटा सिक्का: ~feit coin 7 प्रतिप्रहार: as a ~ to sth 8 प्रतिकूल चाल: stopping ~ 9 प्रतिकूल पक्ष: boxer's ~;
v., *pt.* **~ed**, *pp* **~ing** 1 विरोध/ प्रतिकार क., सामना क. 2 प्रतिप्रहार क., प्रतिघात क. 3 प्रत्युत्तर दे., खंडन क. 4 एक दूसरे के स्थान पर रखना, विविध क.: ~change (प्रत्यारोप);
adj. 1 (***syn.*** contrary) प्रतिकूल: ~ revolution (उल्टा चक्र, प्रति क्रांति) 2 (***syn.*** opposing) विरुद्ध 3 दोहरा;
adv. 1 (*often* **~ to sth**) के विरुद्ध, के प्रतिकूल: run ~ to sth 2 *short of* **counter-lode** का संक्षेप;
prefix **counter-** प्रतिकूल, जवाबी: ~act; ~-attack; ~blow; ~-attraction; ~-claim; ~part; ~-revolutionary; ~sign; ~vail (compensation); ~-weight;
dw/lw: **~act** /काउंटःऐक्ट/ *v., pt.* ~acted, *pp* ~acting 1 प्रतिकार क. 2 किसी चीज के बुरे प्रभाव को कम या निरस्त क.: ~act sb's influence 3 निष्क्रिय क.: ~act the effect of poison; **~action** *n.* 1 विरोध 2 जवाबी कार्रवाई 3 प्रतिकर्म; **~active** *adj.* प्रतिकारक, निष्प्रभावी; **~-affidavit** *n.* प्रति-शपथपत्र; **~-agent** *n.* प्रतिकारक; **~-appeal** *v., pt.* ~-appealed, *pp* ~-appealing *law* प्रति-प्रार्थना क.; **~-appellant** /काउंटः-अपअलंट/ *n.* प्रति-प्रार्थी; **~-attack** *n.* (*syn.* ~offensive) प्रत्याक्रमण, जवाबी हमला; **~-attack** *v., pt.* ~-attacked, *pp* ~-attacking जवाबी हमला क. जवाबी हमला क.; **~-attraction** *n.* 1 जवाबी खिंचाव या आकर्षण 2 ध्यान भटकाने वाली वस्तु; **~balance** /काउंटःबैलंस/ *v., pt.* ~balanced, *pp* ~balancing 1 प्रतिसंतुलित क., समभार क. 2 किसी के प्रभाव को निष्क्रिय क. 3 (***syn.*** offset) बराबर का उल्टा प्रभाव डालना; **~balance** *n.* 1 प्रतिसंतुलन, प्रतिभार 2 (***syn.*** counter-weight) बराबर का उल्टा प्रभाव; **~blast** /काउंटःब्लास्ट/ *n.* 1 हवा का जबरदस्त प्रतिझोंका 2 जबरदस्त प्रत्युत्तर 3 के जवाब में उठाए जाने वाले कदम; **~blast** *v., pt.* ~blasted, *pp* ~blasting धज्जियां उड़ाना, मुंहतोड़ जवाब दे.; **~-bond** /काउंटःबॉड/ *n.*

पारस्परिक या जवाबी जिम्मेवारी; **~charge** *n.* प्रत्यारोप, उल्टा आरोप; **~check** *n.* फिर से की जाने वाली जांच या परख; **~-claim** *n.* जवाबी दावा; **~clockwise** *N. Amer., esp. US* (*UK* anti-clockwise) *adj., adv.* घड़ी की सूइयां विपरीत दिशा में, वामावर्त; **~-courant** *adj.* विपरीत दिशा में भागने वाला (जानवर); **~culture** *n.* प्रतिसंस्कृति; **~-current** *n.* प्रतिधारा; **~-deed** *n.* आधिकारिक दस्तावेज को निरस्त करने या बदलने वाला गुप्त दस्तावेज (document); **~-espionage/ ~-intelligence** *n.* प्रतिगुप्तचरी, गुप्तचरी की जवाबी गुप्तचरी; **~-evidence** *n., law* अन्य सबूतों को निरस्त करने वाली गवाही; **~exception** *n.* प्रतिप्रसव; **~feit** /काउंटःफीट/ काउंटःफिट/ *adj.* 1 (*syn.* fake) नकली, जाली 2 खोटा: ~feit coin 3 कूट, बनावटी: ~feit grief; **~feit** *v., pt.* ~feited, *pp* ~feiting 1 जालसाजी क.: ~feit sb's signature 2 जाली (सिक्के आदि) बनाना 3 नकल क.: ~feit sb's manner 4 (का) अभिनय क., (का) बहाना क.: ~feit sorrow; **~feit** *n.* (***syn.*** forgery) जालसाजी; **~feiter** /काउंटःफीटः/ काउंटःफिटः/ *n.* 1 जाली सिक्के बनाने वाला 2 जाली वस्तुएं बनाने वाला 3 ठग; **~foil** /काउंटःफॉयल/ *n.* 1 (***syn.*** stub) रसीद, टिकट आदि का दफ्तरी हिस्सा 2 प्रतिपर्ण; प्रतिपत्रक 3 अधपन्ना; **~-force** *n.* प्रति-शक्ति, विलोम शक्ति; **~-guarantee** *n.* प्रति-प्रत्याभूति; **~-indication** *n.* विरोधात्मक इंगित, प्रतिचिह्न; **~-insurgency** *n.* विद्रोह-विरोधी बल; **~-intuitive** *adj.* आशा या आभास के विपरीत; **~-irritant** *adj.* प्रतिक्षोभक; **~-jumper** *n.* एक विक्रय-पटल से बार-बार दूसरे पटलों पर जाने वाला क्रेता; **~mand** /~मांड/ *v., pt.* ~manded, *pp* ~manding 1 किसी आदेश को निरस्त या रद्द क. 2 व्यक्तियों, सैनिक बलों आदि को वापस बुला लेना; **~mark** *n.* प्रतिचिह्न; **~measure** *n.* जवाबी कदम, तोड़, काट, प्रत्युपाय; **~mine** *v., pt.* ~mined, *pp* ~mining निष्फल क.; **~motion** *n.* जवाबी प्रस्ताव; **~move** *n.* जवाबी चाल; **~movement** *n.* 1 जवाबी आंदोलन 2 उल्टी दिशा में चलन; **~offensive** *n.* (*syn.* ~attack) प्रत्याक्रमण, जवाबी हमला; **~pane** /काउंटःपेन/ *n.* (*syn.* bedspread) चादर, पलंगपोश; **~part** *n.* (*syn.* opposite) प्रतिरूप, प्रतिस्थानी; **~-petition** *n., law* जवाबी प्रार्थना; **~plot** *n.* 1 प्रतिकथानक 2 प्रति-षड्यंत्र; **~point** *n., music* (*syn.* polyphony) सुरसंगति; **~poise** /काउंटःपॉइज/ *n.* प्रतिसंतुलन, धड़ा, प्रतितोल, प्रतिभार; **~pressure** *n.* प्रति-दबाव, उल्टा दबाव; **~productive** *adj.* प्रतिप्रभावी, प्रतिकूल परिणाम पैदा करने वाला, प्रतिप्रभावोत्पादक, लाभ की बजाय हानि करने वाला, हानिकर; **~proposal** *n.* जवाबी प्रस्ताव; **~reconnaissance** /काउंटः-रिकॉनिसंस/ *n.* प्रतिगुप्तचरी; **~-reformation** *n.* प्रतिसुधार आंदोलन; **~-revolution** *n.* प्रतिक्रांति; **~-revolutionary** *n.* प्रति-क्रांतिकारी व्यक्ति; **~seal** *n.* प्रतिमुद्रांकन; **~sign** /काउंटःसाइन/ *v., pt.* ~signed, *pp* ~signing प्रतिहस्ताक्षर क., पहले किए हुए हस्ताक्षर पुष्टि क.; **~-signature** *n.* प्रतिहस्ताक्षर; **~signed** *adj.* प्रतिहस्ताक्षरित; **~signing** *n.* प्रतिहस्ताक्षरण; किसी के पहले किए गए हस्ताक्षर के साथ अपने दस्तखत करके पुष्टि क.; **~stroke** *n.* प्रतिप्रहार, जवाबी प्रहार; **~sink/ ~-bore** *v. pt.* ~sank, *pt. p.* ~sunk, *pp* ~sinking पेंच-छेद के ऊपरी सतह तक पेंच या मेख बैठाना; **~sink** *n.* (*also* **~sink bit**) मेख को पेंच-छेद के ऊपरी सतह के स्तर तक ठोकने वाला उपकरण; **~-sunk** *adj.* (***syn.*** flathead) किस धातु की ऊपरी सतह के स्तर तक ठोकी हुई (मेख); **~-terrorism** *n.* प्रति-उग्रवाद; **~-tenor** *n., music* ऊंचा सुर; **~-tide** *n.* प्रतिबहाव; **~view** *n.* प्रतिदृश्य, विपरीतता; **~vail** /काउंटःवेल/ *v. pt.* ~vailed, *pp* ~vailing (*often* **~vail against**) के बराबर हो.; **~vailing** *adj.* बराबर का उल्टा प्रभाववाली: ~vailing duty (बराबरी पर लाने के लिए लगाया जाने वाला शुल्क); **~weight** *n.* पासंग, प्रतितोलक भार, प्रतिभा;
p&i: **bargain ~** कम दाम के माल की मेज; **be on the bargain ~** कम दाम का हो.; **fast ~** 1 चालबाज मत-गणक 2 ठग; **nail to the ~** पर्दाफाश क.; **run ~ to** के विपरीत हो. या चलना; **the pie ~** विजयी दल द्वारा नौकरियों आदि की अपने समर्थकों के बीच बंदर-बाट क.; **the results ran ~ to our expectations** परिणाम उम्मीदों के विपरीत आए; **sell under the ~** चोरी-छिपे बेचना

countess /काउंटअस/ *n.* 1 सामंत की पत्नी 2 महिला सामंत

countless *see above under* **count: *dw/lw***

count noun *gramm. see above under* **count: *collocations:* countable noun**

countrified /कंट्रिफाइड/ *adj.* 1 ग्राम्य 2 फूहड़ 3 देहाती, गंवार

country /कंट्री/ *n., pl.* **countries** 1 देश 2 मातृभूमि 3 (**the country**) देश की जनता 4 ज्ञान या अनुभव का क्षेत्र: the ~ of literature 5 (**the country**) ग्रामीण क्षेत्र, देहात 6 ग्रामीण जनता 7 = **country and western** (*abbr.* **C&W**) देहाती संगीत जो सरल cow-boy गीतों, लोक संगीत, दक्षिणी और पश्चिमी अमेरिकी धुनों का बीसवीं सदी का मिश्रण है;
adj. ग्रामीण, देहाती, देसी: ~ cousin;
dw/lw: **country-box** 1 (*Russian* **дáча**) छोटा-सा ग्रामीण घर 2 षड्यंत्र घर; **~made** *adj.* 1 जो पेशेवर व्यक्ति द्वारा न बनाई गई हो 2 जुगाड़ू 3 देहाती; **~man/ ~woman** *n.* 1 (***syn.*** compatriot) हमवतन 2 ग्रामीण/ देहाती व्यक्ति; *pl.* **~men** 1 हमदेश, हमवतन, देश के लोग 2 ग्रामीण लोग; **~side** *n.* ग्रामीण क्षेत्र, देहात; **~wide** *adj.* (***syn.*** nationwide) पूरे देश में;
collocations: **~ bumpkin** गंवार; **~ club** ग्रामीण क्षेत्र में खेल-कूद की क्लब; **~ cousin** गांव का रिश्तेदार, गंवार; **~ dance** ग्रामीण नृत्य; **~ folk** ग्रामवासी, ग्रामीण समुदाय; **~ house/ ~ seat** ग्रामीण क्षेत्र में बड़ा-सा बंगला; **~ liquor** देसी शराब, दारू; **~ life** ग्राम्य जीवन; **~ music** (*also* **~ and western**) 1 ग्रामीण संगीत 2 *see above under* **country**: 7; **~ party** किसान दल; **~ road** ग्रामीण (कच्ची) सड़क; **~ sickness** मातृभूमि की याद या विरह में तड़प; **~ town** पिछड़ा प्रांतीय नगर; **Afro-Asian countries** अफ्रीकी व एशियायी देश; **dependent ~** किसी दूसरे देश पर आश्रित देश; **giving ~** दाता देश; **hilly ~** पर्वतीय क्षेत्र; **level ~** समतल क्षेत्र या भूमि; **member ~** सदस्य देश; **mother ~** मातृभूमि; **unknown ~** अनजान/ पराया देश;
p&i: **a ~ cousin** गांव का रिश्तेदार, गंवार; **across ~** पक्की सड़कों से हटकर खेत-खलिहानों से होकर जाना; **appeal to the ~** संसद को भंग करके नए चुनाव घोषित क.; **every ~ has its customs** हर देश की अपनी परंपराएं होती हैं; **deserve well of one's ~** देश के लिए कुछ किया हो.; **go to the ~/ back to the ~** *Br.* चुनाव द्वारा जनमत जानना; **in the ~** ग्रामीण क्षेत्र में, खेत के घर (дáчa) पर; **put oneself to one's ~** अपने मतदाताओं का मत जानना; **so many countries, so many customs** जितने देश, उतने भेष; **the old ~** इंग्लैंड; **up ~** राजधानी (समुद्र तट) से दूर (का) क्षेत्र

county /काउंटि/ *n., pl.* **counties** 1 इंग्लैंड, आयरलैंड और अमेरिका में एक क्षेत्रीय इकाई (तहसील या जिला जैसी) 2 प्रांत, मंडल, जिला;
collocations: **~ borough** 100,000 से ज्यादा आबादी वाला शहर; **~ clerk** *US* काउंटी यानी जिला या तहसील का बाबू (तहसीलदार जैसा); **~ council** काउंटी परिषद; **~ court** काउंटी न्यायालय; **~ town** काउंटी (जिले का) मुख्य नगर;
p&i: **the home ~ies** लंदन के आस-पास के जिले

coup /कू/ *n.* 1 (*also* **coup d'état** /कू डेटाः/), *Fr.* 1 चाल 2 राज्य-विप्लव, तख्ता-पलट, विद्रोह 3 आकस्मिक शासन परिवर्तन;
p&i: **~ the cran** निराश क.

coup de grâce /कू-डअ-ग्रास/ *pl.* **coups de grace** *Fr.* 1 मारक/ घातक प्रहार 2 (***syn.*** euthanasia) करुणा-प्रहार

coup d'état /कू डेटाः/ *pl.* **coups d'état** *Fr. see above under* **coup**

coup de théâtre /कू डअ तेआतरअ/ *pl., Fr.* **coups de theatre** 1 नाटक आदि में होने वाली अति विचित्र बात 2 अत्यधिक सफल नाटक या कार्यक्रम
coupé /कूपे/ *n.* 1 दो सीटो वाली कार 2 दो सीटो वाला डिब्बा, द्विशायिका 3 दो सीटो वाली बग्गी 4 (*syn.* dessert) फल-आइसक्रीम मिष्टान्न 5 इस मिष्टान्न को परोसने के लिए प्याला
couple /कपल/ *n.* 1 जोड़ी, जोड़ा 2 पति-पत्नी, दंपति, वर-वधू: married ~; loving ~ 3 बंधन 4 बलयुग्म 5 (*usually* **a ~ of**) दो-एक, कुछ, कई: a ~ of apples 6 चंदेक: a ~ of years ago;
v., pt. **~d**, *pp* **coupling** 1 जोड़ना, मिलाना 2 संयोजित क. 3 संभोग क.;
adj. 1 योजक 2 युग्मक: ~-bolt; ~-rod 3 संयोजक
dw/lw: **coupling** *see below under separate entry*;
p&i: **~d with sth** के साथ मिलकर; **~ sb/ sth with sb/ sth** किसी को या किसी चीज को किसी से या किसी चीज से जोड़ना; **go/ hunt/ run in ~s** कभी अलग न होनेवाले दो लोग; **in a ~ of days** दो-एक (कुछ) दिनों में; **it is not every ~ that is a pair** सभी शादियां सफल नहीं होतीं; **work in ~s** जोड़ों में काम क;
couplet /कप्लेट/ *n.* दोहा, द्विपदी, शेर
coupling /कप्लिंग/ *n.* 1 युग्मन: inductive ~ (प्रेरित युग्मन) 2 *derog.* संभोग क्रिया 3 जुड़ाई 4 संयोजन;
adj. 1 योजक 2 युग्मक: ~-bolt; ~-rod 3 संयोजक
coupon /कूपन/ *n.* 1 कूपन 2 लिखित परिपत्र, पर्णिका
coupure /कूप्यूर/ *n.* 1 (*syn.* cutting) चीरा 2 (*syn.* incision) छेदन 3 रचनांश विलोपन (drama, music)
courage /करिज/ *n.* 1 साहस, हिम्मत: moral/ physical ~ 2 (*syn.* bravery) बहादुरी, दिलेरी, शौर्य: unfaltering ~;
p&i: **bring one's ~ to the sticking point** हिम्मत जुटाना; **Dutch ~** नशे में धुत्त आदमी का हौसला, शराबी की गुर्राहट; **have the ~ of one's convictions** अपने विचारों या आस्था के अनुसार कार्य करने की हिम्मत होना; **lose ~** हिम्मत हारना; **pluck up/ muster up the ~ (to do sth)** कुछ करने की हिम्मत या साहस जुटाना; **pluck up ~/ take one's ~ in both hands**; साहस जुटाना, हौसला बुलंद क.; **take ~** हिम्मत जुटाना; **take ~ from sth** किसी बात से हौसला पाकर ज्यादा खुश और विश्वास से भरा हो.
courageous /करेजिअस/ *adj.* दिलेर, साहसी, हिम्मत वाला, बहादुर;
dw/lw: **~ly** /करेजिअस्लि/ *adv.* हिम्मत से, दिलेरी के साथ; **~ness** *n.* 1 साहस, हिम्मत 2 बहादुरी, दिलेरी
courante /कुरांट/ *n.* एक पुराना फ्रांसीसी जीवंत नृत्य
courgette /कुअर्जेट, कॉःजेट / *UK* (*US* **zucchini**) *n.* एक लंबी हरी सब्जी जो अंदर से सफेद होती है, घीया
courier /कुरिअः/ *n.* 1 पत्रवाहक, संदेशवाहक 2 *UK* सैलानियों की देखभाल करने वाला
course /कॉःस/ *n.* 1 गति, प्रगति: the ~ of business; the ~ of events 2 पथ, मार्ग, रास्ता, जलमार्ग: the ship is on her right ~ 3 दिशा, दिशा कोण, रास्ता: our ~ was due north; hold/ lay/ set ~ for; go off ~; downhill ~ (तेजी से नीचे उतरने की दूरी) 4 कार्य नीति, कार्य पथ: ~ of action; best ~ is to wait 5 पाठ्यक्रम, पाठ योजना: a ~ in literature; three-year ~ 6 भोजन के दौर, फेरा: main ~ 7 मैदान: golf ~; obstacle ~ (बाधा पथ) 8 अवधि: in the ~ of the next year 9 माला 10 रद्दा (layer): ~ of bricks in a wall 11 क्रम, दिशा, पथ (of treatment): a ~ of medicines (दवाई लेने का क्रम); a ~ of mud baths (गारा-स्नान की तकनीक) 12 (नदी आदि की) धारा: change ~ 13 प्रकृति, स्वभाव: the ~ of nature 14 जीवन की दिशा: an event that changed the ~ of his life 15 घुड़-दौड़ पथ: race course;
v., pt. **~d**, *pp* **coursing** 1 पीछा क., पार क. 2 दौड़ना 3 बहना: tears **~d down** her cheeks 4 कुत्तों से शिकार क.;
dw/lw: **~book** *n. UK* पाठ्य पुस्तक; **~ware** *comput.* किसी विषय को पढ़ाने के लिए तैयार किया हुआ कंप्यूटर प्रोग्राम; **~work** *n. UK* पाठ्यक्रम कार्य;
collocations: **~ corrector** पथ-सुधारक; **~ light** पथ-प्रदर्शक प्रकाश बुर्ज; **~ of action** किसी समस्या से निपटने का तरीका;
Marathon ~ लंबी दौड़ की दूरी; **refresher ~** पुनरावृत्ति पाठ्य-क्रम; **short-time ~s** अल्प-अवधि पढ़ाई-पाठ्यक्रम; **stay the ~** अंत तक झेलना; **three-~ lunch** तीन दौर का भोजन: **the first ~ – Russian salad, the second ~ – soup and the third ~ – meat and rice** तीन दौर का भोजन: पहला दौर – रूसी सलाद, दूसरा – शोरबा और तीसरा – मांस-चावल; **the training ~** प्रशिक्षण पाठ्यक्रम;
p&i: **a matter of ~** स्वतः समझ में आना चाहिए; **be on ~ for sth/ to do sth** *UK* के पथ पर हो. / कुछ करने के लिए सही रास्ते पर चलना; **during/ in/ over the ~ of sth** के दौरान; **in due ~** समय आने पर, यथासमय; **in the ~ of sth** किसी कार्य को करते हुए, के दौरान; **in the ~ of time** अंततः, कुछ समय बीत जाने पर; **in the normal/ ordinary, etc. ~ of events, things, etc.** जैसा कि प्रायः होता है; **let law take its own ~** कानून को अपना काम करने दो; **of ~** 1 निश्चय ही 2 निस्संदेह; **of ~ not** बेशक, नहीं; **put through a ~ of sprouts** *US* भयंकर यातना देते हुए पूछताछ क.; **run/ take its ~** कार्यकाल पूरा क.; **set one's ~** रास्ते पर निकल पड़ना; **stay the ~** अंत तक टिके रहना; **steer/ tread middle ~** मध्यम मार्ग अपनाना; **the ~ of true love never did run smooth** सच्चे प्यार के रास्ते में कदम-कदम पर कांटे बिछे होते हैं; **took to evil ~** बुरे रास्ते पर चल पड़ा
courser /कॉःसः/ *n.* 1 (पक्षी) नुकरी 2 धावक 3 तेज घोड़ा
coursing /कॉःसिंग/ *n.* कुत्तों के सहारे शिकार;
adj. शिकारी: a ~ dog
court /कोट/ *n.* 1 कचहरी, न्यायालय, अदालत: ~ of justice (न्यायालय); police ~ (पुलिया अदालत) 2 **the ~** न्याय-मंडली, न्याय-दरबार: Supreme **Court**; International ~ of justice 3 खेल का मैदान: basketball ~ 4 प्रांगण, चौक 5 राजमहल, राज दरबार 6 दरबारदारी, खुशामद 7 (प्रेम में) प्रण याचना 8 (विश्वविद्यालय में) उच्चतम परिषद;
v., pt. **~ed**, *pp* **~ing** 1 (*syn.* cultivate) फुसलाना 2 अनुग्रह प्राप्ति का प्रयास क., दरबारदारी क. 3 प्रेम-प्रणय चलाना, प्रणय याचना क., प्रेम जताना: be **~ing**; ~ the ladies 4 पीछे लगे रहना 5 लोकप्रियता खोजना, चाहना: ~ popularity 6 खतरा मोल लेना: ~ disaster;
dw/lw: **~age** /कुर्तिज/ *n.* दलाली (की राशि); **~-clerk** *n.* पेशकार; **~-day** *n.* अदालत का दिन; **~-dress** *n.* दरबारी की पोशाक, अदालती पोशाक, औपचारिक परिधान; **~house** *n.* 1 अदालतों के समूह वाला भवन 2 *US* अमेरिका में काउंटी के दफ्तरों वाली इमारत; **~ier** /कोर्टिअः/ *n.* दरबारी; **~ly** *adj.* अत्यंत शिष्ट व आदरपूर्ण: ~ly love (*see below under separate entry*); **~-martial** /कोःटमाःशिअल/ *n., pl.* ~s-martial/ ~s सैनिक न्यायालय; **~-martial** *v., pt.* ~-martialled, *pp* ~-martialling सैनिक न्यायालय में मुकदमा चलाना; **~room** *n.* कचहरी, अदालत; **~ship** *see below under separate entry*; **~witness** *n.* अदालती गवाह;
*collocations:***~ bouillon** /कोःट बूयॉन/ (शब्दशः): थोड़ी देर उबाला हुआ द्रव, मछली आदि का शोरबा; **~ card** (ताश के पत्तों में) बादशाह, बेगम और गुलाम; **~ costs = costs at ~** अदालती खर्चा; **~ of appeal** पुनर्विचार न्यायालय; **~ of arbitration** पंचनामा अदालत, समझौता अदालत; **~ of bankruptcy** दिवालिया अदालत; **~ of claims** *US* अमेरिका में सरकार के खिलाफ दावे सुनने वाली अदालत; **~ of first instance** *law*

सबसे निचली अदालत जहां मुकदमा सर्वप्रथम सुना जाता है; ~ **of inquiry/ enquiry** जांच अदालत; **Court of Justice of the European Communities** यूरोपीय संघ का न्यायालय; ~ **of justice** न्यायालय; ~ **of law** न्यायालय; न्यायालय; ~ **of revision** परीक्षण न्यायालय; ~ **of session** सत्र (सेशन) न्यायालय; ~ **of small causes** लघु वाद न्यायालय; ~ **of wards** प्रतिपाल्य न्यायालय; ~ **poet** दरबारी कवि; ~ **order** न्यायालय का आदेश; ~ **shoe** (*also* **pump**) औरत का बिना ऊपरी हिस्से का औपचारिक जूता;
a drum-head ~ martial कोर्ट मार्शल; **arguments in** ~ अदालत में पक्षों की जिरह; **contempt of** ~ न्यायालय की अवमानना; **district** ~ जिला अदालत; **indoor** ~ छत के नीचे खेल का मैदान; **in open** ~ आम जनता के लिए खुली अदालत; **judge sitting in** ~ सत्र-न्यायाधीश; **out of** ~ आपसी समझौता; **rectangular** ~ आयताकार प्रांगण या मैदान;
p&i: ~ **controversy/ danger/ disaster, etc.** विवाद/ खतरा/ मुसीबत मोल ले.;
be presented to ~ दरबारी खिताब के लिए प्रस्तुत; **clear the** ~ अदालत को जनता से खाली कराना; **go to the** ~ मुकदमा क.; **hold** ~ अदालत क., मुकदमे की सुनवाई क.; **hold ~ with sb** मजेदार किस्से सुनाकर लोगों का मन बहलाना; **in** ~ मुकदमे की सुनवाई; **kangaroo** ~ कानून के साथ खिलवाड़ क.; **pay ~ to** खुशामद क.; **put sb out of** ~ किसी की पूर्णतः उपेक्षा क.; **rule sth out of** ~ मुकदमा खारिज क.; **settle a case out of** ~ मुकदमा सुलह-सफाई से निपटाना; **take sb to** ~ किसी को अदालत में घसीटना, किसी पर मुकदमा क.; **the ball is in your** ~ अगला कदम आपको उठाना है

courteous /कःटिअस\/ *adj.* विनम्र, शिष्ट, भद्र;
dw/lw: **~ly** /~लि/ *adv.* विनम्रतापूर्वक; **~ness** /~नेस/ *n.* विनम्रता, शिष्टता, भद्रता; **courtesy** *see below under separate entry*

courtesan /कॉःटिजैन/ *n.* वेश्या, गणिका

courtesy /कःटसि/ *n., pl.* **courtesies** 1 (***syn.*** politeness) शिष्टता, भद्रता 2 सौजन्य;
adj. निःशुल्कः ~ bus;
collocations: ~ **car** होटल के ग्राहकों के लिए हवाई अड्डे पर इंतजार करने वाली निशुल्क कार; ~ **light** द्वार बत्ती; ~ **title** अवैध रूप से इस्तेमाल किए जाने वाली उपाधि या पदवी;
p&i: **(by/ through) the ~ of sb/ sth** के सौजन्य से; **Courtesy of England** इंग्लैंड में पत्नी की मृत्यु के बाद संपत्ति पर पति का अधिकार हो.; ~ **of the port** माल को सीमा-शुल्क जांच से मुक्त क.; **do sb the ~ of doing sth** कुछ करने की कृपा क.; **have the ~ to do sth** किसी कार्य को करने का उचित समय चुनने की शिष्टता

courtier /कोर्टिअः/ *n.* दरबारी;

courtl\y /कोःटलि/ *adj.*1 शिष्ट, भद्रः ~ manners 2 चाटुकारितापूर्णः ~ language;
dw/lw: **~iness** *n.* 1 विनम्रता, शिष्टता 2 चाटुकारिता
collocations: **~y love** 1 मध्ययुगीन साहित्य में दर्शित ऐसा प्रेम जिसमें प्रेमी अपनी अभिजात वर्ग की विवाहित प्रेमिका के लिए जीने-मरने वादे करता है, पर वह उससे शादी नहीं कर सकता 2 भावनाओं से ओतप्रोत प्रेम

court-martial *see above under* **court:** ***dw/lw***

courtship /कॉःटशिप/ *n.* 1 शादी से पहले प्रेम-प्रणय का समय, प्रणय काल : they married after a short ~ 2 प्रेम-प्रणय का सिलसिला, प्रेमाचार 3 मद काल में पशुओं द्वारा अपने साथी को आकर्षित करने का तरीका 4 व्यापार में कारोबारी साथी (partner) को आकर्षित करने की प्रक्रिया

courtyard /कॉःटयाःड/ *n.* प्रांगण, आंगन, अहाता

couscous /कुसकुस/ कूसकूस/ *n.* एक उत्तरी अफ्रीकी व्यंजन

cousin /कजन/ (*also* **first ~/ ~-german**) *n.* 1 चचेरा/ ममेरा/ फुफेरा/ मौसेरा भाई या चचेरी/ ममेरी/ फुफेरी/ मौसेरी बहन 2 दूर का रिश्तेदार 3 अलग-अलग देशों में रहने वाले एक नस्ल के लोग;
collocations: ~ **brother** चचेरा भाई; ~ **sister** चचेरी बहन;
p&i: ~ **Betty** दिमाग से पैदल लड़की; ~ **once removed** भतीजा, भतीजी, भांजा, भांजी आदि;
call ~s with sb किसी को अपना संबंधी समझना; **first ~ once removed** माता-पिता के चचेरा भाई ... या बहन आदि; **forty second ~ = ~ seven (several) times removed** बहुत दूर का रिश्तेदार; **not to call the King one's** ~ किसी की परवाह न हो.

couteau /कुटो/ *n.* शिकारियों का चाकू

coute que coute /कूटकेकूट/ *Fr.* हर कीमत पर, किसी भी कीमत पर

couture /कुट्युअः/ *n., Fr.* महंगे फैशनेबल कपड़ों को डिजाइन करने, बनाने और बेचने का धंधा, वस्त्र-निर्माण;
dw/lw: **couturier** /कुट्युअःरिए/ (*also* **fashion designer**) *n.* महंगे फैशनेबल कपड़ों का डिजाइनर, वस्त्र-निर्माता

couth /कूथ/ *adj.* 1 सुसंस्कृत, सभ्य 2 सुप्रिय, दयालु

covalen\ce/ covalen\cy /कोवे\लंस/ कोवे\लंसि/ *n.* 1 सहसंयोजिकता 2 एक साथ अलग होने का गुण;
dw/lw: **~t** /~लंट/ *adj.* सहसंयोजक, एक साथ होने वाला

couvre-feu /कूवरफे/ (*also* **curfew**) *n.* कर्फ्यू, जब पुलिस को शहर में किसी को देखते ही गोली मारने का हुक्म दिया जाता है

covarian\ce /कोवेअरि\अंस/ *n.* एक साथ अलग होने का गुण;
dw/lw: **~t** /~अंट/ *adj.* एक साथ होने वाला

cove /कोव/ *n.* 1 लघुनिवेशिका, छोटी खाड़ीः a secluded ~ 2 तीन ओर से घिरा स्थान, दर्रा 3 *Br., Austral., colloq.* आदमी, एक साथी, लड़काः rum ~ (विचित्र लड़का)

coven /कवन/ *n.* 1 चुड़ैलों की पंचायत 2 तेरह चुड़ैलों का झुंड

covenant /कवअनंट/ *n.* 1 *law* लिखित समझौता 2 वचन, प्रतिज्ञा पत्र, प्रसंविदा 3 *Bible* भगवान और व्यक्ति के बीच समझौताः land of the **~s** (प्रतिज्ञा के अनुसार दी जाने वाली धरती, जिसमें दूध दही की नदियां बहती हैं);
v. pt. **~ed**, *pp* **~ing** प्रतिज्ञा पत्र अनुसार कुछ करने को राजी हो.: all profits are **~ed** to schools;
dw/lw: **~ed** /कवनंटिड/ *adj.* प्रतिज्ञा पत्र अनुसार वचनबद्ध; **~ee** /कवनंटी/ *n.* व्यक्ति जिसके संबंध में वचनबद्धता होती है; **~er/ ~or** /कवनंटः/ *n.* वचनबद्ध या जिम्मेवार व्यक्ति; ~ **of grace (or redemption) theory** अनुग्रह (या उद्धार) के प्रतिज्ञा पत्र का सिद्धांत;

Coventry /कवंटरि, कौवंटरि/ *US* काःवंटरि / *n.* (*always*) **send sb to Coventry** सजा देने की मंशा से किसी से बात करने से इन्कार कर दे.;
p&i: **send sb to Coventry** किसी का बहिष्कार क.

cover /कवः/ *v., pt.* **~ed**, *pp* **~ing** 1 ढकना 2 आच्छादित क., ऊपर सतह बनाना, पर फैला दे., बिछाना, चढ़ाना, पहना दे. 3 दूरी पार क., लांघना, फांदनाः had **~ed** 50 kilometres towards the evening 4 क्षेत्र में फैला हो. 5 समावेश/ सम्मिलित क.: the rules ~ all the cases 6 के बारे में समाचार दे., विवरण दे., में स्थान दे., के विषय में लिखना (छापना) 7 (पैसों का) पूरा पड़ना, के लिए पर्याप्त हो.: enough money to ~ the meal 8 बीमा द्वारा सुरक्षित हो. 9 रक्षा क., बचाना, आड़ क. 10 छिपा ले.: ~ for sb 11 किसी को बंदूक तानकर धमकी दे. 12 व्यवस्था क. 13 तय क.: **~ed** the distance in four hours 14 व्याख्या/ प्रतिपादन/ अध्ययन क. 15 का ध्यान रखना, पहरा दे., रखवाली क. 16 (*usually* **~ for sb**) किसी के स्थान पर काम क. 17 पुराने गाने की नई रिकॉर्डिंग क.: ~ a Beatles' number;
n. 1 आवरणः a ~ for a chair 2 जिल्द 3 आवरण-पृष्ठ, कवर 4 लिफाफाः a first-day ~; under a separate ~ (अलग लिफाफे में) 5 सुरक्षा आवरण/ कवच/ ढक्कन 6 बीमा, सुरक्षा-राशि 7 आड़, आश्रयः air ~ for a ship 8 ओट, पर्दा, बहानाः his ~ as a bank

officer was blown 9 झाड़-झंखाड़, झाड़ी 10 (**covers**) बिस्तरे की चादरें आदि 11 गीत = **cover version** 12 आच्छादन, छादन: cloud/ snow ~ 13 वन या पेड़ों से ढका क्षेत्र: total forest ~ of the earth;
dw/lw: **~age** /कवरिज/ *n.* 1 घटना-विवरण 2 *US* बीमा जोखिम राशि 3 क्षेत्र, विस्तार 4 प्रसारण-क्षेत्र 5 व्याप्ति 6 सुरक्षा; **~all** /कवःऑल्ज/ *n., [pl.]* (*also* **overalls**) कार्य-चोगा, कपड़ों के ऊपर पहने जाने वाला चोगा, लबादा; **~ed** *adj.* ढंका हुआ, छतदार; **~ing** *see below under separate entry*; **~let** /कवःलेट/ *n.* पलंगपोश; **~lid** *n.* पलंगपोश, आवरण; **~-up** *n.* छिपाव, पर्दा डालने की क्रिया; **~s** /कवःज/ *n. [pl.]* सर्दी से बचने के लिए चादरें आदि;
collocations: **~ charge** रेस्त्रां आदि में प्रति-व्यक्ति सेवा कर; **~ girl** सुंदरी, जिसका आवरण पृष्ठ पर चित्र छपता हो; **~ story** पत्रिका में मुख्य किस्सा; **~ version** किसी दूसरे द्वारा रिकॉर्ड किए हुए गीत की फिर से की गई रिकॉर्डिंग; **~ed wagon** ढकी हुई घोड़ागाड़ी;
back ~ पुस्तक का पिछला आवरण; **under ~** 1 ढका हुआ 2 गुप्त;
p&i: **~ for** किसी के स्थान पर कार्य क.; **~ in** पाटना, दरार पाटना: ~ in a grave; **~ into** में बदलना; **~ oneself with** प्राप्त क., अर्जित क.; **~ sth up** 1 सुरक्षित करने या छिपाने के लिए ढकना 2 पर्दा डालना, छिपाना, लीपा-पोती क.; **~ the buckle** नृत्य में कोई कठिन मुद्रा पूरी क.; **~ the feet** शौच जा.; **~ up** 1 ढक ले.: ~ up a baby 2 छिपा ले., गुप्त रखना;
break ~ 1 आड़ से बाहर निकालना 2 सामने आना; **read a book ~ to ~** शुरू से लेकर अंत तक पुस्तक को पढ़ डालना; **take ~** आड़, ओट या आश्रय ले.; **under the ~ of darkness** अंधेरे-अंधेरे; **under the ~ of friendship** दोस्ती की आड़ में; **under the ~ of patriotism** देशभक्ति की आड़ में; **warships ~ed the landing of the army** युद्ध पोतों ने उतरती सेना को आड़ दी

covering /कवरिंग/ *n.* 1 आवरण, केस: water-repellent ~ 2 सतह: leafy ~ 3 बिजली की तारों आदि को एक-दूसरे से अलग (insulate) करने के लिए की जाने वाली कोटिंग
adj. 1 आवरक, आच्छादी 2 साथ लगा हुआ: ~ note (सह आवरक टिप्पणी) 3 रक्षक: ~ detachment; ~ fire;
collocations: **~ letter** सह पत्र, मुख्य मुद्दे के साथ भेजा जाने वाला पत्र

covert /कवःट/ *US* कोवःट/ *adj.* 1 गुप्त, गोपनीय: ~ threat; ~ glance; ~ operation 2 पति पर आश्रित या पति संरक्षित (पत्नी)
n. 1 जानवरों का आश्रय, गुफा 2 झाड़-झंखाड़, जिसमें शिकारी जानवर छिपते हैं 3 *orinthol.* पक्षी की देह-पिछ के पंख;
dw/lw: **~ly** /~लि/ *adv.* गुप्त रूप से, चोरी छिपे: watch sb ~ly

coverture /कवःच/ *n.* 1 आच्छादन, आश्रय, पनाह 2 पत्याश्रय, पति का आश्रय

covet /कवअट/ *v., pt.* **~ed,** *pp* **~ing** 1 आकांक्षा क.: winners of **~ed** trophy 2 अति लालसा रखना 3 लालच या लोभ क.;
dw/lw: **~ous** /~स/ *adj.* लोभी, लालची, लोलुप; **~ously** /~सलि/ *adv.* लालची तरीके से; **~ousness** /~सनेस/ *n.* लालचीपन;
p&i: **~ousness brings nothing home** लालच बुरी बला है;
all ~, all lose बहुत अधिक पाने के लालच में थोड़ा-बहुत मिल सकने वाला भी गंवा दे.

covey /कवि/ *n., pl.* **~s** 1 तीतर जैसे शिकार योग्य पक्षियों का छोटा-सा झुंड 2 लोगों का छोटा-सा झुंड

covin /कविन/ *n.* दो व्यक्तियों के बीच तीसरे व्यक्ति के विरुद्ध षड्यंत्र, धोखाधड़ी

COVO *abbr.* 'Confederation of Voluntary Organisations' की प्रथमाक्षरी

cow /काउ/ *n.* 1 गाय, गो, गौ: ~ in milk/ milch ~ (दुधारू गाय) 2 मादा, मादा जानवर (हथिनी आदि) 3 *UK* औरतों के लिए प्रयुक्त निरादरपूर्ण शब्द 4 *Austral. & NZ sl.* कमीना आदमी;
v., *pt.* **~ed,** *pp* **~ing** 1 (***syn.*** intimidate) धमकी दे. 2 धौंस दिखाना 3 भयभीत क., डरा-धमकाकर घुटने टिकवाना 4 संत्रस्त क.;
dw/lw: **~bell** /काउबेल/ *n.* गाय के गले में बांधी जाने वाली घंटी, *Hr.* घांडी; **~-boy** *n.* /काउबुआय/ *n., sl., derog.* 1 *US* घुड़सवार चरवाहे: ~-boy boots (चरवाहों जैसे जूते); ~-boy hat (चरवाहों जैसा टोप) 2 फिल्मों आदि में चरवाह का पात्र 3 *UK* बिना किसी प्रशिक्षण के भवन-निर्माण का काम करने वाला 4 लापरवाह व बेईमान व्यवसायी, ऊंचे दाम लेकर घटिया माल देने वाला; **~-calf** *n.* बछड़ा; **~-catcher** *n. US* रेलगाड़ी के इंजन के आगे लगा गाय आदि को पटरी से हटाने के लिए एक सुरक्षा इंजन छाज, पथ रक्षक; **~chip** *n.* सख्त उपला; **~dung** *n.* गोबर, गोया; **~ed** *adj.* भयभीत, हीन भावना से संतप्त; **~fish** *n.* गोल-मीन; **~-girl** *n.* पश्चिमी अमेरिका में लड़की-चरवाहा; **~hand/ ~man** *n.* गायों की देख-भाल करने वाला लड़का, चरवाहा; **~-hide** *n.* गर्म, गाय की खाल; चाबुक; **~pat** *n.* जमीन पर जमी गोबर की समतल परत या उपला; **~-pea** *n.* लोबिया, चवली; **~-pox** *n.* गोचेचक; **~rie/ ~ry** /काउरि/ *n. pl.* ~ries कौड़ी; **~shed/ ~house** *n.* गोशाला, गोहाल, दलान; **~-town** *n.* स्थानीय पशुपालन प्रधान कस्बा;
collocations: **~ college** देहाती कॉलेज; **~ herd** ग्वाला, चरवाहा; **~ neck** औरत की स्वेटर का मुड़वां गला;
p&i: **~ down** डराना, धमकाना;
a drugstore ~boy आवारा; **God sends a curst ~ short horns = curst ~s have cut horns** टक्करमारू गाय को भगवान बड़े-बड़े सींग नहीं देता; **have a ~** बहुत परेशान हो जा.; **if you sell the ~, you sell her milk too** गाय बेची तो उसका दूध भी बेचा; **make ~ eyes** उदास दृष्टि डालना; **salt the ~ to catch the calf** कुटिल चालों से कुछ प्राप्त क.; **the ~ knows not what her tail is worth until she has lost it** होने पर किसी चीज को पूछते नहीं, उसके खोने पर रोते हैं; **the ~ with the iron tail** दूध में मिलावट करने वाला यंत्र; **till the ~s come home** अनिश्चित काल के लिए; **you cannot sell the ~ and drink the milk** चित भी मेरा और पट भी मेरा नहीं हो सकते

coward /कॉउअःड/ *n.* 1 डरपोक/ कायर/ भीरु आदमी, कापुरुष 2 कमजोर व बेसहारा लोगों पर दमन करने वाला व्यक्ति;
dw/lw: **~ice** /कॉउअःडिस/ *n.* कायरता, भीरुता; **~liness** /काउअःडलिनेस/ *n.* कायरता, भीरुता; **~ly** /कॉउअःड्लि/ *adj.* कायरतापूर्ण;
p&i: **~s are cruel** बुजदिल आदमी जालिम होता है; **~s die many times before their deaths** बुजदिल बार-बार मरता है

cowboy *see above under* **cow: *dw/lw***

cower /काउअः/ *v., pt.* **~ed,** *pp* **~ing** 1 दुबकना 2 डरे के मारे सिकुड़कर किसी आड़ के पीछे छिपना, सिमटना

cow (h)age /काउइज/ (*also* **cowitch**) *n.* कौंच, केवांच, कोंछ

cowl /काउल/ *n.* 1 भिक्षु की हुडदार टोप, टोपी 2 लालटेन की बत्ती को हवा आदि से बचाने के लिए गोल घूमने वाला शीशा

cowlick /काउलिक/ *n.* माथे पर खड़े बालों की कलगी

cowling /काउलिंग/ *n.* विमान या गाड़ी का इंजन टिकाने के लिए बना चौखटा (casing)

co-worker /कोवःकः/ *n. US* सहकर्मी

cox /कॉक्स/ *n., pl.* **~es** (*short for* **~swain**) 1 खिवैया, माझी 2 छोटे जहाज पर दिशा-कर्णधार, सुक्कानी 3 नाविक;
v., *pt.* **~ed,** *pp* **~ing** *s/he/it* **~es** 1 खिवैया/ कर्णधार का काम क. 2 चप्पू चलाना

coxa /कॉक्स/ *n.* 1 कक्षांग 2 (कुल्हा) श्रोणी, नितंब

coxcomb /कॉक्सकोम/ *n.* बांका, छैला (dandy);
dw/lw: **~ry** *n.* 1 बांका-छैलापन 2 अपने मुंह मियां-मिट्ठूपन

coxswain /कॉक्स्वेन/ *n.*, जीवन-रक्षक नौका अधिकारी एवं दिशा-निर्देशक

coy /कॉइ/ *adj.* 1 (*syn.* reticent) शर्मीला या शर्मीली, संकोची, लजीली 2 दिखावटी नखरेबाज 3 घुन्ना, अतिशय एकांतप्रिय;
***dw/lw:* ~ly** /~लि/ *adv.* संकोचपूर्वक; **~ness** *n.* शर्मीलापन, संकोच

coyote /कॉयोटि/ (*also* **prairie wolf**) *n., pl.* **~s** 1 उत्तरी अमेरिकी भेड़िया 2 कमीना, घिनौना व्यक्ति

coze /कोज/ *v., pt.* **~d**, *pp* **cozing** मैत्रीपूर्वक गपशप क.

cozen /कजअ\न/ *v., pt.* **~ed**, *pp* **~ing** धोखा दे., फुसलाना, बहकाना;
***dw/lw:* ~age** /~नेज/ *n.* छल, कपट, धोखाधड़ी; **~er** /~नेज:/ *n.* धोखेबाज, कपटी

cozy /कोजि/ *adj. US spell.* of '**cosy**' की अमेरिकी वर्तनी (आरामदेह, सुखद, सुखकर)

cp *abbr.* 'compare' का संक्षेप

CP *abbr.* 'Cleaner Production', 'commercial papers', 'Commissioner of Police', 'Connaught Place', 'Consumer Protection', 'Cosmic Psyche' की प्रथमाक्षरी

CPA *abbr.* 'Cathay Pacific Airways', 'Centre for Policy Alternatives', 'Certified Public Accountants', 'Commonwealth Parliamentary Association', 'Consumer Protection Act' की प्रथमाक्षरी

CPAA *abbr.* 'Cancer Patients Aid Association' की प्रथमाक्षरी

CPAG *abbr.* 'Child Poverty Action Group' की प्रथमाक्षरी

CPAP *abbr.* 'Continuous Positive Airway Pressure' की प्रथमाक्षरी

CPB *abbr.* 'Consumer Protection Bureau' की प्रथमाक्षरी

CPC *abbr.* 'Collaborative Product Commerce', 'Caspian Pipeline Consortium', 'Central Production Centre', 'Code of Civil Procedure', 'Corporation Positioning Committee', की प्रथमाक्षरी

CPCB *abbr.* 'Central Pollution Control Board' की प्रथमाक्षरी

CPCRI *abbr.* 'Central Plantation Crops Research Institute' की प्रथमाक्षरी

CPCSEA *abbr.* 'Committee for the Purpose of Control and Supervision of Experiments on Animals' की प्रथमाक्षरी

CPDHE *abbr.* 'Centre for Professional Development in Higher Education (formerly, Delhi University)' की प्रथमाक्षरी

CPDR *abbr.* 'Committee for the Protection of Democratic Rights' की प्रथमाक्षरी

CPE *abbr.* 'Certificate of Proficiency in English' की प्रथमाक्षरी

CPF *abbr.* 'Chinar Protection Forum' की प्रथमाक्षरी

CPFD *abbr.* 'Council for the Prevention and Fight Against Doping' की प्रथमाक्षरी

CPI *abbr.* 'Communist Party of India', 'Consumer Price Index', 'Corruption Perception Index' की प्रथमाक्षरी

CPI-AL & CPI-RL *abbr.* '(All India) Consumer Price Index for Agricultural and Rural Labourers' की प्रथमाक्षरी

CPIF *abbr.* 'Cost Plus Incentive Fee' की प्रथमाक्षरी

CPJ *abbr.* 'Committee to Protect Journalists (New York)' की प्रथमाक्षरी

Cpl (*also* **Cpl.**) *abbr.* 'Corporal' का संक्षेप

CPL *abbr.* 'Commercial Pilots Licence' की प्रथमाक्षरी

CPLG *abbr.* 'Core Principal Liaison Group' की प्रथमाक्षरी

CPLT *abbr.* 'Certificate Programme in Laboratory Techniques (IGNOU)' की प्रथमाक्षरी

CPM *abbr.* 'Centre for Preventive Medicine' की प्रथमाक्षरी

CPMF *abbr.* 'Central Paramilitary Forces' की प्रथमाक्षरी

CPMG *abbr.* 'Chief Postmaster-General' की प्रथमाक्षरी

CPMT *abbr.* 'Combined Pre-Medical Test' की प्रथमाक्षरी

CPN *abbr.* 'Communist Party of Nepal' की प्रथमाक्षरी

CPNE *abbr.* 'Council of Pakistan Newspaper Editors' की प्रथमाक्षरी

CPN-UML *abbr.* 'Communist Party of Nepal-United Marxist Leninist' की प्रथमाक्षरी

CPO *abbr.* 'Chief Petty Officer', 'Central Passport Organisation', 'Community Project officer', की प्रथमाक्षरी

CPP *abbr.* 'Captive Power Plants (Rourkela)', 'calling party pays', 'current purchasing power' की प्रथमाक्षरी

CPR *abbr.* 'cardiopulmonary resuscitation', 'Centre for Policy Research', की प्रथमाक्षरी

CPRI *abbr.* 'Central Potato Research Institute', 'Central Power Research Institute' की प्रथमाक्षरी

CPRO *abbr.* 'Chief Public Relations Officer' की प्रथमाक्षरी

CPSTUs *abbr.* 'Committee of Public Sector Trade Unions' की प्रथमाक्षरी

CPSU *abbr.* ' 'Central Public Sector Undertakings' की प्रथमाक्षरी

CPT *abbr.* 'Calcutta Port Trust', 'Chennai Port Trust', 'Cochin Port Trust', 'colour picture tube', 'Conventional Picture Tube' की प्रथमाक्षरी

CPU *abbr. comput.* 'Central Pacific University (U.S.A.)', 'central processing unit' की प्रथमाक्षरी

CPWD *abbr.* 'Central Public Works Department' की प्रथमाक्षरी

CPYLS *abbr.* 'CSIR Programme on Youth for Leadership in Science' की प्रथमाक्षरी

CQ *abbr.* 'Contemporary Quotient' की प्रथमाक्षरी

CQA *abbr.* 'Certified Quality Analyst' की प्रथमाक्षरी

CR *abbr.* 'Confidential Report', 'contract research' की प्रथमाक्षरी

CR *abbr.* 'Costa Rica' का अंतर्राष्ट्रीय वाहन पंजीकरण कोड(*IVR*)

Cr *abbr.* 'Councillor' का संक्षेप

Cr *symbol., chem.* 'chromium' का चिह्न

CRA *abbr.* 'Cash Reserve Ratio', 'Cauvery River Authority' की प्रथमाक्षरी

crab /क्रैब/ *n., pl.* **~s** 1 केंकड़ा, कर्कट 2 **Crab** *astron., astrol.* **Cancer** कर्क रेखा, कर्क राशि 3 छोटा हवीत, कांटा 4 तुनुकमिजाज व्यक्ति;
v., pt. **~bed**, *pp* **~bing** शिकायत/ शिकवा क., उलाहना दे.
***dw/lw:* ~bed** /क्रैबिड/ क्रैब्ड/ *adj.* 1 तुनुकमिजाज, चिड़चिड़ा, कटुस्वभाव 2 (= **~by**) अपाठ्य लिखाई (हस्तलेखन), गिचपिच; **~bedly** *adv.* 1 चिड़चिड़े ढंग से 2 गिचपिच तरीके से (लिखना); **~bedness** /क्रैबिडनेस/ *n.* तुनुकमिजाजी, चिड़चिड़ापन; **~wise** *adj.* तिरछा; **~wise** *adv.*तिरछा चलने वाला या चलते हुए; **~by** /क्रैबि/ *adj., degr.* ~bier, ~biest तुनुकमिजाज, चिड़चिड़ा
***collocations:*~ apple** जंगली सेब; **~ grass** तकड़ी; **~ louse** मानवी गंदे बालों में पनपने वाली केंकड़ानुमा जूं; **Crab nebula** *astron.* वृष तारामंडल; **~'s eye** घुंघची, गुंजा; **~ stick** मछली के टुकड़ों को दबाने से बनी एक छोटी-सी केंकड़ानुमा स्वाद वाली डंडी (stick);
***p&i:* ~bed age and youth cannot live together** साठे-पाठे का क्या संग?; **catch a ~** नाव खेते समय चप्पू के अधिक गहरा चले जाने के कारण खिवैया का पीछे की ओर गिरना

CRAC *abbr.* 'Cyber Regulations Advisory Committee' की प्रथमाक्षरी

crack /क्रैक/ *v., pt.* **~ed**, *pp* **~ing** 1 चिटकना, चटकना, कड़कना, दरकना: ~ the joints of the fingers 2 दरार/ तेरड़ पड़ना: the vase **~ed** due to heat; the skin **~ed** due to cold 3 तोड-फोड़कर खोलना, फोड़ना, दोफाड़ हो. 4 जोर से टकराना, टकराकर चूर-चूर हो. या फटना, फूटना 5 समाधान निकालना, कूट शब्द सुलझाना 6 टूट जा., ढह जा. 7 धमाका क., कड़कना, आवाज का फटना: the rifle **~ed** and the beast fell 8 दबाव तले अपराधी द्वारा सब-कुछ उगल दिया जाना: the accused **~ed** under the pressure 9 चुटकुला सुनाना, मजाक क.: ~ a joke;

n. 1 दरार, दरज, तरे, फटन: the land full of **~s** as a result of hot, dry summer 2 दरक, चटक, कड़क 3 अवैध एवं हानिकारक दवाई 4 कड़कड़ाहट 5 *colloq.* कटु व कठोर मजाक 6 धमाकेदार प्रहार या वार: a ~ on the head 7 (*also* ~ **cocaine**) कोकेन का कश 8 अवसर, प्रयास: take a ~ at sth (कुछ करने की कोशिश क.) 9 हल्का-सा पागलपन: he is a ~ 10 मजेदार गप-शप;

adj. माहिर, बढ़िया, सर्वश्रेष्ठ: a ~ shot; a ~ team;

dw/lw: **~-brain/ ~-brained/ ~-headed/ ~-skull** *adj.* सनकी, झक्की, पागल; **~down** *n.* समाज विरोधी तत्वों या अनुचित गतिविधियों आदि के विरुद्ध सख्त कार्रवाई, नियमों का कड़ाई से पालन; **~ed** /क्रैक्ड/ *adj., colloq.* 1 फूटा हुआ, दरकदार 2 फटी (आवाज) 3 साखविहीन 4 पागल, मूर्ख; **~head** *n.* अवैध मादक पदार्थ पीने वाला व्यक्ति; **~ing** *adj.*1 बहुत बढ़िया: a ~ing story 2 बहुत तेज: a ~ing pace; **~ing** *n.* दरार, तरेड़, टूटन; **~jaw** *adj.* उच्चारणदुष्कर (tongue-twister), जिसका कठिनाई से उच्चारण हो; **~sman** *n.* सेंधमार; **~pot** /क्रैक्पॉट/ *colloq., n.* सनकी/ झक्की/ पागल आदमी; **~pot** *adj.* सनकी, झक्की, विचित्र: ~pot of ideas/ theories; **~-rope/ hemp** or **~halter** *n., colloq.* फांसी देने योग्य व्यक्ति, जिसे फांसी देनी चाहिए; **~-tryst** *n.* वाद्य तोड़ने वाला व्यक्ति; **~up** *n.* 1 टक्कर, भिड़ंत 2 शारीरिक या मानसिक अवसन्नता; **~up** *v., pt.* ~ed-up, *pp* ~ing-up भावनात्मक व मानसिक टूटन होना; **~y** /क्रैकि/ *adj.* 1 तेरेड़पड़ा 2 आसानी से टूटने वाला 3 पागल 4 सनकी, हिला हुआ;

collocations: **~ed wheat** टूटे दानों वाली गेहूं; **~ house** *US* जहां कोकेन जैसे मादक पदार्थ बिकते हैं;

p&i: **~ a bottle** बोतल खोलना या पीना; **~ a crib** *sl.* सेंध मारना; **~ a joke** मजाक क.; **~ a record** रिकॉर्ड बनाना या तोड़ना; **~ credit** साख खोना; **~ down on sb/ sth** *colloq.* टूट पड़ना, अवैध धंधे को रोकने के लिए किसी के विरुद्ध कठोर कार्रवाई क.; **~ed pipkins are discovered by their sound** मूर्ख के लिए मौन भला; **~ hardy** बहादुरी से डटे रहना; **~ing pace** बहुत तेज चाल; **~ on (with sth)** किसी काम को जल्दी से खत्म करने के लिए कड़ी मेहनत क.; **~ sb** किसी व्यक्ति की बढ़ा-चढ़ाकर प्रशंसा क.; **~ sb up** किसी को खूब हंसाना; **~ sth up** *colloq.* किसी चीज या बात की बढ़ा-चढ़ाकर प्रशंसा क.; **~ the whip** सख्ती से काम करवाना; **~ up** *colloq.* 1 पागल हो जा., विक्षिप्त हो. चकनाचूर हो. 2 अचानक ठहाके मारकर हंसने लगना; **~ wise** कटाक्ष क., तीखे व्यंग्य का बाण चलाना;

a ~ of thunder बादलों की गर्जन या कड़कड़ाहट; **a fair ~ of the whip** सुअवसर; **a hard not to ~** कठिन काम, टेढ़ा व्यक्ति; **at the ~ of dawn** *colloq.* पौ फटते ही, तड़के-तड़के; **cry ~** हिम्मत हार दे., घुटने टेक दे.; **get ~ing** जल्दी-जल्दी काम करने लगना; **have/ take a ~ at sth** कोई नया काम करने की कोशिश क.; **in a ~** झटपट, तुरंत; **not all it's ~ed up to be** (*also* **not as good as it's ~ed up to be**) उतना अच्छा नहीं जैसा कि प्रचारित किया गया है; **paper over the ~s** लीपा-पोती क.; **the ~ of doom** कयामत की घड़ी की घोषणा करने वाली ऊंची आवाज; **the ~ of doom** कयामत की कड़कड़ाहट; **till the ~ of doom** सदा के लिए; **walk a ~** पीकर ठीकठाक चलकर अपनी क्षमता दिखाना

crackdown /क्रैक्डाउन/ *n. see above under* **crack: *dw/dw***

cracker /क्रैकः/ *n.* 1 कुरकुरा बिस्कुट 2 पटाखा, शोरा-शराब वाली आतिशबादी 3 (*also* **Christmas ~**) *UK* रंगीन ट्यूब जिसके अंदर एक छोटा-सा खिलौना, कागज का टोप आदि रखे होते हैं और उसे क्रिस्मस के समय खींचकर धमाके के साथ निकालते हैं 3 *UK* सर्वोत्तम व सुंदर व्यक्ति या वस्तु 4 सरौता: nut ~ 5 प्रहार, दुर्घटना 6 अवैध तरीके से कंप्यूटर से सूचनाएं चुराने या पढ़ने वाला व्यक्ति 7 *dated* आकर्षक औरत;

dw/lw: **~jack** /क्रैकःजैक/ *adj.* बहुत बढ़िया, अति उत्तम; **~jack** *n. sl.* बढ़िया लड़का, बढ़िया चीज; **~s** /क्रैकःज/ *adj., colloq.* पागल: the noise is driving me ~s

crack\le /क्रैक्ल/ *v., pt.* **~led**, *pp* **~ling** (जलते समय) चिट-चिट, तरड़-तरड़ की आवाज निकालना;

n. 1 कड़कड़, चिटचिट, चटचट, तरड़-तरड़ 2 बाहरी सतह पर हल्की-हल्की तेरड़ोंवाले चीनी बर्तन;

dw/lw: **~ling** /क्रैक्लिंग/ *n.* 1 भुने हुए सुअर गोश्त की तड़क खाल 2 तरड़-तरड़ की आवाज;

p&i: **the ~ling of thorns under a pot** मूर्खतापूर्ण हंसी

cracknel /क्रैक्नल/ *n., pl.* **~s** *N. Amer.* 1 हल्के क्रिस्प बिस्कुट 2 चॉकलेट की मूंगफली के दानोंवाली सख्त भराई 3 (**cracknels**) *N. Amer.* भुने हुए सुअर के गोश्त के तड़क टुकड़े

-cracy /-क्रसि/ *comb. form, denoting:* **democracy, autocracy, etc.**

cradle /क्रेडल/ *n.* 1 पालना, झूला 2 टेलीफोन का रिसीवर रखने का स्टैंड 3 मोबाइल फोन का स्टैंड: he dropped the receiver into its ~ 4 बचपन 5 उद्गम: the ~ of civilization 6 सहारा, अवलंब 7 ऊंचे भवनों पर काम करने वाले कारीगरों व मजदूरों के लिए पालनानुमा लटकता हुआ ढांचा;

v., pt. **~d**, *pp* **cradling** 1 पालने में रखना या बच्चे को बाजुओं या गोद में लेकर आहिस्ता-आहिस्ता झुलाना: ~ a child in one's arms 2 पालन-पोषण क.: be **~d** in luxury 3 रिसीवर आदि को उनके ढांचे पर रखना;

dw/lw: **~-back** घोड़े की काठी पर सवार की पीठ से लगा हुआ (ऊपर उठा हुआ) सहारा; **~-snatcher/ robber** *n., derog.* उम्र में अपने से काफी छोटे व्यक्ति से विवाह या प्रणय करने वाला व्यक्ति; **cradling** /क्रेड्लिंग/ *n.* ढांचा, दोलन, झूलन

collocations: **~ song** लोरी; **the ~ of literature and art** साहित्य व कला का उद्गम स्थान; **the ~ of sth** किसी चीज का उद्गम, स्रोत; **the ~ of the deep** समुद्र;

p&i: **from the ~ to the grave** जन्म से मृत्यु तक; **rob the ~** अपने से छोटी उम्र की लड़की (या लड़के) से प्यार या विवाह क.

craft /क्राफ्ट/ *US* क्रैफ्ट/ *n.* 1 शिल्प, हस्त-शिल्प, दस्तकारी: needle~; handi~ 2 कौशल, पटुता, कारीगरी: ~ of masons 3 धूर्तता, चालाकी: get sth by ~ 4 नाव, जलयान, वायुयान: space~; air~;

v., pt. **~ed**, *pp* **~ing** बहुत हुनर से किसी वस्तु को बनाना;

dw/lw: **~-brother** *n.* साथी दस्तकार; **~ily** /क्राफ्टिलि/ *adv.* धूर्तता से, चालाकी से; **~iness** /क्राफ्टिनेस/ *n.* धूर्तता, चालाकी; **~sman/ ~swoman/ ~sperson** *n.* दस्तकार, शिल्पकार, कारीगर; **~smanship** /क्रैफ्ट्समैनशिप/ *n.* शिल्पकारिता, कारीगरी, हुनर; **~smaster** *n.* माहिर, मंजा हुआ कारीगर, दस्तकार; **~y** /क्राफ्टि/ *adj., degr.* ~ier, ~iest (***syn.*** cunning, wily) चालाक, धूर्त, चालबाज: ~ politician

crag /क्रैग/ *n.* 1 खड़ी चट्टान: a castle set on a ~ 2 कूटक, श्रृंग;

dw/lw: **~gy** /क्रैगि/ *adj.* 1 चट्टानी, पथरीला 2 खुरदरा (चेहरा)

cram /क्रैम/ *v., pt.* **~med**, *pp* **~ming** 1 (***syn.*** swot) रटना, परीक्षा से पहले रट्टा लगाना 2 (*sometimes* **~ sth in/ together**) ठसाठस भरना, ठूंसना, घुसेड़कर भरना: ~ sth between/ in/into, etc.; **~med** the box with books;

dw/lw: **~-full** *adj.* ठसाठस, खचाखच भरा हुआ; **~med** /क्रैम्ड/ *adj.* (***syn.*** packed) लोगों या वस्तुओं से ठसाठस भरा

हुआ; ~**mer** *n.* व्यक्ति या स्कूल जो बच्चों को रट्टा लगवाकर परीक्षा के लिए तैयार करता है;
p&i: ~ **down one's throat** रट्टा लगाना
crambo /क्रैंबो/ *n.* तुकबंदी का खेल: ~ link/ jingle (तुकबंदी)
cramp /क्रैंप/ *n., pl.* ~**s** 1 (*also* **charley horse**) मांसपेशियों की ऐंठन, मरोड़: ~ in the calf muscles (पिंडलियों की मांसपेशियों में ऐंठन); writer's ~; bather's ~ 2 शिकंजा 3 निरोध, रोक 4 (~**s**) बहुत तेज पेट का दर्द 5 (*also* ~-**iron**) लकड़ी व पत्थर आदि पकड़ने के लिए दोनों सिरों पर अंदर की ओर मुड़ा हुआ शिकंजा
adj. 1 तंग 2 दुरूह, जटिल, दुर्बोध: ~ hand (गिचपिच हस्तलेख) 3 विचित्र: ~ reason
v., *pt.* ~**ed**, *pp* ~**ing** 1 ऐंठन/ मरोड़ हो. 2 कसना, शिकंजे में जकड़ना, दबाना 3 गिच-पिच क., जटिल बनाना: ~ sb's style 4 निरोध क., बाधित क.: ~ the progress 5 नियंत्रण लगाना;
dw/lw: ~**ed** /क्रैंपड/ *adj.* 1 ऐंठा हुआ, जकड़ा हुआ 2 ठसाठस भरा हुआ, तंग, संकरा 3 जटिल, दुरूह, दुर्बोध, क्लिष्ट 4 अति छोटे और टेढ़े-मेढ़े अक्षरों में, गिच-पिच; ~-**fish** *n.* वैद्युत किरण; ~-**iron** *n.* शिकंजा
crampon /क्रैंपन/ (*also* ~-**iron**) *n.* 1 कांटा, शिकंजा 2 पर्वतारोहण जूतों में लगाया जाने वाला कांटेदार तला
carnage /क्रेनिज/ *n.* 1 हवाई क्रेन का प्रयोग 2 क्रेन-भाड़ा
craneberry /क्रैनबेरि/ *n.* छोटी, लाल रंग की खट्टी बैरी: ~ sauce
crane /क्रेन/ *n.* 1 क्रेन, उत्तोलक, मलसूत, ऊंटड़ी 2 भारी सामान आदि उठाने के लिए प्रयुक्त किया जाने वाला यंत्र 3 सारस, सत्तराम (bird): the ~**s** are flying 4 क्रौंच, कूंज, करांकुल, कुलंग;
v., *pt.* ~**d**, *pp* **craning** 1 गर्दन आगे झुकाकर देखना 2 किसी चीज को क्रेन से उठाना
cranefly /क्रेनफ्लाई/ (*also* **daddy-long-legs**) *n.* लंबी टांगोंवाला कीट
crani\al /क्रेनि\अल/ *adj.* 1 खोपड़ी-क्षेत्र से संबंधित 2 कपालीय;
dw/lw: ~**ology** /क्रेनिऑलजि/ *n.* कपाल-विज्ञान; ~**otomy** /~ऑटमि/ *n.* कपालछेदन; ~**ometry** /~ऑमिट्रि/ *adj.* 1 कपालमिति; ~**um** /~अम/ *n., pl.* ~**a**/ ~**ums** (***syn.*** skull) कपाल, करोटि, खोपड़ी;
collocations: ~**al index** खोपड़ी मापनांक; ~**al nerve** *anat.* मस्तिष्क से निकलने वाले 10-12 धमनी-युग्मों में से एक; ~**al roof** खोपड़ी का ऊपरी तल; ~**osacral therapy** (*abbr.* **CST**) *alternative, med.* खोपड़ी आदि की मालिश आदि करके तनाव व अन्य विकार कम करने की वैकल्पिक उपचार विधि
crank /क्रैंक/ (*also* ~ **handle**/ **starting handle**) *n.* 1 इंजन आदि को चालू करने का हत्था, अराल, कज 2 (***syn.*** eccentric) सनकी, झक्की व्यक्ति, उन्मादी;
dw/lw: ~-**pin** *n.* अराल-कील; ~-**shaft** *n.* अरालदंड, क्रैंकधुरी; ~**y** /क्रैंकि/ *adj., degr.* ~ier, ~iest *colloq.* 1 (***syn.*** eccentric) सनकी, झक्की, थोड़ा हिला हुआ 2 *N. Amer.*, चिड़चिड़ा, तुनुकमिजाज, बदमिजाज;
p&i: ~ **sth out** जल्दी-जल्दी बहुत सारा घटिया माल तैयार क.; ~ **sth up** 1 हैंडल से धुरी को घुमाना 2 हैंडल घुमाकर मोटर चालू क. 3 (***syn.*** turn up) संगीत की आवाज ऊंची क.
crankle /क्रैंक्ल/ *v., pt.* ~**d**, *pp* **crankling** टेढ़ा-मेढ़ा चलना;
n. मोड़, घुमाव
crank\y *see above under* **crank:** ***dw/lw***
crann\y /क्रैनि/ *n., pl.* ~**ies** 1 दरार, तरेड़ 2 दूर-दराज का स्थान;
dw/lw: ~**ied** *adj.* दरार या तरेड़ वाला
crap /क्रैप/ *n., coarse sl.* 1 अनाप-शनाप, बकवास, ऊलजलूल 2 गंदगी, मल, गूं 3 (*usually* ~**s**) डाइस (dice) के साथ खेला जाने वाला जुआ 4 जुए के खेल में हारने वाली चाल;
v., *pt.* ~**ped**, *pp* ~**ping** 1 बकवास क. 2 (***syn.*** defecate) गूं क., हगना;
dw/lw: ~**py** /क्रैपि/ *adj.* ~pier, ~piest 1 बहुत खराब, जंक 2 गंदा;
p&i: ~ **out** असफल होना, खेल से नाम वापस ले.; **kick the ~ out of sb** *US* पीट-पीटकर अधमरा कर दे.; **shoot ~s** उपरोक्त ढंग से जूआ/ जुआ खेलना
crape /क्रेप/ *n., pl.* ~**es** 1 क्रेप, एक तरह का चमकीला कपड़ा 2 क्रेप कपड़े से बनी शोकसूचक काली पट्टी
CRAPHTS *abbr.* 'Centre for Research and Planning in Highway and Transportation Systems' की प्रथमाक्षरी
crapu\lence /क्रैप्यूलंस/ *n.* 1 अतिपान जन्य रोग 2 अति मद्यपान;
dw/lw: ~**lent**/ ~**lous** *adj.* 1 अत्याहारी, पेटू 2 शराबी, मद्यप, बेवड़ा
crash /क्रैश/ *n.* 1 धमाके के साथ हुआ हादसा, धड़ाका, धमाका 2 टक्कर, दुर्घटना 3 (***syn.*** collapse) मटियामेट, तबाही, सत्यानाश 4 विमान दुर्घटना 5 कंप्यूटर ठप होने की क्रिया 6 तहस-नहस 7 व्यापार या बैंकों की तबाही (ठप) 8 मोटा सूती कपड़ा;
v., *pt.* ~**ed**, *pp* ~**ing**, *s/he/it* ~**es** 1 (*often* ~ **into sth**) टक्कर हो., भिड़ंत हो.: the car ~**ed** into a truck 2 धमाका हो. 3 गड़गड़ाहट हो.: thunder ~**ed** overhead 4 कंप्यूटर का ठप हो. 5 भयंकर गड़गड़ाहट हो., शोर करते हुए चलना 6 बाजार का ठप हो.: the new bond ~**ed** badly 7 ढह जा.: avalanche ~**ed** down 8 *sl.* (***syn.*** gate-crash) जबरदस्ती (पार्टी आदि में) घुस आना 9 (*often* ~ **out**) *sl.* अचानक झपकी लग जाना या नींद आ जाना, रात को कहीं और सोना 10 *med.* दिल का धड़कना बंद हो. 11 बुरी तरह हारना;
dw/lw: ~-**dive** *v., pt.* ~dived, *pp* ~diving *sl.* 1 यकायक डुबकी लगाना 2 पनडुब्बी द्वारा अचानक डुबकी लगाना 3 विमान द्वारा एकदम से नीचे की ओर गिरकर दुर्घटनाग्रस्त हो.; ~-**exit** *n.* ध्वंस-निर्गम; ~**helmet** दुर्घटना-सह हेल्मिट; ~**ing** *adj., colloq.* अत्यधिक: a ~ bore (बहुत ज्यादा उबाऊ/ *sl.* चाट/); ~-**land** *v., pt.* ~-landed, *pp* ~-landing विमान द्वारा ध्वंस-उतरना, आपात ढंग से उतरना; ~**landing** *n.* ध्वंस-अवतारण/ उतराई; ~-**proof** ध्वंस-सह; ~**test** *v., pt.* ~-tested, *pp* ~-testing कार आदि का सुरक्षा-जांच करने के लिए नियंत्रित टक्कर मारना;
collocations: ~ **barrier** *UK* दुर्घटनाओं को रोकने के लिए सड़क के बीचों-बीच रोड-डिवाइडर या किनारों पर लगी मजबूत छड़; ~ **course** *UK* (*US* ~ **course**) कम समय में बहुत कुछ सिखाने वाला पाठ्यक्रम या कार्यक्रम; ~ **diet** द्रुत गति से मोटापा कम करने के लिए भोजन की अति हल्की खुराक; ~ **dive** *n.* आकस्मिक डुबकी; ~ **helmet** हादसे में सिर फूटने से बचने के लिए पहना जाने वाला टोप; ~ **programme** सघन कार्यक्रम, द्रुतगामी कार्यक्रम; ~**test dummy** सुरक्षा-जांच के लिए गाड़ी की सीट पर बैठाया जाने वाला व्यक्ति का मॉडल;
p&i: ~ **against**/ **on**/ **through, etc.** धमाके से किसी चीज से टकराना; ~ **down** ठप्प हो जा.; ~ **out of sth** से अचानक बाहर हो जाना;
a ~ing bore महा चाट, बहुत उबा देने वाला, अति उबाऊ
crash-land /क्रैशलैंड/ *v., pt.* ~**ed**, *pp* ~**ing**; *see under* **crash:** ***dw/lw***
crasis /क्रेसिस/ *n.* स्वर-संधि
crass /क्रैस/ *adj.* 1 स्थूल, गाढ़ा, घना 2 घोर 3 अश्लील 4 (***syn.*** insensitive) नितांत असंवेदनशील व बेहूदा 5 महामूर्खतापूर्ण;
dw/lw: ~**itude**/ ~**ness** *n.* स्थूलत्व, बुद्धूपन, मूर्खता; ~**ly** *adv.* मूर्खतापूर्वक; ~**mentum** *n.* (खून का) थक्का
collocations: ~ **stupidity** कोरी मूर्खता; ~ **ignorance** घोर अज्ञान; **a ~ statement** नितांत मूर्खतापूर्ण कथन;
crassitude /क्रैसिट्यूड/ *n. see above under* **crass:** ***dw/lw***
-crat //*comb. form, indicating*: demo**crat**, auto**crat**, etc.
crate /क्रेट/ *n.* 1 लोहे, प्लास्टिक या लकड़ी की मजबूत पेटी 2 टोकरा 3 *derog., sl.* पुरानी गाड़ी, छकड़ा 4 पंजर, कंडा, क्रेट;
v. *pt.* ~**d**, *pp* **crating** पेटी में बांधना या पैक क.
crater /क्रेटः/ *n.* 1 ज्वालामुखी का प्यालानुमा मुंह, ज्वालामुख 2

बम या उल्का पड़ने के बाद बना जमीन में एक बड़ा गड्ढ़ा, गर्त: a meteorite ~ 3 चंद्रमा में एक गोलाकार गर्त: lunar ~ 4 (**Crater**) *astron.* दक्षिणी उत्तरार्द्ध में एक छोटा-सा मद्धिम तारामंडल 5 प्याला, चषक;
v. *pt.* **~ed**, *pp* **~ing** सड़क आदि में गर्त बनना;
dw/lw: **~ed** *adj.* गर्त वाला; **~-like** *n.* ज्वालामुख जैसा; **~ous** *adj.* गर्तभरा

craton /क्रेटॉन/ *n., geol.* धरती की स्थिर सख्त परत

cravat /क्रअवैट/ *n.* (***syn.*** neckerchief, ascot) टाई के स्थान पर बांधा जाने वाला गुलूबंद, टाई;
p&i: **hempen** ~ जल्लाद का फंदा

crave /क्रेव/ *v., pt.* **~d**, *pp* **craving** (*often* **~ for/ after sth**) *old use, formal* 1 (***syn.*** long for) तीव्र लालसा रखना, के लिए तरसना 2 याचना/ निवेदन/ चिरौरी/ मिन्नत क.
dw/lw: **craving** /क्रेविंग/ *n.* तीव्र लालसा, ललक, हूक: ~ for sth

craven /क्रेवन/ *adj.* (***syn.*** cowardly) कायर, डरपोक, कातर, भीरु;
dw/lw: **~ly** *adj.* कायरतापूर्वक; **~ness** *n.* कायरता, कातरता, भीरुपन;
p&i: **cry** ~ हार मान लेना, बुजदिली दिखाना

craving *see above under* **crave: *dw/lw***

craw /क्रॉः/ *n.* गलथैली: ~ fish (चिंगट);
p&i; **stick in one's** ~ *colloq.* गले की हड्डी बनना

crawl /क्रॉःल/ *v., pt.* **~ed**, *pp* **~ing** 1 हाथों व घुटनों के बल चलना/ रेंगना 2 धीरे-धीरे रेंगना, धीरे-धीरे चलना: the train **~ed** over the bridge 3 से भर जाना, से रौंद दिया जाना: after a drugs tip-off, the club was **~ing** with police 4 (*often* **~ to sb**) *UK* गिड़गिड़ाना, अनुनय-विनय क., घिघिआना;
n. 1 रेंगती हुई गति, अति धीमी रफ्तार: go at a ~; the traffic slowed to a ~ 2 तैराकी की एक शैली जिसमें हाथों को सिर के पीछे रखकर पांवों के बल पानी में कूदा जाता है;
dw/lw: **~er** *n. derog, colloq.* 1 रेंगने वाला 2 गिड़गिड़ाने वाला 3 बच्चों की नीचे घिसटने वाली पोशाक 4 रेंगने वाली बेल; **~ing** /क्रॉलिंग/ *n.* 1 रेंगने की क्रिया 2 रेंग कर पार करने की क्रिया: cat **~ing**; **~y** /क्रॉलि/ *adj.* शरीर पर सरसराहट अनुभव करने वाला;
collocations: **~er lane** पहाड़ी सड़क पर धीमी गाड़ियों के लिए अलग लेन
p&i: **be ~ing with sb/ sth** से भरा हो.: the whole ground was ~ing with ants

crayfish/ crawfish /क्रेफिश/ क्रॉफिश/ *n.* नदियों में पाई जाने वाली एक मछली, चिंगट

crayon /क्रेऑन/ *n.* 1 (***syn.*** chalk) रंगीन खड़िया, चित्रांकनी, कार्बन वर्तिका 2 रंगीन खड़िया से बनाया हुआ चित्र 3 भौंहों की पेंसिल;
v. *pt.* **~ed**, *pp* **~ing** रंगीन खड़िया से चित्र बनाना

cra\ze /क्रेज/ *n.* 1 अस्थायी उत्साह 2 जुनून, ललक, धुन: a **~ze** for seeing Hindi movies 3 उन्माद, पागलपन 4 (***syn.*** fad) नवीनतम फैशन, सामान्य शौक: high boots are the latest **~ze**
v. *pt.* **~zed**, *pp* **~zing** 1 उन्मादी बना दे. 2 काले-सफेद पत्थरों से पतली तरेड़ों वाला फर्श बनाना;
dw/lw: **~zed** /क्रेज्ड/ *adj.* 1 पगलाया हुआ 2 किसी शौक में बुरी तरह उलझा हुआ: be ~zed about Raj Kapur's films 3 काले-सफेद पत्थरों से बना तरेड़ों वाला फर्श; **~zily** /क्रेजिलि/ *adv.* पागलों की तरह; **~ziness** /क्रेजिनेस/ *n.* 1 उन्माद, पागलपन, दीवानापन 2 सनक, झक्क 3 अतिशय शौक

cra\zy /क्रेजि/ *adj., degr.* **~zier**, **~ziest** 1 मूर्खतापूर्ण एवं विचित्र: **~zy** fancies 2 क्रुद्ध, संतप्त, त्रस्त: **~zy** with pain 3 पागल, बावला, सनकी, झक्की: go **~zy** 4 अति उत्साही, उन्मादी: **~zy** about music 5 अत्यंत अव्यावहारिक 6 काले-सफेद पत्थरों से बना तरेड़ों वाला (फर्श): **~zy** paving;
collocations: **~zy house** पागलखाना;
p&i: **~ as coot** बिल्कुल पागल;
be ~zy about sb/ sth दीवाना या उन्मादी हो.; **go ~zy** पगला जा.; **work like ~zy/ mad** पागलों की तरह बेतहाशा काम क.

CRC *abbr.* 'Cancer Research Campaign', 'Child Rights Convention', 'Computerised Reservation Centre', 'Convention on Rights of the Child', 'Credit Rating & Collection' की प्रथमाक्षरी

CRCE *abbr.* 'Central Research Centre on Equines' की प्रथमाक्षरी

CRCI *abbr.* 'Cultural Resource Conservation Initiative' की प्रथमाक्षरी

CRDF *abbr.* 'Collective Rapid Deployment Forces' की प्रथमाक्षरी

CRE *abbr.* 'Certified Reliability Engineers (USA)', 'Commission for Racial Equality' की प्रथमाक्षरी

creak /क्रीक/ *v., pt.* **~ed**, *pp* **~ing** चर-चर क., चरचराना, चरमराना: a board **~ed** as I crossed the wooden floor;
n. चर-चर, चरचराहट, चरमराहट;
dw/lw: **~ily** *adv.* चरमराते हुए; **~iness** *n.* चरमराहट; **~ing** *adj.* चरमराहट करने वाले: ~ing shoes;
p&i; **a ~ing door hangs long on its hinges** जाट मरा तब जानिए जब तेरहवीं होले

crea\ky /क्रीकि/ *adj., degr.* **~kier**, **~kiest** 1 चरमराने वाला, चूं-चूं करने वाला: **~ky** wooden stairs 2 कड़ा, कठोर 3 भंगुर, कमजोर 4 पुराना, जीर्ण-शीर्ण: the country's **~ky** education system

cream /क्रीम/ *n.* 1 मलाई, क्रीम: skim the ~ from the milk 2 मक्खन 3 दही जैसी खट्टी क्रीम (*also in Russian* **сметáна**): sour ~ 4 चेहरे पर लगाने की क्रीम: cold ~ 5 पीला-सफेद रंग 6 झाग 7 चुनिंदा भाग, सर्वोत्तम अंश: the ~ of society 8 मक्खनयुक्त 9 मक्खन या क्रीम से बना;
adj. पीले-सफेद रंग का: ~ colour;
v., *pt.* **~ed**, *pp* **~ing** 1 दूध बिलोना 2 मक्खन निकालना 3 सर्वश्रेष्ठ भाग या अंश (लस्सी में से मक्खन) चुनना 4 *colloq.* किसी को पीट कर भुर्ता बनाना 5 *colloq.* किसी को खेल-प्रतियोगिता में करारी हार दे.;
dw/lw: **~-cake** *n.* क्रीम के साथ केक; **~-cheese** *n.* ताजे दूध का तुरंत बना मुलायम पनीर, दूधिया पनीर; **~-coloured** *adj.* सफेद-पीला रंग का; **~ed** *adj.* पिट-पिटकर मक्खन जैसा मुलायम बना हुआ: ~ed chicken; **~er** /क्रीमः/ *n. N. Amer, esp. US* 1 नकली क्रीम 2 मलाई निकालने का यंत्र, मथानी; **~ery** /क्रीमरि/ *n., pl.* ~eries डेरी (dairy), मक्खन फैक्टरी, मलाई की दुकान; **~-faced** *adj.* पीले या फीके चेहरे वाला; **~-laid-paper** *n.* मोतिया कागज; **~ometer** *n.* क्रीम-मापक; **~ware** *n.* क्रीम रखने के लिए बहुत टिकाऊ मिट्टी का एक बर्तन;
collocations: **~ cheese** दूधिया पनीर, क्रीम पनीर; **~ cracker** एक कड़क बिस्कुट; **~ of tartar** *also* **potassium hydrogen tartrate** बेकिंग पाउडर आदि में पड़ने वाला सफेद दानेदार और अति घुलनशील चूरा; **~ puff** (***syn.*** wimp) फूला हुआ (खोखला) आदमी; **~ soda/ American ~ soda** वनीला के जायके वाला एक बुलबुलेदार पेय;
p&i: **~ of lime** चूने का मांड; **~ sth/ sb off** *UK* बढ़िया लोगों या भाग को निकालकर अपने लक्ष्य के लिए प्रयोग में लाना, चुनिंदा भाग को अपने लाभ के लिए निकालना;
skin the ~ from sth बेहतर हिस्सा ले लेना; **the ~ of sth** सर्वश्रेष्ठ भाग या लोग; **the ~ of society** समाज के सर्वश्रेष्ठ लोग; **the ~ of the joke** मजाक असली पहलू

crea\my /क्रीमि/ *adj., degr.* **~mier**, **~miest** 1 मलाईदार 2 चिकना 3 सर्वोत्तम 4 क्रीम जैसा या क्रीम से बना;
dw/lw: **~iness** *n.* 1 मलाई-सी चिकनाहट 2 मिलाई की मात्रा;

collocations: **~my layer** नवोन्नत या नव-धनाढ्य वर्ग; **~my layer of society** समाज का मलाईदार तबका/ वर्ग (लोग)

creant /क्रेआंट/ *adj.* सर्जक, सर्जनात्मक

crease /क्रीज/ *n.* 1 तह, क्रीज 2 शिकन, सिलवट: ~ resistant (सिकुड़न रोधी); the dress was full of **~s** 3 चुन्नट, चुनन: the material **~s** very easily 4 चेहरे आदि पर झुर्रियां 5 *cricket* क्रिकेट के खेल में बल्लेबाज के पास वाली सफेद लाइन;

***v.**, pt.* **~d**, *pp* **creasing** 1 क्रीज बनाना, तह क. 2 सिलवटें पड़ना, मुड़ना;

p&i: **~ up/ ~ sb up** *colloq.* (***syn.*** crack) हंसी आदि से लोट-पोट हो. या क.

creasy /क्रीजि/ *adj.* चुन्नटदार, सिलवट-भरा

create /क्रिएट/ *v., pt.* **~d**, *pp* **creating** 1 सर्जन क., रचना: ~ an epic, a novel 2 अस्तित्व में ला., उत्पन्न क., प्रारंभ से सर्जन क.: ~ the universe 3 स्थापित क.: ~ a system of philosophy/ a theory 4 पैदा क., बनाना: ~ difficulties; ~ conducive conditions for work 5 प्रभाव या समझ बनाना: ~ a good impression; ~ a feeling of goodwill 6 *Br. colloq.* अड़ंगा (fuss) पैदा क. 7 किसी को सम्मान या उपाधि दे.;

p&i: **~ a havoc** बवाल मचाना, कयामत बरपाना; **~ a room for oneself** अपने लिए जगह बनाना; **~ a row** बखेड़ा खड़ा क.;

creation /क्रिएशन/ *n.* 1 सृजन, सर्जन: ~ of genius 2 रचना, कृति: ~ of a literary work 3 आविष्कार, रचना: ~ of the brain 4 (*also* **Creation**) सृष्टि की रचना, संसार का सर्जन: the ~ of the world;

dw/lw: **~ism** *n.* सृष्टिवाद, एक धारणा जिसके अनुसार संसार में जो कुछ भी घट रहा है वह विकासवाद (evolution) की अवधारणा के अनुसार नहीं बल्कि ईश्वर की मर्जी से हो रहा है;

p&i: **all** ~ हर किसी को; **all over** ~ हर जगह; **beat/ lick all** ~ आशाओं से भी बढ़कर हो.: it licks all ~! (कमाल हो गया, इससे बढ़िया और कुछ नहीं हो सकता!); **in (all)** ~ वास्तव में, फिर भी; **like all** ~ पूरे दम-खम से

creative /क्रिएटिव/ *adj.* 1 सृजनशील, सर्जनात्मक, रचनात्मक: ~ literature/ writing रचनात्मक साहित्य 2 कल्पनाशील व सृजनात्मक 3 सर्जक, मौलिक 4 अतिशय कल्पनाशीलता द्वारा नियमों को तोड़ने-मरोड़ने वाला: ~ accountancy;

n. 1 सृजनशील व्यक्ति: exhibition of local **~s** 2 रचनात्मक विचार या सामग्री: need to produce better ~;

dw/lw: **~ly** /क्रिएटिवलि/ *adv.* रचनात्मक ढंग से

creativity /क्रिएटिविटि/ *n.* सृजनशीलता, सर्जनात्मकता, रचनात्मकता

creator /क्रिएटः/ *n.* 1 रचनाकार, रचयिता, स्रष्टा, सृष्टिकर्त्ता 2 (**the Creator**, /*in Christianity*/ God) विधाता, ब्रह्मा

creature /क्रीचः/ *n.* 1 पक्षी, जानवर या मछली यानी जीव, जंतु 2 सृष्टि, सृष्ट जीव या वस्तु 3 मनुष्य, प्राणी: a wretched ~; lovely ~**!** 4 दास मानसिकता वाला व्यक्ति, कठपुतली: that ~**!** (वह मनहूस आदमी!);

collocations: **~ comforts** सुख-साधन; **~ of habit** 1 आदत से मजबूर प्राणी 2 जानवरों की तयशुदा मौसमी व्यवहार पद्धति; **poor** ~ बेचारा;

p&i: **a/ the sb's ~** *or* **a ~ of sb** किसी की कठपुतली; **~ of circumstance** हालात का शिकार

crèche /क्रेश/ (**creche**) *n.* 1 *UK* शिशु सदन, बाल वाटिका, बालबाड़ी 2 ईसा मसीह के जन्म-स्थान का आदर्श

credence /क्रीडंस/ *n.* 1 विश्वास: give their claims no ~ 2 मान्यता: add/ give/ lend ~ to sth (1 किसी बात को मान्यता दे. 2 पर विश्वास क.) 3 (*also* **credence table/ credenza**) *Christianity* यज्ञ-फलक, पूजन चौकी, आळा, भांडागार;

p&i: **attach ~ to sth** को विश्वसनीय मानना

credent /क्रीडंट/ *adj.* 1 (***syn.*** credulous) जल्दी विश्वास करने वाला, विश्वासशील 2 भोला, असंदेही

credentials /क्रिडेंशिल्ज/ *n. [pl.]* 1 हुनर व अनुभव जो किसी को किसी कार्य या उत्तरदायित्व के योग्य सिद्ध करते हैं, पृष्ठभूमि, गुण: intellectual ~ (बौद्धिक पृष्ठभूमि); sb's leadership ~ 2 मान्यता 3 भावी राजदूत का प्रत्यय-पत्र

credibility /क्रेडिबिलिटि/ *n.* विश्वसनीयता, साख: ~ gap (कथनी और करनी में अंतर)

credi\ble /क्रेडिबल/ *adj.* 1 (***syn.*** convincing) विश्वसनीय, विश्वास करने योग्य: **~ble** words/ explanation 2 (***syn.*** dependable) भरोसे लायक: **~ble** person/ witness 3 (***syn.*** viable) सफल होने की क्षमता से परिपूर्ण: **~ble** alternative;

dw/lw: **~bly** *adv.* विश्वसनीय ढंग से

credit /क्रेडि\ट/ *n., pl.* **~s** 1 उधार, ऋण: buy goods on ~; interest free ~ 2 श्रेय, नाम: to her ~, she didn't say anything 3 विश्वास, मान्यता, भरोसा: letter of ~ 4 गौरव: the boy is a ~ to his parents 5 प्रशंसा: get ~ for the century made; ~ goes to the team-effort 6 ईमानदारी, नेकनामी, ख्याति, साख: do sb ~ 7 (**credits**) पुस्तक या फिल्म योगदान करने वालों की धन्यवाद सूची: ~ line 8 (***anton.*** debit) बैंक खाते में जमा आकलन, जमा राशि, जमा-बाकी 9 पाठ्यक्रम को पूरा करने का प्रमाण पत्र 10 (**credits**) परीक्षा अंक;

***v.**, pt.* **~ed**, *pp* **~ing** 1 (*often* **~ sth to sb/sb with sth**) खाते में जमा क. 2 विश्वास क.: ~ a story/ statement/ an author 3 (*often* **~ sb with sth**) श्रेय दे.: ~ sb with a quality 4 आकलन क.: *cheetah* is **~ed** as the fastest animal;

dw/lw: **~able** /~टेबल/ *adj.* (***syn.*** admirable) प्रशंसनीय, श्रेयस्कर; **~ably** /~टेबलि/ *adv.* प्रशंसनीय ढंग से; **~ed** /~टिड/ *adj.* आकलित; **~-society** *n.* उधार-समिति; **the ~s** *n. [pl.]* फिल्म आदि के निर्माण में योगदान देनेवालों की श्रेय सूची; **~tranche** *n.* ऋण-राशि, ऋण कोटा; **~worthiness** *n.* साख, ऋण योग्यता; **~worthy** *adj.* ऋण योग्य;

collocations: **~ account** उधार खाता; **~ card** उधार कार्ड; **~ control** ऋण-नियंत्रण; **credit crunch** निवेश आदि के लिए बैंकों आदि से आवश्यक धन या ऋण न मिल पाने की स्थिति;**~ development** ऋण-वितरण; **~ insurance** उधारदाता द्वारा दी गई उधार राशि का बीमा; **~ limit** ऋण-सीमा, उधार राशि की सीमा; **~ note** साख-पत्र, जमा-पत्र; **~ plan** ऋण-योजना; **~ purchase** उधार-क्रय, उधार खरीद; **~ rating** उधार-प्राार्थी व्यक्ति या कंपनी की साख का स्तर; **~ side** आकलन-पत्र; **~ squeeze** उधार लेने-देने पर सरकार द्वारा किया गया संकुचन (restrictions); **~ transfer** एक बैंक खाते से दूसरे में भुगतान; **~ union** सहकारी समिति या बैंक जो अपने सदस्यों को कम ब्याज दर पर उधार देता है;

p&i: **~ is better than ill won gear** जाए लाख रहे साख; **~ lost is a venice glass broken** साख नहीं तो जीवन नहीं; **~ sth to sb** किसी के खाते में जमा क.; **~ sth with sb/ ~ sb with sth/ with doing sth** किसी को किसी अच्छे काम या कुछ करने का श्रेय दे.;

be a ~ to sb/ sth के सिर पर श्रेय का सेहरा हो., गर्व का स्रोत हो.; **do sb ~/ do ~ to sb/ sth** किसी का भला क., किसी को श्रेयस्कर बनाना; **get ~ for** श्रेय पाना; **give ~ to sb for** किसी को किसी बात का श्रेय दे.; **have sth to one's** ~ के श्रेय-खाते में हो.; **in ~** खाते में जमा राशि; **lose ~ with sb** किसी का विश्वास खो दे.; **lower one's ~** साख खोना; **on the ~ side** किसी के सकारात्मक पहलू; **raise one's ~** साख जमाना; **to sb's ~** किसी का श्रेयस्कर हो.

creditor /क्रेडिटः/ *n.* 1 सूदखोर, साहूकार: **~s** have better memory than debtors 2 ऋणदाता, लेनदार: preferred ~

credo /क्रीडो/क्रेडो/ *n., pl.* **~s** 1 मत, आस्था, विश्वासों या मान्यताओं का समुच्चय 2 (**Credo**) संप्रदाय या पंथ का प्रतीक

credul\ity/ ~ousness /क्रिड्यू\लिटि/ ~लस/ *n., pl.* **~ities** 1 (***syn.*** gullibility) आशुविश्वास, शीघ्र विश्वास करने की प्रवृत्ति 2 कानों का कच्चापन 3 भोलापन;

dw/lw: **~ous** /क्रअड्यूलस/ *n.* 1 (*syn.* gullible) आशुविश्वासी, शीघ्र विश्वास करने वाला 2 भोला, कान का कच्चा

creed /क्रीड/ *n.* (*often* **Creed**) 1 ईसाई धर्म के मुख्य सिद्धांतों का सार, धर्मसार: Apostles' **Creed** 2 किसी भी प्रकार के सिद्धांतों और मान्यताओं का समूह: political ~ 3 मत, संप्रदाय, पंथ

CREEDA *abbr.* 'Creating an Experiment for the Experimental Drama and the Arts' की प्रथमाक्षरी

creek /क्रीक/ *n.* 1 *UK* समुद्र या नदी से थल की ओर बहने वाला नाला 2 *US* छोटी, संकरी नदी 3 संकरी खाड़ी;

p&i: **up the ~ without a paddle** *colloq.* बहुत बड़ी कठिनाई में

creel /क्रील/ *n.* ताजी मछली के लिए टोकरा

creep /क्रीप/ *v., pt.* **crept**, *pp* **~ing** 1 सावधानी से व चुपके-चुपके रेंगना, सरकना: ~ about on tiptoe 2 (*syn.* crawl) घुटनों के बल सरकना, घिसटना 3 बेल का ऊपर चढ़ना 4 बिना देखे अंदर आकर समा जाना: anxiety **crept** into her voice; old age comes **~ing** upon one unnoticed 5 लंगर या कांटे से खींचना 6 धीरे-धीरे ऊपर चढ़ना: inflation was **~ing** slowly but surely upwards 7 सिहरन या कंपन हो.: this made her flesh ~ (उसका शरीर सिहर उठा);

n. 1 रेंगकर ऊपर चढ़ने वाली बेल 2 चिपकू, अप्रिय व्यक्ति 3 सर्पण 4 रिंगण 5 रेंगकर या सरककर चलने की क्रिया;

p&i: **~ along/ in/ out, etc.** धीरे-धीरे सरकना, रेंगना; **~ along/ down/ through, etc.** बहुत धीरे चलना या सरकना; **~ away** धीरे-धीरे सरककर दूर जाना; **~in/ into** बिना देखे चुपके से अंदर घुस आना: ~ into sb's favour; **~ up** धीरे-धीरे राशि या दाम बढ़ाना; **~ up on sb** पीछे से चुपके-चुपके पास आना, धीरे-धीरे किसी के पास आना;

give sb the ~s *colloq.* किसी के रोंगटे खड़े कर दे.; **have always a hole to ~ out** सदा मुसीबत से बाहर निकलने का रास्ता जानना; **learn to ~, before you leap** पहले रेंगकर चलना सीखो, फिर कूदना-फांदना

creeper /क्रीपः/ *n.* **~s** *n., pl.* 1 रेंगने वाला, विसर्पी 2 लता, बेल 3 कांटा 4 सरी-सृप;

dw/lw: **~s** *n.* मोटे, हल्के तले वाला जूता जो चलते समय शोर नहीं करता

creeping /क्रीपिंग/ *adj.* 1 रेंगने वाले (कीड़े-मकौड़े) 2 रेंगने वाली (बेल) 3 धीमी, मद्धिम, कमजोर: ~ gait; ~ Jesus (अधम या ढोंगी व्यक्ति); ~ eruption (ददोरा);

dw/lw: **~ly** *adv.* 1 चुपके-चुपके, बिना दिखे 2 कमीने ढंग से 3 चाटुकारों की तरह

cree\py /क्रीपि/ *adj., degr.* **~pier**, **~piest** *colloq.* 1 (*syn.* scary) विचित्र व डरावनी: **~py** story 2 विसर्पी 3 (*syn.* spooky) लोमहर्षक 4 जिससे सुरसुरी हो रही हो: to feel **~py** (रोंगटे खड़े हो.)

creepy-crawly *n., pl.* **creepy-crawlies** *colloq.* एक छोटा-सा कीट;

adj. शरीर में सुरसुरी या सरसराहट पैदा करने वाला (चींटी आदि)

crema\te /क्रिमेट/ *v., pt.* **~ted**, *pp* **~ting** शव दाह क., जलाना;

dw/lw: **~tion** /क्रिमेशन/ *n.* शवदाह, क्रियाकर्म, दाह-संस्कार, दाहकर्म: ~tion ground (श्मशान घाट); **~tor** /क्रिमेटः/ *n.* 1 दाह-कर्म करने वाला, दाह कर्मी 2 भट्टी 3 भस्मक, निर्दाहक; **~torium** /क्रिमअटोरिअम/ (*also US* **~tory** /क्रिमेट्री/) *n., pl.* ~toria/ ~toriums शवदाह-गृह, श्मशान घाट; **~tory** /क्रिमेटरी/ *adj.* दाह-संबंधी; **~tory** *n.US* शवदाह-गृह

crème /क्रेम/ *n., Fr.* 1 क्रीम, क्रीम वाला भोजन 2 क्रीम वाली लिकर (liqueur = एक प्रकार की मदिरा)

crème caramel /क्रेम कैरमेल/ *n., pl.* **crème caramels** (*US* **flan**) अंडे और क्रीम की एक मिठाई

crème de la crème /क्रेम डअ लाः क्रेम/ *adj., Fr.* श्रेष्ठ, उत्तम व्यक्ति या वस्तु

crème de menthe /क्रेम डअ मौंथ/ *n., Fr.* एक तरह की लिकर (liqueur)

crenellated /क्रेनअलेटिड/ (*also US* **crenelated**) *adj.* कंगूरों वाला दुर्ग या बुर्ज

Creol /क्रीओ\ल/ *n.* 1 दक्षिणी अमेरिका, वेस्ट इंडीज आदि में यूरोपीय-अफ्रीकी संकर भाषा 2 फ्रेंच या स्पेनी वंशी 3 क्रियोल व्यक्ति या भाषा;

dw/lw: **~ize**/ **~ise** *v. pt.* ~ized/ ~ised, *pp* ~izing/ ~ising दो भाषाओं को मिलाकर नई भाषा बनाना

crêpe /क्रेप/ (*also* **crape**; *also* **crêpe rubber**) *Fr. n.* 1 क्रेप 2 मैदे और अंडे से बना मीठा पुआ;

collocations: **~ paper** क्रेप कागज; **~ soled** क्रेपसोल, क्रेपतलीय

crepita\te /क्रेपि\टेट/ *v. pt.* **~ted**, *pp* **~ting** 1 चटचटाना 2 बदबूदार द्रव छोड़ना;

dw/lw: **~nt** /~टंट/ *adj.* चटचटाने वाला; **~tion** /~टेशन/ *n., pathol.* (फेफड़ों में) चटचटाहट, करकराहट

crepitus /क्रेपिटस/ *n., anat.* 1 टूटी हड्डी के सिरों से टकराने से होने वाली करकराहट 2 इसी प्रकार की आवाज फेफड़ों में

crept /क्रेप्ट/ *pt.* **'creep'** का भूतकाल

crepuscular /क्रिपस्क्युलः/ *adj.* 1 गोधूलि बेला जैसा, सांध्य, धूमिल 2 गोधूलि व पौ फटने से पहले सक्रिय होने वाले जीव (जैसे चमगादड़, खरगोश, हिरण)

Cres. *abbr.* 'Crescent' का संक्षेप

crescendo /क्रिशेंडो/ क्रअशेंडो/ *n., pl.* **~s** 1 स्वर का आरोह (जब शोर या संगीत धीरे-धीरे ऊंचा होता जाता है) 2 स्वर का शिखरतम बिंदु

crescent /क्रेसेंट/ क्रेजंट/ *n.* 1 अर्द्ध चंद्र, बाल चंद्र 2 **Crescent** (*mainly Br.* **the Crescent**) अर्द्धचांदनुमा घरों की कतार के नाम में प्रयुक्त 3 (*mainly Br.* **the Crescent**) टर्की व अन्य मुसलिम देशों में शक्ति का प्रतीक;

adj. वर्धमान, बढ़ने वाला, नवचंद्राकार

cress /क्रेस/ *n.* 1 हालिम, चंसुर 2 चंसुर नामक पौधा और उसकी पत्तियां जिनसे सलाद बनता है

cresset /क्रेसिट/ *n.* मशाल

CREST *abbr.* 'Centre for Research and Education in Science & Technology (Hoskote)' की प्रथमाक्षरी

crest /क्रेस्ट/ *n.* 1 चोटी, शिखर 2 कलगी, शिखा 3 कुल चिह्न 4 किरीट 5 कूंड, शिरस्त्राण 6 (लहरों की) तरंग-शृंग 7 (mane of horse etc.) अयाल;

v., pt. **~ed**, *pp* **~ing** 1 चोटी तक पहुंचना 2 चोटी बनाना 3 मुकुट या टोपी पहनाना 4 तरंगों द्वारा तरंग-शृंग बनाना;

dw/lw: **~ed** /क्रेस्टिड/ *adj.* 1 शिखाधर, किरीटी 2 कलगीदार; **~fallen** /क्रेस्टफॉलन/ *adj.* निराश, खिन्न, हतोत्साह, पस्त-हौसला; **~-jewel** *n.* चूड़ा-मणि;

p&i: **on the ~ of a wave** अति अनुकूल स्थिति में, सफल, प्रसन्न

cretaceous /क्रिटेशिअस/ *adj.* खड़िया जैसा, खटीमय

Cretaceous *n.* 1 चाक युग से संबंधित 2 चाक युग में बनी चट्टानों से संबंधित

cretin /क्रेटिन/ *US* क्रीटन/ *n.* 1 जड़वामन, अवटुवामन 2 मानसिक कमजोरी, बौनापन 3 *loosely, offensive* मूर्ख आदमी;

dw/lw: **~ism** /क्रेटिनिज्म/ *n.* 1 जड़वामनता, अवटुवामनता 2 बौनापन 3 मानसिक अशक्तता; **~ous** /क्रिटिनस/ *adj.* शारीरिक या मानसिक अशक्तता संबंधी

cretonne /क्रिटॉन/ *n.* 1 मोटा सूती कपड़ा 2 छींट

Creutzfeldt-Jakob disease /क्रॉइत्सफेल्ट जैकॉब डिजीज/ *n., pathol.* एक अति विरली पर घातक बीमारी जो किसी वायरस से फैलकर भयंकर स्मरण-शक्ति लोप व अन्य विकारों का रूप ले लेती है

crevasse /क्रवैस/ *n.* 1 हिम शैल में पड़ने वाली लंबाकार दरार, हिम-दरार 2 *US* नदी के किनारे में दरार;

***v.**, pt.* **~ed**, *pp* **~ing** दीवार, डाइक (तटबंध) आदि में दरार बनाना
crevice /क्रेवि\स/ *n.* 1 चट्टान या हिम शैल में पड़ने वाली तंग दरार, तरेड़ 2 तंग मोरी;
dw/lw: **~d** /~सड/ *adj.* दरारदार
CREW *abbr.* 'Crusade for Revival of Environment and Wildlife' की प्रथमाक्षरी
crew /क्रू/ *n.* 1 कर्मी दल: a ~ member 2 विशेष हुनर वाले लोगों का दल या समूह: camera ~; ground ~ 3 अफसरों के बिना जहाज कंपनी 4 नौका चालक दल 5 *colloq., usually derog.* लोगों का जमावड़ा: a strange ~ 6 नौका-चालन मुकाबला: go for a ~ during summer;
***v.** pt.* **~ed**, *pp* **~ing** जहाज आदि में कर्मी के रूप में काम क.;
dw/lw: **~cut** /क्रूकट/ *n.* पुरुषों के छोटे-छोटे बाल कटवाने की शैली; **~man** /क्रूमैन/ *n. pl.* ~women जहाज या विमान का कर्मी दल; **~-neck** *n.* स्वैटर का गोल गला
crewel /क्रुअल/ *n.* पतला ढीला बटा हुआ (worsted) धागा जिसे पर्दों के कपड़े आदि में प्रयोग करते हैं
CRF *abbr.* 'Calamity Relief Fund', 'Central Road Fund' की प्रथमाक्षरी
CRG *abbr.* 'Crisis Resolution Group' की प्रथमाक्षरी
CRI *abbr.* 'Central Research Institute' की प्रथमाक्षरी
crib /क्रिब/ *US* (*UK* **cot**) *n.* 1 बच्चे के लिए ऊंची बाजुओं वाला खटोला, शिशु शैया 2 (***syn.*** manger) नांद, खोर 3 गोशाला 4 झोंपड़ी 5 (बांध आदि की) कुंदों की दीवार 6 (***syn.*** plagiarism) किसी दूसरे की रचना या लेख की नकल, चोरी 7 शब्दानुवाद 8 ईसा मसीह का आदर्श जन्म-स्थल जहां ईसा एक नांद (manger) में दिखाई पड़ते हैं;
***v.**, pt.* **~bed**, *pp* **~bing** 1 बंद रखना 2 कुंदे बैठाना 4 नकल या चोरी क. 5 चुराना: crack a ~;
p&i: **crack a** ~ सेंध लगाकर चोरी क.
cribbage /क्रिबिज/ (*also* **crib**) *n.* ताश का एक खेल
crick /क्रिक/ *n.* गर्दन आदि में ऐंठन, अकड़न, मरोड़, साल;
v., pt. **~ed**, *pp* **~ing** अकड़ जा., ऐंठना, साल पड़ जा.
cricket /क्रिकेट/ *n.* 1 क्रिकेट, गेंद-बल्ला: not ~ (1 अनुचित 2 खेल भावना के विपरीत) 2 झींगुर, झिल्ली;
dw/lw: **~er** /क्रिकिटः/ *n.* क्रिकेट का खिलाड़ी; **~ing** /~टिंग/ *adj.* 1 क्रिकेट से संबंधित 2 क्रिकेट खेलने वाला: ~ing nations;
p&i: **(as) chirpy as a** ~ जीवंत
CRIDA *abbr.* 'Central Institute for Dryland Agriculture' की प्रथमाक्षरी
crier /क्रायः/ *n., hist.* 1 चिल्लाने वाला 2 उद्घोषक, अदालत में लोगों के नाम पुकारने वाला 3 फेरीवाला 4 रोनु या रोंदु बच्चा
crime /क्राइम/ *n.* 1 अपराध, जुर्म: capital ~; war **~s**; **~s** against humanity 2 गैरकानूनी गतिविधियां: commit a ~; be steeped in ~ (अपराध में डूबा हो.) 3 अनैतिक व्यवहार 4 शर्मनाक करतूत, दुष्टता 5 मूर्खतापूर्ण आचरण: waste of opportunities is a ~;
collocations: **~ wave** अपराध की आंधी; **~ sheet** आरोप-पत्र;
p&i: **~ doesn't pay** अपराध बुरी बला है; **the greater the ~, the higher the gallows** जितना बड़ा अपराध उतनी ऊंची सूली
criminal /क्रिमि\नल/ *adj.* 1 आपराधिक, अपराधी: ~ case; ~ action; ~ law; ~ prosecution 2 बहुत बुरा, अनैतिक, अनुचित: ~ conversation (जार कर्म) 3 दुष्ट: ~ intention 4 दंड्य: ~ negligence;
n. 1 अपराधी व्यक्ति: habitual ~ 2 दुष्ट व्यक्ति;
dw/lw: **~ity** /~नैलिटि/ *n.* अपराधिकता; **~ize/ ~ise** /~नलाइज/ *v. pt.* ~ized/ ~ised, *pp* ~izing/ ~ising अपराधीकरण क.; **~ist** /~नलिस्ट/ *n.* आपराधिक मामलों का वकील या विशेषज्ञ; **~ly** /~नलि/ *adv.* आपराधिक रूप से;
collocations: **~ breach of trust** आपराधिक विश्वास भंग; **~ court** फौजदारी अदालत; **~ justice** दंड-न्याय; **~ law** फौजदारी कानून; **~ procedure code** दंड-संहिता, दंड-प्रक्रिया; **~ record** आपराधिक पृष्ठभूमि; **~ tribes** अपराधशील जनजातियां
crimi\nate /क्रिमिनेट/ *v., pt.* **~nated**, *pp* **~nating** 1 दोषारोपण क., अपराध में फंसाना 2 अपराधी ठहराना 3 दंडाज्ञा दे.;
dw/lw: **~nate** *adj.* अपराधी: ~nate clerk (अपराधी पादरी); **~nation** *n.*अपराध दोषारोपण; **~native/ ~natory** *adj.* अपराध दोषारोपक; **~nous** *adj.* अपराधी, आपराधिक
criminolo\gist /क्रिमिनौ\लअजिस्ट/ *n.* अपराध विशेषज्ञ;
dw/lw: **~logy** /~लजि/ (*also* **criminalistics**) *n.* अपराध-विज्ञान
crimp /क्रिंप/ *v., pt.* **~ed**, *pp* **~ing** 1 (बालों को) लहरदार/ लहरिया/ घुंघराले बनाना 2 धातु चादर के किनारे मोड़ना 3 *US* (विकास में) बाधा डालना: ~ a scheme;
dw/lw: **~ed** /क्रिंपड/ *adj.* लहरिया, घुंघराला; **~ers/ ~ing iron** *pl.* संडसी;
p&i: **put a ~ on/ in sth** किसी चीज पर नकारात्मक या बुरा प्रभाव पड़ना
crimson /क्रिमजन/ *n.* किरमिजी रंग;
adj. कृमिज, किरमिजी;
v., pt. **~ed**, *pp* **~ing** किरमिजी बनाना
cringe /क्रिंज/ *v., pt.* **~d**, *pp* **~ cringing** 1 लजाना, संकोच क. 2 दासवत झुकना, घिघियाते हुए कुछ कहना 3 डर के मारे पीछे हटना 4 किसी के आगे नाक रगड़ना 5 घबराहट के मारे पलकें झपकाना;
dw/lw: **~r** *n.* चाटुकार, चापलूस, आगे नाक रगड़ने वाला
cringle /क्रिंग्ल/ *n., naut.* काज, गांसी
crink\le /क्रिंक्ल\/ *v., pt.* **~led**, *pp* **~ling** सिलवट बनाना या ब., मुस जाना;
n. 1 क्रीज, मुड़न 2 शिकन, झुर्री;
dw/lw: **~le-crankle** /~-क्रैंक्ल/ *n.* टेढ़ा-मेढ़ापन; **~ly** /क्रिंक्लि/ *adj., degr.* ~lier, ~liest 1 झुर्रीदार, शिकन भरा, कुंचित 2 घुंघराला 3 लंगड़ा, पंगु, अपंग
crinkum-crankum /क्रिंकम-क्रैंकम/ *adj.* उलझा हुआ, विचित्र
cripple /क्रिपल/ *v., pt.* **~d**, *pp* **crippling** 1 अशक्त या कमजोर क. 2 अपंग कर दे., पंगु/ लूला-लंगड़ा बनाना 3 क्षतिग्रस्त कर दे., बिगाड़ना: the trade was **~ed** by inefficient banking system;
n. 1 लंगड़ा-लूला आदमी 2 अपंग, अपांग, विकलांग 3 मानसिक रूप से विक्षिप्त: an emotional ~;
dw/lw: **crippling** /क्रिप्लिंग/ *adj.* 1 अपंगकारी, पंगु बनाने वाली 2 विनाशकारी;
p&i: **he that lives with ~s learns to limp** जैसी संगत वैसी रंगत
CRIS *abbr.* 'Centre for Railway Information System' की प्रथमाक्षरी
CRISIL *abbr.* 'Credit Rating Information Services of India Limited' की प्रथमाक्षरी
crisis /क्राइसिज\/ *n. pl.* **crises** /क्राइसीज/ 1 संकट, संकट-स्थिति: industrial ~; pass through a ~ 2 संकटकाल, संकट की घड़ी: things are coming to a ~ 3 आपात स्थिति;
dw/lw: **~-ridden** /~-रिडन/ *adj.* संकट में फंसा हुआ;
collocations: **~ management** आग बुझाने (fire-fighting) की तरह संकट से निपटने की क्रिया; **~ theology** प्रोटेस्टंट धार्मिक सिद्धांत जिनके अनुसार इंसान को मानवीय या धार्मिक प्रयासों की बजाए सब-कुछ परमात्मा के निर्णय पर छोड़ देना चाहिए
CRISP *abbr.* 'Centre for Research and Industrial Staff Performance' की प्रथमाक्षरी
crisp /क्रिस्प\/ *adj.* 1 कुरकुरा, मुरमुरा, भुरभुरा, करारा, खस्ता, कड़क: ~ toast; ~ biscuit 2 सख्त, ताजा 3 ताजा व स्फूर्तिदायक

(मौसम): ~ air of spring 4 तेज, प्रखर: ~ repartee (प्रखर हास्यजनक जवाब) 5 संहत, साफ, सुस्पष्ट, विशद: ~ outlines 6 फुर्तीला 7 कुंचित 8 लहरदार 9 *UK* (*US* **chip**, *also usually* **potato chips**), *Br.* मुरमुरे, आलू के चिप्स आदि;
***v.** pt.* **~ed**, *pp* **~ing** 1 कुरकुरा, मुरमुरा, भुरभुरा या करारा बनाना 2 ताजा बनाना: cooling breeze **~s** the river 3 उंगलियां चटकाना: ~ one's fingers
dw/lw: **~bread** *n.* कुरकुरा ब्रेड; **~ly** /~लि/ *adv.* तेज या प्रखर तरीके से; **~ness** /~नेस/ *n.* 1 कुरकरापन 2 प्रखरता, तेजी 3 सुस्पष्टता 4 ताजगी; **~y** /क्रिस्पि/ *adj., degr.* ~ier, ~iest करारा, कुरकुरा, कड़क

crispin /क्रिस्पिन/ *n.* चर्मकार, मोची

crisscross /क्रिस्-क्रौस/ *adj.* 1 आर-पार काटा हुआ 2 खानेदार बनाया हुआ 3 आड़ा-तिरछा, टेढ़ा-मेढ़ा: everything went ~ from the start;
adv. आड़े-तिरछे;
n. खानेदार डिजाइन (pattern);
***v.**, pt.* **~ed**, *pp* **~ing** 1 आड़े-तिरछे काटना 2 बीच-बीच में काटना: the whole area is **~ed** by rivers and canals

criteriology /क्राइटिअरिऑलजि/ *n.* 1 मानक-समीक्षा 2 ज्ञान-निकष मीमांसा

criterion /क्राइटिअरिअन/ *n. pl.* **criteria** 1 कसौटी, माप-दंड, मानदंड, निकष, मानक 2 नियम, सिद्धांत

critic /क्रिटिक/ *n.* 1 आलोचक, समालोचक 2 समीक्षक 3 छिद्रान्वेषी;
dw/lw: **~aster** /क्रिटिकैस्टः/ *n., pejor.* छोटा-मोटा आलोचक;
p&i: **an arm-chair** ~ कागजी शेर

critical /क्रिटिकल/ *adj.* 1 आलोचनात्मक: ~ attitude 2 विवेचनात्मक, सावधानीपूर्ण, संयत 3 समीक्षात्मक 4 छिद्रान्वेषी 5 संकटकालिक, नाजुक, गंभीर: the ~ stage of a disease; ~ condition of health 6 संकटपूर्ण: ~ moment 7 (***syn.*** crucial) महत्त्वपूर्ण, निर्णायक: a ~ factor in the campaign 8 क्रांतिक: ~ mass 9 *nuclear phys.* जब विस्फोटक पदार्थ ऐसी अवस्था में पहुंच जाता है कि नाभिक श्रंख्लात्मक प्रतिक्रिया स्वतः होने लगती है;
dw/lw: **~ly** /~लि/ *adv.* नाजुक रूप से, गंभीर रूप से: ~ly ill
collocations: ~ **account** संकट खाता; ~ **angle** क्रांतिक कोण; ~ **apparatus** पाठांतर-सूची; ~ **mass** नाभिक कड़ी पैदा करने के लिए आवश्यक न्यूनतम मात्रा; ~ **path** न्यूनतम समय में सर्वश्रेष्ठ परिणाम पाने का क्रम या रास्ता; ~ **path analysis** कंप्यूटर की मदद से किया जाने वाला अधिकतम प्रभावी व परिणामदायक पथ का विश्लेषण; ~ **point** संकट या क्रांतिक बिंदु; ~ **situation** नाजुक स्थिति; ~ **temperature** 1 क्रांतिक तापमान 2 एक ऐसा ताप बिंदु जिसके ऊपर गैस को मात्र दबाव से द्रवित नहीं किया जा सकता 3 एक ऐसा ताप बिंदु जिसके ऊपर चुंबक अपनी चुंबकीयता खो देता है; ~ **theory** साहित्य के सामाजिक व ऐतिहासिक विश्लेषण का सिद्धांत;
p&i: ~ **moment** संकट की घड़ी, नाजुक पल

criticism /क्रिटिसिज्म/ *n.* 1 आलोचना, साहित्यिक समीक्षा 2 नुक्ताचीनी, छिद्रान्वेषण 3 दोषारोपण, निंदा: malicious/ bitter ~;
p&i: **beneath** ~ किसी तरह की आलोचना के लायक नहीं, घटिया

critici\ze/ (*also UK* **-se**) /क्रिटिसाइज/ *v., pt.* **~zed**, *pp* **~zing** 1 छिद्रान्वेषण क. 2 दोष निकालना 3 निंदा क. 4 आलोचना क., आलोचनात्मक रवैया अपनाकर आकलन क.: **~se** an author/ a play/ picture/ novel

critique /क्रिटीक/ *n.* 1 समीक्षात्मक निबंध या लेख 2 आलोचनात्मक विश्लेषण: a feminist ~ of postmodernism 3 समीक्षण-कला

CRIUM *abbr.* 'Council for Research in Unani Medicine (N. Delhi)' की प्रथमाक्षरी

CRL *abbr.* 'Cochin Refineries Limited' की प्रथमाक्षरी

CRM *abbr.* 'Cold Rolling Mill', 'Customer Relationship Management' की प्रथमाक्षरी

CRMS *abbr.* 'Central Railway Mazdoor Sangh', 'Corporate Resource Management Centre' की प्रथमाक्षरी

CRND *abbr.* 'Centre for Research in Neurodegenerative Diseases' की प्रथमाक्षरी

CRO *abbr.* 'Clinical Research Organisation', की प्रथमाक्षरी

critter /क्रिटः/ *n.* जीव: wild **~s**

croak /क्रोक/ *v., pt.* **~ed**, *pp* **~ing** 1 धीमी व कर्कश आवाज में बोलना 2 मेंढक की तरह टर्र-टर्र क., टर्रटर्राना, कांव-कांव क. 3 अनिष्ट की भविष्यवाणी क., कुभाख या कुभा बोलना: ~ disaster 4 हाय-तौबा क. 5 *sl.* मर जा. 6 *sl.* खून कर दे. 7 परीक्षा में अनुत्तीर्ण हो.;
n. 1 टर्र-टर्र 2 कांव-कांव/ कांय-कांय;
dw/lw: **~er** /क्रोकः/ *n.* 1 कांय-कांय करने वाला पक्षी 2 कुबोलना, कुबोलिनी 3 फटी आवाज वाला व्यक्ति 4 हार कुबोलने वाला; **~y** /क्रोकि/ *adj.* फटी आवाज वाला, फटी हुई

Croat /क्रोएट/ *n.* क्रोएशिया वासी, क्रोएट;
dw/lw: **~ian/ Croat** /क्रोएशिअन/ *adj.* क्रोएशियाई (नागरिक/ भाषा)

crochet /क्रोशे/ *v., pt.* **~ed**, *pp* **~ing** क्रोशिए या कांटे से कढ़ाई क. या ऊन के कपड़े बुनना;
n. क्रोशिए का काम, कढ़ाई, कसीदाकारी

crock /क्रौक/ *n., pl.* **~s** *colloq.* 1 मिट्टी का बर्तन 2 सुराही, झंझर 3 ठीकरा/ ठीकरी 4 अशक्त या काम करने के अयोग्य बूढ़ा आदमी 5 छकड़ा गाड़ी 6 कालिख, काजल;
dw/lw: **~ed** /~ड/ *adj.* नशे में धुत्त;
p&i: **a ~ of shit** *US sl.* एकदम झूठी बात

crockery /क्रौकरि/ *US* क्राःकरि/ *n.* प्लेटें, प्याले आदि चीनी मिट्टी के बर्तन: ~ ware (क्रॉकरि)

crocket /क्रॉकिट/ *n., arch.* विशिष्ट पत्तेनुमा शैली में बनाया हुआ निर्माण-शिल्पी अलंकार या सजावट

crocodile /क्रौकअडाइल/ *n.* 1 मगरमच्छ 2 मगरमच्छ का चमड़ा;
collocations: ~ **clip** (*US* **alligator clip**) दो चीजों को कसकर जोड़े रखने वाला मगरमच्छाकार क्लिप (चिमटी);
p&i: **shed ~ tears** कपटी या घड़ियाली आंसू बहाना

crocus /क्रोकस/ *n., pl.* **~es** 1 एक छोटा पीला, जामुनी या सफेद वसंती फूल 2 केसर

Croesus /क्रीसस/ *n.* अति धनी व्यक्ति, धन कुबेर: rich as ~;
p&i: (as) **rich as Croesus** कुबेर-सा धनी

croft /क्रौफ्ट/ *US* क्रॉफ्ट/ *n., Scot.* मकान के साथ चारों ओर से बाड़ से घिरा खेत, बाड़ा

croissant /क्रवैंसॉं/ *n.* चंद्राकार केक या ब्रेड जिसे नाश्ते में खाया जाता है

Cro-Magnon man /क्रो मैन्यों मैन/ यूरोप में आधुनिक मानव का प्राचीनतम रूप (लगभग 35000 वर्ष पहले का)

crone /क्रोन/ *n., derog.* 1 बुढ़िया 2 बूढ़ी भेड़

cron\y /क्रोनि/ *n., pl.* **~ies** 1 पुराना यार या संगी, लंगोटिया यार 2 अंतरंग मित्र जो गलत-सलत करतूतों में सहभागी होता है: play cards with one's **~ies**;
dw/lw: **~yism** *n.* ऐसी स्थिति जब सत्ताधारी लोग अपने सगे-संबंधियों व मित्रों को ही नौकरियां देते हैं

crook /क्रुक/ *n.* 1 मुड़े हुए सिरे वाली छड़ी 2 हुक 3 लंब हत्थे वाली कंटिया 4 मोड़ 5 घुमावदार वस्तु, वक्र पदार्थ 6 जालसाज व्यक्ति, ठग, चोर 7 कोहनी: ~ of one's arm/ elbow;
***adj.**, Austral & NZ colloq.* 1 बीमार 2 ठीक ढंग से काम न करने वाला 3 कमीना, घिनौना 4 अप्रिय;
v., pt. **~ed**, *pp* **~ing** मोड़ना, वक्राकार बनाना;
dw/lw: **~ed** /क्रुकिड/ *adj.* 1 घुमावदार, वक्र, टेढ़ा 2 टेढ़ा, तिरछा:

~ed nose 2 कुटिल, धूर्त, बेईमान, धोखेबाज: ~ed dealings; **~edly** /क्रुकिडलि/ *adv.* धोखेबाजी से; **~edness** /क्रुकिडनेस/ *n.* बेईमानी, धोखेबाजी, कुटिलता, कपट;

p&i: **~ed by nature is never made straight by education** कुत्ते की दुम सौ वर्ष गाड़ो टेढ़ी की टेढ़ी; **~ed sixpence** भाग्यशाली सिक्का; **~ in one's lot** भाग्य की चोट; **~ the elbow/ the little finger** पीकर धुत्त हो.;

a ~ in the back पीठ पर कूबड़; **a ~ in the lot** किस्मत का झटका; **by hook or by ~** हर कीमत पर/जैसे, तैसे, कैसे भी; **have a ~ in the character** चालबाज, धोखेबाज; **on the ~** बेईमानी से; **the ~ of one's arm** कोहनी, यानी बाजू का मोड़

croon /क्रून/ *v., pt.* **~ed**, *pp* **~ing** 1 गुनगुनाना 2 भावपूर्वक गाना; ***n.*** गुनगुनाहट, गुनगुन;

dw/lw: **~er** /क्रूनः/ *n.* गुनगुनाने वाला, रो-रोकर गाने वाला; **~ing** /क्रूनिंग/ *n.* गुनगुनाहट, रुलाई-गवाई

crop /क्रौप/ *US* क्राःप/ *n.* 1 फसल, उपज: a good ~ of wheat; grain ~; under ~ 2 (***syn.*** harvest) पैदावार, सस्य: bumper ~; ~ failure; a fall in this year's paddy ~ 3 गलथैली, पोटा 4 चाबुक, कोड़ा 5 चाबुक/ कोड़े का दस्ता 6 खाल: ~ leather 7 समूह (batch): last year's ~ of graduates 8 केशकर्तन, बालों की बहुत छोटी कटाई: ~ cut;

v., pt. **~ped**, *pp* **~ping** 1 काटना-छांटना, कतरना, छोटा क.: ~ the hair; ~ the tail of a horse 2 *UK* पकना: barley **~ped** well 3 फसल काटना, लुनना 4 पैदा क. 5 बोना, बुआई क.: ~ a field with wheat 6 पहचान के लिए पशु का थोड़ा-सा कान काटना;

dw/lw: **~-eared** *adj.* कनकटा; **~-full** *adj.* भर-पेट; **~land** *n.* सस्य-भूमि; **~ping** *n.* दृश्यांकन;

collocations: **~/ corn circle** खड़ी फसल के बीच में चौपट बनी फसल के गोल चक्र; **~ dusting** फसलों पर विमान से कीटनाशक दवाई स्प्रे करने (छिड़कने) की क्रिया; **~ping pattern** सस्य-स्वरूप; **~ rotation** फसल की बदल-बदलकर की जाने वाली बुआई; **~ top** औरत के शरीर के मात्र ऊपरी अंगों पर आने वाला ब्लाउज; **~ weather** फसली मौसम;

p&i: **~ of sth** नई पीढ़ी आदि के सदस्य; **~ out (up)** प्रकट या उत्पन्न हो.; **~ sb's feathers** किसी के पर काट दे., सीधा कर दे.; **~ up** अकस्मात् हो.

cropper /क्रौपः/ *US* क्राःपः/ *n.* फसल उगाने वाला, फसल वाला पौधा;

p&i: **come a ~** *colloq.* 1 (घोड़े आदि से) गिरना 2 बुरी तरह असफल हो. 3 शर्मनाक गलती क.

croquet /क्रोके/ *n.* जमीन में धंसी गेंद को एक विशेष प्रकार के बल्ले से मार कर खेला जाने वाला विदेशी खेल

croquette /क्रोकेट/ *n.* आलू-मीट की टिकिया

crore /क्रोः/ *n.* करोड़, दस मिलियन

crosier/ crozier /क्रोजिअर/ *n.* अधिकार बेंत, बिशप की बेंत

cross /क्रौस/ *US* क्राःस/ *n.* **(the Cross)** 1 क्रॉस, कांटा, सूली, वह क्रॉस जिसपर ईसा मसीह को लटकाया गया था 2 ईसाई धर्म का प्रतीक '†' 3 इस प्रतीक ('†') के आकार का मालानुमा आभूषण जिसे प्रायः गले में पहना जाता है 4 '×' का चिह्न जो किसी स्थान, भूल सुधार, काटे गए शब्दों आदि द्योतक होता है 5 गले पड़ा ढोल: have one's own ~ to bear 6 संकर पौधा या पशु: a ~ between ... (संकर जाति) 7 स्मारक 8 '†' रूपी पदक 9 मिश्रण या समझौते का परिणाम: a ~ between a bedroom and a drawing room 10 फुटबाल आदि में आर-पार का पास: ~ pass;

adj., *degr.* **~er**, **~est** 1 आड़ा, तिरछा, तिर्यक 2 पारगामी: ~-Channel; ~-country 3 प्रतिकूल 4 अप्रसन्न, क्रुद्ध, चिड़चिड़ा 5 (***syn.*** reciprocal) अन्योन्य 6 (***syn.*** hybrid) संकर, दोगला;

v., *pt.* **~ed**, *pp* **~ing** 1 एक तरफ से दूसरी तरफ जा., सड़क आदि पार क. 2 सीमा आदि पार क.: ~ the Atlantic 3 रेखाओं आदि का एक दूसरे को काटना 4 पौधों, पशुओं आदि की संकर जाति तैयार क.: ~ a sheep with a goat 5 किसी प्रयास को निष्फल क., क्रुद्ध क. 6 काटना, काट-कूट क. 7 '×' या '+' चिह्नों से भूल सुधार आदि के लिए रेखित क. 8 मिल जा. 9 विरोध क. 10 टांगों को आर-पार करके बैठना: ~ one's legs 11 कंधों, छाती व चेहरे आदि को छूकर '†' का प्रतीक बनाना: ~ oneself before entering the church; 12 किसी शब्द या अक्षर पर ऊपर से नीचे लाइन खींचना: ~ one's **t**'s 13 बैंक के चैक को क्रॉस क. 14 (*usually* ~ **out**, **off**/ **through**) किसी शब्द या अक्षर के बीचों-बीच रेखा खींचकर काटना 15 टेलीफोन की दो या अधिक लाइनों का एक दूसरे से लड़ जा. 16 फुटबाल आदि में आर-पार का पास दे.;

dw/lw: **~-action** *n.* जवाबी दावा; **~-and-pile/ ~-or-pile** चित और पट (चित या पट); **~bar** *n.* 1 अर्गला 2 साइकिल के अगले व पिछले हिस्सों को जोड़ने वाली छड़ या नाली 3 आड़ा, दंड; **~-beam** *n.* आड़ी कड़ी; **~-bearer** *n.* क्रूस-वाहक; **~-bench** *n.* ब्रितानवी संसद में तटस्थ या निष्पक्ष सदस्यों के बैठने का स्थान; **~-bill** *n.* वादी के आरोप-पत्र का जवाब; **~bones** *n, pl.* प्रतीक के रूप में खोपड़ी के नीचे दो आर-पार रखी हड्डियां (मृत्यु का प्रतीक); **~-border** *adj.* अंतर्देशीय सीमाओं के आर-पार; **~bow** *n.* पुरानी चाल का धनुष; **~breed** *v., pt.* ~bred, *pt. p.* ~bred, ~ing संकर जीव उत्पन्न क.; **~breeding** *n.* संकरण; **~bred** *adj.* संकर, दोगला; **~-buttock** *n., wrestling* कुश्ती में एक दाव; **~-Channel** *adj.* इंग्लैंड तथा फ्रांस के बीच चैनल के माध्यम से (संचार); **~check** *v., pt.* ~checked, *pp* ~checking फिर से जांचना; **~-claim** *n.* प्रतिदावा; **~-contamination** *n.* कीटाणुओं का संक्रमण; **~-country** *adj., adv.* 1 खेतों के आर-पार, कच्चे रास्ते से 2 देश के एक कोने से दूसरे तक; **~-culture** *n.* अंतर्संस्कृति; **~-cultural** *adj.* अंतर्संस्कृतीय; **~-current** *n.* अंतर्बहाव; **~-curricular** *adj.* भिन्न-भिन्न पाठ्यक्रमों से संबंधित; **~-cutting** *n., film-making* फिल्म बनाने की एक विशेष तकनीक; **~-cut** *n.* तिरछी काट; **~-division** *n.* कई प्रतिमानों के अनुसार बटवारा; **~-dress** *v., pt.* ~-dressed, *pp* ~-dressing आदमियों द्वारा स्त्रियों के कपड़े पहनना; **~-dressing** *n.* पुरुषों व स्त्रियों द्वारा एक दूसरे की पोशाक धारण; **~-examination** *n.* प्रति-परीक्षा, जिरह, बहस; **~-examine** *v., pt.* ~-examined, *pp* ~-examining; प्रति-परीक्षा क., गवाह के कथनों पर सवाल पूछना, जिरह क.; **~-eyed** *adj.* भेंगा; **~-fertilise** *v., pt.* ~-fertilised, *pp* ~-fertilising परसंसेचन क.; **~-fertilization** *n.* परसंसेचन; **~-fire** *n.* दुतरफा गोलाबारी: caught between the ~fire (दो तरफ से चलने वाली गोलियों के बीच फंसा हुआ); **~-hatch** *v., pt.* ~-hatched, *pp* ~-hatching; खड़ी और टेढ़ी रेखाओं से छायांकन क; **~-heading** *n.* केंद्र-शीर्षक; **~ing** *see below under separate entry*; **~-legged** *adv.* आर-पार टांगें रखकर बैठा हुआ, घुटने फैलाकर और टांग के ऊपर टांग रखकर या तिरछे पांव रखकर बैठा हुआ: sit ~-legged; **~-link** *n.* तिर्यक बंधनी; **~ly** /क्रौसलि/ *US* क्राःसलि/ *adv.* क्रोधपूर्वक; **~-match** *v., pt.* ~-matched, *pp* ~-matching रक्त वर्ग का मिलान क.; **~over** मार्ग पार करवाने वाला; **~-party** *adj.* अंतर्दलीय; **~patch** *n., colloq.* चिड़चिड़ा व्यक्ति; **~piece** *n.* आड़ी कड़ी; **~-ply** *adj.* विशेष तकनीक से बने (टायर); **~-pollinate** *v., pt.* ~-pollinated, *pp* ~-pollinating पर-परागण क.; **~-pollination** *n., bot.* पर-परागण; **~-promotion** *n.* दो वस्तुओं या दो कंपनियों के माल का एक साथ प्रचार अभियान; **~-purpose** *n.* उल्टा प्रयोजन: be at ~-purpose (परस्पर-विरोधी प्रयोजन रखना); **~-question** *n.* प्रति-प्रश्न, प्रति-परीक्षा, जिरह, बहस; **~rate** *n.* प्रति दर; **~-refer** *v., pt.* ~-referred, *pp* ~-referring पाठक द्वारा एक पाठ से दूसरे पाठ को संदर्भित करना; **~road** *n.* एक सड़क को काटने वाली दूसरी सड़क; **~roads** *n.* 1 चौराहा 2 जीवन में ऐसा मोड़ जहां पर व्यक्ति को दो रास्तों में से एक का चुनाव करना होता है 3 दुविधा; **~-section** *n.* बड़े समुदाय के बीच भिन्न-भिन्न वर्गों का प्रतिनिधित्व करने वाला समूह 2 बीचों-बीच काटने पर दिखने वाला अंदर का भाग

3 अनुप्रस्थ काट, अनुप्रस्थ परिच्छेद; **~stamp** *n.* रेखन मोहर; **~-stitch** *n. needlecraft* अनुप्रस्थ सिलाई; **~-talk** *n.* मिश्रित वार्ता; **~town** *n.* नगर के आर-पार: a ~-town bus; **~-training** *n.* मिश्रित प्रशिक्षण; **~-voting** *n.* अपने दल के विरोधी को मतदान; **~-wind** *n.* तिरछी हवा; **~walk** *n. US* (*UK* **pedestrian walking**) *n.* चौराहा, पारण-पथ; **~wind** *n.* विमान या गाड़ी से आड़ी हवा; **~wise** *adv.* 1 एक कोने से दूसरे तक 2 **'X'** के आकार में; **~word** (*also* **~word puzzle**) *n.* वर्ग-पहेली, शब्द-वर्ग पहेली;

collocations: **~ ability** पार करने योग्य; **~ ability car** पार करने योग्य कार; **~-cut saw** दो व्यक्तियों द्वारा चलाया जाने वाला मोटी लकड़ी को काटने वाला आरा; **~ flight** तयशुदा मार्ग पर उड़ान; **~ race** खेतों के आर-पार दौड़; **~ reference** *n.* प्रतिसंदर्भ, अन्योन्य संदर्भ; **~ series** मुक्केबाजी में लगातार आर-पार के प्रहार;

p&i.: **~ a person's palm with a silver** मुट्ठी गर्म करके काम करवाना, रिश्वत दे.; **~ as two sticks** दुराग्रही व अप्रिय; **~ check** फिर से जांच क.; **~es are ladders to heaven** कष्ट वैकुंठ की सीढ़ी है; **~ my heart (and hope to die)** सच कह रहा हूं (जो कह रहा हूं पूरा करूंगा); **~ one's arms/ legs** बाजुओं या टांगों को आर-पार करके बैठना; **~ one's fingers/ keep one's fingers ~ed** सफलता की आशा क.; **~ one's heart** सिर, छाती और कंधों को छूकर ईसा के क्रॉस का प्रतीक जतलाना; **~ one's legs** टांगों को आर-पार क.; **~ oneself** ईसाइयों द्वारा उंगलियों से सिर, छाती और कंधों को छूकर ईसा के क्रॉस का प्रतीक जतलाना; **~one's mind** नया विचार सूझना, अचानक कोई बात मन में कौंधना; **~ over** 1 पार क. 2 दल बदलना: ~ over to the right; **~ purposes** *n.* पारस्परिक रूप से विरोधी लक्ष्य: at ~ purposes (परस्पर विरोधी बातें या काम क.); **~ sb's palm** किसी के हाथ में सिक्का रखना; **~ sb's path** रास्ते में मिलना; **~ sth off (sth)** 1 फुटबाल आदि को ठोकर मारकर मैदान से बाहर क. 2 सूची में से कोई शब्द या नाम काटना; **~ sth off (sth) out** लिखने के बाद लाइन मारकर काट दे.; **~ swords with sb** किसी के साथ मतभेद या झगड़ा हो.; **~ that bridge when you come to it** जब समस्या होगी तभी उससे निपटना;**~ the aisle** अपने ही मन के विरुद्ध मत दे.; **~ the floor** विपक्ष के साथ हो जा.; **~ the Great Divide** *US* मर जाना; **~ the river 1** बाधा पार क. 2 मर जाना; **~ the Rubicon** अटल फैसला कर लेना, सिर-धड़ की बाजी लगा दे., अंतिम निर्णय ले.; **~ the Stygian ferry** मर जाना; **~ the t's and dot the i's** 1 नून में नुक्ता लगाना, बारीकी छांटना 2 किसी कार्य को अंतिम रूप दे., निर्णायक रूप से पूरा क.; **~ voting** अपने दल के विरुद्ध मत दे.; **~ wires** गलत फोन लग जा., गलतफहमी हो जा.;

as ~ as bear अत्यधिक क्रुद्ध; **as ~ as two sticks** बहुत क्रुद्ध; **be at the ~roads** जिंदगी के चौराहे या दोराहे पर खड़ा हो; **be ~ with sb** किसी से नाराज हो.; **double ~** दोगली नीति पर चलना, धोखाधड़ी क.; **no ~, no crown** मेहनत ही सफलता की कुंजी है; **on the ~** बेईमानी से; **take sb to Banbury ~** बच्चे को घुटनों पर झुलाना; **the ~ on the breast and the devil in heart** हाथ सुमिरनी पेट कतरनी, हाथ में माला दिल में काला, बगल में छुरी मुंह में राम-राम

crossing /क्रौसिंग/ *US* क्राःसिंग/ n. 1 पारण पथ 2 समुद्र पार यात्रा 3 रेल व सड़क का पार-पथ: over-head ~ 4 रेखन, काट-कूट, काट-पीट 5 चौराहा 6 पार कराने वाला 7 संकरण 8 पार करने का स्थान 9 नौका घाट 10 एक-दूसरे को काटकर पार करने का स्थान 11 (***syn.*** intersection) दो रेखाओं का मिलने या काटने का बिंदु 12 सीमा पार करने की क्रिया;

p&i: **zebra ~** पैदल-पथिकों द्वारा सड़क पार करने का स्थान

crotch /क्रौच/ *US* क्राःच/ (*also UK* **crutch**) *n., pl.* **~es** 1 (*also* **crutch**) पेड़ का द्विशाखी भाग 2 ऊरु संधि 3 टांगो के ऊपर के अंग 3 मानवीय गुप्तांग क्षेत्र 4 ऊरु संधि के ऊपर आने वाला पैंट का भाग

crotchet /क्रौचि\ट *US* क्राःचिट/ *n.* 1 क्रोशिया, सलाई, कंटिया 2 *US* **quarter note** (संगीत) पाद स्वर 3 सनक, झक (a perverse fancy);

dw/lw: **~y** /~टि/ *adj.* 1 झक्की 2 चिढ़ जाने वाला; **~iness** /~टिनेस/ *n.* सनकीपन

crouch /क्राउच/ (also **~ down**) *v., pt.* **~ed**, *pp* **~ing**, *s/he/it* **~es** 1 दुबक या सिकुड़कर बैठना, घुटनों के बल बैठना 2 नाक रगड़ना, गिड़गिड़ाना, दीनतापूर्वक झुकना: ~ one's back before sb 3 बिल्ली, कुत्ते, चीते आदि का झपट पड़ने के लिए दुबककर बैठना: tiger **~ing** for a spring;

n., pl. **~es** 1 घुटनेटेक 2 दुबक;

p&i: **~ over sb/ sth** के पास पहुंचने के लिए झुकना

croup /क्रूप/ *n.* 1 पुट्ठा, पिछली पीठ 2 सुखंडी, कंठशोथ 3 बच्चों में खांसने और सांस लेने में कठिनाई;

dw/lw: **~y** /क्रूपी/ *adj.* सांस की बीमारी (दमे) से पीड़ित

croupier /क्रूपीए/ *n.* जुए के खेल में वह व्यक्ति जो हारने वालों का रुपया इकट्ठा करके जीतने वालों में बांटने का काम करता है

croûton /क्रूटौन/ क्रूटाःन/ *n.* ब्रेड का तला हुआ कुरमुरा टुकड़ा

crow /क्रो/ *n.* 1 कौआ, काग 2 काला कौआ 3 मुर्गे की बांग 4 घटिया कोयला 5 गदाला;

v., pt. **~ed**, *pp* **~ing** 1 बांग दे., कुकड़ू-कूं क. 2 (***syn.*** boast, gloat) ऊंचे-ऊंचे बोलकर डींग मारना, गाल बजाना, शेखी बघारना 3 (*usually* **~ over sb/ sth**) किसी पर जीत पाने पर हर्ष-ध्वनि या जयघोष क., किलकारना 4 शिशु द्वारा आनंदमय स्वर निकालना;

dw/lw: **~bar** *n.* सब्बल, रंभा; **~berry** *n.* झड़बेर; **~bill** *n.* शल्य चिमटी; **~-quill** *n.* कौवे के पंख की नोक (कलम);

collocations: **~'s foot, ~'s feet** आंख के नीचे की झुर्री या गड्ढ़ा; **~'s nest** जहाज के मस्तूल के शिखर पर निरीक्षण पटल;

p&i: **~ over** खुशी से फूले न समाना; **~ over someone** किसी पर जीत पाकर खुशी से फूला न समाना; **~ will not pick out ~'s eyes** चोर-चोर मौसेरे भाई;

as black as a ~ स्याह काला; **as the ~ flies** 1 बिल्कुल सीधा रास्ता, नाक की सीध में; **eat ~** तुच्छ काम करने के लिए बाध्य होना, अपमान सहना; **have a ~ to pluck** बदला चुकाने का कोई कारण हो.; **in a ~ line** सीधे; **stone the ~!** हक्का-बक्का होने पर प्रयुक्त शब्द; **the ~ thinks her own bird(s) faires** अपना नीगर पराया ढींगर; **white ~** बगुला भगत

crowd /क्राउड/ *n.* (*usually* **~s**) *colloq.* **(the ~)** 1 भीड़ 2 (*usually* **~s**) जनसमूह 3 **(the ~)** जनसाधारण 4 मित्र-मंडली: come with all one's ~ (अपनी मित्र-मंडली के साथ आना) 5 किसी कार्यक्रम के श्रोतागण, दर्शक 6 कोई भी बहुत अधिक संख्या में वस्तु: the room was littered with ~ of books;

v., pt. **~ed**, *pp* **~ing** 1 भीड़ बनाकर खड़े हो. 2 ठसकर खड़ा हो. 3 एकत्र हो., भीड़ में आना: people were **~ing** to board the bus 4 ठसाठस भर जा. 5 धक्कम-धक्का हो. 6 अपनी बड़ी-सी टोली में इकट्ठे हो. 7 *US* भीड़ द्वारा दबाव डालना या डलवाना: ~ matters (मामले को जल्दी करवाना);

dw/lw: **~ed** /क्राउडिड/ *adj.* भीड़-भरा, संकुल, जनसंकुल; **~-pleaser** *n.* जनता को पसंद आने वाली वस्तु या उत्पाद; **~-puller** *n.* भीड़ आकर्षित करने का सामर्थ्य रखने वाला व्यक्ति;

p&i: **~ around/ round (sb/ sth)** भीड़ द्वारा घेरा जाना; **~ the mourners** बहुत जल्दी मचाते हुए दबाव डालना; **~ books into a box** बक्से को किताबों से ठसाठस भरना; **~ in/ on sb** or **~ into sb** विचारों, प्रश्नों आदि द्वारा मन को सराबोर कर दे.; **~ (sb) into sth** भीड़ से ठसाठस भरना; **~ sb out** भीड़ को मात दे.; **~ sb/ sth out** भीड़ पर काबू करके उसे तंग स्थान से निकाल दे.; **~ sth out** ठसाठस भरना; **~ together** इकट्ठे हो., एक हो.; **~ through a gate** दरवाजे में से जमघट के रूप में से बहुत सारे लोगों का घुसना; **~ upon** भीड़ के रूप में किसी पर टूट पड़ना;

a life ~ed with adventure जोखिमों से भरा जीवन; **be ~ed**

somewhere कहीं पर ज्यादा भीड़ हो.; **far from the madding** ~ पागल कर देने वाली भीड़-भड़क्कम से दूर; **follow the** ~ भेड़-चाल चलना; **he might pass in a** ~ वह दूसरों से बदतर नहीं; **raise oneself above the** ~ दूसरों से बेहतर हो.

crown /क्राउ\न/ *n.* (**the Crown**) 1 मुकुट, ताज: succeed to the ~; the demise of the ~; a witness for the ~ 2 सफलता की चोटी या शिखर: the ~ of one's career 3 स्वीडन आदि देशों का सिक्का 4 (**the Crown**) राजा, रानी, देश की सरकार 4 राजा या रानी के राज का विस्तार 5 राजा या रानी की सफलता पर भेंट की जाने वाली माला 6 दांत पर सोने या चांदी का पत्तर या खोल 7 ब्रिटेन में कागज की लंबाई-चौड़ाई: 385 x 505 मीलोमीटर 8 *colloq.* सिर पर वार: break sb's ~ 9 फूलों का मुकुट, किरीट 10 सिर या टोप का शिखर;
***v.**, pt.* **~ed**, *pp* **~ing** 1 ताजपोशी क., राज मुकुट पहनाना, राज्याभिषेक क., सिंहासन/ राजगद्दी पर बैठाना: be **~ed** 2 शिखर पर हो. या सफल हो.: efforts **~ed** with success 3 सर्वोच्च या सर्वश्रेष्ठ हो. या बनाना: ~ sb with glory 4 दांत पर सोने या चांदी का पत्तर या खोल चढ़ाना 5 *colloq.* सिर पर वार क.;
dw/lw: **~ed** /~नड/ *adj.* 1 अभिषिक्त, ताजपोशित 2 समाप्त; **~head** /~न-हेड/ *n.* राजा/ सम्राट या रानी/ सम्राज्ञी; **~ing** /~निंग/ *n.* 1 अभिषेक 2 समापन 3 *obstetrics* प्रसव में एक अवस्था जब शिशु का सिर बाहर निकल रहा हो; **~ing** *adj.* शिखर की, शिखरतम, सर्वश्रेष्ठ;
collocations: ~ **colony** ब्रिटेन की सम्राज्ञी या सम्राट द्वारा नियंत्रित उपनिवेश; **Crown Court** इंग्लैंड और वेल्ज (Wales) में फौजदारी के मुकदमों की अदालत; ~ **jewels** 1 राजा का मुकुट व अन्य आभूषण 2 *euphemistic* पुरुष के गुप्तांग; ~ **law** शाही फौजदारी कानून; ~ **of the year** (यूरोप में) हेमंत; ~ **prince** युवराज; ~ **princess** 1 युवराज्ञी 2 राजकुमार की पत्नी; ~ **tooth** सोने या चांदी का पत्तर या खोल चढ़ा दांत;
p&i; **~ing achievement** शानदार सफलता; ~ **of the causeway** सड़क का मध्य भाग; ~ **of thorns/ ~ studded with thorns** कांटों का ताज;
a ~ of glory विजेता का सर्वोत्तम हार या मुकुट; **a ~ of thorns** कांटों का मुकुट; **keep the ~ of the causeway** सड़क के बीचों-बीच चलना; **to ~ it all** *colloq.* सबसे बढ़िया या खराब बात यह हुई कि ...; **that ~s all!** बस इसी की कमी रह गई थी!; **the end ~s the work** अंत भला सो भला

crozier /क्रोजिअः/ *n.* अधिकार-दंड

CRP *abbr.* 'Central Rehabilitation Programme' की प्रथमाक्षरी

CRPF *abbr.* 'Central Reserve Police Force' की प्रथमाक्षरी

CRPS *abbr.* 'Cable Records Purifications System', 'Cumulative Redeemable Preference Shares' की प्रथमाक्षरी

CRR *abbr.* 'Cash Reserve Ratio' की प्रथमाक्षरी

CRRI *abbr.* 'Central Rice Research Institute', 'Central Road Research Institute (New Delhi)' की प्रथमाक्षरी

CRS *abbr.* 'Carrier Routing System', 'Central Reservation System', 'Centre for Rural Studies', 'Centre of Russian Studies (JNU)', 'College of Rehabilitation Sciences', 'Commissioners of Railway Safety', 'Compulsory Retirement Scheme', 'Compulsory Rolling Settlement', 'Computer Reservation System', 'Congressional Research Service (U.S.A.)' की प्रथमाक्षरी

CRSB *abbr.* 'Central Revenue Sports Board' की प्रथमाक्षरी

CRSP *abbr.* 'Central Rural Sanitation Programme' की प्रथमाक्षरी

CRT *abbr.* 'cathode ray tube', 'Cosmic Revelation Tree' की प्रथमाक्षरी

CRTs *abbr.* 'Cathode Ray Tubes' की प्रथमाक्षरी

CRTS *abbr.* 'Consumer Rights and Trust Society' की प्रथमाक्षरी

crucial /क्रूशिअल/ *adj.* 1 अत्यधिक महत्त्वपूर्ण 2 निर्णायक 3 (***syn.*** critical) (नाभिक प्रयोग) शिखरतम या निर्णायक अवस्था में: ~ period 4 कठिन, संगीन 5 *sl.* बहुत बढ़िया;
dw/lw: **~ly** *adv.* निर्णायक ढंग से

crucible /क्रूसिबल/ *n.* 1 घरिया, कुठाली, घड़िया, कुल्हिया: ~ steel 2 विचारों, सिद्धांतों आदि की कड़ी परीक्षा

cruci\fier /क्रूसि\फायः/ *n.* क्रूसवाहक, क्रूसीफेरी;
dw/lw: **~ied** /~फाइड/ *adj.* क्रूसारोपित; **cruci-form** /~फॉःम/ *adj.* क्रूसाकार (भवन आदि)

crucifix /क्रूसिफिक्स/ *n.* क्रॉस का मॉडल जिस पर ईसा मसीह का बिंब हो, क्रॉस, सलीब, क्रूस मूर्ति

crucifixion /क्रूसिफिक्सन/ *n.* 1 सलीब या सूली पर चढ़ाकर मारने की प्रक्रिया 2 क्रूसारोपण 3 क्रॉस का चिह्न

cruciform *adj. see above under* **crucifier: *dw/lw***

cruci\fy /क्रूसि\फाई/ *v., pt.* **~fied**, *pp* **~fying**, *s/he/it* **~fies** 1 सलीब या सूली पर चढ़ाकर मारना 2 क्रूस दे. 3 क्रूस पर ठोंकना 4 दमन क. 5 यंत्रणा दे. 6 कठोर या निर्मम आलोचना क. 7 *sl.* किसी को बुरी तरह हराना, अपमानित क.

crud /क्रड/ *n.* 1 *sl.* चिपचिपाती गंदगी 2 घिनौना आदमी 3 बचा-खुचा रडियोधर्मित पदार्थ;
dw/lw: **~dy** /क्रडि/ *adj.* 1 गंदा 2 बेकार, घिनौना

crude /क्रूड/ *adj.* 1 गंवारू तरीके से बना हुआ 2 अशिष्ट, अभद्र, ओछा, अश्लील, भोंडा: a ~ comment/ remark (अशिष्ट कथन); ~ manners 3 कच्चा, अशोधित: ~ oil (कच्चा तेल) 4 अनगढ़, अपरिष्कृत: a ~ sketch; ~ scheme; ~ theories
dw/lw: **~ly** *adv.* फूहड़ ढंग से, रुखाई से

crudity /क्रूडिटि/ (*also* **crudeness**) *n.* कच्चापन, रूखापन, रुखाई, अशिष्टता, बेडौलपन

cruel /क्रूअल/ *adj., degr.* **~ler**, **~lest** or **~er**, **~est** 1 क्रूर, निर्दयी, निर्मम, निष्ठुर, बर्बर: a ~ blow 2 यातनादायक, भयंकर: ~ disease; ~ suffering;
dw/lw: **~ly** /क्रूअलि/ *adv.* निर्ममतापूर्वक, क्रूरता से; **~ty** /क्रूअलटि/ *n.* 1 (***anton.*** kindness) क्रूरता, निर्ममता, निर्दयता, निष्ठुरता 2 क्रूर कदम या कार्य: cruelties of war; **~ty-free** *adj.* जानवरों पर परीक्षण के बिना किए जाने वाले उत्पाद;
p&i: **~ty is the first attribute of the devil** निर्दयता शैतान की पहचान है

cruet /क्रूइट/ *n.* 1 शीशी 2 छोटी शीशियों का स्टैंड

crui\se /क्रूज/ *n.* समुद्री जहाज पर विहार, सैर-सपाटा, पोत-विहार, समुद्री यात्रा: round-the-world **~se**;
***v.**, pt.* **~sed**, *pp* **~sing** 1 समुद्री पर्यटन क. 2 समुद्री गश्त लगाना 3 सतत रफ्तार से चलना या उड़ना 4 सैर-सपाटे पर निकलना;
collocations: **~se control** द्रुत (गति) मार्गों पर गाड़ियों की गति को नियंत्रित करने वाला उपकरण; **~se missile** नाभिक हथियारों से लैस अस्त्र जो दूर तक मार कर सकते हैं; **~se ship** (*also* **~se liner**) होटल जैसा बड़ा समुद्री जहाज जिससे लोग सैर-सपाटे और मनोरंजन के लिए यात्रा करते हैं; **~sing flight** 1 निर्धारित/ सामान्य मार्ग की उड़ान 2 गश्ती उड़ान; **~sing range** ईंधन की सीमा अनुसार दूरी; **~sing speed** सामान्य रफ्तार या गति; **~sing submarine** गश्ती पनडुब्बी; **~sing taxi** स्वतंत्रगामी टैक्सी;
p&i: **~se about** किसी चीज की खोज में इधर-उधर भटकना; **~se to success/ victory, etc.** आसानी से मुकाबला जीतना

cruiser /क्रूजः/ *n.* 1 एक बड़ा तीव्रगामी युद्ध पोत 2 (*also* **cabin** ~) शयनकक्ष से लैस मोटरबोट या पोत 3 पुलिस कार;
dw/lw: **~-carrier** *n.* लड़ाकू जहाजों वाला युद्ध पोत; **~-vessel** *n.* युद्ध पोत की श्रेणी का खेल पोत;
collocations: ~ **weight** 1 मुक्केबाजी में मध्यम श्रेणी का

मुकाबला 2 इस श्रेणी का मुक्केबाज;
cruller /क्रलः/ *n.* एक प्रकार का बिस्कुट या केक
crumb /क्रंब/ *n.* 1 रोटी का एक छोटा-सा टुकड़ा या सार भाग, चूरा 2 कण, किनका 3 थोड़ी-सी मात्रा: a ~ of comfort (कम से कम आराम); **~s** of information 4 *sl.* घिनौना व्यक्ति;
v., pt. **~ed**, *pp* **~ing** 1 टुकड़े-टुकड़े/ चूर-चूर क., चूरा बनाना 2 टुकड़े हटाना: ~ the table;
dw/lw: **~s** *excl., colloq.* आश्चर्य-सूचक शब्द; **~y** *adj.* 1 कणों या चूरे से भरा 2 अंदर से ब्रेड की तरह मुलायम;
p&i: **the ~s which fell from the rich man's table** अमीरों की जूठन के टुकड़े
crum\ble /क्रंब\ल/ *v., pt.* **~bled**, *pp* **~bling** 1 टुकड़े-टुकड़े हो., चूर-चूर हो. 2 ढह जा., टूट जा.: empires of the past have **~bled**; hopes **~bled** to dust;
dw/lw: **~bly** /~लि/ *adj.* भुरभुरा: ~bly soil
crumm\y /क्रम्मि/ *adj., degr.* **~ier**, **~iest** *colloq., derog.* 1 घटिया, बेकार 2 आफत का मारा 3 मोटा, हट्टा-कट्टा, गुलथुल
crump\le /क्रंप\ल/ *v., pt.* **~led**, *pp* **~ling** 1 सिलवटें पड़ना या डालना: this cloth **~les** easily 3 मोड़ना, तोड़ना-मरोड़ना, मसल दे. 4 तनाव के कारण झुर्रियां पड़ना 5 (***syn.*** collapse) ढह जा., ध्वस्त हो., लड़खड़ा जा.;
collocations: **~le zone** कार का वह भाग जो टक्कर की टक्कर ले;
p&i: **~le sth up** सिलवटें डालने के लिए कागज आदि को मोड़ना; **~le up under the shocking news** दिल दहलाने वाली खबर के कारण ढह जा.; **balmy on the ~et** पगलाया हुआ
crunch /क्रंच/ *n., pl.* **~es** 1 ढहने की कचर-कचर की आवाज 2 (**the ~**) *colloq.* निर्णायक घड़ी;
adj. निर्णायक या महत्त्वपूर्ण: ~ talks;
v., pt. **~ed**, *pp* **~ing**, *s/he/it* **~es** 1 कचर-कचर करते हुए खाना, चबाना: ~ biscuits 2 (***syn.*** scrunch) कुचलने से होने वाली आवाज की तरह कचर-कचर क.: our feet **~ed** the gravel; the snow **~ed** under the wheels 3 *comput.* आंकड़ों या सूचनाओं की बहुत बड़ी मात्रा को जल्दी से तैयार क.;
dw/lw: **~y** /क्रंचि/ *adj., degr.* ~ier, ~iest सख्त व कुरकुरा (खाना आदि), चर-चर करने वाला; **~iness** /क्रंचिनेस/ *n.* चरमराहट सख्त और मुरमुरापन, कड़कपन;
p&i: **~ sth up** किसी चीज को दबाकर या भींचकर पिचकाना; **if/when it comes to the ~** निर्णायक/ संकट की घड़ी या स्थिति आने पर; **energy ~** ऊर्जा संकट
crunchy *see above under* **crunch: *dw/lw***
crusa\de /क्रुसे\ड/ *n., pl.* **~des** 1 (***syn.*** campaign) किसी लक्ष्य के लिए तनावपूर्ण अभियान, अथक संघर्ष, संगठित आंदोलन: **~de** for peace; temperance **~de** (नशाबंदी के विरुद्ध अभियान) 2 *hist.* (**Crusades**) धर्मयुद्ध, जिहाद;
v., pt. **~ded**, *pp* **~ding** (***syn.*** campaign) किसी लक्ष्य की पूर्ति के लिए अभियान, संघर्ष या संगठित आंदोलन चलाना;
dw/lw: **~der** /~डः/ *n.* 1 आंदोलनकारी 2 धर्म योद्धा, मुजाहिद
cruse /क्रूज/ *n.* मिट्टी का घड़ा, सुराही
crush /क्रश/ *v., pt.* **~ed**, *pp* **~ing**, *s/he/it* **~es** 1 पीसना, मसलकर चूर-चूर क., पीड़ना (गन्ने आदि को) 2 (***syn.*** trample) रौंदना, कुचल डालना: ~ sb to death 3 सिलवटें डालना या पड़ना 4 परास्त क. 5 नष्ट क., धूल में मिलाना, मटियामेट क.: hopes have been **~ed**;
n., *pl.* **~es** 1 तंग जगह पर भारी भीड़, भीड़-भाड़ 2 चाहत, प्रेमोन्माद: a ~ on sb 3 फल रस 4 रौंदने की भयंकर क्रिया, कुचलन, पिसाई;
dw/lw: **~able** /क्रशअबल/ *adj.* जिसे पीसा या मसला जा सके; **~ed** /क्रशड/ *adj.* 1 पिसा हुआ, पिड़ा हुआ 2 सिकुड़न पड़ा (कपड़ा); **~er** /क्रशः/ *n.* 1 कोल्हू 2 दलित्र; **~ing** /क्रशिंग/ *n.* रौंदने की क्रिया, कुचलन, पिसाई; **~ing** *adj.* विनाशकारी, कुचल डालने वाली: ~ing answer; ~ing sorrow; **~ingly** /क्रशिंगलि/ *adv.* विनाशकारी ढंग से;
collocations: **~ bar** नाट्यशाला में पेयों की दुकान; **~ barrier** अवरोध, रोक; **~ hat** मुड़वां टोप; **~ing defeat** करारी हार; **orange ~** संतरे का रस;
p&i: **~ a cup** पीकर खाली क.; **~ a passage through wire** तार के घेरे को तोड़कर निकलने का रास्ता बनाना; **~ down stone** पिसा पत्थर; **~ down opposition** विपक्ष को कुचलना; **~ed down by grief** अवसाद द्वारा कुचला हुआ; **~ in the egg/ womb** सिर उठाते ही कुचल दे.; **~ out the juice** रस निकालना; **~ up sugar** चीनी को पीसना;
have a ~ on sb किसी को बेहद चाहना; **the decision was a ~er on him** फैसले ने उसे तोड़ दिया; **they all ~ed into the back seat** वे सब पिछली सीट में ठस गए; **what a ~er!** कितना बड़ा आघात है!
crust /क्रस्ट/ *n.* 1 त्वचा की पपड़ी 2 पटल 3 छिलका 4 ब्रेड की ऊपरी सख्त परत 5 (भू-विज्ञान में) परत, भूपटल 6 (फिल्म में) पटल 7 *sl.* आजीविका, जीवन वहन का सहारा, गुजारा: earn one's ~ 8 *colloq.* उदास, चिढ़ा हुआ व्यक्ति 9 *colloq.* कमीनापन;
v., pt. **~ed**, *pp* **~ing** 1 पपड़ी बनना 2 परत बनना, परत से ढकना: snow **~ed** over the roads during the night;
dw/lw: **~aceous/ ~ed** /क्रस्टेशिअस/ क्रस्टिड/ *adj.* 1 पपड़ीदार 2 जिसने जड़ पकड़ ली है, जड़ जमाए हुई: ~ed habits; **~ily** /क्रस्टिलि/ *adv.* चिड़चिड़े ढंग से; **~iness** /क्रस्टिनेस/ *n.* चिड़चिड़ापन; **~y** /क्रस्टि/ *adj., degr.* ~ier, ~iest 1 चिड़चिड़ा, रूखा, बदमिजाज 2 सख्त 3 पपड़ीदार 4 परत या पपड़ी से ढका
collocations: **upper** ~ समाज का उच्च वर्ग;
p&i: **crack a ~** गरीबी में न रहना; **crack a tidy ~** सफल हो., मौज-मस्ती से रहना; **earn one's ~** अपनी रोजी-रोटी कमाना; **share one's ~ sb** किसी के साथ अंतिम टुकड़ा तक बांटना
crustacean /क्रस्टेशिअन/ *n.* कछुए की तरह कड़े खोल वाला जीव
crusty *see above under* **crust: *dw/lw***
crutch /क्रच/ *n., pl.* **~es** 1 बैसाखी, सहारा: a pair of **~es**; ~ walking 2 *UK* (*UK/US* **crotch**) टांगों के शिखर के बीच का अंग, ऊरुसंधि 3 सहारा, मदद: ~ of one's old age;
v. *pt.* **~ed**, *pp* **~ing**, *s/he/it* **~es** 1 बैसाखी से सहारा दे. 2 *Austral. & NZ* भेड़ के पिछले भाग की ऊन काटना
crux /क्रक्स/ *n., pl.* **cruces/ ~es** 1 (***syn.*** nub) मूल बात, मर्म: the ~ of sth 2 कठिनाई 3 रहस्य, पहेली 4 क्रॉस 5 त्रिशंकु;
p&i: **the ~ of the matter/ question** समस्या का सार, सार तत्व
cruzeiro /क्रूजेअरो/ *n.* ब्राजीलियायी मुद्रा, क्रूजेरो
CRWA *abbr.* 'Cauvery River Water Authority' की प्रथमाक्षरी
CRY *abbr.* 'Child Relief and You' की प्रथमाक्षरी
cr\y /क्राइ/ *v., pt.* **~ied**, *pp* **~ying**, *s/he/it* **~ies** 1 आंसू बहाना, रोना: have a good **~y** 2 (*often* **~ out**) चिल्लाना: **~y** aloud; **~y** for joy 3 पुकारना 4 याचना क. 5 घोषणा क.: **~y** the news all over the town 6 हांक लगाना 7 (*often* **~y out**) स्पष्टीकरण दे. 8 पक्षी द्वारा चीखना या बोलना;
n., *pl.* **cries** 1 रुदन: a bout of **~ying** 2 चीख, पुकार, चीख-चिल्लाहट 3 पक्षी की चीख या बोली 4 निवेदन, मांग 5 घोषणा, मुनादी 6 हांक नारा 7 जनता की आवाज: a **~y** of the people; popular **~y** 8 फेरीवाले की हांक या बुलावा: street **~ies**;
p&i: **~y against** प्रतिवाद क.; **~y barley** क्षमायाचना या समझौता करने के लिए याचना क.; **~y cock** जीत का दावा क.; **~y craven** हार मान लेना; **~y cupboard** खाने के लिए चीखना; **~y down** निंदा क.: the audience cried him down; **~y enough** घुटने टेकना; **~y for** जोर-शोर से मांगना: ~y for help; **~y for quarter** क्षमादान मांगना; **~y for the moon** असंभव बात की कामना क.; **~y foul** किसी पर धोखाधड़ी का

आरोप लगाना; **~y from roof-tops** हर जगह चिल्ला-चिल्लाकर बताना; **~y halt** बंद कर दे.; **~y halves/ ~y shares** आधा-आधा मांगना; **~y havoc** नष्ट क., जबरदस्त नुकसान क.; **~y in wilderness** नक्कारखाने में तूती की आवाज; **~y off** *colloq.* वायदा पूरा करने में असमर्थता जताना, भेंट या समझौता न क.; **~y oneself to sleep** रोते-रोते सो जा.; **~y one's eyes/ heart out** फूट-फूट कर रोls हुए सब बातें बता देना; **~y one's eye-tooth** बचपन खत्म हो.; **~y on someone's shoulder** किसी के आगे अपना दुखड़ा रोना; **~y one's wares** कुम्हारी अपने घड़ों को ही सराहती है; **~y out** जोर से चिल्लाना या विरोध प्रकट क.; **~y out for sth** अत्यंत आवश्यक होना, पुकार क.; **~y out (sth)** डर के मारे शोर क.; **~y over** अपने नुकसान पर शोक मनाना; **~y over spilt/ spilled milk** जो होगा सो हो गया, उसके बारे में रोना-धोना क्या, अब पछताए होत क्या जब चिड़िया चुग गईं खेत: there is no use ~ying over spilt milk; **~y peccaries** अपना दोष स्वीकार क.; **~y peccavi** अपना दोष स्वीकार क.; **~y quits** हिसाब-किताब या लेना-देना चुकता क., हिसाब बराबर क.; **~y shame** विरोध प्रकट क.; **~y sb/ sth up** की प्रशंसा क.; **~y/ scream/ shout blue murder** आर्तनाद निकालना, हाय तौबा क.; **~y sth down** का निंदक हो., से घृणा क.; **~y to/ ~y unto** सहायता मांगना; **~y up** बढ़-चढ़कर अपनी चीजों की तारीफ क.: the Cheap Jack was ~ying up his wares; **reason itself does ~y against it** तर्क ही इसके विरुद्ध है; **~y stinking fish** अपने ही माल की मिट्टी पलीत क.; **~y with one eye and laugh with the other** गिरगिट की तरह रंग बदलना, गंगा गए गंगाराम, जमुना गए जमुना दास; **~y wolf** झूठ-मूठ में चोर-चोर चिल्लाना;

a ~y goes that अफवाह है कि...; **a ~ying shame** बड़ी शर्म की बात; **a far ~y** बहुत दूर की बात, बहुत बड़ा अंतर; **a war ~y** युद्धनाद; **be a far ~y from sth** बिल्कुल भिन्न हो.; **be ~ying out for sth** जिस चीज की जरूरत हो उसके लिए चीख-चीखकर गुहार लगाना; **for ~ying out loud** क्रोध या आश्चर्य जताना; **great ~y and little wool** खोदा पहाड़ निकली चुहिया; **have a ~y** आंसू बह निकालना.; **in full ~y** किसी चीज का जोर-शोर (से पीछा क.); **last ~y** अति आधुनिक फैशन; **on the ~y** अफवाहों के अनुसार; **out of ~y** अत्यधिक; **take up the ~y** प्रस्ताव का समर्थन क. या उससे जुड़ना; **within ~y of** पास में ही;

crybaby /क्राइबेबि/ *n., derog., colloq.* बात-बात पर रो पड़ने वाला व्यक्ति (रोंदू बालक), विशेषकर बालक या बालिका

crying /क्राइंग/ *adj.* 1 असह्य, असहनीय: a ~ evil 2 शोचनीय, बुरा: a ~ shame (बहुत शर्म की बात) 4 तुरंत ध्यान देने लायक: a ~ need for sth;

p&i: **a ~ need for sth** अत्यधिक आवश्यकता; **a ~ shame** बहुत शर्म की बात

cryo /क्रायो/ *adj.* निष्ताप, हिमकारी, शीतलक

cryo- /क्रायो-/ *comb. form, denoting:* **frost** (पाला), **ice** (बर्फ)

dw/lw: **~biologist** /~बायौलअजिस्ट/ *US* ~बाया:लअजिस्ट/ *n.* निम्नताप जीव-विज्ञानी; **~biology** /~बायौलअजि/ *US* ~बाया:लअजि/ *n.* जैविकी की एक शाखा जो मानवीय शरीर पर निम्न तापमानों के असर का अध्ययन करती है, निम्नताप जैविकी; **~chemistry** /~कैमिस्ट्रि/ *n.* निम्नतापी रासायनिकी; **~gen** /~जअन/ *n.* हिमकारी पदार्थ, हिमकारी मिश्रण; **~genic** /~जेनिक/ *adj.* हिमकारी; **~genics** /~जेनिक्स/ *n., [sing.]* निम्नतापिकी (विज्ञान); **~meter** /~मिट:/ *n.* निम्नतापमापी; **~-preservation/ ~nics** /~प्रिजअ:वेशन/ ~निक्स/ *n., biol.* पदार्थों व जीवों को यथा-स्थिति में बनाए रखने की निम्नतापी तकनीक, शव हिमीकरण; **~physics** /~फिजिक्स/ *n.* निम्नताप भौतिकी; **~scopic** /~स्कोपिक/ *adj.* हिमांक-मितीय; **~scopy** /~स्कोपि/ *n.* हिमांक मिति; **~stat** /~स्टअट/ *adj.* निम्नताप-स्थायी; **~surgery** /~स:जरि/ *n., med.* शरीर के किसी भाग में अत्यधिक शीत पैदा करके रुग्ण अंग या कोशिका को जमाकर (freeze) नष्ट करने की शल्य तकनीक; **~therapy** /~थअरअपि/ *n.* प्रशीत चिकित्सा

crypt /क्रिप्ट/ *n.* 1 चर्च का तहखाना, गुहा मंदिर 2 तलघर, गुहा गृह 3 शव कक्ष 4 दरी

cryptanalysis /क्रिप्टअनैलिसिस/ *n.* कूट सूचना या आंकड़ों का अर्थ निकालने की विधि

cryptic /कृप्टिक/ *adj.* 1 गूढ़, दुर्बोध 2 (***syn.*** mysterious) रहस्यमय, अस्पष्ट, धूमिल: ~ utterance/ remark/ smile 3 गुप्त 4 पहेलियों, श्लेषों आदि पर आधारित वर्गित शब्द-पहेली;

dw/lw: **~ally** /कृप्टिकलि/ *adv.* रहस्यमय या अस्पष्ट ढंग से

crypto /क्रिप्टो/ *adj.* गुप्त, प्रच्छन्न, छिपा हुआ

crypto- /क्रिप्टो\-/क्रिप्टौ\-/ *combining form, denoting*: **hidden/ obscure** (गुप्त/ अस्पष्ट): ~gram;

dw/lw: **~crystalline** /~क्रिस्टअलाइन/ *adj., geol.* प्रछन्न रूप से क्रिस्टल भरी; **~gam** /~गैम/ *n., bot., loosely* 1 पुष्पहीन पादप 2 ऐसा पौधा जिसमें फूल न लगते हों; **~gram** /~ग्रैम/ *n.* कूट संदेश, कूट भाषा में लिखा संदेश; **~grapher** /~ग्रअफ:/ *n.* कूट (बीज) लेख विशेषज्ञ, कूट लेखन विज्ञानी; **~graphy** /~ग्रअफि/ *n.* बीज लेखन, कूट लेखन विज्ञान; **~nym** /~निम/ *n.* गुप्त नाम

crystal /क्रिस्ट\ल/ *n.* 1 एक पारदर्शी चट्टान, बिल्लौर, स्फटिक 2 एक प्रकार का बढ़िया कांच, चित्र कांच 3 रवा, मणिभ 4 सही आकार में ठोस बना विशेष पदार्थ, हिम, बर्फ;

dw/lw: **~-gazing** /~अलगेजिंग/ *n.* क्रिस्टल भविष्य दर्शन; **~-gazer** /~अलगेज:/ *n.* क्रिस्टल भविष्य दर्शी; **~-healing** /~अलहीलिंग/ *n.* ऐसे स्फटिक का चुनाव और प्रयोग जो मानवों का स्वास्थ्यवर्धक व कल्याण करते हैं; **~line** /~अलाइन/ *adj.* 1 स्फटिक-सा पारदर्शक, सुस्पष्ट 2 स्फटिक-सी संरचना वाला 3 रवेदार; **~linity** /~अलिनिटि/ *n.* रवेदारी; **~lization/ ~sation** /~अलाइजेशन/ *n., chem.* रवेदारी, स्फटिकीकरण, ठोस व स्पष्ट रूप धारण करने की प्रक्रिया; **~lize** /~अलाइज/ *v., pt.* ~lized, *pp* ~lizing 1 ठोस रूप धारण क. 2 रवेदार ब., रवे ब.; **~lographer** /~अलौग्रअफ:/ *US* ~अला:ग्रअफ:/ *n.* क्रिस्टल-विज्ञानी; **~lographic** /~अलौग्रअफिक/ *US* ~अला:ग्रअफिक/ *adj.* क्रिस्टल संरचनात्मक; **~lography** /~अलौग्रअफि/ *US* ~अला:ग्रअफि/ *n.* क्रिस्टल-विज्ञान; **~loid** /~अलौइड/ *US* ~अला:इड/ *adj.* क्रिस्टलाभ;

collocations: **~ ball** स्फटिक गोलक, भविष्य देखने का शीशे का एक बड़ा-सा गोला; **~ class** स्फटिक श्रेणी; **~ clear** सुस्पष्ट, पारदर्शी, स्फटिक की तरह साफ; **~ lattice** ऐसे बिंदुओं की संरचना जिसके आस-पास स्फटिक में परमाणु आदि एकत्रित होते हैं; **~ lens** स्फटिक लेंज;

p&i: **clear as ~** बिस्कुल साफ

CRZ *abbr.* 'Coastal Regulation Zone' की प्रथमाक्षरी

CS *abbr.* 'chartered surveyor', 'Civil Service', 'Company Secretaries', 'Conservancy and Sanitation', 'Court of session', 'Customer Services' की प्रथमाक्षरी

Cs *symbol., chem.* **caesium** सीजियम का चिह्न

c/s *abbr.* 'cycles per second' की प्रथमाक्षरी

CSA *abbr.* 'Child Support Agency', 'Clinical Skills Assessment', 'Customer Service Associate' की प्रथमाक्षरी

CSB *abbr.* 'Central Silk Board' की प्रथमाक्षरी

CSBN *abbr.* '(International Astronomical Union's) Committee for Small Body Nomenclature' की प्रथमाक्षरी

CSC *abbr.* 'Cargo Service Centre' 'Computer Software College' की प्रथमाक्षरी

CSCA *abbr.* 'Canadian Special Crops Association' की प्रथमाक्षरी

CSD *abbr.* 'Carbonated Soft Drink', 'Commission on

Sustainable Development (U.N.)', 'Communications Services Division' की प्रथमाक्षरी
CSDIC *abbr.* 'Combined Services Detailed Interrogation Centre' की प्रथमाक्षरी
CSDMS *abbr.* 'Centre for Spatial Database Management and Solutions' की प्रथमाक्षरी
CSE *abbr. Br.* 'Centre for Science and Environment (New Delhi)', 'Certificate of Secondary Education' की प्रथमाक्षरी
CSEC *abbr.* 'Centre for Science Education and Communication' की प्रथमाक्षरी
CSED *abbr.* 'Conservancy and Sanitation Engineering Department' की प्रथमाक्षरी
CSEU *abbr.* 'Confederation of Ship-building and Engineering Unions' की प्रथमाक्षरी
CSEZ *abbr.* 'Cochin Special Economic Zone' की प्रथमाक्षरी
CSF *abbr.* 'Customer Support Facilities' की प्रथमाक्षरी
CSFP *abbr.* 'Commonwealth Scholarship and Fellowship Plan (UK)' की प्रथमाक्षरी
CS gas (*also* **tear gas**) अश्रु गैस
CSI *abbr.* 'Cardiological Society of India', 'Computer Society of India', 'Customer Satisfaction Index' की प्रथमाक्षरी
CSIA *abbr.* 'Chattrapati Shivaji International Airport (Mumbai)' की प्रथमाक्षरी
CSIO *abbr.* 'Central Scientific Instrumentation Organisation (Chandigarh)' की प्रथमाक्षरी
CSIR *abbr.* 'Council of Scientific and Industrial Research' की प्रथमाक्षरी
CSIRO *abbr.* 'Commonwealth Scientific and Industrial Research Organisation' की प्रथमाक्षरी
CSIS *abbr.* 'Centre for Strategic and International Studies' की प्रथमाक्षरी
CSL *abbr.* 'Cochin Shipyard Limited' की प्रथमाक्षरी
CSM *abbr.* 'Command Service Module' की प्रथमाक्षरी
CSNS *abbr.* 'Centre for the Study of National Security' की प्रथमाक्षरी
CSO *abbr.* 'Central Statistical Organisation', 'Chief Security Authority', 'Civil Society Organisations' की प्रथमाक्षरी
CSOI *abbr.* 'Civil services Officers Institute' की प्रथमाक्षरी
CSP *abbr.* 'Council for Scientific Policy' की प्रथमाक्षरी
CSPCB *abbr.* 'Central and State Pollution Control Board' की प्रथमाक्षरी
CSR *abbr.* 'Centre for Social Research', 'Customer Service Representatives' की प्रथमाक्षरी
CSRD *abbr.* 'Centre for Study of Regional Development (School of Social Sciences, JNU)' की प्रथमाक्षरी
CSRDM *abbr.* 'Control and Safety Road Drive Mechanism' की प्रथमाक्षरी
CSRP *abbr.* 'Coal Sector Rehabilitation Project' की प्रथमाक्षरी
CSS *abbr.* 'Central Secretariat Service', 'Centrally-Sponsored Scheme', 'Company Secretaries' की प्रथमाक्षरी
CSSA *abbr.* 'Computing Services and Software Association' की प्रथमाक्षरी
CSSRI *abbr.* 'Central Soil Salinity Research Institute' की प्रथमाक्षरी
CSSS *abbr.* 'Centre for Studies in Social Sciences (Calcutta)' की प्रथमाक्षरी
CST *abbr. N. Amer.* 'Central Sales Tax', 'Central Standard Time', 'Collective Security Treaty', 'craniosacral therapy' की प्रथमाक्षरी
CSTARI *abbr.* 'Central Staff Training and Research Institute (Calcutta)' की प्रथमाक्षरी
CSTO *abbr.* 'Collective Security Treaty Organisation' की प्रथमाक्षरी
CSU *abbr.* 'Central Surveillance Unit' की प्रथमाक्षरी
CSWB *abbr.* 'Central Social Welfare Board' की प्रथमाक्षरी
CSWT *abbr.* 'Central School of Weapons and Tactics (Indore)' की प्रथमाक्षरी
CT *abbr.* 'Calcitonin' का संक्षिप्त रूप
Ct/Ct. *abbr.* in addresses, etc. **'Court'** का संक्षेप
ct *abbr.*, 'carat' or 'cent' का संक्षेप
CTBT *abbr.* 'Comprehensive Test Ban Treaty' की प्रथमाक्षरी
CTBTO *abbr.* 'Comprehensive Test Ban Treaty Organisation' की प्रथमाक्षरी
CTC *abbr.* 'City Technology College', 'Cost-to-Company' की प्रथमाक्षरी
CTD *abbr.* 'Computer Trauma Disorder' की प्रथमाक्षरी
CTE *abbr.* 'Central Training Establishment for Pilots (Hyderabad)', 'Committee on Trade and Environment' की प्रथमाक्षरी
CTEC *abbr.* 'Certified Technical Education Centres' की प्रथमाक्षरी
CTF *abbr.* 'Commander Task Force' की प्रथमाक्षरी
CTI *abbr.* 'Computer Telephony Integration' की प्रथमाक्षरी
CTM *abbr.* 'Chief Traffic Manager' की प्रथमाक्षरी
CTN *abbr.* 'Cable Television Network' की प्रथमाक्षरी
CTNA *abbr.* 'Cable Television Networks Act' की प्रथमाक्षरी
CTNRAA *abbr.* 'Cable Television Networks (Regulation) Amendment Act' की प्रथमाक्षरी
CTO *abbr.* 'Central Telegraph Officer', 'Chief Technology Officer', 'Commercial Tax Office' की प्रथमाक्षरी
CTOL *abbr.* 'conventional take-off and landing' की प्रथमाक्षरी
CtP *abbr.* 'Computer-to-Place Technology' की प्रथमाक्षरी
CTS *abbr.* 'Cognizant Technology Solutions (Nasdaq)', 'Common Trading System' की प्रथमाक्षरी
CT scan *abbr.* = **CAT scan**
CTTF *abbr.* 'Commonwealth Table Tennis Federation' की प्रथमाक्षरी
CTUC *abbr.* 'Commonwealth Trade Union Council' की प्रथमाक्षरी
CTV *abbr.* 'Colour Television' की प्रथमाक्षरी
CTZ *abbr.* 'Coastal Zone Regulations' की प्रथमाक्षरी
CU *abbr.* 'Cambridge University', 'Calcutta University' की प्रथमाक्षरी
Cu *symbol., chem.* 'copper' का चिह्न
cu *internet abbr.* 'see you' का संक्षेप
cu. *abbr.* **'cubic'** का संक्षिप्त रूप
cub /कब/ *n.* 1 शेर/ शेरनी का शावक 2 (भालू का) बचून 3 नौसिखुआ 4 (*also* **Cub Scout**) कब स्काउट;
v. *pt.* **~bed**, *pp* **~bing** शेरनी आदि द्वारा शावकों को जन्म दे.;
p&i: **an unlicked ~** दूध पीता बच्चा
Cuba /क्यूबा/ *n.* क्यूबा, कैरिबियन द्वीपों में एक देश;
dw/lw: **~n** /क्यूबन/ *adj.* क्यूबा संबंधी; **~n** *n.* क्यूबा वासी;
collocations: **~ heel** बूट या जूते की ऊंची एड़ी; **Cuba libre**

नींबू का रस, रम और कोला का मिश्रित पेय
cubage/ cubature /क्यूबिज/ *n.* 1 घनफल 2 घनपरिकलन
cub-by-hole /कबिहोल/ *n.* 1 छोटा-सा सुखद कक्ष या घर 2 अल्मारी
cu\be /क्यूब/ *n.* 1 घन, छह-आयामी पिंड 2 क्यूब, छोटा-सा टुकड़ा: **~be** sugar; **~be** ice 3 घनफल: the **~be** of sth;
v., pt. **~bed**, *pp* **~bing** 1 घनफल निकालना. 2 क्यूब बनाना;
collocations: **~be root** घन मूल
cubeb(s) /क्यूबेब(ज)/ *n.* कबाबी-चीनी
cubic /क्यूबिक/ *adj.* 1 घन 2 घनाकार, घनीय, घनाकृति 3 त्रिघात 4 घाती;
dw/lw: **~al** /क्यूबिकल/ *adj.* घनीय, त्रिघाती;
collocations: **~ centimetre/ inch/ metre, etc.** घन सेंटिमीटर/ इंच/ मीटर आदि;
cubicle /क्यूबिक्ल/ *n.* 1 छोटा-सा शयन-कक्ष 2 कक्षक, कोठरी
Cubism /क्यूबीज्म/ *n., art.* 1 बीसवीं सदी के प्रारंभ में कला के क्षेत्र में स्पेनी चित्रकार पाबलो पिकासो द्वारा स्थापित एक धारा, जिसके अनुसार प्राकृतिक दृश्यों को ज्यामिति के आकारों के रूप में (जिनमें **cube** सबसे अहम था) दर्शाया जाता था, घन चित्रण शैली 2 आयाम चित्रण;
dw/lw: **Cubist** /क्यूबिस्ट/ *n.* क्यूब चित्रकार
cubit /क्यूबिट/ *n.* एक हाथ का नाप (लगभग 20 इंच);
p&i: **add a ~ to one's stature** अपनी शान में चार चांद लगाना
cuboid /क्युबॉइड/ *adj.,* (*also* **cuboidal**) 1 क्यूब के आकार का 2 पांव में क्यूब के आकार की एक हड्डी
cuckold /ककोल्ड/ *derisive n.* कुल्टा/ व्यभिचारिणी का पति;
v., pt. **~ed**, *pp* **~ing** कुल्टा का पति बनना;
dw/lw: **~ry** /ककोल्डरि/ *n.* कुल्टा-पतित्व;
p&i: **~ was very cunnig** चोर के घर मोर
cuckoo /कुकू/ *n., pl.* **~s** 1 कुक्कू, कोयल, कोकिला 2 कूक, कुहक 3 मूर्ख, पागल, सनकी आदमी;
collocations: **~ clock** कोयल की तरह कू-कू करने वाली घड़ी; **~ flower** कोकिला पुष्प; **~ in the nest** अवांछित अतिथि; **~ spit** बुदबुद तरल (लार);
p&i: **a ~ in the nest** बिन बुलाया मेहमान
cucumber /क्यूकंबः/ *n.* खीरा, ककड़ी;
p&i: **cool as a ~** *colloq.* शांत, जिसे गुस्सा न आता हो
cucurbit /क्युकःबिट/ *n.* कद्दू, कुम्हड़ा, कूष्मांड
cud /कड्/ *n.* जुगाली;
p&i: **chew the ~** 1 जुगाली क. 2 किसी बात पर सोच-विचार क.
cudd\le /कडल/ *v., pt.* **~led**, *pp* **~ling** 1 (***syn.*** hug) गले लगाकर प्यार से दुलारना, गले लगना, लिपट जा. 2 (*usually* **~le in/ up**) चैन से बैठ या लेटकर धीरे-धीरे गले लगाना, सटकर लेटना;
n. 1 आलिंगन, गलबहियां 2 प्यार, दुलार, लाड़-प्यार;
dw/lw: **~some** *adj.* प्यार-दुलार करने वाला;
p&i: **~le up (to/ against sb/ sth** or **~le up together)** किसी से चिपटकर या सटकर बैठना या लेटना
cuddl\y /कडली/ *adj., degr.* **~ier**, **~iest** गले लगाने योग्य, प्यार-दुलार करने में अति प्रिय, प्यारा-सा
cuddy /कडी/ *n.* 1 गधा 2 मूर्ख
cudgel /कजल/ *n.* लाठी, लट्ठा, डंडा;
v., pt. **~led**, *pp* **~ling** लाठी से मारना, डंडे सी पीटना
p&i: **~ foolish notions out of sb** किसी के दिमाग से फतूर (मूर्खतापूर्ण विचार) निकालना; **~ into** के अंदर घुसाना; **~ one's brain** माथा-पच्ची क., बहुत सोचना, भूली बात को याद करने की कोशिश क.; **~ out** बाहर निकलना; **take up the ~s on behalf of sb/sth** किसी का जोरदार समर्थन क., किसी का पक्ष ले.
cue /क्यू/ *n., pl.* **~s** 1 अभिनेता के लिए पीछे से संवाद-संकेत 2 संकेत, इंगित 3 सूत्र 4 कर्त्तव्य 5 मनोभाव 6 (***syn.*** stimulus) उत्प्रेरण 7 बिलियर्ड की लंबी छड़ी 8 अक्षर **Q** का नाम;
v., pt. **~d**, *pp* **cuing** 1 अभिनेता के लिए पीछे से संवाद-संकेत दे. 2 इंगित क., संकेत दे. 3 समावेश क. (script);
collocations: **~ ball** बिलियर्ड आदि की गेंद; **~ card** टीवी कैमरों के पीछे खड़ा कार्ड जिसे सामने बैठे कलाकार या वक्ता तो पढ़ सकते हैं पर वह टीवी स्क्रीन पर नहीं दिखता;
p&i: **~ in** संकेत या सूचना दे.;
drop a ~ *sl.* मर जाना; **give sb the ~** किसी को सुराग दे.; **on ~** संकेत या सूत्र अनुसार ठीक समय पर; **miss one's ~s** संकेत संवाद का कोई शब्द या वाक्य छूट जा.; **right on ~** ऐन उचित समय पर; **take one's ~ from sb/ sth** किसी अन्य की नकल क., का अनुसरण क., का इशारा समझकर काम क.
cuff /कफ/ *n., pl.* **~s** *sl.* 1 कलाई-बंध, कमीज की आस्तीन का सबसे नीचे का भाग, आस्तीन की मोहरी 2 तमाचा, थप्पड़;
v. pt. **~ed**, *pp* **~ing** किसी को मजाक में हल्का-सा थप्पड़ मारना
dw/lw: **~link** *n.* कफलिंग;
p&i: **off the ~** 1 बिना तैयारी किए; **on the ~** उधार पर
CUFOS *abbr.* 'Centre for UFO Studies' की प्रथमाक्षरी
CUG *abbr.* 'Closed User Group' की प्रथमाक्षरी
Cuff\le /कफल/ *v., pt.* **~led**, *pp* **~ling** हाथापाई क.
cui bono /क्वि बौनो/ *excl.* किस प्रयोजन से?, किसके लाभ के लिए?
cuirass /क्विरैस/ क्युअरस/ *n., hist.* 1 कवच 2 उरस्त्राण 3 सदरी
cuisine /क्विजीन/ *n.* 1 पाक प्रणाली, खाने बनाने का ढंग, व्यंजन कला 2 रसोईघर
cul-de-sac /कल-डि-सैक/ *n., pl.* **culs-de-sac/ cul-de-sacs** *Fr.* एक सिरे पर बंद छोटी गली जिसके दोनों ओर मकान हों और जिसका एक सिरा बंद हो, अंधी गली
culinary /कलिनरी/ *adj.* 1 रसोई व पाक-विद्या संबंधी 2 खाद्य
cull /कल/ *v., pt.* **~ed**, *pp* **~ing** 1 संख्या कम करने के लिए पशुओं के झुंड में से विशेषकर कमजोर या रुग्ण पशुओं को छांटकर मारना या रमता क. 2 चुनना, बीनना 3 इकट्ठा क.;
n. 1 चुनने या छांटने की क्रिया 2 पशुओं के झुंड में से निकाला गया कमजोर पशु: feel like a social ~ or an outcast;
adj. निकृष्ट;
p&i: **~ lumber** लकड़ी के चीरने से बचे-खुचे या बेकार टुकड़े; **~ sth from sth** किसी बड़े ग्रंथ या अन्य कई स्रोतों से महत्त्वपूर्ण सूचनाएं या सामग्री निकालना
culminant /कल्मिनंट/ *adj.* चरम बिंदु पर
culmina\te /कल्मिने\ट/ *v., pt.* **~ted**, *pp* **~ting** 1 (*often* **~te in/ with sth**) चरम बिंदु या पराकाष्ठा (climax) पर पहुंचना 2 किसी वस्तु को शिखर पर पहुंचाना 3 *astron.* किसी खगोलीय पिंड द्वारा शिखर पर पहुंचना (cross the meridian) 4 *US* किसी कड़ी में आखिरी बिंदु पर पहुंचना;
dw/lw: **~tion** /कल्मिनेशन/ *n.* 1 चरम बिंदु, पराकाष्ठा, पराकोटि, परमोत्कर्ष: **~tion** of campaign 2 परिणाम, उत्कर्ष 3 ऊंचाई, बुलंदी, शिखर 4 *astron.* याम्योत्तरगमन, खगोलीय पिंड द्वारा पहुंचा जा सकने वाला शिखरतम बिंदु
culottes /क्यूलौट्स/ *n. [pl.]* औरतों की घुटनों तक की स्कर्टनुमा पैंट
culpability /कल्पअबिलिटी/ (*also* **culpableness**) *n.* 1 आपराधिकता 2 सदोषता, सहदोषता
culpable /कल्पअबल/ *adj.* 1 दोषी: hold sb ~ of punishment (of death) 2 आपराधिक संभवनाओं से गर्भित 3 आपराधिक: ~ negligence 4 निंदनीय;
collocations: **~ homicide** अवैध मानव वध, अनैच्छित वध
culprit /कल्प्रिट/ *n.* 1 सिद्ध दोषी, अपराधी 2 *law* अभियुक्त, मुलजिम 3 अपराध का कारण
cult /कल्ट/ *n.* 1 कट्टर मत या पंथ 2 बहु-प्रचलित सनक 3 विचित्र दर्शन या मान्यताओं वाला पंथ या संप्रदाय, झूठा धर्म 4 किसी व्यक्ति

या मत की अंध भक्ति: make a ~ of sth or sb; personality ~ 5 पूजा पद्धति, उपासना, अंध भक्ति 6 फैशन, सनक, झक्क;

dw/lw: **~ic/ ~ish** *adj.* पंथी, संप्रदाय संबंधी; **~ism** *n.* पंथवाद

collocations: **~ animal** उपास्य पशु; **~ hero** धर्मांध लोगों का पूज्य व्यक्ति; a **~ figure** पूजनीय व्यक्ति, जिसके पीछे लोग दीवाने हो जाते हैं

cultivable /कल्टिवेबल/ *adj.* खेती के योग्य, कृष्य

cultiva\te /कल्टिवे\ट/ *v., pt.* **~ted**, *pp* **~ting** 1 उपज पैदा क., खेती क., जोतना 2 संबंध आदि विकसित क.: **~te** sb's friendship 3 परिष्कार क. 4 का पोषण क., विकसित क.: **~te** a taste for literature 5 परिचय बढ़ाना;

dw/lw: **~ted** /~टिड/ *adj.* 1 सुसंस्कृत, परिष्कृत, भद्र: ~ted man 2 जहां कृषि कार्य हो रहा हो 3 कृष्ट: ~ted crop/ plants 4 विकसित: ~ted taste; **~tion** /~शन/ *n.* 1 खेती-बाड़ी, कृषि: ~tion of roses 2 जुताई: field under ~tion 3 परिष्कार, शिक्षा, संस्कृति 4 बढ़ावा, संवर्धन, विकास: ~tion of taste; **~tor** /~टः/ *n.* 1 खेतिहर, किसान, कृषक 2 जमीन जोतने का यंत्र, कर्षक

culturate/ culturiform /कल्ट्रिट/ कल्ट्रिफॉःम/ *n.* नुकीला, तीक्ष्ण

cultural /कल्चरल/ *adj.* 1 संस्कृति संबंधी, सांस्कृतिक 2 संगीत, कला, नाट्य कला, व साहित्य आदि से संबंधित: ~ programmes (सांस्कृतिक कार्यक्रम);

collocations: **~ agreement** सांस्कृतिक समझौता या करार; **~ exchange** सांस्कृतिक आदान-प्रदान; **~ lag/ culture lag** समाज के किसी वर्ग का सांस्कृतिक पिछड़ापन, संस्कृतियों के बीच अंतर

culture /कल्चः/ *n.* 1 किसी देश, समाज आदि की प्रथाओं, परंपराओं, संस्कारों, कलाकृतियों, विचारों, मान्यताओं व अन्य उपलब्धियों का कुल खजाना, संस्कृति: Indian ~; Greek ~ 2 संगीत, कला, नाट्य कला, व साहित्य आदि संस्कृति के मुख्य स्रोत 3 सांस्कृतिक कार्यक्रम 4 *biol.* जीवाणु-संवर्धन, जीवाणु-समूह का विकास 5 खेती 6 देखभाल एवं प्रशिक्षण द्वारा विकास एवं पालन-पोषण: physical ~; intellectual ~ 7 परिष्कार: a person of considerable ~ 8 विश्वासों, आस्थाओं, जीवन के प्रति दृष्टिकोणों आदि का समुच्चय;

v., pt. **~d**, *pp* **culturing** 1 कोशिकाओं (cells), ऊतकों (tissues) आदि को अध्ययन करने के लिए एक विशेष माध्यम (culture medium) में विकसित क. 2 किसी चीज पर काम करके उसे और परिपूर्ण क. 3 उन्नत क. 4 सुसंस्कृत क., सुधारना;

dw/lw: **~ed** /कल्चःड/ *adj.* 1 सुसंस्कृत, परिष्कृत, भद्र 2 कृत्रिम तरीके से उगाया या तराशा हुआ: ~ed mushroom; ~ed pearls 3 विशेष माध्यम में विकसित (कोशिकाएं और ऊतक आदि);

collocations: **~ shock** नए स्थान या देश में भिन्न प्रकार के अनुभवों या जीवन शैलियों के कारण पैदा होने वाली किंकर्त्तव्यविमूढ़ता, सांस्कृतिक झटके, सांस्कृतिक आघात; **~ vulture** *colloq.* आडंबरी या छलावापूर्ण कला प्रेमी

cultus /कल्तस/ *n.* पूजा पद्धति, पंथ; *also see under* **cult**

culver /कलवः/ *n.* कपोत, जंगली कबूतर

culverine /कल्वेराइन/ *n.* 1 लंबी तोप 2 लघु आग्नेय शस्त्र

culvert /कल्वःट/ *n.* 1 पुलिया 2 भूमिगत नाली या नाला

-cum- /कम-/ *comb., form combined with*: **also used as** (के रूप में भी प्रयुक्त होता है, के साथ, सहित)

cumber /कंबः\/ *v., pt.* **~ed**, *pp* **~ing** बाधा या भार डालना, भारग्रस्त/ भाराक्रांत क.;

dw/lw: **~some/ ~ous** /~सम/ कंबरस/ *adj.* 1 भारी-भरकम व बेढब: the ~some old table with twisted legs 2 जटिल, शिथिल 3 बोझिल: ~some ceremonies 4 दुर्वह्य, दुर्वहनीय: ~ous armour

cum-dividend /कम्डिविडंड/ *n.* लाभांश सहित

cumin/ cummin /कमिन/ *n.* सफेद जीरा: Persian ~ (स्याह जीरा)

cumula\te /क्यूम्यूले\ट/ *adj.* संचित;

v., pt. **~ted**, *pp* **~ting** 1 संचित क. 2 ढेर लगाना 3 कई चीजों को मिलाकर इकट्ठा क.;

dw/lw: **~tion** /~शन/ *n.* संचयन, संचय, ढेर; **~tive** /~टिव/ *adj.* 1 बढ़ते व जुड़ते चले जाने वाला, संचयमान 2 संचयी, संचित, एकत्रित: ~tive error (संचित त्रुटि); ~tive voting (संचित मतदान); ~tive effect 3 समुच्चयबोधक; **~ly** /~टिवलि/ *adv.* पूंजीभूत रूप में, जुड़कर, कुल, समुच्चय रूप में

cumulonimbus /क्यूम्युलोनिम्बस/ *n., meteorol.* काली घटा

cumulus /क्यूम्युलस/ *n., pl.* **cumuli** 1 ढेर, संचय 2 मेघ पुंज, कपासी मेघ

cuneiform /क्यूनीफॉःम/ *adj.* 1 फानाकार, कीलाकार 2 कीलाक्षर: ~ characters

cunnilingus/ cunnilinctus /कनिलिंगस/ कनिलिंक्टस/ *n.* औरत के गुप्तांगों का मौखिक उत्तेजनीकरण

cunning /कनिंग\/ *adj.* 1 चालाक, धूर्त, कपटी: play ~ 2 दक्ष, सयाना, चालू: ~ look;

dw/lw: **~ly** /~लि/ *adv.* धूर्तता से, चालाकी से; **~ness** /~नेस/ (***syn.*** craftiness) चालाकी, धूर्तता;

p&i: **as ~ as a fox** लोमड़ी की तरह चालाक

cunt /कंट/ *n.* 1 *taboo* औरत के गुप्तांग 2 *offensive sl.* यौन क्रिया के औजार के रूप में औरत 3 *offensive sl.* गाली के रूप में प्रयुक्त शब्द 4 *sl.* आदमी

CUNY *abbr.* 'City University of New York' की प्रथमाक्षरी

CUP *abbr.* 'Commercial Utility Pricing' की प्रथमाक्षरी

cup /कप/ *n.* 1 कप, प्याला, कटोरा, चषक: egg ~ 2 प्याला भर मात्रा: a ~ of coffee 3 मदिरा का प्याला: claret ~ 4 दुखद अनुभव, भाग्य, नियति: one's own ~ of woe; bitter ~ of suffering 5 खेल के मुकाबलों का कप: Challenge **Cup** 6 *US* खाना पकाने की सामग्री मापने का कप 7 गेंद डालने के लिए जमीन में बना छोटा-सा गड्ढ़ा;

v., pt. **~ped**, *pp* **~ping** 1 दोनों हथेलियों को कप के आकार में जोड़ना, प्याले का रूप दे. 2 प्याले के रूप में बंद हथेलियों द्वारा किसी चीज को पकड़ना;

dw/lw: **~bearer** /कपबिअरः/ *n.* साकी, शराब परोसने वाला; **~board** *n.* अलमारी; **~cake** *n.* = **fairycake**; **~ful** *n., pl.* **~fuls** प्यालाभर (वस्तु); **~-shaped** *adj.* चषकाकार; **~-tie** *n.* कप (championship) का अंतिम मुकाबला;

collocations: **~ final** (*often* **the Cup Final**) फुटबाल या अन्य खेलों में अंतिम मुकाबला; **~ holder** कप-विजेता;

p&i: **~ a flaming match** हथेली से जलती हुई तिल्ली को बुझाना; **~board love** स्वार्थ पर आधारित प्रेम; **~ one's chin in one's hand** हथेलियों से ठोड़ी को ढकना;

a ~ that cheers, but not inebriates आनंददायक पर नशे में फीका पेय; **a full ~ must be carried steadily** भरा प्याला छलकता ही है; **a loving ~** साझा जाम; **be a ~ too low** उदास हो.; **between the ~ and the lip a morsel may slip** अभी दिल्ली दूर है; **cry ~board** पेट में चूहे दौड़ना; **drain the ~ of happiness to the dregs** आनंद के पूरे के पूरे प्याले को पी लेना; **drink the party ~s** अंतिम विदाई के लिए पीना; **in one's ~s** पीकर धुत्त; **kiss the ~** मुकाबले में जीते कप को होंठों से चूमना; **let this ~ pass from me** मुझ से बला टल जाए; **make the ~ run over** धैर्य का बांध तोड़ना; **one's ~ is filled** किसी के धैर्य का बांध टूट चुका; **one's ~ of tea** किसी की पसंदीदा कार्य, बात या वस्तु; **over one's ~** मदिरा के प्याले पीते समय; **sb's ~ of happiness/ misery is full** उसका भाग्य/ दुर्भाग्य असीम है; **skeleton in the ~board** गुप्त बखेड़े; **the ~board is bare** किसी काम के लिए कोई पैसा नहीं; **there is many a slip between the ~ and the lip** अभी दिल्ली दूर है (दिल्ली दूरस्थ अस्तु)

Cupid /क्यूपिड/ *n.* कामदेव, मनोज: play ~ (प्रेम-प्रणय शुरू क.)

cupidity /क्यूपिडिटि/ *n.* 1 (***syn.*** greed) लिप्सा, लालच 2 वासना

cupola /क्यूपअला/ *n.* 1 गुंबद, गुंबज 2 गुंबदी भट्ठी 3 गुंबदनुमा छत, छतरी

cuppa /कपा/ *n., pl.* **~s** *Br. colloq.* चाय का प्याला

cupping /कपिंग/ *n., med.* रुग्ण अंग की त्वचा पर गर्म प्याला रखकर की जाने वाली चिकित्सा

cupr\eous /क्युप्रि\अस/ *adj.* 1 ताम्रयुक्त, ताम्रमय 2 ताम्रवर्ण; *dw/lw:* **~ic** /~क/ *adj.* ताम्रिक; **~iferous** /~फरस/ *adj.* ताम्रमय; **~ite** /~ट/ *n.* ताम्रमय चट्टान

cupro-nickel /क्युप्रो-निकल/ *n.* तांबे और निकल की मिश्रित धातु

cur /कः/ *n., derog, old use* 1 दुष्ट कुत्ता 2 निकम्मा या कटहा कुत्ता 3 नीच, कमीना आदमी, पाजी

cura\ble /क्युरअ\बल/ *adj.* साध्य, जिसका इलाज हो सकता हो; *dw/lw:* **~bility/ ~bleness** /~बिलिटि/ ~बलनेस/ *n.* साध्यता

cura\cy /क्युरअसि/ *n., pl.* **~cies** सहायक-पादरी का पद

cura\te /क्युरे\ट/ *n.* सहायक-पादरी;
dw/lw: **~tive** /~टिव/ *adj., n.* रोगहर, आरोग्यकर: ~tive dose (आरोग्यकर खुराक); ~tive value of sunshine (धूप का आरोग्यकर महत्त्व); **~tor** /~टः/ *n.* 1 संग्राहलयाध्यक्ष, संग्रहपाल 2 रक्षक; **~torial** /~टोरिअल/ *adj.* संग्रहाध्यक्ष-संबंधी;
collocations: **~te's egg** ऐसी वस्तु जिसके कुछ भाग अच्छे हों और कुछ बुरे

curb /कःब/ *v., pt.* **~ed**, *pp* **~ing** 1 नियंत्रित क., वश में रखना: ~ violence 2 रोक लगाना, लगाम लगाना: put a ~ on one's anger/ temper; ~ one's tongue; ~ inflation;
n. 1 नियंत्रण 2 प्रतिबंध 3 चक्का, चक्क 4 किनारा, सड़क के किनारे पत्थरों की पटड़ी: buy/ sell on the ~ (kerb) 5 बजर-हड्डी (अश्व रोग) 6 (कुंए की) जगत 7 घोड़े की लगाम की एक पट्टी जो घोड़े की जबड़े के नीचे से निकलती है;
dw/lw: **~side** *n.* = **kerbside** सड़क के किनारे की मुंडेर; **~stone** *n.* किनारे, सड़क के किनारे पत्थरों की पट्टी;
collocations: **~ roof** दुढालू छत

curcuma /कःक्यूमा/ *n.* हल्दी, हरिद्रा

curd /कःड/ *n.* 1 (*often* **~s**) दही 2 फूलगोभी या ब्रोकली का खाने योग्य फूल;
v. pt. **~ed**, *pp* **~ing** दही बनाना;
dw/lw: **~y** /कःडि/ *adj.* थक्केदार;
collocations: **~ cheese** मुलायम पनीर

curd\le /कःड\ल/ *v., pt.* **~led**, *pp* **~ling** 1 दही आदि का जमना या जमाना 2 थक्का बनना;
p&i: **horror ~led his blood** डर के मारे उसका खून जम गया, उसके रोंगटे खड़े हो गए; **the blood ~les at the thought** इस विचार मात्र से ही खून जम जाता है

cure /क्योः/ क्युअः/ *n.* 1 इलाज, उपचार, चिकित्सा, रोगमुक्ति: a ~ for cough 2 दवा, औषध 3 समाधान 4 संसाधन 5 पुरोहिताई;
v., pt. **~d**, *pp* **curing** 1 इलाज क., उपचार क., निरोग क., अच्छा या चंगा क.: ~ a patient; ~ a disease 2 समस्या का समाधान निकालना, उपाय क. 3 परिरक्षित या संसाधित क., सुखाकर, नमक लगाकर या धुआं देकर खराब होने से बचाना: ~ fish 4 (खाल को) सिझाना, कमाना;
dw/lw: **~all** *n.* (*syn.* panacea) सर्वरोगहर, रामबाण; **~d** /क्युअःड/ *adj.* 1 जिसका इलाज हो गया हो 2 जिस चीज को नमक आदि लगाकर बचाकर रखा गया हो 3 अभिसाधित; **~less** /क्युअःलेस/ *n.* असाध्य, लाइलाज;
p&i: **what can't be ~d must be endured** जिसका कोई इलाज नहीं, उसे सहना ही पड़ेगा

curettage /क्युरअटिज/ क्युअरिटाःज/ *n. med.* खुर्चकर निकालने की क्रिया

curet/ curette /क्युअरेट/ *n., pl.* **~s/ ~s** खुर्चनी, आखुरी;
v., pt. **~ted**, *pp* **~ting** खुर्चकर निकालना

curfew /कःफ्यू/ *n.* 1 कर्फ्यू, दंगे-फसाद के कारण किसी समय विशेष के बाद लोगों के बाहर आने-जाने पर पाबंदी, घरबंदी 2 कर्फ्यू की घंटी

Curia /क्यूरिआ/ *n.* 1 रोम का प्रशासनिक विभाग 2 कार्यालय

curie /क्यूअरि/ *n., phys.* (*abbr.* **Ci**) रेडियोधर्मिता मापने की इकाई, क्यूरी

curing /क्युअरिंग/ *n.* 1 इलाज 2 स्वास्थ्य लाभ 3 किसी चीज पर मसाला लगाकर सुखाने की क्रिया

curio /क्यूरिओ/ *n., pl.* **~s** 1 दुर्लभ या असाधारण कलाकृति 2 दुर्लभ व्यक्ति

curiosa /क्युरिओसा/ *n.* अश्लील पुस्तकें

curiosity /क्युरिऔसिटि/ *US* क्युरिआःसिटि/ *n., pl.* **curiosities** 1 जिज्ञासा, कौतूहल: die of ~ 2 कौतूहल का विषय: ~ about unknown lands 3 विचित्र व असाधारण वस्तु: old ~ shop;
p&i: **~ about sth** किसी चीज के बारे में जिज्ञासा; **~ killed a cat** अत्यधिक ताक-झांक खतरनाक हो सकती है; **arouse/ satisfy sb's ~** किसी की जिज्ञासा को बढ़ावा दे. / संतुष्ट क.; **(do sth) out of ~** कौतूहलवश कुछ क.; **mild/ natural ~** हल्की-सी/ सहज जिज्ञासा

curious /क्यूरिअस\/ *adj.* 1 जिज्ञासु: hide where ~ eyes won't see it 2 विचित्र व असाधारण: ~ sight/ spectacle 3 सूक्ष्म 4 आतुर, ताकू-झांकू: ~ idlers (ताक-झांक में व्यर्थ समय गंवाने वाले लोग);
dw/lw: **~ly** /~लि/ *adv.* विचित्र ढंग से: a ~ly bad accent;
p&i: **~ arts** जादू-टोने से रोजी-रोटी कमाना

curium /क्युअरिअम/ *n., chem.* (*abbr.* **Cm**) एक रेडियोधर्मित तत्त्व

curl /कःल/ *n.* 1 बालों आदि का छल्ला 2 कुंडली 3 सिकुड़न 4 घूंघर 5 तरंग, भंवर 6 घुंघरालापन;
v., pt. **~ed**, *pp* **~ing** 1 बालों को घुंघराले या छल्लेदार बनाना 2 कुंडलित क. या हो.: ~ one's lip 3 मोड़ना या मुड़ना: ~ up the corner of a book 4 लहराना, चक्कर खाना 5 छटपटाना 6 तरंगित हो.;
dw/lw: **~er** /कःलः/ *n.* बाल घुंघराले करने वाला छल्ला; **~ew** /कःल्यू/ कःलू/ *n.* एक जल पक्षी, जलरक, गुलिंदा; **~icue** /कःलिक्यू/ *n.* घुंघराली लट, घूंघर; **~ing** /कःलिंग/ *n.* बर्फ पर खेला जाने वाला एक खेल; **~ing** *adj.* घुंघराले, मोड़दार; **~y** *see below under separate entry*;
collocations: **~ing tongs** = **~ing iron** बालों को घुंघराला करने के लिए गर्म छल्ला;
p&i: **~ up** 1 सिकुड़कर या दुबककर बैठना 2 कोनों का मुड़ना; **go out of ~** थककर चूर हो.; **make sb's hair ~** किसी के रोंगटे खड़े क.; **out of ~** मरियल, अशक्त

curly /कःलि/ *adj., degr.* **~ier**, **~iest** 1 घुंघराला 2 छल्लेदार: a chair with ~y legs 3 तरंगित

curmudgeon /कःमजअन\/ *n.* 1 चिड़चिड़ा, घिनौना आदमी 2 कृपण/ कंजूस व्यक्ति;
dw/lw: **~ly** /~लि/ *adj.* 1 कृपण, कंजूस 2 भद्दा, चिड़चिड़ा, घिनौना

currach /क्यूराक/ *n.* छोटी किश्ती, चर्मावृत नौका

currant /करंट/ *n.* 1 मुनक्का: black ~, red ~ 2 किशमिश;
dw/lw: **~bread** *n.* किशमिशी रोटी; **~jelly** *n.* किशमिशी जेली; **~y** /करंटि/ *adj.* किशमिशी

currency /करंसि/ *n., pl.* **currencies** 1 मुद्रा, चलमुद्रा 2 प्रचलन, प्रचार: words in common ~ 3 लोकप्रियता 4 आधुनिकता;
collocations: **~ appreciation** मुद्रा मूल्य वृद्धि; **~ deflation** मुद्रा अवस्फिति; **~ depreciation** मूल्य ह्रास; **~ note** करंसी नोट;
foreign ~ विदेशी मुद्रा; **paper ~** कागजी मुद्रा; **soft ~** मुद्रा जिसे स्वतंत्र रूप से दूसरी मुद्राओं के साथ अदला-बदला न जा सके;
p&i: **~ of the contract** ठेके की अवधि;
acquire ~ जाना-माना बनना; **gain ~** सर्वप्रिय हो., चल पड़ना; **give ~ to sth** किसी चीज को लागू क., प्रचलित क.; **in ~** जो

वर्तमान में है या लागू है
current /करंट/ *adj.* 1 चालू, प्रचलित, व्यवहृत, सामान्य व्यवहार में व्याप्त: the word is in ~ use; ~ opinion 2 सामयिक, वर्तमानकालिक: ~ affairs 3 चालू (खाता), खुला: ~ account; ~ coin;
n. 1 प्रवाह, धारा: against the ~/ breast the ~ (प्रवाह के विपरीत दिशा में) 2 विद्युत प्रवाह, करंट: electric ~ 3 विद्युत प्रवाह दर 4 सर्वप्रिय रुझान: ~ of thought;
dw/lw: **~ly** /करंट्लि/ *adv.* आजकल, वर्तमान काल में, इन दिनों, अभी-अभी, सामान्यतः, साधारणतः;
collocations: **~ account** *UK* (*US* **checking account**) *n.* चालू खाता; **~ affairs** *UK* (*US* **~ events**) वर्तमानकालिक समस्याएं; **~ coils** विद्युत तार; **~ demand** चालू मांग; **~ deposits** चालू जमा; **~ price** वर्तमान मूल्य; **~ scrips** चालू पर्ची, प्रतिभूति पर्ची;
p&i: **against the ~** लोकमत के विरुद्ध; **breast the ~** उल्टी गंगा चलाना; **go ~** हर मन प्यारा हो.;
curricular /कअरिक्युलः/ *adj.* पाठ्यक्रम संबंधी
curriculum /करिक्युलम/ *n. pl.* **curricula** or **~s** पाठ्यक्रम, पाठ्यचर्या
curriculum vitae /करिक्युलम विताइ/ करिक्यलम वायटी/ *n., pl.* **curricula vitae** (*abbr.* **CV**) व्यक्तिगत जीवन की उपलब्धियों आदि की सिलसिलेवार सूची
currier /करिअः/ *n.* 1 चर्मकार 2 गद्दीदार जैकेट बनाने वाला
currish /कःरिश/ *adj.* 1 गुर्राने वाला 2 (***syn.*** snappish) कटहा 3 नीच 4 चिड़चिड़ा
cur\ry /करि/ *n., pl.* **~ries** 1 भारतीय व्यंजन, मुर्ग शोरबा आदि 2 बघार, छौंक;
v., *pt.* **~ried,** *pp* **~rying,** *s/he/it* **~ries** 1 भारतीय मसालों के साथ खाना बनाना, छौंक लगाना, बघारना 2 (चमड़ा) कमाना 3 पीटना 4 (घोड़े की) बाल उधेड़ना, खरहरा क.;
dw/lw: **~rycomb** *n.* (घोड़े के बाल साफ करने के लिए) खरहरा, खुर्रा (*Hr.*);
collocations: **~ry-leaf tree** कैथनीम; **~ry powder** गर्म मसाला या व अन्य चीजों से बना करी मसाला;
p&i: **~ry favour** (originally **favell**) किसी का अनुग्रह प्राप्त क.; **~ry favour with sb** चापलूसी करके किसी की कृपा का पात्र बनना
curse /कःस/ *n.* 1 अभिशाप, शाप, महान अनिष्ट: pollution is a ~ of modern times 2 अपशब्द, गाली 3 दुर्वचन: call down ~s upon sb 4 विपदा, कोप, क्लेश: under a ~ 5 *colloq.* (**the** ~) रजस्राव, औरत का मासिक धर्म 6 जाति-बहिष्कार, धर्म-बहिष्कार;
v., *pt.* **~d,** *pp* **cursing** 1 शाप दे., अभिशापित क. 2 गाली दे.: ~ loudly 3 कोसना, धिक्कारना: he **~d** the day he was born 4 लानत भेजना, लानत-मलामत क., निंदा क. 5 धर्म या जाति से बहिष्कृत क. 6 शपथ खाना;
dw/lw: **~d** /कःसड/ *adj.* अभिशप्त, घृणित, निंद्य: ~d weather; **~r** /कःसः/ *n.* शाप देने वाला, कोसने वाला, विपदाकारी;
p&i: **~s (like chicken) come home to roost** जो दूसरों के लिए खाई खोदता है, खुद उसमें गिरता है;
be ~d by/ with sth के बोझ तले दबने से प्रभावित हो.; **call down ~s upon sb** किसी को शाप दे.; **not worth a ~/ not give a ~ for sth** किसी बात की कोई परवाह न क.; **the ~ of Cain** सारी जिंदगी मारे-मारे फिरने का शाप;
cursive /कःसिव/ *adj.* 1 प्रवाही 2 घसीट: ~ writing
cursor /कःसः/ *n.* 1 कंप्यूटर स्क्रीन पर सांकेतिक चिह्न जो कंप्यूटर में काम करने का स्थान बताता है 2 धावी सरकन 3 प्रसंकेतक;
dw/lw: **~ial** /कःसॉरिअल/ *adj.* धावानुकूल. धावी, धावक, तेज दौड़ने वाला
cursory /कःसरि/ *adj.* 1 ऊपरी, सतही 2 धावी, द्रुत 3 (***syn.*** brief, perfunctory) सरसरी तौर पर होने वाला: a ~ view; a ~ inspection;
dw/lw: **~ily** /कःसरिलि/ *adv.* सरसरी तौर पर;
p&i: **give/ cast a ~ glance** सरसरी नजर या निगाह से देखना
cursus /कःसस/ *n.* 1 दैनिक प्रार्थना 2 पाठ्यचर्या 3 रेसकोर्स
cursus honorum *n., hist.* प्राचीन रोम में एक क्रमिक व्यावसायिक (career) अग्रसरता प्रणाली
curt /कःट\/ *adj.* 1 (***syn.*** abrupt) आकस्मिक, संक्षिप्त 2 (***syn.*** brusque) रुक्ष, रूखा, लठमार 3 मुंहतोड़ (जवाब): give a ~ answer;
dw/lw: **~ly** /~लि/ *adv.* रूखे ढंग से; **~ness** /~नेस/ रूखापन, अत्यधिक संक्षिप्तता
curtail /कःटेल/ *v., pt.* **~ed,** *pp* **~ing** 1 सीमित क., कम क.: ~ one's holidays 2 काटना-छांटना: ~ sb's salary; ~ sb of his privileges;
dw/lw: **~er** /~लः/ *n.* काटने-छांटने वाला; **~ment** /~लमंट/ *n.* 1 कमी, घटाव 2 काट-छांट 3 संक्षेपण
curtain /कःटन/ *n.* 1 पर्दा, पट 2 आवरण 3 *theat.* (*often* **the ~**) (स्टेज पर) यवनिका, पटाक्षेप 4 आड़, दीवार: **~ of rain/ smoke** 5 गोलाबारी की बौछार: ~ fire;
v. *pt.* **~ed,** *pp* **~ing** 1 (*often* **~ sth off**) पर्दे बंद क. या खींचना 2 पर्दा गिराना या उठाना;
dw/lw: **~-lecture** *n.* पत्नी-प्रवचन; **~-raiser** *n.* 1 पूर्वावलोकन 2 नाटक से पहले की जाने वाली छोटी प्रस्तुति; **~rod** *n.* पर्दे टांगने की छड़; **~-up** 1 नाटक की शुरुआत 2 रोचक बात की शुरुआत;
collocations: **~ call** नाटक खत्म होने और कलाकारों के पर्दे के पीछे चले जाने पर श्रोताओं द्वारा बार-बार करतल ध्वनि करके उन्हें फिर से शाबाशी देने के लिए बुलाना; **iron ~** 1 लौह आवरण 2 भूतपूर्व सोवियत संघ व अन्य समाजवादी देशों में नागरिकों के बाहर आने-जाने पर पाबंदी को पश्चिमी देशों द्वारा दी गई संज्ञा; **~ up** नाटक आदि की शुरुआत; **~ wall** *archit.* थोड़ी बढ़ाई हुई दीवार जिस पर बोझ नहीं टिका होता;
p&i: **~ off** पर्दे से अलग क.; **~ rises** नाटक शुरू होता है; **~s for sb** किसी का अंत हो.;
a ~ of thick dark hair घने बालों का पर्दा; **behind the ~** पर्दे के पीछे; **draw the ~ on sth** पर्दा डालना, छिपाना; **drop the ~** समापन क.; **lift the ~ over sth** किसी चीज का पर्दाफाश क.; **the ~ drops** कथा समाप्त होत है ...;
curtilage /कःटिलिज/ *n.* अहाता, हाता, आंगन, प्रांगण
curt\sy (*also* **curt\sey**) /कःट्सि/ *n., pl.* **~sies/ ~sys** (स्त्रियों द्वारा) घुटने मोड़कर व सिर झुकाकर किया जाने वाला अभिवादन, प्रणति: make/ drop a **~sy**;
v. *pt.* **~sied,** *pp* **~sying,** *s/he/it* **~sies** उपर्युक्त ढंग से अभिवादन क.
curvaceous /कःवेशिअस/ *adj., colloq.* सुंदर, सुडौल (स्त्री)
curvature /कःवेचः/ *n.* 1 गोलाई, घुमाव, मोड़ 2 झुकाव: ~ of the spine 3 वक्रता
cur\ve /कःव/ *n., pl.* **~ves** 1 वक्र-रेखा, वक्र, गोलाकार रेखा 2 घुमाव, मोड़: **~ve** in the road 3 वक्रता, गोलाई 4 (**~ves**) *colloq.* औरत के शरीर की बलखाती बनावट 5 मेहराब, चाप;
v., *pt.* **~ved,** *pp* **~ving** 1 मुड़ना या मोड़ना 2 वक्र-रेखा बनाना 3 किसी चीज को वक्र रूप दे. 4 झुकना, झुकाना: **~ve** the back;
dw/lw: **~ved** /कःव/ *adj.* वक्र, टेढ़ा: ~ved nose; ~ved trajectory; **~vy** /कःवि/ *adj., degr.* ~vier, ~viest 1 वक्राकार 2 सुडौल, सुगढ़
curvet /कःवेट/ *n.* (घोड़े की) दुलकी चाल, उछलकूद
curvi\caudate /कःवि\कॉडेट/ *adj.* वक्रपुच्छ;
dw/lw: **~foliate** *adj.* वक्रपर्णी; **~form** *adj.* वक्राकार; **~linear** /~लिनिअः/ *adj.* वक्ररेखी, वक्र रेखांकित; **~tol** /~टल/ *adj.* वक्र; **~rostral** /~रोस्टरल/ *adj.* वक्रचंचु, टेढ़ी चोंच वाला;

~ty /~टि/ *n.* वक्रता

CUSAT *abbr.* 'Cochin University of Science and Technology' की प्रथमाक्षरी

cuscus /कस्कस/ *n.* खस, खसखस

CUSEC *abbr.* 'Committee on Upgradation of Science and Engineering Colleges' की प्रथमाक्षरी

cushat /क्यूशट/ *n.* जंगली कबूतर

cush-cush /कश-कश/ *n.* रतालू, अरवी

Cushing's syndrome *n., pathol.* मोटापा, उच्च रक्तचाप, मुंहासे, कमजोरी आदि के लक्षण जो शरीर में एक विशेष हार्मोन की अधिकता के कारण होता है

cushion /कुशन/ *n.* 1 (***syn.*** pillow) तकिया, सिरहाना, गद्दी, गद्दा, तोशक 2 नमदा, उपधान 3 समस्याओं के विरुद्ध एक प्रकार का रक्षक कवच या आड़ 4 (बिलियर्ड में) लचीला किनारा 5 उपधानी;
***v.**, pt.* **~ed**, *pp* **~ing** 1 नकारात्मक असर को कम क. 2 शरीर या शरीर के किसी अंग को रक्षित क. 3 गद्दी लगाना या बिछाना 4 गद्दी पर बिठाना 5 बात दबाना: ~ complaints;
dw/lw: **~ed** /कुशंड/ *adj.* गद्दीदार: ~ed seats; **~et** /कुशनेट/ *adj.* छोटी गद्दी;
p&i: **on the ~** समृद्ध, खुशहाल

cus\hy /कुशी/ *adj., degr.* **~hier**, **~hiest** *colloq.* आरामदेह, बिना किसी झमेले की: **~hy** number (आरामदेह नौकरी);
p&i: **a ~y one** हल्का-सा घाव

Cushite/ Kushite /कसिट/ कशिट/ *adj.* 1 कूश (भाषा) 2 कूश (भाषी)

CUSP *abbr.* 'Cryogenic upper stage project' की प्रथमाक्षरी

cusp /कस्प/ *n., geom.* 1 नोक, सिरा 2 (गणित में) उभयाग्र 3 दंताग्र 4 शीर्ष;
dw/lw: **~id** /कस्पिड/ *n.* 1 नुकीला दांत 2 रदनक

cuspidor /कस्पिडॉः/ *n.* पीकदान, थूकदान, उगालदान

cuss /कस/ *n., old use, colloq.* 1 अभिशाप, शाप 2 *facetious* लड़का, प्राणी: a queer old ~;
***v.**, pt.* **~ed**, *pp* **~ing**, *s/he/it* **~es** शाप या गाली दे.
dw/lw: **~ed** /कसिड/ *adj.* 1 अभिशप्त, शापित 2 (***syn.*** stubborn) हठी 3 भद्दा, भोंडा; **~edly** /कसिडलि/ *adv.* भोंडे तरीके से; **~edness** /कसिडनेस/ *n.* (***syn.*** stubbornness) हठीलापन, प्रतिकूलता;
p&i: **he does not care a ~** उसे कोई परवाह नहीं;

custard /कस्टःड/ *n.* 1 (*also* **egg ~**) कस्टर्ड, फिरनी 2 दही;
dw/lw: **~apple** *n.* शरीफा, सीताफल;
collocations: **~ pie** दहीनुमा पदार्थ से भरी कचौरी-सी, जिसे विदूषक दर्शकों को हंसाने के लिए एक-दूसरे पर फेंकते हैं; **~ powder** कस्टर्ड चूर्ण

custodial /कस्टोडिअल/ *adj.* 1 पुलिस हिरासत या सुपुर्दगी संबंधी: ~ sentence/ death 2 अभिरक्षणीय

custodian /कस्टोडिअन/ *n.* 1 रखवाला, अभिरक्षक: a self-appointed ~ of public morals 2 द्वारपाल, अभिलेख-रक्षक 3 अभिभावक

custody /कस्टडि/ *n., pl.* **custodies** 1 विधि की अभिरक्षा, कानूनी सुपुर्दगी: child in the ~ of mother 2 हिरासत, हवालात, कैद, जेल 3 अभिरक्षा: place securities in safe ~;
p&i: **be awarded/ given ~ (of sb)** किसी को किसी की सुपुर्दगी दे. या मिलना; **be released in one's own ~** *law* जेल से रिहा हो.; **have/ win ~ (of sb)** किसी की सुपुर्दगी पाने में सफल होना; **take into ~** गिरफ्तार क., हिरासत में लेना

custom /कस्ट\म/ *n.* 1 प्रथा, रिवाज, परंपरा, रूढ़ि, दस्तूर: ~ of a country 2 आचार 3 सीमा-शुल्क, सीमाकर, चुंगी: ~ of a port 4 (**~s**) सीमा-शुल्क विभाग 5 व्यापार, खरीदारी, गाहकताई: withdraw ~ from a shop (किसी दुकान से खरीदारी बंद कर दे.) 6 (***syn.*** habit) आदत: ~ to get up early;
adj. पहले के आदेशानुसार तैयार किया हुआ (माल): ~ clothes; ~ tailor; ~ mill;
dw/lw: **~built/ ~made** *adj.* ग्राहक की इच्छानुसार या आश्यकतानुसार बनाया हुआ, निर्देश-निर्मित, व्यक्ति-विशेष के लिए बनाया हुआ; **~ed** /~ड/ *adj.* अभ्यस्त, प्रचलित, साधारण; **~house** *n.* सीमा-शुल्क कार्यालय; **~ize** /~माइज/ *v., pt.* ~ized, *pp* ~izing प्रयोगकर्ता या मालिक की इच्छानुसार या आश्यकतानुसार बनाना; **~ized** /~माइजड/ *adj.* प्रयोगकर्ता या मालिक के अनुसार बनाया हुआ; **~er** /~मः/ *n.* 1 ग्राहक 2 *colloq.* ऐसा अप्रिय व्यक्ति जिससे पाला पड़ा हो: queer ~er; rough ~er; tough ~er; **~s** /~म्ज/ *n.* 1 *sing.* सीमा-शुल्क कार्यालय 2 *pl.* सीमा शुल्क; **~ary** *see below under separate entry*;
collocations: **~er friendly** ग्राहक हितैषी; **~s officer** सीमा-शुल्क अधिकारी; **~s officials** सीमा-शुल्क कर्मी; **~s union** कई देशों के बीच सीमा-शुल्क मुक्त व्यापार समझौता, सीमा शुल्क संघ;
p&i: **~ is second nature** आदत आदमी के स्वभाव का बड़ा हिस्सा होती है; **~ is the guide of the ignorant** परंपरा अज्ञानियों की पथप्रदर्शिका होती है;
a ~ more honoured in the breach ऐसी प्रथा जिसका पालन कम और उल्लंघन ज्यादा होता है; **an ancient/ local/ traditional ~** प्राचीन/ स्थानीय/ परंपरागत प्रथा या रिवाज; **an awkward ~er** खतरनाक आदमी; **a queer ~er** विचित्र व्यक्ति; **a rough ~er** बदतमीज आदमी; **a tough ~er** टेढ़ा आदमी; **go through ~s** सीमा-शुल्क जांच पार क.; **once is no ~** एक बार करने से आदत या प्रथा नहीं बनती; **the ~ of doing sth** किसी कार्य को करने का रिवाज

custom- *prefix* पहले के आदेशानुसार बनाया हुआ

customa\ry /कस्टअ\मरि/ *adj.* 1 (***syn.*** habitual) आदतन, रिवाजी: at the **~ry** hour 2 प्रथागत, रूढ़िगत, परंपरागत: **~ry** practice; **~ry** law 3 रूढ़ 4 (***syn.*** usual) प्रचलित: as is **~ry** (जैसा कि चलन है);
n. स्थानीय प्रथाओं का संकलन;
dw/lw: **~rily** /~मेरिलि/ *adv.* प्रथानुसार;
collocations: **~ry procedure** परंपरागत प्रक्रिया

customer *see above under* **custom: *dw/lw***

custos /कसतस/ *n.* 1 रक्षक 2 देखभाल करने वाला

cut /कट/ *v., pt.* **cut**, *pt. p.* **cut**, *pp.* **~ting** 1 (*also* **~ sth off/ out**) किसी वस्तु या व्यक्ति को तेज धार वाले औजार से काटना 2 कटौती करके (साइज) कम क. या घटाना: ~ prices/ interest rate/ work hours 3 कट जा., चीरा जा. 4 हटा ले., काटकर निकाल दे. 5 टुकड़े-टुकड़े क. 6 कतरना 7 (कपड़े) ब्योंतना: ~ clothes so that they hang perfectly on the person 8 मारना, घायल क. 9 चोट पहुंचाना, दुःख दे.: ~ sb to the heart 10 (*usually* **~ across/ through**) पार क. 11 किसी चीज में फंसे व्यक्ति या वस्तु को उस चीज को काटकर निकालना, अलग क. 12 काटने में सक्षम हो.: this knife **~s** quite well 13.1 लेख, फिल्म आदि की कटाई-छंटाई करके संपादित क. 13.2 कंप्यूटर पर लेख के अंश काट लेना 13.3 (***syn.*** prune) पौधों या पेड़ों की छंटाई क. 14 फिल्मांकन/ ध्वनि अंकन रोकना, बंद क.: ~ the shot 15 बाल (नाखून आदि) काटना या छोटे करना 16 फसल की कटाई क. 17 जमीन काटना या खुदाई क. 18 जान-बूझकर किसी अवसर पर गैर-हाजिर हो., उपेक्षा क.: ~ classes 19 तीव्र मोड़ ले.: ~ the corners 20 ताश के पत्तों की गड्डी काटना 21 जोड़ काटना 22 स्विच से बिजली आदि बंद क. 23 (*often.* **~ sth up**) काट कर भागों में बांटना: room ~ in half by a bookcase 24 लॉन आदि का घास आदि काटना 25 (*sometimes* **~ sth out**) में से काटकर कोई वस्तु बनाना 26 कीमती पत्थरों या कांच को काट-तराशकर हीरे-जवाहरात या कटवां शीशे (cut glass) आदि की वस्तुएं बनाना 27 ध्वनि आदि को रिकॉर्ड क., संगीत की एल्बम आदि तैयार क.: the Beatles ~ their first disc in 1962 28 काट-छांट कर पुस्तक को छोटा कर दे., पुस्तक आदि में से पैराग्राफ आदि निकाल दे. 29 किसी के साथ संबंध तोड़ ले.: ~ one's links with one's family 30 किनारा या कन्नी काटना: ~ sb purposely 31 कुछ करना बंद

cut contd.

क.: he was told to ~ his drinking or risk serious liver damage 32 *cricket* क्रिकेट में गेंद को एक विशेष प्रकार से मारकर निकालना: ~ **the** ball to boundary 33 बच्चे के दांत निकलना: ~ teeth 34 शराब में कुछ मिलाकर पीना: ~ whisky with ginger ale 35 दो तरह के नशीले पदार्थों को मिलाकर सेवन क.: ~ heroin with another substance 36 *geom.* दो या अधिक रेखाओं द्वारा एक दूसरे को काटना;

n. 1 घाव, खरोंच 2 किसी चीज में छेद 3 कटाव, कटाई, चीरा 4 कटौती, कमी, घटाव 5 किसी अंग का गोश्त, बोटी 6 हिस्सा 7 (*also* **haircut**) बालों की कटाई 8 काटने की शैली, काट 9 नाटक आदि से कतरा या छांटा गया भाग 10 कटाक्ष, चुभने वाली बात 11 बिजली की आपूर्ति में कटाव 12 कन्नी कटाई, उपेक्षा 13 छोटा रास्ता 14 नहर, राजवाह आदि 15 कपड़े की ब्योंताई 16 लाभ आदि में हिस्सा या कमीशन;

dw/lw: **~-and-come-again** *n. colloq.* अतिथि सत्कार, बहुतायत; **~ing-and-filling** *n.* खुदाई और मकान का निर्माण; **~away** *n.* 1 फिल्म आदि में दृश्य परिवर्तन 2 मकान के अंदरूनी भागों को दिखाने वाला रेखाचित्र; **~away** *adj.* अंगकटा; **~back** *n.* खर्चे आदि में कटौती; **~-motion** *n.* कटौती-प्रस्ताव; **~-off** *n.* 1 छोटा रास्ता 2 सीमा, सीमांत; **~-off** *adj.* काटकर छोटी बनाई जाने वाली पोशाक; **~-out** *n.* 1 तराशी हुई वस्तु 2 कागज या गत्ते से काटकर बनाई गई आकृति या चित्र; **~-price** *UK* (*US* **~-rate**) *adj.* कम/ रियायती दाम वाला; **~-purse** *n.* जेबकतरा, गिरहकट; **~-rate** *adj.* कम कीमत, कम/रियायती दाम पर, रियायती दाम पर बेचने वाला; **~ter** *n.* 1 काटने वाला 2 काटने का उपकरण 3 छोटी नाव; **~ters** /कटःज/ *n. [pl.]* काटने के उपकरण; **~-throat** *UK* (*also US* **cutthroat**) /कट-थ्रोट/ *adj.* 1 गलाकाटू (मुकाबला आदि) 2 हत्यारा 3 निर्मम; **~ting** *see below under separate entry*; **~-water** *n.* पनकट, तालियामार, किनारा;

collocations: **~-and dried** 1 नियत, स्थिर, नियमित 2 योजनाबद्ध 3 बासी; **~ and paste** पाठ को काटकर दूसरी जगह चिपकाना; **~ glass** चित्रकांच; **~ rate** कम किया हुआ दाम;

p&i: **~ across sth** 1 भिन्न-भिन्न गुटों पर लागू हो. 2 आर-पार जा. 3 दूर-दूर तक फैलना, व्यापक हो.; **~ a conspicuous figure** सब को दिखना; **~ a dash** अच्छी खासी शक्ल हो.; **~ a figure** प्रभाव डालना; **~ along** तुरंत चल दे.; **~ a long story short** सारांश में बात कहना, सीधे मुद्दे पर आना; **~ a melon** *sl.* अतिरिक्त लाभ को शेयर धारकों में बांटना; **~ and come again** खेल खत्म फिर आइएगा; **~ and contrive** किसी तरह गुजारा क.; **~ and carve** साफ-सुथरा बनाना; **~ and run** *colloq.* चतुराई से भाग निकलना; **~ and thrust** कड़ा मुकाबला, छोटी-सी शाब्दिक भिड़ंत; **~ a pretty figure** इतना-सा मुंह लेकर रह जा.; **~ a snook** नाक-भौं सिकोड़ना; **~ a sorry figure** बुरी तरह असफल होकर शर्मिंदा होना; **~ a wide swath** तड़क-भड़क दिखाना; **~ back (sth)** कटौती क., बचत क.; **~ behind** किसी गाड़ी के पीछे भागना; **~ blocks with a razor** तलवार से मक्खी मारना; **~ both ways** लाभ या हानि दोनों हो., दोनों पक्षों पर लागू हो.; **~ capers** बेवकूफियां क.; **~ corners** तीव्र मोड़ ले.; **~ dead** उपेक्षा क., पहचानने से इन्कार क.; **~ down an oak and set up a strawberry** अधिक उपयोगी चीज तोड़ कर कम उपयोगी चीज बनाना; **~ down in the prime of manhood** जवानी में ही काट दिया गया; **~ down on (sth)** मात्रा में कमी/ कटौती क.; **~ high shines** *US sl.* कुछ अद्भुत कार्य क.; **~ ice** प्रभाव रखना; **~ in** 1 बीच में बोल पड़ना, हस्तक्षेप क. 2 छिपे-छिपे टेलीफोन पर किसी की बात सुनना 3 किसी उपकरण द्वारा काम करना शुरू कर देना: emergency generators ~ in; **~ in on sb/ sth** 1 बोलते समय बीच में टोकना 2 अचानक दूसरी गाड़ी के आगे गाड़ी ले आना; **~ in sth** किसी चीज (सौदे आदि में) हिस्सा; **~ it fine** *colloq.* किसी काम के लिए बहुत कम समय या स्थान छोड़ना; **~ it out!** बंद करो! रोको!; **~ it too fat** जरुरत से ज्यादा प्रशंसा क.; **~ loose** 1 बंधन ढीला क., ठीक तरह से काम करने लगना 2 खुल कर बातें क.: she ~ loose and told me her story; **~ a loss/ one's losses** हानि कम क.; **~ no ice** दाल न गलना, निष्प्रभावी हो., कोई प्रभाव न पड़ना; **~ off** काटकर अलग क., मार दिया जा.: ~ off sb's head; his father was ~ off at the age of 25; **~ off in bloom** भरी जवानी में खत्म कर देना; **~ off one's nose to spite one's face** गुस्से/ प्रतिशोध की भावना से अपने पांव पर कुल्हाड़ी मारना; **~ one's coat according to cloth** चादर देखकर पांव पसारना; **~ one's comb** घमंड चूर-चूर क., हवा निकालना; **~ one's eye** तिरछी नजर से देखना; **~ one's losses** नुकसान उठाने वाला धंधा समेटना; **~ one's lucky stick** भाग जाना, जल्दी से चले जाना; **~ one's own fodder** *US* अपने लिए खुद-ही रोटी-रोजी कमाना; **~ one's wisdom teeth** बुद्धि या विवेक का विकास हो.; **~ out** 1 इंजन आदि का बंद हो. 2 बिजली के उपकरण का बंद हो. या क. 3 किसी चीज में से टुकड़ा काटना; **~ out for** किसी काम के लिए बना हो.; **~ price** सस्ता; **~ sb dead** किसी की पूरी तरह उपेक्षा क.; **~ sb down** मार दिया जा.; **~ sb in** व्यापार में हुए लाभ का हिस्सा दे.; **~ sb off** (बीच में) काट दे., टेलीफोन पर बात-चीत को बीच में काट दे.; **~ sb/ sth off from sb/ sth** 1 रास्ते में रोक देना या रास्ता बंद कर दे. 2 प्रवाह या आपूर्ति आदि बंद कर दे.; **~ sb out of sth** किसी को किसी पचड़े में न पड़ने दे.; **~ sb to the heart** किसी के दिल को ठेस पहुंचाना; **~ sb up** गाड़ी को किसी दूसरी गाड़ी के आगे खतरनाक तरीके से चलाना; **~ short** 1 संक्षिप्त क., अचानक समाप्त क. 2 बीच में टोकना; **~ someone off with a shilling** जायदाद से बेदखल क.; **~ sth away from sth** काटकर किसी चीज से अलग क.; **~ sth back** = **~ back on sth** किसी चीज को कम क.; **~ sth down** पेड़ आदि को काटकर गिराना; **~ sth down to** = **~ down on sth** किसी चीज के आकार, मात्रा या संख्या को हटाना; **~ sth off** काटकर अलग क., काट दे., रुकावट डालना, गैस आदि की आपूर्ति बंद क.; **~ sth out** 1 किसी सामग्री में से काटकर कुछ बनाना, काटकर किसी विशेष आकार का बनाना 2 कोई अप्रिय काम करने से रोकना, बंद क. 3 लेख आदि में से कोई भाग काटकर हटाना, पत्रिका आदि में से तस्वीरें काटना 4 सोच विचार करने के लिए मुद्दा न बनाना 5 प्रकाश या दृश्य को आड़ लगाकर बंद क.; **~ sth/ sb** 1 बाहर कर दे. 2 टुकड़े-टुकड़े क.; **~ sth up** टुकड़े-टुकड़े कर दे., टुकड़ों में बांट दे.; **~ the bag open** भेद खोल दे.; **~ the coat according to the cloth** *see above under* **~ one's coat according to cloth**; **~ the comb** किसी की हवा निकाल दे.; **~ the Gordian knot** किसी कठिन समस्या का अप्रत्याशित समाधान निकालना; **~ the ground from under one's feet** हालत पतली कर देना, कहीं का न छोड़ना; **~ the knot** गुत्थी सुलझाना; **~ the mustard** *US* हर प्रकार से ठीक आना; **~ the record** रिकॉर्ड तोड़ना; **~ the printer** संबंध तोड़ लेना; **~ the string** *US* स्वतंत्र होकर कार्य क.; **~ through sth** फासला कम करने के लिए किसी स्थान के बीचों-बीच जा.; **~ to bits/ pieces** टुकड़े-टुकड़े कर दे., हरा दे.; **~ to size** हैसियत जता दे.; **~ under** दूसरी कंपनियों के दाम से कम पर बेचना; **~ up** 1 टुकड़ों में काट दे. 2 आलोचना क. 3 किसी को ठेस पहुंचाना; **~ up nasty** आपे से बाहर हो.; **~ up one's comb** घमंड चूर-चूर क., ऐंठ निकालना; **~ up rough** *colloq.* क्रोध के मारे हिंसा पर उतर आना; **~ up savage** गुस्से से लाल-पीला हो.; **~ up soft** *US* स्वास्थ्य के कारण प्रतियोगिता में भाग लेने के अयोग्य; **~ up well/fat** मृत्यु के बाद बहुत सारी संपत्ति छोड़ जाना;

a ~ above sth *colloq.* दूसरों से कुछ ऊंचा या बड़ा; **a short ~** कम से कम दूरी; **be ~ out for sth/ be ~ out to be sth** कुछ बनने के लिए बना हो.; **be ~ up** *UK* दुखी हो., आहत हो.; **draw ~s** टॉस क.; **give sb the ~ direct** अभिवादन करने बंद कर दे., पहचानने से मना कर दे.; **half ~** *Br., sl.* नशे में धुत्त; **make drastic/ severe/ sharp ~s** भारी/ अत्यधिक/ तीव्र कटौती क.; **not be ~ out to be sth/ not be cut out for sth** के लिए न बना हो.; **not ~it** अपेक्षा अनुसार खरा न उतरना; **the ~ and thrust of sth** जीवंत और आक्रामक ढंग से करने का तरीका; **the ~ of sb's jib** शक्ल से

cutaneous /क्युटेनिअस/ *adj.* त्वचा-संबंधी, त्वचीय: ~ reaction

CUTE *abbr.* 'Common-user Terminal Equipment' की

प्रथमाक्षरी
cute /क्यूट/ *adj.* 1 आकर्षक, सुंदर 2 सुप्रिय 3 **US** चालाक, चलता-पुर्जा;
dw/lw: **~ly** *adv.* चालाकी/ धूर्तता से; **~ness** *n.* सुंदरता; **~sy** /क्यूटसि/ *adj.* अत्यधिक सुंदर या आकर्षक
cuticle /क्यूटिकल/ *n., anat.* नाखून की जड़ में निकलने वाला मांस पिंड, उपत्वचा, सुतरा
curie /क्यूरि/ *n.* आकर्षक या दयालु व्यक्ति
cutis /क्यूटिस/ *n., anat.* त्वचा
cut-in *n.* फिल्म में दो दृश्यों के बीच में डाला जाने वाला दृश्य
cutlass /कट्लस/ *n., pl.* **~es** *hist.* खुखरी, दरांती, तेज तलवार
cutler /कटलः/ *n.* चाकू, छुरियां, कांटे, चम्मच आदि बनाने या बेचने वाला, छुरीसाज
cutlery /कट्लरि/ *UK* (*US* **flatware, silverware**) *n.* भोजन बनाने व खाने के उपकरण, चाकू, छुरियां, कांटे, चम्मच आदि
cutlet /कटलेट/ *n.* कटलेट, मांस आदि से बना कट्लेट
CUTS *abbr.* 'Consumer Unity and Trust Society' की प्रथमाक्षरी
cutting /कटिंग/ *n.* 1 एक पौधे से काटकर कलम बनाकर नया पौधा उगाने की क्रिया, कलम (पेड़-पौधों की) 2 *UK* (*UK*/ *US* **clipping**) समाचार पत्रों से काटा हुआ लेख या तस्वीर आदि, कतरन 3 बाल-कटाई 4 सड़क या रेलवे लाइन बनाने के लिए ऊंचे स्थान के बीच में से काटकर बनाया जाने वाला रास्ता 5 दांत निकलने की क्रिया: ~ of teeth 6 लकड़ी में कुरेदकर बनाई हुई मूर्ति: curious ~s in wood 7 कीमतों में कटौती: ~ of prices;
adj. 1 काटू, काटने वाला: ~ edge of a knife; ~ tool 2 (***syn.*** biting) कटु, तीखा: ~ remark; ~ irony 3 हानि या चोट करने वाला 4 दुखदायक, ठेस पहुंचाने वाली 5 (***syn.*** biting) तेज, काटने वाली: ~ winds;
dw/lw: **~-back** *n.* पेड़-पौधों की काट-छांट; **~-edge** *adj.* 1 अति आधुनिक व नए युग के अनुरूप विकसित: ~-edge technology (नवीनतम तकनीक) 2 बढ़त दिलाने वाला; **~-in** *n.* गाड़ियों के बीच में आ घुसने की क्रिया;
collocations: ~ area जंगल में पेड़ काटने के लिए निर्धारित स्थान; ~ bench सिनेमा में फिल्में चढ़ाने की (montaging) मेज; ~ board = chopping board गोश्त आदि काटने का तख्ता; ~ grass = grasscutter घास काटने वाला; ~ length घास काटने की लंबाई (जितनी दूर लंबे हत्थे वाला फर्शा जाता है); ~ propagation पौधों, पेड़ों की कलमें बनाने का कार्य; ~ room फिल्म को काट-जोड़कर तैयार करने का कक्ष; ~ teeth दांत निकलने की क्रिया
cuttlefish /कटलफिश/ *n.* समुद्रफेनी
cutup /कटप/ *n.* दूसरों का ध्यान अपने ओर खींचने के लिए विचित्र व्यवहार करने वाला व्यक्ति
CV *abbr.* 'Commercial Vehicles' की प्रथमाक्षरी
CV/cv *abbr.* (CVs) *UK* (*US* resumé) 'curriculum vitae' की प्रथमाक्षरी
cv *abbr.* 'cultivar' का संक्षेप
CVA *abbr.* 'Commander of the (Royal) Victorian Order' की प्रथमाक्षरी
CVC *abbr.* 'Central Vigilance Commission', 'Chief Vigilance Commissioner' की प्रथमाक्षरी
CVD *abbr.* 'Cardio Vascular Diseases', 'Countervailing Duty' की प्रथमाक्षरी
CVO *abbr.* 'Chief Vigilance Officer' की प्रथमाक्षरी
CVR *abbr.* 'Cockpit Voice Recorder' की प्रथमाक्षरी
CVS *abbr.* 'Cardio Vascular Segment', 'chorionic villus sampling', 'College of Vocational Studies' की प्रथमाक्षरी
CVT *abbr.* 'Continuously Variable Transmission' की प्रथमाक्षरी
CWAG *abbr.* 'Commonwealth Action Group' की प्रथमाक्षरी
CWC *abbr.* 'Central Warehousing Corporation', 'Central Water Commission', 'Central Working Committee', 'Ceylon Workers Congress', 'Chemical Weapons Convention' की प्रथमाक्षरी
CWCL *abbr.* 'Continental Warehousing Corporation Limited' की प्रथमाक्षरी
CWEI *abbr.* 'Consortium of Women Entrepreneurs of India' की प्रथमाक्षरी
C-WET *abbr.* 'Centre for Wind Energy Technology (Government of India)' की प्रथमाक्षरी
CWF *abbr.* 'Consumer Welfare Fund' की प्रथमाक्षरी
CWFZ *abbr.* 'Chemical Weapon Free Zone' की प्रथमाक्षरी
cwm *abbr.* = corrie
CWO *abbr.* 'Corrective Work Order', 'Chemical Workers Union' की प्रथमाक्षरी
CWPRS *abbr.* 'Central Water and Power Research Station (Pune)' की प्रथमाक्षरी
CWS *abbr.* 'Co-operative Wholesale Society' की प्रथमाक्षरी
cwt *abbr.* 'hundredweight' का संक्षेप: अमेरिका में 50.8 किलोग्राम, ब्रिटेन में 45.36 किलोग्राम
CY *abbr. IVR* **'Cyprus'** का अंतर्राष्ट्रीय वाहन पंजीकरण कोड (**IVR**)
cyan /सान/ *n., tech.* छपाई में प्रयुक्त होने वाला हरा-नीला रंग
cyanide /सायनाइड/ *n.* 1 अति घातक जहर 2 अति विषैला रासायनिक पदार्थ
cyano- /साइऐनो/ सायनो/ *comb. form, denoting:* 1 **blue and dark blue** 2 **cyanide** 3 **cyanogen** (कार्बन और नाइट्रोजन का यौगिक, जो ज्वलनशील जहरीली गैस से बना होता है)
cyanosis /साइनोसिस/ *n., pathol.* त्वचा का रंग नीला पड़ना जो रक्त में ऑक्सिजन की कमी के कारण होता है
cyber- /साइबः/ *prefix, comb. form denoting:* **computer** or **computer networks** (इलैक्ट्रोनिक्स, कंप्यूटर, इंटरनेट का नेटवर्क): cyberspace (इंटरनेट, साइबर-स्पेस);
dw/lw: **~café** /साइबःकैफे/ *n.* इंटरनेट सुविधा वाला कैफे; **~nate** /साइबःनेट/ *v., pt.* ~ted, *pp* ~ting कंप्यूटर द्वारा इंटरनेट से जोड़ना; **~ted** /साइबःनेटिड/ *adj.* इंटरनेट से जुड़ा हुआ; **~natic** /साइबःनेटिक/ *adj.* कंप्यूटर और इंटरनेट आदि से संबंधित; **~natics** /साइबःनेटिक्स/ *n., sing.* कंप्यूटर व इंटरनेट विज्ञान; **~-naut** /साइबः-नॉट/ *n.* इंटरनेट प्रयुक्त करने वाला व्यक्ति; **~pet** /साइबःपेट/ (*also* **virtual pet**) *n.* इलेक्ट्रोनिकी उपकरण जो पालतू जानवरों के व्यवहार व जरूरतों को उत्प्रेरित (stimulate) करता है; **~phobia** /साइबःफोबिया/ *n.* संतांत्रिकी भीति, कंप्यूटर तंत्र का डर; **~punk** /साइबःपंक/ *n.* संतांत्रिक या कंप्यूटर आधारित कथा साहित्य; **~sex** *n.* कंप्यूटर के माध्यम से यौन-क्रिया-कलापों के बारे में मिलने वाली जानकारी; **~space** *n.* एक ऐसा काल्पनिक स्थान जहां इंटरनेट पर भेजे जाने वाले संदेश प्राप्त कर्ताओं द्वारा पाने तक मौजूद रहते हैं; **~squatting** /साइबःस्क्वौटिंग/ *US* साइबःस्क्वाःटिंग/ *n.* किसी वर्तमान कंपनी या हस्ती के पते को अवैध तरीके से हथियाकर उन्हें बेचने की क्रिया
cyberslacking /साइबरस्लैकिंग/ *n.* दफ्तर के कंप्यूटर से दोस्तों या संबंधियों आदि को ई-मेल आदि भेजने की अनुचित आदत या क्रिया
cyborg /साइबॉःग/ *n.* विज्ञान-आधारित गल्प में ऐसा पात्र जो आधा इंसान और आधा यंत्र होता है
CYC *abbr.* 'Check Your Chances' की प्रथमाक्षरी
cycad /साइकैड/ *n.* एक नारियल जैसा ऊष्ण कटिबंधीय (tropical) पेड़
cyclamen /सिकलअमअन/ *n., pl.* **cyclamen** हृद्-आकार पत्तों वाला एक सदाबहार पेड़
cycle /साइकल/ *n.* 1 चक्र 2 कालचक्र, युग 3 आवर्तन 4 घटनाचक्र 5 माला, वृत्त, पदवेणी: a ~ of poem/ songs 6 बाइसिकल;

v., pt. **~d**, *pp* **cycling** 1 साइकिल की सवारी क., साइकिल चलाना 2 चक्र लगाना;
dw/lw: **~rickshaw** *n.* साइकिल-रिक्शा; **~way/ ~ path** *n., mainly Br.* साइकिल का रास्ता; **cyclic/ cyclical** /साइक्लिक या सिक्लिक/ साइक्लिकल/ *adj.* 1 चक्रीय, चक्रिक, चक्राकार 2 आवर्ती 3 समकेंद्रिक; **cycling** /साइकिलिंग/ *n.* साइकिल सवारी; **cyclist** /साइक्लिस्ट/ *n.* साइकिल चालक; **cyclo-cross** /साइक्लो-क्रौस/ *n.* खेत-खलिहान, ऊबड़-खाबड़ रास्तों से साइकिल की दौड़; **cyclometer** /साइक्लॉमिटः/ *n.* 1 1 परिक्रमणमापी, चक्रमापी 2 चापमापी;
collocations: **~ helmet** साइकिल सवारों के लिए हेल्मेट; **~ lane** साइकिल पथ

cyclix /साइक्लिक्स/ *n.* दुहत्था प्याला

cycloid /साइकलॉइड/ *adj.* चक्राभ;
n. चक्रज

cyclo\ne /साइक्लोन/ *n., meteorol.* (*also* **depression/ low**) चक्रवाती तूफान, बवंडर;
dw/lw: **~nic** /साइक्लौनिक/ *US* साइक्लाःनिक/ *adj.* चक्रवाती

Cyclops /साइक्लौप्स/ *US* साइक्लाःप्स/ *n.* एक आंख वाला दैत्य, साइक्लोप

cyclo\paedia /साइक्लो\पीडिआ/ (*also US* **cyclopedia**) *n.* विश्व कोश;
dw/lw: **~pean/ ~pian/ ~pic** /~पीन/ ~पियन/ ~पिक/ *adj.* जिन्नाती, विशाल; **~propane** /~प्रपेन/ *n.* रंग विहीन हाइड्रोकार्बन जिसे अक्सर अनैस्थेटिक (anaesthetic = अंग को असंवेदनशील बनाने वाली दवा) के रूप में प्रयोग करते है; **~rama** /साइक्लअरामा/ *n., pl.* ~ramas 1 ढोलनुमा या बेलनाकार दीवार पर बना एक बड़ा चित्र 2 दृश्य पटल; **~stome** /~स्टौम/ *US* ~स्टाःम/ *n.* चक्रमुखी (पशु); **~style** /~स्टाइल/ *n., pl.* ~styles चक्रलेखित्र, प्रतिलिपी यंत्र; **~style** *v., pt.* ~styled, *pp* ~styling चक्र लेखन क., प्रतिलिपियां तैयार क.; **~styled** *adj.* चक्रलिखित; **~tron** /~ट्रौन/ *US* ~ट्राःन/ *n., phys.* एक वृत्ताकार कर्ण संवर्धक

cygnet /सिग्निट/ *n.* हंस शावक, सारस शावक

cygnus /सिग्नस/ *n., astron.* (*also* **the Swan**) 1 एक बड़ा उत्तरी तारामंडल जिसमें सिग्नस भी शामिल है 2 हंस

cylind\er /सिलिं\डः/ *n.* 1 बेलन, सिलेंडर 2 कार या मशीन में बेलनाकार पुर्जा 3 गैस आदि के लिए ढोलनुमा सिलेंडर 4 कार आदि के पिस्टन का सिलेंडर;
dw/lw: **~ric/ ~rical** /~ड्रिक(ल)/ *adj.* बेलनाकार, बेलनीय, ढोलाकार; **~droid** /~ड्रॉयड/ *adj.* बेलनाभ;
p&i: **be on all ~ers** कमरतोड़ मेहनत क.

cyma\/ ~tium /साइमा/ साइमेटिअम/ *n., pl.* **~s/ ~e** (साइमि)/ **~tiums** निर्माण-शिल्प का परंपरागत क्रम

cymatics /साइमैटिक्स/ *n., [sing.] alternative med.* ऊंची आवृत्ति वाली ध्वनि लहरों का चिकित्सात्मक प्रयोग

cymbal /सिंबल/ *n.* मंजीरा, झांझ, करताल, छैना;
dw/lw: **~ist** /सिंबलिस्ट/ *n.* झांझी, झांझ बजाने वाला;
p&i: **a tinkling cymbal** थोथा चना यानी सारहीन बड़बोला

cymbiform /सिंबिफॉःम/ *adj.* नौकाकार

Cymric /कमरिक/ किमरिक/ *adj.* 1 वेल्ज (Wales) से संबंधित 2 उसके नागरिक या भाषा से संबंधित

Cymru /क्मरि/ *n.* वेल्ज (Wales) का, वैल्श (Welsh) भाषा में नाम

cynic /सिनिक/ *n.* 1 सनकी, झक्की व्यक्ति 2 दोष दर्शी, निंदक, कटु स्वभाव व्यक्ति 3 मानव द्वेषी व्यक्ति 4 **(Cynic)** प्राचीन यूनान में दार्शनिक जो धन और ऐशो-आराम से घृणा करता था;
dw/lw: **~al** /सिनिकल/ *adj.* 1 सनकी, झक्की, दोष दर्शी 2 अच्छाई और वफादारी में विश्वास न करने वाला; **~ally** /सिनिकलि/ *adv.* सनकी ढंग से; **~ism** /सिनिसिज्म/ *n.* 1 दोषदर्शिता 2 कटुता 3 मानव द्वेष 4 सिनिक दर्शन, जो अच्छाई, वफादारी, धन-दौलत व ऐशो-आराम से घृणा पर आधारित है

cynosure /साइनअशुअः/ सिनअज्युअर/ *n.* 1 लघु सप्तर्षि 2 ध्रुवतारा, मार्गदर्शक 3 आकर्षण-केंद्र, आंखों का तारा;
p&i: **the ~ of all eyes** सब की आंखों का तारा, हरमन प्यारा

Cynthia /सिंथिया/ *n. mythol.* चंद्रमा (Luna)

CYP *abbr.* 'Commonwealth Youth Programme' की प्रथमाक्षरी

cypher/ cipher /साइफः/ *n.* 1 सिफर, शून्य 2 गूढ़ या कूट लेख

cypress /साइप्रअस/ *n.* 1 सरू, देवदार का वृक्ष 2 इस पेड़ की लकड़ी 3 इसी प्रकार के अन्य पेड़

Cypriot /सिप्रिअट/ *n.* 1 साइप्रस वासी 2 साइप्रस के लोग या साइप्रस की भाषा (यूनानी भाषा की एक बोली);
adj. साइप्रस से संबंधित;
dw/lw: **Cyprus** /साइप्रस/ *n.* साइप्रस (देश), भूमध्य सागर में एक द्वीप देश

cypriot /सिप्रिअट/ *n.* व्यभिचारिणी, पुंशचली

Cyrillic /सिरिलिक/ *adj.* स्लाव भाषाओं (रूसी, बल्गारियाई, सर्बियाई आदि भाषाओं) की वर्णमाला से संबंधित

CYS *abbr.* 'Commonwealth Youth Service' की प्रथमाक्षरी

cyst /सिस्ट/ *n., pathol.* 1 मवादी फोड़ा, रसौली, पुटी, गड्ढा 2 कृमि कोष 3 (मवादी) पूय कोष;
dw/lw: **~ic** /सिस्टिक/ *adj.* 1 मवाद से संबंधित, मवाद जैसा 2 फोड़े के भीतर जमा; **~itis** /सिस्टाइटिस/ *n., pathol.* मूत्राशय का शोथ; **~ocele** /सिस्टोसील/ *n.* मुत्राशय हर्निया; **~oscope** /सिस्टोस्कोप/ *n.* मूत्राशय दर्शी; **~oscopy** /सिस्टोस्कोपि/ *n.* मूत्राशय दर्शन; **~ostomy** /सिस्टोस्टअमि/ *n.* मूत्राशय छिद्रीकरण;
collocations: **~ic fibrosis** एक जन्मजात रोग जिसमें कई ग्रंथियां न होने के कारण अत्यधिक थक्केदार बलगम पैदा होता है जो (गले, आंत्रिक गिलटियां), फेफड़ों व अन्य अंग-छिद्रों को रुधित करता है

cysteine/ cystine /सिस्टीन/ *n., biochem.* बहुत सारे प्रोटीनों में मिलने वाला अमीनो अम्ल

cyto- /साइटो/ *comb. form, denoting:* **a cell** (कोशिका)

cyto\chemistry /साइटो\कैमिस्ट्रि/ *n.* कोशिका-रसायन;
dw/lw: **~chrome** /~क्रोम/ *n., biochem.* साइटोक्रोम; **~diagnosis** /~डायग्नोसिस/ *n.* कोशिका-निदान; **~genesis** /~जेनेसिस/ *n.* कोशिका-उत्पादन; **~genetics** /~जनेटिक्स/ *n., [sing.] genet.* कोशिका विज्ञान; **~id** /~इड/ *adj.* कोशिकाभ; **~kinesis** /~किनेसिस/ *n., genet.* कोशिका का दो-पुत्री कोशिकाओं में विभाजन

cyto\logy /साइटौ\लजि/ *US* साइटाः\लजि/ *n.* कोशिका-विज्ञान;
dw/lw: **~megalo-virus** /साइटोमेगअलो-वाइरस/ *n.* ऐसा वाइरस जो हल्का संक्रमण करता है; **~lysis** /साइटोलाइसिस/ *n.* कोशिकालयन; **~plasm** /साइटोप्लाज्म/ *n., biol.* कोशिका द्रव्य, कोशिकासार, जीवित कोशिका की झिल्ली; **~skeleton** /साइटोस्केलेटन/ *n., biol.* जीवित कोशिका की झिल्ली में प्रोटीनों की परतों का जाल; **~sol** /साइटोसॉल/ *n., biol.* जीवित कोशिका की झिल्ली के घुलनशील तत्त्व; **~toxic** /साइटोटॉक्सिक/ *adj., biol.* कोई भी औषध जो कोशिकाओं के विभाजन को नष्ट करता है और वह कैंसर के इलाज के लिए कीमो थैरपी (chemotherapy) में प्रयुक्त होता है; **~toxin** /साइटोटॉक्सिन/ *n.* जीवित कोशिकाओं को नष्ट करने वाली औषधि

CZA *abbr.* 'Central Zoo Authority' की प्रथमाक्षरी

czar /जार/ *n.* जार, (1917 की अक्तूबर क्रांति से पहले) रूस का राजा;
dw/lw: **~dom** /जारडम/ *n.* जार का साम्राज्य, जारशाही; **~ewich/ ~evitch** /जारेविच/ *n.* जार का बेटा; **~ina** /जारिना/ *n.* जारिना, (1917 की अक्तूबर क्रांति से पहले) रूस की रानी; **~ism** /जारिज्म/ *n.* 1 जारशाही 2 जार का साम्राज्य

Cze *abbr.* 'Czechoslavakia' का संक्षेप

Czech /चेक/ *adj.* 1 चेक गणतंत्रवासी 2 चेक भाषा से संबंधित;
collocations: **Czech Republic** चेक गणतंत्र

CZMP *abbr.* 'Coastal Zone Management Plan' की प्रथमाक्षरी

D d

D d /डी/ *n., pl.* **Ds**, **D's**, **d's** 1 अंग्रेजी वर्णमाला का चौथा वर्ण 2 रोमन संख्या-प्रणाली में '500' की संख्या का चिह्न 3 गुणवत्ता के आधार पर चौथा स्तर 3 परीक्षा-परिणाम में निम्नतम अंक 4 संगीत के C major scale' का दूसरा स्वर (second note)

D *abbr.* 'Delhi' का प्रथमाक्षर

D *abbr.* 1 *esp. US* 'Democrat/ democratic', *phys.* 'displacement (electric)' का प्रथमाक्षर 2 'Deutschland' (Germany) जर्मनी का अंतर्राष्ट्रीय वाहन पंजीकरण कोड(*IVR*)

d. *abbr.* 'daughter', 'day', 'dead', 'degree', 'delete', 'depth', 'diameter', 'died', की प्रथमाक्षर

DA *abbr.* (*US* **D.A.**) 'District Attorney' की प्रथमाक्षरी

DA *abbr.* 'Dearness Allowance', 'Diploma in Anaesthetics', 'Diploma of Art', 'Disproportionate Assets' की प्रथमाक्षरी

da *abbr.* 'deca' का संक्षेप

DAB *abbr.* 'digital audio broadcasting' की प्रथमाक्षरी (रेडियो या टेलीविजन पर सांख्यिक सूचनाओं, आंकड़ों या चित्रों को वास्तविक सूचनाओं या बिंबों में परिवर्तित करके प्रसारित करने की प्रणाली)

dab /डैब/ *v., pt.* **~bed**, *pp* **~bing** 1 थपथपाना, हल्के से स्पर्श क., पुचकारा दे., चुपड़ना, पोतना 2 (*often* **~ at sth**) शरीर के किसी अंग पर कुछ आहिस्ता-आहिस्ता बार-बार लगाना और जल्दी-जल्दी हटाना: ~ one's eyes with a handkerchief 3 (रंग) लगाना: ~ one's lips with a lip-stick;
n. 1 हल्की-सी थपकी 2 हल्का-सा स्पर्श 3 पुचकारा 4 शरीर के किसी अंग पर हल्के-से कुछ लगाने और हटाने की क्रिया: ~ of a wet sponge on one's face 5 किसी क्रीम या द्रव की थोड़ी-सी मात्रा 6 (**~s**) *sl.* उंगलियों के निशान 7 (*usually* **a ~ hand at**/ or **with sth**) ज्ञान या हुनर में विशेष निपुणता, दक्षता: a ~ in history; a ~ hand at cooking curry;
dw/lw: **~ber** *n.* थपथपाने वाला, पुचकारा, स्याही-गद्दी, कूची, थापनी;
collocations: **~ hand** दक्ष व्यक्ति, कुशल या हुनरमंद आदमी, उस्ताद;
p&i: **be a ~ hand in sth** किसी विषय या काम में माहिर हो.; **~bing at one's eyes with a tissue** टिशू पेपर या कपड़े को आंख पर हल्का-हल्का रखना और हटाना; **~ sth on/ off** किसी चीज को शरीर के किसी अंग पर हल्के से लगाना और हटाना

dabb\le /डैबल/ *v., pt.* **~led**, *pp* **~ling** 1 कोई काम बिना गंभीरता के क., सतही रुचि ले. 2 भिगोना, गीला क. 3 पानी में हाथ-पांव हिलाकर छप-छप क.: **~le** one's hands in the river 4 पानी से खेलना;
n. 1 बिना गंभीरता के किया जाने वाला काम 2 पानी में हाथ या पांव हिलाकर की जाने वाली छप-छप;
dw/lw: **~ler** /डैबलः/ *n.* 1 बिना गंभीरता के काम करने वाला व्यक्ति 2 पल्लवग्राही व्यक्ति 3 नीम हकीम; **~ling** /डैबलिंग/ *n.* बिना गंभीरता के काम करने की क्रिया, पल्लव ग्रहण

dabchick /डैब्चिक/ *n.* छोटे पंखों वाला एक जल पक्षी

DAC *abbr.* 'Defence Acquisition Council', 'Department of Agriculture and Co-operatives', 'Delhi Advertising Club', 'Diploma in Accountancy Through Computers', 'Diploma in Advanced Computing' की प्रथमाक्षरी

DACA *abbr.* 'Diploma in Advanced Computer Arts' की प्रथमाक्षरी

da capo /डाःकापो/ *adv.* (*abbr.* **DC**) *music* कलाकार या गायक को फिर से शुरू से करने का इशारा;
adj. फिर से आरंभ करने का (इशारा): ~ sign;
n., pl. **da capos/ da capi** आरंभ से करने का संकेत या निर्देश

dacha /डाछा/ (*also in Russian* **дача**) *n.* (रूस में: (***syn.*** summer-cottage) देहात में स्थित विश्राम-घर

dachshund /डैक्संड/ डैक्शुंत/ डैशहुंड/ *US* डाकशुंड/ *n., pl.* **~s** (*also Br.* **sausage dog**) छोटी टांगों तथा लंबे शरीर वाले कुत्ते की एक प्रजाति

dacoit/ dakoit /डकॉइट/ *n., IE* डाकू;
dw/lw: **~y** /डकॉइटि/ *n.* डाका, डकैती

Dacron /डेक्रॉन/ *n., US tradem.* **Terylene** डेकरान (कपड़ा)

dactyl /डैक्टि\ल/ *n. poet.* 1 एक काव्यात्मक छंद-पद 2 भगण, अंगुलि, अंगुली, उंगली;
dw/lw: **~lic** /~लिक/ *adj.* उंगली संबंधी, अंगुलीय

dactyliography /डैक्टिलिऔग्रअफि/ *US* डैक्टिलिआःग्रअफि/ *n.* हीरे-जवाहरात, अंगूठियों आदि की तराशी-कला, मुद्रिका-विद्या

dactyliology /डैक्टिलिऔलजि/ *US* डैक्टिलिआःलजि/ *n.* रत्न-उत्कीर्ण विद्या;

dactyliomancy /डैक्टिलिऔमैंसि/ *US* डैक्टिलिआःमैंसि/ *n.* 1 मुद्रिका शकुन-विद्या, अंगूठियों को देखकर की जाने वाली भविष्यवाणी, अंगुश्तारी

dactylogram /डैक्टिलअ\ग्रैम/ *n.* अंगुलि लेख, अंगुली चित्र, अंगुली छाप;
dw/lw: **dactylography** /डैक्टिलौग्रअफि/ *US* डैक्टिलाःग्रअफि/ *n.* अंगुली छाप का अध्ययन, अंगुली लेख का अध्ययन; **dactylology** /डैक्टिलौलजि/ *US* डैक्टिलाःलजि/ *n.* अंगुली-संकेत-भाषा, उंगलियों की मदद से बातचीत; **dactylonomy** डैक्टिलौनमि/ *US* डैक्टिलाःनमि/ *n.* उंगलियों पर गिनती करने का हुनर

dactylose /डैक्टिलोस/ *adj.* जिसकी उंगलियां हों, उंगलियों वाला

DAD *abbr.* 'Doctors at the Doorstep' की प्रथमाक्षरी

dad /डैड/ *n., colloq.* पिता, बाप

DADA *abbr.* 'Dramatic Art and Design Academy' की प्रथमाक्षरी

Dada /दाःदाः\/ *n.* 1916 से 1920 तक पनपी आधुनिकतावाद (modernism) की एक कलात्मक धारा जिसके मानने वाले कलाकार या लेखक हर प्रकार के रूप और हर परंपरा को त्याग देना चाहते थे;
dw/lw: **~ism** /~इज्म/ *n.* दादावाद; **~ist** /~इस्ट/ *n.* दादावादी; **~istic** /~इस्टिक/ *adj.* दादावाद से संबंधित, दादावादी

dada /दादा/ *n. IE* 1 पिता के पिता 2 गुंडा, दादा;
dw/lw: **~giri** /दादागिरी/ *n.* दादागिरी, गुंडागर्दी

dad\dy /डैडी/ *n., pl.* **~dies** *colloq.* 1 पिता के लिए संबोधन शब्द 2 किसी वस्तु का सबसे पुराना/ सबसे बड़ा/ सबसे पहला/ सर्वोत्तम/ सबसे खराब उदाहरण;
p&i: **the big ~dy** महत्वपूर्ण व्यक्ति, बड़ी तोप; **sugar ~dy** अधेड़ उमर का धनी बनना चाहने वाला

daddy-longlegs /डैडि-लौंगलेग्ज/ *US* -लांग-/ *n., pl.* **~s** 1 = crane fly 2 *Brit, Austral, NZ colloq.* लंबी टांगो वाला मकड़ी जैसा कीट

dado /डेडो/ *n., pl.* **~es**/ **~s** 1 दीवार का निचला भाग जो ऊपरी भाग से रंग में अलग हो 2 *arch.* स्तंभ का वर्गाकार पायदान

DAE *abbr.* 'Department of Atomic Energy' की प्रथमाक्षरी

daedal /डीडल/ *adj., poet.* 1 माहिर 2 चामत्कारिक: ~ hand of nature (प्रकृति के चामत्कारिक हाथों से बना या बनी) 3 अति कलात्मक 4 जटिल, विविध

daemon/ daimon /डीमन/ डेमन/ (*also* **demon**) *n.* दानव, राक्षस;
dw/lw: **daemonic** /डिमौनिक/ *US* डिमाःनिक/ *adj.* दानवी, राक्षसी

DAF *abbr.* 'Drug Action Forum' की प्रथमाक्षरी

DAFD *abbr.* 'Diploma in Animation Film Design' की प्रथमाक्षरी

daff /डै\फ/ *Scot* डाः\फ/ *v., pt.* **~ed**, *pp* **~ing** *Scot* 1 बेवकूफियां करते फिरना 2 मौज-मस्ती क: ~ at one's wine;

adj., colloq. UK 1 मूर्ख, बावला, भोला, बोदा 2 पागल, सनकी; ***dw/lw:* ~ing** /~फिंग/ *n.* खिलवाड़, मसखरापन; **~y** /डैफि/ *adj., degr.* ~ier, ~iest पागल, सनकी, बेवकूफ, सिरफिरा; **~y** *n., pl.* **~ies** डैफोडिल का फूल

daffodil /डैफअडिल/ *n.* 1 डैफोडिल नाम का एक पीला फूल (Wales का राष्ट्रीय चिह्न) 2 पीला रंग

daffy *see above under* **daff: *dw/lw***

DAFS *abbr.* 'Department of Agriculture and Fisheries for Scotland' की प्रथमाक्षरी

daft /डाःफ्ट\/ *US* डैफ्ट\/ *adj.* 1 मूर्ख, पगला, बावला 2 खब्ती, विचित्र;

***dw/lw:* ~ly** /~लि/ *adv.* मूर्खतापूर्वक; **~ness** /~नेस/ *n.* मूर्खता, पागलपन, बावलापन;

***p&i:* ~ after/ about/ on cricket** क्रिकेट के पीछे दीवाना; **~ as a brush** बहुत बावला; **a ~ idea** सनकी विचार

dag /डैग/ (*also* **~lock**) *n.* 1 *Austral. & NZ* मैला-कुचैला बावला, झक्की या विचित्र व्यक्ति 2 *Austral. colloq.* अपने आपको समाज से अलग, बेढब व अशालीन समझने वाला युवक 3 *Austral. & NZ colloq.* गंदगी में सनी ऊन जो भेड़ के पेट से लटकती है;

***v. pt.* ~ged**, *pp* **~ging** भेड़ की ऊन के लच्छे काटना

dagga /डैक्सा/ *n., SAfrE* = marijuana भांग, गांजा

dagger /डैगः\/ *n.* 1 कटार, कृपाण, दुधारी छुरा: stab sb with a ~ 2 छपाई में '†' का चिह्न;

***dw/lw:* ~board** /~बोःड/ *n., naut.* एक पतला, तंग तख्ता जिसे आसानी से हटाया जा सकता है; **~-tail** *n.* मैली-कुचैली औरत;

***p&i:* at ~s drawn** जानी दुश्मन हो.; **a glance that speaks ~s** जलाकर राख कर देने वाली नजर; **look ~s at sb** घोर गुस्से से देखना, घूरना;

dag\gy /डैगि/ *adj., degr.* **~gier**, **~giest** *Austral & NZ colloq.* 1 उलझे-सुलझे बालों वाला, मैला-कुचैला 2 जो फैशन में न हो

DAGO *abbr.* 'Directly Appointed Gazetted Officers' की प्रथमाक्षरी

dago /डेगो/ *n., pl.* **~es** *offensive* स्पेनी, पुर्तगाली, इतालवी या दक्षिणी अमेरिकी व्यक्ति के लिए अपमानजनक शब्द

daguerreotype /डगेरअटाइप/ *n.* फोटोग्राफी के प्रारंभिक रूप में ली हुई फोटो

DAH *abbr.* 'Directorate of Animal Husbandry' की प्रथमाक्षरी

DAHD *abbr.* 'Dairy and Animal Husbandry Department' की प्रथमाक्षरी

dahlia /डेलिआ/ *US* डैलिआ/ *n., pl.* **~s** *bot.* डेहलिया का फूल

daily /डेलि\/ *adj.* 1 दैनिक, नियमित, प्रतिदिन होने वाला, दिन-प्रतिदिन का: a ~ life 2 एक दिन में होने वाला, दिन भर का: a ~ rate;

***n., pl.* dailies** दैनिक समाचार-पत्र;

adv. 1 दिन में एक बार 2 प्रतिदिन, हर रोज: the train runs ~ 3 प्रायः, अक्सर: happen ~;

***collocations:* ~ allowance** दैनिक भत्ता; **~ bread** दैनिक भोजन/ रोजी-रोटी, जीविका; **~ cares** हर रोज की देखभाल, दिन-प्रतिदिन के सरोकार; **~ chores** दिन प्रतिदिन का उबाऊ काम; **~ double** *horse-racing, betting* एक ही दिन दो घुड़-दौड़ों पर बाजी; **~ dozen** *old colloq.* दैनिक व्यायाम; **~ inspection** दिन-प्रति दिन की जांच-परख; **~ occurrence** हर रोज की घटना; **~ paper** दैनिक समाचार-पत्र; **~ passenger** दैनिक यात्री; **~ routine** दैनिक चर्या, नित्य कर्म; **~ training** दैनिक प्रशिक्षण; **~ visitor** प्रतिदिन आने वाला मेहमान; **~ wants** हर रोज की आवश्यकताएं;

***p&i:* one's ~ bread** दिन-प्रतिदिन की रोटी-रोजी; **the ~ grind** रोज का धंधा, दैनिक जीवन के चक्कर, रोज की खिच-खिच

daimon/ daimonic see *above under* **daemon**

dainties /डेंटीज/ *n.* (***syn.*** delicacies) स्वादिष्ट व्यंजन या पकवान

dain\ty /डेंटि\/ *adj., degr.* **~tier**, **~tiest** 1 छोटी-सी, रुचिकर, सुंदर 2 (***syn.*** delicate) नाजुक, कोमल, सुकुमार 3 स्वादिष्ट 4 (***syn.*** delicate) सुरुचि-संपन्न 5 (***syn.*** fussy) दुस्तोषणीय, नखरेबाज, नकचढ़ा;

***n., pl.* ~ties** *see above*

***dw/lw:* ~tily** /~लि/ *adv.* नाजुक ढंग से; **~tiness** /~नेस/ *n.* सुस्वादिता, सुकुमारता, कोमलता, नाजुकता;

***p&i:* have a ~ty tooth** खाने-पीने के व्यंजनों का जानकार

daiquiri /डाइकिरी/ दैकिरी/ *n., pl.* **~s** रम, चीनी और नींबू के रस से बना कॉकटेल या मिश्रित मदिरा

dai\ry /डेअरि\/ *US* डेरि\/ *n., pl.* **~ries** 1 दुग्धशाला, दूध का धंधा, डेरी 2 दूध का व्यापार करने वाली कंपनी या दुकान 3 *NZ* एक छोटी-सी दुकान;

adj. 1 दूध से बने पदार्थों से संबंधित: **~ry** farmers 2 दूध से बना: **~ry** product;

***dw/lw:* ~rying** /डेअरिंग/ *n.* दुग्धशाला चलाने का काम, दुग्ध-व्यवसाय; **~rymaid** /~मेड/ *n.* दुग्धशाला का काम करने वाली औरत; **~ryman/ ~rywoman** *n.* दूधवाला, दुग्ध व्यवसायी;

***collocations:* ~ry cattle** दुधारू पशु, दुग्धशाला के पशु; **~ry farm** दुग्धशाला; **~ry farmer** दुग्धशाला का मालिक; **~ry husbandry** दूध-दही का कारोबार; **~ry products** दूध से बने पदार्थ

dais /डेइस/ *n., pl.* **daisies** डायस, मंच, वक्ता-पीठ

daisy /डेजि/ *n., pl.* **daisies** डेजी नाम का फूल जिसकी पंखुडियां सफेद होती हैं और केंद्र स्थान पीला होता है;

***dw/lw:* ~-chain** *n.* डेजी फूलों की माला; **~-cutter** *n.* 1 घोड़ा जो अपनी अगाड़ी नहीं उठाता 2 क्रिकेट में सुर्रा गेंद 3 विमान से गिराया जाने वाला धरती के पास फटने वाला बम; **~-wheel** *n.* टाइपराइटर में प्रत्येक अक्षर के लिए चर्खी;

***p&i:* ~ eyes** दीप्त आंखें; **fresh as a ~** तरो-ताजा व फलता-फूलता; **push up ~ies** मर जा.; **under the ~ies** कब्र में

DAL *abbr.* 'Dabur Ayurved Limited' की प्रथमाक्षरी

(the) Dalai Lama /दलाई लामा/ *n.* तिब्बती बौद्धों का धार्मिक गुरु

DALE *abbr.* 'disability adjusted life expectancy' की प्रथमाक्षरी

dale /डेल/ *n.* (**the Dales**) घाटी, दर्रा, उपत्यका;

***dw/lw:* ~man** *n.* योर्कशॉयर की घाटियों का निवासी;

***p&i:* curse up hill and down ~** बुरी तरह गालियां दे.; **hill and ~, ~ and down** पहाड़ और वादियां; **up hill and down ~** पहाड़ों और वादियों के रास्तों से बेखबर जिधर आंखें ले जाएं उधर चलते जाना

dak /डाक/ *n. IE* डाक;

***collocations:* ~ bungalow** डाक-बंगला; **~ runner** हरकारा

dalit /दलित/ *adj., IE* दलित;

***collocations:* ~ liberation** दलित मुक्ति; **~ literature** दलित साहित्य; **~ movement** दलित आंदोलन

dalliance /डैलिअंस/ *n.* 1 खिलवाड़, छेड़छाड़, छेड़खानी, दिल्लगी: gentle ~ (हल्की-फुल्की दिलल्गी) 2 बेकार और खोखला जीवन: live in idle ~

dal\ly /डैली/ *v., pt.* **~lied**, *pp* **~lying**, *s/he/it* **~lies** 1 बेकार में समय बर्बाद क.: **~ly** away one's time 2 खिलवाड़ क.: **~ly** with the business; **~ly** over one's work 3 (*often* **~ly with sb**) (किसी से) छेड़छाड़ क., दिल्लगी क.;

***p&i:* ~ly with a woman's affections** किसी से दिल्लगी क.

Dalmation /डैल्मेशन/ *adj.* क्रोएशिया में दल्मातिया प्रदेश या उसके निवासियों से संबंधित

n. 1 दल्मातिया प्रदेश का निवासी 2 काले धब्बों वाले सफेद बड़े कुत्तों की एक जाति
dal segno /डैल सेन्यो/ *adv., music* (*abbr.* **DS**) संगीत के एक विशेष चिह्न के पास लौटने का संकेत
daltonism /डॉल्टअनिज्म/ *n.* वर्णांधता, लाल और हरे में फर्क न दिखने का विकार
DALY *abbr.* 'disability adjusted life year' की प्रथमाक्षरी, असामयिक मृत्यु के कारण हुई स्वस्थ वर्षों की हानि को मापने की एक सांख्यिक इकाई
DAM *abbr.* 'Delhi Abhibhavak Mahasangh' की प्रथमाक्षरी
dam /डैम/ *n.* 1 बांध, बंद 2 घोड़ी, मादा भेड़, मादा पशु;
v., pt. **~med**, *pp* **~ming** 1 बांध बनाना 2 रास्ता आदि बंद क.: ~ a passage 3 भावनाओं आदि को रोकना: ~ one's feelings;
dw/lw: **~med** /डैमड/ *n.* अवरुद्ध;
p&i: **~ out** बांध से पानी को रोकना; **not worth a ~** तुच्छ
dama\ge /डैमिज/ *n., pl.* **~ges**; (*syn.*: hurt, harm, impair, prejudice) 1 क्षति, हानि, नुकसान, टूट-फूट: cause **~ge** to sth 2 (**~ges**) *law* क्षति मूल्य, हर्जाना, क्षतिपूर्ति: claim **~ges**; recover **~ges**; be awarded **~es** (अदालत के हुक्म से हर्जाना दिया जाना); pay the **~ges**;
v., pt. **~ged**, *pp* **~ging** 1 (शारीरिक आदि) हानि पहुंचाना: **~ge** one's nose 2 तोड़-फोड़ क.: **~ge** house 3 बिगाड़ना: **~ge** the reputation; her face was not **~ged** by time;
dw/lw: **~geability** /~जअबिलिटि/ *n.* नुकसान होने की संभावना; **~geable** /~जअबल/ *adj.* जिसे जल्दी या आसानी से नुकसान हो जाए; **~ged** *adj.* क्षतिग्रस्त, कटा-फटा, बिगड़ा हुआ; **~ges** /~जिज/ *n.* हर्जाना, क्षति: in ~ges (क्षति पूर्ति के रूप में); award/ claim/ pay/ seek/ win ~ges; Rs. 10,000, etc. in ~ges; **~ging** *adj.* हानिकारक, नुकसानदेह; **~gingly** *adv.* नुकसान करते हुए;
collocations: **~ge limitation = ~ge control** नुकसान पर काबू;
p&i; **~ge to sth** किसी बात या चीज को होने वाला नुकसान; **cause/ inflict ~ge** नुकसान/ क्षति पहुंचाना या क.; **repair ~ge** नुकसान की भरपाई क.; **suffer extensive/ permanent/ serious/ slight ~ge** व्यापक/ स्थायी/ गंभीर/ हल्का-सा नुकसान झेलना; **what's the ~ge?** दाम कितने?
damascene /डैमअसीन/ *n.* 1 (**Damascene**) दमिश्क (सीरिया की राजधानी) निवासी 2 इस्पात आदि में सोना आदि की मिलावट 3 (**Damascus steel**) बार-बार पिटने से धारीदार बनी सख्त इस्पात 4 दमिश्क के कारीगरों द्वारा बनाई हुई वस्तु
Damascus /डमैस्कस/ *n.* दमिश्क (सीरिया की राजधानी)
damask /डैमस्क/ *n.* एक मोटा बेल-बूटेदार कपड़ा जो मेजपोशों आदि के लिए प्रयुक्त किया जाता है;
collocations: **~ rose** एक सुगंधित लाल गुलाब का फूल
DAMB *abbr.* 'Delhi Agricultural Marketing Board' की प्रथमाक्षरी
dame /डेम/ *n.* 1 महिला 2 उच्चपदस्थ महिला 3 *N. Amer. sl.* महिला 4 पैंटोमाइम प्रस्तुति में ऐसी विचित्र महिला पात्र जिसकी भूमिका आदमी निभाता है 5 पुराने विचारों की महिला, वृद्धा;
p&i: **Dame Nature** प्रकृति-मां
damfool /डैमफूल/ *adj.* मूर्ख, हास्यास्पद, बेतुका
dammed/ damming *see above under* **dam**
dammit /डैमिट/ *excl.* भाड़/ जहन्नुम में जाए!: as near as ~/ as near as damn it (लगभग, बहुत करीब)
damn /डैम/ *v., pt.* **~ed**, *pp* **~ing** 1 किसी को नरक में जाने की सजा दे. 2 किसी को बेकार व निकम्मा घोषित क.: ~ a play 3 किसी के अपराध को सिद्ध करने का इशारा दे. 4 कोसना, भर्त्सना क.: curse and ~ (नौ-नौ मन की गालियां दे.) 5 क्रोध व्यक्त करने के लिए प्रयोग क. 6 तबाह क., बिगाड़ना: ~ sb's prospects 7 धिक्कारना, लानत देना: be **~ed!** (भाड़ में जाओ!) 8 नरक में भेजने की गाली दे.: नरक/ भाड़ में जाए!;
excl./interj. (*often* **damn it!**) लानत है! भाड़ में जाए!;
adj. (*also* **damned** /डैम्ड/) अभिशप्त, बुरा; बहुत संतप्त करने वाला, दुखदायक: the ~ cold
adv., colloq. बल देने के लिए प्रयुक्त, बहुत ज्यादा: it's ~ cold;
n. **not give a ~ about sb/ sth** किसी के बारे में जरा भी परवाह न क.; **give sb many ~s and curses** पानी पी-पीकर गालियां दे.;
dw/lw: **~nable**, **~nation**, **~atory** *see below under separate entries*;
p&i: **~ sb/ sth with faint praise** इतने अनमने-सी प्रशंसा करना कि वह भर्त्सना लगे; **~ with faith praise** ऐसी तारीफ जो बात बिगाड़ दे;
as be ~ed अनंत; **as near as ~ it** *see above under* **dammit**; **be ~ed if one will do sth** *colloq.* कुछ करने से मना कर दे.
damna\ble /डैम्नअबल/ *adj.* 1 निंदनीय 2 घिनौना, घृणित, बहुत बुरा 3 भयंकर: **~ble** weather;
dw/lw: **~bility**/ **~bleness** /~बिलिटि/ ~बलनेस/ *n.* निंदनीयता; **~bly** /~बलि/ *adv.* घृणित ढंग से
damna\tion /डैम्नेशन/ *n.* 1 नरक में अंतहीन यातनाओं की सजा: eternal **~tion** 2 अभिशाप: may **~tion** take him**!** 3 लानत-मलामत 4 कोसाकाटी 5 छीछालेदरी 6 पीड़ा, टीस;
dw/lw: **~tory** /~टरि/ *adj.* निंदाजनक: ~tory view of sth;
p&i: **may ~tion take him** वह नरक में जाए!
damned /डैम्ड/ *adj. poetry* (*superlative* **damnedest**) 1 नरक में अंतहीन यातनाओं के लिए अभिशप्त, शापित 2 सबसे अधिक घिनौना, निंदनीय, बुरा 3 (**the ~**) जिसे नरक में अंतहीन सजा के लिए दंडित किया गया है 4 अधिकतम: do one's **~est**;
adv., colloq. 1 लानत-मलामत करते हुए 2 अत्यधिक;
p&i: **do one's ~est** अपनी तरफ से कोई कसर उठा न रखना
damnification /डैम्निफिकेशन/ *n.* क्षतिकरण, हानि करने की क्रिया
damni\fy /डैम्निफाइ/ *v., pt.* **~fied**, *pp* **~fying**, *s/he/it* **~fies** क्षति/ नुकसान पहुंचाना
damning /डैम्निंग/ *adj.* बुरी, ध्वस्त करने वाली: ~ statement (क्षतिकारक या ध्वस्त करने वाला कथन); ~ news (बुरी खबर)
Damocles' /डैमअक्लीज/ **sword/ sword of Damocles** सिर पर लटकती तलवार, आसन्न संकट
Damon and Pythias /डेमन अंड पिथिऐस/ *Greek myth.* दो कभी न अलग होने वाले मित्र: ~ friendship
damp /डैंप/ *adj., degr.* **~er**, **~est** 1 गीला, तर, आर्द्र: ~ linen; ~ evening; ~ summer 2 सीलन-भरा: ~ weather;
n. (*also* **~ness**) 1 सीलन, नमी, आर्द्रता: evening ~ 2 *mining* हवा के अलावा अन्य कोई गैस 3 उदासी, निराशा: ~ over the company; strike a ~ into sb's heart; cast a ~ upon trade;
v., pt. **~ed**, *pp* **~ing** 1 नम क., भिगोना 2 अशक्त क.: ~ one's appetite 3 निरुत्साह क.: ~ sb's spirits/ ardour/ hopes 4 गिटार, सितार आदि की तारें कसकर कंपन कम क. 5 दम घोटना 6 आग की लपटें कम क: ~ down a fire;
dw/lw: **~-course** *n.* (*syn.* ~-proof course) पहली मंजिल की दीवारों में सीलन कम करने या रोकने की परत; **~ed** /डैंपड/ *n.* अवमंदित, अशक्त, कमजोर; **~en, ~er** *see below under separate entries*; **~ing** /डैंपिंग/ *n.* अवमंदन, ढीलापन, कमजोरी; **~ish** /डैंपिश/ *adj.* गीला-सा; **~ly** /डैंपलि/ *adv.* निरुत्साह करते हुए; **~ness** /डैंपनेस/ *n.* नमी, आर्द्रता; **~-proof** *adj.* सीलन-रोक, सीलन से सुरक्षित, सीलन-सह, आर्द्रता-रोधक;
p&i: **~ down** भट्ठी बंद क.; **~ off** पौधों आदि का मर जाना; **~ oneself** एक पेग चढ़ाना; **~ squib** टांय-टांय फिस; **~ sth down** 1 सीलन-सह क. 2 भावावेश कम क. 3 आग की तेजी कम क.;
go off like ~ squib टांय-टांय फिस हो.

dampen /डैंपन/ *v., pt.* **~ed**, *pp* **~ing** = damp 1 जोश कम या ठंडा क., आवेश घटाना, दबाना, अवमंदन क. 2 थोड़ा गीला या नम क.;
p&i: **~ sth down** 1 भावावेश कमं क. 2 आग की तेजी कम क.
damper /डैंपर/ *n.* 1 अवमंदक 2 हतोत्साह करने वाला 3 आग की तेजी कम करने वाला उपकरण 4 *phys.* कंपन कम करने वाला उपकरण 5 *music* पियानों पर लगा अवमंदक;
p&i: **put a ~/ dampener on sth** मजा किरकिरा क., जोश पर ठंडा पानी डालना
DAMS *abbr.* 'Dandakaranya Adivasi Mahila Sangathan' की प्रथमाक्षरी
damsel /डैमजल/ *n.* 1 युवती, किशोरी 2 अविवाहित स्त्री;
p&i: **~ in distress** मुसीबत में फंसी युवती
damson /डैम्जन/ *n.* आलूचा या आलूबुखारा
Dan. *abbr. Book of the Bible*, 'Daniel', 'Danish' का संक्षेप
dan /डैन/ *n.* 1 डैन, कराटे आदि में काली पेटी के दस स्तरों में से एक 2 कोयला ढोने का बक्सा, नांद;
p&i: **from Dan to Beersheba** देश के एक कोने से दूसरे तक
dan/ dan buoy *n.* एक छोटा-सा तैरता हुआ समुद्र संकेतक
danaidean /डैनेडीअन/ *adj.* 1 फलहीन, निरर्थक, बेकार 2 अंतहीन
Danaides /डैनेइडीज/ labour (अंतहीन व बेकार की मेहनत)
dance /डांस/ *US* डैंस/ *v., pt.* **~d**, *pp* **dancing** 1 नाचना, नृत्य क.: ~ a waltz 2 (*usually* **~ about/ around**) कूदना-फांदना 3 नचाना, उछालना;
n. 1 नाच, नृत्य, नर्तन 2 नृत्य विशेष 3 नाच-पार्टी आदि 4 नर्तन क्रिया, उछल-कूद 5 नृत्य-संगीत;
adj. 1 नृत्य संबंधी 2 नाच का: ~-band; ~-hall; ~ music;
dw/lw: **~r** /डांस:/ *n.* नर्तक/ नर्तकी, नाचने वाला, नाचने वाली; **~-girl** *n.* नर्तकी; **dancing** *adj.* नाचने वाली: dancing mania/ malady (नृत्योन्माद); **dancing** *n.* नृत्य, नाच
collocations: **~ band** नृत्य बाजा; **~ floor** नृत्य फर्श; **~ master** नृत्य गुरु, नृत्य शिक्षक; **~ music** नृत्य-संगीत; **dancing girl** नर्तकी, नाचने वाली लड़की;
p&i: **~ a child on one's knees** बच्चे को अपने घुटनों पर उछालना; **~ after sb's pipe** किसी की धुन पर नाचना; **~ attendance on sb/~ attendance on to the tune that be** के आगे-पीछे घूमना, का हुक्म बजाना; **~ away one's chance** मौका खो देना; **~ for joy** खुशी के मारे नाचना; **~ in a net** खयाली पुलाव पकाना; **~ of death** मौत का नाच, यम नृत्य; **~ on a volcano** आग से खेलना; **~ oneself into sb's favour** आगे-पीछे घूमकर किसी का कृपा पात्र बन जा.; **~ sb off his legs** नाच-नाचकर अपने संगी को थका दे.; **~ to another tune** परिस्थिति बदलते ही बदल जा.; **~ to somebody's tune** किसी की हां में हां मिलाना, किसी की जी-हजूरी क.; **~ to a different tune** कोई और ही रुख अपना ले.; **~ up and down with rage** क्रोध के मारे आपे से बाहर हो.; **~ upon nothing** फांसी पर चढ़ा दे.;
lead sb a merry ~ किसी को कठिनाइयों या पचड़े में फंसाना; **the merry ~ers** उत्तरी ध्रुव की आभा
D&B *abbr.* 'Dun & Bradstreet India' की प्रथमाक्षरी
D and C *abbr. med.* 'dilatation and curettage' की प्रथमाक्षरी
dandelion /डैंडिलायन/ *n.* डैंडिलायन नामक एक पीला फूल, सिंहपर्णी: ~ clock (डैंडिलायन का बीज)
dander /डैंड:/ *n.* गुस्सा, रोष, क्रोध: get one's/ sb's ~ up *colloq.*
dandi\fy /डैंडिफा\इ/ *v., pt.* **~fied**, *pp* **~fying**, *s/he/it* **~fies** बांके-छैले की तरह सजना-धजना या सजाना;
dw/lw: **~fied** /~इड/ *adj.* फैशनबाज, बना-ठना
dand\le /डैंड\ल/ *v., pt.* **~led**, *pp* **~ling** बच्चे को बांहों में या घुटनों पर उछालना
dandruff /डैंड्रफ/(**dandriff**) *n.* बालों में दिखने वाले मृत तव्चा के छोटे-छोटे कण, बालों की भूसी, 'रूसी', फेहास
D&V *abbr.* 'Design & Verification' की प्रथमाक्षरी
dan\dy /डैंडि/ *n., pl.* **~dies** 1 छैला, बांका, छैल-छबीला, बना-ठना बंदा 2 छोटा जहाज, डैंडीपोत;
adj. बहुत बढ़िया, उत्कृष्ट, बांका, सुंदर;
dw/lw: **~dily** *adv.* छैल-छबीले की तरह; **~dy-brush** *n.* खरहरा; **~dyish** *adj.* छैल-छबीला जैसा; **~dyism** /डैंडिइज्म/ *n.* रंगीलापन, बांकपन, छैलापन; **~dy-roll** *n.* जालीदार बेलन
Dane /डेन/ *n.* 1 डेनमार्क (देश) का निवासी 2 *hist.* स्कैंडेनेविया के वाइकिंग जिन्होंने नौवीं से ग्यारहवीं शताब्दियों में ब्रिटेन पर कब्जा किया था
Danelaw /डेनलॉ/ *n.* इंग्लैंड का वह भाग जिस पर नौवीं से ग्यारहवीं सदियों में स्कैंडेनेविया के वाइकिंगों का कब्जा था
dang /डैंग/ *adj., excl.* = **damn**: it is just ~ stupid!
danger /डेंज:/ *n.* 1 खतरा, संकट, जोखिम: in ~ of falling 2 नुकसान का स्रोत या कारण 3 आशंका, भय;
dw/lw: **~-signal** *n.* खतरे का संकेत;
collocations: **~ arrow** टेढ़ा-मेढ़ा तीर; **~ light** लाल बत्ती आदि के रूप में खतरे का संकेत; **~ list** गंभीर रोग सूची; **~ money** (*US* **hazard pay/ danger pay**) किसी व्यक्ति को जोखिम भरा कार्य करने के लिए दी जाने वाली अतिरिक्त राशि; **~ point** संकट-बिंदु; **~ range** निशाने तक सीधी गोलाबारी की अधिकतम दूरी; **~ space** जोखिम भरा क्षेत्र; **~ zone** खतरनाक इलाका;
great/ serious ~ भयानक या गंभीर खतरा;
p&i: **~s is overcome by ~s** लोहा ही लोहे को काटता है; **~ to life and limb** घायल होने का खतरा;
a ~ foreseen is half avoided आने वाले खतरे को भांप लेना खतरे से बचने के बराबर है; **be in ~ of sth** किसी चीज के कारण खतरे में हो.; **expose sb to ~** किसी को खतरे में डालना; **face ~** खतरे का सामना कर.; **in ~ of के** खतरे में; **there is no ~** खतरे की कोई बात नहीं; **on the ~ list** *med.* मृत्यु हो जाने के खतरे में; **pose a ~** खतरा हो. या बनना
dangerous /डेंजरस/ *adj.* 1 खतरनाक, संकटपूर्ण: ~ illness; ~ weapon 2 हानिकर 3 जोखिमभरा: ~ driving 4 डरावना: look ~;
dw/lw: **~ly** /डेंजरसलि/ *adv.* खतरनाक ढंग से: ~ly ill;
p&i: **~ ground** ऐसी स्थिति या विषय जो किसी को क्रुद्ध करे या किसी के लिए खतरनाक हो
dang\le /डैंग्ल/ *v., pt.* **~led**, *pp* **~ling** 1 ढीला लटकाना 2 झूलना या झुलाना 3 प्रलोभन दे.: **~le** hopes in sb's sight 4 किसी को कोई नया विचार सुझाना;
p&i: **~le after** पीछे लगे रहना, का आगा-पीछा क.; **~le sth before/ in front of sb** किसी को कुछ करने के लिए प्रलोभन दे.;
keep/ leave sb ~ling किसी को संशय में लटकाए रखना
DANICS *abbr.* 'Delhi, Andaman & Nicobar Island Civil Service' की प्रथमाक्षरी
DANIDA *abbr.* 'Danish International Development Assistance (New Delhi)' की प्रथमाक्षरी
Danish /डेनिश/ *adj.* 1 (**the Danish**) डेनमार्क या डेनमार्क वासियों से संबंधित 2 डेनमार्क की भाषा से संबंधित;
collocations: **~ blue/ ~ blue cheese** डेनमार्क में बनने वाला एक तीखी गंध वाला पनीर
dank /डैंक/ *adj.* गीला एवं ठंडा, अप्रिय: ~ air/ weather; ~ cellar
DANPCB *abbr.* 'Danish Assistance to the National Programme for Control of Blindness' की प्रथमाक्षरी
danse macabre /डांस मअकाब्र/ *n., Fr.* यम नृत्य, प्रेत नृत्य, तांडव नृत्य
danseur /डांस:/ *n., ballet.* पुरुष बैले नर्तक
danseuse /डांसअज/ *n., ballet* बैले नर्तकी

Dantean/ Dantesque /दैंतिअन/ दैंतेस्क/ *adj.* इतालवी कवि दांते की शैली का
DAP *abbr.* 'Delhi Armed Police', 'diammonium phosphate की प्रथमाक्षरी
dap /डैप/ *v., pt.* **~ped**, *pp* **~ping** *angling* 1 चारा छितराकर मछली पकड़ना 2 शनैः-शनैः डुबकी लगाना 3 उछलना या उछालना; *n.* उछाल
dapper /डैपः\/ *adj.* 1 छोटा-सा, बना-ठना, बांका 2 चुस्त, फुर्तीला: ~ little man;
dw/lw: **~ly** /~लि/ *adv.* चुस्त या फुर्तीले ढंग से; **~ness** /~नेस/ *n.* 1 बना-ठनापन, बांकपन 2 चुस्त-फुर्ती
dapp\le /डैप्ल/ *v., pt.* **~led**, *pp* **~ling** चित्तियां, धब्बे आदि डालना, चितकबरा बनाना;
dw/lw: **~led** /डैप्लड/ *adj.* चित्तकबरा; **~le-grey** *adj.* फीके-भूरे रंग का: ~le-grey horse
Darby and Joan /डाःबि एन जोन/ *n.* आदर्श वृद्ध दंपति: ~ club (वृद्ध व्यक्तियों के लिए एक सामाजिक क्लब);
p&i: **Father Darby's bands** (सूदखोर के साथ संबंध के बारे में) लंबी अवधि के भारी ऋण का बोझ
DARE *abbr.* 'Department of Agricultural Research and Education' की प्रथमाक्षरी
dare /डेअः\/ *v., pt.* **~d**, *pp* **daring** 1 हिम्मत क., साहस क.: not to ~ beyond the premises (घर से बाहर निकलने से डरना) 2 भय की परवाह किए बिना कुछ क.: ~ sb's anger 3 सामना क. 4 चुनौती दे., ललकारना 5 शीशे की मदद से पक्षियों को पकड़ना 6 डराना;
n. 1 कुछ खतरनाक काम करने की चुनौती: take a ~ 2 *colloq.* पक्षियों को फांसने के लिए दर्पण;
dw/lw: **~devil** /~डेविल/ *n.* 1 खतरों का खिलाड़ी, दिलेर 2 दुस्साहसी: ~devil act 3 निडर: ~devil pilot; **~devilry** /~डेविलरि/ *n.* 1 निडरता, दिलेरी 2 दुस्साहस; **daring** *see below under separate entry*;
p&i: **~ all things** कोई भी काम करने के लिए तैयार रहना; **~ the perils** खतरों से नफरत क.;
don't you ~! जुर्रत न करो!; **how ~ you say such things!** तुम्हारी ऐसी बात कहने की हिम्मत कैसे हुई?; **I ~ say/ ~say** 1 मुझे लगता है कि...: I ~say you're right 2 मैं कहने की जुर्रत करूंगा कि ...
daren't /डेअरंट/ *UK short*: **'dare not'** का छोटा रूप
daring /डेअरिंग\/ *adj.* 1 दिलेर, निर्भीक: ~ attempt 2 जोखम भरा: ~ plan;
n. साहस, दिलेरी;
dw/lw: **~ly** /~लि/ *adv.* दिलेरी से, निर्भीकतापूर्वक
dark /डाःक\/ *adj.* 1 अंधेरा, अंधेरी, अंधकारपूर्ण, काला, धुंधला 2 (रंग) गहरा काला 3 काले या भूरे बालों वाला 4 अंधकारमय, डरावना: the film is a ~ vision of the future 5 (*syn.* evil and sinister) दूषित, अशुभ, बुरा: ~ powers 6 निराशाजनक, विषादमय: the ~ days of Fascism 7 अज्ञात, अल्पज्ञात 8 अस्पष्ट, गूढ़, दुर्बोध, अस्फुट 9 गुप्त व रहस्यमय: a ~ secret 10 अविज्ञ, अनभिज्ञ;
n. 1 (*usually* **the** ~) अंधेरा, अंधकार, काली रात: after the ~; day and ~ (रात और दिन) 2 कालापन, गहरा रंग 3 अज्ञान 4 अप्रसिद्धि 5 निराशा, विषाद 6 गूढ़ता, दुर्बोधता;
dw/lw: **~en** /डाःकन/ *v., pt.* ~ened, *pp* ~ening 1 काला हो. या क. 2 धूमिल हो. या क.; **~ie** /डाःकि/ (*also* **~y**) *adj.* अश्वेत या काली त्वचा वाला व्यक्ति; **~ish** /डाःकिस/ *adj.* काला-सा, कुछ-कुछ काला; **~ly** /~लि/ *adv.* डरावने या गुप्त ढंग से; **~ness** /~नेस/ *n.* 1 अंधेरा, अंधकार 2 कालापन, अंधता 3 अज्ञान, रहस्य, गूढ़ता 4 उदासी, निराशा 5 अप्रसिद्धि 6 दुष्टता;
collocations: **~ adaptation** अंधेरे का आदी होने की क्रिया; **~ age/ ~ ages/ (the) Dark Ages** मध्यकाल, मध्ययुग, अंधकार-युग (यूरोप में छठी से दसवीं शताब्दियों का काल); **~ brow** ऊपर चढ़ी त्योरियां, विस्मित, क्रुद्ध; **~ corner** अंधेरा कोना, काले कारनामे करने का स्थान; **~ day** विषादमय दिन; **~ deeds** काले, बुरे काम; **~ designs** बुरे इरादे; **~ glasses** काला चश्मा; **~ ignorance** घोर अज्ञान; **~ hint** अस्पष्ट संकेत; **~ horse** 1 ऐसा घोड़ा जिसकी घुड़दौड़ में क्षमता का पता न हो 2 छुपा रुस्तम; **~ humour/ mood** विषादमय हास्य या मिजाज; **~ lantern** प्रकाश कम करने या छिपाने वाली लालटेन; **~ matter** *astron.* अंतरिक्ष में ऐसा अदृश्य बड़ा पिंड जो प्रकाश पैदा नहीं करता; **~ meat** मुर्गे की टांगों का गोश्त; **~ night** घोर अंधेरी रात; **~ prospects** निराशाजनक संभावनाएं; **~ room** फोटो कैमरा के नेगेटिव को विकसित करने के लिए अंधेरा कमरा, डार्क रूम; **~ saying** विषादमय कथन; **~ side of things** चीजों का निराशाजनक पहलू; **~ star** अंतरिक्ष में ऐसा तारा जो प्रकाश नहीं देता; **~ work** बेगार;
mild ~ हल्का-सा काला; **the ~ continent** अफ्रीका;
p&i: **~ as midnight** गुप अंधेरा; **~en sb's door** बिन बुलाए मेहमान बनना;
a leap in the ~ जोखिम भरा कदम, अनजाने क्षेत्र में छलांग; **before/ after ~** संध्या होने से पहले या बाद में; **be in the ~** अंधेरे में हो., अनभिज्ञ हो.; **get ~** अंधेरा हो.; **grope in the ~** अंधकार में धक्के खाना; **in the ~** अंधेरे में, चोरी-छिपे; **keep it ~** छिपाना; **keep sb in the ~** अवगत न कराना; **pitch ~** घोर अंधेरा; **make ~ness visible** अंधेरे को और गहरा क.; **plot in the ~** चोरी-छिपे षड्यंत्र क.; **prince of ~ness** शैतान; **the ~est hour is nearest the dawn** घोर अंधेरी रात के बाद भी सुबह आएगी; **walk in ~ness** भटक जा.; **whistle in the ~** अपनी हिम्मत बढ़ाना
darken *see above under* **dark: *dw/lw***
darkness *see above under* **dark: *dw/lw***
darky *see above under* **dark: *dw/lw*: darkie**
DARL *abbr.* 'Defence Agricultural Research Laboratory' की प्रथमाक्षरी
darling /डाःलिंग/ *n.* 1 प्रिय व्यक्ति, प्रिया 2 कृपा पात्र, प्रेम पात्र परम प्रिय/ परम प्रिया, चहेता नर/ चहेती नारी: ~ of the people; he is a perfect ~;
adj. 1 प्रिय/ प्रिया, चहेता/ चहेती 2 अति रोचक, स्वादिष्ट;
p&i: **curled ~s** बिगड़ैल बेटे; **mother's ~s make but milksop heroes** मां के लाडले रण-बांकुरे नहीं बन सकते; **the ~ of all hearts** हर मन प्यारा
darn /डाःन/ (*also* **~ed**) *excl.* कथन पर बल देने के लिए या गुस्से को बढ़ाकर दिखाने के लिए प्रयोग किया जाता है;
v., pt. **~ed**, *pp* **~ing** 1 रफू क.: patch and ~ 2 अभिशापित क., निंदा क.: be too ~ed up (बहुत तंग हो.);
n. मनहूस स्थान;
dw/lw: **~ed** /डाःनंड/ *adj.* निंदनीय, बुरा; **~er** /डाःनः/ *n.* 1 रफूगर 2 रफू करने वाली सूई; **~ing** /डाःनिंग/ *n.* रफूगिरी; **~ing-needle** *n.* रफू करने की बड़ी सुई
darnel /डाःनल/ *n.* राई घास की एक प्रजाति, मोचनी
DART *abbr.* 'Deep-Ocean Assessment and Reporting of Tsunamis' की प्रथमाक्षरी
dart /डाःट/ *n.* 1 नुकीला तीर, छोटा भाला, बर्छा: a poisoned ~ 2 शर, शंकु 3 तीरनुमा वस्तु या क्रिया 4 भावनाओं का तीव्र उमड़ाव: ~s of love 5 (*syn.* dash) झपट, तेज आकस्मिक गति: make a ~ for the door; a ~ of lightning 6 तीर का निशाना लगाने का खेल;
v., pt. **~ed**, *pp* **~ing** 1 तीर की तरह लक्ष्य तक पहुंचना: ~ away (तीर की तरह जा.); ~ an arrow 2 फेंकना, झपटना 3 तेज नजर डालना: ~ an angry look;
dw/lw: **~board** *n.* वह तख्ती या पटल जिस पर तीर से निशाना लगाते हैं, लक्ष्य पटल; **~er** /डाःटः/ *n.* 1 तेजी से जाने वाला व्यक्ति

या वस्तु 2 ताजे पानी में डुबकी लगाने वाला पक्षी; **~s** /डाःट्स/ *n. [sing.]* तीर और लक्ष्य पटल का खेल

Darwinism /डाःवनिज़्म/ *n.* जैव विकास का सिद्धांत, डारविनवाद, विकासवाद;

***dw/lw:* Darwinist** *adj./ n.* विकासवाद का अनुयायी

DAS *abbr.* 'Direct Attached Storage' की प्रथमाक्षरी

DASH *abbr.* 'Dietary Approaches to Stop Hypertension' की प्रथमाक्षरी

dash /डैश/ *v., pt.* **~ed**, *pp* **~ing**, *s/he/it* **~es** 1 तेजी से आगे बढ़ना या दौड़ना 2 (*often* ~ **against sth**) जोर से भिड़ जा., टकराना: ~ against/ on, etc. 3 फटकर (विस्फोट के कारण) टुकड़े-टुकड़े हो. 4 छिन्न-भिन्न या नष्ट हो. या क.: ~ sb's hopes 5 छींटे डालना, छप-छप क. 6 पुट दे. 7 हतोत्साह क. 8 जल्दी से लिख डालना: ~ sth down/ off 9 (*syn.* sprint) झपटना;

n.**, pl.* **~es** 1 *N. Amer., sport* तेज या झटके से की जाने वाली दौड़, झपट, रेला 2 पुट, थोड़ी-सी मात्रा 3 ' – ' रेखिका, डैश, निर्देशक 4 तीव्र आघात 5 टक्कर 6 छपाका, छप-छप, छींटा 7 उत्साह, जोश, ओज 8 (syn.*** stylishness) तड़क-भड़क, दिखावा;

dw/lw: **~board** *n.* कार आदि में सामान-पेटिका, डैश बोर्ड; **~ed** /डैशड/ *adj.* निराश, हतोत्साहित, टूटा हुआ; **~er** /डैशः/ *n.* भिड़ जाने वाला; **~ing** /डैशिंग/ *adj.* 1 दिलेर 2 तेज, फुर्तीला, जोशीला 3 बना-ठना, बांका-छैला, तड़कीला-भड़कीला; **~ingly** /डैशिंगलि/ *adv.* दिलेरी से, फुर्ती से, जोश से; **~pot** /डैशपॉट/ *n.* (***syn.*** buffer) प्रघात-रोधी बफर;

collocations: **~ and courage** हिम्मत और दिलेरी; **~ one's hope** आशाओं पर पानी फेरना; **~ to the ground** सपनों का चकनाचूर हो.;

skill and ~ हुनर और उत्साह; **hundred-meter ~** 100 मीटर दौड़;

p&i: **~ off/ ~ off sth/ ~ sth off** जल्दी से लिख डालना; **~ out** पटक कर झाड़ना; **~ round** चक्कर काटकर गुजर जा.; **~ sb's hopes to dust** किसी की आशाएं धूल में मिला दे.; **~ sb to ground** किसी को धूल चटाना (पटक दे.); **~ truth with fiction** सच्चाई में कल्पना का पुट दे.;

a ~ of rain on the windows खिड़कियों पर वर्षा की तेज बौछार; **a romantic ~ about it** इस में कुछ रोमांचक पुट है; **at one ~** एक ही बार में, एक ही झटके में; **cut a ~** अच्छा प्रदर्शन क.; **go ~ against the rocks** चट्टानों से टकराकर चूर-चूर हो जा.; **have a ~ at sth** कुछ करने का प्रयास क.

dashing *see above under* **dash:** ***dw/lw***

DAST *abbr.* 'Diploma in Advanced Software Technology' की प्रथमाक्षरी

dastard /डैस्टःड/ *n.* 1 भग्गू, दब्बू 2 भीरु या कायर व्यक्ति 3 कमीना आदमी;

dw/lw: **~ly** /~लि/ *adj.* कायरतापूर्ण: ~ly stab in the back

DAT *abbr.* 'Departmental Admission Test', 'digital audio tape' की प्रथमाक्षरी

dat. *abbr.* 'dative' का संक्षेप

DATA *abbr., USA* 'Defence Air Transportation Administration' की प्रथमाक्षरी

data /डेटा/ *also* डाटा/ *US* डैटा/ *n., [originally plural but now generally treated as singular]* 1 सूचना, तथ्य, आंकड़े आदि, आधार सामग्री 2 लिखित पाठ, आंकड़ों या प्रतीकों के रूप में दत्त/ आधार सूचना या सामग्री 3 (गणित में) दत्त, उपात्त;

dw/lw: **~bank** *n., comput.* 1 आधार सामग्री संग्रह स्थान 2 आंकड़ों का संचय स्थल, आंकड़ों व तथ्यों आदि का बैंक; **~base** *n., pl.* ~bases *comput.* 1 आधार सामग्री संग्रह, आंकड़ा संचय 2 कंप्यूटर में संचित सूचना सामग्री या आंकड़े; **~comms** /डेटाकौम्ज/ *US* डैटाकाःम्ज/ (*also* **~coms**) *n.* इंटरनेट से कंप्यूटर सामग्री का आदान-प्रदान; **~glove** *n.* इलेक्ट्रोनिक ढंग से तैयार तार लगे दस्ताने जिससे पहनने वाले की स्थिति का पता चलता रहता है;

collocations: **~ base management system (DBMS)** *comput.* आंकड़ों की विशाल मात्रा प्रबंधन करने की प्रणाली; **~ capture** *comput.* आधार-सामग्री या सूचनाओं का प्रारंभिक रूप जिसे कंप्यूटर में भरा जा सकता है; **~ collection** आकड़ों का संग्रहण; **~ communication** (*abbr.* **~comms**) इंटरनेट से कंप्यूटर सामग्री का आदान-प्रदान; **~ in** कंप्यूटर में भरी जाने वाली सामग्री; **~ mining** *comput.* कंप्यूटर में बड़ी मात्रा में एकत्रित सूचनाओं का अध्ययन और नई सूचना देने की क्रिया; **~ on sth** किसी विषय पर उपलब्ध आधार सूचना-सामग्री; **~ out** कंप्यूटर से भेजी जाने वाली सामग्री; **~ processing** *comput.* आधार-सामग्री या आंकड़ों का विश्लेषण; **~ projector (beamer)** सूचना सामग्री या आंकड़ों को स्क्रीन पर दिखाने वाला यंत्र; **~ protection** *comput.* कंप्यूटर में संग्रहीत सूचनाओं व आंकड़ों को सुरक्षित व गुप्त रखने की क्रिया; **~ set** *comput.* कंप्यूटर द्वारा एक इकाई के रूप में ली जाने वाली सूचना का संग्रहण; **~ terminal** *comput.* ऐसा कंप्यूटर जो प्रयोगकर्ता को कंप्यूटर प्रणाली में पहुंच देता है; **~ type** *comput.* एक विशेष प्रकार के आंकड़े; **~ warehouse** कारोबार की भिन्न-भिन्न इकाइयों से मिलने वाली सूचनाओं का एक स्थान पर संग्रहण;

collect/ analyse ~ आंकड़ों को संग्रहीत या विश्लेषित क.

datable /डेटअबल/ *n.* जिसे किसी समय विशेष से जोड़ा जा सके: pottery – ~ to the second century

datafast /डेटाफास्ट/ *n.* कंप्यूटर, मोबाइल आदि सब कुछ बंद करके सुस्ताने का समय

date /डेट/ *n.* 1 तारीख, तिथि, दिनांक 2 किसी घटना या कार्य होने का तय किया गया समय 3 काल: costumes of an earlier ~ 4 प्रेम या प्रणय भेंट 5 मिलने वाला प्रेमी या प्रेमिका 6 खजूर, छुहारा;

***v.**, pt.* **~d**, *pp* **dating** 1 प्रणय-मिलन का सिलसिला चलाना 2 पत्र आदि पर तारीख या तिथि डालना, दिनांकित क. 3 वजूद में आने का समय तय क., तारीख या काल निर्धारित क. 4 पुराना पड़ना;

dw/lw: **~book** *n.* = **diary** दैनिकी, दैनंदिनी; **~d** /डेटिड/ *adj.* 1 पुराने ढंग या ढर्रे की 2 दिनांकित, कालांकित; **dating** /डेटिंग/ *n.* 1 काल-निर्धारण, तिथि-निर्धारण 2 स्त्री और पुरुष में निधारित दिन और समय पर होने वाला मिलन; **~less** *adj.* 1 बिना तारीख का, तिथिविहीन 2 नित्य नया दिखने या रहने वाला; **~line** *n.* समाचार पत्रों में किसी लेख की वह पंक्ति जिसमें उसके लिखे जाने की तिथि तथा स्थान का उल्लेख रहता है; **~mark** *n.* तिथि-चिह्न; **~stamp** *n.* तिथि डालने की मोहर, तारीख-मोहर;

up-to-~ *adj.* अद्यतन, अब तक संपूर्ण, नवीनतम;

collocations: **~ coding** डिब्बे आदि पर कूट भाषा में लिखी तारीख जिसके बाद उसमें बंद सामान का प्रयोग नहीं होना चाहिए; **~ palm** खजूर; **~ rape** ज्ञात व्यक्ति द्वारा प्रण मिलन (dating) के समय किया जाने वाला बलात्कार; **~ stamp** तारीख डालने की मोहर; **dating agency** लोगों का प्रणय मिलन करवाने वाली एजेंसी;

p&i: **~ back** समय विशेष से वजूद में हो., (काल) से वजूद में आना; **~ from (a specific time)** के समय, काल या सदी आदि से वजूद में हो., से दिनांकित;

at a future/ at a later ~ बाद की किसी तारीख पर, बाद में; **at that ~** उस समय; **bear a ~** दिनांकित हो.; **blind ~** भेंट की खुली तारीख; **bring sth up to ~** किसी चीज को नवीनतम बनाना; **go out of ~** पुराना पड़ जा.; **keep sb up to ~** किसी को नवीनतम तथ्यों से अवगत रखना; **keep sth up to ~** किसी चीज को नवीनतम स्तर पर रखना; **make/ fix/ set a ~** तारीख तय क.; **out of ~** पुराना, अनद्यतन, जिसकी अवधि निकल चुकी हो; **sb's ~ of birth** किसी की जन्म-तिथि, जन्म दिन; **sell-by ~** तारीख अनुसार बेचना; **the ~ of sth** किसी घटना आदि का होने का समय; **the ~ of youth** जवानी के दिन; **the monument ~s back to ...** स्मारक ... के समय बना था; **to ~** आज तक, अब तक का, वर्तमान समय तक का; **up to ~** 1 अब

तक के सब तथ्य समाहित किए हुए 2 नवीनतम शैलियों आदि को समाहित किए हुए

dating *see above under* **date: *dw/lw***

dative /डेटिव/ *adj., gramm.* 1 संप्रदान कारक-संबंधी, गौण (indirect) कर्म-संबंधी: ~ case 2 संप्रदान कारक में संज्ञा-रूपक

DATT *abbr.* 'Detect Attention Thinking Tools' की प्रथमाक्षरी

datum /डेटम/ *n., pl.* **data** 1 **data** का एकवचन 2 आधार, आधार-सामग्री, आधारभूत तथ्य या सूचनाएं;
dw/lw: **~-level** *n.* आधार-तल; **~-line** *n.* आधार-रेखा; **~-plane** *n.* दत्त-तल, दत्त-स्तर

dau. *abbr.* 'daughter' का संक्षेप

daub /डॉब/ *v., pt.* **~ed**, *pp* **~ing** 1 लापरवाही से ऊबड़-खाबड़ पोतना, लीपना, लेपना: ~ with tar 2 मैला क., लथेड़ना 3 रंग थोपना: **~ing** paint on the walls;
***n.**, derog., colloq.* 1 गारा 2 लिपाई-पुताई 3 लेप 4 *derog., colloq.* रंग-थपा भोंडा चित्र;
dw/lw: **~er** *n.* पोतने वाला; **~ing** *n.* भद्दी रंगाई, डोबन, विदर-भरण, पुताई, लिपाई

daube /डोब/ *n.* गोश्त का स्ट्यू (शोरबा वाला गोश्त)

daughter /डॉटः\/ *n.* 1 पुत्री: ~ of the soil; Fortune and its ~ Confidence (सफलता की बेटी आत्मविश्वास) 2 बेटी, किसी व्यक्ति या संस्था से प्रभावित लड़की या औरत: a faithful ~ of the Church; ~ of Eve (औरत);
adj. 1 किसी पुरानी वस्तु या प्रक्रिया से निकली हुई: French is a ~ language of Latin 2 विभाजन के फलस्वरूप बनी कोशिका;
dw/lw: **~board** *n., comput.* मदरबोर्ड में लगने वाला प्रिंट-सर्कट बोर्ड; **~-cell** *n., biol.* अनुजात कोशिका; **~hood** /~हुड/ *n.* पुत्रीत्व; **~-in-law** *n. pl.* ~s-in-law पुत्र की पत्नी, पुत्रवधू, बहू; **~liness** /~लिनेस/ *n.* पुत्रीत्व; **~ling** /~लिंग/ *n.* बिटिया; **~ly** /~लि/ *adj.* बेटी जैसी;
collocations: **~ element** *phys.* परमाणु के विस्फोट से पैदा हुआ तत्त्व; **~ nucleus** *biol.* जीवित कोशिका के विभाजन से बनी नाभिका;

daughter-in-law *n. see above under* **daughter: *dw/lw***

daunt /डॉंट\/ *v., pt.* **~ed**, *pp* **~ing** 1 निरुत्साह या हतोत्साह हो. या क.: nothing **~ed** him/ nothing can ~ him 2 दहल जा. या दहलाना 3 डराना, भयभीत क;
dw/lw: **~ing** /डॉंटिंग/ *adj.* डरावना, अति कठिन कार्य; **~ingly** /डॉंटिंगलि/ *adv.* डरावने ढंग से; **~less** /~लेस/ *adj.* निडर, निर्भय, निर्भीक; **~lessly** /~लेसलि/ *adv.* निर्भय होकर, निर्भीकता से, बेखौफ; **~lessness** /~लेसनेस/ *n.* निडरता, निर्भयता, निर्भीकता

dauphin /डाःफिन/ मध्यकाल में फ्रांस के युवराज की उपाधि

davenport/ davonport /डैवनपॉःट/ *n., Br.* 1 डेवनपोर्ट 2 लिखने की एक सुंदर मेज 3 *N. Amer.* सोफा

David and Goliath /डेविट एंड गलायथ/ *adj.* बहुत छोटे और कमजोर व्यक्ति का हाथी जैसे बड़े प्रतिपक्षी से मुकाबले की स्थिति से संबंधित: the match looks like being a ~ contest;
p&i: **David and Jonathan** दो अभिन्न मित्र

davit /डैविट/ डेविट/ *n.* पोत क्रेन, जहाज की क्रेन

DAVP *abbr.* 'Directorate of Advertising & Visual Publicity', 'Directorate of Audio-Visual Publicity' की प्रथमाक्षरी

Davy /डेवि/ *n., pl.* **Davies/ Davy lamp** खदान मजदूरों का लैंप

Davy Jones 1 समुद्र तल 2 समुद्री प्रेत;
collocations: **Davy Jones's locker** समुद्र तल जहां डूबे नाविकों के शव टिके रहते हैं

daw /डॉ/ *n.* 1 कौआ 2 सुस्त आदमी

DAWA *abbr.* 'Delhi Amateur Wrestling Association' की प्रथमाक्षरी

dawd\le /डॉडल/ *v., pt.* **~led**, *pp* **~ling** अत्यधिक धीरे चलकर समय बर्बाद क.: **~le** along the road 2 आवारागर्दी क.;
dw/lw: **~ler** *n.* कामचोर, आवारागर्द

dawn /डॉन/ *n.* 1 भोर, उषाकाल, प्रभात: at the break of ~ (पौ फटते ही); ~ chorus (पक्षियों का प्रभात कलरव) 2 प्रारंभ, सूत्रपात: the ~ of sth (श्रीगणेश, शुरुआत) 3 आदि काल का सूत्रपात: ~ man (आदि मानव); the ~ of civilisation; ~ of new era
***v.**, pt.* **~ed**, *pp* **~ing** भोर/ प्रभात हो., पौ फटना, दिन निकलना 2 सूत्रपात हो., आरंभ हो.: his fame is just **~ing** 3 प्रकट हो. 4 का आभास हो.: ~ on sb;
dw/lw: **~ing** /डॉनिंग/ *n.* 1 भोर 2 प्रत्यूष 3 श्रीगणेश, सूत्रपात 4 अहसास;
collocations: **~ raid** 1 सुबह-सुबह विस्मयकारी छापा या हमला 2 *stock exchange* किसी कंपनी द्वारा अपने शेयरों के बड़े भाग को चालू दामों से कहीं ऊंचे दामों पर बेचने के लिए प्रस्तुत क.;
p&i: **~ on somebody** किसी को कुछ सूझना

day /डे/ *n., pl.* **~s** 1 (*also* **solar** ~) दिन, दिवस (24 घंटे का समय) 2 दिन (का) समय (सूर्योदय से सूर्यास्त तक का) 3 दिनचर्या, दिन भर का कार्यकाल 4 तारीख 5 अवसर, मौका 6 (~ or **~s**) काल, समय: childhood **~s**; it never happened in their ~;
dw/lw: **~book** *n.* रोजनामचा, दैनिकी; **~blindness** *n.* दिवांधता; **~-boy/ ~-girl/ ~-scholar** *n.* बोर्डिंग स्कूल का दिवा (छात्रावास में न रहने वाला/ वाली) छात्र या छात्रा; **~break** *n.* भोर, उषाकाल, सूर्योदय; **~care** *n.* स्वयं अपनी देखभाल न कर सकने वाले लोगों की देखभाल के लिए बना केंद्र; **~dream** *v., pt.* ~dreamed, *pp* ~dreaming दिवा स्वप्न देखना, हवाई किले बनाना; **~dream** *n.* दिवा स्वप्न; **~dreamer** *n.* दिवा स्वप्न देखने वाला; **~-labour** *n.* दिहाड़ी की मजदूरी; **~-labourer** *n.* दिहाड़ी मजदूर; **~light** *n.* सूर्य का प्रकाश, दिन की रोशनी: as clear as ~light (बिल्कुल साफ, स्पष्ट); ~ light robbery; **~long** *adj.* दिन भर का, सारे दिन का; **~-nettle** *n.* बिच्छू बूटी;**~-old** *adj.* एक दिन का; **~-peep** *n.* तड़का, अरुणोदय; **~-scholar** *see above under* **~-boy**; **~-sight** *n.* रतौंधी; **~-spring** तड़का, अरुणोदय; **~-star** *n.* भोर का तारा; **~time** *n.* दिन का समय, सूर्योदय से सूर्यास्त तक का समय; **~-to-~** *adj.* दिन-प्रति-दिन; **~-tripper** *n.* एक ही दिन में आने-जाने की यात्रा पूरी कर लेने वाला;
***collocations:*~ bed** सोफा-कम-बिस्तरा; **~ book** *bookkeeping* खाता बही; **~ centre/ ~ care centre** अधेड़ व वृद्ध लोगों की देखभाल के लिए केंद्र; **~ job** दिहाड़ी का काम; **~ labourer** दिहाड़ी मजदूर; **~light-saving time** गर्मियों में सूर्य के प्रकाश का अधिक से अधिक फायदा उठाने के लिए समय को घंटे-दो-घंटे आगे करने का कार्य; **~ lily** नरगिस का फूल जो मात्र एक दिन के लिए खिलता है; **~ name** जन्मदिन नाम; **~ nursery** दिन में काम करने वाले माता-पिताओं के बच्चों की देखरेख केंद्र; **~ of action** किसी मजदूर संघ द्वारा तय हड़ताल का दिन; **~ patient** बिना अस्पताल में भर्ती हुए बिना दिन में इलाज करवाने वाला रोगी; **~ release** कॉलेज में पढ़ाई करने के लिए दफ्तर से सप्ताह में एक दिन की मिलने वाली छुट्टी; **~ return** *UK* आने-जाने का टिकट; **~ room** दिन में सामूहिक गतिविधियों के लिए कमरा; **~ school** दिवा विद्यालय, बोर्डिंग स्कूल और रात्रि स्कूल से अलग दिन में लगने वाला स्कूल; **~ scholar** दिवा शोध छात्र; **~ shift** दिन की पारी; **~ student** छात्रावास में न रहने वाला छात्र, दिवा छात्र; **~'s takings** दिन भर की कमाई; **~ trip** एक ही दिन में जाने-आने की यात्रा; **~ wear** दिन-प्रतिदिन का कामकाजी पहनावा; **April Fool's Day** पहली अप्रैल का मूर्ख दिवस; **before ~** पौ फटने से पहले; **Boxing Day** *UK* 26 दिसंबर (बड़े दिन से अगला दिन); **Christmas Day** बड़ा दिन; **civil ~** नागरिक दिवस; **field ~** पूर्ण जीत का दिन; **Forefather Day** पूर्वज दिवस; **Independence Day** स्वतंत्रता दिवस; **lunar/sidereal ~** चंद्रमा दिवस; **Mother's Day** मातृ-दिवस; **New Year's**

Day नव वर्ष दिवस; **polling ~** मतदान दिवस; **Valentine's Day** वैलनटाइन दिवस, प्रेम दिवस; **~'s wage** दिहाड़ी;

p&i: **~ about** हर तीसरे दिन; **~ after ~** हर दिन, दिनों-दिन, लगातार, दिन पर दिन; **~ after the fair** मौका चूकने के बाद अक्ल आना; **~ after tomorrow** परसों; **~ and night** रात-दिन; **~ by ~** दिनोंदिन, हर दिन; **~ in and ~ out** प्रतिदिन, लगातार लंबे समय तक, हर दिन; **~light** 1 प्रकाश, प्रसिद्धि 2 दिन का प्रकाश, देवलोक; **~light robbery** दिन-दहाड़े लूट-पाट; **Day of Atonement** प्रायश्चित दिवस; **~ off** स्कूल या दफ्तर की छुट्टी का दिन; **Day of judgement/ Last Judgement/ ~ of reckoning/ Doom's Day** कयामत का दिन, रोज-ए-हिसाब; **~ out** मौज-मस्ती करते हुए घर से बाहर बिताया जाने वाला दिन; **~s of grace** छूट या रियायत के दिन, अनुग्रह काल; **~s of yore** बीते दिन;

a ~ after the fair बहुत देर हो जा., अब पछताए होत क्या जब चिड़ियां चुग गईं खेत; **a ~ before the fair** जरूरत से ज्यादा समय से पहले; **a few ~s ago** थोड़े दिन पहले; **all ~ with sb** खेल खत्म, सब कुछ नष्ट हो गया; **all in a ~'s work** अपने कार्य का सामान्य भाग; **all the ~ long** दिन भर; **any ~ better** निस्संदेह कहीं बेहतर; **any ~ now** जल्दी ही किसी दिन; **a rainy ~** संकट का समय; **as the ~ is long** कभी विरले ही; **at the end of the ~** अंततोगत्वा, आखिरकार; **banian ~** शाकाहारियों का दिन; **beat/ knock the (living) daylights out of sb** घातक प्रहार क.; **between two ~s** रात को; **black-letter ~** त्रासदीपूर्ण दिन; **bright as ~** दिन की तरह उज्ज्वल; **burn ~light** दिन में दिया जलाना, सूरज को दीपक दिखाना; **call it a ~** दिन का काम समाप्त क.; **cap and feather ~s** बचपन के दिन; **carry/ win the day** के विरुद्ध सफल हो.; **curse the ~** उस दिन को मनहूस बताना; **dark ~s** मनहूस दिन; **drunken ~s have all their tomorrow** पियक्कड़ों की सुबह नहीं होती (hangover) ; **early in the ~** समय पर, समय रहते; **end one's ~s** मर जा.; **every ~ is not Sunday** हर दिन शुभ या मंगलमय नहीं होता; **every dog has his ~** घूरे के भी दिन फिरते हैं; **every other ~** हर तीसरे दिन; **frighten the ~light(s) out of sb** डराकर किसी की सिट्टी-पिट्टी गायब कर दे.; **from ~ one** पहले दिन से; **from ~ to ~** 1 तुरंत कुआं खोदना, तुरंत पानी पीना 2 दिन-प्रतिदिन, लगातार; **from one ~ to the next** दिनोंदिन स्थिति का बदलना; **good day!** सुप्रभात!; **happy ~s!** आपके अच्छे दिनों के लिए!; **have an off ~** छुट्टी का दिन हो.; **have had one's ~** सफलता के दिन चले गए; **he has seen/ known better ~s** उसने अच्छे दिन देखे हैं; **if a ~** बिल्कुल सटीक, न कम न ज्यादा; **in all one's born ~s** अपने पूरे जीवन में; **in broad ~ light** दिन दहाड़े; **in (the) ~s of old** पुराने जमाने में; **in ~s to come** आने वाले दिनों में; **in her ~** उसकी जवानी में; **in sb's ~s** 1 के समय में, एक जमाने में 2 बहुत समय से; **in these latter ~s** हमारे समय में; **in this ~ and age** आजकल, आधुनिक काल में; **in those ~s** उन दिनों; **it's early ~s** *UK* अभी कुछ नहीं कहा जा सकता, अभी बहुत कुछ होना बाकी है; **its palmy ~s** खुशहाली के दिन; **keep one's ~** ठीक समय पर आना या काम क. (be punctual); **late in the ~** थोड़ी देर हो गई; **let ~light into sth** जग-जाहिर क.; **live laborious ~s** मेहनत करते हुए जीवन बिताना; **make a ~ of it** सारे दिन को मजेदार बनाना; **make sb's ~** किसी के दिन को शुभ बनाना, सौभाग्यशाली बनाना; **mark a ~ with a white stone** किसी दिन को भाग्यशाली समझना; **men and women of the ~** आजकल की हस्तियां; **name the ~** शादी करने के दिन को स्वीकृति दे.; **not have all ~** किसी के पास ज्यादा समय न हो.; **not sb's ~** किसी के लिए अच्छा दिन न हो.; **not to be named in the same ~ with...** के साथ तुलना नहीं की जा सकती; **of a ~** क्षण-भंगुर, जल्दी बीत जाने वाला; **one ~** भविष्य में कभी न कभी, एक दिन; **one ~/ one of these ~s/ one of these fine ~s** आज-कल में किसी दिन; **one of those ~s** मुसीबतों के दिनों में से एक दिन; **one's ~ is gone** अच्छे दिन चले गए; **one's early ~s** जवानी, यौवन; **one's salad ~s** जवानी या अनाड़ीपन के दिन; **open as the ~** सच्चा, खरा, खुले दिल का; **perpetual ~** ध्रुव क्षेत्र में सूर्यास्त न होने का छः महीने का लंबा समय; **praise a fair ~ at night** सूत न कपास जुलाहे से लट्ठम-लट्ठ; **praise a fair ~ at night** देर से प्रशंसा क.; **red-letter ~** ऐतिहासिक दिवस; **save the ~** बचा ले., स्थिति को संभाल ले.; **sb's ~s are numbered** (कोई) कुछ ही दिनों का मेहमान है; **scare/ frighten the (living) ~lights out of sb** *colloq.*; किसी को भयभीत कर दे., किसी की सिट्टी-पिट्टी गायब कर देना; **see ~light/ light of the ~** 1 समझ आने लगना 2 कठिन काम पूरा करने का अहसास हो.; **some ~** भविष्य में एक दिन; **take it/ things one ~ at a time** भविष्य में क्या होगा उसके बारे मत सोचो!; **that will be the ~!** वह भी क्या दिन होगा!; **the better ~ the better deed** हर एक बात का अपना समय होता है; **the ~ after** (आने वाला) परसों; **the ~ before** बीत जाने वाला परसों; **the good old ~s** पुराने जमाने के अच्छे दिन; **the happy ~** शादी का दिन; **their ~ will come** उनके दिन भी फिरेंगे; **the old ~s** पुराने दिनों/ जमाने में; **the other ~** हाल ही में, कुछ दिन हुए; **these ~s** आजकल; **this ~ and age** आज के दिन; **those were the ~s** वो भी क्या दिन थे!; **to a ~** दिन के बराबर दिन, हर दिन के हिसाब से; **throw ~light upon sth** किसी चीज पर प्रकाश डालना; **to the ~** बिल्कुल सही समय तक; **to this ~** आज तक, अब भी; **turn the ~ against sb** किसी के विरुद्ध पाँसा पलट दे.; **twice a ~** दिन में दो बार; **up to the present ~** अब तक; **win/carry the ~** जीतना; **work by the ~** दिहाड़ी के आधार पर काम क.

daze /डेज/ *n.* स्तब्धता, हतप्रभता, चकाचौंध: bring sb out of ~; in a ~ स्तब्ध, हतप्रभ, सुन्न

v., pt. **~d**, *pp* **dazing** 1 स्तब्ध/ हतप्रभ/ सुन्न/ जड़ कर दे. 2 हक्का-बक्का/ चकित/ भौचक्का क., चौंका दे.: feel **~d** 3 चौंधियाना: **~d** by the lights;

dw/lw: **~d** *adj.* स्तब्ध, हतप्रभ, भौचक्का; **~dly** *adv.* हतप्रभ होकर;

p&i: **in a ~** स्तब्ध, हक्का-बक्का, किंकर्त्तव्यविमूढ़

dazz\le /डैजल/ *v., pt.* **~led**, *pp* **~ling** 1 आकर्षण के कारण चकाचौंध हो. या क. 2 (***syn.*** blind) चौंधियाना 3 चौंक जाना या चौंका दे. 4 चकरा जा. या चकरा दे. 5 आश्चर्यचकित हो.;

n. 1 चकाचौंध: the **~le** of Diwali 2 किंकर्त्तव्यविमूढ़ता;

dw/lw: **~ler** *n.* चौंधिया देने वाला; **~ling** /डैज्लिंग/ *adj.* 1 (***syn.*** brilliant) अति आकर्षक, दमकदार 2 चौंधिया देने वाली: a ~ling display; ~ling lights; **~lingly** *adv.* चकाचौंध कर देने वाले ढंग से;

collocations: **~ le-painted** कौंधरोगन रंजित, छद्म रोगन से रंगित

DB *abbr.* 'Deutsche Bank', 'Division Bench' की प्रथमाक्षरी

Db *symbol, chem.* 'dubnium' का चिह्न

dB *abbr.* 'decibel', ''decibels' की प्रथमाक्षरी

DBA *abbr.* 'Database Administrator', 'Delhi Bar Association', 'Doctor of Business Administration' की प्रथमाक्षरी

d.b.a. *abbr.* 'doing business as' की प्रथमाक्षरी

DBC *abbr.* 'Delhi Bar Council' की प्रथमाक्षरी

DBE *abbr.* 'Dame Commander of the Order of the British Empire', 'Department of Business Economics' की प्रथमाक्षरी

DBEC *abbr.* 'Dakshin Bharat Energy Consortium' की प्रथमाक्षरी

dbl. *abbr.* 'double' का संक्षेप

DBM *abbr.* 'Diploma Course in Business Management',

'Diploma in Bank Management' की प्रथमाक्षरी
DBMS 'database management system' की प्रथमाक्षरी
DBO *abbr.* 'Design-build-operate' की प्रथमाक्षरी
DBOD *abbr.* 'department of banking operations and development' की प्रथमाक्षरी
DBS *abbr.* 'Development Bank of Singapore', 'Direct Broadcast Satellite' की प्रथमाक्षरी
DBSA *abbr.* 'Delhi Billiard and Snooker Association' की प्रथमाक्षरी
DBT *abbr.* 'Department of Biotechnology' की प्रथमाक्षरी
DBTT *abbr.* 'Ductile to Brittle Transition Temperature' की प्रथमाक्षरी
DBU *abbr.* 'Domestic Banking Units' की प्रथमाक्षरी
DC *abbr., music* 'da capo', 'Development Control', 'Directly Compressible', 'Direct Current', 'District Commissioner/Collector', 'District of Columbia', 'Doctor of Chiropractic' की प्रथमाक्षरी
DCA *abbr.* 'Delhi Chess Association', 'Department of Company Affairs', 'Diploma in Commercial Arts', 'District Cricket Association' की प्रथमाक्षरी
DCAC *abbr.* 'Delhi College of Arts and Commerce' की प्रथमाक्षरी
DCB *abbr.* 'Delhi Cantonment Board', 'Development Credit Bank Limited', 'Ditch-cum-Band' की प्रथमाक्षरी
DCC *abbr.* 'Defence Committee of the Cabinet', 'digital compact cassette' की प्रथमाक्षरी
DCDS *abbr.* 'Deputy Chiefs of Defence Staff' की प्रथमाक्षरी
DCDT *abbr.* 'Diploma Course for Dieticians and Nutritionist' की प्रथमाक्षरी
DCE *abbr.* 'Delhi College of Engineering' की प्रथमाक्षरी
DCF *abbr.* 'Deputy Conservator of Forests', 'Discounted Cash Flow', की प्रथमाक्षरी
DCG *abbr.* 'Defence Consultative Group', 'Domain Consulting Group', 'Drugs Controller General' की प्रथमाक्षरी
DCGI *abbr.* 'Drug Controller General of India' की प्रथमाक्षरी
DCI *abbr.* 'Dental Council of India', 'Director of Central Intelligence', 'Drug Controller of India' की प्रथमाक्षरी
DCI&S *abbr.* 'Development Commissioner for Iron and Steel' की प्रथमाक्षरी
DCIT *abbr.* 'Deputy Commissioner of Income Tax' की प्रथमाक्षरी
DCJ *abbr.* 'District Court Judge (USA)' की प्रथमाक्षरी
DCL *abbr.* 'Doctor of Civil Law' की प्रथमाक्षरी
DCM *abbr.* 'Distinguished Conduct Medal' की प्रथमाक्षरी
DCMG *abbr.* 'Dame Commander of the Order of St Michael and St George' की प्रथमाक्षरी
DCNS *abbr.* 'Deputy Chief of Naval Staff' की प्रथमाक्षरी
DCO *abbr.* 'Data Centre Operation' की प्रथमाक्षरी
DCOAS *abbr.* 'Deputy Chief of the Army Staff' की प्रथमाक्षरी
DCOM *abbr.* 'Diploma in Computers in Office Management' की प्रथमाक्षरी
DCP *abbr.* 'Deputy Commissioner of Police' की प्रथमाक्षरी
DCPs *abbr.* 'Data Collection platforms' की प्रथमाक्षरी
DCPW *abbr.* 'Directorate of Coordination of Police Wireless' की प्रथमाक्षरी
DCR *abbr.* 'Delhi Cinematography Rules', 'Dicro-Cysto-Rhinostomy' की प्रथमाक्षरी
DCS *abbr.* 'Delhi Conservation Society', 'Delhi Cooperative Societies', 'Distributed Control Systems', 'District Committee Secretary' की प्रथमाक्षरी
DCSC *abbr.* 'Delhi Civil Supplies Corporation' की प्रथमाक्षरी
DCSE *abbr.* 'Directorate of Construction, Services and Estates' की प्रथमाक्षरी
DCSS *abbr.* 'Defence Communications Satellite System' की प्रथमाक्षरी
DCT *abbr.* 'Department of Commerce and Trade' की प्रथमाक्षरी
DCTS *abbr.* 'Diploma in Tourism Studies' की प्रथमाक्षरी
DCVO *abbr.* 'Dame Commander of the Royal Victorian Order' की प्रथमाक्षरी
DCW *abbr.* 'Delhi Commission for Women' की प्रथमाक्षरी
DCWA *abbr.* 'Delhi Commonwealth Women's Association', की प्रथमाक्षरी
DCWE *abbr.* 'Diploma in Creative Writing in English' की प्रथमाक्षरी
DCWH *abbr.* 'Diploma in Creative Writing in Hindi' की प्रथमाक्षरी
DD *abbr.* 'Daily Diary', 'Demand Draft', 'Detective Department', 'Deputy Director' की प्रथमाक्षरी
dd *abbr.* 'direct debit' की प्रथमाक्षरी
DDA *abbr.* 'Delhi Development Authority' की प्रथमाक्षरी
D-Day /डी-डे/ *n.* 1 धावा बोलने का दिन, अभियान-दिवस 2 (Dooms Day) महादिवस, कयामत का दिन
DDB *abbr.* 'Deep Discount Bonds' की प्रथमाक्षरी
DDC *abbr.* 'Dairy Development Corporation' की प्रथमाक्षरी
DDDA-AG *abbr.* 'Disposal of the Dead with Dignity - Action Group' की प्रथमाक्षरी
DDE *abbr.* 'Deputy Director of Education', dynamic data exchange की प्रथमाक्षरी
DDG *abbr.* 'Deputy Director-General' की प्रथमाक्षरी
DDGH *abbr.* 'Deputy Director General of Health' की प्रथमाक्षरी
DDN *abbr.* 'delivery cum debit note' की प्रथमाक्षरी
DDP *abbr.* 'Desert Development Programme' की प्रथमाक्षरी
DDR *abbr., former* 'Deutsche Demokratische Republik', की प्रथमाक्षरी
DDRC *abbr.* 'Delhi Diabetes Research Centre', 'District Development and Revenue Committee' की प्रथमाक्षरी
DDS *abbr.* 'Deccan Development Society', 'digital data storage', 'Doctor of Dental Surgery' की प्रथमाक्षरी
DDT *abbr.* 'dichlorodiphenyltrichloroethane' की प्रथमाक्षरी
DDT&E *abbr.* 'design, development, test and evaluation' की प्रथमाक्षरी
DDTP *abbr.* 'Diploma in Desk Top Publishing' की प्रथमाक्षरी
DDUH *abbr.* 'Deen Dayal Upadhyay Hospital' की प्रथमाक्षरी
DE *abbr.* 'Defence expenditure', 'Desirable Experience' की प्रथमाक्षरी
de- /डि-/ *prefix, signifying:* 1 **down or away** (नीचे, दूर): **de**base 2 **reversal** or **removal** (वापसी, बरखास्तगी): **de**criminalize 3 **completely** (पूरी तरह से)
DEA *abbr.* 'Delhi Exporters Association', 'Drug Enforcement Administration' की प्रथमाक्षरी
deacon /डीकन/ *n.* 1 उपयाजक 2 चर्चाधिकारी, छोटा पादरी, डीकन; ***dw/lw:* ~ess** /डीकनेस/ *n.* छोटी महिला पादरी, महिला डीकन

deactiva\te /डीऐक्टिवे\ट/ *v., pt.* **~ted**, *pp* **~ting** अक्रिय क., निष्क्रिय बनाना: **~te** a mine;

dw/lw: **~tion** /~शन/ *n.* 1 अक्रियकरण, निष्क्रियकरण 2 हटाने या क्षमता कम करने की क्रिया: ~tion of a bomb

dead /डेड/ *adj.* 1 मृत, मुर्दा 2 (***syn.*** expressionless) निष्क्रिय, निश्चेष्ट, निस्तेज 3 अत्यधिक शांत, शिथिल, उबाऊ, अरोचक, महत्त्वहीन: a ~ issue 4 *UK* निष्प्राण, निर्जीव, बेदम, बेजान: ~ as a dodo/ a doornail/ a herring 5 पूरा, बिल्कुल: ~ on time (बिल्कुल ठीक समय पर) 6 बंद, अप्रचलित, पुरानी: a ~ language 7 (खाली) रिक्त 8 (नदी) निष्प्रवाह: a ~ river 9 गतिहीन, निश्चल 90 (***syn.*** numb, insensitive) सुन्न, जड़, संवेदनहीन: feel ~ on one's feet 11 (रंग) फीका, बेरंग 12 कुल भार 13 विद्युत-धाराविहीन, जिसमें करंट न हो: the phone is ~ 14 पूरे निशाने पर, बिल्कुल सही: ~ on (बिल्कुल सही) 15 पूर्णतः, बिल्कुल, पूरा-पूरा: ~ against sth; ~ silence 16 बुझा हुआ: a ~ battery 17 *cricket* निष्क्रिय, निरस्त: ~ ball 18 मंदा, बेजान: the market is ~ since morning;

n. 1 मृतक व्यक्ति: ~ and wounded were many after the accident 2 निष्क्रिय अवस्था: from the ~ come to the brink of power 3 चरमावस्था;

***adv.**, sl.* 1 अत्यधिक 2 पूर्णतया, बिल्कुल, पूरा-पूरा: ~ drunk; ~ right;

dw/lw: **~-and-alive** *adj.* 1 आलसी, सुस्त, निर्जीव 2 एकसुरा, नीरस 3 बुरी तरह उबा देने वाला; **~-beat** *n., US, colloq.* 1 बेकार व्यक्ति, कंगाल और खोखला आदमी 2 परजीवी 3 उधार न चुकाने वाली कंपनी 4 (**~beat dad**) अपने बच्चों के साथ न रहने वाला पिता; **~bolt** *n.* = **~lock**; **~-born** मृत पैदा होने वाला, मृत जात; **~-clothes** *n. [pl.]* मृत व्यक्ति के कपड़े, कफन; **~en** *see below under separate entry*; **~-end** *n.* 1 बंद सिरा (अंधा सिरा) 2 बहुत बड़ी उलझन, संपूर्ण ठहराव: our efforts came to a dead ~; **~-eye** *n., naut.* 1 ठोस कप्पी 2 समुद्री जहाज पर एक चर्खी (pulley) जिसपर रस्सा या तार लिपटती है 3 *mainly US* हुनरमंद कर्मी; **~fall** *n.* एक फंदा जो एक सिरे पर रखे वजन के हटाए जाने पर सीधा शिकार पर पड़ता है और उसे ढेर कर देता है; **~head** *n., mainly N. Amer.* 1 जिसे कुछ मुफ्त सेवाएं प्राप्त करने का अधिकार मिला हो 2 निष्प्रभावी व बेकार आदमी 3 खाली चलने वाली रेलगाड़ी 4 लकड़ी के पानी में आधे डूबे शहतीर आदि; **~head** *v., pt.* ~ed, *pp* ~ing पौधे से मृत फूलों को हटाना; **~-heat** *n.* बराबर का मुकाबला: two candidates are in a ~heat in the polls; **~-line** *see below as a separate entry*; **~-level** *n.* 1 संपूर्ण समतलता 2 उबाऊ एकरूपता; **~lock** /डेड्लॉक/ *n.* 1 (***syn.*** stalemate) पूर्ण गतिरोध: break the ~ 2 जटिल स्थिति 3 (***syn.*** ~bolt) चाबी वाला ताला; **~locked** /डेड्लॉक्ड/ *adj.* गतिरोधित, अवरुद्ध: the negotiations are ~locked on the Kashmir question; **~-man** *n.* शराब की खाली बोतलें; **~ness** *n.* मृतप्राय अवस्था, निष्क्रियता, निस्तेजता; **~-nettle** *n.* कृत्रिम पौधा; **~-on** *adj. colloq.* सीधा निशाने पर; **~pan** *adj.* भावशून्य या अति गंभीर, विशेषकर चुटकुले सुनाते समय; **~-sea** *n.* मृत सागर; **~weight** *n.* 1 भरी-भरकम वस्तु जिसे आसानी से सरकाया हिलाया न जा सके 2 सफलता की राह में रोड़ा बनने वाला व्यक्ति या वस्तु; **~-wind** *n.* उल्टी दिशा की हवा; **~wood** *n.* 1 सूखा-सड़ा पेड़ या लकड़ी 2 फालतू या बोझिल वस्तु 3 बेकार या निकम्मा आदमी;

collocations: **~ account** बंद खाता, निष्क्रिय लेखा; **~ beat** थका-मांदा, थककर चूर; **~-ball line** *rugby* गेंद के निरस्त होने की रेखा; **~ bolt** (*also* **~lock**) मात्र चाबी घुमाने से खुलने वाला ताला; **~ body** लाश, शव; **~ calm** पूर्ण शांति, पूर्णतः शांत; **~-cat bounce** *Stock Exchange* सट्टा-बाजार में कृत्रिम तरीके से लाई गई तेजी; **~ centre** (*also* **~ point**, *usually* **top/bottom ~ centre**) निष्क्रियता या अवरोध केंद्र; **~ certain** पूर्णतः आश्वस्त, पक्का; **~ colour** *art.* चित्र में रंग की पहली फीकी-सी परत; **~ drunk** पूर्णतः नशे में चूर; **~ duck** अवश्य असफल होने वाला व्यक्ति; **~ earnest** गंभीर, बिना किसी मजाक के; **~ freight** रिक्त या भाड़ा मुक्त माल; **~ halt** आकस्मिक विराम; **~ heat** दो धावकों द्वारा एक ही समय पर पूरी की जाने वाली दौड़, बराबर का मुकाबला; **~ hours of the night** रात के सन्नाटे का समय; **~ language** मृत भाषा; **~ letter** 1 मृतप्राय कानून, अप्रचलित नियम 2 अज्ञात नामिक पत्र, अंकपत्र, बेपते का पत्र, जिसे प्राप्त कर्ता को दिया न जा सके 3 मात्र कागजी करार; **~-letter box** गुप्त संदेश रखने का स्थान जहां से पाने वाला बाद में खोजकर पा सकता है; **~ letter office** बेपता चिट्ठियों का दफ्तर; **~ light/ lights** *naut.* पोर्ट होल के लिए तूफानी खिड़की, अंधौटी, झिलमिल बत्ती; **~ load** अचल भार, मालभार; **~ loan** ऋण, जिसकी वापसी संभव न हो; **~ loss** 1 पूर्ण क्षति या हानि 2 ऐसा नुकसान जिसके लिए कोई मुआवजा न मिले 3 बेकार व्यक्ति या वस्तु; **~ man's handle/~ man's pedal** पुराने रेल इंजन जैसी केवल हत्था या पैडल दबाने से चलने वाली मशीन; **~ march** शवयात्रा, शवयात्रा संगीत या गाजा-बाजा; **~ matter** 1 निर्जीव वस्तु या सामग्री 2 बेकार;**~ men**/(*Austral & NZ*) = **~ marines** *n., [pl.] colloq.* शराब पार्टी के बाद बचीं खाली बोतलें; **~ point** *see* **dead centre**; **~ reckoning** 1 अंखगोली निर्धारण 2 समुद्री यात्रा की दूरी का बिना यंत्रों के निर्धारण; **~ ringer** *sl.* किसी अन्य व्यक्ति से हू-ब-हू मिलने वाला व्यक्ति; **~ ripe** पूर्णतः पका हुआ; **~ season** मंदा समय; **~ set** 1 पूरा थमाव, जैसे शिकार के निशाने पर टिकी बंदूक, शिकार पर नजर गड़ाए शिकारी कुत्ता 2 पूर्णतः दृढ़ संकल्प: ~ set against sth (के खिलाफ पूरी तरह कृतसंकल्प); **~ shot** अचूक निशानेबाज; **~ silence** पूर्ण शांति, घोर स्तब्धता; **~ slow** बिल्कुल धीरे; **~ space** 1 हानिकारक स्थान 2 मृतप्राय स्थान; **~-stick landing** विमान द्वारा बिगड़े इंजन के साथ उतराई; **~ stock** बेकार माल, जाकड़ माल; **~ time** विश्रांति काल; **~ tired** थक कर चूर; **~ valley** शुष्क घाटी; **~ water** निश्चल जल, खड़ा पानी; **~ weight** 1 कुल भार, अचल भार 2 महाभार; **~ work** अनुत्पादी कार्य, बेकार काम; **~ zone** 1 कोई स्थान या समय जहां या जब कुछ नहीं होता या घटता 2 दो पक्षों, स्थानों आदि को अलग करने वाला क्षेत्र: ~ zone between the warring group 3 क्षेत्र, जहां संकेत न होने के कारण मोबाइल फोन आदि काम न कर सके 4 कम ऑक्सिजन वाला पानी जिस में जीव नहीं रह सकते;

p&i: **~ account** बंद खाता, निष्क्रिय लेखा; **~ (set) against** किसी बात का घोर विरोधी हो.; **~ and buried** काफी समय पहले देहांत हो चुका; **~ and gone** कभी का गुजरा हुआ, पुराने फैशन का; **~ as doornail/ as a red herring/ as mutton** 1 निष्प्राण 2 जो अब प्रचलित न हो 3 लुप्त 4 बेअसर; **~ asleep** गहरी नींद में सुप्त; **~ broke** जिसका पूर्णतः दिवाला पिट चुका हो, बिल्कुल खाली जेब; **~ colouring** चित्र की पहली मोटी रूपरेखा; **~ from the neck up** *derog. colloq.* बिल्कुल मूर्ख, मंदबुद्धि; **~ ground** ऊसर, अनुपजाऊ भूमि; **~ in the water** सदा के लिए असफल योजना आदि; **~ light** (जहाज पर की) झिलमिली बत्ती; **~ man's shoes** मरने वाले का उत्तराधिकारी; **~ meat** भारी संकट में; **~ men don't bite/ don't tell tales** मुर्दे नहीं बोलते, मरने वाले के साथ उसके रहस्य भी चले जाते हैं; **~ right** बिल्कुल ठीक; **~ sea** मृत सागर; **~ season** मंदी के महीने; **~ set on sth** किसी चीज को प्राप्त करने को कृतसंकल्प; **~ shot** अचूक निशानेबाज; **~ slow** बहुत धीमा; **~ stroke** घातक प्रहार; **~ thaw** मौत की यंत्रणा; **~ to reason** किसी भी तर्क को अनसुनी करने वाला; **~ to sth** किसी बात या घटना के प्रति असंवेदनशील; **~ to the world** *colloq.* गहरी नींद में, घोड़े बेचकर सोया हुआ; **~ wall** 1 सपाट दीवार, ऐसी दीवार जिसमें खिड़की, रोशनदान, आळे आदि न हों 2 पार्टीशन वाली दीवार 3 ऐसी दीवार पर भवन का भार न पड़े;

a ~ colour चेतनाहीन, बेजान (रंग/ स्वरूप/ प्रकृति आदि); **a ~ duck** पूर्णतः असफल आदि, बेकार; **~ against** घोर विरोधी; **a**

~ **march** शोक यात्रा, शव यात्रा, शव के साथ चलता जुलूस, मातमी जुलूस; **a ~ mouse feels no cold** मरे को गम कहां; **a ~ silence** पूरा सन्नाटा; **as ~ as a/ the dodo = as ~ as a doornail** पूर्णतः मृत; **be a ~ ringer for sb** हू-ब-हू किसी और जैसा हो.; **be ~ and gone** मर चुका हो.; **be ~ set against sth/ doing sth** किसी बात या काम का घोर विरोधी हो.; **cut sb ~** पूरी तरह उपेक्षा क.; **cut to ~** पूर्णतः उपेक्षित क.; **drop ~** थक के चूर हो.; **enough to rouse the ~** बहुत शोर-शराबे वाला; **fall into a ~ faint** अचेत या मृत होकर गिर पड़ना; **in the ~ of night**/ **at the ~ of night** रात की घोर शांति में; **get the ~wood** किसी से बेहतर हो., किसी को जटिल स्थिति में फंसा दे.; **in the ~ of winter** कड़ी सर्दी के समय; **let the ~ bury their ~** गड़े मुर्दे नहीं उखाड़ने चाहिए; **make a ~ at sb** 1 किसी पर टूट पड़ना 2 किसी की कटु आलोचना क. 3 अन्यायपूर्ण आलोचना से रौंद डालना 4 जबरदस्ती किसी की पात्रता पाने के लिए उसके गले पड़ना; **more ~ than alive** थकावट से चूर; **on the ~** ईमानदारी से, पूरी गंभीरता के साथ; **over my ~ body** कभी नहीं, किसी भी सूरते हाल में नहीं; **sb wouldn't be seen/ caught dead** किसी पोशाक या स्थिति में न होना चाहना; **shoot sb ~** किसी को गोली मारकर ढेर कर दे.; **stop ~** एक दम से या पूरी तरह बंद हो जा.; **the ~ centre** आवश्यक आधार; **the ~ hand of sth** जकड़ बनाकर रखने वाला; **the ~ of night** आधी रात के सन्नाटे में; **the ~ of winter** जाड़े के मौसम के ठीक बीच में, घोर सर्दी के सन्नाटे में; **the ~ ring of sb** हू-ब-हू प्रति या कॉपी; **wouldn't be caught/ seen ~** कतई भी ऐसा नहीं कर सकता

deaden /डेड\न/ *v., pt.* **~ed**, *pp* **~ing** 1 (*syn.* dull) मंद क. या कम हो. या क.: ~ the force of blow 2 दर्द आदि कम क. 3 अचेत क., सुन्न क.: ~ nerve of the tooth 4 पूर्णतः ध्वनि-रोधक बनाना: ~ the sound 5 असंवेदनशील क.: ~ sb's feelings;
dw/lw: **~er** /~नः/ *n.* शामक; **~ing** /~निंग/ *n.* शमन; **~ing** *adj.* शमनकारी: ~ing effect (शामक प्रभाव)

deadline /डेड्लाइन/ *n.* अंतिम अवधि, किसी काम को पूरा करने की अंतिम समय सीमा, अंतिम तिथि: set a ~; meet/ miss a ~; a tight ~; the ~ for (doing) sth

deadlock *see above under* **dead:** ***dw/lw***

dead\ly /डेड्लि/ *adj., degr.* **~lier**, **~liest** 1 घातक, जानलेवा: **~ly** blow; **~ly** weapon 2 निष्ठुर, नृशंस: **~ly** combat; **~ly** feud 3 भयंकर: **~ly** paleness; **~ly** dullness 4 मृतवत्;
adv. 1 (*syn.* lethal) घातक रूप से 2 अत्यधिक, अत्यंत: **~ly** dull/ serious, etc. (अत्यधिक उबाऊ/ गंभीर आदि); **~ly** tired; **~ly** pale
dw/lw: **~liness** *n.* घातकता;
collocations: **~ly sins** महापाप, घोर पाप; **in ~ly earnest** अत्यंत गंभीरता से; **~ly nightshade** घड़ियाल जैसे पत्तों वाला एक पौधा

deadwood *see above under* **dead:** ***dw/lw***

deaf /डेफ\/ *adj., degr.* **~er**, **~est** 1 बहरा, बधिर: little ~ 2 (*usually* **~ to sth**) उदासीन, बेपरवाह: be ~ to advice 3 (**the ~**) बधिर लोग;
dw/lw: **~aid** *n.* श्रवण सहायक यंत्र; **~en** /डेफन/ *v., pt.* ~ened, *pp* ~ening 1 किसी को बहरा बना दे 2 ऊंची आवाज के शोर में दबा दे.; **~ly** /~लि/ *adv.* बधिरों की तरह; **~ness** /~नेस/ *n.* बहरापन, बधिरता; **~ening** /~निंग/ *adj.* बहुत अधिक शोर-शराबे वाला, बहरा बना देने वाला: ~ening applause; **~eningly** /~निंगलि/ *adv.* बहरा बना देने वाले शोर-शराबे के साथ; **~-mute** /~-म्यूट/ *n., often considered offensive* गूंगा-बहरा, मूक-बधिर;
collocations: **~ aid** सुनने में मदद करने वाले उपकरण; **~ alphabet**/ (*now often considered offensive*) = **~-and-dumb alphabet** हाथों से बनाए जाने वाले संकेतों की वर्णमाला; **~ and dumb** मूक-बधिर; **~ language**/ (*now often considered offensive*) = **~-and-dumb language** बधिरों द्वारा प्रयोग की जाने वाली संकेत-भाषा; **~ mute** गूंगा-बहरा;
p&i: **~ as an adder/ a beetle/ stone** पूरी तरह से बधिर; **~ as a post** वज्र बधिर, बिल्कुल बहरा; **~ husband and a blind wife are always a happy couple** एक दूसरे की कमियों को नजर-अंदाज करना सुखी दांपत्य-जीवन का रहस्य है; **~ to** के प्रति असंवेदनशील;
as ~ as adder बिल्कुल बहरा; **fall on ~ ears** अनसुनी कर दे.; **none are so ~ as those that won't hear** बहरा वह नहीं जो सुन नहीं सकता, बल्कि वह जो सुनना नहीं चाहता; **turn a ~ ear to** सुनवाई न क., उपेक्षा क.; **turn a ~ ear to sb/ sth** किसी की न सुनना, किसी की अनसुनी या अनदेखी क.

DEAL *abbr.* 'Defence Electronics Applications Laboratory' की प्रथमाक्षरी

deal /डील/ *n.* 1 सौदा: a ~ with sb; strike a ~ (सौदा तय करना) 2 लेन-देन का करार: a ~ between 3 मात्रा: see sb a great ~ 4 परिमाण: feel a ~ better (कहीं ज्यादा बेहतर हो.) 5 ताश के पत्तों की बंटाई, बांट 6 व्यवहार, बरताव: a rough/ raw/ better ~ 7 फर्नीचर आदि के लिए देवदार (teak wood) आदि के फट्टे: pine **~s**; yellow **~s** (देवदार के फट्टे);
v., pt. **~t**, *pt. p.* **~t**, *pp* **~ing** 1 बांटना 2 दे. 3 सौदा क. 4 व्यापार क.: ~ in sth 5 लेन-देन क. 6 पर विचार क. 7 व्यवहार या बर्ताव क. 8 समस्या को सुलझाना: ~ with the matter 9 (*also* **~ out**) बांटना: the money must be ~ out fairly; ~ out gifts 10 ताश के पत्ते बांटना: ~ cards 11 किसी प्रश्न, विषय या समस्या के ऊपर प्रकाश डालना या उसे स्पष्ट क.: the book **~s** with the problem of unemployment;
adj. देवदार का, देवदारू (teak): ~ table;
dw/lw: **~ing** *n.* 1 बांट 2 (**~ings**) बर्ताव, लेनदेन;
collocations: **~ing staff** संबद्ध कर्मचारी;
a big ~ महत्त्वपूर्ण व्यक्ति या वस्तु;
p&i: **~ by** के प्रति पेश आना, से व्यवहार क.; **~ in sth** कारोबार क.; **~ sb a blow** 1 किसी पर वार या प्रहार क. 2 मुक्का लगाना; **~ sb in** किसी को किसी कार्य में शामिल क.; **~ sth out** 1 कुछ लोगों में बाटना 2 किसी के लिए दंड की मांग क.; **~ with sb/ sth** 1 के साथ लेन-देन का कार्य क. 2 से वास्ता रखना 3 के साथ कारोबार संबंधी व्यवहार रखना 4 को सुलझाना, ठीक क. या से निपटना, का सामना क.;
a bad ~ क्रूर व्यवहार; **a big ~** 1 बड़ा सौदा 2 महत्त्वपूर्ण बात 3 बड़ी समस्या; **a good or great ~** 1 बहुत अच्छी या बड़ी मात्रा 2 बहुत सारा या सारी 3 अक्सर; **negotiate/ sign a ~** सौदा करने के लिए बातचीत/ हस्ताक्षर क.; **new ~** बड़ा परिवर्तन; **well, that's a ~!** सौदा पक्का!; **what's the ~?** अब क्या हो रहा है?

de-alcoholi\ze/ de-alcoholi\se /डीऐल्कहलाइज/ *v. pt.* **~zed/ ~sed**, *pp* **~zing/ ~sing** मदिरा या बीयर में शराब की तेजी कम क.

dealer /डीलः\/ *n.* 1 व्यापारी, व्यवसायी, कारोबारी 2 पत्ते बांटने वाला;
dw/lw: **~ship** /~शिप/ *n.* किसी कंपनी का माल बेचने का अधिकार, डीलरशिप;
collocations: **double ~** दोमुंहा व्यक्ति, धोखेबाज; **plain ~** खुला या ईमानदार आदमी

dealing /डीलिंग/ *n. [pl.]* 1 वास्ता 2 (**~s**) कारोबारी संबंध, लेन-देन, व्यापारिक संबंध 3 व्यवहार, बर्तावः plain ~ (खुला या ईमानदार व्यवहार); double ~ 4 क्रय-विक्रय

dealt /डेल्ट/ *pt.*, 'deal' का भूतकाल

deambulation /डीऐंब्युलेशन/ *n.* चहलकदमी, सैर

dean /डीन\/ *n.* 1 विश्वविद्यालय का अधिकारी, संकायाध्यक्ष 2 एक चर्च अधिकारी 3 नेता, कर्णधार;
dw/lw: **~ery** /~रि/ *n.* 1 पल्ली-समूह 2 अध्यक्ष-निवास 3

संकायाध्यक्ष का कार्यालय या पद; ~**ship** *n.* संकायाध्यक्षता

dear /डिअः/ *adj., degr.* ~**er**, ~**est** 1 प्यारा, प्यारी, प्रिय, प्रिया 2 *UK* महंगा, महंगी: ~ rate; cost sb too ~ a price 3 (*usually* ~ **to sb**) बहुत प्रिय: ~ to sb/ sb's heart; a ~ little thing 4 कीमती, मूल्यवान, बहुमूल्य;
excl. 1 (*also* **deary**, **dearie**) **Oh dear!** ओ यार! 2 दुःख की अभिव्यक्ति: **Dear, dear!**; **Dear** me!;
n. 1 प्रिया/ प्रियतम, प्राणप्रिया: with his ~ 2 (*also* **deary, dearie**) आकर्षक व्यक्ति: isn't he ~**y**? 3 दयालु व्यक्ति;
adv. महंगे मूल्य पर: cost ~; sell ~; pay ~ for one's errors;
dw/lw: ~-**bought** *adj.* महंगा खरीदा हुआ; ~**est** *adj.* 1 परम प्रिय: ~est Rita 2 सबसे प्रिय: sb's ~est wish; ~**est** *n.* परम प्रिय व्यक्ति: ~est, let us go home.; ~**ie** *n.* मैत्रीपूर्ण संबोधन: sit down, ~ie; ~**ly** /~लि/ *adv.* 1 दिल से 2 ऊंचे मूल्य पर: pay ~ly; ~**ness** /~निस/ *n.* 1 प्रेम, स्नेह 2 महंगापन, महंगाई;
collocations: ~**ness allowance** महंगाई भत्ता;
p&i: ~ **knows** *colloq.* किसी को पता नहीं;
a ride for ~ life ताबड़-तोड़ दौड़ना; **fight for ~ life** जीवन की बजाए मौत के लिए लड़ना; **hold sb/ sth ~** किसी की बहुत परवाह क., किसी का बहुत आदर क.; **run/ flee for ~ life** जान बचाने के लिए सिर पर पैर रखकर दौड़ना

dearth /डःथ/ *n.* 1 दुर्लभता 2 (***syn.*** scarcity) अभाव, कमी, टोटा: a ~ of sth 3 अकाल: in time of ~ (भुखमरी के समय);

deaspiration /डीऐस्पिरेशन/ *n.* अल्पप्राणिकरण, अघोषीकरण

death /डेथ/ *n.* 1 मृत्यु, मौत, मरण, निधन, देहांत, स्वर्गवास: to ~ (मर जाने तक) 2 अंत, समाप्ति: sb's premature/ sudden/ tragic/ untimely ~ 3 *often humorous* मृत्यु का कारण बनने वाली चीज या घटना: his antics will be the ~ of me 4 अंत, विनाश 5 (**Death**) मृत्यु के प्रतीक के रूप में अस्थि-पंजर;
dw/lw: ~-**agony** *n.* मृत्यु-पूर्व पीड़ा; ~**bed** *n.* मृत्युशय्या: on one's ~bed (मृत्युशय्या पर, मौत की कगार पर); ~-**bird** *n.* गंदगी खानेवाला पक्षी; ~**blow** *n.* जानलेवा वार या आघात, घातक प्रहार; ~-**day** *n.* मृत्यु दिवस, बरसी; ~-**damp** *n.* ठंडा पसीना; ~-**feud** *n.* खूनी दुश्मनी; ~**ful** *adj.* घातक, खतरनाक: ~ful stillness; ~-**hunter** *n.* युद्ध के मैदान में मृत सैनिकों को लूटने वाला; ~**knell** *n.* 1 किसी की मृत्यु पर बजाई जाने वाली घंटी 2 आशाओं के ध्वस्त हो जाने के बारे में घोषणा; ~**less** *adj., often, ironic* (***syn.*** immortal) अमर, कभी न मरने वाला: ~less prose; ~**lessness** *n.* अमरत्व; ~**like** *adj.* मौत-सा, घातक; ~**liness** *n.* घातकता, मृत्यु तुल्यता; ~**ly** *adj.* मृत्यु तुल्य, घातक, अत्यधिक अप्रिय; ~-**mask** *n.* मृत्यु के पश्चात प्लास्टर पर उतारा गया चेहरा, मृत्यु के तुरंत बाद मृतक के चेहरे के अनुरूप बनाया जाने वाला मुखौटा; ~-**notice** *n.* मृत्यु-संवाद; ~-**ray** *n.* मृत्यु-रश्मि; ~**roll** *n.* मृतक-संख्या, मृतक-सूची; ~-**sentence** *n.* मृत्यु-दंड; ~**'s-head** *n.* खोपड़ी; ~-**sick** *adj.* बहुत कमजोर, घातक रूप से बीमार; ~**sman** *n.* जल्लाद; ~-**struggle** *n.* प्राण पीड़ा; ~-**tax** *n.* मृत्यु-कर; ~-**wish** *n.* मृत्यु-कामना, मरने से पहले अंतिम इच्छा; ~-**trance** *n.* गहरी नींद या बेहोशी में; ~-**trap** *n.* खतरनाक स्थान, फांसी का फंदा; ~**watch** *n.* मरणासन्न व्यक्ति या मृतक की देख-रेख; ~-**wound** *n.* घातक घाव;
collocations: ~ **adder** एक आस्ट्रेलियायी जहरीला सांप; ~ **cap** (*also* ~ **cup**/ ~ **angel**) अत्यंत जहरीली कुकुरमुत्ता या छत्रक; ~ **cell** काल कोठरी; ~ **certificate** मृत्यु-प्रमाणक; ~ **dance** मृत्यु-नृत्य; ~ **duty** (*often* ~ **duties**) *Br.* मृत्यु के बाद बची संपत्ति पर कर; ~ **penalty** मृत्युदंड, मौत की सजा; ~ **rate** मृत्यु-दर; ~ **rattle** घटका, घर्रा, मृत्यु से पहले गले में होने वाली घर्घराहट; ~ **row** *N. Amer., esp., US* जेल का वह भाग जहां मृत्यु-दंड प्राप्त कैदी रखे जाते हैं: on ~ row (फांसी की कगार पर मृत्यु दंडित अपराधी); ~ **sentence** मृत्यु-दंड; ~**'s head = the borne structure of the head** मृत्यु के प्रतीक के रूप में मनुष्य की खोपड़ी; ~**'s head moth** खोपड़ी की आकार का पतंगा; ~ **squad** विरोधियों की हत्या करने वाले आतंकवादियों का समूह, मारक दस्ता; ~ **star** तारे की आकार का धातु का प्रक्षेपक; ~ **throe** (*also* ~ **throes**) 1 मृत्यु से पहले अंतिम संघर्ष 2 मृत्यु से पहले भयंकर पीड़ा का दौरा; ~ **toll** मरने वालों की संख्या; ~ **trap** मौत का फंदा, मौत का मुंह: modern cars can be like a ~ trap; ~ **warrant** फांसी का आदेश: sign one's own ~ warrant; ~**watch beetle** एक कीट जो इमारत की लकड़ी की संरचनाओं को खोद-खोदकर इमारत के गिरने तक का खतरा पैदा कर सकता है; ~ **wish** मरने की इच्छा;
leaden ~ घातक सीसा; **(the) field of** ~ मौत का मैदान;
p&i: ~ **at a feast** कबाब में हड्डी, पार्टी का मजा किरकिरा करने वाला; ~ **bed repentance** मृत्युशय्या का पश्चाताप; ~ **defies the doctor** काल को कोई टाल नहीं सकता; ~ **follows birth** जो आया सो जायेगा राजा रंक फकीर; ~ **from sth** किसी कारण से मृत्यु; ~ **is a grand leveller** मौत राग-द्वेष, सुख-दुःख आदि सभी से व्यक्ति को मुक्त कर देती है; ~ **keeps no calendar** मौत की कोई तारीख नहीं होती; ~ **knocks at the door** मौत की घड़ी आ पहुंची; ~**on** 1 के लिए घातक 2 किसी चीज का शौकीन; ~ **pay all debts** जब मौत आ गई तो कहां कर्ज और कहां और कुछ?; ~**'s day is doomsday** आप मरे जग परलै; ~ **takes no denial** मौत का आगे बस नहीं चलता;
a dog's ~ शर्मनाक मौत; **a living** ~ मौत जैसी जिंदगी; **as sure as** ~ मृत्यु की तरह अवश्य होने वाला या पक्का; **at ~'s door** मृत्यु के सन्निकट, मरणासन्न; **beat to** ~ पीट-पीटकर जान निकाल दे.; **be the ~ of sb** किसी की मृत्यु का कारण होना; **bleed to** ~ खून बहाकर मार दे.; **catch one's ~/ catch one's ~ of cold** *colloq.* बहुत जोर की सर्दी लग जा.; **choke to** ~ गला घोंटकर मार दे.; **cling like grim** ~ पूरे दम-खम से चिपके रहना; **crush to** ~ कुचलकर मार दे.; **do** or **put to** ~ जानबूझकर मार डालना; **do sb to** ~ *old use* किसी को मार दे.; **do sth to** ~ किसी चीज को जरूरत से ज्यादा बार प्रयोग में लाने के कारण लोगों का ऊब जा.; **dry** ~ 1 डूबने को छोड़कर किसी अन्य तरीके से होने वाली मौत; **freeze to** ~ सर्दी से मर जा. या मारना; **frightened/ bored, etc. to** ~ अत्यधिक भयभीत/ अत्यधिक ऊबा हुआ; **in the** ~ 1 शिकार किए गए जानवर की मौत के दौरान मौजूद 2 किसी कारोबार या संस्था के विनाश की पराकाष्ठा के समय मौजूद; **like ~ warmed up/ over** *colloq.* अति अस्वस्थ, विषादमय; **look like a ~'s head** बहुत खराब हालत में दिखना; **look like a ~ on mopstick** मृत्यु तुल्य शक्ल, मनहूस सूरत; **put sb to** ~ मार दे., मौत के घाट उतारना; **ride like grim** ~ पूरी कोशिश क., पूरी ताकत से; **stab to** ~ छुरा घोंपकर मारना; **starve to** ~ भुखमरी से मरना; **talk sth to** ~ लंबे-लंबे उबाऊ भाषणों द्वारा बेहद परेशान कर दे.; **tickle to** ~ हंसी से लोट-पोट क.; **to the** ~ जब तक मर न जाए; **trample to** ~ पांव तले रौंदकर मारना; **worse than** ~ मौत से भी ज्यादा डरावना

deb *n., colloq.* = **debutante** /डेब्युटॉंट, डेब्युटैंट / *US* डेब्युटांट/ किसी काम को पहली बार करने वाला

debacle/ dèbâcle /डेबाकल/ *US* डेबाकल, डिबाकल/ *n.* 1 पतन 2 भगदड़ 3 शर्मनाक पराजय: suffer a ~ 4 नदी में बर्फ पिघलने से आने वाली बाढ़ 5 बाढ़ के कारण होने वाला विनाश

debag /डिबैग/ *v., pt.* ~**ged**, *pp* ~**ging** *colloq.* शरारत के रूप में किसी की पतलून उतार दे.

debar /डिबाः/ *v., pt.* ~**red**, *pp* ~**ring** 1 प्रवेश न करने दे., रोकना: ~ passage 2 मना क., वर्जित क.: ~ sb from voting 3 निकाल दे. या वंचित रखना: ~ from the joys of life; ~ sb the right of sth;
dw/lw: ~**ment** *n.* मनाही, वर्जना, वंचन

debark /डिबाःक/ *v., pt.* ~**ed**, *pp* ~**ing** 1 उतरना, उतारना 2 फौजी दस्तों आदि) को जहाज से कहीं उतारना;
dw/lw: ~**ation** *n.* (जहाज आदि से) नीचे उतारने की क्रिया

debase /डिबेस/ *v., pt.* ~**d**, *pp* **debasing** 1 (***syn.*** devalue) महत्त्व, मान-सम्मान कम कर दे. 2 कलंकित क., दूषित/ भ्रष्ट क.;
dw/lw: ~**d** /डिबेसड/ *adj.* पतित, भ्रष्ट, नीच, गिरा हुआ; ~**ment** /डिबेसमेंट/ *n.* 1 पतन, गिरावट, दूषित अवस्था, गुण-ह्रास 2 हीन बनने की क्रिया; ~**r** /डिबेसः/ *n.* कलंकित या दूषित करने वाला; **debasing** *adj.* कलंकित या प्रदूषित होने वाला या करने वाला;
p&i: ~ **oneself** भ्रष्ट होना, नीचा देखना, अपने को गिराना

debatable/ debateable /डिबेटअबल/ *adj.* 1 विवादास्पद, विवाद्य 2 विवादग्रस्त: ~ ground 3 संदेहजनक, जो पक्का न हो: ~ opinion

deba\te /डिबेट/ *n.* बहस, वाद-विवाद: ~**te** on the report; open to ~**te**;
v.*, pt.* ~**ted**, *pp* ~**ting** 1 (***syn.*** discuss) किसी मुद्दे पर बहस या विचार-विमर्श क. 2 विचारों का आदान-प्रदान क.;
dw/lw: ~**ter** *n.* बहस करने वाला, वाद-विवाद में कुशल; ~**ting** *n.* किसी मुद्दे पर औपचारिक बहस या वाद-विवाद;
collocations: ~**ting society** वाद-विवाद समिति;
p&i: **a full-dress** ~**te** महत्वपूर्ण मुद्दे पर बहस; **beyond** ~**te** संदेह से परे; **the spirit of** ~**te** संघर्ष भावना

debauch /डिबॉःच\/ *v., pt.* ~**ed**, *pp* ~**ing**, *s/he/it* ~**es** 1 नीतिभ्रष्ट कर दे., पथभ्रष्ट क. 2 अनैतिक यौन कार्य-कलापों में लिप्त हो., लंपटता क.;
dw/lw: ~**ed** /~ड/ *adj.* (***syn.*** depraved, dissolute) पथ-भ्रष्ट, अनैतिक, लंपट, दुराचारी, व्यभिचारी; ~**edly** /डिबॉचिडलि/ *adv.* अनैतिक ढंग से; ~**edness** /डिबॉचिडनेस/ *n.* अनैतिकता, पथ-भ्रष्टता, लंपटता; ~**ee** /डेबॉःचि/ डिबॉःशि/ *n.* विलासी, चरित्रभ्रष्ट व्यक्ति, लंपट, व्यभिचारी

debauchery /डिबॉचरि/ *n.* लंपटता, विषयभोग, दुर्व्यसन, व्यभिचार

debby /डेबि/ *adj., colloq.* से संबंधित, के लिए उपयुक्त

debenture /डिबेंचः/ *n., finance* 1 कंपनी या सरकार को दिया जाने वाला निर्धारित अवधि व ब्याज वाला ऋण: mortgage ~ 2 ऋण-पत्र, डिबेंचर;
dw/lw: ~-**bond** *n.* ऋण-पत्र; ~**d** *adj.* डिबेंचरकृत;
collocations: ~ **holder** ऋणपत्रधारी, डिबेंचरधारी; ~ **transfer** डिबेंचर/ ऋण-पत्र स्थानांतरण; **irredeemable** ~ अप्रतिदेय डिबेंचर/ ऋण-पत्र; **terminable** ~ सावधि डिबेंचर/ ऋण-पत्र; **re-issue of** ~ डिबेंचर/ ऋण-पत्र का पुनर्निगम

debilitant /डिबिलिटंट/ *n.* 1 आरामदेह पदार्थ (औषधि) 2 कमजोर करने वाला या क्षीणकारी पदार्थ

debilita\te /डिबिलिटे\ट/ *v., pt.* ~**ted**, *pp* ~**ting** कमजोर/ दुर्बल क.;
dw/lw: ~**ting** /~टिंग/ *adj.* कमजोर करने वाला या क्षीणकारी; ~**tion** /~शन/ *n.* दुर्बलीकरण

debility /डिबिलिटि/ *n.* (बीमारी के कारण) दुर्बलता, कमजोरी, क्षीणता

debit /डेबिट/ *n.* 1 नामे, नामखाता, विकलन: ~ and credit 2 (***anton.*** credit) बैंक के खाते से निकाली जाने वाली रकम या राशि: put/ place to sb ~ 3 खाते में से की जाने वाली कटौती;
v.*, pt.* ~**ed**, *pp* ~**ing** 1 नामे लिखना: ~ a sum against/ to sb's account 2 खर्चे में डालना 3 बैंक खाते से पैसा निकालना;
dw/lw: ~**able** /डेबिटेबल/ *adj.* नामे डालने योग्य, नामे योग्य; ~-**note** *n.* नामे-नोट, नामे-चिट्ठी; ~-**side** *n.* विकलन पक्ष;
collocations: ~ **account** नामे खाता, नामे लेखा; ~ **balance** नामे बाकी; ~ **card** भुगतान करने के लिए प्लास्टिक कार्ड

debonair/ debonnoire /डेबअनेअः\/ *US* डेबअनेर\/ *adj.* 1 मिलनसार, भद्र 2 खुशमिजाज, प्रसन्नचित्त, आकर्षक, शालीन, आत्मविश्वासी;
n. 1 भद्रता, शालीनता 2 शालीन व खुशमिजाज व्यक्ति
dw/lw: ~**ly** /~लि/ *adv.* शालीनता से

debouch /डिबाउच\/ *v., pt.* ~**ed**, *pp* ~**ing**, *s/he/it* ~**es** किसी संकरे स्थान से खुले में निकल आना
dw/lw: ~**ment** /~मंट/ *n.* 1 खुले स्थान में आने की क्रिया 2 नदी का मुंह

debrief /डीबी\फ्र/ *v., pt.* ~**ed**, *pp* ~**ing** किसी अभियान की आधिकारिक जानकारी लेना;
dw/lw: ~**ing** /~फ्रिंग/ *n.* 1 विमान पायलट या अंतरिक्षयान चालकों के निर्धारित कार्य पूरा होने पर उनसे रिपोर्ट लेना या पूछताछ क. 2 रिपोर्ट की सुनवाई

debris/ débris /डेब्री/ *n.* 1 खंडहर 2 इमारत के ध्वस्त होने के बाद बिखरा मलबा या कचरा 3 निर्माण कार्य का कचरा

debt /डेट/ *n.* 1 कर्ज, ऋण, उधार, देनदारी 2 आभार, अहसान;
dw/lw: ~**ee** /डेटी/ *n.* साहूकार, सूदखोर; ~**less** /डेटलेस/ *adj.* ऋणों से मुक्त; ~**or** /डेटः/ *n.* ऋणी, कर्जदार; ~-**redemption** /डेट-रिडंप्शन/ *n.* ऋण-निर्मोचन, ऋण-प्रतिशोधन;
collocations: ~ **country** ऋणी देश; ~ **of gratitude** आभार या अहसान का ऋण; ~ **of honour** वाग्दत्त ऋण, मान ऋण; ~ **of nature** मृत्यु; ~ **relief** ऋण-माफी, ऋण चुकाने से राहत; ~ **service** ब्याज का भुगतान; ~**'s ledger/ book** देनदार बही;
accruing ~ उपचित ऋण; **bad** ~ डूबा ऋण/ रकम, अशोध्य या बट्टेखाते का ऋण; **bonded** ~ बंधक ऋण; **capital** ~ पूंजीगत ऋण; **floating** ~ चल ऋण; **funded** ~ निधिगत ऋण; **good** ~ शोध्य ऋण; **small** ~**s** छोटी-मोटी उधार; **unfunded** ~ अनिधिगत ऋण;
p&i: ~ **is the worst credit** उधार सबसे बुरी साख है, उधार बेइज्जती का कारण बनता है; ~ **of nature** मौत, मृत्यु; ~**ors are liars** कर्ज आदमी को झूठा बना देता है;
be in sb's ~ कृतज्ञ हो., किसी का आभारी/ ऋणी हो.; **be head and ears in** ~ सिर से पैर तक ऋण में डूबा हो.; **be in/ fall into/ get into/ run into** ~ कर्ज में हो./ फंसना; **be/ get out of** ~ कर्ज से छुटकारा पाना; **clear/ pay off/ repay/ settle a** ~ ऋण चुकाना/ उतार दे./ चुकता क.; **contract** ~**s** ऋण में फंस जा.; **he that dies, pays all** ~**s** मरने के बाद सब ऋण चुकता हो जाते हैं; **pay one's** ~ अपना ऋण चुकाना; **pay one's** ~ **to nature** मर जा.; **the** ~ **of nature** मृत्यु, मौत

debug /डीबग/ *v., pt.* ~**ged**, *pp* ~**ging** 1 खटमलों या कीटाणुओं से छुट्टी पाना 2 कमरे में से छिपे हुए (जासूसी) माइक्रोफोनों को हटाना 3 कंप्यूटर प्रोग्राम में से गड़बड़ हटाना;
dw/lw: ~**ging** *n.* कंप्यूटर आदि उपकरणों या प्रोग्रामों में खराबी का पता लगाकर उसे दूर करने की क्रिया

debugger /डीबगः/ *n. comput.* ऐसा कंप्यूटर प्रोग्राम जो दूसरे प्रोग्रामों में खराबी ढूंढकर उसे ठीक करता है

debunk /डीबंक/ *v., pt.* ~**ed**, *pp* ~**ing** 1 झूठा सिद्ध कर दे., पर्दाफाश कर दे. 2 (किसी के दावे या सिद्धांत की) खिल्ली उड़ाना;
dw/lw: ~**ing** /डीबंकिंग/ *n.* पर्दाफाश

debus /डिबस/ *v., pt.* ~**sed**, *pp* ~**sing** बस से उतरना या उतारना

debut/ début /डेब्यू/ *n.* 1 मंच पर की जाने वाली प्रथम प्रस्तुति, प्रथम अभिनय: ~ on the stage with mike in hand 2 पहला प्रयास 3 सामाजिक जीवन में पहला प्रवेश 4 श्रीगणेश, आरंभ

débutant /डेब्युटां/ डेब्युटांट/ *n.* किसी उत्सव, समारोह या प्रतियोगिता में पहली बार प्रस्तुति देने वाला पुरुष;
dw/lw: **débutante** /डेब्युटांट/ *n.* किसी उत्सव, समारोह या प्रतियोगिता में पहली बार भाग लेने वाली धनी महिला, युवती या नवोदित तारिका

dec. *abbr.* 'deceased' का संक्षेप

Dec *abbr* 'December' का संक्षेप

DEC *abbr.* 'Digital Equipment Corporation', 'Diploma in E-Commerce', 'Disaster Emergency Cell', 'Distance Education Council', 'Do Expect Cuts' की प्रथमाक्षरी

deca- /डेकअ/ *comb. form, signifying:* **ten** (दस)
decade /डिकेड/ डेकेड/ *n.* दशक, दशी, दहाई, दशाब्द, दस्सा
decadence/ **~cy** /डेकअडंस/ डेकअडंसि/ *n.* 1 पतनोन्मुखता, गिरावट, ह्रास, अधोगति, अवनति, अपकर्ष 2 पतनकाल, अवनतिकाल
decadent /डेकअडंट/ *adj.* पतनोन्मुख, ह्रासोन्मुख, अपकर्षी, ह्रासवादी, क्षयोन्मुख
decaf/ **decaff** /डीकैफ/ *colloq. short* 'decaffeinated coffee' का संक्षेप (कफीन रहित कॉफी)
decaffeina\te /डीकैफिने\ट/ *v. pt.* **~ted**, *pp* **~ting** किसी पदार्थ में से कफीन हटा दे.;
dw/lw: **~ted** /~टिड/ *adj.* कफीन रहित
deca\gon /डेकअ\गअन/ *US* डेकअ\गाःन/ *n., geom.* दसभुज;
dw/lw: **~gonal** /डेकैगअनल/ *adj.* दसभुजी; **~gram** /~ग्रैम/ *n.* डेकाग्राम, दस ग्राम; **~hedron** /~हीड्रन/ *n.* दशफलक; **~hedral** /~हीड्रल/ *adj.* दसफलकी; **~logue** /~लोग/ *n.* दस नियम, दशशील; **~meter** *n.* डेकअमीटर; **~pod** /~पॉड/ *n.* दशपाद; **~stich** /~स्टिच/ *n.* दशपदी; **~syllable** /~सिलबल/ *n.* दस शब्दांश
decal /डीकैल/ *n., mainly N. Amer.* कागज पर छपा वह चित्र जिसे शीशे या किसी अन्य वस्तु पर चिपकाकर उतारा जा सके, डीकल, उतारा हुआ चित्र
decalci\fication /डिकैल्सिफिकेशन/ *n.* कैल्सियम रहित करने की क्रिया, विकैल्सीकरण;
dw/lw: **~fy** *v., pt.* ~fied, *pp* ~fying, *s/he/it* ~fies कैल्सियम रहित करना; **~fier** *n.* कैल्सियम रहित करने वाला
decalcomania /डिकैल्कअमेनिआ/ *n.* कागज पर छपे चित्र को शीशे आदि या किसी अन्य वस्तु पर चिपकाकर उतारने की क्रिया
decalitre /डेकअलीटः/ (*also N. Amer.* **decaliter**) *n.* डेकालीटर
(the) Decalogue /डेकअलॉग, डेकअलौग/ *n.* ईसाई धर्म में दस शील या आज्ञाएं जिन्हें ईसा मसीह ने मोशे (Moses) को दिया था
decametre/ **decameter** /डेकअमीटः/ *n.* डेकामीटर
decamp /डिकैंप\/ *v., pt.* **~ed**, *pp* **~ing** 1 शिविर छोड़ दे. 2 शिविर से चुपके से चल दे., खिसक जा. 3 चंपत होना, फरार होना: criminal **~ed** at night;
dw/lw: **~ment** /~मंट/ *n.* 1 फरारी 2 स्थान छोड़ने की क्रिया
decant /डिकैं\ट/ *v., pt.* **~ed**, *pp* **~ing** 1 निथारना 2 एक बोतल से दूसरी में तलछट के ऊपर का (तलछट को छोड़कर) तरल डालना 3 लोगों को उनके घरों से निकालकर कहीं और बसाना;
dw/lw: **~er** /~टः/ *n.* निथारी हुई मदिरा से भरी एक सजावटी बोतल
decapita\te /डिकैपिटे\ट/ *v., pt.* **~ted**, *pp* **~ting** (***syn.*** behead) सिर काट दे., सिर कलम कर दे., सिर उड़ा दे.;
dw/lw: **~tion** /~शन/ *n.* शिरश्छेदन, शीर्षोच्छेदन, सिर की कटाई
decapod /डेकअपॉड/ *n., zool.* दस अंगों वाला जीव
decarbo\nize/ **~nise** /डिकाःबअनाइज/ ***v.*** *pt.* **~nized**/ **~nised**, *pp* **~nizing**/ **~nising** (*also* **decoke**) कार्बन रहित क.
decasylla\ble /डेकअसिलअ\बल/ *n.* दस शब्दांशों से बना पद, छंद;
dw/lw: **~bic** /~बिक/ *adj.* दस शब्दांशों वाला (पद, छंद)
decath\lon /डिकैथ\लअन/ *n.* ऐसी प्रतियोगिता जिसमें प्रतियोगियों को दस खेलों में खेलना होता है;
dw/lw: **~lete** /~लीट/ *n.* डिकैथलन का खिलाड़ी
decauda\te /डीकॉडेट/ *v., pt.* **~ted**, *pp* **~ting** पूंछ काटना, अपुच्छ बनाना
decay /डिके\/ *v., pt.* **~ed**, *pp* **~ing** 1 (***syn.*** rot) सड़-गल जा., क्षय हो, बिगड़ना 2 क्षीण हो.: his powers are beginning to ~; ***n.***, *pl.* **~s** 1 सड़ाव, सड़न-गलन: ~ of leaves 2 क्षय, ह्रास, अपकर्ष: ~ of health 3 दांत में गला-सड़ा भाग;
dw/lw: **~ed** /~ड/ *adj.* 1 गला-सड़ा 2 क्षयग्रस्त: ~ed tooth; **~ing** /~इंग/ *adj.* क्षयग्रस्त, ह्रासोन्मुख, सड़ा हुआ, अवनत;
p&i: **be in ~** क्षयग्रस्त हो.; **fall into ~** क्षयमान हो.
DECCE *abbr.* 'Diploma in Early Childhood Care and Education' की प्रथमाक्षरी
decea\se /डिसी\स/ *n. law* मृत्यु;
v., *pt.* **~sed**, *pp* **~sing** देहांत हो जा., मृत्यु हो जा.;
dw/lw: **~sed** /~ट/ *adj.* (**the ~sed**) 1 मृत, मृतक, दिवंगत
decedent /डिसिडंट/ *n., now mainly US law* दिवंगत व्यक्ति
deceit /डिसीट\/ *n.* धोखा, छल, कपट;
dw/lw: **~ful** /~फुल/ *adj.* (***syn.*** dishonest) कपटी, धोखेबाज, धूर्त; **~fully** /~फुलि/ *adv.* छल से, धूर्ततापूर्वक, बेईमानी से
decei\ve /डिसीव/ *v., pt.* **~ved**, *pp* **~ving** 1 धोखा दे., छल क., ठगना, 2 विश्वासघात क., दगा दे. 3 (***syn.*** mislead) बहकाना;
p&i: **~ving of a ~ver is not knavery** धोखेबाज को धोखा देना धोखेबाजी नहीं; **he that once ~ves is ever suspected** एक बार झूठा तो हमेशा झूठा
decelera\tion /डीसेलअरे\शन/ *n.* गति का मंदन, अत्वरण;
dw/lw: **~te** /~ट/ *v., pt.* **~ted**, *pp* **~ting** (***anton.*** accelerate; ***syn.*** slow down) मंद क., धीमा क., गति कम क.; **~tor** /~टः/ *n.* मंदक, गति धीमी करने वाला
December /डिसेंबः/ (*abbr.* **Dec.**) *n.* दिसंबर
decency /डीसंसि/ *n.* 1 शालीनता, सुशीलता, मर्यादा: breach of ~ 2 औचित्य: offence against ~; have no idea of ~ 3 शिष्टाचार, भद्र व्यवहार, कुलीनता: ~ in conduct 4 सौंदर्य, अच्छाई: ~ in dress;
collocations: **the decencies** शिष्टाचार
decennary /डिसेनरि/ *n.* दशक, दस वर्षों की अवधि
decennary/ **decennial** /डिसेनरि/ डिसेनिअल/ *adj.* 1 दसवर्षीय 2 हर दस वर्ष पर होने वाला
decent /डीसंट\/ *adj.* 1 अच्छा, उदार: ~ in conversation 2 ठीक-ठाक, अच्छा, अच्छी: ~ conditions; a ~ performance 3 ईमानदार, भला, शरीफ 4 अच्छे कपड़ों में: in a ~ suit of clothes 5 उचित, समुचित: write ~ English 6 शालीन, मर्यादित: ~ conduct;
dw/lw: **~ly** /~लि/ *adv.* 1 ठीक ढंग से: ~ly dressed 2 शराफत से, शालीनतापूर्वक: treat sb ~ly;
p&i: **do the ~ thing** सही काम क., शराफत का काम क.
decentrali\zation /डीसेंअट्रअलाइ\जेशन/ *n.* विकेंद्रीकरण;
dw/lw: **~ze** (*also UK* **-se**) /~ज/ *v., pt.* ~zed/ ~sed, *pp* ~zing/ ~sing विकेंद्रीकरण क.
deception /डिसेप्शन/ *n.* 1 (***syn.*** deceit) धोखा, छल, कपट, दगा: practise ~; fall into ~ 2 वंचन, प्रतारणा 3 ठगी, चालाकी, धूर्तता: a pure ~; a clever ~
deceptive /डिसेप्टिव\/ *adj.* 1 छलपूर्ण, कपटी 2 (***syn.*** misleading) भ्रामक, भ्रांतिकर: ~ weather 3 धोखे में डालने वाली, गुमराह करने वाली: ~ looks;
dw/lw: **~ly** /~लि/ *adv.* कपटपूर्वक, धोखे से, बहकाकर; **~ness** /~नेस/ *n.* कपटीपन, धोखेबाजी, धोखाधड़ी;
p&i: **appearances are often ~** हर चमकदार चीज सोना नहीं होती
dechristiani\ze /डीक्रिस्टिअनाइ\ज/ *v., pt.* **~zed**, *pp* **~zing** अख्रीस्तीय बनाना, ईसाईयत छुड़वाना
deci- *comb. form* (*abbr.* **d**) *signifying:* **one tenth** (दसवां भाग, दशमांश): **~litre**
decibel /डेसिबेल/ *n.* (*symbol* **dB**) ध्वनि की आपेक्षिक ऊंचाई मापने की इकाई, डेसिबल
deci\de /डिसाइ\ड/ *v., pt.* **~ded**, *pp* **~ding** 1 निर्णय क., निश्चय क., फैसला क.: **~de** an issue; **~de** against the plaintiff 2 निर्णीत या निश्चित क.: **~de** against doing sth 3 निर्णायक हो.,

परिणाम का कारण हो.: **~de** battle; this day will **~de** his fate 4 औपचारिक आकलन क. 5 चुनना: **~de** about the two alternatives; **~de** on a course;
dw/lw: **~ded** /~डिड/ *adj.* 1 तयशुदा, निश्चित 2 स्पष्ट, असंदिग्ध 3 कृतसंकल्प: very ~ded character; speak in a ~ded voice; **~dedly** /~डिड्लि/ *adv.* निश्चित रूप से, बेशक, स्पष्टतः: ~dedly ugly; ~dedly better; **~der** /~डः/ *n.* 1 निर्णायक, निर्णय करने वाला 2 निर्णायक तत्त्व; **~ding** /~डिंग/ *adj.* निर्णायक;
collocations:**~ding factor** निर्णायक कारण;
p&i: **~de against sth** किसी बात के विरूद्ध फैसला क.; **~de on/ about sth/ sb** किसी बात या किसी के बारे में निर्णय ले. या फैसला क.; **~de to do sth** किसी काम को करने का फैसला क.; **that ~des me!** चलो, फैसला तय!

deciduous /डिसिजुअस/ *adj.* 1 पतझड़ में (पत्ते) झड़नेवाला (पेड़), पतझड़ी, पर्णपाती: ~ tree 2 अस्थायी, पतनशील 3 उतारकर फेंका जाने वाला

decigram /डेसिग्रैम/ *n.* डेसीग्राम

decile /डेसाइल/ *adj.* दशमक

decilitre /डेसिलीटः/ *n.* डेसीलिटर

decillion /डिसिलिअन/ *n.,* 1 *Brit, France, Germany* (symbol 10^{60}) ब्रिटेन, फ्रांस और जर्मनी में = 10^{60} 2 *mainly N. Amer.* (*symbol* $\mathbf{10^{33}}$) उत्तरी अमेरिका में = 10^{33}

decimal /डेसिम\ल/ *adj.* 1 दस या दशमलव पर आधारित प्रणाली: ~ currency; ~ system of weights;
n. एक (1) से कम संख्या, दशमलव;
dw/lw: **~ization** /~लाइजेशन/ *n.* दशमलवीकरण, दशमलवी प्रणाली को अपनाने की क्रिया; **~ize** /~लाइज/ *v., pt.* ~ized, *pp* ~izing दशमलव में बदलना;
collocations: **~ fraction** दशमलव भिन्न; **~ system** 1 दशमलव पद्धति, दाशमिक पद्धति 2 दाशमिक: ~ classification 3 दशमलव: recurring ~; **~ place** दशमलव चिह्न का स्थान; **~ point** पूर्ण संख्या को अधूरी संख्या से अलग जतलाने वाला दशमलव (**.**) बिंदु;
p&i: **go** ~ दाशमिक पद्धति अपनाना

decima\te /डेसिमे\ट/ *v., pt.* **~ted**, *pp* **~ting** बहुत बड़े स्तर पर नरसंहार क., बहुत बड़े भूभाग और उसके निवासियों का विनाश क.: cholera **~ted** the people;
dw/lw: **~tor** /~टः/ *n.* विनाशकारी शक्ति; **~tion** /~शन/ *n.* बहुत भारी विनाश, जनसंहार

decimetre/ *US* **decimeter** /डेसिमीटः/ *n.* डेसीमीटर

decipher /डिसाइ\फः/ *v., pt.* **~ed**, *pp* **~ing** 1 दुरूह अर्थ को स्पष्ट क. 2 गूढ़ या कूट लिपि, लेख आदि का अर्थ निकालना: ~ an ancient inscription;
dw/lw: **~ability** /~फरअबिलिटि/ *n.* अर्थ निकालने या स्पष्ट करने की संभावना; **~able** /~फरअबल/ *adj.* पढ़े जाने योग्य, व्याख्येय; **~er** /~फरः/ *n.* अर्थ निकालने वाला; **~ment** /~फरमंट/ *n.* दुरूह अर्थ निकलने की क्रिया

decision /डिसीजन/ *n.* 1 (***anton.*** indecision) फैसला, निर्णय: arrive at/ come to/ make/ reach a ~; a big/ difficult/ final/ important/ unanimous/ wise ~ 2 चुनाव: a ~ about/ on sth 3 निश्चय 4 संकल्प 5 दृढ़ता: a man of ~; able to act with ~ in a crisis;
dw/lw: **~-making** *n.* निर्णय लेने का कार्य;
collocations: **~ table** *comput., logic* चार भागों में बंटी शर्तों की सारणी और शर्तें पूरी न होने की सूरत में की जाने वाली कार्रवाई; **~ theory** *maths.* किसी निर्णय के संभावित लाभ या हानि के अध्ययन का सिद्धांत

decisive /डिसाइसिव\/ *adj.* 1 (***anton.*** indecisive) निर्णायक: ~ evidence 2 निश्चयात्मक, निश्चित, निर्णयात्मक: ~ victory 3 कृतसंकल्प, दृढ़, निर्णायक: ~ attack;
dw/lw: **~ly** /~लि/ *adv.* 1 निर्णायक रूप से: ~ly the first among Indian poets 2 दृढ़तापूर्वक, संकल्पपूर्वक: act ~ly; **~ness** /~नेस/ *n.* निर्णायकता, निर्णय-क्षमता

decivili\ze /डीसिविलाइज/ *v., pt.* **~zed**, *pp* **~zing** असभ्य बनाना

deck /डेक/ *n.* 1 डेक, जहाज का बाहरी तल: lower/ middle/ upper ~ 2 लकड़ी का तल 3 छत 4 भूमि, जमीन 5 *US* **~ of cards** (*UK* **pack**) ताश के पत्तों का जोड़ 6 टेप-रिकोर्डर में टेप या कैसेट चलाने का डेक;
v., *pt.* **~ed**, *pp* **~ing** (*usually* **~ sth out**) 1 सजाना या सजना, बनना-ठनना, संवरना या संवारना 2 अलंकृत क. 3 वस्त्र धारण क. या कराना, सुंदर कपड़े पहनना या पहनाना;
dw/lw: **~-beam** *n.* जहाज के डेक की बीम (तेज रोशनी); **~-bridge** *n.* छोटा-सा पुल; **~-cargo**/ **~load** *n.* डेक पर रखा जाने वाला माल; **~-chair** *n.* यात्रियों के लिए डेक पर लगी लंबी कुर्सी; **~ed** *adj.* 1 जिस जहाज पर डेक हो 2 सजा हुआ, बना-ठना; **~er** /डेकः/ *n.* 1 डेक वाला जहाज 2 डेक नाविक 3 डेक पर बैठकर या सोकर चलने वाला यात्री 4 डेकों या तलों की संख्या: a double-decker bus; a double-~er; **~-hand** *n.* जहाज पर अदक्ष कर्मी; **~-house** *n.* जहाज के डेक बना एक छोटा-सा ढका स्थान या कमरा; **~ing** /डेकिंग/ *n.* सजाने की क्रिया 2 जहाज का प्लेटफॉर्म; **~-light** *n.* डेक की तेज रोशनी; **~-passenger** *n.* डेक पर यात्रा करने वाला व्यक्ति (जिसके पास केबिन न हो);
collocations: **~ chair** मोड़कर इकट्ठी की जा सकने वाली कुर्सी, मुड़वां कुर्सी, फोल्डिंग चेअर; **~ ladder** डेक पर चढ़ने की सीढ़ी; **~ landing** विमान वाहक पोत के डेक पर विमानों की उतराई; **~ over** ऊपरी डेक बनाना, छत से ढकना; **~ quoits** जहाज के डेक पर रस्सियों के छल्लों के साथ खेला जाने वाला एक खेल; **~ tennis** जहाज के डेक पर खेली जाने वाली टेनिस;
p&i: **~ a room with flowers** कमरे को फूलों से सजाना; **~ oneself out** बनना-ठनना;
all hands on ~! सब डेकर पर आएं!; **be ~ed out** विशेष प्रकार के कपड़े पहनकर सजना; **clear the ~s** बाधाएं दूर कर कार्रवाई करने के लिए तैयार होना; **deal sb a poor** ~ किस्मत का मारा हो.; **fly at ~ level** बहुत नीचे विमान उड़ाना; **hit the** ~ जमीन पर गिरना; **on** ~ 1 जहाज के सर्वोच्च तल पर 2 काम के लिए तैयार, ठीक पीछे; **sweep the** ~ *US* बैंक को लूटना

deckle /डेकल/ *n.* कागज बनाने में कागज की चौड़ाई तय करने वाला उपकरण;
collocations: **~ edge** विषम (ऊबड़-खाबड़) किनारा

declaim /डिक्लेम/ *v., pt.* **~ed**, *pp* **~ing** 1 सुनाना 2 घोषित क. 3 (*usually* **~ against sth**) घोर निंदा या आपत्ति क. 4 जोशीला भाषण दे. 5 आलंकारिक एवं भावपूर्ण शब्दावली का प्रयोग क.;
dw/lw: **~er** *n.* आपत्तिकारक

declamation /डेक्लअमेशन/ *n.* 1 वक्तृता, भाषण-प्रतियोगिता: ~ prize; mere ~ (खोखली लफ्फाजी) 2 आलंकारिक एवं भावपूर्ण भाषण: burst into a ~ on sth

declamato\ry /डिक्लैमअटरि\/ *adj.* 1 आलंकारिक 2 भाषण देने संबंधी 3 तीव्र- स्वरीय: **~ry** speech; **~ry** theme, **~ry** style;
dw/lw: **~rily** /~लि/ *adv.* आलंकारिक ढंग से

declarable /डिक्लरअबल/ *adj.* घोषणा-योग्य, घोषणीय

declarant /डिक्लअरंट/ *n.* 1 घोषणा करने वाला 2 *US* अमेरिकी नागरिकता के लिए प्रार्थना-पत्र भेजने वाला विदेशी

declaration /डेक्लअरेशन/ *n.* 1 घोषणा, ऐलान: ~ of rights; ~ of intentions 2 घोषणा-पत्र, विज्ञप्ति: ~ of policy 3 इजहार, अभिव्यक्ति: ~ of love; ~ for/against sth;
collocations: **the Declaration of Independence** 4 जुलाई 1776 को हस्ताक्षरित ब्रिटेन से अमेरिकी आजादी का घोषणा पत्र

declaratory /डिक्लैरअटरि/ *adj.* 1 घोषणापरक, भावनात्मक: ~ speech 2 (*also* **declarative)** *gramm.* घोषणात्मक, कथनात्मक: ~ sentence

decla\re /डिक्लेअ:/ *v., pt.* **~red**, *pp* **~ring** 1 घोषित क.: **~re** a war; **~re** the results of an election 2 प्रकट क.: **~re** one's love for sb 3 साफ-साफ बता दे.: **~re** oneself 4 सीमा-शुल्क अधिकारियों के सम्मुख शुल्क-योग्य सामान की घोषणा क. 5 आय या संपत्ति का विवरण दे. 6 क्रिकेट में पारी घोषित क. 7 ताश के पत्ते खोलना;
dw/lw: **~red** /~अःड/ *adj.* (***syn.*** professed) घोषित: ~red state of war; ~red value; ~red trump; their ~red and their covert objects;
p&i: **~re a bargain off** सौदे को रद्द कर दे.; **~re for/ against sth** किसी बात या प्रस्ताव आदि के प्रति अपना समर्थन या विरोध जता दे.; **~re in** अपनी सहमति प्रकट कर दे.; **~re off** त्याग दे., पीछे हट जा.

déclassé /डेक्लासे/ (*also* **declassed**) *adj.* (***syn.*** classless) वर्ग च्युत, वर्ग-रहित

declassi\fy /डीक्लैसि\फाइ/ *v., pt.* **~fied**, *pp* **~fying**, *s/he/it* **~fies** 1 सुरक्षित या गुप्त श्रेणी से हटा दे. 2 सुरक्षा-संबंधी गोपनीय सूची से नाम हटा दे.;
dw/lw: **~fication** /~फिकेशन/ *n.* गोपनीयता की समाप्ति

declension /डिक्लेनशन\/ *n., gramm.* 1 व्याकरण में रूप साधन, रूपावली (नाम रूप, शब्द रूप, संज्ञा रूप, विभक्ति रूप आदि), रूप-संबंधी विकार: ~ of nouns 2 अधोगति: ~ towards the sea; in the ~ of years (जीवन के सांध्य काल में) 3 अवनति, क्षय, पतन;
dw/lw: **~al** /~ल/ *adj.* व्याकरणीय रूप-साधन संबंधी: ~al endings

declinable /डेक्लाइनेबल/ *adj.* व्याकरणीय रूप-साधन योग्य

declination /डिक्लिनेशन/ *n., tech.,* 1 ढाल, ढलान 2 झुकाव, नति: ~ of head 3 अधोनति, उतराई, अधोगति 4 *astron.* क्रांति, अपक्रम (of stars) 5 दिक्पात, विचलन (of compass) 6 इन्कार, अस्वीकृति

decli\ne /डिक्लाइ\न/ *v., pt.* **~ned**, *pp* **~ning** 1 ह्रास हो., क्षय हो., स्तर का गिरना: business **~ned**; his courage began to **~ne** 2 (***syn.*** refuse) इन्कार क., अस्वीकार क.: **~ne** a discussion; **~ne** to answer; **~ne** satisfying sb's curiosity 3 झुकना या झुकाना: **~ne** one's head on one's breast 4 ढलना: the road **~nes** 5 घटना, कम हो.: the prices began to **~ne** 6 क्षीण हो. 7 अवनति पर हो., बिगड़ना 8 (व्याकरण में) शब्द रूप बनाना, रूप साधन क. विभक्ति लगाना;
n. 1 क्षय: die of a **~ne** 2 अवनति, ह्रास, पतन: be in **~ne** (ह्रासोन्मुख हो., पतन की राह पर हो.) 3 अस्तगमन: **~ne** of day; a sharp/ steady/ steep **~ne** (तेजी से/ लगातार/ अत्यधिक गिरावट); **~ne** of art; gradual **~ne**;
dw/lw: **~ning** /~निंग/ *adj.* ढलता हुआ, गिरता हुआ: ~ning years (ढलती उम्र);
p&i: **a ~ne in sth** किसी चीज में गिरावट; **on the ~ne** गिरावट की ओर बढ़ता हुआ, पतनोन्मुख; **sb's ~ning years** किसी की ढलती उम्र

declivi\tous /डिक्लि\विटस/ (*also* **declivous**) adj. ढालू, प्रपाती;
dw/lw: **~ty** /~विटि/ *n., pl.* **~ties** खड़ी ढाल, ढलान, उतराई

declutch /डीक्लच/ *v., pt.* **~ed**, *pp* **~ing** मोटर-गाड़ी का क्लच छोड़ना

decoct /डिकौक्ट/ *US* डिकाःक्ट/ *v., pt.* **~ed**, *pp* **~ing** उबालकर तत्त्व निकालना

decoction /डिकौक्शन/ *US* डिकाःक्शन/ *n.* काढ़ा, क्वाथ, उबालने से निकला तत्त्व

deco\de /डीकोड/ *v., pt.* **~ded**, *pp* **~ding** (***syn.*** decipher) गुप्त संदेश या बीज लेख का अर्थ खोलना, कूट खोलना, कूटानुवाद क.;
dw/lw: **~der** /डीकोडः/ *n.* कूट संदेशों का अर्थ निकालने वाला व्यक्ति या यंत्र

decollate /डिकौले\ट, डेकअले\ट , डीकअले\ट/ *US* डिकाःले\ट, ..., .../ *v., pt.* **~ted**, *pp* **~ting** सिर काटना;
dw/lw: **~tion** /~शन/ *n.* शिरच्छेदन

decolletage /डेकौल्टाज/ *US* डेकाःल्टाज/ *n.* (*also* **dé-colleté**, *see below under separate entry*) 1 औरत की गर्दन से काफी नीचे आती पोशाक 2 ऐसी पोशाक के कारण अनढकी छाती व अन्य अंग

décolleté/ decolletee /डेकौलटे/ *adj.* औरत की गर्दन से काफी नीचे तक आने वाली (अनढकी छाती वाली) पोशाक से संबंधित

decoloni\zation/ ~sation /डिकौलअना\इजेशन/ *US* डिकाःलअना\इजेशन/ *n.* उपनिवेश भंग;
dw/lw: **~ze** /~इज/ *v., pt.* ~zed, *pp* ~zing उपनिवेश को स्वतंत्र क.

decolour\ization/ ~isation /डीकलराइजेशन/ *n.* विरंजीकरण;
dw/lw: **~ize/ ~ise** *v., pt.* ~ized, *pp* ~izing विरंजित क.

decommission /डीकमिशन/ *v., pt.* **~ed**, *pp* **~ing** 1 नाभिक ऊर्जा या हथियारों का प्रयोग बंद क. 2 सक्रिय सेवा से हटाना

decompo\sable /डीकंपो\जअबल/ *adj.* 1 जिसे अंगों में विभक्त किया जा सके 2 जिसे गलाया-सड़ाया जा सके;
dw/lw: **~se** /~ज/ *v., pt.* ~sed, *pp* ~sing 1 (***syn.*** decay) गलना, सड़ना 2 अपघटित हो.; **~sition** /डीकौंपअजिशन/ *US* डीकौंपअजिशन/ *n.* 1 विघटन 2 सड़ाव, सड़न

decompress /डीकअम्प्रे\स/ *v., pt.* **~ed**, *pp* **~ing** 1 दबाव हटाना 2 दबाव से मुक्त क.;
dw/lw: **~ive** /~सिव/ *adj.* सिकुड़ने वाला; **~or** /~सः/ *n.* 1 सिकोड़ने वाला यंत्र या उपकरण 2 *comput.* कंपरेस्ड (**~ed**) फाइलों को मौलिक रूप में लौटाने वाला कंप्यूटर प्रोग्राम; **~ion** /~शन/ *n.* विसंपीडन;
collocations: **~ion sickness** (*also* **the bends caisson disease)** अत्यधिक दबाव तले की वायु में सांस लेने वाला व्यक्ति जब अचानक सामान्य हवा में सांस लेने लगता है तो रक्त-प्रवाह में से नाइट्रोजन द्वारा बुलबुलों के रूप में बाहर निकलकर रक्त प्रवाह को अवरुद्ध करने के कारण होने वाली भयंकर व घातक बन सकने वाली पीड़ा

deconges\tant /डीकंजे\स्टंट/ *med. n.* नाक की झिल्लियों की सूजन और बलगम कम करने वाली दवा जिसके कारण अवरुद्ध कोटर छिद्र खुल जाते हैं;
dw/lw: **~tive** /~स्टिव/ *adj.* कोटर के अवरुद्ध छिद्रों को खोलने वाली

deconsecra\te /डीकौन्सिक्रे\ट/ *US* डीकाःन्सिक्रे\ट/ *v., pt.* **~ted**, *pp* **~ting** 1 धार्मिक उद्देश्यों से स्थान का प्रयोग बंद क. 2 असांप्रदायिक बनाना, संस्कार-रहित क.;
dw/lw: **~tion** /~शन/ *n.* असांप्रदायिकरण

deconstruct /डीकंस्ट्र\क्ट/ *v., pt.* **~ed**, *pp* **~ing** साहित्य और दर्शन में पाठ का अध्ययन करके यह दर्शाना कि पाठ का कोई स्थायी अर्थ नहीं होता, हर नए पठन के साथ नए अर्थ निकल सकते हैं;
dw/lw: **~ion** /~क्शन/ (*also* **deconstructive criticism)** *n.* 1 साहित्य और दर्शन में यह सिद्धांत कि पाठ का कोई स्थायी अर्थ नहीं होता, हर नए पठन के साथ नए अर्थ निकल सकते हैं 2 उत्तर-आधुनिकता के तहत एक सिद्धांत जिसके अनुसार गौण तत्त्व (the other) मुख्य तत्त्व (the centre) को ध्वस्त (deconstruct) करते हुए मुख्य तत्त्व का स्थान ले लेता है और यह सिलसिला लगातार जारी रहता है

decontaminant /डीकंटैमिनंट/ *n.* शोधक, निर्मलकारी पदार्थ

decontamina\te /डीकन्टैमिने\ट/ *v., pt.* **~ted**, *pp* **~ting** हानिकारक तत्त्वों को हटाकर निर्मल क., स्वच्छ बनाना;
dw/lw: **~tion** /~शन/ *n.* स्वच्छ बनाने की क्रिया; **~tive** /~टिव/ *adj.* शोधक, निर्मलकारी: ~tive centre

decontrol /डीकंट्रोल/ *v., pt.* **~led**, *pp* **~ling** 1 (***syn.*** deregulate) नियंत्रण उठा या हटा लेना 2 सरकारी कंट्रोल का हटाया जा.;
n. सरकारी नियंत्रण को हटाने की क्रिया

décor /डेकॉः/ *n.* 1 मकान की आंतरिक सजावट, सज्जा 2 सज्जा शैली

decora\te /डेकअरे\ट/ *v., pt.* **~ted**, *pp* **~ting** 1 सजाना, संवारना: **~te** a Christmas tree 2 अलंकृत क.: **~te** a tale with fictions 3 कमरे या भवन की दीवारों आदि को सजाना: **~te** the walls of the sitting room 4 (***syn.*** adorn) सजावट के लिए कुछ लगाना: photographs of actresses decorate wall of his bath room 5 पदक या सम्मान दिया जा.: be **~ted** with an order;

dw/lw: **~ted** /~टिड/ *adj.* 1 अलंकृत, सज्जित: **~ted** style (1180 से 1520 के बीच की अंग्रेजी गोथिकी /English Gothic/) शैली 2 सम्मान प्राप्त: highly ~ted officer; **~tor** /~टः/ *n.* 1 सजाने वाला, डेकोरेटर 2 सज्जाकार; **~tive** /डेकअरअटिव/ *adj.* सजावटी, आलंकारिक, सौंदर्य बढ़ानेवाला: functional yet ~tive; **~tively** /डेकअरअटिवलि/ *adv.* आलंकारिक ढंग से; **~tiveness** /डेकअरअटिवनेस/ *n.* आलंकारिकता;

collocations: **~tive art** चीनी मिट्टी के बर्तनों, धातु की वस्तुओं, पोशाकों, बैठक के फर्नीचर आदि की निर्माण कला, सज्जा-कला, जो fine arts यानी ललित कला से भिन्न है; **~tive style** गोथिक (Gothic) निर्माण-शिल्प की आलंकारिक शैली

decoration /डेकअरेशन/ *n.* 1 सजावट, सज्जा: an Indian theme in interior ~ 2 अलंकरण 3 दीवारों आदि को सजाने की प्रक्रिया 4 विभूषण 5 सम्मान, पदक: he earned many **~s**

decorous /डेकअरस\/ *adj.* 1 (***syn.*** proper) मर्यादापूर्ण, मर्यादित 2 शालीन, नम्र, शिष्ट, भद्र;

dw/lw: **~ly** /~लि/ *adv.* शालीन ढंग से

decortica\te /डीकॉःटिके\ट/ *v., pt.* **~ted**, *pp* **~ting** 1 छिलका या छाल उतारना, छीलना 2 *fig.* पर्दाफाश क., मुखौटा उतारना

decorum /डिकॉरअम/ *n.* 1 (***syn.*** propriety) औचित्य: breach of ~ 2 शालीनता, मर्यादा, भद्रता शिष्टाचार: behave with ~

decoupage/ découpage /डेकूपाःज/ *n.* लकड़ी पर सजावटी कागज से कटे चित्र लगाने की कला

decoup\le /डीकपल/ *v., pt.* **~led**, *pp* **~ling** (बिजली) विसंबंधन क., अलग क.

decovert /डिकवःट/ *adj.* बंद: ~ mail

decoy /डीकॉइ/ *n., pl.* **~s** 1 फंदा 2 शिकार को लुभाकर जाल या फंदे में फंसाने वाला सधाया हुआ जानवर या कृत्रिम जानवर: ~ bird 3 किसी को फंसाने के लिए भेजा जाने वाला छद्मवेशी ग्राहक: **~s** were sent to trap the bribe-taking *babu* 4 प्रलोभन;

v., pt. **~ed**, *pp* **~ing** 1 जाल में फंसाना 2 लुभा-ललचाकर फंदे में फंसाना;

adj. छद्मवेशी: ~ client

decrea\se /डिक्री\ज/ *v., pt.* **~sed**, *pp* **~sing** 1 (***anton.*** increase) घटना या घटाना: temperature **~sed** 2 कम हो. या क.: his influence slowly **~sed** 3 ह्रास हो.;

n., *pl.* **~ses** 1 (***syn.*** reduction) कमी, घटाव: a marked/ significant/ slight **~se**; a **~se** in sth; be on the **~se** 2 कटौती, ह्रास: a **~se** of 10 %;

dw/lw: **~sing** /~जिंग/ *adj.* कम होने वाला, घटता हुआ; **~singly** /~जिंगलि/ *adv.* कम होते हुए

decree /डिक्री/ *n., pl.* **~s** 1 सरकारी हुक्म, आधिकारिक आदेश, अधिदेश, फरमान: issue a ~; sign a ~; established by a ~ (फरमान द्वारा स्थापित) 2 (अदालत) की डिक्री या फैसला;

v., *pt.* **~d**, *pp* **~ing** 1 आदेश निकालना, फरमान जारी क.: ~ sth (किसी बात को फरमान द्वारा लागू क.) 2 निर्णय क.;

dw/lw: **~d** *adj.* निर्धारित, आदेश द्वारा स्थापित;

collocations:~ **absolute** *law* तलाक मंजूर करने वाला अदालत का अंतिम निर्णय या आदेश; ~ **nisi** /डिक्री नाइसाइ/ *law.* तलाक के लिए अंतरिम या प्रारंभिक आदेश कि तलाक एक निश्चित अवधि के बाद लागू हो जाएगा; ~ **of ejectment** बेदखली का आदेश; ~ **of maintenance** भरण-पोषण का आदेश; ~ **of nature** प्रकृति का नियम;

pass a ~ अदालत द्वारा फैसला सुनाया जा.;

p&i: ~ **of nullity** शादी को निरस्त करने का आदेश

decrement /डेक्रअमंट/ *n.* 1 कमी 2 ह्रास: ~ of life 3 घटोतरी, घटाव

decrepit /डिक्रेपिट/ *adj.* 1 जर्जर, जीर्ण-शीर्ण: ~ horse 2 खंडहरित, टूटा-फूटा, जर्जर: ~ house;

dw/lw: **~itude** /डिक्रेप्टिट्यूड/ *US* डिक्रेप्टिटूड/ *n.* जर्जरता, जीर्णता-शीर्णता

decrepita\te /डिक्रेपिटे\ट/ *v., pt.* **~ted**, *pp* **~ting** 1 कड़कड़ाना, चटकना 2 कड़कड़ाते हुए भूनना 3 केल्सियम बनना;

dw/lw: **~tion** /डिक्रेपिटेशन/ *n.* 1 कड़कड़ाहट, कड़कड़ 2 कैल्सीकरण

decrescendo /डीक्रिशेंडो/ *adj. & adv.* मंदित, मंद पड़ता हुआ

decrescent /डिक्रेसंट/ *adj.* अवरोही, उतरता हुआ, कम होता हुआ

decretal /डिक्रीटल/ *n.* पोप का आधिकारिक आदेश;

adj. स्थापक, निर्धारक: ~ epistle (पोप का आदेश पत्र)

decrial /डिक्रायल/ *n.* खुली निंदा, घोर आलोचना

decriminali\ze /डीक्रिमिनअलाइज/ *v., pt.* **~zed**, *pp* **~zing** 1 अपराधरहित बनाना या क. 2 अवैधता खत्म क.

decr\y /डिक्राइ/ *v., pt.* **~ied**, *pp* **~ying**, *s/he/it* **~ies** 1 (***syn.*** condemn) बुराई या निंदा क. 2 नापसंदगी जाहिर क. 3 बदनामी क. 4 महत्त्व गिराना;

dw/lw: **~ial** *n. see above under* **decrial**; **~ier** /डिक्रायः/ *n.* घोर आलोचक, निंदक

decrypt /डीक्रिपट/ *v. pt.* **~ed**, *pp* **~ing** *comput.* 1 (***anton.*** encrypt) गूढ़ या गुप्त पाठ का अर्थ निकालना 2 इलैक्ट्रोनिक सूचना को अक्षरों, संख्याओं या प्रतीकों की भाषा से सामान्य भाषा में बदलना;

dw/lw: **~ion** *n.* (***anton.*** encryption) कूट पाठ का अर्थ निकालने की क्रिया

DECT *abbr.* 'Digital Enhanced Cordless Telephony (DECT-based cordless phones)' की प्रथमाक्षरी

DECU *abbr.* 'Development and Educational Communication Unit' की प्रथमाक्षरी

decubitus /डिक्यूबितस/ *n.* शयन मुद्रा, क्षैतिज स्थिति, लेटे होने की अवस्था

decuman /डेक्यूमन/ *adj.* विशाल, पर्वताकार, भीमकाय

decumbe\nce/ ~ncy /डिकुम्बंस/ डिकुम्बंसि/ *n.* 1 क्षैतिज अवस्था 2 लेटने की स्थिति;

dw/lw: **~nt** /डिकम्बंट/ *adj.* 1 लेटा हुआ, क्षैतिज 2 *bot, zool, anat.* जमीन या फर्श पर लेटा हुआ

decuple /डेक्यूपल/ *n., adj.* दसगुना

decurren\cy /डेकरंसि/ *n.* अधोवर्धन, अधोगति;

dw/lw: **~t** /डिकरंट/ *adj.* अधोवर्धी

decussa\te /डिक\सिट/ *adj.* 1 चतुष्क, चरखड़ीदार 2 एक-दूसरे को काटने वाली (रेखाएं) 3 **'X'** के आकार का 4 क्रूसाकार का;

dw/lw: **~tion** /~सेशन/ *n.* क्रूसांकन, क्रूसाकारीकरण

DEd *abbr.* 'Doctor of Education' की प्रथमाक्षरी

DEDA *abbr.* 'Delhi Energy Development Agency' की प्रथमाक्षरी

dedica\te /डेडिके\ट/ *v., pt.* **~ted**, *pp* **~ting** 1 किसी को कोई वस्तु समर्पित क.: **~te** a book to sb 2 निछावर क.: **~te** one's life/ oneself to work 3 उद्घाटन करते हुए समर्पित क.: Nehruji **~ted** the Bakhra Dam to the nation;

dw/lw: **~ted** /~टिड/ *adj.* 1 समर्पित 2 एकनिष्ठ; *pl.* **~tee** /~टी/ *n.* वह व्यक्ति जिसे पुस्तक आदि समर्पित की गई हो; **~tion** /~शन/ *n.* 1 समर्पण 2 भेंट, समर्पण 3 (***syn.*** commitment) निष्ठा, समर्पण भावना; **~tional** /~शनल/ *adj.* 1 समर्पण संबंधी 2 समर्पित **~tive** /~टिव/ *adj.* समर्पण-संबंधी, समर्पण के रूप में होने वाला; **~tor** /~टः/ *n.* समर्पक, समर्पणकर्ता; **~tory** /~टःरि/ *adj.* समर्पण-

संबंधी: ~tory remarks

dedramati\ze/ dedramati\se /डीड्रैमअटाइज/ *v., pt.* **~zed**, *pp* **~zing** 1 किसी चीज के महत्त्व को कम करके दिखाना 2 किसी बात के कारण पैदा हुए तनाव को कम क.

dedu\ce /डिड्यू\स/ *v., pt.* **~ced**, *pp* **~cing** 1 (***syn.*** infer) निष्कर्ष निकालना: **~ce** an inference from the facts 2 निगमन क. 3 उत्पत्ति या व्युत्पत्ति दिखलाना;
dw/lw: **~cement** /~समंट/ *n.* निष्कर्ष, निगमन; **~cible** /~सिबल/ *adj.* निष्कर्ष निकालने योग्य, अनुमानविषयक; **~cibility**/ **~cibleness** /~सिबिलिटि/ ~सिबलनेस/ *n.* निष्कर्ष निकालने की संभावना या क्षमता

deduct /डिड\क्ट/ *v., pt.* **~ed**, *pp* **~ing** से काट ले., से निकालना, घटाना, कम/कटौती क.;
dw/lw: **~ible** /~क्टिबल/ *adj.* कम किया जाने लायक; **~ion** /~क्शन/ *n.* 1 कटौती, घटाव, कम की गई रकम: ~ion of a sum from sb; a ~ion in the yearly rent; income tax ~s 2 निष्कर्ष, तर्कसंगत अनुमान: draw a ~ion (निष्कर्ष निकलना); reach an opinion through/ by ~ion 3 निगमन, अनुमति; **~ive** /~क्टिव/ *adj.* 1 चिंतन-मनन की तर्कसंगत प्रक्रिया संबंधी 2 किसी स्थिति को समझने के लिए उसके बारे में मौजूदा ज्ञान को प्रयुक्त करने वाला: ~ive method/ logic/ reasoning 3 निगमनात्मक, युक्तियुक्त; **~ly** /~क्टिवलि/ *adv* सामान्य तथ्यों से विशेष निष्कर्ष निकालते हुए

deed /डीड/ *n.* 1 (***syn.*** act) कार्य, कृत्य, कर्म, काम, करतब, कारनामा, चेष्टा: good/ evil ~ 2 पट्टा दस्तावेज, पत्र: title ~ (मालिकाना हक का दस्तावेज); forged **~s** (जाली दस्तावेज) 3 महत्त्वपूर्ण उपलब्धि: ~ of arms (युद्ध में शौर्य कारनामा);
dw/lw: **~box** *n.* संलेख पेटी; **~ful** *adj.* सक्रिय; **~less** *adj.* निष्क्रिय; **~poll** *n.* किसी एक व्यक्ति द्वारा हस्ताक्षरित कानूनी दस्तावेज, जैसे नाम बदलने के लिए दस्तावेज;
collocations: **~ of covenant**, *law.* कानूनी समझौता जिसके तहत दानकर्ता किसी दान-संस्था को एक निश्चित अवधि के लिए कोई निश्चित राशि देने का वायदा करता है; **~ of gift** दान-पत्र; **~ of partnership** भागिता-पत्र, साझेदारी विलेख; **~ poll** अपना नाम आदि बदलने के लिए एक व्यक्ति द्वारा हस्ताक्षरित दस्तावेज; **~s of a hero** एक नायक के कारनामे;
p&i: **~s are fruit's words are but leaves** 1 काम ही फल है, शब्द तो पत्ते है 2 काम फल, बात-पात 3 कथनी नहीं, करनी चाहिए;
draw up a ~ दस्तावेज तैयार क.; **in ~ and not in name** केवल नाम के लिए नहीं, बल्कि वास्तव में; **in thought, word and ~** मंशा, वाचा, कर्मणा; **in very ~** वास्तव में; **in word and in ~** वाचा, कर्मणा यानी शब्दों और कार्यों में एकरूपता; **not words ~s** जिन खोजा तिन पाइयां गहरे पानी पैठ; **serve sb in ~ and word** पूर्ण निष्ठा के साथ किसी की सेवा क.; **sb's good ~ for the day** किसी दिन में किसी का नेक काम; **their words do not match with their ~s** उनकी करनी और कथनी में अंतर है

deejay /डीजे/ *n., pl.* **~s** *colloq.*= **disc jockey** संगीत के रंगारंग कार्यक्रमों में संगीत की डिस्कें बदल-बदलकर चलाने वाला व्यक्ति

deem /डीम/ *v., pt.* **~ed**, *pp* **~ing** *formal* 1 सोचना, मानना, स्वीकार क.: ~ sth a duty 2 (***syn.*** consider) विशेष प्रकार की समझ बनाना: ~ a proposal good;
p&i: **~ it a fit and fair** किसी बात को सही और न्यायसंगत समझना; **~ it wise to do sth** किसी कार्य को करना समझदारी की बात समझना; **~ well/ highly of** किसी के प्रति ऊंची धारणा होना, आदर भाव होना

de-emphasis /डीऐंफअसिस/ *n.* 1 महत्त्व या भूमिका में कटौती 2 उच्च तरंग आवृत्ति (high wave frequency) में आपेक्षिक क्षीणता

deep /डीप\/ *adj., degr.* **~er**, **~est** 1 गहरा: knee-~ in mud (घुटनों तक कीचड़ में) 2 (***anton.*** shallow) अथाह, अगाध 3 (***syn.*** sincere) हार्दिक, हृदय-स्पर्शी 4 मंद, मंद्र, मध्यम 5 (***syn.*** profound) गूढ़, दुर्बोध: ~ thoughts 6 गहरा (लाल): ~-toned 7 किसी सभागार में स्थानों की पंक्तियों की गहराई: lined up four ~ 8 लंबी, गहरी: ~ sigh 9 गंभीर: ~ trouble 10 घुन्ना, चुप्पा 11 *cricket* विकेटों से दूर 12 दमदार: a ~ roar/ groan 13 गहरी (नींद): ~ sleep/ trance/ coma 14 गंभीर: ~ divisions in the party 15 गहन: ~ knowledge of the problem; ~ in thoughts;
n. (**the ~**, *also* **~s**) 1 गहरा स्थान 2 (**the ~**) समुद्र: the mighty ~; the azure ~ (नीला गहरा समुद्र); in the cradle of the ~ (समुद्र की कोख में) 3 समुद्र की गहराई: Boston **~s** 4 गड्ढा, खाई 5 गहनता, गहराई: **~s** of knowledge
adv., *degr.* **~er**, **~est** 1 भीतर तक 2 गहराई में 3 दूर तक;
dw/lw: **~-browed** *adj.* बहुत बुद्धिमान; **~-cut** *n.* कटने से हुआ गहरा घाव; **~-drawing** *adj.* गहरा सांस; **~-dyed** *adj.* 1 पूरे का पूरा, 100%, अत्यधिक: ~-dyed villain (घोर कमीना) 2 विशेष गुण का धनी; **~en** *see below under separate entry*; **~-fried** *adj.* जिसे काफी देर तेल में पकाया गया हो; **~-frozen** *adj.* अत्यंत कम (जमाव) तापमान पर रक्षित; **~-fry** *v., pt.* ~fried, *pp* ~frying तेल की गहराई में तलना; **~-laid** *adj.* सुविचारित; **~ly** /~लि/ *adv.* 1 बहुत सारा, बहुत अधिक 2 गहराई तक, दूर तक: breathe ~ly; dig ~ly; sink ~ly; ~ly offended; feel ~ly; ~ly compromised; the plot was ~ly laid 3 बहुत गहरा: drill ~ly; **~-mouthed** *adj.* मंद्र स्वर वाला, फटी आवाज में ऊंचा-ऊंचा बोलने वाला या भौंकने वाला; **~ness** *n.* गहराई, गहनता; **~-plough** *n.* गहरी लीक या जोत का हल; **~-read** /~-रेड/ *adj.* बहुपठित; **~-rooted/ ~-seated** *adj.* 1 गहरी जड़ों वाला 2 अच्छी तरह जमा हुआ, दृढ़स्थित: ~rooted rivalry/ divisions 3 गहरा पैठा हुआ; **~-sea** = **~-water** *n.* गहरा सागर; **~-seated** *see above under* **~-rooted**; **~-set** *adj.* भीतर धंसी आंखों वाला; **~-six** *v., pt.* ~sixed, *pp* ~sixing स्थगित या रद्द क.: the plan to build a new house was ~-sixed due to financial crunch;
collocations: **~ blue** गहरा-नीला; **~ breath** गहरी सांस; **~ curse** भद्दी गाली; **~ disgrace** अत्यधिक शर्मनाक बात; **~-dive** गहरी डुबकी; **~ drinking** बहुत अधिक शराब पीने की क्रिया; **~ freeze** फ्रीजर, रेफ्रिजरेटर में ऐसा खाना जिसमें भोजन को जमाकर काफी समय तक बचाकर रखा जा सकता है; **~ gloom** गहन अंधकार या अवसाद; **~ greenhouse** (*also* in Russian **землянная теплица**) गहरा हरित-गृह; **~ groan** मर्मस्पर्शी कराह या चीत्कार; **~ impression/ grief/ affection/ gratitude/ interest/ influence** गहन स्नेह/ आभार/ दिलचस्पी/ प्रभाव; **~ kiss** फ्रेंच चुंबन, जिह्वा चुंबन; **~ kissing** जिह्वा चुंबन की क्रिया; **~ laid** गुप्त तरीके से बनाया हुआ; **~ level** अधस्थ तल; **~ litter** मुर्गी-पालन का एक घरेलू तरीका; **~ probe** गहन अन्वेषण या जांच-पड़ताल; **~ red** गहरा लाल; **~ sin** घोर पाप; **~ sleep** गहन निद्रा, गहरी नींद; **the Deep South** अमेरिका का दक्षिणी-पूर्वी भाग (South Carolina, Georgia, Louisiana, Mississippi and Alabama); **~ space** गहन अंतरिक्ष, सौर-मंडल के बाहर का अंतरिक्ष; **~ spring of water** पानी का गहरा सोता या चश्मा; **~ structure** (*also* **D-structure**) *gramm.* (***anton.*** surface structure) भिन्न-भिन्न व्याकरणीय वाक्य भागों (parts of sentence) के बीच संबंध, अर्थ-बद्ध (semantic) संरचना; **~ study** गहन अध्ययन; **~ therapy** गहन ऐक्स-रे चिकित्सा; **~ throat** *colloq.* (***syn.*** informer) अति गोपनीय सूचना-स्रोत; **~ tone** मंद्र स्वरक; **~ vein thrombosis** खून के थक्के (blood clot) द्वारा पैदा की हुई गंभीर हृदय रोग; **~ wrongs** बहुत बड़ा अन्याय;
p&i: **~ browed** प्रतिभाशाली; **~ down** वास्तविकता में ऐसा ही, यद्यपि दिखने में ऐसा नहीं; **~er the sweeter** जिन खोजा तिन पाइयां गहरे पानी पैठ; **~ in debt** सिर से पैर तक ऋण में डूबा हुआ;

~ in industrial England औद्योगिक इंग्लैंड के ऐन बीच में; **~ game** गहरा खेल, गहरी चाल; **~ in love** सिर से पैर तक प्रेम में डूबे हुए; **~ in peace** गहन शांति में; **~ in novel** उपन्यास पढ़ने में मग्न; **~ in the chest** चौड़ी छाती वाला; **~ in thought/ conversation** चिंतन/ बातचीत में मग्न; **~ mystery** गहन रहस्य; **~ pocket** धन-संपत्ति; **~ rivers move with silent majesty** गंभीर व्यक्ति शांत होते हैं; **~ rooted** गहरी जड़ें जमाए हुए; **~ rooted fear** भयंकर डर; **~ thinker** गंभीर दार्शनिक; **a ~ one** बड़ा चालू या चालबाज आदमी (crafty devil); **a ~ sigh** गहरी आह; **a ~ sleep** गहरी नींद, गहन निद्रा; **as ~ as a well** कुआं जितना गहरा; **dig ~** गहरा खोदना, खूब गहराई तक जाना; **drink ~** 1 बड़ी घूंट पीना 2 बहुत ज्यादा (शराब) पीना; **go/ run ~** दूर तक जा., दूरगामी परिणाम हो.; **go in/ jump in/ dive in/ be thrown in at the ~ end** *colloq.* अनुभवहीन होने के बावजूद अत्यंत कठिन कार्य सौंपना; **go off the ~ end** अकस्मात् उन्मत्त हो., बहुत क्रोधित हो.; **in ~ waters** भारी मुसीबत में, गहरे संकट में; **loose the ~s** बुरी तरह झकझोर दे.; **read ~ into the night** देर रात तक पढ़ना; **sink ~ into the mind** मन में गहरी छाप छोड़ना; **stick one's hands ~ into one's pockets** अपने हाथों को जेबों की गहराइयों तक डालकर रखना; **take a ~ breath** गहरी लंबी सांस ले.; **five metre/ 2 ft., etc.** ~ 5 मीटर/ 2 फुट गहरा; **too ~ for words** शब्दों में व्यक्त करने के परे, बहुत गूढ़

deepen /डीपन/ *v., pt.* **~ed**, *pp* **~ing** 1 गहरा हो. या क.: ~ a ditch; river channel is **~ing** 2 बदतर हो. या बनाना, अधिक प्रचंड हो. या बनाना: ~ the depression; anxiety **~s** with suspense, crisis **~s** 3 अधिक जटिल हो.: the plot **~s** 4 गहन बनाना: ~ one's knowledge 5 रंग गहरा क. या हो.: the colour **~s** 6 भावनाओं का गहराना 7 आवाज का मंद्र हो. या और धीमा हो.: his voice **~ed** to a growl 8 लंबे सांस लेना

deer /डिअः/ *n. pl.* **deer** हिरन, हरिण, मृग, कुरंग: red ~;
dw/lw: **~-coloured** *adj.* भूरा-लाल रंग; **~-dog/ ~-hound** *n.* बहुत बड़ा शिकारी कुत्ता; **~-hair** *n.* हिरण की ऊन; **~-mouse** *n.* मृग-चूहा; **~-neck** *n.* मृग जैसी पतली गर्दन; **~skin** *n.* 1 मृग छाला 2 मृग चर्म **~stalker** *n.* /डिअःस्टॉकर/ *n.* 1 मृग शिकारी 2 एक विशेष प्रकार का टोप; **~-stalking** *n.* हिरणों का लगातार पीछा करने वाला व्यक्ति; **~stealer** *n.* मृग चोर;
collocations: **~ fence** मृगों द्वारा कूदकर न फांदी जा सकने वाली ऊंची बाड़; **~ forest** मृग-पालन के लिए आरक्षित जंगली जमीन; **hog ~** पाढ़ा; **~ horn** हिरन का सींग; **~ lick** नमकीन जमीन का टुकड़ा जहां मृग नमक चाटने आते हैं; **~ park** मृग अभयारण्य; **~'s eye** अखरोट;
barasingha ~ 1 बारहसिंगा 2 हंगल; **barking ~** काकड़; **Indian mouse ~** पिसूरी; **musk ~** कस्तूरी मृग; **spotted ~** चीतल;
p&i: **run like a ~** बहुत तेज दौड़ना

de-escala\te /डीऐस्कअले\ट/ *v., pt.* **~ted**, *pp* **~ting** 1 तनाव आदि की तीव्रता या जोर कम क. 2 क्षेत्र कम या सीमित क.

def. *abbr.* 'defendant', 'definition' का संक्षेप

DEF *abbr.* 'Department of Environment and Forest' की प्रथमाक्षरी

defa\ce /डिफे\स/ *v., pt.* **~ced**, *pp* **~cing** 1 विरूप क., गंदा क.: **~ce** a work of art 2 विकृत क.: **~ce** a deed (किसी कमाल के कारनामे का महत्त्व कम क.) 3 शक्ल बिगाड़ना: **~ce** a surface 4 मोहर लगाना;
dw/lw: **~ced** /~सड/ *adj.* विरूपित, विकृत; **~cement** /~समंट/ *n.* 1 विकृति, विकार 2 विरूपता, विरूपण 3 मोहर लगाने का कार्य

de facto /डेफैक्टो/ *adv., Lat.* वास्तव में, वस्तुतः, असल में, यथार्थतः;
adj. वास्तविक, यथार्थ, असल: ~ husband and wife (वास्तव में पति-पत्नी समझे जाने वाले सहवासी)

defaecate, defaecation = defecate, defecation

defalca\te /डेफअल्के\ट/ *v., pt.* **~ted**, *pp* **~ting** गबन क., हड़पना;
dw/lw: **~tor** /~टः/ *n.* गबन करने वाला; **~tion** /~शन/ *n.* गबन, खयानत

defa\mation /डेफअमेशन/ *n.* बदनामी, मानहानि, निंदा, बुराई, कलंक;
dw/lw: **~matory** /डिफैमअटरि/ *adj.* मानहानिकारक, बदनाम करने वाला; **~me** /डिफेम/ *v., pt.* ~med, *pp* ~ming बदनाम क., बुराई क., अपयश फैलाना, मानहानि क.

defat /डीफैट/ *v. pt.* **~ted**, *pp* **~ting** किसी वस्तु में से चर्बी हटाना

default /डिफॉल्ट/ डीफॉल्ट/ *v., pt.* **~ed**, *pp* **~ing** 1 चूकना, पूरा नहीं क. 2 (अदालत की पेशी आदि पर) अनुपस्थित रहना 3 अदायगी या भुगतान न क. 4 करार का उल्लंघन क. 5 *comput.* कंप्यूटर में अपने आप चुना जाने वाला प्रोग्राम यानी उपयोगकर्ता द्वारा अपनी पसंद का प्रोग्राम का उपयोग न करने की स्थिति में चलने वाला कार्यक्रम;
n. 1 ऋण अदायगी में चुक, व्यतिक्रम, वादाखिलाफी 2 पालन न करने की क्रिया 3 अनुपस्थिति 4 *hunting* सुराग का लोप 5 कर्त्तव्य या कानून की उपेक्षा;
adj. *comput.* जिसे कंप्यूटर में अक्सर प्रयोग में लाया जाता है: the ~ font size (अक्सर प्रयोग में लाए जाने वाले लिपि अक्षर);
dw/lw: **~er** /डिफाल्टः/ *n.* चूक करने वाला, बाकीदार, दोषी, व्यतिक्रमी;
p&i: **be in ~** भुगतान आदि में चूक क.; **by ~** अनुपस्थिति के कारण शून्य अंक पाना, चूक के कारण (हारना); **in ~ of sth** की अनुपस्थिति में, के अभाव में; **judgement by ~** प्रतिवादी के पैरवी न करने पर वादी के पक्ष में निर्णय; **lose a match by ~** अनुपस्थिति के कारण मुकाबला हारना; **through sb's ~** किसी की चूक के कारण

defeas\ance /डिफी\जंस/ *n.* 1 *law* निरस्तीकरण 2 रद्द कर देने का कार्य 3 सशर्त निरस्तीकरण 4 *law.* विफलीकरण (ऐसी शर्त जिसको पूरा करने से कोई दस्तावेज विफल हो जाता है);
dw/lw: **~e** /~ज/ *v., pt.* ~ed, *pp* ~ing निरस्त क., रद्द क.; **~ible** /~जिबल/ *adj.* निरस्तकरणीय, जिसे निरस्त या रद्द किया जा सके

defeat /डिफीट/ *v., pt.* **~ed**, *pp* **~ing** 1 (***syn.*** beat) हराना, पराजित/परास्त क.: ~ the opponent; ~ a candidate 2 विफल क., व्यर्थ क.: ~ sb of his/ her hopes; ~ the plans 3 समझ में न आना: the instruction manual completely **~ed** him;
n. 1 पराजय, हार: ~ of a party; ~ on points 2 असफलता, विफलता: ~ of a bill 3 निष्फलता: ~ of all sb's plans;
dw/lw: **~ism** /डिफीटिज्म/ *n.* पराजयवाद, निराशावाद; **~ist** /डिफीटिस्ट/ *adj.* 1 पराजयवादी, सहज हार मान लेने वाला 2 निराशावादी; **~ist** *n.* पराजयवादी व्यक्ति
collocations: **a comprehensive ~** पूर्ण पराजय; **crushing ~** करारी हार; **humiliating ~** शर्मनाक हार; **narrow ~** थोडे-से फर्क से हार;
p&i: **administer a ~ upon sb** किसी को हराना; **admit ~** हार मानना; **face ~** पराजय का मुंह दे.; **suffer/ sustain ~** हार जा.

defeca\te /डेफअके\ट/ डीफअके\ट/ *v., pt.* **~ted**, *pp* **~ting** 1 मल त्यागना, शौच क., हगना 2 अंदरूनी सफाई हो.: **~te** one's mind of superstitions;
dw/lw: **~tion** /~शन/ *n.* 1 मलत्याग, शौच 2 अंदरूनी सफाई

defect /डीफेक्ट/ *n.* 1 अभाव, कमी, न्यूनता: a ~ in sb's nature (किसी के स्वभाव में कमी) 2 दोष, त्रुटि, खराबी: ~ in sb's tax assessment; ~ in mechanism 3 विकार, विकृति: incurable ~;
v., pt. **~ed**, *pp* **~ing** (**~ from sth to sth**) दल-बदल क.,

पाला बदलना

dw/lw: **~ion** /डिफेक्शन/ *n.* दल-बदल, पाला बदली, पक्ष-त्याग; **~ive** /डिफेक्टिव/ *adj.* 1 अपूर्ण: ~ive rules 2 दोषपूर्ण, त्रुटिपूर्ण: ~ive pronunciation; ~ive translation 3 खराब: ~ive machine 4 मंदबुद्धि; **~ively** /डिफेक्टिवलि/ *adv.* त्रुटिपर्ण ढंग से; **~iveness** /डिफेक्टिवनेस/ *n.* 1 अपूर्णता 2 दोषपूर्णता, त्रुटिपूर्णता; **~or** /डिफेक्टः/ *n.* दल-बदलू, पक्ष त्यागी;

p&i: **have the ~ of one's qualities** अवगुण गुणों का ही विस्तार होते हैं; गुण होंगे तो अवगुण भी होंगे

defective *see above under* **defect:** ***dw/lw***

defence *UK* (*US* **defense**) /डिफेंस/ *n., pl.* **~s** 1 सेना के तीनों अंग व अस्त्र-शस्त्र 2 रक्षा, बचाव, सुरक्षा, प्रतिरक्षा 3 रक्षा-प्रणाली 4 (**defences**; ***syn.*** fortifications) मोर्चाबंदी 5 *sports* रक्षा-पंक्ति 6 **the ~** *law* प्रतिवादी, सफाई-पक्ष, बचाव पक्ष (**group**) 7 समर्थन, बचाव 8 खेल प्रतियोगिता में सर्वोच्चता का बचाव;

dw/lw: **~less** *adj.* कमजोर, असहाय, बेचारा, अरक्षित, रक्षाहीन; **~lessly** *adv.* असहायों की भांति; **~lessness** *n.* असहायता, असुरक्षा, रक्षाहीनता; **self-~** *n.* आत्मरक्षा;

collocations: **~ against** से सुरक्षा; **~ area** रक्षा क्षेत्र; **~ lawyer** बचाव पक्ष का वकील; **~man/ defenseman** *ice-hockey, lacrosse* बर्फ की हॉकी में गोल-रक्षक के अतिरिक्त एक और गोल-रक्षक; **~ mechanism** *psychol.* 1 रक्षात्मक या आत्मरक्षक तंत्र, शारीरिक व मानसिक रक्षा-तंत्र 2 अचेतन मन में ऐसा तंत्र जो मन को कष्टकारी विषयों, मुद्दों या बातों की ओर जाने से रोकता है; **~ witness** प्रतिरक्षा साक्षी;

the art/ science of ~ *boxing* आत्म-रक्षा की कला या हुनर;

p&i: **~ against accusations** आरोपों से बचाव; **~ against evil** बुराई से बचाव;

an effective/ spirited/ strong/ vigorous ~ प्रभावशाली/ जोशभरा/ शक्तिशाली/ जोरदार बचाव; **argue, etc. in ~ of sth** किसी बात के पक्ष में बहस क.; **best ~ is offence** हमला आत्म-रक्षा का सर्वोत्तम ढंग है; **collective ~** सामूहिक सुरक्षा; **come to sb's ~** किसी का बचाव क.; **first/ second line of ~** सुरक्षा की पहली/ दूसरी पंक्ति; **in ~ of peace/ liberty** शांति/ स्वतंत्रता के समर्थन या बचाव में; **in one's ~s** अपनी सुरक्षा के लिए; **last-ditch ~** आत्मरक्षा का अंतिम प्रयास; **man-to-man ~** खेल में खिलाड़ी के विरुद्ध खिलाड़ी की प्रतिरक्षा प्रणाली; **mount/ put up a ~** रक्षात्मक कार्रवाई शुरू क.; **the case/ counsel/ witness for the ~** बचाव पक्ष का मुद्दा/वकील/गवाह;

defend /डिफें\ड/ *v., pt.* **~ed**, *pp* **~ing** 1 (प्रति) रक्षा क. 2 बचाव क. 3 अदालत में बचाव पक्ष की तरफ से सफाई पेश क. या प्रतिवाद क. 4 प्रतिपक्ष के आक्रमण से बचाव क. 5 समर्थन क.: ~ the general principles;

dw/lw: **~able** /~डअबल/ *adj.* बचाव करने योग्य, जिसकी रक्षा की जा सके; **~ant** /~डंट/ *n.* बचाव पक्ष, प्रतिवादी; **~er** /~डर/ *n.* रक्षक, प्रतिरक्षक; **~ing** /~डिंग/ *adj.* रक्षात्मक: ~ing line रक्षा करने वाला;

collocations: **Defender of the Faith** इंग्लैंड के राजा को 1521 में पोप द्वारा दी गई पदवी; **~er of motherland** मातृभूमि का रक्षक;

p&i: **~ a championship/ title, etc.** मुकाबले में प्रतियोगिता विजय/सर्वोच्चता बरकरार रखना;

defense, defenseless *see above under* **defence**

defensi\ble /डिफेंसि\बल/ *adj.* रक्ष्य, रक्षणीय, रक्षा के योग्य;

dw/lw: **~bility** /~बिलिटि/ *n.* रक्ष्यता, रक्षणीयता; **~bly** /~बलि/ *adv.* रक्षात्मक ढंग से; **~ve** /~व/ *adj.* 1 रक्षात्मक, बचावकारी 2 *US* सुरक्षात्मक, खेल आदि में आक्रामक होने के स्थान पर रक्षा-रत: throw sb on the ~ve 3 प्रतिरक्षात्मक; **~vely** /~वलि/ *adv.* रक्षात्मक ढंग से; **~veness** /~वनेस/ *n.* रक्षात्मकता;

collocations: **~ve medicine** डॉक्टर द्वारा अनावश्यक ढंग से अधिक दवाई दी जानी या शल्य चिकित्सा की जाना ताकि उसे अदालत में ठीक उपचार न करने का दोषी न ठहराया जा सके;

p&i: **put sb on/on to the ~ve** किसी को रक्षात्मक मुद्रा में लाना

defer /डिफः/ *v., pt.* **~red**, *pp* **~ring** 1 (***syn.*** put off) स्थगित क., टालना 2 विलंब क. 3 टालमटोल क. 4 (*usually* **~ to sb**) झुक जा., स्वीकार कर ले., मान ले. 5 सम्मान दे. आदर क.;

dw/lw: **~rable/ ~able** /डिफःरअबल/ *adj.* जिसे स्थगन किया जा सके; **~ment** /डिफःमंट/ *n.* आस्थगन, स्थगन; **deferral** /डिफःरअल/ *n.* स्थगन; **deferred** /डिफःड/ *adj.* आस्थगित, स्थगित; **~er** /डिफरः/ *n.* स्थगित करने वाला, टालनेवाला;

collocations: **~red annuity** वार्षिक किश्त आदि की स्थगित अदायगी; **~red debt** स्थगित ऋण; **~red income/ credit** भावी आय के एवज में पेशगी; **~red payment** स्थगित अदायगी; **~red shares** गौण शेयर, ऋण शेयर; **~red rate** कम की हुई दर या दाम; **~red sentence** *law* अपराधी के व्यवहार के आकलन तक स्थगित सजा; **~red telegramme** स्थगित टेलिग्राम;

p&i: **~ not till tomorrow what can be done today** काल करो सो आज कर आज करो सो अब; **~ to sb/ sth** किसी के प्रति आदरवश स्वीकार क.

deferen\ce /डेफअरं\स/ *n.* 1 आदर, सम्मान: treat sb with **~ce** 2 पालन: in/ out of ~ to the court;

dw/lw: **deferen\tial** /~शिअल/ *adj.* सम्मानजनक, श्रद्धापूर्ण; **~tially** /~शिअलि/ *adv.* सम्मानपूर्वक, आदरपूर्वक;

p&i: **in ~ce to sb/ sth** का मान-सम्मान करते हुए; **with all due ~ce to sb** के प्रति पूरा सम्मान जताते हुए

defervescence /डीफःवेसंस/ *n.* 1 बुखार में कमी 2 बुखार के तापमान में गिरावट, ज्वर मोक्ष

defeudali\ze, ~\se /डेफ्यूडअलाइज/ *v., pt.* **~zed**, *pp* **~zing** असामंतीकरण क., सामंतवाद का उन्मूलन क.

defiance /डिफायंस/ *n.* 1 अवज्ञा, उल्लंघन 2 चुनौती, ललकार 3 जोरदार विरोध: spirit of ~;

p&i: **in ~ of a resolution** प्रस्ताव की परवाह न करते हुए; **set sb at ~** बिल्कुल भी परवाह न क.: I set him and his threats at ~;

defiant /डिफायंट/ *adj.* चुनौती देने वाला, ललकारनेवाला, अवज्ञाकारी, दुःसाहसी: ~ words/ attitude;

dw/lw: **~ly** /~लि/ *adv.* अवज्ञापूर्वक, खुल्मखुल्ला चुनौती देते हुए

defibrilla\tion /डिफिब्रिले\शन/ *n., med.* तंतु-विकंपन होने के बाद दिल को बिजली के झटके देकर फिर से सामान्य तंतु-कंपन स्थापित क.;

dw/lw: **~tor** /~टः/ *n., med.* दिल को बिजली के झटके देकर जीवंत बनाने वाला यंत्र

deficien\cy /डिफिसिएंसि/ डिफिसंसि/ *n., pl.* **~cies** 1 अपूर्णता 2 कमी, कसर a **~cy** in sth (किसी चीज में कोई कमी) 3 (***syn.*** shortage) अभाव 4 दोष, त्रुटि: a glaring/ major/ serious/ severe **~cy** (आंखों में चुभने वाला/ बहुत बडा/ गंभीर/ भारी दोष) 5 हीनता, कमी;

collocations: **~cy disease** *med.* भोजन में किन्हीं तत्त्वों (विटामिनों, कैल्सियम आदि) की कमी के कारण पैदा होने वाली बीमारी (e.g., rickets, scurvy, beriberi etc.)

deficient /डिफिशिअंट/ *adj.* 1 अपूर्ण, अपर्याप्त: ~ knowledge 2 दोषपूर्ण, त्रुटिपूर्ण: mentally ~ 3 कम मात्रा वाला: ~ amount: ~ memory 4 जो अच्छा न हो, जिसमें कोई कमी हो 5 कुप्रबंध के कारण हुआ बदहाल: ~ estate 6 हीन;

dw/lw: **~ly** /~लि/ *adv.* त्रुटिपूर्ण ढंग से

deficit /डेफिसिट/ *n.* 1 घाटा 2 अभाव, कमी

collocations: **~ budget** घाटे का बजट; **~ financing** घाटे की वित्त-व्यवस्था; **payments ~** अभावपूर्ण अदायगी संतुलन

de fide /डिफायडि/ *Lat.* न्यास रूप, धरोहर रूप

defila\de /डेफिलेड/ *v., pt.* **~ded**, *pp* **~ding** ओट या आड़ में

बैठना;
n. आड़

defi\le /डिफाइल\/ *v., pt.* **~led**, *pp* **~ling** 1 भ्रष्ट क., दूषित क. 2 बिगाड़ना, गंदा या मैला क. 3 *milit.* पंक्तिबद्ध होकर चलना;
n. तंग रास्ता, संकीर्ण दर्रा
dw/lw: **~ler** /~र/ *n.* भ्रष्ट या दूषित करने वाला; **~lement** /~मंट/ *n.* 1 दूषण, प्रदूषण 2 (***syn.*** profanation) अपवित्रीकरण

defiliation /डिफिलिएशन/ *n.* बच्चे का उसके माता-पिता से अलगाव, संतति वंचन

defina\ble /डिफाइनअ\बल/ *adj.* जिसकी परिभाषा हो सके, परिभाष्य;
dw/lw: **~bility** /~बिलिटि/ *n.* परिभाष्यता; **~bly** /~बलि/ *adv.* परिभाषा के रूप में

defi\ne /डिफाइ\न/ *v., pt.* **~ned**, *pp* **~ning** 1 परिभाषित क.: **~ne** a term 2 निश्चित क.: be **~ned** by law 3 निर्धारित क.: **~ne** one's position vis-a-vis the *dalit* issue 4 सीमा-निर्देश क., सीमांकन क.: **~ne** the boundary between two countries 5 आकार निश्चित क.: the tree was **~ned** against the sky 6 की विशेषता हो.;
dw/lw: **~ned** /डिफाइंड/ *adj.* परिभाषित; **~ner** /~नः/ *n.* परिभाषित करने वाला; **~nitude** /~निट्यूड/ *n.* नियतता, निश्चयात्मकता

definite /डेफिनिट\/ *adj.* 1 निश्चित, ध्रुव: ~ period 2 सुस्पष्ट, असंदिग्ध: ~ opinion/ statement 3 सीमांकित: ~ dimensions 4 (व्याकरण में) निश्चयवाचक: the ~ article;
dw/lw: **definite\ly** /~लि/ *adv.* बेशक, निश्चित रूप से, अवश्य ही; **~ness** /~नेस/ *n.* निश्चितता, सुस्पष्टता, असंदिग्धता;
collocations: **~ article** (*also* **~ article 'the'**) *gramm.* अंग्रेजी व्याकरण में निश्चयवाचक उपपद **'the'**

defini\tion /डेफिनि\शन/ *n.* 1 परिभाषा, लक्षण: **~tion** of the term 2 निरूपण, व्याख्या: clear **~tion** 2 स्पष्टता: an emotion beyond **~tion** 3 परिनिश्चय, निश्चयन, निर्धारण;
dw/lw: **~tional** /~शनल/ *adj.* पारिभाषिक, परिभाषात्मक; **defini\tive** /~टिव/ *adj.* 1 निर्णायक, निश्चयात्मक 2 निश्चित, सुस्पष्ट: ~tive answer/ verdict 3 अंतिम 4 सुदृढ़, सुस्थिर, स्थायी (most authoritative/ canonical): ~tive text of a poem 5 प्रौढ़, पूर्णतः विकसित 6 सर्वोत्तम: ~tive distinctions 7 (व्याकरण में) निश्चितार्थी; **~tively** /~टिवलि/ *adv.* अंतिम रूप से; **~tiveness** /~टिवनेस/ *n.* निर्णायक, सुस्पष्टता, सुदृढ़ता, सुस्थिरता;
p&i: **a carpenter is by ~tion a craftsman** परिभाषा के आधार पर बढ़ई एक दस्तकार होता है; **by ~tion** परिभाषा द्वारा अपेक्षित: neighbours by ~tion live close by

deflagra\te /डिफ्लअग्रे\ट/ *v., pt.* **~ted**, *pp* **~ting** भभक उठना, धधक उठना, उद्दहन क.;
dw/lw: **~tion** /~शन *n.* उद्दहन, धधक, भभक

defla\te /डिफ्ले\ट/ *v., pt.* **~ted**, *pp* **~ting** 1 पूरी तरह हवा निकालना: **~te** a balloon 2 पिचकाना 3 (पैसे की) अपस्फीति क. 4 विश्वासहीन या महत्त्वहीन बनाना: **~te** a rumour 5 (***anton.*** inflate) मुद्रास्फीति कम क., महंगाई कम क.;
dw/lw: **~ter**/ **~tor** /~टः/ *n.* 1 हवा निकालने वाला 2 अपस्फीति करने वाला; **defla\tion** /~शन/ *n.* (***anton.*** inflation) अपस्फीति ≠ मुद्रास्फीति; **~tionary** /~शनरि/ *adj.* अवस्फीत या महंगाई कम करने वाला; **~tionist** /~शनिस्ट/ *n., adj.* अवस्फीत या महंगाई कम करने वाला तत्त्व या कारक

deflect /डिफ्ले\क्ट/ *v., pt.* **~ed**, *pp* **~ing** 1 दिशा को मोड़ दे., मुड़ जा., झुकाना: ~ to the right 2 विपथित क.: ~ sb's thoughts; nothing could ~ his purpose 3 सीधे पथ से हट जा.: ~ sb's judgement 4 वार को टाल जा.: ~ attention/ blame/ criticism, etc (ध्यान/ दोष/ आलोचना आदि को टाल जा.);
dw/lw: **~ed** /~क्टिड/ *adj.* 1 टाला हुआ 2 टेढ़ा: ~ed septum (टेढ़ा हुआ नाक-सेतु); **~ing** /~क्टिंग/ *adj.* टालने वाली: ~ing force (वार को, टालने वाली शक्ति); **deflect\ion** /~क्शन/ *n.* 1 मोड़, घुमाव, दिशा परिवर्तन: ~ion of the road northward 2 झुकाव, मोड़ 3 विचलन, विपथन: ~ion angle; **~ive** /~क्टिव/ *adj.* टालने वाला; **~or** /~क्टः/ *n.* टालने वाला व्यक्ति

deflex /डिफ्लेक्स/ *v., pt.* **~ed**, *pp* **~ing** *bot.* झुकना, अपनत हो.

deflora\te /डिफ्लॉ\रअट/ *v., pt.* **~ted**, *pp* **~ting** 1 पुष्पविहीन क. 2 कौमार्य हरण क.;
dw/lw: **~te** /~रअट/ *adj.* निगतपुष्पी, पतितपरागी; **~tion** /~रअशन/ *n.* कौमार्य-भंग, कौमार्य-हरण

deflower /डीफ्लाउः/ डीफ्लॉउः/ *v., pt.* **~ed**, *pp* **~ing** 1 कौमार्य भंग क. 2 कुंवारी कन्या के साथ सहवास क.

defluent /डेफ्लुअंट/ *adj.* नीचे बहने वाला, अधःप्रवाही

deflure /डिफ्लुअः/ *n.* अपनति, झुकाव

defog /डिफौ\ग/ *US* डिफाः\ग, डिफॉ\ग/ *v., pt.* **~ged**, *pp* **~ging** कोहरा हटाना
dw/lw: **~ging** /~गिंग/ *n.* कोहरे का छटाव

defoliant /डीफोलिअंट/ *n., techn.* पत्तों को पौधों से गिराने वाली जड़ी-बूटी मारक दवा

defolia\te /डीफोलिए\ट/ *v., pt.* **~ted**, *pp* **~ting** निष्पत्रित क., पते विहीन क.;
dw/lw:**~tion** /~शन/ *n.* निष्पत्रण; **~tor** /~टः/ *n.* निष्पत्रक

deforest /डीफौरि\स्ट/ *US* डीफाःरि\स्ट, डीफॉरि\स्ट/ *v., pt.* **~ed**, *pp* **~ing** वनों को नष्ट क.;
dw/lw: **~ation** /~स्टेशन/ *n.* वन-विनाश, बनकटाई, जंगल कटाई

deform /डिफॉः\म/ *v., pt.* **~ed**, *pp* **~ing** 1 विकृत/विरूपित/विखंडित क. 2 शक्ल बिगाड़ना;
dw/lw: **~ation** /डीफॉःमेशन/ *n.* (***syn.*** malformation) विरूपण, भोंडापन, विकृतिकरण; **~ed** /~म्ड/*adj.* 1 विरूपित: ~ed foot; ~ed pronunciation (उच्चारण) 2 विकलांग 3 जिसकी शक्ल बिगाड़ दी गई हो 4 भोंडा, कुरूप 5 विकृत: ~ed imagination; **~ity** /~मिटि/ *n., pl.* **~ities** 1 विरूपण, विखंडन 2 विरूपता, कुरूपता 3 विकलांगता 4 भ्रष्टता

DEFRA *abbr., in Br.* 'Department for the Environment, Food and Rural Affairs' की प्रथमाक्षरी

defraud /डिफ्रॉ\ड/ *v., pt.* **~ed**, *pp* **~ing** (*usually* **~ sb of sth**) 1 छलना, ठगना: ~ the creditors 2 कपट से हथियाना: ~ sb of sth 3 धोखा देकर कोई चीज हथियाना: with intent to ~ (ठगने की मंशा से);
dw/lw: **~ation** /~डेशन/ *n.* प्रवंचन, धोखा, ठगी; **~er** /~डः/ *n.* प्रवंचक, ठग, धोखे से हथियाने वाला

defray /डिफ्रे\/ *v., pt.* **~ed**, *pp* **~ing** भुगतान क., चुकाना, दे दे.: ~ the expenses/ the cost;
dw/lw: **~able** /~यबल/ *adj.* भुगतान करने योग्य; **~al**/ **~ment** /डिफ्रेअल/ डिफ्रेमंट/ *n.* भुगतान; **~er** /~अः/ *n.* भुगतान करने वाला

defreeze /डीफ्रीज/ *v., pt.* **~ed**, *pp* **~ing** बर्फ पिघलाना

defrock /डीफ्रौक/ *US* डीफ्राःक/ *v. pt.* **~ed**, *pp* **~ing** अवांछनीय व्यवहार आदि के लिए पादरी को उसके पद से हटाना

defrost /डिफरौ\स्ट/ *US* डिफरॉ\स्ट/ *v., pt.* **~ed**, *pp* **~ing** 1 बर्फ की तरह जमे हुए पदार्थ को पिघलाना 2 फ्रिज में जमी बर्फ को पिघलाकर साफ क.;
dw/lw: **~er** /~स्टः/ *n.* बर्फ को पिघलाने वाला

deft /डेफ्ट/ *adj.* दक्ष, चुस्त, फुर्तीला, कुशल;
dw/lw: **~ly** /डेफ्टलि/ *adv.* कुशलतापूर्वक, दक्षतापूर्वक, चुस्ती से, फुर्ती से, सफाई से; **~ness** /डेफ्टनेस/*n.* दक्षता, कुशलता, निपुणता, प्रवीणता

defunct /डिफंक्ट/ *adj., facetious* 1 निष्क्रिय, अप्रचलित, बंद: ~ suns (बुझे सितारे) 2 मृत: the ~ (मृत व्यक्ति)

defu\se /डिफ्यूज/ *v., pt.* **~sed**, *pp* **~sing** 1 जटिल स्थिति को सुलझाना, शांत क., तनाव कम क. 2 पलीता निकालना 3 बम, बारूदी सुरंग आदि को निष्क्रिय क.

de\fy /डिफाइ/ *v., pt.* **~fied**, *pp* **~fying**, *s/he/it* **~fies** 1 अवज्ञा

क., कहना न मानना 2 उद्दंडता क. 3 चुनौती दे., ललकारना: **~fy** sb to do sth (किसी को कोई कार्य करने के लिए ललकारना) 4 विरोध क. 5 तर्क के परे हो.: **~fying** explanation/ belief/ description, etc (जो स्पष्टीकरण/ विश्वास/ विवरण के परे हो.);
dw/lw: **defier** /डिफायः/ *n.*; अवज्ञाकारी, उद्दंड;
p&i: **~fy and deride** अंगूठा दिखाना

deg. 'degree/ degrees' का संक्षेप

dégagé /डेगजे/ *adj., Fr.* 1 सहज, सरल, बिना किसी विवशता के 2 संलग्न, अलिप्त

degas /डीगैस/ *v., pt.* **~sed**, *pp* **~sing** 1 किसी वस्तु में से गैस निकालना 2 विगैसन क., गैस रहित क.

degauss /डिगाउस/ *v., pt.* **~ed**, *pp* **~ing** 1 चुंबकीय विक्षेत्रण क. 2 किसी वस्तु के चुंबकीय क्षेत्र को वैद्युत क्षेत्र से घेरकर उसे अचुंबकीय बनाना (neutralise)

degeneracy /डिजेनअरेसि/ *n.* गिरावट, पतन, अपभ्रष्टता

degenera\te /डिजेनअरे\ट/ *v., pt.* **~ted**, *pp* **~ting** 1 सड़ना, गलना 2 भ्रष्ट हो. 3 पतन हो. 4 गिरावट आना 5 में बदल जा.: **~te** into a story-teller;
adj. 1 विकृत, भ्रष्ट 2 पतित 3 चरित्रहीन, गिरा हुआ, बिगड़ा हुआ;
dw/lw: **~tely** /~टलि/ *adv.* भ्रष्ट ढंग से; **degenera\tion** /~शन/ *n.* 1 सड़न, गलन: the fatty ~tion of the heart 2 पतन: the ~tion of the Roman Empire 3 (नैतिक) पतन; **~tive** /~टिव/ *adj.* पतनकारक, अपकर्षक: ~tive crop

degradable /डिग्रेडअबल/ *adj., tech.* जिसे रासायनिक या जैविक रूप से विघटित या नष्ट किया जा सकता है

degra\de /डिग्रे\ड/ *v., pt.* **~ded**, *pp* **~ding** 1 दर्जा घटाना, पदावनत क.: **~de** sb from the priesthood 2 अनादरपूर्वक पेश आना 3 नजरों से गिराना या तौहीन क. 4 भ्रष्ट हो. या क., गिर जा.: **~de** oneself 5 मूल्य घटाना 6 बदनाम क. 7 विकृत या भ्रष्ट हो. 8 टूटकर जटिल से सरल संरचना में बदल जाना;
dw/lw: **degra\dation** /डेग्रअडेशन/ *n.* 1 अधोपतन, अधोगति 2 अवनति 3 विकार 4 गिरावट 5 अपभ्रष्टता; **~ded** /~डिड/ *adj.* 1 पतित, भ्रष्ट, विकृत 2 पतन की ओर अग्रसर, अधोगतित: ~ded condition; **~ing** /~डिंग/ *adj.* अपमानजनक, शर्मनाक: ~ding sycophancy

degrea\se /डीग्री\स/ *v., pt.* **~sed**, *pp* **~sing** किसी चीज की चिकनाई छुड़वाना;
dw/lw: **~ant** /~संट/ *n.* चिकनाई हटाने वाला पदार्थ

degree /डिग्री/ *n., pl.* **~s** 1 डिग्री, अंश, अंशांक, इकाई 2 कोण की डिग्री, कोणांश 3 डिग्री, पदवी, उपाधि 4 मात्रा, संख्या, आपेक्षिक सीमा या स्तर: ~ of goodness; ~ of control 5 अवस्था: ~ of skill 6 विशेषण या क्रिया विशेषण की तुलनात्मक कोटि, श्रेणी, दर्जा 7 सोपान 8 *algebra* घात, मात्रा 9 (***syn.*** temperature) तापांक;
collocations: **~s of comparison** तुलनात्मक अवस्थाएं (कोटियां); **~ of consanguinity** खून के रिश्ते की हद या समीपता; **~ of dissociation** वियोजन-मात्रा; **~ of freedom** (गणित में) स्वातंत्र्य कोटि; **~ of precision** परिशुद्धता का स्तर/ मात्रा; **~ of safety** सुरक्षा का स्तर; **~sheat** *geol.* एकाशी मानचित्र; **~ of uniformity** *geol.* समानतांश;
advance ~ *sports* दूसरी (उच्चतर) श्रेणी; **honorary ~** सम्मानार्थक उपाधि; **positive/ comparative/ superlative ~** *gramm.* सामान्य/ तुलनावाचक/ उत्तम अवस्था;
p&i: **a lady of high ~** उच्च वर्ग की महिला; **by ~s** धीरे-धीरे, क्रमशः; **differ in ~s** मात्रा का अंतर हो.; **each good in its ~** सभी किसी न किसी हद तक अच्छे हैं; **forbidden ~s** रक्त संबंध या सगोत्रता में विवाह की निषिद्ध सीमाएं; **get the third ~** (पुलिस आदि की) यातना का शिकार हो.; **in one's ~** अपने ही वंश में; **murder in the first ~** ठंडे दिमाग से (cold-blooded) योजना बनाकर की जाने वाली हत्या; **not in the slightest/ least ~** जरा भी नहीं; **of low ~** अधम कोटि का; **of the first ~** छंटा या मंजा हुआ (बदमाश); **principal in the first ~** *US* मुख्य अपराधी; **principal in the second ~** *US* सह-अपराधी; **prohibited/ forbidden ~** वंश या रक्त (गोत्र) की समीपता के आधार पर वर्जित विवाह; **people of unusual ~s** भिन्नः-भिन्न समुदायों के लोग; **study for a ~** किसी विषय में डिग्री लेने के लिए पढ़ाई क.; **the ~ of bachelor/ master** बीए/ एमए की डिग्री; **third ~** अभियुक्त से अपराध कबूल करवाने के लिए पुलिस द्वारा दी जाने वाली यातना (मारपीट); **to a ~** एक समय तक, एक हद तक; **to a certain ~/ some ~** कुछ हद तक; **to the last ~** आखिरी हद तक; **to the n-th ~** अधिकतम सीमा तक;

degre\ssion /डिग्रे\शन/ *n.* अधःपतन, गिरावट, अवनति, ह्रास, कमी;
dw/lw: **~ssive** /~सिव/ *adj.* अवनतिकारक, ह्रासमूलक, पतनकारक

degust /डिगस्ट/ (*also* **~ate** /डिगस्टेट/) *v., pt.* **~ed/ ~tated**, *pp* **~ing/ ~tating** 1 आस्वादन क., चखना 2 मदिरा को चखकर आंकना;
dw/lw: **~tation** /डिगस्टेशन/ *n.* आस्वादन, चखने की क्रिया;
p&i: **by ~s** क्रमशः, धीरे-धीरे थोड़ा-थोड़ा करके; **third ~** कैदी से अपराध स्वीकार कराने के लिए उसे पुलिस द्वारा दी जाने वाली मानसिक अथवा शारीरिक यातना

dehardening /डिहाःडनिंग/ *n.* (पेड़-पौधों में) सर्दी-सह गुण का लोप

dehisce /डिहिस/ *v., pt.* **~d**, *pp* **dehiscing** 1 (***syn.*** yawn) जंभाई ले. 2 पककर बिखरना 3 स्फुटन हो.;
n. स्फुटन;
dw/lw: **~nce** /डिहिसंस/ *n.* स्फुटन, जंभाई; **~nt** /डिहिसंट/ *adj.* 1 *bot.* स्फोटी, स्फुटनशील 2 जंभाईकारक

dehoratory /डिहॉरेटरि/ (*also* **dehorative** /डिहॉरेटिव/) *adj.* निवारक, निवर्तक

dehorn /डीहॉ\न/ *v., pt.* **~ed**, *pp* **~ing** सींग रहित क., सींग निकाल या हटा दे.;
dw/lw: **~er** /~नः/ *n.* सींग रहित करने वाला; **~ing** /~निंग/ *n.* सींगों की कटाई या उतराई

dehors /डअऑः/ *prep, Fr., law* (***syn.*** outside) बाहर

dehort /डीहॉःट/ *v., pt.* **~ed**, *pp* **~ing** 1 न करने के लिए मना लेना, रोकना 2 आस्था कम क.

dehumani\zation /डीहयूमअ\नाइजेशन/ डीहयूमअ\नअजेशन/ *n.* अमानवीकरण;
dw/lw: **~ze** /~नाइज/ *v., pt.* **~zed**, *pp* **~zing** 1 अमानवीय बना दे. 2 मानवीय गुणों (दया, संवेदनशीलता आदि) से वंचित क., दरिंदा बना दे.

dehumidi\fy /डीहयूमिडि\फाइ/ *v., pt.* **~fied**, *pp* **~fying** आर्द्रता कम क.;
dw/lw: **~fication** /~फिकेशन/ *n.* नमी में कमी; **~fier** /~फायः/ *n.* आर्द्रता कम करने वाला

dehydra\te /डीहाइड्रे\ट/ *v., pt.* **~ted**, *pp* **~ting** 1 निर्जल या जलरहित होना या क. 2 शरीर द्वारा बहुत सारा पानी खो देना 3 सुखाना, शुष्क क.;
dw/lw: **~ted** /~टिड/ *adj.* निर्जल या जल रहित; **dehydra\tion** /~शन/ *n.* 1 किसी वस्तु में से पानी निकलने की क्रिया 2 पानी निकालकर फलों को देर तक बचाकर रखने की क्रिया 3 *med.* शरीर का निर्जलीकरण, निर्जलन; **~tor/ ~ter** /~टः/ *n.* निर्जल या जल रहित करने वाला

dehydro-freezing /डिहाइड्रो-फ्रीजिंग/ *n.* (***syn.*** freezing) पानीरहित खाने-पीने की वस्तुओं का जल्दी-जल्दी होने वाला जमाव

dehypnoti\ze /डिहिप्नअटाइज/ *v., pt.* **~zed**, *pp* **~zing** सम्मोहन दूर क., सम्मोहित अवस्था (trance) से निकालना

deice /डीआइस/ *v., pt.* **~d**, *pp* **deicing** 1 बर्फ रहित होना या क., बर्फ का हटना या हटाया जा. 2 किसी चीज पर बर्फ जमने से रोकना, बर्फ न जमने दे.;
dw/lw: **~er** /डीआइसः/ *n.* बर्फरहित करने वाला उपकरण

deictic /डायक्टिक/ डेक्टिक/ *adj., ling.* 1 संकेतवाचक 2 ऐसे शब्दों से संबंधित जिनका अर्थ उनके प्रयोग की वस्तु-स्थिति पर निर्भर करता है (उन्हें कौन, कहां, कब आदि उच्चरित करता है) 3 सीधे सिद्ध करने वाला

dei\fic/ ~fical /डेइ\फिक/ ~फिकल/ डीइ\फिक/ डीइ\फिकल/ *adj.* 1 किसी को भगवान में परिवर्तित करने वाला 2 भगवान जैसा;
dw/lw: **dei\fication** /~फिकेशन/ *n.* देवत्वरोपण, ईश्वरीकरण, दैवीकरण; **~fied** /डेइफाइड/ डीइफाइड/ *adj.* देवत्वप्राप्त, ईश्वरीकृत; **~form** /~फॉःम/ *adj.* देवतुल्य, भगवान जैसा; **dei\fy**/डेइफाइ/ डीइफाइ/ *v. pt.* ~fied, *pp* ~fying, *s/he/it* ~fies भगवान जैसा मानकर उसकी पूजा क.: ~fy money

deign /डेन/ *v., pt.* **~ed**, *pp* **~ing** 1 (***syn.*** condescend) कृपा क., अनुग्रह क.: will you ~ to answer my question 2 अनिच्छा से किसी बात को उपयुक्त मानना: ~ to do sth (कुछ करने के योग्य या उपयुक्त समझना) 3 झुकना, विनम्रता के कारण क.: he did not ~ to come 4 किसी बात या मुद्दे को निरर्थक समझकर न क.: not ~ to reply to an obvious provocation

deindustriali\ze/ deindustriali\se /डीइंडस्ट्रिअलाइ\ज/ *v., pt.* **~zed**, *pp* **~zing** औद्योगीकरण बंद क.;
dw/lw: **~zation** /~ज/ *n.* औद्योगीकरण की समाप्ति

dei gratia /*Lat.* डेइग्रातिआ/ *Br.* डीइग्रेशिआ, डेइग्राटिआ/ *Lat.* भगवान की कृपा से

deil /डील/ *Scot.* 1 राक्षस 2 क्रूर व्यक्ति

deinosaur /डाइनअसॉः/ = dinosaur *n.* डाइनासौर

de integro /डीइंटेग्रो/ डेइंटेग्रो/ *adv., Lat.* फिर से, दोबारा से

deism /डेइ\जम/ डीइ\जम/ *n.* ईश्वरवाद, देववाद;
dw/lw: **deist** /~स्ट/ *n.* ईश्वरवादी, देववादी; **deistic** /~स्टिक/ *adj.* ईश्वरवादी, देववादी

deity /डेइटि/ डीइटि/ *n., pl.* **~ies** *formal* 1 देवता या देवी 2 (**the Deity**) भगवान

deisparous /डेइसपारस/ *adj.* देवजननी विषयक (मां मरियम के लिए)

deixis /डेक्सिस/ डाइक्सिस/ *n. ling.* प्रसंग जन्य अर्थों वाले शब्दों का प्रयोग

dejá vu /डेजाः वू/ *n., Fr.* 1 पुरानी सामग्री 2 पूर्वाभासजन्य/ पूर्वानुभव भ्रांति (ऐसा लगता है कि इसे पहले कहीं देखा, सुना या पढ़ा है)

deject /डिजे\क्ट/ *v., pt.* **~ed**, *pp* **~ing** 1 हतोत्साहित क., निराश क. 2 हताश क. या बनाना: ~ sb's spirits 3 दिल तोड़ दे.;
dw/lw: **~a** /~क्टा/ *n.* विष्ठा; **~ed** /~क्टिड/ *adj.* हताश, निराश, खिन्न; **~ly** /~क्टिडलि/ *adv.* निराशापूर्वक; **~ness** /~क्टिडनेस/ *n.* खिन्नता, निराशा; **dejection** /~क्शन/ *n.* 1 हताशा, निराशा, विषाद 2 विष्ठा, मलोत्सर्ग; **~ory** /~क्टरि/ *n.* रेचक, कम करने वाला; **~ure** /~क्चः/ *n.* विष्ठा

déjeuner /डेजअने/ *n., Fr.* औपचारिक नाश्ता, दूसरा नाश्ता (दोपहर का भोजन)

dejure /डेज्युअरि/ *US* डेजुरि/ *adv., Lat.* विधितः, कानूनन: the king ~
adj., *law.* कानूनी, वैध, विधिक, विधिसम्मत, विधिवत्

Dekabrist /डिकाब्रीस्त/ (*also Russian* **Декабрист**) *n.* जारशाही के विरुद्ध 1825 के दिसंबर विद्रोह में भाग लेने वाला व्यक्ति

dekagram /डेकअग्रैम/ *n.* दस ग्राम

dekalitre /डेकअलीटः/ *n.* दस लिटर

dekalogy /डिकअलौजि/ *US* डिकअलाःजि/ *n.* उपन्यासदशी, दस उपन्यासों का संकलन

dekametre /डेकअमीटः/ *n.* दस मीटर

dekko/ decko /डेको/ *n., pl.* **~s/~s** देखो (*usually* **have/ take a ~**) *IE sl.* जरा देखो!

Del. *abbr. US state* 'Delaware' का संक्षेप

del *abbr.* 'delegate', 'delineavit (*Lat.*)' का संक्षेप

DEL *abbr.* 'Direct Exchange Line' की प्रथमाक्षरी

delamina\te /डिलैमिने\ट/ *v., pt.* **~ted**, *pp* **~ting** विपटलीकरण क.;
dw/lw: **~tion** /~शन/ *n.* विपटलीकरण

dela\te /डिलेट/ *v., pt.* **~ted**, *pp* **~ting** बताना, प्रकट क., अभियोग लगाना, रपट लिखवाना, प्रकाशित क., विज्ञापित क.

delay /डिले\/ *v., pt.* **~ed**, *pp* **~ing** 1 (***syn.*** defer) टालना, स्थगित क., देर क.: ~ the attack for 5 days 2 मंद क., विलंबित क. 3 (***syn.*** hold up) रोकना, अटकाना;
n., *pl.* **~s** 1 देर, देरी, विलंब 2 अवरोध, बाधा: a brief/ short/ slight ~; a considerable/ lengthy/ long ~; ~ in payment
dw/lw: **~ed** /~ड/ *adj.* विलंबित, देर से प्राप्त: ~ed action (विलंबित कार्यवाही); ~ed-action mine (बाद में फटने वाली बारूदी सुरंग); **~er** /~अः/ *n.* देर करने वाला; **~ing** /~इंग/ *n.* देर करने की क्रिया: ~ing of justice; **~ing** *adj.* विलंबकारी: ~ing tactics (देर करने की चाल);
collocations: **~ allowance** देरी भत्ता; **unavoidable ~** बेबसी से होने वाली देरी;
p&i: **~s are not denials** देर का अर्थ इन्कार नहीं, खुदा के घर में देर है अंधेर नहीं; **~s increase desires** देर से ख्वाहिशें बढ़ जाती हैं;
cause ~s देर क.; **experience/ face/ suffer ~s** विलंब अनुभव क./ सहना/ झेलना; **not to ~ even an instant** एक पल की भी देरी न क.; **suffer a ~ed reaction** देर से होने वाली प्रतिक्रिया झेलना;

del credere /डेल क्रेडेरे/ *adj, Lat.* प्रत्यायक, आश्वासी, परिशोधक

dele /डीली/ *n., pl.* **~s** *proof reading* (***syn.*** delete) किसी अक्षर या शब्दांश आदि को हटाने के लिए पृष्ठ के हाशिए में लिखा जाने वाला चिह्न (**δ**);
v. *pt.* **~d**, *pp* **deling** छपनेवाले पृष्ठ के हाशिए में (**δ**) चिह्न लगाकर किसी अक्षर, शब्दांश आदि को हटाने (delete) का निर्देश दे.;

deleatur /डीलिएटः/ *n.* **'δ'** चिह्न लगाकर किसी अक्षर, शब्दांश या शब्द को हटाने का संकेत

delecta\ble /डिलेक्टअ\बल/ *adj.* 1 (***syn.*** delicious) स्वादिष्ट, मजेदार, आनंददायक, सुखद 2 अति आकर्षक: sb's **~ble** face;
dw/lw: **~bly** /~बलि/ *adv.* स्वादिष्ट या मजेदार ढंग से; **~bleness/ ~bility** /~बलनेस/ ~बिलिटि/ *n.* स्वादिष्टता, आनंद

delectation /डीलेक्टेशन/ *n.* (***syn.*** delight) मजा, आनंद, सुख: for one's ~

delega\cy /डेलिगे\सि/ *n., pl.* **~cies** 1 प्रतिनिधि-मंडल 2 प्रतिनिधि के रूप में नियुक्ति 3 प्रतिनिधि नियुक्त करने की प्रणाली 4 प्रतिनिधि नियुक्त करने वाला आधिकारिक व्यक्ति या संस्था;
dw/lw: **~te** /~ट/ *n.* 1 प्रतिनिधि, प्रत्यायुक्त 2 *US* अमेरिकी कांग्रेस आदि में क्षेत्र विशेष का प्रतिनिधि; **~te** *v., pt.* ~ted, *pp* ~ting 1 प्रतिनिधि बनाना 2 अधिकार सौंपना: ~te rights to sb; ~te power to one's deputy 3 प्रत्यायुक्त क.; **~ted** /~टिड/ *adj.* प्रत्यायोजित; **~tion** /~शन/ *n.* 1 प्रतिनिधि मंडल, शिष्टमंडल 2 प्रत्यायोजन, प्रतिनिधित्व, अधिकार सौंपने की प्रक्रिया; **~or** /~टः/ *n.* प्रत्यायोजक;
p&i: **a walking ~te** मजदूर संघ का प्रतिनिधि

delenda /डिलेंडा/ *n., [pl.], Lat.* **'δ'** चिह्न लगाकर हटाये जाने वाले अक्षर, शब्दांश, शब्द या पाठ के अन्य अंश

dele\te /डिली\ट/ *v., pt.* **~ted**, *pp* **~ting** मिटाना, काटना, हटा दे.: **~te** a word; his name was **~ted** from the list;
dw/lw: **dele\tion** /~शन/ *n.* काट, मिटाने की क्रिया; **~tory** /~टरि/ *adj.* विलोपन संबंधी, उच्छेदक

deleterious /डेलिटिअरिअस/ *adj.* हानिकारक, हानिप्रद, नुकसानदेह, अस्वास्थ्यकर अनिष्टकर

deli /डेली/ *n. short* 'delicatessen' का संक्षेप

delibera\te /डिलिबरअ\ट, डिलिबरि\ट / *US* डअलिबरे\ट/ *adj.* 1 (***syn.*** intentional) जान-बूझकर किया हुआ, सुविचारित: **~te**

murder 2 सुविचारित, सुचिंतित, आयोजित: **~te** distortion of facts 3 संकल्पित, ज्ञानकृत 4 सावधानीपूर्ण, विवेकशील: **~te** in speech;
***v.**, pt.* **~ted**, *pp* **~ting** 1 सोच-विचारकर कार्य क.: **~te** what to do 2 सोच-विचार क.: **~te** on a question;
dw/lw: **~tely** /~टलि/ *adv.* (***syn.*** intentionally) जान-बूझकर; **~teness** /~टनेस/ *n.* सोच-विचार; **~tor** /~टः/ *n.* सोच-विचार करने वाला; **delibera\tion** /डिलिबरेशन/ *n., pl.* ~tions 1 सोच-विचार, विचार-विमर्श, मंत्रणा: after long ~tions 2 सावधानी: with great ~tion (सावधानी से); **~tive** /डिलिबरेटिव/ *adj.* 1 विचार-विमर्श के लिए सक्षम 2 विचार-विमर्श के लिए उपयुक्त
p&i: **go with ~te steps** धीमे और नपे-तुले कदमों से चलना;

delible /डेलिबल/ *adj.* 1 कच्चा 2 जिसे मिटाया या काटा जा सके

delica\cy /डेलिकअ\सि/ *n., pl.* **~ies** 1 (***syn.*** specialty) स्वादिष्ट भोजन या व्यंजन: **~cy** of taste; **~cies** off the season 2 कोमलता, मृदुलता: **~cy** of skin; **~cy** of feeling and thought; **~cy** of mind; **~cy** of features 3 (***syn.*** tact) नाज़ुकता, नजाकत: **~cy** of the position 4 सौजन्य 5 शालीनता, सुशीलता, भद्रता: show **~cy** in expressing 6 सूक्ष्मता, बारीकी: **~cy** of taste; **~cy** of observation (जांच-पड़ताल की बारीकी); **~cy** of style; **~cy** of workmanship 7 कमजोरी: **~cy** of health; **~cy** of constitution (शारीरिक संरचना की कमजोरी) 8 अति भंजनशीलता 9 संवेदनशीलता: **~cy** of balance (तुला का संवेदनशील संतुलन);
p&i: **the ~cies of the season** स्वादिष्ट मौसमी व्यंजन

delicate /डेलिकअट\/ *adj.* 1 कोमल, मृदुल: ~ face; ~ skin; ~ odour (मृदुल सुगंध) 2 सुशील, सुकुमार, भद्र 3 (***syn.*** fragile) नाजुक, कमजोर: ~ child; ~ mission; a ~ situation 4 (***syn.*** subtle) सूक्ष्म, बारीक: ~ style; ~ workmanship; ~ ear (तेज श्रवण शक्ति) 5 (***syn.*** tactful) व्यवहार-कुशल 6 कुशल, दक्ष: ~ manners 7 स्वादिष्ट: ~ food 8 सुदक्ष, निपुण: ~ movements 9 उत्कृष्ट, उत्तम 10 संवेदनशील: ~ mind 11 भंजनशील, नाजुक: ~ china; ~ stage in negotiations (बातचीत में नाजुक दौर);
dw/lw: **~ly** /~लिए/ *adv.* 1 नाजुक ढंग से 2 दक्षतापूर्वक 3 सूक्ष्मता से, नजाकत से 4 सावधानी से

delicatessen /देलिकतेसन/ *n.* 1 बना-बनाया या तैयार भोजन 2 स्वादिष्ट व्यंजन 3 पनीर, पका गोश्त व सलाद आदि की दुकान

delicious /डिलीशिअस\/ *adj.* 1 स्वादिष्ट, जायकेदार: ~ dinner 2 रुचिकर, आनंददायक: ~ joke 3 अति प्रिय (सुगंध): ~ fragrance;
dw/lw: **~ly** /~लि/ *adv.* स्वादपूर्वक

delict /डीलिक्ट/ डिलिक्ट/ *n.* (***syn.*** misdemeanor) नियमोल्लंघन, अपराध, दुष्कृति, अतिचार: catch sb in flagrant ~ (किसी को रंगे हाथों पकड़ना);
p&i: **in flagrant ~** रंगे हाथों पकड़ा जा.

deligation /डेलिगेशन/ *n.* पट्टी, बंधन

delight /डिलाइ\ट/ *n.* 1 (***syn.*** joy) आनंद, उल्लास 2 हर्ष: with ~; to his ~ (उसके आनंद के लिए) 3 आह्लाद, सुख: delirious with ~ (आनंद विभोर) 4 आनंद का स्रोत, खुशी की बात: **~s** of country life; music is her only ~;
***v.**, pt.* **~ed**, *pp* **~ing** 1 खुश क. या हो.: ~ the eye 2 आनंद दे. या ले.: be **~ed** at/ with sth;
dw/lw: **~ed** /~टिड/ *adj.* 1 आह्लादित, आनंदित, हर्षित, प्रसन्न, खुश 2 सुखी, सुखकारी 3 आनंद-विभोर 4 आनंददायक, मजेदार; **~edly** /~टिडलि/ *adv.* प्रसन्नतापूर्वक, आनंद-विभोर या, आनंदित होकर, खुशी से, सहर्ष; **~edness/ ~fulness** /~टिडनेस/ ~टफुल्नेस/ *n.* आनंदमयता, प्रसन्नता, आनंद, सुख; **~ful/ ~some** /~टफुल/ ~टसम/ *adj.* (***syn.*** charming) आनंददायक, रुचिकर: ~ful prospect; ~ful companion; **~fully** /~टफुलि/ *adv.* आनंदपूर्वक, सहर्ष, खुशी-खुशी;
p&i: **~ in praises** चापलूसी को पसंद क.; **~ in sth/ doing sth** कुछ करने में मजा ले.; **be ~ed to meet sb** किसी से मिलकर बेहद खुशी हो.; **it ~s the heart** बहुत आनंददायक है, बहुत सुखकर है; **kick up the devil's ~/ raise hell's ~** बखेड़ा खड़ा क., हो-हल्ला मचाना; **the devil's ~** भयंकर स्थान, नरक

Delilah /दिलाइला/ *n.* (सैमसन की प्रेमिका) दलीला, मीठी-मीठी बातें करके फंसाने वाली औरत, मोहिनी (seductress)

delimit /डिलिमि\ट/ *v., pt.* **~ed**, *pp* **~ing** सीमा या हद तय क.;
dw/lw: **~ation** /~टेशन/*n.* सीमांकन, परिसीमन, हदबंदी; **~ative** /~टेटिव/ *adj.* परिसीमित करने वाला

delinea\te /डिलिनिए\ट/ *v., pt.* **~ted**, *pp* **~ting** 1 चित्रित या अंकित क. 2 तफ़सील से वर्णन क.: the journey's route is clearly **~ted** 3 रूप-रेखा बनाना: **~te** the resolution;
dw/lw: **~ble** /~बल/ *adj.* जिसे चित्रित या रूप-रेखित किया जा सके, वर्णनीय, चित्रणीय; **~tive** /~टिव/ *adj.* परिसीमित करने वाला; **~tion** /~शन/ *n.* 1 निरूपण, चित्रण 2 परिसीमन 3 रूप-रेखण, रेखांकन; **~tor** /~टः/ *n.* चित्रकार, रेखांकक, वर्णनकार, चित्रकार; **delineavit** /~विट/ *Lat.* अमुक ने चित्र बनाया

delink /डिलिंक/ *v., pt.* **~ed**, *pp* **~ing** अलग क.

delin\quency /डिलिंक्वं\सि/ *n., pl.* **~encies** 1 अपराधिता, अपराध वृत्ति: infant **~quency** 2 अपराध: international **~quency** 3 चूक 4 कर्त्तव्यच्युति;
dw/lw: **delin\quent** /~ट/ *n.* 1 अपराधी प्रव्रत्ति 2 दोषी व्यक्ति 3 बकाया; **~quent** *adj.* 1 अपराधी प्रव्रत्ति का, आपराधिक: ~quent teenagers 2 *US* जिसने ऋण न चुकाया हो: ~quent borrower 3 अवधि के भीतर अनचुका (ऋण): a ~quent loan

delique\sce /डेलिक्वे\स/ *v., pt.* **~sced**, *pp* **~scing** 1 गलना, द्रवित हो., पिघलना, घुल जा. 2 पसीजना, प्रस्वेदित हो.;
dw/lw: **~scence** /~संस/ *n.* 1 द्रवण, वायुमंडल के पानी में घुलन 2 प्रस्वेदन, पसीजने की क्रिया 3 धुंधलापन: ~scence of beliefs; **~scent** /~संट/ *adj.* प्रस्वेदी, पसीजने वाला

deliration /डेलिरेशन/ *n.* 1 बुद्धिभ्रष्टता, पागलपन, उन्मत्तता, बावलापन 2 प्रलाप

delirious /डिलिरिअस/ *adj.* 1 उन्मादग्रस्त, प्रलापी: ~ from fever 2 अति आनंदित, खुशी से पागल: ~ with happiness

delirium /डिलिरिअम\/ *n.* 1 उन्माद, विक्षिप्तता, चित्तभ्रांति: fits of ~ 2 उन्माद-प्रलाप, प्रलाप 3 उन्मत्तता, उत्तेजनशीलता;
collocations: **~ tremens** /~ट्रीमेन्ज/ *n.* (*abbr.* **DTs**) (***syn.*** hallucination) अतिशय शराब पीने से पैदा होने वाला मस्तिष्क विभ्रम

delite\scent /डेलिटे\संट/ *adj.* अप्रत्यक्ष, अप्रकट, प्रच्छन्न, अंतर्भूत;
dw/lw: **~scence** /~संस/ *n.* 1 गोपनीयता 2 अप्रत्यक्ष अवस्था 3 रोग के लक्षणों का आकस्मिक लोप

deliver /डिलि\वः/ *v., pt.* **~ed**, *pp* **~ing** 1 पहुंचाना, बांटना, वितरण क.: ~ letters; ~ the good 2 वचन निभाना, वायदे के अनुसार काम पूरा क. 3 (***syn.*** save, rescue) मुक्त कराना, बचाना, छुड़ाना: ~ sb from captivity; ~ sb from death 4 प्रदान क., सौंपना: ~ sb/ sth up/ over to sb; ~ the POW to the invading side 5 प्रसव कराना: ~ a baby 6 भाषण दे.: ~ a lecture/ talk, etc. 7 किसी पर वार क.: ~ fire by air; ~ a blow to sb 8 किसी की आलोचना क.;
dw/lw: **~able** /~वरेबल/ *adj.* सुपुर्दगी के योग्य; **deliver\ance** /~वरंस/ *n.* 1 उद्धार, बचाव, रक्षा 2 मुक्ति, रिहाई: ~ance from bondage; hope of ~ance (मुक्ति की आशा); **~er** /~वरः/ *n.* मोचक, उद्धारक;
p&i: **~ a battle** लड़ाई क.; **~ an attack** आक्रमण क.; **~ed of** प्रसव क.; **~ the goods** माल दे.; **~ up** के हवाले क., समर्पित क.; **~ your words not by numbers, but by weight** हवा-बाजी से दमदार असली काम बेहतर; **stand and ~** (अठारहवीं शताब्दी में राहगीरों (लुटेरों) द्वारा मुसाफिर को लूटते

समय प्रयोग की जाने वाली धमकी): या तो बटुआ देदो या मौत पाओ!

delivery /डिलिवरी/ *n., pl.* **deliveries** 1 सामान आदि की सुपुर्दगी: ~ of goods 2 वितरण: ~ of letters 3 जन्म, प्रसव, प्रसूति 4 माल की छुड़ाई 5 हस्तांतरण 6 भाषण-शैली, शैली, प्रस्तुति, वाचन: actor's poor dialogue ~ 7 *cricket, etc.* गेंद फेंकने की क्रिया: a fast ~ 8 मुक्ति 9 उत्पाद: high ~ of coal;
dw/lw: **~-man** *n.* वितरक, सामान पहुंचाने वाला; **~-pipe/ tube** *n.* निकास या वाहक नली; **~-van** *n.* वितरण गाड़ी;
collocations: **~ desk** वितरण मेज; **~ head** जल दबाव; **~ note** माल के साथ लगा पत्र या टिप्पणी; **~ of goods** माल वितरण क्रिया; **~ service** वितरण सेवा; **~ room** वितरण-कक्ष; **~ truck/ vehicle** डाक या माल वाहक (वितरक) गाड़ी; **dialogue ~** संवाद बोलने की शैली; **general ~** डाक वितरण; **house to house ~** डाक या माल को घर-घर पहुंचाने का काम; **nuclear ~ vehicle** नाभिक हथियारों को ढोने वाली गाड़ी;
p&i: **take ~** माल छुड़ाना या ले.; **pay on ~** सौंपने के समय भुगतान; **~ of a captive man from dungeon** बंदी की काल कोठरी से रिहाई या मुक्ति; **writ of second ~** अदालत का जब्त माल को मालिक को लौटाने का आदेश

dell /डेल/ *n.* वृक्षों से भरी घाटी

delouse /डीलाउस/ *v., pt.* **~d**, *pp* **delousing** 1 जूं निकालना, जुंओं से पिंड छुड़ाना, जुंओं से छुटकारा दिलाना 2 बारूदी सुरंग हटाना 3 फ्यूज निकालना 4 गंदगी निकालना

delphinium /डेल्फिनिअम/ *n., pl.* **delphiniums/ delphinia** डेलफिनियम, बगीचे का एक ऊंचा पौधा

Delphinus /डेल्फाइनस/ *n., astron.* एक मंद रोशनी का तारा मंडल

Delphic /डेल्फिक/ *adj., Greek* 1 यूनानी देववाणी स्थल डेल्फी (Delphi) से संबंधित 2 *fig.* धूमिल, जो समझ में न आए, दोहरे अर्थ वाला: ~ utterance

DELTA *abbr.* 'Diploma in English Language Teaching to Adults' की प्रथमाक्षरी (कैंब्रिज विश्वविद्यालय का डिप्लोमा)

delta /डेल्टा/ *n., pl.* **~s** 1 मुहाना, नदी के मुहाने पर तिकोनी कछारी भूमि, नदीमुख-भूमि 2 ग्रीक वर्णमाला का चौथा अक्षर (**δ**) 3 *astron.* चतुर्थ देवयानी 4 (**Delta**, *communication in the NATO alphabet*) नाटो के संदेशों में '**D**' को दर्शाने वाला अक्षर;
dw/lw: **deltaic** *adj.* डेल्टा के आकार का, डेल्टा बनाने वाला;
collocations: **~ connection** त्रिकोण संबंध; **~ rays** विकिरण के कारण अणुओं से अलग हुए धीमी रफ्तार से चलने वाले कणों की किरणें; **~ rocket** *astron.* संचार स्पुतनिकों को दागने वाली अमेरिकी रॉकेट; **~ rhythm/ ~ wave** *physiol.* दिमाग में सुप्त अवस्था में निम्न तरंग आवृत्ति सक्रियता; **~ wing** घूमने वाले पंखों वाला जेट विमान

deltoid/ deltoic /डेल्टॉइड/ डेल्टॉइक/ *adj.* त्रिकोणाकार;
collocations: **~ muscle** अंसच्छेद पेशी, त्रिकोणिका, कंधे की त्रिकोणीय मांस पेशी

deltiolo\gy /डेल्टिऔ\लजि/ *n.* चित्र पोस्टकार्ड-संग्रह एवं अध्ययन;
dw/lw: **~gist** /~लजिस्ट/ *n.* चित्र पोस्टकार्ड-संग्रहकर्ता एवं अध्ययेता

delubrum /डेलुब्रुम/ *n.* पूजा स्थान, जल कुंडी, गिरजा घर, जल कुंड

delu\de /डिल्यू\ड/ *v., pt.* **~ded**, *pp* **~ding** 1 भ्रमित क., बहकाना: **~de** oneself (बहकावे में आना) 2 मूर्ख बनना 3 धोखा दे.;
dw/lw: **~dable** /~डअबल/ *adj.* जिसे भ्रमित किया जा सके; **~ed** /डिल्यूडिड/ भ्रमित; **delusion** *see blow under separate entry*

deluge /डिल्यूज/ *n., pl.* **~s** 1 बहुतायत, प्रचुरता, भरमार: ~ of words; ~ of questions 2 महाप्रलय, जल प्रलय, जलप्लावन 3 कयामत 4 (***syn.*** flood) घोर वर्षा, अति वृष्टि, बाढ़;
v., pt. **~d**, *pp* **deluging** 1 प्लावित या जलमग्न क. 2 डूब जा. या डुबोना 3 (***syn.*** to flood, to inundate) बाढ़ ला. 4 बड़ी संख्या में आना: **~d** by letters 5 पराभूत या अभिभूत क., से विह्वल क.: be **~d** with/by (की भरमार से विह्वल हो.);
p&i: **after me the~** मेरे बाद चाहे कयामत हो जाए!

delu\sion /डिलू\जन/ *n.* 1 धोखा, भ्रांति, भ्रम: be under a **~sion** 2 *psychol.* विभ्रम, गलत समझ (एक मानसिक विकार): **~sion** of grandeur (अपनी महत्ता के बारे में झूठा भ्रम);
dw/lw: **~ sionist** /~जनिस्ट/ *n.* 1 धोखा या छलावा करने वाला 2 स्वप्नद्रष्टा; **~sive/ ~sory** /~सिव/ ~सरि/ *adj.* 1 (***syn.*** deceptive) भ्रामक, भ्रमजन्य 2 झूठी आशा बंधाने वाला 3 आभासी; **~sively** /~सिवलि/ *adv.* भ्रामक ढंग से; **~siveness** /~सिवनेस/ *n.* भ्रामकता

deluxe/ de luxe /डिलक्स/ *adj.* 1 (***syn.*** luxury) उच्च कोटि का: ~ liner (ऐशो-आराम वाला जहाज) 2 विशिष्ट: ~ edition (राजसी संस्करण) 3 राजसी ठाठ-बाट वाला: ~ hotel

delve /डेल्व/ *v., pt.* **~d**, *pp* **delving** 1 (*usually* **~ into sth**); (***syn.*** dig) चीज या तथ्य खोजना, खूब जांच-पड़ताल क.: ~ in/ into the documents (कागजात की गहराई में जाकर छानबीन क.); ~ into history 2 (*usually* **~ through sth**) खूब छान-बीन क. 3 धंसना 4 अचानक तिरछा या ढालू हो.;
dw/lw: **~r** /डेल्वः/ *n.* खनिक, खोदने वाला;
p&i: **dig and ~** खूब जांच-पड़ताल क.

dem. *abbr.* 'democratic' का संक्षेप

demagneti\zation /डीमैगनिटाइ\जेशन/ *n.* विचुंबकन, चुंबकीय निष्क्रियकरण, चुंबकीयता की समाप्ति;
dw/lw: **~ze/ ~se** /~ज/ *v., pt.* ~zed, *pp* ~zing विचुंबकित होना या क., चुंबकताहीन होना या क.; **~zer** /~जः/ *n.* चुंबकहीन करने वाला, चुंबक-निष्क्रियक

demago\gue /डेमअगौ\ग/ *US* डेमअगाः\ग/ *n., derog.* भड़काऊ आदमी, लफ्फाज;
dw/lw: **~gic** /~गिक/ *adj.* जनोत्तेजक, भड़काऊ, लफ्फाजी; **demago\guery** /~गरि/ *n.* = **demagogy** /~गि/ *n.* भड़काऊ भाषणबाजी, लफ्फाजी

deman /डीमैन/ *v., pt.* **~ned**, *pp* **~ning** कर्मियों की संख्या कम क.

demand /डिमां\ड/ *n.* 1 मांग, पूछ, चाह: public ~; in ~ 2 मांग, खपत: increase/ meet/ satisfy ~ (मांग बढ़ाना या/पूरी क.) 3 दावा, अधिकारपूर्ण मांग, अनुरोध 4 तकाजा 5 आवश्यकता, जरूरत;
v., *pt.* **~ed**, *pp* **~ing** 1 मांगना, दावा क., याचना क., अधिकारपूर्वक मांग क.: ~ an apology 2 चाहना, पूछ हो. 3 खपत हो., मांग हो. 4 अपेक्षा रखना, आवश्यक हो.: **~s** great care 5 की जरूरत पड़ना;
dw/lw: **~able** /~डअबल/ *adj.* मांगने योग्य; **~ant** /~डंट/ *n.* याचक, वादी, मुद्दई; **~-draft** *n.* दर्शनी-हुंडी, प्रस्तुत करने पर पेय हुंडी; **~er** /~डः/ *n.* मांग करने वाला; **~ing** /~डिंग/ *adj.* 1 समय, ध्यान या प्रयास की अपेक्षा करने वाला: a ~ing job 2 लगातार कठोर मांगें करने वाला: ~ing child; **~s** /~ड्ज/ *n., [pl.]* 1 पुकार, मांग, दबाव 2 आवश्यकताएं 3 मुश्किल कार्य जिसे करना ही पड़ता है, गला पड़ा ढोल;
collocations: **~ and supply** मांग व आपूर्ति; **~ feeding** बच्चे द्वारा मांगने पर खाना खिलाना; **~ forecasting** मांग का पूर्वानुमान लगाने की क्रिया; **~ letter** मांगपत्र; **~ note** प्रस्तुत करने पर देयता; **~ rate** मांग पत्र; **poor ~** कम मांग;
p&i: **~ for sth** 1 किसी चीज के लिए मांग हो. 2 किसी चीज की मांग क.;
be in great ~ किसी वस्तु या माल आदि की बहुत मांग हो; **by popular ~** जनता की मांग पर; **great/ growing/ high/ steady ~** बहुत बडी/ बढ़ी हुई/ ऊंची/ निरंतर मांग; **hold a ~ against sb** किसी के विरुद्ध दावा क.; **makes great ~s on one's time** कोई काम किसी का बहुत समय लेता है; **on ~** मांगने पर; **payable on ~** मांगने पर देय;

demarca\te /डीमाःके\ट/ *v., pt.* **~ted**, *pp* **~ting** सीमांकन क.,

सीमांकित क., हदबंदी क.: **~te** the frontier of a country;
dw/lw: **~tion** /~शन/ *n.* सीमांकन, हदबंदी: line of ~tion

démarche /डेमाःश/ *n.* 1 कार्रवाई, उठाया जाने वाला कदम 2 राजनीतिक पहल

demateriali\ze/ ~se /डीमटिअरिअलाइ\ज/ *v., pt.* **~zed**, *pp* **~zing** 1 किसी वस्तु का अदृश्य हो., लुप्त हो जा. 2 समाप्त हो जा.

deme /डीम/ *n., biol.* आपस में जुड़े हुए और एक ही स्थान पर होने वाले पौधे या जानवर

demean /डिमी\न/ *v., pt.* **~ed**, *pp* **~ing** 1 पद में नीचा क. 2 (***syn.*** degrade) मान घटाना, प्रतिष्ठा घटाना: such utterances ~ women 3 अपमानित क. या होना, आत्म-सम्मान को ठेस पहुंचाना: ~ oneself 4 महत्त्व गिराना या गिरा लेना;
dw/lw: **demeaning** /~निंग/ *adj.* 1 अपमानित करने वाला, नीचा दिखाने वाला 2 आत्म-सम्मान को ठेस पहुंचाने वाला

demeanour *UK* (*US* **demeanor**) /डिमीनः/ *n.* 1 व्यवहार, आचरण, रवैया, तौर-तरीका, व्यवहार शैली 2 हाव-भाव, भाव-भंगिमा: maintain a professional ~ during the talks

démêlé /डिमेले/ *n., Fr.* झगड़ा, बहस

dement /डिमें\ट/ *v., pt.* **~ed**, *pp* **~ing** पागल क., पागल हो.;
dw/lw: **~ed** /~टिड/ *adj.* 1 विक्षिप्त, पगलाया हुआ, मूढ़, उन्मत्त, खब्ती 2 विक्षिप्त: drive sb ~ed; **~edly** /~टिडलि/ *adv.* पागल की तरह; **~edness** /~टिडनेस/ *n.* पागलपन, मूढ़ता, उन्मत्तता; **dement\ia** / डिमेंशिआ/ *n., pl.* **~s**, *psychol.* मानसिक असंतुलन, विखंडित मानसिकता, बुद्धि शिथिलता, स्मृति-भ्रंश;
collocations: **~ia praecox** मनोभ्रंश, मानसिक असंतुलन, विखंडित मनस्कता; **senile ~ia** वृद्धावस्थीय स्मृति-भ्रंश

dementi /डेमौंटि/ *n., Fr.* किसी लिखित कथन का औपचारिक प्रतिवाद, खंडन

demerara /डेमअरेअरा/ (*also* **demerara sugar**) *n.* दानेदार लाल चीनी या शक्कर

demer\ge /डीमःज/ *v., pt.* **~ged**, *pp* **~ging** कंपनी आदि को अलग क. या हो., असंबद्ध क.;
dw/lw: **demerger** /डीमःजः/ *n.* असंबद्धता, अलगाव

demerit /डीमेरिट/ *n.* 1 दोष: merit(s) and **~(s)** of a case 2 अवगुण, बुराई 3 अंक: ~ mark

demersal /डीमःसल/ *adj.* 1 पानी के नीचे रहने वाला 2 झील या समुद्र की तह पर मिलने वाला

demesne /डअमेन/ *n.* 1 जागीर, भू-संपत्ति: ancestral ~ (पैतृक संपत्ति) 2 भूमि जो मालिक के कब्जे में हो और पट्टेदार को न दी गई हो: hold it in ~ 3 किसी भवन के आस-पास की भूमि: ~ woods 4 क्षेत्र: ~ of knowledge

demi- /डेमि-/*prefix*; *comb. form, signifying:* **half or partly** (अर्ध, आधा): demigod:
dw/lw: **~god/ ~goddess** /डेमिगॉड/ *n., mythol.* अर्धदेव, अर्धदेवी; **~-jour** /डअमि-जुर/ *n.* (***syn.*** half-light) गोधूलि (बेला), झुटपुटा; **~-lune** *n.* अर्धचंद्राकार; **~john** /डेमिजॉन/ *n.* बड़े पेट तथा छोटे गले वाली बोतल; **~-monde** /डेमिमौंड/ *US* डेमिमांड/ *n.* = **~-mondaine** /डेमिमौंडेन/ *US* डेमिमांडेन/ *n.* 1 संदिग्ध चरित्र वाली औरतों का वर्ग, रखैल-वर्ग 2 निम्न वर्ग; **~monds** /डेमिमौंड्ज/ *US* डेमिमांड्ज/ *n.* रखैल; **~-official** *adj.* अर्ध-सरकारी; **~rep** /डेमिरेप/ *n.* संदिग्ध चरित्र वाली औरत; **~semiquaver** /डेमिसेमिक्वेवः/ *n., music.* संगीत में बत्तीसवां स्वर **~urge** /डेमिअःज/ *n.* 1 बनाने वाला, शिल्पकार, विश्वकर्मा

demigration /डिमाइग्रेशन/ *n.* निवास-परिवर्तन

demilitari\zation /डीमिलिटराइ\जेशन/ *n.* सेना हटाने की क्रिया, विसैन्यकरण;
dw/lw: **~ze** /~ज/ *v., pt.* ~zed, *pp* ~zing विसैन्यकरण क., विसैन्यकृत क., सेना हटा लेना; **~zed** /~जड/ *adj.* विसैन्यकृत

demimonde *see above under* **demi-**:*dw/lw*

demineralі\ze/~se /डीमिनअरलाइ\ज/*v. pt.* **~zed**, *pp* **~zing** पानी से लवण हटाना;
dw/lw: **~zation** /~जेशन/ *n.* पानी से लवण हटाने की क्रिया

demise /डिमाइज/ *n., formal*/1 *euphemistic* देहांत, निधन, मौत: sb's sudden/ sad ~ 2 समाप्ति 3 वसीयत आदि द्वारा जायदाद का किसी के नाम होने वाला हस्तांतरण;
v., *pt.* **~d**, *pp* **demising** 1 वसीयत द्वारा हस्तांतरित क.: property **~d** to the heir 2 सत्ता सौंपना: ~ the crown

demisemiquaver *see above under* **demi-**: ***dw/lw***

demist /डीमि\स्ट/ *v. pt.* **~ed**, *pp.* **~ing** (***syn.*** defog) गाड़ी के शीशे से गर्म हवा द्वारा जमी धुंध या कोहरे की परत को हटाना;
dw/lw: **~er** /~स्टः/ *n.* कार आदि की खिड़कियों से धुंध आदि की जमी परत को हटाने वाले स्प्रे या उपकरण

demiss /डिमि\स/ *adj.* 1 भीरु, दबाया हुआ 2 दमित, दलित;
dw/lw: **~ion** /~शन/ *n.* 1 इस्तीफा, पद त्याग 2 पतन 3 दमन

demit /डिमिट/ *v., pt.* **~ed**, *pp* **~ing** 1 नीचे भेजना, नीचा क. 2 पद-मुक्त क. 3 इस्तीफा दे., पद-त्याग क.

demitasse /डेमिटैस/ *n., Fr.* 1 भोजनोपरांत कॉफी पीने के लिए छोटा प्याला 2 उक्त प्याले में कॉफी

demiurge /डेमिअःज/ *n.* 1 ब्रह्मा, सृष्टिकर्ता, ईश्वर 2 विश्वकर्मा, विश्वशिल्पी

demo /डेमो/ *n., pl.* **~s** 1 *UK short:* **'demonstration'** का संक्षेप 2 रूप, प्रदर्शन: we had all gone on the ~ yesterday 3 प्रदर्शन रिकॉर्ड, टेप (tape) आदि;
v., *pt.* **~ed**, *pp* **~ing** प्रदर्शित क.

demob /डीमौ\ब/ *US* डीमाः\ब/ *Br. colloq. v. pt.* **~bed**, *pp* **~bing** 1 संगठन को भंग कर दे., 2 भीड़ या जमावड़े में बिखराव लाना, भीड़ को तितर-बितर क. 3 सेना से सेवानिवृत्त क.: **~bed** soldier;
dw/lw: **~ee** /~बी/ *n.* सेवानिवृत्त सैनिक या अफसर

demobili\zation /डिमोबअलाइ\जेशन/ *n.* सैन्य वियोजन, किसी मोर्चे से सेना हटाने का कार्य;
dw/lw: **~ze** /~ज/ *v. pt.* **~zed**, *pp* **~zing** 1 (*also* **demob**) सेनाओं को विघटित क., सैन्य-वियोजन क., लामबंदी तोड़ना, मोर्चाबंदी हटाना 2 सैनिक सेवा से निवृत क.

democra\cy /डिमौक्रसि/ *US* डिमाः\क्रसि/ *n., pl.* **~cies** 1 लोकतंत्र, जनतंत्र, प्रजातंत्र: parliamentary **~cy** 2 समताभाव 3 लोकसत्ता की धारणा 4 ऐसी राजनीतिक पद्धति जिसमें जनता राजनीतिक या सामाजिक निर्णयों में भाग ले सकती है: bourgeois **~cy**; **~cy** socialist **~cy** 5 ऐसे देश जहां लोकतंत्रिक ढांचा विद्यमान है: western **~cies**

democrat /डेमअक्रै\ट/ *n.* 1 जनवादी व्यक्ति, जनतंत्र का समर्थक 2 **Democrat** *US* अमेरिका में डिमोक्रेटिक पार्टी का समर्थक या सदस्य;
dw/lw: **~ic** /~टिक/ *adj.* 1 जनतांत्रिक, लोकतांत्रिक: the Democratic Party *US* 2 जनतांत्रिक सिद्धांतों पर आधारित; **~ically** /~टिकलि/ *adv.* जनतांत्रिक ढंग से: a ~ically elected government; **~ization/ ~sation** /~क्रअटाइजेशन/ *n.* जनतांत्रीकरण, लोकतंत्रीकरण; **~ize/ ~ise** /~क्रअटाइज/ *US* डिमाःक्रअटाइज/ *v., pt.* ~ized, *pp* ~izing जनतांत्रिक रूप दे., लोकतंत्रवादी बनाना, लोकतंत्र स्थापित क.

démodé/ demoded /डेमोडे/ डिमोडिड/ *adj., Fr.* पुराना, पुराने ढंग का, दकियानूसी, जिसका फैशन न रहा हो

demodula\te /डिमौड्युले\ट/ *US* डिमाःड्युले\ट/ *n.* विमॉडुलन क., रेडियो प्रसारण की वाहक तरंगों का सामंजस्य समाप्त क.;
dw/lw: **~tion** /~शन/ *n., electron.* 1 विमॉडुलन 2 रेडियो प्रसारण की वाहक तरंगों के सामंजस्य की समाप्ति

demogra\pher /डिमौग्रअ\फः/ डिमौग्रअ\फः/ *n.* जनसंख्या विशेषज्ञ, जन-सांख्यिक, जन-सांख्यिकिविद्;
dw/lw: **~phic** /~फिक/ *adj.* जनसंख्या से संबंधित: ~phic changes/ trends; **~phics** /डेमअग्रैफिक्स/ *n.* जनसंख्या संबंधी आंकड़े: ~phics of TV viewers; **~phy** /~फि/ *n.* जनसंख्या-विज्ञान, जनसांख्यिकी, जनांकिकी

demoid /डीमॉइड/ *adj*. किसी स्थान पर दूर-दूर तक पाया जाने वाला

demoiselle /डेमवाजेल/ *n*. 1 (***syn.*** damsel) युवती, किशोरी 2 करकरा, करकटिया 3 सारस

demolish /डिमौलिश/ *US* डिमाःलिश/ *v., pt.* **~ed**, *pp* **~ing**, *s/he/it* **~es** 1 ढाना, तोड़ना, गिराना, नष्ट या ध्वस्त क.: ~ a building 2 सत्यानाश क., मटियामेट क. 3 कमजोर क. 4 तर्क को ध्वस्त क.: ~ arguments 5 पूरा का पूरा चट कर जा.: ~ three eggs

demolition /डेमअलिशन/ *n*. 1 विध्वंस, तोड़फोड़: zone of ~ 2 विनाश 3 उन्मूलन: the ~ of rights

collocations: **~ bomb** भवन आदि को गिराने वाला विस्फोटक बम; **~ charge** विस्फोटक; **~ fire** *US* नष्ट करने वाली गोलीबारी; **~ squad** विध्वंसक टुकड़ी

demon /डीमन/ *n*. 1 दैत्य, राक्षस, दानव, पिशाच, असुर: regular ~ 2 दुष्ट आत्मा: malignant ~ (दुष्ट प्रेतात्मा); avenging ~ (बदला लेने वाला दैत्य); drive out/ exorcise **~s** (भूत/ प्रेतात्मा को भगाना); possessed with ~ (जिसके सिर पर भूत सवार हो, प्रेतग्रस्त हो.) 3 नरक दूत 4 नर-पिशाच, नृशंस व्यक्ति, दुष्ट व्यक्ति 5 प्रेरक आत्मा 6 शक्तिशाली व्यक्ति: ~ for work; ~ lover 7 अद्भुतगुण-संपन्न व्यक्ति: a ~ at tennis; a ~ at football;

dw/lw: **~iac/ ~ic/ ~ical** /डिमौ\निऐक/ डिमौ\निक/ डिमौ\निकल/ *US* डिमाः\निऐक/ डिमाःनिक/ डिमाःनिकल *adj*. 1 दानवी, राक्षसी, नारकीय: ~ic temptation 2 दानवों-सा उन्मत्त 3 दानव-प्रेरित, प्रेत-ग्रस्त 4 अद्भुतगुण-संपन्न: ~ic genius (अद्भुत प्रतिभा); **~ically** /~निकलि/ *adv*. दानवों की तरह; **~sation** /~नाइजेशन/ *n*. 1 प्रेत जैसे घिनौने रूप में चित्रण 2 प्रेतीकरण; **~ise/ ~ize** /~नाइज/ *v., pt.* ~ised, *pp* ~ising 1 प्रेत जैसे घिनौने रूप में चित्रित क. 2 प्रेत बनाना 3 प्रेत द्वारा वश में किया जा.; **~ism** /~निज्म/ (*also* **~ology** /~नॉलौजि/ *US* ~नॉलाःजि/) *n*. 1 पिशाचवाद, प्रेतवाद, भूत-प्रेतवाद भूत-प्रेत की शक्ति में विश्वास 2 प्रेत विद्या, भूत-पिशाच विद्या, नरक-दूत विद्या, पैशाचिकी; **~ist** /~निस्ट/ *n*. पिशाचपूजक, प्रेत पूजक; **~ocracy** /~नौक्रअसि/ *US* ~नाःक्रअसि/ *n*. प्रेत-शक्ति, दानवी धींगामस्ती; **~olatory** /~नौलअटरि/ *US* ~नाःलअटरि/ *n*. पिशाच-पूजा, प्रेत-पूजा;

p&i: **be a ~ for work** जबरदस्त रफ्तार से काम क.

demoneti\ze /डीमॉनिटाइज/ *v., pt.* **~zed**, *pp* **~zing** धातु के सिक्के या मुद्रा के नोटों को प्रचलन से हटाना, नोटबंदी क.;

dw/lw: **~zation/ ~sation** *n*. नोटबंदी, सिक्के या मुद्रा के नोटों का निरस्तीकरण

demonstrable /डिमौंस्ट्रअबल/ *US* डिमांस्ट्रअबल/ *adj*. प्रदर्शनीय, जिसे प्रदर्शित किया जा सकता है, प्रदर्शनात्मक: ~ proposition

demonstra\te /डिमंस्ट्रे\ट/ *v., pt.* **~ted**, *pp* **~ting** 1 प्रमाणित या सिद्ध क.: **~te** proposition (अवधारणा सिद्ध क.) 2 दिखाना, प्रस्तुत क. 3 (***syn.*** display) प्रदर्शित क., किसी कार्य को करने के ढंग को प्रदर्शित क. 4 भावनाओं, गुण या योग्यता को सिद्ध क.: **~te** one's feelings/ valour (भावनाएं/बहादुरी दिखाना) 5 (***syn.*** protest) विरोध या समर्थन में प्रदर्शन क.: ~ against sth;

dw/lw: **demonstra\tion** /~शन/ *n*. 1 प्रदर्शन, जुलूस: May Day ~tion; hold/ organize/ stage a ~tion; take part in a ~tion 2 कार्य-प्रणाली का प्रदर्शन: teach by visual/ ocular ~tion 3 प्रमाण, प्रमाणन, निरूपण: direct/ indirect ~tion (सार्थक/ नकारात्मक प्रमाण) 4 नुमाइश: ~tion farm 5 धमकी के रूप में शक्ति-प्रदर्शन: military ~tion 6 भाव-प्रदर्शन: I dislike ~tion of feelings; **~tive** /डिमौंस्ट्रअटिव/ *US* डिमांस्ट्रअटिव/ *adj*. (*usually* ~tive of sth) 1 भावनाओं, प्रेम भाव को दर्शित करने को तत्पर, भाव प्रदर्शक: ~tive greetings/ gratitude; ~tive nature 2 निदर्शनात्मक, निरूपणात्मक: ~tive example 3 प्रदर्शनात्मक 4 निश्चायक, प्रमाणात्मक: ~tive of sb's skills; readily ~tive; ~tive science 5 (व्याकरण में) संकेतवाचक, निश्चयवाचक: ~tive pronoun/ adjective; **~tively** /डिमौंस्ट्रअटिवलि/ *US* डिमांस्ट्रअटिवलि/ *adv*. 1 प्रदर्शनात्मक ढंग से 2 प्रदर्शनात्मक रूप में 3 प्रमाणक ढंग से: prove/ show sth ~tively; **demonstra\tor** /~टः/ *n*. 1 प्रदर्शक (प्रदर्शनी आदि का) 2 पथ-प्रदर्शक (अध्यापक) 3 विरोध प्रदर्शन आदि में भाग लेने वाला, प्रदर्शनकारी 4 प्रयोगशाला में प्रदर्शक: chemistry ~tor

demorali\zation /डिमौरअलाइ\जेशन/ *US* डिमाःरअलाइ\जेशन/ *n*. 1 नैतिक पतन, भ्रष्टता 2 हिम्मत-पस्तीता, निरुत्साह, मनोबल-ह्रास;

dw/lw: **demorali\ze** /~ज/ *v., pt.* ~zed, *pp* ~zing 1 (***syn.*** dishearten) मनोबल गिराना, हौसला पस्त क.: ~ze an army 2 नैतिक पतन हो. 3 अस्त-व्यस्त क.; **~zed** (*also UK* **-sed**) /~जड/ *adj*. हताश, हौसला-पस्त, जिसका मनोबल गिर चुका हो; **~zer** /~जः/ *n*. हताश या हौसला-पस्त करने वाला; **~zing** /~जिंग/ *adj*. मनोबल गिराने वाला

demos /डीमॉस/ (= **deme** /डीम/) *n., pejor*. लोग, जनता

Demosthenic /डिमौस्थेनिक/ *US* डिमाःस्थेनिक/ *adj*. 1 यूनानी वक्तृता विभूति डिमौस्थनीज (Demosthenes) से संबंधित 2 चटपटी, मजमेदार भाषा से संबंधित: ~ eloquence

demo\te /डिमो\ट/ *v., pt.* **~ted**, *pp* **~ting** (***anton.*** promote) दर्जा घटाना, पदावनत क.: be **~ted**;

dw/lw: **~tion** /~शन/ *n*. पदावनति, किसी के पद में गिरावट

demotic /डिमौटिक/ *US* डिमाःटिक/ *adj*. 1 जन-साधारण-संबंधी, जन-प्रचलित, लोकगत 2 लोकप्रिय;

n. 1 बोलचाल की भाषा, बोली 2 (*often* **Demotic**) आधुनिक यूनानी भाषा का जन-प्रचलित रूप 3 पुरातन मिश्री सुलेख का सरल रूप

demotiva\te /डीमोटिवे\टिड/ *adj*. हताश या हतोत्साहित क.;

dw/lw: **~ted** /~टिड/ *adj*. हताश, हतोत्साहित

demount /डिमाउंट/ *v., pt.* **~ed**, *pp* **~ing** 1 किसी यंत्र या पुर्जे को उतारना: ~ a motor 2 उतारना, ढहाना 3 अवरोहण क.

demulcent/ demulent /डिमल्संट/ डेम्युलेंट/ *adj*. 1 (*popularly* **soothing**) शामक, तापहर, पीड़ाहर 2 राहत देने वाला

demur /डिमः/ *v., pt.* **~red**, *pp* **~ring** 1 (**syn.** object) आपत्ति क., एतराज क.: ~ to 2 विरोध क.;

n. 1 आपत्ति, एतराज: ~ at sth (किसी बात पर हल्का-सा एतराज) 2 विरोध: without ~;

dw/lw: **demurral** /डिमअरल/ *n*. (**syn.** challenge, complaint) आपत्ति; **demurrer** /डिमरः/ *n*. (**syn.** object) एतराज: **~rer** of evidence (गवाही पर एतराज)

p&i: **without ~** बिना किसी विरोध के

demure /डिम्युअः\/ *US* डिम्युर\/ *adj*. 1 (***syn.*** modest) धीर-गंभीर, शालीन, सलज्ज: ~ conduct 2 (***syn.*** coy) संजीदा, संकोची, घुन्ना, दिखावापूर्ण, शालीनता का दिखावा करने वाला 3 नखरेबाज, दंभी: ~ sarcasm (छिपा हुआ कटाक्ष);

dw/lw: **~ly** /~लि/ *adv*. 1 शालीन ढंग से 2 छलावापूर्ण ढंग से; **~ness** /~नेस/ (*also* **demurity**) *n*. 1 संकोचशीलता, शर्मीलापन 2 नखरा, छलावापूर्ण शालीनता

demurrage /डिमरिज/ *n*. 1 माल को बंदरगाह या रेलवे गोदाम आदि से समय पर न उठाने पर लगने वाला जुर्माना या हर्जाना 2 डेमरेज 3 विलंब-शुल्क

demurrer *see above under* **demur: *dw/lw***

demutuali\ze/ ~ise /डीम्युचुअलाइ\ज/ *v., pt.* **~zed**, *pp* **~zing**, *finance* सहकारी समिति आदि का निजीकरण क.;

dw/lw: **~zation** /~जेशन/ *n*. सहकारी समिति का निजीकरण

demysti\fy /डीमिस्टि\फाइ/ *v., pt.* **~fied**, *pp* **~fying** रहस्य पर से पर्दा हटाना;

dw/lw: **~fication** /~फिकेशन/ *n*. रहस्य या भेद का खुलासा

demythologi\ze/ ~ise /डिमिथौलअजाइज/ *US* डिमिथाःलअजाइज/ *v., pt.* **~zed**, *pp* **~zing** पौराणिकता का आवरण हटाना

demy /डेमि/ *n.* कागज का आकार (छपाई का 22½" x 17½" का कागज)

den /डेन/ *n.* 1 मांद, खोह, विवर: a fox's ~ 2 अवैध गतिविधियों का अड्डा: robbers' ~; a ~ of vice (गुनाहों का अड्डा) 3 निजी कमरा 4 संकरी घाटी 5 *colloq. US* घर में आराम करने या टेलीविजन आदि देखने का कमरा

denarius /दिनेअरिअस/ *n., pl.* **denarii** प्राचीन रोम का चांदी का सिक्का

denary /डीनरि/ *adj.* 1 संख्या दस (10) पर आधारित, दशमिक, दशति, दशगुण, दस 2 दस का अंग, दस का समूह

denationali\zation /डीनैशनलाइ\जेशन/ *n.* निजीकरण;
dw/lw: **~ze** /~ज/ *v., pt.* ~zed, *pp* ~zing निजीकरण क.

denaturali\zation /डीनैचरअलाइ\जेशन/ *n.* 1 किसी चीज को कृत्रिम बनाने की क्रिया 2 प्रकृति-परवर्तन 3 नागरिकता की समाप्ति या उस पर आधारित हकों से वंचन;
dw/lw: **~ze** /~ज/ *v., pt.* ~zed, *pp* ~zing 1 स्वभाव या गुण बदलना 2 विकृत क. 3 कृत्रिम बनाना 4 नागरिकता से वंचित क.

denatu\re/ ~rize/ ~rise /डिनेचः/ डिनेचराइज/ *v., pt.* **~red/ ~rized**, *pp* **~ring/ ~rizing** 1 विकृत क. 2 विगुणित क. 3 कृत्रिम बनाना 4 शराब या स्पिरिट आदि में विष आदि मिलाकर उसे पीने लायक न रहने दे.;
dw/lw: **~rant** /डिनेचरंट/ किसी पदार्थ को विगुणित करने वाला पदार्थ; **~red** /डीनेचःड/ *adj.* जिसके प्राकृतिक गुण बदल गए हों, विपरीत-प्रकृति: ~red alcohol

denazi\fy /डीनात्सि\फाइ/ *v. pt.* **~fied**, *pp* **~fying**, *s/he/it* **~fies** किसी को या किसी बात को नाजी (फासीवादी) प्रभाव और विचारधारा से मुक्त क.;
dw/lw: **~fication** /~फिकेशन/ *n.* नाजी प्रभाव से मुक्त करने की क्रिया

dendrite /डेंड्राइट/ (*also* **dendron**) *n.* 1 तंत्रिका कोशिका के अंत में एक छोटी-सी शाखानुमा संरचना जो अन्य कोशिकाओं से संकेत प्राप्त करती है 2 पत्थर पर शाखानुमा चिह्न

dendro- /डेंड्रौ\/ *US* डेंड्राः\/ (*also* **/dendri-** /डेंड्रि/ *comb. from, signifying:* **tree** (पेड़);
dw/lw: **~chronology** /~क्रअनौलजि/ *US* /~क्रअनाःलजि/ *n., archaeol.* पेड़ों के तनों में बने छल्लों के आधार पर भिन्न-भिन्न कालों की लकड़ियों की अध्ययन विज्ञान; **~climatology** /~क्लिमअटौलजि/ *n.* पेड़ों के तने में छल्लों के अध्ययन द्वारा जलवायु परिवर्तन अध्ययन विज्ञान;. **~cola** /~कोला/ *n.* वृक्षवासी; **~id** /~इड/*adj.* पेड़ जैसा, शाखायित, वृक्षाभ, द्रुमाभ

dendro\logy /डेंड्रौ\लजि/ *US* डेंड्राः\लजि/ *n.* वृक्ष विज्ञान;
dw/lw: **dendrologic** /डेंड्रअलौजिक/ *US* डेंड्रअलाःजिक/ *adj.* वृक्षीय; **~logist** /~लजिस्ट/ *n.* वृक्ष विज्ञानी

dendron /डेंड्रौन/ *US* डेंड्राःन/ *n., physiol.* पत्थर पर शाखायित आकार का चिह्न

dene /डीन/ *n.* चोटी घाटी, बालू का टीला

DEng. *abbr.* 'Doctor of Engineering' का संक्षेप

dengue /डेंगि/ *n.* (*also* **~ fever/ break bone ~/ dandy-fever**) मच्छरजन्य घातक ज्वर, डेंगू ज्वर, लंगड़ा ज्वर

deniable /डिनायबल/ *adj.* जिसे नकारा जा सके, जिसका खंडन किया जा सके, अस्वीकार्य, खंडनीय: it is ~ that…

denial /डिनायल/ *n.* 1 खंडन, प्रतिवाद: a categorical/ emphatic/ strenuous/ vehement/ sweeping ~ (स्पष्ट/ जोरदार/ कड़ा/ प्रबल/ पूरा प्रतिवाद); meet the charge with a flat ~; ~ of facts 2 मनाही, नकार: ~ of sb's request; take no ~ (इन्कार या मनाही स्वीकार न क.) 3 इन्कार, अस्वीकृति: ~ of fault/ sb's guilt; ~ of passport 4 परित्याग: ~ of a faith; ~ of one's family 5 आत्मत्याग, आत्म दमन, त्याग 6 वंचन;
p&i: **~ of sth** किसी बात को नकारना; **~s makes little faults great** गलती न मानने से तिल का ताड़ हो जाता है;
in ~ *psychol.* एक मानसिक विकार जिसके तहत अचेत मन में कष्टकारक भावनाओं या सच्चाई का दमन होता है: he was in ~ for months after his mother's death; **issue a ~** खंडन जारी क.

denigra\te /डेनिग्रे\ट/ *v., pt.* **~ted**, *pp* **~ting** 1 आलोचना के माध्यम से अपमानित क. 2 (***syn.*** belittle) बदनाम क. 3 कलंक लगाना;
dw/lw: **denigra\tion** /~शन/ *n.* बदनामी, निंदा, अपयश; **~tor** /~टः/ *n.* निंदक

denim /डेनिम/ *n., pl.* **~s** 1 नीले रंग का मोटा सूती कपड़ा जिससे जीन की पैंट बनाई जाती है 2 (***syn.*** jeans) डेनिम की पैंट

denizen /डेनिजन/ *n., formal Br.* 1 (***syn.*** inhabitant) वासी (जीव या मानव): **~s** of the forest; **~s** of the air 2 पूर्णतः स्थानीयकृत नया पौधा 3 पूर्णतः अनुकूलित विदेशी शब्द 4 *Br.* नागरिकता अधिकार-प्राप्त वासी

den mother *n. US* 1 कब स्काउट टुकड़ी की प्रौढ़ महिला अगुआ 2 प्रौढ़ महिला रक्षक

denomina\te /डिनौमिने\ट/ डिनाःमिने\ट/ *v., formal. pt.* **~ted**, *pp* **~ting** नामकरण क., नाम रखना या दे.;
dw/lw: **denomina\tion** /~शन/ *n.* 1 पंथ, संप्रदाय 2 निश्चित मूल्य का सिक्का, डाक टिकट या नोट: of the same ~tion, coins of small ~tion 3 नामकरण 4 नाम, संज्ञा, अभिधान: known under the ~tion of (के नाम से जाना जाने वाला/ वाली) 5 वर्ग, कोटि: criminals of all ~tions 6 मूल्य वर्ग; **~tionalism** /~शनलिज्म/ *n.* पंथवाद, सांप्रदायिक स्वायत्तता; **~tionalist** /~शनलिस्ट/ *n.* पंथवादी, संप्रदायवादी व्यक्ति; **~tional** /~शनल/ *adj.* पंथ या संप्रदाय-संबंधी, पंथिक; **~tive** /~टिव/ *adj.* नामवाचक, नामसूचक, अभिधायक: ~tive verbs; **~tor** /~टः/ *n.* 1 *math.* भिन्न के नीचे की संख्या, हर 2 सामान्य गुण: find a common ~tor

denota\tion /डीनोटे\शन/ *n.* शब्द का मुख्यार्थ, संकेतार्थ;
dw/lw: **~tive** /~टिव/ *adj.* सूचक, संकेतार्थक

deno\te /डिनो\ट/ *v., pt.* **~ted**, *pp* **~ting** 1 (***syn.*** indicate) संकेत हो. या क. 2 (***syn.*** represent) का अर्थ हो. 3 सूचित क.;
dw/lw: **~tement** /~टमंट/ *n.* द्योतकता 2 संकेतकता

denouement/ dénouement /डेनूमां/ *n., Fr.* 1 किसी साहित्यिक रचना का सार या निष्कर्ष 2 कहानी का समस्या-निवारक अंत, उपसंहार 3 *loosely* कोई भी समाधान

denoun\ce /डिनाउंस/ *v., pt.* **~ced**, *pp* **~cing** 1 निंदा या बुराई क.: ~ed them as traitors 2 के बारे में गुप्तचर संस्थानों को सूचना दे 3 पर दोषारोपण क.: **~ce** sb as imposter (किसी पर जालसाज होने का दोष लगाना) 4 किसी कार्य, विचार आदि की सरे आम भर्त्सना क. 5 (संधि आदि) समाप्त करने की घोषणा क.: **~ce** a treaty;
dw/lw: **~cement** *n.* भर्त्सना;
p&i: **~ce to the horn** अवैध घोषित क.

de novo /डी नोवो/ *adv., Lat.* नए सिरे से, फिर आरंभ से

dense /डेंस\/ *adj.* 1 गहन: a country ~ with population 2 सघन: ~ crop, ~ forest 3 घना: ~ crowd (बड़ी भीड़, भीड़-भाड़) 4 (***syn.*** thick) घना: ~ fog 5 मंदबुद्धि: ~ stupidity;
dw/lw: **densify** *v., pt.* densified, *pp* densifying घना बनाना; **densi\fier** /~फायः/ *n.* घनत्वकारक; **~ly** /~लि/ *adv.* सघन रूप से: ~ly populated; ~ly ignorant (बिल्कुल अनभिज्ञ); **densimeter** *n.* घनत्वमापी; **densimetric** *adj.* घनत्वमितीय; **densimetery** *n.* घनत्वमिति; **~ness** /~नेस/ *n.* सघनता;
collocations: **~ fellow** निरा गधा/ बुद्धू; **~ forest** घना जंगल; **~ head** महामूर्ख; **~ ignorance** कोरी मूढ़ता

densi\ty /डेंसि\टि/ *n., pl.* **~ties** 1 सघनता: **~ty** of crop 2 जन-सघनता: **~ty** of the population 3 घनत्व: unit of **~ty** (घनत्व की इकाई): **~ty** of the air 4 मूर्खता, मूढ़ता 5 *comput.* चुंबकीय टेप के क्षेत्र विशेष में संग्रह किए जा सकने वाले बिट्स (bits)

dent /डेंट/ *n.* 1 गड्ढा, छेद, पिचक, खरोंच 2 धन आदि की कमी; *v., pt.* **~ed**, *pp* **~ing** 1 गड्ढा या छेद डालना: ~ sth with bullets 2 कम क., कुंठित क. 3 प्रतिकूल प्रभाव डालना;
dw/lw: **~ed** /डेंटिड/ *adj.* 1 दांतदार 2 गड्ढेदार, असमतल;
collocations: **~ corn** *US* मक्की;
p&i: **make a ~ in sth** में से कम क., पर असर डालना

den\tal /डेंट\ल/ *adj., phon.* 1 दांत संबंधी: **~tal** surgeon (दंत-चिकित्सक); **~tal** pulp (मसूढ़े का मांस); **~tal** formula 2 दंत्य: **~tal** consonant (दंत्य व्यंजन);
dw/lw: **~tate** /डेंटेट/ *adj., tech.* दांतदार, दंतुर; **~ticle** /डेंटिक्ल/ *n.* दंतिका, दंतक; **~tiform** /डेंटिफॉःम/ *n.* दंताकार; **~tifrice** /डेंटिफ्रिस/ *n.* मंजन; **~til** /डेंटिल/ *n.* दंतिका, दांता; **~tilabial** /डेंटिलेबिअल/ *adj.* दंत्योष्ठ्य; **~tilingual** /डेंटिलिंगुअल/ *adj.* दंत्यजिह्वीय; **~tine/ ~tin** /डेंटीन/ *n., anat.* दंतधातु; **den\tist** /डेंटिस्ट/ *n.* दांतों का डॉक्टर, दंत-चिकित्सक; **~tistry** /डेंटिस्ट्रि/ *n.* 1 दंत-चिकित्सा 2 दंत विज्ञान; **~tition** /डेंटिशन/ *n., tech.* दंत-विन्यास, मनुष्य या जानवर के दांतों की हालत; **den\tures** /डेंचर्ज/ *n.* नकली दांत, कृत्रिम दंतावली;
collocations: **~tal alveolus** दंत उलूखल, वर्त्स; **~tal caries** *med.* दांत का ह्रास; **~tal dam** एक दांत को दूसरे से अलग रखने के लिए रबड़ की एक पतली चादर; **~tal floss** (*also* **floss**) दांतों के बीच की सफाई करने के लिए पतला धागा; **~tal formula** *zool.* घनत्व जानवर के ऊपरी व निचले दांतों की संख्या दिखाने वाला फॉर्मूला; **~tal surgeon** = **a dentist** दंत-चिकित्सक

denucleari\ze/ ~\se /डीन्युकलिअराइज/ *v., pt.* **~zed**, *pp* **~zing** नाभिकीय निरस्त्रीकरण क.;
dw/lw: **~zed** /~जड/ *adj.* नाभिकता मुक्त: ~zed zone; **~zation** /~जेशन/ *n.* नाभिक निरस्त्रीकरण

denu\dation /डेन्युडेशन/ डीन्युडेशन/ *n.* 1 अनाच्छादन 2 पेड़ आदि काटकर धरती को नंगा करने की क्रिया 3 वंचन;
dw/lw: **~de** /डिन्यूड/ *v., pt.* ~ded, *pp* ~ding 1 नंगा क., नग्न क., कपड़े उतारना: ~de sb of clothing 2 आवरण हटाना, अनाच्छादित क., पेड़-पौधे काटकर धरती को नंगा क.: ~de a country of its vegetation; ~de land of trees 3 वंचित क., विहीन या रहित क.; **~ded** *adj.* 1 वंचित: ~ed of hope 2 विहीन, रहित: ~ed of every penny

denuncia\tion /डिननशिएशन/ *n.* 1 निंदा, भर्त्सना: hot **~tion** 2 दोषारोपण: unilateral **~tion** (एकतरफी निंदा) 3 समाप्ति;
dw/lw: **~tor** /~टः/ *n.* दोषारोपक; **~tory** /~टःरि *adj.* निंदक, भर्त्सना करने वाला

de\ny /डिनाई/ *v., pt.* **~nied**, *pp* **~nying**, *s/he/it* **~nies** 1 झुठलाना, मिथ्या बताना, खंडन क.: **~ny** the charges; **~ny** the truth of the statement 2 नकारना: **~ny** a theory; **~ny** one's signature 3 अस्वीकार क., इन्कार क.: **~ny** the possibility of sth 4 त्याग दे.: **~ny** oneself the pleasure of doing sth 5 देने से इन्कार क., उपलब्ध न कराना: **~ny** sb admission 6 से वंचित क. 7 किसी के साथ संबंध से इन्कार क.;
p&i: **~nying a fault doubles it** गलती न मानने से तिल का ताड़ जाता है; **~ny one's faith** अपने धर्म को त्याग दे.; **~ny this to be the case** ऐसी बात होने से इन्कार क.; **~ny one's words** अपने कथन से मुकरना;
it cannot be ~nied that... इस बात से इन्कार नहीं किया जा सकता कि...

DEO *abbr.* 'Defence Estate Officer', 'District Education Officer' की प्रथमाक्षरी

Deo /डेऑ/ *adv.* ईश्वर से (के प्रति);
collocations: **~ fevente** ईश्वर की कृपा से; **~ gratis** ईश्वर को धन्यवाद; **~ volente** ईश्वर ने चाहा तो, इंशा अल्लाह

deoch an doris (*also* **doch and doris**) /डौक्स ऐन डौरिस/ *US* डाःक्स ऐन डॉःरिस/ प्रस्थान करने से पहले व्हिस्की का अंतिम पैग

deodar /दिओदार/ *n.* सागवान का पेड़

deodorant /डिओडअरंट/ *n.* दुर्गंध-निवारक, गंधहर स्प्रे आदि

deont\ic /डिऔंटिक/ *US* डिआं\टिक/ *adj., philos.* कर्त्तव्य द्योतक, अधिकारों व कर्त्तव्यों संबंधी;
dw/lw: **deonto\logy** /डिऔंटौलजि/ *US* डिआंटाः\लजि/ *n.* (***syn.*** **deontics** /डिऔंटिक्स/ *or* a branch of ethics) अधिकारों व कर्त्तव्यों का अध्ययन, कर्त्तव्य-शास्त्र, नीतिशास्त्र; **~logical** /डिऔंटलौजिकल/ *US* डिआंटलाःजिकल/ *adj.* अधिकारों व कर्त्तव्यों के अध्ययन संबंधी; **~logist** /~लजिस्ट/ *n.* कर्त्तव्य-शास्त्री, नीति शास्त्री

deoppila\te /डिओपिले\ट/ *v., pt.* **~ed**, *pp* **~ing** अवरोध-मुक्त क., बाधा-मुक्त क.;
dw/lw: **~tion** /~शन/ *n.* अवरोध-मुक्ति

deoxyribonucleic /डीऔक्सिराइबोन्यूक्लेइक/ **acid** *n., biochem.* (*abbr.* **DNA**) 1 जैव जीनों के विकास व पीढ़ी-दर-पीढ़ी अंतरण में महत्त्वपूर्ण भूमिका निभाने वाला नाभिक अम्ल 2 जीवित प्राणियों या जीवों में पाया जाने वाला तत्त्व जिसकी मदद से किसी का वंश स्थापित किया जा सकता है

DEP *abbr.* 'deflection error probable', 'Distance Education Programme' की प्रथमाक्षरी

dep. *abbr.* 'depart', 'department', 'departure', 'deposed', 'deposit', 'deputy' का छोटा रूप

Dep *abbr.* 'department' का संक्षेप

depart /डिपाःट/ *v., pt.* **~ed**, *pp* **~ing** 1 प्रस्थान क.: the train **~ed** at 12 noon 2 (*usually* **~ from sth**) से हट जा.: **~ed** from the original text 3 सिद्धांत से विपथित हो.: ~ from one's word 4 मुद्दे से हटना 5 संसार से विदा हो जा.;
dw/lw: **~ed** *adj., formal* (**the ~ed**) 1 दिवंगत, मृत: the **~ed** leader 2 अतीत, गत;
p&i: ~ from **this life** मर जा.; **~ this life** लीक से हटकर व्यवहार क.

departement /डिपैर्टमां/ *n., Fr., pl.* **~s** फ्रांस का एक प्रशासकीय विभाग

department /डिपाःटमं\ट/ *n.* 1 विभाग: languages ~ 2 कौशल का विषय या क्षेत्र 3 प्रशासनिक इकाई: accounting ~ 4 दुकान, व्यापारिक शाखा: fancy goods ~
dw/lw: **~al** /~टल/ *adj.* विभागीय: ~al administration; **~alism** /~टअलिज्म/ *n.,* आपसी तालमेल की संभावना के अभाव में भी विभागों के बीच काम का कठोर वितरण;
collocations: **~ store** डिपार्टमेंटल स्टोर, भिन्न-भिन्न विभागों वाली बड़ी दुकान;
p&i: **be sb's ~** किसी जिम्मेवारी या महारत का क्षेत्र हो.; **blind ~** अधूरे पते वाले पत्रों का विभाग

departure /डिपाःचः/ *n.* 1 (***anton.*** arrival) प्रस्थान, रवानगी: point of ~; ~ of a train 2 (*often* **~ from sth**) विचलन, दूरी, अंतर, अलगाव: ~ from tradition 3 (*often* **new ~**) नई गतिविधी, अनुष्ठान, उपक्रम: new/ fresh ~;
collocations: **~ lounge** प्रस्थान-पूर्व विश्राम स्थल, प्रस्थान हॉल; **point of ~** प्रस्थान-स्थान, जहां से प्रस्थान किया जाता है;
p&i: **a new ~** नई राह

depascent /डिपैसंट/ *adj.* 1 सब-कुछ चर जाने वाला 2 ढकोसने वाला

depasturage /डिपैस्चरिज/ *n.* चराई, चरागाह की हालत

depastu\re /डीपास्चः/ *v., pt.* **~red**, *pp* **~ring** 1 चरना 2 चराना 3 चरागाह के रूप में प्रयोग क. 4 खाली क.

DEPB *abbr.* 'duty entitlement passbook', 'duty exemption passbook' की प्रथमाक्षरी

DEPCO *abbr.* 'Department of Policy, Planning and Coordination' की प्रथमाक्षरी

depend /डिपें\ड/ *v., pt.* **~ed**, *pp* **~ing** (*usually* **~ on/ upon**

sb/ sth) 1 पर निर्भर क. या हो.: ~ on/ upon sb's conduct 2 पर भरोसा या विश्वास क., के भरोसे र.: ~ on/ upon sb/sth (1 किसी या किसी बात पर निर्भर या आश्रित हो. 2 किसी या किसी बात पर निर्भर क. 3 (*syn.* count on) किसी या किसी बात पर भरोसा या विश्वास क.) 3 अनिश्चित हो., किसी अन्य वस्तु या बात द्वारा तय किया जा.: prices ~ on demand and supply;

dw/lw: **~able** /~डअबल/ *adj.* (***syn.*** reliable) भरोसेमंद, विश्वास के योग्य: a ~able friend; **~ability** /~डअबिलिटि/ *n.* भरोसेमंदता, विश्वसनीयता; **~ably** /~डअबलि/ *adv.* भरोसेमंद तरीके से; **~ant** *UK* (*US* **~ent**) /~डंट/ *adj.* (*often* ~ent on/ upon sth/ sb) 1 आश्रित, पराश्रित: he is ~ent upon his parents; ~ent on charity 2 अवलंबित, निर्भर: ~ent on rains 3 अधीन, पराधीन, परतंत्र: ~ent country; **~ence/ ~ency** /~डंस/ ~डंसि/ *n., pl.* ~encies (*usually* ~ence on/ upon sth/ sb) 1 निर्भरता, सहारा: he was her sole ~ence 2 परावलंबन, परनिर्भरता: live in ~ence on sb 3 (***syn.*** independence) अधीनता, पराधीनता 4 अधीन क्षेत्र, अधीन राष्ट्र, आश्रित राज्य 5 निर्भर तत्त्व, आश्रित, अधीन;

collocations: **~ent branch** झुकी हुई डाली; **~ent clause** *gramm.* आश्रित उपवाक्य; **~ence culture/ ~ency culture** *n.* (*often derog.*) पराश्रय संस्कृति;

p&i: **~ent on personal taste** हरेक का अपना स्वाद होता है; **~ent question** परोक्ष प्रश्न या मुद्दा; **~ing on the situation** स्थिति पर निर्भर करते हुए, स्थिति अनुसार; **~ on none but yourself** अपना हाथ जगन्नाथ, भरोसा बस अपने पर रखो; **~ on one's pen for living** कलम के सहारे गुजारा क.; **~ on/ upon sth/ sb** किसी पर या किसी बात पर निर्भर क.; **~ upon what one earns** जो खुद कमाए उसी से गुजारा क.;

it/ that ~s (किसी बात या स्थिति पर) निर्भर करता है; **place one's ~ence on sb's words** किसी के कथन या वायदे पर भरोसा क.

depeo\ple /डीपीपल/ *v., pt.* **~pled**, *pp* **~pling** किसी क्षेत्र की जनता का पूर्ण विनाश क.

deperdition /डीपःडिशन/ *n.* क्षति

deperition /डीपअरिशन/ *n.* मौत, सर्वनाश

depersonali\zation /डीपःसनलाइ\जेशन/ *n.* व्यक्तित्व लोप;

dw/lw: **~ze/ ~se** /~ज/ *v., pt.* ~zed, *pp* ~zing अवैयक्तिक बनाना, साझा बनाना

depict /डिपिक्ट/ *v., pt.* **~ed**, *pp* **~ing** 1 चित्रित क., चित्रांकन क.: ~ the sun rise 2 शब्दों में वर्णन क.;

dw/lw: **~or/ ~er** *n.* चित्रणकर्त्ता, चित्रक, चित्रकार, लेखक; **~ion** /डिपिक्शन/ *n.* चित्रण, चित्रांकन, सजीव वर्णन; **~ive** /डिपिक्टिव/ *adj.* चित्रणीय, चित्रांकन योग्य, वर्णनकारी

depila\te /डेपि\लेट/ *v., pt.* **~ted**, *pp* **~ting** शरीर के किसी भाग के लोम/ रोम (बाल) निकालना;

dw/lw: **~ion** /~लेशन/ *n.* लोमशातन/ रोमहरण या बालसफाई उपकरण, बालों का विनाश; **~tory** /~लेटः/ *n.* रोमहरण (बालसफाई),; **~tory** /~लअटरि/ *n., pl.* ~tories रोमहर, लोमशातक, बालसफा (पदार्थ)

depla\ne /डीप्लेन\/ *v., pt.* **~ned**, *pp* **~ning** (***syn.*** disembark) विमान से उतरना;

dw/lw: **~nement** /~मंट/ *n.* विमान से यात्रियों या सामान की उतराई

deple\te /डिप्ली\ट/ *v., pt.* **~ted**, *pp* **~ting** 1 ह्रास या कमी हो. या क.: **~te** one's strength 2 खाली क. या हो. 3 समाप्त क. या हो. 3 व्यय क. या हो.: **~te** one's resources;

dw/lw: **~ted** /~टिड/ *adj.* क्षीण, ह्रासग्रस्त; **deple\tion** /~शन/ *n.* 1 ह्रास, कमी, क्षीणता 2 व्यय 3 समाप्ति, क्लांति; **~tive** /~टिव/ *adj.* = **~tory** /~टरि/ *adj.* क्षयात्मक, क्षयी, ह्रासात्मक, क्षीणकारी

deplora\ble /डिप्लॉरअ\बल/ *adj.* 1 (***syn.*** appalling) बहुत बुरा, जघन्य, हेय 2 खेदजनक, शोचनीय, दुखद;

dw/lw: **~bleness/ ~bility** /~बलनेस/ ~बलिटि/ *n.* जघन्यता, खेद; **~bly** /~बलि/ *adv.* 1 बेहूदगी से 2 खेदजनक ढंग से: he behaved ~bly

deploration /डिप्लॉरेशन/ *n.* दुःख का इजहार, शोक-अभिव्यक्ति;

deplore /डिप्लोः/ *v., pt.* ~red, *pp* ~ring 1 पर खेद या दुःख व्यक्त क.: ~re one's former errors 2 के कारण दुखी हो. 3 की निंदा क., कोसना

deploy /डिप्लॉय\/*v., pt.* **~ed**, *pp* **~ing** 1 चारों ओर तैनात क. 2 फैलाना 3 साधनों या तर्कों का प्रयोग क.;

dw/lw: **~ment** /~मंट/ (*also* **~ing**) *n.* 1 तैनाती: ~ment abreast (मोर्चे पर फैलाकर की जाने वाली तैनाती); ~ment in depth (सघन तैनाती) 2 परिनियोजन 3 विस्तार

deplu\me /डिप्लू\म/ *v., pt.* **~med**, *pp* **~ming** 1 पंख उखाड़ना 2 अपमान क.;

dw/lw: **~mate** /~मेट/ *adj.* पंख रहित; **~mation** /~मेशन/ *n.* 1 पंखों की क्षति 2 विशेष अधिकारों से वंचन

depolari\zation /डीपोलअराइ\जेशन/ *n.* विध्रुवण, निध्रुवण, ध्रुवीकरण की समाप्ति;

dw/lw: **~ze/~se** /~ज/ *v., pt.* ~zed, *pp* ~zing ध्रुवीकरण समाप्त क., विध्रुवीकरण क.

depolitici\ze/ ~se /डीपलिटिसाइ\ज/ *v., pt.* **~zed**, *pp* **~zing** अराजनीतिकरण क.

depollination /डिपॉलिनेशन/ *n.* अपरागण

depolymerization /डिपॉलिमराइजेशन/ *n.* विबहुलकीकरण

deponent /डिपोनंट/ *n., law* अभिसाक्षी, सशपथ बयान देने वाला

depopula\te /डीपॉपुले\ट/ *US* डीपाःपुले\ट/ *v., pt.* **~ted**, *pp* **~ting** जनसंख्या कम होना या कम क.;

dw/lw: **~tion** /~शन/ *n.* 1 जनसंख्या-ह्रास, जनसंख्या विनाश 2 आबादी में कमी

deport /डिपॉः\ट/ *v., pt.* **~ed**, *pp* **~ing** 1 वैध रूप से निर्वासित क. 2 आचरण क., व्यवहार क.;

dw/lw: **~tation** /डीपॉःटेशन/ *n.* निर्वासन, देश-निकाला; **~ee** /डिपोःटी/ *n., pl.* ~ees निर्वासित व्यक्ति;

deportment /डिपॉःटमंट/ *n.* 1 आचरण या व्यवहार शैली 2 चाल-ढाल, ढंग, रवैया, तौर-तरीका: lessons in ~ment

deposable /डिपोजअबल/ *adj.* निष्कासनीय, अपदस्थनीय

depo\se /डिपो\ज/ *v., pt.* **~sed**, *pp* **~sing** 1 अपदस्थ क., गद्दी से उतारना: **~se** a king from the throne 2 पदच्युत या सत्ताच्युत क. 3 सशपथ बयान या अभिसाक्ष्य दे.: **~se** against sb; **~se** to the contrary (बिल्कुल उल्टा बयान दे.);

dw/lw: **~ser** /~जः/ *n.* 1 पदच्युत करने वाला 2 बयान देने वाला; **depo\sition** /डीपअजिशन/ डेपजिश\न/ *n.* 1 पदच्युति 2 निक्षेपण 3 लिखित अभिसाक्ष्य, बयान 4 परत 5 अवतारण 6 दफन; **~sitional** /डीपजिशनल/ *adj.* बयान संबंधी

p&i: **~sed from one's self-possession** आपे से बाहर होने वाला

deposit /डिपॉजि\ट/ *US* डिपाःजि\ट/ *n.* 1 जमानत राशि 2 जमा राशि 3 अग्रिम (जमानत) राशि 4 धरोहर, अमानत 5 जमी हुई परत या तह;

v., pt. **~ed**, *pp* **~ing** 1 जमा क., रख दे.: ~ the money with sb 2 धरोहर या अमानत रखना 3 अग्रिम (जमानत) राशि दे.: ~ a quarter of the price 4 परत का जमा हो.;

dw/lw: **~ary** /~टरि/ *n., pl.* ~aries *formal.* 1 जिसके पास राशि जमा की गई हो, अमानतदार 2 न्यासधारी, निक्षेपधारी, विश्वास धारक, विश्वास का पात्र; **~or** /~टः/ *n.* जमाकर्ता; **~ory** /~टरि/ *n., pl.*~ories 1 भंडार: ~ory of oil; rich ~ories of oil; sb's mind as ~ory of knowledge 2 आगार, निक्षेप गृह, निक्षेपागार, जमा करने का स्थान: ~ory for goods 3 तहवीलदार, धरोड़िया; **~receipt** *n.* जमा-रसीद

collocations: **~ account** *UK* (बैंक में) जमा खाता; **~ money** जमा रकम/ राशि;

fixed ~ सावधि (आवधिक) जमा, मियादी जमा; **recurring** ~ आवर्ती जमा; **short** ~ अल्पावधि जमा; **statutory** ~ साविधिक जमा

p&i: **a ~ of one lac rupees** एक लाख रुपए की जमा-राशि; **a ~ on sth** किसी चीज पर कोई परत; **a ~ory of learning** ज्ञान का स्रोत; **have/ place money on** ~ बैंक में पैसे जमा क.; **pay/ put down a** ~ जमा राशि का भुगतान क.

deposition *see above under* **depose:** ***dw/lw***

depot /डिपो/ *n., pl.* **~s** 1 डिपो, आगार 2 भंडार, गोदाम: grain ~ 3 **US** अड्डा, रेल-स्टेशन;

collocations: **~ ship** जहाज अड्डा, आधार जहाज, तैरता हुआ जहाज अड्डा;

book ~ पुस्तक भंडार; **bus** ~ बस डिपो, बस आगार

depravation /डेपरिवेशन/ *n.* 1 भ्रष्ट करने की क्रिया, भ्रष्टीकरण 2 भ्रष्टता 3 गलन, सड़न

depra\ve /डिप्रेव/ *v., pt.* **~ved**, *pp* **~ving** 1 नीतिभ्रष्ट या चरित्रभ्रष्ट क. 2 आचरण या आदतें बिगाड़ना 3 विकृत क.;

dw/lw: **~ved** /डिप्रेवड/ *adj.* (***syn.*** wicked) नीच, भ्रष्ट, दुष्ट, दुराचारी; **~vity** /डिप्रैवअटि/ *n.* (***syn.*** wickedness) दुष्टता, दुराचारिता: total ~vity

depreca\te /डेप्रिके\ट/ *v., pt.* **~ted**, *pp* **~ting** 1 विरोध या कड़ी आपत्ति क.: **~te** hasty action 2 असहमति प्रकट क.;

dw/lw: **~ting** /~टिंग/ *adj.* विरोध या कड़ी आपत्ति करने वाला; **~tingly** /~टिंगलि/ *adv.* कड़ी आपत्ति करते हुए, आलोचनापूर्वक; **depreca\tion** /~शन/ *n.* कड़ी आपत्ति, विरोध, आलोचना: a look of ~tion; **~tive** /~टिव/ *adj.* विरोधी, आलोचक, निंदक; **~tor** /~टः/ *n.* विरोधी व्यक्ति, आलोचना या निंदा करने वाला व्यक्ति; **~tory** /~टरि/ *adj.* 1 असहमति-सूचक 2 विरोधी, आलोचक, निंदक

deprecia\te /डिप्रीशिए\ट/ *v., pt.* **~ted**, *pp* **~ting** 1 (***syn.*** appreciate) कीमत घटना, मूल्य ह्रास हो.: **~te** the currency 2 मान-सम्मान में गिरावट आना 3 स्वाभिमान खोना: **~te** oneself (अपने आपको नीचे गिराना);

dw/lw: **~tingly** /~टिंगलि/ *adv.* तिरस्कार भाव से: speak ~tingly of sth; **deprecia\tion** /~शन/ *n., econ.* 1 मूल्य ह्रास, अवमूल्यन, कीमत में गिरावट: ~tion of gold 2 तिरस्कार, अवहेलना: speak in a tone of ~tion; **~tory** /~टरि/ *adj.* 1 अवज्ञापूर्ण, तुच्छ 2 तिरस्कारपूर्ण: ~tory remarks

depredation /डेप्रअडेशन/ *n.* (*often* **~s**) 1 लूट-पाट, लूट-खसोट 2 डाका, डकैती: commit a ~ 3 विध्वंस, विनाश: make **~s** (विनाशकारी डाके डालना)

depress /डिप्रे\स/ *v., pt.* **~ed**, *pp* **~ing** 1 खिन्न या उदास क., हतोत्साहित हो. या क. 2 मंदी हो., बाजार में गिरावट आना: the trade is **~ed**/ ~ wages 3 दबाना: ~ the clutch pedal; ~ one's voice 4 झुकाना: ~ one's eyes 5 अवनत क.;

dw/lw: **~ant** /~संट/ *adj., med.* 1 किसी अंग की सक्रियता को मंद करने वाला 2 अवसादी, अवसादकारक, हतोत्साहक; **~ant** *n.* 1 अंग-सक्रियता मंदक पदार्थ 2 अवसाद-भंजक पदार्थ; **~ed** /~सड/ *adj., psychol.* 1 पस्त-हिम्मत, हतोत्सहित, जिसका मन बुझा-बुझा हो: ~ed spirits 2 मंदी ग्रस्त 3 दबाया हुआ, पददलित 4 अवनत क्षेत्र; **~ing** /~सिंग/ *adj.* हतोत्साहित करने वाला, हौसला पस्त करने वाला, निराशाजनक; **~ingly** /~सिंगलि/ *adv.* निराशाजनक ढंग से; **~ion** *see below under separate entry*; **~ive** /~सिव/ *adj.* 1 हतोत्साहक 2 अवसादकारक, अवसादी; **~or** /~सः/ *n.* 1 अवसादकारी बात या व्यक्ति 2 *anat.* अपने जुड़ाव से नीचे गिरी मांस-पेशी 3 किसी अंग को नीचे दबाने का चिकित्सकीय औजार; **~urization**/~सराइजेशन/ *n.* विमान में हवा के दबाव में कमी; **~urize**/ **~urise** /~सराइज/ *v., pt.* ~urized, *pp* ~urizing विमान में हवा का दबाव कम हो.;

collocations: **~ed area** मंदी का क्षेत्र, अवनत क्षेत्र; **~ed classes** दलित वर्ग

depression /डिप्रेशन/ *n.* 1 अवसाद, उदासी, हिम्मत-पस्ती: in a state of ~ 2 बाजार में मंदी 3 गर्त, गड्ढ़ा, धसकन, निचान: a slight ~ in the ground 4 (*US* **the Depression**) वैश्विक मंदी का दौर (जैसे 1929-1934 और 2007-2009 के दौर);

collocations: **~ of freezing point** *chem.* द्रव में कोई ठोस पदार्थ मिलाकर उसका जमाव बिंदु कम करने की क्रिया

deprivable /डिप्राइवअबल/ *adj.* वंचनीय, वंचन योग्य

deprival /डिप्राइवल/ *n. see below under* **deprivation**

deprivation/ **deprival** /डेप्रिवेशन/ डिप्राइवल/ *n.* 1 अधिकार वंचन 2 दलन, शोषण 3 हानि, दुखद वियोग 4 पदच्युति

deprive /डिप्राइव/ *v., pt.* **~d**, *pp* **depriving** (*usually* **~ sb of sth**) 1 से वंचित क.: ~ sb/ sth of sth (किसी को किसी चीज या अधिकारों से वंचित क., अधिकारों का हरण क.) 2 अपदस्थ क. 3 हरण क. 4 सुविधाओं व अवसरों से महरूम क. या रखना: ~ sb of the pleasure;

dw/lw: **~d** /डिप्राइवड/ *adj.* (**~d of sth**) वंचित, दमित, शोषित: ~d childhood; socially ~d

DEPS *abbr.* 'duty entitlement passbook scheme' की प्रथमाक्षरी

dept *abbr.* 'department' का संक्षेप

depth /डेप्थ/ *n.* 1 गहराई: the **~s** of the ocean; ~ of penetration into enemy territory (सेना द्वारा दुश्मन के क्षेत्र में घुसने की दूरी) 2 सामने से पिछवाड़े तक की चौड़ाई, देश आदि का फैलाव 3 विदग्धता, विद्वत्ता की गहनता: the ~ of sb's knowledge/ intellect 4 (**~s**) व्यक्ति के चरित्र के गहन पहलू जो सतही तौर पर दिखाई नहीं पड़ते, गंभीरता: a cry from the **~s** 5 (*often* **the ~s**) घोर सर्दी का मध्य काल 6 (*usually* **the ~s**) भयंकर अवसाद, गहन विषाद, घोर दरिद्रता: in the **~s** of poverty 7 रंगों, भावनाओं आदि की गहनता 8 मंद स्वर;

dw/lw: **~less** *adj.* अथाह, अतल; **~s** *n., [pl.]* 1 गहराई: the **~s** of the forest (जंगल की गहराई) 2 घोर निराशा: the ~s of despair;

collocations: **~ charge**/ **~ bomb** समुद्री जहाज से गिराया जाने वाला गहराई तक (पनडुब्बी आदि पर) मार करने वाला बम; **~ of field/ focus** फोटो में दूरतम व निकटतम बिंदुओं के बीच की दूरी; **~ of focus** *photog.* कैमरे के लेंस और फिल्म तक की गहराई; **~ psychology** *psychol.* अचेत मन का विज्ञान; **the ~s of a country** देश के वीरान कोने, दूर-दराज के क्षेत्र;

p&i: **~ of** किसी स्थान या चीज की गहराई;

a cry from the ~s अंतरात्मा की पुकार; **a foot in** ~ एक फुट गहरा; **a great ~ of meaning** अर्थ की गहन गूढ़ता; **a man of no great** ~ छिछोला व्यक्ति; **at/ to a ~ of 5 metres** 5 मीटर गहरी या गहराई तक; **be out of** or **beyond one's** ~ पहुंच के बाहर या बस के बाहर हो.; **be within one's** ~ अपने बूते के भीतर; **in** ~ विस्तार से; **in the ~ of despair** गहन अवसाद में; **in ~s of ignorance** अज्ञान के अंधकार में; **in the ~ of night** देर रात में; **in the ~s of despair** घोर निराशा में; **out of one's ~s** समझ से परे; **stir to the ~s** मन को बुरी तरह झकझोर दे.

depura\te /डेप्यूरे\ट/ *v., pt.* **~ted**, *pp* **~ting** शुद्ध क., सफाई क.;

dw/lw: **~tion** /~शन/ *n.* सफाई

deputation /डेप्युटेशन/ *n.* 1 प्रतिनिधि-मंडल, शिष्टमंडल 2 प्रतिनियुक्ति 3 अल्पकालिक नियुक्ति: be on ~

depu\te /डिप्यूट/ *v., pt.* **~ted**, *pp* **~ting** 1 (***syn.*** delegate) प्रतिनिधि नियुक्त क. 2 (*usually* **~te sth to sb**) (कार्य, भार) सौंपना 3 सहायक नियुक्त क.: **~te** head teacher; **~te** sb in one's place;

dw/lw: **~tize** /डेप्युटाइज/ *v., pt.* ~tized, *pp* ~tizing 1 (*often* **~tize for sb**) 2 सहायक का कार्य क. 3 सहायक नियुक्त क. 4 *US* प्रतिनिधि नियुक्त क., विधायक या सांसद चुनना

deputy /डिप्टि/ *n.,* **~ties** 1 डिप्टी (साहब), सह-अधिकारी:

appoint a ~ 2 उपायुक्त 3 प्रतिनिधि: do sth by ~;
prefix प्रति-; उप-: ~-commissioner (उपायुक्त); ~-chairman (उपसभापति); ~-director (उपनिदेशक);
collocations: ~ **assistant** उपसहायक; ~ **chief of staff** उप सेनापति; ~ **commanding officer** उप नायक अफसर; ~ **judge** सहायक न्यायाधीश; ~ **minster** उपमंत्री

der. *abbr.* 'derivation', 'derivative', 'derived' का संक्षेप

deraciali\ze/ ~se /डीरेशिअलाइज/ *v. pt.* **~zed**, *pp* **~zing** रंग-भेद खत्म क.

deracina\te /डीरैसिने\ट/ *v., pt.* **~ted**, *pp* **~ting** उन्मूलन क., जड़ से मिटाना या उखाड़ना;
dw/lw: **~tion** /~शन/ *n.* उन्मूलन,निर्मूलन

deraign /डिरेन\/ *v., pt.* **~ed**, *pp* **~ing** 1 दावा क. 2 एतराज क. 3 बिचौलिए की मदद से विवाद सुलझाना 4 अदालत द्वारा फैसला करवाना 5 युद्ध के लिए सिपाही जुटाना;
dw/lw: **~ment** /~मंट/ *n.* दावा, एतराज

derail /डिरेल\/ *v., pt.* **~ed**, *pp* **~ing** 1 रेल गाड़ी का पटरी से नीचे उतरना 2 विपथित हो. या क.;
dw/lw: **~ment** /~मंट/ *n.* गाड़ी के पटरी से नीचे उतरने की क्रिया

derailleur /डिरेल्यः/ *n.* चेन (chain) से बदलने वाला साइकिल-गियर

deran\ge /डिरेंज\/ *v., pt.* **~ged**, *pp* **~ging** 1 अव्यवस्थित कर दे., अस्त-व्यस्त कर दे.: **~ge** sb's projects; **~ge** sb's constitution 2 विभ्रमित कर दे. 3 पागल कर दे. या हो.: become **~ged**;
dw/lw: **~ged** /~ड/ *adj.* विभ्रमित, मानसिक रूप से विचलित, मतिभ्रष्ट; **~gement** /~मंट/ *n.* 1 अस्त-व्यस्तता, अव्यवस्था: ~gement of trade 2 मानसिक विचलन: mental ~gement

dera\te /डिरे\ट/ *v., pt.* **~ted**, *pp* **~ting** कर से मुक्त क.

deration /डीरैशन/ *v., pt.* **~ed**, *pp* **~ing** राशनिंग हटाना, खाद्य नियंत्रण समाप्त क.

derby /डाःबि/ *n., pl.* **derbies** 1 *UK* इंग्लैंड में डर्बी (**Derby**) नाम की घुड़दौड़ प्रतियोगिता 2 स्थानीय टीमों के बीच मुकाबला 3 *US* (*UK* **bowler hat**) एक गोल, काला टोप जिसे पुराने जमाने में पुरुष पहना करते थे

Derby *abbr.* 'Derbyshire' का संक्षेप

DERC *abbr.* 'Delhi Electricity Regulatory Commission' की प्रथमाक्षरी

derecogni\ze /डिरेकॉग्नाइ\ज/ *v., pt.* **~zed**, *pp* **~zing** मान्यता समाप्त क.;
dw/lw: **~tion** /~जेशन/ *n.* मान्यता की समाप्ति

dereference /डीरेफरंस/ *n., compt.* किसी सूचना की कंप्यूटर में स्थिति का पता लगाने के लिए एक विशेष सूचना का प्रयोग

deregister /डीरजि\स्टः/ *v., pt.* **~ed**, *pp* **deregistering** पंजीकरण से निकलना;
dw/lw: **~ration** /~स्ट्रेशन/ *n.* पंजीकरण की समाप्ति

deregula\te /डीरेगुले\ट/ *v., pt.* **~ted**, *pp* **~ting** व्यापार से सरकारी नियंत्रण हटाना;
dw/lw: **~tion** /~शन/ *n.* (***syn.*** decontrol) सरकारी नियंत्रण की समाप्ति

derelict /डेरिलिक्ट/ *adj.* 1 वीरान, उजड़ा हुआ 2 खंडहर, जीर्ण, जर्जर 3 परित्यक्त, लावारिस: leave sth ~ 4 आपराधिक;
n. 1 समाज से बहिष्कृत व्यक्ति 2 (***syn.*** vagrant) बेघर-बार व्यक्ति 3 त्यक्त यान या पोत 4 कर्त्तव्यच्युत व्यक्ति, अपराधी;
dw/lw: **derelict\ion** /डेरिलिक्शन/ *n.* 1 कर्त्तव्यविमुखता, कर्त्तव्यच्युति: ~ion of duty 2 लापरवाही, उपेक्षा: ~ion of mind (मानसिक विकृति) 3 परित्याग, परित्यजन

derestrict /डीरिस्ट्रिक्ट/ *v., pt.* **~ed**, *pp* **~ing** रोक उठा लेना, प्रतिबंध हटा लेना

deri\de /डिराइ\ड/ *v., pt.* **~ded**, *pp* **~ding** (***syn.*** mock) हंसी उड़ाना, खिल्ली उड़ाना, उपहास क.;
dw/lw: **~der** /~डः/ *n.* खिल्ली उड़ाने वाला

de rigueur /डअ रिगः/ *adj., Fr.* 1 फैशन, परंपरा व शालीन व्यवहार व शिष्टाचार के अनुसार 2 पारंपरिक, रिवाजी

deri\sion /डिरिजन/ *n.* 1 उपहास, खिल्ली: an object of **~sion**; have sb into **~sion** 2 (***syn.*** scorn) तिरस्कार: speak with **~sion**;
dw/lw: **deri\sive** /डिराइसिव\/ *adj.* 1 उपहासपूर्ण: ~sive laughter 2 खिल्ली उड़ाने वाला 3 उपेक्षापूर्ण: ~sive tone 4 हास्यास्पद, तुच्छ: ~sive attempts; **~sively** /~लि/ *adv.* उपहासपूर्वक; **~siveness** /~नेस/ *n.* उपहास, उपेक्षा; **~sory** /डिराइसरि/ *adj.* 1 (***syn.*** laughable) उपहासजनक 2 बेकार 3 दूसरे को मूर्ख दिखाने वाला 4 जालिम 5 उपहास करने वाला

deriv. *abbr.* 'derivation', 'derivative', 'derived' का संक्षेप

derivable /डिराइवअबल/ *adj.* व्युत्पाद्य, व्युत्पत्त, जिसे किसी अन्य स्रोत से प्राप्त किया जा सके

deriva\tion /डेरिवे\शन/ *n.* 1 व्युत्पत्ति 2 मूल से निकाला हुआ शब्द 3 किसी स्रोत से प्राप्त की जाने वाली वस्तु: **~tion** of minerals 4 *gramm.* शब्द-निर्माण, स्रोत आधारित शब्द-निर्माण;
n., pl. **~tions** 1 (व्याकरण में) धातुज, व्युत्पन्न शब्द 2 साधित रूप 3 किसी स्रोत से बनी वस्तु या शब्द 4 *chem.* किसी अन्य यौगिक से बना यौगिक;
dw/lw: **~tive** /डिरिवेटिव/ *adj.* 1 व्युत्पत्त, व्युत्पादित, मूल से बनाए हुए (नए शब्द): ~tive word; ~tive laws 2 अमौलिक: ~tive theory 3 कृत्रिम, नकली

deri\ve /डिराइव/ *v., pt.* **~ved**, *pp* **~ving** 1 प्राप्त क.: **~ve** benefit from sth; **~ve** pleasure from singing; **~ve** one's knowledge from books 2 व्युत्पत्त क. 3 परिणाम निकालना: **~ve** one's income from a farm 4 से उत्पन्न हो.: **~ve** character from one's father;
dw/lw: **~ved** *adj.* व्युत्पत्त, व्युत्पादित, कृत्रिम रूप से निर्मित;
collocations: **~ed word/s** = ***dw*** एक ही शब्द या धातु से बने शब्द;
p&i: **~ve comfort/ pleasure, etc. from sth** किसी बात से सुकून/ आनंद आदि पाना; **~ve from sth** किसी चीज से कुछ प्राप्त क.; **~ve sth from sth else** किसी अन्य चीज से कुछ प्राप्त क.;

-derm /डःम/*comb. form denoting:* **belonging to**, **concerning** or **affecting the skin** (त्वचा रोग से संबंधित): ectoderm

derm /डःम/ *n.* अंतस्त्वचा, चर्म;
dw/lw: **~al/~ic** /डःमल/ डःमिक *adj.* त्वचा, चर्म संबंधी, त्वचीय, चर्मीय

dermatitis /डःमअटाइटिस/ *n., med.* खुजली, दाद आदि त्वचा रोग, त्वचा शोथ

dermato\- /डःमअटौ\/ *US* डःमअटाः\/ *comb. form, denoting:* **the skin** (त्वचा): dermatitis;
dw/lw: **dermato\logist** /~लजिस्ट/ *n.* चर्मरोग विशेषज्ञ, चर्मविज्ञानी; **dermato\logy** /~लजि/ *n.* त्वचा विज्ञान, चर्म विज्ञान; **~zoan** /~जोअन/ *n.* पशुओं की त्वचा पर पलने वाला परजीवी

dermis /डःमिस/ *n., anat.* बाह्य त्वचा के नीचे वाली त्वचा, अंतस्त्वचा

dernier /डःनिअ/ *adj., Fr.* अंतिम;
collocations: ~ **resort** अंतिम चारा, अंतिम शरण-स्थान; **the ~ cri** /डेअनए क्री/ नवीनतम फैशन

deroga\te /डेरअगेट/ *v., pt.* **~ted**, *pp* **~ting** 1 कम क., घटाना: **~te** from sb's reputation (किसी की ख्याति को कम करके दिखाना, उसे घटिया समझना) 2 अवमानित क., अप्रतिष्ठित क., अनादर क.: **~te** honour from sb 3 अपमानित हो. या स्वाभिमान खोना: **~te** in doing sth स्वाभिमान खोकर कुछ क.;
dw/lw: **~tion** *n.* 1 क्षति, कमी 2 (***syn.*** disparagement)

अपमान, अनादर, अप्रतिष्ठा; **~tive** /डेरोगेटिव/ *adj.* अपमानसूचक; **~tively** *adv.* अपमानजनक ढंग से; **deroga\tory** /डिरॉगटरी/ *adj.* 1 अपमानजनक, अनादरपूर्ण, अपमानसूचक: ~tory remarks; ~tory to sb's authority/ dignity 2 हानिकारक: ~tory to sb's rights

derrick /डेरिक/ *n.* 1 भारी भार उठाने वाली घूमने वाली क्रेन 2 तेल-कुंए (कुएं) के ऊपर छेदन यंत्र (drill) को थामने वाला ढांचा

derrière /डेरिएअः/ *n.* चूतड़

derring-do /डेरिंग-डू/ *n., lit.* 1 बहुत बड़ी दिलेरी, साहस, बहादुरी का काम 2 पराक्रम, बहादुरी का काम, कमाल

derringer /डेरिंजः/ *n. US* बड़े बोर वाली छोटी अमेरिकी पिस्तौल

derris /डेरिस/ *n.* 1 मटर जैसी एक उष्ण कटिबंधीय बेल 2 मटर या अन्य बीन्ज (beans) की जड़ों से बनायी जाने वाली कीटनाशक दवाई

derv /डःव/ *n., Br.* गाड़ियों में प्रयुक्त होने वाला डीजल

dervish /डःविश/ *n., pl.* **~es** फकीर, दरवेश

DES *abbr.* 'Department of Education and Science', 'diethylstilboestrol' की प्रथमाक्षरी

desali\nate /डिसैलि\नेट/ *v., pt.* **~nated**, *pp* **~nating** *techn.*, नमक निकालना (विशेषकर समुद्री पानी से), विलवणीकरण क.;
dw/lw: **~nation** /~नेशन/ **~nization**/ **~nisation** /~नाइजेशन/ *n.* विलवणीकरण, समुद्र आदि के पानी से नमक निकालकर पानी को पीने या सिंचाई के योग्य बनाने की क्रिया: ~nation plant

desca\le /डीस्केल/ *v., pt.* **~led**, *pp* **~ling** 1 मछली की चित्तियां उतारना 2 चाय की केतली आदि से जमी परत हटाना

descant /डेस्कैंट/ *n., music.* 1 मुख्य स्वर से ऊंचे स्वर में बजाया या गाया जाने वाला अन्य राग 2 गीत, टेक 3 टीका, टिप्पणी, आलोचना 4 प्रवचन, संवाद;
adj. ऊंचे स्वरवाला वाद्य: ~ recorder

descend /डिसें\ड/ *v., pt.* **~ed**, *pp* **~ing** 1 (***anton.*** ascend) नीचे उतरना: ~ from mountains 2 ढलना, नीचे की ओर जा.: ~ a hill/ ladder 3 अवरोहण क.: the plane **~ed** on the run-way 4 से उत्पन्न हो., का वशंज हो.: ~ from an ancient family 5 (*often* ~ **on/ upon sb/ sth**) टूट पड़ना, हमला क.: ~ upon sb 6 संपत्ति आदि का मालिकाना हक उत्तराधिकार में मिलना: the title of the land **~ed** from father to son 7 नीचतापूर्ण चालों का सहारा ले., कमीनेपन पर उतर पाना: ~ to falsehood; he would not descend to sth mean or doing sth mean;
dw/lw: **descend\ant** /~डंट/ (*also* **~ent**) *n.* 1 वंशज, वंशधर: direct ~ant 2 औलाद, संतान, संतति 3 व्युत्पत्त वस्तु; **~er** /~डंर/ *n.* अवरोहक, नीचे उतरने वाला; **~ible** /~डिबल/ *adj.* जिस संपत्ति आदि का मालिकाना हक उत्तराधिकार में मिल सके; **~ing** /~डिंग/ *adj.* 1 (***anton.*** ascending) नीचे उतरने वाला, अवरोही 2 उच्चतम से निम्नतम तक जाने वाले क्रम में: in ~ing order (घटते क्रम में)

descen\sion /डिसेन्सन/ *n.* 1 उतार, अवरोह, घटाव 2 अधोगति, गिरावट पतन;
dw/lw: **~sive** *adj.* 1 अवरोही 2 नीचे गिरने या उतरने वाला, घटने वाला

descent /डिसेंट/ *n.* 1 (***anton.*** ascent) उतार, अवरोह: laborious ~; ~ from the mountain to the valley 2 ढाल, ढलान: precipitous ~ to the sea (समुद्र तक खड़ी ढलान) 3 घटाव अधोगति, गिरावट: ~ of temperature 4 नीचे जाने का रास्ता 5 वंश, उद्गम: of Irish/ English, etc. ~ (आयरलैंड/ इंग्लैंड का वंशज); ~ of man 6 पीढ़ी, वंश-परंपरा 7 (***anton.*** ascent) अवनति, अधोगमन, पतन, गिरावट 8 हस्तांतरण: ~ of property; acquire a title by ~ 9 आक्रमण, धावा: ~ upon the enemy;
p&i: **~ from the sublime to the ridiculous is quick** महानता से नीचता तक मात्र एक कदम की दूरी होती है

deschool /डीस्कूल/*v., pt.* **~ed**, *pp* **~ing** औपचारिक स्कूल की चार-दिवारिया पढ़ाई की बजाए खुले माहौल में पढ़ाई

descramb\le /डीस्क्रैंब\ल/ *v., pt.* **~led**, *pp* **~ling** 1 किसी संकेत को समझ में आने योग्य रूप में परिवर्तित क. 2 समझ में न आने वाले संकेत को समझ में आने योग्य बनाना

describable /डिस्क्राइबअबल/ *adj.* वर्णन योग्य, वर्णनीय

descri\be /डिस्क्राइब/ *v., pt.* **~bed**, *pp* **~bing** 1 वर्णन क., शब्दों में व्यक्त क.: **~be** a person; **~be** one's purpose; **~be** oneself as sth 2 रेखाकृति बनाना: ~be a circle 3 निर्माण क.

description /डिस्क्रिप्शन/ 1 वर्णन, चित्रण: faithful ~; ~ of sb's appearance 2 भांति, प्रकार, किस्म: toys of every ~; books of every ~; of any/ every/ some ~ 3 आदमी का हुलिया: answers the ~ से मिलती है 4 अंकन, निर्माण;
p&i: **a lecture of the poorest** ~ घटिया भाषण; **answer/ fit the ~ of sb/ sth** के वर्णन से मेल खाना; **beyond** ~ वर्णन के परे, अवर्णनीय; **answer the** ~ हुलिए से मेल खाना; **it baffles/ beggars/ defies** ~ इसे वर्णित करना असंभव है

descriptive /डिस्क्रिप्टिव\/ *adj.* वर्णनात्मक, विवरणात्मक;
dw/lw: **~ly** /~लि/ *adv.* वर्णनात्मक ढंग से; **~ness** /~नेस/ *n.* वर्णनात्मकता;
collocations: ~ **attribute** वर्णनात्मक विशेषण; ~ **geometry** प्रक्षेपात्मक ज्यामिति; ~ **linguistics** वर्णनात्मक भाषा विज्ञान

descriptivism /डिस्क्रिप्टिविज्म/ *n., gramm.* 1 भाषा के प्रयोग का वर्णनात्मक रूप जिसमें प्रयोग के सही-गलत होने पर टिप्पणी नहीं की जाती 2 *philos.* एक सिद्धांत जिसके अनुसार नैतिक कथनों का मूल्य उनकी सच्चाई निर्धारित करती है

descriptor /डिस्क्रिप्टः/ *n., comput.* 1 स्मृति पटल पर संग्रहीत सूचना का सांकेतिक वर्णन 2 मुख्य शब्द या शीर्षक

desc\ry /डि-स्क्राइ/ *v., pt.* **~ried**, *pp* **~rying**, *s/he/it* **~ries** 1 अचानक देख लेना 2 ठोक बजाकर देखकर पहचानना, भांपना, ताड़ना

desecra\te /डेसिक्रेट/ *v., pt.* **~ted**, *pp* **~ting** अपवित्र क., दूषित या भ्रष्ट क.: **~te** a temple;
adj. **~te** /डेसिक्रिट/दूषित या भ्रष्ट;
dw/lw: **~ter/ ~tor** /डेसिक्रिटः/ *n.* अपवित्र, दूषित या भ्रष्ट करने वाला; **desecra\tion** /डेसिक्रेशन/ *n.* अपवित्रीकरण, भ्रष्ट या दूषित करने की क्रिया

desegrega\te /डीसेग्रिगे\ट/ *v., pt.* **~ted**, *pp* **~ting** रंगभेद (विशेषकर आम जगहों, स्कूलों, यातायात के साधनों आदि में) खत्म क., रंग भेद हटाना;
dw/lw: **~tion** /~शन/ *n.* रंगभेद की समाप्ति

deselect /डीस्लेक्ट/ *v., pt.* **~ed**, *pp* **~ing** 1 किसी राजनीतिक दल द्वारा वर्तमान सांसद या विधायक को अगले चुनाव के लिए उम्मीदवार न बनाना 2 खेल चुनाव समिति द्वारा वर्तमान खिलाड़ी को अगली प्रतियोगिता के लिए न चुनना

desensiti\ze /डीसेंसिटाइ\ज/ *v., pt.* **~ed**, *pp* **~ing** किसी को प्रकाश, पीड़ा आदि के प्रति असंवेदनशील बना दे.;
dw/lw: **~zation** /~जेशन/ *n.* किसी की प्रकाश, पीड़ा आदि के प्रति असंवेदनशीलता

desert /डेजःट/ *n.* 1 मरुस्थल, मरुभूमि, रेगिस्तान: the Sahara Desert 2 उजाड़ या निर्जन स्थान 3 पुरस्कार या दंड;
adj. 1 निर्जन, सुनसान: ~ streets = the streets were **~ed** 2 उजाड़, वीरान, निर्जन 3 ऊसर, बंजर, अनुर्वर: ~ tract of land
v. /डिजःट/ *pt.* **~ed**, *pp* **~ing** 1 (***syn.*** abandon) साथ छोड़ दे., छोड़ भागना, त्याग दे.: ~ a friend 2 किसी के समर्थन, आधार आदि को खींच ले. 3 (***syn.*** abandon) जगह को खाली करके निर्जन क. 4 सेना आदि से भगोड़ा हो: ~ one's post/ the ship; ~ the colours (सेना से भगोड़ा हो.) 5 गायब हो जा.: his presence of mind/ courage **~ed** him;
dw/lw: **~ification** /डेजःटिफिकेशन/डिजःटिफिकेशन/ *n.*

जलवायु में परिवर्तन, कृषि के खराब तरीकों आदि के कारण नए मरुस्थल के बनने की क्रिया या उर्वर भूमि का मरुस्थल में परिवर्तन; **desert\ion** /डिजःशन/ *n.* 1 पलायन 2 गद्दारी, दगा 3 ऊसरता, बंजरपन, अनुर्वरता, निर्जनता; **desert\ed** /डिजःटिड/ *adj.* निर्जन, सूना, उजाड़, वीरान, सुनसान; **~er** /डिजःटः/ *n.* भगोड़ा, दलत्यागी;

collocations: **~ boot** टखनों तक आने वाला बूट; **~ culture** मरु संस्कृति; **~ island** निर्जन द्वीप, मरु द्वीप; **~ ship** ऊंट

deserts /डिजःट्स/ *n., pl.* (*usually* **just ~**) अपराध के अनुसार मिलने वाला दंड: he'll get his just ~ 2 जो जिसका अधिकारी हो उसी को पाने की क्रिया;

p&i: **sb's just ~** जैसा किया वैसा फल

deser\ve /डिजः\व/ *v., pt.* **~ved,** *pp* **~ving** 1 के योग्य हो.: it is more than I **~ve** 2 का पात्र हो.: **~ve** well of one's country 3 का भाजन हो.: **~ve** punishment 4 भागी या हकदार हो.;

dw/lw: **~ved** /~वड/ *adj.* 1 उचित, योग्य 2 सही ढंग से अर्जित; **~vedly** /~विडलि/ *adv.* उचित रूप से, न्यायतः, ठीक, पात्रता के अनुसार; **deser\ving** /~विंग/ *adj.* (*usually* **~ving of sth**) सुपात्र, योग्य, अधिकारी: ~ving of praise/ censure

desex /डीसेक्स/ *v., pt.* **~ed,** *pp* **~ing** बधिया क., नपुंसक क.

desexuali\ze /डीसेक्स्युअलाइज/ *v., pt.* **~zed,** *pp* **~zing** कामुकताविहीन क., लैंगिकताहीन क.

déshabillé/ dishabille /डेजैबीले/ डिसअबीःल/ *n., Fr.* 1 अधनंगा 2 ढीले-ढाले कपड़े: in ~ (ढीले-ढाले कपड़ों में)

desiccant /डेसिकंट/ *adj.* सुखाने वाला, पानी चूसने वाला;

n., *chem.* पानी चूसने वाला पदार्थ

desicca\te /डेसिके\ट/ *v., pt.* **~ted,** *pp* **~ting** सुखाना, पानी चूसना;

dw/lw: **~ted** /~टिड/ *adj.* सुखाया हुआ, शुष्क: ~ted milk; ~ed grapes; **~tion** /~शन/ *n.* शुष्कन, निर्जलीकरण; **~tor** /~टः/ *n.* सुखाने वाला यंत्र, शोषित्र

desidera\te /डेसिडरे\ट/ *v., pt.* **~ted,** *pp* **~ting** 1 चाहना 2 अभाव या विरह का अनुभव होना, रह-रहकर याद आना 3 पाने की इच्छा हो.;

dw/lw: **~tive** /~टिव/ *adj.* इच्छार्थक

desidera\tum /डिजिडअ\राःटम/ ~रेटम/ *n., pl.* **desiderata** /~राःटा/ ~रेटा/ आवश्यक, वांछित वस्तु, इष्ट या अभीष्ट वस्तु

DESIDOC *abbr.* 'Defence Scientific Information & Documentation Centre' की प्रथमाक्षरी

design /डिजाइ\न/ *n.* 1 योजना, रूपरेखा, खाका, ढांचा: composer's ~ 2 डिजाइन, नक्शा: ~ paper (रूपरेखा पर्चा) 3 रूपांकन, अभिकल्पना, परिकल्पना: the picture lacks ~ 4 भवन-निर्माण शिल्प या कला में रूपरेखा बनाने की प्रक्रिया: school of ~; ~ for a building; poor ~ 5 उद्देश्य: with/ without a ~; far-reaching ~; 6 कुदृष्टि, षड्यंत्र, चाल: ~ for an insurrection; frustrate sb's ~; criminal ~ 7 नमूना 8 बनावट, रचना: ~ engineer; ~ load;

v., pt. **~ed,** *pp* **~ing** 1 रूपरेखा या योजना बनाना: be **~ed** to do sth (किसी के अनुसार रूपरेखित) 2 खाका खींचना 3 ढांचा बनाना: ~ the construction of a hostel 4 मनसूबा बांधना, उद्देश्य रखना, इरादा क.: ~ one's son to be an engineer;

dw/lw: **~able** /~नअबल/ *adj.* डिजाइन बनाने योग्य; **~edly** /~निडलि/ *adv.* जान-बूझकर; **~er** *see below under separate entry*; **~ing** *adj.* धूर्त, तिकड़मी, चालबाज; **~ing** /~निंग/ *n.* योजना, रूपरेखा, खाका आदि बनाने की क्रिया;

p&i: **by ~** जान-बूझकर, योजना बनाकर, षड्यंत्र के तहत; **have ~s on sb/ sth** बुरा इरादा रखना, हड़पने की इच्छा पालना, किसी चीज या व्यक्ति पर कुदृष्टि रखना; **the author is not ~ed** लेखक को किसी ने तैयार शुदा योजना नहीं दी

designa\te /डेजिग्ने\ट/ *v., pt.* **~ted,** *pp* **~ting** 1 निर्दिष्ट क. 2 का नाम निश्चित क., नाम का उल्लेख क.: **~te** sb as the greatest poet 3 नाम रखना 4 नियुक्त/ मनोनीत/ नामजद/ नामित क. 5 पदनाम दे. 6 के लिए अलग रखना, पूर्वनिर्दिष्ट क. 7 निर्धारित क.: **~te** the boundaries of a country 8 पूर्वाभास दे.: that **~tes** a coming storm;

adj. 1 नामित, मनोनीत, नियुक्त, पूर्व-निर्धारित: **~te** function 2 पदनामित, नामोद्दिष्ट: President-**~te**;

dw/lw: **~ted** /~टिड/ *adj.* नामित, मनोनीत; **~tion** *see below under separate entry*; **~tive** /~टिव/ *adj.* संकेतार्थक;

collocations: **~ted driver** ऐसा व्यक्ति जो किसी दावत या मयखाने में ले जाने-लाने के लिए गाड़ी चलाने और दावत में शराब न पीने के लिए तैयार हो गया हो; **~ted hitter** खेल में पहले से घोषित कॉर्नर या फ्री हिट आदि करने वाला खिलाड़ी

designation /डेजिग्नेशन/ *n.* 1 ओहदा, पद, पदनाम, पद-संज्ञा 2 मनोनयन, नामकरण, नामजदगी, नियुक्ति 3 स्पष्ट उल्लेख 4 विशेष विवरण

designer /डिजाइनः/ *n.* 1 डिजाइनर, योजना व रूपरेखा बनाने वाला, रूपांकक, रूपकार, अभिकल्पक, नक्शानवीश 2 नमूना बनाने वाला 3 षड्यंत्रकारी;

adj. डिजाइनर से संबंधित: ~ jeans/ sunglasses, etc. (डिजाइनर द्वारा बनाई हुई ज़ीन्स, ऐनक व अन्य वस्तुएं);

collocations:~ **baby** माता-पिता द्वारा चुनी हुई विशेषताओं के अनुसार जीन-थिरैपी के माध्यम से पैदा किया गया बच्चा; **~ drug** 1 किसी रोगाणु विशेष को मिटाने के लिए बनाई गई दवाई 2 अमेरिका में बेची जाने वाली ऐसी दवाइयां जो औपचारिक रूप से नशीली औषधियां नहीं कही जा सकतीं, पर वे नशीली औषधियों जैसी ही होती हैं और उन्हें बाजार में नशीली दवाइयों के रूप में बेचा जाता है

designing *adj. see above under* **design: *dw/lw***

desinen\ce /डेसिनं\स/ (*also* **~cy**) *n.* 1 समाप्ति, अवसान 2 *gramm., suffix* (***syn.*** ending) अंत्य प्रत्यय;

dw/lw: **~t** /~ट/ *adj.* अंत्य

desipien\ce /डिसिपिअं\स/ *n.* 1 मूर्खता 2 नटखटता, शरारत 3 मसखरापन, मजाकियापन;

dw/lw: **~t** /~ट/ *adj.* मसखरा, मजाकिया, खिलंदड़ा

desirability /डिजायरेबिलिटि/ *n.* 1 वांछनीयता, अभीष्टता 2 अच्छाई

desira\ble /डिजायरअ\बल/ *adj.* 1 वांछनीय, अभीष्ट: it is **~ble** that he goes home 2 मनचाहा 3 आकर्षक;

dw/lw: **~bly** /~बलि/ *adv.* चाह अनुसार

desi\re /डिजा\यः/ *n.* 1 इच्छा, कामना, चाह: express/ have a **~re** to do sth; a burning/ strong **~re** for knowledge 2 निवेदन, मांग: a **~re** for sth 3 कामुकता, वासना: satisfy sb's **~res**;

v., pt. **~red,** *pp* **~ring** 1 की इच्छा क., चाहना: 2 निवेदन क., मांगना 3 किसी के प्रति कामातुरता हो.;

dw/lw: **~red** /~यःड/ *adj.* इच्छित, वांछित, इष्ट, अभीष्ट, यथेष्ट: the ~red effect/ result/ shape, etc.; **~rous** /~यरस/ *adj.,* (*usually* **~rous of sth**) इच्छुक, चाहने वाला: ~rous of success;

p&i: **leave a lot/ much to be ~red** अभी बहुत कुछ करना है; **one's hearts ~re** मन की चाह; **the ~re are nourished by delays** देरी इच्छाओं को बढ़ा देती है; **this is all that can be ~red** बस इतने ही इच्छा हो सकती है

desist /डिजिस्ट//डिसिस्ट/ *v., pt.* **~ed,** *pp* **~ing** 1 बीच में छोड़ दे. 2 (किसी काम से) बाज आना, बचना, परहेज क., फेर में न पड़ना: ~ from doing sth; ~ from bombing the populated areas

desk /डेस्क/ *n.* डेस्क, लिखने की छोटी मेज: be at one's ~ all day long; sit at the ~ (लिखना)

dw/lw: **~-bound** *adj.* मेज से बंधा, हर वक्त मेज पर बैठकर काम करने वाला; **~-clerk** *n.* = clerk; **~-work** *n.* दफ्तरी काम

collocations: **~ book** डेस्क पुस्तिका; **~ drudge** दफ्तरी 'चूहा'; **~ lamp** टेबल लैंप; **~ officer** संबद्ध अधिकारी; ~

room दफ्तर, कार्यालय; ~ **set** मेज-टेलीफोन; **news** ~ समाचार-पटल; *music* संगीत-स्थल

deskill /डीस्कि\ल/ *v., pt.* **~ed**, *pp* **~ing** किसी काम, नौकरी आदि से कंप्यूटरीकरण द्वारा मानवीय पहलुओं को खत्म क.;

dw/lw: **~ing** /~लिंग/ *n.* किसी काम, नौकरी आदि से कंप्यूटरीकरण द्वारा मानवीय पहलुओं का खात्मा

desktop /डेस्कटौप/ *US* डेस्कटाःप/ *n.* 1 टेबल पर स्थापित कंप्यूटर 2 (*also* ~ **computer**) मेज पर लगाया जा सकने वाला कंप्यूटर 3 मेज का ऊपरी हिस्सा;

collocations:~ **publishing** (*abbr.* **DTP**) *n.* डेस्कटॉप कंप्यूटर से तैयार की गई सामग्री का प्रकाशन

DESO *abbr.* 'Defence Export Services Organisation' की प्रथमाक्षरी

desola\te /डेसअ\लअट/ *adj.* 1 सूना, सुनसान, निर्जन, वीरान: **~te** wilderness; **~te** of inhabitants 2 (*syn.* barren) उजाड़ 3 अकेला, एकाकी, तन्हा: **~te** heart/ soul 4 (*syn.* forelorn) अवसादपूर्ण, विषण्ण, उदास: **~te** cravings;

v., pt. **~ted**, *pp* **~ting** 1 निर्जन क.: **~te** a home 2 सूना बनाना 3 उजाड़ बनाना: the city was **~ted** by the plague; **~te** a country 4 उदास क.: **~te** heart; be **~ted** to have sb go;

dw/lw: **desola\ted** *adj.* उजाड़, निर्जन; **~tely** /~लेटलि/ *adv.* दर्द से भरकर; **~teness** /~लेटनिस/*n.* सूनापन, निर्जनता, उदासी, अवसाद; **desola\tion** /~लेशन/ *n.* 1 सूनापन, उजाड़: in utter ~tion 2 निर्जनता, वीरानी: a scene of utter ~tion 3 अकेलापन, तन्हाई: bring ~tion to sb 4 उदासी, विषाद: emerge from ~tion 5 विनाश, बर्बादी, तबाही: fall to ~tion 6 भावशुष्कता; **~tory** /~लेटरि/ *adj.* सूना, वीरान, उजाड़

desorption /डिसॉप्शन/ *n., chem.* विचूषण, पसीना आदि की अशोषकता

despair /डिस्पे\अः/ *n.* 1 निराशा: abject/ complete/ utter ~ 2 हताशा: in the depths of ~ (हताशा में डूबा हुआ); do sth stupid out of ~ 3 मायूसी: drive sb to ~ 4 (**the** ~) निराशा का स्रोत, निराशा पैदा करने वाला: be the ~ of one's parents 5 दुर्भाग्य, मुसीबत, संताप: fall into/ sink in ~;

v., pt. **~ed**, *pp* **~ing** 1 (*often* **~ of sth**/ **~ of doing sth**) निराश या हताश हो., कोई आशा न रहना: the patient's life is **~ed of** 2 आशा खो दे.: ~ of success 3 शोक-संतप्त हो.;

dw/lw: **~ing** /~अःरिंग/ *adj.* 1 निराशाजनक, आशाहीन: a ~ing glance 2 हतोत्साह; **~ingly** /~अःरिंगलि/ *adv.* निराशापूर्वक;

p&i: ~ **gives courage to a coward** मजबूरी में कायर भी हौसला जुटा लेता है; ~ **is the conclusion of fools** मूर्ख ही निराश होते हैं;

be the ~ of sb किसी के लिए निराशा का स्रोत हो.

despatch *UK* (*UK*/ *US* **dispatch)** /डिस्पैच/ *v., pt.* **~ed**, *pp* **~ing** 1 कहीं भेजना 2 दूतावासों द्वारा विदेश से अपनी सरकार को आधिकारिक रिपोर्ट या सूचना भेजना 3 किसी कार्य को जल्दी से निपटाना: ~ the meal quickly;

n. 1 भेजने की प्रक्रिया 2 (*often* **~es**/ **dispatches**) दूतावासों द्वारा विदेश से अपनी सरकार को भेजी जाने वाली आधिकारिक रपट या सूचना 3 पत्रकार द्वारा अपने समाचार-पत्र या पत्रिका को भेजी जाने वाली सूचना या रपट

desperado /डेसपअराःडो/ *n., pl.* **~s**/**~es** 1 दुस्साहसी अपराधी 2 निर्भीक व घोर दुस्साहसी व्यक्ति 3 डाकू

despera\te /डेस्पअ\रअट/ *adj.* 1 उतावला, निराशोन्मत्त: **~te** to go to the concert 2 बौखलाया हुआ: a **~te** criminal; ~ villain; **~te** fool 3 अति अधीर, बौखलाहटपूर्ण: **~te** measures; **~te** for sth 4 अति गंभीर, घोर, निराशाजनक: a **~te** situation; **~te** need 5 दुस्साहसी दुस्साहसिक या दुस्सासाहसपूर्ण (निर्णय आदि) 6 भयंकर: **~te** weather;

dw/lw: **~tely** /~रअटलि/ *adv.* अधीरतापूर्वक, बौखलाकर: fight ~tely; **~teness** /~रेटनेस/ *n.* 1 घोर निराशा, निराशाजन्य व्यग्रता, निराशांधता, बौखलाहट 2 हताशा 3 दुस्साहस; **despera\tion** /~रेशन/ *n.* 1 बौखलाहट, दुस्साहस 2 हताशा, नैराश्य, घोर निराशा 3 निराशाजन्य व्यग्रता, उद्विग्नता: drive sb to ~tion;

p&i: **~te cuts must have ~te cures** गहरे घाव का गहरा इलाज

despica\ble /डिस्पिके\बल/ *adj.* 1 तिरस्करणीय, घृणित, हेय, तुच्छ, अप्रिय 2 जघन्य, नीच 3 निंदनीय;

dw/lw: **~bly** /~बलि/ *adv.* घृणित, हेय, तुच्छ व नीच ढंग से

despi\se /डिस्पाइ\ज/ *v., pt.* **~sed**, *pp* **~sing** 1 बेहद घृणा क., तुच्छ समझना 2 तिरस्कार क. 3 उपेक्षा क.: this need not be **~sed**

despite /डिस्पाइट/ *prep.* (*syn.* in spite of) के बावजूद: ~ our efforts (हमारे प्रयत्नों के बावजूद);

n. 1 द्वेष 2 घृणा 3 अपमान, तिरस्कार;

dw/lw: **~ful** *adj.* विद्वेषपूर्ण, तिरस्कारपूर्ण

p&i: ~ **oneself** अनचाहे में; **in sb's** ~ किसी के अहित में

despoil /डि-स्पॉइ\ल/ *v., pt.* **~ed**, *pp* **~ing** 1 (*syn.* plunder) कीमती चीजें चुराना 2 किसी स्थान को खराब क.;

dw/lw: **~er** /~लः/ *n.* लुटेरा, डाकू; **~iation** /~लिएशन/ *n.* लूट, लूट-मार; **~ment** /~लमंट/ *n.* लूट, लूट-मार

despond /डिस्पौं\ड/ *US* डिस्पां\ड/ *v., pt.* **~ed**, *pp* **~ing** हतोत्साहित हो जा., हिम्मत छूट जा.;

dw/lw: **despond\ent** /~डंट/ *adj.* (*syn.* dejected) निराश व हताश, खिन्न, विषण्ण; **~ently** /~डंटलि/ *adv.* हताशा व खिन्नतापूर्वक; **~ency** /~डंसि/ *n.* उदासी, खिन्नता, निराशा

despot /डेस्पौ\ट/ *US* डेस्पाः\ट/ *n.* तानाशाह, निरंकुश शासक, जालिम शासक;

dw/lw: **~ic** /~टिक/ *adj.* स्वेच्छाचारी, अत्याचारी; **~ically** /~टिलि/ *adv.* निरंकुशतापूर्वक; **despotism** /~टिज्म/ *n.* 1 निरंकुश शासन 2 अत्याचार 3 स्वेच्छाचारिता, निरंकुशता, तानाशाही

des res /डेज रेज/ *n., colloq., facetious or property market jargon*; 'desirable residence' का छोटा रूप, मनचाहा घर

dessert /डिजःट\/ *n.* भोजन के अंत में परोसी जाने वाली मिठाई, मिष्टान्न, दही-चीनी, आइस्क्रीम आदि;

dw/lw: **~spoon** /~स्पून/ *n., UK* 1 मिठाई का मध्यम आकार का चम्मच 2 (*also* **~spoonful**) मिठाई की चम्मच भर मात्रा

destabili\zation /डीस्टेबअलाइ\जेशन/ *n.* अस्थिरीकरण, अस्थिर बनाने की क्रिया;

dw/lw: **~ze** (*also UK* **–se**) /~ज/ *v., pt.* ~zed, *pp* ~zing अस्थिर क., डांवांडोल क., गद्दी या सिंहासन हिलाना

destination /डेस्टिनेशन/ *n.* 1 मंजिल, गंतव्य स्थान: port of ~; arrive at one's ~ 2 उद्देश्य, लक्ष्य;

adj. गंतव्य: ~ hotel/ restaurant/ store;

collocations: ~ **wedding** किसी रोचक स्थान पर की जाने वाली शादी, जहां मेहमान लोग आकर छुट्टियां भी बिता सकते हैं

desti\ne /डेस्टिन/ *v., pt.* **~ned**, *pp* **~ning** 1 नियत या निर्दिष्ट होना: hopes not **~ned** to be realised; not **~ned** to meet 2 कहीं जाना: the plane **~ned** for London; be **~ned** for some place

dw/lw: **desti\ned** /डेस्टिंड/ *adj.* 1 नियत, निर्दिष्ट: be **~ned** to do sth (कुछ करने के लिए नियत हो.) 2 भाग्य में बदा हुआ: be **~ned** for sth 3 ईश्वर की मर्जी से होने वाला 4 (*syn.* bound for) कहीं भेजे जाने कि लिए नियत: goods ~ned for Russia

desti\ny /डेस्टिनि/ *n., pl.* **~ies** 1 (*also* **Destiny)** भाग्य, किस्मत: be reconciled to one's **~ny** 2 नियति: settle sb's **~ny** 3 (*syn.* fate) होनी, बदी, तकदीर: strange/ fortunate **~ny**; inevitable **~ny** (होनी को कौन टाल सकता है)

destitu\te /डेस्टिट्यू\ट/ *US* डेस्टिटू\ट/ *adj.* 1 अकिंचन 2 दरिद्र, कंगाल 3 निस्सहाय, असहाय, निराश्रय, बेसहारा: be left **~te** 4

दीन-हीन 5 (**~te of sth**) किसी वस्तु विशेष से पूरी तरह महरूम: **~te** of vegetation (बिना किसी हरियाली के);
n. (**the ~te**) दरिद्र, कंगाल लोग;
v., pt. **~ted**, *pp* **~ting** 1 पदच्युत क. 2 से वंचित क. 3 विनाश क.;
dw/lw: **destitu\tion** /~शन/ *n.* 1 दरिद्रता, कंगाली: left in a state of ~tion; homelessness and ~tion 2 विहीनता, वंचन: ~tion of all principles

destock (डीस्टौक) *US* डीस्टाःक) *v., pt.* **~ed**, *pp* **~ing** दुकान आदि से सारा माल निपटाना

de-stress (डी-स्ट्रेस) *v., pt.* **~ed**, *pp* **~ing** कठोर मेहनत के बाद आराम क. 2 तनावमुक्त हो.: ~ oneself with a relaxing bath

destroy /डिस्ट्रॉय/ *v., pt.* **~ed**, *pp* **~ing** 1 नष्ट क., विनाश क.: ~ a document 2 ध्वस्त क., ढहा दे.: ~ a building; ~ sb's hopes 3 मार डालना, अस्तित्व में न रहने दे. 4 किसी की साख, स्वास्थ्य, आर्थिक स्थिति को नष्ट क.: ~ sb's reputation;
dw/lw: **~er** /डिस्ट्रॉयः/ *n.* 1 विनाशक: smoking – a ~ of lungs 2 ध्वंसक, विध्वंसक युद्धपोत: ~ escort

destruct /डिस्ट्र\क्ट/ *v., pt.* **~ed**, *pp* **~ing** 1 *mainly N Amer.* सुरक्षा की दृष्टि से मिसाइल आदि को हवा में ही नष्ट कर दे. 2 असुरक्षित या क्षतिग्रस्त प्रक्षेपणास्त्र आदि को हवा में नष्ट क.;
dw/lw: **~ible** /~क्टिबल/ *adj.* नष्ट या ध्वस्त किए जाने योग्य, ध्वंस्य, विध्वंसनीय; **destruct\ion** /~क्शन/ *n.* 1 विनाश, तबाही, बर्बादी 2 ध्वंस, तोड़-फोड़ 3 विनाश का कारण: ~ion by fire; gambling was his ~ion 4 जंगली जीवों का विनाश: ~ion of beasts of prey 5 आशाओं का मटियामेट: ~ion of hopes; **~ionist** /~क्शनिस्ट/ *n.* 1 विनाशक 2 अराजकतावादी; **destruct\ive** /~क्टिव/ *adj.* 1 विनाशक, विनाशकारी: ~ive storm 2 विध्वंसक, भंजक: ~ive of sth 3 नकारात्मक, विनाशक: ~ive instinct 4 हानिकारक: ~ive of/ to health 5 अपयशकर; **~ively** /~क्टिवलि/ *adv.* विनाशकारी ढंग से; **~iveness** /~क्टिवनेस/ *n.* विनाशकता; **~or** /~क्टः/ *n.* विनाशक, विध्वंसक;
collocations:**~ive distillation** सूखे ढंग से यानी ठोस पदार्थ को गर्म करके वाष्प में परिवर्तन करके शराब निकलने की क्रिया

desudation /डीस्युडेशन/ *n., med.* अत्यधिक पसीना आने का विकार

desuetude /डेस्विट्यूड, डिस्युइअट्यूड / *US* डेस्विटूड/ *n.* 1 अप्रचलन, अप्रयुक्तता: the docks may fall/ pass into ~ 2 अप्रयोग

desulto\ry /डेसल्टरि\/ डेसल्टॉःरि\/ (*also* **~rious**) *adj.* 1 अनियमित 2 असंबद्ध, असंगत: **~ry** remarks 3 क्रमरहित, बेतरतीब: **~ry** reading 4 बिना निशाने साधे, बाएं-दाएं: **~ry** fire (बाएं-दाएं गोलीबारी)
dw/lw: **~riness** /~निस/ *n.* 1 असंगति, असंबद्धता 2 अनियमितता 3 क्रमरहितता, बेतरतीबी;

Det. *abbr.* 'Detective' का संक्षेप

detach /डिटैच\/ *v., pt.* **~ed**, *pp* **~ing** 1 अलग क., पृथक क.: ~ a region from the country; ~ onself from sb's embrace 2 में से निकालना: ~ a watch from a chain 3 सेना में से एक टुकड़ी अलग क. 4 अपने आपको किन्हीं घटनाओं से अलग क., उदासीन हो.: ~ oneself from the reality of terrible things;
dw/lw: **~able** /~अबल/ *adj.* (***syn.*** removable) अलग होनेवाला: ~able bogie; **~ed** /~ड/ *adj. UK* 1 अलग-थलग: the house stands ~ed 2 (***syn.*** impartial) निर्लिप्त, बेलाग: ~ed view 3 (***syn.*** indifferent) उदासीन, विरक्त, अनासक्त: ~ed manner 4 अलग, जो जुड़ी न हो: a theory ~ed from life 5 औपचारिक कार्य के लिए भेजा जाने वाला व्यक्ति: ~ed for service; **~edly** /~डलि/ *adv.* 1 निर्लिप्त या बेलाग ढंग से 2 अलग करके; **detach\ment** /~मंट/ *n.* 1 (***syn.*** indifference) अनासक्ति, विरक्ति: an air of ~ment 2 निर्लिप्तता, तटस्थता 3 सैनिक टुकड़ी: ~ment head-quarters

detail /डिटेल/ *n.* 1 विवरण, ब्योरा, तफसील: disclose/ discuss/ divulge/ reveal **~s**; exact or precise/ full/ relevant details; **~s** about/ of/ on sth 2 (**~s**) गौण बातें: full of uninteresting **~s** 3 सभी भाग व उनकी विशेषताएं, बारीकियां: an artist's eye for ~; **~s** of a design 4 सैनिक टुकड़ी जिसे कोई कार्य विशेष सौंपा गया हो;
***v.**, pt.* **~ed**, *pp* **~ing** 1 हर पहलू का विवरण दे., ब्योरा दे., विस्तारपूर्वक बताना: ~ all the facts 2 नियुक्त क., निर्दिष्ट क.: ~ sb for guard duty 3 भेजना 4 सैनिक टुकड़ी तैनात क. 5 कार की बारीकी से सफाई क.: work for some time **~ing** cars;
dw/lw: **~ed** /डिटेल्ड/ *adj.* 1 विस्तृत: ~ed study; ~ed description 2 ब्योरेवार: ~ed interrogation; **~ing** /डीटेलिंग/ डिटेलिंग/ *n.* भवन, कपड़े आदि पर बनाए जाने वाले बारीक चित्र आदि
p&i: **go/ enter into ~s** हर पहलू पर विस्तार से विचार क.; **in** ~ विस्तार से, ब्योरेवार, पूर्ण विवरण सहित; **this is a mere ~** इसका कोई सैद्धांतिक महत्त्व नहीं;

detain /डिटे\न/ *v., pt.* **~ed**, *pp* **~ing** 1 रोक ले., देर करवाना 2 बंदी बना कर रखना, हिरासत में रखना;
dw/lw: **~able** /~नअबल/ *adj.* जिसे बंदी बनाकर रखा जा सके; **~ed** /डिटेंड/ *adj.* 1 जिसे रोककर रखा गया हो 2 जिस चीज को रोक लिया गया हो: ~ed pay; **~ee** /डीटेनी/ *n., pl.* ~ees (कारागार में) नजरबंद, हवालाती, कैदी; **~er** /~नः/ *n., law* संपत्ति पर अवैध कब्जा: forcible ~er; **~ment** /~नमंट/ अवरोध, रोक, नजरबंदी

detect /डिटेक्ट/ *v., pt.* **~ed**, *pp* **~ing** 1 पता लगाना, खोजना, ढूंढ निकालना: ~ the murder 2 पहचानना 3 देख या भांप ले. 4 अपराधी को पकड़ ले.: ~ sb in the act (किसी को रंगे हाथ पकड़ना) 5 पता लगाना: ~ a smell/ sound;
n. 1 छानबीन अधिकारी 2 जासूस, गुप्तचर;
dw/lw: **~able** /डिटेक्टअबल/ (*also* **~ible**) *adj.* जिसका पता लगाया जा सके; **detect\ion** /डिटेक्शन/ *n.* 1 टोह, खोज 2 पकड़: ~ion of a fraud 3 पहचान 4 छानबीन के बाद मिला सुराग: ~ion of crime; **detect\or** /डिटेक्टः/ *n.* संसूचक, पहचान करने वाला: lie ~or; metal ~or; **~ive** /डिटेक्टिव/ *adj.* 1 जासूसी: ~ive story/ novel (जासूसी कहानी या उपन्यास) 2 खोजी, गुप्तचरी: ~ive force/ police; **~ive** *n.* जासूस

detent /डिटेंट/ *n.* स्टोपर, दरवाजे या ताले में लगा कुत्ता

détente /डेटांट/ *n., pl.* **~s** संबंध-सुधार, तनाव में कमी

detention /डिटेनशन/ *n.* 1 नजरबंदी, कैद: illegal ~; ~ on remand *law* (मुकदमे के दौरान हिरासत) 2 कारावास: ~ camp 3 किसी छात्र को स्कूल के बाद रोके रखने की कार्रवाई: ~ after school 4 बाहर जाने पर निषेध 5 रुकावट: accidental ~ on a journey;
collocations: **~ barracks** सैनिक बंदीगृह या कारागार; **~ centre** ऐसा स्थान जहां कम उम्र के अपराधी अदालती हुक्म से रखे जाते हैं; **preventive ~** निवारक नजरबंदी

détenu /डिटेनू/ *n.* कैदी, बंदी

deter /डिटः/ *v., pt.* **~red**, *pp* **~ring** 1 रोकना, बाधा डालना: weather **~red** them from going for a picnic 2 (धमकाकर) रोकना: ~ sb from trying again 3 हतोत्साहित क.;
dw/lw: **~ment** /डिटःमंट/ *n.* निवारण, बाधा, अड़चन, रोक, निषेध

deter\ge /डिटः\ज/ *v., pt.* **~ged**, *pp* **~ging** घाव आदि साफ क.;
dw/lw: **~gency** /~जंसि/ *n.* धोने की क्रिया; **~gent** /~जंट/ *n.* धोने या सफाई करने का पदार्थ, साबुन आदि पदार्थ, डिटर्जेंट

deteriora\te /डिटिरिअरे\ट/ *v., pt.* **~ted**, *pp* **~ing** बदतर हो., और खराब हो जा., और बिगड़ना;
dw/lw: **deteriora\tion** /~शन/ *n.* 1 गिरावट: ~tion of the purchasing value of money 2 बदहाली 3 अधोगति: ~tion of style; **~tive** /~टिव/ *adj.* विनाशकारी, बदतर बनाने वाला

determinable /डिटःमिनअबल/ *adj.* जिसे निर्धारित किया जा

सके, निर्धार्य, निश्चायक
determinant /डिटःमिनंट/ *n.* निर्धारक तत्त्व या निश्चय कारक
determina\te /डिटःमिनअ\ट/ *adj.* 1 निश्चित, निर्धारित: **~te** shape 2 स्पष्ट: **~te** order; **~te** reply 3 जिस पौधे के तने व शाखाओं में फूल आ जाए;
determina\tion /~शन/ *n.* 1 पक्का इरादा, दृढ़ निश्चय, संकल्प: demonstrate/ show ~ion; dogged/ fierce/ grim/ steely ~ion; with courage/ grit/ guts and ~ion 2 निर्धारित होने या करने की क्रिया: ~ion of price 3 *law* निष्कर्ष, निर्णय: come to a ~ion; **~ive** /~टिव/ *adj.* निर्धारक, नियामक, निश्चयात्मक; **~ive** *n.* 1 निर्धारक तत्त्व 2 निश्चयात्मक कथन या शब्द
determi\ne /डिटःमि\न/ *v., pt.* **~ned**, *pp* **~ning** 1 सही सीमाएं, स्वभाव आदि निर्धारित क.: **~ne** sb's duties 2 निर्णय या निश्चय क.: **~ne** the case; be **~ed** to go (जाने के लिए कृतसंकल्प हो.) 3 तथ्यों, माप-तौल आदि का पता लगाकर गुण-अवगुण स्थापित क.: **~ne** the saltiness of sea-water 4 ज्ञात क.: **~ne** the meaning of a word 5 किसी पर निर्णायक प्रभाव रखना: demand **~nes** the prices 6 प्रेरित क., विवश क.: **~ne** sb to sth 7 निर्णायक कदम उठाना: **~ne** the ambiguity (दुविधा को समाप्त क.); **~ne** the crisis (संकट खत्म क.);
dw/lw: **determi\ned** /डिटःमिंड/ *adj.* 1 कृतसंकल्प, दृढ़निश्चयी: ~ned character 2 (*always* ~ned to do sth) कुछ करने को दृढ़संकल्प, कृतसंकल्प: ~ned to fight the election; ~ned attack; **~nedly** /डिटःमिंडलि/ *adv.* पक्के इरादे के साथ; **~ner** /डिटःमिनः/ *n.* 1 *gramm.* शब्द विशेषण 2 *law* फैसला; **~nism** /डिटःमिनिजम/ *n., philos.* 1 नियतिवाद, भाग्यवाद 2 यह सिद्धांत कि हर घटना या क्रिया का कोई कारण होता है और जो होना है वह होकर रहेगा; **~nist** /~निस्ट/ *n.* नियतिवादी या भाग्यवादी व्यक्ति; **~nist** *adj.* नियतिवाद-संबंधी, नियतिवादी; **~nistic** /~निस्टिक/ *adj.* भाग्यवादी, नियतिवादी
deterred *pt. tense, pt. p.*, **deter** का भूतकाल व भूतकालिक कृदंत रूप
deter\rence /डिटे\रंस/ *n.* 1 रोक, रोक-थाम 2 डर, भय: nuclear **~rence**;
dw/lw: **deter\rent** /~रंट/ *n.* 1 रोकने वाली/ डराने वाली कार्रवाई 2 बुरा काम करने से रोकने के लिए डर
deterring *pp,* **deter** का वर्तमान कृदंत रूप
detersive /डिटःसिव/ *adj.* धुलाई या सफाई करने वाला
detest /डिटे\स्ट/ *v., pt.* **~ed**, *pp* **~ing** 1 (***syn.*** loathe) अति घृणा क., सख्त नफरत क. 2 चर्च द्वारा बहिष्कृत किया जा. (anathema);
dw/lw: **~able** /~स्टअबल/ *adj.* घृणित, घिनौना, जघन्य; **~ation** /~स्टेशन/ *n.* 1 घृणा, जुगुप्सा: fierce ~ation; ~ation of sb 2 घिनौनापन: be in ~ation
dethro\ne /डीथ्रो\न/ *v., pt.* **~ned**, *pp* **~ning** 1 सिंहासन से उतारना, गद्दी से उतार दे. 2 सत्ताच्युत क., पदच्युत क., अपदस्थ क.;
dw/lw: **~nement** /~नमंट/ *n.* सिंहासनच्युति
detinue /डेटिन्यू/ *n., law* 1 किसी की संपत्ति पर अवैध कब्जा 2 संपत्ति पर अवैध कब्जा छुड़वाने के लिए दावा: action of ~
detona\te /डेटअने\ट/ *v., pt.* **~ted**, *pp* **~ting** 1 विस्फोट क., धमाका क. या हो.: **~te** a bomb 2 फटना;
dw/lw: **~ting** /~टिंग/ *adj.* विस्फोटक, विस्फोटित होने वाला: ~ting agent (विस्फोटक सामग्री); ~ting explosive; ~ting fuse; **detona\tion** /~शन/ *n.* विस्फोट; **~tor** /~टः/ *n.* विस्फोट कराने वाला यंत्र, प्रस्फोटक, डेटोनेटर
detour/ détour /डीटुअः/*US* डीटुर/ *n.* चक्करदार मार्ग, घुमावदार रास्ता: make a ~ (चक्कर काटकर जा.);
v. pt. **~ed**, *pp* **~ing** घूमकर जा., चक्कर काट कर जा.
detox /डीटौ\क्स/ डीटाः\क्स/ *n.* 1 विष आदि से रहित करने की चिकित्सा क्रिया 2 खून व पेट आदि की हानिकारक तत्त्वों से सफाई करने की क्रिया;
dw/lw: **~icant** /~क्सिकंट/ *adj.* निर्विषकारी; **detox\ification** /~क्सिफिकेशन/ *n.* निर्विषकरण: ~ification centre; **~ify** /~क्सिफाइ/ *v., pt.* ~ified, *pp* ~fying, *s/he/it* ~fies विषहीन क.
detract /डिट्रैक्ट/ *v., pt.* **~ed**, *pp* **~ing** 1 घटाना, कम क.: add or ~ 2 किसी की साख घटाना: anger **~s** much from her beauty 3 निंदा क. 4 मूल्य कम क.: ~ from sth 5 (***syn.*** distract, divert) ध्यान हटाना: nothing should ~ him from his studies;
dw/lw: **detract\ion** /डिट्रैक्शन/ *n.* निंदा, बुराई; **~ive** /डिट्रैक्टिव/ *adj.* घटाने या कम करने वाला: ~ive from the merits of a book; **~or** /डिट्रैक्टः/ *n.* निंदक, बदनाम करने वाला;
p&i: **~ion is a weed that grows on dung hills** बुराई से ही बुराई जन्म लेती है
detrain /डीट्रेन/ *v., pt.* **~ed**, *pp* **~ing** रेलगाड़ी से उतरना या उतारना;
dw/lw: **~ing** /डीट्रेनिंग/ *n.* गाड़ी नीचे उतरने की क्रिया: ~ing point; **~ment** /डीट्रेनिंगमंट/ *n.* गाड़ी से नीचे उतरने की क्रिया, माल की उतराई
detribali\ze/ ~se /डीट्राइबलाइ\ज/ *v., pt.* **~zed**, *pp* **~zing** आदिवासी जीवनशैली नष्ट क.;
dw/lw: **~ization** /~जेशन/ *n.* अनादिवासीकरण
detriment /डेट्रिमंट/ *n.* हानि, क्षति, अहित: to the ~ of sth (किसी बात या किसी के अहित में);
detrimental / डेट्रिमेंटल/ *adj.* (***syn.*** damaging) हानिकर, बुरा, अहितकर: ~al to one's health
detrital /डेट्रिटल/ *adj.* अवशिष्ट
detrition /डिट्रिशन/ *n.* घिसाई, घिसाव
detritus /डिट्राइटस/ *n., geol.* 1 शिलाओं के विखंडित कण: ~ mineral 2 चूरा, मलबा
de trop /डेट्रो/ *adj., Fr.* 1 कबाब में हड्डी 2 अत्यधिक 3 बेकार
detru\de /डिट्रूड/ *v., pt.* **~ded**, *pp* **~ding** ढकेलना, गिराना
detrunca\te /डीट्रैंकेट/ *v., pt.* **~ted**, *pp* **~ting** काटना, काटकर छोटा क.
detumescence /डीट्यूमेसंस/ *US* डीटूमे-/ *n.* (खड़े लिंग आदि की) सूजन में कमी, गिरावट
deuce /ड्यूस/ *n.* 1 टेनिस आदि के खेल में अंकों की बराबरी, ड्यूस 2 दुक्की, दो अंक 3 डालर का नोट 4 (**the deuce**) शैतान, पिशाच: what the ~ is he doing? the ~ knows!;
p&i: **it is the very ~!** इसी में सारा सार छिपा है, यही तो बात है; **play the ~ with sb** सिर नीचे और पांव ऊपर कर दे.; **the ~ and all to pay** जटिल स्थिति
deuced /ड्यूस्ट/ *adv.* 1 बुरी तरह से: be in ~ hurry 2 दुर्भाग्यवश
deurmekkar /ड्यमकाः(र)/ *adj., SAfrE* परेशान अवस्था में, किंकर्त्तव्यविमूढ़
deus ex machina /डेउस एक्स मैकिनअ/ *n.* कृत्रिम समाधान, आकस्मिक समाधान, दैवी-शक्तिकृत समाधान, अप्रत्याशित शक्ति द्वारा मुसीबत से निकलने में मदद
deuterium /ड्यूटिअरिअम/ (*also* **heavy hydrogen**) *n., chem.* (*symbol* **D**) हाइड्रोजन के तीन आइसाटोपों में से एक
deuterium oxide (*also* **heavy water**) *n., chem.* (*symbol* **D**) नाभिक रिऐक्टरों में पानी जैसा तरल (heavy water भारी पानी) जो न्युट्रोनों को धीमा करता है
deuteragonist /ड्यूटअरैगअनिस्ट/ *n.* प्राचीन यूनानी नाटक में नायक के बाद दूसरा मुख्य पात्र, विशेषकर खलनायक
Deuteronomic /ड्यूटअरौ\नअमिक/ *adj.* 1 **'Deuteronomy'** (मनु-स्मृति की तरह का यहूदी और ईसाई मतों का प्राचीन विधि-ग्रंथ) के लेखकों में से किसी एक से संबंधित 2 विधि-विवरणात्मक, द्वितीय विधि;
dw/lw: **~mist** /~नमिस्ट/ *n.* विधिविवरणविद्
Deutsch mark /डॉइच मार्क/ (*abbr.* **DM**) यूरो से पहले जर्मनी

की मुद्रा

deutzia /ज्यूट्सिआ/ *n., pl.* **~s** चीनी या जापानी मूल की एक फूलदार झाड़ी

devalori\zation /डीवैलराइज़ेशन/ *n.* अवमूल्यन;
dw/lw: **~ze** /~ज़/ *v., pt.* ~zed, *pp* ~zing अवमूल्यन क., मूल्य घटाना

devalua\te /डीवैल्युएट/ *v., pt.* **~ted**, *pp* **~ting** अवमूल्यन क., मूल्य घटाना;
dw/lw: **~tion** /~शन/ *n.* अवमूल्यन

deval\ue /डीवैल्यु/ *v., pt.* **~ued**, *pp* **~uing** 1 अवमूल्यन क., कीमत कम क. 2 साख या महत्त्व घटाना

Devanagari /देवनागरी/ *n.* देवनागरी लिपि

devasta\te /डेवस्टेट/ *v., pt.* **~ted**, *pp* **~ting** 1 विनाश क., नष्ट क.: **~te** a country 2 उजाड़ना 3 विध्वंस क.: **~ted** by fire/ earthquake 4 *law* विरासत में मिली संपत्ति की लूट-खसौट;
dw/lw: **~ted** /~टिड/ *adj.* 1 तबाह 2 नष्ट, बर्बाद 3 शोक-संतप्त; **devastating** /~टिंग/ *adj.* 1 (*syn.* disastrous) विनाशकारी, ध्वस्त करने वाला 2 बर्बाद करने वाला 3 *colloq.* बहुत अच्छा, शानदार, अति सुंदर; **~tingly** /~टिंगलि/ *adv.* अति विचित्र या सुंदर ढंग से; **devastation** /डेवस्टेशन/ *n.* विनाश, विध्वंस, तबाही

develop /डिवेलप/ *v., pt.* **~ed**, *pp* **~ing** 1 विकसित हो. या क., बढ़ना: the child is **~ing** fast 2 विकास क.: ~ a country 3 (*syn.* elaborate on) विस्तार क.: ~ an idea/ an argument 4 बढ़ना या बढ़ाना, फैलाना: ~ one's business/ memory/ mind 5 पैदा हो जा. या क.: **~ing** a cold 6 शुरू हो.: ~ an interest in politics; ~ symptoms of fever 7 फोटो-प्लेट या फिल्म धोना, चित्र उभारना 8 निर्माण कार्य क. 9 बदलना, घटना: the situation **~ed** rapidly 10 के सम्मुख विस्तार से रखना: ~ one's plan to an audience 11 संगठन बनाना: ~ a strong organization 12 भवन बनाने के लिए भूमि को विकसित क.;
dw/lw: **~ed** /~प्ट/ *adj.* विकसित: a ~ed country/ nation, etc.; **~er** /~पः/ *n.* 1 भवन-निर्माता 2 विकास कार्य करने वाला 3 फोटोग्राफिक फिल्म को तैयार करने के लिए प्रयुक्त होने वाला रासायनिक पदार्थ 4 प्रस्फुटक, व्यक्तकारी, विकासक; **~ing** /~पिंग/ *adj.* 1 विकासशील: ~ing country 2 विकासमान 3 विकासोन्मुखी

development /डिवेलपमंट/ *n.* 1 विकास, विस्तार: encourage/ monitor/ restrict ~; stage of ~ 2 निर्माण: in/ under ~ (निर्माणाधीन) 3 परिवर्धन, वृद्धि: ~ of literature 4 उन्नति, परिणाम: dramatic/ major/ rapid ~; a new ~ in literature 5 नव-निर्मित भवन 6 घटना, गतिविधियां: a new ~ in the situation; meet unexpected **~s**; the latest **~s** 7 फिल्म आदि की धुलाई व परिवर्धन 8 (किशोर से) पुरुष बनने की क्रिया: ~ from boyhood to manhood 9 पौधों आदि का वर्धन: ~ of a plant;
dw/lw: **~al** /~ल/ *adj.* विकासात्मक; **~ally** /~लि/ *adv.* विकास के लिहाज से;
collocations: **~ aid** *politics* विकास के लिए सहायता; **~ area** *Br.* विकासमान क्षेत्र; **~al age** विकासशील आयु, किशोरावस्था; **~al disease** शरीर के विकास संबंधी बीमारी; **~al psychology** *psychol.* विकास-संबंधी मानसिक व्याधि; **~ methodology** विकास पद्धति; **~ morphology** 1 विकासमय आकृति-विज्ञान 2 *gramm.* रूप-विधान, रूप-विचार; **~ officer** विकास अधिकारी

devest /डिवेस्ट/ *v., pt.* **~ed**, *pp* **~ing** 1 विवस्त्र क. 2 वंचित हो. या क.: ~ oneself of one's right 3 से महरूम क.

devian\ce/ ~cy /डीविअंस/ डीविअंसि/ *n., pl.* **~ces/ ~cies** 1 सामान्य मानकों या तौर-तरीकों से अलगाव या उनके पालन न करने की क्रिया 2 विपथन 3 असामाजिकता;
dw/lw: **~t** /डीविअंट/ *adj.* 1 सामान्य मानकों व तौर-तरीकों से अलग चलने वाला, अलग, विपथित, विपथगामी 2 कुपथगामी, अनैतिक;
n. विपथित या कुपथगामी व्यक्ति

devia\te /डीविएट/ *v., pt.* **~ted**, *pp* **~ting** 1 विपथित हो.: **~te** from a path 2 भटकना, पथभ्रष्ट हो.: **~te** from the truth 3 सामान्य तौर-तरीकों या लीक से अलग होकर चलना 4 मुख्य मुद्दे से भटकना: **~te** from the topic;
dw/lw: **devia\tion** /~शन/ *n.* 1 सामान्य मानकों व तौर-तरीकों से अलगाव 2 भटकाव 3 विपथन 4 मार्गच्युति 5 विचलन: ~tion from the original (text); **~tionism** /~शनिज़्म/ *n.* सामान्य मानकों व तौर-तरीकों से अलगाव की प्रवृत्ति; **~tionist** /~शनिस्ट/ *n.* सामान्य मानकों व तौर-तरीकों से भिन्न रास्ता अपनानेवाला व्यक्ति

device /डिवाइस/ *n.* 1 उपकरण, यंत्र: invent a ~; safety ~ 2 युक्ति, जुगत, उपाय 3 चाल, चालाकी: **~s** of the devil 4 रचना 5 (कुल) चिह्न 6 आदर्श वाक्य 7 इच्छा या मर्जी 8 तौर-तरीके, शैली: stylistic ~ (शैलीजन्य युक्ति); stale ~ (घिसी-पीटी लीक);
p&i: **be thrown upon one's ~s** अपने ही हाल पर छोड़ दिया जा.; **leave sb to their own ~s** किसी को उसके हाल पर छोड़ दे.

devil /डेविल/ *n.* 1 (**the Devil**) शैतान, दुष्टात्मा 2 नरकदूत 3 नर-पिशाच, राक्षस 4 *colloq.* शैतान और दुष्ट व्यक्ति 5 बुराई, दुष्टता, महापाप 6 अति जटिल व्यक्ति या स्थिति 7 शानदार या पहले नंबर का व्यक्ति, वस्तु, काम या बात 8 (**the devil**) हल्की-फुल्की गालियों में प्रयुक्त: what the ~ is he doing? 9 कई व्यवसायों में छोटे-मोटे मेहनताने के बदले काम करने और सीखने वाला बालक: printer's ~ 10 फाड़ने या चीरने के लिए प्रयुक्त होनेवाले यंत्र;
v., pt. **~led**, *pp* **~ling** 1 मिर्च-मसाला लगाकर गोश्त बनाना 2 फाड़ डालना 3 सताना 4 कई व्यवसायों में किशोरों या किशोरियों द्वारा छोटे-मोटे मेहनताने के बदले काम करना, बेगारी क.;
dw/lw: **~ish** /~लिश/ *adj.* 1 पैशाचिक, राक्षसी, शैतान जैसा, दानवी 2 धूर्त, दुष्ट, दुष्टतापूर्ण 3 क्रूर; **~let** /~लिट/ *n.* छोटा शैतान; **~lishly** /~लिशलि/ *adv.* भयंकर ढंग से, बहुत ज्यादा: ~lishly well done बहुत बढ़िया किया हुआ; **~ment/ ~ry** /~लमंट/ ~लरि/ *n., pl.* ~ries दुष्टता, बदमाशी, शैतानी खुशी, कोलाहलपूर्ण मौज-मस्ती; **~-tree** *n.* चितौन, सातिआन; **~-worship** *n.* शैतान-भक्ति पंथ;
collocations: **~ a one/ thing** कोई (साला) भी नहीं, बिल्कुल भी नहीं;
the ~'s advocate गलत काम का हिमायती; **the ~'s books** ताश के पत्ते; **the ~'s claw** बिच्छू बूटी, लंगर-पंजा; **the ~'s coach-horse** एक बड़ा पतंगा; **the ~'s cotton** उलटकंबल; **the ~'s darning-needle** *colloq.* चिउरा; **the ~'s food cake** *mainly N. Amer.* अत्यधिक भारी चौकलेट; **the ~'s on horseback** मुर्गे की कलेजी; **the ~'s luck** 1 सामान्य सफलता 2 अत्यधिक भाग्यशाली बात; **the ~'s pater-noster** शैतानी प्रार्थना, उलटी विनती;
p&i: **~ a bit** बिल्कुल नहीं; **~ dodger** शैतान को मात देने वाला; **~ may care** किसी की परवाह नहीं; **~ of the mess** भारी घालमेल (गड़बड़);
a ~ of a fellow भयंकर दिलेर, बढ़िया बंदा; **a ~ of a job/ time** भयंकर मुश्किल या उबाऊ काम; **a ~ of a racket** भयंकर शोर; **and the ~ knows what** कौन जानता है?; **be a ~!** *colloq.* किसी हिचकिचानेवाले व्यक्ति को काम करने के लिए प्रेरित करने के लिए प्रयुक्त; **be a ~ to eat** पेटुओं की तरह खाना, ताबड़-तोड़ ढकोसना; **be as drunk as the ~** पीकर बुरी तरह धुत्त हो.; **be the very ~** बिल्कुल पूरी डायन हो.; **be the victim to a morbid ~** घोर विषाद का शिकार हो.; **better the ~ you know than the ~ you don't** अनजाने खतरे से पहचाना खतरा भला; **between the ~ and the deep sea** इधर खड्ड, उधर खाई, *Hr.* कांध बीच और खोद बीच; **blue ~s** विषाद, चिंताग्रस्तता; **each for himself and the ~ take the hindmost** हर कोई अपने लिए और दूसरे जाएं भाड़ में; **fear sb**

as the ~ fears holy water किसी से ऐसे डरना जैसे शैतान पवित्र जल से; **give the ~ his due** प्रतिवादी को सही बात का श्रेय देना चाहिए; **go to the ~** तबाह हो., बुरी तरह असफल हो.; **Go to the ~!** दफा हो जा! भाड़ में जाओ!; **have ~ enough to do sth** कुछ करने के लिए काफी दम-खम हो.; **he must have a long spoon that sups with the ~** दुष्ट से पाला पड़ना खतरे से खाली नहीं; **he must need go whom the ~ drives** मरता क्या न करता; **it is easier to raise the ~ than to lay him** मुसीबत में फंसने से बचना भला; **like the ~** *colloq.* कड़ी मेहनत क.; **like the ~ looking over Lincoin** बुरी तरह कुढ़ते हुए; **limb of the ~** शैतान का बच्चा; **listen to the ~** शैतान की बात मानना; **little ~** अच्छा बच्चा; **lucky/ poor, etc. ~** बेचारा; **paint the ~ blacker than he is** असलियत के विपरीत घोर विषादमय चित्रण क.; **play the very ~ with sth/ play the ~ and all with sth** किसी चीज का मटियामेट कर देना; **pull ~, pull baker!** शाबाश! शाबाश!; **pull the ~ by the tail** बिना पानी की मछली की तरह तड़फना; **queer ~** विचित्र व्यक्ति; **raise the ~** खलबली या शोर मचाना; **sell one's soul to the ~** दुष्टात्मा को अपनी आत्मा बेच दे., खुद दुष्ट बन जा.; **serve the ~ for God's sake** बगल में छुरी मुंह में राम-राम; **speak/ talk of the ~ and the ~ is here** तुम ने पुकारा और हम चले आए!; **the blue ~s** घोर विषाद या त्रासदी; **the ~ always leave a stink behind** शैतान अपनी छाप छोड़ जाता है; **the ~ among the tailors** आम झगड़ा; **the ~ and all** उथलपुथल, भयंकर अस्त-व्यस्तता; **the ~ and all to pay** सभी भयंकर परिणाम; **the ~ can quote scriptures for his purpose** अपना उल्लू सीधा करने के लिए शैतान भी धार्मिक प्रवचन सुना सकता है; **the ~ is dead** हमें अब किसी का डर नहीं; **the ~ is good to his on** अंधा बांटे रेवड़ी मुड़-मुड़ अपने को; **the ~ is good when he is pleased** नींद में सभी अच्छे लगते हैं; **the ~ knows many things because he is old** अनुभव महान शिक्षक हैं; **the ~ is not so black as he is painted** दुनिया इतनी बुरी भी नहीं; **the ~ not always at one door** शैतान सभी को तंग करता है- क्या अमीर और क्या गरीब?; **the ~ of it** सर्वाधिक खराब बात, सबसे दर्दनाक बात यह है कि...; **the ~ looks after his own** बुरे का अक्सर भला हो जाता है; **the ~ makes work for idle hands** खाली दिमाग शैतान का घर; **the ~ take it** भाड़ में जाए!; **the ~ of avarice** भयंकर लालची या लोभी; **the ~'s dozen** तेरह की संख्या; **the ~'s dust** भेड़ आदि की उतारी हुई ऊन; **the ~ rebuking sins** पापी द्वारा पाप न करने का उपदेश दिया जा.; **the ~ rides on a fiddlestick** थोथा चना बाजे घना; **the ~ sick would be a monk** दुःख में सुमिरन सब करें, सुख में करे न कोय; **the ~ take the hindmost** हर कोई अपने लिए होता है, पहले आप फिर दूजा; **the ~ to pay** किसी काम के कारण भयंकर मुसीबत में फंसना; **the very ~ of a life** नारकीय जीवन; **what the ~ ...!** क्या बदतमीजी है!; **whip/ beat the ~ round the stump** *US* कठिनाइयों के बावजूद अपना काम निकालकर दम ले.; **when the ~ is dead, he never lacks a chief mourner be** शैतान के मरने पर भी रहनेवाला मिल जाएगा; **when the ~ was sick, the ~ a monk would be** नौ सौ चूहे खाकर बिल्ली हज को चली; **whip the ~ round the post** मुसीबत से किसी तरह छुटकारा पाना; **without much ~** ढीले-ढाले तरीके से, बेजान की तरह, बुझा-बुझा-सा; **with the ~ at one's heels** मानो उसके पीछे भूत लग गए हैं

devilled /*US* **deviled**/ डेवल्ड/ *adj.* मसालेदार गाढ़े तरल में पकाया हुआ·

devious /डीविअस/ *adj.* 1 (*syn.* deceitful) कुटिल, कपटपूर्ण, धूर्त: ~ person 2 टेढ़ा-मेढ़ा, चक्करदार: came by a ~ route; ~ paths 3 भ्रामक, भ्रांत: be ~ 4 असंबद्ध, असंगत;

***dw/lw:* ~ly** /~लि/ *adv.* अनुचित ढंग से, घुमाव-फिराव से; **~ness** /~नेस/ *n.* कुटिलता, कपट, धूर्तता, टेढ़ा-मेढ़ापन

devi\se /डिवाइज/ *v., pt.* **~sed**, *pp* **~sing** 1 ढांचा या रूपरेखा बनाना 2 आविष्कार क. 3 (*syn.* think up) सोचना, योजना बनाना: **~se** a plan of attack 4 तिकड़म रचना, युक्ति निकालना 5 वसीयत द्वारा दे., उत्तरदान क.;

n. 1 *law* उत्तरदान, वसीयत में दी जाने वाली संपत्ति आदि 2 वसीयत-संबंधी धारा 3 योजना, कार्यक्रम;

***dw/lw:* ~see** /~जी/ *n.* उत्तर-दान ग्राही, वसीयत में संपत्ति पाने वाला; **~ser** /~जः/ आविष्कारक, अभिकल्पक, जो योजना बनाता है; **~sor** /~जः/ *n., law* उत्तरदानकर्ता, वसीयत में संपत्ति देने वाला

devitali\zation /डीवाइटलाइजेशन/ *n.* अशक्तीकरण, ओजहीन बनाने की क्रिया;

***dw/lw:* ~ze** /~ज/ *v., pt.* ~zed, *pp* ~zing निर्जीव या अशक्त क., ओजहीन, बेजान या बेदम क.

devocalize /डीवोकलाइज/ *v., pt.* **~ed**, *pp* **~ing** अघोष (खोखली ध्वनियुक्त) बनाना

devoid /डिवॉइड/ *adj.* 1 पूर्णतः खाली: ~ of merit; ~ of sense of humour; ~ of malice (विद्वेष-मुक्त) 2 वंचित, महरूम: ~ of sth; ~ of friendship

devoirs /डअवॉःज/ *n.* शिष्टाचार, आदर-सत्कार, सम्मान: pay one's ~ to sb;

***p&i:* do one's ~** नाम के लिए हाजिरी दे.

devolu\te /डीवअलूट/ *v., pt.* **~ted**, *pp* **~ting** सौंपना;

***n.**, psychol.* प्रतीप विकास;

devolution /डीवअलूशन/ *n.* 1 सत्ता का विकेंद्रीकरण: ~tion of authority 2 उत्तराधिकार में अंतरण: ~tion of the crown 3 मृत्यु आदि के बाद संपत्ति का उत्तराधिकारी को अंतरण 4 हस्तांतरण 5 सुपुर्दगी;

***dw/lw:* ~ary** /~लूशनरि/ *adj.* सत्ता के विकेंद्रीकरण संबंधी

devol\ve /डिवौल्व/ *US* डिवाःल्व/ *v., pt.* **~ved**, *pp* **~ving** 1 को मिलना, के जिम्मे पड़ना: too much work **~ved** upon him 2 न्यागमित हो., उत्तराधिकार में मिलना: on his death, the estate will **~ved** on his nephew 3 (*usually* **~ve to/ on/ upon sb**) सत्ता, कार्य आदि किसी को सौंपना, सुपुर्द क., अधिकार या काम किसी को सौंपना: **~ve** sth to sb/ sth 4 प्रदान क.: **~ve** knowledge to sb;

***dw/lw:* ~ved** /~ल्वड/ *adj.* (सत्ता, कार्य आदि किसी को) सौंपा हुआ

dévot /डेवो/ *adj., Fr.* कट्टर धार्मिक

devo\te /डिवोट/ *v., pt.* **~ted**, *pp* **~ting** 1 को अर्पित क. या सौंपना 2 दे दे. 3 लगा दे.: **~te** the city to flames; **~te** one's time to writing letters 4 समर्पित क.: **~te** one's life to art;

***dw/lw:* ~ted** /~टिड/ *adj.* 1 (*usually* ~ted to sb) समर्पित, निष्ठावान, प्रेम भाव से परिपूर्ण: a ~ted son 2 (*usually* ~ted to sth) किसी कार्य आदि के प्रति पूर्णतः समर्पित, निष्ठावान: ~ted to sports; **~tedly** /~टिडलि/ *adv.* निष्ठापूर्वक, प्रेमपूर्वक; **~tee** /डेवटी/ *n., pl.* ~tees 1 भक्त, श्रद्धालु, निष्ठावान व्यक्ति 2 प्रेमी: ~tee of cricket (क्रिकेट प्रेमी); **devo\tion** /~शन/ *n.* 1 (*syn.* dedication) प्रगाढ़ श्रद्धा या निष्ठा 2 (~tions) भक्ति, पूजा, उपासना: book of ~tions 3 गहन अनुराग, भारी लगन: ~tion to the cause 4 बड़ा शौक: ~tion to cricket; **~tional** /~शनल/ *adj.* 1 श्रद्धापूर्वक किया जाने वाला, भक्तिमय, भक्तिपूर्ण 2 धार्मिक

devour /डिवाउअः/ *v., pt.* **~ed**, *pp* **~ing** 1 (*syn.* gobble up) जल्दी-जल्दी निगलना, चट क.: ~ one's prey; ~ one's dinner 2 खुशी-खुशी जल्दी से पढ़ जा.: ~ a novel 3 (*syn.* engulf) पूर्णतः छा जा., घेर ले. निगल लेना: fire **~ed** the house; ~ sb with one's eyes; **~ed** by anxiety 4 उत्सुकता से ग्रहण क. 5 (*usually* **be ~ed**) के तले दब जा., द्वारा ग्रस्त किया जा.: be **~ed** by guilt (अपराध भावना से ग्रस्त हो.);

***dw/lw:* ~er** /~अरः/ *n.* भक्षक, खाऊ, निगलने वाला; **~ingly**

/~अरिंगलि/ *adv.* लालच के साथ: gaze ~ingly at sb; **~ment** /~रमंट/ *n.* 1 भक्षण 2 निगलने की क्रिया 3 विनाश;
p&i: **be ~ed by** से ग्रस्त हो., के द्वारा निगल लिया जाना

devout /डिवाउट\/ *adj.* 1 धर्मपरायण, श्रद्धालु, निष्ठावान 2 हार्दिक, सच्चा;
dw/lw: **~ly** /~लि/ *adv.* 1 श्रद्धापूर्वक 2 निष्ठापूर्वक 3 हार्दिकतापूर्वक; **~ness** /~नेस/ *n.* 1 श्रद्धा, भक्ति, धर्मपरायणता 2 निष्ठा

dew /ड्यू\/ *US* डू\/ *n.* ओस, शबनम: wet with ~;
v., pt. **~ed**, *pp* **~ing** 1 सिंचाई क. 2 छींटे डालना 3 गीला क.;
dw/lw: **~-bow** /~-बो/ *n.* ओस-इंद्रधनुष; **~-claw** /~-क्लॉ/ *n.* बिजन खुरी; **~-drop** /~-ड्रौप/ *n.* ओस की बूंद, ओसकण; **~-fall** /~-फॉल *n.* ओस गिरने की क्रिया; **~lap** /~लैप/ *n.* गलकंबल, दोहरी ठोडी; **~-point** /~-पुऑइंट/ *n.* ओसांक; **~-pond** *n.* ओस-ताल, शिशिर-ताल; **~-worm** /~-वॉःम/ *n.* बरसाती केंचुआ; **dew\y** /~वि/ *adj., adv., degr.* ~ier, ~iest ओसीला: ~y eyes (नम आंखें); ~y **morning**; ~y sleep/ slumber (ताजगीदायक नींद); **~y-eyed** /ड्यूई-आइड/ *adj.* 1 (**syn.** sentimental) जिसकी आंखें नम हों, रुआंसा 2 *often ironic* अनाड़ी, भावुक, कानों का कच्चा;
collocations: **mountain** ~ व्हिस्की;
p&i: **the ~ of youth** *poet.* जवानी की ताजगी; **the ~ sleep** ताजगीदायक नींद की झपकी

dewan /दिवान/ *n.* दीवान

Dewar flask/ dewar flask/ dewar *phys.* थर्मस बोतल

dewater /डीवाटः/ *v., pt.* **~ed**, *pp* **~ing** पानी निकालना, निर्जल क.

Dewey decimal system/ classification (*also* **decimal classification**) अंतर्राष्ट्रीय पुस्तकालयीय वर्गीकरण प्रणाली

dewitt /डिविट/ *v., pt.* **~ed**, *pp* **~ing** (**syn.** lynch) पीटना, मारना

dexiotropic /डेक्सिऑट्रौपिक/ *adj., heraldry* दक्षिणावर्ती

dexter /डेक्स\टः/ *adj.* दाईं तरफ का, दाहिना, दक्षिण;
dw/lw: **~ity** /~टेरिटि/ (*also see blow* **~ousness/ dextrousness**) *n.* 1 दक्षता, हुनर, कौशल: ~ity in argument; mental/ verbal ~ity 2 हाजिरजवाबी; **dexter\ous/ dextrous** /~टरस/ *adj.* 1 दक्ष, प्रवीण, कुशल; **~ously, dextrously** /~टरसलि/ *adv.* 1 दक्षतापूर्वक, दक्षता से 2 चालाकी से; **~ousness/ dextrousness** /~टरसनेस/ *n.* दक्षता, हुनर, कौशल; **~wise** *adv.* दक्षिण की ओर

dextral /डेक्स्ट्र\ल/ *adj.* 1 दायीं तरफ का 2 सीधे हाथ से काम करने वाला (*Hr.* सज्जू ≠ खब्बू) 3 दक्षिणावर्ती;
dw/lw: **~ly** /~लि/ *adv.* सीधे हाथ से, दायीं ओर: rotate ~ly; **~ity** /~लिटि/ *n.* असंतुलन, असम्मति

dextro- /डेक्सट्रो\/ *comb. form, signifying:* **towards right** (दायीं ओर);
dw/lw: **~gyrate** /~जाइरेट/ *adj.* दक्षिण घूर्णी, दाहिनी ओर मोड़ने वाला; **~rotatory** /~रोटअटरि/ *adj.* दायीं (दक्षिण की) ओर घूमने वाला; **~rotation** /~रोटेशन/ *n.* दक्षिण ध्रुवण-घर्णन

dext\rose /डेक्स्ट्रोस/ डेक्स्ट्रोज/ *n.* अंगूर की शक्कर, द्राक्षा-शर्करा; ***adj.*** 1 घड़ी की उल्टी दिशा में घूमते हुए बना सर्पिल या कुंडलित 2 दक्षिणावर्ती;

dextrous *see above under* **dexter:** ***dw/lw***

DF *abbr.* 'Democratic Front', 'duty free' की प्रथमाक्षरी

DFB *abbr.* 'Deutsch (German) Football Federation' की प्रथमाक्षरी

DFC *abbr.* 'Delhi Finance Commission', 'Delhi Finance Corporation', 'Delhi Flying Club', 'Distinguished Flying Cross' की प्रथमाक्षरी

DFD *abbr.* 'Diploma in Fashion Designing' की प्रथमाक्षरी

DFDR *abbr.* 'Digital Flight Data Recorder' की प्रथमाक्षरी

DfES *abbr., Br.* 'Department for Education and Skills' की प्रथमाक्षरी

DFF *abbr.* 'Directorate of Film Festivals' की प्रथमाक्षरी

DFFI *abbr.* 'Directorate for Financial Frauds and Investigation' की प्रथमाक्षरी

DFHI *abbr.* 'Discount & Finance House of India' की प्रथमाक्षरी

DFI *abbr.* 'development financial institution', 'Digital Future Investments (Netherlands)', 'domestic financial institutions' की प्रथमाक्षरी

DFID *abbr., UK* 'Department for International Development' की प्रथमाक्षरी

DFIs *abbr.* 'developmental financial institutions' की प्रथमाक्षरी

DFLP *abbr.* 'Democratic Front for the Liberation of Palestine' की प्रथमाक्षरी

DFLR *abbr.* 'Democratic Forces for the Liberation of Rwanda' की प्रथमाक्षरी

DFM *abbr.* 'design for manufacturing', 'Distinguished Flying Medal' की प्रथमाक्षरी

DFO *abbr.* 'District Forest Officer', 'Divisional Forest Officer' की प्रथमाक्षरी

DFP *abbr.* 'Democratic Freedom Party', 'Directorate of Field Publicity (Srinagar)' की प्रथमाक्षरी

DFS *abbr.* 'Delhi Fire Service', 'Directorate of Flight Safety' की प्रथमाक्षरी

DFT *abbr.* 'Design-for-Test' की प्रथमाक्षरी

DG *abbr.* **'Dei gratia'** (*Lat.*) by the grace of God भगवान की मर्जी, इंशा अल्लाह

DG *abbr.* 'Director General' की प्रथमाक्षरी

dg *abbr.* 'decigram/ decigrams' का संक्षेप, डेसिग्राम

DGA *abbr.* 'Delhi Gymnastics Association' की प्रथमाक्षरी

DGAD *abbr.* 'Directorate General of Anti-Dumping and Allied Duties' की प्रथमाक्षरी

DGAFMS *abbr.* 'Director General Armed Forces Medical Services' की प्रथमाक्षरी

DGCA *abbr.* 'Director General of Civil Aviation' की प्रथमाक्षरी

DGCEI *abbr.* 'Directorate-General of Central Excise Intelligence' की प्रथमाक्षरी

DGCI&S *abbr.* 'Directorate-General of Commercial Intelligence and Statistics' की प्रथमाक्षरी

DGDE *abbr.* 'Director General of Defence Estates' की प्रथमाक्षरी

DGE *abbr.* 'Directorate General of Employment' की प्रथमाक्षरी

DGET *abbr.* 'Directorate General of Employment & Training' की प्रथमाक्षरी

DGFT *abbr.* 'Director General of Foreign Trade' की प्रथमाक्षरी

DGHS *abbr.* 'Directorate General of Health Services' की प्रथमाक्षरी

DGI *abbr.* 'Director General of Investigation' की प्रथमाक्षरी

DGIR *abbr.* 'Director General of Investigation and Registration' की प्रथमाक्षरी

DG-ITBP *abbr.* 'Director-General, Indo-Taliban Border Police' की प्रथमाक्षरी

DGM *abbr.* 'deputy general manager' की प्रथमाक्षरी

DGMI *abbr.* 'Directorate-General of Military Intelligence' की प्रथमाक्षरी

DGMO *abbr.* 'Director-General of Military Operations'

की प्रथमाक्षरी

DGMS *abbr.* 'Directorate General of Medical Services', 'Director General of Mines Safety' की प्रथमाक्षरी

DGMT *abbr.* 'Directorate General of Military Training' की प्रथमाक्षरी

DGOS *abbr.* 'Director-General of Ordnance and Supplies' की प्रथमाक्षरी

DGP *abbr.* 'Director-General of Police' की प्रथमाक्षरी

DGPS *abbr.* 'Differential GPS' की प्रथमाक्षरी

DGQA *abbr.* 'Director-General of Quality Assurance' की प्रथमाक्षरी

DGS *abbr.* 'Diploma in General Surgery' की प्रथमाक्षरी

DHCBA *abbr.* 'Delhi High Court Bar Association' की प्रथमाक्षरी

DHDT *abbr.* 'diesel hydrodesulphurisation' की प्रथमाक्षरी

DHDT *abbr.* 'Diesel Hydro-treating Unit' की प्रथमाक्षरी

DHEN *abbr.* 'Diploma in Health Education and Nutrition' की प्रथमाक्षरी

DHF *abbr.* 'dengue haemorrhagic fever' की प्रथमाक्षरी

DHJS *abbr.* 'Delhi Higher Judicial Service' की प्रथमाक्षरी

dhobi itch *n.* उष्ण कटिबंधी अलर्जीजन्य त्वचा रोग

dhow /ढो/ *n.* हिंद महासागर में प्रयुक्त होने वाली छोटे-से जहाज जैसी एक पाल नौका

DHR *abbr.* 'Darjeeling Himalayan Railway' की प्रथमाक्षरी

DHS *abbr.* 'Directorate of Health Services' की प्रथमाक्षरी

DHSS *abbr.* *Brit* 'Department of Health and Social Security' की प्रथामक्षरी

DI *abbr.* 'data interpretation', 'Defence Intelligence', 'despatch instruction', 'Detective Inspector (UK)', 'Director of Information', '*med.* 'donor insemination' की प्रथमाक्षरी

di *prefix.* 'dicotyledon', 'dioxide' का संक्षेप

DIA *abbr.* 'Defence Intelligence Agency (India)' की प्रथमाक्षरी

dia. *abbr.* 'diameter' का संक्षेप

dia- *prefix, denoting:* 1 **through** (के बीच से) 2 **across** (के पार) 3 **during** (के दौरान) 4 **composed of** (से बना हुआ)

diabet\es /डायबीटीज\/ *n., med.* मधुमेह, प्रमेह;
dw/lw: **~alogist** /डायबीटअलॉजिस्ट/ *n.* मधुमेह-चिकित्सक; **~ic** /डायबिटिक/ *adj.* मधुमेह से संबंधित या पीडित; **~ic** *n.* मधुमेह से पीड़ित व्यक्ति, मधुमेह-रोगी
collocations: **~es mellitus** मधुमेह की एक प्रकार; **~es insipidus** /~इंसिपिडस/ *n., med.* अधिक और पतला पेशाब होने की बीमारी;

diablerie/ diablery /डिआब्लआरि/ *n., magic* 1 जादू-टोना 2 (***syn.*** mischief) नटखटता, शरारत 3 पैशाचिकी 4 असुर-विद्या

diabo\lic /डायबौलि\क/ *US* डायबाःलि\क/ *adj.* 1 राक्षसी, पैशाचिक 2 बुरा, दुष्टतापूर्ण 3 निर्मम, क्रूर;
dw/lw: **~lical** /~कल/ *adj.* 1 पैशाचिक, राक्षसी 2 (***syn.*** terrible) दुष्टतापूर्ण, शैतानी 3 निर्मम, क्रूर; **~lically** /~कलि/ *adv.* 1 दुष्टतापूर्वक 2 अत्यधिक: ~lially funny; **~lism** /~ज्म/ *n.* 1 पिशाच-पूजा, पिशाचवाद 2 जादू-टोना, काला जादू 3 दुष्टता, शैतानी, निर्ममता, क्रूरता

DIAC *abbr.* 'Digital Imagery Analysis Centre' (of the MITS, i.e. Military Intelligence Training School)' की प्रथमाक्षरी

diachronic/ ~al /डायक्रौनिक/ ~ल/ (≠ **synchronic/ ~al**) *adj., ling.* भाषा आदि के ऐतिहासिक विकास के अध्ययन से संबंधित

diaconate /डाइऐकअनेट/ *n.* 1 चर्च में डीकन का पद व काल 2 डीकनों का समूह

diacoustic /डायकूस्टि\क/ *adj.* पारध्वनिक;
dw/lw: **~s** /~क्स/ *n.* पारध्वानिकी

diacriti\c/ ~cal /डायक्रिटि\क/ ~कल/ *n.* 1 उच्चारण निर्देशक चिह्न 2 शब्द में अक्षरों के ऊपर, नीचे या बीच में लगे चिह्न जो अक्षर द्वारा द्योतित ध्वनि के किसी विशेष रूप को दर्शाते हैं, जैसे: é, ê, á, â, ç, ö, ó आदि: **~cal** mark (विशेष ध्वनि चिह्न)

diad /डायड/ *n.* द्विक

diadelphous /डायडेल्फस/ *adj.* द्विसंघी

diadem /डायडेम/ *n.* 1 मुकुट या हीरे-जड़ित माथे की पट्टी, किरीट 2 शाही सत्ता का द्योतक मुकुट

diadrom /डायड्रोम/ *n.* 1 स्पंदन 2 मार्ग, पथ

diaeres\is/ dieresis /डायरअसिस/ *n., pl.* **~es** /डायरअसीज/ 1 दो एक साथ आए स्वरों (vowels) का अलग-अलग उच्चारण, e.g., **naïve** 2 स्वर-विच्छेद 3 स्वर-विभाजक या भिन्न उच्चारण सूचक चिह्न: (¨)

diagénesis /डायजेनअसिस/ *n., geol.* परतदार चट्टान में भौतिक व रासायनिक परिवर्तन, प्रसंघनन

diagno\sable /डायग्नो\जअबल/ *adj.* जिस रोग की पहचान (निदान) हो सके;
dw/lw: **diagno\se** /~ज/ *v., pt.* ~sed, *pp* ~sing रोग की पहचान क., निदान क.: ~se small pox; **diagno\sis** /~सिस/ *n., pl.* ~ses /~सीज/ रोग की पहचान, रोग का निदान, निरूपण: make a ~sis; ~sis of character; ~sis of the situation (स्थिति की पहचान या समझ);

diagnostic /डायग्नौस्टि\क/ *US* डायग्नाःस्टि\क/ *adj.* नैदानिक, निदान-सूचक: ~stic skill; ~stic methods/ tests, etc. (रोग की पहचान करने के तरीके/निदान के लिए किए जाने वाले टेस्ट);
dw/lw: **~stician** /~शिअन/ *n.* निदानकर्ता, निदान-चिकित्सक; **~stics** /~क्स/ *n.* निदान-शास्त्र, निदान-विद्या

diagonal /डाइऐगनल/ *adj.* 1 विकर्ण, तिरछा 2 वर्गाकार के ऊपरी किसी कोने से उसके सामने के निचले कोने को छूती हुई (रेखा);
n. तिरछी रेखा

dia\gram /डाय\ग्रैम/ *n.* आरेख, रेखालेख: draw a **~gram**; in/ on a **~gram**;
dw/lw: **~grmatic/ ~gramatical** /डायग्रअमैटिक/ ~ल/ *adj.* आरेख-संबंधी, आरेखीय: ~gramatic/ ~gramatical view; **~gramatically** *adv.* आरेख अनुसार

diagraph /डायग्राफ/ *n.* आरेखित्र

diakinesis /डायकिनीसिस/ *n.* पारगतिक्रम, कोशिकाओं के विभाजन की अंतिम अवस्था जब एक प्रकार के क्रोमोसोम एक दूसरे से बिल्कुल अलग हो जाते हैं

dial /डायल/ *n.* 1 घड़ी का मुंह या डायल 2 रेडियो या टेलीविजन को चालू या बंद करने का डायल: ~ indicator 3 टेलीफोन डायल 4 धूपघड़ी (sun ~) 5 अंकपट्ट, पट्ट 6 चेहरा 7 खान मजदूरों की कॉम्पस (दिक्सूचक): miner's ~;
adj. डायल से संबंधित: ~ tone;
v., *UK pt.* **~led**, *pp* **~ling** *or US pt.* **dialed**, *pp* **dialing**, टेलीफोन नंबर डायल क.: ~ the number;
dw/lw: **~ler/** (*US* **dialer)** *n.* डायल करने वाला; **~-up** /डायल-अप/ *adj.* टेलीफोन से चलने वाले कंप्यूटर सिस्टम व इंटरनेट सेवाएं

dialect /डायले\क्ट/ *n.* 1 *ling.* बोली, उपभाषा: local ~; peasant ~ 2 *comput.* कंप्यूटर की भाषा का एक रूप 3 व्यावसायिक बोली: lawyer's ~;
dw/lw: **~al** /~क्टल/ *adj.* बोली-संबंधी, बोलीगत, वैभाषिक; **~ally** /~क्टलि/ *adv.* बोली के अनुसार; **~ician** /~क्टिशिअन/ *n.* बोली विशेषज्ञ; **~ology** /~क्टौलजि/ *n.* बोली-विज्ञान

dialectic /डायलेक्टि\क/ *n., philos.* 1 तर्क-वितर्क के माध्यम से सच्चाई स्थापित करने की कला 2 (**~s**) दो परस्पर विरोधी सिद्धांतों के बीच टकराव का समाधान निकालने के लिए बहस, तर्क विद्या, द्वंद्ववाद, द्वंद्वात्मक सिद्धांत 3 खंडन-मंडन, द्वंद्व न्याय;

dw/lw: **dialectic/ ~al** /~कल/ *adj.* 1 द्वंद्वात्मक 2 तर्कगत 3 खंडन-मंडनात्मक; ***collocations:*** **~al materialism** द्वंद्वात्मक भौतिकवाद, मार्क्सवादी सिद्धांत का मुख्य अंग, जिसके अनुसार जैसे पूंजीवादी समाज में शोषकों और शोषितों के बीच सदा टकराव रहेगा और उसको खत्म करने के लिए संघर्ष जारी रहेगा, वैसे ही अन्य समाजों में भी नए-नए विरोधाभास पैदा होते रहेंगे और उनका समाधान निकालने के लिए संघर्ष सतत जारी रहेगा
dialectics/डायलेक्टिक्स/ *n.* द्वंद्वात्मक भौतिकवाद का सिद्धांत
dialectology /डायलेक्टौलजि/ *US* डायलेक्टाःलजि/ *n.* बोलियों (dialects) का अध्ययन विज्ञान
diallage /डायलेज/ *n.* समुच्चयालंकार, युक्ति-माला
dialler/*US* **dialer** /डायलः/ *n., comput.* एक कंप्यूटर प्रोग्राम या यंत्र जो स्वतः टेलीफोन नंबर मिलाता है
dialling/ dialing code *n.* देश, क्षेत्र या नगर का कोड जो क्षेत्र विशेष के बाहर से टेलीफोन करते समय टेलीफोन नंबर के आरंभ में जुड़ जाता है;
collocations: **~ tone** (*also N. Amer.* **dial tone**) टेलीफोन का नंबर घुमाने पर प्रापक टेलीफोन में बजने वाली घंटी
dialogue/ *US* **dialog** /डायलोग/ *n.* 1 संवाद: spirited ~ 2 बातचीत वार्तालाप, विचार-विनिमय 3 सम्भाषण;
v., pt. **~d/ dialoged**, *pp* **dialoguing/ dialoging** 1 बातचीत क. 2 संवाद के रूप में अभिव्यक्त क.;
collocations: **~ box** *comput.* कंप्यूटर के स्क्रीन पर बना छोटा-सा बॉक्स जिसमें प्रयोग करने के लिए आवश्यक पथ-प्रदर्शक आदेश रहते हैं
dialy\sis /डाइऐलअसिस/ (*also* **haemo~sis** /हीमोडाइऐलअसिस/) *n., pl.* **~ses** /डायैलिसीज/ रक्तशोधन, डायलसिस: kidney **~sis**/ renal **~sis**; a **~sis** machine
dialy\ze/ dialyse (*mainly N. Amer.*) /डायलाइज/ *v., pt.* **~zed**, *pp* **~zing** 1 डायलसिस के माध्यम से कुछ अलग क. 2 गुर्दा यंत्र (kidney machine) से शरीर के रक्त का शोधन क.;
dw/lw: **~ser** /डायलाइजः/ *n.* 1 कृत्रिम गुर्दा 2 रक्त साफ करने हेतु गुर्दे की जगह काम करने वाला उपकरण (kidney machine)
diam *abbr.* 'diameter' का संक्षेप
diameter /डायैमीटः/ *n., geom.* व्यास;
dw/lw: **~ic/ ~ical** /डायैमेट्रिक/ ~ल/ *adj.* 1 व्यास से संबंधित 2 एक-दूसरे से बिल्कुल भिन्न, परस्पर विरोधी: ~cal opposite
diamond /डायमं\ड/ *n., pl.* **~s** 1 हीरा, हीरक: embedded with **~s** (रत्नजड़ित) 2 समचतुर्भुज, समान लंबाई की चार सीधी लाइनें जो मिलकर दो बड़े व दो छोटे कोण बनाते हैं 3 बेसबाल मैदान 4 (**~s**) ताश के खेल में ईंट के पत्ते;
adj. 1 हीरे जैसा 2 हीरे से बना या हीरक-जड़ित 3 समचतुर्भुजीय;
dw/lw: **~back** *n.* (*also* **~back terrapin/ ~back turtle)** *US* हीरे के आकार के धब्बोंवाला खड़खड़ाहट करने वाला जहरीला सांप; **~dust** *n.* हीरक-चूर्ण; **~ed** हीरक-जड़ित; **~iferous** /~डिफ़अरस/ *adj.* हीरक-प्रज;
collocations: **~ bird** आस्ट्रेलियायी कीट-भक्षक पक्षी; **~ dove** पिंजरे में रखी जाने वाली पंखों पर हीरे जैसे धब्बोंवाली चितरेखा या फाख्ता; **~ jubilee/ annivesary** हीरक-जयंती, साठवीं वर्षगांठ; **~ ring** रत्नजड़ित अंगूठी; **~ snake** *US see above under* **diamond:** *dw/lw:* **~back**; **~ wedding** विवाह की हीरक जयंती;
p&i: **~ cuts ~** लोहे को लोहा काटता है; **~ in the rough** = **rough ~** अनगढ़ हीरा;
a ~ of first wáter लाजवाब चीज; **black ~s** कोयले
diamorphine /डायमॉःफीन/ *n., techn.* अफीम, हेरोइन
Diana /डायना/ *n.* चद्रदेवी, डायना, आखेटिका
diandrous /डायंडरस/ *adj.* 1 द्विपतिका, दो पतियोंवाली 2 द्विपुंमगी
diandry /डायंड्री/ *n.* द्विपति (दो पति) प्रथा, द्विपुंकेसरता
dianodal /डायनॉडल/ *adj.* पारनोडी (गणित में)
diapason /डायपेजन/ *n., music.* 1 स्वरग्राम 2 स्वरमानक 3 स्वरलहरी 4 पहुंच
diaper /डायपः/ *US* (*UK* **nappy**) *n.* पोतड़ा, शिशु रूमाली, फुलकारी
diapha\ne /डाय\फेन/ *n.* 1 पारदर्शी पिंड 2 पारदर्शी रेशमी कपड़ा;
dw/lw: **~neity** /~फनेइटि/ *n.* पारदर्शिता; **~nous** /डायफेनस/ *adj.* हल्का, महीन और पारदर्शक, पारदर्शी, झीना
diaphore\sis /डायफोरीसिस/ *n. med.* स्वेदलता, स्वेदन, पसीना आने की क्रिया;
dw/lw: **~tic** /डायफरेटिक/ *adj.* पसीना लाने वाला
diaphragm /डायफ्रैम/ *n., anat.* मध्यपट, आंख में पारभासक चक्रिका
diar\chical /डायर्किकल/ *adj.* द्वितंत्रीय;
dw/lw: **~chy** /डायाःकि/ *n., pl.* ~chies दुहरा शासन-प्रबंध, द्वैध-शासन, द्वितंत्रीय शासन
diarist /डायरिस्ट/ *n.* डायरी-लेखक
diarrhoea *UK* (*US* **diarrhoea**) /डायरिआ/ *n.* अतिसार, दस्त की बीमारी, पेचिश: ~ of words (अति बातूनीपन)
diar\y /डायरी/ *n., pl.* **~ies** 1 डायरी, दैनिकी 2 दैनंदिनी
diaspora /डायैस्पअरा/ (**the Diaspora**) *n.* 1 छटी सदी ईसवीपूर्व में यहूदियों के बेबिलोन में निर्वासन के बाद उनके भिन्न-भिन्न देशों में फैल जाने की क्रिया 2 भिन्न-भिन्न देशों में यहूदियों की नई बस्तियां या जन-समूह 3 आधुनिक इजराइल से बाहर रहने वाले यहूदियों का समाज 4 (*also* **diaspora**) किसी भी राष्ट्र या संस्कृति के भिन्न-भिन्न देशों में फैले जन-समूह: Indian ~ in America
DIAS *abbr.* 'direct internet access system' की प्रथमाक्षरी
diastole /डायैस्टअलि/ *n., med.* 1 प्रसारण 2 अनुशिथिलन 3 (prosody) शब्दांश (syllable) का दीर्घीकरण
diathermancy /डायथःमंसि/ *n.* ऊष्मा-पार्यता
diatherm\ic /डायथैःमिक/ (*also* **~ous**) *adj.* ऊष्मा-पार्य: **~ic** heating;
dw/lw: **~y** /डायथःमि/ *n.* शरीर के किसी अंग में से विद्युतधारा की ऊष्मा पार करके इलाज करने की क्रिया, ऊष्मा-पार्यता
diathe\sis /डायैथिसिस/ *n.* शरीर की प्रवृत्ति (अंगों की फड़कन आदि) जो व्यक्ति को बीमारियों के प्रति पहले से तैयार कर देती है;
dw/lw: **~tic** /डायैथिटिक/ *adj.* शरीर की प्रवृत्ति से संबंधित
diatomic /डायटॉमिक/ *adj., chem.* द्विपरमाणुक
diatonic /डायटॉनिक/*adj., music* संगीत स्वरों से संबंधित, सप्तक, अंतर्तान: ~ scale
diatribe /डायट्राइब/ *n.* घोर निंदा, प्रचंड निंदा भाषण, कटु आलोचना
diastro\phe /डायस्ट्रोफि/ *n.* पटल-विरूपण;
dw/lw: **~phic** /डायस्ट्रोफिक/ *adj.* पटल-विरूपणी
diatrophism /डायट्रोफिज्म/ *n.* अनुलंबानुवर्तन
DIB *abbr.* 'Director of Intelligence Bureau' की प्रथमाक्षरी
dibasic /डायबेसिक/ *adj.* द्विक्षारक
dibber/ dibble /डिबः/ डिबल/ *n.* खुरपी, खुरपा, सब्बल, चोभ;
v., pt. **~ed**, *pp* **~ing** 1 चोभ से पौधे लगाना 2 चोभ से जमीन में छेद बनाना
dibs /डिब्ज/ *n., [pl.]* 1 किसी चीज को पाने का अधिकार 2 *sl.* थोड़ी मात्रा में पैसा
dic *abbr.* 'digital integrated circuit' की प्रथमाक्षरी
DIC *abbr.* '(Basic) Diploma in Computers', 'Dubai Internet City' की प्रथमाक्षरी
dice /डाइस/ *n.* पासा खेलने की छः-फलकी वर्गाकार गोटी, छक्का, पासे का खेल, पासा, पांसा;
v., pt. **~d**, *pp* **dicing** 1 पासा खेलना, चौसर खलना 2 पासे का खेल में जुआ खेलना: ~ away all one's money 3 मांस आदि को छोटे-छोटे टुकड़ों में काटना;
dw/lw: **~box** *n.* पासा फेंकने की डिबिया; **~ed** *adj.* चार-खानेदार; **~play** *n.* चौसर. पांसे का खेल;
p&i: **~ away** पासे के खेल में हारना; **~ with death** भारी

जोखिम उठाना; **no** ~ *colloq.* नकारात्मक उत्तर या असफल प्रयास;
load the ~ against sb किसी की पीठ में छुरा घोंपना; **throw the** ~ पहली चाल चलना;
dicey /डाइसी/ *adj., degr.* **dicier, diciest** *colloq.* 1 (***syn.*** risky) खतरनाक, जोखिम-भरा 2 अविश्वसनीय, जो भरोसेमंद न हो
DICGCI *abbr.* 'Deposit Insurance and Credit Guarantee Corporation of India' की प्रथमाक्षरी
dichogam\y /डिकॉगमि/ डाइकॉगमि/ *n., pl.* **~ies** 1 भिन्न काल पक्वता (पुष्प के पुंकेसर व स्त्रीकेसर का भिन्न समयों पर परिपक्व होने की क्रिया) 2 पृथक-पक्वता, अलग-अलग समय में पकाव;
dichoto\mic /डाइकौटअ\मिक/ *US* डायकाःटअ\मिक/ *adj.* द्विभाजी, दोफाड़ी;
dw/lw: **~mous** /~मस/ *adj.* द्विभाजी, दोफाड़ी; **~mise** /~माइज/ *v., pt.* ~mised, *pp* ~mising द्विभाजित या दोफाड़ क.
dichoto\my /डायकौटअ\मि/ *US* डायकाःटअ\मि/ *n., pl.* **~mies** 1 द्विविभाजन, दोफाड़ 2 दो पक्षों के बीच पूरी विपरीतता;
dw/lw: **~mous** /~मस/ *n.* दो फाड़ों में बंटा, द्विभाजित
dichroma\tic /डायक्रोमैटि\क/ *adj.* 1 द्विवर्णिक, दो रंगों वाला/ वाली (पशु) 2 केवल दो रंग (नीला, पीला) देख सकने वाला;
dw/lw: **~ism** /~ज्म/ *n.* (***syn.*** semi-daltonism) मात्र दो रंग (नीला, पीला) देखने की क्षमता, अर्ध-वर्णांधता
dick /डिक/ *n.,* 1 *coarse sl.* पुरुष लिंग 2 जासूस, भेदिया;
dw/lw: **~head** *n., coarse sl.* 1 मूर्ख आदमी 2 बुद्धू;
p&i: **clever Dick** बहुत समझदार
dickens /डिकिन्ज/ *n., colloq.* (*usually* **the dickens**) शैतान, किसी बात पर बल देने के लिए प्रयुक्त: what the ~ are you doing?
Dickensian /डिकेन्जिअन/ *adj.* चार्ल्स डिकन्ज (1812-1870) के उपन्यासों में चित्रित गरीबों के दयनीय जीवन से मिलता-जुलता
dicker /डिकः/ *v., pt.* **~ed**, *pp* **~ing** मोल-तोल क., मोल-भाव क., सौदेबाजी क.;
n. 1 सौदेबाजी 2 वस्तु-विनिमय, अदला-बदली व्यापार 3 सौदा
dicke\y/ dick\y /डिकी/ *n., pl.* **~s/ dickies** 1 कमीज के सामने का नकली भाग, मसनुई गरेबान 2 (*also* **~y bow**) टाई (tie), बो (bow) 3 डिक्की, कार के पीछे सामानागार 4 पक्षी, पंछी, चिड़िया;
adj., *degr.* **~ier, ~iest** *colloq.* 1 कमजोर, दुर्बल: **~y** on his pins (इतना कमजोर कि फूक मारो तो गिर पड़े) 2 खराब, बेकार: **~y** concern (घिनौना धंधा या काम);
dw/lw: **~y-bird** *n.* बच्चों द्वारा पक्षी के लिए प्रयुक्त शब्द;
p&i: **not a dicky-bird** एक शब्द भी नहीं कहना (या बोलना)!
dict. *abbr.* 'dictation', 'dictator', 'dictionary' का संक्षेप
dicta *see below under* **dictum**
dictaphone /डिक्टअफोन/ *n., trademark.* श्रुतलेख-यंत्र, डिक्टाफोन
dicta\te /डिक्टे\ट/ *v., pt.* **~ted**, *pp* **~ting** 1 बोलकर लिखवाना, श्रुतलेख लिखवाना: **~te** to a stenographer 2 निर्णय करवाना: refuse to be **~ted** 3 अपनी बात मनवाना: **~te** terms 4 आदेश दे., हुक्म चलाना: **~te** to sb 5 की मांग हो. या से प्रेरित हो.: **~ted** by common sense;
n. (*usually* **~tes**) /~टस/ *n.* 1 आदेश, हुक्म: follow the **~tes** of one's heart 2 निर्देश: at sb's **~tes** 3 मांग: **~tes** of taste; **~tes** of reason; ***dw/lw:*** **~tion** /~शन/ *n.* 1 बोलकर करवाई गई लिखाई, श्रुत लेख: write from ~tion 2 अध्यापक आदि द्वारा बोलकर करवाई जाने वाली लिखावट या लिखाई, इमला: take ~tion; yield to the ~tion
dicta\tor /डिक्टे\टः/ *n.* 1 तानाशाह, निरंकुश शासक, अधिनायक 2 तानाशाही तरीके अपनाने वाला व्यक्ति;
dw/lw: **~torial** /डिक्टअटॉरिअल/ *adj.* 1 तानाशाही, निरंकुश 2 तानाशाही तरीके अपनाने वाला: ~torial tone/ manner; **~torship** /~टःशिप/ *n.* तानाशाही, अधिनायकवाद: under Hitler's ~ship
diction /डिक्शन/ *n.* 1 बोलने की शैली 2 शब्द-चयन, शब्द-प्रयोग, शब्द-योजना: the poetic ~ 3 शब्दावली: the ~ of poetry
dictiona\ry /डिक्शनरि/ *n., pl.* **~ries** 1 शब्दकोश: walking/ living **~ry** 2 *comput.* कंप्यूटर में वर्तनी (spelling) और व्याकरणीय प्रयोग को परखनेवाली शब्दावली या शब्दकोश 3 अक्षर-क्रम में दी जाने वाली सूचनाएं;
p&i: **have swallowed a ~ry** चतुर शब्दों की झड़ी लगाना
dictograph /डिक्टअग्राःफ/ डिक्टअग्रैफ/ *n.* ध्वनिग्राहक
dictum /डिक्टम/ *n., pl.* **~s/ dicta** 1 उक्ति, कहावत, नीतिवचन 2 अभ्युक्ति 3 आधिकारिक या औपचारिक कथन या मत
dicyclic /डिसाइक्लिक/ *adj.* द्विचक्रीय
DID *abbr.* 'Diploma in Interior Designing', 'Direct Inward Dialing' की प्रथमाक्षरी
did /डिड/क्रिया **'do'** का भूतकाल
didactic /डाइडैक्टि\क/ (*also* **didactive**) *adj.* 1 शिक्षाप्रद, नीतिपरक, उपदेशात्मक: ~ literature 2 उपदेश देने में अतिशय उत्सुक, उपदेशवादी;
dw/lw: **~ism** /~सिज्म/ *n.* उपदेशात्मकता, उपदेशवादिता; **~s** /~क्स/ *n., [sing.]* शिक्षा देने या पढ़ाने का हुनर या कला; **~ally** /~कलि/ *adv.* उपदेशात्मक ढंग से
didactyl /डाइडैक्टिल/ (*also* **~ous**) *adj.* 1 द्विअंगुलीय, द्विअंगुलिक, दो उंगलियों वाला 2 दो उंगलियों के साथ
didd\le /डिड\ल/ *v., pt.* **~led**, *pp* **~ling** (*usually* **~le about/ around**) 1 समय नष्ट क., वक्त बर्बाद क.: **~le** away one's time 2 (***syn.*** cheat) फुसलाना, ठगना, धोखा दे., झांसा दे.: **~le** sb out of his money;
dw/lw: **~le-daddle** *n.* बकवास; **~ler** *n., colloq.* ठग, धोखेबाज;
diddly /डिडलि/ (*also* **~-squat**) *n.* कुछ भी: she doesn't know ~ about it
didd\y /डिड्इ/ *adj., degr.* **~ier, ~iest**, *colloq.* छोटा, लघु: a **~y** little mobile
didgeridoo /डिजरिडू/ *n., pl.* **~s** *music.* बांस से बना बांसुरी जैसा एक आस्ट्रेलियायी वाद्य
didicoy/ diddicoy/ didicoi /डिडिकॉइ/ *n., pl.* **~s** 1 घुमंतू कबाड़ी 2 नकली रोमा या बंजारा
didn't /डिडंट/ *contraction of/short for* **'did not'** का छोटा रूप
dido /डाइडो/ *n., pl.* **~es/ ~s** *colloq., esp. US* 1 मसखरी, मखौल 2 उछल-फांद, शरारत: cut (up) **~es** (शरारत क., बेहूदी हरकतें क.);
p&i: **cut up ~es** फिजूलखर्ची क., पैसा बहाना, बेवकूफियां क.
didst /डिडस्ट/ ~torial **'do'** के भूतकाल का पुराना रूप
didymous /डिडिमस/ *adj., bot.* 1 युग्मित, जुड़वां, जोड़ों में उगने वाला 2 दो भागों से बना
die /डाइ/ *v., pt.* **~d**, *pp* **dying**, *s/he/it* **~s** 1 मरना, प्राण निकलना: ~ of hunger/cancer; ~ from wounds; ~ in the battle 2 बेदम या अशक्त हो. 3 अस्तित्व में न रहना 4 बुझ जा. 5 समाप्त हो., लुप्त हो. 6 शांत या मंद हो. 7 अचानक (इंजन आदि द्वारा) काम करना बंद कर दे. 8 (*usually* ~ **of sth**) के तले पूर्णतया दब जा. (के प्रभाव में डूब जा.): ~ of laughter;
n. 1 (*pl.* **dies**) ठप्पा, सांचा, डाई, चकोर टुकड़ा 2 (*pl.* **dice**) पासा, पांसा, दांव: ~ game 3 अक्ष;
dw/lw: **~-away** *adj.* 1 जेल आदि में पीड़ित होते रहना 2 धीरे-धीरे मद्धम पड़कर लुप्त हो जा.; **~back** *n., bot.* बीमारी या पानी आदि के अभाव के कारण पेड़-पौधों की पहले बड़ी टहनियों के सूखने के बाद छोटी-छोटी कोंपलों आदि का मुर्झाना; **~cast** /डाइकैस्ट/ *adj.* सांचे में ढला; **~-casting** *n., engin.* (लोहे आदि की) दबाव तले (under pressure) ढलाई; **~d** /डाइड/ *pt. tense & pt. p.,* die का भूतकालिक व भूतकालिक कृदंत रूप; **~-down** *v., pt.*

~d-down, *pp* dying down आहिस्ता-आहिस्ता मद्धम पड़ते जा. और अंत में विलुप्त हो जा.; ~-**hard** *adj.* हठधर्मी, पक्का, कट्टर; ~-**sinker** *n.* ठप्पाकार; ~-**sinking** *n.* ठप्पाकारी;

p&i: ~ **a/ the death** पूर्णतः असफल होकर लुप्त हो जा.; ~ **a dog's death** कुत्ते की मौत मरना; ~ **a hero's death** वीर गति को प्राप्त हो.; ~ **a man** बहादुरों की तरह मरना; ~ **a natural death** स्वाभाविक मौत मरना; ~ **away** क्षीण हो., मंद पड़ना, समाप्त हो.; ~ **back** मुर्झा जा.; ~ **down** क्रमशः क्षीण हो., शांत हो.; ~ **dunghill** कायरों की तरह मरना; ~ **game** बहादुरी से (लड़ते हुए) मरना; ~ **for** 1 अति वांछित परंतु अप्राप्य हो.: sell fashion accessories to ~ for; have a body to ~ for 2 किसी बात के लिए कुर्बान हो.; ~ **hard** कठिनाई से मिटना या समाप्त हो.; ~ **in harness** नौकरी या काम करते-करते मरना; ~ **in one's bed** नैसर्गिक मौत मरना.; ~ **in the last ditch** खून की आखिरी बूंद तक लड़ते हुए मरना; ~ **laughing** किसी चीज के हास्यास्पद होने के कारण हंसी से लोट-पोट हो.; ~ **of boredom** ऊब से मर जा.; ~ **off** 1 एक के बाद एक बहुत बड़ी संख्या में मरना 2 धीरे-धीरे खत्म हो. या मंद पड़ जा.: the debate ~d off; ~ **out** विलुप्त हो., प्रचलन में न रहना: the candle ~d out; ~ **the death** 1 *theat. sl.* दर्शकों या श्रोताओं से सकारात्मक प्रतिक्रिया पाने में असफल रहना 2 फांसी या मौत की सजा पाना; ~ **to the world** जीवन से विमुख हो.; ~ **with one's boots on** लड़ाई में मारा जा., युद्ध में कट मरना; ~ **with one's shoes on** काम करते हुए मरना; **dying to see sb** किसी से मिलने को अधीर हो.;

a man can ~ but once बहादुर व्यक्ति मात्र एक बार मरता है; **be dying for sth/ to do sth** *colloq.* किसी बात के लिए या कुछ करने के लिए अधीर या उतावला हो.; **be upon the** ~ को दाव पर लगाना; **cowards ~ many times** कायर लोग मर-मर कर जीते हैं; **her heart ~d within her** उसके दिल की धड़कन रुक गई; **never say** ~ हिम्मत न हारना; **old habits, traditions etc. ~ hard** पुरानी आदतें छूटती नहीं; **one will ~ sooner than ...** वह मर जाएगा पर दमड़ी न छोड़ेगा; **straight as a** ~ एकदम सीधा, पूरी तरह ईमानदार; **the ~ is cast** 1 आखिरी दांव लग चुका है, पासा फेंका जा चुका है 2 फैसला हो चुका है; **the secret ~d with her** उसकी मौत के साथ गुप्त बात भी खत्म हो गई; **the smile ~ on her lips** उसका चेहरा फक (फीका) पड़ गया; **twilight ~d into dark** गोधूलि बेला अंधेरे में विलीन हो गई;

diehard /डाइहाःड/ *n.* कट्टरतावादी व्यक्ति, महा दकियानूसी व्यक्ति

dieldrin /डीलड्रिन/ *n.* क्रिस्टली यौगिक

dielectric /डाइइलेकट्रिक/ *n.* जिस पर विद्युत का असर न हो, विद्युत-अचालक (non-conductor) पदार्थ

diene /डायीन/ *n., chem.* कार्बन परमाणुओं के बीच दो दोहरे सूत्र

dieresis /डिएरेसिस/ *n. US* spelling of '**diaeresis**' (*see above*)

diege\sis /डिअजीसिस/ *n.,* **~ses** /डिअजीसीज/ वक्तृता में तथ्यकथन, विवरण

dies /डाइज/ *n., Lat.* दिन, दिवस;

collocations: **dies fest** उत्सव-दिवस; **dies irae** कोप-दिवस, कयामत का दिन; **dies non** /डाइज नॉन/ *Lat.* छुट्टी (गैर हाजिरी) का दिन

diesel /डीजल/ *n.* 1 डीजल: ~ engine; ~ motor 2 डीजल गाड़ी: ~ locomotive;

collocations: ~ **fuel** डीजल का ईंधन; ~ **oil** डीजल इंजन का तेल

die\sis /डायसिस/ *n., pl.* ~**es** /डायसीज/, *print.* दोहरा क्रॉस चिह्न (‡)

DIET *abbr.* 'District Institute of Educational Training (New Delhi)' की प्रथमाक्षरी

diet /डाय\ट/ *n.* 1 आहार, खुराक 2 पथ्य, नियत या अल्पाहार, मिताहार 3 कुछ देशों (जापान आदि) की संसद 4 *hist.* राजनीतिक और चर्च के मामलों पर विचार-विमर्श करने के लिए बुलाई जाने वाली सभा;

adj. कम चीनी वाला ब्रांड-नामित आहार: ~ lemonade;

v., pt. **~ed**, *pp* **~ing** वजन घटाने के लिए अल्पाहार ले., डायटिंग क.;

dw/lw: **~ary** /~टरि/ *adj.* पथ्य या आहार-संबंधी, आहारिक: ~ary foods; ~ary cure; **~ary** *n.* 1 पथ्य या संतुलित आहार 2 संतुलित आहार पुस्तिका 3 खुराक; **~er** /~टः/ *n.* नियत संतुलित आहार लेने वाला, अनुपथ्य-सेवी; **~etic** /~टेटिक/ *adj.* 1 आहार या पथ्य-संबंधी 2 आहार विशेषज्ञ द्वारा सुझाए हुए सीमित आहार-संबंधी; **~etics** /~टेटिक्स/ *n., [sing.]* आहार विज्ञान, पथ्य-विज्ञान; **diet\ician/ ~itian** /~टिशिअन/ *n.* पथ्य विज्ञानी; **~-kitchen** *n.* पथ्य-भोजन रसोई;

collocations: **~ary fibre** (*also* **roughage**) अपाच्य वानस्पतिक भोजन; **~ sheet** आहार विशेषज्ञ द्वारा सुझाई जाने वाली खाद्य पदार्थों और उनकी मात्रा आदि की सूची;

p&i: **~ cures more than doctors** एक परहेज सौ इलाज

DIFAT *abbr.* '(PG) Diploma Course in Industrial Fermentation and Alcohol Technology' की प्रथमाक्षरी

DIFF *abbr.* 'Delhi International Film Festival' की प्रथमाक्षरी

diff. *abbr.* 'difference', 'different' का संक्षेप

differ /डिफः/ *v., pt.* **~ed**, *pp* **~ing** 1 एक-दूसरे से अलग दिखना या हो.: ~ from sth; ~ in appearance 2 (*often* ~ **with sb**) किसी के साथ मतभेद हो. या सहमत न हो.: ~ in opinion;

p&i: **agree to** ~ मतभेद स्वीकार क.; **I beg to** ~ माफ कीजिए, मैं सहमत नहीं; **tastes** ~ हरेक का अपना-अपना स्वाद होता है

difference /डिफरंस/ *n.* 1 भिन्नता, विभिन्नता 2 अंतर: ~ of 1000 rupees 3 मतभेद, झगड़ा 4 अवस्था में परिवर्तन 5 मात्रा का अंतर;

collocations: ~ **of opinion** वैचारिक मतभेद; **with a** ~ कुछ विशेष या अलग बात: party with a ~;

p&i: **a big/ fundamental/ important/ obvious** ~ भारी/ मूलभूत/ महत्त्वपूर्ण/ स्पष्ट अंतर; **a ~ between sth and sth** किन्हीं दो बातों में अंतर; **all the ~ in the world** काफी बड़ा फर्क; **it makes all the** ~ यह अलग बात हुई; **know/ tell the** ~ अंतर जानना या बताना; **make a** ~ कुछ बदलाव लाना; **make a ~ between** दो चीजों में फर्क देखना; **make a/ no** ~ कुछ फर्क पड़ना या न पड़ना; **makes all the ~ in the world** काफी फर्क लाना, काफी प्रभावित क.; **pay the** ~ दो राशियों में आए अंतर का भुगतान क.; **sink one's ~s** अपने मत-भेद भूल जा.; **speculate in ~s** राशियों में आए फर्क का सटोरियों की तरह फायदा उठाना; **settle the** ~ मतभेद मिटाना; **split the** ~ 1 सौदे में दोनों पक्षों द्वारा कुछ रिआयतें देकर करीब आना 2 औसत मूल्य को मान लेना 3 अंतर को आधा-आधा बांट लेना 4 रियायतें देकर समझौता क.; **the ~ between tweedledum and tweedledee** कोई फर्क नहीं; **the ~ is wide, that the sheets will not decide** घाटा मोटा कागज छोटा;

different /डिफरंट\/ *adj.* 1 (*usually* ~ **from/to sth/sb**) अलग, भिन्न: be ~ from others 2 अलग-अलग, भिन्न-भिन्न: at ~ times; in ~ ways; went to ~ stores; a lot of ~ things 3 अन्य, दूसरा, पृथक, अलग: that is ~ (यह अलग बात है) 4 असाधारण, विशिष्ट, औरों से अलग: a ~ kind of man 5 अलग प्रकार का, भिन्न: now I feel an altogether ~ **person**;

dw/lw: **~ia** /डिफरेंशिआ/ *n., pl.* ~iae /डिफरेंशिई/ 1 एक नस्ल को दूसरी से अलग करने वाली विशेषता या गुण 2 दूसरों से अलग करने वाली विशिष्टता, वैशिष्ट्य; **~ly** /~लि/*adv.* अलग ढंग से: ~ly abled (euphemistic);

p&i: **a ~ kettle of fish** बिल्कुल भिन्न स्थिति या वस्तु; **as ~ again** बिल्कुल अलग, बहुत बेहतर

differential /डिफअरेंशिअ\ल/ *n.* 1 (*also* **wage** ~) एक ही संगठन या कंपनी में भिन्न-भिन्न श्रेणियों के कर्मचारियों के वेतनों में

भेद या अंतर: pay/ income **~s** 2 विशेषक 3 (गणित में) अवकल; *adj.* 1 अंतरकारक, अंतरसूचक, अंतर-आधारित: ~ duties (अलग-अलग सीमा-शुल्क); ~ tariff (अलग-अलग दरें) 2 अंतरीय, भेदीय 3 विशिष्ट: ~ peculiarity/ characteristic 4 विभेदी, भेदी, विभेदक: ~ diagnosis;
dw/lw: **~ly** /~लि/ *adv.* अंतर के आधार पर;
collocations: **~ calculus** अवकलन गणित, चलन-कलन; **~ equation** अवकल समीकरण; **~ gear** भिन्नक गिअर, गिअर विभेदक; **~ motion** विभेदक गति; **~ pulley** व्यासांतरी घिरनी

differentia\te /डिफरेंशिए\ट/ *v., pt.* **~ted**, *pp* **~ting** (*usually* **~te between things/ one thing from another**) 1 (*syn.* distinguish) दो या ज्यादा वस्तुओं या प्राणियों में अंतर या भेद समझना या क.: **~te** prose from poetry 2 अलग क., अंतर या भेद दिखलाना: the shape of its mouth **~tes** a crocodile from an alligator 3 अलग बनना या हो.: species become **~ted** 4 अति विशिष्ट यानी भिन्न बनाना: languages tend to become **~ted** 5 विशिष्टता समझना;
dw/lw: **differentia\tiation** /~शन/ *n.* 1 अंतर, भेद, फर्क: ~tiation between cause and effect (कारण और परिणाम में अंतर) 2 विशिष्टता, विशिष्टीकरण: ~tiation of Latin into vernaculars (लातीनी भाषा से निकलकर भिन्न-भिन्न राष्ट्रीय भाषाओं का जन्म) 3 विभेदीकरण, पृथक्कीकरण: ~tiation of labour; **~tor** /डिफरेंशिएटः/ *n.* अंतर, भेद, फर्क करने में सक्षम व्यक्ति;
p&i: **~te between people** भिन्न-भिन्न लोगों के साथ अलग-अलग प्रकार का व्यवहार क.

difficile /डिफिसिली/ *adj.* टेढ़ा

difficult /डिफिकल्ट/ *adj.* 1 कठिन, मुश्किल: ~ task 2 जटिल, टेढ़ा, परेशान करने वाला: ~ situation 3 दुष्कर, दुस्साध्य: ~ of access 4 दुर्बोध, दुरूह, गहन, जटिल: ~ text 5 चिड़चिड़ा, हठी: ~ child/ disposition 6 विचित्र, टेढ़ा, अविवेकी: ~ to please;
dw/lw: **~y** *n., pl.* ~ies 1 जटिलता: overcome every ~y 2 (*usually* **~ies**) कठिनाई, कठिनता: without ~y; be in a ~y 3 समस्या, बाधा, एतराज: face/ meet with ~ies 4 दुस्साध्यता, दुर्बोधता: find ~y in understanding 5 चिड़चिड़ापन;
p&i: **~ies always come in train** मुसीबत अकेले नहीं आती; **~ies give way to diligence** कठिनाइयां आदमी को परिश्रमी बना देती हैं; **~ is done at once, the impossible takes little longer** असाध्य कुछ भी नहीं, सब कुछ हो सकता है; **create/ experience/ have ~** कठिनाई पैदा क./ अनुभव क./ झेलना; **great/ serious ~** बहुत बड़ी/ गम्भीर समस्या या कठिनाई; **with/ without ~** कठिनतापूर्वक/ बिना किसी कठिनाई के

diffidence /डिफिडंस/ *n.* 1 आत्म संशय 2 आत्म संदेह 3 आत्म-विश्वासहीनता 4 संकोच, शंकाशीलता: with ~;
p&i: **~ is the right eye of prudence** शर्मीलापन समझदारी की जान है

diffident /डिफिडंट/ *adj.* 1 (*syn.* shy) शर्मीला, संकोची, शंकाशील 2 आत्मविश्वासविहीन 3 आत्मसंशयी;
dw/lw: **~ly** /~लि/ *adv.* संकोचपूर्वक

diffluent /डिफ्लुअंट/ *n.* तरल, प्रस्रावी, तरल में बदलती हुई

diffract /डिफ्रै\क्ट/ *v. pt.* **~ed**, *pp* **~ing** *phys.* विवर्तित हो., किरणों का बिखरना;
dw/lw: **~ion** /~शन/ *n.* 1 किरणों का इंद्रधनुषी रंगों में विभाजन, विवर्तन 2 एक बिंदु से निकलकर किरणों का बिखराव; **~ive** /~टिव/ *adj.* विवर्तित करने वाला

difform /डिफॉःम/ *adj.* असमान, विरूप

diffu\se /डिफ्यूःज/ *v., pt.* **~sed**, *pp* **~sing** 1 बिखेरना या बिखरना: **~se** heat 2 छितराना या छितरना 3 फैलना, फैलाना: **~se** kindness; **~se** an odour (गंध का फैलना) 4 विसरित हो., विसारित क. 5 व्यय क., क्षय क.: **~se** one's strength;
adj. /~स/ 1 विसरित, विकिरणित: **~se** light 2 प्रसूत 3 असंगठित, विसरित 4 फैला हुआ, विस्तृत 5 शब्द-बाहुल्य: **~se** writer; **~se** style (शब्दाडंबरी शैली) 6 बातूनी (verbose);
dw/lw: **~sed** /~जड/ *adj.* 1 विसरित, बिखरा हुआ: ~sed lighting/ illumination 2 फैला हुआ: ~sed opinion; **~sely** /~जलि/ *adv.* विसरित ढंग से; **diffu\sion** /~जन/ *n.* 1 विस्तार, बिखराव, विसरण 2 छितराव, फैलाव: ~sion of knowledge 3 (*syn.* verbosity) शब्द-बाहुल्य, फैलावपूर्णता: ~sion of writing style; **~sible** /~जिबल/ *adj.* जिसे बिखेरा जा सके; **~sive** /~सिव/ *adj.* बिखरा हुआ; **~sively** /~सिवलि/ *adv.* विसरित ढंग से; **~seness/ ~siveness/ diffusivity** /~जनेस/ ~सिवनेस/ ~जिविटि/ *n.* विस्तारणता, विसरणता, शब्द-बाहुल्य

DIGP *abbr.* 'Deputy Inspector-General of Police' की प्रथमाक्षरी

dig /डिग/ *v., pt.* **dug**, *pt. p.* **dug**, *pp* **~ging** 1 खोदना, खुदाई क.: ~ a hole/ trench; ~ out potatoes 2 छेदना या टनल खोदना या बनाना: ~ through a mountain 3 गड्ढा बनाना 4 (*syn.* unearth) खोज निकालना: ~ out new facts 5 घुसेड़ दे., भोंक दे., गड़ाना: ~ spurs into a horse (घोड़े को एड़ लगाना) 6 ताना दे. या उपहास क.;
n. 1 खुदाई 2 झटका, झकोरा, जोर का धक्का 3 उपहास, ताना, फब्ती, कटाक्ष: give sb a ~/ have a ~ at sb 4 (*syn.* excavation) पुरातत्व अवशेषों की खुदाई 5 चोभ, भोंक: give sb a ~ with one's elbow in the ribs;
dw/lw: **~gable** /डिगअबल/ *adj.* जो खोदने योग्य हो; **~ger** /डिगः/ *n.* खोदने वाला, खोदने वाली मशीन, बेलदार, खनक, खनित्र; **~ger-wasp** *n.* छेद बनाकर पलनेवाली भर्र; **~ging/ ~gings** /डिगिंग/ *n., pl. Br. old colloq.* 1 खुदाई 2 सोना आदि की खानें;.
collocations: **~ging stick** खुदाई का औजार, फावड़ा, *Hr.* कसी;
p&i: **~ and delve** की गहराई तक जा.; **~ a pit for** किसी के लिए गड्ढा खोदना; **~ deep** गहरा खोदना, गहराई तक जा.; **~ in/ dig into sth** 1 खाना आरंभ क. 2 परिश्रम क.; **~ in one's heels/ dig one's heels in** अपना इरादा बदलने से इन्कार कर दे., अडिग रहना; **~ one's own grave** खुद अपनी कब्र खोदना; **~ oneself in** अपनी स्थिति सुदृढ़ क.; **~ out** खोज निकालना; **~sb/ sth out** 1 कहीं से किसी को या किसी चीज को खोज निकालना 2 किसी चीज को खोदकर निकालना; **~ sb in the ribes** किसी रोचक बात की तरफ ध्यान दिलाना; **~ sb's company** *sl.* किसी का साथ पाने की कोशिश क.; **~ sth in** खोदकर खाद आदि को मिट्टी में मिलाना; **~ (sth) into sb/ sth** *colloq.*खूब जोर लगाकर घुसाना या घुसेड़ना; **~ sth out** खोज निकालना; **~ sth up** 1 खोदकर निकालना 2 गड्ढा खोदकर ढूंढ निकालना 3 सूचना आदि खोज निकालना; **~ up the tomahawk/ the hatchet** युद्ध शुरू क., संघर्ष शुरू क.; **before we could ~** इससे पहले कि हम कुछ समझ पाते...

digam\ist /डिगअ\मिस्ट/ *n.* दूसरी बार विवाह करने वाला;
dw/lw: **~ous** /~मस/ *adj.* जिसने दूसरी बार विवाह कर लिया हो; **~y** /डिगेमि/ *n.* पुनर्विवाह, द्विपत्नीकता

digastric /डाइगैस्ट्रिक/ *adj.* द्वितुंदी, उभयांत मांसल, द्विस्थूली

(the) digerati /डिजअराटि/ *n., humorous* कंप्यूटर जादूगर, बहुत ज्यादा कंप्यूटर प्रयोग में लाने वाला व्यक्ति

digest /डाइजे\स्ट/ *v., pt.* **~ed**, *pp* **~ing** 1 पचाना, हजम क.: ~ well 2 नई सूचना पाना व समझना: ~ the lesson/ facts 3 क्रमबद्ध सार तैयार क. 4 पर विचार क., बुद्धि में बैठाना 5 सहना, पी जा.: more than sb can ~;
n. 1 सार, संक्षेप 2 *law* कानूनों और अदालती फैसलों का संग्रह;
dw/lw: **~ible** /~स्टिबल/ *adj.* सुपाच्य, पचाने योग्य; **~ibility** /~स्टिबिलिटि/ *n.* सुपाच्यता; **digest\ion** /~शन/ *n.* पाचन, पाचन-शक्ति, हाजमा: easy/ hard of ~ion; good/ poor ~ion;

~ive /~स्टिव/ (*also* **~ant**) *adj.* पाचन संबंधी, पाचक, हाजमेदार: ~ive problems;
collocations: **~ive biscuit** अनछने गेहूं के आटे से बना बिस्कुट; **~ive tract** (*also* **the alimentary canal**) पाचक नली; **~ive system** पाचन प्रणाली;
p&i: **the ~ion of an ostrich** ऐसा पेट जिसमें लकड़ हज्म, पत्थर हज्म

Digibox /डिजिबॉक्स/ *n.* टीवी प्रसारण आदि को देखने कि लिए इलेक्ट्रॉनी यंत्र

digit /डिजिट/ *n.* 1 '**0**' से '**9**' तक अंक 2 उंगली, अंगुली 3 अंगुलपर्व 4 द्वादशांश

digital /डिजिटल/ *adj.* 1 ध्वनि व बिंबों को संकेतों में बदलने वाला इलेक्ट्रॉनिकी प्रणाली 2 अंक-आधारित घड़ी: ~ clock 3 अंकों से सूचना देने वाला, अंकीय, अंकदर्शी: ~ recording;
n. अंक-आधारित टीवी;
collocations: **~ analog converter** *comput.* अंकीय संकेतों को समान (analogue) संकेतों में बदलने वाला यंत्र; **~ audiotape** *electronics* (*abbr.* **DAT, Dat/ dat**) 1 चुंबकीय श्रवण पट्टी जिस पर ध्वनि को द्वियिक संकेत (binary code) में परिवर्तित करने के बाद रिकॉर्ड किया जाता है 2 इस प्रकार रिकॉर्ड की हुई ध्वनि जो मूल ध्वनि के अत्यंत करीब होती है; **~ camera** अंक-आधारित कैमरा; **~ compact cassette** (*abbr.* **DCC**) अंकीय श्रवण कैसेट टेप (cassette tape); **~ compact disc** अंकीय कॉम्पेक्ट डिस्क; **~ computer** अंकीय संकेत कंप्यूटर

digitalis /डिजिटेलिस/ *n., med.* हृदय मांस-पेशियों की दवा

digitigrade /डिजिटिग्रेड/ *adj.* पंजों के बल चलने वाला;
n. पंजों के बल चलने वाला जानवर (बिल्ली आदि)

digiti\ze/ ~\se /डिजिटाइज/ (*also* **digitalize**) *v., pt.* **~zed**, *pp* **~zing** सूचना-सामग्री को द्वियिक संकेत (binary code) में परिवर्तित क.;
dw/lw: **~zer** /~जः/ *n.* संकेतों को अंकीय रूप देने वाला उपकरण; **~zation** /~जेशन/ *n.* संकेतों का अंकीयकरण;
collocations: **~zing board** अंकीयकरण पटल

dig\lot /डाइग्लौ\ट/ *n.* द्विभाषीय पुस्तक;
adj. द्विभाषीय, द्विभाषिक;
dw/lw: **~lossia** /~सिआ/ *n.* द्विभाषिकता

dignified /डिग्निफाइड/ *adj.* 1 गरिमामय, शालीन: have ~ manners 2 भव्य, शानदार: a ~ air

digni\fy /डिग्नि\फाइ/ *v., pt.* **~fied**, *pp* **~fying**, *s/he/it* **~fies** 1 गौरवान्वित क., गौरव या गरिमा बढ़ाना 2 असलियत से ज्यादा प्रभावशील दिखाना: **~fy** a small teaching shop with the name of an academy

dignita\ry /डिग्निटरि/ *n., pl.* **~ries** 1 (*syn.* VIP) महानुभाव 2 उच्चपदस्थ अधिकारी 3 प्रतिष्ठित व्यक्ति

dignity /डिग्निटि/ *n.* 1 सम्मान, गरिमा, शालीनता: with ~ 2 मान-मर्यादा: preserve one's ~ 3 उच्चपद: ~ of bearing; confer a ~ of peerage 4 वैभव, बड़प्पन, आनबान, शान 5 गौरव, प्रतिष्ठा: ~ of labour (श्रम की प्रतिष्ठा);
p&i: **below/ beneath one's ~** किसी की आन-बान के खिलाफ; **stand on one's ~** अपनी प्रतिष्ठा न गिरने दे.

digonal /डाइगनल/ *adj.* द्विकोणीय

digoneutic /डाइगोन्यूटिक/ *adj.* द्विजनिक, वर्ष में दो बार जन्म देने वाली

digraph /डाइग्राफ/ *US* डाइग्रैफ/ (*also* **digram**) *n.* संयुक्त वर्ण, दो अक्षरों द्वारा एक ध्वनि का प्रदर्शन, जैसे: *ph* in **ph**rase

digress /डाइग्रेस/ *v., pt.* **~ed**, *pp* **~ing** 1 भटकना 2 मुख्य विषय से हटकर किसी और विषय पर बोलना, विषयांतर क.;
dw/lw: **digress\ion** /डाइग्रेशन/ *n.* 1 विपथन 2 विषय से भटकाव, विषयांतर; **~ional/ ~ive** /डाइग्रेसिव/ *adj.* अप्रासंगिक, विषयांतरिक; **~ively** *adv.* विषय से हटते हुए

digs /डिग्ज/ *n. [pl.]* *Br. colloq.* (*syn.* lodgings) किराये पर लिया हुआ कमरा

dihedral /डाइहेडरल/ *adj.* द्वितल;
n. (*also* **~ angle/ dihedron**) 1 द्विफलक 2 दो एक-दूसरे को काटते हुए तलों से बना रेखा-चित्र 3 विमान के पंखों द्वारा बनाया जाने वाला कोण

DIHM *abbr.* 'Delhi Institute of Hotel Management' की प्रथमाक्षरी

DIHM&CT *abbr.* 'Delhi Institute of Hotel Management and Catering Technology' की प्रथमाक्षरी

dihybrid /डीहाइब्रिड/ *adj.* द्विसंकर

dijudica\te /डाइज्युडिके\ट/ *v., pt.* **~ted**, *pp* **~ting** निर्णय दे., न्याय क.;
dw/lw: **~tion** /~शन/ *n.* न्याय, निर्णय

dike (*also* **dyke**) /डाइक/ *n.* 1 तटबंध, बांध: **~s** has burst (बांध ढह गए) 2 *UK* खाई, खेतों से पानी निकालने की नाली, कुल्य, नहर 3 (*syn.* lesbian) स्त्री-समलिंग कामुक

diktat /डिक्टैट/ *n.* 1 तानाशाही आदेश, हुक्म 2 पराजित पक्ष पर थोपा जाने वाला कठोर समझौता (शर्तें)

DIL *abbr.* 'daughter-in-law', 'Duncan Industries Limited' की प्रथमाक्षरी

dilacera\te /डाइलैसिरे\ट/ *v., pt.* **~ted**, *pp* **~ting** 1 फाड़ना, फाड़कर अलग क. 2 टुकड़े-टुकड़े क.;
dw/lw: **~tions** /~शन/ *n.* विदारण, चीर-फाड़

dilapida\te /डिलैपिडे\ट/ *v., pt.* **~ted**, *pp* **~ting** जीर्ण-शीर्ण हो.;
dw/lw: **dilapida\ted** /~टिड/ *adj.* जर्जर, जीर्ण-शीर्ण, टूटा-फूटा, खस्ता हाल: ~ted house; **~tion** /~शन/ *n.* 1 जर्जरता, खस्ता हालत, जीर्णावस्था 2 *law* चर्च संपत्ति को किया जाने वाला नुकसान: pay for ~tions

dilatation/ dilation /डाइलटेशन/ डाइलेशन/ *n.* आंख की पुतली, दिल आदि का फैलाव: ~ of the heart/ eye

dilatation and curettage /डाइलटेशन एंड क्युअरिटाज/ *n.*, (*abbr.* **D and C**) महिला की बच्चेदानी में छोटी-सी शल्य-क्रिया

dila\te /डाइले\ट/ *v., pt.* **~ted**, *pp* **~ting** 1 फैलना या फैलाना, विस्तृत हो. या क. 2 बढ़ना या बढ़ाना 3 (*mainly* **~te on sth**) विस्तृत विवेचन क., किसी मुद्दे पर विस्तार से बोलना या लिखना;
dw/lw: **~ted** /~टिड/ *adj.* विस्तृत, खुला हुआ; **dila\tion** /~शन/ *n.* 1 फैलाव, विस्तार 2 विस्तारण 3 विलंब; **~tive** /~टिव/ *adj.* फैलाने वाला; **~toriness** /डाइलअटरिनेस/ *n.* विलंब, दीर्घसूत्रता; **~tor** *n.* विस्तारक (मांसपेशी आदि); **~toriness** टालमटोल; **~tory** /डाइलअटरि/ *adj.* 1 दीर्घसूत्री, लंबा खींचने वाला: ~tory policy; ~tory motion (लंबा खींचने की मंशा से प्रस्तुत किया गया विधेयक या संशोधन) 2 देर करने या लगाने वाला, विलंबकारी: ~tory movements

dildo/ dildoe /डिल्डो/ *n., pl.* **~s/~s** पुरुष लिंगाकार उपकरण जिसे यौनानंद के लिए प्रयुक्त किया जाता है

dilemma /डिलेमा/ *n., pl.* **~s** 1 धर्मसंकट, उभयसंकट, दुविधा, असमंजस, किंकर्त्तव्यविमूढ़ता: face/ have/ be in a ~ (दुविधा में फंसना/ में हो.) 2 जटिल स्थिति, संकट: a moral ~ (नैतिक संकट);
p&i: **a ~ about/ over sth** किसी बात के बारे में असमंजस हो.; **a ~ for sb** किसी के लिए धर्म संकट हो.; **be on the horns of a ~** किंकर्त्तव्यविमूढ़ होना, दुविधा में फंसा होना

dilettan\te /डिलअटैं\टि/ *n.*, **~tes/ ~ti** /~टी/ 1 अल्पज्ञ कला प्रेमी 2 नीम हकीम
adj. 1 (jack of all trades, master of none) थोड़ा-बहुत जानने वाला 2 (*syn.* superficial) सतही 3 शौकीन, पल्लवग्राही;
dw/lw: **~tish** /~टिश/ *adj.* नीम हकीम-सा, सतही; **~teism** /~टिज्म/ *n.* 1 अल्पज्ञ कला प्रेम 2 नीम हकीमी 3 पल्लवग्राहिता 4 (*syn.* superficiality) सतहीपन

diligen\ce /डिलिजं\स/ *n.* 1 कर्मठता, अध्यवसाय 2 परिश्रम, उद्यम;
dw/lw: **diligen\t** /~ट/ *adj.* परिश्रमी, मेहनती, कर्मठ: ~t

cultivation of sth; **~tly** /~टलि/ *adv.* मेहनत से, कर्मठतापूर्वक;
p&i: **~ce is the mother of good luck** मेहनत से भाग्य बनता हैं

dill /डिल/ *n.* 1 अचार आदि में जायके के लिए डाली जाने वाली एक जड़ी-बूटी 2 *Austral. & NZ colloq.* मूर्ख, मूढ़

dilling /डिल्लिंग/ *n.* 1 सबसे छोटा या कमजोर बच्चा 2 सबसे प्रिय बच्चा

dil\ly /डिलि/ *n., pl.* **~lies** *colloq., esp. N. Amer.* 1 उल्लेखनीय वस्तु 2 प्रिय व्यक्ति;
adj. बेवकूफ, मूर्ख

dilly-dal\ly /डिलि-डैलि/ *v., pt.* **~lied**, *pp* **~lying**, *s/he, it* **~lies** 1 टालमटोल क. 2 (***syn.*** dawdle) देर क. या लगाना, व्यर्थ समय नष्ट क. 3 डांवांडोल होना 4 अस्थिर चित्त होना

dilogi\cal /डाइलौजि\कल/ *adj.* द्वि-अर्थक, दोहरे अर्थ वाला;
dw/lw: **~cality** /~कअलिटि/ *n.* द्वि-अर्थकता

diluent /डिल्यूअंट/ *adj., chem.* तनुकारक, तनुकारी, पतला करने वाला घोलक

dilu\te /डाइल्यू\ट/ डाइलूट/ *v., pt.* **~ted**, *pp* **~ting** 1 पतला क., तनु क., तनुकृत क. 2 फीका/ हल्का/ कम/ मंद क.: **~te** wine 3 (***syn.*** water down) किसी चीज का प्रभाव कम क.: **~te** sb's objections;
adj. पतला, तनु, फीका, हल्का;
dw/lw: **~table** /~टअबल/ *adj.* पतला करने योग्य; **~ted** /~टिड/ *adj.* तनुकृत, पतला; **~tee** /~टि/ *n.* अकुशल मजदूर; **~tion** /~शन/ *n.* तनुकरण, पतला या हल्का करने की क्रिया

diluvi\al/ ~an /डाइल्यूवि\अल/ ~अन/ *adj.* प्रलय-संबंधी, कयामती;
dw/lw: **~um** /~अम/ *n.* प्रलयावशेष, बाढ़, जलप्लावन

DIM *abbr.* 'Diploma in Management' की प्रथमाक्षरी

dim /डिम/ *adj., degr.* **~mer**, **~mest** 1 (***syn.*** vague) धुंधला, अस्पष्ट: a ~ memory/ recollection/ remembrance, etc. 2 मंद, निष्प्रभ: ~ candle; eyes ~ with tears 3 फीका, खोखला, अशक्त: a ~ sort of joke 4 *UK* मूर्ख, मंदबुद्धि: pretty ~;
v., *pt.* **~med**, *pp* **~ming** 1 धूमिल या धुंधला क. या हो., प्रकाश मंद क. 2 हल्का हो. या क. निष्प्रभ हो., फीका पड़ना: passion for books never **~med**;
dw/lw: **~ly** /डिमलि/ *adv.* हल्के-से, मद्धम-मद्धम; **~mer** /डिमः/ (*also* **~ switch**) *n.* रोशनी की तेजी कम करने का उपकरण, प्रकाश मंदक; **~mish** /डिमिश/ *adj.* धुंधला-धुंधला, थोड़ा धुंधला; **~ness** /डिमनेस/ *n.* मद्धमता, धुंधलापन; **~-out** *n.* बल्बों के प्रकाश में धीरे-धीरे कमी; **~-sighted** /डिम-साइटिड/ *adj.* 1 जिसकी नजर कमजोर हो 2 अदूरदर्शी: ~-sighted politicians; **~-wit** *adj.* मंदबुद्धि; **~-witted** *adj.* मंदबुद्धि वाला, बुद्धू
p&i: **~ out** रोशनी धीमी क.; **~ recollection of it** थोड़ी-थोड़ी याद; **~ sth out** प्रकाश मंद क.;
take a ~ view of sth निराशावादी समझ अपनाना

DIMA *abbr.* 'Department of Immigration and Multicultural Affairs (Australia)' की प्रथमाक्षरी

DIMB *abbr.* 'Diploma in International Marketing and International e-Business' की प्रथमाक्षरी

dime /डाइम/ *n.* अमेरिका और कैनेडा का 10 सेंट का सिक्का;
collocations: **~ museum** घटिया प्रदर्शन; **~ novel** *N. Amer.* घटिया जासूसी उपन्यास; **~ shop** सस्ती दुकान;
p&i: **a ~ a dozen** *US* पानी के भाव, थोक में; **not care a ~** जरा भी परवाह न क.

dimension /डाइमेन्शन\/ डिमेन्शन/ *n.* 1 पहलू, आयाम, फलक, विमा: an added/ extra/ new ~; add/ give a new/ extra, etc. ~ (to sth) 2 (*often* **~s**) आकार, विस्तार, लंबाई-चौड़ाई, ऊंचाई: take the **~s** of sth 3 परिमाण, परिमाप, माप: of considerable **~s** 4 पक्ष, पहलू: the religious ~ of the problem 5 घात;
dw/lw: **~al** /~ल/ *adj.* विमा-संबंधी, विमीय, फलकी: two-~al (द्वि-फलकी); ~al characters (लंबाई-चौड़ाई आदि); **~less** /~लेस/ *adj.* 1 अविम, बिना लंबाई-चौड़ाई के गुणों वाला 2 अपार, विशाल, अमापनीय; **~-lumber/ ~-timber** *n.* मानक लंबाई-चौड़ाई की लकड़ी;
collocations: **~ work** निर्धारित मापवाले पत्थरों की चिनाई; **fourth ~** चतुर्थ विमा, काल; **new ~** नया आयाम, पहलू; **third ~** 1 मोटाई, गहराई 2 पूरक सूचना;
p&i: **a fad reaching the ~s of a mania** सनक जिसने पागलपन का रूप धारण कर लिया हो; **a project of large ~s** विशाल परियोजना

dimin. *abbr.* 'diminutive' का संक्षेप

dimidia\te /डिमिडिए\ट/ *adj.* 1 द्विभाजित, दो भागों में बंटा हुआ 2 असम विकास वाला, एकांश विकसित;
v., pt. **~ted**, *pp* **~ting** 1 दो भागों में बांटना 2 किसी चीज के आधे भाग को चित्रित क.

diminish /डिमिनि\श/ *v., pt.* **~ed**, *pp* **~ing**, *s/he/it* **~es** 1 (***syn.*** decrease) कम हो. या क.: ~ pressure; ~ in bulk (परिमाण में कम क.) 2 (***syn.*** belittle) किसी चीज को महत्त्वहीन करके दिखाना;
dw/lw: **~ed** /~शड/ *adj.* 1 कम किया हुआ 2 कम अहम बना हुआ 3 संगीत स्वर मद्धम बना हुआ: ~ed interval; **~ing** /~शिंग/ *adj.* कम होने वाला: law of ~ing *returns econ.* (अर्थ-शास्त्र में एक नियम जिसके अनुसार एक हद के बाद नया निवेश, नए कर आदि कम लाभ देते हैं);
collocations: **~ed responsibility** *law* मानसिक कमजोरी या विकार के आधार पर अपराध की जिम्मेवारी में कमी

diminuendo /डिमिन्युएंडो/ *music. adj. & adv.* धीरे-धीरे मंद होता हुआ (स्वर), अवरोही;
n., *pl.* **~s** (***anton.*** crescendo) धीरे-धीरे मंद होता हुआ स्वर या ध्वनि;
v., *pt.* **~ed**, *pp* **~ing** ध्वनि की ऊंचाई का कम हो.

diminu\tion /डिमिन्यू\शन/ *n.* कमी, ह्रास;
dw/lw: **~tive** /~टिव/ *adj., gramm.* 1 छोटा, लघु, अल्प: ~tive attempts (कमजोर प्रयास) 2 (व्याकरण में) अल्पार्थक, लघुतावाची शब्द 3 (*also* **~tive suffix**) अल्पार्थक प्रत्यय: book → book**let**; **~tiveness** /~टिवनेस/ *n.* लघुता, अल्पता

dimity /डिमिटि/ *n.* धारीदार सूती सफेद कपड़ा, डोरिया कपड़ा

dimly *see above under* **dim*: dw/lw***

dimmer *see above under* **dim*: dw/lw***

dimor\phic /डाइमॉः\फिक/ *adj.* द्विरूपी, द्विरूप;
dw/lw: **~phism** /~फिज्म/ *n., biol.* द्विरूपता, प्राणियों की एक ही नस्ल में पाए जाने वाले दो रूप (जैसेः पुरुष-महिला); **~phous** /~फस/ *adj.* द्विरूपी

dimp\le /डिंपल/ *n.* गाल या ठोढ़ी पर गड्ढा, गुल, गर्तिका;
v. *pt.* **~led**, *pp* **~ling** गाल या ठोढ़ी आदि पर गुल बनना;
dw/lw: **~led** /डिंपलड/ *adj.* गुलदार: ~led cheeks

dim sum *n.* चीनी भोजन में आरंभ में परोसा जाने वाला समोसानुमा व्यंजन

DIMT *abbr.* 'Delhi Institute of Medical Transcription' की प्रथमाक्षरी

dimwit; **dim-witted** *see above under* **dim*: dw/lw***

dimyary /डिम्येरि/ *adj.* दो मांस-पेशियोंवाला, द्विपेशी

DIN *abbr.* 'Deutsche Industrie-Norm' की प्रथमाक्षरी

din /डिन/ *n.* (***syn.*** racket) शोर, शोर-शराबा, शोरगुल, होहल्ला: ~ of a city;
v., *pt.* **~ned**, *pp* **~ning** 1 (*usually* **~ sth into sb**) बात को मनवाने के लिए किसी के कानों में बात को बार-बार जोर से कहना, (किसी बात के लिए) पीछे पड़ जा.: ~ sth into sb's ears/ head 2 शोरगुल क., हल्ला मचाना;

***p&i:* kick up a** ~ हो-हल्ला मचाना
dinar /डीनार/ *n.* कई अरब देशों में दीनार नामक मानक मुद्रा
dine /डाइन/ *v., pt.* **~d**, *pp* **dining** *formal* 1 रात्रि भोज क. या दे., दावत दे.: ~ late 2 रेस्त्रां में खाना खाना: ~ out on sth;
***dw/lw:* ~r** /डाइन:/ *n.* 1 रेस्त्रां में खाना खानेवाला 2 *US* छोटा-सा ढाबानुमा रेस्त्रां; **~r-out** अक्सर दावतों में जाने वाला व्यक्ति; **~tte** /डाइनेट/ *n.* भोजन-कक्ष;
***p&i:* ~ and wine sb** किसी को खिला-पिलाकर काम निकालना; **~ off or on** भोजन कर ले., खाना खा ले.; **~ out** घर से बाहर भोजन क.; **~ with Duke Humhrey** भूखा रह जा.; **wine and ~ sb** किसी को खिलाना-पिलाना
DIng *abbr.* 'Doctor Ingeniariae' (*Lat.,* = Doctor of Engineering) का संक्षेप
ding /डिंग/ *v., pt.* **~ed**, *pp* **~ing** 1 टनटनाना: ~ in one's ears (कानों में बजना) 2 बार-बार दोहराकर बात मनवाना: ~ it into sb's ears;
n. 1 कानों पर आघात 2 घंटे जैसी धड़ाम की आवाज
dingbat /डिंग-बैट/ *n., N. Amer. sl.* 1 मूर्ख या सनकी व्यक्ति 2 (***syn.*** tramp) आवारागर्द 3 ऐसी वस्तु जिसका नाम व्यक्ति शीघ्राति शीघ्र भूल जाना चाहता है 4 पैसा 5 *Austral. & NZ colloq.* **(the ~s)** प्रतिदिन अत्यधिक मात्रा में शराब पीने से होने वाला भ्रम, चिंता, अस्त-व्यस्तता, हाथों आदि का कंपन आदि विकृतियां;
adj. (*also* **~s**) *Austral. & NZ colloq.* पागल
ding-dong /डिंगडौंग/ *US* डिंगडांग/ *n.* 1 टनटन, घंटा या घंटी बजने की आवाज 2 *Austral.* समारोह, धूम-धड़ाकेदार दावत 3 कहा-सुनी, मार-पीट;
adj. 1 टनटन बजने वाला 2 बार-बार एक स्वर में दोहराया जाने वाला 3 कभी हार, कभी जीत वाला: ~ battle (ऐसी लड़ाई जिसमें कभी एक पक्ष का पलड़ा भारी होता है); ~ struggle; ~ fight 4 गर्दन-तोड़: ~ race;
adv. गंभीरतापूर्वक: set to work ~;
v., pt. **ding-donged**, *pp* **ding-donging** टनटन बजाना, टनटन बजना
ding-a-ling /डिंग-अ-लिंग/ *n.* मूर्ख व्यक्ति, मूढ़ व्यक्ति
dingh\y/ dingey /डिंगी/ *n., pl.* **~ies** डोंगी, डिंगी
dingle /डिंग्ल/ *n.* संकरी घाटी, दर्रा
dingle-dangle 1 आगे-पीछे डोलने (घूमने) की आदत 2 झूलने वाली वस्तु;
adj. बाएं-दाएं झूलने वाला;
adv. एक तरफ से दूसरी तरफ झूलते हुए
dingo /डिंगो/ *n., pl.* **~es**; *Austral. sl.* आस्ट्रेलिया का जंगली कुत्ता
dingus /डिंगस/ *n.* कोई ऐसा छोटा उपकरण जिसके नाम का पता न हो
din\gy /डिंजि/ *adj., degr.* **~gier**, **~giest** 1 मैला-कुचैला: **~gy** furniture 2 गंदला, धुंधला 3 बदरंग, फीका: **~gy** wall-paper 4 अंधेरी (गली) 5 नीच, अधम;
***dw/lw:* ~iness** *n.* मैला-कुचैलापन, गंदलापन, नीचता
dining *pp,* **dine** का वर्तमानकालिक कृदंत रूप;
adj. भोजन संबंधी;
***dw/lw:* ~-car** *n.* भोजन-यान; **~-hall/ ~-room** *n.* भोजनालय; **~-table** *n.* भोजन की मेज
DINK *abbr.* 'double-income-no-kids' की प्रथमाक्षरी
dinkum /डिंकम/ *adj. Austral. & NZ, colloq.* असली, सच्चा, ईमानदार;
n. सच्चाई, सत्य;
***p&i:* fair** ~ सच्चा, असली
dinky /डिंकि/ *adj., colloq.* 1 (***syn.*** dainty) साफ-सुथरा, अच्छे कपड़े पहने हुए 2 आकर्षक 3 *US colloq.* छोटा-मोटा, छिटपुट, गौण
dinner /डिनः/ *n.* 1 रात्रि भोज, रात का खाना: take ~ 2 दावत: give a ~; invite sb to ~;
***dw/lw:* ~-dance** *n.* दावत में होने वाला नृत्य; **~-hour/ ~-time** *n.* भोजन-काल; **~-party** *n.* दावत; **~-wagon** *n.* चल भोजनालय; **~ware** *n.* = **~ set** = **~ service**;
***collocations:* ~ jacket** रात्रिभोज के अवसर पर पहने जाने वाली जैकेट; **~ lady** स्कूल कंटीन में खाना बनाने व परोसने वाली महिला; **~ service/ ~ set** खाने के बर्तन, डिनरसेट; **~ suit** (*also* **tuxedo**) = **~ jacket + trousers + bow**; **~ table** एक साथ भोजन करने की मेज; **~ theatre** *US* ऐसा रेस्त्रां जहां खाने के बाद नाटक देखा जाता है; **~ time** रात्रि भोजन का समय;
***p&i:* ~ without grace** अविवाहितों का सहवास;
after ~ comes the reckoning खाया है तो देना भी पड़ेगा; **after ~ sit a while, after supper walk a mile** दोपहर के खाने के बाद आराम करो, शाम के खाने के बाद काफी टहलो!; **dog's ~** बेकार चीज, गया-गुजरा आदमी; **done like a ~** *Austral., NZ* पूरी तरह से पराजित; **like a dog's ~** बढ़िया तरीके से; **the ~ is over** गरजी यार किसके दम लगाई खिसके
dinning *pp,* **din** का वर्तमानकालिक कृदंत रूप
dinosaur /डाइनअ\सॉः/ *n.* डाइनोसौर, प्राचीन काल में मिलने वाला एक बड़ा-सा जंतु;
***dw/lw:* ~ian/ ~ic** /~सॉरिअन/ ~सॉरिक/ *adj.* डाइनोसौर से संबंधित
dint /डिंट/ *n.* 1 गड्ढा, निशान 2 माध्यम, बलबूता: by ~ of hard work (कठोर परिश्रम की बदौलत);
***p&i:* by ~ of sth** के बलबूते पर
dioce\san /डायसि\अन/ *adj.* धर्मप्रांत-संबंधी;
***dw/lw:* ~se** /~स/ *n.* धर्मप्रांत या जिला
diode /डायोड/ *n.* डायोड, एक इलैक्ट्रोनिक उपकरण जिसमें विद्युत धारा एक ही दिशा में बनती है
dioecious /डायईसिअस/ *adj.* 1 नर और मादा फूलों वाले अलग-अलग पौधे 2 *biol.* अलग-अलग प्राणियों में अलग-अलग नर-मादा यौनांग
Dionysiac/ Dionysian /डायनिजिऐक/ डायनिजिअन/ *adj.* 1 प्राचीन यूनानी देव डायोनिसिस से संबंधित 2 उच्छृंखल 3 कामोन्मत्त
Dionysus /डायनिसस/ *n.* डायोनीसस (Greek god of worldly pleasures)
dioptre /डाइऔप्टर/ *US* डाइआःप्टर/ (*also US* **diopter**) *n.* लेंस के पावर की माप-इकाई
dioptrics /डायौप्ट्रिक्स/ *US* डायाःप्ट्रिक्स/ *n., [sing.]* चक्षु-विज्ञान की एक शाखा
diorama /डायरामा/ *n.* त्रिविम दर्शिका या चित्रावली
diorite /डायराइट/ *n.* द्विछिद्रकी
diorism /डायोरिज्म/ *n.* विशेषता, स्पष्टीकरण, परिभाषा
diorthosis /डायोःथोसिस/ *n.* 1 *med.* सुधार, शोधन 2 पाठ में भूल-सुधार या संशोधन
diota /डायोटा/ *n.* दुहत्था फूलदान या अन्य बर्तन
dioxide /डायौक्साइड/ *US* डायाःक्साइड/ *n., chem.* डाइ-ऑक्साइड
Dip. *abbr.* 'Diploma' का संक्षेप
dip /डिप/ *n.* 1 डुबकी, गोता: take a ~; give sb a ~ 2 ढाल, निचान: ~ in the ground 3 स्तर में गिरावट, उतार, क्षितिज का उतार: ~ of the horizon 4 सॉस या चटनी जिसमें ब्रेड को डुबोकर खाया जा सकता है 5 चर्बी की मोमबत्ती 6 नमन गति 7 पॉकेटमार, जेबकतरा 8 जानवरों को डुबोकर जीवाणुरहित करने के लिए तरल 9 पुस्तक आदि पढ़ने में तल्लीनता: have a ~ in a book;
v., pt. **~ped**, *pp* **~ping** 1 डुबोना: ~ a pen into the ink 2 डुबकी या गोता लगाना 3 डूबना 4 झुकना या झुकाना 5 ढालू या ढलवां हो. 6 (***syn.*** fall) गिरना, स्तर का नीचे उतरना 7 कम हो., घटना 8 पुस्तक खोलकर पढ़ना 9 ऋणग्रस्त हो. 10 पानी या घोल में हाथ या कड़छी आदि डालकर निकालना 11 किसी जीव को जीवाणुरहित तरल में डुबोकर रोगाणुरहित क.: ~ sheep (भेड़ को

रोगाणुरहित क.) 12 (***syn.*** use dipper) कार आदि की तेज प्रकाश की बत्तियों की रोशनी कम क. 13 झंडा झुकाना;

dw/lw: **~(ing)-needle** *n.* पानी में डूबने आदि की गहराई मापक सूई;

p&i: **~ a toe in/ into sth** *or* **~ a toe in/ into the water** फूक-फूककर कदम रखते हुए कोई कार्य क.; ~ **deeply into one's means/ purse** पैसा पानी की तरह बहाना; ~ **in** हिस्सा ले. या निकालना; ~ **into** 1 तरल में हाथ डालकर निकालना 2 पुस्तक के पन्नों को उलट-पुलटकर देखना; ~ **into a book** किताब में से यहां-वहां कुछ पक्तियां पढ़ना; ~ **into sth** 1 कुछ हिस्सा बांटना 2 किसी पुस्तक के कुछ भागों को पढ़ ले. 3 बचत में से कुछ हिस्सा खर्च क. या लेना; ~ **into the future** भविष्य में झांककर देखना; ~ **one's pen in gall** लेखों द्वारा जहर उगलना; ~ **up a fact from one's memory** यादों की गहराइयों से कोई तथ्य निकालना

DIPA *abbr.* 'Directorate of Information and Publications of Agriculture' की प्रथमाक्षरी

DIP&P *abbr.* 'Department of Industrial Policy and Promotion' की प्रथमाक्षरी

DIPAS *abbr.* 'Defence Institute of Physiology and Allied Sciences' की प्रथमाक्षरी

Dip Ed *abbr.* 'Diploma in Education' की प्रथमाक्षरी

diphotic /डाइफोटिक/ *adj.* उभय-प्रकाशित

diphtheria /डिप्थेरिआ/ *n., med.* कंठरोग, डिप्थीरिया, रोहिणी

diphthong /डिप्थौंग/ *US* डिप्थॉग/ *n.* द्विस्वर, सांध्य स्वर, संयुक्त स्वर;

diploid /डिप्लोइड/ *adj., gen.* द्विगुणित

diploma /डिप्लोमा/ *n.* डिप्लोमा, उपाधि-पत्र, सनद

diploma\cy /डिप्लोमअसि/ *n.* 1 कूटनीति: open/ secret **~cy** 2 व्यवहार-कुशलता, चतुराई, चालाकी, हिकमत 3 राजनय;

dw/lw: **~at** /डिप्लअमैट/ *n.* 1 कूटनीतिज्ञ, राजनयिक, राजनयी 2 व्यवहार- कुशल, सयाना व्यक्ति;

p&i: **dollar ~cy** डॉलर की ताकत से की जाने वाली कूटनीति; **gunboat ~cy** सैनिक शक्ति प्रदर्शन की कूटनीति; **kid-glove ~cy** बारीकी पर आधारित कूटनीति; **shirt-sleeves ~cy** अनौपचारिक मेलजोल पर आधारित कूटनीति; **shuttle ~cy** प्रायः छोटी-छोटी भेंट-यात्राओं पर आधारित कूटनीति

diplómate /डिप्लॉमेट/ *n.* डिप्लोमा-प्राप्त/ डिप्लोमा-धारक व्यक्ति

diploma\tic /डिप्लअमै\टिक/ *adj.* 1 कूटनीतिक, राजनयिक: **~tic** negotiations 2 (***syn.*** tactful) व्यवहार-कुशल;

dw/lw: **~tically** /~टिकलि/ *adv.* व्यवहार-कुशलतापूर्वक; **~tize/ ~tise** /~टाइज/ *v., pt.* ~tized, *pp* ~tizing कूटनीति का पालन क.;

collocations: **~tic bag/** *US* **~tic pouch** कूटनीतिक डाक थैला; **~ic corps** राजनयिक समुदाय; **~tic immunity** राजनयिक को मिलने वाली कानूनी सुरक्षा; **~tic relations** कूटनीतिक रिश्ते-नाते

dipo\le /डाइपोल/ *n.* द्विध्रुव;

dw/lw: **~lar** *adj.* द्विध्रुवीय: ~lar world

diplopia/ diplopy /डिपलोपिआ/ डिपलोपि/ *n., med.* दोहरी दृष्टि या नजर

dipnoan /डिप्नोअन/ *adj.* द्विश्वासी, दो तरह से सांस लेने वाला

DIPP *abbr.* 'Department of Industrial Policy & Promotion' की प्रथमाक्षरी

dipped *pt.,* **dip** का भूतकालिक रूप

dipper /डिपः/ *n.* 1 पानी निकालने का लंबी डंडी वाला नपना 2 डुबकी लगाने वाली चिड़िया 3 (**Dipper, the**) सप्तर्षि मंडल 4 प्रकाश-मंदक: use ~ at night (रात में गाड़ी चलाते समय प्रकाश मंदक का प्रयोग करें!)

dipping *pp,* **dip** का वर्तमानकालिक कृदंत रूप

dipsetic /डिप्सेटिक/ *adj.* जिससे प्यास लगे

dipp\y /डिपी/ *adj., degr.* **~ier, ~iest** *colloq.* 1 सनकी: **~y** about dogs 2 मूर्ख

DIPR *abbr.* 'Defence Institute of Psychological Research (DRDO Delhi)' की प्रथमाक्षरी

dipsomania /डिप्सअमेनिआ/ (*also* **dipso**, *pl.* **dipsos**) *n.* शराब पीने की हूक, मद्योन्माद;

dw/lw: **dipsomania\c** /डिप्सअमेनिऐक/ *n.* (***syn.*** alcoholic) जिस में शराब पीने की हूक उठती हो, मद्योन्मादी, बेवड़ा

dipsosis /डिप्सोसिस/ *n.* अत्यधिक प्यास लगने की बीमारी

dipstick /डिपस्टिक/ *n.* गहराई नापने का पैमाना, नपनी

DipSW *abbr.* 'Diploma in Social Work' की प्रथमाक्षरी

dipswitch /डिपस्विच/ *n.* मोटरगाड़ी की तेज रोशनी का मंदक-स्विच

dípter\a /डिप्टेरा/ *n.* द्विपंखी कीट;

dw/lw: **~al** /डिप्टअरल/ *adj.* द्विपक्षी

diptych /डिप्टिक/ *adj., art* द्विफलक

dir *abbr.* 'Director' का संक्षेप

dirdum /डःडम/ *n., colloq.* 1 शोर-शराबा 2 चीख-चिल्लाहट 3 ऊंचे स्वर में की जाने वाली निंदा या आलोचना

dire /डायः/ *adj.* 1 अति गंभीर या बुरा: ~ revenge 2 भीषण, भयानक, घोर: ~ necessity 3 दारुण: ~ poverty 4 अति कठिन 5 विनाशकारी: ~ foe 6 अत्यावश्यक, जरूरी;

dw/lw: **~ful** *adj.* भयानक, भयावह, अति गंभीर या बुरा, दारुण

direct /डाइरे\क्ट/ डिरे\क्ट/ डअरे\क्ट/ *adj.* 1 सीधा, सरल, सबसे छोटा (रास्ता): a ~ link 2 प्रत्यक्ष: ~ tax 3 स्पष्ट, सीधा-सीधा: ~ statement 4 तात्कालिक: the ~ cause of the accident 5 साक्षात, किसी का सीधा कथन से संबंधित: ~ speech 6 वंशागत: a ~ descendant of Mahatma Gandhi 7 बिल्कुल, सर्वथा ठीक, ठीक उल्टा, ऐन: a ~ opposite 8 खुल्लम-खुल्ला, सीधा, बेबाक: ~ charge (सीधा आरोप); ~ influence 9 सीधे स्रोत से: ~ knowledge 10 लंबाकार, सीधे आने या पड़ने वाली: ~ sun light 11 (व्याकरण में) प्रधान, मुख्य, सीधा, सीधी: ~ speech 12 मूल, आधिकारिक 13 एक व्यक्ति से सीधे दूसरे के साथ होने वाला: ~ contact, ~ communication 14 सीधी रेखीय: ~ route 15 सामने का, समकक्ष 16 सीधा-सादा, ईमानदार, भोला-भाला, खरा, सच्चा: a ~ person;

v., pt. **~ed,** *pp* **~ing** 1 (***syn.*** order) निर्देशित क., आदेश दे.: ~ sb to do sth/ sth to be done/ that sth be done 2 संचालन क.: ~ sb in matters of diplomacy 3 रास्ता दिखाना, मार्ग-दर्शन क.: ~ sb to railway station 4 नियंत्रण में ले. या क. 5 निशाना साधना: ~ sth against/ at/ towards, etc. sb/ sth; ~ measures against sth 6 लक्ष्य की ओर ले जा.: ~ one's energies to sth 7 मोड़ना, घुमाना, उन्मुख क.: ~ one's attention to sth 8 पते पर भेजना: ~ one's steps to a house; ~ a letter to sb 9 किसी को संबोधित क.: ~ one's words to sb 10 फिल्म, नाटक आदि निर्देशित क.: ~ an orchestra/ a film/ a play;

adv. 1 सीधे: fly ~ to London 2 सबसे छोटे रास्ते से 3 तुरंत 4 सीधे संबंधित व्यक्ति से: deal ~ with sb;

dw/lw: **~ed** /~क्टिड/ *adj.* 1 निर्दिष्ट 2 उद्दिष्ट: ~ed energy weapon (लेजर किरण-पुंज से प्रक्षेपास्त्रों को हवा में मार गिराने वाला अति उत्कृष्ट अस्त्र); **~ness** /~क्टनेस/ *n.* स्पष्टता, साफगोई, बिना किसी लाग-लपेट के: ~ness of speech;

collocations: **~ Access** *comput.* कंप्यूटर में सूचनाओं और आंकड़ों को सीधे प्राप्त करने की सुविधा; ~ **action** सीधी कार्रवाई; ~ **ancestor** वंशागत पूर्वज; ~ **cost** प्रत्यक्ष लागत; ~ **current**, (*abbr.* **DC**) सीधी विद्युत-धारा, सीधी धारा; ~ **debit** *finance* किसी की ओर से बैंक से सीधे पैसे निकालने का अनुबंधन, बैंक को दिए गए निर्देश जिनके अनुसार खाते से निर्धारित राशि निकाली जा सकती है; ~ **drilling** *agric.* खेत की एक साथ की जाने वाली जुताई और बिजाई; ~ **election** प्रत्यक्ष निर्वाचन; ~ **financing** प्रत्यक्ष वित्तीयन; ~ **hit** सीधी चोट या निशाना; ~ **labour** ठेकेदार

की बजाए सीधे लिए जाने वाले मजदूर; ~ **mail** लोगों सीधे डाक से भेजे जाने वाले विज्ञापन; ~ **marketing**/ ~ **selling** *comm.* (बिना बिचौलिए के) टेलीफोन, इंटरनेट आदि द्वारा सीधे क्रय-विक्रय; ~ **method** भाषा आदि सिखाने की एक विधि जिसके तहत अनुवाद किए बिना शब्दों के अर्थ या व्याकरण के नियम समझाए जाते हैं; ~ **object** ≠ **indirect object** व्याकरण में ऐसी वस्तु या व्यक्ति जिस पर क्रिया का सीधा प्रभाव पड़ता है (मुख्य कर्म, कर्म कारक का प्रयोग): read a *book*; ~ **proportion** अनुलोम अनुपात; ~ **reading** सीधी रिपोर्ट; ~ **rule** प्रांतों आदि में सीधा केंद्र का प्रशासन; ~ **speech** साक्षात या प्रधान कथन; ~ **tax** प्रत्यक्ष कर;

direction /डायरेक्श\न/ डिरेक्श\न/ डअरेक्श\न/ *n.* 1 दिशा, ओर: in sb's ~; change ~; in the opposite/ other ~ 2 निर्देशन: ~ of a film 3 संचालन, निदेशन, नियंत्रण: ~ of a bank 4 आदेश, निदेश: give **~s** to sb 5 (*usually* **~s**) निर्देश, पथ-प्रदर्शन: **~s** for use 6 पता, ठिकाना, क्षेत्र 7 प्रेरणा: work under sb's ~ 8 दृष्टिकोण, नजरिया, पहलू 9 लक्ष्य, ध्येय: a clear sense of ~;
dw/lw: **~al** /~नल/ *adj.* 1 दिशा-संबंधी 2 आदेशात्मक 3 दिशात्मक: ~al aerial (एक ही दिशा में रेडियो तरंग प्राप्त करने व भेजने वाला एरिअल); **~-finder** *n.* दिशा-बोधक; **~-indicator** *n.* दिशा-सूचक; **~less** *adj.* दिशाहीन; **~s** *n. [pl.]* प्रयोग या कार्यविधि के बारे में निर्देश;
collocations: **~al drilling** *oil industry* लंबाकार खुदाई के कुओं की बजाए एक साथ कई कुएं (तेल आदि के) खोदने का तरीका; **~al sign** दिशासूचक संकेत;
reforms in many ~s कई दिशाओं (क्षेत्रों) में सुधार; **sense of** ~ दिशा-आभास, सही दिशा का पता लगाने का हुनर; **stage** ~ नाटक में स्टेज के बारे में लेखक के निर्देश;
p&i: **as per ~s** निर्देशानुसार; **follow the ~ of one's instinct** अपने सहज बोध के निर्देशों पर चलना; **from all/ in all ~s** सब ओर से/ सब ओर, सब दिशाओं में; **in the right/ wrong** ~ सही/गलत दिशा में; **in the ~ of sth** किसी चीज की ओर

directive /डिरेक्टिव/ डाइरेक्टिव/ *n.* 1 निर्देश 2 निदेश 3 निदेश पत्र;
adj. 1 निर्देश देने वाले 2 नियंत्रक 3 निर्देशक 4 निदेशात्मक;
collocations: ~ **principles** निदेशक सिद्धांत

directivity /डिरेक्टिविटि/ *n.* निदेशात्मकता

directly /डायरेक्ट्लि/ डअरेक्ट्लि//डिरेक्ट्लि/ *adv.* 1 सीधे: ~ responsible 2 (***anton.*** in~) प्रत्यक्ष रूप से, प्रत्यक्षतः: stand ~ in the path 3 सीधे-सीधे 4 (***syn.*** immediately) तुरंत, अभी, बिना किसी देर के, बहुत जल्द 5 (***syn.*** exactly) एकदम (बाद या पीछे): ~ after/ behind/ opposite, etc. 6 साफ-साफ, सीधे: come ~ to the point 7 सीधी वंशागत पंक्ति में: ~ descended 8 सीधे (जाना आदि): go ~ to the school;
p&i: **~ one gets home** घर पहुंचते ही

director /डाइरे\क्टः/ डिरे\क्टर/ डअरे\क्टर/ *n.* 1 निदेशक: ~ of photography 2 निर्देशक, संचालक 3 *music, esp. N. Amer.* संगीत-मंडली का संचालक 4 स्कूल, संस्थान आदि का निदेशक: ~ of studies 5 यंत्र-चालक;
dw/lw: **~ate** /~क्टअरेट/ *n.* निदेशालय, निदेशक-मंडल, संचालक मंडल; **~ial** /~क्टोरिअल/ *adj.* निदेशकीय; **~ship** /~क्टःशिप/ *n.* निदेशन; **director\y** /~क्टरि/ *n., pl.* ~ies 1 निदेशिका 2 निर्देशिका 3 वर्णक्रम में नामों, पतों व टेलीफोन नंबरों आदि की सूची: telephone ~y; ~y enquiries;
collocations: **~'s chair** हल्की, कपड़े की सीट वाली, मुड़वां (folding) कुर्सी; ~ **general** *pl.* **~s-general/ director-~s** महानिदेशक;
board of ~s निदेशक-मंडल

direct\ress /डाइरेक्ट्रिक्स/ डिरेक्ट्रिक्स/ डअरेक्ट्रिक्स/ (*also* **~rix**) *n.* महिला निदेशक;

direct\rix /डाइरेक्ट्रिक्स/ डिरेक्ट्रिक्स/ डअरेक्ट्रिक्स/ (*also* **~ress**) *n., pl.* **~rices** संचालिका, महिला निदेशक

direful see *above under* **dire**

dirемption /डाइरेंपशन/ *n.* द्विभाजन

direption /डाइरेप्शन/ *n.* लूट-पाट

dirge /डःज/ *n., sometimes derog.* 1 (मृत्यु के कारण) शोक-संतप्तता 2 सयापा, विलाप 3 शोक-गीत

dirigibility /डिरिजिबिलिटि/ *n., aviation* 1 चलने में सक्षमता 2 स्टियरिंग व्हील का उचित नियंत्रण 3 सही मार्ग का पालन

dirigible /डिरिजिबल/ डिरिजअबल/ *adj.* 1 नियंत्रणीय, निदेश्य, निर्देश्य 2 जिसे चलाया जा सके;
n. *tech.* विमान

dirigisme /डिरिजिजम/ *n.* शासन का समाज और आर्थिक ढांचे पर नियंत्रण

diriment /डिरिमंट/ *n.* रद्द करने वाला, शून्यकारी

dirk /डःक/ *n.* खुखरी, कटार: ~-knife;
v., *pt.* **~ed**, *pp* **~ing** खुखरी भोंक दे.

dirndl /डंडल/ (*also* **dirndl skirt**) *n., Ger.* ऐल्प (Alps) पर्वतीय क्षेत्र की किसान औरत की पारंपरिक पोशाक

dirt /डःट/ *n.* 1 गंदगी: covered with ~ 2 मिट्टी, धूल, गर्द, गर्द-गुबार: wade through ~ 3 धूल भरा स्थान 4 निकम्मा आदमी या निकम्मी वस्तु 5 अनाप-शनाप, नीचतापूर्ण बात: do sb ~ 6 अश्लीलता, अश्लील भाषण व लेखन: flood the book-market with ~ 7 टट्टी-पेशाब: dog ~ 8 घटिया अफवाहें व चुगली: get some ~ on sb;
adv. बहुत, अत्यधिक: ~ cheap/ poor (बहुत सस्ता/ गरीब);
dw/lw: **~-cheap** *adj.* कौड़ी के दाम; **~ily** /डःटिलि/ *adv.* 1 गंदे ढंग से 2 नीचतापूर्वक 3 बेईमानी से; **~iness** *n.* गंदगी, मैलापन;
collocations: ~ **bike** कच्ची व ऊबड़-खाबड सड़कों पर चलने वाली मोटर-साइकिल; ~ **farmer** *US* अपने खेत पर स्वयं खेती करने वाला किसान; ~ **poor** अत्यधिक गरीब; ~ **road** *Austral. & NZ, US* कच्ची सड़क; ~ **track** 1 कच्ची सड़क 2 राख से बना मोटर-साइकिल पथ: a ~ track race; **yellow** ~ सोना;
p&i: **~ is dirtiest upon the fairest spot** अच्छों की बुराइयां जल्दी नजर आती हैं;
as cheap as ~ मिट्टी के मोल, बहुत सस्ता; **common as** ~ मामूली-सा; **dig up ~ on sb** किसी पर गंदगी उछालना; **dish (out) the** ~ गंदी बातों का प्रचार क.; **do the ~ on sb** किसी को ठगना, धोखा दे.; **eat** ~ चुपचाप अपमान सह ले., धूल चाटना; **fling ~ about** चुगली करते फिरना; **hit pay** ~ सोने की मुर्गी हाथ लग जा.; **hit the** ~ चलती गाड़ी से सामान चुराना; **never cast ~ into that fountain of which thou hast sth drunk** जिस थाली में खाया है उसमें छेद मत करो; **throw ~ on sb** कीचड़ उछालना; **treat sb like** ~ तुच्छ समझकर बुरा व्यवहार क.

dirtiness *see above under* **dirt*: dw/lw***

dir\ty /डःटि\/ *adj., degr.* **~tier**, **~tiest** 1 धूल भरा: **~ty** hands 2 गंदा, मैला, मैला-कुचैला: a **~ty** job/ task 3 अश्लील, गंदा, पोर्नोग्राफीय: **~ty** films; **~ty** novel 4 अनुचित, घिनौनी: **~ty** tricks; **~ty** talk/ joke 5 बरसाती या तूफानी (मौसम): **~ty** night/ weather/ clouds 6 फीका, मैला (रंग): **~ty** green 7 नापसंदगी जाहिर करने वाला: a **~ty** looks 8 खेल भावना के विरुद्ध: a **~ty** tackle 9 अवैध नशीले पदार्थों का सेवन करने वाला;
v., *pt.* **~tied**, *pp* **~tying**, *s/he/it* **~ties** गंदा या मैला क.;
adv. घिनौने तरीके से: fight **~ty** (घिनौने ढंग से लड़ना); play **~ty**;
dw/lw: **~tily** /~लि/ *adv.* घिनौने ढंग से; **~tiness** /~नेस/ *n.* नीचता, कमीनापन; **~ty-dog** *n.* गंदा/ बेईमान/ नीच/ घिनौना आदमी;
collocations: **~ty bomb** परमाणु बम; **~ty linen** *colloq.* व्यक्तिगत (पारिवारिक) बातें या झगड़े; **~ty mind** कुत्सित मन; **~ty money** गलत पैसा, काला पैसा; **~ty old man** *colloq.*

घाट-घाट का पानी पिए हुआ शैतान; **~ty tricks** घिनौनी चालें; **~ty tricks campaign/ ~ty tricks operation/ ~ty tricks department** घिनौनी चालों का अभियान/ विभाग; **~ty week-end** लंपटतापूर्ण सप्ताहांत; **~ty word** 1 अश्लील कथन 2 अपशब्द 3 जनता या किसी समूह विशेष के लिए अमान्य शब्द; **~ty work** *colloq.* 1 घिनौना काम, व्यवहार 2 मैला-कुचैला बना देने वाला काम;

p&i: **~ty water will quench fire** कामेच्छा की पूर्ति किसी भी औरत से हो सकती है;

be a ~ty word अनैतिक काम; **do sb's ~ty work** किसी के लिए या किसी के कहने पर घिनौने काम सिरे चढ़ाना; **do the ~ty on sb** *colloq.* किसी के साथ घिनौनी बात या काम क., ठगना; **give sb a ~ty look** किसी को गुस्से से घूरना; **play ~ty** ठगना, धोखा दे.; **wash one's ~ty linen in public** *colloq.* परिवार के अंदर की बातों या झगड़ों को सरे-आम दिखाना

dis (*also* **diss**) /डिस/ *v., pt.* **~ed**, *pp* **~ing** अपमानजनक बातें कहकर किसी के प्रति अनादर जताना

dis- /डिस-/ *prefix, forming words denoting:* 1 **opposite** (विपरीत): **dis**agree, **dis**like 2 **reversal of the action** (उल्टाव, निरस्तीकरण): **dis**assemble 3 **removal/ undoing** (समाप्ति, निरस्तीकरण): **dis**member; **dis**gruntled

disabili\ty /डिसअबिलिटी/ *n., pl.* **~ties** 1 अशक्तता, असमर्थता: **~ty to** do any thing 2 *law* अयोग्यता, अवैधता 3 अक्षमता 4 विकलांगता: **~ty** insurance; **~ty** pension

disa\ble /डिसेबल\/ *v., pt.* **~bled**, *pp* **~bling** 1 असमर्थ/ अशक्त/ अक्षम या अपाहिज बनाना, पंगु कर दे. 2 निरस्त क., बंद क. 3 अवैध ठहराना 4 यंत्र या मशीन को बिगाड़ दे.;

dw/lw: **~bled** /~ड/ *adj.* 1 असमर्थ, अशक्त, अक्षम 2 पंगु, अपाहिज, विकलांग, अपंग: ~bled soldier 3 निरस्त 4 बिगड़ी हुई: ~bled motor; **~blement** /~मंट/ *n.* 1 यंत्र का बिगड़ाव 2 इंसान का अक्षमताकरण 3 अवैधीरण

disabu\se /डिस्-अब्यूज/ *v.* (*always* **~se sb of sth**) *pt.* **~sed**, *pp* **~sing** 1 सही रास्ते पर लाना, धोखा मिटाना 2 सही होने का भ्रम दूर क.

disaccord /डिसअकॉःड/ *n.* 1 मतभेद, फूट 2 असमरसता

disacknowled\ge /डिस-अकनॉलिज/ *v., pt.* **~ged**, *pp* **~ging** अस्वीकार क.

disadvanta\ge /डिस-अड्वां\टिज/ *n.* 1 प्रतिकूल स्थिति: have/ face a **~ge** 2 असुविधा, परेशानी, कष्ट, कठिनाई: be oppressed by one's **~ges** 3 घाटा, हानि, नुकसान: sell to **~ge** 4 अहित, अपकार: be at a **~ge**; a **~ge** for sb 5 कमी, कमजोरी, बाधा: a big/ the main/ a major/ a serious **~ge**;

v., *pt.* **~ged**, *pp* **~ging** 1 परेशानी में डालना 2 नुकसान क.;

dw/lw: **~ged** /~टिजड/ *adj.* 1 प्रतिकूलता-ग्रस्त 2 वंचित, दलित, दमित, शोषित: economically ~ged people; **disadvanta\geous** /~टेजिअस/ *adj.* (***anton.*** advantageous) असुविधापूर्ण, अहितकर

p&i: **a ~ge of (doing) sth** कुछ करने से होने वाला नुकसान; **at a ~ge** प्रतिकूल स्थिति में, घाटे में; **the advantages and ~ges (of sth)** किसी बात की बदौलत होनेवाले फायदे व नुकसान

disaffect /डिस्-अफे\क्ट/ *v., pt.* **~ed**, *pp* **~ing** 1 विरक्त कर दे. 2 मनमुटाव पैदा क. 3 भड़काना, असंतोष फैलाना 4 राजद्रोही बनाना;

dw/lw: **~ed** /~क्टिड/ *adj.* 1 विरक्त, उदासीन 2 असंतुष्ट 3 अप्रसन्न 4 अनिष्ठ; **~edly** /~क्टिडलि/ *adv.* विरक्त या उदासीन ढंग से; **~edness** /~क्टिडनेस/ *n.* विरक्तता, उदासीनता; **~ion** /~क्शन/ *n.* 1 विराग, असंतोष 2 असंतुष्टता, अनिष्ठा

disaffilia\te /डिस्-अफिलिए\ट/ *v., pt.* **~ted**, *pp* **~ting** 1 (*often* **~te to/ from sb/ sth**) असंबद्ध क. 2 अलग कर दे., पृथक कर दे.;

dw/lw: **~tion** /~शन/ *n.* अमान्यता, अलगाव

disaffirm /डिस-अफःम/ *v., pt.* **~ed**, *pp* **~ing** 1 खंडन क., नकारना 2 *law* निरस्त क., रद्द क.

disafforest/ disforest /डिस-अफौरि\स्ट/ डिसफौरि\स्ट/ *US* डिसफाःरि\स्ट / *v., pt.* **~ed**, *pp* **~ing** पेड़ काटना, जंगल खत्म क.;

dw/lw: **~ment/ ~ation** /~स्टमंट/ ~स्टेशन/ *n.* जंगल का खात्मा, अवनीकरण

disagree /डिसअग्री\/ *v., pt.* **~d**, *pp* **~ing** 1 असहमत हो.: ~ with sb; we always ~ 2 मतभेद हो., न पटना: the two theories ~ 3 भिन्न हो.: ~ with the facts 4 *euphemistic* विवाद या झगड़ा हो. या क.: ~ with sb over a matter 5 अनुकूल न हो., से मेल न खाना: the climate **~s** with sb's health; ~ with an opinion 6 हानिकर हो.: ~ with one's digestion;

dw/lw: **~able** /~एबल/ *adj.* 1 अप्रिय, अरुचिकर: ~able odour 2 चिड़चिड़ा 3 झगड़ालू; **~ability/ ~ableness** /~एबिलिटि/ ~एबलनेस/ *n.* मनमुटाव, विवादता, भिन्नता; **~ably** /~एबलि/ *adv.* अप्रिय ढंग से; **disagree\ment** /~मंट/ *n.* 1 असहमति, मतभेद: ~ment in the cabinet 2 अलग-अलग राय 3 मनमुटाव 4 विवाद, झगड़ा 5 भिन्नता: ~ment between the evidence of the two sides

disallow /डिस-अला\उ/ *v., pt.* **~ed**, *pp* **~ing** 1 अनुमति न दे. 2 *law* नामंजूर क.: ~ a claim (दावा नामंजूर क.) 3 अस्वीकार क.: ~ a charge (आरोप खारिज क.) 4 अवैध ठहराना;

dw/lw: **~ance** /~उंस/ *n.* अस्वीकृति, नामंजूरी

disambigua\te /डिस-ऐंबिग्युएट/ *v., pt.* **~ted**, *pp* **~ting** अस्पष्टता दूर क., दुविधा दूर क.

disanchor /डिस-ऐंकः/ *v., pt.* **~ed**, *pp* **~ing** लंगर खोलना या उठाना

disapparel /डिस-अपअरल/ *v., pt.* **~led**, *pp* **~ling** वस्त्र उतारना

disappear /डिस-अपी\अः/ *v., pt.* **~ed**, *pp* **~ing** 1 लुप्त हो जा. 2 ओझल हो जा.: the ship **~ed** behind a cliff 3 (***syn.*** vanish) गायब हो जा.: ~ into thin air (बिना किसी नामोनिशान के गायब हो जा.) 4 किसी को राजनीतिक कारणों से जेल में डालकर या मारकर गायब कर दे. 5 मिट जा.: the stamp has **~ed** 6 अस्तित्व समाप्त हो., समाप्त हो जा.;

dw/lw: **disappear\ance** /~अरंस/ *n.* 1 लोप 2 अदृश्यता 3 अंतर्धान 4 समाप्ति; **~ing** /~अरिंग/ *adj.* विलोपी

disappoint /डिस-अपॉइं\ट/ *v., pt.* **~ed**, *pp* **~ing** 1 निराश क. या हो., हताश क. या हो.: **~ed** in his friend 2 दिल तोड़ना, आशाओं पर पानी फेरना: ~ sb's hopes 3 निष्फल या व्यर्थ क.: ~ sb's plans 4 नष्ट क., चकनाचूर क.;

dw/lw: **~ed** /~टिड/ *adj.* 1 निराश, हताश: ~ed look 2 ठगा हुआ; **~ing** /~टिंग/ *adj.* निराशाजनक: ~ing performance; **~ingly** /~टिंगलि/ *adv.* हतोत्साही ढंग से; **disappoint\ment** /~टमंट/ *n.* 1 निराशा, हताशा: vivid ~ment; to my great ~ment; the meeting was a great ~ment 2 निराशा का स्रोत: he is a great ~ment to his parents 3 विफलता: suffer ~ments;

p&i: **~ment is the nurse of wisdom** निराशा विवेक की धात्री है

disapprobation /डिसैप्रअबेशन/ *n., formal* 1 अस्वीकृति, नापसंदगी, विशेषकर नैतिक आधार पर निंदा 2 तिरस्कार

disapproval /डिस-अप्रूवल/ *n.* 1 अस्वीकृति: shake one's head in ~ 2 तिरस्कार

disappro\ve /डिस्-अप्रू\व/ *v., pt.* **~ved**, *pp* **~ving** (*usually* **~ve of sth/ sb**) 1 अस्वीकृत क., नापसंद क.: **~ve** of an action 2 अनुचित समझना: **~ve** sb's conduct 3 निंदा क.: **~ve** of sb;

dw/lw: **~ving** /~विंग/ *adj.* नापसंदगी से भरा, तिरस्कारपूर्ण; **~vingly** /~विंगलि/ *adv.* नापसंदगी से: look at sb ~vingly

disarm /डिसाःम/ *v., pt.* **~ed**, *pp* **~ing** 1 निरस्त्र या निःशस्त्र क. या हो. 2 हथियार त्याग दे. या छुड़वा दे.: ~ one's opponent 3 असहाय बना दे., निष्क्रिय बनाना: **~ed** by his frankness 4 आक्रामक रुख को नरम बना दे., शक को कम करवाना: ~ sb's anger 5 निहत्था क. या हो.: ~ fort 6 निरस्त्रीकरण क. 7 हथियार या हथियारबंद सेनाएं कम क. 8 बम का फ्यूज हटाना: ~ mines;
dw/lw: **disarm\ament** /~मअमंट/ *n.* हथियार त्याग, निरस्त्रीकरण, निशस्त्रीकरण, अस्त्र-शस्त्रों या सेना में कटौती: general/ complete (total)/ partial ~ment; **~ing** /~मिंग/ *adj.* आक्रामक रुख में नर्मी ला सकने वाला, सम्मोहक, मनमोहक; **~ingly** /~मिंगलि/ *adv.* मनमोहक ढंग से;
collocations: **nuclear ~ament** परमाणु निशस्त्रीकरण

disarran\ge /डिसअरेंज/ *v., pt.* **~ged**, *pp* **~ging** 1 अव्यवस्थित कर दे. 2 अस्त-व्यस्त कर दे: **~ge** one's hair 3 क्रम भंग कर दे. 4 विघटित कर दे., तोड़ दे., बिगाड़ दे.: **~ge** sb's plans;
dw/lw: **~gement** /~जमंट/ *n.* अव्यवस्था, अस्तव्यस्तता

disarray /डिस-अरे/ *n.* 1 अव्यवस्था 2 अस्त-व्यस्तता: everything in ~ 3 गड़बड़ी 4 क्रम भंग;
v., pt. **~ed**, *pp* **~ing** 1 अव्यवस्थित/ अस्त-व्यस्त कर दे. 2 गंदा क. 3 नग्न क.

disassem\ble /डिस-असेंबल/ *v., pt.* **~bled**, *pp* **~bling** 1 अलग-अलग कर दे. 2 मशीन को खोलकर पुर्जों को अलग-अलग क.

disassocia\te /डिस-असोशिएट/ (= **dissociate**) *v., pt.* **~ted**, *pp* **~ting** अलग हो जा., (अपने को) अलग-थलग रखना, से दूर रहना;
dw/lw: **~tion** /~शन/ *n.* अलगता-थलगता

disas\ter /डिजाःस्टः/ *US* डिजैस्टः/ *n.* 1 बर्बादी, विनाश, तबाही: bring **~ter** upon sb 2 घोर विपदा: **~ter** struck 3 पूर्ण असफलता, पराजय: political **~ter** 4 दुर्घटना 5 घोर दुर्भाग्यपूर्ण स्थिति, बदहाली;
dw/lw: **~terous** /~स्टरस/ *adj.* 1 (***syn.*** catastrophic) अनर्थकारी, विनाशकारी, तबाही मचाने वाला 2, दुर्भाग्यपूर्ण 3 बहुत खराब: ~terous effects; **~terously** /~स्टरसलि/ *adv.* दुर्भाग्यपूर्ण ढंग से
collocations: **~ter area** 1 दुर्घटना क्षेत्र 2 आपदा-क्षेत्र 3 गंदा स्थान; **~ter management** दुर्घटना या विपदा से निपटने की कला या दक्षता; **~ter unit** आपदा में फंसे लोगों की सहायता करने वाला दस्ता;
a natural ~ter प्राकृतिक आपदा; **complete/ major/ terrible/ unmitigated ~ter** सर्वव्यापी/ घोर/ भयानक/ निष्ठुर तबाही;
p&i; **~ter happens/ strikes** तबाही मचती है/ टूट पड़ती है; **bring/ cause ~ter** आपदा ला./ पैदा क.; **court ~ter** आ बैल मुझे मार!; **prevent ~ter** आपदा को रोकना

disattribution /डिसैट्रिब्यूशन/ *n.* किसी रचना के लेखक का नाम रद्द क., किसी के रचना का लेखक होने को अमान्य ठहराना

disattune /डिस-अट्यून/ *v., pt.* **~d**, *pp* **disattuning** बेसुरा ब., बेमेल क.

disavow /डिस-अवाउ/ *v., pt.* **~ed**, *pp* **~ing** 1 अस्वीकार क., न मानना, पल्ला झाड़ना 2 किसी बात की जानकारी, जिम्मेवारी से इन्कार क.;
dw/lw: **~al** /~अल/ *n.* इन्कार, अस्वीकृति

disband /डिस्बैंड/ *v. pt.* **~ed**, *pp* **~ing** 1 (मंडली आदि को) भंग क. 2 तोड़ दे. 3 छिन्न-भिन्न हो. या क. 4 विघटित क. या हो.: ~ an army;
dw/lw: **~ment** /~मंट/ *n.* विघटन, भंग

disbar /डिस्बाः/ *v. pt.* **~red**, *pp* **~ring** *law* किसी को वकीलों के संगठन (bar) से निकाल दे.;
dw/lw: **~ment** /~मंट/ *n.* बार की सदस्यता की रद्दगी

disbelief /डिस्बिलीफ/ *n.* अविश्वास, शंका: look at sb in ~

disbelie\ve /डिस्बिलीव/ *v., pt.* **~ved**, *pp* **~ving** 1 विश्वास न क., यकीन न क.: **~ve** a story; **~ve** in sb 2 भगवान में विश्वास न क.: **~ve** in God;
dw/lw: **~ver** /~वः/ *n.* नास्तिक; **~ving** /~विंग/ *adj.* विश्वास न करने वाला

disbenefit /डिस्बेनिफिट/ *n.* 1 कमी, त्रुटि, असुविधा आदि 2 हानि

disboscation /डिस्बॉस्केशन/ *n.* 1 जंगल की कटाई 2 वन क्षेत्र का चरागाहों में परिवर्तन

disbosom /डिस्बूज्म/ *v., pt.* **~ed**, *pp* **~ing** 1 बता दे., प्रकट क. 2 बात/ भेद खोलना

disbranch /डिस्ब्रांच/ *v., pt.* **~ed**, *pp* **~ing** डाल काटना

disbud /डिस्बड/ *v., pt.* **~ded**, *pp* **~ding** कलियों को खत्म कर दे.

disburden /डिस्बःडन/ *v., pt.* **~ed**, *pp* **~ing** 1 भारमुक्त क., बोझ हल्का क., बोझ उतारना: ~ a ship 2 मुक्त हो. या क.: ~ one's mind of guilt feeling; ~ one's cares upon another

disbur\se /डिस्बःस/ *v., pt.* **~sed**, *pp* **~sing** 1 वितरण क., बांटना 2 अदा क., भुगतान क.;
dw/lw: **~sement** /~मंट/ *n.* वितरण, बांट, अदायगी, भुगतान: ~sement of funds

disc (*also US* **disk**) /डिस्क/ *n.* 1 तश्तरी 2 ग्रामोफोन का रिकॉर्ड, तवा 3 *comput.* डिस्क, चक्रिका 4 जोड़ों (घुटनों आदि) की चक्रिका: knee ~ 5 चंद्रमंडल;
dw/lw: **~oid/ ~oidal** /डिस्कॉयड/ डिस्कॉयडल/ *adj.* चक्रकाभ, चक्रिक, डिस्क के आकार का;
collocations: **~ brake** धातु गद्दी को पहिए के चक्रिक ढोल (drum) से दबाकर लगाई जाने वाली ब्रेक; **~ camera** *photog.* डिस्काकार कैमरा; **~ harrow** *agric.* ट्रैक्टर में लगी खेत जोतने की तवेदार हैरो; **~ jockey** (*also* **DJ**) रेडियो, डिस्को आदि में संगीत की डिस्कें चलाने वाला व्यक्ति; **~ parking** गाड़ी खड़ी करने (parking) की एक प्रणाली जिसके तहत गाड़ी के शीशे पर चिपकी गोलाकार पर्चियों पर गाड़ी के खड़ा होने का समय आदि लिखा रहता है; **~ plough** *agric.* ट्रैक्टर में लगने वाली तवे के आकार की हैरो (हल); **~ saw** चक्राकार आरा; **~ wheel** मोटरगाड़ी में लगा पहिया

disc. *abbr.* 'discount', 'discover' का संक्षेप

disca\ge /डिस्केज/ *v., pt.* **~ged**, *pp* **~ging** पिंजरा खोलना, मुक्त क.

DISCOMS *abbr.* 'distribution companies' की प्रथमाक्षरी

discpacita\te /डिस-कपैसिटेट/ *v., pt.* **~ted**, *pp* **~ting** अशक्त या अक्षम बनाना

discard /डिस्काःड/ *v., pt.* **~ed**, *pp* **~ing** 1 त्याग दे.: ~ a hypothesis (अवधारणा को त्याग दे.) 2 फेंक दे.: throw into the ~ (कूड़े में फेंक दे.) 3 बर्खास्त कर दे. 4 छोड़ दे.: it is not good to ~ old friends

discarnate /डिस्काःनिट/ *adj.* देह मुक्त

discern /डिसःन/ *v., pt.* **~ed**, *pp* **~ing** 1 (***syn.*** make out) देखना, पहचानना: ~ an odour; ~ a muffled sobbing 2 समझना-बूझना: ~ the right and wrong (सही, गलत को देख पाना); ~ right from wrong (सही और गलत अंतर कर पाना) 3 भांपना, ताड़ना: ~ the real causes of the problem 4 (***syn.*** detect) दिखना, दिखाई पड़ना, नजर में आना: ~ no difference;
dw/lw: **discern\ible** /~नीबल/ *adj.* 1 (***syn.*** perceptible) दृश्य, दृष्टिगोचर, जो दिखाई दे रहा हो, दिखने वाला: no ~ible difference 2 ज्ञेय, इंद्रियगोचर: ~ible outline; **~ibly** /~नीबलि/ *adv.* स्पष्ट रूप से; **~ing** /~निंग/ *adj.* 1 ताड़ने या भांपने में सक्षम 2 सूक्ष्मदर्शी: ~ing critic 3 विवेकशील, सूझ-बूझ रखने वाला 4 कुशाग्रबुद्धि; **~ment** /~नमंट/ *n.* 1 सूक्ष्मदर्शिता, अच्छी समझ 2 दूरदर्शिता 3 (***syn.*** discrimination) विवेकशीलता, विवेक-बुद्धि: ~ment of character

discerp\tible /डिसःप्टिबल/ *adj.* वियोज्य, जिसे विभक्त या बांटा जा सके;

dw/lw: **~tion** /~प्शन/ *n.* 1 टुकड़ों में बांट 2 कटाव, अलगाव

discharge /डिस्चाःज/ *v., pt.* **~d**, *pp* **discharging** 1 *law* मुक्त क., रिहा क., उन्मुक्त क., छोड़ दे.: ~ a prisoner 2 *law* बरखास्त क., रुखसत क., से छुट्टी क., हटा दे., सेवामुक्त क., भार/ दायित्व से मुक्त क.: ~ a soldier 3 निरावेशित क. 4 (*syn.* unload) भार उतारना, खाली क. 5 दागना, बंदूक चलाना, छोड़ना: ~ a gun 6 कर्त्तव्य पालन क., पूरा क., निभाना: ~ one's duties 7 *law* ऋण चुकाना, अदा क. 8 बहाना, बहना, निकालना: ~ a vessel 9 बैटरी आदि में बिजली का करंट खत्म हो. 10 बैटरी, मोबाइल फोन आदि का चार्ज खत्म हो. 11 बिजली का कौंधना या कड़कना;

n. 1 छुट्टी, रिहाई, बरखास्तगी, छुटकारा: ~ from the army; ~ certificate 2 निरावेशण, रिसाव, स्राव, बहाव: ~ of water from a reservoir; ~-pipe 3 विसर्जन: nasal ~ = ~ of mucus, ~ from a wound 4 अवतारण 5 गोलाबारी: the ~ of the rifle 6 निर्वाह, पालन, कर्तव्यपालन: ~ of one's duties; in ~ of one's functions 7 ऋण का भुगतान: ~ of one's debt/ obligations 8 बरी होने का कार्य: ~ from jail 9 बिजली की कौंध: globular ~ 10 बैटरी या मोबाइल आदि की बिजली की समाप्ति: ~ of mobile battery; electron ~ 11 माल की उतराई: ~ of a ship;

p&i: **~d bankrupt** अदालत के आदेशानुसार ऋण चुका देने वाला

dischuffed /डिस्चफ्ट/ *adj., colloq.* नाराज, निराश, हताश

disciple /डिसाइप्ल/ *n.* 1 (***syn.*** follower) अनुयायी 2 शिष्य, चेला, शागिर्द 3 ईसा मसीह के बारह शिष्यों में से एक;

dw/lw: **~hip** *n.* शिष्यता, शागिर्दी

disciplinarian /डिसअप्लिनेअरिअन/ *n.* 1 कठोर अनुशासक: strict ~ 2 अनुशासन प्रिय व्यक्ति

disciplinary /डिसअप्लिनरि/ *adj.* अनुशासनात्मक, अनुशासनिक: ~ action; ~ proceedings

discipline /डिसअप्लिन/ *n.* 1 अनुशासन, मर्यादा: school/ military ~ 2 आत्म-नियंत्रण, संयम, आत्मसंयम 3 विषय विशेष, शैक्षणिक विषय: academic ~ 4 अनुशासन के पालन के लिए दंड-विधान, अनुशासन की नियमावली: maintain ~ 5 खेलों की शाखा;

v., *pt.* **~d**, *pp* **disciplining** 1 अनुशासित क. 2 आत्म-नियंत्रण की शिक्षा दे.: be **~d** by adversity/ suffering 3 दंड देकर सुधारना: ~ with a rod;

dw/lw: **~d** /डिसअप्लिंड/ *adj.* अनुशासित, मर्यादित, आत्म-नियंत्रित;

collocations: **~s of study** पढ़ाई के विषय

discission /डिसिजन/ *n.* चीरा, विपाटन

disclaim /डिस्क्लेम/ *v., pt.* **~ed**, *pp* **~ing** 1 (***syn.*** deny) पल्ला झाड़ना, जिम्मेवारी से इन्कार क. 2 (***syn.*** renounce) दावा छोड़ दे.: ~ an estate 3 अस्वीकार क.;

dw/lw: **~er** /~र/ *n.* 1 जिम्मेवारी से लिखित इन्कार 2 दावा-त्याग;

p&i: **~ knowledge of** का पता होने से इन्कार क.

disclo\se /डिस्क्लो\ज/ *v., pt.* **~sed**, *pp* **~sing** 1 (***syn.*** reveal) भेद या रहस्य खोलना: **~se** sb's designs (किसी की चालों का पर्दाफाश क.) 2 किसी को गुप्त सूचना सौंपना: **~se** a secret 3 गुप्त स्थान बताना: **~se** a hidden treasure 4 प्रकट क., उघाड़ना: **~se** sb's intensions;

dw/lw: **~sed** /~जड/ *adj.* प्रकटित, प्रकट किया हुआ; **disclo\sure** /~जः/ *n.* 1 (***syn.*** revelation) प्रकटीकरण, भंडाफोड़, रहस्योद्घाटन: ~sures about sb's private life; the ~sures created a scandal 2 भेद, रहस्य को जगजाहिर करने की क्रिया: ~sures of armaments;

collocations: **~sing tablet** ऐसी गोली जिसे चबाने पर निकले रंग से दांतों से हटाई जाने वाली सख्त पपड़ी का पता चल जाता है

disco /डिस्को/ (*also in full* **discotheque**) *n., pl.* **~s** 1 डिस्को, ऐसा स्थान जहां लोग पॉप संगीत के साथ नाचते हैं, डिस्को संगीत;

collocations: **~ dance** डिस्को नृत्य; **~ dress** डिस्को पोशाक; **~ music** डिस्को संगीत

discograp\hy /डिस्कौग्रअफि/ *US* डिस्काःग्रअफि/ *n., pl.* **~hies** (***syn.*** catalogue) एक संगीतकार या गायक की धुनों की सूची

discoid *see above under* **disc:** ***dw/lw***

discolour/ discolor /डिस्क\लः/ *v., pt.* **~ed**, *pp* **~ing** 1 रंग बिगड़ना या बिगाड़ना 2 बदरंग होना या कर दे.: a dress **~ed** by the sun;

dw/lw: **~ation** /~लअरेशन/ *n.* विवर्णन, अपवर्णन, बदरंगीकरण; **~ed** *UK* (*US* **discolored**) /~लःड/ *adj.* बदरंग, विवर्ण, फीका

discombobula\te /डिस्कंबौब्युलेट/ *US* डिस्कंबाःब्युलेट/ *v., pt.* **~ted**, *pp* **~ting** *N. Amer. sl.* 1 परेशान कर दे. 2 किसी को दुखी कर दे. 3 अस्त-व्यस्त क.

discomfit /डिस्कंफि\ट/ *v., pt.* **~ed**, *pp* **~ing** 1 योजना या चाल को परास्त या पराभूत क. 2 विचलित या बेचैन कर दे., परेशान क., घबरा दे. 3 कुंठित कर दे.;

dw/lw: **~ure** /~चः/ *n.* 1 योजनाओं की असफलता 2 परेशानी, घबराहट, बेचैनी

discomfort /डिस्कंफःट/ *n.* 1 असुविधा: ~ of traffic 2 व्यथा, कष्ट, तकलीफ 3 परेशानी, घबराहट 4 (***syn.*** unease) बेचैनी, अशांति;

v., *pt.* **~ed**, *pp* **~ing** 1 बेचैन/ परेशान क. 2 घबराहट पैदा क. 3 कष्ट पहुंचाना;

dw/lw: **~able** /~टअबल/ *adj.* असुविधाजनक

discommend /डिस्कमेंड/ *v., pt.* **~ed**, *pp* **~ing** निंदा या बुराई क., दोष निकालना

discommo\de /डिस्कमो\ड/ *v., pt.* **~ded**, *pp* **~ding** 1 तंग या परेशान क. 2 असुविधा पैदा क.;

dw/lw: **~dious** /~डिअस/ *adj.* असुविधाजनक, कष्टदायक; **~dity** /~डिटि/ *n.* असुविधा, कष्ट, तकलीफ

discompo\se /डिस्कंपो\ज/ *v., pt.* **~sed**, *pp* **~sing** 1 (***syn.*** disconcert) विचलित या व्यथित क., अशांत क., क्षुब्ध क. 2 अस्त-व्यस्त क.;

dw/lw: **~sure** /~जः/ *n.* 1 घबराहट, बेचैनी 2 क्षुब्धता, व्यथा

disconcert /डिस्कन्सःट/ *v., pt.* **~ed**, *pp* **~ing** (***syn.*** disturb) परेशान क., घबराहट पैदा क., क्षुब्ध क.;

dw/lw: **~ed** /~टिड/ *adj.* क्षुब्ध, परेशान, दुखी; **~ing** /~टिंग/ *adj.* परेशान करने वाला, बेचैन करने वाला; **~ingly** /~टिंगलि/ *adv.* बेचैनी से

disconformable /डिस्कअन्फॉःमअबल/ *adj.* 1 असमान, असुविधाजनक

disconformity /डिस्कअन्फॉःमिटि/ *n.* 1 भिन्नता, असमानता, बेमेलता 2 विषमता

disconnect /डिस्कने\क्ट/ *v., pt.* **~ed**, *pp* **~ing** 1 पृथक क., अलग क. 2 जोड़ या क्नैक्शन काटना 3 संबंध तोड़ना;

dw/lw: **~ed** /~क्टिड/ *adj.* 1 (***syn.*** disjointed) पृथक, अलग किया हुआ 2 विच्छेदित, असंबद्ध 3 (***syn.*** incoherent) अस्त-व्यस्त; **~edly** /~क्टिडलि/ *adv.* खोए-खोए-से, असंबद्ध ढंग से; **~ion/ disconnexion** /~क्शन/ *n.* कटाव, संबंध-विच्छेद

disconsola\te /डिस्कौंसअलअ\ट/ *US* डिस्कांसअलअ\ट/ *adj.* 1 जिसका धैर्य न बंधाया जा सके, जिसका धैर्य टूट चुका हो 2 (***syn.*** dejected) उदास और दुखी, हताश, निराश 3 विषादपूर्ण;

dw/lw: **~tely** /~टलि/ *adv.* विषादपूर्वक; **~teness/ ~tion** /~शन/ *n.* खिन्नता, विषाद, उदासी

discontent /डिस्कंटें\ट/ *n.* 1 अप्रसन्नता 2 असंतोष;

dw/lw: **~ed** /~टिड/ *adj.* 1 असंतुष्ट, दुखी: be ~ed with one's position 2 पीड़ित; **~edly** /~टिडलि/ *adv.* दुःख के साथ, खेद के साथ; **~edness** /~टिडनेस/ *n.* असंतुष्टता, अप्रसन्नता, कष्ट; **discontent\ment** /~टमंट/ *n.* 1 अप्रसन्नता 2 असंतोष

discontiguous /डिस्कंटिग्युअस/ *adj.* 1 असंसक्त, जो एक दूसरे से सटा न हो 2 जिनकी सीमा न मिलती हो

discontinuan\ce /डिस्कंटिन्युअंस/ *n.* 1 विच्छिन्नता, विच्छेद 2

समाप्ति: **~ce** of nuclear tests

discontinuation /डिस्कंटिन्युएशन/ *n.* 1 विच्छेद 2 समाप्ति

disconti\nue /डिस्कंटिन्यू/ *v., pt.* **~nued**, *pp* **~nuing** 1 बंद क. या हो.: **~nue** one's work; **~nue** a newspaper 2 छोड़ दे.: **~nue** one's habit 3 रुकना या बंद हो. 4 काम करना बंद क.: **~nue** publication

discontinuity /डिस्कौंटिन्युअटि/ *US* डिस्कांटिनूटि/ *n.* 1 असततता, समाप्ति 2 वैधता का अभाव 3 दरार

discontinuous /डिस्कंटिन्यूअस\/ *adj.* 1 (***syn.*** intermittent) असतत: ~ operation 2 जो लगातार जारी न हो: ~ flight 3 विच्छिन्न;

dw/lw: **~ly** /~लि/ *adv.* अंतरालों के साथ जारी

discontinuum /डिस्कंटिन्यूम/ *n.* विसांतत्यक

discophile /डिस्कोफाइल/ *n.* रिकार्डों का संग्रहकर्ता व शोधकर्ता

discord /डिस्कॉ:\ड/ *n.* 1 असहमति, मतभेद 2 अनबन, झगड़ा, कलह, फूट 3 बेसुरापन, विस्वरता 4 विसंगति 5 कोलाहल, होहल्ला, कर्कश ध्वनि;

v., *pt.* **~ed**, *pp* **~ing** 1 असहमति या मतभेद हो.: ~ with sb on sth 2 मेल न खाना 3 असंगत हो.;

dw/lw: **~ance** /~डंस/ *n.* 1 विस्वरता, बेसुरापन 2 असंगति 3 बेमेल 4 असहमति; **discord\ant** /~डंट/ *adj.* 1 बेमेल, विसंगत: ~ant reports 2 कोलाहलपूर्ण 3 कर्कश, कर्णकटु 4 विस्वर, बेसुरा 5 असहमतिपूर्ण: ~ant voices; views ~ant with modern times

discotheque /डिस्कतेक/ *n.* = **disco**

discount /डिस्कांउट/ *n.* 1 छूट, कटौती, बट्टा: 10% ~ for cash 2 (***syn.*** reduction) मूल्य में कमी: at a ~ 3 मिति-काटा;

v., *pt.* **~ed**, *pp* **~ing** 1 (***syn.*** dismiss) सही न समझना, गिनती में न ले., गौण समझना, गलत समझकर महत्त्व न दे., पर ध्यान न दे., नगण्य समझना: ~ a story; ~ sb's opinion 2 (***syn.*** reduce) बट्टा काटना, मूल्य घटाना, कटौती क. 3 कमीशन दे. 4 विश्वास न क.;

dw/lw: **~er** *n.* (*also* ~ **store**) कम दामों की दुकान;

collocations: ~ **house** 1 *Br.* सरकारी शेयरों (treasury bills) की क्रय-विक्रय करने वाली संस्था 2 (*also* ~ **store**) कम दामों की दुकान; ~ **rate** 1 रियायत दर 2 शेयरों के सुरक्षा पत्र के आधार पर बैंक से धन पाने की ब्याज दर;

p&i: **at a** ~ 1 घटे मूल्य पर, बट्टे पर 2 स्तर से नीचे

discountenan\ce /डिस्काउंटिनंस/ *v., pt.* **~ced**, *pp* **~cing** 1 अस्वीकृत क., अनुमोदन न क. 2 हतोत्साह करने के लिए पूरा होने में बाधा डालना 3 परेशानी पैदा क., उलझन में डालना

discoura\ge /डिस्करि\ज/ *v., pt.* **~ged**, *pp* **~ging** 1 (***syn.*** dishearten) हतोत्साह क., निराश क.: his failures **~ged** him 2 हिम्मत तोड़ना, निरुत्साहित क.: **~ge** the garrison (रक्षक टुकड़ी के प्रतिरोध को तोड़ना) 3 नापसंद क. 4 बाधा डालना 5 रोकना, थामना: **~ge** sb from going somewhere;

dw/lw: **~ged** /~जड/ *adj.* (***syn.*** disheartened) निरुत्साहित, निराश, हिम्मत-पस्त; **~gement** /~जमंट/ *n.* हतोत्साह, उत्साह भंग, निराशा: moment of ~gement; **discoura\ging** /~जिंग/ *adj.* निरुत्साहित/ निराश/ हिम्मत-पस्त करने वाला; **~gingly** /~जिंगलि/ *adv.* हतोत्साहित करते हुए;

p&i: **~ge sb from doing sth** किसी को कुछ करने से निरुत्साहित क.; **~ge smoking** धूम्रपान को रोकना

discour\se /डिस्कॉ:स/ *n.* 1 विमर्श 2 गंभीर बातचीत या विचार-विमर्श 3 अर्थ व्यक्त करने के लिए मौखिक या लिखित भाषा का प्रयोग: spoken/ written **~se** 4 प्रवचन, उपदेश, व्याख्यान: deliver a **~se** 5 औपचारिक भाषण या किसी विषय पर निबंध;

v., pt. **~sed**, *pp* **~sing** 1 व्याख्यान दे., औपचारिक भाषण दे.: **~se** upon sth 2 बातचीत या विचार-विमर्श क.: **~se** on/ upon sth 3 प्रवचन क., उपदेश दे. 4 अर्थ व्यक्त करने के लिए मौखिक या लिखित भाषा का प्रयोग क. 5 लिखित निबंध तैयार क.;

collocations: **~se analysis** *ling.* पाठ को एक संरचना में बांधकर रखने वाले तत्त्वों का अध्ययन करने के लिए भाषा के लंबे उद्धरणों का विवेचन क.; **~se marker** *gramm.* ऐसा शब्द या शब्द समूह जो मौखिक भाषा को भिन्न-भिन्न हिस्सों में बांटता है

discourte\ous /डिस्क:\टिअस/ *adj.* 1 अशिष्ट, बदतमीज 2 अनादरपूर्ण;

dw/lw: **~ously** /~टिअसलि/ *adv.* बदतमीजी से; **~sy** /~टसि/ *n.* 1 अशिष्टता, बदतमीजी 2 अशालीनता

discover /डिस्क\व:/ *v., pt.* **~ed**, *pp* **~ing** 1 खोज निकालना, पाना, पता लगाना: ~ America 2 का अनुभव क. 3 आविष्कार क. 4 प्रकट क., प्रकाश में ला.: ~ a plot (षड्यंत्र का पता लगाना); ~ a secret

dw/lw: **~able** /~वरअबल/ *adj.* जिसे खोजा जा सके; **~er** /~वर:/ *n.* 1 आविष्कारक 2 अनुसंधान कर्ता 3 खोजी 4 शोधकर्ता

discovert /डिस्कव:ट/ *adj.* अविवाहित या विधवा स्त्री संबंधी

discove\ry /डिस्कवरी/ *n., pl.* **~ries** 1 खोज, आविष्कार, ईजाद: recent **~ries** 2 शोध, अन्वेषण 3 उपलब्धि 4 अनुभव 5 प्रचलन, प्रकटन 6 खोज करने की क्रिया 7 अपराधी आदि के पकड़े जाने की क्रिया: in order to avoid the **~ry**, the dacoit changed his hide-out frequently;

collocations: **Discovery Day** अमेरिका के खोजे जाने का दिवस; **~ry well** *oil industry* व्यापारिक तौर से लाभदायक तेल का परीक्षण (exploratory) कुआं;

p&i: **a chance/ new ~ry** अप्रत्याशित/ नई खोज; **make a ~ry** आविष्कार क.

discredit /डिस्क्रेडि\ट/ *v., pt.* **~ed**, *pp* **~ing** 1 बदनाम क., साख बिगाड़ना 2 अविश्वास/संदेह पैदा क.: ~ a report; ~ oneself

n. 1 अविश्वास, संदेह: cast ~ on sb's previous evidence 2 बदनामी: bring ~ upon oneself 3 शर्म: to our ~ (हमारे लिए शर्म की बात); fall into ~ 4 बैंक आदि के लिए साख में गिरावट;

dw/lw: **~able** /~टअबल/ *adj.* 1 अकीर्तिकर, अपयशकारी, बदनामी करने वाला 2 लज्जाजनक, शर्मनाक, निंदनीय

discreet /डिस्क्रीट\/ *adj.* 1 विवेकशील: maintain a ~ silence 2 सावधानीपूर्ण: ~ moderation (सावधानीपूर्ण संयम) 3 बुद्धिमान, सयाना: ~ diplomat;

dw/lw: **~ly** /~लि/ *adv.* सावधानी से, विवेकपूर्वक, समझदारी से; **~ness** /~नेस/ *n.* सावधानी, विवेक, समझदारी

discrepan\cy /डिस्क्रेपंसि/ *n., pl.* **~cies** 1 फर्क 2 विसंगति 3 विरोधाभास

discrete /डिस्क्रीट\/ *adj.* 1 (***syn.*** separate) भिन्न, अलग: ~ categories 2 स्वतंत्र, विशेष 3 असतत: ~ quantity;

dw/lw: **~ly** /~लि/ *adv.* अलग तरह से; **~ness** /~नेस/ *n.* असततता, भिन्नता

discretion /डिस्क्रेशन/ *n.* 1 विवेक, बुद्धिमानी, समझदारी: age of ~/ years of ~ (विवेकपूर्वक जिम्मेवारी निभा सकने की उम्र, विवेक-वयस्क) 2 सूझबूझ: act with ~ 3 विवेक अनुसार फैसला करने की स्वतंत्रता: at sb's ~ (किसी के अपने विवेक पर); within sb's ~; use one's own ~ 4 अलगाव, विभाजन, असंबद्धता;

p&i: **~ in speech is more than eloquence** समझदारी से बोलना धाराप्रवाह बोलने से बेहतर है; **~ is the better part of valour** सावधानी बहादुरी की जान है

discretion\ary /डिस्क्रेशनरि/ (*also* **~al**) *adj.* 1 विशेष अधिकार के तहत होने वाला: **~ary** decision 2 विवेकाधीन: **~ary** powers (विवेकाधिकार);

discretive /डिस्क्रेटिव/ *adj.* विभाजक, वियोजक, असंबद्ध

discrimina\te /डिस्क्रिमिने\ट/ *v., pt.* **~ted**, *pp* **~ting** 1 (*usually* **~te in favour of/ against sb**) भेदभाव क., पक्षपात क.: **~te** in favour of sb 2 दो व्यक्तियों या वस्तुओं में अंतर समझना: **~te** between fact and fiction 3 पृथक क.: this **~ted** him from others 4 फर्क क.: **~te** red from scarlet;

adj. 1 अंतर समझने वाला 2 अलग

dw/lw: **~ting** /~टिंग/ *adj.* 1 सूक्ष्मदर्शी, भिन्न-भिन्न व्यक्तियों या वस्तुओं में फर्क समझ सकने वाला 2 अंतर या फर्क दर्शाने वाला: ~ting mark; ~ting critic 4 (*syn.* differential) विवेकशील, समझदार, अंतर-आधारित: ~ting tariff; **~tingly** /~टिंगलि/ *adv.* भिन्न-भिन्न व्यक्तियों या वस्तुओं में फर्क समझते हुए; **~tive** /~टिव/ *adj.* अंतर या फर्क करने वाला, भेद समझने वाला या दिखाने वाला: ~tive mark (अंतर सूचक चिह्न); ~tive taste (अति सूक्ष्म स्वाद या पसंद); **~tor** /~टः/ *n.* भिन्न-भिन्न व्यक्तियों या वस्तुओं में फर्क समझने वाला, सूक्ष्मदर्शी; **discrimina\tory** /~टरि/ *adj.* पक्षपातपूर्ण, भेदभाव-भरा, भेदभावमूलक

discrimination /डिस्क्रिमिनेशन/ *n.* 1 भेदभाव, पक्षपात, तरफदारी 2 विवेक, सूझबूझ, समझ: show ~ in sth (किसी चीज की पहचान या समझ दिखाना);

p&i: **~ against older workers/ women** बढ़ी उम्र के मजदूरों/ औरतों के साथ भेदभाव; **~ against sb** किसी के विरुद्ध भेदभाव;

age/ racial/ sex ~ आयु/ जाति/ लिंग के आधार पर भेदभाव; **face/ suffer ~** भेदभाव का शिकार हो./ भेदभाव झेलना; **make a ~** अंतर क., के बीच फर्क समझना

disculpa\te /डिस्कुल्पेट/ *v., pt.* **~ted**, *pp* **~ting** दोषमुक्त क.

discursive /डिस्कः\सिव/ *adj.* 1 असंबद्ध, अप्रासंगिक 2 योजनाविहीन 3 घुमंतू 4 सहजजन्य के विपरीत यानी तर्कगत, तर्कजन्य;

dw/lw: **~ly** /~सिवलि/ *adv.* कूदते-फांदते, असंबद्ध तरीके से; **~ness** /~सिवनेस/ *n.* 1 असंबद्धता, अप्रासंगिकता 2 तर्कजन्यता; **discursory** /~सरि/ *adj.* 1 असंबद्ध, अप्रासंगिक 2 तर्कजन्य

discus /डिस्कस/ (*also* **~ throw**) *n., pl.* **~es/ disci** एक भारी धातु से बना गोला जिसे खेल (discus throw) में फेंका जाता है, डिस्कस

discuss /डिस्क\स/ *v., pt.* **~ed**, *pp* **~ing** 1 बहस क., तर्क-वितर्क क.: matter being **~ed** 2 पर विचार-विमर्श क.: ~ the problem 3 किसी मुद्दे पर भाषण/ लेख में विस्तृत टिप्पणी क.;

dw/lw: **~able/ ~ible** /~सअबल/ *adj.* विचार-विमर्श करने लायक; **~ant** /~संट/ *n.* परिचर्चा या विचार-विमर्श में भाग लेने वाला

discussion /डिस्कसन/ *n.* 1 विचार-विमर्श 2 बहस: lively/ keen/ fruitful ~;

collocations: **~ group** 1 विचार-विमर्श समूह 2 (*syn.* colloquium) सेमिनार, कोलोक्वियम;

p&i: **a ~ about sth** किसी बात के बारे में वाद-विवाद, विचार-विमर्श, विचार-विनिमय, बातचीत; **a heated/ lengthy ~** तनावपूर्ण/ लंबी बहस; **be under ~** चर्चाधीन या विचाराधीन हो.; **come up for ~** मुद्दे पर चर्चा हो.; **have/ hold a ~ on sth** किसी मुद्दे पर विचार-विमर्श क.

disdain /डिस्डेन\/ *n.* 1 नफरत, नापसंदगी 2 तिरस्कार, अवहेलना: treat sb with ~;

v., *pt.* **~ed**, *pp* **~ing** 1 नफरत क., नापसंद क.: ~ flattery (चापलूसी से नफरत क.) 2 तिरस्कृत क., अवहेलना क.;

dw/lw: **~ful** /~फुल/ *adj.* (*syn.* contemptuous, dismissive) घृणास्पद, तिरस्कारपूर्ण: ~ful smile; **~fully** /~फुलि/ *adv.* तिरस्कारपूर्वक; **~fulness** /~फुलनेस/ *n.* घृणास्पदता

disease /डिजी\ज/ *n.* 1 रोग, बीमारी: infectious ~ (संक्रामक रोग); immunisation against **~s** (असंक्रमीकरण) 2 व्याधि: heart ~ (दिल की बीमारी) 3 विकार, विकृति: the social ~ of drug addiction;

dw/lw: **~d** /~ज्ड/ *adj.* रोगग्रस्त, व्याधिग्रस्त; **~ness** /~नेस/ *n.* रुग्णता;

collocations: **~ incidence** बीमार पड़ने के आंकड़े; **~ of childhood** बचपन की बीमारी; **~ of left wing infantilism** (*Lenin*) वामपंथी अतिवाद के बचकानापन की बीमारी; **~ of society** सामाजिक व्याधि;

p&i: **~ known is half cured** बीमारी का निदान उसके उपचार की कुंजी है; **~s are the price of ill pleasures** दुर्व्यसन रोग की जननी है;

a chronic/ deadly/ hereditary/ infectious ~ पुरानी/ जानलेवा/ वंशानुगत/ संक्रामक बीमारी; **be affected by/ have/ suffer from a ~** बीमारी से ग्रस्त हो. / रुग्ण हो. / को झेलना; **contract/ develop a ~** बीमारी पकड़ ले. / रोगग्रस्त हो जा.; **detect/ diagnose/ treat/ cure a ~** रोग का निदान या उपचार क.; **dog's ~** नजला-जुकाम; **duck's ~** लंगड़ापन; **the English ~** सूखारोग

diseconomy\my /डिसिकॉनमि/ *n., pl.* **~mies** आर्थिक त्रुटि, उदाहरणतः, निम्न उत्पादकता तथा उच्च लागत (high cost and low productivity)

disedi\fy /डिसेडिफाइ/ *v., pt.* **~fied**, *pp* **~fying** बुरा उदाहरण दे.

disembark /डिसिंबाःक/ *v., pt.* **~ed**, *pp* **~ing** 1 छोड़ दे., त्यागना 2 (*anton.* embark) समुद्री जहाज या विमान आदि से उतरना;

dw/lw: **disembark\ation** /डिसिंबाःकेशन/ *n.* (***anton.*** embarkation) जहाज आदि से उतरने की क्रिया, पोतावरोहण: port of ~ation

disembarrass /डिसिंबैरस\/ डिसेंबैरस\/ *v., pt.* **~ed**, *pp* **~ing** (*usually* **~ sb/ oneself from/ of sth**) मुसीबत से निकालना, मुक्त करवाना;

dw/lw: **~ment** /~मंट/ *n.* मुसीबत से मुक्ति

disembitter /डिसैंबिटः/ *v., pt.* **~ed**, *pp* **~ing** कटुता दूर क.

disembod\ied /डिसिंबौडिड/ *US* डिसिंबाःडिड/ *adj.* देहमुक्त, छिन्न-भिन्न: **~ied** spirit or soul 1 शरीर से अलग हुई आत्मा 2 जो शारीरिक रूप में वजूद में न हो 3 भूतात्मक, प्रेतात्मक;

dw/lw: **~y** *v., pt.* ~ied, *pp* ~ying देह से मुक्त क. या हो.

disembo\gue /डिसिंबोग/ *v., pt.* **~gued**, *pp* **~guing** 1 में गिरना या गिराना 2 में मिल जाना 3 पानी उछालना 4 उगलना

disembosom /डिसिम्बूज़्म/ *v., pt.* **~ed**, *pp* **~ing** भेद खोलना, कलेजा चीरकर दिखाना: ~ oneself to sb (किसी को अपने सारे भेद बता दे.)

disembowel /डिसिंबाउल/ *v., pt.* **~led**, *pp* **~ling** 1 यातना देने के लिए किसी के अंतरंग अंग निकाल दे. 2 विषय-वस्तु से महरूम कर दे.

disembroil /डिसिंब्रॉइल/ *v., pt.* **~ed**, *pp* **~ing** (गुत्थी) सुलझाना

disemburden /डिसिंबःडन/ *v., pt.* **~ed**, *pp* **~ing** बोझ हल्का क.

disena\ble /डिसिनेबल/ *v., pt.* **~bled**, *pp* **~bling** अशक्त/ असमर्थ बनाना

disenchain /डिसिन्चेन/ *v., pt.* **~ed**, *pp* **~ing** बंधनमुक्त क., मुक्त क.

disenchant /डिसिनचां\ट/ डिसअन्चैं\ट/ *v., pt.* **~ed**, *pp* **~ing** 1 भ्रम दूर क. या हो. 2 मोह भंग क. या हो. 3 जादू के प्रभाव या प्रेत बाधा से मुक्त क. या हो. 4 असंतुष्ट या दुखी बनाकर छोड़ना;

dw/lw: **~ed** /~टिड/ *adj.* 1 (*syn.* disillusioned) निराश 2 जिसका भ्रम टूट गया हो 3 मोह-भंजित 3 असंतुष्ट या दुखी; **~ment** /~टमंट/ *n.* 1 भ्रम निवारण 2 (*syn.* disillusionment) निराशा, मोह भंग

disenclo\se /डिसिन्क्लोज/ *v., pt.* **~sed**, *pp* **~sing** घेरा (बाड़ा) हटाना

disencumber /डिसअन्कं\बः/ *v., pt.* **~ed**, *pp* **~ing** 1 से मुक्त क. 2 बोझ-मुक्त क.;

dw/lw: **~ance** /~बरंस/ *n.* बोझ-मुक्ति

disendow /डिसिनडाउ/ *v., pt.* **~ed**, *pp* **~ing** 1 दान वापस ले लेना 2 दान के लिए घोषित राशियों को न दे.

disenfranchi\se /डिसिनफ्रैंचाइज/ (*also* **disfranchi\se**) *v.*, pt. **~sed**, *pp* **~sing** मताधिकार/ नागरिक अधिकारों से वंचित क.

disenga\ge /डिसिन्गे\ज/ *v., pt.* **~ged**, *pp* **~ging** 1 अलग क. या हो.: **~ge** one's hand 2 (दायित्व आदि से) मुक्त हो. या क.: **~ge** oneself from an obligation 3 मुक्त क.: **~ge** truth from a mass of lies 4 रण-क्षेत्र से सैनिकों को हटा लेना;
dw/lw: **~ed** /~जड/ *adj.* 1 स्वतंत्र, दायित्व-मुक्त 2 व्यस्तता से मुक्त: she am not ~ed this evening 2 लड़ाई के मोर्चे से बाहर; **disenga\ment** /~जमंट/ 1 रिहाई 2 मुक्ति: ~ment from harmful influence 3 फुर्सत, रुख्सत 4 अवकाश 5 लड़ाई में थमाव: ~ment zone

diseno\ble /डिसिनोब\ल/ *v., pt.* **~bled**, *pp* **~bling** 1 सामंत-पद छीनना 2 उपाधि छीनना, प्रतिष्ठाहीन कर दे.

disenrol /डिसिनरोल/ *v., pt.* **~led**, *pp* **~ling** सूची (पंजी) से नाम काटना

disenshroud /डिसिनश्राउड/ *v., pt.* **~ed**, *pp* **~ing** आवरण हटाना, खोल दे.

disensla\ve /डिसिन्स्लेव/ *v., pt.* **~ved**, *pp* **~ving** दासता से मुक्त क.

disentail /डिसिन्टेल/ *v., pt.* **~ed**, *pp* **~ing** *law* 1 संपत्ति को उत्तराधिकार में प्राप्त करने पर लगे प्रतिबंध को हटाना 2 अनुक्रम बंधन से मुक्त क.

disentang\le /डिसिन्टैंगल/ *v., pt.* **~led**, *pp* **~ling** 1 अलग क. 2 गांठ आदि को सुलझाना: **~le** a knot 3 बालों के उलझाव (गुत्थियों) को सुलझाना 4 उलझन से मुक्त हो.;
dw/lw: **disentang\lement** *n.* सुलझाव, रिहाई, अलगाव

disenthral/ disenthrall /डिसिंथ्राल\/ *v., pt.* **~lled**, *pp* **~lling**/ *US* **~led**, **~ling** दास्ता से मुक्त क.;
dw/lw: **~ment** /~मंट/ *n.* दास्ता से मुक्ति

disentit\le /डिसिन्टाइटल\/ *v., pt.* **~led**, *pp* **~ling** 1 उपाधि से वंचित कर दे. 2 अधिकार (मालिकाना हक) से वंचित क.;
dw/lw: **~ment** /~मंट/ *n.* उपाधि या मालिकाना हक से वंचन

disentrain /डिसिन्ट्रेन/ *v., pt.* **~ed**, *pp* **~ing** रेलगाड़ी से उतारना या उतरना

disentwine /डिसिंटवाइन/ *v., pt.* **~ed**, *pp* **~ing** सुलझाना

disenviron /डिसिन्वाइरन/ *v., pt.* **~ed**, *pp* **~ing** परिवेश से वंचित क.

disequilibrium /डिसिक्विलिब्रिअम/ संतुलन का अभाव, असंतुलन

disestablish /डिसिस्टैब्लिश\/ *v., pt.* **~ed**, *pp* **~ing** 1 विस्थापित क. या अपदस्थ क. 2 राज्य द्वारा चर्च (धर्म सत्ता) से संबंध विच्छेद कर लेना;
dw/lw: **~ment** /~मंट/ राज्य और धर्म सत्ता का संबंध-विच्छेद

disesteem /डिसिस्टीम/ *v., pt.* **~ed**, *pp* **~ing** 1 किसी को ठुकराना 2 किसी को नापसंद क. 3 किसी का अनादर या अवमानना क. 4 किसी को नगण्य समझना;
n. 1 तिरस्कार, अनादर-भावना 2 नापसंदगी

disfavour /डिस्फेवः/ (*N. Amer.* **Disfavour**) *n.* 1 अरुचि 2 नापसंदगी: fall into ~ 3 घृणा, नफरत: regard sb with ~ 4 नाराजगी, कोप भाजन: incur ~ (कोप पात्र बन जा.);
v., pt. **~ed**, *pp* **~ing** कृपा पात्र न हो., पसंद न हो., कोप पात्र बन जा.

disfeatu\re /डिस्फीचः/ *v., pt.* **~red**, *pp* **~ring** रूप या शक्ल बिगाड़ना

disfigu\re /डिस्फिगः\/ *v., pt.* **~red**, *pp* **~ring** 1 शक्ल बिगाड़ दे.: **~re** a face 2 विरूपित क., भद्दा बना दे.: **~re** a landscape 3 खराब क.: **~re** sb's career;
dw/lw: **~rement** /~मंट/ *n.* विरूपण

disforest /डिस्फॉरिस्ट/ (*also* **disafforest**) *v., pt.* **~ed**, *pp* **~ing** वन काटना

disfranchi\se/ (*also* **disenfranchise**) /डिस्फ्रैंचाइज\/ *v., pt.* **~sed**, *pp* **~sing** मताधिकार या नागरिक अधिकारों से वंचित क.;
dw/lw: **~sement** /~मंट/ *n.* अधिकार-हरण, मताधिकार-वंचन

disfrock /डिस्फ्रौक/ *US* डिस्फ्राःक/ *v., pt.* **~ed**, *pp* **~ing** 1 पुरोहित/ पादरी-वर्ग से निकाल दे., पुरोहिती/ पादरी वस्त्रों से वंचित क.

disgarnish /डिस्गाःनिश/ *v., pt.* **~ed**, *pp* **~ing** लूटना, लूटपाट क.

disgod /डिस्गॉड/ *v., pt.* **~ed**, *pp* **~ing** देवच्युत क., देवत्वविहीन क.

disgor\ge /डिस्गॉःज/ *v., pt.* **~ged**, *pp* **~ging** 1 उल्टी क. 2 किसी चीज को दबाव तले वापस क. या छोड़ दे.: **~ge** property 3 तरल को बाहर निकालना, बहा दे. 4 लावा आदि का बाहर निकालना, उगलना: **~ge** lava 5 गिरना, गिराना: **~ge** into a lake

disgra\ce /डिस्ग्रेस/ *v., pt.* **~ced**, *pp* **~cing** 1 शर्मिंदा क., कलंक लगाना: **~ce** one's name 2 पदच्युत क.: **~ce** an officer;
n. 1 (***syn.*** shame) कलंक, लांछन: in **~ce**; be a **~ce** to sb/ sth 2 बदनामी: be a **~ce** 3 पदच्युति;
dw/lw: **~ced** /~सड/ *adj.* अपमानित, कलंकित; **disgra\ceful** /~सफुल/ *adj.* शर्मनाक, लज्जाजनक: ~ceful behaviour; **~cefully** /~सफुलि/ *adv.* शर्मनाक ढंग से

disgregation /डिस्ग्रिगेशन/ *n.* विलगाव, बिखराव, छितराव, फैलाव

disgruntled /डिस्ग्रंटल्ड/ *adj.* 1 असंतुष्ट 2 चिढ़ा हुआ, चिड़चिड़ा

disgui\se /डिस्गाइ\ज/ *n.* 1 छद्म वेश: in **~se**; throw off all **~se** (नकाब उतार फेंकना) 2 बहाना 3 छल-कपट 4 लुका-छिपी: make no **~se** of one's feelings;
v., pt. **~sed**, *pp* **~sing** 1 छद्म वेश धारण क.: **~se** oneself as an auditor-general (*N.* Gogol's *Auditor-General*); be **~ed** as sb/ sth (के छद्म वेश में हो.) 2 छिपाना: **~se** one's voice 3 शक्ल बदल ले.: **~se** oneself with a false beard 4 असली रूप, रुख या भावनाएं आदि छिपाना: **~se** oneself/ one's voice; **~se** one's sorrow beneath a cheerful manner;
dw/lw: **disgui\sed** /~जड/ *adj.* 1 छद्म पोशाक में 2 छद्म वेष में 3 नशे में बुरी तरह धुत्त; **~ser** /~जः/ *n.* 1 बहरूपिया 2 छद्मवेषी 3 कपटरूपिया;
p&i: **blessing in ~se** छिपा वरदान

disgust /डिस्गा\स्ट/ *n.* 1 झल्लाहट, खीझ: excite ~ in sb 2 घृणा, जुगुप्सा: do sth in ~ 3 विरक्ति;
v., pt. **~ed**, *pp* **~ing** 1 घृणा से भर दे.: this smell **~s** me 2 घृणा उत्पन्न क. 3 झल्लाहट पैदा क.: his actions **~ed** everybody;
dw/lw: **~ed** /~स्टिड/ *adj.* खीझा हुआ, क्रुद्ध, कुढ़ा हुआ, ऊबा हुआ; **disgust\ing** /~स्टिंग/ *adj.* घिनौना, अप्रिय, घृणित, वीभत्स; **~ingly** /~स्टिंगलि/ घिनौने तरीके से

dish /डिश/ *n., pl.* **~es** 1 तश्तरी, रकाबी, तवा 2 भोजन, व्यंजन: vegetable ~ 3 (sexually) लावण्या, नमकीन सुंदरी: the girl is a ~ 4 (**the ~es**) खाने के बाद धोने के बर्तन: glass **~es**; ~ washing; do the **~es** 5 बर्तन भर भोजन की मात्रा;
v., pt. **~ed**, *pp* **~ing**, *s/he/ it* **~es** 1 परोसना: ~ up a meal; ~ up an old joke 2 नतोदर या तवाकार बनाना 3 मात दे.: ~ one's political opponents 4 *colloq.* मिट्टी में मिला दे., धराशायी क., धूल में मिला दे.: ~ sb's schemes/ hopes
dw/lw: **~-cloth/ ~-clout/ ~-rag/ ~-towel** (*UK* **tea towel**) *n.* रसोई का तौलिया, बर्तन पोंछने का कपड़ा; **~-cover** *n.* कप, प्लेट या अन्य बर्तनों का ढकन; **~ed** *adj.* 1 नतोदरित, तवाकार, प्लेटाकार 2 *colloq.* पूर्णतः हताश व टूटा हुआ; **~ful** *adj.* भरी प्लेट; **~-wash/ ~-water** *n.* गंदे बर्तनों को धोने के बाद का पानी; **~-washer** *n.* बर्तन धोने वाली मशीन; **~y** *adj., degr.* ~ier, ~iest कामोत्तेजक, कामुक
collocations: **~ aerial/ ~ antenna/ satellite ~** तवाकार

तश्तरी जो रडार, रेडियो-टेलीस्कोप व स्पुतनिक प्रसारण (दूर-दर्शन) में प्रसारित संकेत पकड़ने के लिए प्रयुक्त होती है; ~ **soap** *US* (*UK* **washing-up liquid**) बर्तन धोने का साबुन;
p&i: ~ **it out** दूसरों की नुक्ता-चीनी क.; ~ **of gossip** अफवाहों की बानगी; ~ **sth out** 1 बड़ी संख्या में बांटना 2 प्लेटों में खाना परोसना 3 सजा दे. 4 बक दे., बिना सोचे-समझे कह दे.; ~ **the dirt on sb** किसी पर कालिख पोंछना; ~ **up** 1 परोसना, खाना लगाना 2 आकर्षक ढंग से सूचना दे. या बात क.; ~ **up** = ~ **sth up** कोई घटिया चीज देने की पेशकश क.; **one's ~ of tea** किसी की सदाबहार पसंद; **standing** ~ सदा चलने वाला एक ही मुद्दा

dishabile /डिसअबील/ *n.* ढीले-ढाले कपड़े, घर में पहने जाने वाली पोशाक;

dishabilita\te /डिसहबिलिटे\ट/ *v., pt.* **~ted**, *pp* **~ting** 1 अयोग्य ठहराना 2 बदनाम क.;
dw/lw: **~tion** *n.* अयोग्यता, बदनामी

deshabille = **dishabile** *also see above under* **deshabile**

dishabitua\te /डिसहबिट्युएट/ *v., pt.* **~ted**, *pp* **~ting** आदत छुड़ाना

dish aerial/ dish antenna *see above under* **dish:** ***collocations***

disharmo\nious /डिसहाःमोनिअस/ *adj.* 1 बेसुरा, विस्वर 2 असंगत 3 सामंजस्य-हीन;
dw/lw: **~ny** /डिस्हाःमनि/ *n.* 1 (***anton.*** harmony) बेसुरापन 2 असामंजस्य 3 असंगति 4 असमरसता, भेदभाव, फर्क: marital/ racial/ social ~ny

dishearten /डिस्हाः\टन/ *v., pt.* **~ed**, *pp* **~ing** 1 (***syn.*** discourage) निरुत्साहित कर दे., हताश कर दे. 2 दिल तोड़ दे., हिम्मत पस्त कर दे. 3 विश्वास डिगा दे.;
dw/lw: **~ed** /~टंड/ *adj.* निराश, हताश, हतोत्साह, निरुत्साहित, हिम्मत-पस्त; **~ing** /~टनिंग/ *adj.* निरुत्साहित करने वाला, निराशाजनक; **~ment** /~टनमंट/ *n.* निराशा, हताशा

dishevell *UK* (*US* **dishevel**) /डिशेव\ल/ *v., pt.* **~ed**, *pp* **~ing** अस्त-व्यस्त क., बिखेरना, उलट-पलट कर दे.;
dw/lw: **~ed** *UK* (*US* **disheveled**) /~लड/ *adj.* (***syn.*** unkempt) अस्त-व्यस्त, बिखरे-बिखरे, उड़े-उड़े, उलझे-उलझे: ~ed hair; look tired and ~ed;
dw/lw: **~ment** /~लमंट/ *n.* व्यक्तिगत अस्त-व्यस्तता, सफाई का अभाव

disho\me /डिस-हॉम/ *v., pt.* **~med**, *pp* **~ming** बेघर क.

dishonest /डेसौनि\स्ट/ *US* डेसाःनि\स्ट *adj.* 1 मक्कार, बेईमान: ~ hoarder 2 धूर्त, कपटी;
dw/lw: **~ly** /~स्टलि/ *adv.* बेईमानी, मक्कारी, धूर्तता, कपट या छल से; **~y** /~स्टि/ *n.* 1 बेईमानी, छल, धूर्तता, मक्कारी, कपट 2 कपटपूर्ण करतूत

dishonour *UK* (*US* **dishonor**) /डिसौ\नः/ *US* डिसाः\नः/ *n.* 1 बेशर्मी, बेइज्जती 2 अपयश, बदनामी: bring ~ upon sb/ sth 3 कलंक: ~ to sb's country 4 अस्वीकृति;
v., pt. **~ed**, *pp* **~ing** 1 अपमानित या अनादर क. 2 बदनाम क., बट्टा लगाना, कलंकित क.: ~ one's name 3 नकारना, वायदा पूरा न क.: ~ one's word/ promise/ signature 4 बैंक द्वारा चैक ठुकरा दिया जा.: ~ a cheque;
dw/lw: **~able** /~नअरअबल/ *adj.* 1 (***anton.*** honourable) अपमानजनक, शर्मनाक: ~able discharge *US* (शर्मनाक बरखास्तगी) 2 कलंककारी: ~able action; **~ably** /~नरअबलि/ *adv.* शर्मनाक ढंग से; **~ed** /~नःड/ *adj.* अपमानित, ठुकराया हुआ, तिरस्कृत;
p&i: **in** ~ अपमानित, ठुकराया हुआ, तिरस्कृत

dishorn /डिशॉःन/ *v., pt.* **~ed**, *pp* **~ing** सींग काटना

disilu\de /डिसिल्यू\ड/ *v., pt.* **~ded**, *pp* **~ding** मोह भंग क., भ्रम दूर क.

disillusion /डिसिल्यूज\न/ *v., pt.* **~ed**, *pp* **~ing** मोह भंग हो., भ्रम टूटना;
n. मोह-भंग, भ्रम भंजन, भ्रम-निवारण;
dw/lw: **~ed** /डिसिल्युजंड/ *adj.* (***syn.*** disenchanted) जिसका मोह भंग हुआ हो, निराश, हताश; **disillusion\ment** /~नमंट/ (*also* **disillusion**) *n.* (***syn.*** disenchantment) मोह-भंग, भ्रम भंजन, भ्रम-निवारण: ~ment with sth

disimmur\e /डिसिम्युअः/ *v., pt.* **~ed**, *pp* **~ing** दीवारें तोड़कर बाहर निकालना, कारागार से मुक्त क.

disimpassioned /डिसिंपैशंड/ *adj.* आवेगहीन, निरुद्विग्न, तटस्थ, विरक्त, शांत

disimprison /डिसिंप्रिजन/ *v., pt.* **~ed**, *pp* **~ing** जेल से मुक्त क.

disimpro\ve /डिसिंप्रूव/ *v., pt.* **~ved**, *pp* **~ving** बदतर बनाना या हो.

disincarcera\te /डिसिन्काःसिरे\ट/ *v., pt.* **~ted**, *pp* **~ting** जेल से मुक्त क.;
dw/lw: **~tion** /~शन/ *n.* जेल से मुक्ति

disincentive /डिसिन्सेंटिव/ *n.* निरुत्साहन, हतोत्साहन, अवप्रेरणा

disincli\nation /डिसिन्क्लिनेशन/ *n.* अनिच्छा, अरुचि: **~nation** to meet sb; show a **~nation** for sth (किसी बात या चीज के प्रति अरुचि दिखाना);
dw/lw: **disincli\ne** /डिसिनक्लाइन/ *v., pt.* **~ned**, *pp* **~ning** अनिच्छुक होना या बना दे.: ~ned to go to bed; **~ned** /डिसिन्कलाइंड/ *adj.* (***syn.*** reluctant) अनिच्छुक

disincorpora\te /डिसिन्कॉःपरे\ट/ *v., pt.* **~ted**, *pp* **~ting** निगम के अधिकार छीनना, निगम को खत्म क.

disindividuali\ze/ ~ise /डिसिन्डिविड्युलाइज/ *v., pt.* **~zed**, *pp* **~zing** निर्वैयक्तिकरण क.

disindustriali\ze/ ~i\se /डिसिंडस्ट्रिअलाइज/ *v., pt.* **~zed**, *pp* **~zing** उद्योग खत्म क.

disinfect /डिसिन्फे\क्ट/ *v., pt.* **~ed**, *pp* **~ing** रोगाणु विहीन क., असंक्रामक बनाना;
dw/lw: **disinfect\ant** /~क्टंट/ *n. adj.* 1 रोगाणुविनाशक: ~ant bath 2 विसंक्रामक; **~ion** /~क्शन/ *n.* रोगाणुनाशन, असंक्रमण

disinflation /डिसिन्फ्लेशन\/ *n.* मुद्रा-अवस्फीति;
dw/lw: **~ary** /~रि/ *adj.* अवस्फीतिकारी

disinformation /डिसिन्फःमेशन/ *n.* 1 भ्रामक सूचना 2 झूठा प्रचार

disingenuous /डिसिन्जेन्युअस\/ *adj.* बेईमान, मक्कार, कपटी;
dw/lw: **~ly** /~लि/ *adv.* बेईमानी से, कपटपूर्वक; **~ness** /~नेस/ *n.* बेईमानी, मक्कारी, कपट

disinherit /डिसिन्हेरि\ट/ *v., pt.* **~ed**, *pp* **~ing** उत्तराधिकार से वंचित क., उत्तराधिकारी न मानना;
dw/lw: **~ance** /~टंस/ *n.* उत्तराधिकार से वंचन

disinhibit /डिसिन्हिबिट/ *v., pt.* **~ed**, *pp* **~ing** किसी का संकोच मिटाना

disinhu\me /डिसिन्ह्यूम/ *v., pt.* **~med**, *pp* **~ming** खोदकर कब्र से बाहर निकालना

disintegra\te /डिसिंटिग्रे\ट/ *v., pt.* **~ted**, *pp* **~ting** 1 विघटित या विखंडित हो., टूट कर बिखर जा. 2 बिगड़ जा.;
dw/lw: **disintegra\tion** /~शन/ *n.* 1 टूटन 2 बिखराव 3 विखंडन, विघटन: ~tion of the Soviet Union 4 परमाणु का विखंडन

disinter /डिसिंटः\/ *v., pt.* **~ed**, *pp* **~ing** 1 कब्र में से खोदकर शव को निकालना 2 किसी चीज का मिल जाना और उसे तथ्य के रूप में प्रस्तुत क. 3 खुदाई क.;
dw/lw: **~nment** /~नमंट/ *n.* कब्र में से शव को निकालने का काम

disinterest /डिसिंटरअ\स्ट/ *n.* 1 अरुचि 2 अनासक्ति, विरक्ति;
dw/lw: **~ed** /~स्टिड/ *adj.* 1 उदासीन 2 तटस्थ, अनासक्त, विरक्त 3 निष्काम, निस्पृह; **~edly** /~स्टिडलि/ *adv.* विरक्तिपूर्वक, बिना रुचि के; **~edness** /~स्टिडनेस/ *n.*

disintrica\te /डिसिंट्रिके\ट/ *v., pt.* **~ted**, *pp* **~ting** सुलझाना, उलझन दूर क.

disinvest /डिसिन्वेस्ट\/ *v., pt.* **~ed**, *pp* **~ing** 1 पूंजी को निकाल लेना

2 (***syn.*** divest) विवस्त्र क., कपड़े उतारना;
dw/lw: **disinvest\ment** /~मंट/ *n.* 1 पूंजी निवेश की समाप्ति 2 विवस्त्रण

disject /डिस्जेक्ट/ *v., pt.* **~ed,** *pp* **~ing** 1 बिखरना 2 टुकड़े-टुकड़े क.

disjecta membra /डिस्जेक्टा मेंबरा/ *Lat.* 1 टुकड़े, अलग-अलग किए हुए अंग 2 असंबद्ध उद्धरण (quotations)

disjoin /डिस्जॉइन/ *v., pt.* **~ed,** *pp* **~ing** 1 अलग-अलग क. या हो 2 तोड़ना या टूटना

disjoint /डिस्जॉइं\ट/ *v., pt.* **~ed,** *pp* **~ing** 1 जोड़ खोल दे., अलग-अलग कर दे. 2 उखड़ जा., जोड़ खुल जा. 3 (हड्डी का) उतर जा., विस्थापित हो जा.;
adj. *math.* जो एक दूसरे को काटती नहीं: ~ sets;
dw/lw: **~ed** /~टिड/ *adj.* 1 अव्यवस्थित, बेतरतीब, बिखरे हुए 2 असंबद्ध, अस्पष्ट (speech): ~ed phrases 3 असंलग्न, जो संधित न हो; **~edly** /~टिडलि/ *adv.* असंबद्ध ढंग से: speak ~edly; **~edness** /~टिडनेस/ *n.* असंबद्धता, बिखराव, अस्पष्टता

disjunct /डिस्जं\क्ट/ *adj.* 1 पृथक 2 अलग-अलग (भागों में);
dw/lw: **~al** /~क्शनल/ *adj.* पृथक, अलग-अलग; **~ion** /~शन/ *n.* 1 पृथकता, अलगाव 2 असंबद्धता; **~ive** /~क्टिव/ *adj.* विभाजक, अलग-अलग करने वाले; **~ive** *n.* 1 (***syn.*** conjunction) पृथकार्थक संयोजक 2 असंबद्ध तर्क; **~or** /~क्टः/ *n.* विभाजक

disk /डिस्क\/ (*see also* **disc**) *n., comput.* 1 डिस्क 2 कंप्यूटर में सूचना संग्रहित करने की पटल 3 चकती, मंडलिका, चक्रिका, चक्र;
dw/lw: **~-harrow** /~-हैरो/ *n.* (ट्रैक्टर में) तवेदार हैरो; **~-plough** /~-प्लो/ *n.* तवेदार हल; **~shutter** /~-शटर/ *n.* डिस्क कपाट;
collocations: ~ **drive** डिस्कड्राइव, कंप्यूटर में डिस्क के प्रयोग से काम करने वाला ड्राइव या स्थान; ~ **space** कंप्यूटर डिस्क में कुल स्थान या संग्रहण क्षमता;
floppy ~ फ्लॉपी डिस्क; **hard** ~ चिर-टिकाऊ डिस्क;
p&i: **on a** ~ कंप्यूटर डिस्क में; **save/ write sth to** ~ कंप्यूटर डिस्क में सुरक्षित करके रखना या उस पर लिखना;

diskette /डिस्केट/ *n., comput.* = **floppy** ~ प्लास्टिक की छोटी प्लेटनुमा डिस्क जो अब प्रयुक्त नहीं होती: ~ operating system (*abbr.* **DOS**) *comput.* डिस्क चलाने वाली प्रणाली व प्रोग्राम

disleaf /डिस्लीफ/ *v., pt.* **~ed,** *pp* **~ing** पत्ते तोड़ दे.

dislikable /डिस्लाइकअबल/ (*also* **dislikeable**) *adj.* न पसंद आने वाला गुण, अवगुण

disli\ke /डिस्लाइक/ *v., pt.* **~ked,** *pp* **~king** नापसंद क.: **~ke** sb/ sth;
n. 1 नापसंदगी 2 हल्की दुश्मनी 3 नफ़रत, घृणा

dislimb /डिस्लिम्ब/ *v., pt.* **~ed,** *pp* **~ing** अंग भंग क.

dislink /डिस्लिंक/ *v., pt.* **~ed,** *pp* **~ing** संपर्क तोड़ना, संबंध-विच्छेद क.

disload /डिस्लोड/ *v., pt.* **~ed,** *pp* **~ing** बोझ उतारना, माल उतारना

disloca\te /डिस्लअकेट/ *v., pt.* **~ted,** *pp* **~ting** 1 हड्डी का जोड़ से उतर जा, 2 विस्थापित हो. 3 अस्त-व्यस्त हो.;
dw/lw: **disloca\tion** /डिस्लोकेशन/ *n.* 1 विस्थापन, स्थान च्युति 2 संधि च्युति: ~tion of sb's shoulder 3 अस्त-व्यस्तता, गड़बड़: ~tion of traffic; ~tion of work (काम का रुक जा.)

dislod\ge /डिस्लौज/ *US* डिस्लाःज/ *v., pt.* **~ged,** *pp* **~ging** 1 पद या स्थान से हटाना: **~ge** a chairman 2 विस्थापित क.: **~ge** the enemy from a hill 3 निकाल दे.: **~ge** an animal from its lair (जानवर को गुफा से निकालना);
dw/lw: **~gement/ dislodgment** *n.* विस्थापन, निष्कासन

disloyal /डिस्लॉय\ल/ *adj.* बेवफा, विश्वासघाती, गद्दार, धोखेबाज: ~ friend;
dw/lw: **~ly** /~लि/ *adv.* बेवफाई से; **~ty** /~ल्टि/ *n.* बेवफाई, विश्वासघात, गद्दारी, अनिष्ठा

DISM *abbr.* 'Diploma in Information and System Management' की प्रथमाक्षरी

dismal /डिज्म\ल/ *adj.* 1 निराशाजनक, विषादमय: ~ weather 2 उदास: ~ face 3 अंधेरे में डुबा हुआ, प्रकाशरहित: ~ rooms 4 अशक्त, कमजोर, क्षीण: in a ~ voice 5 बहुत खराब 6 घटिया 7 मनहूस: ~ prophecy;
dw/lw: **~ly** /~लि/ *adv.* बुरी तरह से

disman /डिस्मैन/ *v., pt.* **~ned,** *pp* **~ning** 1 मानवरहित क. 2 काम पर से सब को हटा दे. 3 नपुंसक बनाना

dismant\le /डिस्मैंटल/ *v., pt.* **~led,** *pp* **~ling** 1 पुर्जे-पुर्जे अलग क., खोल दे., उखाड़ना 2 भंग कर दे., ढाहना: **~le** a house of parliament 3 विखंडित क. 4 टुकड़े-टुकड़े क.

dismask /डिस्मास्क/ *v., pt.* **~ed,** *pp* **~ing** मुखौटा उतारना, अंदर की बात प्रकट क.

dismast /डिस्मास्ट/ *v., pt.* **~ed,** *pp* **~ing** पाल नौका के मस्तूल उलटना या हटाना

dismay /डिस्मे\/ *n.* 1 निराशा 2 दुःख, पीड़ा 3 कातरता;
v., pt. **~ed,** *pp* **~ing** निराश क., भयभीत क., ठेस पहुंचाना;
dw/lw: **~ed** /~ड/ *adj.* 1 निराश, हताश 2 खिन्न, त्रस्त: he was ~ed at the news; the news ~ed him

dismember /डिस्में\बः/ *v., pt.* **~ed,** *pp* **~ing** 1 टुकड़े-टुकड़े क. 2 अंग-भंग क. 3 विखंडित क.;
dw/lw: **dismember\ment** /~मंट/ *n.* 1 अंगच्छेद, अंगभंग 2 विखंडन

dismiss /डिस्मिस/ *v., pt.* **~ed,** *pp* **~ing** 1 (***syn.*** wave aside) खारिज क., अस्वीकृत कर दे.: ~ the idea 2 (***syn.*** fire, sack) बरखास्त क., पदच्युत क.: ~ an official; be **~ed** from the service 3 जाने दे., निकालना 4 समाप्त क., बंद कर दे. 5 विदा क.: ~ one's guests 6 मन से निकालना, दूर क.: ~ from one's thoughts 7 टाल दे.: ~ a subject 8 की उपेक्षा क. 9 विसर्जित क. 10 क्रिकेट के खेल में एक खिलाड़ी या पूरी टीम को बाहर कर दे.

dismiss\al /डिस्मि\सल/ *n.* 1 निरस्तीकरण, बरखास्तगी, खारिजी 2 पदच्युति: **~al** from job 3 विसर्जन: **~al** of a jury 4 अस्वीकृति: the idea is worthy of **~al** 5 निष्कासन;
dw/lw: **~ible** /~सिबल/ *adj.* पदच्युति के योग्य, बरखास्त करने लायक; **~ive** /~सिव/ *adj.* (*often* **~ive of sth/ sb;** ***syn.*** disdainful) अनादरपूर्ण, खारिज करने वाला रवैया, तिरस्कारपूर्ण: ~ive tone; **~ively** /~सिवलि/ *adv.* अनादरपूर्वक, तिरस्कारपूर्वक: wave ~ively

dismount /डिस्माउं\ट/ *v., pt.* **~ed,** *pp* **~ing** 1 घोड़े आदि से उतरना या उतारना: ~ from a horse/ a car/ a train 2 गाड़ी में से उतारना 3 उखाड़ दे.: ~ a statue;
dw/lw: **~ed** /~टिड/ *adj.* पैदल

disnatured /डिस्नेचःड/ *adj.* 1 अप्राकृतिक, अस्वाभाविक 2 ऐसी स्पिरिट जिसमें जहर मिलाकर उसे पीने लायक नहीं रहने दिया जा.

disnest /डिस्नेस्ट/ *v., pt.* **~ed,** *pp* **~ing** घोंसला गिराना, घोंसले से बाहर क.

disobedien\ce /डिस-अबीडिअं\स/ *n.* 1 अवज्ञा: civil **~ce** (सविनय अवज्ञा) 2 उल्लंघन: **~ce** of law 3 आज्ञा भंग;
dw/lw: **disobedien\t** /~ट/ *adj.* 1 अवज्ञाकारी 2 आज्ञा का पालन न करने वाला 3 बेकहा; **~tly** /~टलि/ *adv.* आज्ञा का पालन न करते हुए

disobey /डिसोबे/ *v., pt.* **~ed,** *pp* **~ing** आज्ञा न मानना: ~ rule of law (कानून या नियम भंग क.); ~ summons (अदालती बुलावे (summon) की अवहेलना क.)

disobli\ge /डिस-ओब्लाइ\ज/ *v., pt.* **~ged,** *pp* **~ging** 1 निवेदन ठुकराना 2 चिढ़ाना, खिजाना, खिझाना 3 लिहाज न क.;
dw/lw: **~ging** /~जिंग/ *adj.* 1 जो किसी की सहायता न करता हो 2 अनादरकारी 3 तिरस्कारपूर्ण, अहंकारी

disorder /डिसॉःडः\/ *n.* 1 विकार, रोग, विकृति, बीमारी: mental ~ 2 उपद्रव, दंगा, हुल्लड़ 3 अव्यवस्था, गड़बड़ी, अस्त-व्यस्तता: the papers are in ~ 4 क्रम भंग;
v., pt. **~ed,** *pp* **~ing** 1 अस्तव्यस्त क., अव्यवस्थित क.: ~

one's hair 2 विकार उत्पन्न क.: ~ the health; ~ the mind 3 क्रम भंग क.;
***dw/lw:* ~ed** /~ड/ *adj.* 1 बेतरतीब, अव्यवस्थित, अस्त-व्यस्त 2 विकृत: ~ed mind 4 बीमार; **disorder\ly** /~लि/ *adj.* 1 उपद्रवी, दंगई: ~ly conduct *law* (उच्छृंखलता) 2 उद्धत, उत्पाती: be ~ly drunk (नशे में धुत्त) 3 अनियंत्रित, बेतरतीब, अस्त-व्यस्त: in a ~ly state;
***p&i:* a sweet ~** कलात्मक अस्त-व्यस्तता

disorgani\ze/ disorgani\se /डिसॉःगनाइज/ *v., pt.* **~zed,** *pp* **~zing** 1 विघटित क. 2 अस्त-व्यस्त क., तितर-बितर कर दे. 3 प्रणाली या व्यवस्था भंग क.;
***dw/lw:* ~zed** (*also UK* **~sed**) /~ज्ड/ *adj.* 1 अव्यवस्थित, अस्त-व्यस्त 2 कुप्रबंधित, अनियोजित; **~zation** /~जेशन/ *n.* अव्यवस्था, गड़बड़

disorient /डिसॉरिअंट/(*also UK* **disorientate**) *v., pt.* **~ed,** *pp* **~ing** 1 दिशा भ्रम या दिग्भ्रम पैदा क. या हो. 2 भटकना या भटकाना;
***dw/lw:* ~ed** /डिसोरिअंटिड/ *adj.* भ्रमित, भटका हुआ

disorienta\te /डिसॉरिअंटे\ट/ *v., pt.* **~ted,** *pp* **~ting** 1 दिशा भ्रम या दिग्भ्रम पैदा क. या हो. 2 भटकना या भटकाना;
***dw/lw:* ~tion** /~शन/ *n.* 1 स्थिति भ्रांति, दिशा भ्रांति, दिग्भ्रम 2 आत्म-विस्मृति 3 अपविन्यास: ~tion angle (अपविन्यास कोण);

disour /डिजुअः/ *n., Fr.* 1 कहानी सुनाने वाला 2 राजा के दरबार में मसखरा, जोकर

disown /डिसो\न/ *v., pt.* **~ed,** *pp* **~ing** 1 अपनाने से इन्कार क., अंगीकार न क. 2 त्यागना या छोड़ना 3 संबंध विच्छेद क.;
***dw/lw:* ~er** /~नः/ *n.* अस्वीकर्ता; **~ment** /~मंट/ *n.* तिरस्कार, अवहेलना

dispara\ge /डिस्पैरिज/ *v., pt.* **~ged,** *pp* **~ging** 1 निंदा या बुराई क. 2 उपेक्षा क. 3 तुच्छ या हेय समझना 4 तिरस्कार भाव से बोलना;
***dw/lw:* ~gement** /~जमंट/ *n.* 1 अवहेलना, तिरस्कार 2 अपमान; **dispara\ging** /~जिंग/ *adj.* निंदापूर्ण, तिरस्कार भरा, अपमानजनक; **~gingly** /~जिंगलि/ *adv.* तिरस्कारपूर्वक: speak ~gingly of sb

dispa\rate /डिस्पअरि\ट/ डिस्पअरअ\ट/ *adj.* 1 बिल्कुल भिन्न, अलग-अलग 2 असमान, अतुलनीय 3 विषम;
***dw/lw:* dispa\rity** /~टि/ *n., pl.* ~rities 1 अंतर, भेद, फर्क: ~rity in years 2 विषमता: ~rity in position 3 विभिन्नता 4 अतुलनीयता, असमानता, असमता 5 असंगति

dispassion /डिस्पैशन/ *n.* 1 आवेग या आवेश का अभाव 2 विरक्ति 3 उदासीनता

dispassiona\te /डिस्पैशनिट\/ *adj.* 1 आवेगहीन, आवेशहीन 2 शांत, गंभीर 3 तटस्थ, निष्पक्ष: **~te** view 4 उदासीन 5 विरक्त;
***dw/lw:* ~tely** /~लि/ *adv.* 1 गंभीरता या शांतभाव से 2 निष्पक्ष या विरक्त भाव से

dispatch (*also UK* **despatch**) /डिस्पै\च/ *v., pt.* **~ed,** *pp* **~ing** 1 भेजना, रवाना क.: ~ troops; ~ sb on an errand (किसी को किसी काम से भेजना) 2 प्रेषित क.: ~ a letter 3 जल्दी-जल्दी निपटाना: ~ a meal 4 *euphemistic* मार डालना, हत्या क.: ~ a thief 5 समाप्त क.;
n. (*also UK* **despatch**) 1 रवानगी, प्रेषित वस्तु: ~ of a letter 2 (*often* **~es**) आधिकरिक सूचना या रिपोर्ट: diplomatic **~es** 3 वध, हत्या 4 कार्य-क्षमता 5 फुर्ती, तेजी: quick ~; do sth with ~ (काम को जल्दी से निपटाना) 6 तत्परता: quick ~ of affairs 7 पत्रकार द्वारा अपने समाचार-पत्र को भेजी जाने वाली विज्ञप्ति, समाचार, संवाद 8 (***syn.*** courier) पत्र-वाहक: send sth by ~;
***dw/lw:* ~-bearer** *n.* डाक-वाहक; **~-book** *n.* प्रेषण-पुस्तक; **~-box/ ~-case** *n.* राजदूतीय डाक के लिए डिब्बा या थैला; **~-money** *n.* कार्यकुशलता-पुरस्कार; **dispatch\er** /~चः/ *n.* प्रेषणकर्ता, प्रेषणकर्मी; **~ing** /~चिंग/ *n.* डाक भेजने का कार्य;
***collocations:* ~ rider** मोटर-साइकिल से डाक ले जाने वाला व्यक्ति; **mentioned in ~es** औपचारिक सैनिक रिपोर्टों में बहादुरी के लिए प्रशंसित;
***p&i:* a happy ~** तड़पते व्यक्ति की मृत्यु द्वारा मुक्ति

dispel /डिस्पेल/ *v., pt.* **~led,** *pp* **~ling** 1 दूर क.: ~ sad thoughts 2 तितर-बितर क. 3 छितराकर दूर क.: ~ clouds 4 हटाना 5 मिटाना: ~ the mist/ darkness

dispensable /डिस्पेंसअबल/ *adj.* 1 जिसे दूर किया, भगाया या छोड़ा जा सके 2 (***anton.*** essential) जो अपरिहार्य न हो, परिहार्य, जिसके बिना काम चल सके

dispensa\ry /डिस्पेंसरी/ *n., pl.* **~ries** औषधालय, दवाखाना, डिस्पेंसरी

dispensation /डिस्पेंसेशन/ *n.* 1 विशेष आज्ञा या अधिकार 2 वितरण: ~ of pensions/ food 3 रिहाई, छुटकारा 4 प्रबंध, व्यवस्था: ~ of justice 5 विधान: a happy ~ of nature;
***p&i:* ~ of Providence** किस्मत की मार

dispen\se /डिस्पेंस/ *v., pt.* **~sed,** *pp* **~sing** 1 दे., प्रदान क.: **~se** justice/ advice 2 वितरित क., बांटना: **~se** bounties/ money 3 दवा तैयार क., नुस्खा बांधकर मरीजों को दे.: **~se** a prescription/ medicine 4 छुटकारा दे.: **~se** from duty (उत्तरदायित्व से छुटकारा दे.) 5 छोड़ दे., के बिना काम चलाना, छुट्टी कर दे.: **~se** with sth/ sb; **~se** with formalities 6 प्रबंध क. 7 निपटाना;
***dw/lw:* ~ser** /~सः/ *n.* 1 देने वाला यंत्र: soap ~ser 2 दवा तैयार करके देने वाला; **~sing** /~सिंग/ *n.* बांट, वितरण: ~sing of medicine; **~sing** *adj.* 1 वितरण से संबंधित: ~sing machine 2 किसी बात से छूट देने से संबंधित: ~sing power 3 चिकित्सीय: ~sing optician

dispeop\le /डिस्पीपल/ *v., pt.* **~led,** *pp* **~ling** जनशून्य क.

dispersal /डिस्पःसल/ *n.* 1 बिखराव, छितराव 2 विसर्जन 3 किरणों का बिखराव;
***collocations:* ~ prison** ऐसी कारागार जिसमें सामान्य कैदियों के सिवा विशेष रूप से खतरनाक कैदियों को रखने का प्रावधान हो

disper\se /डिस्पः\स/ *v., pt.* **~sed,** *pp* **~sing** 1 तितर-बितर क. या हो: **~se** a crowd 2 (***syn.*** scatter) बिखेरना, बिखराना: **~se** the seeds in the field 3 छितराना, फैलाना: **~se** clouds 4 छिन्न-भिन्न क. 5 दूर क. 6 भंग क. 7 *phys.* सफेद प्रकाश का स्पेक्ट्रम के रंगों में टूटना 8 विसर्जित हो. 9 गायब हो. 10 भिन्न-भिन्न स्थानों पर तैनात क.: **~se** sentinels in various places;
***dw/lw:* ~sal** *n. see above under separate entry*; **~sed** /~सड/ *adj.* 1 बिखरा हुआ 2 छिन्न-भिन्न; **~sedly** /~सडलि/ *adv.* फैला या बिखराकर; **disper\sion** /~शन/ *n.* बिखराव, छितराव, फैलाव; **~sive** /~सिव/ *adj.* 1 छितराने वाला, फैलाने वाला 2 परिक्षेपी

dispirit /डिस्पिरि\ट/ *v., pt.* **~ed,** *pp* **~ing** 1 मायूस या नाउम्मीद क. 2 हताश या हतोत्साहित क.;
***dw/lw:* ~ed** /~टिड/ *adj.* 1 हताश, हतोत्साहित 2 मायूस, नाउम्मीद; **~edness** /~टिडनेस/ *n.* निराशा, हताशा, मायूसी, नाउम्मीदी

displa\ce /डिस्प्लेस/ *v., pt.* **~ced,** *pp* **~cing** 1 विस्थापित क. 2 हटाना 3 निकालना 4 स्थान छीन ले.: weeds **~ced** all other plants 5 बरखास्त या पदच्युत क.: **~ce** an officer
***dw/lw:* ~ced** /~सड/ *adj.* विस्थापित; **displa\cement** /~समंट/ *n.* 1 पदच्युति, विस्थापन, स्थानांतरण, स्थानपूर्ति: ~cement of human labour by machinery 2 सरकाव 3 *gramm.* अपसरण 4 जलापसरण, चलते समय जहाज द्वारा विस्थापित पानी की मात्रा: a ship with a ~cement of 8000 tones 5 बर्खास्तगी;
***collocations:* ~ced person** शरणार्थी, विस्थापित व्यक्ति, मुहाजिर; **~cement activity** 1 जो करना चाहिए उससे टलकर की जाने वाली गतिविधि 2 *psychol.* जानवरों व मानवों द्वारा किया जाने वाला ऐसा व्यवहार जिसका उनकी वर्तमान स्थिति से कोई संबंध न हो और जो उनमें पैदा होने वाली दो परस्पर विरोधी प्रवृत्तियों से

पैदा होता है; **~cement ton** पानी में चलते समय जहाज द्वारा विस्थापित पानी की मात्रा या भार को मापने की टनों में इकाई

displant /डिस्प्लांट/ *v., pt.* **~ed**, *pp* **~ing** 1 उखाड़ना 2 बेदखल क., निवास-च्युत क. 3 उन्मूलित क.

display /डिस्प्ले/ *n., pl.* **~s** 1 प्रदर्शन, प्रदर्शनी 2 प्रदर्शित वस्तु 3 सजावट, सज्जा: fashion ~ 4 दिखावा, आडंबर: fond of ~; ~ of generosity 5 कंप्यूटर का स्क्रीन आदि 6 विज्ञापनों में विचित्र प्रदर्शन 7 शक्ति-प्रदर्शन: ~ of troops; ~ of courage 8 निष्ठा का प्रमाण: ~ of loyalty 9 किसी गुण या हुनर का प्रमाण: make a ~ of wit;

v., pt. **~ed**, *pp* **~ing**, *s/he/ it* **~s** 1 प्रदर्शित क.: ~ the national flag 2 कंप्यूटर आदि के स्क्रीन पर दिखाना 3 जाहिर क., प्रकट क., दिखाना 4 सिद्ध या प्रमाणित क.: ~ one's intelligence/ bravery/ reasonableness/ character/ ignorance 5 नुमाइश या दुकान की खिड़की में दिखाना: ~ goods in a shop-window;

dw/lw: **~-letters** बड़े-मोटे अक्षर; **~-type** अलग दिखने वाली लिपि;

collocations: **~ advertisement** सजावटी या आडंबरपूर्ण विज्ञापन; **~ bin** = **dump bin**;

p&i: **on ~** प्रदर्शनी में प्रदर्शित;

displea\se /डिस्प्लीज/ *v., pt.* **~sed**, *pp* **~sing** नाराज क., ठेस पहुंचाना;

dw/lw: **~sed** /~जड/ *adj.* नाराज, नाखुश: be ~sed with/ at sth; **~sing** /~जिंग/ *adj.* 1 अप्रिय, रूखा, अरुचिकर 2 चिढ़ाने वाला;

displeasure /डिप्लेज़ः/ *n.* (***syn.*** annoyance) नाराजगी, अप्रसन्नता, रोष, असंतोष: hide one's ~

displu\me /डिस्प्लूम/ (*also* **deplume**) *v., pt.* **~med**, *pp* **~ming** पंख काटना

dispo\ne /डिस्पोन/ *v., pt.* **~ned**, *pp* **~ning** कानूनन ले.;

dw/lw: **~nee** /~नी/ *n.* दायभागी, हस्तांतरिती; **~ner** /~नः/ *n.* हस्तांतरकर्ता

disport /डिस्पॉःट/ *v., pt.* **~ed**, *pp* **~ing** *lit.* आमोद-प्रमोद क., मौज-मस्ती क.: ~ oneself on the beach

disposable /डिस्पोजअबल/ *adj.* 1 जिसे एक बार इस्तेमाल करके फेंक दिया जाए 2 प्रयोज्य 3 निपटाने योग्य 4 निस्तारणीय, नष्ट करने योग्य;

dw/lw: **~s** /~बल्ज/ *n.* पोतड़े आदि जैसी वस्तुएं जिन्हें एक बार प्रयोग में लाने के बाद फेंक दिया जाता है;

collocations: **~ income** टैक्स, किराया आदि देने के बाद खर्च करने के लिए बची आमदनी

disposal /डिस्पोजल/ *n.* 1 परित्याग, हस्तांतरण, सुपुर्दगी: ~ of property 2 निपटान, समापन, निस्तारण: ~ of the dead; ~ of bombs 3 व्यवस्था: ~ of business affairs 4 विक्रय 5 विन्यास: ~ of furniture 6 निपटारा: ~ of question 7 फेंकने योग्य वस्तु 8 तैनाती: ~ of troops;

p&i: **at sb's ~** किसी के सेवा में हाजिर, अपने पास

dispo\se /डिस्पोज/ *v., pt.* **~sed**, *pp* **~sing** 1 व्यवस्थित क.: **~se** of one's time 2 क्रम/ तरतीब से रखना 3 दे., सौंपना, बेचना: **~se** of one's property; **~se** of good 4 निपटारा क., निपटाना: **~se** of an argument (दलील को ठुकराना) 5 प्रबंध क. 6 तैयार क. 7 झुका ले., कुछ करने के लिए मना ले.: **~se** sb to sth/ to do sth 8 आदत डालना 9 प्रवृत्त हो.: be **~sed** to help sb 10 तैनात क.: **~se** troops;

dw/lw: **~sed** /~जड/ *adj.* 1 करने के लिए तत्पर हो.: be ~sed to/ towards sb/ sth; not ~sed to try 2 किसी की तरफ रुझान या झुकाव हो., किसी को पसंद क.: ill-~sed towards sb3 तरतीब से सजाकर रखा हुआ;

p&i: **~se of sth** 1 हटाना, त्यागना, फेंकना, निपटारा क.; **~se of one's opponent** हत्या क., छुटकारा पाना; **man proposes, (but) God ~ses** होई है सोई जो राम रचि राखा

disposition /डिस्पअजिशन/ *n.* 1 (***syn.*** temperament) स्वभाव, प्रकृति: be of cruel ~; have a domineering ~ 2 चित्तवृत्ति, मनोवृत्ति, स्ववृत्ति: ~ to jealousy 3 मिजाज, शील 4 रुझान, झुकाव 5 (***syn.*** arrangement) विन्यास, स्थिति: ~ of rooms 6 व्यवस्था: ~ of garbage 7 व्यूह, तैनाती: ~ of fortification; ~ of enemy forces 8 वितरण, बिक्री, व्यय: ~ of surplus goods 9 अधिकार, नियंत्रण 10 *law* सुपुर्दगी 11 तत्परता: show a ~ to do sth;

p&i: **a ~ of providence** खुदा की मर्जी, भाग्य का खेल

dispossess /डिस्पअजेस/ *v., pt.* **~ed**, *pp* **~ing** 1 (*always* **~ sb of sth**) बेदखल क., किसी की संपत्ति पर कब्जा हटाना: ~ sb of his land 2 बेदखल होना, बेकब्जा हो जा.;

dw/lw: **~ed** /~सड/ *adj.* जिसे बेदखल कर दिया गया हो; **~ion** /~शन/ *n. law* बेदखली, कब्जा से बेदखल होने या करने की क्रिया

disprai\se /डिस्प्रेज/ *v., pt.* **~sed**, *pp* **~sing** निंदा क.;

n. निंदा: speak in **~se** of sb

dispread /डिस्प्रेड/ *v., pt.* **dispread**, *pt. p.* **dispread**, *pp* **~ing** चारों ओर फैलाना या बिखेरना

disprivile\ge /डिस्प्रिविलिज/ *v., pt.* **~ged**, *pp* **~ging** विशेषाधिकार छीनना

disproof /डिस्प्रूफ/ *n.* 1 खंडन 2 स्वतः खंडित होने वाली बात या वस्तु

disproportion /डिस्प्रअपॉःशन/ *n.* उचित अनुपात का अभाव, अनुपातहीनता: ~ of age;

dw/lw: **disproportion\ate** /~शनअट/ *adj.* 1 जो उचित अनुपात में न हो, अनुपातहीन 2 बेमेल, असंगत 3 विषम; **~ately** /~शनअटलि/ *adv.* अनुचित अनुपात में

dispro\ve /डिस्प्रूव/ *v., pt.* **~ved**, *pt. p.* **~ved/ ~ven**, *pp* **~ving** 1 मिथ्या सिद्ध क., गलत साबित क. 2 खंडन क.;

dw/lw: **~ved** /~वड/ *adj.* खंडित, असिद्ध, असत्यसिद्ध

disputa\ble /डिस्प्यूटअबल/ *adj.* विवाद्य, विवादास्पद: ~ points;

dw/lw: **~nt** /~टंट/ *n.* विवादी; **~tion** /डिस्प्युटेशन/ *n.* 1 विवाद 2 वाद-विवाद, तर्क-वितर्क: hold a ~tion; **~tious** /डिस्प्युटेशिअस/ *adj.* विवाद-प्रिय, जिसे विवाद या तर्क-वितर्क करना पसंद हो; **~tive** /~टेटिव/ *adj.* 1 विवादप्रिय, झगडालू 2 कलहप्रिय

dispu\te /डिस्प्यूट/ *n.* 1 कलह, झगड़ा: legal **~te** 2 विवाद: heated/ bitter **~te** 3 संदेह, विवाद: beyond/ out of/ past/ without **~te** 4 विवादग्रस्त विषय या वस्तु: in **~te**;

v., pt. **~ted**, *pp* **~ting** 1 वाद-विवाद क.: **~te** a question/ issue 2 सहमत न हो. 3 झगड़ा क. 4 खंडन क.: **~te** a statement 5 प्रतिवाद क. 6 प्रतियोगिता में भाग ले.: **~te** a prize 7 शत्रु के आक्रमण को रोकना: **~te** the enemy's advance; **~te** in arms every inch of ground

n. 1 विवाद: be involved in a **~te**; a **~te** about/ over sth 2 झगड़ा: resolve/ settle a **~te** 3 असहमति 4 वाद-विवाद: heated **~te** 5 कलह: a bitter/ long-running **~te**;

dw/lw: **~ted** /~टिड/ *adj.* विवादित, विवादग्रस्त, झगड़े में फंसा हुआ;

p&i: **~te about the shadow of an ass** व्यर्थ का झगड़ा क.

disquali\fication /डिस्क्वौलिफिकेशन/ *US* डिस्क्वाःलि\-/ *n.* 1 अयोग्यता: **~fication** for service 2 अपात्रता: **~fication** to hold an office 3 अनर्हता;

dw/lw: **disquali\fy** /~फाई/ *v., pt.* ~fied, *pp* ~fying 1 (***syn.*** bar) अयोग्य या अपात्र करार दे.: ~fy for the games; ~fy sb for a post 2 अधिकार से वंचित कर दे. 3 असंभव बना दे.

disquiet\/ ~ude /डिस्क्वायट/ डिस्क्वायट्यूड/ *n.* 1 (***syn.*** unease) बेचैनी, परेशानी, विकलता 2 अशांति;

v., pt. **~ed**, *pp* **~ing** 1 बेचैन/ परेशान कर दे. 2 अशांत या विचलित क.; ***dw/lw:*** **~ing** /~इटिंग/ *adj.* विकल या बेचैन करने

या बना देने वाला

disquisition /डिस्क्विजिशन/ *n., formal* 1 प्रबंध, खोजपूर्ण निबंध 2 व्याख्यान, भाषण या लेख में किसी विषय पर विस्तृत चर्चा 3 *law* पूरी छान-बीन

disra\te /डिस्रेट/ *v., pt.* **~ted**, *pp* **~ting** पदावनत क., दर्जा या पद घटाना

disregard /डिस-रिगाःड/ *n.* 1 अनादरः blatant/ callous flagrant/ total ~ 2 उपेक्षा, अवहेलनाः ~ for/ of sb/ sth;
v.**, pt.* **~ed**, *pp* **~ing** 1 (syn.*** ignore) उपेक्षित क. 2 अवहेलना क.

disremember /डि-रिमेंबः/ *v., Br. dialect/US colloq. pt.* **~ed**, *pp* **~ing** याद न आना, भूल जा., भुला दे.

disrepair /डिस-रिपेअः/ *n.* मरम्मत न होने के कारण होने वाली जीर्ण-शीर्ण हालत, जीर्णावस्था, बेमरम्मतीः the house was in bad ~

disreputa\ble /डिस-रिप्यूटअ\बल/ *adj.* 1 बदनाम, कुख्यातः **~ble** district 2 कुत्सितः **~ble** act 2 अशोभनीय;
dw/lw: **~bly** *adv.* अशोभनीय ढंग से

disrepute /डिस-रिप्यूट/ *n.* बदनामी, अपकीर्तिः hooliganism brings football into ~

disrespect /डिस-रिस्पेक्ट/ *n.* 1 निरादर, बेइज्जती 2 तिरस्कारः treat sb with ~ 3 अविनय, गुस्ताखी;
***v.**, pt.* **~ed**, *pp* **~ing** निरादर से या तिरस्कारपूर्वक पेश आना;
dw/lw: **~ful** /~फुल/ *adj.* 1 निरादर करने वाला 2 धृष्ट, अशिष्ट, बेअदब, बदतमीज; **~fully** /~फुलि/ *adv.* धृष्टतापूर्वक, बदतमीजी से

disro\be /डिसरोब/ *v., pt.* **~bed**, *pp* **~bing** *esp. lit.* 1 कपड़े उतारना 2 औपचारिक पोशाक उतारना

disroot /डिसरूट/ *v., pt.* **~ed**, *pp* **~ing** 1 उखाड़ना 2 उन्मूलन क.

disrupt /डिसर\प्ट/ *v., pt.* **~ed**, *pp* **~ing** 1 भंग क., विघ्न डालनाः ~ a meeting 2 तोड़ना, विघटित क.: ~ a party;
dw/lw: **disrupt\ion** /~प्शन/ *n.* 1 विघ्न 2 भंजन, विच्छेद 3 विघटन; **~ive** /~प्टिव/ *adj.* 1 भंजन करने वाला, विघटनकारी, विच्छेदक 2 बाधक; **~ively** /~प्टिवलि/ *adv.* बाधा डालते हुए

diss /डिस/ *v. pt.* **~ed**, *pp* **~ing** *esp. US sl.* तिरस्कारपूर्वक ठुकराना, अपशब्दों का प्रयोग क.

dissatis\faction /डिसैटिस्फै\क्शन/ *n.* असंतोष, अप्रसन्नताः grave/ serious **~faction**; express one's **~faction** at/ with/ over sth;
dw/lw: **~factory** /~क्टरि/ *adj.* असंतोषजनक; **~fied** /डिसैटिस्फाइड/ *adj.* असंतुष्ट;

dissatis\fy /डिस्सैटिस्फाइ/ *v., pt.* **~fied**, *pp* **~fying** 1 असंतुष्ट कर दे. 2 निराश क.

dissect /डाइसे\क्ट/ डिसे\क्ट/ *v., pt.* **~ed**, *pp* **~ing** 1 चीर-फाड़ क., चीरनाः ~ a frog 2 विच्छेदन क. 3 विश्लेषण क.: ~ a theory;
dw/lw: **~ed** /~क्टिड/ *adj.* 1 चीर-फाड़ित 2 अलग-अलग अंगों में काटा हुआः ~ed map; **~ing** /~क्टिंग/ *n.* काटने वालाः ~ing aneurism (नस की दीवार में गुब्बारे की तरह फूली हुई सूजन को काटने वाला); ~ing microscope; **dissect\ion** /~क्शन/ *n.* 1 चीर-फाड़, शल्यक्रिया 2 विश्लेषण, सूक्ष्म परीक्षण;
collocations: **~ing knife** चीर-फाड़ करने का चाकू

dissei\ze/ ~\se /डिस्सीज/ *v., pt.* **~zed**, *pp* **~zing** *law* अवैध रूप से बेदखल क.;
dw/lw: **~zee** /डिस्सीजी/ *n.* जिसे अवैध रूप से जायदाद से बेदखल किया गया है; **~zin/ ~sin** /डिस्सीजिन/ *n.* गैरकानूनी बेदखली

dissemblance /डिसेंबलंस/ *n.* 1 दोमुंहापन 2 कपटाचार, ढोंग

dissemb\le /डिसेंबल/ *v., pt.* **~led**, *pp* **~ling** 1 बहाना बनानाः **~le** an insult (जान-बूझकर/ किसी विशेष इरादे से अपमान को सह ले.) 2 अपने असली चरित्र, भावनाओं, इरादों (आदि को) छिपाए रखनाः **~le** one's knowledge of sth 3 मुखौटा पहनना;
p&i: **~led sin is double wickedness** पाप छिपाया पाप बढ़ाया; **~lers more often deceive themselves than others** पाखंडी दूसरों की बजाय खुद को धोखा देते हैं

dissemina\te /डिसेमिने\ट/ *v., pt.* **~ted**, *pp* **~ting** 1 प्रसार क., प्रचार क.: **~te** ideas 2 छितराना, बिखेरना, फैलाना;
dw/lw: **dissemina\tion** /~शन/ *n.* 1 प्रसार, प्रचारः ~tion of knowledge 2 विकिरण 3 फैलावः ~tion of false information
collocations: **~ted sclerosis** *see under the entry* **multiple:** ***collocations***

dissension /डिसेन्शन/ *n.* 1 मतभेद, फूट, मनमुटाव 2 मनमुटाव से बढ़ा हिंसक झगड़ा

dissent /डिसें\ट/ *n.* 1 (*often* ~ **from sb/ sth**) मत-विभिन्नता, मतभेद, असहमतिः strong ~ from an opinion 2 राजधर्म-विरोध;
***v.**, pt.* **~ed**, *pp* **~ing** 1 असहमति या मतभेद जताना 2 विरोध क. 3 राजधर्म अस्वीकार क.;
dw/lw: **~er** /~टः/ *n.* मतभेद जताने वाला, असंतुष्ट, भिन्नमतावलंबी, राजधर्म-विरोधी;

dissen\tient /डिसेंशि\अंट/ *n.* असहमत व्यक्ति, जिसका मत भिन्न हो;
adj. भिन्न राय प्रकट करने वाला सदस्यः **~tient** person;
dw/lw: **~ting** /~अंटिंग/ *adj.* अलग मत रखने वाला या देने वाला

disserta\te /डिसःटे\ट/ *v., pt.* **~ted**, *pp* **~ting** 1 पर बहस क. 2 निबंध या शोध-प्रबंध लिखना

dissertation /डिस्सःटेशन/ *n.* शोध-निबंध, शोध-प्रबंधः ~tion for the degree of M.Phil; ~tion fellowship (शोध-प्रबंध लिखने के लिए वृत्ति)

disser\ve /डिसःवः/ *v., pt.* **~ved**, *pp* **~ving** 1 हानिकर 'मदद' दे. 2 किसी को नुकसान पहुंचाना 3 मेज से चीजें हटाना
dw/lw: **~vice** /डिसःविस/ *n.* हानि, क्षति, अपकार, अनिष्ट;
p&i: **do sb a ~vice** किसी की जड़ों में तेल दे.

dissiden\ce /डिसि\डंस/ *n.* 1 विमति, असहमति 2 असंतोषजन्य रोष;
dw/lw: **dissiden\t** /~डंट/ *n.* असंतुष्ट राजनैतिक विरोधी, असंतुष्ट व्यक्ति

dissimilar /डिसिमि\लः/ *adj.* 1 भिन्न, विषम, अलगः ~ tastes 2 असदृश, असमानः a picture ~ to/ from/ with others;
dw/lw: **dissimilar\ity** /~लैरिटि/ *n.* असमता, असमानता, विषमता; **~ly** /~लि/ *adv.* असमान रूप से; **~s** /~लःज/ *n.* भिन्न-भिन्न वस्तुएं

dissimilitude/ dissimilarity /डिसिमिलिड्यूड/ डिसिमिलअरिटि/ *n.* भिन्नता, असादृश्यता

dissimula\te /डिसिम्युले\ट/ *v., pt.* **~ted**, *pp* **~ting** (***syn.*** dissemble) धोखे से छिपाना, कपटपूर्वक गुप्त रखना;
dw/lw: **~tion** /~लेशन/ *n.* दुराव, छिपाव, दोगलापन, ढोंग; **~tor** /~टः/ *n.* कपटी, ढोंगी

dissipable /डिसिपअबल/ *adj.* दुर्व्यसनी, दुर्व्यसनात्मक

dissipa\te /डिसिपे\ट/ *v., pt.* **~ted**, *pp* **~ting** 1 गायब हो. या क., लुप्त हो. या क.: **~te** sorrow; **~te** fears 2 छितरानाः **~te** clouds 3 मिटाना या मिटना, नष्ट क. या हो. 4 (धन-दौलत) उड़ा दे., अपव्यय क.: **~te** one's money/ time/ energy 5 भोग-विलास क.: **~te** and idle;
dw/lw: **~ted** /~टिड/ *adj.* 1 उड़ाऊ-खाऊ, अपव्ययी 2 मस्तमौला, मनमौजी 3 ऐय्याश, दुर्व्यसनीः lead a ~ted life; **dissipa\tion** /~शन/ *n.* 1 अपव्ययः ~tion of energy 2 मौज-मस्ती, ऐय्याशीः indulge in ~tion 3 दुराचार

dissoci\able /डिसोशिए\बल/ *adj.* 1 गैरमिलनसार 2 विभाज्य, जिसे अलग किया जा सके

dissocial /डिसोश\ल/ *adj.* 1 बेमिलनसार 2 समाजविरोधी, असामाजिक;
dw/lw: **~ize** /~लाइज/ *v., pt.* ~ized, *pp* ~izing गैरमिलनसार

बनाना, असामाजिक या समाज विरोधी बनाना

dissocia\te /डिसोशिएट/ *v., pt.* **~ted**, *pp* **~ting** 1 (***anton.*** associate) संबंध तोड़ना, अलग क. या हो. 2 विघटन क., विघटित हो.;
dw/lw: **~ted** /~टड/ *adj.* मनोविच्छिन्न: ~ted personality (मनोविच्छिन्न व्यक्तित्व); **~tion** /~शन/ *n.* अलगाव

dissol\uble/ ~vable /डिसौल्युबल/ डिजौल्वअबल/ *adj.* 1 वियोज्य 2 विलयनीय, विलोपनीय: **~uble** bond (विलोपनीय संबंध) 3 विसर्जनीय 4 घुलनशील

dissolute /डिसअलूट/ *adj.* 1 दुराचारी: ~ life 2 व्यसनी, लंपट;
dw/lw: **~ly** /~लि/ *n.* दुराचारपूर्वक; **~ness** /~नेस/ *n.* व्यसन, लंपटता

dissolution /डिसअलूशन/ *n.* 1 भंग: ~ of parliament 2 विघटन, विलोपन: ~ of a state 3 द्रवण, द्रवीकरण, घुलने की क्रिया, घुलनशीलता: ~ of ice 4 निरस्तीकरण: ~ of a treaty 5 विलयन 6 समाप्ति: ~ of marriage 7 विसर्जन 8 मरण

dissol\ve /डिजौल्व/ *US* डिजाःल्व/ *v., pt.* **~ved**, *pp* **~ving** 1 घुलना, घोलना 2 पिघलना, पिघलाना: **~ve** sugar in tea 3 भंग या विघटित हो. या क.: **~ve** an assembly 4 विलीन या लुप्त क. या हो.: **~ve** action in speech; her illusions got **~ved** 5 कारोबारी भागीदारी समाप्त क.: **~ve** the legal/ business partnership 6 विसर्जित क. 7 रद्द क. **~ve** an injunction (अदालत का फैसला रद्द क. या हो.) 8 (*often* **~ve into laughter, tears** *etc.*) ठहाके आदि में फूट पड़ना, भावावेश में आना, आंसू बहाने लगना;
dw/lw: **~ved** /~ल्वड/ विघटित, विलीन, द्रवीभूत, समाप्त, विसर्जित, रद्द; **dissol\vent** /~ल्वंट/ *adj.* द्रवक, घोलक

disso\nance /डिसअनंस/ *n.* (***anton.*** consonance) बेसुरापन, बेमेल;
dw/lw: **~nant** /~नंट/ *adj.* बेमेल, बेसुरा: ~nant from the spirit of the poem; ~nant to truth; ~nant notes

dissua\de /डिस्वेड/ *v., pt.* **~ded**, *pp* **~ding** (*usually* **~de sb from doing sth**) किसी को कोई काम न करने के लिए मनाना;
dw/lw: **~sion** /~जन/ *n.* किसी काम से हटने की सलाह, कोई काम न करने का परामर्श; **~sive** /~सिव/ *adj.* रोकने या मना करने वाला, विशेषः समझा-बुझाकर रोकनेवाला: ~sive advice; **~sively** /~सिवलि/ *adv.* मना करते हुए

dissyllabic /डाइसिलैबिक/ (*also* **dissyllable**) *adj.* द्वयक्षरीय, द्वि-शब्दांशीय

dissymmetric/ ~al /डिसिमेट्रिक/ ~ल/ *adj.* असममित

dissymmetry /डिसिमअट्रि/ *n.* असममिति

dist. *abbr.* 'district' का संक्षेप

distaff /डिस्टाफ/ *US* डिस्टैफ/ *n.* 1 ऐसी छड़ जिसके दोनों सिरों पर रुई के गुच्छे बंधे हो 2 *lit.* महिला या महिला का काम;
p&i: **the ~ side** *old use* परिवार का महिला वर्ग

distal /डिस्टल/ *adj., anat., dentistry* जोड़ से दूरतम, दूरवर्ती

Distalgesic /डिस्टलजीजिक/ *n., trademark* एक पीड़ाहर दवाई

distan\ce /डिस्टंस/ *n.* 1 दूरी, फासला: a large/ long/ short/ small/ vast **~ce**; a short/ long **~ce** from a place 2 अंतर, अंतराल: **~ce** between sth and sth 3 अलगाव 4 दूरतम बिंदु या स्थान 5 व्यवहार में रूखापन;
v., pt. **~ced**, *pp* **~cing** 1 (*usually* **~ce oneself from sb/ sth**) किसी से या किसी बात से दूरी बनाना, अलग हो. या क. 2 पीछे छोड़ दे.;
collocations: **~ce education/ ~ce teaching/ ~ce learning** पत्राचार शिक्षण या पढ़ाई;
p&i: **~ced themselves from government policy** अपने आपको सरकार की नीतियों से अलग या दूर कर लिया; **~ce lands enchantment to the view** दूर के ढोल सुहावने; **at/ from a ~ce** बहुत समय या दूरी से; **go the full ~ce** *colloq.* मुक्केबाजी आदि के मुकाबले में अंत तक बने रहना; **in into the ~ce** काफी दूर; **keep one's ~ce** अलग-थलग रहना, दूर ही रहना, दूरी बनाए रखना, बहुत मेल-जोल न रखना; **keep sb at a ~ce** किसी को नौ हाथ दूर रखना; **keep one's ~ce from sb/ sth** 1 किसी से या किसी चीज से दूरी बनाए रखना 2 किसी को पास में फटकने दे.; **out-~ce in a race** दौड़ में पीछे छोड़ दे., पछाड़ दे.; **out of ~ce from...** पहुंच के बाहर **within hailing ~ce** एकदम पास यानी जो बुलाने पर आवाज सुन सके; **within walking ~ce** जहां पैदल चलकर आसानी से पहुंचा जा सके

distant /डिस्टंट/ *adj.* 1 (***syn.*** remote) दूर, दूरस्थ, दूर स्थित, दूरवर्ती 2 दूर का 3 अलग-थलग 4 रूखा, उदासीन;
dw/lw: **~ly** /~लि/ *adv.* 1 दूर का, दूर से 2 रूखेपन से, अमैत्रीपूर्वक;
collocations: **~ education** पत्राचार विभाग या शिक्षा; **~ future** दूर भविष्य (में); **~ relative** दूर का रिश्तेदार; **a ~ journey** लंबी यात्रा;
p&i: **in the not too ~ future** निकट भविष्य में; **the dim and ~ past** बहुत समय पहले

distaste /डिस्टेस्ट/ *n.* 1 (***syn.*** aversion) नापसंदगी, अरुचि: ~ for sb or sth 2 अप्रसन्नता, नाराजगी;
dw/lw: **~ful** /~फुल/ *adj.* 1 अप्रिय, अरुचिकर: ~ful scent 2 नापसंद; **~fully** /~फुलि/ *adv.* भद्दे ढंग से

distemper /डिस्टेंपः/ *n.* 1 बदमिजाजी, चिड़चिड़ापन 2 पशुओं की कई बीमारियों में से एक: canine ~ (कुत्तों का प्लेग);
v., pt. **~ed**, *pp* **~ing** 1 बदमिजाजी बढ़ाना, चिड़चिड़ेपन को हवा दे. 2 स्वास्थ्य खराब क. 3 बुद्धि धूमिल क. 4 दीवारों आदि पर डिस्टैंपर क., गोंद मिले रंग से दीवारों आदि पर रंग क.

dis\tend /डिस्टेंड/ *v., pt.* **~tended**, *pp* **~tending** 1 फैलना या फैलाना 2 अफरना, फूलना या फुलाना: **~tend** a bladder; sails **~tended** by the wind 3 सूजना या सुजाना;
dw/lw: **~tensible** /~सिबल/ *adj.* जिसे खींचकर बढ़ाया या ताना जा सके; **~tension** /~शन/ *n.* 1 सूजन, शोथ 2 खींचकर बढ़ाई जाने वाली लंबाई;
p&i: **~tend one's nostrils** नथुने फुलाना; **his heart ~tended with pride** गर्व के मारे में वह फूले नहीं समा रहा था

distich /डिस्टिक/ *n.* 1 दोहा, शेर, श्लोक, सोरठा आदि 2 द्विपदी, दो पंक्तियोंवाला पद्य

distil /*UK* (*US* **distill**) /डिस्टिल/ *v., pt.* **~led**, *pp* **~ling** 1 अर्क या शराब निकालना, आसवन क.: ~ spirits from grain 2 टपकाना, टपकना चुआना: ~ in drops 3 आसवन करके पानी साफ क. 4 में से कुछ निकालना: **~ a** theory out of one's experiences 5 किसी वस्तु या लेख आदि का सार (छोटा) रूप (condensed) तैयार क.;
dw/lw: **~land** /~लैंड/ *n.* वस्तु जिससे अर्क या शराब निकाली जाती है; **distillate** *see below under separate entry*; **~led** /~ल्ड/ *adj.* आसकत, सविता, वाष्पित; **~leer/ ~ler** /~लिअः/~लिः/ *n.* चुआने वाला, आसवन कर्ता, क्वार, आवक, आसवन-यंत्र, भचका; **distil\lery** /~लरि/ *n., pl.* ~leries 1 शराब का कारखाना 2 आसवनी 3 मद्य-निर्माणशाला
collocations: **~led water** *chem.* सविता पानी

distilla\te /डिस्टिलेट/ *n.* 1 अर्क, सत्त 2 वाष्पन-द्रवण क्रिया से मिला आसवित पदार्थ;
dw/lw: **distilla\tion** /~शन/ *n.* 1 आसवन: dry ~tion; fractional ~tion 2 वाष्पन-द्रवण, चुआई-टपकाई

distillery *see above under* **distil**: ***dw/lw***

distinct /डिस्टिंक्ट/ *adj.* 1 भिन्न, अलग, पृथक: ~ dialects; keep two things ~ (दो बातों को अलग रखना); ~ from each other 2 विशेष, विशिष्ट: a person of very ~ character 3 स्पष्ट, सुव्यक्त: ~ writing; ~ memory 4 निश्चित, सुनिश्चित 5 नियत, साफ-साफ: ~ refusal; in ~ terms (साफ शब्दों में);
dw/lw: **~ly** /~लि/ *adv.* स्पष्ट रूप से, स्पष्टतया, साफ-साफ: speak ~ly; ~ly audible; ~ly better; **~ness** /~नेस/ *n.* विशिष्टता, भिन्नता, स्पष्टता

distinc\tion /डिस्टिं\क्शन/ *n.* 1 अंतर, फर्क, भिन्नता, विशिष्टता: a clear **~tion**; a **~tion** between sth and sth; nice/ fine **~tion**; **~tion** in meaning; without **~tion**; draw/ make a **~tion** (अंतर क.) 2 विशिष्टता, उत्कृष्टता, श्रेष्ठता: **~tion** of style; the **~tion** of Indian dance; a writer of **~tion**; a person of **~tion**; a man of **~tion**; serve with **~tion** 3 उपाधि, पदक, सम्मान: confer a **~tion** on sb;
dw/lw: **~tive** /~क्टिव/ *adj.* 1 (***syn.*** characteristic) विशिष्ट, विशेष: ~tive feature 2 भिन्नता सूचक: ~tive function 3 सुस्पष्ट; **~tively** /~क्टिवलि/ *adv.* साफ-साफ, विशिष्ट ढंग से; **~tiveness** /~क्टिवनेस/ *n.* विशिष्टता, विशेषता, सुस्पष्टता, भिन्नता;
p&i: **a ~tion without a difference** कोई अंतर नहीं, मात्र नाम का फर्क

distinguish /डिस्टिंग्वि\श/ *v., pt.* **~ed**, *pp* **~ing**, *s/he/it* **~es** 1 (*often* **~ one thing from another**, ***syn.*** differentiate) विशिष्टता पहचानना, भेद जानना/ दिखलाना 2 (*often* **~ between things/ people**) अंतर क., श्रेणीबद्ध क. 3 किसी चीज को देख, सुन या समझ पाना 4 (*always* **~ oneself**) *often ironic* विशिष्टता/ ख्याति/ अलग पहचान स्थापित करवाना;
dw/lw: **~able** /~शअबल/ *adj.* विशिष्ट, इंद्रीयगोचर: a hardly ~able sound; **~ed** /~श्ड/ *adj.* 1 विशिष्ट: a ~ed career; ~ed guest 2 प्रख्यात: ~ed writer 3 विख्यात, प्रतिष्ठित, लब्धप्रतिष्ठ: ~ed for valour 4 सुसंस्कृत, सूक्ष्म, बारीक, नाजुक: ~ed manners; ~ed style 5 विशिष्ट (इंद्रियगोचर): ~ed appearance; **~ing** /~शिंग/ *adj.* विशिष्टता या अलग पहचान स्थापित करने वाली, विशिष्ट: ~ing feature

distort /डिस्टॉः\ट/ *v., pt.* **~ed**, *pp* **~ing** 1 विकृत या विरूपित क.: face **~ed** with pain 2 तोड़-मरोड़ कर पेश क.: ~ facts 3 मिथ्यावर्णन क. 4 झूठा बयान दे.;
dw/lw: **~ed** /~टिड/ *adj.* विरूपित, विकृत: ~ed face; ~ed picture of sth; **~ion** /~शन/ *n.* 1 विरूपण, विकृति: a sudden ~ion of face 2 तोड़-मरोड़: ~ion of facts 3 मिथ्या वर्णन

distract /डिस्ट्रै\क्ट/ *v., pt.* **~ed**, *pp* **~ing** 1 (*usually* **~ sb/ sb's attention from sth**) ध्यान हटाना, ध्यान दूसरी ओर क.: ~ sb's mind from sth 2 ध्यान भंग क. 3 विभ्रांत क., उलझन में डालना, चिंतित या क्रुद्ध क.: her mind was **~ed** by grief; be **~ed** with doubts 4 मनोरंजन क., दिल बहलाना: ~ the patient with the latest anecdotes;
dw/lw: **~ed** /~क्टिड/ *adj.* 1 हतबुद्धि, विचलित: drive sb ~ed 2 बिखरा हुआ 3 विभ्रांत, उलझन में पड़ा हुआ, चिंतित, क्रुद्ध 4 अन्यमनस्क, दुचित्ता, अनमना: like one ~ed; **~ing** /~क्टिंग/ *adj.* विचलित/ विभ्रांत/ अनमना करने वाला; **~edly** /~क्टिगलि/ *adv.* 1 विचलित ढंग से 2 पागलपन की हद तक: ~edly in love with sb; **distract\ion** /~क्शन/ *n.* 1 ध्यान हटाने वाली बात या वस्तु, विघ्न, उलझन, झगड़ा: political ~ions 2 दुचित्तापन, चित्तविक्षेप, अनन्यमनस्कता, ध्यान-भंग 3 उन्माद, पागलपन, विक्षिप्तता: love sb to ~ion; drive sb to ~ion 4 मनबहलाव, मनोरंजन: not to have enough ~ions 5 घबराहट, चिंता, क्रोध; **~or** /~क्टः/ *n.* 1 ध्यान हटाने वाला व्यक्ति, वस्तु या बात 2 (multiple choice questions) बहुचयनित प्रश्न के उत्तरों में से एक;
p&i: **love sb to ~ion** प्यार में पागल हो.

distrain /डिस्ट्रे\न/ *v., pt.* **~ed**, *pp* **~ing** *law* ऋण न लौटाने की स्थिति में संपत्ति पर कब्जा क., आसेध क.;
dw/lw: **distraint** /डिस्ट्रेंट/ (*also* **~ment**) *n., law* ऋण न लौटाने की स्थिति में संपत्ति पर कब्जा; **~ee** /~नी/ *n., law* जिसकी संपत्ति पर ऋण भुगतान के एवज में कब्जा किया गया है; **~er** /~नः/ *n., law* जिसे ऋण भुगतान के एवज में ऋणी व्यक्ति की संपत्ति पर कब्जा किया है

distrait /डिस्ट्रे/ *v., pt.* **~ed**, *pp* **~ing** (***syn.*** absent-minded) अनमना, अन्यमनस्क या विचलित क.;
adj., *lit.* अनमना, अन्यमनस्क

distraught /डिस्ट्रॉट/ *adj.* 1 विक्षुब्ध, व्यथित, परेशान 2 आंदोलित 3 विक्षिप्त, पागल

distress /डिस्ट्रे\स/ *n.* 1 व्यथा, परेशानी: he showed signs of ~; to sb's ~; deep/ great ~ 2 वेदना: ~ of soul 3 विपदा, संकट: a ship in ~; ~ call/ signal 4 आर्थिक संकट: be in ~; be in great ~ for money 5 (***syn.*** detrainment) जब्ती, कुर्की: levy/ put in a ~;
v., pt. **~ed**, *pp* **~ing**, *s/he/ it* **~es** 1 चिंतित क. 2 व्यथित क. 3 कुर्की क.;
dw/lw: **~ed** /~स्ट/ *adj.* दुखी, चिंतित; **~ing/ ~full** /~सिंग/ ~सफुल/ *adj.* चिंतित करने वाली बात, दुखप्रद, कष्टप्रद: ~ful uncertainty/ situation; **~-signal** /~स सिग्नल/ *n.* विपत्ति संकेत; **~-warrant** /~स वारंट/ *n.* कुर्की का अधिपत्र;
p&i: **company in ~ makes trouble less** एक-एक दो ग्यारह

distributary /डिस्ट्रिब्यूटरि/ *adj.* 1 जलवितरिका 2 वितरक नदी, रजबाहा

distribu\te /डिस्ट्रिब्यू\ट/ *v., pt.* **~ted**, *pp* **~ting** 1 बांटना, वितरित क.: **~te** letters among the addressees 2 आपूर्ति क., वितरण क., दे.: **~te** justice 3 फैलाना: **~te** fertilizer over the field 4 वर्गीकरण क.: **~te** plants into groups;
dw/lw: **~tion** /~शन/ *n.* 1 वितरण, बांट: ~tion of books; ~tion network 2 वियोजन 3 विस्तार, फैलाव: ~tion in space; ~tion of population; ~tion of the stars 4 वर्गीकरण 5 व्याप्ति: ~tion in time (काल में व्याप्ति) 6 स्थिति-आधारित विभाजन: geographical ~tion of industry; **~tive** /~टिव/ *adj.* 1 वितरण-संबंधी: the ~tive trades (माल-ढुलाई व्यापार) 2 *gramm.* विच्छेदक 3 वितरणात्मक; **~tor** /~टः/ *n.* वितरक, वितरणकर्ता;
collocations: **~ted system** *comput.* कई कंप्यूटरों को एक-दूसरे जोड़कर बनाया हुआ नेटवर्क; **~tion board** बिजली के कई सर्कटों के क्नेक्शनों वाला पटल ;

district /डिस्ट्रिक्ट/ *n.* 1 जिला, जनपद, मंडल: ~ magistrate (जिला न्यायाधीश);
dw/lw: **~-board** *n.* जिला बोर्ड; **~-head-quarters** *n.* जिला-मुख्यालय;
collocations: **~ attorney** (*abbr.* **DA**) *US* जिला कानून अधिकारी; **~ court** जिला अदालत 2 प्रदेश 3 क्षेत्र: police ~; the English lake ~;
p&i: **close ~** बहुत कम अंतर से हुई जीत वाला मतदान क्षेत्र; **red-light ~** वेश्यावृत्ति क्षेत्र

distrust /डिस्ट्रस्ट/ *n.* अविश्वास, शंका, शक, संदेह: hold sb in ~/ look at sb with ~;
v., pt. **~ed**, *pp* **~ing** शक क., विश्वास न क.: ~ one's own eyes;
dw/lw: **~ful** /डिस्ट्रस्टफुल/ *adj.* अविश्वासी, शंकालु, संशयी; **~fully** *adv.* शक की नजर से

disturb /डिस्टः\ब/ *v., pt.* **~ed**, *pp* **~ing** 1 विघ्न डालना, बाधा पहुंचाना: ~ the smooth traffic; ~ the train of thought 2 छेड़छाड़ क.: ~ the apparatus; ~ sb's plans 3 विक्षुब्ध क.: ~ sb's peace of mind 4 विस्थापित क. 5 अस्त-व्यस्त क.: ~ the balance 6 उत्तेजित क. 7 शांति भंग क. 8 दंगा क. 9 धरती में हल चलाना: ~ the area;
dw/lw: **~ance** /~बंस/ *n.* 1 बाधा, विघ्न, गड़बड़ी: ~ance of respiration; ~ance of speech 2 शोर-शराबा, उपद्रव, दंगा, शांति भंग: cause a ~ance 3 उत्तेजना 4 विक्षोभ, व्याकुलता, घबराहट; **~ed** /~ब्ड/ *adj., psychol.* 1 विक्षुब्ध, अशांत, चिंतित 2 उपद्रवग्रस्त 3 असामान्य: ~ed child; **~ing** /~बिंग/ *adj.* 1 विक्षुब्ध या चिंतित करने वाला: ~ing news 2 विघ्नकारी

distyle /डाइस्टाइल/ डिस्टाइल/ *n.. architect.* दो स्तंभों वाला मुख्य द्वार

disunion /डिस्यूनिअन/ *n.* 1 विदाई, विच्छोह 2 फूट, अनबन, कलह
disuni\te /डिस्यु\नाइट/ *v., pt.* **~ted**, *pp* **~ting** 1 अलग या जुदा क. या हो. 2 फूट डालना या डलना;
dw/lw: **~ty** /डिस्यूनिटि/ *n.* फूट, एकता का अभाव: ~ty within the ranks of democratic forces
disu\se /डिस्यू\ज/ *n.* 1 अनुपयोग: machine became rusty from **~se** 2 अप्रचलन: get into **~se** 3 अव्यवहार: fall/ get into **~se**;
v., pt. **~sed**, *pp* **~sing** उपयोग या प्रयोग में लाना बंद क. या हो.;
dw/lw: **~sed** /डिस्यूज्ड/ *adj.* जिसे अब प्रयोग न किया जाता हो, पुराना, उजाड़: a ~sed station
disutility /डिस्युटिलिटि/ *n.* क्षति, हानिकारकता, व्यर्थता
disyllab\le/ dissyllable /डाइसिलैबल/ *n.,* द्वि-शब्दांश;
dw/lw: **~ic/ dissyllabic** *adj.* द्विशब्दांशीय
DIT *abbr.* 'Dehradun Institute of Technology', 'Diploma in Information Technology' की प्रथमाक्षरी
ditch /डिच/ *n., pl.* **~es** 1 खाई, गड्ढा 2 खंदक 3 मोरी, नाली;
v., *pt.* **~ed**, *pp* **~ing**, *s/he/it* **~es** 1 छोड़ दे., फेंक दे 2 धोखा दे.: ~ a friend in need 3 खाई खोदना, नाली बनाना 4 समुद्र पर (वायुयान को) उतारना: ~ an aircraft 5 खाई में उतारना (गाड़ी आदि को) 6 पटरी से उतरना या उतारना: ~ a car (कार को पूरी तरह तोड़ दे.) 7 हराना, विफल क.;
p&i: **~ a swamp** दलदली क्षेत्र को सुखाना; **die in a ~** कंगाली में मरना; **die in the last ~** अंत तक लड़ना, अंतिम दम तक लड़ना; **dull as a ~ water** भयंकर काहिल; **last ~ effort** अंतिम प्रयास; **the Ditch** अटलांटिक महासागर; **the last ~** अंतिम बांधा
ditheism /डाइथीइज्म/ *n.* द्विदेववाद
dither /डिदः/ *v., pt.* **~ed**, *pp* **~ing** 1 हिचकिचाना, अनिश्चय की स्थिति में हो. 2 कांपना, थरथराना 3 असमंजस झेलना;
n. घबराहट, असमंजस;
dw/lw: **~er** *n.* हिचकने वाला आदमी; **~y** *adj.* हिचकने वाला;
p&i: **all of a ~** भारी असमंजस में
dithyramb /डिथिरैंब/ *n.* आवेशपूर्ण भाषण, उत्तेजक तकरीर, भावुकतापूर्ण गीत या लेख
dits\y/ ditz\y /डिट्सि/ *adj., degr.* **~ier**, **~iest** *N. Amer. colloq.* 1 चलचित्त, चंचल, अगंभीर
ditto /डिटो/ *adv.* (*abbr.* **do**) यथोक्त, बिल्कुल वही, तदैव, यथोपरि, तथैव, वैसा ही, वैसे ही;
n., *pl.* **~s** 1 यथोक्त, जो बात ऊपर कही गई है 2 यथोक्त चिह्न (") 3 प्रतिलिपि;
dw/lw: **~graphy** *n.* पुनरावृत्ति; **~logy** *n.* दो तरह का पाठ-विमर्श, द्वियर्थ
collocations: **~ marks** *a symbol* पुनरावृत्ति चिह्न (");
p&i: **act ~** बिल्कुल वही क.; **say ~ to** समर्थन क.
ditt\y /डिट्टि/ *n., pl.* **~ies** 1 एक सरल गीत या कविता 2 छोटा-सा गीत, गाना;
dw/lw: **~bag** *n.* सूई-धागे व अन्य साज-सामान की डिबिया; **~box** *n.* नाविक या मछुआरे का थैला
diuresis /डाइयुरीसिस/ *n.* मूत्रलता;
dw/lw: **diuretic** /डायुरेटिक/ *adj., med.* मूत्रवर्धक, मूत्रल, पेशाब निकालने वाला; **diuretic** *n.* मूत्रवर्धक दवाई
diurnal /डायःनल/ *adj., techn.* 1(***anton.*** nocturnal) प्रतिदिन 2 दैनिक 3 दिन में सक्रिय रहने वाला, दिनचर 4 दिवसीय: ~ hours 5 दिन में खिलनेवाला फूल
diuturnal /डाइयुटःनल/ *adj.* चिरकालिक
div *see below under* **divvy**
div. *abbr.* 'divide', 'division', 'divorce' or 'divorced' का संक्षेप
diva /डीवअ/ *n., pl.* **~s/ dive** /डीवे/ विशिष्ट व महान गायिका
divaga\te /डाइवअगे\ट/ *v., pt.* **~ted**, *pp* **~ting** 1 बोलते या लिखते समय भटक जा. 2 विषयांतर क. 3 भटकना;
dw/lw: **~tion** /~शन/ *n.* 1 भटकाव 2 विषयांतरण
divalent /डाइवेलंट/ *adj., chem.* एक परमाणु जो हाईड्रोजन आदि के दो अणुओं से जुड़ सकता है
Divali /दिवाली/ *n.* दीवाली, दीपावली
divan /डिवैन/ *US* डाइवैन/ *n.* 1 दीवान 2 तख्ता 3 बिना सिरहाने और पांवों की टेक वाला तख्ता (बिस्तरा)
di\ve /डाइव/ *v., pt.* **~ved**/ *US* **dove**, *pt. p.* **dived**, *pp* **~ving** 1 पानी में छलांग लगाना या कूदना 2 गोता लगाना: **~ve** for pearls 3 पनडुब्बी द्वारा गोता लगाना 4 हवाई जहाज द्वारा सहसा ऊंचाई से नीचे उतरना 5 कीमतों का सहसा गिरना 6 गहरे पैठना 7 झपटना: the goal-keeper had to **~ve** to catch the ball 8 झट से गायब हो जा.: **~ve** into/ over/ under, etc. (किसी स्थान पर/ में/ के नीचे दुबक कर छिप जा.);
n. 1 पानी में छलांग, डुबकी, गोता 2 अधोगति 3 कीमतों में आकस्मिक गिरावट 4 झपट 5 ढाबे जैसा मैला-कचैला स्थान, गलत अड्डा, बदनाम जगह 6 *boxing sl.* झूठ-मूठ का नॉक-आउट;
dw/lw: **~ve-bomb** *v., pt.* ~ve-bombed, *pp* ~ve-bombing विमान से नीचे की ओर गोता लगाते हुए बम बरसाना; **~ve-bomber** *n.* गोताखोर बमवर्षक; **~ve-bombing** *n.* गोतामार विमान द्वारा बमवर्षा; **~ver** /डाइवः/ *n.* गोताखोर, पनडुब्बा; **diving** *n.* गोताखोरी;
collocations: **springboard ~ves** स्प्रिंग बोर्ड से छलांग लगाकर लगाई जाने वाली डुबकी;
p&i: **~ve in** अपने लिए खाना परोसना; **~ve into sth** 1 हाथों को जेबों आदि में डालना 2 किसी भी काम में पूरी तरह रम जा.; **~ve one's hands into one's pockets** अपने हाथों को अपनी जेबों में डालना; **~ve into one's work** अपने काम में डूब जा.; **make a ~ve for sth** किसी चीज को पकड़ने के लिए तेजी से आगे की ओर लपकना; **take a ~ve** गोता लगाना
diver\ge /डाइवः\ज/ *v., pt.* **~ged**, *pp* **~ging** 1 एक बिंदु से अलग-अलग दिशाओं में बढ़ना या निकालना, अपसारित हो. 2 अलग होकर भिन्न-भिन्न दिशाओं में जा.: their paths **~ged** 3 मतभेद हो.,रास्ते अलग हो जा.: **~ge** from an opinion 4 हट जा.: **~ge** from a straight line 5 भटक जा., बहक जा. 6 विषयांतर हो.: **~ge** from the topic 7 मोड़ना, झुकाना;
dw/lw: **~gence** /~जंस/(*also* **~gency** /~जंसि/) *n.* (***syn.*** convergence) अपसरण, विषयांतर, मतभेद, बिखराव, विचलन; **~gent** /~जंट/ *adj.* 1 विभिन्न प्रकार का, नानाविध 2 अलग-अलग 3 अपसारित होने वाला;
collocations: **~ging lens** *phys.* ऐसा लेंस जो किरणों को बिखेरता है, किरणों को अपसारित करने वाला
divers /डाइवःज/ *adj., archaic, lit.* विविध, नाना प्रकार के
diverse /डाइवःस/ *adj.* 1 विविध: ~ judgements on the subject 2 भिन्न-भिन्न प्रकार के, नाना प्रकार की;
dw/lw: **~ly** /~लि/ *adv.* भिन्न-भिन्न प्रकार से की
diversi\fication /डाइवःसि\फिकेशन/ *n.* विविधीकरण, भिन्न-भिन्न सामान बनाने की क्रिया, नानारूपकरण;
dw/lw: **~fied** /~फाइड/ *adj.* विविध, भिन्न-भिन्न प्रकार के; **~form** *adj.* भिन्न-भिन्न प्रकार के आकारों वाला; **~fy** /~फाइ/ *v., pt.* ~fied, *pp* ~fying, *s/he/it* ~fies 1 विविधता उत्पन्न क., भिन्नता ला., परिवर्तन लाना 2 (***syn.*** branch out) अलग-अलग हो.
diversion /डाइवःश\न/ *n.* 1 मोड़ 2 दिशा परिवर्तन, दिक्परिवर्तन 3 विचलन 4 *UK* (*US* **detour**) पथांतरण, घुमाव: ~ of traffic; ~ of stream 5 भटकाव: the **~s** of youth 6 ध्यान-भंग: ~ of mind from sth 7 विषयांतरण 8 (***syn.*** distraction) मन-बहलाव, मनोरंजन: out-door **~s** 9 धोखा, छल, भुलावा;
dw/lw: **~ary** /~नरि/ *adj.* 1 पथ या विषय में विभिन्नता लाने वाला, विषयांतरण करने वाला 2 पथांतरण करने वाला 3 ध्यान हटाने वाला: ~ary tactics 4 मनोरंजन करने वाला; **~ist** /~निस्ट/ *n.*

भटकाव पैदा करने वाला

diversi\ty /डाइवःसिटि/ *n., pl.* **~ties** 1 विविधता: **~ty** of tastes 2 (***syn.*** variety) अनेकता, अनेकरूपता, नानारूपता 3 भिन्नता, विभिन्नता 4 असमानता;
collocations: **~ty in unity** विविधता में एकता; **unity in ~** एकता में विविधता;
p&i: **~ty is the rule of nature** पांचों उंगलियां एक-सी नहीं होतीं

divert /डाइवः\ट/ *v., pt.* **~ed**, *pp* **~ing** 1 मुंह मोड़कर किसी दूसरी तरफ कर दे.: ~ the course of a river 2 कहीं और भेज दे.: ~ a sum to charity 3 दिशा बदल दे. 4 रास्ता बदल दे. 5 जी बहलाना, मनोरंजन क.: ~ sb with an amusing story 6 (***syn.*** distract) ध्यान हटाना: ~ sb's attention/ thoughts, etc.;
dw/lw: **~iculitis** /~टिक्युलाइटिस/ *n.* मलाशय के एक भाग में पीड़ादायक सूजन जिसके कारण मलोत्सर्ग (bowel movement) में कठिनाई होती है; **~imento**/~टिमेंटो/ *n., pl.* divertimenti/ divertimentos एक हल्की-फुल्की संगीत रचना; **~ing** /~टिंग/ *adj.* जी बहलाने वाला, मनोरंजक, आनंददायक

dives /डाइवीज/ *n.* धनी, अमीर, रईस (व्यक्ति)

divest / डाइवेस्ट\/ डिवेस्ट\/ *v., pt.* **~ed**, *pp* **~ing** 1 (कपड़े) उतारना या उतरवाना, नंगा क., निर्वस्त्र क.: **~ed** herself of her jacket and scarf 2 (*usually* ~ **sb of sth**) वंचित क., छीन लेना, विहीन क.: ~ sb of his right;
dw/lw: **~ment** /~मंट/ *n.* 1 किसी कंपनी के खरीदे हुए शेयरों बेचने की क्रिया 2 किसी कारोबार में लगाए हुए पैसे को निकालने की क्रिया

dividable /डिवाइडअबल/ *adj.* विभाजित किए जाने योग्य, विभाज्य

divide /डिवाइ\ड/ *v., pt.* **~d**, *pp* **dividing** 1 (***syn.*** share) बांटना या बंटना: ~ sth into three parts; ~ the profits among/ between sb and sb; ~ sth (up) among/ between sb 2 किसी स्थान को दो भागों में विभाजित क. 3 विभक्त क. या हो., भाग क., तकसीम क.: ~ 10 by 5 4 मतभेद पैदा क. या हो.: be **~d** in opinion; my mind is **~d** on this point 5 फूट डालना या डलना 6 (***syn.*** separate) अलग क. या हो.: ~ two houses 7 विभाजन की सीमा का काम क.: ~ one's hair in the middle (बालों के बीच में मांग डालना) 8 वर्गीकरण क.;
n. 1 *US* (***syn.*** watershed) जलाशय 2 विभाजन: the ~ between rich and poor 3 विभाजक 4 (**the Great/ Grand Divide**) *US* उच्च चट्टानी पर्वत 5 जीवन और मृत्यु के बीच की विभाजक रेखा, मृत्यु: go over the **Divide** (दूसरी दुनिया में जा., मर जा.)
dw/lw: **~d** /~डिड/ *adj.* विभाजित, बंटा हुआ; **dividend** *see below under separate entry*; **~r** /~डः/ *n.* 1 विभाजक, वितरक 2 पर्दा; **~rs** *n.* विभाजनी, परकार; **dividing** *see below under separate entry*;
collocations: **~d highway** *N. Amer.* बीच में खिंची विभाजक रेखा द्वारा विभाजित दुतरफा सड़क;
p&i: **~ and rule** फूट डालो और राज करो;
a house ~d against itself वह सभा जिसमें फूट पड़ गई हो; **opinions are ~d** विचारों में मतभेद हैं

dividend /~डेंड/ *n.* 1 लाभांश: declare a ~nd; ~nd rate (लाभांश दर); ~nd-warrant (लाभांश अधिपत्र) 2 लाभ: pay ~nds (आगे चलकर लाभकारी सिद्ध होना); meeting her would pay ~nds 3 भाज्य;
dividing /~डिंग/ *adj.* विभाजक;
collocations: **dividing dial** विभाजक वृत्त; **dividing line** विभाजन-रेखा; **dividing range** विभाजक पर्वतमाला; **dividing rule** विभाजक पैमाना

dividual /डिविड्यूअल/ *adj.* 1 पृथक 2 वियोज्य 3 जो भागों में बंट सके

dividuous /डिविड्युअस/ *adj.* विभाजित, विभक्त, विशेषतः आकस्मिक

divina\tion /डिविने\शन/ *n.* 1 शकुन-विचार 2 शकुन विद्या, सगुनौती 3 सही भविष्य कथन या भविष्यवाणी;
dw/lw: **~tor** /डिविनेटः/ *n.* भविष्यवाणी करने वाला

divi\ne /डिवाइ\न/ *adj.* 1 दैवी, ईश्वरीय 2 ईश्वर-दत्त 3 दिव्य 4 उत्कृष्ट, श्रेष्ठ, अति सुंदर;
v., pt. **~ned**, *pp* **ning** 1 सगुन विचारना, शकुन निकालना 2 अनुमान लगाना, ताड़ना: **~ne** sb's intentions; **~ne** the meaning of sth (किसी बात के अर्थ का अनुमान लगाना) 3 भविष्यवाणी क. 4 शुभ छड़ी (divine rod) द्वारा कुएं के लिए पानी वाला स्थान बताना;
dw/lw: **~ner** /~नः/ *n.* दैवज्ञ, ज्योतिषी; **~nely** /~नलि/ *adv.* ईश्वर की तरह, आश्चर्यजनक ढंग से; **~nity** /डिविनिटि/ *n., pl.* ~nies 1 ईश्वरत्व, देवत्व 2 धर्मशास्त्र;
collocations: **~ne hat** सुंदर टोप; **~ne right** (*also* **the divine right of kings**) *colloq.* ईश्वर-दत्त अधिकार; **~ne service** चर्च में प्रार्थना; **the ~ne Shakespeare** ईश्वर-तुल्य शेक्सपियर; **~ne weather** दिव्य मौसम; **~ne will** भगवान की मर्जी

diving /डाइविंग\/ *n.* 1 गोताखोरी 2 डुबकी या गोता लगाने की क्रिया;
adj. 1 गोता लगाने वाला 2 पानी में छलांग लगाने वाला;
dw/lw: **~board** *n.* पानी में छलांग लगाने का बोर्ड; **~buck** *n.* दक्षिणी अफ्रीका हिरण; **~duck** *n.* डुबकी लगाने वाली बत्तख; **~helmet** *n.* गोताखोर का हैल्मेट; **~rudder** *n.* ऊंचाई या गहराई मापक; **~spider** *n.* जल मकड़ी; **~suit** *n.* तैराकी पोशाक;
collocations: **~ championship** गोताखोरी प्रतियोगिता; ~ **pool** तैराकी ताल, तरणताल; **head first** ~ सिर के बल डुबकी

divinity *see above under* **devine:** ***dw/lw***;

divisibility /डिविजिबिलिटि/ *n.* विभाज्यता: ~ of matter

divisible /डिविजिबल/ *adj.* भाज्य, विभाज्य: be ~ into (भागों में विभक्त होने वाला); 8 is ~ by 2 (आठ दो से विभक्त हो सकता है)

division /डिविजन\/ *n.* 1 विभाजन, बंटवारा, वितरण 2 विभाग, प्रभाग 3 मतभेद, फूट, अनबन 4 भाग, तकसीम, भाग सूचक चिह्न '÷': ~ sign 5 वर्गीकरण 6 सीमा 7 (परीक्षा में) श्रेणी, डिविजन 8 मंडल 9 न्यायालय की खंड-पीठ: ~ bench;
dw/lw: **~al** /~ल/ *adj.* विभागीय: ~al commander (डिविजन कमांडर); ***collocations:*** ~ **bell** संसद आदि में मत-विभाजन की घंटी; ~ **engineer** मंडल इंजीनियर; ~ **headquarters** मंडल मुख्यालय; ~ **of labour** श्रम-विभाजन; ~ **of modern languages** आधुनिक भाषा विभाग; ~ **sign/ mark** विभाजन चिह्न ('÷');
administrative/ parliamentary ~ प्रशासनिक/ संसदीय विभाग; **cause/ stir up ~s** फूट डालना, एकता तोड़ना; **simple** ~ सामान्य विभाजन; **the first/ the second/ the third** ~ (परीक्षा में) प्रथम/ द्वितीय/ तृतीय श्रेणी; **without a** ~ बिना मत विभाजन के

Divisionism (*also* **pointillism**) बिंदु चित्रण;

división lobby *see above under* **lobby**

divisive /डिवाइसिव\/ *adj.* 1 फूट डालने वाला, झगड़ा कराने वाला: these issues are ~ 2 विभाजित करने वाला, बांटने वाला;
dw/lw: **~ly** /~लि/ *adv.* विभाजित करने के तरीके से; **~ness** /~नेस/ *n.* विभाजक प्रवृत्ति, कलह की स्थिति

divisor /डिवाइजः/ *n., math.* हर, भाजक

divor\ce /डिवॉःस/ *n.* 1 तलाक, विवाह-विच्छेद, विवाह-विच्छेद आदेश (decree): **~ce** case/ suit; **~ce** court 2 संबंध-विच्छेद: **~ce** proceedings/ rate/ settlement (तलाक लेने की कार्रवाई/ तलाक दर/ तलाक-समझौता) 3 अलगाव: the **~ce** between science and religion;
v., pt. **~ced**, *pp* **~cing** 1 तलाक दे.: **~ce** sb; be **~ced** from sb 2 त्याग दे., छोड़ दे. 3 के बीच अलगाव या अंतर हो. या क.:

~ce form from matter (रूप और कथानक में अंतर क.); ~ce one's conduct from one's principles (अपने व्यवहार और सिद्धांतों में अंतर क., कथनी और करनी में अंतर हो.);
dw/lw: **~ced** /~स्ट/ *adj.* तलाकशुदा पुरुष या स्त्री; **~cé** /~से/ *n.* तलाकशुदा पुरुष; **~cée** /~से/ *adj.* तलाकशुदा महिला; **~cee** /~सी/ *n., pl.* ~cees तलाकशुदा आदमी या औरत; **~cement** /~समेंट/ तलाक: bill of ~cement (तलाक पत्र);
p&i: **a ~ce from sb** किसी से तलाक; **get a ~ce** तलाक मिलना

divorceable /डिवॉःसेबल/ *adj.* तलाक योग्य, त्याज्य

divot /डिवअट/ *n.* दूब जमी जमीन का वह टुकड़ा जो स्टिक से गेंद पर प्रहार करते समय उखड़ गया हो

divulgation/ divulgence /डिवल्गेशन/ डाइवलजंस/ *n.* घोषणा, रहस्योद्घाटन

divul\ge /डाइवल्ज/ *v., pt.* **~ged**, *pp* **~ging** 1 (***syn.*** reveal) रहस्य या भेद खोलना, भंडा-फोड़ क.: ~ge a secret 2 गुप्त बात को जगजाहिर क.

div\vy/ divi /डिवि/ (*also* **div\y/ divi**) *n., pl.* **~ies** 1 लाभांश 2 मूर्ख;
v. *pt.* **~vied**, *pp* **~vying**, *s/he/it* **~vies (divvy up sth)** हिस्सों में बांटना

Diwali (*also* **Divali)** दिवाली, दीपावली का त्योहार

DIWDM *abbr.* 'Diploma in Internet, Website Designing and Management' की प्रथमाक्षरी

dixie/ dixi /डिक्सि/ *n.* देगची, पतीला, केतली

dixit /डिक्सिट/ *n.* कठोर कथन;
collocations: **ipse dixit** /इप्से दिक्षित/ *Lat.* बिना सबूत का कथन या आक्षेप

DIY *UK abbr.* 'do-it-yourself' का संक्षेप

dizain /डिजेन/ *n.* दशपदी कविता

dizygotic /डाइजाइगोटिक/ (*also* **fraternal**) *adj., biol.* दो अंडों से पैदा होने वाला;
collocations: **~ twin** (*also* **dizygous twin**) = **fraternal twin** जुड़वां भाई

dizziness /डिजिनेस/ *n.* सिर में आने वाले चक्कर

diz\zy /डिजि/ *adj., degr.* **~zier**, **~ziest** 1 सिर में चक्कर आने से आक्रांत: be quite **~zy** 2 (***syn.*** giddy) जिसे सिर में चक्कर आ रहा हो 3 भौचक्का, व्याकुल, विमूढ़, हक्का-बक्का 4 घुमटा लाने वाला 5 मूर्ख, मूढ़: need a trained nanny, not a **~zy** teenager;
v. *pt.* **~zied**, *pp* **~zying**, *s/he/it* **~zies** 1 सिर चकराने की स्थिति पैदा क. 2 किंकर्त्तव्यविमूढ़ क.;
dw/lw: **~zily** /~लि/ *adv.* भौचक्कों की तरह, हक्का-बक्का होकर; **~ziness** /~नेस/ *n.* भौचक्कापन, व्याकुलता, विमूढ़ता; **~ing** /डिजिंग/ *adj.* जिससे नींद आए, निद्रालू;
collocations: **~zy climb/ ~zy heights** ऐसी ऊंचाई जिसे देखकर चक्कर आने लगे; **~zy speed** चक्कर देने वाली तेज रफ्तार;
p&i: **~zy heights** चरम उत्कर्ष;
feel ~zy चक्कर आना; **it made me ~zy** इससे मुझे चक्कर आने लगे

DJ *abbr.* 'disc jockey' की प्रथमाक्षरी;
v. *pt.* **Dj'd**, *pp* **Dj'ing**, *s/he/it* **Dj's** डिस्क जौकी का काम क.

DJ *abbr. sl.* 'dinner jacket' की प्रथमाक्षरी

DJA *abbr.* 'Delhi Journalists Association' की प्रथमाक्षरी

DJAM *abbr.* 'Delhi Janwadi Adhikar Manch' की प्रथमाक्षरी

DJB *abbr.* 'Delhi Jal Board' की प्रथमाक्षरी

djinn/ djinni *see below under* **jinni**

DJS *abbr.* 'Delhi Judicial Services' की प्रथमाक्षरी

DK *abbr.* 'Dravida Kazhagam' की प्रथमाक्षरी

DK *abbr.* 'Denmark' का अंतर्राष्ट्रीय वाहन पंजीकरण कोड(*IVR*)

DKD *abbr.* 'diabetic kidney disease' की प्रथमाक्षरी

DKVIB *abbr.* 'Delhi Khadi and Village Industries Board' की प्रथमाक्षरी

dl *abbr.* 'decilitre', 'decilitres' का संक्षेप, डेसिलीटर

DLC *abbr.* 'Democratic Leadership Council (USA)', 'differential leucocyte count', 'digital loop carrier' की प्रथमाक्षरी

DLD *abbr.* 'domestic long distance' की प्रथमाक्षरी

Dlib & I.Sc. *abbr* 'Diploma of Library & Information Science' की प्रथमाक्षरी

DLitt *abbr.* 'Doctor Litterarum' *Lat.*, 'Doctor of Letters' का संक्षेप

D-lock *n.* साइकिल का ताला

DLRA *abbr.* 'Delhi Land Reforms Act' की प्रथमाक्षरी

DLRL *abbr.* 'Defence Electronics Research Laboratory' की प्रथमाक्षरी

DLSA *abbr.* 'District Legal Services Authority' की प्रथमाक्षरी

DLTA *abbr.* 'Delhi Lawn Tennis Association' की प्रथमाक्षरी

DM/D-mark *abbr.* 'Deutschmark' का संक्षेप (जर्मनी की भूतपूर्व मुद्रा)

dm *abbr.* 'decimetre' का संक्षेप, डेसिमीटर

DM *abbr.* 'District Magistrate' का संक्षेप

DMA *abbr.* 'Datasoft Mobile Academy', 'direct memory access', 'Delhi Metropolitan Area', 'Delhi Mountaineering Association', की प्रथमाक्षरी

DMC *abbr.* 'Delhi Minorities Commission', 'Disaster Management Committee' की प्रथमाक्षरी

DME *abbr.* 'distribution of dimethyl ether' की प्रथमाक्षरी

DMI *abbr* 'Directorate of Military Intelligence' की प्रथमाक्षरी

DMK *abbr.* 'Dravida Munnetra Kazhagam' की प्रथमाक्षरी

DMLT *abbr.* 'Diploma in Medical Laboratory Technology' की प्रथमाक्षरी

DMRC *abbr.* 'Delhi Metro Rail Corporation' की प्रथमाक्षरी

DMS *abbr.* 'Delhi Milk Scheme' की प्रथमाक्षरी

DMs *abbr. colloq.* 'Doc Martens' की प्रथमाक्षरी

DMT *abbr.* 'Diploma in Medical Transcription' की प्रथमाक्षरी

DMU *abbr.* 'De Monifort University (UK)', 'Diesel Multiple Units' की प्रथमाक्षरी

DMus *abbr.* 'Doctor of Music' का संक्षेप

DMVR *abbr.* 'Delhi Motor Vehicle Rules' की प्रथमाक्षरी

DMZ *abbr.* 'demilitarized zone' की प्रथमाक्षरी

DNA *abbr.* 'deoxyribonucleic acid' की प्रथमाक्षरी;
collocations: **DNA fingerprinting** = **genetic fingerprinting**

DND *abbr.* 'Delhi Noida Direct' की प्रथमाक्षरी

DNI *abbr.* 'Division of Naval Intelligence' की प्रथमाक्षरी

DNMD *abbr.* 'Diploma in New Media Design' की प्रथमाक्षरी

DNO *abbr* 'Directors of Naval Operations' की प्रथमाक्षरी

D-notice *n.* सरकार द्वारा समाचार-पत्रों व अन्य प्रचार माध्यमों को भेजा जाने वाला पत्र जिसमें समाचार के किसी भाग को सुरक्षा कारणों से न छापने का निर्देश दिया जाता है

DNS *abbr.* 'digital nervous system' की प्रथमाक्षरी

DNT *abbr.* 'Denotified Tribes' की प्रथमाक्षरी

DNV *abbr.* 'Det Norske Veritas (Norway-based certifitcate body)' की प्रथमाक्षरी

do /डू/ *v., pt.* **did**, *pt. p.* **done**, *pp* **doing**, *s/he/it* **does** 1 करना, काम क.: what are you **doing**?; what ~ you ~? 2 बनाना, पैदा क.: to have a number of things to ~ 3 किसी कार्य का चलना, सफलता पाना: he **did** brilliantly at his examination; ~ badly/ well, etc.; the business is ~**ing** well 4 पालन क.: ~ as you are told; ~ one's duty well 5 नुकसान पहुंचाना: ~ damage/ harm, etc. 6 संपन्न या पूरा क.: ~ one's work/ one's duty/ one's task; ~ a copy for sb 7 पूरा पड़ना, काफी हो.: that will ~ for me 8 तैयार क., लिखना: he can ~ his assay quite fast 9 किसी विषय की पढ़ाई क.: ~ biology/ Russian/ history, etc. 10 संवारना, चार चांद लगाना: this dress doesn't ~ much for her figure 11 व्यवस्थित क.: ~ one's table regularly 12 नकल क., अभिनीत क. या खेलना: he **did** Hamlet very well; she **did** a lot of acting 13 बिस्तर बनाना: ~ one's bed 14 निर्वाह क.: he can ~ without your help 15 उपयुक्त हो., काफी हो.: this room will ~ for the office; this much sweet will ~ for the party; he has enough money to ~ him till the end of the year 16 किसी सेवा को व्यापारिक आधार पर मुहैया करवाना: do lunches 17 सम्मान दे.: it doesn't ~ him an honour 18 किसी को निपटाना: the sales girls can ~ many customers in an hour 19 किसी रफ्तार से गाड़ी चलाना: on a highway a car can ~ 100 kms an hour 20 ठगना: he **did** me over that; I am afraid you have been **done** 21 कोई दूरी तय क., किसी स्थान पर एक यात्री के रूप में जाना-आना: ~ round trip in five hours 22 *colloq.* किसी चीज को नष्ट क.: now he's **done** it! 23 *qolloq.* किसी पर हमला क., घायल क.: tell me, or I'll ~ you 24 जेल में समय काटना: **did** five years in prison 25 (***syn.*** punish) सजा दे.: he was **done** for speeding 26 हो जा.: there was nothing **doing** 27 *sl.* नशीले पदार्थों का सेवन क.: he doesn't ~ drugs 28 व्यंजन बनाना: ~ mutter paneer on slow fire 29 चुराना: the gang **did** a warehouse of a big mall;

auxiliary v. 1 प्रश्नवाचक व नकारात्मक वाक्यों में प्रयुक्त: ~ you smoke? 2 क्रिया के अनावश्यक दोहराव को टालने के लिए प्रयुक्त: she studies as much as I ~ 3 बल देने के लिए प्रयुक्त: she **does** know about your arrival; I ~ believe you;

n. 1 प्रीतिभोज या अन्य पार्टी: we've got a **do** on to-night 2 प्रथा या नियम: dos and **don**'ts 3 हिंसक दृश्य 4 जिम्मेवार व्यक्ति: I have no **do** with the arrangement 5 ठगी: nothing but a ~ (पूरी ठगी) 6 सेवा: one gets a poor ~ at this hotel (इस होटल में सर्विस खराब है);

dw/lw: **~able** *adj.* जिसे किया जा सके, करने योग्य, करणीय; **~-all** *n.* छोटे-मोटे सभी काम करने वाला आदमी; **~-gooder** *n., colloq.* सदा सबकी मदद करने वाला व्यक्ति; **do-in** *n., alternative med.* इलाज की चीनी पद्धति को अपने आप प्रयोग करने का अभ्यास; **doing** *see below under separate entry*; **~-it-yourself** (*abbr.* **DIY**) मरम्मत आदि के अपने छोटे-मोटे काम करने या चीजें बनाने का शौक; **~-or-die** जीवन और मौत का सवाल हो.;

p&i: **~ a bunk** चुपके से चंपत हो जा.; **~ a dry** *theat.* नाटक में संवाद भूल जा.; **~ a good turn** नेक काम क.; **~ a guy** नौ-दो ग्यारह हो.; **~ all the talking** लगातार बोलते जा.; **~ articles for a magazine** किसी पत्रिका के लिए लेख लिखना; **~ as I say, not as I** ~ जो मैं कहता हूं, वह करो, न कि मेरी नकल; **~ as you would be done by** दूसरों के साथ वैसा व्यवहार करो जैसा आप अपने साथ चाहते हैं; **~ a thing in house** घास काटना, भद्दे ढंग से काम क.; **~ a turn** सौ मील प्रति घंटे की रफ्तार से गाड़ी चलाना; **~ a U-turn** पूर्णतः पलट जा.; **~ away with sb/ sth** 1 किसी का कत्ल क. 2 किसी संस्था को समाप्त क.; **~ brown** ठगना; **~ by** से व्यवहार क.: he has been hard **done** by (उसके साथ बुरा व्यवहार किया गया); **~ dirt to sb** किसी के साथ बुरा सलूक क.; **~ down** बदनाम क.; **does not matter** कोई बात नहीं; **does not mince words** वह साफ बात करता है; **done to the wide** पूर्णतः बर्बाद हो गया; **~ evil and look for the like** जैसा करनी वैसी भरनी; **~ for** 1 मार डालना या तबाह कर दे. 2 का प्रबंध क.; **~ for oneself** अपने पांव पर खड़े हो.; **~ for sb** *colloq.* किसी के घर पर झाड़ू-पोंछे का काम क.; **~ for the best** नेक काम के लिए कुछ क.; **~ full justice** अच्छी तरह क.; **~ good and cast it into the river** नेकी का दरिया में डाल; **~ honour** इज्जत दे.; **~ into** अनुवाद क.: ~ an article into English; **~ in the eye** घिनौने ढंग से धोखा दे.; **~ it for toffee** मुफ्त में क.; **~ justice to** न्याय क.; **~ lecturing/ painting, gardening** पढ़ाने/ चित्र बनाने/ बागबानी करने का काम क.; **~ moonlight flit** चुपके से खिसक जा.; **~ naughty** सुस्त आदमी; **done to the wide/ to the world** बर्बाद हो गया; **~ no halloo (whistle) till you are out of the wood** खतरा टलने से पहले ही खुशियां मनाना; **~ not cast pearls before swine** भैंस आगे बीन न बजाओ; **~ not come the uncle over me/ him** (मुझे/ उसे) हद से ज्यादा मत डांटिए; **~ not hit a man when he is down** मरे हुए को मत मारो; **~ not put all your eggs in one basket** अपना सारा पैसा एक काम में मत लगाओ; **~ one right** किसी के साथ न्याय क.; **~ one's best/ one's utmost/ all one can/ everything in one's power** पूरी कोशिश क., कोई कसर न छोड़ना; **~ one's bit** अपने हिस्से का काम पूरा क.; **~ oneself a disservice** अपने पांव में कुल्हाडी मारना; **~ oneself wrong** गलती क.; **~ oneself up** कपड़े पहनना; **~ one's endeavour** पूरा प्रयास क.; **~ one's hair** अपने बाल बनाना; **~ one's kind** अपने स्वभाव के अनुसार काम क.; **~ one's level best** कोई कसर न छोड़ना; **~ one's part** अपने हिस्से का काम पूरा क.; **~ one's possible** कोई कसर उठा न रखना; **~ one's stuff** अपने सामर्थ्य अनुसार काम क.; **~ one's worst** अधमतम काम क.; **~ one the world of good** अपना बहुत भला क.; **~ or die** सफल होने के लिए हर संभव प्रयास क.; **~ out** साफ क., सफाई क.; **~ out of** वंचित क., ठगना; **~ over** फिर से क.; **~ right/ wrong** सही या गलत (काम या बात) क.; **dos and don'ts** नियम; **~ sb/ a favour/ a kindness** किसी पर अहसान या कृपा क.; **~ sb a good/ a bad turn** किसी का भला या बुरा क.; **~ sb's business/ the job/ for sb** किसी को बर्बाद कर दे.; **~ sb in** *colloq.* 1 किसी को मार दे. 2 थकाकर चूर कर दे.; **~ sb/ sth down** किसी के बारे में तिरस्कार भाव से बात कहना; **~ sb out of sth** चालबाजी से किसी को किसी चीज से वंचित क.; **~ sb over** *sl.* 1 किसी को लूटना 2 किसी पर हमला क.; **~ sb proud** किसी को गौरवान्वित क.; **~ sb's bidding** किसी का हुक्म बजाना; **~ sb well** किसी को अच्छा खाना-पीना और आराम के साधन दे.; **~ someone a favour/ good turn** किसी का भला क.; **~ sth behind someone's back** किसी के पीठ पीछे षड्यंत्र क.; **~ sth by the skin of one's teeth** खींच-तान कर कुछ कर पाना; **~ sth in a trice** आनन-फानन कर देना; **~ sth in good faith** नेक इच्छा से कोई काम क.; **~ sth off one's own bat** अपनी मर्जी से कोई कार्य क.; **~ sth on a shoe string** बहुत कम पैसे से काम चलाना; **~ sth out** कमरे आदि को खाली क., उसे सजाना; **~ sth over** *US* दोबारा क.; **~ sth to salve one's conscience** अपनी अंतर्आत्मा को सुकून देने के लिए कुछ क.; **~ sth up** *colloq.* 1 किसी भवन की मरम्मत या सफाई क. या उसकी सजावट में सुधार क. 2 बांधना या लपेटना; **~ the business for sb** किसी को बर्बाद कर दे.; **~ the dirty on sb** किसी के साथ भद्दा मजाक क.; **~ the grand** बड़ा तीस-

मार-खां बनना; ~ **the handsome thing by** उदारतापूर्वक पेश आना; ~ **the honours** किसी का सम्मान-सत्कार क.; ~ **the trick** अपना काम निकाल ले.; ~ **time** कैद काटना; ~ **to/** ~ **unto** = ~ **by** के साथ पेश आना; ~ **to death** मार दे.; ~ **unto others as you desire to be done by** जैसा व्यवहार अपने साथ चाहते हो वैसा ही दूसरों के साथ भी करो!; ~ **up** 1 कसना 2 मरम्मत क. 3 सफाई क.; ~ **up food** खाने में मिर्च-मसाला डालना; ~ **up one's face** अपना चेहरा संवारना; ~ **up one's hair** अपने बाल संवारना; ~ **well** फायदा क.; ~ **well by sb** किसी से अच्छा व्यवहार क.; ~ **without sth** के बिना काम चलाना; ~ **will do** काफी होगा, काम चल जाएगा; ~ **with sth** के साथ कुछ क., का उपयोग क.; ~ **with sb/ sth** के साथ गुजारा क.; ~ **without (sb/ sth)** किसी के या किसी चीज के बिना गुजारा क.; ~ **with what you have** जो तुम्हारे पास है उसी से गुजारा करो; **be done! have done!** बहुत हो गया!; **better to** ~ **well than to say well** सुंदर शब्दों से सुंदर काम भले; **could** ~ **with sth/ sb** उन्हें बुलाने से फायदा होगा; **fair do's!** सब को बराबर-बराबर; **have done it** बेवकूफियां क.; **have to** ~ **with sb/ sth** से नाता हो. / किसी बात या चीज से संबंध हो.; **have nothing to** ~ **with sb** किसी के साथ कोई वास्ता न हो.; **he could** ~ **with a shave** अच्छा होता यदि वह दाढ़ी बना लेता; **he did me over that** इस बात में उसने मुझे धोखा दिया; **how** ~ **you** ~**?** क्या हाल है?; **I could/ can** ~ **with a cup of tea** मैं चाय का एक प्याला ले सकता हूं; **if you want a thing well done** ~ **it yourself** आप मरे बिना स्वर्ग नहीं मिलता; **I haven't done with him yet** मैंने उसके साथ अभी हिसाब चुकता नहीं किया; **it isn't done** ऐसा नहीं करते; **it will** ~ ठीक है, चलेगा, काफी है; **it won't** ~ ऐसे नहीं चलेगा; **not** ~ **anything for sb** किसी के लिए कुछ न क.; **nothing doing** बिल्कुल नहीं; **that does it** बस हो गया, और नहीं चलेगा; **that's all over and done with** सारा खेल खत्म हो गया; **that will** ~ **the trick** इससे सब कुछ तय हो जाएगा; **the** ~ **that bit you** जैसा बोया है वैसा काटो; **the seats have been done over with green paint** सीटों को हरे पेंट से रंगा गया है; **you did well to refuse his invitation** उसका निमंत्रण ठुकराकर तुमने ठीक किया; **well begun is half done** अच्छी शुरुआत आधी सफलता होती है; **when in Rome** ~ **as the Romans** गंगा गये गंगा राम, जमुना गये जमुनादास; **what are you going to** ~ **about it?** इसके बारे में तुम क्या करने वाले हो; **what is done cannot be undone** जो हो गया सो हो गया; **what is to be done?** क्या किया जाए?; **what is to** ~? क्या करना है? **what shall I** ~ **next?** मैं आगे क्या करूं?

DO *abbr.* 'Development Officers' की प्रथमाक्षरी

do *abbr.* 'ditto' का संक्षेप

DO *abbr.* 'Dissolved Oxygen' की प्रथमाक्षरी

DOA *abbr. med.* 'dead on arrival' की प्रथमाक्षरी

doable *see above under* **do:** ***dw/lw***

DOART *abbr.* 'Deep Ocean Assessment & Reporting Technology' की प्रथमाक्षरी

dob /डौब/ *US* डाःब/ *v., pt.* **~bed**, *pp* **~bing** किसी की शिकायती टट्टू की तरह शिकायत क.: he **~bed** her to her parents

DoB/ D.O.B. *abbr.* 'Date of Birth' की प्रथमाक्षरी

dobbin /डॉबिन/ *n.* लद्दू घोड़ा

DOC *abbr.* 'Denominazione di Origine Controllata, *Italian*', 'District Officer Commanding' की प्रथमाक्षरी

doc *abbr.* 'doctor' का संक्षेप

docent /दोसंट/ *n.* 1 अध्यापक (विश्वविद्यालय में 'रीडर' या 'ऐसोशिएट प्रोफेसर') 2 विचित्रालय (museum) गाइड

DOCG *abbr.* 'Denominazione di Origine Controllata Garantita, *Italian*' की प्रथमाक्षरी

dochmius /डॉचमस/ *n.* (***syn.*** prosody) पंचाक्षर या पंच-शब्दांश चरण

doci\le /डोसाइल/ (*N. Amer.* **dosail**) *adj.* 1 दब्बू 2 अति विनयशील, विनीत 3 जिसे सरलता से सिखाया-पढ़ाया जा सके;
dw/lw: **~lely** /~लिल/ दब्बू तरीके से, अत्यधिक विनयशीलता के साथ; **~lity** /~लिटि/ *n.* दब्बूपन, अतिशय विनयशीलता

dock /डौक/ *US* डाःक/ *n.* 1 (***syn.*** harbour) गोदी, जहाजी माल घाट, पोत घाट, नौका घाट, बंदरगाह 2 पत्तन: floating/ wet ~ (तैरता हुआ पोत घाट) 3 गोदी-बाड़ा 4 जहाज मरम्मत घाट: dry ~ 5 जहाज निर्माण घाट: naval **~s** 6 *UK* (*US* **the stand**) कठघरा 7 पुच्छ-मूल, सागरी (of animal) 8 (***syn.*** strap) दुमची 9 दृश्य-बंध आगार (drama) 10 अंतरिक्ष यानों का अंतरिक्ष में जुड़ाव;
v., pt. **~ed**, *pp* **~ing** 1 जहाज का पोत घाट में आना 2 वेतन में से कुछ अंश दंड के रूप में काटना: ~ sb's wages 3 काटना, छोटा क.: ~ one's life 4 पशु की दुम काटना, दुमकटा बनाना 5 अंतरिक्ष यानों का अंतरिक्ष में जुड़ना 6 (***syn.*** undock) कंप्यूटर के डौकिंग स्टेशन (docking station) से जुड़ना;
dw/lw: **~age** /डौकिज/ *US* डाःकिज/ *n.* बंदरगाह-शुल्क; **~-dues** *n. [pl.]* गोदी-शुल्क; **~er/ ~hand** *n.* गोदी-मजदूर, बंदरगाह-मजदूर; **~ing** *n.* 1 जहाज का बंदरगाह में ठहराव 2 अंतरिक्ष में यानों का जुड़ाव; **~land** *n.* बंदरगाह क्षेत्र; **~-master** *n.* गोदी-अधीक्षक; **~side** *n.* गोदी के चारों ओर का क्षेत्र; **~-tailed** *adj.* दुमकटा; **~-warrant** *n.* गोदी प्रमाणपत्र; **~worker/ ~-labourer** *n.* गोदी-मजदूर, बंदरगाह-मजदूर; **~yard** /डॉकयाःड/ *n.* गोदीबाड़ा, डॉकयार्ड;
collocations: **~ing station** एक उपकरण जिसमें लैप-टॉप कंप्यूटर मेज पर रखे जाने वाले कंप्यूटर की तरह जोड़ा जा सकता है;
p&i: ~ **the entail** *law* उत्तराधिकारी के चुनाव पर लगी पाबंदियों को हटाना;
in ~ 1 जिसकी मरम्मत चल रही हो 2 *colloq.* अस्पताल में भर्ती व्यक्ति; **in dry** ~ सूखी (बेपानी) गोदी में; **in the** ~ 1 जिस पर मुकदमा चल रहा हो, (अभियुक्त के रुप में) कठघरे में 2 आलोचना का पात्र;

docket /डौकिट/ *US* डाःकिट/ *n.* 1 पार्सल आदि पर लगी वस्तु-सूची 2 कार्यसूची, कार्यावली;
v., pt. **~ed**, ***pp*** **~ing** पैकेट पर वस्तु-सूची लगाना;
p&i: **clear the** ~ बचे हुए काम को खत्म क.; **off the** ~ जो विचाराधीन न हो; **on the** ~ विचाराधीन

Doc Martens (*also* **Martens,** *also* **DMs)** भारी आरामदेह बूट या तस्मों वाले जूते

doctor /डौक्टः/ *US* डाःक्टः/ *n.* 1 डॉक्टर, चिकित्सक: consult/ see a ~; go to the **~'s** (डॉक्टर के पास जा.) 2 विश्वविद्यालय की पीएचडी उपाधि से विभूषित व्यक्ति 3 धर्माचार्य;
v., pt. **~ed**, *pp* **~ing** 1 चिकित्सा क.: ~ sb for rheumatism (किसी के गठिया का इलाज क.) 2 मरम्मत क.: ~ a bicycle 3 बधिया क. 4 किसी दस्तावेज के साथ गलत ढंग से छेड़छाड़ क. या उसमें अवैध परिवर्तन क.: ~ accounts;
dw/lw: **~al** /डौक्टरल/ *US* डाःक्टरल/ *adj.* डॉक्टर-संबंधी; **~ate** /डौक्टअरअट/ *US* डाःक्टअरअट/ (*also* **~ship**) *n.* पीएचडी (डॉक्टर) की उपाधि; **doctress** /डौक्टरअस/ *US* डाःक्टरअस/ *n.* महिला डॉक्टर; **~ing** /डॉक्टरिंग/ *n.* डॉक्टरी का काम, देख-भाल;
collocations: **~'s overall** डॉक्टर का चोगा; **~'s stuff** औषधियां; **a ~'s appointment** डॉक्टर से मिलने का समय;
p&i: ~ **Fell** अपनी ओर अनायास ध्यान खींचने वाला व्यक्ति; **~s differ** विशेषज्ञ एक मत नहीं है;
business ~ व्यापारिक सलाहकार; **Dr. Feelgood** उत्साहवर्धक दवाई देने वाला डॉक्टर; **Dr. Jekyll and Mr. Hyde** बुराई और अच्छाई का मिश्रण वाहक व्यक्ति; **get a ~ate degree** शोध उपाधि (Ph.D.) पाना; **go for the** ~ *Austral.* निर्णायक कदम उठाना; **send for a** ~ डॉक्टर को बुलाना; **what**

the ~ **ordered** *colloq.* बिलकुल वही चीज जिसकी जरुरत है; **who shall decide when ~s disagree**? जब विशेषज्ञ एकमत नहीं तो आम आदमी क्या करे; **you are the ~!** आप मालिक हैं!

doctrinaire /डौक्ट्रिनेअ:/ *US* डाःक्ट्रिनेअः/ *n.* कट्टर सिद्धांतवादी या कठमुल्ला विचारधारावादी व्यक्ति;
adj., *derog.* कट्टर सिद्धांतवादी

doctrinal /डौकट्राइनल/ *US* डाःकट्रअनल/ *adj.* सिद्धांत-संबंधी

doctrine /डौक्ट्रिन/ *US* डाःकट्रिन/ *n.* 1 विचारधारा, सिद्धांत 2 वाद: the Nehruvian ~ 3 शिक्षा 4 धर्मसिद्धांत

docudrama /डौक्युड्रामा/ *US* डाःक्युड्रामा/ *n., pl.* **~s** जीवन के असली घटनाओं व पात्रों पर आधारित फिल्म या नाटक

document /डौक्युमंट/ *US* डाःक्युमंट/ *n.* 1 दस्तावेज, कागजात: draw up/ produce a ~; a ~ about concerning/ on 2 लिखित प्रमाण: in a ~ 3 कंप्यूटर में बनाया हुआ दस्तावेज या पाठ;
dw/lw: **~ary** /~ट्रि/ *n., pl.* ~ies दस्तावेजी फिल्म आदि, लिखित प्रमाण: ~ary film; **~ary** *adj.* लिखित: ~ary evidence; **~arily** /~ट्रिलि/ *adv.* दस्तावेज के अनुसार; **~ation** /~टेशन/ *n.* 1 दस्तावेजों का सेट, लिखित प्रमाण 2 कंप्यूटर के सोफ्टवेयर या यंत्रों के बारे में निर्देश आदि;
collocations: ~ **case** कागजात रखने की चमड़े या प्लास्टिक आदि का आवरण (cover); ~ **reader** *comput.* कंप्यूटर में दस्तावेजों का पठन करने वाला उपकरण

documentation *see above under* **document: *dw/lw***

docusoap /डौक्युसोप/ *US* डाःक्युसोप/ *n. UK* एक स्थान पर एक साथ रहने वाले लोगों के बारे में टीवी फिल्म आदि

DoD *abbr.* 'Department of Defense (US)', 'department of disinvestment', 'Department of Ocean Development' की प्रथमाक्षरी

dodder /डौड:/ *US* डाःड:/ *n.* अमरबेल, आकाशबेल;
v., *pt.* **~ed**, *pp* **~ing** 1 कांपना, थर्राना 2 लड़खड़ाना;
dw/lw: **~ed/ ~ing/ ~y** *adj.* जीर्ण-शीर्ण, लड़खड़ाता हुआ

doddle /डौडल/ *US* डाःडल/ *n., colloq. UK* (***syn.*** cinch) अति आसान काम, बाएं हाथ का खेल: the new course is an absolute ~

doddy /डौडि/ *US* डाःडि/ *n.* बिना सींग वाली गाय

dodecagon /डोडेकअगअन/ *n.* द्वादशभुज रेखा चित्र

dodecahedron /डोडेकअहीड्रन/ *n.* द्वादश फलक रेखा चित्र

dod\ge /डौज\/ *US* डाःज\/ *v., pt.* **~ged**, *pp* **~ging** 1 पैंतरा बदलना 2 चकमा दे., झांसा दे. 3 टालना: **~ge** a question 4 वार बचाना, (निशाने से) हट जा.: **~ge** a blow (वार टाल जाना) 5 दायें-बायें या इधर-उधर दौड़ना 6 पीछा क. 7 छिपना: **~ge** behind a tree;
n. 1 चकमा, चाल: **~ge** for catching birds (पक्षी पकड़ने का जाल) 2 पैंतरेबाजी, युक्ति, दांव: give a **~ge** to one side (एक तरफ टलकर दांव बचाना) 3 झांसा, धोखा: a tax **~ge** (कर चोरी); calculated **~ge** (सुनियोजित धोखा): be on the **~ge** (झांसा दे.);
dw/lw: **~ger** /~र/ *n.* 1 चालबाज व्यक्ति, ठग 2 (***syn.*** leaflet) *US* प्रचार-पत्र 3 *US* मक्के की रोटी; **~gery** /~रि/ *n.* धोखेबाजी, पैंतरेबाजी, चालबाजी; **~ing** / *US* डाःजिंग/ *n.* वार से टलने की क्रिया; **~gy** /डौजि/ *US* डाःजि / *US* डाःजि/ *adj., degr.* ~ier, ~iest *colloq. UK* 1 धोखेबाज, पैंतरेबाज 2 (***syn.*** suspicious) कांइयां 3 चालबाज;
p&i: **artful ~ger** चालाक धोखेबाज; **come the religious ~ge over sb** धर्म की आड़ में किसी से कुछ प्राप्त करने की कोशिश क.; **on the ~ge** ठगी करने वाला

dodgem /डौडजम/ *US* डाःडजम/ *n., pl., trade.* 1 **Dodgems** मेले आदि में बच्चों के लिए बिजली से चलने वाली विशेष गाड़ियां जो एक-दूसरे से टकरा सकती हैं 2 (***syn.*** bumper car) बिजली से चलने वाली छोटी कार

dodo /डोडो/ *n.* 1 डोडो पक्षी (अब पूर्णतः लुप्त) 2 मूर्ख;
p&i: **as dead as a** ~ पूर्णतः समाप्त, लुप्त

DoE *abbr.* 'Department of Energy (U.S.)', 'Department of the Environment' की प्रथमाक्षरी

doe /डो/ *n., pl.* **does/ doe** मादा हिरन, मृगी, हिरणी, मादा खरगोश;
dw/lw: **~-eyed** *adj.* मृगनयनी; **~-skin** *n.* मृगछाल

DOEACC *abbr.* 'Department of Education and Computer Consultancy', 'Department of Electronics Accredition of Computer Course' की प्रथमाक्षरी

does /डज/ **'do'** का वर्तमानकालिक यानी 'he/she/it' रूप

doesn't /डजंट/*short*: 'does not' का संक्षिप्त रूप

doff /डौफ/ *US* डाःफ/ *v., pt.* **~ed**, *pp* **~ing** *old use, lit.* 1 नमस्ते करने के लिए सिर से टोप उतारना 2 कपड़े का टुकड़ा उतारना, हटा दे., अलग क.;
adj. मूर्ख

dog/डौग\/ *US* डाःग\/ *n.* 1 कुत्ता, श्वान, कुतिया, कुक्कुर: a pack of **~s** 2 सोनहा (जंगली) 3 लुब्धक (dog-star) 4 पाजी, बदमाश, कमीना या नीच आदमी: cunning/ sly ~; lazy ~ 5 कागजों आदि को कसकर पकड़कर रखने वाला उपकरण (mechanical device) 6 बंदूक घोड़ा (कुत्ता);
v., *pt.* **~ged**, *pp* **~ging** 1 बुरी तरह पीछा क.: ~ sb's footsteps 2 निगरानी रखना, किसी को ढूंढ निकलना 3 परेशानी में डालना, किसी की नाक में दम क.: be **~ged** by misfortune; ~ a man (मुकाबले में प्रतिद्वंद्वी को पीछे खींचना) कुत्तो को साथ लेकर शिकार क.;
dw/lw: **~-bag** *n.* कुत्ते के खाने का थैला; **~-box** *n.* कुत्ता-घर; **~cart** *n.* कुत्तागाड़ी; **~catcher** *n.* = **~ warden** रमते कुत्तों को पकड़कर ~-हाहुस (कुत्ता-घर) में रखने वाला व्यक्ति; **~cheap** *adj.* बहुत सस्ता; **~-ear** /~इअ:/ *v., pt.* ~ed, *pp* ~ing पन्नों के किनारे मोड़ दे.; **~-ear** *n.* पुस्तक के पन्ने का मुड़ा कोना; **~-eared** /~-ईअःड/ *adj.* मुड़े हुए कोनों वाली पुस्तक या कापी; **~-eat-~** (*also* ~ **eat** ~) अपने हितों को अंधाधुंध आगे बढ़ाना; **~-end** (*also* **cigarette butt** *or* **fag end**) *n.* पी जा चुकी सिगरेट का आखिरी सिरा; **~-faced** *adj.* कुत्ते की शक्लवाला, श्वानाकार; **~-fight** *n.* 1 कुत्तों की लड़ाई 2 लड़ाकू विमानों की लड़ाई; **~-fish** *n.* तेज दांतोंवाली एक प्रचंड समुद्री शार्क मछली; **~ged** /डौगिड/ *pt. & pt. p.*, **dog** का भूतकालिक व भूतकालिक कृदंत रूप; **~ged** *adj.* 1 (***syn.*** tenacious) दृढ़ 2 हठी, अड़ियल; **~gedness** *n.* (***syn.*** tenacity) दृढ़ता, अड़ियलपन; **~gedly** /डॉगिडलि/ *adv.* (***syn.*** tenaciously) दृढ़तापूर्वक, हठपूर्वक; **~gerel** /डौगअरल/ *n.* घटिया पद्य या छंद, बेतुकी कविता; **~-handler** *n.* पुलिस के कुत्तों का रख-रखाव करने वाला आदमी; **~house** *n.* 1 कुत्ते की रहने की जगह; **~gie/ ~gy** /डौगि/ *US* डाःगि/ *n.* 1 बच्चों द्वारा कुत्ते के लिए प्रयुक्त शब्द 2 बिना मां का बछड़ा, आवारा बछड़ा; **~gy-Latin** *n.* अशुद्ध लातीनी भाषा; **~-leg** *n.* सड़क आदि में तीव्र या अंधा मोड़; **~-legged** *adj.* अंधा मोड़दार (कोना आदि), लहरिया, खड़ी (सीढ़ियां); **~gy-paddle/ ~-paddle** *n.* तैराकी की सरलतम विधि; **doggie** *n.* बे-मां का बछड़ा; **~rose** सेवती, यूरोपीय गुलाब; **~s** *n., pl.* (*always* **the ~s**) *colloq.* बड़े शिकारी कुत्तों की दौड़; **~sbody** /डौगज्बॉडि/ *US* डाःगज्बॉडि/ (*also* **hack**) *n., colloq. UK* दूसरों के लिए उबाऊ कार्य करने वाला पर सदा तिरस्कृत रहने वाला व्यक्ति; **~sled** *n.* कुत्तों द्वारा खींची जाने वाली बर्फ-गाड़ी; **~ship** *n.* श्वानत्व; **~sleep** *n.* श्वाननिद्रा, हल्की नींद; **~-tired** *adj.* थका-मांदा; **~tooth** *n.* भेदक-दंत; **~trot** *n.* कुत्ते की बंधी चाल; **~-watch** *n.* अधपहरा; **~-weary** *adj.* थकामांदा, पस्त; **~wood** *n.* सफेद फूलों वाली और जामुनी रंग के फलों वाली यूरोपीय झाड़ी;
collocations: ~ **biscuit** कुत्तों के लिए सख्त बिस्कुट; ~ **collar** कुत्ते के गले में बांधी जाने वाली गल-पट्टी; ~ **days** वर्ष का सबसे गर्म समय; **~gy/ doggie bag** रेस्त्रां आदि में खाने के बाद घर ले जाया जाने वाला बचा खाना; **~'s breakfast/ dinner** 1

(*syn.* a complete mess) गड़बड़-घोटाला 2 घटिया ढंग से किया हुआ काम, घास-कटाई, अस्त-व्यस्तता; **~'s/ hound's tongue** एक पौधा; **~s of war** युद्धप्रिय लोग, भाड़े के सैनिक; **~ tag** कुत्ते के लिए धातु की बनी पहचान पट्टी;
a ~'s life कुत्ते-सी जिंदगी; **hot ~** गोश्त-सैंडविच; **top ~** विजयी व्यक्ति, मालिक; **under ~** बुरी तरह पिटा या दबा हुआ व्यक्ति;
p&i: **~ eat ~** इंसान ही इंसान का दुश्मन; **~s bark as they are bred** जैसा पालन-पोषण वैसे करतब; **~ doesn't eat ~** अपने अपनों को नहीं सताते; **~ in the manger** (*usually ~-in-the-manger*) न खुद खाना न दूसरों को खाने दे.; **~ it! / ~ my cats!** *US* जहन्नुम में जाओ! **~ sb's footsteps** किसी के पद-चिह्नों पर चलना;
a ~ is made fat in two meals जिनकी जेब बहुत भारी होगी वे खा-खाकर मोटे होंगे ही; **a dull ~** उबाऊ व्यक्ति; **a dumb ~** चुप्पा या घुन्ना व्यक्ति; **a gay ~** हंस-मुख व मनमौजी व्यक्ति; **a good ~ deserves a good bone** जैसी सेवा वैसा मेवा; **an old ~ barks not in vain** अनुभवी व्यक्ति खोखली बात नहीं करता; **a sad ~** उदास व्यक्ति; **a sly ~** चुपके-चुपके चालाकी से काम निकालने वाला व्यक्ति; **a staff is quickly found to beat a ~ with** किसी को सजा देने के लिए बहाना आसानी से ढूंढ लिया जाएगा; **barking ~s seldom bite** जो गरजते हैं, सो बरसते नहीं; **be in the ~house** 1 क्रुद्ध 2 उपेक्षित स्थिति में हो., दुर्दशा झेलना; **die like a ~** कुत्ते की मौत मरना, बहुत बुरी मौत मरना; **beware of a silent ~** चुप्पे या घुन्ने व्यक्ति से सावधान रहो!; **call off one's ~s** घटिया काम या बात बंद क.; **every ~ has his day** हर किसी के अच्छे दिन आते हैं; **give a ~ a bad/ an ill name and hang him** बद अच्छा बदनाम बुरा; **go to the ~s** बर्बाद हो जा., भाड़ में जाए!; **help a lame ~ over a stile** मुसीबत में काम आना; **he that lies down with ~s must rise up with fleas** जैसी संगत वैसी रंगत; **if you want a pretence to whip a ~, say that he ate the frying-pan** यदि किसी को दंड देना ही है तो बहाना मिल जाएगा; **I'll be ~ged if I do it** यदि मैं ऐसा करता हूं तो मुझे कोढ़ लग जाए!; **in the ~** उपेक्ष्य अवस्था में, अपमान सहते हुए, दुर्दशा झेलते हुए; **it is ~ged that does it** करत-करत अभ्यास के जड़मति होए सुजान, रसरी आवत जावत है सिल पर परे निशान; **lead a ~'s life** घोर कष्ट में जीवन बिताना; **let loose the ~s of war** युद्ध-पिपासु लोगों को युद्ध छिड़वाने के लिए खुली छूट दे दे.; **let sleeping ~s lie** सोते नाग को मत जगाओ; **let the barking ~s bark** भौंकने वालों को भौंकने दो, अपना काम करते रहो; **like a ~'s dinner** *colloq., often disparaging* भड़कीले ढंग से बना-ठना; **like a ~ with two tails** आनंद विभोर; **love me, love my ~** मैं जैसा हूं वैसे ही स्वीकार करो; **not a ~'s chance** कोई संभावना न हो.; **put on the ~** दिखावा क.; **scornful ~s will eat dirty puddings** नखरे करने वाले को कुछ नहीं मिलता; **take a hair of teach an old ~ new tricks** बूढ़े तोतों को पढ़ाना; **the black ~ is on one's back** विषाद में डूबा हो.; **the ~s bark but the caravan goes out** कुत्ता भूके हजार हाथी चले बाजार; **the ~ bites the stone, not him that throws it** चीजों की जड़ में न जा.; **the ~ returns to his vomit** बुरे लोग मौका मिलते ही अपना असली रंग दिखाने लगते हैं; **the ~ that bit you** जैसा बोया है वैसा काटो; **the ~ that trots about, finds a bone** जो आदमी हाथ-पैर मारता है वह कुछ-न-कुछ पा ही लेता है; **the scalded ~ fears cold water** दूध का जला छाछ को फूंक मारकर पीता है; **throw to the ~s** छोड़ दे., पिशाचों के हवाले कर दे.; **to ~ it** *US* नौ-दो ग्यारह हो.; **to the ~s!** भाड़ में जाए!; **treat sb like/ worse than a ~** किसी से बुरा व्यवहार क.; **two ~s over one bone seldom agree** एक अनार सौ बीमार; **whose ~ is dead?** बात क्या है; **why keep a ~ and bark yourself** जिस काम को करने के लिए और लोग हैं, उसमें अपने को काहे फंसाना; **yellow ~** डरपोक और कमीना आदमी

doggo /डॉगो/ *adv.* **lie doggo** *rather old colloq use* छिपकर या दुबक कर रहना

doggone /डौग-न/ *US* डॉग-ऑन/ (*also* **dog goned**) *adj., adv. N. Amer., excl.* क्रोध जताने के लिए प्रयुक्त

dogma /डौग्मा/ *US* डॉग्मा/ *n., pl.* **~s/~ta** 1 धर्म मत, धर्म सिद्धांत, राज सिद्धांत, हठधर्म 2 फतवा 3 कट्टरपंथी मत 4 पत्थर की लकीर;
dw/lw: **~tic** /डौग्मैटिक/ *US* डॉग्मैटिक/ *adj.* राद्धांतिक, माताग्रही, कट्टरपंथी, कठमुल्ला, हठधर्मी, मतांध, धर्मांध: ~tic approach; **~tics** /~क्स/ *n.* धर्मसैद्धांतिकी, धर्मांधता; **~tically** /डौग्मैटिकलि/ *US* डॉग्मैटिकलि/ *adv.* धर्मांध तरीके से; **~tism** /~ज्म/ *n.* मतांधता, धर्मांधता, कट्टरपपंथीपन, कठमुल्लापन; **~tize/ ~tise** /डौग्मअटाइज/ *US* डॉग्मैटाइज/ *v., pt.* ~zed, *pp* ~zing 1 सिद्धांत बघारना 2 कट्टरपंथी बनना, मतांध बनना

do-gooder *see above under* **do: *dw/lw***

dogtooth violet पीले फूलों वाला एक पौधा

DOI *abbr., comput.* 'digital object identifier', 'Department of Interior (US)' की प्रथमाक्षरी

DOILT *abbr.* 'Donate once in your lifetime' की प्रथमाक्षरी

doily/ doyley /डॉइलि/ *n., pl.* **doilies/ doyleys** प्लेट रखने के लिए कढ़ाईदार कपड़े की छोटी चटाई

do-in *see above under* **do:*dw/lw***

doing /डूइंग/ *n.* 1 कार्य करने की क्रिया, कार्य: talking is one thing, ~ is another 2 *sing., colloq.* जिसका नाम याद न रहे या जो किसी संदर्भ में माकूल न हो 3 कठिन कार्य, प्रयत्न भरा काम; 4 **~s** *[pl.]* कार्य, करतूतें, करामात, हरकत, घटना, व्यवहार: fine **~s** these! (क्या करामातें हैं!); great **~s** in Africa (अफ्रीका में महत्त्वपूर्ण घटनाएं); there have been great **~s** at their house (उनके यहां खूब रंगरलियां मन रही हैं) 5 एक छोटा-सा उपकरण 6 रंगशाला में चलने वाला कार्यक्रम: what's ~ to-night? (आज क्या चल रहा है?);
adj. कार्यशील, सक्रियता से भाग लेने वाला: a ~ worker;
p&i: **~ is better than saying** शब्दों से काम भला; **give sb a ~** किसी की पीठ थपथपाना; **tell me about all your ~s** अपना हाल-चाल सुनाओ; **that takes/ wants, requires/ some ~** इसे करने में मेहनत या हिम्मत चाहिए; **this is none of my ~** मेरा इससे कुछ लेना-देना नहीं; **this is their ~** यह उनकी करतूत है; **what is worth ~ at all is worth ~ well** चाहे कम हो पर अच्छा हो

doit /डॉइट/ *n.* दमड़ी: not to care a ~ about sb (जरा-भी परवाह न क.)

do-it-yourself (*abbr.* **DIY**) *see above under* **do:*dw/lw***

DoI *abbr.* 'Department of Industry' की प्रथमाक्षरी

Dolby/ Dolby system *n.* ध्वनि रिकॉडिंग करने की एक पद्धति जिसमें अनावश्यक शोर या घर्र-घर्र की आवाज नहीं होती

dolce /डौल्चे/ *US* डोल्चे/ *adj./ adv., music, Italian* (संगीत में निर्देश): धीमे-धीमे मधुर ढंग से!;

dolce vita /डौल्चे वीटा/ *n.* (*often* **la ~**) विलासितापूर्ण जीवन

doldrums /डौल्ड्रअम्ज/ *US* डोल्ड्रअम्ज/ *n., [pl.]* 1 मंदी या खस्ता हालत 2 उदासी, खिन्नता 3 असक्रियता 4 (*also* **the ~**) *meteorol.* भू-मध्य रेखा के दोनों ओर का क्षेत्र जहां हवा बिल्कुल नहीं चलती जिसके कारण जलवायु अति गर्म और आर्द्र होता है;
p&i: **in the ~** 1 जटिल स्थिति में 2 निराशा से घिरा हुआ

dole /डोल/ *v., pt.* **~d**, *pp* **doling** (*always* **~ sth out**) 1 थोड़ा-थोड़ा करके बांटना 2 गरीबों में खैरात बांटना;
n., *colloq. UK* 1 खैरात, दान 2 (**the ~**) बेकारी भत्ता: on the ~ (निर्वाह/ बेकारी भत्ते पर);
p&i: **~ out** प्रदान क., किसी को मुफ्त में दे दे.;

dole-bludger *n., Austral. & NZ sl.* काम करने की बजाय बेकारी भत्ते पर पलना पसंद करने वाला आदमी

doleful /डोलफुल/ *adj.* 1 अति उदास, खिन्न, दुखी 2 (***syn.***

mournful) शोकातुर, विषादमय: ~ expression/ face;
dw/lw: **~ly** /~लि/ *adv.* खिन्नतापूर्वक; **~ness** *n.* /~लनेस/ विषादमयता

dolichocepha *US* **lic** /डॉलिकसिफैलिक/ *adj.* दीर्घशिरस्क

doll /डौल/ *US* डाःल/ *n.* 1 गुड़िया: **~'s** house 2 कठपुतली 3 *derog., colloq.* मूर्खतापूर्ण ढंग से पोशाक पहने हुए लड़की 4 *sl., often offensive* सुंदर (मूर्ख) लड़की;
v., pt. **~ed**, *pp* **~ing** (*always* **~ oneself up**) सजना-धजना, बनना-ठनना; ***dw/lw:*** **~house** *n., US* = **~'shouse** गुड़िया घर

dollar /डौलः\/ डाःलः\/ *n.* अमेरिका और कैनेडा आदि देशों की मुद्रा, डॉलर;
dw/lw: **~a-year man** *n.* बड़ी कंपनी का प्रतिनिधि जो मात्र एक डॉलर वार्षिक प्रतीकात्मक वेतन देता है; **~bird** *n.* एक आस्ट्रेलियायी पक्षी; **~ization** *n.* किसी देश द्वारा अपनी मुद्रा को अमेरिकी डॉलर पर आधारित करने की क्रिया; **~ocracy** /~रअक्रेसि/ *n.* डॉलर तंत्र, अमेरिकी डॉलर का बोलबाला;
p&i: **~ diplomacy** *mainly US* 1 आर्थिक हितों पर आधारित कूटनीति 2 धन के दबाव के सहारे अपनी नीति मनवाने की कूटनीति; **~s to doughnuts** बेशक, पक्की बात;
half a ~ आधा डॉलर; **the almighty ~** सर्वशक्तिमान डॉलर; **one's bottom ~** आखिरी दमड़ी तक; **the ~s** धन-दौलत

dolmer /डॉलमः/ *n.* महापाषाण तुंब

dollop /डौलप/ *US* डाःलप/ *n.* 1 डला, तृणगुच्छ 2 छोटा ढेला या आइस्क्रीम आदि का ग्रास 3 खाने का अच्छा खासा ग्रास या मात्रा

doll\y /डौलि/ *US* डाःलि/ *n., pl.* **~ies** 1 गुड़िया को बच्चों द्वारा दिया जाने वाला नाम, डॉली, डौली 2 मथानी 3 चुलबुली औरत 4 सिने कैमरा चलमंच या गाड़ी 5 तंग रास्ते वाली (खिलौना) रेलगाड़ी;
adj., colloq. 1 गुड़िया जैसी 2 बचकाना, बच्चे जैसी 3 हल्की-फुल्की 4 सीधी-सादी, सरल;
v., pt. **~ied**, *pp* **~ying**, *s/he/it* **~ies** 1 सजना-धजना 2 सिने कैमरा को किसी पर केंद्रित क.; **~y in = zoom in** सिकोड़ना; **~y out = zoom out** फैलाना;
dw/lw: **~y-bird** *n.* फैशनेबल स्त्री; **~y-in** *v., pt.* ~ied-in, *pp* ~ying-in कैमरे को (क्लोज-अप के लिए) पास लाना; **~y-out** *v., pt.* ~ied-out, *pp* ~ying-out दूर से तस्वीर लेना; **~y-shop** *n.* छोटी-सी दुकान, स्टॉल

dolman sleeve *n.* ऊपर से चौड़ी और कलाई के पास तंग होती आस्तीन

doloroso /डॉलअरोसो/ *adj.* विषादपूर्ण, उदासीभरा;
adv. शोकातुर ढंग से

dolorous /डौलअरस/ *US* डोलअरस/ *adj., music., lit.* 1 विषादपूर्ण, शोकमय 2 शोकातुर

dolose /डलोस/ *adj.* कपटपूर्ण

dolour /डॉलः/ *n., poetic* (*N. Amer.* **dolor**) शोक, वेदना

dolphin /डौल्फि\न/ *US* डाःल्फि\न/ *n.* एक बड़ी, चतुर मछली, डौल्फिन, सूंस;
dw/lw: **~arium** /~नेअरिअम/ *n., pl.* ~aria/ ~s डौल्फिन-ताल

dolt /डोल्ट/ *n.* मूढ़ व्यक्ति, गोबर-गणेश;
dw/lw: **~ish** /डोल्टिश/ *adj.* (***syn.*** idiot) मूढ़, मूर्ख; **~ishness** /डोल्टिशनेस/ *n.* मूढ़ता, मूर्खता

DOM *abbr.* 'Dominican Republic' का अंतर्राष्ट्रीय वाहन पंजीकरण कोड (IVR)

dom. *abbr.* 'domestic' का संक्षेप

-dom *suffix., forming, nouns, denoting:* 1 **a state** or **rank** (स्तर या पद): serf**dom** 2 a group of people with a specified characteristic (खास विशेषताओं वाले लोग): official**dom**

domain /डोमेन/ *n.* 1 क्षेत्र, कार्यक्षेत्र: in the ~ of science/ literature 2 प्रभाव-क्षेत्र 3 भूसंपत्ति, जमींदारी, रियासत 4 इंटरनेट में पता जहां ई-मेल आदि भेजे और संग्रहीत किए जा सकते हैं 5 *Austral. & NZ* आम जनता के लिए वाटिका व मनोरंजन क्षेत्र;
collocations: **~ name** किसी संगठन या इंटरनेट में पता या संदेश संग्रहण स्थान

dome /डोम/ *n.* 1 गुंबद, गुंबज 2 उभार: a ~ of a forehead (माथे का उभार);
dw/lw: **~d** /डोम्ड/ *adj.* 1 गुंबदाकार 2 गुंबदों से बनी हुई;
collocations: **~ tent** गुंबदनुमा तंबू

Domesday Book/ Doomsday Book *n.* 1086 में विजेता विलियम (William the Conqueror) के हुक्म से सारे इंग्लैंड का किया जाने वाला भूमि सर्वेक्षण

domestic /डअमेस्टि\क/ *adj.* 1 घरेलू, पारिवारिक: ~ (home) science; ~ trouble 2 स्वदेशी, देशीय, आंतरिक: ~ and export sales; ~ affairs 3 **पालतू**: ~ animal 4 परिवार-प्रेमी, घर-गृहस्थी में रमा हुआ;
n. 1 घरेलू सहायक, नौकर 2 घर के दो सदस्यों के बीच झगड़ा;
dw/lw: **~able** /~कअबल/ *adj.* जिसे पालतू बनाया जा सके; **~ally** /~कलि/ *adv.* आंतरिक दृष्टि से; **~ate** /~केट/ *v., pt.* ~ated, *pp* ~ating 1 घरेलूपन पैदा क., गृहस्थी के अनुरूप ढालना या बनाना 2 पालतू बनाना 3 देश या परिवार के वातावरण के अनुकूल बनाना; **~ated** /~केटिड/ *adj.* 1 पाला हुआ जानवर, पालतू बनाया हुआ 2 गृहस्थी के अनुरूप ढला हुआ व्यक्ति; **~ation** /~केशन/ *n.* 1 घर-प्रेम का विकास 2 पालतू बनाने की क्रिया; **~ity** /डोमेस्टिसिटि/ *n.* 1 घरेलूपन (गृहस्थी में रमे होने की अवस्था), परिवार-प्रेम 2 पालतूपन; **~ize** /~साइज/ *v., pt.* ~ized, *pp* ~izing = '**~ate**' (*see above*);
collocations: **~ animals** घरेलू पालतू जानवर; **~ cares** पारिवारिक चिंताएं; **~ dependent nations** अमेरिका में आदिवासी कौम का वैधानिक दर्जा; **~ fuel** घरेलू ईधन; **~ gas** घरेलू गैस; **~ goods** घरेलू माल; **~ loan/ policy** घर के लिए ऋण/ बीमा; **~ trade** घरेलू व्यापार; **~ man/ woman** पारिवारिक प्रेम में रमा पुरुष या स्त्री; **~ science** गृह-विज्ञान; **~ service** घरेलू सेवा; **~ violence** घरेलू हिंसा (पति द्वारा पत्नी की पिटाई आदि); **~ wine** घर में बनाई हुई मदिरा;
intervention in the ~ affairs of a country किसी देश के आंतरिक मामलों में हस्तक्षेप

domesticate *see* **~ate** *above under* **domestic:** ***dw/lw***

domesticated *see* **~acted** *above under* **domestic:** ***dw/lw***

domesticity *see* **~ity** *above under* **domestic:** ***dw/lw***

domical /डोमिकल/ *adj.* गुंबदी

domici\le /डौमि\साइल/ *US* डाःमि\साइल, डोमि\साइल/ *n.* 1 निवास स्थान, घर, निवास: **~le** of choice/ of origin (चुना हुआ या जन्मजात निवास स्थान) 2 वैध, स्थायी निवास: commercial **~le** (व्यापारिक स्थायी निवास);
v., pt. **~led**, *pp* **~ling** घर बनाकर रहना, स्थायी रूप से रहना;
dw/lw: **~led** /~साइल्ड/ *adj.* स्थायी निवासी, अधिवासी; **~liary** /~सिलिअरी/ *adj.* 1 निवास-स्थानों से संबंधित 2 अपने घर में होने वाला: ~liary care/ services/ treatment;
collocations: **~le law** निवास-स्थानीय कानून; **~le visit** निजी निवास स्थान पर पुलिस द्वारा छापा

domi\nance /डौमि\नंस/ *US* डाःमि\नंस/ *n.* 1 प्रभुत्व, प्रभावशीलता 2 प्रमुखता 3 प्रबलता 4 दबंगता; ***dw/lw:*** **~nant** /~नंट/ *adj.* 1 प्रमुख 2 प्रबल एवं प्रभावशील, प्रभावी 3 प्रभाव जमाने वाला 4 किसी क्षेत्र में सबसे ऊंचा भवन; **~nate** /~नेट/ *v., pt.* ~nated, *pp* ~nating 1 प्रबलता या प्रभाव रखना या जमाना 2 प्रबलतम तथा सर्वोच्च हो. 3 शासन क., अधिकार में रखना 4 हावी हो.; **~nation** /~नेशन/ *n.* 1 प्रभुत्व, आधिपत्य: global/ world ~nation (दुनिया भर में हावी होने की अवस्था) 2 शासन 3 दबंगता, हावी होने की अवस्था: ~nation of sth; ~nation over sb/ sth; **~neer** /~निअः/ *v., pt.* ~neered, *pp* ~neering धौंस जमाना, रोब दिखाना, अपनी चलाना, हावी हो.; **~neering** /~निअरिंग/ *adj.* धौंस या रोब जमानेवाला, धौंसू, अपनी चलानेवाला, हावी होने वाला

domintrix /डौमिनेट्रिक्स/ *US* डाःमिनेट्रिक्स/ *n.* यौन-क्रिया के दौरान पुरुष पर हावी (हिंसक करतबों आदि द्वारा) रहने वाली स्त्री

Dominican /डअमिनिकन/ *n.* इस नाम के एक ईसाई पंथ का सदस्य
dominion /डमिनियन/ *n.* 1 प्रभुत्व, आधिपत्य, शासनाधिकार 2 अधिकार-क्षेत्र 3 स्वतंत्र उपनिवेश, डोमिनियन 4 एक शासक द्वारा शासित क्षेत्र या देश
domino /डौमिनो/ *US* डाःमिनो/ *n. pl.* **~es** 1 (**~es**) पासे का खेल 2 छद्म वेश की काली पोशाक 3 छद्म वेश;
collocations: **~ effect** डोमिनो सिद्धांत (**~ theory**) के अनुसार राजनीतिक कारण और परिणाम के बीच नाता, एक घटना के बाद एक के बाद एक होने वाली अन्य घटनाएं; **~ scheme** प्रसव से पहले और बाद में की जाने वाली देख-भाल जिसमें अस्पताल में प्रसव भी शामिल है; **~ theory** एक सिद्धांत जिसके अनुसार एक स्थान पर होने वाली घटना पड़ोसी क्षेत्र में कई घटनाओं को जन्म दे सकती है;
p&i: **it's ~ with him** उसके साथ अब सब कुछ खत्म; **it's ~ with it** यह सब खत्म हो चुका
don /डौन/ *US* डाःन/ *v., pt.* **~ned**, *pp* **~ning** कोट या टोप आदि पहनना, धारण क.;
n. 1 अध्यापक 2 कुलीन व्यक्ति 3 *Austral. NZ colloq.* विशेषज्ञ, किताबी पंडित, विद्वान: be a ~ at sth 4 अपराध जगत का शहनशाह
Don /दोन/ *n., Spanish* श्री, मिस्टर;
collocations: **Don Juan** इसी नाम की रचना में दोन हुआन नाम (Don Juan) का पात्र, जो आज प्रेम-प्रपंच या लंपटता का परिचायक माना जाता है; **Don Diego** एक स्पेनी भद्र पुरुष; ***Don Quixote*** मिगेल सिरवांतेस द्वारा लिखित और 1616 संपूर्ण हुआ इसी नाम का प्रसिद्ध उपन्यास (स्पेनी में: दोन *किखोते*)
Doña /दोना/ *n. Spanish* 1 श्रीमती, सुश्री 2 प्रेमिका
dona\te /डोने\ट/ *v., pt.* **~ted**, *pp* **~ting** 1 दान दे. 2 (रक्त या शरीर का कोई अंग) दान में दे.;
dw/lw: **~tion** /~शन/ *n.* 1 दान: make a ~tion; a ~tion of rupees 1000/ food/ clothing, etc. 2 चंदा: a ~tion to sb/ sth; **~ry** /डोनरि/ *n.* दान
done /डन/ *adj.* 1 समाप्त एवं संपूर्ण, कृत, संपन्न 2 अच्छी तरह पका हुआ 3 समाज द्वारा मान्य 4 समाप्त 5 *colloq.* थककर चूर, खत्म;
excl.: **Done!** 1 चलो, पक्का! 2 *pt. p.* **'do'** का भूतकालिक कृदंत;
p&i: **~ and dusted** संपूर्ण, पूर्णतः समाप्त; **~ deal** पक्का सौदा; **~ for** *colloq.* बर्बादी या मौत की कगार पर; **~ with sth/ sb** *colloq.* किसी वस्तु या किसी व्यक्ति का खेल खत्म;
be ~ for sth/ for doing sth कोई अवैध काम करने के लिए पकड़ा और दंडित किया जा.; **be ~ in** थककर चूर हो.; **be ~ with** पूरी तरह समाप्त हो.; **be the ~ thing** समाज में मान्य कार्य या बात; **be/ have ~ with sth/ sb** किसी वस्तु या किसी व्यक्ति का खेल खत्म हो जा.; **have ~ with it** जल्दी-जल्दी कोई अप्रिय काम क., सब समाप्त; **it's easier said than ~** कहना आसान, करना कठिन; **over and ~ with** खत्म; **that is not ~** ऐसा नहीं चलता, ऐसा नहीं करते
DONER *abbr.* 'Development of the North-Eastern Region' की प्रथमाक्षरी
dong /डौंग/ *US* डांग/ *n.* 1 गूंजनेवाली गहन आवाज 2 *Austral. & NZ* जोर का मुक्का 3 *coarse sl.* पुरुष का लिंग;
v. pt. **~ed**, *pp* **~ing** 1 डॉंग की आवाज निकालना 2 *Austral. & NZ* किसी को मुक्का लगाना
doning /डोनिंग/ *n., colloq.* रक्तदान
donjon /डंजन/ डौंजन/ *n.* हथियारों से लैस मध्यकाल का एक किला, बुर्ज, दुर्ग
Don Juan /*Sp.* दोन हुआन/*Br.* डौन जुआन, डौन हवान/ *US* डाःन - *n., Sp.* दोन *हुआन* नामक रचना में दोन हुआन नाम का पात्र, जो आज प्रेम-प्रपंच या लंपटता का परिचायक माना जाता है
donkey /डौंकि/ *US* डांकि/ *n., pl.* **~s** 1 गधा 2 मूर्ख व्यक्ति;
collocations: **~ engine/ ~ pump** सहायक इंजन; **~'s years** बहुत लंबा समय, चिरकाल; **~ vote** *Austral.* क्रमानुसार (proportionate) मतदान; **~'s work** गधे जैसा काम, अत्यधिक कठिन और उबाऊ काम;
p&i: **~'s years** बहुत लंबा समय; **~ work** कठिन और उबाऊ काम
Donna *n. Sp.* श्रीमती, सुश्री, मैडम
donna /दोन्ना/ *n.* महिला
donnee/ donni /डॉनी/ *n.* आधार वस्तु, कथानक, आधारभूत तथ्य
donnish /डौनिश/ *US* डाःनिश/ *adj.* 1 शैक्षिक मिजाज का, अध्यापकीय 2 पांडित्यपूर्ण, बाल की खाल उतारने वाला
donny brook /डौनीब्रुक/ *US* डाःनीब्रुक *n.* शोर-शराबे वाली भीड़
donor /डोनः/ *n.* 1 दानकर्ता, दाता 2 दान देने वाला 3 रक्तदाता, अंगदाता आदि 4 *elecron.* चालकता वर्धक तत्त्व;
collocations: **~ card** रक्तदाता कार्ड; **~ insemination** (*abbr.* **DI**) वीर्यदान से होने वाला गर्भधारण
do-nothing *n.* सुस्त आदमी, पोस्ती
do-nought /डू-नॉट/ *n.* बेकार आदमी;
don't /डोंट/ *short:* **'do not'** का संक्षिप्त रूप: ~-know (सदा अनिश्चयी व्यक्ति);
p&i: **~ broadcast the fact** इसे गुप्त रखो
donut /डोनट/ (*US spell.* **'doughnut'**) *n.* एक छोटा गोल केक
doodah /डूडाः/ *n.* (*N. Amer.*) **doodad** /डूडैग/ ऐसी वस्तु जिसका नाम याद नहीं रहता या पता नहीं होता
dood\le /डूडल/ *v., pt.* **~led**, *pp* **~ling** यों ही टेढ़ी-मेढ़ी लकीरें खींचना या अक्षर बनाना;
n. मूर्ख या बेकार व्यक्ति;
dw/lw: **~le-bomb** *sl.* हवाई बम; **~lebug** *n. US war sl.* 1 रानी चींटी का लार्वा 2 खनिज पदार्थों को खोजने वाला उपकरण 3 हवाई बम; **~le-sack** *n.* मश्कबीन
doofer /डूफ़ः/ *n., sl.* = **doohicky** /डूहिकि/ ऐसी वस्तु जिसका नाम याद नहीं रहता या पता नहीं होता
doolally /डूलैलि/ *adj., sl.* पागल: the chap has gone ~
doom /डूम/ *n.* 1 विनाश, कयामत: day of ~; from now till ~; wait till ~ 2 घोर अंधकार व विषाद 3 सर्वनाश, सत्यानाश, बर्बादी 4 नियति, दुर्भाग्य, प्रारब्ध 5 दंडाज्ञा 6 भारी असफलता: ~ of a book;
v., pt. **~ed**, *pp* **~ing** 1 विनाश हो.: be **~ed** to failure 2 *law* दंडाज्ञा सुनाना: ~ sb to exile 3 नियत क., निर्दिष्ट क.;
dw/lw: **~ed** *adj.* 1 असफलता की ओर अग्रसर: be ~ to death 2 दंड प्राप्त, बदा, नियत; **~sday** /डूम्ज-डे/ *n.* कयामत का दिन, प्रलय का दिन: till ~sday; **~smen** *n. [pl.]* न्यायाधीश; **~ster** *n.* अदालत का हरकारा; **~-tree** *n.* पेड़ जिससे फांसी पर लटकाया जाता था; **~watch** *n.* 1 वर्तमान हालात व भविष्य के बारे में निराशा 2 वायुमंडल के प्रदूषण पर रखी जाने वाली कड़ी नजर; **~watcher** *n.* वायुमंडल के प्रदूषण पर कड़ी नजर रखने वाला;
collocations: **crack of ~** आखिरी तुरुप
door /डॉः/ *n.* 1 द्वार 2 दरवाजा 3 घर: next ~ 4 नए क्षेत्र में प्रवेश द्वार: opened the ~ to stardom;
dw/lw: **~bell** /डॉःबेल/ *n.* दरवाजे की घंटी; **~-frame/ case** चौखट; **~-handle** मुठिया (हैंडल); **~jamb/ ~post** *n.* चौखट का बाजू; **~keeper** *n.* द्वारपाल; **~knob** /डॉःनॉब/ *n.* दरवाजे का हत्था; **~-knocker** *n.* कुंडी; **~man** *n. pl.* ~men द्वारपाल, प्रहरी; **~mat** *n.* 1 पायदान, पांवपोंछ 2 ऐसा व्यक्ति जिस के साथ पांवपोंछ जैसा बर्ताव किया जाता है; **~nail** *n.* दरवाजे की कील; **~plate** *n.* नाम-तख्ती; **~-sill** देहली, देहलीज; **~step** *n.* 1 दहलीज की सीढ़ी 2 देहलीज; **~stop** *n.* अड़ानी, अटकनी; **~stopper** *n.* दरवाजे को धीरे-धीरे बंद रखने का उपकरण या गिट्टक; **~-to-~** *adj.* घर-घर का: ~to-~ campaign; **~-to-~** *adv.* 1 घर-घर (जाकर) 2 हर घर होकर; **~way** *n.* द्वार-पथ, प्रवेश द्वार; **~yard** *n. US* दरवाजे के सामने का अहाता;
collocations: **~ furniture** दरवाजे का हत्था, ताला और दूसरी फिटिंग;

back ~ पिछला/ चोर दरवाजा; **main** ~ मुख्य द्वार; **next** ~ पास ही;
p&i: ~ **on the latch** कुंडी से बंद दरवाजा; ~ **to success** सफलता का द्वार;
answer the ~ **bell** घंटी आदि बजने पर दरवाजा खोलना; **at death's** ~ मृत्यु के द्वार पर, मरणासन्न; **bang/ slam/ shut the** ~ **in sb's face** किसी के मुंह पर दरवाजा धड़ाम से बंद क.; **be on the** ~ नाट्यशाला या सिनेमाघर के दरवाजे पर टिकट आदि देखना; **behind closed ~s** बंद दरवाजों के पीछे, चुपके-चुपके; **by the back** ~ चोर दरवाजे से, चुपके-चुपके; **close the** ~ **to sth** किसी बात के लिए दरवाजे बंद क.; **close the** ~ **upon negotiations** बात-चीत का रास्ता बंद क.; **in ~s/ within ~s** घर के अंदर; **knock at the** ~ दरवाजा खटखटाना; **lay sth at sb's** ~ किसी के जिम्मे मढ़ना; **leave the** ~ **open** विकल्प खुला रखना, बातचीत जारी रखना; **lay sth at sb's** ~ किसी दोष को किस और के माथे मढ़ दे.; **lie/ be at sb's** ~ किसी की आत्मा के जिम्मे हो.; **next** ~ **to** पड़ोस के घर में; **next** ~ **to bankruptcy** दिवालियापन की कगार पर; **open the** ~ **for a settlement** समझौते के लिए मार्ग प्रशस्त क.; **open the** ~ **to sth** किसी क्षेत्र में प्रवेश के रास्ते खोलना; **out of ~s/ without ~s** खुली हवा में; **show sb the** ~ चले जाने को कहना, भगा दे.; **show sb to the** ~ अतिथि को दरवाजे तक छोड़ने जा.; **shut/ slam the** ~ **in sb's face** 1 किसी को अंदर आने से रोकने के लिए धड़ाम से दरवाजा बंद कर लेना 2 किसी से बात करने या मिलने से साफ मना कर दे.; **to sb's** ~ किसी के दरवाजे पर आकर दे.; **two/ three, etc. ~s away** दो-तीन घरों के बाद; **within ~s** घर के भीतर, घर की चार दीवारी में

do-or-die *see above under* **do:** ***dw/lw***

doozy/ doozie /डूजि/ *n.* कोई विशेष या अद्भुत वस्तु

DOP *abbr.* 'Department of Posts' की प्रथमाक्षरी

dop /डौप/ *US* डाःप/ *v., pt.* **~ped**, *pp* **~ping** 1 बहुत ज्यादा शराब पीना 2 किसी कोर्स या परीक्षा में असफल हो जा.: ~ the first year at the university;
n. शराब

do\pe /डोप/ *n.* 1 *colloq.* भांग जैसा मादक पदार्थ जिसे आनंद पाने के लिए लोग लेते हैं 2 रोगन, वारनिश 3 (***syn.*** lubricant) स्नेहक लेप 3 मादक औषध 4 (**the ~pe**) *sl.* गुप्त सूचना: inside **~pe**; handout the **~pe** 5 *US* (***syn.*** idiot) मूढ़ व्यक्ति 6 मादक पदार्थ के नशे में अलसाया-सा व्यक्ति;
v., *pt.* **~ped**, *pp* **~ping** 1 मादक औषध खिलाना या दे. 2 प्रतियोगिता में भाग लेने वाले व्यक्ति या पशु को चुपके-चुपके शक्तिवर्धक मादक पदार्थ दे.: **~pe** a horse 3 तेल दे.;
dw/lw: **~per** /डोपः/ *n.* मादक औषधि या रोगन का व्यापारी; **~ping** /डोपिंग/ 1 मादक औषधि का सेवन 2 रोगन लगाने की क्रिया; **~pey/ ~py** /डोपि/ *adj., degr.* **~pier**, **~piest** नशे से बेसुध या उनींदा, स्वापक;
collocations: **~pe test** खिलाड़ियों आदि द्वारा मादक पदार्थों के सेवन को जांचने के लिए किया जाने वाला परीक्षण

dopester /डोप्स्टः/ *n.* भविष्यकथन करने वाला, भविष्य वक्ता, नजूमी;

doppelgänger /डॉपलगैंगः/ *n., ger.* 1 (***syn.*** alter-ego) किसी व्यक्ति की हू-ब-हू शक्ल 2 भूत, प्रेत

DoPT *abbr.* 'Department of Personel & Training' की प्रथमाक्षरी

DOR *abbr.* 'Directorate of Oilseeds Research (Hyderabad)' की प्रथमाक्षरी

Dorian Gray /डॉरिअन ग्रे/ बुढ़ापे में भी युवा व सुंदर लगने वाला व्यक्ति

dork /डॉःक/ *n. US* मूढ़ या मूर्ख व्यक्ति, जिस पर सब हंसते हैं

dorm /डॉःम/ *n. colloq.* 'dormatory' का छोटा रूप

dormancy /डॉःमंसि/ *n., pl.* **~ies** प्रसुप्तावस्था, असक्रियता, निष्क्रियता;

dormant /डॉःमंट/ *adj.* 1 (***syn.*** inactive) अक्रिय, निष्क्रिय 2 सुप्त, प्रसुप्त

dormer /डॉःमः/ (*also* **dormer-window**) *n.* ढालू छत में बाहर को खुलने वाली खिड़की

dormi\tion /डॉःमि\शन/ *n.* 1 नींद 2 सपने में मृत्यु 3 मृत्यु;
dw/lw: **~tive** /~टिव/ *adj.* निद्राजनक

dormito\ry /डॉःमिटरि/ (*also* **dorm**) *n., pl.* **~ries** 1 बड़ा-सा शयनालय, विशेषकर स्कूल या कॉलेजों में 2 सैनिकों का आवास 3 *US* (*UK* **hall of residence**) कॉलेज या विश्विविद्यालय के छात्रावास में शयनागार;
collocations: **~ry town/ ~ry suburb/ bedroom community/ bedroom suburb** बड़े शहर के आस-पास के नगरीय क्षेत्र जहां लोग शहर में काम करने के बाद रहते हैं

Dormobile /डॉःमोबील/ *n., tradem.* शयन यात्रा-कार

dormouse /डॉःमाउस/ *n.* 1 गिलहरी की तरह का ऐसा जंतु जो सर्दियों में सोता रहता है, सोतू चूहा 2 सोतू व्यक्ति

dorp /डॉःप/ *n., S. Afr.* कस्बा या गांव

dorsal /डॉःसल/ *adj., biol., physiol.* पीठ संबंधी, पृष्ठीयः ~ spinal cord

do\ry /डोरी/ (*also* **John Dory**) *n.,* **~ries** 1 स्वर्ण-पीली मछली 2 *N. Amer.* मछली पकड़ने की नाव, मत्स्य नौका

DOS *abbr.* 'Defunct Operating System', 'Department of Sericulture', 'Department of Space' की प्रथमाक्षरी

DOS *abbr. comput.* 'disk operating system' की प्रथमाक्षरी

dos/ do's see *under* **do**

dosage /डोसिज/ *n.* 1 दवाई की खुराक व उसके लेने की समय सारिणी 2 दवाई की मात्रा

do\se /डोज/ *n., med.* 1 दवाई की खुराक या मात्राः a high/ low **~se** (बड़ी या छोटी खुराक) 2 किसी वस्तु या क्रिया की मात्राः a fatal/ lethal **~se** (घातक खुराक) 3 ऐक्स-रे विकिरणता की मात्रा जो किसी व्यक्ति को दी जा सकती है: a **~se** of sth 4 *colloq.* बीमारी या किसी अप्रिय बात का दौर: a **~se** of flu 5 *sl.* यौन क्रिया से लगने वाली बीमारी;
v., *pt.* **~sed**, *pp* **~sing** 1 (*also* **~se sb up with sth**) दवाई की बड़ी मात्रा में खुराक दे. या पिलाना 2 दवाई की खुराक ले. 3 कोई पदार्थ दवाई में मिलना;
p&i: **in small ~ses** थोड़ी मात्रा में; **like a ~se of salts** शीघ्रता एवं प्रभावी ढंग से

dosh /डौश/ *US* डाःश/ *n., sl. UK* पैसा

dosimeter /डोसिमीटः/ *n., phys.* मात्रामिति

doss /डौस/ *US* डाःस/ (*also* ~ **down**) *v., pt.* **~ed**, *pp* **~ing** 1 *sl.,* (*often* ~ **down**) *UK* रैन-बसेरा क. 2 कहीं पर भी (सस्ते स्थान पर) डेरा डालकर सोना;
dw/lw: **~er** /डौसः/ *US* डाःसः/ *n., sl.* 1 रैनबसेरे या डेरे में प्रायः ठहरने वाला 2 सुस्त आदमी; **~-house** *n.* रैनबसेरा या डेरा;
p&i: ~ **about/ around** *UK* बेकार घूमते हुए समय बिताना;
a ~ आसान काम

dosseret /डोसअरेट/ *n.* स्तंभ शीर्ष गुटका

dosshouse *n. see above under* **doss:** ***dw/lw***

dossier /डौसिए/ *US* डॉसिए, डाःसिए/ *n.* (***syn.*** file) किसी व्यक्ति या विषय पर सूचना फाइल, मिसिलः compile a ~; have a ~ on sb

DOT *abbr.* 'Department of Telecommunications', 'Department of Tourism', 'directly observed treatment', 'Direct Observation Therapy' की प्रथमाक्षरी

dot /डौट/ *US* डाःट/ *n.* 1 एक छोटा-सा बिंदु, बिंदी या धब्बा 2 इंटरनेट में '**.**' का चिह्न;
v., *pt.* **~ted**, *pp* **~ting** 1 बिंदी या बिंदु लगाना 2 (*also* ~ **around**) बिंदुओं की तरह यहां-वहां छितरे या फैले हो., बिखरे हो.: **~ted** with daisies (डेजी के फूलों से भरा हो.) 3 बिंदु-चिह्नित क.;
dw/lw: **~ted** *adj.* बिंदुकित, बिंदु-चिह्नित, छिटकी;

***collocations:* ~ted line** 1 कागज पर बिंदुओं की छपी लाइन: sign on ~ted line (बिंदुओं की लाइन पर बिना सोचे-समझे हस्ताक्षर क.);

***p&i:* ~ and carry one** अगली श्रेणी में रखना; **~ and carry one/ ~ and go one** 1 अगली श्रेणी में रखना 2 धीरे-धीरे उलझाना; **~ and dashes** बिंदु और रेखा; **~ down** संक्षेप में नोट क.; **~ down a conversation** संवाद को नोट या रिकॉर्ड क.; **~ted line** बिंदुसार रेखा; **~ the i's and cross the t's** 1 ब्योरे की सूक्ष्म छान-बीन कर लेना 2 किसी कार्य को अंतिम तफसील पूरा क.; **~ sb one in the eye** आंख के नीचे नील डालना; **~ted with houses** घरों से भरा;

a field ~ted with flowers फूलों से भरा खेत; **correct sth to ~** सब कुछ बारीकी से ठीक क.; **on the ~** एकदम ठीक समय पर; **sign on ~ted line** बिना पढ़े या समझे किसी के कहने पर हस्ताक्षर क.; **the year ~** सुदूर अतीत में, बहुत समय पहले

dotage /डोटिज/ *n.* 1 जराजीर्णता, बुढ़भस, सठियापा, बुढ़ापा: be in one's ~ 2 बुढ़ापे की वजह से दिमाग की कमजोरी 3 अतिशय मोह (foolish affection): sink into ~;

***p&i:* be in one's ~** बुढ़ापे के कारण ठीक से सोचने में अक्षम हो.

dotard /डोटःड/ *n.* 1 जराग्रस्त व्यक्ति 2 बुड्ढा, साठा

dot.com /डौट.कॉम/ (*also* **dotcom**) *n.* इंटरनेट के माध्यम से अपना कारोबार करने वाली कंपनी

do\te /डोट/ *v., pt.* **~ted**, *pp* **~ting** 1 सठियाना 2 लट्टू हो., मोहित हो.: **~te** on sb;

***dw/lw:* ~ting** *adj.* स्नेहशील, मुग्ध, लट्टू, जरातुर;

***p&i:* ~tes on sb** किसी पर लट्टू है

dot matrix printer बिंदुओं से अक्षर या संख्यायें बनाने वाला प्रिंटर (मुद्रण यंत्र)

dotting *pp,* **dot** का वर्तमानकालिक कृदंत

dot\ty /डोटि/ *adj., degr.* **~tier, ~tiest** *colloq. UK* 1 पगला या पगली, मूर्ख 2 (***syn.*** eccentric) सनकी, विचित्र 3 बेतुका, बेतुकी 4 मुग्ध: be **~ty** about sb or sth 5 लड़खड़ाता हुआ: **~ty** on his legs;

***dw/lw:* ~tily** *adv.* 1 लड़खड़ाते हुए 2 बेतुके ढंग से; **~tiness** *n.* पागलपन, सनक

douane /डुआन/ डुआन/ *n.* जकात या सीमाशुल्क कार्यालय

doub\le /डबल/ *adj.* 1 दोहरा, दोहरी, दुहरा, दो बार होने वाला 2 दुगुना, दूना, द्विगुण: **~le** speed; **~le** work; **~le** of sb's age 3 युग्म, दो जनों के लिए: **~le** bed 4 दुगना, दोहरा, दुहरा, दोतरफा, दो भागों से बना: **~le** bottom, **~le** doors, **~le** track; **~le** consonants, **~le** cropping; **~le** service 5 दुरंगी, कपटी, झूठा: **~le** meaning; **~le** conduct; **~le** game; **~le** life; **~le** face;

n. 1 दुगनी मात्रा, दूना परिमाण: sb gets paid **~le** for the similar job 2 संख्या या डीलडौल में दुगनी वस्तु या दुगना व्यक्ति 3 हमशक्ल, एक ही सूरत का दूसरा व्यक्ति: **~le** of one's mother 4 डबल रूम 5 (**~les**) दो जनों की टीम द्वारा खेला जाने वाला मैच: mixed **~les** 6 दुगनी बोली 7 अंधा मोड़ 8 दोहरी भूमिका 9 दुगनी रफ्तार: advance at the **~le** 10 (*also* **body ~le**) किसी के स्थान पर भूमिका करने वाला अभिनेता;

***v., pt.* ~led**, *pp* **~ling** 1 साइज या कीमत आदि में दुगना हो. या क.: **~le** one's offer; the population has **~led** 2 दोहरा क.: **~le** a blanket 3 अचानक मुड़ जा. 4 पार निकल जा., आर-पार हो जा. 5 प्रतिलिपि बनाना 6 दोहरा काम क., डबल हो. या क.: sofa **~les** as a bed 7 दो पात्रों की भूमिका निभाना: **~le** the role of two characters 8 किसी के स्थान पर काम क.: **~le** for sb 9 कमरे में एक और व्यक्ति को रखना;

adv. 1 दुगना: **~le** as bright; pay **~le** 2 दो-दो करके 3 युग्मों में 4 दुहरा: bent **~le** with pain 5 दुबारा 6 एक साथ दो 7 धोखेबाजी से;

***dw/lw:* ~le-action** *adj.* दोहरी क्रिया वाला; **~le-axe** *n.* दुधारी कुल्हाड़ी; **~le-barrelled** *UK* (*US* **~le-barreled**) *adj.* 1 दुनाली बंदूक 2 *UK* दोहरा नाम, दो नामों से जुड़कर बना नाम; **~le-bedded** *adj.* दो शायिकाओं वाला (कमरा); **~le-breasted** *adj.* दोहरे बटनों वाला जैकेट या कोट; **~le-check** *v., pt.* ~le-checked, *pp* ~le-checking दो-दो बार जांचना, दुहरी जांच क.; **~le-click** *v., pt.* ~le-clicking, *pp* ~le-clicking कंप्यूटर के माउस पर दो बार क्लिक क. यानी बटन दो बार दबाना; **~le-charge** *v., pt.* ~le-charged, *pp* ~le-charging (विद्युत बिल) आदि का दुगना पैसा लेना; **~le-coated** *adj.* दोहरी पुताई; **~le-cross** *v., pt.* ~le-crossed, *pp* ~le-crossing दो-दो पक्षों या दलों से मिल जा., वादी-प्रतिवादी दोनों के लिए काम क. यानी धोखा दे., चाल खेलना; **~le-dealer** *n.* धोखेबाज, बेईमान, ठग; **~le-dealing** *n.* दुरंगी चाल, धोखाधड़ी, बेईमानी, ठगी; **~le-decker** *n.* दुमंजली या दुतल्ली बस; **~le-dip** *v., pt.* ~le-dipped, *pp* ~le-dipping *US* एक ही काम के लिए दो संस्थाओं से (अवैध ढंग से) पैसे ले.; **~le-dye** *n.* दुहरी रंगाई; **~le-dyed** *adj.* दुहरी रंगाई से रंगा; **~le-eagle** *n.* दो-मुंहा बाज, रूस का राष्ट्रीय चिह्न; **~le-edged** *adj.* 1 जिसके दोनों ओर धार हो, दुधारी 2 दुतरफा; **~le-ender** *adj.* दो सिरोंवाला; **~le-entendre** /डूब्ल औटौंडरअ/ *US* डूब्ल आःटांडरअ/ *n.* 1 दोहरा अर्थ 2 दोहरे अर्थों वाला अलंकार; **~le-event** *n.* दो प्रतियोगियों का मुकाबला; **~le-F** *adj.* रक्षा सेवा के लिए बिल्कुल बेकार; **~le-faced** *adj.* बेईमान, धोखेबाज, दुरंगा; **~le-fault** *n.* टेनिस के खेल में सर्विस करते समय दो बार गलती क.; **~le-feature** *n.* सिनेमा हाल में एक के बाद दूसरी दो फिल्में दिखाना; **~le-ganger** *n.* जीवित व्यक्ति की प्रेतात्मा; **~le-glazing** *n. UK* दुहरे शीशेवाली खिड़की; **~le-header** *n.* बेसबाल या फुटबाल के एक दिन में लगातार दो गेम; **~le-header** *adj.* दो मुंहा, दो सिरा; **~le-helix** *n.* डीएनए अणु की संरचना; **~le-jeopardy** *n.* एक ही अपराध के लिए किसी पर दो बार चलाया जाने वाला मुकदमा; **~le-jointed** *adj.* दो जोड़ों वाला; **~le-lock** *n.* दोहरे चक्रोंवाला ताला; **~le-manned** *adj.* दुगने बल से रक्षित; **~le-ripper/ ~le-runner** *n. US* दो जोड़ों वाली बर्फगाड़ी; **~le-minded** *adj.* दुविधाग्रस्त, दुचित्ता, अनिश्चित; **~le-mouthed** *adj.* दुमुंहा; **~le-negative** *n.* वाक्य में दो बार नकारात्मक शब्दों का प्रयोग; **~leness** *n.* दुहरापन, प्रतिरूपता; **~le-park** *n.* पहले से खड़ी कार के पीछे दूसरी कार को गलत ढंग से खड़ी क.; **~le-play** *n.* बेसबाल के खेल में गेंद के एक बार टकराने पर दो खिलाड़ियों को बाहर क.; **~le-quick** *adv.* जल्दी से, तेजी से, दुगुना फुर्ती से; **~le-refraction** *n.* द्वि-अपवर्तन; **~le-sandwich** *n.* ब्रेड के तीन टुकड़ों व पनीर आदि से बना सैंडविच; **~le-space** *n.* टाइप करते समय लाइनों के बीच दुगना स्थान; **~le-speak** *v., pt.* ~le-spoke, *pp* ~le-speaking दुरंगी बात क., छलना, ठगना; **~le-time** *n.* 1 काम की दो पारियों के बराबर एक पारी के लिए भुगतान 2 *US* तेज रफ्तार;

***collocations:* ~le act** *theat.* नाटक के दो भाग; **~le agent** दोहरा (दो देशों या पक्षों के लिए एक साथ काम करने वाला) गुप्तचर; **~le back** आना-जा.; **~-barrelled gun** दुनाली बंदूक, दुगाड़ा; **~le bass** एक प्रकार की बड़ी वीणा; **~le bill** एक के बाद दूसरी फिल्म आदि का प्रदर्शन; **~le bind** दुविधा; **~le blind** एक ऐसा प्रयोग जिसमें नियंत्रक दल की पहचान अंत तक गुप्त रहती है; **~le bluff** सही बात की गलत कथन के रूप में प्रस्तुति; **~le boiler** *N. Amer.* दो पैंदे का या दुतल्ला पतीला; **~le bond** *chem.* युग्म आबंध; **~le bus** दुमंजली बस; **~le dealing** कहना कुछ करना कुछ; **~le chin** दोहरी ठोढ़ी; **~le concertó** *music* दो एकल गायकों के लिए संगीत; **~le cream** दुगुनी चर्बी वाली क्रीम या मलाई; **~le dagger** दुधारी कटार; **~le date** दो जोड़ों का एक साथ प्रेम-भेंट के लिए जाने की क्रिया; **~le dealing** कहना कुछ करना कुछ; **~le-decker** दुमंजिली (बस); **~le digit = ~le figure** दो अंकोंवाली संख्या; **~le door** *pl.* **~le doors** दो पाटों वाला दरवाजा; **~le Dutch** 1 बकवास या लिखाई (जिसे समझना कठिन हो) 2 अमेरिका में एक खेल, जिसमें रस्सी के ऊपर से कूदा जाता है; **~le-edged sword** दुधारी तलवार; **~le entry** दुहरा लेखा; **~le exposure** *photog.* फोटो को दुगुनी देर के लिए

प्रकाश के सामने रखने की क्रिया; **~le facedness** दुरंगापन, धोखेबाज; **~le figures** दो अंकों वाली संख्या; **~le financing** दुहरा वित्तीयन; **~le first** विश्वविद्यालय की दोहरी डिग्री जिसमें दो अलग-अलग विषयों में पहली श्रेणी के अंक आते हैं; **~le-jointed** लचकीले जोड़ोंवाला; **~le knitting** *knitting* ऊनी धागे का दोहरा वजन; **~le meaning** द्वि-अर्थक, दुहरा अर्थ; **~le life** दुरंगा जीवन, कपटपूर्ण जिंदगी, दोमुंहापन; **~le pneumonia** /डबल-निमोनिया/ *med.* दोनों फेफड़ों को प्रभावित करने वाला निमोनिया; **~le precision** किसी संख्या को अत्यधिक सही या सटीक बनाने के लिए सामान्य से दुगनी bits का प्रयोग; **~le saucepan** दोहरे तलवाला तवा या सॉसपैन; **~le spacing** दो लाइनों के बीच दोहरा स्थान; **~le standard**. (*often* **~le standards**) दोहरे मापदंड, दोमुंहापन; **~le star** *astron.* युग्मक सितारा; **~le take** आरंभिक अनमनी प्रतिक्रिया जिसके तुरंत बाद पूरी बात में समझ आती है; **~le think** दो विपरीत विचारों या सिद्धांतों में एक साथ विश्वास; **~le tongued** दोमुंहा, दोगला; **~le up** दोहरा क., तहियाना; **~le vision** किसी एक वस्तु के दो-दो बिंब दिखने का चक्षु-विकार; **~le wedding** दो जोड़ों का विवाह; **~le whammy** ऐसी स्थिति जब दो-दो मुसीबतें एक साथ आती हैं; **~le-yellow line** ब्रिटेन में साथ-साथ बनी दो लाइनों वाले स्थान पर कार खड़ी करना मना है;
p&i: **~le and twist** गोल-मोल बातें क.; **~le back** 1 सीधा क., मोड़ना 2 अपने पदचिह्नों पर वापस जाना, जाना-आना; **~le back on one's track** अपने ही पद चिह्नों पर वापस लौटना; **~le dyed** छटा हुआ, घुटा हुआ, मंजा हुआ; **~le for sb** किसी के स्थान पर काम क.; **~le minded** अनिश्चय की स्थिति में; **~le or quits** जुए में बाजी को दुगना क. या खेल छोड़ जाना; **~le (sb) over/ up** शरीर आदि का दुहरा हो. या क.; **~le (up) as sth** दो तरह के कामों के लिए प्रयोग में आना; **~le up** 1 मोड़ कर दो तहें बनाना 2 कमर को मोड़कर दोहरी क. 3 (*also* **~le up with sb**) एक बिस्तरे में दो व्यक्तियों का सोना;
at/ on the ~le बहुत तेजी से; **folded ~le** मोड़कर दोहरा किया हुआ; **on the ~le** तुरंत, एकदम; **sb's ~le** किसी का हमशक्ल

doubler /डबलः/ *n.* द्विगुणक

doubles /डबल्ज/ *n.* टेनिस जैसा खेल जिसके हर पाले में दो खिलाड़ी खेलते हैं

doublet /डबलिट/ *n.* 1 जोड़ा 2 एक प्रकार का जैकट, वास्कट;
collocations: **~ and hose** पुरुष का सूट

doubly /डबलि/ *adv.* 1 दुगना, और भी, दुगनी संख्या या मात्रा में 2 दो तरह से

doubt /डाउट/ *v., pt.* **~ed**, *pp* **~ing** 1 शक क., शंका में हो. 2 संदेह हो., विश्वस्त न हो., विश्वास न क. 3 पक्का न हो., अधर में लटकना, अनिश्चय की स्थिति में हो.;
n. 1 संदेह, शक, शंका, अविश्वास 2 अनिश्चय 3 संशय;
dw/lw: **~able** /~टअबल/ *adj.* संदेहशील; **~er** /~टः/ *n.* शक करने वाला, शक्की; **doubtful** *see below under separate entry*; **~less** /~टलेस/ *adv.* 1 निस्संदेह, बेशक 2 पक्का, निश्चित; **~lessly** /~टलेसलि/ *adv.* बिना शक के, बेशक, अवश्य: I shall ~ see you tomorrow;
p&i: **~s about sth** किसी बात के बारे में कुछ संदेह (हो.); **~ing Thomas** सदा शक करने वाला व्यक्ति, सनकी;
be in ~ संदेह या अनिश्चय हो.; **benefit of ~** अनिश्चयता का लाभ; **beyond ~** निस्संदेह; **beyond a shadow of ~** बिना किसी शक के; **cast ~ on sth** शक पैदा क., किसी वस्तु या व्यक्ति के विषय में संदेह पैदा क.; **have grave ~s of/ as to sb's honesty** किसी की ईमानदारी में गंभीर शक हो.; **be in ~ (as to) how to proceed** कोई कदम उठाने के बारे में दुविधा में हो.; **if in ~** यदि संदेह हो तो...; **in ~** सफलता के बारे में पूरा विश्वास न हो.; **make no ~ about it** इसके बारे में कोई शक नहीं होना चाहिए; **no ~** बेशक; **nothing ~ing** कोई दुविधा न हो.; **open to ~** जिसके बारे में शक हो सकता है; **when in ~, leave out** यदि संदेह है तो जाने दो!; **without (a) ~** निस्संदेह, बेशक, निश्चय ही

doubtful /डाउटफुल/ *adj.* 1 अनिश्चित, संदेहशील: be ~ about what one ought to do 2 (***syn.*** dubious) संदेहास्पद, संदिग्ध 3 (***syn.*** uncertain) अधर में लटका हुआ 4 घटिया: of ~ quality;
dw/lw: **~ly** *adv.* शक करते हुए, संदेहपूर्वक;
collocations: **~ case** संदेहास्पद मामला; **~ character/ reputation** संदेहपूर्ण व्यक्ति/ नेकनामी; **~ expression/ phrase** अश्लील अभिव्यक्ति/ वाक्य; **~ future** संदेहपूर्ण भविष्य; **~ neighbourhood** संदेहपूर्ण पड़ोस; **~ reply** संदेहशील उत्तर; **in ~ taste** अशिष्ट, अश्लील;

douceur /डूसः/ *n., Fr.* 1 (***syn.*** bribe) घूस 2 टिप

douche /डूश/ *n., Fr.* 1 तेज पतली जलधार (water jet), डूश 2 तेज जलधार से शरीर के किसी अंदरूनी अंग की धुलाई 3 डूश से स्नान;
***v.**, pt.* **~ed**, *pp* **~ing** 1 डूश यानी तेज पतली जलधार से किसी अंदरूनी अंग को धोना 2 डूश से स्नान क.;
p&i: **throw a cold ~ upon sb** 1 किसी पर डूश यानी तेज पतली जलधार से पानी डालना 2 किसी का जोश या उत्तेजना ठंडा क.

dough /डो/ *n.* 1 गुंधा आटा, गुंधे आटे की लोई 2 रुपया-पैसा, धन;
dw/lw: **~-face**, **~face** *n.* कमजोर इच्छा-शक्तिवाला व्यक्ति, छुई-मुई; **~-faced** *adj.* कमजोर इच्छा-शक्तिवाला; **~-head** *n., US* मूढ़ आदमी; **~iness** /डोइनिस/ *n.* पतली (खराब) हालत; **~nut** /डोनट/ (*esp. US* **donut**) *n.* 1 वलयाकार मीठा केक, मालपुआ 2 ऐसे मालपुए की तरह फूली हुई कोई अन्य वस्तु 3 फुलाव: ~nut tyre (कम दबाववाला टायर); **~nutting** /डोनटिंग/ *n.* ब्रितानवी संसद में किसी पार्टी के सदस्यों द्वारा अपने वक्ता के पास एकत्रित होकर घेरा बनाना, ताकि टीवी पर संसद पूरी भरी दिखे; **~y** /डोइ/ *adj. degr.* ~ier, ~iest 1 पतला 2 शिथिल, कमजोर 3 फूला हुआ, ढीला-ढाला 4 फीका 5 मूढ़, मूर्ख;
collocations: **~ stage अधपके** दाने की अवस्था;
p&i: **it is dollars to ~nut** जैसे कि दो दूनी चार, पक्का; **(my) cake is ~/ (my) meal is all ~** मेरी हालत अच्छी नहीं

dough\ty /डाउटि/ *adj., degr.* **~ier**, **~iest** 1 तगड़ा, हृष्ट-पुष्ट 2 दिलेर, बहादुर, वीर;
n. कभी भी हार न मानने वाला बहादुर युवक;
dw/lw: **~ily** /~लि/ *adv.* दिलेरी से, बहादुरी से; **~iness** /~नेस/ *n.* दिलेरी, बहादुरी

doughy /डोई/ *adj., see above under* **dough: *dw/lw***

dour /डाउअः/ डुअः/ *US* डुर/ *adj.* 1 कठोर, हठी, अड़ियल 2 विषादमय;
dw/lw: **~ly** /~लि/ *adv.* सख्ती से; **~ness** /~नेस/ *n.* कठोरता, विषादमयता

dou\se/ dow\se /डाउस/ *v., pt.* **~sed**, *pp* **~sing** 1 शरीर को द्रव से तर क., सराबोर क. 2 पानी में फेंकना 3 लपटों पर पानी डालकर आग बुझाना 4 डुबोना 5 (जहाज के) पाल उतारना या झुकाना 6 कपड़े, जूते आदि उतारना;
dw/lw: **~ser** /~सः/ *n.* आग बुझाने का उपकरण

DoV *abbr.* 'Directorate of Vigilance' की प्रथमाक्षरी

dove /डव/ *n.* 1 *N. Amer., pt.,* **dive** का भूतकालीन रूप 2 फाख्ता, पड़की, पंडुक: ~ of peace 3 *politics* (***anton.*** hawk) नर्म स्वभाव का राजनेता या व्यक्ति 4 दुलारवाचक शब्द 5 शांति-दूत 6 *drug-taking, sl.* **'ecstasy'** नाम की नशीली दवा की गोली जिस पर फाख्ता का चित्र बना होता है;
dw/lw: **~colour** *n.* फाख्तई रंग; **~cot(e)** /डवकोट/ (*also* **~house**) *n.* फाख्ताओं का दरबा या दड़बा; **~-eyed** *adj.* कमसिन व विनम्र आंखों वाला; **dovish** *adj.* (***anton.*** hawkish) विनम्र-सा, दब्बू-सा, शांतिप्रिय; **~-like** *adj.* फाख्ता जैसा; **~tail** *see below under separate entry*;
collocations: **brown ~** टुटरूं फाख्ता; **red ~** इंठकोहरी फाख्ता;

ring ~ धवर फाख्ता; **spotted** ~ चितरोखा; **turtle** ~ काल्हक फाख्ता;

p&i: **a flutter in the** ~ शांत परिवार में झमेला; **flutter the ~cots** खलबली पैदा क.

dovetail /डवटेल/ (*also* ~ **joint**) *n.* गठचूल, डबचूल;

v.*, pt.* **~ed**, *pp* **~ing** 1 डबचूल बिठाना, जोड़ना या फंसाना, जोड़ से जोड़ मिलाना, ठीक बैठाना: ~ the parts of sth; ~ one part with another 2 अनुरूप होना, मेल खाना 3 अंतःपुच्छन क.

dowager /डॉउअजः/ *n., colloq.* 1 ऐसी विधवा जिसे अपने स्वर्गीय पति की पदवी या संपत्ति मिली हो 2 धनी विधवा 3 आन-बान, शान व रोबवाली धनी वृद्धा, रोबीली प्रौढ़ा

dow\dy /डाउडि/ *adj., degr.* **~dier**, **~diest** 1 फूहड़, भद्दी 2 (***syn.*** drab) सपाट व पुराने फैशन की: a **~dy** dress 3 ऊलजलूल बातें करने वाली;

n. फूहड़, भद्दी, सपाट व पुराने फैशन की औरत

DOW (the Dow Jones average/ Dow Jones index *n., finance* न्यूयॉर्क बाजार (stock market) में लगभग 30 महत्त्वपूर्ण कंपनियों के शेयरों (बाजार भाव) का संकेत-पटल (index)

dowel /डाउल/ (*also* ~ **rod**) *n.* लकड़ी की बेलनाकार खूंटी, गुज्झी, गिट्टक, मेख: ~-pin; ~-joint

dower /डाउअः/ *n.* 1 विधवा का उसके पति की संपत्ति में हिस्सा 2 दहेज 3 प्रतिभा: she had the ~ and beauty;

adj. दहेज आदि से संबंधित;

collocations: ~ **chest** दहेज का संदूक; ~ **house** विधवा-गृह

down /डाउन/ *adv.* 1 नीचे की ओर: come ~; bend ~ 2 नीचे (उतारना): ~ a plane 3 कोई कार्य करने के लिए आना: come ~ to dinner 4 लंबाकार से समतल स्थिति में आना: lie ~ 5 केंद्र से गांव आदि में जाना: ~ to the country 6 निचले स्तर पर हो.: he is ~; hit an enemy when he is ~ (दुश्मन पर तब वार क. जब वह खस्ता-हाल हो); the sun is ~ 7 लटकना: curtain ~ on the left side 8 नीचे की ओर, कमजोरी या बिगड़ाव की ओर (अग्रसर): the tyres are ~; boil is ~ 9 विशेष स्थिति में लाना: burn ~ 10 भूतकाल से वर्तमान की ओर: ~ to here (वर्तमान काल तक) 11 खेल में: he plays one ~ (एक विकेट गिरने पर खेलने आना);

prep. 1 के नीचे (की ओर): walk ~ the hill 2 बहाव के साथ नीचे को: ~ the stream; sail ~ the river; ~ the road/ river, etc. 3 एक दिशा में, के साथ: ~ the wind 4 के साथ-साथ: go ~ the road 5 नीचे स्थित: situated ~ the Thames 6 पुराने समय से नए की ओर: ~ the ages;

adj. 1 उदास, खिन्न 2 खराब या बिगड़ा हुआ (कंप्यूटर या यंत्र) 3 नीचे की ओर जाता हुआ: a ~ pipe 4 अदा या भुगतान की हुई, नकद: a ~ payment 5 घटता हुआ या घटती हुई: the ~ trend of prices 6 केंद्र से दूर दराज को जाने वाली (रेलगाड़ियां आदि): ~ train 7 घटती हुई (सक्रियता): ~ patient 8 बैठती हुई (बैटरी): ~ battery;

n. 1 उतार, गिरने की क्रिया, पतन: life has its ups and **~s** (जीवन के उतार-चढ़ाव) 2 असफलता 3 (**downs**) नीचे उतरती पहाड़ियां 4 कोमल पिच्छ, रोम, रोआं, रोंगटा (of birds) 5 खुंदक, के प्रति दुराग्रह: have a ~ on sb;

v.*, pt.* **~ed**, *pp* **~ing** 1 जल्दी से गटक जा., एक ही घूंट में पी जा.: ~ the medicine 2 नीचे उतरना 3 प्रतिपक्षी के घुटने टिकवाना: ~ one's opponent 4 विमान को नीचे उतरने पर विवश क. या उसे मार गिराना: ~ a plane 5 काम बंद क.: ~ tools (हड़ताल क.);

dw/lw: **~-and-out** *adj.* कंगाल व अभागा; **~-and-out** *n.* अभागा व्यक्ति; **~-at-heel** *n.* फटेहाल, फटे-पुराने कपड़ों में; **~beat** *adj.* (***anton.*** upbeat) निराशावादी, मायूस, शांत; **~cast** *adj.* 1 (***syn.*** dejected) निराश व खिन्न, हताश 2 नीचे की ओर देखती हुई (आंखें); **~change** *v., pt.* ~d, *pp* ~changing गाड़ी में निचला गिअर लगाना; **~-draught** /डाउनड्राफ्ट/ (*also* **~draft**) *n.* नीचे जाती हुई वायु का झोंका; **~er** *n., colloq.* 1 खिन्न करने वाली (बात), दिल तोड़ देने वाली या हताश करने वाली बात 2 निराश अवस्था: he's been on a ~er since his divorce 3 *sl.* शांत करने वाली या निराशा दूर करने वाली औषध; **~gradient** /-ग्रेडिअंट/ *n.* उतार, ढाल; **~fall** *n.* 1 पतन, गिरावट, पराभव, बर्बादी, तबाही 2 पतन का कारण; **~flow** *n.* नीचे जाता हुआ बहाव; **~gra\de** *v., pt.* ~ded, *pp* ~ding 1 अवनत या पदावनत क. 2 महत्त्व कम क. 3 किसी के बारे में खराब बातें क.; **~hearted** *adj.* उदास, निराश, हताश; **~-hill** *see below under separate entry*; **~-home** *adj.* 1 मित्रतापूर्ण 2 घर का बना; **~-in-the-mouth** *adj.* अप्रसन्न, निराश; **~land** *n.* टिब्बों वाली धरती; **~-link** *n.* अंतरिक्ष या वायुयान से मिलने वाला संदेश; **~-load** *see below under separate entry*; **~-low** *n.* किसी या किसी चीज के बारे में सबसे अहम तथ्य: the website giving the ~low on the literature; **~-lying** *n.* सोने का समय; **~market** (*US* **~scale**) *adj.*, सस्ता व घटिया: discard ~market image; **~most** *adj.* सबसे नीचे का; **~-pillow** *n.* कोमल पंखों से भरा सिरहाना; **~-pipe** (*US* **fall-pipe**) *n.* पतनाला; **~play** (***syn.*** play~) *v., pt.* ~played, *pp* ~playing महत्त्व कम करके दिखाना, ज्यादा भाव न दे.; **~pour** /डाउनपॉः/ *n.* मूसलाधार वर्षा; **~right** *adj.* पूरा, पूरी: ~right idiocy (पूरी बेवकूफी); **~right** *adv.* 1 पूरी तरह से, पूर्णतया: ~right rude; be ~right dangerous 2 बिल्कुल, पक्का: ~right scoundrel (पक्का बदमाश); **~river** *adv.* (***syn.*** ~stream) नदी के नीचे की ओर; **~s** *see below under separate entry*; **~scale** *adj., adv.* = **~market**; **~shift** *v., pt.* ~shifted, *pp* ~shifting 1 ऊंचे वेतन की नौकरी छोड़ कर नीचे स्तर वाली ले. 2 कार में ऊंचे से निचले गिअर में बदलना; **~side** *n.* 1 निचला फलक 2 नकारात्मक पहलू 3 नुकसान; **~size** *v., pt.* ~sized, *pp* ~sizing कद, डीलडौल या स्तर का महत्त्व घटाना; **~sizing** *n.* किसी संगठन में कर्मचारियों की संख्या घटाने का काम; **~spout** (*also* **drainpipe**) *n. US* वर्षा के पानी का पतनाला; **~stage** *adj.* (***anton.*** upstage) मंच के नीचे का (भाग); **~stage** *adv., theat.* थियेटर में स्टेज के सामने, मंच के अगले भाग में; **~stairs** *adv.* नीचे; **~stairs** *adj.* नीचे का, निचला; **~stairs** *n.* निचली मंजिल; **~stream** *adv.* बहाव के साथ-साथ; **~stroke** *n.* नीचे की ओर गति, इंजन में पिस्टन की नीचे की ओर गति; **~swing** *n.* गिरावट (की ओर), मंदी; **~throw** *n.* अधःक्षेप, पतन; **~time** *n.* कंप्यूटर आदि खराब होने के कारण काम में रुकावट, बाधा; **~-to-earth** *adj.* पक्का यथार्थवादी, व्यावहारिक, सयाना; **~town** *adj.* केंद्रीय, नगर के केंद्र में स्थित: ~town store; **~town** *adv.* शहर के निचले या केंद्रीय भाग की तरफ: go ~town; **~town** *n. US* नगर का केंद्रीय भाग, व्यापार-केंद्र: a hotel in the heart of ~town; **~trend** *n.* कारोबार आदि में मंदी; **~trodden** /डाउनट्रोडन/ *adj.* दलित, दमित, पीड़ित, उत्पीड़ित; **~turn** *n.* आर्थिक मंदी; **~ward** *adj.* 1 नीचे की तरफ जाने वाला, उतरता हुआ 2 पतनोन्मुख; **~wards** (*also US* **~ward**) *adv.* नीचे या निचले स्तर की ओर; **~wind** *adj.* (***anton.*** upwind) हवा की दिशा में या साथ चलने वाला; **~wind** *adv.* हवा की दिशा में: live ~wind of the tempest; **~y** *see below under separate entry*;

collocations: ~ **and out** 1 सड़कों पर सोने वाले बेघर, बेहाल व्यक्ति: ~ and out of Delhi 2 पराजय की कगार पर; ~ **at heel** जीर्ण-शीर्ण हालत में: a ~ at heel hotel; ~ **calver** ब्याने से पहले गाय; ~ **jacket** रुई के पंखों से भरी गर्म जैकेट; ~ **leap** नीचे की ओर छलांग; ~ **line** राजधानी की तरफ से जाने वाली गाड़ियों का पथ; ~ **look** उदास नजरें; ~ **money/ payment** नकद अदायगी या भुगतान; ~ **platform/ side** राजधानी की तरफ से आने वाली रेलगाड़ियों का प्लेटफॉर्म; **Down's syndrome** *see below under separate entry*; ~ **traffic** यातायात की शहर के केंद्र से बाहर की ओर गति; ~ **vest** नर्म पंखों से भरी गर्म बनियान जैसी जैकेट;

p&i: ~ **and out** पस्त हालत में; ~ **a ship** जहाज को डुबो दे.: ~ a plane; ~ **at the heels** फटे-हाल, बेघर बेचारा; ~ **by** के अंतर में पिछड़ा हो.: ~ by three goals; ~ **for** सूची में शामिल:

sb's name is ~ for the cricket team; **~ in the chops** निराश, हताश; **~ in the dumps** तबीयत बुझी-बुझी हो.; **~ in the mouth** (*syn.* depressed) अवसाद में डूबा हुआ, दुखी; **note/ write, etc. sth ~** नोट क., लिखना; **~ one's way** निकट में, पड़ोस में; **~ on his back** पीठ के बल गिरना; **~ on one's luck** किस्मत के सितारे गर्दिश में हो.; **~ on the nail** तुरंत; **~ one's opponent** अपने विरोधी के घुटने टिकवा दे.; **~ setting** डांट-डपट, फटकार; **~ sb's way** दूर-दराज के स्थान पर; **~s of fate/ of life** भाग्य या जीवन के उतार-चढ़ाव; **~ the drain (gurgler)** व्यर्थ क. या हो.; **~ the road/ line/ track** भविष्य में; **~ the toilet (the pan)** व्यर्थ क. या हो.; **~ the wind** हवा के साथ; **~ tool's** काम बंद क.; **~ to the ground** *colloq.* पूरी तरह से; **~ trod** दलित, दमित; **~ under** दुनिया के दूसरे सिरे पर, आस्ट्रेलिया या न्यूजीलैंड में; **~ with sb!** मुर्दाबाद!; **~ with him** फलां-फलां मुर्दाबाद!;

be ~ for sth सूची में होना; **be ~ on sb** 1 किसी पर हमला क. या टूट पड़ना 2 किसी की आलोचना क.; **be ~ on to sth** किसी बात को पूरी तरह जानना; **be ~ with fever** बुखार में पड़ा हो.; **break ~** 1 बिगड़ जा. 2 रोने लगना; **bring ~ one's pride** अपने अहंकार को कम क.; **come/ go ~ in the world** 1 ऊंची उड़ान से धरती पर उतरना (उच्च वर्ग से आम आदमी के स्तर पर आना) 2 पहले की ऊंची पदवी या स्थिति से गिरकर जमीनी हालत पर पहुंचना; **come/ go ~ with sth** से बीमार हो.; **die ~** शोर आदि का धीरे-धीरे कम हो जाना; **drop ~ on sb** किसी पर टूट पड़ना; **feel ~ in spirits** पस्त हाल हो.; **from generals ~ to soldiers** जनरल से लेकर सामान्य सिपाही तक; **frown sb ~** घूरकर किसी को चुप करा दे.; **hand ~ from generation to generation** पीढ़ी-दर-पीढ़ी देते जाना; **have a ~ on sb** *colloq.* किसी से रंजिश हो., किसी के प्रति वैर पालना; **hold sb ~** किसी को अपने वश में रखना; **kick/ hit sb when they are ~** किसी पर तब प्रहार क, जब वह कमजोर स्थिति में हो; **let a person ~** 1 निराश क., हताश क. 2 दगा या धोखा दे.; **look ~ upon sb** किसी को हीन दृष्टि से देखना, घृणा क.; **one/ two etc. ~** क्रिकेट आदि के खेल में एक यो दो आउट हो चुके..., बाकी अभी होने हैं; **pay half ~ and the rest in monthly instalment** आधी कीमत नकद दे. और आधी मासिक किश्तों में; **pay part ~ and part on time** आधी कीमत नकद दे. और आधी बाद में; **put sb ~** अचानक काट दे.; **put sth ~** समाप्त या उन्मूलन क.; **ride/ run/ track ~ an animal** किसी जानवर को हांककर लाना; **right ~ to** सभी छोटी-मोटी चीजों को मिलाकर; **ring ~ the curtain** पर्दे गिराने का संकेत दे.; **run sb ~** किसी को गिराना या नीचा दिखाना; **settle ~ to work** काम करने लगना; **shout sb ~** किसी के ऊपर चिल्लाकर चुप करवा दे.; **talk sb ~** किसी को बात करके चुप करा दे.; **the shades/ the binds/ are ~** पर्दे गिरा दिए गये हैं; **the ~ trend of business** व्यापार में मंदी; **the sun is ~** सूरज छिप गया है; **the tyres are ~** टायरों की हवा निकल गई; **thin ~ the cream** क्रीम को पतली क.; **up and ~** 1 जाना-आना 2 कभी ठीक, कभी पतली हालत 3 ऊपर-नीचे हो.; **wear ~** कपड़े जूते आदि को पहनकर खत्म कर दे.: worn ~ by illness (बीमारी द्वारा पस्त-हाल हुआ हो.)

downhill /डाउनहिल/ *adv.* 1 पहाड़ के नीचे की ओर: walk **~hill** 2 (*syn.* deteriorate) बदतर हो.;
adj. 1 ढलान या नीचे की ओर जाने वाला 2 लगातार आसान होने वाला 3 बद से बदतर होने वाला;
n. पहाड़ से नीचे की ओर सीधी स्कीइंग (skiing);
dw/lw: **~-skiing** *n.* पहाड़ियों, टीलों आदि से स्की करते हुए नीचे जाने की क्रिया;
p&i: **be all ~hill** उतार का आसान भाग; **go ~hill** स्थिति का बद से बदतर हो.

Downing Street /डाउनिंग स्ट्रीट/ *n., colloq.* 1 डाउनिंग स्ट्रीट 2 ब्रितानवी सरकार: 10 *Downing* Street (ब्रितानवी प्रधानमंत्री का निवास)

download /डाउनलोड/ *v., pt.* **~ed**, *pp* **~ing** *comput.* 1 (***anton.*** upload) इंटरनेट से सूचना, संगीत, आंकड़े आदि उतारना 2 बड़े कंप्यूटर से छोटे में आंकड़े आदि भेजना;
n. 1 (***anton.*** upload) इंटरनेट से सूचनाएं या आंकड़े उतारने की क्रिया 2 बड़े कंप्यूटर से छोटे में आंकड़े आदि भेजने की क्रिया 3 इंटरनेट से ली हुई सामग्री;
dw/lw: **~able** *adj.* जिसे इंटरनेट से उतारा जा सके

downs /डाउन्ज/ (**the Downs**) *n. [pl.]* 1 छोटी पहाड़ी के आस-पास का निचला क्षेत्र 2 दक्षिणी इंग्लैंड में घासभरी पहाड़ियां

Down's syndrome /डाउन्जसिंडरोम/ *n., pathol.* जन्म से विकार ग्रस्त व्यक्ति जिसका माथा चौड़ा और सपाट, आंखे ढलती हुई और मानसिक अवस्था पिछड़ी हुई होती है

downtime /डाइनटाइम/ *n.* सुस्ताने और आराम करने का समय

downtrodden *see above under* **down: *dw/lw***

down\y /डाउनि/ *adj., degr.* **~ier**, **~iest** 1 मरियल: a **~y** old bird 2 पंखों और कोमल रुई आदि से भरा हुआ (सिरहाना आदि): **~y** pillow 3 रोमिल, मृदुरोमिल, मुलायम रोमोंवाला 4 कोमल, स्निग्ध: **~y** sleep;
p&i: **do the ~y** बिस्तर में लेटा हो.

dowr\y /डाउरि/ *n., pl.* **~ies** 1 दहेज 2 (***syn.*** talent) प्रतिभा

dow\se /डाउज/ *v., pt.* **~sed**, *pp* **~sing** द्विशाखी छड़ी के सहारे भूगत जल या खनिजों का पता लगाना, जल की खोज क.;
dw/lw: **~ser** /डाउजअः/ *n.* भूगत जल या खनिज का पता लगाने वाला व्यक्ति; **~sing-rod** *n.* शकुनक दंड, द्विशाखी छड़ी

doxolog\y /डौक्सौलजि/ *US* डाःक्साःलजि/ *US n., pl.* **~ies** ईसाई धर्म में ईश्वर की स्तुति या महिमागान, भजन

doxy /डौक्सि/ *US* डाःक्सि/ *n.* 1 प्रेमी, प्रेमिका 2 वेश्या 3 आस्था 4 विश्वास

doyen /डॉयन/ *n., lit.* 1 किसी संस्था या व्यवसाय का वरिष्ठ सदस्य 2 प्रधान पुरुष, मुखिया 3 नायक, सरदार 4 वरिष्ठ राजनयिक

doyenne /डॉअन/ डॉयेन/ *n.* किसी संगठन की वरिष्ठ एवं अति सम्माननीय महिला सदस्या

doz. *abbr.* 'dozen' का संक्षेप

do\ze /डोज/ *n.*, नींद की झपकी, ऊंघ;
v., *pt.* **~zed**, *pp* **~zing** झपकी ले., ऊंघना;
dw/lw: **~zily** *adv.* ऊंघते-ऊंघते, उनिंदा हालत में; **~ziness** *n.* उनिंदापन, ऊंघ; **~zy** *adj.* उनींदा, निद्रालु;
p&i: **~ze away** चलते-चलते सोना; **~ze off** झपकी ले.; **~ze out** चलते-चलते झपकी ले.

dozen /डजन/ *n.* 1 दर्जन 2 (**~s**) बहुत सारे;
p&i: **~s of people** बहुत सारे लोग;
a round ~zen पूरा एक दर्जन; **baker's/ devil's/ long/printer's/ ~** तेरह; **in ~s/ by the ~** दर्जनों में; **round ~** पूरा एक दर्जन; **saw ~s of them** बहुत सारों को देखा; **talk nineteen/ thirteen to the ~** लगातार जल्दी-जल्दी बोलना

dozenth *adj.* बारहवां: for the ~ time (अनेकों बार)

dozy *see above under* **doze: *dw/lw***

DP *abbr.* 'data processing', 'depository participant', 'Directorate of Personnel', 'displaced person' की प्रथमाक्षरी

DPA *abbr.* 'Data Protection Authority', 'Defence Procurement Agency', 'Democratic Progressive Alliance', 'depository participation accounts' की प्रथमाक्षरी

DPAC *abbr.* 'Delhi Press Accreditation Committee' की प्रथमाक्षरी

DPAP *abbr.* 'Droughts Prone Areas Project' की प्रथमाक्षरी

DPAR *abbr.* 'Department of Personal and Administrative Reforms' की प्रथमाक्षरी

DPB *abbr.* 'Defence Procurement Board' की प्रथमाक्षरी
DPC *abbr.* 'Dabhol Power Corporation', 'Departmental Promotion Committee' की प्रथमाक्षरी
DPCC *abbr.* 'Delhi Pollution Control Committee' की प्रथमाक्षरी
DPCO *abbr.* 'Drug Price Control Order' की प्रथमाक्षरी
DPD *abbr.* 'distal protection device' की प्रथमाक्षरी
DPDO *abbr.* 'defence pension disbursing officer' की प्रथमाक्षरी
DPE *abbr.* 'Department of Public Enterprises', 'Diploma in Primary Education' Director of Physical Education' की प्रथमाक्षरी
DPEP *abbr.* 'District Primary Education Programme' की प्रथमाक्षरी
DPG *abbr.* 'deferred payment guarantee' की प्रथमाक्षरी
DPH *abbr.* 'Diploma in Public Health' की प्रथमाक्षरी
DPhil = PhD 'Doctor of philosophy' का संक्षेप (पीएचडी की डिग्री)
DPI *abbr.* 'Director of Public Instruction', 'Disabled Peoples International' की प्रथमाक्षरी
dpi *abbr., comput.* 'dots per inch' की प्रथमाक्षरी
DPLF *abbr.* 'Democratic People's Liberation Front' की प्रथमाक्षरी
DPM *abbr.* 'Deputy Prime Minister' की प्रथमाक्षरी
DPMT *abbr.* 'Delhi Pre-Medical Test' की प्रथमाक्षरी
DPMU *abbr.* 'District Project Management Units' की प्रथमाक्षरी
DPP *abbr.* 'Director of Public Prosecutions (in UK)' की प्रथमाक्षरी
DPPI *abbr.* 'Deputy Director of Public Instructions' की प्रथमाक्षरी
DPPS *abbr.* 'Delhi Police Public School' की प्रथमाक्षरी
DPR *abbr.* 'Detailed Project Report' की प्रथमाक्षरी
DPRK *abbr.* 'Democratic People's Republic of Korea' की प्रथमाक्षरी
DPRO *abbr.* 'District Public Relation Officer' की प्रथमाक्षरी
DPS *abbr.* 'Data Processing System', 'Defence Planning Staff', 'Delhi Public School' की प्रथमाक्षरी
DPSS *abbr.* 'Delhi Public School Society' की प्रथमाक्षरी
DPT *abbr.* 'Delhi Pharmaceutical Trust' की प्रथमाक्षरी
dpt *abbr.* 'department', '*optics,* dioptre' का संक्षेप
DR *abbr.* 'delivery rating', 'dry riser' की प्रथमाक्षरी
Dr *abbr.* 'Doctor' का संक्षेप
Dr. *abbr.* in addresses: 'Drive' का संक्षेप
DRA *abbr.* 'Delhi Rent Act' की प्रथमाक्षरी
DRAA *abbr.* 'Delhi Rent Amendment Act' की प्रथमाक्षरी
drab /ड्रैब/ *adj., degr.* **~er**, **~est** फीका, उबाऊ, नीरस;
dw/lw: **~ly** /~लि/ *adv.* नीरस ढंग से; **~ness** /~नेस/ *n.* उबाऊपन, बासीपन
drab\ble /ड्रैबल/ *v., pt.* **~bled**, *pp* **~bling** लथेड़ना, कीचड़ में घसीटना
drachma /ड्रैकमा/ *n., pl.* **~s**/ **~e** (*abbr.* **dr.**) यूनान की मुद्रा, ड्रैकमा
draconian/ draconic /ड्रअकोनिअन/ ड्रअकॉनिक/ *adj.* 1 कठोर, निर्मम: ~ measures 2 जुल्मी 3 पिशाची
Dracula /ड्रैक्युला/ *n.* नर-पिशाच, मानव रक्त-चूषक
draff /ड्रैफ/ *n.* 1 तलछट, तलौंछ 2 धोवन 3 (*syn.* refuse) कूड़ा-कर्कट
draft /ड्राफ्ट/ *US* ड्रैफ्ट/ *n.* 1 मसौदा, प्रारूप, खाका: ~ for a machine; first/ rough ~ (प्रथम/ कच्चा प्रारूप); a ~ constitution 2 (**the** ~) *US* (*syn.* conscription) फौज में कानूनन भर्ती 3 *US spelling,* '**draught**' की अमेरिकी वर्तनी 4 कमरे में ठंडी हवा का झोंका: a ~ in the room 5 (फौजी) दस्ता या टुकड़ी 6 धनादेश, हुंडी 7 पांडु-लेख (किसी पर्चे या लेख का), प्रारूप 8 एक सांस में खींची हुई वायु, सांस;
v., *pt.* **~ed**, *pp* **~ing** (*also BrE* **draught**) 1 योजना आदि का मसौदा/ प्रारूप बनाना 2 (*syn.* conscript) फौज में भर्ती होने के लिए हुक्म दे. 3 किसी को किसी विशेष कार्य के लिए भेजना;
dw/lw: **~cattle** *n.* बोझ ढोने वाले पशु, लद्दू जानवर; **~dodger** /ड्राफ्ट-डॉजः/ *n., colloq. esp. US* भर्ती होने से बचने वाला, भर्ती होने में चकमा देने वाला व्यक्ति; **~ee** /ड्राफ्टी/ *US* ड्रैफ्टी/ *n.* (*syn.* conscript) जिसे फौज में जबरदस्ती भर्ती किया जाता है; **~er** *n.* बोझ ढोने वाला खच्चर;
collocations: **~ board** भर्ती समिति; **~ deferment** कानूनी भर्ती का स्थगन; **~ fan** धुआंचूस; **~ of a bill** विधेयक का प्रारूप; **~ of a contract** ठेके का प्रारूप; **~ of a poem** कविता का प्रारूप; **~ on a bank** किसी बैंक का धनादेश (हुंडी);
forced ~ हवा का जबरदस्ती खिंचाव; **natural ~** हवा का सहज खिंचाव या झोंका; **~ terms** हुंडी के भुगतान की शर्तें;
p&i: **~ a constitution/ legislation/ a letter/ a proposal** संविधान/ विधेयक/ पत्र/ प्रस्ताव का प्रारूप तैयार क.; **~ a presidential candidate** राष्ट्रपति का उम्मीदवार खड़ा क.; **~ of cattle for branding** दागने के लिए पशुओं का चुनाव; **~ sb in/ ~ sb into sth** *UK* किसी को नौकरी या किसी विशेष जिम्मेवारी निभाने में लगाना;**~ sb into the army** किसी को सेना में कानूनन भर्ती क.;
make a ~ on sb's किसी के धैर्य की परीक्षा ले.; **the ~ has affected some industries** सेना में कानूनन भर्ती का प्रभाव कई उद्योगों पर पड़ा है; **sb's ~ as candidate** किसी को उम्मीदवार बनाने की क्रिया; **this means a serious ~ on industry** इसके लिए अति विकसित उद्योगों की आवश्यकता होगी;
drafting /ड्राफ्टिंग/ *n., adj.* 1 पांडुलेखन, प्रारूप तैयार करने की क्रिया: a ~ of this clause is obscure (इस धारा का प्रारूप स्पष्ट नहीं) 2 भर्ती करने वाला: ~ board (भर्ती समिति) 3 चित्र लेखन: ~ paper (चित्र बनाने में प्रयुक्त कागज) 4 प्रारूप लेखन: ~ committee
draftsman *US* (*UK* **draughtsman**) /ड्राफ्ट्स्मैन/ *n.* नक्शानवीस, ड्राफ्ट्स्मैन
draftswoman *US* (*UK* **draughtswoman**) /ड्राफ्ट्स्वुमन/ *n.* महिला नक्शानवीस
draft\y/ ~ier/ ~est /ड्राःफ्टि/ *US* ड्रैफ्टि/ *n.* 1 *US spelling* of '**draughty**' की अमेरिकी स्पेलिंग (वर्तनी) 2 ऐसा कमरा या स्थान जहां हवा के बहुत तेज झोंके आते हों
drag /ड्रैग/ *v., pt.* **~ged**, *pp* **~ging** 1 घसीटना, खींच ले जा.: ~ sth/ sb across/ along/ over, etc.; ~ sb along/ out/ to, etc. 2 (*usually* **~ sb away**) किसी को जबरदस्ती साथ घसीट लेना 3 जाल डालना: ~ the river for fish 4 पाटा फेरना, खेत में हैरो (ट्रैक्टर से हल) चलाना 5 लंबा खींचना, देर तक जारी रखना 6 (*syn.* break) रोक लगाना 7 पिछड़ना 8 धीरे-धीरे बीत जा., नीरस हो जा.: the time **~s** slowly 9 कंप्यूटर स्क्रीन पर फाइल आदि को माउस से खींचकर कहीं ले जाकर छोड़ दे.: ~ sth somewhere on a computer screen using a mouse and drop 10 सिगरेट आदि का कश लगाना;
n. 1 घसीटने की क्रिया 2 महिला की पोशाक में पुरुष: perform in ~ 3 उबाऊपन, बोरियत: be a big ~ 4 (*syn.* draw) सिगरेट आदि का कश, सुट्टा: take a long ~ on one's cigarette 5 हैरो, हेंगा, पाटा 6 महा-जाल 7 कांटा, दंती 8 रोक, रुकावट: air as a ~ against the movement of an aircraft 9 बाधा, अड़ंगा: a ~ on his own party's progress 10 लंगर;
dw/lw: **~anchor**/ **~sheet** *n.* तैरता (घिसटता) हुआ लंगर;

~-and-drop *n., comput.* माउस (mouse) से आइकनों (icons) यानी कंप्यूटर चिह्नों को घसीटकर कहीं लगाने की क्रिया; **~-bar/ ~-bolt** *n.* कर्षण-दंड; **~-boat** *n.* जमीन खोदने वाली मशीन; **~-chain/ ~-link** *n.* उतार (खींच) जंजीर; **~hole** *n.* निकर्षी छिद्र; **~line** *n.* निकर्षक यंत्र; **~man** *n.* जाल से मछली पकड़ने वाला मछुआरा; **~-net** *see below under separate entry*; **~-racing** *n.* छोटी दूरी की कार दौड़; **~-staff** *n.* (ठेला-गाड़ी आदि में) रोकने वाला (ब्रेक) दंड;
collocations: **~ lift** स्की करने वाले व्यक्ति को खींचकर पहाड़ पर चढ़ाने वाली मशीन; **~ queen** 1 औरतों की पोशाक का शौकीन पुरुष 2 औरत के रूप में पुरुष कलाकार 3 अक्सर समलिंगकामी पुरुष जिसे स्त्रियां पसंद करती हैं; **~race** छोटी दूरी की कार रेस;
p&i: **~by** समय आदि का धीरे-धीरे गुजरना; **~ on** 1 लंबा खींचना 2 लंबा खिंचना 3 टालमटोल करते हुए कुछ देर तक क. या लंबा खींचना; **~ one's feet/ heels** *colloq.* 1 अनमने-से धीर-धीरे कुछ क. 2 लंबा खींचना 3 हिचकचाहट दिखाना; **~ sb away** किसी को दूसरे स्थान पर जाने के लिए मजबूर क.; **~sb down** *UK* 1 नैतिक या हिम्मत के स्तर पर नीचे ला. या धकेलना 2 किसी को जबरदस्ती नीचे के स्तर पर धकेलना, गिराना, खींचकर गिराना; **~sb into sth** 1 किसी को किसी अनैतिक काम में फंसाना या धकेलना 2 किसी को घसीटकर किसी जंजाल में फंसाना; **~ sb's name through the mire/ mud** किसी का नाम कीचड़ में मिलाना; **~sth out** 1 देर तक चलाए रखना 2 लंबा से लंबा खींचना; **~ sth out of sb** किसी से कुछ उगलवाना; **~ sth up** *colloq.* किसी भूली-बिसरी अप्रिय बात को फिर से चर्चा में लाना, गड़े मुर्दे उखाड़ना; **a heavy ~ uphill** पहाड़ पर कठिन चढ़ाई; **be ~ on sth (career)/ sb** किसी के लिए काली कंबली (बाधा) हो.; **walk with a ~** घसीटकर (लंगड़ाकर) चलना

dragée /ड्राःजे/ *n., pl.* **~s** 1 बीच में बादाम आदि लगी मिठाई 2 औषधयुक्त मिठाई 3 चॉकलेट की बूंद 4 एक रुपहली सजावटी गोली

drag\gle /ड्रैगअल/ *v., pt.* **~gled**, *pp* **~gling** 1 लथेड़ना या लथेड़ा जा. 2 घसीटना 3 पिछड़ना 4 मैला हो जा.;
dw/lw: **~ed** *adj.* 1 कीचड़ में लथ-पथ 2 मैला-कुचैला

dragnet /ड्रैग्नेट/ *n.* 1 महाजाल, मछली पकड़ने का जाल 2 पुलिस द्वारा अपराधी की गहन खोज

dragon /ड्रैगन/ *n.* 1 आग उगलने वाला पौराणिक अजगर, नाग दैत्य 2 राक्षस, पिशाच, शैतान 3 (**Dragon**) कालीय, ड्रेको 4 नृशंस व्यक्ति 5 अति उग्र रूप से दबाने वाली महिला 6 भयावह रक्षक;
dw/lw: **~fly** *n.* व्याध-पतंग, चिउरा;
collocations: **~'s blood** हीरादोषी, लाल-रक्त; **~ boat** चीनी डिजाइन की एक तंग नौका; **~'s head** राहु; **~'s tail** केतु;
p&i: **chase the ~** drug-*taking sl.* गांजे का कश ले.

dragoon /ड्रअगून/ *v., pt.* **~ed**, *pp* **~ing** 1 उत्पीड़ित क., सताना 2 बाध्य क.: ~ sb into doing sth 3 परेशान क.;
***n.**, hist.* 1 सशस्त्र अश्वारोही सिपाही 2 क्रूर व्यक्ति, खूंखार आदमी

dragster /ड्रैग्स्टःर/ *n.* छोटी दूरी की कार-दौड़ में भाग लेने के लिए बनाई हुई लंबी, पतली तेज कार

drain /ड्रेन/ *v., pt.* **~ed**, *pp* **~ing** 1 पानी आदि को बाहर निकालना 2 (**~ sth of liquid**) से द्रव निकलना 3 निष्कासित क., खींचना: ~ water from a tank 4 किसी की ऊर्जा को समाप्त कर थका दे., शक्तिहीन क., चूस ले.: ~ a country of its wealth 5 खाली क.: the river **~s** the whole area 6 दूध आदि के गिलास को एक ही घूंट में पी जा.: ~ to the dregs; ~ the cup of sorrow to the dregs (दर्द भरे प्याले को पूरा पी जा.) 7 जमीन से पानी बह जा. या निकालना: the water will soon ~ away into the river;

n. 1 नाली, नाला 2 मोरी 3 निर्गम, निष्कासन 4 (***syn.*** exhausting) अपचय, अपक्षय 5 शक्ति या साधनों का क्षय का मार्ग: a great ~ on sb's health 6 नली, नलिका 7 घूंट: pour a ~ for him;
dw/lw: **~age** /ड्रेनिज/ *n.* जल निकासी की प्रणाली: ~age-area/ ~age-basin (जलाशय); **~ed** /ड्रेंड/ *adj.* 1 थककर चूर, जिसकी ऊर्जा खत्म हो चुकी हो 2 जहां से पानी निकल चुका हो; **~er** /ड्रेनःर/ *n.* 1 निकासी नाली 2 बर्तन सुखाने वाला पट्टा; **~pipe** *n.* (*also* **down-spout**) 1 निकासी नाली 2 पतनाला, परनाला; **~ing** /ड्रेनिंग *n.* 1 निकासी नालियों की प्रणाली या तंत्र 2 पानी निकास करके सुखाने की क्रिया; **~less** /ड्रेनलेस/ *adj.* असीम जल; **~s** /ड्रेन्ज/ *n., [pl.]* 1 खुली नालियां, जिनमें गंदा पानी बहता है;
collocations: **~ board** *US* (*UK* **~ing board**) बर्तन धोने के बेसिन के निकट पट्टा जहां धुले बर्तन सुखाए जाते हैं; **brain ~** प्रतिभा पलायन;
p&i: **~ away/ ~ sth away** समाप्त या लुप्त हो.; **~ from/ off** बहकर निकल जा.; **~ off/ away** द्रव को बह जाने दे.; **~ pipe** जल-निकास नाली;
a ~ on sth भारी बोझ, साधनों पर दबाव; **down the ~** व्यर्थ बर्बाद; **go down the ~/ plughole** बेकार हो., व्यर्थ जा.; **laugh like a ~** ठठा-ठठाकर हंसना

drake /ड्रेक/ *n.* नर बत्तख

DRAM *abbr.* 'dynamic random access memory' की प्रथमाक्षरी

dram /ड्रैम/ *n., pl.* **~s** (***syn.*** draught) व्हिस्की आदि की थोड़ी-सी मात्रा, घूंट

drama /ड्रामा/ *n.*, **~s** 1 नाटक, ड्रामा 2 नाट्य कला 3 अदाकारी, अभिनय 4 नाटकीय घटना: a ~ unfolds; high ~; human ~;
dw/lw: **~therapy** /ड्रामाथेरअपि/ *n., psychol.* मानसिक समस्याओं व व्यक्तिगत रिश्ते-नातों के कारण पैदा हुए तनावों के उपचार में नाटक व नाटकीय तकनीकों का उपयोग; **~tist** /ड्रैमअटिस्ट/ *n.* (**syn.** playwright) नाटककार;
collocations: **~ documentary** नाटकीय दस्तावेजी फिल्म; **~ queen** तुनकमिजाज व्यक्ति, बात का बतंगड़ बनाने वाला व्यक्ति;
p&i: **cape-and-sword ~** षड्यंत्र-आधारित नाटक; **make a ~ out of sth** बात का बतंगड़ बना दे.

dramatic /ड्रअमैटिक/ *adj.* 1 आकस्मिक व सबको दिखने वाली (बात व घटना): ~ black gloves for a touch 2 रोचक व रोमांचकारी: nothing ~ is expected in the near future 3 उत्तेजक: a ~ move (नाटकीय चाल) 4 प्रभावशाली: ~ improvement in the living conditions 5 नाटक व अभिनय से संबंधित: ~ performance; ~ criticism; ~ unities (काल, स्थान व कार्य की एकता); ~ identification (अभिनेता द्वारा पात्र के रंग में रंग जाने की क्रिया); ~ present (ऐतिहासिक वर्तमान काल) 6 नाटकीयतापूर्ण, अतिशय भावुक;
dw/lw: **~ally** /ड्रमैटिकलि/ *adv.* रोमांचकारी या नाटकीय ढंग से; **~s** /ड्रमैटिक्स/ *n., [sing & pl.]* 1 नाटक व अभिनय से संबंधित कार्य-कलाप: amateur ~s 2 नाट्य कला 3 दिखावा 4 *pl.* अतिशय नाटकीय, भावुक व ढोंगी व्यवहार
collocations: **~ irony** *see* **irony: *collocations::***

dramatics *see above under* **dramatic: *dw/lw***

dramatis personae /ड्रैमैटिस पःसोनाइ/ *n., pl.* नाटक के सभी पात्र या उनकी सूची

dramatist /ड्रैमअटिस्ट/ *n.* (**syn.** playwright) नाटककार

dramati\zation/ ~sation /ड्रैमअटा\इजेशन/ *n.* 1 नाटकीयकरण 2 मंचन;
dw/lw: **~ze/ ~se** (*also UK* **-se**) /ड्रमाटाइज/ *v., pt.* ~zed, *pp* ~zing 1 नाटकीय, रोमांचकारी व उत्तेजक बनाना 2 कहानी को मंचनीय नाटक का रूप दे. 3 बढ़ा-चढ़ाकर या मजमा लगाकर प्रस्तुत क.: ~ze oneself; ~ze the importance of sth

dramaturge/ dramaturgist *see below under* **dramaturgy: *dw/lw***

dramatur\gy /ड्रैमटः\र्जि/ *n.* 1 नाट्य रचना, मंचन, रंगभूमि कला के सिद्धांत 2 नाट्य-शास्त्र, नाट्य-विद्या 3 नाट्य-कला, अभिनय-कला;
dw/lw: **~ge/ ~gist** /~ज/ ~जिस्ट/ (*also* **dramatist**) *n.* 1

(***syn.*** playwright) नाट्य-कला एवं अभिनय विशेषज्ञ 2 नाटककार 3 नाट्य-विद्या विशेषज्ञ

drank /ड्रैंक/ *pt,* 'drink' का भूतकाल

dra\pe /ड्रेप/ *v., pt.* **~ped**, *pp* **~ping** 1 शरीर या किसी चीज पर कपड़े को झूलते हुए लटकाना, डालना, लपेटना: **~pe** a *chunni/ angochha* on one's shoulders 2 कपड़ों को ढीले-ढाले ढंग से रखना या सजाना;

n., *theat. or* (*especailly* **~pes**), *N. Amer., esp. US* पर्दा या लटकता आवरण;

dw/lw: **~per** /ड्रेपः/ *n.* वस्त्र-व्यापारी, बजाज (haberdashery बिसात से संबंधित); **~per\y** /ड्रेपरि/ *n., pl.* ~pies 1 कपड़े, वस्त्र आदि 2 कपड़े की दुकान, वस्त्र-व्यापार या धंधा, बजाजी: ~pery establishment 3 *art* वस्त्र-विन्यास 4 पर्दे व अन्य लटकते आवरण: nature stripped of its summer ~pery; **~pes** /ड्रेप्स/ *n. [pl.]* (*also* **~peries**) लटकते हुए लंबे, भारी पर्दे;

p&i: **~ed all over sb** किसी के शरीर पर रोमांचक ढंग से झूलता आदमी या झूलती स्त्री;

be ~ed in/ with sth (~e sth across/ on/ over) वस्त्र या ओढ़नी आदि को को ढीले-ढाले ढंग से अपने ऊपर डाले हो.

drastic /ड्रैस्टिक/ *adj.* 1 कठोर, प्रचंड, उग्र: ~ measures (कठोर कदम) 2 प्रबल, सशक्त;

dw/lw: **~ally** *adv.* कठोर रूप से, जबरदस्त ढंग से, बड़े पैमाने पर

drat /ड्रैट/ *colloq., excl., v., pt.* **~ted**, *pp* **~ting** धिक्कारना, लानत दे.;

dw/lw: **~ted** /ड्रैटिड/ *adj.* गया-गुजरा, कमीना: the ~ted handle's come off! (वह कमीना हत्था बाहर निकल आया!); ~ted their impudence! (भाड़ में जाए उनका घमंड! उनके अहंकार की ऐसी-तैसी!)

draught *UK* (*US* **draft**) /ड्राफ्ट/ *US* ड्रैफ्ट/ *n.* 1 हवा का जोरदार झोंका, वात-प्रवाह: ~ excluder (हवा के झोंकों को रोकने वाला किवाड़ या तख्ता) 2 (***syn.*** pulling) खिंचाव, कर्षण 3 (*also* **beast of burden**) लद्दू पशु: beasts of ~ 4 शिकार 5 (***syn.*** mouthful) घूंट: ~ of water; ~ of happiness 6 (***syn.*** dose) खुराक 7 (*US* **draft**) मसौदा, प्रारूप 8 डुबाव, जहाज तैरने के लिए पानी की गहराई (enough for a ship to float): vessels of shallow ~;

adj. 1 बड़े कनस्तर या लकड़ी के ढोलनुमा बर्तन (casks) में रखी हुई (बियर आदि) से संबंधित 2 लद्दू (जानवर): ~ horse/ animal;

v., *pt.* **~ed**, *pp* **~ing** 1 अलग क. 2 भर्ती क. 3 रूपरेखा बनाना;

dw/lw: **~sman/ ~swoman** *n.* नक्शानवीस; **~manship/ ~womanship** *n.* नक्शानवीसी; **~y** *UK* (*US* **drafty**) /ड्राःफ्टि/ *adj., degr.* ~ier, ~iest जहां हवा के झोंके आते हों: ~y room;

p&i: **~ horse** लद्दू घोड़ा;

beer on ~ बियर के ढोलनुमा कनस्तरों (casks) में से सीधी परोसी जाने वाली बियर; **feel the ~** पैसे की कमी हो, अर्थ संकट अनुभव क.

draughts /ड्राफ्ट्स/ *UK* (*US* **checkers**) *n., [sing.]* चौसर, पासे का खेल;

dw/lw: **~-board** *n.* चौसर, पासा खेलने का पटल

draughtsman *see above under* **draught:** ***dw/lw***

draughty *UK* (*US* **drafty**) *see above under* **draught:** ***dw/lw***

Dravidian /द्रविडिअन/ *n.* 1 द्रविड़ भाषा-परिवार 2 द्रविड़;

adj. द्राविड़ी, द्रविड़ी

draw /ड्रा/ *v., pt.* **drew**, *pt. p.* **~n**, *pp* **~ing** 1 पेंसिल आदि से तस्वीर बनाना 2 खींचकर ले जा., घसीटना 3 किसी का किसी बात की ओर ध्यान खींचना 4 आकर्षित क. 5 (*also* **~ out**; withdraw) बैंक के खाते में से पैसे निकालना 6 (*also* **~ with sb**) खेल या मुकाबले का बराबरी पर खत्म हो. 7 चाकू आदि हथियार या तलवार निकालकर धमकी दे.: threaten sb with swords **~n** 8 लॉटरी निकालना 9 दस्तावेज तैयार क. 10 खाली क. 11 किसी स्रोत से कुछ तथ्य आदि ले.: ~ on sth 12 सांस या धुएं आदि को अंदर खींचना: ~ (a) breath (लंबा सांस ले.) 13 वेतन आदि पाना 14 बाहर खींचना, अंदर से खींचकर निकालना: ~ water from a well 15 किसी ओर बढ़ना, निकट आना: ~ near/ close 16 किसी को किसी स्थिति विशेष में लाना: **~ing** her closer to him 17 पर्दे खींचना 18 निष्कर्ष निकालना: ~ conclusions 19 सिगरेट आदि का कश (सुट्टा) लगाना 20 अर्क आदि निकालना 21 अंदरूनी अंग निकालना: hanged, **~n** and quartered

n. 1 *UK* बराबरी पर छूटने वाला मुकाबला 2 (*also US* **~ing**) टॉस द्वारा तय किया जाने वाला मुकाबला 3 लॉटरी का ड्रॉ 4 खिंचाव, तनाव 5 (***syn.*** attraction) आकर्षण: he is a big ~ for youth;

dw/lw: **~bar** *n.* कर्षण दंड, अर्गला; **~bridge** *n.* उढाऊ या उठौआ पुल; **~ee** *n.* अदाकर्ता, जिसके नाम चैक या ड्राफ्ट बना हो, बैंक से पैसे निकालने वाला; **~-knife** *n.* दोमुठी छुरी; **~-rod** *n.* योजक दंड; **~-sheet** *n.* रोगी के नीचे से निकाली जा सकने वाली चादर;

collocations: **~ hoe** एक प्रकार की कुदाल; **~ string** थैला या पाजामा आदि को खींचकर बंद करने की डोरी (नाड़ा);

p&i: **~ a bead on** पर निशाना साधना; **~ a blank** कुछ हाथ न आना; **~ a breath** 1 काम बंद करके थोड़ा सांस ले., काम के बीच में थोड़ा आराम क. 2 जिंदा हो.; **~ a comparison/ distinction** तुलना करके समानताएं या असमानताएं स्थापित क.; **~ a line at (at doing) sth** सीमा बांधना, हद निश्चित क.; **~ a line under sth** किसी विवाद या झगड़े को खत्म क.; **~ apart** अलग क.; **~ a person out** फुसलाकर बात उगलवाना या भेद निकलवाना; **~ a red herring across the track** वाद-विवाद में ध्यान बंटाने के लिए कोई नया शोशा छोड़ना; **~ attention** ध्यान खींचना; **~ back** पीछे हटना; **~ back from sth** किसी मामले में पड़ने से पीछे हटना; **~ blood** किसी का खून बहाना; **~ breath/** *US* **~ a breath** 1 कोई कार्य बंद करके थोड़ी सांस ले. 2 जिंदा या जीवित हो.; **~ cuts** लॉटरी से फैसला क.; **~ flak** कटु आलोचना का सामना क.; **~, hang and quarter** यातना देते हुए फांसी दे.; **~ in** 1 शाम का जल्दी आना जिसके कारण दिन छोटे हो जाते हैं 2 निकट आना, घटित हो. 3 रेलगाड़ी आदि का स्टेशन के अंदर आना; **~ in one's horns** हाथ खींच लेना; **~ near** पास पहुंचना; **~ it fine** जरूरत से ज्यादा सटीक हो.; **~ it mild** विनम्रतापूर्वक बताना; **~ lots** लौटरी निकालना; **~ not your bow till your arrow is fixed** पूरी तैयारी के बिना कोई काम शुरू मत करो; **~ off** पीछे हटना, किसी बर्तन या शीशी आदि में से द्रव निकालना; **~ on** समय या मौसम का गुजरना; **~ one's eye-teeth** हवा निकालना, घमंड चूर-चूर क.; **~ on one's imagination** काल्पनिक बातें क.; **~ on one's memory** याददाश्त से कुछ बताना; **~ on/ upon sth** के ऊपर निर्भर क.; **~ out** लंबा खींचना, विस्तृत क.; **~ rein** रफ्तार कम क.; **~ sb out** किसी को बोलने या सच कहने के लिए उत्साहित क.; **~ sb's fire** किसी के क्रोध को अपने ऊपर ले ले.; **~ sb/ sth into sth** किसी को घसीटकर जटिल स्थिति में फंसाना; **~ sth up** योजना या समझौते आदि का मसौदा तैयार क.; **~ straws for sth** लौटरी निकालकर फैसला क.; **~ tears/ applause, etc.** भावुक कर दे.; **~ the line between sth and sth** दो समान बातों में अंतर क.; **~ the long bow** बढ़ा-चढ़ाकर कहना; **~ the nail** कसम/ तोबा तोड़ना; **~ the short ~ = get the short end of the stick** किसी संगठन में अरुचिकर काम करने के लिए चुना जाने वाला व्यक्ति हो., किसी अप्रिय कार्य को करने को मजबूर हो.; **~ the sword** लड़ाई छेड़ना; **~ to a close/ end** समाप्ति के समीप पहुंचना; **~ up** गाड़ी द्वारा आकर रुक जा.;

be ~n on sth किसी के बारे में सूचना देने के लिए प्रेरित हो.; **be quick/ fast on the ~** 1 नई परिस्थितियों में किसी नई घटना को ठीक से समझकर प्रतिक्रिया दे. 2 आनन-फानन में बंदूक तानकर गोली दागने पर उतर आना; **be slow on the ~** घबरा जा.

drawback /ड्रॉबैक/ *n.* 1 (***syn.*** disadvantage) कमी, दोष, त्रुटि, कमजोरी, अवगुण, समस्या या दोष से ग्रस्तता: have ~s; the main/ only ~; a big/ major ~ 2 वापसी 3 शुल्क-वापसी

drawer /ड्राव:/ *n.* 1 खाना, दराज 2 बैंक चैक काटने वाला 3 (**~s**) जांघिया, निक्कर;
p&i: **out of the top** ~ *colloq.* सर्वश्रेष्ठ, सर्वोत्तम

drawing /ड्रॉइंग/ *n.* 1 पैन या पेंसिल से बनाई हुई तस्वीर: in ~ (सही रेखाचित्र); out of ~ (गलत रेखाचित्र) 2 पैन या पेंसिल से तस्वीर बनाने की कला या हुनर 3 भवन-निर्माण रेखा-चित्र 4 *US* (*UK*/ *US* **draw**) ऐसा मुकाबला जिसमें जीत-हार का फैसला लौटरी से किया जाता है 5 खिंचाई, घसीट;
adj. 1 रेखाचित्रीय या उससे संबंधित: ~ board; back to the ~ board 2 खींचने वाला;
dw/lw: **~book** *n.* चित्र-लेखन पुस्तिका; **~-knife** *n.* दोमुठा छुरा; **~-machine** *n.* तार खींचने वाली मशीन; **~-master** *n.* ड्राइंग या चित्र लेखन अध्यापक; **~-paper** *n.* चित्र लेखन कागज; **~-pen** *n.* चित्र लेखन पेन; **~-press** *n.* खींचने वाली प्रेस; **~-room** *n.* 1 बैठक, ड्राइंग रूम: ~-room manners 2 प्रीतिभोज;
collocations: **~ car** सलून कार; **~ card** लोगों की भीड़ अपनी ओर खींचने वाला अभिनेता या फिल्म-शो; **~ pin** *UK* (*US* **thumb tack**) नोटिस बोर्ड आदि पर कागज लगाने के लिए प्रयोग की जाने वाली पिन या सुइयां; **~ power** (भीड़ आदि को) आकर्षित करने (खींचने) की क्षमता

drawl /ड्रॉल/ *v., pt.* **~ed**, *pp* **~ing** घिसटते हुए आहिस्ता-आहिस्ता बोलना, लड़खड़ाते हुए बोलना;
n. लड़खड़ाते हुए बोलने का ढंग, लटकाव, लड़खड़ाहट

drawn /ड्रॉन/ *adj. in compounds* 1 थका-मांदा, खींचा जाने वाला 2 *pt. p.*, '**draw**' का भूतकालिक कृदंत;
dw/lw: **~out** *adj.* लंबा खिंचा हुआ; **~thread work/ ~ work** *n.* कपड़े में से कुछ धागे निकालकर वहीं पर बनाए जाने वाले चित्र;
collocations: **~ battle** बराबरी पर छूटने वाली लड़ाई या खेल; **~ face** थका-मांदा चेहरा

dray /ड्रे/ *n.* भारी वजन ढोने के लिए घोड़ागाड़ी;
dw/lw: **~age** /ड्रेयज/ *n.* 1 घोड़ा-ठेले से ढुलाई 2 ठेला-भाड़ा; **~-cart** *n.* भारी वजन ढोने के लिए घोड़ा गाड़ी; **~-horse** *n.* ठेले का घोड़ा; **~man** *n.* ठेले वाला

DRC *abbr.* 'Democratic Republic of Congo', 'Diabetes Research Centre', 'Digital Reality Creation' की प्रथमाक्षरी

DRCA *abbr.* 'Delhi Rent Control Act' की प्रथमाक्षरी

DRD *abbr.* 'digital receiver decoders', 'Diploma in Rural Development' की प्रथमाक्षरी

DRDA *abbr.* 'District Rural Development Agency', 'District Rural Development Authority' की प्रथमाक्षरी

DRDE *abbr.* 'Defence Research and Development Establishment' की प्रथमाक्षरी

DRDL *abbr.* 'Defence Research and Development Laboratories' की प्रथमाक्षरी

DRDO *abbr.* 'Defence Research and Development Organisation' की प्रथमाक्षरी

dread /ड्रेड/ *v., pt.* **~ed**, *pp* **~ing** 1 डरना, भय या आशंका होना: ~ the coming winter; ~ to think;
n. 1 आशंका, भय: have a ~ of sth; ~ of light (प्रकाश-भीति) 2 विभीषिका (object of fear);
dw/lw: **~ed** /ड्रेडिड/ *adj.* खतरनाक, भयानक, मनहूस;
collocations: **~ed lurgy** किसी हल्की-फुल्की बीमारी के बारे में बात करने का मजाकिया ढंग; **~less** निर्भीक, भय रहित;
p&i: **~ dying/ to die** मरने से डरना;
be/ live in ~ of sth किसी चीज के डर तले हो. या जीना: I ~ (that) it is true

dreadful /ड्रेड्फुल/ *adj.* 1 (***syn.*** terrible) भयंकर, विकराल, डरावना: ~ monster/ disaster (भयानक दानव/ त्रासदी) 2 मनहूस, नागवार: ~ voice; ~ weather; ~ bore; penny ~ (सस्ती सनसनीखेज पुस्तक);
dw/lw: **~ly** *adv.* 1 *UK* अत्यधिक, बहुत: it's ~ly late 2 बहुत खराब ढंग से;
p&i: **we waited a ~ time!** हमने बहुत इंतजार किया!

dreadlocks /ड्रेड्लौक्स/ ड्रेड्लाःक्स/ (*also* **dreads**) *n., [pl.]* विशेष रूप से घुंघराले व पट्टीदार बनाए हुए बाल

dreadnought /ड्रेडनॉट/ *n.* 1 बीसवीं सदी के आरंभ में प्रयुक्त युद्ध पोत 2 किसी चीज से न डरने वाला व्यक्ति 3 मोटे कपड़े से बना ओवरकोट

DREAM *abbr.* 'Diabetes Reduction Assessment with Rosiglitazone and Ramipril Medication' की प्रथमाक्षरी

dream /ड्रीम/ *n.* 1 सपना, स्वप्न, ख्वाब: ~ of being an actor 2 कल्पना, कपोल-कल्पना: be in a ~ 3 आकांक्षा 4 प्रिय व्यक्ति या बढ़िया चीज: he's a ~ to work with 5 खयाली पुलाव 6 दिव्य भोजन;
v., pt. **~ed/ ~t**, *pp* **~ing** 1 सोते समय सपने दे. 2 (*usually* ~ **of sth**) अनहोनी बातों के बारे में कल्पना क.: shouldn't ~ of such a thing 3 ख्याल पुलाव पकाना, आशा संजोना: ~ of happiness; ~ that one will be happy 4 विचारों में डूबा हो.;
adj. सपनों जैसा आदर्श, अति सुंदर और रुपहला: ~ house/ job/ car, etc.;
dw/lw: **~boat** *n.* अति आकर्षक व्यक्ति; **~catcher** *n.* अच्छे स्वप्न दिखाने वाली अंगूठी; **~-hole** *n.* गवाक्ष; **~-land/ ~-world** *n.* स्वप्न लोक, सपनों का संसार; **~less** *adj.* स्वप्नरहित; **~like** *adj.* स्वप्नों जैसा सुंदर व आसान, अयथार्थ, स्वप्निल; **~ily** /ड्रीमिलि/ *adv.* उनिंदे तरीके से, अध-निंदे-से, सोते-सोते; **~iness** *n.* उनिंदापन; **~-reader** *n.* सपनों का अर्थ बताने वाला व्यक्ति; **~er** *n.* अनहोनी बातों के बारे में स्वप्न देखने वाला, अव्यावहारिक व्यक्ति, शेखचिल्ली, खयाली पुलाव पकाने वाला आदमी, आदर्शवादी व्यक्ति;
collocations: **~ team** बहुत बढ़िया सहकर्मियों का दल; **~ ticket** *mainly N. Amer.* (राष्ट्रपति-उप-राष्ट्रपति) के चुनावी उम्मीदवारों का शानदार जोड़ा; **~ time** (*also* **alcheringa**) आस्ट्रेलियायी आदिवासियों के लोक-साहित्य में वह समय जब धरती और जीवन शैली पैदा हुई;
p&i: **~ away/ out one's life** or **one's time** सपने देखते-देखते जिंदगी या समय काटना; **~ of delight** स्वर्ग जैसे सपने; **~ on** कोरी कपोल कल्पना क.; **~ sth away** खयाली पुलाव पकाना; **~ sth up** (***syn.*** think up) कल्पना के घोड़े पर सवार होकर कोई विचार या योजना बनाना; **~ up** कल्पना से बनाना या दिखाना;
a bad ~ डरावना सपना; **a recurring ~** बार-बार आने वाला सपना; **a waking ~** दिन-दिहाड़े सपने दे.; **be/ live/ go about in a ~** सपनों की दुनिया में रहना; **beyond your wildest ~s** अति अनहोनी बात; *go* **to one's ~s** सोने जाना; **go/ work like a ~** 1 सपनों की तरह आसानी से हो. 2 बहुत अच्छी तरह से या सफलतापूर्वक, सपनों की तरह हो.; **have a ~** सपना दे.; **in sb's ~** किसी के सपने में; **like a bad ~** *colloq.* दुःस्वपन की तरह; **realize all one's (fondest) ~s** अपने सभी (प्रिय) सपने पूरे क.; **sweet ~** दिव्य सपने; **the American Dream** अमेरिका का जनतंत्रता, स्वतंत्रता व समता का सपना; **the land of ~s** सपनों की दुनिया; **waking ~** जागते-जागते सपने देखना; **wouldn't ~ of doing sth** सपनों में भी किसी बात को करने के बारे में न सोचना; **you must be ~ing** लगता है आप सपने में ऐसा सोच रहे हो

dream\y /ड्रीमि/ *adj., degr.* **~ier**, **~iest** 1 कल्पित, कल्पना लोक का 2 स्वप्नों में डूबा हुआ या डूबी हुई, स्वप्नशील 3 अति सुरुचिकर, सुखकर या प्रिय 4 धुंधला-धुंधला-सा, खोया-खोया-सा;
dw/lw: **~ily** *adv.* सपनों में डूबे-डूबे; **~iness** *n.* सपनों की तरह खोया-खोयापन, धुंधलापन;

collocations: **~y eyes** सपनों या सोच में डूबीं गंभीर आंखें
drea\ry /ड्रिअरि/ *adj., degr.* **~rier**, **~riest** 1 अति उबाऊ, थकाऊ व अरुचिकर 2 नीरस 3 सुनसान, उजाड़, वीरान 4 उदास 5 विषादपूर्ण;
dw/lw: **~rily** *adv.* उबाऊ ढंग से; **~riness** *n.* नीरसता;
collocations: **~ry speech** उबाऊ भाषण
dred\ge /ड्रेज/ *v., pt.* **~ged**, *pp* **~ging** 1 झील या नदी की तह की गंदगी, कीचड़, दलदल, पौधे आदि साफ क. 2 नदी या समुद्र तल को गहरा क. 3 किसी वस्तु पर कुछ छिड़कना;
n. 1 जमीन खोदने वाला औजार: **~ge** shovel 2 समुद्र की खुदाई करने वाली मशीन: hydraulic **~ge**;
dw/lw: **~ge-box** *n.* निकर्षण पेटी; **~ger** *n.* कीचड़, दलदल, झील या नदी की तह की गंदगी आदि निकालने वाला यंत्र या नौका; **~ging** *n.* तल की सफाई, तलकर्षण, निकर्षण;
p&i: **~ge away/ ~ge out/ ~ge up** जमीन खोदना या गहरी क.; **~ge flour over meat** गोश्त पर आटा छिड़कना; **~ge meat with flour** गोश्त पर आटा लगाना; **~ge sth up** बीते समय की खराब व भद्दी बातों के बारे में बतियाना;
his hair was ~ged with grey उसके सिर में थोड़े-थोड़े सफेद बाल आने लगे थे
dreg /ड्रेग/ *n.* 1 तलछट, तल पर बैठी हुई गाद 2 समाज के तुच्छतम या घिनौने तत्त्व;
dw/lw: **~s** /ड्रैग्ज/ *n. [pl.]* 1 तलछट 2 गिलास या प्याले आदि की तह पर बचे छोटे-छोटे बेकार अंश 3 कूड़ा-कर्कटी तत्त्व;
p&i: **drink to the ~s** पैग या गिलास पूरा पी जा.; **the ~ of society** समाज के कीड़े-मकौड़े या तुच्छ लोग
dreich /ड्रिक्स/ *adj., Scot.* नीरस और निराशाजनक
drench /ड्रेंच/ *v., pt.* **~ed**, *pp* **~ing**, *s/he/it* **~es** 1 (***syn.*** soak) पूरी तरह भीग जा. या भिगोना, सराबोर क. या हो., तर-बतर क. या हो. 2 दवा पिलाना;
n. 1 पशुओं की दवाई की खुराक 2 मूसलाधार वर्षा 3 भीग जाने की क्रिया;
dw/lw: **~er** /ड्रेंचः/ *n.* 1 सराबोर करने वाला 2 मूसलाधार वर्षा 3 दवाई की शीशी; **~ing** *adj.* 1 मूसलाधार 2 भारी या बड़ी: ~ing fire (तूफानी आग)
Dresden /ड्रेज्डेन/ *n.* जर्मनी का एक शहर: ~ china/ ~ porcelain/ ~ ware
dress /ड्रेस/ *v., pt.* **~ed**, *pp* **~ing** 1 कपड़े पहनना या पहनाना: ~ oneself; ~ a child; she was **~ed** in white; **~ed** well/ badly 2 सजना-धजना, सजाना-धजाना, श्रृंगार क., संवारना: ~ sth with garlands; have one's hair **~ed** 3 सज्जित क. या हो., संवरकर तैयार हो.: ~ for a play 4 तैयार क.: ~ a ship 5 काट-छांटकर (prune) सजाना 6 पंक्ति-बद्ध क. या हो. 7 मरहम-पट्टी क.: ~ in splints 8 गढ़ना 9 (चमड़ा) सिझाना 10 भोजन या सॉस में अतिरिक्त मसाला या मसालेदार तरल छिड़कना या मिलाना 11 दुकान की प्रदर्शन (display) खिड़की को सजाना: ~ a shop-window 12 शाम की औपचारिक पोशाक पहनना: ~ for dinner 13 *milit.* सैनिकों द्वारा विशेष प्रकार से पंक्ति बनाकर या एकत्रित होकर खड़ा हो.: ~ to/ by/ the right/ the left! / right/ left ~! बाएं और दाएं से बराबर खड़ा हो. 14 मिट्टी या जमीन में खाद डालना;
n. 1 पोशाक, परिधान, पहनावा, वेशभूषा, कपड़े, वस्त्र, लिबास: spring ~; winter ~; ~ sense 2 वर्दी, गाउन: full ~ (परेड की वर्दी) 3 विशेष शैली के कपड़े: fancy ~ 4 स्कर्ट और फ्रॉक से बनी (शरीर के ऊपरी भाग को ढकते हुए टांगों तक आने वाली) औरतों की एक पूरी पोशाक;
dw/lw: **~age** /ड्रेसाःज/ *n.* 1 घोड़े को सिखाई हुई नियंत्रित व संयत एकचाल 2 ऐसी संयत एकचाल का मुकाबला 3 खेल प्रतियोगिता के लिए तैयारी; **~-coat** *n.* औपचारिक कोट; **~ed** *adj.* 1 बना-ठना 2 वस्त्र धारण किए हुए 3 विशेष प्रकार के वस्त्र पहने हुए; **~er** /ड्रेसः/ *n.* 1 *US* छैला, बांका: a snappy ~er 2 (*also* **Welsh ~er**) *BrE* रसोई में बर्तन व कटलरी रखने लिए विशेष प्रकार की अलमारी 3 *US* कपड़े रखने की विशेष प्रकार की अलमारी 4 थियेटर में अभिनेताओं को वस्त्र पहनाने वाला/ पहनाने वाली; **~iness** *n.* छैलापन, बांकपन, बनाठनापन; **dressing** *see below under separate entry*; **~maker** *n.* परिधान डिजाइनर, दर्जी; **~making** *n.* दर्जीगीरी **~suit** *n.* सूट; **~y** /ड्रेसि/ *adj.* 1 फैशनेबल, सजीला 2 फैशनेबल ढंग से कपड़े पहनने वाला 3 अति सुंदर (पोशाक) 4 शानदार (पार्टी);
collocations: **~ cap** औपचारिक परेड की टोपी; **~ circle** थियेटर में मुख्य तल के ऊपर की सीटें या स्थान, पहली बालकोनी, नाट्यशाला में दर्शकों के बैठने की पहली पंक्ति, आगे की पंक्ति; **~ clothes** मरहम पट्टी के लिए कपड़ा; **~ code** अवसरानुसार औपचारिक पोशाक पहनने के नियम या निर्देश; **~ goods** परिधान के लिए कपड़ा; **~ model** फैशनेबल फ्रॉक; **~ parade** सवेश (पूरी वर्दी में) कवायद; **~ rehearsal** *theat.* सवेश पूर्वाभ्यास, ऐसे वेश के साथ अंतिम अभ्यास जिसे वास्तविक शो के समय पहनना है; **~ shirt** 1 विशेष औपचारिक अवसरों पर पहने जाने वाली सफेद कमीज 2 बड़ी बाजुओं वाली सुंदर कमीज; **~ uniform** सेना के अफसरों द्वारा औपचारिक अवसरों पर पहने जाने वाली वर्दी;
silk ~es रेशमी कपड़े;
p&i: **~ a burn/ cut/ wound, etc.** जले हुए अंग/ घाव आदि की मरहम-पट्टी क.; **~ down** अनौपचारिक पोशाक पहनना; **~ out** भड़कीले कपड़े पहनना; **~ed to kill** लोगों पर धाक जमाने के लिए पोशाक पहनना; **~ed (up) to the nines** खूब फैशनेबल या औपचारिक पोशाक में; **~ sb down** 1 डांटना, फटकारना 2 किसी की आलोचना क.; **~ sb up** विशेष पोशाक पहनाना, वेश बदलने के लिए अलग तरह के कपड़े पहनाना; **~ sth up** छोटे-मोटे बदलाव करके पहनावे को और अधिक आकर्षक बनाना; **~ up** 1 किसी विशेष अवसर पर औपचारिक कपड़े पहनना 2 पार्टी आदि के लिए अपनी शक्ल-सूरत बदलने के लिए विशेष प्रकार के (fancy dress) कपड़े पहनना 3 अन्य आवरण चढ़ाकर बदला हुआ दिखलाना;
dressage *see above under* **dress:** ***dw/lw***
dressing /ड्रेसिंग/ *n.* 1 सलाद आदि पर डालने के लिए विशेष प्रकार की चटनी, तेल या सिरके का मिश्रण, मसाले का मिश्रण 2 *N. Amer.* (***syn.*** stuffing) व्यंजनों (समोसा) आदि में भराई 3 मरहम-पट्टी 4 सजावट, प्रसाधन 5 जमीन में खाद की मिलावट 6 बीजों का रासायनिक प्रक्रियाकरण;
dw/lw: **~-bag**/ **~-case** *n.* 1 औरतों का सज्जा-बैग या केस, श्रृंगारदान 2 मरहम-पट्टी थैला; **~-bell** *n.* प्रीतिभोज आदि के लिए औपचारिक पोशाक पहनने के लिए बुलावा; **~-cloth** *n.* मरहम-पट्टी कपड़ा; **~-down** *n.* डांट-फटकार; **~-gown** *n.* (*also* **robe/ bathrobe**) एक ढीला-ढाला चोगा; **~-jacket** *n.* घरेलू कोट; **~-out** *n.* घोड़े की सधाई; **~-room** *n. theat.* कपड़े बदलने व साज-सज्जा का कमरा, श्रृंगार कक्ष; **~-station** *n.* घायलों के लिए प्रथम उपचार पंक्ति; **~-table** (*also* **vanity/ vanitytable**) सोने के कमरे के लिए मेज जिसमें दर्पण आदि लगे होते हैं, श्रृंगार मेज;
dressy *see above under* **dress:** ***dw/lw***
drew /ड्रयु/ *pt.*, **'draw'** का भूतकाल
drey/dray /ड्रे/ *n.* गिलहरी का घोंसला
DRF *abbr.* 'Depreciation Reserve Fund' की प्रथमाक्षरी
DRG *abbr.* 'Disability Rights Group' की प्रथमाक्षरी
DRI *abbr.* 'Directorate of Revenue Intelligence' की प्रथमाक्षरी
dribb\le /ड्रिबल/ *v., pt.* **~led**, *pp* **~ling** 1 टपकना या टपकाना: **~le** from the leaves 2 (***syn.*** drool) लार का टपकना 3 (***syn.*** drizzle) द्रव्य को बूंद-बूंद कर डालना 4 बास्किटबाल आदि में गेंद को हाथ से बार-बार धरती पर मारकर उछालते हुए लेकर आगे बढ़ना;
***n.**, pl.* **~les** 1 टपक, टपकन, टपका-टपकी: a **~le** of blood 2 लार 3 फुटबाल आदि को एक हाथ से धीरे-धीरे उछालकर ले जाने की क्रिया
driblet /ड्रिबलिट/ *n.* 1 टपकी हुई बूंद, टपक 2 थोड़ी राशि या थोड़ा अंश
dribbling /ड्रिबलिंग/ *n.* फुटबाल आदि को एक हाथ से धीरे-धीरे उछालते हुए लेकर चलने की क्रिया

dribs /ड्रिब्ज/ *n.* थोड़ी मात्रा;
p&i: **in ~ and drabs** थोड़ा-थोड़ा करके, कम मात्रा या संख्या में

dried /ड्राइड/ *pt.* 1 '**dry**' का भूतकालिक रूप 2 सूखा;
collocations: **~ fruit** सूखा फल, मेवा; **~ milk** सूखा दूध, डब्बे का दूध; **~ vegetables** सूखी सब्जियां

drier/ dryer /ड्राइः/ *n.* कपड़े या बाल आदि सुखाने वाला यंत्र

drift /ड्रिफ्ट/ *v., pt.* **~ed**, *pp* **~ing** 1 बह जा.: ~ across/ down/ towards, etc. 2 उड़कर एक जगह पर ढेर में इकट्ठा हो. 3 बहक या भटक जा.: ~ in/ out/ into, etc. 4 व्यर्थ में डोलते या बहते जाना: ~ logs down the stream; ~ ashore 5 लड़खड़ाते हुए बोलने वाले का अर्थ समझना: catch/ get sb's ~ (किसी की बोलने की लड़खड़ाहट को समझना);
n. 1 बहाव 2 भटके-लुढ़के पत्तों या बर्फ का ढेर 3 बहकाव या भटकाव 4 बिना किसी योजना के यों ही कहीं टिकाव या ठहराव 5 लड़खड़ाते हुए बोलने की पकड़ या समझ 6 (***syn.*** current) समुद्र का वायु की दिशा में बहाव 7 समुद्री जहाज या विमान का पथ से भटकाव 8 (***syn.*** gist) किसी के कथन का सार;
dw/lw: **~er** /ड्रिफ्टः/ *n.* 1 घुमक्कड़ 2 एक स्थान से दूसरे की ओर बिना लक्ष्य लुढ़कनेवाला; **~-ice** /ड्रिफ्टिस/ *n.* अपोढ़ बर्फ; **~net** /~नेट/ *n.* मछली पकड़ने का प्रवाही या अस्थिर जाल; **~sail** *n.* भीगा पाल; **~sand** *n.* अपोढ़ बालू, उड़ते बालू के बने ढेर; **~wood** *n.* तैरती-बहती लकड़ी;
collocations: **policy of ~** दिशाहीन या भटकाव की नीति;
p&i: **~ apart** धीरे-धीरे दूर होते जा.; **~ down the stream** नदी आदि के बहाव के साथ चलते रहना; **~ in/ into sth** बिना देखे या समझे किसी दूसरी स्थिति या अवस्था में बदल जा.; **~ into war** धीरे-धीरे युद्ध में फंस जाना; **~ of affairs** मामलों में आने वाला उलझाव या भटकाव; **~ off (to sleep)** धीरे-धीरे नींद में डूब जा.; **~ together** धीरे-धीरे करीब आ जाना; **~ through life** जिंदगी में योंही डोलते जा.;
be on the ~ बहाव के साथ चलना; **I don't catch/ get/ see/ understand your ~** मुझे आपकी लड़खड़ाहट समझ नहीं आती; **policy of ~** भटकाव की नीति; **the ~ of a speech** 1 भाषण का मुद्दे से भटकाव 2 कथन में लड़खड़ाहट; **the ~ of labour into the city** मजदूरों का शहर की ओर पलायन; **the snow had ~ed everywhere** बर्फ हर तरफ बिखर गई थी

driftage /ड्रिफ्टिज/ *n.* 1 बहाव, प्रवाह 2 विपथन

drill /ड्रिल/ *n.* 1 बरमा, वेधनी, ड्रिल (tool): twist/ spirallic ~ 2 *gramm.* अभ्यास: ~ in grammar; learn to do one's ~; an emergency/ fire, etc. ~ (आपात स्थिति/ अग्नि-शमन का अभ्यास) 3 कवायद, ड्रिल 4 बीजाई करने का एक यंत्र, ड्रिल मशीन 5 (***syn.*** furrow) बोए हुए बीज की पंक्ति, उथली गूल, *Hr.* खूड 6 व्यायाम, कसरत 7 (**the ~**) (***syn.*** procedure) ढंग, पद्धति, तरीका: what is ~ for getting money from ATM?) 8 जीन्ज की तरह का एक मोटा सूती कपड़ा;
v., pt. **~ed**, *pp* **~ing** 1 किसी सख्त वस्तु में बरमा आदि से छेद बनाना 2 *gramm.* बार-बार अभ्यास करना या कराना: ~sb in Latin 3 अभ्यास के माध्यम से प्रशिक्षित क.: ~ sb in art 4 तेल आदि निकालने या खोजने के लिए मशीन से भूमि में ड्रिल क. या छेद बनाना: ~ a hole 5 व्यायाम या कसरत करना या कराना: ~ the troops;
dw/lw: **~ability** /ड्रिलअबिलिटि/ *n.* छेदन क्षमता; **~-barrow** *n.* घोंसलानुमा जुताई; **~er** /ड्रिलः/ *n.* छेदन मशीन; **~-harrow** *n.* जुताई मशीन, हल; **~-hole** *n.* बरमा द्वारा बनाया हुआ छेद; **~ing** *n.* 1 बरमा द्वारा छेद करने की क्रिया 2 अभ्यास 3 सेना के जवानों की ड्रिल या व्यायाम; **~-master** *n.* व्यायाम-शिक्षक; **~-plough** *n.* ड्रिल हल; **~-press** *n.* छेद करने वाला यंत्र;
collocations: **~ ammunition** अभ्यास बारूद; **~ cartridge** अभ्यास कारतूस;
p&i: **~ bit** ड्रिल यंत्र के सिर पर चढ़ाया जाने वाला काटने या छेद करने वाला उपकरण; **~ down** गहराई में जाकर खोदना या खोज निकालना; **~ sth in sb** किसी के दिमाग में किसी बात को बार-बार दोहराकर डालना

drilling /ड्रिलिंग/ *n.* वेधन, छिद्रण, खुदाई;
dw/lw: **~-rig** *n.* वेधन रिग (कई मशीनों का समूह);
collocations: **~ lathe** बरमा मशीन, वेधन यंत्र; **~ machine** छेद करने वाली मशीन; **~ platform** समुद्र में तेल कुआं की खुदाई के लिए बनाया जाने वाला कार्य पटल

drily /ड्राइली/ (*also* **dryly**) *adv.* 1 सूखे ढंग से 2 रूखे ढंग से

drink /ड्रिंक/ *v., pt.* **drank**, *pt. p.* **drunk**, *pp* **~ing** 1 पीना: ~ a glass of water 2 (***syn.*** toast) शराब पीना: ~ to sb's health 3 शराब पीकर धुत्त हो. 4 सोख लेना: **~up** moisture 5 पान क.;
n. 1 पेय: food and ~; soft **~s** 2 शराब, जाम, पैग: strong/ ardent ~ 3 मदिरापान, मद्य-सेवन: take to ~ 4 घूंट, एक बार में पीया जाने वाला पेय: ~ of water/ of milk;
dw/lw: **~able** *adj.* 1 पीने योग्य 2 पीने में सुरुचिकर; **~-driver** *n.* शराब पीकर वाहन चलाने वाला; **~-driving** *UK* (*US* **drunken/ drunk driving**) *n.* शराब पीकर वाहन-चालन; **~er** *n.* 1 शराबी, पियक्कड़, बेवड़ा: hard ~er 2 किसी विशेष पेय का शौकीन: a coffee/ tea/ wine, etc. ~er; **drinking** *see below under separate entry*; **~less** *adj.* बिना पिए हुए; **~-money** *n.* शराब पीने के लिए पैसा; **~-offering** *n.* शराब का चढ़ावा देने की प्रथा या क्रिया; **~-penny** *n.* शराब पीने के लिए पैसा; **~s** *n., [pl.]* शराब का पैग, मदिरा-पान;
collocations: **the big ~** 1 *US* अटलांटिक महासागर 2 अमेरिका की मिसिसिपी नदी;
p&i: **~ air** जल्दी-जल्दी सांस लेकर हवा को अंदर खींचना; **~ away one's earnings** सारी कमाई शराब में उड़ा दे.; **~ deep** एक बड़ी घूंट पीना; **~ down/~ off** 1 प्याले को पीकर खाली कर दे. 2 एक ही घूंट में सारा पैग पी जाना; **~ flat** बेस्वाद हो.; **~ hard/ deep/ heavily** बहुत अधिक शराब पीना; **~ in** ज्ञान की घूंट पीना, किसी के प्रवचन को ध्यान से सुनना: ~ in learning; ~ in the beauty of sth; **~ it** में डूब जाना या तल्लीन हो जाना; **~ like a fish** बहुत शराब पी., बहुत ज्यादा शराब पीना; **~ off** पीकर खत्म कर दे.; **~ oneself drunk** पीकर धुत्त हो जाना; **~ only with the duck** संतों की तरह रहना; **~ on the rocks** व्हिस्की वगैरह सिर्फ बर्फ के साथ पीना; **~ out** = **~ off**; **~ sb drunk** किसी को पिलाकर धुत्त कर दे.; **~ sb's health** किसी सेहत के लिए जाम उठाना; **~ sb under the table** किसी को पीने में मात देना; **~ (sth) up** जाम को पीकर प्याला खाली कर दे.; **~ the cup of joy** आनंद भोगना; **~ the cup of suffering** दुःख-दर्द का प्याला पीना; **~ the flies** *Austral.* अकेले पीना; **~ till all is blue** नशे में धुत्त हो जाना; **~ to sb/ sth** किसी या किसी बात के लिए जाम उठाना; **~ (to) the host/ ~ the health of sb/ ~ to the health of sb/ ~ to sb's success** मेजबान के लिए/ किसी के स्वास्थ्य या सफलता के लिए जाम उठाना; **~ sth in** ध्यान से सुनते हुए अपने अंदर सोख ले.; **~ up** = **~ off**;
a long ~ of water ऊंचे कद का आदमी; **a stiff ~** तेज (पटियाला) पैग; **as you brew, so must you ~** जैसा बोना वैसा काटना, बोए पेड़ बबूल के, आम कहां से होए; **be on the ~** बहुत अधिक शराब पीना; **come home worse for a ~** (**drunk**) नशे में धुत्त हो.; **cross the ~** समुद्र (अटलांटिक महासागर) पार क.; **have a ~** शराब पीना; **I could ~ the sea dry** मुझे बहुत प्यास लगी है; **in ~** नशे में धुत्त; **strong ~** पटियाला पैग, तेज शराब; **take to ~** शराब पीने लग जा.

drinking /ड्रिंकिंग/ *n.* शराब पीने की क्रिया: ~ and driving is dangerous;
dw/lw: **~booth** *n.* शराब का छोटा-सा स्टाल या ढाबा; **~-bowl** *n.* पशु को पानी पिलाने का बर्तन; **~box** *n.* रस से भरा कार्डबोर्ड पैकेट; **~-cup** *n.* पीने का प्याला; **~-horn** *n.* मदिरा पीने के लिए सींग; **~-house/ ~-saloon** *n.* मयखाना, मधुशाला; **~-trough** /ड्रिंकिंग-ट्रॉफ/ *n.* पशु को पानी पिलाने का बर्तन; **~-up time**

(*also* **drip-feed**) *derog., colloq.* पब में पीने का समय समाप्त होने से थोड़ा पहले का समय;

collocations: ~ **bout** पीने का दौर; ~ **chocolate** मीठा चॉकलेट चूरा जिसे कॉफी में मिलाया जाता है; ~ **fountain** (*also* water fountain) पीने के पानी की फुव्वारानुमा टोंटी; ~ **problem** शराब की लत या व्यसन; ~ **song** मदिरा गीत; ~ **straw** रस पीने की नलकी; ~**water** पीने का पानी, पेय जल

drip /ड्रिप/ *v., pt.* ~**ped**, *pp* ~**ping** 1 बूंद-बूंद टपकना, चूना: rain water is ~**ping** from the trees 2 बूंदें टपकाना, चूना, चुआना: don't leave the tap ~**ping** 3 किसी वस्तु का अत्यधिक मात्रा में भरा हो.: a film ~**ping** with sentimentality (भावुकता से ओतप्रोत फिल्म); he is ~**ping** with news;

n. 1 बूंद, टपका, चुआव 2 टप-टप, टपकन, टपक 3 *UK* (*US*) ड्रिप-यंत्र 4 नसों में बूंद-बूंद करके द्रव चढ़ाने के लिए उपकरण 5 (*also* ~**feed**) नसों में बूंद-बूंद करके चढ़ाया जाने वाला द्रव 6 *chem.* बूंद-बूंद चढ़ाने का उपकरण, क्षरण 7 (***syn.*** wimp) मूर्ख उबाऊ व्यक्ति: be a ~;

dw/lw: ~-**drop** *n.* टपटप, टपकनेवाली बूंदों का शोर; ~-**dry** *n.* ड्रिप-ड्राई नामक कपड़ा, जो लटकाने मात्र से जल्दी सूख जाता है और उसे बिना इस्त्री किए पहना जा सकता है; ~-**feed** *see above under* **drip: *n.***, *No. 5*; ~**loss** *n.* द्रव हानि; ~**pily** *adv.* बूंद-बूंद करके टपकते हुए; ~**piness** *n.* मूर्खतापूर्ण भावुकता; ~**ping** *n.* टपकन, टपक; ~**ping** *adj.* बूंद-बूंद करके टपकनेवाला: ~ping wet; ~**ping-pan** *n.* (***syn.*** frying-pan) तलने वाली कड़ाई; ~**ping(s)** *n. [pl.]* मांसरस; ~**py** /ड्रिपि/ *adj.* 1 चूने या टपकने वाला: a ~py nose 2 मुर्ख, कमजोर, भावुक: sb's ~py boyfriend;

collocations: ~ **coffee** छनकर बूंद-बूंद निकलने वाली कॉफी; ~ **oil** द्रप्स तेल; ~ **stone** सुतपाषाण, ऐसा छिद्रालु पत्थर जिसमें से द्रव छनकर बाहर निकलता है; ~**ing with sth** किसी चीज से पूर्णतः भीगा या टपकता हुआ: ~ing with blood

dripple /ड्रिप्ल/ *v., pt.* ~**d**, *pp* **drippling** बड़ी-बड़ी बूंदों का टपकना

drive /ड्राइव/ *v., pt.* **drove**, *pt. p.* **driven**, *pp* ~**ving** 1 कार, बस या रेलगाड़ी आदि चलाना: ~**ve** a car; learn to ~**ve** 2 कार आदि से यात्रा क. या कराना 3 हांकना: ~**ve** the cattle out 4 प्रेरित क. या हो.: be **driven** by one's own passions 5 किसी को किसी मनःस्थिति की ओर धकेलना: her chatter ~**ves** sb crazy/ mad/ wild, etc.; ~**ve** sb into a corner 6 पीछा क., भगाना: his words **drove** all the doubts from my mind 7 किसी को या किसी चीज को चलने आदि के लिए बाध्य क.: boats ~**ven** on to the beach by the storm; ~**ve** sb to do sth 8 (***syn.*** throw) फेंकना, मारना: ~**ve** the ball to the fence 9 ठोंकना: **drove** the nail into the wood; ~**ve** a wedge (फाना ठोकना) 10 संचालित क. या प्राप्त क.: ~**ve** a hard bargain 11 किसी ईंधन से चलना: machinery ~**ven** by steam;

n. 1 यात्रा, सवारी 2 यात्रा का समय या दूरी: four-hour ~**ve** up to Chandigarh 3 संचालन, चालन: four-wheel ~**ve**; electric ~**ve** 4 गाड़ी से सैर: go for a long ~**ve** 5 अभियान, प्रचार, मुहिम: an economy ~**ve**; ~**ve** to raise funds 6 ऊर्जस्विता, कर्म शक्ति, जोश, उत्साह: his style has a ~**ve** 7 सहज या प्रबल प्रेरणा: to have a tremendous ~**ve**, a strong sexual ~**ve** 8 (*also* ~**veway**) प्रवेश मार्ग, घर से लेकर सड़क तक का गाड़ी का आने-जाने का फासला 9 धक्का, वार, चोट: hit a square ~**ve** (in cricket) 10 कंप्यूटर में सूचना संग्रहित करने का स्थान, ड्राइव: C/ D/ E/ pen ~**ve** 11 एकता बद्ध तरीके से आगे बढ़ने की क्रिया या अभियान: a ~**ve** to finish the mosquitoes 12 प्रतिस्पर्धा, होड़: armaments ~**ve** (हथियारों की होड़);

dw/lw: ~**veability**/ ~**vability** *n.* गाड़ी को चलाने की संभावना; **drivable**/ **driveable** *adj.* गाड़ी चलाने योग्य; ~**ve-by** *adj.* चलती गाड़ी से किया जाने वाला कार्य; ~**ve-in** *n. US* 1 रेस्त्रां आदि द्वारा कार में बैठे लोगों के लिए खाना परोसने की सेवा 2 बैंकों आदि द्वारा दी जाने वाली कार में बैठे लोगों के लिए सेवा 3 कार में बैठे-बैठे किया जाने वाला कार्य; ~**ven** 1 *pt. p.*, '**drive**' का भूतकालिक कृदंत 2 चालित: market-~ven (बाजार द्वारा संचालित); ~**ver** *see below under separate entry*; ~**ve-screw** *n.* चल-पेच; ~**ve-shaft** *n.* इंजन से दूसरे भागों को शक्ति देने वाली घुमावदार छड़ या दंड; ~**ve-through** *n.* कार में बैठे-बैठे काम करवाने का स्थान; ~**veway** *n.* घर से लेकर सड़क तक आने-जाने का रास्ता;

collocations: ~**ve bay** कंप्यूटर में डिस्क ड्राइव के लिए स्थान; ~**ve motor** चालन कार; ~**ve time** दिन में कार चलाने का समय; ~**ve yourself car** बिना ड्राइवर की किराये पर ली जाने वाली गाड़ी;

four wheel ~**ve** चौपहिया (जब चारों पहियों को बराबर चालन शक्ति (drive) मिले;

p&i: ~**ve away care from oneself** अपने पास से चिंताएं भगाना; ~**ve a bargain** सौदा पक्का क.; ~**ve a coach and horses through sth** काम बिगाड़ दे., खराब कर दे.; ~**ve a lesson into sb's head** किसी को पाठ सिखाना या शिक्षा दे.; ~**ve a quill/ a pen** लिखना, लेखक बनना; ~**ve a tunnel** सुरंग बनाना; ~**ve at sth** दलील को किसी ओर ले जा., कोई संकेत दे.; ~**ve back** वापस जाना; ~**ve for a tiger** असंभव काम क.; ~**ve from pillar to post** दर-दर की ठोकरें खिलाना; ~**ve in** हांककर अंदर ला.; ~**ve in the cows** गायों को अंदर लाना; ~**ve off** भगा दे.; कार में सवार होकर चंपत हो जा.; ~**ve it/ sth home to sb** कोई बात किसी के भेजे में डालना, समझाना; ~**ve nail into one's coffin** मौत को बुलावा दे.; ~**ve on** गाड़ी चलाते रहना, यात्रा जारी रखना; ~**ve one's pigs to market** घोड़े बेचकर सोना; ~**ve one to be frantic** किसी को पगला कर दे.; ~**ve out** बाहर निकालना; ~**ve roaring trade/ business** व्यापार का खूब चलना; ~**ve sb to sth** किसी को किसी बात की ओर ले जा.; ~**ve sb to do sth** किसी को कुछ करने के लिए विवश क.; ~**ve sb to the wall** किसी की बुरी हालत कर दे.; ~**ve someone mad** किसी को पागल कर दे.; ~**ve sth into/ through/ towards, etc.** किसी चीज को किसी चीज में ठोंकना, धंसाना/ वाहन को किसी स्थान में से होकर ले जा., आदि; ~**ve the center** ठीक निशाने पर बैठना; ~**ve the nail that will go** काम वही करो जो हो जाए; ~**ve thy business let not it drive thee** धंधे का गुलाम मत बनो; ~**ve wild** पागल कर दे.; ~**ve up to the door** गाड़ी चलाकर दरवाजे के पास आना;

back-seat ~**ver** पीछे से हुक्म चलाना; **be** ~**ven by sth** किसी बात द्वारा जोश या उकसावे में आना; **sb** ~**ven to steal by sheer hunger** किसी को भयानक भूख ने चुराने के लिए मजबूर कर दिया

drivel /ड्राइविल/ *n.* 1 बकवास, बेसिरपैर की बातें 2 प्रलाप;

v., *pt.* ~**led**, *pp* ~**ling** 1 बकवास या बेसिरपैर की बातें क. 2 प्रलाप क. 3 लार गिराना

dw/lw: ~**ler** *n.* मूर्ख, बकवादी व्यक्ति, मिट्टी का माधो; ~**ling** *adj.* बकवादी, मूर्ख: a ~ling idiot (बकवादी मूर्ख आदमी)

driver /ड्राइवः/ *n.* 1 ड्राइवर, वाहन चालक: crane ~; truck ~ 2 चालक: a key ~ in economy;

collocations: ~ **ant** अफ्रीकी चींटी; ~'**s license** *US* (*UK* **driving licence**) वाहन-चालन लाइसेंस, आज्ञा-पत्र;

p&i: **in the** ~'**s seat** *colloq.* नियंत्रित करने की स्थिति में

driving /ड्राइविंग/ *n.* 1 गाड़ी या वाहन चालन: drunken ~ 2 सवारी 3 सैर;

adj. 1 शक्तिशाली, जोरदार: ~ force 2 संचालक 3 नियंत्रण करने वाला;

dw/lw: ~-**axle** *n.* चालक धुरी; ~-**belt** *n.* चालक पेटी; ~-**box** *n.* डिक्की आदि; ~-**force** *n.* चालक बल; ~-**gear** *n.* चालक

गिअर; ~~wheel *n.* चालक पहिया;
collocations: ~ **age** दौड़-धूप का समय; ~ **force** संचालक शक्ति, प्रेरणा स्रोत, उत्साहवर्धक; ~ **machine** इंजन; ~ **moment** चालन गतिविधि; ~ **rain/ snow** तेज हवा द्वारा वर्षा या बर्फ आदि को छितराने की क्रिया; ~ **range** ऐसा स्थान जहां लोग गोल्फ की गेंदों को मारने का अभ्यास कर सकते हैं; ~ **school** गाड़ी चालन प्रशिक्षण स्कूल; ~ **seat** चालक का स्थान; ~ **test** = ~**ver's test** गाड़ी चालन परीक्षा; ~ **under the influence of alcohol** शराब पीकर गाड़ी चलाने की क्रिया; ~ **while intoxicated** नशे में धुत्त होकर गाड़ी चलाने का काम;
p&i: **in the ~ seat** *colloq.* चालक की सीट पर स्थित, मुख्य चालक स्रोत

drizz\le /ड्रिज्ल/ *n.* बूंदा-बांदी, फुहार, झींसी;
v., *pt.* ~**led**, *pp* ~**ling** (***syn.*** dribble) फुहार पड़ना, बूंदा-बांदी हो.;
dw/lw: ~**ly** *adj.* फुहारी, बूंदा-बांदीपूर्ण: a ~ly evening;
p&i: **~le sth over sth** किसी वस्तु पर थोड़ा-सा द्रव छिड़कना या डालना; **it often ~les** अक्सर बूंदा-बांदी होती है; **the rain ~led** फुहार पड़ रही थी

DRL *abbr.* 'Dr Reddys Laboratory' की प्रथमाक्षरी

DRM *abbr.* 'digital rights management', 'Divisional Railway Manager' की प्रथमाक्षरी

DRO *abbr.* 'District Revenue Officer' की प्रथमाक्षरी

drogue /ड्रोग/ *n.* 1 तैरता हुआ समुद्री लंगर 2 बड़े पैराशूट को बैग से खींचने के लिए बना छोटा पैराशूट

droid /ड्रॉइड/ *n., comput.* 1 दूसरे कंप्यूटरों से सूचना एकत्रित करने वाला प्रोग्राम 2 = android

droit /ड्रॉइट/ *n.* 1 अधिकार, कानूनी दावा 2 सीमा-शुल्क

droit de seigneur /ड्रवा डअ सेन्यर/ मध्ययुग में निम्न वर्ग की लड़की की शादी की सुहाग रात जमींदार के पास यौन क्रिया करने का अधिकार

droll /ड्रोल/ *adj.* रोचक, विचित्र, विलक्षण: ~ fellow;
n. विदूषक, मसखरा: play the ~;
v. *pt.* ~**ed**, *pp* ~**ing** 1 मजाक क. 2 बुद्धू बनना 3 किसी की खिल्ली उड़ाना;
dw/lw: ~**ery** /ड्रोलरि *n.* 1 विदूषक का हंसी-मजाक 2 दिल्लगी 3 हास्यास्पदता

drome *abbr.* 'aerodrome' का छोटा रूप

dromedar\y /ड्रौमअडअरि/ *US* ड्राःमअडअरि/ *n., pl.* ~**ies** एक कूबड़वाला तेज चाल का लद्दू ऊंट

dro\ne /ड्रोन/ *v., pt.* ~**ned**, *pp* ~**ning** 1 भिनभिनाना, भिन-भिन क. 2 खाली बैठे रहना 3 नीरस ढंग से बातें क.;
n. 1 नर-मक्खी 2 नर-मधुमक्खी 3 निठल्ला या सुस्त व्यक्ति, पराश्रयी व्यक्ति 4 भिन-भिनाहट 5 रिमोट कंट्रोल से चलने वाला बिना चालक का विमान;
dw/lw: ~**ne-fly** *n.* जोर से भिन-भिन करने वाली मक्खी; ~**ningly** *adv.* भिनभिनाने जैसी आवाज करते हुए;
p&i: **~ne of a motor** मोटर की गूंज; **~ne on** उबाऊ ढंग से देर तक बात करते जा.

drongo /ड्रौंगो/ *US* ड्रांगो/*n., pl.* ~**es**/ ~**s** 1 एक लंबी पूंछ वाला चमकदार पक्षी 2 *zool.* अंगारक: ~ cuckoo (भारतीय कोयल)

drool /ड्रूल/ *v., pt.* ~**ed**, *pp* ~**ing** 1 लार/ राल टपकना या टपकाना 2 बेतुकी बातें क., बकवास क.;
n. बेतुकी बात, बकवास;
p&i: **~ over sb/ sth** किसी चीज की ओर आकर्षित होकर उसे पाने के लिए लार/ राल टपकाना

droop /ड्रूप/ *v., pt.* ~**ed**, *pp* ~**ing** 1 कमजोर होकर झुक जा.: ~ one's head 2 लटकना: the branches ~**ed** over the water 3 कुम्हलाना, शिथिल हो.: ~ from drought (सूखे से कुम्लाहना); ~ in the heat 4 हतोत्साह हो.: she ~**ed** with sorrow; ~ one's eyes;
n. 1 लटकन, लटकाव 2 झुकाव: walk with a ~ (कुबड़ी चाल चलना);
dw/lw: ~**ing** लटकती/ झुकी हुई (शाखाएं); ~**ingly** *adv.* झुकते हुए; ~**y** /ड्रूपि/ *adj., degr.* ~ier, ~iest 1 निर्जीव-सा, हतोत्साह 2 लटकनेवाली

drop /ड्रौप/ /ड्राःप/ *v., pt.* ~**ped**, *pp* ~**ping** 1 गिराना: ~ one's purse; ~ the curtain; ~ bombs 2 गिरना: sweat ~**ped** from his forehead 3 स्तर या मात्रा का घटना, कम हो., कमजोर हो.: the temperature has ~**ped** 4 (*also* ~ **sb/ sth off**) गाड़ी आदि से छोड़ आना/ दे.: ~ sb at the station 5 त्याग दे., छोड़ना, कुछ करना या कोई काम करना छोड़ दे.: ~ one's studies; ~ smoking; she ~**ped** her boy-friend like a hot potato 6 टीम आदि से बाहर रखना या छोड़ दे.: they ~**ped** Gambhir from the team 7 आवाज का बैठना या धीमी हो.: his voice ~**ped** almost to a whisper 8 पत्र आदि को पत्र-बक्से में डालना: ~ a letter into a letter-box 9 किसी विषय पर बहस करना बंद क.: ~ it/ the subject! 10 किसी बात की संकेतों में चर्चा क.: ~ a hint 11 किसी ध्वनि को उच्चरित न कर पाना: ~ one's h's 12 दोस्ताना पत्र लिखना: ~ me a line 13 *coarse sl. except when said of an animal. sl.* पशु का ब्याना 14 किसी को धूल चटाना 15 थककर चूर हो.: about to ~ from daylong work 16 नजर झुकाना: ~ one's eyes/ gaze 17 बुनाई में कोई घर छोड़ना;
n. 1 बूंद: ~ of rain/ of dew 2 पात, पत्तन, पतन: ~ in height 3 कमी, ह्रास, गिरावट: a great ~ in prices/ in temperature 4 थोड़ा-सा पेय, घूंट 5 लंबाकार फासला, ढाल 6 (~**s**) दवाई की बूंदे: eye ~**s** 7 पशु द्वारा बच्चा देने की क्रिया, ब्यांत 8 मीठे पेय या दवा की बूंदें;
dw/lw: ~**dead** *adj.* 1 अति आकर्षक व सुंदर 2 जिसका सहसा शरीरपात हुआ हो 3 *sl.* बहुत बढ़िया, यौन-क्रिया में अति सक्षम; ~**forging** *n.* गर्म धातु को ढालकर कोई आकार देने की क्रिया; ~**hammer** *n.* पातघन; ~**head** *n.* मुड़वां (folding) छतवाली कार; ~**in** *n.* बिना पहले से तय भेंट के मिलने का स्थान; ~**leaf** *n.* मेज का मुड़वां (folding) पटल; ~**let** *n.* छोटी-सी बूंद; ~**letter** *n.* स्थानीय पत्र; ~**light** *n.* नीचे गिराई जा सकने वाली रोशनी; ~**meter** *n.* बूंद-बूंद गिरने वाली शीशी; ~**out** *n.* 1 स्कूल आदि को बीच में छोड़ने वाला 2 अलग तरह का व्यक्ति जो आम लोगों की तरह नौकरी आदि न करना चाहता हो या धन-संपत्ति अर्जित नहीं करना चाहता हो; ~**pable** /ड्रौपअबल/ *adj.* चुंबकीय टेप पर ऐसा स्थान जहां कुछ भी रिकॉर्ड न हुआ हो; ~**per** *n.* ड्रॉपर; ~**ping** /ड्रौपिंग/ *n.* 1 गिरावट 2 पतन, गिरने की क्रिया 3 फेंकने की क्रिया, कमी 4 (~ping zone) बम गिराने का क्षेत्र 5 (~ping zone) हवाई या समुद्री जहाज का माल डालने का स्थान; ~**ping** *adj.* 1 डालने वाला, फैलाने वाला 2 बेतरतीब: ~ping fire (बेतरतीब गोलीबारी) ~**pings** *n. [pl.]* 1 पक्षियों की बीठ 2 गोबर 3 घोड़े की लीद; ~**scene** *n.* अंतिम दृश्य, पटाक्षेप; ~**seat** *n.* मुड़वां सीट; ~**shot** *n.* टेनिस में नीचे रहने वाला और नेट के पास गिरने वाला शॉट; ~**shutter** *n.* कैमरे में गिरने वाली ओट; ~**table** *n.* मुड़वां मेज; ~**wise** *adv.* बूंद-बूंद करके;
collocations: ~ **ammo** हवाई बम; ~**and-cheek descent** पहाड़ से सीढ़ीदार उतार; ~ **cloth** = dust sheet धूल से बचाव के लिए ढकने वाली चादर; ~ **curtain** उठाया-गिराया जाने वाला पर्दा; ~**down menu** कंप्यूटर में छिपा हुआ मेन्यु; ~ **goal** *rugby* छूटा हुआ गोल; ~ **handlebars** साइकिल का नीचे को मुड़ा हुआ हैंडल (हत्था); ~ **kick** गेंद को जमीन पर पटककर मारी जाने वाली ठोकर; ~**message container** संदेश बक्सा; ~ **scone** सपाट केक; ~ **waist** पोशाक में अति नीची कमर; ~ **zone** हवाई जहाज से सामान आदि गिराने का स्थान;
money ~ सिक्का डालने का छेद;
p&i: ~ **a bird** किसी पक्षी को मारना; ~ **a boat** नाव को पानी में छोड़ दे.; ~ **a brick/ clanger** *BrE sl.* लापरवाही से कुछ कहकर किसी को नाराज क.; ~ **a courtsey** आदर जताते हुए झुकना; ~ **across** दंड दे.; ~ **a hint** संकेत दे.; ~ **a hint of**

doubt संदेह का इशारा क.; ~ **a letter** कोई अक्षर छोड़ दे.; ~ **a line** पत्र लिखना; ~ **anchor** लंगर गिराना; ~ **a nod** सहमति जताना; ~ **a parcel at sb's door** किसी के दरवाजे पर पार्सल छोड़ आना; ~ **a remark** ताना कसना; ~ **a set** टेनिस आदि में गेम हार जाना; ~ **a sigh** आह भरना; ~ **a tear over sth** किसी बात पर आंसू बहाना, शोक-संतप्त हो.; ~ **away** एक-एक करके जाना, धीरे-धीरे दूर होते जा.; ~ **a word for me!** मेरे लिए एक दो शब्द कह दे.!; ~ **back** पीछे छूटना; ~ **behind** किसी से पीछे रह जा.; ~ **by/ in** थोड़े समय के लिए आना; ~ **by** ~ बूंद-बूंद करके; ~ **by** ~ **the lake is drained** बूंद-बूंद करके घड़ा भर जाता है; ~ **dead** मर जाना; ~ **dead!** भाड़ में जाओ!; ~ **down** नीचे उतरना; ~ **in prices** कीमतों में गिरावट; ~ **in temperature** तापमान में कमी; ~ **in the market** बाजार में कीमतों में गिरावट; ~ **into a chair** कुर्सी में धड़ाम से गिरना या बैठना; ~ **into a walk** दौड़ से तेज चाल चलने लगना; ~ **into one's old habits** पुरानी आदतें फिर पकड़ ले.; ~ **names** बड़े-बड़े लोगों के नाम लेकर किसी को प्रभावित करने की कोशिश क.; ~**off** 1 नींद आ जा., ऊंघ जा. 2 घटना, कम हो.; ~ **one's bundle** अचानक ठीक से सोच न पाना; ~ **one's friends** दोस्तों से संबंध तोड़ना; ~ **on one's knees** अपने घुटनों के बल गिरना, घुटनों के बल खड़े होकर रिरियाना; ~ **out** 1 किसी कार्यकलाप से बाहर आ-जाना 2 *colloq.* पारंपरिक मूल्यों को छोड़कर नई जीवन शैली अपनाना 3 स्कूल छोड़ दे.; ~ **out of the contest** प्रतियोगिता से बाहर हो.; ~ **out of sb's sight** किसी की आंखों से ओझल हो.; ~ **out of sth** पहले से तय किसी गतिविधि से बाहर निकल आना; ~ **out of things** जो घट रहा है उसमें दिलचस्पी ले. छोड़ दे.; ~**ping fire** छोटे-मोटे हथियारों की सप्लाई क.; ~ **sb at once** किसी का एक ही वार से काम तमाम कर दे.; ~ **sb a note** किसी को संदेश भेजना; ~ **sb in it** भेद खोलकर किसी के लिए परेशानी पैदा क.; ~ **serene** एक प्रकार का अंधापन; ~ **sth across** किसी चीज को लाकर दे.; ~ **sth like a hot potato** एक दम से छोड़ दे. या किसी चीज से छुटकारा पाना; ~ **the ball** 1 किसी बात या चीज को गलती से बिगाड़ दे. 2 क्रिकेट आदि में कैच (catch) छोड़ दे.; ~ **the ball to the back of the court** गेंद कोर्ट के पिछले हिस्से में जा गिरना; ~ **the level of water** पानी का स्तर गिर जा.; ~ **the reins** लगाम छोड़ दे., अपने आप को भाग्य के हवाले कर दे.; ~ **through** कुछ न निकलना, कोई फल न मिलना; ~ **to the rear** पीछे हटना; ~ **to the sea** पहाड़ से समुद्र की ओर सीधी ढलान; ~ **upon/ across/ sb** किसी से अकस्मात् भेंट हो जाना; ~ **with blood** बहते खून से लथपथ होकर गिर पड़ना; ~ **your bundle** अचानक स्पष्ट ढंग से सोच न पाना;

a ~ **in the ocean/** ~ **in the bucket** ऊंट के मुंह में जीरा; **at the** ~ **of a/ the hat** आनन-फानन में, तुरंत, बेझिझक; **be ready to** ~ थककर चूर हो जाना; **constant ~ping wears away a stone** रसरी आवत जावत है सिल पर पड़े निशान; **drink to the last** ~ पीकर प्याले को बिल्कुल खाली कर दे.; **fit to** ~ थकावट से चूर; **get the** ~ **on sb** किसी पर निशाना साधना; **have/ take a** ~ **too much** थोड़ा ज्यादा ही शराब पी लेना; **have a** ~ **in one's eye** थोड़ा पिए हो.; **have/ get the** ~ **on sb** *US* किसी को बदतर स्थिति में डालना; **he ~ped into a troubled sleep** वह अशांत नींद में खो गया; **he ~ped off peacefully in his sleep** वह नींद में ही शांत मौत को प्राप्त हुआ; **her eyes ~ped** उसकी नजर झुक गईं; **knockout ~s** नशीली दवा; **let sb/ sth** ~ किसी व्यक्ति या मामले को छोड़ दे.; **men ~ped like flies** लोग मक्खियों की तरह मर रहे थे; **one could hear a pin** ~ इतना शांत कि सुई गिरते हुए सुनाई पड़ जाए; **one** ~ **of poison infects the whole ton of wine** एक ही मछली सारे तालाब को गंदा कर देती है; **take one's** ~ शराब का पेग पीना; **the last** ~ **makes the cup run over** अति सर्वत्र वर्जयेत; **the road** ~ **into the valley** सड़क तेजी से घाटी में उतर गई; **the search did not** ~ खोज बंद नहीं हुई; **work till one ~s** थककर चूर होने तक काम क.

dropping *see above under* **drop:** ***dw/lw***

droppings *see above under* **drop:** ***dw/lw***

dropsy /ड्रौपसि/ *US* ड्राःपसि/ *n.* जलोदर, तबक

droshky/ drosky /द्रोश्कि/ (*also Russian* **дрóжки**) *n.* टमटम, चौपहिया खुली गाड़ी

drosometer /डौसअमिटः/ *US* डाःसअमिटः/ *n.* ओस मापक यंत्र

drosophilia /ड्रौसौफिलअ/ *US* ड्राःसाःफिलअ/ *n., pl.* **~s/ ~e** फलों पर पलने वाली एक मक्खी

dross /ड्रौस/ *US* ड्राःस, ड्रॉस/ *n.* 1 कोयले का कचरा 2 घटिया चीज या हिस्सा 3 तपाई हुई धातु की मैल, धातु-मल 4 खोट, कूड़ा-कर्कट 5 कोई भी बेकार पदार्थ;

dw/lw: **~y** /ड्रौसि/ *adj.* 1 मैला 2 कचरानुमा

drought /ड्राउट/ *n.* 1 सूखा, अकाल, अनावृष्टि 2 शुष्कता;

dw/lw: **~-resistant** *adj.* सूखा-सह; **~y** /~टि/ *adj.* सूखा-ग्रस्त, अकालपीड़ित, शुष्कः ~y resistance (जो सूखे से प्रभावित न हो)

drove/ड्रोव/ 1 *pt.,* **'drive'** का भूतकालिक रूप 2 झुंड, भीड़, समूहः in ~s (झुंड के झुंड); ~ of horses 3 (***syn.*** chisel) छेनी 4 छोटी सिंचाई नाली;

dw/lw: **~r** /ड्रोवः/ *n., hist.* चरवाहा, पशु-व्यापारी

drown /ड्राउन/ *v., pt.* **~ed**, *pp* **~ing** 1 डूबना, डूब मरनाः be **~ed** 2 डुबोकर मारना, डुबोनाः ~ sth in sth 3 जलमग्न क. 4 (***syn.*** drench) सराबोर क. 5 (*also* **~ out**; ***syn.*** overwhelm) दब जा. या दबाना, अभिभूत क., में डूब जा.: ~ sb/ sth out (शोर-गुल में डुबोना या दबाना);

p&i: **~ed in tears** आंसुओं में डूबा हुआ; ~ **one's sorrows/ grief/ fears/ loneliness etc.** अपने दुःख-दर्द/ भय/ अकेलेपन को शराब के प्याले में डुबोना; ~ **oneself in sleep** नींद में डूब जा.;

his voice was ~ed in the noise उसकी आवाज शोर-गुल में डूब गई; **look like a ~ed rat** बारिश आदि के पानी से तर हो.

drowning /ड्रॉउनिंग/ *n.* डूबने से हुई मौत;

adj. डूबता हुआ;

p&i: **a ~ing man catches/ clutches at a straw** डूबते को तिनके का सहारा

drow\se /ड्राउज/ *n.* ऊंघ, झपकी;

v., *pt.* **~sed**, *pp* **~sing** ऊंघना, झपकी आनाः **~se** the days away;

dw/lw: **~siness** /~जिनेस/ *n.* ऊंघ, उनींदापन, तंद्रालुता; **~sily** /~जिलि/ *adv.* उनींदे ढंग से, सोये-सोये से, ऊंघते हुए; **~siness** /~जिनेस/ *n.* उनींदापन, निद्रालुता, ऊंघ; **~sy** /~जि/ *adj., degr.* ~sier, ~siest 1 (***syn.*** sleepy) उनींदा, निद्रालु 2 (***syn.*** soporific) निद्राजनक 3 निष्क्रिय

DRR *abbr.* 'Directorate Rice Research' की प्रथमाक्षरी

DRS *abbr.* 'Departmental Research Schemes', 'Development & Research Services' की प्रथमाक्षरी

DRT *abbr.* 'Data Relay Transponder', 'Debts Recovery Tribunals' की प्रथमाक्षरी

DRTC *abbr.* 'Documentation Research & Training Centre' की प्रथमाक्षरी

drub /ड्रब/ *v. pt.* **~bed**, *pp* **~bing** 1 बुरी तरह हराना 2 डंडे से थपथपाना या टकटकाना 3 किसी के जहन में कुछ डालनाः ~ an idea into sb's head; ~ an idea out of sb's head;

n. डंडे आदि की मार;

dw/lw: **~bing** /ड्रबिंग/ *n.* पिटाई, ठुकाईः get a ~bing (पिटाई हो.)

drud\ge /ड्रज/ *n.* 1 कोल्हू का बैल 2 टहलुआ (servant), उबाऊ काम करने वाला व्यक्ति;

v., *pt.* **~ged**, *pp* **~ging** 1 अरुचिपूर्ण/ उबाऊ व कठिन काम क.

2 नीरस काम में लगे रहना;
dw/lw: **~gery** /ड्रजरि/ *n.* 1 उबाऊ व जटिल काम, अरुचिपूर्ण व मेहनत का काम 2 चाकरी

drug /ड्रग/ *n.* 1 मादक पदार्थ, नशीली दवा: narcotic ~; be on/ take/ use **~s** 2 औषधि, औषध, दवा: ~ administration (दवाई देने का काम);
v., pt. **~ged**, *pp* **~ging** 1 दवा दे. / खिलाना 2 स्वापक या बेहोशी लाने की दवा दे.;
dw/lw: **~gie**/ **~gy** /ड्रगि/ *n., pl.* ~s/ ~ies *colloq.* मादक पदार्थों का व्यसनी, नशेड़िया; **~gist** /ड्रगिस्ट/ *n.* 1 दवा-विक्रेता, दवाफरोश, औषध-विक्रेता 2 दवा बनाने वाला; **~-resistance** *n.* औषध प्रतिरोध; **~store** /ड्रग्स्टोः/ *US* (*UK* **chemist's**) *n., N. Amer., esp. US* दवाई की दुकान, दवाखाना;
collocations: **~ addict/ dealer/ user** मादक पदार्थों का व्यसनी, लती, नशेड़िया, चर्सी, मादक द्रव्य व्यसनी/ मादक पदार्थ बेचने वाला/ नशीली दवाओं का सेवन करने वाला; **~ addiction/~ habit/~ abuse** नशीली दवाओं का व्यसन, लत/ आदत/ नशीली दवाओं का दुरुपयोग; **~ dealer/ runner** मादक पदार्थों का तस्कर; **~ plant** नशीली औषध का पौधा; **~ peddler** नशीली दवा बेचने वाला;
p&i: **a ~ on the market** किसी माल की आपूर्ति अधिक और मांग कम; **be ~ged up to the eyeballs** बहुत अधिक नशीली दवाई देकर धुत्त कर दिया जा.

drugget /ड्रगिट/ *n.* 1 गलीचा 2 मोटा ऊनी कपड़ा

druid/ Druid /ड्रुइड/ *n.* प्राचीन केल्टी (celtic) धर्म का पादरी

drum /ड्रम/ *n.* 1 ढोल, मृदंग, नगाड़ा: side/ snare ~ (छोटा ढोल) 2 तेल या शराब आदि रखने का ढोलनुमा पीपा या कनस्तर 3 बेलन 4 कर्णपट, कान का पर्दा: ~ of the ear 5 ढोलकिया 6 ढमढम: ~ beat;
v., pt. **~med**, *pp* **~ming** 1 ढोल बजाना 2 ढमढमाना 3 ढोल पीटकर एकत्र क. या किसी बात का प्रचार क.: beat/ bang the ~ for 4 ढोल जैसी आवाज निकालना;
dw/lw: **~beat** *n.* ढमढम; **~-fire** *n.* तूफानी आग; **~head** *n.* ढोल का चमड़ा; **~lin** /~लिन/ *n., geol.* ग्लेशियर के विस्थापन से बनी छोटी-सी पहाड़ी; **~mer** /ड्रमः/ *n.* ढोल बजाने वाला, ढोलकिया; **~ming** /ड्रमिंग/ *n.* ढोल बजाने की आवाज; **~stick** *n.* 1 चोब, ढोल बजाने की छड़ी 2 पकाये हुए मुर्गे आदि की टांग;
collocations: **~ and bass/ ~'n bass** *n.* तेज लयबद्ध नृत्य संगीत; **~ brake** पहिये के अंदरूनी भाग को दबाकर लगने वाली ब्रेक; **~ kit** ढोलों का सेट; **~ machine** (***syn.*** synthesizer) ढोल की आवाज को दमदार बनाने के लिए बिजली का मिश्रक; **~ major** सैनिक बैंड का अगुवा; **~ majorette** भड़कीले कपड़े पहने लड़की जो बैंड के आगे चलती है और एक डंडे को हवा में फेंककर तरह-तरह के करतब दिखाती है; **~ pad** एक वाद्य जो किसी छड़ी से पीटने पर आवाज देता है; **~stick tree** सहिजन, शोभांजन;
p&i: **~ a tune** ढोल पर कोई धुन बजाना; **~ into** एक बात को बार-बार दोहराकर किसी के जहन में घुसाना; **~ Latin into sb/ into sb's head** किसी को बार-बार दोहराकर लातिनी भाषा जैसी मुश्किल चीज सिखाना; **~ming is not the way to catch the hare** ढोल बजाकर खरगोश नहीं पकड़ा जाता है; **~ sb out of a place** किसी को बेशर्म करके किसी जगह से ढोल-नगाड़ों की आवाज तले निकालना; **~ sth into sb** बार-बार याद दिलाना, बात को बार-बार दोहराकर सुनाना या भर दे.; **~ up customers** ग्राहकों आदि को बुलाना, कुछ पाने के लिए जोर-शोर से कोशिश क.; **~ up sth** किसी बात में दिलचस्पी जगाना या उसके लिए समर्थन जुटाना; **~ up support** समर्थन जुटाना; **~ with one's heels on the floor** फर्श पर पांव मारकर टकटक की आवाज पैदा क.; **the ~ hung from your neck you must play on** गले पड़ा ढोल बजाना ही पड़ता है

drumb\le /ड्रंबल/ *n.* सुस्त और बेकार आदमी;
v., pt. **~led**, *pp* **~ling** बेकार घूमना

drunk /ड्रंक/ *adj.* 1 *pt. p.*, '**drink**' का भूतकाल 2 (***anton.*** sober) नशे में चूर, नशे में धुत्त, मदोन्मत्त, मदहोश;
dw/lw: **~/ ~en-driving** शराब पीकर गाड़ी चलाने का काम;
p&i: **~ and disorderly behaviour** नशे में चूर व्यक्ति का भद्दा व्यवहार; **~ and incapable** इतनी पी लेना की ठीक से खड़ा भी न हो सकना; **~ as piper** पीकर धुत्त; **~ with happiness/ ~ with love** आनंद/ प्रेम विभोर; **~ with power** सत्ता के नशे में चूर;
as ~ as a lord/ a fiddler, a fish (*US* **~ as a skunk**) नशे में चूर, पीकर धुत्त; **blind/ dead ~** जो पीकर बेहोश हो; **get ~** मदहोश हो.;

drunkard /ड्रंकःड/ *n.* (***syn.*** alcoholic) पियक्कड़, बेवड़ा;

drunken /ड्रंकन/ *adj.* पिए हुआ, नशे में चूर, पियक्कड़;
dw/lw: **~ly** /~लि/ *adv.* पीये हुए की तरह; **~ness** /~नेस/ *n.* शराबीपन, शराब का नशा, मद्यासक्ति;
collocations: **~ brawl** पीकर किया जाने वाला झगड़ा; **~ driving** शराब पीकर गाड़ी चलाने का काम; **~ frolic** पीकर की जाने वाली मौज-मस्ती

drupaceous /ड्रूपेशिअस/ *adj.* गुठलीदार

drupe /ड्रूप/ *n.* गुठलीदार फल (जैसे खजूर, खुमानी आड़ू आदि)

druxy /ड्रक्सि/ *adj.* भीतर से गली हुई (लकड़ी)

dry /ड्राइ/ *adj.* **drier**, **driest** 1 सूखा, जलहीन: a ~ well 2 अनावृष्टि, अकालग्रस्त 3 रूखी (चमड़ी) 4 ड्राई (वाइन यानी मदिरा) 5 रूखा, रूखी: ~ person 6 नीरस, अरोचक: ~ humour 7 रूखी (शैली) 8 मद्यवर्जित (क्षेत्र): ~ area 9 प्यासा, तृषित 10 अश्रुरहित: ~ eyes 11 दध न देने वाली गाय या भैंस 12 नशाबंद, जिस दिन शराब की बिक्री बंद हो: ~ day 13 भावशून्य 14 बेचुपड़ी (रोटी): ~ toast;
v., pt. **dried**, *pp* **drying**, *s/he/it* **dries** 1 सूखना: ~ off/ ~ out 2 सुखाना: ~ up; ~ herbs (जड़ी-बूटियों को सुखाना); ~ clothes by the fire; ~ in the wind; ~ one's hands (on a towel);
n., pl. **dries**/ **~s** 1 ब्रिटेन का एक पक्का दक्षिण पंथी (Tory) नेता 2 शुष्कन, सुखाव 3 घोर नशा-विरोधी व्यक्ति;
dw/lw: **~-bob** *n.* खिलाड़ी; **~-bones** *n., pl.* तिनके की तरह सूखा आदमी; **~-clean** *v., pt.* ~-cleaned, *pp* ~cleaning विशेष प्रकार के पेट्रोल से कपड़े साफ क.; **~-cleaner** *n.* पेट्रौल से कपड़े साफ करने वाला; **~-cleaner's** *n.* ड्राइक्लीनर की दुकान; **~-cleaning** *n.* ऊनी कपड़ों आदि की पेट्रोल से सफाई; **~-dock** *n.* सूखी या निर्जल गोदी या जहाज कारखाना; **~er** (*also* **drier**) /ड्रायः/ *n.* कपड़े या बाल सुखाने का यंत्र; **~-fist** *n.* कृपण, कंजूस आदमी; **~-fly** *n., angling* मछली पकड़ने का एक तरीका; **~hole** *n.* तेलरहित कुआं; **~ing** *adj.* सुखाने वाला, जल्द सूखने वाला; **~ish** *adj.* सूखा-सा; **~ly** *(also* **drily)** *adv.* रूखे ढंग से; रूखे तरीके से; **~ness** *n.* सूखापन, नीरसता, रूखापन; **~-nurse** *n.* शिशु-परिचारिका; **~-roasted** *adj.* ऑवन (भट्टी) में बिना तेल के भूनना; **~-salt** *n.* लवण-संसाधन; **~-shod** *adj.* बिना पांव गीले किए: walk ~-shod;
collocations: **~ answer** रूखा जवाब; **~ battery** बिना पानी की बैटरी; **~ bread** रूखी-सूखी रोटी; **~ book** नीरस पुस्तक; **~ brook** सूखी नदिया या नाला; **~ cell** सूखी बैटरी या ठोस सेल; **~ cure** गोश्त या मछली को सूखा नमक लगाकर रखना; **~ concrete** सख्त बजरी; **~ cough/ catarrh** बिना बलगम की खांसी, सूखी खांसी; **~ cow** गाय जिसका दूध सूख गया हो; **~ day** जिस दिन शराब की बिक्री बंद हो; **~ death** बिना खून बहाये होने वाली मौत; **~ dock** जहाज मरम्मत गोदी या बंदरगाह; **~ facts** कोरे तथ्य; **~ firing** अभ्यास गोलीबारी; **~ fountain-pen** स्याही रहित पैन; **~ goods** चाय, कॉफी, आटा आदि जैसा सूखा और ठोस माल; **~ humour/ wit** रूखा हास्य रस; **~ assay** सूखा परीक्षण, सूखी परख; **~ ice** ठोस कार्बनडाईऑक्साइड; **~ joint** घिसा हुआ जोड़; **~ land** वर्षाविहीन थल क्षेत्र; **~ land farming** (~-

farming/ dry farming) निर्जल खेती, शुष्क खेती, वर्षा-विहीन क्षेत्र में कृषि-कार्य की शैली; ~ **light** निष्पक्ष रवैया; ~ **lodging** बिना खान-पान का आवास; ~ **manner of execution** अभिनय आदि की रूखी शैली; ~ **masonry/** ~ **walling** बिना सिमेंट चिनाई; ~ **milk** सूखा दूध चूरा; ~ **money** बजने वाला सिक्का; ~ **monsoon** कम वर्षा वाली मानसून ऋतु; ~ **provisions** खाने की सूखी वस्तु (मेवा आदि); ~ **pruning** पेड़ की सूखी शाखाओं की कटाई; ~ **region** नशाबंदी-क्षेत्र; ~ **riser** (*abbr.* **DR**) आग लगने पर किसी मंजिल पर पानी पहुंचाने की पाइप; ~ **rot** 1 गलन, विकार, क्षय, लकड़ी की अंदर से गलने-सड़ने की क्रिया 2 इस तरह के क्षय के लिए जिम्मेवार फफूंदी; ~ **run** (*syn.* dummy run) अभ्यास, *milit.* सैनिक पूर्वाभ्यास, नकली गोला-बारूद से होने वाला सैनिक अभ्यास; ~ **shod** शुष्क चरण; ~ **(ski) slope** स्की का अभ्यास करने के लिए खड़ी ढाल; ~ **stone wall** बिना सिमेंट की बनाई हुई पत्थर की दीवार; ~ **suit** पानी के नीचे तैरने वालों द्वारा पहना जाने वाला सूट जो शरीर से सटकर लगा रहता है और पानी अंदर नहीं आने देता; ~ **summer** वर्षा रहित गर्मी का मौसम; ~ **thanks/ manners** रूखे-सूखे ढंग से दिया जाने वाला धन्यवाद; ~ **town/ state** मद्यवर्जित नगर या प्रांत; ~ **up** 1 समाप्त हो., बंद हो. 2 नदी आदि का सूखना; ~ **wall** = 1 **plasterboard** 2 = ~ **stone wall**; ~ **wash** 1 धोकर सुखाया हुआ 2 मुंह-हाथ की धुलाई; ~ **weight** सूखी वस्तु का वजन; ~ **work** नीरस काम;

p&i: ~ **as a bone** पूरी तरह से सूखा; ~ **as dust** अत्यंत शुष्क/ नीरस; ~ **bread at home is better than roast meat abroad** घर की आधी बाहर की पूरी से अच्छी; ~ **cough is the trumpeter of death** सूखी खांसी जानलेवा होती है; ~ **one's eyes/ tear** 1 आंसू पोंछना 2 मृत्यु शोक से उबरना;

as ~ **as chip** रूखा, फीका; **go** ~ मद्यवर्जन का कानून पास क.; **he is not yet** ~ **behind the ears** इसके तो दूध के दांत भी नहीं टूटे; **his income dried up** उसकी आय का स्रोत समाप्त हो गया; **I am** ~ मुझे बहुत प्यास लगी है; **leave high and** ~ बेहाल छोड़ दे.; **milk/ suck sb** ~ किसी को पूर्णतः निचोड़ना; **not a** ~ **eye in the house** जब कोई भी अछूता न हो, जब सभी भावुक हो जाएं; **not to have a** ~ **stitch** पूरी तरह भीग जा.; **rub sth** ~ रगड़कर सुखाना; **run** ~ पानी बंद हो जा.

dryad /ड्रायड/ *n., Greek mythol.* वनदेवी, अरण्यानी

DS *abbr. music.* 'dal segno', 'Department of State (USA)', 'depository services' की प्रथमाक्षरी

DSA *abbr.* 'Delhi Soccer Association', 'Delhi Swimming Association', 'Department of Special Assistant', 'digital subtraction angiography', 'Direct Selling Agent' की प्रथमाक्षरी

DSACS *abbr.* 'Delhi State AIDS Control Society' की प्रथमाक्षरी

DSAF *abbr.* 'Documentary, Short & Animation Films' की प्रथमाक्षरी

DSB *abbr.* 'Delhi School of Business', 'Dispute Settlement Body' की प्रथमाक्षरी

DSC *abbr.* 'Defence Security Corps', 'Distinguished Service Cross' की प्रथमाक्षरी

D.Sc. *abbr.*, 'Doctor of Science' का संक्षेप

DSCN *abbr.* 'digitally signed contract note' की प्रथमाक्षरी

DSD *abbr.* 'Dedicated Server for Domino' की प्रथमाक्षरी

DSE *abbr.* 'Delhi School of Economics' की प्रथमाक्षरी

DSER *abbr.* 'Delhi School Education Rules' की प्रथमाक्षरी

DSF *abbr.* 'Delhi Service Forum' की प्रथमाक्षरी

DSGM *abbr.* 'Delhi Sikh Gurdwara Management' की प्रथमाक्षरी

DSIDC *abbr.* 'Delhi State Industrial Development Corporation Limited' की प्रथमाक्षरी

DSIR *abbr.* 'Department of Scientific & Industrial Research' की प्रथमाक्षरी

DSJ *abbr.* 'Department of Social Justice' की प्रथमाक्षरी

DSJA *abbr.* 'Delhi Sports Journalist Association' की प्रथमाक्षरी

DSL *abbr.* 'Digital Subscriber Line', 'DSE Securities Limited' की प्रथमाक्षरी

DSM *abbr.* 'defence series maps', 'Distinguished Service Medal' की प्रथमाक्षरी

DSO *abbr.* 'Distinguished Service Order' की प्रथमाक्षरी

DSS *abbr.* 'Department of Social Security' की प्रथमाक्षरी

DSP *abbr.* 'Deputy Superintendent of Police', 'Digital Signal Processing', 'Digital Signal Processor', 'Disputes Settlement Panel' की प्रथमाक्षरी

DSPCA *abbr.* 'Delhi Society for Prevention of Cruelty against Animals' की प्रथमाक्षरी

DSPRUD *abbr.* 'Delhi Society for Promotion of Rational Use of Drugs' की प्रथमाक्षरी

DSRV *abbr.* 'Deep Submergence Rescue Vessel' की प्रथमाक्षरी

DSS *abbr.* 'Delhi Psychiatric Society', 'Dengue Shock Syndrome' की प्रथमाक्षरी

DSSSB *abbr.* 'Delhi State Services Selection Board', 'Delhi Subordinate Services Selection Board' की प्रथमाक्षरी

DST *abbr.* 'daylight saving time' की प्रथमाक्षरी

D-structure *abbr.* 'Deep structure' की प्रथमाक्षरी

DSW *abbr.* 'Dean of Students Welfare', 'Department of Social Work' की प्रथमाक्षरी

DSWF *abbr.* 'David Shepherd Wildlife Foundation' की प्रथमाक्षरी

DTs (*US* **D.T.'s**) *abbr.* 'delirium tremens' की प्रथमाक्षरी (शारीरिक हालत, जब अधिक शराब पीने वलों को लगता है कि उनका शरीर हिल रहा है और वे अनहोनी चीजों को देख रहे हैं)

DTA *abbr.* 'Domestic Tariff Area' की प्रथमाक्षरी

DTAA *abbr.* 'Double Taxation Avoidance Agreement' की प्रथमाक्षरी

DTAT *abbr.* 'Double Taxation Avoidance Treaty' की प्रथमाक्षरी

DTC *abbr.* 'Delhi Transport Corporation', 'Designing and Training Curriculum' की प्रथमाक्षरी

DTD *abbr.* 'Diploma in Textile Designing' की प्रथमाक्षरी

DTDC *abbr.* 'Delhi Tourism Development Corporation' की प्रथमाक्षरी

DTE *abbr.* 'Diploma in Teaching of English' की प्रथमाक्षरी

DTEA *abbr.* 'Delhi Tamil Education Association' की प्रथमाक्षरी

DTF *abbr.* 'Democratic Teachers Front', 'Delhi Teachers Front' की प्रथमाक्षरी

DTH *abbr.* 'Direct to home की प्रथमाक्षरी

Ditch/ Dithiol *abbr.* 'Doctor of Theology' का संक्षेप

DTI *abbr.* 'Department of Trade and Industry' की प्रथमाक्षरी

DTO *abbr.* 'Department of Telecom Operations', 'District Transport Officer' की प्रथमाक्षरी

DTP *abbr.* 'desktop publishing' की प्रथमाक्षरी

DTRL *abbr.* 'Defence Terrain Research Laboratory' की प्रथमाक्षरी

DTS *abbr.* 'Department of Telecommunication Services', 'dynamic transport system' की प्रथमाक्षरी

DTSS *abbr.* 'Derivatives Trading and Settlement System' की प्रथमाक्षरी

(keyboard); ~ **show** मूक अभिनय या प्रदर्शन; ~ **well** नाली का गढ़ा;
p&i: ~ **down**/ ~ **sth down** सरल बनाकर आसान क.; ~**ing down** सरलीकरण के कारण स्तर में गिरावट;
as ~ as a fish मछली-सा मूक; **as ~ as a statue** मूर्ति/ बुत की तरह गूंगा
dumbo /डंबो/ *n., pl.* ~**s** *colloq.* मूढ़, मंदबुद्धि, मूर्ख
dummel /डमिल/ *adj., colloq.* मूढ़, मंदबुद्धि
dumdum /डमडम/ *n.* डुम-डुम गोली: ~ bullet (ऐसी गोली जो टुकड़ों में बंटकर फैल जाती है)
dum\my /डमि/ *n., pl.* ~**mies** 1 *UK* (*US* **pacifier**) (छोटे बच्चों के लिए) चूसनी 2 *US* मिट्टी का माधो, मूर्ख व्यक्ति, काठ का उल्लू 3 *printing* (***syn.*** replica) नमूना, प्रतिकृति 4 कठपुतली, पोशाक प्रदर्शित करने के लिए व्यक्ति के डील-डौल की मूर्ति या कठपुतली: tailor's/ barber's ~**my** 5 नकली प्रति 6 असली संगठन के रूप में काम करने वाला नकली संगठन 7 ताश के खुले पत्ते;
adj. 1 डमी 2 नकली 3 मूक;
v. pt. ~**mied**, *pp* ~**mying**, *s/he/it* ~**mies** 1 पहले एक दिशा में जाने का दिखावा क., पर अंत में दूसरे स्थान पर चले जा. 2 अभ्यास मुकाबलों में इसी प्रकार की जाने वाली नूरा कुश्ती;
collocations: ~**my run** (***syn.*** dry run) असली कार्यक्रम से पहले किया जाने वाला अभ्यास-कार्यक्रम, पूर्वाभ्यास, आक्रमण-अभ्यास, गति-परीक्षण (of a vehicle);
p&i: **like a ~my** मूढ़ आदमी
dump /डंप/ *v., pt.* ~**ed**, *pp* ~**ing** 1 डालना, धम्म से गिराना, पटक दे.: ~ stone; ~ coal 2 अवैध स्थान पर कूड़े-कर्कट आदि का ढेर लगाना 3 अचानक फेंककर या किसी पर थोपकर पिंड छुड़ाना: ~ sb/ sth on sb 4 कंप्यूटर से सूचना की प्रतिकृति (**copy**) बनाकर कहीं और सुरक्षित रखना 5 प्रेम प्रकरण में साथी या पार्टनर को अचानक छोड़ दे.: ~ a boy/ girl friend 6 देश के लिए बेकार या अलाभकर माल को कम दामों पर बेचने के लिए किसी अन्य देश के बाजार को भर दे.: ~ the old goods in another country's market;
n. (*also UK* **tip**) 1 कूड़े का ढेर, घूरा: rubbish ~ 2 मैला-कुचैला व जर्जर स्थान 3 अस्थायी ढेर: mine ~ (खान से निकले खनिज या चूरे का ढेर) 4 गोदाम, खत्ता, हथियारों का गोदाम या भंडार: ammunition ~ 5 (***syn.*** dumping ground) क्षेपण भूमि: ~ truck, ~ barge 6 (***syn.*** thud) धड़ाम, धम्म की आवाज, धमाका 7 धक्का, आघात 8 निराशा, उदासी: sb in ~**s** 9 ढेर, टीला 10 *comput.* कंप्यूटर की स्मृति पटल की छपी हुई प्रति या सूचना का संग्रहण या उसके स्क्रीन पर सूचना सुरक्षित रखने का स्थान: data ~/ screen ~ 11 (***syn.*** barge) स्वयं लदने वाला बजरा 12 पुराने माल को कम दामों पर बेचने के लिए प्रदर्शन खिड़की: ~ bin/ display bin;
dw/lw: ~**er** *n.* माल को एक मुश्त खाली करके कहीं और डालने वाली गाड़ी; ~**iness** *n.* गोल-मटोलपन; ~**ing** *n.* 1 सामान उतारकर डालने की क्रिया 2 फेंके गए सामान का ढेर: ~ing of stones; ~**ing** *adj.* डालने वाला, डालने के लिए: ~ing ground; ~**(s)** *n.* (*syn.* depression) विषाद, हताशा: down in the ~s;
collocations: ~**er truck** (~**truck**) डंपर ट्रक, पत्थर-चूरा आदि को उलटकर उतारनेवाला ट्रक
dumpling /डंप्लिंग/ *n.* 1 एक प्रकार का व्यंजन जिसे उबलते तेल में पकाया जाता है, मालपूआ 2 फलों का हलवा 3 गोलमटोल व्यक्ति
Dumpster /डंपस्टः/*US trade* (*UK* **skip**) *n.* कूड़ादान, कूड़ा-कर्कट डालने के लिए बहुत बड़ा कंटेनर या बक्सा
dum\py /डंपि/ *adj., degr.* ~**pier**, ~**piest** छोटा और मोटा, गोल-मटोल
dun /डन/ *adj., degr.* ~**ner**, ~**nest** 1 धूसर 2 धुंधला 3 सिरगा, समंद (of horses);
n. 1 ऋण की अदायगी के लिए बहुत ज्यादा टोक करने वाला सूदखोर, तकाजगीर साहूकार 2 मटमैला रंग 3 धूसर रंग का घोड़ा;
v., *pt.* ~**ned**, *pp* ~**ning** 1 बार-बार ब्याज वापस मांगना, तकाजा क. 2 तंग क.;
dw/lw: ~**ner** /डनः/ *n.* बहुत ज्यादा टोक करने वाला सूदखोर, तकाजा करने वाला साहूकार, तकाजगीर
dunce /डंस/ *n., pl.* ~**s** सीखने या पढ़ने-लिखने में कमजोर या जड़मति, स्थूल-बुद्धि बालक
dunderhead /डंडःहेड/ *n.* जड़मति, स्थूल-बुद्धि व्यक्ति, मूढ़ आदमी;
dw/lw: ~**ed** *adj.* जड़मति, स्थूल-बुद्धि, मूढ़
dune /ड्यून/(*also* **sand ~**) *n.* रेत का पहाड़, बालू का टीला या टिब्बा: ~ buggy
dung /डंग/ *n.* 1 गोबर 2 लीद 3 पशु-विष्ठा;
dw/lw: ~-**beetle** *n.* गुबरैला; ~**cake** *n.* उपला, गोहरा, कंडा, *Hr.* गोस्सा; ~**hill**/ ~**heap** *n.* 1 गोबर की ढेरी 2 गंदा स्थान या व्यक्ति
dungarees /डंगअरीज/ *UK* (*US* **overalls**) *n. [pl.]* 1 डूंगरी, पैंट और कमीज से बनी पोशाक जिसे कंधों पर लटके स्ट्रैप से थामा जाता है 2 मोटे सूती कपड़े की पैंट
dungeon /डंजअन/ *n.* अंधेरी कोठरी, काल कोठरी, भूमिगत कैदखाना
dunk /डंक/ *v., pt.* ~**ed**, *pp* ~**ing** 1 रसे में डुबोना, चाय या कॉफी में डुबोकर (रस या बिस्कुट आदि) खाना 2 डुबकी लगाना या लगवाना 3 बास्केटबाल के खेल में ऊंचा कूदकर गेंद को बास्केट में डालना
DUNKs *abbr.* 'double uncertainty, no kids' की प्रथमाक्षरी
dunnage /डनिज/ *n.* 1 जहाज आदि में माल को बांधकर रखने की क्रिया 2 माल को सटाकर रखने के साधन
dunner *see above under* **dun:** ***dw/lw***
dunno /डनो/ *contraction*, 'I dunno = I do not know' का छोटा रूप
dunnock /डनक/ *n.* एक चिड़िया
dunny /डनि/ *n.* 1 बहरा आदमी 2 मूर्ख व्यक्ति 3 *Austral.* शौचालय
dunt /डंट/ *v., pt.* ~**ed**, *pp* ~**ing** *Scot.* किसी पर भारी आघात क.;
n. भारी आघात या वार
duo /ड्युओ/ *US* डुओ/ *n., pl.* ~**s** युगल, जोड़ी, युगल गान
duodecimal /ड्यूओडेसिमल/ *adj.* 1 बारहवां हिस्सा 2 दर्जन प्रणाली
duoden\um /ड्यूअडीन\म/ *n. pl.* ~**ums**/ **duodena** /ड्यूअडीना/ छोटी आंत का अगला भाग, ग्रहणी;
dw/lw: ~**al** /~ल/ *adj.* ग्रहणी-, छोटी आंत से संबंधित: ~al ulcer (छोटी आंत का फोड़ा)
duologue/ (*sometimes US* **duology**) /ड्यूअलॉग/ *n.* संवाद, द्विपात्रीय नाटक
duomo /ड्वोमो/ *n.* (इतालवी) गिरजाघर
duopo\ly /ड्युऔप्लि/ ड्युआःप्लि/ *n., pl.* ~**lies** 1 द्वि-अधिकार 2 किसी माल की क्रय-विक्रय पर मात्र दो कंपनियों का एकाधिकार
duotone /डुअटोन/ड्यूअटोन/ *adj.* दुरंगा (colour)
DUP *abbr.* 'Democratic Unionist Party (London)' की प्रथमाक्षरी
dup. *abbr.* 'duplicate' का संक्षेप
du\pe /ड्यूप/ *v., pt.* ~**ped**, *pp* ~**ping** चकमा दे., ठगना, उल्लू बनाना: ~**pe** sb into doing sth;
n. 1 ठगी का शिकार व्यक्ति 2 भोला-भाला व्यक्ति;
dw/lw: ~**pery** /ड्यूपरि/ *n.* धोखेबाजी, छल-कपट
duple /ड्यूपल/ *adj.* 1 दुहरा या दुगुना 2 *music* दोहरी ध्वनि वाला
duplex /डयूप्लेक्स/ *adj.* 1 दुहरा या दुगुना 2 दो मंजिलों पर बना और अंदर से जुड़ा हुआ;
n., *pl.* ~**es** (*also* ~ **house**) दो मंजिलों पर बना और अंदर से जुड़ा मकान: ~ apartment;
collocations: ~ **lamp** दो बत्तियोंवाली लालटेन
duplica\te /ड्यूप्लिके\ट/ *US* डूप्लिके\ट/ *v., pt.* ~**ted**, *pp* ~**ting** 1 प्रतिलिपि बनाना 2 किसी कार्य को ऐन पहले की तरह दोहराना, पुनरावृत्ति क.;
n. 1 प्रतिलिपि, प्रतिकृति 2 दो-दो प्रतिलिपियों वाला दस्तावेज: in

~te;

adj. 1 (***syn.*** twofold) दोहरा, द्वैध 2 दुगुना, द्विगुण 3 (***syn.*** corresponding exactly) द्विक, हू-ब-हू 4 दूसरी या दूसरा: **~te** work 5 अतिरिक्त 6 नकली माल या चीज: **~te** parts;

dw/lw: **~ting** /~टिंग/ *n.* प्रतिलिपिकरण; **~tion** /~शन/ *n.* प्रतिलिपिकरण, द्विगुणीकरण, पुनरावृत्ति, नकली माल का निर्माण; **~tor** /~टः/ *n.* डुप्लिकेटर, प्रतिलिपि बनाने वाला यंत्र

dupliciˈty /ड्यूप्लिसिˈटि/ *US* डूप्लिसिˈटि/ *n., pl.* **~ties** *formal.* 1 जुर्म में सहभागिता 2 दुरंगी बात, धोखाधड़ी, ठगी, कपटाचार 3 दुरंगी नीति;

dw/lw: **~tous** /~टस/ *adj.* कपटी, दुरंगी, सहभागी

Dur. *abbr.*, 'Durham' का संक्षेप

durabiliˈty /ड्यूअरअबिलिटि/ *US* डूरअबिलिटि/ *n., pl.* **~ties** टिकाउपन, पायदारी, मजबूती

durabˈle /ड्युअरअबˈल/ *US* डुरअबˈल/ *adj.* टिकाऊ, पायदार, देर तक चलने वाली वस्तु: **~le** goods; **~le** cloth;

dw/lw: **~ly** /~लि/ *adv.* टिकाऊ ढंग से

dura mater /ड्युअर मेटः/ *n. Lat.* /ड्यूरै माटेर/ दृढ़तानिका, दिमाग और मेरुदंड का सबसे मोटा व बाहरी दृढ़ आवरण

duramen /ड्युरेमेन/ *n.* कठोर दारु (wood)

durance /ड्युअरंस/ *n.* कारावास;

p&i: **in ~ vile** कारावास में

durante /ड्यूरैंटि/ *prep., Lat.* चालू रखते हुए (in continuation): ~ vita (जिंदगी भर, पूरे जीवन में);

duration /ड्युरेशन/ *US* डुरेशन/ *n.* 1 अवधि, मियाद 2 कालावधि: ~ of office;

p&i: **~ of human life** मानवीय जीवन की अवधि;

sign up for the ~ सेना में नौकरी काल का समझौता क.

duress /ड्युरेस/ *n.* 1 दबाव, धमकी: ~ by menaces (मारने की धमकी के दबाव में) 2 बाध्यता, विवशता, मजबूरी: do sth under ~ (मजबूरी में क.) 3 कारावास, कैद 4 अवरोध: ~ of goods (माल का अवैध अवरोध)

during /ड्युअरिंग/ *prep.* 1 के दौरान, के समय 2 के बीच: he came ~ the interval

durum/ durum wheat /ड्यूरम वीट/ *n.* कठोर गेहूं

DUS *abbr.* 'Distinctness, Uniformity and Stability' की प्रथमाक्षरी

DUSC *abbr.* 'Delhi University South Campus' की प्रथमाक्षरी

dusk /डस्क/ *n.* 1 (***syn.*** twilight) गोधूलि वेला, सांझ, सांध्य प्रकाश: till ~ 2 झुटपुटा, धुंधलका (of evening): ~ light 3 विषाद, अंधेरा: ~ forest;

dw/lw: **~y** /डस्कि/ *adj., degr.* ~ier, ~iest 1 धुंधला, मटमैला, धूसर: ~y cave (अंधेरी गुफा) 2 विषादमय, निरानंद: ~y look; **~ily** /डस्किलि/ *adv.* मटमैले रंग में; **~iness** /डस्किनेस/ *n.* मटमैलापन, विषाद

dust /डस्ट/ *n.* 1 धूल, गर्द, धूलि, मिट्टी: radioactive ~ (नाभिक धूलि) 2 गर्द-गुबार 3 बुकनी, चूर्ण, चूरा: gold ~ 4 राख 5 दीन-हीनता 6 गड़बड़ी 7 कूड़ा-कर्कट 8 पराग 9 *colloq.* क्रोध भरी शिकायत: kick off the ~ (बखेड़ा खड़ा क.);

v., pt. **~ed**, *pp* **~ing** 1 धूल झाड़ना: ~ clothes 2 बुरकना, भुरभुराना 3 धूसरित क.;

dw/lw: **~bin** *UK* (*US* **garbage/ trash can**) *n.* कूड़ादान, कचरा-पेटी; **~er** /डस्टर/ *n. UK* झाड़न; **~iness** /डस्टिनेस/ *n.* धूल-धूसरता; **~laden** *adj.* धूल भरा; **~louse/ ~ mite** *n.* कुटकी; **~man** (*UK* **binman, refuse collector**; *US* **garbage man**) *n. pl.* ~men घरों से कूड़ा बटोरने वाला, झाड़ूदार; **~pan** *n.* कूड़ा बटोरने का बर्तन या प्लेट; **~-up** *n., colloq.* झगड़ा, अनबन; **~y** /डस्टि/ *adj., degr.* ~ier, ~iest धूल भरा, धूल-धूसरित;

collocations: **~ ball** धूल व अन्य कचरे का अंबार; **~ bowl** रेगिस्तान जैसी धूल भरी भूमि; **~ bunny** धूल व अन्य कचरे का अंबार; **~ cart** कूड़ा-कर्कट गाड़ी; **~ cover** पुस्तक का जैकेट, उपकरणों आदि को ढकने का आवरण; **~ devil** आंधी आदि द्वारा बनाई हवा में लटकती धूल की परत, बगूला, *Hr.* बबूला; **~ hole** कूड़ादान; **~ing powder** महीन पाउडर (talcum powder); **~ jacket/ ~ cover** धूल से बचाने के लिए किताब पर चढ़ाया जाने वाला आवरण; **~ mite** कुटकी, घरों में गलीचों आदि में रहने वाला बहुत छोटा जीवाणु, जिससे ऐलर्जी आदि हो सकती है; **~ proof** धूलरोधी, धूलसह; **~ sheet/ ~ cover** घरों में फर्नीचर आदि को धूल से बचाने का लिए आवरण, पलंगपोश, चादर; **~ shield** धूलरोक; **~ storm** धूल भरी हवाएं, आंधी, अंधड़; **~ white** मटमैला; **~y answer** टके-सा जवाब;

p&i: **~ a cake with sugar** केक पर थोड़ी चीनी छिड़कना; **~ a little pepper over sth** किसी चीज पर थोड़ी-सी काली मिर्च छिड़कना; **~ one's feet/ ~ off one's feet** पांव की धूल झाड़ना; **~ sb's coat/ jacket** किसी का कोट या जैकेट झाड़ना; **~ sth off** कपड़ों की धूल झाड़ना; **~ thou art and unto ~ shall thou return** हम खाक है खाक में मिल जाएंगे;

be done and ~ed हर तरह से संपूर्ण हो जा.; **be unable to see sb for ~** रफू-चक्कर हो.; **bite the ~** धूल चाटना, असफल हो जा., समाप्त हो जा.; **consign sb/ sth to ~bin (of history)** पूरी तरह खत्म क., नामोनिशान मिटा दे.; **give the ~ to sb** किसी को पीछे छोड़ना; **happy ~** कोकीन, नशीली दवा; **humbler than the ~** अति विनम्र; **in the ~** जिसे धूल में मिला दिया गया हो; **kiss the ~** धूल चाटना; **leave sb in the ~** बहुत पीछे छोड़ दे.; **make/ raise/ kick up a ~** बखेड़ा खड़ा क., शिकायत करते हुए झगड़ा क.; **make the ~ fly** फुर्ती और जोश से काम क.; **none so ~y** ठीक-ठाक है; **not see sb for ~** किसी को दोबारा न मिलना क्योंकि वह आनन-फानन में चला गया/ चली गई; **rake ~bins** झूठी खबरें फैलाना; **shake the ~ from one's feet** पांव झाड़ना; **the ~ of one's ancestors** बुजुर्गों की भस्म; **throw ~ in sb's eyes** किसी की आंखों में धूल झोंकना, गुमराह क.; **turn to ~** धूल में मिल जा., बेकार हो.; **wait for the ~ to settle** स्थिति शांत होने तक इंतजार क.;

DUTA *abbr.* 'Delhi University Teachers Association' की प्रथमाक्षरी

Dutch /डच/ *n.* 1 डच, नीदरलैंडवासी, हॉलैंड का नागरिक 2 डच भाषा; **the Dutch** हॉलैंडवासी;

dw/lw: **Dutchman/ Dutchwoman** *n.* हॉलैंड का नागरिक

collocations: **~ auction** ऐसी नीलामी जिसमें किसी चीज के खरीदे जाने तक उस का मूल्य लगातार घटाया जाता रहता है; **~ barn** लकड़ी की बल्लियों के ऊपर हल्की छतवाला और चारों तरफ से खुला घास और भूसा आदि के लिए बना स्थान; **~ cap** गर्भनिरोधक टोपी; **~ courage** शराब पीने के बाद का साहस या दिलेरी; **~ door** स्थायी दरवाजा; **~ elm disease** *bot.* एक बीमारी जिससे एल्म (चिराबेल) के पेड़ खत्म हो जाते हैं; **~ hoe** कुदाल, फावड़ा; **~ oven** खुली आग वाली खाना पकाने की अंगीठी; **~ treat** ऐसी खान-पान दावत जिसमें प्रत्येक व्यक्ति अपना पैसा स्वयं देता है; **~ uncle** बड़े-बूढ़ों की तरह उपदेश देने वाला व्यक्ति; **~ wife** बेंत का ढांचा, पैर की अड़ान;

flying ~ 1 प्रेत-पोत (ghostly ship) 2 प्रेत-पोत का कप्तान;

p&i: **~ bargain** शराब की बोतल पर या पीकर किया जाने वाला सौदा; **~ comfort/ consolation** शुक्र करो, क्योंकि इससे भी ज्यादा नुकसान हो सकता था; **~ defence** रक्षा के लिए दिखावापूर्ण प्रयास; **~ feast** ऐसी पार्टी जिसमें मेजबान सबसे पहले पीकर धुत्त हो जाता है;

beat the ~ कोई असाधारण काम क.; **double ~** दुरूह भाषा; **go ~** रेस्त्रां आदि में अपने-अपने हिस्से का बिल अदा क.; **I'm a Dutchman if** यदि यह सच नहीं तो मैं जहन्नुम में जाऊं; **in ~** संकट में; **my old ~!** मेरी प्रिय पत्नी!; **talk like a ~ uncle** बड़े-बूढ़ों की तरह उपदेश दे.; **that/ it/ beats the ~!** यह बहुत बढ़िया हुआ!; **the ~ have taken Holland** वाह, यह भी कोई

नई खबर है

duteous /ड्यूटिअस/ *adj.* आज्ञाकारी, कर्त्तव्यपरायण;
dw/lw: **~ly** /~असलि/ *adv.* कर्त्तव्यपरायणतापूर्वक, निष्ठापूर्वक

dutiable /ड्यूटिअबल/ *adj.* शुल्कदेय (माल): ~ articles

dutiful /ड्यूटिफुल/ *adj.* कर्त्तव्यपरायण;
collocations: **~ affection** आदर, आदर-सत्कार; **~ son** कर्त्तव्यपरायण पुत्र

duty /ड्यूटि/ *n., pl.* **duties** 1 कर्त्तव्य, फर्ज 2 निष्ठा, दायित्व, जिम्मेवारी 3 कार्य 4 श्रद्धा, सम्मान 5 सीमाशुल्क, कर, चुंगी, महसूल;
dw/lw: **~-bound/ in bounden ~** कर्त्तव्य-बद्ध: be ~-bound to do sth; **~-free** *n.* सीमाशुल्क मुक्त सामान: bought a load a ~-frees; **~-free** *adj.* सीमाशुल्क मुक्त; **dutiful** *adj.* कर्त्तव्य-परायण; **dutifully** *adv.* निष्ठापूर्वक;
collocations: **~-free shop** सीमा-शुल्क मुक्त सामान की दुकान; **~ list** कार्यसूची; **~ officer** कार्यकारी अधिकारी;
a duty to/ towards sb किसी के प्रति कर्त्तव्य; **customs/ excise/ import ~** सीमा/ उत्पाद/ आयात शुल्क; **excise duties** उत्पाद/ आबकारी शुल्क; **heavy/ severe ~** कठिन सेवा शर्तें; **moral/ legal ~** नैतिक/ वैधानिक कर्त्तव्य; **night ~** रात का कार्य-पारी; **on/ off ~** काम पर हो. या छुट्टी पर हो.; **one's ~ by sb** किसी के प्रति नैतिक कर्त्तव्य; **sense of ~** कर्त्तव्य का अहसास;
p&i: **be off ~** छुट्टी पर होना; **do ~ for sb** किसी के स्थान पर काम क.; **enter upon one's duties** अपना पद संभालना; **have/ neglect/ perform a duty** कर्त्तव्य होना/ कर्त्तव्य न निभाना या निभाना; **report for ~** काम पर आना या आकर हाजिरी दे.

duvet /ड्यूःवे/ *US* डूःवे/*UK* (*US* **comforter**, *also* **continental quilt**) *n.* मुलायम, मोटी रजाई

DV *abbr.* 'Deo volente' *Lat.* का संक्षेप (God willing इंशा अल्लाह)

DVAC *abbr.* 'Directorate of Vigilance and Anti-Corruption' की प्रथमाक्षरी

DVB *abbr.* 'Delhi Vidyut Board', 'Digital Video Broadcast' की प्रथमाक्षरी

DVD /डीवीडी/ *n. abbr.* 'digital versatile disc/ digital video disc' की प्रथमाक्षरी

DVT /डीवीटी/ *n. abbr.* 'deep vein thrombosis' की प्रथमाक्षरी

dwaal /ड्वाल/ *n.* खोयी-खोयी-सी पर तनाव रहित मानसिक अवस्था: be in a complete ~

DWACRA *abbr.* 'Development of Women and Children in Rural Areas' की प्रथमाक्षरी

dwarf /ड्वॉःफ/ *n., pl.* **~s/ dwarves** 1 बाल कथाओं में नाटे कद का काल्पनिक पात्र 2 बौना/ ठिगना/ नाटा व्यक्ति, वामन 3 एक मिथिक पात्र जिसके पास दिव्य शक्ति थी 4 रंग: red ~;
adj. छोटा, नाटा, ठिगना: ~ rabbits; ~ oak;
v., *pt.* **~ed**, *pp* **~ing** 1 किसी को गौण या महत्त्वहीन बनाना: the big steamer **~ed** our little boat; he **~s** other writers 2 बौना बनाना 3 कद में छोटा दिखाना या दिखना 4 का विकास रोकना;
dw/lw: **~ish** /~फिश/ *adj.* ठिगना-सा; **~ism** /~फिज्म/ *n.* बौनेपन का विकार; **~-wall** *n.* बगीचे की छोटी दीवार;
collocations: **~ star** *astron.* गहन और मद्धम दीप्तिवाला अपेक्षतया छोटा सितारा

DWCD *abbr.* 'Department of Women and Child Development' की प्रथमाक्षरी

DWDM *abbr.* 'Dense Wavelengh Division Multiplexing' की प्रथमाक्षरी

dweeb /ड्वीब/ *n. esp. US derog. sl.* 1 बेवकूफ, मूर्ख आदमी 2 बेढंगा, गंवार व्यक्ति

dwell /ड्वै\ल/ *v., pt.* **~ed/ dwelt**, *pt. p.* **~ed/ dwelt**, *pp* **~ing** *s/he/it* **~s** 1 बसना, रहना: ~ in/ among/ with, etc. 2 निवास करना, रहना: ~ abroad/ in the country (विदेश या देहात में रहना) 3 किसी विषय पर विस्तार से बोलना या लिखना: ~ on a word; ~ on/ upon sth;
dw/lw: **~er** /~लः/ *n.* निवासी, बाशिंदा, रहने वाला: town ~ers; **~ing** /~लिंग/ *n., formal, lit.* घर, निवास स्थान; **~ing** *adj.* आवास, निवास: ~ing house (आवास घर); ~ing place (निवास स्थान);
p&i: **Dwell under one's vine and fig-free** अपने धरती पर सुख-चैन से रहना

dwind\le /ड्विंडल/ *v., pt.* **~led**, *pp* **~ling** कम हो., घटना;
dw/lw: **~ling** *adj.* 1 कम होने वाला, जिसका स्तर गिर रहा हो 2 संख्या में घटने वाला

DWR *abbr.* 'Directorate of Wheat Research' की प्रथमाक्षरी

DWS *abbr.* 'Disaster Warning System' की प्रथमाक्षरी

DWT *abbr.* 'dead weight tons', 'dead weight tonnage' की प्रथमाक्षरी

DY *abbr.* 'Benin' का अंतर्राष्ट्रीय वाहन पंजीकरण कोड IVR)

dyad /डायड/ *n.* 1 दो 2 युग्म, युगल: mother-child ~ 3 दो भाग

dyarchy /डयाःकि/ (*also* **diarchy**) *n.* द्वितंत्र, द्विशासन, दोहरा शासन

dyable /डायबल/ (*also* **dyeable**) *adj.* जिसे रंगा जा सके

dybbuk /डिबुक/ *n., pl.* **~s/ ~im** *Jewish folklore* यहूदी भूत-प्रेत, प्रेत-आत्मा

dye /डाइ/ *n.* 1 रंग, वर्ण 2 रंजक 3 रंग सामग्री, रंगने की सामग्री;
v., *pt.* **dyed**, *pp* **dyeing** रंगना, रंजित क.;
dw/lw: **~able** *adj.* रंगने-योग्य; **~d** *adj.* रंगा हुआ, रंजित; **~d-in-the-wool** पक्का, टस से मस न होने वाला, दृढ़: dyed-in-the-wool communist; **~ing** /डाइंग/ *n.* रंगाई, रंजन; **dyer** /डायः/ *n.* रंगने वाला, रंगरेज, रंजक; **~-stuff** *n.* रंग द्रव्य, रंजक; **~-wood** *n.* रंजक पेड़; **~-works** *n.* रंगाई-घर;
p&i: **~ one's hair** अपने बालों को रंगना; **~ sth in the wool/ in the grain** किसी चीज को पक्के रंग में रंगना;
of the blackest/ deepest ~ पक्का, मंजा हुआ दुष्ट या घिनौना व्यक्ति; **rainbow dyes** इंद्रधनुष के रंग; **take a dye** अपने बालों आदि को रंगना

DYFI *abbr.* 'Democratic Youth Federation of India' की प्रथमाक्षरी

dying /डाइंग/ *n.* मरण, मृत्यु: ~ without issue (बेऔलाद मृत्यु);
adj. मरणासन्न: ~ social order (लुप्त होने वाली सामाजिक प्रणाली);
dw/lw: **~-bed** *n.* मृत्यु-शय्या;
collocations: **~ cause** विनाशोन्मुख मुद्दा; **~ declaration** मरणासन्न व्यक्ति का बयान; **~ look** पस्त शक्ल;
p&i: **~ wish/ words** मरणासन्न व्यक्ति की इच्छा;
her ~ breath अंतिम सांस; **the ~ seconds of the match** मुकाबले के अंतिम क्षण; **the ~ year** बीतने वाला वर्ष; **till one's ~ day** मृत्यु तक

dy\ke /डाइक/ (*also* **dike**) *n.* 1 तटबंध, समुद्र के पानी को भूभाग में जाने से रोकने के लिए बनाया जाने वाला बांध या दीवार जैसा कि हॉलैंड में किया गया है 2 *UK* (*syn.* ditch) खेतों से पानी निकालने की नाली 3 *offensive sl.* समलैंगिक स्त्री 4 *Austral. & NZ sl.* शौचालय;
v. *pt.* **~ked**, *pp* **~king** बांध या नाली बनाकर पानी को रोकना

din. *abbr.* 'dynamo', 'dynamometer', 'dyne' का संक्षेप

dynamic /डाइनैमि\क/ *adj.* 1 (***anton.*** static) गतिशील, कर्मठ, परिवर्तनशील, प्रगतिशील, सक्रिय 2 ओजस्वी 3 गतिमान;
dw/lw: **~ally** /~कलि/ *adv.* कर्मठ या सक्रिय ढंग से, गतिशीलता से;
collocations: **~ brushwork** निरंतर लिखाई की शैली; **~ linguistics** गतिशील भाषा शास्त्र; **~ test** आघात परीक्षण

dynamics /डाइनैमिक्स/ *n. [pl.]* 1 किसी स्थिति/ समूह/ संगठन में पारस्परिक गतिशील संबंध या पारस्परिक निर्भरता: political ~ 2

गति विज्ञान, गतिकी 3 किसी भी क्षेत्र में परिवर्तनशीलता, गतिशीलता

dynamism /डाइनामिज्म/ *n.* 1 कर्मठता, गतिशीलता, प्रगतिशीलता 2 जोश एवं जुनून

dynami\te /डाइनअमाइट/ *n.* 1 एक शक्तिशाली बम, डाइनामाइट, बारूद: **~te** outrage (बम विस्फोट) 2 प्रभूत शक्ति या प्रच्छन्न शक्ति-संपन्न व्यक्ति, खतरनाक आदमी 3 प्रध्वंसक;
v., pt. **~ted**, *pp* **~ting** बारूद के साथ विस्फोट क.;
collocations: **~te meteor** नियंत्रित परमाणु प्रक्षेपक

dynamitism /डाइनअमाइटिज्म/ *n.* आतंकवाद

dynamo /डाइनमो/ *n., pl.* **~s** 1 *elec.* डायनमो, बिजली उत्पादक जो यांत्रिक ऊर्जा को वैद्युत ऊर्जा में बदलता है 2 *colloq.* अति कर्मठ व ओजस्वी व्यक्ति;
dw/lw: **~graph** *n.* शक्तिलेखक; **~meter** *n.* शक्तिमापक

DynAOS *abbr.* 'Dynamic Autopilot System' की प्रथमाक्षरी

dynast /डिनैस्ट/ *n.* शासक, राजवंशज;
dw/lw: **~ic** /डिनैस्टिक/ *US* डाइनैस्टिक/ *adj.* 1 राजवंशीय 2 वंशगत; **~y** /डिनैस्टि/ *US* डाइनैस्टि/ *n., pl.* ~ies राजवंश

d'you *short form,* 'do you' का संक्षेप

dyne /डाइन/ *n., pl.* **~s** डायन, बल मापक इकाई

dys- *prefix, comb. form, signifying:* **ill bad or abnormal** (कु-, दुः-, नि-, अ-बद-)

dysaesthesia /डिसीस्थीजिआ/ *n., med.* संवेदनशीलता में विकार

dysarthria /डीसाःथ्रिआ/ *n., med.* उच्चारण या वाक्शक्ति में विकार

dysentery /डिसंटरि/ *n., med.* पेचिश, मरोड़, आंव

dysfunction /डिस्फंक्शन\/ *n.* सामान्य क्रियाशीलता में विकार, कार्यक्षमता में विकार;
dw/lw: **~al** /~ल/ *adj.* कार्यक्षमता में विकार का शिकार, अक्रियशील

dysgen\esis /डिस्जेनेसिस/ *n.* अपजनन, कुजनन;
dw/lw: **~ic** /डिस्जेनिक/ *adj.* वंशापकर्षी, वंशापकारक, अपजनिक, कुजनिक; **~ics** /डिस्जेनिक्स/ *n.* अपजनिकी

dysgraphia /डिस्ग्रैफिआ/ *n.* लेखन क्षमता में विकार, लेखन-शैथल्य

dyslex\ia /डिस्लेक्सिआ/ *n., psychol., med.* पाठन क्षमता में विकार, वाचन-शैथल्य;
dw/lw: **~ic** /डिस्लेक्सिक/ *adj.* पाठन-अक्षम

dyslogistic /डिस्लॉजिस्टिक/ *adj.* निंदात्मक, अपमानजनक

dysmenorrhoea/ dysmenorrhea /डिस्मेनअरिआ/ *n., med. n.* वेदनाप्रद रजोधर्म

dysmerism /डिस्मेरिज्म/ *n., biol.* असमान भागों की कुल मात्रा या संख्या

dysmetria /डिस्मेटरिआ/ *n., med.* गतिशीलता में असंतुलन

dysmorphia /डिस्मॉःफिआ/ *n.* शरीर के अंग-वृद्धि में असमानता का विकार

DySP *abbr.* 'Deputy Superitendent of Police' की प्रथमाक्षरी

dyspep\sia/ ~sy /डिस्पेप्सिआ/ डिस्पेप्सि/ *n., pathol.* अपच, अजीरण, बदहजमी, मंदाग्नि;
dw/lw: **~tic** /डिस्पेप्टिक/ *adj., colloq.* 1 जिसे अपच, अजीरण, बदहजमी हो 2 पस्तहाल

dysphagia /डिस्फेजिआ/ *n.* गले से घूंट भरने या गटकने में कठिनाई

dysphasia /डिस्फेजिआ/ *psychol., med. n.* दिमागी चोट के कारण उच्चरित या लिखित शब्दों को समझने व अभिव्यक्त करने में अक्षमता

dysphonia /डिस्फोनिआ/ *n.* दुःस्वरता, स्वर-शैथल्य

dysphor\ia /डिस्फोरिआ/ *n.* (***anton.*** euphoria) दुखाभास, बेचैनी, अधीरता;
dw/lw: **~ic** *n.* बेचैन, अधीर

dysplasia /डिस्प्लेजिआ/ *n., pathol.* शारीरिक अंग विकास में एक विकार जिसके कारण अंग में असाधारण ढंग से वृद्धि होती है

dysplasis /डिस्प्लासिस/ *n.* दुर्विकास, शारीरिक अंग विकास विकार

dyspnoea/ dyspnea /डिस्पनिआ/ *n., med.* कृछ्र-श्वसन, श्वास विकार, सांस लेने में कठिनाई

dyspraxia /डिस्प्रैक्सिआ/ *n.* दिमागी विकार के कारण बच्चों में अंगचालन में समस्या

dysprosium /डिस्प्रोजिअम/ *n.* (*symbol.* **Dy**) एक रासायनिक तत्त्व जो नाभिक अनुसंधान में प्रयुक्त होता है

dystop\ia /डिस्टोपि\आ/ *n.* (***anton.*** utopia) एक काल्पनिक स्थान या अवस्था जहां सब कुछ बहुत खराब और ग्लानीपूर्ण होता है, दुःस्थानता;
dw/lw: **~ian/ ~ic** /~अन/ ~क/ *adj.* दुःस्थानिक

dystroph\y /डिस्ट्रअफि/ *n., pl.* **~ies** कुपोषण के कारण होने वाला अंगों, कोशिकाओं और ऊतकों आदि में विकार

dysuria/ dysury /डिस्युरिआ/ डिस्युरि/ *n.* पेशाब करने में कठिनाई, मूत्रकृच्छ

DZ *abbr.* **'Algeria'** का अंतर्राष्टीय वाहन पंजीकरण कोड (*IVR*)

dz. *abbr.* 'dozen' का संक्षेप

E e

E e /ई/ *n.* **Es, E's, es, e's** 1 अंग्रेजी वर्णमाला का पांचवां अक्षर और दूसरी स्वर ध्वनि (vowel) 2 *music* पश्चिमी संगीत में तीसरा नोट 3 परीक्षा में पांचवें स्तर का (यानी अनुत्तीर्ण) परिणाम 4 *advertising* जिस व्यक्ति की कोई नियमित आय न हो और जो भिन्न-भिन्न विकलांगताओं के कारण सरकार पर निर्भर हो 5 **E** = 250 (mediaeval numeral) 6 **E** = 250000 7 **'España'** (Spain) स्पेन का अंतर्राष्ट्रीय वाहन पंजीकरण कोड (*IVR*)

E *abbr.* 'earl', 'earth', 'East', 'eastern', 'Ecstasy', 'energy' 'engineer', 'English', 'electronic', 'Europe', 'E-mail', 'E-number' का प्रथमाक्षर

e- /ई/ *comb. form, denoting:* **e-mail, internet, etc.** (इंटरनेट और ई-मेल आदि से संबंधित): e-mail; e-commerce; e-business, etc.

ea *abbr.* 'each' का संक्षेप

EAC *abbr.* 'Economic Advisory Committee/ Council' की प्रथमाक्षरी

each /ईच/ *adj./determiner* प्रत्येक, हर, एक-एक: ~ elector has one vote; ~ side of a cube is equal;

pron. 1 प्रत्येक, कोई भी, हर एक: ~ has his own place 2 निम्न प्रयोगों में: ~ other (एक दूसरे को/ का/ की/ से/ के लिए आदि); they are afraid of ~ other; they all know ~ other; prove ~ and every statement;

adv.: प्रत्येक, एक-एक को/ के लिए/ से: give them one ~; ~ and every one; for or to ~ one; ~ way; ~ to his/ her own (*US* **to ~ their own**) (हर किसी को अपना-अपना); they were talking to ~ other

EAEM *abbr.* 'East Asia Economic Model' की प्रथमाक्षरी

EAF *abbr.* 'electric arc furnace' की प्रथमाक्षरी

eAF *abbr.* 'e-Asia Finance' की प्रथमाक्षरी

eager /ईगः\/*adj.* 1 (*often* **~ for sth/to do sth**; ***syn.*** keen) आतुर, उत्सुक, अधीर, व्यग्र, उत्कंठित: an ~ glance 2 उत्सुकतापूर्ण, आतुरतापूर्ण: ~ to conquer; ~ for sth/ do sth;

dw/lw: **~ly** /~लि/ *adv.* अधीरतापूर्वक; **~ness** /~नेस/ *n.* आतुरता, उत्सुकता, उत्कंठा;

collocations: **~ beaver** *colloq.* घोर परिश्रमी, उद्यमी व जोशीला व्यक्ति

eagle /ईग्ल/ *n.* 1 बाज 2 गरुड़, उकाब 3 चील 4 कई देशों का राष्ट्रीय चिह्न;

dw/lw: **~boat** *n.* 1 समुद्री शिकारी 2 टॉरपीडो से लैस लड़ाकू जहाज; **~sighted** *adj.* सुदूरदर्शी, पैनी नजरवाला; **~t** /ईग्लेट/ *n.* बाज/ गरुड़/ चील का शावक;

collocations: **~ eye** तीक्ष्ण दृष्टि, तीव्र दृष्टि; **~ eye(d)** (***syn.*** hawk-eyed) सुदूरदर्शी, पैनी नजर वाला; **~ owl** एक बहुत बड़ा यूरोपीय उल्लू; **~'s nest** हवाई अड्डा;

p&i: **fly the ~** *US* अमेरिकी अंधराष्ट्रवाद (chauvinism) का प्रचार क.; **swoop like an ~** बाज़ की तरह टूट पड़ना; **the ~ does not hawk at flies** शेर चूहों का शिकार नहीं करता

eagre /एगः/ इगः/ *n.* नदी में आकस्मिक ज्वार, बाढ़

EAK *abbr.* 'East Africa, Kenya' का अंतर्राष्ट्रीय वाहन पंजीकरण कोड (IVR)

EAMCET *abbr.* 'Engineering, Agriculture and Medicine Common Entrance Test' की प्रथमाक्षरी

eaon /ईऔन/ *abbr.* 'except as otherwise noted' का परिवर्णी (acronym) यानी प्रथमाक्षरी-आधारित शब्द

EAP *abbr.* 'English for Academic Purposes' की प्रथमाक्षरी

ear /इअः\/ *n.* 1 कान, कर्ण 2 श्रवण, श्रवण शक्ति 3 (संगीत में) स्वरों की पहचान: ~ for music 4 ध्यान 5 (***syn.*** corn) गेहूं या जौ की बाल, बाली;

dw/lw: **~ache** /~एक/ *n.* कान-दर्द; **~bash** /~बैश/ *v., pt.* ~bashed, *pp* ~bashing, *sl.* लगातार बकबक करके किसी के कान को पका दे. (को तंग क.); **~bashing** /~बैशिंग/ *n.* लगातार बकबक द्वारा किसी को तंग करने की क्रिया; **~bob/ ~ring** *n.* कर्ण फूल; **~bone** *n.* कर्णास्थि; **~cap** *n.* कनटोप; **~cockle** *n.* ममनी, गेगला; **~con** *n., comput.* स्क्रीन पर दिखने वाले चिह्न (icon) की बजाए ध्वनि संकेत; **~drops** *n. [pl.]* कान में डालने की दवा; **~drum** *n.* कान का पर्दा; **~ed** /इअःड/ *adj., usually* पौधे की बाल निकल आई; **~less** *adj.* बिना बाल वाला; **~flaps** *n. [pl.]* टोपी से जुड़ा कान ढकने का आवरण; **~ful** /इअःफुल/ *n., pl.* ~fuls देर तक लगाई जाने वाली फटकार: bear an ~ful (अनापशनाप बातें सुनना); I heard an ~ful (मैं इस बारे में बहुत सुन चुका हूं); **~hole** *n.* कानों में बाहरी छेद; **~lap/ ~lobe** *n.* ललरी, लोलकी, कर्णपालि, कर्णशुष्कली; **~muffs** /~मफ्स/ *n. [pl.]* कानों को सर्दी या शोर आदि से बचाने के लिए आवरण: a pair of ~muffs; **~phone** *n.* कान में डालकर संगीत सुनने का उपकरण, इअरफोन; **~piece** *n.* टेलीफोन रिसीवर का कान से लगाकर सुनने वाला भाग; **~pick** *n.* कनखोदनी; **~piercing** /इअःपिअःसिंग/ *adj.* कर्णभेदी, कानफाड़ू शोर आदि; **~piercing** *n.* कान में छिद्र करने की क्रिया; **~plug** *n.* शोर को दूर रखने के लिए कान में डाले जाने वाली रूई आदि; **~ring** *n.* कर्ण फूल, कान का आभूषण; **~set** *n.* हाथों के बिना प्रयुक्त होनेवाले टेलीफोन का कान में लगाया जाने वाला माइक्रोफोन लगा उपकरण; **~shot** *n.* श्रवण-सीमा, सुनाई पड़ने की हद; **~splitting** *adj.* कर्णविदारक, बहुत ऊंचा, कानफाड़ू; **~trumpet** *n.* पुराने किस्म का सुनने का उपकरण, कर्ण तूर्य; **~wax** (*also* **cerumen**) *n.* कान की मैल, खूंट; **~wig** *n.* छेड़की, कनखजूरा, कर्ण कीट, खुशामदी, चापलूस आदमी; **~witness** *n.* कर्ण साक्षी, कानों सुना गवाह;

p&i: **~ kissing** फुसफुसाहट; **~ of corn** बाल का सिर; **~s are flapping** चुपके-चुपके किसी की बात सुनना; **~splitting/ piercing** कान फोड़ने वाला (शोर आदि); **about one's ~s** लुढ़क जा.; **bash sb's ~** उबाऊ बातों से किसी का भेजा चाट लेना; **be all ~s** ध्यान से सुनना या सुनने में रुचि हो.; **bend an ~ to** किसी की बात सुनना; **bend sb's ~** किसी का सिर खाना; **be on one's ~** आपे से बाहर हो.; **be out on one's ~** नौकरी आदि छोड़ने पर विवश हो.; **be up to one's ~ in sth** किसी काम या बात में पूरी तरह डूबा होना; **bite sb's ~** किसी से जबरदस्ती कुछ मनवाना; **bow down/ incline one's ~** or **give/ lend/ an ~** पूरी बात सुनना; **box sb's ~** किसी के कानों पर झापड़ मारना; **bring a storm about one's ~s** गुस्से या डांट फटकार के तूफान को झेलना; **by the ~s** दुश्मनी हो.; **clean one's ~s** ध्यान से सुनना; **close your ~s** सुनना बंद क.; **cock one's ~s** कान खड़े क.; **come out of one's ~s** धन-दौलत में खेलना; **din in sb's ~s** किसी के कानों में घंटी बजाना; **dry behind the ~s** प्रौढ़ व्यक्ति; **fall on deaf ~s** अनसुनी कर दे., ध्यान न दे.; **fall one sb's ~(s)** किसी के कानों में पड़ना; **for sb's private ~** चुपके से, गुप्त तरीके से; **get sb up on his ~s** किसी को चिढ़ा दे.; **give sb a thick ~** दंड देने के लिए किसी के कानों पर थप्पड़ मारना; **go in one ~ and out the other** एक कान से सुनना और दूसरे से निकाल दे., अनसुनी क.; **grate upon sb's ~** किसी को बुरी तरह परेशान कर दे.; **grin from ~ to ~** खूब मुस्कराना; **have an ~ for sth** ध्यान से सुनने की उत्सुकता/ का शौक हो.; **have good ~s** अच्छी श्रवण-शक्ति हो.; **have itching ~s** अफवाहों को पसंद क.; **have sth coming out of one's ~s** जरूरत से बहुत अधिक प्राप्त हो.; **have the ~ for sth** किसी बात को सुनने में रुचि हो.; **have the ~ of sb** किसी द्वारा सुनवाई की बदौलत महत्त्व मिलना; **head and ~s/ head over ~s** किसी बात में बुरी तरह फंसा या डूबा हो.; **it's as much one's ~s are worth** काम खतरे से खाली नहीं; **I would give my ~s for sth/ to do sth** किसी बात या काम के लिए मैं कुछ भी करने को तैयार हूं; **keep/ have your ~ to the ground** अपने इर्दगिर्द हो रही हर बात को ध्यान से सुनना या देखना, सतर्क/ चौकन्ना रहना; **make sb's ~s burn** पीठ पीछे किसी की घोर निंदा क.; **more than meets the ~**

यह काम इतना सरल नहीं; **not to believe one's ~s** कानों सुनी बात का विश्वास न हो.; **oh my ~s and whiskers!** बाप रे ...!; **out on one's ~** *colloq.* किसी बात को तिरस्कारपूर्वक ठुकरा दे.; **pin back one's ~s** *colloq.* ध्यान से सुनना; **play by ~/ play sth by ~** बिना छपे हुए स्वरों के संगीत बजाना; **play it by ~** स्थिति अनुसार कार्य क.; **play sth by ~** याद से कोई संगीत बजाना; **prick one's ~** कान खड़े क., अकस्मात् चौकन्ना हो जा.; **pull sb by the ~** कान खींचना, डांट-डपटना; **ring in one's ~s** कानों में बजना; **set sb by the ~s** से झगड़ना, उकसाना; **shut/ close your ~ to sth** किसी बात की ओर से कान मूंद ले.; **smile/ grin/ beam from ~ to ~** प्रसन्न होकर खूब मुस्कराना; **sth comes/ reaches sb's ~s** कोई बात का किसी के कानों तक पहुंचना, की खबर लगना; **strain one's ~s** सुनने के लिए बहुत कोशिश क.; **the wheat should soon be ~ing up** जल्दी ही गेहूं की बालियां निकलने वाली होंगी; **turn a deaf ~** अनसुनी क.; **up to one's ~s** सिर से पैरों तक; **wet behind the ~s** अनाड़ी हो.; **who hath ~s to hear, let him hear** जो सुन सकता है सुनेगा; **win/ gain sb's ~** किसी का अपनी बात सुनने के लिए तैयार हो.; **with half an ~** बिना पूरा ध्यान दिए; **within ~shot (of sb/ sth)** सुनाई पड़ने वाली दूरी पर; **your ~s must be burning** तुम्हारे कान बज रहे होंगे, तुम्हें लगता है कि दूसरे तुम्हारे बारे में उल्टी-सीधी बातें कर रहे हैं

earful *see above under* **ear:** ***dw/lw***

earl /अःल/ *n. UK* ब्रिटिश सामंतों की एक उपाधि, अर्ल;
dw/lw: **~dom** /~डम/ *n.* सामंत की रियासत या पद

Earl Grey पूर्वी देशों की चायों का सुगंधित मिश्रण

earliness /अःलिनेस/ *n.* काफी समय पहले होने वाली बात: ~ of forecast

earlobe /इअःलोब/ *n.* ललरी

early /अःलि/ *adv.* 1 आरंभ में, के शुरू में 2 समय से पूर्व 3 सवेरे 4 प्राचीन काल में 5 जल्दी, शीघ्र;
adj., *degr.* **earlier**, **earliest** 1 प्रारंभिक, आरंभ का, आद्य 2 अपरिपक्व, असामयिक, समयपूर्व 3 प्रातः-कालीन 4 प्राचीन 5 जल्दी होने वाला 6 अगेता, अगेती (of fruit or crop) 7 पहले का 8 यथासमय;
collocations: **earliest possible** शीघ्राति शीघ्र; **~ bird** 1 सवेरे-सवेरे उठनेवाला 2 सबसे पहले काम करने वाला; **~ Childhood Education (ECE)** *US* प्रारंभिक बाल शिक्षा; **~ closing** 1 दुकानें समय से पहले बंद करने का रिवाज 2 समय से पहले समापन; **~ day motion** संसद में अल्पकालिक कामकाजी दिन के प्रारंभ में विचारार्थ प्रस्तुत प्रस्ताव; **~ delivery** समय से पहले प्रसव; **~ diagnosis** समय रहते किया जाने वाला निदान; **~ edition** शुरू-शुरू का संस्करण; **~ election** जल्दी (समय से पूर्व) होने वाले चुनाव; **~ English** इंग्लैंड में बारहवीं-तेरहवीं सदियों में प्रचलित गोथिक भवन निर्माण शिल्प; **~ manuscript** प्राचीन पांडुलिपि; **~ music** मध्य काल या पुनरुत्थान के समय का पश्चिमी संगीत; **~ philosophers** प्रारंभिक काल के दार्शनिक; **~ stage** प्रारंभिक अवस्था; **~ warning** (संभावित आपदा से) काफी पहले दी जाने वाली चेतावनी; **~ warning system** संभावित घटना से पहले से दी जाने वाली चेतावनी प्रणाली;
p&i: **~ and late** हमेशा, कभी भी; **~ days of space exploration** अंतरिक्ष अनुसंधान का प्रारंभिक दौर; **~ in the morning** तड़के-तड़के, सवेरे, सवेरे-सवेरे; **~ next month** अगले महीने के शुरू में; **~ on** काफी पहले; **~ printed book** पहले-पहले छपी पुस्तकों में से एक; **~ riser** सवेरे-सवेरे उठने वाला; **~ sow, ~ mow** पहले बोना, पहले काटना; **~ (in) this year** इस साल के शुरू में; **~ to bed and ~to rise makes a man healthy, wealthy and wise** जल्दी सोने और जल्दी उठने से आदमी स्वस्थ, समृद्ध और समझदार बनता है;
a man in his ~ forties इकतालीस से पैंतालीस वर्ष का आदमी; **at an ~ date** शीघ्र ही; **at an ~ hour** सवेरे-सवेरे; **at sb's earliest convenience** शीघ्राति शीघ्र, किसी की सुविधा अनुसार जल्दी से जल्दी; **at the earliest** जितना जल्दी हो सके; **demands for ~ independence** जल्दी से जल्दी स्वतंत्रता देने के लिए मांग; **drive/ send sb to an ~ grave** किसी को समय से पहले मौत के मुंह में भेज दे.; **earlier on** प्रारंभिक दिनों में; **earlier studies** शुरू का शोध; **he died ~ in life** उसका छोटी उम्र में ही देहांत हो गया; **in the ~ days** शुरू-शुरू में; **in the earlier chapters** पहले के अध्यायों में; **in the earliest days of our history** हमारे इतिहास के सबसे शुरू के दिनों में; **in the ~ part of the 20th century** बीसवीं सदी के प्रारंभ में; **it's ~ days yet** अभी कुछ कहना जल्दी होगा; **keep ~ hours** सवेरे-सवेरे उठना; **the ~ bird catches the worm** जो दूसरों से पहले काम कर लेता है, वह सफल होता है

earmark /इअःमाःक/ *v., pt.* **~ed**, *pp* **~ing** 1 किसी निश्चित प्रयोजन के लिए धन आदि निर्धारित क.: ~ very small amount of money for education; ~ a page for sth; sums **~ed** for subsidies 2 पृष्ठ आदि चिह्नित क.: ~ a page 3 पशु के कान पर चिह्न दागना;
n. 1 विशेषता 2 छाप, निशान, पशु के कान पर मालिक का दाग;
dw/lw: **~ed** *adj.* निर्धारित किया हुआ

earmuffs *see above under* **ear:** ***dw/lw***

earn /अःन/ *v., pt.* **~ed**, *pp* **~ing** 1 कमाना, अर्जित क., उपार्जन क.: ~ one's living (रोजी-रोटी कमाना) 2 पाना, प्राप्त क. 3 लाभ कमाना 4 के योग्य हो.;
dw/lw: **~er** /अःनः/ *n.* 1 कमाने वाला व्यक्ति, उपार्जक: high/ low/ top **~ers** (छोटी/ बड़ी/ ऊंची कमाई करने वाले) 2 *UK* कमाई देने वाला धंधा; **~ing** /अःनिंग/ *adj.* कमाऊ, कमाने वाला; **~ing(s)** /अःनिंग(ज)/ *n. [pl.]* 1 कमाई, उपार्जन 2 अर्जित/ उपार्जित धन 3 लाभ;
collocations: **~ed income** नौकरी आदि से प्राप्त आय, कमाई; **~ing capacity** उपार्जन-क्षमता; **~ing related** उपार्जन-संबंधी;
salary ~er वेतन भोगी; **wage ~ers** पारिश्रमिक पाने वाले;
p&i: **~ a crust** गुजारे के लिए कमा ले.; **~ fabulously** खूब कमाना; **~ a fortune** बहुत बड़ी राशि (धन-दौलत की) कमाना; **~ a great reputation** अच्छी शोहरत पाना; **~ one's daily bread** रोजी-रोटी कमाना; **~ one's keep** रोजी-रोटी कमाना; **~ one's livelihood by sth** अपनी आजीविका चलाने के लिए कुछ कमाना; **~ out** लागत वसूल करने या लाभ पाने के लिए पैसा कमाना; **she ~ed a scolding from her nurse** उसने अपनी नर्स से डांट खाई

earnest /अःनिस्ट/ *adj.* 1 गंभीर व सच्चा 2 उत्साही, जोशीला;
n. 1 गांभीर्य 2 बयाना, पेशगी, *Hr.* साई 3 आने वाली घटनाओं का शकुन;
dw/lw: **~ly** /~लि/ *adv.* गंभीरता से, सच्चे मन से; **~ness** /~नेस/ *n.* गांभीर्य, संजीदापन, संजीदगी;
collocations: **~ conviction** गंभीर विश्वास; **~ worker** अच्छा काम करने वाला श्रमिक या मजदूर;
p&i: **~ of fresh achievements** नई सफलताओं की कुंजी; **an ~ request for help** मदद के लिए हार्दिक प्रार्थना; **be in ~** सच्चे दिल से काम क., गंभीर हो.; **if you work in ~, you will succeed** यदि संजीदा तरीके से काम करोगे तो सफलता पाओगे; **in ~** संजीदगी से, गंभीरतापूर्वक, मन लगाकर; **in good/ dead ~** गंभीरतापूर्वक; **pay ~ heed** गंभीरतापूर्वक ध्यान दे.

earning *see above under* **earn:** ***dw/lw*** + ***collocations:***

earth /अःथ/ *n.* 1 (*also* **the Earth**) धरती 2 पृथ्वी, भू, थल: **~'s** surface 3 मिट्टी, भूमि, जमीन, धूल 4 *UK* (*US* **ground**) बिजली के सर्कट को जमीन से जोड़ने (अर्थिंग) की तार, भूसंपर्क, भूयोजन 5 इहलोक, संसार, जगत: the whole **Earth** celebrated the news; the greatest poet on ~ 6 जल-थल, स्थल 7 प्राणी-जगत 8 (***syn.*** lair) बिल;

***v.**, pt.* **~ed**, *pp* **~ing** 1 मिट्टी लगाना 2 बिजली के सर्कट को जमीन से जोड़ना, अर्थिंग क., भूसंपर्क क., भूयोजन क.: ~ sth up 3 मांद बनाना 4 बिल में छिप जा. या भगा दे.: be **~ed**;
dw/lw: **~bound** /अ:थबाउंड/ *adj.* 1 पृथ्वी की ओर उन्मुख, पृथ्वी की ओर जाने वाला 2 धरती की ओर बढ़ता हुआ (अंतरिक्ष यान): ~bound cosmic rays; ~bound meteor; **~-born** *adj.* 1 धरती पर पैदा होने वाला 2 पार्थिव, भूमिज, मर्त्य; **~ed** /अ:थड/ *adj.* भूयोजित, भूमि से जुड़ी (बिजली की तार); **~en** /अ:दन/ अ:थन/ *adj.* 1 मिट्टी का (फर्श) आदि 2 मिट्टी का (बर्तन), मृण्मय: ~en floor; **~enware** /अ:थनवेअ:/ *n.* मिट्टी के बर्तन; **~ing** /अ:थिंग/ *n.* भूयोजन; **~ling** /अ:थलिंग/ *n.* वैज्ञानिक गल्प साहित्य (scientific fiction) में धरतीवासी, सांसारिक या इहलौकिक जीव; **~liness** /अ:थलिनेस/ *n.* सांसारिकता, भौतिकता; **~ly** /अ:थलि/ *adj., degr.* ~lier, ~liest 1 सांसारिक, भौतिक 2 संभव या विचारणीय: have no ~ly chance = not have an ~ly chance *colloq.*; no ~ly doubt/ reason/ use, etc.; **~man** *n.* सांसारिक जीव, ऐहिक प्राणी; **Earthman/ Earthwoman** *n., esp. in science fiction* वैज्ञानिक गल्प साहित्य में धरती वासी पुरुष या स्त्री; **~nut** *n.* मूंगफली; **~quake** *see below under separate entry*; **~-shaking** *adj.* धरती को हिला देने वाला; **~-shattering** *n.* धरती को धराशायी करनेवाला, दहला देने वाली; **~-shine** *n.* धरा-दीप्ति; **~ward** *adv.* (*also* **~wards**) धरती की ओर; **~woman** *n.* सांसारिक महिला; **~work** *n.* मिट्टी हटाने आदि का कार्य, खुदाई-भराई; **~worm** *n.* केंचुआ, नीच, दरिद्र;
earthy *see below under separate entry*;
collocations: ~ **bank** मिट्टी का बंध या नदी-किनारा; ~ **closet** मिट्टी के प्रयोग से चलने वाला शौचालय; ~ **crust** भू-पर्पटी, धरती की परत; ~ **fall** भू-स्खलन; ~ **flax** ऐस्बेस्टॉस; ~ **flow** मिट्टी का प्रवाह; ~ **gravity** धरती का गुरुत्व आकर्षण; ~ **light** भू-दीप्ति, मंदालोक; ~ **mother** 1 धरती देवी 2 बच्चों से बेहद स्नेह रखने वाली आध्यात्मिक प्रवृत्ति की औरत; ~ **movement** *geol.* धरती की परत की सरकन, मुड़न; ~ **mover** मिट्टी को हटाने वाली बुल्डोजर जैसी मशीन; ~ **oil** खनिज तेल, पेट्रोलियम; ~ **pigment** मृदावर्णक, मिट्टी-रंग; ~ **science** भू-विज्ञान; ~ **sign** *astrol.* राशिचक्र की तीन राशियों में से यानी वृष, कन्या व मकर का चिह्न; ~ **slide** भू-स्खलन, भूमि-सर्पण; ~ **station** धरती पर स्थित अंतरिक्ष यान आदि को नियंत्रित करने वाला केंद्र; ~ **tone** (*also* **colour**) मटमैला रंग; ~ **tremor** भू-स्पंदन, भूचाल के झटके;
sinful ~ पापी तन; **the** ~ *UK* अपार धन;
p&i: ~ **tremor** भूकंप; ~ **up** मिट्टी से ढ़कना
among the things of ~ दुनियादारी की पसंदीदा वस्तुओं में; **be back to** ~ यथार्थ का सामना क.; **be/ feel/ look/ taste etc. like northing on** ~ बहुत बुरा लगना, खराब स्वाद आदि हो.; **bring sb back/ down to** ~ किसी को वास्तविकता के धरातल पर उतारना; **burn the** ~ सिर पर पांव रखकर दौड़ जा.; **come (back) down to** ~ यथार्थवादी बनना, ठोस धरातल पर लौटना; **cost/ cost/ pay the** ~ *colloq.* अत्यधिक महंगा हो.; **go to** ~ जानवर द्वारा बिल में छिपना; **heaven on** ~ धरती का स्वर्ग; **how/ what/ why, etc. on ~?** आखिर बात क्या है?; **like nothing (else) on** ~ अति विचित्र, अनहोनी और अप्रिय बात; **no ~ly** जरा भी उम्मीद नहीं; **of the** ~ **(,) ~y** इसी दुनिया का; **on** ~ इस धरती पर, इस संसार में; **no use on** ~ बिल्कुल कोई फायदा नहीं; **run sth to** ~ = **run to** ~ 1 जानवर का पीछा करके या हांककर उसे बिल में घुसा दे. 2 शिकार क. या फंसाना 3 खोई हुई वस्तु का बहुत दिनों बाद मिलना; **what on** ~ **is the matter?** आखिर क्या माजरा है?

earthen *see above under* **earth: *dw/lw***
earthly *see above under* **earth: *dw/lw***
Earthman/ Earthwoman *see above under* **earth: *dw/lw***

earthquake /अर्थ क्वेक/ *n.* भूचाल, भूकंप, जलजला: a devastating/ major/ massive/ powerful ~;
dw/lw: **~-proof** *adj.* भूकंपसह

earth\y /अ:थि\/ *adj., degr.* **~ier, ~iest** 1 सांसारिक, दैहिक 2 मिट्टी जैसा, मटियाला, मटमैला, खुरदरा 3 सहज, स्वाभाविक 4 गंवारू, बेढब;
dw/lw: **~ily** /~लि/ *adv.* गंवारू ढंग से; **~iness** /~नेस/ *n.* खुरदरापन, गंवारूपन

earworm /अर्थ वॉ:म/ *n.* दिमाग लगातार बजता रहने वाला गीत या संगीत का टुकड़ा आदि

EAS *abbr.* 'electronic surveillance systems' की प्रथमाक्षरी

ease /ईज\/ *n.* 1 आसानी, सुगमता 2 आराम, चैन, राहत 3 सहजता, सहज भाव 4 सुविधा, फुर्सत 5 आलस्य, सुस्ती 6 (***syn.*** affluence) संपन्नता, समृद्धि;
v.**, pt.* **~d**, *pp* **easing** 1 (syn.*** alleviate) चिंता/ बोझ/ दुःख/ दर्द कम क., राहत दे. 2 आसान क., सरल बनाना: ~ his progress; ~ customs formalities 3 ढीला क.: ~ the waistband 4 (***syn.*** relax) तनाव मुक्त क. या हो. 5 (*often* ~ **off/ up**) सांत्वना दे. 6 आरामदेह या सुरुचिकर बनाना 7 धीरे-धीरे चलना;
dw/lw: **~ful** /~फुल/ *adj.* 1 आरामदेह, सुविधाजनक, शांतिप्रद 2 खोखला, सुस्त; **easily** /ईजिलि/ *adv.* 1 आराम से 2 आसानी से, सुगमतापूर्वक 3 सहज में 4 बेशक, निस्संदेह: easily the best/ worst/ biggest, etc.; **easiness** /ईजिनेस/ *n.* 1 आसानी, सुगमता, सरलता 2 बेपरवाही 3 सहजता, स्वाभाविकता; **easing-off** *n.* उग्रता में कमी: easing-off of the recession;
p&i: ~ **down** चाल धीमी क., तनाव कम क.; ~ **into sth/ oneself into sth** किसी को या अपने आप को नए स्थान या नए काम पर आराम से आदी होने में मदद क.; ~ **nature/ Relieve nature** जंगल-पानी जा.; ~ **of body and mind** शरीर और आत्मा की शांति; ~ **off/ up sth** 1 कम हो., उग्रता में कमी आना 2 काम में निश्चिंत या तनावरहित हो.: the storm ~d off 3 सख्ती में कमी ला.; ~ **oneself** मूत्र या मल त्याग क., हल्का हो.; ~ **sb out** नौकरी आदि से निकाल दे.; ~ **the deadlock** अवरोध को कम क.; ~ **up** धीमा पड़ना; **Ease your mind!** चिंता छोड़ो, तनाव का शिकार न बनो!;
a life of ~ आराम की जिंदगी; **at** ~ सहज, निश्चित, सुखी; **completely at** ~ **with** ठीक-ठाक, बिना किसी तनाव के, सुखद; **ill at** ~ परेशान, बेचैन, संकटग्रस्त; **instant** ~ **from medicine** दवाई से तुरंत आराम; **no** ~ **from burdens of life** जीवन के बोझ से कोई राहत नहीं; **put sb at** ~ किसी को सहज बनाना; **Stand at ~!** *a milit. command* विश्राम! आराम से!; **take one's** ~ *formal.* आराम क., अपने आपको तनावमुक्त क.

easel /ईजल/ *n.* ब्लैकबोर्ड अथवा चित्रफलक को खड़ा करने का चौखटा, चित्रफलक-आधार, चित्र-पट का सहारा, चित्राधार

easement /ईज्मंट/ *n.* 1 सुखभोग, चैन की सांस 2 *law* किसी की जमीन पर अधिकार-सुविधा का भोग

easily *see above under* **ease: *dw/lw***
easiness *see above under* **ease: *dw/lw***
easing-off *see above under* **ease: *dw/lw***

east, East /ईस्ट/ *n.* 1 पूर्व (दिशा) 2 (*also* **the ~/ the East**) दुनिया, देश या शहर का पूर्वी भाग, प्राच्य भूभाग 3 एशिया के देश, विशेषकर, भारत, चीन और जापान 4 कुतुबनुमा या दिक्सूचक के चार मुख्य बिंदुओं (दिशाओं) में से एक यानी पूर्व 5 **the East** एशिया के भूकंपीय देश, विशेषकर जापान और चीन;
adj. 1 पूर्वी 2 पूर्वोन्मुख 3 पूर्वी हवा से संबंधित;
adv. पूर्व की ओर: the house faces ~;
dw/lw: **~bound** *adj.* पूर्व की ओर जाने वाली; **~-north-~** *n.* पूर्व-उत्तर-पूर्व; **~ward (s)** *adv.* पूर्व की ओर, पूर्वाभिमुख, पूर्वोन्मुख;
collocations: **East Coast** अमेरिका में अटलांटिक महासागर के निकटवर्ती क्षेत्र; **Far East** सुदूर पूर्व; **Middle East** मध्य पूर्व;

Near East निकट पूर्व; **(the) East End** लंदन का पूर्ववर्ती क्षेत्र; **Eastender** ईस्टऐंड निवासी;
p&i: **~ or west, home is best** जो सुख छज्जू के चौबारे, वह बलख न बुखारे

Easter /ईस्टः/ (*also* **Easter Sunday**) *n., Christ.* पुनरुत्थान-पूर्व, ईसाइयों का ईस्टर का त्योहार;
dw/lw: **Eastertide** *n.* ईस्टर के आसपास के दिन; **Eastertime** = **Easter**;
collocations: **Easter egg** ईस्टर के अवसर पर ईसाइयों के बीच आदान-प्रदान किए जाने वाले रंग-बिरंगे अंडे; **Easter Sunday** (*also* **Easter Day**) मार्च या अप्रैल के महीने में एक विशेष रविवार जिसे ईसाई लोग ईसा मसीह के पुरुत्थान दिवस के रूप में मनाते हैं, ईस्टर, पुनरुत्थान-पर्व

easterly /ईस्टरलि/ *adj.* 1 पूर्वी, पूर्वीय, प्राच्य: ~ wind (पूर्वी हवा, पुरवैया, पुरवाई, *Hr.* परवा) 2 पूर्वाभिमुखी;
adv. पूर्व की ओर या पूर्व में

eastern /ईस्टःन/ *adj.* 1 पूर्वी, प्राच्य 2 एशियायी देशों का, पूर्व के देशों का;
n. 1 पूर्व का रहने वाला व्यक्ति 2 *US* देश के पूर्वी भाग का निवासी;
dw/lw: **~er/ Easterner** *n.* लंदन के पूर्वी भाग का वासी; **~most** *adj.* दूरतम पूर्व का, सुदूरतम (स्थान या क्षेत्र);
collocations: **~ hemisphere** यूरोप, एशिया, अफ्रीका और आस्ट्रेलिया आदि महाद्वीपों से बना क्षेत्र; **Eastern Orthodox Church/ Eastern Church** see *under* **orthodox church**; **Eastern Time/ Eastern Standard Time (ET/ EST)** उत्तरी अमेरिका के पूर्वी तटवर्ती क्षेत्र में प्रयुक्त समय जो GMT से 5 घंटे पीछे होता है

easy /ईजि/ *adj.* 1 आसान, सरल, सुगम 2 सहज, स्वाभाविक 3 निश्चिंत, तनावमुक्त: have an ~ time 4 शांत, सुखकर, सुखद, आरामदेह: an ~ life 5 (***syn.*** easy-going) आरामपसंद, सुस्त, आरामतलब 6 कोमल, सहनशील 7 सुनम्य, आज्ञाकारी 8 समृद्ध, आर्थिक रूप से ठीक-ठाक 9 मंदा, मंद 10 बदचलन, आसानी से यौन संबंध बनाने को तैयार 11 (***syn.*** awkward) ढीले-ढाले कपड़ों वाला, बेपरवाह 12 कम थकाऊ;
adv. 1 बिना किसी कठिनाई के 2 साफ-साफ, बिना किसी संदेह के, बेशक 3 बिल्कुल संभव
dw/lw: **~care** *n.* आसानी से धोए या साफ किए जा सकने वाले कपड़े आदि; **~going** *adj.* निश्चिंत, बेपरवाह, आरामपसंद; **-option** *n.* आसान विकल्प; **~over** *n.* दोनों तरफ से भुना अंडा; **~peasy** *adj.* अति आसान, बाएं हाथ का खेल;
collocations: **~ chair** आराम-कुर्सी (बाजुओंवाली कुर्सी); **~ game/ ~ meat** 1 आसान शिकार 2 जिसे आसानी से बुद्धू बनाया जा सके, हराया या खत्म किया जा सके; **~ listening** (*also* **easy-listening**) *music.* कर्ण-मधुर सुगम संगीत; **~ money** 1 गलत ढंग से कमाया हुआ पैसा 2 कम ब्याज दर पर मिलने वाला पैसा; **~ street** अच्छी आर्थिक हालत, समृद्धि; **~ terms** आसान शर्तें; **~ victim** आसान शिकार, आसानी से फुसलाया जा सकने वाला व्यक्ति;
p&i: **easier said than done** कहने में आसान पर करने में मुश्किल; **~ come ~ go** हराम की कमाई हराम में जाती है; **~ does it** सावधान रहो, जरूरत से ज्यादा कड़ा शारीरिक व्यायाम न करो।; **~ on sth** किसी बात के बारे में नरम रुख का हो.; **~ on the ear/ eye** सुनने/ देखने में सुखकर; **~ reach** काफी पास;
(as) ~ as breathing बिल्कुल आसान; **as ~ as pie/ ABC/ anything/ falling off a log** बहुत आसान; **be an ~ game/ meat** (*US* **be an ~ mark**) जिसे आसानी से छला या ठगा जा सके; **breathe/ rest ~** चैन की सांस लेना; **go ~ on/ with sb** किसी से नर्मी से पेश आना; **go ~ on/ with sth** कम मात्रा में खाना या पीना: go ~ on the wine; **I'm ~** मुझे फर्क नहीं पड़ता; **make it ~ to leave** प्रस्थान को आसान क.; **no ~ master** कठिन या कठोर मालिक; **not come ~ to sb** कठिनाई से प्राप्त हो.; **of ~ virtue** लंपट औरत; **on ~ street** सुख-चैन का जीवन हो.; **Stand easy!** *milit.* विश्राम!; **take it ~** आराम से, तनाव न लो!; **take the ~ way out** आसान रास्ता चुनना; **take things ~** आराम से, चिंता न करो, तनाव न लो; **the easiest thing in the world** दुनिया में सबसे आसान बात; **within ~ reach** आसानी से पहुंचा जा सकने वाला

EAT *abbr.* 'East AfricaTanzania' का अंतर्राष्ट्रीय वाहन पंजीकरण कोड (*IVR*)

eat /ईट/ *v., pt.* **ate**, *pt. p.* **eaten**, *pp* **~ing** 1 खाना, भोजन क.: ~ one's dinner 2 मुंह से भोजन का टुकड़ा काटना, चबाना और निगलना 3 किसी चीज को भोजन के रूप में झेलना: it **~s** well (यह खाने में स्वादिष्ट है) 4 किसी को तंग क. या उसके लिए चिंता पैदा क.: what's **~ing** you? 5 किसी चीज को अंदर से खोखला क., नष्ट क.: the acid has **~en** holes in my coat 6 चट क.;
dw/lw: **~able** /ईटअबल/ *adj.* खाद्य, खाने योग्य; **~able/ ~ables** *n.* खाने के व्यंजन, खाने की वस्तुएं; **~age** /ईटिज/ *n.* 1 केवल पशुओं के खाने योग्य (चरागाह का) घास 2 काटने के बाद उगा छोटा घास 3 घास चराने का अधिकार; **~er** /ईटः/ *n.* 1 खाने वाला आदमी: a bread ~er; a discriminating ~er (खाद्य पदार्थों में अच्छे-बुरे का फर्क समझने वाला व्यक्ति) 2 किसी विशेष ढंग से खानेवाला व्यक्ति: a noisy ~er; a big/ fussy/ meat, etc. ~er; **~ery** /ईटरि/ *n., pl.* ~eries *colloq.* रेस्त्रां, ढाबा, भोजनालय आदि; **~in** *n.* बड़ा-सा रसोई जहां पकाने के साथ खाना भी खाया जा सकता है, रसोई-भोजनालय; **~ing** *see below under separate entry*; **~s** *n. [pl.]* भोजन, खाना, खाने के व्यंजन;
p&i: **~ a crow** थूककर चाटना, गलती कबूल करके माफी मांगना; **~ a person out of house and home** किसी को पूर्णतः बर्बाद कर दे.; **~ a pleasure, drink by measure** मर्जी से खाओ, थोड़ा पिओ!; **~ away** धीरे-धीरे नष्ट क. या चाट जा.; **~ as you please, dress as pleases others** अपनी पसंद का खाना दूसरे की पसंद का पहनना; **~ away at sb** 1 (***syn.*** gnaw) किसी चीज को कुतरना, क्षय क. 2 किसी को खोखला कर दे.; **~ away at sth** नुकसान या नष्ट क.; **~ dirt/ dog/ humble pie/** *US* **~ a crow** 1 थूककर चाटना 2 धूल चाटना, मुंह की खाना 3 गलती कबूल करके माफी मांगना; **~en up with/ by sth** किसी बात या किसी के कारण अंदर-अंदर घुलना, क्षय-ग्रस्त हो.; **~ for the bar = ~ one's terms** वकील बनने के लिए पढ़ाई क.; **~ in** घर पर खाना खाना; **~ into/ through sth** 1 में से कुछ हिस्से को धीरे-धीरे ग्रसित क., निगल जा. 2 बर्बाद क. 3 रासायनिक प्रक्रिया द्वारा किसी चीज के बाहरी और आंतरिक रूपों को नष्ट क.; **~ off** पशुओं के लिए थोड़ी फसल खड़ी छोड़ना; **~ one's cake and have it** चित्त भी मेरा पट भी मेरा; **~ one's hat** अचंभे में पड़ना; **~ one's head off** दिमाग चाट जा.; **~ one's heart out** दुःख या चाहत में घुलना, चुपचाप सहना; **~ one's salt** किसी का नमक खाना; **~ one's word** थूक कर चाटना, वायदे से मुकरना; **~ out** बाहर रेस्त्रां आदि में खाना खाना; **~ out of sb's hand** किसी के सामने घुटने टेक दे.; **~ salt with** मेहमान हो.; **~ sb alive** किसी पर बहुत नाराज हो.; **~ sb for breakfast** आसानी से मात दे; **~ (sth) up** सारा खाना खा ले., चट कर जा.; **~ the air** निराश हो.; **~ the bread of idleness** आवारा घूमना; **~ the leek** थूक कर चाटना; **~ to live not live to ~** जीने के लिए खाओ, खाने के लिए मत जियो; **~ up sth** 1 कुछ हिस्से को ग्रसित क., निगल जा. 2 नष्ट क. 3 संगीत आदि को तल्लीन होकर सुनना; **~ up the miles** गाड़ी द्वारा कुछ फासला तेज रफ्तार से तय किया जा.;
be ~en up by/ with sth से बुरी तरह प्रभावित हो.: be ~en up with jealousy; **have sb ~ing out of hand** आंख मीचकर आपकी बात मानने वाला हो.; **he won't ~ you** वह आपको खा नहीं जाएगा; **I'll ~ my boots** मैं अपनी जान दे दूंगा, पर...; **like a ~en horse** बहुत अधिक खाना; **ready to ~ a horse** जिसे बहुत भूख लगी हो; **what is eating him?** उसे क्या खा रहा है?

eating /ईटिंग/ *n.* 1 भक्षण, भोजन-ग्रहण 2 भोजन करने की क्रिया
adj. 1 खाने से संबंधित: ~ habits 2 खाने का, खाने लायक: ~ apple (कच्चा खाने लायक सेब) 3 आंतरिक रूप से क्षयकारी (फोड़ा): ~ ulcer;
dw/lw: **~-house/ club/ hall** *n.* ढाबा/ क्लब/ भोजनालय; **~-irons** *n. [pl.]* छुरी, कांटे और चम्मच;
collocations: **~ disorder** 1 भूख या खाने संबंधी विकार 2 खाने की आदतों संबंधी मानसिक विकार, जैसे '**anorexia**' (मोटे होने के डर से बहुत कम खाना या भूख न लगना);
EAU *abbr.* 'East Africa Uganda' का अंतर्राष्ट्रीय वाहन पंजीकरण कोड
eau-de-cologne /ओ-डअ-कलोन/ *n.* यूडीकोलोन, जीवाणुनाशक सुगंधित द्रव
eau de nil /ओ डअ निल/ (*also* **nile green**) *n.* फीका हरा रंग
eau de toilette /ओ डअ ट्वाःलेट/ *n.* पानी मिला इत्र
eau de vie /ओ डअ वी/ *n.* ब्रांडी, व्हिस्की, वोदका आदि शराब
eaves /ईव्ज/ *n., [pl.]* दीवारों से बाहर निकला छत का भाग, नीचे झुका हुआ छज्जा
eavesdrop /ईव्जड्रौ\प/ **eavesdrop** /ईव्जड्राः\प/ *v., pt.* **~ped**, *pp* **~ping** 1 कनसुई क., चोरी-छिपे किसी की बात सुनना 2 (*also* **~ on sb**) छज्जे की तरह ऊपर से झुककर किसी की बात सुनना;
dw/lw: **~per** /~पः/ *n.* कनसुई करने वाला; **~ping** /~पिंग/ *n.* कनसुई: electronic ~ping
eavestrough /ईव्जट्रौफ/ *US* ईव्जट्रॉफ/ *n.* = **gutter** गंदी नाली
EAZ *abbr.* 'East Africa Zanzibar' का वाहन पंजीकरण कोड (IVR)
EB *abbr.* 'Executive Board' की प्रथमाक्षरी
eBay /इबे/ *n., trade* ऐसा वैब्साइट जिस पर इंटरनेट से खरीदो-फरोख्त या नीलामी हो सकती है
ebb /ऐब/ *n.* 1 (उतार) भाटा 2 अवनति, ह्रास: the ~ (भाटा);
v., *pt.* **~ed**, *pp* **~ing** 1 (*also* **~ away**) ज्वार का धीरे-धीरे हटना, क्षीण हो., घटना 2 भाटा आना 3 अवनत हो., ह्रास हो.;
dw/lw: **~tide** /एबटाइड/ *n.* उतरता ज्वार, भाटा;
p&i: **~ and flow** उतार-चढ़ाव, भाटा-ज्वार; **be at a low ~** क्षीण दशा में/ खराब हालत में हो.; **be at an ~** खस्ता हाल हो.; **on the ~** अवनति पर, कमजोर पड़ता हुआ; **the strength ~s away** शक्ति क्षीण हो रही है; **the tide ~s** ज्वार उतर रहा है/ पीछे हट रहा है/ भाटा आ रहा है; **the ~ will fetch off what the tide brings in** हराम की कमाई हराम में गंवाई
EBCDIC *abbr. comput.,* 'extended binary-coded decimal-interchange code' का संक्षेप (कंप्यूटर में अक्षर-सांख्यिकी /alpha-numeric/ वर्ण या चिह्न)
e-BI *abbr.* 'e-business integration' की प्रथमाक्षरी
EBIT *abbr.* 'earnings before interest and tax' की प्रथमाक्षरी
EBITDA *abbr.* 'earning before income tax, depreciation and amortisation' की प्रथमाक्षरी
ebonics /इबौनिक्स/ *US* इबाःनिक्स/ *n.* बहुत सारे अफ्रीकी अमेरिकियों द्वारा बोली जाने वाली अंग्रेजी
ebonite /ऐबअनाइट/ *n.* एक प्रकार का काला कड़ा रबड़
ebon\y /ऐबनी/ *n., pl.* **~ies** आबनूस का पेड़ या उसकी लकड़ी;
adj. काला, आबनूसी: **~y** skin
e-book /ई-बुक/ *n.* इलैक्ट्रॉनिक पुस्तक
EBPP *abbr.* 'electronic bill presentment and payment' की प्रथमाक्षरी
EB-PVD *abbr.* 'electronic beam-physical vapour deposition' की प्रथमाक्षरी
ebract\eate /इब्रैक्टिएट/ इब्रैक्टिट/ *adj., bot.* सहपत्रहीन;
dw/lw: **~eolate** /इब्रैक्टिअलेट/ *adj.* सहपत्रिकाहीन
ebria\te /ऐब्रिएट/ *v., pt.* **~ted**, *pp* **~ting** पीकर धुत्त हो.;
dw/lw: **~ted** *adj.* मतवाला, धुत्त
ebriety /इब्राइटि/ *n.* मतवालापन, नशा
ebrious /इब्रिअस/ *adj.* मतवाला, मद्यप, नशे में चूर
EBS *abbr.* 'European Business School' की प्रथमाक्षरी
ebulli\ence /इबलि\अंस/ (*also* **~ency**) *n.* 1 उबाल, उफान 2 जोश, उत्साह, उल्लास;
dw/lw: **~ent** /~अंट/ *adj.* 1 उबलता हुआ, खौलता हुआ 2 आत्मविश्वास से भरा, उत्तेजित, जोशीला, उत्साहपूर्ण; **~ently** /~अंटलि/ *adv.* 1 उबलते हुए 2 उत्साहपूर्वक
ebullioscope /इबलिअस्कोप/ इबुलिअस्कोप/ *n.* क्वाथनांकमापी
ebullition /ऐबअलिशन/ *n.* 1 उफान, उबाल, बुदबुदाहट 2 भड़ास, आवेश, उद्गार
eburnean/ eburnian /इबर्निअन/ *adj.* 1 हाथी दांत का बना हुआ 2 हाथी दांत जैसा
EBV *abbr.* 'Epstein Barr Virus' की प्रथमाक्षरी
EC *abbr.* 1 'East Caribbean', 'Election Commission', 'Emergency Contraceptive (pill)', 'European Commission', 'European Community', 'Executive Council' की प्रथमाक्षरी 2 'Ecuador' इक्वाडोर का वाहन पंजीकरण कोड
ECA *abbr.* 'Essential Commodities Act' की प्रथमाक्षरी
ecaudate /ईकॉडेट/ *adj.* अपुच्छ, पूंछरहित, बिना पूंछवाला
ebauche /इबॉच/ *n.* स्थूल रूपरेखा (a rough draft or sketch)
e-business /इ-बिज्नेस/ *n.* इंटरनेट के माध्यम से व्यापार
ecad /ईकैड/ *n., bot., ecol.* वातावरण के अनुसार ढल जाने वाला पौधा
écarté /एकाःते/ *n., Fr., ballet.* बैले नृत्य में एक मुद्रा जिसमें बाजू और पांव बाएं-दाएं उठे होते हैं
e-cash /इ-कैश/ *n.* इंटरनेट के माध्यम से भुगतान
ECB *abbr.* 'European Central Bank', 'external commercial borrowings' की प्रथमाक्षरी
ecbasis /एक्बेसिस/ *n.* विषयांतरण, विषय से भटकाव
ECC *abbr.* 'Engineering Construction and Contracts' की प्रथमाक्षरी
ECCE *abbr.* 'Early Childhood Care and Pre-School Education' की प्रथमाक्षरी
eccentric /इक्सेंट्रि\क/ *adj.* 1 विचित्र (प्राणी), सनकी, तरंगी, लहरी, मौजी, वहमी, झक्की 2 जब गाड़ी का पहिया केंद्र-संतुलित न हो, उत्केंद्रक 3 अनियमित, विकेंद्रित (वृत्त) 4 अगोलाकार;
n. 1 विचित्र व्यक्ति, सनकी/ खब्ती/ झक्की आदमी 2 उत्केंद्र, केंद्र-असंतुलन 3 *tech.* वृत्ताकार गति या आगे-पीछे होने वाली गति में परिवर्तन करने वाला उपकरण;
dw/lw: **~ally** /~कलि/ *adv.* विचित्र ढंग से;
eccentricity /ऐक्सेंट्रिसिटि/ *n., pl.* ~ities 1 विचित्रता, सनक, झक 2 केंद्र-असंतुलन, उत्केन्द्रता
Eccl./ Eccles *abbr.* 'Ecclesiastes' का संक्षेप
eccl./ eccles *abbr.* 'ecclesiastic/ ecclesiastical' का संक्षेप
Eccles cake /एक्ल्ज केक/ *n.* पेस्ट्री से बना एक गोल केक
ecclesiastic /इक्लिजिऐस्टि\क/ *n.* पुरोहित, पादरी;
dw/lw: **~al** /~कल/ *adj.* ईसाई चर्च से संबंधित, गिरजे का, कलीसियाई; **~ism** /~सिज्म/ *n.* चर्च के नियमों और उनके पालन में अतिशयता
ecclesiology /इक्लीजिऔलजि/ *US* इक्लीजिआःलजि/ *n.* गिरजा-निर्माण विद्या, कलीसिया-तत्त्व-विवेचन
ecdysiast /ऐक्डिजिऐस्ट/ *n., facetious* स्ट्रिप्टीज नर्तक
ecdysis /ऐक्डिसिस/ *n., pl.* **ecdyses** /एकडिसीज/ 1 निर्मोचन 2 केंचुली (slough) का उतारण, *Hr.* सांप द्वारा कांजली उतारने की क्रिया
ECE *abbr.* 'Early Childhood Education', 'Economic Commission for Europe', 'Electronics & Communication Engineering' की प्रथमाक्षरी
ECFMG *abbr.* 'Educational Commission for Foreign Medical Graduates' की प्रथमाक्षरी
ECG *abbr.* 'electrocardiogram', 'electrocardiograph' की प्रथमाक्षरी
ECG/ EKG *abbr.* 'electrocadio\gram/ ~graph' का संक्षेप

ECGC *abbr.* 'Export Credit Guarantee Corporation of India' की प्रथमाक्षरी

ECH *abbr.* 'epichlorohydrin' की प्रथमाक्षरी

echappe /एशैपे/ *n., pl.* **echappés** *ballet.* बैले नृत्य में एक छलांग

echelon /ऐशअलौन/ *US* ऐशअलाःन/ *n., formal, techn.* 1 संगठन में निम्न या उच्च पद स्तर 2 निम्न या उच्च स्तर के लोग 3 सोपानक, सीढ़ीनुमा संरचना; ***dw/lw:*** **~ment** /~मंट/ *n.* सीढ़ीनुमा संरचनाकरण

echinacea /ऐकिनेसिआ/ *n.* औषधि के रूप में प्रयुक्त होने वाला डेजी (daisy) जैसा एक पौधा

echinate /ऐकिनेट/ *n.* कंटकी, कांटेदार

echinoid /ऐकिनॉइड/ *adj., n.* जल-साही

echinulate /ऐकिन्युलेट/ *n.* लघु-कंटकी, कांटेदार झाड़ी

echo /ऐको/ *v., pt.* **~ed**, *pp* **~ing** 1 (***syn.*** reverbrate) गूंजना या गुंजाना: the shot **~ed** through the woods 2 प्रतिध्वनित हो. या प्रतिध्वनि पैदा क.: ~ with/ to sth 3 सहमति जताते हुए किसी की बात को दोहराना या उसकी नकल क.: they **~ed** every word of their master;

n. *pl.* **~es** 1 गूंज 2 प्रतिध्वनि, अनुनाद 3 श्रुत्यावृत्ति, छाया 4 नकल, आवृत्ति 5 नकल करने वाला व्यक्ति, नकलची तोता 6 (*often* **~s**) चिह्न, स्मृतिचिह्न, यादों की गूंज 7 रेडियो या रेडार पुंज या स्क्रीन पर दिखने वाला दृश्य संकेत 8 (**Echo**) *commun.* नेटो (NATO) संचार प्रणाली में **E** अक्षर को दर्शाने वाला;

dw/lw: **~ic** /ऐकोइक/ *adj.* 1 प्रतिध्वनिक 2 ऐसा शब्द जो द्योतित ध्वनि की नकल करता है; **~ism** /ऐकोइज्म/ *n.* अनुरशणन, प्रतिध्वनन; **~meter** *n.* प्रतिध्वनिमापी; **~sounder** *n.* प्रतिध्वनि गहराई-मापी; **~sounding** *n.* प्रतिध्वनि गहराई मापन; **~word** *n.* प्रतिध्वनिक शब्द;

collocations: ~ **balance** प्रतिध्वनि संतुलन; ~ **chamber** प्रतिध्वनि कक्ष; ~ **location** प्रतिध्वनि निर्धारण; ~ **ranging** हाइड्रोलोकेटर (प्रतिध्वनि खोजी) द्वारा दूरी मापन; ~ **verse** यमक पद्य; ~ **virus/ ECHO virus** *pathol.* विषाणु (वाइरस) जो सांस, आंत-दर्द जैसे रोग पैदा करता है **auroral** ~ ध्रुव दीप्ति का प्रतिबिंबन; **applaud/ cheer to the** ~ गुंजायमान करतल ध्वनि क.

echocardiogram /ऐकोकार्डियोग्राम/ (*also* **echogram**) *n., med.* 1 प्रतिध्वनिलेखी 2 अल्ट्रासाउंड द्वारा रेखित हृदय की गति और कार्य क्षमता के परीक्षण का रिकॉर्ड;

echocardiography /ऐकोकार्डियोग्रअफि/ (*also* **echograph**) *n.* 1 प्रतिध्वनिलेख 2 अल्ट्रासाउंड द्वारा रेखित हृदय की गति और कार्य क्षमता का परीक्षण लेख

echolalia /ऐएकोलेलिआ/ *n., psychiatry* 1 शब्दानुकरण 2 सुने गए शब्दों की निरर्थक व लाजमी नकल

echt /एख्त/ *adj., Ger.* सच्चा, सही, जो नकली न हो

ECI *abbr.* 'Election Commission of India' की प्रथमाक्षरी

ECIL *abbr.* 'Electronics Corporation of India Limited' की प्रथमाक्षरी

éclair /इक्लेअः/ *n.* एक अति स्वादिष्ट फ्रांसीसी केक (flash of lightning)

éclaircissement /एक्लेअःसीस्मां/ *n., Fr.* भ्रम-निवारण, स्पष्टीकरण

eclamp\sia /इक्लैंप्सिआ/ *n., pathol.* गर्भाक्षेपक, गर्भावस्था के पिछले तीन महीनों में संभावित विषाक्तता;

dw/lw: **~tic** /इक्लैंप्टिक/ *adj.* गर्भाक्षेपी

éclat /एक्लाः/ *n., lit.* 1 अपूर्व प्रभाव: a diplomatist of great ~ 2 विशिष्ट सफलता 3 दिखावापूर्ण भव्यता या शान: with great ~ (बड़ी धूमधाम से) 4 विशिष्टता 5 वाह-वाही, जयघोष, जय-जयकार

ECLC *abbr.* 'Indian Container Leasing Company' की प्रथमाक्षरी

eclectic /इक्लेक्टि\क/ *adj.* 1 विभिन्नदर्शनग्राही, चयनशील, सारग्राही: ~ method/ system, school 2 विभिन्न स्रोतों से अच्छी बातों को एकत्र करने वाला 3 भिन्न-भिन्न शैलियों को अपनाने वाला;

dw/lw: **~ally** /~कलि/ *adv.* चुन-चुनकर; **~ism** /~सिज्म/ *n.* विभिन्न शैलियों को अपनाने की क्रिया, विभिन्न दर्शनग्राह्यता;

eclip\se /इक्लि\प्स/ (*also* **solar ~se/ lunar ~se)** *n.* 1 (चंद्र/ सूर्य) ग्रहण, उपराग: total/ partial **~se** 2 श्रीहीनता, निस्तेजता, तिरोभाव: a reputation in **~se** 3 अधोपतन: **~se** of feudalism;

v., *pt.* **~sed**, *pp* **~sing** 1 सूर्य या चंद्र ग्रहण हो. 2 (***syn.*** outshine, overshadow) दूसरे को फीका या निस्तेज क., दबा दे.: she was so beautiful that she **~sed** every other woman 3 (***syn.*** obscure) दबाकर पीछे धकेल दे.;

dw/lw: **~sed** /~प्सड/ *adj.* ग्रहणग्रस्त

ecliptic /इक्लिप्टिक/ *n.* (**the ecliptic**) क्रांतिवृत्त, सूर्य पथ, रविमार्ग;

adj. ग्रहण संबंधी, सूर्य पथ संबंधी

eclogue /ऐकलौग/ *US* ऐकलाःग/ *n.* ग्वालगीत, गोपगीत (संवाद के रूप में)

eclosion /इक्लोजन/ *n.* डिंबक या इल्ली द्वारा अंडे से बाहर आने की क्रिया

ECM *abbr.* 'Education Content Manager' की प्रथमाक्षरी

ECN *abbr.* 'electronic communication network' की प्रथमाक्षरी

ECNR *abbr.* 'Emigration Check Not Required' की प्रथमाक्षरी

ECO *abbr.* 'Energy Conservation Organisation' की प्रथमाक्षरी

eco- *comb. form, denoting:* **living things in relation to their environment** (जीव एवं पर्यावरण)

ecol. *abbr.* 'ecological', 'ecology' का संक्षेप

ecocide /ईकोसाइड/ *n.* पर्यावरण विनाश

eco-climate *n.* आवास जलवायु

ecocline //ऐकोक्लाइन/ ईकोक्लाइन/ *n.* पारिस्थितिक प्रवणता

eco-friendly *adj.* पर्यावरण हितैषी, जो वातावरण को नुकसान न पहुंचाए

eco-label *n.* पर्यावरण-अंकतिक, पर्यावरण हितैषी होने के बारे में लेबल

E. coli *abbr.* '**Escherichia coli**' का संक्षेप (ऐसा जीवाणु जो अधपके खाने या हरे सलाद आदि में होता है और वह भोजन-विषाक्तता जैसी गंभीर बीमारी पैदा कर सकता है); *see also under separate entry*

ecological /इकअलौजिक\ल/ *US* इकअलाःजिक\ल/ *adj.* पर्यावरण या परिस्थिति संबंधी, पारिस्थितिक;

dw/lw: **~ly** /~लि/ *adv.* पर्यावरण के अनुरूप;

collocations: ~ **bovitation** पारिस्थितिक सुस्थापन; ~ **complex** पारिस्थितिक सम्मिश्र; ~ **environment** पारिस्थितिक पर्यावरण; ~ **equivalence** पारिस्थितिक तुल्यता; ~ **factor** पारिस्थितिक कारक; ~ **footprint** एक व्यक्ति द्वारा प्रयोग की जाने वाली धरती की ऊर्जा की मात्रा; ~ **succession** पारिस्थितिक अनुक्रम; ~ **system** पारिस्थितिक जीवन तंत्र

ecology /इकअलौजिकल/ *US* इकअलाःजिकल/ *n.* जीव जगत व वातावरण में पारस्परिक नाता या इस नाते का वैज्ञानिक अध्ययन, परिस्थिति विज्ञान, पारिस्थितिकी

ecologist /इकौलअजिस्ट/ *US* इकाःलअजिस्ट/ *n.* वातावरण या परिस्थिति-विज्ञानी

ecology /इकौलजि/ *US* इकाःलजि/ *n.* जीव जगत व वातावरण में पारस्परिक नाता या इस नाते का वैज्ञानिक अध्ययन, परिस्थिति विज्ञान, पारिस्थितिकी

e-commerce /इ-कॉमर्स/ *n.* इंटरनेट के माध्यम से किया जाने वाला व्यापार, इ-व्यापार

econ. *abbr.* 'economic', 'economical', 'economics', 'economy' का संक्षेप

econometry/ econometrics /इकौनअमेट्रि/ इकौनअमेट्रिक्स/ *US* इकाःनअमेट्रि/ *US* इकाःनअमेट्रिक्स/ *n.* आर्थिक सूचनाओं का आंकड़ों के आधार पर अध्ययन, अर्थमिति

economic /ईकअनौमिक\/ *US* ईकअनाःमिक\/ *adj.* 1 आर्थिक 2 अर्थशास्त्रीय, वित्तीय 3 उद्योग और व्यापार से संबंधित 4 उपयोगी, लाभकारी 5 सस्ता 6 बचतकारी;
dw/lw: **~al** /~ल/ *adj.* 1 (***syn.*** frugal) किफायती, मितव्ययी 2 कम खर्च करने वाला 3 आर्थिक; **~ally** /~लि/ *adv.* 1 आर्थिक रूप से 2 किफायत से 3 आर्थिक प्रभावशीलतापूर्वक, उपयोगी ढंग से;
collocations: ~ **application** आर्थिक उपयोग; ~ **barometer** आर्थिक स्थिति मापक; ~ **conditions** आर्थिक परिस्थितियां; ~ **crisis** आर्थिक संकट; ~ **cycle** आर्थिक चक्र; ~ **end** आर्थिक लक्ष्य; ~ **exploitation** आर्थिक शोषण; ~ **freight rates** बचतकारी माल-भाड़ा दर; ~ **hierarchy** आर्थिक पदानुक्रम; ~ **holding** लाभकारी कृषि-जोत; ~ **intelligence** आर्थिक खोज या सूचना संग्रहण; ~ **law** आर्थिक नियम; ~ **lot size** मितव्ययी प्रचय परिमाण; ~ **maturity** आर्थिक परिपक्वता; ~ **measure** आर्थिक उपाय; ~ **migrant/ refugee** आर्थिक प्रवासी/ शरणार्थी; ~ **plan** आर्थिक योजना; ~ **policy** आर्थिक नीति; ~ **questions** आर्थिक मुद्दे; ~ **resources** आर्थिक संसाधन; ~ **science** अर्थशास्त्र; ~ **time series** आर्थिक काल श्रेणी; ~ **variable** आर्थिक चर; ~ **zone** आर्थिक क्षेत्र;
p&i: **~al with truth** जब कोई कड़वे सच को जान-बूझकर छिपा लेता है, झूठा

economics /ईकअनौमिक्स/ ऐकअनौमिक्स/ *US* ईकअनाःमिक्स/ *US* ऐकअनाःमिक्स/ *n.* 1 अर्थशास्त्र 2 किसी भी चीज का आर्थिक और समाजशास्त्रीय पहलू

economist /इकौनअमिस्ट/ *US* इकाःनअमिस्ट/ *n.* 1 अर्थशास्त्री 2 मितव्ययकर्ता

economi\ze (*also UK* **-\se**) /इकौनअमाइ\ज/ *US* इकाःनअमाइ\ज/ *v., pt.* **~zed**, *pp* **~zing** 1 बचत क., किफायत क. 2 पूरा लाभ उठाना;
dw/lw: **~zer/ ~ser** /~ज़ः/ *n.* मितव्ययी, किफायतशार व्यक्ति;
p&i: **~se on** किसी चीज पर खर्चा कम क.

econo\my /इकौनमि/ *US* इकाःनमि/ *n., pl.* **~mies** 1 अर्थ व्यवस्था: a booming/ stable/ strong/ weak **~my** 2 आर्थिक ढांचा: a capitalist **~my**; the global/ local/ national **~my** 3 (*usually* **~mies**) बचत 4 मितव्ययता, किफायत: **~my** of movement; **~my** of words 5 व्यवस्था: false **~my** (जो सस्ता दिखता है, पर असल में सस्ता नहीं होता) 6 *biol.* उपापचय व्यवस्था 7 राष्ट्रीय अर्थ-व्यवस्था: developing **~mies**; developed **~mies**
adj. किफायती, बचतकारी: travel by **~my** class; **~my** drive (बचत अभियान);
collocations: **~my class** विमान में बचतकारी दर्जे में यात्रा; **~my class syndrome** हवाई जहाज में सस्ती टिकट पर यात्रा करते समय असुविधाजनक स्थान बैठने के कारण 'deep vein thrombosis' नामक बीमारी होने का लक्षण; **~my constant** *biol.* उपापचय-स्थिरांक; **~my of effort** प्रयत्न करने में मितव्ययता, आलसीपन; **~my pack** बचत पैक; **~my size/ ~my sized** बचतकारी (छोटे) साइज (की): ~my sized packet of food; **~my slip** किफायत पर्ची;
p&i: **the ~my grows/ improves/ recovers/ slows** अर्थ व्यवस्था विकसित होती है/ सुधरती है/ फिर से खड़ी होती है/ शिथिल होती है;

ecosphere /ईकोस्फीअः/ *n.* 1 संसार का वह भाग जहां प्राणि या जीव जीवित रह सकते हैं 2 पर्यावरण

écossaise /एकौसेज/ *n.* एक जीवंत ग्रामीण नृत्य

ecosystem /ईकोसिस्टम/ *n.* किसी क्षेत्र में रहने वाला प्राणी जगत व उसमें आंतरिक व प्राकृतिक परिस्थितियों से सामंजस्य, पारिस्थितिक तंत्र

ecoterrorism /ईकोटैरअरिज्म/ *n.* 1 पर्यावरण की समस्याओं की ओर ध्यान आकर्षित करने के लिए की जाने वाली हिंसक गतिविधियां 2 राजनीतिक मुद्दों की ओर ध्यान आकर्षित करने के लिए पर्यावरण को नुकसान पहुंचाने वाली गतिविधियां

ecotourism /ईकोटुअरिजम/ *US* ईकोटुरिजम/ *n.* पर्यावरण-हितैषी सैर-सपाटा या यात्रा

e contra /ईकौन्त्रा/ *adv. Lat.* उल्टे, विलोमतः

e contrario /ईकौन्त्रारिओ/ *adv.* इसके विपरीत

ecophene /ईकोफीन/ *adj.* अनुकूलक

ecorticate /ईकोर्टिकेट/ *adj.* वल्कुटहीन, वल्कहीन

ecospecies /ईकोसेपिसीज/ पारिस्थितिक जातियां

ecostate /ईकोस्टेट/ *adj. bot.* शिराहीन

ecotoxic /ईकोटॉक्सिक/ *adj.* वनस्पति व प्राणी जगत के लिए विषैला

ecotype /ईकोटाइप/ *n.* 1 प्रारिस्थितिक प्रतिरूप 2 वनस्पति की ऐसी प्रजातियां जो वातावरण के अनुसार ढलने के कारण अपने मूल रूप से भिन्न हो गई हैं

eco-warrior /ईको-वारिअः/ *n.* पर्यावरण के बचाव के लिए संघर्षशील व्यक्ति

ECR *abbr.* 'Efficient Consumer Response' की प्रथमाक्षरी

eCRM *abbr.* 'electronic customer relationship management' की प्रथमाक्षरी

ecru /एक्रू/ *n.* कोरे कपड़े का रंग

ECS *abbr.* 'electronic clearing scheme', 'Enterprise Consulting Services', '(LCA's) Environmental Control System' की प्रथमाक्षरी

ECSEPC 'Electronics and Computer Software Export Promotion Council' की प्रथमाक्षरी

ecstasi\ze /ऐक्स्टअसाइज/ *v., pt.* **~zed**, *pp* **~zing** आनंद मग्न हो जा. या कर दे.

ecsta\sy /ऐक्सटअसि/ *n., pl.* **~sies** 1 अत्यधिक प्रसन्नता या आनंद 2 हर्षोन्माद, आनंदातिरेक, उल्लास: be/ go into **~sies** about/ over sth 3 भाव-समाधि 4 **Ecstasy** *sl.* (*abbr.* **E**) एक अवैध मादक पदार्थ;
dw/lw: **~tic** /इक्स्टैटिक/ *adj.* 1 (***syn.*** delighted) आनंद मग्न, मस्त 2 समाधिमग्न 3 (***syn.*** drowned in ecstasy) भाव विभोर, भाव प्रवण, भावातिरेकी 4 आह्लादकर, हर्षातिरेकी

ECT *abbr.* 'electroconvulsive therapy', 'Energy Charter Treaty' की प्रथमाक्षरी

ecto- /एक्टो-/ *prefix* = **endo-/ ento-/ exo-**; *comb. form, signifying:* **outside** (बाह्य, बाहरी, ऊपरी);
dw/lw: **~derm** *n.* बाह्यत्वचा; **~genesis** *n.* बहिर्विकास; **~morph** *n.* पतला-लम्बा व्यक्ति; **~my** /एक्टअमि/ *n.* (*also* **appendectomy**) एक शल्यकर्म जिसके द्वारा शरीर के किसी भाग को हटाया जाता है; **~pic** /एक्टौपिक/ *US* एक्टाःपिक/ *adj., pathol.* ऐसी अवस्था से संबंधित जब बच्चा मां के गर्भाशय से बाहर विकसित होने लगता है: ~pic pregnancy; **~plasm** *n. biol.* (*also* **endoplasm**) 1 कोशिका में झिल्लीनुमा पदार्थ की बाहरी सतह 2 शव के साथ संवादरत व्यक्ति के शरीर से निकलने वाला बहिर्द्रव्य;
collocations: **~pic pregnancy** भ्रूण का गर्भाशय में सामान्य स्थान पर विकास न होने की अवस्था

-ectomy *comb. form* (***-ectomies***) *med., signifying:* **removal by surgery** (शल्य क्रिया से शरीर के किसी अंग को हटाने की क्रिया): hyster**ectomy**

ectopic *see above under* **ecto-:** ***dw/lw***

ectype /ऐक-टाइप/ *n., biol.* प्रतिरूप, प्रतिलिपि

ecu/ Ecu /ईकू/ एकू/ *abbr.* 'European currency unit', 'Electronic Control Unit' की प्रथमाक्षरी

ecumeni\c/ oecumeni\c/ ~cal/ *adj.* /ईक्यूमेनिकल/ *adj.* ईसाई चर्च की एकता का हिमायती, विश्वव्यापी, सार्वभौम

ecumenism /इक्यूमअनिज्म/ *n.* एकतावाद, अखिलचर्चवाद

eczema /एक्सिमा/ इग्जीमा/ *n.* एक चर्म रोग, दाद, खाज, पामा, छाजन, एक्जिमा

ED *abbr.* 'Enforcement Directorate', 'erectile dysfunction', की प्रथमाक्षरी
ed. (*also* **Ed.**) *abbr.* 'edited (editor)', 'edition', 'educated', 'education' का संक्षेप
EDA *abbr.* 'Electronic Design Automation' की प्रथमाक्षरी
eda\cious /इडेशिअस/ *adj.* 1 भोजन संबंधी 2 पेटू 3 लालची;
dw/lw: **~city** /इडैसिटि/ *n.* 1 स्वादिष्टता 2 पेटूपन
Edam /ईडैम/ *n.* हॉलैंड का एक गोलाकार पनीर जो ऊपर से लाल मोम से ढका होता है
eda\phic /इडैफिक/ *adj., bot., ecol.* मिट्टी संबंधी: **~phic** factor (मिट्टी का वह गुण जो पौधों के विकास को प्रभावित करता है);
dw/lw: **~phology** /एडअफौलअजि/ *n.* मिट्टी विज्ञान
EDARCH *abbr.* 'Entrepreneurship Development and Rehabilitation Centre for the Handicapped' की प्रथमाक्षरी
EDC *abbr.* 'external development charges' की प्रथमाक्षरी
EDCs *abbr.* 'endocrine disrupting chemicals' की प्रथमाक्षरी
ed\dy /एडि/ *n., pl.* **~dies** 1 भंवर, जलावर्त 2 बवंडर: an **~dy** of dust (धूल का बगूला) 3 चक्रवाती बहाव;
v., pt. **~died**, *pp* **~dying**, *s/he/it* **~dies** चक्र खाना;
dw/lw: **~dy-wind** *n.* आंधी, बगूला, *Hr.* बबूला;
collocations: **~dy current/ Foucault current** बिजली-धारा जिससे मोटर या ट्रांसफोर्मर गर्म हो जाते हैं
edelweiss /एडलवाइस/ *n., Gr. pl.* **edelweiss** एक छोटा यूरोपीय पहाड़ी पौधा, एडलवाइस
edema /इडीम/ (*also* **oedema**) *n.* शरीर के छिद्रों या ऊतकों में होनेवाले द्रव के जमाव के कारण होने वाली सूजन या फुलाव: lung ~
Eden, garden of 1 अदनवाटिका, ऐसी वाटिका जहां प्रथम मानव यानी आदम (Adam) और हौव्वा (Eve) तब तक रहे थे जब तक उन्होंने ईश्वर वर्जित सेब नहीं खाया था 2 आनंद वाटिका
edentate /ईडेंटेट/ *adj.* अदंत, बिना दांत के
EDF *abbr.* 'European Development Fund' की प्रथमाक्षरी
EDGE *abbr.* 'Enhanced Data Rates for GSM Evolution' की प्रथमाक्षरी
edge /ऐज/ *n.* 1 धार, कोर 2 किनारा, छोर: ~ of a wood 3 (*syn.* brink) कगार: be on ~ 4 तीक्ष्णता: bread to take the ~ off his hunger/ appetite 5 विशेष या रोमांचक गुण 6 चोटी 7 कटुता: there was an ~ to his criticism 8 लाभ, किसी के मुकाबले में बेहतर स्थिति: have an ~ on/over sb;
v., pt. **~d**, *pp* **edging** 1 किनारा या चाकू तेज क. 2 किनारा बनना या लगाना 3 (*usually* ~ **forward in/ out**) धीरे-धीरे सावधानी से आगे बढ़ना: ~ one's way through a crowd 4 *cricket* बल्ले के किनारे से मारने के कारण कैच थमा दे.;
dw/lw: **~d** *adj.* 1 धारदार, तीखा, तेज 2 किनारेदार; **edgily** *adv.* चिड़चिड़े ढंग से; **edginess** /एजिनेस/ *n.* 1 तीक्ष्णता 2 कोणिकता 3 सीमांतता, कगार 4 पैनापन, तीक्ष्णता 5 व्यग्रता, विकलता, चिड़चिड़ापन; **edging** 1 किनारी, झालर, मगजी, किसी वस्त्र के किनारों पर लगाई गई पट्टी आदि 2 किनारी लगाने की क्रिया 3 *pl.* लकड़ी की चिराई का चूरा आदि; **~less** *adj.* भोथरा, कुंद, कुंठित; **~r** /एजः/ *n.* 1 घास कतरने की कैंची 2 घास कतरने वाला; **~-tool** *n.* तेज धार वाला चीरने या काटने वाला यंत्र, आरा आदि; **~ways** *UK/ US* ~wise *adv.* तिरछे; **edgy** /एजि/ *adj., degr.* edgier/edgiest 1 पैना, तीक्ष्ण, तेज 2 व्यग्र, विकल, चिड़चिड़ा, घबराया हुआ;
double-~d दु-धारी; **sharp-~d** तेज धार वाला;
collocations: **~city** नगर के छोर/ किनारे पर स्थित शहर का भाग; **~ cut** तलवार-बाजी में एक वार; **~ stone** चक्की का पाट; **~tool/ ~d tool** धारदार या तेज यंत्र;
p&i: **~ away** 1 कतराना 2 चुपके से खिसकना 3 क्रिकेट की गेंद को बल्ले के किनारे से मारकर निकालना; **~ in** शब्द जोड़ना; **~ in a word** बात या संदेश किसी तक पहुंचाना; **~ into a job.** धीरे-धीरे कोई नौकरी पा-लेना, किसी पद पर पहुंच जाना; **~ off** सावधानी से पीछे हटना; **~ oneself into a conversation** धीरे-धीरे किसी संवाद में घुस जाना; **~ sb out of a position of influence** किसी को महत्त्वपूर्ण पद से बाहर कर दे.; **~ sb/ sth out of sth** किसी या किसी चीज को कहीं से या किसी कार्य से बाहर कर दे.; **~ (sth) up/ down/ past, etc.** किसी चीज को धीरे-धीरे ऊपर/ नीचे/ पास से/ पीछे/ आगे आदि सरकाना;
frayed at the ~s जिंदगी द्वारा फटेहाल किया हुआ; **from ~ to ~** एक किनारे से दूसरे तक; **get a word in ~ways** बातचीत में हस्तक्षेप क.; **give an ~ to** उत्साहित क.; **give sb the ~ of one's tongue** किसी को खूब खरी-खोटी सुनाना; **go over the ~** हद पार क.; **have an ~ on** थोड़ा पिए हो.; **have a slight ~ (on/ over)** किसी के मुकाबले में थोड़ा आगे हो.; **not to put too fine an ~ on it** सीधी बात क.; **on a razor's ~** विनाश की कगार पर हो.; **on ~** क्रोध से फट पड़ने की कगार पर, अधीर, घबराया हुआ; **on the ~ of a vocano** विनाश की कगार पर हो.; **on the ~ of one's seat** अपनी सीट के किनारे पर; **on/ at the ~ of town** शहर के छोर पर; **on the ~ of winter** सर्दी खत्म होने की कगार पर; **over the ~** बहुत हो गया!, हद पार हो गई; **put sth around the ~ of sth else** किनारी लगाना; **set sb's teeth on ~** 1 किसी के दांत में बहुत दर्द क. 2 आंख या चेहरा सिकोड़ने/ चौंकने को विवश क. 3 बहुत चिड़चिड़ा या नाराज कर दे.; **sharpen the ~ of sth** किसी चीज को और तेज क.; **sit on the thin ~ of nothing** मुश्किल से बैठने का स्थान पाना; **take the ~ off sth** धार कुंद क./ कम क., भोथरा (प्रभावहीन) क.; **the ~ of battle** लड़ाई की चोटी पर; **the ~ of sarcasm** कटुतम व्यंग्य; **the knife has no ~** चाकू बिल्कुल कुंठित या भोथरा हो चुका है; **the out side ~** आखिरी हद, अंतिम सीमा
edging *see above under* **edge: *dw/lw***
edginess *see above under* **edge: *dw/lw***
edgy *see above under* **edge: *dw/lw***
EDI *abbr.* 'Education Development Index' की प्रथमाक्षरी
EDI *abbr.* 'electronic data interchange' की प्रथमाक्षरी (भिन्न-भिन्न कंपनियों के कंप्यूटर सिस्टमों के बीच सूचनाओं का आदान-प्रदान)
edi\ble /एडिबल/ *adj.* खाने का, खाने योग्य, खाद्य;
dw/lw: **~bles** *n. [pl.]* खाद्यपदार्थ; **~bility/ ~bleness** /ऐडिबिलिटि/ ऐडिबलनेस/ *n.* खाद्यपदार्थों की खाने के लिए उपयुक्तता;
collocations: **~ble roots** खाने योग्य जड़दार फल-सब्जियां
edict /ईडिक्ट/ *n.* राजादेश, राजाज्ञा, सरकारी घोषणा, आदेशपत्र, फरमान;
dw/lw: **~al** /~ल/ *adj.* राजाज्ञा से संबंधित: ~al powers
edification /ऐडिफिकेशन/ *n.* 1 सुशिक्षा, सदुपदेश 2 बौद्धिक स्तर में सुधार, आत्मिक/ नैतिक उन्नति या सुधार, सद्दाहरण
edifice /ऐडिफिस/ *n.* 1 बड़ी इमारत, विशाल भवन 2 जटिल संगठन या तंत्र
edi\fy /ऐडिफाइ/ *v., pt.* **~fied**, *pp* **~fying** 1 उन्नत क., सुधार क. 2 सदुदाहरण दे. 3 नैतिक रूप से ऊंचा उठाना 4 सन्मार्ग पर ला. 5 ज्ञानचक्षु खोलना;
dw/lw: **~fying** *adj.* शिक्षाप्रद, ज्ञानवर्धक; **~fyingly** *adv.* शिक्षाप्रद ढंग से
edit /ऐडिट/ *v., pt.* **~ed**, *pp* **~ing** 1 समाचार पत्र आदि संपादित क. 2 सुधार या संशोधन क. 3 बदल दे. 4 भिन्न-भिन्न स्रोतों से पाठ या सूचनाएं एकत्रित करके पुस्तक या ग्रंथ संपादित क. 5 (*usually,* **~ out sth**) फिल्म, लेख आदि में काट-छांट या फेर-बदल क.: ~ sth out (अनेपक्षित अंश हटाना या संशोधित क.);
dw/lw: **~ed** *adj.* संपादित क.
collocations: **~ suit** कमरा जिसमें संपादन कार्य के लिए इलैक्ट्रॉनिक उपकरण लगे होते हैं;

edit. *abbr.* 'edited', 'edition' का संक्षेप

edition /इडिशन/ *n.* 1 संस्करण 2 पुस्तक की छपाई या प्रकाशन का रूप: **back/ paperback** ~ सजिल्द या बिना जिल्द का संस्करण; ~ **deluxe** (*also Fr.* ~ **de luxe** /इडिशन ड ल्युक्स/) डीलक्स या राज संस्करण 3 संपादक द्वारा अनुमोदित प्रकाशक को छपने के लिए दी जाने वाली पांडुलिपि: the Cambridge ~ 4 पुस्तक या समाचार पत्र की प्रतियों की कुल प्रकाशित संख्या 5 समाचारपत्र विशेष: "*The Hindu*", Delhi ~ 6 टीवी प्रोग्राम, समाचार आदि: the news, morning ~ 7 प्रतिमूर्ति, प्रतिलिपि: her younger sister is a weak ~ of herself;
p&i: **piratic(al)** ~ अवैध रूप से प्रकाशित पुस्तक का संस्करण

editor /ऐडिट\र/ *n.* 1 पुस्तक, कहानी या किसी विधा का संपादक: the arts ~ 2 समाचार-पत्र या पत्रिका का संपादक: letters to the ~ (टीवी या रेडियो कार्यक्रमों का संपादक); political ~; news ~ 3 फिल्म आदि का संपादक
dw/lw: **editress** /~रेस/ *n.* संपादिका; **~ship** *n.* संपादक का संपादन काल, पद या संपादन कार्य

editorial /ऐडिटॉरिअ\ल/ *adj.* 1 संपादकीय कार्य से संबंधित 2 संपादकीय;
n. संपादकीय अग्रलेख;
dw/lw: **~ize/ ~ise** /~लाइज/ *v., pt.* ~ized, *pp* ~izing 1 संपादकीय लेख लिखना 2 संपादित क. 3 *derog. in journalism* तथ्यात्मक समाचारों में संपादकीय मत थोपना; **~y** /~लि/ *adv.* संपादकीय स्तर पर, संपादन की दृष्टि से;
collocations: ~ **board** संपादकीय समिति; ~ **copy** समीक्षा के लिए प्रति; ~ **note** संपादकीय टिप्पणी; ~ **office** संपादकीय कार्यालय; ~ **"we"** संपादकों द्वारा अपने लिए समूहवाचक सर्वनाम "we" का प्रयोग

EDN *abbr.* 'elementary digital network' की प्रथमाक्षरी

EDP *abbr.* 'electronic data processing', 'ex-distillery price' की प्रथमाक्षरी

e-dress /ई-ड्रेस/ *n.* ईमेल या वैब साइट का पता

EDS *abbr.* 'Electronic Data Systems (US)' की प्रथमाक्षरी

EDT *abbr.* 'Eastern Daylight Time' की प्रथमाक्षरी (पूर्व में दिन की अवधि)

.edu *internet abbr.* **'education'** का इंटरनेट संक्षेप, यह दिखाने के लिए प्रयोग किया जाता है कि **'.edu'** वाला इंटरनेट पता किसी विश्वविद्यालय या महाविद्यालय का है

educable /ऐजुकअ\बल/ *adj.* शिक्षणीय, शिक्ष्य, जिसे शिक्षित किया जा सके
dw/lw: **~ility** /~बिलिटि/ *n.* शिक्षणीयता, शिक्ष्यता, शिक्षित करने की संभावना

educa\te /ऐजुकेऽट/ *v., pt.* **~ted**, *pp* **~ting** 1 शिक्षा दे., पढ़ाना 2 प्रशिक्षित क. 3 ज्ञान वर्धन क.: **~te** sb's taste in literature; **~te** sb in/ on sth 4 किसी को किसी विषय में ज्ञान दे.;
dw/lw: **~tability** /~टअबिलिटि/ *n.* पढ़ाए जाने की संभावना; **~table** /~टअबल/ *adj.* पढ़ाए जाने योग्य; **~ted** /~टिड/ *adj.* 1 शिक्षित, पढ़ा-लिखा: an ~ted woman 2 ज्ञानी: ~ted mind/ taste 3 ज्ञान और सूचनाओं पर आधारित: an ~ted guess 4 (***syn.*** trained) प्रशिक्षित: ~ted dogs; **education** *see below under separate entry*; **~tive** /~टिव/ *adj.* 1 शिक्षा-संबंधी, शैक्षिक 2 शिक्षाप्रद, ज्ञानप्रद: ~tive knowledge; **~tor** /~टः/ *n.* शिक्षक, अध्यापक; **~tory** /~टरि/ *adj.* शैक्षिक

education /ऐजुकेशा\न/ *n.* 1 शिक्षा: continue/ have/ provide/ receive ~; compulsory/ good ~; man of ~ 2 अध्यापन, शिक्षण 3 प्रशिक्षण 4 ज्ञान-वर्धन 5 किसी गुण का विकास: the ~ of the will to defend one's rights 6 शिक्षा-शास्त्र, शिक्षण-शास्त्र 7 अध्यापन-विज्ञान, शिक्षण-विज्ञान 8 ज्ञान-वर्धक अनुभव: an ~ in dealing with one's fellowmen;
dw/lw: **~al** /~नल/ *adj.* 1 शैक्षिक: ~al TV 2 शिक्षा-संबंधी: ~al qualification; ~al advancement 3 अध्यापन संबंधी: ~al career; **~alist/ ~ist** /~नलिस्ट/ ~निस्ट/ *n.* शिक्षण-शास्त्री, शिक्षाशास्त्री, शिक्षा-विज्ञानी, शिक्षाविशारद; **~ally** /~नलि/ *adj.* शिक्षा के क्षेत्र में, शिक्षा के आधार पर, शिक्षा के स्तर के मायने में: ~ally valuable

edu\ce /इड्यूस/ *v., pt.* **~ced**, *pp* **~cing** 1 निकाल लेना: notions **~ced** from experience 2 उत्पन्न क. 3 विकसित क. 4 अलग क. 5 निष्कर्ष निकालना 6 अनुमान लगाना;
dw/lw: **~cible** /~सिबल/ *adj.* जिसे प्रकट या विकसित किया जा सकता हो, निष्कर्ष योग्य; **~ct** /इडक्ट/ *n.* निष्कर्ष, प्राप्त परिणाम; **~tible** /इडक्‌टिबल/ *n.* 1 जिसे विकसित किया जा सके 2 जिससे परिणाम प्राप्त किया जा सके; **~cive** /~सिव/ *adj.* 1 निष्कर्ष की ओर ले जाने वाला 2 निकालने वाला; **~ction** /इडक्शन/ *n.* 1 प्रकटीकरण 2 निष्कर्ष, परिणाम 3 बाहर का रास्ता

edulcora\te /इडल्करे\ट/ *v., pt.* **~ted**, *pp* **~ting** 1 अम्लता, लवण आदि छुड़ाना, नर्म क. 2 निर्मल क., शुद्ध क. 3 मीठा बनाना, मधुरीकरण क.;
dw/lw: **~or** /~टः/ *n.* निर्मलकारी पदार्थ

EDUSAT *abbr.* 'educational satellite' की प्रथमाक्षरी

edutainment /ऐड्युटेन्मंट/ *n.* 1 शैक्षणिक कार्यक्रम की मनोरंजन के रूप में प्रस्तुति 2 पुस्तकें, टीवी कार्यक्रम, कंप्यूटर प्रोग्राम आदि में मनोरंजन और शिक्षा का सम्मिश्रण

Edwardian /ऐड्वॉःडिअन/ *adj.* 1 इंग्लैंड के राजा एडवर्ड VII (1901-10) के समय से संबंधित 2 इस काल की विशेषताओं वाला

EE *abbr.* 'Electrical Engineering', 'Employment Exchange' की प्रथमाक्षरी

EE abbr. 'errors excepted' की प्रथामक्षरी (भूल-चूक लेनी-देनी)

-ee *suffix, forming nouns, signifying:* 1 **object of an action of a verb** (क्रिया का कर्म): payee; employee 2 **a person in a specific condition** (व्यक्ति की स्थिति) 3 **absentees** (अनुपस्थित) 4 **escapees** (बचकर भाग जाने वाला) 5 **a person with a specified connection** (संबंध विशेष के साथ व्यक्ति): barg**ee**

EEC *abbr.* 'European Economic Community' की प्रथमाक्षरी

EECP *abbr.* 'an enhanced external counter pulsation (U.S.)' की प्रथमाक्षरी

EED *abbr.* 'environmental engineering division' की प्रथमाक्षरी

EEE *abbr.* 'electrical and electronic engineering' की प्रथमाक्षरी

EEG *abbr.* 'electroencephalogram/ electroencephalograph' की प्रथमाक्षरी (एक डॉक्टरी टेस्ट जो दिमाग की विद्युतीय सक्रियता रिकॉर्ड करता है और मापता है)

eek /ईक/ *excl.* (!) डर और आश्चर्य का परिचायक

eel /ईल/ *n.* सांप जैसी लंबी-पतली मछली, सर्पमीन;
p&i: **hold the eel by the tail** हाथों पर सरसों उगाना

EEMU *abbr.* 'European Economic and Monetary Union' की प्रथमाक्षरी

e'en *old use or poetic.* 'even.' and 'evening' का छोटा रूप

EEOP *abbr.* 'employee equity option plan' की प्रथमाक्षरी

EEPC *abbr.* 'Engineering Export Promotion Council' की प्रथमाक्षरी

EEPROM *abbr. comput.* 'electrically erasable programmable read-only memory' की प्रथमाक्षरी

e'er *adv., old use or poetic* **ever** का काव्यात्मक प्रयोग

-eer *suffix, forming nouns, denoting:* **activities of a person** (विशेष कार्य-कलाप करने वाला व्यक्ति): auction**eer**; mountain**eer**

eerie/ eery /इअरि/ *US* इरि/ *adj., degr.* **eerier**, **eeriest** 1 विचित्र व भयावह: ~ shriek 2 रहस्यमय, डरावनी, घिनौनी: ~

feeling;

dw/lw: **eeriness** /~नेस/ *n.* भय, रहस्यमय व डरावनी स्तब्धता

EET *abbr.* 'East European Time', 'Exempt-Export Tax' की प्रथमाक्षरी

EEZ *abbr.* 'Exclusive Economic Zone' की प्रथमाक्षरी

EFA *abbr.* 'Education for All', 'Employers Forum on Age' की प्रथमाक्षरी

EFC *abbr.* 'Expenditure Finance Committee' की प्रथमाक्षरी

EFF *abbr.* 'Electronic Frontier Foundation' की प्रथमाक्षरी

eff /एफ/ *v., pt.* **~ed**, *pp* **~ing** अश्लील शब्दों का प्रयोग क.;

p&i: **~ and blind** भद्दे-भद्दे शब्दों (fuck) का प्रयोग करते हुए गालियां दे.; **Eff out!** बाहर निकल जाओ!

effa\ce /इफे\स/ *v., pt.* **~ced**, *pp* **~cing** 1 रगड़कर मिटा दे., रगड़ दे.: **~ce** a word from the blackboard; the inscription was **~ced**; **~ce** murals (भीत्ति चित्रों को मिटाना) 2 नष्ट कर दे. या हो जा., विलुप्त कर दे. या हो जा.: **~ce** the boundaries 3 याददाश्त से बाहर कर दे. या हो जा. 4 अपने को लोगों की नजरों से ओझल कर ले. 5 किसी को मात दे दे., धूल चटा दे.;

dw/lw: **~ceable** /~सिअबल/ *adj.* जिसे मिटाया जा सके; **~cement** /~समंट/ *n.* मिटाव, विनाश, विलोपन; **~cer** /~सः/ *n.* मिटाने वाला

effect /इफेक्ट/ *n.* 1 प्रभाव, असर, तासीर: salutary ~; an adverse/ beneficial/ devastating/ harmful/ dramatic/ profound/ far-reaching/ negative ~ 2 परिणाम, नतीजा, फल: cause and ~ 3 कार्य 4 (*usually* **~s** ***syn.*** belongings) माल-मत्ता, सामान, चल संपत्ति 5 (*usually* **~s**; ***syn.*** purport) अर्थ, आभास, संकेत: special **~s**; a sound/visual, etc ~ 6 क्रियान्वयन: the ban comes into ~ immediately;

v., pt. **~ed**, *pp* **~ing** 1 कुछ करने या करवाने के लिए प्रयास क., पैदा क. 2 लागू क., कार्यान्वित क.: ~ payment 3 औपचारिकता पूरी करके लागू क.: amendments to the constitution shall be **~ed** soon 4 बीमा पॉलिसी आदि लागू क.: ~ a policy 5 शादी की रस्म पूरी क.: ~ a marriage;

p&i: **an ~ on sb/ sth** किसी या किसी बात पर प्रभाव; **border ~** सीमांत प्रभाव; **come/ go into ~** लागू हो.; **for ~** दूसरों पर प्रभाव डालने के लिए; **general ~** सामान्य प्रभाव; **give ~ to/ put into ~** लागू क.; **have/ produce an ~** प्रभाव छोड़ना या उत्पन्न क.; **in ~** वास्तव में, दरअसल; **of no ~/ to no ~/ without ~** बिना किसी प्रभाव या परिणाम के; **principle of double ~** द्विफलत्व सिद्धांत; **take ~** प्रभावी हो., लागू हो.; **the ~ of sth** किसी बात का प्रभाव; **to good/ great/ dramatic/ some, etc. ~** अच्छे/ बहुत ज्यादा/ नाटकीय या थोड़े-बहुत परिणाम के लिए; **to no ~** बेकार में; **to the ~ that** इस अर्थ में कि...; **to this ~** ऐसे लक्ष्य के लिए; **with ~ from (w.e.f.)** (तारीख) से (लागू); **with immediate ~ (w.i.e.)** तुरंत (लागू);

effective /इफेक्टिव/ *adj.* 1 सफल 2 प्रभावी: ~ speaker 3 कारगर: ~ steps; ~ control 4 अपूर्व 5 असली, वास्तविक: ~ dust/ fire; ~ revenue 6 युद्ध सक्षम, समर्थ 7 लागू, जारी: become/ be ~ 8 सार्थक, सुखकर;

dw/lw: **~ly** /~लि/ *adv.* 1 प्रभावी ढंग से 2 वास्तविक रूप से, असल में; **~ness** /~नेस/ *n.* कारगरता, प्रभावशीलता;

collocations: **~ date** प्रभावी तिथि; **~ depth** अंदर घुसने की दूरी; **~ measures** प्रभावशाली कदम; **~ money** नकद पैसा; **~ number** वास्तविक संख्या; **~ output** वास्तविक उत्पाद; **~ staff strength** वास्तविक कर्मचारी संख्या

effects /इफेक्ट्स/ *n. [pl.]* 1 संपत्ति, जायदाद 2 घरेलू सामान 3 (**~ found on the body**) मृत सिपाही के शरीर से उतारी गई चीजें;

p&i: **leave no ~** उत्तराधिकारियों के लिए कोई संपत्ति न छोड़ना; **no ~** कोई साधन यानी धन न हो.

effector /इफेक्टः/ *adj.* प्रतिसंवेदी या प्रतिक्रियाशील

n. प्रतिसंवेदना या प्रतिक्रिया दर्शाने वाला शरीर का अंग

effectual /इफेक्च्युअ\ल/ *adj.* 1 (***syn.*** effective) सार्थक रूप से कारगर: the punishment was ~ 2 लागू: ~ measure (कारगर कदम);

dw/lw: **~ly** /~लि/ *n.* कारगर ढंग से, सफल ढंग से

effectua\te /इफेक्च्युएट/ *v., pt.* **~ted**, *pp* **~ting** 1 कारगर बनाना 2 (***syn.*** cause) किसी कार्य को प्रभावी बनाना 3 लागू क., कार्यान्वित क.;

dw/lw: **~ion** *n.* 1 कार्यान्वयन 2 संपूर्णता 3 लागू करने की कार्रवाई

effemi\nacy /इफेमि\नअसि/ *n.* 1 जनानापन, स्त्रैणता 2 पुरुषता के लिए कलंक, भीरुता;

dw/lw: **~nate** /~नेट/ *adj.* 1 जनाना, स्त्रैण 2 पौरुषहीन 3 कोमल, भीरु, डरपोक; **~nate** *n.* मेहरा; **~nateness/ effeminacy** *n.* 1 जनानापन, स्त्रैणता 2 पुरुषता के लिए कलंक, भीरुता; **~nately**/~नेटलि/ *adv.* स्त्रैण ढंग से

effendi/ effendis /एफेंडि/ एफेंडिस/ *n.* 1 तुर्की में 1934 से पहले सरकारी अफसर की औपचारिक पदवी 2 'श्री या श्रीमान'

efferent /ऐफअरंट/ *adj., physiol.* 1 दिमाग से मिलने वाले संकेतों को बाहर ले जाने वाली तंत्रिका या स्नायु 2 बहिर्वाही

efferve\sce /ऐफःवे\स/ *v., pt.* **~sced**, *pp* **~scing** 1 बुलबुले छोड़ना, बुदबुदाना 2 गैस का पानी में बुलबुलों के रूप में निकलना 3 मस्त या प्रफुल्लित होना, हर्षोन्मत्त होना;

dw/lw: **~scenc\e** /~संस/ (*also* **~scency**) *n.* बुदबुदाहट

effete /इफीट/ *adj.* 1 थका-मांदा 2 जीर्ण-शीर्ण (संस्था या संगठन) 3 दुर्बल, कमजोर, छुई-मुई 4 जनन-अक्षम;

dw/lw: **~ly** /~लि/ *adv.* थका-मांदे ढंग से; **~ness** /~नेस/ *n.* 1 थका-मांदापन 2 जीर्ण-शीर्णता 3 दुर्बलता 4 जनन-अक्षमता

effica\cious /ऐफिके\शिअस/ *adj.* 1 प्रभावशाली: **~cious** law 2 अमोघ, अचूक;

dw/lw: **~ciously** /~शिअसलि/ *adv.* प्रभावशाली ढंग से; **~ciousness/ ~city/ ~cy** /~शिअसनेस/ ~सिटि/ ~सि/ *n.* प्रभावशीलता, प्रभावोत्पादकता: **~cy** of medicine

efficien\cy /इफिशिअंसि/ *n., pl.* **~cies** 1 दक्षता, कार्यकुशलता, निपुणता: the **~cy** of labour; high standards of **~cy** 2 कार्य क्षमता;

collocations: **~cy apartment/ ~cy unit** एक छोटा फ्लैट (क्वाटर) जिसमें रहने, सोने और खाना पकाने आदि के लिए एक ही कमरा होता है; **~cy report** सरकारी सेवा रिपोर्ट; **~cy wages** दिहाड़ी मजदरी

efficient /इफिशिअंट/ *adj.* 1 दक्ष, हुनरशील, कार्यकुशल: ~ worker 2 कार्यक्षम: ~ ways of doing things 3 उत्तम, उच्च कोटि का: ~ distribution of energy 4 कारगर 5 बचतकारी: energy-~ (ऊर्जा बढ़ानेवाला); ~ cause (कर्ता);

dw/lw: **~ly** /~लि/ *adv.* दक्षतापूर्वक, निपुणता से;

p&i: **~ cause** किसी सफलता का साधन

effi\gy /ऐफिजि/ *n., pl.* **~gies** 1 पुतला: burn **~gy** 2 मूर्ति, प्रतिमा: burn/ hang sb in **~gy**

effing and blinding गालियां की बौछार

eflation /इफ्लेशन/ *n.* निःश्वास

effleurage /ऐफलअराःज/ *n.* थपथपी, मालिश

efflore\sce /ऐफलअरे\स/ *v., pt.* **~sced**, *pp* **~scing** 1 फूल खिलना, पुष्पित होना 2 फूलना 3 *chem.* प्रस्फुटित हो. 4 विकसित हो.;

dw/lw: **~scence** /~संस/ *n.* 1 फूल खिलने या फलने-फूलने की क्रिया 2 फूल खिलने का समय, पुष्प काल 3 प्रस्फुटन 4 उत्फुल्लन; **~scent** /~संट/ *adj.* 1 खिला हुआ या खिलता हुआ, पुष्पित या पुष्पित होता हुआ 2 प्रस्फुटित 3 उत्फुल्लित

efflouence /ऐफ्लु\अंस/ *n.* 1 प्रकाश, विद्युत 2 नाली के पानी आदि का निर्गम, निकास, बहिर्गमन 3 नाली का पानी के बाहर निकलने या बहने की क्रिया, (बाहर निकलता) प्रवाह, धारा 4 फैक्टरी आदि से बाहर बहता हुआ औद्योगिक कचरा 5 जलाशय से बहने वाले नदिया,

नाला या जलधारा;

efflouent /एफ्लुअंट/ *adj., techn.* बाहर बहता हुआ: ~t drain

effluvium /ऐफ्लूविअम/ *n., pl.* **effluvia** *formal* 1 गले-सड़े पदार्थों से पैदा हुई दुर्गंध 2 बहिस्रांव (बाहर बहाव)

efflux /ऐफ्लक्स/ (*also* **effluxion**) *n., pl.* **~es** 1 बहाव, बहने की क्रिया 2 तरल पदार्थ या गैस का बहिस्रांव 3 अवधि या काल का समापन: the ~ of time

effort /ऐफ़ःट/ *n.* 1 प्रयत्न, प्रयास: make **~s**; make concerted **~s** 2 ऊर्जा, प्रयास: it doesn't need much of an ~ 3 उद्यम, चेष्टा: speak with ~/ without ~ 4 काम, उपलब्धि;
dw/lw: **~less** /~लेस/ *adj.* सरल, आसान, सहज; **~lessly** /~लेसलि/ *adv.* आसानी से; **~lessness** /~लेसनेस/ *n.* सरलता, आसानी, सहजता

effronte\ry /इफ्रंटरि/ *n., pl.* **~ries** गुस्ताखी, बदतमीजी, निर्लज्जता, धृष्टता, ढिठाई

efful\ge /इफ\ल्ज/ *v., pt.* **~ged**, *pp* **~ging** चमकना, दमकना;
dw/lw: **~gely** /~ल्जलि/ *adv.* चमकदार तरीके से, जीवंत तरीके से; **~gence** /~ल्जंस/ *n.* चमक, दीप्ति; **~gent** /~ल्जंट/ *adj.* 1 चमकता हुआ, दीप्त, चमकदार 2 जीवंत: ~gent smile; ~gent beauty;

effu\se /इफ्यू\ज/ *v., pt.* **~sed**, *pp* **~sing** 1 उंडेलना, बहाना, पानी आदि बाहर निकालना 2 फैलाना 3 प्रसारित क.;
adj. 1 आहिस्ता-आहिस्ता फैलता हुआ, भरकर छलकता हुआ 2 अपसारित 3 अनियंत्रित: **~se** expense (बेतहाशा खर्च)
n. बहाव, बाहर बहने की क्रिया: much **~se** of blood;
dw/lw: **~sion** /~जन/ *n.* 1 स्राव, बहाव, प्रवाह 2 उद्गार, भड़ास, अनियंत्रित शब्दों (बोलने व लिखने में) का प्रयोग या उनका बहाव 3 किसी स्नायु या छिद्र में से रक्त का अनियंत्रित स्राव: ~sion of blood; **~sive** /~सिव/ *adj.* 1 अति उत्साही, अति भावुक, उल्लासपूर्ण, उल्लसित 2 उद्गार या भड़ास के रूप में होने वाला 3 बेतहाशा बहने वाला 4 प्रचुर: ~sive in one's gratitude 5 ज्वालामुखीय: ~sive volcano; **~sively** /~सिवलि/ *adv.* 1 भावुकतापूर्वक 2 अतिशय उत्साह के साथ; **~siveness** /~सिवनेस/ *n.* अतिशय भावुकता, उत्साह, उल्लास

EFI *abbr.* 'Equestrian Federation of India' की प्रथमाक्षरी

EFIP *abbr.* 'Early Faculty Induction Program' की प्रथमाक्षरी

E-fit /ई-फिट/ *n. tradem.* (*also* **identikit**' or **'photofit'**) 1 पुलिस द्वारा तलाशे जाने वाले संभावित अपराधी की लगातार मिलने वाली सूचनाओं के आधार पर कंप्यूटर में विकसित होती तस्वीर

EFL *abbr.* 'English as a Foreign Language' की प्रथमाक्षरी

EFLU *abbr.* 'English and Foreign Languages University, Hyderabad' की प्रथमाक्षरी

e-friend *n.* = **e-pal** इंटरनेट पर बनने वाला दोस्त

eft /एफ्ट/ *n.* सरटिका

EFT *abbr.* 'electronic fund transfer', 'Emotional Freedom Technique' की प्रथमाक्षरी

EFTA/ Efta *abbr.* 'European Free Trade Association' की प्रथमाक्षरी

EFTPOS *abbr.* 'electronic funds transfer at point of sale' की प्रथमाक्षरी

EFTS *abbr.* 'electronic funds transfer system' की प्रथमाक्षरी

e.g. (*also* **eg**) /ईजी/ *abbr., adv., Lat.* लातीनी भाषा के **'exempli gratia' e.g.** (*also* **eg**) /ईजी/ की प्रथमाक्षरी (उदाहरण के तौर पर, उदाहरणतः, उदाहरण के लिए): domestic pets, e.g. cats and dogs

EGA *abbr.* 'Employment Guarantee Act' की प्रथमाक्षरी

egalitarian /इगैलिटेअरिअ\न/ *adj.* समानतावादी, समतावादी: ~ utopia;
n. समानतावादी व्यक्ति;
dw/lw: **~ism** /~निज्म/ *adj.* समानतावाद, समतावाद

egality /इगअलिटि/ *n.* समता, समानता

egest /इजेस्ट/ *n.* मलत्याग, मल, बहिःक्षेपण, पसीना

egg/ egg cell /ऐग\/ (*also* **ovum**) *n.* 1 अंडा 2 अंडाणु, अंडे का डिंब 3 मादा कोशिका 4 एक खाद्य के रूप में अंडा: hard/ soft boiled/ fried/ poached/ scrambled **~s**;
v., *pt.* **~ed**, *pp* **~ing** उकसाना, भड़काना: ~ sb on;
dw/lw: **~-and-spoon-race** *n.* चम्मच में अंडा रखकर की जाने वाली दौड़; **~s-and-bacon** *n.* यूरोप, एशिया और अफ्रीका में पाया जाने वाला एक पेड़; **~beater** (*also* **~whisk**) *n.* 1 अंडे फेंटने का उपकरण 2 *US colloq.* हेलिकॉप्टर; **~box** *n.* अंडा-पेटी; **~cosy** *n.* अंडे को गर्म रखने के लिए आवरण; **~cup** *n.* अंडा-प्याला; **~custard** *n.* मीठी दही में बनी अंडों की सॉस; **~er/ ~ar** *n.* यूरोप में मिलने वाला अंडाकार कोया से निकला एक कीट; **~eron** *n., colloq.* उकसाने वाला; **~ery** /एगरि/ *n.* अंडे देने के लिए घोंसला; **~glass** *n.* अंडा प्याला; **~laying** *n.* अंडे देने या सेने की क्रिया; **~head** /~हेड/ *n.* बुद्धिजीवी, बुद्धिमान व्यक्ति, विद्वान व्यक्ति; **~mass** *n.* बुद्धिजीवी वर्ग; **~nog/ ~flip/ ~pop** *n.* कच्चे अंडे, दूध, चीनी और शराब मिलाकर बना एक पेय; **~plant** *n., N. Amer., esp. US* (*UK* **aubergine**) बैंगन का पौधा, बैंगन; **~powder** *n.* अंडा चूर्ण; **~Saturday** *n.* ईस्टर से पहले का शनिवार; **~shaped** *n.* अंडाकार; **~shell** *n.* अंड-खोल; **~slice** *n.* फ्राइंग पैन से अंडे को निकालने या उठाने की चपटी कड़छी; **~spoon** *n.* अध-उबले अंडे के खोल में से अंडा खाने का चम्मच; **~timer** *n.* अंडे को उबालने का समय बताने वाला उपकरण; **~wash** *n.* पेस्ट्री में मिलाने के लिए अंडे और दूध का पतला मिश्रण; **~wife** *n.* अंडे बेचने वाली औरत; **~y** /एगि/ *adj., degr.* ~ier, ~iest अंडगंधी, अंडवत्, अंडावृत्त;
collocations: **~s Benedict** *sl., cookery.* हैम और अंडे से बना एक व्यंजन; **~ dish** अंडे का व्यंजन; **~ roll** अंडे की पेस्ट्री से बना स्प्रिंग रोल; **~shell china** चीनी मिट्टी का बहुत पतला बर्तन; **~shell paper** खुरदरा चित्र लेखन कागज; **~ tooth** चूजे की चोंच पर एक सख्त भाग जिसकी मदद से वे खोल को तोड़कर बाहर निकलते हैं; **~ white** अंडे को पूरा उबालने पर उसके भीतर मिलने वाला सफेद भाग; **~ yolk** अंडे के भीतर पीला भाग;
p&i: **~s in moonshine** प्याज के साथ भुने हुए अंड़े का व्यंजन; **~ on sb's face** माथे पर कलंक; **~ someone up** बढ़ावा दे.; **as sure as ~s are** पक्का, बेशक, निस्संदेह; **a tough ~** खतरनाक दुश्मन; **bad ~** नकारा आदमी; **be like as two ~s** हू-ब-हू एक समान हो.; **better an ~ today than a hen tomorrow** नौ नकद न तेरह उधार; **crush in the ~** प्रारंभिक अवस्था में ही कुचल दे.; **good ~s** काम का आदमी; **have ~s on the spit** मुंह को बहुत काम करना पड़ता है; **have ~ on/ all over your face** बुद्धू बन जा.; **have ~ on your face** शर्मनाक बात हो.; **he that would have ~s must endure the caking of hens** मुझे चाहते हो तो मेरे कुत्ते से भी प्यार करो; **in the ~** प्रारंभिक अवस्था में; **it is very hard to shave an ~** हाथों पर सरसों उगाना; **lay an ~** दफा हो जाना: go lay an ~! (दफा हो जाओ!); **odd ~** विचित्र व्यक्ति, अजीब आदमी; **put all one's ~s in one basket** सब कुछ एक ही दांव पर लगाना; **shave an ~** असंभव काम क., हाथों पर सरसों उगाना; **take ~s for money** वादा करके टलना; **teach one's grandmother to suck ~s** सूरज को दीपक दिखाना, सीखे हुए को को सिखाना; **the curate's ~** थोड़ा बिगड़ा हुआ; **there is reason in roasting ~s** कोई भी काम करने के पीछे कोई कारण होता है; **tread upon ~s** फूंक-फूंक कर कदम रखना, सावधानी बरतना

egis *see above under* **aegis**

EGL *abbr.* 'European Gemmological Laboratory' की प्रथमाक्षरी

eglantine /ऐग्लंटाइन/ *n.* एक तरह का जंगली गुलाब

EGM *abbr.* 'extraordinary general meeting' की प्रथमाक्षरी

ego /ईगो/ एगो/ *n., pl.* **~s** 1 स्वाभिमान 2 अहं या अहंकार 3 फ्रॉयड के सिद्धांत अनुसार व्यक्ति के मस्तिष्क का सचेत और चिंतनशील भाग 4 आदमी का अपने बारे में बनाया हुआ कल्पना चित्र 5 स्वार्थ; ***dw/lw:*** **~centric** *adj.* (***syn.*** selfish) स्वार्थी, अहंकेंद्रित, आत्मरत; **~centrically** *adv.* स्वार्थी ढंग से; **~centricity** *n.* स्वार्थ, अहंकेंद्रता; **~ism** /ईगोइजम/ (*also* **~tism** /ईगअटिजम/) *n., philos.* स्वहितवाद, अहंभाव, स्वार्थपरता, आत्मकेंद्रीयता, अहंमन्यता, अहंवाद; **~ist**/ **~tist**/ **~istical** /ईगोइस्ट/ ईगटिस्ट/ ईगअटिस्टिकल/ *adj.* स्वहितवादी, स्वार्थी, स्वार्थवादी, स्वार्थपूर्ण, अहंकेंद्रित; **~istically**/ **~tistically** /ईगोइस्टिकलि/ ईगअटिस्टिकलि/ *adv.* स्वार्थपूर्ण ढंग से; **~mania** /ईगोमेनिआ/ *n.* अतिअहंवाद, अहंभाव की पराकाष्ठा; **~maniac**/ **~maniacal** /ईगोमेनिऐक/ईगोमेनिऐकल/ *n.* अतिअहंवादी, अहंभाव की पराकाष्ठा पर सवार **~-surfing** *n.* इंटरनेट पर अपने नाम से संबंधित सूचना ढूंढने की बीमारी; **~theism** /ईगोथीइज्म/ *n.* आत्म दैवीकरण (अपने को भगवान तुल्य समझने का विकार); **~tism** *n., derog. see above under* **~ism**; **~tist** *n. see above under* **~ist**;
collocations: **~ ideal** 1 स्वयं की बनाई हुई अपनी आदर्श छवि या कल्पना चित्र 2 सामाजिक या पारिवारिक संस्कारों पर आधारित उचित-अनुचित का व्यक्तिगत बोध; **ego surfing** अपने अहं के तुष्टीकरण के लिए इंटरनेट पर सूचनाओं को खंगालने (surfing) का कार्य; **~ trip** अपने अहं के तुष्टीकरण के लिए उड़ान, ऐसा कार्य जिससे अहं की तुष्टि हो; **~ tripper** अहं का तुष्टीकर्ता या तुष्टिकारक; **alter ~** अंतरंग मित्र, अपनी छाया जैसा मित्र;
p&i: **~ trip** अहं की मालिश करवाने को आतुर
boost/ bolster sb's ~ किसी के अहं को उछाल दे.; **massage sb's ~** किसी के अहं का तुष्टीकरण क. या अहं की मालिश क.

ego surfing *ee above under* ***ego: collocations***

egregious /इग्रीजिअस/ *adj.* 1 बहुत बुरा, भयंकर, घोर: ~ liar 2 भद्दा 3 कुख्यात;
dw/lw: **~ly** /~लि/ *adv.* बहुत बुरी तरह से, भयानक ढंग से: this is ~ly silly; ~ly criminal act; **~ness** /~नेस/ *n.* भद्दापन, घिनौनापन

egress /ईग्रेस/ *n., pl.* **~es** 1 *formal, law* निर्गमन, बाहर जाने की क्रिया: free ingress and ~ (बेरोक-टोक अंदर-बाहर आने-जाने की क्रिया) 2 किसी भवन या चार-दीवारी से घिरे स्थान से बाहर निकास 3 बाहर निकलने की क्षमता;
dw/lw: **~ion** /ईग्रेशन/ *n.* निर्गमन (बाहर जाना), प्रस्थान

egret /ईग्रअट/ *n.* बगुला;
collocations: **cattle ~** गाय-बगुला, सुरखिया; **large ~** मलंग बगुला; **little ~** करछिया बगुला

EGS *abbr.* 'Education Guarantee Scheme', 'Employment Guarantee Scheme' की प्रथमाक्षरी

Egypt /ईजिप्ट/ *n.* मिस्र;
dw/lw: **~ology** /ईजिप्टौलजि/ *US* ईजिप्टाःलजि/ *n.* मिस्र विद्या; **~ologist** /ईजिप्टौलजिस्ट/ *US* ईजिप्टाःलजिस्ट/ *n.* मिस्र विशेषज्ञ

Egyptian /ईजिप्शिअन/ *n.* 1 मिस्री, मिस्र का, मिस्र देश संबंधी 2 मिस्र वासी;
collocations: **~ art** मिस्री कला; **~ bondage** *Bible* मिस्र की दास्तां; **~ darkness** *Bible* मिस्री अंधकार;
p&i: **spoil the Egyptians** दुश्मन की कीमत पर गुलछर्रे उड़ाना

EH *abbr.* 'English Heritage की प्रथमाक्षरी

eh? /एह/ *excl. UK* 1 अरे! ओह! (विस्मयबोधक) 2 किसी बात में रुचि या विस्मय जताने के लिए प्रयोग किया जाता है

EHA *abbr.* 'Electronics & Home Appliances' की प्रथमाक्षरी

EHIRC *abbr.* 'Escorts Heart Institute and Research Centre (Delhi)' की प्रथमाक्षरी

EHO *abbr.* 'environmental health officer' की प्रथमाक्षरी

EHTP *abbr.* 'electronic hardware technology park' की प्रथमाक्षरी

EHV *abbr.* 'extra high voltage' की प्रथमाक्षरी

EI *abbr.* 'emotional intelligence' की प्रथमाक्षरी

EIA *abbr.* 'Energy Information Administration', 'environmental impact assessment', 'Export Inspection Agency' की प्रथमाक्षरी

Eid /ईद/ *n.* ईद

eider-down /आइडः-डाउन/ *n.* मुलायम पंखों या अन्य गर्म चीजों से भरा पलंगपोश (रजाईनुमा चादर)

eider-duck /आइडःडक/ *n.* मुलायम पंखों वाली बत्तख

eidetic /आइडेटिक/ *adj., psychol.* 1 इतना सुस्पष्ट जैसे कि अभी आंखों से देखा जा रहा है (a mental image) 2 चित्रात्मक 3 किसी की स्मृति में अत्यंत सुस्पष्ट व ज्वलंत बिंब;
dw/lw: **~ally** /~लि/ *adv.* सुस्पष्ट ढंग से

eidograph /आइडअग्राफ/ *n.* चित्रलेखी

eidolon /आइडअलन/ *n.* छायामूर्ति, प्रतिच्छाया, छाया

eigen- /एगन-/ *comb. form, signifying:* **proper**, **own** (अपना)

eigen-frequency *n., phys.* ऐसी आवृत्ति या कंपन जिसे यंत्र को झेलनी पड़ती है

eigentone /ऐगनटोन/ *n., phys.* किसी यंत्र की कंपनशील आवाज

eight /एट/ *cardinal number, numeral* 1 आठ 2 आठ को दर्शाने वाला चिह्न: 8, VIII;
n. आठवां भाग;
dw/lw: **~fold** *adj.* आठ-गुना: increase ~fold; **~h** (*also* **8th**) *ordinal/ serial number* आठवां: he arrived ~h *or* 8th; **~hly** /एट्थलि/ *adv.* आठवीं (बात यह है कि); **~some** /एटसम/ *adj.* 1 आठ जने 2 चार युगलों के बीच खेल; **~-oar** *adj.* आठ चप्पुओंवाली (नौका);
collocations: **~ reel** स्कॉटलैंड का एक नृत्य जिसमें आठ लोग नाचते हैं;
p&i: **~ and ~ make sixteen** आठ जमा आठ सोलह होते हैं; **~-and-twenty** अठाईस, **~-and-thirty** अड़तीस; **~ fives are forty** आठ गुणा पांच चालीस होते हैं; **~-hour** आठ घंटे का; **~ of spades** हुक्म की अट्ठी;
be behind the ~ ball खतरनाक स्थिति में हो.; **come at ~** आठ बजे आना; **cut ~s** आठ के चिह्न (8) पर मोटर साइकिल आदि चलाना; **have had one over the ~** थोड़ा-सा नशे में होना; **in ~s** आठ-आठ करके

eighteen /एटीन/ (*also* **18**/ **XVIII**) *cardinal number, numeral* अठारह;
dw/lw: **~th** /एटीन्थ/ (*also* **18th**) *ordinal/ serial number* अठारहवां: an ~th share; **~thly** /एटीन्थलि/ *adv.* अठारहवीं (बात यह है कि);
p&i: **~ and ~ make thirty-six** अठारह जमा अठारह छत्तीस होते हैं; **~ twos are thirty-six** अठारह गुणा दो छत्तीस होते हैं; **~ times as much** अठारह गुणा ज्यादा;
chapter ~ अठारहवां अध्याय; **there are ~ of them** वे अठारह जने हैं

eighties /एटीज/ (*also* **80s/80's**) *n. [pl.]* 1 अस्सी का दशक: one's **eighties** 2 (**the eighties**) अस्सी से नवासी तक: the temperature must be in the ~ today; she is in the early/ late ~;
adj. अस्सी के दशक जैसा: an ~ hairstyle

eighty /एटि/ (*also* 80/ LXXX) *cardinal number, numeral, pl.* **eighties** 1 अस्सी 2 किसी सदी का आठवां दशक, अस्सी से नवासी के बीच में 3 अस्सी वर्ष की आयु: he must be under/ about/ over ~; he is not far off ~ 4 अस्सी लोगों, वस्तुओं आदि का समूह: a score of ~ points;
adj. 1 कुल अस्सी: ~ students 2 क्रमांकों के साथ: ~-second (बयास्सीवां);
p&i: **~ tens are eight hundred** दस गुणा अस्सी आठ सौ

के बराबर होते हैं; ~ **times as much** अस्सी गुणा कम या ज्यादा

eightieth /एटिअथ/ (*also* **80**th) *ordinal/ serial number* अस्सीवां

EIID *abbr.* 'Electronic Industrialisation Infrastructure Development' की प्रथमाक्षरी

EIL *abbr.* 'Engineers India Limited' की प्रथमाक्षरी

EILT *abbr.* 'electronic instructor led training' की प्रथमाक्षरी

Einsteinian /आइनस्टैनिअन/ *adj.* 1 अलबर्ट आइनस्टेन से संबंधित 2 उनकी: theory of relativity (तुलनात्मकता का सिद्धांत) से संबंधित

EIPR *abbr.* 'Enforcers of Intellectual Property Rights' की प्रथमाक्षरी

Eirene /आइरीनि/ *n. Greek myth.* ईरना, शांति की देवी;
dw/lw: **eirenic** /आइरीनिक/ *adj.* शांति प्रिय, शांत; **eirenicon** /आइरीनिकॉन/ *n.* शांति के लिए आह्वान

EIT *abbr.* 'Eastern Institute of Technology' की प्रथमाक्षरी

either /आइदः/ ईदः/ *adj.* 1 दोनों में से प्रत्येक: a garden with a fence on ~ side 2 दो में से कोई एक;
pron., determiner 1 दो चीजों या व्यक्तियों में से एक, कोई एक: take ~ of the two cakes 2 या: I need ~ a pen or a pencil 3 दोनों, दोनों में से प्रत्येक;
adv. भी नहीं (नकारात्मक शब्दों के साथ): if he doesn't come, I shall not ~;
conj. या...या;
p&i: ~ **mend** or **end** सुधरो या बर्बाद हो जाओ; ~ **... or** या... या; ~ **way** दोनों ओर, दोनों सूरते हाल में, हर हाल में; **he can take ~ side, it makes no difference** वह कोई भी पक्ष ले सकता है, इससे कोई फर्क नहीं पड़ता; **in either case** दोनों ही परिस्थितियों में

EIU *abbr.* 'Economist Intelligence Unit (London)' की प्रथमाक्षरी

ejacula\te /इजैक्युले\ट/ *v., pt.* **~ted**, *pp* **~ting** 1 सहसा बोल उठना, सहसा बोल पड़ना, बक पड़ना 2 शरीर से तरल पदार्थ निकालना या निकलना या गिरना, क्षरित हो. 3 वीर्यपात हो., वीर्य स्खलित हो. 4 (***syn.*** exclaim) अचानक कुछ कहना या बक दे.;
dw/lw: **~tion** /~शन/ *n.* 1 शरीर से बाहर निकालने या फेंकने की क्रिया 2 इस प्रकार फेंकी हुई वस्तु 3 क्षरण, स्खलन 4 (***syn.*** exclamation) आकस्मिक कथन; **~tive/ ~tory** /~टिव/ ~टरि/ *adj.* शरीर से द्रव निकलने से संबंधित

eject /इजे\क्ट/ *v., pt.* **~ed**, *pp* **~ing** 1 बाहर निकालना, निष्कासित क. 2 कैसेट-प्लेयर (cassette-player) आदि में से बटन दबाकर कैसेट निकालना 3 आपात स्थिति में विमान आदि से जबरदस्ती बाहर निकालना 4 बेदखल क.;
dw/lw: **~ed** /~क्टिड/ *adj.* निष्कासित, बेदखल; **~ion** /~क्शन/ *n.* बाहर फेंकने की क्रिया, निस्सारण: ~ion chute 2 निष्कासन, बेदखली; **~ive** /~क्टिव/ *adj.* बाहर निकालने वाला या छोड़ने वाला: ~ive chimney; **~ment** /~क्टमंट/ *n.* 1 निष्कासन 2 *law* बेदखली: action of ~ment; **~or** /~क्टः/ *n.* 1 इजेक्टर, निष्कासक, बाहर निकालने वाला 2 दूसरे को उसकी संपत्ति से बेदखल करने वाला;
collocations: **~or seat** विमान आदि में आपात द्वार के पास कुर्सी

eke /ईक/ *v., pt.* **~d**, *pp* **eking** (*always* **~ sth out**) 1 किसी वस्तु के सीमित मात्रा में होने के कारण उसे थोड़ा-थोड़ा प्रयोग करके लंबे समय तक चलाना 2 मुश्किल से गुजारा क.: ~ out a living/ existence; ~ out his scanty income

ekistic /इकीस्टि\क/ *adj.* नृआवासीय;
dw/lw: **~ian** /~शिअन/ *n.* नृआवासविद; **~s** /~क्स/ *n.* नृआवासिकी

EKS *abbr.* 'Enterprise Knowledge Solutions' की प्रथमाक्षरी

EKT *abbr.* 'Engineering Knowledge Test' की प्रथमाक्षरी

el *abbr.* 'electro-luminescent', 'elevated railroad' की प्रथमाक्षरी

elabora\te /इलैब\रअट/ *adj.* 1 विस्तृत ढंग से नियोजित: **~te** plan; **~te** study; **~te** dinner 2 जटिल: **~te** design 3 सुपरिष्कृत, अलंकृत: **~te** hair-do 4 अध्यवसायी (painstaking);
v. /~रेट/, *pt.* **~ted**, *pp* **~ting** 1 विस्तार से समझाना, सविस्तार प्रतिपादित क.: ~ on/ upon a theme 2 किसी प्रारूप के हर पहलू को नियोजित क.;
dw/lw: **~ted** /~रेटिड/ *adj.* नियोजित; **~tely** /~रेटलि/ *adv.* विस्तार से, सुनियोजित ढंग से; **~teness** /~रेटनेस/ *n.* विस्तारिता; **~tion** /~रेशन/ *n.* विस्तृत वर्णन, विस्तार, विस्तारित रूप: the idea needs ~tion; **~tive** /~रेटिव/ *adj.* विस्तारपूर्ण; **~tor** /~रेटः/ *n.* विस्तार करने वाला

élan /एलौं, एलैन/ *US* एलां, एलैन/ *n., lit.* 1 प्रभावशाली व ज्वलंत शैली 2 जोश, उत्साह, ऊर्जा, सजीवता;
collocations: **~ and flair** जोश व उत्साह; **~ vital** जीवन शक्ति, प्राण-तत्त्व

eland /ईलंड/ *n., pl.* **~s/ eland** अफ्रीका का एक मृग

elap\se /इलैप्स/ *v., pt.* **~sed**, *pp* **~sing** *formal* समय का गुजर जा., बीत जा.;
collocations: **~sed time** किसी प्रोजेक्ट के आरंभ से अंत तक का या कंप्यूटर के किसी ऑप्रेशन का समय

elastic /इलैस्टि\क/ *adj.* 1 लचीला, तन्यक, लचकदार: rubber is ~ 2 *econ.* मूल्य-सापेक्ष 3 प्रफुल्ल, उत्फुल्ल 4 ढीला, सुनम्य: ~ rules; ~ clause; ~ conscience;
n. 1 रबड़ 2 लचीली वस्तु 3 लचीला फीता, प्रत्यास्थी पट्टी;
dw/lw: **~ate** /~केट/ *v. pt.* ~ated, *pp* ~ating लचकीला बनाना; **~ated** /~केटिड/ *adj.* रबड़ मिला कपड़ा जो खींचने के बाद छोड़ने पर अपना साइज वापस पा लेता है; **~ity** /~सिटि/ *n., pl.* ~ities 1 प्रत्यास्था, लोच, लचक, लचकीलापन 2 तन्यता 3 मूल्य-सापेक्षता 4 प्रफुल्लता 5 सुनम्यता 6 नमनीयता, लचीलापन; **~ize/ ~ise** /~साइज/ *v. pt.* ~ized/ ~ised, *pp* ~izing/ ~ising लचीला या तन्यक बनाना;
collocations: **~ band/ bandage** *UK* (*UK/US* **rubber band**) रबड़ की पट्टी या फीता; **~ tissue** *physiol.* ऐसे तंतुओं वाला ऊतक जिनमें लचकीलापन होता है

elastane /इलैस्टेन/ *n.* जांघियों आदि पर लगाया जाने वाला फीता

elastin /इलैस्टिन/ *n.* लचीले ऊतक की प्रोटीन

elastomer /इलैस्टमेर/ *n.* रबड़ जैसा प्राकृतिक या कृत्रिम पदार्थ

Elastoplast *n., tradem.* चिपकने वाली पट्टी

ela\te /इले\ट/ *v., pt.* **~ted**, *pp* **~ting** 1 उल्लसित क. या हो. 2 आशा से भर दे. या जा.;
adj. प्रफुल्ल, उल्लसित, बेहद खुश: **~te** with victory;
dw/lw: **~ted** /~टिड/ *adj.* अति उल्लसित, बेहद खुश; **~tedly** /~टिडलि/ *adv.* खुशी-खुशी; **~tion** /~शन/ *n.* 1 हर्ष, उल्लास 2 गर्व, घमंड

E-layer/ E-region *n., phys.* धरती के वायुमंडल में आयनोस्फियर (ionosphere) की परत जो मध्यम आवृत्ति की रेडियो तरंगों को वापस भेजती है और दिन के प्रकाश में काफी कारगर होती है

elbow /ऐल्बो/ *n.* 1 कोहनी, कफोणि 2 पाइप आदि का मोड़ 3 कोट की बाजू आदि का कोहनी वाला भाग;
v., pt. **~ed**, *pp* **~ing** कोहनी मारकर दूर क., कोहनी मारना;
dw/lw: **~grease** *n.* कठिन काम, रंग-रोगन करने का कठोर काम; **~room** *n.* 1 चलने-फिरने के लिए स्थान 2 अपेक्षित स्थान: ~room to fly 3 गुंजाइश 4 आजादी, पूरा अवसर;
p&i: **~ grease** कड़ी मेहनत, परिश्रम; **~ one's way in/ into, through** कहीं पहुंचने के लिए अपना रास्ता बनाना; **~ one's way out** कहीं से निकल आना; **~ sb out** किसी को उसकी नौकरी या पद से बाहर कर दे.;
a knight of the ~ ताश का खिलाड़ी; **at one's ~** *sl.* अत्यंत निकट, बिल्कुल पास में; **bend or lift the ~** खूब शराब पीना; **be out at ~s** कंगाली में हो.; **get the ~** प्रेम-प्रसंग में छोड़ दिया

जा. या डंप हो.; **give the** ~ 1 बरखास्त क. 2 (*syn.* dump) प्रेम-प्रसंग में प्रेमी या प्रेमिका को छोड़ दे.; **he ~ed his way into society** उसने धीरे-धीरे उच्च समाज में अपना स्थान बना लिया; **he'll ~ his way in wherever he wishes to go** वह जहां चाहेगा वहां बाएं-दाएं करके रास्ता अपना बना लेगा; **rub ~s with sb** किसी के साथ याराना क.; **more power to your ~!** *sl.* किसी की सफलता के लिए जाम उठाना; **out at the ~/ ~s** फटेहाल, फटे कपड़े; **up to the ~s in work** काम में पूरी तरह डूबा या रमा हो.

eld /ऐल्ड/ *n.* 1 प्राचीन काल 2 *poetic* बुढ़ापा, वृद्धावस्था

elder /ऐल्डः/ *adj., degr.* **elder, eldest** 1 ज्येष्ठ 2 अग्रज 3 उम्र में बड़ा;
n. 1 दो जनों में से ज्येष्ठ व्यक्ति: ~ brother/ daughter/ sister, etc. 2 बड़े-बूढ़े 3 बिरादरी में बुजुर्ग, माननीय व वरिष्ठ व्यक्ति 4 सफेद फूलों और अच्छी सुगंध वाला एक छोटा वृक्ष 5 प्रोटेस्टेंट चर्च में एक अधिकारी;
***dw/lw:* ~berry** *n.* एल्डर वृक्ष पर गुच्छों में लगने वाली काले रंग की बैरी; **~ly** *adj.* 1 ढलती उम्र का व्यक्ति 2 अधेड़ उम्र का व्यक्ति;
collocations: **~ flower** एल्डर वृक्ष के फूल जिनसे मदिरा बनाते हैं; **~ statesmen** 1 वरिष्ठ, अनुभवी व सम्माननीय राजनेता 2 अनुभवी तथा आदरणीय व्यक्ति जिसकी सलाह व विचारों की कद्र होती है; **~ times** प्राचीन समय; **the ~/ senior** (Sr.) दो हमनामों में उम्र में बड़ा आदमी, विशेषकर पिता: Sharma Sr. and Sharma Jr.; **the ~ hand** ताश के खेल में पहली चाल चलने वाला;
p&i: **one's ~s and betters** किसी के बड़े-बूढ़े और ज्यादा अनुभवी लोग

eldest /ऐल्डेस्ट/ *adj., superl. degr.* 1 परिवार के तीन या अधिक सदस्यों में उम्र में सबसे बड़ा 2 (**the** ~) तीन या अधिक लोगों के बीच आयु में सबसे बड़ा: the ~ child/ daughter/ brother, etc.;

El Dorado /अल द रादो/ *n.* 1 स्पेनी खोजियों द्वारा कल्पित स्वर्ण नगरी 2 (*also* **eldorado**) स्थान जहां आसानी से धन अर्जित किया जा सके

eldritch /ऐल्डरिच/ *adj., originally Scot.* विचित्र, भयानक या रहस्यमय: an ~ scream

e-learning /ई-लर्निंग/ *n.* इंटरनेट के माध्यम से की जाने वाली पढ़ाई

elec./ elect *abbr.* 'electric', 'electricity' का संक्षेप

elect /इलेक्ट/ *v., pt.* **~ed,** *pp* **~ing** 1 कई विकल्पों में से एक चुनना, पसंद क., फैसला क.: ~ to bat first 2 चुनाव क., निर्वाचित क.: ~ a president;
adj. 1 चुना हुआ 2 निर्वाचित होकर पद ग्रहण की प्रतीक्षा में: the president-~ 3 श्रेष्ठ: the ~ of the land (देश के सर्वश्रेष्ठ लोग);
dw/lw: **~ability** /~क्टअबिलिटि/ *n.* चुने जाने की क्षमता; **~able** /~क्टअबल/ *adj.* चुने जाने योग्य; **~ed** *adj.* 1 चुना हुआ; **~or** *n.* मतदाता, निर्वाचक 2 *US* 'Electoral College' का सदस्य; **president-~/ prime-minister-~** निर्वाचित राष्ट्रपति/ प्रधानमंत्री;
p&i: **the** ~ मृत्यु के बाद मोक्ष के लिए चुने गए लोग, स्वर्ग-अभ्यार्थी;

election /इलेक्शन/ *n.* चुनाव, निर्वाचन: hold an ~;
dw/lw: **by-~** *n.* मध्यावधि चुनाव;
collocations: **~ campaign** चुनाव अभियान; **Election Commission** निर्वाचन आयोग; **Election Commissioner** निर्वाचन आयुक्त; **~ day** *US* (*UK* **polling day**) मतदान दिवस, निर्वाचन दिवस; **~ results** चुनाव परिणाम;
p&i: **~ as sth** किसी पद के लिए चुनाव; **~ of courses by students** विद्यार्थियों द्वारा पढ़ाई के विषयों का चुनाव; **~ to sth** किसी पद या संस्था की सदस्यता के लिए चुनाव;
fight an ~ चुनाव लड़ना; **lose/ win an** ~ चुनाव हारना या जीतना; **run for/ stand for an** ~ चुनाव लड़ना; **the Khaki Election** युद्ध की छाया में होने वाला चुनाव; **vote in an** ~ चुनाव में मत दे.

electioneer /इलेक्शनिअः/ *v., pt.* **~ed,** *pp* **~ing** चुनाव में किसी प्रत्याशी या राजनीतिक दल के लिए प्रचार-प्रसार क.;
dw/lw: **~ing** /इलेक्शनिअरिंग/ *n.* चुनाव-प्रचार, चुनाव अभियान

elective /इलेक्टिव/ *adj.* 1 चुनावी, निर्वाच्य 2 जिसे चुनने का अधिकार हो 3 (*syn.* optional) ऐच्छिक (गौण विषय) 4 वैकल्पिक, अपनी पसंद से चुना जाने वाला मुख्य (विषय आदि) 5 चुनाव के माध्यम से प्रतिनिधि चुनने वाला: an ~ democracy;
collocations: **~ franchise** चुनाव का अधिकार; **~ office** चुनाव द्वारा भरा जाने वाला पद; **~ system** 1 चुनाव पर आधारित प्रणाली 2 चुनाव प्रणाली

electoral /इलेक्टअरल/ *adj.* 1 चुनाव संबंधी: ~ system 2 निर्वाचकों से बना;
collocations: **~ college** निर्वाचक मंडल; **~ district** चुनाव क्षेत्र; **~ quota/ quotient** *US* उम्मीदवार के चुने जाने के लिए कम से कम मत संख्या; **~ register/ ~ roll** मतदाता-सूची; **~ system** निर्वाचन प्रणाली या पद्धति

electorate /इलेक्टअरअट/ *n.* चुनावकर्त्ता, कुल मतदाता, निर्वाचन-क्षेत्र का कुल निर्वाचक-समूह

Electra complex *n., psychol.* छोटी उम्र में बेटी का पिता से लगाव और मां से दुराव

electric /इलेक्ट्रिक/ *adj.* 1 बिजली का, बिजली संबंधी, वैद्युत 2 भावातिरेक से भरा हुआ, आवेशपूर्ण, तनावपूर्ण, आशंकापूर्ण 3 (*syn.* electrifying) उत्तेजनापूर्ण, उत्साहपूर्ण, ओजपूर्ण 4 बिजली चालित (संगीत वाद्य आदि);
n., [pl.] 1 *colloq.* बिजली से चलने वाला यंत्र या उपकरण 2 बिजली की सप्लाई: the ~ is often off during summer 3 बिजली की तारें;
collocations: **~ arc** विद्युत चाप; **~ battery** बिजली बैटरी; **~ blanket** बिजली का कंबल; **~ blue** भड़कीला नीला रंग; **~ capacity** विद्युत धारिता; **~ chair** *US* प्राणदंड देने की विद्युत कुर्सी; **~ charge** बिजली का चार्ज, आवेश; **~ circuit** विद्युत परिपथ; **~ contact** विद्युत स्पर्श या जुड़ाव; **~ current** विद्युत धारा; **~ displacement** विद्युत क्षेत्र में विद्युत चालक की प्रति इकाई में हटाई जाने वाली धारा; **~ eel** सर्पमीन जैसी मछली जो उसकी पूंछ में स्थित किसी अंग की बदौलत बिजली के झटके पैदा करती है; **~ eloquence** श्रोताओं को उद्वेलित करने वाली भाषण दक्षता; **~ eye** बिजली की धारा बंद होने पर अलार्म घंटी बजाने वाला उपकरण; **~ fence** बिजली की बाड़ (यानी जिसमें विद्युत धारा बहती है); **~ field** विद्युत-क्षेत्र; **~ flux density** विद्युत क्षेत्र में विद्युत चालक की प्रति इकाई हटाई जाने वाली धारा; **~ furnace** बिजली भट्टी; **~ guitar** विद्युत गिटार; **~ heater** विद्युत तापक, बिजली का हीटर; **~ iron** विद्युत इस्त्री; **~ lamp** विद्युत दीप (लैंप); **~ machine** बिजली से चलने वाली मशीन; **~ meter** विद्युत मापी; **~ motor** विद्युत मोटर; **~ organ** बिजली से बजने वाला ऑरगन (संगीत वाद्य); **~ plug** बिजली का प्लग; **~ ray** विद्युत किरण; **~ razor** बिजली से चलने वाला (दाढ़ी बनाने का) उस्तरा; **~ shock** विद्युत आघात; बिजली से लगने वाला झटका; **~ shock therapy** मानसिक रोगी का उसके दिमाग को बिजली के झटके देकर उपचार करने की प्रणाली; **~ socket** बिजली का सॉकेट (गर्तिका); **~ storm** आसमान में बिजली का तूफान (बिजली का कड़कना, चमकना, बादलों का फटना, गर्जना आदि); **~ switch** बिजली का स्विच (खटका); **~ torch** बिजली से जलने वाली बैटरी या टॉर्च

electrical /इलेक्ट्रिकल/ *adj.* 1 वैद्युत, बिजली का, बिजली संबंधी: ~ appliances 2 बिजली उत्पाद व वितरण से संबंधित: ~ supply;
collocations: **~ accessories** बिजली का सामान; **~ conductivity** विद्युत चालकता; **~ conductor** विद्युत चालक; **~ connection** बिजली का कनेक्शन; **~ discharge** विद्युत विसर्जन या निरावेशन; **~ energy** विद्युत ऊर्जा; **~ engineer** विद्युत अभियंता; **~ engineering** विद्युत अभियांत्रिकी; **~ equipment** विद्युत उपकरण; **~ image** वैद्युत बिंब; **~ log** वैद्युत

संलेखन; ~ **mass** विद्युत चुंबकीय द्रव्यमान;
the ~ chair *US* अमेरिका के कुछ हिस्सों में मौत की सजा देने के लिए बिजली की कुर्सी

electrician /इलेक्ट्रिशिअन/ *n.* बिजली मिस्त्री या कारीगर, विद्युत विशेषज्ञ

electricity /इलेक्ट्रिसिटि/ *n.* बिजली, विद्युत: generate/ produce electricity; be operated by/ be powered by ~;
collocations: ~ **supply** विद्युत आपूर्ति;
dynamic ~ डायनैमिक बिजली; **the natural ~ of youth** जवानी के सहज गुण जोश, आवेश व उत्साह आदि

electrification /इलेक्ट्रिफिकेशन/ *n.* 1 घर, स्थान, गांव, नगर आदि का विद्युतीकरण 2 विद्युतीकरण की प्रक्रिया

electri\fy /इलेक्ट्रिफाई/ *v., pt.* **~fied**, *pp* **~fying** 1 उत्तेजित क., भड़काना 2 रोमांचित क. 3 बिजली लगाना या दे., विद्युतीकरण क.;
dw/lw: **~fying** /इलेक्ट्रिफाइंग/ *adj.* अति रोमांचक

electro /इलेक्ट्रो/ *n., pl.* **~s** *colloq.* 1 मतदाता 2 बिजली द्वारा धातु की परत चढ़ा बर्तन या वस्तु

electro- /इलेक्ट्रो/ *comb. form, denoting:* 1 **electricity** (बिजली) 2 **electrolytc** (विद्युत-, वैद्युत-);
dw/lw: **~acoustic** *adj.* ध्वनि को विद्युत ऊर्जा तथा विद्युत ऊर्जा को ध्वनि में परिवर्तित करने की कंप्यूटर तकनीक संबंधी; ~ **acoustics** *n.* ध्वनि को विद्युत ऊर्जा तथा विद्युत ऊर्जा को ध्वनि में परिवर्तित करने की कंप्यूटर तकनीक; **~active** *adj.* विद्युत सक्रिय; **~balance** *n.* विद्युत तुला; **~biology** *n.* विद्युत जीवविज्ञान; **~biologist** *n.* विद्युत जीवविज्ञानी; **~cardiogram (ECG)** *n.* विद्युत हृद्‌लेख; **~cardiograph (ECG)** *n.* विद्युत हृद्‌लेखन (दिल की धड़कनों को बिजली की लहर से मापकर रेखाचित्र बनाने की क्रिया); **~chemistry** *n.* विद्युत रसायन; **~chemical** *adj.* विद्युत रासायनिक; **~chemist** *n.* विद्युत रसायन विशेषज्ञ; **~culture** *n.* विद्युत संवर्धन; **~cu\te** /इलेक्ट्रअक्यूट/ *v., pt.* ~ted, *pp* ~ting शरीर में से बिजली गुजरने से मरना, बिजली के झटके से मरना; **~cution** /इलेक्ट्रअक्यूशन/ *n.* बिजली के झटके से होने वाली मौत, विद्युत-मारण; **~de** /इलेक्ट्रोड/ *n.* इलेक्ट्रोड; **~deposition** *n.* विद्युत-अपघटन के माध्यम से धातु की परत की जमावट; **~diagnostic** *adj.* विद्युत नैदानिक; **~dialysis** *n.* विद्युत-अपोहन; **~dynamics** *n.* विद्युत की गतिशीलता का अध्ययन; **~dynamometer** *n.* विद्युत धारा मापी उपकरण; **~encephalogram (EEG)** *n.* दिमाग की वैद्युत गतिशीलता का रेखाचित्र; **~encephalograph (EEG)** *n.* दिमाग की वैद्युत गतिशीलता का रेखाचित्र; **~encephalography (EEG)** *n.* दिमाग की वैद्युत गतिशीलता का रेखाचित्रीय मापन; **~lyze**/ **~lyse** /इलेक्ट्रअलाइज/ *v., pt.* ~lyzed, *pp* ~lyzing विद्युत-अपघटन क.; **~lysis** /इलेक्ट्रअलाइसिस/ *n.* विद्युत-अपघटन; **~lyte** /इलेक्ट्रअलाइट/ *n.* विद्युत-अपघट्य; **~lytic** *adj.* विद्युत-अपघटनी: ~lytic cell (विद्युत-अपघटनी कोशिका); **~magnet** *n.* विद्युत-चुंबक; **~magnetic** *adj.* विद्युत-चुंबकीय: ~magnetic theory (विद्युत-चुंबकीय सिद्धांत); ~magnetic unit (विद्युत-चुंबकीय इकाई); ~magnetic wave (विद्युत-चुंबकीय तरंग या लहर); **~magnetism** /इलेक्ट्रोमैग्नटिज्म/ *n.* वैद्युत चुंबकत्व; **~meter** *n.* विद्युतमापी; **~metric**/ **~metrical** *adj.* विद्युत-मापन संबंधी; **~metry** *n.* विद्युत-मापन; **~motive** *adj.* विद्युत-वाहक; **~negative** *adj..* ऋण-विद्युती; **~optics** *n.* विद्युत-प्रकाशिकी; **~osmosis** *n.* द्रव-गति-विद्युती; **~phile** *n.* इलेक्ट्रोन-स्नेही; **~phoresis** *n.* वैद्युत कण-संचालन; **~phorus** *n.* इंडक्शन के माध्यम से स्थिर विद्युत प्राप्त करने का यंत्र; **~plate** *n.* विद्युत-लेपन; **~plating** *n.* बिजली-मुलम्मा, विद्युत-लेपन; **~pol** *n.* सूक्ष्म परिच्छेदक; **~positive** *adj.* धन विद्युती; **~print** *n.* विद्युत-मुद्रण; **~scope** *n.* विद्युतदर्शी; **~shock** *n.* बिजली का झटका; **~static** *adj.* स्थिर-वैद्युत; **~statics** *n.* स्थिर वैद्युतिकी: ~static unit (स्थिर-वैद्युत इकाई); **~steel** *n.* वैद्युत इस्पात; **~nics** /इलेक्ट्रोनिक्स/ *n., [sing.]* इलेक्ट्रोनिकी; **~technic**/ **~technology** *n.* वैद्युत तकनीक, वैद्युत तकनीक अध्ययन; **~therapeutics**/ **~therapy** *n.* वैद्युत चिकित्सा; **~thermal** *adj.* विद्युत-तापीय; **~thermics** *n.* विद्युत-औष्मिकी; **~type** *n.* विद्युत-मुद्रण; **~typing** *n.* वैद्युत मुद्रण; **~valency** *n.* वैद्युत संयोजकता;
collocations: **~convulsive therapy (ECT)** (*also* **electric shock therapy/ shock therapy/ shock treatment**) मानसिक विकार का दिमाग में से बिजली की हल्की धारा गुजारकर किया जाने वाला उपचार; **~motive force** विद्युत-वाहक बल

electron /इलेक्ट्रौन/ *US* इलेक्ट्राःन/ *n.* अणु का छोटा-सा भाग जिसमें बिजली का ऋणात्मक आवेश या चार्ज होता है, इलेक्ट्रोन;
collocations: ~ **acceptor** इलेक्ट्रोन ग्राही; ~ **beam** इलेक्ट्रोन किरण पुंज; ~ **diffraction** इलेक्ट्रोन विवर्तन; ~ **gun** ऐसा उपकरण जो इलेक्ट्रोनों की एक पूरी कतार या लहर पैदा करता है; ~ **microscope** इलेक्ट्रोनी माइक्रोस्कोप, इलेक्ट्रोनी सूक्ष्मदर्शी जो प्रकाश पुंज के स्थान पर इलेक्ट्रोनी पुंज प्रयोग करता है; ~ **probe** एक्स-रे उपकरण जो परीक्षण लक्ष्य पर एक बहुत ही तंग इलेक्ट्रोनी पुंज छोड़ता है जिससे अविनाशकारी परीक्षण हो सकता है; ~ **tube** एक ऐसा इलेक्ट्रोनी चालक जिसमें इलेक्ट्रोनी चालन सीलबंद गैस में से होता है; ~ **volt** ऊर्जा की एक इकाई

electronic /इलेक्ट्रौनिक/ *US* इलेक्ट्राःनिक/ *adj.* 1 इलेक्ट्रोनी 2 इलेक्ट्रोनी (संगीत, खेल आदि);
collocations: ~ **banking** इंटरनेट या इलेक्ट्रोनी माध्यम से बैंक का काम करना; ~ **book** इलेक्ट्रोनी रूप में प्रकाशित पुस्तक; ~ **brain** कंप्यूटर; ~ **charge** इलेक्ट्रोनी आवेश; ~ **circuit** इलेक्ट्रोनी परिपथ; ~ **flash** तेज रफ्तार की फोटोग्राफी के लिए अति तेज फ्लैश; ~ **fund transfer at points of sale (EFTPOS)** बिक्री स्थल पर पैसा-स्थानांतरण; ~ **mail (e-mail)** ई-मेल; ~ **multiplicity** इलेक्ट्रोनी बहुलता; ~ **music** इलेक्ट्रोनी संगीत; ~ **organizer** एक छोटा पोर्टेबल कंप्यूटर जिसमें दिन प्रतिदिन के प्रयोग की सूचनाएं (पते, टेलीफोन नंबर आदि) संग्रहीत रहती हैं; ~ **newsgathering** इलेक्ट्रोनी माध्यम से समाचार प्राप्त करने का सिस्टम; ~ **publishing** कंप्यूटर पर पढ़ी जा सकने वाली सामग्री का प्रकाशन; ~ **robot** इलेक्ट्रोनी स्वचालित यंत्र, रोबोट; ~ **spin** इलेक्ट्रोनी चक्रण; ~ **tagging** अपराधी पर लगाया गया इलेक्ट्रोनी उपकरण; ~ **point of sale** (*abbr.* **EPOS**) ***comm.*** इलेक्ट्रोनी विक्रय स्थल

electronics /इलेक्ट्रौनिक्स/ *US* इलेक्ट्राःनिक्स/ *n.* इलेक्ट्रोनिक्स, इलेक्ट्रॉनिकी, इलेक्ट्रॉनिकी विज्ञान

electuary /इलेक्ट्युअरि/ *n.* औषध-अवलेह, शहद और शरबत में मिली औषध

eleemosynary /इलीमॉसिनरि/ *adj.* दातव्य, खैराती, भीख में प्राप्त

elegance /ऐलिगंस/ *n.* 1 लालित्य, रमणीयता: dress with ~ 2 चारुता 3 भव्यता: ~ of style;

elegant /ऐलिगंट/ *adj.* 1 रमणीक, ललित: ~ arts 2 सुरुचिसंपन्न: ~ room 3 परिष्कृत: a style ~ but not ostentatious (एक परिष्कृत पर दिखावाविहीन शैली) 4 भव्य: ~ proof/ demonstration;
dw/lw: **~ly** /एलिगंटलि/ *adv.* सुंदर/ शानदार ढंग से

elegiac /ऐलिजायक/ *adj., formal, lit.* 1 करुण व गंभीर: ~ couplet (करुण द्विपदी) 2 शोक-गीत जैसा: ~ stanzas 3 शोक-गीत संबंधी;
n., *pl.* **~s** शोक-गीत काव्य;
dw/lw: **elegiast**/ **elegist** /ऐलिजायस्ट/ऐलिजिस्ट/ *n.* शोकगीतकार; **~iacal** /ऐलिजायकल/ *adj.* शोक-संतप्त, करुण: ~iacal mood; ~iacal poet; **~iacally** /ऐलिजायकलि/ *adv.* शोक-संतप्त होकर; **~ize** /ऐलिजाइज/ *v., pt.* ~ized, *pp* ~izing शोकगीत लिखना

ele\gy /ऐलअजि/ *n.,* **~gies** शोकगीत, मरसिया

element /ऐलिमंट/ *n.* 1 तत्त्व, मूल तत्त्व 2 अंश, अल्पांश, अवयव 3 *sometimes derog.* घटक, किसी वर्ग या समुदाय के तत्त्व: the criminal ~; rowdy/ lawless/ selfish **~s** 4 चार स्वाभाविक तत्त्व यानी धरती, आग, पानी और हवा जिनसे प्राचीन दर्शन के अनुसार वातावरण, प्रकृति के अवयव और जीवन बना है 5 (**the ~s**) मौसम के हालात, विशेषकर खराब मौसम: war of the **~s**; daunted by the **~s** 6 (**the ~s**) 6.1 प्रारंभिक ज्ञान 6.2 आधारभूत तथ्य व हुनर: the basic ~ of one's character 7 (**the ~s**) *Christ.* ईसा के शरीर एवं रक्त के प्रतीक के रूप में रोटी और मदिरा 8 बिजली के हीटर आदि में तार की कुंडली आदि 9 अब तक पाए गए 10 रासायनिक तत्त्वों में से कोई एक तत्त्व: the **~s** of chemistry;

p&i: **a key ~** महत्त्वपूर्ण अंश, भाग; **an ~ of sth** किसी बात या तत्त्व का अंश; **an ~ of truth** सत्य का अंश; ***be*** **in one's ~** अनुकूल परिस्थिति में होने की बदौलत पूर्णतः स्फूर्त व प्रसन्न हो., अपने पूरे दमखम या जोश में हो.; **be out of one's ~** प्रतिकूल परिस्थितियों में होने के कारण मिजाज ढीला हो., उखड़ा-उखड़ा हो., बिन पानी मछली की तरह तड़पना; **the ~s** प्रकृति के तत्त्व, गड़बड़ाते मौसमी हालात या तत्त्व

elemental /ऐलिमेंटल/ *adj.* 1 मौलिक, मूलभूत, तात्त्विक, प्राकृतिक 2 प्रकृति के तत्त्वों से संबंधित 3 शक्तिशाली, प्रकोपी (प्रकृति के संबंध में);

collocations: **~ desires/ needs** मूल इच्छाएं या आवश्यकताएं; **~ fury** प्राकृतिक प्रकोप; **~ passions** प्रचंड आवेग; **~ rage** प्रकोप का विस्फोट; **~ strife** प्राकृतिक अवयवों का तांडव; **~ truth** मूलभूत सत्य या सच्चाई; **~ worship** प्रकृति के अवयवों की पूजा

elementary /ऐलिमेंटरि/ *adj.* 1 प्रारंभिक, प्राथमिक 2 सरल, सुगम 3 मूलभूत, मौलिक 4 तात्त्वीय, तात्त्विक;

collocations: **~ colours** मूल या मुख्य रंग; **~ knowledge** ज्ञान के मूल तत्त्व; **~ laws** बुनियादी कानून, विधान; **~ particle** *chem., phys.* परमाणु के अवयव, मूलभूत तात्त्विक अंश; **~ questions** बुनियादी सवाल; **~ school** *US* (*UK* **primary school**) प्राथमिक विद्यालय; **~ treatise** विज्ञान के मूलभूत तत्त्वों का अध्ययन पत्र

elemi /ऐलिमि/ *n.* सुगंधित गोंद आदि

elephant /ऐलिफंट/ *n., pl.* **~s/ elephant** हाथी: African ~; Asian ~; Indian ~;

dw/lw: **~oid** /एलिफंटॉयड/ *adj.* हाथी जैसा;

collocations: **~ apple** बेल, कैथ, कपित्थ; **~ bull** हाथी का शावक; **~ calf** छोटा हाथी; **~ cord** मोटा-चौड़ा कोर्डरॉय कपड़ा; **~ cow** हथिनी; **~ creeper** समुद्रशोष; **~ grass** बड़ा, ऊंचा अफ्रीकी घास जिसे पशुओं को खिलाने और कागज बनाने के लिए प्रयोग किया जाता है; **~'s ears/ ~'s ear** *bot.* हृदयाकार पत्तों वाला पौधा; **~'s-foot** जिमीकंद; **~ seal** सील मछली की एक प्रकार; **~ trumpet** हाथी की चिंघाड़; **white ~** बेकार की खर्चीली वस्तु या जानवर;

p&i: **a white ~** बहुत खर्चीला शौक; **dance like an ~** बेढ़ब हो.; **see the ~** *US* जिंदगी के थपेड़े अनुभव क.; **show the ~** नगर की दर्शनीय स्थानों को दिखाना

elephantiasis /ऐलअफैंटायसिस/ *n., pathol.* हाथी-पांव, श्लीपद या फील-पांव नामक बीमारी

elephantine /एलिफैंटाइन/ *adj.* 1 हाथी का, हाथी-जैसा 2 भारी-भरकम, थुलथुल 3 भद्दा, बेडौल, भोंडा;

collocations: **~ attempt** बेढंगा प्रयास; **~ bodies** हाथियों के धड़; **~ grace** हाथी जैसी शालीनता; **~ humour** भारी या बोझल हास्य; **~ tread** भारी-भरकम कदम

eleutherian /इलेउथेरिअन/ *adj.* मुक्तिदायक, प्रसन्नतादायक

eleva\te /ऐलिवेट/ *v., pt.* **~ted**, *pp* **~ting** 1 (***syn.*** raise, promote) पदोन्नत क.: **~te** to professorship 2 ऊंचा उठाना, ऊपर चढ़ाना: **~te** eyebrows 3 नैतिक या बौद्धिक स्तर ऊपर उठाना: **~te** the standards of taste 4 मिजाज को उछाल दे., प्रफुल्लित क. 5 मानसिक दायरे को बड़ा और गहरा क.: **~te** the mind;

dw/lw: **~ted** /~टिड/ *adj.* 1 उत्कृष्ट, उन्नत, उत्थित 2 प्रफुल्ल, प्रसन्नचित्त 3 थोड़ा पिए हुए 4 ऊपर उठा हुआ: ~ted railroad/ ~ted railway *US*; ~ted lakes (पहाड़ी झीलें); ~ted poetry; **~ting** /~टिंग/ उठाऊ, नैतिक, मानसिक या बौद्धिक उछाल देने वाला: the ~ting sight; a taste for music is an ~ting passion;

collocations: **~ting experience** (बौद्धिक) उछाल देने वाला अनुभव

elevation /ऐलिवेशन/ *n.* 1 समुद्र तल से ऊपर की ऊंचाई, तुंगता: the airplane attained the ~ of seven miles 2 उन्नति 3 *astron.* उन्नतांश 4 पदोन्नति 5 उत्कर्ष, बुलंदी: ~ of style 6 ऊंचा स्थान, टीला, पहाड़ी 7 उत्थान, उन्नयन: a sudden ~ in life 8 उत्तोलन 9 (***syn.*** loftiness, sublimity) औदात्य, उदात्त चरित्र 10 तापमान आदि के ऊपर उठने की क्रिया, बढ़त, वृद्धि: ~ of temperature 11 चढ़ाव: **~s** and depressions (उतार-चढ़ाव)

elevator /ऐलिवेटः/ *US* (*UK* **lift**) *n.* 1 एलिवेटर, लिफ्ट, उत्थापक 2 ऊंचा उठाने वाला व्यक्ति 3 *esp. US* ऊंचा अनाज गोदाम 4 चल-सीढ़ियां 5 *aeronautics* विमान की पूंछ में लगा चल ऊंचाई-निचाई नियंत्रक उपकरण

eleven /इलेवन/ (*also* **11/ XI**) *cardinal numeral* 1 ग्यारह 2 एकादश, ग्यारह खिलाड़ियों की टीम 3 ग्यारह वर्ष की आयु 4 ग्यारह बजे: come at ~/ 11 o'clock/ 11 am/ 11 pm;

p&i: **~ and ~ make twenty-two** ग्यारह जमा ग्यारह बाईस होते हैं; **~ fives are fifty-five** ग्यारह गुणा पांच पचपन होते हैं; **~ times as much** ग्यारह गुणा;

in ~s ग्यारह-ग्यारह के झुंडों में

elevenses /इलेविंजिज/ *n. [pl.]* (*often used with sing. verb*), *colloq.* नाश्ते और दोपहर के भोजन के बीच में (लगभग ग्यारह बजे) हल्के-फुल्के स्नैक (चाय या कॉफी और बिस्कुट)

eleventh /इलेवंथ/ (*often* 11th) *ordinal/serial numeral* 1 ग्यारहवां 2 (**the eleventh**) ग्यारह तारीख;

n. 1 ग्यारह बराबर भागों में से एक: an ~ share 2 एक बटा ग्यारह (1/11) की भिन्न 3 ग्यारहवें स्थान पर आने वाला व्यक्ति: he finished a bedraggled ~;

p&i: **at the ~ hour** ऐन आखिरी वक्त पर, बहुत देर से

ELF *abbr.* 'English as a lingua franca' की प्रथमाक्षरी

elf /ऐल्फ/ *n. pl.* **elves** /एल्व्ज/ *folklore.* 1 बाल कथाओं में मिलने वाली छोटी-छोटी परियां 2 बौना 3 शरारती बच्चा;

dw/lw: **~ish** /एल्फिश/ *adj.* परी जैसा, शरारती, नटखट; **~-child** *n.* परियों द्वारा चुराए गए वास्तविक बच्चे के स्थान पर उनके द्वारा छोड़ा गया बच्चा; **~-fire** *n.* घूमती-फिरती रोशनी, झूठी आशा; **~in** *adj.* 1 परी-सा 2 बहुत छोटा, बौना; **~-land** *n.* परियों का देश; **~-lock/ ~-knot** *n.* उलझी लटें; **~-marked** *adj.* विकलांग; **~-shot** *n.* यक्ष बाण

elicit /इलिसिट/ *v., pt.* **~ed**, *pp* **~ing** 1 किसी से कठिनाई से विचार या प्रतिक्रिया प्राप्त क.: ~ truth by discussion; it is difficult to ~ a syllable from her; ~ sth from sb 2 कोई काम करवाना: ~ applause from an audience 3 निष्कर्ष निकलना, सैद्धांतिक मत बनाना: ~ a principle from data (आंकड़ों से सिद्धांत निकालना);

dw/lw: **~ation** *n.* निष्कर्ष निकलने या सैद्धांतिक मत बनाने की क्रिया

eli\de /इलाइड/ *v., pt.* **~ded**, *pp* **~ding** *gramm.* 1 शब्द का उच्चारण करते समय कोई स्वर या शब्दांश छोड़ दे. 2 स्वर या शब्दांश का लोप क.;

dw/lw: **~sion** *n.* लोप (*also see below under separate entry*)

eligibility /एलिजअबिलिटि/ *n.* 1 पात्रता 2 उपयुक्तता 3

निर्वाच्यता, योग्यता 4 चुनाव या भर्ती के लिए उपयुक्तता: ~ of officers

eligible /ऐलिजअबल/ *adj.* 1 पात्र: ~ for job 2 अधिकारी: ~ for membership 3 उपयुक्त: seismic events ~ for inspection (निरीक्षण के लिए उपयुक्त भूकंपीय हलचल) 4 विवाह के लिए उपयुक्त उम्मीदवार, वांछनीय: ~ young man or woman

elimina\te /इलिमिने\ट/ *v., pt.* **~ted**, *pp* **~ting** 1 बाहर निकालना, हटा दे. काटना: **~te** all unnecessary words; **~te** the personal factor 2 निरस्त क.: **~te** a possibility 3 हराकर मुकाबले से बाहर क. 4 विलुप्त क.: **~te** errors 5 शरीर से विषैले तत्त्व निकालना 6 मार डालना, रास्ते से हटाना;

dw/lw: **~ble** /~बल/ *adj.* हटाये जाने योग्य; **~tor** /~टः/ *n.* हटाने वाला; **~tion** /~शन/ *n.* 1 बाहर निकालने या हटाने की क्रिया: ~tion of the impossible 2 निष्कासन: ~tion of causes of friction 3 बहिष्करण 4 निरस्तीकरण, निरसन: ~tion of nuclear weapons 5 विलोपन 6 हत्या;

collocations: **~tion process** एक-एक करके हटाने की प्रक्रिया: by a process of ~tion; **~tion reaction** किसी रासायनिक तत्त्व को दूसरे से अलग करने की एक रासायनिक प्रतिक्रिया; **~tion system** एक-एक करके हटाने की प्रणाली;

ELISA *abbr.* 'Enzyme Linked Immunosorbent Assay' की प्रथमाक्षरी

elision /इलिजन/ *n., gramm.* 1 स्वर (vowel) या शब्दांश (syllable) का लोप 2 शब्दों का लोप जिन्हें लोप चिह्न (elision mark) '**...**' से दर्शाया जाता है

eli\te/ éli\te /एली\ट/ इली\ट/ *n.* 1 अभिजात वर्ग: corrupt ruling **~te** 2 किसी समाज का धनी, शक्तिशाली व तथाकथित शिक्षित वर्ग: snob intellectual **~te** (नकचढ़ा बुद्धिजीवी अभिजात वर्ग)

adj. (किसी समूह या व्यवसाय में) सर्वश्रेष्ठ: an **~te** group of officers;

dw/lw: **~tism** /~टिज्म/ *n.* अभिजातवाद, ऐसी विचारधारा जिसके अनुसार अभिजात वर्ग को शासक होने का अधकार है; **~tist/ ~tist** /~टिस्ट/ *adj.* 1 अभिजातवादी 2 अभिजातवाद या सर्वश्रेष्ठतावाद का समर्थक

ELITEX *abbr.* 'Electronics and Information Technology Exposition' प्रथमाक्षरों से बना आदिवर्णी शब्द

elixir /इलिक्सर/ *n.* 1 धातुओं को सोने में बदल देने वाला कल्पित रसायन, पारस मणि, स्पर्शमणि 2 रामबाण ओषधि: ~ of life (अमृत)

Elizabethan /इलिजअबीथन/ *adj.* एलिजबेथ (प्रथम अथवा द्वितीय) से संबंधित: ~ literature

n. एलिजबेथ काल का व्यक्ति: Shakespeare was an ~

elk /एल्क/ *n., pl.* **elk**/ **~s** एक तरह का बड़ा हिरन, ऋष्य

ell /ऐल/ *n.* 1 समकोणिक कक्ष 2 लंबाई: 45 इंच का प्राचीन अंग्रेजी नाप: give him an inch and he'll take an ~

ellipse /इलिप्स/ *n., geom.* 1 अंडाकार आकृति, वर्तुलाकृति 2 दीर्घवृत्त

ellipsis /इलिप्सिस/ *n.,* **ellipses** /इलिप्सीज/ 1 शब्दलोप, पदलोप 2 पदलोप का सूचक चिह्न, लोप चिह्न **(...)**

elliptic/ ~al /इलिपटि\क/ ~ल/ *adj.* 1 *math., geom.* वर्तुलाकार, अंडाकार, दीर्घवृत्तीय 2 पदलोप-संबंधी, पदलोपीय, शब्दलोपीय 3 लुप्त, विलुप्त;

dw/lw: **~ity** /~सिटि/ *n.* अंडाकारिता, दीर्घवृत्तीयता, चपटापन: ~ity of the earth

elm /एल्म/ (*also* **elm tree**/ **elmwood**) *n.* 1 ऐल्म पेड़ व उसकी लकड़ी 2 चिराबेल, (*Himalayan*) हिमरोई जैसे वंशी वृक्ष

El niño /ऐल नीन्यो/ *n.* उत्तरी पेरू ओर इक्वाडोर के तटीय समुद्र में कभी-कभी होने वाला ऐसा बदलाव जब समुद्र की ऊपरी सतह का पानी गर्म हो जाता है जिसके कारण कई देशों के जलवायु पर दुष्प्रभाव पड़ता है, उदाहरणतः इसके कारण भारत में मानसून आने में देर हो जाती है या वह कमजोर पड़ जाता है

elocution /ऐलक्यूश\न/ *n.* भाषण-कला, भाषण पटुता, वक्तृता, वाग्मिता;

dw/lw: **~ary** /~नरि/ *adj.* भाषण-कला-संबंधी; **~ist** /~निस्ट/ *n.* 1 भाषणपटु, सुवक्ता 2 भाषण-कला-विशेषज्ञ

elonga\te /ईलौंगे\ट/ ईलॉगे\ट/ *v., pt.* **~ted**, *pp* **~ting** 1 (***syn.*** lengthen) बढ़ाना, लंबा क., खींचना, फैलाना 2 लंबा होना, खिंच जा., बढ़ना;

dw/lw: **~ted** /~टिड/ *adj.* लंबा खिंचकर पतला बना हुआ; **~tion** /~शन/ *n.* विस्तारण, विस्तार, फैलाव, खिंचाव, तनाव

elo\pe /इलो\प/ *v., pt.* **~ped**, *pp* **~ping** 1 पलायन क. 2 प्रेमी के साथ भाग जा.: **~pe** with sb;

dw/lw: **~per** /~पः/ *n.* भागने वाला या भागने वाली; **~pement** /~पमंट/ *n.* 1 (स्त्री का) किसी के साथ भाग जाने का काम 2 सह पलायन 3 गुप्त पलायन

eloquence /ऐलअक्वंस/ *n.* 1 वाग्मिता, वाक्पटुता, भाषण-पटुता, वक्तृत्व-पटुता 2 भाषा की प्रेरणापूर्णता, श्रेष्ठता व प्रभावशीलता

eloquent /ऐएलअक्वंट\/ *adj.* 1 धाराप्रवाह बोलने वाला 2 वाग्मी, वाक्पटु, सुवक्ता: he was ~ent in his own behalf 3 भावपूर्ण: ~ent eyes; ~ent silence;

dw/lw: **~ently** /~लि/ *adv.* धाराप्रवाह ढंग से

else /एल्स/ *adv.* 1 कुछ अन्य, और, के अतिरिक्त कुछ और: I'd like sth ~ 2 दूसरों से भिन्न, अन्य स्थान आदि: where ~ can one buy it? 3 अन्य (वस्तुएं): if all ~ fails, ... 4 (**or** ~) या फिर, नहीं तो ..., अन्यथा: hurry up, or ~ we'll be late; give me the money, or **~!**;

p&i: **~ wise** अलग तरीके से

elsewhere /ऐल्सवेअः/ *adv.* कहीं और, किसी और स्थान पर

ELSS *abbr.* 'Equity Linked Saving Scheme' की प्रथमाक्षरी

ELT *abbr.* 'English Language Teaching' की प्रथमाक्षरी

ELTs *abbr.* 'Extremely Large Telescopes' की प्रथमाक्षरी

elucida\te /इलूसिडे\ट/ *v., pt.* **~ted**, *pp* **~ting** (***syn.*** explain) स्पष्ट क., खोलकर व्याख्या क., प्रकाश डालना;

dw/lw: **~tion** /~शन/ *n.* स्पष्टीकरण, व्याख्या; **~tive/ ~tory** /~टिव/ ~टरि/ *adj.* स्पष्ट करने वाली (बात, कथन), प्रकाश डालने वाला; **~tor** /~टः/ *n.* व्याख्या करने वाला (व्यक्ति), प्रकाश डालने वाला (स्रोत)

elu\de /इलू\ड/ *v., pt.* **~ded**, *pp* **~ding** 1 दूर या पहुंच से बाहर रहना, पकड़ में न आना: **~de** the chase 2 चतुराई से बचकर निकलते रहना: **~de** the grasp; **~de** the argument 3 याद से निकल जा., याद न आना, न सूझना: **~de** recollection 4 टालमटोल क.: **~de** the payment;

dw/lw: **~sion** /~जन/ *n.* 1 टालमटोल 2 बचाव, परिहार 3 भ्रम, धोखा; **~sive** /~सिव/ *adj.* 1 पकड़ में न आने वाला, बचकर निकल जाने वाला: ~sive conman (चालू ठग) 2 समझ या याद न आने वाला, दुर्ग्राह्य: ~sive text; ~sive reply 3 टालमटोल करने वाला; **~sively** /~सिवलि/ *adv.* टालू तरीके से; **~siveness** /~सिवनेस/ *n.* टालने या टलने का रवैया; **~sory** /~सरि/ *adj.* 1 पकड़ में न आने वाला: ~sory problem 2 भ्रामक

elu\te /इलू\ट/ *v., pt.* **~ted**, *pp* **~ting** 1 किसी विलायक द्रव (घोलक) से किसी पदार्थ को धोना 2 क्षालन क.;

dw/lw: **~ant/ ~ent** /एल्यूअंट/ *n.* विलायक द्रव (घोलक), क्षालनकारी द्रव; **~ate** /एल्यूएट/ *n.* धोने के बाद मिलने वाला पदार्थ

elutria\te /इलूट्रिए\ट/ *v., pt.* **~ted**, *pp* **~ting**, *chem. engin.* किसी चीज को किसी घोलक में धोकर अलग क.;

dw/lw: **~tion** /~शन/ *n.* धाव-पृथकन

elver /ऐल्वः/ *n.* सर्पमीन का बच्चा

Elysi\um /इलिजि\अम/ *n. Greek mythol.* 1 स्वर्ग 2 आनंद धाम 3 परमानंद 4 पुण्य आत्माओं का मरणोपरांत निवास-स्थान;

dw/lw: **~an** /~अन/ *adj.* आनंद धाम संबंधी, आनंद धाम जैसा

EM *abbr.* 'effective micro-organisms', 'Energy Management की प्रथमाक्षरी

'em *short,* 'them' का संक्षिप्त रूप

emacia\te /इमेशिए\ट/ *v., pt.* **~ted**, *pp* **~ting** 1 कमजोर या अशक्त हो जा., दुबला हो जा. 2 सूखकर कांटा हो जा., सूख जा., क्षीण हो जा.;
dw/lw: **~ted** /~टिड/ *adj.* कमजोर या दुबला, सूख कर कांटा बना हुआ; **~tion** /~शन/ *n.* क्षीणता, दुर्बलता, दुबलापन

email (*also* **e-mail**) /ई-मेल/ (*in full* **electronic mail**) *n.* 1 इंटरनेट के माध्यम से संदेश भेजने या प्राप्त करने की प्रणाली: by ~; in an ~ 2 इंटरनेट से भेजे या प्राप्त किए जाने वाले संदेश: get/ send an ~;
v., pt. **~ed**, *pp* **~ing** ई-मेल से संदेश भेजना;
collocations: **~ attachment** संलग्न पाठ या चित्र;
an ~ address ई-मेल पता

emana\te /ऐमअने\ट/ *v., pt.* **~ted**, *pp* **~ting** 1 निकलना: the Ganges **~tes** from Gangotri; the gas **~tes** from Godavri basin 2 (*syn.* issue from) से आना, प्रकट हो. 3 उत्पन्न हो.: an idea **~ted** from the story;
dw/lw: **~tion** /~शन/ *n.* 1 निर्गम, निस्सरण 2 उत्पन्न होने की प्रक्रिया 3 निकला पदार्थ या सूचना आदि

emancipa\te /इमैंसिपे\ट/ *v., pt.* **~ted**, *pp* **~ting** मुक्त क. या कराना, स्वाधीन क. या कराना, उद्धार क.;
dw/lw: **~ted** /~टिड/ *adj.* स्वाधीन, मुक्त; **~tion** /~शन/ *n.* मुक्ति, उद्धार: ~tion of women; ~tion of *dalits*; **~tor** /~पेटः/ *n.* उद्धारक, उद्धारकर्ता, मुक्तिदाता, छुटकारा दिलाने वाला

emascula\te /इमैस्क्युले\ट/ *v., pt.* **~ted**, *pp* **~ting** 1 बधिया क., नपुंसक बनाना 2 दुर्बल या कमजोर कर दे. 3 सारी शक्ति चूस या खींच लेना, क्षीण क.;
adj. 1 बधिया 2 नपुंसक 3 (*syn.* effeminate) स्त्रैण;
dw/lw: **~ted** /~टिड/ *adj.* बधिया या नपुंसक बनाया हुआ; **~tion** /~शन/ *n.* 1 बधियाकरण 2 नपुंसकता

eMBA *abbr.* 'executive MBA' की प्रथमाक्षरी

embalm /इंबाः\म/ *v., pt.* **~ed**, *pp* **~ing** 1 रसायनों या मसालों के लेप से शव को देर तक सुरक्षित क. 2 शव-लेपन क.;
dw/lw: **~er** /~मः/ *n.* शवलेपक, शवलेपनकर्ता; **~ment** /~ममंट/ *n.* शव लेपन

embank /इंबैंक\/ *v., pt.* **~ed**, *pp* **~ing** 1 बांध बनाना 2 तटबंध बनाना;
dw/lw: **~ment** /~मंट/ *n.* तटबंध, बांध, पुश्ता, भराव

embargo /इम्बाःगो/ *n., pl.* **~es** 1 (*syn.* boycott) घाटबंदी, पोतबंदी, नौकावरोध 2 प्रतिबंध: arms ~; impose/ enforce ~ on nuclear arms 3 प्रतिरोध, निषेध, रोक: lift an ~ (प्रतिबंध हटाना);
v., pt. **~ed**, *pp* **~ing** 1 प्रतिबंध लगाना 2 घाटबंदी क.: ~ a ship 3 जब्त क.

embark /इंबाःक/ *US* इंबार्क/ *v., pt.* **~ed**, *pp* **~ing** 1 यात्रा आरंभ करने के लिए जहाज, नाव विमान आदि पर चढ़ना 2 नया काम शुरू क., श्रीगणेश क.: ~ on/ upon on a new course

embarrass /इंबैरअ\स/ *v., pt.* **~ed**, *pp* **~ing**, *s/he/it* **~es** 1 परेशानी/ उलझन में डालना: feel **~ed** 2 शर्मसार क., व्याकुल या विचलित क.: it **~ed** him to admit his indiscretion 3 बाधा, अड़चन या संकट खड़ा क.: the new law **~ed** transactions between individuals 4 उलझाना;
dw/lw: **~ed** /~सड/ *adj.* 1 शर्मिंदा या परेशान, लज्जित 2 आर्थिक उलझन में: be ~ed; **~ing** /~सिंग/ *adj.* 1 शर्मसार करने वाला: ~ing question/ mistake 2 परेशानी में डालने वाला: ~ing situation 3 किसी को मूर्ख या अन्य रूप से कमजोर दिखाने वाला; **~ingly** /~सिंगलि/ *adv.* लज्जित करने वाली स्थिति पैदा करते हुए

embarrassment /इंबैरअस्मेंट/ *n.* 1 शर्मिंदगी या उसका स्रोत: a source of ~; the ~ of doing sth 2 व्याकुलता, परेशानी: acute/ great/ huge ~ 3 झंझट, उलझन, किंकर्त्तव्यविमूढ़ता 4 आर्थिक कठिनाइयां या उलझनें: an ~ of riches (बाहुल्य से पैदा हुई उलझन अर्थात् क्या चुना जाए क्या छोड़ा जाए);
p&i: **be an ~ to sb** किसी के लिए शर्मसारी का स्रोत हो.; **to sb's ~** किसी के लिए शर्मसारी का कारण बनना

embass\y /ऐंबअसि/ *n., pl.* **~ies** 1 राजदूतावास 2 दूतावास का भवन आदि 3 राजदत का सरकारी निवास

embatt\le /इंबैट\ल/ *v., pt.* **~led**, *pp* **~ling** 1 युद्ध की तैयारी क. 2 व्यूह रचना क. 3 कोटबंदी या मोर्चेबंदी क.;
dw/lw: **~lement** /~लमंट/ *n.* व्यूहरचना, मोर्चाबंदी, कोटबंदी; **~led** /~टल्ड/ *adj.* 1 समस्याओं से घिरा या परेशान हो. 2 संघर्षरत हो. 3 युद्ध के लिए तैयार, सन्नद्ध 4 मोर्चेबंद, व्यूहित: ~led city

embay /इंबे\/ *v., pt.* **~ed**, *pp* **~ing** 1 जहाज को खाड़ी में ले जाना 2 खाड़ी में बंद क. 3 घेरना, खाड़ी को बंद क.: **~ed** by the ice 4 खाड़ी द्वारा तट को धोना, घेरना;
dw/lw: **~ment** /~मंट/ *n.* लघुखाड़ी

embed /इंबे\ड/ *v., pt.* **~ded/ imbedded**, *pp* **~ding/ imbedding** 1 जड़ना, गाड़ना, लगा दे.: ~ in concrete 2 गड़ना या गड़ा हुआ हो.: a thorn **~ded** in the finger 3 याद रखना या रहना: **~ded** in sb's memory;
dw/lw: **~ded** /~डिड/ *adj.* 1 जड़ा हुआ: ~ded heating (गर्म करने की पैनल जड़ित प्रणाली) 2 गहराई में जड़ित 3 यादों की गहराइयों में बैठा हुआ 4 (व्याकरण) वाक्य के बीच एक और वाक्य जोड़ा हुआ;
p&i: **~ a journalist** लड़ाई का वर्णन करवाने के लिए पत्रकार को सुरक्षा कवच के साथ युद्ध क्षेत्र में भेजना

embellish /इंबेलि\श/ *v., pt.* **~ed**, *pp* **~ing**, *s/he/it* **~es** 1 (*syn.* decorate) सुसज्जित क., संवारना, अलंकृत क. 2 (*syn.* embroider) नमक-मिर्च लगाकर शोभा बढ़ाना;
dw/lw: **~ed** /~श्ड/ *adj.* सुसज्जित, अलंकृत, अतिरंजित; **~ment** /~शमंट/ *n.* 1 सुसज्जा, अलंकरण 2 लीपा-पोती से बढ़ाई गई शोभा, अतिरंजन: 16th century church with 18th century ~ments

ember /ऐंबः/ *n., pl.* **~s** *lit.* 1 अंगारा, अंगार: be sitting near glowing/ dying **~s** (धधकते/ बुझते अंगारों के पास बैठा हो.) 2 (**~s**) तप्त अंगारे: live **~s** 3 सुलगती भावनाएं: smouldering **~s**;
collocations: **~ days** उपवासत्रयी, ईसाइयों का तपस्या तथा उपवास का दिन; *p&I:* **the smouldering ~s of sth** सुलगते अंगारे

embezz\le /इंबेज\ल/ *v., pt.* **~led**, *pp* **~ling** गबन क.;
dw/lw: **~lement** /~ल्मंट/ *n.* गबन; **~er** /~लः/ *n.* गबन करने-वाला

embitter /इम्बि\टः/ *v., pt.* **~ed**, *pp* **~ing** 1 कड़वा क.: hops ~ beer 2 कड़वाहट से भर दे.: failures had **~ed** him 3 कटुता उत्पन्न क., वैमनस्य पैदा क., कड़वाहट लाना 4 खिन्न कर दे.;
dw/lw: **~ed** /~टःड/ *adj.* कटुता से भरा, खिन्न, दुखी; **~ment** /~टःमंट/ *n.* कटुता, कड़वाहट

emblazon /इम्ब्ले\जन/ *v., pt.* **~ed**, *pp* **~ing** 1 कुल चिह्न आदि से कोट आदि को सजाना 2 दिखावापूर्ण ढंग से अलंकरणों से युक्त क.: ~ across 3 किसी चीज का दिखावा क.;
dw/lw: **~ed** /~जन्ड/ *adj.* दिखावापूर्ण ढंग से अलंकरणों से युक्त: ~ed with; **~ment** /~जनमंट/ *n.* अलंकरण, सजावट

emblem /ऐम्बलअ\म/ *n.* 1 (*syn.* logo) देश या किसी संगठन का चित्रात्मक चिह्न: national ~ 2 प्रतीक: dove is an ~ of peace;
dw/lw: **~atic**/ **~atical** /~मेटिक/ ~मेटिकल/ *adj.* 1 (*syn.* representative) प्रतीकात्मक 2 (*syn.* typical) किसी स्थिति की प्रतिनिधित्मक प्रक्रिया: the violence is ~atic of the politics of hate

embodiment /इंबौडिमंट/ *US* इंबाःडिमंट/ *n.* 1 मूर्त रूप, अवतार: the ~ of sth 2 (*syn.* epitome) प्रतिनिधि: an ~ of robotised generation 3 समावेश, आधान;

embo\dy /इंबौडि/ *US* इंबाःडि/ *v., pt.* **~died**, *pp* **~dying**, *s/he/it* **~dies** 1 समाविष्ट क., सम्मिलित क., मिला ले.: clauses **~died** in the treaty 2 (*syn.* be an epitome) मूर्त रूप हो.

embogue /इंबॉग/ *v., pt.* **~d**, *pp* **emboguing** दलदल में डालना या

फंसाना

embolden /इम्बोल्डन/ *v., pt.* **~ed**, *pp* **~ing** 1 दिलेर बनाना, साहस या हिम्मत बढ़ाना: feel **~ed** to say 2 उत्साह प्रदान क., प्रोत्साहित क. 3 *print.* अक्षरों को मोटा क.

embolism /ऐम्बअलि\जम/ *n., pathol.* धमनी-अवरोधन, शिरावरोधन; ***dw/lw:*** **~ic** /~क/ *n.* वाहिका-रोधक

embolus /ऐम्बअलस/ *n., pl.* **emboli** /एंबअलाई/ रक्त-शिरा में अवरोधक यानी खून का थक्का, हवा का बुलबुला आदि

embonpoint /ऑम्बॉप्वें/ *n., Fr.* (***syn.*** plumpness) मोटापन, स्थूलता

embosom /इंबूजम/ *v., pt.* **~ed**, *pp* **~ing** 1 स्नेह क. 2 मन में छिपाकर रखना 3 आलिंगन क., सीने से लगाना 4 घेरना: the village was **~ed** in/ with hills

emboss /इंबौ\स/ *US* इंबाः\स/ *v., pt.* **~ed**, *pp* **~ing**, *s/he/it* **~es** 1 नक्काशी क. 2 अक्षरों या चित्रों को उभारना, उभारदार अक्षर या चित्र बनाना 3 उभारदार अक्षरों या चित्रों से अलंकृत क.;
dw/lw: **~ed** /~सड/ *adj.* 1 अक्षरों या चित्रों से उकेरा हुआ 2 उभरा हुआ: the ~ed alphabet (उत्कीर्ण); **~ment** /~समंट/ *n.* किसी चीज के केंद्र में उभार, उभार वाली नक्काशी;
p&i: **~ed letterhead** उभारदार अक्षरों वाला पत्र-लेखन कागज

embouchure /औंबुशुअः/ *US* आंबुशुर/ *n.* 1 फूंक मारकर बजाए जाने वाले बाजे का मुंह 2 हवा से बजने वाले बाजों को बजाते वक्त होंठों और जीभ की स्थिति, मुखरंध्र 3 नदी का मुहाना, नदी का घाटी में प्रवेश

embowel /इंबाउल/ *v., pt.* **~ed**, *pp* **~ing** आंतें निकालना

embower /इंबा\उः/ *v., pt.* **~ed**, *pp* **~ing** 1 ढकना: a house **~ed** in trees (पेड़-पौधों से घिरा घर) 2 आश्रय दे., शरण दे., अपनी गोद में लेना;
dw/lw: **~ed** /~उःड/ *adj.* पेड़-पौधों से घिरा, वृक्षों से आवृत्त; **~ed** /~उःमंट/ *n.* आश्रय, छाया

embra\ce /इंब्रेस\/ *v., pt.* **~ced**, *pp* **~cing** 1 (***syn.*** hug) आलिंगन क., गले लगाना 2 अपनाना, अंगीकार क.: **~ce** an opportunity; **~ce** a doctrine 3 समावेश या सम्मिलित क. 4 धर्म आदि स्वीकार क.: **~ce** Christianity;
n. 1 आलिंगन: hold sb in one's **~ce** 2 समावेश;
dw/lw: **~ment** /~मंट/ *n.* स्वीकरण: the ~ment of a doctrine

embrang\le /इंब्रैंगल/ *v., pt.* **~led**, *pp* **~ling** उलझन में डालना, किंकर्तव्यविमूढ़ बना दे.: **~led** in difficulties

embrasu\re /इंब्रेजः/ *v., pt.* **~red**, *pp* **~ring** झरोखा या मोखा बनाना;
n. जालक, किले की मुंडेर में तोप के लिए झरोखा

embra\ve /इंब्रेव/ *v., pt.* **~ved**, *pp* **~ving** 1 बहादुर बनाना 2 बहादुरी का काम करने के लिए प्रेरित क. 3 अच्छी तरह सजाना: **~ve** with flowers

embroca\te /ऐम्ब्रअके\ट/ *v., pt.* **~ted**, *pp* **~ting** 1 सेंक क., मरहम लगाना 2 किसी अंग पर दवा लगाना या मलना;
dw/lw: **~tion** /~शन/ *n.* 1 मरहम, लेप 2 मरहम लगाई

embroglio /इंब्रोल्यो/ *n. see below imbroglio*

embroider /इंब्रॉइ\डः/ *v., pt.* **~ed**, *pp* **~ing** 1 कसीदा क. या बेल-बूटे काढ़ना, कढ़ाई क. 2 (***syn.*** embellish) बढ़ा-चढ़ाकर (नमक-मिर्च लगाकर) बात कहना;
dw/lw: **~y** /~डरि/ *n.* 1 कसीदा, कढ़ाई, फुलकारी, गुलकारी 2 (***syn.*** embellishment) अतिरंजन, अत्युक्ति, नमक-मिर्च लगी बात

embroil /इंब्रॉइल\/ *v., pt.* **~ed**, *pp* **~ing** 1 झगड़े में पड़ना या डालना, फंसाना या फंस जा.: ~ sb/ self in sth 2 उलझन में डालना;
dw/lw: **~ment** /~मंट/ *n.* उलझन, झमेला, बखेड़ा

embryo /ऐंब्रि\ओ/ *n., pl.* **~s** 1 भ्रूण: ~ transfer (*abbr.* ET) 2 अविकसित, अपरिपक्व, प्रारंभिक अवस्था;
dw/lw: **~id** /~ऑयड/ *adj.* भ्रूणीय, भ्रूण जैसा; **~nic** /~औनिक/ *adj.* 1 भ्रूणीय, अविकसित, प्रारंभिक: sth existing only in ~nic form 2 भ्रूण से संबंधित: ~nic cells; **~tomy** /~औटमि/ *n.* भ्रूण छेदन; **~troph** /~औट्रॉफ/ *n.* भ्रूण दोष

embryo\logy /ऐंब्रि\औलजि/ *US* ~आःलजि/ *n.* भ्रूणविज्ञान;
dw/lw: **~logical** /~अलौजिकल/ *US* ~आःलजिकल/ *adj.* भ्रूण संबंधी; **~logist** /~औलजिस्ट/ *US* ~आःलजिस्ट/ *n.* भ्रूण विज्ञानी;

embus /ऐंबस/ *v., pt.* **~sed**, *pp* **~sing**, *s/he/it* **~ses** 1 बस पर चढ़ना या बस में बैठना 2 सैनिकों को बस में बैठाना

EMC *abbr.* 'Energy Management Centre' की प्रथमाक्षरी

emcee /ऐम्सी/ *n., pl.* **~s**, *abbr.* 1 'master of ceremonies' का परिवर्णी शब्द (acronym) 2 दावतों या औपचारिक अवसरों पर कार्यक्रम-संचालक या सूत्रधार 3 '**MC**' के उच्चारण का लिखित रूप;
v. *pt.* **~d**, *pp* **emceeing**, *s/he/it* **~s** (*also* **emcee for/ at sth**) सांस्कृतिक कार्यक्रम का संचालन क.

EMD *abbr.* 'Earnest Money Deposit' की प्रथमाक्षरी

EME *abbr.* 'Electrical and Mechanical Engineers', 'Electronics and Mechanical Engineers' की प्रथमाक्षरी

emend /इमेंड\/ *n.* गलतियां या भूल सुधार, संशोधन;
v. *pt.* **~ed**, *pp* **~ing** (***syn.*** correct) त्रुटियां या भूल सुधारना, दुरुस्त क., संशोधित क.;
dw/lw: **~able** /~अबल/ *adj.* संशोधनीय, संशोध्य, सुधार्य; **~ation** /~अशन/ *n.* (***syn.*** correction) संशोधन, भूल-सुधार

EMEP *abbr.* 'Energy Management & Environmental Protection' की प्रथमाक्षरी

emerald /ऐमअरअल्ड/ *n.* 1 मरकत मणि, पन्ना 2 (*also* **~ green**) चमकीला हरा रंग;
adj. हरा: ~ green;
collocations: **~ type** *print.* लघु टाइप; **the Emerald Isle** आयरलैंड

emer\ge /इमःज/ *v., pt.* **~ged**, *pp* **~ging** 1 गुप्तवास से निकलकर प्रकट हो. 2 स्पष्ट हो जा., प्रकाश में आना: the sun **~ged** from the clouds 3 कठिन एवं बुरी स्थिति से बचकर निकलना: **~ge** from poverty 4 में से सफलतापूर्वक निकल कर आना: from this report he **~ged** as a brave person 5 निचोड़ या निष्कर्ष निकलना, प्रश्न उठना: here **~ges** the question;
dw/lw: **~gence** *n.* 1 अभ्युदय, आविर्भाव: ~gence of a new party 2 प्रकटीकरण; **~gency** *see below under separate entry*; **~gent** /इमःजंट/ *adj.* 1 उदीयमान, अस्तित्व में आने वाला: ~gent nations 2 अभी-अभी विकसित होने वाला: ~gent hopes 3 उद्गामी: ~gent controversies 4 आपाती 5 आकस्मिक; **~ging** /इमःजिंग/ *adj.* 1 उदीयमान, विकासमान: ~ging market; ~ging economies; ~ging literatures 2 जो वजूद में आ रहा है 3 प्रकट होने वाला 4 नया पैदा होने वाला

emergen\cy /इमःजंसि/ *n., pl.* **~ies** 1 आपात काल: the state of **~cy** 2 विपदा: a major/ real **~cy** 3 आपात-स्थिति: cope with/ respond to an **~cy** 4 आकस्मिक संकट: in an **~cy**;

collocations: **~cy bag** फस्ट एड बैग, प्रारंभिक चिकित्सा थैला; **~cy boat** आपात सेवा नौका; **~cy brake** *US* (*UK* **handbrake**) आकस्मिक संकट के समय हाथ से लगाया जाने वाला ब्रेक; **~cy bridge** आपात पुल; **~cy case** आपात रोगी; **~cy door** आपात दरवाजा; **~cy exit** आपात निर्गमन (बाहर निकलने का रास्ता); **~cy man** *sports* रिजर्व खिलाड़ी; **~cy measures** तुरंत उठाए जाने वाले कदम; **~cy release** संकटकाल में विमान आदि द्वारा गैर-जरूरी सामान या ईंधन आदि को बाहर निकाल फेंकने की क्रिया; **~cy room** *US* (*UK* **casualty**) आपात कक्ष; **~cy set** फस्ट-एड सेट (first-aid set), प्रारंभिक चिकित्सा किट; **~cy services** आपात सेवाएं; **~cy station** फस्ट-एड चौकी; **~cy store** सदैव रखी जाने वाली दवाइयों की दुकान;
***p&i*:** **administer ~cy to the wounded** घायलों को प्रारंभिक चिकित्सा मुहैया क.

emergent *see above under* **emerge: *dw/lw***

emerging *see above under* **emerge: *dw/lw***

emeritus /इमेरिटस/ *adj.* 1 सेवानिवृत्त-उपाधि-विभूषित: ~ professor; professor ~ 2 सम्माननीय;
dw/lw: *US* **Emerita** /इमेरिटा/ सेवानिवृत्त-उपाधि-विभूषित महिला: Professor Emerita Romila Thapar
emersion /इमःशन/ *n.* 1 उत्सर्जन, आविर्भाव 2 *astron.* ग्रहण से बाहर निकलने की क्रिया 3 *med.* (***syn.*** discharge) स्वप्नदोष, उन्मीलन, स्राव, निस्सरण
emer\y /ऐमअरि/ *n., pl.* **~ies** पालिश में काम आने वाला धातुचूर्ण, भस्सी;
collocations: **~y board** कार्डबोर्ड का छोटा-सा टुकड़ा जिसे नाखून-श्रृंगार के लिए प्रयोग करते हैं; **~y paper** रेगमार: ~y cloth
emetic /इमेटिक/ *adj., med.* वमनकारी, वामक;
n. वमनकारी ओषधि
EMF *abbr.* 'European Monetary Fund' की प्रथमाक्षरी
émeute /एमॉःट/ *n., Fr.* जन-विद्रोह, जन-आक्रोश
EMI *abbr.* 'equated monthly instalments' की प्रथमाक्षरी
EMIA *abbr.* 'Europe, Middle East, India and Africa' की प्रथमाक्षरी
emigrant /ऐमिग्रंट/ (*also Fr.* **émigré**) *n.* 1 प्रवासी व्यक्ति 2 देश छोड़कर दूसरे देश में बसनेवाला व्यक्ति 3 उत्प्रवासी आदमी
adj. दूसरे देश में बसने जाने वाला
emigra\te /ऐमिग्रेट/ *v., pt.* **~ted**, *pp* **~ting** 1 दूसरे देश में जा बसना 2 परदेश प्रस्थान क. 3 लोगों को अन्य स्थान पर बसाना;
dw/lw: **~tion** /~ग्रेशन/ *n.* 1 प्रवास, उत्प्रवास: ~tion officer 2 परदेश-गमन, परदेश-प्रस्थान; **émigré** *see below under separate entry*;
p&i: **~te to/ from** कहीं से कहीं पर प्रवास करने चले जा.
émigré /एमिग्रे/ *n., Fr.* 1 (***syn.*** exile) राजनीतिक प्रवासी व्यक्ति (अक्सर राजनीतिक) 2 परदेश प्रस्थानित आदमी
EMIL *abbr.* 'Essel Mining and Industries' की प्रथमाक्षरी
eminence /ऐमिनंस/ *n.* 1 उत्कृष्टता, ख्याति, प्रतिष्ठा: surgeon of ~ 2 उच्च पद, उच्च स्तर: ~ in science 3 ऊंचा स्थान, टिब्बा;
collocations: **éminence grise** /एमिनैंस ग्रिज/ *Fr.,* **éminences grises** गैर ओहदेदार आदमी जिसका शासक पर बहुत बड़ा प्रभाव हो
p&i: **Your/ His ~!** महामहिम! (रोमन कैथोलिक चर्च के उच्चतम पादरी या कार्डिनल) के लिए औपचारिक संबोधन शब्द
eminent /ऐमिनंट/ *adj.* 1 सुप्रसिद्ध, ख्यातिलब्ध: ~ writer 2 प्रतिष्ठित, सम्मानित 3 अग्रगण्य 4 श्रेष्ठ, उत्कृष्ट: an ~ work of art 5 उल्लेखनीय, विशिष्ट;
dw/lw: **~ly** *adv.* 1 असाधारण ढंग से, उत्कृष्ट रूप से 2 अच्छी तरह, भली प्रकार 3 जगजाहिर करते हुए;
collocations: **~ domain** सरकार के पास जनहित में भूमि अधिग्रहण का अधिकार
emir /ऐमीः/ *n.* अमीर की उपाधि;
dw/lw: **~rate** /ऐमिरअट/ *n.* 1 अमीर का पद 2 अमीर का शासन काल 3 अमीर की रियासतें: The United Arab Emirates
emissa\ry /ऐमिसरि/ *n., pl.* **~ries** 1 दूत, संदेश-वाहक 2 (***syn.*** envoy) सरकार का दूत
emission /इमिशन/ *n.* 1 हवा आदि का बाहर फेंकाव, उत्सर्जन, निस्सरण: ~ control 2 शरीर से किसी द्रव (पसीना आदि) का बाहर निकास
emit /इमिट/ *v., pt.* **~ted**, *pp* **~ting** 1 (गैस, प्रकाश, गर्मी, ध्वनि, गंध आदि) का बाहर निस्सरण क. या फेंकना: the volcano **~ted** sulphur gases 2 मुंह से निकालना या कहना: ~ a screetching sound 3 जारी क.
emmental (*also* **Emmenthal**) /एमंताःल/ *n.* स्विटजलैंड का एक छेददार पनीर
Emmy /ऐमि/ *n., pl.* Emmies/ Emmys, *US* अमेरिकी टेलिविजन, आर्ट्स एंड सांइस अकादमी द्वारा दी जाने वाली वार्षिक ट्रॉफी
emollient /इमौलिअंट/ *US* इमाःलयंट/ *adj., med.* 1 (***syn.*** soothing) मृदुकारी, (त्वचा को) मुलायम बनाने वाला 2 शांत या अधिक शांतिपूर्ण रवैये का समर्थन करने वाला: ~ reply;
n. त्वचा को कोमल बनाने वाला पदार्थ या क्रीम
emolument /इमौल्युमंट/ *US* इमाःल्युमंट/ *n., pl.* **~s**, *[often pl.]* 1 वेतन, पारिश्रमिक 2 उपलब्धियां
emot\e /इमोट/ *v., pt.* **~ed**, *pp* **~ing**, *derog colloq.* 1 भावना में बह जा. 2 भावाभिभूत होकर या भावावेश में कहना
emoticon /इमोटिकौन/ *US* इमोटिकाःन/ *n.* ':-)' जैसा बिंब या रेखा चित्र जो मानवी चेहरे की तरह लगता है, और जिसे ई-मेल आदि में भावों को व्यक्त करने के लिए प्रयोग करते हैं
emotion /इमोशन/ *n.* 1 भावना, मनोभाव, भाव, जजबा, संवेग: show ~ (भावनाएं प्रदर्शित क.) 2 मनोविकार, रोग 3 भावुकता, आवेश, आवेग, मनोवेग, भावावेश: deep/ powerful/ strong ~ (गहरी/ सशक्त/ जोरदार भावुकता या आवेश);
dw/lw: **~less** *adj.* भावनारिक्त, प्रतिक्रियाविहीन; **~lessly** *adv.* बिना भावनात्मक आवेश या प्रतिक्रिया के
emotional /इमोशन\ल/ *adj.* 1 जजबाती, भावनात्मक: ~ problems/ needs 2 संवेगी, भावुक, भावनात्मक: ~ outburst/ response 3 (***syn.*** emotive) भावोत्तेजक: ~ music 4 भड़काऊ: ~ speech;
dw/lw: **~ism** /~लिज्म/ *n.* भावुकतावाद, भाव प्रवणता, भावातिरेक; **~ist** /~लिस्ट/ *n.* भावुक व्यक्ति; **~istic** /~लिस्टिक/ *adj.* भावुकतावादी; **~ize/ ~ise** /~नलाइज/ *v., pt.* ~ized, *pp* ~izing भावुक बनाना, भावुकतापूर्ण ढंग से प्रस्तुत क.; **~ly** /~लि/ *adv.* 1 भावनात्मक रूप से: ~ly charged 2 जजबाती तौर पर;
collocations: **~ blackmail** भावनाओं के साथ खिलवाड़; **~ imbalance** भावनात्मक असंतुलन; **~ intelligence** दूसरों की भावनाओं या सोचने की प्रवृत्ति को समझने की क्षमता और इस गुण को अच्छे निर्णय लेने में प्रयुक्त करने की क्षमता; **~ issues** भावनात्मक समस्यायें; **~ stress** भावनात्मक तनाव; **~ support** भावनात्मक सहारा; **get ~** भावुक होना;
emotive /इमोटिव/ *adj.* 1 (***syn.*** emotive) भावोत्तेजक 2 भावुक 3 संवेगी, संवेदनशील;
dw/lw: **~ly** /~लि/ *adv.* भावुकतापूर्वक: she talks ~ly about her childhood
empanel /इंपैनल/ (*also* **impanel**) *v., pt.* **~led**, *pp* **~ling** 1 सूची में नाम लिखना, सूची में नाम चढ़ाना 2 सूची में से चयन क. 3 पैनल बनाना;
dw/lw: **~ment** *n.* सूची बनाने का काम
empathic/ empathetic /ऐंपअथिक/ ऐंपअथेटिक/ *adj.* 1 दूसरे व्यक्ति की स्थिति को समझते हुए उसके प्रति संवेदनशील 2 समानुभूतिक, परानुभूतिक
empathy /ऐंपथि/ *n.* 1 दूसरे की भावनाओं या स्थिति के प्रति संवेदनशीलता 2 परानुभूति, तदानुभूति, समानुभूति
empathi\ze (*also UK* **-se**) /ऐंपअथाइज/ (*usually* **~ze with sb**) *v., pt.* **~zed**, *pp* **~zing** 1 परानुभूति रखना 2 दूसरे की भावनाओं या स्थिति के प्रति संवेदनशील हो. या उनको समझना: **~ize** with sb
EMPC *abbr.* 'Electronic Media Production Centre' की प्रथमाक्षरी
empennage /ऐंपेनिज/ *n., aeronautics.* विमान का पूंछ वाला भाग जिसमें एलिवेटर, रेडार आदि होते हैं
emperor /ऐंपअरः/ *n.* 1 महाराजा, सम्राट, राजाधिराज, शहनशाह 2 48"X72" साइज का कागज;
dw/lw: **~ship** *n.* 1 सम्राटपद एवं सम्राट काल 2 शहनसाही; **empress** *n., pl.* ~es 1 सम्राज्ञी 2 मलिका: ~ of the night (चंद्रमा); ~ of sb's heart 3 सम्राट की पत्नी
collocations: **~ moth** यूरोप में पाया जाने वाला बड़े पंखोंवाला कीट; **~ penguin** दक्षिणी-ध्रुव क्षेत्र में पायी जाने वाली विशालतम पेंग्विन (जल पक्षी);

p&i: **drunk as an** ~ पीकर धुत्त

empery /ऐंपेरि/ *n., poet.* 1 एकाधिपत्य 2 साम्राज्य: ~ of joys

empha\sis /ऐंफअ\सिस/ *n. pl.* **~ses** /~सीज/ 1 प्रमुखता, महत्त्व: a shift of ~ 2 बल, जोर: lay/ put ~ on; with an ~ on 3 बलाघात 4 कथन की दृढ़ता;

dw/lw: **~size** /~साइज/ (*also UK* **~sise**) *v., pt.* ~sized, *pp* ~sizing 1 किसी बात, वस्तु या कार्य का महत्त्व दिखाना या उस पर बल दे. 2 प्रमुखता दिखाना 3 कथन के किसी भाग पर अधिक बल दे.: it must be ~sized that…

emphatic /इफैटि\क/ *adj.* 1 सशक्त, जोरदार, दमदार 2 सुनिश्चित, स्पष्ट;

dw/lw: **~ally** /~कलि/ *adv.* जोरदार ढंग से, सशक्त तरीके से

emphysema /ऐंफिसीमा/ *n.* वातस्फीति, ऐसी अवस्था जब फेफड़ों के थैलीनुमा ऊतकों में हवा भर जाती है जिसके कारण सांस लेने में समस्या होती है

empire /ऐंपायः/ *n.* 1 साम्राज्य, सल्तनत: ~ of dreams 2 व्यापारिक साम्राज्य 3 प्रभुत्व 4 साम्राज्य काल 5 *lit.* पूर्ण अधिकार, एकाधिपत्य;

dw/lw: **~builder** *n.* 1 अपने प्रभुत्व का विस्तार करने के लिए नए-नए राज्य या प्रभाव-क्षेत्र हथियानेवाला 2 किसी संगठन में अपना विशेष प्रभाव-क्षेत्र बनाने वाला; **~building** *n.* 1 प्रभुत्व का विस्तार 2 किसी संगठन में अपने विशेष प्रभाव-क्षेत्र का निर्माण;

collocations: **Empire city** *US* न्यु यॉर्क; **Empire line** औरतों की पोशाक की एक शैली; **Empire State** न्यु यॉर्क प्रांत

empiric/ empirical /इंपिरि\क/ इंपिरिकल/ *adj.* 1 अनुभव पर आधारित, अनुभवाश्रित, अनुभवजन्य, इंद्रियानुभविक 2 सिद्धांत की बजाए प्रयोगों, दिन-प्रतिदिन के अनुभवों व अवलोकन (observations) पर आधारित, अनुभूतिमूलक 3 अनुभवसिद्ध 4 प्रयोगसिद्ध 5 नीम हकीम, कठबैद;

dw/lw: **~cally** /~कलि/ *adv.* अनुभव, अवलोकन या प्रयोग के आधार पर; **~ism** /~सिज्म/ *n.* 1 अनुभववाद, अवलोकनवाद, इंद्रियानुभववाद 2 *philos.* ऐसा सिद्धांत जिसके अनुसार ज्ञान मात्र प्रयोग और अवलोकन (observation) के आधार पर प्राप्त किया जा सकता है; **~ist** /~सिस्ट/ *n.* अनुभववादी, अवलोकनवादी, प्रयोगवादी, इंद्रियानुभववादी;

collocations: ~ **conclusion** आनुभविक निष्कर्ष; ~ **data** आनुभविक न्यास, अवलोकन व प्रयोग के आधार पर प्राप्त सूचनाएं व तथ्य; ~ **evidence** आनुभविक सबूत या प्रमाण; ~ **fit** आनुभविक आसंजक; ~ **formula** *chem.* ऐसा रासायनिक फार्मूला जो मौलिक्यूल में परमाणुओं का सरलतम अनुपात दिखाता है, मूलानुपाती सूत्र; ~ **knowledge** आनुभविक या प्रयोगसिद्ध ज्ञान; ~ **measures** आनुभविक कदम; ~ **method** प्रयोगाधारित विधि; ~ **notation** प्रयोगाधारित या अनुभवाधारित संकेतन; ~ **regression** आनुभविक समाश्रयण; ~ **research** प्रयोगाधारित या अनुभवाधारित शोध; ~ **study** प्रयोगाधारित या अनुभवाधारित अध्ययन; ~ **vision** अनुभवाश्रित या अवलोकनाधारित दृष्टिकोण

empla\ce /इंप्लेस\/ *v., pt.* **~ced**, *pp* **~cing** किसी चीज को उसके स्थान पर रखना;

dw/lw: **~cement** /~मंट/ *n.* 1 *milit.* युद्ध-रक्षित चौकी जहां पर तोप आदि भारी हथियार लगे होते हैं, तोप-मंच 2 रखने या बिठाने की क्रिया

empla\ne /इप्लेन\/ *v., pt.* **~ned**, *pp* **~ning** विमान पर चढ़ना या सामान लादना;

dw/lw: **~nement** /~मंट/ *n.* विमान पर चढ़ने की क्रिया

employ /इंपलॉ\य/ *v., pt.* **~ed**, *pp* **~ing**, *s/he/it* **~s** 1 नौकरी दे., नियुक्ति क.: the factory ~ a thousand workers; be **~ed** 2 उपयोग क.: ~ one's time in reading; ~ questionable methods; ~ the right word 3 काम में लाना या लगाना: ~ oneself; be **~ed** in research; be **~ed** in doing sth 4 नियोजित क.;

n. नौकरी, सेवा: in the ~ of sb/ be in sb's ~ (किसी की नौकरी में हो.);

dw/lw: **~able** /~यबल/ *adj.* काम पर रखने योग्य, नौकरी पर रखने योग्य, नियोजनीय; **~ed** /~यड/ *adj.* नौकरी में, नियुक्ति पर, जो बेकार न हो; **~ee** /~यी/ *n., pl.* ~ees कर्मचारी, वेतन भोगी, मुलाजिम: the mill's ~ees; **~er** /~यः/ *n.* मालिक, नियोक्ता, नौकरी देने वाला

employment /इंप्लॉयमंट/ *n.* 1 (***anton.*** **un~**) नौकरी, काम, रोजगार: find/ offer/ provide/ seek ~; gainful/ paid/ temporary ~; be in ~ 2 प्रयोग, उपयोग;

collocations: ~ **agency** रोजगार एजेंसी (संस्था); ~ **book** भुगतान पुस्तिका; ~ **exchange**/ ~ **office** रोजगार दफ्तर, नियोजनालय; ~ **figures** रोजगार के आंकड़े; ~ **sheet** कर्मचारियों की सूची; **full-time/ part-time** ~ पूरे समय की/ आधे समय की नौकरी

emporium /ऐंपॉरिअम/ n., *pl.* **~s**/ **emporia** वाणिज्य केंद्र, विक्रय केंद्र

empower /इंपॉउः/ *v., pt.* **~ed**, *pp* **~ing** (*usually* **~ sb to do sth**) 1 सशक्त बनाना 2 अधिकार दे., समर्थ क. 3 (***syn.*** authorize) अधिकृत क.;

dw/lw: **~ing** /इंपॉउरिंग/ *n.* सशक्तीकरण; **~ing** *adj.* 1 सशक्त बनाने वाला/ वाली 2 बलदायक; **~ment** /इंपॉउःमंट/ *n.* 1 सशक्तीकरण 2 अधिकार-संपन्नन

empress *see above under* **empror:** ***dw/lw***

empties /ऐंपटीज/ *n.* खाली बोतलें, बक्से आदि

emptiness /ऐंप्टिनिस/ *n.* 1 खालीपन, रिक्तता, शून्यता 2 खोखलापन, असारता, निस्सारता, निरर्थकता 3 अज्ञान 4 खुला खाली स्थान

empty /ऐंप्टि/ *adj., degr.* **emptier**, **emptiest** (*usually* **~ of sth**) 1 रिक्त, खाली: life ~ of meaning 2 (***syn.*** hollow) थोथा, खोखला: ~ promises 3 अर्थहीन, मूर्ख, निस्सार 4 सुनसान, खुला-खाली;

n., pl. **empties** *colloq.* 1 खाली बर्तन, खाली बोतल 2 रिक्त पोत;

v., *pt.* **emptied**, *pp* **~ing**, *s/he/it* **empties** (*also* **empties out**) 1 खाली क. 2 खाली हो. 3 (***syn.*** evacuate) खाली कराना 4 से बाहर निकलना;

dw/lw: **~handed** *adj.* खाली हाथ; **~headed** *adj.* मूर्ख, बेदिमाग; **~nest** *n.* 1खाली घोंसला 2 ऐसा परिवार या अकेले माता-पिता जिनके बच्चे कहीं और बस जाते हैं; **~nester** *n.* ऐसे माता-पिता जिनके बच्चे कहीं और बस गए हैं और वे अकेले रहते हैं; **emptily** *adv.* खाली-खाली से;

collocations: ~ **cup-boards** खाली पेट, भुखमरी; ~ **promises** थोथे (झूठे) वायदे; ~ **talk** बकबक, बकवास; ~ **weight** स्वयं का वजन; ~ **words** खोखली बातें;

p&i: ~ **sacks will never stand up right** भूखे भजन न होय गोपाला; ~ **out sth** खाली क.; ~ **pocket** कंगाल आदमी; ~ **sth out into** किसी चीज को उंडेलकर किसी बर्तन में खाली क.; ~ **the bag** पूरी कहानी कह डालना; ~ **vessels make the most sound** थोथा चना बाजे घना;

an ~ hand is no lure for a hawk कौआ खाली हाथ पर नहीं झपटता; **on an ~ stomach** खाली पेट, बिना कुछ खाए (चिकित्सीय परीक्षण आदि के लिए)

empurp\le /एमःपल/ *v., pt.* **~led**, *pp* **~ling** 1 बैंगनी बनाना 2 क्रोधित क.

empy\real /ऐंपिरि\अल/ *adj.* स्वर्गीय, दिव्य, आकाशीय;

n. बैकुंठ, स्वर्ग;

dw/lw: **~rean** /~अन/ *n., poet.* (*usually* **the** ~) स्वर्ग, आकाश

empyema /ऐंपिइमा/ ऐंपाइमा/ *n., pl.* **~ta**/ **~s** *pathol.* शरीर के किसी छेद (cavity) आदि में मवाद का भराव, अंत-पूयता

EMR *abbr.* 'exclusive marketing rights' की प्रथमाक्षरी

EMRP *abbr.* 'Education Managment Resource Programme' की प्रथमाक्षरी

(The) EMS *abbr.* 'European Monetary System' की प्रथमाक्षरी

EMS *abbr.* 'energy management System', 'enhanced message service' की प्रथमाक्षरी

EMU *abbr.* 'Economic and Monetary Union', 'Electrically Maintained Units', 'Electric Multiple Units' की प्रथमाक्षरी

emu *abbr.* 'electromagnetic unit' की प्रथमाक्षरी

emu /ईम्यू/ *n., pl.* **~s** आस्ट्रेलिया में मिलने वाला और उड़ न पाने वाला, तेज चलने वाला एक बड़ा पक्षी

emula\te /ऐम्युलेट/ *v., pt.* **~ted**, *pp* **~ting** 1 अनुकरण क. 2 किसी दूसरे जैसा या उससे बेहतर बनने की कोशिश क.: **~te** the best 3 एक कंप्यूटर द्वारा दूसरे कंप्यूटर की कार्यप्रणाली की तरह काम क.;
dw/lw: **~tion** /~शन/ *n.* 1 अनुकरण 2 प्रतिस्पर्धा, होड़; **~tive** /~टिव/ *adj.* प्रतिस्पर्धात्मक

emulous /ऐम्युलस/ *adj.* (*often* **~ of sb**) 1 प्रतिस्पर्धी 2 अभिलाषी 3 समानुकर्ता 4 होड़ लगाने वाला 5 लगन से अनुकरण करने वाला;
dw/lw: **~ly** /~लि/ *adv.* होड़ लगाते हुए; **~ness** /~नेस/ *n.* प्रतिस्पर्धात्मकता

emulsi\fy /इमल्सि\फाइ/ *v., pt.* **~fied**, *pp* **~fying**, *s/he/it* **~fies** इमल्शन बनाना;
dw/lw: **~fication** /~फिकेशन/ *n.* पायसीकरण, तैलोदीकरण; **~fier** /~फाय:/ *n.* पायस, इमल्शन बनाने वाला, मिश्रक;
collocations: **~fying agent** इमल्शन बनाने वाला रसायन

emulsion /इमल्सन/ *n.* तैलोद, इमल्सन पेंट

EN *abbr.* 'Enrolled Nurse' की प्रथमाक्षरी

-en *suffix, forming verbs, signifying:* 1 **process of an action** (कार्य प्रक्रिया): strength**en**; deep**en**; sadd**en** 2 *forming adjectives, signifying:* **made of or consisting of sth** (से बना हुआ): wood**en**

en- *prefix, forming verbs, signifying:* 1 **put into/ on/ on to another thing** (डालना/ पर चढ़ाना): **en**trust; **en**throne 2 **cause sb/ sth to be a specified person or thing** (किसी को या किसी चीज को कुछ अन्य बनाना): **en**rich; **en**feeble
p&i: **~ bloc** एक साथ, सामूहिक रूप से

ENA *abbr.* 'extra neutral alcohol' की प्रथमाक्षरी

enab\le /इनेबल/ *v., pt.* **~led**, *pp* **~ling** 1 समर्थ बनाना, योग्य बनाना, शक्ति दे. 2 (*syn.* allow) अधिकार दे. 3 संभव बनाना;
dw/lw: **~led** /~बल्ड/ *adj.* साधन-समर्थ, से चालित; **~ling** /~बलिंग/ *adj.* 1 सहायक 2 किसी को समर्थ बनाने वाला: ~ling bill/ act/ resolution/ clause; **~ling** *n.* समर्थ या सक्षम बनाने की क्रिया

enact /इनैक्ट/ *v., pt.* **~ed**, *pp* **~ing** 1 कानून, अधिनियम, विधि या विधान बनाना 2 अभिनय क., भूमिका अदा क.;
dw/lw: **~ment** /~मंट/ *n.* 1 बिल या अधिनियम का कानून बनने की क्रिया 2 विधिकरण 3 कानून या अध्यादेश

enamel /इनैमल/ *n.* 1 तामचीनी, एक तरह का पेंट, मीना, एक सख्त रंगदार शीशे जैसा पदार्थ जो धातु पर लगाने से उसे सुंदर और सुरक्षात्मक परत देता है, इनैमल 2 दांतों पर सख्त सफेद परत, दंतवल्क (of teeth);
v. pt. **~led**, *pp* **~ling**, *US* **enameled enamelling** इनैमल लगाना, इनैमल पेंट क.;
dw/lw: **~led/ ~ed** /इनैमल्ड/ *adj.* तामचीनी चढ़ा, मीनाकारी से सुसज्जित; **~ling** *n.* इनैमल से पुताई, मीनाकारी; **~list/ ~ist** *n.* मीनाकार; **~work** *n.* मीनाकारी;
collocations: **~ locket** इनैमल-चढ़ा पदक; **collection of ~s** इनैमल पेंट का सेट; **~ paper/ ~paper** रेगमार; **~ ware** तामचीनी के बर्तन;
p&i: **the meadow ~led with flowers** फूलों से ढकी चरागाह

enamour /इनैम:/ *v., pt.* **~ed**, *pp* **~ing** 1 (*usually* **~ed with sb**) किसी से प्रेम क. 2 (*usually* **~ed of sth**) किसी बात पर मुग्ध हो.;
dw/lw: **~ed** *UK* (*US* **enamored**) /इनैम:ड/ *adj.* मुग्ध, आसक्त, मोहित, आकर्षित;
p&i: **~ed of/ with sb/ sth** किसी पर या किसी बात या चीज पर फिदा/ आसक्त/ मुग्ध/ प्रेमोन्मत्त/ पागल/ दीवाना या दीवानी

en ami /ऐन ऐमि/ *Fr.* मित्रवत

enamorado /एनामोरादो/ *n.* प्रेमी

enantiomorph /एनैंटिओमॉ:फ/ *n.* प्रतिबिंब रूप;
dw/lw: **~ous/ ~ic** /~फस/ ~फिक/ *adj.* प्रतिबिंबरूपी

enantiosis /एनैंटिओसिस/ *n.* (syn. antithesis) निषेधालंकार

enathrosis /एनौ:थ्रोसिस/ *n.* (syn. ball-and-socket joint) उलूखल-संधि

en bloc /औंब्लौक/ *US* आंब्लौक/ *adv.* सब एक साथ, सामूहिक रूप से

enc. *abbr.* 'enclosed', 'enclosure' का संक्षेप

encaenia /ऐसीनिआ/ *n.* प्रतिष्ठान-पर्व, ऑक्सफोर्ड विश्वविद्यालय में वार्षिक उत्सव

enca\ge /इन्केज/ *v., pt.* **~ged**, *pp* **~ging** पिंजरे में बंद क.

encamp /इन्कैंप/ *v., pt.* **~ed**, *pp* **~ing** खेमे में रहना, खेमा बनाना;
dw/lw: **~ment** /~मंट/ *n.* सैनिकों की छावनी, पड़ाव, डेरा

encapsula\te /इन्कैप्स्युलेट/ *v., pt.* **~ted**, *pp* **~ting** कैप्सूल या संपुटिका में भरना, संपुटिका या कैप्सूल बनाना;
dw/lw: **~ted** /~टिड/ *adj.* कैप्सूल में बंद; **~tion**/~शन/ *n.* कैप्सूल बनाने की क्रिया

enca\se /इन्केस/ *v., pt.* **~sed**, *pp* **~sing** डिब्बे/ खोल/ बक्से आदि में बंद क., पूरी तरह ढकना;
p&i: **~se in armour** कवच जड़ित; **~sed in marble** संगमरमर में जड़ित;
the soul ~sed in the body शरीर में आत्मा का निवास

encash /इन्कैश/ *v., pt.* **~ed**, *pp* **~ing**, *s/he/it* **~es** भुनाना, नगदी में बदलना;
dw/lw: **~ment** /~मंट/ *n.* नकदी में भुनाई

encaustic /इन्कॉस्टिक/ *adj.* दग्ध, सिक्थवर्धक, जले रंग का

-ence *suffix, signifying:* **state or quality** (अवस्था या गुण): confid**ence**; dilig**ence**; refer**ence**

enceinte /आंसैंट/ *n., Fr.* 1 गर्भवती या पेटवाली औरत 2 घेरा, बाड़ या चारदीवारी से घिरा स्थान 3 प्राचीर, चहारदीवारी;
adj., Fr. गर्भवती, रोचक अवस्था में: she is ~

encephalic /एन्सअफैलिक/ *adj.* मस्तिष्कीय

encepha\litis /एन्सेफअलाइटिस, एन्केफअलाइटिस / *n., pathol.* मस्तिष्क की सूजन, मस्तिष्क शोथ, मस्तिष्क ज्वर;
dw/lw: **~lopathy** /एन्सअफै\लौपथि, एन्कअफैलौपथि/ *US* एन्सअफे\ला:पथि, एन्कअफैला:पथि/ *n.* (*syn.* blood poisoning) मस्तिष्क का संक्रमण, मस्तिष्क विकृति; **~lous** /एन्सअफैलस/ एन्कअफैलस/ *adj.* कापालीय, शीर्षीय;
collocations: **~litis lethargica** /एन्सेफअलाइटिस लिथा:जिका/ *techn.* (*also* **sleeping sickness**) तंद्राकार मस्तिष्क शोथ, अफ्रीकी मक्खी से पैदा होने वाला संक्रामक रोग, जिसकी अंतिम अवस्था में रोगी हर समय ऊंघता रहता है और अंततः मृत्यु को प्राप्त हो जाता है;

encephalo- *comb. form, anatomy, signifying:* **relating to the brain** (मस्तिष्क से संबंधित);
dw/lw: **~gram** (*also* **electroencephalogram**, **EEG**) *n.* मस्तिष्क की वैद्युत गतिशीलता का रेखाचित्र; **~graph** (*also* **electroencephalograph**, EEG) *n.* मस्तिष्कारेख, मस्तिष्क की वैद्युत गतिशीलता का रेखाचित्र; **~graphy** (**EEG**) *n.* मस्तिष्कालेखन, मस्तिष्क की वैद्युत गतिशीलता का रेखाचित्रण;

encephalon /एन्सेफअलौन/ *US* एन्सेफअला:न/ *n., pl.* **encephala**, *anat.* मस्तिष्क, दिमाग;
dw/lw: **encephalic** /एन्सिफैलिक/ *adj.* मस्तिष्क संबंधी, मस्तिष्कीय

enchain /इन्चेन/ *v., pt.* **~ed**, *pp* **~ing** बेड़ियां डालना, जंजीरों से जकड़ना: **~ed** by rules;
dw/lw: **~ment**/~मंट/ *n.* बेड़ीबंधन, बेड़ियों में जकड़न
enchant /इन्चां\ट/ *v., pt.* **~ed**, *pp* **~ing** 1 (*syn.* bewitch) मोहिनी डालना: Sleeping Beauty was **~ed** 2 मंत्रमुग्ध कर लेना: he was **~ed** by her beauty 3 जादू कर दे.: ~ a ring 4 (*syn.* delight) आनंद विभोर कर दे., आह्लादित क., रिझा लेना, खुश कर दे.: she was **~ed** by/ with the flowers sent to her;
dw/lw: **~ed** /~टिड/ *adj.* 1 मुग्ध, मोहित, आह्लादित 2 जादू से प्रभावित, मंत्रमुग्ध; **~er** /~टः/ *n.* जादूगर, मायावी; **~ment** /~मेंट/ *n.* 1 जादू, मोहिनी 2 सम्मोहन, वशीकरण; **~ress** /~टरिस/ *n.* जादूगरनी, मायाविनी, ऐंद्रजालिनी; **~ing** /~टिंग/ (*syn.* delightful) *adj.* मोहक, मंत्र-मुग्ध करने वाली; **~ingly** /~टिंगलि/ (*syn.* delightfully) *adv.* मंत्र-मुग्धतापूर्वक
enchar\ge /इंचाःज/ *v., pt.* **~ged**, *pp* **~ging** सौंपना, आदेश दे.: **~ge** with a task
encharm /एन्चाःम/ *v., pt.* **~ed**, *pp* **~ing** मोहना, सम्मोहित क.
encha\se /एेन्चेज/ *v., pt.* **~sed**, *pp* **~sing** 1 किनारे बांधना 2 घेरा बनाना 3 पद्यबंद क. 4 जड़ना, जड़ित क.: **~sed** in gold; **~se** a gem with gold 5 नक्काशी क.;
***p&i:* ~sed in one's heart** किसी के मन में खुदा हो.
enchilada /ऐंचिलाडा/ *n., pl.* **~s** मैक्सिको की एक गोश्त भरे समोसे जैसा व्यंजन;
***p&i:* the whole** ~ सब कुछ
encipher /इन्साइफः/ *v., pt.* **~ed**, *pp* **~ing** 1 कूटभाषा में बदलना, कूट बनाना 2 चिह्नीकरण क.
enchiridion /ऐन्काइरिडिअन/ *n.* पुस्तिका, निर्देशिका
enchorial /ऐन्कोरिअल/ *adj.* देशिक, मिस्री लिपि संबंधी
encir\cle /इन्सः\क्ल/ *v., pt.* **~cled**, *pp* **~cling** 1 घेरना, घेरा डालना 2 घेराबंदी क.;
dw/lw: **~cled** *adj.* घिरा हुआ: ~cled by the sea/ by the enemy; ~cled with a girdle; **~clement** /~क्लमंट/ *n.* घेराबंदी; **~cling** *adj.* घेरने वाला, कब्जा करने वाला;
collocations: **~cle disposition** कब्जा करने की अवस्था; **~cle force** घेरने वाली (सैनिक) टुकड़ी/ पुलिस बल; **~cle manoevre** घेरने के लिए चली जाने वाली चालें;
encl. *abbr.* (*also* **enc.**) 'enclosure' का संक्षेप
enclave /ऐन्क्लेव/ औन्क्लेव/ *n.* 1 ऐसा स्थान जिसके निवासी आस-पास के क्षेत्र के लोगों की भाषा, संस्कृति, जीवन शैली से भिन्न हों 2 विदेशी शक्ति से घिरा एक छोटा देश 3 देसी जनता से भिन्न लोगों की बस्ती, कॉलोनी: privileged ~
enclitic /इन्क्लिटिक/ *adj., gramm.* स्वराघात-विहीन शब्द या शब्दांश या पूर्वसर्ग /preposition/ जो उच्चारण करते वक्त उसके बाद आने वाले शब्द से मिल जाता है, पश्चाश्रयी
enclo\se/ inclo\se /इन्क्लोज/ *v., pt.* **~sed**, *pp* **~sing** 1 मुख्य पत्र के साथ लिफाफे में कुछ कागजात डालकर भेजना, संलग्न क.: I **~se** here with/ **~sed** please find ... 2 चारों ओर से घेरकर बंद क. 3 बाड़ लगाना, घेरना: **~se** with a fence;
***adj.* (the ~ed)** किसी चीज के अंदर रखा हुआ, जैसे लिफाफे में रखे संलग्न कागजात;
dw/lw: **~sure** /इन्क्लोजः/ *n.* 1 घेरा, बाड़ा, अहाता: ~sure pasturing (बाड़ से घिरी चरागाह में पशुओं को चराने का काम) 2 पत्र के साथ नत्थी किए हुए कागजात, संलग्नक, संलग्न-पत्र
enclosed /इन्क्लोज्ड/ *adj.* 1 किसी चीज के अंदर रखा हुआ, जैसे लिफाफे में रखे संलग्न कागजात 2 साथ में बंद 3 संलग्न;
collocations: **~ ground under cultivation** बाड़ आदि से घिरी जमीन जिस पर फसल उगाई जा रही है; **~ order** एक ईसाई मत जिसके अनुयायी ध्यान में लीन रहकर जीवन बिताते हैं और वे बाहरी दुनिया में काम करके अपना जीवन निर्वाह नहीं करना चाहते; **~ space** चारों ओर से बंद या घिरा हुआ स्थान
enco\de /इनको\ड/ *v., pt.* **~ded**, *pp* **~ding** 1 कूट बनाना 2 कूट भाषा में परिवर्तित क.;
dw/lw: **~der** /~डट/ *n.* कूट भाषा में परिवर्तित करने वाली प्रणाली
encomiast /एन्कोमिऐ\स्ट/ *n.* औपचारिक प्रशंसक;
dw/lw: **~ic** /~स्टिक/ *adj.* प्रशंसात्मक, चाटुकारितापूर्ण
encomium /एन्कोमिअम/ *n., pl.* **~s/ encomia**/एन्कोमिआ/ 1 प्रशस्ति पत्र या लेख 2 गुणगान या स्तुति भाषण
encompass /इन्कंपअस\/ *v., pt.* **~ed**, *pp* **~ing**, *s/he/it* **~es** 1 समाविष्ट क., सम्मिलित क.: the report **~es** a number of problems 2 को अपने दायरे में लेना: mountains **~ing** the town 3 घेर लेना: he was **~ed** with perils (वह घोर खतरों से घिरा था); ~ the globe; ~ with care and attention 4 घटित करवाना;
dw/lw: **~ment** /~मंट/ *n.* समाविष्टी
encore /औन्कॉः/ *US* आःन्कॉर/ *n.* 1 एक बार और, फिर से, गीत आदि को फिर से गाने का अनुरोध 2 मुकर्रर! मुकर्रर!;
***v., pt.* ~d**, *pp* **encoring** श्रोताओं द्वारा किसी गीत आदि को एक बार फिर से गाने के लिए चिल्लाकर कहा जाना: ~ a song
encounter /इन्काउंटः/ *v., pt.* **~ed**, *pp* **~ing** 1 अप्रिय अनुभव हो. 2 सामना हो जा. 3 भिड़ जा. 4 (*syn.* come across) आकस्मिक भेंट हो.: ~ an old acquaintance;
n. 1 आकस्मिक भेंट 2 भिड़ंत, मुठभेड़ 3 अनुभव;
collocations: **~ attack** जवाबी हमला; **~ group** *psychol.* कुछ लोगों द्वारा मिलकर बनाया हुआ एक समूह जिसमें वे अपनी बातें, समस्याएं और उलझनों आदि को खुले रूप में सबके सामने रखते हैं और उनपर चर्चा आदि करते हैं ताकि उनके मन की भड़ास निकलती रहे
encoura\ge /इन्करि\ज/ *v., pt.* **~ged**, *pp* **~ging** 1 प्रोत्साहित क.: **~ge** the arts 2 हिम्मत बढ़ाना, साहस दिलाना 3 ढाढ़स बंधाना: your appreciation of my work **~ges** me greatly;
dw/lw: **~ged** /~जड/ *adj.* प्रोत्साहित, आश्वस्त; **~ging** /~जिंग/ *adj.* 1 उत्साहवर्धक: the results are not ~ging 2 हिम्मत बढ़ानेवाला: ~ging smile; **~gingly** *adv.* उत्साहवर्धक ढंग से; **~gement** /इन्करिजमंट/ *n.* 1 प्रोत्साहन, बढ़ावा: give ~gement to sth 2 तसल्ली 3 उत्साहवर्धन: cries of ~gement
encroach /इन्क्रो\च/ *v., pt.* **~ed**, *pp* **~ing** 1 अतिक्रमण क.: ~ upon/ on human rights 2 जमीन आदि हथियाना: ~ on/ upon sth 3 की सीमा लांघना: ~ upon the territory of a state 4 (*usually* ~ **on sb/ sth**) किसी के स्थान, समय, व्यक्तिगत जीवन आदि का अतिक्रमण क.: ~ upon sb's time 5 समुद्र द्वारा जमीन को काटना: the sea is **~ing** upon the land 6 औचित्य की सीमा लांघना: impertinence **~es** when it is tolerated;
dw/lw: **~er** /~चः/ *n.* अतिक्रमण या कब्जा करने वाला; **~ment** /~चमंट/ *n.* 1 अतिक्रमण: ~ment on human rights 2 अवैध कब्जा
encrust/ incrust /ऐन्क्र\स्ट/ इन्क्र\स्ट/ *v., pt.* **~ed**, *pp* **~ing** 1 किसी चीज को परत से ढकना: ice **~ed** the edges of the pool 2 परत या पपड़ी जमना: salt had **~ed** on the bottom of the kettle;
dw/lw: **~ation** /~स्टेशन/ *n.* परत का जमाव; **~ed** /~स्टिड/ *adj.* परत या पपड़ी से ढका हुआ; **~ment** /~स्टमंट/ *n.* परत या पपड़ी का जमाव
encrypt /इन्क्रि\प्ट/ *v., pt.* **~ed**, *pp* **~ing** 1 इलेक्ट्रोनिकी सूचनाओं, अक्षरों, प्रतीकों आदि को गुप्त भाषा में बदलना 2 कूट रूप दे.
encumber /इन्कंबः/ *v., pt.* **~ed**, *pp* **~ing** 1 भाग्रस्त क., बोझ लाद दे.: **~ed** with a large family 2 ऋणग्रस्त क.: ~ an estate with mortgages 3 चलने फिरने में बाधा डालना: his movements were **~ed** by a heavy coat 4 विघ्न डालना, रोड़ा अटकाना: the passage was **~ed** with furniture; be **~ed** with doubts
encumbrance/ incumbrance /इन्कंब्रंस/ *n.* 1 (*syn.* burden) बोझ, भार, दायित्व 2 ऋणग्रस्तता;
dw/lw: **~er** *n., law* 1 ऋणी व्यक्ति 2 दूसरे की संपत्ति में कानूनी अधिकार

रखने वाला व्यक्ति

ency./ encyc./ encycl. *abbr.* 'encyclopaedia' का संक्षेप

-ency *suffix, forming nouns, indicating*: **state or quality** (अवस्था या गुण): effici**ency**; inconsist**ency**

encyclical /इन्सिक्लिकल/ऐन्सिक्लिकल/ *n., RC church* पोप द्वारा रोमन कैथोलिक बिशपों को भेजा जाने वाला पत्र, विश्वपत्र, सार्वभौम पत्र; ***adj.*** विस्तृत प्रचार हेतु

encycloped\ia (*also UK* **encyclopaedia**) /इन्साइक्लअपी\डिआ/ *n.* विश्वकोश, ज्ञानकोश: walking **~ia** (अपार ज्ञान का धनी व्यक्ति);
dw/lw: **~ic** /~डिक/ *adj.* 1 विश्वकोश-संबंधी 2 विश्वकोशीय, सर्वज्ञान-कोशीय, सर्वज्ञानसंपन्न, अतिव्यापक, विशद; **~ist** /~डिस्ट/ *n.* विश्वकोशकार; ***p&i:*** **a walking ~ia** विद्वान व्यक्ति

encyst /ऐन्सिस्\ट/ *v. pt.* **~ed**, *pp* **~ing** पुटीबद्ध या पुटीभूत क.;
dw/lw: **~ation/ ~ment** /~टेशन/~टमंट/ *n.* पुटीबंधन; **~ed** *adj.* पुटीबद्ध

end /एंड/ *n.* 1 **(the end)** *colloq.* अंत, अंतिम बिंदु, अवसान: come to the ~ of sb's endurance; the ~ of the year 2 सिरा, सीमा, छोर, किनारा: a cigarette ~; from one ~ of sth to the other; at the other ~ of the world; at the world's ~ (न जाने कहां पर); the subject from the wrong ~ (विषय को उल्टी तरफ से लेना) 3 समाप्ति, अंत: put an ~ to sth; bring to an ~; come to an ~; be at an ~; that will be the ~ of all wars; the ~ of the world 4 लक्ष्य, साध्य, प्रयोजन, उद्देश्य: accomplish one's ~; work together for a common ~; with this ~ in view (इस लक्ष्य को ध्यान में रखते हुए); an ~ in itself; to what ~? (किस उद्देश्य के लिए?) 5 परिणाम, फल 6 टुकड़ा, शेषांश 7 मौत, मृत्यु: meet one's ~; untimely ~; that will be the ~ of me (तब मेरा खात्मा समझो!) 8 उपसंहार 9 कार्य विभाग, योजना का एक भाग: had a few problems at their ~ (उनके यहां कई समस्याएं थीं) 10 संपूर्णता: the ~ of a sentence/ of a story 11 पहलू, फलक: the business ~ 12 विभाग: our selling ~;
v., pt. **~ed**, *pp* **~ing** 1 समाप्त क. या हो.: ~ one's labour on a book; ~ the cold war 2 पूरा क., समाप्त क. या हो.: ~ nuclear testing now and for all time; ~ in disaster 3 मिटाना, नष्ट क.: ~ one's life 4 के सिरे तक पहुंचना: the plateau **~s** in a precipice (पठार खंदक तक पहुंचता है); ~ in a draw/ in a tie;
dw/lw: **~-all** *n.* सब कुछ का खात्मा; **~ed** /एंडिड/ *adj.* 1 समाप्त 2 अंत में आने वाला 3 संयुक्त शब्दों में: round-~ed (गोल सिरे वाला); **~game** *n.* 1 शतरंज की बाजी में अंतिम चरण (जब बहुत कम गोटियां बची हों) 2 किसी भी प्रक्रिया का अंतिम चरण या अंश 3 *gramm.* शब्द का अंतिम भाग; **~ing** /एंडिंग/ *n.* 1 अंत, कहानी आदि का अंतिम भाग 2 शब्द का अंतिम शब्दांश (syllable); **~-item** *n.* तैयारशुदा उत्पाद; **~-leaf** *n.* पुस्तक के आरंभ व अंत के खाली पृष्ठ; **~less** /एंडलिस/ *adj.* 1 अंतहीन, अनंत, असीम 2 अपार, असंख्य 3 बेसिरा, निरंत; **~lessly** *adv.* 1 बेअंत, बिना अंत के 2 लगातार, निरंतर ढंग से, बिना रुके; **~long** *adv.* 1 साथ-साथ, सीधे, लंबाई में 2 लंबाकार; **~most** *adj.* दूरतम; **~ness** *n.* 1 अंतहीनता 2 निरंतरता 3 असीमता; **~-note** *n.* पुस्तक के अंत या उसके किसी भाग के अंत में छपी टिप्पणी; **~-on** *adj.* अभिमुख; **~-paper** *adv. print.* 1 साथ-साथ, सीधे, लंबाई में 2 लंबाकार; **~-point** *n.* संतुलनांक; **~-rhyme** *n.* तुकांत; **~-stopped** *adj.* पाठ का छोटा-सा टुकड़ा जिसका पूरा अर्थ निकलता हो; **~-user** *n.* अंतिम या असली उपभोक्ता; **~ways/ ~wise** *adv.* 1 सिरा सामने या ऊपर की ओर किया हुआ 2 सिरे से सिरे तक;
collocations: ~ **error** अंत्य त्रुटि; ~ **note** अंत्य टिप्पणी; ~ **organ** *anat.* शिरांत पर संवेदनशील अंग; ~ **product** अंतिम उत्पाद, बन कर तैयार माल; ~ **result** अंतिम परिणाम, अंत में मिलने वाला परिणाम; ~ **table** दीवान के साथ रखी जाने वाली छोटी मेज; ~ **tipper** डंपर, अपने आप माल खाली करने वाली गाड़ी; ~ **zone** फुटबाल में गोली के ऐन पास का स्थान;
p&i: ~ **and aim** एक मात्र उद्देश्य; ~ **for** ~ सिर के बल खड़ा हो.; ~ **in** परिणाम हो., या फल मिलना; ~ **in smoke** चौपट हो.; ~ **in tears** बहुत बुरा अंत या परिणाम हो.; **~in/ with sth** के रूप में समाप्त हो.; ~ **it** आत्म हत्या क.; ~ **it all** आत्महत्या क.; ~ **it** or **mend it** सुधारो या खत्म करो, आर या पार; **~ justifies the means/ the ~ crowns the deed** साध्य ही साधन का औचित्य सिद्ध करता है; ~ **of the world** गंभीर बात; ~ **on/ ~ to** ~ एक सिरा दूसरे सिरे से जुड़ते हुए, लगातार; **~s of justice** न्याय का उद्देश्य; **~ title 'the end!'** फिल्म आदि के अंत में लिखे शब्द: 'समाप्त!'; **~ up/ ~ off** 1 अंत में कहीं पहुंच जा. 2 समाप्त क. या हो.; ~ **up as sth** कुछ बन जाना; ~ **up in smoke** चौपट हो जा.; ~ **one's life** आत्म-हत्या क.;
a bad/ sticky ~ बुरा अंत; **all ~s up** पूरी तरह, पूरा; **all is well that ~s well** अंत भला, सो भला; **an ~ in itself** अपने आप ही में पूरा उद्देश्य हो.; **an untimely** ~ असामयिक अंत/ मृत्यु; **at a loose** ~ बेकार, जिस के पास कुछ करने को न हो; **at an** ~ चुका हुआ, जब कुछ न बचा हो, खत्म होने को हो.; **at one** ~ निढाल, थककर चूर, थका-मांदा; **at the** ~ अंततः; **at the ~ of one's tether** (*also US* **at the ~ of one's rope**) जब धैर्य खत्म होने की कगार पर हो; **at the ~ of the day** *UK* अंततः, आखिरकार, अंततोगत्वा; **at the ~ (of sth)** किसी बात के अंत में; **at the ~s of the earth** दुनिया के उस छोर पर; **at the other** ~ दूसरी तरफ, दूसरे सिरे पर; **be all and ~all** सब कुछ, सबसे महत्त्वपूर्ण बात; **be all on** ~ गुस्से में होना; **be at a loose** ~ जब कुछ करने को न हो, बेकार, निकम्मा बैठा हो.; **be at one's wits** ~ किंकर्त्तव्यविमूढ़ हो., कुछ न सूझना; **be at the ~ of one's rope** जटिल स्थिति में फंसा हो.; **be at the ~ of sth** कोई काम खत्म होने को हो.; **be at the ~ of one's tether** आखिरी हद तक पहुंचना; **begin at the wrong** ~ गलत शुरुआत क.; **be near one's** ~ मौत की कगार पर हो.; **be on's beam ~s** अति जटिल समस्या में फंस जा.; **be on/ at the receiving ~ of sth** आलोचना या प्रहार का निशाना हो.; **be the** ~ बहुत नाराज हो.; **be the ~ of sb** अंत क., मारना; **bring sth to an** ~ बंद क., समाप्त क.; **by the ~ (of sth)** बात या काम खत्म होते-होते; **change ~s** सिरा या पाला बदलना; **come out at the little ~ of the horn** असफल हो जा., कठिनाई में फंस जा.; **come out on at the short** ~ अहितकर स्थिति में हो.; **come to a bad/ sticky** ~ विनष्ट हो., अपमानित हो.; **come to an** ~ समाप्त हो.; **dead** ~ आखिरी सिरा; **for hours/days, etc. ~ on** दिनोंदिन, निरंतर; **for public ~s** जनता की भलाई के लिए; **for weeks on** ~ लगातार कई हफ्तों तक (चलना); **from beginning to** ~ शुरू से लेकर अंत तक; **get/have one's end away** *sl.* यौन-क्रिया/ मैथुन कर लेना; **get the better ~ of sb** किसी को चकमा देकर कुछ छीन लेना; **get (hold of) the dirty ~ of the stick** धोखा खाना; **get (hold of) the right ~ of the stick** किसी स्थिति को ठीक से भांप लेना; **get (hold of) the wrong ~ of the stick** स्थिति को ठीक से न समझ पाना; **go off the deep** ~ आत्मनियंत्रण खो बैठना, बिगड़ जा., क्रुद्ध हो.; **go to the ~s of the earth** कुछ करने में कोई कसर न छोड़ना; **happy** ~ सुखद अंत; **have sth at one's tongue's** ~ किसी को पास कुछ कहने को हो.; **he was no ~ put out** उसने बुरी तरह आपा खो दिया; **his visit pleased her no** ~ उसके आने पर उसे बहुत खुशी हुई; **hold/ keep one's ~ up** 1 हिम्मत न हारना, हार न मानना 2 कठिनाइयों के बावजूद अपना वादा पूरा क.; **in the** ~ अंत में, अंततोगत्वा, आखिरकार; **in the ~ things will mend** अंततः सब ठीक हो जाता है; **keep your ~ up** खुश रहना; **land's End** इंग्लैंड का अंतिम दक्षिणी-पश्चिमी छोर; **light at the ~ of the tunnel** आशा की किरण, सर्दी होगी तो क्या वसंत

न आएगा!; **make both/ two ~s meet** मुश्किल से गुजारा क.; **no ~** बेहद, असीम, बहुत ज्यादा; **no ~ disappointed** बेहद निराश; **no ~ in sight** खत्म होने का कोई आसार नजर न आना; **no ~ obliged to you** बेहद शुक्रगुजार हूं; **no ~ of** बहुत अधिक; **no ~ of a fellow** बड़ा तीसमारखां है; **no ~ of people/ things** बहुत ज्यादा लोग या वस्तुएं; **no ~ of sth** बेअंत, असीम, बहुत सारी; **no ~ of trouble** मुसीबतें खत्म ही नहीं हो रही; **not be the ~ of the world** यह जीवन का अंत नहीं, यहीं पर दुनिया खत्म नहीं हो जाती; **odds and ~s** बची-खुची बातें, फुटकर सामान; **on ~ (for hours on ~)** 1 सिरे के बल (डंडा आदि को खड़ा करना) 2 लगातार निश्चित समय (अवधि) के लिए; **one's latter ~** मृत्यु; **on the ~ of time** हमेशा के लिए, अमर; **play both ~s against the middle** तूफानी सागर में मछलियां पकड़ना; **pursue one's own ~s** अपना उल्लू सीधा क.; **put an ~ to it all** अपने को मार डालना; **put an ~ to sth** समाप्त क., बंद क.; **reach the ~ of the road/ line** पूरी हद तक खिंच जा., और आगे न बढ़ सकना; **serve an ~/ serve no useful ~** किसी लक्ष्य के हित में हो. या न हो.; **shape sb's ~s** किसी की किस्मत का पहले से ही फैसला कर देना; **the bitter ~** अंत तक; **the ~ crowns all** अंत सभी का होता है; **the ~ of the chapter** एक अध्याय का अंत; **the living ~** कोई जबरदस्त चीज; **the ~ of the line** जीवन में सब रास्ते बंद हो जा.; **the ~s of the earth** दूरतम स्थान; **the longest day must have an ~** अगर रात है तो सुबह भी होगी; **the ~ of the road** 1 खात्मा 2 अंत; **the ~ of time** सदा के लिए, अमर; **the ~ of story** 1 किस्सा खत्म! 2 बस!; **the other ~ of the Avenue** वॉशिंगटन में व्हाइट हाउस; **the far ~** किसी चीज (मेज आदि) के दूरस्थ सिरे पर; **there's an ~ of it** यह तो खत्म हो गया; **the tail ~ of sth** बिल्कुल पीछे का; **the very ~** ऐन आखिर तक; **this should liven up the debate no ~** इससे बहस बेहद रोचक हो जाएगी; **throw sb in/ at the deep ~** किसी को बिना सहारा दिए नई जोखिम में धकेल दे.; **to the bitter ~** आखिरी दम तक; **to the ~ of time** हमेशा के लिए; **to the ~(s) of the earth** कयामत के दिन तक; **to the ~ that...** इस उद्देश्य के लिए कि ...; बहुत ज्यादा; **to this ~** इस बात या लक्ष्य के लिए; **meet one's ~** मर जा.; **with an ~ in view** किसी विशेष उद्देश्य को ध्यान में रखते हुए; **without ~** बेअंत, अनंत, असीम

endanger /इन्डेंजः\/ *v., pt.* **~ed**, *pp* **~ing** खतरे या जोखिम में डाल दे.;

dw/lw: **~ed** /~ड/ *adj.* जिनका लुप्त होने का खतरा हो: ~ed species (जो प्रजातियां लुप्त होने की कगार पर हों)

endear /इन्डिअः/ *v., pt.* **~ed**, *pp* **~ing** (*usually* **~ sb to sb else**) दो जनों के बीच लगाव पनपने में मदद क.: ~ oneself to sb;

dw/lw: **~ing** *adj.* 1 मनमोहक, सुप्रिय: ~ing smile 2 प्रिय, प्रीतिकर, सलोनी; **~ment** *n.* 1 प्यार प्रेम, अनुराग 2 स्नेहपूर्ण शब्द

endeavour *UK* (*US* **endeavor**) /इंडेवः/ *v., pt.* **~ed**, *pp* **~ing** (*usually* **~ to do sth**) गंभीर प्रयास क.;

n. 1 सक्रिय प्रयास: moral ~ 2 कोशिश, चेष्टा: make every ~

endemic /एंडेमिक/ *adj.* 1 स्थानीय, मुकामी (बीमारी आदि) 2 क्षेत्र विशेष की, क्षेत्रीय, प्रदेशीय;

n. 1 स्थानीय बीमारी 2 व्यापक क्रिया;

dw/lw: **~ally** *adv.* स्थानीय रूप से; **~ity** *n.* स्थानिकता, प्रदेशीयता

endergonic /एंडःगॉनिक/ *adj.* ऊर्जाशोषी, ऊर्जा को सोखने वाला

enderon /एंडरोन/ *n.* त्वचा, चर्म

endermic /एंडःमिक/ *adj.* त्वचा (की दवाई या मरहम) से संबंधित

endgame *see above under* **end: *dw/lw***

ending *see above under* **end: *dw/lw***

endive /ऐंडाइव/ ऐंडिव/ *n.* कासनी (सलाद पत्तोंवाला पौधा)

endless *see above under* **end: *dw/lw***

endo- /एंडो/ एंडौ/ *prefix comb. form, signifying:* **internal, inside** (अंदरूनी, अंतर्निहित, भीतर का)

endocardi\ac/ ~al /ऐंडो\काःडिऐक/ ~काःडिअल/ *adj.* अंतर्हृद्स्तर, हृदय के अंदर का;

dw/lw: **~tis** /~काःडिटिस/ *n., pathol.* अंतर्हृद्स्तर-शोथ (सूजन), दिल के महीन झिल्ली में सूजन; **~um** /~काःडियम/ *n.* अंतर्हृद्स्तर, हृदय का अंदरूनी भाग

endo\carp /ऐंडो\काःप/ *n.* अंतःफलभीति, अंतःस्तर;

dw/lw: **~chylous** /~काइलस/ *adj.* अंतःरस संग्रही; **~crine** /~क्रिन/ ~क्राइन/ *adj., physiol.* अंतःस्रावी; **~crinic** *n.* अंतःस्रावी; **~crinology** /~क्रिनौलजि/ *US* ~क्रिनाःलजि/ *n., physiol.* अंतःस्राव विज्ञान; **~derm** *n., zool.* एक बहुकोशिका जीव जिसकी अंतः-त्वचा की दो या उससे अधिक परतें होती हैं; **~dontics** /~डौंटिक्स/ *US* ~डांटिक्स/ *n., med.* दंतविज्ञान की एक शाखा; **~gamous** /~गअमस/ *adj.* सगोत्र, सजातीय; **~gamy** /एंडौगअमि/ *US* एंडाःगअमि/ *n., anthropol.* सगोत्रता, सजातीयता, सगोत्र-विवाह प्रथा; **~genous** /एंडौजअनस/ *US* एंडाःजअनस/ *adj.* अंतर्निहित कारणों से होने वाला मानसिक तनाव या अवसाद; **~glossic** /~ग्लौसिक/ *US* ~ग्लाःसिक, ~ग्लॉसिक/ *adj.* किसी देश या समुदाय द्वारा प्रथम भाषा के रूप में प्रयुक्त (भाषा); **~mixis** *n.* अंतःमिश्रण; **~morph** /~मॉःफ/ *n.* गोलमटोल मस्त व्यक्ति, मौजी स्थूल आदमी; **~morphic** /~मॉःफिक/ *adj.* स्थूल; **~normative** /~नॉःमअटिव/ *adj.* किसी देश या समुदाय की बाहर से आई दूसरी भाषा के प्रयोग से संबंधित; **~phasia** /~फेजिआ/ *n., psychol.* आंतरिक बोली; **~phyte** *n., bot.* दूसरे पौधे के अंदर उगनेवाला पौधा; **~plasm** *n., biol.* अंतःप्रद्रव, अंतर्द्रव्य; **~skeleton** *n.* अतःकंकाल; **~skeletal** *adj.* अतःकंकालीय; **~smosis** /~ऑस्मॉसिस/ *n.* अतःपरासण; **~sperm** *n.* भ्रूणपोष, बीज या पौधे में आंतरिक पौष्टिक ऊतक; **~scope** *n., med.* ऐसा यंत्र जिसे शरीर के भीतर डालकर भिन्न-भिन्न अंगों का आंतरिक निरीक्षण किया जा सकता है; **~scopy** अंतर्दर्शी या एंडोस्कोप से भीतर के अंगों का निरीक्षण; **~thelium** *n.* अंतःस्तर; **~thermic** *adj.* आंतरोष्मी; **~zoic** *adj., bot.* जीवांतःप्रकीर्ण;

collocations: **~thermic reaction** *chem.* आंतरोष्मीय प्रतिक्रिया

Endor *n., Bible* एन्डोर: witch of ~ (एंडोर की जादूगरनी)

endorphin /एन्डॉर्फिन/ *n.* दिमाग में पैदा होने वाला रसायन (harmone) जिसमें पीड़ा हरण व भावजन्य क्रियाओं को नियंत्रित करने की क्षमता होती है

endorse/ indorse /इंडॉःस\/ *v., pt.* **~d**, *pp* **endorsing** 1 पहले लिखे पाठ की हस्ताक्षर करके पुष्टि क. 2 समर्थन क., सिफारिश क.;

dw/lw: **~r** *n.* सिफारिश करने वाला, हस्ताक्षर से पुष्टि करने वाला, पृष्ठांकनकर्ता; **~ment** /~मंट/ *n.* 1 पृष्ठांकन, तस्दीक, पुष्टि 2 समर्थन, सिफारिश;

p&i: **~ a bill in blank** बैंक के चैक की पुष्टि क.; **~ a bill to sb** हुंडी को किसी के नाम पृष्ठांकित क.; **~ a conclusion** निष्कर्ष की पुष्टि क.; **~ an advertised article** विज्ञापित लेख का समर्थन क.; **~ everything that a speaker has said** भाषणकर्ता के पूरे कथन का समर्थन क.

endow /इंडाउ\/ *v., pt.* **~ed**, *pp* **~ing** 1 (**~ed with sth**) गुण या बुद्धि आदि से संपन्न हो.: **~ed** with common sense 2 कॉलेज, अस्पताल आदि को रकम दान में दे., से संपन्न क.: ~ a college/ a hospital etc.;

dw/lw: **~ed** /~ड/ *adj.* संपन्न: man is ~ed with reason; well ~ed (अच्छे गुणों से संपन्न);

p&i: **~ sb with sth** किसी को किसी गुण या क्षमता से संपन्न क.; **be ~ed with sth** गुण या प्रतिभा आदि से संपन्न हो.

endowment /इंडाउमंट/ *n.* 1 दान, वृत्तिदान 2 स्थायी निधि 3 प्रतिभा, गुण;

collocations: **~ assurance/ ~ insurance** एक बीमा पॉलिसी जिसके अनुसार एक तयशुदा राशि एक निश्चित तिथि को अदा की जाती है; **~ mortage** स्थायी निधि बीमा पॉलिसी की गिरवी; ~

policy स्थायी निधि बीमा पॉलिसी; **natural ~s** प्राकृतिक देन

endue/ indue /इंड्यू/ *v., pt.* **~d**, *pp* **enduing/ induing** 1 (*usually* **~ sb with sth**) किसी को किसी गुण या प्रतिभा से संपन्न क. 2 पहनाना;

p&i: **~ with authority** सत्ता दे.; **~ with citizenship** नागरिकता प्रदान क.; **~ with force** शक्ति दे.

endurable /इंड्युरअबल/ *adj.* 1 सहन करने योग्य 2 सहनीय 3 पायदार

endurance /इंड्युरंस/ *n.* 1 सहन शक्ति: this is past/ beyond ~ 2 तितिक्षा, धैर्य: the end of one's ~ 3 क्षमता, दम-खम: ~ test/ run 4 चिरस्थायित्व, पायदारी, टिकाऊपन

endurant /इंड्युअःरंट/ *adj.* 1 सहनशील: ~ of evil 2 धैर्यशील

endu\re /इंड्युअः\/ *v., pt.* **~red**, *pp* **~ring** 1 (***syn.*** bear) झेलना, सहना: cannot **~re** that man 2 (***syn.*** last) टिकाऊ हो., टिकना, बने रहना: he may not **~re** long;

dw/lw: **~ring** /~रिंग/ *adj.* 1 चिरस्थायी, टिकाऊ: ~ring substance; ~ring poetry 2 सहने वाला, सहनशील, भोगने वाला: ~ring disposition; **~ringly** /~रिंगलि/ *adv.* चिरस्थायी ढंग से;

p&i: **~re the rigours of an arctic winter** ध्रुवीय सर्दी की कठिनाइयों को झेलना;

as long as life ~res जब तक जीवन चलता है; **his name will ~re** उसका नाम चिरस्थायी होगा; **the phrase will not ~re such an interpretation** यह मुहावरा ऐसे अनुवाद को नहीं सह पाएगा (ऐसा अनुवाद नहीं चलेगा); **what can't be cured, must be ~red** जिसका कोई इलाज नहीं उसे सहना ही पड़ेगा

enduro /इंड्युअरो/ *US* इंडुरो, इंड्युरो/ *n.* क्षमता कार-दौड़

ENE *abbr.* 'east-north-east' की प्रथमाक्षरी

enema /ऐनअमा/ *n., pl.* **~s/ ~ta** वस्तिकर्म, गुदवस्ति, अनीमा का सामान

ene\my /ऐनअमि/ *n., pl.* **~mies** 1 शत्रु, दुश्मन, बैरी: be sworn **~mies** 2 विरोधी: the **~my** is forced to retreat;

adj. 1 दुश्मन का: **~my** forces 2 शत्रुतापूर्ण;

dw/lw: **~my-held** adj. दुश्मन के कब्जे वाला;

collocations: **~my alien** शत्रुतापूर्ण विदेशी; **~my camp** दुश्मन का खेमा; **~my information** दुश्मन की फौजों आदि की स्थिति के बारे में सूचनाएं; **~my lines** दुश्मन की फौज की तैनाती; **bitter ~my** घोर शत्रु;

p&i: **alien ~my** परदेसी शत्रु; **be one's own ~my** खुद ही खुद का दुश्मन हो.; **better an open ~my than a false friend** धोखेबाज मित्र से तो दुश्मन भला; **how goes the ~my?** समय क्या है?; **kill the ~my** समय काटना; **the ~my of mankind** इंसानियत का दुश्मन

energetic/ ~al /अनःजेटि\क/ ~ल/ *adj.* 1 कर्मठ 2 फुर्तीला, चुस्त 3 सक्रिय, क्रियाशील, प्रभावी: ~ remedy 4 ऊर्जस्वी, ओजस्वी 5 प्रबल, बलवान;

dw/lw: **~ally** /~लि/ *adv.* चुस्ती-फुर्ती से; **~s** /~क्स/ *n.* ऊर्जा अध्ययन

energi\ze /ऐनअःजाइज/ *v., pt.* **~zed**, *pp* **~zing** 1 ऊर्जा प्रदान क., बल प्रदान क. 2 सक्रिय क. या बनाना 3 बिजली दे., विद्युतीकरण क.

energumen /ऐनःग्यूमेन/ *adj.* 1 (***syn.*** demoniac) अपदूतग्रस्त, शैतान-प्रभावित 2 उत्साही 3 कट्टर

energy /ऐनःजि/ *n., pl.* **energies** 1 ऊर्जा, शक्ति: apply/ devote one's **energies** to working for people 2 सक्रिय काम की क्षमता, जीवंतता, तेज: boundless/ high/ restless/ surplus ~ 3 ऊर्जा: expend/ have/ save / waste ~; solar/ nuclear ~ (सौर/ नाभिक ऊर्जा) 4 योग्यता, क्षमता: ~ level (1 अणु में इलेक्ट्रोन की निर्धारित ऊर्जा का स्तर 2 ऊर्जा या उत्साह का स्तर);

collocations: **~ conservation** ऊर्जा की बचत; **~ gap** ऊर्जा की मांग व आपूर्ति में अंतर

enerva\te /ऐनःवे\ट/ *v., pt.* **~ted**, *pp* **~ting** अशक्त कर दे., दुर्बल या कमजोर बना दे., बेजान क.;

adj. **~te** /इनःवेट/ कमजोर, दुर्बल, कमजोर इच्छा शक्ति वाला;

dw/lw: **~ting** /~टिंग/ *adj.* दुर्बल या कमजोर करने वाला, शक्तिहासक; **~tion** /~शन/ *n.* दुर्बलीकरण

en face /ऐंफेस/ *Fr. adv.* आमने-सामने: a portrait ~; French poems with English Translation ~

enfa\ce /इंफेस/ *v., pt.* **~ced**, *pp* **~cing** मुखांकित क.;

dw/lw: **~cement** *n.* मुखांकन

en famille /आंफैमिय/ *adv., Fr.* 1 घर की बात घर में 2 परिवार में ही

enfant terrible /औफौंटेरीब्ल/ *US* आंफांटेरीब्ल *n., pl.* **enfants terribles** *Fr.* 1 सरेआम परेशान करने वाला व्यक्ति 2 खतरनाक आदमी 3 दुर्व्यवहार करने वाला बालक, असहनीय बालक

enfeeb\le /इन्फीबल/ *v., pt.* **~led**, *pp* **~ling** किसी को कमजोर या दुर्बल बना दे.;

dw/lw: **~led** *adj.* कमजोर बनाया हुआ: ~led by illness; a country; ~led by war

enfeoff /इन्फेफ/ इन्फीफ/ एन्फेफ/ एन्फीफ/ *v., pt.* **~ed**, *pp* **~ing** जागीर दे.: ~ oneself to sb (अपने को किसी का गुलाम बना दे.)

én fête /ऐंफिट/ *adv.* 1 उल्लासपूर्ण मिजाज में, उत्सवी माहौल में 2 त्योहार के अनुरूप उल्लासपूर्ण पोशाक में

enfetter /इन्फेटः/ *v., pt.* **~ed**, *pp* **~ing** बेड़ियां डालना

enfilade /एन्फिलेड/ *n.* सेना की पूरी पंक्ति को एक सिरे से दूसरे सिरे तक नष्ट कर देने वाली तोपों की बौछार या गोलाबारी

enflower /इन्फ्लाउः/ *v., pt.* **~ed**, *pp* **~ing** फूलों से ढकना: **~ed** fields

enfold/ infold /इन्फोल्ड/ *v., pt.* **~ed**, *pp* **~ing** 1 लपेटना 2 अपने में समेटना: night **~ed** the day; **~ed** in silence

enfor\ce /इन्फॉः\स/ *v., pt.* **~ced**, *pp* **~cing** 1 लागू क., जारी क. 2 पालन करवाना 3 पर बल दे. 4 बाध्य क., मांग मनवाने के लिए दबाव डालना;

dw/lw: **~ceability** /~सिअबिलिटि/ *n.* लागू होने की क्षमता, प्रवर्तनीयता; **~ceable** /~सिअबल/ *adj.* लागू होने योग्य, जिसे लागू किया जा सके, प्रवर्तनीय; **~ced** /~स्ट/ *adj.* लागू; **~cedly** /~स्टलि/ *adv.* जबरदस्ती से; **~cer** /~सः/ *n.* लागू करने वाला व्यक्ति;

collocations: **~ce conformity** आज्ञापालन करने या घुटने टेकने के लिए विवश क., जबरदस्ती लागू क.; **~ce judg(e)ment** फैसले को लागू क.; **~ce laws** कानून लागू क.; **~ce obedience** आज्ञापालन करवाना; **~ce payment** भुगतान करवाना;

p&i: **~ce a plan upon sb** किसी पर किसी योजना को थोपना; **~ce sth on sb** किसी पर कुछ थोपना

enforcement /इन्फॉःसमंट/ *n.* 1 पालन, लागू करने की क्रिया, प्रवर्तन 2 दबाव, बाध्यता;

dw/lw: **~-action** *n.* लागू करवाने के लिए जबरदस्त कार्रवाई;

collocations: **~ measures** बाध्यकारी कदम; **~ of judg(e)ment/of a writ** फैसले या आदेश का पालन;

by ~ जबरदस्ती; **law ~** कानून का पालन; **law ~ authorities/ officers** कानून लागू करने वाला प्रशासन/अधिकारी; **road-safety ~ officers** सड़क सुरक्षा नियम पालन अधिकारी; **the ~ of morals** नैतिक मूल्यों का पालन

enfra\me /इन्फ्रेम/ *v., pt.* **~med**, *pp* **~ming** चौखटे में जड़ना या बैठाना

enfranchi\se /इन्फ्रैंचाइज\/ *v., pt.* **~sed**, *pp* **~sing** *formal.* 1 मताधिकार दे. 2 दास्ता से मुक्त क. 3 किसी क्षेत्र को संसद में प्रतिनिधित्व दे.;

dw/lw: **~sement** /~मंट/ *n.* 1 मताधिकार प्रदान करने की क्रिया 2 विमोचन, मुक्ति;

p&i: **~se a copyhold** जमीन पर पट्टेदार को मालिकाना हक दे.

ENG *abbr.* 'electronic news gathering' की प्रथमाक्षरी

Eng. *abbr.* 'English', 'England' का संक्षेप

eng. *abbr.* 'engineer or engineering', 'engraver', 'engraving' का संक्षेप
engagé /ऐंगजे/ *adj., Fr.* राजनीतिक या नैतिक रूप से प्रतिबद्ध
enga\ge /इन्गेज/ *v., pt.* **~ged**, *pp* **~ging** 1 किसी बात या विचार में उलझाकर या फंसाकर रखना: **~ge** in an attempt; **~ge** in a game of tennis 2 नौकरी या काम पर रखना: **~ge** a guide 3 प्रतिज्ञा क., वचन दे., वचनबद्ध हो. या क. 4 सगाई क., वाग्दान क. : he was **~ged** to her 5 ले रखना: **~ge** a seat (स्थान आदि आरक्षित क.); **~ge** hotel rooms 6 आकर्षित क.: **~ge** all eyes; **~ge** the sympathy; good nature **~ges** everyone to him 7 जूझना 8 मुठभेड़ क., लड़ना: **~ge** with the enemy 9 में भाग ले. या लग जा. 10 मशीन के एक पुर्जे का दूसरे के साथ मिल जाना, गियर आदि लगाना 11 वकील आदि क.: **~ge** sb as one's lawyer 12 किसी काम में रमा हो. 13 टेलीफोन आदि का व्यस्त हो.;
p&i: **~ge for** जमानत दे., गारंटी दे.; **~ge in sth** किसी काम में लिप्त हो., या कार्य में भाग ले.; **~ge sb in sth** किसी को बातचीत आदि में व्यस्त रखना; **~ge with sb** किसी के साथ घुल-मिल जा.;
engaged /इन्गेज्ड/ *adj.* (*usually* ~ **to sb**) 1 जिसकी सगाई हो गई हो, वाग्दत्त, वाग्दत्ता: he has ~ himself to a charming girl 2 *UK* व्यस्त (टेलीफोन आदि): the number/ the line is ~ 3 (***anton.*** vacant) आरक्षित, लगा हुआ (कमरा आदि): the seat is ~ 4 गिअर आदि का आपस में फंस जाना, गिअर लगना 5 किसी काम में व्यस्त हो.: be ~ in research/ teaching; he was ~ with Shakespeare's *Hamlet*
engagement /इन्गेज्मंट/ *n.* 1 सगाई, मंगनी, वाग्दान, वचनबद्धता: ~ to sb; announce/ break off one's ~; an ~ party/ ring 2 भेंट आदि के लिए समय की नियुक्ति: **~s** keep him busy 3 नियुक्ति (नौकरी) 4 *milit.* मुठभेड़, लड़ाई: international ~ 5 जमानत, गारंटी: enter into an ~;
collocations: ~ **book** आबंध/ भेंट-पुस्तिका; ~ **ring** सगाई की अंगूठी; **prior/ previous** ~ पहले से ली गई भेंट के लिए सहमति;
p&i: ~ **ring** सगाई की अंगुठी
engaging /इन्गेजिंग/ *adj.* 1 आकर्षक, शालीन: ~ manners 2 मंत्र-मुग्ध करने वाला: ~ smile 3 रमणीय 4 रोचक;
dw/lw: **~ly** *adv.* आकर्षक ढंग से
engarland /इन्गाःलंड/ *v., pt.* **~ed**, *pp* **~ing** माला पहनाना;
engender /इन्जेंडः/ *v., pt.* **~ed**, *pp* **~ing** 1 पैदा क.: ~ misunderstanding/ argument; ~ discontent/ strife/ despair; ~ hope 2 जन्म दे.: man **~s** his like 3 बनाना 4 अस्तित्व में ला.;
dw/lw: **engendure** /इन्जेंड्योः/ *n.* संतति, औलाद
engine /ऐंजिन/ *n.* 1 इंजन, मोटर, कल: **start**/ switch on/ switch off/ turn off the ~ 2 रेल का इंजन 3 किसी अच्छे या बुरे कार्य को सिरे चढ़ाने का माध्यम: an ~ of destruction;
collocations: ~ **driver** *UK* (*US* **engineer**) रेल ड्राइवर; ~ **room** 1 फैक्टरी या जहाज आदि में कमरा जहां इंजन लगे होते हैं 2 ऊर्जा या शक्ति का स्रोत
engineer /ऐंजिनिअर/ *n.* 1 अभियंता, इंजीनियर: **a** mechanical/ structural/ software ~ 2 (*also* **civil** ~) सड़कें, पुल, भवन आदि बनाने से संबंधित इंजीनियर 3 *US* रेल ड्राइवर 4 षड्यंत्र आदि रचने वाला: the ~ of the scheme/ conspiracy;
v., pt. **~ed**, *pp* **~ing** 1 निर्माण क., डिजाइन क. 2 युक्ति लगाना, उपाय निकलना 3 धूर्त चाल चलना, षड्यंत्र से कुछ करवाना: riots **~ed** by communal forces; ~ a campaign of slander
engineering /ऐंजिनिअरिंग/ *US* ऐंजिनिरिंग/ *n.* 1 अभियांत्रिकी, इंजीनियरी 2 यंत्र-शास्त्र, यंत्र-विद्या 3 इंजीनियर का व्यवसाय या अध्ययन;
collocations: **civil** ~ सिविल इंजीनियरी; **genetic** ~ आनुवंशिक इंजीनियरी
English /इंग्लि\श/ *n.* 1 अंग्रेजी (भाषा): ~ is the language of not only of the English; American/ British/ Australian/ Indian etc. ~ 2 इंग्लैंड से संबंधित 3 (**the English**), *[pl.]* इंग्लैंड का नागरिक;
adj. 1 अंग्रेजी से संबंधित 2 इंग्लैंड से संबंधित: the ~ countryside; an ~ man/woman;
dw/lw: **~ism** /~शिज्म/ *n.* अंग्रेजियत; **~ly** /~लि/ *adv.* 1 अंग्रेजों की तरह 2 अंग्रेजी के मापदंडों पर 3 अंग्रेजी में; **~man**/ **~woman** *n.* अंग्रेज आदमी या औरत; **~ry** /~रि/ *n.* 1 अंग्रेजी नागरिकता: presentment of ~ry *law* (अंग्रेज या अंग्रेजी नागरिक होने का प्रमाण) 2 अंग्रेज लोग;
collocations: ~ **breakfast** *UK* अंग्रेजी नाश्ता (भुना गोश्त, टमाटर व अंडे आदि); ~ **for Academic Purposes** (**EAP**) शैक्षणिक उद्देश्यों के लिए अंग्रेजी भाषा; **literary** ~ साहित्यिक अंग्रेजी भाषा; ~**muffin** *US* (*UK* **muffin**) छोटी, गोल एवं सपाट ब्रेड जिसपर मक्खन लगाकर गर्म-गर्म खाया जाता है; ~ **rose** गेहुंए रंग और सुंदर शक्ल की लड़की (जो अंग्रेज लड़कियों की विशेषता मानी जाती है);
modern ~ आधुनिक अंग्रेजी; **the queen's/ king's/ Standard** ~ शुद्ध अंग्रेजी, मानक अंग्रेजी;
p&i: **~man's home is his castle** अंग्रेज का घर उसका दुर्ग होता है;
in plain ~ साफ-साफ, बिना किसी लाग-लपेट के; **murder the king's** ~ गलत-सलत अंग्रेजी बोलकर उसका कबाड़ा क.; **the ~ of this is/ the ~ of the matter is** सरल शब्दों में कहें तो; **Wardour-street English** पुराने शब्दों से भरपूर अंग्रेजी
engoba /इन्गॉबा/ *n.* अधोलेप
engo\re /इन्गॉः/ *v., pt.* **~red**, *pp* **~ring** छेदना, लहूलुहान क., खून से लथपथ क.
engor\ge /इन्गॉःज/ *v., pt.* **~ged**, *pp* **~ging** 1 जल्दी-जल्दी बहुत सारा खाना खा ले., गटकना 2 आवश्यकता से अधिक खा ले. 3 खून का थक्का बनना;
dw/lw: **~ged** *adj.* 1 पूरी तरह भरा हुआ 2 *pathol.* किसी अंग में जमा खून; **~gement** *n.* 1 पेटूपन 2 जमाव 3 खून का थक्का; **~ger** *n.* पेटू
engraft/ ingraft /इन्ग्राफ्ट/ *v., pt.* **~ed**, *pp* **~ing** कलम लगाना, आरोपित क., रोपना;
dw/lw: **~ation/ ~ment** *n.* कलमरोपण, आरोपण
engrail /इन्ग्रेल/ *v., pt.* **~ed**, *pp* **~ing** दांतेदार बनाना
engrain/ ingrain /इन्ग्रेन/ *v., pt.* **~ed**, *pp* **~ing** 1 मन में अंकित क. या बैठाना 2 पक्के रंग से रंगना
engram /इन्ग्राम/ *n.* संस्कारांक्न;
dw/lw: **~matic** *adj.* संस्कारांकित
engra\ve /इन्ग्रेव/ *v., pt.* **~ved**, *pp* **~ving** 1 उकेरना, नक्काशी क. 2 उत्कीर्ण क., तक्षण क. 3 अंकित क.: be ~ved in/ on one's memory/ heart/ mind etc.;
dw/lw: **~ver** *n.* नक्काश, उकेरक, तक्षक, उत्कीर्णक; **~ving** *n.* 1 नक्काशी, उकेरी, उत्कीर्णन 2 किसी उकेरित प्लेट आदि से लिया गया ठप्पा
engross /इन्ग्रोस/ *v., pt.* **~ed**, *pp* **~ing**, *he/she/it* **~es** 1 मग्न या तल्लीन क. या हो., खो जा.: ~ the mind 2 बड़े-बड़े अक्षरों में प्रतिलिपि तैयार क.;
dw/lw: **~ed** *adj.* मग्न, तल्लीन, खोया हुआ: be ~ed in/by/ with sth; **~ing** *adj.* बहुत दिलचस्प, रोचक, मजेदार: ~ing narrative (रोचक कहानी या कथा वाचन); **~ment** *n.* 1 तल्लीनता 2 हस्ताक्षर प्रति 3 *US* अमेरिकी कांग्रेस में पारित किए जाने वाले विधेयक का अंतिम रूप;
p&i: **~ed in** में तल्लीन; **~ing a deed** किसी दस्तावेज को हस्ताक्षर करवाने के लिए लिखकर तैयार क.
engulf /इन्गल्फ/ *v., pt.* **~ed**, *pp* **~ing** 1 चारों ओर से घेर या ढक ले. 2 निगल जा. 3 चपेट में ले लेना: be **~ed** in flames (लपटों की चपेट में आ जा.) 4 समा ले.

enhan\ce /इन्हांस/ *US* इन्हैंस/ *v., pt.* **~ced**, *pp* **~cing** 1 बढ़ाना, वृद्धि क. 2 सुधारना, ऊंचा उठाना;
dw/lw: **~cement** *n.* सुधार, वृद्धि, बढ़ोतरी;
collocations: **~ced radiation weapon** (*abbr.* **ERW**) न्युट्रोन बम, ऐसा बम जिसके गिरने से केवल प्राणी जगत समाप्त हो जाता है परंतु भवनों व भौतिक संरचनाओं को कोई हानि नहीं होती
enharmonic /ऐन्हाःमॉनिक/ *adj., music.* एक विशेष ढंग से बनाया हुआ संगीत
enigma /इनिग्मा/ *n., pl.* **~s** 1 पहेली, बुझौवल, प्रहेलिका: answer to an ~ 2 रहस्यमयी व्यक्ति या बात 3 (*syn.* mystery) पेंचीदी, गूढ़ बात, रहस्य;
dw/lw: **~tic/ ~al** /ऐनिग्मैटिक/ ~ल/ *adj.* रहस्यमय, पेचीदा, विभ्रांतकारी; **~tically** /ऐनिग्मैटिकलि/ *adv.* रहस्यमय ढंग से: speak ~tically
enjambement /इन्जैंबमंट/ (*also* **enjambment**) *n.* कविता में पंक्ति समाप्त होने के बाद भी वाक्य का चलन, अपूर्ण वाक्य
enjoin /इन्जॉइन/ *v., pt.* **~ed**, *pp* **~ing** 1 आदेश दे.: ~ secrecy upon one's friend 2 मना क., निषेध क., रोक दे. या रोक लगाना;
p&i: **~ sb from sth** *law* किसी को कुछ करने से मना क.; **~ sth on sb** किसी से किसी विशेष प्रकार के व्यवहार की मांग या अपेक्षा क.: ~ politeness on one's children
enjoy /इंजॉय\/ *v., pt.* **~ed**, *pp* **~ing** 1 आनंद ले., मजा ले., मजे क., रस ले.: ~ music/ poetry 2 भोगना, उपभोग क., उपयोग क.: ~ diplomatic privileges (कूटनीतिज्ञों को मिलने वाले विशेष अधिकारों को भोगना) 3 अनुभव क. 4 किसी अच्छी बात का लाभ मिलना: the room **~s** sunlight all day;
dw/lw: **~able** /~बल/ *adj.* मजेदार, आनंददायक, सुखद; **~ment** /~मंट/ *n.* 1 मौज, मस्ती, मजा 2 सुख 3 आनंद: take great ~ment in music 4 उपयोग, मालिकाना हक: ~ment of a fortune (संपत्ति का भोगी हो.);
p&i: **~ oneself** मौज या मस्ती क.; **~ your little while the fool seeks for more** थोड़े में ही सबर करो, लालच मूर्खों का काम है
enkindle /इन्किंडल/ *n.* 1 सुलगाना, जलाना 2 प्रज्वलित क.
ENL *abbr.* 'ETC Network Ltd.' की प्रथमाक्षरी
enla\ce /इन्लेस/ *v., pt.* **~ced**, *pp* **~cing** 1 लपेटना 2 घेरना 3 उलझाना
enlar\ge /इन्लाःज/ *v., pt.* **~ged**, *pp* **~ging** 1 बड़ा क. 2 बढ़ाना: **~ge** the legal operation/ **~ge** the scope of activities 3 (*syn.* elaborate) विस्तार क., विस्तार से बताना: **~ge** upon/ on sth;
dw/lw: **~ged** *adj.* वर्द्धित, बढ़ा हुआ: ~ged edition; **~gement** *n.* 1 विस्तार: the ~gement of the mind 2 वृद्धि 3 (*anton.* reduction) परिवर्धन; **~ger** *n., photo* चित्र-वर्धक उपकरण;
p&i: **~ge on/ upon sth** और विस्तार से बताना, बोलना या लिखना
enlighten /इन्लाइट\न/ *v., pt.* **~ed**, *pp* **~ing** 1 जानकारी दे., सूचित क. 2 शिक्षा दे., समझाना 3 प्रबुद्ध क., प्रबोधन कराना: ~ the masses 4 आत्मज्ञान कराना: ~ the minds 5 प्रकाशमान क., दीप्त क.: a smile **~ed** her face;
dw/lw: **~ed** /~न्ड/ *adj.* 1 प्रबुद्ध, ज्ञानसंपन्न: in our ~ed age 2 ज्ञानी: thoroughly ~ed on the subject; **~er** /~नः/ *n.* ज्ञान फैलाने वाला; **~ing** *n.* प्रबोधन, ज्ञान; **~ment** /इन्लाइट\न/ *n.* आत्मज्ञान, प्रबोध, प्रबोधन: the age of Enlightenment (प्रबोधन काल, अठारहवीं सदी में फ्रांस में पैदा हुई एक दार्शनिक धारा जो इन्सान के विवेक, मानवता के विकास तथा परंपरा व सत्ता को ललकारने पर बल देती थी)
enlist /इन्लि\स्ट/ *v., pt.* **~ed**, *pp* **~ing** 1 (सहयोग) लेना: ~ co-operation; ~ sb in/ on a cause 2 (*syn.* Call) सेना आदि में भर्ती क. या हो. 3 नाम लिखना या लिखाना 4 सदस्य बनना 5 किसी श्रेणी या वर्ग में शामिल क.: ~ sb as one's friend;
dw/lw: **~ed** /~स्टिड/ *adj., US* निश्चित अवधि के लिए भर्ती सिपाही; **~ee** *n.* सेना में भर्ती होनेवाले सिपाही; **~ment** /~स्टमंट/ *n.* 1 भर्ती: ~ment drive 2 सहयोग-प्राप्ति;
collocations: **~ed man/woman** *N. Amer, esp. US* अफसर के पद से नीचे के सैनिक (पुरुष या महिला); **~ed quarters** सिपाहियों का निवास स्थान; **~ed status** (अल्पकालिक सिपाहियों की श्रेणी)
enliven /इन्लाइव\न/ *v., pt.* **~ed**, *pp* **~ing** जीवंत बनाना, सजीव बनाना, प्राण फूंकना;
dw/lw: **~er** /~नः/ *n.* जीवंत बनाने वाला; **~ment** /~नमंट/ *n.* जीवंतता, सजीवता
enlock /इन्लॉक/ *v., pt.* **~ed**, *pp* **~ing** ताले के भीतर बंद क. या बंद करके रखना
en masse /औमैस/ *US* आंमैस/ *adv.* मिलकर, एकजुट होकर, सामूहिक रूप से, एक-साथ
enmesh /इन्मेश/ *v., pt.* **~ed**, *pp* **~ing**, *s/he/it* **~es** 1 जाल में फंसाना 2 पकड़ना 3 उलझाना: get **~ed**;
dw/lw: **~ment** *n.* उलझाव, जटिल स्थिति
enmi\ty /ऐन्मिटि/ *n., pl.* **~ies** शत्रुता, दुश्मनी, वैर, बैर, विद्वेष: at **~ty** with sb/ with sth
enneagon /ऐनिगन/ *n.* नवफलक, नवभुज, नवकोणक
ennob\le /इनोबल\/ *v., pt.* **~led**, *pp* **~ling** 1 कुलीन वर्ग का सदस्य बनाना 2 पद या प्रतिष्ठा बढ़ाना 3 उदात्त या शरीफ बनाना;
dw/lw: **~lement** /~मंट/ *n.* अभिजातीकरण, भला बनाने की क्रिया
ennui /औवि/ आंवि/ *n., Fr.* ऊब, उकताहट, ग्लानि;
dw/lw: **~ed** /औविड/ *adj.* ऊबा या उकताया हुआ
ENO *abbr.* 'English National Opera' की प्रथमाक्षरी
enormi\ty /इनॉःमिटि/ *n., pl.* **~ties** 1 विशालता 2 विकरालता 3 (*syn.* graveness) घोर नीचता, कमीनापन, घिनौनापन, पाजीपन: **~ty** of crime
enormous /इनॉःमस\/ *adj.* बहुत बड़ा, अति विशाल, बृहत्, विकराल;
dw/lw: **~ly** /~लि/ *adv.* बहुत बड़े पैमाने पर: **~ly** helpful; **~ness** /~नेस/ *n.* विशालता, विकरालता
enough /इनफ/ *pron., quantifier/ adj.* 1 काफी, पर्याप्त: ~ food to eat 2 यथेष्ट;
adv. 1 जितना होना चाहिए, यथेष्ट रूप में 2 थोड़ा-सा: funnily/ oddly/ strangely ~; have had ~; that's ~! 3 काफी: oddly ~, I can't remember;
p&i: **~ and to spare** काफी ज्यादा; **~ is as good as a feast** अच्छा पर थोड़ा-थोड़ा; **~ is ~** बस बहुत हो गया; **~ to make a cat laugh** बेहूदा हरकतें; **~ to make a cats speak** इस पर तो धर्मराज को भी क्रोध आ जाए;
have had ~ of sth! बस और नहीं सहा जाता!
enoun\ce /इनाउंस/ *v., pt.* **~ced**, *pp* **~cing** 1 उच्चारण या उच्चरित क. 2 व्यक्त क., प्रतिपादित क. 3 घोषित क. 4 बोलना, कहना
ENP *abbr.* 'European Neighbourhood Policy' की प्रथमाक्षरी
en papillotte /आंपपियॉत/ *adv.* तेल कागज में/ पर (परोसना)
en passant /औपैसौं/ *US* आंपैसां/ *adv., Fr.* 1 प्रसंगवश, चलते-चलते 2 शतरंज के खेल में एक चाल
en pension /आंपैंशियोन/ *adv.* पहले से तय दर से रहना और खाना
en primeur /आंन्प्रिमोः/ *adv.* नई मदिरा
enprint /ऐंप्रिंट/ *n., photog.* फोटो का मानक आकार
enqui\re *UK* (*UK/US* **inqui\re**) /इन्क्वा\यः/ *v., pt.* **~red**, *pp* **~ring** 1 पूछ-ताछ क.: **~re** into sth 2 पता लगाना: **~re** after sb *UK* (किसी का हालचाल पूछना);
dw/lw: **~rer** (*UK/ US* **inquirer**) *n.* जांच-पड़ताल करने वाला; **~ring** (*UK/ US* **inquiring**) /~यरिंग/ *adj.* 1 जिज्ञासु, सदा नई जानकारी पाने को उत्सुक 2 जिज्ञासापूर्ण; **~ry** (*UK/US* **inquiry**) /~यरि/ *n.* 1 प्रश्न, सूचना पाने के लिए सवाल: make/ receive an ~ry about sth 2 जांच, पड़ताल 3 प्रश्न पूछने/जांच करने की प्रक्रिया

ENR *abbr.* 'Engineering New Record' की प्रथमाक्षरी
enra\ge /इन्रेज/ *v., pt.* **~ged**, *pp* **~ging** (***syn.*** infuriate) बहुत क्रुद्ध क., गुस्सा दिलाना
en rapport /ऐंरापोः/ *adv., Fr.* निकट संबंध या आपसी समझ में
enrapt /इन्रैप्ट/ *adj.* 1 आनंद-विभोर 2 लीन, तल्लीन
enraptu\re /इन्रैप्चः/ *v., pt.* **~red**, *pp* **~ring** आह्लादित क., आनंद-विभोर क., आनंद से भर दे.;
***dw/lw:* ~red/ enrapt** *adj.* आह्लादित, आनंद-विभोर
enrich /इन्रिच/ *v., pt.* **~ed**, *pp* **~ing** 1 बढ़िया बनाना, अधिक गुण संपन्न क., संवर्धन क.: music has **~ed** his life 2 अलंकृत क. 3 धनी बनाना या बनना: **~ed** by commerce 4 उपजाऊ बनाना: ~ soil;
***dw/lw:* ~ed** *adj.* संवर्द्धित: ~ed uranium (संवर्द्धित यूरेनियम); ~ed bread; **~ment** *n.* 1 संवर्धन, संपन्नीकरण, अलंकरण 2 समृद्धि, संवृद्धि
enrobe /इन्रोब/ *v., pt.* **~ed**, *pp* **~ing** कपड़े पहनाना, सुसज्जित हो., बनना-ठनना
enrol *UK* (*US* **enroll**) /इन्रो\ल/ *v., pt.* **~led**, *pp* **~ling** 1 नाम लिखना या लिखवाना, सूची में चढ़ाना 2 *UK* दाखिला दे. या लेना, प्रवेश पाना, भर्ती हो. या क. 3 सदस्य बनना या बनाना;
***dw/lw:* ~lee** /~लि/ *n.* प्रवेशार्थी/ सदस्यता प्रार्थी; **~ment** *UK* (*US* **enrollment**) /~लमंट/ *n.* 1 दाखिला, प्रवेश, भर्ती: ~ment fee 2 नामांकन, नामनिवेश, पंजीयन
en route /औंरूट/ *adv.* रास्ते में: stop ~ for a meal
ENSA *abbr. hist.* 'Entertainments National Service Association' की प्रथमाक्षरी
ensangui\ne /इन्सैंग्विन/ *v., pt.* **~ned**, *pp* **~ning** 1 खून से लथपथ क. 2 रक्तरंजित क.;
***dw/lw:* ~ed** /इन्सैंग्विनड/ *adj.* खून से लथपथ
enscon\ce /इनस्कौं\स/ *US* इन्सकां\स/ *v., pt.* **~ced**, *pp* **~cing** *lit. or humorous* 1 छिपाना, आश्रय दे. 2 (*often* **be ~ced**) सुखपूर्वक बैठना, जम जा., सुस्थापित हो जा.;
***dw/lw:* ~ced** /~सड/ *adj.* सुस्थापित, जमा हुआ;
***p&i:* ~ce oneself** सुरक्षित जमकर बैठना
ensemble /औन्सौंबल/ *US* आंन्सांबल/ *n., Fr.* 1 ओपिरा (opera) के सभी गायकों, नर्तकों व संगीतकारों द्वारा एक साथ अदा की गई संगीत रचना 2 एक संपूर्ण वस्तु 3 किसी चीज का संपूर्ण और सामूहिक प्रतिनिधित्व 4 एक साथ पहनी जाने वाली पोशाक की कई कपड़ों का सेट (set): a dress-and-jacket ~
enshri\ne /इन्श्राइन/ *v., pt.* **~ned**, *pp* **~ning** 1 किसी देश या संस्था के संविधान में लिखित रूप में कुछ जोड़ना या शामिल क.: right of freedom of speech as **~ned** in the constitution 2 मंदिर आदि में कुछ चढ़ाना या रखना 3 किसी चीज या बात को संभालकर रखना: **~ned** in sb's memory
enshroud /इन्श्राउड/ *v., pt.* **~ed**, *pp* **~ing** *lit.* 1 ढकना, आच्छादित क.: **~ed** in darkness 2 छिपाना, पर्दा डालना
ensign /ऐन्सअन/ इन्साइन/ *n.* 1 पताका, झंडा, ध्वज: ~ bearer (ध्वज वाहक) 2 बैनर 3 प्रतीक, चिह्न 4 *N. Amer., esp. US* अमेरिका की नौसेना में अफसर का निम्नतम पद;
***collocations:* White Ensign** शाही नौसेना की पताका; **Red Ensign** मर्चेंट नेवी (व्यापारिक पोत) की पताका; **Blue Ensign** सहायक पोत की पताका
ensilage /एन्सिलिज/ *n.* भंडार में रखा हुआ हरा चारा
ensile /एन्साइल/ *v., pt.* **~d**, *pp* **ensiling** हरे चारे को भंडार में रखना
ensla\ve /इन्स्लेव\/ *v., pt.* **~ved**, *pp* **~ving** 1 दास बनाना, गुलाम बनाना 2 वशीभूत क.: be **~ved** by one's passions
***dw/lw:* ~vement** /~मंट/ *n.* दासता, गुलामी
ensna\re /इन्स्नेअः/ *US* इन्स्नेर/ *v., pt.* **~red**, *pp* **~ring** जाल में फंसाना, पकड़ ले.
ensphe\re /ऐन्स्फिअः/ *v., pt.* **~red**, *pp* **~ring** घेर लेना, घेरा डाल दे.
ensue /इन्स्यू\/ *v., pt.* **~d**, *pp* **ensuing** 1 के बाद हो., के परिणाम स्वरूप हो.: silence **~d** after his speech 2 (*usually* **~ from sth**) से परिणाम के रूप में निकलना: very serious consequence would ~ from it;
***dw/lw:* ensuing** /~इंग/ *adj.* आगामी, आने वाला समय आदि
en suite /आं स्वीट/ *adj. UK* एक इकाई (कमरे आदि) के साथ में लगा हुआ
ensu\re /इन्स्यूअः/ *US* इन्सूअः/ *v., pt.* **~red**, *pp* **~ring** 1 सुनिश्चित क.: **~re** independence of press; **~re** success 2 सुरक्षित रखना
ENT abbr. 'ear, nose and throat', 'Economic Needs Test' की प्रथमाक्षरी
-ent *suffix.,* forming adjectives *signifying*: 1 **acting, causing an action or a certain state** (क्रिया, किसी क्रिया को करवाना और या कोई अवस्था तक पहुंचाना): resid**ent**; differ**ent** 2 *forming nouns, signifying:* **an agent** (कर्ता)
ent./ entom./ entomol. *abbr.* 'entomology' का संक्षेप
entablature /एंटैब्लअचः/ *n.* प्राचीन निर्माण शिल्प में भवन का वह भाग जो सीधे स्तंभों पर टिका होता है
entail /इन्टेल/ *v., pt.* **~ed**, *pp* **~ing** 1 नतीजा या परिणाम निकलना या हो.: the work **~s** expense 2 (***syn.*** involve) आवश्यक बनाना 3 (*usually* **~ sth on sb**) *law* वंशजों या उत्तराधिकारियों के नाम संपत्ति इस प्रकार लिखना कि वे उसे बेच न सकें: the estate is **~ed** 4 खतरे आदि की संभावना हो.: the plan **~s** trouble;
dw/lw:* ~ment** *n.* 1 संपत्ति का वंशजों के नाम हस्तांतरण 2 हस्तांतरित की जाने वाली संपत्ति 3 *law* संपत्ति के उपयोग को सीमित करने की क्रिया; **~s** /एन्टेल्ज/ *n., [pl.]* 1 अंत्र, अंतड़ियां 2 (syn.*** innards, insiders) किसी भी चीज का भीतरी भाग
entang\le /इन्टैंग्ल/ *v., pt.* **~led**, *pp* **~ling** 1 फंसा दे. या फंस जा.: **~led** sb in a quarrel 2 उलझा या जटिल बना दे. 3 उलझ जा.;
***dw/lw:* ~led** /~ग्ल्ड/ *adj.* 1 फंसा हुआ 2 उलझा हुआ: ~led in contradictions 3 जटिल; **~lements** /~ग्लमंट/ *n.* 1 किसी के साथ रिस्तों में उलझाव 2 उलझन, जटिलता 3 उलझाव 4 (**~lements**) बाधा, अवरोध, नाका आदि;
***collocations:* ~ling alliance** *US* विदेशी सरकार के साथ ऐसा समझौता जो उस सरकार को अवांछित उलझन में फंसा देता है
entasis /एंटअसिस/ *n., pl.* **entases** /एंटअसीज/ *archit.* स्तंभ का उभार, उत्तलता
entassment /एंटैसमंट/ *n.* ढेर
entelechy /इंटेलिकि/ *n.* संभूति, अंतस्तत्त्व
entellus /एंटेलस/ *n.* लंगूर
entente /औंटौंट/ *US* आंटांट/ *n., Fr.* 1 समझौता 2 सहमति 3 *diplomacy* देशों के बीच मैत्रीपूर्ण समझौता
entete cordiale / औंटौंट कॉःडिआल/ *US* आंटांट कॉःडिआल/ *n., pl.* **entente cordiales** देशों के बीच मैत्री समझौता या संबंध
enter /ऐंटः/ *v., pt.* **~ed**, *pp* **~ing** 1 घुसना, प्रवेश क.: ~ Hamlet; the thorn **~ed** the flesh; the bullet **~ed** the heart 2 बही या रजिस्टर आदि में दर्ज क.: **~ed** for warehouse 3 मुकाबले आदि में भाग ले.: ~ a horse of a race 4 नौकरी या संगठन आदि में शामिल हो. 5 सदस्य बनना: ~ into high society 6 भर्ती हो.: ~ the school/ army/ legal profession 7 डायरी आदि में लिखना या नोट करना 8 प्रतियोगी के रूप में नाम दर्ज कराना: ~ for a contest as a singer 9 प्रस्तुत क. या दर्ज करवाना: ~ a complaint; ~ an event 10 नई अवस्था में पहुंचना: ~ a new era;
n. 1 कंप्यूटर के कीबोर्ड (keyboard) में **'enter'** का बटन 2 प्रवेश;
***dw/lw:* ~able** /ऐंटरअबल/ *adj.* दर्ज करने योग्य; **~ed** /एंटःड/ *adj.* प्रवेशित, दर्ज, लिखित में; **~er**/ऐंटरः/ *n.* 1 प्रवेशक, घुसनेवाला 2

मुकाबले में शामिल होने वाला; **~ing** /एंटःरिंग/ *n.* प्रवेश करने की क्रिया; **~ing-port** *n.* प्रवेश बंदरगाह; **~s** /ऐंटःज/ *n. [pl.] geog.* अंतःस्राव;
p&i: **~ a caveat** इस बात की प्रार्थना दर्ज करवाना कि गैरमौजूदगी में दावे पर सुनवाई न हो; **~ into a treaty** समझौता क.; **~ into sth** में शामिल हो., में उलझना, भर्ती हो.; **~ into details** गहराई से अध्ययन क.; **~ into sb's ideas** किसी के विचारों में आना; **~ on/ upon sth** नया धंधा या संगठन शुरू क.; **~ on a project** किसी योजना को शुरू क.; **~ the lists** चुनाव के लिए उम्मीदवार बनना; **~ up** दर्ज क.; **~ up the profits in the book** लाभ को बही में दर्ज क.; **~ upon a new stage of life** जिंदगी में नए मुकाम पर पहुंचना

enterectom\y /ऐंटअरेक्टमि/ *n., pl.* **~ies**, *surg.* आंत के हिस्से के हटाने की क्रिया

enteric /ऐंटेरिक/ *adj., anat.* आन्त्र: ~ fever (आन्त्र ज्वर, टायफाइड)

enteric-coated /ऐंटेरिक-कोटिड/ *adj., pharmacol.* (*abbr.* **ec**) ऐसी ढकी हुई (coated) दवाई जो उदर से गुजरकर आंत में जाने तक नहीं घुलती

enteritis /ऐंटअराइटिस/ *n., pathol.* आंत्रशोथ, छोटी आंत का शोथ

entero- /ऐंटअरो\-/ *comb. form, signifying:* **intestine** (आंत्र, आंत);
dw/lw: **~genous** /~जअनस/ *adj., med.* आंत से पैदा होने वाला; **~n** /~न/ *n.* आहार-नाल, अंत्र, आंत्र; **~pathy** /~पथि/ *n.* आंतों की बीमारी; **~tomy** /~टमि/ *n.* आंत्र छेदन; **~virus** /~वाइरस/ *n., patrol.* आंतों को संक्रमित करने वाले विषाक्त जलवायु

enterpri\se /ऐंटःप्राइज/ *US* ऐंटप्राइज/ *n.* 1 योजना या उद्यम: small **~ses** 2 व्यापारिक संगठन: private **~se** 3 कठिन पर महत्त्वपूर्ण योजना, जोखिम भरा उद्यम: embark on an **~se** 4 जोखिम भरा व साहसपूर्ण कार्य: exploits and mighty **~ses** (Shakespeare) 5 उत्साह, साहस, हिम्मत, दिलेरी: a man of **~se**; a spirit of **~se**;
dw/lw: **enterprising** /~जिंग/ *adj.* 1 साहसी या साहसिक 2 उद्योगी या उद्योगपूर्ण 3 जोखिम उठाने वाला या जोखिम से भरा, जोखिमी;
collocations: **~ culture** *econ.* व्यापारिक संस्कृति; **~ zone** व्यापार क्षेत्र

entersol /एंटःसोल/ *n.* परत

entertain /ऐंटःटेन/ *v., pt.* **~ed**, *pp* **~ing** 1 मन बहलाना, मनोरंजन क., रिझाना: ~ sb with songs and skits 2 खातिरदारी क., मेहमाननवाजी क., स्वागत क., अतिथि-सत्कार क.: ~ friends at/ to dinner 3 पर विचार क., किसी विचार या सुझाव को मानने के लिए तैयार हो.: ~ an idea/ a theory; ~ a thought; ~ a purpose; ~ a proposal; ~ an opinion 4 दिमाग में रखना, मन में सोचना: ~ a grudge against sb; ~ resentment;
dw/lw: **~able** /~नअबल/ *adj.* विचार करने योग्य; **~er** *n.* मनोरंजन करने वाला, नर्तक, नर्तकी गायक, गायिका; **~ing** *adj.* मनोरंजक, दिल बहलाने वाला

entertainment /ऐंटःटेन्मंट/ *n.* 1 मनोरंजन, मन-बहलाव: give/ afford ~ 2 मनोरंजन का कार्यक्रम (संगीत, नाटक आदि) 3 खुशी, आनंद: sb's ~; much to the ~ of sb;
collocations: **~ allowance** अतिथि-सत्कार भत्ता; **~ tax** मनोरंजन कर; **~ value** मनोरंजन महत्ता;
p&i: **a great deal of company but poor ~** बड़ी संख्या में मेहमान, पर बहुत कम पकवान; **he met with very good ~** उसका गर्मजोशी से स्वागत किया गया; **the ~ of time** समय काटने का साधन

enthalpy /एन्थैल्पि/ *n., chem.* पूर्ण ऊष्मा, पदार्थ में मौजूद ऊष्मा, ऊर्जा

enthral *UK* (*US* **enthrall**) /इंथ्रॉल/ *v., pt.* **~led**, *pp* **~ling** 1 (*syn.* entrance) मंत्र-मुग्ध क., मोहित क., अभिभूत क.: ~ the eye 2 दास या गुलाम बनाना 3 वशीभूत क.;
dw/lw: **~dom** *n.* दासता, गुलामी; **~ler** *n.* मंत्रमुग्ध करने वाला; **~ling** *adj.* सम्मोहक; **~ment** *n.*1 सम्मोहन 2 दास बनाने की क्रिया 3 दासता 4 दास जैसी वफादारी

enthrone /इन्थ्रोन/ *v., pt.* **~d**, *pp* **enthroning** सिहांसन पर बैठाना, गद्दीनशीन क., गद्दी पर बैठाना: the Dutch prince was **~d** in 2013; sit **~d**;
dw/lw: **~ment** /~मंट/ *n.* गद्दीनशीनी, सिहांसनारोहण;
p&i: **be ~d in the heart** दिलों पर राज क.

enthu\se /इंथ्यूज/ *v., pt.* **~sed**, *pp* **~sing** 1 उत्साह या जोश बढ़ाना: he **~sed** the audience with his suggestions 2 उमंग या जोश से भर दे.: they **were ~sed** over the painting;
dw/lw: **~siasm** /~जिऐज्म/ *n.* उमंग, जोश, उत्साह; **~siast** /~जिऐस्ट/ *n.* 1 शौकीन आदमी 2 उत्साही या जोशीला व्यक्ति; **~siastic** /~जिऐस्टिक/ *adj.* उत्साह या जोश से भरा, उत्साहपूर्ण; **~siastically** /~जिऐस्टिकलि/ *adv.* उत्साहपूर्वक, जोश के साथ

enthymeme /एंथिमीम/ *n.* लुप्त अवयव नीति वाक्य

enti\ce /इंटाइस/ *v., pt.* **~ced**, *pp* **~ing** 1 ललचाना, लुभाना: **~ce** a bird into a cage 2 फुसलाना: **~ce** with false promises; **~ce** away (फुसलाना) 3 प्रलोभन दे.;
dw/lw: **~cement** /~समंट/ *n.* लालच, प्रलोभन, फुसलाहट; **~cer** /~सः/ *n.* फुसलाने वाला; **~cing** /~सिंग/ *adj.* लुभावनी, आकर्षक, सम्मोहक; **~cingly** /~सिंगलि/ *adv.* ललचाते हुए

enti\fy /ऐंटिफाइ/ *v., pt.* **~fied**, *pp* **~fying** वास्तविक मानना, सही मानना, लगना

enti\re /इंटायः/ *adj.* 1 सारा, पूर्ण, समग्र: the **~re** country; the **~re** world 2 कुल, पूरा, समूचा, अखंड: the **~re** medical profession 3 अंडुआ;
dw/lw: **~rely** /~यःलि/ *adv.* पूरी तरह से, पूर्ण रूपेण, बिल्कुल; **~rity** /~रिटि/ *n., pl.* ~rities समस्तता, पूर्णता, अखंडता;
p&i: **~re happiness** पूरी खुशी; **~re ignorance** घोर अज्ञानता; **~re liberty of conscience** आत्मा की संपूर्ण स्वतंत्रता;
his heart was ~re उसके दिल को नहीं छुआ, वह प्यार से अछूता रहा; **in its ~rity** पूरे का पूरा; **the fortifications were ~re** नाकेबंदी बिल्कुल अखंड थी

entit\le /इंटाइटल/ *v., pt.* **~led**, *pp* **~ling** 1 अधिकार दे., हक हो.: **~le** sb to sth: his knowledge **~les** him to great fame 2 (*syn.* be authorised) अधिकृत क. या हो: he is not **~led** to speak on my behalf 3 विषय का शीर्षक दे.: read an article **~led** "Peace" 4 उपाधि दे.;
dw/lw: **~led** /~टल्ड/ *adj.* 1 हकदार 2 पात्र 3 अधिकारी; **~lement** /~टल्मंट/ *n.* अधिकार, हकदारी, पात्रता, अधिकृतता;
p&i: **~ to** का हकदार बनाना

entit\y /ऐंटिटि/ *n., pl.* **~ties** 1 स्वतंत्र वजूद या अस्तित्व 2 सत्ता 3 सत्व, किसी वस्तु, बात या व्यक्ति की प्रकृति: time and space are **~ties** 4 *philos.* वजूद में होने का तथ्य या विशेषता: class **~ty**; single **~ty**

ento- /ऐंटो/ *comb. form, signifying:* **inside** (अंदर, अंतः);
dw/lw: **~blast** *n.* अतःकोरक; **~codon** *n.* अंतर्गोलक; **~derm** *n.* अंतर्जनस्तर; **~phyte** *adj.* अंतः-पादपी; **~plastral** *adj.* अंतरवर्मी; **~toptics** *n.* अंतर्नेत्र विज्ञान; **~tic** *adj.* अंतर्कर्णी

entoil /ऐंटॉयल/ *v., pt.* **~ed**, *pp* **~ing** फंसाना, उलझाना;
dw/lw: **~ment** /~मंट/ *n.* फंदा, जाल, उलझन

entomb /इन्टूम/ *v., pt.* **~ed**, *pp* **~ing** दफनाना;
dw/lw: **~ment** /~मंट/ *n.* दफन

entomic /ऐंन्टॉमिक/ *adj.* कीट संबंधी

entomo- /ऐंटोमॉ-/ *comb. form, signifying:* **insect or insects** (कीट)

entomol. *abbr.* 'entomology' का संक्षेप

entomo\logy /ऐंटअमौलअजि/ *US* ऐंटअमाःलअजि/ *n.* कीट-विज्ञान;
dw/lw: **~logical** /ऐंटअमलौजिकल/ *US* ऐंटअमअ\लाःजिकल/ *adj.* कीटविज्ञानीय; **~logist** /~लअजिस्ट/ कीट-विज्ञानी; **~phagous** /~फेगस/ *adj.* कीटाकारी; **~philous** /~फिलस/ *adj.* कीट-परागित

entourage /औंटुराःज/ *US* आंटुराःज/ *n., Fr.* 1 छुटभैयों का समूह 2 चाटुकार संगी-समूह 3 संगी-साथी, सोहबत, संगत

entr'acte /औंतरैक्त/ *US* आंतरैक्त/ *n., pl.* **~s**, *Fr.* 1 (*syn.* interval) मध्यांतर 2 मध्यांत काल का कार्यक्रम

entrails *see above under* **entail:** *dw/lw*

entrain /इन्ट्रेन/ *v., pt.* **~ed**, *pp* **~ing** 1 रेल में चढ़ाना या चढ़ना 2 रेलगाड़ी में लादना 3 रेलगाड़ी का लदना 4 मनोरंजन क., अपने पीछे खींचना;
dw/lw: **~ed** /इन्ट्रेंड/ *adj.* सवार, आरूढ़; **~ing** /इन्ट्रेनिंग/ *n.* 1 लदाई 2 गाड़ी में सवारी को बैठाने या अपने आप बैठने की क्रिया;
collocations: **~ing officer** *milit.* गाड़ियों में सैनिक सवारियों को बैठाने व सैनिक माल को लदवाने का इंचार्ज अफसर; **~ing point/ ~ing station** सवारियों द्वारा गाड़ी में बैठने या माल की लदाई का स्थान

en train /ऐन ट्रेन/ *adv.* प्रगति पर

entrammel /इन्ट्रैमल/ *v., pt.* **~led**, *pp* **~ling** 1 रस्सी या पट्टी से बांधना 2 लपेटना 3 उलझाना, अटकाना 4 पेटी से बांधना

entrance[1] /ऐंट्रंस/ *n.* 1 प्रवेश द्वार: at the ~; make ~ (प्रवेश क.) 2 प्रवेश: the ~ to sth 3 दाखिला, प्रवेश 4 प्रवेशाधिकार;
collocations: **~ duty** प्रवेश शुल्क; **~ exam/ examination** प्रवेश परीक्षा; **~ fee** प्रवेश शुल्क; **~ hall** प्रवेश हॉल; **~ requirements** विश्वविद्यालय आदि में प्रवेशार्थियों के लिए शर्तें; **~ visa** प्रवेश वीजा;
back/ front/ main ~ चोर/ सामने का/ मुख्य द्वार;
p&i: **~ to the college is by examination only** कॉलेज में दाखिला परीक्षा के माध्यम से होता है;
free ~ and safe egress निर्बाध प्रवेश एवं बहिर्गमन; **force an ~** जबरदस्ती घुसना; **no ~** प्रवेश निषेध!

entran\ce[2] /इन्ट्रांस/ *US* इन्ट्रैंस/ 1 किसी को आकर्षित क. व उसकी कल्पना पर छा जाना 2 आनंदित क, मंत्र-मुग्ध क. 3 आश्चर्यचकित क.;
dw/lw: **~ced** /इन्ट्रांस्ड/ *adj.* आश्चर्यचकित, मंत्र-मुग्ध; **~cement** *n.* 1 सम्मोहन 2 मंत्र-मुग्धता; **~cing** /इन्ट्रांसिंग/ *adj.* मंत्र-मुग्धकारी, सम्मोहक
p&i: **the snake ~ced the rabbit with its gaze** सांप ने घूरकर खरगोश की सिट्टी-पिट्टी गायब कर दी; **they were ~ced with what the preacher said** वे प्रचारक के प्रवचन पर मंत्र-मुग्ध थे; **they listened ~ced** वे मंत्र-मुग्ध होकर सुन रहे थे

entrant /ऐंट्रंट/ *n.* 1 परीक्षार्थी 2 प्रवेशी, प्रवेशक: the last ~ 3 किसी व्यवसाय का नया सदस्य: new ~ into the teaching profession 4 उम्मीदवार, प्रतियोगी

entrap /इन्ट्रैप/ *v., pt.* **~ped**, *pp* **~ping** 1 जाल में फंसाना: ~ an elephant for use in a circus 2 चालाकी से कुछ करवा ले.: be **~ped**; ~ sb into saying sth stupid;
dw/lw: **~ment** /~पमंट/ *n.* 1 फंसाने की क्रिया 2 फुसलाकर व जाल बिछाकर अपराध करवाने की क्रिया; **~per** /~पः/ *n.* फंसानेवाला व्यक्ति

entreat /इन्ट्रीट/ *v., pt.* **~ed**, *pp* **~ing** 1 मिन्नत क., गिड़गिड़ाना, अनुनय-विनय क., घिघियाना, चिरौरी क.: ~ sb to help sb 2 किसी से कुछ निकलवाना: ~ sth of sb;
dw/lw: **~ingly** /~टिंगलि/ *adv.* अनुनयपूर्वक, चिरौरी करते हुए, गिड़गिड़ाते हुए; **~y** /~टि/ *n., pl.* ~ies अनुनय-विनय, भावुकतापूर्ण प्रार्थना

entrechat /आंत्रेशां/ -शे/ *n., pl.* **~s**, *Fr., ballet.* बैले (ballet) नृत्य में छलांग जिसमें नर्तक पांवों को आर-पार करके टप-टप करता है

antrecôte /आंत्रेकोत/ *n., cookery, Fr.* बिना हड्डियों के गोश्त की स्टेक

entrée /औत्रे/ *US* आंत्रे/ *n., pl.* **~s**, *Fr.* 1 भोजन के मुख्य व्यंजन से पहले परोसा जाने वाला व्यंजन 2 *US* भोजन का मुख्य व्यंजन 3 प्रवेश अधिकार: ~ into polite society (शालीन समाज में प्रवेश)

entrench/ intrench /इंट्रेंच/ *v., pt.* **~ed**, *pp* **~ing** 1 दृढ़तापूर्वक स्थापित होना, डट जा.: deeply **~ed** ideas 2 किसी जगह पर खाई खोदकर मोर्चाबंदी क.;
dw/lw: **~ed** /~ज्ड/ *adj.* 1 चिरस्थापित: ~ed prejudices (गहरे दुराग्रह) 2 दृढ़तापूर्वक जमा हुआ: ~ed position; **~ment** /~मंट/ *n.* 1 खाईबंदी, मोर्चाबंदी 2 सुरक्षा व्यवस्था 3 सुरक्षा हेतु खोदी हुई खाई

entre nous /आंत्र नु/ *adv., adj., Fr.* गुप्त बात जो किसी को भी नहीं बताई जानी चाहिए

entrepot/ entrepôt /औंत्रअपो/ *n., Fr.* बंदरगाह में गोदाम जहां आयात-निर्यात का माल रखा जाता है और वहां से बिना सीमा शुल्क दिए आयातित माल को फिर कहीं निर्यात कर दिया जाता है

entrepreneur /औंत्रअप्रनः/ *US* आंत्रअप्रनः/ *n., Fr.* 1 उद्योगी, उद्यमी 2 जोखिम उठाने वाला व्यक्ति;
dw/lw: **~ial** /औंत्रअप्रअनरिअल/ *adj., Fr.* उद्योगी संबंधी, उद्यमीय

entrepreneuse /औंत्रप्रअनःज/ *US* आंत्रप्रअनःज/ *n., Fr.* 1 महिला उद्योगी/उद्यमी 2 जोखिम उठाने वाली उद्योगी महिला

entrepôt /औत्रअपो/ *US* आंत्रअपो/ *n., Fr. see above under* **entrepot**

entresol /औत्रअसॉल/ *US* आंत्रअसॉल/ *n., Fr., arch.* 1 पहली और दूसरी मंजिल के बीच अधमंजिल 2 बिचला तल्ला, परछत्ती, दुछत्ती

entro\py /ऐंट्रअपि/ *n., pl.* **~pies** 1 किसी सिस्टम में उचित व्यवस्था की कमी 2 किसी कार्य को करने के लिए ऊर्जा आदि की कमी का मापन 3 अस्त-व्यस्तता, बिखराव

entrust/ intrust /इन्ट्रस्ट/ *v., pt.* **~ed**, *pp* **~ing** 1 सौंपना: ~ sth to sb; ~ with a secret 2 जिम्मेवारी दे.: ~ sb with sth; ~ with a duty 3 उतरदायित्व दे.: ~ a university with power to confer degrees;
dw/lw: **~ment** /~मंट/ *n.* कार्य पूरा करने की जिम्मेवारी;
p&i: **~ with** को सौंपना, जिम्मेवारी दे.

entry /ऐंट्रि/ *n., pl.* **entries** 1 प्रवेश, दाखिला 2 प्रवेश अधिकार 3 (also **~ way**) प्रवेश द्वार, प्रवेश पथ: ~ into the Earth's atmosphere 4 शामिल होने की क्रिया: ~ into war 5 शुरुआत, आरंभ: ~ into literature; ~ of a month 6 मालिकाना हक के मिलने की क्रिया: ~ into possession 7 अभिनेताओं का रंगमंच पर प्रवेश 8 आवासीय घर में लूट-पाट करने हेतु प्रवेश: burglarious ~ 9 प्रतियोगिता आदि के लिए दर्ज किए गए प्रार्थनापत्र या उम्मीदवारी पत्र, प्रतियोगी: large **entries** 10 शब्दकोश में प्रविष्ट (शामिल) शब्द, प्रविष्टि: ~ in the dictionary 11 प्रविष्ट सूचना: post an ~ 12 इंदराज, लेखी, प्रविष्टि: make an ~; post an ~ 13 कंप्यूटर में रिकॉर्ड की हुई सूचना 14 सदस्यता, प्रवेश अधिकार: be granted/ refused ~;
dw/lw: **entryism** /~इज्म/ (*also* **entrism/ enterism**) *n., derog.* अवसरवादी तत्वों द्वारा किसी दल में बड़ी संख्या में शामिल होकर सत्ता हथियाने या उस दल की नीतियां बदलवाने की क्रिया; **~level** *n.* निम्नतम वेश स्तर; **Entryphone** *n., tradem.* प्रवेश द्वार पर लगा फोन जिस पर आगंतुक जिससे मिलना है उसे अपनी पहचान बताकर अंदर आ सकता है; **~way** *n.* प्रवेश पथ;
collocations: **~ card** प्रवेश पत्र; **~ fee** प्रवेश शुल्क; **~ form** प्रवेश प्रपत्र (फार्म); **~ heading** विवरण शीर्षक (bibliographical); **~ list** प्रवेश सूचनापत्र; **~ visa** प्रवेश वीजा; **~ word** विवरण का अक्षरानुक्रमिक (alphatbetical) शब्द;
p&i: **~ money** किसी संस्था का सदस्यता शुल्क;
be granted/ refused ~ प्रवेश आज्ञा न पाना; **make his/ her ~** प्रवेश क.; **No ~!** प्रवेश निषेध!

entwi\ne /इन्टवाइ\न/ *v., pt.* **~ned**, *pp* **~ning** 1 दो या ज्यादा चीजों को एक साथ लपेटकर मिलाना: **~ne** roses with lilies 2 गूथना,

ग्रथित क.: his interests are **~ned** with her own 3 आलिंगन क.;

dw/lw: **~ned** /~न्ड/ *adj.* 1 उलझा हुआ, गुथा हुआ 2 उलझा हुआ, जटिल ढंग से जुड़ा हुआ; **~nement** /~नमंट/ *n.* 1 उलझाव, गुथाई 2 गूढ़ संबंध

entwist /इन्टिवस्ट/ *v., pt.* **~ed**, *pp* **~ing** 1 बटना 2 दो तारों या रस्सियों को मिलाकर बुनना

E-number *n.* यूरोपीय संघ द्वारा पारित अक्षर **'E'** से शुरू होने वाला कूट नंबर जो खाद्य पदार्थों में मिले तत्त्व दर्शाता है

enuclea\te /इन्यूकलिएटट/ *v., pt.* **~ted**, *pp* **~ting** मुद्दे के प्रमुखतम या छिपे पहलू को समझाना, स्पष्ट क.: **~te** the sense which underlies a difficult construction

enumerable /इन्यूमअरअबल/ *adj.* 1 गणनीय: ~ set 2 अनेक, बहुसंख्यक

enumera\te /इन्यूमअरेटट/ *v., pt.* **~ted**, *pp* **~ting** 1 एक-एक करके सूची में नाम दर्ज क.: **~te** the plants found on the island 2 गिनना;

dw/lw: **~ted** *adj.* 1 गिनाए गए: ~ted power (*US* संविधान में निर्धारित कांग्रेस और सरकार के अधिकार) 2 सूची में से पढ़कर सुनाए गए नाम आदि; **~tion** /~शन/ *n.* 1 गिनती, गणना 2 सूची 3 वर्णन, प्रतिपादन; **~tional** /~शनल/ *adj.* सांख्यिक; **~tor** /~टः/ *n.* 1 गणनाकार 2 जनगणना कार्यकर्ता;

collocations: **~tion law** सांख्यिक नियम

enuncia\te /इनन्सिएटट/ *v., pt.* **~ted**, *pp* **~ting** 1 दृढ़तापूर्वक कहना 2 प्रतिपादन क.: **~te** a principle 3 शब्दों का स्पष्ट उच्चारण क.: **~te** correctly 4 घोषणा क.;

dw/lw: **~tion** /~शन/ *n.* 1 प्रतिपादन 2 उच्चारण 3 घोषणा; **~tor** /~टः/ *n.* प्रतिपादन या घोषणा करने वाला

enuresis /ऐन्युअरीसिस/ *US* ऐन्युरीसिस/ *n., pathol.* 1 नींद में अनैच्छिक या असंयमित मूत्रस्राव 2 असंयतमूत्रता, पेशाब का अपने आप निकल जाने की क्रिया

enu\re /इन्यूअः/ (*see also* **'inure'**) *v., pt.* **~red**, *pp* **~ring** *law* कानूनी रूप से लागू हो.

envelop /इन्वेलप/ *v., pt.* **~ed**, *pp* **~ing** 1 ढक या लपेट ले., आवृत क.: distant hills **~ed** in a blue haze (नीले धुंधलके में लिपटी दूर स्थित पहाड़ियां); **~ed** in flames 2 छिपा ले., धुंधला क.: an event **~ed** in mystery;

dw/lw: **~ment** /~मंट/ 1 आवरण 2 लपेट, ढक्कन 3 धुंधलापन, छिपाव; ***collocations:*** **vertical ~ment** दुश्मन के मोर्चे के पीछे सेनाओं की टुकड़ियां उतारने की क्रिया

envelope /एन्वअलोप/ *n.* 1 लिफाफा: ~ paper 2 आवरण 3 सुरक्षा छत्र: nuclear ~;

envenom /इन्वेन\म/ *v., pt.* **~ed**, *pp* **~ing** 1 विषाक्त क., जहर से भर दे.: ~ sb's life; ~ minds 2 कटु बनाना 3 असहनीय बनाना;

dw/lw: **~ed** /~मड/ *adj.* विषाक्त, जहर भरा, कटु: ~ed diatrible; ~ed tongue; ~ed campaign

enviable /एन्विअबल/ *adj.* 1 (***anton.*** unenviable) ईर्ष्य, स्पृहणीय, ईर्ष्या योग्य 2 वांछनीय, चाहने योग्य;

collocations: **~ position** ईर्ष्या योग्य पद

envious /एन्विअस/ *adj.* 1 ईर्ष्या करने वाला, ईर्ष्यालु, डाही: be ~ of another's good fortune 2 ईर्ष्याजन्य: ~ looks; ~ tongues;

dw/lw: **~ly** /~लि/ *adv.* ईर्ष्यापूर्वक; **~ness** /~नेस/ *n.* ईर्ष्यालुपन, डाह

environ /इन्वायरन/ एन्वायरन/ *v., pt.* **~ed**, *pp* **~ing** घेरना, घेरा डालना

environment /इन्वायरन्मंट/ *n.* 1 (*usually* **the** ~) वातावरण, पर्यावरण: damage/ harm/ pollute/ protect the ~ 2 *comput.* नए प्रोग्रामों को चालू करने या सक्रिय रखने के लिए प्रोग्रामों का एक समूह 3 अड़ोस-पड़ोस: one's home ~ 4 परिसर

environment\al /इन्वायरन्मेंट\ल/ *adj.* 1 वातावरण या पर्यावरण संबंधी 2 वातावरणीय, पर्यावरणीय: **~al** hazards; **~al** issues;

dw/lw: **~alist** /~लिस्ट/ *n.* पर्यावरणविद, पर्यावरण-रक्षक; **~alism** /~लिज्म/ *n.* पर्यावरणवाद, पर्यावरण की रक्षा का जनून; **~ally** /~लि/ *adj.* पर्यावरण के अनुसार: **~ally** friendly;

collocations: **~al chamber** कृत्रिम पर्यावरण कक्ष; **~al health officer (EHO)** पर्यावरण स्वास्थ्य अधिकारी; **~al studies** पर्यावरण अध्ययन; **~al study** पर्यावरण का अध्ययन

environics /इन्वाइरोनिक्स/ *n., [sing.]* पर्यावरण-विज्ञान

environs /इन्वाइरन्ज/ *n., [pl.]* अड़ोस-पड़ोस के क्षेत्र, विशेषकर उपनगरीय क्षेत्र: London and its ~

envisa\ge /इन्विजिज/ *UK* (*US* **envision** /इन्विजन/) *v., pt.* **~ged**, *pp* **~ging** 1 मन में चित्रित क., मनोचित्र बनाना: they tried to **~ge** the future 2 सामना क., आंखों में आंखें डालकर देखना: you must **~ge** realities 3 पर विचार क.: the proposals **~ge** no land reforms 4 का प्रावधान क.: the plan **~ges** use of automatic equipment 5 भविष्य में हो सकने की संभावना देखना: we **~ge** a modest pay rise in 2016...; **~ge** changes; **~ge** success

envision /इन्वीजन/ *v., pt.* **~ed**, *pp* **~ing** 1 भविष्य की स्थिति की परिकल्पना क. या उसका काल्पनिक चित्र अपने मन में बनाना 2 योजनाओं को स्वप्नद्रष्टा की तरह बनाना: ~ an equal society

envoi /ऐन्वोय/ *n.* उपसंहार, कविता या पुस्तक का अंतिम संक्षिप्त भाग

envoy /ऐन्वोय/ *n.* 1 राजदूत: temporary ~; **~s** of good will 2 (***syn.*** emisary) दूत;

collocations: **~ extraordinary and plenipotentiary** विशेष अधिकार संपन्न राजदूत

envy /ऐन्वि/ *n., pl.* **envies** 1 स्पर्धा, स्पृहा: she was the ~ of all her friends 2 ईर्ष्या, डाह, जलन: out of ~; in ~ of sb 3 मत्सर, असूया;

v., pt. **envied**, *pp* **~ing**, *s/he/it* **envies** 1 स्पर्धा या ईर्ष्या क., कुढ़ना क., जलना, डाह क. 2 किसी चीज को पाने की चाह रखना 3 (**~ sb sth**) किसी के सफलता या धन आदि की प्राप्ति के कारण ईर्ष्या क.;

p&i: **~ a man for his courage** किसी के साहस की स्पृहा क., ईर्ष्या क.; **~ no man** किसी से भी ईर्ष्या नहीं करनी चाहिए; **better be envied than pitied** दया के पात्र बनने से अच्छा है स्पृहा का पात्र; **green with ~** ईर्ष्या से लाल-पीला हो.; **I don't ~ you the task** ऐसे कार्य तुम्हें मिलने पर मुझे तुम-से कोई ईर्ष्या नहीं; **not ~ sb** किसी दूसरे जैसी स्थिति में न होना चाहना; **to be envied = be the ~ of sb** ईर्ष्या का निशाना बनना

enwrap /एन्रैप/ *v., pt.* **~ped**, *pp* **~ping** लपेटना: a shabby overcoat **~ped** him;

p&i: **~ped in slumber** नींद में डूबा हुआ; **~ped in the game** खेल में रमा हुआ; **~ped in thought** विचारों में डूबा हुआ; **~ porcelain** चीनी के बर्तनों को लपेटना

Enzed /ऐनजेड/ *n., Austral. & NZ* 1 न्यूजीलैंड 2 (*also* **Enzedder**) न्यूजीलैंड वासी

enzootic /ऐऑटिक/ *n.* किसी क्षेत्र विशेष में फैली बीमारी, स्थानीय महामारी

enzy\me /ऐन्जाइ\म/ *n., bio, chem.* 1 एन्जाइम, किण्वक 2 एक विशेष प्रोटीन-अणु जो जीवित कोशिकाओं में होने वाली क्रियाओं में एक उत्प्रेरक (catalyst) का काम करता है;

dw/lw: **~matic** /~मेटिक/ *adj.* एन्जाइम संबंधी: ~atic granule; **~mology** /~मौलजि/ *n.* 1 एन्जाइमिकी, एन्जाइमों का वैज्ञानिक अध्ययन;

collocations: **~atic inhibition** एन्जाइमी निरोध; **~atic reaction** एन्जाइमी प्रतिक्रिया

EOAZ *abbr.* 'Export Oriented Agri Zone' की प्रथमाक्षरी

EOC *abbr.* 'Equal Opportunity Commission' की प्रथमाक्षरी

Eocene /ईओसीन/ *n., geol.* आदिनूतन, तृतीय महाकल्प (tertiary period) का दूसरा युग (5.8 से 3.8 करोड़ वर्ष पहले का काल)

adj. इस काल में बने पाषाणों संबंधी
EOF *abbr.* 'Equity Opportunity Fund' की प्रथमाक्षरी
EOGIL *abbr.* 'Enron Oil and Gas (India) Limited' की प्रथमाक्षरी
EOGM *abbr.* 'extra-orninary general meeting' की प्रथमाक्षरी
EoI *abbr.* 'Expession of Interest' की प्रथमाक्षरी
Eolithic/ eolithic /ईओलिथिक/ *adj., archaeol.* आदिपाषाण काल से संबंधित, जब पत्थरों का हथियारों के रूप में प्रयोग होने लगा था
eon/ aeon /ईऔन/ *US* ईआःन/ *n., geol.* 1 चिरकाल, लंबा समय 2 (*usually* **eon**) कई युगों से बनी काल अवधि 3 कल्प
eonism /ईऑनिज्म/ *n., psychiatry* पुरुष द्वारा महिला की पोशाक और हाव-भाव धारण करने की क्रिया, उभयलिंगी प्रथा
eosin/ eosine /ईओसिन/ *n., biol.* लाल रंग, लाल रंजक
EoT *abbr.* 'Expression of Talent' की प्रथमाक्षरी
EOU *abbr.* 'export oriented units' की प्रथमाक्षरी
-eous *suffix, forming adjectives, signifying:* **relating to, or of the nature of a specified thing** (से संबंधित, किसी वस्तु विशेष की तरह का)
EOW *abbr.* 'Economic Offences Wing' की प्रथमाक्षरी
eozoic /ईओजोइक/ *adj.* आदिजीवक
EP *abbr.* 'election petition', 'Equipment Plan', 'electroplated', 'European parliament', 'export performance' की प्रथमाक्षरी
EPA *abbr. US* 'Environment Pollution Authority', 'Environment (Protection) Act', 'Environmental Protection Agency' की प्रथमाक्षरी
epact /ईपैक्ट/ *n.* 1 सौर-चंद्र-वर्षांतर (चंद्र मास/ वर्ष पंचांग और सौर मास/वर्ष में अंतर) 2 पंचांग वर्ष के आरंभ में चंद्रमा की आयु;
dw/lw: **~al** /ईपैक्टल/ *adj.* अधिक, जरूरत से ज्यादा: ~al bone
e-pal/ e-friend *n.* ई-मेल के माध्यम से बनने वाला दोस्त
epanalepsis /ऐपअनालेपसिस/ *n.* पुनरुक्ति, द्विरुक्ति
eparch /ऐपाःक/ *n. Greek church* 1 यूनानी या रूसी ऑर्थोडॉक्स चर्च में बिशप जैसा एक पद 2 आधुनिक यूनानी प्रांत का गवर्नर
epaulette /ऐपअलेट/ *n.* (*also US* **epaulet**) वर्दी के कंधों पर लगाया जाने वाला पदसूचक चिह्न या पट्टी, स्कंधिका: win one's ~;
dw/lw: **~d** /~टड/ *adj.* स्कंधिका-सज्जित
epaxial /ऐपेक्सिअल/ *n.* ऊर्ध्वाक्ष, धुरी के ऊपर का, अक्ष के ऊपर का
EPB *abbr.* 'electrically propelled bases' की प्रथमाक्षरी
EPC *abbr.* 'equipment, procurement and construction', 'Export Promotion Council' की प्रथमाक्षरी
EPCA *abbr.* 'Environment Pollution (Prevention) Control Authority', 'Environment Protection Control Authority' की प्रथमाक्षरी
EPCG *abbr.* 'export promotion of capital goods' की प्रथमाक्षरी
EPCH *abbr.* 'Export Promotion Council for Handicrafts' की प्रथमाक्षरी
EPCI *abbr.* 'Enhanced Proliferation Control Initiative' की प्रथमाक्षरी
EPCM *abbr.* 'engineering, procurement and construction management' की प्रथमाक्षरी
EPCO *abbr.* 'Environment Protection and Control Organisation' की प्रथमाक्षरी
epedaphic /एपेडॉफिक/ *adj.* वायुमंडल-अवस्थागत, वायुमंडललीय अवस्थाओं से संबंधित
épée /एपे/ ऐपे/ *n., pl.* **~s** 1 पतली धार वाली तलवार जो पहले द्वंद्व मुठभेड़ों में प्रयोग की जाती थी 2 आजकल कुंद धार वाली तलवार जो तलवारबाजी के खेल में प्रयुक्त होती है
epeirogenesis/ epeirogeny /एपायरोजेनअसिस/ ऐपायरौजनि/ *n.* महादेश-रचना, भू-परत की गतिशीलता के कारण महाद्वीपों की रचना;
epenthesis /इपेनथीसिस/ *n.* मध्यागम, ध्वनिसन्निवेश, शब्द की रचना में अतिरिक्त ध्वनि का जुड़ाव
epeolatry /ऐपिऔलट्रि/ *n.* शब्द-पूजा
epexegesis /ऐपैक्सिजीसिस/ *n.* शब्द-सन्निवेश, स्पष्टीकारक विस्तार
EPF *abbr.* 'Employees Provident Fund' की प्रथमाक्षरी
EPFO *abbr.* 'Employees Provident Fund Organisation' की प्रथमाक्षरी
EPG *abbr.* 'Electronic Programme Guide' की प्रथमाक्षरी
Eph. *abbr.* Book of the Bible 'ephesians' का संक्षेप
ephedrine /एफअड्रिन/ *n., pharmacol.* नाक-अवरोधन निवारक
ephemera /इफेमअ\रा/ *n., pl.* **~s**/ **ephemerae** /इफेमअरी/ 1 क्षणभंगुर वस्तु 2 एकदिवसीय कीड़ा 3 *pl.* **ephemeron** का बहुवचन (*see* below);
dw/lw: **~l** /~रल/ *adj.* (***syn.*** short-lived) क्षणभंगुर, क्षणिक, अल्पकालिक, एकदिवसीय; **~lity** /~रअलिटि/ *n.* क्षणभंगुरता, क्षणिकता, अल्पकालिकता
ephemerid /इफेमअरिड/ *n.* एकदिनी कीड़ा, क्षणजीवी कीट
ephemeris /इफेमअरिस/ *n., pl.* **ephemerides** /एफिमेरिडीज/ *astron.* 1 पंचांग, जंत्री 2 ग्रहों, नक्षत्रों आदि का गति चार्ट
ephemeron /इफेमअरन/ *n., pl.* **ephemera** 1 क्षणभंगुर वस्तु 2 एकदिवसीय कीड़ा
epi- *prefix, comb. form, signifying:* 1 **above**, **over**, **upon** (ऊपर, के ऊपर, पर): **epi**dural 2 **in addition** (के अतिरिक्त) 3 **after** (के पश्चात का): **epi**logue 4 **near**, **close to** (निकटवर्ती): **epi**centre
epiblast /ऐपिअब्लैस्ट/ ऐपअब्लैस्ट/ *n.* (*also* **ectoblast**) भ्रूण का बाह्य जनस्तर, कोपल की सबसे ऊपर की परत
epic /ऐपिक/ *n.* महाकाव्य, वीरगाथा: *Ramayana* and *Mahabharata* are the national **~s** of India
adj. वीरकाव्य संबंधी, महाकाव्यीय: ~ drama; ~ poetry
epicalyse /ऐपिकैलिस/ *n., bot.* अनुबाह्यदल पुंज
epicalyx /ऐपिकैलिक्स/ *n., bot.* बाह्य प्यालानुमा पंखुड़ियां
epicanthus /ऐपिकैंथस/ *n., anat.* आंख के कोने को ढकने वाला त्वचीय आवरण
epicarp /ऐपिकाःप/ *n., bot.* फल की बाह्य छाल, बाह्यफल भीति
epicede/ epicedium /ऐपिसीड/ऐपिसीडिअम/ *n.* मृत्युगीत, शोकगीत
epicene /ऐपिसीन/ *n., gramm.* 1 उभयलिंग, उभयलिंगी व्यक्ति 2 अलिंगी, लिंगविहीन व्यक्ति 3 जो दोनों लिंगों के लिए प्रयुक्त होता हो 4 स्त्रैण व्यक्ति, जनाना आदमी 5 व्याकरण में ऐसे शब्द जो दोनों लिगों के लिए प्रयुक्त हो सकते हैं (मित्र, गुरु);
adj. 1 उभयलिंगी 2 अलिंगी, लिंगविहीन 3 स्त्रैण, जनाना 4 बेकार**:** ~ creature 5 क्षीण, अशक्त**:** ~ fury (खोखला क्रोध)
epicenter/ epicentrum /ऐपिसेंटः/ऐपिसेंट्रम/ *n.* 1 धरती का वह भाग जो भूकंप के ठीक ऊपर हो, उत्केंद्र 2 परमाणु बम के विस्फोट के एकदम तले
epicu\re /ऐपिक्यु\अः/ *US* ऐपिक्यु\र/ *n.* 1 चटोरा, स्वादलोलुप, स्वाद का जानकार 2 इंद्रियलोलुप, विषयासक्त व्यक्ति, विलासी व्यक्ति;
epicure\an /इपिक्यु\अरिअन/ *US* इपिक्यु\रिअन *adj.* भोगवादी, विलासी; **Epicurean** *n.* एपिक्युरस या उसके दर्शन का अनुयायी;
dw/lw: **~anism** /इपिक्यु\अरिअनिज्म/ *US* इपिक्यु\रनिज्म = **epicureism** इपिक्यु\अरिज्म/ *US* इपिक्यु\रिज्म *n.* भोगवाद, विलासवाद, विलासिता;
p&i: **an ~an in reading** पठनीयता में माहिर; **an ~an in words** शब्दों का जादूगर
epicuticle /ऐपिकुटिकल/ *n., zool.* अधिउपत्वचा, पौधों, कीटों आदि की बाह्य रक्षामत्मक आवरण
epicycle /ऐपिसाइकल/ *n.* ऐसा चक्र जिसका केंद्र किसी दूसरे स्थिर चक्र की परिधि के साथ घूमता है
epid *abbr.* 'epidemic' का संक्षेप
epideictic/ ~al /ऐपिडाइक्टिक/ ~ल/ *adj.* दिखाने या दिखावे के लिए किया जाने वाला, प्रदर्शनात्मक

epidemic /ऐपिडेमिक/ *n.* 1 महामारी 2 किसी अप्रिय बात या क्रिया का तीव्र विकास;
adj. 1 महामारी जैसा 2 तीव्र गति से फैलने वाला;
dw/lw: **~al** *adj.* संक्रामक; **~ally** *adv.* संक्रामक ढंग से;
collocations: **~ disease** संक्रामक महामारी; **~ parotitis** संक्रामक कनपेड़ा

epidemiolo\gy /ऐपिडीमि\औलअजि/ *US* ऐपिडीमि\आःलअजि/ *n., biol.* 1 महामारी-विज्ञान 2 जनता में रोगों के फैलने के कारणों व उनके रोकथाम का अध्ययन विज्ञान;
dw/lw: **~gical** /~अलौजिकल/~अलाःजिकल/ *adj.* महामारी संबंधी; **~gist** /~औलअजिस्ट/ ~आःलअजिस्ट/ *n.* महामारी विज्ञानी

epidermis /ऐपिडःमिस/ *n., biol.* 1 बाह्य त्वचा 2 त्वचा या पौधे की छाल की बाहरी परत जो उसके नीचे के ऊतकों को संक्रमण या घाव से बचाती है

epidiascope /ऐपिडायस्कोप/ *n.* पारापार चित्रदर्शी

epidaictic/~al /ऐपिडाइक्टिक/ ~ल/ *adj.* प्रदर्शनात्मक

epidural /ऐइपिड्युअरल/ऐपिडुरल/ *adj.* दृढ़तानिका में या उसके ऊपर या फिर उसके भीतर डाला जाने वाला;
collocations: **~ anaesthetic** प्रसव के समय कमर के नीचे लगाया जाने वाला इंजेक्शन

epigamic /ऐपिगैमिक/ *adj., zool.* कामद, प्रियानुरंजी;
collocations: **~ display** कामद प्रदर्शन; **~ song** प्रियानुरंजी गान

epigastric /ऐपिगैस्ट्रिक/ *adj.* अधिजठरीय: ~ burning (हृद-दाह, अम्ल शूल, कलेजे की जलन)

epigastrium /ऐपिगैस्ट्रिअम/ *n.* गर्भाशय से ऊपर का क्षेत्र, अधिजठर

epigean /ऐपाइजिअन/ *n.* उपरिभूमिका

epigene /ऐपिजीन/ *n.* धरती की ऊपरी सतह पर होने वाली प्रक्रियायें

epigenesis /ऐपिजेनिसिस/ *n.* पश्चजनन

epigenetic /ऐपिजेनेटिक/ *adj., biol., geol.* पश्चजात, अनुजात

epiglottis /ऐपिग्लौटिस/ *US* ऐपिग्लाःटिस/ *n., pl.* **~es**/ **epiglottides** *anat.* in mammals घंटी-ढक्कन, कौआ

epigon/ epigone /ऐपिगॉन/ *n.* उत्तराधिकारी, घटिया अनुयायी

epigram /ऐपिग्रै\म/ *n.* कटाक्ष, व्यंग्योक्ति, ताना, कटु उक्ति;
dw/lw: **~matic** /~मैटिक/ *adj.* व्यंगात्मक, कटाक्षीय: ~matic terseness (सूक्तिक रूखापन)

epigraph /ऐपिग्रा\फ/ *US* ऐपिग्रै\फ/ *n.* 1 पुरालेख, शिलालेख 2 पुस्तक या अध्याय के आरंभ में लिखा जाने वाला आदर्श वाक्य;
dw/lw: **~er** /~फः/ *n.* पुरालेखशास्त्री; **~ic** /~फिक/ *adj.* पुरालेखीय; **~ist** /~फिस्ट/ *n.* पुरालेखशास्त्री; **~y** /~फि/ *n.* पुरालेखशास्त्र

epila\te /ऐपिले\ट/ *v., pt.* **~ted**, *pp* **~ting** किसी भी तरीके से बाल हटाना;
dw/lw: **~tion** /~शन/ केशलुंचन; **~tor** /~टः/ *n.* केशलुंचक

epilep\sy /ऐपि\ल्पिस/ *n., pathol.* मिर्गी, अपस्मार;
dw/lw: **~tic/ ~tical** /~लेप्टिक/ *n.* मिर्गी-ग्रस्त व्यक्ति; **~tic** *adj.* मिर्गी-ग्रस्त: ~tic attack/ fit/ seizure; **~tiform/ ~toid** /~लेक्टिफॉःम/ ~लेक्टॉइड/ *adj., med.* मिर्गी जैसा

epilogue /*US* **epilog**/ऐपिलौग/ *US* ऐपिलाःग/ *n.* 1 नाटक या पुस्तक के अंत में यानी मुख्य भाग के बाद जोड़े जाने वाले अंश, उपसंहार 2 नाटक के समापन पर श्रोताओं को दिया जाने वाला भाषण 3 भरतवाक्य, आदर्शवाक्य

epinasty /ऐपिनैस्टि/ *n., bot.* पौधे के ऊपरी भाग में बीमारी के रूप में होने वाली ग्रंथि जिसके कारण पौधा नीचे को झुक जाता है

EPIP *abbr.* 'Export Promotion Industrial Park' की प्रथमाक्षरी

epiphan\y /इपिफनि/ *n., pl.* **~ies** (*usually* **Epiphany**) *Christ., lit.* 1 पश्चिमी चर्चों में छः जनवरी को ईसा मसीह को तीन बुद्धिमान व्यक्तियों को दिखाए जाने के उपलक्ष्य में और यूनानी तथा पूर्वी औरथॉडॉक्स चर्चों में ईसा की बापतिस्म के रूप में मनाया जाने वाला उत्सव 2 आकस्मिक प्रभुप्रकाश यानी प्रभु का प्रकट होने की घटना 3 *lit.* आकस्मिक आत्मबोध या रहस्य-उद्घाटन

epiphenomenon /ऐपिफिनौमनन/ *US* ऐपिफिनाःमनन/ *n., pl.* **epiphenomena** /ऐपिफिनौमिना/ *US* ऐपिफिनाःमना/ 1 गौण उत्पाद, गौणफल 2 मुख्य उत्पाद या फल के साथ होने वाला गौण उत्पाद 3 *pathol.* बीमारी का गौण लक्षण

epiphysis /इपिफिसिस/ *n., pl.* **epiphyses** /इपिफिसीज/*anat.* लंबी हड्डी का बढ़ता हुआ सिरा

epiphyte /ऐपिफाइट/ *n., bot.* दूसरे पौधों का सहारा लेकर उगनेवाला पौधा जो परजीवी नहीं होता

Epis *abbr.* 'Episcopal' (*also* **Episc**), *Bible* (*also* **Ep**) 'Epistle' का संक्षेप

episcopacy /इपिस्कअपसि/ *n.* धर्माध्यक्ष-पद, धर्माध्यक्ष-वर्ग, चर्च पर बिशपों का शासन

episcopate /इपिस्कअपअट/ *n.* धर्माध्यक्षता, बिशप गण

episcope /ऐपिस्कोप/ *n.* अपारचित्रदर्शी

episioto\my /इपीसिऔटमि/ इपीसिआःटमि/ *n., pl.* **~mies** *med.* प्रसव के समय बच्चे को आराम से बाहर निकालने के लिए स्त्री के गुप्तांग (योनि) को खुला करने के लिए दिया जाने वाला चीरा

episod\e /ऐपि\सोड/ *n.* 1 प्रकरण, प्रसंग 2 उपाख्यान 3 कोई एक घटना या प्रसंग;
dw/lw: **~ic/~ical** /ऐपिसौडिक/ ऐपिसौडिकल/*US* ऐपिसाःडिक/ ऐपिसाःडिकल/ *adj.* 1 प्रकरणात्मक, प्रसंगात्मक 2 कुछ-कुछ अंशों में 3 कभी-कभी होने वाला; **~ly**/~सौडिकलि/~साःडिकलि/ *adv.* कभी-कभी

episperm /ऐपिस्पःम/ *n.* बीज का छिलका, शल्क, उपरिचोल

epistasis /ऐपिस्टासिस/ *n.* प्रतिमुखसंधि

epistaxis /ऐपिस्टैक्सिस/ *n. Hr.* नकसीर, नाक से खून बहने की क्रिया

episte\mic /ऐपिस्टी\मिक/ *adj.* ज्ञान से संबंधित;
dw/lw: **~mics** /~मिक्स/ *n., pl.* ज्ञान-प्राप्ति एवं उसके प्रसारण का वैज्ञानिक अध्ययन

episteolo\gy /इपिस्टअमौलअजि\/ *US* इपिस्टअमाःलअजि/ *n.* 1 ज्ञान-मीमांसा, ज्ञान-शास्त्र 2 ज्ञान के दार्शनिक सिद्धांत;
dw/lw: **~gical** /इपिस्टिमअलौजिकल/ *adj.* ज्ञान-सिद्धांत संबंधी; **~ologist** /~स्ट/ *n.* ज्ञान-सिद्धांत शास्त्री

epistle /इपिसल/ *n., lit.* 1 महत्त्वपूर्ण मुद्दों पर लिखा गया लंबा पत्र 2 धर्म पत्र 3 काव्य-पत्र, पत्र-कविता, पत्र-उपन्यास 4 पत्र-साहित्य 5 (*usually* **Epistle**) *Christ.* ईसा के देवदूतों द्वारा लिखे गये पत्र जो न्यूटेस्टामेंट (New Testament) का हिस्सा हैं;

epistolary /इपिस्टअलरि/ *adj.* पत्रात्मक, पत्रविषयक;
collocations: **~ intercourse** पत्र-व्यवहार; **~ novel** पत्रात्मक उपन्यास; **~ style** पत्रात्मक शैली

epistroph\e/ ~y /इपिस्ट्रफि/ *n.* अंत्यानुप्रास

epistyle /ऐपिस्टाइल/ *n., archit.* प्रस्तरपाद, स्तंभ का एक रूप

epitaph /ऐपिटा\फ/ *US* ऐपिटैफ/ *n.* 1 समाधि-लेख, स्मृतिलेख 2 संक्षिप्त स्मृति भाषण या लेख;
dw/lw: **~ic/ ~ical** /~फिक/ ~फिकल/ *adj.* समाधिलेखीय

epitaxy /ऐपिटैक्सी/ *n., crystallog.* एक तरह के स्फटिकों की परत की दूसरे स्फटिक पर चढ़ाई

epithalamium /एपिथलेमिअम/ *n.* विवाह-गीत

epithelium /एपिथीलिअम/ *n., pl.* **epithelia** बहुकोशकीय जीवों की सभी बाह्य पटलों को ढकने वाले ऊतकों की परत, उपकला

epithermal /ऐपिथःमल/ *adj.* अल्पतापी

epithesis /ऐपिथीसिस/ *n.* अंत्ययोग

epithet /ऐपिथेट/ *n.* 1 विशेषक, गुणवाचक विशेषण: use a French term for want of an English ~ 2 परिभाषी शब्द

epithymetic /ऐपिथिमेटिक/ *adj.* इच्छात्मक, वासनात्मक

epito\me /इपिटअ\मि/ *n., pl.* **~mes** 1 सार रूप, निचोड़, निष्कर्ष: an **~me** of one's life 2 (***syn.*** embodiment) प्रतीकात्मक रूप: the **~me** of tradition 3 आदर्श रूप: the living **~me** of heroism;
dw/lw: **~mic** /~मिक/ *adj.* 1 संक्षिप्त 2 सार रूप में 3 निष्कर्षात्मक

epitomi\ze (*also UK* **-se**) /इपिटअमाइज/ *v., pt.* **~zed**, *pp* **~zing** 1 सार रूप हो. 2 हू-ब-हू समान हो. 3 आदर्श रूप हो.

epitonic /इपिटॉनिक/ *adj.* थकावट से चूर, अतिश्रांत

epizeuxis /ऐपिज्युक्सिस/ ऐपिजुक्सिस/ *n., rhetorics* बल देने के लिए एक ही शब्द की कई बार आवृत्ति, शब्दावृत्ति

epizoon /ऐपिजोऔन/ *US* एपिजोआःन/ *n., pl.* **epizoa**, *zool.* दूसरे जानवर के शरीर पर या उसमें परजीवी के रूप में या अन्यथा रहने वाला जीव

epizootics /एपिजोऔटिक्स/ *US* एपिजोआःटिक्स/ *n., sing.* जानवरों की महामारियों का अध्ययन

e-PKM *abbr.* 'e-product knowledge management' की प्रथमाक्षरी

ePMS *abbr.* 'e-Project Management Software' की प्रथमाक्षरी

EPNS *abbr.* 'electroplated nickel silver' की प्रथमाक्षरी

EPO *abbr.* 'electropolishing', 'erythropoietin', 'European Patent Office' की प्रथमाक्षरी

EPOC *abbr.* 'Earthquake Prediction Observation Centre' की प्रथमाक्षरी

epoch /ईपौक/ *US* ईपाःक/ *n. pl.* **~s** 1 युग, काल: an ~ of scientific discoveries; mark an ~ (युग का प्रतीक हो.) 2 युगांतर;

dw/lw: **~al** /ईपौकल/ *adj.* युगांतक;

collocations: **~-making** *adj.* युगांतरकारी, युगप्रवर्तक, अतिमहत्वपूर्ण

eponym /ऐपअनि\म/ *n.* 1 साहित्य में ऐसा पात्र जिसके नाम से रचना का शीर्षक हो: Hamlet from *Hamlet* 2 स्रोत नाम, मूलपुरुष, आधारनाम: the ~ of Washington D.C. is George Washington 3 वह व्यक्ति जिसके नाम पर अन्य व्यक्तियों, संस्थानों, परियोजनाओं आदि के नाम रखे जाएं;

dw/lw: **~ic** /~मिक/ *adj.* स्रोत नामीय, आधार नामीय; **~ize** /~माइज/ *v., pt.* ~ized, *pp* ~izing 1 स्रोतनाम हो. 2 प्रतीक हो.; **~ous** /इपौनिमस/ *US* इपाःनिमस/ *adj.* 1 स्रोतनामीय 2 रचनानामीय; **~y** /इपॉनिमि/ *n.* 1 स्रोत नामों की खोज 2 किसी के सम्मान में रचना आदि का नाम रखने की क्रिया

epopee/ epos /ऐपअपि या ऐपोपी/ ईपौज या ईपौस/ *US* ईपाःज या ईपाःस/ *n.* 1 महाकाव्य, वीरकाव्य 2 महान ऐतिहासिक घटनाएं

EPOS *abbr.* 'electronic point of sale' की प्रथमाक्षरी

epox\y /इपौक्सि/ *US* इपाःक्सि/ *adj., chem.* एक ऑक्सिजन और दो कार्बन अणुओं से बना;

n., *pl.* **~ies** (*also* **~y resin**) मजबूत प्लास्टिक गोंद जिसपर कट-कटावों या रासायनिक पदार्थों का असर नहीं पड़ता

EPROM *abbr.* 'erasable programmable read-only memory' की प्रथमाक्षरी

EPS *abbr.* 'early production system', 'earnings per share', 'electronic power steering' की प्रथमाक्षरी

EPS or **eps** *abbr.* 'exchange earnings per share' की प्रथमाक्षरी

epsilon /ऐप्साइलौन, एप्सिलौन/ *US* ऐप्साइलाःन, एप्सिलाःन/ *n.* ग्रीक भाषा का पांचवां अक्षर

Epsom salts 1 एक कड़वा सफेद चूर्ण 2 पेट साफ करने की दवा के रूप में प्रयोग होने वाला मैग्नेजियम सल्फेट और पानी से बना घोल

EPSRC *abbr.* 'Engineering and Physical Sciences Research Council' की प्रथमाक्षरी

Epstein-Barr virus *n.* ग्रंथीय ज्वर पैदा करने वाला वाइरस जो कई प्रकार के कैंसर रोगों से भी जुड़ा है

EPU *abbr.* 'European Payment Union' की प्रथमाक्षरी

EPZ *abbr.* 'export promotion zones' की प्रथमाक्षरी

EQ *abbr.* 'Emotional Quotient', 'Essential Qualifications' की प्रथमाक्षरी

EQFC *abbr.* 'Equal Treatment for Canines' की प्रथमाक्षरी

equa\bility /ऐक्वअबिलिटि/ *n.* 1 एकरूपता, एकरसता: **~bility** of the Sun's motion 2 स्थिरता, संतुलन: **~bility** of mind (मन का संतुलन);

dw/lw: **~ble** /ऐक्वअबल/ *adj.* 1 एकरूप, स्थिर, एक जैसा, एकलय: ~ble pulse; ~ble climate; ~ble system of taxation 2 स्थिर-चित्त, धीर-स्वभाव: ~ble temper; **~bly** /ऐक्वअबलि/ *adv.* स्थिरचित्त होकर, स्थिरता-पूर्वक, गंभीरतापूर्वक

equal /ईक्वअ\ल/ *adj.* 1 आकार, राशि, कीमत आदि में बराबर: ~ distance; be of ~ height; a pound is ~ (=) to twenty shillings; four times five is ~ to twenty (4x5 = 20) 2 समान: ~ rights; other things being ~ (यदि अन्य सभी चीजें बराबर हों, तो ...) 3 बराबर का, संतुलित: ~ parts 4 तुल्य, सम: ~ triangles 5 बराबर के स्तर का, मात्रा या संख्या में बराबर: add an ~ quantity of sugar; on ~ terms (समान शर्तों पर) 6 वैसा ही, उतना ही, बराबर: ~ in bravery to ancient heroes; for wisdom, he was ~ with his father; all men are not ~ in ability 7 बराबर होता हुआ 8 के बराबर का, के स्तर का, चुनौती अनुरूप: he is not ~ to the task; I don't feel ~ to it; be ~ to the occasion 9 के अनुरूप, काफी: reward ~ to merit; ~ to demand; ~ to sample (नमूने के अनुरूप); an ~ treatment of a subject 10 संतुलित, शांत: keep an ~ mind;

v., *UK pt.* **~led**, *pp* **~ling**, *US* **equaling**, *pt.* **equaled** 1 बराबर (=) हो.: 5x5 **~s** 25 (5x5 = 25) 2 किसी के बराबर हो., से कम न हो: Tulips may ~ roses in beauty; he **~s** his elder brother in batting ability 3 गुणों में बराबर हो.: Dhoni's batting skills are not to be **~led** 4 रिकॉर्ड या पहले की सफलता आदि की बराबरी क. या बराबरी पर आना: nothing can ~ this; ~ sb's record 5 के तुल्य या समान बनाना, दो वस्तुओं आदि को समान बनाना या दर्शाना: he **~led** life with art 6 की बराबरी क., समानता जतलाना, सदृश हो. या समझना: desertion of the front **~s** with treason 7 भावनाओं की समान रूप से प्रतिक्रिया जतलाना: he **~led** all her love;

n. 1 समकक्ष, समवर्ग: marriage between the **~s** 2 समान अवसर/ अधिकार आदि: some are more ~ than others 3 बराबरी पर: **~s** in age 4 किसी अवस्था में बराबरी का व्यक्ति: be without ~; have no ~;

dw/lw: **~isation/ ~ization** /~लाइजेशन/ *n.* समकरण, एक समान बनाने की क्रिया: ~ization tax; **-ise** (*also US* **~ize**) /~लाइज/ *v., pt.* ~ised, *pp* ~ising 1 फुटबाल आदि के खेल में स्कोर को बराबर क. 2 समान बनाना, बराबर क.: ~ise/ ~ize education opportunities; ~ise the burden of taxation; **~iser** /~लाइजः/ *n.* समकार, समकारी, बराबर करने वाला; **~itarian** /~लिटेअरिअन/ *adj.* समतावादी; **~ly** /~लि/ *adv.* 1 उतना ही... जितना कि 2 बराबर-बराबर: divide it ~ly 3 एक समान, वैसा ही, उतना ही: he was ~ly as astonished as the others; **~ness** /~लनेस/ *n.* बराबरी, समानता; **~-spaced** /~ल-स्पेसड/ *adj.* दो पंक्तियों के बीच एक समान अंतर या दूरी वाला;

collocations: **~ partners** बराबर के भागीदार; **~ opportunities** *pl.* एक समान अवसर; **~ sign** (*also* **equals sign/ mark**) *n.* दो संख्याओं का बराबर होने का चिह्न '=';

p&i: **~ pay for ~ work** समान काम के लिए समान वेतन; **~ to the occasion** अवसर अनुसार खरा उतरना; **~ to sth** चुनौती के अनुरूप हो.;

be without ~ जिसका कोई सानी (बराबर का) न हो; **it is ~ to me** मुझे कोई फर्क नहीं पड़ता; **on ~ terms with sb** किसी के साथ बराबर की या समान शर्तों पर; **some are more ~ than others** समता के सिद्धांत के बावजूद कुछ लोगों को ज्यादा भाव या महत्त्व मिलना; **without ~/ have no ~** कोई बराबरी का न हो.

equali\ty /इक्वौलिटि/ *US* इक्वाःलिटि/ *n.* 1 समानता, बराबरी: racial/ sexual/ social **~ty**; the **~ty** of men 2 समता, साम्य: **~ty** between sb and sb 3 एक समानता, सदृशता: on an **~ty** with sb; **~ty** of votes;

***p&i:* on a footing of ~ty = on equal footing** बराबरी पर

equani\mity /ऐक्वअनिमिटि/ *n.* 1 शांत स्वभाव, शांत चित्त 2 धीरज, धैर्य: bear misfortune with ~mity 3 इत्मिनान 4 समबुद्धि;

***dw/lw:* ~mous** /एक्वैनिमस/ *adj.* शांत, समचित्त, समबुद्धि, धीर

equa\te /इक्वे\ट/ *v., pt.* **~ted**, *pp* **~ting** 1 बराबर समझना या क. 2 (*usually* **~e with sth**) समतुल्य मानना या क., बराबरी का दर्जा दे.: **~te** one thing to/ with another; **~te** art with success;

***dw/lw:* ~ted** /~टिड/ *adj.* बराबर किया, बराबर समझा: ~ted time of payment (अदायगी का औसत समय); **~tion** /~शन/ *n.* 1 तुल्यता, बराबरी 2 समीकरण (in maths): solve an ~tion 3 संबंध या समीकरण: have good ~tion with sb 4 संतुलन: error ~tion; ~tion of condition (स्थिति में संतुलन); ~tion of demand and supply

equator /इक्वेट\र/ *n.* 1 (*often* **the Equator**) भूमध्य/ विषुवद् रेखा 2 *astron.* खगोलीय भूमध्य रेखा 3 विषुवद्-वृत्त या रेखा;

***dw/lw:* ~ial** /~टोरिअल/ *adj.* 1 भूमध्यरेखीय, भूमध्यवर्ती 2 भूमध्यरेखा के समांतर चलने वाला टेलिस्कोप

***collocations:* ~ of a cell** कोशिका को विभक्त करने का तल; **north of the ~** भूमध्य/विषुवद् रेखा के उत्तर में; **terrestrial ~** भौगोलिक या भूमध्य रेखा

equer\ry /इक्वेरि/ ऐक्वअरि/ *n., pl.* **~ries** 1 ब्रिटिश राजमहल का परिचारक 2 अश्वपाल

equestrian /इक्वेस्ट्रिअन/ *adj., n.* 1 घुड़सवारी संबंधी: ~ skill 2 घोड़े पर सवार, घुड़सवार, अश्वारूढ़;

***dw/lw:* equestrienne** /इक्वेस्ट्रिएन/ *n.* महिला घुड़सवार; **~ism** *n.* घुड़सवारी विद्या

equi- /ईक्वि-/ ऐक्वि/ *prefix., comb. form, signifying:* **equal or equally** (सम, बराबर): **equi**distant

equiangular /ईक्विऐंग्युलः/ *adj.* समकोणीय

equidis\tant /ईक्वि\डिस्टंट/ *adj.* समदूरस्थ, समदूरवर्ती, समान दूरी पर स्थित;

***dw/lw:* ~tance** /~डिस्टंट/ *n.* दो बिंदुओं से समान दूरी

equilateral /ईक्विलैटरल/ *adj.* समभुज: ~ triangle

equilibrant /इक्विलिब्रंट/ *adj.* संतुलक

equilibra\te /ईक्विलाइब्रे\ट/ ईक्विलिब्रे\ट/ *v., pt.* **~ted**, *pp* **~ting** संतुलन स्थापित क. या बनाए रखना, बराबर क. या हो.;

***dw/lw:* ~tor** /~टः/ *n.* संतुलक यंत्र

equilibrium /ईक्विलिब्रिअम/ *n., pl.* **equilibria/ equilibriums** साम्य, साम्यावस्था, संतुलन;

***collocations:* stable ~** चिरकालिक संतुलन;

***p&i*: lose one's ~** पना संतुलन खोना; **maintain one's ~** अपना संतुलन बनाए रखना

equine /ऐक्वाइन/ ईक्वाइन *n.* घोड़ा, अश्व

***adj.**, formal.* 1 अश्वीय 2 घोड़े-जैसा 3 घोड़े से संबंधित

equinoctial /ईक्विनौक्शिअल/ *US* ईक्विनाःक्शिअल/ *adj.* विषुव-संबंधी, विषुवीय: ~ line/ circle, *astron.* (खगोलीय भूमध्य रेखा)

n. 1 विषुव के समय आने वाला भयंकर तूफान 2 (*also* **~ line**) *astron.* खगोलीय भूमध्य रेखा;

***collocations:* ~ point** *astron.* भूमध्य/ विषुवद् रेखीय संतुलन; **~ year** *see* **solar year**

equinox /ऐक्विनौक्स, ईक्विनौक्स/ ऐक्विनाःक्स, ईक्विनाःक्स/ *n., pl.* **~es** विषुव, सूर्य द्वारा भूमध्य/ विषुवद् रेखा को पार करने के दो अवसरों में से एक;

***collocations:* autumnal ~** 22/23 सितंबर जब सूर्य भूमध्य/ विषुवद् रेखा को पार करता है; इस अवसर पर रात और दिन बराबर होते हैं; **spring ~** 20/21 मार्च, जब सूर्य भूमध्य/ विषुवद् रेखा को पार करता है; इस अवसर पर भी रात और दिन बराबर होते हैं

equilibrist /इक्विलिब्रिस्ट/ *n.* कलाबाज

equip /इक्विप/ *v., pt.* **~ped**, *pp* **~ping** 1 सज्जित क.: be **~ped** for emergencies 2 से लैस क. या हो.: ~ a ship with nuclear weapons 3 (***syn.*** kit out) किसी कार्य के लिए आवश्यक साजो-सामान जुटाना: ~ oneself for a journey; the traveller was well **~ped** 4 किसी को किसी हुनर या कला से लैस क.: ~ one's children with a good education; he was ill **~ped** for a tough life

equipage /ऐक्विपिज/ *n.* 1 साज-सामग्री, साजो-सामान 2 वह घोड़ा गाड़ी जिसके साथ वर्दीधारी सेवक चल रहा हो 3 *formerly* वह साजो-सामान जिससे सैनिक टुकड़ियां सज्जित हों

équipe /एकिप/ *n., sport.* 1 टीम, खिलाड़ी दल 2 मोटर-रेस टीम, कार-दौड़ में भाग लेने वाला दल

equipment /इक्विप्मंट/ *n.* 1 साजो-सामान, सामग्री, साज-सज्जा 2 उपकरण 3 सज्जीकरण या सज्जित अवस्था: ~ of the laboratory 4 कार्यवाही, कार्रवाई, उपस्करण: rescue ~

equi\poise /ईक्विपॉइज/ ऐक्विपॉइज/ *n., formal* 1 संतुलित अवस्था, प्रतिभार 2 संतुलित करने वाला प्रतिभार, पासंग, धड़ा 3 प्रतिसंतुलन: aristocracy as the **~poise** of clergy 4 शक्ति-संतुलन 5 भार-संतुलन;

***dw/lw:* ~pollence** /ईक्विपौलंस/ *n.* समानता, बराबर का महत्त्व, समान शक्ति; **~pollent** /ईक्विपौलंट/ एक्विपौलंट/ *adj.* तुल्य (बल), समतुलित, सम, बराबर, समान शक्ति वाला; **~ponderance** /ईक्विपौडअरंस/ एक्विपौंडअरंस/ *n.* सम भार, संतुलन; **~pondrant** /ईक्विपौंडअरंट/ एक्विपौंडअरंट/ *adj.* समभारी, संतुलित, बराबर की; **~ponderate** /ईक्विपौंडअरेट/ *v., pt.* ~ponderated, *pp* ~ponderating समभार क., संतुलित क., धड़ा बांधना; **~potential** /ईक्विपटेंशिअल/ *adj.* बराबर की क्षमता वाला, समविभव

equita\ble /इक्विटअ\बल/ *adj.* 1 (***syn.* in ~ble**) समान: on an **~ble** basis; **~ble** supply 2 न्यायसंगत: **~ble** conditions; **~ble** treaty; **~ble** interests 3 निष्पक्ष: **~ble** judges; fair and **~ble** trade;

***dw/lw:* ~bleness** /~बलनेस/ *n.* औचित्य, साम्य-मूलकता; **~bly** /~बलि/ *adv.* न्यायपूपूर्वक, साम्यभाव से

equitation /ऐक्विटेशन/ *n., formal.* घुड़सवारी, घुड़पालन

Equity /एक्विटि/ *n.* ब्रिटेन, अमेरिका आदि देशों में अभिनेताओं की यूनियन

equit\y /ऐक्विटि/ *n., pl.* **~ies** 1 समानता 2 निष्पक्षता, न्यायसंगति 3 औचित्य 4 निष्पक्ष निर्णय 5 *law* साम्य, न्यायसंगत न्याय प्रणाली 6 गिरवी की रकम से संपत्ति के दाम की बढ़त 7 (*usually* **~ies**) किसी कंपनी के साधारण शेयर;

***collocations:* ~y capital** (साधारण पूंजी); **~y of redemption** गिरवी जायदाद को छुड़वाने का अधिकार;

court of ~y न्यायसंगत न्याय प्रणाली पर आधारित न्यायालय; **stockholder's ~y** कंपनी की जायदाद में शेयर-धारकों का हिस्सा

equiva\lence /इक्विव\लंस/ *n.* 1 समानता, बराबरी 2 समतुल्य वस्तु 3 समान महत्त्व;

***dw/lw:* ~lent** /~लंट/ *adj.* 1 समान, बराबर: $50 ~lent to in rupees 2 समसंयोजक 3 समपरिमाण, समविस्तार, समायतन: ~lent weight 4 समानार्थक, पर्यायवाची: ~lent words or idioms; the exact ~lent of the English word 'love' in Hindi is 'प्रेम'

n. बराबर/ समतुल्य वस्तु या व्यक्ति

equivocal /इक्विवअ\कल/ *adj.* 1 (***syn.*** ambiguous) द्व्यर्थक, बहुअर्थक: an ~ remark; an ~ clause 2 अस्पष्ट, भ्रामक, गोल-मोल: an ~ answer 3 संदिग्ध, संदेहपूर्ण, रहस्यपूर्ण: not ~ sentiments 4 अनिश्चित, अनिर्णीत: an ~ mode of life;

***dw/lw:* ~ly** /~कलि/ *adv.* अस्पष्ट या भ्रामक ढंग से

equivoca\te /इक्विवअके\ट/ *v., pt.* **~ted**, *pp* **~ting** 1 छलने या ठगने के लिए) गोल-मोल बात क. 2 वाक्छल क. 3 द्व्यर्थक बात क.;

***dw/lw:* ~tion** /~शन/ *n.* 1 गोल-मोल या अस्पष्ट बात, वाक्छल

2 रहस्यमयता; **~tor** /~टः/ *n.* शब्द छलिया

equivoke/ equivoque /इक्विवोक/ *n.* 1 दोहरी जबान, दोगली बात 2 वाक्छल, शब्द छलावा 3 कूटोक्ति, श्लेष: speak in **~s**

Equuleus /इक्वूलेअस/ *n.* अश्वक, एक तारामंडल

er /ऐर/*excl.* (!) *UK spoken* (*US* **uh**) विस्मयबोधक, व्यक्ति कुछ सोचते हुए इसका प्रयोग करता है

ER *n. US abbr.* 'Eastern Railway', 'emergency room', 'Elizabeth Regina', *Lat.*' की प्रथमाक्षरी

-er *suffix, denoting:* **the comparative degree of *adj.'s*** and ***adv.'s*** (विशेषण तथा क्रिया-विशेषण की तुलनात्मक अवस्था): soon**er**, lat**er**

-er *suffix, forming nouns, signifying:* 1 **the person or thing performing the action of the verb** (कर्ता): driv**er**; heat**er** 2 **a person from a specified town or city** (नगर विशेष का वासी)**:** London**er**; New York**er**

ER *abbr.* 'Emergency Room' की प्रथमाक्षरी

ERA *abbr.* 'Earthquake Risk Analysis', 'Equal Rights Amendment' की प्रथमाक्षरी

era /इअरा/ *US* इरा, ऐरा/ *n., pl.* **~s** 1 युग: the Elizabethan ~ 2 काल: Christian ~ (ईसवी सन) 3 *geol.* कल्प, महाकल्प (second largest unit of geological time) 4 विशेष काल: when he left the university it was the end of an ~;

p&i: **the ~ of good feeling(s)** अमेरिका में प्रेजिडेंट मोनरो (James Monroe, President USA, 1817-1824) का सर्व सहमति का काल

eradia\te /इरैडिएट/ *v., pt.* **~ted**, *pp* **~ting** किरण के समान फूटना, विकिरण हो.;

dw/lw: **~tion** /~शन/ *n.* विकिरण, किरणों का बिखराव

eradica\te /इरैडिकेट/ *v., pt.* **~ted**, *pp* **~ting** 1 (***syn.*** wipe out) उन्मूलन क., जड़ से उखाड़ना, समूल नाश क., मिटाना 2 ध्वंस क.;

dw/lw: **~ble** /~बल/ *adj.* उन्मूलनीय, जिसका उन्मूलन किया जा सकता है; **~tive** /~टिव/ *adj.* उन्मूलक; **~tor** /~टिव/ *n.* उन्मूलनकारी; **~tion** /~शन/ *n.* 1 मूलोच्छेदन, उन्मूलन 2 नाश, ध्वंस

era\se /इरेज/ *v., pt.* **~sed**, *pp* **~sing** 1 रबड़ आदि से पेंसिल का लिखा हुआ मिटाना 2 लुप्त क. 3 नामोनिशान मिटाना 4 रिकॉर्ड किया हुआ पाठ आदि मिटाना;

dw/lw: **~able** /~बल/ *adj.* मिटाने योग्य, जिसे मिटाया जा सकता है; **~ser** /~जम/ *US* (*UK* **rubber**) *n.* 1 पेंसिल से लिखा हुआ मिटाने वाला रबड़ आदि, अपमार्जक: pencil ~ser 2 ब्लैकबोर्ड पोंछने वाला पोंछा (डस्टर): hard ~er; **~sure** /~जः/ *n.* 1 मिटाने या मिटने की क्रिया 2 दर्ज किए हुए पाठ आदि को मिटाने की क्रिया

erbium /अःबिअम/ *n., chem.* (रसायन शास्त्र, Er) 68वां अणु तत्त्व

ERDA *abbr.* 'Electronic Research and Development Agency (US)' की प्रथमाक्षरी

ER&DCI *abbr.* 'Electronics Research & Development Centre of India' की प्रथमाक्षरी

ERC *abbr.* 'Equity Research Cell', 'Expenditure Reforms Commission', 'Expert Review Committee' की प्रथमाक्षरी

ERCA *abbr.* 'Electricity Regulatory Commission Act' की प्रथमाक्षरी

ERCS *abbr.* 'Emergency Rocket Communications System' की प्रथमाक्षरी

ERDC *abbr.* 'Electronic Research and Development Centre' की प्रथमाक्षरी

ERDE *abbr.* 'Electronic & Radar Development Establishment' की प्रथमाक्षरी

ere /एअः/ *prep., conj., now only poetic* 1 **'before'** का कविता में प्रयोग होने वाला रूप 2 के पहले: ~ night; ~ then; ~ this;

p&i: **~ long = before long** निकट भविष्य में, जल्दी ही; ~ **now** अब से पहले; ~ **while** कुछ समय पहले

erect /इरेक्ट/ *adj.* 1 (***syn.*** straight) सीधा: stand ~; with head ~ 2 खड़ा: with ears ~ 3 ऊर्ध्व;

v., pt. **~ed**, *pp* **~ing** 1 इमारत आदि बनाकर खड़ा क. 2 निर्माण क.: ~ a house; ~ a monument 3 सीधा खड़ा क.: ~ a flagstaff 4 स्थापित क.: ~ a (new) government;

dw/lw: **~ile** /इरेक्टाइल/ *US* इरेक्टिल/ *adj.* 1 जो खड़ा हो सके: ~ile tissue 2 उत्थाप्य, उत्थापनीय; **~ly** *adv.* सीधे; **~ness** *n.* लंबाकारिता, सिधाई; **~ion** /इरेक्शन/ *n.* 1 पुरुष के लिंग के तनकर खड़े होने की अवस्था, उत्थान, उद्धर्षण, आयमन 2 भवन-निर्माण 3 स्थापना; **~ive** *adj.* सीधा करने वाली

erepsin /इरेप्सिन/ *n.* छोटी आंत में एंजाइम

eremite /इरेमाइट/ *n.* ईसाई संन्यासी या साधु

erg /अर्ग/ *n.* कार्य या ऊर्जा की इकाई

ergative /अःगेटिव/ *adj. grammar* जिसे कर्म वाचक व अकर्म वाचक क्रियाओं के साथ प्रयोग किया जा सकता है, e.g. she **grows** flowers and flower **grow** in the garden

ergo /अःगो/ *adv., Lat.* अतः, इसलिए

ergonomic /अःगअनौ\मिक/ *US* अःगअनाः\मिक/ *adj.* कर्मचारियों के काम करने के वातावरण के अध्ययन से संबंधित;

dw/lw: **~s** /~मिक्स/ *n.* कर्मचारियों के काम करने के वातावरण का अध्ययन, कर्मचारी-परिस्थिति अध्ययन

ergot /अःगट/ *n.* राई आदि अन्न का रोग, एक अन्न रोग;

dw/lw: **~ism** /अःगअटिज्म/ *n., pathol.* 1 अर्गट रोग से संक्रमित राई की रोटी आदि खाने से होने वाली खाद्य विषाक्तता 2 वाद-विवाद

ERI *abbr.* 'Earthquake Risk Index' की प्रथमाक्षरी

ERIC *abbr.* 'European Relief Information Centre' की प्रथमाक्षरी

erica /एरिका/ *n., pl.* **~s** एरिका, एक झाड़ीनुमा पौधा

Erin /एअरिन/ *n.* आयरलैंड

Erinys /एरिनीज/ *n., pl.* **Erinyes** /एरिनीज/*Greek mythol.* श्राप, दंड व बदला भावना की देवी

eriometer /एरिओ-मीटः/ *n.* तंतुमापी

eristic/ ~al /अरिस्टिक/ ~ल/ *adj.* विवाद-विषयक, हल्के-फुल्के रूप में विवादपरक;

n. वाद-विवाद कला, तर्कशास्त्र

ERM *abbr.* 'Earth-Return Module', 'Exchange Rate Mechanism' की प्रथमाक्षरी

ermine /अःमिन/ *n., pl.* **ermine**/ **~s** 1 नेवले की जाति का एक जंतु 2 उक्त जीव की खाल 3 न्यायाधीशों का अभ्रष्टता का प्रतीक;

p&i: **assume/ wear the ~** न्यायाधीश बनना; **robed in ~** जज की पोशाक में

Ernie /अर्नि/ *n., Br.* लॉटरी निकालने वाला कंप्यूटर

ERO *abbr.* 'Election Returning Officer', 'Electoral Registration Officer', 'Employee Relationship Officer' की प्रथमाक्षरी

ero\de /इरोड/ *v., pt.* **~ded**, *pp* **~ding** 1 छीजना 2 भूमि आदि का हवा या पानी के थपेड़ों से कटना 3 (***syn.*** wear out) क्षीण या नष्ट हो.

erogenous/ erogenic /इरौजिनस/ इरौजिनिक/ *US* इराःजिनस/ *US* इराःजिनिक/ *adj.* कामोत्तेजित होने वाले (अंग), कामोद्दीपक, कामुक (अंग);

collocations: **~ zone** स्पर्श कामोद्दीपक अंग

EROS *abbr.* 'Earth Resources Observation Satellite' की प्रथमाक्षरी

Eros /इअरौस/ *US* इराःस, ऐरास/ *n.* प्रेम देवता, कामदेव, कामुकतापूर्ण प्रेम या इच्छा

ero\sion /इरोजन/ *n.* 1 छीजन, क्षय, ह्रास 2 कटाव, क्षरण: soil

~sion;
dw/lw: **~sive** /इरोसिव/ *US adj.* अपरदक, कटावकारी, क्षरणकारी

erotic /इरौटिक/ *US* इराःटिक/ *adj.* 1 वासनाजन्य, कोमोत्तेजक, रति संबंधी, कामोद्दीपक: ~ love 2 शृंगारिक;
n. 1 कामुक व्यक्ति 2 काम शास्त्र 3 श्रृंगार काव्य;
dw/lw: **~a** /~का/ *n.* कामोत्तेजक या श्रृंगारिक साहित्य या कला; **~ally** /~कलि/ *adv.* वासनात्मक व कोमोत्तेजक ढंग से; **~ism** /~सिज्म/ *n.* 1 कामोत्तेजना 2 कामुक आचरण 3 साहित्यिक कृति की कोमोत्तेजक विशेषता, श्रृंगारिकता

ERP *abbr.* 'enterprise resources planning' की प्रथमाक्षरी

err /अः/ *US* एर/ *v., pt.* **~ed**, *pp* **~ing** 1 गलती या भूल क. 2 पाप क.;
dw/lw: **~able** /अरअबल/ *adj.* भूल कर सकने वाला; **~abund** /अरअबंड/ *adj.* बेबुनियाद, गलती पर; **~ancy** /अरंसि/ *n.* भटकाव; **~ing** /एरिंग/ *adj.* 1 भटक जाने वाला 2 पापी; **~ingly** /एरिंगलि/ *n.* गलत ढंग से, भटकावपूर्वक; **erroneous** *see below under separate entry*
p&i: **~ in one's judgement of circumstances** हालात को ठीक से पहचानने में गलती क.; **~ on the safe side** = **~ on the side of caution** अत्यधिक सावधानी बरतना;
to err is human, to forgive is divine इंसान से ही गलती होती है, पर गलती को माफ करना नेक काम होता है

errand /एरंड/ *n.* 1 छोटे-मोटे कार्यों के लिए आने-जाने का काम, दूत कार्य: send sb on an ~ 2 छोटे-मोटे काम का लक्ष्य;
collocations: **~ boy** दुकान आदि में सामान लाने-लेजाने का काम करने वाला बालक; **~ of mercy** सहायता लाने का कार्य;
p&i: **a fool's ~** व्यर्थ काम; **go on an ~** छोटा-मोटा कार्य करने जा.; **run an ~/ run ~s** छोटा-मोटा व्यापार या दूत कार्य क.; **send on an ~** छोटा-मोटा कार्य करने के लिए भेजना; **send sb on a fool's ~** व्यर्थ काम करने भेजना

errant /एरंट/ *adj., lit.* 1 गलत 2 दांपत्य संबंधों में बेवफा व्यक्ति 3 जोखिम भरे काम करने वाला: a knight ~;
dw/lw: **~ry** /एरंटरि/ *n.* जोखिम भरे काम करने की सनक

erratic /इरैटिक/ *adj.* 1 अक्सर सनकी तरीके से बदलने वाला, सनकी, मौजी: ~ life 2 (***syn.*** unpredictable) अस्थिर या जल्दी-जल्दी बदलने वाला: ~ behaviour;
n. 1 अक्सर सनकी तरीके से बदलने वाला व्यक्ति या व्यवहार 2 (*also* **~ block/ boulder**) बर्फ द्वारा दूर लेजाकर छोड़ी जाने वाली चट्टान;
dw/lw: **~ally** /~कलि/ *adv.* सनकी तरीके से;
p&i: **~ block** बर्फ द्वारा बहाकर दूर लेजाई जाने वाली चट्टान

erratum /इराःटम/ *n., pl.* **errata** /इराःटा/ अशुद्धि, लिखाई या छपाई में होने वाली भूलें, गलतियां, अशुद्धियां

ERRF *abbr.* 'European Rapid Reaction Force' की प्रथमाक्षरी

erring, ~ly *see above under* **err**: ***dw/lw***

errline /एरलाइन/ *n.* सुंघनी, नस्य, नस

erroneous /इरोनिअस/ *adj.* गलत, अशुद्ध, भ्रामक, भ्रांतिपूर्ण;
dw/lw: **~ly** /~लि/ *adv.* भ्रांतिपूर्वक; **~ness** /~नेस/ *n.* भ्रामकता, भ्रांति

error /एरअर/ *n.* 1 गलती, भूल, त्रुटि, अशुद्धि 2 भ्रम, भ्रांति, विभ्रम 3 हिसाब में त्रुटि या भूल, चूक, भूल-चूक;
dw/lw: **~less** /~लेस/ *adj.* त्रुटिहीन, निर्दोष; **~lessly** /~लेसलि/ *n.* निर्दोषतापूर्वक, बिना कोई चूक किए;
collocations: **~s and omissions** भूल-चूक लेनी-देनी; **~ correction** ऐसी प्रक्रिया जिसके तहत कंप्यूटर स्वयमेव त्रुटियां सुधारता है; **~ message** *comput.* कंप्यूटर पर की जाने वाली गलती के बारे में कंप्यूटर स्क्रीन पर प्रकट होने वाला संदेश; **~ of judgement** समझने या आकलन करने में हुई चूक;
writ of ~ न्यायालय द्वारा मामले की तहकीकात में हुई गलती के विरुद्ध याचिका;
p&i: **Errors & omissions accepted** भूल-चूक लेनी-देनी; **see/ realise the ~ of one's ways** अपने आचरण की भूल को समझना, स्वीकार करना और उसे सुधारना

ERS *abbr.* 'Earth Resources Satellite', 'Economic Research Service (USA)' की प्रथमाक्षरी

ERSA *abbr.* 'Eastern Railway Sports Association' की प्रथमाक्षरी

ersatz /ऐःजैट्स/*derog. adj.* 1 घटिया स्थानापन्न 2 नकली, कृत्रिम

erst /अःस्ट/ *adv.* पहले

erstwhile /अःस्टवाइल/ *adj.* भूतपूर्व: ~ friends
adv. बहुत पहले

ERTS *abbr.* 'Earth Resources technology Satellite' की प्रथमाक्षरी

erube\scence /ऐरुबे\संस/ *n.* लालिमा, अरुणिमा, लज्जारुणिमा;
dw/lw: **~scent** /~संट/ *adj.* आरक्त, अरुण, लज्जारुण

eruct/ eruct\ate /इरक्ट/ इरक्टेट/ *v., pt.* **~ed/ ~ated**, *pp* **~ing/ ~ating** 1 डकार लेना, डकारना 2 फूटना, विस्फोट होना;
dw/lw: **~ation** /इरक्टेशन/ *n., formal* 1 डकार 2 विस्फोट

erudi\te /ऐरुडाइट/ *adj.* 1 ज्ञानी, विद्या संपन्न, विद्वान 2 विद्वत्तापूर्ण: an **~te** pedant;
dw/lw: **~teness** /~नेस/ **~tion** /ऐरुडीशन/ *n.* 1 विद्वत्ता, पांडित्य 2 विद्या शास्त्र

erupt /इरप्ट/ *v., pt.* **~ed**, *pp* **~ing** 1 ज्वालामुखी का फट पड़ना: the volcano may ~ at any time 2 (***syn.*** break out) फूट पड़ना, फट पड़ना, विस्फोट होना 3 टूट पड़ना: the crowd **~ed** into the yard 3 भड़ास निकालना, आग उगलना 4 फोड़ा-फुंसी, घमौरी आदि का अचानक निकल आना 5 दांत निकलना;
dw/lw: **~ible** /इरप्टिबल/ *adj.* जो फूटने को हो, फूटने वाला, विस्फोटक; **~ion** /इरप्शन/ *n.* 1 विस्फोट 2 विस्फोट होने की क्रिया, उद्रेक; **~ive** /इरप्टिव/ *adj.* 1 विस्फोटक, जिसमें विस्फोट होने को हो. 2 लावा आदि उगलने वाला

ERW *abbr.* 'enhanced radiation weapon' की प्रथमाक्षरी

-ery/ -ry *suffix, forming nouns, indicating:* 1 **place of activity** (कामकाजी स्थान): brew**ery** 2 **class, group** (वर्ग): weapon**ry** 3 **skill** or **specialization** (हुनर, विशेषज्ञता): dentist**ry** 4 **quality of conduct** (व्यवहार की विशेषता): brav**ery** 5 **activity** (कार्य-कलाप): pop**ery**

erysipelas /ऐरिसिपिलस/ *n., pathol.* एक संक्रामक चर्म रोग

erythema /एरिथीमा/ *n., pathol.* अतिरक्तिमा, त्वचा की अतिशय लाली जो रक्त कोशिकाओं के फैलाव के कारण पैदा होती है

erythrism /एरिथ्रिज्म/ *n.* (***syn.*** red colouring) अतिरक्तता, आरक्तता

erythro-/ erythr- *comb. form, denoting:* **red** (लाल)

erythro\blast /इरिथ्रो\ब्लैस्ट/ *n.* रक्ताणुकोरक;
dw/lw: **~cyte** /~साइट/ *n.* लोहित कोशिका, रक्त की लाल कणिकाएं; **~mycin** /~माइसीन/ *n., med.* विविध प्रकार के जीवाणु संक्रमण का इलाज करने के लिए प्रयुक्त एक ऐंटिबॉयटिक्स

ES *abbr.* 'Enterprise Solutions', 'Executive Sales' की प्रथमाक्षरी

ES *abbr.* 'El Salvador' एल सल्वादोर का अंतरराष्ट्रीय वाहन पंजीकरण कोड (*IVR*)

ES *symbol., chem.* एनस्टेनिअम (**einsteinium**) का चिह्न

ESA *abbr.* 'environmentally sensitive area', 'European Space Agency' की प्रथमाक्षरी

ESB *abbr.* 'electrical stimulation of the brain' की प्रथमाक्षरी

ESC *abbr.* 'Economic and Social Committee', 'Economic, 'embryonic stem cell', 'European Space Conference' की प्रथमाक्षरी

Esc. *abbr.* 'escudo/ escudos' का संक्षेप, *see below under*

separate entry

escalade /ऐस्कअलेड/ *n.* सीढ़ी लगाकर दीवार पर चढ़ने या दीवार को फांदने का कार्य;

v., pt. **~d**, *pp* **escalading** सीढ़ी लगाकर दीवार पर चढ़ना

escala\te /ऐस्कलेट/ *v., pt.* **~ted**, *pp* **~ting** 1 तीव्र क., तेज क., बढ़ाना 2 तीव्र होना, बढ़ना, प्रचंड रूप धारण क.: the localized conflicts should not **~te** into war;

dw/lw: **~tion** /~शन/ *n.* 1 तीव्रीकरण 2 कीमतों आदि में तेजी या उछाल 3 तेजी, तीव्रता, प्रचंड रूप; **~tor** /~टः/ *n.* चलती हुई सीढ़ी, चलसोपान, एस्केलेटर;

collocations: **~or clause/ ~ion clause** समझौते या संविदा में कीमतों के उतार-चढ़ाव की धारा

escallop *see under* **scallop**

escalope /ऐसकेलौप/ *US* ऐसकेलाःप/ *n., cookery.* गोश्त की पतली स्लाइस

ESCAP *abbr.* '(United Nations) Economic and Social Commission for Asia and the Pacific' की प्रथमाक्षरी

escapade /ऐस्कअपेड/ *n.* 1 समाज के बंधनों व मान्यताओं की अवहेलना करने वाला मनमाना, सरफिरों जैसा आचरण 2 (***syn.*** exciting adventure) मनमौजीपन, शरारत, पाजीपन, अठखेली, मजाक, परिहास, ठिठोली 3 कैद से भाग निकलने की क्रिया, पलायन

esca\pe /इस्के\प/ *n.* 1 पलायन: make good one's **~pe** (भाग निकालना, पलायन क.) 2 बाल-बाल बचाव: a narrow/ hair-breadth **~pe** 3 बचाव का रास्ता, निकास 4 छुटकारा, मुक्ति 5 रिसाव, निस्सरण: **~pe** of blood 6 संसार आदि से पलायन: literature of **~pe**;

v., pt. **~ped**, *pp* **~ping** 1 पलायन क., भाग निकलना 2 बचकर निकलना, बच जा. 3 मुक्त हो.: **~pe** from everyday/ routine life 4 बीमारी या दंड से बच जा.: **~pe** punishment 5 पकड़े या देखे जाने से बच जाना, दिखाई न पड़ना: nothing **~pes** his notice; **~pe** observation 6 गैस आदि का रिसना 7 अनजाने में मुंह से शब्द निकल जा.;

dw/lw: **~ped** /इस्केप्ट/ *adj.* भागा या बचकर निकला हुआ; **~per** /~पः/ *n.* बच निकलने वाला; **~pee** /~पी/ *n.* भागा हुआ कैदी, भगोड़ा कैदी आदि; **~pement** /~प्मंट/ *n.* 1 गतिनियामक उपकरण 2 निकलने का रास्ता 3 निकास; **~pism** /~पिज्म/ *n.* पलायनवाद; **~pist** /~पिस्ट/ *adj.* 1 पलायनवादी (लेखक जो जीवन के ज्वलंत मुद्दों को नहीं उठाना चाहता) 2 मौज-मस्ती करने वाला; **~pe-valve** *n.* बचाव वाल्व; **~pe-warrant** *n.* भगोड़े कैदी की खोज व गिरफ्तारी के वारंट;

collocations: **~pe channel** निकास प्रणाल, निकास पथ; **~pe clause** समझौते को निरस्त करने की धारा; **~pe cover** पलायन आवरण; **~pe hatch** पनडुब्बी से निकलने का रास्ता (निकास); **~pe (key)** (*abbr.* **Esc**) *comput.* कंप्यूटर के कीबोर्ड (keyboard) में एक बटन जिसे दबाकर किसी भी कदम (operation) को टाला सकता है; **~pe mechanism** निस्तार विधि, बचाव का तरीका; **~pe road/ route** पलायन का रास्ता, बचने का रास्ता; **~pe velocity** पलायन वेग, अंतरिक्ष का दूसरा वेग;

p&i: **~pe being killed** मारे जाने से बच जाना; **~pe by hairs breadth** बाल-बाल बचना; **~pe the clutches** (मौत आदि के) मुंह से बच निकलना; **~pe with minor injuries** छोटी-मोटी चोटें खाकर ही बच जा.;

be no ~pe बचने का कोई रास्ता न हो.; **details ~ped my mind** (बारीकियां मेरे मन से निकल गई); **make ~pe** पलायन क., बचकर भाग निकलना

escapolo\gy /ऐस्कअपौलअ\जि, इस्कअपौलअ\जि / *US* ऐस्कअपाःलअ\जि, इस्कअपाःलअ\जि / *n.* निष्क्रमण कला (theatre), मनोरंजन के लिए जंजीरों, बक्सों आदि से बच निकलने की कला या खेल;

dw/lw: **~gist** /~जिस्ट/ *n.* निष्क्रमण कलाकार

escarpment /इस्काःपमंट/ *n., geol.* तेज ढाल, कगार, खड़ी चट्टान

ESCES *abbr.* 'Experiment Satellite Communications Earth Station' *or* 'Experimental Satellite Communication Earth Station' की प्रथमाक्षरी

eschatology /ऐस्कअटौ\लजि/ *US* ऐस्कअटाः\लजि/ *n.* ईसाई धर्म-शास्त्र की शाखा जो जीवन के अंत (मृत्य, मोक्ष, ईश-दंड, मृत्यु-उपरांत जीवन आदि) से संबंधित मुद्दों का अध्ययन करती है;

dw/lw: **~gical** /ऐस्कैटअलौजिकल/ *US* ऐस्कैटअलाःजिकल/ *adj.* उपरोक्त शास्त्र से संबंधित; **~gist** /~जिस्ट/ *n.* मृत्य, मोक्ष, ईश-दंड, मृत्यु-उपरांत जीवन आदि प्रश्नों का अध्येता

escheat /इस्चीट/ *n., formerly* 1 वैध उत्तराधिकारी की अनुपस्थिति में संपत्ति का राज्य द्वारा अधिग्रहण 2 इस प्रकार अधिकृत की जाने वाली संपत्ति;

v., pt. **~ed**, *pp* **~ing** 1 वैध उत्तराधिकारी की अनुपस्थिति में संपत्ति का राज्य द्वारा ग्रहण क. 2 संपत्ति जब्त क. 3 हथियाना

Escherichia coli /एशअरिकिआ कोलाइ/ (*abbr.* **E. coli**) *n., biol.* ऐसा जीवाणु जो अधपके खाने या हरे सलाद आदि में होता है और वह भोजन-विषाक्तता जैसी गंभीर बीमारी पैदा कर सकता है

eschew /इस्चू/ *v., pt.* **~ed**, *pp* **~ing** 1 सख्ती से परहेज क., परिहार क. 2 बचना, बाज आना: ~ evil and do good 3 सावधान रहना

eschscholtzia/ eschscholzia /एशौल्त्सिआ/ (*also* **the Californian poppy**) *n., pl.* **~s** पोस्त परिवार का पौधा, एक सुंदर फूल

ESCI *abbr.* 'Engineering Staff College of India' की प्रथमाक्षरी

escort /ऐस्कॉःट/ *n.* 1 प्रीतिभोज आदि में साथ जाने के लिए विपरीत लिंग का अंग-रक्षक: young ladies and their **~s** 2 (***syn.*** body-guard) अंग-रक्षक: ~ of honour 3 रक्षक: mounted **~s** 4 मार्ग रक्षक: ~ aircraft;

v., pt. **~ed**, *pp* **~ing** 1 अंग-रक्षक बनकर किसी के साथ जा.: **~ed** by her husband 2 किसी को छोड़ने या लाने के लिए साथ चलना: ~ a lady to her home;

collocations: **~ agency/ ~service/ bureau** *US* मार्ग रक्षण या अंग-रक्षण मुहैया कराने वाला संगठन; **under police ~** पुलिस के संरक्षण में

escritoire /ऐस्क्रीःट्वाः(र)/ *n.* खानों वाली या दराजों वाली लेखन मेज

escrow /ऐस्क्रो/ *n.* 1 व्यक्ति के पास रखा हुआ अनुबंध-पत्र 2 धन या संपत्ति जिसे दाता दानग्राही को पूर्वनिर्धारित शर्त पूरा करने पर ही दे सकता है

escudo /ऐस्कूदो/ *n., pl.* **escudos** (*abbr.* **Esc.**) पुर्तगाल की मुद्रा

esculent /ऐस्क्युलंट/ *formal. adj.* (***syn.*** edible) खाद्य, भक्ष्य, खाने योग्य;

n. खाद्य पदार्थ

escutcheon /इस्कचन/ *n.* 1 कुलचिह्नयुक्त ढाल: blot on the ~ (कुलचिह्न पर कलंक) 2 दरवाजे पर चाबी-छेद के गिर्द धातु की प्लेट

ESD *abbr.* 'Ecologically Sustainable Development', 'electronic software distribution', 'Electronic Systems Division', 'Environmental Sensing Devices' की प्रथमाक्षरी

Esd. *abbr. Book of the Bible* 'Esdras' का संक्षेप

ESDAC *abbr.* 'European Space Data Analysis Centre' की प्रथमाक्षरी

ESE *abbr.* 'east-south-east' की प्रथमाक्षरी

-ese *suffix, forming nouns and adjectives:* 1 **related to a country** (किसी देश विशेष से संबंधित): Japanese 2 **indicating people or language of a country** (देश की भाषा या जनता): Vietnamese; Chinese 3 **language of a group or profession** (किसी समूह या व्यवसाय की भाषा): journalese

esemplastic /ऐसेम्प्लैस्टिक/ *adj.* 1 योजक, संयोजक, जोड़ने वाला 2 (***syn.*** unifying) एकताकारक
esemplasy /एसेम्प्लेजि/ *n.* योजक शक्ति (of imagination, in literature)
ESG *abbr.* 'Environment Sub Group', '(inter-Army) executive steering group' की प्रथमाक्षरी
ESHDP *abbr.* 'End Stage Heart Disease Patients' की प्रथमाक्षरी
ESHRE *abbr.* 'European Society of Human Reproduction and Embryology' की प्रथमाक्षरी
ESI *abbr.* 'emotional surplus identity', 'Employees State Insurance', 'Extremely Sensitive Information' की प्रथमाक्षरी
ESIC *abbr.* 'Employees State Insurance Corporation' की प्रथमाक्षरी
esker/eskar /ऐस्कः/ *n., geol.* हिमनद, मृद कटक
Eskimo /ऐस्किमो/ (*preferably* **Inuit**) *n., pl., often offensive* **Eskimos** or **Eskimo** ऐस्कीमो लोग जो उत्तरी अमेरिका, रूस और ग्रीनलैंड जैसे देशों के ऐसे सर्द क्षेत्रों में रहते हैं जहां साल भर बर्फ पड़ी रहती है (बहुत से लोग '**Eskimo**' को अपमानजनक मानते हैं और इसके स्थान पर '**Inuit**' शब्द के प्रयोग को सही मानते हैं);
collocations: ~ **dog** बर्फ की गाड़ी (sledge = स्लेज) को खींचने के लिए इन्यूट (Inuit) लोगों द्वारा प्रयोग में लाया जाने वाला कुत्ता; ~ **roll** 'कयाक' नाव को जानबूझकर पानी के नीचे ले जाने और फिर यकायक बाहर निकालने की क्रिया
Esky /एस्की/ *n.* छोटा पिकनिक बैग या डिब्बा
ESL *abbr.* 'English as a second language' की प्रथमाक्षरी
ESM *abbr.* 'Enterprise Systems Management', 'Ex Service Man' की प्रथमाक्षरी
ESMA *abbr.* 'Essential Services Maintenance Act' की प्रथमाक्षरी
ESN *abbr.* 'educationally subnormal', 'electronic serial number' की प्रथमाक्षरी
ESOC *abbr.* 'European Space Operations Centre' की प्रथमाक्षरी
ESOL *abbr.* 'English for speakers of other languages' की प्रथमाक्षरी
esophagus /इसौफअगस/ *US* इसाःफैगस/ (*also UK* **oesophagus**) *n.* भोजन-नलिका, घुटकी
esoteric /ऐसअटेरि\क/ ईसअटेरि\क/ *adj.* 1 गोपनीय: **~ic** truth 2 गहन, गुह्य, गूढ, गुप्त, रहस्यमय: **~ic** motive 3 मात्र चुनिंदे लोगों को समझ में आने वाला: **~ic** poetry;
dw/lw: **~ically** /~कलि/ *adv.* गूढ या रहस्यमय ढंग से; **~ism** /~ज्म/ *n.* बात को मात्र अपने और कुछ अन्य चुनिंदा लोगों की समझ में आने लायक रखने की प्रवृत्ति
ESP *abbr.* 'Electronics Stability Program', 'electrostatic precipitators', 'English for special purposes' की प्रथमाक्षरी
esp. *abbr.* 'especially' का लिखित में संक्षिप्त रूप
ESPAC *abbr.* 'Endosulfan Spray Protest Action Committee' की प्रथमाक्षरी
espadrille /ऐस्पअड्रिल/ *n.* एक तरह का कैनवस का जूता, जिसका तल्ला रस्सी से बना होता है
espalier /इस्पैलिअः/ *n.* 1 लकड़ी या लोहे की जाली जिस पर पौधों या बेलों को चढ़ाया जाता है 2 चढ़ने वाले पौधे या बेलें
especial /इस्पेश\ल/ *adj.* 1 विशेष, खास: a matter of ~ importance 2 असाधारण, मुख्य: her ~ friend 3 निजी, खास व्यक्ति के लिए: I repeat this for your ~ benefit;
dw/lw: **~ly** /~लि/ *adv.* 1 (***syn.*** particularly) विशेषकर, विशेष रूप से, विशेषतया: the criticism is ~ly deserved in this case 2 मुख्यतः: ~ly for this reason 3 किसी व्यक्ति विशेष, लक्ष्य के लिए: ~ly for you

Esperan\to /ऐस्पअरैं\तो/ *n.* एस्परेंतो भाषा, यूरोपीय भाषाओं पर आधारित अंतर्राष्ट्रीय भाषा जिसका 1887 में आविष्कार किया गया;
dw/lw: **~tist** /~टिस्ट/ *n.* एस्परेंतो भाषाविद्, एस्परेंतो विशेषज्ञ
espial /इस्पायल/ *n.* 1 चोरी-छिपे झांका-झांकी, देखा-देखी 2 एक प्रकार की जासूसी, गुप्तचरी
espier /इस्पायः/ *n.* दर्शक
espionage /ऐस्पिअनाःज/ *n.* (***syn.*** spying) गुप्तचरी, जासूसी
esplanade /ऐस्प्लअनेड/ *n.* 1 चौक, मैदान 2 समुद्र तट का समतल स्थान जिसे लोग घूमने-फिरने या सैर के लिए प्रयोग करते हैं
espousal /इस्पाउजल/ *n.* 1 *old use* सगाई, मंगनी, विवाह या नकी रस्म 2 किसी नेक काम का समर्थन: open ~ of a cause
espouse /इस्पाउज/ *v., pt.* **~d**, *pp* **espousing** 1 किसी नेक काम का समर्थन क.: ~ the cause of peace 2 विवाह क. 3 किसी विशेष जीवन शैली में विश्वास क., उसका समर्थन क. या अपनाना
espresso/ expresso /ऐस्प्रेस्सो/ ऐक्स्प्रेस्सो/ *n., pl.* **~s**/ **~s** 1 एस्प्रेसो कॉफी 2 कॉफी के पिसे हुए चूरे में से भाप या उबला पानी निकालकर बनाई हुई कॉफी
esprit /ऐस्प्री/ *n., Fr., formal or lit.* 1 जीवंतता, आत्मा 2 हाजिरजवाबी, वाग्विदग्धता: ~ fort (स्वच्छंद विचारक);
collocations: **~ de corps** /एस्प्री डअ कॉः(र)/ 1 अपने संगठन के प्रति वफादारी और उसके मान-सम्मान की चिंता 2 संघ-भाव
esp\y /एस्पाइ/ *v., lit. pt.* **~ied**, *pp* **~ying** 1 (***syn.*** catch sight of, spy) देख ले. 2 पता लगा ले. 3 ताड़ना, भांपना
Esq. (*in full* **esquire**) /इस्क्वायः/ *n.* श्री, श्रीमान्
-esque /-एस्क/*suffix, signifying:* **style of a specified person** (व्यक्ति विशेष की शैली): Byron**esque**; picture**sque**
ESRC *abbr.* 'Economic and Social Research Council' की प्रथमाक्षरी
ESRD *abbr.* 'End Stage Renal Disease' की प्रथमाक्षरी
ESS *abbr.* 'early separation scheme', 'early severance scheme', 'Eastern Software System', 'Electronic Software Solutions', 'enterprise storage systems' की प्रथमाक्षरी
-ess /-एस/ *suffix, forming noun, signifying:* **a female of the specified type** (एक विशेष प्रकार की महिला): mistress
essay /ऐस्से/ *n., pl.* **~s** 1 निबंध, लेख 2 प्रयास, कोशिश 3 परीक्षण, जांच, परख;
v., pt. **~ed**, *pp* **~ing** 1 प्रयास/ प्रयत्न/ कोशिश क.: ~ a task 2 परीक्षण क.: ~ one's powers;
dw/lw: **~ist** /एसेइस्ट/ *n.* निबंधकार, निबंध लेखक
esse /ऐस्से/ ऐसि/ *n., Lat.* अस्तित्व, सार;
p&i: **esse quam videri** /ऐस्से क्वाम वीदेरि/ लगने की बजाए होना; **in esse** *law* वास्तव में, अस्तित्व में, वजूद में
essence /ऐसंस/ *n.* 1 सार, तत्त्व, सारांश, निचोड़: ~ of the proposal 2 अर्क, इत्र: heavenly ~ 3 परिमल, सुगंध;
p&i: **in** ~ मूलतः, वास्तव में, असल में;
be of the ~ अति महत्त्वपूर्ण हो., बिल्कुल जरूरी हो.; **the ~ of nonsense** बिल्कुल बकवास
essential /इसेन्शिअ\ल/ *adj.* 1 (***anton.*** dispensable, non-essential) आवश्यक, अपरिहार्य, अनिवार्य, लाजिमी: an ~ first step 2 (***syn.*** fundamental) मूलभूत, तात्विक, सारभूत, मौलिक: ~ condition 3 (***syn.*** vital) महत्त्वपूर्ण, प्रधान, मुख्य: ~ part of sb's character 4 (*often* **the ~s**) मूलभूत तत्त्व: water is ~ element for life 5 मूलभूत सिद्धांत या सूचना;
dw/lw: **~ly** /~लि/ *adv.* 1 अनिवार्यतः 2 वस्तुतः 3 स्वभावतः 4 (***syn.*** basically) मूलभूत रूप से; **~s** /~ल्ज/ *n., [pl.]* मूलभूत व आवश्यक वस्तुएं;
collocations: ~ **goods** अति आवश्यक सामान या माल; ~ **minerals** आवश्यक खनिज; ~ **oil** कई ज्वलनशील तेलों का

मिश्रण जिसकी एक विशेष प्रकार की सुगंध होती है; ~ **organs** मौलिक अंग, *bot.* पुंकेसर एवं अंडप; ~ **rights** महत्त्वपूर्ण अधिकार; ~ **service** महत्त्वपूर्ण देन; ~ **services** मूलभूत सेवाएं; ***p&i:* water is ~ to life** जल ही जीवन है

Essex girl /ऐसिक्स गःल/ मंदबुद्धि, बेशउर व उच्छृंखल लड़की

essive /ऐस्सिव/ *adj.* (व्याकरण में) अस्तिवाचक, सत्तावाची (कारक)

Esso *abbr.* 'Standard Oil' का संक्षेप /SO/ (पहले अक्षरों) के उच्चारण के आधार पर)

ESSO PIPL *abbr.* 'ESSO Petroleum India Private Limited' की प्रथमाक्षरी

EST *abbr.* 'Eastern Standard Time', 'Erhad Seminar Training' की प्रथमाक्षरी

est. *abbr.* 'estimated' or 'established' का संक्षेप

-est *suffix, denoting*, **forming superlative degree of *adj.'s & adv.'s*** (उत्तम श्रेणी का प्रत्यय): quick**est**; soon**est**

establish /इस्टैब्लि\श/ *v., pt.* **~ed**, *pp* **~ing** 1 (***syn.*** set up) स्थापित क., नींव रखना: ~ a university; **~ed** in 1965 2 संवाद/ संबंध स्थापित क.: ~ communication/ relations, etc. 3 सृजन क.: ~ oneself as poet 4 (***syn.*** ascertain) प्रमाणित क., सिद्ध क.: it has been **~ed** that (यह सिद्ध हो चुका है कि...); ~ sb's name; ~ facts; ~ a case; ~ a claim 5 स्थिर क., प्रस्थापित क.: ~ sb/ sth as sth 6 व्यवस्था, अनुशासन आदि स्थापित क.: ~ order 7 नियम, कानून आदि द्वारा स्थापित हो.: as by law **~ed** (विधि द्वारा स्थापित); ~ by a decree 8 आदत, परंपरा, प्रथा आदि का स्थापित हो.: the habit/ the tradition was already well **~ed**;

***dw/lw:* ~ed** /~शड/ *adj.* 1 स्थापित 2 प्रमाणित: ~ed fact 3 स्थापित और मजबूत किया हुआ: ~ed habits, customs; ~ed tastes 4 मान्यता-प्राप्त: ~ed authority (मान्यता-प्राप्त प्राधिकारी); ~ed author; **~ment** /~श्मंट/ *n.* 1 प्रतिष्ठान, संस्थान: a research ~ment 2 संस्थापन, स्थापना: ~ment of a new state 3 संगठन, व्यवस्था: peace ~ment; a military ~ment 4 घर-गृहस्थी, नौकर-चाकर 4 (**the Establishment)** स्थापित सत्ता तंत्र: the legal/ medical, etc. ~ment

estafette /ऐस्तअफैत/ *n.* सैनिक घुड़सवार हरकारा, सैनिक डाक

estate /इस्टेट/ *n.* 1 जायदाद, भूसंपत्ति: real ~ **agency**/ service 2 *UK* भवन-समूह, भूसंपदा: housing ~ 3 संपदा, *Br.* सामाजिक संपदा (वर्ग), हैसियत, दशा, अवस्था: first ~ or Lords Spiritual (ie bishops and archbishops; second ~; Lords Temporal; third ~: the common people; the holy ~ of matrimony; fourth ~ (समाचार या प्रचार साधन) 5 निम्न प्रयोगों में: fifth ~ (वैकल्पिक प्रचार माध्यम, पत्रकारिता आदि) 6 वनस्पति;

collocations: **~ agent/ real ~ agent/ realtor** भूसंपदा एवं भवन संपदा दलाल; **~ car** *UK* (*US* **station wagon**) एक बड़ी कार जिसमें काफी स्थान हो; **~ duty** संपदा-शुल्क, संपदा-कर; मृत्यु कर; **~ manager संपदा**-प्रबंधक; **~ tax** उत्तराधिकार कर

ESTC *abbr.* 'Electronics Service & Training Centre' की प्रथमाक्षरी

esteem /इस्टी\म/ *n.* आदर, मान: hold in high ~;

v., pt. **~ed**, *pp* **~ing** 1 अमूल्य समझना 2 बहुत आदर क.: he is **~ed** as a good novelist 3 किसी के बारे में बहुत अच्छा विचार हो. 4 किसी को किसी विशेष रूप में ले.: ~ a theory useless (किसी सिद्धांत को बेकार समझना);

***dw/lw:* ~ed** /~म्ड/ *adj.* आदरणीय, माननीय, सम्मानित; **self-~** *n.* स्वाभिमान

ester /ऐस्टः/ *n., chem.* जैव अम्ल और सुरा से बना एक सुगंधित रासायनिक पदार्थ

Esthonian /ऐस्थोनिअन/ *see below under* **Estonian**

esthetic /ऐस्थेटि\क/ इस्थेटि\क/ *adj. US spell. of* **'aesthetic'**, सौंदर्य-बोध संबंधी;

***dw/lw:* ~ally** /~कलि/ *adv.* सौंदर्य बोध की दृष्टि से; **~s** /~क्स/ *n. US spell. of* '**aesthetics**', सौंदर्य-शास्त्र

estimable /ऐस्टिमअबल/ *adj.* अनुमाननीय, अनुमान लगाने योग्य

estima\te /ऐस्टिमे\ट/ *n.* 1 अनुमान, लिखित रूप में प्रस्तुत अनुमान: an **~te** of sth 2 (the **~tes**) आकलन, तखमीना, अनुमानित खर्च: an accurate/ rough **~te**; an **~te** for funds; budgetary **~tes** 3 परख, आकलन: give sb an **~te**;

v., pt. **~ted**, *pp* **~ting** 1 आकलन क., कीमत का अंदाजा लगाना: **~te** the value of a gem 2 कूतना, आंकना 3 राय बनाना, किसी या किसी चीज के बारे में कोई मत हो.: **~te** sth highly;

***dw/lw:* ~ted** /~टड/ अनुमानित: ~ted readership; ~ted casualties; ~ted cost; **~tes** /~टस/ *n. [pl.]* बजट प्राक्कलन (आय-व्यय का अनुमान); **~tion** /~शन/ *n.* 1 किसी के बारे में मत, राय: in the ~tion of most people 2 आकलन, अनुमान, अंदाजा: in my ~tion 3 मान-सम्मान, आदर; **~tor** /~टः/ *n.* प्राक्कलक, अनुमानकर्ता;

***p&i:* fall in sb's ~tion** किसी के नजरों में गिर जा.

estival /ईस्टाइवल/ ऐस्टिवल/ *adj., US spell. of* **aestival**, ग्रीष्मकालीन

estiva\te /ईस्टिवे\ट/ऐस्टअवे\ट/ *the US spell. of* **aestivate**, गर्मी के महीनों को सोकर गुजारना;

***dw/lw:* ~tion** /~शन/ *n. the US spell. of* **aestivation** गर्मियों के दिनों में कई जानवरों में असक्रियता की लंबी अवस्था

estoc /एस्टॉक/ *n.* छोटी तलवार

Estonian/ Esthonian /इस्तोनिअन/ *adj.* 1 बाल्टिक क्षेत्र के देश इस्तोनिया से संबंधित 2 इस्तोनिया वासी: the **~s**

Estonia /इस्तोनिया/ *n.* इस्तोनिया (देश)

estop /इस्टौप, ऐस्टौप/ US इस्टाःप, ऐस्टाःप/ *v., pt.* **~ped**, *pp* **~ping** 1 रोकना 2 बाधा डालना

estoppel /इस्टौपल, ऐस्टौपल/ *US* इस्टाःपल, ऐस्टाःपल/ *n.* 1 पूर्वकथन को बदलने पर लगाई जाने वाली रोक, विबंधन 2 *law* एतराज करने पर लगा प्रतिबंध

estrade /इस्त्राड, एस्त्रौड/ *US* इस्त्राःड, एस्त्राःड/ *n.* मंच, ऊंची स्टेज

estradiol /इस्ट्रअडायॉल/ *n. Amer. spell.* of **oestradiol.**, *biol. chem.* 1 सबसे महत्त्वपूर्ण स्त्री हार्मोन 2 इस हार्मोन की मिश्रित रूप का औरतों में छाती के कैंसर के उपचार में प्रयोग

estrange(h)elo /एस्त्रांगेलो/ *n.* अरबी भाषा की घसीट लिखाई या लिपि

estran\ge /इस्ट्रें\ज/ *v., pt.* **~ged**, *pp* **~ging** 1 संबंध बिगाड़ लेना, अनबन पैदा कर लेना, संबंधों में दरार डालना: be **~ged** 2 मन से उतरना या उतारना: **~ge** the children 3 वैमनस्य पैदा क. 4 विरक्त हो.: he **~ged** himself from life;

***dw/lw:* ~ged** /~ज्ड/ *adj.* 1 जिनके संबंधों में दरार पैदा हो गई हो 2 जब पत्नी-पति अलग-अलग रह रहे हों: his ~ged wife; the ~ged couple 3 विरक्त: she gave him an ~ged look; **~gement** /~ज्मंट/ *n.* 1 अलगाव 2 रिश्तों में दरार, अनबन, खिंचाव, तनाव 3 मनमुटाव 4 विरक्ति

estreat /इस्ट्रीट/ *n.* 1 सही प्रतिलिपि 2 प्रमाणित प्रतिलिपि;

v., pt. **~ed**, *pp* **~ing** *law* 1 दंड राशि वसूलने के लिए पत्र भेजना, बलपूर्वक वसूलना 2 जुर्माना लगाना 3 पुनः न्यायालय में दाखिल क.

estro /ऐस्ट्रो/ *n., Italian* 1 जोश 2 उत्कट काव्य प्रेरणा, काव्योचित प्रेरणा का चरमोत्कर्ष

estrogen /ऐस्ट्रोजन/ *n. US spell. of* oestrogen औरत की डिंब ग्रंथियों में पैदा होने वाला हारमोन

estrus /ऐस्ट्रस/ *n., N. Amer. spell. of* **oestrus** 1 मादा पशुओं के गर्म होने (नया दूध होने) की अवस्था 2 उत्कट इच्छा

estuar\y /ऐस्चुअरि/ *US* ऐस्चुरि/ *n., pl.* **~ies** ज्वार-मुहाना, नदी मुख, मुहाना, डेल्टा;

collocations: **~ English** मानक अंग्रेजी और लंदन में प्रयुक्त अंग्रेजी का मिश्रण, जो दक्षिण-पूर्व इंग्लैंड में बोली जाती है

ESU *abbr.* 'English Speaking Union' की प्रथमाक्षरी

esurience /इस्यूरिअंस/ *n.* 1 भूख, भूख की उत्कंठा, बुभुक्षा, क्षुधा 2

भूख से पैदा हुआ लालच, भुखमरा आदमी

esurient /इस्यूरिअंट/ *n.* 1 बुभुक्षित, भूखा 2 लालायित, लालची 3 मरभूक्खा

ET 'Egypt' का अंतर्राष्ट्रीय वाहन पंजीकरण कोड (IVR)

ET *abbr.* 'The Economic Times', 'extra-terrestrial' की प्रथमाक्षरी

ETA *abbr.* 'estimated time of arrival' पहुंचने का अनुमानित समय

eta /ईता/ *n.* यूनानी वर्णमाला का सातवां अक्षर

et al. /एट ऐल/ *Lat.* 'et alia' का संक्षेप (और अन्य चीजें);
dw/lw: **et alii** /एटैलिआइ/ *Lat.* और अन्य लोग

et alibi /एटैलिबाई/ *Lat.* और अन्य स्थानों पर

étage /एताश/ *n.* भवन की मंजिल, निचला तल्ला

etalon /ऐतअलोन/ *n., phys.* तरंग मापी, व्यतिकरणमापी

ETB *abbr.* 'Electric Trolley Buses' की प्रथमाक्षरी

ETBE *abbr.* 'ethyl tertiary butyl ether' की प्रथमाक्षरी

ETC *abbr.* 'Entertainment Television Channel' की प्रथमाक्षरी

etc. /एट्सेटअरा/ *abbr.* 1 'et cetera/ etcetera' का संक्षेप (इत्यादी, आदि, वगैरह) 2 *adv.* और अन्य, आदि;
dw/lw: **etceteras** /एट्सेटअराज/ *n., pl.* 1 हर प्रकार की चीजें 2 अन्य सभी 3 सभी संलग्न वस्तुएं: curry with all the etceteras

ETC *abbr.* 'Excise and Taxation Commissioner', 'Export Trade Corporation' की प्रथमाक्षरी

etch /एच/ *v., pt.* **~ed**, *pp* **~ing**, *s/he/it* **~es** 1 उकेरना, उत्कीर्ण क. 2 निक्षारण क. 3 शीशे के बर्तन आदि पर निशान लगाना या लिखना;
dw/lw: **~er** *n.* उत्कीरक: dot ~er (बिंदु उत्कीरक); **~ing** /ऐचिंग/ *n.* उत्कीर्णन, अम्ललेखन, निक्षारण; **~ing-needle** *n.* उत्कीर्ण सूई;
p&i: **be ~ed on/ in sb's memory** किसी की स्मृतियों में खुदा होना; **be ~ed somewhere** (चेहरे आदि पर) भावों का साफ झलकना

ETD *abbr.* 'estimated time of departure', 'Excise and Taxation Department' की प्रथमाक्षरी

ETDC *abbr.* 'Electronics Test & Development Centre' की प्रथमाक्षरी

ETE *abbr.* 'Elementary Teachers Education' की प्रथमाक्षरी

ETEG *abbr.* 'Education and Training Export Group' की प्रथमाक्षरी

eternal /इटःनअल/ *adj.* 1 शाश्वत, अनादि-अनंत: matter is ~ 2 निरंतर, अमर: life ~; ~ punishment (नरक में बेअंत यातना) 3 अपरिवर्तनीय 4 सदाबहार;
n. 1 अमरत्व, शाश्वतता: from time ~ 2 (**the Eternal**) परमात्मा का नाम;
dw/lw: **~ist** /~लिस्ट/ *n.* शाश्वततावादी; **~ize/ ~ise** /~लाइज/ *v., pt.* ~ized, *pp* ~izing अमर बनाना, अमरत्व प्रदान क.; **~ly** /~लि/ *adv.* हमेशा के लिए, निरंतर, अनंत काल तक, सदा-सर्वदा;
collocations: **~ student** नौकरी करने से बचने के लिए बना सदाबहार छात्र; **~ triangle** 1 चिरंतन त्रिकोण 2 प्यार में सदाबहार त्रिकोण (दो पुरुष एक औरत या दो औरतें एक मर्द आदि); **~ truths/ verities** शाश्वत सत्य व मूलभूत नैतिक सिद्धांत; **~ principles** शाश्वत सिद्धांत; **~ youth** सदाबहार जवानी;
hope springs ~ आशा ही जीवन का स्रोत है; **sipping her ~ tea** हमेशा की तरह चायपान करती हुई; **the ~ city** रोम; **their ~ chatter** सदा चलने वाली बकबक

eterne /ईटःन/ *n.* शाश्वतता, अमरत्व

eternity /इटःनिटि/ *n., pl.* **eternities** 1 अनंतता, अमरत्व 2 शाश्वत्व 3 दीर्घ काल, चिरकाल: ~ ring (अमर प्रेम मुद्रिका, चिरस्थायी प्रेम का प्रतीक अंगूठी) 4 अनंत काल 5 *relg.* अनंत मृत्यु 6 पारलौकिक काल: an ~ (पारलौकिक जीवन) 7 बहुत लंबा समय जो कटने का नाम न लेता हो;
dw/lw: **~-box** *n., sl.* कफन;
p&i: **from all ~** हमेशा से, जब से यह संसार बना है; **send sb into ~** किसी को दूसरे लोक में भेज देना

eterni\ze /ईटःनाइज/ *v., pt.* **~zed**, *pp* **~zing** 1 अमर बनाना 2 कभी खत्म न होने वाला बनाना: ~ze woe (दुःख-दर्द को सदा बनाए रखना)

etesian /इटीजिअन/ *adj.* 1 मौसमी, वार्षिक 2 ऋतु संबंधी 3 भूमध्य सागर में चलने वाली उत्तरी-पश्चिमी (NW) हवाओं से संबंधित

ETF *abbr.* 'exchange-traded fund' की प्रथमाक्षरी

ETG *abbr.* 'Enabling Technologies Group' की प्रथमाक्षरी

ETH *abbr.* 'Emergency Temporary Housing' की प्रथमाक्षरी

ETH *abbr.* 'Ethiopia' का अंतर्राष्ट्रीय वाहन पंजीकरण कोड (IVR)

ethane /ईथेन/ एथीन/ एथेन/ *n., chem.* ईथेन गैस

ethanol /ऐथअनौल/ *US* ऐथअनोल/ (*also* **ethyl alcohol**) *n., chem.* अल्कोहल

ether /ईथः/ (*also* **aether**) *n.* 1 आकाश, व्योम, आकाशीय वायुमंडल 2 ईथर, रेडियो: over the ~ (रेडियो पर);
collocations: **~ anaesthesia/ narcosis** ईथरीय स्वापक सुप्ति; **~ wave** रेडियो तरंग

ethereal /इथीअरिअ\ल/ (*also* etherial) *adj.* 1 ईथरीय, आध्यात्मिक 2 (***syn.*** airy) वायवीय, वायवी 3 अलौकिक, परिष्कृत, सुकुमार, परी जैसी: her ~ beauty; ~ music 4 (***syn.*** delicate) अत्यंत हल्का व नाजुक;
dw/lw: **~ization** /~लाइजेशन/ *n.* 1 ईथरीकरण 2 वायवीयकरण 3 अलौकीकरण; **~ize** /~लाइज/ *v., pt.* ~ized, *pp* ~izing वायवीयकरण क., ईथरीकरण क.;
collocations: **~ beauty** अलौकिक सौंदर्य; **~ light** अलौकिक प्रकाश; **~ messenger** पारलौकिक दूत; **~ oils** वाष्पशील या वाष्पक तेल

Ethernet /ईथःनेट/ *n., trade, comput.* कई कंप्यूटरों का नेटवर्क से जुड़ाव

ethic /ऐथि\क/ *n.* 1 नीति पद्धति 2 किसी व्यक्ति या समाज की आचार संहिता 3 नैतिकता;
adj. नैतिक;
dw/lw: **~ism** /~सिज्म/ *n.* नीतिवाद, नैतिक प्रवृत्ति; **~ist** /~सिस्ट/ *n.* नीतिवादी व्यक्ति; **ethics** *see below under separate entry*;
collocations: **~(cal) dative** नीतिजीवी

ethical /ऐथिकल/ *adj.* 1 नैतिक, आचारिक 2 नैतिक रूप से उचित 3 नीति-शास्त्रीय, नीतिपरक 4 ऐसी दवाई जो मात्र डॉक्टर द्वारा दी गई नुस्खा-पर्ची से मिलती है;
dw/lw: **~ity** /~कैलिटि/ *n.* नीतिवाद, नैतिकता; **~ly** /~किल/ *adv.* नैतिक रूप से;
collocations: **~ code** आचार संहिता; **~ conduct** नैतिक व्यवहार; **~ person** नैतिक व्यक्ति; **~ principles** नैतिक सिद्धांत; **~ system** नैतिक प्रणाली; **~ thinkers** नैतिक विचारक;
p&i: **this is not ~** यह नैतिक रूप से सही नहीं

ethics /ऐथिक्स/ *n., pl.* आचार शास्त्र, नीति-शास्त्र;
collocations: **a code of ~** आचार-संहिता; **Christian ~** ईसाइयत के नैतिक सिद्धांत; **doubtful ~** संदिग्ध सिद्धांत; **medical ~** चिकित्सीय सिद्धांत; **the ~ of Aristotle** अरस्तू के नैतिक सिद्धांत; **the ~ of dining** खाने की मेज के व्यवहार नियम

Ethiopian /ईथिओपिअन/ *adj.* ईथोपिया-संबंधी, ईथोपियायी नागरिक
n. 1 ईथोपियायी नागरिक 2 अश्वेत अफ्रीकी व्यक्ति

ethnarch /ऐथनाःक/ *n.* लोकप्रिय नेता, किसी समुदाय का अगुवा

ethni\c /ऐथ्नि\क/ (*also* **~cal**) *adj.* 1 प्रजातीय, जातीय: **~c** violence 2 साझी प्रजातीय एवं सांस्कृतिक परंपरा से संबंधित: **~c**

tradition 3 अद्वितीय, विचित्र, विशेषकर अयूरोपीय समूहों से संबंधित: **~c** clothes (प्रजातीय परिधान, विचित्र कपड़े);
n. *esp. US* अमेरिका में मूल निवासियों के समूह का सदस्य;
dw/lw: **~cal** /ऐथ्निकल/ *adj. see above under* **ethnic**; **~cally** /~कलि/ *adv.* प्रजातियों के अनुसार या दृष्टि से; **~city** /~सिटि/ *n., pl.* ~cities प्रजातीय पृष्ठभूमि, प्रजातीयता, प्रजातीय आधार;
collocations: **~c Asians** एशियाई मूल के लोग; **~c cleansing** किसी जाति या प्रजाति विशेष के सभी सदस्यों का पूर्ण सफाया करने का कुकर्म, विजाति शून्यन, विजाति निष्कासन; **~c minorities** प्रजातीय अल्पसंख्यक;

ethnicity *see above under* **ethnic: *dw/lw***

ethno- /ऐथ्नौ-/ ऐथ्नॉ-/ ऐथ्नो-/ *prefix., comb. form, signifying:* **race, people** or **culture** (जाति, प्रजाति, संस्कृति आदि से संबंधित);
dw/lw: **~archaeology** /एथ्नॉ-आःकिऔलजि/ *n.* प्रजातीय पुरातत्व विज्ञान; **~biology** *n.* प्रजातीय जैविकी; **~botany** *n.* प्रजाति-वनस्पति विज्ञान; **~centric** /एथ्नोसेंट्रिक/ *adj.* प्रजाति-केंद्रिक; **~centricity**/ **~centrism** *n., pl.* ~ities प्रजाति केंद्रीयतावाद; **~cide** /एथ्नौसाइड/ *n.* प्रजाति-संहार; **~geny** /एथ्नौ\जिनि/ *US* एथ्नाः\जिनि/ *n.* प्रजात वृत्त; **~graphy**/ **~science** *n.* मानव-जाति वर्णन/ विज्ञान **~linguistics** *n.*प्रजाति भाषा-विज्ञान; **~logical** /एथ्नअलौजिकल/ *US* एथ्नअलाःजिकल/ *adj.* मानव विज्ञान-संबंधी, नृविज्ञान-संबंधी; **~logist** /~लअजिस्ट/ *n.* मानवविज्ञानी, नृविज्ञानी; **~logy** /~लजि/ *n.* मानव विज्ञान, नृविज्ञान; **~musicology** /एथ्नोम्युजिकौलअजि/ *US* एथ्नोम्युजिकाःलअजि/ *n.* प्रजाति संगीत विज्ञान; **~science** /एथ्नॉसाइंस/ *n.* 1 मानव-जाति विज्ञान, नृविज्ञान 2 सामाजिक एवं सांस्कृतिक नृविज्ञान की शाखा जिसके तहत लोक आस्थाओं या लोकाचार आदि का अध्ययन किया जाता है

et hoc genus omne /एट हौक जिनअस औमनि/ *Lat.* = **et id genus omne** /एट इड जिनअस औमनि/ और इस तरह की चीजें

etholo\gy /इथौ\लअजि/ *US* इथाः\लजि/ *n., zool.* 1 पशु-व्यवहार विज्ञान 2 पशु-स्वभाव का अध्ययन;
dw/lw: **~gical** /इथअलौजिकल/ *US* इथअलाःजिकल/ *adj.* पशु-व्यवहार विज्ञान-विषयक; **~gist** /~लअजिस्ट/ *n.* पशु-व्यवहार विज्ञानी

ethos /ईथौस/ *US* ईथाःस/ *n., pl.* **~es** 1 किसी समाज के नैतिक मूल्य, प्रकृति व प्रवृत्तियां, लोक स्वभाव: an ~ of just behaviour 2 लोकाचार, लोक नीति 3 किसी संस्कृति या युग का लोक चरित्र

ethyl /ईथाइल/ ऐथिल/ *n.* ईथल जिसका अल्कौहल आधार बनाने में प्रयोग होता है

ethylene /ऐथिलीन/ (*also* **ethene** /ऐथीन/) *n.* एथलीन नामक ज्वलनशील गैस;
collocations: **~ glycol** *chem.* एक गाढ़ी अल्कोहल जिसे बर्फ जमाव अवरोधक के रूप में प्रयोग किया जाता है

ETI *abbr.* 'Endeavor Technical Services Inc.' की प्रथमाक्षरी

e-ticket /ई-टिकट/ *n.* कंप्यूटर में इंटरनेट के माध्यम से बनने वाला टिकट

etiola\te /ईटिअले\ट/ *v., pt.* **~ted**, *pp* **~ting** 1 पीला पड़ जा., दुबला हो जा. 2 दुर्बल हो जा.: these industries are **~ted** (ये उद्योग मर गई हैं);
dw/lw: **~ted** /~टिड/ *adj., bot.* 1 पीला, दुबला 2 *lit.* पीला, फीका और निष्प्राण: ~ted appearance; **~tion/ aetiolation** /इटिओलेशन/ *n., bot.* प्रकाश के अभाव में फूलदार पौधे का पीले पड़ते व बुझे-बुझे से पत्तों के साथ विकास, (पौधों आदि की) मरणाव 2 पांडुरता, पीलापन, वर्णहीनता, निस्तेजता

etiology/ **aetiology** /ईटिऔलजि/ *US* ईटिआःलजि/ *n.* रोग-कारण या हेतु विज्ञान;
dw/lw: **etiological** /ईटिअलौजिकल/ *US* ईटिअलाःजिकल/ *adj.* उत्प्रेरक, कारक, जो कारण बना हो: ~ agent (उत्प्रेरक)

etiolation *see above under* **etiolate: *dw/lw***

etiquette /ऐटिकेट/ *n.* 1 शिष्टाचार 2 तमीज, अदब-कायदा 3 लोकाचार 4 अवसर विशेष के व्यवहार नियम: the table ~ governing a formal dinner

ETL *abbr.* 'Escosoft Technologies' की प्रथमाक्षरी

ETM *abbr.* 'Excise and Taxation Minister' की प्रथमाक्षरी

ETP *abbr.* 'effluent treatment plants' की प्रथमाक्षरी

ETRA *abbr.* 'Extra Terrestrial Research Agency' की प्रथमाक्षरी

ETS *abbr.* 'Education Testing Service', 'engineering testing service' की प्रथमाक्षरी

ETSI *abbr.* 'European Telecommunication Standard Institute' की प्रथमाक्षरी

ETSP *abbr.* 'Equity Tax Savings Plan (UTI)' की प्रथमाक्षरी

ETT *abbr.* 'European Telecommunication and Technology' की प्रथमाक्षरी

-ette /-एट/ *suffix, forming nouns indicating:* 1 **a specific female** (एक विशेष प्रकार की स्त्री): usher**ette** 2 **a specific small thing** (कोई छोटी-सी वस्तु): cigar**ette**, kitchen**ette** 3 an imitation (किसी वस्तु की नकल): leather**ette**

ETTSA *abbr.* 'Excise and Taxation Technical Services Agency' की प्रथमाक्षरी

étude /एट्यूड/ *US* एटूड/ *n., Fr. music* एक ही वाद्य के लिए रचित छोटी-सी संगीत कृति

ety./ etym *abbr.* 'etymologies'; etymologist' का संक्षेप

etymolo\gy /ऐटिमौल\जि/ *US* ऐटिमाःल\जि/ *n., pl.* **~gies** व्युत्पत्ति-विज्ञान;
dw/lw: **~gical** /ऐटिमअलौजिकल/ *US* ऐटिमअलाःजिकल/ *adj.* व्युत्पत्ति संबंधी, व्युत्पत्ति-मूलक; **~ically** /एटिमअलौजिकलि/ *US* एटिमअलाःजिकलि/ *adv.* व्युत्पत्ति के दृष्टिकोण से; **~gist** /~स्ट/ *n.* व्युत्पत्ति विज्ञानी, व्युत्पत्ति विशेषज्ञ

etymon /ऐटिमौन/ *US* ऐटिमाःन/ *n., pl.* **etyma** 1 शब्द का आदी रूप 2 शब्द का मूल रूप 3 शब्द-मूल 4 शब्द स्रोत

EU /ईयू/ *n. abbr.* 'European Union' की प्रथमाक्षरी

Eu *symbol, chem.*, 'europium' का चिह्न

eu- *comb. form, signifying:* 1 **good, well** (अच्छा, भला-चंगा) 2 *med.* **normal** (सामान्य)

eucalyptus /यूकअलिप्टस/ *n., pl.* **~es/ eucalypti** /यूकअलिप्टाइ/ यूकलिप्टस, गंध-सफेदा: ~ oil; ~ tree

EUCC *abbr.* 'European Union Competition Commissioner' की प्रथमाक्षरी

eucell /यूसेल/ *n.* वास्तविक कोशिका

eucephalous /यूसिफअलस/ *adj., zool.* सुशीर्ष

Eucharist /यूकअरिस्ट/ *n., Christ.* महाप्रसाद

Euclidean/ Euclidian /यूकलिडिअन/ *adj.* तीन सौ वर्ष ईसवीपूर्व के यूनानी गणितज्ञ यूक्लिड द्वारा स्थापित ज्यामितीय प्रणाली से संबंधित: ~ geometry

eudiometer /यूडिऑमिटः/ *n., chem.* गैस विश्लेषण मापक, गैस मापी, गैस-आयतन मापी

eucone /यूकोन/ *n.* सुशंकु

eud(a)monia /यूडीमोनिआ/ *n.* 1आत्मप्रसाद, सुख-शांति, आनंद 2 अरस्तुवाद यानी सुविचारित गतिविधियों से भरा जीवन

eugenic /यूजे\निक/ *adj.* सुजनिक, सुजननिक, सुजनन, सुजात;
dw/lw: **~s** /~निक्स/ *n.* सुजनन-विज्ञान, सौजननिकी, संतति-विज्ञान, सुजनन-तत्त्व; **~ism** /~निज्म/ *n.* सुजनवाद; **~ist** /~निस्ट/ *n.* सुजनन-विज्ञानी, सुजनन-शास्त्री

euglena /यूग्लीना/ *n., pl.* **~s** ताजे जल में पाया जाने वाला एक-कोशीय जल-जीव वंश

euharmonic /यूहाःमॉनिक/ *adj., music* सुमधुर, कर्ण मधुर, गीतात्मक

Euheme\rism /यूहेमेरि\ज्म/ *n.* 1 मिथिक व्याख्यावाद 2 पौराणिक वृत्तों के इतिहास सम्मत होने के सिद्धांत में विश्वास;
dw/lw: **~rist** /~स्ट/ *n.* 1 मिथिक व्याख्यावादी 2 पौराणिक वृत्तों के इतिहास सम्मत होने में विश्वास करने वाला व्यक्ति

EULA *abbr.* 'End Users Lisence Agreement' की प्रथमाक्षरी

eulogi\ze/ ~se /यूलअ\जाइज/ *v., pt.* **~zed**, *pp* **~zing** गुणगान क., प्रशंसा या स्तुति क.;
dw/lw: **~stic** /~जिस्टिक/ *adj.* प्रशंसात्मक, स्तुति-गायक; **~stically** /~जिस्टिकलि/ *adv.* स्तुति गान की तरह

eulo\gy /यूलअजि/ *n., pl.* **~gies** गुणगान, स्तुति, प्रशस्ति

eunomy /यूनमि/ *n.* नियम-आधारित या न्यायपरक प्रशासन

eunuch /यूनक/ *n.* 1 हिजड़ा, नपुंसक 2 बेदम व्यक्ति: a political ~ 3 कंजूस आदमी

eupep\sy/ ~sia/ ~sis /यूपेप्सि/ यूपेप्सिया/ यूपेप्सिस *n.* अच्छी पाचन-शक्ति, सुपाचन;
dw/lw: **~tic** /यूपेप्टिक/ *adj.* सुपाचक

euphemi\sm /यूफिमि\ज्म/ *n.* 1 अप्रिय या अशिष्ट शब्दों के स्थान पर शालीन शब्दों का प्रयोग 2 शिष्टोक्ति, प्रियोक्ति 3 कर्ण मधुर बोल 4 मंगल भाषा;
dw/lw: **~stic** /~स्टिक/ *adj.* शिष्ट, श्रुति-मधुर, मंगलभाषी; **~stically** /~स्टिकलि/ *adv.* उजड्ड भाषा के स्थान पर शिष्ट ढंग से कहते हुए;
collocations: **~stically called** शिष्ट शब्द बोलते हुए; **used ~stically** शिष्ट शब्दों का प्रयोग करते हुए

euphenics /यूफेनिक्स/ *n., [sing.]* जन्म के बाद मानव शरीर के विकास में परिवर्तन द्वारा सुधार करने संबंधी अध्ययन विज्ञान

euphobia /यूफोबिया/ *n.* शुभसमाचार भीति

euphonic/ euphonious /यूफौनिक/ यूफोनिअस/ *US* यूफाःनिक/ यूफोनिअस/ *adj.* 1 सुस्वर, श्रुति मधुर 2 ध्वनि-मधुर

euphonium /यूफोनिअम/ *n.* फूंक मारकर बजाया जाने वाला पीतल का बड़ा-सा वाद्य

eupho\ny /यूफअनि/ *n., pl.* **~nies** 1 सुस्वरता, श्रुतिमधुरता, श्रुतिमाधुर्य 2 ध्वनि-माधुर्य;

euphorbia /यूफॉःबिआ/ *n., bot.* 1 (***syn.*** hirta, *also* **asthma plant**) दुद्धी, दुधिया 2 (***syn.*** neriifolia) थूहर, सेंहुड़ 3 (***syn.*** nivulia, *also* **Common milk hedge, Indian Spurge Tree**) कटथोहर 4 (***syn.*** thymifolia) छोटी दुद्धी 5 (***syn.*** tirucalli, *also* **Aveloz, Firestick Plants, Naked Lady, Pencil Tree, Pencil Cactus, Sticks on Fire** or **Milk Bush**) कोंपल सेंहुड़, सप्तला, सातला

eupho\ria/ eupho\ry /यूफॉरिआ/ यूफॉरि/ *n., pl.* **~rias/ ~ries** उल्लास-उन्माद, सुखानुभूति, सुख-बोध;
dw/lw: **~ric** /यूफोरिक/ *US* यूफाःरिक, यूफॉरिक/ *adj.* उल्लासोन्मादी, आनंद-विभोर

euphu\ism /यूफ्यु\इज्म/ *n.* (***syn.*** pompous and affected style) शब्दाडंबरपूर्ण लेखन, तड़कीले-भड़कीले शब्दों के प्रयोग के साथ किया जाने वाला लेखन;
dw/lw: **~istic** /~ इस्टिक/ *adj.* शब्दाडंबरपूर्ण; **~istically** /~ इस्टिकलि/ *adv.* शब्दाडंबरपूर्ण शब्दों का प्रयोग करते हुए

Eur. *abbr.* 'Europe' का संक्षेप

Eur- *see below under* **Euro**

EURASEC *abbr.* 'Eurasian Economic Community' की प्रथमाक्षरी

Eurasia /यूरे\शिया/ *n.* 1 यूरोप और एशिया से मिलकर बने भूभाग 2 यूरोप और एशिया का सांस्कृतिक संगम;
dw/lw: **~n** /~शिअन/ ~जिअन/ *adj.* 1 युरोपियायी और एशियायी मूलों का व्यक्ति 2 यूरोप और एशिया दोनों से संबंधित: centre for Russian and Eurasian studies 3 यूरोप और एशिया के सांस्कृतिक मेल का वाहक व्यक्ति

Euratom *abbr.* 'European Atomic Energy Community' की प्रथमाक्षरी

Eureka /यूरेका/ *excl., n.* यूनानी गणितज्ञ आर्किमिडिज द्वारा प्रयुक्त शब्द जिसमें सफलता या समस्या का हल मिलने पर खुशी का इजहार: मिल गया! मिल गया! आदि

eurhyth\mic /यूरिद्‌मि\क/ *adj.* 1 *archit.* समरस अनुपात 2 *music* लयबद्ध, सुमधुर;
dw/lw: **~mics** /~मिक्स/ *n.* लयबद्ध व्यायाम प्रणाली, लयव्यायाम; **~mist** /~मिस्ट/ *n.* लयबद्ध व्यायाम करने वाला व्यक्ति

eurhythmy /यूरिद्‌मि/ *n.* 1 (*usually* **Eurhythmy**) रुदोल्फ स्टेनर (1861-1925) द्वारा आविष्कारित एक कलात्मक, व्यायाम शैक्षणिक प्रणाली जो संगीतात्मक या काव्यात्मक शारीरिक अंग चालन पर आधारित है 2 लय-व्यायाम 3 समरस अनुपात आधारित संगीत

Euro /यूरो/ *n., pl.* **~s** यूरोपीय संघ की आधिकारिक मुद्रा (**€**);
collocations: **~ zone/ ~ land** यूरोपीय संघ के देशों का क्षेत्र जहां आधिकारिक मुद्रा योरो (**€**) का चलन है

Euro- /यूरो/ *prefix, comb. form, denoting:* **Europe** (यूरोप); **European** (यूरोपीय);
dw/lw: **~bond** *n.* यूरोपीय मुद्रा का बौंड; **~crat** *n., sometimes, derog.* यूरोपीय संघ का नौकरशाह (बाबू); **~centric** *adj.* यूरोप-केंद्रित, यूरोप पर अधिक ध्यान, बल या महत्त्व देने वाली; **~cheque** *n.* यूरोपीय संघ का चैक; **~-currency/ ~-money** *n.* यूरोपीय मुद्रा (यूरो); **~dollars** *n., pl.* यूरोपीय बैंकों में जमा अमेरिकी डालर; **~land** *n.* = **~zone**; **~-MP** *n.* यूरोपीय संघ का संसद सदस्य; **~phile** *adj.* यूरोप प्रेमी; **~-rebel** *n. politics.* यूरोपीय दलों के सदस्य जो यूरोपीय संघ के विरुद्ध हैं; **~sceptic** *adj.* ब्रिटेन में यूरोपीय संघ विरोधी व्यक्ति या राजनेता; **~-tunnel** *n.* = **the Channel Tunnel** ब्रिटेन और फ्रांस के बीच समुद्र में बनी रेल सुरंग; **~vision** *adj.* यूरोपीय दूरदर्शन

European /यूअरअपीअन/ *US* यूरअपीअन/ *adj.* 1 यूरोप से संबंधित 2 यूरोपीय;
n. 1 यूरोपीय व्यक्ति, यूरोपीय नागरिक 2 यूरोप-प्रेमी व्यक्ति;
collocations: **~ Commission** यूरोपीय आयोग; **~ Community** यूरोपीय समुदाय; **~ currency** यूरोपीय मुद्रा; **~ Economic Community (EEC)** यूरोपीय आर्थिक समुदाय; **~ Free Trade Association** (*abbr.* **EFTA**) यूरोपीय मुक्त व्यापार संघ; **~ Parliament** यूरोपीय संसद; **~ plan** यूरोपीय होटलों में केवल रहने के (खाने-पीने के बिना) दाम लेने की प्रणाली; **~ sole** भूमध्य सागर से नॉर्वे तक पाई जाने वाली एक स्वादिष्ट व्यंजन मछली; **~ tunnel** *ब्रिटिश* चैनल में से गुजरती हुई इंग्लैंड और फ्रांस (यूरोप) को जोड़ने वाली रेल सुरंग;
a ~ non-European यूरोपीय अश्वेत (व्यक्ति); **an American ~** श्वेत अमेरिकी; **the ~ Recovery Plan** अमेरिकी स्टेट सेक्रेटरी जॉर्ज मार्शल (George C. Marshall) द्वारा प्रतिपादित दूसरे विश्व युद्ध के यूरोप के उत्थान की योजना जिसके तहत अमेरिका द्वारा वर्तमान के 130 बिलियन डालर के बराबर की सहायता दी गई थी, इस योजना का मुख्य उद्देश्य था पश्चिमी यूरोपीय देशों को पूर्वी यूरोप के (तब समाजवादी) देशों से बेहतर दिखाकर साम्यवाद को धराशायी करना; **the ~ Union** (*also* **the EU**) *n.* यूरोपीय देशों का संघ

eusta\sy /यूस्टसि/ *n., geol.* 1 सुस्थिति 2 ध्रुवीय बर्फ के आवरण के पिघलने के कारण समुद्र तल की ऊंचाई में वृद्धि;
dw/lw: **~tic** /यूस्टेटिक/ *adj.* 1 उपरोक्त से संबंधित 2 सुस्थितिक

Eustachian tube /यूस्टेशिअन ट्यूब/ *anat.* यूस्टेशन ट्यूब/ गले को कान से मिलाने वाली एक तंग नली

eutectic /यूटेक्टिक/ *adj.* 1 गलनक्रांतिक, द्रवणक्रांतिक 2 आसानी से (कम तापमान पर) पिघलने वाला

Eutelset *abbr.* 'European Telecommunication Satellite' की प्रथमाक्षरी

euthanasia /यूथअनेजिआ/ *n.* 1 (***syn.*** mercy killing) मुक्ति-वध, कष्ट से मुक्ति दिलाने के लिए किया गया वध 2 सुख-मृत्यु: voluntary ~ (स्वयं-ऐच्छित सुख मृत्यु)

eutrophic /यूट्रौफि\क/ *US* यूट्राःफि\क/ *adj., ecol.* जलाशय में गंदे पानी या रासायनिक खादों के तत्त्वों के मिल जाने से पैदा हुई अति उत्पादकता की बदौलत फैल जाने वाले जल-खरपतवार द्वारा पानी की सतह को ढकने और उससे हुई ऑक्सिजन की कमी के कारण होने वाली मछली आदि जीवों की मृत्यु से संबंधित;
dw/lw: **~ation** /~केशन/ *n.* उपरोक्त प्रक्रिया

EV *abbr.* 'Electric Vehicle' की प्रथमाक्षरी

EVA *abbr.* 'economic value added' की प्रथमाक्षरी

evacua\te /इवैक्यूए\ट/ *v., pt.* **~ted**, *pp* **~ting** 1 मकान या कोई स्थान खाली करवाना या क.: **~te** the civilians; the garrison **~ted** the fort 2 हटा दे. 3 मलत्याग क., मलोत्सर्ग क.;
dw/lw: **~tion** /~शन/ *n.* 1 रिक्तिकरण: ~tion by road 2 निष्क्रमण 3 खाली कराने की क्रिया 4 मलत्याग;
p&i: **~te a marriage** *old use* विवाह को निरस्त क.

evacuee /इवैक्यूई/ *n., pl.* **~s** हटाया जाने वाला व्यक्ति, निष्क्रांत, स्थानांतरित

eva\de /इवे\ड/ *v., pt.* **~ded**, *pp* **~ding** 1 टालना, टालमटोल क. 2 किनारा काटना, टलकर निकल जा.: **~de** the block 3 किसी मुद्दे से टलने के लिए चुप्पी साधना या बातचीत का विषय बदल दे. 4 कर (tax) आदि देने से टलना 5 (*syn.* elude) पकड़ या समझ में न आना: that **~des** definition 6 कुछ करने से बचना, टाल दे.: **~de** service in the army;
dw/lw: **~der** /~डः/ *n.* टालने वाला, सैनिक सेवा से बचने वाला

evagation /ईवअगेशन/ *n.* 1 भटकाव, विपथन 2 आवारागर्दी 3 घुमंतूपन

evagina\te /इवेजिने\ट/ *v., pt.* **~ted**, *pp* **~ting** *med.* अंग को उल्टा क.;
dw/lw: **~tion** /~शन/ *n.* 1 अंग का उलटाव 2 बहिर्वलन

evalua\te /इवैल्यूए\ट/ *v., pt.* **~ted**, *pp* **~ting** 1 आकलन क., मूल्यांकन क.: **~te** the full significance; **~te** a work of art 2 मान या माप निकालना: **~te** the altitude of a star (किसी सितारे की ऊंचाई निकालना);
dw/lw: **~tion** /~शन/ *n.* मूल्यांकन, मूल्य-निर्धारण; **~tive** *adj.* मूल्यांकन के रूप में: ~tive abstract (रचना का आकलन सार); **~tor** /~टः/ *n.* मूल्यांकनकर्ता

evane\sce /ईवअनेस/ *v., pt.* **~sced**, *pp* **~scing**, *lit.* 1 गायब हो जा., लुप्त हो जा., आंखों से ओझल हो. 2 धुंध या कोहरे आदि का मिटना;
dw/lw: **~scence** /ईवअनेसंस/ *n.* 1 लोप 2 क्षणभंगुरता 3 अल्पकालिकता; **~scent** /ईवनेसंट/ *adj.* 1 जो अंतर्धान या लुप्त हो रहा हो 2 क्षणिक, अल्पकालिक, क्षणभंगुर: ~scent glory

evangeli\cal /ईवैं\जेलिकल/ *adj.* 1 ऐसे ईसाइयों से संबंधित जिनका मत है कि ईसा मसीह में विश्वास और बाइबल में आस्था धार्मिक कर्मकांड से अधिक महत्त्वपूर्ण है 2 ईसाई धर्म के सिद्धांतों (सुसमाचारों) पर आधारित 3 मिशनरियों की-सी उमंग के साथ किसी नेक काम में जुटने वाला;
dw/lw: **~sm** /~जेलिज्म/ *n.* 1 सुसमाचार का प्रचार 2 मिशनरियों की-सी उमंग; **~st** /~जअलिस्ट/ *n.* सुसमाचार-प्रचारक, मिशनरी; **~ze/ ~se** /~जअलाइज/ *v., pt.* ~zed, *pp* ~zing 1 सुसमाचार का प्रचार क. 2 ईसाई बनाने की कोशिश क. 3 किसी को कोई नेक सिद्धांत या बात अपनाने के लिए प्रेरित क.

evapora\te /इवैपअरे\ट/ *v., pt.* **~ted**, *pp* **~ting** 1 किसी तरल का भाप बनकर उड़ना, वाष्पीकरण हो. 2 भावनाओं का लुप्त हो.: his anger **~ted**; his hopes **~ted** 3 अंतर्धान/गायब हो.;
dw/lw: **~ted** /~टिड/ *adj.* वाष्पित: ~ted milk; **~tion** /~शन/ *n.* वाष्पीकरण, वाष्पण;
collocations: **~ting dish** किसी द्रव के वाष्पित होकर उड़ जाने के बाद बचा ठोस पदार्थ

evaporite /इवैपोराइट/ *n.* 1 वाष्पण के कारण बनी खनिज परत 2 पानी के वाष्पण के बाद बर्तन में जमी नमक की परत

evapotranspiration /इवअपोट्रैंसपिरेशन/ *n., ecol.* जलाशयों, पेड़-पौधों, धरती व चट्टानों आदि की ऊपरी सतह से वाष्पण के कारण पानी का लोप

evasion /इवेजन/ *n.* 1 कर-चोरी, कर आदि देने से कतराव 2 टालमटोल: **~s** and delays (टालमटोली व देरी) 3 मिलने में टालमटोली, किनाराकटी 4 परिहार 5 वार से बचाव 6 बहाना, बहानेबाजी

evasive /इवेसिव/ *adj.* 1 अस्पष्ट, टालमटोली करने वाला: ~ answers; ~ promises 2 टालने वाला: take ~ action 3 कुटिल, कपटी: ~ of the truth 4 मुसीबत से बच निकलने के लिए कुटिल चाल चलने वाला;
dw/lw: **~ly** /~लि/ *adv.* गोलमाल ढंग से; **~ness** /~नेस/ *n.* ढुलमुल रवैया, टालमटोल;
collocations: **~ aroma** अति क्षीण सुगंध; **~ manoeuvre** विमान भेदी तोप की टालने वाली चाल;
p&i: **take ~ action** टालमटोल क.

Eve /ईव/ *n.* हौवा;
collocations: **daughters of ~** 1 हौवा की बेटियां 2 स्त्रियां; **Adam and ~** आदम और हौवा, पुरुष और स्त्री

eve /ईव/ *n.* 1 पूर्व-संध्या, पूर्वदिन: Christmas ~/ New Year's ~ 2 किसी घटना से ऐन पहले का समय: the ~ of sth; the ~ of war; on the ~ (पूर्व संध्या पर)

evection /इवेक्शन/ *n.* 1 चंद्र-कक्षा क्षोभ, सूर्य के खिंचाव के कारण चंद्रमा का पथ-भटकाव 2 पथ से हटाव: ~ in latitude/ in longitude

even /ईवन/ *adj.* 1 (*usually* **~ with sth**; *anton.* uneven) समतल, बराबर: ~ ground; make ~; ~ with the soil; make/ lay ~ with the ground 2 एक-सा, एक जैसा, बराबर का: an ~ chance; ~ load; ~ stress (एक जैसा बलाघात); they meet on ~ ground (उनका बराबरी का मुकाबला है); the two scales hang ~; ~ scale (संतुलन) 3 सम (*anton.* odd): the ~ houses in the street; a letter of ~ date (सम तिथि का पत्र); ~ number 4 (*often* **~ with sb**) बराबरी पर, हिसाब बराबर: divide into ~ shares; ~ with the payment; ~ bargain (खरा सौदा) 5 बराबरी का मुकाबला आदि, ड्रॉ 6 शांत, संतुलित: ~ voice; ~ temper 7 रफ्तार में एकरूप और निरंतर: travelling at an ~ 60 km; ~ breathing; ~ development; ~ running; ~ temperature; ~ trot (एक-सी दुलकी);
adv. 1 भी, से भी 2 बल्कि: he looked sad, ~ depressed 3 जैसा कि, ज्यों 4 आश्चर्य जताने के लिए, भी: ~ John was there! 5 दो स्तरों में अंतर जताने के लिए, भी: ~ a child would have known that! 6 तुलनात्मक: और भी: ~ better/ faster/ smaller, etc. (और भी बेहतर/ तेज/ छोटा आदि); he's good, but she's ~ better;
n. 1 (*usually* **~s**) बाजी के बराबर छूटने वाले अंक 2 (*usually* **~s**) सम संख्या;
v., pt. **~ed**, *pp* **~ing** (**~ sth up**) बराबर क. या हो.;
dw/lw: **~down** *adv.* 1 स्पष्ट रूप से, बिल्कुल 2 *gramm. adj.* साफ-गो, ईमानदार, न्यायशील 3 सीधी: ~-down rain; **~er** *n.* बराबर करने वाला; **~fall** *n.* (*syn.* twilight) गोधूलि; **~-grained** *adj.* एक जैसे दानों वाला; **~-handed** (*syn.* just/ balanced) निष्पक्ष, संतुलित; **~-handedly** *adv.* निष्पक्षतापूर्वक; **~-handedness** *n.* निष्पक्षता, संतुलन; **~ly** /~लि/ *adv.* बराबर-बराबर, समान रूप से, बराबरी पर: ~ly matched; ~ly divided; **~-minded** *adj.* समस्वभाव का, निष्पक्ष प्रकृति; **~ness** /~नेस/ *n.* 1 समतलता 2 समानरूपता 3 निष्पक्षता; **~-tempered** *adj.* शांत-संतुलित स्वभाव का; **~s** *n., [pl.]* बराबर-बराबर की संभावनाएं; **eventide** *see below under* **evening: dw/lw**;
collocations: **~ money** दोनों ओर से समान राशि की शर्त;
p&i: **~ aged** हमउम्र; **~ a good marksman may miss** गलती किसी से भी हो सकती है; **~ as** के समय भी, के चलते भी: ~ as we speak the result is announced; **~ at the best of**

times सबसे अच्छे समय पर भी; ~ **bet** बराबर की संभावना; ~ **chance** बराबर-बराबर की संभावना; ~ **date** उसी तारीख पर; ~ **death cannot be had for the asking** कुछ भी मन-मर्जी से नहीं मिलता; ~ **if** यदि... भी, चाहे कुछ भी हो, यदि... तो भी: ~ if I knew; ~ **in beauty** सुंदरता में बराबर की.; ~ **if they asked for it** उनकी मांग के बावजूद भी; ~ **now** अब भी; ~ **odds** विजय और पराजय की समान संभावनाएं; ~ **out** बराबर हो.; ~ **or odd?** सम या विषम?; ~ **reckoning makes lasting friends** साफ हिसाब, खरी दोस्ती; ~ **so** फिर भी: he got the job but, ~ so, he's still unhappy; ~ **so** = ~ **then** फिर भी; ~ **sth out** समतल क., बराबर क.; ~ **the score**/ ~ **up the score** खेल में (मैच में) बराबर के अंक या स्कोर हो.; ~ **things up** बराबर क.; ~ **though**/ **although** यद्यपि; ~ **thus** बिल्कुल इसी प्रकार से; ~ **to the edge of doom**/ ~ **unto death** मौत की कगार तक भी, चाहे मौत क्यों न आ जाए; ~ **up on** बदले में दे., पुरस्कार दे.; ~ **with what I heard** जो कुछ मैंने सुना है उसके अनुसार;

at ~ बिना ब्याज के; **be** ~ हिसाब चुकता कर दे.; **break** ~ किसी धंधे को चलाने में लागत और आमदनी का बराबर हो जा.; **get** ~ **with sb** किसी से बदला ले.; **have an** ~ **chance of doing sth** सफलता या असफलता की बराबर संभावना हो.; **on an** ~ **keel** 1 शांत, संतुलित 2 सुव्यवस्थित 3 सामान्य; **this is** ~ **so** यह बिल्कुल सही है

evening /ईवनिंग/ *n.* 1 शाम, संध्या, सांझ, सायंकाल: this/ tomorrow/ yesterday ~; in the ~ 2 संयुक्त शब्दों में: a poetry ~ 3 *poetic* जीवन का संध्याकाल, ढलती उम्र: the ~ of sb's life; *adj.* सायंकाल संबंधी, सायंकालिक: ~ paper, ~ news;

dw/lw: **~er** /~गः/ *n.* सांध्य समाचार-पत्र; **~s** *adv. esp. N. Amer.* शाम को, कई बार शाम को; **~song** *n.* संध्या वंदना, ऐंग्लीकन चर्च में सायंकालीन प्रार्थना; **eventide** /ईवनटाइड/ *n., poetic or old use* संध्या, सायंकाल;

collocations: ~ **class** सांध्य-कक्षा; ~ **college** सांध्य महाविद्यालय; ~ **colours** *US* जहाज पर ध्वज उतारने का संकेत; ~ **gown** सायंकाल को पहने जाने वाली पोशाक; ~ **gun** ध्वज उतारने के समय बंदूक या तोप का धमाका; ~ **horizon** *astron.* ब्लैकहोल की सीमा; ~ **meal** सायंकालिक भोजन; ~ **party** सायंकालिक पार्टी या दावत; ~ **parade** सायंकालिक परेड; ~ **primrose** सायंकालीन सुगंधित पीले फूलों वाला पौधा; ~ **primrose oil** सुगंधित पीले फूलों वाले पौधे के बीजों से निकाला हुआ तेल; ~ **rise** शाम को ऊपर चढ़ने वाला बुखार; **(the)** ~ **star** शुक्र तारा, सांध्य तारा; ~ **wrap** सायंकालीन पोशाक; ~ **dress** सायंकालिक परिधान; **~tide home** *euphemistic* वरिष्ठ लोगों के लिए आश्रम, वृद्धाश्रम;

p&i: **~s out** छुट्टी की शामें;

be in ~ **dress** सायंकालीन पोशाक में हो.; **Good evening**! नमस्कार; **make an** ~ **of it** मौज-मस्ती में संध्या बिताना; **on Sunday** ~ रविवार की शाम को; **on the** ~ **of the 8th** सात तारीख की शाम को; **the sad** ~ **of a stormy life** तूफानी जीवन की दुखभरी संध्या; **this** ~ आज शाम को; **work ~s** *colloq.* सायंकालीन पारी में काम क.

even-Stephen/ **even-Steven** /ईवन-स्टीवन/ *n. US, sl.* बराबर का स्कोर;

adv. बराबर-बराबर, न्यायपूर्वक, ईमानदारी से: give me hundred rupees and we'll call it ~

event /इवेंट/ *n.* 1 घटना, बात 2 खेल की एक प्रकार 3 परिणाम, नतीजा 4 संयोग 5 विषय;

dw/lw: **~er** /~टः/ *n.* घुड़दौड़ में भाग लेने वाला; **~ful** /~टफुल/ *adj.* घटनाओं, जोखिमों, साहसपूर्ण कारनामों आदि से परिपूर्ण; **~ing** /~टिंग/ (*also* **three-day ~ing**) *n.* तीन दिन तक चलने वाली घुड़दौड़ प्रतियोगिता; **non-~** *n.* गौण बात;

collocations: **combined ~s** मिले-जुले खेल; **formal** ~ औपचारिक अवसर; **international ~s** अंतर्राष्ट्रीय घटनाएं; **jumping** ~ कूदने का खेल; **musical and theatrical ~s** संगीत एवं नाट्य मंचन; **seismic** ~ भूकंपीय घटना; ***sporting*** ~ क्रीड़ा क्रम/ कार्यक्रम; **social** ~ सामाजिक अवसर/ घटना; **throwing** ~ फेंकने का खेल;

p&i: **at all ~s/ in any** ~ हर हालत में, चाहे जो हो; **be unhappy in the** ~ आखिरकार असफल हो जाना; **(it is easy to) be wise after the** ~ अब पछताए होत क्या जब चिड़ियां चुग गई खेत; **coming ~s cast their shadows (them)** अशुभ घटनाओं के अपशकुन पहले से ही दिख जाते है; **happy** ~ बच्चे का जन्म -- शुभ घड़ी; **in any** ~ हर हाल में; **in either** ~ दोनों सूरते हाल में; **in that** ~ उस सूरते हाल में, उस परिस्थिति में; **in the** ~ यदि, के होने पर; **in the** ~ **of** यदि ऐसा हो जाए तो, ऐसी घटना या स्थिति हो जाए तो, की सूरते हाल में; **in the** ~ **of/ that sth** यदि ऐसा होता है: in the ~ of a power cut (यदि बिजली बंद होती है); **in the** ~ **of his death** यदि उसकी मृत्यु हो जाती है तो; **in the** ~ **that power fails** यदि बिजली गुल हो जाती है, तो; **in the normal/ natural course of ~s** स्वाभाविक तौर से घटित होने पर; **quite an** ~ अच्छी खासी घटना है; **the course of ~s** घटना-चक्र; **the course of human ~s** मानवता के विकास का पथ; **the happy** ~ खुशी का मौका; **the sequence of ~s** घटना-क्रम;

eventide *see above under* **evening: *dw/lw***

eventual /इवेंचुअल/ *adj.* 1 अंततोगत्वा होने वाला 2 संभावित 3 अंतिम;

dw/lw: **~ity** /~ऐलिटि/ *n., pl.* ~ities संभावित घटना या परिणाम, संभाव्य बात, होनी: plan for every ~ity; be prepared for all ~ities; **~ly** /~लि/ *adv.* अंततोगत्वा, अंत में: he will ~ly be the gainer by it; he will do it ~ly;

collocations: ~ **losses** परिणाम स्वरूप होने वाली कुल हानि; ~ **result** अंतिम परिणाम; ~ **success** अंतिम सफलता;

p&i: **an** ~ **surplus is to be divided** अंतिम रूप में बचने वाली अतिरिक्त मात्रा या राशि को बांटना है; **blunders leading to** ~ **disaster** अंतिम विनाश की ओर ले जाने वाली भयंकर भूलें; **there will come** ~ **rest** अंततः आराम करने का मौका मिलेगा, हर किसी का अंत आएगा; **what will her** ~ **choice be?** उसकी आखिरी पसंद क्या होगी?

eventua\te /इवेंचुएट/ *v., pt.* **~ted**, *pp* **~ting** 1 सिद्ध होना, साबित होना 2 घटित होना 3 परिणाम के रूप में हो.: discussions which **~ted** in Acts of Parliament

ever /एवः/ *adv., formal.* 1 कभी: the best film we ~ saw; have we ~ met before? 2 किसी भी समय 3 सदा, सदैव, सर्वदा: pedants will ~ be carping (बाल की खाल उतारने वाले बुद्धिजीवी हमेशा कुड़कुड़ाते ही रहेंगे); Shakespeare will ~ be a great poet 4 निरंतर, नित्य 5 संयुक्त शब्दों में: ~-hopeful (सदा आशावादी) 6 बल देने के लिए प्रयुक्त: she is ~ so good!;

dw/lw: **~-being** *adj.* अमर, सदाबहार; **~-changing/ growing/ increasing, etc.** *adj.* सदा परिवर्तनशील/ विकासशील/ बढ़ता हुआ; **~glade** *n.* एक बड़ी उथली झील या दलदल, घसीला कच्छ; **~green** *adj.* सदा हरा-भरा रहने वाला, सदाबहार, सदाहरित; **~green** *n.* ऐसा पौधा जिसके पत्ते सर्दियों में भी नहीं झड़ते; **~-hopeful** *adj.* सदा आशावादी; **~lasting** *adj.* 1 (***syn.*** constant) अंतहीन, निरंतर 2 चिरस्थायी 3 (***syn.*** eternal) शाश्वत, सदा रहने वाला; **~lastingly** *adv.* निरंतर, सदा; **~present** *n.* सब जगह मौजूद, सर्वव्यापी;

p&i: ~ **after** सदा के लिए; ~ **and anon** समय-समय पर, कभी-कभी; ~ **and** ~ = ~ **(at)** हमेशा; ~ **more** सदा के लिए; ~ **see sb** लगभग कभी नहीं मिलता; ~ **since** जब से, तभी से हमेशा; ~ **since then** उस समय से अब तक; ~ **so**/ ~ **such** अत्यधिक, सदा ही;

as ~ हमेशा की तरह; **as good as** ~ पहले से बुरा नहीं; ***as*** **if he**

executant /इग्जिक्युटंट/ *n.* 1 कर्ता 2 निष्पादी, निष्पादक 3 वादक

execu\te /ऐक्सिक्यू\ट/ *v., pt.* **~ted**, *pp* **~ting** 1 फांसी दे. 2 लागू क., कार्यान्वित क., पालन क., निभाना 3 बनाना 4 बजाना, गाना, अभिनय क. 5 प्रस्तुत क. 6 मुहर या हस्ताक्षर द्वारा वैध बनाना 7 वसीयत को लागू क.;

dw/lw: **~table** /~टअबल/ *adj.* जिसे लागू किया जा सके; **~er** *see below under separate entry*

execution /ऐक्सिक्यूश\न/ *n.* 1 मृत्यु दंड 2 कार्यान्वयन, पालन, तामील, कार्य-संपादन 3 गायन-वादन आदि 4 कुर्की, जब्ती;

dw/lw: **~er** /~नः/ *n.* जल्लाद, फांसी देने वाला, बधिक

executive /इग्जेक्यअटिव/ इग्जेक्युटिव/ *adj.* 1 प्रबंधन या प्रशासन संबंधी: ~ department; ~ duties 2 कार्यकारी: the ~ branch of the government; the ~ head of the nation 3 व्यापार में लगे लोगों के लिए उपयुक्त, प्रबंधन (कार्यकारी अधिकारी) 4 *colloq.* अति परिष्कृत व महंगी: ~ cars 5 *law, politics* कानूनों के पालन से संबंधित: ~ powers;

n. 1 महत्त्वपूर्ण व्यापारिक अधिकारी 2 कार्यपालिका का प्रशासक, व्यवस्थापक 3 सरकार की कार्यपालिका;

collocations: ~ **committee/ board** कार्यकारिणी समिति; **Executive Council** *Austral., NZ* गवर्नर या गवर्नर जनरल के नेतृत्व में मंत्री परिषद; ~ **decisions/ duties/ jobs/ positions** कार्य-अनुपालन निर्णय/ कर्त्तव्य/ नौकरी/ पद; ~ **home/ car/ suite** विशिष्ट व्यक्तियों के लिए घर/ कार/ होटल का कमरा आदि; ~ **officer** कार्यकारी अधिकारी; ~ **programme** कंप्यूटर प्रोग्राम को नियंत्रित करने वाला प्रोग्राम; ~ **session** *US* 1 निजी तौर पर की गई मीटिंग या मुलाकात 2 निजी तौर पर की जाने वाली सेनेट की मीटिंग; ~ **toy** व्यावहारिक रूप से काम में आने वाला खिलौना;

advertising/ business/ sales ~ इश्तिहार/ व्यापार/ विक्रय अधिकारी; **chief** ~ मुख्य प्रशासक; **the** ~ *UK* महत्त्वपूर्ण कार्यकारी अधिकारी; **the ~ privilege** अमेरिका के प्रेजिडेंट व कार्यकारिणी विभाग का किसी दस्तावेज को गुप्त रखने का विशेषाधिकार

execu\tor /इग्जेक्यु\टः/ *n.* 1 *law* वसीयतनामे को लागू करने वाला अधिकारी 2 निष्पादक, संपादनकर्ता, कर्ता;

dw/lw: **~tory** /~टरि/ *adj.* कानून के पालन या आदेशों से संबंधित; **~trix** /~ट्रिस/ *n., pl.* ~trice 1 *law* वसीयतनामे को लागू करने वाली अधिकारी 2 महिला निष्पादक, निष्पादिका

exedra /ऐक्सिडरा/ *n.* 1 अर्धगोलाकार लकड़ी या पत्थर का बना बैंच 2 द्वार-मंडप 3 ड्योढ़ी, बरामदा 4 आला

exege\sis /ऐक्सिजीसिस/ *n., pl.* **exegeses** /एक्सिजीसीज/ व्याख्या, टीका, भाष्य, टिप्पणी;

dw/lw: **~te** /ऐक्सिजीट/ *n.* भाष्यकार, टीकाकार; **~tic/ ~tical** /ऐक्सजेटिक/ ऐक्सजेटिकल/ *adj.* व्याख्यात्मक, व्याख्या-संबंधी; **~tically** /ऐक्सजेटिकलि/ *adv.* व्याख्यापूर्वक

exemplar /इग्जे\म्प्लाः/ *n.* 1 (***syn.*** model) उदाहरण, प्रतिमान, आदर्श 2 नमूना, बानगी;

dw/lw: **~ily** /~म्प्लरिलि/ *adv.* उदाहरण के रूप में; **~iness** /~म्प्लरिनेस/ *n.* आदर्शता, अनुकरणीयता; **~y** /~म्प्लरि/ *adj.* 1 आदर्श, अनुकरणीय: ~y courage (आदर्श, हिम्मत) 2 आदर्श रूप में: the punishment was severe but ~y 3 शिक्षाप्रद, चेतावनी रूप में: ~y damages *[pl.], law* (वादी के नुकसान की भरपाई करने के लिए प्रतिवादी पर क्षतिग्रस्त वस्तु के दाम से अधिक जुर्माना)

exempli\fication /इग्जेम्प्लि\फिकेशन/ *n.* 1 उदाहरण का प्रस्तुतीकरण 2 उदाहरण;

dw/lw: **~fy** /~फाई/ *v., pt.* ~fied, *pp* ~ying उदाहरण द्वारा नियम की व्याख्या क., उदाहरण हो.; **~fiable** /~फायबल/ *adj.* उदाहरणीय

exempt /इग्जे\म्प्ट/ *adj.* 1 छूट प्राप्त: ~ from duties 2 विमुक्त: ~ from taxation;

v., pt. **~ed**, *pp* **~ing** 1 छूट दे. 2 से विमुक्त रखना: ~ from the jurisdiction (अधिकार क्षेत्र से हटा ले.) 3 माफी दे.;

dw/lw: **~ible** /~म्प्टिबल/ *adj.* छूट के योग्य; **~ion** /~म्पशन/ *n.* 1 छूट: claim ~ion for dependents 2 छुटकारा 3 विमुक्ति 4 माफी

exequatur /ऐक्सिक्वेटः, ऐक्सिक्वौटः/ *US* -, ऐक्सिक्वाःटः/ *n.* विदेशी दूतावासी वाणिज्य कार्यालय को दिया जाने वाला मान्यता-पत्र

exequ\ies /ऐक्सि\क्विज/ *n., [pl.], formal.* अंत्येष्टि, मृतक-क्रिया, दफन;

dw/lw: **~ial** /~क्विअल/ *adj.* अंत्येष्टि संबंधी; **~y** /~कवी/ *n.* शवयात्रा

exercisable /ऐक्सःसाइजअबल/ *adj.* 1 अभ्यास करने के योग्य, प्रयोज्य 2 करणीय

exerci\se /ऐक्सःसाइज/ *n.* 1 शारीरिक व्यायाम, कसरत, कवायद: conditioning **~ses** (व्यायाम के लिए तैयार करने या होने के लिए प्रारंभिक कसरत); floor/ free **~ses** (सामान्य कसरत) 2 अभ्यास 3 प्रयोग, उपयोग: **~se** of one's duty; **~se** of rights (अपने अधिकारों का प्रयोग); **~se** of parental authority (माता-पिता के अधिकार का प्रयोग) 4 (*usually* **~ses**) *milit.* युद्ध-अभ्यास, सैनिक अभ्यास: object of the **~ses**; military **~ses** 5 अनुष्ठान, पालन: grand **~se** (कॉलेज या विश्वविद्यालय के विद्यार्थियों का विदाई समारोह) 6 शारीरिक या मानसिक साधना: spiritual **~ses** 7 शारीरिक या मानसिक योग्यता या क्षमता परखने की क्रिया;

v., pt. **~sed**, *pp* **~sing** 1 कसरत या व्यायाम क. 2 हक या शक्ति का प्रयोग क.: **~se** administration; **~se** control 3 का उपयोग क.: **~sed** his right to appeal 4 पूरा क. 5 प्रेरित क. 6 शिक्षा दे. 7 चिंतित क.: **~se** sb with sth (किसी को किसी बात के सरोकार से रूबरू करवाना); **~se** one's mind (के मन को चिंताग्रस्त क.); be **~sed** over sth 8 पालन क., निभाना: **~se** patience;

dw/lw: **~er** /ऐक्सःसाइजः/ *n.* अभ्यासकर्ता, अभ्यासी;

collocations: **~se bike/ bicycle/ cycle** व्यायाम करने की साइकिल; **~se book** अभ्यास-पुस्तिका; **breathing ~se** सांस लेने की कसरत;

p&i: **a five-finger ~se** बच्चों का खेल, बाएं हाथ का या आसान काम

exercitant /इग्जःसिटंट/ *n.* धार्मिक साधक

exercitation /ऐग्जःसिटेशन/ *n.* 1 अभ्यास, प्रशिक्षण, साधना 2 साहित्य या वक्तृता संबंधी अभ्यास, निबंध, भाषण

exergual /ऐक्सःगुअल/ *adj.* लेख-संबंधी

exergue /ऐक्सःग/ एग्जःग/ *n.* 1 पदक आदि पर हस्ताक्षर और तिथि आदि डालने का स्थान 2 हस्ताक्षर व तिथि 3 लेख

exert /इग्जः\ट/ *v., pt.* **~ed**, *pp* **~ing** 1 जबरदस्ती प्रयोग में लाना: ~ every effort; ~ one's authority; ~ influence 2 कोई कठिन शारीरिक अभ्यास या प्रयास करने के लिए मजबूर क.: ~ all one's strength; ~ oneself; ~ one's intelligence;

dw/lw: **~ion** /~शन/ *n.* 1 उद्यम, प्रयास, प्रयत्न: in spite of all his ~ions 2 थकान, तनाव: too much ~ion even to breathe 3 उपयोग, प्रयोग, पालन: ~ion of force/ strength/ authority; ~ion of memory

exes *n., [pl.], colloq.* 'expenses' का छोटा रूप

exeunt /ऐक्सिअंट/ *v., pt.* **~ed**, *pp* **~ing**, *theat.* सभी या अमुक पात्र मंच छोड़ देते हैं (नाटक के पात्रों के लिए पांडुलिपि में लिखा या छपा हुआ निर्देश): ~ omnes (सभी का मंच से प्रस्थान)

exfolia\te /ऐक्सफोलिए\ट/ *v., pt.* **~ted**, *pp* **~ting** 1 छिलना, छिलका या खाल उतारना या उतरना, परत उतरना 2 अपशल्कित हो., अपवित्र हो.;

dw/lw: **~tion** /~शन/ *n.* छिलके या खाल की उतरने की क्रिया;

p&i: **Ex gratia payment** सहायता के रूप में भुगतान

ex-gratia /ऐक्सग्रेशिआ/ *adv.* अनुग्रहपूर्वक, कृपापूर्वक;

adj. अनुग्रहपूर्वक दी जाने वाली (राशि आदि)

exhalation /ऐक्स्हेलेशन/ *n.* 1 सांस छोड़ने की क्रिया, उच्छवसन 2 उच्छवास 3 छोड़ा हुआ सांस 4 वाष्पीकरण, वाष्प 5 धुंध

exhale /एक्स्हेल, इक्जेल/ *v., pt.* **~led**, *pp* **~ling** 1 (***anton.*** inhale) सांस छोड़ना, सांस बाहर निकालना 2 भाप बनकर उड़ जा. 3 व्यक्त क., भड़ास निकालना

exhaust /इक्जॉ\स्ट/ *v., pt.* **~ed**, *pp* **~ing**, *engin.* 1 समाप्त क.: ~ all possible alternatives 2 थका दे. या थकना, दुर्बल क.: ~ one's health; the climb **~ed** us 3 पूर्ण रूप से उपयोग करके खत्म क.: ~ a well; ~ the soil 4 व्यय कर दे. 5 खींचकर बाहर निकालना;

n. 1 इंजन में से जली हुई गैस का निकास, रेचन: ~ pump (रेचक पंप) 2 (*also mainly UK* **~ pipe**, *also US* **tailpipe**) जली गैस के निकास की पाइप या नाली, निर्गम-नली 3 निकास-नली, निकास साधन: ~ fan;

dw/lw: **~ed** /~स्टिड/ *adj.* 1 थक के चूर, निढाल: utterly/ completely ~ed; feel/ be ~ed 2 खाली: my patience is ~ed; ~ed tea; ~ed edition; **~ing** /~स्टिंग/ *adj.* थका कर चूर कर देने वाला; **~ion** /~स्चन/ *n.* थकान, श्रांति: physical/ mental/ nervous ~ion; be in a state of ~ion; **~less** /~स्टलेस/ *adj.* असीम, कभी न खत्म होने वाला; **~steam** *n.* दबाव तले निकाली जाने वाली भाप

exhaustive /इजॉस्टिव\/ *adj.* 1 व्यापक, विस्तृत: ~ survey 2 सर्वांगीण: ~ investigation 3 पूरा;

dw/lw: **~ly** /~लि/ *adv.* व्यापक या विस्तृत रूप से

exhibit /इग्जिबि\ट/ *v., pt.* **~ed**, *pp* **~ing** 1 प्रदर्शित क., दिखाना: ~ bravery; he **~ed** his ignorance 2 नुमाइश क.: ~ paintings/ flowers 3 सार्वजनिक रूप से दिखाना: ~ goods in a shop-window 4 सिद्ध क.: ~ one's full powers... 5 विचारार्थ प्रस्तुत क.;

n., *law* 1 गवाही के लिए प्रदर्शित वस्तु, प्रमाण 2 नुमाइशी चीज: the Indian **~s** at the World Fair;

dw/lw: **~or** /~टः/ *n.* प्रदर्शनी लगाने वाला, प्रदर्शित करने वाला

exhibition /ऐक्सिबिश\न/ *n.* 1 प्रदर्शनी, नुमाइश: art ~; ~ of flowers; industrial ~ 2 प्रदर्शन: an opportunity for the ~ of one's knowledge 3 गुण आदि का प्रदर्शन: an ~ of bad manners; a notable ~ of courage 4 कॉलेज या विश्वविद्यालय द्वारा दी जाने वाली छात्र वृत्ति या पुरस्कार राशि;

dw/lw: **~ist** /~निस्ट/ *n.* दिखावाबाज, आत्मप्रदर्शक; **~ism** /~निज्म/ *n., derog.* 1 दिखावा या आत्म प्रदर्शन की प्रवृत्ति 2 *psychol.* अपने गुप्तांग सरे आम दिखाने की विकृति;

collocations: **~ case** नुमाइशी प्रदर्शन बक्सा; **~ goods** नुमाइशी माल; **~ hall** प्रदर्शनी कक्ष या हॉल; **~ match** नुमाइशी खेल या मुकाबला; **simultaneous** ~ शतरंज के नुमाइशी खेल का एक साथ प्रदर्शन या प्रदर्शनी: ~ rack (प्रदर्शनी स्टैंड); ~ office (प्रदर्शनी कार्यालय)

p&i: **make an ~ of oneself** अपने आपको तमाशा बना लेना

exhilara\te /इग्जिलअरे\ट/ *v., pt.* **~ted**, *pp* **~ting** 1 आनंदित क., आह्लादित क. 2 स्फूर्ति से भर दे., जीवंत बनाना 3 प्राण फूंकना;

dw/lw: **~ted** /~टिड/ *adj.* आनंदित, आह्लादित, स्फूर्तित; **~tingly** /~टिंगलि/ *adv.* आनंदपूर्वक; **~tive** /~टिव/ *adj.* आनंददायक, आह्लादित करने वाला

exhila\rant/ ~rating /इग्जिलअ\रंट/ इग्जिलअ\रेटिंग/ *adj.* 1 आनंदित/ आह्लादित/ स्फूर्तित करने वाला 2 आह्लादक, आनंदकारी, स्फूर्तिदायक;

dw/lw: **~ration** /~रेशन/ *n.* 1 आनंद, उल्लास 2 जीवंतता, सजीवता

exhort /इजॉःट/ *v., pt.* **~ed**, *pp* **~ing** 1 आग्रहपूर्वक क. 2 (***syn.*** urge) प्रेरित क.: ~ sb to good deeds; ~ sb to repent 3 उपदेश दे.: ~ to do sth 3 समर्थन के लिए जोर देकर क.;

dw/lw: **~ation** /~टेशन/ *n.* उपदेश, शिक्षा, प्रबोधन, आग्रह; **~ative/ ~atory** /~टेटिव/ ~टेटरि/ *adj.* उपदेशात्मक

exhu\me /एक्स्ह्यू\म/ इग्ज्यु\म/ (*also* **exhumate** /एक्स्युमेट/) *v., pt.* **~med**, *pp* **~ming** 1 (***syn.*** dig up) कब्र से लाश निकालना 2 प्रकाश में लाना, सामने लाना;

dw/lw: **~mation** /~मेशन/ *n.* कब्र से खोदकर शव निकालने की क्रिया, शवोत्खनन

ex hypothesi /ऐक्स्हाइपौथअसि, एक्स्हाइपौथअसाइ/ *US* ऐक्स्हाइपाःथअसि, एक्स्हाइपाःथअसाइ/ *adv., Lat.* निर्दिष्ट अभिधारणा या परिकल्पना के अनुसार

exigen\cy /ऐक्सि\जंसि/ इग्जिजंसि/ *n., pl.* **~cies** *formal* 1 आपात काल 2 (*usually* **~cies**; ***syn.*** demand) अत्यावश्यकता;

dw/lw: **~t** /~जंट/ *adj., formal.* 1 अत्यावश्यक, अनिवार्य, जरूरी 2 जोरदार, कष्टकर 3 कड़ा, कठोर, सख्त

exiguous /इग्जिग्यु\अस/ इग्सिग्यु\अस/ *adj.* 1 थोड़ा-सा, अति अल्प, नाकाफी: sb's ~ intellectual resources 2 मामूली, गौण;

dw/lw: **~ness/ exiguity** /~असनेस/ ~इटि/ *n.* अति अल्पता; **~ly** /~असलि/ *adv.* अति अल्प मात्रा में

exi\le /ऐग्जाइल\/ ऐक्साइल\/ *n.* 1 देशनिकाला, निर्वासन: send sb into **~le**; go into **~le**; condemn to **~le** 2 निर्वास, प्रवास: live in **~le** 3 प्रवासी;

v., pt. **~led**, *pp* **~ling** देश-निकाला दे., निर्वासित क.: **~led** for life;

dw/lw: **~lement** /~मंट/ *n.* देश-निकाला

exility /ऐक्सिलिटि/ *n.* 1 सूक्ष्मता 2 क्षीणता 3 कृपणता, कंजूसी 4 कमीनापन 5 गौणता 6 नजाकत 7 पतलापन

Exim *abbr.* 'export-import' की प्रथमाक्षरी

EXIM *abbr.* 'Export-Import Bank of India' की प्रथमाक्षरी

eximious /एग्जिमिअस/ *adj.* 1 (***syn.*** eminent, excellent, distinguished) उत्तम, श्रेष्ठ, शानदार 2 विख्यात, महान

ex improviso /एक्स इंप्रअवाइजो/ *Lat.* अचानक, सहसा

exinanition /ऐग्जिनअनिशन/ *n.* 1 खालीपन, खोखलापन 2 थकान, थकावट जर्जरता 3 अपमान

ex int. *finance abbr., Lat.* 'ex interest' का संक्षेप (without interest)

exist /इग्जि\स्ट/ 1 विद्यमान हो., अस्तित्व में हो.: does life ~ on Mars? 2 जीवित हो./ रहना: one cannot ~ without air 3 होना, पाया जाना: water **~s** in many forms 4 मुश्किल से गुजारा क. (जिंदा रहना): poor peasants barely ~;

dw/lw: **~ing** /~स्टिंग/ *adj.* 1 जो वर्तमान में है, जो वजूद में है 2 विद्यमान 3 मौजूदा 4 प्रस्तुत 5 प्रचलित

existence /इग्जिस्टंस/ *n.* 1 वजूद, अस्तित्व 2 जीवन, जिंदगी, जीवन शैली 3 विद्यमानता 4 सृष्टि, जगत;

dw/lw: **existent** *adj.* (***anton.*** non-existent) विद्यमान, अस्तित्व में; **existent** *n.* वास्तविक और अस्तित्वशील वस्तु या प्राणी;

p&i: **a hand-to-mouth** ~ मुश्किल से दो वक्त का खाना जुटाना; **come into** ~ अस्तित्व में आना, पैदा हो.; **in** ~ विद्यमान; **spring into** ~ एकदम में वजूद में आना; **very** ~ वजूद ही, अस्तित्व ही

existential /ऐग्जिस्टेंशिअ\ल/ *adj.* 1 मानव के वजूद से संबंधित 2 *philos.* अस्तित्वादी;

dw/lw: **~ism** /~लिज्म/ *n.* अस्तित्ववाद, एक दार्शनिक धारा जिसके अनुसार मुख्य बात है अस्तित्व में होना, अतः इंसान को अपने अस्तित्व को महत्त्वपूर्ण मानते हुए अपने आस-पास या दुनिया में कुछ भी बदलने की कोशिश नहीं करनी चाहिए: जो है, सो ठीक है, वही सब कुछ है; **~ist** /~लिस्ट/ *adj.* अस्तित्ववादी: ~ist theory; **~ist** *n.* अस्तित्ववादी व्यक्ति: J.P. Sartre was an ~ist

existing *see above under* exist**: *dw/lw***

exit /ऐक्सिट/ ऐग्जिट/ *n.* 1 बाहर जाने का रास्ता, निकास, बहिर्गमन 2 निर्गमन: ~ into space 3 प्रस्थान, विदाई, रवानगी 4 कई रास्तों में से बाहर निकलने का एक रास्ता 5 बहिर्पथ, ऐसा स्थान जहां पर कार हाईवे (मुख्य बड़ी सड़क) को छोड़कर दूसरा रास्ता ले सकती है 6 मृत्यु (in drama);

v., pt. **~ed**, *pp* **~ing** 1 *comput.* कंप्यूटर में किसी प्रोग्राम से बाहर जाना 2 बाहर हो., बाहर जाना, प्रस्थान क. 3 *theat.* मंच को छोड़कर जाना, निकास, बहिर्गम: make one's ~ 4 नाटक में निर्देश (exit): ~ Hamlet;
collocations: ~ **poll** चुनाव के समय मत डालने के बाद मतदाताओं से पूछकर लगाया गया परिणाम अनुमान; ~ **strategy** किसी मुसीबत से बाहर निकलने की योजना; ~ **visa** देश से बाहर जाने की अनुमति; **no** ~ निकास वर्जित

ex libris /ऐक्स लिब्रिस *or* एक्स लीब्रीस/ एक्सलाइब्रिस/ *n., Lat.* 1 पुस्तक-पत्रक, एक पुस्तकालयीय चिह्न 2 अमुक लेखक की पुस्तक से 3 पुस्तक पर चिपकाई हुई वह पर्ची जिसमें उसके स्वामी या पुस्तकालय का नाम, पता, पुस्तक-संख्या आदि लिखे रहते हैं, पर्ची; *prep.* से संबद्ध

ex mero motu /ऐक्स मेरो मोटु/ *Lat.* अंतःप्रेरणा से, स्वेच्छया, अपनी इच्छा से

ex natura rei /ऐक्स नतूरा रे/ *Lat.* किसी मामले की प्रकृति से, मामले की प्रवृत्ति अनुसार

ex nihilo /ऐक्स नाहिलो/ ऐक्स निअलो/ *Lat.* बिना किसी चीज के, की अनुपस्थिति में

exo- /एक्सो/ *prefix, comb. form denoting:* **out or outside** (बाह्य, बहिः या बहिर्-, बाहर)

exobiology /ऐक्सोबायौलजि/ *n., astron.* 1 इहलोक से बाहर यानी अन्य ग्रहों आदि पर मिलने वाले जीवों का वैज्ञानिक अध्ययन 2 पृथ्वी से इतर जीवन का अध्ययन

exocarp /ऐक्सोकाःप/ *n., bot.* बाह्य फलभित्ति

Exocet /ऐक्सोसेट/ *n., trade.* समुद्री जहाज, वायुयान या पनडुब्बी से दागी जाने वाली सुपरसोनिक (ध्वनि से तेज गति से चलने वाली) मिसाइल जो कम ऊंचाई पर उड़ने के कारण रेडार की पकड़ में नहीं आती

exocrine /ऐक्सोक्राइन/ ऐक्सोक्रिन/ *n., physiol.* 1 बाह्यस्रावी 2 पसीना, थूक आदि को छोड़ने वाली ग्रंथियां

Exod/ Exod. *abbr.* Book of the Bible 'Exodus' का संक्षेप

exoderm /ऐक्सअडःम/ (*also* **ectoderm**) *n.* बाह्य त्वचा, बाहरी खाल

exodus /ऐक्सअडस/ *n., pl.* **~es** 1 जनता का सामूहिक प्रस्थान, कूच 2 (**Exodus**) लगभग 13वीं शताब्दी ईसवी पूर्व इजराइलियों (यहूदियों) का मिस्र से प्रस्थान: on Friday afternoons the mass ~ from cities to the country

ex officio /ऐक्सअफिशिओ/ *adv., Lat.* पद की बदौलत, पद के नाते, पदेन

exogamous /ऐक्सॉगअमस/ (*also* **exogamic**) *adj., anthropol.* 1 अपनी जाति, समूह या कबीले से बाहर विवाह करने की प्रथा संबंधी 2 विजातीय विवाह-प्रथा संबंधी

exogamy /ऐक्सौगअमि/ *US* ऐक्साःगअमि/ *n. anthropol.* अपनी जाति, समूह या कबीले से बाहर विवाह करने की प्रथा

exogenous /ऐक्सौजअनस/ *US* ऐक्साःजअनस/ *adj.* 1 (*anton.* endogenous) कोशिका, अंग या जीव के बाहर जनित 2 बहिर्जात, बहिर्जन्य

exoglossic /ऐक्सोग्लौसिक/ *US* ऐक्सोग्लाःसिक/ *adj.* (*anton.* endoglossic) किसी देश में विदेशी भाषा के रूप में प्रयुक्त भाषा, उदाहरणतः भारत में अंग्रेजी

exon /ऐक्सॉन/ *n., genetics.* 1 जीन में DNA का कोई भाग जो MESSENGER RNA के रूप में लिखा जाता है और वह आगे प्रोटीन में बदल जाता है 2 अंग-रक्षक अधिकारी

exonera\te /इग्जौनअरेट/ *US* इग्जाःनअरे\ट/ *v., pt.* **~ted**, *pp* **~ting** 1 बरी क., दोषमुक्त क. 2 भार मुक्त क., निवृत्त क., छुटकारा दे.;
dw/lw: **~tion** *n.* /~शन/ *n.* 1 दोषमुक्ति 2 भार-मुक्ति 3 पाप से मुक्ति 4 निवृत्ति; **~tive** /~टिव/ *adj.* 1 बोझ-मुक्ति कराने वाला 2 दोष-मुक्त करने वाला

exonormative /ऐक्सोनॉःमअटिव/ *adj., ling.* (*anton.* endonormative) किसी देश की बाहर से आने वाली दूसरी भाषा के देश में प्रयोग शैली से संबंधित

exophthal\mia/ ~mos/ ~mus /ऐक्सॉथैल्मि\आ/ ऐक्सॉथैल्मॉस/ ऐक्सथैल्मस/ *n., pathol.* नेत्र गोलक के बाहर निकल आने की क्रिया, बहिर्चाक्षुष;
dw/lw: **~mic** /~क/ *adj.* नेत्रोत्सेधी

exopod ऐक्सॉपॉड/ *n.* बहिःपदांश

exor *abbr. law* 'executor' का संक्षेप

exora\ble /इक्सअरअ\बल/ *adj.* (*anton.* in~) अनुनय-विनय से मान जाने वाला, अनुनेय;
dw/lw: **~tion** /~शन/ *n.* अनुनय-विनय

exorbi\tance /इग्जॉःबि\टंस/ *n.* अत्यधिकता, अतिशयता, अपरिमितता;
dw/lw: **~tant** /~टंट/ *adj.* 1 अतिशय, अपरिमित 2 अत्यधिक, बेहद ऊंचे भाव या दाम आदि से संबंधित: ~tant fares/ prices 3 बेहिसाब, अंधाधुंध; **~tantly** /~टंटलि/ *adv.* बेहद, अमर्यादित ढंग से

exorci\sm /ऐक्सॉः\सिजम/ *n.* 1 भूत-प्रेत भगाने के लिए झाड़-फूंक/ जादू-टोना 2 भूत-अपसारण;
dw/lw: **~st** /~सिस्ट/ *n.* झाड़-फूंक करने वाला, ओझा, जादू-टोना करने वाला; **~ze** (*also UK* **~se**) /~साइज/ *v., pt.* ~zed, *pp* ~zing 1 किसी व्यक्ति में से भूत-प्रेत को भगाना या उतारना, भूत-प्रेत का अपसारण क. 2 किसी बुरी याद या अनुभव को भूलने या उससे छुटकारा पाने के लिए कुछ क.

exordi\al /ऐक्सॉःडिअ\ल/ *adj.* प्रस्तावनात्मक, भूमिका संबंधी;
dw/lw: **~um** /~म/ *n.* प्रस्तावना, भूमिका, भाषण या प्रवचन का आरंभिक भाग या अंश

exoskeleton /ऐक्सोस्केलिटन/ *n.* कई जीवों में सख्त बाह्य आवरण

exosmos/ exosmosis /एक्सज्मोस / एक्सज्मोसिस/ *n.* बहिःपरासरण

exosphe\re /ऐक्सोस्फीअः/ *n.* वातावरण की बाहरी परत जो लगभग 500 किलोमीटर की ऊंचाई पर शुरू होती है
dw/lw: **~ric/ ~rical** /ऐक्सअस्फेरिक/ ऐक्सअस्फेरिकल/ *adj.* वातावरण की बाहरी परत से संबंधित

exostraci\ze /ऐक्सौस्ट्रअसाइज/ *v., pt.* **~zed**, *pp* **~zing** (*syn.* ostracise) बहिष्कृत क., निष्कासित क., देश या समाज से निकालना

exoteric /ऐक्सोटेरिक/ *adj.* 1 (*anton.* esoteric) सबके लिए खुला, सबकी पहुंच के भीतर 2 सामान्य 3 लोकप्रचलित, लोकप्रिय 4 सुबोध, बोधगम्य

exothermic /ऐक्सोथःमिक / *adj.* ऊष्मा-उत्पादक (रासायनिक प्रक्रिया);
collocations: ~ **reaction** *chem.* ऊष्मा-उत्पादक प्रक्रिया

exoti\c /इग्जौटि\क/ *US* इग्जाःटि\क/ *adj.* 1 असाधारण विदेशी पौधे, वस्तुएं या प्रक्रियाएं, अन्यस्थानक: travel to all kinds of ~ locations abroad 2 आकर्षक, विचित्र, सम्मोहक: brightly coloured ~ flowers;
dw/lw: **~ca** /~का/ *n.* विदेशों से आई आकर्षक, विचित्र वस्तुएं; **~cism** /~सिजम/ *n.* दूसरे देश की किसी वस्तु या बात का विचित्र-सा स्वभाव या विचित्रता
collocations: ~ **dancer** निर्वस्त्र नर्तक

expand /इक्सपैं\ड/ *v., pt.* **~ed**, *pp* **~ing** 1 (*anton.* contract) फैलना या फैलाना: metals ~ when they are heated 2 फूलना, फुलाना: ~ the chest 3 खिलना: the tulips ~ in the sun 4 बढ़ जा., बढ़ाना वृद्धि हो.: milk production is **~ing** 5 विस्तारित हो. या क.: ~ cultural exchange; cultural exchanges ~; ~ the volume of trade; the pocket-size dictionary was **~ed** into a full-sized one 6 विकसित हो. या क.: education **~s** the mind 7 प्रफुल्लित हो. या क.: his face **~ed** in a smile 8 व्याख्या क., पूरा लिखना: ~ on sth 9 समझाना, खोलकर बताना 10 बोल-चाल में खुल जाना या खोलना 11 गुणा क.;
dw/lw: **~able** /~डअबल/ *adj.* 1 व्यय करने योग्य, खर्च करने लायक 2 बलि देने योग्य 3 अनावश्यक; **~ed** /~डिड/ *adj.* फैला

हुआ, बढ़ा हुआ, फैली हुई, पूर्णतर; **~er** /~डः/ *n., electronics* मांसपेशियों को फैलाने और विकसित करने का अभ्यास उपकरण; **~ible** /~डिबल/ *adj.* विस्तार्य; **~ing** /~डिंग/ *adj.* विस्तृत होने वाला;

collocations: **~ed edition** विस्तारित संस्करण; **~ed metal** तारों को जोड़कर बनाई इस्पात की जाली जिसे बजरी-सिमेंट को मजबूत करने के लिए प्रयोग किया जाता है; **~ed polystyrene** (*also* **styrofoam**) बांधने की एक सामग्री (packing material) जो ऊष्मा-सह आदि होता है; **~ed reproduction** विस्तारित पुनरुत्पाद; **~ed rubber** फैलाई हुई रबड़; **~ing universe** *astron.* विस्तृत होता जगत; **~ing universe theory** *astron.* जगत के विस्तृत होने और तारामंडलों के एक-दूसरे से दूर होने की अवधारणा या परिकल्पना;

expan\se/इक्सपैंस/ *n.* 1 बड़ा/ खुला मैदान 2 विशाल आकाश, थल, जल: the **~se** of heaven; the broad **~se** of the ocean 3 (***syn.*** firmament) आकाश 4 विस्तार, फैलाव, प्रसारण;

dw/lw: **~sibility** /~सिबिलिटि/ *n.* 1 विस्तारीयता 2 विस्तृत होने का गुण; **~sible** /~सिबल/ *adj.* विस्तृत होने योग्य, जो फैल सकती हो: readily ~sible by heat; **~sive** /~सिव/ *adj.* 1 बातचीत में खुलकर बतियाने को तैयार 2 खुले दिल वाला, खुशदिल: ~sive smile 3 फैलने वाला: ~sive materials 4 व्यापक प्रसार वाला: ~sive intellect; ~sive interpretation 5 विस्तृत: ~sive glittering lake; ~sive forehead; **~sively** /~सिवलि/ *adv.* विस्तार से; **~siveness** /~सिवनेस/ *n.* 1 बेरोकटोक बात करने की प्रवृत्ति 2 खुलापन 3 विस्तार; **~sivity** /~सिविटि/ *n.* ताप में एक अंश वृद्धि या घटाव के कारण होने वाला विस्तार या संकुचन

expansion /इक्स्पैंश\न/ *n.* 1 फैलाव, विस्तारण: linear/ line ~ 2 प्रसार, प्रसारण: ~ in cultural exchanges 3 विस्तार, फैलाव: the starred ~ of the skies; territorial ~ 4 वृद्धि: ~ of armaments; ~ of the currency; ~ clearance (गर्म करते समय पुर्जे के छेद का विस्तार);

dw/lw: **~ary** /~नरि/ *adj.* आर्थिक विकास को बल देने वाले (बजट आदि); **~ism** /~निज्म/ *n.* 1 राजनीतिक विस्तारवाद 2 आर्थिक प्रसारवाद; **~ist** /~निस्ट/ *n.* विस्तारवादी, प्रसारवादी व्यक्ति;

collocations: **~ board/ card** कंप्यूटर की क्षमता को विस्तृत करने का बोर्ड या कार्ड; **~ bolt** किसी छेद में डाले जाने पर फैलने वाली मेख या कील; **~ joint** रेल की पटरियों या सिमेंट की सड़क की पट्टियों के बीच उनके फैलने के लिए छोड़ा गया स्थान; **~ card** (*also* **add-in**) कंप्यूटर के स्मृति-पटल का विस्तार करने के लिए सर्कट बोर्ड (circuit board); **~ of currency** मुद्रा प्रसार; **~ slot** कंप्यूटर की क्षमता को विस्तृत करने के लिए अतिरिक्त उपकरण लगाने का छेद; **triple-~ engine** इंजन जिसमें भाप तीन-तीन सिलेंडरों में से होकर गुजरती है;

expansion\ism; **~ist** *see above under* **expansion:** ***dw/lw***

expan\sive; **~sively**; **~siveness** *see above under* **expanse:** ***dw/lw***

ex parte /ऐक्सपाःटी/ ऐक्सपाःटे/ *adj.* एक-पक्षीय, इकतरफा;
adv. एकपक्षीय रूप से, इकतरफा

expatia\te /इक्स्पेशिए\ट/ *v., pt.* **~ted**, *pp* **~ting** 1 लिखित या मौखिक रूप से विस्तार में प्रतिपादित क.: **~te** upon a subject 2 पर टिप्पणी क.: his manners were **~ted** upon 3 बहुत बतियाना: **~te** in praise of sb;

***dw/lw*:** **~tion** /~शन/ *n.* 1 विस्तृत प्रतिपादन 2 कोरी बकबक 3 लंबा-चौड़ा भाषण या टिप्पणी;

p&i: **~te on** विस्तार से व्याख्या क.

expatria\te /ऐक्सपैट्रि\अट/ *US* ऐक्सपेट्रि\अट/ (*also UK* **expat**) *n.* 1 प्रवासी व्यक्ति 2 वनवासित (देश से निकाला हुआ) व्यक्ति;
adj. 1 प्रवासी 2 वनवासी;
***v.**, pt.* **~ted**, *pp* **~ting** 1 देश-निकाला दे., निर्वासन क. 2 नागरिकता छीनना;

dw/lw: **~tion** /~एशन/ *n.* 1 निर्वासन, देश-निकाला 2 नागरिकता से वंचन 3 देश-त्याग, प्रवास: right of ~tion (प्रवास का अधिकार);

p&i: **~te oneself** देश छोड़ दे., प्रवासी बनना

expect /इक्स्पे\क्ट/ *v., pt.* **~ed**, *pp* **~ing** 1 अपेक्षा या आशा क., उम्मीद हो.: we never **~ed** this; a scholar is **~ed** to know the latest works on his speciality 2 प्रतीक्षा क., राह देखना, बाट जोहना: **~ed** you yesterday 3 अनुमान क.: I ~ you're tired; the prices are **~ed** to rise higher; I ~ you are hungry 5 विचार क., समझना: ~ sth from/ of sb 6 गर्भवती हो.: be **~ing**;

dw/lw: **~able** /~क्टअबल/ *adj.* जिसकी उम्मीद की जा सकती है; **~ably** /~क्टअबलि/ *adv.* आशातीत, आशानुसार; **~ancy** /~क्टंसि/ *n., pl.* **~ancies** 1 किसी अच्छी व असाधारण बात होने की आशा, उम्मीद 2 संभावना, संभावित योग 3 अपेक्षा, उत्कंठा 4 प्रत्याशा, प्रत्याशित वस्तु; **~ant** /~क्टंट/ *adj.* 1 आशावान 2 पद या अधिकार पाने के लिए आशावान 3 कुछ होने की उम्मीद रखने वाला: ~ant method (घटनाओं के स्वयं होने में विश्वास करने का तरीका) 4 आशानुसार: ~ant treatment 4 अनुमानित: ~ant heir; ~ant policy 5 गर्भवती, होने वाली: ~ant mother 6 होने वाला: ~ant father, etc.; **~antly** *adv.* अनुमानतः, आशा अनुसार;

collocations: **~ancy of hitting** निशाने पर लगने की आशा; **life ~ancy** प्रत्याशित आयु;

p&i: **be ~ing a child** उसके पांव भारी हैं; **be only to be expected** यह तो होना ही था; **much is ~ed where much is given** जिसको ज्यादा दिया है उससे ज्यादा आशा रखना; **what else can one expect?** और क्या उम्मीद की जा सकती है

expectancy *see above under* **expect:** ***dw/lw***

expectant /इक्स्पेक्टंट\/ *adj.* 1 आशावान 2 पद या अधिकार पाने के लिए आशावान 3 कुछ होने की उम्मीद रखने वाला: ~ method 4 आशानुसार: ~ treatment 5 अनुमानित: ~ heir; ~ policy 6 गर्भवती, होने वाली: ~ mother 7 होने वाला: ~ father, etc. (बच्चा पैदा होने की प्रतीक्षा करने वाला पिता);

dw/lw: **~ly** /~लि/ *adv.* अनुमानतः, आशा अनुसार

expectation /ऐक्स्पेक्टेशन/ *n.* 1 आशा: in ~ of sth; against/ beyond ~ 2 अपेक्षा, **~(s)** अपेक्षाएं: contrary to **~(s)**; answer/ meet **~(s)**; have great **~s** of sb (किसी से बहुत आशाएं रखना); fall short of/ not to come up to/ **~(s)** (आशाओं पर खरा न उतरना) 3 (*often* **~s**) प्रत्याशा, प्रत्याशंका 4 प्रत्याशित वस्तु 5 चाह 6 भरोसा 7 संभावना;

collocations: **~ of life** (*see* **life expectancy**) प्रत्याशित आयु, औसत जीवन-अवधि;

p&i: **come up to ~(s)** आशाओं पर खरा उतरना; **have high/ have low ~s** बड़ी/ थोड़ी उम्मीदें रखना; **live up to/ meet (sb's) ~s** किसी की उम्मीदों पर खरा उतरना; **~s of sth** किसी बात की अपेक्षा

expecto\rant /इक्स्पेक्टअ\रंट/ *adj., med.* कफ-निस्सारक; **expectorant** *n.* कफ-निस्सारक ओषधि;

dw/lw: **~rate** /~रेट/ *v., pt.* ~rated, *pp* ~rating *med.* कफ निकालना, खंखारकर बलगम निकालना, खंखारना; **~ration** /~रेशन/ *n.* खंखार, बलगम

expedien\ce/ expedien\cy /इक्स्पीडि\अंस/ इक्स्पीडि\अंसि/ *n., pl.* **~ce/ ~cies** 1 उपाय, युक्ति, दांव, तरकीब 2 उपयुक्त कार्य, कार्य साधना, स्वार्थ साधना, स्वार्थ साधक कार्य 3 उपयुक्तता, समीचीनता: on grounds of **~cy**;

dw/lw: **~t** /~अंट/ *adj.* (***anton.*** inexpedient) 1 कार्यसाधक 2 कालोचित, समयोचित: it is not ~t to interfere now 3 इष्टकार, स्वार्थसाधक, व्यावहारिक 4 सुविधाजनक, लाभकर: it is ~t for you that I go away; **~tly** /~अंटलि/ *adv.* समीचीन रूप से, कार्यसाधन के उद्देश्य से

expedi\te /ऐक्स्पअ\डाइट/ *v., pt.* **~ted**, *pp* **~ting** 1 (***syn.*** speed up) कार्य होने या करने में तेजी ला.: **~te** delivery; **~te** an order 2 शीघ्र निपटाना, जल्दी पूरा क. 3 जल्दी से काम पूरा क.: **~te** one's ambition;
dw/lw: **~tious** /~डिशिअस/ *adj.* 1 (***syn.*** efficient) तेज, चुस्त, फुर्तीला: ~tious march; ~tious workman 2 जल्दी-जल्दी किया जाने वाला: ~tious measures; **~ly** /~डिशिअसलि/ *adv.* तेजी से, तुरंत, झटपट

expedition /ऐक्स्पअडिश\न/ *n.* 1 अभियान: a fishing ~; a hunting ~ 2 जोखिम भरी मुहिम या सफर: an ~ to the North Pole 3 उद्दिष्ट यात्रा, खोज यात्रा 4 साहसिक उपक्रम: the Everest ~;
dw/lw: **~ary** /~नरि/ *adj.* 1 अभियान-संबंधी, अभियानिक: ~ary force 2 शीघ्रतापूर्ण, तत्पर;
p&i: **a fishing ~** प्रारंभिक सूचनाएं एकत्रित करने का अभियान

expeditious /ऐक्सअडिशिअस\/ *n.* (***syn.*** efficient) अविलंब कार्रवाई से संबंधित;
dw/lw: **~ly** /~लि/ *adv.* तुरंत, जल्दी से, आनन-फानन में

expel /इक्सपे\ल/ *v., pt.* **~led**, *pp* **~ling** 1 स्कूल आदि से निकालना: ~ a student from college 2 बाहर निकालना: ~ smoke 3 निष्कासित क. 4 खदेड़ दे., बलपूर्वक निकाल बाहर क.: ~ the enemy from his trenches 5 बिरादरी आदि से बहिष्कृत क.;
dw/lw: **~lee** /~ली/ *n, pl.* ~lees जिसे बाहर निकाला गया हो, निष्कासित व्यक्ति; **~lent** /~लंट/ *adj.* बाहर निकालने वाला

expend /इक्स्पेंड/ *v., pt.* **~ed**, *pp* **~ing** 1 खर्च/ उपभोग क.: ~ money on sth 2 समय आदि काटना 3 पूरा खत्म क.: having **~ed** the arrows, they drew their swords; ~ itself (अपने आप खत्म हो.);
dw/lw: **~able** /इक्स्पेंडअबल/ *adj.* 1 बलि देने योग्य: their soldiers were ~able 2 छोड़ देने योग्य यानी जिसके बिना काम चल सके: ~able launch vehicle (*space*) 3 उपभोग करने योग्य: ~able property

expenditure /इक्सपेंडिचः/ *n.* 1 व्यय, खर्च: meet **~s** 2 उपभोग, खपत 3 लागत 4 खर्च की गई राशि या रकम;
collocations: **~ account** व्यय खाता; **~ on armaments** हथियारों पर खर्च; **receipts and ~s** आय-व्यय; **~ record** व्यय हिसाब;
on the ~ side व्यय खाते में

expense /इक्स्पेंस/ *n., pl.* **~s** 1 खर्चा, व्यय: go to ~ 2 लागत, मूल्य 3 खपत 4 नुकसान 5 शुल्क;
collocations: **incidental/ travelling ~s** जेब खर्च या यात्रा भत्ता; **law/ legal ~s** कानूनी खर्चा; **~s of production** उत्पादन लागत;
p&i: **~ account** कंपनी आदि के काम पर होनेवाले खर्चे-पानी का खाता;
a joke at sb's ~ किसी की कीमत पर किया जाने वाला मजाक; **at the ~ of one's health/ life** अपने स्वास्थ्य/ जीवन की कीमत पर; **go to the ~ of sth/ of doing sth** किसी चीज पर खर्चे के लिए अलग राशि रखना; **profit at the ~ of another** किसी की कीमत पर उठाया जाने वाला लाभ

expensive /इक्स्पेंसिव\/ *adj.* 1 महंगा 2 (***anton.*** inexpensive) कीमती, बहुमूल्य: ~ clothes; ~ furs 3 (***syn.*** costly, pricey, dear) बड़ी लागत वाला: ~ education;
dw/lw: **~ly** /~लि/ *adv.* महंगे ढंग से; **~ness** /~नेस/ *n.* महंगापन;
collocations: **~ indulgence** महंगी ढील या चश्मपोशी; **~ man** व्यर्थ खर्च करने वाला आदमी; **~ of time** समय लेने वाला; **~ of health** स्वास्थ्य को नुकसान करने वाला

experien\ce /इक्स्पीअरिअं\स/ *n.* 1 अनुभव, तजुर्बा, अनुभवाधारित ज्ञान: know by/ from **~ce**; learn by **~ce**; speak from **~ce**; a man of **~ce** 2 अनुभूति, मानसिक आवेग, मर्मस्पर्शी घटना: alarming **~es**; strange/ interesting/ unpleasant **~ce**; childhood **~ces** 3 परख 4 काम करने का अभ्यास या अनुभव: five-year **~ce** 5 अभ्यास से मिलने वाला ज्ञान या हुनर: **~ce** in teaching;
v., pt. **~ced**, *pp* **~ing** अनुभव क. या हो.: **~ce** pain; **~ce** joy; **~ce** grief;
dw/lw: **~ced** /~स्ट/ *adj.* (***anton.*** inexperienced) अनुभवी, तजुर्बेकार; **~tial** /~सिअल/ *adj., philos.* अनुभव आधारित: ~tial philosophy (अनुभव आधारित दर्शन); **~tialist** /~सिअलिस्ट/ *n.* अनुभव आधारित दार्शनिक;
collocations: **practical ~ce** व्यावहारिक अनुभव; **personal ~ce** व्यक्तिगत अनुभव;
p&i: **~ce in or of sth** किसी काम आदि का अनुभव; **~ce is the mother of wisdom** अनुभव विवेक की जननी है; **~ce keeps a dear school, but fools learn in no other** इंसान ठोकरें खा-खाकर ही सीखता है;
gain/ have/ lack ~ce अनुभव प्राप्त करना/ हो. / का अभाव हो.; **good/ previous/ useful/ wide ~ce** अच्छा/ पिछला/ लाभकारी/ व्यापक अनुभव; **in my ~ce** मेरे अनुभवानुसार; **put sth down to ~ce = chalk sth up to ~ce** गिर-गिर ही सवार बनते हैं, असफलता से सीख लेना; **quite an ~ce** बहुत रोचक अनुभव

experiment /इक्स्पेरिमंट/ *n.* 1 प्रयोग: an ~ in chemistry/ biology; make/ carry out an ~ 2 परीक्षण: prove sth by ~ 3 तजुर्बा 4 मौलिक प्रयास;
v., pt. **~ed**, *pp* **~ing** 1 (*usually* **~ on/ with sth**) प्रयोग क.: ~ on guinea-pigs (बलि का बकरा बनाना) 2 प्रयोग के माध्यम से नई खोज करने का प्रयास क.: ~ with teaching methods 3 परखना, जांचना, परीक्षण क.;
dw/lw: **~ation** /इक्स्पेरिमेंटेशन/ *n.* प्रयोग कार्य, प्रयोगात्मकता;
p&i: **an ~ on sth** किसी चीज पर प्रयोग; **conduct/ do/ perform an ~** प्रयोग चलाना/ क.; **to do an ~ in sth** किसी चीज या बात में नया प्रयोग क.

experimental /इक्स्पेरिमें\टल/ *adj.* 1 प्रायोगिक, प्रयोग-संबंधी, प्रयोगात्मक: ~ farm; ~ plot; ~ station 2 अनुभवजन्य 3 प्रयोगात्मक 4 आजमाइशी, इम्तिहानी 5 अनुभव पर आधारित 6 अस्थायी, प्रयोग के रूप में;
dw/lw: **~ism** /~टअलिज्म/ *n.* प्रयोगवाद, प्रयोगात्मक दर्शन; **~ist** /~टअलिस्ट/ *n.* प्रयोगवादी व्यक्ति; **~ly** /~टअलि/ *adv.* प्रयोग द्वारा, प्रयोग के आधार पर, अनुभव से;
collocations: **~ data/ evidence/ conditions** प्रयोगजन्य तथ्य/ सबूत/ शर्तें; **~ philosophy** प्रयोगात्मक दर्शन; **~ playwright** प्रयोगशील नाटककार; **~ theatre** प्रयोगात्मक नाटक

experimentum crucis /इक्सपेरिमेंटम क्रूसिस/ *Lat.* अंतिम रूप से सही प्रकृति बताने वाला (परीक्षण आदि)

expert /ऐक्सपःट\/ *n.* 1 विशेषज्ञ: chemical ~ 2 प्रवर या विशेष जानकार, विज्ञ: ~ opinion; ~ report 3 विशारद 4 माहिर: ~ evidence; ~ personnel;
adj. 1 विशेषज्ञीय, विशेषज्ञ की: ~ opinion/ advice 2 प्रबुद्ध 3 दक्ष या प्रवीण: ~ accountant; ~ rifleman;
dw/lw: **~ly** /~लि/ *adv.* दक्षतापूर्वक
p&i: **~ in/ on/ doing sth** 1 किसी कार्य को करने में माहिर 2 किसी विषय का विशेषज्ञ; **~ system** एक ऐसा कंप्यूटर सिस्टम जो किसी विषय पर विशेषज्ञीय सलाह मुहैया करवाता है

expertise /ऐक्स्पःटीज/ *n.* 1 हुनर, कला 2 माहिरता, दक्षता: a clever piece of ~ 3 विशेष ज्ञान

expiable /ऐक्स्पिअबल/ *adj.* प्रायश्चित करने योग्य, शोधनीय: ~ wrong (ऐसी भूल जिसे प्रायश्चित करके सुधारा जा सके)

expia\te /ऐक्स्पिए\ट/ *v., pt.* **~ted**, *pp* **~ting** 1 (पाप आदि का) प्रायश्चित क 2 पाप, अपराध आदि को नर्म क.: confess and **~te**;

~te the act with one's life; ~te an affront (अपमान को थोड़ा नर्म क.);
dw/lw: **~tion** /~शन/ *n.* प्रायश्चित; **~tory** /~टरि/ *adj.* 1 प्रायश्चित करने में सक्षम 2 प्रायश्चित के निमित्त होने वाला

expira\tion /ऐक्स्पअरेशन/ *n.* 1 समाप्ति, समापन 2 निःश्वसन: **~tion** valve (श्वास कपाट) 3 निःश्वास 4 कालावधि की समाप्ति: **~tion** of service 5 वैध समय की समाप्ति: **~tion** of lease 6 अंतिम सांस, मृत्यु;
dw/lw: **~tory** निःश्वसन संबंधी: ~tory centre (श्वसन केंद्र); ~tory accent;
collocations :~**tion date** = **expiry date** 1 अवधि समाप्ति तारीख 2 किसी वस्तु के प्रयोग या उपयोग करने की काल अवधि

expi\re /इक्सपा\यः/ *v., pt.* **~red**, *pp* **~ring** 1 समाप्त हो., खत्म हो जा. 2 मरना, दम टूटना, सांस निकालना, श्वास छोड़ना: he **~red** (his last breath) 3 बुझ जा. 4 अवधि समाप्त हो जा.: the term of the VC **~res** at the end of three years 5 मियाद पूरी हो., अवसान हो.: the term of five judges shall **~res** next year 6 लुप्त हो.;
dw/lw: **~red** /~यःड/ *adj., med.* काल-समाप्त औषधि यानी जिसे प्रयोग करने का समय समाप्त हो चुका हो; **~ry** /~यरि/ *n., pl.* ~ries *UK* 1 समाप्ति 2 अंत, अवसान;
collocations: **~red passport** अतिक्रांत पासपोर्ट; **~ry date** अवधि-समाप्ति की तारीख; **~ry of a contract** अनुबंध की समाप्ति

explain /इक्सप्ले\न/ *v., pt.* **~ed**, *pp* **~ing** 1 स्पष्ट क., व्याख्या क.: ~ to sb what this means 2 ब्योरे के साथ समझाना, कैफियत दे.: ~ the problem to sb 3 (**~ oneself**) सफाई दे. स्पष्टीकरण दे.: ~ the mistake that had been committed 4 विवरण दे.: ~ sth away (समझाना कि कोई चीज क्यों महत्त्वपूर्ण नहीं, आदि) 5 अपनी समझ या अपना अर्थ बताना या समझाना: ~ the meaning of a word;
dw/lw: **~able** /~नअबल/ *adj.* जिसका स्पष्टीकरण दिया जा सके; **~ing** /ऐक्सप्लेनिंग/ *n.* स्पष्टीकरण देने की क्रिया

explanation /ऐक्सप्लनेशन/ *n.* 1 स्पष्टीकरण: in ~ of his conduct 2 व्याख्या, ब्योरा, विवरण: they had an ~; differing **~s** 3 जवाब: the ~ proved to be erroneous 4 सफाई, कैफियत: an ~ for sth (किसी बात के बारे में सफाई); repeated **~s** 5 अर्थ, मायने: by way of ~;
collocations: **legal ~** कानूनी स्पष्टीकरण; **satisfactory ~** संतोषजनक सफाई;
p&i: **a clear/ possible/ satisfactory/ simple ~** साफ/ संभव/ संतोषजनक/ सरल स्पष्टीकरण; **an ~ as to why** कारण बताना कि क्यों ...; **demand/ give/ have/ offer an ~** स्पष्टीकरण मांगना/ दे. / पाना/ प्रस्तुत क.; **without ~** बिना किसी सफाई के;

explanatory /इक्स्प्लैनअटरि/ *US* इक्स्प्लैनअटॉःरि/ *adj.* 1 व्याख्यत्मक: self-~ (स्वयं-स्पष्ट, स्वतः साफ) 2 सफाई देने वाला: ~ guide card 3 स्पष्टीकरण देने वाला: ~ note

expletive /इक्स्प्लीटिव/ *n.* 1 (***syn.*** swear word) अपशब्द, गाली, भद्दे शब्द 2 फालतू या निरर्थक शब्द 3 तकिया-कलाम 4 (वाक्य, छंद, पंक्ति आदि में) पूरक, अनुपूरक (शब्द आदि) 5 ऐसे शब्द जिन्हें हटाने के बाद भी वाक्य पूरा रहता है और उसके अर्थ पर कोई असर नहीं पड़ता;
adj. (*also* **expletory**) 1 खाली स्थान को भरने के लिए प्रयुक्त: he used oaths as ~ phrases 2 पूरक: ~ justice 3 *ling.* वाक्य के आरंभ या बीच में रखे जाने वाले और अल्प-विराम चिह्नों द्वारा अलग किए जाने वाले शब्द

explicable /इक्स्प्लिकअबल/ *adj.* (≠ inexplicable) व्याख्येय, व्याख्या योग्य: explicable behaviour

explica\te /ऐक्सप्लिके\ट/ *v., pt.* **~ted**, *pp* **~ting** 1 कविता आदि की भावार्थ के साथ व्याख्या क. 2 विचार या कहानी को आगे बढ़ाना, विस्तार या ब्योरा दे. 3 सिद्धांत को प्रतिपादित क.;
dw/lw: **~tion** /~शन/ *n.* 1 व्याख्या, विस्तार 2 ब्योरा, विवरण; **~tive/ ~tory** /~टिव/ ~टरि/ *adj.* व्याख्यात्मक

explicit /इक्स्प्लिसिट\/ *adj.* 1 सुस्पष्ट, साफ: ~ consent 2 (***syn.*** frank) बेलाग, सुव्यक्त: ~ assurance 3 बिना किसी संदेह के: sexually ~ behaviour;
dw/lw: **~ly** /~लि/ *adv.* साफ-साफ, खुले रूप में, स्पष्टतया: it was **~ly** stated that...; **~ness** /~नेस/ *n.* सुस्पष्टता, साफगोई, स्पष्टवादिता, सुनिश्चितता

explo\de /इक्सप्लो\ड/ *v., pt.* **~ded**, *pp* **~ding** 1 (***syn.*** blow up, erupt) फूट पड़ना, फटना, धमाका हो. या क.: **~de** a mine 2 (***syn.*** go off, burst) विस्फोट हो.: a bomb **~ded** 3 गुस्से में फट पड़ना या चिल्लाने लगना: **~de** with anger 4 किसी अवधारणा आदि को निर्मूल सिद्ध क., खंडित क., धराशायी क.: **~de** a theory; **~de** the myth that thin is beautiful 5 भंडा-फोड़ क.: **~de** a fallacy/ a superstition 6 को मटियामेट क.: **~de** the reputation of sb 7 जनसंख्या आदि में आकस्मिक वृद्धि हो.: the Indian population has **~ded** to alarming proportions 8 एकदम से शुरू हो.: after a while the game **~ded** into full swing 9 (***syn.*** rupture, burst, snap) अचानक टूट जा.;
dw/lw: **~ded** /~डिड/ *adj.* 1 खंडित, निर्मूल: ~ded custom; ~ded view 2 विस्फोटित 3 विस्तारित डायग्राम (रेखाचित्र) आदि; **~ding** /~डिंग/ *n.* विस्फोटक, चिंगारित: ~ding star *astron.* (चिंगारियां छोड़ता तारा) (**Nova** or **Supernova**)

exploit /इक्सप्लॉइ\ट/ *v., pt.* **~ed**, *pp* **~ing** 1 शोषण क.: ~ a worker 2 स्वार्थपूर्ण ढंग से इस्तेमाल क., स्वार्थ साधना, अनुचित लाभ उठाना: ~ sb's kindness 3 (यंत्र आदि को) अच्छी तरह काम में ला., इस्तेमाल क.: ~ a product 4 किसी चीज को व्यापार या उद्योग आदि के लिए विकसित क.: ~ minerals in Antarctica;
n. 1 पराक्रम, कारनामा 2 उल्लेखनीय सफलता, महत्त्वपूर्ण उपलब्धि 3 महान सिद्धि;
dw/lw: **~able** /~टअबल/ *adj.* जिसका शोषण किया जा सके; **~ed** /~टिड/ *adj.* शोषित; **~er** /~टः/ *n.* शोषक; **~ation** /ऐक्सप्लॉइटेशन/ *n.* 1 शोषण, स्वार्थ-सिद्धि, दोहन 2 उपयोग: ~ation of a success; ~ation of domestic workers; **~ive/ ~ative** /~टिव/ ~टेटिव/ *adj.* शोषण-साधक, शोषणकारी

explora\tion /ऐप्लअरे\शन/ *n.* 1 शोध, गवेषणा: cosmic/ outer space **~tion** 2 खोज-यात्रा 3 अन्वेषण, समन्वेषण, छानबीन, जांच-पड़ताल

explora\tory/ ~tive /इक्स्प्लौरअ\टरि/ ~टिव/ *US* इक्स्प्लाःरअ\टरि/ इक्स्प्लाःरअ\टिव/ *adj.* 1 कुछ नई जानकारी प्राप्त करने के लिए उठाया जाने वाला प्रारंभिक कदम 2 अन्वेषणात्मक, गवेषणा संबंधी 3 पड़ताली, थाह लगाने वाली: drill an **~tory** well (तेल का पता लगाने के लिए तेल-कूप (कुआं) खोदना); **~tory** puncture

explo\re /इक्स्प्लॉः/ *v., pt.* **~red**, *pp* **~ring** 1 खोजी अभियान पर जा.: **~re** the Antarctica/ outer space 2 सभी पहलुओं के बारे में पूरी जानकारी प्राप्त कर सोच विचार क.: **~re** a problem; **~re** the economic conditions of the period 3 (***syn.*** anayse) प्रारंभिक छान-बीन क. 4 रोगी का स्पर्श करके निरीक्षण क., हाथ से टटोलना: the patient was **~red** 5 तेल, गैस आदि का पता लगाने के लिए खोज क.: **~re** for oil 6 विकल्प या रास्ते खोजना: **~re** chances of reaching an agreement; **~re** every avenue;
dw/lw: **~rer** /इक्स्प्लॉरः/ *n.* 1 खोजी, खोजकर्ता: Explorer spacecraft *astron. US* (अमेरिकी अंतरिक्ष यानों की लड़ी या कड़ी) 2 अन्वेषक, गवेषक 3 रोगी का निरीक्षण करने वाला; **~ring** /इक्स्प्लॉरिंग/ *n.* निरीक्षण, छानबीन: ~ring needle (निरीक्षण सूई)

explosion /इक्स्प्लोजन/ *n.* 1 विस्फोट: volcanic ~; nuclear ~ 2 धमाका: stellar ~; ~ welding 3 आकस्मिक वृद्धि, ज्वार: ~ of population 4 उछाल, उत्थान: cultural/ culture ~ 5 (***syn.***

outburst) भावनाओं का आकस्मिक विस्फोट

explosive /इक्स्प्लोसिव\/ *adj.* 1 विस्फोटक: ~ substance; ~ gas 2 स्फोटनशील, विस्फोटनशील, विस्फोटी: ~ force; ~ bullet 3 अति संवेदनशील/ नाजुक: ~ laughter 4 संकटपूर्ण, विदारणशील 5 आकस्मिक, उछालपूर्ण: the ~ increase of population;
n. 1 विस्फोटक पदार्थ, बारूद: permissible ~; high **~s** (अति विस्फोटक गोला-बारूद) 2 *phon.* स्पर्श या स्फोट व्यंजन;
dw/lw: **~ness** /~नेस/ *n.* विस्फोटकता

expo /ऐक्सपो/ *n., pl.* **~s** *colloq.* बड़ी नुमाइश, व्यापार मेला आदि

exponent /इक्स्पोनंट/ *n.* 1 (***syn.*** proponent) प्रतिपादक, व्याख्याता, भाष्यकार 2 वादक या गायक 3 आदर्श, नमूना, चिह्न, प्रतीक: price as an ~ of exchangeable value 4 (*also* **power**, **index**) बीज-गणित में किसी राशि का घात-चिह्न, घातांक;
dw/lw: **~tial** /एक्स्पअनेंशिअल/ *adj.* घातीय, चरघातांकी: ~tial curve (चरघातांकी वक्रता) 2 वृद्धि या रफ्तार दर: ~tial growth/ increase; **~tially** /एक्स्पअनेंशिअलि/ *adv.* 1 चरघातांकी रूप में 2 तेजी से;
collocations: **~tial equation** चरघातांकी समीकरण; **~tial function** चरघातांकी फलन

esponible /एक्सपॉनिबल/ *adj.* व्याख्येय

export /इक्स्पॉ:\ट/ *n.* 1 (***anton.*** import) निर्यात: value of **~s** amounted to 100 billion Euros 2 निर्यातन कार्य, निर्यात व्यापार 3 निर्यातित माल: articles of ~; **~s** of merchandise;
v., pt. **~ed**, *pp* **~ing** 1 निर्यात क., देश से बाहर भेजना 2 कंप्यूटर के माध्यम से सूचना का निर्यात क.;
dw/lw: **~ability** /~टअबिलिटि/ *n.* निर्यातता, निर्यात क्षमता; **~able** /~टअबल/ *adj.* निर्यातीय; **~ation** /एक्स्पॉ:टेशन/ *n.* निर्यात; **~er** /~ट:/ *n.* (***anton.*** importer) निर्यातक;
collocations: **~ duty** निर्यात शुल्क; **~ reject** निर्यात अयोग्य वस्तु **~ list** निर्यात सूची

exposé /ऐक्स्पोजे/ *n.* 1 भंडाफोड़, पर्दाफाश 2 रहस्योद्घाटन 3 संक्षिप्त सार: give a short ~ of problems

expo\se /इक्स्पो\ज/ *v., pt.* **~sed**, *pp* **~sing** 1 अनावृत क., ऊपर का कवर हटाना, उघाड़ना: **~se** one's ignorance 2 पर्दाफाश क., रहस्य/ भेद/ कलई खोलना, भंडा फोड़ना, पोल खोलना: **~se** deception/ a plot; **~se** an impostor/ warmongers; **~se** sth 3 किसी विशेष स्थिति को झेलने का अवसर मिलना: **~sed** to the wind; **~sed** to rain; **~sed** to radioactive radiation 4 जोखिम में पड़ना या डालना: **~se** to unneccessary risks; be **~ed** to sth; **~se** sb to sth 5 *photog.* धूप या रोशनी को पहुंचने दे., उद्भासित क.: **~sed** film 6 प्रदर्शित क.: **~se** goods for sale 7 प्रकट क., अभिव्यक्त क. 8 फेंक दे., छोड़ दे. 9 आलोचना क.: **~sed** to criticism; be **~sed** to ridicule; **~se** sb to sth;
dw/lw: **exposal** /~जअल/ *n.* 1 (***syn.*** exposure) पर्दाफाश 2 प्रतिपादन; **~sed** /~ज्ड/ *adj.* 1 खुला, बिना ढका, अनावृत, अरक्षित: ~sed wall; ~sed flank 2 जिसका पर्दाफाश हो चुका हो;
p&i: **~sed position** हवा के थपेड़ों तले स्थित

exposi\tion /एक्स्पअजिश\न/ *n.* 1 प्रतिपादन 2 विस्तृत व्याख्या, भाष्य 3 महाप्रदर्शनी;
dw/lw: **~tional** /~नल/ *adj.* व्याख्याकारी, व्याख्यात्मक; **~tor** /इक्स्पौजिट:/ *n.* व्याख्याता, भाष्यकार, प्रतिपादनकर्ता; **~tory** /इक्स्पौजिटरि/ *adj.* व्याख्यात्मक

ex post facto /एक्स-पोस्ट-फैक्टो/ *adj.* 1 कार्योत्तर, पूर्व व्यापी, पूर्व प्रभावी 2 बाद में की जाने वाली कार्रवाई जो पुराने मामलों पर भी लागू होती है;
adv. बाद की कार्रवाई को पहले के मामलों पर लागू करते हुए

expostula\te /इक्स्पौस्च्युले\ट/ *v., pt.* **~ted**, *pp* **~ting** 1 (*usually* **~te with sb about sth**) किसी को कोई बात न करने के लिए प्रेरित करते हुए बहस क.: she **~ted** with him on/ upon/ about the impropriety of his conduct 2 शिकायत क., उलाहना दे., आपत्ति क.: **~te** in vain;
dw/lw: **~tion** /~शन/ *n.* 1 आपत्ति 2 शिकायत, उलाहना; **~tive/ ~tory** /~टिव/ ~ट्रि/ *adj.* आपत्तिपूर्ण; **~tor** /~ट:/ *n.* आपत्ति करने वाला

exposure /इक्स्पोज:/ *n.* 1 किसी अनुभव या स्थिति को झेलने का अवसर 2 भंडाफोड़, रहस्योद्घाटन, पर्दाफाश: ~ of a crime/ of a plot 3 गर्मी, सर्दी या पाले आदि लगने की स्थिति: avoid ~ to cold; ~ to the air; ~ to radiation; die of ~; ~ of the body to sunlight is recommended by doctors 4 *photog.* रोशनी दिखाने का कार्य या प्रक्रिया, उद्भासन: ~ of film to light 5 (***syn.*** publicity) टीवी आदि पर अक्सर दिखाए जाने की क्रिया;
collocations: **~ case** वायुमंडलीय स्थिति का शिकार; **~ meter** *photog.* कैमरे पर लगा उपकरण जो फोटो के निशाने की रोशनी को मापता है; **~ suit** विमान चालक की आपातकालिक पोशाक; **~ test** वायुमंडल का प्रभावमापक उपकरण

expound /इक्सपाउं\ड/ *v., pt.* **~ed**, *pp* **~ing** 1 प्रतिपादित क., व्याख्या क. 2 (*often* **~ on sth**) ब्योरेवार बयान क., विस्तृत रूप से प्रस्तुत क.;
dw/lw: **~er** /~ड:/ *n.* व्याख्याता, प्रतिपादनकर्ता

express /इक्सप्रेस/ *v., pt.* **~ed**, *pp* **~ing** 1 अभिव्यक्त क., अभिव्यंजित क.: ~ oneself on sth; ~ oneself in English 2 विचार आदि व्यक्त क. 3 जताना, जाहिर क.: ~ gratitude 4 हाव-भाव व संकेतों द्वारा अभिव्यक्त क.: face **~ed** sorrow 5 प्रतीकों में प्रकट क. 6 निचोड़ना, दबाकर बाहर निकालना, पीसकर बाहर निकालना: ~ the juice from an apple; the false evidence was **~ed** by torture 7 पसीजना, स्राव हो. 8 द्रुतगति संचार सेवा से भेजना;
adj. 1 द्रुतगामी (रेल आदि) 2 अभिव्यक्त 3 सुस्पष्ट, साफ: his ~ wish 4 सोचा-समझा: come with the ~ purpose of making him lick dust or insulting him 5 विशिष्ट, खास: ~ wish;
n., pl. **~es** 1 (*also* **~ train**) द्रुतगामी रेलगाड़ी 2 द्रुत आपूर्ति: ~ delivery;
adv. **send sth** ~ द्रुत डाक से भेजना; **travel** ~ द्रुत वाहन से यात्रा क.;
dw/lw: **~ly** /इक्सप्रेस्लि/ *adv.* 1 सुस्पष्ट ढंग से, साफ-साफ तरीके से: ~ly or by implication (साफ-साफ या तात्पर्य से निकलने वाला) 2 (***syn.*** especially) विशेष रूप से, उद्देश्य से: ~ly provided (विशेष रूप से दिए हुए); **~way** /इक्सप्रेस्वे/ *US* (*UK* **motorway**) *n., N Amer.* द्रुत मार्ग, द्रुत पथ;
collocations: **~ age** द्रुत डाक व्यवस्था, द्रुत डाक शुल्क; **~ assent** सीधे-सीधे दी जाने वाली सहमति; **~ bullet** तेज गोली, द्रुत गति से लगने वाली गोली; **~ charges** द्रुत सेवा की शुल्क दर; **~ command** स्पष्ट आदेश; **~ delivery** तत्काल वितरण; **~ goods** द्रुतगामी वाहन से माल ढुलाई; **~ image of a person** किसी की हू-ब-हू प्रतिलिपि; **~ ~ lane** 1 सड़क पर द्रुत गति से चलने वाली वाहनों के लिए गलियारा 2 दुकान में अधिक सामान खरीदने वालों के लिए तेजी से चलने वाली पंक्ति; **~ letter** आशु-पत्र, द्रुत पत्र; **~ powers** केंद्रीय सत्ता के अधिकार; **~ purpose** जगजाहिर ध्येय; **~ rifle** द्रुत राइफल; **~ services** द्रुत सेवाएं; **~ train** द्रुतगामी रेलगाड़ी; **~ wish** जग-जाहिर (खुली) इच्छा;
p&i: **~ doubts/ fears/ reservation** संदेह/ डर/ संकोच जताना; **~ oneself** अपने विचार व्यक्त क.; **~ regret/ interest/ surprise** अफसोस/ रुचि/ आश्चर्य व्यक्त क.; **words cannot** ~ शब्दों में बयान नहीं किया जा सकता

expressible /इक्स्प्रेसिबल/ *adj.* व्यक्त करने योग्य, अभिव्यंजनीय, कथनीय

expression /इक्स्प्रेशन\/ *n.* 1 (***syn.*** look) मुखाकृति, भाव भंगिमा, चेहरे की रंगत, मुद्रा: facial ~; have a pained/ puzzled/ dazed ~ on one's face; an ~ changes 2 पद बंध, शब्द-चयन 3 अभिव्यक्ति, भावाभिव्यक्ति: beyond/ past ~ (जिसे शब्दों में बयान

न किया जा सके) 4 अभिव्यंजना, भाषा-शैली, लहजा 5 फिकरा, वाक्य 6 स्वर का उतार-चढ़ाव, ध्वनि का आरोह-अवरोह;

dw/lw: **~less** /~लेस/ *adj.* भाव-शून्य;

collocations: ~ **mark** संगीत रचना पर लिखे निर्देश; ~ **of oil** तेल का निचोड़ या पिड़ाई;

algebraic ~ अल्जेब्रा की अभिव्यक्ति; **cartographical** ~ नक्शे पर दिखाया जाने वाला मानचित्र; **colloquial/ literary** ~ बोल-चाल की या साहित्यिक अभिव्यक्ति;

p&i: **a geographical** ~ भूगौलिक अवधारणा; **find** ~ अभिव्यक्त हो.; **give** ~ अभिव्यक्त क.; **his anger found ~ in a string of oaths** उसका गुस्सा गालियों की बौछार में अभिव्यक्त हुआ; **his talent found ~ in the plastic art** उसकी प्रतिभा प्लास्टिक कला में अभिव्यक्त हुई; **there was a quizzical ~ on his face** उसके चेहरे पर एक प्रश्नात्मक मुद्रा थी; **read with** ~ भावनात्मक लहजे में पढ़ना; **seek** ~ (भावादि का) अभिव्यक्त होने को आतुर हो.

Expression\ism/ expression\ism /इक्स्प्रेश्निज़्म/ *n.* 1 अभिव्यंजनावाद 2 बीसवीं सदी के आरंभ में कला, साहित्य व भवन-निर्माण शिल्प आदि में पनपी एक धारा जिसके तहत लेखक या कलाकार की आंतरिक भावनाओं, आवेश, आवेग आदि की अभिव्यक्ति पर बल दिया जाता था;

dw/lw: **~ist** /इक्स्प्रेशनिस्ट/ *adj.* अभिव्यंजनावादी; **~ist** *n.* अभिव्यंजनावादी लेखक आदि

expressis verbis /एक्सप्रेसिस वःबिस/ *Lat.* स्पष्ट शब्दों में

expressive /इक्सप्रेसिव/ *adj.* 1 (*always* ~ **of sth**) अभिव्यंजक, अभिव्यक्तक, द्योतक: a look/ a gesture ~ of joy, of hope, of despair 2 गूढ़ार्थ अभिव्यंजक, भाव-प्रधान अभिव्यक्तक, भाव-अभिव्यक्तक: ~ voice/ face; ~ smile/ nod 3 भावपूर्ण अर्थ द्योतक: words ~ of anger;

dw/lw: **~ly** /~लि/ *adv.* भावपूर्ण ढंग से, खुलकर, बखूबी;

collocations: ~ **function of language** भाषा की भाव-अभिव्यक्तीय भूमिका; ~ **meaning of language** भाषा का भाव-अभिव्यक्तक अर्थ

expressly *see under* **express: *dw/lw***

expressway *see under* **express: *dw/lw***

exproba\te /ऐक्सप्रोबे\ट/ *v., pt.* **~ted**, *pp* **~ting** धिक्कारना, भर्त्सना क.;

dw/lw: **~tion** /~शन/ *n.* धिक्कार, भर्त्सना, लानत भरे शब्द

ex-professo /ऐक्सप्रोफेसो/ *Lat.* अपने व्यवसाय या विशेषज्ञता के अनुसार

ex-promissor /ऐक्सप्रमिसः/ *n., Lat. law* दूसरे के ऋण की जिम्मेवारी अपने ऊपर लेने वाला

expropria\te /ऐक्सप्रोप्रिए\ट/ *v., pt.* **~ted**, *pp* **~ting** 1 सरकार द्वारा किसी व्यक्ति की संपत्ति जब्त किए जाने की क्रिया 2 स्वामित्वहरण;

dw/lw: **~tion** /~शन/ *n.* स्वत्वहरण, स्वामित्वहरण; **~tor** /~टः/ *n.* स्वामित्व का हरण करने वाला (सरकार)

ex propriis /एक्स प्रोप्रीस/ *Lat.* अपने संसाधनों से

ex proprio motu /एक्सप्रोप्रियो मोटु/ *adv.. Lat.* स्वेच्छा से, स्वेच्छया

expugn /एक्सप्यून/ *v., pt.* **~ed**, *pp* **~ing** 1 धावा बोलना 2 जीतना 3 अधिकार या वश में लेना;

dw/lw: **~able** /~नअबल/ *adj.* जेय, पराजेय, वश्य; **~ation** /~नअशन/ *n.* विजय, जीत

expulsi\on /इक्सपल्शन/ *n.* 1 निष्कासन, निर्वासन 2 बेदखली 3 बहिष्कार;

dw/lw: **~ve** /इक्स्पल्सिव/ *adj.* निष्कासक, बेदखल करने वाला

expunction /इक्स्पंक्शन/ *n.* 1 काटने की क्रिया 2 निष्कासन

expun\ge /इक्सपंज/ *v., pt.* **~ged**, *pp* **~ging** 1 (***syn.*** erase) काट दे., निकाल या हटा दे., मिटा दे. 2 उन्मार्जित क.

expurga\te /ऐक्स्पःगे\ट/ *v., pt.* **~ted**, *pp* **~ting** 1 अश्लील या आपत्तिजनक अंश निकाल दे. 2 सरलीकृत अभिव्यक्तियों व शब्दों को निकालकर पाठ को परिष्कृत क.;

dw/lw: **~ted** /~टड/ *adj.* जिसे काटकर निकाल दिया गया हो: ~ted edition (कटा-छंटा संस्करण); **~tion** /~शन/ *n.* 1 कटाव-छंटाव: the ~tion of history 2 निष्कासन 3 परिष्करण; **~tory** /~टरि/ *adj.* अवांच्छित अंशों या शब्दों को निकालने वाला

expur\ge /इक्सपःज/ *v., pt.* **~ged**, *pp* **~ging** 1 काट-छांट क. 2 परिशोधन क., परिष्कृत क.

exquisite /इक्स्क्विजिट/ एक्स्क्विजिट/ *adj.* 1 उत्कृष्ट, उत्तम: ~ beauty; ~ workmanship (उत्कृष्ट कारीगरी) 2 अति सुंदर, बांका: ~ gentleman 3 कलात्मक: do sth with ~ art 4 (***syn.*** acute) तीव्र, प्रचंड, उग्र: ~ joy; ~ pain 5 (***syn.*** delicate and sensitive) सूक्ष्म, नजाकतभरा: ~ taste; ~ poetry; an ~ ear for music

dw/lw: **~ly** /~लि/ *adv.* उत्कृष्ट ढंग से, नजाकत से; **~ness** /~निस/ *n.* उत्तमता, उत्कृष्टता, परिष्कृति, सूक्ष्मता

ex's *see under* **ex**

exsangui\nate /ऐक्सैंग्वि\नेट/ *v., pt.* **~nated**, *pp* **~nating** रक्तहीन क., लहू सुखा दे.;

dw/lw: **~ne** /~न/ *adj.* 1 रक्तहीन 2 (***syn.*** anaemic) क्षीणरक्त

exscind /ऐक्सिंड/ *v., pt.* **~ed**, *pp* **~ing** छांटना, काट कर अलग क.

exsect /ऐक्सेक्ट/ *v., pt.* **~ed**, *pp* **~ing** काटकर अलग क., बहिच्छेदन क.

exsert /ऐकसः\ट/ *v., pt.* **~ed**, *pp* **~ing** बाहर निकला हुआ दिखना;

dw/lw: **~ed** /~टिड/ *adj.* बाहर निकला हुआ

ex-serviceman/ ex-servicewoman *n.* भूतपूर्व सैनिक

exsicca\te /ऐक्सिके\ट/ *v., pt.* **~ted**, *pp* **~ting** सुखाना, सूखना: bodies **~ted** into mummies;

dw/lw: **~tion** /~शन/ *n.* शुष्कन, निर्जलन; **~tive** /~टिव/ *adj.* निर्जलक, सुखानेवाला

ext. *abbr.* 'extension', 'exterior', external' का संक्षेप

ex tacito /ऐक्स टैसिटो/ *Lat.* चुपचाप, खामोशी से

extant /एक्सटैंट/ *adj.* 1 प्रचलित, वर्तमान 2 (***syn.*** still in existence) विद्यमान, मौजूद: Shakespeare's manuscripts are ~ at the time 3 उपलब्ध: apocrypha (बाइबल आदि के अनधिकृत पाठ /texts/) which are ~ only in small fragments 4 सुरक्षित बचा हुआ

extempo\raneous/ ~reous /एक्सटेंपोरेनिअस/ एक्सटेंपोरिअस/ (*also* **extemporary** /इक्सटेंपअरेरि/) *adj.* 1 जो पहले से तैयार न किया गया हो 2 मौखिक रूप से बोला जाने वाला 3 तत्काल-प्रस्तुत 4 आशु: ~ supper

extempore /एक्सटेंपरि/ *adj., Lat.* 1 (***syn.*** impromptu) पहले से तैयार न किया हुआ: an ~ speech; ~ translation 2 अलिखित भाषण: ~ address 3 आकस्मिक: ~ business;

adv. बिना तैयारी के: speak ~

extempori\zation/ ~sation /इक्सटेंपअराइ\जेशन/ *n.* आशु रचना/ भाषण;

dw/lw: **~ze** /~ज/ *v., pt.* **~zed**, *pp* **~zing** 1 तत्काल या बिना तैयारी के भाषण दे. 2 (***syn.*** improvise) हाथ के हाथ जुगाड़ क.

extend /इक्स्टें\ड/ *v., pt.* **~ed**, *pp* **~ing** 1 बढ़ना या बढ़ाना: ~ the city boundaries; ~ the reach (पहुंच बढ़ाना) 2 फैलना या फैलाना: ~ power/ influence 3 किसी चीज को उसके टूटने तक तानना (अपने आप तनना): ~ a rope 4 लंबा क., विस्तारित क. 5 समय या अवधि बढ़ाना 6 देना, कृपा करना, उधार दे. 7 हाथ बढ़ाना 8 (*always* ~ **to sth**) तक जाना, को शामिल क.: their kindness did not ~ to lending money;

dw/lw: **~ability/ ~ibility/ extensibility** /~डअबिलिटि/ ~डिबिलिटि/ ~सिबिलिटि/ *n.* 1 तनन 2 तन्यता; **~able/ ~ible** तनने या तानने योग्य; **extensible/ extensile** *see below under separate entry*; **~ed** *see below under separate* *entry;*

p&i: **~ an invitation/ thanks, etc. to sb** किसी को निमंत्रण/ धन्यवाद दे.; **~ a welcome** स्वागत क.; **~ good wishes** शुभकामनाएं दे.; **~ into/ over, etc.** आगे बढ़ना, जारी रहना; **~ special privilege to sb** किसी को विशेष अधिकार दे.; **~ the hand of friendship** दोस्ती का हाथ बढ़ाना

extendable *see above under* **extend: *dw/lw***

extended /इक्स्टेंडिड/ *adj.* 1 फैला हुआ 2 विस्तारित: in an ~ sense (विस्तारित अर्थ में) 3 बढ़ाया हुआ;

collocations: **~ distance** बढ़ाई हुई दूरी; **~ family** रिश्तेदारों को मिलाकर परिवार; **~ interval** बढ़ाया हुआ अंतराल; **~ play** लंबा ग्रामोफोन रिकॉर्ड; **~ remarks** लंबा खिंचा भाषण; **~ storage** लंबा बढ़ाया हुआ गोदाम; **~ warranty** बढ़े हुए समय की गारंटी;

extendible *see above under* **extend: *dw/lw***

extensible/ extensile /इक्टेंसिबल/ ऐक्सटेंसाइल *adj.* 1 प्रसारणीय, फैलाने योग्य 2 तनने या तानने योग्य, जिसे आगे बढ़ाया जा सके, खिंचनेवाला

extensification /ऐक्सटेंसिफिकेशन/ *n., agric.* यूरोपीय संघ की कृषि नीति के तहत कृषि की सघनता कम करने की क्रिया

extension /इक्स्टेन्शन/ *n.* 1 विस्तार, फैलाव, प्रसार: ~ course; the ~ of influence 2 वितान 3 दीर्घीकरण 4 बढ़ाव, वर्धन: ~ of useful knowledge 5 अवधि में वृद्धि: ~ of deadline 6 सहायक फोन, एक्स्टेन्शन 7 वर्द्धित भाग, उपभवन: ~ of building 8 व्याप्ति 9 विश्वविद्यालय आदि की शाखा या विस्तार 10 *gramm.* वाक्य में उद्देश्य या विधेय के साथ जोड़े जाने वाले शब्द 11 *comput.* किसी फाइल के नाम के अंत में लिखे जाने वाले तीन अक्षरों का समूह जो फाइल की प्रकार का द्योतक होता है;

dw/lw: **~al** /~नल/ *adj.* विस्तारित, विस्तृत; **~-bed** *n.* हड्डी की चिकित्सा के लिए छोटा-बड़ा किया जाने वाला रोगी का बिस्तरा;

collocations: **~ agent** कृषि कार्य सलाहकार; **~ bag** मुड़ने वाला थैला; **~ lead** (*also* **~ cord**) बिजली की तार की लंबाई बढ़ाने वाला अतिरिक्त टुकड़ा; **~ officer** कृषि कार्य प्रसार अधिकारी; **~ service** कृषि कार्य सेवा; **~ table** अतिरिक्त मेज; **university ~** विश्वविद्यालय की सायंकालीन आदि शाखाएं

extensive /इक्स्टेंसिव/ *adj.* 1 (***syn.*** far-reaching) व्यापक, दूरगामी: ~ research 2 विस्तृत, प्रचुर, विशाल: ~ ground; ~ damage 3 क्षेत्र-विस्तार पर आधारित (खेती आदि): ~ plantations 4 दूर तक फैला हुआ;

dw/lw: **~ly** /~लि/ *adv.* व्यापक रूप से, दूर-दूर तक, बड़े पैमाने पर, विस्तृत रूप से; **~ness** /~नेस/ *n.* 1 व्यापकता, विस्तृतता 2 प्रचुरता;

collocations: **~ damage** व्यापक नुकसान; **~ farming** भूमि के विस्तार पर आधारित कम खर्चे वाला कृषि कार्य; **~ front** लंबा-चौड़ा मोर्चा; **~ knowledge** व्यापक ज्ञान; **~ plans** लंबी-चौड़ी योजनाएं; **~ quotation** विस्तृत उद्धरण; **~ repairs** लंबी-चौड़ी मरम्मत

extensor /इक्सटेंसः/ *n., physiol.* शरीर के भिन्न-भिन्न अंगों को मजबूती देने वाली मांसपेशियां

extent /इक्स्टेंट/ *n.* 1 विस्तार, फैलाव, प्रसार: the full ~ of the park 2 आयति, लंबाई-चौड़ाई: ~ of front; latitudinal/ longitudinal ~ 3 मात्रा: supply money to the ~ of 100000 rupees 4 (***syn.*** size) परिमाण: a serpent of huge ~ 5 सीमा, हद: the ~ of sb's knowledge; ~ of error;

p&i: **the full/ true ~ of sth** किसी चीज का पूरा या असली विस्तार; **the ~ of power** सत्ता की हद; **the ~ of sth** किसी बात की हद; **to a certain ~/ some ~** कुछ हद तक; **to a great ~** बहुत हद तक; **to a lesser ~** कुछ कम हद तक; **to such an ~** इस हद तक कि...; **to the full ~** पूर्णतः; **to what ~ can he be trusted?** उस पर किस हद तक विश्वास किया जा सकता है?

extenua\te /इक्स्टेन्युएट/ *v., pt.* **~ted**, *pp* **~ting** 1 स्पष्टीकरण आदि देकर (अपराध की) गंभीरता कम क. या (सजा) कम करवाना: nothing can **~te** his wrong-doing 2 न्यायोचित ठहराना;

dw/lw: **~tion** /~शन/ *n.* 1 दोष में की जाने वाली कमी, न्यूनीकरण, लघुकरण 2 सफाई 4 न्यायोचित ठहराने का प्रयास; **~tory** /~टरि/ *adj.* न्यूनीकारक, दोष में कमी करने वाला

extenuating /इक्स्टेन्युएटिंग/ *adj.* 1 कम करने वाला 2 लघुकारी, लघुकारक: ~ting circumstances;

dw/lw: **~ly** /~लि/ *adv.* कम करते हुए

exterior /इक्स्टिअरिअः/ *n.* 1 (***anton.*** interior) बहिर्भाग: house with an imposing ~ 2 बाह्य स्वरूप: nice/ engaging/ rough ~ 3 दिखावापूर्ण बहिर्भाग 4 फिल्म में बाहरी स्थान का दृश्य: ~ shooting;

adj. बाहरी, बाह्य: the ~ features of a building; without ~ help; motives ~ity to the real issue 2 फिल्म में बाहरी स्थान का: ~ shot;

dw/lw: **~ity** /~ऑरिटि/ *n.* बहिर्मुखता, बाहरीपन, बाह्यता;

collocations: **~ angle** *math.* बहिष्कोण; **~ guard** बाहर स्थित रक्षक; **~ policy** विदेश नीति

exterior\ze/ ~se /इक्स्टिअराइज/ *v. pt.* **~zed**, *pp* **~zing** 1 बाह्यकरण क., मूर्तरूप दे. 2 *surg.* अंदरूनी अंग को शल्यक्रिया द्वारा बाहर निकालना;

dw/lw: **~ation** /~जेशन/ *n.* 1 मूर्तरूपकरण 2 वास्तुकरण

extermina\te /इक्स्टःमिनेट/ *v., pt.* **~ted**, *pp* **~ting** 1 (***syn.*** wipe out) संहार क., नाश क., तहस-नहस क. 2 उखाड़ फेंकना 3 उन्मूलित क.;

dw/lw: **~tion** /~शन/ *n.* 1 संहार, विनाश 2 उन्मूलन; **~tor** /~टः/ *n.* 1 उन्मूलक 2 विनाशकारी व्यक्ति या यंत्र

extern /एक्स्टःन/ *adj.* 1 बाहरी 2 बाहर रहने वाला;

n. *US* अस्पताल आदि में सेवारत पर वहां के परिसर से बाहर रहने वाला डॉक्टर आदि

external /इक्स्टःनल/ *adj.* 1 बाह्य, बाहरी: an ~ examination; ~ examiner 2 विदेशी: ~ affairs; ~ relations; ~ trade; ~ attack; ~ force 3 सांसारिक, इहलोकीय: ~ realities 4 बाहरी अंगों पर लगाई जाने वाली (दवाई): ~ action; for ~ use (बाहरी अंगों पर लगाने के लिए /दवाई आदि/);

n. (**~s**)1 बाह्य स्वरूप: judge things and people by **~s** 2 बाह्यपक्ष: the subordination of ~ to essentials 3 कर्मकांड: **~s** of religion;

dw/lw: **~ly** /~लि/ *adv.* बाहर-बाहर से: ~ly secreting gland; **~s** *n. [pl.]* बाहरी दिखावापूर्ण आयाम, धार्मिक कर्मकांड

collocations: **~ agency** बाहरी संगठन; **~ angle** बहिष्कोण; **~ appearance** ऊपरी शक्ल; **~ considerations** बाहरी कारण; **~ crack** बाह्य दरार; **~ ear** कान के eardrum से बाहर का फलक; **~ evidence** बाहरी प्रमाण; **~ loan** विदेशी ऋण; **~ politeness** ऊपर-ऊपर की विनम्रता; **~ world** यथार्थ में विद्यमान संसार

externali\ze/ ~se /इक्स्टःनलाइज/ *v. pt.* **~zed**, *pp* **~zing** 1 अपने विचार, भावनाएं आदि को शब्दों में व्यक्त क.: **~ze** oneself 2 *psychol.* अपने भावों को बाहरी वस्तुओं से जोड़ना 3 अपने से बाहर के कारणों (objective reasons) के साथ जोड़ना: he **~zed** his inability to succeed;

dw/lw: **~ization** /~जेशन/ *n.* बाह्य रूप धारण करने की क्रिया

exterocep\tive /एकस्टअरोसेप्टिव/ *adj., zool.* बहिर्ग्राही, इंद्रियगोचर;

dw/lw: **~tor** /~प्टः/ *n.* 1 इंद्रियां 2 बाहरी संकेतग्राही इंद्रियां, जैसे आंख, कान, नाक आदि

exterritorial /ऐक्सटेरिटॉरिअल/ (*also* **extraterritorial**) *adj.* 1 संसार से बाहर का, पारलौकिक 2 बहिर्क्षेत्रीय: ~ jurisdiction

extinct /इक्स्टिंक्ट/ *adj.* 1 लुप्त, समाप्त: boundaries will become ~ 2 (***syn.*** inactive) बुझा हुआ (ज्वालामुखी पर्वत आदि): ~

volcano 3 मृत, मृतप्राय (emotion etc): love will never become ~;

dw/lw: **~ion** /~शन/ *n.* 1 लोप, विलोप: ~ion of a meteor; a language threatened with ~ion 2 विनाश: the ~ion of the male line 3 आग बुझने की क्रिया, बुझाई 4 भाव-विलोप 5 निष्प्रभता, निस्तेजी: magnetic ~ion

extinguish /इक्स्टिंग्वि\श/ *v., pt.* **~ed**, *pp* **~ing** 1 (***syn.*** put out) बुझाना 2 मिटा दे., समाप्त क., विलुप्त क.: ~ all memory of sth 3 मात क., फीका क.: her beauty **~ed** all others 4 निष्प्रभ क. 5 *law* ऋण चुकाना;

dw/lw: **~able** /~शअबल *adj.* जिसे बुझाया जा सके; **~er** /~शः/ (*also* **fire ~er**) *n.* आग बुझाने वाला यंत्र, अग्नि-शमन यंत्र; **~ment** /~शमंट/ *n.* 1 आग बुझाई, अग्नि-शमन 2 विनाश 3 दस्तावेज का निरस्तीकरण (रद्दगी)

extirpa\te /ऐक्स्टःपे\ट/ इक्स्टःपेट/ *v., pt.* **~ted**, *pp* **~ting** 1 (***syn.*** exterminate) जड़ से उखाड़ दे.: ~te weeds 2 उन्मूलन या निर्मूलन क.: **~te** drunkenness/ crime; **~te** militarism 3 उच्छेदन क.: **~te** gangs 4 पूर्ण विनाश क.;

dw/lw: **~tion** /~शन/ *n.* 1 उच्छेदन 2 विनाश 3 उन्मूलन 4 जड़ से मिटाव; **~tor** /~टः/ *n.* उन्मूलक व्यक्ति या यंत्र, विनाशकारी व्यक्ति या जीव, उच्छेदक यंत्र; **~tory** /~टःरि *adj.* उन्मूलक, विनाशकारक, उच्छेदक

extol /इक्स्टो\ल/ *v., pt.* **~led**, *pp* **~ling** प्रशंसा के पुल बांधना, खूब बढ़ा-चढ़ाकर तारीफ क.: ~ sb to the skies;

dw/lw: **~ler** /~लः/ *n.* प्रशंसक; **~ment** /~ल्मंट/ *n.* अतिशय प्रशंसा

extort /इक्स्टॉः\ट/ *v., pt.* **~ed**, *pp* **~ing** 1 जबरदस्ती वसूलना: ~ taxes 2 ऐंठना: ~ a promise from sb 3 कबूल करवाना, भेद उगलवाना: ~ a confession; ~ a secret;

dw/lw: **~ion** /~शन/ *n.* 1 लूट-खसोट 2 जबरदस्ती की जाने वाली वसूली: ~ion amount; **~ioner** /~शनः/ *n.* लुटेरा, लूट-खसोटिया

extortionate /इक्स्टॉःशनअट\/ *adj.* 1 छीना-झपटी करने वाला, नोच-खसोट करने वाला 2 (***syn.*** excessive) अत्यधिक, अतिशय: loans at ~ rates;

dw/lw: **~ly** /~लि/ *adv.* अतिशय रूप से

extra /ऐक्स्ट्रा/ *adj.* 1 (***syn.*** additional) अतिरिक्त, फालतू: ~ charges; ~ hours; ~ pay; ~ postage; ~ freight (अतिरिक्त माल भाड़ा); ~ period; ~ player 2 असाधारण, विशेष: ~ nutrition; ~ risks 3 ऊपरी 4 बढ़िया: ~ binding; ~ grade;

n., *pl.* **~s** 1 अतिरिक्त वस्तु: no **~s** (बिना अतिरिक्त दाम के) 2 फिल्मों में छोटी-मोटी भूमिका करने वाला पात्र या अभिनेता: singers and dancers are **~s**;

adv. 1 ऊपर से, अलग से, के सिवा 2 सामान्य से अधिक: be ~ careful; ~ large shirt; try ~ hard

extra- /इक्स्ट्रा-\/ ऐक्स्ट्रा-\/ *prefix* 1 **outside, beyond** (से बाहर, से परे): **extra**-curricular 2 **very, more than usual** (सामान्य से अधिक): **extra**-thin; **extra**-special

dw/lw: **~artistic** *adj.* जिसे कलात्मक तरीके से अभिव्यक्त न किया जा सके; **~cellular** *adj., biol.* कोशिकाबाह्य; **~condensed** *adj.* अति सघन या संकरी (छपाई); **~constitutional** *adj.* 1 संविधान से बाहर का 2 अवैध; **~corporeal** /~कॉःपॉरिअल/ *adj.* शरीर-बाह्य, शरीर से बाहर होने वाला; **~curricular** /~करिक्युलः/ *adj.* पाठ्यक्रम के अतिरिक्त: ~curricular activities; **~judicial** /~ज्युडिशिअल/ *adj., law* न्यायालय के क्षेत्र से बाहर होने वाला: ~judicial confession; **~legal** *adj.* विधि के क्षेत्र से बाहर होने वाला, विधि-इतर; **~marital** /~मैरिटल/ *adj.* विवाहेतर, पति या पत्नी का किसी तीसरे से प्रणय से संबंधित: ~marital affair; **~-matrimonial** *adj.* शादी से बाहर; **~-military** *adj.* असैनिक; **~mundane** /~मंडेन/ *adj.* संसारेतर, लोकेतर, पारलौकिक; **~mural**, **~ordinarily**, **~sensory** *see below under separate entries*; **~special** *adj.* अति विशिष्ट; **~terrestrial**, **~territorial**, **~territoriality** *see below under separate entries*;

collocations: **~ allowances** अतिरिक्त भत्ता; **~ discount** अतिरिक्त छूट; **~ fare** अतिरिक्त भाड़ा; **~ messing** छात्रावास आदि में खाने के अतिरिक्त दाम; **~ size** बड़ा माप; **~ time** (*US* **overtime**) फुटबाल आदि के खेल में निरधारित समय के बाद दिया जाने वाला खेलने का अतिरिक्त समय; **~ virgin** जैतून को पहली बार पीड़ने से मिलने वाला (सर्वोत्तम या असली) जैतून का तेल (olive oil)

extract /इक्स्ट्रै\क्ट/ एक्स्ट्रै\क्ट/ *v., pt.* **~ed**, *pp* **~ing** 1 (दांत आदि को) खींचकर निकालना, उखाड़ना: ~ a tooth; ~ a cork; ~ a bullet 2 जबरदस्ती वसूलना, नोचना-खसोटना 3 ऐंठना 4 निचोड़ना 5 सार या अर्क निकालना: ~ juice 6 जबरदस्ती प्राप्त क.: ~ information 7 उद्धृत क. 8 (***syn.*** derive) विशेष अनुभूति या गुण पाना: ~ benefit from a trip;

n. 1 उद्धरण, अंश 2 रस, अर्क, सत्त, सत्व, निचोड़ 3 निष्कर्ष, तत्त्व;

dw/lw: **~able** /~क्टअबल/ *adj.* उखाड़ने योग्य; **~ion** *see below under separate entry*; **~ive** /~क्टिव/ *adj.* खनन आदि से संबंधित: ~ive industries; **~or** /~क्टः/ *n.* 1 उखाड़ने वाला, निचोड़ने वाला 2 निकालने वाला उपकरण: water ~or; ~or fan/ extraction fan (हवा निकलने वाला) पंखा, वेंटिलेटर

extraction /इक्स्ट्रैक्शन/ *n.* 1 खींचकर निकालने की क्रिया: ~ of a tooth 2 वंश, नस्ल: an American of German ~ 3 निष्कर्ष, निचोड़, सार;

collocations: **~ of dust** धूल को बाहर निकालकर की जाने वाली सफाई; **~ of ore** खनिज खनन

extractor *see above under* **extract: *dw/lw***

extracurricular *see above under* **extra: *dw/lw***

extradi\te /ऐक्स्ट्रअडाइ\ट/ *v., pt.* **~ted**, *pp* **~ting** 1 प्रत्यर्पण क. 2 भगोड़े या अभियुक्त को संबद्ध देश को सौंपना;

dw/lw: **~table** /~टअबल/ *adj.* प्रत्यर्पणीय: ~table offense; **~tion** /एक्स्ट्रअडीशन/ *n.* 1 प्रत्यर्पण: ~tion treaty (प्रत्यर्पण संधि) 2 वापसी

extramural /ऐक्स्ट्रअम्युअरल/ *US* ~म्युरल/ *adj.* प्राचीरबाह्य, दीवारों से बाहर होने वाला, बाहरी: ~ interment (शहर से बाहर दफन); ~ work (स्कूल से बाहर किया जाने वाला काम); ~ courses/ teaching (कॉलेज या विश्वविद्यालय में नियमित पढ़ाई के अतिरिक्त कराई जाने वाली पढ़ाई)

extraneous /इक्स्ट्रेनिअस/ *adj.* 1 बाहरी: ~ interference; ~ body (बाहरी पिंड); ~ considerations 2 (***syn.*** irrelevant) अप्रासंगिक, असंगत: arguments ~ to the real issue 3 असंबद्ध, जिसका सीधा वास्ता न हो, अलग

extraordina\ry /इक्स्ट्रॉःडनरि\/ *adj.* 1 असाधारण, विशेष: ~ meeting 2 शानदार 3 विलक्षण, निराला, आश्चर्यजनक 4 (*often following its noun*) विशेष अवसर पर अतिरिक्त काम के लिए लगाया जाने वाला: ambassador ~;

dw/lw: **~rily** / ~लि/ *adv.* असाधारण रूप से, जरूरत से ज्यादा

extrapola\te /इक्स्ट्रैपअले\ट/ *v., pt.* **~ted**, *pp* **~ting** 1 बाह्यकलन क. 2 ज्ञात तथ्यों के आधार पर निष्कर्ष निकालना;

dw/lw: **~tion** /~शन/ *n.* 1 बाह्यकलन 2 ज्ञात तथ्यों के आधार पर निकाला जाने वाला निष्कर्ष

extrasensory /ऐक्स्ट्रासेंसरि/ *adj.* 1 अतींद्रिय, अइंद्रियगोचर 2 सामान्य इंद्रियों यानी दृष्टि, सुनाई, स्पर्श, स्वाद और गंध के प्रयोग के बिना प्राप्त;

collocations: **~ perception** = **ESP** अतींद्रिय अनुभूति

extraterrestrial /ऐक्स्ट्राटअरेस्ट्रिअल/ *adj.* (*abbr.* **ET**) 1 पृथ्वी तथा उसके वातावरण से बाहर का, लोकोत्तर, अलौकिक 2 अन्य ग्रहों से आने वाला

extraterritori\al /ऐक्स्ट्राटेरअटॉःरिअ\ल/ *adj.* अराज्यक्षेत्रीय,

राज्यक्षेत्रातीत; **~ality** /~लिटि/ *n.* विधिक अधिकारिता से उन्मुक्ति

extravagan\ce /इक्स्ट्रैवअ\गंस/ *n.* 1 अपव्यय, फिजूलखर्ची, शाहखर्ची 2 अमर्यादा, असंयम, उच्छृंखलता;
dw/lw: **~t** /~गंट/ *adj.* 1 अपव्ययी, फिजूलखर्च 2 असंयमित, उच्छृंखल, मनमाना 3 आडंबरपूर्ण 4 (***syn.*** exggerated) अतिशय, अत्यधिक: ~t praise 4 बेतुका; **~tly** /~गंटलि/ *adv.* अपव्ययी ढंग से, आडंबरपूर्वक

extravaganza /इक्स्ट्रैवगैंजा/ *n., pl.* **extravaganza** 1 एक बड़ा अत्यधिक खर्चीला समारोह या कार्यक्रम 2 बेतुकी बात, बेतुका व्यवहार

extravasa\te /इक्स्ट्रैवअसेट/ *v. pt.* **~ted**, *pp* **~ting**, *pathol.* 1 रक्तवाहिनी (धमनी) में से रक्त खाली क. 2 किसी वस्तु (लावा आदि) को बाहर निकालना

extravehicular *adj., space* अंतरिक्ष यान के बाहर स्थित या होने वाला

extraversion *see below* **extroversion**

extravert /इक्स्ट्रवःट/ *n., see below* **extrovert**

extre\me /इक्स्ट्रीम/ *adj., degr.* **~mer**, **~mest** 1 उग्र, तीव्र, प्रचंड: **~me** sports (खतरनाक खेल या गतिविधि) 2 अत्यधिक, अत्यंत, घोर: take **~me** action or measures 3 (***anton.*** moderate) अतिवादी, चरमपंथी 4 आखिरी, अंतिम 5 दूरतम, छोर का, सिरे का;
n. 1 पराकाष्ठा 2 छोर 3 अंतिम हद: in the **~me** 4 चरमसीमा: go to **~mes**;
dw/lw: **~mely** /इक्स्ट्रीमलि/ *adv.* बहुत, अत्यधिक, अत्यंत; **extremis = in extremis** /इन इक्सट्रीमिस/ अंतिम विकल्प के रूप में; **~mism** /इक्स्ट्रिमिज्म/ *n.* उग्रवाद, अतिवाद, चरम पंथ; **~mist** /इक्स्ट्रिमिस्ट/ *n.* अतिवादी/ चरमपंथी या उग्रवादी व्यक्ति; **~mist** *adj.* उग्रवादी
collocations: **~me cold** अत्यंत सर्द; **~me conditions** कठोर गर्मी या सर्दी, कठिन स्थिति; **~ fighting = ultimate fighting** (युद्ध कला आदि का) अंतिम मुकाबला; **~me poverty** घोर गरीबी; **~me sports** स्काई डाइविंग (sky-diving) जैसे अतयधिक जोखिमभरे खेल; **~me views** चरमपंथी विचार; **~me unction** *RC Church* मत्यु शय्या पर लेटे या मृत्यु की कगार पर व्यक्ति को दिया जाने वाला आशीर्वाद;
***p&i*:** **~mes meet** अनहोनी बात या नदी के दो किनारे कभी नहीं मिलते;
go from one ~me to the other एक अतिवाद छोड़कर दूसरे में फंसना; **go to ~s/ take sth to ~s** हद क., शालीनता आदि की हद पार क.; **in the ~me** अत्यधिक मात्रा में किसी कार्य या विचार में अतिवादी रुख अपनाना

extremis → in ~/इन इक्सट्रीमिस/ 1 अत्यधिक कठिन स्थिति में 2 मृत्यु की कगार पर

extremities /इक्स्ट्रिअमिटीज/ *n., [pl.]* मनुष्य के हाथ-पांव

extremity /इक्स्ट्रेमिटि/ *n.* 1 अंतिम छोर, सिरा, किनारा: at the ~ of mountain tange 2 पराकाष्ठा: an ~ of misery; driven to ~ 3 बहुत बड़ा संकट या विपदा: help sb in ~ (किसी की संकट में मदद क.) 4 अग्रांग;
collocations: **the last** ~ सबसे बड़ा संकट, दुर्भाग्य की पराकाष्ठा;
p&i: **drive sb to** ~ किसी को विनाश की कगार तक पहुंचा दे.

extricable /ऐक्स्ट्रिकअबल/ *adj.* जिसे छोड़ा या मुक्त किया जा सके, विमोच्य

extrica\te /ऐक्स्ट्रिके\ट/ *v., pt.* **~ted**, *pp* **~ting** जटिल स्थिति से छुटकारा दिलाना;
dw/lw: **~tion** /~शन/ *n.* विमोचन, विमुक्ति, उद्धार

extrinsic /ऐक्स्ट्रिंसि\क/ *adj.* 1 बाहरी, बाह्य, बहिःस्थ, बहिर्निहित 2 अनावश्यक, गौण;
dw/lw: **~ally** /~कलि/ *adv.* 1 बाहर से 2 गैरजरूरी तरीके से

extrorse /ऐक्स्ट्रॉर्स/ *adj.* बहिर्मुखी, बहिर्नत

extroversion/ extraversion /ऐक्स्ट्रअवःशन/ *n., psychol.* 1 बहिर्मुखता 2 व्यक्तित्व की एक विशेषता जिसके तहत व्यक्ति अपने अंदरूनी विचारों या भावनाओं को बाहरी दुनिया या सामाजिक समस्याओं की ओर उन्मुख करता है

extrovert/ extravert /ऐक्स्ट्रअवःट/ *n.* (***anton.*** introvert) 1 ऐसा व्यक्ति जो बाहरी दुनिया या सामाजिक समस्याओं पर ज्यादा ध्यान देता है 2 अति मिलनसार और बातूनी व्यक्ति;
adj. अति मिलनसार और बातूनी;
dw/lw: **~ed** /~टिड/ *adj.* = **extrovert** अति मिलनसार और बातूनी

extru\de /इक्स्ट्रू\ड/ *v., pt.* **~ded**, *pp* **~ding** 1 जोर से दबाकर बाहर निकालना 2 (ढालकर) सांचे में से निकालना;
dw/lw: **~ded** /~डिड/ *adj.* बहिष्कृत, बाहर निकला हुआ; **~sion** /~ज्न/ *n. engin.* सांचे में से निकालकर ढलाई का काम; **~sive** /~सिव/ *adj., geol.* बाहर निकला हुआ: ~sive rock (लावा आदि जैसे पिघले हुए पदार्थों के धरती पर गिरने से बनी चट्टान)

exube\rance /इग्ज्युबअ\रंस/ *n.* 1 बाहुल्य, प्रचुरता, आधिक्य 2 जीवंतता, सजीवता, उल्लास: **~rance** of high spirits;
dw/lw: **~rant** /~रंट/ *adj.* 1 जीवंत, सजीव, जानदार: ~rant personalities 2 उल्लसित 3 समृद्ध, प्रचुर, उदार दिल: ~rant talent 4 हरा-भरा; **~ly** /~रंटलि/ *adv.* सजीवतापूर्वक

exuda\te /एक्स्युडेट/ *n., biol.* 1 शरीर के किसी अंग या कोशिका द्वारा छोड़ा गया द्रव (पसीना आदि) 2 *pathol.* त्वचा के छिद्रों से निकलने वाला द्रव;
dw/lw: **~tion** /एक्स्युडेशन/ *n.* 1 रिसाव, स्राव 2 पसीना

exu\de /इग्ज्यूड/ *US* इग्ज़ूड/ *v., pt.* **~ded**, *pp* **~ding** 1 प्यार/ विश्वास/ पीड़ा आदि जतलाना या दिखलाना, मनःस्थिति दिखाना, आंतरिक दशा दर्शाना: ~ confidence/ happiness 2 शरीर द्वारा पसीना या गंध आदि छोड़ा जाना, शरीर से पसीना आदि द्रव का निकलना 3 चूना, टपकना, रिसकर बाहर निकलना 4 चुआना, टपकाना 5 फैलाना 6 अपने व्यवहार से अपने गुणों को दिखावापूर्ण ढंग से प्रदर्शित क.

exulcera\te /इग्जल्सिरे\ट/ *v., pt.* **~ted**, **pp** **~ting** 1 भड़काना, तीव्र क., उत्तेजित क. 2 फोड़े की तरह पीड़ा दे.;
dw/lw: **~tion** /~शन/ *n.* क्षोभ, उत्तेजना, पीड़ा

exult /इग्ज\ल्ट/ *v., pt.* **~ed**, *pp* **~ing** (*often* **~ in/at sth**) 1 खुशी मनाना, खुशी से फूले न समाना 2 उल्लसित या आह्लादित हो.: ~ in a victory;
dw/lw: **~ant** /~ल्टंट/ *adj.* उल्लसित, आह्लादित: ~ant cry; **~antly** /~ल्टंटलि/ *adv.* खुशी-खुशी, प्रसन्नतापूर्वक **~ation** /~ल्टेशन/ *n.* हर्ष, उल्लास, जीत की खुशी, जय-जयकार;
p&i: **~ at/ in** खूब खुशी मनाना; **~ over** पर विजय पाना

exurb /इक्सःब/ *n. originally US* नगर के आसपास के बाहर का समृद्ध देहाती आवासीय भूभाग;
dw/lw: **~an** /एक्सःबन/ *adj.* नगर के आसपास के बाहर का समृद्ध देहाती आवासीय भूभाग से संबंधित; **~anite** /ऐक्सःबनाइट/ *n.* समृद्ध देहाती आवासीय भूभाग में रहने वाले; **~bia** /एक्सःबिआ/ *n.* समृद्ध देहाती आवासीय भूभाग

ex utraque parte /ऐक्स उतराक्वा पार्ता/ *Lat.* दोनों तरफ से, दोनों तरफ

exuvi\ae /इग्ज्यूविई/ *n., [pl.]* 1 पशुओं या अन्य जीवों द्वारा उतारी हुई खालें, केंचुली, निर्मोक 2 *geol.* जानवरों के अवशेष;
dw/lw: **~ael** /इग्ज्यूविअल/ *adj.* जानवरों के अवशेषों से संबंधित

ex voto /ऐक्स वोटो/ *Lat.* बलि-उपहार, मन्नत-उपहार, मनौती के अनुसार

ex works *adv., adj.* किसी उत्पाद या वस्तु पर फैक्टरी से बाहर ले जाने पर होने वाले खर्चे के बिना मूल्य, फैक्टरी दाम

eye /आई/ *n.* 1 आंख, चक्षु, नेत्र, नयन, पुतली, आंख का तारा 2 (*often* **~s**) दृष्टि, नजर: surgeons need good **~s** 3 ध्यान, लक्ष्य, निशाना: catch sb's ~ (किसी का ध्यान पाना); in the public ~ (जनता के ध्यान या संज्ञान में) 4 केंद्र 5 सूई का छेद (नाका) 6 भांपने की क्षमता: an ~ for beauty; see with the ~ of an engineer 7 नजर, शक्ल या मुद्रा: a hostile ~ 8 चकोर

(pheasant) के बच्चे 9 झरना, चश्मा 10 तुकमा 11 तार का छल्ला, फंदा: fasten with a hook and ~ 12 खिड़की या गोल झरोखा 13 आलू आदि का अंकुर 14 ऐनक का शीशा 15 तूफान के केंद्र में एक शांत स्थान: the ~ of a storm/ tornado/ hurricane 16 पोताक्ष *pl.*, लंगर का छेद, गाला;

***v.**, pt.* **~d**, *pp* **~ing** (*also US* **eying**) 1 किसी को या किसी चीज को ध्यान से देखना: ~ with curiosity 2 पर दृष्टि डालना, देखना 3 किसी पर नजर रखना, ध्यान या निगरानी रखना: ~ sb with suspicion;

dw/lw: **~-baby** *n.* दूसरे की आंख में दिखनेवाला अपना बिंब; **~ball** *n.* नेत्र-गोलक, आंख की पुतली, कोया; **~ball** ***v.**, pt.* ~balled, *pp* ~balling 1 किसी का सामना क. 2 ध्यान से परख क. 3 पृष्ठ पर सरसरी नजर डालना; **~-bandage** *n.* आंख की पट्टी; **~bath**/ (*esp. US*) **~-cup** *n.* आंखों को दवाई लगाने या साफ करने वाले घोल को लगाने के समय पकड़कर रखा जाने वाला बर्तन; **~-beam** *n.* तेज गति का दृष्टिपात; **~black** *n.* आंखों पर लगाया जाने वाला सुरमा या काली स्याही आदि; **~bright** *n.* एक छोटा वार्षिक पौधा जिसके सफेद फूल औषधि बनाने में काम आते हैं; **~-brow** *see below under separate entry*; **~-brow-pencil** भौंहें संवारने की पेंसिल; **~-catching** *adj.* चित्ताकर्षक, ध्यान-आकर्षक; **~-catcher** *n.* चित्ताकर्षक, ध्यान खींचने वाला, आकर्षक; **~-doctor** *n.* आंखों का डॉक्टर; **~-draught**/ **~-drops** *n., [pl.]* 1 आंसू की बूंद 2 आंख की दवाई की बूंदें; **~-flap** *n.* आंखों को रोशनी से बचाने वाला पर्दा; **~ful** *n., colloq.* 1 रोचक एवं सुंदर दृश्य 2 *sl.* एक सुंदर औरत 3 आंखों में समा जाने वाला द्रव या धूल के कण आदि; **~-glance** *n.* आशु दृष्टि, सरसरी या उड़ती नजर, विहंगं दृष्टि; **~glass** *n., pl.* ~glasses 1 फ्रेम में लगा नजरों का शीशा 2 *pl., mainly US* चश्मा; **~-ground** *n.* आंख का तला; **~hole** *n.* 1 छोटी-सी आंख 2 आंख-धसान; **~lash** (*also* **lash**) *n.* 1 पलकें, बरौनी; **~-legible** *adj.* माइक्रोफिल्म के शीर्षक जिन्हें चश्मे के बगैर पढ़ा जा सकता है; **~-lens** *n.* आंख का लैंस; **~let** *n., needlecraft* **1** तार के छल्ले या फंदे में छेद 2 सूई का छिद्र या सूराख; **~less** *adj.* अंधा: ~less destiny (अंधा भाग्य); **~-level** *adj.* आंखों के बराबर की ऊंचाई का; **~lid** *n.* पलक, पलकें, नेत्रच्छद, पपोटा; **~line** *n.* दृष्टि-दिशा; **~liner** *n.* आंखों के ऊपर व नीचे लाइन आदि बनाने के लिए पेंसिल; **~-memory** *n.* देखने के बाद याद रहने की समय-अवधि; **~-muscle** *n.* आंख की मांसपेशियां; **~-opener** *n.* 1 आंखें खोल देने वाली बात 2 विचित्र या एकदम नया दृश्य 3 *N. Amer.* तड़के-तड़के लिया जाने वाला शराब का पैग; **~patch** *n.* चोटिल आंख पर पहना जाने वाला कपड़े का टुकड़ा; **~piece** *n., optics* नेत्र, नेत्रिका, उपनेत्र, देखने वाले की आंख के समीपतम लेंस; **~pit** *n.* नेत्र कोटर, नेत्र गर्त; **~-probe** *n.* आंख की परख; **~-rhyme** *n.* वर्तनी में समानता, पर उच्चारण में असमानता, e.g., come, home; **~-servant**/ **~-server** *n.* मात्र आंखों के सामने ठीक काम करने वाला नौकर; **~-service** *n.* 1 काम के प्रति गैरईमानदार रुख यानी मात्र डांट-फटकार या दंड के डर से काम करने की प्रवृत्ति 2 दिखावापूर्ण प्रशंसा; **~-shade** *n.* 1 *med.* आंखों की पट्टी 2 आंखों को तेज प्रकाश से बचाने के लिए हरे रंग का कपड़े का टुकड़ा; **~shadow** *n.* सुरमा या काली स्याही जैसे पदार्थ; **~-shield** *n.* 1 आंखों को तेज प्रकाश से बचाने के लिए हरे रंग का कपड़े का टुकड़ा 2 धूप का चश्मा; **~sight** *n.* नजर, दृष्टि: good/ poor ~sight; **~shot** *n.* दृष्टि सीमा या दृष्टि क्षेत्र: out of ~shot (दृष्टि सीमा के बाहर, आंखों से ओझल); within ~shot (दृष्टि सीमा के भीतर); **~socket** नेत्र गर्त; **~some** *adj.* आकर्षक, देखने में सुप्रिय; **~sore** *n., derog.* 1 देखने में भद्दी वस्तु 2 आंखों का कांटा: be an ~sore to sb (किसी के लिए कष्टकर होना); **~-specialist** *n.* नेत्र-चिकित्सक, नेत्र-विशेषज्ञ; **~-splice** *n.* रस्सी की लड़ियों का फंदा या जोड़; **~-spot** *n.* 1 दृक्-बिंदु 2 छोटा-सा धब्बा 3 तीसरी आंख; **~spotted** *adj.* धब्बेदार; **~-strain** *n.* नेत्र-आयास, आंखों के लिए बोझ: he suffers from ~strain (ज्यादा पढ़ने या छोटी छपाई के कारण उसकी आंखें दुखने लग जाती हैं); **~-string** *n.* आंखों की मांसपेशियों की सूखी झिल्ली, पलको का पेशी; **~-surgeon** *n.* चक्षु-शल्य-चिकित्सक; **~wall** *n.* 1 आंख के चारों ओर बना एक मोटा धुंधनुमा छल्ला 2 तूफान के केंद्र में शांत स्थान; **~-wash** *n. colloq.* 1 अंजन, काजल, आंको की दवा 2 आंखों की धुलाई, नेत्र-धावन 3 धोखा, छलावा, ढकोसला, आंखों में धूल झोंकने का काम, बहकावे की बातें 4 बकवास; **~water** *n.* 1 आंखों का पानी 2 आंसू 3 *sl.* जिन (gin); **~-wink** *n.* 1 आंखों की झपक 2 आंखों का संकेत 3 तेज नजर 4 एक पल, क्षण, पलक झपकने का समय; **~-winker** *n.* 1 पलक 2 आंख में पड़ा कण; **~-wise** *adj.* झूठा-चतुर, सतही; **~-witness** *n.* चश्मदीद गवाह; **~-worship** *n.* चुप-चाप की जाने वाली पसंदगी, प्रशंसा आदि;

collocations: **bull's** ~ निशाना; ~ **candy** आकर्षक पर मंदबुद्धि व्यक्ति; ~ **contact** *UK* आंखों से आंखें मिलाकर देखते हुए हुई भेंट, आंखों में आंखें डालकर देखने की क्रिया; ~ **disease** चक्षु रोग; ~ **distance** पुतलियों के बीच की दूरी; ~ **hospital** चक्षु रोग (आंखों का) अस्पताल; **~-rhyme** चक्षु-दर्शनीय लय; ~ **sketch** आंखों को परखने वाला रेखाचित्र; **~s of a ship** जहाज के सामने के हिस्से का अंतिम सिरा; ~ **specialist** चक्षु रोग विशेषज्ञ; ~ **thoughts** अपरिपक्व विचार; ~ **tooth/ teeth** 1 कुत्ते के दांत 2 ऊपर के जबड़े में आंखों के नीचे के दांत: give one's ~ teeth for sth (किसी चीज को पाने के लिए कुछ भी करना); ~ **wings** अभी कच्चे पंख;

p&i: **~ball to ~ball with sb** एक-दूसरे के समीप धमकी भरी मुद्रा में आमने-सामने खड़ा होकर दृढ़तापूर्वक बातचीत क.; ~ **for an** ~ अदले का बदला, आंख के बदले आंख, खून का बदला खून; ~ **is bigger than belly** पेट भर सकता है किंतु आंखों की भूख नहीं मिटती; ~ **of the storm** तूफान के केंद्र में शांत स्थान; ~ **over sth** सरसरी नजर से किसी चीज को देखना; **~s and no ~s** कई लोग देखने में सतर्क होते हैं, पर दूसरे नहीं; ~ **sb up** *colloq.* किसी को प्रेम-विह्वल नजर से देखना; **~s down!** बिंगो आदि खेल के शुरू में आदेश (command); **~s like gimlets** कौतूहलपूर्ण नजर; **~s only** व्यक्तिगत रूप से किसी विशेष व्यक्ति को; **~s on stalks** भय, आश्चर्य एवं उत्सुकता से भरी आंखें; ~ **up** किसी को आकर्षक समझकर निहारना; **~-wash** धोखा;

a fishy ~ फीकी या निस्तेज शक्ल; **a gleam in sb's** ~ किसी के जहन में विचार का पैदा हो.; **a jaundiced** ~ दुराग्रहपूर्ण नजरिया; **a keen** ~ तेज नजर; **all my** ~ बकवाद, धोखा, ढकोसला, बेवकूफी; **an eagle** ~ तीखी नजर; **an ~ for an ~ and tooth for a tooth** जैसे को तैसा, बदला ले.; **appear to sb's ~s** किसी को कुछ लगना; **a single** ~ अत्यधिक उद्देश्य-केंद्रित दृष्टिकोण; **be all ~s** *colloq.* नजरें गड़ाकर देखना; **be a sheet in the wind's ~s** नशे में या मदमस्त हो.; **before/ in front of one's ~s** आंखों के सामने; **believe one's ~s** मात्र अपने नजर पर विश्वास क.; **be in the public** ~ 1 प्रसिद्ध हो. 2 अक्सर आम सभाओं में दिखना; **be up to one's ~s in sth** किसी काम या धंधे में सिर से पांवों तक डूबा हो.; **black** ~ बुरी नजर; **burst upon the ~s** आंखों में पड़ना, अचानक दिख जा.; **by (the)** ~ अपनी आंखों से देखकर; **camera** ~ अच्छी दृष्टिगत याददाश्त; **can't keep/ take one's ~s off sb/ sth** किसी से या किसी चीज से नजरें न हटा पाना; **cast/ run/ turn one's/ an ~ over sth** *UK* सरसरी नजर से दे.; **cast sheep's eye** ~ किसी को प्रेम-विह्वल आंखों से देखना; **catch sb's** ~ किसी की नजर में पड़ना, दिख जा.; **catch the Speaker's** ~ संसद में अध्यक्ष का ध्यान आकर्षित कर पाना; **clap/ lay/ set ~ on sb/ sth** ध्यान से देखना, घूरना, नजर जमाना; **close one's ~s** सदा के लिए आंखें मूंद लेना (मर जाना); **close one's ~s to sth** जान-बूझकर आंखें बंद क., गलत काम की अनदेखी क.; **cock one's ~s** आंखें झपकाना या मारना; **collect ~s** ध्यान आकर्षित क.; **cry one's ~s out** बहुत रोना-धोना; **cut one's eye-teeth on sth** *US* बचपना खत्म हो., अकल आ जा., किसीकाम में

पहला-पहला अनुभव पाना; **damn your ~s!** तुम्हें श्राप लगे!; **do sb in the ~** किसी की आंखों में धूल झोंकना; **drop one's ~s** नजरें झुका ले.; **feasten one's ~s on ...** किसी एक चीज पर नजरे गड़ाकर; **feast one's ~s on** किसी चीज या नजारे को देखकर आनंद पाना, दृश्य का मजा लूटना; **for sb's fair ~s** किसी की सुंदर आंखों के लिए नहीं किया गया; **for sb's only ~** किसी व्यक्ति विशेष के लिए; **four ~ s see more than two** एक-एक दो ग्यारह; **get an ~ on sb** किसी पर प्रेमपूर्ण नजर हो.; **get/ keep one's ~ in** किसी खेल के खेले जाने के ढंग से परिचित रहना; **get one's ~ in** जल्दी से दिशा भ्रम पर काबू पा लेना; **give an ~ to sb/ sth** किसी की तरफ ध्यान या तवज्जो दे.; **give an ~ to the child** बच्चे का ध्यान रखना; **give sb the ~/ the glad ~** कामुक दृष्टि से देखना; **give sb the fishy/ beady ~** किसी को घूरना या क्रोध भरी आंखों से देखना; **goo-goo ~s** प्यार में डूबी आंखें; **go ~s out** रफू-चक्कर हो.; **have a good ~ for distances** देखकर दूरी जान लेने में समर्थ हो.; **have all one's ~s about one** सतर्क रहना, दोनों आंखें खुली रखना; **have an ~ for sth** किसी चीज को पसंद क.; किसी वस्तु की खास पहचान हो.; **have an ~ for beauty** सौंदर्य की समझ हो., उड़ती चिड़िया को पहचानने की क्षमता रखना; **have an ~ for a map** नक्शा पढ़ने में माहिर हो.; **have an ~ for sth** किसी बात या क्षेत्र का ज्ञान हो., की समझ रखना; **have an ~ in one's head** सतर्क या सावधान हो.; **have an ~ out for sb** किसी पर कड़ी नजर रखना; **have an ~ to** किसी चीज या अवसर पर नजर टिकी हो., मौका हाथ से न जाने दे.; **have ~s in/ at the back of one's head** न देखते हुए भी सब कुछ जानना/ देख सकना; **have ~s like a hawk** तीव्र दृष्टि रखना; **have ~s to see** सतर्क हो.; **haven't you any ~s in your head?** क्या आपकी आंखें फूट गई?; **have in one's ~** मन ही मन कल्पना क.; **have one's ~s about one** कड़ी नजर रखना; **have one's ~s glued on...** किसी चीज को टिक-टिकी लगाकर देखना; **have one's ~ on sb** 1 कोई व्यक्ति पसंद हो. 2 किसी पर नजर रखना; **have one's ~ on sth** किसी चीज पर नजर हो., प्राप्त करने के लिए आतुर हो.; **have one/ half an ~ on sth** किसी चीज को या किसी को कानी आंख से देखना; **hit the between the ~s** बड़ा प्रभाव डालना; **hit the bull's ~** निशाने पर तीर लगना; **if you had half an ~** यदि आप बिल्कुल अंधे न होते; **in a pig's ~** *US sl.* कभी नहीं; **in front of sb's very ~s** किसी की नजरों के ऐन सामने; **in one's mind's ~** किसी की कल्पना में, ज्ञान-चक्षु द्वारा; **in sb's ~** किसी की नजरों में, किसी के विचार में; **in the ~s of law/ world** कानून या दुनिया की नजरों में; **in the ~s of sb** किसी के विचार में; **in the wind's ~** हवा की विपरीत दिशा में; **it strikes the ~/ its leaps to the ~** जबरदस्त तरीके से आंखों में पड़ना; **jump/ leap to one's the ~** ध्यान आकर्षित क.; **keep a jealous ~ on...** ईर्ष्यापूर्ण नजर रखना; **keep an ~ on sb** किसी पर नजर रखना; **keep an ~ out for sb/ sth** किसी पर नजर रखना, निगरानी रखना; **keep an ~ out for sth** किसी बात पर नजर रखना; **keep one's ~ in sth** अपने कार्य या व्यवसाय में लगा रहना; **keep one's/ an ~ on sb/ sth** or **have an ~ to his own interest** अपनी स्वार्थ सिद्धि पर नजर टिकी हो.; **keep one's both ~s open/ wide open/ peeled/ skinned (for sb/ sth)** चौकसी रखना, ध्यान रखना या आंखें गड़ाकर देखना; **keep one's ~s glued on sth/ sb** किसी चीज या व्यक्ति से नजरें न हटा पाना; **keep one's ~s off sth** किसी चीज या व्यक्ति से नजरें हटाना/ दूर रखना; **keep one's ~ on the ball** निशाने से नजर न हटाना, सावधान रहना; **look sb in the ~/ ~s** आंखों में आंखें डालकर दे.; **look upon sth with a different ~** किसी विषय या बात के बारे में अलग नजरिया रखना; **look with another ~ upon sth** किसी दूसरी नजर से किसी चीज को देखना; **make ~s at sb/ give sb the ~** कामुक नजर से देखना, आंख मारना; **measure sb with one's ~** किसी को मन ही मन आंक लेना; **meet sb's ~s** किसी की नजरों से नजरें मिलाना; **mind one's ~** सावधान हो.; **mind your ~!** सावधान! बचिए!; **more than meets the ~s** पहली नजर में दिखने से कहीं अधिक जटिल हो.; **my ~!** *colloq.* बकवास!; **naked ~** बिना चश्मे या दूरबीन के; **never batted an ~lash** बिना किसी झिझक के; **no ~ like the ~ of the master** मालिक की नजर हर बात पर रहनी चाहिए, मालिक को घर में क्या हो रहा है आदि का पता होना चाहिए; **not to clap/ lay/ set ~s on sb/ sth** *colloq., usually with negatives* किसी को न दे.: I never want to set ~s on you again; **not see ~ to ~ with sb on sth** किसी विषय पर किसी के विचारों से सहमत न हो.; **not be able to take one's ~s off sb/ sth** किसी से या किसी चीज से नजरें न हटा पाना; **one in the ~ for sb** *colloq.* किसी को मुंहतोड़ जवाब, किसी की हार; **one's ~s draw straws** उनींदा हो.; **one's ~s flash fire** (किसी की) आंखें दमक रही हैं; **one's ~s stand out of one's head** आश्चर्य या दर्द से आंखें चौंधिया गई; **only have ~s for/ have ~s only for sb** किसी एक व्यक्ति से प्रेम हो.; **open sb's ~s** किसी की आंखें खोल दे.; **open sb's ~s to sth** किसी की आंखों से किसी बात के बारे में पट्टी उतारना, आंखें खोल दे.; **painted to the ~s** श्रृंगार सज्जा से लदी हुई; **pipe** or **put a finger in the ~** रोना, रुदन क.; **please one's ~ and plague one's heart** लड़की द्वारा शादी कर ली जा.; **pore one's ~s out** नजर खराब क.; **put a person's ~ out** अंधा क., (चालाकी से किसी) का स्थान लेना; **put one's ~s together** सो जा.; **run one's ~s over** नजर डालना या दौड़ाना; **screw up one's ~s** आंखें सिकोड़ना; **see ~ to ~ (with sb)** से मेल खाना; एक नजर से देखना, दृष्टिकोण में सहमत हो.; **see/ look at etc. sth through sb's ~s** किसी चीज को दूसरे व्यक्ति के नजरिये से देखना; **see sth with sb's ~s** किसी दूसरे के नजरिये से देखना; **see with half an ~** आसानी से देख लेना, पहली नजर में भांप ले.; **see with one's own ~s** अपनी आंखों से देखना; **see with the left ~** ठीक से न देख पाना; **set/ lay/ clap ~s on sb** *see above under* **clap**; **show the whites of one's ~s** आंखें तरेरना; **shut one's ~s to sth** किसी गलत काम की अनदेखी क.; **sleep with one ~ open** गहरी नींद न सोना; **spit in sb's ~** किसी की उपेक्षा क.; **take one's ~s off the ball** आंखें फेर ले., ध्यान देना बंद कर दे.; **that's all my ~s and no ~s** यह सब बकवास है; **the ~ doesn't see (the heart doesn't grieve over)** अगर देखा नहीं तो दर्द नहीं, आंख ओझल पहाड़ ओझल; **the ~ of day/ heaven** सूर्य चाचा; **the ~ of Greece** मिल्टन (John Milton, 1608-1674) द्वारा यूनान की राजधानी अथीन्ज का यूनान की आंख के रूप में चित्रण (*Paradise Lost*); **the ~ of storm/ tornado/ hurricane** *see above under* **~ of the storm**; **the sun light is in my ~s** सूर्य की रोशनी से मेरी आंखें चौंधिया रही हैं; **the Pope's ~** बकरे की टांग का चर्बीदार गोश्त; **throw/ cast one's ~ on sth** किसी चीज या बात पर ध्यान दे. या नजर डालना; **throw dust in sb's ~s** किसी की आंखों में धूल झोंकना, बुद्धू बनाना; **throw one's ~s up** शांति भंग होने पर क्रुद्ध हो.; **throw out one's ~ for...** नजरें दौड़ाकर ढूंढना; **throw sheep's ~s at** संकोच-पूर्वक आंखें लड़ाना; **turn a blind ~ (to sth)** नजरंदाज क., अनदेखी क., उपेक्षा क.; **under the watchful ~s of sb** किसी की सतर्क नजरों के साये में; **up to the ~s in sth** अत्यधिक व्यस्त, सिर तक डूबा हुआ; **wipe sb's ~s** किसी के आंसू पोंछना, सांत्वना दे.; **with all one's ~s** सतर्क रहकर, चौकन्ना होकर; **with an ~ on** के उद्देश्य से; **with an ~ to** किसी उद्देश्य से; **with an ~ to her fortune** उसके धन को पाने के उद्देश्य से (शादी क.); **with ~ for/ on/ to the main chance** किसी अवसर का फायदा उठाने की उम्मीद के साथ; **with**

naked ~ बिना चश्मे के; **with one's ~s open/ with open ~s** भली भांति सब कुछ जानते हुए या सब कुछ सोच-समझकर; **with one's ~s shut/ closed** किसी काम को आसानी से करने का अनुभव हो.

eyebrow /आईब्रो/ *n.* भौंह, भौं, भ्रू, भृकुटि: **~brow** pencil (भौंहों को काला करने के लिए पैंसिल);
p&i: **hang on by one's ~brows/ ~lashes** 1 बार-बार मांग क. 2 मौत की कगार पर हो.; **lift one's ~s** आश्चर्य चकित हो.; **raise one's ~brow** भौंहें तानना, क्रुद्ध हो.; **this caused a lot of raised ~brows** इससे काफी गलतफहमी पैदा हुई; **up to the ~brows** पूरी तरह व्यस्त

eyed /आइड/ *suffix* दूसरे शब्द के अंत में जोड़ा जाने वाला प्रत्यय, -आंखोंवाला: **one-~** (एक आंखवाला);
***adj.**, esp. in compounds* 1 विशेष प्रकार की 2 धब्बेदार;
dw/lw: **cross-~** *adj.* टेढ़ी आंखों वाला, भेंगा; **wide-~** *adj.* बड़ी-बड़ी आंखों वाला

Eyetie/ Yeti/ Eytie /आइताइ/ *n., pl.* **Eyeties/ eyties** *offensive sl.* इतालवी व्यक्ति

eyewitness *see above under* **eye:** ***dw/lw***

eyrie/ aerie /इअरि/ एअरि/ आयरि/ *n., pl.* **~s** 1 ऊंचे स्थान पर बना बाज आदि पक्षियों का घोंसला 2 ऊंचे स्थान पर बना अति सुरक्षित घर

Ez./ Ezr. *abbr.* Book of the Bible 'Ezekiel' का संक्षेप

EZT *abbr. finance* 'Enterprise Zone Trust' की प्रथमाक्षरी

F f

F f /एफ/ *n., pl.* **Fs/ F's/ f's** 1 अंग्रेजी वर्णमाला का छटा वर्ण 2 **(F)** *music* यूरोपीय प्रणाली में चौथा स्वर 3 परीक्षा में अनुतीर्ण (fail) अंक

F *abbr.* 'Fahrenheit'/ 'Farad'/ 'Faraday'/ 'Fellow', 'Failed' का प्रथमाक्षर

f *abbr.* 'fathom', 'female', 'feminine', 'focal length', 'folio', 'following (page)', *music* 'forte', 'frequency' का प्रथमाक्षर

F *symbol* 1 *chem.* 'fluorine' 2 *genetics* 'filial (generation)' का चिह्न

F-1 visa विदेशी छात्र के लिए अमेरिकी प्रवेश-पत्र (visa)

FA *abbr.* 'Financial Advisor', 'Faculty of Actuaries' की प्रथमाक्षरी

Fa *abbr. US state* 'Florida' का संक्षेप

fa /फा/ *n.* संगीत में 'म' (चौथा) स्वर

FAA *abbr.* 'Federal Aviation Authority', 'Finance and Administrative Assistant' की प्रथमाक्षरी

FAAIIMS *abbr.* 'Faculty Association of the All-India Institute of Medical Sciences' की प्रथमाक्षरी

fab /फैब/ *adj., colloq.* 'fabulous' का छोटा रूप, बहुत बढ़िया

Fabian /फेबिअ\न/ *adj.* 1 (***syn.*** cautious) सावधान 2 देर करने वाली तरकीबें लड़ाने वाला, विलंबवादी;
n. **Fabian Society** (*see below under* ***collocations***) का सदस्य
dw/lw: **~ism** /~निज्म/ *n.* फेबियनी समाजवाद; **~ist** *n.* फेबियनी समाजवाद का अनुयायी;
collocations: '**Fabian Society**' (1884 में) बने एक समाज (जिसका लक्ष्य था धीरे-धीरे समाजवादी समाज का निर्माण) से संबंधित

fab\le /फेबल/ *n.* 1 उपदेश या नीति कथा: **~le** book 2 आख्यान 3 जंतु-कथा: **~le** writer 4 कल्पित कथा, गल्प, किस्सा, किस्सा-कहानी 5 पौराणिक कथा 6 झूठ, गप्प: this is a mere **~le**; old wives'/ women's/ **~les** 7 गप्पों, फब्तियों आदि का निशाना: he became the chief **~le** of the village;
v., *pt.* **~led**, *pp* **~ling** 1 मनगढ़ंत कहानियां सुनाना 2 गढ़ना 3 झूठ बोलना, गप्प हांकना;
dw/lw: **~led** *adj.* 1 (***syn.*** legendary) पौराणिक कथाओं के पात्र की भांति प्रसिद्ध 2 मनगढ़ंत, काल्पनिक;
p&i: **say verity, and not to ~le** सच बोलना, न कि गप्प हांकना

fabliau /फैब्लिओ/ *n., pl.* **fabliaux** /फैब्लिओज/, *Fr.* यथार्थ गाथा, पदबद्ध कथा

Fablon /फैबलॉन/ *n., tradem.* तन्य प्लास्टिक

fabric /फैब्रिक/ *n.* 1 बुना हुआ कपड़ा, पट, वस्त्र: silk and woollen **~s** 2 गुण, बनावट: cloth of a beautiful ~ 3 इमारत की दीवारों, छत आदि का बुनियादी ढांचा 4 संविन्यास, तांतव वस्त्र: ~ axis (संविन्यास अक्ष) 5 समाज का ताना-बाना: the ~ of society; the social ~;
collocations: **~ conditioner**/ **~ softener** धोते समय कपड़ों को मुलायम करने के लिए डाला जाने वाला द्रव; **~ filter** तांतव भरक; **~ gloves** कपड़े के बुने हुए दस्ताने

fabrica\te /फैब्रिकेट/ *v., pt.* **~ted**, *pp* **~ting** 1 गढ़ना, कल्पना क., रचना: the story was **~ted** from beginning to end 2 कूट रचना क., जालसाजी क.: **~te** a charge 3 जाली दस्तावेज बनाना: **~te** papers; **~te** a will 4 (***syn.*** manufacture) बनाना, निर्माण क.: **~te** house;
dw/lw: **~ted** *adj.* गढ़ा हुआ, कल्पित; **~tion** *see below under separate entry*; **~tor** /फैब्रिकेटः/ *n.* 1 निर्माता 2 रचयिता 3 जालसाज 4 झूठा व्यक्ति, मिथ्याभाषी व्यक्ति, फरेबी आदमी;
collocations: **~ting plant** संरचना निर्माण कारखाना

fabrication /फैब्रिकेशन/ *n.* 1 निर्माण 2 ढांचा 3 रचना, छल-रचना: his story was an entire ~ 4 मनगढ़ंत बात, कपोल कल्पना 5 जालसाजी: his insane **~s** 6 जाली दस्तावेज: the document was undoubtedly a ~

fabuceous /फैब्यूसिअस/ *adj., bot.* फली-जैसा, सेम-जैसा

fabulist /फैब्यूलिस्ट/ *n.* 1 उपदेश या नीति कथाकार 2 गपोड़िया, गप्पी 3 मिथ्यावादी

fabulous /फैब्युलस\/ *adj.* 1 अति उत्तम, उत्कृष्ट, बढ़िया: at a ~ price 2 विस्मयकारी, आश्चर्यजनक, अत्यधिक: ~ wealth 3 मनगढ़ंत, काल्पनिक: ~ description 4 पौराणिक, दंतकथात्मक, आख्यायिकाओं से संबंधित: ~ beasts; ~ hero;
dw/lw: **~ly** /~लि/ *adv.* 1 बहुत अच्छे ढंग से: the voyages, indeed, are ~ly narrated 2 प्रचुर मात्रा में, अत्यधिक: be ~ly wealthy 3 अविश्वसनीय रूप से: her cruelties were ~ly exaggerated; **~ness** /~नेस/ *n.* 1 उत्कृष्टता, विचित्रता 2 काल्पनिकता

FAC *abbr.* 'fast attack craft', 'Foreign Assets Control', 'Franchise Accounts Coordinator' की प्रथमाक्षरी

façade (*also* **facade**) /फसाड/ *n.* 1 बनावटी मुद्रा: maintain a ~ of contentment 2 दिखावा: the ~ of a theory 3 मकान के सामने का हिस्सा, अग्रभाग, मुहरा, परोभाग: the stately ~ of the new building

face /फेस/ *n.* 1 मुख, चेहरा, मुंह, मुखड़ा: black/ blue/ red in the ~ 2 रूप, आकार, मुखाकृति, मुद्रा, मुखौटा: sad/ smiling ~; keep one's ~ straight 3 अग्रभाग, आगा, सामना: the ~ of the landscape remains the same 4 फलक, तरफ (of surface): the south ~ of the cliff 5 सम्मान, मान-शान, प्रतिष्ठा 6 गुस्ताखी, ढिठाई 7 आयाम, पहलू, चरित्र: cruel ~ of capitalism 8 घड़ी का डायल 9 कोयला खान का खुला भाग 10 *lit.* व्यक्ति (किसी की मौजूदगी): stand before his ~; a familiar ~
v., *pt.* **~d**, *pp* **facing** 1 सामने या सम्मुख हो., की ओर मुड़ना 2 समस्या के आड़े आना: ~ ruin 3 का सामना क., झेलना, मुकाबला क. 4 कटु सत्य का सामना क. 5 अपने आप को किसी के सामने प्रस्तुत क.: the scene that **~d** us 6 परत चढ़ाना, रंग चढ़ाना, कपड़ा लगाना 7 सीधे रखना (cards);
dw/lw: **~-about** *n.* उल्टा मुड़ना; **~-ache** /फेसेक/ *n.* मुख-पीड़ा; **~-bone** *n.* चेहरी की हड्डी; **~-book** *n.* इंटरनेट के माध्यम से एक-दूसरे के साथ सीधे जुड़ने का एक मंच; **~d** *adj.* 1 आकार वाला, चेहरे वाला 2 तह चढ़ाया हुआ, मढ़ा हुआ, बाह्य सतह पर सजाया हुआ; **~-fungus** *n.* मूंछ, दाढ़ी, दाढ़ी-मूंछ; **~-guard** (*also* **~ mask**) *n.* रक्षात्मक मुखौटा; **~-harden** *v., pt.* ~-hardened, *pp* ~-hardening सिमेंट से पक्का क.; **~less** *adj.* 1 बिना किसी वजूद के 2 अपरिचित, अज्ञात: a ~less statue; ~less figures (अनजानी-सी मूर्तियां); **~-life** *n.* रंगरोगन, सफेदी; **~-lift**/ **~-lifting** *n.* 1 चेहरे की प्लास्टिक सर्जरी, मुख-उपचार 2 मकान के सामने वाले भाग में सुधार; **~-mould** *n.* चेहरे का सांचा; **~-off** *n.* टकराव, भिड़ंत; **~-pack** *n.* मुंह को साफ करने के लिए चेहरे पर कुछ देर लगाकर हटाई जाने वाली गीली पट्टी; **~-paint** *n.* चेहरे की लाली; **~-painting** *n.* चेहरे पर लगाया जाने वाला मोटा मेक अप (चेहरे की अतिशय पुताई); **~-piece** *n.* मुखौटा; **~r** *n.* आकस्मिक समस्या, तात्कालिक कठिनाई; **~-saver** *n.* इज्जत बचाने का रास्ता या विकल्प; **~-saving** *n.* सम्मान का बचाव: attempt at ~-saving; **~-stone** *n.* भवन के अग्र भाग का पत्थर; **~-to-~** *adj.* आमने-सामने, मुखाभिमुख; **~-value** *n.* 1 प्रत्यक्ष मूल्य या अवधारणा 2 स्पष्ट दिखने वाला तथ्य, जैसा दिखता है वैसा, ज्यों का त्यों: take/ accept sth at its ~-value; take sb's promise at ~-value; **~-wall** *n.* अग्रभाग की दीवार; **~-work** *n.* इमारत के अग्रभाग पर किया जाने वाला काम;
collocations: **~ card**. (*also* **court card**) ताश का सचित्र

पत्ता यानी बादशाह, बेगम या गुलाम, सीधा पत्ता; **~ cloth** चेहरा पोंछने का छोटा तौलिया; **~ cream** चेहरे पर लगाने की क्रीम; **~ powder** चेहरे पर लगाने का पाउडर; **~ time** किसी से आमने-सामने होकर बात करने में लगने वाला समय;

p&i: **~ about** उल्टा मुड़ना; **~ a building with marble** इमारत के सामने के हिस्से पर संगमरमर लगाना; **~ down** 1 चेहरा नीचे करके 2 किसी को घेरना, डराना; **~ made of a fiddle** भला-चंगा, स्वस्थ; **~ of a door** दरवाजे का बाहरी फलक; **~off** गेंद (हाकी आदि में) को दो खिलाड़ियों के बीच फेंकना; **~out** डटे रहना, डरकर न लड़खड़ाना; **~ sb** किसी का सामना क.; **~ sb down** किसी के दांत खट्टे क.; **~ the danger** खतरे का सामना क.; **~ the facts** तथ्यों का सामना क.; **~ the knocker** दरवाजे पर आकर भीख मांगना; **~ the music** संकट में फंसना, भुगतना; **~ the ordeal** कठिन स्थिति का मुकाबला क.; **~ to ~ with sb** किसी के आमने-सामने; **~ to ~ with sth** किसी समस्या का सामना क., समस्या से दो-चार हो.; **~ up चेहरा ऊपर की ओर क. या हो.,** बराबरी पर आना; **~ up to** के लिए तैयार हो., डटकर मुकाबला क.; **~ up to sth** सच्चाई का सामना क., कटु सत्य का डटकर मुकाबला क.; **~ value/ amount** अंकित मूल्य, छपी कीमत, प्रत्यक्ष मूल्य;

a ~ as long as a fiddle निराशापूर्ण या मनहूस चेहरा; **a ~ that would stop a bus** भयंकर मनहूस चेहरा; **a fair ~ may hide a foul heart** बगल में छुरी, मुंह में राम-राम; **a good ~ is a letter of recommendation** सुंदर चेहरा सबसे बड़ी सिफारिश होती है; **a poker ~** पत्थर-सा चेहरा; **act in the ~ of direct orders** आदेश के बावजूद कार्य क.; **a pretty-pretty ~** गुड़िया-सा चिकना-चुपड़ा चेहरा; **at/ in/ on the first ~** पहली नजर में; **be ~d with bankruptcy** दिवालियापन की कगार पर हो.; **bear/ carry/ have two ~s under one hood/ have two ~s** दो-मुंहा हो.; **black/ blue in the ~** गुस्से या चिढ़ से चेहरे का लाल-पीला हो.; **can't ~ sth/doing sth** किसी तथ्य या करतूत का सामना न कर सकना; **cast sth in sb's ~** सीधे किसी के मुंह पर ताना देना; **disappear off ~ of the earth** पूर्णतः लुप्त या गायब हो जा.; **fall flat on one's ~** औंधे मुंह पड़ना; **fly in the ~ of** अहंकारी तरीके से खड़ा हो., किसी को चुनौती दे.; **fly in the ~ of facts** 1 स्पष्ट प्रतिरोधी हो. 2 तथ्यों के ऐन उल्टा हो.; **fly in the ~ of nature** प्रकृति के नियमों के विरुद्ध काम क.; **from ~ to foot** सिर से एड़ी तक; **from/ off the ~ of the earth** दुनिया में कहीं से भी (लाना); **grind the faces of the poor** निष्ठुरतापूर्वक गरीबों का शोषण क.; **have egg on one's ~/ a slap in the ~** मुंह पर चपत पड़ना, किरकिरी हो.; **have the ~ (to say sth)** अहंकार तो देखो!; **her ~ is her fortune** उसका सौंदर्य ही उसका धन है; **his ~ fell** उसका चेहरा उतर गया; **I can't ~ him now** मैं अब उसे मुंह नहीं दिखा सकता; **I can't ~ the disgrace of a failure** मैं असफलता की शर्म को नहीं झेल सकता; **in sb's ~** 1 किसी के ऐन सामने 2 किसी को निरंतर आलोचना से क्रुद्ध क.; **in the ~ of day/ of the sun** सरे आम, सबके सामने; **in the ~ of sth** का सामना करते हुए, विरोध के बावजूद; **it's written all over his ~** यह उसके चेहरे पर पूरी तरह से झलकता है; **keep a straight ~** भावशून्य मुद्रा बरकरार रखना, विचलित न हो.; **laugh in sb's ~** किसी की खुल्लम-खुल्ला खिल्ली उड़ाना; **let's ~ it!** आओ, सच्चाई का सामने करें।/ सच तो यह है कि...; **lie on its ~** औंधा पड़ा हो.; **look full in/ into the ~ of sb** सीधे किसी की आंखों में देखना; **lose ~** नाक कटना, मुंह दिखाने लायक न र.; **loss of ~** बेइज्जती; **make a sad/ wry/ sanctimonious ~** (*also UK* **pull a ~**) 1 मुंह लटका हो.2 मुंह बनाना; **make ~ against sb** किसी के विरुद्ध मुंह बनाना, उसे चुनौती दे.; **meet sth in the ~** किसी काम को जोर-शोर से करने लगना; **met ~ to ~ for the first time** पहली बार आमने-सामने मिले; **on the ~ of it** 1 देखने में तो लगता है 2 पहली नजर में, सरसरी नजर में; **on the ~ of it you are guilty** सरसरी नजर में आप दोषी हैं; **on the ~ of the earth** दुनिया भर में; **pull/ make/ wear a long ~** मुंह लटकाना/ बनाना; **put a bold ~ on** हिम्मत भरा रुख रखना; **put a bold ~ on sth** किसी बात के बारे में पूर्णतः आश्वस्त दिखना; **put a good/ brave ~ on sth** निराशा, डर आदि छिपाते हुए शांत मुद्रा में रहना; **put one's cards on the table ~ down** अपने सारे पत्ते खोल दे.; **put one's best ~ on** अत्यधिक प्रिय व मनमोहक हो.; **put/ set/ one's ~ against sth** किसी बात का पक्का विरोध क.; **put one's ~ on** *colloq.* चेहरे पर मेकअप लगाना; **read ~s** चेहरा देखकर मन की किताब पढ़ लेना; **run one's ~/ travel on one's ~** *US* ऋण लेने के लिए अपने सुंदर चेहरे का सदुपयोग क.; **save ~** इज्जत बचाना; **save one's ~** इज्जत रखना; **sb's face doesn't fit** नौकरी आदि देने के लिए मालिक को किसी की सूरत न भाना, सीरत से ऊपर सूरत; **sb's ~ is like thunder** बहुत क्रुद्ध दिखना; **sb's ~ falls/ lights up** किसी के चेहरे का लटकना या खिल उठना; **set one's ~ against** किसी विचार या कार्रवाई का पुरजोर विरोध क.; **set one's ~ like a flint** चट्टान की तरह अड़ जा.; **show a ~** गुंडों की तरह व्यवहार क.; **show a false ~** बनना, दो-मुंहा व्यवहार क.; **show one's ~** *often with negatives* मुंह दिखाने की हिम्मत न हो.: didn't dare show his ~; **stare sb in the ~** 1 साफ हो. 2 टाल न सकना; **succeed in the ~ of many difficulties** बहुत सारी कठिनाइयों के बावजूद सफल हो.; **take sth at ~ value** किसी वर्णन या कहानी को जैसी दिखती है वैसा मान लेना; **talk the whole thing over ~ to ~** सारी बात आमने-सामने बैठकर क.; **the house ~d east-wards** घर का मुंह पूर्व की ओर क.; **the idea is absurd on the ~ of it** पहली नजर में विचार मूर्खतापूर्ण है; **the ~ is the index of the mind** चेहरा मन का दर्पण होता है; **the problem ~ing us** हमारे सामने खड़ी समस्या; **they sat so as to ~ each other** वे एक-दूसरे के आमने-सामने बैठ गए; **to ~ sth** भुगतना पड़ना; **to sb's ~** मुंह पर कहना, सीधे-सीधे, सरेआम किसी के सामने; **unable to look sb in the ~** किसी को अपना मुंह न दिखा सकना; **upon the ~ of the document** दस्तावेज को पहली नजर में देखते हुए; **what's his/ her/ its ~** क्या कहते हैं इसे; **you'll have to ~ it yourself** इस समस्या से तुम्हें स्वयं ही निपटना है

facet /फेसिट/ *n.* 1 कटे हुए रत्न का फलक 2 समस्या का कोई पहलू या पक्ष, आयाम: study all the **~s** of the matter;

v. pt. **~ed**, *pp* **~ing** हीरे का फलक बनाना: ~ a diamond;

dw/lw: **~ed** *adj.* 1 फलकित 2 बहु-फलकित 3 बहु-पक्षीय 4 तराशा हुआ (हीरा, रत्न)

facetiae /फसीशिई/ *n., [pl.] Lat.* 1 चुटकुले, फब्तियां, लतीफे 2 घटिया साहित्य

facetious /फसीशिअस/ *adj.* 1 परिहासपूर्ण, विनोदी, अति हास्यरसपूर्ण: ~ story; ~ name; ~ companion 2 (***syn.*** flippant) ओछा, अशिष्ट: ~ reply

facial /फेसिअल/ *adj.* 1 मुख संबंधी: ~ hair; ~ nerve; ~ palsy/ paralysis (चेहरे का लकवा); ~ massage;

n. मुखोपचार, सौंदर्योपचार;

collocations: **~ expression** चेहरे की मुद्रा; **~ layer** सतही परत; **~ tissue** चेहरा पोंछने का कागज

facies /फेशीज/ *n., pl.* **facies** 1 पौधे, जानवर या भू-नस्लों का सामान्य रूप या शक्ल 2 *med.* रोगी के चेहरे की भाव-भंगिमा

facile /फैसाइल/ *adj., derog.* 1 सरल, सुगम: ~ victory/ success 2 सीधा: a person with a ~ disposition 3 (***syn.*** glib) अगंभीर, सतही, जल्दी-जल्दी में किया जाने वाला: ~ generalizations 4 फुर्तीला, कुशल: be ~ in sth: ~ decision 5 सहज, स्वाभाविक: ~ pen; ~ verse; ~ manners; a ~ liar 6 अकठोर: ~ parents;

dw/lw: **~ly** *adv.* सरलतापूर्वक, आसानी से;

facilita\te /फसिलिटे\ट/ *v., pt.* **~ted**, *pp* **~ting** 1 सहायता या

सुविधा देकर सुकर/ सुसाध्य/ बनाना: **~te** the execution of a task 2 आगे बढ़ाना: **~te** economic recovery 3 मदद क.: **~te** housework;

dw/lw: **~tor** /~टः/ *n.* सहायता करने वाला; **~tion** /~शन/ *n.* सरलीकरण, सुगमीकरण

facilities /फसिलिटीज/ *n., [pl.]* साधन व सुविधाएं: offer/ provide ~; ~ for sb/ (doing) sth

facility /फसिलिटि/ *n., pl.* **facilities** 1 सरलता, सुगमता: write letters with ~; ~ of access 2 दक्षता, निपुणता, कौशल: the ~ with which he has done it; have great ~ in learning languages; speak with ~; practice gives a wonderful ~ 3 ढांचा या मशीन जिसकी मदद से कार्य किए जा सकते हैं: good transportation **facilities** 4 (*mainly* **facilities**) स्थान जहां पर कार्यक्रम चलते हैं: sports ~; athletic **facilities; facilities** for research 5 (**facilities**) *euphemistic* सुविधाएं (स्नान, शौचालय आदि): bathing **facilities**; lighting **facilities** 6 *econ.* ऋण लेने की सीमा: overdraft ~

facing /फेसिंग/ *n., pl.* **~s** 1 बाहरी फलक: a brick wall with a ~ of stone 2 पोशाक को मजबूत करने के लिए लगाया जाने वाला कपड़ा: a black dress with red silk ~ 3 (**~s**) जैकेट के कॉलर, कलाई आदि;

collocations: **~ distance** कतारों के बीच फासला;

p&i: **go through one's ~s** परीक्षा की घड़ी से गुजरना; **put sb through his ~s** किसी की परीक्षा लेना, अग्नि परीक्षा में से गुजारना

facon de parler /फशों द पार्ले/ *Fr.* कथन-शैली, बोलने का अंदाज, अंदाजे बयां

facsimi\le /फैक्सिमिलि/ *n., pl.* **~lies** 1 पांडुलिपि, दस्तावेज, चित्र आदि की प्रतिकृति, प्रतिरूप, नकल: **~le** edition (पहले के संस्करण की हू-ब-हू प्रतिलिपि) 2 लेख, चित्र आदि का इलेक्ट्रॉनिक उपकरणों द्वारा प्रतिरूपण या नकल;

v. *pt.* **~led**, *pp* **~ling** प्रतिकृति, प्रतिरूप, प्रतिलिपि आदि बनाना

fact /फैक्ट/ *n.* 1 हकीकत: let children know the ~ of life 2 वास्तविकता: certain physical ~ 3 तथ्य: dry ~/ stark **~s**; established ~; ~ of common knowledge 4 वास्तविक घटनाएं और अनुभव 5 तथ्यात्मक सूचना: salient **~s**; get one's **~s** right;

dw/lw: **~-finding** *adj.* तथ्यान्वेषण: ~-finding organ/ committee; ~-finding mission; **~ive** /फैक्टिव/ *adj., gramm.* सत्य-सूचक (शब्द)

collocations: **~ sheet** किसी विषय पर बनाया जाने वाला तथ्य आधारित दस्तावेज, ऐसा दस्तावेज जिस पर किसी मामले के सब तथ्य दर्ज हों; **fixed** ~ तयशुदा तथ्य;

p&i: **~ is stranger than fiction** जीवन की वास्तविकता कल्पना से भी विचित्र हो सकती है; **~ of life** जीवन की सच्चाई, कटु सत्य; **~s and figures** तथ्य व आंकडे; **~s are stubborn things** सच्चाई सिर चढ़कर बोलती है; **~s speak for themselves** हथ कंगन को आरसी क्या;

accept/ establish/ explain /ignore a ~ तथ्य स्वीकार क./ स्थापित क./ स्पष्ट क./ अनदेखी क.; **after the** ~ घटना घट जाने के बाद; **an important/ interesting/ simple/ undeniable** ~ महत्त्वपूर्ण/ रोचक/ साधारण/ अकाट्य तथ्य; **but this is a ~!** पर यह सच है!; **confess the** ~ सच कबूल क.; **dry ~s** कटु सत्य, नीरस तथ्य; **his ~s are false** उसके आंकड़े गलत हैं; **I dispute all your ~s** मैं आपके सभी तथ्यों से असहमत हूं; **I know it for a** ~ मैं जानता हूं कि यह सच है; **in ~/ in actual~/ as a matter of ~/ in point of** ~ असल में, वास्तव में; **in ~/ in actual ~/ as a matter of** ~ वास्तव में, सच तो यह है कि; **in ~, not in word** शब्दों में नहीं, बल्कि हकीकत में; **look ~s in the face** सच्चाई का सामना क.; **one must prove one's ~s** व्यक्ति को अपने तथ्य सिद्ध करने चाहिए; **that's a** ~ यह तो सच है; **the ~ of the matter** वास्तविकता; **the ~ remains** सच तो यही है; **the ~ (of the matter) is** सच तो यह है कि..., असल में; **the ~s of life** जीवन और उसमें यौन आदि गतिविधियों के विषय में तथ्य; **the ~s about sth** किसी विषय के बारे में तथ्य

facta /फैक्टा/ *pl. of* **factum**

faction /फैक्शन/ *n.* 1 (शरारती तत्त्वों का) गुट 2 पक्ष, दल 3 गुट के सदस्यों में बहस या लड़ाई: they are in great ~ among themselves (उनके बीच बहुत अनबन है) 4 असंतुष्ट लोगों का खेमा 5 (*also* **documentary drama/ news fiction**) हकीकत और फसानों पर आधारित रचनाएं;

dw/lw: **~al** *adj.* 1 गुट-संबंधी, गुटीय 2 गुटों से संबद्ध; **~alism** /फैक्शनलिज्म/ *n.* 1 गुटबंदी, खेमेबाजी 2 गुट-भावना; **~alist** *n.* गुटबाज, खेमेबाज

factious /फैक्शिअस/ *adj.* 1 गुट या गुटबंदी-संबंधी 2 झगडालू 3 असंतोषी तत्त्व, तोड़-फोड़बाज 4 बागी

factitious /फैक्टिशिअस/ *adj.* 1 कृत्रिम, बनावटी: ~ enthusiasm 2 जाली 3 झूठमूठ-का, झूठा: ~ respect for sb;

dw/lw: **~ly** /फैक्टिशिअस्लि/ *adv.* 1 कृत्रिम रूप से, झूठमूठ; **~ness** /फैक्टिशिअस्नेस/ *n.* कृत्रिमता, बनावटीपन

factitive /फैक्टिटिव/ *adj., gramm.* द्विकर्मक, प्रेरणार्थक

factoid /फैक्टॉयड/ *n.* 1 झूठा-सच, सच-जैसा 2 सही न होने पर भी सही मान ली जाने वाली बात

factor /फैक्टः/ *n.* 1 बात: ~ of safety; ~ of merit 2 तथ्य 3 तत्त्व: water is an important ~ 4 उपादान, कारक, कारण, निमित्त: the main ~ in this process 5 गुणनखंड, गुणक, अपवर्तक: 5 is a ~ of 15; 6 आढ़तिया 7 अनुपस्थित मकान मालिक का मकान किराये पर देने वाला प्रतिनिधि 8 कारिंदा, अभिकर्ता 9 खून में थक्काकरण वर्धक तत्त्व: ~ 8 in the blood 9 पहलू, आयाम;

v., *pt.* **~ed**, *pp* **~ing** 1 गुणनखंडों में विभक्त क. 2 पूंजी लगाना 3 लागत या घाटा आदि को शामिल करके विचार क. 4 संपत्ति चलाना: ~ an estate 5 को संज्ञान में लेना, विचार के योग्य मानना 6 किसी योजना में भिन्न-भिन्न पहलुओं को ध्यान में रखना: ~ in over-head charges of a project;

dw/lw: **~age** /फैक्टरिज/ *n.* आढ़त, दलाली, कारिंदा का शुल्क; **~ial** /फैक्टोरिअल/ *adj.* क्रमगुणित; **~ize** *v., pt.* ~ized, *pp* ~izing गुणनखंड निकालना; **~ship** *n.* दलाली;

collocations: **~ 8** or **~ VIII** रक्त में थक्का बनाने वाली प्रोटीन; **common** ~ समापवर्तक; **~ cost** उपादान लागत, स्थायी लागत; **safety** ~ सुरक्षा का पहलू

factory /फैक्टरी/ *n.* 1 कारखाना, फैक्टरी: ~ committee; ~ law 2 उद्योगशाला;

dw/lw: **~-built** *adj.* कारखाने में बनाया हुआ; **~-buster** *n.* एक प्रकार का बम; **~-ship** *n.* तैरता हुआ मछली जहाज;

collocations: **~ accident** कारखाने में काम करते समय होने वाला हादसा; **~ farm** कृषि या पशुपालन की आधुनिक फार्म या फैक्टरी; **~-gate price** फैक्टरी मूल्य; **~ hygiene** कारखाने की सफाई; **~ overhead** कारखाने के दिन-प्रतिदिन के खर्चे; **~ ship** पकड़ी हुई मछलियों को तैयार करने वाला जहाज; **~ shop/ store/ outlet** फैक्टरी से सीधे आने वाला माल (बेचने) की दुकान; **~ test** कारखाने में किए जाने वाले टेस्ट; **~ waste** कारखाने का कचरा; **a boiler** ~ *US* शोर-शराबे वाली सभा, शोर-शराबा

factotum /फैक्टोटम/ *n., pl.* **~s** इधर-उधर भागदौड़ का काम करने वाला नौकर, कारिंदा

FACTS *abbr.* 'Fingerprint Analysis and Criminal Tracing System' की प्रथमाक्षरी

factual /फैक्चुअल/ *adj.* 1 तथ्यों आधारित, तथ्यपरक: ~ report/ data 2 वास्तविक, असली;

dw/lw: **~ly** /फैक्चुअलि/ *adv.* तथ्यों के आधार पर, वस्तुतः, हकीकत में

factum /फैक्टम/ *n., pl.* **facta/ ~s** *law* 1 मामले के हालात 2 मामले के

हालात का सार

facture /फैक्चः/ *n.* 1 भिन्न-भिन्न वस्तुएं या सामान 2 उत्पादन 3 उत्पादन का तरीका

facula /फैक्युला/ फैक्यला/ *n., pl.* **~e**, *Lat., astron.* सूर्य का चमकीला भाग

facultative /फैकल्टेटिव/ *adj.* 1 विकल्पी, वैकल्पिक: ~ studies 2 आकस्मिक: ~ money (incidentals) 3 किसी को विशेष अधिकार, आज्ञा या सत्ता देने वाला 4 *biol.* भिन्न-भिन्न परिस्थितियों में रहना;

dw/lw: **~ly** *adv.* वैकल्पिक रूप से

faculty /फैकल्टि/ *n., pl.* **faculties** *N. Amer.* 1 क्षमता, कार्यक्षमता, शक्ति: the ~ of making friends; ~ of hearing 2 मनीषा, मानसिक शक्ति, आत्मिक ऊर्जा: ~ of speech; the mental **faculties** 3 संकाय: the ~ of medicine; the English/ law/ science, etc. ~ 4 **the faculty** *US* स्कूल, कॉलेज या विश्वविद्यालय के अध्यापक समुदाय का सदस्य, सभी अध्यापक: ~ positions; ~ member

fad /फैड/ *n., colloq.* 1 (***syn.*** craze) सनक, झक 2 धुन 3 थोड़े दिन चलने वाला फैशन: this is a passing ~;

dw/lw: **~diness**/ **~dishness** *n.* झक्कीपन; **~dy** *adj., degr.* ~dier/ ~diest सनकी, धुनी; **fadd\ish** /फैडिश/ *adj.* सनकी, धुनी; **~ist** *n.* सनकी व्यक्ति: he is a food ~ist

FADA *abbr.* 'Federation of Automobile Dealers Association' की प्रथमाक्षरी

fade /फेड/ *v., pt.* **~d**, *pp* **fading** (*often* **~ away**) 1 रंग का फीका पड़ना, बदरंग हो.: socks ~ in the wash 2 मंद पड़ना, क्षीण हो जा.: the daylight **~d**; the music **~d** in the distance 3 लुप्त या विलीन हो जा.: beauty **~s**; all memory of their friendship has **~d** 4 धीरे-धीरे ओझल हो जा.: the coast **~d** from sight 5 कुम्हलाना, मुरझाना: the flowers have **~d**;

dw/lw: **~d** *adj.* बदरंग: ~d curtains/ cushions; ~d photograph; **~in** 1 चित्र का क्रमिक विकास 2 रेडियो व टीवी आदि पर आवाज का ऊंचा होने की क्रिया; **~less** *adj.* फीका न पड़ने वाला, चिरंतन: ~less glory; ~less memories of childhood; **~out** *n.* मृत्यु, क्रमिक विलोप;

p&i: **~ away** कमजोर पड़ना या धीरे-धीरे लुप्त हो., दुबला हो., क्षीण हो.: she was fading away; **~ in** क्रमशः स्पष्ट हो.; **~ out** आवाज या चित्र का धीरे-धीरे क्षीण हो.; **~ sth in/ out** *cinematog., broadcasting* आवाज या चित्र का धीरे-धीरे तेज या क्षीण हो. या क.

FAE *abbr.* 'fraudulent abstraction of electricity' की प्रथमाक्षरी

faeces *UK* (*US* **feces**) /फीसीज/ *n., [pl.]* पाखाना, टट्टी, गूह, मल

faex populi /फेक्स पोपुली/ समाज के निम्न लोग (dregs of people)

faff /फैफ/ *v., pt.* **~ed**, *pp* **~ing** (*also* **~ about/ around**) यों ही बात का बतंगड़ बनाना, बेकार में बखेड़ा क.

fag /फैग/ *n., sl., sometimes derog.* 1 नीरस या उबाऊ काम, थकाऊ/ कठोर काम: what a ~! 2 थकावट, थकान 3 वरिष्ठ (senior) छात्रों का छोटा-मोटा काम करने वाला कनिष्ठ (junior) विद्यार्थी 4 सिगरेट: they were enjoying a rest and a ~;

v., pt. **~ged**, *pp* **~ging** 1 थकाना 2 सेवा क. 3 कनिष्ठ स्कूल छात्र द्वारा वरिष्ठ छात्रों का हुक्म बजाना 4 परिश्रम क.;

dw/lw: **~ged** (*also* **~ged out**) *adj.* (***syn.*** exhausted) थका-हारा, थककर चूर;

collocations.: **~ hag** उभयलिंगी औरत जिसे समलिंगी पुरुषों की संगति में समय बिताना अच्छा लगता है;

p&i: **~ away** लीन हो., पसीना बहाना; **~ end** *colloq.* 1 उधड़ा सिरा 2 किसी भी प्रक्रिया का आखिरी भाग: ~ end of a day/ of a party 3 सिगरेट के टोटे का सिरा; **~ end of life** जीवन का अंतिम पड़ाव या दौर; **~ged out** थक के चूर, थका-मांदा, निढाल; **~ out** थकाना; **not to be ~ged to do sth** कुछ करने में पूर्णतः निढाल

faggot/ fagot /फैगट/ *n., cookery.* 1 गोश्त का गेंदनुमा व्यंजन 2 लकड़ियों का गट्ठर: ~ wood 3 समलिंगभोगी, समलिंगकामी

Fahrenheit /फैरेनहाइट/ (*abbr.* **F**) *n.* फारेनहाइट: ~ thermometer

FAI *abbr.* 'Federation aeronautique Internationale', 'Fencing Association of India', 'Fertiliser Association of India' की प्रथमाक्षरी

FAIDA *abbr.* 'Food & Agriculture Integrated Development Action' की प्रथमाक्षरी

faience/ faïence /फाइआंस/ फेआंस/ *n., Fr.* मिट्टी के चिकने-चमकीले, सुसज्जित एवं उत्तम बर्तन

fail /फेल/ *v., pt.* **~ed**, *pp* **~ing** 1 (*often* **~ in sth**) विफल या असफल हो.: ~ in life; ~ in a suit; all our plans **~ed** 2 फेल हो. या क., अनुत्तीर्ण हो. या क.: ~ in BA; he **~ed** in mathematics; she **~ed** her driving test 3 ठप हो जा., काम करना बंद कर दे. या खराबी आ जा.: our water supply has **~ed**; the radio signals **~ed**; the engine **~ed** unexpectedly 4 निराश क., उपेक्षा क.: ~ in respect for sb 5 कोई करने में चूक जा., चूकना: ~ to do sth; **~ed** to pay the bill in time 6 दिवालिया हो. 7 खराब हो जाने के कारण कमी या अभाव हो.: rains have ~ed and the ponds have gone dry; the rice crop **~ed** this year 8 मुसीबत में दोस्त या हिम्मत आदि द्वारा साथ छोड़ दे.: as usual, he **~ed** me at the last minute 9 धीरे-धीरे कमजोर हो.: daylight is **~ing**; his sight is **~ing**; his heart is **~ing**;

n. 1 अनुतीर्णता 2 कमजोरी 3 त्रुटि, कमी 4 असफलता: without ~ 5 दिवालियापन;

dw/lw: **~ed** /फेल्ड/ *adj.* 1 विफल, असफल: ~ed try (विफल प्रयास); ~ed firm 2 अनुत्तीर्ण; **~ing** /फेलिंग/ *n.* 1 कमी, दोष, त्रुटि: we all have our ~ings 2 असफलता 3 कमजोरी: one of his ~ings; **~ing** *adj.* असफल होता हुआ: ~ing eye-sight; a ~ing business; **~ing** *prep.* के न होने पर, के अभाव में:~ing which…; ~ing his arrival we shall stay here; **~safe** *adj.* 1 यंत्र जो खराबी आने पर भी ठीक अवस्था में वापिस लौट आता है 2 खराबी आने पर भी ठीक अवस्था में लौट आने वाली प्रणाली; **failure** *see below under separate entry*;

p&i: **~ to be moved** किसी की करुणा जगाने में असफल हो.; **~ to do sth** कुछ करने में असफल रहना; **~ to see/ understand the point of sth** आशय समझने में असफल हो.;

he ~ed for want of foresight वह अदूरदर्शिता के कारण असफल हुआ; **his attempt has ~ed** उसका प्रयास असफल रहा; **his health ~ed** उसका स्वास्थ्य खराब हो गया; **words ~ me** मैं शब्दों में व्यक्त नहीं कर सकता

failure /फेल्यः/ *n.* 1 असफलता, विफलता: the play was a ~; dead ~ 2 विफल व्यक्ति: be a ~; he was a ~ in art 3 अभाव, लोप, कमी: ~ of electricity 4 ह्रास, क्षय 5 चूक: ~ to do sth; ~ to keep a promise; ~ to pay a bill 6 दिवालिया 7 (***syn.*** break-down) काम करने में खराबी, ठप होने की अवस्था: ~ of a pump/ of a dynamo;

p&i: **~ inhibition** हादसे की चेतावनी; **~ of rain** वर्षा की कमी; **~ teaches success** असफलता ही सफल होना सिखाती है, गिर-गिरकर ही शेह सवार बनते हैं

all his efforts ended in ~ उसके सब प्रयास विफल हो गए; **bitter ~s** भयंकर असफलता; **crop ~** अकाल, फसल की बर्बादी; **his invention turned out to be a ~** उसका आविष्कार असफल हो गया; **invite ~** असफलता की ओर बढ़ना; **meet with ~** विफल हो.

fain /फेन/ *adv.* सहर्ष, खुशी से: I would ~ follow him;

predicate adj. विवश: she was ~ to keep silence;

faineance/ fineancy /फेनिअंस/ फेनिअंसि/ *n., Fr.* बेकारी, कामचोरी, खालीपन, खोखलापन

fainéant /फेअनेआं/ *n., Fr.* 1 निष्क्रिय, बेकार 2 सुस्त, कामचोर, खोखला

faint /फेंट/ *adj., degr.* **~er, ~est** 1 मंद, हल्का या हल्की 2 फीका, बुझा-सा, थोड़ा-सा: a ~ tinge of pink (गुलाबी रंग की थोड़ी-सी झलक); not the **~est** hope (जरा-सी भी आशा न हो.) 3 क्षीण, दुर्बल, कमजोर: his breathing became **~er**; he was ~ with hunger and cold; feel ~ (कमजोर, मूर्च्छोन्मुख, बेहोश होने की कगार पर) 4 धुंधला, अस्पष्ट: have a ~ idea of sth 5 शिथिल, डरपोक;

v., *pt.* **~ed**, *pp* **~ing** बेहोश हो., मूर्च्छित हो.;

dw/lw: **~-heart** *n.* कमजोर दिल व्यक्ति; **~-heart** *adj.* कमजोर दिल; **~-hearted** *adj.* कातर, बुजदिल, भीरु, डरपोक, पस्त-हिम्मत **~-heartedly** *adv.* कातर ढंग से; **~-heartedness** *n.* कातरता; **~ing** *n.* मूर्च्छा, बेहोशी; **~ing-fit** *n.* बेहोशी का दौरा; **~ish** *adj.* फीका-सा, मंद; **~ly** /फेंट्लि/ *adv.* 1 थोड़ा-सा, कुछ-कुछ, हल्के-से: ~ly visible; ~ly sarcastic tone 2 अस्पष्ट रूप से: he smiled ~ly;

collocations: ~ **colour** फीका रंग; ~ **efforts** हल्का-सा प्रयास; ~ **odour** हल्की गंध; ~ **praise** थोड़ी-सी प्रशंसा; ~ **reflections** धुंधले-से बिंब; ~ **resemblance** थोड़ी-सी समानता; ~ **sound** मंद आवाज;

p&i: **~ heart never won fair lady** कमजोर दिल वाले सुंदर लड़की का दिल नहीं जीत सकते; **~ hope/ praise/ chance, etc.** थोड़ी-थोड़ी, कमजोर, क्षीण आशा/ प्रशंसा/ अवसर; **have not the ~est idea of sth** जरा या बिल्कुल भी मालूम न हो.; **not the ~est chance** जरा-सी भी संभावना न हो.

faintly *see above under* **faunt:** ***dw/lw***

fair /फेअ:/ *adj., degr.* **~er, ~est** 1 उज्ज्वल, निर्मल, स्वच्छ 2 निष्कलंक: ~ name निष्पक्ष, न्यायसंगत: by ~ means; ~ play; strict but ~ 3 पूर्वाग्रह मुक्त 4 उचित: ~ price; ~ game 5 गोरा, गौर वर्ण, सुनहरा: ~ hair; ~ skin; ~ man/ woman 6 अच्छा-खासा, अच्छी-खासी, काफी, बहुत: a ~ number of; house of ~ size; have a ~ amount of sense; have a ~ chance of success/ be in the ~ way to sth/ to do sth 7 सुंदर, खूबसूरत, बढ़िया: ~ writing/ hand; ~ woman; ~ one; ~ landscape 8 स्पष्ट, सुवाच्य 9 संतोषजनक, अच्छा 10 न ज्यादा बढ़िया न ज्यादा खराब, बीच का: it's only a ~ movie 11 नियमानुसार, खरा-खरा: ~ deal; ~ employment practices; it's all ~ and above-board; it's ~ and proper 12 (***syn.*** fine) बढ़िया, अनुकूल (वायु): in ~ conditions; ~ weather; ~ sky; ~ wind; ~ day/ daylight;

n., *pl.* **fairs/ fayres** 1 (***syn.*** carnival) मेला, उत्सव, समारोह 2 प्रदर्शनी 3 चल रंगारंग कार्यक्रम, तमाशा 4 अनाज या पशु हाट 5 भिन्न-भिन्न देशों के माल की प्रदर्शनी: World Book **Fair** 6 दान कार्य के लिए की जाने वाली बिक्री;

v., *pt.* **~ed**, *pp* **~ing** 1 मौसम का साफ हो. 2 पूरी साफ प्रति लिपि बनाना 3 ठीक ढंग से कार्य चलाना;

adv. 1 न्यायसंगत या उचित ढंग से 2 ईमानदारी से: ~ and square 3 सीधे, सही-सही: play ~ to hit; strike sb ~ on the chin; copy a letter out ~;

dw/lw: **~-copy** *n.* अंतिम रूप से तैयार साफ प्रति लिपि; **~-dealing** *n.* निष्कपट व्यवहार, ईमानदारी; **~-dealing** *adj.* ईमानदार, सच्चा व्यवहार करने वाला; **~-faced** *adj.* 1 गेहुंए रंग का चेहरे वाला 2 सुंदर 3 खुले ईमानदार चेहरे वाला; **~ground/ ~ground attractions** मेले का मैदान/ मेले के मैदान की आकर्षक चीजें; **~-fall!** *excl.* (यात्रा आदि) शुभ हो!; **~-haired** *adj.* सुनहरे बालों वाला; **~ly** *see below under separate entry*; **~-minded** *adj.* निष्पक्ष; **~ness** /फेअ:नस/ *n.* न्यायपूर्ण ढंग या शैली; **~-spoken** *adj.* सुमधुर शब्द; **~-trade** *n.* पारस्परिक रूप से बराबरी की शर्तों पर होने वाला व्यापार; **~way** *n.* 1 साफ रास्ता 2 जहाजरानी का साफ रास्ता; **~-weather** *adj.* साफ-सुथरे मौसम के लिए: ~-weather boat; ; ~-weather road; ~-weather task 2 खुशहाली के दिनों का, स्वार्थी: ~-weather friend;

collocations: ~ **deal** सच्चा सौदा; ~ **dinkum** (*Austral.*) ईमानदार या ईमानदारी से; ~ **dos/ do's** *pl., colloq.* **do's** सभी के साथ बराबर और न्यायपूर्ण व्यवहार, पूरी ईमानदारी; ~ **game** वैध शिकार; ~ **name** सुयश, नेकनामी; ~ **play** उचित व्यवहार; ~ **price** उचित दाम; ~ **rent** उचित किराया; ~ **sailor** अनुभवहीन व भीरु नाविक ~ **spoken** मिठबोला; ~ **trademark** उचित दामों पर किया जाने वाला व्यापार; निर्माता द्वारा नियत दामों पर माल बेचना; **the ~er sex** = **the ~er sex** नारी जाति; ~ **wind** अनुकूल वायु;

p&i: **~ and soft goes far in a day** विनम्रता एव मधुर बोली सफलता की कुंजी हैं; **~ as lily/ as a rose** कुंदन-सा दीप्त, धूप-सा उजला; **~ and softly!** धीरे-धीरे, शांति से; **~ day's work for a ~ day's wage** खरी मजूरी चोखा काम; **~ dealings** सच्चा सौदा, खरा सौदा; **~ enough** सही है, मैं सहमत हूं; **~ exchange is no robbery** सही लेन-देन में कोई बुराई नहीं; **~ faces need no paint** सुंदर को सिंगार क्या; **~ feathers make ~ fouls** = **fine feathers make fine birds** सुंदर पहनावा व्यक्ति के सौंदर्य में चार चांद लगा देता है; **~ go** सही, ईमानदारी से; **~ and square** ईमानदार व न्यायशील; **~'s** = **~ dos/ ~ do's!** सही काम!; **~ sth out** कच्चे लेख आदि को पक्का (अंतिम) रूप दे.; **~ to middling** न ज्यादा अच्छा न बुरा, ठीक-ठाक; **~ wear and tear** स्वाभाविक टूट-फूट; **~ without false/ foul within** नाम बड़े और दर्शन छोटे; **~ words and foul deeds cheat wise men as well as fools** मधुर वाणी और बुरे काम चतुर और मूर्ख दोनों को ठगते हैं; **~ words fill not the belly** मीठे बोलों से पेट नहीं भरता; **a day after the ~** बहुत देर हो गई; **a ~ amount/ distance/ size, etc.** अच्छी-खासी धन-राशि/ अच्छा-खासा फासला/ डील-डौल आदि; **a ~ competition** न्यायपूर्ण मुकाबला; **a ~ crack of the whip** कुछ करने के लिए उचित अवसर; **a ~ death honours the whole life** अच्छी मौत अच्छी जिंदगी; **a ~ face cannot have a crabbed heart** जैसा चेहरा वैसा मन, चेहरा मन का दर्पण होता है; **a ~ field and no favour** बिना भेज-भाव के; **all is ~ in love and war** प्यार और युद्ध में सभी चालें उचित हैं; **be ~ game** आलोचना का अधिकारी हो.; **by ~ means or foul** सही-गलत किसी भी तरीके से, हर हाल में; **done in a fair way** 1 उचित ढंग से किया हुआ, ईमानदारी से 2 निष्पक्षतापूर्वक 3 सचमुच 4 साधारणतः; **for ~** *US* बेशक, वास्तव में; **give sb a ~ hearing** किसी को अपनी बात रखने का उचित अवसर दे.; **have one's (fair) share/ shake of sth** उचित हिस्सा पाना; **in all ~ness/ to be ~** न्यायपरक बात कहते हुए, न्यायसंगत रवैया अपनाते हुए; **it's a ~ swindle/ do** यह साफ ठगी या धोखा है; **speak sb ~** किसी के साथ आदर पूर्वक बात क.; **stand ~ with sb** का कृपापात्र हो.; **the ~rer sex** = **the ~ sex** महिला, स्त्री, औरत, नारी जाति; **the ~er the paper, the fouler the blot** नेक इंसान की छोटी गलती भी बड़ी लगती है; **through ~ and foul** = **by hook or crook** जैसे भी हो (प्राप्त करना है); **Vanity Fair/ vanity ~** झूठी शान व खोखलेपन की दुनिया, झूठी शान की प्रदर्शनी या मेला

fairing /फेअरिंग/ *n.* विमान, समुद्री जहाज या अन्य वाहनों पर लगा उपकरण या ढांचा जो हवा के अवरोध को कम करता है

Fair Isle *n.* एक विशेष प्रकार की बुनाई शैली की पोशाक: put on his **Fair Isle** and went fishing;

adj. विशेष प्रकार की बुनाई शैली की: ~ jumper

fairly /फेअःलि/ *adv.* 1 ठीक-ठाक, काफी: he sings ~ well; we could see and hear ~ well; in ~ close relations; he may have ~ high hopes; write ~ 2 ईमानदारी से, न्यायपूर्ण ढंग से: win/ gain sth ~; act ~ by all men 3 *colloq.* पूर्णतः, बिल्कुल: he is ~ beside himself 5 अच्छी तरह से: a town ~ situated

fairy /फेअरि/ *n., pl.* **fairies** 1 परी 2 *sl.* समलिंगी व्यक्ति;

dw/lw: **~land** *mythol.* 1 परियों का देश, परी लोक 2 मनमोहक व्यक्ति; **~like** *adj., adv.* परियों जैसा; **~-money** *n.* जादू की परी द्वारा दिए हुए पैसे; **~-mushroom** *n.* विषाक्त खुमी; **~-ring** छत्रक वृत्त;

collocations: **~ cycle** बेबी साइकिल; **~ godmother** अचानक किसी के बचाव या मदद के लिए आगे आने वाला व्यक्ति; **~ lights** *pl.* एक भूमिगत वनस्पति जिसका संबंध परियों या परी कथाओं से है; **~ of the mine** परी कथाओं का बौना पात्र; **~ stone** छत्रक प्रस्तर; **~ story** परी कथा; **~ tale/ story** 1 परियों, जादू व अन्य दिव्य वस्तुओं के बारे में कहानी 2 चामत्कारिक कथा 3 *euphemistic, colloq.* झूठ 4 *adj.* (**~tale**) सुंदर, मोहक, संपूर्ण, शानदार: a ~-tale castle; **bad ~** क्रूर परी, मेधावी पर क्रूर व्यक्ति

fait accompli /फेट अकौम्पली/ *US* फेट अकाःम्पली/ *n., , Fr.* 1 पहले से संपन्न कार्य 2 स्थापित तथ्य

FAITH *abbr.* 'Foundation to Assist in Inculcating Traffic Habits' की प्रथमाक्षरी

faith /फेथ/ *n.* 1 विश्वास, भरोसा, विश्वसनीयता 2 निष्ठा, सत्यनिष्ठा 3 आस्था, धार्मिक विश्वास 4 धर्म विशेष: the Buddhist ~ 5 आस्थाओं की प्रणाली 6 वायदा या विश्वास के प्रति वफादारी: break ~ with sb 6 ईमान, ईमानदारी, नेकनीयती;

dw/lw: **~-cure/ ~healing** *n.* विश्वास-चिकित्सा, आस्था-चिकित्सा, जादू-टोना से उपचार; **~ful** *see below under separate entry*; **~healing** *n.* श्रद्धा और प्रार्थना के द्वारा की जाने वाली चिकित्सा; **~less** /फेथलेस/ *adj.* 1 नास्तिक 2 निष्ठाहीन, बेवफा: a man of a ~ disposition 3 गद्दार; **~lessly** *adv.* बिना निष्ठा के, बेवफाई से; **~lessness** *n.* 1 नास्तिकता 2 बेवफाई 3 निष्ठाहीनता; **~worthy** *n.* विश्वास के योग्य, विश्वसनीय;

p&i: **~ is the continuation of reason** विवेक निरंतरता ही आस्था है

bad ~ बेईमानी, धोखा-धड़ी; **bear ~** आस्थावान हो.; **breach of ~** वायदा-खिलाफी; **break of ~** प्रतिज्ञा-भंग; **break one's ~** धर्म से विचलित हो जाना; **Christian/ Muslim/ Hindu/ Sikh/ Buddhist, etc. ~** ईसाइयत/ इस्लाम/ हिंदू धर्म/ सिख पंथ/ बुद्ध धर्म, आदि; **give/ pledge/ plight one's ~** वायदा क., वचन दे.; **good ~** ईमानदारी; **have/ lose ~** विश्वास का होना या खोना; **have ~ in sth** किसी बात में विश्वास रखना; **in bad ~** धोखा-धड़ी से, गद्दारी से; **in ~ whereof** को प्रमाणित करते हुए: in ~ whereof the plenipotentiaries have signed the treaty; **in good ~** अच्छी नीयत से, किसी कार्य को उचित मानते हुए; **keep one's ~** अपना वायदा निभाना, वचन निभाना; **on ~** 1 विश्वास करते हुए 2 आस्था, धर्म प्रचार; **on the ~ of your advice** आपकी सलाह मानते हुए; **pin one's ~ on/ to sth** or **place one's ~ in sth** 1 किसी बात में पूरा विश्वास रखना 2 किसी बात के ऊपर भरोसा क.; **political ~** राजनीतिक विश्वास (credo); **sb's ~ in sb/ sth** किसी का किसी व्यक्ति या किसी बात में आस्था या विश्वास; **shake sb's ~/ shatter sb's ~** किसी की आस्था को हिला दे./ नष्ट कर दे.; **upon/ by/ my ~!/ in ~!** मैं सौगंध खाकर कहता हूं!

faithful /फेथ्फुल/ *adj.* 1 वफादार (पति या पत्नी आदि): ~ husband; ~ and obedient servant 2 निष्ठावान, ईमानदार, सत्यनिष्ठ: be ~ to one's promise/ principles 3 शुद्ध, सही, यथावत, यथार्थपूर्ण: ~ narrative; give a ~ account of the course of events; a copy ~ in every detail 4 विश्वसनीय, सत्यप्रतिज्ञ 5 भरोसेमंद: ~ friend;

n., [pl.] 1 (**the Faithful**) किसी एक धर्म का अनुयायी 2 वफादार अनुयायी या समर्थक;

dw/lw: **~ly** *adv.* 1 ईमानदारी से, निष्ठापूर्वक, वफादारी से: serve sb ~ly 2 यथावत: reproduce sth ~ly; **yours ~ly** आपका वफादार; **~ness** /फेथ्फुल्नेस/ *n.* निष्ठा, सत्यनिष्ठा, वफादारी;

collocations: **~ portrait** छविचित्र; **~ memory** सही यादगार;

Father of the ~ मुसलमानों के धार्मिक पिता (prophet पैगंबर, खलीफा)

fake /फेक/ *adj.* 1(***syn.*** counterfeit) नकली: ~ diamonds 2 जाली: ~ passport 3 बनावटी, दिखावापूर्ण: ~ blow, ~ illness; ~ American accent;

n. 1 (***syn.*** imitation) नकली, जाली वस्तु या दस्तावेज 2 खोटा सिक्का 3 ठगी, ठगीबाजी, कपट, जालसाजी 4 जालसाज या धोखेबाज आदमी, ठग;

v., pt. **~d**, *pp* **faking** 1 नकली वस्तु या दस्तावेज बनाना: ~ result 2 जालसाजी क. 3 बहाना क., बनना, नाटक क.: ~ surprise/ anger; ~ illness;

dw/lw: **~d** *adj.* नकली; **~er** *n.* जालसाज; **~ry** *n., pl.* ~ries जालसाजी की क्रिया

fakir *n., IE* फकीर

Falan\ge /फैलेंज/ *n.* फैलेंज (स्पेनी फासीवादी);

dw/lw: **~gism** *n.* फैलेंजवाद; **~gist** *n.* फैलेंजवादी आदमी

falcate/ falciform /फैल्केट/ फैल्सिफॉःम/ *adj., anat.* हंसियाकार, दात्राकार, दरांती जैसा, चंद्राकार

falchion /फॉल्चिअन/ फॉल्शिअन/ *n.* टेढ़े फलक वाली तलवार

falcon /फॉल्क\न/ *n.* 1 बाज, श्येन, तुरमती, लगर, बहरी 2 छोटी तोप;

dw/lw: **~er** *n.* 1 बाजपालक, श्येनपालक 2 बाज से शिकार करने वाला; **~et** *n.* छोटा बाज; **~-gentle** *n.* बाज का शावक; **~ry** /~नरि/ *n.* 1 बाज पालन 2 बाजबाजी

falderal/ folderol /फैलडरल/ फैलडरॉल/ *n.* 1 गीतों में निरर्थक टेक 2 कोई भी बकवास

faldstool /फॉल्डस्टूल/ *n.* 1 विशप की बिना बाजू की कुर्सी 2 मुड़वां कुर्सी एवं मेज 3 राजगद्दी

the Fall *n., Bible.* आदम (Adam) और हौवा (Eve) द्वारा किया गया ज्ञान के वृक्ष से वर्जित फल खाने का पाप जिसकी बदौलत मानवता अस्तित्व में आई

fall /फॉल/ *v., pt.* **fell** *pt. p.* **fallen**, *pp* **~ing** 1 ऊपर से नीचे गिरना: ~ to the ground; ~ downstairs 2 (*also* **~ over/ down**) खड़ी स्थिति से नीचे गिरना: ~ flat on one's face/ ~ full length 3 झड़ना: blossoms ~ from trees 4 संख्या या मात्रा में कम हो. 5 गिरावट आना 6 लड़ाई में चौकी (post) या अन्य स्थान का दुश्मन के कब्जे में आ जाना: the fortress/ the town **fell** 7 (बालों आदि का) लटकना, झूलना: her hair **fell** loosely on her shoulders 8 पतित हो जा., पाप क. 9 घटित हो., हो जा. 10 कम हो., घट जा., ढलना, मंद पड़ना: the temperature **fell**; prices have **~en**; his voice **fell** 11 उतरना, ढालू हो., झुकना 12 नष्ट हो जा., मारा जा., मरना: many cattle **fell** in the drought; many houses **fell** in the earthquake 13 क्षीण हो जा., अवनति या ह्रास पर हो.: the wind **fell**; his anger gradually **fell** 14 इमारत आदि का ढह जाना, ढहना 15 बर्फ या बूंदों आदि का गिरना: rain is **~ing** 16 (*usually* **~ on sth**) रोशनी, छांव, प्रहार, नजर आदि का पड़ना या गिरना: the blow **fell** sharply on his face; the light from the moon **fell** on the trees; the sunlight **fell** upon the mountain; his eye **fell** on a misprint 17 सरकार आदि का गिरना: the government **fell** 18 नाकेबंदी आदि का ध्वस्त हो जाना 19 (***syn.*** descend) स्तब्धता आदि का छा-जाना: the conversation **fell** for a few minutes 20 शाम हो., अंधेरा आदि का हो., छा जाना, फैल जा.: darkness **fell** quickly; the silence **fell** suddenly 21 विभक्त हो., बंटना: the work **~s** into three categories/

divisions 22 बलाघात आदि का हो. या पड़ना: the stress **falls** on the first syllable 23 स्तर का कम हो.: it is dangerous to cross the bridge unless the river **~s** 24 किसी के हिस्से में आना: ~ to sb's share/ to sb's lot;

n. 1 गिरावट, कमी: a ~ in prices 2 उतार, ढलान 3 घटाव, कमी: a ~ in interest rates 4 नीचे गिरने की क्रिया: ~ from one's horse; the ~ of an apple; have a ~; a child's first teeth ~ 5 (*UK*/*US* **autumn**) पतझड़, शरत्: fashions of ~; golden forests of ~ (in Russia) 6 (***syn.*** downfall) पतन 7 (*often* **~s, waterfalls**) झरना, प्रपात: the **~s** of Niagara 8 *wrestling* पटकनी, चित्त (कुश्ती में): he won two **~s** out of three 9 अवनति, अधोगति, ह्रास: the rise and ~ of the Roman Empire; the rise and ~ of the waves 10 विनाश 11 ढाल, उतार 12 पराजय, पराभव, हार: pride will have a ~ 13 वर्षा, बर्फबारी: two-inch ~ of snow; a heavy ~ of rain;

dw/lw: **~-back** *n.* 1 पैसे आदि की बचत 2 आपात काल में प्रयोग के लिए योजना या कदम; **~-back-plans** *adj.* बचत योजना; **~en** *adj.* 1 गिरा हुआ, पतित: ~en person 2 भ्रष्ट 3 हत 4 पराजित 5 गिरे हुए पत्ते आदि: ~en leaves; **~ible** /फैलिबल/ *adj.* जो गलतियां कर सकता है; **~ibility** /फैलिबिलिटी/ *n., pl.* fallibilities पतन की संभावना; **~off** *n.* = **~ing-off** संख्या या मात्रा में कमी; **~out** /फॉलाउट/ *n.* 1 नाभिक धूल का बादल, विस्फोट का मलबा: ~out of radioactive dust 2 (**~-out**) झगड़ा, अनबन, दुष्परिणाम 3 सैनिक परेड का समापन; **~-trap** *n.* फंदा;

collocations: ~ **guy** 1 (***syn.*** scapegoat) बलि का बकरा 2 ऐसा आदमी जिसे आसानी से ठगा या बुद्धू बनाया जा सकता है; **intentional** ~ जान-बूझकर गिरने की क्रिया; **pin** ~ (कुश्ती में) चित्त; **the ~ of the hammer** नीलामी की बोली की नक्की; **the ~ of man** व्यक्ति का पतन;

p&i: ~ **about** *colloq.* हंसी से लोट-पोट हो.; ~ **across sb/ sth** से टकरा जा. / अचानक मिल जा.; ~ **a-laughing** ठहाका मारकर हंसना; ~ **among sb** अचानक किसी की संगति में आ फंसना; ~ **apart** 1 टुकड़े-टुकड़े हो., बिखर जा. 2 ढह जा., बिखर जा.; ~ **a prey/ a victim** शिकार हो.; ~ **asleep** नींद आ जाना; ~ **all over oneself** बहुत कोशिश क.; ~ **asleep/ ill/ still, etc.** नींद आना/ बीमार पड़ना/ चुप हो. आदि; ~ **astern** पीछे छूट जा.; ~ **at hand** समीप आना; ~ **away** 1 जमीन का किसी ओर ढलना 2 संख्या या मात्रा में कम होते जाना 3 गायब हो जाना 4 छोड़ जाना 5 नीचे जा.; ~ **back** (***syn.*** retreat) पीछे हटना; ~ **back on sb/ sth** किसी का सहारा ले.; ~ **back upon lies** झूठ का सहारा ले.; ~ **back upon sb's help** किसी की मदद ले.; ~ **behind/ ~ behind with sth** 1 किसी से पीछे रह या छूट जाना 2 किराया या मासिक किस्त देने में पिछड़ जाना; ~ **between two stools** दुविधा में दोनों गए, माया मिली न राम, दो नावों पर सवार हो.; ~ **by the sword** तलवार से मारे जाना; ~ **by the wayside** पीछे छूटते जा.; ~ **down** 1 दलील का असफल हो जाना, गिर जाना 2 गिरना 3 पानी के बहाव के साथ नीचे जाना 4 *US* हार जाना; ~ **down on sth** 1 कार्य करने में असफल हो जाना 2 कार्य करने में घास काटना 3 विश्वास का पात्र न बन पाना, कार्य ठीक से न कर पाना: he fell down on the job; ~ **due** होने का समय आ जाना; ~ **dumb** बहरा हो.; ~ **flat** असफल हो.: his jokes fell flat; ~ **for sb** किसी पर मरने लगना, किसी के लिए दीवाना हो जाना; ~ **for sth** के झांसे में आना; ~ **foul of** किसी से अनबन हो जाना; ~ **from grace** = ~ **into disgrace** कदर कम हो., भटक जाना, पाप क.; ~ **head over heels** प्यार में पागल हो जा.; ~ **in** 1 ढह जा., छत आदि का नीचे गिरना 2 सैनिकों का पंक्ति में खड़ा हो.; ~ **in (a) battle** लड़ाई में मारे जाना; ~ **in for sth** अपने ऊपर ले लेना या पड़ जा.; ~ **in line with** के अनुरूप; ~ **in love** प्यार हो जा., प्यार हो.; ~ **in sb's estimation** किसी की निगाह में गिर जाना; ~ **(in-) to pieces/ ~ apart/ asunder** टुकड़े-टुकड़े हो जाना; ~ **into a habit** आदत पड़ जाना; ~ **into a rage** आपे से बाहर हो.; ~ **into a snare/ a trap** जाल में फंसना; ~ **into a spin** किसी स्थिति में आ फंसना; ~ **into disgrace/ into disfavour** कलंकित हो. या किसी की कृपा-पात्रता खो दे.; ~ **into error** गलती क., भटक जाना; ~**into line** पंक्ति में अपना स्थान ग्रहण क. या ले., एक पंक्ति में खड़ा हो.; ~ **into place** अपनी जगह पर रखा जाना या आ पड़ना, फिट बैठना; ~ **into sth** किसी चीज में अनचाहे में फंस जाना; ~ **into sb's clutches** किसी के चंगुल में फंसना; ~ **into talk** बातचीत करने लगना; ~ **into the background/ shade** गौण हो जा.; ~ **in with a proposal** प्रस्ताव का समर्थन क.; ~ **in with sb** किसी से अचानक मिल जाना या उस से सहमत हो.; ~ **off** 1 संख्या या मात्रा में कमी हो., गिरावट आना 2 ह्रास हो.; ~ **on** काम शुरू क.; ~ **on one's knees** अपने घुटनों पर गिरना; ~ **on deaf ears (ear)** कानों पर जूं न रेंगना; ~ **on one's face** मुंह की खाना, मुंह पर चपत लगना; ~ **on one's feet** संकट से निकलना; ~ **on/ upon sb** पर हमला क.; ~ **on sth** किसी दिन या समय विशेष पर हो.; ~ **on one's feet** पांव में पड़ना; ~ **out** झगड़ पड़ना, बाहर निकल जाना; ~ **out of use** = ~ **into disuse** प्रयोग से बाहर हो जा.; ~ **out with sb** पुराने दोस्त से अनबन हो जा.; ~ **out of a habit** आदत छूट जाना; ~ **over oneself/ ~ over backwards** *colloq.* किसी को खुश करने या उसकी मदद करने के लिए दिखावापूर्ण ढंग से आतुर हो., चापलूसी करते-करते आगा-पीछा क.; ~ **over sth** (***syn.*** trip over) ठोकर लगना; ~ **over one another doing sth** 1 बहुत ध्यान लगाकर कोई काम क. 2 बहुत जल्दी में हो.; ~ **over eavh other** बुरी तरह झगड़ना, गुत्थमगुत्था हो.; ~ **prey to sth** किसी बात का शिकार हो.; ~ **short of sth** कम पड़ना; ~ **sick** बीमार पड़ना; ~ **silent** चुप हो जाना; ~ **through** असफल हो जाना, विफल हो जा.; ~ **to** काम शुरू क.; ~ **to loggerheads** हाथापाई पर उतर आना; ~ **to pieces/ bits** 1 बर्तन आदि का टूट जाना 2 आदमी का हिम्मत पस्त हो जा., टूट जाना; ~ **to the ground** विफल हो जाना, धूल में मिल जाना; ~ **to sb** के जिम्मे लगना; ~ **to sb's lot** किस्मत से किसी के हिस्से आना या किसी को मिलना; ~ **to temptation** लालच का शिकार हो जाना; ~ **together** मेल खाना; ~ **unconscious** बेहोश हो.; ~ **under** वर्ग या श्रेणी में आना; ~ **under sb's displeasure** किसी की नाराजगी का शिकार हो जा.; ~ **under sb's power** किसी के अधिकार क्षेत्र में आना; ~ **under suspicion** शक के घेरे में आ जाना; ~ **upon sb's neck** किसी के कंधे पर सिर रखना; ~ **vacant** रिक्त हो जाना, स्थान खाली हो जाना; ~ **wide of the mark/ target** निशाना चूकना; ~ **within a certain sphere of influence** किसी के प्रभाव क्षेत्र में हो.; ~ **within sth** के दायरे में आना;

~en on evil days बुरे दिनों के फेर में आ गया; **fell off** सब पत्ते झड़ गए;

a mist fell धुंध छा गई; **all fell out for the best** सब ठीक हो गया; **be at ~** गहन मुसीबत में हो.; **break sb's fall** किसी गिरते हुए व्यक्ति को बीच में बचाना; **darkness/ night ~s** अंधेरा/ रात हो.; **he at once fell for it** वह तुरंत इसमें फंस गया; **his eyes fell** उसकी नजरें झुक गईं; **his eye fell on me** उसकी नजर मेरे ऊपर पड़ी; **his face fell** उसका चेहरा उतर गया; **his income ~s short of his expenditure by rupees 500** उसकी आमदनी खर्चे से 500 रुपये कम पड़ती है; **his property ~s to his wife** उसकी संपत्ति उसकी पत्नी को मिली; **it ~s in exactly with my views** यह मेरे विचारों के साथ बिल्कुल मेल खाता है; **it ~s to me to deal with the matter** मामले से निपटने का काम मेरे जिम्मे छोड़ दिया गया है; **it fell to me to break the news to her** यह खबर (बुरी) बताने की जिम्मेवारी मेरे हिस्से आई; **May Day this year ~s on Monday** इस वर्ष मई दिवस रविवार को आएगा; **music fell on his ear** उसके कानों में संगीत पड़ा; **my spirits fell** मेरी हिम्मत पस्त हो गई; **night is ~ing fast** रात तेजी से गहरा रही है; **not a word fell from his lips** उसके होंठों से एक शब्द न निकला; **our efforts have ~en short** हमारा प्रयास कम पड़ गया या विफल

हो गया; **ride for a ~** लापरवाही से घुड़सवारी क.; **sb's countness fell** किसी का मुंह लटक गया; **she had ~en on hard times** वह मुसीबत के दिनों में फंस गई; **sleep fell upon him** उसे नींद आ गई; **suspicion fell on him** उस पर शक हो गया; **take a ~** ठोकर लगकर गिरना; **the custom fell into abuse** प्रथा का दुरुपयोग होने लगा; **the curtain ~s** पर्दा गिरता है, खेल खत्म होता है; **the door fell to** दरवाजा अपने आप बंद हो गया; **the lot fell on him** उसकी लॉटरी निकल आई; **the plain fell to the north** मैदान उत्तर की ओर फैल गया; **the quality of his painting has ~en off greatly** उसकी चित्रकारी का स्तर काफी गिर गया है; **the troops fell back** सैनिक टुकड़ी पीछे हट गई; **the two friends fell out** दो दोस्तों में अनबन हो गई है; **these things do not ~ under human observation** ऐसी प्रक्रियाएं इंसान को नजर नहीं आतीं; **they fell to food with good appetite** वे भूख लगने के कारण खाने पर टूट पड़े; **this doesn't ~ within my province** यह मेरे अधिकार क्षेत्र में नहीं आता; **this word ~s into the class of verbs** यह शब्द क्रियाओं की श्रेणी में आता है; **try a ~ with sb** किसी को कुश्ती में चित्त करने की कोशिश क., किसी के साथ ताकत अजमाना

fallacious /फलेशिअस/ *adj.* 1 भ्रांतिजनक, भ्रामक: ~ arguments/ reasons 2 अतर्कसंगत: ~ hopes;
dw/lw: **~ly** *adv.* भ्रामक ढंग से

fallacy /फैलअसि/ *n., pl.* **fallacies** 1 भ्रांति, भ्रम, दोष: popular ~ 2 भ्रामकता: the ~ of friendship 3 कुतर्क, तर्कदोष: a statement based on ~;
p&i: **the pathetic ~** (***syn.*** personification) प्राकृतिक प्रक्रियाओं का मानवीय रूप में प्रस्तुति या उनका मानवीकरण: **cruel** sea; a **pitiless** storm

fall-back, fallen, fallible *see above under* **fall: *dw/lw***

falling /फॉलिंग/ *adj.* 1 गिरता/ झड़ता हुआ: ~ leaf 2 ह्रासमान 3 अवरोही, अधोगामी;
dw/lw: **~-disease/ ~-sickness** *n.* मिर्गी, अपस्मार; **~-off** *n.* 1 ह्रास 2 विनाश 3 अलगाव; **~-out** *n.* अनबन, झगड़ा; **~-stone** *n.* पथरीला उल्का पिंड का टुकड़ा;
collocations: **~ star** = shooting star टूटता तारा, उल्का;
p&i: **~ out of lovers is the renewing of love** प्रेमियों के बीच तकरार प्रेम को तरोताजा करने के समान है

fallout /फॉलाउट/ *n., see above under* **fall: *dw/lw***

fallow /फैलो/ *adj.* 1 जोतने के बाद खाली छोड़ी हुई जमीन से संबंधित 2 हल्का भूरा, हल्का लाल;
n. जोतने के बाद खाली छोड़ी हुई जमीन;
v. pt. **~ed**, *pp* **~ing** जमीन को जोतकर खाली छोड़ना;
collocations: **~ clayed land** चिकनी मिट्टी वाली जोतकर खाली छोड़ी हुई जमीन; **~ deer** उपरोक्त खाली भूमि पर मिलने वाला लाल-भूरे रंग का मृग; **~ mind** अनगढ़ और अविकसित व्यक्ति;
p&i: **lie ~** जमीन का खाली पड़ा रहना; **lay land ~** धरती को जोतकर खाली छोड़ दे.; **virgin and ~lands** अनजुती और जुती हुई खाली पड़ी भूमि

false /फॉल्स/ *adj.* 1 असत्य, झूठा: ~ accusation 2 मिथ्या: ~ note (असुर, बेसुरा सुर) 3 नकली 4 बेवफा, निष्ठाहीन, कपटी 5 भ्रामक, भ्रांतिजनक 6 खोटा (सिक्का), नकली, जाली 7 बनावटी, दिखावटी, कृत्रिम 8 झूठा, खोखला: ~ promise/ words; ~ shame; ~ pride 9 *law* अवैध: ~ imprisonment;
adv. कपटी व्यवहार क.: play sb ~; his memory played him ~ (= failed him);
dw/lw: **~-coiner** *n.* खोटे सिक्केबाज; **~-faced** *adj.* नकली चेहरे वाला, दोगला, दोमुंहा; **~hearted** *adj.* धोखेबाज, मक्कार, लंपट; **~ly** /फाल्सलि/ *adv.* धोखे से, झूठ के सहारे, छल से: he was ~ly accused of theft; **~ness** *n.* भ्रामकता, कृत्रिमता, नकलीपन: the ~ness of charge; **falsificator** *n.* नकली सामान बनाने वाला;
collocations: **~ alarm** किसी खतरे या घटना का झूठा शोर या संकेत; **~ arrest** अवैध गिरफ्तारी; **~ balance** दोषपूर्ण तुला; **~ bedding** तिर्यक संस्तरण; **~ beginner** भाषा का आधार-भूत ज्ञान होने के बावजूद फिर से भाषा सीखने वाला व्यक्ति; **~ bottom** दोहरा तल, सूटकेस आदि में असली निचली सतह के ऊपर निचली सतह लगने वाला स्थान; **~ ceiling** नकली छत; **~ colours** ढोंग, छलावा; **~ dawn** 1 भ्रामक अच्छे दिन 2 उषाकाल की लालिमा; **~ face** मुखौटा; **~ friend** 1 दोस्ती का दिखाना करने वाला धोखेबाज व्यक्ति 2 अपनी भाषा के शब्द से मिलता जुलता विदेशी भाषा का शब्द जिसका असल में अर्थ बिल्कुल भिन्न होता है; **~ hair** कृत्रिम बाल, विग; **~ imprisonment** अवैध गिरफ्तारी या कैद; **~ jewellery** नकली आभूषण; **~ keel** बनावटी कील; **~ light** भ्रामक प्रकाश; **~ memory** ऐसी घटना की याददाश्त जो कभी घटी ही न हो; **~ move** मूर्खतापूर्ण कदम; **~ pains** भ्रामक प्रसव पीड़ा; **~ pillars** दिखावटी (आभासी) स्तंभ; **~ pregnancy** गर्भधारण के कृत्रिम लक्षण; **~ pretences** झूठा बहाना; **~ prophet** कपटी संत, फरिश्ता; **~ rib** नकली पसली; **~ start** गलत शुरुआत, असफल शुरूआत; **~ step** गलती, चूक; **~ tears** बनावटी आंसू; **~ teeth** नकली दांत; **~ timbering** अस्थायी मजबूती देने वाला ढांचा; **~ window** श्रृंगारी, दिखावटी खिड़की;
p&i: **~ to the core** पूर्णतया असत्य;
be ~ to sb's trust किसी के साथ विश्वासघात क.; **be ~ to sb** किसी के साथ बेवफा हो.; **be in a ~ position** भ्रामक स्थिति में हो.; **by/under/ on under ~ pretences** बहरूपिया बन कर छलावा क.; **give a ~ impression** भ्रामक प्रभाव; **give/ put ~ colour on sth** किसी चीज पर नकली रंग चढ़ाना; **play one's ~** धोखा दे.; **play sb ~** किसी को ठगना; **take a ~ step** भ्रामक कदम उठाना; **the news has proved ~** खबर झूठी सिद्ध हुई; **to sail under ~ colours** दूसरे की पताका या ध्वज फहराकर जहाज चलाना;

falsehood /फॉल्सहुड/ *n.* 1 झूठ: he never told **~s** 2 मक्कारी, धोखा: his ~ cost us much 3 कपट 4 भ्रांति

falsetto /फाःलसेटो/ *n.* 1 (संगीत में) बनावटी ऊंची आवाज, भड़भड़ 2 भड़भड़ आवाज में गानेवाला

falsies /फॉःल्सिज/ *n.* गद्दीदार चोली

falsification /फॉःल्सिफिकेशन/ *n.* 1 झूठा सिद्ध करने की क्रिया, मिथ्याकरण 2 जालसाजी, हेर-फेर, बदलाव 3 कूट या छद्म रचना

falsify /फॉःल्सिफाइ/ *v., pt.* **~fied**, *pp* **~fing** 1 जालसाजी क., हेरफेर क., बदल दे. 2 दस्तावेजों को बदल कर गोलमाल क.: **~y** accounts (जाली हिसाब तैयार क.) 3 का झूठा रूप प्रस्तुत क. 4 गलत बयानी क.;
dw/lw: **falsifier**/फॉःल्सिफायः/ *n.* नकली या जाली चीजें या दस्तावेज बनाने वाला

falsity /फॉःल्सिटि/ *n., pl.* **falsities** 1 झूठ, मिथ्या बात 2 भूल 3 असत्यता 4 गलती: the ~ of the method 5 गद्दारी, बेवफाई: the ~ of an ally

falter /फॉल्टः/ *v., pt.* **~ed**, *pp* **~ing** 1 लड़खड़ाना, डगमगाना: he **~ed** across the room 2 हकलाना, जबान का लड़खड़ाना: his tongue **~s**; ~ (out) an excuse 3 कमजोर पड़ जा.: his heart **~ed** 4 (***syn.*** waver) हिचकचना, हिचकिचाना: I wouldn't ~ to tell him; he **~ed** and delayed before saying "yes" or "no" 5 विचलित हो., झुक जा. 6 हिम्मत हारना;
dw/lw: **~ing** /फाःल्टरिंग/ *adj.* 1 लड़खड़ाता हुआ: ~ steps; a weak ~ old man 2 हकलाता हुआ: ~ voice; ~ speech; **~ingly** *adv.* लड़खड़ाते हुए

fame /फेम/ *n.* 1 प्रसिद्धि, ख्याति, नाम2 यश, कीर्ति;
dw/lw: **~d** /फेमड/ *adj.* 1 प्रसिद्ध, विख्यात: be **~ed** for sth; one of the **~ed** writers of the past century 2 (***syn.*** notorious) बदनाम, कुख्यात;

collocations: **house of ill ~** (*euphemistic, archaic*) वेश्यालय;

p&i: **~ is a magnifying glass** नेकनामी से गुण और बड़े दिखने लगते हैं

familial /फैमिलिअल/ *adj.* पारिवारिक, कौटुंबिक

familiar /फमिलिअः/ *adj.* (**~ with sth**) 1 जाना-पहचाना, परिचित: be on ~ terms with sb; ~ face/ voice 2 घनिष्ठ, अंतरंग: ~ friends 3 सुपरिचित, सुविदित: be ~ with sth; grow ~ with sth; make oneself ~ with a language 4 धृष्ट: ill-bred and ~ manner 5 साधारण, सामान्य: ~ sight 6 पालतू;

dw/lw: **~ly** *adv.* 1 सुपरिचित ढंग से 2 मैत्रीपूर्वक

familiarity /फमिलिऐरिटि/ *n.* 1 अच्छी जानकारी 2 ज्ञान, सुविज्ञता: he learnt German but never reached ~ with it 3 घनिष्ठता, मेलजोल 4 बेतकल्लुफी, हेल-मेल: be on terms of ~ with sb 5 धृष्टता, ढिठाई: ~ breeds contempt

familiarization /फमिलिअराइजेशन/ *n.* 1 परिचय करने या कराने की क्रिया 2 परिचित होने की क्रिया

familiari\ze (*also UK* **~se**) /फैमिलिअराइज/ *v., pt.* **~zed**, *pp* **~zing** 1 (***syn.*** acquaint) किसी को किसी चीज से परिचित कराना: **~ze** sb with a new job 2 जानकारी ले.: **~ze** oneself with sth 3 का आदी बनाना, अभ्यस्त हो. 4 घनिष्ठता स्थापित क.

family /फैमिलि/ *n., pl.* **families** 1 परिवार, कुटुंब: a man of ~; happy ~ 2 बाल-बच्चे, संतान 3 नस्ल: cat ~; rose ~ 4 घराना, कुल, वंश: run in the ~ 5 जाति 6 वर्ग, भाषा आदि की श्रेणी: ~ of languages;

adj. 1 परिवार से संबंधित: ~ matters; ~ circle; ~ estate 2 परिवार की: ~ car, ~ get-together 3 सारे परिवार के लिए माफिक: ~ pub; ~ picture; ~ likeness between the two cousins; ~ trait 4 कुल उपनाम से संबंधित: ~ name;

collocations: **~ allowance** परिवार-भत्ता; **~ business** पारिवारिक कारोबार; **~ circle** रिश्तेदारों या मित्रों का समूह, इष्ट-मित्र; **~ credit** कम आय वाले परिवार को सरकार द्वारा दी जाने वाली सहायता राशि; **~ custom** परिवार-परंपरा, कुलाचार; **~ doctor** एक परिवार से जुड़ा सामान्य चिकित्सक; **~ jewels** परिवार के आभूषण; **~ man** घर-परिवार में रमा आदमी; **~ members** परिवार के सदस्य; **~ name** 1 कुल-नाम 2 परिवार की इज्जत: a spot on ~ name; **official ~** मंत्रिमंडल; **~ planning** परिवार नियोजन; **~ room** 1 घर में बैठकखाना 2 होटल में कई जनों के लिए बड़ा कमरा 3 पब (pub) में बच्चों के लिए कमरा ; **~ silver** परिवार के गहने; **~ tree** वंश-वृक्ष; **~ wage** परिवार मजदूरी; **undivided ~** अविभाजित या संयुक्त परिवार

p&i: **~ viewing** सारे परिवार द्वारा फिल्म आदि देखने की क्रिया; **a big/ close/ happy ~** एक बड़ा/ सुगठित/ सुखी परिवार; **a joint ~** संयुक्त परिवार; **in the ~ way** गर्भवती; **one's extended/ immediate ~** सभी रिश्तेदारों से बना/ एक-साथ रहने वाला परिवार; **of good ~** कुलीन, खानदानी;

famine /फैमिन/ *n.* 1 अकाल, सूखा: in the years of ~ 2 दुर्लभ्यता, घोर अभाव, कमी: coal ~ 3 भुखमरी: die of ~;

dw/lw: **~-fever** *n.* भुखमरी से पैदा होने वाला तंद्रिक ज्वर (typhus); **~-relief** *n.* अकाल सहायता; **~-stricken/ ~-struck** *adj.* अकाल पीड़ित;

collocations: **~ prices** अकाल के समय ऊंचे दाम

famish /फैमिश/ *v., pt.* **~ed**, *pp* **~ing** 1 (*also* **~ing**) बहुत भूख लगी हो. 2 भूख से मरना 3 भूखों मारना;

dw/lw: **~ed** *adj.* 1 भूखा 2 भूख से तड़पने वाला;

p&i: **~ affection** प्रेम या घृणा भाव को दबाना; **~ing for sympathy** सहानुभूति के लिए तरसना

famous /फेमस/ *adj.* विख्यात, प्रसिद्ध, मशहूर: a ~ explorer/ writer, painter 2 यशस्वी, नामी: a town ~ for its monuments 3 महान: a ~ victory;

dw/lw: **~ly** /फेमस्लि/ *adv.* 1 बहुत अच्छी तरह से: get on ~ly; ~ly last words 2 मशहूर; **~ness** *n.* प्रसिद्धि; **world-~** *n.* दुनिया भर में प्रसिद्ध;

p&i: **be ~ for sth** किसी चीज के लिए प्रसिद्ध हो.; **get along ~ly** गाढ़ी छनना, अच्छा मेलजोल हो.; **he has a ~ appetite** उसके पेटू होने की बात को सब जानते हैं; **that's ~** यह बात सब जानते हैं

famulus /फैम्युलस/ *n.* निजी सचिव, सर्वकर्मकर

fan /फैन/ *n.* 1 पंखा: electric ~; ~ draught 2 प्रशंसक, भक्त: football ~; film ~;

v., pt. **~ned**, *pp* **~ning** 1 पंखा झलना, पंखा चलाना, पंखा क. 2 भड़काना, उत्तेजित क. या हो.: ~ the flame 3 (***syn.*** winnow) ओसाना, बरसाना, पछोड़ना 4 फैलना या फैलाना: **~ned** out in all directions (बिखर गए या फैल गए);

dw/lw: **~-shaped** *adj.* पंखाकार;

collocations: **~ belt** कार आदि में इंजन को ठंडा करने के लिए पंखे को चलाने वाली रबड़ की पेटी; **~ club** प्रशंसक मंडली, चाहने वालों का समूह; **~ dance** पंखा नाच; **~ heater** पंखे से गर्म हवा फेंकने वाला तापक (heater); **~ mail** प्रशंसक-पत्र;

p&i: **~ away** दूर भगाना; **~ away the flies** मक्खियों को दूर भगाना; **~ out** फैल जा.; **~ the flames/embers** लपटों को हवा दे.;

a big/ huge ~ बहुत बड़ा प्रशंसक; **a ~ of sb/ sth** किसी का या किसी बात का प्रशंसक हो.; **football/ soccer ~s** फुटबाल प्रेमी

Fanagalo /फैनअगअलो/ *n.* दक्षिण अफ्रीका, जिम्बाब्वे आदि देशों में खान मजदूरों द्वारा बोली जाने वाली मिली-जुली अंग्रेजी

fanatic /फनैटिक/ *n.* 1 कट्टरवादी, कठमुल्ला 2 (***syn.*** extremist) धर्मांध, मतांध, धर्मोन्मत्त 3 दुराग्रही, हठधर्मी 4 दीवाना: be a ~ of sth; a fresh-air ~;

dw/lw: **~al** /फनैटिकल/ *adj.* 1 कट्टरवादी 2 उन्मत्त (frenzied) 3 दुराग्रही 4 जोश में पागल, दीवाना; **~ally** *adv.* मतांध होकर, धर्मांधतापूर्वक, दुराग्रहपूर्वक; **~ism** /फनैटिसिज्म/ *n.* 1 कट्टरवाद, कठमुल्लापन 2 (***syn.*** extremism) धर्मांधता, मतांधता, धर्मोन्माद: dark forces of religious ~ism 3 दुराग्रह 4 दीवानगी, गर्मजोशी

fanciable /फैंसिएबल/ *adj.* यौन या कामुकता की दृष्टि से आकर्षक

fancied /फैंसिड/ *adj.* 1 काल्पनिक 2 कल्पित: ~ wrong 3 पसंददीदा

fancier /फैंसिअः/ *n., esp. in compounds* 1 मौजी, तरंगी, सनकी 2 शौकीन 3 विशिष्ट जाति के पौधों या पशुओं को पालने वाला: pigeon ~

fanciful /फैंसिफुल/ *adj.* 1 कल्पना की उड़ान भरने वाला: ~ child; ~ mind; ~ writer 2 काल्पनिक 3 मौजी, लहरी, उमंगी, झक्की 4 विलक्षण, विचित्र, अनोखा: ~ scheme; ~ head-dress; ~ drawings;

dw/lw: **~ly** /~लि/ *adv.* विलक्षण, विचित्र या अनोखे ढंग से: the room was ~ly decorated with flowers; **~ness** /~लनेस/ *n.* काल्पनिकता, विलक्षणता, विचित्रता

fan\cy /फैंसि/ *v., pt.* **~cied**, *pp* **~cying**, *s/he/it* **~cies** 1 कल्पना क., कल्पना की उड़ान भरना 2 सोचना, मानना, समझ रखना: he **~cies** that he can succeed without working hard 3 *UK* चाहना 4 *UK* किसी की ओर यौन दृष्टि से आकर्षित हो., पसंद क.: I don't **~cy** this place at all 5 किसी के जीतने आदि की संभावना देखना;

adj., *degr.* **~cier**, **~ciest** 1 विचित्र, विलक्षण: **~cy** picture 2 सनकी 3 मनमाना 4 बढ़िया किस्म का, विशिष्ट: **~cy** design 5 चमकीला-भड़कीला, रंग-बिरंगा: **~cy** weaving; **~cy** articles/ goods; **~cy** haberdasher 6 *facetious* महंगा: **~cy** diamonds; at a **~cy** price;

n., *pl.* **~cies** 1 कल्पना: the power of **~cy**; all those stories only tickled his **~cy** 2 बिंब, चित्र या विचार: **~cies** of a poet;

possess **~cy** for form 3 किसी चीज या व्यक्ति के लिए आकस्मिक चाह या पसंदगी: take a **~cy** to sb/ sth; have a lively **~cy**; passing **~cy**; have a **~cy** for sb;
dw/lw: **~ciable** /फैंसिअबल/ *adj.* पसंद करने लायक; **~cily** *adv.* विचित्र ढंग से; **~cy-free** *adj.* 1 जो प्यार या दुराग्रह में न फंसा हो 2 स्वच्छंद; **~cy-sick-love-sick** *n.* प्रेम रोगी; **~cywork** *n.* गुलकारी, कशीदाकारी, मीनाकारी;
collocations: **~cy dance** नंगी औरत द्वारा अपने अंगों को पक्षी पंखों से ढकते हुए किया जाने वाला नाच; **~cy dress** *UK* बहुरूपी वेशभूषा; **~cy-dress ball/ ~cy party** फैंसी नृत्य व फैंसी पोशाक की पार्टी; **~cy fair** रंगारंग मेला, मीना बाजार; **~ free** प्यार के पचड़े से आजाद; **~cy girl/ lady woman** रखैल; **~cy goods** तड़कीला-भड़कीला माल; **~cy man** पुरुष रखैल; **~y names** विचित्र नाम;
p&i: **Fancy (that)!/ Just ~cy!/ Fancy now!** जरा देखो तो! जरा सोचो तो!, कितने अचंभे की बात है!; **~cy oneself** अपने ऊपर घमंड क., इतराना; **take a ~cy to sb/ sth** किसी से या किसी वस्तु के प्रति आकर्षण/ खिंचाव/ लगाव हो जा.; **take sb's ~cy** पसंद आना/ अच्छा लगना; **tickle the ~cy of sb** किसी की जिज्ञासा या उत्सुकता उकसाना (गुदगुदाना)

F&A *abbr.* 'food and agriculture' की प्रथमाक्षरी

fandangle /फैंडेग्ल/ *n.* 1 भड़कीला आभूषण 2 बकवास, बेकार चीज

fandango /फैंडेंगो/ *n.* 1 जोश भरा स्पेनी नृत्य 2 इस नृत्य के लिए संगीत

fanfare /फैनफेअः/ *n.* 1 शहनाई का स्वर, मंगल ध्वनि, तुरही-नाद 2 धूमधाम

fanfaron /फैनफरन/ *n.* डींग हांकनेवाला, शेखीबाज, बड़बोला;
dw/lw: **~nade** /फैनफरअनेड/ *n.* शेखीबाजी, डींगबाजी

fanfold /फैनफोल्ड/ *adj.* कंप्यूटर प्रिंटर के लिए छिद्रालु (perforated) कागज

fang /फैंग/ *n.* 1 मांसभक्षी जानवर के लंबे नुकीले दांत, भेदक दांत 2 जहरीले सांप के विषदंत 3 दंतमूल;
dw/lw: **~ed** *adj.* विषदंती; **~less** *adj.* विषदंतहीन, दंतहीन;
collocations: **~ Christendom** ईसाई धर्म अपनाना;
p&i: **~ bolt** लंगर (anchor) की बोल्ट; **be in a ~** बुरी तरह भटक जाना, उलझ जाना; **draw sb's ~s** किसी का जहर निकालकर उसे अहानिकर बना देना; **lose the ~** निशाने पर न लगना

fangle /फैंगल/ *n., derog.* new ~ (नया फैशन)

fan-jet *n.* पंखे द्वारा हवा खींचने वाला हवाई इंजन

fanlight *n.* दरवाजे के ऊपर लगी अर्ध-गोलाकार खिड़की, दरवाजे या खिड़की के ऊपर का रोशनदान

fan-magazine *n.* किसी चीज या बात के प्रेमियों की पत्रिका

fanny /फैनि/ *n., pl.* **fannies** *Br. taboo sl.* औरत के गुप्तांग, *N. Amer. sl.* चूतड़

fanny pack *US* (*UK* **bumbag**) *n.* कमर में पेटी से लटकने वाला छोटा-सा बैग

FANS *abbr.* 'Future Air Navigation System' की प्रथमाक्षरी

fan-shaped *adj.* पंखानुमा, वृत्त का एक भाग

fantail /फैनटेल/ *n.* चकदील (pigeon), ऐसा कबूतर जिसकी पूंछ अर्धवृत्ताकार हो

fantasia /फैंटाजिआ/ *n., pl.* **~s** शास्त्रीय स्वरों से मुक्त स्वर-लिपि या संगीत

fantasi\ze/ fantasi\se (*also UK* **~se**) /फैटअसाइजन/ *v., pt.* **~zed**, *pp* **~zing** (*often* **~ze about sth**) कल्पना की उड़ान भरना

fantasque /फंटैस्क/ *adj.* शानदार, विचित्र

fantast /फैंटैस्ट/ *n.* स्वप्नद्रष्टा, कल्पना-विहारी

fantastic/ ~al /फैंटैस्टिक/ ~ल/ *adj., colloq.* 1 काल्पनिक 2 (***syn.*** brilliant) विलक्षण, अनोखा, शानदार: ~ idea 3 (***syn.*** weird) विचित्र तथा कल्पनातीत 4 भ्रामक, ऊटपटांग, बेतुका (a story) 5 झक्की, तरंगी: ~ acts of kindness 6 (***syn.*** enormous) भीमकाय 7 अयथार्थपूर्ण: ~ fears;
dw/lw: **~ally** /फैटैस्टिकलि/ *adv.* 1 बहुत बढ़िया तरह से 2 बेतुके ढंग से 3 सनक के रूप में

fantas\y/ phantas\y /फैंटसि/ *n., pl.* **~ies/ ~ies** 1 आनंदमय दिवास्वप्न, स्वप्न-चित्र 2 मनोकल्पना, स्वैर कल्पना: by the power of **~y** 3 भ्रांति 4 मोह-माया 5 सनक, लहर, मौज: this is no more than **~y**;
dw/lw: **~ist** /फैंटअसिस्ट/ *n.* स्वप्न-दृष्टा;
p&i: **~y football** अक्सर समाचार-पत्रों द्वारा चलाई जाने वाली प्रतियोगिता, जिसमें वे अपनी कल्पना अनुसार खिलाड़ियों को चुनकर टीम बनाते हैं और फिर सारे फुटबॉल सीजन में खिलाड़ियों के प्रदर्शन के आधार पर जीत-हार का फैसला करते हैं;
a ~y world दिवास्वप्नों का संसार; **have ~ies about/ of (doing) sth** किसी चीज या कुछ करने के बारे में स्वप्न-चित्र बनाना; **sexual ~ies** यौन-संबंधों से जुड़ी स्वैर कल्पना

fanzine /फैन्जीन/ *n.* 1 फुटबाल प्रेमियों द्वारा प्रकाशित पत्रिका 2 फुटबाल प्रेमियों के लिए एक टीवी पत्रिका 3 पॉप संगीत प्रेमियों की पत्रिका

FAO *abbr.* 'Food and Agriculture Organisation of UN' की प्रथमाक्षरी

FAP *abbr.* 'familial adenomatous polyposis' की प्रथमाक्षरी

FAQ *abbr.* 'frequently asked question' की प्रथमाक्षरी

f.a.q. *abbr.* 'fair average quality' का संक्षेप

far /फाः/ *adv., degr.* **farther**, **farthest** *or* **further**, **furthest** 1 दूर (से), दूर (तक): from ~; ~ off/ ~ away/ ~ out; not ~ to seek; ~ into the air (हवा में बहुत ऊंचे) 2 बहुत देर पहले या बाद: ~ back in the past; as ~ back as June; ~ into the night (बहुत रात गए) 3 ज्यादा गहरा: ~ into the ground; dig ~ down 4 काफी फर्क से: My guess wasn't ~ out (मेरा अनुमान ज्यादा गलत न था); ~ different; he was not ~ wrong 5 परला, परे, बहुत दूर 6 बहुत हद तक, कहीं अधिक 7 निम्न अभिव्यक्तियों में: **as ~ as** इतनी दूर: we went as ~ as the station; as ~ as I remember (जहां तक मुझे याद है); **so ~ (as)** जहां तक कि...: so ~ as I know (जहां तक मुझे पता है...); **it's all right so ~** यहां तक तो ठीक है;
adj. **farther**, **farthest** *or* **further**, **furthest** 1 दूर, सुदूर: from a ~ country; ~ future 2 ज्यादा गहरा 3 से ज्यादा दूर 4 अतीत काल में बहुत दूर 5 अतिवादी: the ~ right of the party 6 दूरवर्ती, दूरस्थ 7 लंबा: at the ~ side of the room;
dw/lw: **~away** *adj.* बहुत दूर, दूरवर्ती: a ~-away look/ expression (नींद-भरी, खोई-खोई सूरत, जब चेहरे पर हवाइयां उड़ी हों); **~-back** *adj.* पुराना, अतीत का; **~-between** *adj.* विरले: his visits were few and ~-between; **~-fetched** *adj.* असंभव, कष्ट-कल्पित, दूर का, असंबद्ध, बेतुका: ~-fetched analogy; ~-fetched idea; **~-flung** *adj.* दूरवर्ती, विस्तृत: ~-flung corners of the world; **~-gone** *adj.* 1 जो बहुत दूर जा चुका है: sitting in the ~-gone night (देर रात तक बैठा हो.) 2 बहुत बीमार: he was too ~-gone to raise his head (वह इतना बीमार था कि अपना सिर भी नहीं उठा सकता था); **~most** *adj.* दूरतम; **~ness** *n.* 1 दूरी, अलगाव 2 *poetic* दूर दराज के स्थान: from the ~ (दूर से); **~-off** *adj.* 1 बहुत देर पहले या बाद में, दूरवर्ती: it happened in those ~off days 2 शून्यतापूर्ण मुद्रा: a ~off look came into her eyes; **~-out** *adj., colloq.* 1 विचित्र, अनोखा, अद्भुत 2 बहुत बढ़िया, उत्कृष्ट; **~-reaching** *adj.* दूरगामी, व्यापक: ~-reaching consequences; ~-reaching plans/ aims; ~-reaching effect (दूरगामी प्रभाव); **~-sighted** *US adj.* (*also* **far-seeing**) 1 दूरदर्शी, समझदार, विवेकशील: wise and ~sighted politician 2 दूरदर्शी, दूर तक देखने में सक्षम 3 (*UK* **long-sighted**) दूर का: spectacles for the ~sighted; **~-**

sightedly *adv.* विवेकशील ढंग से, दूरदर्शितापूर्वक; **~-sightedness** *n.* दूरदर्शिता;
collocations: **Far Ben** किसी के साथ अति घनिष्ठ संबंध; **~ flung** दूर-दूर तक बिखरा हुआ; **~ gone** गंभीर रूप से बीमार;
a ~away cousin दूर का चचेरा भाई आदि; **the Far East** सुदूरपूर्व, (दक्षिण एशिया के लिए प्रयुक्त, विशेषकर चीन, जापान, उत्तरी व दक्षिणी कोरिया और कभी-कभी फिलिपिन्ज, वियतनाम, लाओस, कंपुच्छिया, थाइलैंड, म्यांमार (बर्मा), मलेशिया, सिंगापुर, इंडोनेजिया आदि देशों के लिए); **the Far North** दुनिया का आर्कटिक क्षेत्र; **the Far South** दुनिया का अंटारक्टिक क्षेत्र;
p&i: **~ and away** बेशक, कहीं ज्यादा; **~ and wide** दूर-दूर तक, सर्वत्र; **~ be it from me to do sth** मेरा ऐसा करने से कोई वास्ता नहीं, इसके ऐन विपरीत; **~ fowls have fair feathers** दूर के ढोल सुहावने; **~ better/ cheaper, etc.** कहीं ज्यादा बेहतर/ सस्ता आदि; **~ from sth** बिल्कुल भी नहीं, इसके ऐन विपरीत; **~ from far doing sth** इसके ऐन उल्टे/ ऐसा काम नहीं कर सकता; **~ from it** बिल्कुल नहीं, दूर-दूर का भी रिश्ता नहीं; **~ gone** बहुत आगे निकल गया; **~ too difficult/ expensive, etc.** बहुत अधिक कठिन/ महंगा आदि; **~thest way about is the nearest way home** सही रास्ता ही ठीक है चाहे वह लंबा क्यों न हो;
a ~ cry (***syn.*** remote) बहुत अधिक दूर; **a ~ cry from sth** से बहुत अलग: his ideas are a far cry from mine; **as ~ as I know** जितना मुझे मालूम है; **as ~ as possible** जहां तक हो सकता है; **as/ so ~ as it goes** जहां तक इसका संबंध है; **as ~ as/ so ~as sb is concerned** जहां तक उसका संबंध है...; **as ~ as/ so ~as sth is concerned** जहां तक किसी बात का सवाल है; **by ~/ ~ and away** काफी अंतर से, बहुत अधिक फर्क ...; **by ~ the most expensive item** निश्चय ही सबसे महंगी वस्तु; **carry it too ~** कुछ ज्यादा ही कर दे., अति कर दे.; **few and ~ between** विरले ही, बहुत कम; **go ~** दूर तक जा., काफी सफल हो.; **go so ~ as to do sth/ go as far as to do sth** यहां तक किया जा सकता है; **go too ~** हद से आगे निकालना; **how ~?** किस हद तक?, कितनी दूर?; **in so far as sth is concerned** जहां तक किसी बात का संबंध है...; **it's far and away the most expensive model** यह बहुत हद तक सबसे महंगा नमूना है; **not go (very) ~** काफी नहीं दूर न जा. (ज्यादा सफल न हो.), हद पार न क.; **so ~** अब तक, इतनी दूर; **so ~ as it goes** जहां तक इसका सवाल है; **so ~ so good** अब तक सब ठीक है; **the ~ left/ right** अतिवादी वामपंथी या दक्षिणपंथी

FAR *abbr.* 'Floor Area Coverage', 'floor area ratio', 'Floor Area Requirement' की प्रथमाक्षरी

far\ce /फा:स/ *n.* 1 तमाशा, बेतुकी बात, ढोंग 2 हंसी-मजाक या हास्य प्रधान नाटक, प्रहसन, स्वांग 3 विडंबना 4 सब्जी व अन्य खाद्यों का कीमा जैसा मिश्रण 5 बेतुकी या हास्यास्पद स्थिति;
dw/lw: **~cical/ ~cial** *adj.* बेतुका, असंगत, अनर्गल, हास्यास्पद: ~cical play; **~cically** *adv.* असंगत, अनर्गल, हास्यास्पद या भोंडे ढंग से

farceur/ farceuse /फा:स:/ फा:स:ज/ *n.* पुरुष या महिला विदूषक/ विदूषिका (महिला जोकर)

farcif\y /फा:सिफाइ/ *v., pt.* **~ed**, *pp* **~ing** तमाशा बनाना, प्रहसन का रूप दे.

fa\re /फेअ:/ *n.* 1 भाड़ा, किराया: what is the **~re**? 2 टैक्सी सवारी, यात्री: pick up a **~re** 3 *old use* खाना, भोजन: great Scottish **~re**; simple/ homely **~re**;
v., *pt.* **~red**, *pp* **~ring** 1 चलना 2 किराया दे.: all **~res** please! / pay your **~re!** 3 *archaic, poetic* यात्रा क.: how did you **~re** during your journey? 4 प्रगति क., आगे बढ़ना 5 घटित हो. 6 परीक्षा आदि में अच्छा या खराब क.: she **~red** well; he didn't **~re** very well on his last job; it has **~red** ill with him;
collocations: **~re stage** नगरीय बस सेवा के किराया-क्षेत्र; **bill of ~re** व्यंजन सूची, मेन्यु;
p&i: **~re well/ badly/ better, etc.** अच्छा/ खराब/ बेहतर क.; ~
a return/ single ~re दोतरफा/ एकतरफा किराया; **how ~res it?** क्या हाल है?; **how did you ~re?** आपने कैसा किया (परीक्षा आदि में); **the ~re to (London/ Delhi, etc.)** लंदन/ देहली तक का किराया; **to ~re-you-well** *US* पूरी तरह से, बहुत बढ़िया; **you may go farther and ~re worse** जितना है उससे संतुष्ट होना चाहिए

farewell /फेअ:वेल/ *excl.* अलविदा!;
n. विदाई: take ~ of/ make one's **~s**;
adj. विदाई का, की, के...: ~ party;
p&i: **~ to the holidays!** छुट्टियों को अलविदा; **~ smile (speech)** विदाई, मुस्कान/ भाषण; **bid one's ~** अलविदा कहना, विदा हो.

far-fetched, **far-flung**, **~gone** *see under* **far:** ***dw/lw***

farina /फराइना/ फरीना/ *n.* 1 आटा, मैदा 2 मंड, मांड़ी 3 पराग;
dw/lw: **~ceous** /फैरिनेशिअस/ *adj.* मैदे का, मंडीय

farm /फा:म/ *n.* 1 खेत, चक, फार्म 2 मुर्गी आदि पालने का स्थान: fish ~; poultry ~; collective ~; individual ~;
v., pt. **~ed**, *pp* **~ing** 1 खेती-बाड़ी क.: he **~ed** his own land 2 कृषि-कार्य क.: their younger son is **~ing**; ~ out (पट्टे पर जमीन दे. या ले.);
dw/lw: **~er** /फा:म:/ *n.* 1 कृषक, किसान, खेतिहर: cattle ~er; dirt ~er (पट्टे की जमीन पर खेती करने वाला); afternoon ~er 2 (***syn.*** green) अनगढ़, बेढब, अनुभवहीन; **~ing** *n.* कृषि कार्य, खेती-बाड़ी: high ~ing (सघन खेती); take up ~ing; ~ing problems; **~land** *n.* कृषि योग्य भूमि; **~stead** /फा:स्टेड/ *n.* खेत घर और उसके इर्दगिर्द बनी इमारतें; **~yard** *n.* खेत में बने मकान का अहाता;
collocations: **~ animals** कृषि-कार्य में लगे पशु; **~ business** कृषि कारोबार; **~er's lung** *med.* घास आदि से होने वाली अलर्जी (allergy), प्रत्यूर्जता; **~ house** खेत घर, फार्म घर; **~ layout** खेत का नियोजन; **~ management** खेत का प्रबंध; **~ market** ऐसी मंडी जहां किसान अपना माल अपने आप बेचते हैं; **~ radio set** रेडियो ट्रांजिस्टर; **~ worker/ ~ hand/ ~ labourer** कृषि श्रमिक, खेत मजदूर;
collective ~ing साझी खेती; **dairy ~ing** दुग्ध उद्योग; **pig ~** सुअर पालन;
p&i: **~ sb out** बच्चों को थोड़े समय के लिए किसी की देखरेख में छोड़ना; **~ sth out** दूसरों को करने के लिए काम दे.

farouche /फारूश/ फैरूश/ *adj.* 1 एकांतप्रिय 2 लजालु 3 जो मिलनसार न हो: he was at his ease and no longer ~

farrago /फरागो/ *n., pl.* **farragos/ farragoes** 1 (***syn.*** hotchpotch) घाल-मेल, गड्ड-मड्ड: a ~ of nonsense 2 मिश्रण: ~ of cowardice, cunning and cant

farrier /फैरिअ:/ *n.* 1 घोड़ों के पांव में नाल लगाने वाला, नालबंद 2 सलोतरी, शालिहोत्री 3 *old use* घुड़सेना के घोड़ों का पालक

farriery /फैरिअरि/ *n., pl.* **farrieries** नालबंदी का हुनर

farrow /फैरो/ *n.* (***syn.*** litter) सूअरी के बच्चे;
v., pt. **~ed**, *pp* **~ing** (सूअरी का) ब्याना, बच्चे दे.

farruca /फैरूक/ *n.* जिप्सी नृत्य

farsighted /फा:साइटिड/ *US adj. see under* **far:** ***dw/lw***

fart /फा:ट/ *v., pt.* **~ed**, *pp* **~ing** पादना, हवा छोड़ना;
n. 1 पाद, अधोवायु 2 *sl.* किसी व्यक्ति के लिए एक प्रकार की गाली: he is such a boring old ~;
p&i: **~ around/ about** *sl.* आवारागर्दी क., व्यर्थ समय गंवाना

farther /फा:द:/ (*also,* **further**) *adj., adv. comp.* of **'far'**

अपेक्षाकृत अधिक दूर, और दूर, और आगे: at the ~ shore; at a **further** stage of development; prevent **further** communication;
adv. और आगे: he moved ~ away; he sees ~ than all of us

farthest /फा:देस्ट/ (*also* **farthermost**) *adj., adv.* (*superlative* of 'far') दूरतम, सबसे दूर: the seat ~ from the door; go ~; the ~ point; the ~ distance

farthing /फा:दिंग/ *n.* 1 फारदिंग 2 दमड़ी: it's not worth a ~ 3 तुच्छ या नगण्य वस्तु: it doesn't matter a ~;
p&i: **not to care a (brass)** ~ जरा भी परवाह न क.

fartlek /फा:टलैक/ *n., athletics* मैराथन दौड़ की ट्रेनिंग के दौरान कभी तेज, कभी धीरे दौड़ने की क्रिया

FAS *abbr.* 'fetal alcohol syndrome' की प्रथमाक्षरी

f.a.s *abbr.* 'free alongside ship' का संक्षेप

FACSE *abbr.* 'Forum Against Child Sexual Exploitation' की प्रथमाक्षरी

fascia/ facia /फेशा/ फैशिआ/ *UK* पाशिआ/ *n., pl.* **fasciae/ fasias** 1 (***syn.*** ~ board) लकड़ी या पत्थर का तख्ता या फलक 2 = dashboard उपकरण पट्ट 3 *zool.* प्रावरणी 4 दुकान आदि की नाम पट्टी, नाम तख्ती

fascicle/ fascicule /फैसिकल/फैसिक्यूल/ *n.* पुस्तक के अलग-अलग प्रकाशित भागों में से एक खंड

fascicular /फसिक्यूल:/ *adj.* पूलीय

fasciculus /फसिक्यूलस/ *n.* पूलिका

fascina\te /फैसिनेट/ *v., pt.* **~ted**, *pp* **~ting** 1 आकर्षित क.: the idea **~ted** him 2 मुग्ध क., मोह ले., सम्मोहित क. 3 वश में क., वशीभूत क.: a serpent **~tes** its prey;
dw/lw: **~ted** /फैसिनेटिड/ *adj.* मंत्र-मुग्ध; **~ting** /फैसिनेटिंग/ *adj.* मोहक, मनमोहक, लुभावना, मनोहर, चित्ताकर्षक: ~ting smile; **~tingly** *adv.* मोहक या चित्ताकर्षक ढंग से; **~tion** /फैसिनेशन/ *n.* 1 सम्मोहन 2 आकर्षण 3 लगाव: he learnt the ~tion of words

fascine /फैसीन/ *n., old, milit. use* (*usually* **fascines**) गट्ठा, पूली

fascio /फासिओ/ *n.* राजनीतिक गुट, क्लब

fasci\sm/ Fascism /फैशिज्म/ *n.* 1 फासीवाद, ऐसा दर्शन जिसके तहत किसी जाति विशेष या राष्ट्रीय नस्ल को सर्वोत्तम बताकर या मानकर दूसरी नस्ल या राष्ट्र के लोगों पर अत्याचार किए जाते हैं, उनका समूल विनाश करने की मुहिम चलाई जाती है, जैसे जर्मनी में हिटलर ने आर्य जाति को सर्वोच्च व सर्वश्रेष्ठ मानकर बाकी नस्लों और जातियों यानी यहूदियों आदि का सर्वनाश करने का दुस्साहस किया था 2 किसी भी प्रणाली को सर्वश्रेष्ठ बताकर उसे न मानने वालों पर निरंकुश ढंग से अत्याचार किए जाने की प्रथा 3 एक नस्ल व धर्म की सर्वश्रेष्ठता में विश्वास के कारण अन्य नस्लों व धर्मों के प्रति घृणापूर्ण व हिंसक रवैया;
dw/lw: **~st** /फैसिस्ट/ *n.* 1 (*also* **Fascist**) फासीवादी 2 अत्यधिक अधिनायकवादी

fashion /फैशन/ *n.* 1 नवीनतम वस्त्र-शैली, फैशन, वस्त्राचार: the ~ of a dress 2 वर्तमान काल में किसी बात या वस्त्र-शैली का चलन: keep up with all the latest **~s**; be in ~; this writer was in ~ at the beginning of the century; be out of ~/ go out of ~ 3 फैशन का धंधा: lead the ~ 4 रीति, रिवाज, शैली: dramatic ~ 5 लोकाचार, देशाचार 6 प्रकार, आकृति आदि 7 *dated* उच्च समाज 8 (***syn.*** manner) ढंग, तरीका: behaved in a strange ~;
v., pt. **~ed**, *pp* **~ing** 1 अपने हाथों से विशेष ढंग से बनाना: ~ a vase from clay 2 किसी चीज को ढालना या उस पर प्रभाव छोड़ना;
collocations: **~ house** फैशनेबल वस्त्रों या वस्तुओं का बड़ा केंद्र या बड़ी दुकान; **~ queen** फैशन की रानी; **~ plate** 1 नए फैशन या शैली को दर्शानेवाला चित्र 2 फैशनेबल व्यक्ति; **~ victim** फैशन का दास, फैशन दीवाना;
a man of ~ उच्च समाज का व्यक्ति;
p&i: **a ~ for sth** किसी बात का या वस्त्र-शैली का फैशन में हो.; **after/ in/ a ~ of** 1 किसी की तरह से 2 थोड़ा-सा 3 अपने बेढंगे और गलत तरीके से; **be in ~** फैशन में हो., चलन में हो.; **come into/ go out of ~** फैशन में आना/ फैशन में पुराना पड़ना; **he was after a ~ handsome** वह अपनी तरह से सुंदर व्यक्ति था; **in a ~** एक तरह से, किसी सीमा तक; **make ~** मात्र दिखाने के लिए; **shipshape and Bristol ~/ in Bristol ~** पूरी तरह से ठीक

fashiona\ble /फैशनअबल/ *adj.* फैशनदार, सजीला;
dw/lw: **~bleness** *n.* फैशनपरस्ती; **~bly** /फैशनअबलि/ *adv.* छैल-छबीले ढंग से, सजीले ढंग से: ~bly dressed

fast /फास्ट/ *adj., degr.* **~er**, **~est** 1 तेज, तीव्र, द्रुतगामी, शीघ्रगामी: the ~ lane 2 फुर्तीला 3 असंयमी, स्वेच्छाचारी 4 सुदृढ़, स्थिर 5 बंद 6 पक्का, सच्चा, स्थायी 7 बांधा हुआ, कसा हुआ, मजबूत: ~ grip; take/ have/ ~ hold of sth 8 पक्का (colour) 9 गहन, गहरा: ~ sleep 10 आगे: my watch is 5 minutes ~;
adv. 1 तेजी से 2 दृढ़ता से 3 जोर से, मजबूती से: the glue held ~; the lake was frozen ~ 4 कसकर: he was ~ bound by the feet 5 असंयत ढंग से;
v., pt. **~ed**, *pp* **~ing** 1 उपवास या व्रत रखना 2 फाका क.;
n. 1 उपवास, व्रत 2 अनशन 3 रोजा, फाका;
dw/lw: **~back** *n.* गाड़ी की ढलवां छत; **~ball** तेज गति की गेंद; **~day** *n.* उपवास-दिवस; **~er** *n.* उपवासी; **~forward** /फास्ट-फा:वड/ *v., pt.* ~forwarded, *pp* ~forwarding तेजी से आगे बढ़ाना; **~ing** *n.* उपवास, फाका; **~ness** /फास्टनेस/ *n.* 1 शीघ्रता, तेजी 2 किला, दुर्ग: the soldiers retired to their ~ness 3 दृढ़ता 4 रंगों का पक्कापन: ~ness to light 5 लंपटतापूर्ण जीवन: his face bore the marks of ~ness; **~-setting** *adj.* तेजी से जमने वाली (सिमेंट आदि);
collocations: **~ and loose** लापरवाह और गैर-जिम्मेदार; **~ bowler** तेज गेंदबाज; **~ bowling** तेज गेंदबाजी; **~ by/ beside** बिल्कुल पास में; **~ foe** पक्का दुश्मन; **~ food** पहले से तैयार शुदा जल्दी-जल्दी परोसा जाने वाला खाना; **~ friend** पक्का दोस्त; **~ice** तटलग्न (तटबद्ध) बर्फ; **~ milker** ऐसी गाय जिसका आसानी से दूध निकाला जा सके; **~ neutron** नाभिक विखंडित न्युट्रोन; **~ reactor** द्रुत रिएक्टर; **~ roof** स्थायी छत; **~ salt** पक्व लवण; **~ stream** द्रुत धारा; **~ track** शीघ्रगामी रेलमार्ग; **~ train** शीघ्रगामी रेलगाड़ी; **~ tennis court** अच्छा टेनिस कोर्ट;
p&i: **~ and furious** तीव्रगामी व अति परिवर्तनशील: ~ and furious films; **~ asleep** गहरी नींद में; **~ bind, ~ find** अच्छी तरह बांधकर रखकर सुरक्षित क.; **~ by** समीप, निकट; **~ clours** पक्के रंग; **~ living** मौज-मस्ती की जिंदगी; **~ talk** किसी को जल्दी-जल्दी बात करके मनाना, किसी के पीछे पड़कर मनाना; **~ time** गर्मियों आदि में कई देशों में बिजली बचाने के लिए घड़ी की सुई को आगे क.; **~ to light** प्रकाशसह; **~ track** 1 किसी प्रस्ताव पर तेज रफतार से फैसला करवाना 2 कैरियर सीढ़ी पर द्रुत गति से चढ़ना;
a clean ~ is better than a dirty breakfast बेईमान होने से बेहतर है भूखा-गरीब होना; **a ~ worker** चालू बंदा; **as ~ as one's legs can carry** जितना तेज हो सके; **break one's ~** 1 व्रत तोड़ना 2 अनशन खत्म क.; **coming thick and ~** एक-दूसरे के बाद तेजी से आना; **hard and ~** कठोर, निश्चित, पक्का; **her tears fell ~** उसके आंसू तेजी से बहने लगे; **his health was breaking ~** उसका स्वास्थ्य तीव्र गति से बिगड़ रहा था; **hold sb ~** किसी को कसकर पकड़ना; **live ~/ lead a ~ life** लंपटतापूर्ण जीवन जीना; **live life in the ~ lane** *colloq.* गुलछर्रे उड़ाते हुए जीवन जीना; **make ~** कसकर बांधना; **make it ~** जल्दी क.; **play ~ and loose** 1 गैरजिम्मेवारी से व्यवहार क. 2 किसी से खिलवाड़ क.; **pull a ~ one** किसी को ठगना या बुद्धू बनाना; **stand ~!** खड़े रहो!; **stick ~** बुरी तरह फंसना;

fast-breeder reactor (*abbr.* **FBR**) एक प्रकार का नाभिक रिएक्टर

fasten /फासन/ *v., pt.* **~ed**, *pp* **~ing** 1 (***syn.*** do up) बांधना, कसना: ~ shoe-laces 2 (***anton.*** un~) जकड़ना, बांधना: ~ a boat to a tree 3 दृढ़ क., स्थिर क.: ~ an idea in sb's mind 4 बंद क. 5 लगाना, जड़ना, मढ़ना: ~ the blame upon sb 6 (*also* **~ up**) जोड़ना, एक दूसरे से बांधना: ~ two parcels together; ~ a nickname 7 बंधना, चिपकना: they **~ed** themselves on him and spoiled his holiday 8 बंधने योग्य हो. 9 गड़ाना: he **~ed** his eyes on the picture;

dw/lw: **~er** *n.* बांधने वाली या जोड़ने वाली वस्तु (रस्सी, पेटी), फास्नर, जोड़क; **~-forward** कैसेट की टेप को तेज गति से आगे चलाना; **~ing** *n.* बांधने या जोड़ने की क्रिया 2 बंद करने की क्रिया 3 बंद करने वाले उपकरण यानी बोल्ट, हुक या कुंडी, सांकल आदि; ***p&i:*** **~ a quarrel upon sb** किसी के गले पड़कर झगड़ा क.; **~ off** कसना (धागा आदि); **~ up** बंद क., बांधना

fastidious /फैस्टिडिअस/ *adj.* 1 नकचढ़ा, नखरे वाला: don't be so ~; ~ about his food 2 तुनुकमिजाज 3 बाल की खाल उतारने वाला, मीन-मेख निकालने वाला 4 बारीक, सूक्ष्म, नाज़ुक: ~ hands; ~ mind; ~ taste in art;

dw/lw: **~ly** *adv.* 1 तुनुकमिजाजी से 2 बाल की खाल उतारते हुए 3 बारीकी से, सूक्ष्मतापूर्वक: he picked at his food ~ly; **~ness** *n.* 1 सूक्ष्मता, बारीकी 2 नजाकत 3 नकचढ़ापन, तुनुकमिजाजी, बदमिजाजी

fat /फैट/ *adj., degr.* **~ter**, **~test** 1 (***anton.*** thin) मोटा, मोटी, स्थूलकाय, मांसल: grow ~; ~ as a pig 2 चर्बीदार: ~ soup; ~ mutton; ~ as butter 3 उपजाऊ: a ~ land; a ~ soil 4 लाभकारी (lucrative), मोटी, बड़ी: ~ salary; ~ amount; ~ purse 5 समृद्ध: a ~ year for fruit 6 मंदबुद्धि, मूर्ख;

n. 1 चर्बी, वसा, मेद 2 वनस्पति तेल: vegetable ~; fry sth in deep ~;

v., pt. **~ted**, *pp* **~ting** खिला-पिलाकर काटने के लिए मोटा क.: ~ (up) fowls;

dw/lw: **~-free** *adj.* वसा रहित कोयला; **~-headed** *adj.* मूर्ख; **~ling** *n.* वध पशु; **~less** *adj.* चर्बीरहित; **~ness** *n.* मोटापा, मोटापन; **~ty** *adj., degr.* ~tier, ~tiest चर्बीदार खाद्य पदार्थ, वसीय, मोटा; **~ty** *n., pl.* ~ties *derog. colloq.* मोटा आदमी; **~tiness** *n.* मोटापा; **~witted** *adj.* मंद-बुद्धि;

collocations: **~ benefice** पादरी की अच्छी-खासी आमदनी; **~ camp** वजन घटाने के लिए बच्चों का अवकाश कालीन शिविर; **~ cat** धनी व्यक्ति, मोटी असामी, राजनीतिक दल को मोटी रकम देने वाला, मोटा लाला पिलपिला; **~ clay** चिकनी मिट्टी; **~ coal** लोहार का कोयला, वसा कोयला; **~ content** चर्बी; **~ hardening** चर्बी का जमना; **~ ~head** *colloq., offensive* मूढ़ व्यक्ति; **~ job** मोटी रकम वाली नौकरी; **~ part** बेहतर भूमिका; **~ smile** मूर्खतापूर्ण मुस्कान; **~ tax** शरीर में चर्बी बढ़ाने वाले कचरा खाद्य पदार्थ; **~ type** मोटे अक्षरों वाली लिपि; **~ wood** *US* रालदार लकड़ी; **~ty acid** चर्बीवाला अम्ल; **~ty degeneration** चर्बी का रासायनिक विखंडन; **~ty heart** चर्बीदार हृदय; **~ty tissue** चर्बीदार मांसपेशी या ऊतक; **~ty tumour** चर्बी वाला फोड़ा;

animal/ vegetable ~ पशु या वनस्पति चर्बी; **saturated ~** गाढ़ी चर्बी;

p&i: **~ / handsome salary** मोटी तनख्वाह;

a ~ chance of doing sth असंभव, बहुत कम संभावना; **a ~ lot of good, use etc.** बहुत कम अच्छाई या फायदा; **a ~ lot you care!** जैसे कि तुम बहुत परवाह करते हो!; **as ~ as a pig = as ~ as butter** सुअर-सा स्थूल, हाथी-सा मोटा; **be inclined to ~** मोटापे की ओर प्रवृत्त हो.; **chew the ~** *sl.* बकबक क.; **cut it ~** खूब शेखी बघारना, डींग मारना; **cut up ~** मुर्गी आदि को खिलाकर मोटा क.; **fry the ~ out of/ fry out ~** मोटी मुर्गियों (धन्ना सेठों) से चुनाव अभियान आदि के लिए अच्छी रकम ऐंठना; **grow ~ on sth** किसी चीज से मिलने वाले लाभ से अमीर हो.; **it's not over till the ~ lady sings** खेल अभी खत्म नहीं हुआ, अभी भी संभावना बाकी है; **kill the ~ted calf** चिर-प्रतीक्षित मेहमान के सम्मान में खूब मोटा किए गए पशु को मारकर गोश्त बनाना; **live off the ~ of the land** ऐशो-आराम की जिंदगी बिताना; **live on one's own ~** अपनी चर्बी पर जिंदा रहना, यानी अपने साधनों से काम चलाना; **live on the ~ of the land** भूमि की उपजाऊपन पर गुलछर्रे उड़ाना; **run to ~** मोटा हो., चर्बी बढ़ाना; **the ~ is in the fire** खेल शुरू हो चुका है

FATA *abbr.* 'federally-administered tribal area' की प्रथमाक्षरी

fata morgana /फाटमॉःगान/ *n.* मृगतृष्णा, मरीचिका

fatal /फेटल/ *adj.* 1 घातक, प्राणहर, जानलेवा: a ~ injury/ ~ wound; the ~ hour; ~ spot; a victim of a ~ accident 2 विनाशक: ~ to sb's hopes; a ~ error 3 अवश्यम्भावी 4 निर्णायक;

dw/lw: **~ism** /फेटअलिज्म/ *n.* 1 भाग्यवाद, नियतिवाद, दैववाद 2 एक दार्शनिक नीति जिसके अनुसार संसार में सभी घटनाएं भाग्य द्वारा नियंत्रित होती हैं और वे भाग्य अनुसार अपने-आप घटती हैं, इंसान का उन पर कोई बस नहीं है; **~ist** /फेटअलिस्ट/ *n.* भाग्यवादी; **~istic** *adj.* भाग्यवादी, दैववादी, नियतिवादी; **~ity** /फटैलिटि/ *n., pl.* ~ities 1 नियति, भाग्य रेखा, भाग्याधीनता: believe in ~ity 2 अनिवार्यता 3 घातकता 4 विपत्ति 5 दुर्घटना आदि से हुई मृत्यु: ~ity accident rate; **~ly** /फेटलि/ *adv.* घातक ढंग से;

collocations: **~ actions** घातक कार्य या कदम; **~ day** निर्णायक दिवस; **~ infection** घातक संक्रमण;

a ~ error घातक भूल; **the ~ books** भाग्य-पुस्तकें; **the ~ shears** मृत्यु; **the ~ thread (of life)** जीवन सूत्र

fate /फेट/ *n.* 1 (*also* **Fate**) भाग्य, किस्मत, प्रारब्ध, नसीब, तकदीर: leave sb to his ~ 2 भावी, नियति: accept one's ~; share the same ~ 3 परिणाम 4 पतन, अंत, विनाश, मृत्यु: go to one's ~;

v., pt. **~d**, *pp* **fating** पहले से निश्चित हो.: the plan was **~d** to failure; the two seemed **~d** for each other;

dw/lw: **~d** /फेटिड/ *adj.* (***syn.*** destrined) जैसा किस्मत में बदा हो, भाग्य में लिखा, दैवनिर्दिष्ट: ill-~d; one's ~d lot in life; the ~d city; **~ful** *adj.* 1 घातक, विनाशक 2 भाग्य-निर्णायक 3 भाग्यसूचक, दैवनिर्दिष्ट: the ~ful hour; the ~ful cawings of the crow; ~ful decision; ~ful action; **~fully** *adv.* नियति अनुसार;

p&i: **a ~ worse than death** *facetious* विषादमय या भयंकर हालात; **as sure as ~** उतना ही पक्का, जितनी कि मौत; **decide/ seal sb's ~** किसी की किस्मत का फैसला क.; **go to one's ~ = meet one's ~** मृत्यु को प्राप्त हो.; **no flying from ~** भाग्य में बदे को कौन टाल सकता है?; **quirk of ~** भाग्य का खेल; **seal sb's ~** किसी के भाग्य का फैसला क.; **suffer the same/ a similar ~** वैसा ही अंत हो.; **the irony of ~** विधि की विडंबना; **the Fates** बच्चे के जन्म के तीसरे दिन प्रकट होने वाली तीन देवियां जो इंसान के जन्म, जीवन और मृत्यु का निर्णय करती हैं

FATF *abbr.* 'Financial Action Task Force' की प्रथमाक्षरी

father /फादः/ *n.* 1 पिता, बाप: natural ~; be a ~ to sb 2 जनक, जन्मदाता 3 प्रवर्तक, संस्थापक: ~ of the bar 4 पूर्वज, पुरखा 5 (**Father**) *Christianity* परमात्मा: Most Reverend **Father** in God 6 ईसाई पादरी, पुरोहित, फादर: the **Fathers** of the Church 7.1 (**~s**) I पूर्वज 7.2 नगर के वरिष्ठ नागरिक: city **~s** 8 (**Father**) अतीत की किसी बात या आदरणीय व्यक्ति के लिए उपाधि: **Father** of the Constitution; **Father** of his Country; the **Father** of Waters 9 आध्यात्मिक पिता: ~ confessor; the Holy **Father**;

v., pt. **~ed**, *pp* **~ing** 1 पिता हो. 2 जन्म दे., प्रजनन क., पैदा क.

4 गोद ले. 5 प्रवर्तन क. 6 उत्तरदायित्व स्वीकार क. 7 आविष्कार क.;
dw/lw: **~hood** *n.* पितृत्व, जनकत्व: be proud of one's ~hood; **~-in-law** *n., pl.* fathers-in-law ससुर, श्वसुर; **~land** *n.* पितृदेश, जन्मभूमि; **~less** *adj.* 1 पितृविहीन 2 जिसके बाप का पता न हो: ~less essays; **~like** *adj.* पिता समान; **~liness** *n.* पितृत्व; **~ly** *adj.* 1 पिता-संबंधी, पितृक, पैतृक: ~ly blessing 2 पितृतुल्य, पितृवत: ~ly responsibility;
collocations: **Father's Day** पितृ दिवस; **~ figure** श्रद्धेय व्यक्ति, बड़ा-बूढ़ा जिसका सब पिता समान आदर करते हैं; **Father Time** समय का प्रतीक एक पिता समान दिखने वाला वृद्ध चित्र जिसके हाथ में एक दरांती और घड़ी-शीशा है, पितामह काल; **city ~s** नगरपालिका के सदस्य; **Father Christmas** *UK* क्रिस्मस के दिन सांता बनकर बच्चों के लिए उपहार लाने वाला व्यक्ति; **~ Knickerbocker** न्यु यॉर्क का का हंसी-मजाक का नाम; **spiritual ~** आध्यात्मिक पिता; **the Father of English poetry** अंग्रेजी साहित्य के जनक – जिऑफ्रि चौसर (Geoffrey Chaucer, 1340-1400); **the Father of English printing** अंग्रेजी छपाई प्रेस के जनक – विलियम कैक्सटन (William Caxton, 1422-1491); **the Father of his Country** अमेरिका के राष्ट्र पिता – जॉर्ज वाशिंगटन (George Washington, 1732-1799); **founding ~** कर्णधार, जनक;
p&i: **~ a thing upon sth else** किसी चीज के स्रोत तक जाकर पड़ताल क.; **~ and mother of sth** किसी नकारात्मक घटना या कार्य का कारण या स्रोत;
a miserly ~ makes a prodigal son/ many a good ~ hath but a bad son कंजूस पिता का बेटा उजाड़ू होता है/ अच्छे पिता के घर भी बुरा बेटा पैदा हो सकता है; **be gathered to one's ~s** मृत्यु को प्राप्त हो.; **cowardice fathers cowardice** कायरता से कायरता पैदा होती है; **from ~ to son** एक पीढ़ी से दूसरी को, पीढ़ी-दर-पीढ़ी; **go to one's fate** अपनी मौत की ओर अग्रसर; **he would ~ small boys first come to school** पहली बार स्कूल आने वाले बच्चों के साथ वह पिता समान व्यवहार करता था; **lie/ sleep/ with one's ~s** अपनी धरती पर दफनाया जाना; **like ~ like son** जैसा पिता, वैसा बेटा; **the ~ of sth** जनक, जन्मदाता, आविष्कारक; **the wish is ~ to the thought** वांछित को वर्तमान में मौजूद मान लेने की प्रवृत्ति;

fathom /फैदम/ (*also UK* **~ sth out**) *v., pt.* **~ed**, *pp* **~ing** 1 पानी की थाह लेना, गहराई नापना 2 अच्छी तरह समझना: I ~ sb's intentions;
n. पानी की गहराई नापने के लिए 1.8 मीटर लंबी छड़ी, धनु, बाम, पुरसा;
dw/lw: **~able** *adj.* जिसकी गहराई नापी जा सके; **~less** *adj.* 1 अगाध, अथाह: the ~less depths of the sea 2 जिसकी थाह न पाई जा सके, अगम्य: ~less mystery; **fathometer** /फैदोमीटः/ *n.* पानी की गहराई मापक यंत्र;
collocations: **~ line** गहराई नापने के लिए धागे से बंधी भारी वस्तु;
p&i: **~s deep** गहराई तक, समस्या की जड़ तक जाकर;
be ~s deep in love सिर से पैर तक प्यार में डूबा हो.; **sink ~s deep in sb's respect** किसी की नजरों में बहुत नीचे गिरना

fatig\ue /फटीग/ *n., pl.* **~gues** 1 थकान, थकावट, श्रांति: body/ mental **~gue**; drop with **~gue** 2 श्रम, परिश्रम 3 कठोर काम 4 धातुओं में रासायनिक परिवर्तनों के कारण आई कमजोरी;
v., pt. **~gued**, *pp* **~guing** 1 थकाना या थकना 2 थकाकर चूर क.;
dw/lw: **fatigable/ fatigable** *adj.* जल्दी थकने वाला; **~gue-cap** *n.* गैर सैनिक काम करते हुए पहनी जाने वाली वर्दी की टोपी; **~gued** /फटीग्ड/ *adj.* (***syn.*** exhausted) थका हुआ, थकामांदा; **~gue-dress** *n.* गैर सैनिक काम करते हुए पहनी जाने वाली पोशाक; **~gue-duty** *n.* गैर सैनिक काम, श्रमदंड, दलेल; **~gue-limit** *n.* धातु की क्षीणता सीमा; **~gue-party** *n.* गैर सैनिक काम करने वाली सैनिक टुकड़ी; **~gues** *n. [pl.]* गैर सैनिक काम की वर्दी; **~guing** *adj.* (***syn.*** exhausting) थकाकर चूर कर देने वाली

fatigues /फटीग्ज/ *n. [pl.] see above under* **fatigue: *dw/lw***

fatso /फैट्सो/ *n., pl.* **~s**/ **~es** *derog., sl.* = fatty मोटा आदमी

fat tax *see above under* **fat: *collocations***

fatten /फैट\न/ *v., pt.* **~ed**, *pp* **~ing** 1 मोटा क. या हो.: ~ sb/ sth up (1 पतले–दुबले पशु को खिला-पिलाकर मोटा क. 2 उपजाऊ बनाना);
dw/lw: **~er** /फैटनः/ *n.* मोटा करने वाला; **~ing** *adj.* मोटा करने वाला भोजन या चारा

fatty *see above under* **fat**

fatuity /फच्युइटि/ *n., pl.* **fatuities** 1 मूर्खता, बेवकूफी 2 अनर्गल बात 3 मूर्खतापूर्ण काम

fatuous /फैचुअस\/ (*also* **fatuitous**) *adj.* 1 मूर्खतापूर्ण, बेवकूफीपूर्ण: ~ smile 2 ऊटपटांग, अनर्गल: a ~ observation/ statement (अनर्गल टिप्पणी/ कथन); ~ attempt;
dw/lw: **~ly** /~लि/ *adv.* मूर्खतापूर्वक; **~ness** /~नेस/ *n.* मूर्खता

fatwa/ fatwah/ fetwa *n., pl.* **fatwas/ fatwahs/ fetwas** *IE* फतवा

faubourg /फोबुअग/ *n. Fr.* शहर के एकदम साथ लगने वाला उप नगर

faucal /फॉकल/ *adj.* कंठ्य, गला संबंधी

fauces /फॉसीज/ *n., pl.* **fauces** /फॉसीज/ *anat.* गलद्वार, गले का ऊपरी भाग यानी मुंह के पिछले हिस्से और गले के बीच

faucet /फॉसिट/ (*UK/US* **tap**) *n.* 1 नाली से लगी टोंटी 2 वाश बेसिन से लगी नलिका

fault /फॉल्ट\/ *n.* 1 चरित्र दोष: many virtues and few **~s** 2 (***syn.*** shortcoming) त्रुटि, कमी: an essential ~ in/ of a theory; a ~ in cloth 3 भूल, चूक, गलती: acknowledge one's ~ 4 गलत काम, अपराध 5 दोष, कसूर: sb's ~ 6 भ्रंश;
v., pt. **~ed**, *pp* **~ing** 1 दोष निकालना, दोष ढूंढना 2 नुक्ताचीनी क., मीनमेख निकालना 3 गलत ठहराना 4 गलती क.;
dw/lw: **~finder** /~फाइंडः/ *n.* छिद्रान्वेषी; **~finding** *n.* छिद्रान्वेषण; **~ful** *adj.* दोषपूर्ण; **~ily** /फॉल्टिलि/ *adv.* त्रुटिपूर्ण ढंग से; **~ing** /फॉल्टिंग/ *n.* दोष निकालने की क्रिया; **~less** /~लेस/ *adj.* 1 दोषमुक्त, निर्दोष 2 पूर्ण: his reasoning proved ~less; a ~less action; **~lessly** /~लेसलि/ *adv.* त्रुटिहीन तरीके से: be always ~lessly dressed; **~iness** /फॉल्टिनेस/ *n.* दोषपूर्णता: the ~iness of sb's speech; **~y** /फॉल्टि/ *adj., degr.* ~ier, ~iest 1 दोषपूर्ण, खराब 2 (***syn.*** defective) बिगड़ा हुआ या बिगड़ी हुई (मशीन आदि);
collocations: **~ image** *radio* विकृत बिंब; **~ indicator** दोष (खराबी या बिगड़ाव) संकेतक; **~less piece/ mode** त्रुटिविहीन नमूना या रचना; **~less performance/ pronunciation** त्रुटिविहीन अदाकारी/ उच्चारण; **~y argument** त्रुटिपूर्ण दलील; **~y condition** दोषपूर्ण अवस्था; **~y digestion** अपचता; **~y mechanism** बिगड़ा हुआ यंत्र;
p&i: **~s are thick where love is thin** जहां प्यार नहीं, वहां एक-दूसरे में दोष ही दोष नजर आते हैं;
a child's ~s बच्चे की शरारतें; **a ~ confessed is half redressed** गलती मान लेने उसका बोझ हल्का हो जाता है; **a ~ once denied is twice committed** जो अपनी भूल स्वीकार नहीं करता दुगना कसूरवार होता है; **at ~** दोषी; **find ~ with sth** मीनमेख निकालना, नुक्ताचीनी क.; **be at ~** दोषी हो., कसूरवार हो.; **every man has his ~s** हर किसी में कुछ कमियां होती हैं; **find ~ with sb** किसी में दोष निकालना; **gentle to a ~** अत्यधिक शरीफ; **it is my ~** इसमें मेरा दोष है; **live on one's own ~** अपने साधनों के बलबूते पर जीना; **many ~s in grammar** बहुत सारी व्याकरणीय त्रुटियां; **partly in/ at/ ~**

कुछ हद तक दोषी; **the ~ is great as he that is faulty** कसूर कसूवार से बड़ा होता है; **the ~ of the horse is put on the saddle** तबेले की बला बंदर के सिर; **there's your ~** इसमें आपका कसूर है; **to a ~** अत्यधिक

faultless *adj. see above under* **fault:** ***dw/lw***

faulty *see above under* **fault:** ***dw/lw***

faun /फॉन/ *n., Roman mythol.* वन देवता, मनुष्य की धड़ और बकरी के सींग और टांगों वाला पौराणिक जीव

fauna /फॉना/ *n., pl.* **faunas/ faunae** /फॉनी/ किसी क्षेत्र, देश, समय या काल का प्राणिजगत, जीव जंतु: ~ of the Ice Age

Faustian /फोस्टिअन/ *adj.* पैसे या अन्य किसी लालच के बदले कोई घिनौना काम करने के समझौते से संबंधित

fauteuil /फौटिल/ *n.* 1 आराम कुर्सी 2 थियेटर की सीट

faute de mieux /फोट डअ म्यः/ *Fr.* क्योंकि इससे बेहतर और कुछ नहीं था

fautor /फोतः/ *n.* समर्थक, अनुयायी, अनुगामी

Fauvism /फोविज्म/ *n.* अभिव्यक्तिवादियों द्वारा स्थापित द्विविमवाद यानी भावना की अभिव्यक्ति के लिए प्रकृति की नकल न करके दो आयामों वाले चित्र बनाने की कलात्मक धारा

faux ami /फोजामि/ *n., pl.* **faux anis**, *Fr.* विदेशी भाषा में अपनी भाषा के शब्दों जैसे दिखने वाले पर अर्थ में बिल्कुल भिन्न शब्द (अनुवादक के 'दगाबाज मित्र'/false friends of a translator/)

faux /फो/ *adj., Fr.* असली के रूप दिखाई जाने वाली कृत्रिम वस्तु से संबंधित: ~ accent

faux pas /फोपाः/ *n., Fr.* भूल, चूक, शर्मसार करने वाली (embarrassing) गलती, गलत कदम

fave /फेव/ *n.* प्रिय व्यक्ति या वस्तु

favela /फैवेला/ *n., pl.* **~s** (ब्राजील आदि देशों में) झुग्गी-झोंपड़ी बस्ती

favour *UK (US* **favor)** /फेवः/ *n., pl.* **~s** 1 अनुकंपा, अहसान, अनुग्रह, कृपादृष्टि: in ~; out of ~; be/ stand/ high in sb's ~/ be in high ~ with sb 2 समर्थन, अनुमोदन: win sb's ~ 3 अनुमति, स्वीकृति 4 (***syn.*** bias) पक्षपात, तरफदारी 5 उपकार, सहायता 6 उपहार, प्रेमोपहार 7 कृपापात्र 8 **~s** *euphemistic, old* प्रणय-अनुमति: find ~ in sb's eyes; enjoy the **~s** of a woman; demand sexual **~s** 9 समर्थन बैज (badge);

v., pt. **~ed**, *pp* **~ing** 1 एक को चुनना, किसी एक का पक्ष लेना 2 पक्षपात क.: the judge **~ed** the plaintiff 3 पर कृपा-दृष्टि रखना, चाहना 4 अनुमोदन या समर्थन क.: ~ the proposal; the facts ~ his theory 5 उपकार क., किसी को कुछ दे.: ~ sb with a copy of one's book 6 सदृश हो.: the child **~s** his mother 7 किसी को हालात का फायदा मिलना: the darkness **~ed** his escape;

p&i: **in favour of women's suffrage** औरतों को मताधिकार देने का समर्थक;

be high in sb's ~ किसी का बड़ा चहेता हो.; **be in ~ of sth** के पक्ष में हो.; **curry/ claw ~ with sb** किसी की कृपा दृष्टि पाना; **do (him) a ~** किसी पर कृपा क.; **do me a ~!** माफ कीजिए, कोई संभावना नहीं; **do sth as a ~** कृपा के रूप में किसी के लिए कुछ क.; **draw a check in sb's ~** किसी के नाम चेक काटना; **find ~ in sb's eyes** किसी का चहेता बनना; **fortune ~s the brave** भाग्य बहादुरों का साथ देता है; **he wore his lady's ~** उसने अपनी प्रेमिका का रिबन (favour) बांध रखा था; **heap ~s upon sb** किसी को ढेरों कुछ दे.; **in ~ of sb/ sth** के पक्ष में; के हित में; **it speaks in his ~** यह उसके हक में है; **look with ~ on sb/ sth** किसी व्यक्ति या किसी चीज के प्रति सकारात्मक रुख अपनाना; **the last ~** औरत को वश में करने की क्रिया; **under ~ of the darkness** रात के अंधेरे तले; **worn oneself into sb's ~** धीरे-धीरे किसी का कृपा पात्र बनना; **win the ~ of the authorities** अफसरान की कृपापात्रता पाना; **withdraw in sb's ~** किसी के समर्थन में उम्मीदवारी वापस ले.

favoura\ble *UK (US* **favorable)** /फेवरअबल/ *adj.* 1 हक में, पक्ष में: be quite **~ble** to a project; **~ble** to sb 2 अनुकूल, सहायक: **~ble** wind; the moment is not **~ble** for it; a **~ble** opportunity 3 उत्साहवर्धक, लाभप्रद, फायदेमंद: **~ble** report; **~ble** answer 4 सुरुचिकर, समर्थन पाने वाली 5 (**~ble to sb**) तरफदार, पक्षपाती;

dw/lw: **~bly** *UK (US* **favorably)** *adv.* अनुकूल ढंग से: speak ~bly

favoured /फेवःड/ (*also US* **favored)** *adj.* 1 पक्षपात का लाभ पाने वाला: ~ nation; the regime of most ~; most ~ nation; ~ friend 2 कृपा का पात्र, कृपाभाजन: well-~; ~ few 3 लाभान्वित: a place ~ by nature 4 विशेष शक्ल वाला: ill-~

favourite *UK (US* **favorite)** /फेवअरिट/ *adj.* 1 चहेता, प्रिय, मुंहलगा: ~ child; ~ son 2 कृपा पात्र, प्रेम पात्र, प्रीति भाजन: the boss's ~ 3 प्रत्याशित विजेता 4 सबसे अधिक पसंदीदा: my ~ novelist; ~ places;

n. 1 चहेता, प्रिय, पसंदीदा व्यक्ति या वस्तु: general ~; that book is a great ~ of mine 2 प्रत्याशित, संभावित विजेता

favouritism *UK (US* **favoritism)** /फेवरिटिज्म/ *n.* पक्षपात, तरफदारी

fawn /फॉन/ *n.* 1 मृगशावक, हिरनौटा 2 हल्का खाकी रंग;

v., pt. **~ed**, *pp* **~ing** 1(*often* **~ on/ upon sb**) प्रेम दिखाना, लुरियाना 2 (कुत्ते द्वारा) हाथ चाटकर या दुम हिलाकर प्यार-दुलार जतलाना: wag tail **~ingly** 3 ठकुरसुहाती क., किसी की चाटुकारिता/ चापलूसी/ जीहजूरी क.: ~ on/ over sb 4 हिरणी द्वारा बच्चे दे.;

dw/lw: **~er** *n.* चापलूस; **~ing** *n., adj.* चापलूसी करने वाला; **~ingly** *adv.* चापलूसीपूर्ण ढंग से; **~-coloured** *adj.* हल्के खाकी रंग का;

collocations: **~ courtier** चापलूस दरबारी; **~ smile** चापलूसीपूर्ण मुस्कान

fax /फैक्स/ *n.* 1 टेलीफोन द्वारा भेजा हुआ तथा एक विशेष मशीन द्वारा प्राप्त लिखित दस्तावेज 2 फैक्स भेजने की पद्धति 3 (*also* **fax machine)** फैक्स मशीन;

v., pt. **~ed**, *pp* **~ing** फैक्स (दस्तावेजी संदेश) भेजना

fay /फे/ *n., pl.* **~s** परी;

v., pt. **~ed**, *pp* **~ing** चस्पा लगाना, जोड़ मिलाना, कसकर जोड़ना: ~ together 2 *US, colloq.* काम आना, फिट बैठना: his coat **~s** well; ~ in (फिट बैठना)

faze /फेज/ *v., pt.* **~d**, *pp* **fazing** 1 (***syn.*** disconcert) व्याकुल कर दे.: be **~d** by sth 2 (***syn.*** fluster) घबराहट पैदा क.: be **~d** by the adverse publicity

fazenda /फैजेंडा/ *n., pl.* **~s** ब्राजील आदि देशों में बहुत बड़ा पेड़ों व पशुपालन क्षेत्र (फार्म);

dw/lw: **fazendeiro** /फैजेंडेअरो/ *n., pl.* **~s** ऐसे फार्म का मालिक

FBA *abbr.* 'Fellow of the British Academy' की प्रथमाक्षरी

FBI *abbr.* 'Federal Bureau of Investigation' का संक्षिप्त रूप

FBM *abbr.* 'Fashion Business Management' की प्रथमाक्षरी

FBR *abbr.* 'fast-breeder reactor' की प्रथमाक्षरी

FBT *abbr.* 'Fringe Benefit Tax' की प्रथमाक्षरी

FBTR *abbr.* 'Fast Breeder Test Reactor' की प्रथमाक्षरी

FC *abbr.* 'fibre cement', 'flight control', 'football club', 'Free Church' की प्रथमाक्षरी

FCA *abbr.* 'Family Courts Act', 'Foreign Currency Assets', 'Forest Conservation Act' की प्रथमाक्षरी

FCAs *abbr.* 'foreign currency accounts' की प्रथमाक्षरी

FCB *abbr.* 'Frequency Coordinating Body' की प्रथमाक्षरी

FCC *abbr.* 'Federal Communications Commission (US)', 'Flight Coordination Centre' की प्रथमाक्षरी

FCCB *abbr.* 'foreign currency convertible bonds' की प्रथमाक्षरी
FCCU *abbr.* 'fluidised catalytic cracking unit' की प्रथमाक्षरी
FCD *abbr.* 'fully-convertible debentures' की प्रथमाक्षरी
FCE *abbr.* 'First Certificate in English' की प्रथमाक्षरी
FCEI *abbr.* 'First Commodity Exchange of India' की प्रथमाक्षरी
FCI *abbr.* 'Food Corporation of India' की प्रथमाक्षरी
FCIPT *abbr.* 'Facilitation Centre for Industrial Plasma Technologies' की प्रथमाक्षरी
FCJS *abbr.* 'Federal Criminal Justice System' की प्रथमाक्षरी
FCL *abbr.* 'Foreign Currency Loan' की प्रथमाक्षरी
FCNA *abbr.* 'Force Commander Northern Areas' की प्रथमाक्षरी
FCNR *abbr.* 'foreign currency non-resident (account)' की प्रथमाक्षरी
FCO *abbr.* 'Festival Cash Option', 'Foreign and Commonwealth Office' की प्रथमाक्षरी
FCRA *abbr.* 'Foreign Contribution Regulation Act' की प्रथमाक्षरी
FCT *abbr.* 'free commercial time' की प्रथमाक्षरी
FCTC *abbr.* 'Framework Convention on Tobacco Control' की प्रथमाक्षरी
FD *abbr.* 'Film Division', 'Fixed Deposit' की प्रथमाक्षरी
FD *abbr.* ब्रितानवी सिक्कों पर अंकित 'Fidei Defensor' (*defender of the faith*) की प्रथमाक्षरी
FDA *abbr.* 'Federal Drugs Association (US)', 'Food and Drug Administration', 'Forest Development Agency' की प्रथमाक्षरी
FDAA *abbr.* 'Federal Disaster Assistance Administration' की प्रथमाक्षरी
FDC *abbr.* 'Fixed Dose Combination' की प्रथमाक्षरी
FDD *abbr.* 'Forces for the Defence of Democracy' की प्रथमाक्षरी
FDDI *abbr.* 'Footwear Design and Development Institute' की प्रथमाक्षरी
FDI *abbr.* 'foreign direct investment' की प्रथमाक्षरी
FDLs *abbr.* 'forward defence localities' की प्रथमाक्षरी
FDP *abbr.* 'Forestry Development Project' की प्रथमाक्षरी
FDR *abbr.* 'fixed deposit receipt', 'Flight Data Recorder' की प्रथमाक्षरी
FDSTCC *abbr.* 'Four-dimensional space-time-consciousness continuum' की प्रथमाक्षरी
FDTL *abbr.* 'flight and duty time limits' की प्रथमाक्षरी
Fe *symbol, chem.* **'iron'** का प्रतीक
FE *abbr., UK* 'Further Education' की प्रथमाक्षरी
FEA *abbr.* 'Federation of Employment Agencies' की प्रथमाक्षरी
fealty /फीअल्टि/ *n., pl.* **fealties** *feudalism* सामंत के प्रति निष्ठा व स्वामीभक्ति की शपथ: do/ make/ swear ~
fear /फिअः/ *n.* 1 डर, भय, पीड़ा-भीति: without ~ or favour 2 आशंका, खटका, खतरा: needless **~s**; she doesn't enter the house for ~ of dog 3 श्रद्धा, भक्ति (reverence): put the ~ of God into sb;
***v., pt.* ~ed, *pp* ~ing** 1 डरना, भयभीत हो. 2 आशंकित हो. या रहना 3 श्रद्धा रखना, श्रद्धावश संकुचित हो. 4 अंदेशा हो., कुछ-कुछ लगना 5 कुछ गलत कहने के लिए खेद व्यक्त क.;
***dw/lw:* ~ful** *adj., colloq.* 1 भयभीत, डरा हुआ, भीरु 2 भयानक, भयावह, डरावना: a ~ful bore 3 आशंकित, सशंकित: cast ~ful glances at sb 4 *UK* बहुत बुरा; **~fully** *adv.* डरते-डरते, सहमे हुए; **~fulness** *n.* भयभीत होने की अवस्था; **~less** *adj.* अभय, निडर, निर्भय, निर्भीक; **~lessness** *n.* निर्भीकता, निडरता; **~lessly** *adv.* निडरतापूर्वक; **~-monger** *n.* डर फैलाने वाला; **~some** /फिअःसम/ *adj.* भयावह, डरावना, भयंकर;
***p&i:* ~ for sth/ sb** किसी बात या किसी के लिए खतरे के बारे में आशंकित हो.; **~ is the part of prudence** भय विवेक का ही एक अंग है; **~ makes many enemies** भय शत्रुओं का जन्मदाता है; **~ no colours** किसी भी शत्रु से न डरना; **~ of sth** किसी बात का डर; **~ the worst** बहुत भयानक बात होने की आशंका हो.; **~ to offend anybody** किसी को ठेस पहुंचाने से डरना;
allay/ calm/ cause/ heighten ~ डर दूर क./ दबाना/ पैदा क./ बढ़ाना; **for fear that...** इस बात के डर से कि...; **great/ morbid/ widespread ~** बहुत बड़ा/ बीभत्स/ व्यापक भय; **for ~ of sth/ doing sth** डर के मारे; **hold no ~ for sb** किसी से न डरना; **in ~ and trembling** डर और घबराहट के मारे; **in ~ of sth/ sb** किसी बात या किसी व्यक्ति से भयभीत; **no fear** *colloq.* कोई डर नहीं; **put ~ in sb's heart = put ~ of God into sb** किसी के मन में किसी का (ईश्वर का) डर भरना; **without ~ or favour** बिना भय या पक्षपात के, बिना किसी लाग-लपेट के
feasibility /फीजिबिलिटि/ (*also* **feasibleness**) *n.* साध्यता, संभाव्यता, व्यवहार्यता, उपयुक्तता, औचित्य: ~ study
feasi|ble /फीजिबल/ *adj.* 1 संभव, साध्य, व्यवहार्य: **~ble** for cultivation 2 उचित, उपयुक्त: **~ble** plan;
***dw/lw:* ~bly** *adv.* संभवतः, शायद
feast /फीस्ट/ *n.* 1 भोज, दावत, प्रीतिभोज: marriage ~ 2 पर्व, उत्सव, त्योहार 3 आनंददायक वस्तु, घटना या बात: intellectual ~; a ~ of intelligent conversation 4 सुहावना दृश्य: ~ for the eyes;
***v., pt.* ~ed, *pp* ~ing** 1 पर्व या त्योहार मनाना 2 भोज दे., दावत क., खान-पान क. 3 खिलाना-पिलाना, खाना-पीना 4 के सम्मानार्थ समारोह क., अभिनंदन क. 5 तृप्त/ आनंदित हो.;
***dw/lw:* ~er** *n.* 1 भोज देने वाला 2 खान-पान का मजा लेने वाला; **~ing** *n.* दावत का मजा;
***p&i:* ~ on sth** व्यंजन को मजा लेकर खाना; **~ one's eyes on sth** किसी सुंदर दृश्य को देखकर नयन सुख पाना; **~ the ears with the music** अच्छा संगीत सुनने को मिलना; **~ the night away** सारी रात चौकड़ी में शराब पीकर गुजारना; **~ today and fast tomorrow** कभी धूप, कभी छांव;
a ~ for the gods देव-भोज, स्वादिष्ट खान-पान; **a ~ of fat things/ the ~ of Lucullus** स्वादिष्ट खान-पान; **a death's head (a skeleton) at the ~** कबाब में हड्डी, मंगल में कमंडल; **enough is as good as a ~** काफी होना दावत बराबर; **Barmecide ~** प्रचुरता की मृग-मरीचिका; **Dutch ~** ऐसा प्रीतिभोज जिसमें मेजबान सबसे पहले पीकर धुत्त हो जाता है; **make a ~ of sth** खूब पेट भरकर खाना-पीना
FEAT *abbr.* 'Foreign Exchange Appellate Tribunal' की प्रथमाक्षरी
feat /फीट/ *n.* 1 कमाल, करतब, उपलब्धि: be no mean ~ 2 साहसिक/ असाधारण/ जोखिमभरा काम: ~ of arms;
***p&i:* ~s of war** युद्धकाल के जोखिमभरे काम;
by ~ of के माध्यम से; **by way of ~** जबरदस्ती; **the feat of war** युद्ध या युद्ध की घोषणा
feather /फेदः/ *n.* 1 पंख, पर: light as a ~ 2 पिच्छ 3 पंख जैसी चीज 4 शिकारी पक्षी;
***v. pt.* ~ed, *pp* ~ing** 1 पंख लगाना, सजना-सजाना 2 पंखों जैसा मुलायम बिस्तरा बनाना 3 पंख जैसा बनाना 4 धार तेज क. 5 शिकारी द्वारा गोली से पक्षी के पंख उड़ा दिया जा.;
***dw/lw:* ~ed** *adj.* सपक्ष, सपर, परदार, पंखों से ढका; **~-bed** *n.*

1 परों से भरा गद्दा 2 नर्म-गर्म स्थान; ~-**bed** *v. pt.* ~-**beded**, *pp* ~-**beding** पैसे व अच्छी शर्तें आदि देकर किसी की राह आसान क.; ~ **brain** /फेदःब्रेन/ *n.* मूर्ख या खोखला व्यक्ति; ~**brained** /फेदःब्रेंड/ *adj.* मूर्ख, बेवकूफ; ~-**edge** *n.* तेज धार; ~-**footed**/ ~-**heeled** *adv.* हल्के व दबे पांव चलने वाला; ~-**head** *n.* मूर्ख, भुलक्कड़ व्यक्ति; ~-**mail** *n.* पंखों से बनी पोशाक; ~-**man** *n., pl.* पंखों का व्यापारी; ~-**star** *n.* समुद्री सितारा; ~**weight** *n.* a) 53.5 से 57 किलोग्राम तक के वजन वाला मुक्केबाज b) महत्त्वहीन व्यक्ति; ~**y** *adj.* पंखों जैसा हल्का और मुलायम, पंखदार: ~y clouds;

collocations: ~ **boa** औरतों द्वारा कंधे पर डाला जाने वाला महीन और मुलायम पंखदार रूमाल; ~ **duster** पंखों का झाड़ू; ~**ed campaigner**/ **soldier** लड़ाई के मोर्चे से छिपकर घर बैठने वाला सिपाही; ~**ed friend** *jocular* पक्षी; ~**ed words** मुहावरे और लोकोक्तियां; ~ **merchant** *US sl.* कामचोर; ~ **stitch** *needlework* घुमावदार कढ़ाई;

the ~**ed tribe** पक्षी; **white** ~ कायरता का प्रतीक;

p&i: ~ **in one's cap**/ **bonnet** गौरवमय उपलब्धि, नई उपलब्धि; ~ **in the scale** महत्त्वहीन, गौण; ~ **one's nest** अवसर मिलने पर खूब धन बटोरना, अपनी जेब गर्म क. या भरना; **birds of a** ~ **flock together**/ **birds of same** ~ चोर-चोर मौसेरे भाई/ एक ही थैली के चट्टे-बट्टे; **crop sb's** ~**s**/ **crop the** ~**s of sb** किसी का अपमान क., पगड़ी उछालना; **cut sb out of all** ~ पूर्णतया पीछे धकेल दे. या गौण बना दे.; **find a white** ~ **in sb's tail** किसी में कायरता के लक्षण देखना; **fine** ~**s make fine birds** सुंदर पोशाक में व्यक्ति और सुंदर लगता है; **fly**/ **mount**/ **show the white** ~ कायरता दिखलाना; **he was tarred and** ~**ed** उसे कालिख का लेप लगाकर पंखों से ढक दिया; **in fine** ~ उत्तम अवस्था में; **in full**/ **high**/ **fine** ~ 1 उल्लसित, आह्लादित, आनंदित, सुंदर पोशाक में 2 पूरे यौवन में; **knock down with a** ~ किसी को झकझोर दे.; **make the** ~**s fly** झमेला खड़ा करना; **not to have a** ~ **to fly with** दिवालिया हो जाना; **one could have knocked sb down with a** ~ आकस्मिक प्रहार आदि से किसी को आसानी से धराशायी करने की संभावना हो.; **preen one's** ~**s** सौंदर्य-साधन क., सजना-धजना; **rise at a** ~ *US* छोटी-सी बात पर आपे से बाहर हो.; **ruffle sb's** ~**s** किसी को व्याकुल कर दे.; **rumpled** ~**s** उलझी-सुलझी शक्ल, उड़ी-उड़ी-सी रंगत; **show the white** ~ कायरता दिखाना; **singe one's** ~**s** किसी दुस्साहसपूर्ण कार्य में अपने हाथ जला बैठना; **smooth one's rumpled** ~ अपने को संभालना या अपनी शक्ल-सूरत ठीक क.; **the feathers fly** सुगबुगाहट हो., झमेला हो.;

feature /फीचः/ *n.* 1 विशेषता, विशिष्टता, लक्षण: an important ~ of landscape; the main ~ of the show 2 रूपक, कथारूपक 3 नैन-नक्श, चेहरा-मोहरा, रूप, आकृति, शक्ल-सूरत: have regular ~; oriental ~**s**; excellent ~**s** 4 विशिष्ट लेख: a ~ on "Pulsating Democratic Diversity at JNU";

v., pt. ~**d**, *pp* **featuring** 1 चित्रित क.: the film ~**s** the French Revolution 2 का लक्षण हो. 3 लक्षण दिखना 4 प्रमुखता पाना या दे.: ~ an article; ~ a product in a store etc.;

dw/lw: ~**d** *adj.* 1 जिसने फिल्म में मुख्य भूमिका निभाई हो 2 संयुक्त शब्दों में: sharp-~d (सुंदर नैन-नक्श वाली); ~-**length** *adj.* डेढ़ से तीन घंटे की लंबाई की (फिल्म); ~**less** *adj.* नीरस व आकर्षणहीन; ~-**writer** *n.* विशिष्ट लेख का रचनाकार;

collocations: ~ **film** एक लंबी (डेढ़ से तीन घंटे की) फिल्म जिसका प्रदर्शन सिनेमा हॉल का मुख्य कार्यक्रम होता है;

a new ~ नई विशेषता, गुण; **a redeeming** ~ अच्छी बात, सराहनीय विशेषता;

p&i: **a distinguishing**/ **important**/ **notable** ~ विशिष्ट/ महत्त्वपूर्ण/ उल्लेखनीय विशेषता; **a** ~ **of sth** किसी बात की विशिष्टता; ~ **in sth** कहीं पर प्रमुख रूप से दिखना

fea\ze /फीज/ *v., pt.* ~**zed**, *pp* ~**zing** 1 रस्सी की गांठ आदि खोलना, ऊपर चढ़ी आस्तीन आदि को नीचे गिराना 2 व्याकुल कर दे., घबरा दे.

Feb. *abbr.* 'February' का संक्षेप

febri\city /फिब्रिसिटि/ *n.* ज्वर;

dw/lw: ~**cula** *n.* हरारत, ज्वरांश; ~**fic** *adj.* ज्वरोत्पादक; ~**fuge** /फेबरिफ्यूज/ *n., med.* 1 एक औषधि या उपचार जिससे बुखार कम हो जाता है 2 ज्वरहर, ज्वरनाशी, ज्वररोधी, तापहासी; ~**le** /फीब्राइल/ *adj.* 1 घबराया हुआ, उत्तेजित, सक्रिय 2 ज्वर-विषयक 3 ज्वरजन्य: ~le state

February /फेब्रुअरि/ (*abbr.* '**Feb**') *n., pl.* **Februaries** फरवरी का महीना

FEC *abbr.* 'family entertainment centre', 'forward error correction' की प्रथमाक्षरी

fec. *abbr.* 'fecit', *Lat.* का संक्षेप (फलां-फलां ने इसे किया या बनाया)

fecal *N. Amer. spell.* **faecal** की अमेरिकी वर्तनी

feces /फीसीज/ *n., [pl.] US spell.,* 1'faeces' की अमेरिकी वर्तनी 2 मल, गूह

feck /फेक/ *n., colloq.* 1 चालू अवस्था, ऊर्जा, शक्ति 2 संख्या, मात्रा, अंश: the (most) ~ (बड़ा भाग);

dw/lw: ~**ful** *adj.* शक्तिशाली, ऊर्जावान; ~**less** *adj.* 1 लापरवाह 2 कमजोर, अक्षम 3 निर्जीव, निस्तेज: ~less gaiety 4 सुस्त; ~**lessly** *adj.* निर्जीव या निस्तेज ढंग से; ~**lessness** *n.* निर्जीवता, निस्तेजता, ऊर्जाहीनता, कमजोरी

feculen\ce /फेक्युलंस/ *n.* गंदगी;

dw/lw: ~**t** /फेक्युअलंट/ *adj.* 1 (***syn.*** foul, turbid) गंदा, मैला 2 बदबूदार, दुर्गंधित

fecund /फीकंड/ फेकंड/ *n.* 1 (***syn.*** fertile) उपजाऊ, उर्वर: ~ soil 2 बहुप्रज, उत्पादक: ~ herds; ~ beasts 3 फलदायक, जनक 4 उर्वरक 5 रचनाशील: ~ writer

fecunda\te /फीकंडे\ट/ फेकंडे\ट/ *v., pt.* ~**ted**, *pp* ~**ting** 1 गर्भाधान क., गर्भवती बनना 2 रचनाशीलता जगाना;

dw/lw: ~**tion** /~शन/ *n.* 1 गर्भाधान 2 रचनाशीलता; ~**ity** /फिकंडिटि/ *n.* 1 उर्वरता 2 उत्पादकता: the ~ity of publications 3 जननशक्ति

fed /फेड/ *pt.,* '**feed**' का भूतकाल

Fed *US* 1 *abbr.* 'Federal Reserve Board', 'Federal Reserve System' की प्रथमाक्षरी 2 *n., sl.* एफबीआई (FBI) का एजेंट

fedayee /फेदायी/ *n., pl.* **fedayeen** इजराइल के विरुद्ध लड़ने वाले अरब लड़ाकू

FEDCUTA *abbr.* 'Federation of Central Universities Teachers Association' की प्रथमाक्षरी

federal /फेडर\ल/ *adj.* संघीय: a ~ system of government; the **Federal** Republic of Germany 2 संघीय ढांचे की केंद्रीय सरकार से संबंधित: **Federal** government; **Federal** and State budgets;

dw/lw: ~**ism** /~लिज्म/ *n.* संघीय प्रणाली; ~**ist** /~लिस्ट/ *n.* संघवादी; ~**istic** /~लिस्टिक/ *adj.* संघवादी; ~**ize** *v., pt.* ~ized, *pp* ~izing 1 संघ बनाना 2 संघ के अधीन क.;

collocations: ~ **holiday** *US* (*UK*/*US* **national holiday**) राष्ट्रीय अवकाश दिवस या छुट्टी; **Federal Reserve Board** **'Federal Reserve System'** का प्रबंध बोर्ड; **Federal Reserve System** बारह केंद्रीय बैंकों से मिलकर बनी प्रणाली जिसके तहत अमेरिका में मुद्रा के प्रसार पर नियंत्रण रखा जाता है; **the Federal Bureau of Investigation** (*abbr.* **FBI**) अमेरिकी गुप्तचर विभाग; **the Federals** अमेरिकी गृह युद्ध में उत्तर की सेनाएं;

federa\te /फेडअरेट/ *v., pt.* ~**ted**, *pp* ~**ting** संघ बनाना;

dw/lw: ~**tion** *n.* 1 परिसंघ, संघ: the International

Women's ~tion 2 राज्यों का संघ, परिसंघ 3 संघीकरण, परिसंघीकरण; ~tive *adj.* संघीय

fedora /फिडोरा/ *n., pl.* **fedoras** नमदे का बड़ा लंबा टोप

fed up *adj.* (*also* ~ **up with**/*colloq.* **of sth**) उकताया हुआ, ऊबा हुआ, तंग आया हुआ;

p&i: ~ **to the back teeth**/ ~ **to the back teeth with**/ **of sth** *colloq.* किसी चीज से अत्यधिक उकताया या ऊबा हुआ: ~ with detective novels;

fee /फी/ *n., pl.* ~**s** 1 शुल्क, फीस: admission ~; pay one's ~**s**; licence ~**s** 2 पारिश्रमिक, मेहनताना: doctor's/ lawyer's ~; retaining ~; ~ for a consultation 3 इनाम, रेस्त्रां आदि में बैरा लोगों को दिया जाने वाला इनाम: ~**s** are prohibited here 4 (*usually* ~**s**) स्कूल आदि का शुल्क: tuition ~**s** 5 किसी संगठन का सदस्यता शुल्क 6 *law* जमीन जायदाद आदि;

v. *pt.* ~**d**, *pp* ~**ing**, *s/he/it* ~**s** 1 शुल्क का शुल्क अदा क. 2 इनाम दे.: ~ a waiter 3 मेहनताना दे.;

p&i: ~ **simple** संपत्ति पर पूरा मालिकाना हक, बेशर्तअधिकार; **not to set/ to value at a pin's** ~ कोई महत्त्व न दे.

feeble /फीबल/ *adj., degr.* ~**r**, ~**st** 1 कमजोर, दुर्बल: ~ attempt; ~ old man 2 अप्रभावी, बेदम: ~ argument; ~ support; incomprehensible to his ~ mind 3 क्षीण, मंद: ~ pulse; ~ grasp; ~ moan (धीमी कराहट); ~ hope 4 धुंधला: ~ light;

dw/lw: ~**-minded** *adj.* मंदबुद्धि, चलचित्त; ~**-mindedly** *adv.* दुर्बल मन से; ~**-mindedness** *n.* दुर्बल-मनता; ~**ness** *n.* कमजोरी, दुर्बलता; **feebly** /फीबलि/ *adv.* कमजोर ढंग से या रूप में

feed /फीड/ *v., pt.* **fed**, *pp* ~**ing** 1 खाना खिलाना, भोजन दे.: he has a family of five to ~ 2 चारा खिलाना, चराना 3 चरना: sheep ~ all day; the cows are ~**ing** in the pasture 4 पूर्ति क. 5 बच्चे या जानवरों के शावकों को खाना खिलाना: ~ or breast-~ the baby; the baby can't ~ itself yet 6 संतुष्ट क. 7 सूचना आदि दे. 8 संयुक्त शब्दों में: विशेष तरीके से खाना खिलाना: bottle-~, force-~ 9 यंत्र को ईधन आदि की आपूर्ति क.: ~ coal to a stove to keep it going 10 *theat.* अदाकार, विशेषकर विदूषक को संवाद या अन्य सामग्री देते रहना 11 *sport* साथी को गेंद दे. 12 भोजन क.: ~ oneself; the patient is too weak to ~ himself;

n. 1 किसी को खिलाने की क्रिया 2 *UK* (*US* **feeding**) शिशु-आहार 3 पशुओं का चारा: ~ for pigs 4 अच्छा भोजन: a good ~ 5 ईधन की आपूर्ति 6 किसी कार्य के लिए माल की आपूर्ति 7 *theat.* अदाकार को संवाद आदि बताने वाला अभिनेता;

dw/lw: ~**back** *n.* प्रयोग करने वालों या उपभोक्ताओं आदि की प्रतिक्रिया प्राप्ति, प्रतिपुष्टि: negative/ positive ~-back; ~**er**, ~**ing** *see below under separate entry*; ~**-motion** *n.* चारा आपूर्ति ढांचा, चारे की आपूर्ति; ~**-pipe** *n.* खाना खिलाने की पाइप; ~**-pump** *n.* खाना खिलाने का पंप; ~**-screw** *n.* आपूर्ति पेच; ~**stock** *n.* कच्चा माल; ~**-stuff/s** *n.* (***syn.*** feed) पशुओं का चारा; ~**-tank** *n.* चारे का टैंक; ~**-trough** /फीडट्रॉफ/ *n.* चारा खिलाने का स्थान (गमैण, *Hr.*); ~**-water** *n.* पशुओं के पीने का पानी; ~**-wheel** *n.* आपूर्ति लाइन का पहिया;

breast-~ *v., pt.* breast-fed, ***pp*** breast-~ing मां द्वारा शिशु को अपना दूध पिलाना;

collocations: ~ **bunk** पक्षियों का चारा-खाना; ~ **crop** चारा की फसलें; ~ **grinder** चारा पीसने की चक्की; ~ **meal** चारे का आटा; ~ **mill** चारे की चक्की; ~ **oats** चारे की जई; ~ **plant** नाभिक ईधन आपूर्ति कारखाना;

p&i: ~ **(animals) on sth** पशुओं को चारा खिलाना; ~ **a pig and you will have a hog** छोटों से ही बड़े बनते हैं; ~**-back into sth**/ ~ **into sth** अपनी प्रतिक्रिया देकर किसी घटना या घटना-क्रम पर कुछ प्रभाव डालना; ~ **down**/ ~ **out** गोश्त के लिए मोटा करने के लिए पशु को चराना; ~ **one's face** बहुत अधिक खाना; ~ **on sb** किसी के सहारे (परजीवी की तरह) जीना; ~ **on sth** पौधों, फूलों आदि से चारा या भोजन प्राप्त क.; ~ **sb's vanity** किसी के अहम् को हवा दे.; ~ **sparingly and defy the physician** कम खाओ, डॉक्टर को दूर भगाओ; ~ **the flame of passion** भावावेश को हवा दे.; ~ **the fishes** 1 जल-समाधि हो., समुद्र में डूबकर मरना 2 जहाजी मतली हो.; ~ **the mind** आध्यात्मिक खुराक दे.; ~ **through to sb/ sth** किसी प्रक्रिया में से गुजरकर उपभोक्ता या उत्पादक आदि तक पहुंचना; ~ **up** 1 बहुत सारा चारा या भोजन दे. 2 (***syn.*** fatten) मोटा-ताजा बनाना; ~ **upon praise** चाटुकारिता के बल पर पनपना;

be fed up with one's job अपने काम से तंग आ जाना; **be fed up with sb's promises** किसी के वायदों से ऊब जाना; **be of one's** ~ मछली द्वारा अपना भोजन ढूंढ़ना; **be off one's** ~ भूख खो दे., तबियत खराब हो.; **be out at** ~ खाना खत्म होने को हो.; **that certainly was a swell** ~**!** बहुत अच्छा खान-पकवान था; **two tributaries** ~ **the river** नदी को दो नाले पानी देते हैं

feeder /फीडः/ *n.* 1 बच्चे की दूध पीने की शीशी या बोतल 2 आदमी, बच्चे या जानवर की खाने की विशेषता: a poor/ big ~ 3 खानेवाला: a large/ gross ~; he is a quick ~ 4 प्रदाय, भरक, फीडर 5 (*also* ~ **line**) सहायक सड़क या रेलपथ: ~ airline/ ~ airliner

feeding /फीडिंग/ *n.* 1 भोजन देने की क्रिया: the ~ took two hours; ~ time; forcible ~ 2 भोजन 3 *colloq.* चरागाह 4 खाने की आपूर्ति, भरण;

adj. 1 भोजन देने या उसकी आपूर्ति करने वाला: ~ block; ~ bottle 2 तेज होता हुआ, रफ्तार पकड़ता हुआ: ~ storm;

collocations: ~ **centre** चारा कमरा; ~ **crop** चारा उपज; ~ **passage** चारा देने का रास्ता; ~ **rack** चारा खिलाने का स्थान (गमैण, *Hr.*); ~ **standard** चारे का स्तर; ~ **station** सेना का भोजन आपूर्ति चौकी; ~ **stuff/s** चारा, भोजन; ~**-tube** कृत्रिम भोजन कराने की नली

feel /फील/ *v., pt.* **felt**, *pt. p.* **felt**, *pp* ~**ing** 1 महसूस क.: ~ the draught; ~ the heat/ the cold; ~ sb's presence in the dark; ~ pity for sb 2 अनुभूत क.: ~ music/ poetry deeply 3 स्पर्श करके या छूकर महसूस क. या पता लगाना: ~ sb's pulse; the visually challenged people recognize objects by ~**ing** them 4 शारीरिक या भावनात्मक अनुभूति हो.: ~ much younger; he ~**s** like being alone 5 भावनात्मक प्रतिक्रिया क. या प्रभावित हो.: ~ the loss very deeply; ~ an insult deeply 6 टटोलकर पता लगा ले.: ~ one's way 7 अनुभव क., मालूम क.: ~ whether the water is warm enough 8 लगना, प्रतीत हो.: ~/ ~ like a fool/ an idiot; I **felt** it necessary to interfere; what does it ~ like to be at home again? 9 छूने पर सख्त या मुलायम लगना: it ~**s** like wood/ glass/ velvet; the cloth ~**s** soft and silky 10 प्रसन्नचित्त या बीमार जैसा दिखना: he doesn't ~ quite himself 11 किसी बात पर अपनी आंतरिक भावनाओं के आधार पर विश्वास क., अपनी समझ या विचार बनाना: she ~**s** that this is a good idea; ~ the truth of what was said; ~ the force of sb's argument 12 किसी के प्रति सहानुभूति महसूस क.: ~ for sb deeply 13 दया आना 14 मन क.: not ~ like eating;

n. 1 स्पर्श, स्पर्शानुभूति: the ~ of one's car; the cloth was rough and coarse to the ~ 2 बोध, ज्ञान, अनुभव, अनुभूति: get the ~ of sth; a homely ~ 3 उत्तेजना: ~ of utter joy 4 संवेदनशीलता: a ~ for good poetry 5 सहानुभूति, संवेदना: a ~ for sth 6 परख, पहचान;

dw/lw: ~**-bad** *adj.* हालात से दुखी; ~**good** *adj., colloq.* अच्छा लगने वाला;

collocations: ~**-bad factor** दुखदायक पहलू; ~**-good factor** सुखदायक पहलू;

p&i: ~ **around for sth** स्पर्श से किसी चीज को ढूंढना; ~ **at**

home घर जैसा (अच्छा) लगना; ~ **bad about sth** किसी बात का बुरा लगना; ~ **better/ different/ strange, etc.** बेहतर/ भिन्न प्रकार से/ विचित्र महसूस क.; ~ **blue** परेशान हो.; ~ **bound** अपने को प्रतिबद्ध समझना; ~ **cheap** बड़ा हीन अनुभव क.; ~ **cold** सर्दी या जाड़ा लगना; ~ **disinclined to work** काम करने की चाह न हो.; ~ **empty** भूख महसूस क.; ~ **equal to** अपने आप को कुछ करने में सक्षम समझना; ~ **fine** अच्छा हो.; ~ **flat** तबियत खराब होने के कारण विषादग्रस्त हो.; ~ **for sb** किसी के लिए मन में कुछ स्नेह हो.; ~ **free** उन्मुक्तता महसूस क., अपने आपको बिना किसी बंदिश के समझना; ~ **gratified** जान में जान आना; ~ **humiliated** अपमानित अनुभव क.; ~ **inflated** जमीन पर पांव न पड़ना; ~ **it in one's bones** अपने अंदर से किसी प्रकार का अहसास हो.; ~ **ill** बीमार हो.; ~ **like/ as if** ऐसा लगना मानो कि; ~ **like blocks of ice** बर्फ की बड़े ढेलों जैसी ठंड महसूस क.; ~ **like sb/sth** किसी या किसी वस्तु जैसा अनुभव क.; ~ **like sth/doing sth** कुछ लगना, कुछ करने का मन हो. या क.; ~ **low** हौसला पस्त हो.; ~ **mean** अपने को दोषी समझना; ~ **obliged** कृतज्ञता मानना; ~ **one's age** अपने को वृद्ध महसूस क.; ~ **one's feet** नए काम आदि पर जम जा.; ~ **one's oats** मस्ती में आना; ~ **one's pulse** मन टटोलना; ~ **one's way** अपना रास्ता टटोलना; ~ **oneself** अपने को ठीकठाक महसूस क.; ~ **on top of the world** आसमान में उड़ान भरना; ~ **out** सावधानी से जांच क.; ~ **(a person) out** किसी के मन को टोह लेना; ~ **out of sorts** मिजाज अच्छा न हो.; ~ **out of it/ the situation** खोया-खोया-सा होना; ~ **quite oneself** खूब अच्छा लगना; ~ **relieved** चैन की सांस लेना; ~ **rot/ wretched** उल्टी आने जैसा लगना, बहुत खराब लगना; ~ **scared** भयभीत हो.; ~ **seedy** हाल अच्छा न हो.; ~ **sick to one's stomach** उल्टी आने जैसा महसूस क.; ~ **small** अपने को अपमानित महसूस क.; ~ **strange** बेगानगी महसूस क.; ~ **strongly about sth** किसी बात का बहुत खराब लगना; ~ **the pulse** नब्ज टटोलना, किसी का मन टटोलना; ~ **the urge for** के लिए चाह अनुभव क.; ~ **tired** थका हुआ अनुभव क.; ~ **uneasy** घबराहट या परेशानी अनुभव क.; ~ **up to doing sth** अपने को कोई काम करने में सक्षम समझना;

by the ~ of it लगता है कि ...; **get the ~ of sth** किसी चीज की अनुभूति क.; **have a ~ for sth** किसी बात को समझने की सहज क्षमता हो.; **he felt sad** उसे बहुत दुःख हुआ; **how it ~s?** कहिए, क्या हाल है? **my foot ~s better** मेरा पांव बेहतर लग रहा है

feeler /फीलः/ *n.* 1 स्पर्शक, स्पर्शिका: ~ gauge 2 कई कीटों के शरीर पर ऐंटिना जैसा संवेदनशील अंग 3 जनता की नब्ज पकड़ने वाला: remark meant as a ~;

p&i: **put forth/ send out/ throw out a ~** जनता आदि के विचार व भावनाएं जानने के लिए कोई कथन, प्रस्ताव आदि जाहिर क.

feeling /फीलिंग/ *n.* 1 अनुभूति, अहसास, संवेदना 2 स्पर्शानुभूति 3 भावना, भाव 4 आवेश, आवेग: speak with ~ 5 (**~s**, impression) रुख, विचार, विश्वास: strong **~s**; mixed **~s** 6 अंगों में सरसराहट या अन्य प्रकार की अनुभूति 7 (*usually* **a ~ for sth**) किसी घटना या बात को अनुभव करने, समझने आदि की सहज क्षमता 8 स्नेह 9 दो जनों के बीच पारस्परिक भावनाएं: bad ~; good ~; ill ~ 10 (*often* **~ for sth**) किसी बात की सहज पकड़ या समझ 11 (**~s**) संवेदना, संतुलित भावनात्मक रवैया: hurt sb's **~s**;

adj. महसूस करने वाला, संवेदनशील: ~ heart; ~ speech; ~ remark;

p&i: **~ of cold/ of discomfort/ of pain/ of hunger** सर्दी/ असुविधा/ पीड़ा/ भूख की अनुभूति; **~ of sb's pockets** किसी की जेब टटोलने की क्रिया; **~ ran high at the time** उस समय उत्तेजना छाई हुई थी;

a ~ of danger खतरे का अहसास; **a ~ of injury** आहत होने की भावना; **a ~ of pride/ joy/ gratitude** गर्व/ हर्ष/ कृतज्ञता का भाव; **a ~ of safety** सुरक्षा का अहसास; **a man of ~** संवेदनशील व्यक्ति; **a sense of ~** स्पर्श को महसूस करने की क्रिया; **appeal to sb's better ~s** किसी की उदात्त भावनाओं को संबोधित क.; **appeal to the ~s rather than to the reason** तर्क की बजाए भावनाओं को संबोधित क.; **be dead/ lost to all ~** किसी भी भाव के प्रति असंवेदनशील हो जा.; **bear good/ ill ~** किसी के प्रति अच्छा या बुरा रवैया हो.; **control one's ~s** अपनी भावनाओं पर संयम रखना; **deep ~ for beauty** सौंदर्य के लिए गहन संवेदनशीलता; **fine ~ for language** भाषा के लिए संवेदनशीलता हो.; **general ~ on this question** समस्या के बारे में आम भावना; **have/ get a ~ (that) ...** महसूस क., लगना कि...; **have mixed ~s** मिश्रित भाव हो.; **have no ~** सुन्न हो जा.; **have no ~ for sb** किसी के प्रति कोई अनुराग न हो.; **have no ~ in arm** बाजू का सुन्न हो जा.; **have a ~ that sth was going to happen** ऐसा लगना कि कुछ होने वाला है; **have strong ~s on sth** के बारे में आहत भावनाएं हो.; **hurt sb's ~s** किसी की भावनाओं को ठेस पहुंचाना; **lose all ~** संवेदनशून्य हो जा.; **not to show much ~ for the sufferings of others** दूसरों की पीड़ा के प्रति असंवेदनशील हो.; **one's better ~s** इंसान की सर्वोत्तम भावनाएं; **relieve one's ~s** अपने मन की भड़ास निकालना; **speak with ~** भावुकतापूर्वक बोलना; **the ~ of a haunted house** भूत-प्रेत के घर जैसा होने का अहसास; **the speech aroused strong ~ on all sides** भाषण ने सभी की भावनाओं को भड़काया

feelings /फीलिंग्ज/ *n. [pl.]* 1 रवैया, रुख 2 संवेदना 3 भावनाएं: hurt sb's ~ (किसी की भावनाओं को ठेस पहुंचाना);

p&i: **~ are running high** पारा चढ़ा हुआ है; **have mixed ~** मिली जुली भावनाएं हो.; **no hard ~** आहत होने की बात नहीं

FEER *abbr.* 'Far Eastern Economic Reviews' की प्रथमाक्षरी

feet /फीट/ *n., pl.* **'foot'** का बहुवचन;

p&i: **at sb's ~** किसी के चरण कमलों में; **drag one's ~** टालमटोल क.; **have one's ~ on the ground** वास्तविकता से जुड़ा होना; **have the ball at one's ~** स्थिति का मालिक होना; **on one's ~** जमा हुआ, दृढ़; **put one's ~ up** आराम क.; **rise to one's ~** खड़े हो.; **under one's ~** बाधा

fee-faw-fum /फीफॉफम/ *excl.* (नर्सरी स्कूल आदि में बच्चों को डराने के लिए प्रयुक्त) खून का प्यासा होने का द्योतक

feign /फेन/ *v., pt.* **~ed**, *pp* **~ing** 1 बीमार आदि होने का बहाना क.: ~ a sickness; ~ an excuse 2 स्वांग भरना, दिखावा क.: ~ indifference/ surprise 3 गढ़ना: ~ a story;

dw/lw: **~ed** *adj.* 1 कल्पित: ~ed name 2 मनगढ़ंत, जाली: write in a ~ed hand 3 दिखावापूर्ण या कृत्रिम ढंग का, नकली, बनावटी: speak in a ~ed voice; ~ed compliments; ~ed smile; present sb with a ~ed copy; **~ingly** *adv.* 1 नाटकीय अंदाज में 2 बहाना करते हुए

FEII *abbr.* 'Federation of Engineering Industries of India' की प्रथमाक्षरी

feint /फेंट/ *n.* 1 झूठ-मूठ का आक्रमण या प्रहार: make a ~ of doing sth 2 धोखा देने के लिए उठाया गया कदम 3 झूठ-मूठ या नकली बात: his anger was but a ~;

adj. लाइनदार (कागज आदि);

v., *pt.* **~ed**, *pp* **~ing** झूठ-मूठ का आक्रमण या प्रहार क.

feis\ty /फेस्टि/ *adj., degr.* **~tier**, **~tiest** *colloq.* 1 जीवंत, सजीव 2 मजबूत, दृढ़ 3 मनमौजी, उल्लसित 4 उग्र 5 तुनुकमिजाज, झगड़ालू

felicific /फीलिसिफिक/ *adj.* 1 सुखद 2 भाग्यशाली

felicita\te /फलिसिटेट/ *v., pt.* **~ted**, *pp* **~ting** बधाई या मुबारकबाद दे.;

dw/lw: **~tion** *n., pl.* ~tions बधाई, मुबारकबाद

felicitous /फलिसिटस/ *adj.* 1 (***syn.*** apt) समुचित, उपयुक्त: ~

remark 2 चुनिंदा 3 चारु, ललित, अलंकारपूर्ण: have a ~ style of writing;
dw/lw: **~ly** *adv.* रमणीय ढंग से; **~ness** *n.* रमणीयता
felicity /फलिसिटि/ *n., pl.* **felicities** 1 आनंद, सुख 2 आनंद या सुख का स्रोत 3 ललित शैली: ~ in painting portraits 4 सक्षमता, उपयुक्तता: express oneself with ~;
p&i: **~ of phrase** सुंदर शब्दों में अभिव्यक्ति की शक्ति या देन
felid /फीलिड/ *n.* विडाल-वंशी, बिल्लियों जैसा जानवर
feli\ne /फिलाइन/ *adj.* 1 बिल्लियों जैसा: with **~ne** grace 2 विडालवत/ बिल्ली के वर्ग का 3 धूर्त, चालाक: **~ne** amenities (छिपी हुई खतरनाक बात);
dw/lw: **~nity** /फिलिनिटि/ *n.* 1 शालीनता 2 धूर्तता
fell /फैल/ *v., pt.* **~ed**, *pp* **~ing** 1 प्रहार करके गिरा दे.: ~ a man with a single blow; attack of fever **~ed** him 2 पेड़ काटना 3 सुई से किनारों पर कढ़ाई के टांके लगाना;
n. 1 पेड़ों की कटाई 2 एक ऋतु में काटी हुई लकड़ी 3 पशु की खाल 4 बाल, भेड़ की ऊन: ~ of hair 5 किनारे पर काढ़ा हुआ टांका;
adj. 1 क्रूर, निर्मम, नृशंस: ~ tortures (घोर यातनाएं) 2 विनाशक 3 खतरनाक, भयानक: ~ disease;
dw/lw: **~er** *n.* लकड़हारा; **~ing** *adj.* 1 जंगल में लकड़ी की कटाई से संबंधित: ~ing area 2 टांका लगाई (कढ़ाई) से संबंधित;
p&i: **in one ~ swoop** एक ही घातक प्रहार में हताहत; **~-running/ walking** पहाड़ियों या टीलों में से दौड़/ तेज चाल (प्रतियोगिता)
fell *pt.* **'fall'** का भूतकाल
fella (*also* **fellah/ fellahs/ fellaheen/ fellahin**) /फैला/ *n.* अरब देशों का किसान
fellatio /फलेशिओ/ *n.* मुखमैथुन
fellmonger /फेलमॉग/ *n.* 1 चर्मकर्मी 2 फर (खाल) का व्यापारी
fellow /फेलो/ *n.* 1 आदमी या लड़का: good ~; jolly ~ 2 विश्वविद्यालय आदि में शोध या पढ़ाने का कार्य करने वाला अस्थाई व्यक्ति, फैलो 3 (**Fellow**) विद्वत् संगठन का सदस्य: **Fellow** of the Royal Society 4 समान विचारों वाले किसी संगठन का सदस्य, साथी, संगी, मित्र, सहयात्री, हमसफर: **~s** at school; a ~ citizen; a ~ worker 5 जोड़ीदार, जोड़े में से एक: I've found one shoe, but its ~ is missing;
adj. साथी, संगी, सहयोगी: ~ feeling (भाई-चारे की भावना);
dw/lw: **~-countryman** *n.* हमवतन; **~-craftsman** *n.* सहदस्तकार; **~-creature** *n.* साथी; **~-feeling** *n.* 1 मित्रभाव 2 सहानुभूति; **~less** *adj.* 1 मित्रविहीन 2 अद्वितीय; **~ly** *adj., adv.* मिलनसार; **~-soldier** *n.* साथी-सिपाही; **~-subject** *n.* हमवतन; **~-traveller** *n.* सहयात्री, किसी विचारधारा का समर्थक;
collocations: **~ boarder** साथी-छात्रावास निवासी; **~ captive** जेल के साथी; **~ citizen** साथी नागरिक, हमवतन; **~ employee** सहकर्मी; **~ feeling** साथीपन, साथी का साथ देने की भावना; **~ student** साथी छात्र; **~ pupil** सहपाठी; **~ traveller** 1 हमराही, हमसफरी 2 समान विचारों वाला साथी; **~ worker** साथी-मजदूर; **~s in arms** सह-संघर्षशील व्यक्ति;
p&i: **a ~ in misery** दुःख-सुख का साथी; **a ~ in crime** सह-अपराधी; **hail ~ well met** सबके साथ मिठबोला-मित्र (goody-goody); **stone-dead hath no ~** मरा व्यक्ति भेद नहीं खोल सकता
fellowship /फेलोशिप/ *n.* 1 अध्येतावृत्ति, शिक्षावृत्ति, छात्रवृत्ति: obtain a ~ 2 मैत्रीभाव: good ~ 3 भाईचारा, संसर्ग: ~ of man 4 साहचर्य, साथ, संग, सहभागिता, भागीदारी: a ~ in sorrow (दुःख-सुख का साथी) 5 बिरादरी, संघ, मंडली 6 संस्था की सदस्यता
felon /फेलन/ *n., law* 1 *US* (अमेरिका में) घोर अपराधी 2 धोखा-धड़ी करने वाला 3 दुखता नासूर, फोड़ा;
adj. छलपूर्ण: ~ blow;
dw/lw: **~ious** /फेलअनिअस/ *adj.* आपराधिक, दुष्ट, नीच: ~ homicide (दुष्टतापूर्वक या सोच-समझकर की जाने वाली हत्या); **~iously** *adv.* दुष्टतापूर्वक
felony /फेलनि/ *n., pl.* **felonies** *law* घोर अपराध, महा अपराध: commit a ~;
p&i: **compound a ~** घूस लेकर किसी के अपराध की जांच न करके अपराध को और संगीन बनाना
felt *pt.* **'feel'** का भूतकाल
felt /फेल्ट/ *n.* ऊन या फर का कपड़ा जिसे दबाकर (press) बनाया जाता है, नमदा: **~-tip** pen/ nib; ~ boots; ~ slippers;
v., pt. **~ed**, *pp* **~ing** 1 नमदे की दरी आदि बनाना 2 नमदे से ढकना;
dw/lw: **~ing** /फेल्टिंग/ *n.* 1 नमदे की दरियां, जूते आदि बनाने का हुनर या कार्य 2 नमदे और तारकोल से बना कपड़ा जिसे छत आदि बनाने के काम में लाया जाता है;
felucca /फेलुका/ *n.* छोटी नौका
felwort /फेलवःट/ *n.* पीली कुटकी
fem. *abbr.* 'feminine' का संक्षेप
FEMA *abbr.* 'Foreign Exchange Management Act' की प्रथमाक्षरी
female /फिमेल/ *n.* 1 स्त्री, तिरिया, स्त्री जाति 2 मादा पशु या पौधा 3 यांत्रिकी में दो पुर्जों के जोड़ से बने कल में छिद्रों वाला पुर्जा (female screw) जिसमें दूसरे पुर्जे के भाग डाले जाते हैं;
adj. 1 स्त्री संबंधी 2 मादा पशु या पौधों से संबंधित 3 दो पुर्जों के जोड़ से बने कल में छिद्रों वाले पुर्जे से संबंधित;
dw/lw: **~ness/ femality** *n.* 1 स्त्रीत्व, नारीपन, नारी जैसी नाजुकता 2 नारी स्वभाव, नारी की प्रकृति 3 नारी जैसा;
collocations: **~ education** स्त्री-शिक्षा; **~ charm** नारी-आकर्षण; **~ child** बालिका; **~ circumcision** महिलाओं के गुप्तांगों के ऊपरी भागों का खतना/ सुन्नत/ परिच्छेदन; **~ condom** महिलाओं द्वारा प्रयुक्त निरोध; **~ lead** फिल्म आदि में मुख्य नायिका; **~ relations** महिला संबंधी (relative); **~ screw** दो पुर्जों के जोड़ से बने कल में छिद्रों वाला पुर्जा या पेच; **~ suffrage** महिला मताधिकार
feme /फेमि/ *n., law* स्त्री, पत्नी
feminality /फेमिनैलिटि/ (*also* **femineity/ feminility/ feminineness/ femininity/ femality/ feminity**) *n.* 1 स्त्रीत्व, नारीत्व 2 मादापन
femineity /फेमिनीइटि/ *n.* स्त्रैणता, मेहरापन
femini\ne /फेमिनिन/ *adj.* 1 स्त्री संबंधी, नारीजातीय 2 स्त्रीसुलभ, नारीसुलभ 3 नारीवत, स्त्रैण, मेहरा, जनखा 4 स्त्रीवाची 5 स्त्रीलिंग-संबंधी, स्त्रीलिंग;
dw/lw: **~nity** *n.* नारीत्व, मादापन;
collocations: **~ne gender** स्त्रीलिंग; **~ne modesty/ curiosity** नारी की विनम्रता; **~ne society** महिला समाज; **~ne voice** औरतों की आवाज;
the eternal ~ne शाश्वत स्त्रीत्व
femi\nism /फेमिनिज्म/ *n.* 1 नारीवाद 2 नारी आंदोलन 3 स्त्रियों के अधिकारों और अवसरों, विशेषकर पुरुषों के समान अधिकारों का प्रतिपादन करने वाला आंदोलन या विचारधारा;
dw/lw: **~nist** *n.* नारीवादी व्यक्ति (स्त्री या पुरुष); **~nist** *adj.* नारीवादी; **~nize/ ~nise** /फेमिनाइज/ *v. pt.* ~ized, *pp* ~izing 1 स्त्रैण बनना या बनाना 2 नर जीव में मादा की विशेषताएं पैदा क.
femme/fem /फेम/ *n.* 1 आदमी जो औरतों की पोशाक पहनता हो: look ~ (स्त्रैण लगना) 2 स्त्री समलिंग या पुरुष समलिंग व्यक्ति जिसकी यौन-क्रिया में असक्रिय भूमिका होती है
femme fatale /फैम फताल/ *US* फअम फतैल/ *n., pl.* **~s**, *Fr.* मोहिनी, अति सुंदर व आकर्षक नारी जो उसके चाहने वाले को बर्बाद कर देती है;
collocations: **~ covert** विवाहिता; **~ savante** विदुषी (*The Learned Lady* by Molière); **~ sole** अविवाहिता, स्वतंत्र नारी, विधवा

femoral /फेमरल/ *adj.* ऊर्वस्थि-संबंधी: ~ artery (ऊर्वस्थि स्नायु)

femto- /फेमटो/ *combining form, denoting:* **a thousand million** (10^{15}) (एक हजार मिलिअन = 1000x1000000)

femur /फीमः/ *n., pl.* **~s/ femora** जांघ/ रान की हड्डी, ऊर्वस्थि, उरु अस्थि, ऊर्विका

fen /फेन/ (*also* **fenland**) *n.* दलदल, दलदली भूमि: ~ grass; ~ farming; ~man

fen\ce /फेंस/ *n.* 1 बाड़ 2 घेरा, चारदीवारी, चहारदीवारी, अहाता 3 सुरक्षा, बचाव 4 (***syn.*** fencing) पटेबाजी 5 *sl.* चोरी के माल को लेने और बेचने वाला 6 किसी यंत्र में गति को नियंत्रित करने वाला उपकरण;

v., pt. **~ced**, *pp* **~cing** 1 (*also* **~ce sth in/ off**) बाड़ लगाना 2 घेरा डालना 3 पटेबाजी (fencing) के खेल में भाग ले. 4 (*usually* **~ce with words**) सीधा जवाब न दे. 5 *sl.* चोरी के माल को लेना व बेचना;

dw/lw: **~ce-ful** *adj.* रक्षक; **~celess** *adj.* बाड़ रहित; **~ce-month/ season** *n.* वर्ष का मछली पकड़ने पर रोक का समय; **~cer** *n.* 1 बाड़ लगाने वाला 2 पटेबाजी करने वाला; **~ce-sitter** *n.* विवाद में किसी का पक्ष न लेने वाला; **~ce-sitting** *n.* विवाद में सही-गलत की बात करने से दूर रहने की नीति; **~cible** *n., hist.* देश की रक्षा के लिए स्वयं-सेवक सैनिक; **~cing** /फेंसिंग/ *n.* 1 पटेबाजी, भोथरी तलवारों से की जाने वाली लड़ाई का खेल, असिक्रीड़ा 2 बाड़ में लगने वाला माल, बाड़ लगाने की क्रिया; **~cing-master** *n.* पटेबाजी शिक्षक;

collocations: **green ~ce** हरी झाड़ियों की बाड़; **picket ~ce** कांटेदार बाड़;

p&i: **~ce sth in** बाड़ लगाना; **~ce sth off** बाड़ लगाकर अलग क.; **~ce with words** सीधा जवाब देने से बचना;

be on the other side of the ~ce दूसरे पक्ष के साथ हो.; **be on the same side of ~ce** एक ही पक्ष में हो.; **come down on the right side of the ~ce** विजेता के पक्ष में खड़ा हो.; **come of the ~ce** ढुलमुलपन छोड़कर स्पष्ट रुख अपनाना; **jump the ~ce** लक्ष्मण रेखा पार क.; **mend one's ~ces** 1 अपने रिश्ते-नाते सुधारना 2 अपनी गलतियों, कमियों को दूर करके अपनी छवि सुधारना; **no ~ce against a flail ~ce** होनी को कोई नहीं टाल सकता; **over the ~ce** *Austral.* बेकार, रद्दी, घटिया; **rush one's ~ces** किसी काम में उतावलापन दिखाना, हड़बड़ाहट क.; **sit on the ~ce** न इधर का न उधर का हो., बेलाग हो., ढुलमुल हो.; **stop to look at a ~ce** कठिनाइयों या बाधाओं के सामने अटक जा.; **walk like a Virginia ~ce** नशे में धुत्त होकर लड़खड़ाना; **rush one's ~ces** अत्यधिक जल्दी से काम क.; **stop to look at ~ce** बाधा या कठिनाई के सामने दुविधा में हो.; **~ce a town about with walls** शहर के चारों तरफ दीवार बनाना; **~ce one's head from/ against blows** अपने सिर को प्रहारों से बचाना; **well ~ced either with hedge or with pate** हरी झाड़ी की या कांटेदार बाड़ से अच्छी तरह सुरक्षित क.; **~ce off one corner of a field** खेत के एक कोने को बाड़ लगाकर अलग क.; **~ce off the consequences** दुष्परिणामों से बचना

fend /फेंड/ *v., pt.* **~ed**, *pp* **~ing** 1 हटाना, धकेल दे. 2 रक्षा क.;

p&i: ~ **and prove** *colloq.* गर्मजोशी से बहस क.; ~ **for oneself** बिना किसी की मदद के अपनी मदद खुद क.; ~ **off** से बचाव क.; ~ **off the inevitable disclosure** अवश्यम्भावी पर्दाफाश से बचना; ~ **sb/ sth off** (***syn.*** ward off) पीछे धकेल कर प्रहार टालना

fender /फेंडः/ *n.* 1 *US* (*UK* **wing**)/ *US* (*UK* **mudguard**) मडगार्ड (mudguard), गारा, मिट्टी आदि से बढ़ानेवाला 2 *UK* अंगीठी या दीवार की चिमनी के आगे बनाई हुई छोटी-सी जाली या जंगला 3 जहाज के दोनों तरफ बंधे रस्सी या टायरों की पूली जो जहाज को बंदरगाह की दीवारों से टकराने से बचाता है, दफरा, चपलान (of a ship)

fenestra /फिनेस्ट्रा/ *n., pl.* **fenestrae** /फिनेस्ट्री/ *archit.* 1 गवाक्ष 2 खिड़की या झरोखा;

dw/lw: **~ted/ ~te** /फिनेस्ट्रेटिड/ फिनेस्ट्रेट/ *adj.* 1 खिड़कियों वाला 2 छिद्रदार या अर्ध पारदर्शी; **~tion** /फेनस्ट्रेशन/ *n.* भवन में खिड़कियों की व्यवस्था;

collocations: ~ **ovalis** अर्धगोलाकार खिड़की; ~ **rotunda** गोलाकार खिड़की

feng shui /फेंशुई/ *n.* चीन में प्राचीन विश्वास के अनुसार घर की बनावट या सजावट घर वालों की सफलता, स्वास्थ्य या खुशियों को प्रभावित करते हैं

feni/ fenny /फेनी/ *n.,* **~s/ fennies** गोवा में काजू से बनी शराब

fennel /फेनल/ *n.* सौंफ: small ~ (कलौंजी, काला जीरा)

fenugreek /फेन्यूग्रीक/ *n.* मेथी

feoff /फेफ/ *n., pl.* **~s** जागीर;

v. pt. **~ed**, *pp* **~ing** *feudalism* जागीर का कब्जा दे.;

dw/lw: **~ee** /फेफी/ *n., pl.* **~s** जागीरदार; **~er** *n.* जागीरदारी देने वाला; **~ment** *n.* जागीर का उपहार

FERA *abbr.* 'Foreign Exchange Regulation Act' की प्रथमाक्षरी

feral /फेरल/ फिअरल/ *adj.* 1 वन्य, जंगली: ~ cats 2 जो सधाया (tame) न गया हो 3 बर्बर: ~ diseases (घातक रोग) 4 जंगली (पौधा);

p&i: ~ **birds that love darkness** अंधेरे को पसंद करने वाले दुष्ट पक्षी

fer-de-lance /फेअडलॉस/ *n., pl.* **fers-de-lance/ fers-de-lances** दक्षिणी अमेरिका का एक प्रकार का जहरीला सांप

feretory /फेरअटरि/ *n., pl.* **feretories** *RC Church* 1 (***syn.*** reliquary) तबर्रुक-पात्र 2 अर्थी 3 मकबरा, समाधि-स्थल

ferial /फिअरिअल/ *adj., RC Church.* चर्च के साधारण, सामान्य दिन संबंधी: ~ day/time

ferine /फिअराइन/ *adj.* 1 जंगली 2 जो सधाया न गया (untamed) हो 3 बदतमीज, क्रूर 4 दरिंदे जैसा 5 अवगुणी

feringee /फेरिंगी/ *n., colloq.* फिरंगी, गोरा, श्वेत विदेशी

ferity /फेअरिटि/ *n.* जंगलीपन, बर्बरता

fermata /फःमाःटा/ *n., pl.* **~s/ femate** *music* (***syn.*** pause) अंतराल

ferment /फःमेंट/ *v., pt.* **~ed**, *pp* **~ing** 1 खमीर उठना या उठाना, जामन बनना या बनाना, किण्वन हो. 2 उत्तेजित हो. या क.: while youth **~s** one's blood 3 असंतुलित क., अस्थिर क.: the rumours **~ed** the city;

n. 1 किण्वन, संधान 2 परिवर्तन आदि से पैदा हुई उत्तेजना, विक्षुब्धता: the country was in a ~; his mind is in a ~;

dw/lw: **~able** *adj.* जिसे किण्वित या उद्वेलित किया जा सके; **~ation** *n., chem.* 1 खमीरीकरण: ~ation cabinet; ~ation tube 2 उद्वेलन, विक्षुब्धता, अतःक्षोभ: the intellectual ~ation of the country; **~ed** *adj.* किण्वित

fermium /फःमिअम/ *n., chem.* (*symbol.* **Fm**) कृत्रिम तरीके से बनाया हुआ धातु का रेडियो धर्मी तत्त्व

fern /फःन/ *n.* 1 बिना फूलों के पंख जैसे हरे पत्तों वाले पौधे 2 पर्णांग;

dw/lw: **~ery** /फःनरि/ *n.* 1 पर्णांग-स्थली 2 पर्णांग-समूह; **~y** *adj., degr.* ~ier, ~iest फर्न या पर्णांग से संबंधित; **~y patch** घने चीड़ या देवदार के जंगल के बीच खाली जगह

ferocious /फरोशिअस/ *adj.* 1 उग्र 2 दरिंदों की तरह क्रूर, खूंखार, बर्बर: ~ animal 3 प्रचंड, विकराल: ~ look;

dw/lw: **~ly** *adv.* प्रचंडतापूर्वक, उग्रता से: glare at sb ~ly (किसी को प्रचंडतापूर्वक घूरना); **~ness** *n.* बर्बरता, विकरालता, प्रचंडता

ferocit\y /फरौसिटि/ *n., pl.* **~ies** 1 उग्रता, प्रचंडता 2 विकरालता, बर्बरता

-ferous *comb. form, denoting:* **bearing/ containing** (से युक्त)

ferret /फेरिट/ *n.* 1 नेवले की जाति का एक जंतु जिसे खेतों को खरगोशों या चूहों को भगाने के लिए पालते हैं 2 अति शक्की और हठी जांच-पड़तालिया (investigator);
v., pt. **~ed**, *pp* **~ing** नेवले की मदद से खरगोशों का शिकार क.;
p&i: **~ around/ about** सक्रिय तरीके से खोजना; **~sth out** खोज निकालना

ferriage /फेरिज/ *n.* 1 नाव से माल की ढुलाई 2 उतराई, घाट-शुल्क

ferric /फेरिक/ *adj.* लोह-संबंधी

Ferris wheel /फेरिस व्हील/ *n.* हिंडोला

ferro-concrete *n.* प्रबलित कंक्रीट

ferrous /फेरस/ *n.* 1 लोह-युक्त 2 लोहे से संबंधित

ferrule /फेरूल/ फेर्यूल *n.* जोड़-चूड़ी, छल्ला, शाम;
p&i: **under the ~** शारीरिक दंड की धमकी तले

fer\ry /फेरी/ (*also* **ferryboat**) *n., pl.,* **~ries** 1 यात्रियों को नदी आदि के आर-पार ले जाने वाली नाव 2 नौघाट, नौका 3 तारण;
v., pt. **~ried**, *pp* **~rying**, *s/he/it* **~ries** पार उतारना/ ले जा.: **~ry** across/ **~ry** over; **~ry** across the river;
dw/lw: **~ry-boat** *n.* आर-पार ले जाने वाली नाव; **~ry-bridge** *n.* नौका पुल; **~ry-man** *n.* माझी, नाविक, यात्रियों को नदी के आर-पार ले जाने वाला माझी; **~ry-toll** *n.* घाट-शुल्क
p&i: **cross the Stygian ~ry** मर जाना

fertile /फ़:टाइल/ *US* फ़:टिल/ *adj.* 1 उपजाऊ, उर्वर 2 नया पौधा या जीव बनने में सक्षम 3 किसी काम, बात या जीव आदि के पनपने में मददगार: ~ ground for research

Fertile Crescent *n.* भूतकाल में अर्मेनिया (Armenia) से अरब भूमि तक फैली उपजाऊ (वर्तमान में रेगिस्तानी) धरती जिसे मानव सभ्यता का स्रोत माना जाता है

fertility /फ़:टिलिटि/ *n.* 1 उपजाऊपन, उर्वरता 2 जनन क्षमता: ~ drug

fertilization/ fertilisation /फ़:टिलाइजेशन/ *n.* 1 उर्वरण, उर्वरीकरण 2 निषेचन

fertili\ze/ fertili\se /फ़:टिलाइज/ *v., pt.* **~zed**, *pp* **~zing** 1 खाद डालकर उपजाऊ बनाना 2 गर्भाधान क.;
dw/lw: **~zer/ ~ser** (*also UK* **-ser**) /फ़:टिलाइज़:/ *n.* खाद, उर्वरक: ~zer mixer; ~zer formula; ~zer plant

ferulaceous /फेरुलेशिअस/ *adj.* 1 बेंत या छड़ी संबंधी 2 छड़ी जैसा

ferule /फेरल/ फेरूल/ *n.* बेंत, डंडा, छड़ी;
v., pt. **~d**, *pp* **feruling** बेंत या छड़ी से मारना

ferven\cy /फ़:वंसि/ *n.* 1 जोश, उत्साह 2 सरगर्मी 3 उत्तेजना, आवेश: argue with ~;
dw/lw: **~t** /फ़:वंट/ *adj.* 1 भावपूर्ण, हार्दिक: ~t affection; ~t desire 2 जोशीला, उत्साही, सरगर्म: ~t admirer 3 उत्तप्त, प्रदीप्त, गर्म 4 धर्मोत्साही, भक्तिमय, धर्मांध: ~t hatred 5 खूंखार: ~t beast; **~tly** /फ़:वंटलि/ *adv.* जोश के साथ, उत्साहपूर्वक

fervid /फ़:विड/ *adj.* 1 उत्तप्त, आवेशपूर्ण, आवेगपूर्ण 2 उमंग-भरा, उत्साहपूर्ण, भावपूर्ण;
dw/lw: **~ity/ ~ness** *n.* 1 उत्तप्तता, आवेश, आवेग 2 उमंग, उत्साह; **~ly** *adv.* 1 आवेशपूर्वक, आवेगपूर्वक 2 उमंग से भरकर, उत्साहपूर्वक

fervour *UK* (*also US* **fervor**) /फ़:व:/ *n.* 1 आवेग, आवेश: ~ of the orator 2 सरगर्मी 3 धर्मोत्साह: ~ of devotion 4 लगन, जोश: ~ of love; greet with ~

fess /फेस/ *v., pt.* **~ed**, *pp* **~ing** (***syn.*** own up) गलती या अपराध कबूल क.

fest /फेस्ट/ *n., in compounds* 1 *US* उत्सव या मनोरंजन कार्यक्रम: song~; film~; thrill~; news~ 2 प्रीतिभोज, मिलन;
dw/lw: **festal** /फेस्टल/ *adj.* 1 उल्लासपूर्ण 2 उत्सव-संबंधी; **~iology** *n.* पर्वग्रंथ

fester /फेस्ट:/ *v., pt.* **~ed**, *pp* **~ing** 1 स्थिति का बद से बदतर होते जा. 2 कटु बन जा., कटुता से भरते जा. 3 बुराई का बढ़ते जा. 4 (घाव आदि का) पकना, मवाद पड़ना 5 सड़ना, गलना;
n. 1 मवाद से भरा घाव 2 घाव पकने की क्रिया

festival /फेस्टिवल/ *n.* 1 त्योहार, पर्व: **Festival** of Lights (दीपावली, दीवाली); harvest ~ 2 उत्सव, समारोह: youth ~; Shakespeare ~ 3 मेला, प्रदर्शनी: book **festival**/ fair;
adj. उत्सव या समारोह से संबंधित: ~ dress
v. pt. **~ed**, *pp* **~ing**, *s/he/it* **~s** 1 त्योहार मनाना 2 उत्सव या समारोह के संबंध में सांस्कृतिक कार्यक्रम चलाना

festi\ve /फेस्टिव/ *adj.* 1 आनंदमय, सजीव, जीवंत: be in **~ve** mood 2 उत्सव संबंधी: **~ve** evening;
dw/lw: **~vities** /फेस्टिविटीज/ *n. [pl.]* 1 उत्सव, समारोह 2 मंगलमय कार्यक्रम: take part in ~vities; **~vity** /फेस्टिविटि/ *n., pl.* ~vities आनंद-मंगल, उत्सव, आमोद-प्रमोद: ~vity is in the air

festoon /फेस्टून/ *v., pt.* **~ed**, *pp* **~ing** तोरण, बंदनवार या झालर आदि लगा कर सजाना;
n. 1 फूलों की माला या लड़ी, बंदनवार;
collocations: **festoon blind** तोरण की तरह बना हुआ खिड़की का पर्दा

Festschrift /फेस्टश्रिफ्ट/ *n., pl.* **festschrifts/ festschriften**, *Ger.* किसी विद्वान को समर्पित किया जाने वाला ग्रंथ, अभिनंदन-ग्रंथ

fetal /फीटल/ *adj., US spell.* **'foetal'** 1 की अमेरिकी वर्तनी 2 भ्रूण संबंधी 3 भ्रूणिक 4 भ्रूण जैसा

fetal alcohol syndrome *n.* (*abbr.* **FAS**) नवजात शिशु में उसकी मां द्वारा अतिशय शराब पीने के कारण होने वाली मानसिक कमजोरी

FETC *abbr.* 'Fedex Emerging Technology Complex' की प्रथमाक्षरी

fetch /फेच/ *v., pt.* **~ed**, *pp* **~ing** 1 जाकर ला.: Ram **~ed** help; ~ a doctor 2 (***syn.*** sell for) किसी विशेष कीमत पर बेचना या बिकना 3 किसी को थप्पड़ आदि मारना 4 *old use* कराहना: ~ a dreadful groan 5 आंसू उत्पन्न क.: ~ tears from the eyes 6 आकर्षित क.;
dw/lw: **~er** *n.* 1 घरेलू नौकर: ~er and carrier 2 *US* लालच: resist a ~er; **~ing** /फेचिंग/ *adj.* आकर्षक, रमणीय, मनोहर; **~ingly** *adv.* आकर्षक ढंग से;
p&i: **~ about** चक्करदार रास्ते से जाना-आना; **~ and carry for sb** किसी के नौकर की तरह व्यवहार क., किसी के लिए बहुत सारे छोटे-मोटे काम क.; **~ away** से छूटना, मुक्त हो.; **~ down** लड़ाई में हराना; **~ in** 1 घेरना 2 चालू क.; **~ out** प्रकट क.; **~ round** होश में आना; **~ up** *colloq.* आ धमकना, आ जा.; **~ sth up** *informal.* उल्टी क.;
a far ~ लंबा और कठिन रास्ता

fêt\e/ fet\e /फेट/ *n., Fr.* 1 *UK* आनंद-मेला 2 *US* उत्सव, समारोह;
v., pt. **~ed**, *pp* **~ing** 1 अच्छी खातिर क. 2 आनंद-मेला या उत्सव का आयोजन क.

fetid /फीटिड/ फेटिड/ (*also* **foetid**) *adj.* बदबूदार, दुर्गंधपूर्ण;
dw/lw: **~ness** *n.* दुर्गंधता

fetish /फेटिश/ *n., pl.* **~es** 1 कामोत्तेजक वस्तु 2 किसी चीज की जादुई शक्ति के कारण उसका पूज्य होने में अंध विश्वास 3 अंध विश्वास, वस्तु की पूजा 4 ताबीज;
dw/lw: **~ism** /~शिज्म/ *n.* 1 वस्तुपूजा 2 वस्तु-कामुकता, वस्तु-रति; **~ist** /~शिस्ट/ *n.* वस्तु-पूजक, अंधभक्त; **~ize** /फेटिशाइज/ *v. pt.* **~ized**, *pp* **~izing** किसी वस्तु या व्यक्ति की अंध-भक्ति क.

fetlock /फेटलौक/ *n.* घोड़े के टखने पर उगनेवाले बालों का गुच्छा;
dw/lw: **~ed** *adj.* जिसके टखनों पर बालों का गुच्छा हो;
p&i: **hairy about/ at/ in the ~s** 1 बदतमीज 2 अशिष्ट

fetoscopy/ foetoscopy /फीटॉस्कपि/ *n.* भ्रूण की चिकित्सकीय जांच परख

fetor /फीट:/ *n.* दुर्गंध, बदबू

fetter /फेटः/ *n.* (*usually* **~s**) 1 बेड़ी, जंजीर, सिगड़, निगड़ 2 बाधा, रुकावट, बंधन;
v., pt. **~ed**, *pp* **~ing** 1 बेड़ियां पहनाना, कैद में डालना 2 रोक लगाना 3 बंधन में रखना, जकड़ दे. 4 दास बनाकर रखना;
p&i: **~s even of gold are heavy** सोने की बेड़ियां भी बेड़ियां ही होती हैं; **~ed by convention** परंपराओं की जकड़ में; **~ed by superstition** अंधविश्वास की जकड़ में;
burst one's ~s बेड़ियां तोड़कर मुक्त हो.; **in ~s** बेड़ियों से जकड़ा हुआ; **proletariat has nothing to lose save his ~s** सर्वहारा के पास अपनी बेड़ियों के सिवाए खोने को और कुछ नहीं

fett\le /फेटल/ *n.* 1 स्वास्थ्य की दशा, हालत: in good **~le** 2 हौसला, हिम्मत: in fine/ splendid **~le**;
v. *pt.* **~led**, *pp* **~ling** 1 *pottery* मिट्टी के बर्तन को बनाते समय उससे फालतू की मिट्टी आदि हटाकर (with fettling tools) दुरुस्त क. 2 *dialect* तैयार हो. या किसी चीज को ठीक क.: **~le** up 3 बर्तन पकाने की भट्टी के भीतर लाइनिंग आदि लगाकर ठीक क. 4 स्वास्थ्य को ठीक क.;
dw/lw: **~ler** *n.* मरम्मत करने वाला मजदूर; **~ling** *n.* मरम्मत

fetus /फीटस/ *n. US spell.,* **'foetus'** की अमेरिकी वर्तनी (भ्रूण)

feu /फ्यू/ *n., pl.* **feus** *often as adj., legal, hist., feudalism* 1 सेना में आवश्यक भर्ती (compulsory recruitment) से छुटकारा पाने के लिए दास द्वारा अपने मालिक को दिया जाने वाला अनाज या पैसा 2 पक्का (हमेशा के लिए) पट्टा: **feu**-farm 3 तयशुदा किराये के बदले जमीन या घरों के प्रयोग का हक

feud /फ्यूड/ *n.* 1 झगड़ा, कलह: blood ~; deadly ~; sink a ~; a bitter/ long-running ~; a political ~ of long standing 2 कुल-बैर, पुश्तैनी दुश्मनी: be at ~ with sb 3 काम या दाम के बदले जमींदार से मिलने वाली भूमि का टुकड़ा: right of ~;
dw/lw: **~atory** /फ्यूडअटरि/ *n.* सामंत, जागीरदार; **~atory** *adj.* सामंती; **~ing** *adj.* झगड़े में लिप्त; **~ist** /फ्यूडिस्ट/ *n.* 1 सामंती कानून का विशेषज्ञ 2 झगड़ों-कलहों पर लिखनेवाला लेखक;
v., *pt.* **~ed**, *pp* **~ing** (*often* **~ with sb**) किसी के साथ झगड़े या कलह में फंसा हो.;
p&i: **be at deadly ~ with sb** किसी के साथ खूनी कलह हो.

feudal /फ्यूडल/ *adj.* 1 सामंतवादी, सामंती: ~ lord; ~ system; ~ law 2 *disparaging* पुराणपंथी, पुराने फैशन का;
dw/lw: **~ism** /फ्यूडअलिज्म/ (*also* **~ system**) *n.* सामंतवाद, सामंतशाही; **~istic** /फ्लूडअलिस्टिक/ *adj.* सामंती; **~ity** /फ्यूडअलिटि/ *n.* सामंतवाद

feuilleton /फअइटॉन/फॉइटन/ *n., Fr.* पत्रिका आदि में लगातार छपनेवाला उपन्यास

FEV *abbr.* 'Forced Expiratory Volume' की प्रथमाक्षरी

fever /फीवः/ *n.* 1 बुखार, ज्वर: develop/ have/ run a ~ 2 ललक 3 उत्तेजना, आवेश: be in a ~ of excitement/ joy; ~ pitch 4 व्यग्रता, विह्वलता;
v. *pt.* **~ed**, *pp* **~ing** बुखार आना;
dw/lw: **~few** *n.* एक सदाबहार पौधा; **~nut** *n.* कट-करंज, कंजा; **~weed** *n.* ज्वर खरपतवार;
collocations: **~ bark** उपचारी छाल; **~ imagination** व्यग्र या विह्वल कल्पना; **~ sore** मुंह का दाद; **~ therapy** ज्वर-चिकित्सा; **~ tree** ज्वर वृक्ष;
a high ~ तेज बुखार; **bout of ~** ज्वर का दौरा; **brain ~** दिमागी ज्वर; **fraudulent ~** नकली बुखार; **glandular ~** ग्रंथीय बुखार; **gold ~** नई मिली सोने की खान या क्षेत्र की ओर लोगों में भगदड़ या आपाधापी; **hay ~** परागज (घसीला) ज्वर; **heat ~** ताप-ज्वर; **~ intermittent ~** मियादी/ विरामी बुखार; **mike/ stage ~** मंच पर जाने से या माइक पर बोलने से पहले होने वाली घबराहट; **scarlet ~** लोहित ज्वर; **spotted ~** चित्तीदार ज्वर; **train ~** रेल यात्रा से पहले की घबराहट; **typhoid ~** टॉयफॉइड; **yellow/ jungle ~** पीतज्वर

feverish /फिवरिश/ (*also* **feverous**) *adj.* 1 जब हल्का बुखार हो: the patient is ~ 2 ज्वरग्रस्त, ज्वरित, ज्वरीय: ~ symptoms;
dw/lw: **~ly** /फिवरिशलि/ *adv.* जोर-शोर से, उत्तेजनापूर्ण ढंग से; **~ness** *n.* ज्वरीय अवस्था;
collocations: **~ activity** उत्तेजनापूर्ण हलचल या उठा-पटक; **~ dreams** बुखार में अर्ध-अचेत अवस्था में होने वाली बुदबुदाहट; **~ desire** तूफानी चाह;
a ~ condition of the stock market सट्टा बाजार की उथल-पुथलपूर्ण अवस्था; **a ~ damp / ~ spot** गंदा, सीलनभरा अस्वास्थ्यकर स्थान

FEW *abbr.* 'Forum of Women Entrepreneurs' की प्रथमाक्षरी

few /फ्यु/ *quantifier/ adj., degr.* **~er, ~est** 1 कुछ, थोड़े से: he has but ~ chances of success 2 बहुत थोड़े: she had ~ books on the shelf; with ~ exceptions;
n. कम मात्रा, कम संख्या: ~ of the inhabitants; ~ of them had travelled; ~ of us who can remember; the thinking ~; the fortunate ~; ~ know and **~er** care (थोड़े-से लोग जानते हैं और उससे भी कम इसकी परवाह करते हैं); such occasions are ~ (ऐसे मौके कम ही होते हैं);
pron. बहुत कम लोग, वस्तुएं आदि: there were ~ today, but many yesterday;
p&i: **~ words are best** मितभाषा स्वर्णिम है; **~ words to the wise suffice** अक्लमंद को इशारा काफी;
a few अच्छी-खासी संख्या, बहुतेरे, कई; **as ~ as** बस इतने ही; **every ~ hours** बार-बार; **few and far between** विरले ही, थोड़े-से, इने-गिने, कतिपय: our meetings are ~ and far between; **have had a ~** (कुछ पैग) पी रखे हैं; **in ~** संक्षेप में; **not a ~** बहुत सारे, बहुतेरे; **no ~er than** इतने से कम नहीं; **precious ~** बिल्कुल भी नहीं; **quite a few/ a good few** बड़ी संख्या में, बहुत सारे, कई, अनेक; **the ~** थोड़े लोग, अल्पमत

fey /फे/ *adj.* 1 विचित्र ढंग से रुचिकर, झक्की, सनकी, मौजी, तरंगी 2 भविष्य द्रष्टा 3 *mainly Scots* जल्दी मरने को अभिशप्त, मरणासन्न 4 *mainly Scots* अच्छी-खासी पिए हुए 5 अतिप्राकृत (supernatural)

fez /फेज/ *n., pl.* **fezzes/ fezes** तुर्की टोपी

FF *abbr.* 'French Frank' की प्रथमाक्षरी

ff *abbr. music* 'fortissimo' का संक्षेप

ff *abbr.* 'and following pages or lines' का संक्षेप

FFI *abbr.* 'Film Federation of India' की प्रथमाक्षरी

FFM *abbr.* 'fat free mass' की प्रथमाक्षरी

FFMC *abbr.* 'full-fledged money changers' की प्रथमाक्षरी

HC *abbr.* 'Female Health Company (UK)' की प्रथमाक्षरी

FI *abbr.* 'financial institution' की प्रथमाक्षरी

FIA *abbr.* 'Federal Insurance Administration', 'Federal Investigating Agency' की प्रथमाक्षरी

fiacre /फिऐक्र/ *n., pl.* **~s** बस कोच, टैक्सी

fiancé /फिऔंसे, फिआंसे / *US* फीआंसे/ *n., pl.* **~s** लड़की का मंगेतर

fiancée /फिऔंसे/ *US* फीआंसे/ *n., pl.* **~s** लड़के की मंगेतर

fianchetto /फीआंकेटो/ *n., pl.* **fianchetti** /फीआंकेटी/ शतरंज के खेल में एक चाल

FIAPF *abbr.* 'Federation of International Associations of Film Producers' की प्रथमाक्षरी

fiasco /फिऐस्को/ *n., pl.* **~s/ ~es** 1 (***syn.*** disaster) शर्मनाक असफलता, बेड़ा गरक 2 शर्मनाक घटना या बात: what a **~!**

fiat /फीऐट/ फाइऐट/ *n.* 1 (***syn.*** decree) आदेश, आज्ञा: official ~; ~ of conscience; ~ of will 2 औपचारिक स्वीकृति: ~ to sth;
collocations: **~ currency/ money** *US* कागजी मुद्रा जिसकी सोने के रूप में प्रत्याभूति न हो

fib /फिब/ *n.* छोटी-मोटी झूठ, गप: tell **~s**;
v., pt. **~bed**, *pp* **~bing** गप हांकना, लंबी छोड़ना;

dw/lw: **~ber** *n.* झूठा, गप्पी

fibre *UK* (*US* **fiber**) /फाइबः/ *n., pl.* **~s/ fibers** 1 रेशा, तंतु, तंतुकः wool/ silk, flax ~; ~ of the cocoa-nut 2 रेशे, सूत्र 3 (***syn.*** roughage) पौधों के रेशे जो भोजन की शरीर में से गुजरने में मदद करते हैं 4 शरीर में नसों जैसे रेशे: muscle ~; **~s** of a nerve 5 चरित्र बल, मनोबल: a man of fine/ coarse ~ 6 प्रकृति, स्वभाव 7 बनावट, शक्ति;

dw/lw: **~board** (*N. Amer.* **fiber-optic**) *adj.* रेशागत्ता, तंतुओं को दबाकर बनाया हुआ पट्टा; **~d** *adj.* रेशेयुक्त; **~glass** *n.* तंतुकांच; **~less** *adj.* 1 रेशा-रहित, तंतुरहित 2 दुर्बल, कमजोर, स्नायुरहित; **~scope** (*N. Amer.* **fiberscope**) *n., optics* अति सूक्ष्म वस्तुओं को देखने का यंत्र;

collocations: **~ crops** रेशे वाली फसलें; **~ fracture** मांसपेशी में टूटन; **~ net** रेशा जाल; **~ optic** रेशेयुक्त कांच/ प्लास्टिक; **~ optics** *N. Amer. [sing.]* तंतुप्रकाशिकी; **~ silk** कृत्रिम रेशम; **dietary ~** खुराक के रेशे; **moral ~** चरित्र बल;

p&i: **to the very ~ of one's being** भीतर तक, गहराई तक, एक-एक अंग तक

Fibonacci /फीबोनाचि/ **numbers, sequence/ series** *n., math.* अंतहीन संख्याओं का वर्ग जिनमें हर तीसरी संख्या पिछली दो संख्याओं के योग से बनी होती है, उदाहरणतः: 0, 1,1, 2, 3, 5, 8, etc.

fibril /फाइब्रिल/ फिब्रिल/ *n.* सूक्ष्म तंतु;

dw/lw: **~lar/ ~lous** *adj.* सूक्ष्म-तंतु युक्त

fibrilla\te /फाइब्रिले\ट/ *v. pt.* **~ted**, *pp* **~ting** *med.* हृदय के तंतु का आकस्मिक संकुचन हो.;

dw/lw: **~tion** /~शन/ *n., med.* 1 हृदय के तंतु का आकस्मिक संकुचन 2 तंतुओं के बनने की क्रिया 3 तंतुओं की पूली

fibrin /फाइब्रिन/ फिब्रिन/ *n., biochem.* एक अघुलनशील प्रोटीन जो रक्त के थक्के बनने की प्रक्रिया में पैदा होती है और जो घाव आदि से खून के बहाव को रोकती है

fibrinogen /फाइब्रिनजन/ *n., biochem.* अघुलनशील रक्त प्लाज्मा प्रोटीन जो रक्त के थक्काकरण के समय इन्जाइम थ्रोम्बिन द्वारा फिब्रिन में बदल दी जाती है

fibrinolysin /फाइब्रिनॉलिसिन/ *n., biochem.* रक्त में एक एन्जाइम जो फिब्रिन को तोड़कर रक्त के थक्के में परिवर्तित कर देता है

fibro /फाइब्रो/ (*also* **~cement**) *n., pl.* **~s** *Austral.* दबी हुई एस्बेस्टस और सिमेंट के मिश्रण से बना तख्त या पटल

fibroid /फाइब्रॉयड/ *n., pathol.* तात्विक रेशों से बना अहानिकारक फोड़ा

fibroma /फाइब्रोमा/ *n.* शरीर के अंदर होने वाला एक अहानिकर फोड़ा

fibrosis /फाइब्रोसिस/ *n., pathol.* तंतुशोथ या घाव के कारण बना तंतुओं का गुच्छा

fibrositis /फाइब्रोसाइटिस/ *n.* तंतु-स्नायुशोथ जिसके कारण पीठ आदि का दर्द होता है

fibrous /फाइब्रस/ *adj.* 1 तंतुओं से बना हुआ 2 रेशेदार, तंतुमय: ~ husk of the coco-nut

fibula /फिब्यूला/ *n., pl.* **~e/ ~s** 1 बहिर्जंघिका 2 बकलस, उपजंघिका, फिबुला

-fic *comb. form, forming adjectives:* **causing, making, producing** (निर्माणसूचक विशेषण): horri**fic**; scienti**fic**

FICA *abbr.* 'Federation of International Cricketers Association' की प्रथमाक्षरी

FICC *abbr.* 'Fertilizer Industry Coordination Committee' की प्रथमाक्षरी

FICCI *abbr.* 'Federation of Indian Chambers of Commerce and Industry' की प्रथमाक्षरी

fichu /फिशू/ *n.* कंधों पर डाला जाने वाला तिकोना स्कार्फ या दुपट्टा

fickle /फिक्ल/ *adj.* 1 ढुलमुल 2 अस्थिर: ~ weather; ~ health 3 चंचल, चलचित्त, चपल: ~ disposition 4 बेपेंदे का लोटा: ~ friend;

dw/lw: **~-minded** *adj.* चलचित्त, अस्थिर चित्त; **~ness** *n.* चंचलता, चपलता

FICO *abbr.* 'Financial Controls' की प्रथमाक्षरी

fictile /फिक्टिल/ *adj.* 1 जिसे सांचे में ढाला जा सके: ~ art 2 मिट्टी को सांचे में ढालकर बनाया जाने वाला: ~ deity 3 मृण्मय, सुनम्य

fiction /फिक्श\न/ *n.* 1 गल्प कथा, कथा-साहित्य, उपन्यास: works of ~; light ~; write/ read ~ 2 बहाना, झूठ: distinguish facts from ~ 3 कल्पना: prefer history to ~; facts are stranger than ~ 4 *law* सच्चाई की तोड़-मरोड़: ~-monger; legal ~/ ~ of law

dw/lw: **~al** /~नल/ *adj.* जो गल्प कथाओं में विद्यमान हो, काल्पनिक, कल्पित; **~alize** /~नलाइज/ *v., pt.* **~alized**, *pp* **~alizing** किसी घटना या बात को कहानी या उपन्यास का रूप दे.; **~alization** /~नलाइजेशन/ *n.* गल्पकरण, कहानीकरण, उपन्यासीकरण आदि; **~alized** /~नलाइजड/ *adj.* गल्पित, उपन्यासित आदि

fictitious /फिक्टिशिअस/ *adj.* 1 काल्पनिक, अवास्तविक: ~ being; ~ narrative; ~ characters 2 मनगढ़ंत 3 फर्जी, जाली, नकली: ~ marriage; ~ tears;

dw/lw: **~ly** *adj.* 1 काल्पनिक रूप से 2 फर्जी तरीके से

fictive /फिक्टिव/ *adj.* काल्पनिक: ~art

fid /फिड/ *n., naut.* फाना

fiddle /फिडल/ *v., pt.* **~d**, *pp* **fiddling** *UK* 1 वायलिन बजाना 2 व्यर्थ समय गंवाना: ~ around/ about 3 (**~ with sth**) छेड़-छाड़ क., खिलवाड़ क.: ~ with her hair 4 झूठा हिसाब आदि बनाना, किसी चीज को बेईमानी से क.: ~ with the accounts 5 अकुलाना, विकल हो., बेचैन हो.;

n. *colloq., often disparaging* 1 वायलिन, बेला 2 धोखा, बेईमानीपूर्ण कार्य 3 मेज का ऊपर उठा हुआ किनारा 4 *UK* बेईमानी से कमाया हुआ पैसा

dw/lw: **~-back** *n.* वायलिन के आकार की कुर्सी की पीठ; **~-case** *n.* वायलिन का केस; **~-de-dee** *n.* बकवास; **~-faddle** *n.* 1 बकवास 2 आवारा, बातूनी; **~-fish** *n.* एक समुद्री मछली; **~-head** *n.* खाली दिमाग; **~-headed** *adj.* मूर्ख; **~-pattern** *n.* कढ़ाई का नमूना; **~stick** 1 गज, कमानी 2 तुच्छ बात या वस्तु; **~sticks!** *interj.* वाहियात, बेकार, बकवास!; **~-string** *n.* वायलिन की तार;

collocations: **Scotch ~** खुजली;

p&i: **~ about** आवारा घूमना, बेकार बैठे रहना; **~ about/ around with sth** यों ही चीजों को छूना या उनको हिलाना, किसी यंत्र से छेड़-छाड़ क.; **~ away** व्यर्थ गंवाना; **~ away one's time** समय बर्बाद क.; **~ while Rome burns** भारी खतरे के सम्मुख होते हुए भी व्यर्थ की बातों में समय बर्बाद क.;

a face like ~ लटका हुआ मुंह, मनहूस चेहरा; **as fit as a ~** एकदम फिट, पूरी तरह चुस्त-दुरुस्त; **be (as) fit/ fine as a ~** अच्छा मिजाज हो.; **hang up one's ~** नौकरी छोड़ दे., पैन्शन पर चले जाना; **hang up one's ~ anywhere** हर हाल में जम जाना; **hang up one's ~ when one comes home** लोगों के बीच खुशमिजाज पर घर पर बदमिजाज हो.; **on the ~** बेईमानी से पैसे कमाना; **play first ~** नेतृत्व क., मुख्य भूमिका निभाना; **play second ~ to sb** किसी की चिलम भरना, पिछलग्गू हो., गौण भूमिका निभाना; **there is many a good tune played on an old ~** पुरानी चीज भी काम आ सकती है

fiddler /फिडलः/ *n.* 1 वायलिन (बेला) वादक 2 ठग, धोखेबाज;

collocations: **~ crab** एक प्रकार का छोटा केकड़ा; **~'s news** बासी खबर;

p&i: **if you dance you must pay the ~** यदि क्रिकेट खेलना पसंद है तो उसकी किट (kit) भी ढोना सीखो; **pay the ~** खर्चा झेलना, हिसाब चुकता क., अपने किए का खामियाजा भुगतना

fiddling /फिडलिंग/ *adj.* 1 वायलिन बजाने वाला 2 बेकार, तुच्छ, नगण्य;

fiddl\y /फिडलि/ *adj., degr.* **~ier**, **~iest** *UK* काम करने में बेढंगा, बेढब, बेशऊर

FIDE *abbr.* 'Federation International De Echess ('International Chess Federation') की प्रथमाक्षरी (the second largest sporting Federation after football with as many as 169 countries in its list of affiliates)',

fide /फाइड/ *n.* प्रतीति, विश्वास, आस्था;

collocations: **~ et amore** *Lat.* श्रद्धा और प्रेम से; **~ et fiducia** *Lat.* आस्था और विश्वास के साथ; **~ et fortitudine** *Lat.* आस्था और धैर्य के साथ; **fidei defensor** धर्म रक्षक; **~ implicita** आंतरिक श्रद्धा (विश्वास); **~ non armis** आस्था से, न कि अस्त्रों से; **fides et justitia** निष्ठा और न्याय; **fides Punica** विश्वासघात

fideism /फाइडिज्म/ *n.* प्रतीतिवाद, विश्वासवाद, आस्थावाद

fidelity /फिडअलिटि/ *n., pl.* **fidelities** 1 (***syn.*** infidelity) वफादारी, निष्ठा 2 ईमानदारी, कर्त्तव्यपरायणता, सच्चाई 3 हू-ब-हू समानता, तद्रूपता 4 समाचार या सूचना आदि देने में ईमानदारी 5 स्वर-साधन में विश्वसनीयता

fidget /फिजिट/ *v., pt.* **~ed**, *pp* **~ing** 1 बेचैनी के कारण हिलना-डुलना 2 अधीर होकर हाथ-पांव हिलाना: the little boy wouldn't stop **~ing** 3 (*often* **~ with sth**) किसी चीज या यंत्र के साथ छेड़छाड़ क. 4 चुलबुलाना;

n. 1 बेचैनी, चुलबुलाहट: he's got the **~s** 2 चुलबुलिया व्यक्ति;

dw/lw: **~iness** *n.* बेचैनी, अधीरता, चुलबुलाहट; **~y** *adj.* बेचैन, विकल, अधीर

fiducial /फिड्यूशिअल/ *adj., phys., surveying* 1 मापन मानक 2 विश्वास योग्य 3 विश्वास पर आधारित

fiduciar\y /फिड्यूशिअरि/ *n., pl.* **~ies** 1 ट्रस्टी 2 न्यासी, न्यासधारी;

adj. 1 विश्वास आधारित 2 न्यास सामान 3 जनता के विश्वास पर आधारित: **~y** issue (कागजी बोंड यानी बिना विश्वसनीय प्रत्याभूति के बोंड, जनविश्वास पर आधारित बोंड)

FIE *abbr.* 'fuel injection equipment (LTVS's)' की प्रथमाक्षरी

fie /फाई/ *excl., old use* नापसंदगी जतलाने के लिए प्रयुक्त;

p&i: **cry ~ upon sb** किसी को शर्मिंदा क.

fief /फीफ/ *n., feudalism* जागीर;

dw/lw: **~dom** /फीफडम/ *n.* 1 जमीन-जायदाद 2 जागीरदारी

field /फील्ड/ *n.* 1 खेत, कृषि-क्षेत्र: ~ of wheat 2 घास का मैदान, चरागाह: flowers/ beasts of the ~ 3 खेल का मैदान, क्रीड़ा क्षेत्र: athletic ~ 4 कार्य क्षेत्र: ~ centre; ~ of action 5 क्षेत्र 6 युद्ध क्षेत्र: fell on the ~ 7 (***syn.*** area) विषय क्षेत्र, ज्ञान क्षेत्र: be eminent in one's ~ 8 दृश्य क्षेत्र, शक्ति क्षेत्र: ~ of view/ of vision 9 खनिज क्षेत्र: coal~; oil~; gold**~s**; snow **~s** 10 अंतरिक्ष में एक वस्तु के दूसरे पर बल डालने का क्षेत्र: force ~ 11 *cricket* क्षेत्र रक्षण: excellent **~ing** 12 ध्वज, सिक्के, शील्ड आदि की पृष्ठभूमि 13 (the ~) शिकार में भागीदार लोग 14 *comput.* एक इकाई का द्योतक चिह्न समूह 15 उड़ान क्षेत्र, हवाई अड्डा: flying ~ 16 चुंबकीय क्षेत्र: magnetic ~;

v., *pt.* **~ed**, *pp* **~ing** 1 क्रिकेट के खेल में क्षेत्र-रक्षण क. 2 खेल में पूरी टीम या किसी एक खिलाड़ी को खेलने के लिए भेजना 3 खुले मैदान में अनाज आदि सुखाना 4 घुड़दौड़ आदि में बाजी लगाना 5 प्रश्नों आदि से, निपटना: ~ the questions;

dw/lw: **~-and-track** *adj.* खेल-कूद, दौड़ आदि के मुकाबले; **~-book** *n.* क्षेत्र-पंजी; **~-club** *n.* प्रकृति अध्ययन क्लब; **~-conventicle** /फील्ड-कनवेन्टिकल/ *n.* द्वंद्व युद्ध; **~-duty** *n.* मोर्चे पर तैनात सेना में कार्यरतता; **~er** /फील्डर/ *n., sport, particularly cricket* क्षेत्र-रक्षक; **~-fare** *n.* एक प्रकार की बीमारी; **~-glass** *n.* दूरबीन; **~-husbandry** *n.* खेती कार्य; **~ing** *n.* क्षेत्र-रक्षण; **~-naturalist** *n.* प्रकृति प्रेमी; **~-officer** *n. US* वरिष्ठ सेना अधिकारी; **~-practice** *n.* लड़ाई का अभ्यास; **~sman** *n.* (क्रिकेट में) क्षेत्र-रक्षक; **~-test** *n.* प्रयोगशाला से बाहर वास्तविक जीवन में प्रयोग, क्षेत्रीय परीक्षण; **~-trial** *n.* लड़ाई के मैदान में परख;

collocations: **~ agency** क्षेत्र एजेंसी; **~ allowance** जंगी भत्ता, युद्ध भत्ता; **~ ambulance** युद्ध-क्षेत्र में जंगी ड्यूटी पर तैनात एम्बुलेंस; **~ army** सक्रिय युद्ध क्षेत्र में तैनात सेना; **~ artillery** युद्ध क्षेत्रीय तोपखाना, मैदानी तोपखाना; **~ axis** चुंबकीय अक्ष; **~ base/ depot** युद्ध-क्षेत्रीय आधार गोदाम; **~ botany** क्षेत्र वनस्पति विज्ञान; **~ colours** युद्ध क्षेत्र में सैनिक टुकड़ियों की तैनाती की निशानी पताकाएं; **~ day** 1 क्रीड़ा-दिवस 2 सैनिक अभ्यास दिवस 3 प्रकृति अध्ययन दिन; **~ equipment** प्रयोगशाला से बाहर प्रयोग करने के यंत्र; **~ event** खेल-कूद, गोला-फेंक आदि खेल; **~ firing** सक्रिय दो-तरफा गोलाबारी; **~ fortification** युद्ध क्षेत्र या अन्य गतिविधि क्षेत्र की सुरक्षा व्यवस्था का मजबूतीकरण; **~ goal** साधारण रूप से किया जाने वाला गोल; **~ gun** मैदानी तोप; **~ hospital** रणभूमि-अस्पताल; **~ hand** कृषि मजदूर; **~ hockey** *US* (*UK* hockey) घास पर खेली जाने वाली हॉकी; **~ hospital** मोर्चे के पास फौजी अस्पताल; **~ ice** बर्फ पर खेली जाने वाली हॉकी; **~ intensity** चुंबकीय क्षेत्र की गहनता/शक्ति; **~ magnet** क्षेत्र-चुंबक; **~ marshal** फील्ड माःशल, ब्रिटेन, भारत आदि की सेना में सबसे वरिष्ठ अफसर, फील्ड मार्शल; **~ mouse** मूस; **~ mushroom** जंगली खुमियां; **~ notes** क्षेत्रीय टिप्पणियां; **~ officer** क्षेत्रीय अधिकारी; **~ of events** घटना क्षेत्र; **~ of fire** गोली की मारक दूरी; **~ of view/ ~ of vision** दृश्य क्षेत्र; **~ sketching** क्षेत्रारेखन; **~ sports** देहाती खेल; **~ strength** क्षेत्र तीव्रता; **~ survey** क्षेत्रीय सर्वेक्षण; **~ training** मैदानी सिखलाई, क्षेत्र-प्रशिक्षण; **~ trial** अभ्यास के दौरान किया जाने वाला परीक्षण; **~ trip** शोध कार्य आदि के लिए की जाने वाली कार्य स्थल की यात्रा; **~ work** क्षेत्र-कार्य, विद्यार्थियों या शोधकर्ताओं द्वारा किया जाने वाला प्रयोगशाला से बाहर प्रयोग या शोध कार्य; **~ worker** कार्यक्षेत्रीय अध्येता या शोध कार्यकर्ता, स्थानीय क्षेत्र में सक्रिय कार्यकर्ता ;

p&i: **~ questions/ telephone calls** प्रश्नों या टेलीफोन का जवाब दे.; **~ have eyes and woods have ears** दीवारों के भी कान होते हैं;

a fair ~ and no favour बराबर का निष्पक्ष मुकाबला; **a gas/ oil ~** गैस या तेल बाहुल्य क्षेत्र; **a gravitational/ magnetic ~** विशेष गुरुत्व या चुंबकीय (भौगोलिक स्थिति का) क्षेत्र; **a hard-fought ~** कठिन मुकाबले की लड़ाई; **an open ~** असीम संभावनाएं; **bet/ back, lay/ against the ~** जुए, घुड़दौड़ आदि में बाजी लगाना; **be out in the ~** रंजिश पाले हुए; **each group fielded a candidate** प्रत्येक दल ने अपना उम्मीदवार खड़ा किया; **enter the ~** मुकाबले में शामिल हो जा.; **have a ~ day** कुछ करने का अच्छा अवसर मिलना; **hold the ~** डटे रहना, वर्चस्व बनाए रखना; **in the ~** मैदाने जंग में; **keep the ~** मुहिम जारी रखना; **lead the ~** विजय की ओर अग्रसर हो.; **leave sb a clear ~** किसी को काम करने की पूरी आजादी दे.; **leave sb in possession of ~** पराजित हो जा.; **leave the ~ open** दखल न दे.; **lose the ~** लड़ाई हारना; **out in left ~** *US* दिमाग खराब हो.; **pitch/ set/ a ~** लड़ाई के मैदान में फौजों को तैनात क.; **play the ~** *colloq.* चुनने से पहले कई तरह की संभावनाओं को परखना; **put in the ~** (उम्मीदवारों आदि की) सूची लगाना; **take the ~** क्षेत्र रक्षण के लिए मैदान में उतरना; **~ questions** प्रश्नों के उत्तर दे.;

fiend /फींड/ *n., colloq.* 1 पिशाच, प्रेतात्मा, नरक दूत, राक्षस: the very ~ (असली पिशाच) 2 दुराचारी, खल, दुष्ट आदमी, बदमाश, कट्टरवादी 3 (***syn.*** fanatic) दीवाना, शौकीन: dope ~; cigarette ~; sun ~; fresh air ~; autograph ~;

dw/lw: **~ish** *adj.* 1 पैशाचिक 2 क्रूर, निष्ठुर, निर्मम: ~ish tortures 3 जटिल व घिनौना; **~ishly** *adv.* 1 निष्ठुरता से 2 अत्यधिक: it was ~ishly cold; **~ishness** /फींडनेस/ *n.* पिशाचता, निष्ठुरता, निर्ममता;

collocations: **the foul ~** भूत-प्रेत, दैत्य

FIEO *abbr.* 'Federation of Indian Export Organisation' की प्रथमाक्षरी

fierce /फीअःस/ *adj., degr.* **~r** /फीअःसः/, **~st** /फीअःसेस्ट/ 1 प्रचंड, उग्र, घोर: ~ tempest; ~ heat; the weather has been ~ 2 (***syn.*** passionate) उत्तेजक, उत्कट, तीव्र, प्रबल: ~ competition; ~ hatred 3 विकराल: ~ expression of countenance 4 हिंसक, खूंखार: ~ dog;
dw/lw: **~ly** /फीअःसलि/ *adv.* प्रचंडतापूर्वक, जोर-शोर से; **~ness** /फीअःसनेस/ *adj.* विकरालता, प्रचंडता, बर्बरता;
p&i: **as ~ as a tiger** चीता-सा फुर्तीला; **sth ~** बहुत ज्यादा

fier\y /फायरी/ *adj., degr.* **~ier** /फायरीअः/, **~iest** /फायरीऐस्ट/ 1 अग्निमय, आग्नेय: **~y** sun; **~y** eyes 2 प्रचंड, जोशीला: a **~y** temper 3 उत्तप्त, प्रज्वलित: **~y** beams 4 उत्तेजक: **~y** oratory; **~y** speeches 5 क्षोभशील, क्रोधी;
dw/lw: **~ily** /फाइरिलि/ *adv.* आग उगलते हुए; **~iness** *n.* 1 आग्नेयता 2 ज्वलनशीलता 3 प्रचंडता, जोश

fiesta /फिएस्टा/ *n., pl.* **~s**, *Spanish* 1 पर्व, धार्मिक समारोह 2 उल्लासपूर्ण उत्सव

FIFA *abbr.* 'Fédération Internationale de Football' (International Football Association)' की प्रथमाक्षरी

fi\fe /फाइफ/ *n.* बांसुरी की तरह का एक प्रकार का बाजा: with his musket, **~fe** and drum
v. pt. **~fed**, *pp* **~fing** फाइफ बजाना

FIFO *abbr.* 'First in first out' की प्रथमाक्षरी (कीमतों व माल आदि के स्टॉक (stock) के नियंत्रण का एक तरीका)

fifteen /फिफ्टीन/ *cardinal number, n.* 1 पंद्रह: ~ and ~ make thirty; ~ twos are thirty; ~ times as much 2 पंद्रह का कोई भी द्योतक चिह्न जैसे 15 या XV: chapter XV 3 पंद्रह वर्षीय व्यक्ति: at ~; a girl of ~ 4 पंद्रह जने: there are ~ of them;
adj. 1 कुल पंद्रह 2 पंद्रह वर्षीय;

fifteenth /फिफ्टीन्थ/ (*also* **15th**) *serial number (ordinal), adj.* 1 पंदरहवां: he is in his ~ year; he arrived ~ 2 (**the fifteenth**) पंद्रह तारीख: on the ~ of May;
n. 1 पंद्रह बराबर भागों में से एक: a ~ share 2 भिन्न 1/15

fiftieth /फिफ्टीअथ/ (*also* **50th**) *serial number (ordinal), adj.* 1 पचासवां: he is in his ~ year; he finished a bedraggled ~;
n. 1 पचास बराबर भागों में से एक, पचासवां हिस्सा: a ~ share 2 भिन्न 1/50

fifth /फिफ्थ/ (*also* **5th**) *serial number (ordinal), adj.* 1 पांचवां: he is in his ~ year; he arrived ~; the ~ wheel (1 गाड़ी में रखा पांचवां पहिया, अतिरिक्त पहिया 2 फालतू, बेकार); ~ form (पांचवीं कक्षा) 2 (**the fifth**) पांच तारीख: on the ~ of June;
n. 1 पांच बराबर भागों में से एक, पांचवां हिस्सा: a ~ share 2 भिन्न 1/5;
dw/lw: **~generation** *n.* पांचवीं पीढ़ी का कंप्यूटर यानी आज तक की नवीनतम पीढ़ी; **~ly** /फिफ्थलि/ *adv.* पांचवीं बात यह है कि...;
p&i: **~ column** पंचमांग, गद्दार, देशद्रोही; **~ columnist** पंचमांगी, गद्दार; **~ wheel** अतिरिक्त पहिया;
for the ~ time पांचवीं बार

fifty /फिफ्टि/ *cardinal number, n.* 1 पचास: ~ and ~ make one hundred; in **fifties** पांचवें दशक में; ~ tens are five hundred; ~ times as much; I have ~ things to tell you 2 पचास का कोई भी द्योतक चिह्न जैसे 50 या **L**: chapter **L** 3 पचास वर्षीय व्यक्ति: at ~; a woman of ~; under about, over ~ 4 पचास जने: there are ~ of them;
adj. 1 कुल पचास 2 पचास वर्षीय;
dw/lw: **fifties** *adj.* 1950 से 1959 का दशक: be in your fifties (50 से 59 की उम्र का); in the early/ in the late ~; **fiftyish** *adj.* 1 लगभग 50 साल का 2 पचासेक वर्ष का

fifty-fifty /फिफ्टि-फिफ्टि/ *adj., adv.* आधा-आधा: a ~ chance; go ~ (आधा-आधा पैसा दे.)

FIG *abbr.* 'International Gymnastics Federation' की प्रथमाक्षरी

fig /फिग/ *n.* 1 अंजीर: green **~s**; pulled **~s** (सूखी अंजीर, मदिरा के लिए अंजीर) 2 शक्ल, मिजाज: be in good ~ 3 पोशाक: be dressed full ~;
v., pt. **~ged**, *pp* **~ging** सजाना;
collocations: **~ leaf** अंजीर के पेड़ का पत्ता, गुप्तांगों आदि को ढकने का पत्ता आदि; **~ tree** अंजीर का पेड़; **wild ~** गूलर, तुच्छ, नाचीज;
p&i: **I don't care/ give a ~** मैं जरा भी परवाह नहीं करता; **in full ~** पूरे ठाठबाट के साथ; **one's own vine and ~tree** 1 अपना घर 2 अपना घर-परिवार; **value sb/ sth a ~** किसी को या किसी बात को कोई महत्त्व न दे.

fig. *abbr.* 'figure or figurative' का संक्षेप

fight /फाइट/ *v., pt.* **fought**, *pp* **~ing** 1 लड़ना, झगड़ना: they **fought** all evening 2 युद्ध में भाग ले., लड़ाई क.: ~ a duel; ~ desperately; ~ like a lion; ~ fair 3 बहस क., तर्क-वितर्क क. 4 (*sometimes* **~ against sth/ sb**) के विरुद्ध संघर्ष क.: ~ against disease 5 (*often* **~ for sth/ sb**) प्रयास क., जूझना, कुछ प्राप्त करने के लिए संघर्ष क.: ~ for the right to remain silent; ~ the good fight 7 मल्ल युद्ध क.: ~ a bout;
n. 1 लड़ाई, झगड़ा: free ~ 2 संघर्ष 3 बहस, तर्क-वितर्क 4 मुकाबला, प्रतियोगिता: triangular ~; put up a good ~ 5 (***syn.*** pugnacity) युयुत्सा, झगड़ालूपन 6 मल्ल युद्ध, भिड़ंत 7 लड़ने की प्रवृत्ति;
p&i: **~ a case/ an action** अदालत में मुकदमा लड़ना; **~ a fire** आग बुझाने के लिए संघर्ष क.; **~ against sth** किसी नकारात्मक बात के विरुद्ध संघर्ष क.; **~ a lone hand** अकेले ही लड़ना; **~ a losing battle** हार के मुंह में जा., हारने वाली लड़ाई लड़ना; **~ back against sb** किसी के विरुद्ध जवाबी हमला क., भिड़ना; **~ fire with fire** ईंट का जवाब पत्थर से दे.;**~ for sth** किसी सकारात्मक लक्ष्य के लिए लड़ना या संघर्ष क.; **~ it out** अंत तक लड़ना; **~ like a lion/ tiger** चीते की तरह लड़ना; ; **~ like cat and dog** कुत्ते-बिल्ली की तरह लड़ना; **~ off** प्रतिरोध क., मुकाबला क., पीछे ढकेलना; **~ one's/ sb's corner** अपने या किसी के हक के लिए लड़ना; **~ for one's life** जीवन-मरण का संघर्ष क.; **~ for one's own battle** अपनी लड़ाई अकले लड़कर जीतना; **~ for one's own hand** अपने हित के लिए लड़ना; **~ one's way** संघर्ष द्वारा अपना रास्ता बनाना; **~ shy of sb/ sth** आंख चुराना, कतराना, के पास आने में हिचकिचाना, किसी से टलना; **~ sth back/down** अपनी उत्तेजना या भाव न प्रकट क.; **~ to the finish/ death** अंत तक लड़ना; **~ tooth and nail** डटकर संघर्ष क.; **~ windmills** (Quixotic idea) काल्पनिक दुश्मनों से लड़ना;**~ with gloves on** वाद-विवाद या मुक्केबाजी में शालीनतापूर्वक पेश आना; **~ with one's own shadow** अपनी ही छाया से लड़ना यानी व्यर्थ प्रयास क.;
a ~ing chance सफलता की थोड़ी-सी संभावना; **a stubborn ~ against sb** किसी के विरुद्ध डटकर किया जाने वाला संघर्ष; **an army ~s on its belly** भूखे भजन न होए गोपाला; **be ~ing for your life** जिंदा रहने के लिए संघर्ष क.; **doing-done ~** कभी हार कभी जीत; **hard ~ to make the two ends meet** मुश्किल से गुजारा करने के लिए कड़ा संघर्ष; **he had plenty of ~ in him** वह अभी भी हिम्मत-पस्त नहीं हुआ; **spoil for a ~** झगड़े के लिए उतारू हो.; **stand-up fight** मुक्का-मुक्की, खुली लड़ाई; **the ~ of one's life** किसी के लिए जीवन-मरण का मुद्दा

fighter /फाइटः/ *n.* 1 लड़ाका, झगड़ालू 2 (*also* **~ plane**) लड़ाकू, लड़ाकू विमान: ~ aircraft/ plane; ~ bomber; ~ cover 3 योद्धा, पहलवान या मुक्केबाज

fighting /फाइटिंग/ *n.* 1 लड़ाई: hand-to-hand ~ (घूसे-मुक्कों की लड़ाई); house-to-house ~ 2 युद्ध: ~ at close quarters 3 झगड़ा: street ~ 4 संघर्ष;

adj. 1 लड़ने वाला 2 लड़ाई में लिप्त: ~ retreat (लड़ते हुए पीछे हटने की क्रिया) 3 लड़ाई या युद्ध के योग्य: ~ fit (एकदम स्वस्थ); ~ qualities 4 संघर्षशील, लड़ाका, भड़काऊ: ~ speech/ policy; ~ talk/ ~ words; ~ spirit
dw/lw: **~-mad** *n.* लड़ाई का प्यासा;
collocations: **a ~ chance** संघर्ष से सफलता पाने की संभावना; **~ cock** झगड़ालू; **~ efficiency** लड़ाई के लिए पूर्ण सक्षमता, जुझारूपन; **~ fish** थाइलैंड में पाई जाने वाली एक छोटी लड़ाकू मछली; **~ line** मोर्चे की हद; **~ fit** बिल्कुल चुस्त-दुरुस्त;
p&i: **~ spirit** जुझारू भावना; **~ talk** जुझारू भाषण;
be on ~ terms with sb किसी से हिंसक वैर हो.; **live like ~ cocks** ऐसे जीना कि पांचों उंगलियां घी में रहें; **feel like a ~ cock** (***syn.*** ~ fit) हिम्मत और जोश से भरा हो.

figment /फिग्मेंट/ *n.* 1 कल्पना, कल्पित बात 2 मनगढ़ंत किस्सा
p&i: **a ~ of the imagination** कपोल-कल्पना; a ~ of the mind कपोल-कल्पना

figuline /फिग्युलाइन/ *adj.* 1 मिट्टी का बना हुआ, मृण्मय 2 कुम्हार का;
n. 1 मिट्टी का बर्तन 2 मृत्पत्र 3 कुम्हार की मिट्टी (clay)

figurant /फिग्युरंट/ *n.* बैले नृत्य में मुख्य नर्तक की पृष्ठभूमि में रहने वाले नर्तकों में से एक

figuration /फिगरेशन/ *n.* 1 मूर्ति या आकृतियां बनाने की क्रिया 2 मूर्तियों या आकृतियों द्वारा चित्रण, रेखाकृति 3 नमूनों द्वारा अलंकरण, अलंकार प्रयोग, अलंकरण, प्रतीकात्मक चित्रण 4 *music* सुमधुर लय या धुन का प्रयोग

figurative /फिग्रेटिव/ *adj.* 1 लाक्षणिक, आलंकारिक, प्रतीकात्मक: ~ art 2 चित्र या मूर्ति संबंधी 3 लाक्षणिक, प्रतीकात्मक: in a ~ sense 4 (***syn.*** metaphorical) अलंकृत, आलंकारिक: ~ style; ~ writer; ~ arts;
dw/lw: **~ly** /फिग्रेटिवलि/ *adv.* लाक्षणिक रूप में; **~ness** /फिग्रेटिवनेस/ *n.* लाक्षणिकता, आलंकारिकता, प्रतीकात्मकता

figure /फिगः/ *US* फिग्यः/ *n.* 1 चित्र, मूर्ति: **~s** of beasts, birds, flowers 2 (*abbr.* **'fig.'**) रेखाचित्र, आरेख 3 अलंकार, लाक्षणिक प्रयोग, काव्य अलंकार: **~s** of speech 4 गणितीय अंक, अंकों में लिखी संख्या या राशि 5 '0' से '9' तक/ '10' से '99' तक की संख्यायें: be smart (quick) at **~s** 6 (**~s**) आंकड़े: double/ three/ four **~s**; round **~s**; target/ control/ key **~s** 7 प्रसिद्ध हस्ती: a public ~; one of the greatest **~s** of his age 8 शरीर की रचना, शारीरिक बनावट या रूप: have a good ~, nice slender ~; keep one's ~ 9 आकार, आकृति आदि का चित्रों और मूर्तियों आदि में चित्रण: with ~ of beasts, birds, flowers, etc. 10 (धुंधली-सी) आकृति: a ~ visible through the mist 11 राशि, रकम: quoted a ~ of 500 rupees to do the job; buy at a high (at a low) ~ 12 छाप, प्रभाव: cut a lonely ~ walking down the street; cut a sorry ~ (बुरी छाप छोड़ना) 13 (***syn.*** pattern) बर्फ स्केटिंग करते समय बनाई जाने वाली आकृतियां: ~ skating;
v.**, pt.* **~d**, *pp* **figuring** 1 (syn.*** feature) का उल्लेख या जिक्र हो.: his name **~s** on the list 2 पता लगाना, आकलन क., अनुमान लगाना: ~ out the expense 3 दिखाई पड़ना, लगना: ~ in sth (कहानी आदि में दिखाई पड़ना) 4 सोचना, मानना या फैसला क. 5 कल्पना क. 6 संभावित या अनुमान्य हो., कुछ अर्थ निकलना: I can't ~ him out 7 किसी तल को चित्रों आदि से सजाना 8 कोई भूमिका निभाना: cut/ make a conspicuous/ good, great ~;
dw/lw: **~d** /फिगःड/ *adj.* 1 चित्रित, चित्रों से सुसज्जित, चित्रमय: ~d silk 2 अलंकृत 3 डिजाइनदार 4 गणित, गिना हुआ; **~head** /फिगःहेड/ *n.* 1 नाम मात्र का प्रधान या अध्यक्ष 2 पुतली (जहाज के ऊपर लगी मूर्ति); **~-hugging** *adj.* शरीर से चिपकने वाली पोशाक जो आकृति को छिपाती कम है, दिखाती ज्यादा है; **~-skating** *n.* भिन्न-भिन्न आकृतियां बनाते हुए की जाने वाली स्केटिंग, पैट्रन या आकृति स्केटिंग; **~work** *n.* संख्याओं का प्रयोग करते हुए जोड़ने का काम; **figurine** /फिग्युरीन/ *n.* लघु मूर्ति
collocations: **~ dance** मुद्रा नृत्य; **~ music** संगीत के न्यूनतम स्वरों के समूह से बनी संपूर्ण लघु धुन, गटकरी; **~ of fun** उपहास का पात्र; **~ of grammar** विच्युति; **~ of merit** 1 गुणवत्ता का तुलनात्मक संकेतक 2 यंत्र की संवेदनशीलता; **~ skater** पैटर्न या आकृति स्केटर;
p&i: **~ in sth** जिक्र आना, उल्लेख हो.; **~ of eight** अंक 8 की आकृति में स्केट आदि क.: the skater did a series of **~s** of eight; **~ of speech** *pl.* अलंकार, लाक्षणिक प्रयोग; **~ on** पर निर्भर रहना, पर भरोसा रखना; **~ on sth** कुछ करने की मंशा या योजना हो.; **~ out** पता लगाना, हिसाब लगाना; **~ sth/ sb out** 1 किसी का या किसी बात का समझ में आना, पता लगाना 2 (***syn.*** work out) हिसाब लगाना;
a key/ leading/ major/ prominent ~ महत्त्वपूर्ण/ बड़ी/ जानीमानी हस्ती; **a lay ~** 1 (***syn.*** dummy) पुतला 2 निकम्मा आदमी; **a public ~** जानीमानी हस्ती; **cut a ~** अच्छा प्रभाव डालना; **cut a sorry ~** बुरी छाप छोड़ना, प्रभावित न कर पाना; **do things on the big ~** *US* बड़े पैमाने पर कुछ क.; **have a good ~** अच्छा डील-डौल या शारीरिक बनावट हो.; **keep one's ~** शारीरिक बनावट को बरकरार रखना; **lose one's ~** मोटा हो जा.; **miss a** भयंकर भूल क.; **that ~s!** समझ में आया!

figurine *see above under* **figure: *dw/lw***

FIH *abbr.* 'Federation Internationale de Hockey (International Hockey Federation)' की प्रथमाक्षरी

FIHC *abbr.* 'Forum for Indian Heritage and Conservation' की प्रथमाक्षरी

FIIA *abbr.* 'foreign institutional investors', 'Foreign Investment Implementation Authority' की प्रथमाक्षरी

FIIB *abbr.* 'First Islamic Investment Bank (Bahrain-based)' की प्रथमाक्षरी

Fijian /फिजीअन/ *adj.* फीजी नामक देश से संबंधित

filament /फिलामंट/ *n.* 1 तंतु 2 *elec.* फिलामेंट, एक अति अवरोधक पतली तार जो अपने अंदर से बिजली की धारा गुजरने पर तपकर लाल होकर प्रकाश देने लगती है 3 तंतु, तंतुक: ~ lamp;
dw/lw: **~ary/ filamentous** *adj.* धागे जैसा, रेशे जैसा, तार जैसा

filar /फाइलः/ *n.* कांच जिसके भीतर तारों की जाली लगी हो, धागे वाला या तार लगा कांच

filaria /फिलेरिआ/ *n., pl.* **filariae** फाइलेरिया का जीवाणु;
dw/lw: **~sis** /फिलरायसिस/ *n.* फाइलेरिया के रोगाणुओं की रक्त में मौजूदगी के कारण होने वाला रोग

filbert /फिल्बःट/ (*also* **~ tree**) *n.* = **hazelnut** पहाड़ी बादाम

filch /फिल्च/ *v., pt.* **~ed**, *pp* **~ing** (***syn.*** pinch) उड़ा दे., चुरा लेना: ~ a book out of a library

file /फाइल/ *n.* 1 किसी के बारे में बनी सूचना फाइल 2 कंप्यूटर में बनाया हुआ दस्तावेज या फाइल 3 दस्तावेज रखने के लिए गत्ते का मोटा आवरण, फाइल 4 नत्थी किए गए दस्तावेजों की गड्डी या पुलिंदा 5 संचिका, मिसिल 6 (*also* **nail~**) रेती 7 लोगों की पंक्ति, कतार: single ~; blank ~; march in double ~ 8 तांता 9 कहानी, लेख आदि को तराशने या सुगढ़ बनाने की क्रिया: the story needs the ~ 10 किसी की केस, मामले, जांच-पड़ताल या मुकदमे की फाइल: a ~ of the "The Hindu" 1 (***syn.*** dossier) किसी के ऊपर खुफिया या अन्य सूचनाओं की फाइल;
***v.**, pt.* **~d**, *pp* **filing** 1 (*often* **~ sth away**) दस्तावेज फाइल में लगाना 2 कागजात को फाइल आदि में क्रम से लगाना 3 समाचार पत्रों आदि में रिपोर्ट, लेख या कहानी दायर क. या लगाना 4 (*often* **~ for sth**) किसी बात के लिए प्रार्थना दे. या दायर क.: ~ for divorce 5 मुकदमा दायर क.: ~ a case/ complaint/ petition 6 रेती से रगड़ना या रगड़ कर काटना या चिकना क., रेतना 7 एक पंक्ति में लगना या चलना: the soldiers **~d** onto the square;
dw/lw: **~-cabinet** (*also US* **~ing cabinet**) *n.* 1 फाइल

रखने के लिए दराजों वाली छोटी-सी अल्मारी 2 फाइल कैटालॉग (file catalogue); **~clerk** *n.*; **~d** *adj.* पंजीकृत, दाखिल या दायर किया हुआ; **~fish** *n.* रेतीनुमा मछली; **~name** *n.* कंप्यूटर में खोली जाने वाली फाइल का नाम; **~-leader** *n.* पंक्ति की अगुआ; **~r** *n.* रेतिया, *sl.* जेबकट; **filing** /फाइलिंग/ *n.* 1 नत्थीकरण 2 फाइल में दस्तावेज लगाने की क्रिया: ~ system; **filings** /फाइलिंग्ज/ *n.* रेती से रगड़ने पर अलग होने वाले कण;
collocations: **~ing cabinet** *see above under* **file: *dw/lw*;** **~(ing) clerk** फाइल को संभालने वाला बाबू, लिपिक; **~ copy** फाइल में रखी जाने वाली कॉपी (प्रतिलिपि); **~ server** एक कंप्यूटर सिस्टम से जुड़े सभी कंप्यूटरों के लिए केंद्रीय सूचना भंडार; **~ sharing** कंप्यूटर में किसी फाइल का कई लोगों द्वारा प्रयोग किए जाने की क्रिया;
p&i: **~ along/ into/ through, etc.** पंक्तिबद्ध होकर खड़ा हो.; **~ an iron bar in two** लोहे की छड़ को चीरकर दोफाड़ क.; **~ away/ ~ down/ ~ off** गढ़ना, तराशना, संवारना, सुरुचिकर बनाना; **~ away/ ~ off** लाइन बनाकर जा.; **~ in** लाइन बनाकर अंदर आना; **~ letters in alphabetical order** अक्षरों को क्रमानुसार लगाना; **~ out** लाइन बनाकर बाहर जा.;
a deep ~ चालू आदमी, ठग; **bite/ to gnaw/ the ~** व्यर्थ में प्रयास करना; **close/ create download/ open/ save a ~** (कंप्यूटर में फाइल) बंद क./ बनाना/ इंटरनेट से डाउनलोड (download) क./ खोलना/ बचाकर रखना; **hold/ keep a ~ on sb/ sth** किसी या किसी विषय पर फाइल यानी मिसिल रखना, डोजियर (dossier) बनाना; **in single ~** इकहरी पंक्ति में; **old/ deep ~** चालबाज/ धूर्त, बदमाश (crafty devil); **on ~** 1 रिकॉर्ड में दर्ज 2 सरे आम, खुल्लम-खुल्ला रिकॉर्ड करते हुए कहना या घोषणा क.; **run her** (about a hare) **~** सुराग (पैड़) मिटाना; **the rank and ~** आम आदमी

filet /फिले/ *Fr.* (*US spelling* **'fillet'**) *n.* पुट्ठे की बोटी से बना कटलेट जैसा व्यंजन: ~ de boeuf;
collocations: **~ mignon** /फिले मिन्यॉन/ *pl.* filets mignons पुट्ठे की बोटी

filial /फिलिअल/ *adj.* 1 संतान-संबंधी, संतान-विषयक, संतानीय: ~ love 2 पुत्री या पुत्र: ~ duties 3 *biol. genetics* माता-पिता के बाद आने वाली पीढ़ियां 4 स्थानीय या दूर स्थित (remote) शाखा संबंधी: ~ branch

filiation /फिलिएशन/ *n.* 1 उत्पत्ति, उद्गम 2 शाखा: **~s** from a common stock (एक ही परिवार की शाखाएं) 3 खून का रिश्ता

filibeg/ philibeg /फिलिबेग/ *n.* घाघरा, स्कॉटलैंड के पहाड़ी लोगों का स्कर्ट (skirt)

filibuster /फिलिबस्टः/ *n.* 1 अड़ंगेबाजी (सदन में बिल पास न होने देने के लिए सदस्यों द्वारा एक-एक करके घंटों बोलना) 2 अड़ंगेबाज 3 सैनिक जोखिमबाजी 4 जलदस्यु
v., pt. **~ed**, *pp* **~ing** 1 अड़ंगेबाजी क. 2 सदन में विधेयक के पास न होने देने के लिए सदस्यों द्वारा घंटों बोलकर रोड़े अटकाना 2 समुद्री डकैती डालना 3 सैनिक जोखिमों में भाग लेना;
dw/lw: **filibusterer** *n.* 1 अड़ंगेबाज 2 सैनिक जोखिमबाज 3 जलदस्यु

filicide /फिलिसाइड/ *n.* अपने बच्चे का हत्यारा

filiform /फिलिफॉःम/ फाइलिफॉःम/ *n.* तंतुरूप, सूत्राकार

filigree/ filagree /फिलिग्री/ फिलअग्री/ *n., pl.* **filigrees** 1 जरदोजी, सोने या चांदी की तारों से सुंदर डिजाइन बनाने का काम 2 कोई भी सुंदर डिजाइन बनाने का कार्य

filing; filing cabinet; filings *see above under* **file: *dw/lw***

Filipino /फिलिपीनो/ *n.* फिलिपीनी, फिलिपीन का नागरिक

fill /फिल/ *v., pt.* **~ed**, *pp* **~ing** 1 (*also* **~ sth up**) भरना: ~a bucket with water 2 (*also* **~ up**) भर जा.: the petrol tank got **~ed** up quickly 3 समय ले. या घेर लेना: reading **~s** up my evenings 4 (*also* **~ sth in/ up**) स्थान, छेद या बिल आदि भरना या बंद क. 5 संतुष्ट क., से सराबोर हो., तृप्त क.: be **~ed** with admiration/ with despair 6 भरपाई क., पूरा क. 7 नियुक्तियां करके रिक्त स्थान भरना: ~ a post/ position/ vacancy 8 किसी के स्थान पर काम करते हुए अस्थायी रूप से रिक्त स्थान की पूर्ति क.: she **~ed** the post for six months 9 पाल जहाज के पालों में हवा भरना: sails **~ed** with wind 10 पाठ में छूटे खाली स्थानों को भरना: ~ in/ ~ in blank spaces; ~ in the blanks;
n. 1 भरत, भराई, भरपाई 2 भराई की सामग्री: rock-~; sand-~ 3 तृप्ति: eat/ drink one's ~ 4 भराई या पूर्ति की सीमा: weep one's ~; have one's ~ of it/ of sorrow;
dw/lw: **~-belly** *n.* पेटू; **~ed** *adj.* पूरित, संपूरित; **~er** /फिलः/ *n.* 1 भरती, भराव 2 सिगार के पत्ते में भरा जाने वाला तंबाकू 3 जगह भरने के लिए अखबार में दी जाने वाली सामग्री, भरती 4 पूरक, टेलीविजन आदि के मुख्य कार्यक्रमों के बीच दिखाया जाने वाला गौण कार्यक्रम 5 छेदों में भरी जाने वाली सामग्री; **~ing** *see below under separate entry*;
collocations: **~er cap** पाइप का ढक्कन; **~ in** 1 प्रपत्र में भरी जाने वाली सूचनाएं 2 अस्थायी कर्मचारी; **~-in lights** बूस्टर-लाइट;
p&i: **~ away** पाल का हवा से भर जा.; **~ a need/ gap/ demand** आवश्यकता/ अंतर/ मांग की पूर्ति क.; **~ in an application form** प्रार्थना-पत्र भरना; **~ in for sb** किसी के स्थान पर अस्थाई रूप से काम क.; **~ in (the) time** समय काटना; **~ in words** पाठ में खाली स्थानों को शब्दों से भरना; **~ out** वजन बढ़ना यानी भरा-शरीर लगना; **~ out** फूलना, हवा से भर जा: the balloon is ~ing out; **~ sb in on sth** किसी को पूरी जानकारी दे.; किसी बात से अवगत कराना; **~ (sb's) shoes** किसी का स्थान ग्रहण कर लेना; **~ sb with anger/ joy/ with hope/ pride, etc.** किसी को क्रोध/ आनंद/ आशा व गर्व से भरना; **~ sth in** 1 फार्म, प्रार्थना पत्र आदि भरना 2 चित्र को पूरा क. 3 (जमीन आदि की) भराई क.; **~ sth out** 1 किसी चीज को फैलाना या फुलाना 2 विस्तार क., विस्तार से बताना या लिखना 3 *mainly N. Amer.* फार्म आदि भरना; **~ (sth) up 1** फार्म आदि भरना 2 पूरा भरना; **~ the bill** बिल्कुल उपयुक्त हो.; **~ the office satisfactorily** अच्छी तरह काम क.; **~ time** खाली समय के लिए काम की सूची बनाना; **~ up** पूरा भरना, समय या स्थान ले लेना: day-dreaming ~s up his free time;
be ~ed with feelings भावनाओं से ओतप्रोत हो.; **does this ~ the bill?** क्या यह बात या काम रास आता है? **eat one's ~** भरपेट खाना; **fruit doesn't ~ a man** फलों से पेट नहीं भरता; **have had one's ~ of sth** or **sb** किसी चीज या व्यक्ति से मन भर जा.; **his place will not be easily ~ed** उसका स्थान आसानी से कोई नहीं ले सकता

fille /फील्य/ फीय/ *n.* 1 पुत्री, कन्या 2 कन्या, लड़की;
collocations: **fille de joie** /फीः-ड-ज्वाः/ *n.* वेश्या

filler /फिलः/ *n. see above under* **fill: *dw/lw:***

fillet /फिले/ (*also US* **filet**) *n.* 1 पुट्ठे की बोटी से बना कटलेट जैसा व्यंजन, कतला: pork ~; (*in full* **~ steak**) गोश्त का सर्वाधिक स्वादिष्ट टुकड़ा 2 बिना कांटों की मछली का गोश्त: salmon ~ 3 लकड़ी, धातु या अन्य सामग्री की तंग पट्टी 4 बालों में लगाया जाने वाला रिबन बैंड, पट्टी या अन्य वस्तु;
v. *pt.* **~ed**, *pp* **~ing** 1 फिले बनाने के लिए मांस या मछली के टुकड़े काटना 2 मछली के कांटे निकालना 3 फिले गोश्त बनाना

filling /फिलिंग/ *n.* 1 केक या सेंडविच आदि बीच में डाला जाने वाला खाद्य 2 *dentistry* दांत का भराव, भरत, दांत की भराई की सामग्री: ~ material 3 गद्दों में भरी जाने वाली मुलायम सामग्री 4 पेट्रोल आदि की भराई: ~ station/ ~ point (पेट्रोल/ गैस स्टेशन);
adj. पेट भर देने वाला या तृप्त करने वाला (भोजन)

fillip /फिलिप/ *n.* 1 उंगली का प्रहार, टप 2 (***syn.*** boost) प्रोत्साहन, प्रोत्साहक पदार्थ: give a ~; a ~ to the memory 3 छोटी-सी बात, बकवास;
v., pt. **~ped**, *pp* **~ping** 1 उंगली से थपथप क. 2(***syn.*** boost)

प्रोत्साहित क.: ~ sb's memory

filly /फिली/ *n., pl.* **fillies** 1 बछेड़ी 2 *colloq.* चंचल युवती

film /फिल्म/ (*also* **motion picture**, **cinema** ~) *n.* 1 (*also US* **movie**) फिल्म, चलचित्र: feature/ documentary ~; sound/ silent ~; dubbed (-in) ~; art ~; release a ~ 2 झिल्ली, तंतु 3 (*syn.* coat, coating, layer) हल्की परत, पटल: a ~ of dust 4 वस्तुओं को लपेटने के लिए पतला पटल: cling ~;
v., pt. **~ed**, *pp* **~ing** 1 फिल्म बनाना, चलचित्रित क. 2 फिल्म का निर्देशन क. 3 तह जम जाना या जमाना;
dw/lw: **~able** *adj.* फिल्माने योग्य, चलचित्र बनाने योग्य; **~dom/ ~land** *n.* सिने जगत, फिल्मी दुनिया; **~goer** *n.* सिनेमा दर्शक; **~ic** *adj.* फिल्मी, फिल्म संबंधी; **~iness** *n.* धुंधलापन, फिल्मीपन; **~ing** *n.* फिल्म बनाने या दिखाने की प्रक्रिया, फिल्मीकरण; **~ish** *adj.* फिल्मी; **~land** *n.* फिल्मी जगत; **~laminated** *adj.* पतली परत से पटलित; **~maker** *UK* (*US* **filmmaker**) *n.* फिल्म निर्माता; **~ography** *n., pl.* ~ographies 1 फिल्मों के बारे में आलोचनात्मक साहित्य 2 किसी फिल्मी सितारे या निर्देशक की फिल्मों की सूची; **~setting** *n.* फोटो बनाकर पाठ को छपाई की प्लेटों पर स्थानांतरित करने की क्रिया; **~y** *adj., degr.* ~ier, ~iest 1 फिल्मी, फिल्मों जैसा 2 झिल्ली से ढका हुआ 3 धुंधला 4 पतला, हल्का-सा पारदर्शी;
collocations: ~ **actor** फिल्म अभिनेता; ~ **audience** फिल्म दर्शक; ~ **crust** फिल्म परत; ~ **direction** फिल्म निर्देशन; ~ **drier** फिल्म शुष्कक; ~ **fan** फिल्मों का दीवाना; ~ **fiction** फिल्मी कहानी, फिल्म बनाने हेतु गल्प साहित्य; ~ **magazine** फिल्म पत्रिका; ~ **medium** फिल्म का माध्यम; ~ **music** फिल्मी संगीत; ~ **noir**/फिल्म न्वाः(र)/ अमेरिका में 1940-50 का सिनेमा जिसमें मानव स्वभाव के नकारात्मक पहलू शहरी पृष्ठभूमि में दिखाए जाते थे; ~ **producer** फिल्म निर्माता; ~ **recorder** फिल्मों में ध्वनि आदि भरने वाला, ~ **set** किसी फिल्मी प्रकरण को फिल्माने के लिए तैयार किया हुआ सेट; ~ **speed** फिल्म को प्रकाश की तरफ खुला रखने (expose) की गति; ~ **star** फिल्मी सितारा; ~ **strip** फिल्म के बहुत सारे फोटुओं की कड़ी या लड़ी; ~ **studio** फिल्म स्टुडियो; ~ **test** फिल्मों में भूमिका करने वाले उम्मीदवारों की परीक्षा; ~ **writer** फिल्म लेखक;
blown ~ नलिकीय फिल्म; **high speed** ~ द्रुत गति फिल्म; **nonscreen** ~ स्क्रीनरहित फिल्म; **the great masters of the** ~ सिने जगत के जानी मानी हस्तियां;
p&i: **have a ~ over one's eyes** ठीक से न देख पाना, आंखों पर झिल्ली हो.

filo/phyllo /फिलो/ (*in full* **filo pastry**) *n.* एक यूनानी पेस्ट्री

Filofax /फाइलोफैक्स/ (*often* **filofax**) *n., tradem.* फाइल आदि में कागजात लगाने की एक विशेष विधि

filter /फिल्टर/ *v., pt.* **~ed**, *pp* **~ing** 1 छानना, निथारना: ~ sth out 2 छनना, निथरना 3 टपकना, निकलना 4 धीरे-धीरे के बीच या पास से निकलना: ~ down/ in/ through, etc. 5 (*syn.* leak out) समाचार या सूचना का धीरे-धीरे बाहर निकल कर आना, जग जाहिर हो जाना: the news has **~ed** through/ out;
n. 1 फिल्टर, निथारने वाला उपकरण 2 निस्यंदक 3 (*syn.* filtering cloth) छन्ना, साफी 4 छलनी 5 रेडियो या टेलीविजन में अनचाही तरंगों को दबाने वाला यंत्र 6 कैमरा आदि में प्रकाश की गहनता को कम-ज्यादा करने वाला उपकरण 7 *Br.* टैफिक (यातायात) को नियंत्रित करने की एक विधि;
dw/lw: **~able** *adj.* छानने योग्य, जिसे छाना जा सके; **~ed** *adj.* छनी हुई, निस्यंदित; **~ing** *n.* छनाई; **~-tipped** *adj.* फिल्टरयुक्त (सिगरेट);
collocations: ~ **bed** पानी आदि को छानने के लिए रेत व कंकड़ों की तह; ~ **coffee** पिसी कॉफी में से पानी निकालकर बनाई हुई कॉफी; ~ **paper** छानने का कागज, कॉफी आदि छानने का कागज; ~ **tip** फिल्टर युक्त सिगरेट, छानक सिरे वाली सिगरेट: smoke ~ tipped cigarettes;
p&i: **~ sth out** छानना;

filth /फिल्थ/ *n.* 1 गंदगी, कूड़ा-कर्कट, मैल: dog ~ 2 अश्लील या भोंडे चित्रोंवाली पत्रिका: that magazine is absolute ~ 3 अश्लील भाषा, अपशब्द, गाली 4 खराबी, बुराई 5 (**the filth**) *sl., derog.* पुलिस;
dw/lw: **~ily** *adv.* गंदे तरीके से; **~iness** *n.* 1 गंदापन 2 अश्लीलता;

fil\thy /फिल्थि/ *adj., degr.* **~thier**, **~thiest** 1 गंदा, मैला 2 अश्लील, गंदा;
v. pt. **~thied**, *pp* **~thying** गंदा क.: he **~thied** his shirt playing football;
adv. 1 अत्यधिक: **~thy** dirty 2 अश्लील ढंग से: **~thy** rich;
collocations: **~thy lucre** /फिल्थि लुकः/ *humorous* पैसा, लाभ; **~thy weather** खराब मौसम; **a ~thy lie** बेहूदा झूठ

filtra\te /फिल्ट्रेट/ *chem. n.* छानने के बाद मिलने वाला साफ द्रव;
v. pt. **~ted**, *pp* **~ting** छानना, छनना;
dw/lw: **~tion** /फिल्ट्रेशन/ *n.* छनाई, द्रव की सफाई

fimbriate /फिम्ब्रिएट/ *adj.* झालरदार

fin /फिन/ *n.* 1 पक्षक, पंख 2 मछली का तिकोना पंख 3 हाथ, पंजा: give us your ~ (अपना हाथ दो);
dw/lw: **~whale** *n.* नीलीतिमि

finable/ fineable /फाइनबल/ *adj.* जुर्माना लगाने योग्य: ~ offence

fina\gle /फिनेगल/ *v., pt.* **~gled**, *pp* **~gling** 1 तिकड़म से प्राप्त क. 2 (*often* **~gle sb out of sth**) किसी से कुछ चालबाजी से लेना, ठगना, झांसना;
dw/lw: **~gler** /फिनेग्लः/ *n.* धूर्त, तिकड़मी ठग

final /फाइनल/ *adj.* 1 अंतिम, आखिरी: the ~ day of the term; the ~ chapter 2 जो पूरा हो गया हो: ~ product 3 अंतिम, समापक, निर्णायक: ~ judgement; give a ~ touch; declare a vote/ a ballot to be ~ 4 निष्कर्षक: in the ~ analysis (अंततोगत्वा, अंततः) 5 अंतिम, सुनिश्चित, अपरिवर्तनीय: ~ clause 6 उद्देश्यपरक: ~ cause;
n. 1 अंतिम तथा निर्णायक मुकाबला 2 (**finals**) स्कूल, कॉलेज या विश्वविद्यालय की अंतिम वर्ष की परीक्षा;
dw/lw: **~ist** /फाइनअलिस्ट/ *n.* अंतिम मुकाबले में भिड़नेवाली टीम या खिलाड़ी: losing/ winning ~ist; **~ity** /फाइनैलिटि/ *n.* 1 अंतिमता, संपूर्णता: **~ity** of a decision; claim **~ity** for a statement/ for a theory 2 निष्कर्षात्मक या अंतिम कदम; **~ize** (*also* **–ise**) /फाइनअलाइज/ *v., pt.* ~ized, *pp* ~izing 1 (योजना आदि को) अंतिम रूप दे. 2 पूर्ण क., समापन क. 3 निश्चय क.; **~ly** *adv.* 1 (*syn.* eventually) आखिरकार, अंततोगत्वा: he ~ly arrived 2 (*syn.* lastly) अंत में: and ~ly, the vote of thanks 3 पूरी तरह से, सदा के लिए: the city was ~ly destroyed; the matter is settled ~ly 4 निष्कर्ष के रूप में: ~ly I have to say;
collocations: ~ **clause** उद्देश्यसूचक धारा; ~ **demand** कानूनी कार्यवाही करने से पहले दिया जाने वाला अंतिम नोटिस; ~ **solution** 1 अंतिम समाधान 2 जर्मनी में 1941 के बाद यहूदियों का नामोनिशान मिटाने की नीति व प्रक्रिया;
p&i: **in the ~ analysis** अंततः, निष्कर्षतः; **the ~/ last straw** आखिरी सहारा; **the ~ nail in the coffin** किसी को खत्म करने के लिए अंतिम चोट

finale /फिनालि/ *US* फिनैली/ *n., pl.* **~s** 1 कार्यक्रम का शानदार समापन 2 संगीत रचना आदि का अंतिम भाग या चरण: ~ of a ballet;
collocations: **the grand** ~ शानदार समाप्ति

finality *see above under* **final:** ***dw/lw***

finan\ce /फाइनैंस/ फनैंस/ *n.* 1 धन: his **~ces** are low; **~ce** for education comes from education cess 2 अर्थ, वित्त: the **~ce** of a state; **~ce** bill 3 वित्त-व्यवस्था, अर्थ प्रबंध:

Government ~**ce**; a system of ~**ce** 4 वित्त अध्ययन: a student of ~**ce** 5 (~**ces**) आर्थिक साधन, पैसा;
v., pt. ~**ced**, *pp* ~**cing** धन उपलब्ध क. या कराना;
collocations: ~**ce company/ house** सूद पर पैसा उठाने वाली कंपनी; ~**ce commission** वित्त-आयोग; ~**ce minister** वित्तमंत्री, अर्थमंत्री; ~**ce secretary** वित्त सचिव

financial /फाइनैंशल/ *adj.* आर्थिक, वित्तीय: ~ system; ~ standing;
dw/lw: ~**ly** /फाइनैंशिअलि/ *adv.* आर्थिक रूप से;
colllocs.: ~ **aid** वित्तीय सहायता; ~ **capacity** वित्तीय क्षमता; ~ **outlay** वित्तीय परिव्यय; ~ **sanction** वित्तीय स्वीकृति; ~ **year** वित्त वर्ष

financier /फिनैंसिअः/ *US* फाइनैंसिर/ *n.* 1 वित्त विशेषज्ञ 2 वित्तकार, वित्तपोषक, वित्तदाता 3 पूंजीपति, अर्थपति 4 फाइनैंसर

financing /फाइनैंसिंग/ *n.* वित्त प्रबंध, वित्तपोषण, वित्तीयन: ~ bank

finch /फिंच/ *n., pl.* ~**es** 1 गाने वाली एक छोटी चिड़िया 2 तूती, कुलिंग;
dw/lw: ~-**backed**/ ~**ed** *adj.* धारीदार पीठ वाला

find /फाइंड/ *v., pt.* **found**, *pt. p.* **found**, *pp* ~**ing** 1 ढूंढ निकालना: ~ one's way; ~ a way to do it 2 प्राप्त क., पाना: ~ pleasure in reading; ~ the money for an undertaking 3 मिल जा., पाना: ~ a good friend; ~ means; **found** a treasure; ~ happiness with sb 4 पता लगना, मालूम हो.: I ~ that I was mistaken; ~ the terms reasonable 5 खोज निकालना: ~ sb a carpenter 6 आसान या मुश्किल समझ ले., अनुभव क. या लगना: ~ it hard to express oneself 7 समझना, मानना 8 निष्कर्ष निकालना, निश्चय क.: ~ sb guilty/ not guilty 9 पाया जाना, मिलना: a bird **found** only in India; such men are not often **found** 10 किसी चीज या किसी के बारे में अहसास हो जा., पता चल जा.: I **found** him a sensible man; I ~ his fits of temper very childish 11 अपने असली रंग या रूप में आना, अपने सामर्थ्य या क्षमता को (पुनः) प्राप्त क.: ~ one's best form; ~ one's bearings/ ~ one's feet; ~ courage to... 12 समर्थन या स्वीकृति पाना, अंगीकार हो.: his theory **found** no acceptance among scholars 13 पहुंचना: the bullet **found** its mark 14 के बारे में निष्कर्ष निकालना: the court **found** in his favour;
n. 1 खोज, आविष्कार 2 प्राप्ति, उपलब्धि: this book is a real ~ 3 जानवर का छिपने का स्थान, जिसे अवश्य ढूंढ लिया जाएगा: a sure ~;
dw/lw: ~**er** *n.* 1 पता लगाने वाला, खोजी, आविष्कारक 2 जिसे कोई चीज मिल जाती है: ~**ers** and keepers 3 *astrol.* अन्वेषी दूरबीन; ~**ing** /फाइंडिंग/ *n.* 1 खोई हुई चीज की खोज व प्राप्ति 2 खोज, उपलब्धि 3 (*usually* ~**s**) शोध या खोज का निष्कर्ष या परिणाम, निर्णय: the ~**s** of the conference 4 कानूनी जांच-पड़ताल का परिणाम;
p&i: ~ **fault (with)** दोष या कमी निकालना; ~ **favour with sb** किसी के द्वारा पसंद किया जाना; ~ **for / against sb** किसी के हक में या विरुद्ध फैसला क.; ~ **it in oneself** or **in one's heart** अपने मन में कुछ करने का निश्चय क.: I can't ~ it in my heart to scold him; ~ **nothing to say** कहने को कुछ न हो., कहने के लिए शब्द न मिलना; ~ **one's account** फायदा उठाना; ~ **one's feet** किसी नई जगह या परिस्थिति में अपने पांव जमाना; ~ **oneself** अपने आपको (अपनी भूमिका) पहचानना; ~ **oneself doing sth** अपने आप को कुछ करते हुए पाना; ~ **oneself somewhere** अपने को किसी अपरिचित स्थान पर पाना; ~ **oneself in a state** अपने आप को किसी अवस्था विशेष में पाना; ~ **one's voice/ tongue** अपना मत रखना; ~ **one's way to/ into** अनचाहे कहीं पहुंच जा.;~ **out sb's name and occupation** किसी का नाम और व्यवसाय का पता लगाना; ~ **out about sth** किसी चीज के बारे में पता लगाना; ~ **sb/ sth easy/ boring/ funny, etc.** किसी को या किसी चीज को आसान/ उबाऊ/ उपहासजनक पाना; ~ **sb out** किसी को ढूंढ निकालना; ~ **the beans in the cake** किस्मत खुल जा.; ~ **the energy/ money/ time, etc.** ऊर्जा/ पैसा/ समय निकाल पाना;
all found भोजन व आवास निःशुल्क दिया जाएगा; **the bullet found its mark** गोली निशाने पर लगी; **take sb as you find them** किसी को जैसा है वैसा स्वीकार क.; **they found themselves agreeing** वे एक दूसरे से सहमत होते दिखे; **finders and keepers, losers weepers** जिसको जो मिल गया वह उसी का हो गया, खोनेवाले रोते रहें

fin de siecle /फै-डे-स्येक्ल/ *adj., Fr.* 19वीं शताब्दी का अंतिम चरण जैसा

finding *see above under* **find:** ***dw/lw***

fine /फाइन/ *adj.* 1 बढ़िया, उत्तम: ~ point/ question 2 अच्छा-भला, सकुशल: get home in the ~ 3 खरा, खरी, परिष्कृत: ~ woman; ~ workman; ~ manners; dress with ~ taste 4 विशुद्ध, विमल: ~ gold 5 (***syn.*** subtle) महीन, बारीक, सूक्ष्म: ~ texture; ~ sand; ~ print; ~ as silk 6 पतला: ~ thread 7 कोमल, मृदुल: ~ compliments 8 तीखा, तीक्ष्ण, नुकीला: ~ features 9 सुहावना, मनोहर, चारु: a ~ day 10 भड़कीला 11 अलंकृत: ~ embroidery 12 सही-सही: ~ mechanics;
adv. 1 बहुत अच्छी तरह: doing ~ 2 बारीक-बारीक;
v., pt. ~**d**, *pp* **fining** 1 जुर्माना लगाना 2 सूक्ष्म, तीक्ष्ण या साफ कर दे.: ~ one's wits 3 बढ़िया बनाना या हो.: the weather ~**d**; ~ the soil;
n. जुर्माना, अर्थ-दंड: impose a ~;
dw/lw: ~-**cut** *adj.* अच्छी तरह तराशा हुआ; ~-**down** ***v.***, *pt.* ~d-down, *pp* fining-down 1 घटाना, कम क. 2 शुद्ध क. या बनाना; ~-**draw** *v., pt.* ~-drew, *pt. p.* ~-drawn *pp* ~-drawing 1 सूक्ष्म रेखांकन क. 2 बारीक सिलाई क.; ~-**drawn** *adj.* महीन सिला हुआ; ~-**earth** *n.* बगीचे के लिए बढ़िया मिट्टी; ~-**fleece** *adj.* पतले धागे का; ~-**grained** *adj.* महीन दानेदार; ~**less** *adj.* असीम, बेअंत; ~**ly** *adv.* 1 छोटे-छोटे टुकड़ों में, बारीक-बारीक 2 सही व सटीक ढंग से, अच्छी तरह से 3 महीन-महीन; ~**ness** *n.* शुद्धता, उत्तमता, सूक्ष्मता, बारीकी, तीक्ष्णता, आलंकारिकता, बढ़ियापन: ~ness of thread; ~ness of intellect; ~ness of feelings; surpass in ~ness; ~**ry** *n.* 1 भव्यता, वैभव, शान, दीप्ति 2 तड़क-भड़क, ठाठ-बाट 3 सज-धज 4 टीप-टाप: decked out in all her ~ry; ~-**spun** *adj.* 1 बारीक/ महीन कताई-बुनाई से बना 2 नाजुक, सूक्ष्म, अव्यावहारिक; ~-**tune** *v., pt.* ~-tuned, *pp* ~-tuning अच्छी तरह-फेरबदल या हेरफेर करके बढ़िया बनाना;
collocations: ~ **art** (*usually* ~ **arts**) 1 ललित कला, सौंदर्यबोध आधारित कला 2 चित्रकला, मूर्ति कला, भवन-शिल्प से संबंधित कृतियां 3 विश्वविद्यालय आदि में इस नाम का पाठ्यक्रम; ~ **and dandy** 1 ठीक-ठाक 2 अब ठीक है; ~ **fettle** बहुत अच्छी हालत में; ~ **film** 1 बढ़िया फिल्म 2 महीन परत; ~**s herbes** *pl. cookery* खाना बनाने के लिए जड़ी-बूटियों का मिश्रण; ~ **leg** क्रिकेट के खेल में क्षेत्र-रक्षण की एक जगह; ~ **metal** परिष्कृत या शुद्ध धातु; ~ **print** महीन छपाई; ~**tooth comb** महीन दांतों की कंघी: go over/ through sth with ~ tooth comb (खूब बारीकी से छान-बीन क.); ~ **up** साफ हो., सुहावना हो.; ~ **writing** अलंकृत (सूक्ष्म अक्षरों में) लेखन शैली;
p&i: ~ **feathers make fine birds** *see under* **feather:**
p&i; ~ **one's wits** अपनी हाजिरजवाबी तेज क., तराशना; ~ **words butter no parsnips** खाली बातों से पेट नहीं भरता; ~ **words dress ill deeds** चिकनी-चुपड़ी बातों द्वारा कुकृत्य छिपाए जा सकते हैं;
all very ~ and large सब कुछ बहुत बढ़या और काफी मात्रा में है; **cut/ run it too fine** *colloq.* काम को ऐन आखिरी वक्त

पर क., कोई गुंजाइश न रखना: he never misses his train, but he cuts it too ~; **get sth down to a ~ art** अच्छी प्रकार करने का तरीका ढूंढ़ना; **in ~** कुल, कुल मिलाकर; **not to put too ~ a point on it** बिना किसी नजाकत या तकल्लुफ के, यानी साफ-साफ कहते हुए; **(that's) fine** बढ़िया है! अति उत्तम!; **that will suit me ~** मेरे लिए यह ठीक है, मुझे यह रास आता है; **the finer details/ points, etc. of sth** किसी चीज की बारीकी की बातें या पहलू; **their profits have ~d away to nothing** उनका लाभ घटकर शून्य हो गया

FINER *abbr.* 'Federation of Industries of North-Eastern Region' की प्रथमाक्षरी

fines\se /फिनेस/ *n., pl.* **finesses** 1 कौशल या नजाकत 2 व्यवहार-कुशलता, चतुराई;
***v.**, pt.* **~sed**, *pp* **~sing** कौशल या चतुराई दिखाना

fin-footed *adj.* पंजेवाले पांव वाला

finger /फिंगः/ *n.* 1 उंगली, अंगुलि 2 तर्जनी (second/ index ~), मध्यमा (middle ~), अनामिका (the ring/ fourth ~), कनिष्ठिका (little ~) 3 अंगुल, अंगुलि (measure) 4 संयुक्त शब्दों में;
***v.**, pt.* **~ed**, *pp* **~ing** 1 उंगलियों से छूना या टटोलना: he was constantly **~ing** his beard 2 चुराना, हथिया लेना 3 पुलिस के सामने अपराधी की पहचान क. 4 *comput., colloq.* दूसरे कंप्यूटर उपभोक्ता के बारे में सूचना वाली फाइल (weather he/ she is logged or on skype etc.) टटोलना;
dw/lw: **~-alphabet** *n.* सुनने-बोलने में विकलांग लोगों के लिए वर्णमाला; **~-board** *n.* 1 अंगुलि-पटल 2 वायलिन, सारंगी, गिटार आदि तार वाले वाद्यों का पटल जिस पर सुर बदलने के लिए तारों को दबाते हैं; **~bowl** *n.* उंगलियां धोने का कटोरा या प्याला; **~-breadth** *n.* उंगली की चौड़ाई; **~-cushion** *n.* उंगली का मांस; **~-dry** *v., pt.* ~dried, *pp* ~drying उंगलियां फेरकर बालों को सुखाना; **~ed** *adj.* 1 प्रांगुलित, जो बहुत बार छूने से खराब हो गया हो 2 विशेष प्रकार की उंगलियों वाला; **~-end** *n.* उंगली का सिरा; **~ing** *n.* 1 किसी वाद्य को बजाने के लिए उंगलियां चलाने या उंगलियों से छूने की क्रिया 2 इस क्रिया में मददगार छपी हुई स्वर-लिपि 3 उंगलियों से छूने की क्रिया; **~less** *adj.* बिना उंगलियों वाला: ~less gloves; **~ling** *n.* उंगली के आकार की मछली; **~mark** *n.* उंगलियों का निशान; **~nail** *n.* नाखून; **~-nut** *n.* एक प्रकार का नट (पेच आदि); **~-painting** *n.* उंगलियों से चित्र बनाने की विधि या क्रिया; **~-print** *n.* उंगलियों के निशान, अंगुलि-प्रतिमुद्रा: DNA ~-printing or genetic ~-printing; **~tip** उंगली का सिरा;
collocations: **~ buffet** खाने की मेज से अपने आप परोसे जाने वाले व्यंजन जिन्हें उंगलियों से खाया जा सकता है (जैसे सैंडविच आदि); **~ chips** आलू चिप्स, आलू के भुने छल्ले; **~ grass** तकड़ी; **~ stall** अंगुली-धानी, घायल उंगली के बचाव के लिए पहने जाने वाला छल्ला; **~ tip** पोर, पोटी;
butter ~s जिसके हाथ से सब कुछ फिसलकर गिर जाता है; **index ~** तर्जनी; **lady~** भिंडी (सब्जी); **the ~ of Fate (of God)** भाग्य-उंगली; **the ~ of suspicion** शक की सूई;
p&i: **~ on the wall** त्रासदी की भविष्यवाणी; **~ sb's money** किसी दूसरे का पैसा हथिया ले.; **~ the piano (a guitar)** पियानो या गिटार पर यों ही उंगलियां फेरना; **~s were made before forks** प्रकृति की देन, मानव-कृत वस्तुओं से कहीं बेहतर हैं;
a ~ on the trigger गोली चलाने को तत्पर; **at one's ~ tips** कंठस्थ हो., पूरी जानकारी हो.; **be ~ and thumb** घी-शक्कर हो., कभी जुदा न होनेवाले दोस्त हो.; **be all ~s and thumbs** चीजों को संभालने में बेढब हो.; **be counted on the ~s of one hand** हाथों की उंगलियों पर गिने जा सकने वाले (थोड़े-से) हो.; **burn one's ~s/ get one's ~ out** काम करने लग जा.; **get one's ~s burned** अनुचित हस्तक्षेप की कीमत चुकाना; **by a ~'s breadth** धीरे-धीरे; **crook one's little ~** 1 कुछ करने के लिए हाथ-पांव मारना, मुड़ी उंगली से किसी के बुलाना 2 थोड़ी ज्यादा पी लेना; **dip/ put one's ~ in sth** में दखल दे.; **finished to the ~ nail** सिर से पैर तक सजा-धजा; **get one's ~s burnt** खराब अनुभव हो.; **get/ pull, etc. one's ~ out** प्रयास क., मेहनत क.; **give sb the ~** नाराजगी जताने के लिए अश्लील संकेत क., अपेक्षाओं पर खरा न उतरना; **have a ~ in every pie** हर बात में टांग अड़ाना; **have green ~s** *UK* (*US* **have a green thumb**) बागबानी के कार्य में कुशल हो.; **have light ~s** चोरी करने में मंजा हुआ हो.; **have one's ~s in the till** अपनी नौकरी के स्थान से चोरी क.; **have sth at one's ~ tips/ ends** कोई बात अच्छी तरह याद हो.; **his ~s itch** वह कोई काम करने के लिए उतावला हो रहा है; **keep one's ~s crossed** आशंकापूर्वक प्रतीक्षा क.; **keep one's ~ on the pulse of sth** घटना चक्र पर कड़ी नजर रखना; **lay a ~ on sb** किसी पर हाथ उठाना; **let slip between/ through one's ~s** किसी चीज को हाथों में से फिसलने दे.; **look through one's ~s** उंगलियों में से देखना, अनदेखी क.; **not lift a ~** जरा भी मदद या काम न क.; **not put a ~ on sth** किसी कमी या त्रुटि की पहचान न कर पाना; **not to be worth sb's little ~** बिल्कुल महत्त्वहीन या गौण हो.; **point an accusing ~ at sb** किसी पर उंगली उठाना, किसी पर दोष लगाना; **point the ~ of scorn at sb** किसी पर नफरत भरी उंगली उठाना; **pull** or **get one's ~ out** *sl.* अधिक प्रभावी ढंग से काम करने लगना; **put one's ~ on sb/ sth** संकेत क., पुलिस के सामने अपराधी की पहचान क; **put one's ~s in the fire** खतरा मोल लेना; **put/ stick two ~s up at sb** अपने अंगूठे को दो उंगलियों के बीच दबाकर किसी की ओर अश्लील संकेत क.; **rap sb's ~s** किसी को दंड दे.; **sb's ~s are all thumbs** फूहड़ व्यक्ति; **sb's little ~ is thcker than another's loins** किसी की तुलना में कोई कुछ भी नहीं; **slip through sb's ~s** हाथ से छूटकर गिर जा.; **snap one's ~s** (*also UK* **click your ~s**) उंगलियां मटकाना; **snap one's ~s at sb** किसी के प्रति खुल्लम-खुल्ला नफरत भाव दर्शाना; **stick in/ to sb's ~s** 1 हाथों में चिपकना 2 किसी का पैसा हड़प लेना; **to one's ~tips** हर प्रकार से, पूर्णतः, कोई कमी न छोड़ते हुए; **turn/ twist/ wind/ wrap sb round/ around one's (little) ~** किसी को अपनी उंगलियों पर नचाना; **with a wet ~** आसानी से, बिना किसी कठिनाई के; **work one's ~s to the bone** दिन-रात मेहनत क.

finial /फिनिअल/ *n.* मकान आदि का सजावटी शिखर, चोटी, स्तूपिका, कलश

finical/ finicky/ finickety /फिनिकल/ फिनिकि/ फिनिकटि/ *adj.* 1 (***syn.*** fussy) नकचढ़ा, तुनुकमिजाज 2 बाल की खाल उतारने वाला 3 नाज़ुक 4 अति अलंकृत व आडंबर प्रिय 5 (***syn.*** fiddly) बारीकीपूर्ण (कार्य), विवरणप्रिय

finicking /फिनिकिंग/ *adj.* 1 अति सूक्ष्म या बारीक सौंदर्यबोध वाला 2 नाज़ुक 3 अति अलंकृत या परिष्कृत

fining /फाइनिंग/ *n.* 1 विमलीकरण: ~ agent (श्वेत बनाने वाला पदार्थ); ~ process *metallurgy* (धातु की परिवर्तन क्रिया) 2 (**~s**) बायर या मदिरा को निथारने वाला पदार्थ

finis /फिनिस/ *n., Lat.* अंत, समाप्ति, इति, इतिश्री (the end)

finish /फिनिश/ *v., pt.* **~ed**, *pp* **~ing** 1 (*also* **~ off/ up**) समाप्त क. या हो., पूरा क. या हो.: ~ one's work; ~ doing sth; ~ off a picture 2 खत्म क. या हो., मर जा.: ~ by breaking one's neck; ~ off a wounded beast 3 किसी चीज को खाकर या उपयोग करके पूरी तरह खत्म क.: **~ed** the coffee; he **~ed** the meal to the last crumb 4 किसी अवस्था के अंत तक पहुंचना: the war hasn't **~ed** yet 5 किसी वस्तु या स्थान आदि को अंतिम रूप से परिष्कृत क. (give finishing touches): ~ a newly built house 6 रिश्ता तोड़ना: ~ up/ off relationship with sb;
n. 1 अंतिम हद या सिरा: ~ post 2 अंत, समाप्ति: fight to a ~ 3 परिपूर्णता, संपूर्णता 4 परिष्कार, चमक, परिसज्जा: give a smooth

and delicate ~ to the room; lack ~ परिष्कृत न हो. 5 रिश्तों में दरार 6 संघर्ष, लड़ाई, मुकाबला: be in at the ~ 7 तैयारी;

***dw/lw:* ~ed** *adj.* 1 संपूर्ण, पूरा, पूर्णतः तैयार: be ~ed; ~ed goods 2 परिष्कृत, नाजुक, तमीज और तौर-तरीकों में सुलझा हुआ: ~ed manners; ~ed gentleman 3 मंजा हुआ: ~ed performer 4 *colloq.* समाप्त, चुका हुआ, बंजर; **~ing** *adj.* समापन, परिष्करण: the ~ing stroke; ~ing touches; ~ing coat;

***collocations:* ~ing post** घुड़दौड़ आदि में अंतिम छोर (चौकी); **~ing school** प्राइवेट स्कूल जिसमें लड़कियों को काम-धंधे और हुनर आदि सिखाए जाते हैं; **~ing stroke** = **~ing touche(s)** अंतिम रूप देने के लिए खींची जाने वाली अंतिम लाइन या किया जाने वाला आखिरी काम: give the ~ing touches to the house;

***p&i:* ~ first/ second, etc.** पहले/ दूसरे आदि स्थान पर आना; **~ neck and ~** मुकाबला बराबरी पर खत्म हो.; **~ sb** or **sth off** भावात्मक रूप से नष्ट क., हराना या मारकर खत्म क.; **~ sth off** 1 अंतिम हिस्से को पूरा क. 2 अंतिम हिस्से को खा-पीकर खत्म क.; **~ed to the finger nail** *see above under* **finger: *p&i*;** ~ **up** 1 पूरा क. 2 अंतिम सजावट या परिष्करण पूरा क. 3 आखिरी ग्रास खाना या आखिरी घूंट पीना 4 रिश्ता तोड़ लेना; **~ with sb** किसी के साथ प्रेम-प्रसंग आदि सदा के लिए खत्म क.; **~ with sth** 1 किसी चीज का प्रयोग हमेशा के लिए छोड़ दे. 2 पुस्तक या लेख आदि को पढ़कर पूरा क.;

fight to the ~ आखिरी सिरे तक लड़ना

finite /फाइनाइट/ *adj.* 1 (***anton.*** infinite) सीमित, सीमाबद्ध 2 सावधि 3 *gramm.* (***anton***. non-finite) समापिका (क्रिया) 4 *math.* परिमित, सांत;

***dw/lw:* ~ly** /फाइनाइटलि/ *adv.* ससीमित, सीमाबद्धतापूर्वक; **~ness/ finitude** /फाइनाइटनेस/ फिनिच्यूड/ *n.* ससीमता, सीमाबद्धता; **~simal** /फाइनिटेसिमल/ *adj., math.* ससीमित, अंतिम

Finlandization/ Finlandisation /फिनलंडाइजेशन/ *n., politics* पड़ोसी महाशक्ति की छाया तले छोटे देश द्वारा व्यावहारिक नीति अपनाई जाने की क्रिया (जैसे फिनलैंड ने सोवियत संघ के साथ किया था)

Finn /फिन्न/ *n., pl.* **~s** फिनलैंड का नागरिक;

***dw/lw:* Finnish** /फिनिश/ *adj.* 1 फिनलैंड संबंधी 2 फिनलैंड की भाषा; **Finno-Hungarian/ Finno-Ugric/ Finno-Ugrian** /फिन्नो-हंगेरिअन/ फिन्नो-उग्रिक/ फिन्नो-उग्रिअन/ *n.* फिनलैंड और हंगरी संबंधी, फिनलैंडी-हंगेरियायी

FIP *abbr.* 'Federation of Indian Publishers' की प्रथमाक्षरी

FIPB *abbr.* 'Foreign Investment Promotion Board (of India)' की प्रथमाक्षरी

fipple /फिपल/ *n., music.* बांसुरी या अलगोजे को बजाने (फूंक मारने) का छेद

FIR *abbr.* 'First Information Report', 'Flight Information Recorder' की प्रथमाक्षरी

fir /फः/ (*also* **~ tree**) *n.* 1 देवदार (वृक्ष) 2 देवदार की लकड़ी;

***dw/lw:* fir-apple /fir-cone** *n.* देवदार आदि पर लगने वाला एक प्रकार का फल

FIRB *abbr.* 'furrow irrigated raised bed' की प्रथमाक्षरी

FIRE *abbr.* 'Financial Institutions Reforms and Expansion (Project)' की प्रथमाक्षरी

fire /फायः/ *n., pl.* **~s** 1 आग, अग्नि, अनल: catch/ take ~; light/ make up the ~; blow the ~; nurse the ~; mend the ~ 2 आगजनी, अग्निकांड: a warehouse ~; set on ~/ set ~ to 3 दहन, ज्वलन, जलती हुई आग: forest **~s** 4 ज्वाला: stir/ poke the ~ 5 अंगीठी आदि की आग: log/ coal ~; cook sth on a slow ~ 6 गैस या बिजली का तापक (heater): electric/ gas ~ 7 बंदूक से चलने वाली गोलियां, गोलीबारी: open ~ (1 गोलीबारी शुरू क. 2 किसी के विरुद्ध बोलना); cease ~ (युद्ध विराम); ~ power; ~ at will (छिटपुट गोलीबारी); ~ for demolition 8 मिसाइल के दागने की क्रिया 9 जोश, उमंग, उत्साह: full of ~ and courage 10 तेज बुखार 11 तड़क-भड़क, चमक-दमक 12 *astrol.* जोडिआक की तीन राशियों यानी मेष, सिंह, धनु से संबंधित 13 कटु आलोचना: be under ~; draw the ~ of (the enemy); running ~; direct one's ~ against sb; stand ~ 14 भयंकर आक्रोश: ~ and fury;

***v.**, pt.* **~d**, *pp* **~firing** 1 आग लगाना या लगना, जलाया जा. या जल उठना 2 सुलगाना, प्रज्वलित क. 3 ईंधन डालना 4 गोली चलाना या चलना: ~ blank (हवा में गोली चलाना); ~ a volley (गोलियों की बौछार क.) 5 रॉकेट दागना या दगना 6 गोले या बारूद का विस्फोट क. या हो. 7 गोली चलाने का हुक्म दे. 8 किसी पर प्रश्नों की बौछार क.: ~ questions at sb 9 नौकरी से निकाला जा.: ~d from job 10 इंजन का चालू हो., भट्टी आदि को जलाना: ~ a boiler 11 *pottery* मिट्टी के बर्तनों को आग में पकाना 12 प्रेरणा या प्रोत्साहन दे., जोशो-खरोश से भर दे.: set sb on ~ 13 उत्तेजित क. या हो., उकसाना: ~ with anger (with pride);

***dw/lw:* ~-alarm** *n.* आग लगने पर बजने वाला संकेत यंत्र या भोंपू; **~-arm** *n.* अग्नि-शस्त्र, आग्नेयास्त्र (बंदूक, राइफल, पिस्तौल आदि); **~-ball** *n.* 1 आग का गोला 2 अग्नि-उल्का, उल्का; **~-bomb** *n.* आग लगाने वाला बम; **~-bird** *n.* तोपची-चालित बम या मिसाइल; **~box** *n.* अग्नि-बक्सा, अग्नि कक्ष; **~brand** *n.* 1 जलती हुई लकड़ी 2 आग लगाने वाला यानी फसादी आदमी; **~break** *n.* वह खाई या जोती-बोई हुई जमीन की पट्टी जिसके फलस्वरूप जंगल की आग फैलने नहीं पाती; **~brick** *n.* अग्नि-सह ईंट; **~brigade** *n.* अग्निशामक दल; **~-bug** *n.* आग लगाने वाला दंगई; **~clay** *n.* अग्निसह मिट्टी; **~-cock** *n.* अग्नि-शमन क्रेन; **~-company** *n.* अग्नि-बीमा कंपनी; **~-control** *n.* अग्नि-नियंत्रण; **~cracker** *n.* 1 पटाका, पटाखा 2 *IE, colloq.* सुंदर स्त्री; **~d** *adj.* 1 *pottery* भट्टी में पकाए हुए चीनी मिट्टी के बर्तन 2 आग-प्रभावित 3 ईंधन-चालित: gas-~d; **~damp** *adj.* मिथेन और हवा का ज्वलनशील मिश्रण; **~dog** *n.* आग बुझाते समय आग में फंसे बच्चों आदि को निकालने में प्रयोग किए जाने वाला कुत्ता, अंगाराधान (an andiron); **~-eater** *n.* 1 जादू के तमाशे में आग के गोले उगलने वाला जादूगर 2 अग्निखोर 3 झगड़ालू व्यक्ति; **~-engine** *n.* दमकल; **~-eyed** *adj.* आग्नेय दृष्टि वाला; **~-fanging** *n.* अनाज के जलने की क्रिया; **~-fighter** *n.* आग बुझाने वाला व्यक्ति; **~-fighting** *n.* 1 अग्नि-शमन 2 समय-समय पर पैदा होने वाली समस्याओं को निपटाने में समय लगाने की क्रिया; **~-flaught** *n.* 1 बिजली की कड़क-दमक 2 आग-बबूला व्यक्ति; **~-fly** *n.* जुगनू; **~-grate** *n.* अंगीठी की जाली; **~-guard** *n.* आग की लपटों या उड़ती चिनगारियों से बचाने के लिए प्रयोग की जाने वाली धातु की चादर या तारों का जाल; **~hazardous** *adj.* आग लगने के खतरे वाला; **~-house** *n.* अग्निशमन केंद्र; **~less** *adj.* बिना आग के, बिना गोला-बारूद के; **~-light** *n.* दीवार-अंगीठी से निकलने वाला प्रकाश; **~-lighter** *n.* आग जलाने के लिए ईंधन के नीचे रखा जाने वाला अति ज्वलनशील पदार्थ; **~man** *n.* 1 फायरमैन, आग वाला 2 भट्ठी सुलगाने वाला 3 आग बुझाने का काम करने वाला व्यक्ति; **~-office** *n.* अग्नि-बीमा कार्यालय; **~-opal** *n.* लहसुनिया (हीरा, पन्ना आदि); **~-piece** *n.* बंदूक आदि; **~-place** *n.* अग्नि स्थल, अंगीठी, चूल्हा; **~-plug** *n.* अग्नि-शमन जल टूंटी; **~-policy** *n.* अग्नि-बीमा; **~-pot** *n.* अंगीठी जलाने की क्रिया; **~-power** *n.* गोली चलाने या गोलाबारी करने की क्षमता; **~-proof** *adj.* अग्नि-सह, फायर प्रूफ; **~-proof-dope** *n.* अग्नि-सह परत; **~-proofing** *n.* अग्नि-सह परत चढ़ाने की क्रिया; **~r** *n.* गोली चलाने वाला; **~-raiser** *n.* जानबूझकर आग लगाने वाला (हनुमान की तरह); **~-raising** *n.* आगजनी; **~-resistant** *adj.* अग्निरोधक; **~-retardant** (*also* **flame-retardant**) *adj.* अग्नि-मंदक; **~-roll** *n.* अग्नि-संकेत; **~-room** *n.* जहाज में ईंधन-आपूर्ति कमरा; **~-screen** *n.* अंगीठी पर लगाया जाने वाला सजावटी-सुरक्षा पर्दा; **~-set** *n.* दीवार-अंगीठी उपकरण; **~-ship**

n. जहाजों पर लगी आग को बुझाने वाला जहाज; **~-shovel** *n.* इंजन-भट्टी में ईंधन डालने की कुदाल; **~-side** *n.* अंगीठी आदि के समीप स्थान; **~-storm** *n.* भारी बमबारी के कारण उठ खड़ा होने वाला तूफान; **~-trap** *n.* आग लगने पर काफी बचाव रास्तों के बिना भवन; **~-wall** *n.* कंप्यूटर में दूसरों द्वारा आपकी सूचना का दुरुपयोग रोकने का सिस्टम; **~-water** *n.* शराब; **~-wood** *n.* जलाने की लकड़ी, जलावन; **~work** *n., pl.* ~works/ ~work-display आतिशबाजी; **~-worship** *n.* अग्नि-पूजा; **~-worshipper** *n.* अग्नि-पुजारी;

collocations: **~ accompaniment** गोलीबारी के साथ-साथ; **~ and sword** मार-काट, तहस-नहस, नर-संहार; **~ assault** गोलीबारी से आक्रमण; **~ brigade** *UK* (*US* **~ department**) अग्नि-शमन दल, दमकल-वाहिनी; **~ cover/ support** गोलीबारी का सुरक्षा-छाता; **~ curtain** अग्नि-पर्दा; **~ density** गोलीबारी की प्रचंडता; **~ department** *see under* **fire brigade**; **~ door** दो इमारतों के बीच आग-सह (जिसे आग न लगती हो) दरवाजा; **~ drill** आग लगने पर उठाए जा सकने वाले कदमों का अभ्यास; **~ effect** गोलीबारी का प्रभाव; **~ escape** अग्नि सोपान, आग लगने पर बच निकलने के लिए अतिरिक्त रास्ता, वह सीढ़ी जिसका उपयोग इमारत में आग लगने पर करते हैं; **~ extinguisher** अग्नि शामक; **~ hose** आग बुझाने के लिए पानी की टंकी या नाली; **~ hydrant** पानी-आपूर्ति लाइन से जुड़ी आग बुझाने की पाइप; **~ insurance** अग्नि-बीमा; **~ irons** घर में आग पर काबू पाने के लिए औजारों की किट (kit); **~man's lift** आग से बेहोश लोगों को अग्नि शामकों द्वारा लेजाने का विशेष तरीका; **~ mission** गोलीबारी का लक्ष्य; **~ ordeal** अग्नि-परीक्षा; **~ prevention** अग्नि-रोधक तकनीक; **~s of heaven** *poetic* आसमान में चांद-सितारे; **~ station** अग्नि-शमन केंद्र, दमकल-स्टेशन; **~ sector** गोलीबारी-क्षेत्र; **flash/ shoot ~** (पुतली में किसी व्यवधान के कारण) आंखों में चमचमाहट हो.;

Kentish ~ श्रोताओं की असहमति की गूंज या शोर; **liquid ~** तेज शराब; **sacred ~** पवित्र अग्नि;

p&i: **~ and brimstone** नरक में यातना का स्वरूप; **~ and water are good servants, but bad masters** आग और पानी इंसान के अच्छे सेवक हैं, पर उन पर काबू रखने में ही अक्लमंदी है; **~ at/on sb** किसी पर गोली चलाना; **~ away** *colloq.* प्रश्न आदि दागने के लिए बुलावा दे.; **~ away** शुरू क.; **~ away!** आइए, शुरू कीजिए!; **~d with** जोश से ओत-प्रोत, लग्न में रमा हुआ; **~ off** गोलियां दागना; **~ off jests at sb** किसी की टांग-खिंचाई करते रहना; **~ out** *US* नौकरी से निकाल दे.; **~ questions at sb** किसी पर प्रश्नों की बौछार कर दे.; **~ sb's imagination** किसी की कल्पना की उड़ान भरने में मदद क.; **~ sb up** उत्तेजित क., प्रेरित कर उत्साहित क., किसी को जोश दिलाना; **~ that's closest kept burns most of all** धीमी आग देर तक जलती है; **~ trieth iron and temptation a just man** आग से लोहे की परख होती है और प्रलोभन सच्चे व्यक्ति की; **~ up** 1 आग का जलना या को जलाना 2 भड़क या भभक उठना, तुरंत क्रुद्ध हो जा.: ~ up for the least thing (बिना बात के भड़क उठना); **~ up** जल उठना, भड़क/ भभक उठना;

add fuel to the ~ आग को हवा दे., आग में घी डालना; **a ~ breaks out/ burns/ rages** आग लग जाती है/ धधकती है/ धू-धू करके जलती है; **a ~ in the blood** जोशो-खरोश, उत्साह, जुनून, आवेग, भावावेश; **a ~work(s) display** आतिशबाजी का तमाशा; **a little ~ is quickly trodden out** बुराई को आरंभ में खत्म कर देना चाहिए; **between two ~s** कांध बीच और खोद बीच, *Hr.*, दोनों तरफ से होनेवाले प्रहारों का शिकार; **blow up a ~** आग को तेज क.; **build a ~ under sb** किसी को कोई वांछित कदम उठाने के ले विवश क.; **burn like ~** आग की तरह जलना; **catch ~** आग लगना, जलने लगना; **come under ~** आलोचना का निशाना हो.; **draw sb's ~** आ बैल मुझे मार, जानबूझकर प्रहार का निशाना ब.; **direct one's ~ against** किसी पर आक्रमण क. या टूट पड़ना; **draw ~ from sb** किसी की आलोतना, तानों आदि का निशाना बनना; **fight ~ with/ one ~ drives out another** आग से आग बुझाना, कांटे से कांटा निकालना; **full of bushfire** *Austral.* ओजस्वी, ऊर्जाशील, जोशो-खरोश से भरा हुआ; **go through ~ and water for sb** or **sth** किसी या किसी बात के लिए बहुत ज्यादा मुसीबतें झेलना; **hang ~** देरी हो., धीमा पड़ना, लंबित हो., काफी समय से लटका हुआ हो.; **hold one's ~** थोड़ा रुक जा., ठहर जा., जल्दी न क.; **in the line of ~** गोलीबारी या आलोचना के निशाने पर; **let off/ set off a ~work** आतिशबाजी शुरू क.; **like a forest ~** जंगल की आग की तरह; **miss ~** निशाने पर न लगना; **on ~** 1 गोलीबारी और निशाने के बीच में फंस जा. 2 प्रश्नों या आलोचना का निशाना ब. 3 आग लगी हो.; **on the ~** काम में व्यस्त, स्थिर होने की प्रक्रिया में; **out of the frying-pan into the ~** आसमान से गिरा खजूर पर अटका; **open ~ on sb** or **sth** किसी पर या किसी चीज पर गोली चलाने लगना; **play with ~** आग से खेलना, खतरा उठाना; **pull sth out of the ~** अंतिम क्षणों में स्थिति को संभाल ले.; **put out/ start a ~** आग बुझाना/ लगाना; **put to ~ and sword** आग और तलवार के हवाले क.; **return sb's ~** गोलीबारी या आलोचना का जवाब दे.; **save sth out of the~** किसी चीज को नष्ट होने से बचाना; **set the Thames on ~** कोई असंभव बात क., कोई शानदार काम क.; **set ~ to sth/ set sth on ~** आग लगाना; **stand ~** आलोचना झेल लेना; **the ~ which lights/ warms us at a distance will burn us when near** अच्छी पर कठिन चीजों या घटनाओं के दूर-दर्शन ही अच्छे; **there is no smoke without ~** बिना आग के धुआं नहीं; **under ~** आलोचना आदि का निशाना या शिकार; **~ up** उत्तेजित या आग-बबूला हो.; **where's the fire?** इतनी जल्दी क्या पड़ी है?; **with ~ and sword** आग और तलवार के साथ

firefighting *see above under* **fire:** ***dw/lw***

firing /फायरिंग/ *n.* 1 अग्नि-वर्षा, गोलीबारी: cease ~!; ~ ground/ ~ area; ~ device 2 गोलीकांड 3 मिट्टी के बर्तन को आग में पकाने की क्रिया 4 भट्ठी जलाने व आग तेज करने की क्रिया 5 बॉयलर जलाने की क्रिया 6 अग्नि-संकेत या घंटियों की एक साथ टनटनाहट 7 नाभिक रिऐक्टर का काम;

dw/lw: **~-party** *n.* तोप-सलामी दल; **~-point** *n.* अग्नि-बिंदु, गोली निकलने या चल जाने का पल; **~-position** *n.* गोलीबारी करने के लिए बंदकों या तोपों को सही स्थिति में टिकाने की क्रिया; **~-step** *n.* खाई से गोलीबारी करने का पायदान;

collocations: **~ line** 1 गोलीबारी की निशाना-पंक्ति 2 अग्रिम गोलीबारी की पंक्ति: be on the ~ line; **~ squad** मौत की सजा पाए व्यक्ति को गोली मारकर खत्म करने वाले सिपाहियों की टुकड़ी, गोली से उड़ाकर दंड देने वाली टुकड़ी

firm /फ़ःम/ *adj.* 1 कड़ा, सख्त: ~ foundation; look ~; ~ measures; rule with a ~ hand; ~ treatment of children 2 पक्का, पक्की: ~ friends; a ~ seat in the saddle; take a ~ hold of sth; hold ~ to sth 3 दृढ़, सुदृढ़: ~ flesh (muscles); ~ nerves 4 स्थिर, स्थायी: ~ prices 5 अडिग, अटल: ~ conviction; ~ faith/ belief; stand ~; walk with a ~ tread; ~ chin 6 निश्चित, पक्का, पक्की: a ~ offer 7 ठोस, अडिग, मजबूत: be on ~ ground; roots ~ in the earth; be ~ on one's feet; ~ power; be as ~ as a rock;

n. 1 व्यापारिक प्रतिष्ठान, कंपनी: under the ~; run/ set up a ~; a ~ of solicitors/ accountants, etc.;

v. pt. **~ed**, *pp* **~ing** 1 किसी चीज को कसकर मजबूत क. 2 स्थिर या दृढ़ हो.: prices were **~ing** up 3 पक्का क. या हो. 4 जमाना: ~ the soil around a plant 5 विचार, योजना आदि को सुनिश्चित एवं दृढ़ क.: ~ up the plans for the visit;

dw/lw: **~ly** /फ़ःमलि/ *adv.* 1 सख्ती से, मजबूती से, दृढ़तापूर्वक: shake sb's hand **~ly** 2 ईमानदारी से, लगन से; **~ness** *n.* 1 मजबूती, सख्ती 2 ईमानदारी, लगन 3 स्थिरता, दृढ़ता 4 मिट्टी का

जमाव 5 कठोरता; ~-**ripe** *adj.* सख्त परंतु पका हुआ (फल); ~**ware** /फःमवेअः/ *n., comput.* कंप्यूटर-प्रोग्राम जो कंप्यूटर को चलाने में काम आता है;
p&i: ~ **as a rock** चट्टान की तरह मजबूत; ~ **up** जम जा., स्थिर हो जा., टिक जा.;
long ~ ठगों-लुटेरों की कंपनी जो फर्जी फर्मों की ओर से उधार पर खरीदो-फरोख्त करके लोगों को ठगती है

firmament /फःमामंट/ *n., lit.* 1 आकाश, गगन, नभ, नभोमंडल, व्योम: a rising star in the literary ~ 2 स्वर्ग

FIRST *abbr.* 'Far Infrared and Submillimetre Telescope' की प्रथमाक्षरी

first /फःस्ट/ (*also* **1st**) *serial number, ordinal, adj.* 1 प्रथम, पहला: ~-prize; the ~ man I saw on arrival 2 (the ~) पहली तारीख: on the ~ of May 3 मुख्य, प्रमुख, प्रधान: the ~fiddle or clarinet; the ~ (important) city 4 मौलिक, मूलभूत: ~ principles 5 शुरुआती समय का: the ~ writer of history (प्रारंभिक काल का इतिहास लेखक); the ~ three years; the ~ flowers of spring 6 किसी क्रम में पहला, प्रारंभिक, प्राथमिक: ~ form; ~ steps 7 पहली बार: wear a new dress for the ~ time 8 कइयों में से सबसे पहले मिलने वाला: do sth at the ~ opportunity; asked the ~ man he met 9 उच्च कोटि का, बढ़िया: articles of ~ quality; travel ~ class;
n., pron. 1 पहली बार किया जाने वाला कार्य, प्रथम प्रयास: that's a ~ for me! 2 परीक्षा में प्रथम स्थान 3 प्रारंभ, शुरुआत: from ~ to last 4 पहला व्यक्ति, वस्तु आदि: be a ~ 5 पहली श्रेणी (कक्षा) 6 पहला गियर (gear): change from ~ to second 7 *mainly Br.* उच्चतम अंकों के साथ पाई जाने वाली डिग्री;
adv. 1 सब से पहले, प्रथमतः 2 पहली बार: since he ~ saw him 3 शुरू-शुरू में 4 कुछ करने से पहले: ~ make sure of the facts 5 पहली पसंद के अनुसार 6 पहली बात तो यह है कि...;
dw/lw: ~-**born** *n.* प्रथमजात, पहिलौठा, जेठा (बच्चा), पहला बच्चा; ~-**class** *n.* 1 पहले दर्जे की सेवा 2 उच्च कोटि का 3 सर्वोत्तम, सर्वश्रेष्ठ 4 प्रथम-श्रेणी; ~-**coat** *n.* पुताई आदि की पहली परत; ~-**cost** (*also* **prime cost**) *n.* लागत, उत्पाद लागत; ~-**day-cover** *n.* प्रथम दिवस आवरण; ~-**degree** *adj.* 1 आग आदि में जलने का सबसे कम शारीरिक नुकसान की स्थिति वाला 2 *US* दो श्रेणियों के अपराधों में से प्रथम श्रेणी यानी गंभीरतम; ~-**ever** *adj.* पहली बार होने वाला; ~**estate** *n.* पादरियों-पुरोहितों-मौलवियों का वर्ग; ~-**hand** *adj.* सीधे, प्रथम स्रोत से संबंधित; ~**ling** *n.* 1 मौसम का पहला फल 2 पशु का पहला बच्चा; ~**ly** *adv.* प्रथमतः, सबसे पहले; ~-**nighter** *n.* नाटकों के सर्वप्रथम मंचनों का निरंतर दर्शक; ~-**past-the-post** *adj.* सबसे पहले बहुमत पाकर विजयी होने वाला; ~-**papers** *n., pl.* अमेरिका में नागरिकता के लिए प्रार्थना-पत्र; ~-**rate** *adj.* प्रथम श्रेणी का, उच्च कोटि का, श्रेष्ठतम, उत्तम; ~-**rater** *n.* श्रेष्ठ श्रेणी का यात्री जहाज; ~-**time** प्रथम अनुभव; ~-**time-buyer** *n.* पहली बार जायदाद खरीदने वाला; ~-**time** प्रथम अनुभव पाने वाला;
collocations: ~ **aid** आपात स्थिति में प्रारंभिक चिकित्सा; ~ **and last** कुल मिलाकर, सामान्यतः; ~ **balcony** = dress circle थियेटर आदि में दर्शक दीर्घा में विशिष्ट स्थान; ~ **base** बेसबाल के खेल में प्रथम बेस; ~ **blood** किसी प्रतियोगिता में होने वाली प्रथम सफलता; ~ **call** *US* सूर्योदय या सूर्यास्त की लालिमा; ~ **cause** मूल कारण, मुख्य उद्देश्य; ~ **cousin** चाचा-चाची/ ताऊ-ताई/ मामा-मामी आदि के बेटा-बेटी/ मौसी या बुआ का लड़का या लड़की, चचेरा/ ममेरा भाई या चचेरी/ ममेरी बहन, मौसेरा/ फुफेरा भाई या मौसेरी/ फुफेरी बहन; ~ **cousin once removed** पिछली पीढ़ी के चाचा-चाची/ ताऊ-ताई/ मामा-मामी का बेटा/ की बेटी; ~ **edition** प्रथम संस्करण; ~ **fiddle** अगुवा, मुख्य भूमिका; ~ **finger** तर्जनी; ~**floor** 1 *IE* भारत में दूसरी मंजिल 2 *US* (*UK* **ground floor**) भूमितल (मंजिल); ~ **foot** नव वर्ष में किसी के घर आने वाला पहला व्यक्ति; ~ **fruits** पहले फल, पहली उपज; ~ **generation** पहली पीढ़ी, प्रारंभिक रूप; ~ **half of sth** किसी, वस्तु, घटना या समय आदि का पहला आधा भाग; ~ **hand** आप बीती, आंखों देखी, प्रथम स्रोत से; ~ **hand information** प्रत्यक्ष सूत्रों से मिलने वाली सूचना; ~ **in**, ~ **out** (*abbr.* FIFO) प्रथम आगमन, प्रथम निर्गमन यानी कीमतें व माल आदि के स्टॉक के नियंत्रण का एक तरीका; ~ **lady** राष्ट्रपति की पत्नी, देश की प्रथम महिला; ~ **language** वह भाषा जिसमें किसी ने जीवन में सबसे पहले बोलना सीखा हो; ~, **last and all the time** हमेशा; ~ **lieutenant** सेना, नौसेना आदि में अफसर का शुरुआती ओहदा या पद, सेना का सबसे कनिष्ठ अफसर; ~ **light** (*also* **dawn, daybreak**) दिन की पहली किरणें, उषा काल की लालिमा; ~ **love** 1 पहला प्यार, प्रथम-प्रेम 2 मनपसंद कार्य या विषय: reading as ~ love; ~ **mate** (*also* ~ **officer**) व्यापारिक जहाज में कैप्टन से नीचे का अफसर; ~ **name** प्रथम नाम जो किसी को दिया गया हो; **First Nations** कैनेडा के आदिवासी लोग; ~ **night** 1 पहली रात, प्रथम रात्रि 2 नाटक आदि का पहला मंचन; ~ **offender** पहली बार अपराध करने वाला; ~ **or last** देर-सवेर; ~ **refusal** माल को किसी पहले ग्राहक को बेचने के प्रस्ताव की स्वीकृति-अस्वीकृति प्रथम अधिकार; ~ **round** पहला फेर या फेरा; ~ **school** प्राथमिक पाठशाला; ~ **strike** शत्रु की नाभिक क्षमता को ध्वस्त करने के उद्देश्य से किया जाने वाला पहला प्रहार; **the** ~ **family** राष्ट्रपति का परिवार; ~ **tooth** दूध का दांत; ~ **violin/ fiddle** सर्वश्रेष्ठ या मुख्य वायलिनवादक; ~ **water** शुद्धतम, श्रेष्ठतम; **First World** पहली दुनिया (विकसित पूंजीवादी संसार); **First World War** प्रथम विश्व युद्ध (1914-1918); **the** ~ **but one** किनारे से दूसरा; **the** ~ **person** उत्तम पुरुष;
p&i: ~ **among equals** बराबर के समुदाय में सर्व प्रथम; ~ **and foremost** सब से पहले तो; ~ **and last** पहला और आखिरी, कुल मिलाकर, सभी; ~ **catch your hare** पहले शिकार पकड़ो फिर सोचना कि उसके साथ क्या करना है; ~ **chapter of fools is to hold themselves wise** मूर्खों का पहला लक्षण अपने आप को चतुर समझना है; ~ **come**, ~ **served** पहले आओ, पहले पाओ; ~ **of all** पहली बात तो, सबसे पहले; ~ **off** किसी अन्य चीज से पहले; ~ **or last** कभी न कभी; ~ **things** ~ सबसे महत्त्वपूर्ण बात सबसे पहले; ~ **thrive and the wife** पहले अच्छी-नौकर पाओ, फिर शादी रचाओ!;
an easy ~ आसानी से प्रथम आने वाला; **at** ~ पहले, शुरू में; **at** ~ **hand** प्रथम स्रोत से: get news at ~ hand; **at** ~ **sight/ at the blush** पहली नजर में; **be among the very** ~ सबसे पहले निवालों में हो.; **come** ~ परीक्षा में प्रथम आना; **do it** ~ **thing in the morning** सवेरे सबसे पहला काम क.; **from the** (**very**) ~ बिल्कुल शुरू से; **from** ~ **to last** आदि से अंत तक; **get to** or **make** ~ **base** प्रक्रिया का पहला दौर पूरा क.; **have the** ~ **idea** पहली-पहली जानकारी पाना; **in the** ~ **place/at** ~ शुरू-शुरू में, पहले-पहले; **Ladies** ~! महिलाएं पहले!; **not have the** ~ **idea/ not know a** ~ **thing about sth** किसी बात के बारे में पूर्णतया अनभिज्ञ हो., कुछ भी (ABC) न जानना; **not get to the** ~ **base** असफल शुरुआत क.; **play** ~ **fiddle** अगुआई क.; **put first things** ~ सबसे अहम बात सबसे पहले क. या रखना; **put sb/ sth** ~ किसी को/ किसी बात को सर्वोपरि रखना; **the** ~ **blow is as much as two** = ~ **blow is half the battle** पहले मारे सो मीर, पहला धक्का दो के बराबर; **there's a** ~ **time for every thing** हर चीज कभी न कभी प्रथम बार होती है; **women and children** ~! औरतें और बच्चे पहले जाएं

firth /फःथ/ *n.* मुहाना, तंग खाड़ी (विशेषकर स्कॉटलैंड में)

FIS *abbr.* 'Foreign Intelligence Service' की प्रथमाक्षरी

fiscal /फिस्कल/ (*also* **fisc**) *adj.* 1 राजकोषीय, राजवित्तीय: ~ ticket 2 वित्त-, वित्तीय 3 राजस्व, वित्त या कर-संबंधी;
dw/lw: ~**ity** /फिस्कअलिटि/ *n.* 1 लाभ कमाने की प्रवृत्ति 2 धन लोभ, धन लोलुपता; ~**ly** *adv.* 1 वित्तीय दृष्टि से 2 वित्तीय परिप्रेक्ष्य

में;

collocations: ~ **drag** *econ.* मुद्रास्फीति का करों से होने वाली आय पर नकारात्मक प्रभाव; ~ **year** = **financial year** *mainly N. Amer.* वित्त-वर्ष, भारत में 1 अप्रैल से 31 मार्च तक; अमेरिका में पहली जुलाई से 30 जून तक (यानी बारहमासी अवधि या समय जिसके दौरान सरकारी वित्त-नीति और वित्तीय अनुमान तैयार किए जाते हैं)

FISE *abbr.* 'Federation of Indian Stock Exchange' की प्रथमाक्षरी

fish /फिश/ *n. pl.* **fish**/ **~es** 1 मछली, मीन, मत्स्य: shell~; jelly~; fresh-water ~ (नदी-नहर के पानी की मछली) 2 मछली का मांस 3 *sl.* आदमी: an odd/ queer/ strange ~ (विचित्र व्यक्ति) 5 (**the Fish**) मीन राशि;

***v.**, pt.* **~ed**, *pp* **~ing** 1 मछली पकड़ना: she was **~ing** all day 2 मछली मारना 3 पानी में किसी चीज की खोज क. 4 किसी चीज को टटोलकर ढूंढना: **~ed** in his bag for a pen; ~ for pearls 5 (*usually* ~ **for sth**) बाएं-दाएं करके सूचना या प्रशंसाजनक कथन पाना: ~ for information; ~ for compliments/ an invitation;

dw/lw: **~ball** *n.* मछली-आलू टिकिया; **~basket** *n.* मछलियों के लिए बुनी हुई टोकरी; **~bed** *n.* मछलियों से भरी परत; **~bellied** *adj.* फूले हुए पेट वाला; **~boat** *n.* मछुआरे की नौका; **~bolt** *n.* रेल लाइन में लगे बोल्ट (nut and bolt); **~bone** *n.* मछली का कांटा; **~bowl** *n.* मछलियां रखने का शीशे का पात्र या आधान, मत्स्याधान; **~cake** *n.* आलू-मछली टिकिया; **~culture** *n.* मछली पालन; **~day** *n.* मछली के व्यंजनों का दिन; **~diet** *n.* मछली से मिलने वाली खुराक; **~eater** *n.* मछली-भक्षक; **~erman**/ **~er** *n.* मछुआरा, मछेरा, धीवर; **~ery** *n.,* fisheries 1 मछलीगाह, मत्स्यक्षेत्र 2 मछली-उद्योग; **~farm** *n.* मछली पालन तालाब आदि; **~flour** *n.* मछली का खाना; **~fork** *n.* मछली खाने के लिए कांटा; **~glue** *n.* मछली से बना गोंद; **~guano**/ **~manure**/ **~meal**/ **~scrap** *n.* मछली का खाद; **~hawk** *n.* मछलीमार, मछरंग; **~hook** *n.* मछली पकड़ने का कांटा या कंटिया; **~ing** *see below under separate entry*; **~knife** *n.* मछली खाने की छुरी; **~ladder** *n.* मछलियों की बहाव के विपरीत चढ़ने में मदद करने के लिए नदी में (किनारे-किनारे) बनाई सीढ़ियां; **~maw** *n.* मछली के तैरने का बुलबुला; **~monger** *n.* मछली बेचने वाला, ठेले वाला; **~net** *n.* मछली पकड़ने का जाल; **~oil** *n.* मछली का तेल; **~sauce** *n.* मछली की सॉस; **~skin** *n.* मछली की खाल; **~slice** *n.* मछली काटने का चाकू; **~tackle** *n.* मछली पकड़ने का सामान; **~tail** *n.* मछली की पूंछ; **~wind** *n.* साथ चलने वाली हवा ; **~way** *n.* मछली रास्ता; **~weir** *n.* मछली का तालाब; **~wife** *n.* 1 मछली बेचने वाली स्त्री, मछुआरी, मछुआइन 2 गाली-गलौज करने वाली औरत; **~works** *n.* मछली कारखाना; **~y** *see below under separate entry*;

collocations: **~eye lens** एक कैमरा लैंस; ~ **face** मछली सिरा (एक गाली); ~ **farm** मछली-फार्म, मछली-पालन तालाब; ~ **farmer** मछली-पालक किसान; ~ **finger**/ **stick** भुनी या उबाली हुई मछली के उंगलीनुमा टुकड़े; ~ **plate** रेल की पटरी में जोड़-पट्टी; ~ **stakes** मछली पकड़ने का जाल; ~ **supper**/ ~ **and chips** मछली का एक व्यंजन जिसे आलू के चिप्स के साथ परोसा जाता है, मछली-आलू चिप्स; ~ **torpedo** स्वचालित टॉरपीडो; ~ **woman** मछुआरिन, मछुआरी;

April ~ पहली अप्रैल का बुद्धू; **big** ~ *US sl.* बड़ी तोप, मोटी असामी; **cool** ~ बदमाश, कमीना आदमी; **dried** ~ सुखाई हुई मछली; **dull** ~ उबाऊ व्यक्ति; **loose** ~ लंपट आदमी या लड़की; **an odd/ queer** ~ अटपटा या विचित्र व्यक्ति; **salt-water** ~ समुद्री मछली; **shy** ~ शर्मीला व्यक्ति; **young** ~ छोटी मछली;

p&i: ~ **a coin from one's pocket** जेब में सिक्का ढूंढना; ~ **a stream (a lake)** नदी या झील में मछली पकड़ना; ~ **and guests stink after three days** एक दिन मेहमान, दो दिन मेहमान, तीसरे दिन बलाए-जान; ~ **begins to stink at the head** सड़न-गलन सिर से शुरू होती है, संगठन के मुखिया से ही भ्रष्टता शुरू होती है; ~ **for sth** ढूंढना, खोजना: ~ for pearls; ~ **in troubled waters** दूसरों की मुसीबतों का फायदा उठाना, बहती गंगा में हाथ धोना; ~ **or cut bait** फैसला लेना; ~ **out** = ~ **sth out** खोज निकालना, ढूंढ़ निकालना; ~ **sth out of sb** किसी से कोई सूचना निकलवाना; ~ **up** खींच निकालना;

a big ~ in a little pond अंधों में काना राजा; **a cold** ~ रूखा व्यक्ति; **a fine/ a nice, a pretty kettle of** ~ दिलचस्प मामला; **all is ~ that comes to his net** जो मिला, सो भला; **a loose** ~ भटका हुआ व्यक्ति; **a poor** ~ बेचारा; **as drunk as a** ~ पूर्णतः धुत्त; **as dumb as a** ~ मछली की तरह गूंगा, बहरा; **cry stinking** ~ = wash dirty linen in public घर के झगड़े को बाहर ले जा.; **drink like a** ~ डटकर शराब पीना; **feel like a ~ out of water** बिन पानी के मछली की तरह तड़फना; **feed the ~es** 1 डूब जा., मरकर मछलियों का दाना-पानी बन जा. 2 समुद्री बीमारी से तड़फना; **have other ~ to fry** करने को दूसरे अहम काम भी हैं; **he who would catch ~ must not mind getting wet** अच्छी दाढ़ी पाने के लिए बिना दाढ़ी बनाए रहना पड़ता है; **hook/ land one's** ~ अपना शिकार करते र.; **if you swear, youwill catch no** ~ गाली-गलौज से सफलता नहीं पा सकते; **it is a silly ~, that is caught twice with the same bait** मूर्ख है वह आदमी जो एक ही फंदे में दोबारा फंसता है; **land one's** ~ अपना शिकार पकड़ लेना; **make ~ of one and flesh/ fowl/ of another** लोगों से दुरावपूर्ण बर्ताव क.; **neither~ nor flesh (nor good red herring)/ neither ~/ flesh nor fowl** न तीन में, न तेरह में; **never fry a ~ till it's caught** सूत न कपास जुलाहे से लट्ठम-लट्ठ; **never offer to teach ~ to swim** उलटे बांस बरेली को नहीं ले जाने चाहिएं; **the best ~ swim near the bottom** मोती पाने के लिए गहरे पानी पैठना पड़ता है; **the great ~ eat the small** बड़ी मछली छोटी मछली को निगल जाती है, धनी व ताकतवर लोग गरीब लोगों को डकार जाते हैं; **the men who ~ the waters** मछुआरे; **the pond ~es well** इस तालाब में अच्छी मछली होती है; **there are plenty more ~ in the sea** असफल होने पर हताश होने की बात नहीं, और बहुत अवसर आएंगे; **venture a small ~ to catch a great one** पाने के लिए कुछ खोना भी पड़ता है

fishing /फिशिंग/ *n.* मछली पकड़ने का काम या धंधा, माहीगिरी, मछुवाही, मछलीमारी;

dw/lw: **~hook** *n.* बंसी, कांटा; **~rod** *n.* मछली पकड़ने की छड़ी या डंडा, लग्गी;

collocations: ~ **fleet**, *IE* यूरोपीय कुमारियां; ~ **ground** मछली पकड़ने का क्षेत्र; ~ **line** मछली पकड़ने की डोरी; ~ **tackle** मछली पकड़ने का साज-सामान;

p&i: ~ **in troubled waters** दूसरों की प्रतिकूल स्थिति का फायदा उठाना

fish\y /फिशी/ *adj., degr.* **~ier**, **~iest** 1 मछली जैसी गंध व स्वाद वाला व्यंजन: sth **~y** for dinner; **~y** smell 2 संदिग्ध, संदेहास्पद: **~y** story; **~y** business; it looks (sounds) **~y**; there is sth **~y** about him;

dw/lw: **~iness** *n.* संदिग्धता, संदेहास्पदता;

collocations: **~y affair** दाल में काला, गड़बड़झाला; **a ~y story** मनगढ़ंत कहानी

FISME *abbr.* 'Federation of Indian Micro, Small and Medium Enterprise' की प्रथमाक्षरी

fissile /फिसाइल/*US* फिसल/ *adj., nuclear phys.* नाभिक रूप से विखंडनीय

fission /फिशन/ *n.* 1 विखंडन 2 नाभिक विखंडन: nuclear ~;

dw/lw: **fissive** *adj.* विखंडनीय; **~able** *adj., nuclear phys.* विखंडनीय: ~able materials

fissiparous /फिसिपरस/ *adj., biol.* विखंडनशील, विखंडन से संख्या में बढ़ने वाला

fissure /फिशः/ *n.* विदर, दरार, छेद

v., pt. **~d**, *pp* **fissuring** दरार पड़ना, विखंडित होना;

dw/lw: **~d** *adj.* विदरयुक्त, दरारदार

FIST *abbr.* 'Fund for Improvement of Science & Technology', 'Fund for Infrastructure in Science and Technology' की प्रथमाक्षरी

fist /फिस्ट/ *n.* 1 मुट्ठी, मुष्टि 2 मुक्का, घूंसा: shake one's ~ at sb 3 हस्तलेख: write a good/ an ugly ~ 4 *printing* बंद मुट्ठी के साथ तर्जनी से इशारा;

dw/lw: **~ful** *n., pl.* **~s** मुट्ठी-भर सामान या वस्तु; **~icuffs** /फिस्टकफ्स/ *n., [pl.], humorous* 1 मुक्केबाजी, मुक्कों की लड़ाई, मुक्का-मुक्की, घूंसेबाजी 2 घूंसे; **~-law** *n.* लाठी तंत्र, जिसकी लाठी उसकी भैंस; **~y** /फिस्टि/ मुट्ठी बांधे हुए;

p&i: **grease sb's ~/ the ~ of sb** घूस दे.; **iron ~ in a velvet glove** मखमली आवरण में लोहे-सा मजबूत मुक्का; **make a good ~ at/ of/ sth** सफल प्रयास क.; **make a poor ~ at/ of/ sth** असफल प्रयास क.; **~ out** मुक्के से गेंद को मारना; **the mailed ~** सैन्य शक्ति;

fistula /फिस्ट्यूला/ *US* फिस्चला/ *n., pl.* **~s/ ~e** संकीर्ण नलिका, नालक्षेप, नालव्रण, नासूर, भगंदर;

dw/lw: **~r/ fistulous** *adj.* नासूर-संबंधी, नलिकाकार

FIT *abbr.* 'Free Individual Traveller' की प्रथमाक्षरी

fit /फिट/ *v., pt.* **~ted**, *pp* **~ting** 1 उपयुक्त/ सही/ फिट हो., ठीक आना, ठीक बैठना, पूरा उतरना: the jeans **~ted** him well; ~ like a glove 2 ठीक क. या बैठाना, लगाना 3 अनुरूप हो.: a theory that **~s** the facts; the words that ~ the occasion 4 के अनुपात में हो., के अनुसार हो.: a punishment that **~s** the crime 5 सज्जित क., कोई उपकरण लगाना: ~ a car with an alarm; ~ a handle to a broom 6 (*often* **~ sb for sth**) के योग्य बनाना: qualities that ~ her for the job 7 बनी पोशाक को पहनकर नापना: the tailor **~ted** the suit by pinning the seams; the coat **~s** sb well 8 के अनुरूप ढालना: ~ one's conduct to circumstances; ~ oneself for new duties;

n. 1 काट (of dress): a good/ loose/ tight, etc ~ 2 (***syn.*** bout) दौरा: hysterical ~; ~ of coughing 3, चक्कर, घुमरी, (मिर्गी का) दौरा: epileptic fit; ~ of apoplexy 4 मूर्च्छा, बेहोशी 5 गुमटा, गुमड़ी 6 आवेश: ~ of rage 7 लहर, तरंग, सनक: a ~ of the laziness (of the blues); sudden **~s** of energy;

adj. **~ter, ~test** 1 उपयुक्त, सही, फिट: a ~ time and place 2 ठीक, अनुरूप: materials not ~ for the job; ~ for a king 3 चुस्त-दुरुस्त, स्वस्थ: are you ~ today?; not yet ~ to go back to work 4 उचित, मुनासिब: at a **~ter** moment; do as you think ~ 5 सक्षम, योग्य: ~ for service; the struggle for existence, the survival of the **~test** (maybe, of fattest) 6 तैयार, तत्पर: looked ~ to drop;

dw/lw: **fitly** /फिटलि/ *adv.* 1 सही ढंग से 2 सही समय पर; **fitness, fitted** *see below under separate entries*; **fitter** /फिटः/ *n., pl.* **~s** 1 फिटर, मिस्त्री 2 (**~s**) टुकड़े: be in **~s** (छोटे-छोटे टुकड़ों में टूट जाना); **fitting** *see below under separate entry*;

p&i: **~ a cap** 1 खरा उतरना 2 बात बनना; **~ in** 1 किसी समूह विशेष में घुल-मिल जा. 2 किसी स्थान या गाड़ी आदि की सीट पर समा जा. 3 किसी का किसी स्थिति के अनुकूल हो.; **~ in/ into = ~ in with sth** मेल खाना; **~ like a ball of wax** पूरी तरह ठीक बैठना; **~ like a glove** एकदम उपयुक्त हो.; **~ on** पहनकर नापना: ~ a coat on; **~ sb/ sth in** किसी के लिए समय निकालना; **~ sb up** (***syn.*** frame) किसी को किसी झमेले में फंसाना; **~ sth in/ through/ under, etc.** किसी चीज का किसी अन्य चीज में/ के अंदर/ के नीचे फिट आना, सही बैठना; **~ sth out** (***syn.*** equip) सुसज्जित क., किसी चीज को उपकरणों आदि से लैस क.; **~ sth up** लगाना, फिट क.; **~ted up with electric light** बिजली की रोशनी से लैस; **~ the bill** बिल्कुल सही या उपयुक्त हो.; **~ the cap on** अपने ऊपर ले.; **~ to a T** पूरी तरह से फिट बैठना या उपयुक्त हो.; **~ to be tied** पागलपन से उन्मत्त, क्रोध से पगलाया हुआ; **~ to kill** जिसे रोका या नियंत्रित न किया जा सके;

as ~ as a fiddle बिल्कुल चुस्त-दुरुस्त; **as ~ as a pudding for a friar's mouth** जैसा चाहिए था, वैसा ही; **beat/ knock sb into ~s** किसी से आसानी से निपट ले.; **by ~s and starts** अनियमित रूप से, ऊबड़-खाबड़ तरीके से; **do sth as one sees/ thinks ~** यथोचित क.; **fighting ~** चुस्त-दुरुस्त, एकदम स्वस्थ, तैयार; **give sb ~s** किसी को शर्मनाक हार का मुंह देखने के लिए मजबूर क.; **have a ~** दौरा पड़ना; **have a ~** or **throw a ~** आगबगूला हो जा.; **his evidence ~s in well with the facts** उसकी गवाही तथ्यों के साथ बिल्कुल मेल खाती; **in fits** *colloq.* बेतहाशा हंसने का दौरा; **it ~s in well with my arguments** यह मेरी दलीलों के साथ ठीक बैठता है; **not ~ to be touched with a barge-pole/ with a pair of tongs** इतना गंदा कि इससे दर ही रहना अच्छा; **not ~ to hold a candle to him** उससे कोई तुलना ही नहीं हो सकती; **think ~ to do sth** कुछ करना उचित समझना; **throw a ~** आपे से बाहर हो., पागलपन का दौरा पड़ना; **when the ~ is on him** जब वह अच्छे मिजाज में होता है

FITA *abbr.* 'International Archery Federation' की प्रथमाक्षरी

fitch /फिच/ *n.* 1 (***syn.*** polecat) ध्रुवीय बिल्ली 2 ध्रुवीय बिल्ली की फर (रोएंदार खाल)

FITF *abbr.* 'Franklin Index Tax Fund' की प्रथमाक्षरी

fitful /फिटफुल/ *adj.* 1 अनियमित 2 ऊबड़-खाबड़: ~ sleep 3 तरंगी, मनमौजी 4 टिमटिमाती: ~ gleams 5 लहराती-बलखाती: ~ breeze 6 उतार-चढ़ावों वाली: ~ energy

FITL *abbr.* 'funded interest term loan' की प्रथमाक्षरी

fitly /फिटलि/ *adv.* 1 सही ढंग से 2 सही समय पर

fitment /फिटमंट/ *n.* दीवार या जमीन में जड़ा हुआ बैठने या सामान रखने का ढांचा

fitness /फिटनस/ *n.* 1 स्वस्थता: physical ~ 2 चुस्ती-दुरुस्ती: improve one's ~; sb's ~ level(s) 3 उपयुक्तता, औचित्य 4 योग्यता, क्षमता: ~ for military service; ~ to do/ for doing sth; combat ~; a ~ programme/ regime/ test

FITSI *abbr.* 'Ford Information Technology Services India' की प्रथमाक्षरी

FITT *abbr.* 'Foundation for Innovation & Technology Transfer' की प्रथमाक्षरी

fitted /फिटिड/ *adj.* 1 माप के अनुसार लगाए हुए: ~ clothes; ~ sheets 2 सारे फर्श को ढकने वाली (carpet) 4 (***syn.*** built-in) पहले से लगे हुए खाने, अल्मारियां आदि वाला (kitchen): ~ cupboards

fitter *see above under* **fit:** ***dw/lw***

fitting /फिटिंग/ *adj.* 1 (***syn.*** appropriate) उचित, उपयुक्त: it is ~ that he should take the chair 2 मुंहतोड़ (जवाब): ~ remark, ~ reply 3 (***syn.*** changing-room) पोशाक पहनकर नापने का स्थान: ~-room;

n. 1 किसी उपकरण का पुर्जा या भाग: a light ~ 2 (**~s**) दीवारों, फर्श या छत पर लगे यंत्र या उपकरण 3 फर्नीचर आदि में अतिरिक्त लगाए हुए भाग 4 साज-सामान, पुर्जे, जुड़नार, उपस्कार

five /फाइव/ *cardinal number, n.* 1 पांच (5), पंच: ~ and ~ make ten; in **~s** (पांच-पांच करके); ~ tens are fifty; ~ times as much (पांच गुणा ज्यादा); I have ~ things to tell you; ~fold (पांचगुना); ~ year plan 2 पांच का कोई भी द्योतक चिह्न जैसे **5**, **V**: figure of '**5**'; chapter **V** 3 पांच वर्षीय बालक: at

~; under/ about/ over ~; a girl of ~ 4 पांच जने: there are ~ of them;

adj. 1 कुल पांच 2 पांच वर्षीय;

dw/lw: **~-and-dime** (*also* **dime store**) *n.* सस्ती चीजों की दुकान; **~-day** *adj.* पांच दिनों का: **~-a-side** *n.* बंद छत तले पांच-पांच खिलाड़ियों द्वारा खेला जाने वाला फुटबाल का खेल; **~-day** week; **~-fold** *adj., adv.* पांचगुना; **~penny/ ~-pence** *adj.* पांच पेनी या पेंस का; **~r** /फाइवः/ *n.* पांच पौंड/ रुपए आदि का नोट; **~s** *noun., [sing.]* बंद कमरे में खेला जाने वाला स्क्वैश जैसा खेल; **~-spice** *n.* पंचरंगा मसाला; **~-star** *adj.* 1 पांच-सितारा या उच्च कोटि का (होटल आदि) 2 उच्चतम सैनिक पद का (अफसर);

collocations: **~-o'clock shadow** *colloq.* सवेरे बनाई गई दाढ़ी के पांच बजे शाम तक बढ़ जाने वाले बाल; **~-o'clock tea** पांच बजे की चाय; **bunch of ~s** *sl.* मुक्का; **give sb ~** *sl.* दो जनों द्वारा दायें हाथ की खुली हथेलियों को टकराकर एक-दसरे को बधाई दे.; **in ~s** पांच-पांच; **the ~ K's** *[pl.]* सिक्खों के पांच प्रतीकात्मक वस्तुएं: कच्छा, कंघा, कड़ा, केश और किरपाण; **the ~ senses** पांच इंद्रियां (आंख, नाक, कान, स्पर्श, स्वाद...)

fix /फिक्स/ *v., pt.* **~ed**, *pp* **~ing** 1 मरम्मत क., ठीक क.: **~ed** the brakes on the bike 2 तिथि/ कीमत या योजना आदि पक्का क. 3 निश्चित क.: ~ a meeting for Monday; ~ sth up 4 निर्णय क., निर्धारित क. 5 जमाना, स्थिर क.: **~ed** his eyes on her 6 मजबूत क. 7 जड़ना, बैठाना, जोड़ना: **~ed** it to the wall; ~ sth onto/ to/ under, etc. 8 बेईमानी से किसी मुकाबले या मुकदमे आदि का निर्णय पहले से तय करना, नूरा कुश्ती करवाना: they **~ed** the verdict; ~ sb up 9 घूस देकर या धमकी से किसी को मनाना 10 *colloq.* किसी को लताड़ना, सजा दे. या मार दे. 11 *photog.* फोटो को रसायनों से पक्का क. 12 *N. Amer.* किसी जगह की सफाई क. 13 *colloq.* खाना तैयार क. या बनाना: I'll ~ breakfast 14 घड़ी आदि का समय ठीक क. 15 कुतिया या बिल्ली आदि जानवरों को शल्य क्रिया द्वारा बच्चे पैदा करने के अयोग्य बनाना.;

n.**, pl.* **~es** *colloq.* 1 (syn.*** mess) उलझन, कठिनाई, झंझट, परेशानी, जकड़न, जटिल स्थिति: be in a ~; she got herself in a real ~ 2 समझ, अनुमान: a ~ on sb's real motives 3 समस्या का ताबड़तोड़ हल 4 भोजन आदि का इंतजाम 5 बेईमानी से कराया जाने वाला फैसला आदि 6 *sl.* नशेड़ियों द्वारा लगाई जाने वाली मादक द्रव्यों की सूई; 7 सूई से चढ़ाए जाने वाले मादक द्रव्य की मात्रा: give sb a **~!** 8 रेडार द्वारा जहाज की स्थिति का आकलन;

dw/lw: **fixate, ~ed** *see below under separate entry*; **~er** /फिक्सः/ *n.* 1 फोटोग्राफी बिंब आदि चिपकाने वाला रासायनिक पदार्थ 2 अवैध तरीके या बेईमानी से फैसले तय करवाने वाला दलाल आदि; **~ings** /फिक्सिंग्ज/ *n.* मुख्य भोजन के साथ परोसे जाने वाले अन्य व्यंजन; **~ity/ ~idity** /फिक्सिटि/ फिक्सिडिटि/ *n.* 1 जड़ित होने की अवस्था 2 स्थिरता 3 स्थायित्व: ~ity of habits 4 जड़ी हुई वस्तु 5 जमाव, टिकाव, गड़ाव: ~ity of look;

p&i: **~ eyes on sb** किसी पर नजरें गड़ाना; **~ in one's proper place** किसी की अक्ल ठिकाने लगाना; **~ one's tether** हदबंदी क., खूंटा गाड़ना; **~ sb up** किसी के लिए किसी चीज का इंतजाम क.: ~ sb with a flat; **~ the blame on sb** किसी के सिर दोष मढ़ना;

in a ~ जटिल स्थिति में;

fixa\te /फिक्से\ट/ *v., pt.* **~ted**, *pp* **~ting** 1 आंखें आदि गड़ाना, (किसी बिंदु पर) नजर जमाना: her eyes **~ted** on the pendulum 2 जड़ना या जड़ा जा.;

dw/lw: **~ted** *psychoanal.* 1 किसी से भावनात्मक रूप से प्रभावित: he is ~ted on his mother 2 के बारे में दीवाना या पागल बना हुआ; **~tion** /~न/ *n.* 1 आसक्ति 2 दीवानगी, प्रबल भावनात्मक लगाव: it isn't really love, it's just a ~tion 3 (***syn.*** mania) सनक, झक्कीपन: ~tions about cleanliness; public ~tion on crime 4 स्थायीकरण 5 *chem.* यौगिकीकरण 6 (*of eye*) लक्ष्य-बंधन 7 मूल्य, वेतन आदि का निर्धारण: price ~tion 8 जुड़ाव, जड़ाव, जमाव 9 आदत आदि का स्थायित्व; **~tive** /~टिव/ *n.* 1 वह पदार्थ जिससे कोई चीज जमाई या स्थिर की जाए अथवा जड़ी या बैठाई जाए 2 स्थिरकारी, स्थापक 3 फोटो, चित्र आदि को स्थायी करने के लिए द्रव 4 इत्र को उड़ने से रोकने वाला पदार्थ

fixed /फिक्स्ड/ *adj.* 1 नियत, निर्धारित: ~-rate (नियत दाम, तयशुदा दाम) 2 जड़ा हुआ, लगाया हुआ 3 जमा हुआ 4 अटल 5 निश्चित 6 स्थिर, दृढ़ 7 यौगिककृत 8 निश्चित अवधि वाला, सावधि, मुद्दती, मियादी 9 अचल, स्थिर: ~ idea (जड़ हुआ विचार, एकोन्माद); he is very ~ in his ways and thought; the man of ~ ideas 10 (***syn.*** permanent) स्थायी: a ~ address 11 भावशून्य, जड़ (मुद्रा): ~ smile on the face;

dw/lw: **~ly** /फिक्सिडलि/ *adv.* 1 स्थिर भाव से, स्थिर होकर: look **~ly** at sb 2 निर्णायक रूप से 3 एक बिंदु पर जमी हुई: look ~ly at sb;

collocations: **~ aerial** अचल ऐंटेना; **~ assets** स्थायी संपत्ति; **~ capital** अचल पूंजी; **~ costs** *econ.* नियत लागत; **~ fact** *US* स्थापित तथ्य; **~ fight** नूरा कुश्ती, पहले से तय परिणाम वाला मुकाबला; **~ for sth** *colloq.* 1 आर्थिक रूप से आपूर्तित: how are you ~ for cash? 2 पहले से तय कार्यक्रम से संबंधित 3 तय स्थिति में; **~ obstacle** अचल बाधा; **~ oils** अवाष्पशील तेल; **~ penalty** पूर्वनिर्धारित जुर्माना; **~ point** स्थायी पुलिस चौकी; **~ prices** निर्धारित मूल्य; **~ (geostationary) satellite** स्थिर स्पूतनिक; **~ star** स्थिर तारा; **~ stone** स्थिर चक्की का पाट; **~ target** अचल निशाना; **~ time** निर्धारित समय; **~ wing aircraft** मुख्य धड़ से जुड़े पंखों वाला वायुयान

fixing /फिक्सिंग/ *n.* 1 सट्टेबाजी, नूरा कुश्ती, पहले से तय (बेईमानी से किया हुआ) फैसला आदि 2 चिपकाने वाला, जोड़ने वाला पदार्थ 3 (**~s**, ***syn.*** trimmings) साथ जुड़ीं चीजें: a hamburger with **~s**;

collocations: **~ bolt** लगाने या जड़ने वाला पेच; **~ fluid** स्थायीकर या पक्का करने वाला द्रव, जोड़ने वाला पदार्थ; **men's ~s** (trimmings) पुरुष की छोटी-मोटी वस्तुएं; **with all the ~s** सभी साथ जुड़ने वाले पुर्जों या भागों के साथ

fixture /फिक्सचः/ *n.* 1 दीवार या अन्य किसी जगह जड़ी हुई वस्तु, जोड़, लाग: **~s** and fittings are included in the house price 2 *UK* निर्धारित समय या तिथि पर होने वाला मैच या प्रतियोगिता: football **~s** for the season 3 उपस्कर, जुड़नार 4 स्थायी नौकरी में व्यक्ति: a permanent ~ in the department 5 जड़ी हुई वस्तु या पक्की की हुई बात: there are no **~s** in nature

fizgig /फिजगिग/ (*also* **fishgig**) *n.* चंचल (डोरे डालने वाली) लड़की 2 एक तरह का पटाखा

fizz /फिज/ *n.* 1 बुदबुद, बुदबुदाहट, सनसनाहट: the champagne had a good ~ to it 2 कोई भी बुदबुदाता हुआ पेय: drink some ~;

v., pt. **~ed**, *pp* **~ing** 1 बुदबुदाना, सनसनाना 2 उतावला हो.: **~ing** to know the latest score;

dw/lw: **~er** *n., Austral.* असफल या फिसड्डी दल (आदि): the party turned out to be a ~er; **~iness** *n.* बुदबुद, बुदबुदाहटता, सनसनाहटता; **~y** *adj.* 1 बुदबुदाहट/ बुलबुलों से भरा 2 परेशान, चिंतित 3 असफल

fizz\le /फिजल/ *v., pt.* **~led**, *pp* **~ling** (***syn.*** hiss) हल्के-से बुदबुदाना;

p&i: **~le out** विफल हो., बिखर जा., बेकार हो.

fjord/ fiord /फ्यॉःड/ फीऑःड/ *n.* ऊंची पहाड़ी चट्टानों के बीच से लंबी संकरी समुद्री पट्टी

FKM *abbr.* 'fibre km' का संक्षेप

FL *abbr. US state* **'Florida'** (*also* **Fla**)' का संक्षेप

fl. *abbr.* 'florin', 'Floruit', 'fluid' का संक्षेप

flab /फ्लैब/ *n.* शरीर पर चढ़ी हुई ज्यादा चर्बी;
dw/lw: **~bily** /फ्लैबिलि/ *adv.* शिथिल ढंग से; **~biness** /फ्लैबिनेस/ *n.* 1 थुलथुलापन, पिलपिलापन 2 मोटापा; **~by** /फ्लैबि/ *adj., degr.* ~bier, ~biest 1 पिलपिला, थुल-थुल: ~by cheeks; ~by muscles 2 थुल-थुल 3 ढीला-ढाला 4 शिथिल: ~by speech

flabbergast /फ्लैबःगा\स्ट/ *v., pt.* **~ed**, *pp* **~ing** विस्मित या हक्का-बक्का क. या हो.: he stood **~ed**; we were **~ed** at the news;
dw/lw: **~ed** /~स्टिड/ *adj.* स्तब्ध, हक्का-बक्का, विस्मित: a ~ed look at sb's impudence

flaccid /फ्लैक्सि\ड/ फ्लैसि\ड/ *adj.* 1 कमजोर, दुर्बल 2 शिथिल, ढीला, थुलथुल;
dw/lw: **~ity**/~डिटि/ *n.* कमजोरी, दुर्बलता, शिथिलता, ढीलापन; **~ly** *adv.* शिथिल ढंग से

flack /फ्लैक/ *n.* 1 = **flak** 2 *US* = **press agent** = **spokesperson** प्रचार प्रतिनिधि

flacon /फ्लैकॉं/ *n., Fr.* फ्लाकोन, पर्फ्यूम आदि की छोटी-सी शीशी

FLAG *abbr.* 'Fibre Link Around the Globe' की प्रथमाक्षरी

flag /फ्लैग/ *n.* 1 झंडा, ध्वज, पताका: deck a house (a ship) with **~s** 2 राष्ट्रीय प्रतीक: dip the ~; fly the ~ at half mast 3 झंडी: yellow ~; ~ of distress (आपदा संकेतक झंडी) 4 संकेत दंडिका या झंडी: ~ of truce/ white ~ (शांति-सूचक श्वेत पताका): hang out/ show/ the white ~;
v., pt. **~ged**, *pp* **~ging** 1 संकेत दंडिका या कोई निशान लगाना 2 कमजोर पड़ना, थकान महसूस क., शिथिल हो.: his strength was **~ging**; ~ the spirits; the conversation was **~ging** 3 मुर्झा जा.: plants **~ging** from drought 4 जहाज के पालों का मंद/ ढीला पड़ना: the sails were **~ging** 5 फर्श में फ्लैग-स्टोन लगाना 6 झंडियों से सजाना: ~ a house 7 झंडी हिलाकर आदेश दे.: ~ an order 8 टैक्सी आदि को रोककर बैठना: ~ a taxi; the police **~ged** us down;
dw/lw: **~-basket** *n.* बांस से बनी टोकरी; **~-boat** *n.* मुकाबले में विशेष रास्ते वाली नौका; **~-captain** *n.* ध्वज-पोत का कैप्टन; **~ged** *adj.* प्रस्तर पत्थरों से बना हुआ; **~-hoisting** *n.* ध्वज आरोहण समारोह; **~-keeper** *n.* स्कीइंग के खेल में रैफरी; **~-list** *n.* ऐडमिरलों (admirals) की वरीयता सूची; **~man** *n.* झंडी से संकेत देने वाला आदमी; **~pole**/ **~staff** *n.* ध्वज-दंड; **~ship** *n.* 1 ध्वज-पोत, मुख्य जहाज 2 किसी संगठन की प्रमुख शाखा: ~ship branch 3 किसी कंपनी का सर्वोत्तम माल; **~-station** *n.* रेलगाड़ी का संकेत रोक स्टेशन; **~stone** *see below under separate entry*; **~-tower** *n.* संकेत मीनार; **~-waving** *n.* देशभक्ति की भावनाओं का अतिशय दिखावा, छद्म देशभक्ति;
collocations: **~ bag** झंडे का थैला; **~ bridge** जहाज में संकेत पताका मंच; **~ day** ध्वज-दिवस; **~ down** हाथ हिलाकर गाड़ी रुकवाना; **~ football** अमेरिकी फुटबाल-सा एक खेल जिसमें एक खिलाड़ी दूसरे को उसके कमरबंद के कपड़े को घसीटकर रोकता है; **~ of convenience** कर-चोरी करने के उद्देश्य से किसी दूसरे देश में पंजीकृत जहाज; **~ of distress** विपदा के संकेत के रूप में उल्टा टंगा या झुका हुआ झंडा; **~ of truce** लड़ाई का अंत-सूचक श्वेत पताका;
dip the ~ आदर-सम्मान देने के लिए पहले ध्वज को झुकाना और फिर ऊपर उठाना; **lower the** ~ शोकार्थ या हारकर झंडा झुकाना;
p&i: **drop the** ~ दौड़ मुकाबले में शुरुआत की झंडी दिखाना; **fly the flag/ keep the ~ flying** झंडा बुलंद रखना; **get one's** ~ एडमिरल बनना; **hang out the white** ~ हथियार डाल देना, घुटने टेक देना, प्रतिपक्ष के सामने समर्पण करने का संकेत दे.; **hoist one's** ~ अपनी असली इच्छा प्रकट क., अपने पत्ते खोल दे.; **under the ~ of** किसी की प्रभुता तले; **with ~s flying** विजयी होकर

flagella\te /फ्लैजअले\ट/ *v., pt.* **~ted**, *pp* **~ting** 1 कोड़े लगाना 2 धार्मिक सजा के रूप में या यौन आनंद के लिए अपने आप को कोड़ों से पीटना;
adj. कोड़े जैसा;
dw/lw: **~tion** /~शन/ *n.* कोड़े लगाने की क्रिया

flagellum /फ्लअजेलम/ *n., pl.* **flagella** 1 कोड़ा 2 कीटाणुओं का कोड़े जैसा उपांग

flageolet /फ्लैजिअलेट/ *n.* शहनाई की तरह का बाजा

flagging /फ्लैगिंग/ *adj.* 1 कम होती हुई: ~ demands for farm products 2 शिथिल पड़ती हुई

flagitious /फ्लअजिशिअस/ *adj.* 1 मनहूस, घिनौना 2 दुष्ट, दुष्टतापूर्ण, पैशाचिक, भयंकर

flagon /फ्लेगोन/ *n.* सुराही, सुराहीनुमा बोतल या जग

flagran\cy /फ्लेग्रंसि/ *n.* जघन्यता, पैशाचिकता, घिनौनापन;
dw/lw: **~t** /फ्लेग्रंट/ *adj.* 1 (*syn.* blatant) जघन्य: ~t crime 2 बुरा, घोर: ~t injustice 3 शर्मनाक: ~t case 4 सुस्पष्ट: in ~t delict *law* (रंगे हाथों, अपराध स्थल पर पकड़ा हुआ); **~tly** /फ्लेग्रंट्लि/ *adv.* बुरी तरह से, जघन्य रूप में

flagstone *n.* पटिया, फर्श बनाने में लगाया जाने वाला एक चपटा पत्थर, प्रस्तर पत्थर: ~ pavement; ~ artist (पैदलपथ/ pavement/ पर चित्र बनाने वाला चित्रकार)

flail /फ्लेल/ *v., pt.* **~ed**, *pp* **~ing** 1 मूसल से कूटना, मूसलघात क., मूसल से मारना 2 (*syn.* thrash) दौनी क. 3 डंडों से खूब मारना, पीटना 4 (*also* **~ about/ around**) जोर-जोर से हाथ हिलाना: **~ing** away at each other 5 घूमना, चक्र काटना: propellers **~ing** futilely 6 आवारागर्दी क., इधर-उधर डोलना: **~ed** around trying to get a job

flair /फ्लेअः/ *n.* 1 (*often* **~ for sth**; *syn.* talent) सहज (जन्मजात) प्रवृत्ति या मेधा: a true ~ for literature 2 लगाव: have a ~ for sb 3 उमंग, जोश वा ऊर्जा: have a ~ for sth 4 (*syn.* imagination) कल्पनाशीलता, सूक्ष्मदर्शिता: dress with ~

flak /फ्लैक/ *n.* 1 विमानभेदी गोलाबारी 2 कटु आलोचना: get/ take a ~;
collocations: **~ jacket** गोली-सह जैकेट

flake /फ्लेक/ *n.* 1 पपड़ी, शल्कल, कचरी, परत: **~s** of scurf 2 हिमकण, हिमतूल: snow **~s**; **~s** of fire 3 छोटे-छोटे कण या टुकड़े. चिपुट: corn **~s** 4 फाहा 5 चिन्गारी, स्फुलिंग 6 गाला (of cotton) 7 छोटा चपटा टुकड़ा: **~s** of plaster; slice the potatoes into **~s** 8 बिजली की कौंध; (*syn.* tuft)
v., pt. **~d**, *pp* **flaking** 1 पपड़ी उतरना या उतारना: plaster **~ing** off the wall 2 टुकड़े-टुकड़े करके उतारना या गिराना;
p&i: **~ away/ ~ off** परत या पपड़ी का उतरना; **~s of plaster** प्लास्टर की पपड़ियां; **~ out** *sl.* 1 थकावट के मारे सो जाना 2 विचित्र व्यवहार करने लगना

flak\y /फ्लेकी/ *adj., degr.* **~ier**, **~iest** 1 कपास जैसा दिखने वाला 2 छोटे-छोटे टुकड़ों में अलग होने वाला 3 *US* विचित्र व्यक्ति

flam /फ्लैम/ *n.* 1 झूठ, छल, धोखा 2 बकवास 3 जाली काम 4 सनक, शेखचिल्लीपन;
v., pt. **~med**, *pp* **~ming** छल-कपट (क.), ठगना

flambé /फ्लौंबे/ *US* फ्लांबे/ *adj.* मदिरा (ब्रांडी) में भिगोकर रखा हुआ भोजन

flambeau /फ्लैंबो/ *n., pl.* **~x**/ **~s** मशाल

flamboyance/ flamboyancy /फलैम्बॉयंस/ फ्लैम्बॉयंसि/ *n.* 1 भड़कीलापन 2 रंगीलापन 3 शब्दाडंबर

flamboyant /फ्लैम्बॉयंट\/ *adj.* 1 भड़कीला-चटकीला, रंगीला: ~ dress; ~ clothes or colours 2 अति आत्म-विश्वास से भरा: ~ style 3 शब्दाडंबरपूर्ण;
dw/lw: **~ly** /~लि/ *adv.* अति आत्म-विश्वास से, भड़कीले ढंग से

flame /फ्लेम/ *n.* 1 लौ, लपट: produce a very small ~; shoot out **~s** 2 (*often* **~s**) शोला, ज्वाला: burst into **~s**/ go up in ~ 3 आग, अग्नि: in **~s**; commit to the **~s** 4 चमक, कांति,

दीप्ति: fan the ~ of his intellect/ imagination 5 आक्रोश, आवेश, आवेग: ~ of anger/ indignation 6 अतिरेक, भावावेश, जोश: the ~ of love 7 प्रेमी, प्रेमिका: an old ~ of his 8 क्रुद्ध ईमेल संदेश 9 (*also* **~-colour**) आग्नेय रंग, दमकदार लाल रंग: silver ~ of moonlight;

v., pt. **~d**, *pp* **flaming** 1 लपटें उठना 2 दमकना, चमकना, चकाचौंध क.: the western sky **~d**; the garden **~d** with tulips 3 आवेश में आना, क्रोध से गाल लाल हो जाना: her face **~d** with excitement; ~ with indignation; her cheeks **~d** with anger 4 किसी चीज को आग लगाना 5 क्रोध भरी ई-मेल भेजना;

adj. (*also* **~-coloured**) दमकदार लाल रंग का: she wore a **~-coloured** party dress;

dw/lw: **~-arrester** *n.* लपटें बुझाने वाला; **~-colour** *n.* आग्नेय रंग, लाल-पीला रंग; **~-engine** *n.* गैस इंजन या मोटर; **~-proof** *adj.* अग्नि-सह; **~-thrower** *n.* 1 शोला-फेंक 2 जलता हुआ द्रव छोड़नेवाली बंदूक;

collocations: **~ retardant** ज्वलन-रोधक; **~ tree** लपटों के रंग वाला पेड़;

an old ~ पुराना प्रेमी, पुरानी प्रेमिका;

p&i: **~ out** आग का भड़क उठना; **~ up** 1 चिन्गारी का भड़क उठना 2 चेहरे का लाल हो. 3 क्रुद्ध हो. 4 उत्तेजित हो जाना; **~s of the forest** ढाक, पलाश; **~ with anger** गुस्से से लाल हो;

be in ~s धू-धू करके जलना, लपटें उठना; **burst into/ go up in ~s** भस्म हो जा., जलकर राख हो जा.; **fan the ~s/ add fuel to the ~s** आग में घी डालना, आद भड़काना

flamen /फ्लेमन/ *n.* पुरोहित

flamenco /फ्लेमेंको/ *n., pl.* **~s** 1 फ्लेमेंको, एक स्पेनी जिप्सी (बंजारा) नृत्य 2 इस नृत्य के लिए गिटार संगीत धुन

flaming /फ्लेमिंग/ *adj.* 1 प्रज्वलित, ज्वलंत 2 प्रदीप्त, अत्यधिक प्रकाश से चमकने वाली 3 भड़कीला 4 उत्कट, जोशीला, भावावेशी में 5 क्रोध से लाल-पीला होने वाला 6 विस्मयकारी 7 अत्यधिक गर्म, जलता हुआ, धधकता हुआ 8 *UK* दिखावटी 9 कोरा, निरा, अभिशप्त: ~ idiot; that ~ dog!;

dw/lw: **~ly** *adv.* 1 चमक-दमकपूर्वक 2 जोशपूर्वक;

collocations: **~ August** अत्यधिक गर्म अगस्त का महीना; **~ colours** भड़कीले रंग; **~ devotion** दिखावटी श्रद्धा; **~ gun** आग उगलती तोप; **~ patriotism** ज्वलंत देशभक्ति; **~ speaker** जोशीला वक्ता; **~ sun** धधकता हुआ सूर्य; **~ sunset sky** सूर्यास्त का प्रदीप्त आकाश; **~ sword** ज्वलंत तलवार

flamingo /फ्लेमिंगो/ *n., pl.* **~s/ ~es** फ्लेमिंगो, मराल, हंसावर

flammability /फ्लेमेबिलिटि/ *n.* ज्वलनशीलता, दाहकता

flammable /फ्लैमेबल/ (*also compare* **inflammable**) *adj.* ज्वलनशील, दाहक

flammeous /फ्लैमिअस/ *adj.* 1 प्रज्वलित, ज्वलंत, आग्नेय 2 प्रदीप्त 3 लाल-पीले रंग का

flammule /फ्लेम्यूल/ *n.* लघु ज्वाला, ज्वालिका

flamy /फ्लेमि/ *adj.* प्रज्वलित, ज्वलंत, आग्नेय

flan /फ्लैन/ *n.* 1 गोल, खुली पेस्ट्री जिसमें मेवा आदि भरा होता है 2 सिक्के छापने की मोहर

flan\ge /फ्लैंज/ *n.* उभरा हुआ किनारा, उभारदार किनारा

v., pt. **~ged**, *pp* **~ging** उभारदार किनारा बनाना;

dw/lw: **~ged** *adj.* उभरे हुए किनारे वाला

flank /फ्लैंक/ *v., pt.* **~ed**, *pp* **~ing** 1 किनारे पर हो.: big fir trees **~ed** the house; road **~ed** with trees; be **~ed** by sb/ sth 2 बगल में होकर चलना 3 बाजुओं में स्थित टुकड़ियों की रक्षा क. 4 टुकड़ी के बाजू में स्थित हो. 5 बाजू से आगे बढ़ना;

n. 1 बगल, पक्ष, पहलू 2 पार्श्व भाग 3 किसी चीज का पहलू: in ~ 4 सेना की दोनों बाजुओं में स्थित पंक्तिबद्ध टुकड़ियां: attack on the ~;

collocations: **~ defence/ protection/ security** बाजुओं की सुरक्षा; **~ detachment** बाजू की सैनिक टुकड़ी; **~ guard** बाजू का रक्षा दल; **~ patrol** बाजुओं में सुरक्षा पहरा;

p&i: **turn the ~ of sb** चतुराई से किसी के पास से निकल जा.

flanaur /फ्लेनॉर/ *adj.* आलसी, आवारागर्द

flannel /फ्लैनल/ (*also* **face ~**) *n.* 1 फ्लालेन, नर्म ऊनी कपड़ा 2 *UK* (*US* **washcloth**) मुंह-हाथ धोने का छोटा-सा कपड़ा 3 खोखले या थोथे शब्द;

v. *pt.* **~led**, *pp* **~ling**/ *n. Amer.* **flanneled**, **flanneling** 1 तारीफ करके या छोटे-मोटे उपहार देकर किसी को मनाना 2 चापलूसी क. 3 नर्म कपड़े से मुंह आदि पोंछना

flannelette /फ्लैनलेट/ *n.* फ्लैनल जैसा सूती नर्म कपड़ा जिससे रात्रि पोशाक आदि बनाई जाती हैं

flap /फ्लैप/ *n.* 1 फ्लैप, ढक्कन: pocket **~s** 2 थपथपाहट, थप्पड़ की आवाज: a ~ in the face 3 पल्ला: desk with a writing ~; hat with wide **~s** 4 *phonetics* जीभ के वर्त्स्य /alveolar ridge/ से टकराने से होने वाली टक की ध्वनि, उत्क्षेप 5 *US* चिंताजनक स्थिति, घबराहट: she was always in a ~ about her work 6 विमान में गति नियंत्रण करने के लिए पंखों में लगे फ्लैप 7 फड़फड़ाहट: the ~ of a sail; ~ of a flag;

v., pt. **~ped**, *pp* **~ping** 1 थपथपाना: the loose scarf **~ped** his face 2 फड़फड़ाना: the wind **~s** the sails; the bird **~ped** its wings 3 लहराना 4 उड़ना 5 *UK* उत्तेजित या चिंतित हो.;

dw/lw: **~per** *n.* 1 मक्खीमार 2 फेशनेबुल हल्के-मिजाज की औरत; **~pable** *adj.* जल्दी भिड़ जाने वाला या चिंतित होने वाला; **~py** *adj.* 1 अस्त-व्यस्त, किंकर्त्तव्यविमूढ़ 2 भयभीत, चिंतित 3 ढीला-ढाला, लटकता हुआ, शिथिल: with ~py ears;

collocations: **~per vote** युवाओं का मत; **~py skin** शिथिल त्वचा;

loose ~py trousers बोरानुमा पैंट;

p&i: **~ sb in the mouth** (**with a lie**)/ **~ the lie in sb's teeth** किसी के सामने बदतमीजी से झूठ बोलना; **be/ get in a flap** *UK* चिंतित हो.

fla\re /फ्लेअः/ (*also* **~ up**) *v., pt.* **~red**, *pp* **~ring** 1 धधकना, भड़कना, भभकना 2 धू-धूकर जल उठना 3 (***syn.*** erupt) गुस्से से भड़क उठना 4 झलझल क., चमक उठना 5 सिरे की ओर खुला हो. 6 जोर-जोर से हिलाना, फहराना: **~ring** a scarf from side to side to catch their eye;

n. 1 आपातकालिक स्थिति में तेज रोशनी देने वाला यंत्र: **~re** bomb; **~re** gun; **~re** pistol (प्रकाश पिस्तौल); **~re** parachute 2 झलझल 3 तेज रोशनी की चकाचौंध 4 रासायनिक व तेल शोधक कारखानों में फालतू गैस को हवा में जलाने की क्रिया 5 आवेश: a sudden ~ of anger 6 भबूका, भभूका, भभक 7 तड़क-भड़क 8 सिरे की ओर खुलापन 9 (**~s/ ~d trousers**) चौड़ी मोहरी की पैंट;

dw/lw: **~red** *adj.* निचले (आखिरी) हिस्से में खुला हुआ; **~res** *n., pl. colloq., fashion.* चौड़ी मोहर वाली पैंट; **~re-up** *n.* 1 धधक, तेज रोशनी 2 दंगा, उपद्रव, विस्फोट 3 झगड़े का भड़क उठना: a ~re-up of labour disputes;

collocations: **~re path** *aeronautics* हवाई अड्डे पर बिजली की बत्तियों की लाइनों के बीच उड़ान पट्टी; **~re stack** *chem. eng.* चिमनी के शिखर पर जलती हुई गैस की लपटें; **~re star** सितारों का एक समूह जिनका जीवन काल व ऊर्जा-शक्ति का ठीक-ठीक पता नहीं होता;

sleeves with wide ~re चौड़े मुंह की आस्तीन;

p&i: **~re out** भभक उठना, जलने लगना; **~re up** 1 भभक उठना, जलने लगना 2 चमक को और भड़काना 3 गुस्से से अचानक भड़क उठना: he ~res up at the least thing; make sb ~re up

FLAS *abbr.* 'Free Legal Aid Society' की प्रथमाक्षरी

flash /फ्लैश/ *v., pt.* **~ed**, *pp* **~ing** 1 कौंध जा., चमक उठना: the lightning **~ed** across the sky 2 तेज प्रकाश छोड़ते हुए टिमटिमाना 3 किसी प्रकाश स्रोत को संकेत के रूप में चमकाना, दमकाना: ~ a lantern in sb's eyes 4 तत्क्षण प्रसारित क.: ~ a news around the network 5 (*also* ~ **up**) थोड़ी देर के लिए प्रकट होकर तत्क्षण गुजर जाना: the car **~ed** past the window; the express **~ed** through the station 6 गुस्से से आंखों का लाल-पीला हो.: ~ a glance/ a look at sb; his eyes **~ed** fire 7 मुस्कान की छोटी-सी झलक दे.: ~ a smile 8 किसी हथियार या चमकती चीज को पल भर के लिए तानना;

n. 1 कौंध, चमक: a ~ of lightning 2 क्षणिक अनुभव या आशा: a ~ of hope 3 क्षणिक घटना: have sth for a ~ 4 चेहरे या आंखों में क्षणिक चमक 5 कैमरे में लगा फ्लैश-प्रकाश 6 सैनिक टुकड़ी का चिह्न 7 पानी का आकस्मिक बहाव 8 प्रकाश में आकस्मिक वृद्धि: ~ bomb 9 आकस्मिक समाचार प्रसार: bulletin ~ 10 क्षणिक विचार या भाव ~ of anger 11 सैनिक पद की द्योतक पट्टी 12 *comput.* (**flash**[TM]) वैब साइट के लिए चल बिंब बनाने वाला प्रोग्राम;

adj. 1 आकस्मिक व अत्यधिक मात्रा वाला: ~ floods 2 अतिशीघ्र, द्रुत गति से घटने वाला: ~ freezing; ~ drying 3 क्षणिक, आकस्मिक: ~ fire 4 बहुत बढ़िया और महंगा: a ~ restaurant; a ~ hotel 5 शानदार, श्रेष्ठ: ~ man; ~ appearance/ behaviour 6 नकली, जाली: ~ jewellery; ~ coin/ notes 7 चोरों का, के, की, गुप्त: ~ language (चोरों की भाषा); ~ term 8 भड़कीला;

dw/lw: **~back** *n.* 1 पूर्व-प्रसंग की याद, पूर्व दृश्य 2 फिल्म या कहानी के बीच में पूर्व घटनाओं की ओर वापसी; **~-bulb** *n.* कौंध-बल्ब; **~er** *n.* 1 प्रकाश को छिटकने वाला व्यक्ति 2 गाड़ी के पीछे और आगे लगी टिमटिमाने वाली रोशनी; **~forward** *n.* वर्तमान से आगे की घटनाओं की झांकी; **~gun** *n.* प्रकाश की क्षणिक कौंध फेंकने वाली बंदूक; **~iness** /फ्लैशिनेस/ *n.* आडंबर, दिखावट, तड़क-भड़क; **~ing** *n.* 1 ज्वलन 2 त्वरित वाष्पीकरण 3 कौंध लेपन 4 भरत, भराई 5 ढांप, जोड़ ढांप; **~ing-point** *n.* ज्वलनांक, स्फुरांक; **~-lamp** *n.* कौंध-दीप; **~light** *US* (*UK* **torch**) *n.* हाथ में पकड़ी जा सकने वाली चोर बत्ती; **~-mob** *n.* आनन-फानन एकत्रित होने वाली भीड़; **~over** *n.* 1 बिजली से बंद करने की क्रिया 2 दमक, विसर्जन 3 ज्वलन; **~-point** *n.* **1** ज्वलनांक, स्फुरांक 2 तनाव का चरम बिंदु; 3 राजनीतिक रूप से विस्फोटक स्थिति की कगार 4 *chem.* ऐसा तापमान जिस पर ज्वलनशील द्रव यानी पेट्रोल आदि के वाष्प आग दिखाने पर तुरंत जल उठते हैं; **~-test** *n.* ज्वलनांक; **~-wheel** *n.* पानी उठाने वाला पहिया; **~y** /फ्लैशी/ *adj., degr.* ~ier, ~iest 1 भड़कीला, तड़क-भड़क वाला: ~y dress; ~y jewels 2 दिखावटी, आडंबरी: ~y manners 3 विस्फोटक, भभक उठने वाला: ~y temper 4 महंगी और भड़कीली (पोशाक आदि) का दिखावा करने वाला;

collocations: ~ **blindness** चकाचौंध के कारण थोड़ी देर के लिए होने वाली देखने में असमर्थता; ~ **burn** अत्यधिक गर्मी या बिजली के करंट लगने से हुई जलन; ~ **card** पढ़ाई में प्रयुक्त किया जाने वाला शैक्षणिक टूल (तकनीक); ~ **eliminator/ hider** लपट को बुझाने वाला; ~ **fuse** जलाने वाला; ~ **gun** प्रशिक्षण तोप; ~ **Harry** बहुत तड़कीला-भड़कीला व आडंबरपूर्ण व्यक्ति; **~ing arrow** तीर का संकेत-सूचक चमचमाने वाला निशान; **~ing beacon** (***syn.*** light-house) जहाजों के लिए टिमटिमाता हुआ मार्गदर्शक; **~ing light** टिमटिमाता हुआ प्रकाश-संकेत; ~ **news** तात्कालिक समाचार; ~ **reconnaissance/ spotting/ ranging** प्रकाशिकी (optics) आधारित गुप्तचरी; ~ **set** क्षण भर में जमने वाली बजरी;

p&i: ~ **at sb** किसी की तरफ अपने गुप्तांगों को प्रकट क.; ~ **by/ past/ through, etc.** के पास से/ के अंदर से तेजी से गुजर जा.; ~ **in the pan** क्षणभंगुर सफलता, टांय-टांय फिस; ~ **on sth** अचानक अहसास हो.; ~ **out**/ ~ **up** भड़क उठना; ~ **sb a smile/ look, etc.** किसी की तरफ अचानक मुस्कराना; ~ **sth around** पैसे आदि का दिखावा करते हुए शेखी बघारना;

a ~ of inspiration प्रेरणा की झलक; **a ~ of joy** आनंद का पल; **a ~ of wit** हास्य-विनोद की एक झलक; **camera with built-in** ~ फ्लैश वाला कैमरा; **in a** ~ पल भर में, चुटकी में; **it ~ed upon me** अचानक मुझे ध्यान आया; **the ~ made her blink** आकस्मिक चौंध से वह आंखें झपकने लगी; **the idea ~ed across/ through/ into my mind** विचार मेरे मन को कौंध गया; **time ~ed by** समय जल्दी से गुजर गया

flask /फलास्क/ *US* फलैस्क/ (*also* **hip** ~) *n.* 1 (*UK/ US* **thermos**) एक विशेष प्रकार की छोटी बोतल जो पेय को देर तक ठंडा या गर्म रख सकती है: vacuum ~ 2 फ्लास्क, एक चपटी बोतल जिसे शराब से भर कर जेब में रखा जा सकता है 3 विज्ञान के प्रयोगों आदि में प्रयोग होने वाला चौड़े पेंदे और तंग मुंह वाला बर्तन

flat /फ्लैट/ *UK* (*US* **apartment**) *n.* 1 कई कमरों का मकान, फ्लैट 2 मैदान, समतल भूमि 3 समतल स्थान: the ~ of the hand (हथेली) 4 संगीत का एक स्वर 5 दलदल 6 कार आदि में पंक्चर वाला टायर: we've got a ~ just now;

adj., *degr.* **~ter**, **~test** 1 समतल, चपटा, बराबर: ~ roof; ~ ground 2 सपाट, फीका, नीरस, अरुचिकर, निर्जीव: ~ speech; life is very ~ in a small village; ~ colour 3 उभार रहित, चपटा: ~ nose 4 (टायर आदि) जिसकी हवा निकल गई हो, फुस: ~ tyre 5 फिज्जरहित या बिना बुलबुलों या बुदबुदाहट वाला (पेय), उतरा हुआ द्रव यानी, जिसका (बीयर आदि का) फिज उड़ गया हो 6 पतला, छिछला 7 स्वादहीन, फीका: as ~ as a pancake; the stew is too ~; his joke fell ~ 8 साफ, सीधा, सपाट: ~ refusal or denial (साफ इन्कार); ~ decision; ~ nonsense 9 मंदा: business is ~ these days 10 मंद, कोमल, बेसुरा: ~ note; her high notes are a little ~ 11 घोष 2 निश्चित, निर्धारित, एक समान: ~ rate (एक दाम) 13 विकृत 14 *UK* निष्प्रभावी: feel very ~ 15 समतल सटकर बैठनेवाली: the picture hangs ~ on the wall; his hair lies ~ 16 एक-सा: ~ tint 17 बैठी हुई (बैटरी आदि) 18 भावशून्य: ~ and expressionless voice 18 चपटा, बिना स्वाभाविक उभारों के: ~ feet;

v., *pt.* **~ed**, *pp* **~ing** फ्लैट में रहना;

adv. 1 खोलकर या तानकर 2 बंद और मिली हुई शक्ल में 3 बिल्कुल, एकदम सही: in two minutes ~ 4 बदतमीजी से जोर डालते हुए 5 चपटे ढंग से;

dw/lw: **~bed** *n.*= ~bed scanner, *comput.* चित्र या पाठ को चपटा रखकर प्रतिलिपि बनाने वाला उपकरण; **~boat** *n.* चपटे तले वाली नाव, पटेला; **~cap** *n.* कपड़े की टोपी; **~car** *n.* (रेल का) खुला डिब्बा; **~-chested** *adj.* चपटी छाती वाली औरत; **~-dweller** *n.* तोनदमकान में रहने वाला; **~fish** *n.* चपटी मछली; **~foot** *n.* 1 सिपाही 2 पैरों के चपटे यानी स्वाभाविक उभार रहित होने की अवस्था; **~-footed** *adj.* 1 चपटे पैरों वाला 2 जो संभावित हमले या घटना के लिए तैयार न हो: be caught ~-footed by the attack; **~-hat** *v., pt.* ~-hatted, *pp* ~-hatting विमान को लापरवाही से चलाना; **~-head** *n.* 1 सीधे सिरे वाला पेचकश 2 = countersunk; **~iron** *n., hist.* भारी इस्त्री; **~let** *n.* छोटा फ्लैट; **~line** *v., pt.* **~lined**, *pp* **~lining** 1 मर जा. 2 अत्यधिक निम्न स्तर पर हो. और इस स्थिति में कोई सुधार न हो.; **~ly** *adv.* 1 (***syn.*** absolutely) पूर्णत: 2 साफ-साफ, सीधे-सीधे: ~ly deny/ refuse, etc. 3 नीरस ढंग से; **~mate** *UK* (*US* **roommate**) *n.* फ्लैट में सहवासी; **~ness** *n.* समतलता; **~-out** *adj.* साफ: ~-out lie (साफ झूठ); **~-out** *adv.* साफ-साफ, सीधे-सीधे: told him ~-out; **~pack** *adj.* अलग-अलग चपटे टुकड़ों में बंधे फर्नीचर के भाग जिन्हें जोड़कर फर्नीचर तैयार किया जा सकता है; **~s** *n.* बिना एड़ी वाले जूते; **~-screen TV** *n.* चपटा स्क्रीन वाला टीवी;

collocations: ~ **back** चपटी पीठ वाली चीनी की मिट्टी की मूर्ति आदि; **~-bed lorry** चपटी तली वाली, माल ढोने की खुली लॉरी (ट्रक); **~bed truck** चपटे तले वाला खुला ट्रक; ~ **boat** चपटे तले वाली नाव, पटेला; ~ **on the stomach** पट; ~ **on the back** चित्त; ~ **out** पूरी शक्ति लगाकर, पूरी कोशिश से; ~ **playing field** सभी के लिए बराबर की स्थिति; ~ **race** बिना बाधाओं वाली दौड़; ~ **rate** एक दर से; ~ **shoes** चपटे या घिसे जूते; ~ **spin** 1 विमान द्वारा अनियंत्रित ढंग से चक्कर काटने की

क्रिया 2 *colloq.* घबराहट, अस्त-व्यस्तता; ~ **square** चपटा टेलीविजन स्क्रीन; ~ **top** बालों की शैली जिसमें बाल शिखर पर छोटे काटे जाते हैं; ~ **worm** चपटे शरीर वाले जीवाणु;

a basement ~ तहखाने समेत मकान; **a block of ~s** मकानों का समूह; **a one-bedroom/ two-bedroom** ~ एक कमरे का/ दो कमरे का मकान; **in 5 minutes/ 30 seconds, etc.** ~ ऐन 5 मिनट या 30 सैकंड में;

p&i ~ **and plain** साफ-साफ; ~ **broke** *colloq.* जेब पूरी तरह से खाली हो.; ~ **cloddish mind** मूढ़ व्यक्ति; ~ **out** पूरी रफ्तार से, पूरा जोर लगाकर;

all ~ बेकार सिद्ध हो., व्यर्थ जा.; **as ~ as a board** तख्ते-सा चपटा; **as ~ as a pancake** तवा-सा चपटा; **catch sb ~-footed** किसी को अचानक पकड़ ले.; **fall** ~ चारों खाने चित्त हो.; **fall ~ on sb's face** मुंह के बल गिरना, बुरी तरह असफल हो.; **go ~ against orders** आदेश का पूरी तरह उल्लंघन क.; **I can tell you** ~ मैं तुम्हें साफ-साफ बता सकता हूं; **knock sb** ~ किसी को चौपट गिरा दे.; **that's ~!** तय हो गया, बात पक्की!

flatten /फ्लैटन/ *v., pt.* **~ed**, *pp* **~ing** 1 चपटा क. या हो., समतल क. 2 (***syn.*** smash) लड़ाई या मुकाबले में किसी को चौपट कर दे. 3 किसी को रौंद दे., कुचल दे. 4 *music* स्वर धीमा क.;

dw/lw: **~ed** *adj.* चपटा, समतल;

p&i: **~ed by grief** त्रासदी से ध्वस्त; ~ **oneself against a wall** दीवार से सटकर खड़ा हो.; ~ **sth out** 1 विमान आदि को सीध में लाना 2 चपटा क. 3 बराबर हो.; ~ **the seams** सिलाई की किनारी को दबाना; ~ **under a load** बोझ के तले चपटा हो जाना; **prices are expected to ~ out** अनुमान है कि कीमतें बहुत नीचे गिर जाएंगी; **the car ~ed the hen** कार ने मुर्गी को कुचल दिया; **the cloud-burst ~ed the hill** बादल के फटने से पहाड़ी समतल हो गई; **the depression ~ed many small businesses** मंदी से कई छोटे काम-धंधे चौपट हो गए; **time ~s the mountains** समय पहाड़ को भी समतल कर देता है

flatter /फ्लैटः/ *v., pt.* **~ed**, *pp* **~ing** 1 चाटुकारी क., चापलूसी क., खुशामद क. 2 झूठी प्रशंसा क.: you ~ me! 3 बढ़ावा दे.: ~ sb's vanity 4 चमका दे., आकर्षक रूप दे. जिससे कोई खिल उठे: a dress **~s** the figure; the portrait **~ed** her;

dw/lw: **~able** *adj.* खुशामद/ प्रशंसा करने योग्य; **~er** *n.* चापलूस, चाटुकार; **~ing** *adj.* चापलूसीपूर्ण: ~ing tongue; make ~ing remarks about sb; **~ingly** *adv.* चापलूसीपूर्ण ढंग से; **~y** /फ्लैटरि/ *n., pl.* ~ries चापलूसी, चाटुकारिता, खुशामद, ठकुरसुहाती, लल्लो-चप्पो, झूठी प्रशंसा;

collocations: **~ing portrait** बढ़ा-चढ़ाकर दिखाने वाला चित्र; **~ing review** प्रशंसाजनक समीक्षा;

p&i: ~ **oneself** झूठी तारीफ में विश्वास कर खुश हो.; **~y will get you every where** लल्लो-चप्पो करके आदमी कहीं से कहीं पहुंच सकता है;

be/ feel ~ed किसी द्वारा की जाने वाली चाटुकारितापूर्ण प्रशंसा की बदौलत फूले न समाना; **when flatterers meet , the devil goes to dinner** जब चापलूस इकट्ठा हो जाएं, तो शैतान के पास कुछ करने को नहीं बचता

flatties /फ्लैटिज/ *n. [pl.]* बहुत नीची एड़ी वाले जूते

flatulen\ce/ ~cy /फ्लैट्यूलंस/ फ्लैट्यूलंसि/ *n.* 1 बाई, बादी, पेट में होने वाली हवा, उदर-वायु, वात 2 अफारा, वातस्फीति 3 आत्मप्रशंसा, आडंबर 4 थोथी या खोखली बात;

dw/lw: **~t** /फ्लैट्यूलंट/ *adj.* 1 वातग्रस्त, बादी से त्रस्त, अफारा से ग्रस्त 2 मिथ्याभिमानी, अपने मुंह मियां मिट्ठू, आत्मप्रशंसक 3 आडंबरी या आडंबरपूर्ण, दंभी या दंभपूर्ण

flatus /फ्लेटस/ *n., pl.* **~es** 1 उदर-वायु, फूंक 2 हवा का झोंका 3 निःश्वास, पाद, गंदी हवा

flaunt /फ्लॉन्ट/ *v., pt.* **~ed**, *pp* **~ing** 1 शान दिखाना, इतराना, इठलाना 2 आडंबर रचना, दिखावा क.: ~ advanced opinions 3 फड़फड़ाना 4 तड़क-भड़क दिखाना: ~ one's wealth 5 गुस्ताखी से पेश आना;

dw/lw: **~er** *n.* इतराने वाला; **~ing** *adj.* आडंबरपूर्ण: ~ing air (दंभपूर्ण अकड़); **~ingly** आडबरपूर्ण ढंग से;

p&i: **if you've got it, ~ it!** यदि आप में दमखम है तो उसे दिखाओ!

flautist /फ्लॉःटिस्ट/ (*mainly N. Amer.* **flutist**) *n.* बांसुरी वादक, बंसी बजाने वाला

flavescent /फ्लेवेसंट/ *adj.* पीला-सा, पीला पड़ता हुआ, आपीत

flavonoid /फ्लेवअनॉइड/ *n.* टमाटर आदि में मिलने वाला एक पदार्थ जो कैंसर आदि से रक्षा करता है

flavour *UK* (*US* **flavor**) /फ्लेवः/ *n.* 1 जायका, मजा, स्वाद, पुट, रसः ~ of food 2 विशेष जायका देने के लिए डाला जाने वाला पदार्थ 3 विशिष्टता, आभासः there is a ~ of mystery about it 4 सुगंध, सुवास, महक, खुशबू;

v., pt. **~ed**, *pp* **~ing** 1 व्यंजन को विशेष पुट/ जायका दे.: ~ tea with cardamoms 2 स्वादिष्ट और सुगंधित बनाना 3 मजेदार बनाना;

dw/lw: **~ed** /फ्लेवःड/ *adj.* जायके की पुट वाली; **~ing** /फ्लेवःरिंग/ *n.* जायका/ स्वाद बनाने के लिए विशेष पदार्थ; **~ous/ ~ful/ ~some** *adj.* जायकेदार, स्वादिष्ट; **~less** *adj.* नीरस, फीका, अस्वादिष्ट; **~-enhancer** *n.* जायका या स्वाद बढ़ानेवाला पदार्थ;

collocations: ~ **of the week** सप्ताह का जायका, स्वाद; **cheese/ chocolate-flavoured** पनीर/ चौकलेट के जायके वाला

flaw /फ्लॉ/ *n.* 1 ऐब, कमी, दोष, त्रुटि 2 दरार 3 झोंका, प्रभंजन 4 अनुप्रस्थ भ्रंश;

v., pt. **~ed**, *pp* **~ing** 1 दरार पड़ना या डालना 2 तड़कना, तड़काना 3 दूषित क. 4 बिगाड़ना;

dw/lw: **~ed** *adj.* दोषपूर्ण: that argument is ~ed; **~less** *adj.* (***syn.*** perfect) दोषमुक्त; **~lessly** *adv.* बिना किसी दोष या त्रुटि के

flax /फ्लैक्स/ *n., pl.* **~es** 1 फ्लैक्स, पटसन, सन, पटुआ 2 सन के रेशे 3 क्षुमा, एक जड़ी-बूटी;

dw/lw: **~en** /फ्लैक्सन/ *adj.* 1 सन का बना हुआ 2 पिलछौंहा 3 पटसन के रंग का, हल्के भूरे रंग का; **~-fibre** *n.* पटसन का रेशा; **~-lily** *n.* (*also* **New Zealand-lily**) न्यूजीलंड के पश्चिमी भाग का पौधा जिससे बढ़िया रेशा मिलता है; **~-seed** *n.* तीसी, अलसी; **~-weed** *n.* खूबकलां; **~y** /फ्लैक्सि/ *adj.* अलसी जैसा, सन जैसा

flay /फ्ले/ *v., pt.* **~ed**, *pp* **~ing** 1 मार-मारकर चमड़ी उधेड़ना, कोड़ों से पीटना 2 तीखी आलोचना क.: the critics **~ed** him;

dw/lw: **~er** *n.* 1 कोड़ों से पीटने वाला 2 कटु आलोचक;

p&i: ~ **a flea for the hide and tallow** लालची हो., कंजूस मक्खीचूस हो.; ~ **a flint** बाल की खाल उतारना; ~ **bare** खाल उतारना

flea /फ्ली/ *n., pl.* **~s** पिस्सू, जूं, चीचड़ी आदि;

dw/lw: **~-bag** *n.* 1 गंदा और फटेहाल व्यक्ति 2 गंदा और बदहाल पशु 3 पिस्सुओं से भरा, गंदी-संदी जगह, निवास या होटल आदि; **~-bane** *n.* नागदौन का पौधा; **~-bite** *n.* पिस्सू का दंश; **~-bitten** *adj.* जिसे पिस्सुओं आदि ने काटा 2 नीच और कमीना;

collocations: ~ **circus** मेले में एक गौण तमाशा जिसमें जूंएं या पिस्सु भी दिखाए जाते हैं; ~ **collar** बिल्ली या कुत्ते के गले में बांधा जाने वाला कॉलर जिसमें जूओं या पिस्सुओं को मारने वाला रसायन लगा होता है; ~ **market** खुले में लगने वाला छोटी-मोटी पुरानी चीजों का बाजार, सस्ता बाजार; ~ **pit** फटीचर सिनेमाघर या इमारत; **~wort** एक यूरोपीय पौधा;

p&i: ~ **in one's ear** डांट-डपट, फटकार, झिड़की; **catch ~ for sb** किसी से निकट का संबंध हो.; **go away/ send sb away/ off with a ~ in his** or **her ear** डांट-डपटकर भगा दे.; **let that ~ stick in/ to the wall** बस, इस विषय पर और बात नहीं करेंगे; **nothing must be done hastily but killing of ~s** हड़बड़ाहट में केवल पिस्सुओं को मारने के सिवा और कोई काम नहीं करना चाहिए

fleam /फ्लीम/ *n.* चीर-फाड़ के काम आने वाली छुरी, डॉक्टरी छुरी
flechette /फ्लेशेट/ *n.* दूसरे महायुद्ध में लड़ाकू विमान से फेंका जाने वाला बरछा
fleck/फ्लेक/ *n.* 1 चकत्ता, ददोरा, दाग (on the skin) 2 चित्ती, धब्बा: a white coat with **~s** of grey 3 छोटा टुकड़ा, कण, किरण की झलक: **~s** of sunlight; **~s** of snow; a ~ of dust;
v., pt. **~ed**, *pp* **~ing** (*also* **~er** *v., pt.* **~ed**, *pp* **~ing**) 1 धब्बे या चित्तियां पड़ना या डालना 2 चितकबरा क.: the meadow was **~ed** with daisies; hair **~ed** with grey;
dw/lw: **~ed** *adj.* चितकबरा
fled *pt. of* **flee**
fled\ge /फ्लेज/ *v., pt.* **~ged**, *pp* **~ging** पक्षी-शावक का उड़ने योग्य होना, पंख निकलना;
dw/lw: **~ged** *adj.* 1 पंखदार, उड़ने में समर्थ 2 अनुभवी, प्रशिक्षित: fully-~ged doctor (पूर्णतः सक्षम/ प्रशिक्षित डॉक्टर)
fledgling/ fledgeling /फ्लेजलिंग/ *n.* पक्षी का शावक, जिसके पंख निकल आए हों पर जो उड़ने लायक न हो
adj. अनुभवहीन, लड़खड़ाती-सी: ~ dramatists/ poets नई-नई लड़खड़ाती-सी कंपनी या संस्था: a ~ company
flee/फ्ली/ *v., pt.* **fled**, *pt. p.* **fled**, *pp* **~ing** 1 भाग जा. / छोड़कर निकलना: ~ the country; the enemy **fled** in disorder 2 गायब या फरार हो. 3 से कतराकर भागना: ~ the society of men; ~ from temptation (लोभ-लालच से दूर रहना);
dw/lw: **~r** *n.* भागने वाला, भगोड़ा, फरार व्यक्ति;
p&i: **~ love and it will follow thee** प्यार से दूर भागोगे, तो वह तुम्हारे पीछे भागेगा
flee\ce /फ्लीस/ *n.* 1 भेड़ पर ऊन की मोटी परत 2 भेड़ से एक कटाई में उतरी ऊन 3 ऊन या ऊन जैसे रोएंदार कपड़ों से बनी पोशाक;
v., pt. **~ced**, *pp* **~cing** 1 ऊन कतरना, मूंडना 2 लूटना, ठगना, मूंड लेना: **~ce** a person of all his money 3 ऊन की तरह ढक ले.: a sky **~ced** with clouds;
dw/lw: **~cer** *n.* मूंडने वाला, ठग, लुटेरा; **~ciness** /फ्लीसिनेस/ *n.* ऊनीपन, ऊन जैसा अहसास; **~cy** /फ्लीसि/ *adj., degr.* ~cier, ~ciest 1 ऊन से आच्छादित 2 ऊनी 3 ऊन समान: ~cy snow; ~cy hair; ~cy clouds
fleet /फ्लीट/ *n.* 1 जहाजी बेड़ा 2 (**the fleet**) नौसैनिक बेड़ा 3 एक मालिक का बहुत सारे वाहनों का बेड़ा;
v., pt. **~ed**, *pp* **~ing** 1 द्रुत गति से जाना: art is long, time is **~ing** 2 जल्दी से गायब हो. 3 बह जा. 4 बीतना;
adj. 1 द्रुत गति से गायब होने वाला, द्रुतगामी: ~-footed; **~er** than the wind 2 फुर्तीला 3 क्षणभंगुर 4 उथला;
dw/lw: **~-foot** *adj.* द्रुतगामी; **~ing** *adj.* 1 जल्दी गुजरने वाला 2 द्रुतगामी 3 क्षणभंगुर: a ~ing smile; **~ingly** *adv.* उड़ते-उड़ते, तेजी से गुजरते हुए; **~ness** *n.* द्रुत गति;
collocations: **Fleet Street** 1 फ्लीट स्ट्रीट, लंदन की वह सड़क जहां समाचार पत्रों के कार्यालय स्थित हैं 2 लंदन का पत्रकार-वर्ग; **~ing target** तेजी से निकलने वाला निशाना;
air ~ लड़ाकू विमानों का बेड़ा; **fishing** ~ मछली पकड़ने वाली नौकाओं का बेड़ा; **mercantile** ~ व्यापारी जहाजों का बेड़ा;
p&i: **~ of foot** द्रुतगामी; **~ of the desert** ऊंटों का काफिला; **a ~ in being** युद्धरत बेड़ा; **clouds were ~ing across the sky** आसमान में बादल तेजी से उड़ रहे थे; **the** ~ नौ-सैनिक बेड़ा
Flem\ing /फ्लेमिंग/ *n.* फ्लैंडर्स (Flanders यानी बेल्जियम का उत्तरी-पश्चिमी भाग, उत्तरी फ्रांस के भाग और हॉलैंड के पश्चिमी भागों से बना भू-भाग) का निवासी;
dw/lw: **~ish** *adj.* फ्लैंडर्स से संबंधी: ~ish school; **~ish** *n.* फ्लेमिश भाषा यानी बेल्जियम में बोली जाने वाली डच (Holland) भाषा
flench /फ्लेंच/ **flense** /फ्लेंस/ फ्लेंज/ **flinch** /फ्लिंच/ *v., pt.* **~ed**, *pp* **~ing** (व्हेल मछली आदि की) खाल उतारना
flesh /फ्लेश/ *n.* 1 मांस, गोश्त: wolves live on ~ 2 (***syn.*** pulp) गूदा 3 मानव शरीर 4 मानव जाति 5 (**the flesh**) मानव शरीर, दुर्वासनायें: sins of the ~ 6 अत्यधिक चर्बी, मोटापा: make/ gain/ put on/ pick up ~; lose ~;
dw/lw: **~-bird** *n.* खूंखार पक्षी; **~-brush** *n.* मालिश करने का ब्रुश; **~-coloured** *adj.* पीला-गुलाबी, शरीर के रंग का; **~-eater** *n.* मांसाहारी; **~-eating** *n.* मांसाहार; **~ed** *adj.* मांस से ढका; **~er** *n.* कसाई; **~-glove** *n.* मालिश करने का दस्ताना; **~iness** *n.* 1 मांसलता 2 मोटापा; **~ing** *n.* मांस से खाल अलग करने की क्रिया; **~ing-knife** *n., pl.* मांस काटने का छुरा या कुल्हाड़ी; **~ings/ ~-tights** *n., pl.* शरीर को सटकर आने वाली पीले-गुलाबी रंग की पोशाक; **~less** *adj.* 1 मांसरहित 2 पतला-दुबला; **~liness** *n.* 1 मांसलता, शारीरिकता 2 संवेदनशीलता 3 शारीरिक भूख; **~ly** *adj.* 1 शारीरिक 2 यौन-संबंधी: ~ly strength; **~-meat** *n.* गोश्त, गोश्त का व्यंजन; **~pot** *n.* हांडी, कड़ाही; **~pots** *n.[pl.]* खाने-पीने और यौन मनोरंजन के स्थान; **~-taster** *n.* गोश्त की गुणवत्ता जांचने वाला बाबू, गोश्त-इंस्पेक्टर; **~-traffic** *n.* दास-व्यापार, देह व्यापार; **~y** *adj., degr.* ~ier, ~iest 1 मांसल: ~y nose 2 मोटा 3 गोश्त जैसा 4 गूदेदार: ~y peach;
collocations: **~ diet** मांसाहारी खुराक; **~ wound** सतही घाव;
all ~ सारा प्राणी जगत; **proud** ~ बदगोश्त;
p&i: **~ and blood** 1 मानव स्वभाव 2 मानव जाति 3 जीवित व्यक्ति 4 हाड़-मांस; **~ and fell** पूर्णतः; **~ sth out** वृत्तांत या विवरण जोड़ना;
all ~ is grass मानव शीर नश्वर है; **an arm of ~** भौतिक शक्ति; **be ~ and blood** 1 मानव हो. 2 मानवीय कमजोरियों का हो.; **demand one's pound of ~** (Shakespeare, *Merchant of Venice*) निष्ठुर सूदखोर द्वारा उधार की शर्त मनवाने के लिए कर्जदार का खून तक पीने को उतारू हो.; **go after the ~** दुर्वासनाओं का शिकार हो.; **go the way of all ~** मरना; **in the ~** जीता-जागता, सजीव, साक्षात व्यक्ति; **it is more than ~ (and blood) can stand/ bear)** इससे ज्यादा इंसान और सहन नहीं कर सकता; **make sb's ~ creep** 1 किसी को झकझोर दे. 2 रोंगटे खड़े कर दे.; **one's own ~ and blood** सगे-संबंधी; **put ~ on the bones of sth** विचार आदि में कुछ जोड़कर उसे और विकसित क.; **the ~pots (of Egypt)** 1 धन-दौलत 2 ऐशो-आराम की जिंदगी 3 रंग-रलियां मनाने व शारीरिक भूख मिटाने का स्थान; **the spirit is willing, but the ~ is weak** मन तो करता है, पर तन पस्त हाल है
fletcher /फ्लेचः/ *n., old use.* तीर बनाने वाला आदमी
fleur-de-lis/ fleur-de-lys /फ्लःडलि/ फ्लःडलिस/ *n., pl.* **fleurs-de-lis, fleurs-de-lys** कुल चिह्नों आदि में नरगिस या आइरिस (iris) का तीन पंखुड़ियों वाला शैलीकृत (stylised) चित्रण
fleury /फ्लुअरि/ *adj.* शाही नरगिसों से सुसज्जित
flew /फ्ल्यू/ *pt.* **'fly'** का भूतकाल
flews /फ्ल्यूज/ *n., pl.* कुत्ते का लटकता ऊपरी होंठ
flex /फ्लेक्स/ *v., pt.* **~ed**, *pp* **~ing** 1 मोड़ना या झुकाना 2 आकुंचन क., खींचकर कसना;
n. (*UK/ US* **cord**) प्लास्टिक से ढकी तार (cable) जो बिजली के उपकरणों में प्रयुक्त होती है;
p&i: **~ one's muscles** 1 भुजा और कंधे के मांस-पेशियों का प्रदर्शन क. 2 अपने नाम की धौंस जताते हुए धमकी दे.
flexible /फ्लेक्सिबल/ *adj.* 1 (***syn.*** inflexible) नमनीय, लचीला, लचकदार 2 नमनशील, आज्ञाकारी, विनम्र 3 आसानी से हालात के अनुकूल ढलने वाला;
collocations: **~ binding** लचकदार गांठ; **~ cable** लचकदार तार; **~ character** विनम्र या लचकदार स्वभाव; **~ language** अति अभिव्यक्तिपूर्ण भाषा; **~ voice** लचकदार आवाज; **~ wire** लचीली तार
flexibility /फ्लेक्सिबिलिटी/ *n.* 1 लचीलापन, नम्यता 2 लचक
flexile /फ्लेक्साइल/ *adj.* लचीला, लचकदार

flexion /फ्लेक्शन/ *n.* 1 जोड़ आदि की मुड़ाई 2 मोड़
flexitarian /फेलेक्सिटेरिअन/ *n.* कभी-कभी ही मांसाहारी भोजन करने वाला व्यक्ति
flexitime /फ्लेक्सिटाइम/ *n.* काम करने का लचीला अनुशासन जिसके अनुसार कर्मी अपनी मर्जी से काम करने का समय निर्धारित कर सकता है
flexor /फ्लेक्सर/ *n., anat.* शरीर के अंगों की मुड़ाई आदि में मदद करने वाला स्नायु
flexuous /फ्लेक्शुअस/ *adj.* घुमावदार, घुमावों से भरा
flexure /फ्लेक्शः/ *n.* घुमाव, मोड़
flibbertigibbet /फ्लिबःटिजिबिट/ *n.* 1 बातूनी व्यक्ति, गप्पी, गपोड़िया, हवाबाज 2 उत्तरदायित्त्वविहीन व्यक्ति, लापरवाह आदमी 3 चंचल-स्वभाव वाला व्यक्ति;
dw/lw: **flibbberty-gibberty** *adj.* 1 गपोड़िया, हवाबाज 2 चंचल, कूदने-फुदकने वाला या कूदने-फुदकने वाली
flick /फ्लिक/ *v., pt.* **~ed**, *pp* **~ing** 1 झटका दे., मारना: ~ one's hair back with a jerk 2 झटककर हटाना: ~ the crumbs off the table; ~ a horse 3 झाड़ दे., फड़फड़ाना: ~ ashes from a cigar; ~ sth into/ off/ over, etc.;
n. 1 तेज झटकेदार चाल 2 झटका, प्रहार, हल्का आघात 3 छींटा 4 चट-चट 5 (**the ~s**) सिनेमा: took his girl to the **~s**;
p&i: **~ down/ out/ towards, etc.** आकस्मिक व तेज गति से चलना या चलाना; **~ of hope** आशा की किरण; **~sth on/ off** बिजली के उपकरण को चलाने/ बंद करने के लिए स्विच चलाना या दबाना; **~ through sth** सरसरी नजर से देखते हुए पृष्ठ पलटना;
flicker /फ्लिकः/ *v., pt.* **~ed**, *pp* **~ing** 1 रोशनी का मंद-तेज हो.: the flames were **~ing** brightly; a smile **~ed** on his lips 2 टिमटिमाना, झिलमिलाना: the lights were **~ing**; the hope **~ed** and died 3 फड़फड़ाना, कंपन हो.: leaves ~ in the wind;
n. 1 टिमटिमाहट, झिलमिलाहट, लुपलुप: a ~ of light 2 फड़फड़ाहट: ~ of the eyelashes 3 स्फुरण, क्षणिक वजूद: the final ~ of a dying fire; ~ of enthusiasm; a ~ of hope;
dw/lw: **~ing** *n.* टिमटिमाहट, झिलमिलाहट; **~ingly** *adj.* टिमटिमाते हुए, कंपित होते हुए;
p&i: **his life is ~ing out** उसका जीवन बुझ रहा है; **the candle ~ed out** मोमबत्ती बुझ गई
flier /फ्लायः/ (*also* **flyer**) *n.* 1 विमान चालक 2 अच्छी शुरुआत 3 तेज चलने वाला 4 पक्षी 5 इश्तिहार 6 खतरे से भरा सौदा 7 सोपान-पंक्ति (सीढ़ी);
p&i: **take a ~** धड़ाम से गिर जा.
flies /फ्लाइज/ *n., [pl.]* 1 (*UK/US* **fly**) पैंट का जिप या बटन खोलने व बंद करने का स्थान 2 *pl. of* **fly** 3 **the flies** नाट्यशाला के मंच के ऊपर स्थित दृश्य आदि रखने के लिए स्थान
flight /फ्लाइट/ *n.* 1 हवाई यात्रा, हवाई सेवा: home ~; continuous/ non-stop ~ 2 उड़ान: a bird of swift ~; ~ of ambition; ~ of imagination 3 उड्डयन: a manned ~ to other planets; maiden ~ (प्रथम उड़ान); maiden interplanetary ~ 4 पलायन 5 सोपान-पंक्ति 6 खग वृंद, पक्षियों का समूह, झुंड: the spring and autumn **~s** of birds 7 द्रुत गति;
v. *pt.* **~ed**, *pp* **~ing** 1 क्रिकेट आदि की गेंद को भ्रामक उड़ान या गति दे. 2 उड़ते पक्षी को गोली से मारना;
dw/lw: **~-arrow** *n.* लंबी दूरी के तीर की मार; **~ily** *adv.* झक में आकर; **~less** *adj.* जो उड़ न सकता हो, न उड़ने वाला; **~-lieutenant** *n.* वायु सेना में एक कनिष्ठ अफसर; **~-path** *n.* उड़ान पथ; **~-plan** *n.* उड़ान-योजना; **~-recorder** *n.* उड़ान का वृत्तांत-लेखक; **~-shooting** *n.* लंबी दूरी का तीर-चालन; **~-shot** *n.* तीर की मारक दूरी; **~-test** *v., pt.* ~tested, *pp* ~testing उड़ान परीक्षण क.; **~y** *adj., degr.* ~er, ~est 1 झक्की, सनकी 2 तुनुकमिजाजी 3 पागल, चंचल, विह्वल, अशांत;
collocations: **~ accident** विमान दुर्घटना; **~ attendant** विमान परिचारक या परिचारिका; **~ course** उड़ान का रास्ता; **~ commander** विमान कमांडर; **~ conveyer** सामान ढुलाई करने वाली पेटी आदि; **~ crew** विमान चालक दल; **~ deck** 1 विमान का अगला हिस्सा 2 वायुयान वाहक समुद्री जहाज की उड़ान पट्टी; **~ engineer** विमान इंजीनियर; **~ feather** उड्डयन-पिच्छ; **~ formation** उड़ान पंक्ति; **~ path** उड्डयन मार्ग; **~ personnel** विमान कर्मी; **~ plan** उड़ान योजना विवरण; **~ range** उड़ान की दूरी; **~ recorder** (**black box**) उड़ान का ब्योरा दर्ज करने वाला यंत्र; **~ service** हवाई सेवा; **~ simulator** प्रशिक्षणार्थ कृत्रिम ढंग से उड़ान के हालात पैदा क.; **~ strip** अतिरिक्त उड़ान-पत्तन पथ; **~y imagination** चंचल कल्पना; **~y conduct** तुनुकमिजाजी व्यवहार;
instrument ~ उपकरणों द्वारा चालित उड़ान (बिना सामने देखे विमान की उड़ान); **maiden ~** पहली उड़ान **wild ~** हड़बड़ाहट में पलायन;
p&i: **~ of capital** पूंजी का निकास; **~ of fancy** कल्पना की उड़ान;
a ~ of stairs/ steps सोपान, जीना, सीढ़ियां; **a long-haul/ short-haul ~** लंबी/ छोटी दूरी की उड़ान; **be in ~ from** किसी से या किसी बात से पलायन क.; **in ~** उड़ान के दौरान; **in the first/ top ~** पहले दर्जे /सर्वोच्च श्रेणी की सीट; **on ~** उड़ान पर (में); **on ~ from/ to** से-तक की उड़ान; **put sb to ~** भगा दे.; **put/ turn to ~** पलायन करवा दे.; **seek safety in ~** पलायन में सुरक्षा ढूंढना; **take or take to ~** भाग जा. या पलायन क.
flimflam /फ्लिमफ्लैम/ *n.* 1 चालाकी, धोखा, ठगी 2 बकवास
flims\y /फ्लिम्जि/ *adj., degr.* **~ier**, **~iest** 1 (***syn.*** feeble) क्षीण, कमजोर, लचर: a **~y** argument, excuse, etc 2 (***syn.*** rickety) हल्का, थोथा: **~y** furniture 3 नश्वर, भंगुर 4 महीन, पतला, झीना, बारीक;
n. पतला कागज;
dw/lw: **~ily** *adv.* दुर्बलतापूर्वक, निष्प्रभावी रूप से, लचर ढंग से; **~iness** *n.* दुर्बलता, लचरपन
flinch /फ्लिंच/ *v., pt.* **~ed**, *pp* **~ing** 1 हिचकिचाना, पीछे हट जा.: ~ from combat 2 मुंह मोड़ ले., कर्त्तव्यविमुख हो.: he did not ~ from his duty 3 सिकुड़ जा.: bear pain without **~ing**;
p&i: **~ from sth/ ~ from doing sth** कुछ करने से टलना या हिचकिचाना
flinders /फ्लिंडःज/ *n., [pl.]* छिपटियां, टुकड़े: break/ fly into ~
fling /फ्लिंग/ *v., pt.* **flung**, *pt. p.* **flung**, *pp* **~ing** 1 (***syn.*** hurl) फेंकना: ~ a stone at sb; ~ a spear; ~ one's hat into the air 2 पटकना, डाल दे.: ~ sb into prison 3 डालना: ~ one's arms round sb's neck; ~ a scarf over one's shoulders 4 दौड़ पड़ना, पिल पड़ना 5 में लग जा.: ~ oneself whole-heartedly into an undertaking 6 छोड़ना 7 एक-दूसरे पर फेंकना या डालना: **~ insults** at each other;
n. 1 हल्का-फुल्का प्रेम-प्रसंग 2 थोड़ी देर की मौज-मस्ती: have one's **~s** 3 फेंकने की क्रिया 4 कटु ताना, कटाक्ष: have a ~ at sb/ sth;
collocations: **~ aside** ठुकराना; **~ away** दूर फेंकना; **~ back** वापिस फेंकना या धकेलना; **~ down** जमीन पर पटक दे.; **~ in** ऊपर फेंकना; **~ off** दूर फेंकना या हटाना; **~ over** छोड़ दे., फेंकना; **~ to** धड़ाम से बंद क.; **~ up** फेंक दे., छोड़ दे.;
p&i: **~ caution to the winds** सावधानी छोड़ दे.; **~ dirt enough some will stick** किसी पर खूब कीचड़ उछालो, कुछ तो लगेगा ही; **~ in sb's teeth** ताना दे.; **~ off or out** गुस्से से पिल पड़ना; **~ oneself about like a madman** पागलों की तरह विह्वल होकर इधर-उधर पांव पटकना; **~ oneself at sb** अपने को किसी पर यौन रूप से थोपना; **~ oneself into sth** पूरे जोशो-खरोश से कुछ करने लगना; **~ oneself upon sb's mercy** अपने को किसी की दया पर छोड़ दे.; **~ one's arms about** (***syn.*** gesticulate) पागलों की तरह हाथ हिलाना; **~ sb aside**

like an old boot किसी को खाली बोतल की तरह दुत्कार देना; ~ **sb out** किसी से छुटकारा पाना; ~ **sth around/ across/ down, etc.** इधर-उधर/ के पार/ नीचे फेंकना; ~ **sth off** हड़बड़ी में कोट आदि उतारना; ~ **sth open** किसी चीज को गुस्से से धड़ाम से खोलना; ~ **sth out** किसी चीज से छुटकारा पाना, फेंक दे.; ~ **up one's heels** नौ-दो ग्यारह हो जाना, भाग जा.;
at one ~ एक प्रहार में;
have a ~ at sb किसी की खिल्ली उड़ाना, **have a ~ at sth** कुछ करने की कोशिश क.; **have one's** ~ जवानी में मौज-मस्ती क.; **in full** ~ पूरी रफ्तार से

flint /फ्लिंट/ *n.* 1 चकमक, चिंगारी उत्पन्न करने वाली मिश्र धातु: ~ brick 2 पत्थर: the ground was frozen to ~; a heart of ~; he set his face like a ~ (उसकी शक्ल पत्थर जैसी हो गई) 3 मिश्र धातु का हथियार: ~ clay 4 कंजूस आदमी;
dw/lw: **~-glass** *n.* बहुत सख्त पर बढ़िया शीशा; **~-gun/ ~-lock** *n.* चकमकी तोप; **~ily** *adv.* कठोरता से, कड़ाई से; **~iness** *n.* निर्ममता, कठोरता; **~-skinning** *n.* कंजूसी; **~-stone** *n.* चकमक पत्थर; **~y** *adj.* 1 चकमकी, चकमक जैसा 2 भावशून्य, कठोर, निर्मम, कड़ा, अड़ियल;
collocations: ~ **wheat** कठोर गेहूं;
p&i: **skin/ flay a** ~ बाल की खाल उतारना; **fix sb's ~ for him** *US* किसी को सजा दे.; **get one's ~s fixed** *US* दंडित हो.;

FLIP *abbr.* 'flexible loan instalment payment' की प्रथमाक्षरी

flip /फ्लिप/ *v., pt.* **~ped**, *pp* **~ping** 1 (*syn.* toss) हवा में उलटने के लिए उछालना: ~ sth over 2 झटकना: ~ the ash off one's cigarette; ~ (at) the horse with the whip 3 (*syn.* flick) किसी यंत्र को चालू करने के लिए बटन दबाना: ~ a switch;
n. 1 झटका 2 (*syn.* somersault) हवा में कलाबाजी 3 हवा में उछाल 4 फेंटे हुए अंडे के साथ बनाई हुई शराब का पैग 4 अचानक अपना आपा खो बैठना;
adj. 1 (*syn.* flippant) अगंभीर 2 जरूरत से ज्यादा चालू;
dw/lw: **~-flop** *n.* 1 (*US also* **thong**) वी-शेप हवाई (बाथरूम) चप्पल: a pair of ~-flops 2 फड़फड़ाहट, फड़फड़ 3 (*comput., also* **bistable**) कंप्यूटर में सूचना भंडारण का एक विशेष तरीका 4 (*also* **flip-flap**) हवा में कलाबाजी;
v., pt. **~ped**, *pp* **~ping** 1 फटफटाहट की आवाज के साथ चलना 2 *politics, mainly US* किसी नीति या विचार को पूरी तरह बदल ले. या उलट दे.;
collocations: ~ **chart** पाएदार बोर्ड पर लगा कागज, जिस पर मीटिंग में लोगों से बातें करते हुए कुछ लिखा जा सकता है;
p&i: ~ **one's lid** (*syn.* go mad) क्रोध के मारे आपे से बाहर हो.; ~ **one's opponent over for a fall** पटकनी दे., चित्त क.; ~ **sth over** दूसरी तरफ पलटना या पूर्णतः पलट दे.; ~ **sth over** किसी चीज को हल्के से उछालना; ~ **through sth** (*syn.* flick through) पत्रिका आदि के पन्ने जल्दी-जल्दी पलटना;

flippan\cy /फ्लिपं\सि/ *n.* 1 अगंभीरता 2 छिछोरापन 3 उद्धतता, ढीठता, गुस्ताखी;
dw/lw: **~t** /~ट/ *adj.* 1 उद्धत, उद्दंड, गुस्ताख, ढीठ 2 छिछोला, चंचल, छिछोरा, अगंभीर: ~t answer; **~tly** /~टलि/ *adv.* छिछोले ढंग से, उद्धततापूर्वक, गुस्ताखी से

flipper /फ्लिपः/ *n.* 1 मीनपक्ष, जलजंतुओं की तैरने में मदद करने वाला हाथ जैसा पंख 2 रबर की चप्पल जिसे तैरना सीखने के लिए प्रयोग करते हैं 3 गोताखोरों द्वारा पहनी जाने वाली मछलीनुमा चप्पलें

flipping /फ्लिप्पिंग/ *adj., adv., colloq.* 1 *UK* बेकार: that ~ cat! 2 गुस्सा दिलाने वाली: he's ~ done it again! (उस हरामजादे ने फिर कर दिया!)

the flip side *n.* 1 (*syn.* tails) सिक्के की दूसरी तरफ यानी पूंछ वाली तरफ 2 गौण पहलू 3 ग्रामोफोन रिकॉर्ड का कम महत्त्वपूर्ण पक्ष या तरफ

flirt /फ्लःट/ *v., pt.* **~ed**, *pp* **~ing** 1 (*usually* ~ **with sb**) हल्का-फुल्का या उच्छृंखलतापूर्वक प्रेमाचार क. 2 इश्कबाजी क.: reactionary groups **~ed** with the fascists 3 झटका दे. 4 फड़फड़ाना 5 हाव-भाव दिखलाना: a bird **~s** its tail;
n. 1 हल्का-फुल्का या उच्छृंखलतापूर्वक किया जाने वाला प्रेमाचार, इश्कबाजी 2 चुलबुली, चोंचलेबाज और दिखावटी प्रेम करने वाली लड़की, तितली;
dw/lw: **~ation** /फ्लःटेशन/ *n.* 1 हल्का-फुल्का प्रेमाचार 2 इश्कबाजी: carry on a (little) ~ation with sb 3 छेड़छाड़ 4 चोंचलेबाजी; **~atious** /फ्लःटेशिअस/ *adj.* 1 उच्छृंखल प्रेमाचार करने वाला/ वाली 2 चुलबुली/ चुलबुला 3 इश्कबाज 4 छेड़छाड़ करने वाली; **~atiously** /फ्लःटेशिअसलि/ *adv.* उच्छृंखल ढंग से;
p&i: **~ with sth** 1 किसी विचार के साथ हल्की-फुल्की छेड़छाड़ क. 2 खिलवाड़ क.: a man who ~ed with all the arts but mastered none

flit /फ्लिट/ *v., pt.* **~ted**, *pp* **~ting** 1 चले जाना 2 चुपके-चुपके घर बदल ले. 3 चुपके-चुपके उड़ जाना: the clouds ~ along 4 फुदकना: bees are **~ting** from flower to flower;
p&i: ~ **about/ around/ in and out, etc.** फुदकना; **a smile ~ted across his face** उसके चेहरे पर मुस्कान खिल गई; **memories ~ted across his mind** यादें उसके जहन में पसर गईं

flitter /फ्लिटः/ *v., pt.* **~ed**, *pp* **~ing** फड़फड़ाना, मंडराना;
dw/lw: **~-mouse** *n.* चमगिदड़ी;
collocations: **moonlight** ~ किराया या उधार देने से बचने के लिए चुपके-चुपके रात में अपना घर बदल लेने वाला

FLO *abbr.* 'Federation of Leprosy Organisations' की प्रथमाक्षरी

float /फ्लोट/ *v., pt.* **~ed**, *pp* **~ing** 1 तैरना या तैराना: wood **~s** on water 2 (*syn.* drift) उतरना या उतराना: the boat **~ed** down the river 3 हवा में तैरना, उड़ान भरना: the clouds ~ slowly; dust **~s** in the air 4 (*syn.* glide) हल्की-फुल्की चाल से चलने 5 नई कंपनी खोलना या शेयर जारी क.: 51% of the shares were **~ed** on the stock 6 आवारा की तरह इधर-उधर घूमना 7 *finance* देश की मुद्रा को बाजार के उतार-चढ़ाव के लिए मुक्त कर दे.: the rupee has been **~ed** on the international money market;
n. 1 तैरने वाली वस्तु: on the ~ 2 आपूर्ति वाहन: milk ~ 3 बड़ी खुली गाड़ी, खुला वाहन 4 पानी में तैरने वाला कॉर्क जिसे मछली पकड़ने या तैरना सीखने के लिए प्रयुक्त किया जाता है 5 तिरौंदा, तिरैंदा 6 प्लवन, प्लव 7 बेड़ा 8 शोभायान 9 ऐसा पेय जिस पर आइसक्रीम तैर रही हो;
dw/lw: **~age** /फ्लोटिज/ *n.* 1 तैरते रहने की क्षमता 2 तैरने वाली वस्तुएं, जहाज, नौकाएं आदि 3 तैरते हुए टुकड़े 4 जहाज का पानी से ऊपरी भाग 5 *law* तैरती हुई लकड़ी को इकट्ठा करने का अधिकार; **~arium** /फ्लोटेअरिअम/ *n., pl.* ~ariums ऐसा सीलबंद स्थान जहां तारण थेरपी (floatation therapy) करते समय तैरा जाता है; **~ation** /फ्लोटेशन/ *n.* 1 प्लवन, तैरने की क्रिया 2 तैरने की विशेषता या क्षमता3 कंपनी की स्थापना: centre of ~ation (तैरने वाले पिंड का गुरुत्व केंद्र) ; **~-bridge** *n.* नाव-पुल, तैरता पुल; **~er** *n.* उत्प्लावक; **floating** *see below under separate entry*; **~s** *n.[pl.]* थियेटर में तीव्र प्रकाश के पुंज; **~-stone** *n.* स्पंजनुमा छिद्रदार सिलिकॉन; **~-wood** *n.* तैराकर भेजी जाने वाली लकड़ी; **~y** *adj.* 1 तैरने वाली 2 अच्छी तारण क्षमता वाला 3 हल्का;
collocations: **~ation therapy** ऐसी थेरपी जिसमें रोगी तनावमुक्त होने के लिए लगभग एक घंटे तक एक सीलबंद ताल (~arium) में तैरता है; ~ **glass** द्रव की सतह पर तैरने के कारण सख्त बना चपटा शीशा; **~ tank (~arium)** फ्लोटेशन थेरपी करते समय तैरने का ताल;

p&i: **~ about/ around** चर्चा में हो.; **~ a business** नया व्यापार शुरू क.; **~ before one's eyes (in one's mind)** आंखों के सामने या जहन में तैरना-उतराना; **~ off** 1 उथले पानी से बाहर निकालना 2 पानी में छोड़ दे.; **~ oil over a swamp** दलदल को पेट्रोल से भरना; **~ on a cloud** सातवें आसमान में उड़ना; **~ out** 1 पानी से धोना 2 पानी में छोड़ दे.; **~ sb's boat** जो बनना या करना पसंद हो, बनना या करना.; **~ up** सिरों को वेल्डिंग से जोड़ना

floating /फ्लोटिंग/ *adj.* 1 तैरता या बहता हुआ, तिरता, प्लावी: ~ cargo 2 चल, चलायमान: ~ capital 3 अस्थिर या विस्थापित: a ~ population 4 अवचनबद्ध, जो किसी से न जुड़ा हो 5 परिवर्तनशील, जिसमें उतार-चढ़ाव आ रहे हों 6 अप्रतिबद्ध 7 जो एक स्थान पर टिकाऊ न हो: ~ island;

collocations: **~anchor** तैरता हुआ लंगर; **~ battery** अतिरिक्त बैटरी; **~bridge** पोंटोन पुल; **~ debt** परिवर्तनशील ऋण; **~ dock** मरम्मत के लिए जहाजों को लाने-लेजानेवाला तैरता हुआ ढांचा; **~light** तैरती हुई बत्ती; **~ mine** तैरती हुई बारूदी सुरंग; **~ wood** तैरती लकड़ी; **~ voter** अप्रतिबद्ध मतदाता

floccinaucinihilipilification /फ्लॉक्सिनॉसिनाइहिलिपिलिफिकेशन/ *n., facetious* 1 अवमूल्यन, अमूल्यकरण 2 छोटी-सी कीमत या शून्य दाम

floc\cose /फ्लॉकोस/ *adj.* 1 रोमिल 2 ऊर्णाभी;

dw/lw: **~culate** /फ्लॉक्युलेट/ ***v.*** *pt.* ~culated, *pp* ~culating ऊन जैसी वस्तु के रूप में इकट्ठा हो.; **~culent** /फ्लॉक्यूलंट/ *adj.* 1 ऊनी, रोएंदार 2 रोमिल; **~cus** *n.* 1 ऊनी बालों का गुच्छा 2 पंखरहित पक्षी-शावकों की खाल

flocculus /फ्लॉक्युलस/ *n., pl.* **flocculi**, *astron.* सूर्य की सतह पर काले धब्बे

floccus /फ्लॉकस/ *n., pl.,* **flocci.**, *see above under* **floccose: *dw/lw***

flock /फ्लौक/ *US* फ्लाःक/ *n.* 1 झुंड, रेवड़, गल्ला: ~ of sheep; a ~ of wild ducks; **~s** and herds; stray from the ~ 2 भीड़, समूह: a ~ of visitors 3 शिष्यगण 4 ऊन आदि का लच्छा, गुच्छा 5 (*also* **~s**) गद्दों में भरने के लिए रूई या ऊन 6 दीवारी कागज के लिए ऊन व नाइलॉन आदि के महीन कण जिन्हें कागज या कपड़े पर लगाकर मखमली बनाया जाता है: ~-paper;

v., *pt.* **~ed**, *pp* **~ing** 1 एकत्रित हो., जमा हो.: the sheep **~ed** down the hillside 2 झुंड बनाना: come in **~s**; **~ed** to the first day of the spring sales;

dw/lw: **~-master** *n.* गडरिया, रेवड़ का मालिक; **~y** ऊनी, रोमिल;

p&i: **~ about sb** किसी के इर्दगिर्द भीड़ लगाना; **~ after sb** किसी के पीछे झुंड बनाकर चलना; **~ in** भीड़ के साथ अंदर आना; **~ out** भीड़ के साथ बाहर जाना; **~ up** भीड़ बनाकर इकट्ठा हो.; **birds of a feather flock together** चोर-चोर मौसेरे भाई, एक ही थैली के चट्टे-बट्टे; **fire into the wrong ~** *US* असंभव कार्य क.; **it is a small ~ that has not a black sheep** परिवार में काली भेड़ हो ही जाती है

floe /फ्लो/ *n., pl.* **~s** तैरता हुआ हिमखंड, बर्फ की तैरती चादर, हिम-शैल: ~-ice

flog /फ्लौग/*US* फ्लाःग/ *v., pt.* **~ged**, *pp* **~ging** 1 कोड़ों से पीटना 2 *UK* जल्दी में कौड़ी के दाम किसी वस्तु को बेचना: she **~ged** her car for 30000 rupees 3 अवैध रूप से बेचना;

dw/lw: **~ger** *n.* पीटने वाला; **~ging** *n.* कोड़ों से पिटाई, कशाघात; **~ging-hammer** *n.* भारी हथौड़ा;

p&i: **~ along** कोड़े से मारकर चलाना; **~ a willing horse** पहले ही जी-जान से काम कर रहे व्यक्ति को और अधिक काम करने के लिए मजबूर क.; **~ into** कोई बात किसी के दिमाग में पीट-पीटकर डालना; **~ out** पीट-पीटकर किसी बात से छुटकारा दिलाना; **~ sb within an inch of one's life** किसी मार-मारकर अधमरा कर दे.; **~ sth to death** किसी विचार या कथन आदि को जरूरत से ज्यादा प्रयोग करने के कारण उसका उल्टा असर होने लगना; **to ~ a dead horse** व्यर्थ प्रयास क.

the Flood *n., Bible* बाइबल के अनुसार ऐसा जलजला (बाढ़) जिसमें नोआ (Noah) के परिवार और पशुओं को छोड़कर बाकी सब डूबकर मर गए क्योंकि लोग पापी हो गए थे

flood /फ्लड/ *v., pt.* **~ed**, *pp* **~ing** 1 बाढ़ आना, जलमग्न क.: ~ arable land 2 (***syn.*** pour) लोगों का भारी संख्या में अंदर घुस आना: crowds were **~ing** through the gates 3 किसी वस्तु का भारी मात्रा में हो.: ~ with light; ~ with letters (inquiries) 4 ज्वार-भाटा का उफान आना 5 भावनाओं का उमड़ पड़ना 6 (*usually* **~ sb out**) बाढ़ द्वारा लोगों को घरों से बाहर निकालना: thousands of people were **~ed** out 7 झील या पानी के स्रोत द्वारा किनारे तोड़कर बहने लगना 8 बाजार में किसी माल की भरमार कर दे. 9 इंजन में जरूरत से ज्यादा पेट्रोल भरने के कारण उसका बंद हो जाना;

n. 1 बाढ़, सैलाब: ~ of rain; ~ control 2 प्रलय, जलजला 3 ज्वार 4 जलप्रवाह, मूसलाधार वर्षा: ~ flow; ~ water 5 प्रचुरता, बाहुल्य, भरमार, भारी संख्या या मात्रा: ~ of tears; ~ of callers 6 बहुत तेज रोशनी: ~ of light;

dw/lw: **~-anchor** *n.* मूसलाधार वर्षा के समय लगाया जाने वाला जहाज का लंगर; **~gate/ ~-hatch** *n.* बाढ़-द्वार/ नदी-बांध-कपाट; **~ing** *n.* 1 बाढ़ के पानी से भराई या डूबने की स्थिति 2 मूसलाधार वर्षा से पानी की भराई 3 बांध का निकासी रास्ता बंद करने की अवस्था 4 किसी वस्तु को सुखाने या गर्म करने की क्रिया के दौरान रंग में बदलाव 5 गर्भाशय से अत्यधिक मात्रा में खून का स्राव; **~ing-pipe** *n.* सिंचाई की नाली; **~ing-system** *n.* पानी भराव की नाली; **~light** (*also* **~lamp**) *n.* अत्यधिक तीव्र प्रकाश देने वाली बत्ती; **~lit** *adj.* तीव्र प्रकाश से प्रदीप्त; **~mark** *n.* बाढ़-चिह्न; **~tide** *n.* ज्वार; **~wall** *n.* समुद्र या नदी के पानी की बाढ़ को रोकने के लिए बनाई हुई दीवार; **~water/s** *n.* बाढ़ का पानी; **~way** *n.* बाढ़ के पानी की निकासी के लिए बनाया हुआ रास्ता;

collocations: **~ control** बाढ़-नियंत्रण; **~ irrigation** पानी में डुबोने की सिंचाई प्रणाली; **~ plain** अक्सर नदी के पानी की बाढ़ के चपेट में आने वाला समतल भूमि;

p&i: **~ sb out** बाढ़ से भरी इमारत से किसी को बाहर निकालना; **at the ~** उचित समय पर; **be ~ed with sth** प्रार्थनापत्रों आदि के अंबार तले दब जा. **in ~** पानी का सिर के ऊपर से बहना; **in ~s of tears** आंसुओं के सैलाब में डूबा हो.; **open the ~gates** 1 किसी क्रिया के बड़े पैमाने पर होने का रास्ता खोलना 2 प्रतिबंध हटा दे.; **row against the ~** बहाव या बहुमत के विपरीत चलना; **stem the ~** बाढ़ को रोकना या मुसीबत का रास्ता रोकना

floor /फ्लॉः/ *n.* 1 फर्श, जमीन: dirt ~; parqueted ~ (लकड़ी की चपटी पट्टियों का फर्श); cement ~ 2 मंजिल, तल, तल्ला: ground ~; first ~; live on the same ~ 3 भूतल, समुद्रतल: the sea ~ 4 मंच: have the ~; be given the ~; questions from the ~ 5 संसद आदि का मंच या पटल 6 गाड़ी का तल;

v., *pt.* **~ed**, *pp* **~ing** 1 फर्श बनाना 2 मार गिराना 3 हराना, मात दे.: **~ed** him completely (उस दलील ने उसे पूरी तरह धराशायी कर दिया) 4 मंच से श्रोताओं के प्रश्नों के उत्तर दे.: ~ a question; ~ an argument 5 कार्य करने का स्थान 6 (निम्नतम स्तर): the prices have gone through the ~;

dw/lw: **~age** /फ्लोःइज/ *n.* क्षेत्रफल; **~board** *n.* लकड़ी का फर्श बनाने के लिए चपटा पट्टा फर्श का तख्ता; **~cloth** *n.* फर्श साफ करने का कपड़ा, पोंछा; **~er** *n.* 1 बढ़ई 2 धराशायी करने वाला प्रहार 3 धमाकेदार खबर 4 परीक्षा में अति कठिन प्रश्न; **~ed** *adj.* धराशायी; **~ing** *n.* फर्श, फर्श की सामग्री; **~-secretary** *n.* फिल्म सेटों पर निर्देशक का सहायक; **~-timber** *n.* फर्श की लकड़ी;

collocations: **~ lamp** = standard lamp मानक दीपक; **~ leader** संसद के सदन का नेता; **~ manager** टेलीविजन कार्यक्रम में तकनीकी व प्रकाश संबंधी पहलुओं का प्रबंधक; **~ plan** भवन की किसी मंजिल या तल की निर्माण योजना; **~ price** आरंभिक

(निम्नतम) दाम; ~ **show** रेस्त्रां या क्लब में नाच-गाने का प्रोग्राम; ~ **walker** बड़ी दुकान में ग्राहकों की शिकायत सुनने वाला सुपरवाइजर (supervisor); ~ **work** फर्श पर लेटकर किया जाने वाला व्यायाम; ~ **wage** न्यूनतम वेतन;

p&i: **cross the ~ of the House** दल बदलना; **hold the ~** भाषण जारी रखना; **take the ~** अपनी बात कहने के लिए खड़े होना: the comedian took the ~; **(let sb) in on the ground ~** किसी को अपने काम में बराबर की शर्तों पर मिलाना; **mop the ~ with sb** किसी को धराशायी या नष्ट कर देना; **wipe the ~ with sb** किसी को बुरी तरह धूल चटाना या हराना

floozie/ floosie/ floozy /फ्लूजि/ *n., pl.* **floosies/ floozies,** *colloq., often facetious* 1 अश्लील ढंग से पोशाक पहने हुई औरत या लड़की 2 व्यभिचारिणी

flop /फ्लौप/ *US* फ्लाःप/ *v., pt.* **~ped**, *pp* **~ping** 1 फड़फड़ाना 2 पटक दे.: ~ down a heavy sack 3 झूमना, भद्दे ढंग से चलना या कुछ क.: ~ along 4 धड़ाम से गिर जा. 5 बुरी तरह पिट जा. या असफल हो.: the film **~ped** badly 6 झुकना या लटकना: he **~ped** down on his knees 7 बालों का उलझे-सुलझे ढंग से उड़ना 8 *sl.* (*usually* ~ **out**) थकान के कारण एकदम नींद आ जाना;

n. 1 विफलता: he was a ~ as a reporter 2 (***syn.*** hit) असफल फिल्म, नाटक, दावत आदि 3 धड़ाम, धम्म की आवाज: sit down with a ~ 4 *N. Amer. colloq.* सोने का अस्थायी स्थान;

adv. धड़ाम से: business went ~; he fell ~;

dw/lw: **~pily** /फ्लौपिलि/ *US* फ्लाःपिलि/ *adv.* भद्दे ढंग से; **~piness** /फ्लौपिनेस/ *US* फ्लाःपिनेस/ *n.* लचरता; **~py** /फ्लौपि/ *US* फ्लाःपि/ *adj., degr.* ~pier, ~piest लटकता हुआ, ढीला-ढाला, लचर;

collocations: **~ house** = dosshouse सस्ता भोजनालय;

p&i: **~ down/ into/ onto, etc.** जानबूझकर आराम से सोफे आदि पर सो जा.; **a film/ product/ plan, etc. ~s** फिल्म/ उत्पाद/ योजना आदि का विफल हो., पिट जा.

floppy disk (*also* **floppy**) *n.* कंप्यूटर में सूचना एकत्रित करने व बचाकर रखने के लिए प्रयुक्त होने वाली चुंबकीय चक्रिका

flor. *abbr.* 'floruit' का संक्षेप

flora /फ्लॉरा/ *n., pl.* **~s**/ **~e** /फ्लोरी/ 1 पेड़-पौधे, वनस्पति 2 किसी स्थान के पेड़-पौधे, वनस्पति के विषय में पुस्तक

floral /फ्लॉरल/ *adj.* 1 फूलों से संबंधित: ~ organs; ~ zone 2 पुष्पीय: ~ tribute 3 पुष्प-सज्जा: ~ curtains

Florence-flask *n.* लंबी गर्दन वाली बोतल;

dw/lw: **Florence-oil** *n.* जैतून का उच्च कोटि का तेल

Florentine /फ्लौरंटाइन/ इटली के फ्लोरेंस नगर से संबद्ध

florescence /फ्लोरेसंस/ फ्लॉरेसंस/ फ्लुरेसंस/ *n.* 1 पुष्पण 2 पुष्पण काल, फूल खिलने का समय, बहार 3 सफलता काल, सफलता का समय, स्वर्ण काल

florescent /फ्लोरेसंट/ फ्लॉरेसंट/ फ्लुरेसंट/ *adj.* पुष्पित, खिला हुआ, फूलों से लदा हुआ

floret /फ्लौरिट/ *US* फ्लॉरिट, फ्लाःरिट/ / *n.* 1 छोटा-सा फूल, पुष्पक 2 फूल गोभी आदि के फूलों की एक फाड़

floriated/ floreated /फ्लॉरिएटिड/ *adj., archit.* पुष्पीय आभूषणनुमा आकृतियों से सज्जित (भवन)

floribunda /फ्लौरिबंदा/ *US* फ्लाःरिबंदा/ *n., pl.* **~s** गुलाब जैसा पौधा

floriculture /फ्लौरिकलचः/ *US* फ्लाःरिकलचः/ *n.* 1 फूलों की खेती, पुष्पकृषि 2 फूलोंवाले पेड़-पौधे उगाने का व्यवसाय

florid /फ्लौरिड/ *US* फ्लाःरिड/ *adj.* 1 बेल-बूटों वाला: ~ style 2 खूब सजा हुआ, अत्यधिक अलंकृत, भड़कीला: a ~ speech 3 गुलाबी, रक्ताभ: ~ face;

Florida /फ्लोरीडा/ *n.* अमेरिका का एक नगर;

dw/lw: **~-water** *n.* खुशबूदार द्रव

floriferous /फलॉरिफअरस/ *adj.* पुष्पित, पुष्पीय

floriken /फ्लॉरिकेन/ *n.* 1 खरमोर 2 चरत

floriform /फ्लॉरिफॉःम/ *n.* पुष्प आकृति का

florilegium /फ्लॉरिलीजिअम/ *n.* पुष्प-चयनिका, पुष्प-सूची

florin /फ्लौरिन/ *US* फ्लाःरिन/ *n.* दो ब्रितानवी शिलिंग का पुराना सिक्का

floriparous /फ्लॉरिपरस/ *adj.* पुष्पद

florist /फ्लौरि\स्ट/ *US* फ्लाःरि\स्ट, फ्लॉरि\स्ट/ *n.* 1 फूल वाला 2 (*also* **florist's**) फूल वाली दुकान: at the **~'s**;

dw/lw: **~ry** /~स्ट्रि/ *n.* 1 फूल बेचने का व्यवसाय 2 फूल सजाने का काम

floruit /फ्लॉरुइट/ *n.* (*abbr.* **fl./ flor.**) 1 जीवन-काल 2 कार्य-क्षमता व सफलता का सर्वश्रेष्ठ समय 3 उत्कर्ष काल 4 समृद्धि काल

floss /फ्लौस/ *US* फ्लाःस/ *n., pl.* **~es** 1 रेशम के धागे जिन्हें कढ़ाई या दांतों की सफाई (dental floss) में प्रयोग किया जाता है 2 कच्चा रेशम जो रेशम के कीड़े के कोया के बाहर रहता है;

v. pt. **~ed**, *pp* **~ing**, *s/he/it* **~es** दांत-सफाई के धागे से दांतों को साफ क.: he **~es** every evening

floss\y /फ्लौसि/ *US* फ्लाःसि/ *adj., degr.* **~ier, ~iest** 1 भड़कीला 2 रेशम जैसा मुलायम

flotage/ floatage /फ्लोटिज/ *n.* 1 तरणशीलता, उत्प्लावकता 2 जहाज का पानी के ऊपरवाला भाग

flotation/ floatation /फ्लोटेशन/ *n.* 1 प्रवर्तन, (बॉंड या शेयर निकालकर) कंपनी खोलने की क्रिया 2 तैरते रहने की क्रिया 3 तरणशील वस्तुओं का विज्ञान;

collocations: **~ tank** नमकीन पानी से भरा टैंक जिसमें लोग आराम करने के लिए अंधेरे में तैरते हैं

flotel/ floatel /फ्लोटेल/ *n.* 1 कच्चा तेल निकालने वाले मजदूरों के लिए सभी सुविधाओं से सुसज्जित नौका 2 तैरता हुआ या पानी के ऊपर बनाया हुआ होटल

flotilla /फ्लोटिला/ *n., pl.* **~s** 1 छोटा बेड़ा 2 छोटे-छोटे पोतों का बेड़ा

flotsam /फ्लौटसम/ *US* फ्लाःटसम/ *n.* 1 विनष्ट पोत या उस पर लदे माल के समुद्र में तैरते हुए टूटे-फूटे अंश, जहाजी कबाड़ 2 बेघर, बेसहारा लोग: the human ~ of old cities;

p&i: **~ and jetsam** टूटे जहाज का छोटा-मोटा कबाड़

FLOTUS *abbr.* 'for First Lady of the United States' से बना प्रथमाक्षर-आधारित शब्द (an unofficial acronym)

floun\ce /फ्लाउं\स/ *n.* 1 स्कर्ट आदि में शोभा के लिए लगाया जाने वाला कपड़े का टुकड़ा, झालर, फीता आदि 2 हड़बड़ाहट, हड़बड़ी;

v., pt. **~ced**, *pp* **~cing** आवेश में आकर या हड़बड़ाते हुए निकलकर चले जा.;

dw/lw: **~ced** /~सड/ *adj.* फीता, झालर आदि से अलंकृत: ~ced skirt; **~cy** /~सि/ *adj.* झालर, फीता आदि से सुसज्जित;

p&i: **the horse ~ced about in the mire** घोड़ा दलदली कीचड़ में फंसकर छटपटाता रहा

flounder /फ्लाउंडः/ *v., pt.* **~ed**, *pp* **~ing** 1 दलदल या बर्फ में फंस जाने पर निकलने के लिए जोर-जोर से हाथ-पांव मारना: the horses were **~ing** in deep snow 2 लड़खड़ाना, लड़खड़ाकर गिरना, दलदल में फंसकर गिरना: ~ through a morass; ~ into a morass 3 गड़बड़ाना, ठोकर खाकर गिरना 4 हकलाना, कुछ कहते न बनना: ~ through a translation 5 घपला क.: ~ in an explanation;

n. एक यूरोपीय समुद्री मछली

flour /फ्लाउअः/ *n.* 1 आटा, मैदा, पिसान: wheat ~; rye ~; banana ~ 2 वानस्पतिक चूर्ण: ~ paste; ~ yield

v., pt. **~ed**, *pp* **~ing** 1 आटा लगाना या आटे की परत चढ़ाना 2 आटा पीसना;

dw/lw: **~-mill/ ~ing-mill** *n.* आटा-चक्की; **~y** /फ्लाउअरि/ *adj.* आटे वाला, आटे की परत चढ़ा: ~y potato; ~y corn

flourish /फ्लरिश/ *v., pt.* **~ed**, *pp* **~ing**, *s/he/it* **~es** 1 पनपना, फलना-फूलना, विकसित हो.: all plants ~ on this soil; this system has **~ed** for over three centuries 2 अत्यधिक

उत्पादनशील हो. 3 सितारा बुलंद हो.: it's one thing to ~ and another to fight 4 आभूषणीय आकृतियों से अलंकृत क.: ~ with silver 5 तलवार आदि को हवा में झुलाना, भांजना: ~ a whip; ~ one's arms (about);

***n.**, pl.* **~es** 1 समृद्धि, खुशहाली, बहार, ठाठ-बाट: a triumphant ~; in full ~ 2 अलंकृत लेखन (हस्तलेख) शैली, गुलकारी 3 आलंकारिक भाषा प्रयोग: a ~ of rhetoric 4 उत्तेजक संगीत रचना 5 अलंकरण, सज-धज 6 तुरही 7 पैंतरा, भांजने की क्रिया: the ~ of a sword 8 आकर्षक शैली: take off one's hat with a ~; he showed us in with a ~;

dw/lw: **~ed** *adj.* समृद्ध, फला-फूला; **~ing** *adj.* समृद्ध, फलता-फूलता: ~ing firm/ business; he looked ~ing;

collocations: **~ of trumpets** 1 तड़क-भड़कपूर्ण भेंट 2 शोर-शराबेपूर्ण विज्ञापन

flout /फ्लाउट/ *v., pt.* **~ed**, *pp* **~ing** 1 (***syn.*** defy) अवज्ञा क., अवमानना क. 2 उल्लंघन क. 3 आदेश, प्रथा आदि को तोड़ना 4 (*usually* **~ at**) का मजाक या खिल्ली उड़ाना: they **~ed** at him; ~ sb's advice;

dw/lw: **~ingly** *adv.* उपहास करते हुए

flow /फ्लो/ *v., pt.* **~ed**, *pp* **~ing** 1 बहना: rivers ~ from springs and lakes; tears **~ed** from her eyes 2 प्रवाहित हो.: ~ naturally 3 आगे बढ़ना 4 ज्वार का उमड़ पड़ना: the tide **~s** twice in twenty-four hours 5 बालों का लहराना 6 भरपूर/ प्रचुर मात्रा में हो.: money **~ed** freely during the elections 7 शब्दों का भाषण या लेखन आदि में प्रवाहित हो. 8 एक व्यक्ति या स्थान से दूसरे की ओर जा. 9 से परिणाम निकलना, से पैदा हो.;

n. 1 बहाव, प्रवाह, धारा: a constant ~ of water; free ~; ~ of lava 2 चाल, गति: the ~ of time 3 विचार-प्रवाह: rapid ~ of words; ~ of conversation 4 ज्वार 5 स्राव, क्षरण;

dw/lw: **~ing** /फ्लोइंग/ *adj.* 1 लटकती हुई, ढीली-ढाली: a ~ing dress; ~ing locks (लहराती लटें) 2 सतत, निरंतर शैली में बनाया हुआ 3 बहता हुआ, प्रवाहमय, धाराप्रवाह: ~ing waters; ~ing well (चालू कुआं); ~ tide;

collocations: **~ chart**/ **~ sheet** कार्य की संपन्नता-क्रम सारणी; **~ meter** पाइप में गैस या द्रव का प्रवाह-मापक यंत्र (मीटर); **~production** निरंतर उत्पाद;

p&i: **~ by heads** रुक-रुक के बहना; **~ down** बह निकलना; **~ in** बहकर अंदर आना; **~ like water** किसी चीज यानी पैसे आदि को पानी की तरह बहाया जाना; **~ of soul** मार्मिक संवाद; **~ of spirits** खुशमिजाजी, हंसी-खुशी का माहौल; **~ out of** बहकर बाहर जाना;

every ~ has its ebb जीवन में उतार-चढ़ाव तो आते ही हैं, यदि अब घोर अंधेरी रात है तो सुबह भी आएगी; **in full** ~ जोश के साथ बोलते हुए, पूरे जोश में; **land ~ing with milk and honey** देश, जिसमें दूध-दही की नदियां बहती हैं; **many excellent results ~ed from his actions** उसके कार्यों के कई शानदार परिणाम निकले

flower /फ्लाउवः/ /फ्लाउअः/ *n.* 1 फूल, पुष्प, सुमन, कुसुम, प्रसून: natural (artificial) **~s**; wild (cut) **~s**; bunch of **~s** 2 फूल-पौधा: ~ seeds and plants 3 श्रेष्ठ भाग, श्रेष्ठांश 4 यौवन: the ~ of life 5 उत्कर्ष, समृद्धि 6 श्रेष्ठतम व्यक्ति या वस्तु: the ~ of the nation's youth 7 *pharmacol.* (*usually* **~s**) तत्त्व: **~s** of sulphur;

v.**, pt.* **~ed**, *pp* **~ing** 1 (syn.*** bloom) फूल लगना, पुष्पित हो., खिलना: burst into ~; this plant **~s** in June in Europe 2 शिखर पर पहुंचना, पक जाना 3 (***syn.*** blossom) समृद्ध हो., फलना-फूलना 4 फूलों से सजाना;

dw/lw: **~-bed** *n.* फूलों की क्यारी; **~-bud** *n.* फूल की कली; **~container** *n.* पुष्पाधान, फूलदान; **~ed** *adj.* फूलों से सजा हुआ, पुष्प सज्जित; **~er** /फ्लाउवरः/ *n.* पुष्पित होने वाला पौधा: early (late) ~er; **~-girl** *n.* 1 दुल्हन की सहेली 2 फूल वाली; **~iness** /फ्लाउवरिनेस/ *n.* पुष्पण, कुसुमता, खिलखिलाहट; **~ing** /फ्लाउवरिंग/ *n.* 1 पुष्पण, फलन-फूलन 2 विचारों का उत्कर्ष; **~less** *adj.* पुष्परहित; **~-pecker** *n.* फुलचुही, फूल चूसने वाला कीट या पक्षी; **~-pot** *n.* गमला; **~-stalk** *n.* फूल की डंडी; **~y** /फ्लॉउवरि/ *adj.* (*also* **~ed** /फ्लॉउवःड) 1 फूलों से सज्जित 3 फूलों की सुगंध से भरा 3 आलंकारिक या लाक्षणिक प्रयोगों से युक्त भाषा, लच्छेदार भाषा;

collocations: **~ arranging** फूल-सज्जा; **~ cup** पुष्प प्याला; **~ garden** फूलों वाला बाग, फूल बाग, पुष्पोद्यान; **~ people 'Flower power'** आंदोलन के सदस्य; **~ power** 1960 के दशक में एक आंदोलन जिसके तहत संसार में फैले उपभोक्तावाद और युद्धवाद को नकारा गया और सर्वव्यापी प्रेम और शांति का संदेश प्रसारित किया गया; **~ show** पुष्प-प्रदर्शनी: a church ~ show; **~y meadows** पुष्पित चरागाह; **~y pattern** पुष्पीय आकृति; **~y style** आलंकारिक शैली;

printer's ~ पुस्तक के अंत में छापा जाने वाला फूलनुमा बनावट या चित्र;

p&i: **~s of speech** भाषा के अलंकार;

be in ~ पुष्पित हो., खिल जा.; **deck sb/ sth with ~s** किसी चीज को फूलों से सजाना; **in the ~ of life** जीवन के पूरे यौवन पर; **sprinkle the ~s** घूस दे.; **the ~ of sth** उत्कृष्ट, श्रेष्ठतम; **the Italian genius ~ed during the Renaissance** नवजागरण काल में इतालवी प्रतिभा खूब फली-फूली; **welcome as the flowers in May** इतना गर्मजोशीपूर्ण स्वागत जितना कि वसंत के फूलों का किया जाता है

flowing *see above under* **flow: *dw/lw***

flown /फ्लोन/ *pt. p.* 'fly' का भूतकालिक कृदंत

fl. oz. *abbr.* **'fluid ounce'** का संक्षेप (ब्रिटेन में 0.0284 या अमेरिका में 0.0296 लीटर के बराबर)

FLP *abbr.* 'Fiji Labour Party' की प्रथमाक्षरी

flu /फ्लू/ *n., colloq.* (*often* **the flu**) फ्लू, इन्फ्लुएंजा: be down with the ~

flub /फ्लब/ *v., pt.* **~bed**, *pp* **~bing** (***syn.*** bungle, fluff) बिगाड़ना, गड़बड़ क.

n. बिगाड़ा हुआ काम

flubdub /फ्लबडब/ *n., US, sl.* 1 बेवकूफी, बकवास 2 धोखा-धड़ी: ~ and guff (1 आडंबरपूर्ण कथन 2 भड़कीली पोशाक)

fluctua\te /फ्लक्चुएट/ *v., pt.* **~ted**, *pp* **~ting** 1 उतरना-चढ़ना, उतार-चढ़ाव हो. 2 घटना-बढ़ना 3 अस्थिर हो. 4 आगे-पीछे हो. 5 मात्रा, संख्या, राशि, कीमत, स्तर आदि में उतार-चढ़ाव हो.: stock prices **~ted** dramatically over the day;

dw/lw: **~ting/ fluctuant** *adj.* उतार-चढ़ाव वाला: ~ting prices; ~ting battle; **~tion** /~शन/ *n.* 1 उतार-चढ़ाव 2 घटत-बढ़त, घट-बढ़: ~tion of population 3 अस्थिरता: ~tion of opinion;

p&i: **~te between fear and hope** आशा और निराशा के बीच झूलना

flue /फ्लू/ *n., pl.* **~s** 1 धुआंकश 2 चिमनी 3 हवाकश: ~ for gases;

dw/lw: **~-cure** *v., pt.* ~-cured, *pp* ~-curing चिमनी आदि से निकलने वाले ताप द्वारा तंबाकू तैयार क.

flu\ency /फ्लूअंसि/ *n.* 1 धाराप्रवाहिता, प्रवाहशीलता 2 फराटे से बोलने की क्षमता 3 पठन-प्रवाह: he speaks correctly but without **~ency**;

dw/lw: **~ent** /फ्लूअंट/ *adj.* 1 धाराप्रवाह, प्रवाही: ~ent speech; ~ent speaker 2 सहज व प्रवाहशील: ~ent in French; speaks ~ent French; **~ently** /फ्लूअंट्लि/ *adv.* धाराप्रवाह ढंग से, फराटे से: speaks ~ently in French

fluey /फ्लुइ/ *adj.* रोयेंदार

fluff /फ्लफ/ *n.* 1 ऊन आदि के मुलायम रोएं: lose/ shed its ~ 2 (***syn.*** bungling) बोलने या पढ़ने में गलती: he made a ~ in his speech;

v., pt. ~**ed**, *pp* ~**ing** 1 बोलने या पढ़ने में भूल क. 2 किसी कार्य में गड़बड़ कर दे. 3 (*usually* ~ **sth out/ up**) हिला-डुलाकर रोयेंदार या मुलायम बनाना: ~ (out) one's hair; the bird ~**ed** (up) its feathers;

dw/lw: ~**iness** /फ्लफिनेस/ *n.* मुलायमपन, चिकनापन; ~**y** *adj., degr.* ~ier, ~iest मुलायम, चिकना, रोयेंदार: ~y carpet; ~y whiskers; ~y summer dress;

p&i: ~ **it!** *sl.* दूर हटो!; ~ **sth out/ up** (हवा आदि भरकर) फुलाना; **a bit of** ~ *sl.* युवती, प्रेमिका

flugelhorn /फ्लूग्लहॉःन/ *n.* पीतल का संगीत वाद्य

fluid /फ्लुइड/ *n.* तरल पदार्थ, द्रव;

adj. 1 प्रवाहशील 2 परिवर्तनशील, अस्थिर, अनिश्चित: the opinions of the young are ~ 3 सहज एवं शालीन 4 निरंतर 5 नकद;

dw/lw: ~**ic**/फ्लूइडिक/ *adj.* (***syn.*** flowing) द्रव संबंधी, प्रवाहशील; ~**ics** /फ्लूइडिक्स/ *n., [sing], phys.* पाइपों में जेट धारा-प्रवाह का अध्ययन; ~**ity**/ ~**ness**/फ्लुइडिटि/ /फ्लूइडनेस/ *n.* 1 तरलता 2 प्रवाहशीलता 3 अस्थिरता, अनिश्चितता; ~**ization** /फ्लुइडाइजेशन/ *n.* द्रवीकरण; ~**ize**/ ~**ise** /फ्लुइडाइज/ *v. pt.* ~ized, *pp* ~izing 1 किसी चीज को द्रव रूप दे. 2 ठोस पदार्थों के छोटे-छोटे कणों को द्रव के रूप में प्रवाहित क.;

collocations: ~ **front** परिवर्तनशील मोर्चा; ~ **pressure** वायुमंडल का दबाव

fluid ounce *see above* **fl. oz.**

flu\ke /फ्लूक/ *n.* 1 संयोग, सौभागयवश हुई बात 2 आकस्मिक सफलता, तुक्का: he won by a ~**ke** 3 लंगर का पंजा 4 व्हेल की पूंछ 5 एक तरह की मछली;

dw/lw: ~**ky** /फ्लूकि/ *adj.* 1 संयोगवश सफल: ~ky shot 2 आकस्मिक; ~**kiness** /फ्लूकिनेस/ *n.* संयोगशीलता

p&i: **a** ~**ke of wind** समदिशात्मक हवा; **turn/ peak** ~**kes** व्हेल द्वारा पानी में घुस जाना

flume /फ्लूम/ *n.* स्वीमिंग पूल (तरण ताल) में एक बड़ी नाली जिससे लोग नीचे फिसलते हैं: go up the ~ (1 गिर जाना 2 मर जाना);

p&i: **go up the** ~ ढह जाना, ध्वस्त हो जा.

flumme\ry /फ्लमरि/ *n., pl.* ~**ries** 1 झूठी खुशामद, झूठी प्रशंसा 2 बकवास

flummox /फ्लमक्स/ *v., pt.* ~**ed**, *pp* ~**ing** विह्वल कर दे., क्षुब्ध या विचलित कर दे.: he was ~**ed** by that; he isn't easily ~**ed**

flump /फ्लम्प/ *v., pt.* ~**ed**, *pp* ~**ing** 1 पटक दे. 2 धड़ाम से नीचे गिराना;

n. पटकन, धम्म की आवाज

flung /फ्लंग/ *pt.* **'fling'** का भूतकाल

flunk /फ्लंक/ *v., pt.* ~**ed**, *pp* ~**ing** (*esp. N. Amer. colloq.*) फेल हो जा., अनुत्तीर्ण होना; **Bill ~ed the exam again**; ~ **out** विद्यालय से निकल या निकाला जा.

flunky, **flunkey** /फ्लंकि/ *n., pl.* ~**s** वर्दीधारी सेवक 2 चापलूस छुटभैया

fluor /फ्लूऑः/ *n.* इलैक्ट्रोन या विकिरणता को चूसने वाला पदार्थ

fluore\sce /फ्लुअरे\स/ फ्लॉरे\स/ *v., pt.* ~**sced**, *pp* ~**scing** प्रतिदीप्त हो.;

dw/lw: ~**scence** /फ्लॉरेसंस/ *n., physics.* प्रतिदीप्ति, कांति, चमक; ~**scent** /फ्लॉरेसंट/ *adj.* 1 प्रदीपक 2 अत्यंत चमकदार;

collocations: ~**scent brightner** कपड़ों में सफेदी लाने के लिए धुलाई के पाउडर में डाला जाने वाला रासायनिक पदार्थ; ~**scent lamp** प्रकाश की विकिरणता द्वारा रोशनी देने वाला लैंप; ~**scent light** प्रकाश की विकिरणता से मिलने वाली रोशनी

fluorida\te/ fluoridi\ze/ fluoridi\se /फ्लॉरिडेट/ फ्लॉरिडाइज/ *v. pt.* ~**ted**/ ~**zed**, *pp* ~**ting**/ ~**zing**, *s/he/it* ~tes/zes पानी में फ्लोराइड लवण की थोड़ी-सी मात्रा मिलाना जिससे दांतों की सड़न रुक जाती है

fluoride /फ्लॉराइड/ *n.* दांतों के ह्रास को रोकनेवाला एक रसायन

fluorine /फ्लॉरीन/ *n.* एक अति विषाक्त व क्रियाशील (reactive) पीली गैस

flurr\y /फ्लअरि/ *n., pl.* ~**ies** 1 गतिशीलता, उत्तेजना का क्षणिक दौर: a ~**ry** of excitement; be in a ~**ry** (घबरा जाना या उत्तेजित हो.) 2 झोंका, हलचल 3 आकस्मिक हिमपात या हवा का क्षणिक झोंका: a ~**ry** of snowflakes;

v. pt. ~**ried**, *pp* ~**rying**, *s/he/it* ~**ries** 1 घबराहट या उत्तेजना पैदा क. 2 पक्षी द्वारा अपने पंख फड़फड़ाना

flush /फ्लश/ *v., pt.* ~**ed**, *pp* ~**ing**, *s/he/it* ~**es** 1 पानी से साफ क., पानी बहाकर शौचालय आदि को साफ क., बहा दे.: ~ sth away 2 चमक उठना, दमक उठना: be ~**ed** with victory 3 आवेश या उत्तेजना से लाल हो.: the blood ~**ed** into his face; ~ by fire 4 झेंप जा.: ~ with shame 5 डराना, आकस्मिक ढंग से घबराहट पैदा क. 6 बाहर निकालना: ~ sb/ sth out 7 पौधों को भोजन दे.: rain ~**es** the plants; ~ a meadow;

n., pl. ~**es** 1 लाली, सुर्खी: the ~ of youth; the ~ of dawn; in full ~ 2 उत्तेजना: the ~ of angered shame 3 आवेश 4 आनंद का दौरा: a ~ of joy; a ~ of hope 5 जोश: in the first ~ of enthusiasm;

adj. 1 एक स्तर या तल पर 2 समृद्ध, अमीर, खुशहाल: ~ times 3 प्रचुर, बहुल: ~ with money 4 लबालब भरा हुआ: rivers are ~ in monsoon time 5 सीधा, निर्णायक, दृढ़: ~ statement; ~ blow;

dw/lw: ~**ed** *adj.* में सराबोर, उत्तेजना या आनंद में डूबा हुआ; ~**er** *n.* शिकारी कुत्ता; ~**ing** *n.* घटिया खुरदरा कपड़ा; ~**y** *adj.* लाल-सा;

p&i: ~ **sb/ sth out** छिपे व्यक्ति या जानवर को बाहर निकलने पर मजबूर क.; ~ **sth away/ down/ out, etc.** शौचालय आदि में से पानी बहाकर साफ क. या नीचे बहा दे.;

a ~ **of excitement/ pleasure, etc.** अत्यधिक उत्तेजना/ उल्लास आदि का स्फुरण; **be ~ed with pride** गर्व से सराबोर (अभिमान में डूबा हुआ); **in the first** ~ **of youth** जवानी का पहले झोंके में

fluster /फ्लस्टः/ *v., pt.* ~**ed**, *pp* ~**ing** क्षुब्ध/ परेशान/ दुखी क.;

n. घबराहट, चकराहट, परेशानी, अस्त-व्यस्तता, विभ्रम, उलझन;

dw/lw: ~**ed** *adj.* चकराया हुआ, अस्त-व्यस्त, क्षुब्ध, परेशान, दुखी; ~**y** *adj.* उत्तेजित एवं दिशाभ्रमित

flu\te /फ्लूट/ *n.* 1 बंसी, बांसुरी, मुरली 2 लंबी धारी, खड़ी गोल झिरी 3 (*also* ~**e-glass**) शैंपेन आदि चमचमाती सुराएं पीने का लंबी, पतली टांग वाला प्याला;

v., pt. ~**ted**, *pp* ~**ting** 1 बांसुरी बजाना 2 खड़ी गोल झिरी बनाना

dw/lw: ~**ted** *adj.* बांसुरी संबंधी; ~**ting** *n.* धारी या नाली; ~**ist** /फ्लूटिस्ट/ *n.* बांसुरीवादक

flutter /फ्लटः/ *v., pt.* ~**ed**, *pp* ~**ing** 1 तेज हल्की चाल से चलना 2 झंडे आदि का लहराना: flags ~ in the wind 3 पंखों आदि का फड़फड़ाना: leaves/ petals ~**ed** to the ground 4 उत्तेजित हो उठना, हड़बड़ाना, घबरा जा.: ~ the dove-cotes (शांति भंग कर दे.) 5 दिल का जोर-जोर से धड़कना 6 मंडराना: ~ with joy; ~ about/ around/ down, etc.;

n. 1 तेज हल्की चाल 2 फड़फड़ाहट: the ~ of wings 3 उत्तेजना, घबराहट, संभ्रम: ~ of excitement; all in a ~; fall into a ~ (घबरा जाना); ~ of pleasure; cause a ~ 4*UK* जूआ, जूए की बाजी 5 (*also* ~**-tonguing**) वात-वाद्यों में जीभ का फड़फड़ाहट 6 hi-fi संगीत प्रणाली में आवाज की कंपन और आरोह-अवरोह;

p&i: **a** ~ **in the dove-cot(e)s** मध्यमवर्गीय समाज के जीवन में कुछ फड़फड़ाहट

flut\y /फ्लूटि/ *adj., degr.* ~**ier**, ~**iest** 1 मधुर, स्निग्ध 2 बंसी जैसी आवाज वाला

fluvial /फ्लूविअल/ *adj.* 1 नदी-संबंधी, नदीय: ~ plain 2 नदियों में मिलने वाला, नदियों द्वारा लाया हुआ

flux /फ्लक्स/ *n.* 1 बहाव, प्रवाह: a ~ of words 2 अस्थिरता,

परिवर्तनशीलता, अनिश्चितता: ~ and reflux; be in a state of ~ 3 (***syn.*** discharge) शरीर से अत्यधिक स्राव 4 रबड़ जैसा पदार्थ; ***v.*** *pt.* **~ed**, *pp* **~ing**, *s/he/it* **~es** 1 वेल्डिंग (welding) करते समय लगाया जाने वाला पदार्थ 2 द्रवावस्था में परिवर्तित क.

fly /फ्लाई/ *v., pt.* **flew**, *pt. p.* **flown**, *pp* **~ing**, *s/he/it* **flies**, 1 उड़ना: birds are **~ing** in the sky; they **flew** up and up; sparks ~ upwards; clouds **flew** across the sky 2 हवाई यात्रा करना: the company **flew** them to Moscow 3 हवाई जहाज का उड़ना या उड़ाना: the pilot **flew** the plane competently 4 विमान चलाना 5 हवाई जहाज से यात्रियों या सामान को भेजना या ढोना 6 *UK* अचानक चले जा. 7 फहराना, लहराना: ~ the flag on Independence Day 8 जल्दी चलना 9 एकाएक जल्दी से चलने लगना10 तीव्र गति से गुजरना 11 बालों का लहराना 12 अफवाहों का फैलना 13 देश से भाग जा. 14 योजना आदि का चलना 15 बेसबाल में गेंद को ऊंची ठोकर मारना;

n., *pl.* **flies** 1 मक्खी 2 (*also UK* **flies** *[pl.]*) पैंट में जिप या बटन बंद करने का स्थान 3 गाड़ी 4 गतिपालक पहिया (~wheel), प्रचक्र 5 तंबू के दरवाजे को बंद करने वाला फ्लैप 6 उड़ान: on the ~ (उड़ान में); long ~ (लंबी उड़ान);

dw/lw: **~able** *adj.* उड़ाने योग्य; **~-agaric** *adj.* एक लाल रंग की छत्रक वाली जहरीली खुमी; **~-ash** *n.* कोयले की राख; **~-away** *adj.* हवा में लहराता हुआ; **~-blown** *adj.* खराब, दूषित, विकृत; **~-boat** *n.* नहर में चलने वाली एक लंबी तेज नाव; **~-book** *n.* मछुआरों का एक छोटा-सा बैग; **~-by** *n., pl.* ~-bys कम ऊंचाई पर उड़ान; **~-by-wire** *n.* कंप्यूटर द्वारा चालित व नियंत्रित उड़ान; **~-by-night** *adj.* संदिग्ध; **~-by-night** *n.* बेईमान (व्यापारी); **~-catcher** *n.* हवा में मक्खियां या कीड़े पकड़ने वाली चिड़िया; **~-dressing** *n.* मछली पकड़ने के लिए कृत्रिम मक्खियां बनाने की क्रिया; **~-drive** *n.* सैलानी कंपनी द्वारा आयोजित यात्रा जिसके तहत हवाई यात्रा , होटल व अन्य खर्च शामिल होते हैं ; **~er** (*also* **flier**) *n.* 1 इश्तिहार, एक पन्ने का पर्चा 2 हवाई यात्री 3 विमानचालक 4 उड़ने में सक्षम: butterflies can be strong ~ers 5 द्रुतगामी गाड़ी; **~-fish** *n.* नकली मक्खियों का प्रयोग करके मछली पकड़ने की क्रिया; **flying** *see below under separate entry*; **~-leaf** *n.* पुस्तक के आरंभ या अंत में कोरा पृष्ठ, सादा पन्ना; **~-over** *UK* (*US* **overpass**) *n.* उपरिसेतु, पारक पुल, फ्लाइओवर; **~-paper** *n.* फ्लाइपेपर, मक्खीमार कागज; **~-past** *n.* फ्लाइपास्ट, विमानों की सामूहिक उड़ान; **~-pitch** *n., colloq.* बिना आज्ञा के चलाई जाने वाली छोटी दुकान; **~-pitcher** *n., colloq.* बिना लाइसेंस की दुकान चलाने वाला; **~-post** *n.* अवैध रूप से चिपकाया जाने वाला इश्तिहार; **~-posting** *n.* इश्तिहार या राजनीतिक पोस्टर को अवैध रूप से चिपकाने की क्रिया; **~-sheet** *n.* 1 तंबू की बाहरी रक्षात्मक चादर 2 एक पन्ने का पर्चा, इश्तिहार; **~-spray** *n.* मक्खी मारने का जहरीला रसायन; **~-tipping** *n.* कूड़े-कर्कट का अवैध निपटान या निस्तारण; **~-trap** *n.* 1 मक्खी पकड़ने का उपकरण 2 कीटभक्षी पादप; **~-tying** *n.* मछली पकड़ने के लिए नकली मक्खियां बनाने की क्रिया; **~-way** *n.* पक्षियों का विदेश उड़ान पथ; **~-weight** *n.* वह मुक्केबाज जिसका वजन 51 किलोग्राम से अधिक न हो, हल्के वजन का मुक्केबाज; **~-wheel** *n.* फ्लाइवील, गतिचक्र; **~-whisk** *n.* चंवर, चंवरी;

collocations: ~ **and re~** उतार-छढ़ाव, धूप-छांव; ~ **boy** वायु सेना का पायलट;

p&i: ~ **about/ around** फैलना, घूमना; ~ **a kite** लोगों की प्रतिक्रिया जानने के लिए यों ही कोई विचार या सुझाव आदि जगजाहिर क., सुर्रा छोड़ना; ~ **along/ down/ past, etc.** जल्दी से नीचे उतरकर आना या पास से गुजरना; ~ **around** बेकार में इधर-उधर पांव पटकते हुए घूमना; ~ **asunder/ to bits** टूट कर टुकड़े-टुकड़े हो. या क.; ~ **at sb's throat** किसी का गला पकड़ना, किसी पर टूट पड़ना; ~ **at/ upon/ on sb** किसी पर टूट पड़ना; ~ **away** उड़ जाना; ~ **blind** उपकरणों की मदद से उड़ान भरना; ~ **by the seat of one's pants** अपनी सहज समझ से कोई कार्य क.; ~ **for one's life** जान बचाने के लिए पलायन क.; ~ **from justice** न्याय प्रक्रिया से बचने की कोशिश क.; ~ **high** 1 ऊंची आकांक्षा रखना, महत्वाकांक्षी हो. 2 से बढकर हो. 3 समृद्ध हो.; ~ **high/ at high pitch/ at high game** अहंकार में डूबा हो.; ~ **in** हवाई जहाज से कोई सामान लाना; ~ **in the face/ in the teeth of** को चुनौती दे., के विपरीत हो.; ~ **in the face of providence** लापरवाही से अवसर गंवा देना; ~ **into a passion/ rage/ temper** अचानक गुस्से से आग-बबूला हो.; ~ **into a state** किसी दशा में आना; ~ **low** अपने को पीछे (अनदेखा) रखना; ~ **off** दूर हटना, दूर भागना; ~ **off at a tangent** किसी विषय पर बोलते-बोलते किसी अन्य मुद्दे की ओर भटक जा.; विचित्र ढंग से पेश आना; ~ **off the handle** आवेश में आना, आपे से बाहर होना; ~ **on the wall** गुप्तचर, जासूस; ~ **open** धड़ाम से खुल जाना; ~ **passengers** यात्रियों को विमान से उड़ाना; ~ **round** पहिए का घूमना; ~ **short of** उपयुक्त ऊंचाई तक न पहुंच पाना; ~ **the coop** किसी स्थान से भाग जा.; ~ **the nest** पक्षी के बच्चे का उड़ने योग्य हो जा.; ~ **to arms** हथियार उठा ले.; ~ **to sb for help/ for comfort** किसी के पास सहारे या मदद के लिए जा.; ~ **up** एकदम से ऊपर उठ जाना; ~ **with the owl** रात को काम करने की आदत पड़ जा.;

a ~ in amber विचित्रालय में दुर्लभ वस्तु; **a ~ in the ointment** किसी काम में छोटी-सी कमी; **a ~-on-the-wall documentary/ film** गुप्त ढंग से बनाई हुई दस्तावेजी फिल्म, 'रिअलिटि' फिल्म; **a ~ on the (coach)wheel** शेखीबाज; **all the buttons flew off** अचानक सारे बटन टूट गए; **as the crow flies** उड़ान का सबसे छोटा रास्ता; **be dropping like flies** भारी संख्या में बीमार पड़ना या मरना; **be/ look ~ in milk** अलग दिखना; **break/ crush a ~ upon the wheel** व्यर्थ ऊर्जा गंवाना; **bullets flew in all directions** गोलियां हर दिशा में चल रही थी; **catch sth ~ing** हवाई जहाज से यात्रा क.; **do sth on the ~** तुरंत बिना किसी तैयारी के कुछ क.; **don't let flies stick to your heels** जल्दी-जल्दी चलो!; **do sth on the ~** बिना तैयारी के तत्काल कार्य क.; **drink with the flies** अकेले पीना; **give it a ~** कुछ करने का प्रयास क.; **go ~ your kite** मुझे परेशान न करो, जाओ अपने काम से काम रखो!; **let ~ (at sb/ sth)** 1 *UK* किसी पर दाना-पानी लेकर पिल पड़ना 2 किसी पर गोली चलाना; **let sth ~** फेंकना; **let that fly stick in the wall** इस विषय पर और बात नहीं करेंगे; **like flies** बड़ी संख्या में; **make the money ~** पैसों को उड़ाना; **mists ~ing before the morning sun** सुबह की धूप के आगे धुंध मिटती गई; **no flies on sb** धूर्त व्यक्ति जो अपने काले कारनामे छिपाने में माहिर है: there are no flies on Harry; **on the ~** उड़ते-उड़ते; **rise to the ~** किसी बात के जवाब में प्रतिक्रिया देना, झांसे में आना, चाल में फंसना; **rumours ~ing around thick and fast** अफवाहें बहुत तेजी से फैल रही हैं; **send sb or sth ~** मारकर गिराना; **send sth ~ing at sb** किसी पर कुछ फेंकना; **send the enemy ~ing** दुश्मन में भगदड़ मचा दे.; **strange words flew from her lips** उसके मुंह से विचित्र शब्द निकल रहे थे; **the days flew by** दिन तेजी से गुजरते गए; **there are no flies on him** 1 वह धूर्त व सतर्क है 2 वह अपने दोषों या धब्बों को दिखने नहीं देता; **time flies** समय बहुत जल्दी बीत जाता है; **the blood flew to his head** उसका पारा चढ़ गया; **the devil ~ away with you!** जहन्नुम में जाओ! **the praise flew to his-head** प्रशंसा ने उसका दिमाग खराब कर दिया; **the wine flew to his head** शराब उसे चढ़ गई; **wouldn't harm/ hurt a ~** अत्यधिक शरीफ जो चींटी को भी नहीं मार सकता

flying /फ्लाइंग/ *n.* 1 हवाई यात्रा: safe ~ 2 उड़ान: high altitude ~ 3 विमान उड़ाने या चलाने की क्रिया;

adj. 1 उड़ाने वाला, उड़ाका 2 उड़ता हुआ 3 त्वरित, तेज उड़ने वाला 4 लंबी दूरी की उड़ान भरने वाला 5 लहराता हुआ 6 हवाई उड़ान से

संबंधित: ~ safety;

dw/lw: **~-in** *n.* हवाई आपूर्ति; **~-instrument** *n.* विमान चालन उपकरण; **~-off** उड़ान भरने की क्रिया; **~-paper** *n.* मक्खियां पकड़ने का चिपचिपा कागज; **~-powder** *n.* मक्खियां मारने का पाउडर; **~-rod** *n.* मछली पकड़ने की छड़ी;

collocations: ~ **boat** उड़न-नौका; ~ **bomb** उड़न-बम; ~ **bridge** झूला पुल; ~ **buttress** तिरछा पुश्ता; ~ **cadet** *US colloq.* हवाई स्कूल का विद्यार्थी; ~ **circus** *sl.* सामूहिक हवाई लड़ाई; ~ **colours** 1 विजय की सूचक पताकाएं 2 विजय, सफलता: come off with ~ (उल्लेखनीय सफलता प्राप्त क.); ~ **column** उड़ाकू टुकड़ी; ~ **control** उड़ान-नियंत्रण; ~ **doctor** हवाई जहाज से उड़कर आने वाला डॉक्टर; ~ **dragon**/ ~ **lizard** उड़न छिपकली; ~ **field** हवाई अड्डा; ~ **fish** उड़न-मीन; ~ **fox** गादुर, बादुर; ~ **jib** तिकोना उड़न पाल; ~ **leap**/ **jump** दौड़कर लगाई जाने वाली छलांग; ~ **line** उड़ान पथ; ~ **machine** बिजली से चलने वाला प्रारंभिक हवाई जहाज; ~ **officer** वायुसेना का एक कनिष्ठ अधिकारी; ~ **phalanger** गिलहरी जैसा एक जंतु; ~ **picket** चल धरना; ~ **saucer** उड़न तश्तरी ~ **snake** एक पेड़ से दूसरे पेड़ पर छलांग लगाकर (उड़कर) जाने वाला सांप; ~ **spot scanner** मोशन पिक्चर (फिल्म) से चित्र स्कैन करके टेलीविजन सिग्नल बनाने की क्रिया; ~ **squad** उड़ाका दल, उड़न-दस्ता; ~ **squadron** द्रुत गति से काम करने वाला दल; ~ **squirrel** एक पेड़ से दूसरे पेड़ पर (लगभग 450 मीटर तक) उड़कर जाने वाली गिलहरी; ~ **start** बहुत अच्छी शुरुआत; ~ **suit** पायलेट का एक पीस का सूट; ~ **visit** तूफानी यात्रा, थोड़ी देर के लिए कहीं जाना-आना; ~ **weather** उड़ान मौसम; ~ **windmill** हेलिकॉप्टर;

p&i: **a ~ creature or object** उड़ने वाला प्राणी या वस्तु, उड़नशील; **no ~ from fate** किस्मत से नहीं बचा जा सकता; **pass with ~ colours** अच्छे अंक लेकर पास हो., शानदार सफलता पाना

FM *abbr.* 'frequency modulation', 'Field Marshall' की प्रथमाक्षरी

Fm *symbol., chem.,* fermium का चिह्न

FMCD *abbr.* 'fast moving consumer durable' की प्रथमाक्षरी

FMCG *abbr.* 'fast moving consumer goods' की प्रथमाक्षरी

FMCT *abbr.* 'Fissile Material Cut-off Treaty' की प्रथमाक्षरी

FMD *abbr.* 'foot-and-month disease' की प्रथमाक्षरी

FMIS *abbr.* 'Forest Management Information System' की प्रथमाक्षरी

FMRAI *abbr.* 'Federation of Medical and Sales Representatives Association of India' की प्रथमाक्षरी

FMRI *abbr.* 'functional magnetic resonance imaging' की प्रथमाक्षरी

FMS *abbr.* 'Faculty of Management Studies (Delhi University)', 'flexible manufacturing systems' की प्रथमाक्षरी

FMSCI *abbr.* 'Federation of Motor Sports Clubs of India' की प्रथमाक्षरी

FMSF *abbr.* 'Financial Management Service Foundation' की प्रथमाक्षरी

FNB *abbr.* 'Food and Nutrition Board' की प्रथमाक्षरी

FNJ *abbr.* 'Federation of Nepalese Journalists' की प्रथमाक्षरी

FNPO *abbr.* 'Federation of National Postal Organisations' की प्रथमाक्षरी

FNSI *abbr.* 'Fellowship of National Sugar Institute' की प्रथमाक्षरी

FNTU *abbr.* 'Federation of National Telecom Unions' की प्रथमाक्षरी

f-number *n., photog.* कैमरे के लेंस के छिद्र की संख्या

FO *abbr.* 'Fiber Optics', 'Field Officer', 'Flying Officer', 'Foreign Office', 'Finance Officer' की प्रथमाक्षरी

fo/ fol. *abbr.* folio का संक्षेप

FOA *abbr.* 'Formula One Association' की प्रथमाक्षरी

foal /फोल/ *n.* बछेडा (बछेरा), अश्व-शावक;

v., pt. **~ed**, *pp* **~ing** घोड़ी का ब्याना;

p&i: **in ~/ with ~** गर्भवती घोड़ी

foam /फोम/ *n.* 1 झाग: shaving ~ 2 फेन 3 मुंह से निकलने वाली झाग या फेन 3 फर्नीचर आदि में भरी जाने वाली फोम;

v. pt. **~ed**, *pp* **~ing** (*sometimes* ~ **up**) झाग बनाना या पैदा क.;

dw/lw: **~ing** *n.* झाग बनने की क्रिया; **~ing** *adj.* झाग वाली; **~less** *adj.* झाग रहित; **~y** /फोमी/ *adj., degr.* ~ier, ~iest 1 फेन-संबंधी, फोम संबंधी 2 फेनिल या फोम जैसा;

p&i: **~ at the mouth** मुंह से झाग निकलना, बहुत गुस्से में हो.; **~ up** झाग बनाना

fob /फौब/ *US* फा:ब/ *v., pt.* **~bed**, *pp* **~bing** 1 धोखा दे. 2 चालाकी से ठगना;

n. 1 घड़ी से लगी चेन (जंजीर): ~-chain 2 चाबी-छल्ले से लगी कोई सजावटी चीज 3 घड़ी की छोटी-सी जेब: ~ watch;

p&i: **~ sb off** उपेक्षा क., छुट्टी कर दे.; **~ sb off with sth/ ~ sth off on sb** किसी को हल्की वस्तु बेचकर बुद्धू बनाने की कोशिश क.; **~ sb out of sth** धोखे से किसी से कोई चीज ले लेना

f.o.b *abbr.* 'free on board' की प्रथमाक्षरी (निर्यात के लिए जहाज तक माल पहुंचाने के दाम)

FOB *abbr.* 'Friends of Earth' की प्रथमाक्षरी

FOC *abbr.* 'fiber optic cable', 'Flags of Convenience', 'fluorinated organic compounds', 'free of charge' की प्रथमाक्षरी

focal /फोकल/ *adj.* 1 नाभीय, नाभिक 2 फोकस पर स्थित 3 केंद्र-क्षेत्रीय;

dw/lw: **~ize** *v., pt.* ~ized, *pp* ~izing 1 फोकस से समंजित होना या क. 2 संकेंद्रित क. 3 सीमित होना या सीमित क.; **~ization** *n.* संकेंद्रियकरण;

collocations: **~ distance/ ~ length** फोकस की दूरी; ~ **point** केंद्र बिंद

focimeter /फौसिमीटः/ *n.* लेंस की फोकस दूरी मापने का यंत्र

fo 'c' sle *n., naut.* **'forecastle'** का संक्षेप

focus /फोकस/ *v., pt.* **~ed/ ~sed**, *pp* **~ing/ ~sing** 1 प्रकाश आदि को एक बिंदु पर केंद्रित करके दिखने में स्पष्ट क.: ~ opera-glasses to suit one's sight 2 फोकस बिंदु पर किन्हीं दो या अधिक वस्तुओं या विचारों को मिलाना 3 (*often* ~ **sth on sth**) ध्यान केंद्रित क.: all eyes were **~ed** on him; ~ one's attention/thoughts, efforts on a matter;

n., pl. **~es/ foci** /फोसाइ/ 1 नाभि: the glasses is not at the right ~ for me 2 ध्यान का केंद्र, ध्यान का केंद्र-बिंदु: bring into ~; a ~ of trouble between nations 3 किरण संगम 4 बिंब का प्रखरता बिंदु: check the ~; ~ range;

dw/lw: **~ed/ ~sed** *adj.* फोकस बिंदु पर केंद्रित; **~ing/ ~sing** *adj.* फोकस करने वाला;

collocations: ~ **group** वह समूह जो ध्यान का केंद्र है; ~ **puller** कैमरामैन का सहायक

p&i: **be the ~ of sth** किसी बात का केद्र-बिंदु हो.; **in ~** सुकेंद्रण, बिंब की स्पष्टता: the picture is in ~; the telescope is in ~; **out of ~** विकेंद्रण, अस्पष्टता: these binoculars are out of ~; **~ (sth) on sth** किसी चीज को किसी वस्तु पर संकेंद्रित क.; **the ~ is on (doing) sth** कुछ करने पर ध्यान केंद्रित हो.

fodder /फौडः/ *US* फा:डः/ *n.* 1 चारा: ~ grain; ~ grass 2 निरंतर

उपयोग की वस्तु: Stories about royalty are ~ for the popular press;
v., pt. **~ed**, *pp* **~ing** चारा की आपूर्ति क., पशुओं को चारा खिलाना
dw/lw: **~ing** *n.* पशुओं को चारा खिलाने की क्रिया;
p&i: **cut one's own** ~ कुछ करने के लिए स्वयं संघर्ष रत हो.

FOE/ FoE *abbr.* 'Friends of the Earth' की प्रथमाक्षरी

foe /फो/ *n., lit., old use* 1 शत्रु, दुश्मन, बैरी: a political ~ of long standing 2 विरोधी: be a ~ to sth; our ~ (मानव जाति का शत्रु, शैतान)

foet\al *UK (US* **fetal**) /फीटल/ *adj.* भ्रूणीय, भ्रूण-संबंधी;
dw/lw: **~icidal** /फीटिसाइडल/ *adj.* भ्रूण-हत्या संबंधी; **~icide** /फीटिसाइड/ *n.* भ्रूण-हत्या; **~id** /फीटिड/ *adj.* बदबूदार, दुर्गंधित; **~oscopy** *see* **fetoscopy**

foetus *UK (US* **fetus**) /फीटस/ *n.* भ्रूण

fog /फौग/ *US* फाःग/ *n.* 1 कोहरा, धुंध, कुहासा, धूमिलता: famous London **~s**; notorious Delhi **~s**; covered with ~ 2 भ्रम, भ्रांति, अस्त-व्यस्तता, घबराहट, खोया-खोयापन: my mind is in a ~ 3 *photog.* कैमरे में ज्यादा प्रकाश पड़ने या दूसरे कारणों के कारण होने वाला बड़ा-सा धूमिल धब्बा 4 धुंधलापन, बादलों से घिरा होने के कारण कालापन: wet ~;
v., pt. **~ged**, *pp* **~ging** 1 कोहरा छा जा. 2 (*often* **~ over/ up**) धुंधला पड़ जा. कोहरे से ढक जा. 3 धुंधला या अस्पष्ट क. 4 चकरा दे., विक्षुब्ध क. 5 भ्रमित कर दे. या हो.;
dw/lw: **~-bank** *n.* दूर स्थित कोहरे की चादर; **~bound** *adj.* कोहरे से ढका हुआ; **~ged** /फौग्ड/ फाःग्ड/ *adj.* कुहासे से भरा, धुंध-भरा, धुंधला; **~gily** *adv.* धूमिल या अस्पष्ट ढंग से; **~giness** *n.* धुंधलापन, धूमिलता; **~ging** *n.* धूमिल होने की क्रिया; **~gy** /फौगि/ *US* फाःगि/ *adj., degr.* ~gier, ~giest 1 कोहरे से ढका, कोहरेदार, धुंध से भरा: ~gy morning 2 धुंधला, धूमिल, अस्पष्ट: it's turning ~gy; **~-lamp/ light** *n.* धुंध में प्रयोग होने वाली कार की शक्तिशाली बत्ती, कोहराबत्ती; **~-signal/ horn** *n.* कोहरा-संकेत/ भोंपू;
collocations: **dense/ heavy/ thick** ~ घना/ भारी/ गहरा कोहरा;
p&i: **~ clears/ lifts** धुंध मिट जाती है, कोहरा छट जाता है; **~ descends** धुंध उतरती, कोहरा छा जाता है; **~ off** पौधों का अतिशय गीलेपन से सड़ने की क्रिया;
a ~ cannot be dispelled with fan पंखा झोलने से धुंध नहीं मिट जाती; **all in a** ~ परेशानी में, कठिनाई में; **a pea-soup ~** घना पीला-सा कोहरा; **not have the ~giest (idea)** जरा भी आभास/ पता न हो.

fogey/ fogy /फोगि/ *adj.* दकियानूसी, पुराणपंथी;
n., pl. **~s/ fogies** पोंगा पंडित, दकियानूसी व्यक्ति: old ~ (पुराना पापी, दकियानूसी व्यक्ति);
dw/lw: **~ish/ fogeyish** *adj.* दकियानूसी-सा; **~dom** *n.* 1 दकियानूसी लोगों का समाज 2 दकियानूसी रीति-रिवाज;
collocations: **young** ~ युवा पोंगा पंडित;

foggage /फॉगेज/ *n.* घास काटने के बाद उगने वाली नई घास

fogle /फौग्ल/ *US* फाःग्ल/ *n.* रेशमी रुमाल

foible /फॉइबल/ *n.* 1 छोटी-मोटी व्यक्तिगत कमजोरी, कमी, अवगुण 2 स्वभाव की छोटी-मोटी विचित्रता: every man has his ~

foil /फॉइल/ *n., fencing* (*UK* **aluminium foil/** *US* **aluminum foil**) 1 पन्नी, पर्णी: tin ~; gold ~ 2 शीशे पर पारा आदि की पतली परत 3 हीरे-पन्नों के नीचे रखी जाने वाली चमकीली परत 4 वह व्यक्ति या वस्तु जो दूसरे व्यक्ति या वस्तु के गुणों को उभारकर दिखलाती है 5 नौका को पानी से ऊपर उठाने वाला उपकरण 6 विमान को हवा में ऊपर उठाने वाला उपकरण: **~-borne** plane 7 भोथरी तलवार;
v., pt. **~ed**, *pp* **~ing** 1 विफल क., हरा दे. 2 व्यर्थ क.;
p&i: **a ~ for sb/ sth** ऐसी वस्तु या ऐसा व्यक्ति जिसके कारण दूसरी वस्तु या व्यक्ति की विशेषताएं ज्यादा उजागर होती हों; **be ~ed at all points** सभी मोर्चों पर हार का सामना क.; **trim one's ~s** संघर्ष के लिए तैयार हो.;

FoIP *abbr.* 'Fax over Internet Protocol' की प्रथमाक्षरी

FOIR *abbr.* 'fixed obligation to income ratio' की प्रथमाक्षरी

FOIS *abbr.* 'freight operations information system' की प्रथमाक्षरी

foist /फॉइस्ट/ *v., pt.* **~ed**, *pp* **~ing** 1 गलती से कहीं डालना या भिड़ाना: ~ sth in/ into sth 2 गले मढ़ दे.: ~ sth on sb; ~ a bad dollar on sb; ~ oneself on sb;

FOJ *abbr.* 'Federal Office for Justice' की प्रथमाक्षरी

FOL *abbr.* 'fuel, oil and lubricants' की प्रथमाक्षरी

fol. *abbr.* 'Folio', 'following' का संक्षेप

fold /फोल्ड/ *v., pt.* **~ed**, *pp* **~ing** 1 (*also* **~ sth over/ back up** *etc.*) तह लगाना: ~ a letter (a newspaper); ~ clothes 2 (*also* **~ away**) मोड़ ले., फोल्ड कर ले. या हो जाना: the chair **~s** away for storage; ~ up an umbrella; seat that **~s** up 3 पतंगे आदि द्वारा अपने पंख बंद कर ले. 4 फूलों की पंखुड़ियों का बंद हो. 5 किसी को बांहों में भर ले.: ~ sb in one's arms 6 (*also* **~ up**) धंधे आदि का चौपट हो जा.: the shop **~ed** after one year;
n. 1 तह करने की क्रिया 2 तह की लकीर/ निशान/ क्रीज 3 (**the** ~) दल, गुट, संप्रदाय: return to the ~ 4 प्राकृतिक परिदृश्य में खाली स्थान 5 (***syn.*** pen) भेड़शाला, बाड़ा 6 पहाड़ियों के बीच खाली स्थान; **~ing** /फोल्डिंग/ *adj.* फोल्डिंग, टुटवां, मुड़वां, मुड़कर इकट्ठा हो जाने वाला: a ~ chair; a ~ bed; ~ seat; ~ shutters; ~ step/ stairs/ footboard; ~ boat; ~ screen;
dw/lw: **~able** *adj.* मोड़ने योग्य, जिसे मोड़ा जा सके; **~-away** *adj.* मोड़ने वाला, मुड़ने वाली (कुर्सी आदि**~er** /फोल्ड:/ *n.* 1 फोल्डर 2 कंप्यूटर में कई फाइलों का फोल्डर 3 फाइल या कागजात रखने का प्लास्टिक का या गत्ते का फोल्डर या पुटक;
collocations: **~ing money** *colloq.* कागज के नोट;
p&i: **~ away** मोड़कर अलग रखना; **~ one's arms/ hands** 1 बांहों या हाथों को छाती पर क्रॉस कर रखना 2 हाथों पर हाथ धरकर बैठना (कोई काम न क.); **~ one's hands** हाथ जोड़ना; **~ out** किसी किताब या कॉपी में चित्र या डायग्राम वाला लंबा-चौड़ा पन्ना जिसे मोड़कर पुस्तक में फिट किया जाता है; **~ sb in one's arms** किसी को अपने बांहों में भरना, आलिंगन में बांधना; **~ sth in** *cookery* मिश्रण बनाना;
bring back the stray sheep to the ~ भटके व्यक्ति को अपने समूह में वापस लाना; **invite to the ~** अपने दल, गुट या संप्रदाय में बुलाना

-fold *suffix, forming adverbs and adjectives, meaning:* **multiplied by a specified number** (इतने गुणा): a twofold benefit

folder, folding *see above under* **fold: *dw/lw***

folia /फोलिआ/ *n., pl.* पेड़ से झड़कर जमीन पर गिरे हुए पत्ते
dw/lw: **~ceous** /फोलिऐशिअस/ *adj.* 1 जिसमें पत्ते हों, पत्तेदार, पत्रित 2 पत्ते जैसा; **folia\ge** /फोलिज/ *n.* 1 पौधे या पेड़ पर लगे समस्त पत्ते: ~ge feed; ~ge plant; a tree with handsome ~ge 2 बेल-बूटे; **foliar** /फोलिअ:/ *adj.* पत्तों से संबंधित
collocations: **~ leaf** सत्यपत्र

folia\te /फोलिएट/ *v., pt.* **~ted**, *pp* **~ting** 1 पत्तों, पन्नियों आदि से सजाना 2 किसी धातु को हथौड़े से पीटकर पतली पन्नी बनाना 3 पुस्तक के पन्नों को चिह्नित क. 4 पौधे पर पत्तों का उग आना;
adj. 1 पर्णिल, पर्णाकार 2 पत्रित, शल्कित, पत्तीदार 3 पत्ते के आकार का;
dw/lw: **~ted** /~टिड/ *adj.* 1 पत्तों या पन्नियों से सजाया हुआ: ~ted velvet (पन्नीदार कढ़ाई वाला मखमल) 2 पन्नी जैसा, पन्नीदार; **~tion** /~शन/ *n.* 1 पत्तों से भरा होने की स्थिति, पत्रण 2 पन्नीदार होने की अवस्था 3 *geol.* शल्कन

folie a deux /फॉलि अ डू/ फॉलि अ डअ/ *n., Fr., pathol.* एक प्रकार का मानसिक रोग जिसमें दो आपस में निकट व्यक्तियों को एक ही प्रकार की भ्रामकता होती है

folie de grandeur /फौलि ड ग्रांडर/ *n., Fr.* अपने को बहुत दौलतमंद व सुंदर समझकर इतराने का मानसिक रोग 2 (***syn.*** megalomania, delusion of grandeur) महान या शानदार होने की भ्रामक

folio /फलिए/ *n., pl.* **~s** 1 बड़े-बड़े पृष्ठों से बनी पुस्तक 2 फलिया पुस्तक का एक पृष्ठ 3 (पुस्तक के) पन्नों की संख्या 4 परीक्षार्थी प्रस्तुत की जाने वाली सामग्री या पांडुलिपि: your **English** folio must be completed by march 4 *old use* फोल्डर;
adj. गोलियों से बना: a ~ edition; **Folio** pieces must be handwritten;
v., pt. **~ed**, *pp* **~ing** पृष्ठ-संख्या अंकित क.

folk /फोक/ *UK* (*US* **~s**) *n., [pl.]* 1 लोक, जन, जनता, लोग: old **~s**; poor **~s** 2 वर्ग विशेष का जनसमूह: country ~ 3 (*colloq.* **~s**) अपना परिवार: going to visit the **~s** 4 (*also* **~ music**) *n., [sing.]* लोक संगीत: ~ **(music)** is an important aspect of ~ literature;
adj. 1 किसी राष्ट्र या उसकी जनता विशेष का 2 लोक, लोकगत: ~-belief; ~-medicine; ~-song; ~-speech;
dw/lw: **~-art** *n.* लोक कला; **~-custom** *n.* लोक रीति; **~-dance** *n.* लोक नृत्य; **~-etymology** *n.* 1 (*also* **popular etymology**) लोक व्युत्पत्ति 2 शब्दों और शब्द-समूहों के उद्भव का उसी अर्थ के दूसरे शब्दों से जोड़ने का अनुचित प्रयास; **~ie** /फोकि/ *n.* लोक संगीत का दीवाना; **~ish** *adj.* पारंपरिक, गंवार, देहाती; **~-leasing** *n.* सरेआम की जाने वाली बदनामी; **~lore** /फोकलॉः/ *n.* किसी जन-समूह की प्रथाओं, आस्थाओं, परंपराओं, लोक साहित्य, लोक वार्ता, लोक संगीत आदि का समुच्चय; **~loric** /फोकलॉरिक/ *adj.* लोक विधाओं से संबंधित; **~lorist** /फोकलॉरिस्ट;/ *n.* लोकविधा विद् या विशेषज्ञ; **folkloristics** /फोकलॉरिस्टिक्स/ *n.* लोक-विधा विज्ञान या अध्ययन; **~-memory** *n.* लोक स्मृति; **~sy** /फोक्सि/ *adj., degr.* ~sier, ~siest 1 मैत्रीपूर्ण, दोस्ताना, अनौपचारिक 2 पारंपरिक लोक शैली में बनाया हुआ; **~way** लोक शैली, लोक रीति; **~-weave** *n.* बेढंगी बुनावट हुआ; **~y** /फोकि/ *adj.* लोकवत, अनौपचारिक;
collocations: **~ hero** लोक नायक; **~ music = folk** लोक संगीत; **~ singer** लोक गायक; **~ song** 1 लोक गीत 2 अमेरिका में1960 के दशक में लोकप्रिय बना गिटार-आधारित गीत या गायन; **~ tale/ ~ story** लोक कथा; **~ tune** लोक धुन; **~ wisdom** लोक विवेक;
p&i: **idle ~s have the least leisure** कामचोर लोगों के पास फुर्सत नहीं होती यानी किसी भी काम के लिए उनके पास समय नहीं होता; **idle ~s lack no excuses** कामचोर के पास बहाना सदा तैयार रहता है; **the old ~s at home** बूढ़ा-बुढ़िया, माता-पिता;

follicle /फौलिकल/ *US* फाःलिकल/*n.* सूक्ष्म गर्तिका, बाल की जड़ का छिद्र, रोम: hair ~

follow /फौलो/ *US* /फाःलो *v., pt.* **~ed**, *pp* **~ing** 1 गुप्त तरीके से पीछा क.: they **~ed** all his movements closely; ~ the scent 2 (*also* **~ after sb**) 2.1 के पीछे चलना या आना 2.2 के बाद में आना: sweets, **~ed** by coffee; a verb **~ed** by a preposition; night **~s** day; ~ after 3 पालन क.: ~ regulations; ~ the law; ~ a strict diet 4 आज्ञा या सलाह मानना: ~ the custom; ~ directions (instructions, advice); ~ the old masters 5 क्रियान्वित क., जीवन में लागू क.: ~ a life of self-denial (*see also below under* ***p&i***); ~ a policy 6 पीछे चलना, पद चिह्नों पर चलना: ~ sb in (out); he **~ed** his father as head of the firm; **~ed** unthinkingly 7 अनुसरण या अनुकरण क.: **~s** a familiar pattern; ~ sb's example; ~ the conservative party 8 समझना या समझ में आना: do you ~ me?; he **~ed** the argument easily 9 में रुचि ले.: Ram **~s** cricket avidly 10 (~ **from sth**) परिणाम या निष्कर्ष निकलना: it **~s** that Ram is right; that doesn't ~ 11 का स्थान ले. 12 ध्यानपूर्वक देखना, पीछे-पीछे नजर दौड़ाना.: his eyes **~ed** her up the street 13 के साथ जाना 14 का पीछा क.: ~ a retreating enemy 15 पर आधारित हो.: the film **~s** the life of aborigines faithfully 16 घिसे-पिटे रास्ते पर चलना;
dw/lw: **~-on** *n.* क्रिकेट के खेल में पहली पारी में 200 या अधिक रन से पिछड़ने पर पिछड़ी हुई टीम द्वारा तुरंत दूसरी पारी की बल्लेबाजी करने का चलन; **~-the-leader** (*also* **~-my-leader**) एक खेल जिसमें बच्चे एक पंक्ति में किसी के पीछे चलते हैं; **~-through** *n.* 1 गेंद या शटल को मारने के बाद बल्ले या रैकेट को उसी दिशा में बनाए रखने की क्रिया 2 किसी योजना को पूरा करने के लिए उठाए जाने वाले कदम; **~-up** *n.* 1 अगली कार्रवाई 2 बाकी छूटे हुए काम को पूरा करने की क्रिया 3 इलाज के बाद की कार्रवाई: come back on Monday for a ~-up; **~-up** *adj.* 1 अगला या अगली 2 के परिणाम स्वरूप होने वाला: ~-up care; **~-up** *v., pt.* ~ed-up, *pp* ~ing-up (*syn.* investigate) छान-बीन क.;
p&i: **~ a life of self-denial** संन्यासी का जीवन जीना; **~ a path/ road, etc.** के रास्ते पर चलना; **~ after sb** किसी के पीछे चलना; **~ed by sth** किसी बात का बाद में हो.; **~ from sth** से निष्कर्ष निकलना; **~ in sb's footsteps/ ~ in sb's tracks/ footsteps** किसी के पद चिह्नों पर चलना; **~ing is the full text of ...** पूरा पाठ निम्न प्रकार है...; **~ instructions/ orders/ rules, etc.** निर्देश/ नियम/ आदेश आदि का पालन क.; **~ on** *UK* 1 से आगे बढ़ाना 2 पीछे-पीछे जा.; **~ on the heels of** ठीक पीछे आना या घटित होना; **~ one's nose** नाक की सीध में जा.; **~ out** अंत तक पीछा क.; **~ sb around/ about** पीछा क., पीछे-पीछे जा.; **~ in sb's footsteps** किसी के पद चिह्नों चलना; **~ sb to his grave** किसी को अंतिम विदाई दे.; **~ sb's example/ lead** किसी का अनुकरण क.; **~ sth out** निर्देशों को पूरी तरह लागू क.; **~ sth through/ up** किसी विचार या योजना को शुरू से लेकर अंत तक लागू करवाने का प्रयास क.; **~ sth up** आगे बढ़ाना, अगला कदम उठाना; **~ suit** अनुसरण क., के पीछे-पीछे चलना; **~ the crowd** भेड़ चाल चलना; **~ the great** बड़ों का अनुसरण करो!;
as ~s निम्नलिखित, जैसा कि नीचे दिया गया है ...; **the terms are as ~s**: शर्तें निम्न प्रकार हैं: ...; **it ~s that ...** इससे निष्कर्ष निकलता है कि ...

follower /फॉलोअः/ *n.* 1 अनुयायी: the **~s** of a doctrine 2 अनुचर, शिष्य 3 (**the** ~) के बाद आने वाला: the ~ is what comes next 4 नकल करने वाला;

following /फॉलोइंग/ *n.* अनुयायी समुदाय, अनुचरों का समूह: the singer has a loyal ~;
adj. 1 अगला, आगामी: the ~ day/ morning, etc. 2 निम्नलिखित: the ~ persons have received honorary degrees; need to deal with the ~ points;
prep. के बाद, के उपरांत, के परिणाम स्वरूप: ~ sb's resignation, sb takes over the charge

folly /फौलि/ *US* फाःलि/ *n., pl.* **follies** 1 (***syn.*** stupidity) मूर्खता, मूढ़ता, बेवकूफी, मूर्खतापूर्ण कार्य: pay for one's ~ 3 किसी सजावटी दृश्य के साथ बनाया हुआ दुर्ग या खंडहर आदि

FOMA *abbr.* 'Freedom of Market Multimedia Access' की प्रथमाक्षरी

foment /फोमंट/ *v., pt.* **~ed**, *pp* **~ing** 1 सेंकना, सेंकाई क., टकोर क. 2 (***syn.*** incite) उभाड़ना, फैलाना, जगाना: ~ hatred (घृणा फैलाना) 3 भड़काना, उकसाना: ~ rebellion;
dw/lw: **~ation** /फोमंटेशन/ *n.* 1 सेंक, सिंकाई 2 उभाड़ने की क्रिया या भाव 3 उत्तेजना, उकसाहट: ~ation of discontent; **~er** *n.* भड़काने वाला, उकसाने वाला

fond /फौंड/ *US* फांड/ *adj.* 1 (***syn.*** affectionate) स्नेही अनुरागमय: ~ glances; a ~ mother 2 अतिशय विश्वास करने वाला, अनाड़ी की माफिक आशावादी;
dw/lw: **~ly** *adv.* प्रेमपूर्वक, स्नेहपूर्वक: gaze ~ly at sb; he ~ly

believed that all men were his friends; **~ness** *n.* लगाव, स्नेह, अनुराग, रुचि: his ~ness for his children;
p&i: **a ~ hope/ belief, etc.** मन में संजोए जानेवाले आशा या विश्वास आदि

fondant /फौंडंट/ *US* फांडंट/ *n.* चीनी और पानी का गाढ़ा घोल

fond\le /फौंडल/ *US* फांडल/ *v., pt.* **~led**, *pp* **~ling** (***syn.*** caress) दुलारना, प्यार से छूना, सहलाना;
dw/lw: **~ling** *n.* थपथपाहट, दुलार-चुमकार

fondue /फौंड्यू/ *US* फांडू/ (*also* **~ bourguignonne** /~ बुअजीनयॉ/) *n., pl.* **fondues**, *cookery* पनीर और चटनी का व्यंजन

font /फौंट/*US* फांट/ *n.* 1 लिपि, टाइपिंग के अक्षरों का आकार-प्रकार आदि 2 *church* चर्च में अभिषेक के लिए पवित्र जल रखने का पात्र, जलपात्र

fontanelle /फौंटअनेल/ *US* फांटअनेल/ *n.* शिशु के सिर का पोला भाग, शिशु करोटि, कलांतराल, विवर

food /फूड/ *n.* 1 भोजन, आहार, खाना: wholesome ~ (संपूर्ण आहार); ~ and drink; plain ~ 2 अन्न, खाद्य, खाद्यान्न: ~ and clothing 3 खुराक: mental/ spiritual ~;
dw/lw: **~ful** *adj.* प्रचुर, बहुल, पर्याप्त मात्रा में; **~ie** /फूडी/ *n.* भोजन-प्रेमी, चटोरा आदमी; **~less** *adj.* भूखा; **~s** *n. [pl.]* खाद्यान्न, अन्न, अनाज, गल्ला; **~stuff** *n.* खाद्य पदार्थ, खाद्यान्न; **~y** *adj.* चटोरा, पेटू;
collocations: **~ additive** भोजन में मिलाया जाने वाला खाद्य रसायन; **~ bank** *US* अमेरिका में गरीबों के लिए भोजनालय; **~ canal** पोषण-नाल; **~ chain** आहार श्रृंखला; **~ court** भोजनालय; **~ crop** अनाज की फसल; **~ cutter** चारा काटने वाली मशीन; **~ fish** खाद्य मछली; **~ for powder/ ~ for the flames** तोप का चारा यानी बारूद; **~ grains** खाद्यान्न; **~ hygiene** भोजन की प्रक्रिया में साफ-सफाई; **~ mile** खाद्य पदार्थों की पैदावार, उनकी दूर-दूर तक ढुलाई तथा खपत मापने की इकाई; **~ poisoning** भोजनजन्य विषाक्तता; **~ processor** फूडप्रोसेसर, आहार-संसाधक, खाद्य पदार्थों से भिन्न-भिन्न व्यंजन बनाने की मशीन; **~ reserves** खाद्यान्न भंडार; **~ science** आहार विज्ञान; **~ stamp** निःशुल्क भोजन पत्रक; **~ technology** आहार तकनीक; **~ value** खाद्य-मान, पौष्टिकता;
angel ~ 1 एक प्रकार का बिस्कुट 2 *sl.* पादरी का उपदेश 3 आडंबरपूर्ण भाषा; **baby/ cat/ dog ~** बच्चों/ बिल्लियों/ कुत्तों का आहार; **be ~ for fishes** मृत व्यक्ति हो.; **be ~ for worms** मर जाना; **cold/ hot/ savoury/ sweet ~** ठंडा/ गर्म/ स्वादिष्ट/ मीठा भोजन; **fast/ junk ~** जल्दी-जल्दी पकाया जाने वाला खाना/ अपौष्टिक भोजन/ चालू खाना; **frozen/ organic/ processed ~** जमा हुआ/ सहज/ संसाधित आहार; **infant's ~** शिशु आहार; **preserved ~/ tinned/ canned ~** डिब्बा बंद आहार;
p&i: **~ for thought/ reflection** चिंतन-मनन के लिए सामग्री

fool /फूल/ *n.* 1 (***syn.*** idiot) मूर्ख, मूढ़: he is no ~; any ~ could do it 2 (***syn.*** jester) विदूषक, मसखरा 3 भोला-भाला, भोंदू, बुद्धू; ***v.***, *pt.* **~ed**, *pp* **~ing** 1 मूर्ख बनाना या बनना: be **~ed** into doing sth 2 बुद्धू बनाना, उल्लू बनाना: you won't ~ me 3 धोखा., ठगना: I have been **~ed** out of my money 4 समय बर्बाद क.: ~ with sth;
dw/lw: **~ery** *n., pl.* ~eries मूर्खता, हंसी-दिल्लगी; **~hardy** /फूलहाःडि/ *adj.* बेवकूफीपूर्ण ढंग से खतरा मोल लेने वाला, दुस्साहसी, उजड्ड; **~hardiness** *n.* उजड्डता, दुस्साहस; **~ing** *n.* बुद्धूपन, मूढ़ता, मसखरापन; **~ish** *adj.* (***syn.*** silly) मूर्ख, बुद्धू, नासमझ, बेवकूफ: look ~ish; **~ishly** *adv.* मूर्खतापूर्वक; **~ishness** *n.* मूर्खता, बेवकूफी, नासमझी; **~proof** *adj.* (***syn.*** infallible) पक्का, सुस्पष्ट, बिना किसी कमी या त्रुटि के: a ~proof method, etc.;
collocations: **~'s errand** मूर्खता का काम, मूढ़ उद्यमी, बेकार में की गई यात्रा; **~'s cap** विदूषक का टोप; **~-proof machinery** बिल्कुल सही यंत्र; **~'s coat** विदूषक का रंग-तिरंगा कोट; **~'s gold** चट्टानों में मिलने वाली सोने जैसी पीली धातु; **~'s paradise** मूर्खों का झूठा स्वर्ग;
p&i: **a ~ doth think he is wise, but the wise man knows himself to be a ~** मूर्ख और बुद्धिमान में फर्क यह है कि मूर्ख अपने को बुद्धिमान समझता है, पर बुद्धिमान अपने को मूर्ख; **a ~ is betrayed by a spoken word** मूर्ख के मुंह खोलते ही पता चल जाता है कि वह मूर्ख है; **a ~ may give a wise man counsel** मूर्ख भी कभी-कभी नेक सलाह दे सकता है; **a ~'s bolt is soon short/ spent** मूर्ख की तर्कश में तीर नहीं टिकते;
~ about/ ~ around 1 आवारा घूमना 2 (***syn.*** mess around) गड़बड़ क.; **~ away** 1 स्वास्थ्य, समय आदि व्यर्थ बर्बाद क. 2 बेमतलब खर्च क., पानी की तरह पैसा बहाना; **~ around/ about** बेवकूफी क., आवारागर्दी क.; **~s have fortune** मूर्खों को खजाना मिलना; **~s rush in where angels fear to tread** मूर्ख लोग वहां भी घुस जाते हैं जहां देवता भी जाने से डरता है; **~ sb into/ out of sth** किसी को बुद्धू बनाकर कोई काम करवाना या करने से इन्कार करवाना; **~ should not have chapping sticks** बंदर के हथ लाठ नहीं लगनी चाहिए; **~s rush in where angels fear to tread** मूर्ख के दुस्साहस की कोई सीमा नहीं होती; **~s will be ~s** मूर्ख तो मूर्खता करेगा ही; **~ to others, to himself a sage** दूसरों की नजर में मूर्ख, अपने जहन में एक ऋषि; **~ with sb/ sth** *US* 1 समय व्यर्थ क. 2 किसी बात में मूर्खतापूर्वक अपनी टांग अड़ाना;
a ~ always rushes to the fore मूर्ख वक्त-बेवक्त आगे बढ़ना चाहता है; **a ~ and his money are soon parted** बेवकूफ व्यक्ति पैसे को व्यर्थ में उड़ा देता है; **a ~ may sometimes speak to the purpose** कभी-कभी मूर्ख भी सच बोल सकताहै; **a ~ of circumstances** किस्मत का मारा; **a ~'s bolt may sometimes hit the mark** कभी-कभी मूर्ख भी सही बात कह सकता है; **a ~'s errand** व्यर्थ प्रयास; **act/ play the ~** जोकर बनना; **All Fool's Day** पहली अप्रैल का मूर्ख दिवस; **answer a ~ according his folly** मूर्ख को उसकी भूल के अनुसार जवाब मिलेगा; **as the ~ thinks, so the bell klinks** मूर्ख है वह आदमी जो सोचता है कि सब कुछ उसकी इच्छानुसार होगा; **be a ~ for one's pains** बेवकूफ बन जाना; **be no/ nobody's ~** उसे कोई बेवकूफ नहीं बना सकता; **every ~ will be meddling** मूर्ख हर काम में टांग अड़ाना चाहता है; **every man has a ~ in his sleeve** हर विद्वान व्यक्ति में सादगी होती है; **fortune favours the ~** मूर्खों के लिए धन-दौलत के अंबार लग जाते हैं; **if wise men play the ~ they do it with a vengeance** बुद्धिमान व्यक्ति थोक में मूर्खों की तरह व्यवहार कर सकता है; **make a ~ of oneself** बुद्धू बनना; **make a ~ (out) of sb** किसी को बुद्धू बनाना; **nobody's ~** अत्यधिक चतुर व्यक्ति; **one ~ praises another** चोर-चोर मौसेरे भाई; **none is a ~ always, every one some times** जन्म से कोई मूर्ख नहीं होता, हर कोई मूर्खता कर सकता है; **one fool makes many** मूर्खता संक्रामक रोग की तरह फैलती है; **play the ~ with** 1 बेवकूफियां क. 2 धोखा दे. 3 खराब क., नष्ट क.; **play/ act the fool** जानबूझकर बुद्धू बनने का दिखावा क.; **there is no ~ like an old ~** बूढ़े तोते नहीं पढ़ते; **you could have ~ed me** मैं आपकी बात पर विश्वास नहीं करता

foot /फुट/ *n. pl.* **feet** 1 पांव, पैर, चरण: big/ small **feet**; the fore/ hind **feet** 2 फुट (12 इंच: the room is sixteen ~ by ten 3 आधार, मूल 4 पाया 5 पांयता, पैंद (*Hr.*), पैताना (of a cot) 6 अधोभाग, निचली पहाडियां 7 पांव जैसी कोई भी वस्तु 8 पैदल सेना 9 तलछट 10 जुराब या मोजे का पांव 11 काव्य-छंद में एक इकाई, पद, चरण;
adj. पैदल: ~ soldier;
v., *pt.* **~ed**, *pp* **~ing** 1 भुगतान क., अदायगी क.: ~ the bill 2 थोड़ी देर नाचना 3 निष्कर्ष निकालना: ~ up (कुल जोड़ हो.) 4 पैदल

जाना: ~ the road;
dw/lw: **~-bath** *n.* पांव धोने की क्रिया, पांव धोने के लिए बर्तन; **~board** *n.* पायदान; **~-brake** *n.* पांव की ब्रेक; **~bridge** *n.* पैदल पुल; **~-company** *n.* पैदल सेना की टुकड़ी; **~-control** *n.* पांव से चालन या नियंत्रण; **~ed** *adj.* पैर वाला, पैरों वाला: four-~ed; **~er** *n.* (फुटों में) ऊंचा व्यक्ति या ऊंची वस्तु; **~fall** *n.* 1 पगध्वनि, कदमों की आहट, पदचाप: his ~fall died away in the distance 2 किसी स्थान पर आगमन; **~fault** *n.* (टेनिस आदि के खेल में) बेसलाइन (आधार रेखा) पार करने पर सर्विस आदि का बेकार हो जा.; **~hill** *n.* (*usually* **~hills**) निचली पहाड़ियां; **~hold** *n.* 1 पांव जमाने के लिए सुरक्षित स्थान 2 आधार: gain a ~hold; **~ie/~y** *n.* फुटबाल; **footing** *see below under separate entry*; **~less** *adj.* पादहीन, निराधार; **~licker** *n.* तलवे चाटने वाला, चापलूस; **~lights** *n.* 1 पाददीप, पादबत्ती 2 अभिनेता का व्यवसाय; **~ling** *adj.* तुच्छ, नगण्य; **~loose** *adj.* 1 छुट्टा, खुला 2 घुमक्कड़, सैलानी 3 बेफिक्र, स्वच्छंद; **~loose-and-fancy-free** *adj.* स्वच्छंद, बेपरवाह, निश्चिंत, बिना किसी जिम्मेवारी के; **~man** *n.* 1 नौकर 2 प्यादा, पैदल सिपाही; **~mark** *n.* पांव के निशान, पद चिह्न, *Hr.* पैड़; **~note** *n.* पाद टिप्पणी, फुट नोट; **~pad** *n.* बटमार, लुटेरा, राहजन; **~-page** *n.* संदेशवाहक बालक; **~-pan** *n.* पांव धोने का बर्तन; **~path** *n. UK* पैदल पथ, पगडंडी, पटरी; **~-plate** *n.* पादपट्ट, पुरानी रेलगाड़ियों में ड्राइवर आदि का तख्ता ; **~-pound/ ~-pund force** एक पौंड वजन को एक फुट ऊंचा उठाने के लिए आवश्यक ऊर्जा; **~print** *n.* 1 पद चिह्न, पैड़ (*Hr.*) 2 रखने का स्थान; **~pump** *n.* पांव से चलने वाला पंप; **~-race** *n.* पैदल-चाल प्रतियोगिता; **~-rest** *n.* पायदान; **~rope** *n.* जहाज की गोदी के किनारों पर बिछी रस्सी; **~-rot** *n.* खुर-गलन, तल विगलन, खुरपका; **~-rule** *n.* फुटा; **~sie** /फुट्सी/ *n.*: play ~sie with sb (मेज के आर-पार बैठकर एक-दूसरे के पांव से पांव सहलाना); **~slog** *n.* पैदल-यात्रा; **~-slogger** *n., sl.* प्यादा; **~-soldier** *n.* प्यादा; **~sore** *n.* पादक्षत; **~stale** *n.* रकाब; **~stalk** *n.* पर्णवृंत; **~step** *n.* पदचाप, कदम; **~-stone** *n.* नींव का पत्थर; **~stool** *n.* पाद पीठ: God's ~stool/ ~stool of the Almighty (संसार, दुनिया); **~sure** = sure-footed आत्म-विश्वासपूर्वक कदम रखनेवाला; **~-tapping** *n.* फर्श पर पांव के जूते मारकर (पदचाप से) पैदा की जाने वाली टप-टप की संगीतमय आवाज; **~-troops** *n., [pl.]* पैदल सेना; **~-wall** *n.* नींव की दीवार; **~-warmer** *n.* पांव को गर्म करने वाली वस्तु; **~way** *n.* पटरी, पगडंडी; **~wear** *n.* जूते; **~work** *n.* पद चालन; **~worn** *adj.* घिसा हुआ: ~worn pavement; ~worn path; ~worn traveller; **~y** *n.* = football फुटबाल;
collocations: **~ and horse** पैदल और घुड़ सेना; **~ measure** फुट (12 इंच); **~ to ~** पैदल सेना की लड़ाई;
a regiment of ~ पैदल सेना की टुकड़ी; **at the ~ of the bed** पांयता, पैंद (*Hr.*), पैताना; **at the ~ of the class** कक्षा के सबसे फिसड्डी छात्र; **at the ~ of a page** पृष्ठ के अंत में; **at the ~ of a table** मेज के अंत में; **crow's feet** आंखों नीचे पड़ने वाले गड्ढे व झुर्रियां; **the ~ of the procession** जलूस का अंतिम सिरा;
p&i: **feet first** मर जाने पर उठाकर ले जा.; **~ it** पैदल चलना; **~ the bill** बिल का भुगतान क.; **~ the bill and get nil** खेवा भी देना और बह भी जा.;
at a ~'s pace कदम से कदम मिलाते हुए; **be at sb's feet** किसी की शरण में हो.; **be beneath/ under sb's ~** or **feet** किसी का गुलाम हो.; **be light on one's feet** हल्की चाल चलने वाला; **be on your ~** खड़े रहना, आत्म-निर्भर हो.; **better the foot slips than the tongue** जबान के फिसलने से बेहतर है पांव का फिसलना; **bring sb to his feet** उत्तर देने के लिए खड़ा होने को विवश क.; **carry/ sweep, take sb off his feet** किसी को लड़खड़ा दे., विह्वल कर दे.; **carry across the ~lights** नाटक, फिल्म आदि का जनता को पसंद आना; **catch sb on the wrong ~** किसी को रंगे हाथ पकड़ लेना; **come on the hot ~** जल्दी से आ जाना; **die on one's feet** ढह जा., बर्बाद हो जा.; **do a hot ~** रफू चक्कर हो जा., गायब हो जा.; **dog sb's ~steps** लगातार पीछा क., किसी की जासूसी क.; **drag your feet** हाथ खींचना, पीछे हटना; **fall/ land/ drop on one's feet** जटिल स्थिति से सुरक्षित निकल आना; **feet foremost** मृत व्यक्ति के पांव पसारना; **find one's feet** जीवन में कहीं अपने पांव जमाना; **find/ get/ have/ know/ take the length of sb's ~** किसी की कमियों का पता लगाना; **follow in sb's ~steps** किसी के पद-चिह्नों पर चलना; **get a ~ in** कहीं न कहीं जीवन शुरू क.; **get a ~ in the door** किसी संगठन या व्यवसाय में पहली बार प्रवेश या मान्यता पाना; **get cold feet** पहले से नियोजित किसी काम को करने के बारे में हिचकिचाहट पैदा हो.; **get/ have the ~ of sb** किसी से आगे निकलना; **get off on the wrong ~** आरंभ में ही गलत कदम रखना; **get off on the right ~** सफल शुरुआत क.; **get one's ~ in** 1 कहीं घुस जाना 2 किसी का विश्वास पात्र बन जाना; **get one's ~ on the ladder** प्रथम उपलब्धियां पाना; **get one's feet wet** कोई काम शुरू क.; **get/ rise to your feet** खड़ा हो.; **get sth across the ~lights** श्रोताओं तक पहुंच पाना या उनकी वाह-वाही पाना; **get/ start off on the wrong ~** किसी कार्य की गलत ढंग से शुरूआत क.; **get the ~ of sb** किसी से आगे निकल जा.; **get up with one's wrong ~ foremost** आरंभ में ही गलत कदम रखना; **have feet of clay** बहुत सारी कमियों से ग्रस्त हो.; **have/ put/ set one's ~ on sb's neck** किसी पर अत्याचार क., दास बनाना; **have/ put/ stretch one's feet under sb's mahogany** किसी दूसरे के साधनों पर जीना; **have a ~ in both camps** दो नावों में पांव रखना; **have a ~ on the loud pedal** शोर मचाना; **have leaden feet** बहुत धीमे चल पाना; **have one's ~ in the grave** मौत के करीब हो., मरणासन्न हो.; **have the ball at one's feet** सफलता की संभावना हो.; **have two left feet** अत्यधिक बेढ़ब हो.; **measure another man's ~ by one's own last** अपने मापदंड से दूसरों को आंकना; **keep one's feet** अपने पांव पर मजबूती से खड़ा रहना; **lick sb's feet** किसी की चापलूसी क.; **miss one's ~** कदम ताल टूटना; **my ~!** मेरी बला से! मेरी ठोकर की नोक पे!; **not put a ~ right** गलतियों पर गलतियां करते जा.; **not put a ~ wrong** गलती न क.; **not to be able to feel one's feet** थककर चूर हो जा., पांव पर खड़ा न रह पाना; **not to lift/ to move/ stir a ~** अपने स्थान से जरा भी न हिलना; **on ~** पैदल; **on one's feet** बिल्कुल स्वस्थ; **one's ~ has gone to sleep** किसी का पांव सो गया; **pull ~** सिर पर पैर रखकर भाग जाना; **put one's best ~ forward** सर्वश्रेष्ठ प्रयास क.; **put one's feet up** पांव फैलाकर थोड़ा आराम क. या सुस्ताना; **put one's ~ in it** अपनी टांग अड़ाकर झमेला मोल ले लेना; **put one's ~ in one's mouth** अनजाने में बेवकूफीपूर्ण बात कहना; **put/ set/ one's ~ at/ in/ on** 1 घोड़े से नीचे उतरना 2 शुरू क. 3 कहीं से चले जाना, चल पड़ना; **put one's ~ down** अपने निश्चय पर अटल रहना; **put/ set sb on his feet** किसी को उसके पांव पर खड़ा क. यानी उसे लोगों के बीच ला खड़ा क.; **put sth on ~** किसी चीज को चालू क.; **recover one's feet** गिरकर खड़ा हो.; **run a good ~** घोड़े द्वारा तेजी से दौड़ा जा.; **rushed/ run off one's feet** बहुत व्यस्त हो., काम के बोझ तले दबा हो.; **set ~ in it/ on sth** कहीं पर पहुंचना, कदम रखना, आना; **set sb/ sth on their/ its feet** किसी को या किसी चीज को स्वतंत्र या सफल बनाना; **set sth on ~** किसी चीज को चालू क., कार्यान्वित क.; **sit at sb's feet** किसी के चरणों में बैठकर ज्ञान प्राप्त क.; **stand on one's own two feet** अपना काम स्वयं अपने बलबूते पर क. आत्मनिर्भर हो.; **stagger to one's ~** मुश्किल से खड़ा हो पाना; **swift of ~** तेज चलने वाला; **think on one's feet** जल्दी से कोई उपाय सोच निकालना; **throw oneself at sb's feet** किसी के पांवों में गिरकर भीख मांगना;

take to one's feet पैदल जाना; **trample/ tread under ~** पांव तले रौंदना; **the ~ of sth** निचला हिस्सा, अधो भाग; **under one's feet** के रास्ते में रोड़ा, बाधा; **vote with one's feet** अपना संतोष जताना; **with both feet** *US* पूर्णतया

footage /फुटिज/ *n.* 1 किसी घटना की फिल्म या उसकी लंबाई 2 फिल्म के किसी टुकड़े का टीवी आदि में उपयोग 3 फुटों में लंबाई

foot/ hoof-and-mouth disease संक्रामक रोग जिसमें पशुओं के मुंह तथा पैरों पर फफोले निकल आते हैं, मुंहपका

football /फुटबॉल/ *n.* 1 *UK* (*UK/US* **soccer**) फुटबाल 2 *US* (*UK* **American football**) बेसबाल 3 फुटबाल की गेंद 4 फुटबाल का खेल, फुटबाल का मुकाबला;

collocations: **~ ace** शानदार खिलाड़ी; **~ colours** किसी फुटबाल क्लब से संबंध दिखाने वाले रूमाल, टोपी, झंडियां आदि; **~er** फुटबाल खिलाड़ी; **~ hooligan** फुटबाल मैच के दौरान दंगा-फसाद करने वाला गुंडा, फुटबाल दंगई;

p&i: **the issue became a ~ of politics** इस मामले ने राजनीतिक तूल पकड़ लिया

footing /फुटिंग/ *n.* 1 पांव रखने का स्थान, पायदान: gain a ~ 2 किसी के जमीन पर रखे पांव की दृढ़ता: keep one's ~; he lost his ~ and fell 3 सामाजिक स्थिति या स्तर: obtain a ~ in society 4 नींव के ऊपर दीवार का निचला भाग, आधार;

p&i: **be on a friendly ~ with sb** किसी से मैत्रीपूर्ण संबंध हो.; **be on an equal/ firm, etc. ~** बराबर की या मजबूत स्थिति में हो.; **lose one's ~** अपनी टेक (आधार बिंदु) खो देना; **mind your ~!** अपने जमीन पर टिके पांव का ध्यान रखो!; **pay (for) one's ~** अपना योगदान देना; **put on a war ~** युद्ध स्तर पर लाना

foot\le /फुटल/ *v., pt.* **~led**, *pp* **~ling** नष्ट क., गंवाना

fooz\le /फूजल/ *n.* 1 विफल वार 2 *US* मूढ़ आदमी 3 वृद्ध व्यक्ति;

v., pt. **~led**, *pp* **~ling** *sl.* 1 असफल वार क. 2 खेल बिगाड़ना 3 बेढब तरीके से काम क. 4 व्यर्थ समय गंवाना

fop /फौप/ फा:प/*n.* बांका, छैला;

dw/lw: **~pish** *adj.* 1 बांका-तिरछा: a vain, ~pish young man 2 छैल-छबीली: ~pish moustache/ whiskers; **~pishly** *adv.* बांके-छैले की तरह: behave ~pishly; **~pery** /फॉपरि/ *n.* छैलापन, बांकपन, ठाठ-बाट, तड़क-भड़क

for /फॉ:/ *prep.* 1 के लिए, के वास्ते: this is ~ you; books ~ children 2 के कारण, की वजह से: could't see sth ~ tears 3 दूर तक, लंबे समय से/ तक: was writing ~ half an hour; ~ the past three weeks 4 के हेतु, के निमित्त: scissors ~ cutting hair 5 के उद्देश्य से: meet ~ a chat; fight ~ freedom 6 के अवसर पर: got it ~ my birthday 7 के मूल्य या दाम पर: he'd do it ~ 500 rupees 8 के बदले में, की जगह: replacements ~ the breakages 9 के पक्ष या समर्थन में: ~ or against the proposal 10 की ओर: heading ~ home 11 की ओर से, प्रतिनिधित्व करने के लिए: speaking ~ myself 12 के, का, की 13 की दृष्टि से, के विचार से 14 किसी शब्द के लिए दूसरी भाषा में शब्द: the Russian word ~ help is пóмощь /पोमश/ 15 किसी के लिए: what can I do ~ you? 16 के ऊपर निर्भर क. 17 के लिए इनाम/ दंड या जुर्माना: got seven months ~ stealing 18 के बावजूद: quite nice ~ all his faults 19 निर्धारित समय (बजे) के लिए: an appointment ~ 5 pm 20 समय (अवधि या काल) के लिए: in jail ~ 15 years; this plan is ~ seven years 21 की बदौलत: famous ~ its confectionery 22 के अनुपात में: 8 woman ~ every ten men (8:10) 23 किसी की फैसला करने की जिम्मेवारी: it's ~ him to decide 24 भूल से किसी को कोई अन्य आदमी समझ बैठना: took you ~ sb else 25 पक्की तरह से: I know it ~ a fact 26 उम्र आदि के लिहाज से: serious ~ his age 27 के विषय में/ लक्षित: proposals ~ peace; a desire ~ revenge 28 उपलब्धता: ~ sale/ not ~ sale 29 काम के एवज में दाम: charge ~ one's work;

conj. क्योंकि: he left, ~ it was late;

collocations: **~ asmuch as** क्योंकि, चूंकि; **~ certain/ ~ sure** पक्का; **~ ever (and ever)** हमेशा के लिए; **~ life** जीवन भर के लिए; **~ the present/ ~ the time being** अभी के लिए;

a cure ~ toothache दांतों के दर्द का इलाज; **affection/ love ~ children** बच्चों के लिए स्नेह; **an engagement ~ this evening** आज शाम की मुलाकातें; **anxious/ eager ~ peace** शांति के लिए आतुर; **ear ~ music** संगीत के लिए प्रेम; **hope ~ the better** बेहतर स्थिति के लिए आशा; **hunger ~ knowledge** ज्ञान के लिए भूख; **task ~ tomorrow** कल के लिए कार्य; **the train ~ Moscow** मास्को के लिए रेलगाड़ी; **tool ~ drilling holes** छेद बनाने हेतु औजार;

p&i: **~ ages** बहुत समय से; **~ a laugh** केवल मजाक के लिए; **~ all his faults we like him** उसकी कमियों के बावजूद हम उसे पसंद करते हैं; **~ all I care** मुझे परवाह नहीं; **~ all I know** मैं केवल इतना जानता हूं; **~ all one is worth** जितना हो सकता है; अपनी पूरी योग्यता, क्षमता व दमखम लगाकर; **~ all the world to see** सब के सामने, जगजाहिर करते हुए ; **~ all their claims to the contrary** उनके विपरीत आशयों के दावों के बावजूद; **~ and on behalf of** किसी की तरफ से; **~ a short** पहली बात तो यह है कि ...; **~ a song** कौड़ियों के भाव; **~ better or worse** चाहे जो कुछ भी हो, चाहे अच्छा हो या बुरा; **~ certain** पक्की तरह से, अवश्यंभावी रूप से; **~ ever** हमेशा के लिए; **~ external application only** केवल बाहरी अंगों पर लगाने के लिए; **~ fear (that)** इस डर से कि; **~ free** मुफ्त में; **~ good** हमेशा के लिए; **~ good and all** (***syn.*** finally) अंतत:; **~ instance** उदाहरणत:; **~ keeps** किसी चीज को स्थायी तौर पर रखने के लिए; **~ mercy's sake** दया कीजिए!; **~ miles** मीलों तक; **~ my part = ~ myself I shall come** जहां तक मेरा सवाल है, तो मैं आऊंगा; **~ now** अभी कुछ समय के लिए; **~ old sake's sake** पुराने दिनों का लिहाज करते हुए; **~ once** एक बात तो; **~ one ...** एक बात तो यह है कि ..., जहां तक किसी बात का प्रश्न है ...;**~ one enemy he has a hundred friends** उसका एक दुश्मन है तो सौ दोस्त भी हैं; **~ one thing, he talks too much** एक बात तो है कि वह बहुत बोलता है; **~ or against the proposal** प्रस्ताव के पक्ष या विरोध में; **~ sale = on sale** बिकाऊ; **~s and againsts** विरोध और पक्ष (के लोग); **~ sb to decide** किसी पर निर्भर क.; **~** पक्का; **~ that matter** असल में, साथ में अन्य भी; **~ the first/second/ last time** पहली, दूसरी, ... अंतिम बार; **~ the best** भले के लिए; **~ the best of an hour** लगभग एक घंटा; **for the future** भविष्य के लिए; **~ the life of him** वह जितनी भी कोशिश करे; **~ the moment = ~ the present = for the time being** अभी के लिए, फिलहाल; **~ the most part** मुख्यत:; **~ the rest** जहां तक दूसरे मामलों का सवाल है ... ; **~ this purpose** इस लक्ष्य के लिए; **~ want of** के अभाव में;

a lawyer acts ~ his client वकील अपने ग्राहक का प्रतिनिधि होता है; **as ~** जहां तक किसी बात का सवाल है ...; **be ~ it (be in ~ it)** परेशानी में पड़ने की संभावना हो.; **be paid ~ one's services** सेवाओं के लिए पैसा दे. या ले.; **blame ~ sth** किसी बात के लिए दोष; **burning desire ~ revenge** बदला लेने की उत्कंठा; **fight ~ independence (freedom)** आजादी के लिए लड़ाई; **go out ~ a walk** सैर करने जाना; **he felt no fear, ~ he was a brave man** वह नहीं डरता था क्योंकि वह बहादुर आदमी था; **head ~ home** घर की ओर जा.; **I ~ one...** जहां तक मेरा संबंध है; **I know it ~ fact** मैं इस बात के सच होने के बारे में जानता हूं; **I must see it ~ myself** मुझे इसे स्वयं देखना है; **had it not been for sb** उसके बिना तो...; **O ~ ...!** काश यह मेरे पास होता!: O ~ a pot of gold!; **once ~ all** सदा

के लिए; **play ~ money** पैसे के लिए खेलना; **proposal ~ peace** शांति के लिए प्रस्ताव; **reads well ~ her age** उसकी उम्र को देखते हुए वह अच्छा पढ़ लेती है; **replacement ~** के बदले में, के स्थान पर; **reward ~ bravery** बहादुरी के लिए पुरस्कार; **run ~ a mile** मील भर की दौड़; **run/ stand ~ New Delhi** नई दिल्ली निर्वाचन क्षेत्र के लिए उम्मीदवार हो.; **send ~ a doctor** डॉक्टर को बुलाना; **sell (to buy) ~ nothing/ ~ a song** बहुत कम कीमत पर बेचना/ खरीदना; **she is stupid ~ all her learning** उसके ज्ञान के बावजूद वह मूर्ख है; **substituted electricity ~ gas** गैस के स्थान पर बिजली ले.; **take sb ~ sb** किसी को गलती से कोई और समझ लेना; **the ship was bound ~ Africa** जहाज अफ्रीका जा रहा था; **they waited ~ the moon to appear** उन्होंने चन्द्रमा निकलने की प्रतीक्षा की; **wait ~ sb/ sth** किसी या किसी बात के लिए प्रतीक्षा क.; **warm ~ April** अप्रैल के महीने के हिसाब से गर्मी ज्यादा है; **word ~ word** अक्षरशः, शब्दशः

f.o.r *abbr.* 'free on rail' का संक्षेप (माल की रेल गाड़ी पर लादने तक की कीमत)

fora\ge /फौरिज/ *US* फाःरिज/ *v., pt.* **~ged**, *pp* **~ging** 1 खाने आदि की टोह में रहना: **~ge** (about) for a meal 2 चारा दे. 3 चारा खोजना, रसद इकट्ठा क. 4 दूसरों को लूटकर या उजाड़कर रसद व चारा इकट्ठा क. 5 (*syn.* rummage) किसी चीज की टोह में रहना: **~ge** about to find a book; **~ge** in one's pockets; **~ge** among papers;
n., pl. **~ges** 1 खाने आदि की टोह: on the **~ge** 2 (*also* **~ge crop**) पशुओं का चारा, रातब: **~ge** fodder; **~ge** grass;
***collocations:* ~ge harvester** घास काटने वाली मशीन; **~ge kitchen** चारा घर

foray /फौरे/*US* फॉःरे, फाःरे/ *n., pl.* **~s** 1 प्रथम प्रयास 2 (*syn.* expedition) छापा, धावा: make/ go on ~;
v., pt. **~ed**, *pp* **~ing** 1 लूटमार क.: ~ a land/ a village (लूटमार करके धरती या गांव को खाली कर दे.) 2 छापा मारना 3 धावा बोलना

forbade *pr.* of **forbid**

forbear /फॉःबेअः/ *v., pt.* **forbore**, *pt. p.* **forborne**, *pp* **~ing** 1 सहन क., बर्दाश्त क., धैर्य के साथ सहन क. 2 (*usually* **~ from sth/ ~ to do sth**) अलग रहना, से दूर रहना: ~ to comment/ from commenting on his behaviour 3 बाज आना, से बचे रहना: ~ from answering; ~ to mention it; ~ the use of a slang word;
***dw/lw:* ~ance** /फॉःबेअरंस/ *n.* 1 धैर्य व आत्म-संयम: exercise much ~ance in this case 2 परहेज, परिहार: ~ance from sth/ from doing sth/ to do sth 3 सहनशक्ति, सहनशीलता: treat sb with ~ance; **~ing** /फॉःबेअरिंग/ *adj.* (*syn.* patient) धैर्यवान, सहिष्णु, सहनशील, आत्मसंयमी; **~ingly** *adv.* धैर्यपूर्वक;
***p&i:* ~ance is no acquittance** थोड़े समय के लिए समझौता स्थायी संधि नहीं हो सकता

forbid /फःबिड/ *v., pt.* **forbade**, *pt. p.* **forbidden**, *pp* **~ding** 1 मना क.: I ~ you to go there 2 (*syn.* prohibit) निषेध क.: ~ sb one's house; ~ sb the country 3 वर्जित क., रोकना: my health **~s** my coming;
***dw/lw:* ~dance** /फॉःबिडंस/ *n.* वर्जन, मनाही, निषेध; **~den** *adj.* वर्जित, निषिद्ध: ~den trick; ~den blow; ~den city; the ~den degrees (विवाह के मामले में संबंधियों की वर्जित श्रेणियों से शादी न हो सकने की स्थिति); ~den ground; **~ding** /फॉःबिड्डिंग/ *adj.* 1 भयावह, भयानक, धमकाने वाला: ~ding person 2 घृणित, वीभत्स 3 अमंगल: ~ding day 4 अप्रीतिकर: ~ding face/ expression; **~dingly** *adv.* मना करने के अंदाज में;
***p&i:* ~ a fool a thing and that he will certainly do** मूर्ख को जिस काम को करने से मना करो, वह वही करेगा; **~den fruit** *Bible* निषिद्ध फल (आदम और हौवा द्वारा वर्जित फल खाए जाने की घटना के संबंध में प्रयुक्त); **~den fruit is sweet** जिसे मना करें वही मीठा;
God/ Heaven forbid! खुदा न करे!

forbore *pt. of* **forbear**

forborn *pt. p. of* **forbear**

force /फोःस/ *n., engin.* 1 बल, शक्ति, ताकत, जोर, सामर्थ्य: the ~ of her argument 2 (**the ~s**) सेना 3 शक्तियां, ताकतें: market **~s** 4 सशस्त्र बल: police ~ 5 मनोबल 6 ऊर्जा, शक्ति-स्रोत: the **~s** of nature 7 (*syn.* passion) प्रचंडता, आवेग: a gale of ~ 8 बल-प्रयोग: use of ~ for getting an admission of guilt from the accused 9 युद्ध सामग्री, हथियार 10 भाषा की शक्ति/ प्रभाव 11 गुरुत्व बल: the ~ of gravity 12 प्रहार की उग्रता, प्रबलता 13 वैधता: the ~ of law 14 वायु वेग शक्ति को मापने की एक इकाई;
v., pt. **~d**, *pp* **forcing** 1 विवश/ मजबूर क. 2 बाध्य क. 3 बलपूर्वक करवाना, जबरदस्ती करवाना: ~ sb's hand 4 तोड़ना 5 हरा दे. 6 बलपूर्वक घुस आना: ~ one's way 8 बलपूर्वक घुसेड़ना, धकेलना 7 जबरदस्ती अर्थ निकालना 8 थोपना, लादना: ~ one's opinions on people; ~ one's voice 9 बल लगाकर कोई काम क. 10 कृत्रिम तरीके से उगाना: nowadays, tomatoes are often **~d**;
***dw/lw:* ~d** /फोःस्ट/ *adj.* 1 बलपूर्वक होने या किया जाने वाला, जबरी, बलात; ~d labour/ service; ~d landing; ~d draught 2 छलावापूर्ण: ~d smile; ~d analogy; ~d style; **~ly** /फोःसड्लि/ *adv.* जबरदस्ती, बलात; **~-feed** /फोःसफीड/ *v., pt.* ~fed, *pp* ~feeding जबरदस्ती खिलाना, ठुंसाना; **~ful** *adj.* 1 (*syn.* assertive) दमदार, प्रभावशाली, समर्थ: ~ful speaker 2 सशक्त, प्रबल: ~ful argument 3 बलपूर्ण, जबरदस्ती: ~ful suppression of minorities ; **~fully** *adv.* प्रबल ढंग से; **~fulness** *n.* सशक्तता, प्रबलता; **~meat** /फोःसमीट/ *n.* कीमे का भराव; **~-out** *n.* बेसबाल में खिलाड़ी को आउट करने की क्रिया;
***collocations:* ~ed entry** बलपूर्वक किसी इमारत में प्रवेश; **~ed labour** जबरदस्ती कराया जाने वाला काम; **~ed landing** विमान द्वारा आपात स्थिति में उतरने की क्रिया; **~ed march** सैनिकों द्वारा कठिन परिस्थितियों में किया जाने वाला लंबा मार्च; **~ feedback** कंप्यूटर पर वजन आदि भौतिक गुणों वाले बिंब बनाने की क्रिया; **~ field** अंतरिक्ष के बारे में कहानियों में प्रयुक्त ऐसा क्षेत्र जिसे देखा नहीं जा सकता; **~ of gravity** गुरुत्व बल; **~s for/ of good** भलाई की ताकतें, भलाई समर्थक शक्तियां: ~s of evil बुरी ताकतें; **~ of habi**
a gale ~ तूफान का जोर; **a ~ to be reckoned with** शक्तिशाली व्यक्ति या देश आदि; **air ~** वायु सेना; **armed ~s** सैनिक बल; **brute/ sheer ~** शारीरिक हिंसा का क्रूर व नग्न नाच; **by ~** जबरदस्ती; **by ~ of habit** आदत के कारण; **conventional ~s** परंपरागत सैनिक बल; **effective ~s** मौके पर मौजूद सैनिक बल; **ground ~** थल सेना; **market ~s** बाजारू ताकतें; **police ~** पुलिस बल; **spent ~** 1 बीता या चुका हुआ 2 जिसकी शक्ति का पूर्ण ह्रास हो चुका हो; **task ~** कार्य दल; **the allied ~s** मित्र संघ शक्तियां; **the ~ of an argument/ of a document** दलील या दस्तावेज की शक्ति; **the ~ of example/ of public opinion** स्वोदाहरण/ जनमत की शक्ति; **the ~ of sth** किसी चीज की ताकत; **the ~s of good/ nature** भलाई या प्रकृति की ताकतें; **the ~ of superstition** अंधविश्वास की जकड़; **the ~ of error** गलती का उग्रता; **the ~s** सशस्त्र सेनाएं; **the moving ~** 1 चलक शक्ति 2 प्रेरणा स्रोत; **the policy of ~** बल प्रयोग की नीति; **the use of ~** बल प्रयोग;
***p&i:* ~ a confession** किसी से जबरदस्ती कबूल करवाना; **~ a door open** जबरदस्ती दरवाजा खोलना; **~ a drink upon sb** किसी को जबरदस्ती पिलाना; **~ an entry** जबरदस्ती घुस आना; **~ back one's tears** अपने आंसुओं को थामे रखना; **~ down**

prices दामों को जबरदस्ती नीचे लाना; ~ **down the lid of a box** बक्से के ढक्कन को जोर से बंद क.; ~ **down the throat** जबरदस्ती किसी पर थोपना; ~ **facts out of sb** किसी से तथ्य निकलवाना; ~ **facts to fit a case** किसी मामले के अनुकूल करने के लिए तथ्यों को तोड़ना-मरोड़ना; ~ **in** जबरदस्ती अपना रास्ता बनाना; ~ **juice out of an orange** संतरे से रस निकालना; ~ **on** दबाना; ~ **one's pace** जल्दी क., गति बढ़ाना; ~ **one's voice** अपनी बात मनवाना; ~ **one's way** अपना रास्ता बनाना; ~ **out a few words of congratulation** किसी से बधाई के चंद शब्द निकलवाना; ~ **sb/ sth back/ out** किसी को पीछे धकेलना या बाहर निकाल दे.; ~ **sb's hand** किसी को अपने पत्ते खोलने के लिए मजबूर क., जबरदस्ती करवाना; ~ **the issue** मामले को बहस के लिए जबरदस्ती रखवाना; ~ **the pace** चाल तेज क.; ~ **up** दाम बढ़ाना; ~ **upon** थोपना;
arrive in ~ दल-बल के साथ यानी बड़ी संख्या में आना; **attack in** ~ विशाल दल-बल के साथ आक्रमण क.; **attractive** ~ आकर्षण शक्ति; **be out in** ~ पूरी शक्ति के साथ या बड़ी संख्या में हो.; **believe in** ~ बल प्रयोग में विश्वास रखना; **brutal** ~ क्रूर बल; **by** ~ जबरदस्ती; **by** ~ **of...** के द्वारा, के विधान से...; **by** ~ **of intellect/ of character** प्रतिभा या चरित्र शक्ति द्वारा; **by sheer** ~ **of will** मात्र पक्के इरादे की ताकत से; **come into** ~ लागू हो.; **do sth by** ~ जबरदस्ती क. या करवाना; **exert/ use** ~ बल प्रयोग क.; **have no** ~ कोई वैधता न हो.; **hit with** ~ पूरी ताकत से मारना; **I am ~d to conclude that...** मैं इस निष्कर्ष पर पहुंचने के लिए बाध्य हूं कि...; **in** ~ लागू, जारी; **in full** ~ पूरे दल-बल के साथ; **join ~s** प्रयासों या शक्तियों को मिलाना, एकजुट हो.; **put into** ~ लागू क.; **remain in** ~ लागू रहना; **resort to** ~ बल प्रयोग क.; **she ~d a tip into his hand** उसने उसके हाथ में जबरदस्ती टिप (tip जिसे रेस्त्रां आदि में) थमा दी; **the** ~ **of the blow/ of the explosion** प्रहार/ विस्फोट की शक्ति; **there is** ~ **in what you say** जो आप कह रहे है उसमें दम है; **with all one's** ~ अपनी पूरी शक्ति से

force majeure /फॉ:स-मैज:/ फॉ:स-मैजुअ:/ *n., Fr.* आकस्मिक व अनहोनी घटनाएं जिन पर इंसान का कोई वश नहीं चलता (आयात-निर्यात के समझौतों में फॉ:स-मैज: की धारा संबंधित पार्टी को समझौता की शर्तें लागू करने से मुक्त कर देती है)

forceps /फॉ:सेप्स/ *n., [sing.]* **forceps** चिमटी जैसे उपकरण जिन्हें शल्य-क्रियाओं में अक्सर प्रयोग करते हैं

forci\ble /फोःसिबल/ *adj.* 1 जबरी, जबरदस्ती, बलात्: **~ble** entry 2 शक्तिशाली: a **~ble** reminder;
dw/lw: **~bleness/ forcibility** *n.* जबरदस्ती; **~bly** *adv.* बलपूर्वक, जबरन, बलात्; ***collocations:*** **~ble feeble** बहादुरी का परिचय देने वाला राज नेता

forcing /फॉ:सिंग/ *n.* विवशता, जबरदस्ती: the ~ of an answer

ford /फॉ:ड/ *n.* नदी का उथला पाट जिसे पैदल, घोड़े या कार द्वारा पार किया जा सके, उथला पाट
v., pt. **~ed**, *pp* **~ing** उथले पाट से पार क.;
dw/lw: **~less** *adj.* 1 गहरा 2 जिसे पैदल या गाड़ी आदि से पार न किया जा सके

fordone /फॉ:डन/ *adj.* बेदम, थककर चूर

fore /फॉ:/ *n.* अग्र भाग: come to the ~ (सामने या उच्च स्थान पर आना);
adv. आगे, सामने: ~ and aft *naut.* (1 आगे और पीछे 2 लंबाई के बल);
adj. अगला: the ~ part of a gown; the ~ part of a train; ~ bridge;
dw/lw: **~arm** *n.* अग्र बाहु, हाथ; **~arm** *v., pt.* ~armed, *pp* ~arming किसी संकट या संघर्ष के लिए पहले से तैयार हो जा., पहले से हथियारबंद हो जा.; **~bear** /फॉ:बेअ:/ *n.* पूर्वज, पुरखा; **~bode** *v., pt.* ~boded, *pp* ~boding 1 लक्षण बताना, पूर्वसूचक होना 2 पहले से पता लगना; **~boding** *n.* अपशकुन की आशंका, अनिष्ट का पूर्वाभास; **~brain** *n., anat.* दिमाग का सबसे बड़ा भाग;
p&i: **come to the** ~ प्रमुख स्थान लेना; **to the** ~ 1 निकट, पास में 2 सामने;

forecast /फोःकास्ट/ *n.* भविष्यवाणी, पूर्वानुमान: the ~ is good for skiers; weather ~ (मौसम की भविष्यवाणी);
v., pt. **forecast/ ~ed**, *pt. p.* **forecast/ ~ed**, *pp* **~ing** 1 भविष्यवाणी क.: ~ sth 2 पूर्व चेतावनी दे.: ~ dark clouds; ~ storm;
dw/lw: **~er** *n.* भविष्यवाणी करने वाला;
collocations: **an economic** ~ आर्थिक भविष्यवाणी; **a gloomy** ~ निराशाजनक भविष्यवाणी

forecastle (*also* **fo 'c' sle** /फोकसल/) *n.* समुद्री जहाज के अगले भाग में ऊपर उठा हुआ डेक (deck), गलही 2 मुख्य डेक के नीचे स्थित जहाज का अगला भाग

fore\close /फॉ:क्लोज/ *v., pt.* ~closed, *pp* ~closing 1 ऋण न चुकाने पर ऋणी की संपत्ति कब्जे में ले लेना, पुरोबंधित क. 2 रोकना, अवरुद्ध क.: ~close discussion;
dw/lw: **~closure** *n.* ऋणी का अपनी संपत्ति वापस पाने के अधिकार से वंचन; **~cloth** *n.* पूर्वावरण; **~court** *n.* 1 इमारत के सामने का अहाता 2 टेनिसकोर्ट का अगला भाग; **~dated** *adj.* पूर्वतिथित; **~doom** *v., pt.* ~doomed, *pp* ~dooming पहले से अभिशप्त क. या हो.: the attempt was ~doomed to failure; **~father** *n.* पूर्वज, पुरखा; **~finger** *n.* तर्जनी (उंगली); **~foot** *n.* चार टांगोंवाले जानवर की अगली दो टांगें; **~front** *n.* अग्रिम पंक्ति: in the ~front of the battle; **~go** (*also* **forgo**) *v., pt.* forewent, *pt. p.* foregone, *pp* ~going, *s/he/it* ~goes 1 छोड़ दे., त्याग दे. 2 पूर्वगामी हो.; **~going** *adj.* 1 पूर्वगामी 2 पूर्वोल्लेखित, पूर्वोक्त: the ~going description; **~gone** /फॉ:गौन/ *adj.* 1 पूर्वगामी 2 पूर्वनिर्धारित, पूर्वनिश्चित: ~gone conclusion; **~ground** *n.* 1 अग्रभाग, पुरोभाग 2 सबसे महत्त्वपूर्ण स्थान: keep oneself in the ~ground; bring sth into the ~ground; **~gut** *n.* अग्रांत्र; **~hand** *n.* मुट्ठी को सामने की ओर करके किया जाने वाला प्रहार, हाथ का प्रहार; **~handed** *adj.* 1 पहले से तैयार किया हुआ: ~handed care 2 *US* भविष्य के लिए बचाकर रखने वाला, मितव्ययी, संभालकर रखने वाला; **~head** *n.* माथा, ललाट: high/ low/ broad/ narrow/ open/ retreating ~head

foreign /फौरअ\न/*US* फॉ:रअ\न, फा:रअ\न / *adj.* 1 विदेशी, वैदेशिक, परराष्ट्रीय: ~ language; a person of ~ birth; ~ periodical 2 विदेशों से संबंधों से जुड़ा हुआ: ~ relations 3 बाह्य, बाहरी: a piece of ~ body in the eye; ~ mail 4 पराया, अपरिचित: ~ to the customs of a country; ~ news; the name was ~ to me 5 (***anton.*** domestic) विजातीय, विदेशी: goods of ~ make; ~ trade 6 अप्रासंगिक: the question is ~ to the matter in hand 7 अनुपयुक्त, असंगत: ~ to the purpose 8 प्रकृतिविरुद्ध, असामान्य, स्वभाव के विरुद्ध: deceit is ~ to his nature; envy was ~ to him (ईर्ष्या उसके स्वभाव के विरुद्ध थी);
dw/lw: **~er** /~न:/ *n.* 1 विदेशी व्यक्ति 2 परायी वस्तु 3 अपरिचित या पराया व्यक्ति: a ~er in these parts; **~ness** *n.* परायापन, विचित्रता: exaggerate ~ness by speech and manner;
collocations: ~ **affairs** विदेशी मामले; ~ **aid** विदेशी सहायता; ~ **attachment** विदेशी व्यक्ति की संपत्ति की कुर्की; ~ **bill** विदेशी हुंडी; ~ **correspondent** विदेशी संवाददाता; ~ **exchange** विदेशी मुद्रा का विनिमय; ~ **letter-paper** पत्रों के लिए विदेशी कागज; ~ **matter**; **minister** विदेश मंत्री; ~ **office** विदेशी मामलों का कार्यालय; ~ **policy** विदेश नीति; ~ **returned** विदेश में शिक्षित, विलायत रिटर्न; ~ **service** विदेश सेवा;
the ~ **Office** ब्रिटेन के विदेश एवं कॉमनवेल्थ मंत्री

fore\judge /फॉ:जज/ *v., pt.* ~judged, *pp* ~judging 1 पहले से

दुराग्रहपूर्ण निर्णय कर ले. 2 पूर्वानुमान लगाना;
dw/lw: **~know** *v., pt.* ~knew, *pt. p.* ~known, *pp* ~knowing पहले से जानना, आने वाली घटनाओं का आभास हो.; **~knowledge** *n.* पूर्वज्ञान; **~land** *n.* समुद्र के अंदर तक जाने वाला जमीन का सिरा; **~leg** *n.* = **~limb** *n.* अगली टांगें; **~lock** *n.* 1 माथे पर भौंहों तक आने वाली लट, अलक, भाल रोम 2 घोड़े की की अयाल; **~mast** *n.* पोत का आगे का मस्तूल; **~mentioned** *adj.* उपरोक्त; **~most** /फॉःमोस्ट/ *adj.* प्रमुख: the ~most statesman of his age; **~name** *n. UK* प्रथम नाम, असली नाम; **~named** *adj.* जिसका प्रथम नाम लिया गया है; **~noon** *n.* दोपहर से पहले का समय, पूर्वाह्न;

forel /फोरल/ *n.* किताब का चमड़े का आवरण, चर्मपट

forelock /फॉःलौक/ *US* फॉःलाःक/ *n.* माथे की लट, अलक;
p&i: **catch time by the** ~ अवसर को हाथ से न जाने देना

forensic /फरेंसि\क/ *adj.* 1 अपराध को पहचानने की न्यायिक या वैज्ञानिक विधि से संबंधित 2 न्यायिक, अदालती: ~ evidence *med.*; a ~ scientist;
dw/lw: **~ally** /~कलि/ *adv.* अदालती दृष्टि से, बहस के रूप में;
collocations: ~ **linguistics** अपराध की खोजबीन में भाषा विज्ञान की तकनीकों का प्रयोग; ~ **medicine** 1 विधि चिकित्सा शास्त्र 2 चिकित्सा विज्ञान की एक शाखा जिसका प्रयोग व्यक्ति की मृत्यु का कारण, अपराधी की पहचान आदि जानने के लिए किया जाता है

fore\ordain /फॉःऑःडेन/ पहले से निर्धारित हो., पूर्वनियत हो.;
dw/lw: **~part** *n.* 1 पहले का भाग, पूर्वभाग 2 प्रथम या प्रमुख स्थान; **~payment** *n.* पूर्व अदायगी; **~play** *n.* सहवासपूर्व क्रिया, सहवासपूर्व प्रेमाचार; **~quarter** *n.* अगली टांगों का गोश्त, कंधे के आस-पास का मांस; **~runner** *n.* पूर्वगामी, अग्रदूत; **~said** *adj.* उपर्युक्त, उपरोक्त; **~sail** *n.* बड़े या प्रमुख मस्तूल का पाल; **~see** *v., pt.* ~saw, *pt. p.* ~seen, *pp* ~seeing पूर्वाभास हो.: ~see trouble; ~see the result of sth; ~see an accident (a catastrophe); **~seeable** *adj.* निकट भविष्य में; **~seer** *n.* भविष्य की बात जान लेने वाला, आगे की बात जान लेने वाला; **~shadow** *v., pt.* ~shadowed, *pp* ~shadowing पूर्वाभास कराना, किसी विकट घटना होने का पूर्व संकेत दे.; **~shore** *n.* अग्रतट, अबरी; **~sight** *n.* दूरदृष्टि, सूझ-बूझ: his ~sight saved him; want of ~sight; lack of ~sight; ~sight protector; **~sighted** *adj.* दूरदर्शी, दूरंदेश, समझदार; **~sightedness** *n.* दूरदर्शिता, दूरंदेशी, सूझबूझ; **~skin** *n.* पुरुष के गुप्तांग के अग्रिम भाग को ढकने वाली खाल, शिश्न का आवरण; **~shorten** *v., pt.* ~shortened, *pp* ~shortening यथार्थवादी दृष्टि देने के लिए फोटो ग्राफिक या कलात्मक ढंग से छोटा क.; **~speak** *v., pt.* ~spoke, *pt. p.* ~spoken, *pp* ~ing 1 भविष्यवाणी क. 2 पहले से बता दे. 3 पहले से तय क., कमरे आदि पहले से बुक क.: all rooms were ~spoken weeks ago;

forest /फौरि\स्ट/ *US* फाःरि\स्ट/ *n.* 1 वन: pine ~; oak ~; ~ cover; ~ range; ~ hygienics 2 पुराने जमाने में राजे-महाराजाओं का शिकार स्थल 3 जंगल: lose oneself in the ~; ~ bog (जंगली दलदल) 4 अरण्य: deer ~; ~ shelterbelt 5 सटकर लगी वस्तुओं का स्थल;
dw/lw: **~age** /~स्टिज/ *n.* वन शुल्क; **~al**/ **~ive** /~स्टल/ /~स्टिव/ *adj.* वन्य, जंगली; **~ed** /~स्टिड/ *adj.* वृक्षारोपित, वनारोपित, वन से ढका हुआ; **~er** /~स्टिर/ (*also* ~ **ranger**) *n.* वन पालक, वन रक्षक; **~fire** *n.* दावानल, जंगल की आग; **~ry** /~स्टरि/ *n.* वन विज्ञान, वन पालन, वन विद्या, वानिकी;
collocations: ~ **department** वन-विभाग; ~ **protection** वन-रक्षण; ~ **ranger** वन पाल, वन रक्षक; **community** ~ सामूहिक वानिकी

fore\stall /फॉःस्टॉल/ *v., pt.* ~stalled, *pp* ~stalling 1 किसी कार्य या घटना के होने से रोकने के लिए पेशबंदी क. या कदम उठाना 2 पहले से ही निवारण क., रोकथाम क.: ~stall disaster 3 पहले से कर ले. या प्राप्त क.; **~stalling** /फॉःस्टॉलिंग/ *n.* पेशबंदी;
dw/lw: **~station** *n.* वनरोपण; **~stay** *n.* मोहरा रस्सा; **~taste** *n.* पूर्वानुभव, पूर्वास्वादन, किसी बात का पहले ही कुछ-कुछ होने वाला अनुभव: get a ~taste of sth; got a ~taste of my present sufferings some years ago; **~tell** *v., pt.* ~told, *pt. p.* ~told, *pp* ~telling (***syn.*** predict) पूर्वसूचना दे., भविष्यवाणी क.; **~thought** *n.* 1 पूर्वविचार, पूर्वचिंतन 2 दूरदर्शिता: the success was due to his foresight and ~thought; **~time** *n.* प्राचीनकाल; **~token** *v., pt.* ~tokened, *pp* ~tokening पूर्वकथन क., भविष्यवाणी क.: ~token good luck; **~top** *n., naut.* प्रथम मस्तूल के ऊपर एक पटरी

forever /फॉःएवः/ *adv.* (*also* **for ever**) 1 सदा के लिए, अनंतकाल तक 2 बहुत लंबे समय तक 3 सर्वदा, सदा ही, हमेशा: ~ whining (हमेशा चिल्लपों करने वाला);
dw/lw: **~more** *adv.* सदा-सदा के लिए, हमेशा-हमेशा के लिए;

forewarn /फॉःवॉःन/ *v., pt.* **~ed**, *pp* **~ing** पहले से सचेत/ सतर्क क.;
p&i: **~ed is forearmed** समय रहते दी जानेवाली चेतावनी खतरे के खिलाफ हथियारों से लैस करने समान है

forewind /फॉःविंड/ *n.* जहाज के अनुकूल वायु

foreword /फॉःवॉःड/ *n.* प्राक्कथन, प्रस्तावना

forfeit /फॉःफिट/ *v., pt.* **~ed**, *pp* **~ing** 1 जब्त हो जा.: ~ his passport; he **~ed** his driving licence 2 दंड-भरपाई क.: ~ one's property 3 किसी पर या किसी वस्तु पर अधिकार खो दे.: ~ one's life 4 से वंचित हो.: ~ liberty; ~ one's confidence; ~ one's honour;
n. (*esp.* **~s**) 1 दंड-भरपाई: pay the ~ 2 जब्ती, कुर्की 3 जुर्माना 4 वंचन: the ~ of civil rights;
adj. जब्त, कुर्क की हुई: property ~ to the state;
dw/lw: **~able** /फॉःफिटेबल/ *adj.* जब्ती या कुर्की योग्य; **~ure** /फॉःफिचः/ *n.* 1 समापहरण, जब्ती 2 वंचन, क्षति: the ~ure of one's good name

forgather/ **foregather** /फॉःगैदः/ *v., pt.* **~ed**, *pp* **~ing** 1 मिलना, एकत्रित हो. 2 संपर्क या मेलजोल रखना

forgave /फॉःगेव/ *pt.* 'forgive' का भूतकाल

for\ge /फॉःज/ *v., pt.* **~ged**, *pp* **~ging** 1 जाली या नकली दस्तावेज बनाना, जालसाजी क.: **~ge** sb's signature/ a cheque 2 अच्छे संबंध स्थापित क. 3 धातु को तपाकर तथा पीटकर गढ़ना, ढालना: **~ge** iron (steel); **~ge** an anchor 4 धीरे-धीरे आगे बढ़ते जाना: he is **forging** ahead of all his rivals 5 कविता आदि गढ़ना: **~ge** rhymes;
n. 1 लोहार की भट्ठी या दुकान 2 रचनाशाला: the brain is a **~ge** of ideas; work in/ at a **~ge** (लोहार की भट्ठी पर काम क.);
dw/lw: **~ged** *adj.* 1 जाली, नकली, खोटा 2 कुट्टित (metal); **~ger** /फॉःजः/ *n.* 1 लोहार 2 जालसाज 3 गपोड़िया, गप्पी; **~geman** *n.* लोहार, धातु ढालने वाला; **~ging** /फॉःजिंग/ *n.* 1 गढ़ाई, गढ़त 2 जालसाजी;
p&i: **~ge ahead** धीरे-धीरे आगे बढ़ना, दौड़ में सबसे आगे निकलना

forger\y /फॉःजरि/ *n., pl.* **~ies** 1 (***syn.*** fake) जाली दस्तावेज: the testimonial is a **~y** 2 जाली मुद्रा 3 जाली दस्तावेज बनाने की क्रिया, जालसाजी 3 कूट-रचना 4 छद्म साहित्य

forget /फःगेट/ *v., pt.* **forgot** /फॉःगौट/ *US* फॉःगाःट/ *pt. p.* **forgotten t** /फॉःगौटन/ *US* फॉःगाःटन/, *pp* **forgetting t** /फॉःगेटिंग/ 1 (*usually* ~ **sth**/ ~ **about sth**) भूल जाना: don't ~ about it 2 (*also* ~ **to do sth**) कुछ करना भूल जाना, याद न रहना: ~ to do sth; ~ doing sth 3 किसी को भूल जा., दिमाग से निकाल दे.: ~ oneself (1 दूसरों के बारे में सोचते हुए अपने को भूल जाना 2 आत्मसंयम खो दे.) 4 उपेक्षा क.: ~ one's duties; ~ sb's services 5 किसी विचार या योजना को त्याग दे.: if we have to pay the arrears, we can ~ about buying the new car;

dw/lw:* ~ful** *adj.* (syn.*** absent-minded) भुलक्कड: he is ~ful of things; **~fully** *adj.* भूलते हुए; **~fulness** *n.* भुलक्कड़पन, लापरवाही: suffer from ~fulness; **~-me-not** *n.* 1 छुई-मुई का पौधा 2 इस नाम का नाम का फूल; **~table** *adj.* 1 दिमाग से उतर जाने वाला 2 अरोचक, नीरस, भूलने योग्य;

***p&i:* eaten bread is soon forgotten** (बच्चे की) देखभाल कररने के काम को गिनती में न लेते हुए, उसे रुलाने का दोष मढ़ दे.; **forget it** छोड़ो!, कोई बात नहीं!; **forgot his headache in the excitement** उत्तेजना में अपना सिरदर्द ही भूल गया; **I ~!** मुझे याद नहीं आ रहा; **not ~ting sb …** किसी अन्य को न भुलाते हुए

forgivable /फ़ःगिवेबल/ *adj.* क्षम्य, क्षमायोग्य

forgi\ve /फ़ःगिव/ *v., pt.* **forgave**, *pt. p.* **forgiven**, *pp* **~ing** 1 माफ क., क्षमा क.: **~ve** an offence; **~ve** sb for sth 2 जाने दे., छोड़ दे. 3 ऋण माफ कर दे.: **~ve** a debt;

***dw/lw:* ~veness** /फ़ःगिवनअस/ *n.* क्षमा, माफी: grant ~veness; **~ving** *adj.* क्षमा करने को तैयार, क्षमाशील: **~ing** by nature (स्वभाव से क्षमाशील);

***p&i:* ~ve and forget** नेकी कर दरिया में डाल; **~ve me** क्षमा कीजिए!; **~veness for sth** किसी बात के लिए माफी; **ask (for)/ beg (for) ~veness** क्षमा मांगना

forgo /फ़ॉःगो/*US* फौरगो/ (*see also* **forego**) *v., pt.* **forwent** *pt. p.* **forgone**, *pp* **~ing**, *s/he/it* **~es** 1 छोड़ या त्याग दे.: ~ all the pleasures 2 परहेज क. 3 कुछ न क.

forgot /फ़ॉःगोट/ *pt.,* **'forget'** का भूतकाल

forgotten /फ़ॉःगौटन/ *US* फ़ॉःगाःटन/ *pt. p.,* **'forget'** का भूतकालिक कृदंत

forjudge *see above under* **forejudge: *dw/lw***

fork /फ़ॉःक/ *n.* 1 कांटा: fish ~ 2 बागबानी का कांटा, जंद्रा, पांचा: ~ hay 3 शाखाओं में विभाजन 4 सड़क आदि का द्विशाखन: take the left ~ 5 शाखाएं 6 पांचानुमा औजार या वस्तु;

v., pt. **~ed**, *pp* **~ing** 1 शाखाओं में बंटना: the road (the river) **~s** here 2 पांचा या जंदरे से उठाना;

***dw/lw:* ~ed** *adj.* 1 द्विभाजित, द्विशाखित 2 कांटेदार 3 टेढ़ा-मेढ़ा; ~ed tongue; ~ed beard; ~ed chain; **~ful** *n., pl.* ~fuls कांटाभर (मात्रा);

***collocations:* ~ hay** घास एकत्रित करने का पांचा या जंद्रा; **~-lift truck** दो चिमटों के बल ऊपर-नीचे होने वाला ट्रक; **~ed lightning** नीचे की ओर शाखाओं में बंटने वाला प्रकाश-पुंज

fish ~ मछली खाने का कांटा;

***p&i:* ~ in** कांटे या पांचे में फंसाना; **~ out/ ~ over/ ~up** *sl.* पैसे दे., बटुआ हल्का क.; **~ out sth for sth (~ sth over)** विवश होकर ढेर सारे पैसे दे.;

play a good knife and ~ खूब खाना; **take the left ~** बायां रास्ता पकड़ना

forlorn /फ़ःलॉःन/ *adj.* 1 परित्यक्त, ठुकराया हुआ 2 हतभाग्य, दयनीय, दीन, असहाय, लाचार 3 निराश, अति उदास;

***dw/lw:* ~ly** *adv.* निराशापूर्वक; **~ness** *n.* निराशा, लाचारी: in a state of utter ~ness;

***collocations:* ~ hope** 1 दुस्साहसपूर्ण आशा, व्यर्थ आशा: cherish a ~ hope 2 दुस्साहसपूर्ण कार्य

form /फ़ॉःम/ *n.* 1 स्वरूप, आकार, आकृति, मूर्ति, सूरत-शक्ल: without shape or ~; take the ~ of sth 2 शारीरिक ढांचा, डील-डौल: in any shape or ~; I saw a well-known ~ standing before me; well-proportioned ~; fair of face and ~ 3 फार्म, प्रपत्र: a ~ for a deed; a ~ of application; fill in/ up a ~ 4 दशा, तैयारी, खेल-स्तर, निष्पादन-कौशल: be in bad/ good ~; be out of ~; find one's ~ soon again 5 *UK* (*US* **grade**) कक्षा, श्रेणी, दर्जा: second ~ 6 प्रकार, विविधता: **~s** of animal and vegetable life; a ~ of activity 7 शैली, रूप: in tabular ~; a sense of ~; the rules of good ~; ~ of action 8 ढांचा, व्यवस्था, रूप-विधान, संरचना: literary (musical) ~; ~ of a drama; ~ and substance (रूप व कथा-वस्तु) 9 कालबूत, फरमा 10 सांचा, ढांचा, व्याकरण में रूप 11 आडंबर, दिखावा: for **~'s** sake; as a matter of ~ 12 सूत्र 13 (***syn.*** lair, burrow) खरगोश की मांद 14 शिष्टाचार: attach importance to **~s**; the ~ of greeting 15 आपराधिक दस्तावेज;

v., pt. **~ed**, *pp* **~ing** 1 बनना, बनाना: clouds are **~ing** on the hills; ~ a habit; ~ a class for beginners 2 वजूद में आना या लाना, उत्पन्न क.: ~ an idea; idea slowly **~ed** in my mind; ~ an opinion 3 किसी विशेष आकृति में आना या लाना, गढ़ना: ~ a piece of wood into a certain shape 4 विभिन्न भागों से विशेष रूप बनाना: these parts together ~ a perfect whole 5 गठित क., व्यवस्थित क., संगठन आदि बनाना: ~ an army; ~ a column; ~ a society 6 के रूप में काम क. 7 शिक्षा या प्रशिक्षण दे. 8 को प्रभावित क., (***syn.*** mould) ढालना: the environment that **~ed** him; ~ the mind 9 विकसित क.: ~ a relationship 10 व्याकरणिक रूप दे., उच्चरित क.: ~ short words; ~ the plural of a noun;

***dw/lw:* ~ing/ ~ing-up** *n.* बनने की प्रक्रिया; **~less** *adj.* निराकार, बेढंगा, बेडौल: ~less mass; **~lessness** *n.* निराकारता, बेढंगापन;

***collocations:* ~ criticism** रूप-शैली समीक्षा; **~ of address** औपचारिक संबोधन शैली; **~ing-up place** 1 मूलक्षेत्र 2 प्रारंभिक स्थिति (for attack) 3 विमान से कूदने के बाद एकत्रित होने का स्थान; **~ letter** एक ही विषय, विषय-वस्तु व रूप वाला पत्र जिसे बहुत सारे लोगों को एक-साथ भेजा जा सकता है

application ~ प्रार्थना-प्रपत्र; **bad ~** अशालीनता, बदतमीजी; **good ~** शालीनता, शिष्टता; **matter of ~** कहने या लिखने का अंदाज; **the ~ of sth** स्वरूप, रूप; **the past ~** भूतकालिक रूप;

***p&i:* ~ an opinion/ impression, etc.** अपना विचार या धारणा बनाना; **be in/ on/ off ~** चुस्त-दुरुस्त या फिसड्डी हो.; **take ~** बनना, विकसित हो.; **to find one's ~** अपने रंग-ढंग में आ जाना; **true to ~** अपने रंग-ढंग या शैली के अनुसार

formal /फ़ॉःमल/ *adj.* 1 (***syn.*** informal) शिष्टाचारिक, औपचारिक, रस्मी, प्रथागत: ~ dress; ~ invitation; ~ opening ceremony 2 विधिवत्, यथानियम, नियमनिष्ठ, आधिकारिक: ~ proof; ~ charge 3 सुव्यवस्थित, नियमित, सुगढ़: the ~ approach to teaching 4 *lang.* व्याकरण की शैली, शब्दों का चयन आदि के आधार पर उचित: ~ defect 5 आडंबरपूर्ण, दिखावापूर्ण, ऊपरी, दिखाऊ: ~ politeness 6 तात्विक 7 रूपात्मक, आकारगत, आकारिक-प्रकारिक: a ~ garden; ~ resemblance between two things;

***dw/lw:* ~ly** /फ़ॉःमलि/ *adv.* 1 औपचारिक रूप से: act ~ly; support sth ~ly 2 शिष्टतानुसार, यथारीति 3 विधिवत्, नियमानुसार; **~ization** /फाःमलाइजेशन/ *n.* औपचारिकरण, रीति-बंधन; **~ize** /फ़ॉःमअलाइज/ *v., pt.* ~ized, *pp* ~izing 1 औपचारिक बनाना 2 आधिकारिक रूप दे. 3 रूपायित क.;

***collocations:* ~ agreement** नियमित या विधिवत् समझौता; **~ approach to** औपचारिक रवैया या रुख; **~ call** औपचारिक भेंट; **~ motion** औपचारिक प्रस्ताव; **~ verdict** आधिकारिक फैसला

formal\ism /फाःमअलिज्म/ *n.* 1 नियमनिष्ठा, रीतिपालन 2 *lit.* रूपवाद, बीसवीं सदी के आरंभ में पहले इटली और बाद में रूस में पनपी एक साहित्यिक धारा जिसके अनुसार साहित्यिक कृति मात्र रूपवादी तकनीकों का समुच्चय होता है। रूपवाद के तहत कथानक की विषय-वस्तु, विचार और विचारधारा की बजाए कथानक को साहित्यिक रूप में ढालने में अपनायी गई तकनीकों का महत्त्व होता है यानी रचना में क्या कहा जा रहा है इतना महत्त्वपूर्ण नहीं, जितना कि कैसे कहा जा रहा है;

***dw/lw:* ~ist** *n.* रूपवादी; **~istic** *adj.* रूपवाद संबंधी: ~istic tendencies

formali\ty /फॉ:मैलिटि/ *n., pl.* **~ties** 1 औपचारिकता, तकल्लुफ, उपचार, रस्म: comply with all **~ties**; there's too much **~ty** at official dinners 2 शिष्टता, शिष्टाचार, रीतिपालन: the frozen **~ty** of his bearing 3 नियमनिष्ठा, नियमपालन: **~ties** of law 4 बाह्याचार, लोकाचार, आडंबर: the interview was a **~ty** as she had already been promised the job; it is a pure **~ty**

formant /फॉ:मंट/ *n., acoustics, phon.* स्वरों और कई व्यंजनों की ध्वनि की गुणवत्ता को लक्षित करने वाला मुख्य तत्त्व

format /फॉ:मैट/ *n.* 1 पुस्तक आदि का आकार व ऊंचाई-चौड़ाई: the ~ of 24 by 36 mm 2 व्यवस्था या योजना: the ~ of the tests 3 टीवी आदि के प्रोग्राम की प्रस्तुति शैली 4 *comput.* कंप्यूटर में सूचानाओं की भंडारण व्यवस्था;

v., pt. **~ted**, *pp* **~ting** 1 कंप्यूटर की संग्रहण डिस्क की पूरानी सामग्री को मिटाकर उसे नए सिरे से शुरू क., तैयार क. 2 पृष्ठ के आकार-प्रकार व चौड़ाई-ऊंचाई तय क. 3 पाठ आदि की प्रस्तुति की रूपरेखा बनाना

formation /फॉ:मेशन/ *n.* 1 रूप, आकार, ऊंचाई-चौड़ाई आदि का निर्माण 2 व्यवस्था, विन्यास: the ~ of a flowers 3 रूप-रचना, बनावट, रचना, संरचना, रूपायन: the ~ of a new word 4 गठन, सैनिक टुकड़ियों, विमानों या खिलाड़ियों आदि का विशेष आकार व शैली में गठन: flew in ~ over the parade ground; ~ dancing; ~ in depth; ~ bombing 5 प्रशिक्षण 6 शैली-समूह

formative /फॉ:मअटिव/ *adj.* 1 विकासशील, विकासात्मक: a child's ~ years 2 रूप या आकार देने वाला, निर्माणकारी, रूपायक: ~ period 3 विकास को प्रभावित करने वाला: ~ influence

former /फॉ:मः/ *adj.* 1 भूतपूर्व: in ~ years; the ~ prime minister 2 पुराना: on ~ occasions 3 पहले की तरह का: be more like one's ~-self 4 दो व्यक्तियों, वस्तुओं आदि में से पहला: of these two evils the ~ is the less;

dw/lw: **~ly** *adv.* भूतकाल में, पहले या पहले का;

collocations: **the** ~ दो जनों में से जिसका पहले जिक्र आता है

formic /फाःमिक/ *adj.* 1 चींटियों का, चींटियों से संबंधित 2 जिसमें फॉर्मिक अम्ल हो

formica /फॉ:मिका/ *n.* सख्त गर्मी-सह प्लास्टिक जिसे रसोई या प्रयोगशालाओं आदि स्थानों में प्रयोग किया जाता है

formida\ble /फॉ:मिडअबल/ *adj.* 1 अत्यधिक प्रभावी 2 विकराल, भयावह, विकट 3 जबरदस्त 4 दुर्जेय, अभेद्य;

dw/lw: **~bility/ ~bleness** *n.* विकरालता, विकटता, दुर्जेयता; **~bly** *adv.* अत्यधिक प्रभावी ढंग से

formula /फॉ:म्युला/ फॉ:म्यला/ *n. pl.* **~s** or **formulae** /फॉ:म्युली/ 1 सूत्र, फार्मूला: legal ~ 2 योजना, तरीका, शैली या नियम 3 अक्षरों, संख्याओं और चिह्नों का समूह जो विज्ञान या गणित आदि की प्रक्रियाओं को दर्शाने के लिए प्रयुक्त होता है: empirical (structural) ~ 4 नुस्खा 5 (~ One/ Two/ Three, etc.) कार-दौड़ के लिए प्रयुक्त शब्द 6 स्थापित अभिव्यक्ति या शब्द-समूह: 'yours truly' is a ~ used in letters 7 *US* (***syn.*** **~ milk**) बच्चों के लिए सूखे पॉउडर का दूध;

adj. सूत्रात्मक: **Formula** One racing;

dw/lw: **~ic** /फॉ:म्युलेक/ *adj.* सूत्रात्मक, शैली या नियम संबंधी; **~ry** /फॉ:म्युलरि/ *n., pl.* ~ries 1 सूत्र-संहिता 2 नुस्खा-सूची;

formula\te /फॉ:म्युलेट/ *v., pt.* **~ted**, *pp* **~ting** 1 योजना बनाना 2 सूत्रबद्ध क.: **~te** a proposal 3 शब्द-समूह रचना या वाक्य रचना क. 4 प्रतिपादित क.: **~te** a scientific theory 5 सुचारु रूप से या सुव्यवस्थित ढंग से अभिव्यक्त क.;

dw/lw: **~tion** *n.* 1 सूत्रबद्धता, सूत्रीकरण 2 विचार-स्थापना 3 निरूपण: final ~tion

fornica\te /फॉ:निकेट/ *v., pt.* **~ted**, *pp* **~ting** पर-स्त्री या पर-पुरुष से संबंध रखना, व्यभिचार क., अनूठागमन क.;

dw/lw: **~tor** *n.* लंपट व्यक्ति या व्यभिचारी; **~tion** /फॉ:निकेशन/ *n.* व्यभिचार, अनूठागमन, लंपटता

forsake /फॉ:सेक/ *v., pt.* **forsook**, *pt. p.* **forsaken**, *pp* **~ing** 1 (***syn.*** abandon) छोड़ दे., त्याग दे.: **forsake** one's principles 2 (***syn.*** renounce) तजना, परित्याग क.: **forsake** a habit (one's former way of life);

dw/lw: **forsaken** *adj.* 1 पूर्णतः परित्यक्त: forsaken house 2 त्यक्त, ठुकराया हुआ

forsooth /फःसूथ/ *adv.* निस्संदेह, निश्चय ही: a pretty story ~

forswear /फॉ:स्वेअ:/ *v., pt.* **forswore**, *pt. p.* **forsworn**, *pp* **~ing** 1 (***syn.*** renounce) अपनी मूर्खतापूर्ण आदतों आदि को शपथपूर्वक त्याग दे.: ~ bad habits; ~ smoking 2 मिथ्या शपथ ले., झूठी कसम खाना: ~ oneself

fort /फॉ:ट/ *n.* किला, दुर्ग, गढ़;

dw/lw: **~alice** *n.* छोटा गढ़; **~ified** *adj.* किलाबंद: ~ified area;

p&i: **hold the** ~ मुखिया की अनुपस्थिति में काम जारी रखना

forte /फॉ:टे/ *n.* वह काम जिसमें व्यक्ति बहुत अधिक प्रवीण हो: writing is his ~;

adv., music ऊंचे स्वर में, जोर से;

adj. ऊंचा (स्वर आदि)

fortean /फॉटिअन/ *adj.* (***syn.*** paranormal) जो तर्क से परे हो, जिसकी सामान्य तर्क या विज्ञान द्वारा व्याख्या न की जा सके

forth /फॉ:थ/ *adv.* 1 सामने, सम्मुख 2 दूर, परे, आगे: back and ~ (आगे-पीछे, इधर-उधर);

collocations: **the Forth Bridge** कभी न खत्म होनेवाला काम;

p&i: **and so** ~ इत्यादि-इत्यादि, वगैरह-वगैरह; **bring** ~ पैदा क.: bring ~ children; **from that day** ~ उस दिन से लेकर; **hold** ~ विस्तार से बोलना; **put ~ leaves** पत्तों से अपने आप को ढकना; **set ~ on a journey** यात्रा पर निकल पड़ना

forthcoming /फॉ:थकमिंग/ *adj.* 1 होने वाला, आने वाली: a list of ~ works; a ~ book 2 मिलनसार: quite a ~ person 3 तत्पर, उपलब्ध, सुलभ: the promised help was not ~; at last the truth is ~

forthright /फॉ:थ्राइट\/ *adj.* 1 (***syn.*** frank) खुला, स्पष्ट एवं दृढ़: ~ word 2 निष्कपट, खरा, ईमानदार;

dw/lw: **~ly** /~लि/ *adv.* 1 स्पष्ट रूप से, साफ-साफ 2 फौरन, तत्काल, सीधे; **~ness** /~नेस/ *n.* 1 स्पष्टता, दृढ़ता 2 खरापन, ईमानदारी

forthwith /फॉ:थ्विद/ *adv.* (***syn.*** immediately) तुरंत, अविलंब, तत्क्षण, तत्काल, फौरन

forties /फॉ:टीज/ (*often written* **40s/ 40's**) *n., [pl.]* 1 चालीस से उनचास तक के बीच की संख्याएं 2 किसी सदी का चालीस से उनचास वर्ष तक का दशक 3 (**one's forties**) चालीस से उनचास वर्ष के बीच की आयु: Robert is in his ~ 4 चालीस से उनचास डिग्री के बीच में तापमान: It must be in the ~ today 5 (**the roaring** ~) अटलांटिक महासागर में अक्षांश से 40^0 दक्षिण और 40^0 डिग्री उत्तर का भयंकर तूफानों का क्षेत्र;

adj. चालीसवें दशक का: ~ music

fortieth /फॉ:टिअथ/ *adj.* (*also* 40th) *serial or ordinal number, adj.* (*often written* $\mathbf{40^{th}}$) चालीसवां: he is in his ~ year; he came ~ in a class of ninety;

n. 1 चालीस बराबर भागों में से एक, चालीसवां हिस्सा: a ~ share 2 भिन्न 1/40

fortification /फॉ:टिफिकेशन/ *n. [pl.]* 1 किलेबंदी, मोर्चाबंदी 2 (**~s**) दीवारें व अन्य रक्षात्मक ढांचे 3 पुष्टीकरण

fortified /फॉ:टिफाइड/ *adj.* 1 मोर्चाबंदी आदि द्वारा रक्षित: ~ area (zone) 2 अधिक विटामिन आदि मिला दूध: ~ milk

forti\fy /फॉ:टिफाइ/ *v., pt.* **~fied**, *pp* **~fying**, *s/he/it* **~fies** 1 किलेबंदी या मोर्चाबंदी क.: **~fy** a town (a position) 2 सुदृढ़ बनाना: **~fy** a barrel with iron hoops; **~fy** one's statement with facts 3 शारीरिक व मानसिक रूप से मजबूत क.: **~fy** one's

courage; ~**fy** sb for a hard task; ~**fy** oneself against the cold 4 किसी खाद्य की शक्ति या प्रभावशीलता बढ़ाना
fortiter et recte /फॉटीटेर एट रेक्टे/ *Lat.* साहस और सच्चाई से
fortis /फॉ:टिस/ *phon. adj.* 1 मांसपेशियों के प्रयास और सांस के दबाव से उच्चरित होने वाली (ध्वनि) 2 दृढ़, सशक्त;
fortissimo /फॉटिसिमो/ *music* (*abbr.* **ff**) 1 *adv.* ऊंचे स्वर में बजाया या गाया जाने वाला 2 *adj.* बहुत ऊंचा
fortitude /फॉ:टिच्यूड/ *n.* 1 (***syn.*** bravery, courage) बहादुरी, सहनशक्ति, धैर्य, धृति, धीरज 2 दुःख-दर्द के झेलने की शक्ति: bear sth with ~
fortnight /फो:नाइट/ *n.* दो सप्ताह, पखवाड़ा, पक्ष: in a ~**'s** time; ***dw/lw:*** ~**ly** *adj.* पाक्षिक: ~ly meeting; ~**ly** *adv.* दो सप्ताह में एक बार: write a letter ~ly; ~**ly** *n., pl.* ~lies पाक्षिक पत्रिका आदि
FORTRAN /फॉ:ट्रान/ *n., comput.* 1950 व 1960 के दशकों में प्रयुक्त होने वाली कंप्यूटर की उच्च-स्तरीय प्रोगाम भाषा
fortress /फो:ट्रस/ *n.* दुर्ग, गढ़, किला;
collocations: ~ **Europe** यूरोप की सीमाओं के सुदृढ़ीकरण द्वारा की जाने वाली नाकेबंदी जिसके कारण गैर यूरोपीय देशों के नागरिकों व माल के साथ भेदभाव बढ़ेगा
fortui\tism /फॉ:च्यूइ\टिज्म/ फॉ:ट्यूइ\टिज्म/ *n.* संयोगवाद
dw/lw: ~**tous** /~टस/ *adj.* आकस्मिक, संयोगजन्य; ~**tously** /~टसलि/ *adv.* संयोगजन्य, अकस्मात होने वाला; ~**tousness**/ ~**ty** /~टसनेस/ ~टि/ *n.* 1 संयोग 2 आकस्मिकता
fortunate /फॉ:चुनेट\/ *adj.* 1 भाग्यशाली, सौभाग्यशाली, भाग्यवान, खुशनसीब: he is ~ in life; ~ omen; ~ day (for doing sth); born under a ~ star 2 उपयुक्त, शुभ, मंगलमय: ~ event;
dw/lw: ~**ly** /~लि/ *adv.* (***syn.*** luckily) सौभाग्यवश
fortune /फो:चून/ *n.* 1 अपार धन-संपत्ति, समृद्धि: a man of ~; come into a ~ 2 ऐश्वर्य 3 किस्मत, तकदीर, भाग्य: bad/ ill ~; try one's ~; it was my good ~ to be present; tell ~**s**/ read sb's ~ 4 नियति, नसीब 5 आकस्मिक घटनाएं;
dw/lw: ~**s** *n. [pl.]* जीवन में आकस्मिक घटनाएं जो इंसान की किस्मत बदल देती हैं: the ~s of war; ~**hunter** *n.* जो किसी धनी पुरुष या स्त्री से विवाह करने की फिराक में हो; ~**teller** *n.* ज्योतिषी;
collocations: **a personal** ~ व्यक्तिगत धन-दौलत; **not a small** ~ आपार धन; **the family** ~ पारिवारिक धन-संपत्ति;
p&i: ~ **favours the brave/ bold** किस्मत बहादुरों का साथ देती है; ~ **is blind** ; ~ **is variant** किस्मत बदलती रहती है; ~ **knocks once at least at every man's door** कम से कम एक बार किस्मत हर किसी का दरवाजा खटखटाती है; ~ **smiles upon sb** किसी का भाग्य साथ दे रहा है;
a child of ~ किस्मत का चहेता; **a small** ~ काफी बड़ी राशि; **cost/ earn/ make/ spend a** ~ बहुत धन लगना/ कमाना/ खर्च क.; **fickle as** ~ किस्मत की तरह फिसलने वाला व्यक्ति; **good** ~ सौभाग्य; **he dances well to whom** ~ **pipes** भाग्य जिसका साथ देता है, उसे किसी बात की चिंता नहीं; **make one's** ~ समृद्ध हो जाना; **marry a** ~ धनी व्यक्ति से शादी क.; **push one's** ~ अपनी आर्थिक स्थिति सुधारने की कोशिश क.; **tell sb's** ~ किसी की किस्मत बताना; **the** ~ **of war** युद्ध के करिश्मे
forty /फॉ:टि/ *n., pl.* **forties**, *cardinal number* 1 चालीस: ~ and ~ make eighty; in **forties** (चौथे दशक में); ~ tens are four hundred; ~ times as much; I have ~ things to tell you 2 चालीस का कोई भी द्योतक चिह्न जैसे 40 या XL: chapter **XL** 3 चालीस वर्षीय व्यक्ति: at ~; a woman of ~; under/ about/ over ~ 4 चालीस जने: there are ~ of them;
adj. 1 कुल चालीस 2 चालीस वर्षीय;
dw/lw: **fortyish** /फॉ:टिइश/ *adj.* लगभग चालीस साल का, संख्या में लगभग चालीस;
collocations: ~ **winks** *colloq.* भोजन के बाद नींद की छोटी-सी झपकी;
the forties चालीस से उन्चास तक; **the Forty-Five** 1745 का जैकोबियायी विद्रोह; **the ~-ninth parallel** मानचित्र में भूमध्य रेखा से 49^0 पर स्थित रेखा जिसे पश्चिमी कैनेडा और अमेरिका के बीच सीमा-रेखा के रूप में माना जाता है;
p&i: **like** ~ पूरा जोर लगाकर, निर्णायक ढंग से, तेजी से
forum /फॉ:रम/ *n., pl.* ~**s**/ **fora** 1 मंच, विचार-मंच, सभा, गोष्ठी, वाक्पीठ: the ~ of conscience/ of public opinion 2 अदालत, न्यायालय: a taxation ~ (कराधान-मंच) 3 चौक, चौपाल 4 जनसभा, सभास्थल
forward /फॉ:वःड/ (*also* ~**s**) *adv.* 1 आगे 2 आगे भविष्य में 3 आगे की ओर 4 समय में पहले या आगे: bring the wedding ~ a month; put the clocks ~ 5 प्रगति की दिशा में;
adj. 1 अग्रवर्ती, अगला, अग्रगामी: ~ echelon; ~ movement 2 भावी, आगामी 3 प्रगतिशील, उन्नत: ~ pupil; how ~ are yours plans? 4 उद्यत, तत्पर 5 ढीठ, बेअदब, गुस्ताख 6 अगेती, अगेता, आम समय से पहले होने वाला: ~ spring; ~ for the season 7 फुटबाल आदि में फारवर्ड खिलाड़ी 8 अकालप्रौढ़: ~ child 9 भविष्य से संबंधित: ~ planning/ thinking, etc.;
v., pt. ~**ed**, *pp* ~**ing** 1 आगे भेजना या बढ़ाना 2 पुराने पते से नए पते को भेजना: ~ letters to a new address 3 किसी बात की प्रगति में मदद क. 4 गति बढ़ाना: ~ the growth of a plant 5 (***syn.*** further) बढ़ावा दे.: ~ one's career;
n. फारवर्ड, अगली पंक्ति का खिलाड़ी: centre ~;
dw/lw: ~**ing** *adj.* प्रेषण करने वाला, भेजने वाला: ~ing agent; ~**ing** *n.* प्रेषण, भेजने की क्रिया: ~**ing address** *n.* आगे भेजने का पता, प्रेषण पता; ~**-looking** *adj.* उन्नत, प्रगतिशील; ~**ness** *n.* 1 प्रगतिशीलता 2 धृष्टता, गुस्ताखी; **fast-~** *v., pt.* **fast-~ed**, *pp* **fast-~ing** कैसेट आदि की रील को तेजी से आगे क.;
collocations: ~ **minx** गुस्ताख या ढीठ लड़की; ~**slash** (*also* **slash**) कंप्यूटर में इंटरनेट पते में प्रयुक्त चिह्न '/' ≠ **backslash** '\'; ~ **motion/ movement, etc.** अग्रवर्ती या आगे की ओर जाने की क्रिया; **the ~ness of the crops** फसलों का अगेतापन; **the ~ness of a child** बच्चे की अकाल-पौढ़ता; **the ~ness of his behaviour** उसके व्यवहार की धृष्टता;
p&i: ~**!** आगे बढ़ो!; ~ **a plan** योजना को आगे बढ़ाना; ~ **and backward** आगे-पीछे हो.;
be/ come ~ to assist मदद करने के लिए तत्पर हो.; **bring the exam** ~ इम्तिहान को निर्धारित समय से पहले क.; **bring ~ an opinion** विचार सामने रखना; **come ~ with a plan** योजना प्रस्तुत क.; **date** ~ बाद की तारीख डालना; **from this time** ~ इस समय से आगे; **look ~ to sth** आतुरता से प्रतीक्षा क.; **put** ~ प्रस्तुत क.; **put ~ suggestions** सुझाव रखना; **put/ set oneself** ~ अपने को बढ़ा-चढ़ाकर दिखाना
forwea\ry /फ:विअरि/ *v., pt.* ~**ried**, *pp* ~**rying** थकाकर चूर कर दे.
forwent /फो:वेंट/ *pt.*, '**forgo**' का भूतकाल रूप
Fosbury flop /फॉज्ब्रि फ्लॉप/ *n.* पीठ के बल ऊंचा कूदने का तरीका
fossa /फॉसा/ *n., pl.* ~**e** /फॉसी/, *anat.* गड्ढा, खात, खोड
fosse/ foss /फॉस/ *n., pl.* ~**s** खाई, गड्ढा
fossil /फॉसि\ल/ *n.* 1 जीवाश्म 2 पुराकालीन वस्तु या अस्थि-पंजर 3 खनिज पदार्थ 4 दकियानूसी व्यक्ति 5 पुराना विचार;
adj. 1 जीवाश्म जैसा 2 पथरीला 3 खनिजीय 4 रूढ़िवादी;
dw/lw: ~**ate** /~लेट/ *v., pt.* ~ated, *pp* ~ating जीवाश्म बनना; ~**-fired** *adj.* जीवाश्म ईंधन को जलाकर चलाया जाने वाला (बिजली घर); ~**iferous** /~लिफरस/ *adj.* जीवाश्ममय; ~**ism** /~लिज्म/ *n.* जीवाश्म पदार्थों या खनिजों का अध्ययन; ~**ization** /~लाइजेशन/ *n.* जीवाश्मीकरण; ~**ize** /~लाइज/ *v., pt.* ~ized, *pp* ~izing 1 जीवाश्म बन जा. 2 खनिज या पथरीले जीवाश्म बनने दे. 3 पुराना पड़ जाना, दकियानूसी बनना;
collocations: ~ **coal** पत्थर का कोयला; ~ **flax** एस्बेस्टेस; ~ **fuels**

जमीन से निकाले जाने वाले कोयला और तेल जैसे ईंधन; ~ **oil** पैट्रोलियम; ~ **water** पिछले युगों से एकत्रित भूमिगत पानी

fossorial /फॉसोरिअल/ *adj.* 1 खनन करने वाला 2 खनन संबंधी

FOST *abbr.* 'Flag Officer, Sea Training' की प्रथमाक्षरी

foster /फौस्टः/ *US* फॉस्टः, फाःस्टर\ *v., pt.* **~ed**, *pp* **~ing** 1 (*syn.* encourage) विचारों के विकास को बढ़ावा दे.: ~ hope; ~ artistic talent 2 दूसरे माता-पिता के बच्चे को अपने साथ रखकर पालन-पोषण क. 3 असहायों की देखभाल क.: ~ the sick;

adj. 1 पराये बच्चे का पालन-पोषण करने वाला: ~ mother 2 प्रोत्साहित या विकसित करने वाला 3 दिल में रखने या जगह देने वाला 4 संजोए रखने वाला;

dw/lw: **~age** /फौस्टरिज/ *US* फॉःस्टरिज, फाःस्टरिज/ *n.* 1 पराए बच्चे का पालन-पोषण 2 प्रोत्साहन; **~ling** *n.* जिसका पालन-पोषण किया जा रहा है;

collocations: ~ **brother** दूध-भाई, कोका; ~ **child** पोष्य बालक; ~ **father/ mother/ parent/ home** पालक पिता/ माता/ घर; ~ **daughter/son, etc.** पोष्य (दत्तक) पुत्री/ पुत्र; ~ **sister** दूध-बहन; ~ **son** पोष्य (दत्तक) पुत्र

fought /फॉट/ *pt.,* **'fight'** का भूतकाल

foul /फाउल/ *adj.* 1 मैला, गंदा, दूषित: ~ air; ~ copy 2 दुर्गंधित, बदबूदार: ~ smell; ~ rags 3 घृणित, वीभत्स, बहुत खराब व अप्रिय: ~ rogue; ~ money-lender 4 अश्लील, धृष्ट: ~ tongue/ gesticulation 5 दुष्ट, बुरा: ~ motive; ~ deed; the ~ fiend/ thief (दुष्ट पिशाच या चोर) 6 उलझा हुआ 7 अवरुद्ध: ~ sewer 8 अनुचित, कपटपूर्ण, नियम विरुद्ध: by fair means or ~; ~ play 9 तूफानी मौसम;

n. 1 खेल के नियमों का उल्लंघन 2 घृणित कार्य 3 घटिया चाल या षड्यंत्र;

adv. अश्लील ढंग से, दुष्टतापूर्वक;

v., *pt.* **~ed**, *pp* **~ing** 1 भ्रष्ट या गंदा क.: ~ one's hands with sth 2 विकृत या दूषित क.: grease often **~s** sink drains 3 खेल में नियम तोड़ना 4 जम जाना 5 (*also* ~ **up**) उलझना 6 धोखा दे., छल क. 7 जान-बूझकर अवरुद्ध क. 8 बिगाड़ना, खराब क.: ~ sb's name/ reputation;

dw/lw: **~ly** *adv.* गलत/ओछे ढंग से, बुरी तरह से; **~-mouthed/ ~-spoken** *adj.* बदजबान; **~-mouthedness/ ~-spokenness** *n.* बदजबानी; **~ness** *n.* गंदगी, बदजबानी; **~-up** *n.* 1 असफलता 2 बिगाड़ा हुआ काम;

collocations: ~ **language/ words** अश्लील या अभद्र भाषा/ शब्द; ~ **line** ऐसी लाइन जिसके भीतर गेंद पड़नी चाहिए; ~ **play** 1 छल-कपट 2 गलत काम 3 हत्य3;

a ~ against/ on sb किसी के विरुद्ध किया गया छल;

p&i: **~ sth up** पूरी तरह बर्बाद या खराब क.;

commit a ~ नियम का उल्लंघन क.; **fall/ run ~ of** 1 टकरा जाना 2 झगड़ा क.; **fall ~ of sb/ sth** किसी के साथ संबंध खराब हो.; **hit** ~ अवैध प्रहार क. (boxing); **it's an ill bird that ~s its own nest** दुष्ट आदमी ही अपने घर को आग लगाता है; **play sb** ~ धोखा या दगा दे.; **through fair means or** ~ हर कीमत पर, सही या गलत तरीकों से

foulard /फूलाःड/ *n.* एक प्रकार की रेशम

found /फॉउंड/ *v., pt.* **~ed**, *pp* **~ing** 1 (*syn.* establish) स्थापित क.: ~ a memorial/ a monument; ~ college (a hospital) 2 नींव रखना 3 (*syn.* mould) सांचे में ढालना, गलाना 4 ढालकर बनाना 5 (सिद्धांतों आदि) पर आधारित क.: ~ a theory (a system of philosophy); **~ed** on facts; **~ed** on very superficial knowledge 6 निर्माण क., बनाना: ~ a family 7 *pt.,* **'find'** का भूतकाल;

dw/lw: **~ing** *adj.* संस्थापक, स्थापित करने वाला: ~ing father; **~ry** /फॉउंड्रि/ *n., pl.* ~ries लोहे आदि का ढलाई कारखाना, फाउंड्री: ~ry hand/ man; ~ry work;

collocations: **~ing father** किसी नए आंदोलन, संस्था या विचार का संस्थापक; **Founding Father** 1787 में अमेरिकी संविधान को लिखने वाले समूह का सदस्य; **~ing member** किसी संगठन का संस्थापक सदस्य

foundation /फाउंडेशन/ *n.* 1 (*usually* **~s**) स्थापना, नींव: ~ pit; the ~ of London took place at an unknown date; lay the ~ (s) of sth 2 संस्था आदि की स्थापना 3 अनुदान देने वाला संस्थान, प्रतिष्ठान: Paul was awarded a grant from the Ford **Foundation** 4 आधारभूत सिद्धांत: the **~s** of the theory 5 सौंदर्य प्रसाधनों में प्रयुक्त आधारभूत सामग्री 6 आधार: the rumour is without ~;

dw/lw: **~al** *adj.* 1 नींव से संबंधित 2 आधारभूत;

collocations: ~ **course** *UK* (*US* **introductory course**) उच्च शिक्षा के लिए आधारभूत कोर्स; ~ **cream** दूसरे कॉस्मैटिक पदार्थों के लिए आधार क्रीम; ~ **garment** अंगिया, ब्रा; ~ **stone** नींव का पत्थर;

p&i: **be without** ~ निराधार हो.; **lay the ~(s) for/ of sth** की नींव रखना; **strike at the ~ of sth** किसी चीज या बात के आधार पर प्रहार क.

founder /फॉउंडः/ *n.* 1 संस्थापक, प्रवर्तक: **~er's** kin 2 ढलैया (of metal) 3 सांचे में ढालनेवाला: bell-~;

v., *pt.* **~ed**, *pp* **~ing** 1 ढेर हो जाना, गिर पड़ना (horse) 2 दलदल में डूब जाना 2 जलमग्न हो जाना, जहाजसआदि का पानी के भर जाने के कारण डूब जाना 3 योजना, प्रस्ताव, प्रक्रिया आदि का असफल हो जा.: the talks ~ed on lack of trust;

collocations: ~ **member** (*US* **charter member**) किसी संगठन का संस्थापक सदस्य

foundling /फाउंड्लिंग/ *n.* अजान माता-पिता का परित्यक्त बच्चा, बटबहाऊ

found object (*also* **object trouve**) *n., art.* 1 कला के क्षेत्र में दादावाद (dadaism) के अनुयायिओं और सररिअलिस्टों (Surrealists) द्वारा दिन-प्रतिदिन की वस्तुओं, जिन्हें चित्र में जोड़ा गया है, के लिए प्रयुक्त शब्द 2 कोई भी ऐसी वस्तु जैसे पानी में बहती लकड़ी या रस्सी का टुकड़ा जिसे कलात्मक रचना के रूप में प्रदर्शित किया जा सकता था

foundry /फॉउंड्रि/ *see above under* **found:*dw/lw***

fount/font /फाउन्ट/ *n., print.* 1 फॉन्ट यानी छपाई की लिपि 2 (*syn.* source) स्रोत: ~ of knowledge 3 *poet.* सोता, झरना

fountain /फाउंटेन/ *n.* 1 स्रोत: ~ of trust 2 सोता, झरना 3 फुहारा, फौआरा, फव्वारा, फौवारा: put up/ build a ~; the ~ is playing 4 पीने के पानी का फौवारा: drinking ~;

dw/lw: **~-head** *n.* 1 उद्गम, मूल, स्रोत 2 मूल स्रोत 3 पात्र, आधान; **~-pen** *n.* फाउंटेन पेन

four /फोः/ *cardinal number, n.* 1 चार (4), चतुर्थ: ~ and ~ make eight; in **~s** (चार-चार करके); ~ tens are forty; ~ times as much; I have ~ things to tell you; ~-year plan 2 चौका, चौआ, चौवा 3 चार का कोई भी द्योतक चिह्न जैसे 4, **IV**: figure of 4; chapter **IV** 4 चार जने: there are ~ of them;

adj. 1 कुल चार 2 चार वर्षीय;

dw/lw: **~-and-twenty** चौबीस *or* **~-and-thirty** चौतीस; **~-cornered** *adj.* 1 चार कोनोंवाला 2 चौतरफा: ~-cornered contest; **~-course** *adj.* चार बार परोसे जाने वाले अलग-अलग व्यंजनों का भोजन: ~-course dinner; **~-dimensional** *adj.* चार आयामोंवाला, चतुर्विम; **~-figure** *adj.* चार अंकों का: ~-figure number (1000 से 9999 तक की संख्यायें); **~-flusher** *n.* धोखेबाज; **~fold** *adj.* चारगुना, चौगुना, चौहरा; **~-foot** *adj.* 1 चार टांगों वाला: a ~-foot table 2 लंबाई-चौड़ाई में चार फुट: ~-foot square; **~-footed** *adj.* चौपाया, चतुष्पद; **~-handed** *adj.* ताश का एक खेल जिसमें चार खिलाड़ी भाग लेते हैं; **~-in-hand** *adj.* चार घोड़ों द्वारा खींची जाने वाली (घोड़ा गाड़ी या बग्गी); **~-leaf** *adj.* चार-पत्तिया; **~-legged** *adj.* चौपाया; **~-letter-word** *n.* अंग्रेजी के अश्लील शब्द (fuck, etc.) जिन्हें

गाली देने के लिए प्रयोग करते हैं; **~s** *n. [pl.]* हाथ और पांव मिलकर बने चार: on all ~s (हाथों व घुटनों के बल); **~score** *n.* अस्सी (80); **~-seater** *adj.* चार सवारियों के लिए (वाहन); **~some** *adj.* चार जनों की (टोली आदि); **~-square** *adj.* 1 वर्गाकार (भवन)2 सुदृढ़, स्पष्टवादी; **~-star** *adj.* चार-सितारा: ~-star general (चार-सितारा जनरल यानी पूरा जनरल); ~-star hotel; **~-stomach** *adj.* चौथा पेट वाला (जानवर); **~-stroke** *adj.* कार आदि का चार-ताल का इंजन; **~-twenty** *n.* चार सौ बीस, ठग, धोखेबाज आदमी; **~-wheel-drive** *n.* (*abbr.* **4WD**)/ **~-by-~-drive** ऐसा वाहन जिसमें इंजन चारों पहियों को ऊर्जा (पावर) देता है, चौ-पहिया ड्राइव गाड़ी;

collocations: **~-colour process** फोटोग्राफी और छपाई में चार रंग के बिंब बनाने की तकनीक; **~ corners of the earth** पृथ्वी के चारों कोनों पर यानी दूर-दूर स्थित स्थान; **~-footed beasts** चौपाए जानवर; **~-leaf clover** चार पत्तियों वाली तपत्तिया जिसे सौभाग्य का प्रतीक माना जाता है; **~ o'clock** गुल-अब्बास का पौधा; **~penny one** घूंसा; **~poster bed** चारों कोनों पर लगे चार डंडोंवाला (जिन पर मच्छरदानी या अन्य कोई छातानुमा चीज टांगी जा सकती है) बिस्तरा; **~-way stop** चौराहा;

the ~ Freedoms 1941 में अमेरिका के प्रेजीडेंट रूज्वेल्ट द्वारा घोषित अभिव्यक्ति एवं आस्था की स्वतंत्रता तथा भूख एवं भय से मुक्ति की चार आजादियां;

p&i: **at ~** चार वर्ष की आयु में: a girl of ~; **increase ~fold** चार-गुना वृद्धि क.; **on all fours** हाथों और घुटनों के बल; **return a service ~fold** कहीं अधिक मात्रा में लौटाना, ईंट का जवाब पत्थर से दे.; **the ~ corners of a document/ of an act** किसी दस्तावेज के अनुसार; **under/ about/ over ~** चार वर्ष से कम/ लगभग चार वर्ष का/ चार वर्ष से ऊपर की उम्र का (बच्चा आदि); **within the ~ seas** ब्रिटेन के भीतर

fourteen /फोःटीन/ *cardinal number, n.* 1 चौदह, चतुर्दश: ~ and ~ make twenty-eight; ~ tens are one hundred forty; ~ times as much; I have ~ things to tell you; ~fold 2 चौदह का कोई भी द्योतक चिह्न जैसे 14, **XIV:** figure of 14; chapter **XIV** 3 चौदह जने: there are ~ of them;

adj. 1 कुल चौदह 2 चौदह वर्षीय

fourteenth (*also* 14th) *serial number, ordinal, adj.* 1 चौदहवां: he is in his ~ year; he arrived ~ 2 (**the ~**) चौदह तारीख: on the ~ of June;

n. 1 चौदह बराबर भागों में से एक, चौदहवां हिस्सा: a ~ share 2 भिन्न 1/14;

collocations: **Louis the Fourteenth** इस नाम का फ्रांस का राजा

fourth /फोःथ/ (*also* **4th**) *serial number, ordinal, adj.* (*UK/ US* **quarter**) 1 चौथा: he is in his ~ year; he arrived ~; ~ form (चौथी कक्षा) 2 (**the ~**) चार तारीख: on the ~ of June;

n. 1 चार बराबर भागों में से एक, चौथा हिस्सा: a ~ share 2 भिन्न 1/4;

dw/lw: **~ly** *adv.* चौथे, चौथी बात यह है कि...; **~-rate** *adj.* घटिया;

collocations: **~ dimension** चौथा आयाम (स्थान के तीन आयामों (विमों) यानी लंबाई, चौड़ाई और गहराई के अतिरिक्त समय को चौथे आयाम/ विम के रूप में माना जाता है); **a good ~** प्रतियोगिता या परीक्षा में चौथा; **the Fourth Estate** (***syn.*** press) किसी राष्ट्र के सूचना माध्यमों को चौथा स्तंभ (लॉर्ड मैकॉले द्वारा 1828 में परिभाषित) माना जाता है; **the Fourth of July** (*also* **Independence Day**) अमेरिकी राष्ट्रीय स्वतंत्रता दिवस यानी चार जुलाई; **the Fourth World** दुनिया के सब से गरीब और तकनीकी स्तर पर सबसे पिछड़े हुए देश; **three ~s** तीन चौथाई

fousty /फ्यूस्टि/ *adj., Scots.* 1 सीलनभरा 2 (***syn.*** fusty) दुर्गंधभरा

fovea /फोविआ/ (*also* **yellow spot**) *n., pl.* **~e** /फोविई/ 1 पक्षियों, छिपकलियों आदि की आंख की गर्त्तिका या खात जहां पर नजर सबसे तेज होती है 2 शरीर के ढांचे में कोई भी गर्त्तिका

fowl /फाउल/ *n. pl.* **fowl/ ~s** 1 पालतू मुर्गा, मुर्गी, टर्की आदि 2 इन सब का गोश्त 3 मांस के रूप में खाया जाने वाला कोई भी पक्षी: wild~;

v. *pt.* **~ed** *pp* **~ing** पक्षियों का शिकार क.;

dw/lw: **~-farm** *n.* पक्षी फार्म; **~ing** *n.* पक्षियों का शिकार; **~er** *n.* 1 चिड़ीमार, बहेलिया 2 पक्षी पकड़ने वाला, पक्षियों का शिकार करने वाला; **~ing-piece** *n.* पक्षियों का शिकार करने वाली बंदूक; **~-run** *n.* मुर्गियों का बाड़ा;

collocations: **~s of the air** उड़ने वाले पक्षी; **sea ~** समुद्री पक्षी

fox /फौक्स/ *US* फाःक्स/ *n., pl.* **~es** 1 लोमड़ या लोमड़ी: hunt the ~ 2 लोमड़ी की फर 3 घाघ, धूर्त, चालाक, छलिया, कपटी, मक्कार, धूर्त व्यक्ति 4 *mainly N. Amer.* आकर्षक पुरुष या महिला;

***v.*,** *pt.* **~ed**, *pp* **~ing** 1 धूर्तता क., ठगना: ~ sb by pretending to be ill 2 कागज का बदरंग हो. 3 विक्षुब्ध कर दे., घबराहट पैदा कर दे.;

dw/lw: **~-bat** *n.* उड़न-लोमड़ी, चमगादड़; **fox-beagle** /~-बीगल/ *n.* लोमड़ियों का शिकार करने वाला कुत्ता; **~brush** *n.* लोमड़ी की दुम; **~ed** *adj.* 1 बदरंग 2 परेशान, हैरान, स्तंभित: completely ~ed by sb's behaviour; **~glove** *n.* फाक्सग्लव, एक कांटेदार पौधा; **~hole** *n., milit.* 1 गड्ढा या खाई, खंदक 2 बिल, मांद; **~hound** *n.* लोमड़ियों का शिकार करने वाला कुत्ता; **~hunt** *n.* लोमड़ियों का शिकार; **~hunter/ ~-hunting** *n.* लोमड़ियों का शिकारी; **~ing** *n.* सीलन के कारण कागज में आई बदरंगत; **~iness** *n.* चालाकी, धूर्तता; **~-like** *adj.* (लोमड़ी-सा) चालाक, धूर्त; **~-nut** *n.* मखाना, तालमखाना; **~-sleep** *n.* झूठी नींद; **~trot** *n.* 1 एक प्रकार का नृत्य 2 **Foxtrot** *communications* नाटो (NATO) की संदेश प्रणाली में अक्षर **F** का द्योतक; **~y** *adj., degr.* ~ier, ~iest 1 घाघ, धूर्त, चालाक, छलिया, कपटी, मक्कार 2 ललाई लिए हुए भूरे रंग का 3 (***syn.*** sexy) मोहक और मादक (स्त्री);

collocations: **~-like behaviour** धूर्ततापूर्ण व्यवहार; **~'s sleep** मक्कारी; **~tail grass** बांद्रा; **~ terrier** एक तरह का छोटा कुत्ता (जिसे पहले लोमड़ियों, चूहों आदि को भगाने के लिए पालते थे);

p&i: **an old ~** घाघ आदमी; **cunning as a ~** लोमड़ी-सा चालबाज; **play the ~ and geese/ ~ and hounds** चालाकी क., बहाने बनाना, टालमटोल क.; **set a ~ to keep one's geese** चोर को कोतवाल (चौकीदार) बनाना; **when the ~ preaches, then beware your geese** लोमड़ी जब प्रवचन सुनाए, चूजों का ध्यान रखें

foy /फॉय/ *adj.* विदाई भोज

foyer /फॉइए/ *n.* (***syn.*** lobby, entrance hall) प्रवेश-कक्ष

FP *abbr.* 'Field Publicity', 'former pupil', 'Free Presbyterian' की प्रथमाक्षरी

fp *abbr.* 'forte-piano' की प्रथमाक्षरी

FPA *abbr.* 'frontal pursuit area', 'fuel purchase agreement' की प्रथमाक्षरी

FPBAI *abbr.* 'Federation of Publishers and Booksellers Associations in India' की प्रथमाक्षरी

FPC *abbr.* 'Fixed Point Chart' की प्रथमाक्षरी

FPD *abbr.* 'Food Processing Department' की प्रथमाक्षरी

FPDIL *abbr.* 'Fertiliser Planning and Development India Limited' की प्रथमाक्षरी

EPGA *abbr.* 'field programmable gate array (*US*)' की प्रथमाक्षरी

FPL *abbr.* 'feline pan leukaemia' की प्रथमाक्षरी

FPM *abbr.* 'Federal Party of Manipur' की प्रथमाक्षरी

FPO *abbr.* 'Field Post office' की प्रथमाक्षरी
FPP *abbr.* 'First Past the Post', 'Farright Freedom Party' की प्रथमाक्षरी
FPS *abbr.* 'fire prevention system' की प्रथमाक्षरी
Fr *abbr.* 1 'Father' का संक्षेप 2 *symbol. chem.* francium का चिह्न
Fr. *abbr.* 'France/ French' का संक्षेप
fr. *abbr.* 'fragment/ (fr) franc/ frequently' का संक्षेप
FRA *abbr.* 'financial restructuring authority' की प्रथमाक्षरी
frabjous /फ्रैबजस/ *adj.* आनंदमय, बहुत बढ़िया, शानदार;
dw/lw: **~ly** /फ्रैबजसलि/ *adj.* शानदार ढंग से
fracas /फ्रैकाः/ *US* फ्रेकस/ *n., pl.* **fracas**/ *US* **~es** /फ्रैकाःज/ फ्रैकाःज/ *US* फ्रेकअसिज/ 1 उपद्रव, झगड़ा, फसाद, मारपीट 2 होहल्ला, उत्पात
fract /फ्रैक्ट/ *v., pt.* **~ed**, *pp* **~ing** टूटना;
dw/lw: **~ed** /फ्रैक्टिड/ *adj.* टूटा हुआ, भग्न, उल्लंघित
fraction /फ्रैक्श\न/ *n.* 1 भिन्न, एक से कम अंश 2 अल्पांश, टुकड़ा 3 भंजन, विखंडन, अस्थिभंग (of bone) 4 *chem.* प्रभा 5 गुट, खेमा, धड़ा;
dw/lw: **~al** /~नल/ *adj.* 1 भिन्न-संबंधी, भिन्नात्मक 2 अपूर्ण, अधूरा, आंशिक 3 (***syn.*** minimal) अपर्याप्त, बहुत थोड़ा; **~alize/ ~alise** /~नलाइज/ *v. pt.* ~alized, *pp* ~alizing भिन्नों/ अंशों में बांटना; **~ally** /~नलि/ *adv.* थोड़ा-सा; **~ator** /~नेटः/ *n.* द्रवीय मिश्रण भाजक; **~lism** /~नलिजम/ *n.* धड़ेबाजी, खेमेबाजी; **~ist** /~नलिस्ट/ *n.* धड़ेबाज, खेमेबाज;
collocations: **~al distillation** *chem.* प्रभाजी आसवन, द्रवीय आसवन द्वारा द्रव के भिन्न-भिन्न तत्त्वों का अलग करने की क्रिया; **common/ vulgar** ~ साधारण भिन्न; **continued** ~ निरंतर भिन्न; **not by a** ~ जरा-सा भी नहीं; **~ of distance** थोड़ी-सी दूरी; **~ of time** जरा-सा समय;
p&i: **a** ~ पूर्णतः, बिल्कुल; **a ~ closer** थोड़ा-सा नजदीक; **a ~ of a second** पलभर, सैकंड का छोटा-सा भाग; **not by a** ~ जरा भी नही; **suit to a** ~ पूर्णतः सही बैठना
fractious /फ्रैक्शिअस\/ *adj.* 1 (***syn.*** irritable) चिड़चिड़ा, बदमिजाज: a ~ person 2 अनियंत्रित, बेलगाम: a ~ child; a ~ horse
dw/lw: **~ly** /~लि/ *adv.* बदमिजाजी से; **~ness** /~नेस/ *n.* बदमिजाजी, चिड़चिड़ापन
fractography /फ्रैक्टोग्रफि/ *n.* धातु की सतह की अति सूक्ष्म दरारों का अध्ययन
fractu\re /फ्रैक्चः/ *v., pt.* **~red**, *pp* **~ring** 1 भंजन हो., टूटना: **~re** a pane of glass; under the blow the bone **~red** 2 हड्डी आदि को तोड़ना या उसमें दरार डालना: **~re** an arm (a thigh);
n. 1 भंजन, टूटन, विशेषकर हड्डी व चट्टान आदि का 2 हड्डी की साधारण टूटन: compound/ simple **~re**; **~re** of the skull 3 ताजा टूटी हुई खनिज चट्टान;
dw/lw: **~red** /फ्रैक्चःड/ *adj.* टूटा हुआ: ~red rib
fraenum/ frenum /फ्रीनम/ *n.* = fraenulum/ frenulum बंध
fragi\le /फ्रैजाइल/ *adj.* 1 जल्दी टूट जाने वाला, क्षयशील, भंगुर: a **~le** china cup 2 नाजुक, सुकुमार, कोमल: **~le** beauty; **~le** happiness 3 अति कमजोर, दुर्बल: **~le** health;
dw/lw: **~lity** /फ्रजिलिटि/ *n.* 1 भंगुरता, भुरभुरापन: ~lity of bones; ~lity of life 2 सुकुमारता, नाजुकता: an appearance of ~lity; ~lity of beauty
fragment /फ्रैग्मं\ट/ *n.* 1 टुकड़ा, खंड, अंश, भाग: **~s** of a vase; **~s** of a statue 2 अधूरे हिस्से, टुकड़े: **~s** of a conversation;
v., *pt.* **~ed**, *pp* **~ing** 1 छोटे-छोटे टुकड़ों में बंटना या टूट जा. 2 टुकड़े-टुकड़े हो जा. 3 कंप्यूटर में एक फाइल को भिन्न-भिन्न स्थानों पर सुरक्षित क.;
dw/lw: **~al** *adj.* खंडमय, टुकड़े-टुकड़ों में; **~ary** /~टरि/ *adj.* 1 खंडित, आंशिक 2 अपूर्ण: a ~ary report of an event 3 असंबद्ध: a ~ary manuscript; **~ation** /~टेशन/ *n.* विखंडन, टुकड़ों में भंजन; **~ed** /~टिड/ *adj.* टुकड़ों में बंटा/ खंडित (समाज); **~ize** /~टाइज/ *v., pt.* ~ized, *pp* ~izing विभक्त क., विखंडित क., तोड़ना, टुकड़े क.
collocations: **~ation bomb/ grenade** फटने के बाद टुकड़े-टुकड़े होने वाला बम
frag\rance/~rancy /फ्रेग्रं\स/ ~सि/ *n., pl.* **~s**/ **~rancies** *pathol.* 1 सुरभि, सुगंध, सौरभ, सुवास, खुशबू: the **~rance** of flowers/of scent; the **~rance** of youth 2 सुगंध की स्निग्धता
fragrant /फ्रेग्रंट/ *adj.* खुशबूदार, सुरभित, सुगंधित, सुवासित: ~ air; ~ memories
frail /फ्रेल/ *adj.* 1 भंगुर, नश्वर: man's life (happiness) is ~ 2 कमजोर: a ~ structure; a ~ support 3 सुकुमार, नाजुक, पतला-दुबला: a ~ old man 4 आसानी से लालच में आ जाने वाला: human nature is ~;
n. टोकरा;
dw/lw: **~ness/ ~ty** *n., pl.* **~ties** नैतिक कमजोरी, भंगुरता, अशक्तता, नाजुकता: he loved her in spite of her little **~ties**
framable /फ्रेमअबल/ *adj.* रचने योग्य, गढ़ने योग्य
frame /फ्रेम/ *n.* 1 चौखट, चौखटा, ढांचा: put the picture in a ~; the ~ of a window; embroidery ~; a plain ~ for glasses 2 किसी भवन, वाहन, फर्नीचर या वस्तु का ढांचा/ की रूपरेखा, बनावट, गठन: the ~ of a building; the ~ of society 3 देहबंध, शरीर का अस्थि-पंजर: the gigantic ~ of a mammoth (भीमकाय जानवर का विशाल अस्थि-पंजर); a man of huge ~; sobs shook her slender ~ (सुबकने से उसका नाजुक बदन सिहर उठा) 4 मनोदशा, मनःस्थिति, मनोभाव: ~ of mind; a man of iron ~; a character of noble ~ 5 संधार (printing, etc.) 6 फिल्म की कड़ी में एक चित्र: the most important ~ 7 टीवी पर एक चित्र या फोटो 8 पौधों के अंकुर उगाने के लिए बनाया जाने वाला शीशे का छोटा-सा ढांचा 9 व्यायामशाला में एक छोटा-सा ढांचा: climbing ~ 10 साइकिल का ढांचा;
v., *pt.* **~d**, *pp* **framing** 1 फ्रेम, चौखट, चौखटा बनाना या लगाना 2 रूपरेखा बनाना, रचना क.: ~ a theory; ~ a plan 3 झूठे आरोप में फंसाना या आरोप गढ़ना: the accused declared that he had been **~d** 4 उचित शब्दों में अभिव्यक्त क., उच्चारण क., बनाना: ~ a sentence; his lips could hardly ~ the words 5 रूपायित क., अंकित या चित्रित क. 6 ढांचे या फ्रेम में जड़ना;
dw/lw: **~s** *n. [pl.]* ढांचे; **~saw** *n.* चौखटी आरा; **~up** *n.* मनगढ़ंत आरोप, षड्यंत्र;
collocations: **~ house** लकड़ी का मकान; **~ of mind** मनोदशा, मनःस्थिति; **~ of reference** तथ्यों, सिद्धांतों, विश्वास, निष्कर्षों आदि का सामूहिक संदर्भ; **cold** ~ पौधों की रक्षा करने के लिए ग्रीन-हाउस जैसा शीशे का ढांचा;
p&i: **~ charges** आरोप तय क.; **ease one's tall ~ into the chair** अपने लंबे शरीर को कुर्सी में धंस जाने दे.; **put the picture in a** ~ चित्र को चौखटे में लगाना
FRAMES *abbr.* 'Frames of Radio Audio-Visual Music Events and Show' की प्रथमाक्षरी
framework /फ्रेमवःक/ *n.* 1 आधारभूत ढांचा: the ~ of society 2 आधारभूत योजना: within the ~ of sth 3 आधारभूत संदर्भ: ~ of reference; a ~ for (doing) sth 4 मूल पद्धति: create/ develop/ establish/ provide a ~ 5 आधारभूत संरचना: the ~ of the novel;
p&i: **outside the ~ of sth** की संरचना के बाहर; **within the ~ of sth** की संरचना के भीतर
franc /फ्रैंक/ *n.* फ्रांस, बेल्जियम, स्विटजरलैंड आदि की मुद्रा, सिक्का
franchi\se /फ्रैंचाइज/ *n.* 1 विशेषाधिकार 2 विक्रयाधिकार व उसका कार्यक्षेत्र 3 मताधिकार 4 टीवी कंपनी आदि का नियत क्षेत्र में प्रसारण करने के लिए दी जाने वाली अनुमति 5 नागरिकता 6 (***syn.*** immunity) आयात-शुल्क आदि देने से छूट, मुक्ति;

***v.**, pt.* **~sed**, *pp* **~sing** किसी व्यक्ति या कंपनी को विशेषाधिकार या विक्रयाधिकार दे.;

dw/lw: **~see** /फ्रैंचाइजी/ *n., pl.* **~ses** विशेषाधिकार या विक्रयाधिकार प्राप्तकर्ता; **~ser** *n.* 1 मतदाता 2 विशेषाधिकार या विक्रयाधिकार दाता (कंपनी या संगठन)

Franco- /फ्रांको/ *combinng form, signifying:* **France, French** (फ्रांस, फ्रांसीसी): ~-German; ~-Russian; ~-Canadians

francolin /फ्रांकोलिन/ *n.* एशिया या दक्षिणी एशिया में पाया जाने वाला तीतर

Francomania /फ्रैंकोमेनिआ/ *n.* फ्रांसोन्माद, फ्रांस के पीछे दीवानापन

Francophile /फ्रैंकोफिल/ (*also* **Francophil**) *n.* फ्रांस प्रेमी

francophone /फ्रैंकोफोन/ (*also* **Francophone**) *n.* दूसरी मातृभाषा वाले देशों में फ्रांसीसी-भाषी व्यक्ति;

adj. 1 फ्रांसीसी भाषा को मातृ भाषा के रूप में बोलने वाला 2 फ्रांसीसी भाषा को दूसरी मातृ भाषा या बोलचाल की भाषा (lingua franca) के रूप में प्रयोग करने से संबंधित

frangibility /फ्रैंजिबिलिटि/ *n.* 1 भंगुरता: a material of high (low) ~ 2 क्षयशीलता

frangible /फ्रैंजिबल/ *adj.* भंगुर, क्षयशील

frangipane /फ्रैंजिपेन/ *n.* 1 बादाम से बनी एक क्रीम जिसे भिन्न-भिन्न व्यंजन बनाने के लिए प्रयोग किया जाता है 2 पर्फ्यूम, इत्र

frangipani /फ्रैंजिपानी/ (*also* **frangipane**) *n., pl.* **~s** 1 भूमध्यीय अमेरिका में उगनेवाली एक झाड़ी 2 इस झाड़ी के फूलों से बनी एक पर्फ्यूम

franglais /फ्रौंगले/ *US* फ्रांगले/ *n., humorous* इंग्लिश शब्द मिली फ्रांसीसी भाषा

Frank /फ्रैंक/ *n.* जर्मन मूल की जाति का सदस्य; इस जाति ने 5वीं सदी में गॉल (पश्चिमी यूरोप के प्राचीन भाग) पर हमला करके फ्रांस की स्थापना की थी

frank /फ्रैंक/ *adj., degr.* **~er, ~est** 1 बात करने व शैली में ईमानदार तथा स्पष्ट: a ~ avowal of guilt; ~ manner 2 अत्यधिक मुंहफट: be ~ with sb 3 पारदर्शी व सुस्पष्ट: a ~ look in the eyes;

***v.**, pt.* **~ed**, *pp* **~ing** 1 मोहर लगाकर डाक टिकट निरस्त क. या डाक टिकट की अदायगी दिखाना 2 निःशुल्क नाटक देखने जाना 3 प्रवेश खुला क.;

dw/lw: **~ing** *n.* मोहर लगाकर डाक टिकट को निरस्त करने की क्रिया: ~ing of stamps on the envelopes; **~ly** *adv.* साफ-साफ, बेबाकी से: answer ~ly; ~ly, I don't like him; ~ly speaking (साफ बात करते हुए); **~ness** *n.* ईमानदारी, बेबाकी, स्पष्टवादिता;

collocations: **~ing machine** (*also* **postage meter**) लिफाफों पर लगे डाक-टिकटों को निरस्त करने के लिए लगाई जानेवाली मोहर

Frankenstein/ Frankenstein's monster /फ्रैंकनस्टाइन/ *n.* वह जीव या वस्तु जो अपने जन्मदाता या निर्माता को ही नष्ट कर देता है, भस्मासुर

frankfurter /फ्रैंक्फ:ट:/ *n.* मांस की पतली मसालेदार सौसेज (sausage) जिसे सर्वप्रथम फ्रैंकफर्ट ऐम मेन (Frankfurt am Main, Germany) नगर में बनाया गया था

frankincense /फ्रैंकिनसेंस/ *n.* लोबान

franking machine (*also* **postage meter**) *see above under* **frank: *dw/lw***

frankly *see above under* **frank: *dw/lw***

frantic /फ्रैंटिक/ *adj.* 1 उत्तेजनापूर्ण, उन्मत्त, प्रचंड: ~ muddle 2 (***syn.*** beside oneself) व्यथित, व्यग्र, विक्षुब्ध, आपे से बाहर: be ~ with grief (with pain, with rage); ~ appeal for help; drive sb ~; a ~ toothache 3 (***syn.*** hectic) उतावला, हड़बडाहट में: in a ~ hurry;

dw/lw: **~ally** /~लि/ *adv.* आपे से बाहर होकर, परेशान होते हुए, व्यथित हो कर, उन्मत्त होकर; **~ness** /~नेस/ *n.* उन्मत्तता, उन्माद, पागलपन, क्रोधोन्माद;

p&i: **~ effort** जी-तोड़ प्रयास; **~ rush to meet the deadline** अंतिम अवधि तक काम पूरा करने के लिए जल्दबाजी या हड़बड़ाहट; **~ with joy** खुशी से विह्वल

frap /फ्रैप/ *v., pt.* **~ped**, *pp* **~ping** 1 *naut.* कसकर बांधना 2 वार क., पीटना

frappe /फ्रैपे/ *n., pl.* **~s** बर्फ डाल कर ठंडा किया हुआ पेय, शीतल पेय: wine ~

Frascati /फ्रैस्काति/ (*also* **frascati**) *n.* इतालवी मदिरा

frater /फ्रेट:/ *n.* 1 भ्राता, भाई 2 साथी;

dw/lw: **~nal** /फ्रट:नल/ *adj.* 1 भ्रातृ-सुलभ, भ्रातृक, भाइयों जैसा, बिरादराना: ~nal order/ society/ association 2 मैत्रीपूर्ण; **~nity** /फ्रट:निटि/ *n., pl.* ~nities 1 भाई-चारा, भ्रातृभाव, बिरादरी: the ~nity of all men 2 अमेरिका में कॉलेज (पुरुष) छात्रों का एक संगठन 3 धार्मिक भाईचारा: be a member of a ~nity; the legal ~nity; the ~nity of the Press; the race-track ~nity (घुड़दौड़ बिरादरी); **~nize/ ~nise** /फ्रटरिनाइज/ *v. pt.* ~nized, *pp* ~nizing (*often* **~nize with sb**) मैत्री क., भ्रातृ-भाव स्थापित क., भाईचारा या मेलजोल बढ़ाना; **fraterinization/ ~nisation** /फ्रटरिनाइजेशन/ *n.* भाईचारा बढ़ाने की क्रिया

fratri\cidal /फ्रैटरिसाइडल/ *adj.* भातृवध या भगिनीवध से संबद्ध: ~icidal war;

dw/llw: **~cide** /फ्रैटरिसाइड/ *n.* 1 भाई का भाई द्वारा वध, भ्रातृ-वध, भ्रातृ-हत्या 2 भ्रातृहंता, भ्रातृ-हत्यारा 3 अपने देशवासियों की हत्या 4 अपने देशवासियों का हत्यारा;

Frau /फ्राउ/ *n.* 1 जर्मन स्त्री 2 श्रीमती

fraud /फ्रॉड/ *n.* धोखाधड़ी, छल, धोखा, छल-कपट, प्रतारणा: ~ in fact (जानबूझकर किया जाने वाला धोखा);

dw/lw: **~ster** /फ्रॉडस्ट:/ *n.* ठग, धोखेबाज: he turned out to be a ~;

collocations: **~ squad** धोखाधड़ी के अपराधों की छानबीन करने वाला पुलिस का विभाग;

p&i: **a pious ~** नेक इरादे से किया जाने वाला धोखा; **a pure ~** धूर्त व्यक्ति, ठग, धोखेबाज; **get money by ~** धोखे से पैसा प्राप्त क.; **much advertised nostrums are often ~s** अत्यधिक प्रचारित रामबाण औषधियां अक्सर कोरा छलावा होती हैं

fraudulent /फ्रॉड्युलंट/ *US* फ्रॉज्युलंट/ *adj.* 1 जाली, नकली, धूर्त, वंचक, कपटी: a **~lent** trustee; **~lent** bankruptcy 2 छलपूर्ण, कपटपूर्ण: **~lent** behaviour; there is sth **~lent** about it; **~lent** gains;

dw/lw: **~lence/ ~lency** /~स/ /~सि/ *n.* धोखेबाजी, धूर्तता; **~lently** /~टलि/ *adv.* धोखाधड़ी या जालसाजी से, धोखे से, कपटपूर्वक, धूर्ततापूर्वक;

fraught /फ्रॉट/ *adj., colloq.* 1 (से) युक्त या भरा, से भरपूर: ~ with danger/ difficulties, etc.; an argosy ~ with precious wares (कीमती माल से भरा जहाज) 2 चिंताजनक, विषादमय, शोकाकुल: a fraught silence/ anxiety (खामोशी व चिंताओं से लबोलब भरा); a heart ~ with sorrow

Fraulein /फ्रोउलिन/ *n., dated* सुश्री (ब्रिटेन में जर्मनी मूल की आया को बुलाने के लिए प्रयुक्त संबोधन)

fray /फ्रे/ *v., pt.* **~ed**, *pp* **~ing** 1 तार-तार हो., घिसकर फटना या खत्म हो.: the rope was badly **~ed** and broke 2 उधड़ना: the cloth **~s** badly; ~ at the edges (किनारों पर उधड़ जा.) 3 भड़क उठना, उत्तेजित हो.: tempers became **~ed** as the match progressed;

***n.**, pl.* **~s** झगड़ा, दंगा, लड़ाई, मार-पीट: enter/ join the ~; eager for the ~;

dw/lw: **~ed** *adj.* 1 घिसा-पिटा, घिसी हुई, तार-तार: ~ed collar/ cuffs 2 भड़का हुआ: ~ed tempers

frazil /फ्रेजिल/ फ्रैजिल/ *n.* कलमी बर्फ

frazzle /फ्रैज\ल/ *n.* 1 मानसिक एवं शारीरिक टूटन, अत्यधिक थकान: I'm done to a ~; work oneself to a ~ 2 गर्मी से हुआ खस्ता हाल, आग से तार-तार: burnt to a ~;
v. pt. **~d**, *pp* **frazzling** मानसिक एवं शारीरिक रूप से टूटना या थक जा.;
dw/lw: **~d** /~ल्ड/ *adj.* थकावट से चूर

FRBM *abbr.* 'Fiscal Responsibility and Budget Management Bill' की प्रथमाक्षरी

FRC *abbr.* 'Financial Resource Centre' की प्रथमाक्षरी

FRCP *abbr.* 'Fellow of Royal College of Physics' की प्रथमाक्षरी

FRCS *abbr.* 'Fellow of Royal College of Surgeons' की प्रथमाक्षरी

freak /फ्रीक/ *n.* 1 (***syn.*** caprice, whim) मौज, लहर, तरंग, सनक: ~ of fancy; out of mere ~; ~ of nature 2 शौकीन/ सनकी मौजी व्यक्ति: health ~; film ~ 3 (*also* ~ **of nature**) असाधारण (विचित्र) व्यक्ति, जानवर, पौधा या वस्तु: ~ child; ~ climate; ~ behaviour 4 अनहोनी घटना: a ~ of fate 5 नशेडिया, नशाखोर: an acid ~;
adj. 1 शौकीन, सनकी, उत्साही, मौजी 2 असाधारण, अनूठा, विचित्र: a ~ storm; ~ results
v., *pt.* **~ed**, *pp* **~ing** 1 (*also* **~ out**/ **~ sb out**) *colloq.* (नशे में) मतिभ्रम हो.: the LSD really **~ed** them out 2 अचानक आपे से बाहर हो जा.: he **~ed** when he heard the news;
dw/lw: **~ing** *adj.* अश्लील (गाली); **~ish** *adj.* 1 अति विचित्र, आकस्मिक: ~ish weather 2 अनूठा, निराला, विलक्षण: ~ish behaviour; **~y** *adj.* अति विचित्र एवं असाधारण;
collocations: **~ show** 1 मेले आदि में विचित्र जानवरों आदि की प्रदर्शनी 2 अत्यधिक विचित्र दृश्य; **a ~ of nature** दिव्यांग;
p&i: **~ out** मादक दवा के प्रभाव तले अति उत्तेजित हो जा.

freck\le /फ्रेक्ल/ *n.* चकत्ता, ददोरा;
v. *pt.* **~led**, *pp* **~ling** चकत्ते के निशान पड़ना: the sun **~les** one's face and neck; in spring his nose **~les**;
dw/lw: **~led** *adj.* चकत्तेदार: ~led face; ~led nose; **~ly** *adj., degr.* ~lier, ~liest चकत्तेदार

free /फ्री/ *adj., degr.* **~r** /फ्रीअः/, **~st** /फ्रीइस्ट/ 1 बंधनमुक्त, आजाद, स्वतंत्र, स्वच्छंद, मुक्त: ~ country; ~ people; set/ make ~ 2 मुफ्त, निःशुल्क, कर आदि से मुक्त: rent-~; tax-~; ~ mid-day meal; ~ of charge; ~ board and lodging; ~ pass; admission is ~ on Mondays and Fridays; ~ of duty; ~ of income tax; for ~ (मुफ्त में) 3 अबाध, निर्बाध: give ~ passage; the way is ~; ~ access; ~ zone; ~ port 4 खाली, जो व्यस्त न हो: are you ~ in the afternoon?; have you any rooms (seats) ~? 5 उदार: be ~ with one's praise; this rose is a very ~ bloomer (अत्यधिक खिलने वाला); ~ gesture 6 मुक्तहस्त: be ~ with one's money 7 सरल, निस्संकोच: ~ fall 8 स्वेच्छाचारी, ढीठ 9 बेरोक-टोक, खुला, सर्वसुलभ: trouble-~ meeting; ~ area; ~ path 10 सहज, स्वाभाविक, सरल: ~ and relaxed body movement; ~ step 11 के बिना, से विहीन, से रहित: milk ~; nuclear-~; stress-~ weekend; care~; a day ~ from wind; ~ from pain; be ~ of a disease 12 असंबद्ध: ~ position 13 (***syn.*** over-familiar or presumptuous) जो जरूरत से ज्यादा छूट लेता हो, धृष्ट: ~ manners; make ~ with; be ~ with sb 14 जो बंधा न हो, खुला, मुक्त: ~ of debt; ~ from cares; leave one end of a rope ~; the ship is not ~ of the harbour yet; one's hands ~ 15 उन्मुक्त, असंबद्ध, बंधनमुक्त: ~ choice; ~ translation; ~ play of imagination; ~ stress (चल बलाघात); ~ vowel 16 अतुकांत या छंद मुक्त: ~ verse;
v., *pt.* **~d**, *pp* **~ing** 1 स्वतंत्र/ आजाद क. या कराना: ~ the land from oppression 2 (***syn.*** release) मुक्त क. या कराना: ~ sb from restraint; ~ one's hands from fetters 3 बाहर निकालना, छुड़ाना: ~ sb from debt 4 से मुक्त क.: ~ sb from a charge/ an accusation 5 (***syn.*** rid) पीछा छुड़वाना: ~ one's mind from anxiety 6 (*also* **~ up**) जगह खाली क. 7 जेल से मुक्त क.;
adv. 1 (**~ of charge** मुफ्त में, निःशुल्क: ~ of charge 2 बंधनमुक्त होकर, स्वतंत्रतापूर्वक, स्वच्छंदतापूर्वक: wander ~;
suffix: के बिना, रहित, मुक्त; **duty-~** आयात-शुल्क मुक्त; **interest-~** ब्याज-मुक्त; **nuclear-~** परमाणु बम रहित (क्षेत्र); **stress-~** तनाव रहित; **sugar-~** चीनी रहित; **tax-~** कर-मुक्त; **toll-~** राहदारीमुक्त, मुफ्त; **trouble-~** बिना किसी समस्या के;
dw/lw: **~base** *n., drug-taking sl.* ईथर में गर्म करके साफ की गई कोकेन; **~basing** *n.* कोकेन पीने की क्रिया; **~bie** /फ्रीबी/ *n.* मुफ्त का माल; **~board** *n.* पानी से नाव के शिखर तक ऊंचाई; **~boot** *v., pt.* ~booted, *pp* ~booting लूटना, जलदस्यु द्वारा लूटा जा.; **~booter** /फ्रीबूटः/ *n.* 1 जलदस्यु 2 युद्ध में लूट-मार करने के उद्देश्य से भाग लेने वाला 2 लुटेरा, डाकू; **~booting** *n.* डाका, लूट; **~born** *adj.* आजाद नागरिक के रूप में पैदा होनेवाले; **~call** *n.* मुफ्त टेलीफोन संवाद; **~d** *adj.* जिसे मुक्त करा लिया गया हो; **~dman** *n.* ऐसा दास जिसे मुक्ति मिल गई हो, मुक्त दास, स्वतंत्र व्यक्ति; **~dwoman** *n.* दासता के बंधन से मुक्त औरत; **~fone** *n.* = freephone; **~for-all** *n.* ऐसी लड़ाई या विवाद जिसमें सभी उपस्थित लोग शामिल हों, बवाल, फसाद; **~form** *n.* 1 सहज, सरल 2 (*also* **~ morpheme**) जिसे मानक मूल्यों या नियमों के अनुसार न बनाया गया हो; **~hand** *n.* 1 बिना पैमाने और परकार के बनाया जाने वाला चित्र 2 खुली छूट; **~handed** *adj.* उदार, मुक्तहस्त; **~heartedly** *adv.* उदार मन से; **~hold** *n.* फ्रीहोल्ड, पूर्णस्वामित्व, मालिकाना हक; **~holder** *n.* पूर्णस्वामी, फ्रीहोल्डर; **~lanc\e** /फ्रीलांस/ *n.* स्वतंत्र लेखक, कलाकार या पत्रकार, स्वतंत्र, असंबद्ध; **~lance** *v., pt.* ~lanced, *pp* ~lancing स्वतंत्र लेखन-कार्य क.; **~lancer** /फ्रीलांसः/ *n.* स्वतंत्र लेखक, पत्रकार या अन्य व्यवसायी; **~list** *n.* निःशुल्क सेवा पाने वालों की सूची; **~liver** *n.* पेटू, भोजनभट्ट; **~living** *n.* भोग विलास; **~loader** *n.* दूसरों का माल मुफ्त में उड़ाने वाला या खाने-पीने वाला आदमी; **~ly** /फ्रीलि/ *adv.* 1 पूरी आजादी से 2 स्वच्छंदतापूर्वक: breathe more ~ly 3 अपनी मर्जी से 4 बेरोकटोक: admit ~ly 5 खुले तौर पर, खुल्लमखुल्ला: speak one's mind ~ly 6 बेबाकी से 7 उदारतापूर्वक 8 मूल पाठ से स्वतंत्र होकर (अनुवाद आदि क.); **~man** *n.* दासता आदि से मुक्त व्यक्ति; **Freemason** /फ्रीमेसन/ *n.* अंतर्राष्ट्रीय भाई-चारा चाहने वाले गुप्त समाज का सदस्य; **~masonry** /फ्रीमेसनरि/ *n.* सहज भ्रातृभावना, सहज बंधुत्व; **~minded** *adj.* स्वतंत्र-मना; **~phone** (*US* **toll-~**) *n.* निःशुल्क टेलीफोन सुविधा, मुफ्त में प्रयोग किया जाने वाला टेलीफोन नंबर; **Freepost**/ **~post** *n.* रॉयल मेल सर्विस, जिसके तहत डाक खर्च पाने वाले संगठन को देना होता है; **~r** /फ्रीअः/ *n.* मुक्त कराने या करने वाला; **~range** *n.* 1 स्वच्छंद चरने वाली मुर्गियां 2 ऐसी मुर्गियों द्वारा पैदा किए हुए अंडे; **~ride** (*also* **~ride board**) *n.* हर प्रकार की बर्फ पर चलने का तख्ता; **~rights** *n. [pl.]* स्वतंत्र अधिकार; **~sheet** *n.* मुफ्त बांटा जाने वाला समाचार पत्र; **~sia** /फ्रीजिआ/ फ्रीजा/ *n.* कई रंगों के फूलों वाला पौधा; **~ship** *n.* निःशुल्क अध्ययन; **~spoken** *adj.* मुंहफट; **~stone** *n.* 1 महीन पिसा पत्थर 2 पके फलों की गुठली; **~standing** *adj.* जो बिना सहारे के खड़ा हो, स्वस्थ; **~style** *adj.* बिना किसी विशेष पद्धति पर आधारित, शैलीमुक्त, फ्रीस्टाइल (कुश्ती); **~thinker** *n.* स्वतंत्र विचारक; **~thinking** *n.* स्वतंत्र विचार प्रक्रिया, नास्तिकता; **~thinking** *adj.* स्वतंत्र-मना व्यक्ति, विशेषकर धार्मिक अर्थ में; **~to-air** *adj.* निःशुल्क टीवी कार्यक्रम; **~tongued** मुंहफट; **~ware** *n.* निःशुल्क कंप्यूटर सोफ्टवेयर; **~way** *n., N. Amer.* पथकर-मुक्त राजमार्ग, *US* (*UK* **motorway**) अमेरिका में दरवर्ती यात्रा के लिए प्रयुक्त द्रुत गति मार्ग; **~wheel** *n.* 1 साइकिल में एक

ऐसा उपकरण जिसकी बदौलत पिछला पहिया अपने आप घूम सकता है 2 जिम्मेवारियों से मुक्त जीवन; **~wheeling** *adj.* नियम मुक्त, बंधनमुक्त: ~-wheeling life (स्वच्छंद जीवन); ~-wheeling translation (मुक्त अनुवाद); ~-wheeling grammar and spelling (गलत-सलत/ मन-मर्जी की व्याकरण व वर्तनी);
collocations: ~ **agent** मर्जी का मालिक; ~ **alongside ship** (*abbr.* **f.a.s.**) जहाजी घाट तक बिना किराया के माल पहुंचाने की क्रिया (लदाई को छोड़कर); ~ **association**, *psychoanal.* एक ऐसी तकनीक जो या तो अनेक शब्दों की प्रतिक्रिया के रूप में जो पहला विचार उत्पन्न होता है उस पर आधारित होती है या एक शब्द से पैदा होने वाली विचारों की लड़ी पर। इस तकनीक को अचेत मन की गहराइयों तक पहुंचने में मदद मिलती है; **Free Church** प्रोटेस्टेंट चर्च; ~ **climbing** बिना ज्यादा उपकरणों के खड़ी चट्टान पर चढ़ाई; ~ **collective bargaining** सरकारी दखल के बिना सामूहिक सौदेबाजी; ~ **enterprise** हर प्रकार के बंधन से मुक्त उद्यम; ~ **fall** 1 गुरुत्व के कारण पतन या गिरने की क्रिया 2 पैराशूट से कूदने की आरंभिक अवस्था 3 मूल्यों में अनियंत्रणीय गिरावट; ~ **flight** रॉकेट या मिसाइल की मोटर के बिना उड़ान; ~ **floating** उन्मुक्त, बिना किसी चीज से जुड़ाव के; ~ **gift** माल के साथ मिलने वाली उपहार वस्तु, *Hr.* रुंगा; ~ **hand** पूरी छूट; ~ **hold** पूर्ण अधिकार, पूरा मालिकाना हक; ~ **holder** जिसका पूरा मालिकाना हक हो; ~ **house** (beer bar) स्वतंत्र बा्यर-बार यानी ऐसा पब (pub) जो किसी एक बा्यर कंपनी के नियंत्रण में न हो; ~ **kick** फुटबाल आदि के खेल में दंड के रूप में विरोधी पक्ष को मिलने वाली फ्री किक; **freelance journalism** स्वतंत्र (किसी पत्र-पत्रिका से न जुड़कर) पत्रकारिता; ~ **life** स्वच्छंद जीवन; ~ **love** स्वच्छंद प्रेम, उन्मुक्त प्रेम; ~ **lunch** मुफ्त भोजन (वास्तव में मुफ्त लंच या भोजन होता ही नहीं क्योंकि उसकी छिपी हुई कीमत किसी न किसी रूप में चुकानी पड़ती है); ~ **market** स्वतंत्र या उन्मुक्त व्यापार; ~ **marketeer** स्वतंत्र व्यापार का समर्थक; ~ **martin** बांझ बछड़ी; ~ **on board** (*abbr.* **f.o.b.**) जहाज में लदाई समेत माल की कीमत; ~ **on rail** (*abbr.* **f.o.r.**) रेलगाड़ी में लदाई समेत माल की कीमत; ~ **pardon** पहले दंडित व्यक्ति की नए सबूत आदि के आधार पर बिना शर्त रिहाई; ~ **period** स्कूल में खाली पीरियड; ~ **port** 1 सभी के लिए समान सुविधाओं वाली बंदरगाह 2 आयात-शुल्क रहित बंदरगाह, जहां से आयातित माल अन्य बंदरगाहों को भेजा जाता है; ~ **rein** पूरा कंट्रोल या अधिकार; ~ **skating** प्रतियोगिता में पहले से मान्यता प्राप्त चालों में से किसी को चुनकर की जाने वाली स्केटिंग; ~ **speech** स्वतंत्र अभिव्यक्ति; ~ **spirit** स्वच्छंद विचारों का व्यक्ति; ~ **trade** *n.* स्वच्छंद/ बंधनमुक्त/ उन्मुक्त व्यापार; ~ **verse** अतुकांत या छंदमुक्त पद्य; ~ **vote** पार्टी बंधन से मुक्त होकर मतदान; ~ **will** स्वतंत्र इच्छा शक्ति, स्वेच्छा, इच्छा-स्वतंत्रता, अपनी मर्जी: do sth of one's own ~ will; ~ **woman** स्वतंत्र नारी;
the Free World उन्मुक्त व्यापार वाले तथाकथित स्वतंत्र देश;
p&i: ~ **and easy** सहज और धैर्यशील, मस्तमौला, बेतकल्लुफ; ~ **and relaxed body movement** शरीर के अंगों का सहज व तनावरहित चलन; ~ **as bird** परिंदों-सा आजाद; ~ **from/ of sth** के बिना, से रहित; ~ **grammar and spelling** गलत-सलत/ मन-मर्जी की व्याकरण व वर्तनी; ~ **hand** पूरी छूट/ आजादी; ~ **of fear** भय मुक्त; ~ **of/ from sth** के बिना, बिना किसी दुःख-दर्द व डर के, बीमारी (लत आदि) से मुक्त; ~ **sb of sth** 1 किसी को किसी बात से मुक्त क. 2 छुटकारा दिलाना; ~ **with his body** शरीर का दुरुपयोग करने वाला; ~ **with money** पैसा खर्च करने में खुला हाथ, पानी की तरह पैसा बहाने वाला; ~ **with sth** किसी गैर की वस्तु का दुरुपयोग करने वाला;
as ~ as the air हवा-सा आजाद या मुफ्त ; **come off/ go scot** ~ दंडित होने से पूर्णतया बच जा.; **feel** ~ बेतकल्लुफ हो., सहज हो.; **finally, ~ from the aching pain** अंततः दर्दनाक पीड़ा से मुक्त; **for** ~ *colloq.* मुफ्त में; **give a ~ passage** शुल्क रहित पथ या प्रवेश दे.; **it's a ~ country** *colloq.* यह स्वतंत्र देश है; **make ~ with sth** किसी चीज का प्रयोग करने में अत्यधिक छूट लेना; **they lived a ~ existence** उनका एक स्वतंत्र वजूद था

freedom /फ्रीडम/ *n.* 1 स्वतंत्रता, स्वाधीनता, आजादी: the ~ of a country; ~ fighter 2 मुक्ति, छुटकारा: ~ from hunger; ~ from poverty; ~ from care; ~ from want 3 राहत: ~ from pain; ~ from a disease 4 बंधन मुक्ति: ~ of the will; ~ of movement 5 छूट: ~ from taxes 6 आत्मनिर्भरता: degree of ~ 7 स्वाभाविकता, उन्मुक्तता: ~ of choice 8 स्वच्छंदता, निर्भीकता, भय-मुक्ति: speak with ~; ~ from fear 9 स्पष्टवादिता 10 धाराप्रवाह अभिव्यक्ति: ~ of the press; ~ of expression/ ~ of speech; academic ~; ~ of conscience 11 मानक नागरिकता: he was granted ~ of the town of Rochester 12 अधिकार: be given/ have the ~ to do sth 13 पूरा मालिकाना हक: give sb the ~ of one's house 14 जरूरत से ज्यादा खुलापन, अतिशय छूट: take/ use **~s** with sth;
collocations: ~ **fighter** स्वतंत्रता सेनानी; ~ **of assembly** सभा करने की आजादी; ~ **of association** मिलने-जुलने व संगठन बनाने की आजादी; ~ **of information** सूचना का अधिकार

freely *see above under* **free: *dw/lw***

FREEP *abbr.* 'Forestry Research Education & Extension Project' की प्रथमाक्षरी

freeze /फ्रीज/ *v., pt.* **froze**, *pt. p.* **frozen**, *pp* **freezing**, *s/he/it* **~s** 1 (***anton.*** thaw) बर्फ जमना या जमाना: the cold **froze** the orange trees 2 ठंड से जमना: the lake has **frozen** hard; the water-pipe **froze** 3 (*often* **~e together**) दो वस्तुओं को जमाकर जोड़े रखना: the bird's feathers **froze** together 4 बहुत अधिक सर्दी पड़ना: it's **freezing** hard 5 भोजन को बर्फ की तरह जमाकर देर तक रखना: ~ meat to preserve it 6 सर्दी से ठिठुरना, सर्दी से मर जाना: the sheep **froze** in the drifts; I am **freezing** 7(***syn.*** paralyse) डर के मारे जम जा. या जड़वत् हो जा. या क., स्तंभित हो. या क.: fear **froze** every heart; it made my blood ~; his face **froze** with terror 8 (***syn.*** peg) कीमतों, वेतन आदि को एक स्तर पर जड़ या स्थिर कर दे.: ~ wages; ~ prices 9 बैंक खाते, संपत्ति आदि पर रोक लगा दे., अवरोधन क. (assets): the court **froze** sb's bank account 10 चलती फिल्म आदि को किसी विशेष बिंद पर रोक दे. 11 कंप्यूटर को रीबूट (reboot) करने के लिए किसी प्रोग्राम को बीच में ही रोक दे. 12 किसी कार्य की प्रगति का आकलन करने के लिए उसे थोड़े समय के लिए रोक दे. 13 शरीर के किसी अंग को अनैस्थीजिया (anaesthesia) देकर सुन्न क. 14 रिश्ते-नातों व भावनाओं पर ठंडा पानी डालना: ~ sb's friendliness;
n. 1 कीमतों में स्थिरता, ठहराव: temporary ~ of prices 2 की प्रक्रिया पर रोक 3 मनाही: ~ on imports;
dw/lw: **~-dry** *n.* किसी खाद्य को सुखाकर जमाने की क्रिया; **~-frame** *n.* फिल्म आदि का प्रदर्शन किसी बिंदु पर बंद कर देने की क्रिया; **~r** /फ्रीजर/ *n.* फ्रीजर, रेफ्रिजरेटर में व्यंजनों को जमाकर रखने का एक खाना, प्रशीतक, हिमीकरण कक्ष; **~-thaw** *n.* बार-बार बर्फ जमने और फिर पिघलने से चट्टानों का घर्षण; **~-up** *n.* नदियों या समुद्र में बर्फ के जमने के कारण जल-बहाव में ठहराव;
p&i: ~ **a part of sb's body** अनैस्थीजिया (anaesthesia) देकर शरीर के किसी अंग को सुन्न क.: be frozen in; ~ **in fear** डर के मारे सुन्न हो जाना; ~ **on to** कसकर पकड़ना; ~ **one's blood / make one's blood** ~ भय के मारे किसी को सुन्न कर दे.; ~ **out** 1 विकट स्थिति से बचकर निकल आना 2 किसी को बाहर निकाल दे. 3 प्रतियोगी से छुटकारा पाना; ~ **out/ ~ sb out** प्रतियोगिता से बाहर हो. या क.; ~ **over/ ~ sth over** जमी बर्फ से ढक जाना; ~ **up** बर्फ से ढक जाना;
give sb the ~ किसी को भयंकर रूखी नजर से देखकर सुन्न कर देना;

freezing /फ्रीजिंग/ *adj.* अत्यधिक ठंडा;

n. 1 बर्फ जमने का तापमान 2 जमने की क्रिया;
dw/lw: **~machine** *n.* आइस्क्रीम बनाने की मशीन; **~mixture** *n.* हिमकारी मिश्रण; **~point** *n.* हिमांक, तरल का बर्फ में तबदील होने का तापमान; **~politeness** *n.* रूखी विनम्रता; **~test** *n.* बर्फ न बनने की क्षमता की परख;
p&i: **give a ~ glance** बेहद रूखी नजर से देखना

freight /फ्रेट/ *n.* 1 ढुलाई का माल 2 माल भाड़ा, वहन-शुल्क 3 जहाजी माल;
v., pt. **~ed**, *pp* **~ing** 1 (माल) लादना: ~ a car; ~ a ship 2 माल ढोना;
dw/lw: **~age** /फ्रेटिज/ *n.* 1 माल भाड़ा 2 माल 3 माल-ढुलाई; **~car** *n.* माल-डिब्बा; **~er** *n.* मालवाहक जहाज या विमान; **~liner** *n.* एक विशेष प्रकार की मालवाहक जहाज; **~train** (*also* **goods train**) *n.* मालगाड़ी;
collocations: **~ elevator** माल चढ़ाने का लिफ्ट; **~ rates** माल भाड़े की दर

French /फ्रेंच/ *adj.* 1 फ्रांसीसी: ~ politeness 2 फ्रांस से संबंधित: assist in the ~ sense (घटना स्थल पर मौजूद होने के बावजूद मदद न क.);
n. 1 (**the** ~) फ्रांसीसी जनता: customs of the ~ 2 फ्रेंच, फ्रांसीसी भाषा: learn ~; pedlar's ~ (चोरों की बोली); pardon/ excuse my ~ *colloq.* (अक्सर गाली देने के बाद ऐसा कहा जाता है);
dw/lw: **~bean** *n.* फरासबीन; **frenchi\fy** /फ्रेंचिफाइ/ *v., pt.* **~fied**, *pp* **~fying** फ्रांसीसी बनाना, फ्रांसीसीकरण क.; **~kiss** *n.* जिह्वा चुंबन; **~like** *adj.* फ्रांसीसियों जैसा; **~man/ ~woman** *n.* फ्रांसीसी पुरुष/ महिला; **~y** *n., pl.* Frenchies फ्रांस के नागरिक के लिए अपमानसूचक शब्द;
collocations: **~ bread/ ~ loaf/ ~ stick** लंबी फ्रेंच ब्रेड; **~ braid** महिला के बालों की एक विशेष प्रसाधन शैली; **~ Canada** कैनेडा का फ्रांसीसी भाषा-भाषी क्षेत्र; **~ Canadian** कैनेडा का फ्रांसीसी-भाषी नागरिक; **~ chalk** खड़िया मिट्टी; **~ cricket** क्रिकेट से मिलता जुलता खेल जिसमें विकटों के स्थान पर बल्लेबाज की टांगों को निशाना बनाया जाता है (अक्सर बच्चों का खेल); **~ doors** एक पल्लेवाला शीशे का दरवाजा या खिड़की जो बाग की तरफ खुलते हों; **~ dressing** सलाद के ऊपर डालने के लिए एक मसालेदार द्रव; **~ establishments** फ्रांसीसी उपनिवेश; **~ fries** *US* (*UK* **chips**)/ **~fried potatoes** *[pl.]* आलू के तले हुए कतले; **~ horn** फूंक मारकर बजाने का एक प्रकार का बाजा; **~ knickers** रेशमी कपड़े की औरतों की ढीली निक्कर; **~ leave** बिना सूचना दिए लिया जाने वाला अवकाश, नागा: take ~ leave; **~ letter** *sl.,* a condom कोंडोम; **~ loaf = baguette = ~ stick** लंबी पतली फ्रेंच ब्रेड; **~ plait = ~ braid** *see above*; **~ plait = ~ twist** महिला के बालों की एक विशेष प्रसाधन शैली; **~ polish** फर्नीचर पर लगाई जाने वाली एक प्रकार की वार्निश; **~ pox** उपदंश; **~ press** = cafetiere; **~ tile** फ्रांसीसी टाइल; **~ toast** फ्रेंच ब्रेड को अंडे के घोल में डुबोकर तला हुआ टोस्ट; **~ twist = ~ plait; ~ windows** (*see above under* **~ doors**)

frenchify *see above under* **French: *dw/lw***

frenetic /फ्रेनेटिक/ *adj.* 1 उन्मत्त, उतावला, उग्र, व्यग्र 2 कट्टर, मतांध;
dw/lw: **~ally** /~कलि/ *adv.* उन्मत्त या उग्र ढंग से, पागलों की तरह

frenulum *see above under* **fraenulum**

frenzied /फ्रेंजिड/ *adj.* 1 उन्मत्त, उत्तेजित: ~ efforts 2 सनकी, दीवाना, पागल: ~ dreams

frenzy /फ्रेंजि/ *n., pl.* **frenzies** 1 उन्मत्तता, उन्माद, पागलपन: a fit of ~ (उन्माद का दौरा); drive sb to ~ 2 आवेश, उत्तेजना, विक्षोभ: work oneself into a ~ 3 दीवानापन, सनक: a ~ for travelling

frequency /फ्रिक्वंसि/ *n., pl.* **frequencies** 1 आवृत्ति की दर, बारंबारता: ~ of the pulse; this happens with extreme ~ (ऐसा बार-बार होता है) 2 ध्वनि तरंग या रेडियो तरंग की प्रति सेकंड आवृत्ति दर: high/ low ~;
collocations: **~ band** आवृत्ति-बैंड; **~ distribution** आवृत्ति वितरण; **~ doubler** आवृत्ति द्विगुणक; **~ locus** आवृत्ति बिंदु पथ; **~ modulation** रेडियो तरंग आवृत्ति में स्वतः होनेवाले उतार-चढ़ाव; **~ range** रेडियो तरंग आवृत्ति दूरी/ क्षेत्र; **~ response** आवृत्ति प्रतिक्रिया

frequent /फ्रीक्वंट/ *adj.* 1 जल्दी-जल्दी होने वाला 2 आदतन या प्रायः होने वाला: ~ visits; ~ visitor 3 निरंतर, नित्य, लगातार: ~ theatre-goer 4 तीव्र, तेज: ~ pulse;
v., pt. **~ed**, *pp* **~ing** किसी स्थान पर अक्सर जाना, कहीं प्रायः जाना-आना: ~ a house; ~ concerts;
dw/lw: **~ative**/~टेटिव/ *adj., gramm.* आदतन होने वाली प्रक्रियाओं का द्योतक; **~er** *n.* प्रायः आने-जाने वाला; **~ly** /~टलि/ *adv.* अक्सर, प्रायः, बहुधा: remind sb of sth ~ly

fresco /फ्रेस्को/ *n., pl.* **~es**/ **~s** भित्तिचित्र: the famous **~es** of Michelangelo; great masters of ~

fresh /फ्रेश/ *adj.* 1 ताजा, नवीन, नया, नूतन: the ~ shoots of a plant; ~ idea; ~ in one's memory 2 नया-नया आया हुआ, समाप्त होने के बाद नया-नया होने वाला: ~ from/ out of sth; ~ from university 3 तरोताजा, जीवंत: ~ complexion; the ~ of the morning 4 ताजगी भरी, शीतल (समीर), निर्मल, स्वच्छ: a ~ breeze; ~ wind; a breath/ gush of ~ air 5 (***syn.*** brisk) चुस्त-दुरुस्त, फुर्तीला, प्राणवान 6 लवण, नमक विहीन, मीठा (पानी), समुद्री, नदी का, झरने का: ~ water fish 7 अलग, दूसरा, नया, अतिरिक्त: ~ supplies; ~ evidence; ~ from sheet of paper 8 चमकीला, चटकीला 9 कच्चा, अनुभवहीन: ~ hand; ~ sailor 10 धृष्ट और अति आत्म विश्वासपूर्ण, बेअदब, ढीठ: be ~ with sb (किसी के साथ गुस्ताखी से पेश आना) 11 शीतल, हल्की हवा वाला: a very ~ morning 12 अभी-अभी खेत से लाई हुई (सब्जियां-फल आदि): farm ~ vegetables; ~ flowers 13 ताजा या तुरंत बना हुआ: ~ butter; ~ herring; ~ eggs (meat); ~ food;
adv. ताजा-ताजा;
dw/lw: **~end** *v. pt.* ~need, *pp* ~ening (*also* **freshen up/ freshen oneself/ sb up**) 1 ताजा या स्वच्छ होना या बनाना: ~en up oneself 2 भूली-बिसरी बातों को तरो-ताजा क., याद क.: ~en up one's memory; ~en up one's English 3 गति तेज क.: ~en way (चाल तेज क.); **~er** /फ्रेशः/ *n. N. Amer.* (*UK* **~man**) विश्वविद्यालय या कॉलेज आदि में नया प्रवेश पाने वाला छात्र (प्रथम वर्ष का छात्र): **~ers'** party; **~keeping** *n.* सब्जियों आदि को ताजा रखने की क्रिया; **~ly** *adv.* नया-नया, अभी-अभी: ~ly coined rupee; ~ly washed; **~ener** /फ्रेशनः/ *n.* ताजा, स्वच्छ, रुचिकर बनाने वाला: air ~ener; **~faced** *adj.* नए-ताजे चेहरे वाला; **~man** *n.* = **~er**; **~ness** *n.* ताजगी, नवीनता, स्फूर्ति: the ~ness of the air; the ~ness of colour; ~ness of an idea; ~ness of imagination; **~run** *adj.* समुद्र से अभी-अभी लाई हुई (मछली;)
collocations: **~ water** नदी-नालों, झरनों या झीलों का अलवणीय (नमकविहीन) पानी: ~water lake; ~water fish; **~ skin** ताजगी भरी त्वचा;
a ~ approach नया तरीका, समस्या से निपटने का नया ढंग;
p&i: **~ as daisy** सुबह के फूल-सा ताजा; **~ out of sth** अभी-अभी होने वाला, ताजा-ताजी; **~en sth** किसी वस्तु को साफ-सफाई करके ताजी शक्ल दे.; **~en oneself up = ~en up** हाथ-मुंह धोकर ताजगी अनुभव क.;
break ~ ground नई सफलता प्राप्त क.; **throw ~ light on sth** किसी बात पर नई रोशनी डालना

freshet /फ्रेशिट/ *n.* 1 बाढ़ 2 बहकर समुद्र में मिलने वाली ताजे पानी की धारा

FRET *abbr.* 'fluorescent resonance energy transfer' की प्रथमाक्षरी

fret /फ्रेट/ *v., pt.* **~ted**, *pp* **~ting** (*also* **~ about/ over sth**)

1 झुंझलाना: ~ over sth 2 चिंता क.: ~ about; ~ oneself to death 3 जलना-बुझना 4 चिढ़ना, कुढ़ना: ~ one's gizzard (छोटी-मोटी बातों की वजह से कुढ़ना) 5 (***syn.*** fray) पहन-पहनकर घिसा दे., घिस जाना, घिसाना: rust **~s** metals; moths ~ away clothes 6 जमीन आदि का कटना: river **~s** out a channel for itself 7 लकड़ी आदि में नक्काशी करके चित्रित क.: ~ a pattern in wood;

n. 1 गिटार में लगी एक छड़ 2 (*also* sea ~) समुद्र से आने वाला कोहरा या धुंध;

dw/lw: **~-cutting** *n.* लकड़ी में नक्काशी द्वारा चित्रण, संगतराशी, उत्कीर्णन; **~ful** *adj.* 1 चिंतित, दुखी: be in a ~ful (state of) mind 2 दुखी 3 झुंझलाने वाला, चिड़चिड़ा: a ~ful temper; in a ~ful voice; **~fully** *adv.* झुंझलाते/ चिड़चिड़ाते हुए; **~fulness** *n.* चिड़चिड़ापन, झुंझलाहट, असंतोष; **~saw** *n.* टेढ़ी पतली आरी; **~ted** /फ्रेटिड/ *adj.* 1 दुखी, बदमिजाज, चिंतित 2 घिसा हुआ, घर्षित 3 नक्काशी से चित्रित: ~ted ceiling; **~work** *n.* 1 जालीनुमा काम 2 नक्काशी, संगतराशी, उत्कीर्णन, पतली आरी से बनाया हुआ लकड़ी का सजावटी सामान: the ~work of trees;

p&i; **~ and fume** जलना, कुढ़ना; **~ away/ out one's life** कुढ़-कुढ़कर मरना

Freudian /फ्रॉइडिअन/ *adj.* आस्ट्रिया के मनोविज्ञानी सिगमंड फ्रॉयड (Sigmund Freud, 1856-1939) या उसके सिद्धांतों से संबद्ध, फ्रॉयडी;

dw/lw: **~ism** *n.* फ्रॉयड के सिद्धांत;

collocations: **~ slip** फ्रॉयड के अनुसार अनजाने में होने वाली भूल वास्तविक मनोभाव की परिचायक होती है

FRG *abbr.* 'Federal Republic of Germany' की प्रथमाक्षरी

FRI *abbr.* 'Forest Research Institute (Dehradun)' की प्रथमाक्षरी

Fri abbr. 'Friday' का संक्षिप्त रूप

fria\ble /फ्रायबल/ *adj.* भुरभुरा, भंजनशील: ~le coal; ~le sand;

dw/lw: **~bility** /फ्रायबिलिटि/ (*also* **~bleness**) *n.* भुरभुरापन; **~bility-test** *n.* भुरभुरेपन की परख

friar /फ्रायः/ *n.* ईसाई भिक्षु, संन्यासी;

dw/lw: **~bird** *n.* आस्ट्रेलिया का शहद खानेवाला पक्षी; **~y** /फ्रायरि/ *n., pl.* ~ies 1 ईसाई भिक्षुओं का मठ या विहार 2 ईसाई भिक्षु समुदाय;

collocations: **friar's balsam** *n.* एक प्रकार का सूंघने का पदार्थ

p&i: **the ~ preached against stealing and had a goose in his sleeves** कथनी और करनी भेद नहीं होना चाहिए

frib\ble /फ्रिबल/ *v., pt.* **~bled**, *pp* **~bling** 1 छिछोरापन क., समय गंवाना 2 मूर्खतापूर्ण आचरण क., तुच्छता दिखाना;

n. 1 बेकार या छिछोरापन करने वाला आदमी 2 खोखला आदमी;

adj. बेकार, खोखला

fricative /फ्रिकटिव/ *adj.* संघर्षी;

n. संघर्षी व्यंजन

fricassee /फ्रिकअसी/ *n.* सिझाए हुए मांस के टुकड़े

friction /फ्रिक्शन/ *n.* 1 घर्षण, रगड़: with ~ afterwards (ठंडे पानी से स्नान के बाद शरीर को रगड़-रगड़कर पोंछा जाना) 2 संघर्ष, द्वंद्व 3 मनमुटाव, वैमनस्य: reduce ~ 3 (***syn.*** tension) तनाव;

dw/lw: **~al** *adj.* घर्षण संबंधी: ~al electricity; ~al resistance; **~-brake** *n.* घर्षण ब्रेक; **~-clutch** *n.* घर्षण क्लच; **~-fuse** *n.* घर्षण फ्यूज; **~-gear** *n.* घर्षण गियर; **~less** *adj.* घर्षण रहित: ~less liquid (घर्षण रहित द्रव); **~proof** *adj.* घर्षणसह;

collocations: **~ tape** = insulating tape बिजली की तार आदि को लपेटकर ढकने वाली टेप

Friday /फ्राइडे/ (*abbr.* **Fri**) *n.* शुक्रवार, जुमा: Good ~;

collocations: **~ girl** सहायक अनुयायी; **~ the thirteenth** किसी महीने की तेरह तारीख को पड़ने वाला शुक्रवार अशुभ माना जाता है

fridge /फ्रिज/ *n.* फ्रिज, रेफ्रीज्रेटर

fridge-freezer /फ्रिज-फ्रीजः/ *n.* कुछ खाद्य पदार्थों को ठंडा रखने या जमाकर रखने के लिए रेफ्रिज्रेटर में लगा फ्रीजर (ठंडा करके जमाने वाला खाना)

fried /फ्राइड/ *adj.* उबलते तेल या घी में तला हुआ: deep-~; ~ fish

friend /फ्रेंड/ *n.* 1 मित्र, सुहृद: fair-weather ~ 2 दोस्त, यार: bosom/ sworn ~ 3 संगी, साथी 4 समर्थक, उपकारक 5 हितैषी, स्नेही, शुभचिंतक: be no ~ of sth 6 *euphemistic* प्रेमी;

v., *pt.* **~ed**, *pp* **~ing** 1 किसी से मित्रवत् आचरण क. 2 मदद क., दोस्ती निभाना.: **~ sb** in distress (मुसीबत में मदद क.);

dw/lw: **~less** *adj.* मित्रविहीन; **~like** *adj.* दोस्ताना; **~liness** *n.* मैत्री, यारी-दोस्ती: show sb much ~liness; **~ly**, **~ship** *see below under separate entries*;

collocations: **~ of the poor** गरीबों का हिमायती;

a close/ good/ bosom/ sworn ~ घनिष्ठ या अच्छा मित्र; **a family ~** पारिवारिक मित्र; **a ~ of mine** मेरा मित्र; **sb's best ~** किसी का सबसे अच्छा दोस्त;

p&i: **~s are plenty when the purse is full = fair weather friends** जब पैसा काफी तो दोस्त भी काफी; **~s are thieves of time** दोस्त लोग समय के चोर होते हैं;

a ~ in need is a ~ indeed मुसीबत में ही दोस्त की पहचान होती है; **a ~ to all is a ~ to none** जो सबका दोस्त होता है वह किसी का भी दोस्त नहीं होता; **be just good ~s** प्रेमी-प्रेमिका न होकर मात्र अच्छे दोस्त हो.; **be/ make ~s (with sb)** किसी से दोस्ती क.; **before you choose a friened, eat a bushel of salt with him** दोस्त चुनने से पहले व्यक्ति को अच्छी तरह परख लेना चाहिए; **be slow in choosing a ~, slower in changing him** दोस्त के चुनाव या उसके बदलाव में जल्दबाजी ठीक नहीं; **have a ~ at court** किसी महत्त्वपूर्ण पद पर दोस्त (राज-दरबार में पहुंच) का हो. = **have ~s in high places** बड़ी-बड़ी हस्तियों के बीच दोस्त हो.; **kiss and be ~s** झगड़े के बाद समझौता कर ले.; **make ~s with sb** किसी का दोस्त बनना; **the best of friends must part** घनिष्टतम दोस्तों को भी जुदा होना पड़ता है

friend\ly /फ्रेंड्ली/ *adj., degr.* **~lier, ~liest** 1 मैत्रीपूर्ण: be on **~ly** terms with sb 2 मित्रवत्, मैत्रीपूर्वक: in a **~ly** manner 3 (**~ly with sb**) मैत्रीपूर्ण: be **~ly** with sb 4 सहयोगी, मददगार: **~ly** nations; be **~ly** to sth; **~ly** wind (अनुकूल हवा) 5 *spots* मैत्रीपूर्ण खेल-मुकाबला: **~ly** match;

adj. 1 सहायक (वस्तु): reader-**~**ly; user-**~ly** 2 अहानिकारक: eco-**~ly**; planet-**~**ly;

n., *pl.* **friendlies** *UK* मैत्रीपूर्ण खेल;

suffix 1 अहानिकारक 2 के लिए उचित, मैत्रीपूर्ण; **user-~ly** इस्तेमाल करने में आसान; **eco-~ly** पर्यावरण सहायक;

collocations: **~ly fire** अपने ही दोस्तों या गुट की सेनाओं पर गलती से गोली चल जा.; **~ly lead** जरूरतमंदों के लिए संगीत कार्यक्रम; **~ly showers** लाभदायक वर्षा; **~ly society/ benefit society** जरूरतमंदों की मदद करने वाली संस्था

friendship /फ्रेंड्शिप/ *n.* दोस्ती, मैत्री, मित्रता: ties of the closest ~;

p&i: **~ cannot stand always on one side** दोस्ती में एक हाथ से ताली नहीं बजती;

a close ~ गहरी दोस्ती; **hedge between neighbours keeps ~ green** पड़ोसी से दोस्ती करो, पर बीच में बाड़ (**hedge**) अवश्य रहने दो; **sb's ~ with sb** किसी की किसी से मित्रता; **strike up a ~** दोस्ती बनाना; **sudden ~ sure repentance** दोस्ती धीरे-धीरे होनी चाहिए, दोस्ती में जल्दबाजी, पछतावा का कारण

Friends of the Earth *n.* पर्यावरण प्रेमियों का धर्मार्थ संगठन

fries /फ्राइज/ *US* (*also UK* **chips**) *n. [pl.], see above* **French fries**

Friesian /फ्रीजिअन/ *n., agric.* (*also* **Holstein**) हॉलैंड और ब्रिटेन में अत्यधिक मात्रा में दूध देने वाली लाखी-सफेद गाय

frieze /फ्रीज/ *n.* 1 दीवार के चारों ओर छत के नीचे-नीचे सजावटी पट्टी 2 मोटा ऊनी कपड़ा

frig /फ्रिग/ *v. pt.* **~ged**, *pp* **~ging** *taboo, sl.* 1 हस्तमैथुन क. 2 *loosely* किसी से यौन-क्रिया क. 3 (*often* **~ about**/ **~ around**) गंद फैलाना;
n. 1 हस्त-मैथुन 2 बल देकर कहने या नाराजगी जताने के लिए प्रयुक्त अभिव्यक्ति जो अंग्रेजी के 'fuck' का नर्म रूप है: I don't give a ~ about that
dw/lw: **~ging** /फ्रिगिंग/ *n.* हस्त-मैथुन; **~ging** *adj.* गंदा, गंदी, घिनौना, घिनौनी: a ~ging lie (घिनौनी झूठ)

frigate /फ्रिगअट/ *n.* द्रुतगामी छोटा युद्धपोत: ~ bird (एक प्रकार का बड़ा जल-पक्षी)

fright /फ्राइट/ *n.* 1 आकस्मिक डर: take ~ (डर जा.) 2 (***syn.*** shock) झटका: give sb a ~ 3 भय, भीति, त्रास, आतंक 4 डरावना व्यक्ति या डरावनी वस्तु (खेत में पक्षियों को डराने के लिए डरावना पुतला): look a perfect ~; her clothes were a ~;
dw/lw: **~ful** *adj. UK* 1 बहुत खराब 2 भयंकर, डरावना, खौफनाक: ~ful tempest/ accident 3 अत्यंत अप्रिय 4 बहुत बड़ा; **~fulness** *n.* डरावनापन, भय, खौफ; **~fully** *adv. UK* 1 बहुत भयंकर तरीके से 2 अत्यधिक: look ~fully well; it's a ~fully good thing!;
collocations: **~ figure** डरावनी सूरत, डरावना पुतला; **~ wig** विदूषक आदि द्वारा पहना जाने वाला डरावने नकली बालों का विग (बालों की टोपी-सी)

frighten /फ्राइटन/ *v., pt.* **~ed**, *pp* **~ing** 1 डरा दे.: ~ out of doing 2 दहला दे.: ~ a child into fits 3 घबराहट पैदा क.;
dw/lw: **~ed** *adj.* भयभीत व परेशान, त्रस्त; **~ers** *n. [pl.]* भयभीत करने वाली चीजें; **~ing** /फ्राइटनिंग/ *adj.* डरावना, भयावह; **~ingly** *adv.* डरावने तरीके से;
p&i: **~ sb away/ off** डराकर भगा दे.; **~ sb into** or **out of sth** किसी को धमकी देकर शामिल होने या बाहर रहने पर मजबूर क.; **~/ scare sb out of their wits** किसी को डराकर पागल कर दे.; **~/ scare the (living) daylights out of sb** किसी की सिट्टी-पिट्टी गायब करा दे. / बुरी तरह डरा दे.; **put the ~ers on sb** किसी से कुछ करवाने के लिए डराकर ब्लैकमेल क.

frigid /फ्रिजिड/ *adj.* 1 सहवास के प्रति उदासीन, मैथुन क्रिया में शिथिल, निर्मद, मंदकाम 2 उदासीन, कुंठित, तनाव भरा या भरी: ~ style 3 भावशून्य, निरुत्साह: ~ smile; look down on sb with ~ indifference 4 रूखा: ~ manner; ~ tone 5 (***syn.*** frosty) शीत, ठंडा: ~ climate; ~ zones (ध्रुवीय क्षेत्रों में शीत कटिबंध);
dw/lw: **~ity/ ~ness** *n.* 1 रूखापन, नीरसता: ~ity of demeanour (व्यवहार का रूखापन) 2 सहवास के प्रति उदासीनता 3 ठंडापन: ~ity of the air; eternal ~ity (जमीन का सदैव बना रहने वाला बर्फीला जमाव); **~ly** *adv.* रूखे ढंग से, उदासीनतापूर्वक: smile ~ly

frigorific /फ्रिगरिफिक/ *adj.* शीतकर, बर्फ की तरह जमा देने वाला: ~ mixture

frijol /फ्रीजोल/ *n., pl.* **~es** मोठ, मोथ

frill /फ्रिल/ *n.* 1 झालर: decorate a dress with **~s** 2 (*usually* **~s**) अतिरिक्त जुड़ी वस्तु जिसका कोई विशेष उपयोग नहीं होता: a style with too many **~s**;
v., pt. **~ed**, *pp* **~ing** झालर लगाना, झालर बनाना: ~ a dress;
dw/lw: **~ed** /फ्रिल्ड/ *adj.* (***syn.*** ruffled) झालर-लगा; **~ies** *n. [pl.]* औरत का झालरदार जांघिया; **~s** तड़कीली-भड़कीली झालर आदि, तड़क-भड़क के लिए पोशाक से जोड़े हुए गैर-जरूरी भाग; **~y** *adj., degr.* ~ier, ~iest झालरदार, भड़कीली, तड़क-भड़कवाला);
p&i: **put on (one's) ~s** अहंकार क., हेकड़ी दिखाना, रोब झाड़ना; **take the ~s out of sb** किसी की हवा निकालना, हेकड़ी खत्म क.; **without ~** साफ-साफ, बिना किसी लाग-लपेट के

fringe /फ्रिंज/ *n. UK* (*US* **bangs** *[pl.]*) 1 माथे पर काटकर छोटे किए गए बाल, झब्बा 2 किनारी: the ~ of a curtain (of a shawl) 3 किनारा, छोर, सीमांत: on the ~ of a crowd; the outer ~(s) of London; a boy from the **~s** of the town 4 धारी 5 पेड़ों का संकरा गलियारा 6 (**the fringe**) किनारे पर पड़े या स्थित तत्त्व या समूह: the extremist ~;
adj. 1 किनारे का 2 हाशिए का 3 सीमावर्ती, सीमांतक 4 अनौपचारिक: ~ medicine 5 मुख्य धारा से बाहर का: ~ meeting; ~ festival; ~ sports;
v., pt. **~d**, *pp* **fringing** 1 किनारी से सजाना: ~ a rug 2 किनारे-किनारे लगाना: grass **~d** the stream; houses **~d** the road on either side; be **~d** with sth 3 झब्बे लगाना;
dw/lw: **~y** *adj.* झब्बेदार. किनारीवाला;
collocations: **~ benefits** छोटी-मोटी अतिरिक्त सुविधा, छोटे-मोटे फायदे; **~ dweller** शहर के बाहरी छोर पर रहने वाले गरीब लोग (आस्ट्रेलिया में आदिवासी); **lunatic ~ = ~ elements** मुख्य धारा से बाहर के उग्रवादी तत्त्व; **~ theatre** नुक्कड़ नाटक आदि

frippe\ry /फ्रिपरि/ *n., pl.* **~ries** 1 भद्दी तड़क-भड़क 2 छोटा-मोटा सजावटी सामान, आडंबर 3 भद्दे अलंकार या आभूषण

frippet /फ्रिपेट/ *adj.* चुलबुली, चंचल, ठाठ-बाट वाली

Frisbee /फ्रिज्बि/ *n., pl.* **~s** *tradem.* (*usually* **Frisbee**) खेलने के लिए प्रयुक्त की जाने वाली प्लास्टिक की प्लेटनुमा तश्तरी

Frisian/ Friesian /फ्रीजन/ फ्रिजिअन/ *n.* 1 फ्रीजिलैंड (Friesland) वासी (हॉलैंड के एक प्रांत का वासी) 2 फ्रीजियन भाषा

frisk /फ्रिस्क/ *v., pt.* **~ed**, *pp* **~ing** 1 *sl.* किसी के शरीर की तलाशी ले. 2 (*also* **~ about**) उछलना-कूदना, कलोल क.;
n. 1 छलांग, उछल-कूद 2 मजाक, दिल्लगी;
dw/lw: **~ily** /फ्रिस्किलि/ *adv.* मजाक से; **~iness** *n.* चुलबुलापन; **~y** *adj., degr.* ~ier, ~iest प्रसन्नचित्त, जीवंत, चुलबुला/ चुलबुली: ~y kitten

frisson /फ्रीसौं/ *US* फ्रीसां/ *n.* 1 रोमांच, उत्तेजनापूर्ण कंपन 2 सिहरन

frit /फ्रिट/ *n.* शीशा, चीनी मिट्टी आदि के बर्तन बनाने के लिए मिश्रण;
v., pt. **~ted**, *pp* **~ting** उपरोक्त मिश्रण बनाने की प्रक्रिया में पदार्थों को मिश्रित क. या मिलाना

fritillar\y /फ्रिटिलरि/ *n., pl.* **~ies** 1 केंद्रीय यूरोप में पाया जाने वाला एक सदा बहार पौधा 2 एक रंगबिरंगी तितली

fritter /फ्रिटः/ *v., pt.* **~ed**, *pp* **~ing** (*mainly* **~ sth away**) समय, धन, ऊर्जा आदि को व्यर्थ गंवाना, नष्ट क.: ~ away time; ~ away strength; had **~ed** his inheritance away within two years; ~ out (धीर-धीरे गायब हो.);
n. गोश्त के टुकड़े, फल आदि को मसालेदार सॉस में तलने से बना व्यंजन: banana ~;
p&i: **~ away** पैसा, समय, ऊर्जा आदि बर्बाद क.

fritto misto /फ्रिटो मिस्टो/ *n., pl.* **fritto mistos** तले हुए भोजन का एक मिश्रित व्यंजन

fritz /फ्रिट्ज/ *US* (*usually* **on the ~s**) 1 खराब, बिगड़ा हुआ 2 असंतोषजनक: the TV is on the ~ again

frivol /फ्रिवल/ *v., pt.* **~ed**, *pp* **~ing** 1 लंपटपन क., छिछोरापन क. 2 अपव्यय क.;
dw/lw: **~ity** /फ्रिवौलिटि/ *n., pl.* ~ities 1 ओछापन, तुच्छता, छिछोरापन, लुच्चापन, लंपटता: a life of endless ~ity 2 खोखलापन, निस्सारता

frivolous /फ्रिवलस/ *adj.* 1 छिछोरा, ओछा, टुच्चा: ~ person 2 असार, सार रहित, खोखला, क्षुद्र: ~ book; ~ argument; ~ objection;
dw/lw: **~ly** *adv.* छिछोरे ढंग से, टुच्चे तरीके से

frizz /फ्रिज/ *v., pt.* **~ed**, *pp* **~ing** (*also* **~ sth up**) घुंघराला बनना या बनाना;

n. घुंघराले बाल
frizzle /फ्रिज़ल/ *n.* घने घुंघराले बाल;
v. *pt.* **~d**, *pp* **frizzling** 1 तलना, भूनना 2 बालों को गर्म करके छल्ला बनाना 3 गर्मी से बेहाल हो.: **frizzling** in Delhi for months
frizz\y /फ्रिज़ि/ *adj., degr.* **~ier**, **~iest** घुंघराला, कुंचित, जूड़े में बंधा हुआ: **~y** hair
FRN *abbr.* 'floating rate note' की प्रथमाक्षरी
fro /फ्रो/ *adv.* जाना-आना, उधर-इधर: to and ~;
frock /फ्रौक/ *US* फ्राःक/ *n.* 1 एक औरत या लड़की की पोशाक, फ्राक: wear the **~s** 2 चोला, लबादा 3 एक लंबा कुरता: a light summer ~;
dw/lw: **~-coat** *n., hist.* कमर पर कस जाने वाला दोहरी छाती का कोट जो घुटनों तक पहुंचता है
p&i: **cast one's ~ to the nettles** पादरी द्वारा बाल कटवा ले.; **the ~s** राजनेता; **think only of ~s and frills** मात्र पोशाकों व उनके झालरों के बारे में सोचते रहना
Frog/ Froggy /फ्रौग/ फ्रौगि/ *US* फ्राःग/ फ्राःगि/ *n., pl.* **Frogs/ Froggies**; *Br., offensive sl.* एक फ्रांसीसी व्यक्ति के लिए प्रयुक्त
frog /फ्रौग/ *US* फ्राःग/ *n.* 1 मेंढक, मंडूक 2 पुतली (of horse) 3 गले में सूजन 4 संगीन-लटकन 5 घुंडीदार डोरी 6 किश्ती, डिब्बी;
dw/lw: **~eater** *n. derog. sl.* फ्रांसीसी, मेढक-भक्षी; **~let** *n.* छोटा-सा मेढक; **~grey** /फौगरि/ *n.* मेंढक-समूह, मेढक-पालन स्थान; **~gy** *adj.* मेढक-जैसा, मेढक-बहुल; **~-hopper** *n.* एक छोटा-सा कूदने-फांदने वाला पतंगा; **~-in-the-throat** *n.* गले में बलगम फंसने के कारण स्वर भंग; **~man** *n.* गोताखोर, पनडुब्बा; **~march** *n.* मेढक-चाल, किसी को बाजुओं से पकड़कर किसी जगह से बार ले जाने की क्रिया: be grabbed by the arms and ~-marched out of the hall; **~spawn** *n.* मेढक के अंडों का ढेर; **~-spit** *n.* पौधों के पत्तों पर सफेद रूई जैसी दिखने वाली बीमारी;
p&i: **~ in the well** कूप-मंडूक, सीमित दृष्टिकोण का व्यक्ति; **~ in the well knows nothing of the great ocean** कूप-मंडूक क्या जाने सागर की विशालता; **~ restaurant** फ्रांसीसी व्यंजन परोसने वाला रेस्त्रां;
a big ~ in a little pond स्थानीय सरगना या तोप; **the biggest ~ in the pond** *US, sl.* स्थानीय सरदार/ मुखिया/ सरगना
frolic /फ्रौलिक\/ *US* फ्राःलिक\/ *n.* 1 उल्लास, अठखेली, उछल-कूद: fun and ~ (हंसी-मजाक) 2 खिलवाड़, खेल-खिलवाड़, शरारत 3 मूर्खतापूर्ण मजाकिया शरारत;
v., *pt.* **~ked**, *pp* **~king** 1 उछल-कूद क. 2 उल्लासपूर्वक अठखेलियां क. 3 खिलवाड़ क.;
dw/lw: **~some** /~सम/ *adj.* 1 अठखेलियां करने वाला 2 उछल-कूद में मस्त
from /फ्रौम, फ्रअम/ *US* फ्राःम, फ्रम/ *prep.* 1 से 2 (किसी चीज में) से: took a letter ~ the drawer 3 किस स्थान आदि से: ~ London 4 से कितनी दूर: not far ~ the station 5 किस से: took it away ~ her 6 कितने में से (घटाना): subtract/ six ~ ten 7 कहां से: released ~ prison; water ~ the well 8 किस वस्तु से (बना): made ~ an old curtain 9 से होने से (खराब आदि होने से बचाना) 10 किसी स्थान (शिखर) से 11 जुड़ाव बिंदु से: hanging ~ a nail 12 के आधार पर निष्कर्ष, किस दृष्टि से: act ~ a sense of duty; judge ~ sb's conduct; conclusion ~ sth; see ~ her face she's angry 13 किस कारण से (थकान आदि से): ill ~ overwork; suffer ~ the heat14 किस वस्तु, संस्था या व्यक्ति से (भिन्न, अलग, दूर आदि): cut off ~ civilization; she parted ~ him; distinct ~ others 15 कब से: blind ~ birth; a week/ month/ ten years, etc. ~; ~ now/ then, etc.; five years ~ now; ~ henceforth (अब से लेकर); the monument dates ~ the 16th century 16 (किस) स्तर से: tickets ~ 100 rupees upwards; ~ a youth he became a grown up man 17 सूची आदि में से बाहर: omitted ~ the sample 18 रूपांतरण (से): translate ~ French into English 19 फर्क (से अलग): can't tell one twin ~ the other 20 से सुरक्षा, से छूट, से मुक्ति: safe ~ harm; shelter ~ the rain; excused ~ attending; exempted ~ tax 21 किस लेखक से, किस रचना से: a quotation ~ Tolstoy 22 से छिपाना आदि: conceal sth ~;
p&i: **~ across** के पीछे से; **~ afar** दूर से; **~ among/ ~ amongst** के बीच से; **~ bad to worse** बद से बदतर; **~ before** से पहले का; **~ behind** पीछे से; **~ beneath** नीचे से; **~ between** के बीच से; **~ beyond** दूर से; **~ day to day** दिन प्रतिदिन; **~ first to last** सारा समय, आदि से अंत तक; **~ generation to generation** पीढ़ी-दर-पीढ़ी; **~ hand to hand** एक से दूसरे को; **~ hand to mouth** तुरंत कमाना तुरंत खाना; **~ head to foot** सिर से पांव तक, एड़ी से चोटी तक; **~ horse's mouth** संबद्ध व्यक्ति से; **~ inside** अंदर से; **~ mouth to mouth** एक से दूसरे को (बात बताना, फैलाना); **~ out of depths** की गहराई से; **~ outside** बाहर से; **~ over** के पीछे से; **~ pillar to post** मारे-मारे फिरना, धक्के खाना; **~ point to point** एक बिंदु से दूसरे तक; **~ reliable sources** विश्वसनीय सूत्रों से; **~ smoke into smother** आसमान से गिरा खजूर पर लटका; **~ stem to stern** जहाज आदि के आगे से पीछे तक; **~ that day onward** उस दिन से लेकर; **~ the bottom of one's heart** तहे दिल से; **~ the word go** आरंभ से, शुरू से ही; **~ time immemorial** गहन अतीत से; **~ time to time** समय-समय पर; **~ ... till** से ... तक; **~... to** से ... तक; **~ within** भीतर से; **~ without** बाहर से;
apart ~ के अतिरिक्त; **come out ~ under the ground** जमीन से निकलकर आना; **distinguish good ~ bad** भलाई और बुराई में फर्क क.; **free ~ an obligation** एहसान से मुक्त; **he acted ~ principle** उसने सिद्धांत के आधार पर ऐसा किया; **he appeared ~ round the corner** वह कोने के पीछे से निकलकर प्रकट हुआ; **he is far ~ being clever** वह बिल्कुल भी चतुर नहीं; **speak ~ memory** याददाश्त के आधार पर बोलना; **tell/ know one thing ~ another** दो वस्तुओं में फर्क बताना; **words ~ the heart** दिल से निकले शब्द
frond /फ्रौंड/ *US* फ्रौंड/ *n., bot.* फर्न या पामवृक्ष का (द्विभाजित) पत्ता
front /फ्रंट/ *n.* 1 मुख्य या सामने का भाग: come to the ~; the fine ~ of a house 2 अग्रभाग, आगे का हिस्सा, आगा, अगवाड़ा, अगाड़ा, अगाड़ी 3 मुखौटा, बाह्य (छद्म) रूप, गुप्त क्रियाकलापों का आवरण: the corner shop was just a ~ for drug dealing; ~ organization of the fascists (फासीवादी ताकतों का मोहरा/ संगठन) 4 अलग-अलग तापमान की जलवायुओं या हवाओं की सीमा रेखा या क्षेत्र: *meteor.* warm ~, cold ~ 5 (*usually* **Front**) राजनीतिक मोर्चा 6 मोहरा: ~ man (*also see above No. 3 and also* ***collocations::***) 7 हरावल, पहली पंक्ति: ~ line 8 चेहरा, माथा 9 रुख, व्यवहार 10 गुस्ताखी, धृष्टता 11 नकली केश, कृत्रिम पलकें आदि: false ~ 12 सीना 13 सीमाग्र, मोर्चा: eastern ~; at the ~ (मोर्चे पर) 14 नाट्य कक्ष 15 पुस्तक का आवरण: in the ~ of the book 16 समुद्र के किनारे-किनारे बनी मुख्य सड़क: walk on the ~ 17 चिंता का मुख्य विषय: no progress on the job ~;
adj. 1 मुख्य: ~ door (मुख्य द्वार, प्रवेश-द्वार) 2 अग्रिम: ~ seats 3 पहला 4 सामने का: ~ gate; ~ view 5 हरावल (दस्ता);
v., *pt.* **~ed**, *pp* **~ing** 1 इमारत आदि का सामने का हिस्सा किसी अन्य वस्तु के सम्मुख हो.: the hose **~s** on to the main road 2 मुखिया हो. 3 रेडियो या टीवी कार्यक्रमों का प्रस्तुतकर्ता हो. 4 इमारत के मुख्य भाग को किसी विशेष सामग्री से बनाया जाना: the house was **~ed** with grey stone 5 सामना क. 6 नेतृत्व या प्रतिनिधित्व क.: ~ an MNC;
dw/lw: **~age** /फ्रंटिज/ *n.* 1 सामने वाला भाग, सामना, मुख 2

अग्र भूभाग 3 किनारे या तट पर स्थित भूभाग; **~al** /फ्रंटल/ *adj.* 1 अग्र, मुख्य भाग से संबंधित, सामने का 2 सीधा, सीधा निशाने वाला: ~al attack; ~al fire 3 लालाटिक, ललाट का 4 जलवायु या हवाओं की सीमा रेखा या क्षेत्र से संबंधित 5 पूर्ण नग्न स्वरूप; **~al** *n.* 1 भवन का अग्रभाग, पुरोभाग या अगाड़ी 2 ललाट या चेहरे की पोशाक 3 आच्छादन, पूर्वावरण (of an altar); **~ed** *adj.* अग्रभाग से बना; **~ispiece** /फ्रंटिस्पीस/ *n.* पुस्तक के आरंभ में मुख्य पृष्ठ के सामने वाला चित्र, मुख्यचित्र; **~let** *n., Judaism* माथे पर पहने जाने वाली टोपी; **~-of-house** *n.* 1 थियेटर का अगला भाग 2 नाट्यशाला का दर्शक-संपर्क कार्यालय; **~olysis** /फ्रंटौलअसिस/ *n.* भिन्न-भिन्न तापमान की हवाओं के बीच की सीमा का शिथिलीकरण या समाप्ति; **~ogenesis** /फ्रंटअजेनअसिस/ *n.* भिन्न-भिन्न तापमान की हवाओं के क्षेत्रों के बीच सीमा की उत्पत्ति या उसका सक्रियकरण; **~-page** *n.* मुखपृष्ठ, भूमिका, प्रमुख पृष्ठ पर छपने वाली (मुख्य खबर/ घटना-चित्रण आदि); **~ward/ ~wards** *adv.* सामने की ओर; **~-wheel-drive** *n.* कार आदि में ऊर्जा-प्रसारण प्रणाली, जिसके तहत गाड़ी को चलाने या धकेलने की ताकत सामने के पहियों से होकर मिलती है यानी इंजन द्वारा अगले पहियों को दी जाने वाली ऊर्जा से गाड़ी का चालन;

collocations: **~ bench** संसद में सरकारी और विरोधी पक्षों के प्रथम पंक्ति के स्थान; **~bencher** *n.* संसद आदि में किसी दल का प्रमुख सदस्य; **~ desk** होटल आदि में स्वागत पटल; **~ door** मुख्य द्वार; **~ end** 1 गाड़ी का सबसे अगला भाग 2 कंप्यूटर का वह टर्मिनल जहां सूचनाएं डाली जाती हैं और फिर उन पर काम किया जाता है; **~-end loader** खुदाई आदि करने में प्रयुक्त होने वाली बड़ी-सी गाड़ी; **~ line** 1 युद्ध का मोर्चा 2 अत्यंत महत्त्वपूर्ण क्षेत्र; (**front-line**) अग्रिम पंक्ति का; **~-line states** सीमा पर आमने-सामने स्थित देश; **~ man** टीवी प्रोगाम आदि का प्रस्तुतकर्ता; **~ matter** मुखपृष्ठ, भूमिका (title page); **~ office** ग्राहक सेवा या व्यापार का प्रमुख कार्यालय; **~ projection** *cinema* सिनेमा में प्रदर्शन की एक विशेष तकनीक; **~ runner** प्रमुख प्रतियोगी या प्रतिस्पर्धी: ~ runner for top nomination; **~ tooth** राजदंत; **the ~** मोर्चा; **unitedd ~** संयुक्त मोर्चा;

p&i: **~ about** दूसरी तरफ मुंह फेरना या मोड़ना; **~ to ~** आमने-सामने;

a bold ~/ put a bold ~ on 1 हिम्मत न हारना 2 घिनौने ढंग से पेश आना; **change ~** दल बदलना; **come to the ~** सामने आना, स्पष्ट रूप से अपनी स्थिति प्रकट क.; **dare not say so in ~ of my mother** मां के सामने ऐसी बात कहने की हिम्मत न कर पाना; **false ~** झूठ, धोखा; **go to the ~** 1 सामने जा. 2 मोर्चे को जा.; **have the ~ to do sth** कुछ करने की घिनौनी हरकत क.; **in ~** सामने, से आगे, बढ़त में; **in ~ of** 1 के सामने 2 के सम्मुख, की उपस्थिति में; **on the business/ jobs/ politics, etc. ~** व्यापार/ नौकरियों/ राजनीति के क्षेत्र में; **out ~** *colloq.* 1 श्रोताओं के बीच 2 कलाकार के दृष्टिकोण से; **pay up ~** *colloq.* काम पूरा होने से पहले या माल प्राप्त होने से पहले अदायगी क., अग्रिम भुगतान क.; **present a bold ~** बहादुरी से पेशआना; **put on a false ~** आंखों में धूल झोंकना; **put up a ~** नाटक क., छद्म रूप दिखाना; **put up a good ~** वास्तविक भावनाओं को छिपाकर छद्म चेहरा दिखाना; **stood up in ~ of an audience** श्रोताओं के सम्मुख खड़ा हुआ; **to the ~** वर्तमान, मौजूदा;

frontier /फ्रंटिअः/ *n.* 1 सीमांत, सरहद: defend one's **~s**; cross the ~ 2 सीमा प्रदेश, सीमांत प्रदेश: **~sman/ ~swoman** (सीमांत वासी आदमी या औरत) 3 अन्वेषित क्षेत्र: **~s** of knowledge 4 कार्य क्षेत्र

fronton /फ्रंटन/ *n., arch.* खिड़की का छत्ता या छज्जा, त्रिकोणिका

frost /फ्रौस्ट\/ फ्राःस्ट\/ *n. US* (*UK/US* **ice**) 1 पाले की परत: slight/ sharp/ hard, biting ~ 2 तुषार: hoar ~/ white ~ 3 शीत, सर्दी, ठंड 4 हिमांक, बर्फ जमने का तापमान: five degrees of ~ 5 रूखापन: there is a ~ in his manner; the book turned out to be a ~;

v., pt. **~ed**, *pp* **~ing** 1 (*also* **~ up/ over**) पाले से ढकना या ढक जाना 2 पाले से फसल का बर्बाद हो., पाला मारना;

dw/lw: **~bite** /~बाइट/ *n.* तुषार दंश, शीत दंश; **~bitten** /~बिटन/ *adj.* शीत क्षत, शीत ध्वस्त, पाले से मारा हुआ; **~ed** /फ्रौस्टिड *US* फ्राःस्टिड/ *adj.* 1 पाले से ढका हुआ: ~ed ground 2 पाले से मारा हुआ, तुषारित: ~ed grain 3 पाला जमने से अपारदर्शी बना शीशा 4 रूखा; **~fall** *n.* तुषारापात; **~ing** *US* (*UK/ US* **icing**) *n.* 1 केक आदि को मीठे मिश्रण से ढकने की प्रक्रिया 2 शीशे या चांदी पर खुरदरा उत्कीर्ण; **~-proof** *adj.* तुषार-सह; **~work** *n.* खिड़की के शीशों आदि पर पाले की परतों से बनी रेखाएं या चित्र;

collocations: **black ~** बिना बर्फ पड़े पड़ने वाला पाला;

fros\ty /फ्रौस्टि/ *US* फ्राःस्टि/ *adj., degr.* **~tier**, **~tiest** 1 पाले की परत से ढका हुआ: **~ty** sky; **~ty** grass (ground) 2 इतना ठंडा कि पाला जम जाए 3 अत्यंत रूखा, अमैत्रीपूर्ण: **~ty** nature; **~ty** greeting 4 बूढ़ा, वृद्ध: **~ty** head; **~ty** years of life;

dw/lw: **~tily** *adv.* रूखे ढंग से; **~tiness** *n.* 1 पाला पड़ने की अवस्था 2 रूखापन

froth /फ्रौथ/ *US* फ्राःथ/ *n.* 1 झाग, फेन 2 खोखला भाषण, लफ्फाजी, खोखली बातें 3 रद्दी चीजें 4 आडंबरपूर्ण वस्तुएं या बातें;

v., pt. **~ed**, *pp* **~ing** झाग/ फेन छोड़ना, झगियाना: the sea **~ed** on the rocks;

dw/lw: **~ily** /फ्रौथिलि/ *US* फ्राःथिलि/ *adv.* 1 झागदार रूप में 2 खोखले ढंग से; **~iness** *n.* 1 फेनिलता 2 खोखलापन; **~less** *adj.* झाग रहित; **~y** /फ्रौथि/ *US* फ्राःथि/ *adj., degr.* ~ier, ~iest 1 फेनिल, झागदार: ~y beer 2 सतही, निस्सार, असार, खोखला

froth-fly/ froth-hopper *n.* एक छोटा-सा कूदने-फांदने वाला पतंगा

frottage /फ्रॉटाःज/ *n.* 1 किसी चित्र पर रखे कागज को पेंसिल से रगड़कर चित्र की बनाई जाने वाली छाप 2 सवस्त्र व्यक्ति से अपने शरीर को रगड़कर संसर्ग की चरमसीमा की प्राप्ति

frou-frou /फ्रू-फ्रू/ *n.* 1 सरसराहट, फरफर, फरफराहट 2 औरत की पोशाक का आडंबरपूर्ण भड़कीलापन

frow /फ्रो/ *n.* 1 डच (हॉलैंड की) महिला, गृहिणी 2 बेढब औरत

frown /फ्राउन/ *v., pt.* **~ed**, *pp* **~ing** 1 भौंहें चढ़ाना, त्योरी चढ़ाना: ~ on/ at sth (1 त्योरी चढ़ाना, भौंहें तानना, नाक-मुंह सिकोड़ना 2 अप्रसन्नता प्रकट क.: ~ upon a queer evil habit 3 तेवर बदलना;

n. 1 भ्रूभंग (भौंहों का उतार-चढ़ाव), त्योरी (का चढ़ाव), भृकुटी कुटिलता 2 अप्रसन्नता जाहिर करने या नाराजगी जतलाने की क्रिया; **~s** of fortune (भाग्य की टेढ़ी चाल) 2 टेढ़े तेवर: be met/ greeted with a ~;

dw/lw: **~ing** *adj.* नाक-भौंह सिकोड़ने वाला: ~ing face; **~ingly** *adv.* नाक-मुंह सिकोड़ते हुए; **~y**/फ्राउनि/ *adj.* 1 नाक-भौंह सिकोड़ने वाला 2 चिड़चिड़ा, बदमिजाज;

p&i: **~ sb into doing sth/ ~ down** घूरकर किसी को कुछ करने के लिए मजबूर क.; **fate's ~** किस्मत के थपेड़े

frowst /फ्राउस्ट/ *n.* गर्म, दमघोंटू उमस;

dw/lw: **~y** /फ्राउस्टि/ *adj., degr.* ~ier, ~iest (***syn.*** fusty, musty) उमसदार, दमघोंटू, बदबूदार: a crowded **~y** room

frow\sy/ frow\zy /फ्राउजि/ *adj., degr.* **~ier**, **~iest** 1 बदबूदार, बासी 2 गंदा, मैला: **~sy** room 3 फूहड़, घिनौना

froze /फ्रोज/ *pt.* 'freeze' का भूतकाल

frozen /फ्रोजन/ *pt. p.* **'freeze'** का भूतकालिक कृदंत;

adj. 1 ठंडा करके जमाया हुआ (भोजन): ~ meat 2 जमकर बर्फ बना (पानी): ~ brook 3 अत्यंत रूखा: ~ stare 4 सर्दी से बर्फ बना या अकड़ा हुआ 5 अवरुद्ध, गतिहीन (traffic);

collocations: **~ assets** अवरुद्ध जमीन-जायदाद आदि; **~ bank account** बैंक द्वारा अस्थायी रूप से बंद खाता; **~ cheques** अवरुद्ध चैक यानी जिसे नकदी में न बदला जा सके; **~ limit** गड़बड़-घोटाले की हद; **~ shoulder** चोट आदि के कारण

अकड़ा हुआ कंधा; ~ **wages** एक ही स्तर पर रुका हुआ वेतन; **the ~ zones** बर्फ से ढके ध्रुवीय क्षेत्र;
p&i: **~ to death** सर्दी से जमकर मरने वाला

FRP *abbr.* 'fibre reinforced plastics' की प्रथमाक्षरी

FRRO *abbr.* 'Foreigners Regional Registration Office' की प्रथमाक्षरी

FRS *abbr.* 'Fellow of the Royal Society', 'Federal Reserve System' की प्रथमाक्षरी

FRSE *abbr.* 'Fellow of the Royal Society of Edinburgh' की प्रथमाक्षरी

FRU *abbr.* 'Faculty Research Unit' की प्रथमाक्षरी

fructi\ferous /फ्रक्टि\फरस/ *adj.* फलने वाला, फलोत्पादक, फलदार;
dw/lw: **~fication** /~फिकेशन/ *n., bot.* 1 फलों की पकाई 2 फल बनने की क्रिया; **~fy** /~फाइ/ *v., pt.* ~fied, *pp* ~fying 1 फल दे., फलना 2 फलप्रद हो. या बनाना, फलीभूत हो. 3 उर्वर होना: ~fy the earth; **~vorous** /~वरस/ *adj.* फलों पर जिंदा रहने वाला, फलाहारी; **fructose** /फ्रक्टोस/ फ्रुक्टोस/ *n.* फलों से बनी चीनी, फल-शर्करा; **fructuous** /फ्रक्टयुअस/ *adj.* 1 फलदार 2 उपयोगी, फलदायक, लाभदायक

frugal /फ्रूगल/ *adj.* 1 (***anton.*** extravagant) मितव्ययी, अल्पव्ययी, किफायती: ~ housekeeper 2 (***anton.*** meagre) मिताहार से संबंधित, सस्ता: a ~ meal; ~ dinner 3 सादा, साधारण 5 जो विशाल न हो;
dw/lw: **~ity** /फ्रूगैलिटि/ *n.* 1 मितव्ययिता, किफायत 2 अल्पव्ययिता; **~ly** /फ्रूगलि/ *adv.* कम खर्च में, सस्ते में, किफायत से

frugivorous /फ्रूजिवरस/ *adj.* फलदार, फल भक्षी

fruit /फ्रूट/ *n.* 1 फल: green (ripe, mellow, fragrant) ~; preserved/ tinned ~ (डिब्बाबंद फल); candied ~; ~ shop; ~ season 2 पौधों के उत्पाद: the **~s** of the land 3 परिणाम, नतीजा: the **~s** of learning लाभ 4 आय, आमदनी 5 पुरस्कार, फल: the **~(s)** of sth good 6 औलाद: the ~ of sb's womb 7 (*also* **~s**) मेहनताना: reap the **~s** of one's labour 8 *colloq.* समलिंगी पुरुष 9 *colloq.* आदमी: old ~ (यार, साथी);
v., pt. **~ed**, *pp* **~ing** फलना, फल दे.;
dw/lw: **~age** /फ्रूटिज/ *n.* फलन, फलों की उपज; **~arian** /फ्रूटेअरिअन/ *n.* फलाहारी व्यक्ति; **~-bat** *n.* गादुर (चमगादड़); **~-bearing** *adj.* फलदार; **~-bud** *n.* फल का प्रारंभिक रूप, लघु फल; **~-cage** *n.* पक्षियों आदि से बचाने के लिए फलदार पेड़ के इर्दगिर्द बनाया जाने वाला तारों का जाल; **~cake** थोड़ा-सा हिला हुआ (झक्की) आदमी; **~er** *n.* 1 फलदार पेड़: prolific ~er 2 फलवाहक जहाज 3 फलकृषक, माली; **~erer** *n.* मेवाफरोश, फलविक्रेता; **~ery** *n.* फल-भंडार; **~ful** *adj.* 1 (***syn.*** productive) फलप्रद, फलदायक: ~ful soil 2 लाभकारी: ~ful rain 3 उपयोगी, लाभदायक: ~ful plan; **~fully** *adv.* लाभदायक रूप से; **~-growing** *adj.* फल पैदा करने वाला; **~iness** *see below under separate entry*; **~ing** /फ्रूटिंग/ *n.* फलन, फल बनने की क्रिया; **~-juice** *n.* फल का रस; **~less** /फ्रूट्लेस/ *adj.* 1 फलहीन, फलविहीन 2 व्यर्थ, बेकार, निष्फल: ~less regrets; ~less attempt; **~lessly** *adv.* व्यर्थ, बेकार में; **~let** *n.* लघुफल; **~machine** (*also* **one-armed bandit, slot machine**) *n.* फलों के चित्रों वाली जूआ खेलने की मशीन; **~-preservation** *n.* फल-परिरक्षण, फलों की डिब्बाबंदी; **~-press** *n.* फल का रस निकलने का उपकरण; **~-stone** *n.* गुठली; **~-sugar** *n.* फल शर्करा; **~-tree** *n.* फल वृक्ष; **~wood** *n.* फल वृक्ष काष्ठ (लकड़ी); **~y** /फ्रूटि/ *adj., degr.* ~ier, ~iest 1 फलदार 2 फलों जैसा, फलीय, फल की सुगंध वाला 3 समृद्ध, भरपूर 4 झक्की 5 दमदार और मधुर: ~y voice 6 (***syn.*** salacious) लंपट, कामुक: ~y language; ~y story 7 समलिंगी;
collocations: **~ cake** मेवा मिश्रित केक; **~ cocktail** द्रव में डूबे फलों के टुकड़ों का मिश्रण; **~ cup** फल रस और फलों के टुकड़ों कि मिश्रित पेय; **~ fly** फलों का रस चूसने वाली मक्खी; **~ salad** (*also* **~ cup**) फलों का सलाद;
a piece of ~ फल का टुकड़ा; **citrus/ tropical** ~ नींबूवंशीय/ उष्णकटिबंधीय फल; **dried-fresh** ~ सूखा-ताजा मेवा; **old ~** दोस्त, पुराना यार;
p&i: **bear** ~ फल दे., अच्छे परिणाम लाना; **bear ~ of sth** किए का फल पाना; **forbidden fruit is sweet** चोरी का गुड़ मीठा; **he that would eat the ~ must climb the tree** स्वर्ग पाने के लिए स्वयं मरना पड़ता है; **in** ~ फलों से लदा (पेड़); **live on** ~ केवल फलों की खुराक पर जिंदा रहना; **pick/ gather, pluck** ~ फल तोड़ना, एकत्रित क.; **the ~s of land** किसी क्षेत्र के भिन्न-भिन्न प्रकार के पौधे

fruition /फ्रूइशन/ *n.* 1 फलन 2 सफलता, सुपरिणाम: hopes brought to ~; come to ~; ~ of his years of work 4 फल का स्वाद, फलरसता

fruit *see above under* **fruit: *dw/lw*** *as* **~y**

frumenta\ceous /फ्रूमंटेशिअस/ *adj.* गेहूं का, गेहूं जैसा, अनाज का;
dw/lw: **~tion** /फ्रूमंटेशन/ *n., colloq.* अनाज का जनता के बीच बांटने की क्रिया

frumenty /फ्रुमेंटि/ *n.* दूधिया दलिया, दुध में बना मीठा दलिया, खीर

frump /फ्रम्प/ *n.* फूहड़ (ढंग से वस्त्र पहनने वाली) स्त्री, ओछी औरत;
dw/lw: **~y**/ **~ish** /फ्रम्पि/ फ्रम्पिश/ *adj., degr.* ~ier, ~iest 1 फूहड़: ~ dress 2 ओछे कपड़े पहने हुए

frustra\te /फ्रस्ट्रे\ट/ *v., pt.* **~ted**, *pp* **~ting** 1 हताश कर दे., कुंठित क. 2 किसी कार्य को होने से रोकना: **~te** sb's efforts; **~te** sb's hopes 3 विफल क., मात दे.: **~te** a design; **~te** one's opponents;
dw/lw: **~ted** /~टिड/ *adj.* 1 हताश, निराश, कुंठाग्रस्त, विवश 2 दुखी, असंतुष्ट 3 यौन जीवन में हताश 4 असफल, विफल: ~ted hopes; **~ting** /~टिंग/ *adj.* हताश व निराश करने वाला; **~tion** /~शन/ *n.* 1 निराशा: sheer ~tion 2 कुंठा: hopeless ~tion; ~tion at not doing anything 3 विवशता-बोध, असहायता: a feeling of ~tion 4 विफलता, पराजय: the ~tion of sb's plans; the ~tion of one's designs 5 मोह-भंग

frustum /फ्रस्टम/ *n.* 1 किसी ठोस चीज का टुकड़ा 2 छिन्नक 3 बीच से कटा हुआ पिरामिड आकार

frutex /फ्रुटेक्स/ *n.* झाड़ी, क्षुप

fruticose/ **frutescent**/ **fruticous** /फ्रूटिकोस/ फ्रूटिसंट/ फ्रूटिकस/ *adj.* झाड़ीनुमा, क्षुपिल

fry /फ्राइ/ *v., pt.* **fried**, *pp* **~ing**, *s/he/it* **fries** 1 तलना, भूनना 2 सूर्य की धूप से जलना 3 विह्वल हो.;
n., **fries** *[pl.]* 1 तला या भूना हुआ व्यंजन: fish ~ 2 (**~ up**) व्यंजनों का मिश्रण 3 उत्तेजना, विह्वलता: be in a ~ 4 मछली के बच्चे 5 नन्ही मछली, पोना;
collocations: **~ food** पोना भोजन, तला हुआ खाना; **~ net** मछली जाल; **small** ~ नाचीज, साधारण (मामूली) व्यक्ति;
p&i: **~ in one's own grease/fat** जैसी करनी, वैसी भरनी; **have other fish to** ~ दूसरे जरूरी काम हो.

fryer /फ्रायः/ *n.* 1 भूनने लायक मुर्गा 2 मछली तलने का बर्तन

frying pan (fryer/ frier) *n.* कड़ाईनुमा तवा, कड़ाही, कड़ाहा;
p&i: **out of the frying pan into the fire** आसमान से गिरा खजूर पर लटका

FSA *abbr.* 'Financial Services Authority', 'Food Standards Agency', 'Foreign Students Agency' की प्रथमाक्षरी

FSB *abbr.* 'Federal'naya sluzhba bezopasnosti (*федеральная служба безопасности*) = Federal Security Service' की प्रथमाक्षरी (रूस का गुप्तचर संगठन)

FSC *abbr.* 'Financial Services Commission', 'Foreign Sales Corporation (US)' की प्रथमाक्षरी

FSED *abbr.* 'Full Scale Engineering Development' की प्रथमाक्षरी

FSF *abbr.* 'Free Software Foundation' की प्रथमाक्षरी

FSH *abbr.* 'Follicle Stimulating Hormone' की प्रथमाक्षरी

FSI *abbr.* 'Forest Survey of India' की प्रथमाक्षरी

FSK *abbr.* 'Federal'naya sluzhba kontrrazvedki (*федеральная служба контрразведки*) = Federal Counter-Intelligence Service' की प्रथमाक्षरी (रूस का भूतपूर्व गुप्तचर संगठन)

FSL *abbr.* 'Forensic Science Laboratory' की प्रथमाक्षरी

FSMA *abbr.* 'Full Service Maintenance Agreement' की प्रथमाक्षरी

FSNL *abbr.* 'Ferro Scrap Nigam Limited' की प्रथमाक्षरी

FSO *abbr.* 'Floating Storage and Offloading (Project)' की प्रथमाक्षरी

FSP *abbr.* 'fixed service provider' की प्रथमाक्षरी

FSS *abbr.* 'Financial Software and Solutions', 'Financial Software & System', 'Functional Somatic Symptoms' की प्रथमाक्षरी

FSU *abbr.* 'Former Soviet Union' की प्रथमाक्षरी

FSWW *abbr.* 'Foundation for the Support of Women's Work' की प्रथमाक्षरी

FT *abbr.* 'Full-Time', 'Fast Track', 'Financial Times' की प्रथमाक्षरी

FT *or* **F/T** *abbr.* 'Full-Time' की प्रथमाक्षरी

Ft *or* **ft** *abbr.* 'foot', Fort का संक्षिप्त रूप (फुट)

FTA *abbr.* 'Free Trade Agreement', 'Free Trade Area' की प्रथमाक्षरी

FTAC *abbr.* 'Foreign Trade Arbitration Commission' की प्रथमाक्षरी

FTC *abbr.* 'Fair Trade Commission', 'Fast Track Courts', 'Federal Trade Commission (US)', की प्रथमाक्षरी

FTDC *abbr.* 'Foreign Trade Development Centre' की प्रथमाक्षरी

FTI *abbr.* 'Factory Training Institute' की प्रथमाक्षरी

FTII *abbr.* 'Film and Television Institute of India' की प्रथमाक्षरी

FTP *abbr.* 'Fast Track Procedure', 'Fast Track Program' की प्रथमाक्षरी

FTP *abbr.* 'file-transfer protocol' की प्रथमाक्षरी (इंटरनेट द्वारा एक कंप्यूटर से दूसरे कंप्यूटर में सूचनाएं भेजने का माध्यम)

FTS *abbr.* 'Federal Telephone System (USA)', 'Friends of Tribal Society' की प्रथमाक्षरी

FTV *abbr.* 'Fashion Television' की प्रथमाक्षरी

FTZs *abbr.* 'Free Trade Zones' की प्रथमाक्षरी

fubsy /फब्जि/ *adj.* 1 छोटा और फूला हुआ 2 जमीन से लगता हुआ छोटा-सा दीवान: ~ sofa

fuchsia /फ्यूशा/ *n., pl.* **~s** फ्यूशा (नामक झाड़ी)

fuchsine /फूक्सीन/ (*also* **magenta**) *n.* काले हरे क्रिसटल जिन्हें पानी में घोलने से बैंगनी लाल घोल बन जाता है जो कपड़े रंगने के जीवाणुनाशक घोल के रूप में काम करता है

fuck /फक्क/ (*sometimes* **f**k, f*****) *v., pt.* **~ed**, *pp* **~ing** संभोग क.;

n. 1 संभोग 2 संभोग-संगी;

dw/lw: **~ed** *adj.* खोया हुआ, थका-मांदा; **~head** *n.* मूर्ख, बुद्धू; **~ing** *adj.* महाचोर, दुष्ट: ~ing idiot (महामूर्ख); **~ing-wit** *n.* मूर्ख, बुद्धू;

p&i: **~ all** कुछ भी नहीं; **~ around/about** बुरे व्यवहार द्वारा किसी को नाराज क. या उसका समय बर्बाद क.; **~ off** चले जाओ! मेरी आंखों से दूर हो जाओ!; **~-up** बर्बाद क., खराब क.; **not give a ~** जहन्नुम में जाए, कोई परवाह न करना;

fudd\le /फडल/ *v., pt.* **~led**, *pp* **~ling** 1 भ्रमित कर दे. 2 नशे में धुत्त हो.: **~le** oneself;

n. 1 नशा: he is on the **~le** 2 शराब से धुत्त होने की क्रिया;

dw/lw: **~le-cap** *n.* घोर शराबी, बेवड़ा; **~led** *adj.* नशे में होने के कारण ठीक से सोचने में असमर्थ

fuddy-duddy /फडि-डडि/ *adj.* विचित्र एवं दकियानूसी, झक्की, सनकी;

n., pl. **fuddy-duddies** *US, sl.* 1 हर बात में नुक्स निकालने वाला 2 दकियानूस, पुराणपंथी व्यक्ति

fud\ge /फज/ *n.* 1 दूध, चीनी और मक्खन से बनी नर्म मिठाई (toffee) 2 बकवाद, अनाप-शनाप, प्रलाप 3 गप, गपोड़ा 4 'छपते-छपते' समाचार;

v., pt. **~ged**, *pp* **~ging** *UK* 1 घाल-मेल या गड्ड-मड्ड क. 2 *US* सारी सच्चाई न बताकर धोखा दे. 3 झूठा हिसाब तैयार क. या कच्चा काम क. 5 पैबंद लगाना 6 बकवाद क.;

excl./ interj. बकवास!;

p&i: **we will see how this ~es** देखते हैं ऊंट किस करवट बैठता है/ देखते हैं, यह क्या गुल खिलाता है

fuel /फ्यूअल/ *n.* 1 ईंधन: ~ filling (पेट्रोल स्टेशन) 2 जलावन 3 ऊर्जा देने वाला पदार्थ (जैसे शरीर के लिए भोजन) 4 उत्तेजना या आक्रोश को बढ़ावा देने वाली बात;

v., UK **~ling** *pt.*, **~led**; *US* **fueling** *pt.* **fueled** 1 ईंधन डालना/ भरना/ लगाना: ~ a ship 2 लोगों की भावनाओं को भड़काना;

dw/lw: **~ling** /फ्युलिंग/ *n.* 1 ईंधन डालने (या झोंकने) का काम 2 ईंधन की तरह प्रयुक्त पदार्थ, ईंधन;

collocations: **~ assembly** कार आदि में ईंधन इकाई/ संकुल; **~ bills/ consumption** ईंधन की लागत या खर्च; **~ cell** ऐसा उपकरण जिसके द्वारा रासायनिक ऊर्जा को बिजली में बदला जाता है; **~ efficiency** ईंधन की किफायत, गाड़ी चलाने में ईंधन की कम से कम खपत; **~ gas** ईंधन गैस; **~ gauge** ईंधन मापक; **~ injection** ऐसा उपकरण जिसके द्वारा ईंधन को कारब्यूरेटर में न भेजकर सीधा कंबस्चन (ज्वलन) इंजन में भेजा जाता है; **~ prices/ supplies** ईंधन के दाम/ आपूर्ति; **~ pump** ईंधन पंप; **~ rich** ईंधन समृद्ध; **~ rod** ईंधन छड़; **~ tank** ईंधन टैंक; **~ value** ईंधन मान;

p&i: **add ~ to the fire/ flame** जलती आग में घी डालना; **add fresh ~ to a quarrel**; झगड़े को और भड़काना

fug /फग/ *n.* 1 बंद कमरे की घुटन, उमस 2 बासी, दुर्गंधपूर्ण आबोहवा;

v., pt. **~ged**, *pp* **~ging** घुटन में बैठे रहना: ~ at home;

dw/lw: **~giness** /फगिनेस/ *n.* बासीपन, घुटन; **~gy** *adj., degr.* ~gier, ~giest घुटन भरा, दुर्गंधपूर्ण, बासी

fugaci\ous /फ्यूगे\शिअस/ *adj.* पलायनशील, क्षणिक, क्षणभंगुर, नश्वर;

dw/lw: **~ty** /~शिटि/ *n.* पलायनशीलता, क्षणभंगुरता, क्षणिकता, नश्वरता

fugal /फ्यूगल/ *adj.* दुगाना संबंधी, संगीत रचना से संबंधित शैली जिसमें प्रथम भाग में विषय प्रस्तुत किया जाता है और दूसरे में उसका विकास

-fuge *comb. form, forming adjectives and nouns, denoting.:* 1 **dispelling or expelling** (दूर हटाना, बाहर निकालना): **centri**fuge 2 **disliking/ hating** (नापसंदगी या घृणा)

fugist /फ्यूजिस्ट/ *n.* दुगाना गायक, फ्यूज गायक

fugitive /फ्यूजिटिव/ *n.* भगोड़ा आदमी, फरार, पलायक: a ~ from justice; a ~ from a battle;

adj. 1 भगोड़ा, फरारी: ~ soldier/ slave; ~ debtor 2 (***syn.*** fleeting) क्षणिक, क्षणभंगुर: ~ smile; ~ idea/ thought; ~ verse 3 अस्थायी: ~ theatrical company 4 कच्चा: ~ colour

fugle /फ्यूगल/ *v. pt.* **~d**, *pp* **fugling** 1 अपने पीछे ले चलना 2 आदर्श के रूप में काम क. 3 अंग चालन द्वारा संकेत दे.;

dw/lw: **~man** *n.* जो किसी समूह के सम्मुख अंग चालन से व्यायाम

प्रक्रिया प्रदर्शित करता है

fugue /फ्यूग/ *n., music* 1 संगीत रचना से संबंधित शैली जिसमें प्रथम भाग में विषय प्रस्तुत किया जाता है और दूसरे में उसका विकास 2 *psychology* स्वप्रत्यय-लोप

Führer/fuehrer /फ्यूरः/ *n.* 1 हिटलर द्वारा अपने को दी गई उपाधि, फ्यूहरर 2 फासीवादी जर्मनी का निरंकुश शासक

-ful *suffix, forming nouns, denoting:* 1 an amount held by a container (किसी बर्तन में आने वाली मात्रा): two mug**fuls** of coffee 2 *adjectives, denoting:* **full of sth specified** (किसी चीज से भरा): meaning**ful**; event**ful** 3 **specific quality** (गुण): merci**ful**; grace**ful**; youth**ful**; law**ful**

fulcrum /फुलक्रम/ फलक्रम/ *n., pl.* **~s/ fulcra** 1 टेक, आधार 2 साधन, समर्थन

fulfil *UK* (*US* **fulfill**) /फुल्फिल/ *v., pt.* **~led**, *pp* **~ling** 1 पूरा क., पूर्ण क.: ~ one's work by certain date; ~ a duty, promise, responsibility, etc. 2 पालन क., शर्तों को पूरा क.: ~ conditions; ~ criteria, requirements, qualifications, etc. 3 प्राप्त क., सफलता पाना: ~ an ambition, dream, goal, etc.; ~ oneself 4 भूमिका अदा क., कार्य क.: ~ a function, need, role, etc. 5 अनुकूल हो.;

dw/lw: **~led** *adj.* पूरा किया हुआ; **~ling** *adj.* संतोषजनक; **~ment** *UK* (*US* **fulfillment**) /फुल्फिल्मंट/ *n.* 1 संतुष्टि, परितोष: the ~ment of one's desires 2 पूर्ति: the ~ment of a condition 3 पालन, संपादन

fulgen\cy /फल्जंसि/ *n.* चमक, कौंध, उज्ज्वलता;

dw/lw: **~t** /फल्जंट/ *adj.* चमकदार, उज्ज्वल

fulgid /फल्जिड/ *adj.* दीप्तिमय, चमकदार

fulgor/ fulgour /फलगः/ *n.* 1 चमकदार, चमकीला, भड़कीला 2 असहनीय चकाचौंध

fulgu\rant /फल्ग्युरंट/ *adj.* 1 कौंधने वाला 2 *med.* चीरकर निकल जाने वाली: **~rant** pain;

dw/lw: **~rate** /फल्ग्युरेट/ *v., pt.* ~rated, *pp* ~rating बिजली का कौंधना; **~ration** /फल्ग्युरेशन/ *n.* कौंध; **~rous** /फल्ग्युरस/ *adj.* बिजली की कौंध जैसा

fuligin\osity /फ्यूलिजिनॉसिटि/ *n.* 1 धुएं से पैदा हुआ काला रंग 2 कालिख (soot);

dw/lw: **~ous** /फ्युलिजिनस/ *adj.* 1 धुआं से भरा 2 कालिख से ढका हुआ

full /फुल/ *adj., degr.* **~er**, **~est** 1 (*also* **~ of sth**) से भरा हुआ, लबालब, पूर्ण: ~ glass (bottle); eyes ~ of tears; ~ to the brim (लबालब भरा हुआ); only half ~ 2 खचाखच या ठसाठस भरा हुआ: ~ audience/ house; ~ load 3 पूरा: do a ~ day's work; ~ name 4 ठीक-ठाक: a ~ treatment of a subject 5 (*also UK* **~ up**) पूर्णतया तृप्त, संतृप्त, अघाया हुआ: ~ stomach 6 विस्तृत, समूचा, संपूर्ण, सारा: a ~ report; ~ details of a scheme/ of a plan; ~ account of sth 7 प्रचुर, अतिशय: ~ inspiration 8 शरीर से भरा हुआ: the **~er** figure 9 पूर्णतः व्यस्त: my hands are ~ 10 सगा: ~ brother/ sister 11 लंबी-चौड़ी पोशाक: a ~ skirt 12 तेज व गाढ़ी: a ~ wine 13 पूर्ण अधिकार प्राप्त: a ~ member 14 विविधताओं से भरा: a ~ life 15 चंद्रमा का पूरा वृत्त: a ~ moon 16 पूरा डील-डौल, पूरे आकार का: at ~ length 16 अधिकतम: use a computer to its ~ potential 17 गहन, दमदार: ~ sound;

n. संपूर्णता: in ~;

v., pt. **~ed**, *pp* **~ing** कपड़े को सिकोड़कर और पीटकर पतला क., शिकनदार बनाना, झुर्रीदार बनाना, चुन्नट डालना;

adv. 1 पूर्णतया, भरपूर, पूरा-पूरा: ~ in the centre; ~ beam 2 ठीक-ठाक 3 अत्यधिक: ~ soon; ~ many;

dw/lw: **~back** /फुलबैक/ *n.* फुलबैक, रक्षक खिलाड़ी; **~-blast** *n.* (*usually* **at ~ beam**) अधिकतम ताकत और गति के साथ; **~-blooded** /फुल-ब्लडिड/ *adj.* 1 उत्तम कुल का, कुलीन 2 ओजस्वी, ऊर्जस्वी, जोरदार, शक्तिशाली 3 कामुक; **~-blown** *adj.* चोटी पर पहुंचा हुआ, चरम सीमा पर पहुंचा हुआ, पूर्णतः विकसित; **~-bodied** *adj.* स्वाद या गुणवत्ता की दृष्टि से उत्तम; **~-brimmed** *adj.* लबालब भरा हुआ; **~-circle** *n.* पूरा चक्र, चक्र के ऊपर जहां से शुरू किया वहीं वापस लौटने की क्रिया; **~-colour** *adj.* रंद-बिरंगा; **~-cream** *adj.* पूरी मलाई वाला; **~er** *n.* कपड़े को सिकोड़ और पीटकर पतला बनाने वाला, कपड़े धोने तथा माड़ी लगाने वाला, धोबी; **~-eyed** *adj.* बड़ी-बड़ी आंखों वाला; **~-face/ ~ faced** *adj.* 1 देनेवाले की ओर पूरी तरह मुड़ा हुआ चेहरा 2 भरा हुआ या चौड़ा चेहरा; **~-fat** *adj.* दूध या दूध से बने पूरी चर्बी वाले (व्यंजन); **~-fledged** *US* (*UK* **~y-fledged**) *adj.* 1 जो पूर्णतः अपने पांव पर खड़ा हो गया हो, पूर्णतः विकसित 2 पूर्ण अधिकार प्राप्त: ~-fledged barrister 3.1 (पक्षी) जिसके पूरे पर निकल आए हों 3.2 पूर्ण; **~-frontal** *adj.* 1 आदमी या औरत का सामने का पूर्णतः नग्न रूप 2 जब कुछ भी छिपा न रह गया हो; **~-grown** *adj.* पूर्णतः विकसित; **~hearted** *adj.* उत्साही, जोश-खरोश से भरा; **~-length** *adj.* 1 पूरी, पूरी लंबाई वाली 2 पूर्ण लंबाई-चौड़ाई व विस्तार में दिखाने वाला: ~-length mirror/ photograph/ coat/ dress/ skirt, etc.; **~-mouthed** *adj.* ऊंचे स्वर का: ~-mouthed welcome; **~ness** *n.* संपूर्णता, पूर्णता: in the ~ness of time; **~-on** *adj.* 1 अधिकतम, शिखरतम, चरम सीमा तक 2 पूर्णतया गंभीर; **~-out** *adv.* पूरी ताकत से; **~-page** *adj.* समाचार पत्र या पत्रिका का पूरा पृष्ठ; **~-pelt/ ~-speed/ ~-tilt** *adj.* तेजतम रफ्तार से; **~-rigged/ ~-sailed** *adj.* पालों में पूर्णतया हवा भरकर पूरी रफ्तार से चलने वाला (पाल पोत); **~-scale** *adj.* 1 पूरे बड़े पैमाने पर 2 (**a ~ model**) मूल के बराबर साइज का (मॉडल); **~-size** *adj.* वस्तु या पिंड के आकार का; **~-term** *adj.* पूरे स्त्र का; **~-throated** पूरी दमदार आवाज में गाने, हंसने या बोलने वाला; **~-time** *adj.* पूर्णकालिक, पूरे समय का (कर्मचारी); **~-timer** *n.* पूरा दिन काम करने वाला कर्मी; **~-tilt** *adj.* पूरी रफ्तार से; **~scape** लंबा-बड़ा (कागज) (17"x13.5" or 432x343 mm);

collocations: **~-blown doctor** = **~-fledged doctor** पूर्णतः प्रशिक्षित डॉक्टर; ~ **board** (*also* **American plan**) होटल के कमरे के दाम में खाने-पीने के दामों को शामिल करने की अमेरिकी प्रणाली; ~ **brother/ sister** सगा भाई/ सगी बहन; ~ **colour** शुद्ध रंग; ~ **compliment** पूरा सेट, दल के पूरे सदस्य, किसी उपकरण के पूरे भागों का सेट; ~ **cost** पूरी लागत; **~-court press** 1 बास्किटबाल में कई खिलाड़ियों द्वारा विपक्ष के किसी एक खिलाड़ी को घेरकर किया जाने वाला आक्रमण 2 किसी व्यक्ति या समूह को दबाव डालकर प्रभावित करने की क्रिया; ~ **dress** औपचारिक अवसरों पर पहनी जाने वाली पोशाक: ~ dress dinner; ~dress rehearsal; ~ **employment** बेरोजगारी का पूरा खात्मा, सब को रोजगार; **~er figure** भरा हुआ शरीर; **~er's earth** *geol.* 1 एक विशेष मिट्टी जो अतिशय रंग, चर्बी आदि को चूसने के काम आती है 2 रेह, सज्जी, मुलतानी मिट्टी; ~ **face** किसी का पूरा चेहरा या सामने का फलक; ~ **forward** प्रति पक्ष के गोल के पास खेलने वाला खिलाड़ी; ~ **honour** पूरा (राजकीय) सम्मान; ~ **house** थियेटर, सिनेमा हाल आदि का पूर्णतः भरा होने की स्थिति, ठसाठस भरा हॉल; ~ **jury** पूरी ज्युरी; ~ **line** (continuous or undotted line) बिना टूटी लकीर या लाइन; ~ **lips** भरे हुए/ मोटे होंठ; ~ **marks** परीक्षा में अधिकतम अंक; ~ **moon** पूरा (पूर्णमासी का) चंद्रमा; ~ **milk** बिलोने से पहले तक का दूध; ~ **nelson** कुश्ती में एक दांव; ~ **point** = **full stop** *see below*; ~ **powers** पूर्ण अधिकार; ~ **professor** विश्वविद्यालय में तीन पदों यानी असिस्टेंट प्रोफेसर, एसोशिएट प्रोफेसर और प्रोफेसर में अंतिम यानी उच्चतम पद, आचार्य; ~ **sails** हवा से भरे पालों के साथ; ~ **sleeves** पूरी आस्तीन; ~ **stop** *UK* (*US* **period**) पूर्ण विराम यानी (.); ~ **tide** पूरा ज्वार; ~ **time** दिन भर का; ~ **toss** क्रिकेट के खेल में बिना टप्पा खाए बल्लेबाज तक पहुंचने वाली यानी हवा में रहनेवाला गेंद; ~ **voice** पूरी ऊंची

आवाज; ~ **well** भली प्रकार, अच्छी तरह;

p&i: ~ **and by** पवनानुकूलित, वायु अनुकूल मोड़ा हुआ (जहाज); ~ **as an egg is of meat** ठसाठस भरा हुआ; ~ **fling** पूरी रफ्तार से; ~ **of beans/ of guts** 1 तेज-तर्रार 2 जीवंत, ऊर्जाशील, जोश या उमंग से ओत-प्रोत; बुलंद हौसले में; ~ **of courtsy** ~ **of craft** अति विनम्र आदमी चालाक होता है, देख के मुस्की मधुर बानी, दगाबाज की यही निशानी; ~ **of dignity** शालीनतापूर्ण; ~ **of fire and fury** दंभी मिजाज की पोटली; ~ **of hatred/ jealousy** घृणा/ ईर्ष्या से भरा; ~ **of himself** = ~ **of oneself** अपने मुंह मियां मिट्ठू ('**I**' specialist); ~ **of kindness** दयालुता भरा; ~ **of one's own affairs** अपने ही मामलों में उलझा हुआ; ~ **of sth** किसी एक चीज या काम में पूर्णतया रमा होने की स्थिति; ~ **of years** वृद्ध; ~ **up** पूरी सीमा तक; ~ **well** अच्छी तरह;

a coat made ~ across the chest छाती पर खुला कोट; **a ~ face/ figure** भरा चेहरा/ डील-डौल; **a ~ life** रोचक जीवन (विविधताओं से भरा हुआ); **a ~ member** पूर्ण अधिकार प्राप्त सदस्य; **a ~ skirt** भारी-भरकम स्कर्ट; **at the ~** उत्कर्ष पर, उत्कर्षावस्था में; **be ~ of oneself** अतिशय आत्म-विश्वास व आत्म-श्लाघा के नशे में चूर; **be ~ of sth** किसी कार्य या विषय में पूरी तरह डूबा या रमा हो.; **be ~ up** पूर्णतया तृप्त; **be in ~ swing** पूरे जोर-शोर से चलना; **be on ~ time** पूरे दिन का कर्मी हो.; **do a ~ day's work** दिन भर का काम क.; **enjoy (to appreciate) sth to the ~** पूरा आनंद ले.; **have your hands ~** पूर्णतया व्यस्त हो.; **he that is ~ of himself is very empty** थोथा चना बाजे घना; **hit ~ on the nose** सीधे नाक पर मारना या लगना; **in ~** पूरा; **in ~ blast** पूरी रफ्तार में, खूब जोरों पर; **in ~ cry** चीखते-चिल्लाते पीछे दौड़ते हुए; **in ~ feather/ fig** पूरे ठाठ-बाट या रंग में; **in ~ rig** पाल जहाज की पूरी रफ्तार; **in ~ swing/ blast** पूरे जोर पर; **in ~ view** सब के सामने; **in ~ vigour** पूरी ताकत से; **in the ~ness of time** उचित समय पर; **rivers ~ of fish** मछलियों से भरी नदियां; **sb's hands are ~** किसी का बहुत व्यस्त हो.; **~ speed/ strength/ volume, etc.** उच्चतम रफ्तार/ ताकत/ आवाज से; **~ steam ahead** पूरी रफ्तार से आगे जा.; **tell the ~ of sth** पूरी बात बता दे.; **the radiator is ~ on** रेडियेटर लबालब भरा है; **to the ~** जितनी संभावना हो, पूर्णतया

fully /फुलि/ *adv.* पूरी तरह से, पूर्णतया: ~ justified;

dw/lw: **~-fashioned** *adj.* पूर्णतः बुनी हुई पोशाक; **~-fledged** *UK* (*US* **full-fledged**) *adj.* 1 वास्तविक: a ~-fledged doctor 2 पंख उगने लायक पक्षी

fulmina\te /फुल्मिने\ट/ फल्मिने\ट/ *v., pt.* **~ted**, *pp* **~ting** 1 भर्त्सना क., बखियां उधेड़ना 2 गर्जना 3 कोसना 4 फट पड़ना, बिफर पड़ना 5 तहस-नहस क., धराशायी क. 6 रोग का तेजी से बिगड़ना 7 बिजली का कौंधना या कड़कना 8 किसी पर या किसी चीज पर टूट पड़ना 9 आदेश दे.;

dw/lw: **~ting** *adj.* 1 विस्फोटक: ~ting powder 2 धमकाने वाला 3 गर्जने वाला 4 बिजली की कौंध वाला 5 कड़कने वाला; **~tion** /~शन/ *n.* भर्त्सना, कटु आलोचना; **~tory** /~टरि/ *adj.* गर्जने वाला; **~tous** /~टस/ *adj.* 1 बिजली से संबंधित 2 बिजली की कौंध जैसा

fulness *see above* **fullness** *under* **full:** ***dw/lw***

fulsome /फुलसम\/ *adj.* 1 आवश्यकता से कहीं अधिक, बेहद ज्यादा, अतिशय 2 कपटपूर्ण: ~ flattery 3 अप्रिय, अरुचिकर 4 उबाऊ, नीरस;

dw/lw: **~ly** /~लि/ *adv.* कपटपूर्वक ढंग से उदार; **~ness** /~नेस/ *n.* कपटपूर्ण उदारता

fulvous /फलवस/ *adj.* धूसर पीला, पीला-भूरा, गेहुंआ, गोधूमवर्णी

fumarole /फ्यूमअरोल/ *n.* ज्वालामुखी का छिद्र जिससे गर्म गैस निकलती है

fumatory /फ्युमैटरी/ *adj.* 1 धुएं का, धूम्र-संबंधी 2 धूम्रपान-संबंधी

fum\ble /फंबल/ *v., pt.* **~bled**, *pp* **~bling** 1 बेढब तरीके से टटोलना: **~ble** one's pocket; **~ble** with a lock 2 काम करने में गड़बड़ क.: **~ble** a catch 3 लड़खड़ाना, हकलाना 4 अनाड़ी की तरह काम क.: **~ble** at a knot; **~ble** about (काम खराब क.) 5 समझ में न आना: **~ble** excuses;

n. 1 लड़खड़ाहट, गड़बड़ 2 बेढब काम, अनाड़ीपन;

dw/lw: **~bling** /फंबलिंग/ *n.* 1 लड़खड़ाहट 2 हकलाहट; **~bling** *adj.* 1 अनाड़ी, बेढब 2 बुदबुदाने वाला, हिचकिचाने वाला

fume /फ्यूम/ *v., pt.* **~d**, *pp* **fuming** 1 अत्यधिक क्रुद्ध हो., आग-बबूला हो.: fuss and ~ 2 घबराना, परेशान हो.: ~ over/ about trifles 3 धुआं या वाष्प छोड़ना, गैस या वाष्प निकलना 4 रासायनिक क्रिया के कारण गैस या वाष्प का निकलना: ~ away 5 लकड़ी आदि को धुएं से पकाना, धुआं दे.;

n.*, ~s** *[pl.]* 1 धुआं, धूआं: **~s** of incense 2 गैस: factory **~s** 3 भाप, वाष्प: ~ chamber 4 दुर्गंध की भभक 5 (syn.*** imaginary) आकाश-कुसुम 6 क्रोध, प्रकोप, आवेश: put sb in a ~ (किसी को क्रुद्ध क.) 7 उत्तेजना, विह्वलता: in a ~ of anxiety;

dw/lw: **fumous** /फ्यूमस/ *adj.* = **fumy** /फ्यूमि/ *adj.* 1 धुआंदार, धुएं से भरा, धूमिल 2 वाष्पयुक्त 3 क्रुद्ध;

p&i: **fret and ~ = fume and chafe** चिढ़ना, कुढ़ना

fumigant /फ्यूमिगंट/ *adj.* धूमक, रोगाणुओं को धुआं देकर नष्ट करने के लिए गैस रूप में प्रयुक्त एक रसायन

fumiga\te /फ्यूमिगे\ट/ *v., pt.* **~ted**, *pp* **~ting** 1 धुआं दे. 2 रोगाणुओं को धुआं देकर नष्ट करने के लिए गैस रूप में धुआं दिखाना: **~te** rose-bushes;

dw/lw: **~tion** /~शन/ *n.* धुआं दिखाना, धूमन, धूमीकरण

fun /फन/ *n.* 1 मजा, आनंद: full of ~; spoil the ~; sailing in a boat is great ~ 2 आमोद-प्रमोद: ~ and games; ~ and frolic 3 मजाक, कौतुक, ठठोली: figure of ~; be fond of ~; what ~**!**;

adj. मनोरंजक, मजेदार;

dw/lw: **~-board** *n.* (board for wind surfing) पालदार तरंग पट्टी; **~-fair** *n.* मेला, मेला-तमाशा;

collocations: **~ and frolic** हंसी खेल, हंसी मजाक;

p&i: **for ~/ for the ~ of it** मजाक में; **~ run** दान आदि कार्य के लिए की जाने वाली लंबी दौड़; **good/ great ~** बहुत मजेदार; **have ~** मजा क.; **I don't see the ~ of it** मुझे इसमें कुछ भी हंसने लायक नहीं दिखता; **in ~** मजाक में; **like ~** झटपट, बहुत तेज; **make ~ of** or **poke ~ at sb/ sth** मजाक उड़ाना, हंसी उड़ाना

funambulist /फ्यूनैम्ब्युलिस्ट/ *n.* रस्से पर नाचने वाला, रज्जु नर्तक, नट

function /फंक्शन/ *n.* 1 कार्य, प्रयोजन: glass has an important ~ in modern architecture 2 क्रिया: a basic/ important/ primary/ vital ~; regular **~s** of the body 3 व्यवसाय, व्यापार, वृत्ति 4 समारोह, उत्सव, प्रीतिभोज: speak at a ~; public ~/ social ~ 5 कर्त्तव्य, कार्यभार: exercise administrative **~s** 6 फलन 7 कंप्यूटर की भिन्न-भिन्न क्रियायें या कार्य;

v., pt. **~ed**, *pp* **~ing** 1 काम क. या चालू क.: telephone is not **~ing** 2 कर्त्तव्य या कार्यभार निभाना: the VC started **~ing** 3 के रूप में काम क.: ~ as sb/ sth;

dw/lw: **~ary** /फंक्शनरि/ *n.* (***syn.*** official) अधिकारी, कार्यकर्ता, संगठन का बाबू: party ~ary

functional /फंक्शनल/ *adj.* 1 (***syn.*** utilitarian) व्यावहारिक तथा उपयोगी: ~ architecture; ~ style 2 ठीक ढंग से काम करने वाला (उपकरण आदि): ~ computer; ~ city 3 कार्यात्मक, क्रियात्मक: ~ finance 4 प्रयोजनमूलक: ~ language 5 कार्यरत: ~ group; ~ representation; ~ class 6 कार्य सक्षम: ~ heart;

dw/lw: **~ism** /फंक्शनलिज्म/ *n.* 1 प्रकार्यवाद, विचारों के व्यावहारिक प्रयोग की नीति 2 व्यावहारिकता (व्यावहारिक प्रयोग) में ही सौंदर्य है – का सिद्धांत 3 ऐसा सिद्धांत जिसके अनुसार समाज

को एक ऐसा स्वचालित संगठन बनाना है, जिसमें सामाजिक संस्थायें, रीति-रिवाज व आस्थायें आदि मुख्य भूमिका निभायेंगी; **~ist** *n.* व्यावहारिक क्षमता नीति का समर्थक व्यक्ति; **~ity** /फंक्शनैलिटि/ *n.* (***syn.*** practicality) वस्तु, विचार आदि की व्यावहारिक क्षमता, व्यावहारिकता;
collocations: **~food** पौष्टिक तत्त्वों से परुपूर्ण भोजन; **~grammar** वैचारिक आदान-प्रदान (communication) की भाषा का विश्लेषण में प्रयुक्त व्याकरण; **~key** (*abbr.* **'F'**) कंप्यूटर में **'F'** अक्षर एवं नंबर के साथ बटन जिसे किसी विशेष कार्य (function) हेतु दबाया जा सकता है; **~ word** *ling.* व्याकरणीय प्रक्रियाओं के द्योतक शब्द जैसे, article, tense, auxiliary आदि

functus officio /फंक्टस अफिशिओ/ *Lat.* अधिकारहीन, भार मुक्त, सत्ता मुक्त

fund /फंड/ *n., pl.* **~s** 1 निधि, कोष, भंडार 2 (*pl.* **~s**) धन, पैसा, पूंजी 3 बड़ी संख्या या मात्रा 4 (*pl.* **~s**) विशेष धन राशि संग्रहण: a ~ for the victims of the flood; guarantee ~; reserve ~; have money in the **~s**
v., pt. **~ed**, *pp* **~ing** 1 धन दे., पैसा मुहैया क. 2 ब्याज चुकाने के लिए निधि स्थापित क., मूलधन को स्थायी क. 3 संचित क., जमा क.;
dw/lw: **~able** *adj.* धन देने योग्य; **~ed** *adj.* निधिक, जिसे पैसा दिया गया हो: ~ed debt; ~ed property; **~er** *n.* (***syn.*** financier) वित्त दाता, निधि धारक, पैसा देने वाला या लगाने वाला, आर्थिक समर्थक; **~holder** *n.* सामान्य व्यवसायी जो उसके व्यवसाय के लिए निमित्त धन राशि पर नियंत्रण रखता है; **~holding** *n., adj.* व्यवसाय के लिए निमित्त धन राशि पर नियंत्रण; **~ing** *n.* निधीयन, पूंजी-निवेश, धन उपलब्ध कराने की क्रिया, किसी कार्य के लिए दिया जाने वाला धन; **~raiser** *n.* धन/ चंदा एकत्रित करने वाला; **~-raising** *n.* निधि संग्रह, चंदा या धन की उगाही;
collocations: **provident ~** भविष्य-निधि; **sinking ~** निक्षेप निधि; **slush ~** घूंस या रिश्वत निधि, बड़ी-बड़ी कंपनियों द्वारा सौदों में मदद कर सकने वाले अधिकारियों को रिश्वत देने के लिए अलग रखी जाने वाली धन-राशि;
p&i: **~s of jokes/ ~ of knowledge** चुटकुलों/ ज्ञान का भंडार;
a ~ of wisdom प्रतिभा का भंडार; **be in ~s** पैसा या धन पास में हो.; **yellow-dog ~** *US* घूस के लिए अलग किया हुआ पैसा

funda /फंडा/ *n.* 1 जानकारी, बुनियादी जानकारी 2 सिद्धांत

fundament /फंडअमंट/ *n.* 1 चूतड़, नितंब 2 गुदा, मलद्वार 3 (***syn.*** foundation) आधार

fundamental /फंडअमेंटल/ *adj.* 1 (***syn.*** basic) मौलिक, आधारभूत, बुनियादी, मूलभूत, तात्विक: ~ reason/ cause; ~ difference; ~ research; ~ issue; ~ human rights; ~ truth 2 (***syn.*** essential) अत्यावश्यक: a fact of ~ importance;
n. **~s** /फंडामेंटल्ज/ *n., [pl.]* आधारभूत या मूलभूत सिद्धांत: the **~s** of physics; differ on **~s**; agree on **~s**;
dw/lw: **~ly** /फंडअमेंटलि/ *adv.* (***syn.*** basically) बुनियादी ढंग से 2 पूर्णतः: two approaches are ~ly poles apart 3 (***syn.*** essentially) मूलतः, मुख्य रूप से: ~ly he is a nice person;
collcos.: **~ differences** मूलभूत मतभेद; **~ honesty** आधारभूत ईमानदारी; **~ note/ tune** मूल स्वर (in music); **~ particle** मूल कण; **~ principles** मौलिक सिद्धांत; **~ rights** मौलिक अधिकार; **~ rules of physics** भौतिकी के मूलभूत सिद्धांत; **~ tone** ध्वनि की आवृत्ति का निम्नतम स्तर; **~ unit** आधारभूत इकाई

fundamental\ism /फंडामेंटा\लिज्म/ *n.* 1 कट्टरवाद, रूढ़िवाद, कठमुल्लापन 2 धर्मांधता, मताधता;
dw/lw: **~ist** /~लिस्ट/ *n.* धर्मांध/ मतांध/ रूढ़िवादी/ कट्टरवादी/ कठमुल्ला व्यक्ति; **~ist** *adj.* धर्मांध, मतांध, रूढ़िवादी, कट्टरवादी

fundi /फुंडी/ *n., SAfrE* किसी विषय का माहिर: a computer ~

fundus /फंडस/ *n., anat.* 1 सतह 2 बुध्न 3 किसी भी अंग का निचला अंदरूनी भाग 4 खोखले अंग का गोलाकार आधार

funer\al /फ्यूनअरल/ *n.* 1 दफन, दाहकर्म, अंत्येष्टि: attend a **~al** 2 शवयात्रा: quiet **~al**;
adj. दफन या अंत्येष्टि संबंधी: **~al** speech;
dw/lw: **~ary** /फ्यूनअरेरी/ *adj.* अंत्येष्टि-संबंधी, दाह या दफन संबंधी: ~ary rites; **~eal** /फ्यूनिअरिअल/ *adj.* 1 अंत्येष्टि-संबंधी: ~eal garments 2 विषादमय, उदास, मनहूस: ~eal expression of face; ~eal atmosphere
collocations: **~al director** दाहकर्म अधिकारी; **~al home** (*also* **mortuary**) = **~al parlour** 1 दाहकर्म से संबंधित सेवाएं 2 अंतिम संस्कार कक्ष; **~al pile** चिता; **~al rites** अंतिम (दाहकर्म)-संस्कार; **~al urn** अस्थि कलश;
p&i: **it's not my ~** *US* मेरा इससे कोई सरोकार नहीं; **it is none of our ~** इससे हमारा कोई सरोकार नहीं; **it's your ~** *US* यह तुम्हारा काम है

fun fur रंग-बिरंगी और भड़कीली कृत्रिम लोम चर्म (बालों वाली खाल)

fung\aceous /फंगेशिअस/ *adj.* खुमी जैसा; फफूंद आदि से संबंधित
dw/lw: **~al** /फंगल/ *adj.* फफूंद भरा, फफूंद आदि से संबंधित; **~i** /फंगि/ फंगाइ/ फंजाइ *n. pl. of* **fungus**; **fungicide** /फंगिसाइड/ फंजिसाइड/ *n.* फफूंदनाशक पदार्थ; **~ivorous** /फंगिवरस/फंजिवरस/ *adj.* खुमी, फफूंदी या खुमी जैसे पदार्थों को खानेवाला; **~ous** /फंगस/ *adj.* 1 मुलायम, कवकी2 फफूंद की तरह उगने तथा फैलने वाला: ~ous disease; **~us** /फंगस/ *n. pl.* ~uses 1 (***syn.*** mushroom) कुकरमुत्ता, छत्रक, खुमी 2 कवक, भुकड़ी 3 फफूंद, गलने-सड़नेवाले पदार्थों पर लगने वाली सड़नशील वनस्पति

fungible /फंजअबल/ *adj., law* एक-दूसरे से बदली जा सकने वाली, विनिमय-साध्य: ~ things

fungibles /फंजिबल्ज/ *n., [pl.], Scots law* वजन, संख्या या माप तोल से प्रयोग की जाने वाली गलने-सड़ने वाली वस्तुएं

funi\cle/ funiculus /फ्यूनिकल/ फ्यूनिक्यूलस/ *n.* 1 रज्जुका, रस्सी, धागा, गुच्छा 2 *anat.* नाभि;
dw/lw: **~cular** /फ्यूनिक्युलः/ (*also* **~cular railway**) *n.* 1 पहाड़ों आदि पर रज्जु या रस्सी रेल 2 पहाड़ी रेल

funk /फंक/ *n., colloq.* 1 अफ्रीकी संगीत व जैज (jazz) से प्रभावित पॉप संगीत 2 (**blue ~**) भय, त्रास 3 भीरु या कायर व्यक्ति 4 उदासी 5 तीखी गंध;
v., pt. **~ed**, *pp* **~ing** डर के मारे कुछ करने से पीछे हटना, करने से कतराना: ~ a difficulty (hard words);
dw/lw: **~y** /फंकि/ *adj.* 1 रूढ़ि मुक्त, फैशनेबल 2 सबकी नजरों में पड़ने वाला 3 कायर, भयभीत, डरपोक 4 तीखी गंधयुक्त; **~hole** *n. sl.* 1 आश्रय-स्थान, शरण-स्थल 2 ऐसा काम या तरकीब जिसकी बदौलत अनिवार्य सैनिक सेवा से बचा जा सकता है;
collocations: **~ music** अफ्रीकी संगीत व जैज से प्रभावित पॉप संगीत जिसमें काफी सशक्त नृत्यजनक धुनें होती हैं;
p&i: **be in a blue ~** सिट्टी-पिट्टी गुम हो.; **put sb in a blue ~** सिट्टी-पिट्टी गुम क.

funnel /फनल/ *n.* 1 कीप, छुच्छी 2 चिमनी, धूम्र नलिका, धुआंकश, धुंधारा;
v., pt. **~led**, *pp* **~ling** /*US pt.* **~ed**, *pp* **~ing** 1 तंग स्थान में से धकेलना: wind **~ling** through the streets 2 कीप या छुच्छी की मदद से एक बर्तन से दसरे में द्रव भरना;
dw/lw: **~led** *adj.* 1 कीप लगा हुआ 2 कीप जैसा

funni\ment /फनिमंट/ *n.* मजाक;
dw/lw: **~ly** /फनिलि/ *adv. UK* मजे की बात यह है कि ..., विचित्र बात है कि ...

fun\ny /फनी/ *adj., degr.* **~nier**, **~niest** 1 (*also colloq.* **call ~ny ha-ha**) मजेदार, हास्यजनक, हंसाने वाला: **~ny** temper/ way to behave 2 (***syn.*** strange) अजीब, विचित्र, निराला, अनोखा, रहस्यमय: it's not **~ny** at all 3 विनोदशील, दिल्लगीबाज, मजाकिया 4 संदेहास्पद 5 अवैध 6 (***syn.*** cheeky)

खिल्ली उड़ानेवाला 6 बीमार: feel a bit **~ny** 7 थोड़ा हिला हुआ, पगलैट: go a little **~ny** 8 बिगड़ी हुई मशीन: computer often goes **~ny**;
n. दो चप्पुओं से चलने वाली नौका;
dw/lw: **the funnies** *n. [pl.]* समाचार पत्र आदि में हास्य स्तंभ; **~nily** *adv.* हास्यपूर्वक
collocations: **~ny bone** कोहनी में नस जिसे छूने से गुद-गुदी-सी या सनसनाहट-सी होती; **~ny business** गड़बड़-घोटाला; **~ny farm** पागलखाना; **~ny money** कम भरोसेमंद मुद्रा; **~ny story** चुटकुला, विचित्र बात;
p&i: **~nily enough** मजे की बात है कि ...;
(as) ~ as a crutch! *US* जरा भी हंसने की बात नहीं; **feel/ go all/ ~** 1 अजीब उत्तेजना का लगना 2 थकान महसूस क.; **call ~ny ha-ha** मजेदार; **there's sth ~ about it** दाल में कुछ काला है

FUO *abbr.* 'fever of unknown origin' की प्रथमाक्षरी

fur /फर/ *n.* 1 फर, लोम चर्म, समूर 2 फर की खाल 3 फर की पोशाक 4 लोम चर्म सा कृत्रिम कपड़ा 5 जबान पर सेफेद-सी परत (बीमारी का लक्षण) 6 भारी पानी के क्षेत्रों में चाय की केतली आदि में सफेद पर्त का जमाव;
v., *pt.* **~red**, *pp* **~ring** (*often* **~ up**/ **~ sth up**) 1 फर जैसी परत जमना या चढ़ाना 2 फर चढ़ाना, फर को काटकर बराबर क. 3 फर की किनारी लगाना;
dw/lw: **~below** *n.* गोटा-पट्टी, **~belows** *n. [pl.]* दिखावापूर्ण अलंकरण; **~rier** /फरिअः/ *n.* फर-विक्रेता, फर की मरम्मत करने वाला; **~ring** /फरिंग/ *n.* दीवार या छत पर पट्टियों की जड़ाई;
collocations: **~ and feather** फर वाला जानवर या आखेट पक्षी; **~ fabric** फर का कपड़ा; **costly/ valuable ~** कीमती फर;
p&i: **make the ~ fly** 1 उत्पात मचाना, बखेड़ा खड़ा क., झगड़ा शुरू क. 2 लोगों को ठेस पहुंचाना 3 किसी से टकरा जाना; **rub/ stroke the ~ the wrong way** 1 बालों में उल्टा हाथ फेरना 2 किसी को चिढ़ाना

furbish /फःबिश/ *v., pt.* **~ed**, *pp* **~ing**, *he/she/it* **~es** 1 पॉलिश क., चमकाना: ~ armour 2 साफ क., मांजना 3 नया बना दे.: ~ up old clothes (furniture);
p&i: **~ up** नया बनाना, मरम्मत क., दुरुस्त क.; **~ up the language one learnt years ago** भूली हुई भाषा को फिर से ताजा क.

furca\te /फःकेट/ *adj.* दो शाखाओं में विशाखित, अग्रभाजित;
dw/lw: **~tion** *n.* विशाखन, द्विशाखन

furcula /फःक्युला/ *n., pl.* **~s** 1 कांटानुमा हड्डी 2 *anat.* पक्षी की कांटानुमा हड्डी

furculum /फःक्युलम/ फःक्यलम/ *n., pl.* **furcula** द्विशूल, कांटानुमा हड्डी

furfur /फःफः/ *n.* (***syn.*** dandruff) रूसी;
dw/lw: **~aceous** /फःफरेशिअस/ *adj.* (रूसी भरा)

furioso /फ्युअरिओसो/ *adv., music* उग्र या उत्तेजनापूर्ण ढंग से

furious /फ्युअरिअस\/ *adj.* 1 क्रोधोन्मत्त, आगबबूला: ~ anger 2 प्रचंड, उग्र: ~ winds; ~ animal 3 पागल, उन्मादित;
dw/lw: **~ly** /~लि/ *adv.* आवेश में; **~ness** /~नेस/ *n.* प्रचंडता, उग्रता, क्रोधोन्मत्तता; **fury** *see below under separate entry*;
p&i: **~ stream** उग्र वेग से बहने वाली जलधारा; **~ struggle** प्रचंड संघर्ष; **at a ~ pace** उग्र वेग से; **be ~** आगबबूला हो.; **fast and ~** उग्र गति, तेज चाल, प्रचंड वेग;

furl /फःल/ *v., pt.* **~ed**, *pp* **~ing** 1 लपेटना, समेटना: ~ the wings; this umbrella doesn't ~ neatly 2 (***anton.*** unfurl) तह लगाना: ~ a flag;
n. 1 लपेटने की क्रिया, लपेटन 2 लपेट

furlong /फःलौंग/ *US* फःलॉग/ *n.* 1 फर्लांग, 201 मीटर या 220 गज की लंबाई की माप इकाई 2 मील का आठवां भाग

furlough /फःलो/ *n.* 1 सेना से मिलने वाली छुट्टी, अवकाश: grant ~ to a soldier (to an official); apply for ~; be home on ~ 2 कैदी को कुछ दिन के लिए जेल से रिहाई 3 कारखाने के मजदूरों के लिए बाध्यकारी अवैतनिक छुट्टी;
v., pt. **~ed**, *pp* **~ing** 1 छुट्टी मंजूर क. 2 छुट्टी पर जाना

furnace /फःनिस/ *n.* 1 भट्ठी, भट्टी: ~ ventilation 2 बहुत गर्म स्थान: ~ atmosphere;
p&i: **tried in the ~** अग्निपरीक्षा में से गुजरने वाला

furnish /फर्नि\श/ *v., pt.* **~ed**, *pp* **~ing** 1 आवश्यक सामान की आपूर्ति क., जुटाना, लाना, प्रस्तुत क., पहुंचा दे.: ~ sb with sth 2 फर्नीचर लगाना 3 सज्जित क., सजाना: ~ a house (a room) tastefully/ well/ badly/ poorly;
n. सज्जा-सजावट, अलंकरण;
dw/lw: **~ed** /~शिड/ *adj.* फर्निचरयुक्त, सुसज्जित; **~ings** /फर्निशिंग्ज/ *n. [pl.]* साज-सामान, सज्जा-सामग्री, फर्नीचर का सामान, फिटिंग्ज, गलीचे, पर्दे आदि;
p&i: **~ close support** किसी की स्वयं मदद क.; **~ out** अतिरिक्त माल दे.; **~ proofs** प्रमाण मुहैया क.; **~ sb with information** किसी को सूचना मुहैया कराना;
a well ~ed mind बहुशिक्षित व्यक्ति

furniture /फर्निचः/ *n.* 1 फर्नीचर: cheap/ costly/ old-fashioned/ polished ~; deal in ~; ~ upholstery material 2 किसी कारखाने या जहाज के उपकरण 3 दरवाजों की ताले, चाबी, हत्थे आदि फिटिंग्ज;
adj. फर्निचर से सुसज्जित कमरा आदि;
collocations: **~ beetle** फर्नीचर को खाने वाला कीड़ा; **~ van** फर्नीचर ढोने की बड़ी गाड़ी;
a piece of ~ फर्नीचर का कोई सामान; **antique ~** पुरातन फर्नीचर की कोई वस्तु; **garden office ~** बाग या दफ्तर के फर्नीचर की वस्तुएं; **mental ~ = ~ of one's mind** ज्ञान, ज्ञान की पोटली; **part of ~** फर्नीचर का हिस्सा;
p&i: **the ~ of one's pocket** पैसे

furor /फ्युअरॉर/ *US* फ्युरॉर/ *n.* 1 क्रोध का दौरा 2 (***syn.*** frenzy) उन्माद, विक्षेप

furore /फ्युअरॉरि/ *US* फ्युरॉरि/ *UK* (*US* **furor** /फ्युरॉर/) *n.* 1 (***syn.*** uproar) होहल्ला, हंगामा, हलचल, खलबली, तहलका: create a ~ 2 जोश, उमंग 3 उत्तेजना व उन्माद का दौरा

furphy /फःफि/ *n., Austral.* 1 (***syn.*** rumour) अफवाह 2 झूठी खबर 3 (***syn.*** absurd story) अनाप-शनाप, अनर्गल बात, बेतुकी बात 4 अंड-बंड

furrier /फरिअः/ *n. see above under* **fur: *dw/lw***

furrow /फरो/ *n.* 1 *Hr.* खूड, हल की लीक: ~ plough 2 गहरी झुर्री, (चेहरे की) शिकन 3 (***syn.*** groove) खांचा, खांच 4 नाली;
v., *pt.* **~ed**, *pp* **~ing** 1 हल चलाना: ~ weed (हल चलाकर खरपतवार निकालना) 2 झुर्रियां डालना या पड़ जा.: eye-brows are **~ed** 3 त्योरी चढ़ाना;
p&i: **~ed up/ out one's way** अपना रास्ता स्वयं बनाया; **brow ~ed with sorrow** दुःख और संताप से बनी झुर्रियां; **draw a straight ~** दृढ़ नैतिक मूल्यों का धनी हो.; **have a hard ~ to plough** कठिन रास्ते पर चलना; **plough a lonely ~** अकेले ही अपना काम क.

furry /फरी/ *adj.* फर से ढका, फर जैसा, रोयेंदार, रोमिल

further /फःदः/ *adv.* 1(***syn.*** furthermore) आगे, और, इससे अधिक, इसके अतिरिक्त 2 (*comparative degree* of **'far'**, ***syn.*** farther) और आगे, थोड़ा और: proceed ~;
adj. 1(*comparative degree* of **'far'**) और अधिक: obtain ~ information 2 अतिरिक्त: ~ notice 3 और आगे का/ की/ के: ~ improvement; let's have no ~ talks; ~ plans; ~ hopes; ~ outlook 4 परला, अगला: the ~ end of the village 5 उच्चतर: ~ education;
v., *pt.* **~ed**, *pp* **~ing** 1 आगे बढ़ाना 2 और अधिक क. 3

प्रोत्साहन दे.;

dw/lw: **~ance** (**~ing**) /फ:दरंस/ *n.* (***syn.*** advancement) बढ़ावा, प्रोत्साहन, प्रगति, सहायता या प्रोत्साहन, उन्नति; **~more** *adv.* (*comparative* of '**further**') इसके अतिरिक्त, और अधिक; **~most** *adj.* (*superlative* of '**further**') दूरतम;

collocations: **~ clues** अतिरिक्त सुराग; **~ delay** और देरी; **~ modifications** अतिरिक्त सुधार;

p&i: **~ to** से आगे, पहले हुई बात को आगे बढ़ाते हुए; **~ we go ~ behind** जितना ज्ञान अर्जित करें उतना कम;

as far as this but no ~ यहां तक तो ठीक है पर आगे ऐसा नहीं होगा; **go no ~/ not go any ~** और आगे नहीं जा.; **inquire ~** और पूछताछ क.; **take sth ~** बात को आगे बढ़ाना

furthest /फ:देस्ट/ *adj., adv.* (*superlative* of '**far**', ***syn.*** furthermost) दूरतम, सबसे दूर

furtive /फ:टिव/ *adj.* 1 छिपी, गुप्त, प्रच्छन्न 2 चोर-नजर का: cast a ~ glance 3 रहस्यमय: ~ smile 4 धूर्त: ~ blow 5 चुराया हुआ;

dw/lw: **~ly** /~लि/ *adv.* 1 गुप्त रूप से, छिपकर, लुके-छिपे, चुपचाप, चुपके-चुपके 2 आंख चुराकर या बचाकर, कानी आंख से; **~ness** /~नेस/ *n.* धूर्तता

furuncle /फ्युअरंकल/ *n.* फोड़ा, फुंसी;

dw/lw: **furuncular/ furunculous** /फ्युअरंक्युलः/ फ्युअरंक्युलस/ *adj.* वर्णाकार, फोड़े जैसा

fury /फ्युअरि/ *US* फ्युरि/ *n., pl.* **furies**/फ्युरीज/ 1 आवेश, क्रोधोन्माद, उग्र उन्माद, विक्षोभ: be in a ~; control one's ~ 2 प्रचंडता, उग्रता: the ~ of the storm; the ~ of an attack 3 कर्कशा, चंडी, दुर्वासा;

collocations: **the Furies** यूनानी पुराणों के अनुसार दुष्टों के लिए तीन डर: Alecto (endless), Tisiphone (vengeful destruction), Megaera (jealous rage)

p&i: **like ~** प्रचंड वेग से, तेजी से

furze /फ:ज/ *n.* एक सदाबहार झाड़ी

fuscous /फसकस/ *adj.* मटमैला, काला-सा

fu\se /फ्यूज/ *n.* 1 एक सुरक्षात्मक प्रावधान यानी फ्यूज या फ्यूज तार जो बिजली के उपकरणों पर बिजली का अधिक लोड (बोझ) होने पर क्नेक्शन बंद कर देता है: **~se** box 2 पलीता, फलीता, तोड़ा, बंम का विस्फोट करने की तार: action **~se**;

v., pt. **~sed**, *pp* **~sing** 1 बिजली का अत्यधिक बोझ होने पर सुरक्षा तार का पिघलना 2 पिघलना, पिघलाना, गलना, गलाना, संयोजित हो. या करना 3 क्नेक्शन का अपने आप कटना 4 (*also* **~se together**) जोड़ना, जुड़ना, मिलाना, मिलना;

dw/lw: **~sed** /फ्यूज्ड/ *adj.* संगलित, पिघला हुआ, फ्यूज्ड; **~sibility** /फ्यूजिबिलिटि/ *n.* गलनीयता, गलनशीलता; **~sible** /फ्यूजिबल/ *adj.* जिसे गलाया या पिघलाया जा सके, गलनीय: ~ible alloy;

collocations: **~ wire ~sing point** गलनांक, धातु पिघलने का तापमान

p&i: **blow a ~se** आपे से बाहर हो जा., आवेश में आना; **have a short ~se/ burn on a short ~se** तुनुकमिजाज या गुस्सैल हो.

fuselage /फ्यूजिलाज/ *n.* विमान का मुख्य भाग या धड़, जिसमें यात्री व चालक दल बैठते हैं

fusel-oil *n.* आलू, अनाज आदि से निकाली हुई स्पिरिट के साथ अल्कोहल का अति दुर्गंधपूर्ण मिश्रण

fusiform (fusoid) /फ्यूजिफॉ:म/ *n.* तकली, तर्कुरूप

fusil /फ्यूजिल/ *n.* तोड़ेदार बंदूक;

dw/lw: **~ier** /फ्यूजिलिअः/ *n.* तोड़ेदार बंदूक लिए पैदल सेना सिपाही

fusillade /फ्यूजअलेड/ *n.* 1 एक साथ लगातार होने वाली गोलीबारी 2 भयंकर आलोचनात्मक आक्रमण

fusilli /फ्यूजिलि/ *n., [pl.]* कुंडलीदार (spiralled) पास्ता (मोटी सेवइयां)

fusion /फ्यूजन/ *n.* 1 गलन, द्रवण, संलयन 2 मिश्रण: ~ of speech; ~ music 3 विलय 4 गठबंधन: ~ of political parties;

collocations: **~ bomb** नाभिक गलन ऊर्जा से चालित बम; **~ reactor** नाभिक गलन ऊर्जा से चालित रिएक्टर

fuss /फस/ *n., pl.* **~es** 1 बतंगड़, होहल्ला: get into a ~ 2 विकलता, उपद्रव, हलचल: kick up a ~ 3 उत्तेजना 4 बेकार की घबराहट, विह्वलता: make a ~ 5 शिकायत, शोर: make a ~ of sth 6 ऊपरी स्नेह प्रदर्शन;

v., pt. **~ed**, *pp* **~ing** 1 शिकायत या होहल्ला क.: she is always **~ing** 2 बेकार में घबराना, परेशान हो.;

dw/lw: **~budget** /फसबजिट/ *n.* तुनुकमिजाज, झमेलिया व्यक्ति; **~iness** *n.* हड़बड़ाहट, तुनुकमिजाजी: show ~iness; **~pot** *n., derog, colloq.* हड़बड़िया, बतंगड़िया, तुनुकमिजाज;

collocations: **~ and feathers** *US* 1 शोर-शराबा, होय-तौबा 2 बखेड़ा;

p&i: **have one's feathers ~ed** 1 थोड़ा-बहुत मजाक करने दे., परेशान हो.; **kick up/ make a ~** बात का बतंगड़ बनाना; **make a ~/ ~over/ about sb/ sth** किसी से अनुराग का दिखावा क.; **make ~ up** *US* सजाना-धजाना

fussy /फसि/ *adj.* 1 तुनुकमिजाज, झमेलिया, बखेड़िया 2 छोटी-मोटी बातों को लेकर झमेला करने वाला: be ~ over one's clothes/ food 3 अति जटिल यानी मीन-मेख निकालने वाला, बाल की खाल उतारने वाला: ~ literary style 4 सदैव असंतुष्ट, भिनभिनाने वाला: ~ manners;

p&i: **(as) ~ as hen with one chick** मीन-मेख निकालने वाला, बाल की खाल उतारने वाला

fustian /फसटिअन/ *n.* 1 दुसूती की बुनाई का मोटा मजबूत कपड़ा 2 लच्छेदार भाषा, शब्दाडंबर, शब्दजाल, शब्दांडबरपूर्ण लेखन (use of bombastic words)

adj. 1 शब्दाडंबरपूर्ण 2 मोटे, मजबूत दुसूती कपड़े से बना 3 सस्ता

fustic /फस्टिक/ (*also* **old fustic**) *n.* 1 अमेरिका के उष्णकटिबंधीय पेड़ की लकड़ी 2 पुराने या नवोदित उष्णकटिबंधीय पेड़ से प्राप्त पीला रंग

fust\y /फस्टि/ *adj., degr.* **~ier**, **~iest** 1 (***syn.*** musty) जिससे सीलन की गंध आ रही हो 2 गला-सड़ा, फफूंदीदार 3 दकियानूसी, पुराणपंथी: **~y** book;

dw/lw: **~iness** *n.* 1 गला-सड़ापन 2 दकियानूसीपन

FUTAB *abbr.* 'Federation of University Teachers' Associations of Bihar' की प्रथमाक्षरी

futi\le /फ्युटाइल/ *US* फ्युटल/ *adj.* 1 (***syn.*** pointless) बेकार, व्यर्थ: **~le** attempt 2 निस्सार, तुच्छ;

dw/lw: **futilely** /फ्युटाइललि/ *adv.* बेकार या व्यर्थ में; **~lity** /फ्युटिलिटि/ *n.* 1 निरर्थकता, व्यर्थता: the ~ity of sb's efforts 2 निस्सारता: the ~ity of sb's life

futon /फ्यूटौन/ *US* फ्यूटा:न/ *n.* बिस्तरा जिसे फर्श पर बिछाया जा सकता है और मोड़कर इकट्ठा किया जा सकता है, तोशक

futtock /फटक/ *n., naut.* लकड़ी के जहाज की एक मुड़ी हुई (गोल) लकड़ी

future /फ्यूचः/ *n.* 1 भविष्य: plan for the ~; predict the ~; in the distant/ foreseeable/ near ~; in ~ *UK* (*US* in the ~) 2 भावी अस्तित्व, संभावनायें, भविष्य में सफलता की संभावना: fore-tell the ~; have a great ~; have no ~; think about one's ~; no ~ in that 3 *gramm.* (**the ~**) भविष्य काल, भविष्य काल का क्रिया रूप: the ~ perfect 4 वायदे के सौदे (सट्टेबाजी): deal in **~s**

adj. 1 भावी: ~ events; ~ wife 2 भविष्य की, आगामी, भविष्यकालिक: for ~ reference 3 *gramm.* भविष्य काल (future tense), जो अंग्रेजी में shall या will की मदद से बनता है, से संबंधित;

dw/lw: **~less** *adj.* जिसका कोई भविष्य न हो; **~market** *n.* वायदा-सट्टाबाजार; **~shock** *n.* आगामी आघात

futurism /फ्यूचअरिज्म/ *n.* भविष्यवाद, कला व साहित्य के क्षेत्र में एक आधुनिकतावादी (modernist) शैली जिसके प्रवर्तक इटली के मारिनेट्टी ने 1909 में उद्घोषणा करते हुए मशीनवाद यानी यंत्रवाद को सर्वोपरि स्थान दिया। बाद में रूस में मायकोवस्की व साथियों ने इस शैली को आगे बढ़ाया, जिसके तहत बीते समय के लेखकों यानी पूश्किन, दोस्तायेवस्की, तोलस्तोय आदि के लिए साहित्य में कोई स्थान नहीं हो सकता। रूसी भविष्यवादियों ने कहा कि साहित्य में व्याकरण को पूर्णतः त्याग देना चाहिए, और शब्द को ही सब कुछ मानते हुए लेखक को मात्र शब्दों के साथ खेल और खिलवाड़ करना चाहिए;
dw/lw: **futurist** *n.* भविष्यवादी; **futuristic** /फ्यूचरिस्टिक/ *adj.* 1 भविष्यवादी 2 भविष्य संबंधी 3 भविष्यानुकूल, भविष्योपयुक्त; **futuristics** *n., sing.* भविष्यवादी विज्ञान

futuri\ty /फ्युच्युअरिटि/ *US* फ्युच्युरिटि/*n., pl.*~**ties** 1 भविष्य 2 भविष्यता 3 भावी घटना या संभावना: a vision of ~**ty**

futurologist /फ्युचुरौलअजिस्ट/ *US* फ्युचुराःलअजिस्ट/ *n.* भविष्यवादी विज्ञानी

futurology /फ्युचुरौलजि/ *US* फ्युचुराःलजि/ (*also* **futuristics**) *n.* 1 भविष्यवादी विज्ञान 2 भावी जीवन अध्ययन विज्ञान

future-proof /फ्युचःप्रूफ/ *v., pt.* ~**ed**, *pp* ~**ing** ऐसा सॉफ्टवेयर प्रोग्राम बनाना जिसकी बदौलत तकनीकी परिवर्तनों के बावजूद भी कंप्यूटर (hardware) का प्रयोग जारी रह सके

fuze *US spell.*, **fuse** की अमेरिकी वर्तनी

fuzz /फज/ *n., pl.* ~**es** 1 घुंघराले बालों के लच्छे 2 रोएं, रोम 3 (***syn.*** blur) अस्पष्टता, धुंधलापन, धब्बा 4 (**the fuzz**) *sl.* पुलिस, सिपाही;
v. *pt.* ~**ed**, *pp* ~**ing**, *s/he/it* ~**es** 1 रूआंमय बनाना 2 (*also* ~ **sth up**) धुंधला या अस्पष्ट बनाना;
dw/lw: ~**box** ध्वनि को बदलने वाला इलेक्ट्रोनी उपकरण; ~**iness** /फजिनेस/ *n.* अस्पष्टता, धुंधलापन, अस्तव्यस्तता; ~**y** /फजि/ *adj.* 1 (***syn.*** blurred) विकृत, धुंधला: a ~y image 2 रोएंदार: ~y peach 3 अस्पष्ट, संभर्मित, अस्त-व्यस्त: ~y ideas or thinking;
collocations: ~**y logic** कृत्रिम बुद्धि में तर्क जो सोचने की मानवीय क्रिया से मिलता है और जो सूचना को मात्र किसी संदर्भ में देख सकता है

fuzzle /फजल/ *v., pt.* ~**d**, *pp* **fuzzling** मदिरा पिलाकर प्रमत्त क.

fwd *abbr.* 'forward' का संक्षेप

the f-word or **F-word** 'fuck' का कम अश्लील (euphemistic) रूप

FWIW *abbr.* 'for what it's worth' की प्रथमाक्षरी

FWT *abbr.* 'fixed wireless terminals' की प्रथमाक्षरी

FX *short* for 'special effects', 'foreign exchange' का संक्षेप

-fy *comb. form, forming verb, denoting:* **to make/ to become** (बनाना या बनना): **unify**

FYI/ fyi *internet abbr.* 'for your information' का संक्षिप्त रूप

FYP *abbr.* 'Five Year Plan' की प्रथमाक्षरी

fz *abbr. music* 'forzando' का संक्षेप (संगीत में '**sforzando**' एक रूप)

G g

G g /जी/ *n., pl.* **Gs, G's/ gs, g's** 1 अंग्रेजी वर्णमाला का सातवां वर्ण 2 (G) *music,* 'C' Major प्रणाली में पांचवां स्वर 3 इस स्वर की चाबी (musical key)

G *abbr.* 1 'German' का संक्षेप; 'grand' का प्रथमाक्षर 2 सभी के लिए उपयुक्त फिल्म का लेबल 3 *N. Amer. sl.* एक हजार डालर ($1000)

g *abbr.* 'gram/ gramme', 'gallon', 'gravity' का प्रथमाक्षर

GA *abbr.* 'General Assistance', 'Gibberellic Acid', 'Global Advisor', 'Graphic Artists', 'Gulf Air' की प्रथमाक्षरी

GA/ Ga *abbr. US state* 'Georgia' का संक्षेप

Ga *chem. symbol*, **'gallium'** का चिह्न

GaA *abbr.* 'gallium arsenide' की प्रथमाक्षरी

GAAP *abbr.* 'Generally Accepted Accounting Practices (*US*)' की प्रथमाक्षरी

gab /गैब/ *v., pt.* **~bed**, *pp* **~bing** 1 (*also* **~ on/ ~ away**) बकबक क. 2 व्यर्थ में बोलते रहना
n. 1 बकबक, बड़बड़, बकवास 2 गपशप;
dw/lw: **~bing** /गैबिंग/ *n.* बकबक करने की क्रिया; **~by** /गैबि/ *adj., degr.* ~bier, ~biest 1 गप्पी, बड़बड़िया 2 बातूनी;
p&i: **blow the ~ (on sb)** किसी के बारे में मुखबरी क., पुलिस आदि को किसी के बारे में गुप्त सूचनायें दे.; **less ~ and more action** बातें कम, काम ज्यादा; **the gift of the ~** बोलने में पटुता, चतुराई से बोलने का गुण, उत्तम वक्तृता

GABA *abbr.* 'gamma-amino-buytric acid' की प्रथमाक्षरी

gabardine/ gaberdine /गैबःडीन/ *n., [pl.]* **~s/ ~s** लबादा, गैबरडीन, एक प्रकार का ऊनी गफ कपड़ा, रेनकोट का कपड़ा

gab\ble /गैबल/ *v., pt.* **~bled**, *pp* **~bling** *UK* इस तरह जल्दी-जल्दी बोलना कि सुनने वाला समझ न पाए, बकबक क., बड़बड़ाना;
n. बकबक, बड़बड़, बड़बड़ाहट;
dw/lw: **~bler** /गैबलः/ *n.* बकबक करने वाला, बकवादी, बड़बड़िया; **~bby** *adj.* बातूनी
***p&i*:** **~ble out one's answer** जल्दी-जल्दी बोलकर अपना जवाब दे.; **don't ~ble, speak more slowly** हड़बड़ाहट में मत बोलो, धीरे-धीरे बात कहो

gabby *see above under* **gab: *dw/lw***

gabfest /गैबफेस्ट/ *n., sl., mainly N. Amer.* 1 गपशप करने वालों का जमावड़ा 2 लंबी बातचीत

gabian/ gabion /गैबिअन/ *n.* धातु या लचीली टहनियों का बेलनाकार टोकरा, ओड़ा

gable /गेबल/ *n., pl.* **~s** 1 इमारत में दो दीवारों के मिलने से बनी त्रिकोणिका, त्रिअंकी: ~ roof (त्रिअंकी छत) 2 दरवाजे या खिड़की के ऊपर त्रिकोणीय छत;
dw/lw: **~bled** *adj.* त्रिअंकी या त्रिकोणीय छत वाला

GAD *abbr.* 'General Administrative Department' की प्रथमाक्षरी

gad /गैड/ *v., pt.* **~ded**, *pp* **~ding** *colloq.* (*usually* **~ about/ around**) मजे करने के लिए घूमना-फिरना;
n. पशुओं को हांकने की छड़ी, लाठी, डंडा, अंकुश;
dw/lw: **gadabout** /गैडअबॉउट/ *n., colloq., derog., often humorous* घुमक्कड़ व्यक्ति, आवारागर्द; **~ about** *v., pt.* **~ded about**, *pp* **~ding about**

Gadarene /गैडअरीन/ *adj.* हड़बड़ाहट में मुसीबत की ओर सरपट दौड़ने वाला

gad\fly /गैडफ्लाइ/ *n., pl.* **~flies** 1 कुकुरमाछी, गोमक्षिका, डांस 2 पशुओं का खून चूसने वाली बड़ी-सी मक्खी 3 दूसरों को खिझाने या चिढ़ाने वाला व्यक्ति

gadget /गैजिट/ *n.* छोटा-मोटा उपकरण;
dw/lw: **~eer** /गैजिटिअः/ *n.* छोटे-मोटे उपकरण बनाने वाला; **~ry** /गैजिट्रि/ *n.* 1 छोटे-मोटे उपकरण 2 इन उपकरणों का उपयोग

gadman /गैडमन/ *n., pl.* **gadmen** पशुओं को हांकने वाला

gadoid /गेडॉइड/ *n., zool.* एक मछली

gadolinium /गेडअलिनिअम/ *n., chem.* (*symbol.* **Gd**) गेडलिनियम का चिह्न

gadroon/ godroon /गडरून/ *n.* जंजीर जैसा उभरा हुआ अलंकार या सजावट जिसे चांदी की नक्काशी में प्रयोग किया जाता है

gadwall /गैडवॉल/ *n.* एक प्रकार की बत्तख

Gaea *see below under* **gaia**

GAEL *abbr.* 'Global Alliance for the Elimination of Leprosy' की प्रथमाक्षरी

Gael /गेल/ *n.* स्कॉटलैंड हाइलैंड्ज, आयरलैंड और आइल ऑव मैन (Isle of Man) का नागरिक, विशेषकर गेलिक भाषा बोलने वाला व्यक्ति;
dw/lw: **~dom** /गेल्डम/ *n.* 1 (**the ~s**) गेल संस्कृति 2 गेलों की भूमि

Gae\lic /गैलिक, गेलिक / *n.* 1 स्कॉटलैंड के कुछ क्षेत्रों की भाषा 2 (*aslo* **Irish Gaelic**) आयरलैंड की केल्टिक भाषा; **~lic** *adj.* स्कॉटलैंड व आयरलैंड की गेलिक संस्कृति से संबंधित; **~ltacht** /गेलटैक्सट/ *n.* गेलिक स्कॉटलैंड व आयरलैंड का एक जिला या मंडल जहां गैलिक या केल्टिक भाषा में जनता का बहुत बड़ा भाग बोलता है;
collocations: **~lic coffee** आयरिश कॉफी; **~lic football** आयरलैंड में खेली जाने वाली फुटबाल

GAESCO *abbr.* 'Gurkha Army Ex-Soldiers Organisation (Kathmandu)' की प्रथमाक्षरी

gaff /गैफ/ *n.* 1 *naut.* (कांटेदार) बरछा या भाला 2 मछली पकड़ने की कांटेदार (hooked) लंबी छड़ी 3 बकवास, अनाप-शनाप, अंड-बंड;
p&i: **blow the ~** *Br.* भेद खोल दे.; **get the ~** डांट खाना, डांट-डपट दिया जा.; **give sb the ~** डांट खिलनाना. डपटना; **stand the ~** मजबूती से सहन क.

gaffe /गैफ/ *n.* जग-हंसाई का कारण बनने वाला अनुचित कथन या कार्य;
dw/lw: **~r** /गैफः/ *n., colloq.* 1 बड़ी उम्र के व्यक्ति के लिए संबोधन शब्द 2 फिल्मांकन के समय काम करने वाला, बिजली मिस्त्री 3 *colloq.* (***syn.*** foreman, boss) कर्मशाला कर्मचारी प्रमुख

gag /गैग/ *v., pt.* **~ged**, *pp* **~ging** 1 ठेंठी लगाना 2 किसी के मुंह पर पट्टी बांधकर या उसमें कुछ ठूंसकर बोलने या चिल्लाने से रोकना 3 विचार व्यक्त करने या सूचना देने से रोकना 4 (***syn.*** retch) उल्टी आना, उबकना 5 गला घोंटना या घुटना;
n. 1 परिहास, चुटकी, दिल्लगी 2 प्रक्षेप 3 (***syn.*** joke) चुटकुला, मजाक, मजेदार कहानी 4 ठेंठी, टेपी, बोलने से रोकने के लिए मुंह पर बांधी जाने वाली पट्टी 5 अभिव्यक्ति पर प्रतिबंध 6 संसदीय बहस की समाप्ति;
collocations: **~ law** *US, sl.* अभिव्यक्ति पर रोक लगाने वाला कानून
p&i: **be ~ging for sth/ to do sth** *UK* बहुत मन क.; **be ~ging for it** यौन-क्रिया करने का मन हो.

gaga /गा-गा/ *adj.* 1 (*usually* **~ about/ over sb/ sth**) मोहित, लट्टू, अत्यधिक उत्साही 2 (***syn.*** confused, crazy) सनकी, झक्की, मूर्ख 3 खूसट, सठियाया हुआ

gage /गेज/ (*also* **gauge**) *n.* 1 अमानत, रेहन 2 चुनौती देने का संकेत: take up sb's ~;
p&i: **throw down a ~ = throw down the gauntlet** मुकाबले के लिए चुनौती देना

gag\gle /गैगल/ *n.* 1 कैं-कैं करने वाली बत्तखों का झुंड 2 बातूनी लोगों का जमावड़ा;
v., pt. **~gled**, *pp* **~gling** कांय-कांय क., बक-बक क.

GAGP *abbr.* 'Grant Assistance for Grassroots Projects' की प्रथमाक्षरी

Gaia/ Gaea /गाइआ/ *n.* सौर प्रणाली में धरती का एक सजीव प्राणी

gaiety /गेअटि/ *n.* 1 हंसी-खुशी, हर्षोल्लास, आनंद, प्रसन्नता: give one's ~ free range/ full play 2 आमोद-प्रमोद, रंगरलियां: the ~ of the streets 3 तड़क-भड़क: artificial ~;

GAIL *abbr.* 'Gail Authority of India Limited' की प्रथमाक्षरी

gaily /गेलि/ *adv.* 1 हंसी-खुशी से, आनंदपूर्वक, आकर्षणपूर्वक 2 तड़क-भड़कपूर्वक

GAIM *abbr.* 'gas assisted injection moulding' की प्रथमाक्षरी

gain /गेन/ *v., pt.* **~ed**, *pp* **~ing** 1 (***anton.*** lose) कुछ पाना, प्राप्त क.: ~ sb's sympathy; ~ the lead 2 कमाना, अर्जित क.: ~ a living/ a livelihood/ ~ one's bread (रोजी-रोटी कमाना); ~ the character of ... 3 (***anton.*** lose) जीतना: ~ a suit at law; ~ a majority of votes; ~ a point 4 लाभ पाना या उठाना 5 उन्नति क., आगे बढ़ना, सुधरना 6 किसी चीज में बढ़ोतरी हो.: ~ speed; ~ experience; ~ perspective (स्पष्ट हो.); ~ a one lap lead 7 घड़ी आदि का ज्यादा तेजी से चलना 8 कठिनाइयां पार करके पहुंचना;

n. 1 (***anton.*** loss) लाभ, नफा 2 प्रगति, सुधार 3 बढ़ोतरी 4 वजन या कद आदि में वृद्धि 5 विजय, जीत;

dw/lw: **~ful** *adj.* लाभकर: ~ful undertaking; ~ful occupation/ employment; **~fulness** *n.* लाभदायकता; **~fully** *adv.* लाभकारी ढंग से: ~fully employed/ ~fully occupied; **~ings** *n., pl.* कमाई, लाभ; **~ly** *adj.* रमणीय, मनोहर;

collocations: **~ factor** लाभांक, गुणांक; **~ function** लब्धि फलन;

a ~ in health स्वास्थ्य में सुधार; **the love of ~** स्वार्थ प्रेम; **unexpected ~** अप्रत्याशित लाभ या जीत;

p&i: **~ a foothold** कहीं पर अपने पांव जमाना, अपना स्थान बनाना; **~ altitude** और ऊंचे चढ़ना; **~ by/ from sth** लाभ पाना; **~ ground** भूमि पर कब्जा कर ले.; **~ in authority** रोब या विश्वसनीयता का बढ़ना; **~ in renown** प्रसिद्धि का बढ़ना; **~ land from the sea** (***syn.*** reclaim) समुद्र के नीचे आई हुई जमीन को फिर से प्राप्त क.; **~ on sb/ sth** के पास पहुंचना, से आगे निकलना; **~ over** अपनी ओर कर ले.; **~ possession of sth** किसी वस्तु या स्थान आदि का कब्जा ले.; **~ sb's ear/ ~ the ear of sb** किसी से सुनवाई पाना, किसी तक पहुंच हो जाना; **~ the sea/ the offing** खुले समुद्र में निकल आना; ले.; **~ the top of a mountain** पर्वत शिखर पर विजय पा ले.; **~ the upper hand** बढ़त पा ले.; **~ the wind** *naut.* दूसरे जहाज की वायु अनुकूल तरफ (windward side) हो जा.; **~ time** कुछ और समय पाने की कोशिश क.; **~ upon/ ~ on a competitor** प्रतियोगी से आगे बढ़ जाना;

ill-gotten ~s seldom prosper = ill gotten is ill spent हराम का पैसा हजम नहीं होता, हराम की कमाई हराम में जाती है; **sometimes the best gain is to lose** थोड़ा खोकर ज्यादा पाना;

gainsay /गेनसे/ *v. pt.* **gainsaid**, *pp* **~ing**, *s/he/it* **~s** (***syn.*** deny) खंडन क., प्रतिवाद क., झुठलाना: dare not ~ him;

dw/lw: **~saying** *n.* प्रतिवाद: there is no **~saying** his honesty (उसकी ईमानदारी को झुठलाया नहीं जा सकता); there is no **~saying** him;

dw/lw: **~er** /गेनसेअ:/ *n.* झुठलाने वाला, खंडन करने वाला, प्रतिवादी

gainst /गेंस्ट/ *prep., poetic, see under* **against**

GAISF *abbr.* 'General Association of International Sports Federation' की प्रथमाक्षरी

gait /गेट/ *n.* 1 चाल, ठवन: maintain an elegant/ heavy/ measured/ even ~ 2 घोड़े की दुलकी या चौकड़ी (चाल);

dw/lw: **~ed** *adj.* विशेष प्रकार की चाल वाला; **~er** *n.* निचली टांग या टखने पर बांधी जाने वाली चमड़े या कपड़े की पट्टी; **slow-~ed** *adj.* मंद चाल वाला

gal /गैल/ *n., colloq., old use* लड़की, औरत

gal/ Gal (*also* **galileo** /गैलिलेओ/) *n., phys.* गुरुत्व मापक इकाई

gal. *abbr.* 'gallon/s' का संक्षेप

gala /गाला/ *US* गेला/ *n., pl.* **~s** 1 समारोह, उत्सव: a charity ~; come in ~; 2 खेल प्रतियोगिता: a swimming ~;

adj. सामारोहिक~ dress/ attire (समारोह के लिए श्रेष्ठतम पोशाक पहने हो.); a ~ concert (रंगारंग संगीत समारोह); ~ day

galactic /गलैक्टिक/ *adj.* 1 गांगेय, मदांकिनीय 2 छाया मंडल या तारामंडल-संबंधी 3 *med.* दूध से संबंधित या उससे निकाली जाने वाली;

collocations: **~ halo** *astron.* तारामंडल के इर्दगिर्द सितारों, गोल चट्टानों के टुकड़ों, धूल व गैस से भरा अर्ध गोलाकार; **~ plane** *astron.* मंदाकिनी तारामंडल की भुजाओं के बीच से गुजरने वाला समतल मैदान

galactose /गला/ *n., biochem.* (formula $C_6h_{12}O_6$) दूध से बनाई जाने वाली चीनी, शर्करा

galah /गैला/ *n.* मूर्ख व्यक्ति

Galahad /गैलहैड/ *n.* शानदार चरित्र व निष्ठा का धनी व्यक्ति

galantine /गैलनटीन/ *n., cookery* बिना हड्डी का पकाया हुआ सफेद गोश्त या मछली

gala\xy /गैलअक्सी/ *n., pl.* **~xies** 1 आकाश-गंगा, मंदाकिनी, छाया-पथ 2 (**the Galaxy = the Milky Way**) तारा-मंडली 3 विशिष्ट विभूतियों का समूह या मंडली: a **~xy** of talents/ poets

gale /गेल/ *n., loosely techn.* (*usually* **~s**) 1 आंधी, अंधड़, झंझा, झक्कड़: stiff/ hard/ ~; whole ~; the ~ raged; tree was blown down in the ~ 2 विस्फोट 3 गड़गड़ाहट: **~s** of laughter;

collocations: **~ force winds** अंधड़ गति की हवाएं; **~s of laughter** ठहाकों की गड़गड़ाहट; **~ warning** अंधड़ की चेतावनी

galena /गलीना/ *n.* एक महत्त्वपूर्ण खनिज जिससे सीसा प्राप्त होता है

Galilean /गैलअलेअन/ गैलअलीअन/ *adj.* इटली के महान अंतरिक्ष विज्ञानी गैलीलिओ गलिले (Galileo Galilei,1564-1642) से संबंधित

gall /गॉल/ *n.* 1 पित्त 2 *colloq.* (***syn.*** impudence) धृष्टता: have the ~ to do sth 3 (***syn.*** resentment) कटुता, चिढ़: a pen dipped in ~ (कटुता भरी कलम); dip one's pen in ~; event one's ~ on sb (किसी पर अपनी कटुता उंडेलना) 4 छिल जाने से या रगड़ से होने वाला घाव, रगड़ 5 पेड़ या पौधों के पत्तों या तनों पर फफूंदी या परजीवी रोगाणुओं के कारण होने वाला एक रोग;

v., pt. **~ed**, *pp* **~ing** 1 खिझाना, गुस्सा दिलाना, चिढ़ाना, छेड़ना: ~ sb with one's remarks 2 खुरचना, इस प्रकार रगड़ खाना कि घाव हो जाए 3 धृष्टता क.: ~ to do sth;

dw/lw: **~bladder** *n., anat.* पाचन क्रिया में मदद करने वाला अंग, पित्ताशय, पित्ता; **~fly** *n.* एक छोटा पतंगा जिसकी इल्ली पौधों और पत्तों पर रोगाणु पैदा करती है; **~nut** *n.* माजूफल; **~stone** *n.* पित्त-अश्मरी, पथरी;

p&i: **~ and wormwood** घृणास्पद या घिनौनी वस्तु;

it's ~ and wormwood to me यह इतना घृणास्पद है कि इससे मुझे उल्टी आती है; **it left a ~ in his mind** इस बात ने उसके मन पर घृणास्पद छाप छोड़ी; **on the ~** दुखती रग पर

gallant /गैलंट/ *adj.* बहादुर, वीर, साहसी: ~ man; ~ soldier; ~ adverntures 2 *lit.* शानदार, बढ़िया, श्रेष्ठ, प्रतापी, भव्य, भड़कीला 3 औरतों के प्रति शालीन, उदार व शिष्ट पुरुष: ~ knight; ~ manners 4 श्रृंगारिक 5 रमणी रंजक, रसिक, रंगीन-मिजाज;

v., pt. **~ed**, *pp* **~ing** 1 महिला को (उसके घर तक) छोड़ आना 2 महिला के रक्षक के रूप में उसका ध्यान रखना 3 बांका-छैला बनना;

dw/lw: **~ly** *adv.* बहादुरी से, वीरतापूर्वक, शालीन ढंग से, विनम्रतापूर्वक; **~ry** /गैलंट्रि/ *n.* 1 वीरता, साहस, बहादुरी: display ~ry 2 शालीनता, विनम्रता 3 प्रेम प्रसंग

gallería /गैलअरीआ/ *n., pl.* **~s** एक छत के नीचे कई दुकानों का समूह

gallery /गैलरि/ *n., pl.* **galleries** 1 गैलरी, कला दीर्घा 2 नाट्यशाला या रंगशाला में संगीतकारों के लिए अंदर की दीवार के साथ बनी दीर्घा: minstrels' ~ 3 नाट्यशाला में पहली मंजिल पर बनी दीर्घा के स्थान 4 इस दीर्घा में बैठे हुए दर्शक 5 गुफा में तल मार्ग 6 छाया-पथ 7 टीवी स्टूडियो में डायरेक्टर या प्रकाश तकनीशियन का कमरा 8 स्टेडियम में बैठा विशाल दर्शक-समूह 9 एक छोटी निजी दुकान या स्टोर;

dw/lw: **galleried** *adj.* 1 जिस भवन में दीर्घा बनी हो 2 गैलरी या छाया पथ की तरह बना हुआ; **~-hit** *n.* दर्शकों को पसंद आने के लिए दिखाया जाने वाला खेल; **~-shot/ stroke** *n.* क्रिकेट आदि खेल में दर्शकों को खुश करने के लिए मारा गया शॉट;

collocations: **~ for the press** पत्रकार दीर्घा;

art ~ कला दीर्घा; **picture** ~ चित्र दीर्घा; **rogues'** ~ अपराधियों के नामों की सूची

p&i: **play to the** ~ कपटपूर्ण तरीके से दर्शकों को पसंद आने की कोशिश क., दर्शक या श्रोता-सुहाती बात क.

galley /गैलि/ *n.* 1 पुराने जमाने का पाल-पोत 2 *hist.* यूनान या रोम का युद्धपोत 3 *naut.* पोत रसोईघर 4 *print., hist.* टाइप में लगाए हुए (set) किए हुए पाठ को जमाकर रखने वाली आयताकार तश्तरी (tray);

collocations: **~ yarn** झूठी कहानी; **~ proof** *arch.* 1 गेली प्रूफ, पंक्ति-प्रूफ 2 छपती हुई पुस्तक आदि का प्रारंभिक छपा हुआ पाठ जिसे गलतियों को सुधारने के लिए तैयार किया जाता है; **~ slave** *hist.* 1 पुराने जमाने में पाल-पोत को चप्पुओं से चलाने वाला दास 2 *colloq.* हाथों से किए जाने वाले छोटे-मोटे काम करने वाला मजदूर;

condemn/ send to the ~s सश्रम कारावास देना

Gallic /गैलिक/ *adj.* 1 फ्रांसीसी 2 ठेठ फ्रांसीसी: **~ charm** 3 *hist.* गॉलों (Gaul/ Gauls) से संबंधित

Gallicism /गैलिसिज्म/ *n.* दूसरी भाषाओं में प्रयोग होनेवाले फ्रांसीसी शब्द, मुहावरे या शैली

galling /गॉ:लिंग/ *adj.* 1 खिझानेवाला, क्षुब्ध करने वाला 2 तंग या परेशान करने वाला, कटु 3 अपमानजनक, अवमानकारी;

dw/lw: **~ly** *adv.* अपमानपूर्वक, कटुतापूर्वक, खिझाते हुए

gallinaceous /गैलिनेशिअस/ *adj.* पक्षियों की प्रजाति, जिसमें मुर्ग, चेड़, तीतर, पीरू आदि पक्षी शामिल हैं, से संबंधित

gallipot /गैलिपॉट/ *n.* मर्तबान

gallivant /गैलिवैंट/ *v., pt.* **~ed**, *pp* **~ing** *humorous or derog., colloq.* 1 इश्क लड़ाना 2 (***syn.*** gad) घूमना-फिरना, सैर-सपाटा क., आवारागर्दी क.;

p&i: **~ about/ around** घूमना-फिरना, सैर-सपाटा क.,

Gallomania /गैलोमेनिया/ *n.* फ्रांस-प्रेम, या हर फ्रांसीसी वस्तु या बात से उन्मादपूर्ण लगाव

galloon /गलून/ *n.* फीता

gallon /गैलन/ *n.* 1 गैलन: **~s** of sth (बहुत बड़ी मात्रा में कोई तरल) 2 इंग्लैंड में 4.5 लीटर: imperial ~ 3 अमेरिका में 3.7 लीटर के बराबर तरल पदार्थों को मापने की इकाई

gallop /गैलप/ *v., pt.* **~ed**, *pp* **~ing** घोड़े द्वारा सरपट दौड़ या तेजतम चाल (चौकड़ी) से दौड़ना: ~ a horse to death; ~ a horse into foam (घोड़े को इतना दौड़ाना कि उसके मुंह से झाग निकलने लगे);

n. 1 घोड़े की तेजतम चाल 2 सरपट दौड़ या चौकड़ी;

dw/lw: **~ing** /गैलअपिंग/ *adj.* द्रुत, तेज: ~ing consumption;

collocations: **extended/ ordinary/ trial** ~ घुड़चाल का खेल; **false** ~ एक खेल जिसमें केवल ऊपर से घुड़-चौकड़ी चाल दिखती है; **work** ~ चौकड़ी चाल, एक घुड़चाल खेल;

p&i: **~ away/ ~ off** दौड़ जाना; **~ over/ ~ through** जल्दी-जल्दी काम निपटाना; **at full** ~ सरपट चौकड़ी से दौड़ना; **at an easy** ~ हल्की चौकड़ी से दौड़ना; **inflation is galloping out of control** मुद्रा स्फीति तेजी से नियंत्रण से बाहर हो रही है

Gallophile/ gallophil /गैलोफाइल/ गैलोफिल/ *n.* 1 अति फ्रांस-प्रेमी 2 फ्रांसीसी शैली, चीजों या बातों का दीवाना

Gallophobia /गैलोफोबिया/ *n.* फ्रांस व फ्रांसीसी चीजों से घोर घृणा, दुराव या भय, फ्रांस-भीति

gallows /गैलोज/ *n., pl.* 1 फांसी का तख्ता व फंदा, टिकठी 2 वस्त्र आदि टांगने के लिए घोड़ी 3 (the ~) फांसी: come to the ~ (फांसी लगाकर मरना);

adj. घोर, डरावना: ~ look/ air (अपराधी-सी डरावनी शक्ल/ डरावना माहौल);

p&i: **~ humour/ black humour** मृत्यु, बीमारी जैसे अप्रिय विषयों पर आधारित हास्य रस; **~ tree** फांसी का तख्ता;

be ripe for the ~ फांसी लगाने योग्य (अपराधी); **cheat the ~** फांसी देने से पहले ही (अपराधी का) सहज मौत मरना; **the ~ groans for him** उसे तो फांसी पर चढ़ा देना चाहिए

Gallup Poll गैलप पोल (इसके आविष्कारक G H Gallup के नाम पर), मतदाता-दृष्टिकोण, मतदाता-रुझान, नमूने का मत-संग्रह

galoot /गलूट/ *n., sl., esp. US* बेडौल या फूहड़ व्यक्ति

galop /गैलप/ गलॉप/ *n.* 1 उन्नीसवीं सदी का दंपतियों के लिए एक जीवंत नृत्य 2 नृत्य-संगीत

galore /गलॉ:/ *adv.* प्रचुर मात्रा में या बड़ी संख्या में, ढेर सारा;

n. बहुतायत, आधिक्य: read books ~

galoshes/ goloshes /गलौशिज/ *US* गलाःशिज/ *n., [pl.]* जूते के ऊपर पहना जाने वाला रबड़ का जलसह बड़ा बूट: wear ~

galumph /गलम्फ/ *v., pt.* **~ed**, *pp* **~ing** *colloq.* 1 विजय भाव में बड़े-बड़े डग भरते हुए चलना 2 भारी-भरकम डग भरते हुए चलना 3 उछल-कूद मचाना

galvan\ic /गैल्वैनिक/ *adj.* 1 उत्तेजक, प्रेरक 2 रासायनिक विधि से विद्युत पैदा करने से संबंधित 3 बिजली के झटके से पैदा किया होने जैसा, आकस्मिक, ऊर्जाशील: a speech with a **~ic** effect on the audience; **~ic** smile 4 चौंकाने वाला, झकझोरने वाला;

dw/lw: **~ism** /गैल्वनिज्म/ *n. med., hist.* रसायन विधि से पैदा की जाने वाली विद्युत; **~ize** (*also UK* **-ise**) /गैल्वअनाइज/ *v., pt.* ~ized, *pp* ~izing 1 *tech.* धातु की सतह को जंग से बचाने के लिए उसे जस्ते (zinc) से ढकना, जस्ते का कोट (परत) चढ़ाना 2 बिजली के झटके से झकझोरना 3 कुछ करने के लिए उत्साहित या प्रेरित क.: ~ize sb into action; ~ize sb (in)to life; ~ life into sb (किसी में प्राण फूंकना)

galvanometer /गैलवनॉमिटः/ *n.* विद्युत धारा मापक उपकरण

gam /गैम/ *n.* व्हेल मछलियों का झुंड;

v., pt. **~med**, *pp* **~ming** झुंड में इकट्ठा हो.

gambit /गैंबिट/ *n.* 1 धूर्ततापूर्ण चालाकी, गहरी चाल 2 *chess* शतरंज के खेल में एक चालाकीपूर्ण चाल;

collocations: **opening** ~ (शतरंज आदि में) पहली चाल

gam\ble /गैंबल/ *v., pt.* **~bled**, *pp* **~bling** 1 जुआ/ जुआ खेलना, दांव पर लगाना, जुए में बाजी लगाना: **~ble** on the stock exchange; **~ble** on sth (पैसा या संपत्ति आदि को बाजी पर लगाना) 2 (*also* **~ble sth away**) जुए में धन या संपत्ति हारना: he **~bled** away all his fortune 3 जुए में जोखिम उठाना, खतरा मोल लेना: **~ble** with one's future;

n. 1 जूआ, जुआ 2 जोखिम, खतरे का काम;

dw/lw: **~er** *n.* जुआरी, जुएबाज, द्यूतकर: be a passionate/ incorrigible ~; **~ing** /गैंबलिंग/ *n.* 1 जूआ खेलने की क्रिया: be fond of ~ 2 द्यूत, द्यूतक्रीड़ा: ~ing den (जूआखाना, जूआ-घर, जूए का अड्डा);

p&i: **~ble deep** भारी रकम की बाजी लगाना; **~ble on weather being fine** मौसम अच्छा होने या न होने के बारे में बाजी लगाना; **~ble sth away** जुए में किसी चीज को हारना;

a ~ble backfires/ pays off बाजी का उल्टा पड़ना या रंग

लाना; **take a ~ble** खतरा मोल लेना, जोखिम उठाना

gamboges /गैंबोज/ गैंबूज/ *n.* 1 एक प्रकार का गोंद 2 गहरे पीले रंग के आधार के रूप में प्रयुक्त होने वाला गोंद

gambol /गैंबल/ *v., pt.* **~led**, *pp* **~ling**, *US* **~ed**, **~ing** उछलना-कूदना, खेलना-कूदना, उछल-कूद मचाना
n. उछल-कूद, खेल-कूद

gambrel /गैंब्रल/ *n.* 1 घोड़ानस, कूंच 2 (*also* **~ roof**) *arch., Br.* दुढालू छत

game /गेम/ *n.* 1 खेल, क्रीड़ा 2 बाजी, हार-जीत का खेल: a ~ of chess 3 (**~s**) *UK* खेल- प्रतियोगिता, मैच: the European/ Commonwealth, etc. **~s** 4 (**~s**) स्कूल, कॉलेज आदि में खेल-अभ्यास या खेल का विषय 5 (गुप्त) चाल, छल: the ~ of politics 6 बच्चों का खिलौनों आदि से खेल 7 शिकार, आखेट, सावज, अहेर, आखेट पक्षी 8 ठठ्ठा, दिल्लगी, हंसी का निशाना (पात्र) 9 धंधा, वेश्यावृत्ति 10 मनोरंजन की क्रिया: playing ~s with a dog 11 खेलने की क्षमता 12 खिलवाड़ 13 मनोरंजन या समय बिताने के साधन, मनोरंजन के उपकरण 14 टेनिस आदि खेलों में सेट (set) का एक भाग;
adj. दिलेर, साहसी, सक्षम;
dw/lw: **~bag** *n.* शिकार का झोला; **~boy** *n.* कंप्यूटर खेल खेलने का उपकरण; **~keeper** *n.* आखेटपाल, जंगली जानवरों की देखभाल करने वाला, शिकार-रक्षक; **~ly** /गेमलि/ *adv.* बहादुरी से; **~ness** *n.* बहादुरी; **~pad** *n.* कंप्यूटर खेल खेलने के लिए बटनयुक्त यंत्र; **~play** *n.* कंप्यूटर गेम की विशेषता (feature); **~r** *n.* खिलाड़ी, शिकारी; **~smanship** *n.* छलपूर्वक दूसरों को पराजित करने की कला, छलविद्या; **~s-mistress** *n.* किंडर-गार्टन (शिशु) स्कूल की अध्यापिका; **~some** *adj.* 1 खेलने का शौकीन 2 खुशमिजाज, हंसमुख; **~ster** *n.* पक्का जुआरी, मंजा हुआ जुएबाज;
collocations: **~ bird** शिकार का पक्षी; **~ chips** शिकार के गोश्त के साथ परोसे जाने वाले आलू के तले हुए पतले कतले; **~ cock** लड़ाकू मुर्गा; **~ dealer** शिकार किए गए पक्षी बेचने वाला; **~ fish** शिकार की मछली; **~ laws** शिकार के पक्षियों के बचाव के लिए बने कानून; **~ misconduct** (in ice hockey) दंडित खिलाड़ी को बाहर करने की क्रिया; **~ plan** कार्य योजना या रणनीति, चालें; **~ park** = **~ reserve** = **~ preserve** आखेट पक्षियों का आरक्षित क्षेत्र (अभयारण्य); **~ point** टेनिस आदि खेलों में गेम का अंतिम अंक; **~ show** क्विज आदि की खेल प्रतियोगिता, टेलिविजन पर इनाम जीतने के लिए खेल; **~ theory** गणित की एक शाखा; **~ warden** (पक्षियों आदि) के आरक्षित आखेट क्षेत्र का अधिकारी;
a computer ~ कंप्यूटर खेल; **a ~ of tennis** टेनिस की बाजी; **ball ~** खेल, कार्य, क्षेत्र; **championship ~s** प्रतियोगिता खेल; **stock-market ~s** सट्टा बाजार की चालें; **the Olympic ~s** ओलिंपिक खेल; **toys and ~s** खिलौने और बच्चों के खेल; **video ~** वीडियो खेल;
p&i: **~ and glee** मजा ही मजा; **~ for sth** कुछ भी करने को तत्पर; **~ is not worth the candle** दो कौड़ी की भी बात नहीं; **a deep ~** जटिल खेल; **a double ~** दोमुंहापन, छलावा, धोखा; **a ~ of chess/ football, etc.** शतरंज/ फुटबाल आदि की बाजी या खेल; **a hard ~ to play** जटिल कार्य; **ahead of the ~** सबसे आगे, मुकाबले में बढ़त-प्राप्त; **a lost ~** हारी हुई बाजी; **a mug ~** मूर्खतापूर्ण कार्य; **a waiting ~** धैर्यपूर्वक प्रतीक्षा करने का खेल; **a winning ~** बिल्कुल पक्के रूप से जीती जानेवाली बाजी; **beat sb at his own ~** उसकी लाठी उसी के सिर; **be ~ for/ to do anything** कुछ भी करने को तत्पर; **be on (off) one's ~** खेलने में अच्छे स्तर पर होना या न होना; **be on the ~** वेश्या के धंधे में लिप्त हो.; **big ~** 1 बड़ी तोप 2 जान खतरे में डालकर प्राप्त की जाने वाली सफलता; **come that ~** आओ इसी तरह काम करें; **crab sb's ~** किसी का खेल बिगाड़ देना 2 ; **die ~** साहसपूर्वक लड़ते हुए मरना; **easy ~** 1 आसानी से पायी जाने वाली सफलता 2 भोला-भाला व बुद्धू आदमी; **fair ~** 1 अनुमति अनुसार किया जाने वाला शिकार 2 आलोचना या उत्पीड़न का शिकार; **fly at too high ~** जरूरत से ज्यादा ऊंची उड़ानें भरना; **forbidden ~** 1 वर्जित आखेट पक्षी 2 जिसकी आलोचना करने पर मनाही हो; **give the ~ away** *UK* भेद खोल दे.; **have a/ ~ with sb** किसी को बुद्धू बनाना; **have the game in one's hands** 1 ताश के खेल में तुरुप का किसी खिलाड़ी के हाथ में होने के कारण जीत उसी की निश्चित होना 2 स्थिति का किसी के हाथ में हो.; **he ~d away all his property** उसने अपनी सारी संपत्ति जुए में गंवा दी; **he is up to his old ~s again** वह फिर अपनी पुरानी चालों पर उतर आया; **it is a game at which two can play** दोनों पक्ष ही एक जैसी चालें चल सकते हैं; **make ~ of sb** किसी की खिल्ली उड़ाना; **none of your (little) ~s!** आपका इससे कुछ लेना-देना नहीं; **play a deep ~** जटिल खेल खेलना, गहरी चालें चलना; **play a double ~** दोहरा व्यवहार क.; **play a ~** बाजी खेलना; **play a losing/ winning ~** हारने वाला या जीतने वाला खेल खेलना; **play ~s** खिलवाड़ क., चालें चलना; **play a waiting ~** धैर्य परीक्षा की चालें चलना; **play one's own ~** मात्र अपने हितों की रक्षा क.; **play sb's ~/ play the ~ of sb** किसी और के हाथों खेलना; **play silly ~s with sb** किसी को ठगने के लिए बात को गंभीरता से न लेना; **play the ~** नियमों के अनुसार खेलना; **play the ~ for what it is worth** अधिकतम फायदेमंद तरीके से काम क.; **see through sb's ~** किसी की चाल पहचान ले.; **so that's your little ~!** तो यह है आप का खेल!; **speak in ~** मजाक में कुछ कहना; **spoil/ crab sb's ~** किसी की घिनौनी चालें विफल कर दे.; **the cat-and-mouse ~** व्यर्थ की निर्दयता, क्रूरता; **the ~ is worth the candle** बात में दम है; **the ~ of war** युद्ध की विकृतियां; **the ~ is up/ over** 1 खेल खत्म! 2 किसी का अंत!; **the only ~ in town** बस यही उपलब्ध है; **the same old ~!** वही चाल बेढंगी; **the ~ was washed out** खेल वर्षा के कारण खत्म हो गया; **throw up the ~** ताश के खेल में पत्ते फेंककर हार मान ले.; **two can play at that ~** ईंट का जवाब पत्थर से दिया जा सकता है; **what is sb's ~?** किसी की चालें (योजनाएं) क्या हैं?

gamete /गैमीट/ *n., pl.* **~s** *biol.* युग्मक कोशिका

gamin /गैमिन/ *n., Fr.* 1 शरारती बच्चा 2 आवारा बच्चा;
adj. अपनी उम्र से ज्यादा बड़ा दिखने वाला, शरारती: ~ features

gamine /गैमीन/ *n., Fr.* लड़के जैसी लगने वाली शरारती सुंदर लड़की;
adj. लड़के जैसी, शरारती

gamma /गैमा/ *n., pl.* **~s** ग्रीक वर्णमाला का तीसरा वर्ण, गामा (Γ, γ);
collocations: **~ camera** *tech.* गामा किरणों को पहचानने वाला कैमरा जो रेडियो धर्मित अंगों की फोटो लेने के लिए प्रयुक्त होता है; **~ globulin** रक्त में मिलने वाली एक प्रोटीन जो कई रोगों से रक्षा करती है; **~ radiation** गामा विकिरण; **~ rays** *n. [pl.], phys.* गामा-किरणें

gammer /गैमः/ *n.* बुढ़िया, वृद्धा के लिए संबोधन शब्द

gammon /गैमन/ *n.* 1 सूअर के पुट्ठे का गोश्त 2 छल-कपट, ठगी, झूठी कल्पना 3 अंड-बंड, अनाप-शनाप: ~ and patter *sl.* (चोरों की बोली);
v. pt. **~ed**, *pp* **~ing** 1 ठगना 2 अंड-बंड बकना, बकवास क.

gamm\y /गैमि/ *adj., degr.* **~ier**, **~iest** *colloq., old use* हमेशा के लिए लंगड़ा

-gamous *suffix, combining form, forming adjectives, denoting:* **marriage** (विवाह का द्योतक): bi~

gamp /गैंप/ *n., colloq.* बड़ा छाता

(the) gamut /गैमट/ *n.* 1 सभी पहलुओं से मिलकर बना संपूर्ण समूह: the painter's ~; the (whole) ~ of colours 2 पूर्ण विविधता: run the (whole) ~ of suffering 3 (संगीत में) स्वरग्राम, सरगम, सप्तक;
p&i: **the ~ of sth** पूरी विशालता, पूरी विविधता

-gamy *suffix, combining form, signifying:* **marriages** (शादियों की संख्या): bi-~; poly~

ga\my/ gamey /गेमि/ *adj., degr.* **~mier**, **~miest** 1 बदबूदार कच्चा गोश्त 2 *colloq.* सजीव व जीवंत 3 सनसनीखेज, बदनाम

gander /गैंडः/ *n.* 1 (***syn.*** male goose) नर हंस 2 सरसरी निगाह 3 बुद्धू व्यक्ति;
p&i: **have / take a gander at sth** देखना, नजर डालना

G&T *abbr.* 'gin and tonic' की प्रथमाक्षरी

gang /गैंग/ *n.* 1 टोली, दल: a ~ of slaves; chain ~ (*US* एक बेड़ी में बंधे कैदियों की टोली) 2 गिरोह: ~ of thieves; ~ of highwaymen (बटमारों या लुटेरों का गिरोह) 3 कुलक (औजारों आदि का), समूह: the whole ~ is here;
v., pt. **~ed**, *pp* **~ing** 1 गिरोह बनाना 2 गिरोह के रूप में काम क. 3 गुट या खेमा बनाना, धड़ेबाजी क.;
dw/lw: **~-bang/ ~bang** *n.* सामुहिक यौन-क्रिया; **~busters** *n. [pl.]*: **like ~busters** अत्यधिक ऊर्जा और उमंग से परिपूर्ण; **~rape** *n.* सामूहिक बलात्कार; **~er** *n. colloq.* मजदूरों की टुकड़ी का नेता; **~land** *n.* अपराध जगत; **~master** *n.* विदेशी मजदूरों को कम वेतन देकर अवैध रूप से अपने फार्म पर काम करवाने वाला व्यक्ति; **~plank**; **gangster**; **gangway** *see below under separate entries;*
collocations: **~ leader** गिरोह का सरगना; **~ plug** बिजली का बहु-सॉकेट प्लग; **~ saw** कई ब्लेडों वाला आरा जिससे मोटे लट्ठों को चीरा जाता है; **~ show** स्काउटों व गाइडों (scouts and guides) द्वारा प्रस्तुत संगीत कार्यक्रम; **~ war** अपराधी गुटों के बीच मारा-मारी; **the black ~** मजदूर, कोयला-कुली आदि
p&i: **~ up with sb** किसी के साथ गुट बनाना;
a ~ of sth कुछ चीजों का समूह; **in a ~** टोली में; **they ~ed (up) on/ against me** वे सब मेरे विरुद्ध एक गुट में शामिल हो गए

gangling /गैंग्लिंग/ *adj.* (***syn.*** lanky) लंबा, पतला, बेढब

ganglion /गैंग्लिअन/ *n., pl.* **ganglia/ ganglions** 1 *anat.* गंडिका, गुच्छिका 2 *lit.* ऊर्जा या सक्रियता का स्रोत

gangly /गैंग्लि/ (*also* **gangling**) *adj.* 1 बहुत लंबा, पतला, बेढब: a ~ youth 2 लमघोड़ा, लमटंगा, लमछड़

gangplank /गैंगप्लैंक/ *n.* पोत और घाट के बीच चढ़ने तथा उतरने के लिए उठौआ पटरा

gangre\ne /गैंग्रीन/ *n., pathol.* शरीर के किसी अंग को रक्त की आपूर्ति न मिलने के कारण उसका गलन, कोथ, गैंग्रीन;
dw/lw: **~nous** /गैंग्रीनस/ *adj.* गैंग्रीन संबंधी

gangsta /गैंग्स्टा/ *n.* रैप संगीत (rap music) की एक शैली जिसमें हिंसा व नारी-द्वेष से भरे गीतों की भरमार रहती है

gangster /गैंग्स्टः/ *n.* लुटेरा-गिरोह का सदस्य, गुंडा, डाकू, लुटेरा;
dw/lw: **~ism** *n.* गुंडागर्दी, लूट-खसोट, गिरोह-वृत्ति

gangway /गैंग्वे/ *n.* 1 *UK* दोतरफा सीटों के बीच से रास्ता, मार्गिका 2 विमान या जहाज पर चढने-उतरने की सीढ़ियां
p&i: **bring to the ~** *hist.* नौसैनिक को कोड़ों से पीट कर सजा दे.; **members above the ~** शासक दल की अगुआ टोली

ganja /गांजा/ *n.* गांजा, एक नशीला पदार्थ

gannet /गैनिट/ *n.* 1 एक बड़ा समुद्री पक्षी 2 लालची आदमी

gansey /गैंजि/ *n., pl.* **~s/ gansies** ऊनी स्वेटर

gantr\y /गैंट्रि/ *n., pl.* **~ies** 1 लोहे का सेतुनुमा बड़ा ढांचा 2 जल-आपूर्ति की बड़ी पाइपों (barrels) की घोड़ी 3 मधुशाला में साकी के पीछे रखी बोतलों के खाने

GAO *abbr.* 'General Accounting Office' की प्रथमाक्षरी

gaol /जेल/ *n.* 1 *UK spell.,* **'jail'** की ब्रितानवी वर्तनी 2 जेल, कारागार, कैदखाना;
dw/lw: **~bird** *n.* अक्सर जेल जाने वाला आदमी, जेल-पक्षी; **~-break** *n.* जेल तोड़कर भाग जाने की घटना; **~er** *n.* जेलर, कारापाल

GAP *abbr.* 'Ganga Action Plan' की प्रथमाक्षरी

gap /गैप/ *n.* 1 खाली जगह, रिक्त स्थान, दरार, खाई, छेद: mind the ~!; see sth through a ~ in the door; stand in the ~ 2 (***syn.*** contradiction) विसंगति 3 अंतर, भेद 4 (***syn.*** space) अंतराल: open/ rend/ cut/ clear a ~ in a hedge/ in a fence/ in a wall 5 समय का अंतराल 6 दर्रा, घाटी;
dw/lw: **~py** *adj.* दरारों से भरा; **~site** *n.* बनी इमारतों के बीच खाली जगह; **~-toothed** *adj.* छेदों वाले दांत;
p&i: **~ year** स्कूल और कॉलेज के बीच अंतराल वर्ष, जब युवा लोग यात्रा आदि करते हैं;
a ~ in the market बाजार में किसी माल की कमी; **bridge/ close/ narrow/ fill the ~** फासले को पाटना/ कम क./ घटाना/ की भरपाई क.; **narrow the ~** दरार या अंतराल को कम क.; **stand in the ~** खाली स्थान भरना, खाली स्थान पर बैठना; **the ~ between sth and sth** दो चीजों के बीच खाई या दरार; **the generation ~** पीढ़ियों में अंतर

ga\pe /गेप/ *v., pt.* **~ped**, *pp* **~ping** 1 मुंह बाना/ फाड़ना 2 हक्का-बक्का हो., मुंह फाड़कर देखना: make sb **~pe**; **~pe** at an amazing sight 3 जंभाई लेना;
n., pl. **~pes** 1 मुंह खोलकर यानी हक्का-बक्का होकर देखने की क्रिया, घूर 2 दरार, खाई 3 जंभाई, जम्हाई;
dw/lw: **~per** *n.* क्रिकेट में आसान-सा कैच; **~pes** *n.* पक्षियों का एक रोग जिसमें उनका मुंह खुला रहता है; **~ping** *adj.* पूरा खुला छेद या घाव;
p&i: **a ~ping hole** पूरा खुला छेद; **the ~ping of a wound** घाव का खुला हो.

gara\ge /गैराज/ गैरिज/ *US* गराज/ *n.* 1 गैरज, कार खड़ी करने का स्थान 2 कार बेचने-खरीदने का धंधा या दुकान 3 पेट्रोल स्टेशन 4 (**~ge music**) ऊंची आवाज में बजने वाला एक लोकप्रिय (pop) संगीत;
v., pt. **~ged**, *pp* **~ging** कार या गाड़ी को गैरज में खड़ा क.;
dw/lw: **~geband** अनगढ़-सी संगीत मंडली या रॉक ग्रुप (rock group);
collocations: **~ge music** एक ऊंचा, कर्कश लोकप्रिय (pop) संगीत; **~ge sale** किसी की गैरज में रखी व्यक्तिगत वस्तुओं की बिक्री

garb /गाःब/ *n., lit.* 1 विशेष प्रकार का पहनावा, पोशाक: clerical/ priestly ~ 2 वेशभूषा: fantastic ~;
v., pt. **~ed**, *pp* **~ing** 1 पहनावा पहनाना 2 पोशाक पहनाना: be **~ed** in sth; ~ oneself in motley (रंग-बिरंगे कपड़े पहनना)

garbage /गाःबिज/ *n., N. Amer., esp. US,* (*UK* **rubbish**) *n.* 1 कूड़ा-कर्कट, कचरा 3 (**rubbish**) मूर्खतापूर्ण बात, बकवास 4 घासलेटी साहित्य: literary ~ 4 अंतरिक्ष-यान का कचरा;
collocations: **~ can** *US,* (*UK* **dustbin**) कूड़ादान; **~ disposal** कूड़े का निपटारा; **~ collector/ ~ man** *US,* (*UK* **dustman**) बकवास, कचरा; **~ truck = dustcart** कूड़े की गाड़ी
p&i: **~ in. ~ out (GIGO)** कंप्यूटर में यदि घटिया पाठ या आंकड़े डालोगे, तो घटिया परिणाम मिलेंगे यानी बोए पेड़ बबूल के आम कहां से होए

garbed /गाःब्ड/ *adj.* कपड़े पहने हुए, पोशाक में

gar\ble /गाःबल/ *v. pt.* **~bled**, *pp* **~bling** 1 विकृत क.: **~ble** evidence 2 गड़बड़ क. 3 अस्पष्ट कर दे.: **~ble** a text;
dw/lw: **~bled** /गाःबल्ड/ *adj.* अस्पष्ट व विकृत (संदेश), भ्रामक

garbo /गाःबो/ *n., pl.* **~s**, *Austral.* (***syn.*** ~ collector/ ~ man/ dustman) कूड़ा-कर्कट उठाने वाला;
dw/lw: **~logist** /गाःबौलअजिस्ट/ *US* गाःबाःलअजिस्ट/ *n.* 1 *US, facetious* कूड़ा-कर्कट उठाने वाला 2 समाज की जीवन शैली का अध्ययन करने के लिए कूड़े-कर्कट पर शोध करने वाला; **~logy** /गाःबौलजि/ *US* गाःबाःलअजि/ *n., sociology* समाज की जीवन शैली का अध्ययन करने के लिए कूड़ा-कर्कट पर शोध

garçon /गाःसौं/ *n., Fr.* 1 फ्रांसीसी रेस्त्रां में वेटर (बेरा) 2 लड़का, छोकरा

garden /गाःडन/ *n.* 1 *UK* (*US* **yard**) बाग, बगीचा, वाटिका, उद्यान: cultivate (lay out) a ~ 2 (*usually* **~s**) उद्यान, पार्क: hanging ~; victory **~s**; botanical **~s**; zoological **~s** 3 छोटा-सा भोजनालय: tea ~ 4 (**Gardens**, *abbr.* **Gdns**) गलियों के नाम में प्रयुक्त शब्द 5 (the **Gardens**) यूनानी दार्शनिक ऐपीक्युरस (Epicurus, 341-270 B.C.) का दर्शन यानी आत्मा की शांत एवं आनंदमय अवस्था में विश्वास;
v., *pt.* **~ed**, *pp* **~ing** बागबानी क., माली के रूप में काम क.;
dw/lw: **~-balsam** *n.* गुल-मेहंदी; **~er** *n.* माली; **~ia** *see below under separate entry*; **~ing** *n.* बागबानी: landscape ~ing; **~-house** *n.* उद्यानगृह; **~path** *n.* उद्यान-पथ;
collocations: **~ centre** बागबानी की दुकान या केंद्र; **~ city** उद्यान नगर; **~ egg** (*also* **egg plant**) अंडे जैसे फलों वाला पौधा, बैंगन; **~ fork** बागबानी का कांटा; **~ hose** बगीचे की नाली; **~ing leave** किसी कंपनी की नौकरी से त्याग-पत्र देने के बाद के सूचना-काल (notice period) के दौरान दिया जाने वाला अनिवार्य अवकाश; **~ of Eden** बाइबल के अनुसार वह उद्यान जहां प्रथम पुरुष (Adam, आदम) व स्त्री (Eve, हौवा) रहे थे; **~ of remembrance** कब्रिस्तान; **~ party** उद्यान-भोज, बगीचे के लॉन (lawn) पर दोपहर बाद दिया जाने वाला प्रीति-भोज; **~ plot** उद्यान भूखंड; **~ pruner** बगीचे के पेड़ों को छांगने (*Hr.*, prune) के लिए चाकू; **~ stuff** शाक-भाजी; **~ suburb** नगर के चारों ओर बसा उद्यानों भरा पड़ोस, जहां काफी संख्या में उद्यान, खुली जगह और पार्क हों यानी नगर के चारों ओर की हरी पट्टी; **~ syring** बगीचे में छिड़काव करने या पानी देने की टोंटी; **~ variety** आम (व्यक्ति); **bear ~** मछली-बाजार, शोर मचाते लोगों का झुंड; **the garden of England** केंट की काउंटी; **the garden of the West** अमेरिकी प्रांत इलिनोयस (Illinois) और कनजास (Kansas) का उपनाम;
p&i: **cultivate one's ~** अपने काम से काम रखो!; **everything in the ~ is lovely** or **rosy** सब कुछ ठीक-ठाक है; **lead sb up the ~ path** सब्ज बाग दिखाना, सुनहरे सपने दिखाना, किसी को बुद्धू बनाना, धोखा देना; **no ~ without its weed** कांटों बिना गुलाब नहीं;

gardenia /गाःडीनिआ/ *n.* चमकदार पत्तों वाली और पीले-सफेद फूलों वाली झाड़ी

garfish /गाःफिश/ *n.* कुंतमीन

gargantuan/ **Gargantuan** /गाःगैंचुअन/ *adj.* (***syn.*** enormous) विशाल, बहुत बड़ा, बृहत: ~ appetite; ~ meal

garget /गाःगिट/ *n.* 1 गलशोथ 2 थनशोथ, थनैला

garg\le /गाःग्ल/ *v.*, *pt.* **~led**, *pp* **~ling** गरारे क., गला साफ करने के लिए कुल्ला क.;
n. 1 गरारे करने की क्रिया 2 गरारे करने का द्रव

gargoyle /गाःगॉइल/ *n.* 1 एक तरह का परनाला जिसका मुंह किसी जानवर के आकार का होता है 2 भद्दी शक्ल वाला विशालकाय व्यक्ति, भद्दा व्यक्ति

garish /गैरिश/ *adj.* भड़कीला, चटकीला, शोख;
dw/lw: **~ly** /~लि/ *adv.* भड़कीले ढंग से; **~ness** /~नेस *n.* भड़कीलापन

garland /गाःलंड/ *n.* 1 माला 2 विजय का हार: gain/ get/ win/ carry (away)/ go away with the ~ 3 कविता लड़ी, कहानी संग्रह;
v., *pt.* **~ed**, *pp* **~ing** मालाओं से सजाना, गले में माला डालना या पहनाना

garlic /गाःलिक/ *n.* लहसुन;
dw/lw: **garlicky** /गाःलिकि/ *adj.* लहसुन की गंध या स्वाद वाला;
collocations: **~ bread** लहसुन मिली ब्रेड

garment /गाःमंट/ *n.*, *now rather formal* 1 सिला-सिलाया कपड़ा, वस्त्र 2 परिधान, पोशाक: the upper **~s**; nether **~s** (पैंट) 3 चादर, आवरण: the earth's ~ of green

garner /गाःनः/ *v.*, *pt.* **~ed**, *pp* **~ing** 1 (***syn.*** gather, acquire) एकत्र क., इकट्ठा क. 2 सूचनाएं आदि बटोरना;
n. बखार, कोठार, धान्यागार

garnet /गाःनिट/ *n.* 1 गार्नेट, रक्तमणि 2 तामड़ा रंग

garnish /गाःनिश/ *v.*, *pt.* **~ed**, *pp* **~ing** 1 खाने-पीने के व्यंजनों को विशेष पुट या जायका दे. 2 सजाना, अलंकृत क.: ~ a fish with slices of lemon; ~ a house with wreaths and garlands 3 चुनना (food) 4 कुर्क या जब्त क.;
n., *pl.* **~es** व्यंजन का अलंकरण या जायके का पुट;
dw/lw: **~ment** *n.* 1 सजावट, अलंकरण 2 (***syn.*** summons) सम्मन, अदालती बुलावा 3 कुर्क करने की अदालती चेतावनी;
collocations: **~ee order** *law* अदालत का फैसला जिसके अनुसार पहली पार्टी को दूसरी पार्टी की बजाए तीसरी पार्टी को पैसा देना होता है क्योंकि दूसरी पार्टी तीसरी की देनदार है और उसने पैसा पाने का दावा किया है

garniture /गाःनिचः/ *n.*, *lit.* 1 सजावट के लिए अतिरिक्त जोड़ी गई वस्तुएं 2 अलंकरण, सजावट

garret /गैरट/ *n.* 1 दुछत्ती, अटारी, ऊपर की मंजिल पर स्थित सड़ांध भरा कमरा: from cellar to ~ (सारे घर में) 2 *derog.* सिर: be wrong in one's ~ (दिमाग में खराबी)

garrison /गैरिसन/ *n.* 1 दुर्ग या नगर की रक्षक सैनिक टुकड़ी: be in ~ (दुर्ग सेना में सिपाही हो.); ~ ration (दुर्ग सैनिक का खाने-पीने का सामान) 2 सैनिक टुकड़ी का आवास

garot\te/ garrot\te/ garro\te /गरॉट/ *n.* 1 गला घोंटने की क्रिया: tip the **~e** *sl.* (गला घोंटकर मारना और लूटना) 2 गला घोंटकर मारने के लिए तार का फंदा;
v., *pt.* **~ted**, *pp* **~ting** गला घोंटकर मारना, गला घोंटकर मृत्यु दंड देना;
dw/lw: **~ter** /गरॉटः/ *n.* गला घोंटने वाला

garrul\ity /गैरुलिटि/ *n.* बातूनीपन, वाचालता, बड़बोलापन;
dw/lw: **garrulous** /गैरअलस/ गैरुलस/ *adj.* 1 बातूनी, वाचाल 2 शब्दबहुल: be as **~ous** as a magpie (चिड़िया की तरह चैं-चैं क.)

garter /गाःटः/ *n.* 1 गेटिस: cast one's ~ (पति पाना) 2 मोजाबंद 3 (**the Garter**) ब्रिटेन का उच्चतम शौर्य पदक;
collocations: **~ belt = suspender belt** महिला के मोजों को स्थिर रखने के लिए कमर से लटकते इलास्टिक फीतों का जोड़ा; **~ snake** एक अमेरिकी सांप;
p&i: **in the catching up of a ~** पल भर में

gas /गैस/ *n.*, *pl.* **~es** 1 गैस: noble (perfect) ~; a mixture of **~es**; turn the ~ up/ off/ out 2 *UK* प्राकृतिक गैस (ईंधन): natural ~ 3 *US, Austral., NZ* (*UK/ India* **petrol**) पेट्रोल, गैसोलिन: step on the ~ (ऐक्सेलरेटर यानी त्वरक को दबाकर गाड़ी तेज क.) 4 *US* (*UK* **wind**) पेट में गैस या हवा 5 (**the gas**) *US* ऐक्सेलरेटर, त्वरक 6 अनैस्थीसिया (anaesthesia) के रूप में प्रयुक्त होने वाली नाइट्रस ऑक्साइड गैस 7 युद्ध में प्रयुक्त होने वाली जहरीली गैस: ~ bomb; ~ attack; ~ warfare; ~ signal; ~ warning 8 *colloq., esp., N. Amer.* मनोरंजक बात या व्यक्ति: the party was a real ~ 9 (***syn.*** chatter) बकवास, बकबक, थोथा आदमी, थोथी बात: the firm was a real **~!**; that's all ~;
v., *pt.* **~sed**, *pp* **~sing**, *s/he/it* **~ses** 1 गैस दे. 2 विषैली गैस से विषाक्त क., विषैली गैस में सांस लेना 3 बकबक क., थोथी बातें क.;
dw/lw: **~-alarm** *n.* रासायनिक आक्रमण की चेतावनी; **~-alert** *n.* रासायनिक युद्ध की तैयारी की परख; **~-a-teria** *n.* *colloq., US* स्वयं सेवा करने वाला पेट्रोल स्टेशन; **~-cooked** *adj.* गैस पर पकाया हुआ; **~-cooled** *adj.* गैस-शीतित; **~con** *n.* शेखीबाज, शेखीखोर; **~conade** *n.* शेखीबाजी; **~-detector** *n.* गैस पहचानने वाला यंत्र; **~eity** /गैसीइटि/ *n.* गैसीयता, पेट की गैस से ग्रस्तता; **~eous** /गैसिअस/ *adj.* गैसीय, गैसयुक्त; **~eousness** /गैसिअसनेस/ *n.* गैसयुक्तता, गैस की अधिक मात्रा; **~escape** *n.* गैस रिसाव; **~field** *n.* ऐसे मैदान या क्षेत्र जहां गैस पाई जाती है; ~-

fired *adj.* गैस से काम करने वाला यंत्र: ~fired central heating; **~-fitter** *n.* गैस लाइन मरम्मत करने वाला; **gash** *see below under separate entry*; **~holder** *n.* = **gasomter**; **~ification** *n.* गैसीकरण; **~ify** *v. pt.* ~ified, *pp* ~ifying, *s/he/it* ~ifies गैस बनाना; **~ket** /गैसकिट/ *n.* दबाया जा सकने वाला रबड़ आदि का छल्ला जो ढक्कन से गैस आदि को लीक होने से रोकता है; **~light** (*also* **~ lamp**) *n.* गैस रोशनी; **~man** *n.* गैस मीटर पढ़ने वाला व्यक्ति; **~oline** *US* (*UK* **petrol**) *n.* पेट्रोल, गैसोलिन; **~ohol** *n.* पेट्रोल और अल्कोहल (alcohol) का मिश्रित ईंधन; **~ometer** *n.* गैस मीटर; **~-permeable** *adj.* आंख में लगाए जाने वाले कॉटेक्ट लेंस (contact lens) जो ऑक्सिजन को आंख में आने देते हैं; **~-plant** *n.* गैस संयंत्र; **~ser** *n.* बातूनी, बकबकिया; **~sy** /गैसि/ *adj., degr.* ~sier, siest 1 अत्यधिक गैस से भरा 2 थोथी या खोखली बातें करने वाला, बकबकिया; **~-tight** *adj.* गैस रोधी; **~works** *n. [pl.]* गैस बनाने वाला कारखाना;

collocations: **~ bag** 1 गैस-थैला 2 बातूनी, बकबकी आदमी; **~ burner** गैस-ज्वालक; **~ cap** गैस छद; **~chamber** लोगों को मारने के लिए विषाक्त गैस से भरा कमरा या हॉल; **~ chromatography** गैस मिश्रणों के तत्त्व जानने के लिए प्रयुक्त रंग-विज्ञान या वर्ण-विज्ञान; **~ container** गैस पात्र; **~ cooker** गैस चूल्हा; **~ fitter**/ **~ man** गैस मिस्त्री; **~ gangrene** ऐसी गैंगरीन जिसमें घायल रेशे में गैस जमा हो जाती है; **~ guzzler** अत्यधिक गैस यानी पेट्रोल खानेवाली गाड़ी; **~ heater** गैस से चलने वाला हीटर, गैस-तापक; **~ jar** गैस जार, रासायनिक प्रयोग में गैस भंडारण का बर्तन; **~ jet** गैस चूल्हे के शिखर पर गैस निकलने के छिद्र; **~ mantle** = **mantle**, *see below*; **~ main** गैस संयत्र से गैस की आपूर्ति करने वाली मुख्य पाइप लाइन; **~ mask** गैस-त्राण, गैस से बचने के लिए मुंह पर पहना जाने वाला मुखौटा; **~ mantle** गैस या तेल के दिये की अग्नि-सह जाली जो जलाने पर रोशनी देती है; **~ oil** पेट्रोलियम से मिलने वाला ईंधन के रूप में प्रयुक्त होने वाला तेल ; **~ pedal** *US* (*UK*/ *US* **accelerator**) ऐक्सेलरेटर, त्वरक; **~ plasma display** पोर्टेबल कंप्यूटर में प्रयुक्त एक प्रकार का स्क्रीन दृश्य जिसमें इलेक्ट्रोनिकी संकेत अक्षर या आंकड़े बनकर स्क्रीन पर आते हैं; **~ poker** पोकर की शक्ल का गैस उपकरण; **~ ring** गैस निकासी के लिए छिद्रोंवाला गैस जेट; **~ station** *US* (*UK* **petrol station**) पेट्रोल स्टेशन; **~ turbine** गैस चालित टरबाइन; **~ welding** गैस वैल्डिंग; **~ work** गैस का कारखाना;

p&i: **a ~-bag** गपोड़ी, थोथा चना; **blow a ~ket** अति क्रुद्ध हो., आवेश में आना; **lie like a ~-meter** अंधाधुंध झूठ बोलना;

ash /गैश/ *n., pl.* ~es कटने से होने वाला गहरा घाव;
v., *pt.* **~ed**, *pp* **~ing**, *s/he/it* **~es** काटकर घायल क.

asp /गास्प/ *v., pt.* **~ed**, *pp* **~ing** 1 जोर-जोर से सांस लेना, हांफना: ~ for air 2 लंबा गहरा सांस ले. 3 (*also* **~ sth out**) हांफते हुए कहना;
n. 1 हंफनी, डांफी, हांफा 2 गहरी सांस;
dw/lw: **~er** /गास्पः/ *n.* सस्ती सिगरेट; **~ing** /गास्पिंग/ *adj.* हांफने वाला: ~ing for life;
p&i: **~ after** किसी बात के लिए तड़पना; **~ for breath** बुरी तरह हांफना; **~ one's last (breath)** = **at one's last (breath** आखिरी सांस ले., मरना; **~ out** हांफते हुए बोलना; **~ sth out** बिना सांस लिए कुछ कहना, बहुत सारी हवा अंदर खींचना या लेना; **~ with exertion (rage)** थकावट या क्रोध के कारण हांफना;
at one's last ~ मरणासन्न; **be ~ing for sth** कुछ पाने के लिए तड़पना

astarbeiter/गास्टॉःबाइट(र)/ *n., Ger.* (जर्मनी में) छोटे-मोटे काम करने वाला विदेशी मजदूर

astric /गैस्ट्रिक/ *adj.* आमाशय संबंधी, जठरीय, जठर;
collocations: **~ crises** पेट की बीमारी; **~ flu** पेट खराब होने की बीमारियों का सरल नाम; **~ juice** आमाशय-रस; **~ lavage** पेट की सफाई; **~ ulcer** अमाशय-व्रण, पेट का फोड़ा

gastritis /गैस्ट्राइटिस/ *adj., med.* आमाशय-शोथ, जठर-शोथ

gastro /गैस्ट्रो/ गैस्ट्रॉ/ *prefix:* **the stomach** (आमाशय);
dw/lw: **~enteritis** /गैस्ट्रोएंटअराइटिस/ *n., med.* आमाशय तथा अंतड़ियों में होने वाली सूजन; **~intestinal** /गैस्ट्रोइंटेसटिनल/ *adj.* आमाशय तथा आंत-संबंधी, जठरीय

gastro\nome/ ~ist /गैस्ट्रनोम/ गैसट्रनोमिस्ट/ *n.* 1 चटोरा, खाने-पीने का शौकीन व्यक्ति 2 पाक विद्या का पारखी;
dw/lw: **~logy** /गैस्ट्रौलजि/ *n.* पाक-विद्या; **~nomic** /गैस्ट्रअनौमिक/ *adj.* भोजन व व्यंजन कला से संबंधित; **~nomics** /गैस्ट्रअनौमिक्स/ *n.* किसी देश या क्षेत्र की पाक शैली; **~nomy** /गैस्ट्रौनमि/ *n.* 1 उत्तम आहार विज्ञान 2 उदर सेवा, सुअशनिकी 3 अच्छे भोजन व मदिरा आदि का आस्वादन 4 (**~nomics**) किसी देश या क्षेत्र की पाक शैली; **~pub** *n.* अच्छे पाक वयंजनों के लिए जाना-माना पब; **~scope** *n.* ऐसा उपकरण जिससे पेट के भीतर देखकर जांच की जा सकती है

gastropod /गैस्ट्रअपौड/ *n., biol.* घोंघा

GAT *abbr.* 'General Agreement on Trade' की प्रथमाक्षरी

GATE *abbr.* 'Graduate Aptitude Test in Engineering' की प्रथमाक्षरी

gate /गेट/ *n.* 1 द्वार, फाटक, कपाट: open a ~ for/ to sb or sth 2 प्रवेश द्वार: wait at the ~ 3 हवाई द्वार 4 (mountain pass) दर्रा, घाटी 5 दर्शकों की संख्या 6 (*also* **~ money**) प्राप्त प्रवेश-शुल्क;
v., *pt.* **~d**, *pp* **gating** स्कूल खत्म होने के बाद बच्चों को स्कूल में ही बंद रखना;
dw/lw: **~crash** /गेटक्रैश/ *v., pt.* ~-crashed, *pp* ~-crashing 1 बिना टिकट अंदर घुसना 2 बिन बुलाए मेहमान बनना; **~-crasher** *n.* बिन बुलाया मेहमान; **~ed** /गेटिड/ *adj.* 1 द्वारयुक्त, फाटकदार: ~ colony 2 बच्चों को स्कूल के समय का पाबंद रख से संबंधित; **~-fold** *n.* किताब या कापी में मोड़कर लगाया हुआ लंबा-चौड़ा पन्ना; **~-house** *n.* द्वार पर बनी रक्षक चौकी आदि; **gating** *n.* 1 दरवाजे लगाने की क्रिया या प्रणाली 2 बच्चों को स्कूल का पाबंद करने की क्रिया; **~-keeper** *n.* 1 द्वारपाल 2 कार्यालय में उच्च अधिकारी की डाक को पढ़कर संबद्ध अधिकारी तक पहुंचाने या न पहुंचाने का फैसला करने वाला सेक्रेटरी आदि; **~-pass** *n.* पास, निशुल्क प्रवेशपत्र; **~-post** *n.* चौकी से जुड़ा द्वार; **~way** *see below under separate entry*;
collocations: **~leg table** मुड़वां मेज; **~ money** टिकटों की बिक्री से होने वाली आय;
p&i: **between you and me and the ~post** हम दोनों के बीच में, गुप्त; **come through the ~ of horn** सपने पूरे हो जा., जीवन में सच हो जा.; **crash the ~** बिना टिकट अंदर घुसना; **get the ~** नौकरी से निकाल दिया जाना; **give sb the ~** किसी को नौकरी से निकालना; **go one's own ~** अपने रास्ते जाना; **open the gates to sb** किसी के लिए रास्ता बना देना; **some ~** कहीं न कहीं पर; **the ~ (s) of heaven/ paradise** स्वर्ग द्वार

gateau /गैटो/ *n. pl.* **~x**/ **~s** /गैटोज/ *UK* क्रीम से सजा बड़ा केक

gateway /गेटवे/ *n.* 1 नगर के उद्यानों आदि के द्वार 2 किसी बड़े स्थान पर पहुंचने का प्रवेश द्वार: ~ of India 3 सफलता आदि का रास्ता या कुंजी: a ~ to success 4 *comput.* कंप्यूटर के जाल के बीच या कंप्यूटर जाल और टेलीफोन के बीच जुड़ाव;
p&i: **the ~ to success, etc.** सफलता आदि का मार्ग

gather /गैदः/ *v., pt.* **~ed**, *pp* **~ing** 1 (*also* **~ together**) इकट्ठा हो. या क.: clouds **~ed** over the fields 2 संग्रह क., बटोरना, जमा क.: ~ dust; the bee **~s** honey; ~ facts (information) 3 निष्कर्ष निकालना 4 (***syn.*** pluck) तोड़ना 5 (*also* **~ sth in**) चुनना, फसल ठाना, लुनना: ~ a rich (poor) crop of wheat 6 समझना: ~ nothing from his statement 7 समेट ले., नीचे से उठाना: ~ the pieces of a broken dish 8 रफ्तार या ताकत आदि को बढ़ाना: ~ speed/ strength/ support, etc. 9 (***syn.*** fester)

मवाद पड़ना, पक जाना 10 ऊपर सिकोड़ना, चढ़ाना, मोड़ना, मरोड़ उठना: ~ one's brows; ~ in one's stomach 11 चुनट या चुनन डालना (pleat): ~ the dress at the waist 12 ढकना, ओढ़ना: ~ rust 13 अपने पास लाना या अपने बांहों आदि में लेना: **~ed** the child into one's arms;
***dw/lw:* ~s** /गैदःज/ *n.* चुन्नट;
***p&i:* ~ breath** दम लेना, सांस लेना; **~ ground** सफलता पाना, मैदान मारना; **~ heart** हिम्मत जुटाना; **~ (life's) roses** आनंद बटोरना; **~ on** तेज चलकर आगे जाने वाले आदमी या वाहन के बराबर पहुंच जाना; **~ one's breath** थोड़ा आराम क., दम लेना; **~ oneself together** तैयार होना, कमर कसना; **~ oneself up** अपनी शक्ति और हिम्मत बटोरना; **~ one's wits** सोचकर निष्कर्ष निकालना; **~ up one's courage** हिम्मत जुटाना; **~ one's way** रफ्तार तेज हो.; **~ thistles and expect pickles** बोए पेड़ बबूल के आम कहां से होए; **~ way** समुद्र में जहाज द्वारा गति पकड़ना;
be ~ed to one's fathers/ people स्वर्गवास हो जाना; **the story ~ed like a snowball** कहानी बर्फ के गोले की तरह नई-नई बातें जोड़ते हुए आगे बढ़ गई

gathering /गैदरिंग/ *n.* 1 मिलन: social ~; a family ~ 2, एकत्रित लोग, जनसमूह, भीड़: political ~ 3 संचयन, संग्रहण क्रिया या प्रणाली 4 सभा: at a ~; a ~ of teachers / world leaders, etc. 5 फोड़ा 6 फसल की उठाई;
***p&i:* ~ dust** बेकार पड़ा या पड़ी होना

gatling gun/ gatling घूमने वाली नालियों वाली स्वतः लोड (load) होने वाली मशीन गन

GATS *abbr.* 'General Agreement on Trade and Services' की प्रथमाक्षरी

GATT *abbr.* 'General Agreement on Tariffs and Trade' की प्रथमाक्षरी

gauche /गोश/ *adj., degr.* **~r, ~st** 1 भद्दा, बेढब, फूहड़, उजड्ड 2 तंग, दुखी, बेआराम, परेशान 3 गैर-मिलनसार;
***dw/lw:* ~ly** /गोशलि/ *adv.* बेआरामी से; **~ness** /गोशनेस/ *n.* बेआरामी, परेशानी; **~rie** /गोशरि/ *n.* फूहड़पन, बेढबता: ~rie of youth

gaucho /गाउचो/ *n., pl.* **~s** (***syn.*** cowboy) आधुनिक अमेरिकी चरवाहा

gaud /गॉड/ *n.* 1 तड़क-भड़क वाला आभूषण 2 तड़क-भड़क;
***dw/lw:* ~y** /गॉडि/ *adj., degr.* ~ier, ~iest (*syn.* garish) अति भड़कीला, तड़क-भड़कदार: ~y dress; ~y decorations; **~ily** /गॉडिलि/ *adv.* भड़कीले ढंग से: ~ily dressed; **~iness** /गॉडिनेस/ *n.* भड़कीलापन, ऊपरी दिखावा;
***p&i:* (as) ~y as a peacock/ a butterfly** मोर-सा या तितली-सा रंगीला

gau\ge/ (*US* **gage**) /गेज/ *v., pt.* **~ged**, *pp* **~ging** 1 आंकना: **~ge** the contents of a barrel 2 मापना, नापना: **~ge** the diameter of wire; **~ge** the rainfall 3 थाह ले., अंदाज लगाना, स्थिति या व्यक्ति का आकलन क.: **~ge** sb's strength 4 कूतना;
n. 1 माप, नाप, पैमाना 2 स्थिति का मूल्यांकन, आकलन, जायजा 3 नापन उपकरण, मापक: pressure **~ge** 4 आयाम, परिमाण, विस्तार: take the **~ge** of sth 5 गेज (railway), रेल लाइन की चौड़ाई: broad **~ge**; narrow **~ge**; standard **~ge** 6 कसौटी, मानदंड, मानक: master **~ge** 7 (***syn.*** capacity) धारिता, समाई, भराई 8 (***syn.*** caliber) व्यास 9 चुंबक टेप की चौड़ाई;
***dw/lw:* ~geable**/गेजअबल/ *adj.* मापने योग्य; **~ing**/गेजिंग/ *adj.* मापक; **~ing-rod** *n.* मापक छड़;
***p&i:* get the weather ~ of sb** किसी पर बढ़त हो.; **take the ~ of sb** किसी का आकलन क.

Gaul /गॉल/ *n., hist.* गॉल (प्राचीन काल में फ्रांस, बेल्जियम और उनके साथ लगने वाले जर्मनी, इटली और हॉलैंड के भागों से मिलकर बना गॉल नाम का क्षेत्र) वासी;
***dw/lw:* ~ish** /गॉलिश/ *adj.* 1 *facetious* फ्रांसीसी भाषा 2 गॉल भाषा

gauleiter /गाउलाइतः/ *n., hist., Ger.* 1 फासीवादी जर्मनी में जिला अधिकारी 2 दूसरों पर रोब झाड़ने वाला एक ओछा, टुच्चा, खोखला अफसर

gaunt /गॉंट/ *adj.* 1 थका-मांदा, पतला-दुबला, मरियल: ~ old man; ~ figure 2 बंजर व उजाड़, सुनसान, वीरान: ~ inside;
***dw/lw:* ~ly**/गॉंटलि/ *adv.* थके-मांदे ढंग से; **~iness**/गॉंटिनेस/ *n.* थका-मांदापन

gauntlet /गॉंटलेट/ *n., hist.* 1 धातु या धातु चढ़ा दस्ताना जिसे पुराने जमाने में सैनिक पहनते थे 2 चमड़े का भारी दस्ताना;
***p&i:* run the ~ of criticism** दुराग्रहपूर्ण आलोचना का सामना क.; **take/ pick up the ~** (लड़ने की) चुनौती स्वीकार क.; **throw/ fling down the ~** लड़ने या मुकाबला करने के लिए ललकारना, चुनौती दे.

gau\ze /गॉज/ *n.* 1 जाली, जालीदार पट्टी: **~ze** pack 2 हल्का कोहरा 3 मलमल का पारदर्शक कपड़ा जिससे घावों पर पट्टी की जाती है;
***dw/lw:* ~zy** /गॉजि/ *adj., degr.* ~zier, ~ziest जालीदार

gave /गेव/ *pt.,* **'give'** का भूतकाल

gavel /गैव्ल/ *n.* 1 जज या नीलामी करने वाले व्यक्ति द्वारा प्रयुक्त लकड़ी का छोटा-सा हथौड़ा, मुंगरी: ~ rule *US, sl.* (जज द्वारा अपने अधिकारों का दुरुपयोग) 2 *hist.* बेगार, हरी-बेगारी: ~ work;

GAVI *abbr.* 'Global Alliance for Vaccine and Immunisation' की प्रथमाक्षरी

gavotte /गवौट/ *n.* एक फ्रांसीसी ग्रामीण नृत्य

gawk /गॉक/ *US v., pt.* **~ed**, *pp* **~ing** (*UK* **gawp**; ***syn.*** gape) किसी को धृष्टतापूर्वक व मूर्खतापूर्वक घूरना

gawp /गॉप/ *UK* (*US* **gawk** /गॉक/) *v., pt.* **~ed**, *pp* **~ing** *colloq.* (***syn.*** gape) 1 धृष्टतापूर्वक व मूर्खतापूर्वक घूरना, बसूरना 2 भौंचक्का हो.;
n. बुद्धू, बोदा आदमी;
***dw/lw:* ~y** /गॉपि/ *adj.* 1 भद्दा, फूहड़, बेढंगा, भद्दा 2 मूर्ख, बुद्धू

gay /गे/ *adj., degr.* **~er, ~est** 1 प्रसन्नचित्त, प्रफुल्ल: lead a ~ life 2 जिंदादिल, विनोदी: ~ fellow; ~ bird/ dog 3 चित्ताकर्षक मनोहर, लुभावना: ~ colours 4 चमकीला 5 लंपट, विषयी उच्छृंखल, अनैतिक: ~ man 6 (***syn.*** homosexual; ***anton*** straight) समलैंगिक, समलिंगकामी: ~ bar;
n. समलिंगी व्यक्ति;
***dw/lw:* ~dar** *n.* समलिंगी व्यक्ति को पहचानने की क्षमता; **~-ness** /गेनेस/ *n.* समलैंगिकता; **~-plague** (*also* **AIDS**) *n.* यौन संक्रमण;
***collocations:* ~ pride** समलिंगी होने पर गर्व;
***p&i:* as ~ as a lark** छुट्टे सांड की तरह खुश; **he was rather ~** वह थोड़ा पीए हुआ था; **with ~ abandon** बिना सोचे समझे (किसी काम में कूद पड़ना)

ga\ze /गेज/ *v., pt.* **~zed**, *pp* **~zing** (*esp.* **~ze at sth/ sb**; ***syn*** stare) देर तक टकटकी लगाकर दे., एकटक देखना, घूरना: **~ze** about in an idle way; **~ze** (fondly) after sb; **~ze** into the sky; **~ze** into sb's face;
n. (***syn.*** stare) टकटकी, देर तक टिकी नजर: the first **~ze**; bewildered **~ze**; ardent (haughty, open) **~ze**;
***p&i:* ~ze at/ into, etc.** किसी चीज पर या में नजर टिकाकर देखना; **give sb the ~ze** किसी को देर तक देखते रहना या घूरना

gazebo /गजीबो/ *n., pl.* **~s/ ~es** सुंदर स्थान पर खुले दृश्यों वाला ग्रीष्मावास, कॉटेज

gazelle /गजेल/ *n., pl.* **~s/ gazelle** एक प्रकार का छोटा हिरन चिकारा, चिंकारा, कलपुंछ

gazet\te /गजेट/ *n.* राजपत्र, गजट: be in the **~te**/ appear in the **~te**/ have one's name in the **~te**;
***v., pt.* ~ted**, *pp* **~ting** *formal* राजपत्र में प्रकाशित हो., गजट में छापना: be **~ted**; be **~ted** out;

dw/lw: **~ted** /गजेटिड/ *adj.* गजट में छपा हुआ, राजपत्रित: ~ted officer; **~teer** /गैजटिअ:/ *n.* भूगोलकोश, गजेटियर;

collocations: **~ted officer** सरकारी गजट में नामित अधिकारी;

p&i: **appear in the ~** सरकारी गजट में नामित हो.

gazump /गजंप/ (***anton.*** gazunder) *v., pt.* **~ed**, *pp* **~ing** अचल संपत्ति बेचते समय बेचने वाले द्वारा पहले से तय दाम को बढ़ा दे., धोखा दे.

gazunder /गजंड(र)/ (***anton.*** gazump) *v., pt.* **~ed**, *pp* **~ing** अचल संपत्ति खरीदते समय खरीददार द्वारा पहले से तय दाम को घटाना, धोखा दे.

GB *abbr.* 'gigabyte', 'Gist Brocades', 'Governing body', 'Great Britain' की प्रथमाक्षरी

GBM *abbr.* 'General Body Meeting' की प्रथमाक्षरी

GBP *abbr.* 'Global Business Park', 'Greater Bombay Police' की प्रथमाक्षरी

gbps *abbr.* 'gigabits per second' की प्रथमाक्षरी

GBPUAT *abbr.* 'G.B. Pant University of Agriculture and Technology' की प्रथमाक्षरी

GBR *abbr.* 'Guinness Book of Records' की प्रथमाक्षरी

GBS *abbr.* 'Global Business School', 'gross budgetary support' की प्रथमाक्षरी

GC *abbr.* 'Governing Council' की प्रथमाक्षरी

GCA *abbr.* 'Gentlemen Cadets', 'ground control apparatus', 'ground control approach system' की प्रथमाक्षरी

GCC *abbr.* 'Ground Control Centre' की प्रथमाक्षरी

GCCC *abbr.* 'General Certificate Course in Computers' की प्रथमाक्षरी

GCE *abbr., UK* 'General Certificate of Education' की प्रथमाक्षरी

GCF *abbr.* 'Gun Carriage Factory' की प्रथमाक्षरी

GCHQ *abbr. Br.,* 'Government Communication Headquarters' की प्रथमाक्षरी

GCI *abbr.* 'ground controlled interception' की प्रथमाक्षरी

GCO *abbr.* 'gun control officer' की प्रथमाक्षरी

GCM *abbr.* 'General Court Martial' की प्रथमाक्षरी

GC-MS *abbr.* 'gas chromatography-mass spectrometry' की प्रथमाक्षरी

GCP *abbr.* 'good clinical practices' की प्रथमाक्षरी

GCR *abbr.* 'Global Competitiveness Report' की प्रथमाक्षरी

GCSE *abbr.* 'General Certificate of Secondary Education' की प्रथमाक्षरी

GCSF *abbr.* 'Growth Coronary Simulating Factor' की प्रथमाक्षरी

GDA *abbr.* 'Grand Democratic Alliance' की प्रथमाक्षरी

g'day *abbr.* 'good day' का संक्षेप (*Austral. & NZ:* hello!)

GDC *abbr.* 'Global Development Centre' की प्रथमाक्षरी

GDI *abbr.* 'Gender Development Index', 'Gender Related Development Index', 'Graphics Device Interface' की प्रथमाक्षरी

Gdns *abbr.* 'Gardens' का संक्षिप्त रूप (गलियों के नामों में)

GDOP *abbr.* 'Geometric Dilution of Precision' की प्रथमाक्षरी

GDP *abbr.* 'Gross Domestic Product' की प्रथमाक्षरी (सकल घरेलू उत्पादन)

GDPD *abbr.* 'Graduate Diploma Programme in Design' की प्रथमाक्षरी

GDR *abbr.* 'global depositary receipts', *formerly* 'German Democratic Republic' की प्रथमाक्षरी

GE *abbr.* 'General Electric Company' की प्रथमाक्षरी

Ge *symbol, chem.* 'germanium' का संक्षेप

GEAC *abbr.* 'Genetic Engineering Approval Committee' की प्रथमाक्षरी

GEAR *abbr.* 'Growth, Employment and Redistribution' की प्रथमाक्षरी

gear /गिअ:/ *n.* 1 कार आदि में गति बदलने का यंत्र, गरारी, गियर: bottom/ middle/ top/ first/ second ~; reverse ~; change ~ 2 साज, उपस्कर, साज-सामान: hunting ~; fishing ~ 3 औजार, कल-पुर्जे 4 व्यक्तिगत सामान (खेल की पोशाक आदि) 5 वेशभूषा, पोशाक, परिधान: wearing the latest ~ 6 विमान के उतरने का यंत्र: landing ~ 7 युवकों के नवीनतम फैशन के कपड़े 8 रफ्तार, प्रयास: enter into the top ~ of electioneering 9 *sl.* अवैध नशीले पदार्थ;

v., pt. **~ed**, *pp* **~ing** 1 साज-सामान लगाना या कसना 2 गियर लगाना या गियर में डालना, गियर बदलना: ~ down a car; ~ up a car 3 ठीक क. या हो जाना;

dw/lw: **~box** *n.* गियरबॉक्स, गियर डिब्बा; **~wheel** *n.* गियर की गरारी, दंत चक्र;

collocations: **~ lever/ ~ stick** *UK* (*US* **~shift/ stick shift**) गियर बदलने का हत्था, गियर-बदली; **~ ratio** 1 गियर की दो गरारियों के दंतों का अनुपात 2 इंजन और पहियों के चक्रों का अनुपात; **~stick** गियर बदलने का हत्था;

p&i: **~ production to the new demand** उत्पाद को मांग के अनुसार घटाना-बढ़ाना; **~sth to/ towards sb/ sth** किसी चीज को किसी अवसर के अनुकूल बनाना; **~sb/ sth up** किसी को या किसी चीज को तैयार क.; **~ up for sth** किसी कार्य के लिए तैयार हो.;

get sth into high ~ किसी यंत्र आदि को पूरी रफ्तार में शुरू क.; **go into high ~** पूरी रफ्तार से चलने लगना; **in ~** गियर में पड़ी हुई गाड़ी आदि, चालू; **out of ~** जब गाड़ी गियर में न हो, बिगड़ी हुई, खराब; **set into ~** काम में शामिल हो.; **shift ~s** रफ्तार या रण-कौशल बदलना; **throw/ put/ get/ set out of ~** यंत्र आदि को बिगाड़ना

gearing /गियरिंग/ *n.* 1 गियर की गरारियों का सेट जिससे गति बदलाव होता है 2 किसी मशीन में गियर की गरारियों की स्थापना 3 *finance* (***syn.*** leverage) कंपनी के साधारण और पक्के शेयरों का अनुपात 4 कंपनी के साधारण शेयरों और इसके ऋण का अनुपात

GEC *abbr.* 'General Electrical Company' की प्रथमाक्षरी

GE caps *abbr.* 'GE Capital Services' की प्रथमाक्षरी

gecko /गेको/ *n., pl.* **~s/ ~es** छिपकली

GE crops *abbr.* 'Genetically Engineered Crops' की प्रथमाक्षरी

GECS *abbr.* 'Global Electronics Commerce Service Limited' की प्रथमाक्षरी

GED /जीईडी/ *n. abbr. US, Canada* 'General Educational Diploma', 'General Equivalency Diploma' की प्रथमाक्षरी

geddit? /गेडिट?/ *abbr.* 'do you get it? = do you understand it?' का संक्षेप

gee /गी/ *interj.* आश्चर्य सूचक शब्द, विस्मयबोधक शब्द

gee-gee /जी-जी/ *n., pl.* **gee-gees** 1 *colloq.* घोड़ा (child language) 2 (**the gee-gees**) घुड़दौड़ में बाजी लगाने से संबंधित

geek /गीक/ *n., N. Amer., sl.* 1 (***syn.*** nerd) विचित्र व सनकी आदमी, उबाऊ व बेढंगा व्यक्ति 2 फालतू या बेकार आदमी 3 सर्कस में गौण खेल दिखाने वाला;

dw/lw: **~y** *adj.* उबाऊ व बेढंगा, सनकी

geep /गीप/ *n.* भेड़ और बकरी के DNA से मिलकर बना विशेष जीव

geese /गीज/ *pl.* **'goose'** का बहुवचन

geezer /गीज:/ *n., colloq.* खब्ती व विचित्र बूढ़ा: old ~

geisha /गेशा/ *n., pl.* **~/ ~s** 1 गीशा, प्रशिक्षित जापानी नर्तकी 2 *loosely* वेश्या

gel /जेल/ *n.* 1 बालों को संवारने की क्रीम 2 नाट्य-गृह या फोटोग्राफी

में प्रकाश प्रबंध से संबंधित भिन्न-भिन्न रंगों के प्रकाश को बिखेरने के लिए एक अर्ध पारदर्शी पट्टी;
v. (*also* **jell**), *pt.* **~led**, *pp* **~ling** 1 दो या अधिक लोगों के बीच तालमेल हो. 2 और ज्यादा स्पष्ट होने लगना 3 द्रव का गाढ़ा होकर जैली-सा बनना 4 बालों आदि में क्रीम लगाना

gelatin /जेलअटिन/ *UK* (*US* **gelatine** /जेलअटीन/) *n., tech.* सरेस, जेलटीन

gelation /जलेशन/ *n., tech. or formal* हिमायन (ठंडा होकर बना ठोस रूप)

geld /गेल्ड/ *v., pt.* **~ed**, *pp* **~ing** (*syn.* castrate) बधिया क., खस्सी क.;
dw/lw: **~ing** *n.* 1 घोड़े/पशु को बधिया करने की क्रिया, खस्सीकरण 2 बधिया घोड़ा

gelid /जेलिड/ *adj., formal/ humorous* 1 पाले जैसा ठंडा 2 अत्यंत ठंडा;
dw/lw: **~ity** *n.* शीतलता

gelignite /जेलिग्नाइट/ *n.* खनन आदि में प्रयोग किया जाने वाला विस्फोटक पदार्थ

GEM *abbr.* 'Gender Empowerment Measures', global equities market' की प्रथमाक्षरी

gem /जेम/ *n.* (*also* **gemstone**) 1 (*syn.* jewel, precious stone) हीरा, रत्न, मणि: real ~; artificial/ false ~ 2 मूल्यवान व प्रिय व्यक्ति या वस्तु: ~ of a person;
v., pt. **~med**, *pp* **~ming** रत्नजड़ित क.: night sky **~med** with stars;
dw/lw: **~my** /जेमी/ *adj.* रत्नजड़ित, जड़ाऊ; **~ologist** /जेमॉलजिस्ट/ *n.* रत्न पारखी, रत्न परीक्षक; **~ology** /जेमौलअजि/ *US* जेमाःलअजि/ *n.* 1 रत्न-विज्ञान, मणि-विज्ञान 2 रत्नों की परख, रत्न-परीक्षण विद्या

gemina\te /जेमिनेट/ *v., pt.* **~ted**, *pp* **~ting** 1 जोड़ों में होना 2 जोड़े बनाना, जोड़ों में रखना;
adj. जोड़ों में होने वाला, युग्मी;
dw/lw: **~tion** /जेमिनेशन/ *n.* युग्मिता, द्वित्व

Gemini /जेमिनी/ जेमिनाइ/ (*also* **the Twins**) *n.* 1 मिथुन राशि 2 *astrol.* 21 मई से 20 जून के बीच पैदा होने वाला व्यक्ति;
dw/lw: **~an** /जेमिनिअन/ *n., astrol.* जिस व्यक्ति की राशि जैमिनी हो

Gems *abbr.* 'Global Environment Monitoring System' की प्रथमाक्षरी

Gen. *abbr.* 'General', *Book of the Bible* 'Genesis' का संक्षेप

gen. *abbr.* 'general', 'generally', 'genitive', 'genus' का संक्षेप

gen /जेन/ (*esp.* **the gen**) *n., milit., sl.* सूचना, जानकारी: all the ~ on working in America;
v., pt. **~ned up**, *pp* **~ning up** सूचना दे. या लेना: ~ up on sth

gendarme /जौंदाः\म/ *US* जांदा\र्म/ *n.* फ्रांस और फ्रांसीसी बोलने वाले देशों में सशस्त्र पुलिस;
dw/lw: **~rie** /~मेरि/ *US* ~र्मेरि/ *n.* 1 फ्रांस में सशस्त्र पुलिस 2 फ्रांस में पुलिस स्टेशन या बैरक

gender /जेंडः/ *n.* 1 पुरुष, महिला या नपुंसक होने की अवस्था: natural ~ 2 लिंग, व्याकरण में संज्ञाओं, विशेषणों आदि का लिंगों में विभाजन: पुल्लिंग, स्त्रीलिंग, नपुंसक लिंग (masculine (feminine, neuter **~s**);
dw/lw: **~bender** *n.* जो जानबूझकर लिंग (पुरुष-स्त्री) भेद को ढुलमुल तरीके से दिखाता है; **~specific** *adj.* किसी एक लिंग से संबंधित;
collocations: ~ **bias** लैंगिक भेद-भाव या दुराव; **feminine** ~ स्त्रीलिंग; **masculine** ~ पुलिंग; **neuter** ~ नपुंसक लिंग

gene /जीन/ *n.* जीन, वंशजन्यता की मूल इकाई जिसके क्रोमोसोम में DNA एक विशेष अवस्था में होता है जिसकी बदौलत माता-पिता की विशेषताएं उनकी संतान को मिलती हैं, वंश प्ररूप, आनुवंशिक रूप: a dominant ~; **~s** that account for the colour of sb's eyes;
dw/lw: **~alogical** /जीनिअलौजि\कल/ *US* जीनिअलाःजि\कल/ *adj.* वंश विद्या या वंश वृक्ष संबंधी; **~alogically** /~कलि/ *adj.* वंश वृक्ष के अनुसार; **~alogist** /जीनिऐलअजिस्ट/ *n.* वंश विज्ञानी; **~alogy** /जीनिऐलअजि/ *n., pl.* **~alogies** 1 वंश विद्या 2 वंश वृक्ष, वंशावली;
collocations: ~ **amplification** सहज या कृत्रिम तरीके से किसी जीन की बहु संख्यक प्रतिलिपियां बनाना; ~ **bank**/ ~ **pool** जीनकोश; ~ **therapy** रोग का उन्मूलन करने के लिए जीनों में परिवर्तन लाने की विज्ञान या तकनीक (जीन इंजिनियरिंग), जीन चिकित्सा; **be in the ~s** वंश जन्य गुण या विशेषता हो.; ***p&i:*** **be in the ~s** किसी गुण या विशेषता को विरासत में पाना

genera *pl.* of **genus**

general /जनर\ल/ *adj.* 1 साधारण, सामान्य: the ~ opinion; as a ~ rule; ~ meeting; ~ training; ~ overhaul; in ~ terms; ~ ward 2 सार्वजनिक, व्यापक, आम: ~ description; ~ pardon; ~ welfare; ~ store (s) 3 प्रचलित: as a ~ rule; this term is in ~ use; ~ impression 4 सामान्य, आम: ~ knowledge; ~ education; ~ reader; the statement is too ~ 5 अविशिष्ट, विशेष योग्यता के बिना: turn from the ~ to the particular 6 उच्च, महा, प्रधान, बड़ा: ~ manager; director-~; ~ headquarters; ~ court 7 लगभग, अनिश्चित: move in ~ direction of the front 8 असीमित, सर्वांगीण: ~ anaesthesia; ~ state of things, ~ hospital;
n. 1 सेना का जनरल: ~ of the army 2 नेता, मुखिया 3 धार्मिक पंथ का मुखिया 4 साधारण परिस्थिति;
dw/lw: **~ist** /~लिस्ट/ *n.* (***anton.*** specialist) व्यापक या सामान्य ज्ञान वाला व्यक्ति; **generality**, **generalization**, **generalize**, **generally** *see below under separate entries*; **~purpose** *adj.* व्यापक उद्देश्यों के लिए; **~ship** *n.* सेना के जनरल का पद या कार्य; **director-~** *n.* महा-निदेशक;
collocations: ~ **American** न्यू इंग्लैंड, न्यु यॉर्क और दक्षिण को छोड़कर अंग्रेजी बोलने का साधारण अमेरिकी लहजा; ~ **anaesthetic** *UK* (*US* ~ **anesthetic**) सारे शरीर को प्रभावित करने वाला बेहोशी या सुन्नता संवर्धक पदार्थ या दवा; ~ **assembly** सामान्य सभा; **General Certificate of Education** (*abbr.* GCE) साधारण शिक्षा प्रमाण-पत्र; **General Certificate of Secondary Education** (*abbr.* GCSE) साधारण उच्चतर-माध्यमिक शिक्षा प्रमाण-पत्र; ~ **counsel** *US* किसी संगठन का मुख्य वकील; ~ **delivery** = **poste restante** नयस्त डाक, पते पर डाक; ~ **description** सरसरा विवरण; ~ **election** आम चुनाव; ~ **good** सार्वजनिक हित; ~ **headquarters** मुख्यालय; ~ **hospital** साधारण (सर्वरोग चिकित्सा) अस्पताल; ~ **knowledge** आम या सतही सर्व ज्ञान; ~ **ledger** साधारण खातों की बही; ~ **of the army** मुख्य सेनापति; ~ **post office** व्यापक स्तर का यानी बड़ा डाक घर; ~ **practice** सर्वरोग चिकित्सा; ~ **practitioner** (*also* **GP**) सामान्य (सर्वरोग) चिकित्सक; ~ **principle** आम सिद्धांत; ~ **procedure** सामान्य प्रक्रिया; ~ **public** जन साधारण; ~ **purpose** व्यापक उद्देश्यों हेतु; ~ **staff** सेना के वरिष्ठ अफसरों को नीतिगत या योजना संबंधी मुद्दों पर सलाह देने वाले सैनिक अधिकारी; ~ **store** सर्व-सामग्री दुकान; ~ **strike** आम हड़ताल; ~ **term** आम काल अवधि;
p&i: **as a ~ rule** आम नियमों के अनुसार; **in** ~ 1 सामान्यतः 2 आम तौर पर, प्रायः; **in ~ terms** आम (मोटी-मोटी) शर्तों के अनुसार

generalissimo /जेनरलिसिमो/ *n.* महासेनापति, सेनाधिपति

generality /जेनैरैलिटि/ *n.* 1 व्यापकता, सामान्यता, सर्वांगीणता: the ~ of a conclusion; a matter of great ~ 2 आम बात, सामान्य बात 3 (**the ~**) बहुमत, आम जनता: the ~ of mankind (of voters) 4 विशिष्टता का अभाव, सरसरापन: such ~ has little value

generalization /जनरलाइजेशन/ *n.* 1 सामान्यीकरण, व्यापकीकरण, साधारणीकरण, व्यापक निष्कर्ष: hasty **~s**; make a ~; a broad/ gross/ sweeping ~

generali\ze (*also UK* **-se**) /जनरलाइज/ *v., pt.* **~zed**, *pp* **~zing** 1 व्यापक निष्कर्ष निकालना: **~ze** a conclusion from facts; be inclined to **~ze** on everything 2 सिद्धांत स्थापित क.: **~ze** the use of a new invention;

***dw/lw:* ~zed** *adj.* व्यापक, सामान्य, अविशिष्ट: ~zed form of value

generally /जनरलि/ *adv.* 1 अक्सर, प्रायः: I ~ go to the theatre on Sundays 2 आम तौर पर, साधारणतया: ~ speaking; ~ and particularly; it is ~ assumed that ... 3 (***syn.*** as a rule) बहुधा, सामान्यतः, व्यापक रूप से: an opinion ~ held; the new plan was ~ welcomed 4 मोटा-माटी, सरसरी तौर पर

genera\te /जेनअरे\ट/ *v., pt.* **~ted**, *pp* **~ting** 1 अस्तित्व में ला., उत्पन्न क., पैदा क.: prejudices **~ted** by ignorance 2 जनन क.: his attitude **~tes** opposition 3 बिजली, ताप आदि पैदा क.: friction **~tes** heat;

***dw/lw:* ~ted** *adv.* उत्पन्न, जनित, प्रजनित; **~terix** /~ट्रिक्स/ *n.* जनक; **generation**, **~tive** ; **~tor** *see below under separate entry*;

***collocations:* ~ting plant** उत्पादन संयंत्र; **~ting set** जेनरेटर, विद्युत उत्पादक संयत्र

generation /जेनअरेशन/ *n.* 1 पीढ़ी, पुश्त: younger ~; second ~ American 2 प्रजनन, उत्पादन: the rising ~ 3 नई पुश्त, नए तरह का माल, कंप्यूटर की श्रेष्ठतर होती अवस्थाएं: ~ X (वैकल्पिक मूल्यों व विचारों की समर्थक पीढ़ी या सामाजिक वर्ग) 4 उत्पादन, निर्माण: ~ of ill-feeling; ~ of electricity; ~ of heat;

***dw/lw:* ~al** /~शनल/ *adj.* पीढ़ीगत;

***collocations:* the ~ gap** दो पीढ़ियों के बीच जीवन की समझ में अंतर; **three ~s ago** तीन पीढ़ी पहले

generative /जेनअरेटिव/ *adj.* प्रजनक, उत्पादनक्षम, उत्पादक;

***collocations:* ~ grammar** ऐसी व्याकरण जो भाषा के नियम निर्धारित करती है

generator /जेनअरेटः/ *n.* 1 जनक, उत्पादक: smoke **~s** 2 ऊर्जा उत्पादक यंत्र: emergency **~s**

generic /जनेरिक/ *adj.* 1 प्रजातीय, जातिगत: ~ name 2 किसी वर्ग, समूह या प्रजाति से संबंधित: ~ term; ~ computers; a ~ drug (सामान्य औषधि जिस पर कंपनी या ब्रांड का नाम नहीं लिखा होता): ~ aspirin 3 सामान्य, व्यापक;

***collocations:* ~ name** जाति या श्रेणी के पहले उत्पाद का नाम;

generosity /जेनअरौसिटि/ *US* जेनअराःसिटि/ *n.* उदारता, दरियादिली: show ~

generous /जेनअरस\/ *adj.* 1 उदार: ~ spirit 2 उदारतापूर्ण, दयालुतापूर्ण: ~ nature/ spirit 3 प्रचुर, भरपूर, खुला हाथ: be ~ with one's money; ~ allowance; ~ portions;

***dw/lw:* ~ly** /~लि/ *adv.* उदारतापूर्वक

Génesis *n., pl.* **geneses** उत्पत्ति-ग्रंथ (Bible)

gene\sis /जेनअसिस/ *n.* 1 उद्भव, उत्पत्ति 2 प्रारंभ, शुरुआत

genet /जेनिट/ *n.* मुश्कबिलाव प्रजाति का एक जंगली जानवर

genetic /जनेटिक\/ *adj.* 1 जीनों से संबंधित 2 उत्पत्ति संबंधी, उत्पत्तिमूलक 3 आनुवंशिक, पैतृक, वंशानुगत;

***dw/lw:* ~ally** /~लि/ *adv.* जीनों के आधार पर, जीनों के अनुसार: ~ally modified plants or animals; ~ally modified cotton/ rice, etc.; ~ally engineered/ transmitted; **~ist** /जनेटिसिस्ट/ *n.* जनन-विज्ञानी, जनन विज्ञान-वेत्ता; **genetics** /जनेटिक्स/ *n.* जीनों का वैज्ञानिक अध्ययन, जनन-विज्ञान, जननिकी;

***collocations:* ~ affinity = ~ relationship** वंशानुगत समानता या संबंध; **~ code** जीवों की कोशिकाओं में प्रोटीन गुण बनाने के निर्देश; **~ counselling** पैतृक दोष से ग्रस्त भावी माता-पिता को सलाह देने की प्रक्रिया; **~ engineering** जीन के गुण या स्वभाव बदलने की तकनीक या यांत्रिकी; **~ fingerprinting** (*als* **DNA fingerprinting**) अपराध या बच्चे के पितृत्व आदि के मामलों को सुलझाने के लिए शारीरिक DNA के नमूनों, शारीरिक तंतुओं या द्रवों का अध्ययन; **~ parents** वे माता-पिता जिन्होंने बच्चे के जनन में शारीरिक रूप से भाग लिया है; **~ screening** वंशानुगत रोगों का अध्ययन करने के लिए पद्धतिगत परीक्षण; **~ally modified (GM) crops** ऐसी फसलें जिनके जीन (genes) परिवर्तित कर दिए गए हैं

Geneva /जनीवा/ *n.* स्विटजरलैंड का एक प्रमुख शहर;

***collocations:* ~ bands** कुछ पादरियों के चोगे पर लिनन की दो सफेद पट्टियां; **~ Bible** 1560 के आस-पास जनेवा में शरणार्थी प्रोटेस्टेंट पादरियों द्वारा पहली बार अंग्रेजी में प्रकाशित बाइबल का एक रूप; **~ Convention** युद्ध काल में घायल युद्ध बंदियों के साथ किए जाने वाले व्यवहार के बारे में एक अंतर्राष्ट्रीय समझौता; **~ cross** रेड-क्रॉस का प्रतीक; **~ gown** प्रोटेस्टेंट सुधारको द्वारा पहना जाने वाला चोगा

genial /जीनिअल/ *adj.* 1 (***syn.*** affable) मिलनसार, मैत्रीपूर्ण, हंसमुख, प्रसन्नचित्त, खुशमिजाज: ~ young an; man with a ~ character; ~ smile 2 अनुकूल, स्वास्थ्यवर्धक: ~ bed 3 रमणीय, सुखद: ~ day; ~ sunshine 4 *anat.* ठोडी से संबंधित;

***dw/lw:* ~ity** /जीनिअलिटि/ *n.* 1 मिलनसारी, मैत्री-भावना 2 अनुकूलता 3 प्रफुल्लता; **~ly** /जीनिअलि/ *adv.* खुशी-खुशी, प्रसन्नतापूर्वक

-genic *suffix* 1 किसी वस्तु या क्रिया को उत्पन्न करने वाली 2 किसी वस्तु या क्रिया के पूर्णतया अनुकूल: photo-~

genic /जीनिक/ *adj.* जीन (gene) से संबंधित

genie /जीनि/ (*also* **djinn**) *n., pl.* **~s/ genii** /जीनिआइ/ अरब लोक कथाओं में जादुई करिश्मे करने वाली (प्रेत) आत्मा, जिन्न

GENISYS *abbr.* 'General Insurance Systems' प्रथमाक्षरी आधारित शब्द (acronym)

genista /जनिस्टा/ *n., tech.* ऐसा पौधा जिससे झाड़ू (बुहारी) बनती है

genital /जेनिटल/ *adj.* गुप्तांगों से संबंधित: ~ area; ~ infections

genital\s /जेनिटल्ज/ *n. [pl.]* जनन-इंद्रियां, गुप्तांग: ~ system (जनन-तंत्र);

***dw/lw:* ~ia** /जेनिटेलिआ/ *n.* जननेंद्रियां, जननांग

genitive /जेनअटिव/ *n., gramm.* (*abbr.* **gen.**) 1 संबंध कारक, षष्ठी विभक्ति: ~ case 2 संबंध कारक में शब्दों का रूप;

adj. संबंधकारकीय, संबंध कारक से संबंधित

genito-urinary /जेनिटोयूअरिनरि/ गुप्तांगों व मूत्रांगों से संबंधित, जनन तथा मूत्रेंद्रिय-संबंधी

genius /जीनिअस/ *n., pl.* **~es/ genii** (जीनिअसिज/ जीनिआइ) 1 अति प्रतिभाशाली व्यक्ति: man of ~; a true ~ 2 (***syn.*** intelligence, artistic skill) प्रतिभा, मेधा, सर्जनात्मक शक्ति: the impress of ~; war is repugnant to the ~ of the people 3 प्रवृत्ति: have a ~ for making friends 4 स्वभाव, प्रकृति, विशिष्टता (~ of the century): rational inquiry was the ~ of the century; the ~ of the Renaissance period; the French ~ 5 (***syn.*** spirit) संरक्षक आत्मा: good ~; tutelar(y) ~ (संरक्षक देवदूत) 6 (***syn.*** demon) दुष्ट आत्मा, जिन्न, पिशाच: evil ~;

***p&i:* sb's good/ evil ~** किसी का अच्छा या दुष्टतापूर्ण प्रभाव

genoa /जेनोआ/ जनोआ/ *n., pl.* **~s**, *naut.* समुद्री नौका या जहाज का बड़ा पाल;

***collocations:* ~ cake** फल मिला केक जिस पर बादाम की गिरी लगी होती है

genocidal /जेनअसाइडल/ *adj.* जाति या जन-संहार संबंधी

genocide /जेनअसाइड/ *n.* जन-संहार

genome /जिनोम/ *n., genet.* जीव कोशिका में संपूर्ण उत्पत्तिमूलक (genetic) तत्त्व समूह

genotype /जेनअटाइप/ जीनअटाइप/ *n., genetics* जीवों के जीनों (genes) का एक विशेष समूह जो पर्यावरणीय तत्त्वों की क्रियाओं में

भाग लेता है

-genous /-जिनस/ *suffix., comb. form, forming adjectives, denoting:* **producing** (जनन): ero**genous**

genre/जौंरअ, जौनरअ/ *US* जाःनरअ/ (*Russian* **жанр** /झाऩ्र/) *n., pl.* **~s** विधा, शैली, ढंग;

collocations: **~ painting** सतरहवीं सदी के हॉलैंड के चित्रकारों से संबंधित चित्रकारिता की एक शैली जिसमें साधारण जीवन के चित्र बनाए जाते हैं

gens /जेंज/ *n.* 1 कबीला, कुल 2 *hist.* पति का कुल

gent /जेंट/ *n. short form,* '**gentleman**' का संक्षिप्त रूप

genteel /जेंटील/ *adj., degr.* **~er**, **~est** 1 कुलीन, शालीन 2 बनावटी ढंग से भद्र, नकचढ़ा 3 बना-ठना 4 *old use, facetious* कुलीन वर्ग के लिए उपयुक्त 5 जरूरत से ज्यादा शांत, उबाऊ;

dw/lw: **~ly** *adv.* अति शालीनतापूर्वक; **~ ness** *n.* शालीनता

gentian /जेनशन/ *n.* गहरे नीले फूलों वाला एक पौधा;

collocations: **~ violet** जर्मरोधक रंग, जिसे जलन के घाव का उपचार करते हैं

gentile /जेंटाइल/ *n.* (*pl.* **gentiles/ Gentiles**) गैर-यहूदी व्यक्ति;

adj. 1 (*often* **Gentile**) गैर-यहूदी 2 *now rare* राष्ट्र या कबीले से संबंधित

gentility /जेंटिलिटि/ *n.* 1 भद्रता, कुलीनता 2 बनावटी भद्रता, कंगाली में भी भद्रता का दिखावा: shabby ~ 3 शालीनता, सज्जनता

gentle /जेंटल\/ *adj.* 1 भला, दयालु: ~ nature; ~ heart 2 सौम्य: ~ look; ~ manners; ~ craft/ art 3 मृदुल, कोमल, सुहावना, मंद, हल्का, a ~ breeze; a ~ caress; ~ rustle in the grass; cook over a ~ fire 4 आहिस्ता-आहिस्ता होने वाली ढलान: ~ slop 5 सज्जन, नर्म 6 हल्की-फुल्की: a ~ reprimand; ~ heat; ~ push;

dw/lw: **~folk** /~फॉक/ *n.* भले घर के लोग, भद्र लोग; **gentleman** *see below under separate entry*; **~ness** /~नेस/ *n.* शराफत, भलापन; **~woman** *see below under separate entry*;

p&i: **~ and simple people** भले और सादे लोग;

as ~ as a dove/ a lamb बहुत भला व्यक्ति;

gentleman /जेंटलमअन/ *n., pl.* **gentlemen** 1 पुरुष के लिए एक विनम्र संबोधन शब्द: good morning/ good afternoon, **gentlemen!**; young/ old/ stout ~ 2 भला या शरीफ व्यक्ति, सज्जन 3 कुलीन व्यक्ति जिसके पास बिना काम किए जिंदगी बिताने के लिए काफी धन है, धनी वर्ग का सदस्य: true ~; he is no ~;

dw/lw: **~-at-arms** *n.* राजा या रानी के अंगरक्षक; **~ly** /जेंटलमअनलि/ *adj.* सज्जनोचित, भद्रतापूर्ण, भद्र;

collocations: **~'s agreement/ gentlemen's agreement** शरीफ लोगों के बीच सहमति, सौजन्य-सहमति; **~ at large** *facetious* बिना किसी काम धंधे के आदमी, अपनी मर्जी का मालिक; **~ farmer** जमींदार जो स्वयं अपनी जायदाद पर रहता है और स्वयं खेती-बाड़ी के कार्यों की देखरेख करता है; **~ in waiting** शाही व्यक्ति का कुलीन सहचर; **~ of the cloth** पादरी; **~ of the gown/ ~ of the long robe** काबिल वकील; **~ of the inkpot/ of the press** पत्रकार; **~ of the road** राहगीर, बटमार, लुटेरा; **~ of fortune** जल दस्यु, समुद्री लुटेरा; **~ of virtue** कला पारखी; **~'s/ ~** भद्र पुरुष का व्यक्तिगत परिचर; **~ out of pocket** = **~ out at elbows** = **~ out of credit** *facetious* ठन-ठन गोपाल; **Gentleman's Relish** एक प्रकार की सैंडविच पेस्ट (स्प्रेड);

p&i: **a ~ at large** घुमंतू सामंती व्यक्ति; **a gentleman of the three outs: without money, without wit, without manners** तीन '**outs**' वाला व्यक्ति यानी जिसके पास न पैसा हो, न बुद्धि और न तमीज; **a walking ~** रंगशाला में आंकड़े बताने वाला व्यक्ति; **old ~/ ~ in black** शैतान; **one of Nature's ~** वास्तिक रूप में शरीफ व्यक्ति; **the ~ that pays the rent** अपनी शख्शियत के अनुसार खरा उतरने वाला व्यक्ति या प्राणी (सुअर के लिए प्रयुक्त)

gentlewoman /जेंटलवुमन/ *n.* 1 खानदानी महिला, भले घर की स्त्री 2 सुशिक्षित, भद्र व शालीन महिला 3 महिला विधायक या सांसद को संबोधित करने के लिए प्रयुक्त

gently /जेंटलि/ *adv.* 1 आहिस्ता से: answer ~; speak ~ 2 नजाकत से, नाजुक तरीके से: held the baby ~ 3 हल्के से, मद्धम-मद्धम: the sun was ~ warm 4 प्यार से: reprimand ~ 5 सावधान करने के लिए प्रयुक्त: ~, you may fall!;

p&i: **~ born** जो कुलीन घराने में पैदा हुआ हो; **~ bred** जिसका कुलीनों की तरह पालन-पोषण या शिक्षण हुआ हो

gentri\fy /जेंट्रिफाइ/ *v. pt.* **~fied**, *pp* **~fying** 1 घर या अन्य वस्तु को बदलकर भद्र लोग यानी मध्यम श्रेणी के लोगों के पसंद अनुसार बनाना 2 भद्रीकरण क.;

dw/lw: **~fication** *n.* भद्रीकरण

gentry /जेंट्रि/ *n., [pl.]* 1 (*esp.* **the ~**) भद्र लोग: these **~!** (ये भद्र लोग!) 2 मध्यम श्रेणी के लोग: ignorant ~, idle ~ **3** *euphemism* चोर, जेबकतरे, बटमार जो दूसरों की जेब टटोलने में माहिर है;

collocations: **the light-fingered ~** जेब-कतरे; **the silk-stocking ~** धनी लोग

gents *n., [sing.]* (*often* **the gents**), *colloq.* 1 *UK/Ind.* पुरुषों के लिए जन-सुविधाएं 2 पुरुष शौचालय

genu /जीन्यु/ *n., pl.* **~a**, *anat.* घुटना, जानुका;

dw/lw: **~flect** *v. pt.* ~flected, *pp* ~flecting 1 घुटने टेकना 2 जानुनत हो., घुटने मोड़कर बैठना 3 घुटने के बल झुककर अति आदर प्रकट क.; **~flection/ ~flexion** *n.* जानुनमन, जानुनति, घुटने मोड़कर बैठने की क्रिया

genuine /जेन्युइन/ *adj.* 1 सच्चा, ईमानदार, निष्कपट: ~ sorrow/ repentance/ respect 2 विशुद्ध, खरा, असली: ~ diamond 3 प्रामाणिक, अकूट: ~ manuscripts; a bull-dog of ~ breed;

dw/lw: **~ly** *adv.* ईमानदारी से, निष्कपटता से; **~ness** *n.* 1 ईमानदारी, निष्कपटता 2 प्रामाणिकता 3 विशुद्धता, खरापन

genus /जीनस/ *n. pl.* **~es/ genera** /जेनरा/ 1 पशुओं व पौधों का वर्ग जिनकी प्रजनन विशेषताएं समान हो 2 वंश, प्रकार: the ~ Homo (मानव जाति);

dw/lw: **generic/ ~al** वंशगत, जातिगत: generic name

GEO *abbr.* 'Group Executive Office' की प्रथमाक्षरी

geo- /जिओ-/ *prefix, comb. form, signifying, nouns, adjectives and adverbs of:* **the Earth** (धरती): **geo**science 2 **geography** (भूगोल)

geocent\ric /जीओसेंट्रिक/ *adj.* 1 भूकेंद्रिक, कोपरनिकस (Copernicus Nikolaus, 1473-1543) से पहले माने जाने वाली धरती के गिर्द सूर्य के घूमने की प्रणाली 2 जो धरती के केंद्र से मापा गया हो;

dw/lw: **~rism** /जीओसेंट्रिज्म/ *n.* भूकेंद्रीयता

geochemistry /जीओकैमिस्ट्रि/ *n., geol.* भू-रसायन, धरती की रासायनिक बनावट का अध्ययन, भू-विज्ञान

geochronology /जिओक्रअनौलजि/ *US* जिओक्रअनाःलजि/ *n.* भू-कालानुक्रम या भौगोलिक समय मापन विज्ञान

geocole /जीओकोल/ *n.* भू-वासी

geode /जीओड/ *n., geol.* 1 क्रिस्टलों में खोखला छेद 2 खोखली चट्टान में एक छोटा-सा गड्ढा जिसमें भू-केंद्र की तरफ उन्मुख क्रिस्टल लगे होते है

geodesic /जीओडेसिक/ *adj.* वक्र तल पर स्थित दो बिंदुओं के बीच अल्पतम रेखा से संबंधित, अल्पांतरी

geodesy /जीओडेसि/ *n.* भूगणित, धरती के स्वरूप, क्षेत्रफल व सतह का वैज्ञानिक अध्ययन

geog. *abbr.* 'geography' or 'geographical' का संक्षेप

geogra\phy /जिऔग्रफि/ *US* जिआःग्रफि/ *n., pl.* **~phies** भूगोल, भूगोल विज्ञान: physical/ political **~phy**;

dw/lw: **~pher** *n.* भूगोल विज्ञानी, भूगोलज्ञ, भूगोलवेत्ता; **~phic** (*also* **geographical** /जिऑग्रैफिक/ ~ल/) *adj.* खगोलीय, भौगोलिक, भूगोलीय; **~phically** *adv.* भौगोलिक आधार पर

geol. *abbr.* 'geology' *or* 'geological' का संक्षेप

geolatry /जिऔलेट्रि/ *US* जिआःलेट्रि/ *n.* भू-पूजन, पृथ्वी-पूजन

geolog\y /जिऔल\जि/ *US* जिआःल\जि/ *n.* 1 भूविज्ञान, भौमिकी 2 दूसरे ग्रहों का अध्ययन 3 किसी देश, क्षेत्र व ग्रह की भूगोलीय विशेषताएं;

dw/lw: **~ical** /~कल/ *adj.* भूविज्ञान संबंधी; **~ist** /~जिस्ट/ *n.* भूविज्ञानी;

collocations: **~ical survey** भू-सर्वेक्षण; **~ical time** समय का मापन जिसमें पृथ्वी के इतिहास को क्रमशः महाकल्प (**EONS**), युगों (**ERAS**), कालों (**PERIODS**) और युगांतरों (**EPOCHS**) में विभाजित किया गया है

geologiz\e/ geologis\e /जिऔलजाइज/ *US* जिआःलजाइज/ *v. pt.* **~ed**, *pp* **~ing** 1 भू-विज्ञानीय शोध क. 2 भू-विज्ञान की दृष्टि से विश्लेषण क.

geomagnet\ism /जिओमैगनअटि\जम/ *n.* 1 धरती का चुंबकीय क्षेत्र 2 धरती के चुंबकीय क्षेत्र का वैज्ञानिक अध्ययन;

dw/lw: **~ic** /~क/ *adj.* धरती के चुंबकीय क्षेत्र से संबंधित: ~ic field

geomancy /जीओमैंसि/ *n.* 1 वास्तुकला 2 भू-शकुन विद्या, भू-शकुन विचार

geometr\y /जिऔमिट्रि/ *US* जिआःमिट्रि/ *n.* रेखा गणित, ज्यामिती;

dw/lw: **~ic** /जीअमेट्रिक/ (*also* **~ical** /जीअमेट्रिकल/) *adj.* 1 ज्यामितीय 2 रेखा गणितीय; **~ically** /जीअमेट्रिकलि/) *adv.* ज्यामितीय हिसाब से; **~ician** /जीअमेट्रिशिअन/ *n.* ज्यामितिवेत्ता, रेखा-गणितज्ञ;

collocations: **~ic mean** गुणोत्तर श्रेणी में केंद्रीय संख्या; **~ic progression** गुणोत्तर श्रेणी, संख्याओं का क्रम जिसमें दूसरी संख्या पहली का और तीसरी दूसरी का वर्ग होती है...

geomorphology /जिअमॉःफौलजि/ *n* जिअमॉःफाःलजि/., *geol.* 1 भू-आकृति विज्ञान 2 धरती, दूसरे ग्रहों की सतहों पर मिलने वाले भूमि के रूपों, प्रकृति एवं इतिहास का वैज्ञानिक अध्ययन

geophagy /जिऔफजि/ जिआःफजि/*n.* मृद्-भक्षण, मिट्टी को खाया जाने की क्रिया

geophysics *n., [sing.]* भू-भौतिकी, धरती का भौतिक भू-वैज्ञानिक अध्ययन

geopolitics /जीओपौलिटिक्स/ *US* जीओपाःलिटिक्स/*n., [sing.]* भू-राजनीति

George /ज्योर्ज/ *n., sl.* हवाई जहाज का स्वचालित पायलट;

p&i: **let ~ do it** इस काम को कोई दूसरा करे

George Cross ब्रिटेन में बहादुरी के लिए दिया जाने वाला सम्मान

George Medal ब्रिटेन में ज्योर्ज पदक

georgette /जॉःजेट/ *n.* जार्जेट, एक पतला रेशमी या सूती कपड़ा

Georgian /ज्यॉरजिअन/ *n.* कॉकेशियायी देश ज्योर्जिया (**Georgia**) का नागरिक;

adj. ब्रितानवी राजाओं जॉर्ज I-IV (1714-1830) के समय से संबंधित

geosphere /जीओस्फीअः/ *n.* 1 भूमंडल, धरती का निर्जीव भाग 2 धरती का ठोस भाग

geostate *adj.* भूस्थिर

geostationary /जिओस्टेशनरि/ *adj., tech.* धरती की भू-मध्यरेखा के 35900 किलो मीटर ऊपर स्थित कृत्रिम स्पुतनिक का कक्ष जहां से स्पुतनिक धरती की तरह अपने कक्ष पर 24 घंटे में परिक्रमा-चक्र पूरा कर लेता है जिसके कारण धरती पर यह स्पुतनिक अचल या स्थिर (stationary) दिखाई देता है: ~ satellite

geostrophic /जिअस्ट्रौफिक/ जिअस्ट्रोफिक/ *adj., metorol.* कोरिओलिस बल (Coriolis Force) से संबंधित जो वायु की दिशा और गति को प्रभावित करता है

geosynchronic /जीओसिन्क्रोनिक/ *adj.* भू-संक्रमिक

geotechnical /जिओटेक्निकल/ *adj.* भू-तकनीकी

geothermal /जीओथर्मल/ *adj., tech.* 1 धरती के अंदरूनी ताप से संबंधित, भूतापीय 2 इस ताप से प्राप्त की जाने वाली ऊर्जा से संबंधित: ~ energy

geotropism /जीओट्रोपिज्म/ *n.* गुरुत्व के अनुपात में पौधों की जड़ों या तने की वृद्धि

GER *abbr.* 'gross enrolment ratio' की प्रथमाक्षरी

Ger. *abbr.* 'German' का संक्षेप

geranium /जिरेनिअम/ *n.* एक प्रकार का फूलदार पौधा, जिरेनियम

gerbil /जःबिल/ *n.* हिरन मूसा

geriatric /जेरिऐट्रिक/ *adj.* वरिष्ठ नागरिकों (वृद्ध लोगों) से संबंधित: ~ medicine;

dw/lw: **~ian** /जेरिअट्रिशिअन/ *n.* जराचिकित्सक; **~s** /जेरिऐट्रिक्स/ *n., [sing.]* 1 चिकित्सा विज्ञान की एक शाखा जो वृद्धावस्था के रोगों के निदान व उपचारों से जुड़ी है 2 वरिष्ठ नागरिक-परिचर्या, वरिष्ठ नागरिक-सेवा

germ /जःम/ (*also adj.*) *n.* 1 रोगाणु, जर्म 2 (***syn.*** embryo) अंकुर: in ~ (गर्भावस्था में); the ~ of life 3 (***syn.*** seed) बीज 4 (***syn.*** origin) स्रोत, उद्गम: ~ of plan 5 मूल-सिद्धांत;

dw/lw: **~free** *adj.* रोगाणु-मुक्त; **~icide** /ज़ःमिसाइड/ *n.* रोगाणु नाशक पदार्थ; **~icidal** /जःमिसाइडल/ *adj.* रोगाणुनाशक; **~inal** /जःमिनल/ *adj.* रोगाणु संबंधी (*also see under separate entry*); **~less** *adj.* रोगाणुरहित: ~less seeds;

collocations: **~ cell** जनन-कोशिका; **~ plasm** जनन-द्रव; **~ warfare** जीवाणु युद्ध; **free from ~s** जर्म रहित; **full of ~s** जर्म संक्रमित, रोगाणुओं से भरा

german /जर्मन/ *adj.* 1 एक ही माता-पिता की संतानें 2 जब मां या पिता के परिवार में दादा और दादी एक ही हों;

collocations: **brother ~** सगा भाई (दोनों के माता और पिता एक ही हैं); **cousin ~** सगे चाचे या मामे का बेटा/ की बेटी

German /जःमन/ *adj.* 1 जर्मनी संबंधी 2 जर्मन 3 जर्मन (भाषा): High/ Low ~;

n. जर्मनी वासी: the **~s** (जर्मनी के लोग);

collocations: **~ measles** (*also* **rubella**) खसरा; **~ shepherd dog** एक बड़ा-सा कुत्ता जिसे पुलिस या सुरक्षा बल प्रयोग करते हैं

germane /जःमेन/ *adj.* 1 से संबद्ध: a remark hardly ~ to the question 2 (***syn.*** relevant) संगत, स्थिति संगत, उचित: ~ remark

Germanic *n.* इंडो-यूरोपीय भाषा परिवार की एक शाखा जिसमें जर्मन भाषा के आधुनिक और ऐतिहासिक स्वरूप शामिल हैं और वह पूर्वी जर्मैनिक (Gothic and other extinct languages), उत्तरी जर्मैनिक (Norwegian, Danish, Swedish, Icelandic) और पश्चिमी जर्मैनिक (English, Frisian, Dutch, Low German, High German) आदि वर्गों में बंटी है;

adj. 1 उपरोक्त भाषाओं से संबद्ध 2 जर्मनी या जर्मन लोगों से संबद्ध

germinal /जःमिनल/ *adj.* आरंभिक अवस्था में होने वाला, भ्रूणीय जननिक (*also* see under germ: ***dw/lw***)

germina\te /जर्मिने\ट/ *v., pt.* **~ted**, *pp* **~ting** 1 अंकुरित हो., उगना, जमना, फूटना 2 विकास शुरू हो. 3 अस्तित्व में आना, उत्पन्न हो.;

dw/lw: **~ting** /~टिंग/ *adj.* अंकुरण: ~ing ability/ capacity; ~ting apparatus/ chamber (अंकुरण यंत्र); **~tion** /~श्न/ *n.* अंकुरण: a time of ~tion

germicide and linked words: *see above under* **germ: *dw/lw***

GERMON *abbr.* 'Global Environmental Radiation Monitoring Network' की प्रथमाक्षरी

geronto\cracy /जेरंटौक्रसि/ *US* जेरंटाःक्रसि/ *n.* वृद्ध लोगों की सरकार;

dw/lw: **~cratic** /जअरौंटअक्रैटिक/ *adj.* वृद्ध लोगों की;

geronto\logy /जेरौंटौ\लजि/ *US* जेरैंटाः\लजि/ *n.* वृद्धावस्था यानी बूढ़ा होने की प्रक्रिया तथा वृद्ध लोगों की समस्याओं का वैज्ञानिक अध्ययन; **~logical** /जेरौंटलौजिकल/ *US* जेरैंटलाःजिकल/ *adj.* वृद्धावस्थात्मक; **~logist** /~लजिस्ट/ *n.* वृद्धावस्था विशेषज्ञ

gerrymander /जेरिमैंडः/ *v., pt.* **~ed**, *pp* **~ing** 1 किसी विशेष दल को लाभ पहुंचाने के लिए चुनावी हल्कों का परिसीमन बदलना 2 गोलमाल क., गड़बड़-घोटाला क.;
n. गोलमाल;
dw/lw: **~ing** /~डरिंग/ *n.* गड़बड़-घोटाला करने की क्रिया

gerund /जेरंड/ *n., gramm.* क्रियावाचक संज्ञा : break**ing**, mak**ing**
dw/lw: **~ive** *adj.* क्रियात्मक विशेषण जो किसी काम को करने की जरूरत को दर्शाते हैं

Gesco *abbr.* 'Great Eastern Shipping Company' का प्रथमाक्षरी आधारित नाम

GESO *abbr.* 'Graduate Employer and Students Organisation' की प्रथमाक्षरी

GESTA *abbr.* 'Government School Teachers Association' की प्रथमाक्षरी

gestalt /गश्टैल्ट/ *US* गश्टाःल्ट/ *n., pl.* **~s** *psychol., Ger.* संपूर्ण संरचना को उस संरचना के टुकड़ों के कुल जोड़ से वृहतर (बड़ा) मानने की धारणा

gesta\te /जस्टे\ट/ *v., pt.* **~ted**, *pp* **~ting** 1 गर्भवती होना 2 किसी योजना या विचार का फलीभूत हो.;
dw/lw: **~tion** /~शन/ *n.* 1 गर्भावस्था 2 गर्भकाल, गर्भावधि 3 (***syn.*** development) योजना आदि का फलीभूत होने का काल

gesticula\te /जस्टिक्युले\ट/ *v., pt.* **~ted**, *pp* **~ting** 1 बोलते समय हाथों को हिला-झुलाकर हाव-भाव अभिव्यक्त क. 2 अंग संचालन क. 3 इशारा क. 4 इशारों से भाव व्यक्त क.;
dw/lw: **~tion** /~शन/ *n.* हस्तमुद्राएं, हाव-भाव, भाव-भंगिमाएं;

gestural /जेस्चरल/ *adj.* 1 भाव-भंगिमाओं व अंगचालन से संबंधित, हाव-भावपूर्ण 2 अंग चालन से अभिव्यक्त

gestu\re /जेस्चः/ *n.* 1 अंग संचालन, शरीर चेष्टा, इशारा, संकेत, मुद्रा, हाव-भाव: grace and dignity in each of her **~res** 2 भाव-भंगिमा चालन, मुद्रा, भावना प्रदर्शन: accompany one's speech with **~res**; warlike **~re** 3 सद्भावना, शालीनता का संकेत, सद्भावनापूर्ण कार्य, कदम या पहल आदि: a grand/ token **~re**; a **~re** of friendship/ goodwill, etc; a nice **~re**;
v., pt. **~red**, *pp* **~ring** 1 इशारा या संकेत क. 2 मुद्रा प्रदर्शन क. 3 अंगचालन व भाव-भंगिमाओं द्वारा भाव अभिव्यक्त क.;
p&i: **a fine ~ gesture** एक बढ़िया पहल या संकेत

get /गेट/ *v., pt.* **got** गौट/ *US* गाःट/, *pt. p.* **got** or *US* **gotten** /गाःटन/, *pp* **~ting** 1 प्राप्त क. या खरीदना: ~ a letter; **got** her some flowers for her birthday 2 जाकर लाना, ले आना: ~ it down from the shelf 3 अनुमति पाना: can you ~ to stay out late? 4 सुन पाना, समझ पाना: I didn't quite ~ his name 5 (*also* **~ across/ ~ sb across/ ~ away/ to/ through**) जाना, भेजना, चलना, यात्रा क., पहुंचना: tried to ~ past him; will you ~ him here?; **got** to Paris on Friday 6 किसी स्थिति या अवस्था में हो. या हो जाना: **got** him into trouble 7 बनना, हो.: I **got** angry 8 सहना, भुगतना: **got** a broken arm 9 तैयार क., जुटाना: ~ the child ready for school 10 के लिए राजी क., प्रेरित क.: ~ sb to help us 11 अर्जित क.: ~ fame/ credit/ glory (प्रसिद्धि/ श्रेय अर्जित क.) 12 प्रहार क.: a bullet **got** him, the bullet **got** him through 13 याद आना: cannot ~ his telephone number 14 से ग्रस्त हो जाना, बीमार पड़ना: she **got** measles and couldn't come 15 भावनात्मक प्रभाव डालना: the sight of the starving children really **got** to me; the play **got** me (नाटक मुझ पर छा गया); this problem **got** me (इस समस्या ने मेरा दिमाग खराब कर दिया) 16 खाना बनाना: **got** the food ready 17 (प्रसारण आदि के) संकेत पाना: unable to **get** the BBC; ~ the NDTV; ~ the hint/ the cue (संकेत पाना) 18 संपर्क स्थापित क.: never ~ him at home 19 जोड़ मिलाकर किसी संख्या पर पहुंचना: ~ to make century 20 दंड के रूप में पाना: **got** five years for robbery 21 दंड दे., किसी का नुकसान क.: I'll ~ you for that! 22 हैरान क.: you've **got** me there 23 वायदा पाना: ~ the word 24 बेचकर दाम पाना: **got** good amount for the car 25 परीक्षा में कोई अंक या श्रेणी पाना: **got** A+ in English 25 कोई कार्य आरंभ क.: **got** talking to him 26 कुछ करने का अवसर पाना: ~ to go first 27 यात्रा करने के लिए टैक्सी आदि पकड़ना: ~ a bus to reach the university 28 पकड़ना: ~ **sb** by the throat 29 वजूद में हो.: they still ~ cases of TB in the world 29 (***syn.*** puzzle) किसी को असमंजस में डालना: he **got** her by his sudden question;
n. 1 *derog., sl.* एक मूर्ख तथा घिनौना आदमी 2 संतति, भावी पीढ़ी 3 *colloq.* वेतन, हाथ में मिलने वाली तनख्वाह 4 लाभ;
excl. दूर हटो!, दफा हो जाओ!: ~ off!;
dw/lw: **~-at-able** *adj., colloq.* जहां आसानी से पहुंचा जा सके; **~away** *n.* 1 प्रस्थान 2 अपराधी आदि का पलायन 3 आरंभ, प्रारंभ 4 भागने में काम आने वाली गाड़ी आदि 5 छोटा-सा अवकाश या तफरी; **~-out** *n.* 1 पलायन करने के साधन या रास्ता, बचने का तरी: ~-out clause in the agreement 2 *theat.* नाटक का मंचन खत्म होने पर उसके मंच की सजावट आदि को हटाने का काम 3 साप्ताहिक उत्पाद मूल्य 4 **~-out** *adv., colloq.* पूर्णतया: as drunk as all ~-out; **~-rich-quick** *adj.* जल्दी-जल्दी अमीर होनेवाले; **~table** *adj.* प्राप्य, जिसे प्राप्त किया जा सके; **~ter** *n., electron.* वाल्वों (valves) में से बची हुई गैस को निकालने का एक औजार; **~ting** *n.* हाल-चाल, प्रगति: while the ~ting is good; **~-together** *n.* मिलन, सभा, प्रीतिभोज; **~-up** *n.* रूप सज्जा, गठन, सजावट, पहनावा, बनावट; **~-up-and-go** *n.* काम करवाने के लिए ऊर्जा और जोश;
go-getter *n.* तिकड़म लगाकर काम निकलवाने वाला व्यक्ति;
p&i: **~ aboard** रेलगाड़ी आदि में चढ़ना; **~ a bus/ train, etc.** बस/ रेलगाड़ी आदि पकड़ना; **~ about** *UK* (*US* **~ around**) *colloq.* 11 बीमारी के बाद चलने-फिरने लगना 2 बहुत सारे स्थानों की यात्रा क. 3 भिन्न-भिन्न स्थानों पर बिना किसी कठिनाई के जा पाना 4 अफवाह आदि का फैलना; **~ above oneself** अपने बारे में कुछ ज्यादा ऊंचा मत हो., दंभी या घमंडी हो जा; **~ across** किसी विचार (idea) आदि को समझाना या किसी तक पहुंचाना (convey); **~ a chance** अवसर मिल जा.; **~ addicted to sth** लती या व्यसनी हो.; **~ a ducking** पानी में गिर जा.; **~ a fresh lease of life** भयंकर बीमारी, हादसे या अन्य किसी सदमे से उबरना; **~ a fright/ a scare** डर जा.; **~ a girl into rouble** अविवाहिता को गर्भवती बना दे.; **~ a glance/ glimpse/ peep of sb/ sth** किसी की/ किसी चीज की थोड़ी-सी झलक पाना; **~ a head** थोड़ा पी लेना; **~ ahead** प्रगति क., सफल हो.; **~ ahead of all the others** और सब से आगे निकलना; **~ a kick** खूब मजा आना; **~ alert** चौकन्ना हो जा.; **~ along** 1 गुजारा क. 2 प्रगति क. 3 उम्र बढ़ना 4 मैत्री हो.; **~ along with sb** *colloq.* किसी से मैत्रीपूर्ण संबंध हो.; **~ along without food** बिना खाने के गुजारा क.; **~ along without sb's help** बिना किसी की मदद के काम चला लेना; **~ along with some amount of money** कुछ पैसे से काम चलाना या गुजारा क.; **~ a lot of bounce** ऊर्जा से ओतप्रोत हो.; **~ a lot of mileage out of** काफी फायदा उठाना; **~ an eyeful of sth** किसी चीज को ठोक बजाकर परख लेना; **~ angry** नाराज हो.; **~ a rap over the knuckles = ~ a rebuke/ reprimand** डांट पड़ना; **~ around to sth** (*also UK* **~ round to sth**) टले हुए/ लंबित कार्य को अंततः पूरा कर दे.; **~ at sb** *colloq.* 1 आलोचना क. 2 उसे निरंतर उत्पीड़ित क. 3 *colloq.* घूस आदि देकर किसी के निर्णय को प्रभावित क.; **~ at sth** 1 पहुंच पाना या कुछ पाना 2 सुझाव या संकेत दे. 3 अर्थ या

मतलब समझना, किसी अर्थ में लेना; **~ sth across** अच्छी तरह समझा पाना; **~ away** 1 बचकर भाग जा. 2 गर्मी आदि से छुटकारा पाने के लिए सैर-सपाटे के लिए जाना 3 *sport* आगे बढ़ निकलना 4 *naut.* टोरपीडो (torpedo) आदि दागना; **~ away from it all** सब झंझटों से बचने के लिए थोड़े दिनों के लिए छुट्टी बिताने जा.; **~ away with sth** 1 कोई चीज चुरा लेना 2 गलत कार्य करने के बावजूद दंडित हुए बिना बच निकलना; **~ back** 1 लौटना 2 वापस पाना; **~ back at sb/ get sb back** बदला ले.; **~ back to sb** दोबारा फोन आदि पर बात क., जवाबी फोन क.; **~ back to sth** मुद्दे पर वापस आना; **~ behind** 1 *US* समर्थन क. 2 पिछड़ना, पीछे छूटना; **~ better** बेहतर हो.; **~ bogged down** में फंस जा.; **~ busy** व्यस्त हो जा.; **~ by** 1 पास से गुजरना 2 निरीक्षण या परीक्षण में सफल हो. 3 बीत जा. 4 गुजारा क.; **~by /on/ in/ with sth** 1 गुजारा कर ले. 2 जो आपके पास पैसा, ज्ञान, साजो-सामान आदि है उससे काम चला लेना; **~ by heart** जबानी याद कर लेना; **~ cancer/ flu/ malaria, etc.** कैंसर/ जुकाम/ मलेरिया आदि से बीमार पड़ना; **~ caught/ killed, etc.** पकड़ा या मारा जा.; **~ disgusted with** किसी से या किसी बात से परेशान हो जा.; **~ done with sth/ sb** से नाता तोड़ ले.; **~ down** 1 नीचे उतरना 2 उतारना, उतार दे. 3 गंभीरतापूर्वक कार्य शुरू क.; **~ down to brass tacks** असली मुद्दे पर आना; **~ down to business** काम शुरू क.; **~ down to facts** तथ्यों का विश्लेषण शुरू क.; **~ down to sth** कोई काम शुरू क.; **~ drunk** नशा हो.; **~ even with sb** हिसाब बराबर कर लेना; **~ free** फारिग हो.; **~ going** शुरू क.; **~ gray/ grey hair** चिंतित हो.; **~ gruel** मुंह की खाना, पिट जा.; **~ here/ there/ to the bank, etc.** यहां/ वहां/ बैंक आदि पहुंचना; **~ his/ theirs** *sl.* मार दिया जा.; **~ hitched = ~ spliced** शादी कर लेना; **~ hold of** पकड़ना, प्राप्त क.; **~ hold of the wrong end of the stick** 1 अर्थ या आशय को ठीक से न समझ पाना 2 गलतफहमी हो जा.; **~ home** सफल हो., अपना लक्ष्य प्राप्त क.; **~ hungry** भूख लगना; **~ in** 1 अंदर आना, प्रवेश क. 2 आना, पहुंचना 3 रेलगाड़ी या बस आदि का पहुंचना 4 अंदर लाना 5 अंदर घुसेड़ना 6 साथ मिलना 7 चुनावों में चुना जाना 8 फसल उठाना 9 फसल बोना 10 चोट क.: ~ a blow in 11 किसी दल का सत्ता में आना; **~ in one's hair** जी जलाना, चिढ़ाना; **~ in the neck** कड़ाई से निपटा जा.; **~ in the way/ in sb's way, in sb's road** किसी के रास्ते में रोड़ा बनना; **~ into a flap** हाथ-पांव फूल जा., घबरा जा.; **~ into a groove** स्थिति की भावना को समझकर काम क.; **~ into a mess/ into a muddle/ into a scrape/ into hot water** मुसीबत में फंस जा.; **~ into a rage** आपे से बाहर हो.; **~ into a tantrum** तमाशा क., नखरे क.; **~ into deep waters** गहन मुसीबत में फंस जा.; **~ into/ off/ through/ over, etc.** पर चढ़ना/ उतरना/ पार क., पर काबू पाकर आगे बढ़ना आदि; **~ into one's head** दिमाग में बैठ जा.; **~ into one's stride** काम रम जा. या लय और गति पकड़ लेना; **~ into sb** किसी के दिमाग में कुछ उल्टा-सीधा घुस जा.; **~ into sb's confidence** किसी का विश्वास प्राप्त क.; **~ into sth** 1 स्कूल या अन्य किसी संगठन के किसी पद के लिए चुना जाना 2 किसी गतिविधि में शामिल हो जाना 3 किसी चीज के लिए पसंद या उमंग पैदा क.; **~ into the habit of ...** आदत हो जाना; **~ it down fine** किसी बात का गहराई से अध्ययन क.; **~ it, ~ it = catch it**; **~ it/ sth/ right** किसी बात को ठीक से समझना; **~ it (sth) into one's head** किसी बात को अपने दिमाग में बैठा लेना; **~ it in the neck** करारी चोट खाना; **~ knotted!** भाड़ में जाओ!; **~ loose** बचकर निकल जा.; **~ married** शादी क.; **~ more than one bargained for** गिनती में चूक क.; **~ nervous** घबरा जा.; **~ next to** बहुत नजदीकी हो जा.; **~ next to nothing** कुछ न मिलना; **~ next to sth** किसी बात की जानकारी मिलना; **~ nowhere** कुछ भी प्राप्त न कर पाना; **~ off (sth)** 1 बस, रेलगाड़ी, विमान या नाव आदि से उतरना 2 काम से वापस लौटना 3 उतारना (**~ off** one's clothes) 4 प्रस्थान क. 5 जगह से हटना या हिलना 6 भेजना: ~ the children off to school 7 बचकर भाग जा. 8 टालना, छुटकारा पाना 9 धड़ाधड़ भाषण झाड़ दे. 10 याद कर ले., रट ले. 11 *US* प्रकाशित क.; **~ off!** *UK* दूर हटो! **~ off it!** बहुत हो गया! बस अब बंद करो!; **~ off one's cheese** मन की भड़ास निकालना; **~ (sb) off (sth)** किसी के अपराध के बावजूद उसे दंड से बचा लेना; **~ off on sth** 1 उत्साहित होकर काम में जुट जाना 2 कामातुर हो.; **~ off lightly** सस्ते में छूट जा.; **~ off scot free** दंडित होने से साफ-साफ बच जा.; **~ sth off** किसी चीज को डाक से भेजना; **~ off the hook** मुसीबत से निकल आना; **~ off the point** मुद्दे से भटक जा., इधर-उधर की हांकना; **~ off with sb** *UK* किसी के साथ यौन संबंध शुरू क.; **~ off with sth cheaply** थोड़ी-बहुत चोट के साथ बच निकलना; **~ old** बूढ़ा हो.; **~ on** 1 अंदर घुस जा. 2 वाहन में चढ़कर बैठ जा. 3 अपने पांव पर खड़े हो.: ~ on to one's feet 4 पहनना: ~ on sb's hat/ coat 5 *UK* (*US* **~ along**) 5.1 दोस्ती का अच्छी तरह निभना 5.2 काम चलना, प्रगति हो., सफल हो. 6 आगे बढ़ना, प्रगति क. 7 जारी रखना 8 उम्र बढ़ना; **~ on a high horse** दंभी हो जा., अकड़ आ जा.; **~ on in the world** प्रतिभा के सहारे बुलंदियों को छूना; **~ on like a house on fire** ताबड़तोड़ आगे बढ़ना; **~ on sb's nerves** नाक में दम क., किसी को बहुत परेशान कर दे.; **~ on top of sb** किसी पर भारी पड़ना, किसी से आगे निकल.; **~ on to sb** किसी से संपर्क स्थापित क.; **~ on to sth** 1 दूसरे विषय या मुद्दे पर आ जाना 2 किसी बात के बारे में सच्चाई पता क.; **~ on with sb/ ~ on together / ~ along with sb/ ~ along with together** किसी से दोस्ताना संबंध रखना; **~ on well with sb** किसी से अच्छी बनना, गाढ़ी छनना; **~ on with sth** 1 ठीक-ठाक काम चलाना 2 काम आगे बढ़ाना; **~ oneself up** पोशाक पहनना; **~ one's bearings** अपनी स्थिति का पता लगाना; **~ one's blood/ dander up** पारा चढ़ना, आपे से बाहर हो.; **~ one's breath/ wind** थोड़ा आराम क., सांस ले.; **~ one's cards** खेल के मुकाबले के बीच से निकाल दिया जा.; **~ one's fairings** इनाम मिलना; **~ one's goat** तन-बदन में आग लगना; **~ one's fingers burnt**; कटु अनुभव हो. **~ one's hand in it/ ~ the hang/ the feel of it** किसी काम का हुनर सीख लेना, काम को थोड़ी देर करके देखना; **~ one's knickers in a twist** संतप्त हो. या घबरा जा.; **~ one's monkey up** आग बबूला हो.; **~ one's own back on sb.** किसी से बदला लेना; **~ one's (own) way** अपने ढंग से क.; **~ one's sea legs** समुद्र से यात्रा करने का आदी हो.; **~ one's second wind** नए जोश के साथ काम में जुट जा.; **~ one's teeth into sth** किसी काम को करने में जुट जा.; **~ one's walking/ marching orders** नौकरी आदि से निकाल दिया जा.; **~ out** 1 बाहर निकलना, वाहन में से नीचे उतरना 2 कील आदि निकलना 3 लोगों से मिलने-जुलने के लिए अक्सर कहीं-कहीं जाना 4 भेद या गुप्त सूचना जगजाहिर हो जा. 5 बोलना, उच्चरित क.: ~ out a few words 6 प्रकाशित हो. 7 समय में लंबा हो.; **~ out of bed on the wrong side** गलत कदम उठा लेना; **~ out of hand** काबू से बाहर हो जा.; **~ out of one's depth** बहुत ज्यादा गहरे पानी में डूब जा.; **~ out of sight** आंख ओझल हो.; **~ out of the bad habit** गलत आदत छोड़ना; **~ out of the wood** मुसीबत (जंगल) से बाहर निकलना; **~ (sb) out** किसी जगह से बाहर निकलना या किसी को बाहर निकालना; **~ out of sth** 1 किसी कार्य को करने से बचना 2 किसी आदत से छुटकारा पाना; **~ sth out of sb/ sth** किसी से कोई बात उगलवाना; **~ over** 1 भूल जा. 2 पूरा क. ; **~ over and be done with** किसी काम को पूरा करके निपटा देना; **~ over a shock** झटके या सदमे से उबरना; **~ over sb's abominable behaviour** किसी के घिनौने व्यवहार के सदमे से उबरना; **~ over sb** किसी के भावनात्मक प्रभाव से निकलना, अपना सामान्य स्वभाव या चरित्र वापस पाना; **~ over sth** (*syn.* overcome) मुसीबत पार क., ठीक हो जाना; **~ panicky** घबरा जा., हाथ-पांव फूल जा.; **~ ready** तैयार हो; **~ religion** धार्मिक हो जा.; **~ rich** अमीर बनना; **~ rid of sb/ sth** किसी से छुटकारा पाना; **~ round** 1 *UK* (*US* **~ around**) समाचार या सूचना का फैलना 2 बीमारी के बाद ठीक हो.; **~ round sb** *UK* किसी को मनाना या प्रेरित क.; **~ round sth** *UK* (*US* **get around sth**, ***syn.*** overcome) किसी समस्या से निपटने

का रास्ता निकालना, समस्या को सुलझाना या उससे बचकर निकलना; ~ **round to sth/ sb** अंततः किसी से या किसी बात से निपटना; ~ **sb by the short hairs** किसी को पूर्णतः मुट्ठी में कर लेना; ~ **sb down** 1 किसी को संतप्त क. किसी को धूल चटाना; ~ **sb going** किसी को क्रुद्ध, चिंतित या उत्तेजित क.; ~ **sb's back up**/ ~ **sb's goat** अत्यधिक क्रुद्ध कर दे.; ~ **sb nowhere** किसी कोई सफलता न मिलना; ~ **sb's number** असलियत पहचान जा.; ~ **sb's shirt off** किसी को ताव / गुस्सा दिलाना; ~ **sb/ sth out of one's head** किसी फितूर को अपने दिमाग से निकाल दे.; ~ **sb/ sth to do sth** किसी को कोई काम करने के लिए राजी क., मनाना, प्रेरित क.; ~ **sb through** किसी की परीक्षा में सफल होने में मदद क.; ~ **sb under one's way/ influence** किसी को अपने प्रभाव में ले.; ~ **sb under sb's skin** किसी को क्रुद्ध क.; ~ **set** तैयार हो.; ~ **some sleep** थोड़ी देर सो ले.; ~ **square with creditors** हिसाब चुकता क.; ~ **steamed up** उत्तेजित होकर हिंसक क हो जा. ; ~ **sth/ it off one's chest** or **conscience** मन का बोझ हल्का क.; ~ **sth across** कोई बात समझाना; ~ **sth back** वापस पाना या लाना; ~ **sth down** 1 लिखकर नोट क. 2 जबानी याद क. लेना 3 निगलने में सफल हो.; ~ **sth into/ down/ out, etc.** किसी चीज को लादना/ उतारना/ बाहर निकालना/ प्रकाशित क.; ~ **sth (off) by heart/ by rote** किसी बात को जबानी याद कर ले.; ~ **sth out of sb** किसी से कुछ निकलवाना या उगलवाना; ~ **sth out of sth** किसी चीज से कुछ पाना; ~ **sth over to sb** किसी को कोई बात साफ कह दे.; ~ **sth over with** किसी अप्रिय कार्य को पूरा कर उससे छुट्टी पाना; ~ **sth painted/repaired, etc.** पेंट या मरम्मत आदि करवाना; ~ **sth through sth** किसी बात को आधिकारिक रूप से स्वीकृत करवाना; ~ **sth underway** शुरू करवाना; ~ **sth up** किसी चीज को व्यवस्थित ढंग से लगाना या सजाना, व्यवस्थित या तैयार क.; ~ **the axe** पत्ता कटना; ~ **the better (end) of sb** किसी को मात देने की स्थिति में हो जा.; ~ **the big bird/ the raspberry/** ~ **a big hand** करतल ध्वनि से स्वागत पाना; ~ **the boot/ the kick** (ठोकर मारकर) बाहर निकाल दिया जा; ~ **the day** विजय प्राप्त क.; ~ **the fire under** आग पर काबू पाना; ~ **the general drift** मोटा-माटी समझ लेना; ~ **the goose** मंच पर किरकिरी हो.; ~ **the hang of** मतलब समझ ले.; ~ **the jitters** घबराहट का शिकार हो.; ~ **the mitten/ the sack/ the push/ the gate** नौकरी से निकाल दिया जा.; ~ **the needle** क्षुब्ध हो जा., खीझ जा.; ~ **the phone/ door** फोन या दरवाजे की घंटी का जवाब दे.; ~ **the point of sth** मतलब समझ में आना; ~ **the run of sth** को प्रयोग करने की अनुमति मिलना; ~ **there/ ahead** मंजिल पर या आगे पहुंचना; ~ **the spike** क्षुब्ध हो.; ~ **the thief** चोर को पकड़ना; ~ **the upper hand** से बेहतर स्थिति में हो जाना; ~ **the wind of sb** किसी से बेहतर हो.; ~ **the wind up**/ ~ **cold feet** डरकर मन बदल ले., प्राण सूखना; ~ **the whip-hand of sb** किसी को पूर्णतः अपने कब्जे में ले लेना; ~ **the worst of it** बुरी तरह हारना; ~ **the wrong sow by the ear** बेकसूर पकड़ा जा.; ~ **through** 1 समाप्त क., पैसा आदि उड़ा दे. 2 सह लेना, को ओट ले. 3 परीक्षा आदि में पास हो. 4 से निपट ले. 5 टेलीफोन आदि से संपर्क कर पाना; ~ **through to sb** 1 किसी तक पहुंच पाना 2 किसी की कोई बात समझने में मदद क. ; ~ **through with sth** किसी काम को पूरा क.; ~ **through the woods** मुसीबत पार क.; ~ **through to sb** 1 किसी से संपर्क स्थापित कर लेना 2 किसी को समझा पाना या विश्वास करवा पाना; ~ **to bed** सो जाना; ~ **to close quarters** बहुत समीप पहुंच जाना; ~ **to do sth** कुछ करने का अवसर पाना; ~ **together** 1 मिलना, इकट्ठा हो 2 विचारों आदि को बटोरना; ~ **to grips with sth** किसी समस्या से दो-चार हो., निपटना; ~ **to know** जानकारी में आना; ~ **to like sth** किसी को पसंद करने लगना; **get too big for one's boots** दिमाग आसमान पर हो.; ~ **to sb** 1 किसी को चिढ़ाना या क्रुद्ध क. 2 प्रेम-प्रसंग शुरू क.; ~ **to the back/ bottom of** = ~ **to the heart of the matter**/ ~ **to the back of sth** रोग की जड़ तक पहुंचना; ~ **to the point of** मुख्य मुद्दे पर पहुंचना; ~ **to windward of** स्थिति को अपने हक में क.; ~ **to work** काम शुरू क.; ~ **underway** शुरू हो.; ~ **used** आदी हो.; ~ **(sb) up** 1 (नींद आदि से) उठाना, उठने के लिए विवश क., खड़ा हो जाना 2 हवा का तेज हो. 3 पहाड़ पर चढ़ना 4 घोड़े पर चढ़ना, कहीं और चढ़ना 5 बढ़ाना, वृद्धि क. (speed) 6 तैयार क., कार्यक्रम आदि आयोजित क.: ~ up a play 7 किसी विशेष वेशभूषा में सुसज्जित क.: ~ up as a Spanish dancer) 8 अपना असली रूप छिपाना, पोशाक के माध्यम से अपने आप को छद्म रूप दे.: ~ oneself up 9 किसी वस्तु को चमकाना 10 तैयार क., साज-सज्जा दे. 11 तक पहुंचना 12 घोड़े को दौड़ाकर अगले प्रतियोगी घोड़े के बराबर लाना; ~ **up** 1 उठना, खड़ा हो. 2 हवा या समुद्र की लहरों का तेज हो.; ~ **oneself/ sb up** कपड़े पहनना या किसी को कपड़े पहनाना; ~ **up regardless** खूब सजना-धजना (खर्चे की परवाह किए बिना); ~ **upsides with** बदला लेना; ~ **up sb's nose** किसी को क्रुद्ध क.; ~ **up stream** कमर कसना, दृढ़ निश्चय क.; ~ **up to monkey business** शरारत क.; ~ **up to sb** चलकर या दौड़कर किसी के बराबर हो जा.; ~ **up to sth** *UK* 1 किसी बिंदु तक पहुंचना 2 किसी गलत कार्य में लिप्त हो.; ~ **value for money** अच्छा सौदा क., पैसा वसूल हो.; ~ **weaving** व्यस्त हो जा.; ~ **well/ ill/ rich/ wet, etc.**; अच्छा/ बीमार/ अमीर/ गीला हो.; ~ **wind** अफवाह फैलाना; ~ **wind of sth** किसी बात की भनक लगना या पता चल जाना; ~ **wise to sth** किसी चीज को अच्छी तरह जान लेना; ~ **with child** गर्भवती हो.; ~ **with it** लोकप्रियता और नवीनतम फैशन आदि से अवगत हो.;
be ~ting on 1 बूढ़ा हो. 2 *UK* देर हो.; **have got it bad** किसी बात में रम जा.; **have you got my email yet?** (*UK*)/ **have you gotten my email yet?** (*US*) क्या मेरी ई-मेल तुम्हें मिली?; **his counsel got him off the hook** उसके वकील ने उसे बचा लिया; **his youth got him off** उसकी नाबालिगता ने उसे बचा लिया; **how selfish, stupid. ungrateful, etc. can you ~?** तुम इतना स्वार्थी, मूर्ख, कृतघ्न आदि कैसे हो सकते हो?; **it doesn't ~ me** मुझे इसकी परवाह नहीं; **it has got to be done** इसे तो करना ही है; **tell sb where to ~ off** किसी की हेकड़ी निकाल दे.; **there is no ~ting away from it** इस कटु सत्य पर आंख नहीं मूंद सकते; **you've got to listen to what I say** मैं जो कह रहा हूं तुम्हें उसे सुनना ही पड़ेगा; **what are you ~ting at?** आप कहना क्या चाहते हैं?; **what has got into sb?** किसी पर क्या भूत सवार हो गया है? **while the ~ting is good = make hay while the sun shines** बहती गंगा में हाथ धोना

geta /गेटा/ *n., pl.* ~/ ~**s** लकड़ी की जापानी खड़ाऊं

GeV *abbr.* 'giga-electron-volt' की प्रथमाक्षरी (ऊर्जा की इकाई/ 10^9 electron-volts/ जिसका उच्च-ऊर्जा भौतिकी/ high-energy physics/ में प्रयोग किया जाता है)

gewgaw /ग्यू-गॉ:/ *n., derog., old use* नुमायशी वस्तु, भड़कीला नकली आभूषण

geyser /गीज़:/ *n.* 1 ज्वालामुखी पर्वतीय सक्रियता का क्षेत्र जो समय-समय पर गर्म पानी और भाप हवा में छोड़ता है 2 पानी गर्म करने का बिजली का उपकरण, गीजर

G8/ **G-8** *short* for 'Group of Eight' का संक्षेप (आठ विकसित देशों का समूह)

GFD *abbr.* 'gross fiscal deficit' की प्रथमाक्षरी

GFI *abbr.* 'Gymnastics Federation of India' की प्रथमाक्षरी

GFMS *abbr.* 'Gold Fields Mineral Service' की प्रथमाक्षरी

GFN *abbr.* 'Grassroots Feature Network' की प्रथमाक्षरी

GFP *abbr.* 'green fluorescent protein' की प्रथमाक्षरी

GFS *abbr.* 'Global Forecasting System' की प्रथमाक्षरी

GGH *abbr.* 'Government General Hospital' की प्रथमाक्षरी

GGSIU *abbr.* 'Guru Gobind Singh Indraprastha University' की प्रथमाक्षरी

GGWB *abbr.* 'Central Ground Water Board' की प्रथमाक्षरी

GH *abbr.* 'growth hormone' की प्रथमाक्षरी

Ghanian /घानियन/ *adj.* घाना से संबद्ध, घाना (**Ghana**) के नागरिक से संबंधित

ghast\ly /गा:स्टलि/ *US* गैस्टलि/ *adj.* 1 भयानक, वीभत्स: ~**ly** murder; ~**ly** dreams 2 घिनौना: look ~**ly**; ~**ly** grin; ~**ly**

smile 3 विकराल 4 विवर्ण, पीला;
adv. भयंकर ढंग से: **~ly** pale; she has **~ly** bad taste;
dw/lw: **~liness** *n.* घिनौनापन, भयानकता, विकरालता, विवर्णता

GHB *abbr.* 'Gamma Hydroxybutyrate' की प्रथमाक्षरी

ghee *n.* घी

ghetto /गेटो/ *n. pl.* **~s/ ~es** 1 यहूदी या अन्य अल्प-संख्यक लोगों की बस्ती 2 शहर में गरीब लोगों का झुग्गी-झोंपड़ियों जैसा क्षेत्र, गंदी बस्ती, झुग्गी-झोंपड़ी बस्ती;
dw/lw: **~-blaster** (*also* **boom box**) *n.* ऊंची आवाज में बजने वाला संगीत का चल सीडी या कैसेट रिकोर्डर

GHG *abbr.* 'greenhouse gases' की प्रथमाक्षरी

GHI *abbr.* 'Geo Hazards International' की प्रथमाक्षरी

ghi = ghee घी

ghost /घोस्ट/ *n.* 1 भूत, प्रेत, प्रेतात्मा: the ~ of Hamlet's father 2 हल्की छाया, आकृति: the ~ of a smile (हल्की-सी मुस्कान की झलक); **~s** of the past 3 संकेत, आभास 4 क्षीण संभावना 5 सुझाव, छाप 6 बुरी यादें 7 टीवी पर दूसरा बिंब;
v., pt. **~ed**, *pp* **~ing** 1 (*syn.* ghostwrite) किसी के लिए छद्म लेखक का काम क.: sb's memoirs have been **~ed** 2 प्रेतात्मा की तरह पीछा क. 3 बिना शोर किए दबे पांव चलना;
dw/lw: **~buster** *n.* भूत निवारक, भूत भगानेवाला; **~ing** *n.* टीवी पर मुख्य बिंब के साथ मद्धम से दूसरे बिंब के प्रकट होने की क्रिया; **~ly** *adj.* 1 भूतहा, भूत जैसा: ~ly shadow 2 पारमार्थिक, आध्यात्मिक: ~ly father/ adviser; **~write** (*also* **ghost**) *v., pt.* ~wrote, *pt. p.* ~written, *pp* ~writing छद्म लेखन क.; **~writer** छद्म/ छिपा लेखक;
collocations: **~ly comfort** आध्यात्मिक सांत्वना; **~ly weapons** धार्मिक दलील; **~ story** प्रेत-कथा, भूत-कथा; **~ town** निर्जन/ भुतहा शहर; **~ train** मेले आदि में चलाई जाने वाली रेलगाड़ी जो भयावह सुरंगों से होकर गुजरती है; **~ word** अशुद्धि-जन्य शब्द;
Holy Ghost पवित्र आत्मा;
p&i: **~ of a chance** असंभव बात, जिसके होने की कोई संभावना नहीं; **~ of a smile** हल्की-हल्की मुस्कान;
as white as a ~ मौत-सा फीका; **give up the ~** 1 *UK* मशीन, कार आदि का पूरी तरह खराब हो जा. 2 *colloq.* मरना, प्राण त्यागना; **lay a ~** अतीत के भूत को भगाना; **look like a ~** सूखकर कांटा बना हुआ; **not a ~ of chance (of an idea/ of a notion)** तनिक भी संभावना न हो.; **raise a ~** गड़े मुर्दे उखाड़ना; **the ~ walks** *theat.* आज-कल कौड़ी भर मेहनताना देते हैं

ghoul /गूल/ *n.* 1 अरब पुराणों में कब्रों को खोदकर शवों को खानेवाली दुष्टात्मा, पिशाच 2 जो भयानक व घृणास्पद बातों में दिलचस्पी रखता हो

GHPS *abbr.* 'Guru Harkrishan Public School' की प्रथमाक्षरी

GHQ *abbr.* 'General Headquarters' की प्रथमाक्षरी

GHS *abbr.* 'Government High School' की प्रथमाक्षरी

GHT *abbr.* 'Ganga Heartland Tourist Train' की प्रथमाक्षरी

GHz *abbr.* 'gigahertz' की प्रथमाक्षरी

GI *abbr.* 'Gastro-Intestinal', 'Geographical Indications' की प्रथमाक्षरी

Gl *abbr.* 'Government Issue' की प्रथमाक्षरी (दूसरे महायुद्ध में अमेरिकी सेना का सिपाही)

GIA *abbr.* 'Geological Institute of America' की प्रथमाक्षरी

G.I.Act *abbr.* 'Government of India Act' की प्रथमाक्षरी

GIAN *abbr.* 'Grassroots Innovation Action Network' की प्रथमाक्षरी

giant /जायंट/ *adj.* 1 किस्से-कहानियों में दानव जैसा भीमकाय, दीर्घकाय: a man of ~ strength 2 विशाल, वृहत्: ~ planets; ~ portions; ~ tortoise;
n. 1 विशाल या दीर्घकाय व्यक्ति: a ~ among poets 2 दैत्य, दानव: mental ~ 3 बहुत विशाल कंपनी 4 असाधारण गुणों से संपन्न व्यक्ति या संगठन;
dw/lw: **~ess** *n.* दानवी स्त्री, राक्षसी; **~ism/ ~ness** *n.* भीमकायता, दीर्घकायता;
collocations: **~ panda** विशाल पांडा; **~ star** सूर्य से बड़ा एक अत्यंत चमकीला तारा जिसका अस्तित्व अब लगभग समाप्त हो रहा है; **corporate ~** विशाल कंपनी

giaour /जाइअः/ *n., Turkish* 1 वह जो मुसलमान न हो, गैर-मुसलमान 2 काफिर

gib /जिब/ *n.* (***syn.*** wedge) फाना, अड़ानी, पच्चर;
v., pt. **~bed**, *pp* **~bing** फाना लगाकर पूरी तरह अटकाना

gibber /जिबः/ *v., pt.* **~ed**, *pp* **~ing** 1 बहुत तेजी से बोलना 2 *derog.* गिलबिलाना, बकबक क. 3 बंदरों आदि द्वारा खड़खड़ाना;
dw/lw: **~ish** /जिबरिश/ *n.* 1 (***syn.*** nonsense) बड़बड़, बकवास, अनाप-शनाप, अंड-बंड 2 समझ में न आने वाली (बोली): foreign ~ish

gibbet /जिबिट/ *n.* 1 (***syn.*** gallows) फांसी का तख्ता का: die on the ~; hang upon a ~ 2 फांसी;
v., pt. **~ed**, *pp* **~ing** 1 फांसी पर लटकाना 2 बदनाम क.: ~ed in the press 3 जगहंसाई कराना

gibbon /गिबन/ *n.* लंगूर

gibbous /गिबस/ *adj.* 1 आधे से ज्यादा चमकता हुआ (चंद्रमा) 2 उभरा हुआ, फूला हुआ, सूजा हुआ 3 कुबड़ा

gi\be /जाइब/ (*also* **jibe**) *n.* 1 **'jibe'** की वैकल्पिक वर्तनी 2 फबती, ताना;
v., pt. **~bed**, *pp* **~bing** 1 खिल्ली उड़ाना 2 फबती या ताना मारना;
dw/lw: **~ber** *n.* खिल्ली उड़ानेवाला; **~bing** *adj.* फबती भरा; **~bingly** *adv.* उपहासजनक तरीके से

giblets /जिबलअटस/ *n., [pl.]* मुर्गे आदि का गोश्त

GIC *abbr.* 'Government Insurance Corporation of India', 'Government Information Centre' की प्रथमाक्षरी

GICHF *abbr.* 'GIC Housing Finance' की प्रथमाक्षरी

gid\dy /गिडि/ *adj., degr.* **~dier**, **~diest** 1 जिसे चक्कर आ रहा हो, चक्कर से आक्रांत: feel **~dy** 2 चकरा देने वाला: **~dy** height; **~dy** success 3 तेजी से घूमनेवाला: up to the **~dy** hilt 4 चपल, चंचल: **~dy** young girl/ thing; her conduct was rather **~dy** 5 *lit.* उत्तेजना व उल्लास से विभोर: **~dy** with success; **~dy** whirl/ round of pleasures;
dw/lw: **~dily** *adv.* उत्तेजित होते हुए, चक्कर से आक्रांत होकर; **~diness** *n.* 1 चक्कर, घुमटा, घुमरी: be given to ~diness 2 उत्तेजना, घबराहट: feel/ be seized with/ (sudden) ~diness; **~dy-brained/ headed** *adj.* 1 चंचल, चपल 2 विचार-शून्य, बेसमझ
p&i: **play the ~dy goat** रंगरलियां मनाना; **that's the ~dy limit** यह तो बहुत ज्यादा हो गया

GIF *abbr.* 'Graphic Interchange Format' *comput.* की प्रथमाक्षरी

GIFT *abbr.* 'gamete intrafallopian transfer' की प्रथमाक्षरी (औरत के बांझपन का इलाज)

GIFT *abbr.* 'GITAM Institute of Foreign Trade', 'Global Institute of Fashion Technology' की प्रथमाक्षरी

gift /गिफ्ट/ *n.* 1 उपहार, तोहफा, भेंट: the ~ of a book; birthday/ Christmas ~; deed of ~ (उपहार पत्र); ~ by will (वसीयतनामा से उपहार) 2 दान: make sb a ~ of sth; have it/ take it as a ~ 3 घूस 4 नैसर्गिक गुण, देन, प्रतिभा: the ~ of wit (हास्य रस की प्रतिभा); be a man of great **~s** 5 प्रतिभा, योग्यता: have a ~ for music/ languages 6 *colloq.* जो आसानी से ली-दी जा सके;
v., pt. **~ed**, *pp* **~ing** 1 उपहार दे. 2 अपने पाले में गोलाकर प्रतिपक्ष को (गोल) भेंट क.;

dw/lw: **~-deed** *n.* दानपत्र, उपहार पत्र, वसीयतनामा; **~ed** *adj.* मेधावी, प्रतिभा-संपन्न; **~ware** /गिफ्टवेअः/ *n.* उपहार की वस्तुएं, उपहार-सामग्री; **~wrap** /गिफ्टरैप/ *n.* उपहार बांधने का रंग-बिरंगा कागज; **~wrap** *v., pt.* ~wrapped, *pp* ~wrapping उपहार को आकर्षक रूप से बांधना या लपेटना;

collocations: **~ coupon/ token/ voucher** *UK* (*US* **~ certificate**) उपहार पत्र, उपहार कूपन; **~ mortise causa** मृत्यु उपरांत वसीयत;

p&i: **~ of tongues/ the ~ of (the) gab** वाक्-पटुता; **be ~ed by nature with great talent** सहज रूप में या जन्म से मेधावी हो.; **in sb's gift** किसी की देन, किसी का उपहार; **it is not in my ~** यह मेरे अधिकार में नहीं; **look a ~ horse in the mouth** दान की गाय के दांत नहीं देखते; **the ~ of pleasing** खुश करने का गुण; **the property came to me by free ~** यह संपत्ति मुझे उपहार में मिली; **the post/ office is not in his ~** उसे इस पद पर नियुक्ति करने का अधिकार नहीं; **turn one's ~ to account** अपनी योग्यता को काम में लाना

GIFTS *abbr.* 'Global Initiative for Traditional Systems of Medicine' की प्रथमाक्षरी

gig /गिग/ *n.* 1 टमटम, बग्घी 2 नाव 3 मछलियां पकड़ने का बरछा 4 पॉप (pop), जैज (jazz) या रॉक (rock) संगीत की प्रस्तुति 5 छैल-छबीली लड़की 6 अस्थाई नौकरी 5 = **gigabyte**;

v., pt. **~ged**, *pp* **~ging** 1 भाले या बरछे से मछली पकड़ना 2 *US* आगे-पीछे टहलना 3 गिग्ज (gigs) का खेल खेलना;

dw/lw: **~man** *n.* कोचवान

giga- *prefix, denoting:* 1 दशमलव प्रणाली में = 10^9 यानी एक हजार मिलियन: ~hertz गीगाहर्ट्ज 2 *comput.* कंप्यूटर प्रोग्राम में = 2^{30}: **~byte** (*abbr.* **GB**) गीगाबाइट, कंप्यूटर की संग्रहण क्षमता: 2^{30} = 1,000,000,000 बाइट;

dw/lw: **~flop** /गीगाफ्लौप/ *n., comput.* कंप्यूटर की रफ्तार मापक इकाई = एक बिलियन ऑप्रेशन प्रति सेकंड; **~hertz** /गीगाहःट्स/ (*abbr.* **GHz**) *n., comput., phys.* रेडियो तरंगों व कंप्यूटर ऑप्रेशनों की गति मापने की इकाई (1000 000 000 Hertz/ second)

gigantesque /जाइगैंटेस्क/ *adj.* विशालकाय या भीमकाय व्यक्ति या जीव जैसा, दैत्याकार

gigan\tic /जाइगैंटि\क/ *adj.* (***syn.*** huge) विशाल, विराट, दीर्घकाय: **~tic** appetite;

dw/lw: **~tically** /~कलि/ *adv.* दैत्याकार रूप में, विराट रूप में; **~tism** /~जम/ *n., biol.* विशालकायता, विराटता, विशालता

gigg\le /गिगल/ *v., pt.* **~led**, *pp* **~ling** ही-ही करके हंसना, हें-हें क.: **~le** with pleasure (with bashfulness); **~le** loudly;

n. 1 ही-ही, हें-हें, मूर्खतापूर्ण हंसी 2 (**the ~les**) ही-ही करने का दौरा 3 विचित्र व्यक्ति, स्थिति, वस्तु या गतिविधि: the film was a right **~le**; do sth for **~le**;

dw/lw: **~ler** *n.* ही-ही करने वाला; **~ling** *n.* ही-ही, अशिष्ट हंसी; **~ly** *adj., degr.* ~lier, ~liest हंसोड़, ही-ही करने वाला

gigmanity /गिग्मैनिटि/ *n.* संकीर्ण, सड़क छाप मध्यवर्गीय सम्मानजनकता

GIGO *abbr., comput.* 'garbage in, garbage out' की प्रथमाक्षरी (जैसा बोए, वैसा काटे या बोए पेड़ बबूल के आम कहां से होए)

gigolo /जिगअलो/ *n.* धगड़ा, धरेला, भड़ुआ, रखैल पुरुष

GII *abbr.* 'Global Informatics Infrastructure' की प्रथमाक्षरी

GIL *abbr.* 'Global Infosystems Limited', 'Graphic India Limited' की प्रथमाक्षरी

gila monster /हिला मॉन्स्टः/ एक जहरीली छिपकली

gild /गिल्ड/ *v., pt.* **~ed/ gilt**, *pp* **~ing** 1 सोने का पानी या पेंट चढ़ाना 2 मुलम्मा क. या लगाना 3 चमकाना, संवारना, सजाना: the sun **~ed** the hill-tops 4 छलावापूर्ण बाहरी आवरण चढ़ाना;

dw/lw: **~ed** /गिल्डिड/ *adj.* 1 जिस पर सोने का पानी या पेंट चढ़ा हो 2 धनी उच्चवर्गीय: ~ed youth (धनी उच्चवर्गीय बिगड़ैल युवा लोग); **~er** /गिल्डः/ *n.* कोफ्तगर, मुलमची, मुल्लमसाज; **~ing** *n.* सोने के पानी की परत या मुल्लमा;

p&i: **~ the lily/ ~ refined gold** पहले से सुंदर चीज को सोने की परत चढ़ाकर और अधिक सुंदर बनाने के प्रयास में खराब कर दे.; **~ the pill** सामान्य वस्तु पर चमकदार आवरण चढ़ाकर कृत्रिम तरीके से आकर्षक बनाना

gilet /जिले/ *n.* बिना बांहों का हल्का-मोटा जैकेट, वास्कट

gill /गिल/ *n.* 1 मछली या अन्य जल जंतुओं के पहलुओं में लगा सांस लेने का अंग 2 मछली का गलफड़ा, क्लोम 3 गलकंबल 4 (**ghyll**, Wordsworth) पहाड़ी नदिका, तंग दर्रा, खड्ड 5 (***syn.*** Jill) युवती, प्रेमिका 6 द्रव नापने की एक इकाई, एक चौथाई पिंट, गैलन का सोलहवां भाग;

dw/lw: **~-cleft** *n.* क्लोम-रंध्र; **~-cover** *n.* क्लोम-छद; **~-net** *n.* क्लोम-नाल; **~-rod** *n.* क्लोम-शलाका;

p&i: **be/ look white about the ~s** डरा हुआ लगना; **full to the ~s** पीकर पूरी तरह धुत्त; **grease the ~s** पेट भरकर खाना; **green about the ~s** बीमार दिखना

gilt /गिल्ट/ *n.* 1 सोने या सोने के पेंट की पतली परत, मुलम्मा, कलई 2 बनावटी चमक-दमक;

adj. सुनहरा, मुलम्मेदार;

dw/lw: **~-edged** *adj.* 1 सर्वोत्तम, उत्कृष्ट 2 अत्यधिक सुरक्षित: ~-edged shares/ stocks 2 सुनहरे किनारे वाले पन्नों की किताब;

p&i: **the ~ off the gingerbread** चमक-दमक गायब हो गई, चकाचौंध को फीकी पड़ गई

GILV *abbr.* 'Geosynchronous Satellite Launch Vehicle' की प्रथमाक्षरी

gimbals /जिंबल्ज/ *n.* जिंबल, छल्ले

GIMC *abbr.* 'Great Indian Middle Class' की प्रथमाक्षरी

gimcrack /जिम-क्रैक/ *adj.* 1 (***syn.*** shoddy) घटिया, रद्दी 2 दिखावटी 3 निकम्मा

gimlet /गिमलेट/ *n.* बरमी, बरमा: eyes like **~s**;

dw/lw: **~-eyed** *adj.* तीव्र दृष्टि वाला

gimme /गिमि/ *n.* 1 'give me' का छोटा उच्चारण 2 आसानी से बनाई जा सकने वाली चीज

gimmick /गिमिक/ *n.* 1 चालबाजीपूर्ण उपकरण 2 ध्यान खींचने या प्रचार करने के लिए चली गई चाल: publicity ~ 2 धूर्तता, मक्कारी: pull a ~ (चाल चलना) 3 ऊटक-नाटक, कौतुक;

dw/lw: **~ry** /गिमिक्रि/ *n.* 1 धूर्तता, मक्कारी, चालबाजी 2 नौटंकी, नाटकबाजी; **~y** /गिमिकि/ *adj.* 1 चालबाज 2 मक्कारी से ध्यान खींचने वाला 3 गौण;

p&i: **find the ~** भेद ढूंढना

gimp /गिम्प/ *n.* पोशाक बनाने में प्रयुक्त होने वाली रेशम की डोर

gin /जिन/ *n.* 1 जिन, एक तेज शराब: ~ and tonic (G&T जिन और टॉनिक का पैग) 2 शिकार पकड़ने का फंदा, जाल 3 कपास से बिनौले निकालने का उपकरण, ओटनी (cotton gin) 4 ओटनी का कमरा 5 आस्ट्रेलियायी आदिवासी औरत;

v., pt. **~ned**, *pp* **~ning** 1 कपास से बिनौले निकालना, ओटना 2 शिकार को फंदे में फंसाना;

dw/lw: **~ning** *n.* ओटाई; **~seng** /जिनसें/ *n.* चीन में उगनेवाले एक पौधे की जड़ें, जिन से टॉनिक, शक्तिवर्धक पेय व यौन-शक्ति वर्धक आदि पदार्थ मिलते हैं; **~ sling** जिन, पानी और लाइमज्यूस से बना पेय; **~ trap** जंगली जानवरों या पक्षियों को फांसने का फंदा, जिन-पाश

ginger /जिंज\र/ *n.* 1 अदरक, आदी 2 अदरक का पौधा 3 जीवंतता, स्फूर्ति, जोश: put some ~ into it; the book lacks ~ (पुस्तक में चटपटापन नहीं है) 4 लाल-भूरा रंग 5 *UK* लाल बालों वालों के लिए प्रयुक्त होने वाला अपशब्द;

adj. 1 अदरकी रंग का, नारंगी-भूरा 2 अदरक के जायके वाला;

v., pt. **~ed**, *pp* **~ing** 1 अदरक से सुवासित क. 2 (*usually* **~ up**) *colloq.* प्रेरित क. 3 (***syn.*** liven up) स्फूर्त बनाना, जोश

दिलाना, जान फूंकना;
***dw/lw:* ~bread** *n.* 1 अदरक के पुटवाली ब्रेड या केक 2 *Br.* (**Gingerbread**) अकेली मांओं का स्वयं-सहायता संगठन; **~ly** /~रलि/ *adv.* सावधानी से, नाजुक तरीके से, सतर्कतापूर्वक: in a ~ly manner; walk ~ly; **~y** /~रि/ *adj.* 1 अदर की पुट या जायके वाला 2 आलोचनात्मक;
***collocations:* ~ ale (~ beer)** अदरकी बाय़र; **~ beer plant** अदरकी बाय़र बनाने की फैक्टरी; **~ group** किसी बड़े संगठन या राजनीतिक दल के भीतर छोटा-सा ग्रुप जो अक्सर द्रुत गति से कार्य करने के लिए कड़े कदमों की मांग करता है; **~ hair** लाल-भूरे रंग के बाल; **~ nut/ ~ snap** अदरक मिला बिस्कुट; **~ sling** ठंडी-मीठी जिन का पैग; **~ wine** अदरकी मदिरा; **dry ~** सोंठ;
***p&i:* ~ sb up** किसी को जीवंत बनाना; **~up** जान डालना या फूंकना; **~ up a scene** दृश्य को रुचिकर बनाना;
put some ~ into sth शक्ति और ऊर्जा से ओतप्रोत होकर काम क.; **take the gilt off the ~bread** तड़क-भड़क या चकाचौंध को मिटाकर असली रूप दिखाना

gingham /गिंगम/ *n.* धारीदार या चारखानेदार सूती कपड़ा;
adj. धारीदार, चारखानेदार: ~ frock

gingival /जिंजाइवल/ जिंजिवल/ *adj., med., dentistry* वर्त्स्य, मसूड़े का;

gingivitis /जिंजिवाइटिस/ *n.* मसूड़ों की पीड़ाजनक सूजन व लाली

ginglymus /जिंग्लिमस/ *n., pl.* **ginglymi** /जिंजलिमाइ/ घुटनों या कोहनी का जोड़

gink /गिंक/ *n., US sl., derog.* सनकी आदमी, पागल

ginkgo/ gingko /गिंक्गो-गिंग्को/ (*also* **maidenhair tree**) *n., pl.* **~es** एक पेड़ जिसके पत्ते पंखेनुमा होते हैं, गिंको

ginormous /जाइनॉःमस/ *adj.* (***syn.*** enormous) विशाल, विराट

giocoso /जकोसो/ जॉकोसो/ *adv., Italian* जीवंत एवं मजाकिया अंदाज में

gippy tummy/ gyppy tummy /जिपि टमि/ *colloq.* (***syn.*** diarrhoea) पेट कपूत, पेट की दस्त या पेचिश की बीमारी

GIPSA *abbr.* 'General Insurers Public Sector Association' की प्रथमाक्षरी

gipsy /जिप्सि/ *n.* 1 *UK another spell.,* **'gypsy'** की एक अन्य वर्तनी 2 खानाबदोश, बंजारा, जिप्सी

giraffe /जराफ/ *n.* जिराफ

girandole /जिरंडोल/ *n.* 1 चक्री आतिशबाजी, चर्खी 2 झाड़फनूस, दीपवृक्ष (मोमबत्तियों के लिए) 3 (***syn.*** ear-ring) कर्ण-फूल

girasol(e) /जिरअसॉल/ *n.* 1 सूर्यकांत, दूधिया रत्न जिससे एक विशेष प्रकार के प्रकाश में अग्नि जैसी चमक निकलती है 2 चकमक (एक मणि) 3 सूरजमुखी (फूल)

gird /गःड/ *v., pt.* **~ed/ girt**, *pp* **~ing** 1 पेटी बांधना, पेटी कसना: ~ oneself (1 अपनी पेटी कसना 2 कमर कसना) 2 पेटी में लगाना: a skirt **girt** with a scarf;
***p&i:* ~ on** कमर में लटकाना; **~ sb with authority/ power** किसी को असीम अधिकार या सत्ता सौंप दे.; **~ the camp with a ditch** गड्ढे खोदकर शिविर की बाड़ बनाना; **~ up one's loins** 1अपने आप को किसी कार्य के लिए तैयार क. 2 कमर कसना; **an island ~ed by the sea** समुद्र से घिरा टापू; **be girt about with a rope** कमर पर रस्सी बंधी हो.;

girder /गःडः/ *n.* लोहे का गाडर, गर्डर, धरन, लोहे या लकड़ी का शहतीर

gird\le /गःडल/ *n.* 1 पेटी, कटिबंध 2 कमरबंद 3 मेखला 4 कमर से जांघों तक का हिस्सा;
v., *pt.* **~led**, *pp* **~ling** 1 पेटी बांधना 2 *lit.* घेरना: the hills that **~le** in the town/ the hills that **~le** the town about (नगर को घेरने वालीं पहाड़ियां);
***collocations:* ~ stead** कमर; **the ~le of the world** भू-मध्यरेखा;
***p&i*: ~le about/ ~le in/ ~le round** चारों तरफ से घेरना;
put a ~ around the earth दुनिया की सैर क.

girl /गःल/ *n.* 1 लड़की, कन्या, बालिका, बाला, किशोरी 2 बेटी 3 *often offensive* अविवाहित लड़की: pin-up ~ 4 *often offensive* किसी भी उम्र की औरत: old ~ 5 *colloq.* औरत की सहयोगी या सहेली 6 *colloq.* प्रेमिका: go to see one's ~ 7 महिला कर्मी;
dw/lw:* ~friend** *n.* 1 प्रेमिका 2 महिला मित्र, सहेली, सखी; **~hood** *n.* लड़कीपन, किशोरावस्था; **~ie/ ~y** *adj.* 1 लड़की का, लड़की जैसा: wearing a pink fluffy ~y jumper 2 युवतियों की (कामुक पत्रिका आदि): ~y magazine; **~y *n. 1 संबोधन के रूप में प्रयुक्त होने वाला शब्द 2 *derog.* दकियानूसी लड़की या औरत; **~ish** *adj.* लड़कियों जैसी: a ~ish figure; **~ishly** *adv.* लड़कियों की तरह;
***collocations:* ~ band** लड़कियों की संगीत मंडली; **~ Friday (~ Fridays)** दफ्तर का अलग-अलग छिटपुट काम करने वाली युवती; **Girl Guide** बाल चारिका; **~ power** युवतियों की सामाजिक तथा आर्थिक शक्ति;
a bachelor ~ अकेली रहने वाली अविवाहिता; **a ~ Friday** किसी का दाहिना हाथ, निकटतम विश्वासपात्र लड़की; **a golden ~** हजारों की चहेती लड़की; **a pin-up ~** सुंदर व मोहक लड़की जिसकी फोटो किसी पत्रिका या अखबार से काटकर दीवर पर चिपगाई जाती है; **best ~** प्रेमिका; **glamour ~s** मनमोहक व चकाचौंधमय लड़कियां; **one's best ~** प्रेमिका; **principal ~** नाटक आदि में मुख्य भूमिका में नायिका; **the girls** कई लड़कियों-सहेलियों की टोली;
***p&i*: the ~ next door** सामान्य पर आकर्षक लड़की;

girner /गःनः/ *n.* जो भयानक चेहरे बनाकर मेलों आदि में लोगों का दिल बहलाता है और इससे पैसे कमाता है

giro /जाइरो/ *n., pl.* **~s** 1 एक बैंक से दूसरे में पैसा स्थानांतरण प्रणाली 2 *Br., colloq.* हर सप्ताह चैक के रूप में मिलने वाली सामाजिक सुरक्षा या कल्याण निधि

girth /गःथ/ *n.* 1 घोड़े के पेट के नीचे से लेजाकर काठी कसने वाली पेटी 2 किसी पेड़ या खंबे आदि का घेरा: a tree 30 feet in ~ 3 कमर-पेटी, कमरबंद;
v., *pt.* **~ed**, *pp* **~ing** 1 घोड़े के पेट के नीचे से पेटी को ले जाकर काठी को कसना 2 घेरना

GIS *abbr.* 'Geographic Information System', 'Global Imaging System' की प्रथमाक्षरी

gisement /जाइजमंट/ *n.* 1 ऐसा पशु जिसे निश्चित राशि देकर चराने के लिए छोड़ा जाता है 2 ऐसे पशु से मिलने वाली राशि

gismo/ gizmo /गिज्मो/ *n., pl.* **~s/ ~s** उपकरण, जुगत, जुगाड़;
***dw/lw:* ~logy** /गिज्मॉलजि/ *n.* 1 उपकरणों का ढेर 2 उपकरणों से संबंधित तकनीक या विचित्र बातें

GIST *abbr.* 'Grapbhics and Intelligence based Script Technology' की प्रथमाक्षरी

gist /जिस्ट/ *n.* 1 सार, भावार्थ, निचोड़: the ~ of the matter; the ~ of what sb said 2 आधार, मौलिक बात;
***p&i:* the ~ of it is ...** सारी बात का निचोड़ यह है ...

git *n., derog., sl.* मूर्ख तथा घिनौना व्यक्ति

GITAM *abbr.* 'Gandhi Institute of Technology and Management (Visakhapatnam)' की प्रथमाक्षरी

gite/ gîte /जीट/ *n., pl.* **~s/ ~s**, *Fr.* फ्रांस में स्वयं सेवा (self-service or self-catering) आधारित छुट्टी बिताने की कॉटेज

GIV *abbr.* 'Global Internet Ventures' की प्रथमाक्षरी

give /गिव/ *v., pt.* **gave**, *pt. p.* **given**, *pp* **~ing** 1 देना, मालिकाना हक दे. या सौंपना: **gave** him my watch; ~ sb sth in one's will 2 अदायगी क.: **gave** 1000 rupees for it; ~ an account of sth 3 देना, प्रदान क., अर्पित क.: ~ advice; ~ medicine; ~ us liberty or ~ us death!; ~ alms (भीख/ दान दे.) 4 सौंपना: ~ sth as a keepsake (कुछ रखने के लिए दे.); ~ the command of a regiment to a major; ~ him a letter from his mother 5 प्रस्तुत क., पेश क.: ~ sb the place of honour 6 बताना: ~ information 7 पैदा क.: cows ~ milk; ~ sb strength 8 समय दे.: ~ sb some time 9 पैसा दे., अपने खर्चे पर कुछ आयोजित क.: ~ a party; ~ a grant 10 मान ले., अनुमति दे.: I'll ~ you to go on a holiday 11 दब जाना, दबाव तले आना: ~ under pressure 12 भाषण दे., किसी विषय पर बोलना: she **gave** a lecture on music 13 (*also* ~ **sth up**) त्याग दे.: ~ one's life 14 किसी समस्या का कारण या स्रोत हो.: too much driving **~s** me pain 15 परिणाम निकलना: twenty divided by four **~s** five 16 दंड दे.: was **given** ten years 17 के लिए जाम उठाना 18 रैफरी द्वारा निर्णय सुनाया जाना: he was **given** out 19 नाटक आदि में भूमिका दे.: ~ parts in a play 20 मेहनताना दे.: the new law **~s** women equal pay with men 21 महत्त्व या ध्यान देना: ~ the matter a lot of thought 22 संक्रमित क.: ~ sb one's cold 23 टेलीफोन क.: ~ sb a call 24 किसी स्तर का होने का आकलन क.: ~ sb A+ in sth;

n. 1 मूल स्थान या आकार में बदलाव: the apparent ~ in the weather 2 लचक, लचन, लोच: a board with plenty of ~; there is no ~ in a stone floor 3 (***syn.*** play) छेद और दरार के कारण बाएं-दाएं हिलने की क्रिया: a ~ in car steering;

dw/lw: **~able** /गिवेबल/ *adj.* देय; **~-and-take** *n.* 1 एक दूसरे के विचार मानने की आपसी सहमति 2 विचारों का आदान-प्रदान; **~away** *n.* 1 मुफ्त में दी हुई वस्तु, रुंगा (*Hr.*) 2 रहस्य का प्रकटीकरण या भंडाफोड़, विश्वासघात; **given** *see below under separate entry*; **~r** *n.* देने वाला, दायक; **giving** /गिविंग/ *adj.* 1 उदार, खुले हाथ वाला 2 उदार विचारों वाला;

collocations: **given name** किसी व्यक्ति का अपना (पहला) नाम;

p&i: ~ **a bad name** बदनाम क. या करवाना; ~ **a befitting reply** मुंहतोड़ जवाब देना; ~**a bit of one's mind** मन की भड़ास निकलते हुए खरी-खोटी सुनाना; ~ **a blank cheque** खुली छूट देना; ~ **a blow** प्रहार क.; ~ **about** अफवाह आदि फैलाना; ~ **a child a name** बच्चे का नाम रखना; ~ **a clown your finger and he will take your hand** ओच्छा आदमी उंगली पकड़कर पहुंचा पकड़ लेता है; ~ **a cold shoulder** रूखा व्यवहार क., दुत्कारना; ~ **a cry/ shout/ kiss** रोना/ चीखना, बुलाना/ चूमना; ~ **a dog a bad name (and hang him)** किसी को बदनाम करके फांसी पर लटका दे.; ~ **a fair day's wage for a fair day's work** चोखे दाम चोखा काम; ~ **false colour to sth** किसी चीज को झूठा रूप देना; ~ **a flat answer** कोरा जवाब दे; ~ **a free hand** खुली छूट देना; ~ **a good account of oneself** अच्छा काम क., कुशलतापूर्वक काम पूरा क.; ~ **a good example** अच्छा उदाहरण प्रस्तुत क.; ~ **a good/ sound/ thorough thrashing/ beating** खूब पिटाई क.; ~ **a hand** मदद क.; ~ **a handle** 1 विरोधी द्वारा शक करने के लिए गुंजाइश छोड़ना 2 बहाना बनाने का अवसर दे.; ~ **a horse his head** घोड़े की लगाम खुली कर दे.; ~ **a knee to** सहारा दे.; ~ **a leg up** सहायता क.; ~ **a lift** राह चलते पैदल यात्री को किसी दूरी तक अपनी गाड़ी में ले जाना; ~ **a long handle** काफी ढील देना; ~ **a look/ a glance** की ओर देखना; ~ **a loose rein to sth** खुली छूट देना; ~ **and take** आपसी आदान-प्रदान क., कुछ देना, कुछ लेना; ~ **an edge to one's appetite** भूख को और तेज क.; ~ **a new lease of life** नई जिंदगी देना; ~ **a performance/ speech, etc.** गाना आदि प्रस्तुत क./ भाषण दे.; ~ **a party** प्रीतिभोज दे.; ~ **a rebuff** मुंह तोड़ जवाब दे.; ~ **a Roland for an Oliver** ईंट का जवाब पत्थर से दे.; ~ **as good as one gets** ईंट का जवाब पत्थर से दे., जैसे को तैसा; ~ **a signal** हरी झंडी दिखाना, संकेत देना; ~ **a slip** चकमा देकर गायब हो जा.; ~ **a sop to Cerbruc** रिश्वत देकर मुंह बंद क.; ~ **a stone for bread** मदद देने की बजाए खिल्ली उड़ाना; ~ **a title** उपाधि दे.; ~ **a wave of the hand** हाथ हिलाकर विदा या स्वागत क.; ~ **away** 1 इनाम दे. 2 रहस्य खोल दे., धोखा दे.; ~ **away an opportunity** अवसर खो दे.; ~ **away the show** भेद खोल दे.; ~ **a wide berth to** से दूर रहना; ~ **back** जैसे को तैसा दे.; ~ **chase to sb/ sth** 1 समझाना-बुझाना 2 प्रेरित क.; ~ **chapter and verse** सबूत देना; ~ **cheek** गुस्ताखी क.; ~ **colour** नमक-मिर्च लगाकर कहना; ~ **countenance to sth** सहारा या बढ़ावा दे.; ~ **credence** विश्वास क.; ~ **currency to** फैलाना; ~ **details** विवरण दे.; ~ **ear to** किसी की बात सुनना; ~ **effect to** लागू क.; ~ **evidence/** ~ **testimony** गवाही दे.; ~ **false colouring to sth** तरोड़-मरोड़कर कहना; ~ **fits** डांटना-फटकारना; ~ **ground** पीछे हटना; ~ **him an inch and he will take a mile/ ell** उसे उंगली पकड़ाओ, तो वह पहुंचा (कलाई) पकड़ लेगा; ~ **horse the bridle/ the reins** घोड़े की लगाम ढील छोड़ दे.; ~ **hot/ right and left** खूब लताड़ना;~ **in** 1 मान जा. 2 हार मान ले.; ~ **in to sb** के सामने घुटने टेक दे.; ~ **it up for sb** किसी के लिए त्याग दे.; ~ **line/ head/ rein** पूरी छूट दे दे.; ~ **loose to one's feelings** मन का गुबार या भड़ास निकालना; ~ **off** निकालना, भाग जाना; ~ **off sth** गर्मी, रोशनी, गंध, गैस आदि पैदा क. या छोड़ना; ~ **on** सरपट दौड़ पड़ना; ~ **on to/ into sth** तक ले जा.; ~ **one's attention to sth** किसी बात की तरफ ध्यान दे.; ~ **one's hand** किसी से विवाह क.; ~ **one's head for the washing** घुटने टेक दे., झुक जा.; ~ **one's mind** पर ध्यान देना; ~ **one's mind wholly to scientific research** अपने आप को तन-मन से वैज्ञानिक शोध में लगा दे.; ~ **oneself airs** अकड़ना, घमंड क.; ~ **oneself over to dreams/ to thoughts** अपने आप को सपनों या विचारों के हवाले कर दे.; ~ **oneself to be a foreigner** अपने आप को विदेशी बताना, विदेशी होने का नाटक क.; ~ **oneself up** अपने आप को किसी के हवाले कर दे., आत्म-समर्पण कर दे.; ~ **oneself up to sth** or ~ **oneself over to sth** अपने आप को किसी एक उद्देश्य या विचार को समर्पित क.; ~ **or take sth** *colloq.* किसी चीज को देना या लेना; ~ **out** *colloq.* 1 खराब हो., बंद हो., खत्म हो जा. 2 बाहर निकालना, घोषित क., प्रकाशित क., अफवाहें फैलाना 3 ताप आदि पैदा क.; ~ **over** 1 सौंपना 2 बंद हो जा.; ~ **over/** ~ **over doing sth** *colloq.* कोई काम बंद क.; ~ **piece of one's mind** खूब डांटना; ~ **pleasure** आनंदित क.; ~ **rise to sth** को पैदा क.; ~ **satisfaction** संतुष्टि दे.; ~ **sb a big hand** किसी की वाहवाही क.; ~ **sb a black eye** किसी की आंख पर घूंसा आदि मारकर चोट का निशान डाल देना; ~ **sb a blank cheque** किसी को पूरी छूट दे दे.; ~ **sb a call/ ring** टेलीफोन क.; ~ **sb a flap with a fox-tail** उल्लू बनाना; ~ **sb a glad eye** किसी की तरफ रोमांचक आंखों से देखना; ~ **sb a good scolding** किसी को अच्छी फटकार लगाना; ~ **sb a lead** रहनुमाई क.; ~ **sb a lick with the rough side of the tongue** किसी खूब जली-कटी सुनाना; ~ **sb rough time** किसी को बहुत परेशान क.; ~ **sb a thrashing/ a dusting/ a flopping/ a flogging** किसी की अच्छी धुनाई क.; ~ **sb a piece of one's mind** किसी को बहुत प्रताड़ित क.; ~ **sb a treat** किसी को पार्टी दे.; ~ **sb away** 1(***syn.*** betray) किसी के साथ गद्दारी क. 2 बेटी आदि को शादी में दे.; ~ **sb a wet shirt** किसी से इतना काम करवाना की पसीने-पसीने हो जाए; ~ **sb hell** किसी को बहुत संतप्त क.; ~ **sb his due** जिसका जो बनता है, वह उसे दे.; ~ **sb into custody/ into the hands/ in charge of the police** किसी को पुलिस के हवाले क.; ~ **rope to hang himself** किसी को इतनी ढील देना कि वह उसकी बर्बादी का कारण बन जाए; ~ **sb the creeps/ the jim-jams** किसी को बुरी तरह डरा देना, सिट्टी-पिट्टी गायब कर देना; ~ **sb the fidgets** किसी को बहुत परेशान कर देना; ~ **sb the go-by** किसी से छिपकर निकल जा.; ~ **sb the mitten/ the hoof/ the gate** = ~ **sb his walking/marching-**

orders/ his walking papers/ his walking-ticket किसी को नौकरी से निकाल दे.; ~ **sb the point** किसी की दलील मान ले.; ~ **sb the sack** किसी को नौकरी से निकल देना; ~ **sb the slip** किसी से बचकर निकल जाना; ~ **sb to understand** किसी को समझा दे.; **s sb turnips** किसी विश्वासघात क.; ~ **sb up** 1 किसी को छोड़ दे. 2 (~ **up on sb**) किसी के बेहतर आदि होने के बारे में उम्मीद छोड़ देना; ~ **sb/ sth up** 1 कुछ (उम्मीद आदि) करना छोड़ दे., 2 किसी चीज को त्याग दे. 3 किसी के लिए कुछ त्यागना; ~ **sb up for dead/ lost** किसी को मरा हुआ या गुमशुदा समझकर त्याग दे.; ~ **sorrow** उदास क.; ~ **sth a miss** को छोड़ देना, में उपस्थित न हो.; ~ **sth away** 1 किसी को उपहार आदि दे. 2 (*syn.* betray) कोई भेद खोल दे. 3 बहुत सस्ते दाम पर बेचना; **spring gave place to summer** वसंत ने गर्मी को अपना स्थान दे दिया; ~ **sth back** वापस दे.; ~ **sth in** *UK* किसी को लेख आदि पढ़ने और उसका विचार जानने के लिए दे.; ~ **sth in to sb** किसी अधिकारी कुछ सौंपना; ~ **sth off** बाहर निकालना (smell etc.), धुआं आदि छोड़ना; ~ **sth out** 1 घोषणा क. 2 बांटना; ~ **sth over** 1 स्थानांतरित क., बदलना 2 किसी विषय को समर्पित क.; ~ **the alert** सतर्क क.; ~ **the bag** जिम्मेवारी से पल्ला झाड़ लेना; ~ **the bird** नौकरी से निकाल देना; ~ **the bucket** नौकरी से निकाल देना; ~ **the devil his due** नकारात्मक व्यक्ति के सकारात्मक काम को मान्यता देनी चाहिए; ~ **the greedy dog a little bone** लालची को कुछ दे देना; ~ **the lie to** किसी के झूठ का भंडा-फोड़ क.; ~ **the particulars** विस्तृत वर्णन देना; ~ **the ropes** मुक्केबाजी में किसी को अखाड़े के चारों ओर बनी रस्सियों के पास धकेलना; ~ **the sails to the wind** पाल पोत को हवा के हवाले क.; ~ **the scenery with much fidelity** दृश्य का बहुत सच्चा चित्र बनाना; ~ **the shirt off one's back** सब कुछ दांव पर लगाना; ~ **the show away** भेद खोल देना; ~ **the time of the day** किसी को नमस्कार क.; ~ **thought to sth** किसी बात पर विचार क.; ~ **to sb** or **sth** किसी या किसी बात के सामने हार मान लेना; ~ **up** हार मान ले., हथियार डाल दे.; ~ **up (sth)** 1 छोड़ दे., खराब आदत त्याग दे. 2 किसी कार्य को बीच में छोड़ दे. 3 मूल स्थान या आकार में बदलाव, लचक, चलन, लोच लाना 4 विचारों या अन्य किसी सामग्री का आदान-प्रदान क.; ~ **up doing sth** प्राप्त करने के प्रयास छोड़ दे.; ~ **up on sb** or ~ **sb up** किसी के बारे में आशा रखना छोड़ दे.; ~ **up smoking** सिगरेट पीना छोड़ दे.; ~ **up sth** नौकरी आदि छोड़ दे., बंद क. (a regular activity or job); ~ **up the ghost** *colloq.* मर जा.; ~ **up the thought** विचार छोड़ दे.; ~ **vent to one's feelings** अपनी भावनाओं को व्यक्त कर देना; ~ **way** *UK* (*US* **yield**) 1 रास्ता दे., अपने से पहले आने दे. 2 दबाव के नीचे ढह जाना; ~ **way to sth** किसी चीज के प्रभाव या दबाव में आना: ~ way to tears; **what ~s?** क्या हो रहा है? क्या बात है?; **be ~n to luxury** ऐश आराम की आदत हो.; **give up the attempt in despair** हताश होकर प्रयास छोड़ दे.; **I can ~ no reason** मैं कोई कारण नहीं बता सकता; **he ~s no signs of life** उसमें जिंदा होने के कोई लक्षण नहीं; **his accent gave him away** उसके लहजे ने उसकी पोल खोल दी; **my shoes began to ~** मेरे जूते टूटने लग गए; **not to ~ a damn/ a curse/ a darn/ a hoot/ two hoots/ a rush to sb/ sth** किसी की या किसी चीज की कोई परवाह न क.; **stores were giving out** भंडार में माल खत्म हो रहा था; **the analysis ~s the following figures** विश्लेषण निम्न आंकड़े देता है; **the colours of the old carpet have given** पुरानी दरी का रंग छूट गया है; **the rod gave but did not break** छड़ मुड़ गई पर टूटी नहीं; **the window gave into the park** खिड़की पार्क की ओर खुलती थी; **you've ~n me your cold** तुमने अपनी सर्दी मुझे लगा दी

given /गिवन/ *adj.* 1 घोषित या लिखित में अभिव्यक्त: the ~ conditions 2 पहले से तय, पूर्व-निर्धारित: in a ~ time; within a ~ period; meet at a ~ time and place 3 दत्त, प्रदत्त: ~ name (किसी का पहला नाम, माता-पिता द्वारा दिया हुआ पारिवारिक नाम या गोत्र से भिन्न नाम); ~ under my hand and seal this 17th day of July, 2013 4 व्यसनी, लती, आदी: ~ to drink; ~ to biting his nails 5 निश्चित: any ~ day/ time/ week, etc. 6 जिसे सही स्वीकृत कर लिया गया हो;
prep. 1 की स्थिति में होने के बावजूद: ~ his age, he is quite active;
conj. के बावजूद: the party will not come to power again, ~ that the prices have sky-rocketed;
n. सही मानी हुई बात: his illegitimacy is a ~;
p&i: ~ **to** का आदी हो., की ओर रुझान या झुकाव हो.: she ~ **to** crying in sensitive matters

giving *see above under* **give:** *dw/lw*

gizmo /गिज्मो/ (*also* **gismo**) *n.* नए करिश्माई यंत्र के लिए प्रयुक्त

gizzard /गिज़ःड/ *n.* 1 पक्षियों का पेडू, पेषणी 2 *colloq.* उदर;
p&i: **stick in one's ~** गले की हड्डी; **fret one's ~** परेशान हो जा., घबरा जा.

GJPEC *abbr.* 'Gems & Jewellery Export Promotion Council' की प्रथमाक्षरी

GJU *abbr.* 'Guru Jambheshwar University' की प्रथमाक्षरी

Gk *abbr.* 'Greek' *adj.* का संक्षेप

GLAAD *abbr.* 'Gay and Lesbian Alliance against Defamation' की प्रथमाक्षरी

glabella /गलअबेला/ *adj., anat.* भौंहों के बीच का मुलायम माथा

glabrous /ग्लेबरस/ *adj., scientific* सपाट, मुलायम, बालरहित, अरोमिल

glacé /ग्लैसे/ *adj., Fr.* 1 चीनी की परत वाला: ~ cherries 2 चाशनी में पगा हुआ 3 केक के ऊपर बनी सजावटी परत वाला: fairy cakes with ~ icing 4 मुलायम तथा चमकीला: ~ silk; ~ finish

glacial /ग्लेशिअल/ *adj.* 1 *geol., geog.* हिमनद से संबंधित, हिमनदीय: enormous ~ masses 2 उस युग से संबंधित जब हिमनदों का बाहुल्य होता था: ~ man 3 बर्फीला, हिमानी 4 (*syn.* icy) बर्फ से ठंडा किया हुआ पेय 5 बहुत ठंडा: ~ weather 6 (*syn.* icy) रूखा, कटु, शत्रुतापूर्ण: a ~ stare; ~ smile; sb's ~ manner of speaking;
collocations: ~ age/ epoch/ era/ period धरती के काल विभाजन में वह युग जब धरती की परत बर्फ से ढकी हुई थी: the **Glacial** Period/ the Ice Age (हिम युग)

glacia\te /ग्लेशिएट/ *v., pt.* **~ted**, *pp* **~ting**, *geol., geog.* 1 धरती का बर्फ की परत या हिमनदों से ढका जा. 2 चल हिमनद या हिम परत के बहने से धरती का ह्रास (erosion) हो. 3 हिमनदों के घर्षण से चट्टानों की परत का महीन हो.;
dw/lw: **~tion** /~शन/ *n.* धरती का हिमनदों से ढके जाने की क्रिया

glacier /ग्लैसिअः/ *n.* हिमनद, बर्फ का चट्टाननुमा रूप जो धीरे-धीरे समुद्र या नदी में तब तक तैरता रहता है जब तक वह पिघल नहीं जाता या टूटकर आइसबर्ग (iceberg) में परिवर्तित नहीं हो जाता

glacis /ग्लैसिस/ *n.* प्रवणता, जमीन की हल्की-सी या मंद ढाल (विशेषकर किलेबंदी में), पुश्ता

GLAD *abbr.* 'glancing angle deposition' की प्रथमाक्षरी

glad /ग्लैड/ *adj., degr.* **~der**, **~dest** 1 (*sometimes* ~ **about sth**) प्रसन्न, खुश: I'm ~ you liked the present; ~ cry 2 (*sometimes* ~ **of sth**) किसी बात के लिए कृतज्ञ या आभारी: I was ~ of your support; genuinely ~ of your resolution 3 आतुर, तत्पर: we are ~ to help 4 *old use* रुचिकर, सुखद: ~ tidings (सुखद समाचार) 5 प्रसन्नचित, खुशी से खिला हुआ: ~ countenance (हंसमुख चेहरा या शक्ल);
dw/lw: **~-hand** (*usually* **the ~-hand**) *n. US, often ironic* हाथ मिलाने की क्रिया; **~-hand** *v., pt.* **~handed**, *pp* **~handing** औपचारिकता निभाने के लिए दुआ-सलाम क.; **~handing** *n.* औपचारिक दुआ-सलाम; **~ly** *adv.* खुशी से;

~some *adj.* प्रसन्नतादायक, प्रसन्नचित्त, आनंदकर, आनंदित: ~some morning; with ~some looks; **~ness** *n.* प्रसन्नता;
collocations: **~ eye** कामुक नजर; **~ rags** विशिष्ट अवसरों पर पहने जाने वाली सर्वश्रेष्ठ पोशाक
p&i: **be ~ of sth** किसी बात के बारे में प्रसन्न या आभारी हो.; **give sb ~ eye** आंख मारना, कामुक दृष्टि से देखना;

gladden /ग्लैडन/ *v., pt.* **~ed**, *pp* **~ing** प्रसन्न क., खुश क.: be ~ed by the sight of home

glade /ग्लेड/ *n., lit.* वन क्षेत्र में पाई जाने वाली खुली जगह (like Yasnaya Polyana /Ясная поляна/ of Tolstoy): bright/ lovely/ sunny ~

gladiator /ग्लैडिएटः/ *n.* 1 रोम में प्राचीन काल में जंगली जानवरों से लड़ने वाला योद्धा 2 जनहित के लिए लड़ने वाला जन-योद्धा 3 टीवी पर एक खेल जिसमें प्रतियोगी अपने बल, सुगढ़ता, दम-खम (stamina) आदि का प्रदर्शन करते हैं;
dw/lw: **~ial** /ग्लैडिअटॉरियल/ *adj.* 1 जंगली जानवरों से लड़ने वाले योद्धाओं से संबंधित 2 कलहपूर्ण, विवादास्पद

gladiolus /ग्लैडिओलस/ *n., pl.* **gladioli** /ग्लैडिओलाइ/ ग्लैडिओलस नाम का एक सुंदर फूल

gladly /ग्लैडलि/ *adv. see above under* **glad:** ***dw/lw***

Gladstone bag सीधा ऊपर खुलने वाला बक्सा

Glagolitsa /ग्लागोलित्सा/ (*from Russian* **глаго́лица**) *adj.* स्लाव (Slav) भाषाओं (Russian, Bulgarian, Serbian etc.) की प्राचीन लिपि जिसके स्थान पर बाद में सिरिलिक (Cyrillic - *Russian* **кирилица**) लिपि प्रयुक्त होने लगी

glair /ग्लेअः/ *n.* अंडे का सफेद भाग या अन्य कोई पदार्थ जिसे चमकाने वाले पदार्थ के रूप में प्रयोग किया जाता है;
v., *pt.* **~ed**, *pp* **~ing** अंडे की सफेदी लगाना या पोतना, चमकाना

glam /ग्लैम/ *n. short* of 'glamour', 'glamorous' का संक्षेप (बांकपन या बांका, छैल-छबीलापन या छैल-छबीली);
v., *pt.* **~med**, *pp* **~ming** 1 (*often* **glam sb/ sth up**) किसी को या किसी वस्तु को चमकीला-दमकीला बनाना 2 रोमांचकारी बनाना;
collocations: **~ rock** ब्रिटेन में 1970 के दशक का एक प्रकार का रॉक संगीत

glamori\ze (*also UK* **–\se**) /ग्लैमराइज/ *v., pt.* **~zed**, *pp* **~zing** 1 छैल-छबीला बनाना 2 सजीला या आकर्षक रूप दे., बांकपन उछालना 3 रोमांचक बनाना

glamour (*also US* **glamor**) /ग्लैमः/ *n.* 1 मोहकता, सम्मोहन: cast a ~ over sth 2 आकर्षण 3 छैल-छबीलापन, बांकपन 4 चकाचौंध, रोमांच: a scene full of ~;
dw/lw: **~ous** /ग्लैमरस/ *adj.* 1 कामोत्तेजक ढंग से आकर्षक 2 मोहक 3 छैल-छबीली 4 रोमांचकारी
collocations: **~ boy/ ~ girl** *often, derog./ironic* बांका या छैल-छबीला लड़का/ छैल-छबीली, चुलबुली लड़की; **~ puss** छैल-छबीली, चुलबुली, रोमांचकारी औरत;
p&i: **cast a ~ over sb** किसी सम्मोहित क.

glan\ce /ग्लांस/ ग्लैंस/ *v., pt.* **~ced**, *pp* **~cing** 1 (*often* **~ce at sth**; ***syn.*** scan) सरसरी नजर से देखना, विहंगम दृष्टि डालना: **~ce** one's eye/ look at/ upon/ sb; in our talk we **~ced** at contemporary politics 2 झांकना, झलक पाना: **~ce** a passing bird 3 प्रकाश का तेजी से टिमटिमाना, तिरछी रोशनी पड़ना: the sunlight **~ced** off the table 4 (*often* **~ce off**) प्रहार को टालना, गोली आदि का तिरछा निशाना लगना: **~ce** aside/ **~ce** from/ **~ce** off 5 प्रकाश को परावर्तित क. या परावर्तित हो.: **~ced** back the flame of the lamp;
n. 1 दृष्टि या निगाह: impatient/ cool/ hard/ furious **~ce**; stealthy **~ce** (तिरछी नजर); at the first **~ce**; dart/ flash a **~ce** at sb/ sth 2 झांकी, झलक, नजर: at a **~ce** (एक या सर सरी नजर में); give/ take a **~ce** at; cast a **~ce** upon sb/ sth 3 आभास 4 चमक, परावर्तन: **~ce** down/ **~ce** over;
dw/lw: **~cing** *adj.* तिरछा;
p&i: **~ce at/ over sth** सर सरी नजर से पढ़ना या देखना; **~ce quizzically at sb** किसी को हैरत भरी नजर से देखना; **at a ~ce** विहंगम दृष्टि से, एक नजर में; **~ce at/ around/ towards, etc.** किसी पर चारों ओर से देखना या किसी की तरफ उड़ती नजर से देखना; **~ce at/ over/ through, etc.** सरसरी नजर/ विहंगम दृष्टि से देखना या पढ़ना; **cast/ give/ have a ~ce at around/ sb/ sth** किसी पर नजर डालना/ किसी को चारों ओर से देखना/ किसी की तरफ उड़ती नजर से दे. या उस पर उड़ती नजर डालना; **exchange ~ces** निगाहें मिलाना, एक-दूसरे को देखना; **a cursory/ quick ~ce** सरसरी/ उड़ती नजर या निगाह; **at a single ~ce** एक ही नजर में; **at first ~ce** पहली नजर में

gland /ग्लैंड/ *n., zool.* 1 ग्रंथि, गिल्टी 2 *engin.* रिसाव रोकने का उपकरण या जुगत;
dw/lw: **~ular** *adj., zool., bot., etc.* ग्रंथि आदि से संबंधित;
collocations: **~ular fever** *UK* (*US* **mononucleosis**) ग्रंथिल ज्वर जिसके कारण ग्रंथियां सूज जाती हैं और शरीर में टूटन पैदा हो जाती है; **~ular stomach** ग्रंथीय/ ग्रंथिल उदर

glanders /ग्लैंडःज/ *n., [sing.], med., pathol.* गधों और घोड़ों में होने वाला एक संक्रामक त्वचा रोग

glans /ग्लैंज/ *n., pl.* **glandes** /ग्लैंडीज/1 लिंगाग्र 2 भगशिश्नाग्र

gla\re /ग्लेअः/ *n.* 1 चमचमाहट, चकाचौंध: the **~re** of the sun on the water; in the full **~re** of publicity/ of the media, etc. 2 दीप्ति 3 *comput.* अतिशय दीप्ति, तेज रोशनी 4 चिलचिलाती धूप 5 तड़क-भड़क: the pomp and **~re** of rhetoric 6 (***syn.*** stare) घूर, कोपदृष्टि: look at sb with an angry **~re**;
v., *pt.* **~red**, *pp* **~ring** 1 चमचमाना: **~re** with dazzling lights 2 चकाचौंध क. 3 भड़कीला-चटकीला हो. 4 घूरना, तरेरना: **~re** at sb like a tiger; **~re** down upon sb with the utmost contempt

glaring /ग्लेअरिंग/ *adj.* 1 चकाचौंधपूर्ण: ~ light/ sun, etc. 2 चमकीला, चटकीला, भड़कीला: ~ colours 3 क्रोधपूर्ण: ~ stare 4 सुस्पष्ट: ~ falsehood;
dw/lw: **~ly** *adv.* सुस्पष्ट ढंग से;
collocations: **a ~ error/ mistake/ omission, etc.** साफ गलती, भूल या चूक

glasnost /ग्लासनस्त्व/ *n.* पारदर्शिता यानी खुलेपन की नीति जो गोर्बाछोव काल यानी 1980 के दशक में सोवियत संघ में लागू की गई थी

glass /ग्लास/ *US* ग्लैस/ *n., pl.* **~es** 1 शीशा, कांच: ground ~ (सजावटी शीशा); a shiver/ a splinter of ~ 2 शीशे का सामान यानी गिलास, कप आदि: a pane of ~; ~ and china; a collection of ~ 3 गिलासभर: empty a ~; a ~ of milk; a ~ of water 4 (***syn.*** mirror, looking glass) दर्पण, आरसी 5 भिन्न-भिन्न वस्तुओं का रक्षात्मक आवरण 6 (**~es**) *[pl.]* ऐनक, चश्मा: wear **~es** (ऐनक पहनना) 7 (**the ~**) बैरोमिटर;
adj. 1 शीशे का: ~ roof/ doors; ~ structure 2 शीशानुमा: ~ fibre;
v., *pt.* **~ed** *pp* **~ing** 1 किसी चीज पर शीशे की परत चढ़ाना 2 शीशा लगाना 3 शीशे की तरह चिकना बनाना 4 शीशे में देखना, अपना बिंब देखना: ~ oneself; the mountains ~ themselves in the lake;
dw/lw: **~-blower** *n.* 1 कांच धमनी 2 कांच धमन का काम करने वाला व्यक्ति; **~-blowing** *n.* पिघले कांच को ट्यूब द्वारा फूंक मारकर भिन्न-भिन्न बर्तनों या रूपों में ढालने की क्रिया; **~-cutter** *n.* कांच कर्तक; **~ed-in** *adj.* शीशा-लगा: ~ed-in bookcases; **~ful** *adj.* गिलासभर; **~house** *n.* कांचघर, शीशे का महल; **~in** *n.* एक चमकदार, अर्धपारदर्शक एवं चिकनाहट-सह कागज; **~-paper** *n.* रेगमाल, रेगमार; **~ware** *n.* कांच के बर्तन; **~wool** *n.* कांच के रेशे; **~wort** *n.* दलदल में उगने वाला पौधा जिससे सोडा बनता है और उसे कांच बनाने में प्रयोग किया जाता है; **~y** /ग्लासि/

adj. 1 कांच सदृश, कांचाभ, कांच जैसा: a ~y surface (कांच जैसी चिकनी सतह) 2 भावशून्य: ~y eyes (भाव शून्य आंखें);
collocations: **~ case** कांच से बना बक्सा; **~ ceiling** ऐसी बाधाएं जो स्पष्ट रूप से न दिखते हुए भी उनके झेलने वालों की जानकारी में होती हैं, जैसे महिलाओं द्वारा उनके कैरियर में झेली जाने वाली बाधाएं; **~ cliff** किसी महिला या अल्पसंख्यक समूह के सदस्य द्वारा समाज में नेतृत्व की उच्च सीढ़ी पर पहुंचने की नाजुक स्थिति; **~ cloth** 1 शीशे में रंग चढ़ाने के लिए प्रयुक्त होने वाला कपड़ा 2 शीशे के धागों से बना कपड़ा 3 शीशे के पाउडर से ढका पॉलिश करने का कपड़ा; **~ eye** कांच से बनी कृत्रिम आंख; **~ fibre** पिघले कांच से बने धागे या रेशे जिन्हें प्लास्टिक की रबड़ में मिलाकर मजबूत व हल्के वजन की वस्तुएं बनाने के काम में लाया जाता है;
a pane/ sheet of ~ खिड़की का शीशा/ शीशे की परत; **broken ~** टूटा शीशा; **magnifying ~** आवर्धक शीशा या लेंस; **stained ~** रंगीन कांच;
p&i: **as brittle as ~** शीशे-सा भंजनशील; **as smooth as ~** शीशे-सा चिकना; **be fond of/ enjoy one's ~** अपने पैग का मजा लेने का शौकीन हो.; **have/ take a ~ too much** थोड़ा ज्यादा पी ले.; **look through blue ~es** दुनिया को निराशावादी नजरिये देखना; **look through green ~es** ईर्ष्या क.; **raise one's ~ to** किसी के लिए जाम उठाना; **see through rose-coloured ~es** सुहावने सपने देखना; **those who live in ~ houses/ in houses of ~ should not throw stones at others** शीशे के महलों में रहने वालों को दूसरों पर पत्थर नहीं फेंकने चाहिएं

glass cliff *see above under* **glass: *collocations***

glasses *see above under* **glass:** 6

Glaswegian /ग्लैज्वीजिअन/ *n.* ग्लास्गो (Glasgow) नगर से संबंधित, इस शहर का वासी

glaucoma /ग्लॉःकोमा/ *US* ग्लाउकोमा/ *n., med., opthalmol.* 1 ग्लूकोमा, समलवायु, सबलनाम 2 आंख की एक बीमारी जो नेत्र गोलक (eyeball) के भीतर दबाव बढ़ने से होती है और जिसके कारण धीरा-धीरे दृष्टि लोप हो सकता है

glaucous /ग्लॉकस/ *adj.* समुद्री हरा, नीलाभ, मेघनील, नीलाभयुक्त

gla\ze /ग्लेज/ *v., pt.* **~zed**, *pp* **~zing** 1 चीनी मिट्टी के बर्तनों पर पतली चमकीली परत चढ़ाना: **~ze** earthenware 2 कांच की तह चढ़ाना, कांच चढ़ाना, कंचाना, कांचित क. 3 चमकाना, खाद्य पदार्थों पर चमकीला पदार्थ लगाकर चिकना-चुपड़ा बनाना 4 पेंट क. 5 खिड़की या दरवाजे में शीशा लगाना: **~ze** a window 6 (*also* **~e over**) आंख का भावशून्य होकर एक जगह पर गड़ जाना 7 चित्रों पर चमकीला पदार्थ लगाकर चमकाना: **~ze** and frame a picture;
n. 1 चीनी के बर्तनों को चमक देने वाला तरल पदार्थ: a vase with a fine **~ze** 2 पेंटिंग (चित्र) पर अर्ध-पारदर्शक रंग की पतली परत 3 खाद्य व्यंजनों में अंडे या दूध की सफेद परत 4 खाद्य पदार्थों को चिकना-चुपड़ा बनाने वाला तरल;
dw/lw: **~zed** /ग्लेज्ड/ *adj.* 1 कांच जड़ित 2 कांचित, कंचाया हुआ, चमकदार, चमकीला: ~zed bricks 3 हैरत-अंदाज, हैरान, परेशान, भावशून्य: eyes ~ed with boredom; **~zier** /ग्लेजिअः/ *n.* शीशा जड़ने वाला; **~zing** /ग्लेजिंग/ *n.* शीशा-जड़ाई;
collocations: **~zed frost** पानी या पिघली बर्फ के दोबारा जमने से बनी फिसलन भरी चमकदार बर्फीली परत; **~zed paper** चमकदार कागज;
p&i: **~ze/ ~ze over** पथराना, भावशून्य हो. या होकर देखना; **~ze sb's foibles** किसी की कमियों या मूर्खताओं को ढकना; **the ~ze of death over sb's eyes** आंखों पर मौत का साया; **a ~zed look** भावशून्य नजर

GLC *abbr.* 'Gas Linkage Committee', 'governmental linked companies' की प्रथमाक्षरी

GLC *abbr.* 'Greater London Council' की प्रथमाक्षरी (1986 में भंग)

gleam /ग्लीम/ *v., pt.* **~ed**, *pp* **~ing** मद्धम-मद्धम चमकना: a light **~ed** in the distance; the distant stars **~ed** on the still surface of the lake;
n. 1 हल्की-हल्की चमक, किरण: the ~ of a distant light-house 2 (***syn.*** glint) आंखों में दमक या चमक, आभा: a ~ of excitement in sb's eyes; courage **~ed** in his eyes 3 झलक, चमक 4 किसी चिह्न की झलक;
dw/lw: **~ing** *adj.* चमकदार, दमकदार: **~ing** white teeth; **~ing** *n.* चमक, दमक, झलक;
p&i: **a ~ of intelligence** प्रतिभा की झलक; **not a ~ of hope** आशा की एक भी किरण नहीं

glean /ग्लीन/ *v., pt.* **~ed**, *pp* **~ing** 1 (**~ sth from sth**) कठिनाई से सूचना निकलवाना या निकालना: ~ facts from books; ~ information 2 सीला बीनना, एकत्र क., फसल काटने के बाद खेत में बिखरे या पीछे छूटे अनाज आदि को बटोरना: ~ a field;
dw/lw: **~er** /ग्लीनः/ *n.* सीला बटोरने वाला, संग्राहक; **~ing** *n.* सीला बिनाई; **~ings** *n.* 1 भिन्न-भिन्न स्रोतों से निकाली गई सूचनाएं 2 खेत में फसल कटने के बाद गिरे-पड़े हुए दाने

glebe /ग्लीब/ *n.* 1 चर्च की धरती 2 *poetic* भूमि, खेत

glee /ग्ली/ *n., pl.* **~s** 1 (***syn.*** delight) उल्लास, आनंद: full of ~ 2 तीन-चार लोगों द्वारा गाया जाने वाला गीत: ~ club (अमेरिका में समूह-गीत गाने वाली छोटी-छोटी मंडलियां);
dw/lw: **~ful** *adj.* प्रसन्न, उल्लसित: ~ful news; in ~ful mood; **~fully** *adv.* प्रसन्नतापूर्वक, आनंदपूर्वक

gleet /ग्लीट/ *n.* पीब, मवाद

gleg /ग्लेग/ *adj., Scot.* 1 सजीव, जीवंत 2 आनंदित 3 प्रतिभाशाली, प्रखर 4 चतुर, चपल

glen /ग्लेन/ *n.* लंबी संकरी घाटी

Glenlivet /ग्लेनलिवेट/ *n.* एक व्हिस्की का नाम

gley/ glei /ग्ले/ *n.* नीली-भूरी चिपचिपी मिट्टी

glia /ग्लाइया/ ग्लिआ/ *n.* (*also* **neuroglia**) दिमाग और मेरुरज्जु के आधार ऊतक

glib /ग्लिब/ *adj., degr.* **~ber**, **~best**, *derog.* 1 वाचाल, वाक्पटु: ~ talker; ~ politicians 2 सहज पर छलपूर्ण: have a ~ tongue; ~ excuse; ~ explanations;
dw/lw: **~ly** *adv.* निर्बाध परंतु छलपूर्वक; **~ness** *n.* वाचालता, छल-कपट;
collocations: **~ tongue** चपर-चपर करने वाला या बातूनी आदमी

glide /ग्लाइड/ *v., pt.* **~d**, *pp* **gliding** 1 बिना किसी बाधा के चलते रहना: ~ hopelessly into debt 2 पक्षी का बिना पंख हिलाए आराम से उड़ते जाना 3 बहना, बह जा.: a vessel **~s** through the water; a brook **~d** through the valley 4 सरकना, फिसलना: **~d** quietly out of the room 5 ग्लाइडर में उड़ना 6 ग्लाइडर उड़ाना 7 विमान द्वारा बिना इंजन की ऊर्जा के बड़े आराम से उतरना;
n. 1 बहाव, सर्पण 2 वायुयान द्वारा बिना इंजन पावर के धीरे-धीरे उतरने की क्रिया: ~ landing; ~ path 3 *phon.* श्रुति;
dw/lw: **~r** /ग्लाइडः/ *n.* 1 इंजनविहीन विमान 2 ग्लाइड करने वाला व्यक्ति: hang ~r; **gliding** /ग्लाइडिंग/ *n.* ग्लाइडर में उड़ान भरने का खेल: hang gliding;
p&i: **~ along/ into/ over, etc.** सरकाना, बहना, सरकना, धीरे-धीरे चलना या उतरना; **off ~** *phon.* पर, पश्च या अवरोह श्रुति (phonetics); **on ~** पूर्व, अग्र या आरोह श्रुति;

glimmer /ग्लिमः/ *n.* 1 टिमटिमाहट 2 झिलमिलाहट, झिलमिल 3 झलक, आभास: a ~ of dawn; a ~ of happiness/ hope, etc. 4 अबरक (mica);
v., pt. **~ed**, *pp* **~ing** 1 टिमटिमाना: a distant light **~ed** through the mist (तूफान में से एक छोटी-सी रोशनी टिमटिमा रही थी) 2 झिलमिलाना 3 झलकना;
dw/lw: **~ing** *n.* 1 टिमटिमाहट 2 झलक: obtain/ catch a ~ing

of sth/sb; **~ingly** *adv.* टिमटिमाते हुए

glimpse /ग्लिंप्स/ *n.* 1 झलक: catch/ obtain/ a ~ of sb/ sth; a brief/ fleeting ~ 2 आभास: ~ of the artist's vision of world 3 झांकी;

v., pt. **~d**, *pp* **glimpsing** 1 झलक पाना 2 झांकना, ताकना: he just **~d** at the newcomer 3 किसी बात को समझने लगना: ~ the truth;

p&i: **at a ~** सरसरी नजर में

GLIMS *abbr.* 'Global Land Ice Measurement from Space' की प्रथमाक्षरी

glint /ग्लिंट/ *n.* 1 क्षणिक तेज चमक: the earliest ~ of the morning 2 कौंध, झिलमिल;

v., *pt.* **~ed**, *pp* **~ing** 1 हल्का-सा चमकना: the sun **~ed** through the branches 2 झिलमिलाना: ~ in the sun 3 उड़ती नजर डालना, झांकना

glissade /ग्लिसाड/ ग्लिसेड/ *n. mountaineering* 1 बर्फ से ढकी ढलान पर फिसलन 2 बैले नृत्य में फिसलता हुआ-सा कदम

glissando /ग्लिसैंडो/ *n., pl.* **~s**/ **glissandi** /ग्लिसैंडि/ *music* पियानो आदि के कुंजी-पटल (key-board) पर उंगलियां फेरने से पैदा होने वाली ध्वनि

glisten /ग्लिसन/ *v., pt.* **~ed**, *pp* **~ing** 1 झलझल क. 2 जगमगाना, चमचमाना: her eyes **~ed** with pleasure 3 तरल पदार्थ से टकराकर या परावर्तित होकर चमकना

glister /ग्लिस्टर/ (*also* **glitter**) *v., pt.* **~ed**, *pp* **~ing** चमचमाना, जगमगाना, झिलमिलाना, दमकना;

p&i: **all that glisters is not gold = all that glitters is not gold** हर चमकदार वस्तु सोना नहीं होती

glitch /ग्लिच/ *n., pl.* **~es**, *colloq.* अचानक पैदा हुई मामूली-सी गड़बड़ी, विशेषकर इलैक्ट्रोनिकी उपकरण में

glitter /ग्लिटः/ *v., pt.* **~ed**, *pp* **~ing** 1 चमचम क. 2 चमचमाना 3 चमकना-दमकना: a party **~ing** with famous film stars 4 खुशी से खिलखिला उठना: the miser **~ed** over his gold;

n. 1 धातु का छोटा-सा चमचमाता टुकड़ा 2 (***syn.*** glamour) तड़क-भड़क 3 (***syn.*** glint) चमक-दमक 4 उत्तेजनापूर्ण आकर्षण;

dw/lw: **~ing** *adj.* 1 चमचमाने वाला: ~ing smile 2 प्रसन्न एवं उल्लसित: sit ~ing by oneself; **~ingly** *adv.* चमचमाते हुए;

p&i**: all that glitters is not gold** *see above under* **glister: *p&i***

glitterati /ग्लिटअराःटि/ *n., [pl.], colloq.* तड़कीली-भड़कीली जानी-मानी हस्तियां

glitz /ग्लिट्ज/ *n.* 1 दिखावापूर्ण चमक-दमक 2 आडंबरपूर्ण सौंदर्य 3 पैसे के बल पर दिखाई जाने वाली उच्छृंखल तड़क-भड़क;

dw/lw: **~y** /ग्लिट्सि/ *adj., degr.* ~ier, ~iest, *derog., sl.* 1 सतही 2 दिखावापूर्ण 3 चमक-दमक से भरपूर

gloaming /ग्लोमिंग/ *n., poetic* (***syn.*** twilight, dusk) झुटपुटा, गोधूलि-वेला

gloat /ग्लोट/ *v., pt.* **~ed**, *pp* **~ing** 1 मन ही मन खुश होते हुए देखना: the miser **~ed** over his gold; sit **~ing** by oneself 2 (*often* **~ over sth**) किसी की सफलता या विफलता पर दुष्टतापूर्ण ढंग से मन ही मन खुश हो.: ~ over another's misfortune;

n. मन ही मन खुश होने की क्रिया;

dw/lw: **~ing** *adj.* दूसरे की त्रासदी पर मन ही मन खुश होने वाला: ~ing smile

glob /ग्लौब/ *n., colloq.* 1 गाढ़े तरल की थोड़ी-सी गोलाकार मात्रा 2 गोलिका 3 बूंद, छींट

global /ग्लोब्ल/ *adj.* 1 सारी दुनिया पर प्रभाव डालने वाला: ~ war 2 सार्वभौमिक, भूमंडलीय 3 सर्वव्यापी, विश्वव्यापी: ~ disarmament 4 *comput.* सारे प्रोग्राम या फाइल पर लागू होने वाला: made a ~ exchange;

dw/lw: **~ly** /ग्लोबलि/ *adv.* दुनिया भर में;

collocations: **~ village** विश्वव्यापी गांव; **~ warming** *ecol.* विश्वव्यापी तापन क्रिया, भूमंडलीय तापन

global\zation /ग्लोबलाइ\जेशन/ *n.* 1 बहु-राष्ट्रीय कंपनियों के व्यापार का वैश्वीकरण 2 विश्व शक्तियों के प्रभाव का संसार के कोने-कोने में फैलाव 3 संसार में विश्व शक्तियों के अनुरूप समानता या एकरूपता की स्थापना;

dw/lw: **~ze** /~ज/ *v., pt.* **~zed**, *pp* **~zing** भूमंडलीरण क., संसार में विश्व शक्तियों के अनुरूप एकरूपता का फैलाव क.

globe /ग्लोब/ *n.* 1 धरती, विश्व: the ~/ this ~; tread the ~; vanish from the surface of the ~ 2 गोलाकार विश्व मानचित्र: terrestrial ~ 3 लगभग गेंद जैसी कोई भी वस्तु 4 *Scottish, Austral., NZ* बिजली का बल्ब;

dw/lw: **~flower** *n.* जहरीला सदाबहार पौधा; **~-trotter** /ग्लोबट्रौटः/ *n. colloq.* जो दुनिया भर का सैर-सपाटा करते घूमता रहता है, विश्व-भर में घूमने वाला, विश्व यात्री; **~-trotting** /ग्लोब-ट्रौटिंग/ *n.* दुनिया भर का सैर-सपाटा;

collocations: **~ artichoke** एक ऊंचा सदाबहार पौधा जिसके अध-खिले फूल को खाया भी जाता है; **~ of the eye** (***syn.*** eyeball) आंख का कोया या गोलिका

globular /ग्लौब्युलः/ ग्लौब्यअलः/ *adj.* 1 गोलाकार, वर्तुलाकार 2 बूंदों या कतरों से बना

globule /ग्लौब्यूल/ *n.* 1 गोलाकार गोली: a ~ of fat 2 बूंद: a minute ~ of water

glockenspiel /ग्लौकनस्पील/ *n.* एक वाद्य, ग्लाकेनस्पील

glom /ग्लौम/ ***v.,*** *pt.* **~ed**, *pp* **~ing** चोरी क.;

p&i: **~ onto sth** 1 किसी बात या चीज में प्रबल रुचि पनपाना 2 किसी बात से लगाव हो जा.

glomerate /गलॉमअरेट/ *adj., bot.* पुंजित

glomerule /गलॉमिरूल/ *n.* लच्छा, गुच्छा

gloom /ग्लूम/ *n.* 1 अंधकार, अंधेरा 2 (***syn.*** depression) विषाद, निराशापूर्ण वातावरण: cast a ~ on sth; the ~ of solitude 3 उदासी, निराशा: his life seemed filled with ~;

v., *pt.* **~ed**, *pp* **~ing** 1 काला-घना बनना 2 उदास या खिन्न हो.: **~ing** over trifles;

dw/lw: **~ily** /ग्लूमिलि/ *adv.* विषादमय ढंग से; **~y** /ग्लूमि/ *adj.* 1 (***syn.*** glum) निरानंद, निराशाजनक: ~y prospects (अंधकारपूर्ण भविष्य) 2 (***syn.*** depressing) धुंधला, निरानंद: ~y sky; ~y weather 3 विषण्ण, विषादमय, दुखी, उदास: a ~y outlook (विषादमय दृश्य या संभावना);

p&i: **cast a ~ on sb** किसी को अवसाद का शिकार बनाना; **this weary day began to ~ at last** अंततः यह उबाऊ दिन अपने अंत की ओर बढ़ने लगा

gloop /ग्लूप/ *US* **glop** ग्लौप/ *n.* एक सफेद, भद्दा व अरुचिकर पदार्थ

gloria /गलॉरिआ/ *n., pl.* **~s** 1 महिमा, मंगलगान 2 चमक 3 प्रभामंडल

glorification /ग्लॉरिफिकेशन/ *n.* 1 गुणगान, स्तुति, प्रशस्ति: ~ of power 2 प्रसिद्धि थोपने या सुंदर बनाने की क्रिया

glorified /ग्लॉरिफाइड/ *adj., derog.* 1 कृत्रिम रूप से बढ़ाया-चढ़ाया हुआ: ~ barn; a ~ skivvy (बनयान-जांघिया आदि: "ये अंदर की बात है!" – एक विज्ञापन) 2 रोमांचकारी नाम या शक्ल वाला

glori\fy /ग्लॉरिफाई/ *v., pt.* **~fied**, *pp* **~fying** 1 बढ़ा-चढ़ाकर प्रशंसा क. 2 गुणगान क.: **~fy** common life 3 महिमा-मंडित क.: the names which **~fy** this age 4 प्रभु स्तुति क., पूजा क.

gloriole /गलॉरिओल/ *n.* प्रभामंडल, तेज, प्रताप

glorious /ग्लॉरिअस/ *adj.* 1 *colloq.* शानदार: ~ view; ~ day (sunset); have a ~ time (holidays) 2 प्रशंसनीय व आदर योग्य 3 गौरवमय: ~ victory 4 यशस्वी, गौरवपूर्ण, तेजस्वी, प्रतापी 5 *humorous, colloq.* अत्यधिक सुंदर (व्यंग्योक्ति, फब्ती): ~ mess/ muddle; the ~ uncertainty (of sth);

dw/lw: **~ly** /ग्लॉरिअसलि/ *adv.* शानदार ढंग से

glory /ग्लोरी/ *n., pl.* **glories** 1 यश, गौरव: cover oneself with ~ 2 शोभा, शान: be in all one's ~; the **glories** of ancient Rome 3 सौंदर्य, भव्यता, महता: the ~ of the morning/ of the woods in autumn 4 महिमा, प्रताप, प्रशंसा (praise of God): Glory to God in the highest 5 परमानंद 6 गुण, प्रतिभा: patience as a crowning ~ 8 प्रभामंडल;
v., pt. **gloried**, *pp* **~ying** पर गौरव क., गौरवान्वित हो.: ~ in one's country's victory;
collocations: ~ **box** (आस्ट्रेलिया और न्यूजीलैंड में) औरतों की निक्कर; ~ **days** अतीत के अच्छे दिन; ~ **hole** कमरा, अल्मारी या दराज का खाना जहां तरह-तरह की पुरानी या विचित्र चीजें रख दी जाती हैं;
p&i: **~in sth** का आनंद लेना, मजा लूटना: ~ in the new found independence; **send to ~** मार दे.;
be in one's ~ अपने पूरे यौवन में हो.

Glos. *abbr.* 'Gloucestershire' का संक्षेप (इंग्लैंड की एक काउंटी/ प्रांत या जिला)

gloss /ग्लौस/ *US* ग्लाःस/ *n., pl.* **~es** 1 सतह की चमक-दमक 2 सतही आकर्षण: the ~ of novelty 3 तड़क-भड़क: the ~ of silk 4 मुलम्मा, दिखावा 5 (*in full* ~ **paint**) चमकदार परत बनाने वाला पेंट: lip ~ 6 हाशिए पर दिए जाने वाले शब्दों या शब्द समूहों की व्याख्या, टिप्पणी, भाष्य, टीका: these obscure words can only be found in **~es** 7 भ्रामक स्पष्टीकरण: malicious **~es** of sb's writings;
v., pt. **~ed**, *pp* **~ing** 1 चमकाना 2 चमकदार पदार्थ की परत चढ़ाना या पेंट क. 3 (**~ over sth**) कम कर दे., गंभीरता कम क., उपेक्षा क.: ~ over sb's faults 4 शब्द या शब्द समूह की व्याख्या क., टिप्पणियां हाशिए में लिखना 5 भ्रामक अर्थ लगाना;
dw/lw: **~al** *adj.* 1 जिह्वीय 2 भाषीय; **~iness** /ग्लौसिनेस/ *n.* चमक, चमक-दमक; **glossy** *see below under separate entry*;
p&i: **~ over sth** 1 कमी, कमजोरी या गलती को छिपाना या उसकी अनदेखी क. 2 उपेक्षा क. 3 अशुद्ध या भ्रामक अर्थ लगाना

gloss- *combining form denoting:* 1 **the tongue** (जीभ, जिह्वा) 2 **tongue/ language** (भाषा) 3 **false interpretation** (अशुद्ध या भ्रामक अर्थ)

glossiness *see above under* **gloss:** ***dw/lw***

glossa\ry /ग्लौसरि/ *US* ग्लाःसरि, ग्लॉसरि/ *n., pl.* **~ries** 1 पुस्तक के अंत में अर्थों के साथ दी जाने वाली कठिन शब्दों की सूची 2 तकनीकी पारिभाषिक शब्दावली;
dw/lw: **~rial** /ग्लौसेरिअल/ *adj.* शब्दावली से संबंधित: ~rial index

glossolalia /ग्लौसअलेलिया/ *US* ग्लाःसअलेलिया/ *n.* अपरिचित भाषाओं के अज्ञातार्थक शब्द जिन्हें धर्मांधता का दौरा पड़ने पर कुछ लोग (ईसाई) उच्चरित करते हैं

glossology /ग्लौसौलजि/ *US* ग्लाःसाःलजि/ *n.* भाषा-विज्ञान के लिए पुराना शब्द

glossotomy /ग्लौसौटमि/ *US* ग्लाःसाःटमि/ *n., med.* जीभ या उसके किसी अंग को काटकर हटाने की क्रिया

glossy /ग्लौसि/ ग्लाःसि/ *adj.* 1 चिकना व चमकदार: ~ hair 2 चिकना (-चुपड़ा) 3 चिक्कण: ~ silk; ~ surface 4 सतही तौर पर सुंदर 5 चमकदार कागज वाली: ~ magazines and pictures

-glot *suffix, comb. form, denoting:* **speaking or written in a number of languages** (कई भाषाओं में बोलने या लिखने वाला): poly**glot** (बहुभाषी)

glottal /ग्लौटल/ *US* ग्लाःटल/ *adj., tech.* कंठद्वार-संबंधी, उच्चारणांग-मुख संबंधी;
collocations: ~ **stop** *ling.* कंठ द्वार के बंद होने या खुलने पर होने वाली ध्वनि, कंठ ध्वनि

glottis /ग्लौटिस/ *US* ग्लाःटिस/ *n., pl.* **~es**, *anat.* कंठ द्वार, उच्चारणांग-मुख

glo\ve /ग्लव/ *n., pl.* **~ves** 1 दस्ताना: dress **~ves** 2 हत्थी (for grooming horses);
v., pt. **~ved**, *pp* **~ving** दस्ताने पहनना, दस्तानों से ढकना;
dw/lw: **~ver** *n.* दस्ताने बनाने वाला; **~fight** *n.* मुक्केबाजी; **~money** *n.* अदालत के कर्मचारियों को दिया जाने वाला छोटा-मोटा इनाम;
collocations: **~ve box/ ~ve compartment**; कार के डैशबोर्ड में छोटी-मोटी चीजें रखने का खाना; **~ve puppet** (*also* **hand puppet**) हाथ में पहने दस्ताने के ऊपर लगी कठपुतली;
p&i: **an iron fist in a velvet glove** कोमल दिल में दृढ़ निश्चय ; **be hand in ~ve (with)** पूरी तरह से मिले हो., घी-खिचड़ी हो.; **fight with the ~ves off** कठोर संघर्ष क.; **fight with the ~ves on** or **wear/ keep the ~ves** करुणापूर्वक पेश आना; **fit like a ~ve** पूर्णतया फिट (माफिक), उपयुक्त; **go for the ~ves** लापरवाही से घुड़दौड़ पर जूआ खेलना; **handle/ treat with ~ves** नर्मी से या नाजु तरीके से पेश आना; **handle/ treat without ~ves** कठोरतापूर्वक पेश आना; **take the ~ves off** किसी कार्य को गंभीरतापूर्वक करने लगना, दृढ़ता से पेश आना; **take up the ~ve** चुनौती स्वीकार क.; **the ~ves are off** कोई लड़ने के लिए तैयार है; **throw down the ~ve/ gauntlet** चुनौती दे.

glow /ग्लो/ *n.* 1 मद्धम-मद्धम रोशनी या गर्मी: a ~ of heat; the ~ of dying embers (बुझते अंगारों की चमक) 2 आभा, दमक, दीप्ति 3 उज्ज्वलता: pleasant ~ after a bath; the ~ of health 4 लाली, अरुणिमा, रक्तिमा: the ~ of the sky at sunset 5 हार्दिकता, प्रफुल्लता: a ~ of happiness/ pride, etc. 6 आवेश, जोश, भावोद्दीप्त: in a ~ of enthusiasm;
v., pt. **~ed**, *pp* **~ing** 1 दमकना, चमकना: stars **~ing** in the sky 2 उद्दीप्त हो.: red tulips **~ed** in the park 3 भावोद्दीप्त हो.: his eyes **~ed** with indignation 4 दयाशील हो. 5 प्रफुल्लित हो.: ~ with happiness/ pride, etc.; cheeks **~ing** with health;
dw/lw: **~worm** *n.* जुगनू, दीपकीट;
collocations: ~ **discharge** कम दबाव वाली झिलमिलाती गैस का स्राव जिससे प्रकाश मिलता है; ~ **plug** डीजल इंजन या गैस टरबाइन में लगा बिजली का प्लग (plug) जिससे सर्दियों आदि में इंजन को चालू करने में मदद मिलती है;

glower /ग्लोवः/ *v., pt.* **~ed**, *pp* **~ing** घूरना, आक्रामक मुद्रा में आंखें तरेरना, त्योरी चढ़ाना;
n. क्रुद्ध घूर, कोप दृष्टि, आक्रामक मुद्रा

glowing /ग्लोइंग/ *adj.* 1 चमकदार, चमकता हुआ: ~ eyes; paint in ~ colours 2 प्रशंसाजनक, उत्साहप्रद: ~ admiration; a ~ reference/ account/ terms/ tribute;
p&i: ~ **coals sparkle oft** दहकते कोयले अक्सर चटखते हैं

gloxinia /ग्लॉक्सिनिआ/ *n., pl.* **gloxinias** ग्लॉकसिनिया, ब्राजील का एक फूलदार पौधा

glozing /ग्लोजिंग/ *n.* 1 चापलूसी, खुशामद 2 छल, धोखा

GLR *abbr.* 'ground-level reservoirs' की प्रथमाक्षरी

glucose /ग्लुकोज/ *n.* ग्लुकोज, फल शर्करा: ~ syrup

glue /ग्लू/ *n.* 1 गोंद 2 चिपकाने वाला पदार्थ;
v., pt. **~d**, *pp* **gluing** (***syn.*** stick) चिपकाना: her face was **~d** to the mirror; wood **~s** well (लकड़ी अच्छी तरह चिपकती है);
dw/lw: **~y** /ग्लूई/ *adj., degr.* gluier, gluiest गोंदवाला, चिपचपा, लसीला;
collocations: ~ **ear** बहरापन, कान से किसी द्रव का स्राव; ~ **sniffing** नशा चढ़ाने या मतिभ्रम जैसा प्रभाव पाने के लिए एक प्रकार के गोंद की भाप को सूंघने की क्रिया;
p&i: **~ed to the spot** डर के मारे जहां कोई है वहीं जड़ हो जा.; **~ sth to sth** किसी चीज को किसी अन्य चीज से चिपकाना; ~ **up** चिपकाना;
be ~d to sth किसी चीज (टीवी आदि) से चिपके रहना; **be ~ed**

to sth टीवी आदि पर किसी कार्यक्रम को ध्यान से सुनते हुए चिपके रहना; **this fact ~d the whole group together** इस बात ने सारे समूह को एकजुट कर दिया

glug /ग्लग/ *n.* पानी आदि की घूंट को गटकने से पैदा होने वाली ध्वनि

glum /ग्लम/ *adj., degr.* **~mer**, **~mest** उदास, निराश, हताश: ~ face;

dw/lw: **~ly** /ग्लमलि/ *adv.* निराशापूर्वक; **~ness** /ग्लमनेस/ *n.* निराशा, विषाद, उदासी;

glut /ग्लट/ *n.* 1 अति तृप्ति, अघाई 2 (*syn.* surfeit) अत्यधिक मात्रा में उपलब्धता, भरमार: a ~ of wealth; a ~ of cheap song;

v., pt. **~ted**, *pp* **~ting** 1 तृप्त क., अघाना, छकाना: ~ one's revenge 2 अतिशय मात्रा में आपूर्ति क.: ~ market;

gluten /ग्लूटन/ *n.* 1 गेहूं में पाया जाने वाला एक प्रकार का प्रोटीन 2 लासा

glutes /ग्लूटस/ *n.* टांग के ऊपरी भाग को चलाने वालीं चूतड़ों में स्थित मास पेशियां

glutinous /ग्लूटिनस/ *n.* चिपचिपा: ~ rice

glutton /ग्लटन/ *n.* 1 पेटू, खाऊ: be a ~ (पेटू/ भुक्खड़ हो.) 2 (*syn.* greedy) लालची 3 प्रचंड लालसा से परिपूर्ण: a ~ for work; a ~ of books; a ~ for punishment;

dw/lw: **~ous** /ग्लटअनस/ *adj.* 1 बहुत अधिक खानेवाला 2 लोभी, लालची; **~y** /ग्लटनि/ *n.* 1 पेटूपन, भुक्खड़पन 2 प्रचंड लालसा

glycerine/ glycerin /ग्लिसरीन/ *n.* ग्लिसरीन

glycosuria /ग्लाइकअस्यूरिआ/ *n.* शर्करा-मेह

glyph /ग्लिफ/ *n.* पत्थर के उत्कीर्णन द्वारा बनाया जाने वाला चिह्न

glyptic /ग्लिप्टिक/ *adj.* नक्काशी से संबंधित;

dw/lw: **~s** /ग्लिप्टिक्स/ *n.* मणि-नक्काशी, मणि तक्षण, उत्कीर्णन कला

glyptography /ग्लिप्टौग्रफि/ ग्लिप्टाःग्रफि/ *n.* मणि-तक्षण, मणि-नक्काशी कला, हीरे-जवाहरात की नक्काशी

gm/ gm. *abbr.* 'gramme' का संक्षिप्त रूप (ग्राम)

GM *abbr.* 'general manager', 'General Motors', 'Grand master' की प्रथमाक्षरी

GM *abbr.* 'Genetic Modification (of Crops')', 'genetically modified (foods)' की प्रथमाक्षरी

GMAT *abbr.* 'Graduate Management Admission Test', 'Graduate Management Aptitude Test' की प्रथमाक्षरी

GMC *abbr.* 'General Medical Council', 'General Motors Corporation', 'Global Movement for Children' की प्रथमाक्षरी

CMCS *abbr.* 'guided missile control system' की प्रथमाक्षरी

GMO *abbr.* 'genetically modified organism' की प्रथमाक्षरी

GMP *abbr.* 'Good Manufacturing Practices', 'Good Medical Practices' की प्रथमाक्षरी

GMPCS *abbr.* 'Global Mobile Personal Communication System' की प्रथमाक्षरी

GMRT *abbr.* 'Giant Metrewave Radio Telescope' की प्रथमाक्षरी

GMT *abbr.* 'garment manufacturing technology', 'General Manager Telecom' की प्रथमाक्षरी

GMT *abbr.* 'Greenwich Mean Time' की प्रथमाक्षरी (लंदन में ग्रीनविच का समय जिसे अंतर्राष्ट्रीय समय मापन इकाई के रूप में प्रयुक्त किया जाता है)

G-man *US sl.* 1 FBI का एजेंट 2 आयरलैंड में राजनीतिक गुप्तचर

gnarl /नाःल/ *US* नाःर्ल/ *n.* पेड़ या लकड़ी में होने वाली गांठ;

dw/lw: **~ed** /नाःल्ड// *US* नाःर्ल्ड/ *adj.* 1 गंठीला, गांठदार 2 उम्र के बढ़ने के कारण बना गांठदार या गंठीला: ~ed hands

gnar\ly /नार्लि/*adj. degr*~**lier**, **~liest** *sl.* बहुत अच्छा, शानदार या बहुत खराब!

gnash /नैश/ *v., pt.* **~ed**, *pp* **~ing**: **~ one's teeth** गुस्से में दांत पीसना;

dw/lw: **~ers** /नैशः/ *n.* नकली दांत;

gnat /नैट/ *n.* मच्छर, मच्छड़, दंशक, डांस;

p&i: **strain at a ~ and swallow a camel** छोटी-छोटी बातों के पीछे पड़ने के कारण मुख्य बात या मुद्दे को भुला दे.

gnaw /नॉः/ *v., pt.* **~ed**/ *pt. p.* **gnawed/ gnawn**, *pp* **~ing** 1 (*also* **~ at**/ **~ away at sth**) कुतरना, नष्ट क.: ~ (at) a bone; rust **~s** away steel 2 कुतरकर छेद बना दे. 3 (*also* **~ at sb**) लगातार तंग क, सताना, यंत्रणा दे.: he is **~ed** by guilt; be constantly **~ed** by fear;

dw/lw: **~ing** /नॉःइंग/ *adj.* कष्टदायक, दुखदायक: ~ing anxiety;

p&i: **~ at sb** किसी को सताना या यंत्रणा दे.; **~ away at sth** धीरे-धीरे कुतर-कुतर कर नष्ट कर दे.; **~ one's lips in rage** क्रोध के मारे अपने होंठ काट लेना

GNCA *abbr.* 'Goodrick National Chess Academy' की प्रथमाक्षरी

GNCT *abbr.* 'Government of National Capital Territory' की प्रथमाक्षरी

GNCTD *abbr.* 'Government of National Capital Territory of Delhi' की प्रथमाक्षरी

GNDU *abbr.* 'Guru Nanak Dev University' की प्रथमाक्षरी

GNE *abbr.* 'gross national expenditure' की प्रथमाक्षरी

gneiss /नाइस/ *n., geol.* ग्रेनाइट जैसी चट्टान

GNFC *abbr.* 'Gujarat Narmada Valley Fertilizers Company Limited' की प्रथमाक्षरी

GNIDA *abbr.* 'Greater Noida Industrial Development Authority' की प्रथमाक्षरी

GNIHDP *abbr.* 'Greater Noida's Integrated Health and Development Project' की प्रथमाक्षरी

GNIM *abbr.* 'Guru Nanak Institute of Management' की प्रथमाक्षरी

G.N.M. *abbr.* 'General Nursing & Midwifery (Diploma)' की प्रथमाक्षरी

gnome /नोम/ *n., pl.* **gnomae**/ **~s** /नोमी/ नोम्ज/ 1 परी कथाओं में एक बौना पात्र जो पाताल में खजाने की रक्षा करने वाली बौनों की जाति का सदस्य होता है 2 बौना 3 *colloq.* गुप्त आर्थिक शक्ति का मालिक व्यक्ति, अंतर्राष्ट्रीय महाजन (सूदखोर): **~s** of Zurich 4 नीति-सूक्ति;

dw/lw: **gnomic**/ **~al** /नोमिक/ नोमिकल/ *adj.* 1 सूक्तिबद्ध: gnomic aorist; gnomic poet 2 *often derog.* उबाऊ उपदेश झाड़ने वाला; **gnomics** /नोमिक्स/ *n., [pl.]*: the **gnomics** प्राचीन यूनानी कवि जो सूक्तियां बनाते थे

gnomon /नोमन/ *n.* 1 सूर्य घड़ी के डायल पर घंटा सूई 2 शंकु 3 सूर्य की ऊंचाई दिखाने वाला उपकरण

gnosis /नोसिस/ *n., philos.* 1 रहस्य ज्ञान, गूढ़ ज्ञान 2 अध्यात्म विद्या, प्रज्ञान

gnostic /नौस्टिक/ *US* नाःस्टिक/ *adj.* 1 रहस्यमय या धार्मिक ज्ञान से संबंधित 2 गूढ़ ज्ञानवादी, ज्ञान संपन्न;

n. आदिकाल में ईसाई विद्रोही जो अध्यात्मवाद के माध्यम से आत्मा की भौतिक संसार से मुक्ति में विश्वास रखते थे;

dw/lw: **gnosticism** /नौस्टिसिज्म/ *US* नाःस्टिसिज्म/ *n.* 1 गूढ़ ज्ञानवाद 2 अध्यात्म विद्यावाद, प्रज्ञानवाद

GNP /जीएनपी/ *n. abbr.* 'gross national product' की प्रथमाक्षरी

GNSS *abbr.* 'Global Navigation Satellite System' की प्रथमाक्षरी

GNU *abbr.* 'government of national unity' की प्रथमाक्षरी

gnu /नू/ न्यू/ (*also* **wildebeest**) *n., pl.* **~s**/ ~, *facetious* एक बड़े अफ्रीकी हिरन की नस्ल

GNVQ *abbr., Br.* 'General National Vocational Qualification' की प्रथमाक्षरी

GO *abbr.* 'government order', 'general order' की प्रथमाक्षरी

go /गो/ *v., pt.* **went**, *pt. p.* **gone**, *pp* **~ing** 1 (*often* **~ about/ by/ down**) जाना, चलना, हिलना, यात्रा क.: ~ slow; ~ in single file (in pairs); ~ by land (by air); ~ on foot 2 प्रस्थान क., रवाना हो., चले जाना: ~ for a ride/ a drive; ~ for a swim; ~ on a visit; ~ (some) places 3 तक ले जाना/ तक पहुंचाना: a path that **goes** across the field 4 कहीं (मंजिल तक) जाना: ~ to the cinema 5 समाप्त हो जाना, गायब हो.: the peaceful atmosphere has **gone**; all hope is **gone** 6 किसी विशेष हालत में आ जाना या रहने दे.: ~ mad; **go** hungry; my heart was **going** at a tremendous rate 7 खर्च हो जाना: all his money **went** on drink; money **goes** easily 8 एक विशेष उम्र का हो जाना: she's **going** on for sixteen 9 काम चालू रखना, चलना, काम चलते रहना: the scheme is **going** well; the play **went** well; nobody knows how matters will ~ 10 बेचना, बिक जाना: the phone **went** for 1000 rupees 11 किसी विशेष ध्येय से जाना: **go** for a ride; **go** on holiday 12 खराब हो., बिगड़ना, टूट जाना: the old TV finally **went**; his eyes have **gone** 13 काम क., चालू हालत में हो.: **get** it going; set sth **going** 14 किसी स्थान के लिए ठीक या उपयुक्त हो.: where does the divan **go?** 15 होना, घटना: many crimes ~ unnoticed; a new event is **going** on 16 उपलब्ध होना: the jobs are not **going** abegging these days 17 परिणाम निकलना: the statement did not ~ down well with the audience 18 अनुकूल हो., फिट बैठना: my foot won't **go** into the shoe; the book will not **go** into my pocket 19 समय का बीतना: time **goes** quickly 20 कहानी या धुन का चलना: how does it **go?** 21 पर लागू हो., चलना: the same **goes** for you; in this office, anything **goes** 22 का हुक्म चलना: what she says **goes** 23 (*often* **~ with sth**) रंगों आदि का मेल हो.: the blue scarf **goes** well with sb's blouse; 24 विशेष प्रणाली लागू क.: ~ metric 25 ताश के खेल में बाजी लगाना: **went** 1000 rupees 26 बेचा जाने के लिए उपलब्ध हो.: the best offer **going** at the moment 27 खराब/ सही ढंग से हो. / घटित हो. 28 वाहन का जाना-आना: the steamer **goes** twice a week 29 फैला हो.: mountains that ~ from east to west 30 बात का फैलना: a rumour **went** through the office; the story **went** all over the town 31 यातायात का साधन हो.: this message will **go** by mail 32 किसी रफ्तार से (कैसे) जाना या चलना: he **went** very fast 33 कार्य की विशेषता बताना: the lecture **went** very well 34 चलन या फैशन में न रहना: ~ out of fashion/ use 35 किसी शारीरिक अवस्था में घूमना या रहना: ~ naked/ barefoot 36 किस्सा बताया जाना: the story **goes** that ... 37 घटने या होने का तरीका: the gun **went** bang 38 दौड़ आदि शुरू करने का आदेश देना: ready, steady, **go!** 39 शौचालय (toilet) जा.: who wants to ~?;

n., *pl.* **~es** 1 (***syn.*** turn) बारी, चाल: it's my ~ 2 ऊर्जा, जीवंतता, स्फूर्ति, उमंग, उत्साह: she lacks ~; full of ~ 3 *colloq.* हलचल, घटना: it's all ~; a capital ~ 4 *colloq.* सफलता: make a ~ of it; the plan is no ~ 5 गति, चाल, गमन: come and ~; be on the ~ 6 हालात, परिस्थिति: a near ~ (खतरनाक स्थिति); here's a pretty ~! / what a ~! 7 प्रयास: have a ~!; give sb the ~ 8 समझौता, सौदा: it's a ~! 9 आलोचना: have a ~ at sb;

dw/lw: **~-ahead** *n.* अनुमति: get a ~-ahead for the function; **~-ahead** *adj.* सफल: a ~-ahead company; **go-go** *adj.* 1 जीवंत और स्फूर्त 2 जोखिम भरा, साहसपूर्ण: a go-go dancer (कामोत्तेजक नृत्यांगना); **~-as-you-please** *adj.* जो नियमों से बंधा न हो, तकल्लुफ रहित; **go-around** /गो-अराउंड/ *n.* विमान द्वारा उतरने के असफल प्रयास के बाद चक्कर काटने की क्रिया; **~-between** *n.* बिचौलिया, मध्यस्थ; **~-by** *n.* 1 विदाई: give sb the ~-by 2 *colloq.* अनदेखी, उपेक्षा: give the ~-by (उपेक्षापूर्वक पास से गुजर जा.); **~er** *n.* 1 जाने वाला, जाने वाली: comers and ~ers 2 तेज या धीमा चलने वाला: his horse is a slow ~er; my clock is a good ~er 3 लंपट औरत; **goes** *present simple* (*s/he/it form*) *of* '**go**' का वर्तमान काल; **~-getter** *n.* 1 सफलता पाने के लिए दृढ़-संकल्प व्यक्ति 2 तिकड़मी आदमी, चलता-पुर्जा या चालू आदमी; **go-go** *adj.* 1 एक विशेष नृत्य शैली से संबंधित 2 व्यापार के फलने-फूलने का समय; **going** *see below under separate entry*; **~-slow** (*also* **slowdown**) 'काम ढीला करो' सिद्धांत के तहत विरोध प्रदर्शन क.; **go-to** *see below under separate entry*; **~-to-bed** *n.* निद्रालु व्यक्ति (कुंभकर्ण); **go-to-bed-at-noon** *n.* = **goat's-beard** *n.* बकरी जैसी दाढ़ी वाला पौधा;

collocations: **~ faster stripes** 1 कार आदि पर लगाई जाने वाली पट्टियां 2 समान को जल्दी बेचने के लिए उसके साथ जोड़ी जाने वाली अनावश्यक चीजें; **go well** विदा करते समय शुभ कामना देने के लिए प्रयुक्त: hope you have a nice holiday, go well!;

p&i: **~ a-begging/ begging** किसी चीज की कोई मांग न हो.; **~ a mucker** पैसे उड़ाना, फिजूलखर्ची क.; **~-a-wool-gathering** बादलों में उड़ना, दिवा सपने देखना; **~ a long/ good/ great way** आने वाले समय में महत्त्वपूर्ण भूमिका निभाना; **~ about** 1 (= **go around**) फैलना: a rumour is ~ing about 2 से निपटना; **~ about one's business** अपना दिन-प्रतिदिन का काम करते रहना; **~ about sth** 1 (***syn.*** tackle) से निपटना, मुकाबला क. 2 किसी समस्या को सुलझाने के लिए काम शुरू क.; **~ about your business!** अपने काम से काम रखो!; **~ abroad** 1 प्रसिद्ध हो. 2 अफवाहों का फैलना; **~ adrift** रास्ते से भटक या बहक जाना; **~ after sb** पीछा क.; **~ after sth** किसी चीज को पाने के लिए दौड़-धूप क.; **~ after pleasure** मौज मस्ती के पीछे भागना; **~ against sb** किसी के विरुद्ध जा. **~ against sth** किसी बात के विरुद्ध हो.; **~ against the grain/ the hair** अपने स्वभाव या मनपसंद बात के विरुद्ध काम क.; **~ against the stream/ the tide** प्रचलित विचारों या रीतियों के विरुद्ध जाना; **~ ahead** 1 दूसरों से आगे निकलना 2 आगे बढ़ना 3 (***syn.*** proceed) काम का आगे बढ़ना 4 आगे बढ़ने की अनुमति या संकेत दे.; **~ ahead with sth** किसी काम को शुरू कर दे.; **~ all/ great lengths** कोई कसर न छोड़ना; **~ all out** एड़ी-चोटी का जोर लगा दे.; **~ all out for sth** किसी बात के लिए पूरी ताकत लगा दे.; **~ (all) to pieces/ rack and ruin, smash** 1 किसी चीज के टुकड़े-टुकड़े हो जा. 2 अपना स्वास्थ्य खराब कर लेना 3 बिगड़ जाना या खराब हो जाना 4 दिवालिया हो जा. 5 मर जाना, बर्बाद हो जाना; **~ along** 1 यों ही चले जाना या आना 2 आगे बढ़ते जा. 3 सहमत हो., सहमति में साथ चलना: ~ along with sth/ sb; **~ along with you!** 1 चले जाओ 2 बहुत हो गया, बकवास बंद करो!; **~ around** (*also UK* **go round**) 1 अफवाहें फैलाते हुए घूमना: ~ around doing sth 2 गोलाकार वृत्त में चक्र काटना 3 सभी के लिए काफी हो. 4 किसी हाल में हो.: ~ around barefoot; **~ around/ round to ...** निकट के किसी स्थान पर होकर आना; **~ as low/ high as** इस हद तक नीचे या ऊपर जा.; **~ astern** जहाज आदि का पीछे की ओर जा.; **~ at a great lick** उड़ जा., फुर्र हो जा.; **~ at a hard task** कठिन काम को उत्साहपूर्वक करने लगना; **~ at a snail's pace** चींटी की चाल जा.; **~ at it hammer and tongs** किसी पर या किसी काम पर दाना-पानी लेकर पिल पड़ना; **~ at sb** किसी पर टूट पड़ना; **~ at sth** *UK* किसी काम को जोर-शोर से करना शुरू क.; **~ away** 1 स्थान छोड़कर जा. 2 छुट्टियां आदि बिताने के लिए कहीं जा. 3 गायब या लुप्त हो.; **~ away with sb** (***syn.*** elope) किसी के साथ भाग जा.; **~ back** 1 वापस जाना 2 समय में किसी पुराने बिंदु से संबंध रखना: our friendship ~es back to the year 1972; **~ back on sth** वायदे से मुकर जा.; **~ back to sb** पुराने मित्र, प्रेमी या प्रेमिका से दोबारा प्रेम-प्रसंग शुरू कर दे.; **~back to the land** फिर से खेती-बाड़ी शुरू कर देना; **~back to sth** 1 किसी पुराने बिंदु की ओर लौटना 2 किसी फैसले को बदलना 3 पुराने काम को फिर से शुरू क.; **~ badly/ well, etc.** पोशाक आदि का किसी पर अच्छा

लगना या न लगना; ~ **bald-headed** मजबूती से कदम उठाना; ~ **bang** विस्फोट हो जा., फट जा., बंदूक का चल जा.; ~ **bankrupt** दिवालिया हो जा.; ~ **before** पहले किसी समय हो.; ~ **before sb/ sth** किसी के सामने विचार-विमर्श के लिए प्रस्तुत क.; ~ **behind** 1 पीछे चलना 2 पीछे छूट जाना 3 फिर से किसी बात पर विचार क.: ~ behind the evidence; ~ **berserk** पागल हो जा.; ~ **between** बिचौलिया; ~ **beyond one's means** आय से ज्यादा खर्च क. ; ~ **beyond sth** (***syn.*** exceed) से कहीं ज्यादा या ऊपर हो.; ~ **beyond the veil** = ~ **hence** = ~ **out of this world** = ~ **to a better world** = ~ **the way of nature** = ~ **to glory** = ~ **to glory** = ~ **to heaven** = ~ **to kingdom-come** = ~ **to one's last/ long home** मर जा.; ~ **big** बड़ी सफलता पाना; ~ **black in the face** किसी से नाराज हो., लाल-पीला हो.; ~ **broke** कंगाल हो.; ~ **bumping** टकरा जा.; ~ **bust** फट जा., फटकर टुकड़े-टुकड़े हो जा.; ~ **by** 1 समय का गुजरना: time ~es by 2 पास से गुजरना; ~**by sth** के आधार पर या के अनुसार फैसला क.; ~ **by/ under the name of ...** के नाम से जाना जा.; ~ **by the book** नियमों का पालन क.; ~ **by walker's bus** पैदल (ग्यारह नंबर बस से) पैदल जाना; ~ **crazy** पागल हो जा., बौरा जा.; ~ **crook** गुस्सा हो जा., आपा खो बैठना; ~ **dead** (टेलीफोन आदि का) खराब हो.; ~ **dot and carry one** लंगड़ाते हुए चलना या जा.; ~ **down** 1 नीचे गिरना, गिरावट आना 2 (***syn.*** set) सूर्यास्त हो.: the sun ~es down in the evening 3 कंप्यूटर का बैठ या बिगड़ जा.: a computer ~es down 4 माना जाना: he will ~ down to posterity as a hero 5 (***syn.*** sink) जहाज का डूबना 5 भोजन या पेय का गले से नीचे (न) उतरना 6 (***syn.*** fall) मूल्यों, स्तर, तापमान आदि का नीचे जाना या गिरना 7 गुणवत्ता में गिरावट आना 8 कंप्यूटर आदि द्वारा थोड़े समय के लिए काम करना बंद कर देना 9 घटना, हो.: one doesn't always know as to what is ~ing down; ~ **down from** (***syn.*** pass out from) विश्वविद्यालय से डिग्री लेकर निकलना; ~ **down hill** 1 ढलानदार पहाड़ी से नीचे उतरना 2 स्वास्थ्य आदि का खराब हो.; ~ **down in sth** किसी चीज में दर्ज (note) किया जा.; ~ **down to sb** किसी से हारना; ~ **down the drain** बर्बाद हो जाना; ~ **down with sb** किसी द्वारा पसंद या नापसंद किया जा.: the suggestion didn't ~ down well with sb; ~ **down with sth** *UK* बीमार पड़ना (with flu); ~ **dry** *US* 1 शराब बंदी लागू हो. 2 नशाबंदी क., शराब छोड़ दे.; ~ **Dutch** रेस्त्रां आदि में बराबर-बराबर पैसे देना; ~ **easy on sth** किसी से सावधानी से बात क.; ~ **Fantee** विदेशियों के साथ बस जा. और उनके रीति-रिवाज अपना लेना; ~ **far** बड़ी बुलंदी पर पहुंचना; ~ **far afield** काफी दूरी तय क.; ~ **farther and fare worse** आगे दौड़ पीछे चौड़; ~ **flop** पिट जाना, विफल हो जा.; ~ **fly a kite!** / ~ **jump in the lake!** / ~ **lay an egg!** / ~ **lay a brick!** / ~ **sit on a tack!** *US* भाड़ में जाओ! मेरा सिर मत खाओ!; ~ **for a song** कौड़ियों के दाम जा.; ~ **foreign** *naut., sl.* समुद्री यात्रा से विदेश जाना; ~ **for broke** कोई कसर ने छोड़ना, जितना हो सके क.; ~ **for sb** 1 आक्रमण क., टूट पड़ना 2 पर लागू हो.; ~ **for sth** 1 चुनना 2 प्राप्त करने के लिए प्रयास क. 3 पकड़ने की कोशिश क. 4 के दाम बिकना: sth goes for an amount 5 कुछ लाने के लिए कहीं जा. 6 को पसंद क.; ~ **forth** प्रकाशित हो.: the order went forth that ...; ~ **forward** आगे निकलना; ~ **for wool (gathering) and come home shorn** लेने के देने पड़ना, चौबे गए छब्बे बनने दुबे ही रह गए; ~ **from bad to worse** बद से बदतर हो जाना; ~ **fut** ढह जा., ध्वस्त हो जा.; ~ **glimmering** नष्ट हो जाना; ~ **great guns** बहुत बढ़िया चलना या हो.; ~ **green with envy** ईर्ष्या के मारे लाल-पीला हो.; ~ **halves** आधा-आधा बांट लेना; ~ **hammer and tongs at sb** किसी पर दाना-पानी लेकर पिल पड़ना; ~ **hand in hand** इकट्ठा चलना, साथ-साथ हो.; ~ **hang!**; जहन्नुम में जाओ! ; ~ **hard with sb** किसी के लिए हालत खराब है; ~ **haywire** गड़बड़झाला हो जा.; ~ **hence** दूसरी दुनिया में चले जाना; ~ **(home) to sb's heart** किसी को ठेस पहुंचाना; ~ **hot and cold** कभी गर्म, कभी नर्म हो., पल में तोला, पल में माशा हो.; ~ **in** 1 प्रवेश हो. 2 चंद्रमा का बादलों के पीछे छिप जा.; ~ **in and win!** उन्हें नानी याद दिला दो!; ~ **in for sth** 1 पसंद क. 2 परीक्षा में बैठना या प्रतियोगिता में भाग लेना; ~ **in one ear and out the other** एक कान से सुनकर दूसरे कान से निकाल देना; ~ **in rags** फटे-पुराने कपड़ों में हो.; ~ **into a coma/ trance** बेहोशी की नींद में चले जा.; ~ **into a dead faint** मृत होने का बहाना क.; ~ **into a huddle with sb** किसी के साथ गुपचुप सलाह क.; ~ **into a nose-dive** = **tailspin** विमान का तेजी से नीचे की ओर जाकर गिर जा.; ~ **into details/ particulars** विस्तार से परखना या पर विचार-विमर्श क.; ~ **into hiding** छिप जा.; ~ **into liquidation** दिवालिया हो जा.; ~ **into retreat** थोड़े समय के लिए एकांत वास में चले जा.; ~ **into sth** 1 किसी संगठन में प्रवेश क. (politics) 2 जांच-पड़ताल क., गहराई में जा. 3 में निवेश क., में लगाना: an amount of time, money/ effort ~es into sth 4 गाड़ी द्वारा किसी चीज से टकराना 5 वाहन द्वारा किसी विशेष प्रकार से चलना: the plane went into nosedive; ~ **into the melting pot** काया-कल्प हो जा.; ~ **it** 1 तेजी से काम करने लगना, कोई कसर न छोड़ना 2 खुलकर बात क. 3 तोप के गोले दागने लगना; ~ **it alone** अकेले ही कोई काम क.; ~ **it blind** मूर्खतापूर्वक काम क.; ~ **like blazes**/ ~ **like sixty/ split** *US* सिर पर पैर रखकर भाग जाना; ~ **like the wind** तीर की तरह जा.; ~ **nap** सिर-धड़ की बाज लगा देना, सब कुछ एक ही दांव पर लगा देना; ~ **native** जैसा देस (देश) वैसा भेस बनाना; **gone to the bad** बर्बाद हो जा.; **gone to the bad for a shadow of an ass** बेकार की चीज के लिए सब कुछ बर्बाद कर देना; **gone to the hammer** नीलाम हो गया या हो गई; **gone to the pot** बर्बाद हो गया; ~ **off** 1 किसी दूसरी जगह के लिए प्रस्थान क. 2 *UK* खराब हो जाना: food may ~ off; her voice is going off 3 बंद हो जाना: a light or machine may ~ off 4 विस्फोट हो., फटना: a bomb or gun may ~ off 5 चालू हो जाना: a car alarm may ~ off 6 स्तर या गुणवत्ता खराब हो. 7 सो जा. 8 कार्य का किसी विशेष प्रकार से हो.: the meeting went off well; ~ **off at a tangent** बिल्कुल उल्टी तरफ जाना; ~ **off at (full) score** ताबड़-तोड़ काम शुरू क.; ~~ **off at half-cock** उत्तेजित होकर बिना सोचे-समझे बोलना; **off like a rocket/ a Roman candle** फट पड़ना; ~ **off like hot cakes** हाथों-हाथ बिक जाना; ~ **off one** अचानक बहुत नाराज हो जा.; ~ **off one's head/ nuts/ onions/ chump/ rocker/ daft** or ~ **round the bend** पागल हो जाना, दिमाग फिर जा., पागलों-सा व्यवहार क.; ~ **off sb/ sth** *UK* 1 किसी को पसंद करना बंद कर दे. 2 बेहोश हो जाना: ~ off into a faint; ~ **off the air** प्रसारण बंद कर देना; ~ **off the beaten track** लकीर से हटकर चलना, नई राह पर चलना; ~ **off the deep end** 1 घबरा जाना, उत्तेजित हो. 2 *US* हड़बड़ी में फैसला क.; ~ **off the handle** आपे से बाहर हो.; ~ **off the hooks** 1 मर जाना 2 पागल हो जाना; ~ **off the rails** 1 संतुलन खो बैठना 2 पटरी से उतरना; ~ **off with sth** किसी और की चीज उठाकर या चुराकर ले जा.; ~ **on** 1 चालू रखना 2 जीना जारी रखना: ~ on living 3 कुछ बनना: ~ on to do sth; ~ on to the stage (अभिनेता बनना) 4 घटना, हो.: what's ~ing on? 5 *UK* जारी रहना, जारी रखना, लगे रहना 6 फिर से चालू क. 7 go on! चलते रहो! जारी रखो!; ~ **on at sb** किसी की आलोचना क., उनसे बराबर शिकायत क.; ~ **on a bat/ the batter/ the bend/ the bust/ the spree/ the randan/ the razzle-dazzle** शराब पीने लगना; ~ **on about sb/ sth** किसी के या किसी चीज के बारे में बोलते जा.; ~**on all fours** घुटने टेक देना; ~ **on a spending spree** बेतहाशा खरीदारी क.; ~ **one better than** नहले पर दहला हो.; ~ **one's own way/ gate** अपने मन की क., अपने रास्ते से जा.; ~ **on fool's errand** दिन भर छोटे-छोटे कामों में लगाए रखना; ~ **on the bum** मुफ्तखोर हो., आवारा फिरना; ~ **on the bust** 1 गुलछर्रे उड़ाना 2 ~ **on the dole** गरीबी के कारण सरकारी भत्ता पाने लगना; ~ **on the pill** गर्भ निरोधक गोली लेने लगना; ~ **on the rampage** तहस-नहस क.; ~ **on tick** उधार पर लेना; ~ **on to sth** किसी अन्य विषय या समस्या की ओर मुड़ जा.; ~ **on wheels** सुचारु रूप से काम का चलना; ~ **on with sth** किसी कार्य को एक अंतराल के बाद जारी रखना; ~ **out** 1 किसी दूसरे स्थान के लिए निकल पड़ना 2 रोशनी आदि का चले जाना, मद्धिम हो जा., बुझ जाना 3 भेजा जा.

4 प्रसारित हो. 5 फैशन से बाहर हो.; **~ out for a breather** ताजी हवा खाने के लिए कुछ देर के लिए बाहर चले जा.; **~ out of control** नियंत्रण खो बैठना; **~ out of gear/ of order/ of action** खराब हो जा.; **~ out of one's mind/ senses** 1 पागल हो जाना 2 आपे से बाहर हो जाना; **~ out of one's way to do sth** कुछ करने के लिए पूरी ताकत लगा देना; **~ out of sb/ sth** किसी बात, गुण आदि का किसी में न रहना; **~ out of sth** 1 मुकाबले आदि से बाहर हो जा. 2 फैशन में न रहना; **~ out of the stable** घोड़े को घुड़दौड़ की सूची में शामिल करवाना; **~ out of the world** मर जाना; **~ out on strike** हड़ताल क.; **~ out to sb** के साथ सहानुभूति हो.: sb's heart goes out to sb; **~ out together** प्रेम-प्रसंग के तहत इकट्ठे कहीं जा.; **~ out with sb** किसी के साथ कहीं जाना या प्रेम-प्रसंग के लिए मिलना; **~ over** 1 चलना, पूरा हो. 2 छानबीन क. 3 दुहराना, रटना; **~ over-board about sb** किसी को लेकर दीवाना हो जा.; **~ over like nine-pins/ ninepins** एक के बाद एक चीज का खराब हो.; **~ over sth** 1 ध्यानपूर्वक जांचना: ~ over the accounts 2 दोबारा जांचना; **~ over the to** एक स्थान से दूसरी जगह जा.; **~ over the top** दृढ़तापूर्वक धावा बोलना; **~ over to the majority** मर जाना; **~ over with a fine-toothed comb** बहुत बारीकी से जांच क.; **go pear-shape** गड़बड़ा जा.; **~ patter** बूंदों का पट-पट पड़ना; **~ phut** चौपट हो जा.; **~ pit-a-pat** 1 दिल का धक-धक धड़कना 2 धम-धम करके कदम पड़ना; **~ places** भविष्य में सफलता पाना, मैदान मारना; **~ queer in the head** पगला जाना; **~ round** (*UK/US* **go around**) 1 काफी हो.: enough chairs to ~ round 2 अप्रिय बातें फैलाते घूमना: ~ round spreading rumours; **~ round like a horse in a mill** कोल्हू के बैल की तरह पिसना; **~ round the bend** उन्माद और चिड़चिड़ेपन का शिकार हो जा.; **~ scot-free** बाल भी बांका न हो., साफ बच निकलना; **~ scrumping** बाग से फल चुराना; **~ short of sth** थोड़ा कम पड़ना; **~ slow** मालिक के विरुद्ध संघर्ष में काम की रफ्तार ढीली क.; **~ slow tactics** मालिक के विरुद्ध संघर्ष में काम में ढील देने की नीति; **~ snap** चिटक की आवाज के साथ टूट जाना; **~ so far as to say that!** यहां तक कह देना कि...!; **~ stale** बासी हो जा.; **~ steady** स्त्री और पुरुष के बीच गहन नाता हो.; **~ tearing** सरपट दौड़ना; **~ the pace** 1 सरपट दौड़ना 2 मौज-मस्ती में अपने को डुबो दे.; **~ the way of all the earth/ flesh/** or **~ beyond the veil** or **~ home** or **~ go to one's last/ long/ home** or **~ to glory** or **go to heaven** or **go to one's long rest** or **go to one's own place** मर जाना, स्वर्गवास हो जा.; **~ the whole hog** कोई कसर न छोड़ना, पूरा दम-खम लगा दे.; **~ the whole shoot** किसी काम में कोई कसर न छोड़ना; **~ through** 1 सफल हो जाना 2 विधेयक आदि का स्वीकृत या पास हो जा.; **~ through sth** 1 किसी विधि की प्रक्रिया में से गुजरना: ~ through a ceremony 2 अच्छी तरह छानबीन क. 3 बहुत अधिक मात्रा में उपयोग क. 4 दुःख-सुख या विपदाएं झेलना.; **~ through fire and brimstone** नारकीय मुसीबत झेलना; **~ through fire and water for sb** किसी के लिए जी-जान लड़ा दे.; **~ through sb's facing** किसी की गुणवत्ता, क्षमता आदि का परखा जा.; **~ through the hoops** मुश्किल या आजमाइश से गुजरना; **~ through the mill** कठिनाइयां झेलते हुए अनुभव प्राप्त क.; **~ through thick and thin** सुख-दुःख झेलना; **~ through with sth** 1 पूरा क. 2 लागू क.; **~ to any/ great length** किसी हद तक जा., कोई कसर न छोड़ना; **~ to bed** सो जाना; **Go to blazes!/ to Bath!/ to hell!/ to Jericho!/ to pot!/ to the devil!/ to thunder!/ to Hanover!/ to Halifax!/ to Putney!/ to Tunbridge!/ to grass!** भाड़ में जाओ! या जहन्नुम में जाओ!; **~ to blazes/ to hell/ to pot/ to the devil/ to the dogs** or **go to pigs and whistles** or **~ up the spout** बर्बाद हो जाना, मर जाना; **~ to grass** बर्बाद हो जा., जीवन-लीला समाप्त हो जा.; **~ to bye-bye** बच्चों द्वारा एक-दूसरे से अलग होते समय कहा जाना; **~ together with** से मेल खाना; **~ to hell!** जहन्नुम में जाओ!; **~ to law** मुकदमा चलाना; **~ too far** सीमा लांघना, लक्ष्मण रेखा पार क.; **~ to one's account** जीवन के जमा-खाते में जा..; **~ to one's heart** मन को छू जा.; **~ to pieces** टुकड़े-टुकड़े हो जा.; **~ to press** छापना शुरू क.; **~ to rack and ruin** तबाह हो जा.; **~ to roost** (पक्षियों आदि द्वारा) रात में आराम क.; **~ to sb/ sth** के पास जा., को मिलना; **~ to sea** नाविक बन जाना; **~ to see-saw** डांवांडोल हो.; **~ to seed** 1 गलने-सड़ने लगना 2 पतन हो.; **~ to smash** चौपट हो जा.; **~ to the bad** नैतिक रूप से बर्बाद हो जा., अधःपतन हो., लुच्चा-लफंगा हो जा.; **~ to the bar** वकील बन जाना; **~ to the block** मौत के घाट उतार दिया जा.; **~ to the bottom of** किसी मामले की तह तक जा.; **~ to the country** संसद को भंग करके नए चुनाव घोषित क.; **~ to the deuce!** दफा हो जाओ!; **~ to the dogs** बर्बाद हो जा.; **~ to the wall** धंधा चौपट हो जा.; **~ towards sth** के लिए प्रयुक्त हो.; **~ to the town** रंग-रलियां मनाना; **~ under** 1 सतह के नीचे डूब जा. 2 गिरावट आना 3 दिवाला पिट जा.: a company or business may ~ under 4 विफल हो जाना; **~ up** 1 ऊपर चढ़ना या बढ़ना 2 ऊंची जगह पर स्थापित क.: a building or sign may ~ up 3 अकस्मात् फट जा. या जलकर राख हो जाना: ~ up in flames 4 रंगशाला में पर्दा उठना 5 कीमतों, तापमान आदि का बढ़ना; **~ up like a rocket and come down like a stick** खूब जोश-खरोश से शुरू क. पर टांय-टांय फिस्स हो जा.; **~ up in the world** पहुंच के सहारे सीढ़ी-दर-सीढ़ी चढ़ते जा.; **~ up the wall** गुस्से से दहाड़ना; **~ up to** पढ़ाई शुरू करने के लिए विश्वविद्यालय आना; **~ upon the earth** दुनिया में रहना, जीना; **~ west** 1 सूर्य का अस्त होना 2 मर जाना 3 गायब हो जाना 4 बर्बाद हो जाना; **~ wet** नशाबंदी हटाना; **~ while the going's good** बहती गंगा में हाथ धोना; **~ window shopping** दुकानों की खिड़कियों पर सजी वस्तुओं को ध्यान से देखना; **~ with** 1 साथ जाना 2 सहमत हो. 3 मेल खाना 4 शादी से पहले लड़के-लड़की का मिलना-जुलना; **~ with a swing** किसी कार्य का ठीक-ठाक चलना; **~ with sb** किसी के साथ व्यापार या कारोबार शुरू क.; **~ without (sth)** के बिना गुजारा क.; **~ without saying** बेशक, निश्चित रूप से; **~ with the current/ the stream/ the tide/ time** जैसे सब हैं, वैसा बनना, समय के साथ चलना; **~ wrong** 1 खराब हो जा., बिगड़ जा. 2 गलत हो जा. 3 गलती कर देना ;

a capital ~ अति सुखद घटना या कार्य; **a fair go** असली सफलता; **a pretty ~!** क्या खूब मजेदार बात है!; **a queer ~!** कितनी विचित्र बात है!; **as/ so far as it ~es** जहां तक इस बात का सवाल है, कुछ हद तक; **as people, things, etc. ~** औसत लोगों या वस्तुओं की तुलना में; **as the saying ~es** जैसे कि कहावत है ...; **as the story ~es** जैसे कि कहा जा रहा है, जैसे कि कहानी है...; **as things ~** जैसे कि हालात हैं ...; **at one ~** एक मुश्त, एक ही बार में; **be all ~** बहुत व्यस्त हो.; **be ~ing on to do sth** कुछ करने को या कुछ होने को हो.; **be ~ing on with** अभी के लिए; **be ~ing somewhere** *US* तेजी से आगे बढ़ना; **be ~ing strong** 1 फलना-फूलना 2 बुरा व्यवहार क.; **be on the ~/ move** बहुत सक्रिय व व्यस्त हो.; **don't you ~ all polite on me!** इतनी चापलूसी क्यों; **enough to be ~ing with** ;**far gone in grief** त्रासदी का मारा हुआ; **far gone in love** जो प्यार में पागल हो गया हो; **far gone in pride** जिसका घमंड से सिर फिर गया हो; **first/ second, etc. ~** पहले, दूसरे आदि प्रयास में; **from the word ~** एकदम शुरू से ही; **give the ~-by** किसी की उपेक्षा क., किसी से मुंह फेरना ; **have a ~ at sth** कुछ करने का प्रयास क.; **have a ~ at sb** किसी की आलोचना क. या उसकी शिकायत क.; **have gone and done it** गड़बड़झाला कर देना; **have nothing going for one** किसी के लिए कुछ न हो.; **have sth going for one** किसी के लिए कुछ हो.; **have sth on the go** किसी कार्य या गतिविधि के बीच में हो.; **he can ~ hang** वह जहां चाहे जा सकता है; **he is gone** वह मर चुका है; **he went at me with his fists** उसने मुझ पर मुक्कों की बौछार कर दी; **he went under a pseudonym** उसने छद्म नाम धारण कर लिया; **her tongue goes nineteen to the dozen** वह बेधड़क झूठ बोल रही है; **he that goes a-borrowing, goes a-sorrowing** जो उधार लेता है वह दुःख पाता है; **his mind is going** वह पागल हो रहा है; **how goes the world with you** क्या हाल-चाल हैं?; **if this is anything to go by** यदि इसे आधार मान लिया जाए तो ...; **it/ that/ goes without saying** निस्संदेह, बेशक!; **it goes against my**

principles यह मेरे सिद्धांतों के खिलाफ है; **it goes like this** बात इस तरह हुई थी; **it is going to rain** वर्षा होने वाली है; **it's a go** पक्का, सौदा तय!; **it will ~ hard/ ill/ with him** उसके लिए बड़ी मुसीबत होगी; **let ~** 1 हाथों से छोड़ दे. 2 जाने दे. 3 के बारे में चिंता करना छोड़ दे.; **let it ~ at that!** बहुत हो गया!, इसे ऐसे ही रहने दो; **let judgement ~ by default** *law* एकतरफा फैसला कर दे.; **let oneself ~** अपने उद्गारों को खुली छूट दे.; **make a ~ of it** किसी कार्य या प्रयास या कार्य को सफल बनाना; **my sight is going** मेरी दृष्टि खत्म हो रही है; **no ~** बिल्कुल नहीं; **not even ~ there** किसी बात के बारे में सोचना भी न चाहना; **on the ~** खूब सक्रिय; **quite/ all the ~** नवीनतम फैशन की वस्तु; **the bank may ~ any day** बैंक कभी भी डूब सकता है; **the bell has gone** घंटी बज चुकी है; **the fuse (bulb) went** फ्यूज उड़ गया; **the great ~** कैंब्रिज विश्वविद्यालय की बीए की आखिरी परीक्षा; **the names ~ in alphabetical order** (सूची में) नाम वर्णमाला के क्रम में दिए गए हैं; **the speaker went for the profiteers** वक्ता ने जमाखोरी से लाभ कमाने वालों की धज्जियां उड़ा दीं; **the way things are going** जैसे कि अब हालात हैं; **there he (she) goes!** वो देखो कौन आ रहा है!; **this clause of the bill will have to ~** विधेयक की इस धारा को निकालना पड़ेगा; **this synthetic material may easily go for pure wool** यह कृत्रिम कपड़ा शुद्ध ऊन जैसा लगता है; **you may ~ farther and fare worse** आगे दौड़, पीछे चौड़; **what ~es around comes around** 1 जैसा करोगे, वैसा भरोगे 2 जो आज फैशन में नहीं, कल हो जाएगा; **where does one go from here** अब क्या किया जाए?; **you should ~ to facts** तथ्यों के साथ मिलान करना चाहिए

goad /गोड/ *v., pt.* **~ed**, *pp* **~ing** 1 (*usually* **~ sb into sth/ do sth**) कुछ करने के लिए किसी को बार-बार परेशान क. या उस पर दबाव डालना: ~ sb's curiosity; ~ to madness 2 छड़ी से हांकना, अंकुश मारना: ~ an ox;

n. 1 अंकुश, पशुओं को हांकने की छड़ी या लाठी 2 परेशानी या दबाव का कारण: necessity was the ~ that drove him to perform the task

goal /गोल/ *n.* 1 गोल: score a ~ 2 गोल-क्षेत्र: the sides changed **~s** 3 (***syn.*** aim) लक्ष्य, ध्येय, उद्देश्य: ~ in life 4 मंजिल: Paris was our ~;

dw/lw: **~ie** /गोली/ *n.*, (*short,* '**goalkeeper**' का संक्षेप) गोली, गोल-रक्षक; **~keeper** (*also US* **goaltender** /गोलटेंडः/) *n.* गोली; **~-keeping** *n.* गोल रक्षण, गोल रक्षा; **~less** *adj.* गोल रहित; **~mouth** *n.* गोल का मुंह; **~post** *n.* गोल-क्षेत्र के दोनों ओर के खंभे;

collocations: **~ area** गोल-क्षेत्र; **~ average** गोलों की औसत; **~ difference** गोलों में अंतर; **~ kick** 1 गोल क्षेत्र में नियमों का उल्लंघन (foul) करने पर में विरोधी टीम को मिलने वाली खुली ठोकर (free kick) 2 गोल दागने का प्रयास; **~ line** गोल-रेखा; **goal poacher = poacher** उड़ती गेंद से गोल करने वाला खिलाड़ी

p&i: **achieve a ~** लक्ष्य प्राप्त क.; **a ~ in life** जीवन में कोई लक्ष्य; **in ~** गोलकीपर हो.; **move the ~s** किसी कार्य को पूरा करने से पहले यानी बीच में ही निर्धारित लक्ष्य या नियमों को बदलना; **score a ~** गोल क.; **set yourself a ~** अपने सामने एक लक्ष्य रखना; **the winning ~** जीत दिलाने वाला गोल

go-around *see above under* **go: *dw/lw***

goat /गोट/ *n.* 1 बकरी, बकरा 2 छेरी, छाग 3 *derog., colloq.* दिलफेंक बुढ़ऊ 4 *derog., colloq.* मूर्ख आदमी 5 (**the Goat**) मकर राशि;

dw/lw: **~ee** *n.* बकरीनुमा दाढ़ी, बकरदाढ़ी, बुच्ची दाढ़ी; **~herd** *n.* गडरिया, गडेरिया; **~ish** *adj.* कामुकतापूर्ण, लंपट; **~skin** *n.* 1 बकरी की खाल 2 बकरी की खाल का थैला या मश्क;

p&i: **act the ~** मूर्खतापूर्ण व्यवहार क.; **get sb's ~** किसी को क्रुद्ध क. या चिढ़ाना; **lose one's ~** *US* आपे से बाहर हो.; **play the (giddy) ~** मूर्खतापूर्ण व्यवहार क.; **run like a hairy ~** *Austral.* अपनी कुरूपता दिखाना; **separate the sheep from the ~s** अच्छे और बुरे (लोगों) में फर्क क. या समझना, गधे-घोड़े में अंतर समझना; **they made him the ~** उन्होंने उसे बलि का बकरा बना दिया

gob /गौब/ *US* गाःब/ *n., colloq.* 1 मुंह, थोबड़ा 2 गीला ढेला, लोंदा, गोली 3 ढेर 4 *coarse sl.* थूक, घूंट 5 खड्डे में डाला जाने वाला कूड़ा-कर्कट;

dw/lw: **~bing** *n.* 1 थूकने की क्रिया 2 सांप्रदायिक जहर उगलने की क्रिया; **~bet** /गॉबिट/ *n.* 1 कौर, ग्रास 2 गोश्त का टुकड़ा 3 पाठ में से उद्धरण, परीक्षा में अनुवाद के लिए पैरा (paragraph)

gob\ble /गौबल/ *US* गाःबल/ *v., pt.* **~ed**, *pp* **~ing** 1 (*also* **~ble up/ down**) गटकना, निगलना, भकोसना 2 गले में निगलने या गटकने की आवाज हो. 3 छीनना, झपटना;

p&i: **~ble up/ down** 1 लालची या भुक्कड़ आदमी की तरह खाद्य वस्तु ताबड़-तोड़ भकोसना, निगलना 2 बड़ी कंपनी द्वारा छोटी को डकार जा.

gobbledygook (*also* **gobbledegook**) /गौबलडिगूक/ *US* गाःबलडिगूक/ *US n., colloq., usually, derog.* 1 सरकारी शब्दजाल, सरकारी दस्तावेजों में प्रयुक्त अति जटिल भाषा, जिसे आसानी नहीं समझा जा सकता 2 बकवास, कचरा

gobbler /गौबलः/ *US* गाःबलः/ *n., N. Amer. esp. US* नर-पीरू

goblet /गौबलट/ *US* गाःबलट/ *n.* 1 बिना हत्थे का प्याला या गिलास 2 मय का प्याला, चषक

goblin /गौब्लिन/ *US* गाःब्लिन/ *n.* लोक साहित्य में: बौने कद की दुष्टात्मा, प्रेत

gobshite /गौब्शाइट/ *US* /गाःब्शाइट/ *n., coarse sl.* बकवास करने वाला मूढ़ या मूर्ख व्यक्ति

gobsmacked /गौब्समअक्ड/ *US* गाःब्समअक्ड/ *adj., colloq.* 1 हक्का-बक्का 2 किंकर्तव्यविमूढ़, हैरत में

gobstopper /गौब्स्टौपः/ गाःब्स्टाःपः/ *n., colloq.* (***syn.*** jawbreaker) बहुत बड़ी या देर तक चूसी जाने वाली मिठाई

goby /गोबि/ *n., pl.* **gobies** छोटी-छोटी रंगीन मछलियां

go-by /गोबाई/ *n., colloq.* अनदेखी, उपेक्षा: give sb the ~ (*also, see above under* **go: *dw/lw***)

GOC *abbr.* 'General Operating Certificate', 'General Officer Commanding' की प्रथमाक्षरी

go-cart (*also UK* **go-kart**) /गोकार्ट/ *n.* 1 (***syn.*** racing car) एक बिना छत की छोटी, नीची तेज कार 2 बच्चों की खिलौनानुमा कार

GOC-in-C *abbr.* 'General Officer Commanding-in-Chief' की प्रथमाक्षरी

GOCL *abbr.* 'Gulf Oil Corporation Ltd' की प्रथमाक्षरी

god /गौड/ *US* गाःड/ *n.* 1 (**God**) भगवान, ईश्वर, प्रभु, खुदा, वाहिगुरु आदि: oh my God! *colloq.* हे भगवान! 2 देवता: he made money his ~ 3 देवता जैसा पूज्य व्यक्ति;

dw/lw: **~-almighty** *n.* सर्वशक्तिमान परमात्मा: act/ play ~-almighty to sb; think oneself ~-almighty; **~-awful** *adj., colloq.* बहुत बुरा, अश्लील; **~child** *n. pl.* ~children धर्म पुत्र या पुत्री; **~dam/ ~-damned** /गौड्डैम/ गौड्डैमड/ *US* गाःडैम/ गाःडैमड/ *adj.* भगवान द्वारा अभिशापित: ~dam fool; **~dess** *n.* देवी: ~dess of love; ~dess of wisdom; **~-daughter** *n.* धर्म पुत्री; **~father** *n.* 1 धर्म पिता अपराधी गिरोह का सरगना; **~fearing** *adj.* ईश्वर से डरने वाला, धर्मशील, धर्मभीरु, साधु-प्रकृति का; **~forsaken** *adj.* त्यक्त, वीरान, उजाड़ (स्थान): what a ~forsaken hole!; **~given** *adj.* ईश्वर प्रदत्त; **~head** *n.* 1 ईश्वरत्व, देवत्व 2 (**the Godhead**) भगवान; **~hood** *n.* ईश्वरत्व, देवत्व; **~less** *adj.* 1 नास्तिक 2 अधर्मी; **~lessness** *n.* नास्तिकता; **~like** *adj.* देवतुल्य, नेक व्यक्ति; **~liness** *n.* पवित्रता, सदाचारिता; **~ling** *n.* देवता, देव; **~ly** *adj.* धर्मपरायण, धार्मिक, पवित्र; **~man** *n.* बाबा, पाखंडी धर्म गुरु, सांप्रदायिक ठेकेदार या ठग; **~mother** *n.* धर्म माता; **~parent** *n.* धर्म माता-पिता; **~son** *n.* धर्म पुत्र; **~send** *n.* ईश्वर की देन, सौभाग्य: he proved to be a

real ~send to us;
collocations: **~ of day** सूर्य; **~'s fool** मूर्ख व्यक्ति; **~'s gift** भगवान की देन; **~'s own country** भगवान द्वारा निर्मित प्राकृतिक सौंदर्य: Kerala – **~'s** own country; **the God Squad** धर्मांध या सांप्रदायिक उग्रवादियों की टोली; **~ slot** टीवी पर आस्था कार्यक्रम; **~'s truth** *colloq.* (*usually* **the God's truth/ the God's honest truth**) शुद्ध सत्य, पूरा सच; **~ speed** सफलता, सौभाग्य; **~ willing** इंशा अल्लाह! भगवान की मर्जी;
a ~ of clay भगवान की मूर्ति; **a sight fit for the ~s** देवताओं के देखने योग्य दृश्य, अति सुंदर दृश्य; **for ~'s sake** खुदा के लिए; **household ~s** परिवार के रक्षक देवता; **the ~ of heaven** इंद्र देवता (Jupiter);
p&i: **~ bless his soul!** भगवान उसकी आत्मा को शांति दे!; **~ bless you!** खुदा तुम पर मेहर करे!; **~ damn it** भाड़ में जाए; **~, defend me from my friends, from my enemies I will defend myself** खुदा मेरे दोस्तों से मुझे बचाए, मेरे दुश्मनों से मैं खुद निपट लूंगा; **~ from the machine** आकस्मिक सुखद अंत; **~ forbid!** खुदा न करे!; **~ helps those who help themselves** हिम्मते मर्दां, मद्दे खुदा, लगन लगे का साथी राम; **~ is for the big battalions = ~ sides with the strongest** सबै सहायक सबल के, समरथ को नहीं दोष गोसांई; **~ knows** खुदा गवाह है; **~ never sends mouths but sends meat** जिसने चोंच दी वह चारा भी देगा; **~ tempers the wind to the shorn lamb** निर्बल के बल राम; **God's truth** भगवान की सच्चाई; **~ willing** भगवान की मर्जी हुई तो, इंशा अल्लाह
a ~ from the machine कहानी का भला अंत; **be with God** स्वर्गवासी हो.; **by ~** खुदा की कसम!; **depart to ~** मर जा.; **for God's sake!** भगवान के लिए; **Good God!** हे भगवान!; **he that serves ~ for money, will serve the devil for better wages = serve God and Mamon** पैसा जिसका भगवान, उसके लिए क्या राम क्या रावण!; **honest to God!** खरी बात! **make a ~ of sb** किसी को भगवान बनाना; **So help me ~!** भगवान मेरी रक्षा करे! **Thank God!** खुदा का लाख-लाख शुक्रिया!; **to ~ it** नखरे क.; **whom ~s would ruin, he first deprives of reason** जिसके पास विवेक नहीं उसके पास भगवान भी नहीं

godetia /गोडीशा/ *n., pl.* **~s** एक कीमती बागबानी पौधा

godown /गोडाउन/ *n.* भंडारगृह, गोदाम

godwit /गॉडविट/ *n.* एक प्रकार का पक्षी

gofer /गोफः/ (*also* **gopher**) *n., usually N. Amer., esp., US* (**syn.** dogsbody) दफ्तर या फिल्म सेटों आदि पर दूसरों के छोटे-मोटे काम करने वाला लड़का: they call him **gofer** – go for this, go for that, etc.

go-getter /गो गेटः/ *n. see above under* **go: *dw/lw***

goggle /गौग्ल/ *v., pt.* **~d**, *pp* **goggling** 1 आंखें तरेरना 2 घूरना: ~ like an owl 3 आंखे फाड़-फाड़कर देखना: his hideous eyes were **goggling** out;
dw/lw: **~-box** *n.* टेलीविजन सेट; **~-eyed** *adj.* बड़ी-बड़ी आंखें फाड़-फाड़कर देखनेवाला; **~s** *n., [pl.]* धूप का चश्मा: dust (ski) ~s

gogo /गॉगॉ/ *n.* 1 दादी या नानी 2 बुजुर्ग औरत के लिए स्नेहपूर्ण या आदरवाचक शब्द

GOI *abbr.* 'Government of India' की प्रथमाक्षरी

going /गोइंग/ *n.* 1 हाल-चाल, प्रगति: made good ~ 2 चलने या यात्रा करने के लिए जमीनी हालात: when the ~ gets tough, … (*see below under* ***p&i***) 3 (**syn.** track) मार्ग, रास्ता: rough ~ 4 (**syn.** departure) गमन, प्रस्थान, रवानगी: comings and **~s** of the lodgers; before one's ~ 5 विशेष स्थानों को जाने-आने की क्रिया: theatre-**~** 6 घुड़दौड़ के मैदान की हालत;
adj. 1 वर्तमान में लागू, चालू: the ~ price/ rate, etc.; in ~ order 2 प्रचलित: a ~ concern 3 विद्यमान, उपलब्ध: these are the cheapest ones ~ 4 फलता-फूलता, सफल 5 *present participle (pp),* **'go'** का कृदंत: ~ on for sixteen 6 कहीं जाने वाला: the cinema-**~** public;
dw/lw: **~-over** *n., pl.* **~s-over** *colloq.* 1सही करने की क्रिया 2 बारीकी से की जाने वाली जांच 3 बहुत ज्यादा पिटाई: give sb a serious ~-over; **~s-on** *n., [pl.], colloq.* विचित्र घटनाएं, गतिविधियां, करतूतें, (निंदनीय) आचार-व्यवहार: there were strange ~s-on in the neighbourhood yesterday night;
easy-~ *adj.* ऐशो-आराम करने वाला;
collocations: **~-away dress/ outfit** हनीमून पर जाते समय नवविवाहिता (वधू) द्वारा पहनी जाने वाली पोशाक; **~ rate** चालू दर; **~ strong** अच्छी तरह चलने वाला (काम), स्वस्थ और सक्रिय;
a ~ enterprise फलता-फूलता धंधा; **hard/ heavy/ slow/ tough ~** कठिन, धीमी या मुश्किल प्रगति;
p&i: **going, going ~ = ~ once, ~ twice, sold!** (नीलामी में) एक, दो और बिक गया!
get ~ शुरू क., प्रस्थान क.; **make good ~** अच्छी प्रगति क.; **when the ~ gets tough, the tough get ~** जब हालात संघर्षमय हो जाते हैं, (तब भी) संघर्षशील (लोग) आगे बढ़ते जाते हैं; **while the ~ is good, …** जब तक हालात अच्छे हैं, जब तक काम ठीक-ठाक चल रहा है …

goitere/ goiter /गॉइटः/ *n.* घेघा, गलगंड, गलगल;
dw/lw: **goitrous** /गॉइट्रस/ *adj.* गलगंड-संबंधी, घेघेदार

GOITO *abbr.* 'Government of India Tourist Office' की प्रथमाक्षरी

go-kart /गोकाःट/ *n. UK another spell. of* **go-cart** *see above under* **go-cart**

gold /गोल्ड/ *n.* 1 सोना, स्वर्ण (*symbol* **Au**): pure ~; made of ~ 2 बहुमूल्य कार्य, क्रिया, गुण, पदार्थ आदि: it's a pure ~; a voice of ~; heart of ~ 3 धन-संपत्ति: pay in ~ 4 (**syn.** bull's-eye) चांद, निशाना 5 स्वर्ण आभूषण, स्वर्णमुद्रा: coined ~ 6 गहरा पीला रंग: old ~ 7 सोने की कीमत 8 स्वर्ण पदक: win a ~ in Asian Games 10 खनिज: tool's ~;
adj. 1 स्वर्ण, सोने का, सुनहरा: ~ standard; ~ brick 2 सोने जैसे रंग का, सुनहरी: ~ ripeness, name written in ~ letters;
dw/lw: **~beater** *n.* सोने के पत्तर या वर्क बनाने वाला, वर्कसाज; **~brick** *n.* 1 सोने की ईंट या गिल्ली 2 काम से भागनेवाला, कामचोर; **~crest** *n.* सुनहरी चिड़िया, सुनहरा पक्षी जिसके सिर पर धारियां हों; **~-digger** *n.* 1 रईसों से पैसा ऐंठने वाली स्त्री, पुंश्चली स्त्री 2 सोने की खान में खुदाई करने वाला; **~-dust** *n.* स्वर्ण-धूलि; **golden** *see below under separate entry*; **~field** *n.* स्वर्ण क्षेत्र; **~-fever** *n.* स्वर्णोन्माद, सोने के पीछे दीवानापन; **~finch** *n.* स्वर्ण धारियों वाला गानेवाला पक्षी; **~fish** *n.* एक छोटी नारंगी रंग की पालतू मछली; **~foil** *n.* स्वर्ण पत्तर; **~ilocks** *n.*1 बिल्कुल सही स्थिति 2 भूरे बालों वाले व्यक्ति के लिए अपमानजनक संबोधन; **~-rush** *n.* सेने के लिए रेल-पेल या मारामारी; **~smith** *n.* सुनार, स्वर्णकार; **~thread = ~-wire** *n.* सोने का धागा या तार;
collocations: **~ card** बैंक द्वारा लोगों को दिया जाने वाला उधार (credit) कार्ड; **~ disc** संगीत की एल्बम जिसकी ब्रिटेन में 2,50000 और अमेरिका में 5,00000 प्रतियां बिकी हों; **~ dust** स्वर्ण चूर्ण, स्वर्ण-धूलि; **~ export point** अंतर्राष्ट्रीय विनिमय दर जिस पर सोने का निर्यात किया जा सकता हो; **~fish bowl** श्रृंगारिक मछलियों के लिए बना शीशे का ताल; **~ import point** अंतर्राष्ट्रीय विनिमय दर जिस पर सोने का आयात किया जा सकता है; **~ leaf** स्वर्ण पत्तर; **~ medal** स्वर्ण-पदक; **~ mine** 1 सोने की खान 2 अत्यधिक आय का स्रोत; **~ plate** पट्टी, जिसपर सोने का मुलम्मा चढ़ाया गया हो; **~ point** सोने के अंतर्राष्ट्रीय सौदों का केंद्र; **~ reserve** किसी देश के केंद्रीय बैंक में रखे सोने का भंडार; ~

rush सोने के नए क्षेत्र के लिए मारा-मारी; ~ **standard** स्वर्णमान; **black** ~ पैट्रोलियम;

p&i: ~ **is dust that blind all eyes** सोने की चकाचौंध सभी को चुंधिया देती है;

a crock/ pot of ~ बहुत बड़ा इनाम पाने की आशा का धूल में मिल जा.; **all is not** ~ **that glitters/ all that glitters is not** ~ *see above under* **glitter/ glister**; **as good as** ~ सोने जैसा उत्तम; **as good as** ~ सोने-सा श्रेष्ठ; **be worth its weight in** ~ अत्यधिक मूल्यवान हो.; **gild refined** ~ व्यर्थ कार्य क.; **have a heart of** ~ उदार/ सोने जैसा (बहुत अच्छा) दिल हो.; **make a** ~ तीर निशाने पर (स्वर्ण पदक के लिए) लगना; **made of** ~ सोने का बना; **promise sb whole mountains of** ~ किसी को सोने के अंबार देने का वायदा क.; **sell a** ~ **brick** ठगना, धोखा दे.; **yellow as** ~ सोने-सा स्वर्णिम

golden /गोल्डन/ *adj.* 1 गहरा पीला (रंग), सुनहरा 2 स्वर्णिम, सुनहरा: ~ sunset (clouds) 3 सोने का बना हुआ: ~ guinea 4 सोने जैसा: ~ grain 5 बहुमूल्य 6 प्रसन्न, समृद्ध, फलता-फूलता, अद्भुत, विशेष: ~ memories; ~ years; ~ age; ~ hours 7 उत्तम, सर्वश्रेष्ठ: ~ opportunity; ~ deeds 8 सर्वप्रिय: ~ girl 9 पचासवीं वर्षगांठ मनाने वाला, वाले: ~ anniversary; ~ jubilee; ~ wedding;

collocations: ~ **age** स्वर्ण युग; ~ **ager** 1 पचास वर्ष से ज्यादा आयु का व्यक्ति 2 स्वर्ण युग का व्यक्ति; ~ **boy** सफल व्यक्ति; **Golden delicious/** ~ **delicious** सेब की एक किस्म; ~ **eagle** एक बड़ा बाज/ गरुड़; ~ **eye** जंगली बत्तख; ~ **fleece** यासन तथा अर्गोनॉटेस की ऊन (Greek mythology – यूनानी पौराणिक कथाओं में); ~ **gates** स्वर्ग द्वार; ~**goose** सोने के अंडे देने वाली मुर्गी; ~ **handcuffs** किसी अच्छे कर्मचारी को काफी बड़ा आर्थिक प्रलोभन देकर नौकरी में रोके रखना; ~ **handshake** सेवा से बलात निवृत्त किए जाने वाले व्यक्ति को दी जाने वाली हरजाने की राशि; ~ **hello** किसी अच्छे कर्मचारी को काफी बड़ी रकम देकर नौकरी लेने के लिए आकर्षित क.; **Golden Horde** रूस के इतिहास में दसवीं सदी के आस-पास तातार-मंगोल (Tartar-Mongol) प्रजातियों के हथियार बंद सैनिक झंड जो छापामार लड़ाई की तरह बार-बार रूस की धरती पर आक्रमण करते थे; ~ **mean** मध्यम मार्ग; ~ **muhar** गुलमोहर; ~ **number** चंद्र चक्रांक; ~ **oldie** पुराने सफल या सर्वप्रिय (hit) गाने; ~ **oriole** अति भड़कीले रंग का पक्षी; ~ **parachute** किसी कंपनी का दूसरे बिजनेस ग्रुप द्वारा खरीद लिए जाने पर काम से निकाले जाने वाले कर्मियों को नकद दी जाने वाली बड़ी रकम; ~ **pheasant** सुनहरी कलगी वाला चीनी तीतर; ~ **plover** सुनहरी बटान; ~ **retriever** सुनहरे रंग का बड़ा शिकारी कुत्ता; ~-**rod** गोल्डन रॉड नाम का पीले फूलों वाला पौधा; ~ **rule** 1 स्वर्णिम (मूलभूत) नियम 2 ईसा मसीह द्वारा प्रतिपादित सिद्धांत कि दूसरों के साथ वैसा व्यवहार करो जैसा कि आप अपने साथ करवाना चाहते हो; ~ **share** किसी कंपनी में मालिक या सरकार का ऐसा शेयर जिसकी बदौलत कंपनी पर अपना मालिकाना अधिकार सुरक्षित रखा जा सके; ~ **star** स्वर्ण तारक; ~ **syrup** हल्की सुनहरी चाशनी या शिरा; ~ **thread** गमीरा; ~ **wattle** पीले फूलोंवाले आस्ट्रेलियायी बबूल के पेड़; ~ **wedding/ anniversary/**~ **wedding anniversary** शादी की पचासवीं वर्षगांठ;

p&i: **the goose that lays** ~ **eggs** सोने के अंडे देने वाली मुर्गी, बहुमूल्य आय का स्रोत;

worship the ~ **calf** सोने के बछड़े यानी धनी व्यक्ति की औलाद के सामने गिड़गिड़ाना

golf /गोल्फ/ *n.* 1 गोल्फ का खेल 2 (**Golf**) *communications* नाटो (NATO) की संदेश प्रणाली में अक्षर '**G**' का द्योतक;

***v.**, pt.* ~**ed**, *pp* ~**ing** गोल्फ खेलना;

dw/lw: ~**er** *n.* गोल्फ खिलाड़ी; ~**iana** /गोल्फिआना/ *n., [pl.]* गोल्फ सामान के व्यापारी आदि द्वारा प्रयुक्त गोल्फ की वस्तुओं के लिए शब्द; ~**ing** *n.* गोल्फ का खेल खलने की क्रिया

collocations: ~ **bag** गोल्फ की छड़ आदि के लिए आवरण या थैला; ~ **ball** गोल्फ की गेंद; ~ **club** 1 गोल्फ क्लब 2 गोल्फ की छड़ी; ~ **course/** ~-**links** गोल्फ का मैदान

Goliath /गलायथ/ *n.* 1 राक्षस, दानव 2 विशालकाय व्यक्ति: a ~ of a man 3 अति महत्त्वपूर्ण व्यक्ति या संगठन: a ~ of English literature

golliwog /गोलिवौग/ *US* गाःलिवाःग/ *n.* 1 *old use* हौआ 2 बच्चों के बुने हुए कपड़े या गुड़िया 3 (*informal* **golly**) एक नुकीले बालों वाला डरावना व्यक्ति;

excl. आश्चर्यसूचक

gollop /गॉलप/ *v., pt.* ~**ed**, *pp* ~**ing** *colloq.* जल्दी-जल्दी गटकना

golly /गौली/ *US* गाःली/ *interj.* 1 अरे! विस्मयसूचक शब्द 2 'golliwog' का छोटा रूप

GOM *abbr.* 'Grand Old Man', 'Group of Ministers' की प्रथमाक्षरी

GOM-IT *abbr.* 'group of ministers on telecom and information technology' की प्रथमाक्षरी

gonad /गोनैड/ *n., biol.* जनन-ग्रंथि (अंडकोश या डिंब ग्रंथि);

dw/lw: ~**al** /गोनैडल/ *adj.* जनन-ग्रंथि-संबंधी; ~**otrophin** /गोनैडोट्रोफिन/ *n.* यौन क्रिया में उत्प्रेरक हार्मोन;

collocations: ~**otrophic hormone** यौन क्रिया में उत्प्रेरक हार्मोन

gondo|la /गौंडअला/ *US* गांडअला/ *n.* 1 इटली के नहर-नगर वेनिस (Venice) की नहरों में नौका विहार के लिए प्रयुक्त होने वाली नौका जैसी लंबोतरी नाव 2 मालगाड़ी का बिना छत का डिब्बा 3 उड़न-गुब्बारे में बैठने की टोकरी, झूला 4 तार-मार्ग (cable-way) पर चलने वाली झूला-टोकरी;

dw/lw: ~**lier** /गौंडअलिअः/ *n.* वेनिस का माझी

Gondwanaland (*also* **Gondwana**) /गौंडवानालैंड/ *US* गांडवानालैंड/ *n.* प्राचीन महाद्वीप जो शायद भारत को दक्षिण अफ्रीका, दक्षिण अमेरिका, आस्ट्रेलिया आदि के साथ जोड़ता था

gone /गौन/ *US* गाःन/ *pt. p.*, '**go**' का भूतकालिक कृदंत;

adj. 1 जो चला गया है 2 *colloq.* बीता हुआ (समय): ~ six 3 जिसे प्रयुक्त करके खत्म कर दिया हो 4 गायब, गुमशुदा, मृतप्रायः समाप्त, चुका हुआ: ~ case; ~ hope; past/ dead and ~ 5 मृत : ~ sensation/ feeling 6 *colloq.* गर्भवती: a woman seven months ~ 7 *colloq.* मादक पदार्थों के नशे की उड़ान पर सवार;

prep: (***syn.*** past) बताए गए समय के बाद: it's ~ eight o'clock already;

dw/lw: **goner** /गौनः/ *US* गाःनः, गॉनः/*n., colloq.* 1 मरणासन्न या मृत व्यक्ति 2 तबाह, बर्बाद, विनष्ट;

p&i: ~ **to Kingdom come** जिनका स्वर्ग वास हो चुका; ~ **under** पूर्णतया तबाह; **be (dead)** ~ **on sb** किसी पर बुरी तरह फिदा हो.;

gonfalon /गॉनफअलन/ *n.* पताका का प्रतीक, आर-पार छड़ (cross bar) से लटकती पताका

gong /गौंग/ *US* गांग/ *n.* 1 स्कूल आदि का घड़ियाल (घंटा): a dinner ~ 2 *sl.* पदक 3 संगीत वाद्य मंडली में संघात या थपक वाद्य (तबला आदि) 3 पदक या सम्मान

gonna /गोना/ *contraction, colloq. esp. N. Amer. short of* '**going to**' का छोटा रूप (करने जा रहा हूं)

gonococcus /गौनअकौकस/ *US* गाःनअकाःकस/ *n., pl.* **gonococci** /गौनअकौक्साइ/ *US* गाःनअकाःक्साइ/, *med.* सूजाक का रोगाणु

gonorrhoea/ *n. Amer.* **gonorrhea** /गौनअरिआ/ *US* गाःनअरिआ/*n.* सूजाक;

dw/lw: ~**l** /गौनअरिअल/ *adj.* सूजाक का, सूजाक-संबंधी

gonzo /गौंजो/ *US* गांजो/ *adj., sl., esp. N. Amer.* व्यक्तिपरक विकृत पत्रकारिता;

collocations: ~ **journalism** सनसनीखेज पत्रकारिता

goo /गू/ *n.* चिपचिपा पदार्थ, गू
good /गुड/ *adj., degr.* **better**, **best** 1 अच्छा, सुहावना, दिलचस्प, प्रशंसनीय: ~ looks; ~ hard work 2 उच्च स्तर का: ~ humour; a ~ strong dose (of a medicine) 3 सफल: ~ workman; ~ swimmer (runner) 4 दयालु, भला, उदार: ~ nature; do sb a ~ turn (किसी का भला क.) 5 हाल-चाल पूछने के जवाब में प्रयुक्त होता है, अच्छा है 6 उपयोगी, अच्छी/ अच्छा, लाभकर: a ~ buy; medicine ~ for a headache; it's ~ for reading 7 प्रिय, सुखकर, अनुकूल: ~ news; live a ~ life 8 संतोषजनक, पर्याप्त, काफी, प्रचुर, भरपूर, अच्छा-खासा: a ~ deal of time; a ~ supply; waited a ~ while; ~ enough to ... 9 सदगुणों से अलंकृत, शालीन, शिष्ट: ~ manners; ~ behaviour 10 नेक, सच्चरित्र: ~ heart 11 पूर्ण, संपूर्ण 12 बहुत अच्छा, खरा, शुद्ध, असली: ~ breeding; a ~ deal 13 उचित, समुचित, उपयुक्त, सही: say a ~ word for sth; ~ reasons; ~ claim 14 सक्षम, स्वस्थ 15 मजेदार, सुखद: having a ~ time; have a ~ time! 16 उत्तम, श्रेष्ठ: my ~ china 17 आदरणीय, सम्माननीय: my ~ fellow! 18 ठीक-ठाक, अच्छी हालत में: the roof is ~ for another winter 19 आर्थिक रूप से उचित: a ~ investment 20 आश्चर्य, निराशा, अपेक्षा आदि को दर्शाने वाले विस्मयबोधक शब्दों के साथ: ~ heavens!; ~ grief!; ~ golly! 21 संबोधन शब्दों में प्रोत्साहक: my ~ man; your ~ lady 22 विवेकपूर्ण, समझदारीपूर्ण: ~ question 23 उत्साह वर्धक, हिम्मत वर्धक: the novel had ~ reviews 24 मिलनसार: ~ with children 25 नियम परायण, नियम-निष्ठ, निष्ठावान: ~ tradition to invite old students to their alma mater 26 आज्ञाकारी, विनम्र: a ~ boy 27 से ज्यादा: they played a ~ hour 28 लागू, चालू, वैध: passport ~ for ten years;
n. 1 भलाई, भलापन, अच्छाई: do sb ~ 2 कल्याण, हित: sb's ~; an influence for ~; for the public ~; it turned out all to the ~ 3 लाभ: come to ~; come to no ~ 4 नैतिकता: be after/ up to no ~ 5 नेकी: do ~ and forget!; ~ and evil 6 (**~s**) *[pl.]* माल, सामान, *also see below* **goods** *under separate entry*;
adv., *colloq.* बहुत अच्छा, अच्छी तरह: Manoj has done pretty ~;
excl. **~ after noon/ ~ day!** नमस्कार!; **~bye!** अलविदा!; **~ evening!** नमस्कार!; **~ luck!** शुभकामनाएं!; **~ morning!** नमस्कार!; **~ night!** शुभ रात्रि!;
dw/lw: **~-fellowship** *n.* मिलनसारी, सखाभाव, मैत्री; **~-for-nothing** *adj.* बेकार, घटिया, निकम्मा; **~-hearted** *adj.* भला, नेक, सहृदय; **~-humour** *n.* खुश-मिजाजी, प्रफुल्लता; **~-humoured** *UK* (*US* **~-humored**) जिंदादिल, हंसमुख, खुश-मिजाज; **~ies** *n., [pl.]* अच्छी और मजेदार चीजें: a table laden with ~ies; **~iness** *n.* शिष्टाचार का आडंबर; **~ish** *adj.* 1 शिष्टाचार का आडंबर करने वाला 2 भला-सा या अच्छा-सा 3 अच्छा-खासा; **~liness** *n.* 1 सौंदर्य 2 अच्छाई, उत्कृष्टता 3 उदारता; **~-looking** *adj.* सुंदर, मोहक; **~ly** *adj., degr.* ~lier, ~liest *old use or jocular* 1 सुंदर, आकर्षक, बढ़िया 2 अच्छा-खासा, बहुत सारा; **~-nature** *n.* सुशील स्वभाव; **~-natured** *adj.* भले स्वभाव का, सुशील; **~-neighbourliness** /गुडनेबःलिनेस/ *n.* पड़ोस में अच्छा भाई-चारा; **~ness** /गुडनेस/ *n.* 1 शराफत, भलमनसाहत 2 अच्छे गुण; **~s** *see below under separate entry*; **~tempered** *adj.* सुशील, नेक स्वभाव का; **~-time** *adj.* मौजी, मस्त-मौला: be a ~-time boy to do any serious studying; **~will** *see below under separate entry*;
collocations: **~ address** शहर का बढ़िया इलाका; **~ breeding** अच्छा लालन-पालन; **~ company** अच्छी संगत; **Good Conduct Badge** *US* शानदार सेवा के लिए पदक; **~ debts** (***anton.*** bad debts) बैंक को वापस मिलने वाला ऋण; **~ faith** नीयत, नेकनीयती, विश्वास, भरोसा; **~ find** नेक वस्तु या चीज की प्राप्ति; **Good Friday** ईस्टर के पहले का शुक्रवार, गुडफ्राइडे; **~ golly** हे भगवान!; **~ innings** लंबा सुखमय जीवन; **~ looks** *[pl.]* सुंदर शक्ल; **~ name** 1 (***syn.*** reputation) नेक नाम 2 शुभ नाम; **~ odour** कृपा पात्र, उच्च अधिकारी के करीब; **~ offices** व्यक्तिगत प्रभाव; **~ Samaritan** *n.* परोपकारी व्यक्ति, दुखी लोगों की मदद करने वाला; **~ sense** समझदारी, विवेकशीलता; **~ spirits** आनंदविभोर मन; **goodwill mission** सद्भावनाअभियान;
a ~ reception भव्य स्वागत; **a ~ riddance!** अच्छा छुटकारा मिला!; **final ~bye** अंतिम विदाई; **no ~** बेकार;
p&i: **~ and ready** पूरी तरह तैयार; **~ and sufficient reason** समुचित और पर्याप्त कारण; **~ as gold** सोने-सा खरा; **~ for a laugh** मजाक के लिए अच्छा है; **~ for any thing** हरफन मौला, कई हुनरों में माहिर; **~ for sb/ sth** किसी व्यक्ति या बात के लिए लाभकर; **~ for you/ ~ on you** तुम्हारे लिए अच्छा होगा; **Good God/ grief/ heavens!, etc.** हे भगवान!; **~ health is above wealth** स्वास्थ्य सबसे बड़ा धन है; **~ humour is sunshine of the mind** सटीक हास्यजनकता मन का प्रकाश है; **~ Jack makes a ~ Jill** पति अच्छा तो पत्नी अच्छी; **~ lawyer must be a great liar** वकील जितना अच्छा, उतना झूठा; **~ lawyer an evil neighbour** अच्छा वकील पर बुरा पड़ोसी; **~ master makes a ~ servant** अच्छा मालिक, अच्छा नौकर; **~ name is better than golden girdle** लाख जाए पर साख न जाए; **~ master, but a bad servant** थोड़ी मात्रा में कभी-कभी लिया जाने वाला पेय गुणकारी, पर उसकी आदत का शिकार होना विनाशकारी; **~ness knows** ऊपर वाला जानता है; **Goodness gracious!** आश्चर्य व्यक्त करने के लिए प्रयुक्त; **~ness is the only investment that never fails** नेकी में निवेश सदाबहार; **Goodness! = my goodness, what a mess!** हे भगवान! कितनी गड़बड़ है!; **~ to do so** मैंने सोचा था ऐसा ही करना चाहिए; **~ to go** जाने को तैयार; **~s are theirs only who enjoy them** अच्छी चीजें बटोरने के लिए नहीं, बल्कि आनंद लेने के लिए होती हैं; **~ swimmers are oft drowned** हुनरमंद लोगों का दुस्साहस उनकी असफलता का कारण बन जाता है (बेहुनर तो कभी कुछ करते ही नहीं, इसलिए वे असफल भी नहीं होते); **~ wages ~ work** चोखे दाम, चोखा काम;
a ~ deal काफी, बहुत; **a ~ buy** अच्छा/ सही सौदा; **a ~ few** कई सारे, बहुत सारे, अनेक; **a ~ investment** लाभकारी निवेश; **a ~ luck is a lazy man's estimate of a worker's success** सुस्त आदमी दूसरों की सफलता को सौभाग्य फल करार देता है; **a ~ supply** अच्छी आपूर्ति; **a ~ 20 minutes/ 30 miles, etc.** पूरे 20 मिनट या 30 मील आदि; **a ~ while** काफी देर तक; **a ~ word costs nothing** मीठे बोल – अनमोल; **all in ~ time** सब कुछ अपने समय पर; **all the ~ness of the grain** अनाज के सभी पौष्टिक गुण; **all to the ~** सब कुछ भले के लिए, किसी बात के हित में; **as ~ as** उतना अच्छा, जितना कि...; **as ~ as gold** सोने-सा खरा; **as ~ as dead** पूर्णतः मृतप्राय; **as ~ as one's word** बात का धनी; **as ~ as play** खेल-सा आसान; **as ~ as wheat** *US* बिल्कुल सही/ फिट; **~ at sth** किसी कार्य में माहिर; **be as ~ as one's word** वायदे का धनी हो.; **be ~ enough!** कृपया!; **a ~ word costs nothing** मीठे बोल – अनमोल; **be ~ to sb** किसी के प्रति दयालु हो.; **be in sb's ~/ bad books** किसी की अच्छी या बुरी नजरों में हो. (चहेता या अनचहेता हो.); **be no ~/ not any ~** किसी काम/ लाभ/ फायदे का न हो.; **be of ~ cheer/ in ~ spirits** अच्छे मिजाज में हो.; **be up to no ~** किसी बुरे काम करने के लिए लाम बंद हो.; **come in ~ time** ठीक समय पर आना; **come to no ~** बुरा परिणाम हो.; **do ~** नेकी क.; **do a world of ~** बहुत भला क.; **do ~ and forget** नेकी कर दरिया में डाल; **do sb ~** किसी के लिए नेक कार्य क.; **do sb the world of ~** किसी का बहुत भला

क.; **for ~ and all/ for ~** सदा के लिए; **for ~ness sake** खुदा के लिए; **for the ~ of ...** किसी के भले के लिए; **give a ~ report of sb/ sth** किसी के या किसी बात के बारे में सकारात्मक रिपोर्ट दे.; **give sb a ~ scolding** किसी को अच्छी डांट लगाना; **have a ~ mind to ...** कुछ करने का इरादा हो.; **have ~ time** मजे क.; **his word is as ~ as his bond** वह वचन का धनी है; **he knows best what ~ is that has endured evil** बुराई को झेलने वाला ही नेकी का अर्थ जान सकता है; **in ~ faith** अच्छी नीयत से, किसी का विश्वास करते हुए; **in ~ with sb** किसी के साथ अच्छे संबंध हो.; **it's a ~ job** अच्छा काम किया; **it's very ~ of you** आपकी बड़ी कृपा हुई; **kiss/ say/ wave ~bye** विदाई चुंबन दे./ अलविदा कहना/ हाथ हिलाकर अलविदा कहना; **last a ~ month** पूरे महीने तक चलना; **make ~ the ground** 1 अच्छी प्रगति क. 2 किसी जगह पर अच्छी तरह डट जाना; **make sth ~** मरम्मत क.; **My ~ness!** गजब हो गया!; **out of ~ness of one's heart** (जोड़-तोड़ के कारण नहीं, बल्कि) अपनी दयालुता की बदौलत; **said our ~byes** हमने अलविदा कहा; **stand ~ in law** कानून के हिसाब से बिल्कुल सही; **stand sb in ~ stead** किसी के काम आना, का मददगार हो.; **that's a ~ one!** कितना बढ़िया मजाक या दलील है!; **thank ~ness!** शुक्र है! खुदा की मेहर है!; **that's a ~ one!** यह हुई न बात!; **the ~** भले लोग, भलाई; **the rule holds ~** नियम लागू होता है; **to the ~** किसी के लिए फायदेमंद; **too ~ to be true** यह इतना अच्छा है कि विश्वास नहीं होता; **up to no ~** कोई गलत या बेईमानीपूर्ण काम क.; **wait a ~ while** अच्छी-खासी प्रतीक्षा क.; **we know not what is ~ until we have lost it** हमें किसी चीज की अच्छाई या बुराई का तब तक पता नहीं चलता, जब तक हम उसे खो नहीं देते; **wish sb ~bye** किसी को अलविदा कहना

goodbye *see above under* **good:** ***dw/lw***

goods /गुड्ज/ *n., [pl.]* 1 माल, सामग्री: deliver the ~ 2 *old use* व्यक्तिगत सामान 3 चल संपत्ति 4 सौदा, सामान;
dw/lw: **~-engine** *n.* माल इंजन;
collocations: **~s and chattels** छोटा-मोटा निजी सामान; **~ clerk** माल क्लर्क; **~ shed** माल गोदाम; **~ train** माल गाड़ी; **damaged ~s** खराब हुआ सामान; **dry ~s** कपड़ों का सामान; **one's wordly ~s** किसी का सामान, वस्तुएं, माल आदि; **straight ~s** 1 भरोसेमंद या विश्वसनीय व्यक्ति 2 खरा सच;
p&i: **catch sb with the ~s** किसी को (चोरी के माल के साथ) पकड़ना; **come up with the ~** काम पूरा क., अच्छे ढंग से काम क.; **deliver the ~s** अपने ऊपर ली हुई जिम्मेवारी को निभाना, वायदे पूरे क.; **have all one's ~s in the shop-window** अपने सारे गुण, विशेषताओं आदि को प्रदर्शित क.; **have/ get the ~ on sb** *colloq.* किसी के विरुद्ध अपराध के सबूत हो.

goodwill /गुड्विल/ *n.* 1 सौहार्द, सद्भावना: a gesture of ~will 2 साख, सुनाम, व्यापारी और ग्राहकों के बीच अच्छे संबंध, अच्छी तरह स्थापित व्यापार की साख;

good\y /गुडी/ *n., pl.* **~ies** *colloq.* 1 फिल्म या उपन्यास आदि का नायक 2 कोई अच्छी या आकर्षक वस्तु 3 सच्चरित्र व्यक्ति;
dw/lw: **goody-goody** /गुडि-गुडि/ *n., pl.* **goody-goodies** 1 दिखावटी या बनावटी नेकी 2 स्वादिष्ट खाद्य 3 (***anton.*** baddy) भला व्यक्ति 4 नेकी का दिखावा करने वाला व्यक्ति; **goody-two-shoes** *n.* सद्-व्यवहार करने वाला व्यक्ति;
collocations: **~/ goodie bag** 1 बच्चों को दिया जाने वाला मिठाइयों व छोटे-मोटे उपहारों से भरा थैला 2 विज्ञापन के रूप में बांटा जाने वाला किसी कंपनी के माल का थैला

gooey /गूई/ *adj., dear.* **gooier**, **gooiest** *colloq.* चिपचिपा व भद्दा

goof /गूफ/ (*also* **goof up**) *mainly N. Amer. colloq. v., pt.* **~ed**, *pp* **~ing** *US* 1 मूर्खतापूर्ण भूल क. 2 समय बर्बाद क.;
n. 1 मूर्ख व्यक्ति 2 भूल, भयंकर चूक;
dw/lw: **~-ball** *n.* नींद की गोलियां, मूर्ख व्यक्ति; **~-off** *n. US, N. Amer., sl.* काम न करने वाला, काम-चोर;
p&i: **~ around/ about** *N. Amer.* मूर्खतापूर्ण व्यवहार क., उल्टे-सीधे काम करते फिरना;

goo\fy /गूफि/ *adj., degr.* **~fier**, **~fiest** *colloq.* 1 मूर्ख, मूर्खतापूर्ण: a ~ grin 2 बाहर निकलते दांत वाला

goog /गूग/ *n., Austral. & NZ, informal* अंडा

Goog\le /गूग्ल/ *n. trademark* इंटरनेट का एक सशक्त खोजी इंजन जो इष्ट सूचना दे सकता है;
v. (**google**), *pt.* **~led**, *pp* **~ling** गूगल खोजी इंजन का प्रयोग क., गूगल से कोई सूचना पाना या ढूंढना

googlewhacking /गूग्लवैकिंग/ ***n.*** गूगल सर्च इंजिनों (search engines) की मदद से इंटरनेट पर किसी शब्द या उसके भिन्न-भिन्न आयामों का पता लगाने की क्रिया

goog\ly /गूग्लि/ *n., pl.* **~lies**, *cricket* गुगली गेंद, टप्पा खाने के बाद अपेक्षित दिशा बदलने वाली गेंद

googol /गूगौल/ *US* गूगॉल/ *n., maths.* 10^{100} की संख्या यानी 1 के बाद 100 शून्यों वाली संख्या

gook /गूक/ *n.* 1 भद्दा व चिपचिपा पदार्थ 2 *N. Amer. sl.* दक्षिण-पूर्व एशिया के व्यक्ति के लिए अपमानजनक शब्द

goombah /गूंबा/ *n., US, sl.* 1 अपराधी टोली का सदस्य 2 अंतरंग मित्र या सहयोगी

goon /गून/ *n., colloq.* 1 मूर्ख व्यक्ति 2 *sl.* भाड़े का गुंडा

goop /गूप/ *n., N. Amer.* 1 बदतमीज, गुस्ताख 2 मूढ़ व्यक्ति

goosander /गूसैंडः/ *n.* एक बड़ी-सी बत्तख

goo\se /गूज/ *n., pl.* **geese** 1 हंस, कलहंस, हंसिनी 2 कलहंस का गोश्त 3 *colloq., old use* मूढ़, मूर्ख 4 इस्त्री 5 *colloq., pl.* **~ses** चूतड़ों पर काटी जाने वाली चुटकी, च्योंटी, चिंगोटी;
v., *pt.* **~sed**, *pp* **~sing** चूतड़ों पर चुटकी काटना;
dw/lw: **~seberry** *n., pl.* ~seberries गूजबेरी, काकबदरी; **~sefoot** *n.* चुकंदर की तरह का एक पौधा; **~segog** *n. colloq.* एक प्रकार की गूजबेरी; **~segrass** *n.* कपड़ों पर चिपक जाने वाला यूरोपीय पौधा; **~se-skin** *n.* (*also* **~se bumps**) *[pl.]* रोमांच त्वचा अंकुरण, हंसत्वक; **~se-neck** *n.* हंस ग्रीवा; **~se-step** *n.* सेना मार्च करने का कदम जिसमें अकड़ी टांगों को ऊपर झुलाया जाता है;
collocations: **~se bumps** = **~se pimples** *[pl.]* = **~se flesh** *[sing.]* रोमांच त्वचा अंकुरण; **~ egg** खेल के मुकाबले में शून्य का अंक (score)
p&i: **all one's geese are swans** अपने माल की अतिरंजनापूर्वक प्रशंसा क.; **can't say bo to goose** अत्यधिक डरपोक या शर्मीला; **cook one's goose** अपने आप को तबाह कर लेना; **the ~se that lays the golden eggs** *see under* **'golden'**; **cook sb's ~se** किसी की योजनाओं को ध्वस्त क., किसी को मार डालना; **play ~seberry** (दो प्रेमियों के बीच) कबाब में हड्डी होना

GOP *abbr.* 'Grand Old Party' की प्रथमाक्षरी (अमेरिका की रिपब्लिकन पार्टी)

gopak /गोपाक/ (*Russian* **гопак**) *n.* आदमियों का उक्राइनी लोक नृत्य

gopher /गोफः/ *n.* 1 अमेरिकी कृतंक 2 एक प्रकार की गिलहरी 3 बिल में रहने वाला सांप जैसा जीव 4 (बाइबल के अनुसार) नोआ की आर्क (Noah's Ark) बनाने में प्रयुक्त पेड़ (की लकड़ी);
v., *pt.* **~ed**, *pp* **~ing** *US* छोटे स्तर पर पत्थर खोदकर निकालना

GOPIO *abbr.* 'Global Organisation of People of Indian Origin' की प्रथमाक्षरी

gorblimey/ gorblimy /गॉःब्लाइमि/ *excl. adj.* 1 अश्लील 2 साधारण जनता से संबंधित;
n. (gorblimey cap) एक विशेष प्रकार की समतल सैनिक टोपी

Gordian /गॉःडिअन/ *adj.* अति जटिल, कठिन, असंभव;
collocations: **~ knot** जटिल समस्या;
p&i: **cut the ~ knot** समस्या का हल अत्यंत उग्र उपायों से

यानी बल प्रयोग द्वारा क.

go\re /गॉः/ *n.* 1 (जमे हुए) खून का थक्का 2 कपड़े का तिकोना टुकड़ा, कली;
v., pt. **~red**, *pp* **~ring** 1 सींग घुसेड़ या भोक दे. 2 कटे सींगों से कुछ बनाना 3 किसी चीज को सींगों का रूप दे.;
dw/lw: **~red** *adj.* सींगों से बना हुआ;
collocations: **blood and ~re** हिंसक घटनाओं के दृश्य

gor\ge /गॉःज/ *n.* 1 संकरी गहरी घाटी, कंदरा, महा-खड्ड 2 पेटू की तरह खाने का दौर 3 पेट में जमा खाना 4 गला 5 घृणा, जुगुप्सा;
v., pt. **~ged**, *pp* **~ging** 1 (**~ge oneself = stuff oneself**) पेटू की तरह खाना 2 भूख, भकोसना, गटकना: the fish has **~ged** the bait; **~ge** a heavy meal;
p&i: **~ge oneself with sth** 1 खूब खाना 2 किनारों तक भर दे.; **~ge (oneself) on sth** भकोसना, पेटू की तरह खाना; **~ged with wealth** अत्यधिक धनी हो.;
arteries ~ged with blood खून से भरी धमनियां; **cast the ~ge at sth** किसी चीज को तिरस्कारपूर्वक ठुकरा दे.; **his ~ge rises at it** किसी बात पर इतना क्रुद्ध हो. कि इस बात से उल्टी आने लगे; **make sb's ~ge rise** 1 बीमार कर दे. 2 किसी खाद्य के प्रति घृणा से भर दे.; **one's ~ge rises at sth** किसी वस्तु को देखकर घृणा होती है;

gorgeous /गॉःजिअस/ *adj.* 1 सुंदर व सुप्रिय, भड़कीला, शानदार: ~ sunset 2 अलंकृत, आलंकारिक: he is perfectly ~ as Romeo in the play 3 मजेदार, बढ़िया: ~ time;
dw/lw: **~ly** *adv.* शानदार ढंग से: dress ~ly; **~ness** *n.* 1 सौंदर्य, आकर्षण 2 भड़कीलापन

gorget /गॉःजिट/ *n.* 1 गले का हार 2 कंठी

gorgio /गॉर्जिओ/ *n.* रोमाओं (बंजारों) के बीच गैर रोमाओं के लिए प्रचलित शब्द

gorgon /गॉःगॉन/ *n.* 1 (Gorgon), *Gr. mythol.* तीन राक्षसिणियों में से कोई एक जिसके सिर पर सांप लिपटे रहते हैं और वह उसकी ओर देखने वाले को पत्थर बना सकती है 2 बहुत ही बदशक्ल तथा प्रचंड स्त्री, भूतनी, चुड़ैल: ~ face

gorilla /गरिला/ गुरिला/ *n.* 1 वनमानुस, गुरिल्ला 2 विशालकाय खूंखार मानुस 3 *colloq.* भाड़े का खूंखार ठग

gormandi\ze /गॉःमंडाइज/ (*also* **~se**) *v., pt.* **~zed**, *pp* **~zing** भकोसना, पेट में ठूस लेना

gormless /गॉःमलअस/ *adj., colloq.* मूर्ख, मंदबुद्धि, मूढ़, जड़मति;
dw/lw: **~ly** *adv.* मूर्खतापूर्वक; **~ness** *n.* मूर्खता, बुद्धूपन, मूढ़ता

gorp /गॉःप/ *n., US* थकाऊ अभियान के दौरान ऊर्जा पाने के लिए खाया जाने वाला सूखे फलों यानी मेवे का मिश्रण

gorse /गॉःस/ (*also* **~ze**) *n., pl.* **~s** गार्स नाम की कांटेदार झाड़ी, कंटैध

gor\y /गॉरि/ *adj., degr.* **~ier, iest** 1 खून से लथपथ, रक्तरंजित 2 घोर, घमासान, हिंसक 3 अप्रिय, भद्दा: **~y** details

gosh /गॉश/ *excl.* हे भगवान! (आश्चर्य या आघात व्यक्त करने के लिए प्रयुक्त होता है): by **~!**; **~!** It is good to be alive!

goshawk /गौसहॉःक/ *US* गाःसहॉःक/ *n.* छोटे परों वाला एक बड़ा बाज

GOSL *abbr.* 'Government of Democratic Socialist Republic of Sri Lanka' की प्रथमाक्षरी

gosling /गौजलिंग/ *US* गाःजलिंग/ *n.* हंस शावक, हंस का बच्चा

gospel /गौस्पल/ *US* गाःस्पल/ *n.* 1 ईसा मसीह की शिक्षाएं या उपदेश, ईसाई धर्म सिद्धांत: preach the ~ 2 बाइबल की चार पुस्तकों में से एक जिसमें ईसा मसीह का जीवनचरित-वर्णन है: take sth for ~ (किसी बात में अंधविश्वास क.) 3 शिक्षा, सिद्धांत: the ~ non-violence 4 (*also* ~ **truth**) संपूर्ण सत्य, अकाट्य शिक्षा या संदेश: take sb's words as ~ 5 ईसाई संगीत शैली (~ **music**), अफ्रीकी-अमेरिकी मूल का एक जीवंत धार्मिक संगीत: a ~ choir;
collocations: **~ of temperance** अहिंसा की शिक्षा; **~ truth** ऐसी बात जिसे पूर्णतया सत्य माना जाता है, वेद वाक्य;
p&i: **take sth as/ for ~ truth** किसी बात को वेदवाक्य की तरह स्वीकार क.

gospeller /गौस्पलः/ *US* गाःस्पलः/ *n.* ईसा मसीह की शिक्षाओं या उपदेश का प्रचारक;
p&i: **a hot ~ of sth** किसी बात का प्रचंड समर्थक

gossamer /गौसअमः/ *US* गाःसअमः/ *n.* 1 मकड़जाल 2 नाजुक वस्तु: a sari of ~ silk

gossip /गौसिप/ *US* गाःसिप/ *n.* 1 *derog.* गप: don't believe all the ~ you hear 2 अफवाह: have a good ~ 3 *derog.* गप्पी, गपोड़िया: all the **~s** of the town were present 4 गपशप;
v., pt. **~ed**, *pp* **~ing** 1 किसी के व्यक्तिगत जीवन के बारे में ऊल-जलूल बातें क. 2 गप मारना 3 गपशप क.;
dw/lw: **~er/ ~-monger** *n.* गपोड़िया, गप्पी व्यक्ति; **~y** /गौसिपि/ *adj.* गप्पी
collocations: **~ column** समाचार पत्र या पत्रिका में नमक-मिर्च लगी बातों (गप-शप) का स्तंभ; **~ columnist** गप-शप स्तंभकार; **~y conversation** गप्पों भरा चटपटा वार्तालाप; **~y neighbours** गप्पी पड़ोसी;
p&i: **~ing and lying go hand in hand** गप लगाना और झूठ बोलना एक ही सिक्के के दो पहलू हैं

got *pt.,* **'get'** का भूतकाल

GOTA *abbr.* 'Global Opportunities and Threat Analysis' की प्रथमाक्षरी

goth /गौथ/ *US* गाःथ/ *n.* 1 पंक संगीत (punk music) से निकली और 1980 के दशक में पनपी रॉक संगीत (rock music) की एक शैली जिसमें गिटार आधारित संगीत, संसार के अंत (apocalyptic motif) के बारे में भयावह गीत तथा तंत्र-मंत्र में उलझी गूढ़ रहस्यमयता छाए रहते थे 2 काली पोशाक और काले-सफेद रंग से रंगे चेहरे वाला गौथ संगीत का अनुयायी;

Goth /गौथ/ *US* गाःथ/ *n.* 1 गौथ जाति 2 जर्मेनिक (Germanic) मूल के लोग जिन्होंने तीसरी से पांचवीं सदियों के बीच रोम साम्राज्य पर आक्रमण किए और इन में से Ostrogoths ने इटली में एक राज्य की और Visigoths ने स्पेन में दूसरे राज्य की स्थापना की 3 बदतमीज, वहशी, गुस्ताख व बर्बर व्यक्ति

Gotham /गौथम/ *US* गाःथम/ *n.* 1 Nottinghamshire में एक अंग्रेज गांव, जहां सीधे-सादे, भोले-भाले या मूढ़ लोग रहते थे: a wise man of ~ 2 **Gotham** /गौथम/ *US, facetious* उपर्युक्त गांव के नाम पर उन्नीसवीं सदी में पत्रकारिता के क्षेत्र में न्यु यॉर्क शहर को दिया जाने वाला नाम

Gothamite /गौथअमाइट/ *US* गाःथअमाइट/ *n.* 1 भोला-भाला मूढ़ व्यक्ति 2 न्यु यॉर्क शहर का नागरिक

Gothic /गौथिक/ *US* गाःथिक/ *adj.* 1 गौथों या उनकी भाषा से संबद्धः ~ languages 2 बारहवीं से सोलहवीं सदियों में यूरोप में प्रचलित भवन-निर्माण-शिल्प (architecture) की एक शैली, जिसमें ऊंची नुकीली मेहराबें प्रमुख थीं, से संबद्धः ~ architecture 3 मध्ययुगीन 4 (of the novel, etc.) अठारहवीं सदी में प्रचलित रहस्यमय और भयावह कथानक प्रधान उपन्यास व अन्य साहित्य से संबद्धः the ~ crime of duelling; ~ story 5 (*also* **gothick**) अठारहवीं सदी के उपरोक्त साहित्य की नकल करने वाली वर्तमानकाल की साहित्यिक व फिल्मी शैलियों से संबंधित 6 *print.* मोटे-भारी नुकीले अक्षरोंवाली लिपि (font) से संबद्धः ~ alphabet;
dw/lw: **Gothicism** /गौथिसिज्म/ *US* गाःथिसिज्म/ *n.* 1 बर्बरता 2 बदतमीजी, गुस्ताखी, बर्बरता 3 गौथिक शैली की मुख्य विशेषताएं, गौथिका; ~
collocations: **~ rock** *see above under* **goth** (meaning 1)

GOT-IT *abbr.* 'Group on Telecom and Information Technology' की प्रथमाक्षरी

go-to *adj.* किसी व्यक्ति के सलाहकार या मददगार से संबंधित: he is VC's **go-to** person for advice on academic matters

gotta /गौटा/ *US* गाःटा/ 1 *short* **'got to'** = I/ we/ they have got to मुझे/ हमें/ उन्हें कुछ करना है: ~ get there before it shuts

2 got a = I have a … कुछ है: ~ really sore head
gotten /गॉटन/ *US* गाःटन/ *pt. p.*, '**get**' का भूतकालिक कृदंत
gouache /गुआःश/ ग्वाश/ *n.* 1 गोंद मिले पेंट से चित्रकारी करने की विधि 2 इस विधि से बनाया हुआ चित्र
gou\ge /गाउज/ *v., pt.* **~ged**, *pp* **~ging** 1 रुखानी से खांचा बनाना 2 बाहर निकालना (खांचा या गड्ढ़ा बनाना): **~ge** out an eye (आंख बाहर निकालना); **~ge** a path (खोदकर रास्ता बनाना) 3 किसी को अनुचित दाम देने के लिए विवश क. या अनुचित दाम ऐंठना;
n. 1 रुखानी, छेनी, टांकी 2 किसी सतह में एक पतला गहरा छेद;
p&i: **~ge sth out** हिंसक ढंग से शरीर के किसी अंग को बाहर निकालना
goujons /गूजनज/ *n.* तेल में भुने चिकन या मछली के छोटे-छोटे टुकड़े
goulash /गूलैश/ *n., pl.* **~es**, *Hung.* एक विशेष प्रकार का पकाया हुआ मांस और सब्जी का तरीदार चटपटा व्यंजन
gourd /गॉःड/ गुअःड/ *n.* 1 लौकी, कद्दू 2 तूंबी, तूंबा;
collocations: **ash** ~ पेठा; **bitter** ~ करेला; **bottle** ~ लौकी, कद्दू; **ivy** ~ कंदरू, बिंबा-फल; **ribbed/ ridged** ~ काली तोरी, तुरई, अर्री, सतपुतिया; **round** ~ टिंडा; **snake** ~ चिचिंडा; **sponge** ~ घिया-तुरई, घीया-तोरी; **squash** ~ कुम्हड़ा
gourmand /गुअःमंड/ *US* गुरमांड/ *n.* 1 भोजनभट्ट, पेटू 2 चटोरा
gourmandize /गॉःमंडीज/ (*also* **gourmandism**) *n.* 1 चटोरों की तरह पेट भराई, खूब खाने की क्रिया 2 भोजन व मदिरा पारखी का आकलन
gourmet /गुअःमे/ गॉमे/ *n.* (***syn.*** connoisseur) व्यंजनों का पारखी, भोजन-पारखी;
adj. उच्च कोटि के या बढ़िया खाने के बारे में 2 अच्छे व्यंजनों से संबंधित
gout /गाउट/ *n. med., pathol.* गठिया, जोड़ों का दर्द, जोड़ों की सूजन: a fit/ an attack of ~;
dw/lw: **~iness** *n.* गठियापन; **~y** *adj.* गठिया से त्रस्त: ~y pains (गठिया का दर्द)
Gov *abbr.* 'government' or 'Governor' का संक्षेप
govern /गवःन/ *v., pt.* **~ed**, *pp* **~ing** 1 प्रशासन क.: ~ wisely/ skilfully/ with justice) 2 नियंत्रित व निर्देशित क. 3 संचालन क.: ~ one's estate 4 प्रभावित क.: be **~ed** by circumstances 5 काबू में रखना: ~ his temper; ~ one's passions 6 निर्धारित क.: similar principles ~ these two phenomena 7 नियमित क. 8 *gramm.* अन्वय हो., नियंत्रित हो./ क.: prepositions that ~ the accusative; the sense of the whole document is **~ed** by the introductory clause;
dw/lw: **~able** /गवःनअबल/ *adj.* शासन के योग्य; **~ance** /गवःनंस/ *n.* शासन, नियंत्रण; **~ed** /गवःन्ड/ *adj.* शासित, नियमित, नियंत्रित; **~ess** /गवःनअस/ *n., pl.* ~esses *mainly formerly* गृह-शिक्षिका; **~ing** *adj.* नियंत्रण/ निर्धारण/ शासन करने वाला: the ~ing classes; ~ing principle (motive); **~ing** body
government /गवःनमंट/ *n.* (*often* **the Government**) 1 सरकार, शासन: puppet (sovereign) ~; the ~ fell; bring down/ elect/ form/ overthrow a ~; a democratic/ elected ~ 2 शासन शैली: petticoat ~ 3 शासन प्रणाली: constitutional ~; local ~; a system of ~; ~-in-exile 4 प्रशासन, नियंत्रण: ~ of a state 5 (*also* **Governor**) प्रांत का प्रशासन: organs of ~ 6 *mech.* नियंत्रक;
dw/lw: **~al** *adj.* 1 सरकारी 2 शासन से संबंधित, शासकीय;
collocations: **caretaker** ~ कामचलाऊ सरकार; **petticoat** ~ महिला प्रधान सरकार; **the invisible** ~ (बड़े सरमायदारों के) अदृश्य हाथ द्वारा चालित सरकार;
p&i: **be in** ~ सरकार में हो., शासक दल हो.
governor /गवःनः/ *n.* 1 राज्यपाल, गवर्नर 2 किसी संस्था का प्रशासक: board of **~s** 3 *mech.* नियंत्रक;
dw/lw: **~ship** *n.* राज्यपाल का पद, गवर्नरी
Govt *abbr.* 'Government' का संक्षेप
gown /गाउन/ *n.* 1 औपचारिक अवसरों पर पहनी जाने वाली औरतों की पोशाक: silk ~ 2 गाउन, चोगा, लबादा: bathing ~ 3 पादरियों, वकीलों, शिक्षाविदों आदि द्वारा पहनी जाने वाली औपचारिक पोशाक: stuff ~ (वकील की ऊनी पोशाक); take the ~ (पादरी बनना); town and ~ (विश्वविद्यालय और नगर की जनसंख्या, जैसे ऑक्सफोर्ड नगर व ऑक्सफोर्ड विश्वविद्यालय की जनसंख्या);
v., pt. **~ed**, *pp* **~ing** पोशाक पहनाना या पहनना: she was beautifully **~ed**;
dw/lw: **~ed** *adj.* गाउन या औपचारिक पोशाक पहने हुए: ~ed war (वकीलों की बहस) ***collocations:*** **black** ~ 1 काला लबादा पहने कैथोलिक पादरी 2 न्यायालय अधिकारी गण (न्यायाधीश और वकील);
goy /गॉयि/ *n., pl.* **~s**/ *sl., offensive* यहूदियों के बीच गैर यहूदियों के लिए प्रयुक्तत शब्द
GP /जीपी/ *n. abbr.* 'general practitioner', 'Gallup poll' की प्रथमाक्षरी
GPA *abbr.* 'general power of attorney' की प्रथमाक्षरी
Gp.Capt. *abbr.* 'Group Captain' की प्रथमाक्षरी
GPD *abbr.* 'graphics product division' की प्रथमाक्षरी
GPF *abbr.* 'General Provident Fund' की प्रथमाक्षरी
GPL *abbr.* 'general public license' की प्रथमाक्षरी
GPO *abbr.* 'General Post Office' की प्रथमाक्षरी
GPRS *abbr.* 'Global Packet Radio Service' की प्रथमाक्षरी
GPS /जीपीएस/ *n. abbr.* 'Global Positioning System' की प्रथमाक्षरी (कम्प्यूटर व स्पुतनिक सिस्टम जो अंतरिक्ष से अपनी स्थिति के बारे में संकेत भेजते हैं)
GPW *abbr.* 'Geneva Convention II on the Treatment of Prisoners of War' की प्रथमाक्षरी
GQ *abbr.* 'Golden Quadrilateral' की प्रथमाक्षरी
GR *abbr.* 1 'Georgius Rex' (*Lat.*), King George की प्रथमाक्षरी 2 'Greece' का अंतर्राष्ट्रीय वाहन पंजीकरण कोड (IVR)
GR *abbr.* 'General Relavtivity', 'Government Resolution' की प्रथमाक्षरी
Gr. *abbr.* 'Greek' का संक्षेप
gr. *abbr.* 'grain or grains', 'gram or gramme', 'gross' का संक्षेप
GRA *abbr.* 'Grievances Redressal Authorities' की प्रथमाक्षरी
grab /ग्रैब/ *v., pt.* **~bed**, *pp* **~bing** 1 (***syn.*** seize) किसी को किसी अवसर आदि को पकड़ना: ~ an opportunity; ~ sb by the collar 2 जल्दी-जल्दी कुछ ले. या खाना: ~ a snack; they **~bed** some breakfast 3 (*also* **~ at sth**) छीना-झपटी क, छीनना, हथियाना: he **~bed** the purse and bolted; ~ and keep 4 गिरफ्तार क. 5 प्रभावित क.: how does that ~ you? 6 ध्यान खींचना;
n. 1 छीना-झपटी, झपट्टा: make a ~ at sth or make a ~ for sth/ sb; policy of ~ 2 *mech.* वस्तुओं को पकड़कर ऊंचा उठाने या बाहर निकालने का उपकरण 3 टीवी या अन्य किसी दृश्य माध्यम से तस्वीर लेकर कंप्यूटर में संग्रहीत करके रखना;
dw/lw: **~-all** *n., colloq.* 1 छिटपुट चीजों का बैग 2 *sl.* लोभी आदमी;
collocations: **~ bag** चीजों का मिला-जुला संग्रह
p&i: **~ an opportunity** अवसर को हाथ से न जाने दे.; **~ sb's attention** किसी का ध्यान खींचना, अवसर पाने को टूट पड़ना; **be on the** ~ हथियाने के फेर में हो.; **have the ~ on sb** के मुकाबले में ज्यादा बेहतर हो.; किसी चीज या व्यक्ति को पकड़ने के लिए टूट पड़ना; **up for ~s** सस्ते में बिकाऊ हो.
grab\ble /ग्रैबल/ *v., pt.* **~bled**, *pp* **~bling** 1 छूकर टटोलना, टोहना 2 घुटनों के बल चलना 3 झपट ले.

GRACE *abbr.* 'Group Routing and Charging Equipment' की प्रथमाक्षरी (स्वचालित टेलीफोन सिस्टम जिसके माध्यम से टेलीफोन पर सीधी बात की जा सकती है)

grace /ग्रेस/ *n.* 1 शालीन, सलीका, लालित्य, मनोहरता, लावण्य: a saving ~; natural/ bewitching/ indescribable/ touching ~; full of ~; he saw a thousand **~s** in her 2 अनुग्रह, अनुकंपा, कृपादृष्टि, उपकार, कृपा: be in sb's good **~s**; get into sb's **~s**; insinuate oneself into the good **~s** of sb; by the ~ of God 3 शिष्टता, शिष्टाचार, भद्रता, विनम्रता: do sth with ~; with a good ~; with a bad/ an ill/ ~; had the ~ to offer; completely lacking in social **~s**; he had the ~ to say he was sorry 4 रियायत, छूट, छूट की अवधि, मोहलत: gave us two days ~; grant a week's ~ 5 ईश्वर वंदना 6 महामहिम, महोदय 7 औपचारिकताएं: airs and **~s**;
v., pt. **~d**, *pp* **gracing** 1 अलंकृत क., की शोभा बढ़ाना, सम्मानित क. 2 विभूषित क.: her character is **~d** by every virtue 3 अनुग्रह या अनुकंपा क.;
dw **~-and-favour** *n.* देश की सेवा के एवज में ब्रिटेन के नागरिक को अनुग्रह के रूप में दिया हुआ मकान; **~ful** *adj.* 1 शालीन, चारु, भव्य: ~ful figure (सुंदर, सुघड़ शरीर) 2 विनम्र: ~ful speech; **~fully** *adv.* शिष्टतापूर्वक, शालीनतापूर्वक; **~less** *adj.* 1 अनाकर्षक, सौंदर्यविहीन 2 अधर्मी 3 दुष्ट, बदतमीज; **~lessly** *adv.* धृष्टतापूर्वक; **the Graces** *n., [pl.]* यूनानी पौराणिक दंतकथाओं के अनुसार तीन बहनें जो सौंदर्य, लावण्य तथा सौभाग्य का वरदान दे सकती थीं;
collocations: ~ **marks** रियायती अंक; ~ **note** तान, लय या धुन के अलंकरण के लिए जोड़ा हुआ संगीत स्वर; **a month's/ week's, etc.** ~ एक महीने या एक सप्ताह की छूट, मोहलत; **God's** ~ ईश कृपा; **His/ Her ~!** महोदय, महामहिम!; **saving** ~ बचाने वाली कृपादृष्टि; **with bad** ~ अनचाहे, अनिच्छा से; **with (a) good** ~ सहर्ष, खुशी से, अपनी मर्जी से;
p&i: ~ **me!** हे भगवान!; **be in a state of** ~ धार्मिक आस्थाओं में विश्वास क.; **be in sb's good/bad ~s** किसी का कृपा पात्र या अपात्र हो.; **be/ by the ~ of God** प्रभु कृपा से; **fall from** ~ मान-सम्मान खो दे.; **get into sb's good graces** किसी का कृपा पात्र बन जा.; **had the ~/ good ~ to offer** देने का प्रस्ताव करने की शिष्टता दिखाई; **lack in social ~s** सामाजिक शिष्टाचार की पूर्णतया कमी हो.; **sb's fall from ~** किसी अनैतिक करतूत के कारण लोगों का आदर या विश्वास खो दे.; **with a bad** ~ अनिच्छापूर्वक और बदमिजाजी के साथ; **with a good** ~ शालीनतापूर्वक, सहर्ष;
~ful as a ~ हंस भव्य व शालीन

gracious /ग्रेशिअस/ *adj.* 1 दयालु, कृपालु 2 भद्र, कुलीन: my ~ lady! 3 क्षमाशील, उदार: a ~ smile 4 वैभवपूर्ण: ~ rain 5 मौज-मस्ती भरा, सुख-सुविधा संपन्न, सुंदर: ~ homes/ living 6 आरामदायक 7 शाही: her **Gracious** majesty;
dw/lw: **~ly** *adv.* दयालुतापूर्वक, उदारतापूर्वक, शालीनतापूर्वक: smile ~ly;
p&i: ~ **heaven!/** ~ **mercy!/** ~ **powers!** हे भगवान!; **Good/ Goodness ~!** भगवान की कृपा!

grad /ग्रैड/ *n.* 'graduate' का छोटा रूप;
collocations: ~ **school** = **gradate school**

grada\te /ग्रडेट/ *v., pt.* **~ted**, *pp* **~ting** 1 बदलना 2 में परिणत हो. 3 क्रमबद्ध क.;
dw/lw: **~tion** /ग्रडेशन/ *n.* 1 सोपानक्रम, अनुक्रम 2 चिह्न, स्तर 3 श्रेणीकरण 4 किसी अवस्था, संगीत स्वर, रंगों के क्रम में धीरे-धीरे होने वाला बदलाव; **~tional** *adj.* 1 स्तरीय 2 धीरे-धीरे बदलने वाला;
collocations: **~tional verb** *ling.* स्तरीय क्रिया

grade /ग्रेड/ *n.* 1 गुणवत्ता का मानक: a poor ~ of oats 2 स्तर, परीक्षा आदि के अंक: give sb the highest (O+) ~; make the ~ 3 स्कूल में श्रेणी, कक्षा, दर्जा: ~ school; 4th ~ 4 सोपान 5 श्रेणी, कोटि, क्रम, पद आदि का स्तर: **~s** of military rank; a high ~ of intelligence 6 स्वर ताल के स्तर में क्रमिक बदलाव 7 वर्ग 8 ढाल: down~; up~; on the down~; on the up~ 9 पशुओं आदि की उच्च किस्म या नस्ल;
v., pt. **~d**, *pp* **grading** 1 वर्गीकरण क. या वर्गों में बांटना, श्रेणीकरण क.: ~ cotton 2 कक्षाओं में बांटना: ~ pupils 3 *US* (*UK* **mark**) विद्यार्थी के लिखित निबंध आदि या कार्य के लिए अंक दे. 4 समतल क., ढाल कम क. 5 क्रमबद्ध क., क्रम निर्धारित क.;
dw/lw: **~d** /ग्रेडिड/ *adj.* वर्गीकृत, श्रेणीबद्ध, स्तरित, सोपानवत, क्रमिक; **~r** *n.* किसी (पहली, दूसरी, तीसरी आदि) कक्षा का विद्यार्थी; **gradient** *see below under separate entry*; **grading** /ग्रेडिंग/ *n.* क्रम-स्थापन, क्रम-निर्धारण, श्रेणीक्रम, पदक्रम; **gradiometer** *n.* 1 ढलान का कोण मापक उपकरण 2 *phys.* ऊर्जा क्षेत्र में परिवर्तन मापक उपकरण;
collocations: **~ crossing** *US* (*UK* **level crossing**) स्थान जहां रेल लाइन सड़क को पार करती है; ~ **of office** पदक्रम; ~ **of pay** वेतन-क्रम; ~ **point average** (*abbr.* **GPA**) अमेरिकी प्रणाली में एक विद्यार्थी के किसी अंतराल (period) के अंकों की औसत; ~ **post** ब्रिटेन के स्कूलों में विशेष उत्तरदायित्व का पद; ~ **school** *US* = **elementary school** पहले छः या आठ वर्ष की शिक्षा के लिए स्कूल, प्राथमिक पाठशाला;
fifth ~ पांचवीं कक्षा;
p&i: ~ **up** उन्नत क.;
make the ~ परीक्षा आदि में सफल हो.; **on the down** ~ अवनति की ओर अग्रसर; **on the ~ up** उन्नति की ओर अग्रसर

gradient /ग्रेडिअंट/ *n.* 1 ढलान की सीमा या मात्रा 2 प्रवणता 3 अनुपात 4 भिन्न-भिन्न क्षेत्रों के तापमान में अंतर

gradual /ग्रैजुअ\ल/ *adj.* 1 क्रमिक, क्रमशः 2 (***anton.*** sudden) धीरे-धीरे होने वाला: ~ change 3 (about slope) थोड़ा-थोड़ा ढलता हुआ: ~ ascent;
n. *RC church* धर्म पत्र और धर्म पुस्तक (Gospel) के बीच में गाया जाने वाला भजन (Antiphon);
dw/lw: **~ism** /~लिजम/ *n.* धीरे-धीरे किए जाने वाले विकास या परिवर्तन की नीति; **~list** /~लिस्ट/ *n.* विकास प्रक्रिया के धीरे-धीरे चलने का समर्थक व्यक्ति; **~ly** /~लि/ *adv.* 1 धीरे-धीरे, आहिस्ता-आहिस्ता 2 क्रमशः; **~ness** /~लनेस/ *n.* क्रम-बद्धता, क्रमिक विकास की प्रक्रिया

graduand /ग्रैजुअंड/ *n., esp. Scot.* जो शीघ्र ही उच्च उपाधि पाने वाला हो

gradua\te /ग्रैजुए\ट/ *n.* 1 *UK* स्नातक: **~te** from Harvard 2 *US* उपाधिधारक: he is an Oxford **~te** 3 जिसके पास उच्च शिक्षा की उपाधि (degree) हो 4 पैमाना: a ruler **~ted** in inches;
v., pt. **~ted**, *pp* **~ting** 1 स्कूल, कॉलेज या विश्वविद्यालय की शिक्षा पूरी क. 2 उपाधि पाना: he **~ted** at Oxford 3 परीक्षा में अंक पाना या दे. 4 श्रेणीबद्ध या क्रमबद्ध क. 5 क्रमशः बदल जाना 6 नीचे के स्तर से ऊपर के स्तर की ओर बढ़ना 7 थर्मामीटर आदि को अंशांकित क.;
dw/lw: **~ted** /~टिड/ *adj.* 1 चिह्नित, अंशांकित, चिह्नक्रमित 2 वर्गबद्ध, क्रमबद्ध: **~ted** tariff; **~ted** tax;
collocations: **~te Management Admission Test** (*abbr.* **GMAT**) प्रथम डिग्री के प्रबंधन संस्थानों की प्रवेश परीक्षा; **~te school** (*also* **grad school**) कॉलेज या विश्वविद्यालय जहां उच्चतर डिग्रियों के लिए पढ़ाई की जा सकती है;
p&i: **~ted pension scheme** सरकार, संस्था तथा कर्मचारी द्वारा बराबर की राशि पेंशन योजना में जमा करने की योजना; **~te to sth** उच्चतर स्तर तक पहुंचना; **a high-school ~te** हाई स्कूल पास

graduation /ग्रजुएशन/ *n.* 1 उच्च शिक्षोपरांत मिलने वाली प्रथम उपाधि, बीए, बीएससी आदि: what shall you do after ~? 2 उपाधि प्रदान करने का समारोह: ~ gowns/ dresses; a ~ ceremony 3 v+अंशांकन, चिह्न, अंश, निशान: **~ on the flask**

4 क्रमिक विकास

Graeco-/ Greco- /ग्रीको-/ *comb. form. meaning:* **Greeck** (यूनानी); *collocations:* **Graeco-Roman wrestling** (*also* **Greco-Roman wrestling**) कुश्ती की एक शैली

graffiti /ग्रफीति/ *n., [pl.],* (*also* **graffito** *[sing.]*) 1 भित्ति-चित्रण, भित्ति-चित्र 2 दीवार-लेखन, दीवारों पर हास्यप्रद, राजनीतिक, अपमानजनक आदि नारे या अन्य लेखन

graft /ग्राफ्ट/ ग्रैफ्ट/ *n.* 1 *hortic.* कलम, पैबंद 2 *surg.* शरीर के एक अंग से लेकर दूसरे अंग में चमड़ी या हड्डी का प्रतिरोपण, ऊतक प्रतिरोपण: use skin from the back as a ~ 3 प्रतिरोपित अंग: make a ~ 4 कलमबंध 5 खड्डा, कुदाल से खोदा हुआ गड्ढ़ा, कुदाल, फावड़ा 6 *sl.* घूस, भ्रष्टाचार, रिश्वतखोरी 7 घूस से मिलने वाला फायदा 8 *colloq.* कठिन परिश्रम, काम;
v., pt. **~ed**, *pp* **~ing** 1 ऊतक प्रतिरोपण क.: a skin/ bone ~ 2 (*also* **~ in/ ~ into/ ~ together**) कलम बांधना या रोपना: ~ a plant into another3 पैबंद लगाना 4 प्रतिरोपित क. 5 *UK* परिश्रम क. 6 एक विचार, प्रणाली आदि को दूसरी प्रणाली में अपनाना;
dw/lw: **~ed** *adj.* कलमबद्ध; **~er** *n.* 1 कलम लगानेवाला या ऊतक-प्रतिरोपण करने वाला 2 भ्रष्ट अधिकारी, रिश्वतखोर 3 परिश्रमी व्यक्ति; **~ing** *n.* प्रतिरोपण, कलमबंधन

graham /ग्रेअम/ *adj.* आटे का बना हुआ: ~ flour (गेहूं का मोटा आटा);
collocations: **~ cracker** मोटे आटे से बना बिस्कुट

Grail /ग्रेल/ (*also in full* **the Holy ~**) *n.* 1 मध्ययुगीन दंतकथा में यीशु द्वारा अंतिम भोज में प्रयोग किया गया प्याला, ग्रेल 2 दुर्लभ मनचाहा उद्देश्य

grain /ग्रेन/ *n.* 1 अनाज, अन्न, धान्य, गल्ला: wheat ~ 2 दाना या कण: eat up every ~ of rice 3 गेहूं आदि का अनाज: cut/ reap ~ 4 कण, कणिका: a ~ of sand 5 (***syn.*** **iota**) जर्रा भर, जरा-सा, जरा-सी, थोड़ी-सी मात्रा: not a ~ of truth; not a ~ of pity 6 तंतुरचना, बनावट 7 स्वभाव, प्रकृति: against the ~ 8 चिराई के बाद लकड़ी आदि में बनने वाली धारीदार आकृति 9 सतह की समतलता, खुरदरापन या महीनता 9 फोटो में छवि 10 कागज या ऊन के बुने कपड़ों में मुख्य धारी;
v., pt. **~ed**, *pp* **~ing** 1 कणों या दानों में परिणत क. या हो जा. 2 दानेदार बनाना 3 आकृतिनुमा पुताई क.;
dw/lw: **~ed** *adj.* 1 (***syn.*** textured) विशेष प्रकार के तंतू-विन्यास में बना, धारीदार 2 आकृति-सज्जित, संरचनात्मक 3 दानेदार, रवेदार 4 कणों में परिणत 5 रेशे अनुसार रंग हुआ 6 खांचेदार; **~y** *adj., degr.* ~ier, iest 1 संरचनात्मक 2 दानेदार: **~y texture** 3 बिंदु-अंकित (photography);
collocations: **~ alcohol** अनाज से बनी शराब, एथनॉल; **~ elevator** अनाज का गोदाम, अनाज घर; **~-field** /ग्रेन-फील्ड/ गेहूं, धान आदि का खेत; **ass/ fool/ knave/ rogue in ~** नामी ठग; **the ~** दानेदार बनावट, तंतु रचना;
p&i: **a ~ of mustard seed** सफलता की कुंजी; **a ~ of wheat in a bushel of chaff** खोदा पहाड़ निकली चुहिया; **along/ against the ~** स्वभाव के अनुकूल या प्रतिकूल; **go against the ~** स्वभाव या सिद्धांतों के विरुद्ध जाना; **in ~** गहरी जड़ें जमाए हुए; **not a ~ of truth** जरा भी सच्चाई नहीं; **receive/ take/ sth with a ~ of salt** किसी बात पर पूरी तरह विश्वास न क.

gram /ग्रैम/ ग्राम/ (*also UK* **gramme**) *n.* 1 चना 2 (*abbr.* **g/ gm**) ग्राम, किलोग्राम का एक हजारवां हिस्सा;
collocations: **~ flour** बेसन, चने का आटा;
green ~ मूंग; **horse ~** कुलथी; **red ~** अरहर, तूबरी

graminaceous /ग्रैमिनेशिअस/ (*also* **gramineous** /ग्रमिनिअस/) *adj., bot.* घास-संबंधी, घास जैसा

graminivorous /ग्रैमिनिवरस/ *adj.* घास खानेवाला, घास भक्षी

grammar /ग्रैमर/ *n.* 1 व्याकरण: historical/ comparative/ general ~; German ~ is said to be more difficult than English ~ 2 *UK* व्याकरण के नियमों की पुस्तक: English ~; read sth in a ~ 3 किसी व्यक्ति का व्याकरण का ज्ञान: he speaks fluently but his ~ is very bad;
dw/lw: **~ian** /ग्रमेअरिअन/ (*also* **grammatist**) *n.* 1 व्याकरणवेत्ता, व्याकरणाचार्य 2 वैयाकरण;
collocations: **~ school** *Br.* 1 ब्रिटेन में ऐसा स्कूल जिसमें 11 वर्ष से ऊपर की आयु के होशियार बच्चे प्रवेश परीक्षा में उत्तीर्ण होने पर दाखिला पा सकते हैं 2 अमेरिका में पांच से ग्यारह वर्ष के बच्चों के लिए प्राथमिक स्कूल; **~ translation method** विदेशी भाषा सीखने की व्याकरण-अनुवाद विधि

grammatical /ग्रमैटिकल/ *adj.* 1 व्याकरण संबंधी: ~ gender (पुल्लिंग, स्त्री लिंग, नपुंसक लिंग आदि) 2 व्याकरणिक, व्याकरण-मूलक, व्याकरण-सम्मत: ~ meaning/ interpretation 3 व्याकरण के नियमों के अनुसार सही: ~ speech;
dw/lw: **~ity/ ~ness** *n.* व्याकरणकता, व्याकरण-सम्मतता; **~ly** *adv.* व्याकरण के लिहाज से: ~ly interesting; write and speak ~ly correctly

gramme /ग्राम/ (*also US spelling* **'gram'**) *n., UK,* **'gram'** की ब्रितानवी वर्तनी, ग्राम

gramophone /ग्रैमअफोन/ *n., pl.* **~s** *old use* 1 ग्रामोफोन 2 (**phonograph**, *N. Amer. equiv.*) ग्रामोफोन रिकॉर्ड

grampus /ग्रैंपस/ *n., pl.* **~es** 1 ह्वेल की जाति का एक स्तनपायी जंतु 2 हांफते हुए सांस लेने वाला व्यक्ति;
p&i: **blow like a ~** कठिनाई से सांस लेने वाला व्यक्ति

GRAMSAT *abbr.* 'A satellite-based rural network' की प्रथमाक्षरी

gran /ग्रैन/ *n. UK short,* 'grandmother' का छोटा रूप, दादी, नानी

granary /ग्रैनरी/ *n., pl.* **granaries** 1 धान्यागार, कोठार 2 अन्नदायी क्षेत्र विशेषत: गेहूं-उत्पादक क्षेत्र 3 भंडार 4 (**Granary**) *trademark* एक विशेष प्रकार के गेहूं के आटे से बनी ब्रेड

grand /ग्रैंड/ *adj., degr.* **~er, ~est** 1 विशाल, प्रतापी, वैभवशाली, बहुत बड़ा व विशिष्ट: ~ tactics 2 प्रधान, उच्च, मुख्य: the ~ entrance; ~ staircase; ~ conception; ~ jury 3 अति उत्तम, शानदार: ~ gesture; ~ spectacle; ~ style; ~ clothes 4 संपूर्ण, कुल: ~ total; ~ mistake 5 *derog.* स्वयंभू, अभिमानी: do the ~ (अभिमानी हो.) 6 भड़कीला, सुंदर: the view from here is ~ 7 प्रतिष्ठित, प्रसिद्ध, अत्यधिक सम्माननीय: ~ old man 8 सुरुचिकर, सर्वश्रेष्ठ: have a ~ time; feel ~; we had ~ weather for our trip 9 महान, उच्चतम पद का: ~ master (शतरंज के माने हुए खिलाड़ी को दी जाने वाली उपाधि); ~ finale 10 माता-पिता की पीढ़ी से पहले की पीढ़ी से संबंधित: ~father 11 बहुत बड़े पैमाने का: ~ hotel; ~ plan; on a ~ scale; ~ larceny (बहुत बड़ी डकैती); ~ dragon;
n. pl. **grand** 1 *sl.* एक हजार डॉलर या पाउंड 2 *colloq.* ग्रैंड पिआनो;
dw/lw: **~ad** /ग्रैंडैड/ *n. another UK spelling,* **'granddad'** की एक और वर्तनी; **~child** *n. pl.* ~children पोती, पोता, नातिन, नाती; **~dad** (*also* **~daddy/ grandaddy**) *n. UK* दादा, नाना; **~ee** /ग्रैंडी/ *n.* 1 स्पेन या पुर्तगाल में उच्चतम कुलीन व्यक्ति 2 अमीर या उच्चाधिकारी, उच्च-पदाधिकारी; **~daughter** /ग्रैंडडॉटः/ *n.* पोती, नातिन; **grandeur** *see below under separate entry*; **~father** *n.* दादा, नाना: ~father clock (पुराने जमाने का घंटा); **grandiloquence, grandiloquent, grandiose** *see below under separate entry*; **~ly** *adv.* शानदार ढंग से; **~ma** *n.* दादी, नानी; **~mother** *n.* नानी, दादी: teach one's ~mother; **~pa** *n. another word for* **'grandfather'** दादा, नाना; **~parent** *n.* दादा या दादी, नाना या नानी; **~sire** /ग्रैंडसायः/ *n.* दादा या नाना; **~son** *n.* पोता, दोहता; **~stand** *see below under separate entry*;

collocations: **Grand Central Station** भीड़-भाड़ वाला स्थान; ~ **collar** कमीज का विशेष प्रकार का गोल कॉलर: a shirt with a ~ collar; ~ **duke** ग्रैंड ड्यूक ; ~ **dame** विशिष्ट कुलीन महिला; ~ **duchess** 1 ग्रैंड ड्यूक की पत्नी 2 छोटे-से स्वतंत्र देश की महिला शासक 3 रूस में जारशाही के दिनों में: जार की पोती या नातिन; ~ **duchy** ग्रैंड ड्यूक शासित देश; ~ **jury** अमेरिका में अदालत के तहत फैसला देने वाली महा पंचायत; ~ **mal** गंभीर मिर्गी का रोग; ~ **master** शतरंज का अंतर्राष्ट्रीय स्तर का खिलाड़ी; **~mother clock** (पुराने जमाने का घंटा); **~mother's footsteps** बच्चों का एक खेल; ~ **opera** पूर्णतः (संवाद हीन) संगीत नाटक; ~**piano** बड़ा पिआनो; ~**prix** /ग्रॉप्री/ (*pl.* **~s prix**) तेज कारों की अति महत्त्वपूर्ण अंतर्राष्ट्रीय दौड़ प्रतियोगिता; ~ **slam** किसी एक वर्ष में होने वाले सभी महत्त्वपूर्ण मुकाबलों में जीत; **~stand fisnish** किसी दौड़ में कड़े मुकाबले वाला परिणाम; ~ **total** कुल जोड़; ~ **tour** 1 भवन को चारों ओर घुमाकर दिखाए जाने की क्रिया 2 यूरोप के मुख्य शहरों की यात्रा; ~ **united theory** सूक्ष्म अणुओं (subatomic) के व्यवहार की व्याख्या करने वाला एक सिद्धांत;

p&i: **teach one's ~mother to suck eggs** चूजे मुर्गी चलना सिखाएं

grandeur /ग्रैंजः/ ग्रैंजुअः/ *n.* 1 कुलीनता का सम्मान, चरित्र की श्रेष्ठता: ~ of character 2 (***syn.*** splendour) सौंदर्य, शान, श्रेष्ठता, उच्चता: the ~ of nature/ of the sea/ of the Himalayas 3 वैभव, भव्यता: the ~ of conception/ of design 4 गौरव, प्रतिष्ठा, प्रताप, महिमा: delusion of ~; ~ of a ceremony 5 *derog.* अभिमान, अहंकार, अहंकारपूर्ण दिखावा

grandiloquence /ग्रैंडिलअक्वंस/ *n.* शब्दजाल, शब्दाडंबर, beidpen

grandiloquent /ग्रैंडिलअक्वंट/ *adj.* (***syn.*** pompous) शब्दाडंबरपूर्ण: ~ style; ~ speaker

grandio\se /ग्रैंडियो\स/ ग्रैंडियो\ज/ *adj.* 1भव्य, शानदार 2 *derog.* विशाल, भीमकाय: **~se** building/ project/ plans 3 आडंबरपूर्ण, अहंमन्य, अश्लील ढंग से तड़कीला-भड़कीला: **~se** manners (आडंबरपूर्ण अंदाज, लहजा);

dw/lw: **~sity** /ग्रैंडिओसिटि/ *n.* 1 अश्लील शान, दिखावापूर्ण भव्यता, धूम-धड़क्का 2 आडंबर 3 अति अहंमन्यता

grandstand /ग्रैंडस्टैंड/ *n.* 1 महा दर्शन दीर्घा, ग्रैंडस्टैंड 2 स्टेडियम आदि में छत वाला स्थान जहां सोपाननुमा कुर्सियां लगी रहती हैं: play to the packed the ~ 3 आडंबर, दिखावा, दर्शकों के सामने रचा जाने वाला ढोंग: it was an obvious ~;

v., *pt.* **~stood**, *pt. p.* **~stood**, *pp* **~ing** 1 *US* बनना, आडंबर क. 2 श्रोताओं व दर्शकों के सामने दिखावा क. या ढोंग रचना;

dw/lw: **~ing** *n.* (कारोबार, राजनीति आदि में) शेखी बघारने की नीति, शेखीबाजी, अपने लिए लाभ कमाने के लिए अपने बारे में किए जाने वाले झूठे दावे

grange /ग्रेंज/ *n.* फार्म या खेत और उसमें बनी इमारतें, देहात-गृह

granita /ग्रनीता/ *n.* कुटी बर्फ से बना पेय या मिठाई

granite /ग्रैनिट/ *n.* ग्रेनाइट (शैल), कणाश्म: as hard as ~; ~ slab;

p&i: **bite on** ~ व्यर्थ का प्रयास

granny /ग्रैनी/ (*also* **grandmother, grannie**) *n., pl.* **grannies** दादी या नानी;

collocations: ~ **flat** (*also US* **in-law apartment, mother-in-law apartment**) अधेड़ उम्र के व्यक्ति के लिए उसके रिश्तेदारों की इमारत में स्वतंत्र फ्लैट; ~ **glasses** गोल, सुनहरे फ्रेम वाला चश्मा; ~ **knot** (पोत) पाल की लपेट गांठ, नानी गांठ; ~ **leave** वृद्ध माता या पिता के देखभाल करने के लिए दफ्तर से लिया जाने वाला अवकाश

granola /ग्रनोला/ *n.* नाश्ते के लिए भुनी मूंगफली आदि का मिश्रण;

adj. पौष्टिक आहार लेने वाला, उदारमना

grant /ग्रांट/ *US* ग्रैंट/ *v., pt.* **~ed**, *pp* **~ing** 1 प्रदान क., देना: ~ an allowance of ...; ~ (a) pardon; ~ credit 2 मान लेना या सहमत हो.: ~ sb permission to do sth; ~ the truth of what has been said; **~ed** that he did say ... (माना कि उसने कहा था ...) 3 अनुमति देना, प्रार्थना स्वीकार क.: ~ a petition/ a request;

n. 1 अनुदान: apply for/ get/ receive a ~; a ~ for/ towards sth; a research ~ 2 अधिकार दान: a ~ of lands 3 कानूनी अधिकार पत्र द्वारा संपत्ति का स्थानांतरण: bestow/ confer a ~ on sb;

dw/lw: **~-aided** *adj.* सरकारी अनुदान प्राप्त: ~-aided school; **~ed** *adj.* 1 अनुदान स्वीकृत 2 अनुमति प्राप्त; **~ee** *n.* अनुदान पाने वाला, अनुदानग्राही; **~-in-aid** *n.* सहायक अनुदान; **~er/ ~or** *n.* अनुदाता, अनुदान दाता;

collocations: **~aid** सरकार द्वारा दी जाने वाली अनुदान राशि;

p&i: **take it for ~ed** किसी बात की बिना छानबीन किए सत्य होना मान लेना; **take nothing for ~ed** किसी भी बात को यों ही नहीं मान लेना चाहिए; **take sb/ sth for ~ed** किसी की या किसी बात की उपेक्षा क., किसी को अपनी जेब में मानना

granu\lar /ग्रैन्युलः/ *adj.* 1 दानेदार, रवेदार 2 खुरदरा;

dw/lw: **~late** /ग्रैन्युलेट/ *v., pt.* **~lated**, *pp* **~lating** 1 दानेदार बनाना, रवेदार बनाना या बनना 2 खुरदरा बनाना या बनना; **~lated** /ग्रैन्युलेटिड/ *adj.* दानेदार: ~lated sugar; **~lation** /ग्रैन्युलेशन/ *n.* दानेदार या रवेदार बनाने की क्रिया, कणिकायन, कणीभवन

granule /ग्रैन्यूल/ *n.* कण, दाना, कणिका

grape /ग्रेप/ *n.* 1 अंगूर: white/ purple/ golden ~; cut **~s** (अंगूर तोड़ना) 2 दाख: dry **~s**;

dw/lw: **~fruit** /ग्रेपफ्रूट/ *n. pl.* **~fruit/s** चकोतरा; **~shot** तोप का गोला जो दागे जाने पर लोहे की छोटी-छोटी गोलियों या छर्रों में फट जाता है; **~-vine** *n.* अंगूर की बेल;

collocations: ~ **hyacinth** लिली परिवार का पौधा जिसके पत्ते घासनुमा होते हैं; ~ **sugar** द्राक्ष-शर्करा, अंगूरी चीनी; **the juice of the** ~ मदिरा, *colloq.* अंगूर की बेटी;

p&i: **a bunch of ~s** अंगूरों का गुच्छा; **the ~s are sour** अंगूर खट्टे हैं; **the ~s of wrath** महा क्रोध

grapevine /ग्रेपवाइन/ *n.* 1 अंगूर की लता 2 (*also* **the** ~) सुनी-सुनाई बात, अफवाह

graph /ग्राफ/ *n.* 1 कार्य की प्रगति का ग्राफ, दो या अधिक वस्तुओं के अनुपात का रेखाचित्र: draw a ~; a ~ of sth 2 आलेख 3 प्रतीकात्मक लेखाचित्र: the ~ of a sentence;

v., *pt.* **~ed**, *pp* **~ing** किसी बात को रेखाचित्र के माध्यम से प्रस्तुत क.

grapheme /ग्रैफीम/ *n.* लिखित प्रणाली में न्यूनतम इकाई जिसका कोई अर्थ होता है

graphic /ग्रैफिक/ (*also* **~al**) *adj.* 1 जीवंत व सुस्पष्ट वर्णन: ~ representation 2 लिखित पाठ से संबंधित: ~ error 3 लेखा-चित्रीय, सुचित्रित, चित्रमुद्रण से संबंधित;

dw/lw: **~ally** /ग्रैफिकलि/ *adv.* (***syn.*** vividly) जीवंत ढंग से;

collocations: **~al user interface** कंप्यूटर पर सूचना के चित्रण का एक तरीका; ~ **arts** चित्रकला, चित्रमुद्रण; ~ **design** पाठ्य-पुस्तकों, पत्रिकाओं, इश्तिहारों आदि को कंप्यूटर से बनाने की तकनीक; ~ **equalizer** ध्वनि-प्रणाली में लहजा या स्वर शैली को संतुलित बनाने की तकनीक; ~ **formula** रासायनिक फार्मूला; ~ **novel** चित्रित रूप में प्रौढ़ उपन्यास (comic strip); ~ **paper** वर्गीकृत कागज; ~ **symbols/ signs** चित्रकला या चित्रमुद्रण के चिह्न

graphics /ग्रैफिक्स/ *n., [pl.]* चित्रकला, कंप्यूटर पर प्रदर्शित चित्र या बिंब, लेखा चित्र;

collocations: ~ **adapter** = **video card**; ~ **card** *comput.* कंप्यूटर का परिपथ पटल (circuit board) जिसकी बदौलत कंप्यूटर स्क्रीन पर चित्र दिखा सकता है; ~ **character** चित्रित पात्र जो कंप्यूटर स्क्रीन पर प्रकट होता है; ~ **tablet** (*also* ~ **pad**) कंप्यूटर पैड पर कलम (stylus) से लिखे जाने वाले पाठ

को स्क्रीन पर दिखाने वाला उपकरण
graphite /ग्रैफाइट/ *n.* ग्रैफाइट, लिखिज, पेंसिल बनाने में प्रयुक्त काला मुलायम कार्बन
graphology /ग्रैफौल\जि/ *US* ग्रैफाःल\जि/ *n.* 1 हस्तलेख या लिखावट विज्ञान 2 *ling.* लिखने की प्रणालियों और प्रथाओं का अध्ययन, लिपि विज्ञान 2 हस्त-लेख अध्ययन द्वारा किसी के स्वभाव व चरित्र का विश्लेषण;
dw/lw: **~gical** / ग्रैफअलौजिकल / *US* ग्रैफअलाःजिकल/ *adj.* हस्तलेख-संबंधी, हस्तलेखीय; **~gist** /~जिस्ट/ *n.* हस्तलेख-विज्ञानी, लिपि विज्ञानी
graphomania /ग्रैफॉमेनिआ/ (*also* **scribomania**) *n.* 1 लेखनोन्माद, लिखने की बेहद चाह 2 कुछ भी या निरर्थक बाते तक लिखने का पागलपन 3 अपने नाम को प्रकाशन माध्यमों देखने की बेहद लालसा
-graphy *comb. form, forming nouns, denoting:* 1 graphic form (लिखित रूप): calli**graphy** 2 **a descriptive science** or **art** (वर्णन विज्ञान या कला): photo**graphy**
grapnel /ग्रैप्नल/ *n.* 1 छोटा लंगर 2 आंका लंगर 3 कंटिया, अंकोड़ा
grapple /ग्रैप्पल/ *v., pt.* **~d**, *pp* **grappling** 1 जकड़ना, दबोचना 2 से भिड़ना, का सामना क.: ~ with sth 3 जूझना: ~ with one's adversary/ partner/ rival; ~ with a task/ a question/ a problem 4 गुत्थमगुत्था हो.: ~ with sb 5 द्वंद्व क., कुश्ती लड़ना: the two wrestlers **~d** together;
n. 1 पकड़, जकड़ 2 भिड़ंत, द्वंद्व, कुश्ती 3 हाथापाई;
collocations: **grappling iron/ hook** किसी चीज में फंसाकर खींचने वाला कांटा
GRAS *abbr.* 'generally recognized as safe' की प्रथमाक्षरी
grasp /ग्रास्प/*US* ग्रैस्प/ *v., pt.* **~ed**, *pp* **~ing** 1 कसकर पकड़ना: ~ a branch of a tree/ flag 2 दबोच ले., धर-दबोचना: ~ at/ after sth 3 पूरी तरह समझ में आना: ~ at a proposal; ~ an argument; can't ~ your meaning;
n. 1 समझ: have a thorough ~ of a subject/ have a good/ poor ~; beyond one's ~ (समझ से बाहर); within one's ~ 2 पकड़: mental ~; ~ of sth (किसी बात की समझ) 3 पकड़-जकड़: slip from/ out of/ one's ~ 4 कब्जा, अधिकार, चंगुल: be in the ~ of the enemy;
dw/lw: **~ing** /ग्रैस्पिंग/ *adj.* 1 (***syn.*** greedy) लालची, लोभी: a ~ing/ greedy man; ~ing ambition 2 बात को जल्दी समझ जाने वाला, बात में पेंच को तुरंत पकड़ लेने वाला: ~ing mind; **~less** *adj.* कमजोर पकड़ वाला: with a ~less hold;
p&i: **~ all lose all** सब कुछ पकड़ोगे, तो कुछ भी न पकड़ पाओगे, लालच बुरी बला है; **~ at sth** किसी चीज को धर-दबोचना; **~ing a s a miser** कंजूस मक्खीचूस; **~ no more than the hand can hold = bite more than one can chew** अपनी क्षमता से ज्यादा जोखिम उठाना; **~ the nettle** कठिन काम को बहादुरी से क., मुश्किलों से लोहा लेना; **~ the shadow and let go the substance** तत्त्व को भूलकर उसकी परछाई के पीछे भागना;
beyond sb's ~ किसी की समझ के परे; **drowning man ~s** or **catches at a straw** डूबते को तिनके का सहारा; **within one's** ~ किसी के लुए सुबोध्य, समझने में आसान
grass /ग्रास/ *n.* 1 घास, तृण: cut the ~; keep off the **~!** 2 घास का मैदान 3 चरागाह, लॉन: lay down in ~ 4 मुखबिर (informer) 5 *sl.* भांग;
v., pt. **~ed**, *pp* **~ing** 1 घास लगाना 2 पशुओं को चरागाह में चराना 3 *sl.* (*often* **~ on sb/ ~ sb up**) किसी के खिलाफ मुखबरी क., विशेषकर पुलिस के पास;
dw/lw: **~cutter** *n.* 1 घास काटने वाला, घसियारा 2 घास काटने का उपकरण, खुरपा, दरांती; **~ed** *adj.* 1 घास से ढका: ~ed court; ~ed walk 2 थोड़ा-सा नुकीला; **~hopper** *n.* टिड्डा; **~land** *n.* घास का प्राकृतिक मैदान, घसियाला भूभाग; **~y** /ग्रासि/ *adj., degr.* ~ier, ~iest घसीला, घास से ढका;
collocations: **~ box** घास काटने वाली मशीन से जुड़ा घास इकट्ठा करने का बक्सा; **~ court** घास से ढका टैनिस ग्राउंड; **~hopper mind** चंचल मन, जो एकाग्रचित्त न हो सकता हो; **~ roots** *[pl.]* 1 जन-साधारण 2 मूल तत्त्व 3 जन-साधारण का स्तर: opinion at ~ roots level; ~ roots movement; **~ roots politics** जन-साधारण के बीच रहकर किया जानेवाला राजनीतिक कार्य; **~ shears** घास काटने की कैंची; **~ skirt** प्रशांत महासागर के क्षेत्र में नर्तकों द्वारा पहने जाने वाला घास से बना स्कर्ट; **~ snake** घसियाला सांप; **~ widow** वह स्त्री जिसका पति लंबे समय के लिए घर से चला गया हो; **~ widower** वह पति जिसका पत्नी लंबे समय के लिए मायके चली गई हो;
p&i: **~ does not grow under his/her feet** वह व्यर्थ में समय नहीं गंवाता/ गंवाती; **(the) ~ is always greener on the other side of the fence** दूसरे की थाली में घी ज्यादा दिखता है;
at ~ धरती की सतह पर, खान आदि से बाहर; **be at ~** आराम क.; **between ~ and hay** *US* किशोर अवस्था (adolescence) में हो.; **come to ~** खान आदि से बाहर निकल आना; **cut one's own ~** अपने जीवन के साधन स्वयं जुटाना; **cut the ~ from under sb's feet** किसी के पांव तले से जमीन छीनना; **eat one's corn in the ~** अपने भावी साधनों को भी खत्म कर दे.; **go to ~** 1 मर जाना 2 अवकाश प्राप्त क.; **go to ~!** जहन्नुम में जाओ!; **green as ~** बिल्कुल हराभरा; **hear the ~ grow** अति संवेदनशील हो.; **knee-high to a ~hopper** *facetious* बहुत छोटा, ठिगना; **let no ~ grow under one's feet** जल्दी-जल्दी एवं तीव्र गति से काम क.; **let the ~ grow under one's feet** व्यर्थ समय गंवाना, देर क.; **put/ send/ turn out to ~** 1 अवकाश दे दे. 2 नौकरी से निकाल दे. 3 पशुओं को अभी-अभी घास काटी गई चरागाह में छोड़ दे.; **the blow which ~ed him** ऐसा प्रहार जिसने उसे लड़खड़ा दिया; **while the ~ grows the horse starves** जबतक कुआं खुदेगा प्यास से जान निकल जाएगी;
gra/te /ग्रेट/ *v., pt.* **~ted**, *pp* **~ting** 1 कद्दूकस क.: **~te** cheese 2 किर-किर की आवाज क., रगड़ से किरकिराना: it **~tes** on/ upon my ear 3 झंझरी या जाली लगाना: **~te** a window 4 पीसना या पिसना 5 घिसाना या घिसना 6 दांत पीसना 7 अप्रिय लगना, अखरना: this outrageous merriment **~ted** my spirits 8 चिढ़ाना, चिड़चिड़ाना: **~te** on sb/ sth;
n. 1 अंगीठी आदि की जाली 2 अंगीठी;
dw/lw: **~ter** /ग्रेटः/ *n.* कद्दूकस; **~ting** /ग्रेटिंग/ ***n.*** जाली, झंझरी; **~ting** *adj.* किरकिराने की आवाज करने वाला: ~ting noise/ voice
grateful /ग्रेटफुल/ *adj.* 1 कृतज्ञ, एहसानमंद, उपकार मानने वाला, धन्यवादी, आभारी: ~ heart; be ~ to sb for encouraging words 2 *formal* सुप्रिय, स्वागत योग्य: ~ sleep; ~ shade (warmth);
dw/lw: **~ly** *adv.* कृतज्ञतापूर्वक; **~ness** *n.* कृतज्ञता, एहसानमंदी, आभार;
p&i: **be ~ to sb** किसी के प्रति कृतज्ञ हो. या आभार जताना
graticulation /ग्रटिक्युलेशन/ *n., tech.* चित्र या डिजाइन का छोटे-छोटे वर्गों में विभाजन
graticule /ग्रटिक्यूल/ *n., pl.* **~s**, *tech.* रेखा जाल, सूत्र जाल, लाइनदार नक्शा आदि
gratification /ग्रैटिफिकेशन/ *n.* 1 (***syn.*** satisfaction) संतोष, संतुष्टि, तृप्ति, प्रसन्नता, सुख: spiritual ~; the ~ of sight and hearing (नयन एवं कर्ण सुख) 2 पारितोषिक, इनाम: your approval is a great ~ to me
grati\fy /ग्रैटिफाई/ *v., pt.* **~fied**, *pp* **~fying** 1 प्रसन्न क., संतुष्ट, तृप्त क.: **~fy** sb's taste/ appetite/ desire; be **~fied** by sb's success 2 किसी का मन रखना
gratifying /ग्रैटिफाइंग/ *adj.* संतोषजनक: the success of the undertaking is most ~

grating /ग्रेटिंग/ *n., see above under* **grate:** ***dw/lw***
gratis /ग्रैटिस/ ग्रेटिस/ ***adj.*** निःशुल्क, मुफ्त;
adv. मुफ्त: admit ~ to a performance
gratitude /ग्रैटिच्यूड/ *n.* कृतज्ञता, आभार, एहसानमंदी: as a token of ~
gratuitous /ग्रट्यूइटस/ *adj.* 1 अनुचित, अनावश्यक: ~ violence; ~ insult 2 निर्मूल, निराधार: ~ assumption 3 निःशुल्क, मुफ्त: ~ help; ~ admission to a concert; treat a patient ~;
collocations: ~ **advice** निःशुल्क सलाह
gratui\ty /ग्रैच्युइटि/ *n., pl.* **~ties** 1 आनुतोषिक 2 कृतज्ञता 3 भेंट, उपहार: receive a small **~ty**
gravamen /ग्रवेमेन/ *n., pl.* **gravamina** /ग्रवैमीना/ 1 *law* आरोप या अभियोग का मुख्य आधार 2 शिकायत
gra\ve /ग्रेव\/ *n.* 1 कब्र, मकबरा: sink into the **~ve**; sleep in the **~ve** 2 समाधि 3 (**the ~ve**) *lit.* मृत्यु: in one's **~ve**; untimely **~ve**; find one's **~ve**;
adj.**, degr.* **~ver**, **~vest** 1 गंभीर, संगीन: **~ve** accent; **~ve** responsibility; debate **~ve** matters/ questions; **~ve** situation 2 खतरनाक, चिंताजनक: **~ve** errors/ doubts 3 घोर, विकट, उग्र: **~ve** illness 4 (syn.*** dull) निष्प्रभ, सादा 5 (***syn.*** low) मंद्र: look **~ve** 6 औपचारिक, गंभीर: **~ve** mien; **~ve** countenance (गंभीर मुद्रा);
***v.**, pt.* **~ved**, *pp* **~ving** 1 खोदना, गहरी लकीरें डालना: time has **~ved** deep furrows on his face 2 गहरी छाप छोड़ना: to **~ve** words/ counsel in or on the heart;
dw/lw: **~digger** *n.* कब्र खोदने वाला; **~vely** /~लि/ *adv.* संगीनता से, गंभीरता से;
collocations: **~ve clothes** लाश के साथ कब्र में देने वाले कपड़े; **~ve figure** महत्त्वपूर्ण व प्रभावशाली व्यक्ति; **~ve goods** लाश के साथ कब्र में देनेवाला सामान; **~ve pit** कब्र; **~ve stone** समाधि पत्थर, समाधि शिला, समाधि-प्रस्तर; **~ve yard** कब्रिस्तान;
p&i: **a goose is walking over sb's** ~ कब्र में होने के अहसास से रौंगटे खड़े हो जा.; **as ~ve as a judge/ as ~ve as an owl** अति गंभीर; **dig one's ~ve** मर जाना; **dig one's own ~ve** अपनी कब्र खुद खोदना; **dig one's ~ve with one's teeth** पेटूपन के कारण अपने को कब्र में धकेलना; **dig the ~ve of one's reputation** अपनी नेकनामी धूल में मिलाना; **find one's ~** मर जा.; **make sb turn in his ~ve** मृतक की आत्मा को दुःख पहुंचाना; **on this side of the ~ve** इस संसार में; **rise from the ~ve** पुनर्जीवित हो जाना; **sb walking on my ~ve** मुझे कुछ परेशानी हो रही है; **secret as the ~ve** पूरी तरह चुप्पा; **silent as the ~** कब्रिस्तान-सी चुप्पी साधे हुए ; **sink into the ~** कब्र में धंस जा.; **totter on the brink of the ~ve/ have one foot in the ~ve** मरने की कगार पर हो.; **turn/ roll in one's ~ve** बहुत दुखी हो.; **with one foot in the ~ve** मरणासन्न, मौत की कगार पर
gravel /ग्रैवल/ *n.* 1 बजरी, कंकड़ 2 गुर्दे आदि में बनने वालीं छोटी-छोटी कंकड़ियां, पथरी;
***v.**, pt.* **~led**/*US* **~ed**, *pp* **~ling**/ *US* **~ing** 1 कंकड़ बिछाना: ~ a path/ a road/ a walk 2 उलझन या परेशानी में डालना: it will perhaps ~ even a philosopher 3 किसी को चिढ़ाना: he was so **~led** that he had not a word to say 4 बीच में रोकना या टोकना: he was **~led** for lack of time;
dw/lw: **~-blind** *adj.* लगभग अंधा; **~led** /ग्रैवल्ड/ *adj.* बजरीयुक्त, कंकड़ीला, पथरीला; **~ly** /ग्रैवअलि/ *adj.* 1 बजरी का, बजरी युक्त 2 रेत के छिड़काव वाली: ~ly soil; **~-voiced** *adj.* खरास भरी आवाज
graven /ग्रेवन/ *adj., old use* अंकित, गढ़ा हुआ, उत्कीर्णत;
collocations: ~ **image** भगवान की तरह पूजा जाने वाली मूर्ति या बुत
graver /ग्रेवअः/ *n.* 1 उत्कीर्णक, नक्काश 2 टांकी, छेनी
gravid /ग्रैविड/ *adj., med.* गर्भवती
gravime\ter /ग्रविमअटः/ *n., tech.* गुरुत्वमापी;
dw/lw: **~try** *n., tech.* धरती के भिन्न-भिन्न बिंदुओं पर गुरुत्व का मापन
graving /ग्रेविंग/ *n., naut.* जहाज आदि के पानी में डूबे रहने वाले भाग की सफाई;
collocations: ~ **dock** सूखी गोदी
gravitas /ग्रैविटास/*US* ग्रैविटैस/ *n.* (***syn.*** seriousness) गंभीर होने का गुण, गंभीरता: a novel of huge ~
gravita\te /ग्रैविटे\ट/ *v., pt.* **~ted**, *pp* **~ting** 1 आकर्षित हो., खिंच आना (गुरुत्व आकर्षण के कारण): **~te** to/ towards sth/ sb 2 किसी आकर्षण शक्ति के तहत अपने आप किसी ओर खिंचते रहना: **~ted** towards a life of crime 3 सतह में बैठना, डूब जा.;
dw/lw: **~tion** /~शन/ *n., phys.* 1 गुरुत्वाकर्षण, गुरुत्व 2 किसी आकर्षण शक्ति के तहत खिंचाव या चालन; **~tional** /~शनल/ *adj.* गुरुत्वाकर्षण संबंधी: ~tional field; ~tional pull of the moon
gravity /ग्रैविटि/ *n.* 1 गुरुत्वाकर्षण, गुरुत्व: centre of ~; specific ~ (आपेक्षिक या विशिष्ट गुरुत्व) 2 (***syn.*** seriousness) गंभीरता, संगीनता, विकटता, महत्त्व: the ~ of the political situation; ~ of offence 3 गंभीरता, औपचारिकता;
collocations: ~ **platform** तेल की खोज के लिए कंक्रीट और इस्पात का प्लैटफॉर्म जो समुद्र की तली पर टिककर खड़ा हो सकता है; ~ **wave** किसी द्रव में सतही लहर जो गुरुत्व से नियंत्रित होती है
gravure /ग्रव्यू:/ *n.* 1 तांबे की प्लेटों से मुद्रण की एक प्रकार 2 ऐसी प्लेट की छाप
gra\vy /ग्रेवि/ *n., pl.* **~vies** 1 शोरबा, रसा: excellent/ over seasoned/ burnt **~vy**; dip in the **~vy** 2 *sl.* सहज प्राप्त धन: **~vy** train (जब बिना विशेष काम किए बहुत सारा पैसा मिलता हो); ride/ board the ~ **vy** train;
collocations: **~vy boat** नाव के आकार का बर्तन जिसमें से शोरबा परोसा जाता है;
p&i: **by ~vy!/ good ~vy!** ये लो! देखो!;
gray /ग्रे/ *n., adj.* 1 *US spelling,* **'grey'** की अमेरिकी वर्तनी 2 भूरा, मटमैला
graying /ग्रेइंग/ *adj.* 1 *US spelling,* **'greying'** की अमेरिकी वर्तनी 2 बालों का सफेद होने की प्रक्रिया
gra\ze /ग्रेज/ *v., pt.* **~zed**, *pp* **~zing** 1 चरना, चराना: **~ze** cattle all the winter; a field to **~ze** cows; **~ze** the herbage (पशुओं को घास चरने के लिए छोड़ दे.) 2 *UK* (*UK*/*US* **skin**) रगड़ खाने से घाव हो.: **~ze** one's arm; **~ze** the skin 3 छूकर या रगड़कर निकल जाना: the bullet **~zed** the wall; the sun's rays **~zed** the summit of the mountain 4 खुर्चना या खरोंच आ जाना;
n. *UK* रगड़ से बना घाव: a **~ze** on the elbow (कोहनी पर आई खरोंच);
dw/lw: **~ier** /ग्रेजिअः/ *n.* पशुपालन करने वाला किसान; **~zing** *n.* चराने की क्रिया, चराई चरागाह; **~zing** *adj.* 1 चरने वाले: ~zing animal 2 चरने के योग्य: ~zing crop; ~zing forest 4 चराने के/ का/ की: ~zing right;
p&i: **send to ~ze** बाहर निकाल दे.
GRC *abbr.* 'glass fibre reinforced concrete' की प्रथमाक्षरी
GRE *abbr.* 'Graduate Record Examination' की प्रथमाक्षरी
grea\se /ग्रीज/ ग्रीस/ *n.* 1 चर्बी: in prime/ pride of **~se** (पशु आदि का खूब मोटा हो.) 2 यंत्र में लगाई जाने वाली ग्रीस, चिकनाई;
***v.**, pt.* **~sed**, *pp* **~sing** 1 तेल या चर्बी डालना, चिकनाई लगाना, चिकनाना: well **~sed** 2 चिकनाहट से गंदा हो. या कर लेना;
dw/lw: **~sepaint** *n.* ग्रीस पेंट, कलाकारों द्वारा प्रयोग में लाया जाने वाला रूप-सज्जा (मेक-अप) का सामान; **~seproof** *adj.* ग्रीस-सह; **~ser** *n.* 1 मशीनों में ग्रीस लगाने वाला मिस्त्री 2 जहाज का इंजीनियर 3 *colloq.* मोटर-साइकिल चालकों के गिरोह का लंबे बालों वाला सदस्य; **~sy** *adj.* 1 जिस पर ग्रीस लगी हो, अत्यधिक

चिकनाई भरा, चिकटा, चिक्कट 2 चर्बीला, चरबीदार 3 चिकना 3 चाटुकार;
collocations: **~se gun** ग्रीस देने की पिचकारी; **~se monkey** *sl., humorous* मकैनिक, मिस्त्री; **~sy spoon/ ~sy spoon restaurant** सस्ता ढाबा; **~sy hair** चिपचिपे बाल; **~sy food** अधिक चर्बी वाला खाना;
p&i: **~se the palm/ the hand/ the fist of sb** मुट्ठी गर्म क., किसी को रिश्वत दे.; **~se the wheels** प्रगति को आसान बनाना; **~se the fat pig** धनी आदमी को और पैसा देना; **~sy pole** ऊंचा उठने की कांटों भरी राह;
as slick as ~ झटपट, बिना देरी के; **elow ~se gives the best polish** मेहनत का फल मीठा; **like ~sed lightning** बहुत तेजी से;

great /ग्रेट/ *adj., degr.* **~er, ~est** 1 महान, उच्च कोटि का, श्रेष्ठ 2 उल्लेखनीय, शानदार 3 विशाल, विराट, दीर्घकाय: a ~ distance 4 बृहत, वृहत्: ~ mountain 5 अत्यंत मजेदार, विशिष्ट, उत्कृष्ट 6 बहुत अधिक (बड़ी, बड़ा): a ~ big dog; to a ~ extent; in a ~ measure; take ~ care of sb/ sth 7 माता-पिता की पीढ़ी से पिछली पीढ़ी का रिश्तेदार, परदादी आदि: ~-grandmother; **great-great**-grandson 8 उत्साही, जोशीला: a ~ reader 9 **(the Great)** महानता का द्योतक: Alexander the **Great**, **Peter the Great** 10 (*also* **~ at sth**) *colloq.* चतुर, प्रतिभाशाली 11 (*also* **~ for sth**) *colloq.* बहुत सही व लाभकारी 12 सर्वाधिक महत्त्वपूर्ण: the ~ advantage of it 13 **(the ~est)** *colloq.* अपने क्षेत्र में सर्वोत्तम, शानदार आदमी या वस्तु: with ~ (the est) pleasure 14 **(~er)** बड़े शहर आदि का द्योतक: **Greater** Noida; **Greater** Manchester;
n. महान हस्ती, महानुभाव: one of the all-time **greats**;
adv. बढ़िया तरीके से: **do sth ~**;
prefix 1 **~-grandfather/ ~-grand-mother** परदादा/ परदादी आदि 2 **~-aunt/ -uncle** परचाची या परचाचा 3 **~-grand-child/ ~-grand-daughter, etc.** पड़पोता/ पड़पोती आदि;
dw/lw: **~-coat** /ग्रेट-कोट/ *n.* भारी-भरकम ओवरकोट; **~-hearted** /ग्रेटहाःटिड/ *adj.* उदार, विशालहृदय; **~ly** /ग्रेटलि/ *adv.* बहुत हद तक, काफी मात्रा में: contribute ~ly to sth; he was ~ly amused by my answer; **~-nephew/ niece** *n.* भाई अथवा बहन का पोता या पोती; **~ness** /ग्रेटनेस/ *n.* महानता; **~-uncle** *n.* दादा, नाना;
collocations: **~ admirer** बहुत बड़ा प्रशंसक; **~ ape** वानर वंश के शिपंजी आदि जानवर; **~ aunt** दादी, नानी; **Great Britain** इंग्लैंड, स्कॉटलैंड और वेल्ज **(Wales)** से मिलकर बनी एक राजनीतिक इकाई, ग्रेट ब्रिटेन; **~ circle** गोले (ग्लोब) पर बना वृत्त; **~ coat** बड़ा भारी ओवरकोट; **Great Dane** एक विशालकाय कुत्ता; **~ deed** महान कार्य; **~ ignorance** बहुत बड़ी अज्ञानता; **~ love** बहुत बड़ा प्रेम; **~ power** महाशक्ति; **~ white shark** गर्म समुद्र में पाई जाने वाली खूंखार शार्क मछली;
a ~ deal/ a ~ many/ a ~ number बहुत अधिक/ बड़ी संख्या में; **Great Seal** लौर्ड चांसलर के कब्जे में रहने वाली मोहर; **of ~ antiquity** अति प्राचीन; **the Great Barrier Reef** उत्तर-पूर्वी आस्ट्रेलिया में 2000 किलोमीटर लंबी शैल भित्ति (समुद्री चट्टान); **the Great Bear = Ursa Major** उत्तरी गोलार्ध में तारामंडल; **the Great Lakes** पूर्वी कैनेडा को अमेरिका से अलग करने वाली पांच एक दूसरे से जुड़ी झीलें; **the Great Crash** 1929 में आई भयंकर मंदी; **the Great War** प्रथम विश्व-युद्ध; **the Great White Way** न्यूयॉर्क शहर में ब्रौडवे (Broadway) का नाम;
p&i: **~ and small** सभी प्रकार के लोग; **~ Caesar/ snakes/ Godfrey/ guns!** हे भगवान!, लो चख लो बानगी! ; **~ gifts from ~ men** बड़ों की बड़ी बातें; **~ minds/ men/** minds **think alike** *humorous* सौ सयाने एक मत; **~ barkers are not biters** जो गरजते हैं वो बरसते नहीं; **~ boast little roast = ~ cry little wool = much ado about nothing** थोथा चना बाजे घना; **~ designs require ~ consideration** बड़ी योजनाओं पर अच्छी तरह सोच-विचार होना चाहिए; **~ gifts from ~ men = ~ men have ~ views** बड़ों की बड़ बातें; **~ thoughts put to practice become ~ deeds** महान विचार कार्यान्वित होने पर महान कार्य बन जाते हैं;
a ~ many बहुत सारे, विशाल संख्या में; **a ~ while ago** काफी देर पहले; **be a ~ one for doing sth** किसी काम को बहुत क. या उसे करने में आनंद पाना; **be going ~ guns** बहुत तेजी से बढ़िया काम क.; **be no ~ shakes/ scratch** कोई विशेष बात नहीं, कोई ज्यादा बढ़िया, दक्ष या उपयुक्त नहीं; **go to ~ lengths (length) to do sth** किसी काम को करने के लिए बहुत प्रयास क.; **he is a ~ deal better** वह काफी बेहतर है; **he is a ~ deal of trouble** वह काफी बड़ी मुसीबत का स्रोत है; **reach a ~ age** अत्यधिक वृद्ध हो जाना; **set ~ store by sth** किसी बात का बहुत सम्मान क.; **the ~er the sinner, the ~er the saint** 1 जो जितना पापी होता है वह सुधरने पर उतना ही बड़ा संत बन सकता है 2 नया-नया मुल्ला कुछ ज्यादा ही नमाज पढ़ता है; **the ~er the truth, the ~er the lible** जितना बड़ा सच होगा, उतनी ही ज्यादा उस पर छींटा-कसी होगी; **the ~est clerks may not be the wisest men** केवल लिखने से कोई बुद्धिमान नहीं हो जाता;

greave /ग्रीव्ज/ *n., pl.* **~s** (*usually as* **greaves**) टांग का कवच

grebe /ग्रीब/ *n., pl.* **~s** एक गोताखोर चिड़िया

Grecian /ग्रीशिअन/ *adj.* प्राचीन यूनानी शैली का: ~ architecture; ~ knot; ~ horse;
n. यूनानी विद्वान;
collocations: **~ nose** माथे की रेखा की सीध में सीधी लंबी नाक

Greco /ग्रीको/ *prefix* यूनानी (*see also* **Graeco**)

greed /ग्रीड/ *n.* 1 पेटूपन: it's sheer ~ that makes him eat so much 2 लोभ, लालच: ~ of/ for money/ wealth 3 लोलुपता, धन-लिप्सा;
dw/lw: **~ily** /ग्रीडिलि/ *adv.* लालची तरीके से; **~iness** /ग्रीडिनेस/ *n.* लोभ, लालच; **~y** /ग्रीडि/ *adj., degr.* ~ier, ~iest 1 पेटू: ~y for/ of food 2 लालची, लोभी, लोलुप, धनलिप्सु 3 लालायित: with ~y eyes 4 प्रसिद्ध या नामी होने की उत्कंठा: ~y for/ of fame/ honours; ~y of praise;
p&i: **~y guts** पेटू, चटोरा;
p&i: **as ~y as a dog/ pig/ wolf** कुत्ते, शेर, भेड़िये-सा लालची ;

Greek /ग्रीक/ *adj.* 1 यूनानी: ~ era; ~ type; ~ gift 2 यूनानी भाषा व संस्कृति से संबंधित;
n. 1 यूनान का नागरिक 2 यूनान की सरकारी भाषा (Modern ~) 3 यूनान की प्राचीन भाषा (Ancient ~) यानी दूसरी सहस्राब्दी (millennium) ईसवीपूर्व से बाद की भाषा 4 जो भाषा या बोली समझ में न आए: it's all ~ to me;
dw/lw: **~less** *adj.* यूनानी भाषा से अनभिज्ञ: **~less** *adj.* यूनानी भाषा से अपरिचित यानी अनुवादों के आधार पर यूनानी साहित्य का अध्ययन से संबंधित;
collocations: **~ architecture** यूनानी भवन निर्माण कला या शिल्प; **~ Church/ ~ Orthodox Church** बाइजैंटियम काल (चौथी से पंदरहवीं सदियों तक) में कॉसटेंटिनोपल (modern Istanbul, Turkey) में पनपे ईसाई धर्म की एक शाखा और उसका चर्च जिसमें वर्तमान समय के यूनानी, रूसी, बल्गारियायी, सर्बियायी (Serbian) आदि चर्च शामिल हैं। यह एक स्व-नियंत्रित चर्च समुदाय है और रोम (Vatican) से नहीं जुड़ा है; **~ cross** यूनानी चर्च समुदाय का क्रॉस जो ऊपर को उठा है और आधार पट्टे पर दो टेढ़ी पट्टियां क्रॉस करती हैं; **~ gift** पाने वाले को हानि पहुंचाने के लिए दी जाने वाली भेंट या उपहार; **~ god** पुरुष सौंदर्य का आदर्श; **~ key** नक्काशी का एक नमूना; **~ salad** टमाटर, जैतून और पनीर

आदि से बना सलाद;

***p&i:* Greek meeting a Greek** मुकाबले की टक्कर; **~ and Latin to sb** काला अक्षर भैंस बराबर;

at/ on the ~ calends कभी भी नहीं; **gay/ merry/ mad ~** पीकर खुशमिजाज बना हुआ; **it is all ~ to me** मुझे यह बिल्कुल समझ में नहीं आता; **when a ~ meets a ~, then comes the tug of war** जब माने हुए पहलवान मिलते हैं तो उनके बीच टकराव को कोई नहीं टाल सकता

green /ग्रीन/ *adj.* 1 हरा 2 पर्यावरण व प्रकृति समर्थक 3 हरा-भरा, हरे घास से आच्छादित, हरित: ~ areas of the city 4 *colloq.* कच्चा, अपरिपक्व, अनुभवहीन, अनाड़ी: the ~ years; a ~ hand (अनाड़ी कर्मी); he is still very ~ 5 कच्चा, अपरिपक्व 6 ताजा, अभिनव: keep a memory ~; ~ recollections 7 भोला 8 अति ईर्ष्यालु: ~ with envy/ jealousy; ~ eye (ईर्ष्या भरी नजर) 9 स्वस्थ, जीवंत: ~ old age 10 हरे पत्तों से बना व्यंजन: ~ salad 11 पीला, फीका, बीमारी से तनावपूर्ण: go/ turn ~ (फीका पड़ना) 12 जो अभी सूखा न हो: ~ bacon; ~ timber 13 कृषि पदार्थों के यूरोपीय संघ के मूल्य दर्शाने वाली मुद्राएं: ~ pound; ~ euro, etc. 14 जिसे रासायनिक तरीके से साफ न किया गया हो: ~ sugar 15 हरा, कच्चा, ताजा: ~ wound;

n. 1 हरियाली 2 हरा रंग: a picture in **~s** and blues 3 गोल्फ मैदान में विशेष रूप से हरी जगह 4 गांव में हरा मैदान: the village ~ 5 विशेष रूप से तैयार किया हुआ हरा खेल का मैदान: bowling ~ 6 **(~s)** सब्जी, साग-पात, तरकारी 7 **(the Greens)** पर्यावरण समर्थक लोग 8 अनुभवहीन उम्र या उम्र का कच्चा व्यक्ति, बालक: they are still in the ~;

***dw/lw:* ~back** *n.* अमेरिकी डालर; **~ery** /ग्रीनरि/ *n.* हरे पत्तों, पौधों व टहनियों की बदौलत बनी हरियाली; **~-eyed** *adj.* ईर्ष्यालु: ~-eyed monster; **~field** *adj. UK* हरे-भरे मैदान; **~fly** *n.* 1 माहू 2 कृत्रिम मक्खी; **~gage** *adj.* विशेष रूप से तैयार की हुई पेड़ों की किस्में; **~grocer** *n. UK* 1 सब्जीफरोश, सब्जी व फलों की दुकान 2 सब्जी व फल बेचने वाला; **~grocery** /ग्रीनग्रोसरि/ *n.* सब्जी व फलों का व्यापार; **~horn** *n.* नौसिखिया, अनाड़ी, अनुभवहीन व्यक्ति; **~house** *n.* शीशे की बनी पौधशाला, कांचघर; **~ing** *n.* हरित करने की क्रिया, वृक्षारोपण द्वारा हरित क्षेत्र में वृद्धि; **~ish** /ग्रीनिश/ *adj.* हरा-सा, कुछ-कुछ हरा; **~keeper** *n.* गोल्फ कोर्स का रक्षक; **~land** *n.* चरागाह; **Greenland** *n.* ग्रीनलैंड; **~mail** *n.* अमेरिका में व्यापार क्षेत्र में प्रयुक्त किया जाने वाला भय दोहन (blackmail) जिसके तहत कोई कंपनी अपनी विरोधी कंपनी के पूंजी शेयर खरीदकर उसे अपनी शर्तें मनवाने के लिए विवश करती है; **~riband** *n.* हरी पट्टी; **~room** *n.* थियेटर के साथ लगा कमरा जिसमें कलाकार आराम करते हैं या मेहमानों से मिलते हैं, नेपथ्यशाला, विश्राम कक्ष, सज्जा गृह; **~s** *n. [pl.]* हरे पत्ते; **~shank** *n.* टिमटिमा; **~sickness** *n.* हरित रोग; **~-wellie** *adj., Br. colloq.* ब्रिटेन के उच्च वर्ग के देहात में बने विल्ला (villas) या अति सुसज्जित घरों से संबंधित; **~wood** *n.* हरा-भरा जंगल: go to the ~wood (डाकू या लुटेरा बन जाना);

***collocations:* ~ audit** पर्यावरण के सबंध में किसी कंपनी के दावों की जांच; **~ bean** बीन की कोई भी किस्म; **~belt** हरित क्षेत्र; **~ beret** ब्रितानवी या अमेरिकी फौजी जो हरी टोपी पहनते हैं; **Green Cross Code** बच्चों के लिए सड़क-सुरक्षा के नियम; **~ card** विदेशी नागरिकों को अमेरिका में रहने व काम करने का अधिकार देने वाला दस्तावेज; **~field site** अनिवारित भूमि; **~ finger/ thumb** बागबान का हुनर; **~ Goddess** *Br.* जनता के लिए आपात कालीन परिस्थितियों में सेना द्वारा चालित अग्निशामक इंजन; **~-house effect** पौधों व सब्जियां उगाने के लिए कांच के घर का गैसों से गर्म होने की तरह धरती का उसके वातावरण में बढ़ती हुई कार्बन डायोक्साइड, ओजोन (ozone) तथा अन्य गैसों के कारण पृथ्वी की सतह के गर्म होने की क्रिया; **~house gas** *meteorological, ecol. etc.* कार्बन डायोक्साइड, ओजोन जैसी गैसें जो कांच के घर को गर्म करने वाली गैसों जैसा प्रभाव पर्यावरण पर डालती हैं यानी वे सूर्य की गर्मी को वापिस जमीन को ओर मोड़ देती हैं जिसके कारण धरती की सतह का वातावरण गर्म होता है और वैश्विक गरमाहट (global warming) बढ़ती है; **~ light** 1 कुछ करने की इजाजत या छूट 2 सड़क के चौराहे पर वाहनों के लिए चल पड़ने का संकेत; **~ monkey** लंबी पूंछ वाला तथा हरे बालों वाला अफ्रीकी बंदर; **~ paper** ब्रिटेन में सरकार की भावी योजनाओं के बारे में नीति पर्चा, प्रारंभिक प्रतिवेदन; **~ party** पर्यावरण की रक्षा के लिए लड़ने वाला दल; **Greenpeace** पर्यावरण के मुद्दों को लेकर संघर्ष करने वाला अंतर्राष्ट्रीय संगठन; **~ pepper** हरी मिर्च; **~ pound** कृषि-उत्पाद के यूरोपियन यूनियन की मुद्रा (यूरो) में मूल्य के मुकाबले में ब्रिटेन के पौंड का मूल्य; **~stick fracture** बच्चों की हड्डियों में टूटन; **~ tea** चाय के हरे सूखे पत्तों से बनी चाय; **Greenwich Mean Time** (*abbr.* **GMT**) इंग्लैंड में ग्रीनविच से गुजरने वाली 0^0 देशांतर रेखांश पर समय; **~winter** बिना बर्फ वाली हल्की सर्दी की ऋतु;

the ~-eyed monster ईर्ष्या; **the Green Party** पर्यावरण व प्रकृति रक्षक दल; **the long ~** *sl.* डालर;

***p&i:* do you see any ~ in my eye?** क्या तुम्हें लगता है कि मैं कानों का इतना कच्चा और अनाड़ी हूं?; **give the ~ light** हरी झंडी दिखाना, कार्य शुरू करने की अनुमति दे.; **have ~ fingers (finger)** बागबानी में सहज माहरता हो.; **the ~ man** हरी रोशनी वाला चलता-फिरता आदमी जो पैदल-पथ प्रयोग करने वालों की बारी बताता है;

greenwash /ग्रीनवाश/ *v., pt.* **~ed**, *pp* **~ing** किसी कंपनी या संगठन द्वारा पर्यावरण की रक्षा करने का किया जाने वाला झूठा दिखावा (copmapre: **eyewash**)

greet /ग्रीट/ *v., pt.* **~ed**, *pp* **~ing** 1 स्वागत क.: ~ sb with a smile/ with a nod 2 अभिवादन क., नमस्कार क.: ~ the rising sun 3 विशेष ढंग की प्रतिक्रिया व्यक्त क.: ~ with applause/ shouts of anger/ a scowl 4 किसी को तुरंत दिख जाना: smells of cooking **~ed** me;

***dw/lw:* ~ing** *n.* अभिवादन: ~ing card

gregarious /ग्रिगेअरिअस\/ *adj.* 1 (***syn.*** sociable) सामूहिक, समूहप्रिय, सुसामाजिक, वृंदचर, यूथचर: ~ feelings 2 मिलनसार, मिल-बैठकर बतियानेवाला, समाजशील;

***dw/lw:* ~ly** /~लि/ *adj.* समूहप्रियतापूर्वक; **~ness** /~नेस/ *n.* 1 यूथ-चारिता, समूहप्रियता 2 समाजशीलता, सुसामाजिकता, मिलनसारी

Gregorian /ग्रेगॉरिअन/ *adj.* पोप ग्रिगोरी से संबद्ध;

***collocations:* ~ Calendar** आधुनिक कैलेंडर जिसकी नींव 1582 में पोप ग्रिगोरी XIII ने रखी थी; **~ chant** रोमन कैथोलिक क्रिया-कर्म में गाया जाने वाला ध्वनि-वृंद गीत; **~ style** नई शैली

gremlin /ग्रेमलिन/ *n.* 1 काल्पनिक दुष्ट चरित्र जिसे यंत्रों और इलेक्ट्रॉनिक यंत्रों में खराबी के लिए जिम्मेवार ठहराया जाता है 2 दुष्टात्मा, प्रेत, बौना

grena\de /ग्रेनेड/ *n.* 1 हथगोला, ग्रनेड 2 आग बुझाने, नालों आदि को परखने, जहरीली गैस या अश्रु गैस छोड़ने के लिए प्रयुक्त शीशे की बोतल;

***dw/lw:* ~dier** /ग्रेनेडिअः/ *n.* हथगोलों से लैस सैनिक

grenadine /ग्रेनअडीन/ *n.* अनार का शरबत, शरबते-अनार

grew /ग्रियु/ *pt.*, **'grow'** का भूतकाल

grex venalium /ग्रेक्स वेनैलिअम/ *Lat.* भाड़े के टट्टुओं का समूह

grey *UK* /ग्रे/ (*also US* **gray**) *adj., degr.* **~er**, **~est** 1 मटमैला, भूरा, धूसर: ~ eyes 2 सफेद बालों वाला: he's gone ~ very early3 बादलों से ढका मटमैला (दिन), धुंधला: ~ day 4 (***syn.*** dull) विषादमय, अंधकारमय, निराशाजनक: his face looked ~; ~ thoughts 5 अरुचिकर, बेजान, मनहूस: a ~ character; faceless ~ men; ~ life 6 वरिष्ठ, सेवानिवृत्त: the ~ population; ~ vote; ~ power;

n. 1 भूरा, मटमैला या स्लेटी रंग: dress in ~ 2 मटमैला कपड़ा 3 मद्धिम रोशनी: the ~ of the dawn 4 भूरे रंग का पशु (घोड़ा) 5

बालों का सफेद रंग: the ~ of/ in sb's hair;
dw/lw: **~beard** *n.* बूढ़ा व्यक्ति, वरिष्ठ आयु का व्यक्ति; **~haired** *adj.* सफेद बालों वाला, श्वेतकेशी; **~-headed** *adj.* सफेद बालों वाला, जिसके बाल पक गए हों, श्वेतकेशी; **~hound** *n.* छोटे-छोटे बालों वाला तेज दौड़ने वाला शिकारी कुत्ता; **~ing** *UK* (*US* **graying**) /ग्रेइंग/ *adj.* सफेद होते बाल; **~ish** *adj.* धूसर-सा, मटमैला: dressed in ~; **~ly** /ग्रेलि/ *adv.* धुंधले रंग में: dawn rose ~ly; **~ness**/ग्रेनेस/ *n.* धूसरपन, मटमैलापन; **~scale** *adj.* 1 भूरे रंग में बना (बिंब) 2 काले-सफेद रंग में छपा हुआ;
collocations: **~ area** 1 अनिश्चित स्थिति 2 विषय आदि जिनकी सीमाएं व दिशा निर्देश आदि निर्धारित नहीं किए गए हैं; **~ market** 1 अवैध रूप से बेचे जाने वाले आयातित माल का बाजार 2 वृद्ध लोगों से बना ग्राहक समूह; **~ matter** मानसिक शक्ति, बुद्धि, विवेक;
p&i: **the ~ mare is the better horse** 1 बड़ी उम्र की घोड़ी सयानी होती है 2 पत्नी पति से ज्यादा कुशल होती है; **the ~hound of the ocean** तीव्र चाल से चलनेवाला समुद्री जहाज

grid /ग्रिड/ *n.* 1 रेखाओं का वर्गाकार जाल 2 जाली, झंझरी 3 (**the ~/ the national ~**) विद्युत वितरण-प्रणाली, विद्युत-केंद्रों व बिजली की तार-लाइनों का जाल 4 वर्गों का प्रतिमान या नमूना 5 जल या गैस की आपूर्ति के लिए बिछी भूमिगत पाइपों का जाल 6 खुली नालियों को ढकने वाले धातु के जालनुमा ढक्कन: ~ emission 7 कार दौड़ पथ पर लाइनों का जाल;
dw/lw: **~iron** *n.* 1 झंझरी, जाली जो गोश्त आदि भूनने के काम आती है 2 अमेरिका में फुटबाल मैदान; **~lock** 1 भयंकर ट्रैफिक जैम 2 ऐसी जटिल स्थिति जिससे निकलने की कोई राह न हो;
p&i: **be on the ~iron** बहुत परेशानी में हो.

grid\dle /ग्रिडल/ *n.* तवा, व्यंजनों को भूनने या तलने के लिए तवानुमा बड़ी-सी धातु की प्लेट;
v., *pt.* **~dled**, *pp* **~dling** तवानुमा प्लेट पर भूनना या तलना

gri\de /ग्राइड/ *v., pt.* **~ded**, *pp* **~ding** 1 किर-किर क. 2 चुभना, गड़ना, भिदना;
n. किरकिराहट

grief /ग्रीफ/ *n.* 1 घोर दुःख, शोक: ~ consumed him (घोर दुःख ने उसे निगल लिया) 2 शोक का स्रोत (मृत्यु आदि): suffer ~ at the loss of sb 3 विषाद, व्यथा, संताप 4 विपत्ति: bring to ~;
dw/lw: **~-stricken** /ग्रीफ-स्ट्रिकन/ *adj.* दुखी, संतप्त, शोकाकुल;
collocations: **~ tourist** कहीं पर कोई त्रासदी होने पर सहानुभूति जताने के लिए वहां जाने वाली व्यक्ति;
p&i: **cause/ give/ bring to sb ~** किसी को ठेस या दुःख पहुंचाना; **come to ~** मुसीबत में पड़ना, भारी हानि उठाना, बुरी तरह असफल हो.; **Good ~!** खुदा खैर करे!

grievance /ग्रीवंस/ *n.* 1 अन्यायपूर्ण व्यवहार के विरुद्ध शिकायत: vent/ state/ air one's **~s** 2 अन्याय का शिकार होने का बोध: have/ nurse a ~ against sb;
collocations: **~ committee** शिकायत निवारण समिति

grie\ve /ग्रीव/ *v., pt.* **~ved**, *pp* **~ving** 1 दुखी हो. 2 किसी त्रासदी से संतप्त हो. 3 ठेस पहुंचाना, दुःख दे.: it **~ves** me to learn that he's still on drugs; **~ve** sb to the heart 4 विषाद व्यक्त क.: **~ve** at/ for/ over sb/ sth;
n., *Scots.* खेत मजदूरों का प्रबंधक

grievous /ग्रीविअस/ *adj.* 1 दुखद, दुखदायक: ~ incident/ mistake 2 दारुण, गंभीर: ~ farewell 3 घोर: ~ bodily harm; ~ crime; ~ sin 4 व्यथित करने वाला: ~ pain 5 व्यथा जतलाने वाला ***collocations:*** **~ bodily harm** गंभीर शारीरिक नुकसान करने का अपराध

griffin /ग्रिफिन/ *n., mythol.* एक पंखधारी राक्षस जिसका शरीर शेर का और सिर तथा पंख बाज के हैं

griffon /ग्रिफन/ *n.* 1 कुत्तों की एक जाति, ग्रिफन 2 एक भारी-भरकम गिद्ध

grifter /ग्रिफ्टः/ *n.* ठग

grill /ग्रिल/ *n.* 1 (*also US* **broiler**) ग्रिल या जाली जिसे सीधे आग पर रखकर गोश्त आदि पकाया जाता है 2 जाली या आग पर रखकर पकाया हुआ व्यंजन, भुना गोश्त: mixed ~ 2 भुने व्यंजनों की आपूर्ति करने वाला
v., *pt.* **~ed**, *pp* **~ing** (*also US* **broil**) 1 जाली पर खाना पकाना या भूनना 2 *US* यंत्रणा देकर भयंकर पूछताछ क.: the police **~ed** the accused for hours;
dw/lw: किसी की विचारधारा, गतिविधियों आदि के बारे में घोर पूछताछ;
p&i: **lie ~ing in the sunshine** धूप में सेंकते हुए लेटना

grille/ grill /ग्रिल/ *n.* खिड़की आदि पर लगाया जाने वाला जालीदार जंगला

grilse /ग्रिल्स/ *n., pl.* **grilse/ ~s** छोटी सामन (salmon) या मृदुपक्षा (मछली) जो पहली बार समुद्र से ताजा पानी में आती है

grim /ग्रिम/ *adj., degr.* **~mer**, **~mest** 1 विषादमय: ~ struggle; ~ humour; ~ expression 2 मनहूस, डरावना 3 उदास व गंभीर: ~ countenance 4 भद्दा, घृणित, घिनौना: ~ smile/ joke; ~ laughter 5 दृढ़, कठोर, कड़ा: ~ determination 6 निष्ठुर, निर्दय: ~ task 7 बीमार;
dw/lw: **~ly** *adv.* 1 क्रूरतापूर्वक, निर्ममतापूर्वक: fight ~ly 2 कड़ाई से: be ~ly determined 3 निष्ठुरता से 4 विषादमय ढंग से: smile ~ly 5 गंभीरतापूर्वक;
collocations:*the Grim Reaper हाथ में दरांती लिए लंबा चोगा पहने अस्थिपंजर के रूप में यमराज का काल्पनिक बिंब;
p&i: **hold on/ cling/ hang like ~ death = hold on/ cling/ hang for dear life** डर के मारे किसी चीज को कसकर पकड़े रहना

grima\ce /ग्रिमस/ *v., pt.* **~ced**, *pp* **~cing** 1 पीड़ा, विरक्ति या उदासी को चेहरे के हाव-भाव या तोड़-मरोड़ से व्यक्त क. 2 मुंह बनाना;
n. 1 चेहरे की ऐंठन व खिंचाव 2 मुख-विकृति: pull **~ces**

gri\me /ग्राइम/ *n.* 1 (***syn.*** dirt) धूल व कालिख आदि की जमी परत: the **~me** of a manufacturing town 2 कालिख: a face covered with a **~me** of dust;
v., *pt.* **~med**, *pp* **~ming** 1 काला हो. 2 धूल आदि की परत जमने से काला पड़ना;
dw/lw: **~my** /ग्राइमी/ *adj., degr.* **~mier**, **~miest** 1 (***syn.*** dirty) गंदगी से ढका हुआ: **~my** buildings 2 मैला-कुचैला: **~my** hands 3 कालिख-भरा

grin /ग्रिन/ *v., pt.* **~ned**, *pp* **~ning** 1 दांत निकालते हुए मुस्कराना, खीसें निकालना या काढ़ना, दांत निपोरना: ~ from ear to ear 2 बत्तीसी दिखाते हुए प्रसन्नता जताना: ~ with delight; ~ approbation/ approval/ delight/ assent;
n. मुस्कान, भद्दी हंसी: break into or to give a (broad) ~; on the (broad) ~;
p&i: **~ and bear it** मुसीबत को मुस्कराहते हुए झेलना; **~ like a Cheshire cat** हर समय खीसें निपोरते रहना; **~ through a horse-coller** बचकाना मजाक क.

grind /ग्राइंड/ *v., pt.* **ground**, *pt. p.* **ground**, *pp* **~ing** 1 पीसना: ~ small/ fine 2 पिसना, दलना: ~ away at one's duties 3 उस्तरे आदि को पत्थर आदि से घिसाकर तेज क., सान दे. 4 घिसना, रगड़ना, किरकिराना: ~ dry (wet) 5 चबाना 6 हैंडल घुमाना: **~ing** his barrel-organ 7 घोर परिश्रम क., अध्ययन क. 8 सताना 9 रगड़ते हुए घसीटना: **ground** his heel into the dirt;
n. 1 उबाऊ काम: learning this text is a ~ 2 पिसाई, दलन 3 रगड़ाई, घिसाई;
dw/lw: **~er** /ग्राइंडः/ *n.* 1 पीसने या दलने की मशीन, चक्की, जांता 2 पिसनहारा, पिसनहारी 3 सान धरने वाला 4 सिकलीगर, बाढ़ीवान 5 दाढ़, चौघड़, चौभड़; **~ing** *adj.* 1 पीसने वाला 2 दलने वाला 3 अत्याचार भरा: ~ing poverty; **~ing** *n.* पिसाई, दलन; **~ingly** *adv.* अत्याचारी ढंग से; **~-machine** *n.* पीसने वाला यंत्र; ~-

mill *n.* चक्की; **~stone** *n.* चक्की का पीसनेवाला पाट, सान; ***collocations:*** **~ toil** पीस देने वाला परिश्रम; **~ toothache** भयंकर दांत दर्द;
p&i: **~ away** देर तक परिश्रम क. या अध्ययन क.; **~ (away) at one's English** अंग्रेजी पढ़ते हुए पिसना; **~ by tyranny** अत्याचार तले पीसना; **~ grammar into sb's head** किसी के दिमाग में व्याकरण कूट-कूटकर भरना; **have an axe to ~** कोई स्वार्थ हो.; **hold/ keep/ bring/ put sb's nose to the ~** धैर्य के साथ कठोर मेहनत क., काम में डटे या जुटे रहना; **~ in** घिसाकर तेज क.; **~ on** उबाऊ काम का देर तक चलते रहना;**~ one's teeth** दांत पीसना; **~ out** सताकर काम करवाना; **~sb down** किसी को धीरे-धीरे पीसना, कुचल डालना, सताना; **~ sth out** 1 (***syn.*** churn sth out) किसी चीज को बड़ी मात्रा में पैदा क. 2 दांत पीसते हुए कहना; **the mills of God ~ slowly** खुदा के घर में देर है अंधेर नहीं; **this corn will ~ down into a nice white flour** इस अनाज का पिसकर अच्छा आटा बनेगा; **~ to a halt = bring sth to a ~ing halt** चर्र-चर्र करते हुए पूरी तरह रुक जाना; **~ up** पीसना, दलना

gringo /ग्रिंगो/ *n.* लातीनी अमेरिका में, विशेषकर मैक्सिको में, अंग्रेजी-भाषी विदेशियों (अमेरिकियों) के लिए प्रचलित शब्द

grip /ग्रिप/ *n.* 1 (***syn.*** grasp) पकड़, पकड़ने का तरीका: let go one's ~ on a branch 2 (***syn.*** mastery) समझ 3 *colloq.* (***syn.*** control) नियंत्रण, पकड़: lose one's ~ of the situation 4 (***syn.*** handle) मूठ, दस्ता, हत्था 5 बालों आदि को थामे रखने के लिए क्लिप 6 मरोड़, पेचिश, उदरशूल 7 *N. Amer., esp. US* सब कुछ समा लेने या बांधने वाला कपड़े का होल्ड-ऑल (hold-all) 8 *theat.* मंच पर काम करने वाला लड़का जो दृश्यों को चलाता-घुमाता है 9 टीवी या फिल्म कैमरा को चलाने वाला 10 जकड़: in the ~ of fear;
***v.**, pt.* **~ped**, *pp* **~ping** 1 कसकर पकड़ना: ~ sb's hand; ~ hold of sb/ of sth 2 जकड़ में ले.: fear **~ped** him 3 मंत्र-मुग्ध क., किसी की कल्पना पर छा जाना: the story **~ped** 4 की पकड़ या जकड़ में हो.: the brake doesn't ~ 5 नियंत्रित क.;
dw/lw: **~ping** /ग्रिपिंग/ *adj.* अति आकर्षक, ध्यान खींचे रखने वाली, छा जाने वाली, मंत्र-मुग्ध करने वाली;
p&i: **be at ~s with sth** से टकराना, से संघर्ष क.; **come/ get to ~s with sth** स्थिति का सामना क./ से जूझना या निपटना; **get/ take a ~ (on oneself)** अपने आप को काबू में रखने की कोशिश क.; **get to ~s with** किसी काम को पूरे जोर-शोर से करने लगना; **have an iron ~/ have a ~ of steel** बहुत कड़ी पकड़ हो.; **have a good ~ of the essential facts/ of a problem/ of a situation/ of a subject** मूल मुद्दों/ समस्याओं/ स्थिति/ या विषय की अच्छी समझ या पकड़ हो.; **he has a (good) ~ on the audience** श्रोताओं पर उसकी अच्छी पकड़ है; **his mind has lost its ~** उसका दिमाग खराब हो गया है; **in ~s** कैद में; **in the ~ of poverty** गरीबी के चंगुल में; **loosen/ release/ tighten your ~** पकड़ ढीली क./ छोड़ना/ मजबूत क.; **lose one's ~ on sth** मामले पर पकड़ गंवा दे.; **sb's ~ on sth etc.** किसी की किसी मामले में महारत या पकड़; **the ~ of the hammer** हथौड़े की पकड़

gri\pe /ग्राइप/ *v., pt.* **~ped**, *pp* **~ping** 1 पेट में दर्द हो. 2 *colloq.* झुंझलाकर लगातार शिकायत क. 3 चिढ़ाना, सताना: **~pe** the poor;
n. (*usually* **~pes**) 1 पेचिश 2 उदरशूल, पेट में रह रहकर होने वाला दर्द 3 मरोड़, ऐंठन;
dw/lw: **~ping** *n.* पेट में एकदम उठने वाला भयंकर दर्द;
collocations: **~pe water** पेट दर्द कम करने के लिए बच्चों को दी जाने वाली औषधि

grippe /ग्रिप/ *n.* इनफ्लुएंजा, फ्लू

gripping *see above under* **grip: *dw/lw***

grisly /ग्रिज्लि/ *adj.* 1 भयानक, भयंकर 2 घिनौना, वीभत्स;
dw/lw: **grisliness** *n.* घिनौनापन, वीभत्सता

grist /ग्रिस्ट/ *n.* 1 पीसा जाने वाला अन्न 2 पिसा हुआ अन्न 3 बहुत सारे काम: a ~ of matters;
dw/lw: **~mill** *n.* आटा चक्की, चक्की;
p&i: **all bring ~ to the mill = all is ~ that comes to his mill** इस सब से उसे फायदा ही फायदा है; **bring ~ sb's mill** किसी को फायदा पहुंचाना

gristle /ग्रिसल/ *n.* गोश्त में हड्डी, उपास्थि

grit /ग्रिट/ *n.* 1 रोड़ी, बालू कण, रेत के कण: have ~ in one's shoe 2 बलुआ पत्थर: ~ clogs the works 3 धैर्य, चरित्र बल 4 साहस, जीवट, दृढ़ निश्चय: show ~; have plenty of ~;
***v.**, pt.* **~ted**, *pp* **~ting** 1 रोड़ी या बजरी डालना 2 पीसना: ~ the teeth 3 चरचराना;
dw/lw: **~s** *n., [pl.]* मोटा आटा, दलिया; **~ter** *n.* बर्फीली सड़कों पर रोड़ी-रेता बिखेरने वाली गाड़ी; **~tiness** /ग्रिटिनेस/ *n.* 1 किरकिराहट 2 साहस, जीवट; **~s** /ग्रिट्स/ *n., [pl.]* मक्की के दाने; **~ty** /ग्रिटि/ *adj.* 1 कंकड़ीला, किरकिरा: the bread was ~ty 2 साहसपूर्ण एवं दृढ़निश्चयी 3 यथार्थपूर्ण;
collocations: **~ blasting** *engin.* सड़क आदि पर धातु का स्प्रे (spray) करके परत की चढ़ाई; **~ty decision** साहसिक निर्णय; **~ty realism** कटु यथार्थ; **~ty story** साहसपूर्ण कहानी; **clear ~** निडरता, सहन-शक्ति;
p&i: **~ one's teeth** दांत किटकिटाना, दांत पीसना; **hit the ~** *sl.* आवारा घूमना; **put/ throw (a little) ~ in the machine/ bearings** काम में रोड़े अटकाना

griz\zle /ग्रिजल/ *v., pt.* **~zled**, *pp* **~zling** 1 छोटे बच्चे का रोना 2 रींरीं क., बड़बड़ाना 3 दुखी होना, शिकायत क. 4 बाल सफेद हो./ पक जा. 5 धूसर होना या बनाना;
adj. 1 धूल-धूसर 2 सफेद बालों वाला;
n. 1 मटमैला रंग 2 पके बाल 3 नकली सफेद बाल 4 मटमैले रंग का घोड़ा 5 पिल्ली (अध पक्की) ईंट 6 रींरीं;
dw/lw: **~zled/ grizzly** *adj.* 1 पके बालों वाला, सफेद बालों वाला 2 मटमैला;
collocations: **~zly bear** स्लेटी रंग का बड़ा भालू

GRL *abbr.* 'German Remedies Limited' की प्रथमाक्षरी

GRMS *abbr.* 'Global Risk Management Solutions' की प्रथमाक्षरी

groan /ग्रोन/ *v., pt.* **~ed**, *pp* **~ing** 1 कराहना: ~ with/ in pain 2 (***syn.*** moan) आह भरना 3 कराहते हुए कुछ कहना: he **~ed** (out) his (sad) story 4 जोर-जोर से चर्र-चर्र क. 5 बोझ तले टूटना: a system **~ing** under inefficiency;
n. 1 कराहट 2 आह 3 आर्तनाद: the ~s of the wounded 4 गुर्राहट: the ~ of the wind 5 चर्र-चर्र का शोर: the ~ of the door;
p&i: **~ down** किसी को कराहते हुए चुप करवा दे.; **~ inwardly** आंतरिक रूप से त्रस्त हो.; **~ under the weight of/ with masses of sth** के बोझ तले कराहना; **the wind ~s** हवा दहाड़ रही है

groat /ग्रोट/ *n.* 1 पुराना ब्रितानवी सिक्का 2 थोड़े से पैसे: without a ~ (बिना एक कौड़ी के);
p&i: **not worth a ~** कौड़ी के दाम भी नहीं; **I don't care a ~** मैं जरा भी परवाह नहीं करता

groats /ग्रोटस/ *n.* दलिया, पिसा अनाज

grobian /ग्रोबिअन/ *n.* बदतमीज आदमी;
adj. गुस्ताख, बेढब

grocer /ग्रोसः/ *n.* 1 **grocer's** *UK* पंसारी की दुकान 2 पंसारी की दुकान में काम करने वाला 3 बनिया, परचूनिया, पंसारी;
dw/lw: **~ies** /ग्रोसरीज/ *n., [pl.]* पंसारी की दुकान में बेचे जाने वाले खाद्य पदार्थ, खाने-पीने की वस्तुएं; **~y** (*also US* **grocery store**) *n.* 1 किराना, पंसारी का सामान 2 पंसारी या किराने की दुकान, पंसारी का धंधा: ~y shop

grockle /ग्रौक्ल/ *US* ग्राःक्ल/ *n., Br., colloq., derog.* दक्षिण-पश्चिमी इंग्लैंड में यात्रियों या छुट्टियां मनाने वालों के लिए प्रयुक्त होने वाला शब्द

grog /ग्रौग/ *US* ग्राःग/ *n.* 1 पानी मिली शराब (रम आदि) 2 *Austral. & NZ* शराब

grog\giness /ग्रौगिनेस/ *US* ग्राःगिनेस/ *n.* 1 कमजोरी, शिथिलता 2 अस्थिरता, लड़खड़ाहट;
dw/lw: **~gy** /ग्रौगि/ *US* ग्राःगि/ *adj.* 1 शिथिल: be ~gy after illness 2 उनींदा, अधनींदा 3 लड़खड़ाता या डगमगाता हुआ: be a bit ~gy about the legs

grogram /ग्रौग्रम/ *US* ग्राःग्रम/ *n.* रेशम और ऊन का मोटा कपड़ा

groin /ग्रॉइन/ *n.* 1 चापांतर 2 ऊरु-मूल 3 वंक्षण 4 *archit.* चड्डा 5 पुरुष के गुप्तांग;
v., pt. **~ed**, *pp* **~ing** चड्डा बनाना, चापांतर बनाना;
dw/lw: **~ed** *adj.* चड्डेदार: ~ed vault

grok /ग्रौक/ *US* ग्राःक/ *v., pt.* **~ed**, *pp* **~ing** किसी बात को तथ्यों के आधार पर समझने की बजाए पूरी तरह से भावनाओं के आधार पर समझना

grommet/ grummet /ग्रौमिट/ *US* ग्राःमिट *n.* 1 कपड़े या चमड़े में बने छेद के चारों ओर धातु का छल्ला 2 बच्चे के कान से द्रव निकालने के लिए लगाई जाने वाली नली

groom /ग्रूम/ *v., pt.* **~ed**, *pp* **~ing** 1 किसी को किसी विशेष पद या जिम्मेवारी के लिए तैयार क.: he was **~ed** for political office 2 जानवर की फर को साफ या बुरुश क., खरहरा क. 3 देखभाल क. 4 बनाव-श्रृंगार क. 5 सफाई क., रगड़ना-पोंछना;
n. 1 दूल्हा, वर 2 घोड़ों की सफाई या देखभाल करने वाला 3 शाही परिवार के नौकरों को दी जाने वाली उपाधि;
dw/lw: **~ed** *adj.* बना-ठना, सजा-धजा: well-~ed; **~ing** *n.* साफ-सुथरा रहने की क्रिया, सुथरापन; **~sman** *n.* दूल्हे का सहचर या सहायक

groo\ve /ग्रूव/ *n.* 1 खांचा 2 नाली: the river has cut a deep **~ve** through the plain 3 *colloq.* लीक, बंधा क्रम, नियत क्रम 4 पेंच की चूड़ी 5 रहन-सहन: get into a **~ve**;
v., pt. **~ved**, *pp* **~ving** 1 किसी चीज में खांचा बनाना 2 *sl.* मजे क.;
dw/lw: **~ved** /ग्रूव्ड/ *adj.* खांचेदार, चूड़ीदार; **~vy** /ग्रूवी/ *adj., degr.* ~vier, ~viest 1 मजेदार, आनंदप्रद 2 उत्कृष्ट, उत्तम 3 आधुनिक, फैशनेबल;
p&i: **be in the ~ve** बहुत अच्छी स्थिति में हो.: the champion is really in the ~ve; **be stuck in the ~** रोजमर्रा के पचड़ों में फंसना;

gro\pe /ग्रोप/ *v., pt.* **~ped**, *pp* **~ping** 1 टोहना, ढूंढना, अंधेरे आदि में हाथों से टटोलते हुए रास्ता ढूंढना: **~pe** in the dark 2 टटोलना: **~pe** for sb's hand 3 किसी को उसकी मर्जी के खिलाफ यौन-दृष्टि से टटोलना;
dw/lw: **~pingly** *adj.* टटोलते हुए, टटोलते-टटोलते, टोहते-टोहते;
p&i: **~pe after the truth** सच्चाई को ढूंढना; **~pe for an answer/ for a clue** जवाब या अता-पता ढूंढना; **~pe in the dark** अंधेरे में हाथ-पांव मारकर टटोलना

grosgrain /ग्रोग्रेन/ *n., Fr.* भारी रस्सीनुमा रेशम जिसे डोरियां और पट्टियां बनाने के लिए प्रयोग में लाते हैं

gros point /ग्रो-पॉइंट/ *n., needlecraft* 1 दुसूती टांका 2 दुसूती टांके से कढ़ाई या कसीदाकारी

gross /ग्रोस/ *adj., degr.* **~er**, **~est** 1 कुल, सकल, समग्र: ~ weight; ~ income; ~ tonnage 2 गंभीर, घोर: ~ negligence; ~ error/ mistake/ blunder; ~ insult; ~ dereliction of duty 3 *derog.* (***syn.*** disgusting) अश्लील: use ~ terms/ language 4 अत्यंत भद्दा व अप्रिय: ~ features; ~ jest; ~ pleasures 5 मोटा, स्थूल, स्थूलकाय: ~ man 6 घना: ~ vegetation; ~ darkness 7 ठोस: ~ material 8 घटिया: it is a ~ exaggeration to say that ... 9 मंद, कुंठित: ~ ear (कुंठित संगीत संवेदनशीलता) 10 (***syn.*** crude) गंवार, ग्राम्य: ~ manner;
v., pt. **~ed**, *pp* **~ing** कुल आय पाना;
n., [pl.] 1 समग्रता 2 गुरुस, बारह दर्जन (144) 3 (**~es**) कुल राशि (आयकर काटने से पहले) या वजन;
adv. कुल मिलाकर: earn 10 lac a year ~;
dw/lw: **~ly** /ग्रोस्लि/ *adv.* अत्यधिक, बढ़ा-चढ़ाकर: ~ly unjust/ inflated; speak/ answer ~ly); be ~ly exaggerated; ~ly mistaken; **~ness** /ग्रोसनेस/*n.* 1 प्रचुरता 2 स्थूलता 3 घनापन 4 अशिष्टता, अश्लीलता 5 कठोरता 6 जड़ता; **~-out** *n.* घोर भद्दी बात या चीज; **~-out** *adj.* भयानक: ~-out movie scenes;
collocations: **~ assets** कच्ची निकासी; **~ domestic product** सकल घरेलू उत्पाद; **~ income** कुल आय; **~ indiscipline** घोर अनुशासनहीनता; **~ injustice** घोर अन्याय; **~ national product** (*abbr.* **GNP**) सकल राष्ट्रीय उत्पाद; **~ savings/ profit** कुल बचत/ लाभ;
p&i: **~ sb out** *sl.* किसी को नाराज क.; **~ sth up** शुद्ध संख्या को सकल में बदलना; **a dealer in ~** थोक व्यापारी; **in ~** थोक में, बड़ी संख्या या मात्रा में; **in the ~** सामान्यतः

grot /ग्रौट/ *US* ग्राःट/ *n., sl.* गंदगी, कचरा;
adj. गंदा, बेकार;
dw/lw: **~ty** /ग्रौटि/ *US* ग्राःटि/ *adj., degr.* ~ier, iest बेहद गंदा

grotesque /ग्रोटेस्क/ *adj., degr.* **~er**, **~est** 1 ऊलजलूल, ऊटपटांग 2 बेतुका, हास्यास्पद: in a ~ manner 3 विकृत, विरूप, भोंडा, भद्दा: ~ appearance 4 विलक्षण, अद्भुत, अनोखा;
n. 1 भोंडा व्यक्ति, हास्यास्पद आकृति 2 (**the ~**) विकृत, भोंडे, हास्यास्पद आकृतियों व डिजाइनों के प्रयोग पर आधारित कला शैली

grotto /ग्रौटो/ *US* ग्राःटो/ *n., pl.* **~s**/ **~es** छोटी गुफा, उद्यान-गुफा, कंदरा

grotty *adj. see above under* **grot: *dw/lw***

grouch /ग्राउच/ *v., pt.* **~ed**, *pp* **~ing** खीझना, बड़बड़ाना, शिकायत क.
n., pl. **~es** 1 बड़बड़ाने वाला व्यक्ति 2 शिकायती टट्टू 3 बराबर शिकायत करने वाला व्यक्ति;
dw/lw: **~er** /ग्रॉउचः/ *n.* झीखने, शिकायत करने वाला या बदमिजाज व्यक्ति; **~y** /ग्रॉउचि/ *adj., degr.* **~ier**, **~iest** बदमिजाज, खीझने वाला, शिकायत करते रहने वाला

ground /ग्राउंड/ *n.* 1 (**the ~**) धरातल, भूतल: a narrow slip of ~ 2 मिट्टी, भूमि: fertile/ barren/ marshy/ boggy/ sandy ~; break fresh ~ (नई धरती को पहली बार जोतना) 3 जमीन, धरती: jump from the ~ 4 स्थल, थल: ~ forces; ~ attack 5 (*often* **~s**) क्षेत्र, मैदान: on English **~s**; fishing **~s**; feeding **~s** for birds 6 तल, धरातल 7 (*usually* **~s**) आधार, मूल, कारण: **~s** for coming late; have/ good ~ **(s)** for believing/ saying, doing sth; have no **~s** for anxiety/ complaint; several **~s** of suspicion against him; on personal **~s** 8 कॉफी के प्याले आदि में जमा होने वाली तलछट 9 (**~s**) अहाता: hospital **~s** 10 पेंट की पहली परत 11 समुद्र तल 12 ज्ञान, सूचना, रुचि या अनुभव का क्षेत्र 13 खेल आदि का मैदान: cricket ~; parade ~ 14 दूरी: cover lot of ~ 15 बहस का मुद्दा, बहस आदि में विशेष रवैया या दृष्टिकोण: stand or shift one's ~ 16 (प्रतियोगी पर) बढ़त: lose or gain ~ 17 चित्र की पृष्ठ-भूमि;
v., pt. **~ed**, *pp* **~ing** 1 भूमि पर रख दे. 2 कोहरे आदि के कारण जहाज का उड़ना बंद हो.: the fog **~ed** the planes 3 किसी विमान चालक के जहाज को उड़ाने पर प्रतिबंध लगा दे. 4 समुद्री जहाज का तल या किनारे से लग जाना और अड़ जाना, भग्रस्त हो जाना: the ship got **~ed** 5 पर आधारित/ स्थापित/ प्रमाणित क.: ~ one's arguments on facts/ on experience; ~ one's claims on facts; the theory is well/ ill **~ed** 6 प्रारंभिक शिक्षा दे. 7 *N. Amer., elect.* (***syn.*** earthing) भूसंपर्कित/ भूयोजित क. 8 किशोरों को दंड के रूप में पार्टियों आदि में जाने से मना क. 9 हथियार जमीन पर रखना;

adj. 1 थल-, स्थल-, भू- 2 जमीनी, वास्तविक 3 पीसा हुआ: ~ coffee; ~ rice 4 तलस्थ 5 *pt.* '**grind**' का भूतकाल;
dw/lw: **~age** *n.* बंदरगाह-शुल्क; **~breaking** *adj.* बिल्कुल नया पथ निकालने वाला; **~ed** *adj.* 1 जिसके जमीन पर पांव हों 2 पर आधारित; **~hog** *n.* एक प्रकार का चूहा; **~ing** *n.* 1 ज्ञान या शिक्षा की नींव या आधार 2 आधार, मूलभूत प्रशिक्षण: a good ~ing in English grammar 3 विमान की उड़ानों का स्थगन; **~less** *adj.* (***syn.*** unfounded) निराधार, बेबुनियाद: ~less fears; ~less suspicions; **~ling** *n.* 1 छोटी-सी मछली 2 एक बेल 3 जमीन पर तैनात कर्मी; **~nut** *n.* मूंगफली, चिनिया बादाम; **~s** *n. [pl.]* 1 आधार, कारण 2 मैदान, भूमि; **~sel** /ग्राउंसल/ *n.* हर साल उगने वाला खर-पतवारी पौधा; **~sman** *n.* मैदान-रक्षक; **~sheet** (*also* **~ cloth**) *n.* तंबू के अंदर जमीन पर बिछाई जाने वाली पानीसह चादर; **~swell** /ग्राउंड्स्वेल/ *n.* 1 समुद्र का ऊपर उठता जल स्तर 2 जनता के आक्रोश में उछाल; **~water** *n.* भूमिगत पानी; **~work** *n.* तैयारी कार्य, आधारभूत कार्य, प्रारंभिक कार्य: ~work of the dictionary;
collocations: **~ bait** मछलियों को फांसने के लिए नदी तल पर डाला जाने वाला दाना या चारा; **~ bass** संगीत में एक सुर; **~ beef** *US* (*UK* minced) पिसा/ कीमा बना मांस; **~ cloth** ;*see above under* ***dw/lw:*** **~sheet**; **~ control** वायुयानों की उड़ानों पर हवाई अड्डे से नियंत्रण या चालन/ उड़ान निर्देश; **~ cover** जमीन को ढक लेने वाली वनस्पति; **~ crew/ staff** वायुयानों का रख-रखाव करने वाला कर्मी दल; **~ elder** एक सदाबहार खर-पतवार; **~ flare** हवाई अड्डे की संकेत रोशनी; **~ floor** *UK* (*US* **first floor**) पहली मंजिल; **~ fog** जमीन पर पड़ने वाला कोहरा; **~ forces** थल-सेना; **~ glass** पिसे रेत की परत या उत्कीर्णन से धूमिल शीशा; **~ ivy** एक प्रकार की लता; **~ level** भूमि तल; **~ personnel/ ~ crew** हवाई अड्डे के कर्मी; **~ plan** भूचित्र, भवन नक्शा; **~ rent** मकान के मालिक द्वारा उस जमीन के मालिक को दिया जाने वाला किराया जिस पर मकान बना है; **~ reconnaissance** थल की खोजबीन; **~ research** नए आयाम जोड़ने वाला शोध कार्य; **~ rules** *[pl.]* आधारभूत नियम; **~s for divorce** तलाक के कारण; **~ speed** भूमि पर गति के अनुपात में विमान की उड़ान की गति; **~ squirrel** उत्तरी अमेरिका में मिलने वाली गिलहरी; **~ staff** वायुयानों का रख-रखाव करने वाला या अन्य सेवायें देने वाला कर्मी दल; **~ state** अणु का न्यूनतम ऊर्जा स्तर; **~ stroke** टेनिस के खेल में गेंद के जमीन पर टप्पा खाने के बाद लगाया गया शॉट; **~ water** भूतल के नीचे का जल, भूजल: ~ water level/ gradient; **~ zero** 1 वह स्थान जहां अणुबम फटता है 2 (**Ground Zero**) न्यु यॉर्क सिटी में वह जगह जहां 11 सितंबर 2001 से पहले वर्ल्ड ट्रेड सेंटर स्थित था;
above ~ जीवित, विद्यमान;
below ~ मृत व्यक्ति; **breeding ~** फलने-फूलने या पनपने के लिए अनुकूल हालात या स्थान; **common ~** आपसी समानतायें या सहमति; **debatable ~** विवादास्पद मुद्दा या क्षेत्र; **delicate ~** नाजुक विषय;
p&i: **~ sb in sth** किसी विषय पर किसी को मूलभूत निर्देश या सूचना दे.; **~s for the action** कार्रवाई करने का आधार या कारण; **~ sth on sth else** किसी अन्य बात पर अपना तर्क आदि आधारित क.;
a middle ~ नर्म नजरिया; समझौतावादी रुख; **an argument ~ed on logic** तर्क पर आधारित दलील; **be dashed to ~** मिट्टी में मिल जाना, धराशायी हो जा., ढह जा.; **be ~ed** बंद क. या हो., जहाज आदि का उड़ना बंद क.; **be/ get in on the ~ floor** योजना में लिप्त हो.; **be ~ed in sth** पर आधारित हो.; **below ~** मृत, कब्र में; **be on one's own ~** अपने ढर्रे पर जमा हो.; **be on slippery ~** कठिन स्थिति या मुश्किल में हो.; **be on sure/ firm ~/ be sure of one's ~** पक्के आधार पर हो.; **be thin on the ~** *UK* थोड़ी-सी संख्या में हो.; **break new ~** शोध कार्य आदि में नई सफलता पाना; **burnt down to the ~** जलाकर राख किया हुआ; **clear the ~** कोई कार्य शुरू करने के लिए तैयारी क.; **come to the ~** ढह जा., ध्वस्त हो जा.; **common ~** साझा काम, सहमति; **cover a lot of ~** बहुत सारा काम या दूरी पूरी कर लेना; **cumber the ~** यों ही समय काटना, दिन तोड़ना; **cut/ take the ~ from under sb's feet** 1 किसी के पांव तले से आधार खींचना 2 किसी के आधार को खत्म करके उसकी भावी योजनाओं को चौपट क.; **down to the ~** पूरी तरह से; **fall to the ~** ध्वस्त या चौपट हो.; **fall on a stony ~** कोई फल या परिणाम न मिलना; **fight sb on his own ~** किसी से को उसी के हथियार या हथकंडे से परास्त क.; **from the ~ up** 1 पूरी तरह से 2 प्रारंभ से; **get (sth) off the ~** सफल शुरुआत क.; **gain/ make up ground on sb/ sth** धीरे-धीरे किसी के बराबर आ जा.; **give ~** रास्ता दे., पीछे हटना; **go to the ~** 1 जानवर द्वारा बिल में घुस जाना 2 पुलिस आदि द्वारा पकड़े जाने से बचने के लिए अपराधी द्वारा छिप जाना; **happy hunting grounds** 1 स्वर्ग 2 स्वर्ग सी खुली धरती; **have one's feet on the ~** मजबूती से यथार्थ पर टिका हो., हवाई किले न बनाना; **hold one's ~** अपनी नीति, निर्णय या रवैये पर डटे रहना; **hug the ~** जमीन पर लेट जा.; **into the ~** थक कर चूर होने या हार जाने की अवस्था; **level to the ~** पूर तरह से ध्वस्त कर देना; **lose ~** पिछड़ जाना; **lose or gain ~** प्रतिद्वंद्वी के मुकाबले में आगे निकलना या पिछड़ना; **meet sb on his own ~** 1 किसी से उसी द्वारा सुझाए विषय पर बहस क. 2 किसी के साथ उसे मान्य शर्तों के बारे में सहमत हो.; **off the ~** शुरू हो.; **on both these ~s** इन दोनों कारणों के आधार पर; **on firm/ shaky ~** मजबूत या डांवांडोल स्थिति में; **on the ~ floor** 1 मूल अवस्था के स्तर पर 2 पहली मंजिल पर; **opinion on the ~** जनसाधारण का विचार; **recover lost ~** खोई संपत्ति वापस पाना; **run/ drive/ work oneself into the ~** 1 ज्यादा काम करके अपने को बेहद थका लेना 2 धंस जा.; **stamping ~** परम प्रिय स्थान; **stand** or **shift one's ~** अपनी नीति या निश्चय पर अडिग या अटल रहना या न रहना; **still can't get the project off the ~** अभी भी योजना शुरू नहीं करवा पा रहा हूं; **suit sb down to the ~** *UK* पूरी तरह रास आना या फिट बैठना; **thick/ thin on the ~** बहुत ज्यादा या कम लोग हो.; **Tom Tiddler's ~** आसानी से पैसा बनाने का स्थान, सोने की खान; **touch ~** मुद्दे की तह तक पहुंचना; **worship the very ~ one treads on** जिस धरती पर किसी के पांव पड़ रहे हैं वह उसे चूमने को तैयार;

group /ग्रुप/ *n.* 1 समूह: ~ insurance 2 समुदाय, परिवार: ~ of languages 3 दल, गुट: ~ pressure 4 मंडली, टोली: walk about in **~s** 5 (*sometimes* **Group**) एक मालिक की कई कंपनियों का समूह: business **~s** 6 संगीत मंडली: music/ literary **~s** 7 *US* वायु सेना का कई दलों में विभाजन;
v., *pt.* **~ed**, *pp* **~ing** 1 ग्रुप/ मंडली/ गुट बनाना 2 क्रम से रखना, सजाना: the buildings ~ splendidly in the landscape 3 एकत्र क.: ~ a party for a photograph 4 परिवार या वर्ग में रखना: ~ languages/ birds, plants/ according to ...;
dw/lw: **~ed** *adj.* एकत्रित या एक टोली में रखे हुए: ~ed columns; **~er** *n.* एक प्रकार की समुद्री मछली; **groupie** *n.* किसी संगीत मंडली की महिला प्रशंसक; **~ing** *n.* वर्गीकरण, समूहीकरण: age ~ing of the population; **~ism** *n.* 1 दलबंदी 2 खेमेबाजी, धड़ेबाजी, गुटबाजी; **~photo** *n.* सामूहिक फोटो; **~ware** *n.* कई कार्यालयों या व्यक्तियों द्वारा द्वारा कई कंप्यूटरों पर एक साथ काम करने को संभावित बनाने वाला प्रोग्राम;
collocations: **~ captain** वायुसेना का एक अफसर; **~ dynamics** *psychol.* छोटी-छोटी मंडलियों में आमने-सामने बैठकर लोगों के व्यवहार करने के तरीके और उनके आधारभूत सिद्धांतों का अध्ययन; **~ nouns** सामूहिक (जातिवाचक) संज्ञायें; **Group of Five** अमेरिका, इंग्लैंड, फ्रांस, जर्मनी और जापान आदि देशों का समूह; **Group of Three** अमेरिका, जापान और जर्मनी जैसे देशों का समूह; **~ practice** डॉक्टरों व अन्य कर्मियों द्वारा किया जाने वाला सामूहिक चिकित्सा कार्य; **~ theory**

गणितीय वर्गों का अध्ययन; ~ **therapy** एक विशेषज्ञ की देखरेख में कई लोगों द्वारा एक साथ मानसिक विकारों या अन्य समस्याओं पर विचार-विमर्श और उनका समाधान निकालने का प्रयास;

a ginger ~ किसी दल या पार्टी का गर्म दल, जो तुरंत निर्णायक कदम उठाने की बात करता है; **a pop** ~ पॉप संगीत मंडली; **a religious groupie** कट्टरवादी धर्मांध लोगों की टोली; **age** ~ समायु/ एक आयु-समूह; **blood** ~ रक्त की श्रेणी; **focus** ~ विशेष ध्यान का केंद्र बना समूह; **peer** ~ समकक्ष या समायु लोगों का वर्ग या समूह; **pressure** ~ दबाव गुट;

***p&i*: a ~ of sth** किन्हीं वस्तुओं का वर्ग; **divide/ split sth into ~s** श्रेणियों या वर्गों में बंटना या बांटना; **form/ join a ~** किसी गुट या धड़े में शामिल हो.

grou\se /ग्राउज/ *n. pl.* **~se** 1 तीतर, तीतर का मांस: **~se** shooting 2 शिकायत, खीझ, झुंझलाहट: have a **~se** against sb 3 झगड़ालू आदमी 4 *Austral. & NZ, sl.* बहुत अच्छा, अति उत्तम;

v., pt.* ~sed**, *pp* **~sing** 1 शिकायत क. 2 (syn.*** grumble) कुड़कुड़ाना, भुनभुनाना;

***collocations:* ~se moor** झाबर भूमि या बीढ़ का क्षेत्र जहां तीतर पाए जाते हैं; **sand ~se** तिलोर, हुंबाड़ा, बाटबड़

grout /ग्राउट/ *n.* 1 तलछट 2 सिमेंट मिश्रण (मसाले) का पतला घोल जिसे ईंटों या स्नानघर की टाइलों आदि के जोड़ों में सजावटी पदार्थ के रूप में भरा जाता है;

***dw/lw:* ~ing** *n.* पिलाई, ईंटों के जोड़ों की मसाले से सजावट

grove /ग्रोव/ *n.* 1 झुरमुट, कुंज, वृक्ष-समूह, वृक्षावली 2 उपवन, बनी

grovel /ग्रौवल/ ग्रवल/ *v., UK pt.* **~led**, *pp* **~ling**/ *US pt.* **groveled**, *pp* **groveling** 1 किसी के डर के मारे औंधे मुंह लेटना/ मुंह के बल पड़ना/ लमलेट हो. 2 रिरियाकर मांगना, गिड़गिड़ाना, घिघियाना, किसी के सामने नाक रगड़ना: ~ at sb's feet 3 अपनी साख गिराना;

***p&i:* ~ in the dirt/ dust** किसी के सामने लमलेट हो., गिड़गिड़ाना, घिघियाना

grow /ग्रो/ *v., pt.* **grew**, *pt. p.* **grown**, *pp* **~ing** 1 बढ़ना: his influence **grew** rapidly 2 उगना, उगाना, पैदा हो. या क.: the olive **~s** in Spain 3 अंकुरित होकर पौधा बनना: ~ into the soil 4 विकसित हो.: children ~ quickly 5 वृद्धि हो.: prices have been **~ing** at a fast pace; ~ in importance/ in beauty 6 बालों और नाखूनों आदि का बढ़ना: ~ prolifically 7 किसी पौधे या वस्तु को बड़ा क. या उनके विस्तार को और बढ़ाना 8 पौधों आदि का किसी विशेष दिशा में बढ़ना: ~ upwards towards the light 9 धीरे-धीरे वजूद में आना या किसी बात का पनपना: ~ into fashion/ into a proverb 10 (*usually* **~ to ...**) धीरे-धीरे किसी भावना का पनपना: **grew** to hate him; with him boasting has **~n** into a habit 11 बड़ा हो.: ~ into a beautiful woman; ~ out of one's clothes (कपड़ों से बड़ा हो जाना) 12 पैदा हो.: his troubles **grew** out of his bad temper 13 किसी विचार या बात से निकलकर आगे बढ़ना: the scheme **grew** from an idea they had at school;

***dw/lw:* ~bag** *n.* प्लास्टिक की थैली जिसमें पौधों को तैयारशुदा मिट्टी आदि में अंकुरित करके बढ़ाया जा सकता है; **~er** /ग्रोव:/ *n.* (सब्जी या फल आदि) उगाने वाला; **~ing** /ग्रोइंग/ *adj.* बढ़ती हुई (संख्या आदि): ~ing population; **~ing** *n.* उगाने की क्रिया: ~ing of crops is not easy; **~n** *see below under separate entry*;

collocations:* ~ing pains** (syn.*** teething troubles) नए उद्यम आदि में आने वाली प्रारंभिक कठिनाइयां, शुरू-शुरू की दिक्कतें; **~ing season** पौधों के विकास के लिए उपयुक्त मौसम;

***p&i:* ~ alarmed** डर जाना; **~ a moustache** मूंछें बढ़ाना; **~ angry** क्रुद्ध हो.; **~ apart from sb** किसी से दूर होते (कटते) जा.; **~ away from** उदासीन या विमुख हो जा.; **~ back** थोड़े समय एक दूसरे से कटे रहने के बाद फिर से पास आना; **~ better** बेहतर हो.; **~ by leaps and bounds** दिन दुगुनी और रात चौगुनी तरक्की क.; **~ dark** अंधेरा हो.; **~ down/ ~ downwards** छोटा हो.; **~ from sth** किसी विचार आदि के आधार में से निकलना या पैदा हो.; **~ in** नाखून आदि का बढ़ना; **~ into sb/ sth** किसी विशेष प्रकार के व्यक्ति या वस्तु के रूप में विकसित हो.; **~ into sth** साइज में बड़ा हो जा.; **~ lazy** सुस्त हो जा.; **~ like Topsy** ऐसे ही उग जा.; **~ near** करीब आना; **~ old** वृद्ध हो.; **~ on sb** धीरे-धीरे किसी को पसंद आने लगना; **~ out** से बढ़ जाना; **~ out of a bad habit** बुरी आदत को छोड़ना; **~ out of use/ out of fashion** उपयोग या फैशन से बाहर हो जाना; **~ out of sth** 1 पोशाक का छोटा पड़ने लगना 2 समय के साथ पसंद करना बंद कर दे. 3 से पैदा हो.; **~ rich** अमीर बन ज.; **~ tired/ old/ calm, etc.** थक जा./ बूढ़ा हो./ शांत हो.; **~ to like/ love/ hate sb** किसी से प्यार या नफरत करने लगना; **~ together** विकास की बदौलत साथ जुड़ जा.; **~ too big for one's shoes** अपनी हैसियत से बहुत ज्यादा बढ़-चढ़कर बातें क.; **~ up** बड़ा हो., लंबा हो., बढ़ना, पनपना, मजबूत हो.; **~ upwards/ towards the light** ऊपर/ सूरज के प्रकाश की ओर बढ़ना; **~ weary** ऊब जाना; **~ young** युवा हो.;

a feeling of hate gradually grew up between them उनके बीच धीरे-धीरे घृणा की भावना पनपने लगी; **a habit that ~s on him** ऐसी आदत जो उसमें पनपती जाती है; **money doesn't grow on trees** पैसा पेड़ों पर नहीं लगता; **the book seems uninteresting at first but it ~s on you** पहले-पहले किताब उबाऊ लगती है, पर बाद में वह पाठक पर छा जाती है; **the custom has ~n up** प्रथा स्थापित हो गई; **the stag ~s fresh antlers every year** मृग के हर वर्ष नए सींग आते हैं;

growl /ग्राउल/ *v., pt.* **~ed**, *pp* **~ing** 1 गुर्राना 2 गड़गड़ाना, गरजना 3 बड़बड़ाना: ~ out a refusal;

n. 1 गुर्राहट: the ~ of a dog 2 गड़गड़ाहट 3 बड़बड़ाहट

grown /ग्रोन/ *adj.* परिपक्व, प्रौढ़: a ~ woman; fully ~

dw/lw:* grown** *pt. p.*, '**grow**' का भूतकालिक कृदंत; **~up** *adj.* 1 (syn.*** adult) वयस्क 2 प्रौढ़, सयाना; **~up** *n.* (***syn.*** adult person) पौढ़ व्यक्ति

growth /ग्रोथ/ *n.* 1 विकास 2 वृद्धि: the ~ of the population 3 वर्धन: plant of quick ~ 4 बढ़ा हुआ अंग: benign/ malignant/ cancerous ~ 5 पैदावार, उपज: the ~ of fruit 6 उत्पादन 7 *econ.* आर्थिक मानदंडों या लाभ में वृद्धि 8 पेड़-पौधे या झाड़ियां आदि: the luxuriant **~s** of the tropics;

***collocations:* ~ hormone** वृद्धि हार्मोन; **~ industry** बढ़ता हुआ या फलता-फूलता उद्योग; **~ market** 1 फलता-फूलता बाजार या मंडी 2 ऐसा बाजार जिसमें माल के लिए मांग निरंतर बढ़ रही हो; **~ ring** पेड़ में एक वर्ष में बनने वाला एक छल्ला (जो पेड़ की आयु का द्योतक हो सकता है); **mushroom** ~ किसी चीज का तेज गति से होने वाला विकास;

***p&i:* a ~ in sth** किसी क्षेत्र में विकास; **encourage/ slow/ stimulate/ stunt** ~ विकास या वृद्धि को बढ़ावा दे. / धीरे क./ उत्साहित क./ अवरोधित क.; **healthy/ long-term/ low/ rapid/ slow/ steady** ~ अच्छा/ दूरगामी/ कम/ तीव्र/ धीमा/ सतत विकास

groyne /ग्रॉइन/ *n., pl.* **~s** 1 समुद्र में खड़ी की हुई वह दीवार जो तट को क्षय होने से बचाती है 2 भूमि का ह्रास रोकने के लिए बनाई गई जल अवरोधक दीवार

GRP *abbr.* 'General Railway Police', 'Government Railway Police', 'Group Rating Points' की प्रथमाक्षरी

GRSP *abbr.* 'Global Road Safety Partnership' की प्रथमाक्षरी

GRT *abbr.* 'Gross Registered Tonnage' की प्रथमाक्षरी

grub /ग्रब/ *n.* 1 भोज्य या खाद्य पदार्थ, भोजन 2 सुंडी 3 कोल्हू का बैल, घोर परिश्रम करने वाला;

***v., pt.* ~bed**, *pp* **~bing** 1 (*usually* **~ about**) खोदकर छानना, खोजना: ~ up weeds; ~ up facts 2 (*usually* **~ around**) सभी जगह खोजना 3 (**~ away/ along**) घोर परिश्रम क. 4 (*esp.* **~ up**) खोदकर जड़ें आदि निकालना 5 मैदान साफ क.;

***dw/lw:* ~ber** *n.* क्रिकेट में सुर्रा गेंद; **~by** /ग्रबि/ *adj., degr.*

~bier, ~biest *colloq.* 1 गंदा, मैला-कुचैला 2 घिनौना, अनैतिक, बेईमान, तुच्छ, हेय; **~stake** *n.* की गई खोज में हिस्सा पाने के लिए शोधकर्ता को दिया जाने वाला पैसा;
collocations: **~ kick** *rugby* गेंद को जमीन की सतह पर बढ़ाने के लिए मारी जाने वाली ठोकर (kick); **~ screw** एक छोटी बिना सिर की कील या मेख; **Grub Street** *sl.* घटिया साहित्य लिखने वाले लेखकों का धंधा, जीवन शैली या स्तर आदि; **Grub Street hack** लंदन में इस नाम पुरानी गली जहां गरीब लेखक रहते थे;
p&i: **~ around** खोद-खोदकर कुछ ढूंढना; **~ away/ along** घोर परिश्रम क.; **~ up** जड़ों और तने को खोदकर निकलना

grud\ge /ग्रज/ *n.* 1 मनमुटाव, दुर्भाव, मनोमालिन्य, वैमनस्य: bear/ have sb a **~ge**; nurse/ cherish/ a **~ge** against sb 2 डाह, ईर्ष्या 3 बदले की भावना, गुबार;
v., *pt.* **~ged**, *pp* **~ging** 1 अनिच्छा से क.: he does not **~ge** his efforts 2 किसी को कुछ चीज देने में बुरा मानना 3 किसी को कुछ मिलने पर जलना, कुढ़ना, ईर्ष्या क.: I do not **~ge** him his success;
dw/lw: **~ging** /ग्रजिंग/ *adj.* 1 (***syn.*** reluctant) अनिच्छापूर्ण, अनिच्छुक: ~ging praise 2 अनुदार: ~ging expression of gratitude; **~gingly** /ग्रजिंग्लि/ = **begrudgingly** *adv.* अनिच्छापूर्वक, आनाकानी करते हुए: give permission ~gingly;
collocations: **~ge fight** बदला लेने के लिए की जाने वाली लड़ाई या झगड़ा;
p&i: **~ge doing sth** कुछ करते हुए बुरा मानना, आनाकानी क.; **~ge sb sth** किसी द्वारा किसी को कुछ मिलने पर ईर्ष्या क., किसी की किसी के प्रति खुंदक हो.;
bear a ~ge against डाह पालना, वैमनस्य रखना;

gruel /ग्रुअल/ *n.* दलिया, लपसी;
p&i: **have/ get/ take/ one's ~** 1 डांट-डपट खाना 2 कठोर दंड मिलना, कोड़ों से पीटा जाना 3 मार दिया जाना; **give sb his ~** 1 डांटना-डपटना 2 किसी को कठोर दंड दे., कोड़ों से पीटना 3 मार दे.

gruelling *UK* (*US* **grueling**) /ग्रुअलिंग/ *adj.* (***syn.*** punishing) थका देने वाला, दंड देने वाला: ~ activities (थकाऊ/ जानमारू कार्य); give sb a ~ time (किसी से कठोरतापूर्वक पेश आना)

gruesome /ग्रूसम/ *adj.* 1 भयावह, डरावना: ~ sight 2 वीभत्स: ~ story;
dw/lw: **~ly** *adv.* भयानक ढंग से; **~ness** *n.* निष्ठुरता, घिनौनापन, वीभत्सता

gruff /ग्रफ/ *adj., degr.* ~er, ~est 1 रूखी, फटी-फटी: a ~ voice 2 कठोर, रूखा, अमैत्रीपूर्ण: he is somewhat ~;
dw/lw: **~iness** /ग्रफिनेस/ *n.* रूखापन, रुखाई, कठोरता; **~ly** /ग्रफलि/ रुखाई से;
p&i: **as ~ as a bear** भालू-सा उजड्ड

grum /ग्रंप/ *adj.* अप्रसन्न, मनहूस

grum\ble /ग्रंबल/ *v., pt.* **~bled**, *pp* **~bling** 1 भुनभुनाना, खीझना, झीखना 2 चिड़चिड़ाकर शिकायत क., बड़बड़ाना.: **~ble** at/ about, over sth; **~ble** at sb 3 खीझते हुए बड़बड़ाना: he is always **~bling**;
n. शिकवा, शिकायत: without a **~ble**; he is full of **~bles**;
dw/lw: **~bler** *n.* झिक-झिक करने वाला; **~bling** *adj.* बड़बड़िया, असंतुष्ट; **~blingly** *adv.* झिक-झिक करते हुए;
collocations: **~bling appendix** (***syn.*** appendicitis) उंडुकपुच्छशोथ होने से पहले उंडुकपुच्छ (appendix) में रह-रहकर होने वाला दर्द

grume /ग्रूम/ *n.* थक्का;
dw/lw: **~ous** /ग्रूमस/ *adj.* थक्केदार, चिपचिपा

grump /ग्रंप/ *n.* 1 तुनुकमिजाज आदमी 2 (**the ~s**) चिड़चिड़ेपन का दौरा, क्रोध का दौरा: she's got the **~s**;
dw/lw: **~ily** /ग्रंपिलि/ चिड़चिड़ाते हुए, गुस्से में; **~iness** /ग्रंपिनेस/ *n.* चिड़चिड़ापन; **~s** *n., [pl.]* चिड़चिड़ेपन का दौरा, क्रोध का दौरा; **~y** /ग्रंपि/ *adj.* तुनुकमिजाज, चिड़चिड़ा

grun\ge /ग्रंज/ *n. sl* 1 गंदगी, कूड़ा-कर्कट 2 (*in full* **~ge rock**) पंक (punk) संगीत से अत्यधिक प्रभावित संगीत की एक शैली जिसमें शोर-शराबे के साथ गिटार बजाया जाता है और अस्त-व्यस्त तरीके से गाया जाता है
dw/lw: **~gy** /ग्रंजि/ *adj., sl. degr.* **~gier**, **~giest** 1 भद्दा, भोंडा, बदशक्ल, बदसूरत 2 गंदा, मैला-कुचैला

grunt /ग्रंट/ *v., pt.* **~ed**, *pp* **~ing** 1 घुरघुर क., घुरघुराना 2 घुड़घुड़ क.;
n. घुरघुराहट, घुरघुर;
dw/lw: **~-and-groan** *adj., sl.* नूरा (कुश्ती), मिलमिलाकर किया हुआ (मुकाबला आदि); **~er** *n.* घुरघुर करने वाला; **~ing** *n.* घुरघुराहट, घुरघुर; **~er** *n.* घुरघुर करने वाला

grun\tle /ग्रंटल/ *v., pt.* **~tled**, *pp* **~tling** 1 बड़बड़ाना, कुड़कुड़ाना 2 खीझना, शिकायत क.;
dw/lw: **~tling** *n.* सूअर का बच्चा

gr. wt. *abbr.* 'gross weight' का संक्षेप

GS *abbr.* 'General Secretary', 'General Studies' की प्रथमाक्षरी

GSA *abbr.* 'general sales agent' की प्रथमाक्षरी

GSCASH *abbr.* 'Gender Sensitisation Committee Against Sexual Harassment (of JNU)' की प्रथमाक्षरी

GSD *abbr.* 'Global Systems Development' की प्रथमाक्षरी

GSDA *abbr.* 'Groundwater Surveys & Development Agency' की प्रथमाक्षरी

GSDP *abbr.* 'Gross State Domestic Product' की प्रथमाक्षरी

GSDS *abbr.* 'Gandhi Smriti and Darshan Samiti' की प्रथमाक्षरी

G-Secs *abbr.* 'govt securities' की प्रथमाक्षरी

GSFC *abbr.* '(NASA's) Goddard Space Flight Centre' की प्रथमाक्षरी

GSI *abbr.* 'Geological Survey of India' की प्रथमाक्षरी

GSIV *abbr.* 'Geo-Stationary Launch Vehicle' की प्रथमाक्षरी

GSL *abbr.* 'Green System Limited' की प्रथमाक्षरी

GSLV *abbr.* 'Geosynchronous Satellite Launch Vehicle' की प्रथमाक्षरी

GSM *abbr.* 'Global System for Mobile Communications' की प्रथमाक्षरी

GSOH *abbr.* 'good sense of humour' की प्रथमाक्षरी (SMS आदि में प्रयुक्त)

GSOMIA *abbr.* 'General Security of Military Information Agreements (*US*)' की प्रथमाक्षरी

GSP *abbr.* 'Generalised System of Preferences' की प्रथमाक्षरी

g-spot महिलाओं के गुप्तांग के अगले हिस्से की खाल

GST *abbr.* 'general sales tax', 'Global System Technology', 'Goods and Services Tax' की प्रथमाक्षरी

G-string लंगोटी

g-suit अंतरिक्ष यात्रियों का कसा हुआ सूट

Gt (*also* **Gt.**) *abbr.* 'Great' का संक्षेप (स्थानों के नामों में प्रयुक्त): Gt. Britain = Great Britain)

GT *abbr.* 'General Test', 'Gyrating Traffic' की प्रथमाक्षरी

GTB *abbr.* 'Global Trust Bank' की प्रथमाक्षरी

GTC *abbr.* 'Government Training Centre' की प्रथमाक्षरी

GTDC *abbr.* 'Goa Tourism Development Corporation' की प्रथमाक्षरी

G10/ G-10 (अमेरिका, ब्रिटेन, जर्मनी, जापान, फ्रांस, कैनेडा, आस्ट्रेलिया, न्यूजीलैंड, रूस आदि) दस विकसित देशों का समूह

GTI *abbr.* 'Gender Training Institute' की प्रथमाक्षरी
GTL *abbr.* 'Global Technologies Limited' की प्रथमाक्षरी
GTO *abbr.* 'Geo-synchronous Transfer Orbit', 'Group Testing Officer' की प्रथमाक्षरी
GTR *abbr.* 'gross traffic receipts' की प्रथमाक्षरी
GTRE *abbr.* 'Gas Turbine Research Establishment' की प्रथमाक्षरी
GTS *abbr.* 'Global Tele System' की प्रथमाक्षरी
GTT *abbr.* 'glucose tolerance test' की प्रथमाक्षरी
GTV *abbr.* 'Global Technology Venture' की प्रथमाक्षरी
guacamole /गवॉकमोले/ *n.* मैक्सिको का परंपरागत व्यंजन
guano /ग्वानो/ *n.* समुद्री पक्षियों की बीठ जिसका प्रयोग खाद के रूप में किया जाता है
guaran\tee /गैरंटी/ *v., pt.* **~teed**, *pp* **~teeing** 1 वचन दे. 2 जिम्मा ले.: their reputation **~tees** their success 3 खरीदी हुए किसी वस्तु या सामान का गारंटी पत्र दे. 4 प्रत्याभूति या जमानत दे.: **~tee** the payment of sb's debts 5 आश्वासन दे.: **~tee** that electricity charges will not be increased 6 सुरक्षित क. या सुरक्षा का आश्वासन दे.: **~tee** against fire; be **~teed** against loss;
n. (*also* **guaranty**) 1 गारंटी: with **~tee** for two years; without **~tee** 2 वायदा, जिम्मा, जिम्मेवारी, प्रत्याभूति, जमानत: **~tee** fund 3 आश्वासन, प्रतिश्रुति 4 गारंटी पत्र 5 सुरक्षा;
dw/lw: **~teed** *adj.* 1 प्रत्याभूत, प्रतिभूत, प्रतिश्रुत 2 सुरक्षित;
p&i: **~tee that he will come** इस बात का जिम्मा लेना कि वह अवश्य आएगा; **no ~tee that there will be rains today** आज वर्षा होने की कोई पक्की बात नहीं
guarantor /गैरंटः/ *n.* गारंटीकर्ता, जमानतदार
guard /गाःड/ *n.* 1 रक्षक, पहरेदार, चौकीदार: keep/ stand ~ 2 अंग रक्षक: body-~ 3 *Br.* (*also* **conductor**) बस या रेल का गार्ड 4 बचाव करने वाला यंत्र: fire~; shin~ 5 पहरा, चौकी, रखवाली 6 सतर्कता, चौकसी: be on one's ~ against thieves;
v., pt. **~ed**, *pp* **~ing** 1 रक्षा क., किसी का पहरा दे., रखवाली क.: ~ a door 2 सुरक्षित रखना: ~ against sth; ~ one's anonymity 3 बचाव क.: ~ sb from evil influence; ~ against infection; ~ against temptation 4 किसी के बच निकलने के रास्ते बंद क. 5 नियंत्रण क. सावधानी बरतना: ~ your tongue; ~ one's composure/ presence of mind 6 सतर्क, चौकन्ना या सावधान रहना;
dw/lw: **~ed** *adj.* 1 (***syn.*** cautious) सतर्क, विवेकशील 2 संयत, सावधान; **~edly** *adv.* सतर्कतापूर्वक; **~-house**/ **~-room** *n.* 1 प्रहरी कक्ष/ कमरा 2 रक्षकगृह 3 रक्षा चौकी; **~rail** *n.* जहाज या रेलगाड़ी पटरी, अतिरिक्त सुरक्षा पटरी; **~sman** *n.* गार्ड रेजिमंट का सदस्य;
collocations: ~ **boat** प्रहरी नाव; ~ **dog** प्रहरी कुत्ता; ~ **of honour** सलामी गारद, सैनिक अभिवादन; ~ **ring** एक अंगूठी को निकल कर गिरने से बचाने के लिए पहनी जाने वाली दूसरी अंगूठी; **~'s van** रेलगाड़ी के गार्ड का डिब्बा; **fire~** अग्नि-रक्षक;
p&i: **~ against sth** से बचना; ~ **speech/ answer** भाषण या उत्तर देते समय सतर्क रहना;
be ~ed 1 पहरे तले हो. 2 सुरक्षित हो. 3 संयत हो. 4 सतर्क हो.; **be on (one's)** ~ सावधान या सतर्क हो. या रहना; **be under** ~ हथियार बंद रक्षकों द्वारा रक्षित हो.; **catch sb off** ~ किसी को असावधान स्थिति में पाना, किसी को अचानक चौका दे.; **mount/ stand/ keep** ~ संतरी या प्रहरी की ड्यूटी पर जा.; **mount ~ over sb or sth** किसी व्यक्ति या चीज की रक्षा क.; **stand** ~ रक्षा क.
guardian /गाःडियन/ *n.* 1 (***syn.*** custodian) अभिभावक, संरक्षक, वली: be appointed ~ to sb; act as ~; natural ~/ ~ by nature 2 विधान या सिद्धांतों का संरक्षक: under the **~ship** of the law;
dw/lw: **~ship** *n.* 1 संरक्षण 2 अभिभावकता;
collocations: ~ **angel** रक्षक दूत, देवात्मा
guava /ग्वावा/ *n.* अमरूद (पेड़ और फल)
gubbins /गबिन्ज/ *n., [sing.], colloq.* 1 बेकार की चीज 2 उपकरण 3 मूढ़ व्यक्ति 4 *[sing./pl.]* कचरा
gubernatorial /गूबःनटॉरिअल/ *adj.* गवर्नर या सरकार-संबंधी, राज्यपाल-संबंधी या सरकारी
gudgeon /गजन/ *n.* 1 चारे के लिए प्रयुक्त की जाने वाली एक छोटी मछली 2 *colloq.* जिसे आसानी से मूर्ख बनाया या ठगा जा सके, भोला-भाला व्यक्ति
guerdon /गःडन/ *n., poetic* पारितोषिक, इनाम, सम्मान;
v., pt. **~ed**, *pp* **~ing** पारितोषिक दे.;
p&i: **swallow a** ~ फंदे में फंस जा., चाल में आ जा.
guernsey /गःन्जि/ *n.* 1 हाथ से बुना ऊनी पुलोवर 2 बिना बाजुओं की फुटबाल जर्सी 3 (**Guernsey**) दुधारू पशु की एक किस्म;
p&i: **get a** ~ *Austral.* 1 किसी का खेल की टीम के लिए चुना जाना 2 मान्यता या स्वीकृति पाना
guerrilla/ guerilla /गरिला/ *n.* छापामार योद्धा, गुरिल्ला: ~ warfare/ war; ~ warrior
guess /गैस्स/ *v., pt.* **~ed**, *pp* **~ing** 1 अंदाजा या अनुमान लगाना: ~ the reasons for sb's conduct 2 ताड़ जा., भांपना: ~ sb's age; ~ a riddle (पहेली बूझना) 4 सोचना, समझना, प्रतीत हो.: I ~ we could go;
dw/lw: **~work** /गैस्सवःक/ *n.* अटकलबाजी, अनुमान/ अंदाजा लगाने की प्रक्रिया;
collocations: **~ing game** 1 पहेलियां बूझने का खेल 2 आतुरतापूर्वक की जाने वाली प्रतीक्षा
n., pl. **~es** 1 अनुमान: lucky ~ 2 अंदाजा: miss one's ~ 3 अटकल: at a/ by ~
p&i: ~ **what?** आश्चर्य चकित करने या संस्पेंस बनाने के लिए प्रयोग किया जाता है, सोचो क्या हो सकता है;
anyone's ~/ be anybody's ~ कोई कह नहीं सकता, शायद ही कोई अंदाजा लगा सकता है; **a rough** ~ मोटा-मोटा अंदाज; **a ~ as to** के बारे में अनुमान; **at a** ~ अंदाजन; **by ~ and by God** अंदाजे या अनुमान से; **have a ~/ take a** ~ अनुमान लगाना, अंदाजा लगाना, भविष्यवाणी क.; **hazard a** ~ अनुमान लगाना; **I** ~ मेरा अनुमान है, मैं सोचता हूं कि ...; **I ~ so** हो सकता है; **keep sb ~ing** अपनी योजना गुप्त रखना; **miss one's** ~ किसी का अंदाजा गलत हो.; **you have another ~ coming** आपने गलत अंदाजा लगाया; **your ~ is as good as mine/ one man's ~ is as good as another's** अंदाजा तो अंदाजा ही होता है, मैं भी तो अंदाजा ही लगा सकता हूं
guesstima\te /गैस्टिमेट/ *n. colloq.* 1 मोटा-मोटा अनुमान 2 मोटे तौर पर अंदाजा;
v., pt. **~ted**, *pp* **~ting** 1 मोटा-मोटा अनुमान लगाना 2 मोटे तौर पर अंदाजा लगाना
guest /गैस्ट/ *n.* 1 मेहमान, अतिथि, आगंतुक: be my ~; distinguished/ honorary/ unbidden ~; entertain/ invite/ welcome ~ 2 होटल में ठहरने वाला व्यक्ति 3 टेलीविजन कार्यक्रम में भाग लेने वाला व्यक्ति: ~ star; ~ speaker;
v., pt. **~ed**, *pp* **~ing** टीवी कार्यक्रम में भाग ले.;
dw/lw: **~house** *n.* अतिथिगृह; **~room** *n.* अतिथि कमरा, अतिथि कक्ष;
collocations: **paying** ~ पैसा देकर रहने वाला मेहमान; ~ **worker** अस्थाई कर्मी;
p&i: **a constant ~ is never welcome** आदतन मेहमान का आदर नहीं रहता; **be my** ~ हां, बेशक
guff /गफ/ *n., colloq., derog.* (***syn.*** non-sense) बकवास
guffaw /गफॉः/ *n.* ठहाका
v., pt. **~ed**, *pp* **~ing** ठहाका लगाना
GUI *abbr. comput.* 'graphical user interface' की प्रथमाक्षरी

(कंप्यूटर स्क्रीन पर सूचना को ग्राफिक (रेखाचित्रित) रूप में लगाना)

guidance /गाइडेंस/ *n.* 1 मार्ग-दर्शन, पथ प्रदर्शन 2 निर्देशन 3 नेतृत्व, अगुआई: under the ~ of ...;

collocations: **~ teacher** शोध कार्य आदि में मार्ग-दर्शन करने वाला अध्यापक

guide /गाइड/ *n.* 1 पथ-प्रदर्शक, गाइड, मार्गदर्शक: trustworthy/ experienced ~ 2 निर्देशक, निरीक्षक, नियंत्रक 3 नेता, अगुआ 4 निर्देश पुस्तिका, उपकरण को प्रयोग करने का तरीका बताने वाली पुस्तिका, मार्ग-दर्शन पुस्तिका, नियम-पुस्तिका 5 **Guide** ब्रिटेन, भारत आदि देशों में एक विशेष संगठन से जुड़ी लड़की जो बाहर रहने या किसी समूह के सदस्य के रूप में काम करने के बारे में व्यावहारिक सलाह देती है 6 (*also* **Girl Guide/ Girl Scout**) ब्रिटेन, भारत आदि देशों में स्काउट (scout) संगठन से जुड़ी लड़की;

***v.**, pt.* **~d**, *pp* **guiding** 1 किसी का मार्ग दर्शन क.: be **~d** by one's parents 2 किसी को बताना कि उसे क्या करना चाहिए, शोध कार्य में मार्ग-दर्शन क.: ~ sb in his research 3 नेतृत्व क., संचालन क., चलाना 4 संचालित हो., प्रेरित हो.: be **~d** by one's passions; be **~d** by one's sense of duty/ of justice 5 नियंत्रित क.;

dw/lw: **~bar** *n.* स्थापक छड़; **~board/ ~post** *n.* पथ-प्रदर्शक पटल; **~book** *n.* किसी स्थान आदि के बारे में सूचना/ निर्देश-पुस्तिका; **~ed** *adj.* 1 पथ-प्रदर्शित, किसी के मार्ग-दर्शन में 2 नियंत्रित; **~lines** *n., [pl.]* निर्देश, नीति निर्देश: draw up/ issue/ lay down/ produce ~lines; ~lines on sth; **~way** *n.* पथ, मार्ग

collocations: **~ a tourist/ a traveller** सैलानी पथ-प्रदर्शक हो.; **~dog** (*also US* **seeing/ eye dog**) दृष्टिहीन लोगों की मदद करने के लिए विशेष रूप से सिखाए हुए कुत्ते; **~ed missile** नियंत्रित मिसाइल या प्रक्षेपास्त्र; **~ed tour** सैलानी-संगठन द्वारा पहले से तय मार्ग पर कराई जाने वाली सैर-यात्रा; **~ to poultry keeping** मुर्गी पालन की निर्देश-पुस्तिका; **intellectual ~** बौद्धिक गुरु;

p&i: **as a rough ~** मोटे तौर पर; **instinct is not always a safe ~** सहजबोध हमेशा सही पथ प्रदर्शक नहीं होता; **whim and prejudice are poor ~s** सनक और पूर्वग्रह अच्छे पथ-प्रदर्शक नहीं होते

guiding /गाइडिंग/ *n.* मार्ग-दर्शन, निर्देशन;

adj. मार्ग-दर्शक: ~ light; ~ star

guidon /गाइडन/ *n.* सैनिक दल का छोटा झंडा, पताका

guild /गिल्ड/ *n.* 1 मध्यकाल में व्यापारियों और दस्तकारों का संघ: ~ of merchants/ merchants ~ 2 शिल्प संघ, निकाय, श्रेणी;

dw/lw: **~er** *n.* हालैंड की मुद्रा की इकाई; **~hall** *n.* 1 संघ-भवन 2 टाउनहाल, नगर भवन; **~s** *n., [pl.]* जर्मनी और हालैंड का प्राचीन स्वर्ण सिक्का;

collocations: **~ socialism** श्रेणी समाजवाद; **the Townswomen's Guild** नगर की औरतों का संघ

guile /गाइल/ *n.* 1 (***syn.*** deceit) छल, कपट, धोखेबाजी 2 विश्वासघात, गद्दारी;

dw/lw: **~ful** *adj.* छलिया या छलपूर्ण, धूर्त या धूर्ततापूर्ण; **~less** *adj.* 1 निष्कपट, ईमानदार 2 निरीह, मासूम

guillemot /गिलिमॉट/ *n.* गिलीमॉट नामक समुद्री सफेद-काला पक्षी

guillotine /गिलअटीन/ *n., pl.* **~s** 1 फ्रांस के इतिहास में अपराधियों का सिर काटने के लिए प्रयुक्त किया गया उपकरण 2 (***syn.*** paper cutter) कागज की कटाई मशीन 3 *surg.* गलतुंडिका (tonsils) काटने का उपकरण 4 *politics* संसदीय विधेयक पारित करने की समय अवधि;

***v.**, pt.* **~d**, *pp* **guillotining** 1 सिर काटना 2 कागज की कटाई क. 3 समय अवधि के तहत विधेयक को तेजी से पारित करना

guilt /गिल्ट/ *n.* 1 अपराध बोध, दोषभावना, दोषभार: suffer from ~ 2 अपराध 3 पाप, दोष 4 अपराध की जिम्मेदारी, आपराधिकता: without ~ 5 पश्चाताप: ~ complex;

dw/lw: **~less** 1 निर्दोष 2 अनभिज्ञ, अनजान: ~less of Greek 3 के बिना: ~less of moustache; ~less of soap (साबुन के प्रयोग से अनभिज्ञ, जो नहाया न हो); ~less of writing poems (जिसे कविता लिखना न आता हो); **~ily** /गिल्टिलि/ *adv.* दोष भार से त्रस्त होकर: smile ~ily; **~iness** *n.* आपराधिकता, दोषभावना; **~ridden** *adj.* अपराध-बोध से ग्रस्त

guil\ty /गिल्टि *adj., degr.* **~tier, ~tiest** 1 दोषी, अपराधी: the **~ty** party; be **~ty** of murder/ of larceny; be **~ty** of a blunder; be found **~ty** 2 अपराध बोध से ग्रस्त: **~ty** look;

collocations: **~ty of violating rules** नियम तोड़ने का दोषी; **plead ~ty** दोष कबूल क.

guinea /गिनी/ *n., pl.* **~s** गिन्नी, सोने का सिक्का;

collocations: **~ fowl** अफ्रीकी मुर्गा; **~pig** *n.* 1 गायना 2 गिन्नी 3 बिसचूहिया जाति का जीव 4 नए प्रयोगों में प्रथम परीक्षण के लिए इस्तेमाल किया जाने वाला जीव: use sb as a ~ pig (किसी को बलि का बकरा बनाना)

guise /गाइज/ *n.* 1 छद्मरूप: in the ~ of a monk 2 बहाना, ढोंग: under friendship 3 वेश: a foreigner in strange ~;

p&i: **in the ~ of** के रूप में

guitar /गिटार/ *n.* गिटार;

dw/lw: **~ist** *n.* गिटार बजाने वाला

gulag *abbr.* 'glavnoe upravleniye ispravitelno-trudovykh lagerei (*also in Russian* **главное управление исправительно-трудовых лагерей**) का संक्षेप (सोवियत काल में सुधार श्रम कैंपों का मुख्य कार्यालय, राजनैतिक बंदियों के कारावासों का जाल तथा उनका नियंत्रक मुख्य कार्यालय)

gulch /गल्च/ *n., pl.* **~es** *N. Amer., esp. US* खड्ड या संकरी खंदक जो तीव्र गति से बहते नाले द्वारा बनाई जाती है

gules /ग्यूल्ज/ *n., heraldry* लाल

gulf /गल्फ/ *n.* 1 खाड़ी, गल्फ, खलीज, आखात, उपसागर 2 दरार, वैषम्य, भेद, अंतर: interpose a ~ between ...; widen the ~; bridge a ~ 3 खाई, गहरा गर्त: a deep/ fathomless ~ 4 भंवर, जलावर्त 5 (**the Gulf**) परशिअन गल्फ (खाड़ी) के क्षेत्र के देश;

collocations: **Gulf States** परशिअन गल्फ (खाड़ी) के क्षेत्र के देश (ईरान, इराक, कुवेत, बाहरीन, साउदी अरेबिया, ओमान, कतर, युनाइटिड अरब ऐमिरेटस आदि); **Gulf Stream** खाड़ी धारा, अतलांतिक यानी अंध महासागरीय गर्म बहाव जो मैक्सिको की खाड़ी से निकलकर फ्लोरीडा और अमेरिका के पूर्वी तट से होता हुआ यूरोप की ओर ओर बढ़ जाता है;

p&i: **a great ~** भारी मतभेद; **bridge a ~** 1 खाई के ऊपर से पुल बनाना 2 दरार मिटाना 3 मतभेद दूर क.

gull /गल/ (*also* **seagull**/ सीगल/) *n.* 1 मुर्गाबी, सामुद्रिक गल 2 भोला-भाला, मूर्ख व्यक्ति;

***v.**, pt.* **~ed**, *pp* **~ing** *old use* धोखा दे., मूर्ख बनाना;

dw/lw: **~er\y** *n., pl.* ~ies ऐसा स्थान जहां मुर्गाबी पलती हैं

gullet /गलिट/ *n.* 1 ग्रसिका, हलक 2 गला 3 गर्दन

gulli\ble /गली\बल/ *adj.* (naive) भोला-भाला, जिसे आसानी से बहकाया जा सके;

dw/lw: **~bility** /~बिलिटि/ *n.* भोला-भालापन

gull\y/ gulley /गली/ *n., pl.* **~ies/ ~s** 1 बरसाती नाला 2 खड्ड, घट्टा 3 क्रिकेट के खेल में एक क्षेत्र-रक्षण बिंदु या स्थिति;

dw/lw: **~trap** *n.* नाली-गंध सेंध, नाली-कूट

gulp /गल्प/ *v., pt.* **~ed**, *pp* **~ing** 1 (*also* **~ down**) गटकना, भकोसना, गटगट निगलना या लीलना, ढकोसना 2 हांफना 3 हड़बड़ाहट में जल्दी से कुछ निगल ले.: ~ down sobs;

n. 1 कौर, ग्रास, कवल (mouthful) 2 निगरण 3 घूंट;

p&i: **~ sth back/ down** आंसुओं को दबाना, आंसुओं का घूंट पीना

gum /गम/ *n.* 1 मसूड़ा, दंत मांस, वर्त्स 2 गोंद 3 (*also* **chewing ~/ bubble ~**) 4 चबाने वाला गम 5 आंख का कीचड़;

***v.**, pt.* **~med**, *pp* **~ming** 1 *UK* गोंद से चिपकाना: ~ down/

~ in/ ~ up/ ~ together; ~ two sheets of paper together 2 चिपचिपा हो जा.;
dw/lw: **~arabic** *n.* बबूल गोंद; **~-ball** (*also* **chewing ~**) *n.* चबाने वाली गोंदमय गोली; **~-boil** *n.* संक्रमित मसूढ़े में सूजन; **~drop** /गमड्रॉप/ *n.* एक तरह की मिठाई; **~my** *adj., degr.* ~mier, ~miest गोंदी, चिपचिपा, गोंद उत्पन्न करने वाला; **~pot** *n.* गोंददानी; **~-shoe/ ~boot** *n.* पानी-सह प्लास्टिक या रबड़ के जूते, जूतों के ऊपर पहने जाने वाली रबड़ के जूते जिनमें पानी या कीचड़ नहीं घुसता: ~-shoe campaign (1 किसी के विरुद्ध चुपके-चुपके चलाया जाने वाला अभियान 2 *sl.* निजी गुप्तचर का अभियान); **~-tree** *n.* युकलिपटस का पेड़: be up a ~tree (मुसीबत में हो.);
p&i: **~sth up** 1 किसी चीज को बिगड़ना के लिए उसमें चिपचिपा पदार्थ भर देना 2 (**~ up the works** *colloq.*) किसी यंत्र या योजना को ठीक-ठाक काम करने से रोकना;
be up a ~ tree मुसीबत में फंसना; **beat one's ~s about sth** लगातार बोलते जा.; **see one's last ~tree** बिल्कुल खत्म हो जा.

gumbo /गंबो/ *n., pl.* **~s** मांस या मछली का गाढ़ा सूप

gumption /गंपशन/ *n., colloq.* 1 समझ, सहजबुद्धि 2 साहस, दिलेरी, दमखम

gun /गन/ *n.* 1 बंदूक: fire a ~; double-barrelled ~ 2 तोप: charge a ~ (तोप में गोला भरना); a salute of twenty **~s** 3 दबाव के नीचे किसी चीज को बाहर निकालने वाला उपकरण: spray ~ 4 *colloq.* बंदूकधारी आदमी: a hired ~ 5 शिकारी दल का सदस्य 6 दौड़-मुकाबले को शुरू करने का संकेत 7 बड़ा आदमी: a big/ a great ~;
v., pt. **~ned**, *pp* **~ning** 1 बंदूक चलाना 2 गोली मारना, तोप से उड़ाना 3 बंदूक से शिकार क. 4 कार के इंजन द्वारा धमाके क.;
dw/lw: **~boat** *n.* युद्ध में प्रयोग किया जाने वाला छोटा तोप वाला जहाज, तोप नाव; **~-carriage** *n.* अराबा, तोपगाड़ी; **~-cotton** *n.* बारूदी रूई, विस्फोटक कपास; **~fight** *n.* दो या अधिक लोगों की बीच होने वाली लड़ाई; **~-fire** *n.* 1 गोलीबारी 2 बंदूक की गोलियां 3 बंदूक चलने की आवाज; **~lock** *n.* बंदूक चलाने का घोड़ा; **~man** *pl.* **~men** *n.* बंदूकधारी अंगरक्षक या पहरेदार, बंदूकधारी अपराधी: company ~men; **~metal** *n.* 1 गनमेटल 2 तोप के गोले बनाने में प्रयुक्त होने वाली धातु 3 कोई भी धातु या धातु मिश्रण जिसे बंदूक बनाने में प्रयुक्त करते हैं; **~ner** *n.*1 तोपची: ~ner's cockpit 2 गोलंदाज फौज का सिपाही; **~nery** *n.* 1 तोप निर्माण विद्या, तोप चालन विद्या, तोप विद्या 2 तोपखाना 3 गोलाबारी; **~point** *n.* (*only* **at ~point**) बंदूक की नोक पर, बंदूक से डराकर; **~powder** *n.* बारूद: white/ smokeless ~powder; **~room** *n.* 1 बंदूक घर 2 *naut.* जहाज पर कनिष्ठ अफसरों का भोजनालय; **~runner** अवैध हथियारों का व्यपारी; **~running** *n.* किसी दूसरे देश के आतंकवादियों को अवैध रूप से बंदूकों की खेपें दे.; **~ship** *n.* हथियारबंद सैनिक हेलिकोप्टर; **~shot** *n.* 1 बंदूक की गोली 2 गोली की मार की दूरी: within ~shot; out of ~shot 3 बंदूक चलने की आवाज; **~-shy** *adj.* 1 बंदूक की आवाज से डरने वाला, बंदूक-भीरु 2 प्रारंभ में उन कुत्तों के लिए प्रयुक्त जो बंदूक के धमाकों से डर जाते थे; **~sight** *n.* बंदूक का निशाना बांधने वाला भाग; **~slinger** *n. colloq.* सशस्त्र लड़ाकू जो अमेरिका के पश्चिम में अराजकता के दिनों में सक्रिय थे; **~smith** *n.* बंदूक बनाने वाला;
collocations: **~boat diplomacy** अंतर्राष्ट्रीय राजनीति के क्षेत्र में बातचीत जिसमें हथियार प्रयोग करने की धमकी शामिल रहती है; **~ carriage** तोप गाड़ी; **~ control** बंदूकों की बिक्री नियंत्रण कानून; **~ dog** 1 शिकारी कुत्ता 2 कोई अन्य कुत्ता जो शिकारी कुत्ते के कामों में प्रयोग किया जाता है; **~ner's daughter** *naut., facetious* पुराने जमाने में जहाज पर तोप जिससे बांधकर नाविक को दंड दिया जाता है: kiss/ to marry/ the ~ner's daughter (उपरोक्त ढंग से नाविक द्वारा दंड पाना); **~shot wound** गोली लगने से बना घाव
machine gun मशीन गन; **son of a ~** ठग, धोखेबाज आदमी;
p&i: **~ for sb** किसी पकड़ने, दंड देने, मारने या नुक्सान पगुंचाने पर उतारू हो.; **~ sb/ sth down** किसी को बंदूक से उड़ा दे., गोली से मारना या घायल क.; **~s will make us powerful, butter will make us fat** बंदूक के बल पर हम शक्तिशाली होंगे, मक्खन से हमारा केवल मोटापा बढ़ेगा;
as sure as a ~ 1 शायद 2 बेशक 3 जिसे टाला न जा सके; **be ~ning for sb** किसी पर प्रहार करने के लिए ढूंढ़ते फिरना; **be ~ning for sth** प्राप्त करने का प्रयास क.; **beat the ~** समय से पहले ही शुरू कर देना; **blow great ~s** तूफान का फट पड़ना; **carry (big) guns** महत्त्वपूर्ण (बड़ी तोप) हो.; **carry too many ~s for sb** पूरी तरह तैयार हो..; **fire a ~** गोली चलाना; **give her the ~** 1 विमान द्वारा पूरी रफ्तार से उड़ना 2 कार को अधिकतम रफ्तार से दौड़ाना; **go great ~s** खूब पलना-फूलना या पनपना; **go ~ning** शिकार करने जाना; **jump the ~** बिना सोचे-समझे कोई कदम उठाना; **point a ~ at sb/ sth** किसी पर बंदूक तानना या निशाना साधना; **put/ hold a ~ to sb's head** किसी को बंदूक की नोक पर कुछ करने के लिए मजबूर क.; **spike sb's ~s** किसी की शत्रुतापूर्ण योजना को धराशायी कर देना; **stand/ stick to one's ~s** अपने फैसले या नीति पर डटे रहना; **till the last ~ is fired** अंत तक; **under the ~** बहुत ज्यादा दबाव तले; **when ~s speak it is too late to argue** लड़ाई छिड़ने के बाद बहस बेकार है; **with all/ both guns blazing** भरपूर ऊर्जा और दृढ़ निश्चय के साथ

gunge /गंज/ (*also* **gunj**) *n. colloq.* भद्दा चिपचिपा पदार्थ

gung-ho /गंग-हो/ *adj. colloq., derog.* दुश्मन पर हमला करने के लिए अति (मूर्खतापूर्ण ढंग से) उतावला

gunk /गंक/ *n. colloq.* चिपचिपा या चिकना पदार्थ

gunn\y /गनि/ *n., pl.* **~ies** टाट;
collocations: **~y sack** टाट का बोरा, टाट की बोरी

gunwale /गनल/ *n.* नाव या पोत की एक तरफ का ऊपरी सिरा: full/ packed to the **~s** (पूरी तरह भरा हुआ जहाज आदि)

gupp\y /गपि/ *n., pl.* **~ies** मछली घर (aquarium) में पाली जाने वाली एक रंगीन मछली

gurg\le /ग:गल/ *v., pt.* **~led**, *pp* **~ling** 1 गरगर क.: the baby **~led** with pleasure 2 गरारे क.;
n. 1 गरारा 2 गरगर

gurn /ग:न/ (*also* **girn**) *v., pt.* **~ed**, *pp* **~ing** भद्दा-सा मुंह बनाना

gurney /ग:नि/ *n.* अस्पताल में रोगियों को लाने-लेजाने की गाड़ी

guru /गुरु/ *n., pl.* **~s**, *IE* 1 विद्वान 2 गुरु, अध्यापक

gush /गश/ *v., pt.* **~ed**, *pp* **~ing** 1 एकदम तेजी से बह निकलना: ~ down/ ~ in/ forth/ ~ out/ ~ up; the water **~ed** out from the rock 2 *derog., colloq.* भावुकतापूर्वक बोलना या अभिनय क. 3 भावुक हो.: she **~ed** into tears;
n. 1 अचानक आने वाला तेज झोंका: a ~ of wind 2 धार या बहाव: a ~ of blood 3 आवेश, भावावेग: a ~ of enthusiasm;
dw/lw: **~er** /गश:/ *n.* वह कुआं जिसमें से तेल या गैस की धारा निकलती या बहती होw **~ing** *adj.* 1 बहता हुआ, प्रवाही, बहने वाला: ~ing mountain streams 2 भावुक, भावुकतापूर्ण: ~ing novel; ~ing person

gusset /गसिट/ *n., dressmaking* कली (cloth) पोशाक को बल देने के लिए उसके साथ जोड़ा हुआ कपड़े का टुकड़ा;
dw/lw: **~ted** /गसिटिड/ *adj.* (कपड़ा) जिसमें कली लगी हो

gus\sy /गसि/ *v., pt.* **~sied**, *pp* **~sying** 1 सजाना-संवारना 2 अच्छे कपड़े पहनाना;
p&i: **~sy up** (*also* **dress up**) कपड़े पहनकर सजना-धजना

gust /गस्ट/ *v., pt.* **~ed**, *pp* **~ing** 1 झोंका आना 2 तेज आंधी आदि का उमड़ पड़ना 3 भावुकता का दौरा पड़ना;
n. 1 झोंका: the stormy **~s** of a winter day 2 आंधी या धुएं आदि का तेज झोंका: a ~ of fire; **~s** of smoke; a ~ of sth 3 भावावेग: a ~ of rage;

dw/lw: **~y** /गस्टि/ *adj., degr.* **~ier**, **~iest** 1 झोंकों में होने वाला: ~y day/ weather; ~y mirth 2 जिसे चिड़-चिड़ेपन का दौरा पड़ता हो

gustative/ gustatory /गस्टअटिव/ गस्टअटरि/ *US* गस्टअटॉरि/ *adj.* स्वाद-संबंधी, रससंवेदी, चखने संबंधी

gusto /गस्टो/ *n.* 1 जोश, ऊर्जा, उत्साह: read a poem with ~ 2 मजा, रुचि, चाव: great/ high ~

gut /गट/ *n., pl.* **~s** 1 (***syn.*** gut) आंत, आंत्र, अंतड़ी, आहार-नली: blind ~; little/ small ~ 2 दर्रा नाली 3 उदर 4 *colloq.* (***syn.*** belly) मोटा पेट: a pain in the **~s** 5 साहस, हिम्मत, दिलेरी, दम-खम, बल: he has no **~s** in him; a man with plenty of **~s**; have the **~s** to do/ say/ sth 6 भावना स्रोत: have a feeling in one's **~s** that sth was wrong 7 सबसे जरूरी हिस्सा, सार: the speech has no ~ in it; the **~s** of the scheme;

v., *pt.* **~ted**, *pp* **~ting** 1 मछली आदि के भीतर के अंग निकालना, आंतें निकालना 2 इमारत आदि के भीतरी भाग को आग द्वारा पूरी तरह ध्वस्त किया जा.: fire **~ted** the building; a mob **~ted** the house; the room was completely **~ted** by fire 3 साज-सामान नष्ट क., सार निकाल देना, नष्ट कर देना: ~ a book;

adj., *colloq.* 1 भावुकता या सहज प्रतिक्रिया पर आधारित: a ~ reaction/ feeling 2 आवश्यक, मूलभूत: the ~ problem;

dw/lw: **~less** *adj.* जिसमें साहस, हिम्मत या निश्चय का अभाव हो, दृढ़ताविहीन, दब्बू; **~sy** *adj.* बहादुर व दृढ़निश्चयी, हिम्मती, साहसी; **~ty** /गटि/ *adj.* साहसी, दिलेर; **~-wrenching** /गट-रेंचिंग/ *adj.* अत्यंत भद्दा, अरुचिकर;

collocations: ~ **burglar** *US, sl.* रसोइया; ~ **course** हल्का-फुल्का पाठ्यक्रम; ~ **meaning** आशय, मतलब, सारांश; ~ **reaction** सहज प्रतिक्रिया;

p&i: **bust a** ~ बेतहाशा ठहाके से पसलियों में बल पड़ जा.; **full of ~s** हिम्मत वाला; **hate sb's ~s** *US* किसी से घोर नफरत क.; **have ~s** दृढ़ व कठोर हो.; **have sb's ~s for garters** कड़ी सजा दे., खाल उधेड़ना; **have ~s to do sth** कुछ करने की हिम्मत हो.; **hate sb's** ~ किसी से बेहद नफरत क.; **he has left half his ~s behind him** उसकी हिम्मत पस्त हो गई; **not fit to carry ~s to a bear** बेकार आदमी; **put one's ~s inro sth** किसी कार्य में पूरी शक्ति व ऊर्जा झोंक दे.; **slave one's ~s out** कोल्हू के बैल की तरह काम क.; **spill one's ~s** अपने साथी के खिलाफ पुलिस में मुखबरी क.; **tear the ~s out** किसी की आंतें निकाल दे., उसे बेकार कर दे.; **work/slog/ sweat/ slave one's ~s** *colloq.* घोर परिश्रम क.

gutta percha /गट-पःचा/ *n.* गटापारचा

gutted /गटिड/ *adj. UK* अत्यधिक निराश व हताश

gutter /गटः/ *n.* 1 पतनाला 2 सड़क या गली के बगल की नाली 3 (**the** ~) अत्यधिक गरीबी और संताप के कारण पैदा हुए निम्नतम स्तर का रहन-सहन, गंदगी और कीड़े-मकौड़ों जैसी जिंदगी: the language/ the manners of the ~; rise from the ~; be born in the ~; take a child out of the ~ 4 *print.* दो पृष्ठों के बीच का या अंदरूनी हाशिया;

dw/lw: ~**ing** /गटरिंग/ *n.* इमारत में पतनाला प्रणाली;

collocations: ~ **children** नाली के कीड़े-मकौड़ों की तरह पलने वाले बच्चे; ~ **journalism/ press** घटिया स्तर की पत्रकारिता, सनसनीखेज या अश्लील सामग्री छापनेवाले समाचारपत्र; ~ **snipe**, *derog. old use* गंदे और फटे-पुराने कपड़ों वाला बदतमीज बालक, फटेहाल बालक; ~ **sowing** हल की लीक में बुआई;

p&i: **be born in the** ~ कंगाली में पैदा हो.; **die in the** ~ नाली में मर जा.

gut\tle /गटल/ *v., pt.* **~tled**, *pp* **~tling** भकोसना

guttural /गटरल/ *adj.* 1 *non-tech.* गले में गट-गट की आवाज वाला 2 उपरोक्त आवाज पैदा करने वाली भाषाओं से संबंधित 3 कंठ-संबंधी 4 कंठ्य: the ~ orifice; ~ consonants;

n. 1 कंठ्य व्यंजन 2 *non-tech.* गट-गट की आवाज;

dw/lw: **~-palatal** /गटरल-पैलेटल/ *adj.* कंठ्य-तालव्य

GUUAM *abbr.* 'Georgia, Ukraine, Uzbekistan, Azerbaijan and Moldova (regional security alliance)' की प्रथमाक्षरी

GUY *abbr.* **'Guyana'** का अंतर्राष्ट्रीय वाहन पंजीकरण कोड (IVR)

guy /गाई/ *n.* 1 आदमी, फूहड़ व्यक्ति 2 लड़का 3 (**~s**) कई जनों को संबोधित करने के लिए प्रयुक्त 4 विचित्र पोशाक पहने आदमी: be dressed up like a ~; regular ~ (असली डरावा, हौवा) 5 (*in full* **~ rope**) तंबू आदि को तानने की रस्सी;

v., *pt.* **guyed**, *pp* **guying**, *s/he/it* **guys** 1 नकल उतारना, चिढ़ाना, खिल्ली उड़ाना 2 रस्सी से तंबू आदि को तानना;

dw/lw: **~s** *n., [pl.]* सब जने, लोग, सब मित्र;

collocations: **Guy Fawkes Day** 5 नवंबर, जब गई फॉक्स द्वारा संसद को बारूद से उड़ाने के षड्यंत्र का भांडाफोड़ हुआ था; इस दिन रावण की तरह गई फॉकेस के पुतले जलाते हुए आतिशबाजी की जाती है;

a fall ~ बली का बकरा; **a wise** ~ दंभी बुद्धिजीवी व्यक्ति;

p&i: **do a** ~ गायब हो जाना, भाग जाना; **give the ~ to sb** किसी से भाग जाना

guzz\le /गजल/ *n., colloq.* 1 शराब से बना पेय 2 खाने-पीने की होड़ 3 पेटूपना 4 गला;

v., pt. **~led**, *pp* **~ling** 1 जल्दी-जल्दी बहुत ज्यादा खाना यापीना, गटकना, भकोसना: sit **~ling** beer all day 2 पीने में पैसे उड़ाना 3 समय बर्बाद क.: **~le** away;

dw/lw:**~ler** /गजलः/ *n.* 1 भकोसनेवाला या गटकनेवाला 2 शराबी 3 पेटू आदमी;

collocations: **gas ~ler** *US* बहुत ज्यादा पेट्रोल खाने वाली (गाड़ी आदि)

GVC *abbr.* 'Governance and value creation' की प्रथमाक्षरी

GWP *abbr.* 'Gross World Product' की प्रथमाक्षरी

gy\be/ gi\be/ ji\be /जाइब/ *v., pt.* **~bed**, *pp* **~bing** *naut.* 1 पाल नौका को इधर-उधर डुलाना या झुलाना 2 नौका का डोलते-डालते चलते हुए रास्ता बदलना

GYM *abbr.* 'gymnasium' का संक्षेप

gym /जिम/ *n., colloq.* 1 शारीरिक व्यायाम करने के लिए मशीनों से लैस व्यायामशाला 2 शारीरिक शिक्षा की कक्षा

dw/lw: **~nasium** /जिम्नेजिअम/ *n.* व्यायामशाला: ~nasium shoes; **~nast** /जिम्नैस्ट/ *n.* व्यायामकुशल, व्यायामी, जिम्नैस्टिक की प्रतियोगिता में भाग लेने वाला जिम्नैस्ट; **~nastic** /जिम्नैस्टिक/ *adj.* व्यायाम-संबंधी, व्यायामिक, व्यायामी, जिम्नैस्ट संबंधी; **~nastic** *n.* व्यायाम, बौद्धिक व्यायाम: the study of logic is a mental ~nastic; **~nastics** /जिम्नैस्टिक्स/ *n., [sing.]* 1 व्यायाम, कसरत, जिम्नैस्टिक्स 2 (*pl.*) शारीरिक लचक की मदद से दिखाए जाने वाले करतब: physical and mental ~nastics; in-hygienic ~nastics (शारीरिक स्वच्छता जिम्नैस्टिक्स) 3 व्यायाम-विज्ञान

gymkhana /जिम्खाना/ *n., pl.* **~s** 1 घुड़दौड़ आदि की स्थानीय प्रतियोगिताएं, जिमखाना 2 *formerly in India:* खेल-कूद प्रतियोगिता

gymnosophist /जिम्नॉसफिस्ट/ *adj.* नागा, नग्नवादी;

gymnosperm /जिम्नॉस्पःम/ *n., bot.* बिना ढके बीज वाला पौधा, अनावृतबीजी पौधा

gynaecium/ gynaeceum /गाइनीसिअम/ *n., pl.* **gynaecia/ gynoecia** 1 फूल के स्त्रीलिंगी अंग, जायांग 2 *hist.* प्राचीन रोम या यूनान में घर का महिला निवास वाला भाग, जनानखाना, रनिवास

gynaeco /गाइनिको/ गाइनिकॉ/ *comb. form, signifying:* **female** (स्त्री): **gynaeco**logy

gynaecocracy /गाइनिकॉक्रेसि/ *n.* स्त्रीराज्य, नारी-राज

gynaecological /गाइनअकअ\लौजिकल/ *US* ~लाःजिकल/ *adj.* स्त्री-रोग संबंधी: ~ examination

gynaecologist *UK* (*US* **gynecologist**) /गाइनअ\कौलअजिस्ट/

~काःलअजिस्ट/ *n.* स्त्री-रोग विशेषज्ञ

gynaecology *UK* (*US* **gynecology**) /गाइनअ\कौलअजि/ *US* ~कौलअजि/ *n.* स्त्री-रोग विज्ञान

gynandrous /जाइनैंड्रस/ *adj.* उभयलिंगी

gynarchy /जाइनैःकि/ *n.* स्त्री-तंत्र, स्त्री-राज

gynephobia /गाइनअफोबिआ/ जीनअफोबिआ/ *n.* स्त्री-भीति, नारी-भय, स्त्री-भय

-gyny *comb. form, denoting:* 1 **female, woman, women** (स्त्री): miso**gyny** 2 **relating to female organs** (नारी गुप्तांगों से संबंधित): andro**gyny**

gyp /जिप/ *v., pt.* **~ped**, *pp* **~ping** धोखा दे., ठगना;
n. 1 पीड़ा: My tooth's been giving me ~ 2 धोखेबाज व्यक्ति, ठग

Gyppo /जिपो/ *n., pl.* **~s** *derog., sl.* मिस्र (Egypt) का निवासी

gypsophila /जिपसॉफिलः/ *n.* एक पौधा जिसमें सफेद या गुलाबी रंग के फूल लगते हैं, जिपसोफिला

gypsum /जिप्सम/ *n.* कैल्सियम सल्फेट से बना चाक जैसा मुलायम खनिज जिससे सिमेंट, रबड़, कागज आदि बनते हैं

Gyps\y (*also* **Gips\y**) /जिप्सि/ *n., pl.* **~ies** 1 बंजारा, खानाबदोश 2 मूल रूप से उत्तरी-पश्चिमी भारत से निकले और आजकल पूरे यूरोप और अमेरिका में फैले बंजारा लोग

gyra\te /जाइरेट/ *v., pt.* **~ted**, *pp* **~ting** घूमना, चक्कर काटना;
dw/lw: **~tion** /जाइरेशन/ *n.* घूमने या चक्कर लगाने की क्रिया या भाव, घुमाव, चक्रावर्तन; **~tory** *adj.* घुमावदार, चक्रकः ~tory breaker (पत्थर तोड़ने वाला चक्रों में घूमनेवाला यंत्र, बरमा)

gy\re /जायः/ *n.* 1 वृत्ताकार गति 2 घिरनी, छल्ला, चक्कर 3 भंवर 4 समुद्री बवंडर;
v., *pt.* **~red**, *pp* **~ring** (पानी का) चक्रों में घूमना, चक्कर काटना

gyrfalcon/ gerfalcon /जःफॉकन/ *n.* विशालतम बाजनुमा पक्षी

gyro\compass /जायरअकंपस/ *n.* घूर्णाक्ष, अचुंबकीय दिक्सूचक;
dw/lw: **~magnetic** *adj.* घुमती हुई बिजली की धारा से उत्पन्न चुंबकीय गुणों वाला; **~scope/ ~state** *n.* 1 समुद्री पोत, हवाई जहाजों में प्रयुक्त होने वाला स्थिरीकरण चक्रक उपकरण 2 घूर्णाक्षस्थापी, घूर्णिका

gyrose /जायरोस/ *adj.* वलित, चक्रक. वक्ररेखंकित

gyrus /जाइरस/ *n., pl.* **gyri** /जाइराइ/ 1 मस्तिष्क की मुड़वां तह या परत 2 कर्णक

gyve /जाइव/ *n.* 1 बेड़ी 2 हथकड़ी
v., *pt.* **~d**, *pp* **gyving** 1 बेड़ी डालना 2 हथकड़ी डालना

H h

H h /एच/ *n., pl.* **Hs/ H's/ h's** 1 अंग्रेजी वर्णमाला का आठवां वर्ण 2 इस वर्ण द्वारा द्योतित ध्वनि 3 'H' आकार की कोई भी वस्तु; ***p&i:*** **drop one's h** जहां ध्वनि **h** उच्चरित करनी चाहिए वहां न क.

H *abbr.* 1 on pencils 'hardness', 'height', *sl.* 'heroin', 'hydrant', 'hospital' का संक्षेप 2 'Hungary' का अंतर्राष्ट्रीय वाहन पंजीकरण कोड (IVR)

H *symbol* 1 *chem.* 'hydrogen' का प्रतीक 2 *phys.* चुंबकीय क्षेत्र की शक्ति 3 मध्ययुगीन रोमन अंकन में = 200 (दो सौ) 4 *electron.* 'henry' का चिह्न

h *abbr.* 'harbour', 'hecto-', 'height', 'high', 'hour', 'hundred', 'husband' का संक्षेप

Ha *symbol, chem.* 'hahnium' का चिह्न

ha *abbr.* 'hectare' का संक्षेप (हेक्टेयर)

ha /हा/ *excl.* अहा!

HAAA *abbr.* 'Haryana Amateur Athletic Association' की प्रथमाक्षरी

haar /हार/ *n., Scot & NE Eng. dialect* उत्तरी समुद्र (North Sea) से आने वाला कोहरा या धुंध, हार

Hab. *abbr.* Book of the bible 'Habakkuk' का संक्षेप

habanera /हैबैनेअरा/ *n., pl.* **~s** क्यूबा का एक धीमा नृत्य

habdabs /हैबडैब्ज/ (*also* **abdabs**) *n., [pl.], colloq.* (*esp.* **the screaming habdabs**) बेहद परेशानी की अवस्था

habeas corpus /हेबिअस कॉःपस/ *n., law* 1 बंदी प्रत्यक्षीकरण 2 बंदीकरण की वैधता स्थापित करने के लिए बंदी को न्यायाधीश के सामने प्रस्तुत करने के लिए याचना

haberdasher /हैबःडैशः/ *n., Br.* 1 सिलाई के लिए आवश्यक छोटी-मोटी चीजें जैसे सुइयां, धागे, रिबन, बटन आदि बेचने वाला दुकानदार 2 परचूनिया द्वारा बेचे जाने वाली सुइयां, धागे, बटन आदि चीजें;

dw/lw: **~y** /हैबःडैशरि/ *n.* 1 सिलाई के लिए आवश्यक छोटी-मोटी चीजें जैसे सुइयां, धागे, बटन आदि की दुकान 2 परचूनिया द्वारा बेचे जाने वालीं सुइयां, धागे, बटन आदि चीजें

habile /हैबिल/ *adj.* दक्ष, निपुण

habiliment /हबिलमंट/ *n.* 1 परिधान, पोशाक 2 विशिष्ट अवसर की वेशभूषा 3 कपड़े, वस्त्र

habilita\te /हबिलिटेट/ *v., pt.* **~ted**, *pp* **~ting** 1 पूंजी लगाना 2 खान आदि को उपकरणों से सज्जित क. 3 किसी व्यवसाय के लिए तैयार या योग्य बनना 4 परिधान या पोशाक पहनाना

habit /हैबिट/ *n.* 1 आदत, अभ्यास: form/ acquire/ assume/ get a ~ of doing sth; it is a ~ with him to keep early hours 2 लत, व्यसन: smoking soon becomes a ~; fall/ get/ into bad **~s**; he fell out of the ~ of swearing/ smoking; do sth by/ from/ force of ~; break sb of a bad ~ 3 स्वभाव, प्रकृति, रुख, रवैया: a good ~ of mind 4 *psychol.* स्थिति द्वारा पैदा किया जाने वाला मिजाज 5 भिक्षुओं का लंबा चोगा 6 परिधान, वस्त्र 7 *bot., zool.* आम विकास, वृद्धि या वजूद, आम शक्ल, शारीरिक बनावट, गठन 8 अति परिचय, धृष्टता 8 क्रिस्टल को मिलने वाला एक ज्यामितीय आकार 9 (*esp.* riding habit) औरत की घुड़सवारी की पोशाक;

v., pt. **~ed**, *pp* **~ing** 1 वस्त्र पहनाना 2 रहना 3 आदत पड़ना;

dw/lw: **~-forming** *n.* आदत डालने वाली;

collocations: **~ and repute** *law* बदनामी, कुख्याति; **a good ~ of mind** अच्छा स्वभाव; **riding ~** घुड़सवारी की पोशाक; **the inward ~** आध्यात्मिक संसार;

p&i: **~ is the second nature of man** आदत इंसान का दूसरा स्वभाव होती है; **~s are at first cobwebs then cables** आदतें पहले जाला और फिर गले का फंदा बन जाती हैं; **an annoying/ bad/ good ~** चिढ़ाने वाली/ बुरी/ अच्छी आदत; **be in/ get into the ~ of doing sth** किसी काम को करने की आदत पड़ना; **do sth from/ out of/ through ~** किसी कार्य को आदतन क.; **fall into the ~ of doing/ saying sth** कुछ करने या कहने की आदत पड़ जा.; **get out of the ~ of doing sth** किसी काम करने का अभ्यास या आदत छूटना; **have ~** लत पड़ना; **kick the ~** लत छोड़ना; **make ~ of** की आदत डालना, को नियमित रूप से क.; **once does not make a ~** एक बार कुछ करने से आदत नहीं पड़ती

habita\ble /हैबिटअबल/ *adj.* रहने या निवास योग्य: the **~ble** earth;

dw/lw: **~bility/ ~bleness** /~बिलिटि /~बलनेस/ *n.* आदत पड़ने का गुण; **~bly** *adv.* आदतन

habitant /हैबिटंट/ *n.* 1 वासी, निवासी, बाशिंदा 2 /हैबिटाँ/ *Fr.* फ्रांसीसी मूल का कैनेडा (Canada) या लूजियाना (Louisiana) का निवासी

habitat /हैबिटैट/ *n.* 1 *biol.* पेड़-पौधों या पशुओं का नैसर्गिक स्थान 2 व्यक्तियों, समूहों या वर्गों का मूल स्थान 3 क्षेत्र, भूमि

habitation /हैबिटेशन/ *n.* 1 निवास, आवास: humble/ dismal ~ 2 प्राकृतिक पर्यावरण 3 रहने या बसने की क्रिया, रिहाइश: fit/ unfit for ~

habitual /हबिचुअल/ *adj.* 1 सामान्य, आदतन: the English are ~ tea-drinkers; ~ smile 2 नित्य: the ~ evening stroll 3 प्रथागत, रिवाजी, अभ्यासगत: his ~ practice is to study at home 4 आदी, लती: render ~; ~ drunkard 5 अभ्यस्त: ~ liar 6 स्थायी, पक्का: ~ topic; ~ criminal;

dw/lw: **~ly** /हबिचुअलि/ *adv.* आदतन, आदत से: he **~ly** wore dark glasses

habitua\te /हबिचुएट/ *v., pt.* **~ted**, *pp* **~ting** 1 आदी हो जा. या बनाना 2 अभ्यस्त हो जा. 3 आदत पड़ जा.;

dw/lw: **~ted** /~टिड/ *adj.* (***syn.*** accustomed) का आदी, अभ्यस्त; **~tion** /~शन/ *n.* 1 आदत पड़ने की क्रिया 2 अभ्यास, अभ्यस्तता

habitué /हबिचुए/ ऐबिचुए/ *n.* (***syn.*** regular) नियमित रूप से कहीं आने-जाने वाला

HACCP *abbr.* 'Hazard Analysis and Critical Control Point' की प्रथमाक्षरी

HACO *abbr.* 'high altitude cerebral oedema' की प्रथमाक्षरी

hachure /हैशुअः/ *n., pl.* **~s** 1 मानचित्र पर समानांतर रेखाओं की एक प्रणाली जिसमें रेखाओं की समीपता पहाड़ों की ढलान का द्योतक होती है 2 (***syn.*** shading) रेखाच्छादन

hacienda /हैसिएंडा/ *n.* स्पेनी भाषी देशों में: 1 (***syn.*** farm) बहुत बड़ा खेत 2 फार्म हाउस, रैंच (ranch)

hack /हैक/ *v., pt.* **~ed**, *pp* **~ing** 1 (**~ sth down/ away**) टुकड़े-टुकड़े क.: ~ sth to pieces; ~ and hew (छोटे-छोटे टुकड़े क.) 2 (*often* **go ~ing**) काट-छांटकर रास्ता बनाना 3 खांचा बनाना, काटना, चीरना: ~ one's chin in shaving 4 मारना 5 *colloq.* (*often* **~ into sth**) किसी के कंप्यूटर में चोरी-छिपे घुसकर सूचनाओं आदि की चोरी क. 6 सड़क-छाप रचनाएं या लेख लिखना 7 खों-खों करके खांसना 8 (*often* **~ sth out**) घोड़े पर बैठकर टहलते-टहलते जाना: he **~ed** along the road 9 टैक्सी चलाना 10 किसी लेख या रचना के संपादक द्वारा बुरी तरह काट-छांट दिया जाना 11 पत्थर आदि को तराशना: a figure **~ed** out of the rock 12 किराए पर दे. 13 कठिन नौकरी में प्रयोग क. 14 किराए के साहित्यकार को रखना 15 सड़क छाप बनाना: ~ an argument to death (जिंदगी भर एक ही दलील को दोहराकर उसे सड़क-छाप बनाना) 17 ईंटों को सूखने के लिए रखना;

n. 1 सड़क-छाप लेखक, भाड़े का लेखक, कलम-मजदूर, कलम-घिस्सू 2 कटाव, चीरा, घाव 3 फावड़ा 4 भाड़े का घोड़ा, मरियल टट्टू 5 *US* किराये की गाड़ी, टैक्सी 6 घुड़सवारी 7 टैक्सी ड्राइवर 8 घुसपैठ, सेंध, भाटक 9 सूखी खांसी 10 ठोकर, ठोकर मारने से हुआ

घाव;

adj. 1 सड़क-छाप: ~ writer/ journalist 2 भाड़े का 3 साधारण: ~ speech/ story/ phrase;

dw/lw: **~amore** /हैकअमॉः/ हैकअमोः/ *n.* घोड़े की एक विशेष प्रकार की लगाम जिसका नई बछेरियों आदि को सधाने के लिए प्रयोग किया जाता है; **~berry** *n.* एक अमेरिकी पेड़; **~er** *n.* कंप्यूटर-सूचना चोर, सूचना-तस्कर; **~ery** /हैकरि/ *n.* 1 बैलगाड़ी 2 सड़क-छाप पत्रकारिता या लेखन; **~ette** *derog., sl.* महिला पत्रकार; **~ing** *adj.* सूखी व दर्दनाक (खांसी): ~ing cough; **~ing** *n.* 1 कंप्यूटर-चोरी 2 घुड़सवारी; **~man** *n.* टैक्सी चालक, टैक्सी ड्राइवर; **~saw** *n.* धातु काटने की आरी; **~work** *n.* 1 घिसा-पिटा साहित्यिक लेखन 2 नीरस या उबाऊ काम; **~-writer** *n.* घटिया लेखक, भाड़े का कलमघिस्सू;

collocations: **~ed off** (*syn.* fed up) अत्यधिक क्रुद्ध, ऊबा हुआ; **~ing cough** बार-बार होने वाली सूखी दर्दनाक खांसी; **~ing jacket** दोनों बाजुओं पर खुली ट्वीड जैकेट (घुड़सवारी करते समय पहनने के लिए);

p&i: **~ away**/ **~ down** पेड़ आदि काटना: ~ a tree down; **~ into sth** कंप्यूटर में सेंध लगाना, सूचना-चोरी या तस्करी क.; **~ sth out** काट-छांटकर रास्ता बनाना; **~ through** के बीच से रास्ता बनाना: ~ one's way through;

live at ~ and manger मजे की जिंदगी बिताना

hackle /हैकल/ *n.* 1 मुर्गे आदि पक्षियों की गर्दन पर चमकदार बाल 2 टोपियों पर लगाए जाने वाले बाल 3 *angling* मछली पकड़ने के लिए ऐसे बालों से बनी कृत्रिम मक्खी 4 सन (jute) को सुलझाने के लिए कंघी;

v., pt. **~d**, *pp* **hackling** 1 सन में कंघी फेरना 2 छोटे-छोटे टुकड़े क.;

dw/lw: **~s** /हैकल्ज/ *n.* मुर्गे आदि पक्षियों व कुत्ते या बिल्ली की गर्दन पर लंबे बाल;

p&i: **get sb's ~s up = have sb's ~s up = make sb's ~s rise = raise sb's ~s** किसी को क्रुद्ध क.; **show ~s** बिना बात के झगड़ा क.; **with one's ~s up** बेहद गुस्से में, झगड़ा करने को उतावला

hackney /हैकनि/ *n.* 1 किराए की गाड़ी का घोड़ा 2 भाड़े की गाड़ी, टैक्सी: ~ cab;

dw/lw: **~ed** /हैकनिड/ *adj.* 1 साधारण 2 (*syn.* cliched) घिसा-पिटा या सड़क छाप;

collocations: **~ carriage** टैक्सी; **~/ ~ed writer** घिसा-पिटा लेखक

had /हैड/ *pt. & pt. p.,* **'have'** का भूतकालिक या कृदंतीय रूप

haddock /हैडक/ *n. pl.* **haddock/ ~s** उत्तरी अतलांटिक (अंध) महासागर में पाई जाने वाली खाने योग्य मछली, शांबरी

Hades /हैडीज/ *n., Greek mythol.* 1 अधोलोक, पाताल जहां पर मृतकों की आत्माएं बसती हैं 2 पाताल लोक का भगवान प्लूटो (Pluto) 3 (*often* **hades**, ***syn.*** hell) नरक

hadn't /हैडंट/ *short,* **'had not'** का संक्षिप्त रूप

haemachrome /हीमाक्रोम/ *n.* रुधिर वर्ण, रक्त रंग

haemal/ *US* **hemal** /हीमल/ *adj., med.* रुधिर या रक्त-शिरा/ रक्त-वाहिका से संबंधित

haematemisis/ *US* **hematemisis** /हीमअटेमिसिस/ *n., med.* रक्त-स्रावी फोड़े आदि के कारण पेट से खूनी उल्टी होने की क्रिया

haematic /हीमैटिक/ *adj., med.* 1 रक्त-संबंधी, रुधिर-संबंधी 2 खूनी, रक्त रंजित

haematocrit/ *US* **hematocrit** /हीमअटोक्रिट/ *med.* 1 रक्त कोशिकाओं का कुल रक्त के घनत्व के साथ अनुपात 2 इस अनुपात की प्रतिशत में अभिव्यक्ति

haematogenesis /हीमअटॉजेनसिस/ *n.* रुधिरजनन

haematology /हीमअटौलजि/ *n., med.* रुधिर विज्ञान, रक्त-रोग विज्ञान

haematoma/ *US* **hematoma** /हीमअटोमा/ *n., pl.* **~s/ ~ta** ऊतकों में रक्त-स्राव के कारण होने वाली सूजन

haematuria/ *US* **hematuria** /हीमअच्युअरिया/ *n.* पेशाब में खून की उपस्थिति, रक्तमेह

haemo\blast/ *US* **hemo\blast** /हीमअब्लास्ट/ *n.* रक्तकोरक;

dw/lw: **~cyte** /हीमअसाइट/ *n.* रुधिर अणु; **~dialysis** /हीमअडायलिसिस/ *n.* रक्त अपोठन, खून का डाइलिसिस

haemocynin /हीमअसाइनिन/ *n.* प्रवाही द्रव में नीला रंग

haemocy\te/ *US* **hemocy\te** /हीमोसाइट/ *n.* एक रक्त-कोशिका;

dw/lw: **~tometer** /हीमअमिटः/ *n.* खून में रक्त-कोशिकाओं की संख्या का मापक

haemoglobin /हीमअग्लोबिन/ *n.* रक्तवर्णिका, वह तत्त्व जिससे रुधिर की कणिकाओं का रंग लाल होता है, हीमोग्लोबिन

haemophilia/ *US* **hemophilia** /हीमअफिलिआ/ *n.* रक्तस्राव की पैतृक बीमारी

haemophiliac *see below under* **hemophiliac**

haemoptysis /हिमअप्टिसिस/ *n.* फेफड़ों आदि से आने वाले खून की खांसी, थूक या बलगम में खून आने का रोग

haemorrha\ge/ *US* **hemorrha\ge** /हेमअ\रिज/ *n.* 1 रक्त नली के फट जाने से होने वाला रक्तस्राव 2 साधनों और कर्मियों की भयंकर कमी;

dw/lw: **~gic** /~रिजिक/ *adj.* रक्त नली के फटाव से संबंधित

haemorrhoids/ *US* **hemorrhoids** /हेमअरॉइड्ज/ *n., [pl.]* (*syn.* piles) बवासीर, अर्श

haemostasis/ *US* **hemostasis** /हीमोस्टेसिस/ *n., med.* शल्य-क्रिया आदि के बाद रक्त-स्राव के बंद होने की क्रिया, रक्त-स्तंभन

haemostat/ *US* **hemostat** /हीमअस्टैट/ *n.* रक्त-स्राव को रोकने वाला रासायनिक पदार्थ या उपकरण, रक्त-स्तंभक

haeremai /हाइरअमाइ/ *excl. NZ* स्वागतम!

haft /हाफ्ट/ *n.* 1 चाकू, तलवार, कुल्हाड़ी आदि का मूठ, दस्ता, हत्था, हैंडल 2 *bot.* ताड़वंत

hag /हैग/ *n.* 1 बूढ़ी बदसूरत औरत 2 डायन, जादूगरनी;

dw/lw: **~-ridden** /हैग-रिडन/ *adj.* दुःस्वप्नपीड़ित, मानसिक रूप से सताया हुआ

haggard /हैगःड\/ *adj.* 1 (***syn.*** drawn) थका-हारा 2 मरियल दुबला-पतला 3 शोकाकुल, चिंताग्रस्त 4 जंगली;

n. जंगली बाज;

dw/lw: **~ly** /~लि/ *adv.* थके-मांदे ढंग से; **~ness** /~नेस/ *n.* 1 थका-मांदापन 2 चिंताजनकता

haggis /हैगिस/ *n.* भेड़ के मांस का व्यंजन

hagg\le /हैग्ल/ *v., pt.* **~led**, *pp* **~ling** 1 (*often* **~le over/ ~le about sth**) सौदेबाजी क., मोल-भाव क.: **~le** about/ over the terms of a bargain 2 तर्क या हुज्जत क. 3 टुकड़े-टुकड़े क.;

n. मोल-भाव, हुज्जत;

dw/lw: **~ler** /हैग्लः/ *n.* मोल-भाव करने वाला, हुज्जती

Hagiographa /हैगिऔग्रफा/ *US* हैगिआःग्रफा/ *n., [pl.]* यहूदियों की प्रथा में Old Testament हजरत मूसा (Moses) की तीन पुस्तकों यानी 1 Law of Moses 2 the Prophets 3 Hagiographa में से अंतिम पुस्तक

hagio\grapher /हैगिऔग्रअफर/ *US* हैगिआःग्रअफर/ (*also* **hagiographist**) *n.* 1 संत-चरित लेखक 2 Hagiographa के लेखकों में से एक;

dw/lw: **~latry** /~लअट्रि/ *n.* संत-पूजा; **~graphy** /~ग्रफि/ *n.* 1 संतों का चरित्र, संतचरित्र 2 संतचरित-लेखन; **~logy** /~लजि/ *n.* संत-साहित्य या संतचरित अध्ययन

ha! ha! *excl.* हा! हा!, विस्मयबोधक

HAI *abbr.* 'Hotel Association of India' की प्रथमाक्षरी

haiku/ hokku /हाइकू/ हॉकू/ *n., pl.* **haiku/ hokku** सत्रह (17) शब्दांशों (syllable) वाली जापानी कविता, हाइकू

hail /हेल/ *v., pt.* **~ed**, *pp* **~ing** 1 बुलाने या रुकने के लिए संकेत क., बुलाना, पुकारना: ~ a taxi 2 अभिवादन क., स्वागत क.: the

~ed him (as) captain cool 3 मान्यता दे., अपनाना: he was **~ed** a hero 4 ओले पड़ना: it is **~ing** 5 प्रश्नों आदि की बौछार क., बरसाना: ~ curses/ blows on or upon sb; ~ with stones/ rotten eggs on sb 6 किसी स्थान या मूल का हो.: ~ from Haryana; he **~s** from London;

n. 1 ओलों की बौछार 2 ओले 3 बाढ़, बौछार: ~ of bullets 4 शब्दों, प्रश्नों आदि की बौछार: a ~ of criticism;

dw/lw: **~-fellow-well-met** *adj.* अत्यधिक दोस्ताना जताने वाला व्यक्ति, मिलनसार आदमी; **~print** *n.* करका-चिह्न; **~stone** *n.* ओला; **~storm** *n.* ओला-वृष्टि, करकापात, ओला-आंधी;

collocations: **~ Mary** 1 मां मरियम को समर्पित प्रार्थना 2 *Amer. football sl.* खेल के आखिरी क्षणों में दिया जाने वाला लंबा ऊंचा पास

p&i: **~ from** मूल निवास से संबंधित हो., से आना: where do you ~ from?; **~ sb/ sth as sth** के रूप में सार्वजनिक रूप से मान्यता दे.; **~ the rising sun** चढ़ते सूरज को नमस्कार क.; **it hails** ओले पड़ रहे हैं; **keep within ~!** दूर मत जाना!; **within/ out of ~** or **haling distance** बुलाए जाने की दूरी के अंदर या बाहर हो., पास या दूर हो.

hair /हेअः/ *n.* 1 बाल, केश, जुल्फ: in one's~; brush (comb) one's ~; let down one's ~ (जुल्फों को खुला छोड़ना) 2 रोआं, रोम, लोम, रोंगटे 3 रेशों से बना कपड़ा 4 *bot.* पौधे पर उगती हुई कोई भी धागानुमा कोशिका 5 बाल की चौड़ाई: she won by a ~; within a ~ of death 6 बंदूक आदि में सुरक्षा उपकरण;

dw/lw: **~band** *n.* बालों के थामे रखने के लिए औरतों द्वारा बालों में लगाई जाने वाली कपड़े या प्लास्टिक की पट्टी; **~brush** *n.* कंघी, बाल साफ करने का बुरुश; **~-care** *n.* बाल-प्रसाधन; **~-cloth** *n.* बुना हुआ मोटा कपड़ा, बालदार कपड़ा; **~-cut** *n.* 1 बाल कटाई, हजामत 2 बाल काटने की विशेष शैली, केशकर्तन; **~-do** *n.* बाल संवारने की शैली, केश-विन्यास; **~-dresser** *n.* हज्जाम, नाई, हेयरड्रेसर; **~-dresser's** *n.* नाई की दुकान; **~-dressing** *n.* 1 केशकर्म, केशप्रसाधन, बाल-बनाई 2 बाल बनाने का धंधा 3 कंघी-चोटी; **~-dryer** *n.* बाल सुखाने वाला उपकरण; **~-dye** *n.* केश-कल्प; **~ed** *adj.* बालों वाला: a white-~ed rabbit; **~-grip** *n., mainly Br.,* (*N. Amer., Austral. & NZ* **bobby pin**) बालों को थामे रखने वाली क्लिप; **~less** *adj.* 1 बिन बालों का, केशविहीन 2 गंजा; **~-line** *n.* 1 माथे के ऊपर सिर के बाल शुरू होने की रेखा 2 बालों की बनी रज्जु, बारीक रेखा, केशिका; **~-net** *n.* बालों को एक शैली में बिठाने के लिए प्रयुक्त होने वाला बाल-जाल; **~-piece** *n.* नकली बाल; **~-pin** *n.* हेयरपिन, क्लिप; **~-raiser** *n.* रोंगटे खड़े करने वाली कहानी, रोमांचक कथानक, रोमांचकारी वर्णन; **~-raising** *adj.* रोंगटे खड़ा कर देने वाला, रोमांचकारी; **~-sieve** *n.* बाल-छलनी; **~-slide** (*also US* **barette**) *n.* बालों को सजा-संवरा रखने के लिए लगाई जाने वाली क्लिप या सूई; **~-space** *n.* केशांतर; **~-splitter** *n.* बाल की खाल उतारने वाला आदमी, बारीकीबीनी करने वाला आदमी; **~-splitting** *n.* 1 (***syn.*** quibling) बाल की खाल उतारने का काम, नुक्ताचीनी 2 वितंडा, वितंडावाद 3 बारीकीबीनी; **~-splitting** *adj.* बाल की खाल उतारने वाला: ~-splitting argument; ~-splitting technicalities; **~-spray** *n.* हेअरस्प्रे, बालों में सुगंधित द्रव का छिड़काव; **~-spring** *n.* बालकमानी, घड़ी का सूक्ष्म स्प्रिंग; **~-streak** *n.* पंखों में सफेद धारियों वाली तितली; **~-style** *n.* बाल संवारने या बनाने की शैली, केश-विन्यास शैली; **~-stylist** *n.* केश-विन्यासकार; **~-tonic** *n.* केशवल्य, बाल वर्धक पदार्थ; **~-trigger** *n.* उंगली के इशारे से चलने वाली बंदूक की लिबलिबी, थोड़े-से दबाव से चलने वाला उपकरण; **~-trigger** *adj.* जल्दी उत्तेजित हो जाने वाला: ~trigger reaction (फौरी उत्तेजनापूर्ण प्रतिक्रिया); **~-worm** *n.* रोम कृमि; **~y** /हेअरि/ *US* हेरि/ *adj.* 1 बहुत अधिक बालों से ढका, अधिक बालों वाला 2 बालों से बना हुआ 3 रोमांचक, खतरनाक;

collocations: **~ breadth** 1 बाल-बराबर 2 सूक्ष्म 3 नजदीकी, जरा-सा अंतर, थोड़ा-सा फासला, बाल बराबर दूरी: have a ~ breadth escape 4 बाल-बाल: miss by a ~ breadth (बाल-बाल बचना); **~ carpet** रोमिल कालीन; **~pin bend** *UK* (*US* **hairpin turn/ hairpin curve**) 1 सड़क में 'U' के आकार का मोड़ 2 कैंची-मोड़; **~ restorer** झड़े बालों को पुनः पैदा करने वाला पदार्थ; **~ shirt** 1 मोटे कपड़े से बना कमीज 2 कोई गुप्त चिंता; **a bush of ~** घने बाल; **a fell of hair** बिना कंघी किए बाल; **gray ~s** बुढ़ापा; **Juda's ~** भूरे बाल;

p&i: **~ about the heels** अशिष्टता, फूहड़पन; **~ in one's soup** गुस्से या चिड़चिड़ेपन का कारण; **~'s breadth escape** बाल-बाल बचाव; **~y at/ about/ in the heel** बदतमीज, अशिष्ट, बेढब;

a ~ to make tether of अकेला चना भाड़ नहीं फोड़ सकता; **a ~line crack/ fracture** हड्डी आदि में बहुत पतली दरार या टूटन; **by a ~** थोड़े-से अंतर से; **curl sb's ~** किसी को इस तरह डरा देना कि रौंगटे खड़े हो जाएं; **get by the short ~** 1 किसी को अपने वश में रखना 2 नियंत्रित क.; **get in a person's ~** खिझाना, तंग क., रुकावट डालना; **get one's ~ off** आपे से बाहर हो.; **have more ~ than wit = long ~ and short wit** बाल से लंबा, दिमाग से पैदल हो., बुद्धू हो.; **in one's ~** 1 बिना विग (wig) के 2 बिना ढके सिर के साथ, बिना टोप या टोपी के; **in sb's ~** किसी को चिढ़ने या गुस्सा दिलाने वाला; **keep one's ~ on** शांत रहना; **keep your ~ on!** पीने की लत मत डालो!; **let one's ~ down** 1 जुल्फें खुली छोड़ना 2 मौज-मस्ती क.; **let one's ~ down with sb** किसी के साथ घुल-मिल जाना; **make sb's ~ stand (on end)** किसी को डरा दे., किसी के रोंगटे खड़े कर दे.; **not harm/ touch a hair of sb's head** किसी को तनिक भी नुक्सान न पहुंचाना; **not have a ~ out of place** खूब चुस्त-दुरुस्त लगना; **not turn a ~** किसी भी आश्चर्यजनक या भयावह बात का किसी पर जरा भी असर न हो., अप्रभावित रहना, कानों पर जूं न रेंगना; **not to turn a ~** लगातार, बिना रुके; **one's ~ stands on an end** रौंगटे खड़े हो गए; **out of sb's ~** किसी को तंग न करने वाला; **pull/ tear one's ~ out** चिंताग्रस्त हो.; **split ~s** बाल की खाल उतारना; **stroke a cat/ a dog against ~** बिल्ली या कुत्ते को बालों की उल्टी दिशा में सहलाना; **take a ~ of a dog that bit you** रात में ज्यादा शराब पीने के कारण सुबह होने वाले सिर दर्द (hang-over) से राहत पाने के लिए पी जाने वाली थोड़ी-सी शराब (जिससे दर्द लिया है उसी से दवा लेना), लोहा लोहे को काटता है; **to a hair** हू-ब-हू;

Haiti /हेअटि/ *n.* हेटी नामक देश;

dw/lw: **~an** /हेटिअन/ *adj.* हेटी संबंधित; **~an** *n.* हेटी का नागरिक

hajj /हज/ *n.* हज, मुसलमानों द्वारा मक्का की तीर्थ यात्रा

haka /हाका/ *n.* एक माओरी (Maori) युद्ध नृत्य

hake /हेक/ *n.* कॉड की तरह की समुद्री मछली

HAL *abbr.* 'Hindustan Aeronautics Limited' की प्रथमाक्षरी

halal /हलाल/ *adj.* हलाल का यानी मुस्लिम विधान के अनुसार मारे गए जानवर का गोश्त

halation /हलेशन/ *n.* (फोटो) चित्र के किसी भाग को धूमिल करने की क्रिया, प्रभा-विकरण

halberd/ halbert /हैलबःड/ हैलबःट/ *n.* कुल्हाड़ा, परशु, फरशा;

dw/lw: **~ier** /हैलबःडिअः/ *n.* कुल्हाड़ा लिए हुआ आदमी, परशुधारी

halcyon /हैलसिअन/ *adj.* 1 प्रशांत, शांतिमय, शांतिपूर्ण 2 सुखी तथा समृद्ध;

p&i: **~ days** सुनहरे दिन, अमन-चैन के दिन

hale /हेल/ *adj.* भला-चंगा, स्वस्थ, सकुशल, तगड़ा: ~ and hearty;

dw/lw: **~ness** *n.* सकुशलता, स्वस्थता;

collocations: **~ and hearty** मंगल कुशल

half /हाफ/ *US* हैफ/ *n., pl.* **halves** /हाव्ज/ 1 दो आधे भागों में से एक: your ~ is bigger than mine 2 आधा, अर्धः fold in ~ 3

(½) भिन्न: ~ the profits/ ~ of the profits; divide in/ into ~ *or* in/ into **halves** 4 फुटबाल आदि खेलों का पहला या दूसरा भाग 5 आधा घंटा 6 आधी कीमत का टिकट 7 *Br.* बियर आदि का आधा पाइंट (pint);

adv. 1 आंशिक रूप से खाली/ भरा 2 लगभग: he is ~ persuaded 3 कुछ हद तक 4 किसी घंटे का आधा भाग गुजरने के बाद;

adj. 1 आधा: own a ~ share in a business 2 अपूर्ण, नाकाफी: a ~ knowledge of the subject; a ~ conviction (नाकाफी आत्मविश्वास) 3 आंशिक;

prefix: **half-** 1 दो बराबर के भागों में से एक: **~-day** (आधा दिन) 2 दो भाइयों या बहनों के बीच केवल माता या पिता का सांझा हो.: **~-sister** (सौतेली बहन) 3 आंशिक;

dw/lw: **~-and-~** *adj.* आधा-आधा; **~-and-~** *adv.* 1 आधा-आधा करके 2 संदेहपूर्वक: ~-and-~ enthusiasm (अनमने-से जोश के साथ); **~-and-~** *n.* चाय में दूध और क्रीम का मिश्रण ; **~-arsed** - **~-assed** चूतिया, मूर्ख; **~back** *n.* फुटबाल आदि खेल में हाफबैक; **~baked** *adj.* 1 अधपका, अधूरा, अधकचरा: ~baked bread 2 अप्रौढ़, अनुभवहीन, कच्चा: ~baked youth 3 आंशिक रूप से विचारित: ~baked theories 4 मूर्खतापूर्ण: ~baked measures; **~beak** *n.* समुद्री तथा ताजेपानी की मछली; **~-binding** *n.* पुस्तक की स्पाइन और बाजुओं की अलग-अलग जिल्द; **~-blood** *n.* सौतेला, सौतेली; **~-blooded** *adj.* सौतेला, सौतेली; **~-boot** *n.* पिंडली तक के बूट; **~-breed** *n.* वर्णसंकर, दोगला; **~bath** *n.* (***syn.*** powder room) हाथ-मुंह आदि धोने के लिए छोटा-सा; **~-breed** *n., pejorative* अलग-अलग प्रजातियों के माता-पिता की संतान; **~-breed** *n., offensive* (*better*: **a person of mixed race**) मिश्रित प्रजातियों की संतान; **~-brained** *adj.* मूर्ख, लापरवाह;**~-brother** *n.* सौतेला भाई या कठभाई; **~-butt** *n.* आधा डंडा (in billiard); **~-caste** *n.* वर्णसंकर, दोगला; **~-closed** *adj.* अधखुला; **~-cock** *n.* 1 जो पूरी तरह तैयार न हो: go off ~-cocked/ at ~-cock 2 जिस पर ठीक तरह से विचार न किया गया हो, अविचारित; **~-crown/ ~-a-crown** *n.* एक पुराना ब्रितानवी सिक्का (दो शीलिंग छः पैंस के बराबर); **~-cut** *adj., sl.* नशे में धुत्त; **~-dozen** *n.* आधा दर्जन; **~-hardy** *adj.* एक घरेलू पौधा; **~-hearted** *adj.* बेमना, अधमना; **~-heartedly** *adv.* बेमन से, अध-मन से; **~-heartedness** *n.* बेमनापन, अध-मनापन, ढुलमुलता; **~-hitch** *n.* रस्सी की एक गांठ; **~-hour** *n.* (*also* **half an hour**) *n.* आधा घंटा, अधघंटा; **~-hourly** *adj.* हर आधे घंटे पर होने वाला, आधे घंटे का; **~-hourly** *adv.* हर आधे घंटे पर; **~-hunter** *n.* एक प्रकार की घड़ी; **~-inch** *n.* आधा इंच; **~landing** *n.* सीढ़ियों के मोड़पर आधा अवतरण या पटल; **~-life** *n.* रेडियो-ऐक्टिव अणुओं का खत्म होने का आधा समय; **~-light** *n.* 1 गो-धूलि या पौ फटने के समय की रोशनी 2 मद्धम रोशनी; **~-marathon** *n.* एक प्रकार का मैराथन, (21.243 किलोमीटर) के आधे फासले की दौड़; **~-mast** /हाफ-मास्ट/ हैफ-मास्ट/ *n.* आधा झुका झंडा; **~-mast** *adj.* (झंडा) आधा झुका हुआ; **~-measures** *n., [pl.]* नाकाफी या अधमने या ढुलमुल फैसले या कदम; **~-moon** *n.* अर्ध चंद्रमा; **~-nelson** *n.* कुश्ती में एक दाव; **~-pay** *n.* आधा वेतन: put sb on ~-pay; **~penny/ ha'penny** आधी पैनी का सक्का; **~pennyworth/ hap'orth** आधी पैनी की कीमत का, कौड़ी के दाम का: not make a hap'orth of difference (जरा-सा फर्क भी नहीं पड़ेगा); **~-pie** *n. NZ, sl.* 1 त्रुटिपूर्वक आयोजित या विचारित: ~-pie tactics 2 त्रुटिपूर्ण, साधारण: ~-pie officer; **~-pint** /हाफ पाइंट/ *n., sl.* तुच्छ आदमी; **~-plate/ ~-print** *n.* फोटो का साइज (16.5x10.8 सें.मी.); **~-price** *adj./ adv.* आधी कीमत का या आधी कीमत पर; **~-seas-over** *adj., Br., colloq.* नशे में धुत्त; **~-section** *n.* रेखाचित्र (drawing) का एक माप; **~-sister** *n.* सौतेली बहन, कठबहन; **~-size** *n.* (पूरे साइज के) आधे साइज के कपड़े; **~-sole** *n.* आधा सोल (जूते का); **~-step** *n.* फोटोग्राफी में बिंब में मिश्रित छाया आदि, अर्धप्रकाश, बिंदुचित्र; **~-term** *n. UK* अर्धवार्षिक अवकाश; **~-timbered/ ~-timber** *adj.* किसी भवन में लकड़ी और ईंटों से मिश्रित (संरचना); **~-time** *n.* अंतराल, मध्यांतर, अर्धकालिक: go on ~time; work ~time; ~time system (आधे समय वाली प्रणाली); **~-title** *n.* पुस्तक के आरंभ में दाएं पृष्ठ पर दिखाया जाने वाला संक्षिप्त शीर्षक; **~-tone** *n.* फोटोग्राफी में बिंब में मिश्रित छाया आदि, अर्धप्रकाश, बिंदुचित्र, हाफटोन; **~-track** *n.* एक प्रकार की सैनिक गाड़ी: ~-track tank; **~-truth** *n.* अर्ध सत्य; **~-volley** *n.* गेंद को टप्पा खाने पर मारने की शैली; **~way** *adv.* 1 मध्य-बिंदु पर, दो स्थानों के ठीक मध्य में 2 मझदार में 3 ठीक-ठाक; **~way** *adj.* बीच का, मध्य-बिंदु का: ~way point/ stage; **~wit** *n.* (***syn.*** idiot) मूर्ख व्यक्ति; **~witted** *adj.* मूर्ख या मूर्खतापूर्ण; **~-yearly** *adj.* अर्धवार्षिक; **~-yearly** *adv.* छमाही के आधार पर, हर छमाही;

collocations: **~baked idea** अधपका विचार; **~ birthday** वह दिन जिससे किसी का जन्मदिन आधा वर्ष दूर है; **~board** *UK* (*also* **demi-pension**) होटल या होस्टल में पूरे नाश्ते व डिनर या लंच के साथ दिया जाने वाला कमरा; **~ dollar** पचास सेंट का अमेरिकी सिक्का; **~ house** दो स्थानों के बीच ठीक मध्य दूरी पर बना घर: ~ house between two towns; meet sb ~ house; **~ moon** आधा चांद, अर्ध चंद्रमा; **~ pants** (***syn.*** shorts) निक्कर;

p&i: **~ a fool/ ~ a knave** मूर्ख, पर अपना भला-बुरा जानता है; **~ a loaf is better than no bread** कुछ नहीं तो थोड़ी भली, अर्ध तजे सो पंडित, सर्वस्व तजे सो गंवार, बिल्कुल न होने से कुछ होना बेहतर है; **~ a mo** बस एक मिनट!; **~ an eye** कमजोर नजर; **~ and ~** आधा-आधा; **~ and ~ enthusiasm** अधमना या संदेहपूर्ण जोश; **~ as much** से आधा ज्यादा; **~ as many/much, etc. again** वर्तमान संख्या या मात्रा में 50% की बढ़त; **~ as much old/ far** से आधा ज्यादा पुराना या दूर; **~ hardy** ऐसा पौधा जो सर्दियों में खुले में जिंदा नहीं रह सकता; **~ one/ two/ three, etc.** = **~ past one/ two/three, etc.** घड़ी में डेढ़/ ढाई/ साढ़े तीन आदि बजना; **~ one thing ~ another** or **~ angel ~ bird** न गधों में, न घोड़ों में; **~ the fun time/pleasure, etc.** मौज-मस्ती का समय/ ऐशो-आराम का अधिकांश भाग; **~ the time** लगभग सारे समय;

a good ~ आधे से ज्यादा भाग; **and a** ~ आम बात से कहीं बड़ा, बेहतर व ज्यादा महत्त्वपूर्ण; **a ~-track is often a falsehood** असत्य, अर्ध सत्य जो लगभग झूठा ही होता है; **break/ cut/ split sth in** ~ आधा-आधा बांटना; **by** ~ आधा-आधा; **cry halves** आधे हिस्से की मांग क.; **cut the cost in** ~ लागत आधा कम क.; **decrease/ increase, etc. sth by** ~ आधा कम क. या बढ़ाना; **do sth by halves** पूर्णतः नहीं, थोड़ा-थोड़ा क.; **do nothing by halves** जो कुछ भी करना है उसे पूरे मन व जोश के साथ क.; **get ~ a stretch (for an offence)** (अपराध के लिए) आधे साल की सजा पाना; **go halves with sb** = **go ~ and ~** आधा-आधा बांटना; **he didn't ~ swear** वह बहुत गाली-गलौज कर रहा था; **he isn't ~ a liar** वह बहुत बड़ा झूठा है; **I don't ~ like it** मुझे यह बिल्कुल पसंद नहीं है; **how the other ~ lives** भिन्न-भिन्न वर्गों की जीवन शैली; **have ~ a mind to go there** मैं वहां जाने का मन है; **not ~ as good/ bad/ exciting, etc.** किसी चीज के मुकाबले में आधा भी अच्छा/ बुरा/ रोचक न हो.; **not ~ bad** बिल्कुल बुरा या खराब नहीं; **one's better ~** अर्धांगिनी; **one's worse ~** पुरुष; **~ she isn't ~ clever** वह बहुत चतुर है; **the ~ is more than the whole** *law* आधा हिस्सा पूरे से ज्यादा होता है यानी आधा अच्छा पूरे खराब से बेहतर; **the first blow is ~ the battle** पहला वार सफलता की कुंजी; **the larger/ better ~ of the fortune** संपत्ति का अधिकतर भाग; **they licked him and not** ~ उन्होंने तारीफ से उसे फुलाकर कुप्पा बना दिया; **too clever by** ~ जरूरत से ज्यादा चतुर या चालाक;

halibut /हैलिबट/ *n., pl.* **~s** हैलीबट नामक मछली

halieutics /हैलियूटिक्स/ *n.* मछली पकड़ने की कला

halite /हैलाइट/ *n.* नमक की चट्टान

halitosis /हैलिटोसिस/ *n.* श्वास की गंध, मुंह की बदबू, गंदी सांस

hall /हॉल/ *n.* (*US* **entry**) 1 प्रवेश कक्ष, बड़ा कमरा: waiting ~ 2 (*also* **hallway**, **corridor**) कमरों की दो कतारों के बीच का गलियारा जो दूसरे कमरों तक ले जाता है, गुजरने का गलियारा 3 सभा भवन: banqueting ~; dinner in ~ 4 *Br.* (*in full* **~ of residence**) छात्रावास 5 (*usually* **Hall**) देहात के खेत पर बना एक बड़ा घर 6 *Br.* कॉलेज, विश्वविद्यालय, छात्रावास का भोजनालय, ऐसे भोजनालय में भोज: he had been quiet the whole of ~ 7 दुर्ग, किले आदि का मुख्य कमरा 8 (*often* **~s**) संगीतालय, संगीत कक्ष: go to the **~s**;
collocations: **~ of fame** कीर्ति भवन, स्मारकस्थल; **~ of justice** न्यायालय; **~ stand** कपड़े टांगने की घोड़ी (stand); **a taxi-dance ~** व्यावसायिक पार्टनरों के साथ नाचना; **dining ~** भोजनालय; **assembly ~** सभागार

hallelujah/ halleluia/ alleluia /हैलिलूया/ *interj.* अल्लेलूया! जिंदाबाद!

hallmark /हॉलमाःक/ *n.* 1 सोने आदि की प्रामाणिकता या श्रेष्ठता सूचक चिह्न, छाप, मोहर: ~ gold 2 किसी भी वस्तु का प्रामाणिकता का चिह्न, गुणवत्ता की निशानी 3 गुण का द्योतक: bear all the ~s of a budding star;
v., pt. **~ed**, *pp* **~ing** प्रमाणांकन क., प्रामाणिकता या श्रेष्ठता सूचक चिह्न लगाना, छाप लगाना;
dw/lw: **~ed** *adj.* 1 निशान वाला, चिह्नयुक्त, प्रमाणांकित, प्रमाणक

hallo *UK* (*UK/US* hello) /हलो/ *excl.* अभिवादन सूचक शब्द जो अक्सर टेलीफोन पर बातचीत शुरू करने के लिए प्रयुक्त होता है

halloo /हलू/ *v., pt.* **~ed**, *pp* **~ing** 1 ललकारना 2 कुत्तों को शिकार पर छोड़ दे. 3 ध्यान आकर्षित करने के लिए चिल्लाना;
p&i: **don't ~ until you are out of the wood** मुसीबत से बाहर निकलने से पहले खुशियां नहीं मनानी चाहिएं

hallow /हैलो/ *v., pt.* **~ed**, *pp* **~ing** पवित्र बनाना. या मानना;
dw/lw: **~ed** /हैलोड/ *adj.* 1 सम्माननीय 2 (***syn.*** sacred पवित्र, पावन 3 पवित्रित

Halloween/ Hallowe'en /हैलोईन/ (*also* **All Hallows Eve.**) *n.* इकत्तीस अक्तूबर की रात जिसे लोग सर्व-संत दिवस के रूप में मनाते हैं और एक-दूसरे को डराने के लिए विशेष प्रकार की पोशाक पहनते हैं

Hallstatt /हैल्श्टैट/ *adj.* 1 *Archaeol.* केंद्रीय यूरोप से ब्रिटेन तक कांस्य युग (Bronze Age) से लोह युग (Iron Age) के काल में पनपी यूरोपीय संस्कृति से संबंधित 2 आस्ट्रिया

hallucina\te /हैलूसिनेट/ *v., pt.* **~ted**, *pp* **~ting** 1 दृष्टि भ्रम हो. 2 भ्रामक व काल्पनिक बातों से ग्रस्त हो.;
dw/lw: **~tion** /~शन/ *n.* 1 विभ्रम, दृष्टि भ्रम, श्रुतिभ्रम, मतिभ्रम, भ्रांति, भ्रामकता 2 निर्मूल भ्रम, मोह-माया, माया-मोह; **~tive/ ~tory** /~टिव/ /~टरि/ *adj.* भ्रांतिकारक, भ्रांतिजनक, भ्रामक, काल्पनिक, मायिक

hallucino\gen /हैलूसिनअजन/ *n.* LSD जैसी भ्रांतिजनक औषधि, विभ्रामक औषध;
dw/lw: **~genic** /हैलूसिनॉजेनिक/ *adj.* भ्रामक, भ्रांतिजनक; **~sis** /हैलूसिनॉसिस/ *n.* विभ्रामक रोग

hallux /हैलक्स/ *n., pl.* **halluces** /हैल्यूसीज/ 1 मानव के पांव का अंगूठा 2 पक्षियों का पंजा

hallway /हॉल्वे/ *n.* ड्योढ़ी, प्रवेश कक्ष या बरामदा (*also see under* **hall way**)

halo /हेलो/ *n., pl.* **~s/ ~es** 1 प्रभामंडल, आभामंडल 2 परिवेश 3 सम्माननीय व्यक्ति आदि की महिमा या शान: ~ of glory 4 सूर्य या चंद्रमा के चारों ओर दिखनेवाला प्रकाश वृत्त: solar ~;
v., pt. **~ed**, *pp* **~ing**, *s/he/it* **~es** किसी के या किसी वस्तु के चारों ओर प्रभावृत्त डालना;
dw/lw: **~ed** /हेलोड/ *adj.* प्रभामंडल या प्रकाशचक्र से सज्जित;
collocations: **~ effect** *psychol.* किसी के एक-दो गुणों के आधार पर उसे पूरी तरह से सकारात्मक रूप में देखने या अपनाने की प्रवृत्ति

HALOE *abbr.* 'Halogen Occultation Experiment' की प्रथमाक्षरी

halogen /हैलअजन/ *n.* कोई भी अधातु तत्त्व जैसे फ्लोरीन, क्लोरीन, ब्रोमाइन, आयोडीन आदि जो धातुओं के साथ मिलकर क्षारिक लवण बनाता है

halon /हेलौन/ *US* हेलाःन/ *n., chem.* आग बुझाने में प्रयुक्त कार्बन व किसी हैलोजन तत्त्व से बनी गैस

halophile /हेलोफाइल/ हेलोफिल/ *n.* ऐसे जीव जो अति क्षारिक (नमकयुक्त) हालात सहन कर सकते हैं

halt /हॉल्ट, हौल्ट/ *US* हॉल्ट, हाःल्ट/*n.* 1 विराम, रुकाव, ठहराव: call a ~ 2 अवस्थान, पड़ाव: come to a ~; **~ing** allowance (विराम-भत्ता) 3 *Br.* छोटा रेलवे स्टेशन या बस स्टॉप 4 अवरोध: an abrupt/ grinding/ sudden ~ 5 लड़खड़ाहट, हकलाहट: he has a ~ in his speech;
v., pt. **~ed**, *pp* **~ing** 1 किसी काम को रोकना या उसका रुकना: ~ and freeze! 2 रुकना, ठहरना, पड़ाव डालना: ~ at an inn 3 हिचकना, टालमटोल क. 4 जबान का लड़खड़ाना 5 लंगड़ाना 6 अशुद्ध हो.;
dw/lw: **~ing** *adj.* 1 रुक-रुककर चलने वाला: ~ing steps 2 लंगड़ाता हुआ, लड़खड़ाता हुआ 3 (***syn.*** hesitant) हिचकिचाता हुआ, डांवांडोल: ~ing speech; **~ingly** *adv.* रुक-रुक कर;
p&i: **bring sth to ~** किसी चीज को बंद क.; **call a ~ to sth** बंद करने के लिए आधिकारिक रूप से हुक्म दे. या प्रार्थना क.; **come to a ~** किसी चीज का बंद हो.

halter /हॉल्टः, हौल्टः/ *US* हॉल्टर, हाःल्टर/ *n.* 1 घोड़े के गले में बांधी जाने वाली पट्टी 2 अगाड़ी 3 गले का फंदा, फांसी का फंदा, गल-फांसी: come to the ~ (फांसी पर चढ़ना) 4 एक तरह की कुर्ती 5 संतोलक अंग;
dw/lw: **~neck** *n.* औरत की छाती की पोशाक (कुर्ती) की शैली;
p&i: **put a ~ round one's own neck** स्वयं ही फांसी के फंदे में फंसना

hal\ve /हाःव/ *US* हैव/ *v., pt.* **~ved**, *pp* **~ving** 1 आधा-आधा क. 2 लागत, समस्याओं आदि को आधा कम क.: **~ve** the expenses; that will **~ve** the profits 3 आधा दे. या बराबर-बराबर ले. 4 अधजोड़ लगाना;
p&i: **by ~ves** 1 अधूरे रूप में 2 अनिच्छा से, बेमन का

halyard/ halliard /हैल्यःड/ हैलियःड *n.* 1 पाल रस्सी 2 झंडा या पाल ऊंचा-नीचा करने की रस्सी

ham /हैम/ *n.* 1 सुअर की रान का गोश्त 2 *theat.* खराब अभिनेता जो दिखावापूर्ण अभिनय (overacting) करता हो 3 अनुभवहीन व खराब अभिनय 4 शौकिया रूप से रेडियो संकेत प्राप्त करने या भेजने वाला 4 घुटने के ऊपर की टांग यानी रान का पिछला हिस्सा: hamstring (injury);
adj. खराब, बेकार: a ~ actress *Amer., US, sl.* (बेकार अभिनेत्री);
v., pt. **~med**, *pp* **~ming** (*also* **~ sth up**) 1 बढ़ा-चढ़ाकर भावपूर्ण व्यवहार क. या दिखावापूर्ण अभिनय क.;
dw/lw: **~fatter** *n.* घटिया चारण, कलाकार, अभिनेता; **~-fisted**/~फिस्टिड/ (*US* **~-handed**) *adj.* (***syn.*** clumsy) बेढब, अनाड़ी, भोंडा, फूहड़, गड़बड़िया; **~my** /हैमि/ *adj., degr.* **~mier**, **~miest** बढ़ा-चढ़ाकर (over-act) अभिनय करने वाला
collocations: **~ pilot** *US, sl.* खराब विमानचालक;
p&i: **squat on one's ~s** घुटनों के बल बैठना

HAMA *abbr.* 'Hindu Adoption and Maintenance Act of 1956' की प्रथमाक्षरी

hamadryad /हैमअड्राइएड/ *n., pl.* **~s/ ~es** /हैमिड्राइएडीज/ *Greek and Roman mythol.* 1 वन देवी जो पेड़ पर रहती है और पेड़ की मृत्यु के साथ उसकी भी मृत्यु हो जाती है 2 कोबरा (सांप) 3 अफ्रीकी बंदर

hamartiology /हअमाःटिऔलजि/ *US* हअमाःटिआःलजि/*n.* पाप-शास्त्र (doctrine of sin Christian theology)
Hamburg /हैमबःग/ *n.* 1 जर्मनी का एक नगर 2 (**hamburg**) नीले पैरों वाली पालतू मुर्गी
hamburger /हैमबःगः/ *n.* 1 हैमबर्गर, पिसे गोश्त का का तला हुआ चपटा टुकड़ा 2 *US* (**hamburger meat = mince**) कीमा
hamfisted *see above under* **ham:** ***dw/lw***
hamlet /हैमलअट/ *n.* छोटा-सा गांव, पल्ली, पुरवा, खेड़ा, गढ़ी
hammer /हैमः/ *n.* 1 हथौड़ा, हथौड़ी: ~ and sickle 2 घन, मारतौल 3 घोड़ा (of gun) 4 *athletics* तारगोला: throwing the ~ 5 घंटे, पियानो, दीवार घड़ी जिसका एक हथौड़ानुमा पुर्जा दूसरे से लगकर आवाज करता है 6 न्यायाधीश या नीलामी करने वाले का लकड़ी का हथौड़ा या हथौड़ी: bring/ send under the ~ (नीलामी में बेचना); come under the ~ (नीलामी में बिकना) 7 *anat.* कान की छोटी हड्डी;
v.**, pt.* **~ed**, *pp* **~ing** 1 हथौड़े से घड़ियाल बजाना 2 किसी को हथौड़े से मारना 3 *Brti., colloq.* कटु आलोचना क. या बेतहाशा पिटाई क. 4 *colloq.* हराना 5 *stock exchange* सदस्य या बाकीदार के बारे में हथौड़े से बजाकर घोषणा क.: he was **~ed** a defaulter 6 सट्टा बाजार में भाव गिराना 7 (syn.*** pound) ठोकना: ~ nails into a board; ~ iron; ~ at/ on the door (दरवाजे पर ठक-ठक क.) 8 ठूंसना: ~ rules into sb's head;
dw/lw: **~ed** *adj., US* पीकर धुत्त; **~head** *n.* 1 एक बड़ी खूंखार मछली, शार्क, हांगर, सोर 2 एक अफ्रीकी पक्षी; **~ing** /हैमरिंग/ *n.* हथौड़े या हाथ से पीटने से होने वाला शोर: the ~ing on the door ceased 2 *UK* करारी हार; **~lock** *n.* कुश्ती का एक दांव; **~-toe** *n.* पांव का मुड़ा हुआ अंगूठा;
collocations: **~ and sickle** हंसिया और हथौड़े का चिह्न, जो श्रमिकों तथा किसानों का प्रतीक है; **~ beam** दो दीवारों पर आर-पार टिका शहतीर; **~ drill** एक प्रकार का बरमा;
p&i: **~ at a book** पुस्तक का अध्ययन क.; **~ at/ away at sth** लगातार काम क.; **~ down an irregularity** गलत-फहमी दूर क.; **~ into sb's head** किसी के दिमाग में ठूंसना; **~ sth in** 1 हथौड़े आदि से किसी चीज को ठोक कर अंदर डालना 2 किसी के दिमाग में कोई बात ठूंसना; **~ on/ at sth** बार-बार पीटना या ठोकना; **~ out** 1 कील आदि को बाहर निकालना 2 बात गढ़ना; **~ out an excuse** बहाना बनाना; **~ sth home to sb** किसी को कुछ समझाना; **~ sth into sb** बार-बार दोहराकर किसी को याद कराना; **~ sth out** 1 मतभेद दूर करके किसी सहमति पर पहुंचना 2 हथौड़े से पीटकर ठीक क. या हटाना; **~ together** ठोककर मिलाना;
between ~ and anvil आगे कुआं, पीछे खाई; **bring to the** ~ नीलामी में बेचना; **come to/ go under the** ~ नीलामी से बेचना, नीलामी होना; **give sb a good ~ing** किसी की खूब धुनाई क.; **go at it ~ and tongs** किसी पर दाना-पानी लेकर पिल पड़ना; **on sb's ~ing** किसी का पीछा करते हुए
hammock /हैमक/ *n.* दो खूंटियों से बंधा जालीदार झूला, दलारा, दोला
hammy *see above under* **ham:** ***dw/lw***
hamper /हैंपः/ *v., pt.* **~ed**, *pp* **~ing** 1 (***syn.*** hinder) बाधा या रुकावट डालना, अवरुद्ध क.: the swimmer was **~ed** by his clothes; ~ the progress of business; we are seriously **~ed** by persistent bad weather 2 रोड़े अटकाना 3 अड़ंगा लगाना;
***n.**, naut.* 1 जहाज पर जटिल परंतु आवश्यक यंत्र 2 टोकरा, टोकरी, डलिया, डला, पिटारा 3 टोकरी में भरा भोजन एवं पेय 4 उपहार में भेजा जाने वाला भोजन का बक्सा: a Christmas ~;
dw/lw: **~ed** /हैंपःड/ *adj.* अवरुद्ध, बाधित: ~ed movement
HAMRC *abbr.* '(army's) High Altitude Medical Research Centre' की प्रथमाक्षरी
hamshack\le /हैम्शैकल/ *v., pt.* **~led**, *pp* **~ling** 1 छांदना 2 सिर और पैरों में बेड़ियां डालना 3 रोक लगाना
hamster /हैम्स्टः/ *n.* चूहे की तरह का एक पालतू जानवर, हैमस्टर
hamstring /हैम्स्ट्रिंग/ *n., anat.* घुटनस, घुटने के पीछे की नस;
***v.**, pt.* **hamstrung**, *pt. p.* **hamstrung**, *pp* **~ing** घुटने के पीछे की नस काट दे., पंगु बना दे., नकारा क.
hand /हैंड/ *n.* 1 हाथ, हस्त, कर, दस्त: the back of the ~; vote by show of **~s**; take/ lead sb by the ~ 2 हत्था, मुट्ठा 3 अगला पैर 4 लिखावट 5 हस्ताक्षर, स्वाक्षर 6 (**a ~**) सहायता, मदद: he gave us a ~ 7 कार्यकर्ता, मजदूर: helping **~s** 8 कुशल, दक्ष, निपुण कारीगर: a good ~ at baking; a light ~ at pastry 9 (घड़ी की) सूई: **~s** of watch 10 एक हाथ की लंबाई 11 विवाह का प्रस्ताव: he asked for her ~ 12 हिस्सेदारी, भूमिका, प्रभाव: the ~ of fate; a ~ in victory 13 तरफ, ओर, स्थिति: on the right ~ 14 करतल ध्वनि, तालियां: give sb a big ~ 15 ताश के पत्तों की बाजी: deal a good ~ 16 सूचना का स्रोत: get the news at first ~ 17 विरोधी पक्ष, दूसरी ओर: on the other ~ 18 केलों का गुच्छा 19 (**~s**) *football* (***syn.*** foul) गेंद को हाथ से छूने से हुआ नियम भंग: "hand of God" – famous footballer Maradona 20 नाविक: all **~s** on the deck! 21 घोड़े के माप की एक इकाई जो 4 इंच के बराबर होती है;
adj. 1 हाथ से संबंधित: ~ grenade 2 हाथ से चलने वाला: ~ saw (हस्त चालित आरा) 3 हाथ से बना हुआ: ~-knitted;
***v.**, pt.* **~ed**, *pp* **~ing** 1 (*often* **~ sth back/ in/ out/ round/ down**) सौंपना: ~ down a custom from generation to generation (किसी प्रथा को पीढ़ी-दर-पीढ़ी सौंपते जा.) 2 देना: ~ down; ~ down plates from the shelf 3 पहुंचाना 4 किसी को हाथ पकड़कर कहीं ले जाना: he **~ed** her into the carriage 5 *naut.* पाल चढ़ाना;
dw/lw: **~bag** *UK* (*US* **purse**) *n.* औरतों का थैला, हैंडबैग; **~ball** *n.* हैंडबाल, गेंद का खेल; **~-barrow** *n.* हाथ-गाड़ी, ठेला; **~bell** *n.* संगीत की धुन निकालने के लिए बजाई जाने वाली घंटी; **~bill** *n.* पर्चा, इश्तहार, हैंडबिल; **~book** *n.* निर्देश-पुस्तिका, गुटका; **~brake** *UK* (*US* **emergency brake**) *n.* हाथ से लगाया जाने वाला ब्रेक (अवरोधक); **~breadth/ ~'s breadth** *n.* एक हाथ की लंबाई, बित्ता; **~cart** *n.* छकड़ा, ठेला; **~clap** *n.* ताली, थपौड़ी, करतल ध्वनि; **~clasp** *n.* हाथ मिलाने की क्रिया, हाथ-मिलाई, हथमिलाव; **~craft** *n.* दस्तकारी; **~crafted** *adj.* हाथ से बनाया हुआ; **~cuffs** *n. [pl.]* हथकड़ी; **-handed** *see below under separate entry*; **~ful** *adj.* 1 थोड़े-से: a ~ful of mischief mongers 2 मुट्ठीभर: ~ful of nuts; **~-grenade** *n.* हथगोला; **~grip** *n.* 1 हाथ की पकड़, गिरफ्त 2 हथमिलाव 3 मूठ, हत्था; **~gun** *n.* हैंडगन, हाथों से चलाई जाने वाली बंदूक; **~-held** *adj.* हाथ में थामा हुआ; **~hold** *n.* पूरा सहारा, आधार: there was neither ~hold, nor foot-hold on those steep rocks; **handicap, handicraft, handily, handiwork** *see below under separate entry*; **handkerchief, handle, handler, handling** *see below under separate entry*; **~list** /हैंडलिस्ट/ *n.* संक्षिप्त सूची; **~loom** *n.* कर्घा, हथ-कर्घा; **~made** *n.* हस्त-निर्मित, हाथ का बना; **~maid/ ~maiden** *n., old use* 1 नौकरानी, दासी 2 सहायक; **hand-me-down** *n. colloq.* 1 सस्ता तैयार शुदा (readymade) परिधान 2 उतरे हुए कपड़े, उतरन; **hand-me-up** *n.* परिवार के युवा पीढ़ी के लोगों द्वारा अपनी उतरी हुई या पुरानी पड़ी वस्तु बड़ों को देने का कार्य; **~-note** *n.* चिट्ठी, हस्तांक-पत्र; **~-operated** *adj.* हस्त-चालित; **~out** /हैंडाउट/ *n.* 1 भिक्षा, दान 2 पर्चा, इश्तिहार 3 समाचार पत्रों को दिया गया बयान; **~over** /हैंडोवः/ *n.* 1 सत्ता का स्थानांतरण 2 सौंपने की क्रिया; **~over** *n.* 1 सत्ता या जिम्मेवारी का स्थानांतरण 2 सौंपने की क्रिया; **~pick** *v., pt.* ~picked, *pp* ~picking 1 सावधानी से चुनना या छांटना: ~pick a teen 2 हाथ से उठाना या तोड़ना: ~pick the grapes; **~picked** *adj.* 1 किसी की मर्जी से चुना हुआ, चुनिंदा 2 हाथ से उठाकर एकत्रित; **~print** *n.* हाथ की छाप; **~pump** *n.* हैंडपंप, नलका;

~rail *n.* 1 सीढ़ियों के साथ बनी रेलिंग (railing), हैंडरेल 2 कटघरा; **~set** *n.* 1 मोबाइल फोन उपकरण 2 टेलीफोन उपकरण; **~s-free** *adj.* जिसे बिना हाथ में थामे प्रयोग किया जा सके; **~shake** *n.* हाथमिलाव, हाथ-मिलाई; **~s-off** *n.* हाथों से न चलने वाली मशीन; **~s-on** *adj.* व्यावहारिक, मात्र सूचनाओं या सिद्धांत की बजाए रचनात्मक अनुभव वाला; **~spring** /हैंडस्प्रिंग/ *n.* कलाबाजी; **~stand** हाथों के बल (उल्टे) खड़े होने की क्रिया; **~-to-~** *adj.* अत्यंत निकट, हाथों-हाथ: fight ~-to-~ (घूंसे-लातों से लड़ना); **~-to-mouth** *adj.* किसी तरह अपना गुजारा चलाने वाला, तंगहाल, तुरंत कुआं खोदना, तुरंत पानी पीने की स्थिति में फंसा हुआ; **~work** *n.* हाथ का काम, हस्तशिल्प; **~writing** *n.* लिखावट, लेखन-शैली: in one's own ~writing; **~written** *adj.* हस्त-लिखित; **~y; ~yman** *see below under separate entries*;

left-~ *n.* बायां हाथ; **right-~** *n.* दायां हाथ; **second~** *adj.* पुराना, जो पहले किसी के पास (हाथों में) रहा हो;

collocations: **~ cream** हाथों पर लगाने की क्रीम; **~ gallop** लगाम से नियंत्रित घुड़-चाल या दौड़; **~ luggage** वायुयान आदि में हाथ में ले जाया जाने वाला सामान; **~ saw** हाथ से चलाया जाने वाला आरा; **~s free** बिना हाथों के प्रयोग किया जा सकने वाला उपकरण;

p&i: **~ and foot** पूरी तरह से; **~ about** आवारा घूमना, मंडराते रहना; **~ back** वापस क.; **~brake turn** चलती कार में हाथ-ब्रेक पर हाथ रखकर तीव्र मोड़ लेना; **~ down a legend** किंवदंतियों को (पीढ़ी-दर-पीढ़ी) सौंपते जाना; **~hot** (पानी) इतना गर्म कि उसमें हाथ रखा जा सके; **~ down to posterity** भावी पीढ़ियों को सौंपना; **~ in** सौंपना, देना: ~ in an application; **~ in ~** एक-दूसरे का हाथ पकड़े हुए, हाथ में हाथ डाल कर; **~ in glove with sb** किसी नकारात्मक काम में किसी के साथ मिलकर लिप्त हो.; **~ in one's checks** मर जाना; **~ it to sb** 1 हार मान ले. 2 किसी के अच्छे काम को मान्यता देते या स्वीकारते हुए उसे सराहना; **~ of God** किस्मत का खेल है, भगवान की मर्जी; **~ on the torch** परंपरा आदि को आगे देना; **~ out** बांटना: blankets were ~ed out to the soldiers; **~ out bouquets to sb** फूलों का गुलदस्ता देकर सम्मान क.; **~ over** सौंपना, आगे दे.: ~ over one's application to court; **~ over fist** जल्दी-जल्दी, तेजी से; **~ over head** सिर के बल; **~ round** उपस्थित लोगों को बांटना: ~ round tea; **~s down** आसानी से; **~s full** अत्यधिक व्यस्त हो.; **Hands off!** दूर रहो! परे हटो!; **Hands up!** हाथ ऊपर (करो)!; **~ sb a discharge** किसी को नौकरी से निकालना; **~ sb/ sth over** सौंपना; **~ sth in** सौंपना; **~ sth back** वापस क.; **~ sth down** 1 छोटे बच्चों को खिलौने आदि दे. 2 (*syn.* pass down) प्रथा को अगली पीढ़ी को सौंपना; **~ sth out** लोगों में बांटना, प्रचारित क.; **~ sth to sb on plate** किसी को चीज कोई चीज आसानी से सौंप दे.; **~ sth over to sb** किसी को अपनी सत्ता या अधिकार सौंपना; (the) **hand that rocks the cradle rules the world** जननी जन्मदायिनी और विश्वविधायिनी; **to ~ fighting** आमने-सामने की लड़ाई; **~s wanted!** मजदूरों की जरूरत है; **~ up** ऊपर दे.: ~ up (the) cargo from the hold of a ship;

a bad ~ at काम करने में बेढब; **a big ~** करतल ध्वनि, शाबाशी; **a bird in ~ is worth two in the bush** नौ नकद, न तेरह उधार, दुविधा में दोनों गए माया मिली न राम; **a blind ~** पढ़ा न जा सने वाला हस्त लेख; **a cold ~ and a warm heart** हाथ ठंडे पर दिल गर्म; **a dab ~ at cooking** खाना बनाने में माहिर; **a dead ~** संपत्ति पर मालिकाना हक, पर स्थानंतरण अधिकार से वंचित; **a ~** शारीरिक रूप से मदद करने वाला (a helping hand); **a ~'s turn** बहुत कम काम हो.; **a free ~** पूरी छूट या आजादी; **a fresh ~** नौसिखुआ, अनाड़ी; **a high ~** तानाशाही रुख; **a light ~** दक्ष या हुनरमंद हाथ; **all ~s** सारा कर्मी दल; **a man of quick ~s** दक्ष या हुनरमंद व्यक्ति; **an empty hand is no lure for a hawk** कंगाल के घर चोर भी नहीं फटकते; अपने आप को नीचा गिराते हुए, आत्मसम्मान खोते हुए; **an old ~** अनुभवी व्यक्ति, मंजा हुआ खिलाड़ी; **an open ~** उदार हाथ; **a picture by the same ~** एक ही कलाकार द्वारा बनाया हुआ चित्र; **a story heard at second ~** सुनी-सुनाई बात; **act with a heavy ~** कठोर कदम उठाना; **all ~s on deck! = all hand to the pump!** 1 जहाज में: सब ऊपर चलो! 2 हर कोई संघर्ष में!; **ask for sb's ~** किसी को शादी करने का प्रस्ताव करना; **ask sb's ~** किसी का हाथ विवाह के लिए मांगना; **at/ on ~** पास में, निकट: dawn is at ~ (पौ फटने को है); **at ~** पास में, निकट ही; **at/ on any ~** हर हाल में; **at first ~** सीधे, किसी के हाथों से; **at second hand** सुनी सुनाई बात; **at the ~s of sb** किसी के हाथों में हो. या किसी के हाथों अन्याय का शिकार हो.; **be flippant with one's ~s** किसी पर हाथ उठाना; **be good with one's ~s** हुनरमंद हो.; **be in ~ with sth** किसी काम को बड़े हुनर से क.; **be heart and ~ for sth** किसी बात का तहे दिल से समर्थन क.; **be in sb's ~s** किसी के हाथों/ हाथ में हो.; **be off sb's ~s** किसी पर बोझ न रहना; **be on on sb's ~s** किसी के खाते में बचा हुआ काम रहना; **be on/ upon the mending ~** स्वास्थ्य का बेहतर हो.; **be out of ~** हाथ से निकल जा., नियंत्रण में न हना; **bear a ~** मदद क.; **bear sb in ~** किसी को अपने हाथों में रखना; **believers in the strong ~** मजबूत व्यक्ति को चाहने वाले; **bind sb's ~ and foot** किसी को पूर तरह जकड़ लेना; **bite the ~ that feeds** कृतघ्न हो., एहसानफरामोश हो.; **ring up/ feed a child by ~** बच्चे को कृत्रिम ढंग से दूध पिलाना; **bring up to one's ~** 1 किसी बच्चे को अपने अनुसार पालना 2 किसी बात को अपने अनुसार ढाल ले.; **by ~** 1 हाथ से बनाया हुआ 2 दस्तकारी 3 हाथों-हाथ; **change ~s** किसी चीज का एक व्यक्ति द्वारा दूसरे को बेचा जा., एक आदमी से दूसरे के पास जाना; **clean ~s** साफ-पाक हाथ; **close/ near at ~** पास में, शीघ्र ही होने वाला; **come cap in ~ to sb** 1 किसी से प्रार्थना क. 2 अपने आप को नीचा गिराते हुए, आत्मसम्मान खोते हुए; **come to ~** हाथों पड़ जाना, पहुंचना; **deal with a heavy ~** कठोरता से पेश आना, दमनपूर्वक दबाना; **dirty one's ~** हाथ काले क., दुष्टतापूर्ण काम क.; **do sth out of ~** किसी काम को हाथों-हाथ कर दे.; **drink ~ to fist** पीकर धुत्त हो जाना; **every hand against one** सब एक व्यक्ति के पीछे पड़ गए; **extend a ~ of friendship to sb** किस की ओर दोस्ती का हथ बढ़ाना; **fact admitted on all ~s** सर्वमान्य तथ्य; **fall into good ~s** भरोसेमंद हाथों में पड़ जा.; **fall into the enemy's ~s** दुश्मन के हाथों पड़ जाना; **fight for one's own ~** अपने हितों के लिए संघर्ष क.; **fight ~ to ~** हाथापाई की लड़ाई लड़ना; **first ~** अपने अनुभव से; **fold one's ~s** हाथ-पांव न मारना; **force sb's ~** किसी को कुछ करने को मजबूर क.; **free sb's ~s** किसी को आजाद क.; **from ~ to ~** हाथों-हाथ, एक हाथ से दूसरे हाथ में (जाना आदि); **get a big ~** बहुत प्रशंसा होना/ बहुत करतल ध्वनि हो. या तालियां बजना; **get a good ~ = get the better ~** बढ़त पाना; **get/ lay your ~s on sth** ढूंढ निकालना; **get off one's ~s** किसी के हाथों से छीनना; **get one's ~s dirty** अपने हाथ से काम क.; **get one's ~ in** किसी कार्य में हाथ डालना या दखल रखना; **get oneself in ~** अपने आप को संभालकर संतुलित क.; **get out of ~** नियंत्रण से बाहर हो.; **get the ~** करतल ध्वनि के साथ किसी का स्वागत हो.; **get/ gain the upper ~** संघर्ष में पलड़ा भारी हो.; **get the whip ~ of sb** किसी को पूर्णतः वश में रखना; **give/ lend/ bear a ~** मदद क.; **give a helping ~** सहायता क.; **give one's last ~ to sth** किसी कार्य को अंतिम रूप देना; **give sb a glad ~** किसी का गर्म-जोशी से स्वागत क.; **give sb one's ~ on sth** सौगंध खाकर वचन दे.; **go on one's ~s and knees** घुटने टेकना; **go to hell in a ~basket!** जहन्नुम में जाओ!; **go ~ in ~** सहअस्तित्व हो., मेल हो.; **have a ~ in sth** किसी करतूत में हाथ हो.; **have**

a ~ in the till खजाना लूटना; **have a good** ~ ताश के अच्छे पत्ते पाना; **have a light ~ at pastry** पेस्ट्री बनाने में कुशल हो.; **have an hour on one's ~s** किसी के पास एक घंटा और बचा हो.; **have clean ~s** ईमानदार हो.; **have long ~s** प्रभावशाली व्यक्ति हो.; **have one's ~s full** बहुत व्यस्त हो., मुसीबतों का पहाड़ सामने हो.; **have one's ~s tied** बंधन में हो.; **have sb's fate in one's ~s full** किसी की किस्मत का कर्ता-धर्ता हो.; **he died at the ~ of a murderer** उसकी एक कातिल के हाथों मौत हुई; **he has a family on his ~s** उसे अपने परिवार को संभालना है; **he has his ~s tied** उसके हाथ बंधे हैं; **he has a beautiful small** ~ उसकी छोटे अक्षरों की लिखावट बहुत सुंदर है; **he has a light** ~ वह काफी नाजुक है; **he has shaken ~s with all honesty** उसने ईमानदारी को त्याग दिया है; **he is in good ~s** वह विश्वसनीय हाथों में है; **he is a fine ~ at cooking** वह अच्छा रसोइया है; **he is quite a ~ with the violin** वह वायलिन बजाने में दक्ष है; **he still has some money in** ~ उसके पास अभी भी थोड़ा पैसा बचा है; **his ~ is out** 1 वह थक गया है 2 उसकी आदत छूट गई है; **his wrath has got out of** ~ वह बुरी तरह से आपे से बाहर हो गया; **hold sb' ~s** मुसीबत में किसी का साथ देना; **I don't know what to put my ~s to first** मुझे नहीं पता कि कहां से शुरू करूं; **in** ~ 1 जो काम अभी हाथ में है 2 हाथ में पैसा आदि कै हो. 3 स्थिति आपके काबू में हो. 3 ; **in sb's safe / capable ~s** किसी के भरोसेमंद या दक्ष हाथों में हो.; **it does not lie to his** ~ यह काम वह अच्छी तरह नहीं कर सकता; **join ~s** एक हो जा.; **keep a car well in** ~ गाड़ी की अच्छी देखभाल क.; **keep a firm ~ on** वश में रखना; **keep one's ~s in** किसी कार्य में अपनी दक्षता कायम रखना; **keep oneself well in** ~ अपनी भावनाओं पर काबू रखना; **keep one's ~ in** हुनर या दक्षता बनाए रखना; **keep one's ~s off sb** किसी को न छेड़ना; **kiss one's ~ to sb** किसी को हवाई चुंबन भेजना; **lay one's ~s on one's heart** अपने दिल पर हाथ रखकर सौगंध खाना; **lay one's ~s on sb** किसी पर प्रहार क.; **lay violent ~s on oneself** आत्महत्या क.; **lay one's ~s to sth** कोई काम शुरू क.; **lend a** ~ मदद क.; **lift one's ~ against sb** किसी पर हाथ उठाना; **live from ~ to mouth** तुरंत कुआं खोदना, तुरंत पानी पीना; **make a (good) ~ of sth** 1 घूस ले. 2 शादी क.; **many kiss the ~ they wish cut off** बहुत सारे लोग (मजबूरी आदि में) उस हाथ को चूमते हैं जिसे वे कटवाना चाहेंगे; **many ~s make light work** बहुत सारे लोग मिलकर काम को आसान बना देते हैं; **marry with the left** ~ (***syn.*** marry morganatically) दुल्हे से निम्नतर सामाजिक स्तर की लड़की से शादी क.; **my fate is in your ~s** मेरी किस्मत आपके हाथों में है; **news at first** ~ प्रथम/ मूल स्रोत से खबर पाना; **not lift a** ~ जरा भी काम न क.; **not to let one's left ~ know what one's right ~ does** भला कार्य चुपके-चुपके क.; **not to move** ~ or **foot = not do a ~'s turn** कुछ भी न क.; **off one's ~s** अपने को किसी काम से फारिग क.; **offer sb one's ~ (and heart)** किसी का हाथ मांगना, किसी को शादी का प्रस्ताव क.; **on** ~ (*also UK* **to hand**) उपलब्ध, तैयार, पास में ही; **on all ~s** सभी तरफ; **one ~ washes another** एक-दूसरे के लिए कुछ क.; **one's ~s are clean** साफ-पाक या निर्दोष व्यक्ति, ; **on either** ~ दोनों तरफ से; **on one's ~s** के लिए जिम्मेवार हो.; **on the one hand ... on the other hand** एक तरफ (तो)...जबकि दूसरी ओर...; **out of** ~ (***syn.*** extempore) तुरंत, बिना किसी तैयारी के; **out of sb's ~s** के वश या अधिकार क्षेत्र से बाहर हो.; **overplay one's** ~ जरूरत से ज्यादा कुछ क.; **pass into sb's ~s** किसी के हाथों में चले जा.; **play a lone** ~ अकेले ही काम क.; **play into sb's ~s** किसी के हाथों की कठपुतली हो.; **play one's ~ for all its worth** कोई कसर न छोड़ना; **pump sb's** ~ *US* किसी के हाथ को जोर-जोर से हिलाना; **put down a revolt with a heavy** ~ विद्रोह को क्रूरतापूर्वक दबाना; **put in ~ = put one's ~ to the plough** काम शुरू क.; **put into sb's ~s** किसी कोई काम सौंपना, किसी के भरोसे छोड़ना; **put not your ~ between the bark and the tree!** दूसरों के मामलों में दखल न दो!; **put one's ~ in one's pocket** पैसा खर्च क.; **put the last ~ to sth** किसी काम को पूरी तरह समाप्त क.; **ready to one's** ~ पास में; **rub one's ~s** हाथ मलना; **rule with a firm/ iron** ~ कठोरतापूर्वक राज क.; **Satan finds mischief for idle ~s to do** निठल्लापन शरारत का घर है; **second, third, etc. hand** सुनी-सुनाई बात; **send a letter by** ~ किसी के हाथों पत्र भेजना; **serve ~ and foot** मन से काम क.; **shake ~s with sb** किसी से हाथ मिलाकर मिलना या विदाई ले.; **show one's** ~ अपने पत्ते खोल दे.; **sit on one's ~s** कोई कार्रवाई न क.; **spend money with both ~s** पैसे लुटाना; **stand one's** ~ किसी को शराब का पैग खरीदकर दे.; **stay one's** ~ अपना हाथ थाम लेना; **stay sb's** ~ किसी को कुछ करने से थामना; **strengthen sb's ~s** किसी के हाथ मजबूत क.; **strike ~s** हाथों पर चोट क.; **take off sb's ~s** किसी को किसी से छुटकारा दिलाना; **take sb by the** ~ हाथ पकड़ कर आगे ले जा.; **take sb in** ~ किसी को सुधारने के लिए उससे कठोरता से पेश आना; **take sth in one's own ~s** किसी मामले या स्थिति से निपटने का कार्य अपने हाथ में लेना; **the Black Hand** लटेरों के गिरोह का चिह्न; **the first excuse to** ~ सबसे पहले हाथ लगने वाला बहाना; **the ~ of fate** किस्मत का खेल; **the upper** ~ बढ़त, श्रेष्ठतर स्थिति; **they are ~ in glove** वे आपस में मिले हुए हैं; **throw one's ~ in** 1 कोई कार्य करना बंद कर दे., छोड़ देना 2 हार मान लेना; **tie/ bind sb ~ and foot** किसी को पूरी तरह से बंधन में जकड़ना; **to** ~ उपलब्ध हो.; **to sb's ~s** किसी के लिए उपलब्ध हो.; **turn one's ~ to sth** किसी कार्य को करने लगन जा.; **try one's ~ at sth** कोई कार्य करके देखना; **under** ~ चुपके-चुपके, लुक-छिपकर; **under ~ and seal** *law* किसी के हस्ताक्षर व मोहर के साथ; **under the ~ of** के हस्ताक्षर से; **wait on sb ~ and foot** किसी की पूरी वफादारी से सेवा क.; **wash one's ~s in invisible soap** अपने हाथ पोंछना; **wash one's ~s of sth** or **sb** किसी चीज या काम से पल्ला झाड़ लेना, किसी काम से कुछ लेना-दे. न होने की घोषणा क.; **weaken sb's ~s** किसी का पक्ष कमजोर क.; **win the** ~ बाजी जीतना; **win (with) ~s down** आसानी से जीत ले.; **with one's own** ~ अपने हाथों से; **with a sparing** ~ किफायत से; **with both ~s** 1 पूरी ताकत के साथ 2 दोनों हाथों से यानी सहर्ष; **with one's bare ~s** निहत्थे, बिना किसी हथियार के; **with one's ~ tied behind one's back** 1 बिना किसी कठिनाई के, आसानी से 2 कुछ करने में हाथ बंधे हो.; **wring one's ~s** क्रोध या आवेश में हाथ झटकना

h and c = h & c *abbr.* 'hot and cold' का संक्षेप (गर्म-ठंडा पानी आदि)

-handed /हैंडिड/ *suffix* बाएं या दाएं हाथ से काम करने वाला: left/ right-~ (बाएं/ दाएं हाथ से काम करने वाला);
dw/lw: **empty-~** *adj.* खाली हाथ; **heavy-~** *adj.* कठोर बर्ताव करने वाला; **red-~** *adj.* रंगे हाथ; **single-~** *adj.* अकेले ही

handicap /हैंडीकैप/ *n* 1 दोष, अक्षमता: time ~ 2 बाधा, अड़चन: overcome a ~; he is under a heavy ~;
v., pt. **~ped**, *pp* **~ping** अड़चन डालना: his short-sightedness seriously **~ped** his studies;
dw/lw: **~ped** /~पड/ *adj.* विकलांग: physically/ mentally ~ped

handicraft /हैंडिक्राफ्ट/ *US* हैंडिक्रैफ्ट/*n.* 1 दस्तकारी, हस्त-शिल्प 2 कारीगरी;
dw/lw: **~s** *n.* दस्तकारी की वस्तुएं; **~sman** /~फ्टसमअन/ *n.* हस्तशिल्पकार, दस्तकार, कारीगर

handily /हैंडिलि/ *adv.* 1 दक्षतापूर्वक 2 आराम से

handiwork /हैंडिवाःक/ *US* हैंडिवःक/ *n.* 1 हस्तकृति: all this collection was his ~ 2 *often, derog.* कारनामा, करतूत, चाल

handkerchief /हैंकःचिफ/ हैंकःचीफ/*n.* रूमाल;
p&i: ~ **head** अफ्रीकी मूल के अमेरिकी लोगों से गद्दारी करने वाला, चापलूस; **throw the ~ to sb** 1 ताश आदि के खेल में रूमाल से संकेत दे. 2 किसी को औरों से अधिक वरीयता या भाव दे.

handle /हैंडल/ *v., pt.* **~d**, *pp* **handling** 1 निपटना: ~ documents 2 किसी चीज को छूना, पकड़ना या उठाना: ~ a book with dirty hands; this wool **~s** soft; ~ without gloves/mittens 3 खरीदना व बेचना: what goods do you ~ 4 किसी यंत्र का विशेष ढंग से चलना/ चलाना: ~ a tractor; the car ~ well 5 संचालन क.: learn how to ~ sth 6 बर्ताव क., व्यवहार क., से निपटना: ~ roughly; he is hard to ~ 7 किसी विषय पर लिखना या बहस क.: ~ theme in a masterly manner;
n. 1 हत्था, हत्थी, मूठ, दस्ता: the ~ of a knife; the ~ of a door; the ~ of a hammer; **~bars** (साइकिल का हैंडल) 2 मौका, अवसर: give/ leave a ~ to/ for sth; you are leaving a ~ against you 3 *sl.* किसी व्यक्ति का नाम या पदवी 4 मुलायम या कठोर कपड़े 5 *NZ* बिअर का हत्थे वाला मग (mug);
dw/lw: **~ler** /हैंडलः/ *n.* 1 कुत्ते आदि जानवरों को सधाने वाला 2 जो किसी चीज या किसी से निपटने वाला, कोई कार्य करने वाला: a baggage ~;
collocations: **~bar moustache** दोनों सिरों पर नीचे झुकने वाली घनी मूंछ; **~ to one's name** नाम के पहले लगी पदवी या पद का नाम: Prof. Bhatti;
p&i: **~ with kid gloves** प्यार से काम लेना;
a ~ of face चेहरे की सजावट, नाक; **a ~ to one's name** नाम से पहले जोड़े जाने वाले पद, पदवी, सम्मानसूचक शब्द; **fly off the ~** अकस्मात् आवेश में आना; **get a ~ on sth** किसी मामले या व्यक्ति को समझना; **give sb the handle on sth** किसी को किसी मामले के बारे में काफी तथ्य या सूचना दे.; **the ~ of the face** *facetious* नाक; **to the ~** पूर्णतया, पूरी तरह से; **up to the ~** *US* बिल्कुल सही; **use the long ~ with/ to sb** किसी से कठोर तरीके से पेश आना

handling /हैंडलिंग/ *n.* 1 व्यवहार में लाने का ढंग, काम करने का तरीका: rough ~; delicate ~; skill in ~ a boat 2 से व्यवहार, बर्ताव: ~ of men 3 प्रबंध: ~ of land

hand-me-up *n.* वृद्ध व्यक्ति को अपनी उतरी हुई वस्तुएं देने का क्रिया

hand-out, handover *see above under* **hand:** ***dw/lw***

hand-pick *see above under* **hand:** ***dw/lw***

handsel /हैंसल/ *n., archaic* 1 नए साल के उपहार के रूप में दी जाने वाली सफलता की शुभकामनाएं 2 बोहनी (first sale in the day) 3 बानगी;
v., *pt.* **~led**, *pp* **~ling**/ *US pt.* **~ed**, *pp* **~ing** 1 आरंभ क., उद्‌घाटन क. 2 सफलता के लिए शुभकामनाएं दे.

handsome /हैंड्सम/ *adj.* 1 (***syn.*** good-looking) सुंदर, खबसूरत 2 रूपवान, रूपवती, आकर्षक, बड़े डील-डौल और नैन-नक्शवाली (औरत) 3 काफी बड़ा, अच्छा-खासा, उदार: ~ donation 4 कमरे आदि के बारे में: यथोचित आकारवाला, उपयुक्त 5 प्रभावशाली 6 प्रगतिशील, उदार विचारोंवाला: a ~ gesture;
dw/lw: **~ly** *adv.* शानदार तरीके से; **~ness** *n.* सुंदरता, उदारता, शान;
collocations: **~ gift** उत्तम उपहार; **a ~ profit/ sum, etc.** अच्छा-खासा लाभ/ अच्छी-खासी रकम;
p&i: **~ is that ~ does** सुंदर वह है, जो सुंदर काम करता है; **as ~ as a young Greek god** यूनानी युवा देवताओं-सा सुंदर; **grow ~** सुंदर बनना; **it is very ~ of you** यह आपकी बड़ी उदारता है; **make a ~ fortune** अच्छा-खासा धन कमाना

handstand *see above under* **hand:** ***dw/lw***

hand-to-hand *see above under* **hand:** ***dw/lw***

handy /हैंडि/ *adj., degr.* **handier, handiest** 1 (***syn.*** useful) काम की चीज या उपकरण: ~ volume 2 दक्ष, सिद्धहस्त: be ~ at sth/ be ~ at/ in doing sth 3 सुलभ, सुविधाजनक: come in ~;
dw/lw: **~man** /हैंडिमअन/ *n. pl.* **~men** 1 कारीगर, दस्तकार, कुशल व्यक्ति 2 छोटा-मोटा काम करने वाला;
p&i: **come in ~** काम आ जा., फायदेमंद सिद्ध हो.; **play ~~ with sb** किसी से वस्तु या व्यक्ति के प्रति अगंभीरतापूर्वक पेश आना, खिलौने की तरह लेना

hang[1] /हैंग/ *v., pt.* **hung** (लटकाया हुआ)/ 1 बांधकर लटकाना या लटकना 2 टांगना या टंगना 3 (*sometimes* **~ over**) देर तक हवा में झूलना या लटकना: the smell of paint **hung** in the air 4 टालमटोल क. 5 अनिश्चित हो., विचाराधीन हो. 6 दरवाजे का कब्जों पर झूलना 7 झुक जाना, झुकाना: ~ one's head in shame 8 चित्रों की प्रदर्शनी लगाना 9 कमरे को चित्रों से सजाना 10 *colloq.* अभिशप्त हो., अप्रिय बात को टाल दे.: ~ the expense 11 पोशाक का शरीर पर किसी विशेष ढंग से बैठना: the coat **~s** well on him 12 शिकार को थोड़ी देर के लिए खूंटी से लटका दे. 13 अदालत में ज्युरी को फैसला न करने दे. 14 *comput.* कंप्यूटर के प्रोग्राम का स्तंभित या जड़ हो जाना;
hang[2] *v., pt.* **~ed**, *pp* **~ing** 1 फांसी पर चढ़ाना, फांसी दे 3 फांसी खाना 4 फांसी पर चढ़ना;
n. 1 लटकन, लटक, झूल: mark the ~ of the dress 2 ढाल: the south-east ~ of a hill 3 गतिरोध 4 भाव, अर्थ: the ~ of an argument 5 प्रक्रिया 6 (***syn.*** knack) ढंग 7 (*usually with negative, colloq.*) धिक्कार, गाली, लानत 8 झुकाव (aptitude): his ~ for languages;
dw/lw: **~dog** *adj.* शर्मिंदा, अपराध बोध से ग्रस्त, उदास; **~er** (*also* **coat ~er**) *n.* 1 हैंगर, कपड़े लटकाने की तार या लकड़ी का उपकरण, खूंटी 2 जल्लाद 3 परजीवी; **~er-on** *n., pl.* ~ers-on 1 पिछलग्गू (छुटभैया) 2 चमचा, खुशामदी व्यक्ति, आश्रित 3 चिपकू, पीछे पड़े रहने वाला; **~ing** *n.* 1 फांसी: ~ing matter (ऐसा मामला जिसके कारण फांसी दी जा सकती है) 2 (*usually* **~ings**) परदे, लटकने वाली सज्जा-सामग्री; **~ing** *adj.* 1 लटकने वाला: ~ing lamp 2 झूलदार: heavy ~ing brows 3 अनिश्चित, अधर में लटका हुआ: ~ing question 4 (***syn.*** steep slope) खड़ी ढाल पर स्थित 5 भद्दा, लटकता हुआ: what a ~ing face!; **~ings** /हैंगिंग्स/ *n., [pl.]* परदे तथा अन्य झलने वाली सज्जा-सामग्री; **~man** *n.* जल्लाद, बधिक, वह आदमी जो फांसी पर लटकाता है; **~nail** *n.* सुतला, गलका; **~-out** *n.* मिल-बैठने का अड्डा; **~-over** *n.* खुमारी, अवशेष, रात में ज्यादा शराब पीने के कारण सवेरे होने वाली बहुत खराब हालत और सिरदर्द;
collocations: **~ behind** कुछ करने से झिझकना; **~glider** एक विशेष उड़ते हुए उपकरण को हाथ से पकड़कर हवा में झूलना या थोड़ी दूर तक उड़ान भरना; **~gliding** एक विशेष उपकरण को हाथ से पकड़ कर भरी जाने वाली उड़ान **~ loose** लटकना, झूलना; **~ing basket** रस्सी या जंजीर से बंधी दीवार आदि से लटकती हुई फूलों की टोकरी; **~ing valley** संकरी व जल-प्रपातोंवाली घाटी जो मुख्य घाटी से काफी ऊंचे स्थान पर मिलती है;
p&i: **~ about/ ~ around** आवारा घूमना या इंतजार क.; **~ about/ around with sb** किसी के साथ बहुत सारा समय बिताना; **~ a left/ right** *colloq.* गाड़ी चलाते समय बायें या दायें मुड़ना; **~ a leg/ the groin** 1 किसी काम को करने की मंशा न हो. 2 धीरे-धीरे क.; **~ around with sb** किसी के साथ घूमते-घामते समय काटना; **~ back** कुछ करने में झिझकना; **~ a thief when he is young and he'll not steal when he's old = nip the evil in the bud** बुराई को शुरू में ही खत्म कर देना चाहिए; **~ back from sth** घबराने के कारण झिझकना; **~ by a thread/ hair** बहुत नाजुक हालत में हो.; **~ by the neck** गर्दन से लटकाना, फांसी दे.; **~ down** लटकना, नीचे की ओर झूलना; **~ed, drawn and quartered** बुरी तरह त्रस्त; **~ fire** 1 किसी कार्य का टलते रहना, लटके रहना 2 आगे बढ़ने या विकसित होने से रुक जा.; **~ heavy** समय का धीरे-धीरे बीतना: time ~s heavy on him; **~ in the balance** अनिश्चय बने रहना, अधर में लटके

रहना, संदेह हो.; **~ing/ riding on sb's cocktail** = मुफ्त में मजे क.; **~ it all!** भाड़ में जाए; **~ it there** *US* हिम्मत रखो, हौसला मत हारो!; **~ loose** निश्चिंत रहना, कुछ न क.; **~ off** 1 छोड़ दे. 2 *colloq.* पीछे छूटना; **~on** 1 थोड़ा इंतजार क. 2 कसकर पकड़े रखना 3 बहादुरी से डटे रहना या जारी रखना, कठिन घड़ी में भी डटे रहना: your task is difficult but you must ~ on till it is done 4 टेलीफोन पर इंतजार करने के लिए कहना; **~ on by one's eyelashes/ one's eyebrows** 1 दृढ़तापूर्वक मांग क. 2 मौत की कगार पर हो.; **~ one's hat/ coat/ dress on a peg** अपने टोप/ कोट/ पोशाक/ को खूंटी से लटकाना; **~ oneself** अपने आप को फांसी लगा लेना; **~ on in there** कोशिश करते रहना, डटे रहना; **~ on like grim death** पक्की जकड़ के साथ चिपके रहना; **~ on sb's lips** or **words/ every word** किसी को मंत्र-मुग्ध होकर ताकते रहना या टिकटिकी लगाकर देखते रहना; **~ on sb's sleeves** आंख मूंदकर किसी के पीछे चलना; **~ on sth/ sb** 1 पर निर्भर रहना: ~ on sb's sleeve 2 किसी बात को ध्यान से सुनना; **~ on the rear** किसी के पीछे पड़ जा.; **~ on to sth/ sb** बचाकर या संभालकर रखना, पकड़े रखना, चिपके रहना: he has hung on to me all day; **~out** बहुत समय घूमते-फिरते गुजारना, किसी स्थान के अक्सर चक्कर लगाना; **~ out for sth** पर अड़े रहना और उसे भूल जाने तक इंतजार क.; **~ing out to dry** मुसीबत में फंसे व्यक्ति को उसके हाल पर छोड़ देना; **~ over sb** किसी अनसुलझी समस्या को लेकर धमकाना; **~ over sth** से बाहर लटकना; **~ sb for murder** किसी को कत्ल के लिए फांसी दे.; **~ sth** कोई परवाह नहीं; **~ sth on sb** किसी को दोषी ठहराना, किसी पर दोष मढ़ना; **~ sth out** किसी अंग को बाहर निकालना, कपड़े आदि को बाहर टांगना: the dog hung out its tongue; **~ sth up** कपड़ों को हैंगर से लटकाना या टांगना; **~ to sb's neck** गले पड़ना या मढ़ना; **~ together** साथ जुड़े रहना: the story ~s together well; **~ tough** अपने विचारों या विश्वास पर अडिग रहना; **~ up** 1 टेलीफोन पर बात होने के बाद रिसीवर को वापस रखना 2 किसी कार्य को देर तक टाल दे.; **~ up one's goves** छोड़ देना; **~ up one's hat** लंबे समय के लिए रहने लगना; **~ up one's axe** अपना धंधा या दुकान बंद क.; **~ up one's fiddle when one comes home** घर लौटते ही मुंह पर ताले पड़ जाना (बीवी के सामने बोलती बंदहो जा.); **~ up one's sword/ gun** किसी काम को करना बंद कर दे.; **~ up on sb** अचानक टेलीफोन काट देना; **~ upon** 1 के सहारे खड़ा हो. या बैठना 2 किसी चीज को किसी अन्य वस्तु पर रखना: these things ~ one upon the other; **~ upon sb's lips/ sb's words** किसी को ध्यानपूर्वक सुनना; **~ wall-paper** दीवार के कागज को लगाना; **~ with** के द्वारा सजाना: ~ walls with pictures; **~ with it!** भाड़ में जाए!; **~ one's head in shame** अपना सिर शर्म से झुका लेना; **~ you** फांसी पर लटक जाइए;

a cloud is ~ing over his future उसके भविष्य पर खतरे के बादल मंडरा रहे हैं; **a great disaster is hung over him** उस पर एक भारी मुसीबत मंडरा रही है; **a heavy silence hung over those present** उपस्थित लोगों के बीच गहन खामोशी छा गई; **be ~ed for a sheep as (for) a lamb** सभी समस्याओं का एक ही हल है; **coat is hung, men are ~ed** कोट को लटकाया जाता है और आदमी को फांसी पर चढ़ाया जाता है; **everything ~s on his answer** सब कुछ उसके जवाब पर निर्भर करता है; **fear ~s upon him** भय उस पर मंडरा रहा है; **get/ see the ~ of sth** 1 किसी बात या व्यक्ति को समझने लगना: get the ~ of sb 2 आत्मसात् क.; **get the ~ of sth** किसी काम को करने का हुनर आ जा. 2 किसी बात को समझना; **he that is born to be ~ed shall never be drowned** जिसे फांसी पर झूलना है, वह कभी न डूबेगा; **her portrait ~s over the mantelpiece** उसका चित्र सजावटी स्थान के ऊपर लटक रहा है; **I don't care a ~** मैं जरा भी परवाह नहीं करता; **I'm ~ed if I know** मुझे पता हो तो मुझे फांसी पर लटका दे.; **let it all ~ out** कोई परवाह नहीं, मजे करो; **let it go ~!** भाड़ में जाए!: if he doesn't like it he can go ~!; **life ~s upon him** उसका जीवन बड़ा कठिन है; **my cold still ~s about me** मुझे अभी भी सर्दी सता रही है; **rain is ~ing about** बारिश आने ही वाली है; **responsibility ~s heavy on him** वह जिम्मेवारी के बोझ तले पिस रहा है; **sleep hung on his eyelids** उसकी आंखों पर नींद छा गई

hangar /हैंगः/ *n.* विमानालय, विमान-घर, विमान-शाला

hangover /हैंगोवः/ *n.* शाम को अधिक मात्रा में पी गई शराब से अगली सुबह होने वाली बेचैनी, मचली, सिर दर्द या खराब हालत

hang-up /हैंग-अप/ *n.* 1 कठिनाई, बाधा या खीझ का निरंतर स्रोत 2 भावनात्मक या मानसिक समस्या या हीन-भावना: his small height is a ~ with him 3 निषिद्ध बात

hank /हैंक/ *n.* 1 अट्टी, लच्छा, ऊन का गोला 2 रस्सी 3 *naut.* गुंडी 4 कपड़े के माप की इकाई;

p&i: **have sb at good ~** किसी को हाथों में उठाए रखना

hanker /हैंकः/ *v., pt.* **~ed**, *pp* **~ing** 1 (**~ after/ for sth**) किसी बात के लिए सनकी लगाव हो.: ~ for travelling 2 के पीछे भागना, बहुत लालायित होकर पीछे पड़ना: ~ after forbidden fruit 3 भटकते फिरना, व्यर्थ घूमना;

dw/lw: **~ing** *n.* 1 लालसा, साध, ललक, उत्कंठा: have a ~ing for sth; ~ing after power 2 तरंगी सनक: **~ing** for the stage/ the sea (अभिनेता या नाविक बनने की सनक)

hankie (*also* **hanky**) /हैंकि/ *n., short,* 'handkerchief' का छोटा रूप

hanky-panky /हैंकि-पैंकि/ *n., colloq.* 1 बेतुका व्यवहार, छेड़छाड़: play ~ with sb 2 बाजीगरी 3 गड़बड़झाला, धोखा, छल, चालबाजी: he is up to some ~ 4 विचित्र, अटपटा-सा मामला: ~ business; ~ work

hansom /हैंसम/ (*also* **~ cab**) *n.* 1 घोड़ा-गाड़ी, तांगा 2 बग्घी, बग्गी

Hants *abbr.* 'English county Hamsphire' का संक्षेप

Hanukkah (*also* **Chanukkah**) /हनुक्काह/ *n.* दिसंबर के महीने में 8 दिन चलने वाला यहूदी त्योहार

HAO *abbr.* 'Humanitarian Aid Office' की प्रथमाक्षरी

hap /हैप/ *n.* 1 घटना, दुर्घटना 2 भाग्य, किस्मत, मौका, सुअवसर 3 संयोग

v., pt. **~ped**, *pp* **~ping** घटित होना, संयोगवश होना;

dw/lw: **~ly** /हैप्लि/ *adv.* संयोग से, इत्तफाक से

haphazard /हैप्हैजःड\/ *adj.* अस्त-व्यस्त, गड्डमड्ड: act/ choose in a ~ way;

adv. गड्डमड्ड तरीके से;

dw/lw: **~ly** /~लि/ *adj.* 1 अस्त-व्यस्त ढंग से 2 संयोग से, इत्तफाकन; **~ly** *adj.* 1 अव्यवस्थित, गड्डमड्ड, बेतरतीब 2 इत्तफाकिया, आकस्मिक, संयोगवश 3 अविचारित, अटकलपच्चू; **~ness** /~नेस/ *n.* संयोग, अव्यवस्था, इत्तफाक;

p&i: **at/ by ~** संयोगवश; **~ arrangement** अव्यवस्थित सज्जा

hapless /हैप्लेस/ *adj.* (***syn.*** unfortunate) अभागा: ~ victims of fanaticism;

dw/lw: **~ly** *adv.* दुर्भाग्यवश; **~ness** *n.* दुर्भाग्यपूर्णता

haplo- /हैप्लो/ हैप्लौ/ *linking form, signifying:* **single** (अकेला, एक)

haplograp\hy /हैप्लौग्रफि/ *US* हैप्लाःग्रफि/ *n., pl.* **~hies** समाक्षरलोप, लिखते समय बार-बार आने वाले अक्षर के छूट जाने की क्रिया

haplology /हैप्लौलजि/ *US* हैप्लाःलजि/ *n.* आवृत्ति-लोप, बोलते समय बार-बार दोहराए जाने वाले स्वर या शब्दांशों (syllables) के छूट जाने की क्रिया

haploid /हैप्लॉइड/ *n.* अगुणित (कोशिका), मूलसंख्यक कोशिका

haply *see above under* **hap: *dw/lw***

HAPO *abbr.* 'high altitude pulmonary oedema (high altitude sickness)' की प्रथमाक्षरी

happen /हैपन/ *v., pt.* **~ed**, *pp* **~ing** 1 घटना: if anything **~s** to me ... 2 होना: don't let it ~ again!; as if nothing had **~ed**; what **~ed** next? 3 अच्छा या बुरा संयोगवश होना: as it **~s** (जैसे कि होता है); ~ what may चाहे जो भी हो; it so **~ed** that he had no money;

***dw/lw:* ~ing** /हैपनिंग/ *n.* 1 घटना, महत्त्वपूर्ण बात: ~ings of the past year 2 कोई कार्यक्रम; **~ing** *adj.* जहां काफी सारी रोचक बातें हो रही हैं; **~ings** *n. [pl.]* घटनायें

***p&i:* ~ in with an old schoolmate** मुझे पुराना सहपाठी मिल गया; **~ on/ upon sth/ sb** अचानक मिलना या मिल जा./ पाना; **~ round** इत्तफाकन मिलना; **~ to do sth** कुछ करने का मौका मिलना; **~ to sb/ sth** किसी के साथ कुछ घटना; **anything can ~** कुछ भी हो सकता है; **as it ~s** जैसे कि होता है; **he ~ed to be at his mother's that day** उस दिन वह इत्तफाक से मां के यहां था; **it so ~ed that ...** हुआ यों कि; **these things ~** ऐसी बातें होती रहती हैं

happenstance /हैपनस्टैंस/ *n., N. Amer.* अचानक (घटित) होने वाला मामला, संयोग

happily /हैपिलि/ *adv.* 1 (***syn.*** fortunately) सुख-समृद्धि में, सुखमय ढंग से, सुखपूर्वक 2 खुशी से, प्रसन्नतापूर्वक: live/ get on ~ together 3 सौभाग्य से: ~ he did not die 4 उचित ढंग से: a ~ expressed thought

happiness /हैपिनेस/ *n.* 1 प्रसन्नता, खुशी: life of ~ and prosperity 2 सौभाग्य, सुख-शांति: greatest ~ for the greatest number 3 औचित्य, उपयुक्तता;

***p&i:* ~ takes no account of time** सुख-चैन में जीने वाले समय नहीं देखा करते

happy /हैपि/ *adj., degr.* **happier**, **happiest** 1 प्रसन्न, खुश: ~ laughter/ face/ smile; we don't feel quite ~ about it; I'm ~ to do it 2 संतुष्ट: he is ~ in his son/ daughter; I'm most ~ that you consent 3 सुखद, आनंददायक 4 (***syn.*** fortunate) सौभाग्यशाली: ~ man; by a ~ chance (सौभाग्यवश) 5 शुभ, मंगल 6 उपयुक्त, उचित, सही 7 *colloq.* थोड़ा पीए हुआ 8 संयुक्त शब्दों मे: किसी अवस्था से ग्रस्त: power-~, trigger-~ (गोली चलाने के लिए तत्पर) 9 तत्पर, इच्छुक: ~more than ~ to come;

***dw/lw:* ~clappy** हैपि-क्लैपि/ *adj.* खूब जोर-शोर के साथ प्रार्थना करने वाली ईसाई टोली से संबंधित; **~go-lucky** *adj.* मनमौजी, बेफिक्र, बेपरवाह; **happiness** *see above*;

***collocations:* ~ coincidence** शुभ संयोग; **~ event** 1 शुभ घटना 2 *euphemistic* बच्चे का जन्म; **~ expression** 1 प्रसन्न चेहरा या शक्ल 2 शिष्ट अभिव्यक्ति **~ families** बच्चों के ताश के खेल से संबंधित: play ~ families सामान्य सुखद परिवार द्वारा किए जाने वाले कार्य-कलाप क.; **~ guess** सही अनुमान; **~ hour** शाम शुरू होने से पहले ऐसा समय जब मयखाना या रेस्त्रां मुफ्त या कम दाम पर शराब देता है; **~ housewife** बेपरवाह मालकिन; **~ hunting ground** 1 अमेरिकी आदिवासियों का स्वर्ग 2 अति लाभप्रद स्थान; **~ retort** उपयुक्त जवाब; **~ medium** मध्यम मार्ग, बीच का रास्ता; **~ fellow** मनमौजी, बेफिक्र आदमी;

***p&i:* ~ as Larry = ~ as a king = ~ as a pig in the mud** पूर्णतः प्रसन्न और संतुष्ट; **Happy Birthday!/ New Year!** जन्मदिन या नव वर्ष मंगलमय/ शुभ हो!; **~ landings!** आपकी उड़ान सफल हो!; **~ slapping** जब युवकों का कोई झुंड दूसरों को थप्पड़ मारने का दिखावा करता है और मोबाइल फोन से उसका चित्र खींच लेता है, थप्पड़ मारना शुभ हो!; **be as ~ as the day is long/ as a king/ as a sand-boy/ as a bird on the tree** अति सौभाग्यशाली हो.; **in a ~ hour** उपयुक्त समय पर; **live in a ~ way** सुखद ढंग से जीना; **many ~ returns of the day** जुग-जुग जिओ!; **not a ~ bunny = not a ~ camper** वर्तमान स्थिति से नाखुश; **the ~ mean** स्वर्णिम मध्य मार्ग

haptic /हैप्टिक/ *adj.* छूने के ऐंद्रीय आभास से संबंधित;

***dw/lw:* ~s** *n., [sing.]* स्पर्श से प्राप्त की जाने वाली सूचनाओं का अध्ययन

harakiri /हैराकिरि/ *US* हेराकेरि/ *n.* जापानी लोगों द्वारा अपने सम्मान के रक्षार्थ पेट में छुरा भोंककर की जाने वाली आत्महत्या, हराकीरी, स्वयं का विनाश

haran\gue /हैरंग/ *n.* 1 लंबा-चौड़ा भाषण 2 लंबी, उबाऊ भाषणबाजी 3 लफ्फाजी

***v., pt.* ~gued**, *pp* **~guing** लंबा-चौड़ा भाषण दे., भाषणबाजी क., लफ्फाजी क.

harass /हैरअस/ *v., pt.* **~ed**, *pp* **~ing** 1 तंग क., परेशान क. 2 संतप्त क., सताना: **~ed** by anxiety; **~ed** with debts 3 (***syn.*** harry) नाक में दम क.: the enemy **~ed** them;

***dw/lw:* ~ed** /हैरअस्ट/ *adj.* परेशान, व्यथित, दुखी, सताया हुआ; **~ing** *adj.* तंग करने वाला, सताने वाला: ~ing fire; **~ment** /हैरअसमंट/ *n.* परेशानी, व्यथा: be subjected to/ suffer ~ment (सताया जा., उत्पीड़न का शिकार हो.); racial/ sexual ~ment (नस्लवादी या यौन उत्पीड़न); ~ment of sb (किसी का उत्पीड़न)

harbinger /हाःबिंजः/ *n.* 1 किसी के या किसी काल आदि के आगमन की पूर्व सूचना देने वाला व्यक्ति या अन्य जीव: the swallow is the ~ of spring 2 अग्रदूत

harbour /हाःबः/ (*also US* **harbor**) *n.* 1 बंदरगाह, पोताश्रय: clear the ~; ~ of refuge; ~ defense *US* (तट रक्षक तामझाम) 2 आश्रय, शरण, अभयारण्य: natural ~; give ~ to a criminal;

***v., pt.* ~ed**, *pp* **~ing** 1 मन में शक/ आशा/ धारणा/ मनमुटाव आदि पालना या रखना: ~ grudge; ~ suspicions 2 किसी को शरण दे.: ~ a spy 3 बंदरगाह में जहाज को स्थान दे. 4 शरण लेना 5 पशु-पक्षियों को अभयारण्य दे.: the woods ~ much game;

***dw/lw:* ~age**/ *US* **harborage** /हाःबरिज/ *n.* 1 जहाज का शरण-स्थल, बंदरगाह 2 शरण (स्थल), अभयारण्य 3 शरण देने का कार्य;

***collocations:* ~ dues** बंदरगाह-शुल्क या देय; **~ master** शाहबंदर, बंदरगाह प्रमुख**; ~ of refuge** जहाजों को शरण देने के लिए बनी बंदरगाह

hard /हाःड/ *adj., degr.* **~er**, **~est** 1 सख्त, कड़ा, कठोर: a ~ master 2 ठोस, पक्का: ~ facts 3 मुश्किल, कठिन, दुष्कर, दुःसाध्य: ~ work; ~ loan; ~ case; ~ to cure; things ~ to imagine; in ~ condition 4 दुरूह, दुर्बोध: a ~ supposition 5 संघर्षशील: try one's **~est** 6 (***syn.*** tough) दुखमय, दर्द भरा: ~ times; ~ usage 7 निष्ठुर, निर्दय, निर्मम, नृशंस, कड़ा: ~ man; ~ blow; get ~ by taking regular exercise; ~ heart; ~ words; ~ against entreaties (कठोर हृदय) 8 प्रचंड, तीव्र, उग्र: ~ weather; ~ light; ~ winter 9 *phon., non-tech.* अघोष: ~ consonant/ vowel 10 भारी (खनिज तत्वयुक्त): ~ water 11 कंजूस, कृपण: ~ of belief (जो आसानी से किसी पर विश्वास न करता हो) 12 तापसह, दुर्गलनीय 13 वास्तविक: ~ reality 14 तेज (शराब): ~ liquors 15 लत डालने वाले (नशीले पदार्थ): ~ drug 16 विनिमय योग्य: ~ currency 17 कठोर, खुरदरा: ~ skin; ~ collar; ~ palate; ~ to the touch; ~ muscles 18 जोरदार, ऊंची आवाज वाला: ~ knock 19 संयत, गुणवत्ता पर दृढ़: ~ managers; ~ bargain 20 चालबाज, चतुर: a ~ businessman 21 उग्रवादी, अतिवादी: ~ right/ left 22 अश्लील, पोर्नोग्राफीय: ~ pornography 23 पेंसिलों की कठोरता का सूचक: ~ pencil 24 विकिरणता साधक: ~ radiation 25 *mainly US* टिकाऊ 26 ठोस समुद्री बीच (beach) या किनारा;

***adv., degr.* ~er, ~est** 1 काफी प्रयास या परिश्रम से: run ~ 2 भारी मात्रा में: it's raining ~; drink ~; swear ~ (बहुत गाली दे.) 3 संयुक्त शब्दों में: किसी विशेष तरह से किया हुआ: hit ~; look/ stare/ gaze ~ 4 बड़े जोर से: be ~ at work on sth; try ~ to win;

dw/lw: **~-and-fast** *adj.* पक्का या पक्के, पूर्व निर्धारित (नियम आदि); **~back** *n.* (***syn.*** hardcover) पक्की जिल्द वाली पुस्तक; **~ball** *n.* राजनीतिक लाभ आदि पाने के लिए अपनाया जाने वाला कड़ा रण कौशल (tactics); **~-bitten** *adj.* निष्ठुर व उग्र; **~board** *n.* गत्ता; **~-boiled** *adj.* 1 पूरा उबला हुआ (अंडा) 2 भावनाविहीन या निष्ठुर (व्यक्ति): ~boiled observers; **~-bound** *adj.* पक्की जिल्द वाला; **~-code** *v., pt.* **~-coded**, *pp* **~-coding** अपरिवर्तनीय ढंग से आंकड़े लिखना; **~-core** (*also* **~ core**) *adj.* 1 पक्का, दृढ़, मंजा हुआ 2 अश्लील; **~-core** *n.* पक्का अतिवादी या कट्टरवादी तत्त्व; **~-cover** *n.* गत्ते वाली जिल्द; **hard disk** कंप्यूटर में सूचना को संग्रहीत रखने वाली खिसक या ड्राइवर; **~-earned** *adj.* कड़ी मेहनत से कमाया हुआ; **~-edged** *adj.* सच, सशक्त, कटु यथार्थपूर्ण; **~-faced** *adj.* कठोर, निष्ठुर, रूखा; **~-favoured/ ~-featured** *adj.* अनगढ़ एवं अप्रिय नैन-नक्श वाला; **~-fought** *adj.* कड़े संघर्ष या लड़ाई के बाद प्राप्त की हुई; **~-headed** *adj.* 1 व्यावहारिक व चतुर 2 व्यवहार-कुशल 3 तिड़ीबाज; **~-hearted** *adj.* कठोर दिल, निष्ठुर, निर्दयी, पाषाण-हृदय; **~-hit** *adj.* 1 बुरी तरह प्रभावित 2 पूरी तरह से प्यार में डूबा हुआ; **~-hitting** *adj.* कटु, कड़ा, आलोचनात्मक: a ~-hitting speech/ report/ article, etc.; **~ihood** /हाःडिहुड/ *n.* 1 साहस, दिलेरी, निर्भीकता 2 ढिठाई, ढीठता, धृष्टता: have the ~ihood to deny; **hardily** *see below under separate entry*; **~-liner** *n.* 1 कड़ा रुख अपनाने वाला या हठी व्यक्ति 2 रूढ़िवादी या कट्टरवादी व्यक्ति; **hardly** *see below under separate entry*; **~-mouthed** *adj.* 1 मुंहफट, मुंहजोर 2 घोड़े के बारे में सख्त लगाम वाला; **~-nosed** *adj.* 1 हठी, व्यवहार-कुशल 2 तार्किक; **~ometer** *n.* कठोरतामापी; **~-on** *n., sl.* खड़ा पुरुष लिंग; **~pad** *n.* कुत्तों में क्रोध का दौरा पड़ने का लक्षण (जब उनके पांव के तलवे सख्त हो जाते हैं); **~pan** *n.* 1 कड़ी जमीन, कठोर अधःस्तर, कड़ी तह 2 मुख्य गुण: the ~pan of character 3 निम्नतम स्तर: prices have reached the ~pan; **~-pressed/ ~-pushed** *adj.* 1 दबाव तले, कठिनाई में फंसा हुआ 2 आर्थिक संकट में उलझा हुआ 3 विपत्तिग्रस्त 4 कड़े मुकाबले या हमले के दबाव में 5 जिसका जोर-शोर से पीछा किया जा रहा हो; **~-scrabble** *adj.* तंगहाल, अति अभाव-ग्रस्त; **~-set** *adj.* तंगहाल, कड़ा, हठी; **~-sell** *n.* सक्रिय एवं अति प्रेरणापूर्ण बिक्री; **~shell/ ~shelled** *adj.* 1 पक्के व पत्थर जैसे सख्त खोल वाले (जीव आदि) 2 *US* अति रूढ़िवादी, कट्टरवादी: ~shell segregationists (कट्टर पृथकतावादी); **~hardship** *see below under separate entry*; **standing** *n.* पक्का (कंक्रीट से बना) स्थान; **~tack** *n.* समुद्र या अंतरिक्ष यात्रियों को बिस्कुट आदि के रूप में दिए जाने वाले खाद्य पदार्थ; **~top** *n.* धातु की छत वाली कार; **hardware** *see below under separate entry*; **~-wearing** *adj.* बहुत टिकाऊ; **~-wired** *adj.* कंप्यूटर में तार या यंत्र नियंत्रित कार्य; **~-won** *adj.* बहुत बड़ी कठिनाइयों को पार करके जीती हुई या पाई हुई (आजादी आदि); **~wood** *n.* 1 मजबूत व कड़ी लकड़ी 2 देवदार, बलूत या लाल लकड़ी वाले (mahogany) पेड़ों की पक्की लकड़ी; **~-working** *adj.* परिश्रमी, मेहनती; **~y** *adj., degr.* ~ier, ~iest 1 मजबूत, दृढ़, कड़ा, पक्का: ~y sports; a ~y denial of facts 2 कर्मठ 3 तगड़ा, दिलेर: ~y soldier/ mountaineer 4 सिरफिरा, लापरवाह: ~y attack/ enterprise/ attempt/ reply 5 पौधों के बारे में कठोर जलवायु को सह सकने वाले;

collocations: **~ candy** उबली हुई मिठाई; **~ card** कंप्यूटर में लगने वाले अतिरिक्त डिस्क या पेन-ड्राइव आदि; **~ case** *colloq.* उद्दंड व हिंसक व्यक्ति; **~ cash** नकद रुपया, नकदी, रोकड़; **~ coal** पत्थर का कोयला; **~ copy** *comput.* (***anton.*** soft copy) छपी हुई सूचना या पाठ; **~ court** टेनिस आदि का कंक्रीट का (पक्का) कोर्ट (मैदान); **~ currency** विश्व-व्यापी मुद्रा, पूर्ण विनिमय आधारित मुद्रा; **~ drinks** (व्हिस्की आदि) तेज शराब; **~ drinker** बहुत बड़ा शराबी, बेवड़ा; **~ drive** (*also* **~ disk**) *n.* कंप्यूटर में सूचना को संग्रहीत रखने वाला ड्राइव; **~ drugs** तेज मादक पदार्थ; **~ening of arteries (arterio-sclerosis)** धमनी-काठिन्य, धमनियों की सख्ती; **~ error** कंप्यूटर पर काम करते समय की जाने वाली ऐसी गलती जिसके कारण कंप्यूटर का क्रियाशील प्रणाली (operating system) बंद हो जाता है; **~ eye** ईर्ष्यापूर्ण नजर; **~ facts** अकाट्य तथ्य; **~ hat** भवन निर्माण कर्मियों द्वारा पहना जाने वाला कठोर टोप; **~ image** *telev.* एक-दूसरे से अलग दिखते (contrasting) चित्र; **~ labour** सश्रम कारावास; **~ landing** 1 अंतरिक्ष यान के जमीन पर उतरते ही धमाके के कारण नष्ट हो जाने की क्रिया 2 किसी समस्या का कठिनाई से होने वाला समाधान; **~ left** अतिवादी वामपंथी खेमा; **~ line** *n.* कड़ा, कट्टरवादी रुख/ नीति/ रवैया; **~ line** *adj.* कठोर: ~ line attitude (कड़ा रुख); **Hard lines!** *excl.* किसी के विफल होने पर (दुर्भाग्यशाली रहने पर) कहा जाता है; **~ lines/ lot/ luck!** दुर्भाग्यपूर्ण बात है!; **~ nut** विकट या जटिल व्यक्ति या काम: ~ nut to crack; **~ palate** कठोर तालु; **~ paste** अठारहवीं सदी के आरंभ में यूरोप में बनने वाले चीनी के बर्तन; **~ porn (pornography)** अश्लील चित्र; **~ prices** निश्चित ऊंचे दाम; **~ right** अति दक्षिणपंथी खेमा; **~ rock** शोर-शराब वाला रॉक संगीत; **~ sauce** ब्रेंडी में मक्खन व चीनी मिलाकर बनाई हुई हलवा जैसी मिठाई; **~ science** फिजिक्स, कैमिस्ट्री आदि शुद्ध विज्ञान के विषय; **~ sell** ग्राहक पर दबाव बनाकर बेचने की शैली; **~ shoulder** *Br.* सड़क के साथ-साथ दोनों ओर सख्त धरती जहां जरूरत पड़ने पर ड्राइवर गाड़ी को रोककर खड़ी कर सकता है; **~ stuff** *colloq.* 1 तेज शराब आदि 2 महत्त्वपूर्ण सूचना; **~ visage** कठोर चेहरा; **~ water** भारी पानी; **~ wheat** सख्त गेहूं; **~y annual** एक साल तक जिंदा रहने वाला व कठोर मौसम को सह सकने वाला पौधा;

p&i: **~ after/ by/ on/ upon sb** or **sth** किसी के या किसी चीज के अत्यंत निकट हो.; **~ and fast** 1 पूर्णतः निश्चित 2 पक्का, दृढ़; **~ as adamant** पत्थर की तरह कठोर; **~ as nails** अति कठोर, निर्मम व अड़ियल (व्यक्ति**.:** **~ by** 1 किसी चीज के बहुत समीप, निकट ही 2 दुष्कर; **~ cheese!** खुश किस्मत न होने (दुर्भाग्यशाली रहने) पर कहा जाता है; **~ dog to keep on the porch** टेढ़ी खीर, टेढ़ा व्यक्ति; **~ done by** जिसके साथ कठोर व्यवहार किया गया हो; **~-earned money/ results** कठोर परिश्रम से मिला पैसा या परिणाम; **~ going** समझने में कठिन व दुरूह; **~ hit** बुरी तरह से प्रभावित; **~ luck** दुर्भाग्य की बात है; **~-luck story** किसी की हमदर्दी पाने के लिए बताई जाने वाली अपनी दर्दनाक राम-कहानी; **~ of hearing** जिसे कम सुनाई पड़ता है, ऊंचा सुनने वाला; **~ on sb's heels** के ऐन पीछे हो.; **~ pressed/ pushed** कठिन स्थिति में; **~ put to it** जटिल स्थिति में; **~ row to hoe** टेढ़ी खीर, कटिन काम; **think ~** खूब सोचना; **~ thoughts of sb** किसी के बारे में खराब अनुमान या विचार रखना; **~ times** बुरे दिन; **~/ ~pill to swallow** जिसे मानना या स्वीकार करना बहुत मुश्किल हो; **~ up** तंग हाथ हो., पैसे की तंगी हो.; **~ up for sth** (~ up for new ideas) कोई नया विचार न सूझना; **~ upon sixty** लगभग साठ साल का; **~ won victory** कठिन संघर्ष के बाद मिली सफलता; **~ words** कड़वी बात, कटु शब्द; **~ words break no bones** गाली देने से काम नहीं बनता; **a ~ and fast bargain** पक्का सौदा; **a ~ and fast rule** पक्का नियम; **a ~ nut to crack** कठिन कार्य, टेढ़ा आदमी, टेढ़ी खीर; **as ~ as flint** पाषाण-हृदय, पत्थर दिल कठोर दिल; **be ~ going** कुछ कठिन हो.; **be/ feel ~ done by** अपने को दुर्व्यवहार का शिकार होना अनुभव क.; **be ~ on a person** किसी के साथ सख्ती से पेश आना; **be ~ on sb/ go ~ with sb** 1 किसी के साथ सख्ती से पेश आना 2 किसी की कटु आलोचना क.; **be ~ pressed for a livelihood** गुजारा करना मुश्किल हो.; **be ~ put to do sth** कुछ करना कठिन हो.; **boil an egg ~** अंडे को उबालकर सख्त (hard boil) क.; **die ~** मुश्किल से खत्म हो. या बदलना: old habits die ~; **do/ learn sth the ~ way** परिश्रम से या दुःख झेलकर कुछ सीखना या क.; **drive/ strike a ~ bargain** काफी सौदेबाजी करके अच्छे दाम पर कोई सौदा पक्का क.;

follow/ be ~ after/ behind/ upon sb किसी के ऐन पीछे-पीछे चलना; **give sb a ~ time** किसी के लिए स्थिति को जानबूझकर जटिल बनाना; **hit sb ~** बहुत हानि या कष्ट पहुंचाना; **it is ~ to make up one's mind** फैसला क. कठिन होता है; **it was ~ upon twelve** लगभग बारह बजे तक; **he has had ~ luck** वह दुर्भाग्यशाली रहा; **he is ~ to deal with** उसके साथ निपटना कठिन काम है; **make ~ work of sth** किसी कार्य को करने में जरूरत से ज्यादा समय व ऊर्जा लगाना; **no ~ and fast rule** कोई पक्का नियम नहीं; **no ~ feelings!** बुरा न मानिए (कोई कटुता नहीं होनी चाहिए)!; **play ~ to get** अपना भाव बढ़ाना; **take sth ~** किसी बात के कारण बहुत व्याकुल हो.; **the ~ sell** उग्र व प्रचंड तरीके से किया जाने वाला विक्रय; **the ~ way** बहुत संघर्ष के बाद; **too much like ~ work** जिसे करने के लिए बहुत प्रयास की आवश्यकता होती है; **when ~ comes to ~** जब हालात बहुत मुश्किल हो जाएंगे

hardcore *see above under* **hard: *dw/lw***

hard disk *see above under* **hard: *collocations***

hard drive (*also* **hard disk**) *see above under* **hard: *collocations::***

harden /हाःडन/ *v., pt.* **~ed**, *pp* **~ing** 1 कठोर हो. या क., कड़ा बनना: ~ sb/ oneself/ the body against cold/ draughts/ dampness; ~ troops; he **~ed** into a warrior; ~ labour/ climate 2 किसी के प्रति रुख कड़ा या कठोर क.: ~ one's heart; be **~ed** in heart 3 और मजबूत एवं दृढ़ हो.: ~ by heat 4 *comm.* 1) मूल्यों का स्थिर हो.: the market **~ed** 2) मूल्यों का बढ़ना;

***dw/lw:* ~ed** *adj.* 1 कठोर किया/ बना हुआ: ~ed soap; ~ed heart 2 दृढ़ या पक्का किया हुआ: ~ed beliefs 3 मंजा हुआ (बदमाश); **~ing** *n.* 1 कठोरीकरण (रुख आदि का और कठोर होना) 2 दृढ़ बनाने या होने की क्रिया;

***p&i:* ~ a bolt in its place** कील को उसके स्थान पर और कड़ा कसना या लगाना; **~ off** पौधों का मौसम-सह हो.; **~ the neck** *US* 1 घोड़े आदि का अड़ जाना 2 अड़ियल हो जा.

hardily /हाःडिलि/ *adv.* दिलेरी से, हिम्मत से

hardly /हाःडलि/ *adv.* 1 मुश्किल से: I ~ knew the man; he had ~ time enough; she is ~ twenty; I could ~ understand him; I could ~ believe my eyes/ my ears 2 ज्यों ही: ~ had she put on her dress when the door burst open 3 बिल्कुल नहीं, वस्तुतः नहीं: it is ~ possible (right) 4 सख्ती से, कठोरतापूर्वक: think ~ of sb; he was ~ treated/ dealt with 5 शायद ही: I ~ need tell you/ I need ~ say; we ~ ever go to the circus; we shall ~ meet him again

hardship /हाःडशिप/ *n.* 1 कठिनाई: be/ get/ become/ inured to **~s**; a life of **~s** 2 संकट, विपत्ति: put/ inflict **~s** upon others; bear/ suffer many **~s** 3 कष्ट: doing this is no ~

hardware /हाःडवेअः/ *n.* 1 कंप्यूटर में लगे यंत्र व उपकरण 2 (*also Br.* **iron-mongery**) घरेलू उपयोग के यंत्र व उपकरण 3 भारी सैनिक यंत्र व हथियार आदि 4 यांत्रिक कल-पुर्जे 5 *colloq.* बंदूक

hardy *see above under* **hard: *dw/lw***

hare /हेअः/ *n.* खरगोश, खरहा, शशक, शश;

***dw/lw:* ~bell** *n.* घंटी जैसे जामुनी रंग के फूलों वाला पौधा; **~brained/ hair-brained** *adj.* 1 उतावला 2 अव्यवहारशील, अव्यावहारिक 3 अविवेकी, पागल, मूर्ख; **~lip** *n.* कटा होंठ, खंडोष्ठ; **~lipped** *adj.* होंठकटा;

***p&i:* ~ off/ ~ after sth** बहुत तेज दौड़ना; **~s and hounds** एक खेल जिसमें एक पक्ष कागज के टुकड़े (hares) किसी स्थान पर बिखेरता जाता है और दूसरा (hounds) उन्हें ढूंढता है; **~'s foot/ ~'s foot and trefoil** यूरोप की रेतीली भूमि में उगने वाला एक पौधा; **~s may pull dead lions by the beard** अशक्त वयक्ति या जानवर के सामने गीदड़ भी शेर बन जाते हैं;

as timid as a ~ खरगोश जैसा डरपोक; **first catch your ~ (then cook him) = cook one's ~ before you catch it** पहले चीज प्राप्त करो और फिर सोचो कि उसके साथ क्या करना है; रूई न कपास, जुलाहे से लट्ठम-लट्ठ न हो.; **if you run after two hares, you will catch neither** दुविधा में दोनों गए माया मिली न राम; **raise/ start a ~** बातचीत के विषय को रखना; **run with the ~ and hunt with the hounds/ hold with the ~ and run with the hounds** दोनों (विरोधी) पक्षों से दोस्ती रखना, दोहरा खेल खेलना; **timid as ~** खरगोश-सा डरपोक

harem /हारिम/ हरम/ *US* हैरअम *n.* हरम, रनिवास

haricot /हैरिको/ (*also* **~/navy beans**) *n.* फरासबीन

hariola\te /हैरिओले\ट/ *v., pt.* **~ted**, *pp* **~ting** शकुन विचारना

hark /हाःक/ *v., pt.* **~ed**, *pp* **~ing** (*usually* **~ at sth/ sb**) *lit.* 1 ध्यान से सुनना 2 ध्यान दे.: let us ~ to the song of the birds 3 पूछना, पूछताछ क.;

n. फुसफुसाहट;

***p&i:* ~ at sb** जरा देखो तो उसे, वह अपने आपको समझता क्या है!; **~ back to sth** 1 बार-बार पुरानी बातों पर लौटना या याद क.: ~ back to one's childhood 2 गड़े मुर्दे उखाड़ना; **~ on!** आगे बढ़ो! (कुत्ते के लिए)

harlequin /हाःलअक्विन/ (*also* **Harlequin**) *n., theat.* मसखरा, विदूषक, भांड, जोकर;

***dw/lw:* ~ade** /हाःलअक्विनेड/ *n.* 1 ऐसा नाटक जिसमें विदूषक की भूमिका मुख्य हो 2 मसखरापन, जोकरपन, विदूषकता

harlot /हाःलअट/ *n., old use* वेश्या, रंडी, पतुरिया: play the ~ (वेश्यावृत्ति क.);

***dw/lw:* ~ry** /हाःलअट्रि/ *n.* वेश्यावृत्ति, रंडीबाजी

harm /हाःम/ *n.* 1 नुकसान, हानि, क्षति: do (much) ~ to sb/ sth; ~ done by the storm; mean no ~; there's no ~ done 2 चोट: grievous bodily ~ 3 नैतिक क्षति, बुराई, पाप: more ~ than good;

***v., pt.* ~ed**, *pp* **~ing** 1 नुकसान या हानि पहुंचाना: ~ sb's reputation, not **~ any one** 2 अहित क. 3 चोट पहुंचाना 4 पाप क., बुरा काम क.;

dw/lw:* ~ful** *adj.* हानिकारक, क्षतिकारक, नुकसानदेह: ~ful consequence; **~less** *adj.* 1 निरीह: several ~less passers-by were killed 2 (syn.*** **innocuous**) नुकसान न करने वाला: ~less snake 3 चोट या आघात न करने वाला;

***p&i:* ~ set, ~ get** जैसा करना वैसा भरना;

cause/ do sb/ sth ~ किसी को कुछ क. या नुकसान पहुंचाना; **great/ serious ~** भारी/ गंभीर हानि; **not come to any ~** कोई नुकसान न हो.; **out of ~'s way** पाप से दूर, खतरे से दूर; **there's no ~ in doing sth** कुछ करने में कोई हानि नहीं

harmonic /हाःमौनि\क/ *US* हाःमाःनि\क/ *adj.* 1 सुसंगत, समस्वरित, समरस 2 *maths*. हरात्मक 3 *music* संनादी 4 *phys.* आवर्त गति आदि से संबंधित: simple ~ motion (सरल आवर्त गति);

***dw/lw:* ~s** /~क्स/ *n.* हार्मोनिक विश्लेषण या अध्ययन;

harmonica /हाःमौनिका/ *US* हाःमाःनिका/ *n., pl.* **~s** माउथ-ऑर्गन, बाजा

harmonious /हाःमोनिअस\/ *adj.* 1 समरस, समस्वरित, श्रुतिमधुरः ~ sounds; ~ voices 2 सुस्वरः ~ songs 3 सुव्यवस्थित, सुसंगतः ~ colours; a ~ group of buildings 4 शांतिमय, सद्भावपूर्णः ~ family/ neighbours;

***dw/lw:* ~ly** /~लि/ *adv.* समस्वरित रूप में

harmonist /हाःमअनिस्ट/ *n.* 1 जो समसरसता के सिद्धांत में सिद्धहस्त हो 2 एकरसता स्थापित कर सकने वाला 3 जो समानांतर कथानकों को मिलाकर एक कर सकता हो 4 जो साफ दिखनेवाले विरोधाभासों को मिटा सकता हो या उन्हें समरस कर सकता हो

harmonium /हाःमोनिअम/ *n.* हारमोनियम

harmonization /हाःमअनाइजेशन/ *n.* 1 समरसताकरण 2

सद्भावना स्थापना

harmonize (*also* **-ise**) /हाःमअनाइज/ *v., pt.* **~d**, *pp* **harmonizing** 1 समरस क. या हो.: ~ hostile parties/ conflicting interests; ~ the tones perfectly 2 समस्वर में गाना 3 सुसंगत या समस्वर क. 4 एकरस हो.: his behaviour **~s** with his character

harmony /हाःमअनि/ *n.* 1 समरसता, तालमेल, समन्वय, सामंजस्य, संगति, सुमेल: be in ~ with sth 2 मेल-मिलाप, मैत्री, मैत्रीभाव, सद्भाव: live in (full, perfect) ~ 3 सुस्वरता, श्रुतिमाधुर्य, स्वरसंगति, समस्वरता, सुरीलापन: the ~ of voices 4 सुव्यवस्था: a ~ of colour 5 सुसंगति, सौंदर्य: ~ between form and substance

harness /हाःनिस/ *n.* 1 घोड़े का साज यानी लगाम, काठी, पट्टी, फीता आदि: put (a horse) in ~/ put the ~ on (a horse) 2 घोड़े को गाड़ी में जोतने का समान: horse ~ 3 पट्टी, फीतों या रस्सी आदि से काठी को शरीर से बांधने का तामझाम 4 हथकर्घे का एक भाग जो ऊपर-नीचे चलता है 5 कार की तारों का जाल;

v., pt. **~ed**, *pp* **~ing** 1 घोड़े पर काठी आदि डालने या उसे गाड़ी चलाने के लिए जुए में जोतना: ~ a horse 2 साज चढ़ाना: ~ race (*horse racing* एक प्रकार की घुड़दौड़) 3 किसी की शक्तियों या गुणों का उपयोग करने के लिए उपयुक्त दिशा दे.: ~ a water-fall;

collocations: **double** ~ विवाहित जीवन;

p&i: **~ together in matrimony** शादी क. (शब्दशः – शादी के जुए में जुतना); **~ sth to sth** घोड़े आदि को बग्घी आदि में जोतना;

die in ~ नौकरी करते-करते मर जाना; **get back in** ~ फिर से काम पर लौट आना; **in** ~ नौकरी में, काम करते हुए; **out of** ~ सेवानिवृत्त; **work/ run in double** ~ *facetious* विवाहित जीवन जीना

harp /हाःप/ *n.* तीन तारों वाला एक विदेशी बाजा;

v., pt. **~ed**, *pp* **~ing** 1 एक बात को बार-बार कहना या दोहराना: ~ on (about sb/ sth) 2 राग अलापना: ~ on/ upon/ the same string;

dw/lw: **~ist** /हाःपिस्ट/ *n.* हार्प बजाने वाला, हार्पवादक; **~-seal** *n.* उत्तरी अटलांटिक या आर्कटिक क्षेत्रों में पाई जाने वाली सील (मछली);

p&i: **~ on the same sring/note/ tune** एक ही राग अलापते रहना;

hang one's ~s on the willows प्रसन्नता का विषाद में बदल जा.

harpoon /हाःपून/ *n.* मछभाला, भाला, कांटेदार बर्छी;

v., pt. **~ed**, *pp* **~ing** मछभाले से मारना;

dw/lw: **~er** *n.* मछभाला चलानेवाला

harpsichord /हाःप्सिकॉःड/ *n.* पियानो की तरह का एक पुराना बाजा

har\py /हाःपि/ *n., pl.* **~pies**, *Greek mythol.* 1 एक पौराणिक दुष्ट जीव जिसका सिर और देह स्त्री का, और पांव व पंख पक्षी के माने जाते थे 2 चुड़ैल, डायन 3 लूट-खसोट करने वाला निष्ठुर व्यक्ति 4 (*also* **~py eagle**) एक बड़ा दक्षिणी अमेरिकी बाज

harquebus /हाःक्विबस/ *n.* पुरानी चाल की बड़ी तोप

harridan /हैरिडअन/ *n.* डायन, दुष्ट बुढ़िया, झगड़ालू औरत, दुष्टा

harrier /हैरिअः/ *n.* 1 लंबी दूरी का धावक 2 छोटे कद का शिकारी कुत्ता, हैरिअर 3 धावे पर धावा बोलने वाला, बार-बार वार करने वाला 4 निरंतर तंग या परेशान करने वाला 5 बाज, पक्षी

harrow /हैरो/ *n.* 1 हेंगा, पटरा, पाटा 2 जोते हुए खेत में मिट्टी के ढेले तोड़ने के लिए दांतेदार उपकरण, हैरो;

v., pt. **~ed**, *pp* **~ing** 1 हैरो चलाना, पाटा फेरना, पटरा चलाना: the field **~s** well 2 उत्पीड़न क., सताना 3 लूटना, उजाड़ना 4 ठेस पहुंचाना: ~ sb's feelings 5 चीरना, काटना;

dw/lw: **~ing**/हैरोइंग/ *adj.* 1 दुखदायक 2 भयावह, हृदय विदारक;

p&i: **under the ~ = under the ~ of affliction** यंत्रणा का शिकार, मुसीबत में

harrumph /हरंफ/ *v., pt.* **~ed**, *pp* **~ing** गले में खंगार की ध्वनि द्वारा अस्वीकृति जताना

har\ry /हैरि/ *v., pt.* **~ried**, *pp* **~rying**, *s/he/it* **~ries** 1 (***syn.*** harass) परेशान किए रहना, निरंतर तंग क.: **~ry** sb to death 2 बार-बार आक्रमण क., चढ़े चलना 3 युद्ध में बुरी तरह तहस-नहस क.;

collocations: **Flash Harry** फूहड़ पोशाक पहने हुए; **Old Harry** राक्षस, शैतान: play Old Harry with sb (किसी के साथ दुष्ट चाल चलना)

harsh /हाःश/ *adj.* 1 रूक्ष, रूखा, कठोर, खुरदरा: ~ surface; feel ~ to the fingers 2 क्रूर, निर्दय: be ~ to sb 3 कड़ा, अति सर्द, अप्रिय: ~ climate 4 कठिन व खतरनाक 5 कर्णकटु, कर्कश: ~ voice/ sound; ~ to the ear 6 अत्यधिक तेज (प्रकाश आदि): ~ contrast 7 कटु: ~ truth; ~ words 8 चरपरा: ~ to the taste;

dw/lw: **~ly** *adv.* निर्दयतापूर्वक; **~ness** *n.* क्रूरता, सख्ती;

hart /हाःट/ (*also* **stag**) *n.* लाल युवा हिरन (हिरण)

hartal /हःटाल/ *n.* हड़ताल

harum-scarum /हेअरम-स्केअरम/ *n.* उच्छृंखल, दुस्साहसी, अविचारी या जंगली आदमी;

adj. 1 लापरवाह, उतावला, अविचारी, अविवेकी: ~ conduct 2 जंगली, उजड्ड: ~ fellow;

adv. 1 दुस्साहसपूर्वक, बिना सोचे-विचारे 2 उजड्डपने से, लापरवाही से

haruspex /हरअस्पेक्स/ *n., pl.* **haruspices** /हरअस्पिसीज/ प्राचीन रोम में पशुओं के आंतरिक अंगों आदि को देखकर भविष्य बताने वाला ज्योतिषी

harvest /हाःविस्ट/ *n.* 1 फसल की कटाई 2 फसल की कटाई का समय: ~ time 3 पैदावार, परिणाम: an ample/ abundant/ rich/ bounteous ~ 4 उपज, फसल: the ~ is ripe;

v., pt. **~ed**, *pp* **~ing** फसल काटना व खलिहान आदि में एकत्रित क.: ~ wheat/ rice;

dw/lw: **~er** *n.* 1 कटाई करने वाली मशीन 2 लुनेरा; **~man** (*also US* **daddy-long-legs**) *n.* फसल काटने वाला, मकड़ी-वंशी सस्यलूताभ, लुनेरा,;

collocations: **~ festival/ ~ thanksgiving** फसल पकने (बैसाखी आदि) का त्यौहार; **~ home** फसल घर लाने की क्रिया; **~ mite** फसली कीड़ा; **~ moon** शरत् चंद्र, शरद पूर्णिमा, सस्य-पूर्णिमा (22 या 23 सितंबर); **~ mouse** फसली चूहा;

p&i **~ the fruit of one's evil acts** अपने बुरे कर्मों का फल भुगतना; **reap the ~ of one's labour** जैसा बोना वैसा काटना

has /हैज/ *present simple, s/he/it form* of **'have'**;

dw/lw: **~been** *n.* खत्म हुई हस्ती, गया-बीता या चुका हुआ व्यक्ति: it is better to be a ~-been than a never-was

HASC *abbr.* 'Hindustan Aeronautics Limited Sports Club' की प्रथमाक्षरी

hash /हैश/ *n., pl.* **~es** 1 पके गोश्त और सब्जियों को काटकर एक साथ मिलाकर बनाया हुआ व्यंजन 2 किसी पदार्थ को दोबारा प्रयोग में लाने की क्रिया: a well-done ~ of his own words 3 खिचड़ी, घालमेल, गड्डमड्ड 4 (~ **sign '#'**) '#' का चिह्न;

v., pt. **~ed**, *pp* **~ing** 1 टुकड़े-टुकड़े क. 2 घालमेल क. 3 खराब क.;

collocations: **~ brown/ ~ brown potatoes** फ्रेंच पोटेटो की तरह तले हुए आलू; **~ house** *US sl.* सस्ता रेस्त्रां, ढाबा;

p&i: **make a ~ of sth** मटियामेट क., गड्डमड्ड या घालमेल क., चौपट क.; **settle sb's ~** *colloq.* 1 किसी की बोलती बंद क. 2 किसी के साथ हिसाब चुकता क., किसी को खत्म कर दे.; **~ sth out** किसी फैसले पर पहुंचने से पहले मामले पर खूब अच्छी तरह विचार-विमर्श क.

hashish /हशीश/ (*also* **canabis**) *n.* चरस, गांजा, हशिश

hasn't /हैजंट/ *short,* 'has not' का संक्षिप्त रूप

hasp /हैस्प/ *n.* 1 कुंडा, कुंडी, सांकली 2 लच्छा

hassle /हैसल/ *n., colloq.* 1 परेशानी भरा या मुश्किल काम, कठिन कार्य 2 तर्क, विवाद, बहस;
v., pt. ~**d**, *pp* **hassling** 1 (*syn.* bother) बार-बार परेशान क. 2 विवाद छेड़ना

hassock /हैसक/ *n.* 1 चर्च में प्रार्थना करते समय घुटने टेकने की गद्दी, आसन 2 घास का गुच्छा

hast /हैस्ट/ *v.* 1 *old use, present form of* 'have' 2 'thou hast = you have'

haste /हेस्ट/ *n.* 1 रफ्तार: run off great ~ 2 शीघ्रता, तेजी: the matter requires ~ 3 हड़बड़ाहट, जल्दबाजी, उतावलापन, हड़बड़ी: be in ~; act in ~; indecent/ undue ~ 4 अत्यावश्यकता;
p&i: ~ **makes waste** जल्दबाजी में काम बिगड़ जाता है;
do sth in ~ जल्दबाजी में क.; **make more ~ than good speed = (the) more ~, (the) less speed = fool's ~ is no speed = ~ makes waste**; **make ~ slowly** धीमी पर संतुलित चाल से चलना; **marry in ~, and repent at leisure** शादी करने में जल्दबाजी करोगे तो बाद में पछताओगे;

hasten /हेसन/ *v., pt.* ~**ed**, *pp* ~**ing** 1 जल्दी क. या करवाना: ~ away home/ one's office 2 तेजी से काम करवाना: ~ one's steps 3 (*syn.* hurry) हड़बड़ी मचाना: ~ to do sth 4 (*always* ~ **to do sth**) किसी काम को सहर्ष तुरंत कर दे.: ~ one's departure

hastily /हेस्टिलि/ *adv.* 1 जल्दी-जल्दी: dress ~ 2 जल्दबाजी से, हड़बड़ी में: judge ~ of sb/ sth

hastiness /हेस्टिनेस/ *n.* हड़बड़ाहट, जल्दबाजी

has\ty /हेस्टि/ *adj., degr.* ~**tier**, ~**tiest** 1 जल्दबाज 2 फुर्तीला 3 उग्र, तेज: ~**ty** growth 4 (*syn.* hurried) अविचारित: ~**ty** departure; ~**ty** decision/ judgment 5 उतावला, हड़बड़िया: ~**ty** temper/ disposition 6 चिड़चिड़ा, क्रोधपूर्ण;
p&i: ~ **climbers have sudden falls** उतावलापन तो बावलापन है

hat /हैट/ *n.* 1 हैट, टोप, टोपी: toss/ throw up ~**s** 2 *colloq.* पद, भूमिका, कार्य;
v., pt. ~**ted**, *pp* ~**ting** टोप पहनना: she came in ~**ted** and gloved;
dw/lw: ~**band** *n.* टोप के किनारे-किनारे पर लगी पट्टी; ~**box** *n.* टोप रखने का एक गोल बक्सा; ~**pin** *n.* बालों को संभालने के लिए महिलाओं के हैट में लगने वाली धातु की पिन; ~**stand** *n.* टोप या टोपियां टांगने का स्टैंड; ~**ted** *adj.* हैटधारी, जो हैट पहने या लगाए हो; ~**ter** *n.* हैट बेचने वाला, हैट-निर्माता, हैट विक्रेता;
collocations: ~ **box** टोप संग्रहीत करने के लिए एक गोलाकार बक्सा; ~ **trick** क्रिकेट के खेल में लगातार तीन गेंदों पर तीन विकेट लेने की करामात, तिहरी सफलता, हैट्रिक;
a pork-pie ~ मुलायम टोप; **bowler** ~ गेंदबाज का टोप; **brass** ~ 1 वरिष्ठ सैनिक अफसर 3 बड़ी तोप; **hard** ~ कठोर टोप पहने भवन-निर्णाण मजदूर; **red** ~ कार्डिनल का टोप; **shovel** ~ चौड़े मुड़े हुए किनारों वाला टोप; **stove-pipe** ~ सिलिंडरनुमा टोप; **ten-gallon** ~ अमेरिकी चरवाहे का टोप (cowboy hat); **top** ~ उच्च पदासीन व्यक्ति;
p&i: ~**s off to** की जय हो!, प्रशंसा का हकदार;
a bad ~ सिद्धांतहीन व्यक्ति, दुष्ट, कमीना; **at the drop of a** ~ आनन-फानन में, थोड़ी-सी बात होने पर; **get a bowler's** ~ सैनिक सेवा से निकाल दिया जा.; **go ~ in hand to sb** 1 हाथ जोड़कर अनुनय-विनय क. 2 आत्म-सम्मान को दांव पर लगाना; **hang on to one's** ~ सावधान!, अपना ध्यान रखें!; **hang up one's** ~ 1 अपने निवास पर जम जा. 2 शादी करके पत्नी के साथ बस जा.; **his ~ covers his family** बिल्कुल अकेला आदमी है; **I'll eat my** ~ अपने सर की शर्त लगाता हूं; **I tip my ~ off to sb** किसी को किसी काम के लिए सराहना या पसंद क.; **keep sth under one's** ~ किसी बात को गुप्त रखना; **knock into a cock** ~ चूर-चूर कर देना, धज्जिया उड़ा देना; **lift/ raise/ touch/ take off one's ~ to sb** टोप उठाकर किसी का अभिवादन क.; **mad as a hatter** बहुत ही पागल; **my** ~ विश्वास नहीं होता!; **old** ~ 1 पुराना, घिसा-पिटा 2 दकियानूस 3 पुराना खिलाड़ी या मंजा हुआ व्यक्ति; **one's ~ is in the ring** चुनौती स्वीकार; **out of the** ~ टोप में पड़ी बहुत सारी पर्चियों में से एक निकालना, लॉटरी निकालना; **pass/ send the ~ round = go round with the** ~ किसी नेक कार्य के लिए धन एकत्रित क.; **pull sth out of a** ~ कोई जादुई करामत दिखाना; **put the ~ on my misery** मेरी सभी मुसीबतों का पिटारा बंद करते हुए; **take one's ~ off to sb = ~s off to sb** किसी को सलाम क., किसी को सराहना, किसी की किसी बात के लिए प्रशंसा क.; **talk through one's** ~ बकवास क.; **throw/ toss one's ~ into the ring** चुनौती स्वीकार क., किसी मुकाबले, चुनाव आदि में भाग लेने की बात की घोषणा क.; **throw one's ~ in the air** हर्षोन्माद में हो., उल्लसित हो.; **throw/ toss one's** ~ चुपके-चुपके; **wear several ~s/ another** ~ कई जिम्मेवारियां निभाना या एक और पद संभालना

hatch /हैच/ *v., pt.* ~**ed**, *pp* ~**ing**, *s/he/it* ~**es** 1 अंडे सेना, अंडे से चूजे का निकलना: three chicks ~**ed** to-day 2 योजना तैयार क.: ~ a design/ a theory 3 (*often* ~ **sth up**) षड्यंत्र रचना 4 रेखाओं से (नक्शे आदि को) छायांकित क.: ~ certain parts of a picture;
n. 1 (*syn.* ~way) जहाज, विमान या अंतरिक्ष यान आदि में छोटा-सा दरवाजा या छेद, आधा दरवाजा, फल्का: ~ house 2 सेने की क्रिया या कार्य, पोटे, पूर, झोल 3 परिणाम 4 रेखा-छाया 5 दीवार आदि में किया जाने वाला छेद;
dw/lw: ~**back** *n.* कार के पिछले भाग में बड़ा-सा दरवाजा जिसे ऊपर उठाकर खोला जाता है, कार की डिक्की; ~**\ery** *n., pl.* ~ies अंडे सेने का स्थान; ~**ing** *n.* 1 अंडे सेने की क्रिया 2 समानांतर रेखांकन, रेखाच्छादन; ~**way** *n.* 1 फल्का-मुख या दरवाजा, छोटा रास्ता 2 वायुयान या जलयान का द्वार, यानद्वार;
p&i: ~ **a plan/ plot/ conspiracy, etc.** चोरी छिपे योजना बनाना, खिचड़ी पकाना, षड्यंत्र रचना; ~**es, catches, matches and despatches** समाचार-पत्र का स्तंभ : जन्म, सगाई, ब्याह और मृत्यु के समाचार;
count one's chickens before they are ~ed सूत न कपास जुलाहे से लट्ठम-लट्ठ, दाम न कौड़ी, बाजार में दौड़ा-दौड़ी; **down the** ~ एक ही घूंट में जाम खाली करने की शुभ कामना; **under the ~es** 1 मृत 2 मुसीबत में फंसा हुआ 2 यंत्रणा का शिकार

hatchet /हैचेट/ *n.* छोटी कुल्हाड़ी;
dw/lw: ~-**faced** *adj.* पतले, लंबे मनहूस चेहरे वाला व्यक्ति;
collocations: ~ **job** किसी पर घिनौना हमला, कटु आलोचना; ~ **man** 1 किसी संगठन द्वारा नियुक्त भाड़े पर घिनौने काम करने वाला व्यक्ति 2 नृशंस व्यक्ति;
p&i: **bury the** ~ मतभेद भुलाकर फिर से दोस्ती क. या शांति स्थापित क., झगड़ा खत्म क.; **dig/ take up the** ~ युद्ध की घोषणा क.; **sling the hatchet** थोड़ा झूठ बोलना; **take the** ~ युद्ध शुरू क.

hate /हेट/ *v., pt.* ~**d**, *pp* **hating** 1 अत्यधिक घृणा क., नफरत क.: ~ hypocrisy/ one's enemy 2 वैर या द्वेष क. 3 किसी कार्य को करने में अपनी नापसंदगी जाहिर करते हुए उसे करने को मजबूर हो.: he ~**s** to be/ being bothered; I ~ to hurt his feelings;
n. 1 (*syn.* hatred) अत्यधिक घृणा, नापसंदगी 2 (*esp.* **pet** ~) *colloq.* अत्यधिक घृणित व्यक्ति या वस्तु 3 विशेषण के रूप में: घृणा-सूचक;
dw/lw: ~**ful** *adj.* 1 घिनौना, घृणित, कुत्सित: ~ful crime; ~ful glances 2 प्रतिकूल; ~**fully** *adv.* घृणापूर्वक, नफरत से; ~**r** *n.* घृणा करने वाला;

collocations: ~ **crime** जातीय नफरत के कारण किया जाने वाला अपराध; ~ **mail** घृणापूर्ण पत्र;
p&i: ~ **each other like poison** एक-दूसरे को फूटी आंख न भाना; ~ **sb's guts** किसी की हिम्मत व दिलेरी से अत्यधिक नफरत क.

hatred /हेटरिड/ *n.* 1 अत्यधिक घृणा, नफरत: ~ of sb/ sth 2 वैर, द्वेष: stir up ~;
collocations: **deep/ intense** ~ गहन/ अत्यधिक घृणा; **racial** ~ नस्लवादी घृणा

HAU *abbr.* 'Hissar Agricultural University' की प्रथमाक्षरी

hauberk /हॉबःक/ *n.* कवच, बख्तर

haugh\ty /हॉटि/ *adj., degr.* **~tier**, **~tiest** 1 (***syn.*** arrogant) दंभी, घमंडी, अहंकारी: **~ty** smile; seem **~ty** in one's appearance 2 घृणा करने वाला, घिनौना;
dw/lw: **~tily** *adv.* अहंकारपूर्वक, तिरस्कारपूर्वक; **~tiness** *n.* अक्खड़पन, हेकड़ी, दंभ, घमंड, अहंकार

hauk /हॉक/ *n.* लच्छी, अंटी, अट्टी

haul /हॉल/ *v., pt.* **~ed**, *pp* **~ing** 1 धकेलना या घसीटना: ~ timber/ logs 2 गाड़ी से माल ढोना: ~ pilchards 3 *naut.* हवा के साथ चलने के लिए जहाज की दिशा बदलना या मोड़ना: the ship **~ed** southward; ~ to the wind 4 *naut.* हवा का जहाज की अनुकूल दिशा में बहना;
n. 1 लूटा हुआ माल, लूट 2 कर्षण, वहन, ढुलाई 3 फंसाव, जाल में फंसी मछलियों की मात्रा: a hundred fish at a ~; a good/ a rich ~ of sardines 4 लाभ, प्राप्ति 5 दूरी, माल ढोने की दूरी: a long/ short ~ (लंबी या छोटी दूरी की दौड़);
dw/lw: **~age** /हॉलिज/ *n. UK* 1 ढुलाई में लगने वाली मेहनत 2 परिवहन से ढुलाई 3 ढुलाई का शुल्क; **~ier** /हाःलिअः/ *n.* 1 ढुलाई करने वाला, परिवहन-व्यवसायी 2 कोयला खान से ऊपर चढ़ाने वाला मजदूर;
collocations: **long** ~ काफी लंबा समय; **short** ~ कम समय
p&i: ~ **down** खींचना, घसीटना; ~ **down one's flag/ colours** हार मान ले., घुटने टेक दे.; ~ **in** अंदर खींचना या लेना; ~ **off** जहाज द्वारा हवा के प्रतिकूल चलना; ~ **sb over the coals** = **rake sb over the coals** किसी को बुरी तरह लताड़ना, डांटना-फटकारना: he ~ed them up sharply for their neglect; ~ **sb up** किसी को लताड़ना; ~ **up** 1 ऊपर चढ़ाना 2 हवा की दिशा के अनुकूल हो. 3 खींचने के बाद रोकना या रुकना 4 जवाबदेही मांगना, स्पष्टीकरण मांगना, हिसाब मांगना;
be a long ~ लंबा व कठिन रास्ता; **make a good/ fine** ~ लाभ-प्राप्ति से अच्छा जीवन व्यतीत होने लगना

haulm /हाःम/ *n.* 1 डंठल 2 पयाल, पुआल

haunch /हॉंच/ *n.* 1 नितंब, चूतड़: squat/ sit/ on one's **~es** 2 पुट्ठा, कूल्हा: ~ of venison (पुट्ठे का मृग मांस) 3 पिछली टांग: throw a horse on its **~es**

haunt /हॉंट/ *v., pt.* **~ed**, *pp* **~ing** 1 किसी स्थान पर बार-बार आना-जा.: ~ sb's house; phantoms seem to ~ those gloomy streets 2 से संतप्त हो., कचोटते रहना: remorse **~s** him continually 3 पीछे पड़ना, सताना: **~ed** by dreams 4 बुरे/ अच्छे विचारों का मन में बार-बार आना: old memories ~ his mind; be **~ed** by the memory of accident;
n. 1 (*often* **~s**) अड्डा: favourite ~ 2 ऐसा स्थान जहां लोग बार-बार आते-जाते रहते हैं: his favourite/ daily ~ 3 चिंता-ग्रस्त मुद्रा 4 हिरणों व अन्य शिकारी पशु-पक्षियों का चरने-विचरने का स्थान;
dw/lw: **~ed** /हॉंटिड/ *adj.* भूत-प्रेतों से भरा, भुतहा; **~er** *n.* 1 लगातार आने-जाने वाला 2 सताने वाला सपना 3 चिपट जाने वाला विचार; **~ing** *adj.* 1 उदासी भरा 2 सताने वाला (सपना आदि);
collocations: **~ed house** वह स्थान जहां भूत-प्रेत बराबर आते रहते हैं, भुतहा

hausfrau /होसफ्रॉ/ *n., Ger.* गृहिणी, घरेलू औरत

hautboy /ओबॉइ/ होबॉइ/ *n., old use* शहनाई की तरह का एक बाजा, नफीरी

haute couture /ओटकुट्युअः/ *n.* 1 औरतों के लिए नवीनतम फैशन के कपड़े बनाने का धंधा 2 नव परिधान व उसके निर्माता

haute cuisine /ओटअक्विजीन/ *n.* 1 उत्कृष्ट पाक विधि (रसोई) 2 दक्षतापूर्वक तैयार किया हुआ व्यंजन

hauteur /ओटः/ ऑटः/ *n.* घमंड, अभिमान, दर्प, अहंकार

have /हैव/ *auxiliary v., pt.* **had**, *pp* **having**, *s/he/it* **has** 1.1 (forms of 'have', i.e., **have**, **has**) पूर्ण वर्तमान काल बनाने के लिए प्रयुक्त: I/ we/ they ~ completed the assignment; she/he **has** completed the assignment; (similarly the form of 'have' in past tense, i.e., **had**) पूर्ण भूतकाल बनाने के लिए प्रयुक्त: I/ we/ she/ he/ they **had** finished the assignment yesterday 2 (*also* ~ **got**) का मालिक हो., के पास हो., में हो., पास रखना,: ~ a big house; he **has** a sense of humour; ~ much/ little in common with sb; ~ sth/ nothing against sb; ~ sb on one's side; May **has** 31 days; ~ no doubt!; ~ no fear! 3 पाना, प्राप्त क., लेना, उठाना: they **had** it from his pocket; we **had** much rain this year 4 गुण, विशेषता आदि का हो.: he **has** brown eyes; he **had** the kindness to assent ...; ~ a lot of courage; not a nerve to give sb a befitting reply 5 अनुभव क., अहसास हो.: I ~ a lot of sympathy for him; ~ pity/ compassion for sb 6 मजा लेना: ~ a good time/ some fun! 7 जिम्मेवारी में व्यस्त हो.: ~ responsibility for sth 8 कुछ क.: ~ a bath/ sleep/ walk, etc. 9 किसी से कुछ करवाना: ~ the doctor examine her; ~ the hair cut; ~ sth done 10 खाना, पीना: he will ~ a drink; I'll ~ ice-cream and coffee 11 हराना, किसी पर भारी पड़ना या उससे बाजी मार लेना: you ~ me on that point 12 (*also* ~ **got**) समस्या आदि झेलना: she **had** an odd experience; ~ difficulty/ problems, etc. 13 मेहमाननवाजी क.: we ~ people to dinner 14 किसी विषय का ज्ञान हो.: I ~ some Russian 15 सोचना, सूझना या मन में रखना: I ~ an idea 16 किसी विशेष हालत में हो.: the book **has** several pages missing 17 दावत आदि दे.: ~ a party; we are **having** a party 18 किसी वस्तु, बात या क्रिया-कलाप में भाग ले.: we **had** a conversation 19 कुछ उपलब्ध हो.: ~ time to do sth 20 *colloq.* ठगना, धोखा दे.: mind that he doesn't ~ you! (देखना, कहीं वह आपको ठग न ले!) 21 परिणाम या फल दे.: this policy **had** the desired effect 22 बच्चे को जन्म दे.: ~ a baby 23 किसी अंग या उपकरण आदि से पकड़ना: ~ sb by the collar 24 फंदे आदि से पकड़ना या उसमें फंसाना: ~ the fish in a net 25 बीमार पड़ना: ~ a cold 26 प्रभाव पड़ना: Bhagat Singh **had** a strong influence on me in youthful days 27 (***syn.*** receive, get) लेना, पाना: ~ the bill; ~ a letter from sb 28 अनुमति दे.: ~ guests in the hostel during the night 29 किसी अवस्था में पहुंचाना: ~ sth ready 30 के संग हो.: ~ friends at one's place 31 किसी कार्य के लिए नौकरी पर रखना: ~ sb as a computer operator 32 संख्या हो.: the college **has** 2000 students 33 दुःख उठाना, पीड़ाग्रस्त हो.: she **has** a headache/ toothache/ a sore throat 34 सहन शक्ति हो.: she **has** patience with children;
modal v. **have to** (*also* **have got to**) 1 कुछ करने की विवशता: you will ~ to pay the price of your folly 2 करना पड़ना, करने की जरूरत हो.: one simply **has to** get up early to have a glimpse of dawn; ~ got to do sth (कुछ करना पड़ेगा) 3 करना चाहिए था: after all, the war **had to** end soon 4 (*also* **must be**) होना आवश्यक है: it **had** to happen 5 यह तो या ऐसा तो (कुछ नकारात्मक) होना ही था: of course, he **had to** fall ill as soon as the exams drew close;
n. 1 मालिक 2 धनी लोग: the **~s** and the **~-nots** 32 *sl.* चाल,

धोखाधड़ी;
dw/lw: **~-a-go** *n.* अपराध होते समय बचाने के लिए तैयार लोग; **havelock, haven** *see below under separate entry*; **the ~-nots** *n. [pl.]* जिनके पास धन-संपत्ति न हो, गरीब लोग; **the ~s** धनी लोग;
p&i: **~ a barley** (खेल में) थोड़ा रुको!; **~ a bee in one's bonnet** दिमाग में फतूर भरा हो.; **~ a big/ loud mouth** मुंहफट हो.; **~ a blot in a beauty** चांद में दाग हो.; **~ a bone in one's throat** गले में हड्डी फंसी हो.; **~ a bone to pick with sb** किसी से खुंदक हो.; **~ a brush with sb** किसी से नोक-झोंक हो.; **~ a bye** प्रतियोगिता में किसी टीम को बिना खेले जीत (walkover) मिल जा.; **~ a card up one's sleeve** तरकश में कोई तीर हो., कोई छिपी चाल बचा हो.; **~ a change of heart** हृदय परिवर्तन हो.; **~ charmed life** जीवन में बहुत भाग्यशाली हो.; **~ a chip on one's shoulder** नाक पर मक्खी न बैठने देना, लड़ने के लिए तैयार बैठा हो.; **~ a cow** किसी बात को लेकर बहुत नाराज व उत्तेजित हो.; **~ a crow to pluck with** किसी से बदला निकालना बचा हो.; **~ a dance/ a smoke** थोड़ा नाचना/ थोड़ी सिगरेट पीना; **~ a drinking spree** शराब का दौर पर दौर चलाना; **~ a drop in one's eye** नशे की हालत में हो.; **~ a face as long as fiddle** मुंह लटका हो.; **~ a fancy for** पसंद हो.; **~ a favourable turn of fortune** किस्मत फिरना; **~ a finger in the pie** किसी काम में हाथ हो.; **~ a feather in the cap** नई सफलता जुड़ना; **~ a fling at** हाथ आजमाना; **~ a foul mouth** बदजबान हो.; **~ a free hand** खुली छूट हो.; **~ a friend at court** सत्ता के गलियारों में पहुंच हो.; **~ a go/ a shot/ a bash/ a stab at ...** कोई कार्य करने का प्रयास क.; **~ a good mind** बहुत चाहना या इच्छा हो.; **~ a swim/ a walk/ a wash** थोड़ी तैराकी/ सैर/ धुलाई क.; **~ a good ear for sth** संगीत आदि का पारखी हो.; **~ a good/ great time** खूब मौज-मस्ती क.; **~ a hair-breadth escape** बाल-बाल बचना; **~ a hand in sth** किसी कुकर्म में हाथ हो.; **~ a hangover** शाम को ज्यादा पी लेने के कारण सुबह भयंकर सिरदर्द और पस्त हाल हो., खुमार हो.; **~ a hard job to do** मुश्किल काम करना बाकी है; **~ a head on one's shoulders** विवेकशील और बुद्धिमान हो.; **~ a heart!** जरा धैर्य रखो!; **~ a heart sore** मन में टीस हो.; **~ a high morale** हौसले बुलंद हो.; **~ a hunch** होने की संभावना लगना; **~ a large mouth but small girdle** आए सेर, खाए सवा सेर; **~ a lease of life** जीवन दान मिलना; **~ a level head** संतुलित एवं निष्पक्ष रवैया हो.; **~ all hopes dashed to the ground** सारी आशाओं पर पानी फिर जा.; **~ all one's goods in the windows** भारी दिखावा क.; **~ all one's eggs in one basket** सब कुछ एक ही विकल्प पर लगा दे.; **~ a lot on one's plate** करने को बहुत काम हो., बहुत सारी चीजें करने को हो.; **~ a lump in the throat** भावनाओं आदि के उफान के कारण गला अवरुद्ध हो जा.; **~ a maggot in one's head** दिमाग में एक सनक हो.; **~ a monkey at one's back** नशीले पदार्थों का व्यसनी हो.; **~ a memory/ head like a sieve** छलनी-सी (खराब) याददाश्त या दिमाग हो.; **~ an advent of good luck** किस्मत खुल जा.; **~ an agenda** किसी का कोई प्रत्यक्ष या अप्रत्यक्ष लक्ष्य हो.; **~ a nap** झपकी लेना; **~ an arrow left in one's quiver** तरकश में तीर बचा हो.; **~ an axe to grind** कोई स्वार्थ हो.; **~ an earful** बहुत कुछ सुनने को मिलना; **~ a nerve** आत्म विश्वास हो; **~ a niche in the temple of fame** नेकनामी में एक चिरस्मरणीय स्थान हो.; **~ an eye for** किसी चीज की परख हो.; **~ an eye to** किसी चीज पर आंख हो.; **~ a night out** छात्रावास आदि से लड़के -लड़कियों द्वारा मौज-मस्ती की शाम बिताने के लिए जा.; **~ an itch for gold = ~ an itching palm** पैसे की ललक हो.; **~ a nodding acquaintance** दुआ-सलाम की जान-पहचान हो.; **~ an old head over young shoulders** उम्र का छोटा अक्ल का बड़ा हो.; **~ a nose for sth** किसी काम को समझने और करने में तेज हो.; **~ a ready tongue** हाजिर जवाब हो.; **~ a run of good luck** अच्छी किस्मत का दौर चलना; **~ a say** किसी के मत का कोई महत्त्व हो.; **~ a screw/ tile loose** दिमाग पेच ढीला हो.; **~ a sense of humour** हास्यरस को समझने और सराहने में सक्षम हो.; **~ a shot at** हाथ आजमाना; **~ a smooth ride/ sail** काम या यात्रा आदि ठीक-ठाक हो जा.; **~ a stake in the company** किसी कंपनी कुछ शेयर हो., किसी के हित का हिस्सा हो.; **~ a sweet tooth** मिठाई का शौकीन हो.; **~ a swollen head** दिमाग चढ़ा हो.; **~ a tailwind** मदद मिलना; **~ a take on sth** किसी बात के बारे में मत हो.; **~ a thick skin** चिकना घड़ा हो.; **~ at one's finger tips/ ends** जबानी याद हो.; **~ at sb** शुरुआती हमला क. (तलवारबाजी आदि में); **~ a voice** दूसरों के साथ संवाद करने का तरीका हो.; **~ a way with things** कोई काम करने का कोई विशेष ढंग हो.; **~ a whale of time** 1 बहुत समय हो. 2 खूब मजे क.; **~ a windfall** बिल्ली के भागों छींका टूटना; **~ a word with sb** किसी से किसी मुद्दे पर बात क.; **~ a wolf in the stomach** बहुत भूखा हो.; **~ baggage = come with baggage** पहले चली आ रहीं बहुत सारी समस्याएं हो.; **bats in the belfry** सिरफिरा या सनकी हो.; **~ been in the sunshine** पिए हुए हो.; **~ been in the wars** चेहरे पर जीवन में तिरस्कार और त्रासदी झेलने के निशान हो.; **~ catching-up to do** पीछे छूटे काम को पूरा करके नवीनतम बिंदु तक आना; **~ cold feet** ढुलमुल रवैया हो जा; **~ confrontation with** से टकराव हो.; **~ done with sth** किसी मूर्खतापूर्ण कार्य या बात को खत्म क.; **~ currency** वर्तमान में चालू हो; **~ dibs on sth** किसी विषय पर किसी का कोई मत हो.; **~ eyes like a ferret** बहुत क्रूर हो.; **~ eyes like a hawk** तीव्र दृष्टि हो.; **~ (got) it coming to you** दिख ही रहा था कि आपके साथ यह होनेवाला है; **~ faith in sb** किसी पर विश्वास या भरोसा रखना; **~ feet of clay** बेआधार या कमजोर हो.; **~ (got) sth on** 1 पहने होना 2 मुलाकात तय रहना; **~ guts** हिम्मत या दम-खम हो.; **~ had it** *colloq.* 1 बहुत बुरी हालत में हो., नष्ट हो जा. 2 मर जा., नष्ट हो जा. या थककर चूर हो जा.; **~ had its day** चुका हो.; **~ half a mind** कुछ करने का मन हो.; **~ hopes shattered** आशाओं पर पानी फिर जा.; **~ in mind** ध्यान में रखना या हो.; **~ in stock** भंडार में हो.; **~ store** के इंतजार में हो.; **~ it both ways** चित भी मेरा, पट भी मेरा; **~ it coming** सजा या कष्ट का हकदार हो.; **~ it in for sb** किसी को पसंद न करने के कारण उससे बदतमीजी से पेश आना; **~ it in one to do sth** कुछ करने के लायक हो., किसी में कुछ करने का दम हो.; **~ it off/ away with sb** किसी के साथ संभोग क.; **~ it out (with sb)** बातचीत करके सुलझाना; **~ it so good** बहुत सारा फायदा हो.; **~ it your own way** जैसा चाहो वैसा करो!; **~ kittens** दुविधा में चिंतित हो.; **~ legs** अपने पांव पर खड़े होने की क्षमता जग जाहिर हो.; **~ lost one's tongue** बोलती बंद हो गई, सिट्टी-पिट्टी गुम हो गई; **~ many irons in the fire** कई धंधों में हाथ डाले हो.; **~ nerves of steel** अति दृढ़ हृदयी हो.; **~ no backbone = be spineless** कोई दम-खम न हो.; **~ no bearing on** पर कोई प्रभाव न हो.; **~ no idea** कुछ पता न हो.; **~ no leg to stand upon** झूठ के पांव नहीं होते; **~ none of it** मान्य न हो.; **~ nothing to do with that man = ~ no truck with ...** उस आदमी से कोई वास्ता नहीं; **~ on** कपड़े पहने हो.; **~ one foot in the grave** मौत की कगार पर हो.; **~ one on toast** किसी की जान किसी की मुट्ठी में हो.; **~ one over the eight** बहुत ज्यादा शराब पीना; **~ one's blood up** खून खौलने लगना; **~ one's bread buttered on both sides** पांचों उंगलियां घी में हो.; **~ one's cake and eat it, too** दो परस्पर विरोधी काम एक साथ नहीं हो सकते; **~ oneself**

to thank खुद का ही कुसूर हो.; **~ one's fingers crossed** किसी बात के होने या न होने की उम्मीद हो.; **~ one's hand full** अत्यधिक व्यस्त हो.; **~ one's heart in one's mouth** कलेजा मुंह को आना; **~ one's heart in sth** किसी काम में मन लगना; **~ one's heart in the right place** वह विश्वास करने योग्य है; **~ one's heart set on sth** किसी चीज को पाने की मंशा हो.; **~ one's monkey up** गुस्से में हो.; **~ one's way** अपनी चलाना; **~ one's wits about one** सावधान और सतर्क हो.; **~ one's work cut out for one** अपनी भूमिका तय करवाना; **~ one on the hip** कुश्ती में जीत जा.; **~ pledged one's word** जबान हारना; **~ recourse to** की मदद लेना; **~ sb back** पुराने पति या पत्नी या प्रेमी को अपने पास लौटकर आने देना; **~ sb cold** 1 किसी के भाग्य का फैसला क. 2 किसी की धुनाई क.; **~ sb down** किसी की मेहमाननवाजी क.; **~ sb eating out of one's hand** किसी को अपनी उंगली पर नचाना; **~ sb for sth** *colloq.* किसी पर किसी आरोप का जवाब पाने के लिए मुकदमा क.; **~ sb in = ~ sb round** किसी को मेहमान के रूप बुलाना; **~ sb on** किसी की मजाक उड़ाना, किसी को बुद्धू बनाना, किसी को किसी बात पर विश्वास करवाना; **~ sb on the carpet** किसी की आलोचना क.; **~ sb up for sth** किसी पर अदालत में आरोप लगाना; **~ second thoughts** संदेह हो., ढुलमुल हो.; **~ seen services** युद्ध में हिस्सा ले चुका; **~ shot one's bolt** जितना कर सकता था किया; **~ sth against sb** किसी के विरुद्ध कुछ मसाला हो.; **~ sth back** किसी चीज को वापस लेना; **~ sth down pat** किसी चीज, स्थान आदि को भली प्रकार जानना; **~ sth in** किसी चीज की आपूर्ति अपने घर पर करवाना; **~ sth on** 1 कुछ पहने हो. 2 किसी उपकरण को चालू छोड़ना या रखना 3 किसी काम में व्यस्त हो.; **~ sth on one's mind** मन पर कोई बोझ हो.; **~ sth on sb** किसी के बारे में कुछ सनसनीखेज सूचना हो.; **~ sth on the brain** सर पर भूत सवार हो.; **~sth out** मुंह से कुछ (दांत आदि) निकलवाना; **~ sth out with sb** मतभेदों को विचार-विमर्श करके दूर क.; **~ sth to say for oneself** बहाना या स्पष्टीकरण दे.; **~ sth up one's sleeves** किसी के पास कोई गुप्त विचार, चाल आदि बचा हो.; **~ strained relations** मनमुटाव हो.; **~ sway over sb** किसी पूरा प्रभाव हो.; **~ the black ox tread on one's foot** दुःख और विपत्तियां झेलीं हो.; **~ the blues** विषाद में डूबा हो.; **~ the courage of one's conviction** जिस बात में विश्वास हो उस पर अडिग रहना; **~ the devil's luck** किस्मत का धनी हो.; **~ the edge on sb = ~ the upper hand** पलड़ा भारी हो.; **~ the game in one's hand** जीत मुट्ठी में हो.; **~ the hump** अवसाद का दौरा पड़ना; **~ the last word** अंतिम फैसला देना; **~ the law on sb** किसी पर मुकदमा कर दे.; **~ the makings of** बनने की संभावनाएं हो.; **~ the other fish to fry** और भी काम हो.; **~ the jitters** होश उड़ जा., सिट्टी-पिट्टी गुम हो.; **~ the last word** किसी मामले किसी का अंतिम फैसला या जीत हो.; **~ the whip hand of sb** नियंत्रित करने की स्थिति में हो.; **~ to do sth** कुछ करना पड़ना; **~ to do with sb/ sth** किसी से या किसी बात से वास्ता हो.; **~ to eat one's words** थूककर चाटना; **~ two strings to one bow** विकल्प को अपने पास रखना; **~ under one's thumb** किसी की नकेल हाथ में हो.; **~ way on** रास्ते में हो.; **~ what it takes to do sth** कुछ करने के लिए आवश्यक गुणों का हो.; **~ windmills in one's head** हवाई किले बनाना; **~ wolf by the ears** जोखिम में पड़ा हो.;

as Shakespeare has it जैसा कि शेक्सपीयर ने कहा है ...; **had better** or **best...** अच्छा होगा कि ...; **had rather** or **sooner ...** अच्छा होगा कि जल्दी ...; **he hadn't any money about/ on/ him** उसके पास कोई पैसा नहीं था; **~ it out/ with sb** किसी के साथ सब साफ कर लेना, गलतफहमी दूर क.; **he will ~ it that ...** वह इस बात पर जोर दे रहा है कि ...; **how long ~ they known each other?** वे एक दूसरे को कितने समय से जानते हैं?; **I had better be off** अच्छा होगा कि मैं चला जाऊं; **I ~ it! / I've got it!** मुझे समाधान या जवाब मिल गया!; **I had rather do it myself** मैं स्वयं इसे करूंगा तो बेहतर होगा; **I had rather you didn't bother ...** अच्छा होगा कि आप चिंता न करें; **I won't ~ such conduct** मैं ऐसा व्यवहार सहन नहीं कर सकता; **let him ~ it!** उसे सच्चाई बता दो!; **let sb ~ it in the face** किसी के मुंह पर तमाचा पड़ने दो!; **let us ~ at him** आओ उसका पीछा करें; **let us ~ no nonsense!** आइए बकवास सहन न करें!; **let's ~ it out!** आइए इसे स्पष्ट कर लें; **not be having any of that** ऐसा सब कुछ न सहना; **one won't/ can't ~ sth** or **sth done** किसी बात को होने न दे.; **she had a good time** उसने अच्छा समय बिताया; **there you ~ the man** देखो तो जरा, वह कैसा है!; **to have and to hold** *law* किसी को मालिकाना हक दिया जा.; **we had rather do sth** हम तो चाहेंगे कि कुछ किया जाए; **what ~ you** और इसी तरह के अन्य लोग या वस्तुएं; **you don't ~ to apologize** आपको क्षमा मांगने की जरूरत नहीं; **you had better say it at once** आप तुरंत कुछ कह देंगे तो अच्छा होगा; **you ought to ~ done it** आपको इसे करना चाहिए था

havelock /हैवलक/ *n.* सैनिक टोपी के लिए श्वेत आवरण

haven /हेवन/ *n.* 1 शरणस्थल, सुरक्षित स्थान 2 जहाजों के लिए शरण-स्थल 3 अपराध आदि का अड्डा

have-nots *see above under* **have:** ***dw/lw***

haven't /हैवंट/ *short,* **'have not'** का संक्षिप्त रूप

haver /हेवः/ *v., pt.* **~ed**, *pp* **~ing** *esp., Scottish & New Eng.* 1 बकबक क., बकवास क. 2 फैसला करने में धीमा हो.;
n. (*usually* **~s**) बकवास, मूढ़ बात

haversack /हैवःसैक/ *n.* पीठ-झोला, पीठ-थैला

having /हैविंग/ *pp,* **'have'** का वर्तमानकालिक कृदंत;

havoc /हैवक/ *n.* 1 विनाश, तबाही, विध्वंस, बर्बादी: cause/ create ~; play ~ with sth 2 *colloq.* अस्त-व्यस्तता, घाल-मेल, गड़डमड्ड;
p&i: **cry ~ = wreak ~ on sth** किसी चीज को अस्त-व्यस्त या तहस-नहस कर देना

haw /हॉ/ *v., pt.* **~ed**, *pp* **~ing** 1 गीत जैसे स्वर में बोलना 2 बताना 3 ठहाका लगाना;
p&i: **don't hum and ~!** बुदबुदाना बंद करो!

Hawaian /हवाइअन/ *n.* हवाई देश का वासी: एक आधे बाजू की ढीली रंग-बिरंगी कमीज

hawk /हॉक/ *n.* 1 बाज, श्येन, शिकरा 2 *politics* (***anton.*** dove) उग्रवादी व्यक्ति, कट्टरवादी आदमी 3 निष्ठुर, क्रूर, लोभी आदमी;
v., pt. **~ed**, *pp* **~ing** 1 बाज की तरह शिकार खेलना 2 बाज आदि द्वारा शिकार की खोज में उड़ान भरना 3 किसी पक्षी या कीट को उड़ते-उड़ते मार गिराना: birds ~ insects in the air 4 (***syn.*** attack) प्रहार क., पंख पर निशाना साधना: ~ at sb 5 (***syn.*** peddle) फेरी लगाकर सामान बेचना, फेरी लगाना: ~ fruit/ vegetables 6 फैलाना: ~ news (gossip) about 7 खांसते-खांसते मुंह में बलगम आना, खखारना;
dw/lw: **~-cuckoo** *n.* पपीहा; **~-eyed** *adj.* (***syn.*** eagle-eyed) तीक्ष्ण दृष्टि, सुदूरदर्शी; **~er** /हॉःकः/ *n.* फेरीवाला, पैकार; **~ing** *n.* फेरी लगाकर बेचने का काम; **~ish** *adj.* आक्रामक, उग्रवादी, कट्टर; **~like** *adj.* बाज जैसा; **~-moth** *n.* जमुहां; **~-nosed** *adj.* शुकनास; **~sbill** *n.* (**turtle**) एक छोटा (बाजठोंठी) कछुआ; **~weed** *n.* एक सदाबहार खरपतवारी पौधा;
p&i: **~s will not pick ~s eyes out** चोर-चोर मौसेरे भाई;
know a ~ from a handsaw गधे और घोड़े में फर्क समझना, चीजों को भली भांति परख लेने में सक्षम हो.; **watch sb like a ~** किसी को बहुत ध्यान से देखना

hawse /हॉज/ *n.* 1 जहाज का वह भाग जिसमें लंगर-छेद बने होते है 2 हॉजपाइप 3 जहाज और लंगर के बीच दूरी;
dw/lw: **~hole** *n.* लंगर-छेद; **~pipe** *n.* सांकल-नली जो लंघरछेद में

से गुजरती है; **~r** /हॉःजः/ *n.* जहाज को खींचने का मोटा रस्सा या तार, तीनपान

hawthorn /हॉथॉःन/ *n.* 1 बन-संजली 2 गुलाबी या सफेद फूलों वाला एक पेड़ या झाड़ी

hay /हे/ *n.* सूखी घास: make ~; ~ harvest/ time;

dw/lw: **~box** *n.* 1 बुरादे से भरा एक वायु रोधक डब्बा 2 फूस की डलिया ; **~cock** *n.* खेत में बना घास या भूसे का कूप; **~fever** *n., non-tech.* 1 परागज ज्वर 2 घास के प्रति एलर्जी के कारण होने वाला ज्वर जिसमें नाक व आंखें भी प्रभावित होती हैं; **~fork** *n.* घास उठाने की त्रांगली, पांचा या जेळी (*Hr.*); **~loft** *n.* घास का कूप, परछत्ती; **~maker** *n.* घास काटने वाला; **~making** *n.* घास काटकर एकत्रित आदि करने की क्रिया; **~mow** *n.* 1 घास का खलिहान 2 घास का ढेर; **~ride** *n.* घास से लदी बैल या घोड़ा गाड़ी में मजा लेने के लिए की जाने वाली सवारी; **~seed** *n.* 1 घास के बीज 2 गंवार; **~stack/ ~rick** *n.* भूसे या सूखी घास का ढेर या गर्री;

p&i: **~ down** घास आदि को सुखाना;

hit the ~ सो जा.; **look for needle in a ~ stack/ bundle of ~** अनहोनी बात क.; **make ~** अनुकूल अवसर का नाजायज फायदा उठाना; **make ~ of sth** भ्रम पैदा कर दे., किसी बात को उल्टा-सुल्टा करके उलझा दे.; **make ~ while the sun shines** बहती गंगा में हाथ धोना; **neither ~ nor grass/ between ~ and grass** न तीन में, न तेरह में; **roll in the ~** संभोग क.

haywire /हेवायः/ *adj., colloq.,* (*often* **go ~**) 1 जो ठीक से काम न कर रहा हो: radios go ~ 2 अनियंत्रित 3 अस्त-व्यस्त, अव्यवस्थित, घबराया हुआ;

p&i: **go ~** दिमाग खराब हो., अस्त-व्यस्त हो जा.

HAZ *abbr.* 'heat affected zone' की प्रथमाक्षरी

hazard /हैजःड/ *n.* 1 बाधा, खतरा: run/ stand the ~; a fire/ health ~ 2 जोखिम, संकट: take **~s** (जोखिम उठाना); at the ~ of one's life; an occupational ~ (व्यावसायिक जोखिम या बाधा) 3 संकट या जोखिम-भरा काम;

adv. संयोग(वश), भाग्य(वश): at all **~s**; select at ~ (संयोगवश चुनना);

v., *pt.* **~ed**, *pp* **~ing** 1 अनुमान लगाने का खतरा उठाना: ~ a remark/ a question 2 दांव या बाजी लगाना 3 (***syn.*** take a risk) जोखिम उठाना, खतरा उठाना: ~ one's life/ reputation 4 खतरे में डालना: reckless driving ~s life 5 का साहस क.;

dw/lw: **~ous** /हैजःडस/ *adj.* 1 खतरनाक: ~ous substance/ chemicals 2 जोखिमभरा: ~ous enterprise; ~ous experiment/ climb/ expedition 3 संयोगवश होने वाला;

collocations: **~ lights/ ~ warning lights** गाड़ी के पीछे और आगे दोनों तरफ की टिमटिमाती रोशनी जो यह दर्शाती है कि गाड़ी किसी बाधा के कारण खड़ी है या उसे झेलते हुई चल रही है; **~ pay** *US* = **danger money** जोखिम वेतन या पैसा;

p&i: **~ a guess** अनुमान लगाना; **at all ~s** हर कीमत पर, चाहे जो भी हो;

ha\ze /हेज/ *n.* 1 *metereol.* धुंध: a thin **~ze** veiled the hills 2 उलझन, थोड़ी भ्रांति 3 दुविधा, अनिश्चय;

v., *pt.* **~zed**, *pp* **~zing** 1 धुंधला हो जा., धुंधला क. या बनाना 2 *mainly N. Amer.* (***syn.*** ragging) साथी छात्रों को धमकाना या तंग क. 3 *naut.* किसी को जिल्लत का काम देकर बेइज्जत क.;

dw/lw: **~zily** *adv.* धुंधले-से; **~ziness** *n.* धुंधलापन, धुंधलका, अस्पष्टता, अनिश्चय; **~zy** *adj.* 1 धुंधला: ~zy weather 2 अस्पष्ट, अनिश्चित: ~zy view; ~zy vision; ~zy idea;

p&i: **~ze about** बेकार घूमना, बेकार बैठे रहना, कुछ काम न क.; **~ze over** धुंध से ढक जाना

hazel /हेजल/ *adj.* हरा-भूरा रंग: ~ eyes (हरी-भूरी आंखें)

hazelnut /हेजलनट/ *n.* पिंघल फल, पहाड़ी बादाम

hazy *see above under* **haze: *dw/lw***

HB *abbr.* (in pencils) 'hard black' की प्रथमाक्षरी

Hb *abbr.* 'haemoglobin' का संक्षेप

HBCSE *abbr.* 'Homi Bhabha Centre for Science Education' की प्रथमाक्षरी

HBM *abbr.* 'His/ Her Britannic Majesty' की प्रथमाक्षरी

HBO *abbr.* 'Hollywood Box Office', 'Home Box Office' की प्रथमाक्षरी

H-bomb /एच-बॉम/ *n.* हाइड्रोजन बम

HBO2 *abbr.* 'Hyperbasic Oxygen Therapy' की प्रथमाक्षरी

HBV *abbr.* 'Hepatitis B Virus', 'high biological value' की प्रथमाक्षरी

h.c. *abbr.* 'honoris causa' का संक्षेप (मानद उपाधि)

HC *abbr.* 'hard copy', 'head constable', 'High Court', 'House of Commons', 'Hydro-carbon' की प्रथमाक्षरी

HCA *abbr.* 'Hydrochloric Acid' की प्रथमाक्षरी

HCBS *abbr.* 'High Capacity Bus System' की प्रथमाक्षरी

HCC *abbr.* 'Heart Command Centre' की प्रथमाक्षरी

HCF *abbr.* (*also* **hcf**) 'Heart Care Foundation', 'Heritage and Culture Forum', 'highest common factor' की प्रथमाक्षरी

HCFC *abbr.* 'hydro-chloro-fluoro-carbons' की प्रथमाक्षरी

HCFI *abbr.* 'Heart Care Foundation of India' की प्रथमाक्षरी

HCG *abbr.* 'human chorionic gonadotrophin' की प्रथमाक्षरी

HCI *abbr.* 'Human-Computer Interaction' की प्रथमाक्षरी

HCL *abbr.* 'Hindustan Cable Limited', 'Hindustan Copper Limited', 'Hydrogen Chloride' की प्रथमाक्षरी

HCLT *abbr.* 'HCL Technologies' की प्रथमाक्षरी

HCM *abbr.* 'His/ Her Catholic Majesty' की प्रथमाक्षरी

HCP *abbr.* 'Habeas Corpus Petition' की प्रथमाक्षरी

hcp *abbr.* 'handicap' का संक्षेप

HCV *abbr.* 'Hepatitis C Virus' की प्रथमाक्षरी

HD *abbr.* 'heavy duty' की प्रथमाक्षरी

HDCL *abbr.* 'Hindustan Development Corporation Limited' की प्रथमाक्षरी

HDD *abbr.* 'hard disk drive' की प्रथमाक्षरी

HDFC *abbr.* 'Housing Development Finance Corporation' की प्रथमाक्षरी

HDI *abbr.* 'Health Development Index', 'Human Development Index' की प्रथमाक्षरी

HDITI *abbr.* 'Honours Diploma in Information and Telecommunication Technology' की प्रथमाक्षरी

HDL *abbr.* 'high-density lipoprotein' की प्रथमाक्षरी

HDML *abbr.* 'Handheld Device Mark-up Language' की प्रथमाक्षरी

HDPE *abbr.* 'high density polyethylene' की प्रथमाक्षरी

hdqrs *abbr.* 'headquarters' का संक्षेप

HDR *abbr.* 'Human Development Report' की प्रथमाक्षरी

HDSIL *abbr.* 'Hitech Drilling Services India Limited' की प्रथमाक्षरी

HDSL *abbr.* 'high-rate digital subscriber line' की प्रथमाक्षरी

HDST *abbr.* 'Honours Diploma in Computer Software Technology' की प्रथमाक्षरी

HDTP *abbr.* 'Handheld Device Transport Protocol' की प्रथमाक्षरी

HDTV *abbr.* 'high definition television' की प्रथमाक्षरी

HE *abbr.* 'Heuristic Engine', 'high explosive', 'High Eminence', 'His/ Her Excellency' की प्रथमाक्षरी

He *symbol, chem.* 'helium' का चिह्न

he /ही/ *personal pron.* 1 नर प्राणी, नर पशु के स्थान पर प्रयुक्त होने वाला सर्वनाम, वह 2 अलिंग मानव या अन्य जीवों का द्योतक;

adj. नर;

n. 1 नर प्राणी, नर पशु, नर जीव का द्योतक शब्द: is it ~ or she? 2 **he-** संयुक्त शब्द में नर जानवर का द्योतक: he-goat;

p&i: **carry fire in one hand and water in the other** बगल में छुरी मुंह में राम-राम; **he doubles his gift who gives in time** ठीक समय पर दी जाने वाली मदद बेजोड़ है; **he jets and sears who never felt a wound** शोषक शोषितों की पीड़ा नहीं समझता; **he is a fool that forgets himself** जो अपनी औकात भूल जाए वह मूर्ख होता है; **he who laughs last laughs longest** जी जीता सो सिकंदर; **he who would catch fish must not mind getting wet** हवन करते हाथ जले; **he who would sow well must reap well** जो जैसा करेगा वैसा भरेगा

head /हेड/ *n.* 1 सिर, सर, शीर्ष: a blow on the ~; fall ~ first; dive ~ downwards/ foremost (सिर के बल गोता लगाना) 2 मस्तिष्क, दिमाग, मन: keep sad thoughts out of one's ~ 3 मुख्य व्यक्ति, नेता, प्रधान, मुखिया: ~ of a family 4 सिर दर्द: wake up with a bad ~ in the morning 5 अग्रभाग, शीर्ष: march at the ~ of the procession 6 सिरहाना 7 बुत का सिर, चेहरा: ~ of a bust 8 (प्रति) व्यक्ति, नग, मद: rupees 100 per ~ (सौ रुपये प्रति नग) 9 पशुओं या जानवरों की संख्या: 100 ~ of cows 10 गोल सिरा 11 ढोल-मुख 12 (*often* **~s**) शीर्षक 13 (**~s**) सिक्के का आदमी के सिर वाला फलक: **~s** I win, tails you lose 14 सिर जैसी वस्तु: ~ of a tool; hit the nail on its ~ 15 शिखरतम बिंदु: finish the season at the ~ of their league 16 (***syn.*** source) नदी आदि का स्रोत: ~ of the river 17 दलील का मुख्य बिंदु 18 (*often* **~s**) *naut., sl.* समुद्री जहाज का शौचालय 19 नशेड़ी: smack ~ 20 किसी रास्ते का अंतिम पड़ाव या बिंदु: rail-~ 21 सिर जितनी लंबाई, चौड़ाई या ऊंचाई: taller by a ~ 21 मुख्य आसन: the president sits at the ~ of a table 22 फूल या पौधे के तने का अंतिम सिरा: remove the dead **~s** of the plant 23 भरे बीयर गिलास या मग की ऊपरी झाग: remove the foam from the ~ of beer glass 24 फोड़े-फुंसी आदि का मुंह 25 कैसेट रिकॉर्डर आदि में टेप में वैद्युत संकेतों को ध्वनि में परिवर्तित करने वाला भाग 25 बंद कक्ष में भाप द्वारा बनाया जाने वाला दबाव 26 *ling.* वाक्य में मुख्य अंश;

adj. 1 सिर से संबंधित: ~ band/ ~ cold 2 उल्टी दिशा से आने वाली, प्रतिकूल: ~ wind (प्रतिकूल हवा) 3 मुख्य: ~ teacher/ master *UK* मुख्य अध्यापक;

v., pt. **~ed**, *pp* **~ing** 1 (*often* **~ up sth**) नेतृत्व क., अगुआई क., सबसे आगे रहना: ~ a procession of demonstrators 2 शिखर पर (सबसे ऊपर) हो.: his name **~s** the list 3 (*often* **~ for somewhere**) किसी दिशा में बढ़ना: ~ for home; ~ south 4 जहाज को किसी विशेष दिशा में मोड़ना: they **~ed** into the wind 5 लेख आदि को शीर्षक दे.: ~ a chapter 6 *football* गेंद को सिर से मारना: ~ the ball 7 (***syn.*** prune) किसी पौधे की शिखरतम टहनियों आदि को छांगना (*Hr.*)/ काटना 8 नदी या जलधारा का स्रोत हो.: the Ganges **~s** in the Gangotri;

dw/lw: **~ache** /हेडेक/ *n.* 1 सिर दर्द: splitting ~ache; suffer from ~ache 2 परेशान करने वाला व्यक्ति: be a ~ache for the whole family; **~all** *n.* हर मर्ज की दवा, राम बाण; **~armour**/हेड-आःमः/ *n.* शिरोकवच; **~band** *n.* माथे पर बांधी जाने वाली पट्टी, सरबंद; **~banger** /हेड-बैंगः/ *n.* 1 संगीत सुनते समय सिर को जोर-शोर से ऊपर-नीचे घुमाने वाला व्यक्ति 2 मूर्ख व पागल व्यक्ति; **~board** *n.* पलंग का सिरहाने की तरफ का तख्ता; **~boy** *n.* मुख्य छात्र, मॉनिटर; **~butt** *v., pt.* **~ed**, *pp* **~ing** सिर से मारना; **~case** *n.* मानसिक रोगी; **~cold** *n.* आंख, नाक और सिर को प्रभावित करने वाला जुकाम (सर्दी); **~count** *n.* उपस्थित लोगों की गिनती या संख्या; **~dress** *n.* 1 सिर ढकने का आवरण (टोपी, पगड़ी, साफा आदि) 2 शिरोवस्त्र 3 घूंघट, ओढ़नी; **~ed** /हेडिड/ *adj.* 1 सबसे ऊपर लिखे नाम-पते वाला लैटरपैड: a **~ed** note-pad; **~ed** *adj.* किसी प्रकार के सिर वाला: clear- or level-headed person; **~er** *n.* 1 पानी में सिर के बल लगाई जाने वाली छलांग या डुबकी 2 (फुटबाल में) गेंद पर सिर से किया जाने वाला आघात, शिरोघात 3 *phys.* प्रवेशिका 4 *chem.* शीर्षणी 5 *comput.* प्रत्येक पृष्ठ के शिखर पर स्वतः जुड़ने वाला पाठ; **~first** *adv.* 1 सिर के बल 2 शीघ्रता से, जल्दबाजी में; **~gear** *n.* शिरोवस्त्र, सिर पर पहनने की टोपी, पगड़ी या टोप; **~hunt** *v., pt.* ~hunted, *pp* ~hunting दिमागों या योग्य कर्मियों का शिकार क. यानी अपने संगठन में लाना; **~hunter** *n.* 1 मारे हुए शत्रुओं के सिरों को उपहार के रूप में रखने वाला 2 बढ़िया वेतन का लालच देकर कुशल व्यक्तियों को अपने यहां बुलाने वाला; **~hunting** *n.* 1 शत्रुओं के सिरों को विजयोपहार के रूप में सुरक्षित रखने का कार्य 2 दूसरी जगह पर काम करने वाले योग्य व्यक्तियों को ऊंचे वेतन पर अपने यहां बुलाने का कार्य, मानव आखेट; **~iness** *n.* जल्दबाजी, उतावलापन, सिरफिरापन; **~ing** *n.* 1 शीर्षक, अभिमुख, समासंधि, मुखदिशा 2 *comput.* प्रत्येक पृष्ठ के शिखर पर स्वतः जुड़ने वाला पाठ; **~lamp** (*also* **~light**) *n.* हेडलैंप, हेडलाइट, अग्रदीप; **~land** *n.* 1 (***syn.*** promontory) समुद्र के बीच जाने वाला जमीन का संकरा टुकड़ा, अंतरीप 2 शीर्ष भूमि; **~less** *adj.* 1 बिना सिर का, निर्मुंड 2 बिना सरदार का, नेतृत्वविहीन 3 सिरफिरा: run around like a ~les chicken; **~light** (*also* **~lamp**) *n.* हेडलाइट, अग्रदीप; **~line** *n.* 1 अखबार में बड़े अक्षरों में छपी खबर, सुर्खी 2 मुख्य समाचार 3 शीर्ष पंक्तियां, सुर्खियां: he hit/ grabbed/ made the ~lines; **~line** *v., pt.* ~lined, *pp* ~lining शीर्षक दे. 2 किसी कार्य-कर्म में मुख्य कलाकार हो.; **~lock** *n.* कुश्ती में सिर को जकड़ने का एक दाव; **~long** *adv.* 1 सिर के बल 2 सीधे, बड़ी तेजी से 3 अंधा-धुंध, बिना सोचे-समझे: rush ~long into danger; **~long** *adj.* 1 (***syn.*** ~ first) सिर के बल वाला: ~long fall; ~long dive 2 अंधा-धुंध, उतावला, अधीर: ~long decision 3 बेहद: ~long fury 4 खड़ा या खड़ी, सीधी: ~long rocks; **~long** ***adv.*** 1 सिर के बल: dive ~long 1 बिना सोचे-समझे, अंधा-धुंध: rush ~long into a controversy 3 हड़बड़ी में, जल्दी-जल्दी: run ~long from the violent crowd; **~man** *n.* (***syn.*** ~ chief) मुखिया, सरगना; **~master** *UK* (*US* **principal**) *n.* प्रधानाचार्य; **~mistress** *UK* (*US* **principal**) *n.* मुख्याध्यापिका; **~most** *adj.* मुख्य या अगुआ जहाज: ~most ship in the line; **~office** *n.* प्रधान कार्यालय, मुख्यालय; **~on** *adv.* 1 सिर के बल 2 सीधे: deal ~on (सीधे निपटना या बात क.); **~on** *adj.* सीधी, सीधा: ~on collision of trains; **~phones** *n. [pl.]* हेडफोन, संगीत आदि सुनने के लिए कानों पर लगाया जाने वाला उपकरण, आकर्णक; **~piece** *n.* 1 शिरस्त्राण 2 हेडपीस; **~pin** *n.* त्रिकोणीय ढंग से लगाई हुई दस पिनों में से सामने की पिन; **~quartered** *adj.* जिसका किसी विशेष स्थान पर मुख्यालय हो; **~quarters** *n., [pl.]* प्रधान कार्यालय, मुख्यालय: permanent ~quarters of the United Nations; **~race** *n.* रहट या टर्बाइन (turbine) की ओर जाने वाली नाली; **~rest** *n.* हेडरेस्ट, शिरोधार, सिरहाना; **~room** *n.* गाड़ी की छत और सवारी के सिर के बीच का अंतराल; **~scarf** *n.* सिर ढकने का दुपट्टा या रूमाल; **~rest** *n.* कार की सीट पर लगी सिर रखने की गद्दी ; **~set** *n.* टेलीफोन आदि सुनने व जवाब देने के लिए कानों पर लगाया जाने वाला उपकरण; **~ship** *n.* प्रधानता, अध्यक्षता, प्रधान या अध्यक्ष का पद; **~shrinker** *n.* मानसिक रोगों का विशेषज्ञ; **~sman** *n.* जल्लाद (फांसी तोड़ने वाला); **~stand** *n.* शीर्षासन; **~stall** *n.* घोड़े के सिर पर डाली जाने वाली लगाम, सिरदुआली; **~start** *n.* अच्छी शुरुआत; **~stock** *n.* मशीन के सिर को सहारा देने वाला उपकरण; **~stone** *n.* समाधि-शिला; **~stream** *n.* नदी का शिखरतम उद्गम स्थान; **~strong** *adj.* हठी, हठीला, जिद्दी, सिरफिरा; **~teacher** *n.* *UK* (*US* **principal**) *n.* मुख्याध्यापक; **~to~** *adj.* आमने-सामने; **~to~** *adj.* आमने-सामने बैठकर **~up-display** *n.* उपकरणों से सूचनाओं का सीधे पायलट या ड्राइवर के सामने स्क्रीन पर आना; **~waters** *n.* उद्गम स्थल की जलधाराएं, नदीशीर्ष, नदी स्रोत; **~way** *n.* 1 प्रगति: make ~way

2 शीर्षांतर 3 दूरी या अंतर; **~wind** *n.* जहाज के उल्टे बहने वाली हवा, प्रतिवात, उल्टी हवा, प्रतिकूल हवा; **~word** *n.* (***syn.*** entry) मुख्य शब्द, प्रविष्टि; **~work** *n.* दिमागी या मानसिक कार्य; **~worker** *n.* दिमागी काम करने वाला व्यक्ति; **~y** *adj.* 1 सिर पर छा जाने वाला (नशा आदि): the ~y air of spring 2 मादक, नशीला: ~y ale 3 उग्र, प्रचंड: ~y current 4 उतावला, जल्दबाज; ***collocations:*** **~ case** 1 जंगली व मूर्खतापूर्ण तरीके से व्यवहार करने वाला 2 मानसिक रोगी; **~ count** उपस्थित लोगों की गिनती; **~ man** कबीले का मुखिया; **~ mark** अनोखी विशेषता; **~s of chapters** अध्यायों के शीर्षक; **~ of state** देश का शासक; **~ register/ ~ voice** बोलने या गाने में उच्चतम आवाज (जिससे सिर में कंपन होता है); **~ table** शीर्ष आसन की मेज; **~ tide** प्रतिकूल प्रवाह; **~ to ~** दो जनों का सीधा टकराव या मुकाबला; **~ wind** सीधे मुंह पर लगने वाली हवा, प्रतिकूल हवा;

acid/ smack ~ नशेड़ी; **a good ~** अच्छा दिमाग; **a long ~** समझदारी, दूरदर्शिता; **the fountain ~** मुख्य स्रोत या कारण; **a wooden ~** मूर्ख व्यक्ति; **Pope' ~** छत साफ करने की झाड़ू;

p&i: **~ and shoulders** श्रेष्ठतम, सर्वोत्तम; **~s and thaws** एक साथ; **~ a trick** 1 ताश के खेल में बड़े पत्ते से छोटे को पीटना 2 घूस ले.; **~ back** 1 किसी का रास्ता बंद क. 2 (***syn.*** prune) पेड़ आदि को छांगना; **~ first** 1 सिर के बल 2 बिना सोचे-समझे कदम उठाना; **~ off** 1 ध्यान हटाना, काम में बाधा डालना 2 रवाना हो.; **~ on** सीधा, सीधी: ~ on collision; **~ over ears** पूरी तरह; **~ over heels/ heels over ~** सिर से पांवों तक, पूरी तरह से; **~ sb off** किसी का पीछा करके उनसे आगे निकलकर पीछे धकेलना; **~ sb off from making a speech** किसी के भाषण में बाधा डालना; **~ sb off from the wrong way** 1 किसी को सही रास्ता दिखाना 2 किसी को सत्य का मार्ग दिखाना 3 किसी को धोखा दे., ठगना 4 *naut.* हवा की दिशा में मोड़ आना; **~s of sheep** भेड़ों की संख्या; **~s or tails?** टॉस करते समय सिक्के के दो फलकों में से एक; **~s I win, tails you lose** चित भी मेरी, पट भी मेरी, अंटा मेरे बाप का; **~ sth off** रोकना, खतरे आदि को टालना; **~ to sea** तरंग के प्रतिकूल;**~ up** जहाज द्वारा लंबा रास्ता पकड़ ले.; **~s will roll for sth** किसी गलती या अनुचित कार्य के लिए किसी को सजा मिलेगी;

above or **over sb's ~** समझ से परे; **a clear ~** स्पष्ट सोच; **a cool ~** शांत और संतुलित व्यक्ति; **a hot ~** सिर-फिरा, तुनक मिजाज, पागल-सा; **a level ~** संतुलित एवं शांत दिमाग; **a ~ of hair** बाल का शिखर; **an old ~ on young shoulders** छोटी उम्र में परिपक्व बुद्धि; **a price was set on his ~** उसके सिर के लिए इनाम घोषित किया गया है; **a roof over one's ~** सिर ढकने को छत; **at the ~ of the whole business** सारे कारोबार का मुखिया; **a thousand ~ of cattle** एक हजार पशु; **a wooden ~** मूढ़ व्यक्ति; **bang/ batter one's ~ against a brick/ stone wall** दीवार से मारकर अपना सिर फोड़ना यानी बेवकूफीपूर्ण काम क., व्यर्थ प्रयत्न क.; **beat sb's ~ off** किसी को पूर्णतः हरा दे.; **beat sth into sb's ~** किसी के दिमाग में कुछ भरना; **be/ stand ~ and shoulders above sb/ sth** दूसरों से या दूसरी चीजों से कहीं बेहतर हो.; **be in love ~ over heels** पूरी तरह से प्यार में डूबा होना; **better be the ~ of a dog, than the tail of a lion** स्वर्ग की गुलामी से नरक की सरदारी बेहतर; **be~ing for sth** किसी अप्रिय घटना की ओर बढ़ना; **be not right in one's ~** दिमाग में पेच ढीला हो.; **be unable to make ~ or tail of sth** कुछ समझ में न आना; **big ~ and little wit** नाम बड़ा और दर्शन छोटे/ ऊंची दुकान, फीका पकवान; **bite** or **snap sb's ~ off** किसी से बहुत कठोरता से बात क.; **bother one's ~ about sb** किसी के किसी बात के बारे में सोच-सोचकर अपना दिमाग खराब क.; **break one's ~ over sth** किसी समस्या का समाधान निकालने के लिए माथा-पच्ची क.; **break Priscian's ~** व्याकरण का नियम भंग क.; **bring sth to a ~** किसी बात को चरम बिंदु तक पहुंचाना; **bury one's ~ in the sand** शतुरमुर्ग की तरह बाहरी दुनिया की घटनाओं से अपने को काट ले.; **buy sth over sb's ~** ज्यादा कीमत चुकाकर किसी से कोई चीज छीन लेना; **call down the wrath of God on sb's ~** किसी को भगवान का कोप भाजक बनाने के लिए प्रार्थना क.; **carry one's ~ high** सिर ऊंचा करके चलना; **come into one's ~** दिमाग में आना; **come/ draw to a ~** चरम बिंदु/ संकटावस्था के शिखर पर पहुंचना: trouble coming to a ~; **cost sb his ~** किसी को दंड के रूप में अपना सिर देना पड़ना; **do sth standing on one's ~** किसी कार्य को आसानी से कर लेना; **down by the ~** थोड़ा-सा पिए हुए; **drag by the ~ and ears** बाल या कान आदि पकड़कर खींचना; **draw down upon one's ~** किसी का भयंकर क्रोध अपने ऊपर लेना; **eat one's ~ off** आमदनी चवन्नी, खर्चा अठन्नी; **fling oneself at sb's ~** किसी का आगा-पीछा क.; **from ~ to foot/ heel** सिर से पांव तक; **get a swelled ~/ go about with one's ~ in the air** अहंकार से भरा हो./ शेखी बघारना/ बढ़चढ़कर बातें क.; **get it into one's ~** दिमाग में बैठाना, की कल्पना क.; **get one's ~ down** सो पाना; **get one's ~round sth** किसी बात को समझकर स्वीकार कर पाना; **get sb out of one's ~** किसी को अपने जहन से निकलना; **get through sb's ~** समझ पाना, कल्पना क.; **give a horse its ~** घोड़े की बाग ढीली कर देना; कहीं भी तुरंत जाने की छूट दे.; **give one's ~ for the washing** अपमान को चुपचाप सह ले.; **give sb his/ her ~** खुली छूट दे., किसी को मुक्त कर दे.; **go about one's ~ in air** दिमाग चढ़ना, सिर फिरना; **go above/ bang one's ~ against a brick wall** व्यर्थ प्रयत्न क.; **go ~ to ~ with sb** किसी सीधे और दृढ़तापूर्वक निपटना; **go off/ out of/ one's ~** पागल हो जाना; **go to the fountain ~** 1 मूल स्रोत को संदर्भित क. 2 अधिकारियों के पास बात ले जा.; **go to the ~** शराब का नशा चढ़ जाना; **go to one's ~** 1 सिर फिरना, घमंड हो. 2 शराब का नशा हो जा.; **hang/ have one's ~ down (in shame)** (शर्म से) सिर झुक जाना, शर्मिंदा हो.; **hang over sb's ~** किसी के सिर पर खतरा मंडराना; **have a ~ on one's shoulders** समझदार होना; **have a bad ~ for heights** ऊंचाइयों को ठीक से सह न पाना; **have a bad ~ for sth** किसी बात को समझने में असमर्थ हो.; **have a good ~ for sth** 1 किसी काम में निपुण हो. 2 किसी भी स्थिति में संतुलित रहना; **have a ~ like sieve** *see above under* **have: *p&i***; **have an old ~ on young shoulders** *see above under* **have: *p&i***; **have one's ~ examined** अपनी दिमागी क्षमता की जांच करवाना; **have one's ~ in a tar barrel** *US* मुसीबत में फंस जाना; **have one's ~ in the clouds** 1 बात को ध्यान से न सुनना 2 अव्यावहारिक होना, ख्याली पुलाव पकाना; **have one's ~ screwed on the right way** समझदार व प्रतिभाशाली होना; **he has a ~** अधिक शराब पीने से उसे सिर दर्द है; **he is touched in the ~** वह थोड़ा हिला हुआ है; **hide one's ~** शर्म से मुंह छिपाना; **his successes have gone to his ~** सफलताओं से उसका सिर फिर गया है; **hit the nail on the ~** तीर निशाने पर लगना, सही निशाने पर चोट क.; **hold/ keep one's ~ above ground** मुश्किल से गुजारा क.; **hold one's ~ above water** कठिनाइयां झेलना, जिंदा रहने के लिए संघर्ष क., ऋण में न फंसना, दिवालिया न हो.; **hold one's ~ up/ carry one's ~ high** सिर ऊंचा करके चलना या जीना; **hold up one's ~** शर्मिंदा न होना; **hundred rupees per ~** सौ रुपये प्रति व्यक्ति; **in one's ~** किसी बात को अपने दिमाग में रखना; **in over one's ~**;**it came into his ~** यह बात उसके दिमाग में आई; **it will cost him his ~** इसके लिए उसे अपना सिर गंवाना पड़ेगा; **keep one's ~ = keep a clear/ cool~** शांत बने रहना; **keep one's ~ down** लोगों का ध्यान अपने ऊपर आकर्षित करने से बचना; **keep one's ~ above water** समस्याओं पर काबू पाने में सफल रहना; **keep one's ~ shut**

किसी बात को गुप्त रखना; **keep one's ~** शांत रहना; **knock their ~s together** झगड़ने वालों के बीच सुलह करवा दे.; **knock sth on the head~** किसी काम को खत्म कर दे., न होने दे.; **laugh/ shout/ scream, etc. one's ~ off** ठहाका लगाकर हंसना और जो-जोर से चिल्लाना, लाख शोर मचाना; **lose one's ~** आपे से बाहर हो जाना; **make ~** आगे बढ़ना; **make ~ against** किसी के विरुद्ध सफलतापूर्वक लड़ना; **make ~ or tail of sth** किसी बात को कुछ हद तक समझना; **my ~ swims** मेरा सिर चकरा रहा है; **not make ~ or tail of sth** कुछ समझ में न आना; **off one's ~** जो पागल हो गया हो, पागल, सिरफिरा; **off the top of one's ~** बिना सोचे-समझे; **one's ~ off** 1 जितना जी करे, पूरा का पूरा 2 पागलपन की हद तक; **on your ~ be it** इसे तुम्हारी जमीर पर छोड़ते हैं; अपनी करतूतों के लिए आप खुद जिम्मेवार होंगे; **open one's ~** चपर-चपर क., बकवास क.; **out of one's ~** पागल, सिरफिरा; **out of one's own ~** मनगढ़ंत, काल्पनिक,; **over ~ and ears/ ~ over ears in love/ in debt** सिर से पांव तक प्रेम/ ऋण में डूबा हुआ; **over sb's ~** 1 किसी की समझ से बाहर हो. 2 किसी से ज्यादा ऊंचे पद पर हो.; **put a ~ on sb** किसी को मुक्के से मारना; **put one's ~ in a noose** अपनी गर्दन को फंदे में फंसाना; **put one's ~ into lion's mouth** अपने को जोखिम में डालना; **put one's ~ on the block** अपने को खतरे में डालना; **put sth into sb's ~** किसी के दिमाग में बैठाना; **put the ~s together** आपस में सलाह-मशवरा क.; **raise/ rear its ugly ~** सिर उठाना, विद्रोह क.; **raw ~ and bloody bones** खतरे की निशानी: दो हड्डियों के बीच रखी हुई खोपड़ी; **scare ~** *US* बड़ा सनसनीखेज शीर्षक; **scratch one's ~** घबराकर सिर खुजलाना; **shake one's ~** असहमति आदि जताने के लिए सिर हिलाना; **snap sb's ~ off** किसी को झटके से रोक या टोक दे.; **soft in the ~** मंदबुद्धि; **stake one's ~ on/ give one's ~ for** सिर की बाजी लगाना; **stand on one's ~** 1 सिर के बल खड़ा हो. 2 आसानी से कोई काम कर ले.; (do sth) **standing on one's ~** कोई काम आसानी से कर लेना; **stand/ turn sth on its ~** किसी चीज के बारे में लोगों का मत बिल्कुल बदल दे.; **stuff sb's ~ with sth** किसी के दिमाग में कोई चीज ठूंस दे.; **swelled ~** दंभी दिमाग; **talk sb's ~ off** बातें बनाकर किसी को फुसला ले.; **take** or **get it into one's ~** सही हो या गलत, बस अपने दिमाग में घुसा लेना; **take it into one's ~ to do sth** किसी काम, विशेष ऐसे काम जो लोगों की नजर में मूर्खतापूर्ण हो, को करने की ठान लेना; **take it into one's ~ that ...** अचानक ऐसी बात के बारे में सोचने लगना जो लोगों की नजर में मूर्खतापूर्ण हो; **the ~ and front of sth** (Shakespeare) श्रेष्ठतम, उच्चतम, सबसे बड़ा या महत्त्वपूर्ण;**the ~ of a clan** कबीले का मुखिया; **the ~ of a mountain** पर्वत शिखर; **the ~ of the family** मुखिया; **the ~ of a procession/ of a column** जलूस या कतार का अगुआ; **the wiser ~s** (*syn.* sages) ऋषि-मुनि; **toss one's ~** सिर हिलाकर कुछ जताना; **turn sb's ~** किसी को चकरा दे., दिमाग खराब हो जा., घमंडी हो जा.; **two ~s are better than one** एक से दो भले; **wet the baby's ~** बच्चे के जन्म के उपलक्ष्य में खुशियां मनाना; **win by a ~** घुड़दौड़ में किसी घोड़े का आगे निकल जा.; **with a ~ on** झाग के साथ

heaf /हीफ/ *n.* चरागाह

heal /हील/ (*also* **~ up**) *v., pt.* **~ed**, *pp* **~ing** 1 घाव का भरना: the ointment **~ed** the wound; the sore soon **~ed** up/ over 2 अच्छा/ चंगा/ स्वस्थ हो. या क. 3 झगड़ा निपटाना या निपटना 4 हड्डी का जुड़ना 5 ठीक क. या सुधारना: time **~s** most troubles;

dw/lw: **~all** *n.* रामबाण, हर मर्ज की दवा; **~er** /हीलः/ *n.* रोगियों को ठीक करने वाला, चिकित्सक; **~ing** *n.* उपचार, चिकित्सा: ~ing of wounds; **~ing** *adj.* 1 उपचारक, इलाज करने वाला: ~ing waters 2 सांत्वनादायक: ~ing words;

p&i: **time is the best ~er** समय के साथ घाव भर जाते हैं

health /हेल्थ/ *n.* 1 स्वास्थ्य, स्वस्थता, अरोग्यता, सेहत, तंदुरुस्ती: in good ~; be in bad/ poor/ ill ~; be out of ~; ruin one's ~ 2 ताकत, शक्ति 3 शारीरिक व मानसिक अवस्था, हाल-चाल: inquire after sb's ~ 4 स्वास्थ्य सेवाएं 5 सफलता, विवाह, आर्थिक स्थिति आदि की हालत: economic ~ 6 स्वास्थ्यप्रद भोजन 7 किसी के स्वास्थ्य के लिए उठाया गया जाम: drink sb's ~;

adj. स्वास्थ्यकर, स्वास्थ्यप्रद: ~ food; ~-care;

dw/lw: **~care** *n.* स्वास्थ्य सेवाएं; **~ful** *adj.* 1 स्वास्थ्यकारी, स्वास्थ्यप्रद: ~ful water/ air 2 स्वस्थ: ~ful mind;

collocations: **~ camp** स्वास्थ्य शिविर; **~ centre** स्वास्थ्य केंद्र; **~ club** स्वास्थ्य क्लब ; **~ education** स्वास्थ्य शिक्षा; **~ farm** देहात की खुली हवा में स्वास्थ्यवर्धक केंद्र जहां पर लोग कुछ दिन ठहरकर पौष्टिक भोजन का सेवन और शारीरिक व्यायाम द्वारा स्वास्थ्य लाभ प्राप्त करते हैं; **~ food** स्वास्थ्यप्रद खाद्य पदार्थ; **~ resort** स्वास्थ्यवर्धक स्थल; **~ salts** स्वास्थ्यवर्धक रसायन; **~ screening** स्वास्थ्य निरीक्षण; **~ services** स्वास्थ्य सेवायें; **~ spa** = **~ farm**; **~ stamp** ऐसा डाक टिकट जिससे होने वाली आमदनी स्वास्थ्य सेवाओं के लिए होती है; **~ visitor** स्वास्थ्य समस्याओं में प्रशिक्षित नर्स जो नियमित तौर पर अस्वस्थ लोगों को देखने आती है; **the National Health Service** ब्रिटेन में निःशुल्क स्वास्थ्य सेवा;

p&i: **~ begets pleasure** तंदुरुस्ती हजार नियामत; **damage/ improve sb's health** किसी की सेहत को नुकसान या फायदा पहुंचाना; **good ~ is above wealth = ~ is wealth** सेहत ही नेमत है

healthiness /हेल्दिनेस/ *n.* स्वस्थता

health\y /हेल्दि/ *adj., degr.* **~ier**, **~iest** 1 स्वस्थ: be of **~y** constitution 2 स्वास्थ्यप्रद: **~y** appetite; a **~y** diet 3 स्वास्थ्यकर 4 सफल व मजबूत: **~y** economy 5 समझदारीपूर्ण, विवेकशील: **~y** judgement; a **~y** way of living 6 (***syn.*** constructive) सकारात्मक, निष्कपट, साफ: **~y** criticism; a **~y** respect for sb;

p&i: **a ~y sum** अच्छी-खासी रकम

heap /हीप/ *n.* 1 ढेर, अंबार, ढेरों: make a ~ of mistakes; a ~ of work 2 राशि 3 (*usually* **~s**) *colloq.* ढेरों, प्रचुर मात्रा: **~s** of time 4 छकड़ा गाड़ी;

v., pt. **~ed**, *pp* **~ing** 1 (*also* **~ sth up/ ~ up**) ढेर या अंबार लगाना: ~ up riches; ~ up facts, figures, etc. in one's memory 2 ढेर में एकत्रित क.;

p&i: **~ coals of fire on sb's head** बुराई के बदले भलाई करके दुश्मन का मन जीतना; **~ criticism, praise, etc. on sb** किसी पर आलोचना या प्रशंसा की झड़ी लगा दे.; **~ insults** किसी को ढेरों खरी-खोटी सुनाना; **~ sb with favours/ presents = ~ favours/ presents upon sb ...** किसी पर मेहरबानियों या उपहारों का अंबार लगा दे.; **~s better/ more/ older, etc.** बुरी तरह गिरकर पड़े रहना;

a ~ of rubbish कूड़ा-कर्कट का ढेर; **all of a ~** अचानक; **at the top/ bottom of the heap** किसी संगठन की शीर्षस्थ या निम्नतम सीढ़ी पर हो.; **knock/ strike sb all of a ~** किसी को अकस्मात् पकड़ ले., एकदम हैरान कर दे., अस्त-व्यस्त कर दे.; **in a ~** ढेर में

hear /हिअः/ *v. pt.* **heard**, *pt. p.* **heard**, *pp* **~ing** 1 सुनना: she can't ~ very well 2 संगीत आदि सुनना: ~ a famous singer/ violinist 3 (मुकदमे आदि की) सुनवाई क.: the case was **heard** last week 4 मानना, स्वीकार क.: ~ the news/ the truth; I won't ~ of such a thing 5 किसी के द्वारा पत्र आदि द्वारा संपर्क स्थापित किया जाना 6 पूरी बात सुनकर अपना मत बनाना 7 (*usually* **~ about/ of sth**) सुनने में आना, सुनाई पड़ना, जानकारी में आना: let me ~ the story;

dw/lw: **~-say** /हिअःसे/ *n.* अफवाह, सुनी-सुनाई बात, गप: ~-say evidence; ~-say testimony; ~-say knowledge;

p&i: **hear, hear!** सुनो! सुनो!; **~ a case** मुकदमे की सुनवाई; **~ as a hog in harvest** सुनी अनसुनी कर दे.; **~ from sb** किसी से संदेश या पत्र आदि मिलना; **~ much, speak little** बोल कम और काम ज्यादा; **~ of sb/ sth = ~ sth of sb/ sth** किसी के या किसी चीज के बारे में जानकारी पाना या हो.; **~ sb out** पूरी बात सुनना; **~ sth over/ through the grapewine** उड़ती अफवाहों से जानना; **~ tell of sth** किसी को कुछ कहते हुए सुनना; **~ twice before speak once** जवाब देने से पहले आरोपोंको भली प्रकार सुनो!; **~ the grass grow** अति संवेदनशील हो.; **have heard of sb/ sth** के बारे में सुना है; **have heard the one about ...?** क्या आपने ... के बारे में चुटकुला सुना है?; **I have heard it all before** इन वायदों का मैं विश्वास नहीं करता; **not ~ of sth** एक न सुनना; **one could ~ a pin drop** पूरा सन्नाटा था, पूरी स्तब्धता थी; **will not ~ of sth** कुछ नहीं सुनेगा; **you will ~ about/ of this later** इस बात के लिए तुम्हें पता चलेगा (उपयुक्त दंड मिलेगा)

hearing /हिअरिंग/ *n.* 1 श्रवण-शक्ति, ध्वनि-ग्राह्यता 2 पेशी, सुनवाई: preliminary ~; ~ in camera 3 किसी आवाज को सुनने की दूरी: be within ~; be out of ~ 4 किसी की बात की सुनवाई: the VC did not give him a fair ~;

dw/lw: **~impaired** *adj.* बहरा यानी जिसकी श्रवण-शक्ति खराब हो;

collocations: **~ aid** (*also* **deaf aid**) श्रवण यंत्र; **~ dog** श्रवण-शक्ति विहीन लोगों की मदद के लिए विशेष रूप से प्रशिक्षित कुत्ता

hearken /हाःकन/ *v., pt.* **~ed**, *pp* **~ing** ध्यान से सुनना: the boy **~ed** to him; ~ to sb/ sth

hearsay *see above under* **hear:** ***dw/lw***

hearse /हःस/ *n.* दाह-संस्कार या शवयात्रा में प्रयुक्त होने वाली बड़ी गाड़ी, अर्थी

heart /हाःट/ *n.* 1 दिल, हृदय 2 केंद्र 3 छाती, वक्षःस्थल: she held the child to her ~; press sb to one's ~ 4 दयालुता, भावुकता: a change of ~; you have no ~!; affectionate/ kind/ tender/ noble/ stony ~; a ~ of flint/ stone 5 हिम्मत, साहस, कलेजा: take ~ (of grace)/ pluck up (one's) ~ (हिम्मत जुटाना) 6 जोश, उत्साह, जीवट: take/ lose ~ 7 मर्म स्थल, सार: the ~ of the problem 8 केंद्र, मध्य भाग: the ~ of the old town 9 विचारों, भावनाओं, आत्मा का मर्म स्थल 10 दिल जैसी आकृति जिसे प्यार के प्रतीक के रूप में प्रयोग किया जाता है 11 बंद-गोभी आदि का बीच का भाग 12 *cards* (**~s**) पान के पत्ते 13 स्नेह-सूचक शब्द: dearest **~!**; dear/ sweet **~!**;

dw/lw: **~ache** /हाःट-एक/ *n.* घोर व्यथा, मनोव्यथा; **~ attack** *n.* दिल का दौरा; **~beat** *n.* दिल की धड़कन, धकधक, हृद्स्पंदन; **~break** *n.* हृदय विदारण, दिल की टूटन; **~breaking** *adj.* हृदयविदारक, अत्यंत दुखद; **~broken** *adj.* जिसका दिल टूट गया हो, भग्न हृदय, शोकार्त्त; **~-burn** *n.* अपच के कारण होने वाली जलन, कलेजे की जलन, अम्लशूल, हृद्-दाह; **~-burning** *n.* 1 ईर्ष्या 2 कटुता, जलन 3 अंतर्दाह; **~-disease** *n.* दिल की बीमारी, हृदय रोग; **~ed** /हाःटिड/ *adj.* दिल या हिम्मत वाला; **hearten** *see below under separate entry*; **~felt** *adj.* हार्दिक: ~felt thanks/ gratitude (हार्दिक धन्यवाद/ आभार); **~ily** *adv.* 1 जोश के साथ 2 पूरी तरह से 3 तन-मन से; **~land** *n.* केंद्र स्थल, मर्म स्थल; **~less** *adj.* क्रूर, निर्दय, नृशंस: ~less ruler; ~less fraud; **~lessness** *adj.* हृदयहीनता, क्रूरता, नृशंसता, निर्ममता; **~-lung-machine** *n.* दिल और फेफड़े का काम करने वाला यंत्र; **~-murmur** *n.* दिल की धड़कन; **~rending** *adj.* हृदयविदारक, मर्म भेदी; **~s** *n. [pl.]* ताश के खेल में पान के पत्ते; **~-searching** *n.* मन की टटोल; **~sick** *adj.* घोर दुखी, हताश, उदास; **~sickness** *n.* हताशा, विषाद, घोर दुःख; **~-sore** *adj.* दिल के दर्द से बेहाल, बहुत दुखी, निराश; **~strings** *n.* हार्दिक भावनाएं, हृदय के तार; **~-throb** *n.* 1 दिल की धड़कन, हृद्-कंपन 2 दिलवर, प्रियतम या प्रिया; **~-to-heart** *adj.* हार्दिक (वार्तालाप), ईमानदार व बेबाक (बातचीत); **~warming** *adj.* सुखद, मन को गर्माहट देने वाली: most ~warming literary event of the year; **~wood** *n.* हीर की लकड़ी; **hearty** *see below under separate entry*; **broken-~ed** *adj.* टूटे दिल वाला, भग्न हृदय; **cold-~ed** *adj.* रूखे मन वाला; **half-~ed** *adj.* अनमना-सा, अधमना; **hard-~ed** *adj.* क्रूर; **light-~ed** *adj.* अगंभीर;

collocations: **~ failure** हृदयगति का अवरोध, दिल का दौरा; **~'s blood** दिल का रक्त; **big ~/ a stout ~** दरिया दिल व्यक्ति;

p&i: **~ and hand** सहर्ष, खुशी से; **~ and soul** तन-मन से, दिलो-दिमाग से, जी-जान से; **~ of gold** सुहृदय, सुंदर मन; **~ of oak** बहादुर और दृढ़निश्चयी व्यक्ति; **~s and flowers** अतिशय भावुकता; **~ is not in sth** किसी का किसी काम में मन न हो.; **broken ~** त्रस्त व पस्त हाल, टूटा दिल; **a change of ~** हृदय परिवर्तन; **a ~ condition/ problem** दिल की बीमारी हृदय रोग; **after one's own ~** मन पसंद; **a kind ~** दयालु व्यक्ति; **a man/ woman after sb's own ~** किसी के विचारों के अनुरूप व्यक्ति; **an open ~** खुला दिल, सच्चा मन; **at ~** दिल से, अंदर ही अंदर, वास्तव में; **at ~ of sth** किसी चीज की जड़ में; **be sick at ~** त्रस्त हो., मन भारी हो.; **be the ~ and soul of** (समाज आदि की) आत्मा हो.; **break sb's ~** किसी का दिल तोड़ना, त्रस्त क.; **bring sb's ~ into his mouth** दिल दहला देना; **by ~** जबानी; **close/ near/ dear to sb's ~** किसी को बहुत पसंद हो., किसी के बहुत करीब हो.; **cross one's ~** दिल पर हाथ रखकर सच होने की पुष्टि क.; **cry one's ~ out** रो-रोकर अपना मन खोल दे.; **dear/ near to one's ~** दिल के बहुत करीब, परम प्रिय; **do sb's ~ good** किसी को आनंदविभोर कर दे.; **eat one's ~ out** मन ही मन त्रस्त हो.; **every ~ knows its own bitterness** हर किसी के अपने दुःख-दर्द होते हैं; **faint ~ never win fair lady** बुजदिल को दिल की रानी नहीं मिलती; **find it in one's ~** अपने को समझाना; **from one's ~ of ~s** दिल की गहराइयों से, तहे दिल से, सच्चे मन से; **from the bottom/ core of one's ~** दिल की गहराइयों से, तहे दिल से, सच्चे मन से; **get to the ~ of the mystery** रहस्य का भेद पता करना; **give sb fresh ~** कठिन स्थिति में किसी का ढाढस बढ़ाना, हौसला बढ़ाना; **give one's ~ to sb** किसी को अपना दिल दे देना; **have a ~!** दयालुता दिखाओ! मेहरबानी करो!; **have a ~ of gold** अति दयालु व्यक्ति हो.; **have a ~ of stone** पत्थर-दिल इंसान हो.; **have a soft corner for sb in one's ~** किसी के मन में किसी प्रति कुछ प्यार हो.; **have one's ~ in it** मन पसंद काम या बात हो.; **have one's ~ in one's boots** दिल दहल जा., कलेजा बैठ जा.; **have one's ~ in mouth/ throat** डर जा., कलेजा मुंह को आना; **have one's ~ in the right place** दयावान व संवेदनशील हो.; **have one's ~ set on sth** किसी बात या चीज पर दिल आना, बहुत पसंद आ जा.; **have sb/ sth at ~** मन में संजोये रखना, बहुत चाहना; **have the change of ~** हृदय परिवर्तन हो.; **have the ~ to do (to say) sth** कुछ कहने की हिम्मत हो.; **her ~ bleeds** उसका मन खून के आंसू रोता है; **his ~ failed him/ his ~ was in his boots** उसका दिल डूब रहा था; **hold sb to ~** छाती से लगाकर रखना; **in good ~** अच्छी स्थिति या मिजाज में; **in the ~ of summer** गर्मियों के ऐन बीच में; **in the ~ of the country** देश के ऐन बीच में; **in the inmost recesses of the ~** दिल की गहराइयों में; **in one's ~** दिल की गहराई में, मन में सच्चाई का अहसास हो.; **in one's ~ of ~s** मन ही मन (जानना); **it does sb's ~ good to do sth** किसी कार्य से किसी के मन को सुकून मिलना; **it is a poor ~ that never rejoices** जिसका मन खुशियों से न उछला वह संगदिल है; **knave of ~s** पान का गुलाम; **learn/ know, etc. sth by ~** जबानी याद हो. या कर ले.,

कंठस्थ हो. या क.; **kind ~s are more than coronets** दयालु दिल ताज से भी बड़ा; **let your ~ rule your head** दिमाग से नहीं मन से काम करना चाहिए; **lie heavy at sb's ~** किसी के मन पर बोझ हो.; **lose ~** हिम्मत हारना; **lose one's ~ to sb** किसी पर दिल आ जा.; **make sb's ~ bleed** मन का कतरा-कतरा रोना; **move/ stir/ touch sb's ~** किसी के दिल को छू जाना; **my ~ bleeds for sb** मेरा मन किसी के साथ शोकाकुल है; **not have the ~ to do sth** कुछ करने की हिम्मत या मन न हो., नैतिक बल न हो.; **one's ~ goes out to sb** किसी के प्रति बहुत हमदर्दी हो.; **open one's ~ to sb** किसी के सामने अपना दिल चीरकर रख दे.; **out of ~** दिल बैठा होना; **pour out/ one's ~ to sb** किसी के सामने अपना मन खोलकर रख देना; **put sb out of ~** किसी के दिल को बैठा दे., किसी के पंख काट दे.; **search one's ~** अपने मन में झांककर देखना; **sb's ~ is broken** किसी का दिल टूट गया; **sb's ~ is in their right place** कोई है तो बहुत सज्जन और दयालु, पर ...; **sb's ~ leaps** किसी का मन बल्लियों कूद रहा है; **sb's ~ misses a beat** डर या आश्चर्य के मारे किसी के दिल की धड़कन बंद हो रही है; **sb's ~ sinks** किसी का मन बैठ रहा है; **set one's ~ on/ upon sth** किसी पर या किसी चीज पर मन आ जा.; **set sb's ~ at rest** सांत्वना दे., ढाढस बंधाना; **sob one's ~ out** कतरे-कतरे रोना, क्रंदन क.; **take ~** हिम्मत बंधना, हौसला बढ़ना; **take ~ from sth** किसी बात से किसी की हिम्मत बढ़ना; **take sb to one's ~** किसी पर दिल आ जा., कोई पसंद आ जा.; **take sth to ~** व्यथित होना, मन में गांठ बांध लेना; **tear/ rip the ~ out of sth** किसी चीज या मामले के सबसे महत्त्वपूर्ण पहलू को नष्ट कर देना; **the ~ of sth** मुख्य मुद्दा; **the ~ of the matter** समस्या का मुख्य पहलू; **the ~ that once truly loves never forgets** पहला प्यार नहीं भुलाया जा सकता; **the ~ thinks the tongue speaks** जो मन में है वही जबान पर; **to one's ~'s content** जी भर कर, जितना जी चाहे; **wear one's ~ on one's sleeve** मुंह फट हो., कुछ भी छुपाकर न रख पाना; **what the ~ thinks the tongue speaks** जबान मन की बात बोलती है; **win sb's ~** किसी का दिल जीतना; **with all one's ~** तहे दिल से, दिल की गहराई से; **with half a ~** अनचाहे; **wring sb's ~** अपने मन की भावना को दबाना

hearten /हाःटन/ *v., pt.* **~ed**, *pp* **~ing** हौसला बढ़ाना, हिम्मत बंधाना, बढ़ावा दे., ढाढस बंधाना, दिलासा दे.;
dw/lw: **~ed** *adj.* जिसकी हिम्मत बुलंद हो; **~ing** *adj.* उत्साहवर्धक

hearth /हाःथ/ *n.* 1 अंगीठी, चूल्हा, चूल्हा जलाने की जगह: ~stone 2 घर, परिवार: ~ and home 3 भट्ठी-तल;
dw/lw: **~rug** /हाःथरग/ *n.* आग के पास बैठने के लिए बिछाया जाने वाला कंबल या गलीचा; **~side** *n.* अलाव के चारों ओर बैठने का स्थान;
collocations: **~ and home** घर-बार

hearty /हाःटी/ *adj.* 1 हार्दिक व उत्साहवर्धक: a ~ laugh/ welcome; ~ fellow 2 सच्चा, निष्कपट: give one's ~ approval/ support to a plan 3 तीव्र: ~ appetite 4 स्वस्थ: still hale and ~ 5 बलवर्धक 6 भरा-पूरा, प्रचुर: eat a ~ meal

HEAT *abbr.* 'high-explosive antitank' की प्रथमाक्षरी

heat /हीट/ *n.* 1 गर्मी, ताप, ऊष्मा, उष्णता: the ~ was stifling/ suffocating 2 ऊंचा तापमान 3 ज्वर: fever ~ 4 जलन, गर्मी से पैदा हुई त्वचा की लाली: prickly ~ (अम्हौरी, अम्भौरी, गर्मीदाने); her face flushed with sudden ~ 5 गर्म मौसम 6 जोश, उत्तेजना, आवेग: the ~ of the argument; get into a fearful state of ~; speak with considerable ~; at (a) white ~ (क्रोध से पागल) 7 चरम बिंदु, चरम सीमा: in the ~ of the battle 8 *sport* प्रारंभिक दौड़, दौड़ प्रतियोगिता का एक भाग 9 पशुओं में मदमस्ती, कामोत्तेजना, मदकाल (of animals), नया-दूध होने की अवस्था 10 अपराध के फलस्वरूप पुलिस द्वारा की जाने वाली गहन पूछताछ: the ~ is on 11 *colloq., mainly US* आलोचना या गालियां;
v., pt. **~ed**, *pp* **~ing** 1 गर्म क. या हो.: ~ oneself by running 2 उत्तेजित या क्रुद्ध हो.: get **~ed** in a dispute/ an argument; his arrogance **~s** me beyond endurance;
dw/lw: **~-drops** *n., [pl.]* गर्मी के दिन पड़ने वाली कुछ बूंदे; **~ed** /हीटिड/ *adj.* 1 गर्म किया हुआ 2 आवेशपूर्ण; **~edly** /हीटिडलि/ *adv.* गुस्से में आकर, क्रोधपूर्वक, आवेशपूर्वक; **~er** /हीटः/*n.* पानी या हवा को गर्म करने का उपकरण; **~ing** /हीटिंग/ *n.* तापन, घरों को गर्म रखने की क्रिया; **~proof** *adj.* = **~resistant** ताप-सह; **~-seeking** *adj.* गर्मी के स्रोत को पहचानकर उस पर निशाना साधने वाला (प्रक्षेपास्त्र/ मिसाइल); **~stroke** *n.* ताप आघात, लू लगने की अवस्था; **~-treatment** *n.* तापोपचार; **~wave** *n.* गर्मी की लहर, गर्मी का प्रकोप;
collocations: **~ barrier** उच्च रफ्तार से उड़ते समय वायुयान के इर्दगिर्द गर्म हवा का क्षेत्र बन जाने के कारण उड़ान में होने वाली बाधा; **~ capacity/ specific ~ capacity** किसी यंत्र को ऊष्मा की आपूर्ति और तापमान में होने वाली वृद्धि के बीच अनुपात; **~ death** संसार की अंतिम घड़ी जब ऊष्मा और उसके स्रोत समाप्त हो जाएंगे; **~ed discussion** गर्मागर्म बहस; **~ engine** ताप ऊर्जा को कार्यकारी यांत्रिक ऊर्जा में बदलने वाला संयंत्र; **~ exchanger** ताप को एक द्रव से दूसरे में से बिना द्रवों को मिलाए पार करवाने वाला उपकरण; **~ exhaustion** गर्मी लगने के कारण हुई थकान व टूटन; **~ pump** कम गर्म वस्तु या स्थान से ज्यादा गर्म वस्तु या स्थान को गर्मी का स्थानांतरण करने वाला उपकरण; **~ shield** जमीन पर वापस लौटते समय अंतरिक्ष यान को झुलसने वाली गर्मी से बढ़ानेवाला यंत्र; **~ed brain** उत्तेजित दिमाग; **~ed imagination** आवेगपूर्ण कल्पना; **~ed term** *US* गर्मी का मौसम;
a preliminary ~ आरंभिक दौड़; **at a ~** 1 एक बार, तुरंत 2 मुक्केबाजी का एक दौर; **central ~ing** नगर के भवनों व घरों का केंद्रित तापन; **dead ~** दौड़ का अंतिम चरण; **latent ~** गुप्त ताप; **specific ~** विशिष्ट ऊष्मा; **the ~** *US* (*UK* **the ~ing**) कमरों को गर्म रखने की प्रणाली;
p&i: **~ up** 1 गर्म हो जा. 2 अभियान या गतिविधियों का तेज हो.; **at a ~** एकमुश्त, एक बार में, एक बैठक में; **generate/ give out ~** ऊष्मा पैदा क., ताप छोड़ना; **be in/ on ~** गाय आदि का नया दूध होने की अवस्था में हो.; **if you can't stand the ~ get out of the kitchen** काम नहीं कर सकते तो छोड़ो, और बहुतेरे हैं; **in the ~ of the moment/ passion** जोश में, आवेश में; **intense/ searing ~** अत्यधिक/ झुलसने वाली गर्मी; **put on the ~** निर्णायक कदम उठाना; **put the ~ on sb** किसी पर पूरा दबाव बनाना; **take the ~ offm sb** किसी पर दबाव ढीला क.; **the ~ is on** किसी के पीछे पुलिस आदि का पड़ना जारी होना; **take the ~ off/ out of sth** आवेश या आवेग का स्तर कम क.; **turn on the ~** किसी से कोई चीज मनवाने के लिए निष्ठुरतापूर्वक मारना-पीटना

heath /हीथ/ *n.* 1 झाड़-झंखाड़ से भरी बंजर भूमि 2 बीढ़ 3 अजोत-भूमि 4 झाड़ियां;
dw/lw: **~-berry** *n.* झड़बेरी; **~-cock** *n.* जंगली मुर्गा; **~-hen** *n* जंगली मुर्गी

heathen /हीदन/ *n., pl.* **~s**/ ~ 1 जो संसार के स्थापित धर्मों का अनुयायी न हो 2 म्लेच्छ 3 जो बनावटी ढंग से सभ्य या प्रबुद्ध न हुआ हो;
adj. 1 स्वधर्म अवलंबी 2 म्लेच्छ: ~ customs 3 अपरिष्कृत
dw/lw: **~dom** *n.* म्लेच्छों की बस्ती या क्षेत्र; **~ish** *adj.* म्लेच्छों जैसा, म्लेच्छ; **~ism** /हीदनिज्म/ *n.* स्वधर्म अवलंबन, म्लेच्छता;
p&i: **one's native ~** जन्म-भूमि, अपना गांव, क्षेत्र आदि

heather /हेदः/ *n.* 1 जामुनी या सफेद फूलोंवाला एक पहाड़ी पौधा 2 एक फूलदार झाड़ी;
p&i: **set the ~ on fire** सनसनीखेज उत्पात मचाना; **take to the ~** लुटेरा या राहजन बनना

heave /हीव/ *v., pt.* **~d/ hove**, *pp* **heaving** 1 जोर लगाकर खींचना: ~ the lead (पनसाल डालना या डुबोना) 2 फुलाना-पिचकना, फूलना-फुलाना, हांफना: her bosom **~d** with sobs 3 भारी वस्तु उठाना, उछालना: ~ an axe; ~ (up) the anchor (जहाज का लंगर उठाना); ~ sth overboard (माल को जहाज पर चढ़ाकर पटकना); ~ a brick 4 उठना और धड़ाम से गिरना 5 स्वरबद्ध तरीके से गिरना 6 आह भरना: ~ a sigh 7 उल्टी क.;
n. 1 उत्क्षेप, उत्क्षेपक, उठाने और खींचने की क्रिया 2 हांपने की क्रिया 3 (*also* **~s**) घोड़ों में हंफनी का रोग 4 विस्थापन;
p&i: **~ a sigh of relief** चैन की सांस लेना; **~ ho!** नाविकों का लंगर आदि उठाते समय जोर लगाने की क्रिया (जोर लगाओ, हाईशा!); **~ into sight/ view** *esp., naut.* चलते जहाज से क्षितिज पर दिखना; **~ to** जहाज को समुद्र के बीच रोकना या उसका रुक जाना;
get the ~ *colloq.* नौकरी से निकाल दिया जाना; **give sb the ~** *colloq.* किसी को नौकरी से निकालना 2 रिश्ता-नाता तोड़ लेना

heaven /हेवन/ *n.* 1 स्वर्ग, परलोक: the kingdom of ~ 2 जन्नत, बहिश्त 3 आनंदमय स्थान: 4 (*usually* **the ~s**) आकाश, आसमान: the starry/ cloudless/ frosty/ clear **~s**; **~'s** high canopy (आसमान का छत्र); a map of the **~s** (सितारों भरे आकाश का मानचित्र); search the **~s** with a telescope (आकाश का अवलोकन क.); the eye of ~ (सूर्य);
dw/lw: **~-sent/ ~born** *adj.* 1 दैवकृत, ईश्वरप्रदत्त, समयोचित एवं सुखद he is a ~-born teacher 2 शुभ 3 समयोचित: ~-born amateur (जन्मजात नीम-हकीम); **~ward** *adv.* स्वर्ग की ओर; **~ward** *adj.* स्वर्गोन्मुख;
p&i: **~ forbid!** खुदा न करे!; **~ cannot support two suns, nor earth two masters** एक म्यान में दो तलवारें नहीं समा सकतीं;
by ~! हे भगवान!; **flowers of all ~s** सभी देशों के फूल; **for ~'s sake!** खुदा के लिए!; **(Good) Heavens!** हे भगवान!; **in the seventh ~** सातवें आसमान पर; **justice (decrees) of ~** भगवान का न्याय; **made in ~** आनंद लोग में तय होने वाले (रिश्ते-नाते); **move ~ and earth** एड़ी चोटी का जोर लगा देना; **the ~ of ~s/ ~ on earth/ the seventh ~ of delight** सातवां आसमान, आनंदमय स्थान; **the ~s opened** मूसलाधार वर्षा होने लगी

heavenly /हेवनलि/ *adj.* 1 स्वर्ग जैसा: ~ spirit 2 दिव्य, अलौकिक: ~ angel (vision); ~ thoughts 3 (***syn.*** wonderful) अति सुंदर, सुखद: ~ beauty; ~ influence;
collocations: **~ bodies** सूर्य, चंद्रमा, नक्षत्र, ग्रह आदि; **~ body** खगोलीय पिंड

heavily /हेविलि/ *adv.* 1 बहुत ज्यादा, पूरी तरह से, काफी हद तक: lean ~ upon sb; ~ veiled (पूरी तरह पर्दे से ढका हुआ); ~ armed 2 जोर से: it's raining ~; snow ~; fall ~ to ground 3 सुगढ़तापूर्वक: ~ built 4 बुरी तरह से, बहुत बड़ी मात्रा में: ~ loaded car; complain ~; time hangs ~ on his hands; suffer ~; lose ~ 5 धीरे-धीरे और ऊंची आवाज में: breath ~; sighing ~ 6 चिंताजनक ढंग से: burden of guilt weighed ~ on his soul

heaviness /हैविनेस/ *n.* 1 भारीपन: ~ in the head 2 गुरुता 3 नीरसता: a sense of ~ 4 उदासी: curious ~; be seized with ~; ~ of heart

heaving /हीविंग/ *n.* 1 चढ़ाई 2 स्थानांतरण: ~ sands (बहता रेत) 3 लदाई 4 अंकुरों की फुटाई 5 हवा में उछाल: ~ exercises

heavy /हेवि/ *adj., degr.* **heavier**, **heaviest** 1 भारी, बोझिल, गुरु, वजनी, वजनदार, मोटा, ठोस: ~ load (stone, weight) 2 हांफने की क्रिया में बोझिल: ~ breathing 3 भारी-भरकम: ~ woollens 4 बड़ा, विशाल: ~ bomber (tank, pontoon) 5 तीव्र, विकट, प्रचंड, जोरदार: ~ blow; ~ fighting 6 नीरस, बोझिल, दुरूह: ~ look; ~ style; ~ author/ writer/ book; ~ reading 7 गंभीर, गहरा: ~ type of wit 8 उदास, खिन्न: with a ~ heart 9 घोर, बोझिल: ~ clouds 10 कठिन 11 दुखद, दुःसह: ~ wound; ~ loss/ fate 12 दुर्गम, दुस्तर: ~ fog 13 भारी मात्रा में: ~ traffic; ~ shower; ~ supper 14 भारी, बड़ा, ऊंचा: ~ debts/ expenses; ~ taxes/ duties; ~ price 15 उपजाऊ: ~ bearing 16 मूढ़, मंदबुद्धि: ~ of thought 17 काफी, ज्यादा: ~ emphasis 18 असहनीय: a ~ fate 19 बेढब, फूहड़, अशालीन: ~ features; ~ make-up 20 अपच्य, अधिक चर्बी वाला: a ~ meal/ lunch/ dinner 21 शक्तिशाली, उग्र: a ~ sea 22 गहन: a ~ sleep 23 काले बादलों से घिरा: a ~ sky 24 सख्त, कठोर: be ~ on sb 25 *milit.* भारी हथियारों से लैस: ~-armed 26 व्यस्त: ~ schedule 27 भारी मात्रा में खपत करने वाला: an old car – ~ on petrol 28 कठोर, सख्त: be ~ with a research scholar;
n. 1 (**heavies**) *sl.* विशालकाय, खूंखार, मूढ़ आदमी 2 नाटक में खलनायक 3 (*usually* **the heavies**) गंभीर समाचार पत्र 4 तेज बाियर: a pint of ~;
adv. 1 कठिनाईपूर्वक 2 बोझ भरा, भारी: this burden lies ~ on the nation; those goods lay ~ on his hands 3 नीरसतापूर्वक: time hangs ~ 4 मुसीबतों भरा, भारी बोझ तले: it lies ~ on his conscience;
dw/lw: **~-duty** *adj.* 1 टिकाऊ, मजबूत, खूब चलने वाला 2 आसानी से खराब न होने के कारण सामान्य उपयोग के लिए उपयुक्त: ~-duty carpet 3 गंभीर व ज्यादा: need a ~-duty advice; **~-handed** *adj.* 1 असंवेदनशील 2 दमनकारी, क्रूर, अनावश्यक रूप से ताकत का प्रयोग करने वाला: ~-handed use of brute force against the agitating students 3 अनाड़ी, फूहड़ 4 युक्तिहीन, अनगढ़ 5 अतिशय मात्रा में उपयोग करने वाला: be ~-handed in the intake of alcohol.; **~-hearted** *adj.* उदास, दुखी, बोझिल मन; **heavies** मोटा, खूंखार व मूढ़ आदमी; **~-laden** *adj.* भारी बोझ तले दबा हुआ; **~-loam** *n.* गुरु दुमट; **~-set** (*also* **thick set**) *adj.* हट्टा-कट्टा, हृष्ट-पुष्ट, तगड़ा, लंबे-चौड़े डील-डौल वाला; **~weight** *n.*1 हेवीवेट, (अधिकतम वजन श्रेणी का) मुक्केबाज 2 असाधारण रूप से भारी व्यक्ति 3 सशक्त एवं प्रभावशाली;
collocations: **~ breathing** टेलीफोन पर बिना बोले कामुक ढंग से सांस लेने की क्रिया; **~ ends** गुरु प्रभाव; **~ fate** बुरी किस्मत; **~ feature** अनगढ़ नैन-नक्श; **~ going** बोझिल जीवन, नीरस (कार्य); **~ goods vehicle** (HGV) सामान ढोने वाली गाड़ी; **~ handed** दूसरों को मनाने के लिए अतिशय शक्ति का प्रयोग करने वाला; **~ hitter** सशक्त एवं प्रभावशाली व्यक्ति; **~ industry** भारी उद्योग; **~ metal** 1 श्रेष्ठ गुणों का धनी व्यक्ति 2 अति बुद्धिमान व्यक्ति 3 एक प्रकार का बहुत ऊंची आवाज वाला आधुनिक रॉक संगीत 4 भारी तोपें; **~ objects** भारी वस्तुएं; **~ particle** भारी कण; **~ petting** कामुकतापूर्ण सहलाने और आलिंगन करने की क्रिया; **~ repair** सर्वांगीण मरम्मत व लिपाई-पुताई; **~ sleep** गहरी नींद; **~ stuff** 1 गंभीर उपदेशात्मक भाषण 2 भारी गोलाबारी; **~ texture** सघन गठन; **~ water** गुरुजल, भारी पानी; **~ weapons** भारी हथियार;
p&i: **~ in/ on ~** नीरस, उबाऊ;
a ~ drinker/ smoker अत्यधिक मात्रा में शराब या सिगरेट पीने वाला; **a ~ sea** कठिन कार्य; **as ~ as lead** बहुत भारी; **come the ~ over sb** किसी पर भारी प्रभाव डालना; **have a ~ hand** 1 बेढब हो. 2 भयावह हो.; **make ~ weather of sth** किसी काम को करने में भारी कठिनाइयां झेलना; **rule with a ~ hand** कठोरतापूर्वक शासन क.

hebdomadal /हेब्डॉमअडल/ *adj.* साप्ताहिक;
dw/lw: **~ly** *adv.* साप्ताहिक रूप से

hebeta\te /हैबअटेट/ *adj.* 1 कुंद, कुंठित, मुलायम नोक वाला 2 मंद बुद्धि 3 नीरस;
v., pt. **~ted**, *pp* **~ting** 1 कुंद या भोथरा बनाना 2 बुद्धि मंद हो. 3 नीरस बनाना

Hebraic /हिब्रेइक/ *adj.* 1 यहूदी धर्म, संस्कृति या भाषा संबंधी,

इब्रानी, यहूदी 2 इब्रानी भाषा

Hebraism /हीब्रेइज्म/ *n.* 1 यहूदी धर्म या संस्कृति 2 इब्रानी विशेषता, दर्शन या भाषा

Hebrew /हीब्रू/ *n.* 1 यहूदियों की इब्रानी भाषा: it is ~ to me 2 यहूदी व्यक्ति;
adj. यहूदी धर्म, संस्कृति या भाषा संबंधी, इब्रानी: ~ calendar/ alphabet; of ~ extraction

HEC *abbr.* 'Heavy Engineering Corporation' की प्रथमाक्षरी

heck /हैक/ *excl.* क्रोध, नाराजगी, आश्चर्य द्योतक;
n. 1 *Scots* नदी में लगाई हुई लकड़ी के फट्टों की बाधा 2 घोड़ों के चारे की गमैण (*Hr.*), चरणी, नांद, कठौता 3 *colloq.* गुस्से या आश्चर्य का इजहार: a ~ of a lot (बहुत ज्यादा) 4 नरक 5 *sl.* लफंगा, लुच्चा, कमीना, नीच;
p&i: **by ~!** भाड़ में जाए! शैतान ले जाए!; **what the ~!** अरे यह क्या बला है!

heck\le /हैकल/ *v., pt.* **~led**, *pp* **~ling** 1 वक्ता को विशेषकर आम सभा में आक्रामक टोकाटाकी, चीख-चिल्लाहट व भद्दी-भद्दी फब्तियों से विचलित क., तूमना 2 बीच-बीच में टोकना 3 चिढ़ाना-खिझाना;
dw/lw: **~ler** *n.* टोकाटाकी करने वाला, चिढ़ाने-खिझाने वाला; **~ling** *n.* टोकाटाकी, बाधा

hectare /हैक्टेअः/ (*abbr.* **ha**) *n.* 1 हेक्टेअर, दस हजार वर्ग मीटर भूमि 2 अढाई (**$2^{1/2}$**) एकड़

hectic /हैक्टिक/ *adj.* 1 व्यस्त: a ~ day/ week 2 ताबड़तोड़, हड़बड़ीपूर्ण, उत्तेजक, खलबलीपूर्ण: ~ time 3 क्षयरोग संबंधी: ~ patient; ~ fever 4 आरक्त, लाल: ~ appearance; ~ cheeks

hecto- /हैक्टो-/ *prefix, comb. forms, signifying:* **one hundred times** (सौ बार, शत-शत): hectometre;
dw/lw: **~gram** /हैक्टअग्रैम/ (*also* **hectogramme**) *n.* सौ ग्राम; **~graph** /हेक्टअग्राफ/ *n.* बहुसंख्यक प्रतियां छापने के लिए जैलटिन पैड (gelatin pad); **~liter** /हेक्टअलीटः/ *n.* सौ लिटर; **~meter/ ~meter** /हैक्टअमीटः/ *n.* सौ मीटर

Hector /हेक्टः/ *n., Greek, mythol.* 1 हेक्टर 2 निडर योद्धा

hector /हेक्टः/ *v., pt.* **~ed**, *pp* **~ing** 1 (***syn.*** bully) डराना-धमकाना 2 रास्ता बाधित क. 3 रोब जमाना 4 शेखी बघारना

he'd /हीड/ 1 *short/ contraction* **'he had'** का संक्षिप्त रूप 2 *short/ contraction* **'he would'** का संक्षिप्त रूप

heddle /हैडल/ *n., weaving* धागों या तारों की बुनाई

hedge /हेज/ *n.* 1 हेज की बाड़: quickset/ green ~; flowery (prickly) ~; trim a ~ 2 बाड़ा 3 घेरा 4 आड़, ओट, सुरक्षा आवरण: a ~ of etiquette; a ~ of convention;
***v.**, pt.* **~d**, *pp* **hedging** 1 बाड़ लगाना: ~ a field 2 घेरना: ~ a road; ~ a piece of ground 3 उत्तर देने में टालमटोल क., हिचकचाना 4 दोनों पक्षों का साथ देकर अपना बचाव क., चित्त भी मेरी पट भी मेरी वाला व्यवहार क. 5 किसी के लिए बाधा पैदा क.: ~ sb's path with difficulties;
dw/lw: **~hog** /हैजहौग/ *US* हैजहाःग/ *n.* 1 साही 2 कांटाचूहा; **hedge-hop** *v., pt.* **~hoped**, *pp* **~hoping** वायुयान को बहुत नीचे उड़ाना, नीची उड़ान भरना; **~row** *n.* सड़क के किनारे लगी हुई झाड़ियों व छोटे वृक्षों की पंक्तियां, झाड़ियों की बाड़, हैज; **~trimmer** *n.* झाड़ी या हैज काटने-छांटने वाला औजार;
collocations: **~ fund** *finance* हर हाल में लाभ पाने के लिए यानी हानि का खतरा कम करने के लिए किया जाने वाला निवेश; **~ sparrow** चिड़िया जैसा पतली चोंच वाला पक्षी;
p&i: **~ about** घेरना, मुड़ना; **~ against sth** समस्याओं से सुरक्षा पाने के लिए कुछ क.; **~ in** = **~ round** = **hem in** घेरना, सीमित क., बाड़ लगाना; **~ sb about with rules/ restrictions** किसी को नियमों/ प्रतिबंधों से सीमित क.; **~s have eyes and walls have ears** दीवारों के भी कान होते हैं; **~ one's bets** अपने दाव या बाजी को खतरों (risks) से सुरक्षित क.; **a ~ between keeps friendship green** फासला रखने से रिश्ते टिकाऊ रहते हैं; **be on the right/ wrong side of the ~** सही/ गलत तरफ हो.; **by ~ or by stile** हर हाल में, हर प्रकार के साधन से; **come down on the wrong side of the ~** गलत फैसला क.; **don't ~! What's wrong?** टालमटोल मत करो! बताओ बात क्या है?; **it doesn't grow on every ~** ऐसा हमेशा नहीं होता; **over ~ and ditch** सड़क की हालत की परवाह किए बिना सीधे सरपट जाना; **sit on the ~** न इधर का, न उधर का हो., अवसर की ताक में रहना; **take a sheet off a ~** दिन दिहाड़े लूटना

hedo\nic /हीडौ\निक/ *US* हीडाः\निक/ *adj.* 1 (pleasure) आनंद-संबंधी 2 भोगवाद-संबंधी 3 सुखविषयक, सुखवादी;
dw/lw: **~nics**/~निक्स/ *n.* सुख-आनंद विज्ञान, भोगवाद, 'आनंद-ही-आनंद' दर्शन का अध्ययन; **~nism** /हीडअनिजम/ *n.* 1 भोगवाद 2 सुखवाद, सुख-सिद्धांत 3 आनंदवाद, 'आनंद-ही-आनंद' दर्शन – इस बात में विश्वास कि आनंद की प्राप्ति ही जीवन का सबसे बड़ा सिद्धांत या भलाई है; **~nist** /हीडअनिस्ट/ *n.* भोगवादी, सुखवादी, भोगी, आनंदवादी; **~nistic** /हीडअनिकस्ट/ *adj.* भोगवाद-संबंधी, भोगवादी

(the) heebie-jeebies /हीबि-जीबिज/ *n., sl.* 1 अत्यधिक उत्तेजना 2 घबराहट और विषाद, विषाद का दौरा 3 ग्लानि और विक्षोभ;
p&i: **give the ~** दूसरों को पागल कर दे.; **have the ~** पागल या उन्मत्त हो जाना

heed /हीड/ *v., pt.* **~ed**, *pp* **~ing** 1 किसी सलाह या चेतावनी पर गौर क. या ध्यान दे.: ~ a warning/ advice/ sb's words; ~ sth scrupulously/ carefully 2 ध्यान रखना, देखभाल क.;
n. ध्यान, गौर, सावधानी: take ~ of what sb says;
dw/lw: **~ful** *adj.* सावधान, सतर्क, चौकस: ~ful of sth; **~fully** *adv.* सावधानी से, सतर्कतापूर्वक; **~less** *adj.* लापरवाह, बेपरवाह, असावधान: ~less of sth; **~lessly** *adv.* बेपरवाही से;
p&i: **~ful of sb** दूसरे के प्रति संवेदनशील, सजग या सतर्क; **give/ pay ~ to advice** किसी की सलाह मानना; **a horse that ~s neither bit nor spur** जो कोई बात न सुनता हो; **take ~!** सावधान!; **take ~ of what you say!** पहले तोलो, फिर मुंह खोलो!; **take little ~ of criticism** आलोचना की परवाह न क.

heehaw /ही-हाः/ *n.* 1 गधे की आवाज, हींस, रेंक, रेंग, हींचू-हींचू 2 ही-ही, हें-हें
v., pt. **~ed**, *pp* **~ing** 1 गधे की तरह रेंकना या रेंगना 2 ही-ही क.

heel /हील/ *n.* 1 एड़ी: blister one's **~s** (एड़ी में छाले पड़ना) 2 जूते, मोजे आदि की एड़ी, गुल (of shoe): high/ low **~s** 3 एड़ी की तरह काम करने वाला कोई अंग या वस्तु: ~ of the blade (हॉकी स्टिक का मुड़वां सिरा) 4 खूंटी 5 खुर (hoof) का पिछला भाग 6 एड़ी जैसा झुकाव 7 धोखेबाज, ठग;
***v.**, pt.* **~ed**, *pp* **~ing** 1 एड़ी लगाना या फिट क.: sole and ~ a pair of boots 2 एड़ी से कोई काम क. 3 उपयुक्त ढंग से एड़ी चलाकर नाच क. 4 पीछा क., एड़ी से मारना, गेंद को एड़ी से धकेलना 5 कांटा लगाना 6 एड़ी की तरह झुकना, झुकाना;
dw/lw: **~ball** *n.* एड़ी पॉलिश; **~bar** *n.* खड़े-खड़े जूते की मरम्मत करने की चौकी या दुकान; **~ed** /हीलड/ *adj.* 1 ऊंची एड़ी के जूते 2 संयुक्त शब्दों (compound words) में विशेष प्रकार की एड़ी वाले जूतों से संबंधित: high ~ed; **~ing** /हीलिंग/ *n.* जहाज का झुकाव; **~rope** *n.* पिछाड़ी;
collocations: **~ and toe** सैनिकों आदि का कदम ताल; **~ing error** जहाज के झुकाव में गलती; **~ tap** 1 जूतों में एड़ियों तले भरी सामग्री 2 पैग पीने के बाद गिलास या प्याले में बची शराब; **heavy ~** दमनकारी शासन;
p&i: **~ and toe** एक (खेल की) चाल से; **~ at/ on sb's ~s** पीछे-पीछे चलना; **~s over head/ head over ~s** सिर नीचे और पांव ऊपर किए हुए, जल्दबाजी में;

Achilles ~ किसी का कमजोर या मर्म स्थल; **bring sb/ sth to ~** 1 किसी से हुक्म मनवाना 2 कुत्ते को अपने पीछे-पीछे चलाना; **clap/ lay/ sb by the ~s** किसी को गिरफ्तार कर ले. या पकड़ ले.; **come to ~** पूरी तरह मातहती बजाने लगना, पूरा पिछलग्गू बन जाना; **cool/ kick one's ~s** बहुत देर तक प्रतीक्षा करते रहना; **dig one's ~s in** टिक जा., जम जा.; **disasters come treading on each other's ~s** मुसीबत कभी अकेले नहीं आती; **down at ~** 1 टूटी एड़ी वाले जूतों में 2 मैला-कुचैला, बदहाल; **famine followed on the ~s of war** युद्ध के तुरंत बाद अकाल और भुखमरी फैल गए; **fling out one's ~s** दुलत्ती मारने का आदी हो., लतियाना; **get the ~s of sb** पीछा करके बराबर हो जा. या आगे निकल जा.; **go ~s over head** सिर के बल गिरना, उल्टा पड़ना; **hard / hot on sb/s ~s** बिल्कुल पीछे-पीछे चलना; **have one's heart at one's ~s** डर के मारे थर-थर कांपना; **have up the ~s of sb** किसी से आगे निकल जाना; **kick up one's ~s** 1 जुआ खेलना 2 मर जाना; **kick up sb's ~s** किसी को टांग अड़ाकर गिराना; **knock sb's back on one's ~s** 1 किसी को अभद्र ढंग से हैरान क. 2 किसी की सफलता में रोड़े अटकाना; **lay/ set sb by the ~s** *old use* जेल में डालना, बेड़ियां पहनाना; **lift up one's ~ against sb** किसी को कुचलने के लिए उतारू हो.; **on sb's ~s** 1 किसी के ऐन पीछे-पीछे चलना 2 एक दम बाद में ; **show a clean pair of ~s** नौ-दो ग्यारह हो जा., मैदान छोड़कर भाग जा.; **take to one's ~** भाग जा., भगोड़ा हो.; **to ~** (कुत्ते के बारे में) पीछे-पीछे चलना; **the ~ heel** शिकंजा, कड़ी जकड़; **turn/ spin on one's ~s** 1 एकदम मुड़ जाना 2 किसी से पीठ फेर ले.; **under the ~ of a cruel/ ruthless tyrant** किसी क्रूर, निष्ठुर, जालिम हाकिम के दमन तले पिसना; **with the ~s foremost** पांव आगे की ओर

heft /हेफ्ट/ *n.* 1 वजन, भार 2 महत्त्व 3 *US, colloq.* बड़ा या मुख्य भाग: the ~ of the crop was spoiled;

***v.**, pt.* **~ed**, *pp* **~ing** 1 *US, colloq.* वजन आंकने के लिए ऊपर उठाना 2 वजन क. 3 वजन मापना;

dw/lw: **~iness** /हेफ्टिनेस/ *n.* भारीपन, विशालता; **~y** /हेफ्टि/ *adj., degr.* ~ier, ~iest 1 विशाल, बड़ा, जोरदार: he struck a ~y blow 2 भारी-भरकम: a pretty ~y sum of money 3 व्यक्ति के बारे में: मजबूत, भारी डील-डौल वाला: ~y fellow

hegemon\y /हिजेमनि, हिगअमनि, हेजिमनि/ *US* हिजअमोनि, हेजिमोनि/ *n., pl.* **hegemonies** 1 आधिपत्य, प्रभुत्व 2 नेतृत्व;

dw/lw: **~ic** /हेगिमौनिक, हेजिमौनिक/ *US* हेगिमाःनिक, हेजिमाःनिक/*adj.* अगुआ, मुख्य, दबदबे वाला

HEI *abbr.* 'Hindustan Engineering Industries' की प्रथमाक्षरी

heifer /हैफः/ *n.* जवान बछिया, कलोर, ओसर

heigh /हे, हाय/ *excl.* प्रसन्नता, आश्चर्य या प्रश्न का द्योतक

height /हाइट/ *n.* 1 ऊंचाई, तुंगता, उत्तुंगता: storm was at its ~ 2 समुद्र तल के ऊपर की ऊंचाई: ~ mark 3 उच्चता: the ~ of his genius 4 कद, ऊंचाई: he is six feet in ~ 5 चोटी, शिखर, ऊंचा स्थान: on the mountain **~s**; castles on the ~ 6 पराकाष्ठा, चरम सीमा, हद: the ~ of folly/ wickedness 6 (**heights**) ऊंचाइयां: reach new **~s** in one's career;

collocations: **~ finding instrument = ~ indicator** उच्चता/ तुंगता मापक; **~ of burst** विस्फोट की ऊंचाई; **new ~s** नई ऊंचाइयां; **the ~ of stupidity** मूर्खता की पराकाष्ठा या हद; **the ~ of battle** लड़ाई की चरम सीमा;

p&i: **draw oneself up/ rise to one's full ~** दृढ़ निश्चय के साथ सर ऊंचा करके खड़ा हो.

heighten /हाइटन/ *v., pt.* **~ed**, *pp* **~ing** 1 अधिक तीव्र क. 2 ऊंचा क. या हो जाना 3 मजबूत क. या हो. 4 (***syn.*** intensify) तनाव आदि बढ़ना या बढ़ाना;

p&i: **~ a description** वर्णन को और बढ़ाना-चढ़ाना, नमक-मिर्च लगाकर दर्शाना; **~ an effect** प्रभाव तेज क.; **her anxiety ~ed** उसकी चिंता बढ़ गई;

heinous /हेनस/ *adj.* 1 जघन्य, घोर: ~ crime; ~ charges 2 घिनौना, घृणित, दुष्ट, बुरा;

dw/lw: **~ly** /~लि/ *adv.* लज्जाजनक ढंग से, शर्मनाक तरीके से, जघन्य रूप से; **~ness** *n.* दुष्टता, जघन्यता, घिनौनापन; **~ness** /~नेस/ *n.* जघन्यता, घिनौनापन, दुष्टता

heir /एअः/ *n.* 1 उत्तराधिकारी: ~ by custom 2 वारिस, दायाद, दायाधिकारी: ~ general; ~ by devise;

dw/lw: **~-apparent** *n., pl.* **~s-apparent** 1 प्रत्यक्ष उत्तराधिकारी 2 युवराज,; **~-at-law** *n.* कानूनन (वैध) वारिस; **~dom/ ~ship** *n.* उत्तराधिकार; **~ess** /एअरेस/ *n.* महिला उत्तराधिकारी, उत्तराधिकारिणी, दायादा; **~less** /एअरलेस/ *adj.* लावारिस; **~loom** /एअःलूम/ *n.* पुश्तैनी कीमती चीज, कुलागत वस्तु; **~presumptive** *n.* प्रकल्पित उत्तराधिकारी यानी जो ज्यादा ठोस आधार वाले वारिस के मुकाबले में उत्तराधिकार से वंचित हो सकता है;

collocations: **~ by custom** प्रथा अनुसार वारिस; **~ general** सामान्य वारिस; **~ by devise** वसीयत अनुसार वारिस; **joint ~** साझा वारिस;

p&i: **be ~ to lands and moneys** जमीन और धन उत्तराधिकार में पाना; **fall ~ to sb's property** किसी की जायदाद का वारिस हो.; **fall ~ to sth** उत्तराधिकार में मिलना

heist /हाइस्ट/ *n., N. Amer. sl.* 1 दुकान, बैंक आदि में डाका 2 चोरी;

***v.**, pt.* **~ed**, *pp* **~ing** 1 दुकान या बैंक आदि से चोरी क., चुराना 2 लूटना 3 डाका डालना

held *pt.,* **'hold'** का भूतकाल

heliacal /हिलायकल/ *n., astron.* सहसूर्य, चढ़ते सूरज के प्रकाश में चढ़ने वाले और सूर्यास्त के समय छिपने वाले सितारे आदि

helianthus /हीलिऐंथस/ *n.* सूरजमुखी

helical /हेलिकल, हीलिकल / *adj.* पेचदार, कुंडलाकार, कुंडलीदार, बलदार: ~ gear

helices /हेलिसिज/ *n., pl.* **'helix'** का बहुवचन (*see below*)

helicoid /हेलिकॉइड/ *adj.* 1 सर्पिल, सर्पिलज 2 कुंडलाभ, कुंडलाकार

Helicon /हेलिकन/ *n., Greek mythol.* कला प्रेरणा का स्रोत

heli\copter /हेलिकॉप्टर/ *n.* (***syn.*** copter, chopper) हेलीकॉप्टर;

dw/lw: **~deck** /हेलिडेक/ *n.* समुद्री जहाज पर हेलीकॉप्टर उतरने का डेक या तख्ता

helio- /हीलिओ/ *prefix, comb. form, signifying:* **the Sun** (सूर्य): ~chrome (रंगीन फोटोग्राफ)

heliocentric /हीलिअसेंट्रिक/ *adj., astron.* सूर्य-केंद्रित, जिस प्रणाली के केंद्र में सूर्य हो

heliograph /हीलिअग्रा\फ/ *US* हीलिअग्रै\फ/ *n.* 1 *photog.* सूर्य-केंद्रित चित्रण 2 फोटोग्राफी द्वारा सौर-लेखन 3 सूर्य के विकास का गति-मापक उपकरण 4 हीलियोग्राफ;

dw/lw: **~ic** /~फिक/ *adj.* सूर्यकेंद्रित चित्रक

helio\gravure /हीलिओग्रअव्युअः/ *n.* फोटो नक्काशी, चित्र उत्कीर्णन ;

dw/lw: **~meter** *n.* सूर्य का व्यास या कोण मापी यंत्र आदि; **~lamp** *n.* सूर्यदीप; **~latery** /हीलिअलअटरि/ *n.* सूर्य उपासना; **~phila** *n.* सूर्य प्रेमी, आतप रागी; **~phobe** *n.* आतप भीत, सूर्य या धूप से डरने वाला व्यक्ति; **~scope** *n.* सूर्य दर्शी; **~sis** /हीलिओसिस/ *n.* सौर्य घात, आतप क्षति (धूप में पत्तियों का रंग बदलने की क्रिया); **~stat** *n., astron.* सूर्य-किरणों को एक बिंदु पर केंद्रित करने वाला उपकरण जिसके माध्यम से या तो सूर्य का अध्ययन किया जाता है या संकेत भेजे जाते है; **~therapy** /हीलिओथैरपि/ *n.* सौर-चिकित्सा, सूर्य-चिकित्सा (रोगी पर सूर्य की किरणें डालकर किया जाने वाला उपचार); **heliotrope** /हीलिअट्रोप/ *n.* ऐसे पौधे जिनके तने व पत्ते सूर्य की ओर झुकते हुए बढ़ते हैं; **~tropic** /हीलिओट्रपिक/ *adj.* सूर्यानुवर्ती; **~tropism/ ~tropy**

/हीलिओट्रपिज्म/ हीलिओट्रपि/ *n.* पौधों के तनों व पत्तों का सूर्य की ओर बढ़ते हुए विकास, सूर्यानुवर्तन; **~typy** /हीलिओटाइपि/ *n., photog.* फोटोग्राफ बनाने की एक तकनीक

heliosphere /हीलिओस्फिअः/ *n., astron.* सूर्य के इर्दगिर्द मंडलाकार क्षेत्र जिसकी बाह्य सीमा यानी **the heliopause** तक ही सूर्य का प्रभाव सीमित रहता है

heli\pad/ ~port /हैलीपैड/ हैलीपोःट/ *n.* हेलीकॉप्टर अड्डा, हेलीपत्तन

helium /हीलिअम/ *n.* हीलियम, हवा से हल्की अज्वलनशील गैस

helix /हीलिक्स/ *n., pl.* **helices/ helixes** 1 (***syn.*** coil) कुंडल, कुंडली या कुंडलाकार वस्तु 2 कर्णसर्पिला (of ear) 3 *math.* कुंडलिनी 4 (***syn.*** snail) घोंघा

he'll /हील/ *short,* **'he will'** का संक्षिप्त रूप

hell /हेल/ *n.* 1 नरक, यमलोक, जहन्नुम, दोज़ख 2 मृत्यु के बाद पापियों द्वारा दंड भोगने का स्थान 3 दुखदायक स्थान, दुखदायक अनुभव: make sb's life a ~ 4 यातनालय 5 जुआ घर, अपराध का अड्डा; ***v., pt.*** **~ed**, *pp* **~ing** 1 आवारा घूमना, मौज-मस्ती क.: ~ around at the weekend 2 सरपट दौड़ना;

dw/lw: **~bender** *n.* 1 अति भ्रष्ट, लंपट, लापरवाह व्यक्ति 2 एक अमेरिकी छिपकली जैसा जीव 3 प्रेतात्मा जो आग में रहती है और अपनी सर्दी से आग को बुझा सकती है; **~bent** *adj.* तुला हुआ, तत्पर, उतारू; **~-bomb** *n.* हाइड्रोजन बम; **~cat** *n.* बददिमाग औरत, बदमिजाज औरत, डायन; **~er** *n.* अति भ्रष्ट, लंपट, लापरवाह व्यक्ति; **~fire** *n.* 1 नारकीय यातना, नरकाग्नि 2 नरक में मिलने वाला दंड; **~-hole** *n.* 1 नरककुंड, नारकीय स्थान 2 बुरा या गलत स्थान, गंदी जगह; **~-hound** *n.* पिशाच, यमदूत, नरक का दूत; **~ish** *adj.* नारकीय, नरक जैसा, नरक तुल्य; **~raiser** *n.* अति लंपट व्यक्ति;

collocations: ~ **cat** चंडालिनी, लड़ाका स्त्री; **~'s angel** मोटरसाइकल चलाने वाले समाज विरोधी तत्वों के दल का सदस्य; **~'s bells!/ ~'s fire!/ ~'s wheels! ~'s teeth!** *excl., colloq.* भाड़ में जाए! (गुस्सा, आश्चर्य जताने के लिए प्रयोग होता है);

p&i: **~ and chancery are always open** नरक और अदालत के दरवाजे हमेशा खुले रहते हैं; **~ and high water** घोर मुसीबत: he led his men through ~ and high water (वह अपने साथियों को हर तरह की मुसीबत में से निकाल लाया); **~ for leather** बहुत तेज चलना या गाड़ी चलाना; **~ hath no fury (like a woman scorned)** आहत नारी से भगवान बचाए!; **~ on wheels** बिल्कुल राक्षस-सा; **~ with him!** वह भाड़ में जाए!; **~ to pay** गंभीर परिणाम या मुसीबत;

a/ one ~ of a = a/ one helluva बहुत ज्यादा खराब; **a ~ of a comedown** भयंकर असफलता; **a ~ of a noise** भयंकर शोर; **all ~ broke/ was let loose** कोहराम मच गया, बवंडर खड़ा हो गया; **all gone to ~** सब कुछ तबाह हो गया; **as ~** पूरी तरह से; **a ~ on earth** असली नरक; **be ~ on** 1 बहुत कठिन हो. 2 किसी से बहुत कठोरतापूर्वक पेश आना 3 किसी के लिए विनाशकारी हो.; **beat/ knock the ~ out of sb** किसी को बुरी तरह पीटना; **be ~ bent** बुरी तरह उतारू हो.; **be ~ for sb** पूरी तरह किसी चीज के लिए हो., किसी के या किसी चीज के पीछे दीवाना हो.; **be ~ on sb** 1 किसी का जीवन बर्बाद कर दे. 2 किसी के साथ बहुत बुरी तरह पेश आना; **better to reign in ~ than serve in heaven** स्वर्ग में दास बनने की बजाए नरक में सरदार बनना बेहतर है; **catch ~** बड़ी भारी डांट-टपट पड़ना; **come ~ or high water** *colloq.* चाहे जो भी हो; **for the ~ of it** यों ही; **frighten ~** किसी को बुरी तरह डरा दे.; **from ~** अति अप्रिय या भद्दा: boy from ~; **get the ~ out of here!** दफा हो जाओ!; **give sb ~** किसी की नाक में दम क.; **go through ~** भयंकर यंत्रणा झेलना; **go to ~ (in a hand basket)!** दफा हो जाओ! जहन्नुम (भाड़) में जाओ!; **hope to ~** बहुत चाहना; **in ~** हे भगवान!; **it's raining like ~** बहुत जोरों की बारिश हो रही है; **just for the ~ of it** वैसे ही, बस मजा लेने के लिए!; **like ~** बहुत जोर से, भयंकर रूप में, बहुत ज्यादा; **merry ~** 1 शोर-शराबा 2 बहुत ज्यादा दर्द ; **not to have a cat in ~'s chance** कोई संभावना न हो.; **not to have a hope in ~** कोई उम्मीद न हो.; **play (merry) ~ with sth/ sb** तहस-नहस क., बर्बाद क.; **raise ~** बहुत शोर मचाना; **scare/ frighten, etc. the ~ out of sb** किसी को बुरी तरह डरा देना; **smell ~** मुसीबतें झेलना; **road to ~ is paved with good intentions** नेक नीयत से नर्क का रास्ता भी बन सकता है यानी शब्द ही काफी नहीं, बल्कि काम चाहिए; **she was ~ for cleanliness** वह सफाई के पीछे दीवानी थी; **sure as ~** बिल्कुल पक्का, अवश्य ही; **the ~** भाड़ में जाए!; **the ~ of sth** मुख्य बात, सार; **there's no ~ for it** इसमें कोई कुछ नहीं कर सकता, इसका कोई इलाज नहीं; **there will be ~ to pay** बहुत पचड़े होंगे; **till ~ freezes** अनंतता तक; **to ~ and back** अग्नि-परीक्षा से गुजरना; **to ~ and gone** 1 दूर कहीं क्षितिज के पार 2 बेशुमार, जितना जी चाहे; **to ~ with sb/ sth!** जहन्नुम/भाड़ में जाए!; **what the ~!** क्या फर्क पड़ता है! **what the ~ are you doing** तुम यहां पर क्या कर रहे हो?!; **what the ~ do I care?** मुझे किसी की क्या परवाह!; **what the ~ do you want?** आखिर तुम्हें क्या चाहिए?; **work like ~** बहुत अधिक परिश्रम क.

Helladic /हेलैडिक/ *adj.* कांस्य युग (2900 से 1100 ईसवीपूर्व) की यूनानी भूमि से संबंधित

hellebore /हैलिबॉः/ *n.* एक पौधा

Helle\ne /हैलीन/ *n. & adj.* यूनानी, ग्रीक;

dw/lw: **~nic** /हेलीनिक/ *adj.* 1 यूनानी 2 यूनानी भाषा से संबंधित; **~nism** /हेलिनिज्म/ *n.* 1 विदेशी भाषाओं में प्रयुक्त होने वाला यूनानी शब्द, मुहावरे आदि 2 यूनानी राष्ट्रीयता या भावना 3 यूनानी संस्कृति 4 प्राचीन यूनानी चरित्र, भाषा, संस्कृति आदि से मेल; **~nize/ ~nise** /हेलिनाइज/ *v., pt.* ~nized, *pp* ~nizing यूनानीकरण क.

hellion /हैलिअन/ *n.* 1 दुष्ट, शरारती बच्चा 2 दुष्ट व्यक्ति

hellish *see above under* **hell: *dw/lw***

hello/ hullo (*also UK* **hallo**) /हेलो/ हलो/ *excl.* 1 हैलो 2 टेलीफोन आदि पर संवाद शुरू करने या ध्यान आकर्षित करने के लिए प्रयुक्त होता है

helluo /हेल्युओ/ *n.* 1 पेटू, जिसका पेट ही नहीं भरता हो 2 लालची आदमी

helluva /हेलूवा/ *n.* नरक

helm /हेल्म/ *n.* 1 पतवार, कर्ण, सुक्कान: put the ~ down 2 नियंत्रण, संचालन: answer the ~;

dw/lw: **~-cloud** *n., colloq.* पहाड़ों पर उठी काली घटा; **~sman** *n.* कर्णधार, पतवारिया, सुक्कानी; **~-wind** *n.* खराब मौसम में पहाड़ों से आने वाली हवा;

p&i: **answer the ~** बॉस का हुक्म बजाना; **at the ~ of state** देश का नेता हो.; **take the ~ of state** देश की बागडोर संभालना; **the man at the ~** नेता, जिसके हाथ में बागडोर हो

helmet /हैल्मट/ *n.* हैल्मेट, शिरस्त्राण

helot /हेलट/ *n.* दास, गुलाम, भूमि दास (serf), विशेषकर स्पार्टा (Sparta) में जहां किसान सरकार का दास होता था

help /हेल्प/ *v., pt.* **~ed**, *pp* **~ing** 1 सहायता/ मदद क.: ~ sb across the street/ over the fence; he **~ed** her out of the car; I can't ~ it (इसके बारे में मैं कुछ नहीं कर सकता) 2 बढ़ावा दे. 3 कुछ करने के साधन उपलब्ध कराना: ~ sb with one's advice 4 हिस्से बांटना या उपलब्ध कराना, परोसना: ~ the soup; ~ yourself! 5 मुसीबत को हल्का क.: that doesn't ~ much 6 इलाज बताना या क.: ~ a cough; remedies to ~ a cold 7 दूर रहना, टालना 8 मुश्किल आसान करने में मदद क.: this clue **~ed** me to find the solution 9 नियंत्रित क. 10 योगदान दे.;

n. 1 सहायता, मदद: be of no ~; be of little ~ 2 उपाय, उपचार 3 सहारा: lend effective ~ to sb; you were a great ~ to me 4 सहायक, नौकर: lady ~ (घर की देखभाल करने वाली);

excl. मदद करो!;
dw/lw: **~er** *n.* सहायक; **~ful** *adj.* 1 (***syn.*** useful) उपयोगी, सहायक 2 सहायता करने को तैयार; **~ing** *n.* (***syn.*** serving) एक व्यक्ति को परोसा गया खाना; **~less** *adj.* 1 विवश, बेसहारा: ~less orphan 2 असहाय, निस्सहाय: I am ~less in the matter 3 अनाड़ी, अयोग्य; **~lessly** *adv.* लाचार होकर, विवश होकर, विवशतापूर्वक; **~lessness** *n.* लाचारी, विवशता; **~line** *n.* ऐसी टेलीफोन लाइन जिस पर हर किसी की मदद हो सकती है, दूरभाष सहायता; **~mate** *n.* 1 सहायक, सहयोगी 2 जीवन-साथी (पत्नी या पति); **~meet** *n.* सहायक, मददगार साथी (विशेषकर पति और पत्नी);
collocations: **~ desk** सहायता डेस्क;
p&i: **~ a lame dog over a stile** मुसीबत में किसी की मदद क.; **~ down** नीचे उतरने में मदद क.; **~ forward** आगे बढ़ने में मदद क.; **~ in** अंदर आने में मदद क.; **~ off with** कोई काम निपटाने में मदद क.; **~ on** आगे बढ़ने में मदद क.; **~ on with** कुछ पहनने में मदद क.; **~ oneself to sth** अपने को भोजन परोसना; **~ yourself too** चुराना; **~ out/ ~ sb out** कठिन स्थिति से निकलने में मदद क.; **~ sb off with sth** किसी चीज को बेचने आदि में किसी की मदद क.; **~ sb on with sth** किसी की किसी चीज को लगाने में मदद क.; **~ sb to sth** किसी को कुछ परोसना;
cannot ~ oneself अपने को कुछ करने से रोक न पाना; **can't/ couldn't ~ sth** कुछ करने में विवश हो.; **don't tell him more than you can ~** उसे उतना कम बताओ जितना हो सके; **extra/ professional ~** अतिरिक्त/ व्यावसायिक सहायता; **God ~s those who ~ themselves** भगवान उनकी मदद करता है जो स्वयं अपनी मदद करते हैं; **he cannot ~ believing them** वह उन पर विश्वास करना नहीं छोड़ सकता; **he could not ~ laughing/ crying** वह हंसने/ रोने से अपने को न रोक सका; **he ~ed her up on to the bank** उसने उसकी नदी किनारे चढ़ने में मदद की; **he ~ed us over in our trouble** उसने मुसीबत के समय हमारी मदद की; **I can't ~** मैं बेबस हूं, मैं कुछ नहीं कर सकता; **I can't ~ his bad manners** मैं उसकी बदतमीजी के बारे में कुछ नहीं कर सकता; **it can't be ~ed** इसमें कुछ नहीं किया जा सकता; **more than one can ~** जरूरत से ज्यादा; **so ~ me God!** भगवान! मेरी मदद करो!; **things we cannot ~** ऐसे हालात जिन पर हमारा कोई बस नहीं; **three ~ings of meat and vegetables** गोश्त और सब्जियों को तीन बार लेने की क्रिया; **with the ~ of sth** किसी चीज की मदद से; **you couldn't ~ but tell him what happened** जो हुआ वह उसे बताने के सिवा और कोई चारा नहीं था;

helter-skelter /हेल्टः-स्केल्टः/ *adv.* 1 लापरवाह 2 अस्त-व्यस्त, हड़बड़ी में, हड़बड़ाते हुए: magazines stacked ~ on tables;
adj. अस्त-व्यस्त, अव्यवस्थित: ~ flight;
n. 1 मेले में एक ऊंचा बुर्ज जिसके सर्पीले रास्ते से नीचे फिसलते हैं2 विभ्रम, हड़बड़ाहट, हड़बड़ी;
p&i: **run ~** अस्त-व्यस्त हालत में इधर-उधर दौड़ना

helve /हेल्व/ *n.* मूठ, दस्ता, हत्था, बेंट;
v., pt. **~d**, *pp* **helving** हत्था लगाना;
p&i: **throw the ~ after the hatchet** सब कुछ बाजी में हारकर फक्कड़ बन जा.

Helvetian /हेल्वीशिअन/ (*also* **Helvetic**) *adj.* स्विटजरलैंड के नागरिक से संबद्ध;
n. स्विटजरलैंडवासी

hem /हेम/ *n.* 1 गोटा, मगजी, किनारी 2 किनारा 3 खखारने जैसी आवाजवाला शब्द;
v., *pt.* **~med**, *pp* **~ming** 1 कपड़े पर किनारी लगाना: all the skirt was **~med** with golden fringe 2 खंखारना;
p&i: **~ about** घेरना, घेरा डालना; **~ and haw = hum and haw** (***syn.*** falter, waver, dither, hesitate, vacillate, equivocate, fluctuate) हिचकना, ढुलमुल हो., फैसला न कर पाना; **~sb / sth in = hedge sb/ sth in** किसी को या किसी चीज को चारों ओर से घेर लेना; **~ out** न अंदर आने दे., न बाहर जाने दे.

he-man /ही-मैन/ *n.* तगड़ा आदमी, मर्द आदमी;

hematite/ haematite /हीमटाइट/ *n.* आयरन-आक्साइड (iron oxide)

hematology/ haematology /हीमअटौलजि/ *US* हीमअटाःलजि/ *n., med.* रुधिर विज्ञान, रक्त-रोग विज्ञान

hemeralo\pia /हेमअरअलो\पिआ/ *n.* दिन का अंधापन, दिन के प्रकाश में न देख पाने की बीमारी;
dw/lw: **~pic** /~पिक/ *adj.* दिन के अंधेपन से संबंधित

hemi- /हेमि/ *prefix, comb., form, signifying:* **half** (अर्ध);
dw/lw: **~anopsia/ ~opia/ ~opsia** //// *n.* अर्धांतता, अर्ध-दृष्टता; **~crania** /हेमिक्रेनिआ/ *n.* आधासीसी, अर्धांग भेदक, अर्ध शिरोवेदना; **~cycle** *n.* अर्धवृत्त; **~hedral** *adj.* अर्धफलकीय; **hemiplegia** /हेमिप्लीजिआ/ *n., pathol.* पक्षाघात, अर्धांगघात; **~stich** *n.* अर्धाली, आधा चरण, अर्ध पद, चरणार्द्ध

hemidemisemiquaver /हेमिडेमिसेमिक्वेवः/ (*also* **sixty-fourth note**) *n., music* संगीत का चौंसठवां स्वर

hemipterous /हेमिपटअरस/ *adj., zool.* एक विशेष कीट वर्ग से संबंधित

hemisphe\re /हेमिस्फिअः/ *n.* 1 गोलार्ध 2 पृथ्वी का गोलार्ध 3 मस्तिष्क का आधा भाग;
dw/lw: **~ric** /हेमिस्फेरिक/ *adj.* गोलार्ध से संबंधित: ~ric relations; **~rical** /हेमिस्फेरिकल/ *adj.* गोलार्ध-संबंधी, अर्धगोलीय

hemline /हेमलाइन/ *n.* वस्त्र पर लगी किनारी की ऊंचाई

hemlock /हेमलौक/ *US* हेमलाःक/ *n.* 1 एक सदाबहार विषैला वृक्ष, सरल 2 विषगर्जर

hemoglobin/ haemoglobin /हीमअग्लोबिन/ *n.* रक्त वर्णिका, ऐसा तत्त्व जिससे रुधिर की कणिकाओं का रंग लाल होता है, हीमोग्लोबिन

hemophilia/ haemophilia /हीमोफीलिआ/ *n.* पीढ़ी-दर-पीढ़ी होने वाला रक्तस्राव रोग

hemophiliac/ haemophiliac /हिमोफिलिऐक/ *adj.* रक्तस्रावण से पीड़ित

hemorrhage/ haemorrhage /हेमअरिज/ *n.* रक्त वाहिका, विशेषकर धमनी के फटने से होने वाला रक्त स्राव जिससे लकवा या मृत्यु आदि हो सकते हैं

hemorrhoids/ haemorrhoids /हेमअराइड्ज/ *n., [pl.]* बवासीर

hemp /हेम्प/ *n.* 1 (***syn.*** jute) सन, पटसन, शण 2 सन से बनी रस्सियां, डोरियां, बोरियां आदि 3 (*also* **Indian ~**) गांजा, भांग, चरस 4 (***syn.*** perennial Indian ~) उलट-कंबल 5 (***syn.***Deccan ~) अंबारी;
p&i: **stretch ~** फांसी पर झूल जाना

HEN *abbr.* 'Halmark Entertainment Network (Satllite Channel)' की प्रथमाक्षरी

hen /हेन/ *n.* 1 मुर्गी: keep **~s** 2 मादा पक्षी: ~ pheasant;
dw/lw: **~bane** *n.* 1 एक विषाक्त पौधा 2 खुरासानी अजवायन; **~-coop/ ~-roost** *n.* मुर्गीखाना, मुर्गी दड़बा; **~-hearted** *adj.* डरपोक; **~-hussy** औरतों के मामलों में दखल देने वाला व्यक्ति; **~ night** (*also* **~ party**) *n.* 1 किसी लड़की को शादी से पहले औरतों द्वारा दी जाने वाली दावत 2 महिलाओं की दावत; **~-party** *n.* नारी दल; **~peck** *v., pt.* ~pecked, *pp* ~pecking पत्नी द्वारा पति पर हुक्म चलाना; **~pecked** *adj.* जोरू का गुलाम, पत्नीभक्त; **~peckery** *n.* जोरू का गुलामी; **~-toed** *adj.* मुड़ी उंगलियों वाला
collocations: **~ harrier** शिकारी पक्षी या बाज; **~ house** मुर्गीखाना; **~ run/ roost** मुर्गीबाड़ा, दड़बा; **~pecked husband** जोरू का गुलाम पति;
***p&i*:** **a black ~ lays a white egg** काली मुर्गी सफेद अंडे देती

है; **like a ~ with one chicken** हड़बड़ाहट में; **like a ~ on a hot girdle** जैसे कि अंरों पर बैठा हो; **sell one's ~s on a rainy day** अपने माल को खराब समय या प्रतिकूल शर्तों पर बेचने की मूर्खता क.

hence /हेंस/ *adv.* 1 *old use* इस स्थान से, यहां से: ~ with him! (इसे यहां से ले जाओ!); go ~**!** (यहां से चले जाओ!) 2 अब के बाद: three weeks/ two months, etc. ~ 3 इसलिए: ~ we infer (इसलिए हमारा निष्कर्ष है कि ...);
dw/lw: **~forth** *adv.* अब से, आगे से; **~forward** *adv.* यहां से आगे, अब के बाद;
p&i: **days, weeks, etc.** ~ अब से कई दिनों, सप्ताहों बाद में

henchman /हेंच्मअन/ *n., pl.* **henchmen** जी-हजूर, चापलूस, अनुचर

hendeca- /हेंडेका-/ *comb., form, signifying:* **eleven** (एकादश-): ~gon (एकादशभुज);
dw/lw: **~hedron** *n., geom.* एकादशफलक; **~syllabic** *adj.* एकदश-शब्दांशीय; **~syllable** *n.* एकदश-शब्दांशीय छंद यानी पद्य पंक्ति

hendiadys /हेंडायडिस/ *n.* विशेषण अलंकार, वक्तृता अलंकार जिसमें विशेषण और संज्ञा के अर्थ में संयोजक से जुड़ी दो संज्ञाएं प्रयुक्त होती हैं!: clad in cloth and green = clad in green cloth

henna /हेना/ *n.* 1 मेंहदी का पौधा 2 मेंहदी की पत्ती;
***v.**, pt.* **~ed**, *pp* **~ing** मेंहदी लगाना: ~ one's hair;
dw/lw: **~ed** /हेनड/ *adj.* मेंहदी लगा हुआ

henotheism /हेनोथीइज्म/ *n.* एकदेववाद

henry /हेनरि/ *n., pl.* **henries** / **henrys** (*abbr.* **H**) विद्युत परिपथ की inductance मापने की इकाई

HEP *abbr.* 'Hydro Electric Project' की प्रथमाक्षरी

hep /हेप/ *adj., sl.* (**hip** का पुराना रूप) अपने समय की प्रवृत्तियों का जानकार (पुराना पापी): he is a pretty ~ boy

heparin /हेपअरिन/ *n., biochem.* एक प्रकार का जैविक रसायन जो खून में थक्के (clots) बनने से रोकता है

hepatectomy /हेपअटेक्टमि/ *n.* 1 जिगर को शल्य कर्म से हटाने की क्रिया 2 यकृत-अपच्छेदन

hepatic /हिपैटिक/ *adj.* यकृत-संबंधी, जिगर का: ~ disease

hepatica /हेपाटिका/ *n., pl.* **~s** तीन रंगों के फूलोंवाला पौधा

hepatitis /हैपअटाइटिस/ *n.* जिगर की सूजन, यकृत-शोथ;
collocations: **~ A** यकृत-शोथ **A**, जो संक्रमित भोजन या पानी से फैलता है; **~ B** यकृत-शोथ B जो संक्रमित रक्त और सुइयों (syringes) से फैलता है

hepato\logy /हेपटौलजि/ *US* हेपटाः\लजि/ *n.* जिगर-रोग (यकृत-शोथ) विज्ञान;
dw/lw: **~logist** /~लअजिस्ट/ *n.* जिगर-रोग (यकृत-शोथ) का विशेषज्ञ

hepta- *comb., form, signifying:* **seven** (सात);
dw/lw: **heptad** /हेप्टैड/ *n.* सात वस्तुओं का समूह; **~gon** /हेप्टअगन/ *n.* सप्तभुज; **~hedron** /हेप्टअहीड्रन/ *n.* सप्तभुज; **~meter** /हेप्टैमिटर/ *n.* पद्य का सप्तशब्दांशीय बलाघातित छंद; **~ngular** /हेप्टैंगुलः/ *adj.* सप्तकोणीय; **~rchy** /हेप्टाःकि/ *n.* 1 सात जनों की सरकार 2 *hist.* सप्ततंत्र यानी आंगलों (Anglo) और सैक्सनों (Saxon) की सात सरकारों का समूह; **~syllabic** *adj.* सप्त-शब्दांशीय; **~thlon** /हेप्टैथ्लौन/ *US* हेप्टैथ्लाःन/ *n.* सात खेल मुकाबलों (100 मीटर बाधा दौड़, गोलाफेंक, जेवलिन, ऊंची कूद, लंबी कूद तथा 200 मीटर व 800 मीटर दौड़) का समूह जिसे 1984 में शुरू किया गया

her /हः/ *pron.* 1 उसे (objective case): we all like ~ 2 उसका (possessive case): ~ car is outside 3 स्त्रीलिंग समझी जाने वाली संज्ञाओं के साथ विशेषण (determiner) के रूप में प्रयुक्त: went to ~ house; the ship was launched yesterday according to ~ launching plan

herald /हेरअल्ड/ *v., pt.* **~ed**, *pp* **~ing** 1 प्राकृतिक प्रक्रियाओं के बदलाव आदि का पूर्व संकेत दे.: the song of birds **~s** the approach of spring 2 घोषणा क.;
n. 1 प्राचीन काल में राजा या शासक की ओर से महत्त्वपूर्ण घटनाओं और समाचारों की घोषणा करने वाला व्यक्ति 2 अग्रदूत: a ~ of spring 3 पूर्वागमन: silence is the perfectest ~ of joy 4 कुलीन परिवारों की वंशागत पीढ़ियों व कुल चिह्नों का लेखा-जोखा रखने वाला अधिकारी;
dw/lw: **~ic** /हैरैल्डिक/ *adj.* कुलचिह्न-संबंधी, अग्रदूत संबंधी; **~ry** /हेरल्ड्रि/ *n.* 1 वंश विद्या, पीढ़ी-विद्या 2 कुलचिह्न-विद्या 3 कुलचिह्न-विद्या अधिकारी कार्यालय

herb /हःब/ *US* अःब/ *n., hortic.* 1 पुदीना, तुलसी जैसे सुगंधित पौधे जिन्हें व्यंजन या औषधियां बनाने में प्रयोग करते हैं 2 बूटी, जड़ी-बूटी, औषधीय पौधा: gather **~s**; ~ beer;
dw/lw: **~aceous** /हःबेशिअस/ *adj.* शाकीय, जड़ी-बूटी-संबंधी: **~aceous** border (बगीचे के चारों ओर लगाई जाने वाली औषधीय पौधों या फूलों की कतार); **~age** /हःबिज/ *n.* 1 जड़ी-बूटियां 2 घास-पात से भरी चरागाह आदि 3 *law* चरागाह में पशुचारण का अधिकार; **~al** /हःबल/ *adj.* औषधीय जड़ी-बूटियों से बना; **~alism** /हःबलिज्म/ *n.* वैकल्पिक चिकित्सकीय पद्धति के रूप में जड़ी-बूटियों का प्रयोग; **~alist** /हःबलिस्ट/ *n.* जड़ी-बूटियां बेचने वाला; **herbarium** /हःबेअरिअम/ *n., pl.* **~aria** /हाःबेअरिआ/ 1 जड़ी-बूटियों का संग्रह 2 जड़ी-बूटियों का संग्रहालय, वनस्पति-संग्रहालय; **~icide** /हःबिसाइड/ *n., agric.* खरपतवार-नाशक पदार्थ, शाकनाशी दवाई; **~ivore** /हःबिवोः/ *n.* 1 शाकभक्षी/ तृणभक्षी/ शाकाहारी प्राणी 2 शाकाहारी जीव; **~ivorous** /हःबिवरस/ *adj.* शाकभक्षी/ तृणभक्षी; **~y** /हैःर्बि/ *adj.* 1 शाकीय, जड़ी-बूटी-संबंधी 2 वानस्पतिक 3 घास से ढका हुआ;
collocations: **~ bannet** पीले फूलों वाला सुगंधदायक पौधा; **~ garden** जड़ी-बूटियों (पौधों का) बाग; **~ Paris** लिली के परिवार का पीले फूलों वाला पौधा; **~ Robert** छोटे-छोटे लाल-जामुनी फूलों वाला पौधा; **~/ ~al tea** जड़ी-बूटीयुक्त चाय;
p&i: **no ~ will cure love** प्रेम रोग की कोई दवा नहीं

Herculean /हःक्युलिअन/ *adj.* 1 यूनानी पौराणिक महाबली नायक हर्क्युलिस से संबंधित 2 बलशाली, भीमकाय, महावीर: a man of ~ build 3 अत्यंत कठिन, भागीरथ, जिसे पूरा करने के लिए अत्यधिक बल की आवश्यकता हो: ~ twelve labours;
collocations: **~ labour** कठिन काम; **~ effort** बहुत बड़ा प्रयास

Hercules /हःक्युलिज/ *n.* 1 *astron.* उत्तरी गोलार्ध में स्थित पांचवां सबसे बड़ा तारामंडल 2 *Roman mythol.* रोमन पौराणिक महाबली हर्क्युलिस: ~ knot (अति जटिल गांठ);
collocations: **Hercules' choice** कर्त्तव्य आनंद-सुख से पहले आता है; **Pillars/ Straits of ~** 1 जिबराल्टर, हर्क्युलिस के स्तंभ 2 सीमा

herd /हःड/ *n.* 1 पशुओं का झुंड: a ~ of cattle/ deer/ elephants 2 चरवाहा 3 *derog.* भीड़: a ~ of parasites;
***v.**, pt.* **~ed**, *pp* **~ing** 1 पशुओं या लोगों के झुंड को हांकना: ~ on (झुंड को हांकना) 2 झुंड में एकत्र हो., क. या रहना: ~ together like cattle; the sheep **~ed** together 3 पशुओं के झुंड को चराना;
collocations: **~ instinct** भेड़ियाधसान, भेडचाल, समूह-प्रवृत्ति, झुंड-भावना; **~sman** पशुओं के झुंड की देख-भाल करने वाला, चरवाहा, पशुपालक, पाळी (*Hr.*); **break ~** अपना रास्ता स्वयं बनाने वाला; **the common ~** भीड़

here /हिअः/ *adv.* 1 यहां, इस स्थान पर, इस जगह: I don't belong ~; from ~; till ~; ~ there, and everywhere (यत्र, तत्र, सर्वत्र); ~ below 2 अब, यहां, इस समय 3 इस दुनिया में 4 देखो, यह रहा!: **here** you are/ ~ he is! (ये लो! यह आ गया/ आ गई!);
dw/lw: **~about/ ~about(s)** *adv.* आस पास, पास ही, यहीं कहीं; **~after** *adv.* अब के बाद, आगे, भविष्य में, आइंदा, परलोक

में; **~at** *adv.* इसके कारण, इसपर; **~by** *adv.* एतद्द्वारा, इन शब्दों के साथ, इसके साथ; **hereditary, heredity** *see below under separate entry*; **~in** इसमें; **~inafter** *adv.* इसके आगे, अब के बाद; **~inbefore** *adv.* इस समय से पहले; **~of** *adv.* इसके संबंध में; **~on/ ~upon** *adv.* इस समय से, अब से, इसके तुरंत बाद, इसके फलस्वरूप; **heresy, heretic** *see below under separate entry*; **~to** *adv.* इस दस्तावेज में, इस विषय में; **~tobefore** *adv.* अब तक, इसके पहले; **~tofore** *adv.* आज तक, अब तक, अब से पहले; **~under** *adv.* नीचे, आगे चलकर; **~unto** *adv., law* इस समय, स्थान या मामले के बारे में; **~with** *adv., law* 1 इसके साथ 2 अब, अब से;

p&i: **~ and now** यहीं पर, इसी वक्त; **~ and there** इधर-उधर; **~'s to sb/ sth** ये लो ...! किसी के लिए या किसी बात के लिए टोस्ट आदि; **~ and there and everywhere** यत्र, तत्र, सर्वत्र, यहां, वहां, सब जगह; **~ today, gone tomorrow** आज यहां, कल वहां; **~ we are** यही तो है जो हमें चाहिए; **~ we go again** लो फिर शुरू हो गया/ गई (कोई अप्रिय बात);

neither ~ nor there अप्रासंगिक, असंगत, इसका कोई महत्त्व नहीं, न तीन में, न तेरह में; **same ~** मैं भी, हम भी; **the ~ and now** वर्तमान समय

heredita\ble (*also* **heritable**) /हरिडिटे\बल/ *adj.* जो वंशानुगत प्राप्त होता है, दाययोग्य;

dw/lw: **~bility** (*also* **heritability**) *n.* वंशानुगतता; **~bly** *adv., law* वसीयत के अनुसार, वंशानुगतता के अनुसार

hereditament /हेरिडिटअमंट/ *n.* 1 विरासत, दाय 2 विरासत योग्य संपत्ति

hereditarian /हेरडिटेरिअन/ *n.* वंशानुगतता यानी किसी के व्यवहार में पैतृक गुणों की भूमिका का समर्थक

hereditarianism /हिरेडिटेरिअनिज्म/ *n.* वंशानुगतता यानी किसी के व्यवहार में पैतृक गुणों की भूमिका का समर्थन

hereditary /हिरेडिटरि/ *adj.* 1 पुश्तैनी, पैतृक: ~ instinct; ~ portion; ~ feud; ~ jewels 2 वंशानुगत: ~ disease 3 परंपरागत: ~ customs and beliefs

heredity /हिरेडिटि// *US* हरेडिटि/ (*also* **inheritance**) *n., pl.* **heredities** 1 वंशानुगतता 2 पैतृक गुण या लक्षण 3 विरासत

heresiarch /हेरिजिआःक/ हरीजिआःक/ *n.* धर्मद्रोही

heresy /हेरअसि/ *n., pl.* **heresies** समाज में स्थापित मान्यता के विरुद्ध मत, विधर्म, अनधिकृत मत

heretic /हेरअटिक//हेरिटिक/ *n.* 1 अनधिकृत मतावलंबी 2 विधर्मी, काफिर 3 समाज के बहुमत के विरुद्ध चलने वाला व्यक्ति;

dw/lw: **~al** /हेरअटिकल/ *adj.* काफिराना, भ्रांत, अनधिकृत, अप्रामाणिक

Her Highness महामहिम, तत्रभवती; **Her Honour** अत्रभवती

heri\tage /हैरिटिज/ *n.* 1 विरासत: sb's part of the **~tage**; war had left its **~tage** of poverty 2 पैतृक गुण और विशेषताएं 3 दाय, मीरास, बपौती, पैतृक संपत्ति 4 परंपरा, कुलपरंपरा: national **~tages**;

dw/lw: **~table** /हैरिटअबल/ *adj.* 1 दाययोग्य: ~table securities 2 वंशागत, वंशानुगत; **~tor** /हैरिटः/ *n., law* उत्तराधिकारी, दायभागी

hermaphrodi\te /हःमैफ्रअडाइट/ *n.* 1 उभयलिंगी पादप या प्राणी 2 परस्पर विरोधी गुणों का मिश्रण;

dw/lw: **~tic** /हःमैफ्रअडाइटिक/ *adj.* 1 उभयलिंगी गुणों वाला 2 परस्पर विरोधी तत्त्वों या गुणों से मिश्रित

hermeneutic/ ~al /हःमअन्यूटिक/ हःमअन्यूटिकल/ *adj.* पाठ या संदेश की अर्थ-निर्णयात्मक व्याख्या (interpretation);

dw/lw: **~s** /हःमअन्यूटिक्स/ *n.* 1 पाठ का अर्थ-निर्णय या पाठ व्याख्या विज्ञान 2 *psychol.* समाज में मनुष्य को समझने और उसका अध्ययन करने में प्रयोग की जाने वाली विधि

hermetic/ ~al /हःमेटिक/ *adj.* 1 (***syn.*** airtight) वायुरुद्ध, हवाबंद 2 बाहरी प्रभावों से रक्षित 3 जादू या कीमियागिरी से संबंधित 4 दुरूह व दुर्लभ;

dw/lw: **~ity** /हःमेटिसिटि/ *n.* वायुरुद्धता: ~ity seal/ sealing (बंद करते समय वायुरुद्ध बनाने की क्रिया)

hermit /हःर्मिट/ *n.* 1 एकांतवासी संन्यासी 2 वैखानस 3 तपस्वी साधु;

dw/lw: **~age** /हःमिटिज/ *n.* आश्रम, तपोवन

hernia /हःनिआ/ *n., pl.* **~s** आंत्रवृद्धि, आंत उतरने का रोग, हर्निया;

dw/lw: **~te** /हःनीएट/ *v., pt.* ~ted, *pp* ~ting आंत उतरना; **~ted** /हःनीएटिड/ *adj.* जिसकी आंत उतर गई हो

hero /हीरो/ *n., pl.* **~es** 1 नायक, वीर: ***Hero*** *of our Times* (M. Lermontov's novel); be (to become) a ~ in sb's eyes 2 उपन्यासों, फिल्मों आदि का नायक, मुख्य सकारात्मक पात्र: the ~ of a story (of an adventure) 3 प्रारंभ में: महानायक, दिव्य शक्ति या गुणों वाला व्यक्ति: admire a ~; ~-worship (वीरपूजा) 4 पन्नडुब्बी;

dw/lw: **~ic** *adj.* 1 वीरतापूर्ण: ~ic attempt 2 (***syn.*** courageous) साहसिक, वीरोचित: ~ic deed; ~ic statue 3 वीररस-प्रधान: the ~ic age; ~ic poetry 4 उदात्त, ओजस्वी, विराट: ~ic folly, ~ic scale 5 उपचार के खतरनाक तरीके से संबंधित: ~ic dose (जीवन या मृत्यु दायक खुराक); **~ically** *adv.* वीरतापूर्वक; **~ics** *n., [pl.]* 1 नाटकीयता, आडंबरपूर्ण व्यवहार या भाषा 2 वीरोचित कार्य; **~ine** *n.* 1 नायिका 2 वीरांगना, वीर नारी 3 उपन्यासों, फिल्मों आदि की नायिका, मुख्य सकारात्मक नारी पात्र; **~ism** *n.* बहादुरी, वीरता; **~-worship** *v., pt.* **~ped**, *pp* **~ping** किसी का अतिशय कायल हो., किसी को बहुत बहादुर या सुंदर समझना;

collocations: **~ic age** मिथिक काल जब वीर लोग व देवतागण मानवजाति के बीच धरती पर बसते थे; **~ic couplet** अंग्रेजी काव्य में विशेष प्रकार का तुकांत छंद; **~ic poem** वीर रस प्रधान कविता; **~ic verse** वीरगाथा काव्य; **~ worship** किसी के प्रति अतिशय कायलता

a ~ of the quill महान लेखक

heroin /हेरोइन/ *n.* मादक पदार्थ, हीरोइन

heron /हैरअन/ *n.* बगुला, वक;

dw/lw: **~ry** /हेरअनरि/ *n.* बगुलों को पलने का स्थान; **~sew** /हेरनसो/ *n.* बगुले का चूजा: know a hawk from a ~sew (बगुले के चूजे और बाज में फर्क समझना);

collocations: **common ~** आंजन बगुला; **night ~** वाक बगुला; **pond ~** बगुली

herpes /हःपीज/ *n.* दाने या मुंहासे निकलने का एक रोग, इकलंगी माता, विसर्पिका, परिसर्प

herpeto\logy /हःपिटौलअजि/ *US* हःपिटाः\लअजि/ *n.* सरीसृपविज्ञान, सर्प विज्ञान;

dw/lw: **~logist** /~लजिस्ट/ *n.* सरीसृप विशेषज्ञ

Herr /हैर/ *n., pl.* **Herren** *Ger.* महोदय, श्रीमान्

Herrenvolk /हेरनफॉल्क/ *n., Ger.* जर्मन जाति यानी नाजीवाद के अनुसार ऐसी नस्ल जो इस बात में विश्वास करती है कि अपनी सर्वश्रेष्ठता की बदौलत वह संसार पर राज करने के लिए पैदा हुई है (हिटलरी फासीवाद का आधार)

herring /हेरिंग/ *n., pl.* **herring/ ~s** हिलसा मछली: fresh/ salted/ dried ~;

dw/lw: **~bone** *n.* 1 समानांतर तिरछी रेखाओं का रेखाचित्र 2 ऐसा कपड़ा जिस पर उक्त प्रकार की सिलाई हो: ~-bone stitch (तिरछी सिलाई);

p&i: **a red ~ across the trail** जान-बूझकर ध्यान हटाने वाला, सुराग या अता-पता मिटाने वाला; **packed as close as ~s** ठूंस-ठूंसकर भरा हुआ; **draw/draw a red ~ across the path/ track/ trail** 1 ध्यान हटाना 2 जान-बूझकर पथच्युत क. भटकाव पैदा क.

hers /हःज/ *pron.* उसका, उसकी ...: this book is ~; it is no business of ~; she came to ~; she was all by ~; she's not ~to-day; off ~ (उससे संबद्ध)

herself /हःसेल्फ/ *pron.* 1 अपने आप, स्वयं 2 खुद 3 मात्र स्वयं के लिए: (all) to ~;

p&i: **all by** ~ अपने आप; **all to** ~ मात्र अपने लिए; **be/ seem** ~ अपने सामान्य रूप-रंग में हो.

hertz/हःट्ज/ (*abbr.* **Hz**) *n. pl.* **hertz** हर्ट्ज

he's /हीज/ *short*, **'he is'** 1 का संक्षिप्त रूप 2 *short*, **'he has'** का संक्षिप्त रूप

HESCO *abbr.* 'Himalayan Environment Studies and Conservation Organisation' की प्रथमाक्षरी

hesitancy /हैजिटंसि/ *n.* 1 दुविधा, संकोच, असमंजस 2 अनिश्चय 3 हिचक, झिझक, हिचकचाहट

hesitant /हैजिटंट/ *adj.* संकोची, अनिश्चयी, हिचकिचानेवाला;

dw/lw: **~ly** /हेजिटंट्लि/ *adv.* हिचकिचाते/ झिझकते हुए, संकोचपूर्वक

hesita\te /हैजिटे\ट/ *v., pt.* **~ted**, *pp* **~ting** 1 हिचकिचाना, हिचकना: do not **~te** to ask me! 2 टालमटोल क., कतराना: not **~te** to do sth 3 रुकना, अटकना: we **~ted** concerning the course to be taken 4 अनिच्छा से क.: **~te** about accepting a gift 5 हकलाना: **~te** in one's speech;

dw/lw: **~tingly**/~टिंगलि/ *adv.* हिचकिचाते हुए; **~tive** /~टिव/ *adj.* संकोची: his ~tive manner of speaking;

***p&i*:** **he who ~tes is lost** दुविधा में दोनों गए माया मिली न राम

hesitation /हैजिटेशन/ *n.* 1 झिझक, हिचकचाहट, संकोच: have no ~ in doing sth; without ~ 2 अनिश्चय: a brief/ momentary/ moment's/ slight ~ 3 दुविधा 4 गतिरोध, अटकाव, अनिच्छा, हकलाहट

Hesperian /हेसपेरिअन/ *adj., poet.* 1 पश्चिमी, पाश्चात्य 2 डूबते सूरज के देश में स्थित 3 पश्चिमवासी 4 इटली का, इतालवी, स्पेनी

Hesperus /हेसपरस/ (*also* **Hesper**) *n.* शुक्रग्रह, सांध्य तारा

hessian /हेसिअन/ (*US* **burlap**) *n.* टाट;

collocations: **~ boots** ऊंचे बूट; **Hessian fly** गेहूं के तने को संक्रमित करने वाला एक कीड़ा (अमेरिकी स्वतंत्रता संग्राम में ब्रितानवी सेना द्वारा हेशियन सिपाहियों के लिए प्रयुक्त)

HET *abbr.* 'hotel expenditure tax' की प्रथमाक्षरी

het *short,* 'heterosexual' का संक्षिप्त रूप

hetaera/ hetaira /हेटिअरा/ हेटायरा/ *n.* 1 प्राचीन यूनान में एक वेश्या 2 उपपत्नी, रखैल 3 गणिका

hetero- /हेटरअ\-/ हेटरो\-/ *prefix, comb. form, signifying:* 1 **the other** (विरोधी, पर-): **hetero**dox 2 **different** (अलग, भिन्न): **hetero**geneous 3 **one** or **the other** (कोई न कोई): **hetero**gamy;

dw/lw: **~chromatic**/ **~chromous** /~क्रोमैटिक/ ~क्रोमस/ *adj.* भिन्न-भिन्न रंगों वाला, विभिन्न वर्णी, विषम वर्णी; **~clite** *n.* अपवाद, असम रूप शब्द, अनियमित वस्तु; **~clite** *adj.* विषम, अनियमित; **~cyclic** *adj.* विषमचक्रीय; **~dox** /~डौ\क्स/ *US* ~डाः\क्स/ *adj.* रूढ़ि-विरुद्ध, शास्त्र विरुद्ध, असनातनी; **~doxy** /~क्सि/ *n.* अप सिद्धांत, शास्त्र-विरोध, परंपराभंग, घिसे-पिटे पथ से भटकाव या विपथन; **~dyne** /~डाइन/ *adj.* रेडियो प्रसार में एक तरंग का दूसरी पर चढ़ाना; **~ecious** /~इशिअस/ *adj.* भिन्नाश्रयी; **~gamete** /~गमीट/ *adj.* विषमयुग्मक; **~gamy** /~गमि/ *n.* विषमयुग्मन; **~gamous** /~गमस/ *adj.* विषमयुग्मकी; **~geneity** /~जिनीअटि/ *n.* विषमांगता, विजातीयता; **~geneous** /~जीनिअस/ *adj.* विषम, नाना प्रकार के अंगों या तत्त्वों से बना: the ~geneous population of the country; ~geneous nouns; **~genesis** /~जेनअसिस/ *n.* विषमजनन; **~gony** /~गनि/ *n.* विषम वृद्धि; **~graft** /~ग्राफ्ट/ *n.* भिन्न-भिन्न जातियों के पौधों के बीच कलम (रोपण); **~logous** /~लगस/ *adj.* विषमजात; **~logy** /~लजि/ *n.* विषमता, विषमजातीयता; **~morphic**/ **~morphous** /~मॉःफिक/ ~मॉःफस/ *adj.* विषम रूपी, विभिन्न रूपी; **~nomous** /~नमस/ *adj.* परतंत्र, विभिन्न विधि-विधानों पर आधारित या टिके हुए; **~nomy** /~नमि/ *n.* परतंत्रता, विभिन्न-विधानता; **~nym** /~निम/ *adj.* विषमार्थक (एक वर्तनी परंतु विभिन्न अर्थों व उच्चारण वाले शब्द); **~phyllous** /~फिलस/ *adj.* विभिन्न प्रकार के पत्तोंवाले पौधे; **~plasia** /~प्लेजिया/ *n.* विचित्र स्थानों पर ऊतक-वृद्धि; **~plasty** /~प्लैस्टि/ *n.* दूसरे व्यक्ति के ऊतकों का रोपण; **~sexism** /~सेक्सिज्म/ *n.* विषमलैंगिगता; **~sexual** /हेटरोसेक्सुअल/ *adj.* विषमलिंगी, विलिंगी; **~sexuality** /~सेक्सुअलिटि/ *n.* विषमलैंगिगता; **~taxis**/ **~taxy** /~टैक्सिस/ हेटरॉटैक्सि/ *n.* विचित्र अनुपातिक अंग रचना; **~trophy** /~ट्रैफि/ *n.* कुछ जीवों और पौधों की भोजन के लिए अन्य पौधों व रसायनों पर निर्भरता, परजीवी अस्तित्व; **~zygous** /~जाइगस/ *adj.* विभिन्न जीन व डीएनए (DNA) वाले (व्यक्ति), विषम-युग्मजी

hetman /हेटमन/ *n., pl.* **~s** 1 पोलैंड एक अधिकारी 2 कजाक सैनिक कमांडर

het up /हैट अप/ *adj., colloq. UK* उत्तेजित, आवेशपूर्ण, चिंतित

heuristic /ह्युरिस्टिक/ *adj.* 1 सीखने में 'आजमाना और गलती क.' (trial and error) का तरीका 2 सीखने वाले को अपने अनुभव के आधार पर काम करने देने का ढंग, अनुभवाश्रित शैली 3 स्वतःशोध प्रणाली 4 पहले कोई हल सोचना और फिर उसे आजमाने की पद्धति 5 पहले सिद्धांत गढ़ना और फिर उसे लागू क.

hew /ह्यू/ *v., pt.* **~ed**, *pt. p.* **hewn** *pp* **~ing** 1 कुल्हाड़ी से काटना, चीरना, काट गिराना: ~ trees; ~ asunder; ~ to pieces; ~ down trees; ~ away (काटकर अलग क.) 2 तराशना: ~ stone into a beautiful statue 3 दृढ़तापूर्वक लगे रहना 4 विकसित क., निर्माण क.: ~ out a career for oneself 5 नया रास्ता बनाना: ~ one's way (through dense jungle);

dw/lw: **~er** /ह्यूअः/ *n.* लकड़हारा: ~ers of wood and drawers of water (लकड़ी काटने वाले, कुएं आदि से पानी निकालने वाले, कठिन शारीरिक कार्य करने वाले); **~ing** /ह्यूइंग/ *n.* 1 पेड़ों आदि की कटाई 2 जंगल की सफाई; **~n** /ह्यून/ *adj.* कटा हुआ, तराशा हुआ: ~n timber (काम-काजी लकड़ी); ~n stone (तराशा हुआ पत्थर)

hex /हेक्स/ *n., pl.* **~es**, *N. Amer.* 1 टोना, जादू-टोना 2 जादू-टोने का असर, अभिशाप: put a ~ on sb 3 दुर्भाग्यजनक वस्तु 4 डायन ***v.***, *pt.* **~ed**, *pp* **~ing** 1 जादू-टोना क. 2 अभिशाप दे., कोसना 3 डायन-कला चलाना, सम्मोहित क.

hexa\- /हेक्सा\-/ हेक्सअ\-/ *prefix, comb. form, signifying:* **six** (षट्-, षड्-);

dw/lw: **~chlorophene** /~क्लॉरफीन/ *n.* साबुनों, दांतमंजनों आदि में डाला जाने वाला कीटाणुनाशक पदार्थ; **~chord** /~कोःड/ *n.* संगीत में षट्स्वर; **~d** /हेक्सैड/ *n.* षटक, छः वस्तुओं की कड़ी, छ- का समूह; **~decimal** /~डेसिमल/ *adj., comput.* सोलह (16) पर आधारित संख्या-प्रणाली; **~gon** /~गन/ *n.* षड्भुज; **~gonal** /~गनल/ *adj.* षड्भुजी; **~gram** /~ग्रैम/ *n.* छःकोना तारा, षट्कोण तारा; **~hedron** /~हीड्रन/ *n.* षट्फलक, छःपहलू वस्तु; **~merous** /~मेरस/ *adj.* षट्तयी; **~meter** /हेक्सैमीटः/ *n.* षट्पदी; **~ne** /हेक्सेन/ *n.* मिथेन कड़ी का छटवां हाइड्रोकार्बन; **~pla** /~प्ला/ *n.* षट्स्तंभ पाठ, छः अंकों में प्रकाशित संस्करण; **~pod** /~पॉड/ *n.* षट्पद जीव या पशु; **~pody** /~पडि/ *n.* षट्पदी छंद; **~style** *n.* षट्स्तंभ भवन शैली; **Hexateuch** /~ट्यूक/ *n.* ओल्ड टेस्टामेंट (Old Testament) की प्रथम छः पुस्तकें; **~valent** /~वलंट/ *adj.* षट्प्रवण

hey /हे/ *excl.* 1 विस्मयबोधक, अरे! 2 ध्यान खींचने के लिए प्रयुक्त:

p&i: **what the** ~ खोई फर्क नहीं पड़ता! जाए भाड़ में!

heyday /हेडे/ *n.* 1 सुख-समृद्धि का समय, बहार 2 (***syn.*** prime) जोबन, यौवन: in the ~ of youth 3 स्वर्ण-काल: in the ~ of one's glory

HF *abbr.* 'high frequency' की प्रथमाक्षरी

hf *abbr.* 'half' का संक्षेप

HFA *abbr.* 'Health for All' की प्रथमाक्षरी

HFC *abbr.* 'Hindustan Fertilizer Corporation', 'hybrid

fibre/ co-axial network' की प्रथमाक्षरी
HFCs *abbr.* 'housing finance companies' की प्रथमाक्षरी
HFEA *abbr.* 'Human Fertilisation and Embryology Authority' की प्रथमाक्षरी
HFI *abbr.* 'Haemophilia Foundation of India', 'Handball Federation of India', 'housing finance institutions' की प्रथमाक्षरी
HFL *abbr.* 'Housing Finance Limited (LIC)' की प्रथमाक्षरी
HFRC *abbr.* 'High Frequency Radio Communication' की प्रथमाक्षरी
HFS *abbr.* 'housing finance sector' की प्रथमाक्षरी
HFT *abbr.* 'Health Fitness Trust' की प्रथमाक्षरी
HG *abbr.* 'High German or His/ Her Grace' की प्रथमाक्षरी
Hg *abbr.* 'mercury' का चिह्न
HGDP *abbr.* 'Human Genome Diversity Project' की प्रथमाक्षरी
HGH *abbr.* 'Human Growth Hormone' की प्रथमाक्षरी
HGP *abbr.* 'Human Genome Project' की प्रथमाक्षरी
HGPL *abbr.* 'Hi-Grade Pellets plant' की प्रथमाक्षरी
HGT *abbr.* 'Health Guard Technology' की प्रथमाक्षरी
HGV *abbr.* 'heavy goods vehicle' की प्रथमाक्षरी
HHEC *abbr.* 'Handicrafts and Handloom Export Corporation of India' की प्रथमाक्षरी
HHMI *abbr.* 'Howard Hughes Medical Institute' की प्रथमाक्षरी
HHS *abbr.* 'Health and Human Services' की प्रथमाक्षरी
HHT *abbr.* 'hand held terminals' की प्रथमाक्षरी
HHTI *abbr.* 'Hand Held Thermal Images' की प्रथमाक्षरी
HHV-8 *abbr.* 'human herps virus 8' की प्रथमाक्षरी
hi /हाय/ *excl.* हैलो! (अनौपचारिक अभिवादन)
hiatus /हाइएटस/ *n.* 1 अंतराल, लुप्त कड़ी: ~ in a manuscript 2 रिक्ति 3 स्वरविच्छेद 4 खाई, दरार
hibachi /हिबाची/ *n.* छोटी अंगीठी
hibernal /हाइबःनल/ *adj.* सर्दी से संबंधित, सर्द
hiberna\te /हाइबःनेट/ *v., pt.* **~ted**, *pp* **~ting** जाड़े भर सोकर गुजारना, शीतशयन क.;
dw/lw: **~tion** /~शन/ *n.* शीतशयन: in the state of ~tion
Hibernian /हाइबःनिअन/ *adj., poetry* आयरलैंड से संबंधित;
n. आयरलैंड वासी
hibiscus /हिबिस्कस/ *n., pl.* **~es** अड़हुल, जवाकुसुम, जपाकुसुम, गुड़हर
hiccup /हिकप/ (*also* **hiccough**) *n.* 1 हिचकी: have the **~s**; ~ out (हिचकी लेते हुए बोलना) 2 अस्थायी रुकावट
hick /हिक/ *n., mainly N. Amer., derog.* 1 देहाती आदमी 2 गंवार व्यक्ति;
adj. दूर-दराज का स्थान से संबंधित: ~ town
hicky /हिकि/ *n. US* चुंबन के निशान
hickor\y /हिकरी/ *n., pl.* **~ies** हिकोरी (अखरोट की जाति का वृक्ष)
HICP *abbr.* 'harmonised index of consumer prices' की प्रथमाक्षरी
hidden /हिडन/ *pt. p.,* **hide** का भूतकालिक कृदंत;
adj. 1 अदृश्य: ~ treasure; ~ agenda 2 गायब 3 ओझल 4 गुप्त, रहस्यमय: ~ thoughts; ~ meaning
hide /हाइड/ *v., pt.* **hid**, *pt. p.* **hidden**, *pp* **~ing** 1 छिपाना: ~ (away) a treasure; she **hid** her face in her hands; the sun was **hidden** by the clouds 2 (*also* ~ **oneself**) अपने आपको छिपाना, छिपना 3 छिपाकर/ गुप्त रखना: I have nothing to ~; ~ one's feelings/ intentions 4 दबाना, छिपाना: ~ (up) a scandal (किसी बखेड़े को दबा दे.);
n. खाल, चर्म;
dw/lw: **~-and-seek** *n.* लुका-छिपी, आंख-मिचौनी; **~away** *n.* छिपने की जगह, गुप्तवास स्थान; **~-out** *n.* गुप्त स्थान, छिपकर रहने का स्थान;
p&i: ~ **bound** लकीर का फकीर; ~ **one's head** शर्म के मारे मुंह न दिखाना; ~ **one's light/ one's candle/ under a bushel** अपनी प्रतिभा छिपाकर रखना, अत्यधिक विनम्र हो.; ~ **out** छिपने का स्थान
have a thick ~ असंवेदनशील हो.; **dress/ tan sb's** ~ किसी को कड़ा दंड दे.; **(in)** ~ **and hair** पूर्णतः, सारे का सारा; **neither ~ nor hair = not see ~ nor hair of sb/ sth** कुछ भी नहीं, एक बार भी नहीं; **save one's** ~ अपनी जान बचाना;
hidebound /हाइडबॉउंड/ *adj.* 1 संकीर्ण विचारों वाला, पुराणपंथी, दकियानूस 2 दुबला-पतला
hideous /हीडिअस/ *adj.* 1 भद्दा: ~ grimace 2 घिनौना: ~ noise/ uproar 3 जघन्य: ~ crime 4 विकराल, भयंकर: ~ building;
dw/lw: **~ly** /हीडिअस्लि/ *adv.* भद्दे तरीके से; **~ness** *n.* भद्दापन, विकरालता: the ~ness of his appearance
hider /हाइडः/ *n.* छिपाने वाला: **~s** are good finders (जिसे अच्छी तरह छिपाना आता है वह जल्दी ढूंढ लेता है)
hidey-hole /हाइडि होल/ (*also* **hidy-hole**) *n.* लोगों से मिलने से बचने के लिए छिपने का स्थान
hiding /हाइडिंग/ *n.* गुप्तवास, छिपे होने की अवस्था: be in ~; go into ~ (छिप जा.);
adj. गुप्त: ~-place (छिपने का स्थान)
hie /हाइ/ *v., pt.* **hied**, *pp* **hying**, *s/he/it* **hies** 1 जल्दी क. या चलना 2 जल्दी मचाना
hierarch /हायराःक/ *n.* 1 महाधर्माधिकारी 2 उच्च पदासीन व्यक्ति;
dw/lw: **~ical** /हायराःकिकल/ *adj.* 1 वर्गबद्ध, ओहदे के अनुसार संगठित 2 धर्मतंत्रात्मक, धर्मतंत्रीय; **~y** /हायरार्कि/ *n.* 1 वर्गबद्धता, सामाजिक व आर्थिक श्रेणीकरण 2 धर्म-तंत्र, पुरोहित-तंत्र 3 धर्माधिकारी वर्ग 4 क्रम-परंपरा, पदानुक्रम: the ~y of the civil service 4 विचारों और विश्वासों की क्रम-बद्धता
hieratic /हायरैटिक/ *adj.* याजकीय, पुरोहितीय: ~ writing
hierocracy /हायरौक्रसि/ हायराःक्रसि/ *n.* याजकतंत्र, धर्मतंत्र, श्रेणीबद्ध याजकवर्ग
hieroglyph /हायरअग्लिफ/ *n.* 1 चित्रलिपि 2 प्राचीन मिस्र में प्रचलित चित्रलिपि का कोई चिह्न 3 शब्द, शब्दांश, ध्वनि या विचार का प्रतीक चिह्न 4 चित्रलेख;
dw/lw: **~ics** /~फिक्स/ *n., [pl.]* 1 प्राचीन मिस्र में प्रचलित लिखाई की प्रणाली जिसके अनुसार शब्द, शब्दांश, ध्वनि या विचारों के प्रतीक चिह्न होते थे 2 चित्रलिपि, चित्रलेख प्रणाली
hieromancy /हायरअमैंसि/ *n., hist.* चढ़ाई या दी गई बलि के आधार पर भविष्य देखने की क्रिया
hierophant /हायरोफैंट/ *n.* प्राचीन यूनान में पवित्र रहस्यों का व्याख्याता, रहस्य-व्याख्याता, महायाजक
hi-fi /हाइ-फाई/ *n.* सीडी (CD) वादक आदि की संगीत-किट;
adj. (***syn.*** of high fidelity) अत्यधिक सही
HIG *abbr.* 'Hindustan Insecticides Limited' की प्रथमाक्षरी
higg\le /हिगल/ *v., pt.* **~led**, *pp* **~ling** 1 मोल-तोल क., मोल-भाव क. 2 फेरी लगाना
higgledy-piggledy /हिगलडि-पिगलडि/ *adj./ adv.* 1 घालमेल, गड्डमड्ड 2 पूर्णतः अस्तव्यस्त
high /हाइ/ *adj., degr.* **~er**, **~est** 1 ऊंचा, उच्च, उत्तुंग: ~ buildings; ~ mountains; the **~est** point of the range 2 विशेष ऊंचाई वाला: a hundred feet ~ 3 प्रधान, मुख्य: ~ command (आला कमान) 4 बड़ा, महान, उन्नत: ~ ideals/ aims; ~ spirit/ mind; ~ thoughts/ thinking/ feelings 5 शिखरतम, चरम: ~ summer; at ~ noon; **High** Renaissance (पुनर्जागरण की शिखरतम अवस्था) 6 महंगा: ~ rent; ~ rate of interest; ~ stake 7 विकास आदि में शिखरतम, उच्च कोटि का, उत्कृष्ट: ~ farming; ~ quality 8 कर्कश, तीक्ष्ण: ~ colour/ complexion; ~ pitch/ tone; a ~ sound or note (कर्णकटु

ध्वनि या स्वर) 9 कहानी, नाटक आदि के विकास में शिखरतम बिंदु: ~ drama (अति भावुकता एवं तनावपूर्ण घटना) 10 भारी, घोर 11 विशिष्ट, उच्च: ~ table; **~est** importance; deserve ~ praise/ honour 12 तीव्र, तेज: ~ respiratory rate; ~ temperature/ fever/ pressure (तेज बुखार या दबाव) 13 प्रचंड, प्रबल: ~ wind; ~ burst 14 तीक्ष्ण 15 कट्टर, पक्का 16 घमंडी: ~ and mighty 17 प्रफुल्ल, उत्तेजित: ~ words (उत्तेजनापूर्ण शब्दों का प्रयोग); on the ~ ropes (उत्तेजित) 18 उच्छृंखल, निरंकुश, असंयत, विलासमय: ~ living; ~ life (उच्च वर्ग के लोगों का मौज-मस्ती का जीवन, ऊंची जिंदगी); ~ rolling 19 *colloq.* नशे में चूर: ~ on heroin; he was ~ and didn't know what he was saying 20 आधा सड़ा हुआ (गोश्त आदि) 21 तीव्र गति का, तेज: get one's horse into a good ~ trot 22 उच्च स्तर का: **~er** commander; ~ commissioner; persons in ~ position; ~ office;

n. 1 शिखर बिंदु: be in/ at the ~; on ~ (ऊंचाई पर, स्वर्ग में) 2 अधिकतम मात्रा: all time ~ 3 शिखरतम स्तर (peak) 4 *meteor.* (***syn.*** anti-cyclone) बढ़े हुए दबाव का क्षेत्र: a ~ over Southern Europe brings sunny weather 5 सफलता का शिखर, चोटी: the **~s** and lows of sb's career 6 (from drugs, etc.) उत्तेजना, उल्लास, आनंद: the ~ lasted the whole evening 7 शिखरतम तापमान: **~s** yesterday were in the range of 35^0

adv. 1 (जमीनी स्तर से) ऊंचा, ऊंचे: jump ~ 2 ऊंचे स्वर में: sing even **~er**3 मूल्य में ऊंचा: the prices have risen even **~er** than last time;

dw/lw: **~ball** *n.* व्हिस्की आदि में सोडा मिलाकर बनाई हुई तेज शराब; **~ball** *v., pt.* ~balled, *pp* ~balling 1 तेज रफ्तार से कहीं जा. 2 लागत, दाम, वेतन आदि को बढ़ा-चढ़ाकर पेश क.: ~ball one's demand for salary hike; **~binder** *n.* गुंडा, धोखेबाज, झांसिया, हत्यारा; **~born** *adj.* (***syn.*** aristocratic) कुलीन, अभिजात; **~-boy** *n.* = **tallboy**; **~bred** *adj.* अच्छी नस्ल का, उच्चवंशीय, खानदानी; **~brow** *adj.* 1 अतिशय बौद्धिक 2 (***syn.*** intellectual) उच्च कोटि की बौद्धिकता से ओतप्रोत; **~-caste** *adj.* उच्च जाति का; **~-chair** *n.* बच्चे की (बेबी) डिनर चेअर; **~-class** *n.* उच्चवर्ग; **~-class** *adj.* 1 उत्कृष्ट 2 उच्चवर्ग से संबंधित; **~day** *n.* त्योहार, उत्सव आदि: ~days, holidays and bonefire nights (त्योहार, समारोह, उत्सव आदि); **~-density** *adj.* अति सघन सूचना संग्रहण करने वाली डिस्क; **~-coloured** *adj.* चमकीला, भड़कीला, अतिरंजित; **~-end** *adj.* उच्च गुणवत्ता वाला व महंगा; **~er** *adj.* उच्चतर: ~er education; the ~er forms; **~est** *adj.* उच्चतम; **~er-up** *n.* ऊंचे पद या हैसियत वाला व्यक्ति; **~falutin**/ **~faluting** *adj.* 1 (***syn.*** pretentious) आडंबरी या आडंबरपूर्ण 2 दंभी या दंभपूर्ण; **~fidelity** (*abbr.* **hi-fi**/ **Hi-Fi**) *adj.* उच्च तद्रूपता, उच्च विश्वसनीयता; **~-five** *n.* दो जनों द्वारा एक दूसरे की हथेलियों को टकराकर उल्लास प्रकट करने का ढंग; **~-flier** *see below under* **~-flyer**; **~flown** *adj.* (***syn.*** bombastic) भारी-भरकम या आडंबरपूर्ण: ~flown phrases/ style; **~-flyer** (*also* **high-flier**) *n.* महत्वाकांक्षी व्यक्ति, व्यापार आदि में अति सफल या जीवन में ऊंची उड़ान भरने वाला व्यक्ति; **~-flying** *adj.* 1 अति सफल 2 ऊंची उड़ान भरने वाला, हवाई किले बनाने वाला; **~gear** *n.* टॉप गिअर, उच्चतम रफ्तार; **~-grade** *adj.* ऊंचे दर्जे या किस्म का; **~-handed** *adj.* (***syn.*** overbearing) उद्धत, उद्दंड, बदतमीज, मनमानी करने वाला, स्वेच्छाचारी; **~-handedly** *adv.* उद्दंडतापूर्वक, उद्धत होकर; **~handedness** उद्धतता, उद्दंडता, धृष्टता, बदतमीजी, गुंडागर्दी; **~-hat**/ **hi-hat** *n., colloq.* 1 *formerly* ऊंचा टोप पहनने वाला 2 अपने को बहुत तीसमारखां समझने वाला व्यक्ति, बांका-छैला 3 नकचढ़ा आदमी 4 पांव द्वारा बजाए जाने वाले झांझ, मजीरा या करताल (cymbals) का जोड़ा; **~-hat** *adj.* आडंबरपूर्ण ढंग से उच्च वर्ग का लगने वाला; **~-hat** *v., pt.* ~-hatted, *pp* ~-hatting 1 दंभ भरना, अहंकार दिखाना 2 दूसरों के प्रति तिरस्कारपूर्ण रुख अपनाना 3 तुच्छ समझकर दूसरों की उपेक्षा क.; **~-heeled** *adj.* ऊंची एड़ी वाले: ~-heeled shoes/ boots; **~jack** *v., pt.* ~jacked, *pp* ~jacking अपहरण क.; **~-key** *adj.* फीके रंग और वैषम्य वाली (पेंटिंग या फोटोग्राफ); **~land** *n.* 1 (*often* **~lands**) पर्वतीय भूभाग 2 (**the Highlands**) स्कॉटलैंड के उत्तर-दक्षिण में पहाड़ी क्षेत्र; **~land** *adj.* 1 पहाड़ी क्षेत्र से संबंधित 2 स्कॉटलैंड के उत्तर-दक्षिण में पहाड़ी क्षेत्र से संबंधित: ~land cattle (लंबे बाल और लंबे सींगोंवाली गाय आदि की प्रजाति); ~land dress (हाइलैंड सिपाहियों का पारंपरिक परिधान); ~land fling (स्कॉट हाइलैंड का अति जीवंत एकल (solo) नृत्य); **~lander** *n.* पर्वतीय भूभाग में रहने वाला; **~-level** *adj.* उच्च-स्तरीय: ~-level language; **~-level** *n.* 1 विशिष्टता: the ~level of the performance; be in/ hit the ~level; **~-level** *adj.* 1 वरिष्ठ पदाधिकारियों के योगदान के साथ, उच्च-स्तरीय: ~-level talks 2 ऊंचाई पर स्थित: a ~level walk in hills 3 उच्च-स्तरीय: a ~level course 4 *comput.* सरलीकृत (कंप्यूटर की भाषा); **~life** *n.* 1950 व 1960 के दशकों में प्रचलित पश्चिमी अफ्रीका का रॉक (rock) और जैज (jazz) आधारित संगीत व नृत्य; **~light** *v., pt.* ~lighted, *pp* ~lighting 1 बल दे. 2 भिन्न-भिन्न रंगों से रेखांकित कर दृष्टिगोचर बनाना 3 बालों के कुछ हिस्सों को हल्के रंगों में रंगना; **~-light** *n.* किसी चीज का सर्वाधिक रोचक, श्रेष्ठ व उत्तेजक भाग; **~lighter** *n.* रंग-बिरंगी पारदर्शी स्याही वाला पेन; **~-lights** *n.* 1 झलकियां, हाइलाइट्स 2 हल्के रंगों में रंगे बाल 3 फोटो का सबसे हल्के रंग का भाग; **highly** *see below under separate entry*; **~-maintenance** *n.* महंगा रख-रखाव; **~-minded** *adj.* ऊंचे विचारों वाला, ऊंचे सिद्धांतों वाला, मनस्वी, उच्चाशय, उदात्त चरित, उदार हृदय; **~-mindedness** *n.* उच्चाशयता, उदात्त चरित्र, उदार हृदयता; **~-muck-a-muck** *n.* धाकड़ व्यक्ति, रोबदार आदमी; **~most** *adj.* सर्वोच्च; **~ness** *n.* 1 उच्चता: the ~ness of his aims 2 (**Her/ His/ Your Highness**) संबोधन शब्द, महामहिम, अत्र भवान्; **~-octane** *adj.* 1 उच्च कोटि का (पेट्रोल) 2 जोशीला, उमंग भरा; **~ performance** उच्च कोटी का कार्य, उच्च रफ्तार: a ~-performance computer; **~-pitched** *adj.* 1 तीक्ष्ण, कर्णभेदी, तीव्र/ ऊंची (आवाज) 2 कर्णकटु, ऊंचा, कर्कश; **~-powered** *adj.* 1 उच्च-स्तरीय (उच्च अधिकार प्राप्त): ~powered lawyer/ committee 2 सशक्त, शक्तिशाली 3 (*also* **~-power**) अति शक्तिशाली (मशीन): a ~-powered car/ computer; **~-pressure** *adj.* 1 जोरदार, शक्तिशाली 2 प्रभावी: ~-pressure marketing 3 उच्च दबाव वाला: ~-pressure air compressor 4 (***syn.*** stressful) तनावपूर्ण: ~-pressure job; **~-priced** *adj.* (***syn.*** expensive) महंगा; **~-priest** *n.* 1 भूत काल में यहूदी धर्म में सबसे महत्त्वपूर्ण राब्बी (rabbi or kohein); **~-priority** *adj.* उच्च प्राथमिकता वाला, अति महत्त्वपूर्ण: ~priority call; **~-principled** *adj.* सिद्धांतवादी, उच्चाशय; **~-profile** *adj.* ऊंचे वर्ग में चक्कर लगाने वाला अति दृष्टिगोचर व्यक्ति: a ~-profile person/ campaign; **~-ranking** *adj.* 1 (***syn.*** senior) वरिष्ठ 2 महत्त्वपूर्ण; **~-resolution** (*also* **hi-res**/ **high-res**) *adj.* कंप्यूटर या टेलीविजन आदि पर अति स्पष्ट बिंब; **~-rise** *adj.* अट्टालिका, बहुमंजिली गगन-चुंबी इमारत; **~-risk** *adj.* अत्यधिक जोखिम भरा: ~-risk sports; **~road** *n.* 1 मुख्यमार्ग 2 सबसे सीधा या सुनिश्चित पथ या उपाय; *p&i:* take the ~-road in sth सकारात्मक रवैया अपनाना; **~-security** *adj.* 1 मजबूत तालों व अन्य सुरक्षा साधनों से लैस भवन या घर 2 जेल में अत्यधिक सुरक्षा वाला कक्ष; **~-sounding** *adj.* (***syn.*** pretentious) शब्दाडंबरपूर्ण; **~-speed** *adj.* तेज रफ्तार का: a ~-speed train; **~-spirited** *adj.* 1 साहसी, निर्भीक 2 हर्षित, उल्लसित 3(***anton.*** placid) अशांत व अनियंत्रणीय; **~-strung** *adj.* अतिसंवेदनशील, उत्तेजनशील, तुनुकमिजाज; **~tail** *v., pt.* ~tailed, *pp* ~tailing *N. Amer., colloq.* जल्दी से भाग जा.; **~-tech** (*also UK* **hi-tech**) *n.* 1 अति आधुनिक तकनीकी उपकरण 2 आधुनिक तकनीक के प्रयोग पर आधारित सज्जा-शैली; **~-**

tension *adj.* 1 बिजली की अत्यधिक मात्रा वाली 2 अत्यधिक तनावपूर्ण, हाईटेन्शन; **~-toned** *adj.* 1 उच्च, कर्कश 2 उच्चाशय, श्रेष्ठ 3 उत्तम, फैशनेबल; **~-tops** *n. [pl.]* बास्केटबाल के खेल में पहने जाने वाले टखनों तक आने वाले जूते; **~-up** *n.* (**~-ups**) *colloq.* ऊंचे लोग; **~-voltage** *adj.* अत्यधिक वोल्टेज की (बिजली आपूर्ति); **~way, ~wayman** *see below under separate entry*;

collocations: **~-angle fire** उच्चकोण फायर; **~ antiquity** प्राचीन काल; **~ beams** (*syn.* headlights) कार आदि की दूर तक जाती तेज रोशनी; **~ chair** लंबी टांगो वाली शिशु कुर्सी; **~ colour** चेहरे की लालिमा; **~ command** 1 उच्चतम सैनिक या पार्टी अधिकारी; **High Commission** 1 राष्ट्रमंडल (Commonwealth) देशों के एक दूसरे के देशों में दूतावास 2 उच्चायोग; **High Commissioner** उच्चायुक्त; **High Court** हाई कोर्ट, उच्च न्यायालय; **~ day** उत्सव : *p&i:* ~s and holidays त्योहार व अन्य विशेष अवसर; **~-definition television** अति उत्तम श्रेणी का टेलीविजन; **~er animals, ~er plants** उच्च स्तर के (विकसित) जानवर व पौधे; **~er education** उच्चतर शिक्षा; **~ explosive** अति शक्तिशाली विस्फोटक: ~ explosive bomb; **highest common factor** (*abbr.* HCF) महत्तम समापवर्तक; **~ flier** ऊंची हांकने वाला, भड़भड़िया; **~ frequency** 3 से 30 मेगाहेर्टज के बीच की रेडियो फ्रिक्वेंसी; **High German** उच्च शिक्षित जर्मन लोगों द्वारा बोली जाने वाली आधुनिक जर्मन भाषा; **(the) ~ ground** से बेहतर स्थिति, जीत; **~ hat** अपने आप को अफलातून समझने वाला; **(the) moral ~ ground** नैतिक वरीयता या जीत; **~ jinks** (*also* **~-jinks**) उत्तेजनापूर्ण व्यवहार; **(the) ~ jump** ऊंची छलांग; *p&i:* be for the ~ jump जिसे कड़ी सजा मिलने वाली हो; **~ kick** नर्तक द्वारा सीधे पांव से हवा में लगाई गई ठोकर; **High Mass** *RC Church* उच्च स्तरीय चर्च प्रार्थना; **~ noon** 1 शिखर दोपहर 2 किसी प्रतिक्रिया की सर्वाधिक महत्त्वपूर्ण अवस्था; **~ places** उच्च पद; **~ point** शिखर बिंदु, श्रेष्ठतम पहलू या पल; **~ powered** उच्च अधिकार प्राप्त; **~ priest** किसी धार्मिक समूह का उच्चतम धर्माधिकारी; **~ relief** उच्च उभार (चित्र या फोटो में); **~ road** मुख्य सड़क; **~ roller** जुए आदि में पानी की तरह पैसा बहाने वाला व्यक्ति; **~ school** अमेरिका में 14 से 18 वर्ष के बच्चों का स्कूल; **(the) ~ seas** खुला सागर जो किसी देश विशेष के अधिकार क्षेत्र में न हो; **~ season** सैलानी स्थलों आदि के लिए सबसे व्यस्त समय; **~ society** उच्च धनाढ्य वर्ग; **~ spirits** सकारात्मक तथा प्रफुल्ल मिजाज; **~ spot** = **~ point** श्रेष्ठतम गुण या उपलब्धि; **~ street** (*also* **main street**) मुख्य-पथ या गली; **~ table** ऑक्सफोर्ड आदि विश्वविद्यालयों के छात्रावासों में वरिष्ठ अध्यापकों के लिए लगी ऊंची मेज; **~ tea** 1 प्रचुर मात्रा में खान-पान के साथ चायपान 2 दोपहर बाद का चाय और स्नैक्स का भोजन; **~ technology** उच्च स्तर की तकनीकी यंत्र या तकनीकी विज्ञान; **~ tide** ज्वार; **~ time** *colloq.* किसी कार्य को करने का उपयुक्त समय; **~ treason** राजद्रोह; **~ vacuum** पूरी तरह से रिक्त स्थान; **~ water** (*also* **~ tide**) ज्वार; **~-water mark** 1 ज्वार का उच्चतम स्तर 2 उच्च जल चिह्न 3 किसी भी कार्य या क्रिया का शिखरतम बिंदु: the ~-water mark of English poetry; **~ wire** सर्कस आदि में करामात दिखाने के लिए रस्सी; **~ words** झगड़े आदि में प्रयुक्त क्रोध भरे शब्द

p&i: **~ and dry** बेसहारा, मुसीबत में अकेला छोड़ा हुआ; **~ life, ~ living** रईसी जिंदगी; **~ and low** 1 सर्वत्र 2 सर्व जन, छोटे-बड़े सब; **~ as a kite** अति भावुक, अति प्रसन्न; **~ in sth** प्रचुर, विपुल; **~ old time** पुराना जोशो-खरोश भरा समय; **~ winds blow on high hills** उच्च नैतिक स्तर के लोग ही उच्च विचार अपनाते हैं;

aim ~ ऊंचे इरादे रखना; **fly ~** ऊंची उड़ान भरना; **have a ~ opinion of sb** किसी के बारे में अच्छा मत हो.; **hit the ~ spots** अति की सीमा पार क.; **hold one's head ~** शान से रहना; **hold sb in ~ respect** किसी की बहुत इज्जत क.; **in the ~est degree** सर्वाधिक मात्रा में या स्तर पर; **in the ~est sense of the word** शब्द के सर्वश्रेष्ठ अर्थ में; **it is ~ time for us to go (we went, we were gone)** हमारे जाने का समय हो गया है; **live ~** विलासिता का जीवन जीना; **mount/ be on the ~ horse** घमंड में चूर हो.; **on one's ~ horse** उद्दंडता के चरम बिंदु पर; **passions ran ~** सब अत्यधिक उत्तेजित थे; **speak ~** प्रशंसा क.; **the ~ and mighties** बड़े-बड़े लोग; **the ~ sea(s)** खुला समुद्र; **with a ~ hand** निष्ठुरता से, क्रूरतापूर्वक

highly /हाइलि/ *adv.* 1 अत्यधिक, बहुत ज्यादा, बहुत अच्छा: speak/ think ~ of sb/ sth; a ~ amusing film; a ~ gifted poet; be ~ pleased/ displeased; feel oneself ~ flattered 2 उच्च स्तर का: a ~ paid worker; ~ connected person;

dw/lw: **~-strung** *adj.* 1 अति संवेदनशील, उत्तेजनापूर्ण 2 अत्यधिक परेशान हो जाने वाला (nervous)

highway *n., mainly N. Amer.* 1 राजमार्ग: the ~ to India 2 दो नगरों के बीच की लंबी दूरी की यात्रा की सड़क 3 मुख्य या सामान्य मार्ग 4 सफलता का मार्ग: he is on the ~ to success/ to ruin;

dw/lw: **~man** /हाइवेमन/ *n.* घुड़सवार राहजन, बटमार, लुटेरा;

collocations: **Highway code** राजमार्गों पर सही तरीके से वाहन चलाने के लिए निर्देश; **~ engineering** राजमार्ग के उपकरण; **~ service** मोटर या बस परिवहन;

p&i: **take (to) the ~** राहजन, लुटेरा या बटमार बन जाना; **my way or highway** या तो मेरी बात मानो या फिर रास्ता नापो!

HIH *abbr.* 'His or Her Imperial Highness' की प्रथमाक्षरी

hi-hat *see above under* **high-hat**

hijack /हाइजेक/ *v., pt.* **~ed**, *pp* **~ing** 1 हिंसापूर्वक अपहरण क.: **~ing** of civil aircraft has become a big menace 2 गाड़ी को रोककर लूटना 3 रेलगाड़ी आदि से माल चुराना 4 मीटिंग आदि को किसी द्वारा अपनी बातें मनवाने के लिए विवश क.;

dw/lw: **~er** /हाइजेक:/ *n.* 1 हवाई जहाज आदि का अपहरणकर्ता 2 बटमार, लुटेरा; **~ing** /हाइजेकिंग/ (*also* **hijack**) *n.* हवाई जहाज आदि का अपहरण

hike /हाइक/ *n.* खेतों आदि में से लंबी पद-यात्रा;

v., pt. **~ed**, *pp* **hiking** गांव के खेतों, जंगलों आदि में से पैदल चलकर जा.: ~ about the country/ the woods 2 (*often* **~ sth up**, *also* **hitch up**) ऊपर खींचना, ऊपर उठाना या धक्का दे.: ~ up one's pant and wade through the water 3 कीमतों आदि का अचानक बढ़ जाना या बढ़ाना;

dw/lw: **~er** (*also* **hitchhiker**) *n.* गांव के खेतों, जंगलों आदि में से होकर जाने वाला पदयात्री; **~ing** *n.* गांव के खेतों, जंगलों आदि में से होकर पदयात्रा

hilarious /हिलेरिअस/ *adj.* 1 उल्लासपूर्ण, प्रसन्नचित्त 2 हास्यपूर्ण, मजेदार;

dw/lw: **~ly** /~लि/ *adv.* 1 उल्लासपूर्वक 2 मजेदार ढंग से

hilarity /हिलैरिटि/ *n.* 1 हर्षोल्लास: his speech was received with high ~ 2 हंसी-खुशी 3 मौज-मस्ती

hill /हिल/ *n.* 1 पहाड़ी: sharp/ steep/ ~; go up the ~ 2 ढेर 3 ऊंचा टीला 4 पहाड़ी क्षेत्र 3 ढलानदार स्थान;

v., pt. **~ed**, *pp* **~ing** 1 ढेर लगाना 2 खलिहान आदि में फसल का ढेर लगाना: ~ potatoes;

dw/lw: **~-farming** *n.* पहाड़ों पर खेतीबाड़ी; **~-folk** *n.* पहाड़ी लोग; **~ock** /हिलक/ *n.* टीला, छोटी पहाड़ी, टेकरी, टेकड़ी; **~side** *n.* पहाड़ी की ढलानदार तरफ (ढाल); **~top** *n.* पहाड़ी की चोटी, शिखर; **~walking** *n.* पहाड़ों पर पैदल सैर; **~y** /हिलि/ *adj.* पर्वतीय, पहाड़ी: ~y country;

collocations: **~ station** हिल-स्टेशन, पर्वत-स्थली, पहाड़ी सैरगाह;

p&i: **a ~ of beans** कुछ भी नहीं, थोथी चीज, गौण वस्तु; **be over the ~/ hump** कठिनाइयां पार क; **go down the ~** बद से बदतर हो.; **go over the ~** 1 सेना से भगोड़ा हो. 2 नीचे तरना; **not to amount to a ~ of beans** कुछ न हो., बेकार हो.,

बिल्कुल खाली या थोथा हो.; **old as ~s** बहुत पुराना; **over the ~** बुलंदी के पार हो., जीवन की ढलान पर हो.; **over the ~s and far away** दूर बहुत दूर; **past the ~** संकट-पार; **take ~** *sl.* सेना से भगोड़ा हो जाना; **up ~ and down dale** 1 पहाड़ियों और वादियों में, हर जगह 2 पूरे जोशो-खरोश व दृढ़ता के साथ, सरपट

hillbil\ly /हिलबिली/ *n., pl.* **~lies** *esp. US, derog.* 1 पहाड़ी या अन्य पिछड़े क्षेत्र का अनगढ़ व्यक्ति 2 देहाती और पश्चिमी संगीत का मिश्रण: **~ly** songs/ music

hillock *see above under* **hill:** ***dw/lw***

hilltop *see above under* **hill:** ***dw/lw***

hilly *see above under* **hill:** ***dw/lw***

hilt /हिल्ट/ *n.* तलवार, कटारी, चाकू आदि का मूठ, दस्ता, हत्था;
p&i: **live up to the ~** दिल खोलकर जीना; **prove a charge up to the ~** आरोप को पूर्णतः सिद्ध क.; **to the ~** पूर्णतया, अंतिम हद तक

hilum /हाइलम/ *n.* नाभिका

HIM *abbr.* 'His or Her Imperial Majesty' की प्रथमाक्षरी

him /हिम/ *pron.* (objective case) उसे: we saw ~; we gave it to ~;
p&i: **he looked about ~** उसने मुड़कर अपने चारों ओर देखा; **winter has wrapped his mantle about ~** सर्दी ने अपनी ओढ़नी ओढ़ ली है

Himalaya /हिमालय/ *n.* हिमालय (पर्वत श्रेणी);
dw/lw: **~n** *adj.* हिमालय से संबंधित

himself /हिमसेल्फ/ *pron.* 1 स्वयं (अपने लिए): he made ~ a cup of tea 2 बल देने के लिए प्रयुक्त: खुद, केवल उस (स्वयं) ने: he did it ~; he drives the car ~; he cannot understand it ~ 3 व्यक्ति की सामान्य अवस्था (होश): he came to ~ in a strange room; he is still not feeling ~ after the operation; he is no longer master of ~ 4 (*also* **by ~**) अकेले-अकेले, अकेले ही: he was all by ~ 5 बिना किसी की मदद के: can he do it by ~?; (all) by ~ (अकेले ही);
p&i: **all by ~** अकेले ही, खुद ही; **(all) to ~** मात्र अपने (अकेले) लिए; **be/ seem ~** सामान्य या ठीक-ठाक दिखना; **he keeps ~ to ~** वह अपने काम से काम रखता है; **he's not ~** वह पूर्णतः सामान्य नहीं

hind /हाइंड/ *adj., degr.* **~er, ~most/ ~ermost** पशु के पिछले पांव या पिछली टांग से संबंधित: ~ legs;
n. 1 हिरनी 2 मुर्गी 3 *sl.* देहाती आदमी;
dw/lw: **~-brain** *n.* सिर के निचले भाग में मस्तिष्क का हिस्सा; **~limb** *n.* पशु के शरीर की पिछली टांगों में से एक; **~sight** *n.* 1 पिछला दृश्य, पश्च दृष्टि 2 बीते समय का आकलन;
collocations: **~ leg** पिछले पांव या टांगें; **~quarters** *n., [pl.]* 1 चार पदीय पशु का पिछला भाग 2 पुट्ठा, (पशु की) पिछली टांगों और पुट्ठे का मांस; **~sight** /हाइंडसाइट/ *n.* 1 पश्चदृष्टि 2 घटना के बाद का अवलोकन या प्राप्त हुआ ज्ञान: with the benefit of ~

hinder /हिंडः/ *v., pt.* **~ed**, *pp* **~ing** 1 (***syn.*** hamper) रुकावट/ विघ्न/ बाधा/ डालना: ~ sb's movements 2 राह में रोड़े अटकाना: ~ sb in/ from doing sth

hind-foremost *adv.* पिछाड़ी को अगाड़ी (आगे) किए हुए;
adj. उल्टा किया हुआ

Hindi /हिंदी/ *n.* 1 भारत की बाईस से अधिक राष्ट्र भाषाओं के परिवार में प्रमुख राष्ट्र भाषा 2 भारत की राज भाषा 3 भारत में प्रचलित इंडो-यूरोपीय (Indo-European) भाषाओं के समूह में से एक

hindmost *adj.* 1 सबसे पिछला, अंतिम 2 सबसे दूर;
p&i: **everyone for himself and the devil take the ~** हर कोई अपने लिए, बाकी जाएं भाड़ में

hindquarters *see above under* **hind**: ***dw/lw***

hindrance /हिंड्रंस/ *n.* 1 बाधा, विघ्न, अड़चन: he is a (great) ~ to sb; he was more of a ~ to me than a help 2 अवरोधन, रुकावट: remove a ~

hindsight *see above under* **hind**: ***dw/lw***

Hindu /हिंदू/ *n.* हिंदू

Hinduism /हिंदुइज्म/ *n.* हिंदू धर्म

Hindustani /हिंदुस्तानी/ *n.* कई भारतीय भाषाओं के तत्त्वों से मिलकर बनी हिंदी-उर्दू सदृश भाषा

hinge /हिंज/ *n.* 1 दरवाजे, या खिड़की को लगाने का कब्जा, चूल: the door is off its **~s** 2 *anat.* कोर, ऐसा आधार अंग जहां पर रक्त-वाहिका बंद होती है या खुलती है 3 मूल सिद्धांत, सार बात: the ~ of the conversation;
v., *pt.* **~d**, *pp* **hinging** 1 कब्जे या चूल पर घूमना या टिका हो. 2 निर्भर क.: their whole policy **~s** on this alliance; everything **~s** on his decision (on his answer)
dw/lw: **~d** *adj.* कब्जेदार, चूलदार: ~d seat (मुड़वां कुर्सी);
collocations: **~ joint** 1 कोरसंधि 2 घुटनों, कोहनी आदि का जोड़;
p&i: **~ on sth** 1 किसी चीज पर घूमना या टिका हो. 2 किसी चीज या बात पर निर्भर क.; **off the ~s** 1 अस्त-व्यस्त, गड्ड-मड्ड 2 परेशान, खोया-खोया

Hinglish /हिंग्लिश/ *n.* अंग्रेजी मिश्रित हिंदी: **Hinglish-Winglish**

hin\ny /हिनि/ *n., pl.* **~nies** घोड़े और गधी की औलाद;
v., *pt.* **~nied**, *pp* **~nying** हिनहिनाना, हींसना

hint /हिंट/ *n.* 1 संकेत: delicate/ gentle ~; broad ~; take a ~ 2 आभास 3 छोटी-मोटी सलाह: **~s** on housekeeping; **~s** for house wives 4 छोटा-मोटा सुराग या अता-पता;
v., *pt.* **~ed**, *pp* **~ing** परोक्ष रूप से संकेत क.: ~ at sth;
p&i: **~ at** परोक्ष ढंग से संकेत देना; **~ of sth** किसी बात के बारे में थोड़ा-बहुत इशारा; **~ to sb** किसी को परोक्ष रूप से ईशारा दे.; **drop a ~** संकेत देना; **give a ~ of sth** किसी बात का संकेत देना; **little gusts of wind ~ed at a storm to follow** हवा के झोंकों से आने वाले तूफान के संकेत मिल रहे थे

hinterland /हिंटःलैंड/ *n.* नदी से दूर फैले क्षेत्र, पृष्ठ प्रदेश

hip /हिप/ *n.* 1 चूतड़, नितंब, कूल्हा, श्रोणि 2 *arch.* काठी 3 *excl.* किसी खिलाड़ी या सामान्य व्यक्ति का हौसला बढ़ाने के लिए प्रयुक्त: **Hip**, ~ hooray!;
adj., *degr.* **~per, ~pest** चालू फैशन, संगीत और राजनीतिक विचारों को भली भांति जानने वाला;
dw/lw: **~bath** *n.* (टब में) बैठकर किया जाने वाला स्नान, कटिस्नान; **~-bone** *n.* नितंब-अस्थि; **~-~-hurray** *excl.* पूरे जोश के साथ शाबाशी देने के लिए प्रयुक्त; **~-pocket** *n.* पैंट या निक्कर पर बनी पिछली जेब; **~-roof** काठी-छत, ढलवां छत; **~-joint** *n.* श्रोणि-संधि; **~flask** *n.* किसी पेय से भरी कमर से लटकाई जाने वाली फ्लास्क या बोतल;
p&i: **~ and thigh** क्रूरतापूर्वक: smite (the enemy) ~ and thigh; **catch/ have sb on the ~** से आगे निकल जा. या मुकाबले में बढ़त हो., कुश्ती आदि में लाभ उठाना; **down in the ~s** कूल्हा टूटा हुआ घोड़ा; **get the ~** स्थिति पर काबू हो.; **shoot/ fire from the ~** किसी से सीधी और दो-टूक बात क.; **smite ~ and thigh** बेरहमी से पीटना

HIPA *abbr.* 'Haryana Institute of Public Administration' की प्रथमाक्षरी

hip-hop /हिप-हॉप/ *n.* 1 अमेरिका में 1980 के दशक में प्रचलित एक लोक-संस्कृति आंदोलन जिसके तहत रैप (rap) संगीत, ब्रेक डांसिंग (break dancing), भित्ति (graffiti) कला, ढीले-ढाले कपड़े, बिना तस्मों के जूते आदि पहनने का रिवाज था 2 इस आंदोलन से जुड़ा हुआ सामाजिक समस्याओं के बारे में शब्द बाहुल्य (rap) लोकप्रिय संगीत

hipped /हिप्ड/ *adj.* 1 निराश, हताश 2 जिसकी किसी काम या बात में अत्यधिक रुचि हो, रसिक

hippety-hoppety *adv.* उछलते-कूदते;
dw/lw: **hippety-hop** *n., adv.* उछल-कूद, उछल-कूद में

hippie /हिपि/ (*also UK* **hippy**) *n., pl.* **hippies** हिप्पी, 1960 के दशक में प्रचलित एक विद्रोही युवा जीवन शैली जिसके तहत लंबे-लंबे बाल, रंग-बिरंगे कपड़े, विचारों की स्वतंत्र अभिव्यक्ति और वर्तमान मूल्यों के विरुद्ध विद्रोह आदि मुख्य पहलू थे

hippo /हिप्पो/ *n., pl.* **~s** *short,* 'hippopotamus' का संक्षेप

hippocampus /हिपअकैम्पस/ *n., pl.* **Hippocampi** 1 *mythol.* मछली जैसी पूंछ, घोड़े जैसा सिर और गर्दन वाला समुद्री दैत्य 2 घुड़मछली, अश्वमीन 3 *anat.* मस्तिष्क में एक संरचना जो भावनात्मक प्रतिक्रियाओं से जुड़ी है

Hippocratic /हिपअक्रैटिक/ *adj.* (पांचवी शताब्दी के युनानी चिकित्सक) हिपोक्रैटस से संबद्ध: ~ Oath (नए चिकित्सकों द्वारा व्यावसायिक आचार-संहिता पालन करने की शपथ)

hippodrome /हिपअड्रोम/ *n.* 1 घुड़दौड़ का मैदान, घुड़दौड़-पथ (race-course) 2 अखाड़ा 3 रंगभूमि

hippopota\mus /हिपअपौटअ\मस/ *US* हिपअपाःटअ\मस/ *n., pl.* **~es/ hippopotami** /~मसिज/ /~माइ/ दरियायी घोड़ा

hipster /हिप्स्टः/ *n., sl.* ढुलमुल बातों को न पसंद करने वाला आदमी

hipsters /हिप्स्टःज/ (*also* **hip-huggers**) *n., pl.* कूल्हों से लटकनेवाली पैंट

hircine /हाःसाइन/ *adj.* 1 छागल 2 बकरी जैसा 3 बकरी-सी दुर्गंध वाला;

hire /हायः/ (*also US* **rent**) *v., pt.* **~d**, *pp* **hiring** 1 भाड़े/ किराये पर ले.: ~ a car/ a bicycle; ~ out a hall 2 नियुक्त क. या हो.: ~ workers; ~ by the day; ~ oneself out to a farmer; ~ oneself out for a living;

n. 1 किराया: for ~ (किराये के लिए खाली) 2 दिहाड़ी, मजदूरी: pay ~ (मजदूरी दे.) 3 नियुक्ति 4 दिहाड़ी पर नियुक्ति का स्थान;

dw/lw: **~able** /हायरअबल/ *adj.* किराए पर देने या लेने योग्य; **~d** /हायःड/ *adj.* भाड़े का, किराये का: ~d assassin (भाड़े का हत्यारा); **~girl** *n. US* खेत में दिहाड़ी पर काम करने वाली लड़की; **~purchase** *n.* किराया-खरीद, भाड़ा-क्रय; **~** *n.* भाड़ेदार, किरायेदार;

p&i: **~sth out** *UK* किराये पर दे.

hireling /हाइःलिंग/ *n., derog.* भाड़े पर काम करने वाला, भाड़े का टट्टू: the **~s** of the press (भाड़े के पत्रकार);

adj. भाड़े का ~ scribblers (भाड़े के पत्रकार); ~ witnesses (भाड़े के गवाह);

p&i: **he is a ~ at heart** वह मन से बिकाऊ आदमी है

HIRL *abbr.* 'Hindustan Inks and Resins Limited' की प्रथमाक्षरी

hirsu\te /हःस्यूट/ *adj.* 1 (***syn.*** hairy) घने बालों वाला, बालदार, रोएंदार, दीर्घलोमी 2 झबरैला 3 घटिया;

dw/lw: **~tism** /हःस्यूटिज्म/ *n.* अतिरोमता, अत्यधिक बाल होने की स्थिति

HIS *abbr.* 'Hospital Information Systems' की प्रथमाक्षरी

his /हिज/ *determiner, possessive pron.* उसका, उसकी, उसके: he knows ~ arithmetic; a remark of ~;

p&i: **his bark is worse than his bite** उसका भौंकना उसके काटने से ज्यादा बुरा है; **his blood ran cold** डर के मारे वह सुन्न हो गया; **his cake is dough** उसकी आशाओं पर पानी फिर गया; **his fingers are all thumbs** वह बिल्कुल फूहड़ है; **his number is up** उसका अंत करीब है; **his tongue runs** वह लगातार चपर-चपर करता रहता है; **his wits have gone a wool gathering** वह खोया-खोया-सा है;

HISO *abbr.* 'Honeywell India Software Operations Limited' की प्रथमाक्षरी

Hispanic /हिस्पैनिक/ *adj.* स्पेनी या स्पेनी मूल के लोगों या स्पेनी भाषा से जुड़े लातीनी अमेरिकी देशों या लोगों से संबंधित;

n. लातीनी अमेरिकी या स्पेनी मूल का व्यक्ति;

dw/lw: **~ism** *n.* स्पेनी मुहावरा या अभिव्यक्ति

hispid /हिस्पिड/ *n.* दृढ़ लोमी या कंटीला जीव

hiss /हिस/ *v., pt.* **~ed**, *pp* **~ing** 1 फुंफकारना, सिसकारी मारना, सिसकारना 2 गुस्से से सिसकारना 3 सीटी बजाना, हूट क.: ~ disdain (सिसकारी बजाकर तिरस्कार भाव दिखाना); ~ an actor off the stage (कलाकार को सिसकारी बजाकर स्टेज से उतारना);

n. 1 फुंफकार, फूत्कार 2 सिसकारी, सिसकार: the ~ of the gas 3 सीटी: the ~ of a crowd 4 '**s**' जैसा ऊष्म वर्ण;

dw/lw: **~ing** /हिसिंग/ *adj.* 1 फुंफकारने वाला 2 सिसकारने वाला: ~ing sound; **~y** /हिसि/ *adj.* सिसकारने वाला, क्रुद्ध होने वाला;

collocations: **~y fit** (***syn.*** tantrum) क्रोध का आकस्मिक व अनियंत्रित दौरा

hist /हिस्ट/ *n. excl.* चुप रहने के लिए अनुरोध

hist. *abbr.* 'histology', 'historian', 'history' का संक्षेप

histamine /हिस्टअमीन/ *n., biochem.* ऐलर्जी (allergy) का दौरा पड़ने पर शरीर के ऊतकों द्वारा छोड़ा जाने वाला रासायनिक मिश्रण जिससे बेचैनी पैदा होती है

histidine /हिस्टिडाइन/ *n., biochem.* प्रोटीनों से मिलने वाला अमीनो अम्ल

histo- /हिस्टो-/ *prefix, comb. form, signifying:* **animal/ plant tissue** (जीव या वानस्पतिक ऊतकों का द्योतक): histotomy;

dw/lw: **~genesis/ ~geny** /हिस्टअजेनेसिस/ हिस्टॉजिनि/ *n.* ऊतकों का विकास और पृथक्कीकरण; **~gram** /हिस्टअग्राम/ *n.* आंकड़ों का रेखाचित्र; **~logist** /हिस्टौलअजिस्ट/ *n.* ऊतक-विज्ञानी; **~logy** /हिस्टौलजि/ *US* हिस्टाःलजि/ *n.* ऊतक-विज्ञान, औतकी; **histolysis** /हिस्टोलिसिस/ *n.* ऊतक-लय, उत्लयन, ऊतकों का विखंडन; **~pathology** /हिस्टोपअथौलजि/ *US* हिस्टोपअथाःलजि/ *n.* रोग-संक्रमित कोशिकाओं में परिवर्तन का अधययन

historian /हिस्टॉरिअन/ *n.* इतिहासकार, इतिहासवेत्ता

histo\ric /हिस्टौरि\क/*US* हिस्टॉरि\क, हिस्टाःरि\क/ *adj.* 1 ऐतिहासिक: **~ric** monument 2 ऐतिहासिक रूप से महत्त्वपूर्ण: **~ric** event 3 इतिहास-प्रसिद्ध: a **~ric** spot;

dw/lw: **~rical** /~कल/ *adj.* 1 ऐतिहासिक: a ~rical event 2 इतिहास से जुड़े व्यक्तियों या घटनाओं से संबंधित: a ~rical novel (film) 3 ऐतिहासिक अध्ययन संबंधी: ~rical method; ~rical linguistics; ~rical studies 4 वास्तविक घटना से संबद्ध, प्रामाणिक; **~rically** /~कलि/ *adj.* ऐतिहासिक रूप से; **~ricism** /~सिजम/ *n.* 1 ऐसा विचार कि ऐतिहासिक घटनाएं प्राकृतिक नियमों के अनुसार घटती हैं 2 ऐसा सिद्धांत कि सामाजिक परिस्थितियां इतिहासजन्य होती हैं 3 भूतकालीन संस्थाओं और प्रथाओं के प्रति अतिशय लगाव; **~ricity** /हिस्टरीसिटी/ *n.* ऐतिहासिकता, ऐतिहासिक सच्चाई; **~rico-critical** *adj.* ऐतिहासिक-आलोचनात्मक; **~riographer** /~औग्रफः/ *US* ~आःग्रफः/ *n.* इतिहास-लेखक; **~riographical** /~अग्रैफिकल/ *n.* इतिहास-लेखन से संबंधित; **~riography** /~औग्रफि/ *US* ~आःग्रफि/ *n.* इतिहास-लेखन, इतिहास लेखन कला, इतिहास लेखन विद्या;

collocations: **~ric present** भूतकाल की घटनाओं का वर्तमान काल (present tense) में वर्णन

history /हिस्टरि/ *n., pl.* **histories** 1 इतिहास, तारीख, इतिवृत्त, पूर्ववृत्त: ancient/ medieval/ modern/ English/ natural/ subaltern ~; the ~ of architecture/ of the theatre of England 2 इतिहास (शैक्षणिक विषय): major in ~; teaching of ~ 3 रोग आदि की पृष्ठभूमि: case ~ 4 कहानी, पृष्ठभूमि: this house has a strange ~; man/ woman with a ~; the inner ~ of this affair 5 बीती बात या घटना: a matter of ~;

collocations: **~ maker** इतिहास रचयिता, इतिहास रचने वाला व्यक्ति;

a ~ of sth किसी बात की पृष्ठभूमि; **life ~** जीवनी; **natural ~** प्राकृतिक इतिहास; **oral ~** मौखिक इतिहास; **subaltern ~** निम्न

वर्गों का इतिहास; **the ~ books** इतिहास में महान उपलब्धियों का लेखा-जोखा;

p&i: **~ repeats itself** इतिहास अपने आप को दोहराता है; **be ~** भूतकाल की (बीती) बात हो.; **go down in ~** इतिहास में अपना स्थान बनाना; **make ~** इतिहास रचना, ऐतिहासिक भूमिका निभाना;

histrion /हिस्ट्रिऔन/ *US* हिस्ट्रिआःन/ *n., derog.* 1 अभिनेता, विदूषक, नट, नौटंकिया; **~ic/ ~al** /~निक/ ~निकल/ *adj.* 1 रंगमंच या विदूषकता-संबंधी, नट विषयक 2 अति नाटकीय, ड्रामेबाज 3 कृत्रिम, पाखंडी; **~ically** /~निकलि/ *adv.* अति नाटकीय ढंग से; **~ics** /~निक्स/ *n.* 1 अभिनय कला, नाट्य कला 2 नाटकीयता, ड्रामेबाजी, नौटंकी 3 नाटकीय आचरण, भावुकतापूर्ण आचरण 4 पाखंड; **~icism** /~निसिज्म/ *n.* 1 अभिनेताबाजी 2 अति नाटकीयता, ड्रामेबाजी, नौटंकियापन

hit /हिट/ *v., pt.* **hit**, *pt. p.* **hit**, *pp* **~ting** 1 चोट मारना: ~ sth hard (with a hammer) 2 प्रहार या आघात क.: ~ sb (on the head, in the face); be ~ by a bullet 3 टक्कर मारना, से टकराना, भिड़ना: ~ one's head against a pole; the car ~ the tree 4 चोट से हानि पहुंचाना, बुरी तरह प्रभावित क., ठेस पहुंचाना: I was hard ~ by the news 5 पाना, पता लगाना: he ~ upon an interesting passage in a book 6 तक पहुंचना: we ~ the town at night; ~ the road 7 दिमाग में आना, सूझना, ठीक अनुमान लगाना: ~ upon a satisfactory explanation; I ~ upon/ on an idea 8 ठोकर खाना या लगना: ~ a stone in the darkness 9 अनुकूल हो.: ~ the taste of the public; ~ a likeness 10 गोली आदि का निशाना लगाना 11 क्रिकेट की गेंद को बल्ले से मारना 12 दुष्प्रभाव डालना: cut in PF interest rates will hit the middle class;

n. 1 ठोकर या प्रहार करने की क्रिया 2 निशाना, चोट: a direct ~ 3 सफल घटना, सफल रचना, सफलता: he made a ~ with his songs 4 लोकप्रिय व्यक्ति या वस्तु: a ~ among the students 5 लोकप्रिय गीत आदि: **~s** of 1990's 6 प्रहार, मार, आघात: a ~ at the quacks (नीमहकीमों पर प्रहार) 7 मार्मिक व्यंग, ताना, निशाना: a ~ on the target; that's a ~ at you 8 टक्कर 9 चोट, ठोकर 10 सौभाग्य: get sth by a lucky ~ 11 अवैध नशीले पदार्थ की एक खुराक 12 हत्या, या जघन्य अपराध 11 *compt.* कंप्यूटर या इंटरनेट पर सफल खोज 12 किसी स्तर तक पहुंचना या गिरना: in 2015-16 the oil prices ~ a record low 13 किसी समस्या या बाधा से टकराना: the work ~ a big obstacle towards the end 14 एकदम बटन दबाना: ~ the brakes;

dw/lw: **~-and-miss** *UK* (*US* **hit or miss**) *adj.* 1 अटकल-पच्चू, अटकल-भरा, 2 लापरवाह, अव्यवस्थित 3 तीर या तुक्का जैसा: ~-and-miss gunnery; **~-and-run** *adj.* मारकर भाग जाने वाला: a ~-and-run accident/ ~-and-run driver; ~-and-run raid (गुरिल्लानुमा प्रहार या छापा); ~-and-run tactics (छापामार /guerrilla/ रण-कौशल); **~-list** *n.* 1 सर्वाधिक सर्वप्रिय गीतों की साप्ताहिक सूची 2 निशाने पर आए लोगों की सूची; **~man** *n.* भाड़े का हत्यारा; **~-squad** *n.* भाड़े के हत्यारों की चौकड़ी; **~ter** *n.* 1 क्रिकेट आदि में गेंद को मारने वाला 2 राजनीति या व्यापार में अत्यधिक शक्तिशाली व्यक्ति;

collocations: **~ parade** सर्वप्रिय वस्तुओं की सूची या प्रदर्शनी;

p&i: **~ a blot** किसी की कमजोरी ढूंढ लेना; **~ a boundary** क्रिकेट के खेल में चौक्का लगाना; **~ a man when he is down** मरे को मारना; **~ an all-time low** (भाव आदि का) अब तक के सबसे निचले स्तर तक चला जा. या गिर जा.; **~ at** निशाना बांधकर मारना; **~ back at sb/ sth** किसी पर जवाबी हमला क., करारा जवाब दे.; **~ below the belt** कपटपूर्ण प्रहार क.; **~ it big** अत्यधिक सफल हो.; **~ it off** एक दूसरे को पसंद करने लगना; **~ it off with sb** किसी के साथ जोड़ी मिल जा.; **~ it up** मादक दवाई का इंजेक्शन लगाना; **~ on/ upon sth** नया विचार सूझना; **~ or miss** तीर या तुक्का, तख्त या तख्ता; **~ out at sb/ sth** किसी पर निष्ठुरतापूर्वक वार क., निंदा क., तीव्र आलोचना क.; **~ sb hard** किसी को जोर से मारना; **~ sb one** किसी को मुक्का मारना; **~ sb or sth off** नकल क., नकल उतारना; **~ sb right in the eye** किसी के लिए बिल्कुल स्पष्ट हो.; **~ sb up for sth** किसी से पैसे मांगना; **~ sb where it hurts** किसी के मर्म स्थल पर वार क. यानी वहां वार क. जहां सबसे ज्यादा दर्द होता है; **~ sb with sth** किसी को कोई आघात पहुंचाने वाली बात बताना; **~ the basket** बास्किटबाल के खेल में गेंद को बास्किट (टोकरी) में डालना; **~ the bottle/ booze/ pot** शराब पीने लगना; **~ the buffers** प्रगति में बाधा पड़ जा., सफल अभियान का रुक जा.; **~ the bull's eye** तीर निशाने पर लगना; **~ the deck** गिर पड़ना, धूल चाटना; **~ the full stride** पूरी रफ्तार पकड़ ले.; **~ the ground running** कुछ करना शुरू क. और तेजी से करते जा.; **~ the hay** or **the sack** सोने जा.; **~ the headlines** अखबार की सुर्खियों में आना; **~ the high spots** अति क.; **~ the jackpot** लौटरी खुलना, सौभाग्य से कुछ मिलना; **~ the nail on the head** निशाने पर चोट क., तीर निशाने पर लगना, बिल्कुल सही बात कहना; **~ the needle** ठीक निशाने पर लगना;**~ the road** रवाना हो.; **~ the roof/ ceiling** आपे से बाहर हो, बहुत क्रुद्ध हो.; **~ the streets/ shops/ stores** माल का बाजार में आना; **~ upon** सूझना, कोई युक्ति निकालना;

a real ~ अत्यधिक सफल; **be ~ hard** करारी चोट पड़ना; **make a ~** यश प्राप्त क.; **make** or **score a ~ with sb** किन्हीं के बीच सफल या पसंददीदा हो जा.; **take a ~** नुकसान उठाना; **that ~s the eye** यह दूर से नजर आता है; **you have ~ it right** आप ने ठीक कहा/ पकड़ा/ समझा

hitch /हिच/ *n.* 1 संशय, हिचकिचाहट: without a ~ 2 अड़चन, अटकाव: a ~ in the negotiations 3 झटका 4 लंगड़ी चाल 5 खटका, फंदा, हुक 6 गांठ 7 जोर लगाने की क्रिया, धक्का: give sth a ~;

v., pt. **~ed**, *pp* **~ing** 1 किसी की गाड़ी में मुफ्त में बैठकर (लिफ्ट लेकर) जा. 2 (*also US* **~ up**) बंध या जुड़ जा. 3 बांधना: ~ a rope over/ round a bough (रस्सी को टहनी से बांधना) 4 अटकाना, पास रखना: ~ up one's chair to the table 5 लंगड़ाना 6 खिसकना 7 फंस जा., अटकना: her dress got **~ed** to a fence wire 8 मेल खाना, ठीक बैठना: these two accounts don't ~ in with each other; you and I ~ on well together 9 (***syn.*** hike up) पैंट, स्कर्ट आदि ऊपर को चढ़ाकर पानी में जा.: ~ up one's pants and wade into the water;

dw/lw: **~-bar** *n.* योजक दंड; **~hike** *v., pt.* ~hiked, *pp* ~hiking राह जाती गाड़ी में अनुरोध यात्रा क., लिफ्ट लेना; **~hiker** *n.* अनुरोध यात्री; **~-hiking** *n.* अनुरोध सवारी; **~ing-post** *n.* घोड़े को लगाम से बांधने का खूंटा;

p&i: **~ on** सहज मेलजोल हो.; **~ one's wagon to a star** अपने सामने ऊंचा लक्ष्य रखना; **~ sth up** किसी चीज को झटके से खींचना, किसी चीज को किसी अन्य चीज से जोड़ना;

get ~ed or **~ed up** विवाह कर ले.; **make a ~ of it** 1 किसी के साथ मेल-मिलाप कर ले. 2 कोई काम शुरू कर दे. 3 कुछ करने की कोशिश क.; **this ~** *US* इस बार; **without a ~** बिना किसी झिझक के

hi-tech *UK* (*UK/ US* **high-tech**) /हाइ-टैक/ *adj.* आधुनिकतम तकनीकी यंत्र, उच्च तकनीक

hither /हिदः/ *adv.* इधर, यहां;

dw/lw: **~most** *adj.* निकटतम; **~to** /हिदःटू/ *adv.* अब तक: all his ~to offences;

p&i: **~ and thither** इधर-उधर;

better than ~to पहले से बेहतर; **come ~ unto me** मेरे पास इधर आओ!; **higher and thither/ higher and yon** भिन्न-भिन्न दिशाओं में, सब जगह; **on the ~ side of the river** नदी के इस पार

HIV /एचआइवी/ *abbr.* 'human immunodeficiency virus' की प्रथमाक्षरी (रोग-रोधक अक्षमता पैदा करने वाला विषाणु)

hive /हाइव/ *n.* (*also* **beehive**) 1 (***syn.*** bee-hive) छत्ता या मधुमक्खी-पेटिका 2 मधुगण, पोआ 3 भीड़भाड़, झुंड: the ~ of liars 4 चहल-पहलवाली जगह: this great ~, the city;
***v.**, pt.* **~d**, *pp* **hiving** 1 छत्ते में रहना 2 एकत्र क. 3 साथ रहना;
***collocations:* a ~ of activity** सक्रिय गतिविधियों का केंद्र;
***p&i:* ~ away** or **up** संग्रहीत या एकत्रित क.; **~ off** झुंड में इकट्ठा हो.; **~ sth off** किसी बड़ी कंपनी आदि में से किसी भाग को अलग क.; **~ wisdom** बुद्धि ग्रहण (एकत्रित) क.;

HIV-positive /एचआइवी पॉजिटिव/ *adj.* जो रोग-रोधक अक्षमता पैदा करने वाले विषाणुओं से ग्रस्त हो, पर वह अभी तक एड्ज (रोग-रोधक अक्षमता बीमारी) का शिकार न बना हो

hives /हाइव्ज/ *n.* एक चर्मरोग, पित्ती

hiya! /हाय/ *excl., sl.* हाय!

HJS *abbr.* 'Higher Judicial Service' की प्रथमाक्षरी

HK *abbr.* 'Hongkong' का संक्षेप

HKSAR *abbr.* 'Hong Kong Special Administrative Region' की प्रथमाक्षरी

hl *abbr.* 'hectolitre' का संक्षेप

HLC *abbr.* 'High Leval Committee' की प्रथमाक्षरी

HLD *abbr.* 'High-leval design' की प्रथमाक्षरी

HLFPPT *abbr.* 'Hindustan Latex Family Planning Promotion Trust (New Delhi)' की प्रथमाक्षरी

HLL *abbr.* 'Hindustan Latex Limited', 'Hindustan Lever Limited' की प्रथमाक्षरी

HLR *abbr.* 'home location register' की प्रथमाक्षरी

HLS *abbr.* 'Huntingdon Life Sciences' की प्रथमाक्षरी

HLSC *abbr.* 'high-level steering committee' की प्रथमाक्षरी

hm (*also* **hmm**) बोलते समय रुककर 'हम्म' की ध्वनि पैदा क.

HM *abbr.* 'Her/ His Majesty', 'Hotel Management' की प्रथमाक्षरी

HMA *abbr.* 'Hindu Marriage Act' की प्रथमाक्षरी

HME *abbr.* 'High Melting Explosive' की प्रथमाक्षरी

HMET *abbr.* 'Hotel Management Entrance Test' की प्रथमाक्षरी

HMG *abbr.* 'Her Majesty's Government', 'Human Menopausal Gonadotropin' की प्रथमाक्षरी

hmgc *abbr.* 'homing missile guidance and control' की प्रथमाक्षरी

HMH *abbr.* 'Hospital for Mental Health' की प्रथमाक्षरी

hml *abbr.* 'hectometre' का संक्षेप

HMO *abbr.* 'Health Management Organisations' की प्रथमाक्षरी

HMS *abbr.* 'Harvard Medical School', 'Her Majesty's Ship' की प्रथमाक्षरी

HMT *abbr.* 'Hindustan Machines Tools Limited' की प्रथमाक्षरी

HMW *abbr.* 'Hotline for Migrant Workers' की प्रथमाक्षरी

HN *abbr.* 'Heritage Northeast' की प्रथमाक्षरी

HNC *abbr.* 'Higher National Certificate' की प्रथमाक्षरी

HND *abbr.* 'Higher National Diploma' की प्रथमाक्षरी

HNI *abbr.* 'high net worth individuals' की प्रथमाक्षरी

HNS *abbr.* 'Hughes Network Systems (*US*)' की प्रथमाक्षरी

HO *abbr.* 'head office' की प्रथमाक्षरी

hoar /होः/ *adj.* 1 धूसर 2 सफेद, श्वेत या पलितकेशी: beard ~ with age; youth and ~ age (जवानी और पका बुढ़ापा); ~ antiquity (घोर पुरातनता) 3 पक्का 4 फफूंददार 5 घिसा-पिटा;
n. 1 पुरानापन, पुरातनता 2 पाला 3 पलितकेशता 4 वृद्धावस्था;
dw/lw: ~-frost = **~-rime** *n.* धवल-तुषार; **~iness** /होरिनेस/ *n.* 1 बालों की सफेदी 2 वृद्धावस्था, बुढ़ापा 3 धवलता, सफेदी; **~head** *n.* सफेद बालों वाला वृद्ध; **~hound** *n.* पहाड़ी गंधा, तितपत्ती; **~y** /होरि/ *adj.* 1 सफेद, धवल 2 सफेद, धूसर, पलितकेशी, श्वेतकेशी, सफेद बालों वाला, बूढ़ा 3 प्राचीन, पुराना: ~y ruins (प्राचीन खंडहर); ~y prejudices (पुराने पूर्वग्रह)

hoard /हॉःड/ *v., pt.* **~ed**, *pp* **~ing** (कालाबाजारी करने के लिए) जमाखोरी क.: ~ gold; ~ food;
n. 1 अवैध जमा माल 2 गुप्त जखीरा: a miser's ~; a squirrel's ~ of nuts 3 भंडार: a ~ of witty stories;
dw/lw: **~er** /हॉःडः / *n.* अपसंचयी, जमाखोर, जखीरेबाज: food **~er**; **~ing** /होःडिंग / *UK* (*UK/US* **billboard**) *n.* 1 चल रहे भवन-निर्माण क्षेत्र के चारों ओर खींची जाने वाली अस्थाई बाड़ 2 विज्ञापन-पट्ट 3 जमाखोरी, जखीरेबाजी 4 गुप्त बचत: the ~ings of a lifetime

hoarse /हॉःस\/ *adj.* 1 जिसका गला बैठा हो, फटी आवाज वाला: I am ~; talk oneself ~ 2 भग्नस्वर, कर्कश: ~ storm (गड़गड़ाता तूफान);
dw/lw: **~ly** /~लि/ *n.* फटी आवाज में; **~n** /~न/ *v., pt.* ~ned, *pp* ~ning आवाज का फटना; **~ness** /~नेस/ *n.* आवाज का फटापन, भर्राहट, कर्कशता, स्वरभंग;
***p&i:* as ~ as crow** फटे-बांस-सी आवाज

hoax /होक्स/ *n.* (***syn.*** fraud) झूठी बात, चकमा, जूल;
v., pt. **~ed**, *pp* **~ing** चकमा/ झांसा दे., जूल दे., मूर्ख बनाना

hob /हौब/ *US* हाःब/ *n.* *US* 1 तवा 2 खूंटी 3 दुष्टात्मा या परी 4 उजड्ड व्यक्ति;
***p&i:* raise ~** कोहराम मचा देना; **play ~ with sb** 1 चकमा दे. 2 किसी को व्यथित क.

hob\ble /हौब\ल/ *US* हाःब\ल/ *v., pt.* **~bled**, *pp* **~bling** 1 लंगड़ाना: **~ble** along (लंगड़ाते हुए चलना) 2 लड़खड़ाना, भचकना 3 हकलाना 4 भद्दे ढंग से काम क. 5 घोड़े की टांगों को ढीला बांधना, छांदना 6 अवरोध पैदा क., अटकाना 7 (***syn.*** confuse) उलझाना;
n. 1 लंगड़ी चाल, लंगड़ाहट 2 कठिनाई, उलझन 3 हकलाहट 4 छांद;
dw/lw: **~bledehoy** /~लडिहोइ/ *n.* बेढंगा या अनगढ़ युवक; **~-skirt** *n.* अत्यंत चुस्त, कसा स्कर्ट; **~r** /~लः/ *n.* लंगड़ा आदमी

hobby /हौबि\/ *US* हाःबि\/ *n.* 1 शौक, शुगल, रुचि, व्यसन, व्यासंग: gardening is his ~ 2 शौकिया की जाने वाली खेती: ~ crop;
dw/lw: **~-horse** /~हॉःस/ *n.* 1 बच्चों के खेलने का लकड़ी का घोड़ा, कठघोड़ा, लिल्ली घोड़ी 2 प्रिय विषय 3 ऐसा विषय जिस पर कोई बार-बार चर्चा चलाना चाहता हो 4 तुच्छ व्यक्ति, छिछोरा; **~-horsical** *adj.* मौजी, तरंगी; **~ism** /हौबिइज्म/ *n.* 1 घुड़सवारी 2 शौकियापन; **~ist** /~इस्ट/ *n.* 1 घुड़सवार 2 शौकीन, व्यसनी व्यक्ति;
***p&i:* ride/ mount/ one's ~-horse** अपना शौक पूरा करने में जुट जा.

hobgoblin /हौबगौबलिन/ *US* हाःबगाःबलिन/ *n.* 1 दुष्टात्मा 2 हौआ, जूजू: ~ of terrors (अंधविश्वास के कारण पैदा होने वाला डर) 3 बेताल

hobnail /हौबनेल/ *US* हाःबनेल/*n.* 1 कोका, गुलमेख 2 गंवार, देहाती;
v., pt. **~ed**, *pp* **~ing** 1 मेख ठोकना 2 किसी की आजादी या स्वाभिमान को कुचलना

hobnob /हौबनौब/ *US* हाःबनाःब/ *v., pt.* **~bed**, *pp* **~bing** 1 बड़े लोगों के साथ मेलजोल रखना: ~ with political big-wigs 2 हमप्याला और हमनिवाला होना, साथ पीना;
adv. 1 अंधेरे आदि में अंदाज से (चलना) 2 यारी-शारी में;
***p&i:* hob-nob/ ~ or nob** मेलजोल हो.; **~ and nob together drink ~ a nob** मिलकर पीना और किसी की सेहत के लिए जाम उठाना;

hobo /होबो/ *n.* 1 (***syn.*** tramp) आवारागर्द, घुमक्कड़ 2 जिसका कोई लगा-बंधा काम न हो 3 उठल्लू मजदूर
v., pt. **~ed**, *pp* **~ing** 1 काम की तलाश में घूमना 2 घुमक्कड़ी

क.
dw/lw: **~ism** /होबोइज्म/ *n.* आवारागर्दी
Hobson's Choice /हौबसन्ज चॉइस/ *US* हाःबसन्ज चॉइस / 1 चयन करने की संभावना के अभाव में चयन यानी लेना है तो लो नहीं तो रास्ता नापो! 2 मजबूरी का चयन
HoC *abbr.* 'House of Commons (Great Britain)' की प्रथमाक्षरी
hoc /हॉक/ *Lat.* यह;
collocations: ~ **anno** /हॉक ऐनो/ इस वर्ष में; ~ **genus omne** /हॉक जिनस ओम्ने/ उस प्रकार का सभी कुछ; ~ **loco** /हॉक लोको/ इस स्थान पर, इस जगह में; ~ **tampore** /हॉक टेंपोरि/ इस समय
hock /हौक/ *US* हाःक/ *n.* घोड़े की पिछली टांग का घुटना, घोड़ानस, कूच;
v., pt. **~ed**, *pp* **~ing** (*syn.* pawn) रहन रखना, गिरवी रखना;
p&i: **be in ~ to sb** 1 किसी कर्जदार या ऋणी हो. 2 कैद में या बंदी हो. 3 गिरवी रखा हो.
hockey /हौकी/ *US* हाःकी/ *n.* 1 *UK* (*US* **field** ~) हॉकी 2 *US* (*UK/US* **ice** ~) बर्फ पर खेली जाने वाली हॉकी: ~ championship;
HOCL *abbr.* 'Hindustan Organic Chemicals Limited' की प्रथमाक्षरी
hocus /होकस/ *v., pt.* **~ed**, *pp* **~ing** 1 नशीली दवा पिला दे. 2 नशीली दवा मिला दे., बेहोश क.;
n. = **hoax** 1 इंद्रजाल, तंत्र-मंत्र 2 झांसा, चाल, तिकड़म;
v., pt. **~ed**, *pp* **~ing** 1 छल-कपट क. 2 इंद्र जाल में फंसाना, जादुई तिकड़म क. 3 दिमाग खराब क.;
dw/lw: **~-pocus** *n.* 1 छूमंतर/ बाजीगरी 2 हाथ की सफाई 3 छल-कपट;
HoD *abbr.* 'Head of the Department' की प्रथमाक्षरी
hod /हौड/ *US* हाःड/ *n.* ईंट ढोने का हत्थेदार बक्सा, कठड़ा: ~ carrier/ ~bearer (ईंट ढोने वाला मजदूर)
hodgepodge /हौजपौज/ *US* हाःजपाःज/ *n.* (*syn.* hotch-potch) खिचड़ी, गड्डमड्ड: a ~ of tragedy and bathos;
collocations: ~ **act** फुटकर कानून, भिन्न-भिन्न पहलुओं की नियमावली
Hodgkin's disease/ Hodgkin's lymphoma 1 यकृत बढ़ने का एक रोग 2 तिल्ली/ प्लीहा, जिगर आदि में वृद्धि जिसके बुखार, बदन की टूटन आदि मुख्य लक्षण हैं
hodiernal /हॉडिअःनल/ *adj.* आज का, आधुनिक
hodo\graph /हौडअग्राफ/ *US* हाःडअग्राफ/ *n.* वेग आलेख: ~meter (चक्करमापी)
hoe /हो/ *n.* फावड़ा, कसी, कुदाल या खुर्पा;
v., pt. **~d**, *pp* **~ing** गोड़ना, खुदाई क.: ~ up weeds;
dw/ lw: **~-down** *n.* एक विशेष अवसर पर किया जाने वाला नृत्य 2 एक जीवंत नृत्य
p&i: **hoe in** जोश के साथ खाना
hog /हौग/ *US* हाःग/ हॉःग/ *n.* 1 खिला-पिलाकर मोटा किया हुआ सुअर 2 बड़ा (खस्सी) सुअर;
v., pt. **~ged**, *pp* **~ging** दूसरों के लिए कुछ न छोड़कर केवल अपने लिए हथियाना: ~ the entire space;
dw/lw: **~back/ ~'s-back** *n.* शूकरकटक, शूकरपृष्ठ; **~fish** *n.* उत्तरी अटलांटिक समुद्र में मिलने वाली एक प्रकार की मछली; **~gery** /हॉगरि/ *n.* सुअरबाड़ा; **~get** *n.* मेमना या बछेरा; **~gish** *n.* 1 सुअर जैसा 2 पेटू, भुक्खड़ 3 गंदा; **~-gum** *n.* अंजीर; **~maned** *adj.* (*syn.* crop-cut) छोटे-छोटे कटे बालों वाला; **Hogmanay** /हौग्मअने/ *US* हाःग्मअने/ *n.* स्कॉटलैंड में नववर्ष की पूर्व-संध्या (31 दिसंबर) और नववर्ष का उत्सव; **~nose** *n.* उत्तरी अमेरिका में मिलने वाला विषरहित (बिना जहर का) सांप; **~-pen** *n.* सुअरबाड़ा; **~-plum** *n.* अंबाड़ा, आम्रातक; **~shead** *n.* 1 बड़ा पीपा 2 द्रव की वह मात्रा जो ऐसे पीपे में आती हो; **~tie** *v., pt.* **~tied**, *pp* **~tying** 1 टांगें एक साथ बांध दे. 2 बाधा डालना; **~-shearing** *n.* बेकार का काम; **~-wallow** *n.* सुअरों का लेटने का गड्ढा; **~wash** *n.* 1 बेमतलब की बात, बकबक 2 रसोईघर की झूठन जो सूअरों को दी जा सकती है; **~weed** *n.* पुनर्नवा, गदहपूरना; **~-wild** *adj.* उन्मत्त, उत्तेजित;
collocations: ~ **breeding/ farming/ raising** सुअर-पालन; ~ **finishing/ growing/ barn** सुअर-चारा बाड़ा; ~ **fat** सुअर की चर्बी; ~ **fattening/ growing** सुअरों को बढ़ाना; ~ **products** सुअर-पालन से मिलने वाले खाद्य-पदार्थ;
p&i: ~ **a seat** पसर कर बैठना; ~ **down/ off** सुअर को चराना; ~ **in armour** शहरी लिबास में गंवारपन, राजा भोज की पोशाक में गंगू तेली; ~ **in togs** मंजा हुआ कामचोर; **~it** 1 पेटुओं की तरह खाना 2 मैले-कुचेले हाल में रहना; ~ **the lime light** वाहवाही लूटना, सुर्खियों में आना; ~ **the road** रास्ता न दे.;
bring one' ~s to a fine market किसी चीज को पूर्णतः अव्यवस्थित बना दे.; **eat/ live high off the** ~ ऐशो-आराम की जिंदगी बिताना; **get one's ~ and hominy** अपने खाने-पीने का लिए कुछ लेना; **go the whole** ~ कोई काम पूरा जोर लगाकर क.; **he is a ~ at the table** खाना खाते समय वह सुअर से बदतर लगता है; **high on the** ~ खुले दिल से, उदारतापूर्वक; **independent as a ~ on ice** अहंकार व अतिशय आत्मविश्वास से भरा; **like a ~ in a squall/ in a storm** आपे से बाहर; **live low on the** ~ किफायत से रहना; **play the** ~ मात्र अपने बारे में सोचना, स्वार्थी हो.
hoick /हॉइक/ *v., pt.* **ed**, *pp* **~ing** (*syn.* jerk) झटके के साथ उठाना या खींचना
(the) hoi polloi /हॉइपलॉइ/ *n.* आम जनता (उपेक्षा सूचक), जन साधारण
hoist /हॉइस्ट/ *v., pt.* **~ed**, *pp* **~ing** 1 ऊपर चढ़ाना या उठाना 2 (झंडा) फहराना;
n. जहाज पर चढ़ाई: give sb a ~ 2 ऊपर चढ़ाने का उपकरण: ammunition ~;
p&i: ~ **down** नीचे उतारना; ~ **in** जहाज पर चढ़ना; ~ **oneself up** ऊपर चढ़ना; ~ **the boat in!** नाव को ऊपर चढ़ाओ!; ~ **the boat out!** नाव को पानी में छोड़ो!; ~ **the colours** झंडा फहराना; **be ~/ ~ed by/ with one's own petard** अपने ही जाल में फंस जा, दूसरों के लिए खाई खोदते-खोदते खुद उस में गिर जा.
hoisting /हॉइस्टिंग/ *n.* चढ़ाने का काम, चढ़ाई, भारोत्तोलन: ~ appliance/ device; ~ jack;
collocations: ~ **capacity** भारोत्तोलन सक्षमता
hoity-toity /हॉइटि-टॉइटि/ *adj.* 1 (*syn.* snob) अहंकारी, घमंडी 2 चिड़चिड़ा 3 चुलबुला, चंचल;
n. आमोद-प्रमोद, चुलबुलापन
hokey /होकि/ *adj.* मूर्खतापूर्ण ढंग से अति भावुक
hokey-cokey /होकि-कोकि/ *n.* (*also* **hokey-pokey** /होकि-पोकि/) *n.* 1 घेरा बनाकर किया जाने वाला नृत्य 2 जादू-मंत्र 3 मिश्रित आइस-क्रीम
hokum /होकम/ *n.* 1 वाहियात बात, अनाप-शनाप: a bunch of ~ 2 मूर्खतापूर्ण व घटिया फिल्म, नाटक आदि
holard /हॉलःड/ *n.* जमीन में नमी की कुल मात्रा
hold /होल्ड/ *v., pt.* **held**, *pt. p.* **held**, *pp* **~ing** 1 थामे रखना: driver could scarcely ~ the horses; ~ one's breath (सांस थामे रखना); ~ fire (गोली न चलाना); ~ a fort against the enemy (शत्रु के सामने डटे र.) 2 पकड़कर रखना, कसकर पकड़ना: the wounded man was **~ing** fast to the railings 3 किसी स्थिति विशेष में बनाए रखना, दृढ़ र.: ~ a threat of disclosure over sb's head; **held** (up) by the traffic 4 आयोजित क., कक्षा आदि लगाना: ~ classes; ~ discussions/ negotiations 5 मनाना: ~ Holi festivities 6 धारण किए रखना, समाना: will this suit-case ~ all your clothes?; seawater **~s** many

salts in solution; a leather bag will ~ water but not petrol 7 किसी पद पर विराजमान हो.: the Congress party **held** office at that time 8 मुकाबले में किसी स्थान पर हो.: ~ the record; ~ (the) pace (कदम-ताल बनाए रखना) 9 जमा करके (सुरक्षित) रखना: ~ shares in a company 10 बंदी बनाकर रखना: ~ captive 11 कब्जे में रखना: ~ land; ~ a room for sb 12 वश में रखना, नियंत्रित रखना: ~ in check 13 टेलीफोन पर प्रतीक्षा क.: could you ~ on, please! ~ on a bit! 14 न टूटना, बोझ ओट लेना: will the rope ~? 15 समझना, मानना: we ~ these truths to be self-evident; Plato **held** that the soul was immortal 16 निर्णय क.: the judge **held** that he was guilty 17 आकृष्ट क., ध्यान अपने ऊपर थामे रखना: ~ the attention of one's audience 18 रोकना: ~ sb from a rash venture 19 पालन क.: ~ the traditions 20 सहमत हो.: ~ with sb about an author 21 टिका रहना: the dam **held** even during huge floods 22 (***syn.*** own) का मालिक हो. 23 मत रखना : ~ an opinion about sb/ sth 24 सभा या विचारों का आदान-प्रदान क.: ~ a meting 25 पथ पर चलते या आगे बढ़ते जा.: ~ a course;

n. 1 (***syn.*** grip) पकड़: release/ one's ~ of sth; take/ get/ lay/ ~ of sth 2 नियंत्रण, कब्जा: keep ~ of a thing 3 प्रभाव: he has a great ~ over his young brother 4 कैद, कारावास, हिरासत 5 फलका (of ship) 6 चढ़ाई करते समय पांव रखने का सहारा;

dw/lw: **~all** /होल्डॉल/ *UK (US* **carryall**) *n.* बिस्तरबंद, कपड़ों का बड़ा-सा थैला; **~er** /होल्डः/ *n.* मालिक, धारक: record ~er (रिकॉर्ड धारक); passport ~er (जिसके पास अपना पासपोर्ट हो); a title-~er (उपाधिधारक); **~fast** *n.* 1 पकड़, जकड़ 2 संलग्नक 3 कांटा, आंकड़ा, अंकुड़ा, मेख; **holding** *see below under separate entry*; **~-over** *n.* नियंत्रण, पकड़, प्रभाव; **~-up** *UK (US* **~up**) /होल्ड-अप/ *n.* 1 (***syn.*** obstruction, delay) व्यवधान, अवरोध, रुकावट, ट्रैफिक जैम 2 (***syn.*** stick-up) लूट, डाका, बटमारी;

p&i: **~ a brief for sb** किसी की वकालत क.; **~ a candle to the devil** बुरे आदमी की मदद क.; **~ a candle to the sun** सूरज को दीपक दिखाना; **~ a conversation**; वार्तालाप क.; **~ a drink** शराब से डांवांडोल न हो.; **~ a good job** अच्छी नौकरी में हो.; **~ a job down** योग्यतानुसार काम करते हुए नौकरी बरकरार रखना; **~ a meeting** सभा क.; **~ an audience spellbound** श्रोताओं को मंत्र-मुग्ध रखना; **~ an opinion/ belief/ view** विचार/ विश्वास/ धारणा रखना; **~ a theory** सिद्धांत पर अडिग रहना; **~ back** 1 रोके रखना: ~ back a mad dog 2 बचाकर रखना: ~ back a portion of wages for insurance 3 छिपाना: ~ back the truth; **~ by/ to an opinion** अपने विचार पर डटे रहना; **~ cheap** कौड़ी के दाम भी न गिनना.; **~ down** 1 खड़ा न होने दे. 2 हाथ से निकलने न दे. 3 लिटाए रखना 4 गुलाम बनाए रखना 5 नौकरी आदि में बने रहना; **~ fast** सिद्धांत आदि पर दृढ़तापूर्वक डटे रहना; **~ forth** 1 दिखाना, प्रस्तुत क. 2 आश्वासन दे.: ~ forth a hope 3 पाखंडी उपदेश/ भाषण दे.; **~ good** लागू हो.; **~ good** or **true** सच होना; **~ good in law** विधि अनुसार सही हो.; **~ in** 1 अपने पर काबू रखना, अपनी भावनाओं को अपने अंदर ही रखना: ~ in one's temper 2 आदर क.: ~ in esteem 3 घृणा क.: ~ in contempt; **~ it** थोड़ा रुक जा.; **~ it against sb** इस बात को किसी के विरुद्ध जेहन में रखना; **~ no brief for sb** किसी की वकालत न क.; **~ no prejudice** कोई दुराग्रह न हो.; **~ off** 1 दूर रखना: ~ people off 2 कुछ करने से रुके र.: the rain held off until the evening; ~ off from beer (बियर से दूर रहना); **~ office** किसी पद पर हो.; **~ on** 1 थोड़ी देर के लिए ठहर जा. 2 किसी चीज को थामे रखना: the pin ~s the wheel on 3 रास्ते पर बने र.: ~ on one's course 4 प्रतीक्षा क. 5 नियंत्रण क.: ~ on/ over sth/ sb 6 कसकर पकड़े रखना: ~ on to sth/ sb 7 अपने पास रखना: ~ on to sth; **~ one's breath** हक्का-बक्का रह जा., सांस ठहर जा.; **~ one's ground** आसानी से हार न मानना; **~ one's head high** अपना सिर ऊंचा रखना, आत्म-सम्मान बनाए रखना; **~ one's head straight** अपना सिर सीधा रखना; **~ oneself ready/ in readiness for sth** अपने को किसी बात के लिए तैयार रखना; **~ one's horses** इंतजार क., धीरज रखना; **~ one's jaw** बात करने या डांटने-डपटने से रुक जा.; **~ one's nose** नाक बंद क.; **~ one's own** 1 अपनी बात पर डटे रहना 2 अपना स्वाभिमान बरकरार रखना; **~ one's peace** or **tongue** चुप रहना; **~ one's sides with laughter** हंसते-हंसते पेट में बल पड़ना; **~ onto/ on to sb/ sth** किसी को या किसी चीज को पकड़े रखना; **~ on to sth** अपने लिए लाभकारी चीज को न छोड़ना 2 किसी के लिए कोई चीज रख लेना; **~ out** 1 हाथ बढ़ाना: ~ out a hand 2 प्रस्तावित क.: ~ out an offer 3 भरोसा दे.: the doctors ~ out little hope for his recovery 4 डटे रहना: ~ out against difficulties; ~ out for sth (फल या सफलता मिलने तक डटे रहना); **~ out to sth** किसी बात के लिए अवसर, आशा या संभावना बनाए रखना; **~ out for sth** कुछ लाभ पाने कि लिए किसी काम या फैसले को टालते रहना; **~ over** 1 (***syn.*** postpone) टालना, स्थगित क.: ~ over a decision for a week 2 एक तरफ उठाकर रखना: ~ over the rest of the goods; **~ sb/ sth back** 1 किसी को आगे बढ़ने से रोकना 2 विकास की गति को मंद करवाना 3 किसी को कुछ छिपाकर रखना 4 अपनी वास्तविक भावनाओं या विचारों को व्यक्त न क.; **~ sb at bay** किसी को परे रखना; **~ sb down** दबाकर रखना, काबू में रखना; **~ sb in high / low esteem** or **regard** किसी का बहुत ज्यादा या कम आदर क.; **~ sb in the hollow of one's hand** किसी को पूर्णतः अधीन बनाकर रखना; **~ sb** or **sth up as sth** किसी आदमी या वस्तु को आदर्श के रूप में प्रस्तुत क.; **~ sb's attention/ interest** किसी का ध्यान या रुचि बनाए रखना; **~ sb to ransom** किसी को बंधक बनाकर फिरौती मांगना; **~ sb to ridicule** किसी की खिल्ली उड़ाना; **~ shares** हिस्सा आदि रखना; **~ sth against sb** किसी के खिलाफ दुर्भावना रखना, दोष मढ़ना; **~ sth back** 1 अपने पर नियंत्रण रखना 2 मुंह न खोलना 3 छिपाकर रखना; **~ sth dear** किसी बात से बहुत लगाव हो.; **~ sth/ sb down** 1 थामे रखना 2 कीमतें नीची रखना 3 नौकरी बचाए रखना 4 शोर को कम रखना; **~ sth** or **sb firmly with one's hands or arms** किसी को कसकर बांहों में पकड़े या जकड़े रखना; **~ sth in** संयत रखना; **~ sth in one's head** अपने जेहन में रखना; **~ sth lightly** किसी बात को महत्त्व न दे.; **~ sth on** किसी चीज को अपने स्थान पर स्थिर रखना; **~ the banner aloft** अपनी पताका बुलंद रखना; **~ the belt** जूडो आदि में अपनी विजय बरकरार रखना; **~ the eel of science by the tail** किसी विषय पर किसी विद्वान द्वारा बोलते ही चले जा.; **~ the field** = **~ the fort** मैदान में डटे रहना; **~ the house to ransom** सदन की कार्रवाई न चलने दे.; **~ the line** डटे रहना; **~ the purse strings** खर्चे पर काबू रखना; **~ the scales even** न्याय क., दूध का दूध और पानी का पानी कर देना; **~ the tongue** जबान को लगाम देना; **~ to** से चिपके रहना; **~ to account** जिम्मेवार ठहराना; **~ to sth** के प्रति वफादार रहना; **~ together** 1 इकट्ठा रखना: ~ papers together 2 एक सूत्र में बांधे रखना: ~ the nation together; **~ under** 1 दबाए रखना 2 पर अत्याचार क.; **~ up** 1 थामे रखना, सहारा देकर खड़ा रखना: the beams ~ up the roofs 2 के रूप में प्रस्तुत क.: ~ up as a model 3 रोके रखना, देर करवाना: the traffic was held up by fog 4 घुटने न टेकना: ~ up under misfortunes; **~ up** बना रहना; **~ up sth** लूटना, डाका डालना; **~ water** सही हो., जड़ें जमाए रहना; **~ with** से सहमत हो., अनुमोदन क., का पक्ष लेना; **~ with the hare and run with the hounds** दोगली या दोहरी नीति अपनाना; **~ wolf by the ear** छोड़े तो मरे, न छोड़े तो मरे; ~

your breath 1 सांस थामे रखो! 2 थोड़ा रुको!; **a cargo** ~ माल का भंडारण स्थान; **be left ~ing the baby** मुसीबत में फंसा रह जा.; **get ~ of sb** किसी को पकड़ ले.; **be neither to ~ nor to bind** बहुत उत्तेजित व घबराया हुआ हो.; **double body** ~ धड़ की पकड़; **get/ catch/ grab/ take ~ of sth/ sb** 1 पाना, किसी से बात करने में सफल हो. 2 किसी को पकड़ पाना; **get ~ of a secret** राज का पता लगा ले.; **get (~ of) the wrong end of the stick** छड़ी का उल्टा सिरा पकड़ लेना, किसी बात को गलत तरीके से शुरू क.; **have a ~ over sb** किसी का पूरी तरह वश में हो.; **head scissors** ~ सिर की कैंची-पकड़; **he ~s himself like a soldier** वह सिपाही की तरह व्यवहार करता है; **he ~s that...** उसका विचार है कि ...; **keep a good ~ of the land** जहाज द्वारा तट के किनारे-किनारे चलना; **keep a tight ~ upon oneself** अपने आप को कड़ाई से नियंत्रण में रखना; **keep ~ of sth** कब्जे में रखना; **keep one's a ~ over sb** किसी को अपने वश में रखना; **let go/ leave one's ~ of sth** किसी चीज को हाथ से निकल जाने दे.; **lose one's ~ on reality** असलियत न जानना; **my plan had taken ~ upon his fancy** मेरी योजना उस पर छा गई; **no ~s barred** सब दांव-पेच लगाए जा सकते हैं, किसी बात की कोई मनाही नहीं; **on** ~ 1 स्थगित (बातचीत आदि) 2 टेलीफोन को थामे रखना, प्रतीक्षा क.; **take** ~ काम करना शुरू क., फैलना शुरू हो.; **the fair weather is ~ing** अच्छा मौसम अभी भी टिका हुआ है; **the promise still ~s** वायदा अभी भी बरकरार है; **there is no ~ing sb** किसी को कोई काम करने से रोका या थामा नहीं जा सकता; **they held on for London** वे लंदन की तरफ बढ़ते गए; **what the future may ~ (in store) for us.../ who knows what the future ~s?** क्या पता भविष्य में क्या होगा?

holding /होल्डिंग/ *n.* 1 जायदाद, संपत्ति, पट्टे की जमीन आदि 2 जोत, जोत-क्षेत्र: small **~s** 3 बचाया हुआ धन: cash **~s** in banks 4 पकड़, कब्जा: ~ of hostages;

adj. 1 पकड़कर रखने वाला 2 अपने अधिकार में रखने वाली, नियंत्रक: ~ company 3 प्रतीक्षा के लिए: ~ ground/ area; ~ point (प्रतीक्षा चौकी) 4 अतिरिक्त: ~ battalion 5 पकड़ने या जकड़ने वाली: ~ device;

collocations: ~ **capacity** भराई क्षमता; ~ **hospital** किसी स्थान पर स्थाई अस्पताल; ~ **operations** पकड़ बनाए रखने के लिए उठाए जाने वाले कदम; ~ **pattern** वायुयानों द्वारा उतरते समय प्रतीक्षा करने का तरीका;

p&i: **there is no ~ that fellow** उसे रोक पाना असंभव है

hole /होल/ *n.* 1 छेद, सुराख, रंध्र: a ~ in a roof; **~s** in sb's clothes 2 गड्ढा: roads full of **~s** 3 कुंड 4 बिल, मांद 5 गंदा स्थान 6 (***syn.*** cavity) रिक्ति, कमी: a ~ in a tooth 7 दोष: a ~ in one's coat (किसी की नेकनामी पर धब्बा) 8 कारागार में मृत्यु-दंडित अपराधी का बिना खिड़कियों वाला कमरा 9 (***syn.*** dump) भद्दा स्थान;

***v.**, pt.* **~d**, *pp* **holing** 1 छिद्र बनाना 2 खोदना: they **~d** slowly 3 बिल बनाना 4 बिल में घुसना: the fox has **~d**;

dw/lw: **~-and-corner** *n.* चोरी-छिपे या गुपचुप किया जाने वाला काम: ~-and-corner dealings; ~ **card** ताश के खेल में एक चाल; **~-in-one** *n.* गोल्फ के खेल में एक स्थिति; **~r** *n.* खान खोदने वाला मजदूर; **~y** /होलि/ *adj.* जिसमें छेद हो, छेदों वाला, छिद्रिल; **~-in-the-wall** *n.* 1 एटीम (ATM) या नकदी मशीन 2 छोटी-मोटी दुकान या ढाबा;

air-~ *n.* बादलों के बीच खाली स्थान; **button~** *n.* काज; **holed** *adj.* छिद्रों से भरा; **man~** *n.* मनुष्य-विवर;

collocations: **~-and-corner methods** गुप्त तौर-तरीके; **~-and-corner transaction** गुप्त सौदा; ~ **in the head** मुसीबत का पिटारा; ~ **in the heart** दिल में छेद, एक जन्मजात दोष; ~ **in the wall** 1 नकदी (ATM) मशीन 2 एक छोटी-सी अंधेरे में डूबी दुकान या ढाबा; ~ **out** गोल्फ के खेल में छेद में गेंद डालना; **beam** ~ किरण पुंज आने का छेद; **(the) black** ~ कृष्ण विवर; **hell hole**~ नारकीय स्थान; ~ **puncher** कागज में छेद बनाने का उपकरण, सूआ;

p&i: ~ **card** ताश के खेल में एक चाल; ~ **in one** गोल्फ के खेल में एक स्ट्रोक (stroke); ~ **in sb's savings** किसी की बचत में सेंध; ~ **in the argument** दलील में कमी; ~ **out** गोल्फ में गेंद को छेद में डालना; ~ **up** छिप जा.;

a deep ~ गहरा बिल या छेद; **a ~ in sth** किसी चीज में छेद या दोष; **a ~ in the wall** छोटी-सी कोठरी; **a poky** ~ दूर-दराज का भूला-बिसरा स्थान; **a rabbit/ mouse, etc.** ~ खरगोश या चूहे आदि का बिल या विवर; **be in a** ~ कठिन स्थिति में हो.; **be in the** ~ ऋण में फंसा हो.; **burn a ~ in sb's pocket** किसी को पैसा खर्च करने के लिए उकसाना; **dig/ fill/ make a** ~ बिल खोदना/ भरना/ बनाना; **find a ~ (to creep out of)** बच निकलने का रास्ता ढूंढना; **in a** ~ विकट समस्या में, विषम परिस्थिति में; **in ~s** छिद्रों या कमियों से भरा; **like a rat in a** ~ मुसीबतों से घिरा हुआ; **make a ~ in sth** किसी चीज या पैसे का पूरा इस्तेमाल करना; **make a ~ in the water** डूब जा.; **money burns a ~ in his pocket** वह खर्च करने को उतावला रहता है; **need sb like a ~ in the head** बिल्कुल जरूरत न हो.; **1000 rupees in the ~ this month** इस महीने किसी पर 1000 रुपए का ऋण; **pick ~s in sth** मीन-मेख निकालना, नुक्ता-चीनी क.; **the foxes have ~s** सभी के पास अपना शरण-स्थान होता है; **toad in the** ~ एक व्यंजन; **unable to see a ~ in a ladder** नशे में धुत्त

holiday /हॉलिडे/ *n.* 1 *UK* (*US* **vacation**) अवकाश, छुट्टियां, छुट्टी का दिन: Sunday is a ~ in most countries 2 *UK* (*US* **vacation**) विश्राम करने के लिए आनंद यात्रा 3 पर्व: ~ spirit 4 लंबी छुट्टी: ~ time/ season; go on a ~ 5 काम से ली हुई छुट्टी: be on a ~;

v., pt. **~ed**, *pp* **~ing** छुट्टियां मनाना;

adj. आनंदपूर्ण, खुशियों-भरा: ~ mood;

collocations: ~ **camp** अवकाश-शिविर; ~ **home** अवकाश-गृह; ~ **maker** सैलानी; ~ **town** पर्यटन नगर;

a busman's ~ काम पर बिताया जाने वाला छुट्टी का दिन; **a public** ~ सरकारी छुट्टी; **a Roman** ~ दूसरों को सताकर की जाने वाली मौज-मस्ती; **a skiing** ~ स्कीइंग का उत्सव; **bank** ~ बैंकों की छुट्टी; **blind man's** ~ गोधूलि बेला, अंधेरा; **federal** ~ केंद्रीय छुट्टी; **national** ~ राष्ट्रीय छुट्टी या उत्सव; **package** ~ छुट्टियों के समय सुनियोजित यात्रा का प्रावधान जिसमें आने-जाने, होटल व स्थानीय भ्रमण के खर्चे भी शामिल रहते हैं; **summer** ~ गर्मियों की छुट्टी

holier-than-thou अपने को दूसरों से ज्यादा ईमानदार समझना और इसका दिखावा क.: ~ attitude (दंभी रुख)

holiness /होलिनस/ *n.* 1 पवित्रता 2 संतत्व, संत: His ~ (संत, पोप, लामा आदि)

holism /होलिजम/ *n.* 1 किसी वस्तु या समस्या आदि के समस्याग्रस्त भागों या भाग पर विचार करने की बजाए सारी वस्तु या समस्या पर विचार करने की नीति 2 बीमार व्यक्ति के रोग ग्रस्त अंग का निरीक्षण करने की बजाए सारे शरीर पर विचार करने की नीति

holistic /होलिस्टिक/ *adj.* 1 संपूर्ण, बहुअंगी, सर्वांगीण 2 साकल्यवादी;

collocations: ~ **medicine** ऐसी दवाई जो व्यक्ति को सर्वांगीण रूप में (शारीरिक व मनोवैज्ञानिक पहलू आदि) ध्यान में रखते हुए दी जाती है

holland /हौलंड/ *n.* एक खुरदरा तथा टिकाऊ कपड़ा जिससे सोफा आदि के कवर आदि बनाए जाते हैं;

collocations: **~aise sauce** अंडे के जर्दे और मक्खन से बनी सॉस

Holland /हॉलंड/ (*also* **Netherlands**) *n.* हालैंड नाम का देश;

dw/lw: **~er** /हॉलंडः/ *n.* हालैंडवासी, हालैंड का नागरिक

holler /हौलः/ *n. US* चिल्लाहट, चीख;
v., pt. **~ed**, *pp* **~ing** चिल्लाना, चीखना;
n. **(hollo)** शाबाशी भरी चीख-चिल्लाहट

hollow /हौलो/ *US* हाःलो/ *adj.* 1 खोखला, पोला: ~ ball; ~ tooth; ~ cheeks/ eyes (पिचके गाल/ धंसी हुई आंखें) 2 खोखली: ~ sound; a ~ laugh 3 खाली: a ~ shell/ tube छूछा, थोथा: ~ words/ promises/ threats 4 निस्सार, तत्वहीन, निरर्थक: ~ reasoning; ~ victory 5 झूठा, कपटी, बनावटी: ~ heart; ~ sympathy;
n. 1 खाली स्थान 2 खोखलापन 3 गड्ढा 4 घाटी 5 धसकन 6 दुगदुगी;
v., *pt.* **~ed**, *pp* **~ing** 1 खोखला बनाना: ~sth out 2 खोखला बनना या हो. 3 धंसना;
adv. खाली-खाली;
dw: **~-backed** *adj.* जीनपुश्त; **~-eyed** *adj.* धंसी आंखों वाला; **~-hearted** *adj.* 1 कपटी, झूठा 2 निष्ठुर; **~ness** /हौलोनिस/ *n.* खोखलापन; **~ware** *n.* गहरी तली के बर्तन; **~way** *n.* खंदकों में से रास्ता;
collocations: **~ sea** ऊंची-ऊंची लहरें; **~ threat** बंदर घुड़की;
p&i: **~ing a hand against one's ear** बेहतर ढंग से सुनने के लिए कानों पर हाथ रखना; **~ out** खोखला बनाना, अंदर से खाली कर देना;
banks ~ed out by rushing waters तेज पानी द्वारा बहाकर लेजाए गए किनारे; **beat (all) ~** सबको धूल चटा दे.; **feel ~** बहुत भूख लगना; **have/ hold sb in the ~ of one's hand** किसी को अपनी मुट्ठी में रखना

holly /हौली/ *US* हाःली/ *n.* एक झाड़ी, शूलपर्णी;
dw/lw: **~hock** /हौलीहौक/ *US* हाःलीहाःक/ *n.* फूलोंवाला एक ऊंचा पौधा

Hollywood /हॉलीवुड/ *n.* हॉलीवुड, अमेरिका की फिल्म नगरी: this is pure ~;
adj. **~ bed** एक पीठ वाला चौड़ा बिस्तर; **~ stars** हॉलीवुड के सितारे

holm /होम/ *n.* नदी द्वीप, किनारे की भूमि, टापू, नदी कछार;
dw/lw: **~gang** *n.* घातक लड़ाई; **~-oak** *n.* सदाबहार बलूत

holo\blastic /हौलअब्लैस्टिक/ *US* हाःलअब्लैस्टिक/ *adj.* पूर्ण कोरक, पूर्णमंजी;
dw/lw: **~-cast** *see below under separate entry*; **~coen** /हौलोसीन/ *US* हाःलोसीन/ *n.* परिस्थिति-तंत्र; **~coentic** /हौलोसींटिक/ *US* हाःलोसींटिक/ *adj.* समाकलित; **Holocene** /हौलोसीन/ *US* हाःलोसीन/ *n.* आधुनिकतम भू-काल जब आधुनिक मानव का उद्भव हुआ और आधुनिक सभ्यता की शुरुआत हुई; **~crine** /हौलअक्रिन/ *US* हाःलअक्रिन/ *n.* पूर्णस्रावी ग्रंथी; **~gamous** /हौलअगेमस/ *US* हाःलअगेमस/ *adj.* पूर्णयुग्मी; **~geny** /हौलअजिनि/ *US* हाःलअजिनि/ *n.* पूर्णवृत्त; **~gram** /हौलअग्रैम/ *US* हाःलअग्रैम/ *n.* किसी संस्था के चिह्न का भाग बिंब जो प्रकाश डालने पर त्रिविम-चित्रित (3-dimensional) हो सकता है; **~graph** /हौलअग्राअफ/ हाःलअग्राअफ/ *n.* अपने हाथ से लिखा एवं स्वहस्ताक्षरित लेख, स्वलेख: in ~graph; testament in ~graph; **~graphic** /हौलअअग्रैफिक/ *US* हाःलअअग्रैफिक/ *adj.* स्वलेखन संबंधी; **~graphy**/हौलऔअग्रफि/ हाःलआःअग्रफि/ *n.* स्वलेखन, त्रिविम-चित्रण, होलोग्रैफी; **~hedral** /हौलअहीडरल/ *US* हाःलअहीडरल/ *adj.* पूर्णफलकीय; **holometabolic** /हौलोमेटअबौलिक/ *US* हाःलोमेटअबौलिक/ *adj.* पूर्णरूपांतरिक; **~morph** /हौलोमॉःफ/ *n.* पूर्णरूप; **~ic** /हौलोमौःफिक/ (*also* **~hedral**) *adj.* पूर्ण पूर्णफलकीय; **~phote** /हौलअफोट/ *n. naut.* जलदीप, प्रकाशस्तंभ; **~phrase** *see below under separate entry*; **~ptic-eye** /हौलअप्टिक-आई/ *US* हाःलअप्टिक-आई/ *n.* सम्मुख अक्ष, संसक्त नेत्र

holocaust /हौलअकॉस्ट/ *US* हाःलअकॉस्ट/ *n.* 1 पूर्ण आहुति 2 आग में जलाकर किया जाने वाला जनसंहार, विध्वंस, सर्वनाश 3 विध्वंसकारी युद्ध: a nuclear ~caust; world war II ~caust;
collocations: **the ~caust** 1930 और 1940 के दशकों में, विशेषकर दूसरे विश्व-युद्ध के दौरान जर्मन नाजियों या फासीवादियों द्वारा किया जाने वाला करोड़ों यहूदियों का नर-संहार

hologram /हौलअग्रैम/ *US* हाःलअग्रैम/ होलअग्रैम/ *n.* त्रिविम चित्र

hologra\ph /हौलअग्रैफ/ *US* हाःलअग्रैफ/ होलअग्रैफ/ *n.* हस्तलिखित लेख;
collocations: **~phic** *adj.* हस्तलिखित लेखन से संबंधित

holophrase /हौलअफ्रेज/ *US* हाःलअफ्रेज/ *n.* एकशब्दीय वाक्य;
dw/lw: **~phrasis** /हौलअफ्रेसिस/ *US* हाःलअफ्रेसिस/ *n.* एक शब्द में पूरे विचार की अभिव्यक्ति

hols /हौल्ज/ *US* हाःल्ज/ *n., pl.* **'holidays'** का छोटा रूप

Holstein /हौल्स्टाइन/ *US* हाःल्स्टाइन/ *n.* = Friesian हॉल्स्टाइन गायों की प्रजाति

holster /होल्स्टः/ *n.* पिस्तौल टांगने का चमड़े का खोल, कबूर

holt /होल्ट/ *n.* 1 जीवों की मांद, विशेषकर ऊदबिलाव की 2 पकड़, कसाव 3 वनीय पहाड़ी 4 फल वाटिका, कुंज

holus-bolus /होलस-बोलस/ *adv.* 1 एक ही चोट में 2 एक घूंट या ग्रास में 3 तुरंत, पूरा का पूरा 4 सब एक साथ

holy /होली/ *adj.*, **holier**, **holiest** 1 पावन, पवित्र, पुण्य: ~ bread; ~ oil 2 धार्मिक या पवित्र: ~ well (जादुई स्रोत);
collocations: **~ anger** पवित्र क्रोध; **~ day** पुण्य दिवस; **~ dollar** चिथड़ा-सा या छिद्रित (सारहीन) डालर; **~ love** पवित्र प्रेम; **~ man** पवित्र प्रचारक; **~ of holies** पवित्रतम स्थान या वस्तु; **~ orders** पुरोहिताभिषेक; **~ rood** चर्च के द्वार पर लगा क्रॉस; **~stone** झावां; **~ war** यूरोप में धार्मिक विद्रोह व तथाकथित विधर्मियों को कुचलने के लिए चलाया गया जेहाद; **~ water** आशिष-जल, अभिमंत्र-जल; **~ water sprinkle** पवित्र जल का छिड़काव; **~ week** पुण्य सप्ताह;
a ~ terror 1 भयंकर व्यक्ति 2 डायन 3 बाल की खाल उतारने वाला आदमी (pedant); **Holy Communion** प्रभु-भोज, परम प्रसाद; **the Holy City** पवित्र धार्मिक नगरी (येरुस्लम, रोम, मक्का, हरिद्वार ...); **the Holy Father** पोप; **the Holy Ghost, the Holy Spirit/ the Spirit** त्रियेक परमेश्वर में तीसरा व्यक्ति; **the Holy Grail** पवित्र पात्र; **the ~ Land** पुण्य-देश, फिल्सतीन; **the ~ of Holies** परम पावन मंदिर-गर्भ; **the Holy Roman Empire** रोम के पवित्र महाराजाओं का साम्राज्य; **the Holy see** 1 रोम का धर्म पीठ, परम पोप की धर्म पीठ/ गद्दी 2 वैटिकन (Vatican) में रोमन कैथॉलिक न्याय पीठ; **the ~ Thursday** पुण्य बृहस्पतिवार; **the ~ Writ** धर्मग्रंथ;
p&i: **holier than thou** दिखावापूर्ण पावनता; **~ cow** 1 पवित्र प्राणी 2 जिसकी आलोचना न की जा सके, जिसे छेड़ा न जा सके; **~ mackerel/ smoke/ snake/ Moses/ Mother of God!** हे भगवान!; **I am holier than thou** मैं तुम से ज्यादा पवित्र हूं

homage /हौमिज/ *US* हाःमिज/ *n.* श्रद्धांजलि, सम्मान: pay ~ to the genius of Shakespeare (शेक्सपीअर की प्रतिभा को श्रद्धांजलि दे.);
p&i: **do/ pay ~ to sb** किसी को श्रद्धांजलि दे.

hombre /औंबरे/ *US* आंबरे/ *n.* विशेष प्रकार का दायित्ववाला व्यक्ति

Homburg /होमबर्ग/ *n.* आदमियों का टोप जिसका ऊपरी हिस्सा बीच में पिचका होता है

home /होम/ *n.* 1 घर, गृह, निवास: make one's ~ in the country/ abroad; ancestral ~/ one's own ~; the Indian jungle is the ~ of the tiger; one's last/ long ~ (समाधि, कब्र) 2 मकान, फ्लैट 3 परिवार: hamlet of fifty **~s**; hers was a happy ~ 4 स्वदेश, मातृभूमि, जन्मभूमि: feel a longing for one's ~ 5 किसी का गांव, क्षेत्र, नगर आदि: think of friends back ~ 6 किसी

आविष्कार, खोज आदि की भूमि: England, the ~ of many inventions 7 विशेष उद्देश्य के लिए बना भवन या आश्रम, अनाथालय, केंद्र: ~ for orphans 8 रैन-बसेरा;

adv. 1 घर को: see sb ~ 2 घर पर: at ~; at ~ and abroad (अपने देश और विदेश में); be ~ (घर पर हो.); arrive ~ 3 पूरा कसकर, अंत तक: knock ~/ drive a nail ~ (मेख को पूरा ठोकना); be first man ~ in the race (दौड़ में पहले स्थान पर आना); come/ get ~ (ठीक निशाने पर लगना); bring/ drive sth ~ to sb (किसी को कोई बात समझाना); bring a crime/ a fraud ~ to sb (किसी के अपराध या छल का पर्दाफाश क.); drive one's success ~ (पूरी सफलता पाना); get ~ (1 सफल हो. 2 जीतना 3 निशाने पर लगाना 4 दुखती रग पर हाथ रख दे.); strike/ touch ~ (निशाने पर मारना); thrust went ~ (उसकी बात निशाने पर लगी); sink ~ (समझ में आना); the anchor comes ~ (लंगर फिसल रहा है); pay ~ (योगदान के अनुसार दे.);

adj. 1 घर का/ के/ की: ~ life 2 घरेलू: ~ farm (घर-गृहस्थी के लिए अनाज, सब्जियां आदि पैदा करने वाला खेत) 3 स्वदेशी, देसी: ~ manufacture/ industry/ ~ market/ trade 4 घर जैसा 5 नगर का, गांव का: ~ station/ town 6 अपना, देशी/ देसी: ~ team 7 स्थानीय 8 गृह, आंतरिक: ~ minister/ secretary 9 पारिवारिक: ~ joys;

v., pt. **~d**, *pp* **homing** 1 घर चलाना 2 किसी को अपने घर में रहने के लिए रखना: ~ with sb (किसी के साथ र.);

dw/lw: **~bird** *n.* जोरू का गुलाम, घर-घुस्सू; **~body** *n. US, colloq.* घर-बैठू, घर-घुस्सू; **~born** *adj.* स्थानीय, स्थानीय (माल); **~bound** *adj.* घर को जाने वाली (गाड़ी आदि); **~boy** (*also* **homey**) *n. US* घनिष्ठ मित्र, अपने शहर/ वतन का, हम वतनी; **~bred** *adj.* घर का, घरेलू, देशी, जिसका घर में लालन-पालन हुआ हो; **~buyer** *n.* अपने लिए घर खरीदने वाला व्यक्ति; **~coming** *n.* 1 घर-वापसी 2 स्कूल, कॉलेज या विश्वविद्यालय में पुराने छात्रों का वार्षिक उत्सव; **~craft** *n.* 1 गृह कला, घरेलू विज्ञान 2 घरेलू दस्तकारी; **~felt** *adj., poet.* हृदयस्पर्शी, दिली, दिल से महसूस होने वाली, मन में छिपी हुई; **~front** *n.* घरेलू मोर्चा, घर के काम-काज; **~girl** *n.* अपने गांव या शहर की लड़की-मित्र; **~grown** *adj.* 1 गृह-उपज, अपने बगीचे की उपज 2 स्वदेशी; **~guard** *n.* होम गार्ड, अर्ध-पुलिस गार्द; **~keeping** *adj.* 1 गृहप्रेम, घर-घुस्सूपन 2 गृहस्थी-चालन; **~land** *n.* 1 मातृ-भूमि 2 स्वराज; **~less** *adj.* बेघर, बेघर-बार; **~like** *adj.* घर-जैसा, घरेलू; **~liness** *see below under separate entry*; **~ly** *see below under separate entry*; **~made** *adj.* घर का बना हुआ; **~maker** *n.* 1 घर की मालकिन 2 घर के सुकून की रचयिता; **~r** *n.* 1 कबूतरों की एक जाति, जिसे वापस घर लौटने के लिए प्रशिक्षित किया जा सकता है 2 अवैध व्यापार; **~owner** *n.* घर का मालिक; **~page** *n.* इंटरनेट पर वैबसाइट का प्रथम या मुख्य पृष्ठ; **~science** *n.* गृह-विज्ञान, गृहकार्य चलाने की शिक्षा; **~schooling** *n.* स्कूल स्तर पर घर पर पढ़ाई; **~shopping** *n.* इंटरनेट, पत्रिकाओं, टेलीविजन या वैबसाइट के माध्यम से की जाने वाली खरीदारी; **~sick** *adj.* घर की याद से संतप्त, गृह विरही, गृह-वियोगी; **~sickness** *n.* घर की याद; **~spun** *adj.* घर का बुना, घर का बुना हुआ (कपड़ा, खादी, खद्दर, खद्दड़); **~stead** *n. US* फार्म-हाउस, खेत में बना मकान; **~town** *US* (*UK/ US* **~town**) *n.* अपना गांव या नगर; **~thrust** *n.* निशाने पर लगा प्रहार; **~ward** /होमवर्ड/ *adj., adv.* घर की ओर का, घर की ओर; **~work** *n.* 1 घर पर करने के लिए पढ़ाई का कार्य: do one's ~work 2 किसी कार्य के लिए प्रारंभिक तैयारी क.: have done one's ~work on sth; **~worker** ***n.*** गृह कर्मी;

collocations: **~ address/ phone number, etc.** घर का पता/ टेलीफोन नंबर आदि; **~ advantage** खेल में किसी टीम को अपने मैदान, देश या शहर आदि में खेलने से मिलने वाला फायदा ; **~ affairs** 1 देश के आंतरिक मामले 2 गृह मंत्रालय का काम-काज 3 घरेलू समस्यायें; **~ atmosphere** घर जैसा वातावरण; **~ base** 1 = home plate 2 कर्म भूमि, कार्य क्षेत्र; **~ brew** 1 घर पर तैयार की हुई बायर 2 घर पर बनाया हुआ सामान; **~ cinema** (*US* **~ theater**) टेलीविजन, वीडियो आदि उपकरणों द्वारा घर पर दिखाई जाने वाली फिल्मों आदि का कार्यक्रम; **~ cloth** घर का बुना कपड़ा; **~ computer** घर पर लगा हुआ कंप्यूटर; **~ cooking** घर पर बनाया हुआ खाना; **~ counties** लंदन के आसपास की (Essex, Kent, Surrey, Hertfordshire) काउंटी; **~ country** अपना देश, स्वदेश; **~ department** गृह-मंत्रालय; **~ economics** गृह-प्रबंध, घर-गृहस्थी का आय-व्यय; **~ exemption** खेत पर बने मकान की ऋण के बदले जब्त होने से छूट; **~ ground** 1 अपने शहर आदि का खेल का मैदान 2 अपना घर, गांव, नगर या अपना जाना-पहचाना स्थान; **~ grown** अपने बगीचे में उगाया हुआ 2 अपने देश में शिक्षित, प्रशिक्षित या बना (व्यक्ति प्रतिभा); **~ front** मोर्चे पर जाकर लड़ने की बजाए शांति-क्षेत्र में रहकर देश के लिए काम करने वाले लोग; **~ hearts** घर-बैठू, घर-गृहस्थी चलाने वाला; **~ help** घरेलू सहायक; **Homeland security** अमेरिका में आतंकवादी हमलों को रोकने के लिए बने संगठन और उनकी गतिविधियां; **~ improvement** घर या मकान को सुधारने के लिए किए जाने वाले परिवर्तन; **~ internet banking** इंटरनेट के माध्यम से (घर बैठे) बैंक से पैसा भेजना, भुगतान आदि का कार्य; **~ loan** (*also* **mortgage**) गृह-ऋण, घर बनाने के लिए लिया जाने वाला ऋण; **~ lot** सिनेमा-स्टूडियो; **~ minister** गृहमंत्री; **~ ministry** गृह मंत्रालय; **~ movie** शौकिया बनाई हुई फिल्म; **~ page** इंटरनेट वेबसाइट का प्रथम पृष्ठ; **~ position** शुरुआती या शून्य स्थिति; **~ question** कुटिल एवं जटिल प्रश्न; **~ rule** स्वराज्य, स्वशासी; **~ schooling** स्कूल की बजाए घर पर कराई जाने वाली पढ़ाई; **~ shopping** इंटरनेट पर आर्डर देकर की जाने वाली खरीदारी; **~ straight/ ~ stretch** 1 रेसकोर्स का आखिरी भाग 2 किसी कार्य का अंतिम छोर; **~ study** घर पर पढ़ाई; **~ trade** घरेलू व्यापार; **~ thrust** मर्म घात; **~ truth** कटु सत्य, मर्मोक्ति, खरी-खरी बात; **~ unit** अपार्टमेंट, फ्लैट; **~ video** घर पर शौकिया बनाई हुई वीडियो; **~ virtues** साधारण आदिमानवीय मूल्य;

a children's ~ बाल भवन, बाल-घर; **long** ~ कब्र; **nursing** ~ अस्पताल; **the Home Guard** द्वितीय विश्वयुद्ध के समय ब्रिटेन की रक्षा के लिए बनाया गया स्वयं सेवकों का दल; **the Home Office** (in the U.K.) गृह-मंत्रालय; **the Home Secretary** ब्रिटेन का गृह मंत्री; **the ~ team** आमंत्रित करने वाली या स्थानीय टीम;

p&i: **~ and dry** अपना लक्ष्य प्राप्त करने के बाद खतरे से बाहर; **~ away from** ~ घर से दूर घर जैसा अनुभव; **~ in on** निशाने पर लगना; **~ in on the positive points** सार्थक बातों निशाना बनाना चाहिए.; **~ in on sb/ sth** लक्ष्य की पहचान कर उस पर ध्यान केंद्रित क.; **~ is a girl's prison and a woman's work house** घर की चार-दीवारियां लड़की के लिए पिंजरा और गृहिणी के लिए मुहताजखाना है; **~ is where heart is** जहां मन लगे वही घर; **~ of lost causes** टूटे सपनों का घर (ऑकस्फोर्ड विश्वविद्यालय का उपनाम);

a ~ away from ~ घर जैसा निवास; **at** ~ 1 घर पर 2 घर जैसा अनुभव क.; **at ~ in/ on, with any topic** किसी भी विषय को भली भांति जानना; **be at** ~ किसी के यहां या कहीं पर अपने आप को बेतकल्लुफ महसूस क.; **bring sth ~ to sb** किसी को कोई बात समझाना; **come/get/ hit/ strike** ~ निशाने पर लगना; **do one's ~work** पहले से अच्छी तरह तैयारी क.; **drive** ~ सिद्ध क., समझा सकना; **east** or **west ~ is best** जो सुख छज्जू दे चबारे, ओह बलख न बुखारे; **eat sb out of house and** ~ खा-पीकर किसी का बहुत खर्च करवाना; **feel at** ~ घर जैसा अनुभव क.; **feel at ~ in/ with a foreign language** विदेशी भाषाओं की पढ़ाई में अच्छा हो.; **go ~ and say your prayers!** दूसरों के मामलों में टांग न अड़ाओ!; **go** or **strike** ~ तीर निशाने पर लगाना; **hit the point** ~ किसी को कोई बात समझाना; **hammer the nail** ~ तीर निशाने पर लगाना, पूरी तरह

ठोकना; **make oneself at** ~ घर जैसा अनुभव क., निस्संकोच होकर व्यवहार क.; **not at** ~ घर पर न होना या आगंतुकों से न मिलना; **nothing to write ~ about** कोई विशेष बात नहीं; **one's last/ long/ narrow** ~ कब्र; **simple ~ characters** साधारण लोग; **the ~ of sth/sb** उद्गम या जन्म स्थल

homeliness /होमलिनेस/ *n.* सादगी, घरेलूपन, सीधा-सादापन

homely /होमलि/ *adj.* 1 *UK* सीधा-सादा पर आरामदेह, भोली, सीधी-सादी, घर-गृहस्थी प्रेमी 3 घरेलू 4 घर जैसा 5 *US* (***syn.*** plain) अनाकर्षक, सामान्य शक्ल-सूरत का;
collocations: ~ **atmosphere** घर जैसा वातावरण; ~ **home** सुकूनदेह घर; ~ **joys** बिना शोर-शराबे का घरेलू आनंद; ~ **meal** सादा भोजन; ~ **phrases** लोकोक्तियां, सीधी-सादी अभिव्यक्तियां; **a dear little ~ woman** एक दयालु, सीधी-सादी औरत; **in ~ phrase** सीधे बात करें तो ...

homeo-/ homoeo/ homoio /होमिओ-/ होमिऔ-/ हौमिऔ-/ *US* होमिओ-/ होमिआः-/ हौमिआः-/*comb. form, signifying:* **like** or **similar** (समान, जैसा)

homeogeni\ze /हमौजिनाइज/ *US* हमाःजिनाइज/ *v., pt.* **~zed**, *pp* **~zing** 1 समरस बनाना, समांगी बनाना, एकरूप क. 2 सामंजस्य बनाना

homeopath/ homoeopath /होमिअपै\थ, हौमिअपै\थ/ *US* होमिअपै\थ, हाःमिअपै\थ / *n.* होमियोपैथिक चिकित्सक;
dw/lw: **~ic** /~थिक/ *adj.* समचिकित्सक, होमियोपैथी से संबंधित: a ~ic remedy; **~y** /होमिऔपअथि/ *US* होमिआःपथि, हाःमिआःपथि/ *n.* 1 होमियोपैथी, होमियोपैथिक चिकित्सा 2 समचिकित्सा

homeostasis/ homoeostasis /होमिअस्टेसिस/ हौमिऔस्टसिस/ *US* होमिअस्टेसिस/ हाःमिआःस्टसिस/*n.* जीवों के शरीर के बाहरी वातावरण में बदलाव के बावजूद शरीर के भीतर समरसता (यानी स्थिर तापमान आदि) बनाए रखने की प्रवृत्ति

Homer /होमः/ *n.* यूनानी महाकाव्यों *Iliad* और *Odyssey* के आठवीं सदी ईसवी पूर्व के लेखक कवि होमर;
dw/lw: **Homeric** /होमेरिक/ *adj.* 1 आठवीं सदी ईसवी पूर्व के यूनानी कवि होमर से संबंधित: ~ question (होमरी प्रश्न यानी यूनानी महाकाव्यों *Iliad* और *Odyssey* के असली लेखक के बारे में उलझन); ~ scholar (होमरवेत्ता) 2 यूनान के कांस्ययुगीन साहित्य से संबंधित;
dw/lw: **Homerology** /होमिरॉलजि/ *n.* होमर अध्ययन;
p&i: ~ **sometimes nods** गलती किससे नहीं होती, गलती तो फरिश्ते भी करते हैं;

homey /होमी/ (*also US* **homie**, *UK* **homely**) *adj., degr.* **homier**, **homiest** 1 घर-सा, घर जैसा: feel ~ 2 आरामदेह, सुकूनदेह, सुखद, रुचिकर

homicidal /हौमिसाइडल/ *US* हाःमिसाइडल/ *adj.* मानव हत्या की ओर प्रवृत्त: a ~ maniac (उन्मादी मानव हत्यारा); ~ mania (मानव-वध उन्माद)

homicide /हौमिसाइड/ *US* हाःमिसाइड/ *n.* 1 (***syn.*** murder) हत्या, मानव वध, नर हत्या, मानव हत्या 2 नरघाती, हत्यारा;
collocations: **excusable/ justifiable ~ or ~ per misadventure** दुर्दैव मानव वध); **culpable/ felonious** ~ आपराधिक (cold-blooded) मानव हत्या

homie /होमि/ (*also* **homey**) *n.* घर के काम में सहायक लड़का या लड़की

homi\letic/ ~letical /हौमिलेटि\क/ ~कल/ *US* हाःमिलेटि\क/ ~कल/ *adj.* प्रवचन या उपदेश कला से संबंधित;
dw/lw: **~letics** /~क्स/ *n.* प्रवचन-कला, उपदेश-कला; **~letist** /~स्ट/ *n.* उपदेशक, प्रचारक;

hominal /हौमिनल/ *US* हाःमिनल/ *adj.* मानवीय

homily /हौमिलि/ *US* हाःमिलि/ *n.* प्रवचन, धर्मोपदेश, उपदेश, उपदेशात्पक व्याख्यान, शिक्षा

homing /होमिंग/ *pp,* **'home'** का वर्तमान कालिक कृदंत;
adj. 1 गृहगामी, घर लौटने वाला, वापस आने वाला: ~ instinct (कई पशु-पक्षियों में पाया जाने वाला दिशा-बोध (दूर-दराज क्षेत्रों से घर लौटने की प्रवृत्ति) 2 अपने आप निशाना ढूंढने वाला (प्रक्षेपास्त्र यानी मिसाइल /missile/) 3 घर की याद में तड़फने वाला;
collocations: ~ **device** 1 निशाने तक पहुंचाने वाला यंत्र; ~ **pigeon** पत्र देकर घर लौटने वाला कबूतर; ~ **missile** निशाने पर प्रहार के बाद वापस लौटने वाला प्रक्षेपास्त्र या प्रक्षेपणास्त्र

homi\nid /हौमि\निड/ *US* हाःमि\निड/*n.* आदिमानव वंश;
dw/lw: **~nify** /~निफाइ/ *v., pt.* ~nified, *pp* ~nifying मानवीकरण क.; **~nivorous** /~निवरस/ *adj.* नर-भक्षक; **~noid** /~नॉइड/ *adj.* मानव-समान, व्यक्ति जैसा; **~noid** *n.* मानव, मानव से संबंधित जीव

hominy /हौमिनि/ *US* हाःमिनि/ *n., N. Amer., esp. US* 1 मोटी दली हुई मक्की, जिसे दूध या पानी के साथ उबालकर दलिया बनाया जाता है 2 एक तरह का बाजरा: ~ grits (दलिया)

homo /होमो/ *n.* 1 आधुनिक मानव का श्रेणीगत नाम 2 *pl.* **~s** समलिंगियों (homosexual) के लिए प्रयुक्त घृणास्पद शब्द

homo- /होमो/ हौमो-/ *US* होमो/ हाःमो-/ *prefix, comb. form, signifying:* **same** (सम-, एकरूपता सूचक, समान)

homocyclic /होमोसिक्लिक/ *adj.* एक जैसे अणुओं वाला (योग)

homoeopath; **homoeopathy** *see above under* **homeopath**

homo\eothermic/ ~eothermic/ ~eothermal/ ~iothermal /हौमिओथःमिक/ हौमिओथःमल/ *US* हाःमिओथःमिक/ हाःमिओथःमल/ (*also* **warm-blooded**) *adj.* बाहरी वातावरण के प्रतिकूल स्थिर आंतरिक तापमान आदि बनाए रखने वाला (जीव या अंग) (*comp. with* **homeostasis/ homoeostasis**)

homocentric /हौमोसेंट्रिक/ *US* हाःमोसेंट्रिक/ *adj.* संकेंद्री

homochromatic /हौमअक्रमैटिक/ *US* हाःमअक्रमैटिक/ (*also* **~chromic/ ~chromous** /हौमअक्रोमिक/ हौमअक्रोमस/) *adj.* समरंग, एकरंग

homodont /हौमअडौंट/ *US* हाःमअडांट/ *adj.* एक समान दांतों वाले

Homo erectus /हौमो इरेक्टस, होमो -/ *US* हाःमो इरेक्टस, होमो -/*Lat.* आदि मानव का प्रारंभिक रूप जो दो टांगों पर चल सकता था

homoerotic /हौमोइरौटिक, होमोइरौटिक/ *US* हाःमोइराःटिक, होमोइराःटिक/ *adj.* समलिंगी यौन क्रिया या यौन-लिप्सा से संबंधित

homo\gamous /हमौगमस/ *US* हमाःगमस/ *adj.* समयुग्मकी, समपुष्पी;
dw/lw: **~gamy** /हमौगमि/ *US* हमाःगमि/ *n.* समपुष्पता, समयुग्मकता

homo\gene /हौमो\जीन/ *US* हाःमो\जीन/ *n.* समान जीन, समांगता;
dw/lw: **~geneal** /~जीनिअल/ *adj.* समरस, एक समान; **~geneate** /~जीनिएट/ *v., pt.* ~geneated, *pp* ~geneating समरसता पैदा क.; **~geneity** /~जिनीइटि/ *n.* समजातीयता, समरसता; **~geneous** /हौमअजीनिअस/*US* होमअजीनिअस/ *adj.* समरस, एकरस; **~genize** /हमौजअनाइज/ *v., pt.* ~genized, *pp* ~genizing समरस या एकरस बनाना; **~geny** /हमौजिनि/ *n.* समरसता, एकरसता, समजातीयता

homograph /हौमोग्राफ/ *US* हाःमोग्रैफ/ *n.* 1 ऐसा शब्द जिसकी वर्तनी तो किसी अन्य शब्द के समान हो पर उनके अर्थ भिन्न हों 2 समवर्तनी शब्द: like ~ (समान); like ~ (पसंद क.)

homo habilis / हौमो हैबिलिस/ *US* हाःमो हैबिलिस/ *Lat.* सर्व प्रथम औजारों का प्रयोग करने वाला आदि मानव

homologa\te /हमौलअगेट/ *US* हमाःलअगेट/ *v., pt.* **~ted**, *pp* **~ting** 1 समर्थन क. 2 सहमत हो. 3 प्रमाणित क. 4 से मिलान क.

homo legalis /हौमो लिगेलिस/ *US* होमाः -/ *Lat.* वैध संस्था, कानूनी अधिकार प्राप्त संस्था

homo\logize /होमौ\लजाइज/ *US* हमाः\लजाइज/ *v., pt.* **~logized**, *pp* **~logizing** सदृश या समजात बनाना;

***dw/lw:* ~logous** /~लगस/ *adj.* समजात, समजातीय, सदृश, सधर्मी: ~logous tissues; ~logous vaccine; **~logue** /हौमअलौग/ *US* हाःमअलाःग/ *n.* समजात; **homology** /~लजि/ *n.* समजातता, सादृश्य, सधर्मता, सजातीयता

homo\morph /हौम\अमौःफ/ *US* हाःम\अमाःफ/ *n.* समरूप;
***dw/lw:* ~morphic/ ~morphous** /~मौफिक/ ~मौःफस/ *US* ~माःफिक/ ~माःफस/ *adj.* समरूपी; **~morphy** /~मौःफि/ *n.* समरूपता

homonoid /हौमअनॉयड/ *US* हाःमअनॉयड/ *n.* मानव-समान, मानवसम, मानव जैसा जीव

homo\nym /हौमअनि\म/ *US* हाःमअनि\म/ *n., ling.* 1 समध्वनीय भिन्नार्थक शब्द, समरूप, समध्वनिक पर भिन्नार्थक शब्द 2 समनामधारी वस्तु या व्यक्ति आदि 3 एक ही उपनाम वाले व्यक्ति;
***dw/lw:* ~nymic** /~क/ *adj.* = **~ous** /~मस/ समध्वनीय, समध्वनीक; **~nymy** /हौमौनिमि/ *US* हाःमाःनिमि/ *n.* समध्वनिकता, एक वर्तनी और ध्वनि पर भिन्नार्थकता: kind (दयालु); kind (प्रकार)

homophobe /हौमोफौ\ब/ *US* हाःमोफाः\ब/*n.* समलिंगियों से अत्यधिक घृणा करने वाला व्यक्ति;
***dw/lw:* ~phobia** /~बिया/ *n.* समलिंगियों से अत्यधिक घृणा; **~phobic** /~बिक/ *adj.* समलिंगियों से घृणा करने वाला

homo\phone /हौमअ\फोन/ *US* हाःमअ\फोन/ *n., ling.* समध्वनिक शब्द;
***dw/lw:* homophonic** /~फोनिक/ ~फोनिक/ (*also* **~phonous** /हमौअफनस/ *US* हमाःफनस/) *adj., music* समध्वनिक; **homophony** /हमौफनि/ *US* हमाःफनि/ *n.* समध्वनीयता

homopolar /हौमोपोलः/ *US* हाःमोपोलः/ *adj.* एकध्रुवीय

homo\pterous /होमौप्टे\रस/ *US* होमाःप्टे\रस/ *adj.* एक रंग के पंखोंवाला (पतंगा);
***dw/lw:* ~ptera** /~रा/ *n.* एक रंग के पंख वाला पतंगा

homo sapiens /हौमो सैपिएन्ज/ *US* हाःमो सैपिएन्ज/ *n., Lat.* मानव जाति, मनुष्य की नस्ल

homo\sexual /होमअसेक्शु\अल/ हौमअसेक्शु\अल/ *US* होमअसेक्शु\अल/ हाःमअसेक्शु\अल/ *adj.* समलिंगी;
***dw/lw:* ~sexual** *n.* समलिंगी व्यक्ति; **~sexuality** /~ऐलिटि/ *n.* समलैंगिकता

homosporous /हौमोस्पोरस/ *US* हाःमोस्पोरस/ *adj.* समबीजाणु

homo\sthermy /हौमोस्थःमि/ *US* हाःमोस्थःमि/ *n.* समतापता, एकतापन;
***dw/lw:* ~thermal** /हौमोथःमल/ (*also* **~thermous**) *adj.* समतापक

homothetic /हौमोथेटिक/ *US* हाःमोथेटिक/ *adj.* समस्थितिक

homotype /हौमोटाइप/ *US* हाःमोटाइप/ *n.* समप्रारूप

homo\zygous /हौमअजाइ\गस/ *US* हाःमअजाइ\गस/ *adj.* सयुग्मजी;
***dw/lw:* ~zygosis** /~गोसिस/ *n.* समयुग्मजता; **~zygot** /~गोट/ *n.* समयुग्मजक

homunculus/ homuncule /हमंक्यु\लस, हमंक्य\लस / हमंक्यू\ल/ *n., pl.* **homunculi** /~लाइ/ बौना आदमी

homy *see above under* **homey**

Hon. *abbr.* 'Honorary', 'Honourable' का संक्षेप

Honduran /हॉड्युअरन/ *n.* होंडुरास (**Honduras**) का नागरिक

honcho /हौंचो/ *US* हांचो/*n., N. Amer., colloq.* महत्त्वपूर्ण व्यक्ति, बड़ी तोप (big shot)

ho\ne /होन/ *n.* चाकू-छुरी आदि औजार तेज करने के लिए प्रयुक्त चिकना पत्थर, सान;
***v., pt.* ~ned,** *pp* **~ning** 1 औजार को पत्थर (सान) से रगड़कर तेज क. 2 सुधारना, त्रुटिहीन बनाना;
***dw/lw:* ~stone** *n.* शाणाश्म, सान
***p&i:* ~ne one's skills** अपने हुनर या कौशल को और बेहतर बनाना

honest /औनिस्ट\/ *US* आःनिस्ट\/ *adj.* 1 ईमानदार, सच्चा: an ~ living 2 सच्चरित्र: an ~ girl/ boy 3 निष्कपट, सत्यवादी 4 खरा, असली, शुद्ध: an ~ piece of work; ~ goods 5 अच्छा, शरीफ, भला 6 विश्वसनीय: ~ chronicler;
dw/lw:* ~ly** /~लि/ *adv.* 1 (syn.*** dishonestly) ईमानदारी से, सचमुच 2 सच्चे तरीके से 3 गुस्सा जताने के लिए प्रयुक्त, सच तो यह है कि...; **~-to-God/ ~-to-goodness** *adj.* असली, सच्चा, खरा (बोलने वाले द्वारा प्रयुक्त); **~y** /औनअस्टि/ *US* आःनअस्टि/ *n.* 1 ईमानदारी 2 निष्ठा: in all ~y; I can say with ~ 3 विश्वसनीयता 4 खरापन;
***collocations:* ~ broker** निष्पक्ष मध्यस्थ; **~ penny** खून-पसीने की कमाई; **~ sweat** मेहनत की कमाई;
an ~ attempt एक ईमानदार प्रयास; **an ~ wage** उचित और न्यायपूर्ण, वेतन, मजदूरी, मुआवजा; **an ~ wine** साधारण मदिरा;
***p&i:* ~y is the best policy** ईमानदारी सर्वोत्तम नीति है;
as ~ a man as ever lived/ as ever broke bread/ as ever trod on earth दुनिया में ऐसा ईमानदार आदमी आज तक पैदा नहीं हुआ; **be ~ with oneself** अपने से ईमानदार हो.; **be quite ~ about it …** इस बारे यदि ईमानदारी से कहा जाए तो...; **be ~ to one's principles/ convictions** अपने सिद्धांतों व निष्ठा के प्रति वफादार र.; **make an ~ woman of sb** किसी औरत के साथ किए गए दुष्कर्म को उससे शादी करके धोना; **my ~ gentleman!** हे भले आदमी!; **to be ~** ईमानदारी से बात कही जाए तो...; **turn an ~ penny** ईमानदारी की कमाई क.; **twelve ~ men** ज्युरी (न्याय-निर्णायक मंडल) के सदस्य;

honey /हनि/ *n.* 1 शहद, मधु, मधुरस, मकरंद: comb/ wild clover ~ (शहद के छत्ते का असली शहद); virgin ~ (शहद, मधु) 2 *US* प्रेम-सूचक नाम 3 माधुर्य: he was all ~ to her सुप्रिय वस्तु या बात: his words were ~ to my soul;
***v., pt.* ~d,** *pp* **~ing,** *s/he/it* **~s** 1 मीठा बनाना 2 मधुर, रुचिकर या सुप्रिय बनाना;
adj. मधुर, मीठा: ~ sweet;
***dw/lw:* ~-badger** *n.* एक जानवर, बिज्जू; **~bee** *n.* मधुमक्खी; **~-buzzard** *n.* मधु श्येन; **~comb** *n.* 1 शहद का छत्ता, करंड, मधुकोश 2 द्वितीय आमाशय; **~comb** *v., pt.* ~combed, *pp* ~combing छेदों से भरा होना; **~combed** *adj.* छत्तेदार; **~-drop** *n.* शहद की बूंद; **~-eater** *n.* एक आस्ट्रेलियायी पक्षी जो फूलों के रस का चूसता है; **~-guide** *n.* एक अफ्रीकी पक्षी जो मधुमक्खियों के छत्तों का रास्ता दिखाता है, मधुसूचक; **~moon** /हनिमून/ *n.* नव दंपति की विहार-वेला, मधु चंद्र, विवाहोपरांत आनंदमास, प्रमोदकाल: be on (one's) ~moon; **~-mouthed** *adj.* मधुर-भाषी, मिठबोला; **~pot** *n.* आकर्षक वस्तु या व्यक्ति; **~suckle** *n.* मधुमालती; **~-sweet** *adj.* मधु-मधुर; **~-tongued** *adj.* मधुरभाषी, मिठबोला; **~-words** *n., pl.* मधुर शब्द, मीठे बोल;
***collocations:* ~ and hug** लाड-प्यार; **~comb quilt** एक विशेष बनावट के कपड़े से बनी रजाई; **~comb texture/ ~combed-structure** मधु-मक्खी के छत्ते जैसी संरचना; **~ dew** मधुरस; **~dew melon** एक प्रकार का तरबूज जिसकी खाल चिकनी हरी या नारंगी हो सकती है; **~d/ honied** शहद-मिला, शहद लगा, मीठा;
***p&i:* ~ catches more flies than vinegar** मीठे बोल सफलता की कुंजी; **~combed with** से भरा हुआ; **~combed with intrigues** षड्यंत्रपूर्ण चालों के कारण कमजोर पड़ा हुआ; **~ in the mouth saves the purse** मीठे बोल बिगड़े काम को बना देते हैं; **~ is not for the ass's mouth** भैंस के आगे बीन बजाना; **~ is sweet, but the bee stings** कांटों बिना गुलाब नहीं; **~moon is over** प्रेमाचार या मधुर संबंधों का दौर खत्म;
as sweet as ~ अत्यधिक मधुर या मिठबोला; **he was all ~** वह बहुत ही मीठा बना हुआ था; **life is not all ~** जीवन मात्र

फूलों की सेज नहीं; **it is no ~moon** जीवन कोई फूलों के सेज नहीं

honk /हौंक/ *US* हांक, हॉंक/ *v., pt.* **~ed**, *pp* **~ing** 1 (*syn.* hoot) कार का भोंपू या हॉर्न बजाना 2 पों-पों क. 3 जंगली बत्तख की आवाज (कां-कां) क. 3 *sl* बदबू आना या छोड़ना 4 *sl* उल्टी क.;
n. बत्तख का कां-कां 2 कार हॉर्न की आवाज

honky-tonk /हौंकि-टौंक/ *US* हांकि-टांक/ *n.* 1 सस्ता नाचघर, सस्ता रात्रि क्लब 2 पिआनो पर बजाया जाने वाला एक जीवंत जैज (jazz) संगीत

honor /आःनः/ *n. US spell.,* **'honour'** की अमेरिकी वर्तनी

honorand /औनअरैंड/ *US* आःनअरैंड/ *n.* मानदेय या सम्मानद्योतक उपाधि धारक या प्राप्तकर्ता

honorarium /औनअरेअरिअम/ *US* आःनअरेअरिअम/ *n.* मेहनताना, पारिश्रमिक, मानदेय

honorable /औनअरेबल/ *US* आःनअरेबल/ *US adj. US spell.* **'honourable'** की अमेरिकी वर्तनी, आदरणीय, सम्माननीय

honorary /औनअरेरि/ *US* आःनअरेरि/ *adj.* 1 मानद, सम्मानार्थ, सम्माननीय: ~ reward; ~ title/ degree 2 अवैतनिक: ~ secretary; ~ colonel 3 मान-मर्यादा से जुड़ा हुआ;
collocations: ~ **feud** *law* बड़े बेटे को मिलने वाली सामंती पदवी; ~ **debt** मान-मर्यादा का ऋण; ~ **mention** सम्मानार्थ उल्लेख

honorific /औनअरिफिक/ *US* आःनअरिफिक/ *adj.* 1 सम्मानप्रद 2 सम्मानसूचक: ~ post 3 आदरवाचक, सम्मानार्थक

honoris causa /औनॉरीस कोजा/ *US* अनॉरीस कोजा/ (*also* **honoris gratia**) *adv., Lat.* मानद या सम्मानार्थ दी जाने वाली (डिग्री आदि): the governor was awarded a degree **honoris causa**

honor roll *US* 1 = roll of honor 2 स्कूल, कॉलेज आदि में सर्वश्रेष्ठ छात्रों की सूची

honor society *US* स्कूल, कॉलेज आदि में सर्वश्रेष्ठ छात्रों के लिए एक संगठन

honor system *US* एक ऐसा समझौता जिसके तहत लोगों द्वारा नियमों के पालन के बारे में विश्वास किया जाता है

honour /औनः/ *UK* (*US* **honor** /आःनः/) *n.* 1 आदर, सत्कार, सम्मान, श्रद्धा, स्नेह, पसंदगी: give/ pay/ ~; show ~ to one's parents 2 इज्जत, मान-सम्मान: defend one's ~ 3 (*syn.* reputation) नेकनामी: pledge one's ~ (नेकनामी के नाम पर शपथ ले.) 4 प्रतिष्ठा, इज्जत: I take your visit as a great ~ 5 सम्मान: peace with ~ 6 सत्यनिष्ठा: conduct oneself with ~ 7 (*syn.* privilege) गौरव, आनंद या विशेषाधिकार: be bound in ~ to do sth 8 ईमानदारी, मान-मर्यादा: on/ upon my ~/ word of ~ (ईमानदारी से, मान-मर्यादा के नाम में) 9 सैद्धांतिक नैतिकता: lose one's ~ 10 शुद्धता, पवित्रता 11 मानद उपाधि 12 (*syn.* B.A /Hons./ etc.) विशिष्टता: pass in history with **~s** 13 औपचारिक आदरसूचक संबोधन (अत्रभवान्, तत्रभवान्, महामहिम): Your ~! 14 ताश के खेल में अधिकतम संख्या (value) वाला पत्ता;
v., pt. **~ed**, *pp* **~ing** 1 मान, सम्मान, आदर (क.): ~ thy father and thy mother 2 सम्मानित क.: he **~ed** me with an invitation 3 सम्मान या आदर दे. 4 उपासना क 5 (*syn.* keep promise) पूरा क., वचन निभाना: ~ one's commitments 6 मानद उपाधि दे. 7 देय राशियों का समय पर भुगतान क.: ~ one's promise of debt repayment;
dw/lw: **~able** *see below under separate entry*; **~-bound** *adj.* किसी कार्य को करने के लिए सत्यनिष्ठा या कर्त्तव्य भावना से प्रेरित; **~-guard** *n. US* सलामी गार्द; **~s** /औनःज/ *US* आनःज/ *n. [pl.]* 1 (*abbr. of* 'Honours') विश्वविद्यालय की डिग्री (आनर्स कोर्स): BA (Honours) = BA (Hons); ~-man (आनर्ज की उपाधि प्राप्त व्यक्ति) 2 अंतिम संस्कार के दौरान श्रद्धांजलि 3 ताश के खेल में उच्चतम चार पत्ते 4 गोल्फ के खेल में पेड़ की तरफ से पहले खेलने का अधिकार; **~-point** *n.* = **point of** ~ कर्त्तव्य, इज्जत का सवाल;
collocations: **~-guard** or **guard of** ~ सुरक्षा-गार्डों द्वारा दिया जाने वाला एक विशेष प्रकार का सम्मानार्थ सलामी; ~ **killing** भारत के कुछ क्षेत्रों में सामाजिक प्रथाओं के विरुद्ध शादी करने पर परिवार की मान-मर्यादा के नाम पर की जाने वाली घिनौनी हत्या; **~s and ceremonies** *naut.* सम्मानपूर्वक स्वागत करने की रस्म; **~s list** सम्मानित किए जाने वाले व्यक्तियों की सूची;
affair of ~ द्वंद्व युद्ध (duel); **a man of** ~ ईमानदार/ निष्ठावान व्यक्ति; **debt of** ~ मान-ऋण; **do the ~s** मेहमाननवाजी का फर्ज पूरा क.; **guard of** ~ सुरक्षा गार्ड द्वारा दी जाने वाली सम्मानार्थक सलामी; **Her/ His Honour!** तत्रभवान्!; **in ~ of sb/ sth** किसी के सम्मान में; **sense of** ~ आत्म-सम्मान की भावना; **maid of** ~ 1 रानी या राजकुमारी की परिचारिका 2 दुल्हन की सहेली; **man of ~s** ऑनर्ज (Hons) की उपाधि प्राप्त व्यक्ति; **soul of** ~ अत्यंत नेक व्यक्ति; **the code of** ~ मान-सम्मान का चिह्न; **the~s of war** युद्ध में आत्म-समर्पण करने वाली सेना के अधिकार व शर्तें; **the last/ funeral/ ~s** अंतिम संस्कार, अंत्येष्टि क्रिया; **title of** ~ मानोपाधि; **upon my** ~ ईमान से, धर्म से; **word of** ~ कसम, शपथ, वचन; **Your Honour!** अत्रभवान्!;
p&i: ~ **an agreement/ contract/ promise, etc.** समझौता/ अनुबंध/ वचन आदि को निभाना; ~ **are even** प्रतियोगियों के बीच बराबर की टक्कर है; ~ **bright!** अपने सम्मान की शपथ (मेरी कसम)!; **~s change manners** प्रसिद्धि पाकर लोग बदल जाते हैं;
be bound in ~ to do sth कुछ करने का वचन दिया हो.; **do sb an** ~ किसी को गौर्वान्वित क., किसी को सम्मान दे.; **do the ~s** आतिथेय कर्त्तव्य या शिष्टाचार निभाना; **do the ~s of the house** मेहमाननवाजी क.; **do the ~s of the table** खाने की मेज पर मेहमाननवाजी करते हुए मेहमानों को खिलाना-पिलाना; **feel ~ bound to do sth** किस काम को करने को अपना नैतिक कर्त्तव्य समझना; **have the ~ of doing sth** कुछ करने का सौभाग्य पाना; **in ~ of sb = in sb's** ~ किसी के सम्मान में; **it's my (your)** ~ (गोल्फ के खेल में) अब मेरी बारी है!; **may I have the ~ of your company at dinner?** or **will you do me the ~ of dining with me?** क्या आप हमारे साथ भोजन करना स्वीकार करेंगे?; **put sb on his** ~ किसी को वचनबद्ध करवाना, किसी से वायदा पूरा करने की सौगंध उठवाना; **there is ~ among thieves** चोरों के बीच भी वादाखिलाफी नहीं होती; **wear all one's ~s** सारे तमगों और सम्मानार्थक चिह्नों से सुसज्जित हो.

honourable /ऑनरेबल/ *UK adj.* 1 (*US* **honorable**) ईमानदार व न्यायशील, सम्माननीय: ~ man 2 (ब्रिटेन, भारत आदि में) मानद उपाधि, एक सम्मान 3 माननीय, उच्च मानदंडों का पालन करने वाला: the ~ gentleman/ member 4 प्रतिष्ठित: my ~ friend; my ~ colleague 5 प्रतिष्ठापूर्ण, गौरवपूर्ण: ~ conduct/ behaviour; ~ duty 6 सच्चा, भला, खरा: be ~ in one's obligations 7 नेक: ~ intentions 8 सम्मानजनक: an ~ understanding; ~ peace 9 सम्मानसूचक, सम्मानार्थक: the ~ leader of the house, the hon'ble Supreme Court;
dw/lw: **~ably** /औनअरेबलि/ *US* आःनअरेबलि/ *adv.* सादर, बाइज्जत;

Hons *see above under* **honour:** ***dw/ lw***

hooch /हूच/ (*also* **hootch**) *n.* अवैध शराब: ~ still (शराब निकालने का उपकरण)

hood /हुड/ *n.* 1 छत्र 2 कोट या जैकेट से जुड़ा शिरोवस्त्र 3 (*N. Amer., esp. US* **KPT bonnet**) कार के इंजन का ढक्कन, बोनेट 4 विश्वविद्यालयी दीक्षांत समारोह टोप 5 टप, बरसाती 6 कार की मोड़ी जा सकने वाली (folding) छत 7 बाज के सिर का आवरण 8 सांप (कोबरा) का फैलने वाला छत्र 9 चर्च के साधु का टोप वाला चोगा 10 बोतल का ढक्कन: bottle ~ 11 रक्षात्मक आवरण: a lens ~ 12 *US sl.* = hoodlum बदमाश, गुंडा;

***dw/lw:* ~ed** /हुडिड/ *adj.* 1 जैकेट टोप पहने हुआ 2 हुड जैसा: ~ed/ ~ie crow (हुड वाला, भूरी धड़ और काले सिर वाला कौवा); ~ed monk; ~ed mantle (टोपी जुड़ा कोट या जैकेट) 3 लंबी पलकों वाला (जो आधी बंद-सी लगती हैं); **~ie** /हुडि/ (*also* **~y**) *n.* 1 जैकेट के साथ सिला हुआ टोप जैसा आवरण जिससे सिर ढका जाता है 2 ~ie crow *see above under* ~ed/~ie crow;

***p&i:* the ~ does not make the monk** परिधान मात्र से कोई संत नहीं बनता

-hood *suffix* 1 किसी व्यक्ति या वस्तु की अवस्था का सूचक: man~ (प्रौढ़ अवस्था); mother~ (मातृत्व) 2 समूह सूचक: priest~ (पादरी गण) 3 स्थानसूचक: neighbour~

hoodlum /हुडलम/ *n.* (***syn.*** hooligan) गुंडा, बदमाश, लफंगा;

***dw/lw:* ~hood** /हुडलमहुड/ *n.* गुंडागर्दी, गुंडई

hoodoo /हूडू/ *n.* 1 असगुन, अपशकुन 2 बदकिस्मती, दुर्भाग्य 3 अपशकुनसूचक व्यक्ति या वस्तु 4 भूत-प्रेत का कुप्रभाव;

***v.**, pt.* **~ed**, *pp* **~ing** 1 दुर्भाग्यसूचक होना, अपशकुन का सूचक होना 2 भूत-प्रेत का दुष्प्रभाव हो. 3 भूत भगाना: ~ the spirits 4 जादू-टोना क. 5 शोर मचाना: ~ about sth;

adj. भूत-प्रेत भगाने वाला: ~ priest (ओझा); ~ woman (टोनाहिन); ~ stick (जादू-टोने की छड़ी)

hoodwink /हुडविंक/ *v., pt.* **~ed**, *pp* **~ing** 1 धोखा दे. 2 ठगना: be easily **~ed** 3 आंखों में धूल झोंकना

hooey /हूइ/ *n.* बेमतलब की बात, बकवास, अनाप-शनाप, अंडबंड: it's all a lot of ~

hoof /हूफ/ *n., pl.* **hooves** or **~s** खुर: ~ marks (खुरों के निशान, पैड़ *Hr.*);

v., pt. **~ed**, *pp* **~ing** 1 खुरों से जमीन को पीटना 2 पैदल जा. 3 नाचना 4 *crude* ठोकर मारकर निकालना, नौकरी से निकालना: he was **~ed** (out)

***dw/lw:* ~beat** *n.* खुरों के जमीन पर पड़ने की आवाज; **~er** /हूफ़ः/ *n.* नर्तक, नाचने वाला;

***collocations:* ~-and-mouth disease = foot-and-mouth disease)** खुरपका;

***p&i:* ~ it** कहीं पैदल जा.

beat (it on) the ~/ pad the ~ पैदल जा.; **meat on the ~** गोश्त के जानवरों की बची हुई संख्या (reserve); **on the ~** जीवित, जिंदा (पशु); **recognise sb's ~ in sth = see sb's ~ in sth** षड्यंत्र या किसी चाल में किसी के हाथ होने को भांप जा.; **shake a ~** नाचने लगना; **sell corn on the ~** *US* बेचे जाने वाले पशु को मक्की का चारा खिलाकर मोटा क.; **under sb's ~** किसी के पंजे तले

hoo-ha /हू-हा/ *n.* 1 शोर-शराबा, हो-हल्ला 2 (***syn.*** fuss) नखरेबाजी

hook /हुक/ *n.* 1 मछली पकड़ने का टेढ़ा कांटा, आंकड़ा, कंटिया 2 अंकुश, अंकुसी 3 खूंटी 4 हंसिया 5 नदी आदि का मोड़ 6 अंतरीप, टापू 7 वक्र रेखा 8 कोहनी 9 बॉक्सिंग में एक विशेष घूंसा 10 क्रिकेट के खेल में ऊंची उठती बाल को उछालने वाला शॉट;

***v.**, pt.* **~ed**, *pp* **~ing** 1 कंटिया से पकड़ना 2 कंटिया से बांधना या उसकी मदद से पकड़ना: the trolley was **~ed** to the tractor; ~ a dress 3 धोखा देकर पैसा आदि वसूलना, ठगना, बहकाना: ~ sb's money 4 फंसाना: ~ a husband/ a wife 5 छीनना, चुराना 6 क्रिकेट की गेंद को बल्ले से मारकर ऊपर उछालना 7 पोशाक को हुक से बंद क. 8 मुड़ना, टेढ़ा हो., वक्र हो.;

***dw/lw:* ~-and-ladder** *adj. US, sl.* अग्नि-शामक; **~ed** *adj.* 1 हुक के आकार का, टेढ़ा या टेढ़ी 2 आंकड़ेदार, अंकुशाकार 3 विवाहित 4 मादक पदार्थ का व्यसनी; **~er** *n.* 1 वेश्या 2 जलपोत; **~let** *n.* अंकुशिका; **~-nose** *n.* शुकनासिका; **~-nosed** *adj.* शुकनास, तोते की चोंच जैसी नाक वाला; **~-up** *n.* 1 अंतःसंपर्क 2 कंप्यूटर, इलेक्ट्रोनी उपकरणों आदि का जुड़ाव 3 योग, जोड़ 4 जुड़ाव, विशेषतः एक ही कार्यक्रम का प्रसारित करने वाले सभी केंद्रों से जुड़ाव: national ~-up; **~-up** *v., pt.* ~ed-up, *pp* ~ing-up 1 मिलाना 2 अंगों को जोड़ना 3 कई रेडियो-स्टेशनों को अस्थाई तौर पर एक ही प्रोग्राम से जोड़ दे.; **~-worm** *n.* आंकड़ा-कीड़ा, अंकुश-कृमि;

***collocations:* ~ company/ truck house** अग्नि-शमन दल; **~ed on** का दीवाना, की लती, के प्रति पूर्णतः प्रतिबद्ध; **~ shot** क्रिकेट आदि में उछाल लेती गेंद पर प्रहार;

***p&i:* ~ and eye** हुक से कपड़ों को बांधना या फंसाकर टांगना; **~ in** 1 पाना 2 सहमत होने के लिए मजबूर क.; **~ it** चुराकर भाग जा.; **~, line and sinker** (*comp.* **lock, stock and barrel**) पूरी तरह से; **~ up** किसी को फंसा लेना;

a left/ right ~ बॉक्सिंग में एक वार (हुक), उल्टे या सीधे हाथ से किया गया वार; **be/ get ~ed on sth** किसी उपकरण से चिपके र., का व्यसनी हो.; **be ~ed on a drug** मादक पदार्थों का व्यसनी या लती हो.; **by ~ or crook** चाहे जैसे भी हो, येन, केन, प्रकारेण; **drop off the ~s** मर जा.; **get the ~** *US, sl.* नौकरी से निकाल दिया जा.; **get one's ~s in** or **into sb** किसी से बुरी तरह चिपट जा., किसी पर काबू पा लेना, अपने वश में कर लेना; **get/ let sb off the ~** फंसे आदमी को छोड़ दे; **go on the ~ for sb** किसी के लिए ऋण में फंस जा.; **off the ~s** 1 टेक से उतरा हुआ टेलीफोन रिसीवर 2 मुसीबत से बाहर; **on/ upon one's own ~** 1 अपनी जिम्मेवारी पर 2 खुद की पहल पर; **on the own ~** 1 में फंसा हुआ, में शामिल 2 किसी के काबू में 3 प्रतीक्षा में; **sling one's ~** भाग जा., चंपत हो जा.

hookah /हुकाह/ *n.* हुक्का, गुड़गुड़ी

hookey = hooky /हुकि/ *adv.* टलते हुए: **play ~ = play truant** बिना अनुमति के स्कूल, कार्य स्थल या ड्यूटी से गायब रहना

hooligan /हूलिगन/ *n.* बदमाश, गुंडा;

***dw/lw:* ~ism** /हूलिगनिज्म/ *n.* गुंडागर्दी, गुंडई: ~ism outrages (गुंडों के जुल्म)

hoon /हून/ *n., Austral. & NZ* बदतमीज, उद्धत, धृष्ट, उजड्ड

hoop /हूप/ *n.* 1 धातु, प्लास्टिक या लकड़ी का छल्ला 2 चक्रदार पट्टी, वलय, घेरा 3 लोहे आदि का गोल चक्र 4 स्कर्ट को चौड़ा रखने के लिए चक्राकार चौड़ा छल्ला: **~ed** skirt 4 बास्किटबाल की टोकरी का छल्ला 5 हल्की-सी चीख या चीत्कार;

***dw/lw:* ~-dress/ ~-petticoat** *n.* छल्लाकार ड्रेस/ पेटी-कोट; **~ed** /हूपड/ *adj.* चक्रित, छल्लाकार: ~ed rings; **~ing** *adj.* चीख या चीत्कार की आवाज वाला: ~ing cough (कुकुर-खांसी, ढांसी, कुकास); **~-iron** *n.* छल्लाकार इस्पात

***p&i:* go/ put through the ~ (s)** 1 किसी की कठिन परीक्षा ले. 2 कठिन परीक्षा में से गुजरना; **go roll one's ~** 1 चले जा. 2 अपना काम करने लगना; **jump through a ~** आज्ञा का पालन क., हुक्म बजाना;

hoopoe /हूपू/ *n.* 1 हुदहुद 2 एक पक्षी

hoopla /हूपला/ *n.* 1 बेमतलब की या वाहियात बात, बकवास 2 हंगामा: a great ~ of propaganda 3 (*US* **ring-toss**) ब्रिटेन में एक खेल जिसमें छल्ले फेंककर किसी चीज को फंसाया जाता है

hooray (*also* **hurrah**, **hurray**) /हुरे/ *excl.* 1 शाबाश, बल्ले-बल्ले! 2 (*also* **hooroo**) *Austral. & NZ* अलविदा!

Hooray Henry /हुरे हेनरि/ *n.* (***syn.*** spoilt brat) धन्ना सेठ का बिगडैल बेटा

hoose /हूस/ *n.* पशुओं में परजीवी श्वसनी-शोथ

hoosegow/ hoosgow /हूजगो/ *n., US, sl.* जेलखाना, कैदखाना, कारागार

hoot /हूट/ *n.* 1 कार हॉर्न, भोंपू या साइरेन आदि की आवाज 2 उल्लू की आवाज, घू-घू 3 तमाशा 4 ठहाका: **~s** of rage (क्रोधभरी चीख-चिल्लाहट): **~s** of joy 5 *colloq.* मजेदार आदमी, वस्तु या घटना;

v.**, pt.* **~ed**, *pp* **~ing** *UK* 1 (syn.*** honk) भोंपू बजाना 2 घू-घू क. 3 किसी से असहमति जताने के लिए हो-हल्ला करते हुए या सीटी बजाकर स्टेज से नीचे उतारना: ~ an actor; ~ at a speaker 4 असहमति या नापसंदगी जताने के लिए ठहाके मारकर हंसना: ~ with laughter; ~ after sb असहमति जताने के लिए ठहाके मारते

हुए किसी के पीछे जा.;
***dw/lw:* ~er** /हूटः/ *n.* 1 हो-हल्ला करने वाला, शोर मचाने वाला 2 सीटी, भोंपू 3 व्यक्ति की लंबी नाक 4 *US sl.* औरत की छाती या उरोज;
***p&i:* ~ away** किसी को चिल्लाकर या ठहाके मारकर हंसते हुए भगा दे.; **~ down** चिल्लाकर किसी को चुप करा दे.; **~ with laughter** ठहाका लगाकर चुप कराना;
a ~ of laughter हंसी का ठहाका; **not care** or **give two ~s** जरा भी परवाह न क.

hootna\ny/ hootena\ny /हूटनैनि/ *n., pl.* **~nies** लोक संगीत का गैरसरकारी कन्सर्ट (रंगारंग कार्यक्रम)

hoove /हूव/ *n.* अफारा, अफराव, बादी

Hoover /हूवः/ *UK tradem.* (*UK/US* **vacuum cleaner**) *n.* वैक्यूम क्लीनर, सफाई करने की मशीन

hoover /हूवः/ *v., pt.* **~ed**, *pp* **~ing** (***syn.*** vacuum) वैक्यूम क्लीनर से फर्श, दरी आदि साफ क.; ***p&i:* ~ sth up** 1 बड़ी संख्या में प्राप्त क. earlier Soviet Union used to ~ up lot of medals वैक्यूम क्लीनर से फर्श, दरी आदि से कुछ उठाना

hooves /हूव्ज/ *pl.,* **'hoof'** का बहुवचन

hop /हौप/ *US* हाःप/ *v., pt.* **~ped**, *pp* **~ping** 1 कूदना, एक टांग पर कूदना 2 उछलना, फुदकना, उछल-कूद क. 3 बहुत अधिक हवाई या रेल यात्रा क. 4 लंगड़ाना: ~ away with one's crutch 5 किसी चीज के ऊपर से कूदना: ~ (over) the hedge; ~ the stick/ the twig 6 बार-बार एक कार्य को छोड़कर दूसरा करने लगना 6 अचानक जल्दी-जल्दी चलने लगना 7 पशु या पक्षी द्वारा दो टांगों पर उछल-उछलकर चलना;
n. 1 कूद, उछल-कूद: ~, step and jump or ~, skip and jump 2 उछाल 3 होप, हॉप 4 उड़ान 5 हवाई या रेल द्वारा छोटी-सी यात्रा या दौरा 6 एक लता या पौधा जिसके कड़वे फूल शराब और औषधि बनाने में प्रयोग किए जाते हैं: flavoured with **~s** 7 *sl.* मादक पदार्थ, विशेषकर अफीम;
***dw/lw:*~ped-up** *adj.* नशीले पदार्थों के सेवन से उत्तेजित; **~per** /हौपः/ *US* हाःपः/ *n.* 1 टिड्डा 2 दान, दानी 3 एक प्रकार का आधान 4 टोकरी 5 कूड़ा-कर्कट खाली करने का आधान 6 माल खाली करने के लिए बीच में छेद वाला मालगाड़ी का डिब्बा; **~-head** *n.* नशीली दवाओं का सेवन करने वाला व्यक्ति, नशाखोर, नशेड़ी; **~ping** /हॉपिंग/ *n.* 1 कूद, उछल-कूद, नाच 2 हॉप पौधे के फूलित-फलित होने का समय 3 हॉप का मिश्रण; **~ping** /हौपिंग/ *US* हाःपिंग/ *adj.* 1 उछल-कूद करने वाला 2 बहुत व्यस्त 3 अति क्रुद्ध, आपे से बाहरः ~ping mad; keep sb ~ping; **~-o'-my-thumb** *n.* बौना; **hops**/हौप्स/ *US* हाःप्स/ *[pl.]* एक पौधे के फूल जिन्हें बीयर आदि बनाने के लिए प्रयोग किया जाता है; **~py** /हॉपि/ *adj.* हॉप की सुगंध से भरा; **~sack/ ~sacking** *n.* 1 टाट, बोरी का कपड़ा 2 ऊन या खादी का खुरदरा कपड़ा; **~-scotch** *n.* जमीन पर वर्ग बनाकर एक टांग पर कूदते हुए पत्थर के टुकड़े को वर्गों से बाहर निकलने का बच्चों का एक खेल;
grass-~per *n.* टिड्डा;
p&i:* ~ in/ ~ out** उछलते-कूदते अंदर आना या बाहर जा.; **~ it** (syn.*** go away) चले जा., छोड़ दे.; **~ over** छोटी-सी हवाई यात्रा क.; **~, skip/ step and jump** *see above under* **v.**; **~ the stick/ the twig** मर जा.; **~ up** उद्दीप्त क.;
a short ~ छोटी-सी यात्रा; **catch sb on the ~** *colloq.* किसी को अचानक पकड़ना या आश्चर्यचकित क.; **drive sb ~ping mad** किसी को गुस्से से पागल कर दे.; **keep sb on the ~** किसी को व्यस्त एवं सक्रिय रखना; **on the ~** गतिमान, सक्रिय

HOPE *abbr.* 'Human Organ Procurement and Education' की प्रथमाक्षरी

hope /होप/ *v., pt.* **~d**, *pp* **hoping** 1 आशा क., प्रत्याशा क., उम्मीद क.: ~ for the best 2 प्रतीक्षा क. 3 भरोसा रखना, आशावादी हो. 4 अपेक्षा क.: I **~d** for better things from him; I ~ so;
n. 1 आशा, मनोरथ: **~s** of peace; he was the ~ of his school 2 उम्मीद: vague **~s**; this holds out little ~ 3 कामना, चाह, ख्वाहिश, आरजू, तमन्ना: ~ of a remedy 4 प्रतीक्षा: live in ~ of sth 5 अपेक्षा, अपेक्षित वस्तु: entertain a ~ that ... 6 विश्वास, भरोसा 7 प्रत्याशा 8 आकांक्षा;
dw/lw:* ~d-for** *adj.* जिसकी उम्मीद हो; **~ful** *adj.* 1 (syn.*** optimistic) आशावान, आशान्वित: young ~s 2 आशाजनक: in a ~ful way 3 आशा का स्रोत: a ~ful art student 4 (***syn.*** promising) आशा की किरणका द्योतक: ~ful prospect; **~ful** *adj.* आशावान व्यक्ति: five ~fuls have been vying for a place in the Indian team; **~fulness** *n.* 1 आशावाद 2 आशा से परिपूर्णता; **~fully** *adv.* 1 आशापूर्वक 2 उम्मीद है कि... 3 भगवान की मर्जी हुई तो!, इंशा अल्ला (ह)!; **~less** /~लस/ *adj.* 1 निराशाजनक: ~less struggle; ~less situation 2 (***syn.*** terrible) बहुत खराब, बेकार: ~less idiot; ~less waster 3 (***syn.*** pessimistic) निराश, मायूस, नाउम्मीद: be ~less for the future 4 बुरी हालत में: public transport is ~less these days; **~lessly** *adv.* बुरी तरह से; **~lessness** /~लअसनेस/ *n.* घोर निराशा, नाउम्मीदी
***collocations:* ~ chest** दुल्हन का (सामान रखने का) बक्सा; **forlorn ~** 1 टूटी आशा 2 असंभव काम;
***p&i:* ~ against ~** चमत्कार होने की आशा क., कोई संभावना न होते हुए भी कुछ होने की उम्मीद क.; **~ deferred makes the hear sick** पूरे न आसा करे उदासा; **~ for sth** किसी बात की उम्मीद क.; **~ for the best, be prepared for the worst, we must keep our gun powder dry** सर्वोत्तम परिणाम आने की उम्मीद रखो, खराब से खराब नतीजों के लिए तैयार रहो! हमें लड़ने के लिए सदा तैयार रहना चाहिए; **~ is a good breakfast but a bad supper** जीवन की अंतिम घड़ियों में भी आशा का पूरा न हो., बड़ी दुखदायक बात है; **~ of sth/ doing sth** कुछ करने की उम्मीद क.; **~ springs eternal = ~ floats** आशा नहीं मरती, उम्मीद पर दुनिया कायम है;
a young ~ful होनहार बालक; **be beyond ~ of sth** बचने की कोई उम्मीद न हो.; **dash sb's ~s to ground** आशाओं पर पानी फेर देना; **in the ~ of/ that** इस उम्मीद में कि...; **it is ~d that ...** इस बात की उम्मीद की जाती है कि ...; **pin one's ~s on sb/ sth** किसी पर या किसी चीज पर उम्मीद लगाना; **sb's best/ last/ only ~** किसी की सबसे बड़ी/ अंतिम/ एक मात्र उम्मीद; **bring/ give/ give up/ lose/ hold out/ offer ~** आशा बंधाना/ आशा छोड़ना/ भरोसा दिलाना/ उम्मीद खो दे./ आशा की किरण जगाना/ भरोसा दे.; **fresh/ great/ renewed/ vain ~** नई/ बड़ी/ फिर से जगी/ बेकार उम्मीद; **not have a ~ (in hell) that ...** जरा भी उम्मीद न होना कि ...; **so I should ~** ऐसी मुझे उम्मीद है; **some ~** or **what a ~!** कही गई बात के होने की कोई उम्मीद न होना

hopping, hop-scotch *see above under* **hop: *dw/lw***

HOPL *abbr.* 'Hindustan Office Products Limited' की प्रथमाक्षरी

hop\ple /हॉपल/ *v., pt.* **~pled**, *pp* **~pling** छांदना

Horae /होरी/ *n., [pl.], Greek myth.* समय की देवी का पर्वत

horae canonicae / होरी कनॉनिकाइ / *Lat.* निहित घंटा, तुरंत, अचानक

horal /हॉअरल/ (*also* **horary** /हॉरअरि/) *adj.* 1 (***syn.*** horal) घंटे या घंटों के विषय में 2 घंटा-सूचक 3 प्रति घंटा 4 घंटे भर का: ~ circle (घंटों का चक्र) 5 घंटे देखने वाला 6 घंटे भर में होने वाला;
***dw/lw:* horally** /हॉअरलि/ *adv.* प्रति घंटा, हर घंटा

Horatian /हरेशिअन/ *adj.* लातीनी कवि होरेस (Horace, 65-8 BC) या उसके काव्य से संबंधित

horde /हॉःड/ *n.* 1 गिरोह: fascist **~s** 2 झुंड: **~s** of nomads; ~ of wolves; **~s** of mosquitoes 3 जमघट: a ~ of lynchers (पीट-पीटकर मारने वाली भीड़) 4 दल;

v., pt. ~**d**, *pp* **hording** 1 झुंड या दल बनाना 2 झुंड बनाकर रहना

horehound /हॉःहाउंड/ *n.* 1 पहाड़ी गधा 2 तितपत्ती

horizon /हराइजन/ *n.* 1 (**the** ~) क्षितिज, दिगंत (*also called* **sensible** ~, **apparent** ~ or **visible**~): optical ~ (प्रकाशीय या दृष्टिगत क्षितिज); artificial ~ (कृत्रिम क्षितिज) 2 धरती के केंद्र और '**sensible** ~' के समानांतर तल (**rational** ~) 3 एक बड़ा वृत्त जिसमें '**rational** ~' आकाशीय रेखा से मिलता है 4 संस्तर, भूमि या मिट्टी के भिन्न-भिन्न गुण 5 व्यक्ति के अनुभव या ज्ञान की सीमा या परिधि: beyond the ~ of his age; science gives us a new ~; broaden/ expand/ widen one's ~;
collocations: **physical** ~ or **celestial/ true** ~ आकाशीय या वास्तविक क्षितिज; **rational** ~ धरती के केंद्र के बीचों-बीच गुजरने वाला और क्षितिज के समानांतर चलने वाला तल; **sensible** ~ / **apparent** ~ / **visible** ~ क्षितिज, वह रेखा जहां धरती और आकाश मिलते दिखते हैं;
p&i: **on the** ~ 1 क्षितिज पर 2 शीघ्र (उदित) होने वाला;

horizontal /हौरिजौंटल/ *US* हाःरिजां\टल, हॉरिजां\टल/ *adj.* 1 क्षैतिज 2 समतल, सपाट, समस्तर 3 थल या तल के समानांतर: ~ bar (व्यायाम करने के लिए प्रयुक्त होनेवाले समानांतर छड़) 4 किसी समूह के सदस्यों या स्थिति के भिन्न पहलुओं पर एक समान लागू होने वाला;
n. (**horizontal**) 1 क्षैतिज रेखा 2 क्षैतिज स्थिति: shift one's position from the ~;
dw/lw: ~**ly** /~टलि/ 1 लेटे या पड़े होने की स्थिति में 2 क्षितिजीय रूप में 3 क्षितिज या किसी तल के समानांतर

horme /हॉःमि/ *n.* लक्ष्य आधारित गतिविधि या कार्य-कलाप, प्रयोजनमूलक आचरण;
dw/lw: **hormic** /हॉःमिक/ *adj.* प्रयोजनमूलक आचरण संबंधी: hormic theory

hormonal /हॉःमोनल/ *adj.* हार्मोन से संबंधित

hormo\ne /हॉःमोन/ *n.* शारीरिक विकास को प्रभावित करने वाले रसायन, हार्मोन;
collocations: ~**nal replacement therapy** हार्मोन बदलने का चिकित्सा विधान

horn /हॉःन/ *n.* 1 सींग, शृंग, विषाण: ~**s** and hoofs (सींग और खुर); carved from ~ 2 कार आदि का भोंपू, हार्न 3 तुहीं, तूर्य 4 धरती या समुद्र का सींगाकार टुकड़ा 5 एक संगीत वाद्य 6 *sl.* टेलीफोन 7 स्पर्श सूत्र, स्पर्शिका 8 नोक, सिरा;
v., pt. ~**ed**, *pp* ~**ing** 1 सींग मारना, सींग से घायल क. 2 सींग काटना या तोड़ना: ~ cattle 3 सींगनुमा रूप देना 4 अवैध घोषित क. 5 धक्का देना, धकेलना 6 भोंपू या हॉर्न बजाना 7 ठोकर या ठुड्डे मारना;
dw/lw: ~**beak** *n.* कुंत मीन; ~**beam** *n.* एक तरह की मजबूत लकड़ी, चमखरक; ~**bill** *n.* धनेश (पक्षी); ~**blende** *n.* एक काला हरा खनिज जिसे ग्रेनाइट आदि बनाने में प्रयोग किया जाता है; ~**book** *n.* बच्चों की एक पृष्ठ की पहली पुस्तक, वर्णमाला पुस्तक; ~**ed** *adj.* सींग वाला, सींगदार, शृंगी; **hornet** *see below under separate entry*; ~**er** *n.* 1 हॉर्न बजाने वाला 2 सींग पर उत्कीर्ण करने वाला 3 सींग व्यापारी 4 तुरही बजाने वाला; ~~**eyed** *adj.* जाले या झिल्लीयुक्त आंख वाला; ~**ing** *n.* घटाव, कम होने की क्रिया: ~ing of moon; ~**ish** *adj.* सींग जैसा, कठोर; ~**ist** *n.* तुरही वादक, बिगुल वादक; ~**less** *adj.* बेसींग; ~**pipe** *n.* 1 वेल्ज का एक वाद्य 2 मल्लाहों का एक जीवंत एकल नाच; ~**stone** *n.* शाणाश्म; ~**swoggle** *see below under separate entry*; ~**y** /हॉःनि/ *adj., degr.* ~ier, ~iest 1 शृंगी, सींगदार 2 कठोर, घट्ठेदार: ~y hands 3 निष्ठुर, निर्दय, बेदर्द 4 कामोत्तेजित;
collocations: ~ **buoy** बिगुल वाला बोया, प्लव; ~**ed syllogism** दुविधा; ~ **toad** एक अमेरिकी हड्डीदार छिपकली;
p&i: ~ **in** बीच में टोकना, टांग अड़ाना; ~ **of alter** वेदी के सींग; ~ **of plenty/ of abundance** प्रचुरता का सींग; **between the ~s of dilemma** खाई और खंदक बीच हो.; **blow/ toot one's own** ~ डींग मारना, शेखी बघारना; **draw in one's ~s** गति या उतावलापन कम क., पीछे हटना; **lift up the** ~ संघर्ष के लिए उठ खड़ा हो.; **lock ~s** से संघर्ष क.; **lower one's ~s** अपनी तौहीन करवाना, समझौता कर लेना; **make a spoon** or **spoil the** ~ जोखिम भरा काम क.; **on** or **between the ~s of dilemma** दो बुरे कामों में से चुनने की दुविधा में हो., इधर कुआं, उधर खाई हो., दुविधा में हो.; **pull** or **draw in one's ~s** 1 अपनी उत्तेजना को काबू में रखना, संयत रहना 2 पीठ हट जा.; **put to the ~s** अवैध घोषित क.; **show one's ~s** अपना सहज क्रूर रूप दिखाना; **take the bull by the ~s** बड़ी मुसीबत की आमने-सामने होकर टक्कर ले.;

hornet /हॉःनिट/ *n.* 1 बर्र, भिड़, ततैया, हाड़ा, वरट 2 भिड़ का छत्ता 3 फोड़ा;
dw/lw: ~**pipe** *n.* एक प्रकार का लोक नृत्य;
collocations: ~**'s nest** बर्र का छत्ता, मुसीबतों का घर;
p&i: **stir up a nest of ~s/ bring a ~s' nest about one's ears** बर्र के छत्ते में हाथ दे.

hornswoggle /हॉःनस्वाःगल/ *US sl. v., pt.* ~swoggled, *pp* ~swoggling धोखा दे., ठगना;

horny *see above under* **horn:** ***dw/lw***

horocycle /हौरअसाइकल/ *US* हाःरअसाइकल/ *n.* सीमांतवृत्त

horograph /हौरअग्राफ/ *US* हाःरअग्राफ/ *n.* सीमालेखी

horolo\ge /हौरअलौज/ *US* हाःरअलाःज/ *n.* घड़ी, घटिका;
dw/lw: ~**ger** /हौरअलौजः/ *US* हाःरअलाःजर/ *n.* घड़ीसाजी विशेषज्ञ; ~**gic**/ ~**gical** /हौरअलौजिक/ ~ल/ *US* हाःरअलाःजिक/ ~ल/ *n.* नियतकालिक; ~**gist** /हौरौलजिस्ट/ *US* हाःराःलजिस्ट/ *n.* घड़ीसाज;

horogy /हौरौलजि/ *US* हराःलजि/ *n.* 1 समयांकन-विज्ञान, होरा विज्ञान 2 घड़ीसाजी, घड़ी-निर्माण-विद्या

horosco\pe /हौरअस्कोप/ *US* हाःरअस्कोप, हॉःरअस्कोप / *n.* 1 जन्मकुंडली, जन्मपत्री: cast a ~**pe** (जन्मकुंडली बनाना); **the** ~**pe** of nations राष्ट्रों का भविष्य 2 ग्रह-स्थिति-लेखन;
dw/lw: ~**py** /हौरअस्कपि/ *US* हाःरअस्कपि/ हॉःरअस्कपि/ *n.* 1 जन्मपत्री के आधार पर भविष्य बताने की कला 2 किसी विशेष अवसर पर ग्रहों की स्थिति

horrendous /हौरेंडस/ *US* हाःरेंडस, हॉरेंडस/ *adj.* 1 (***syn.*** horrific/ horrifying) भयावह, विकराल, विभीषण, डरावना 2 (***syn.*** terrible) भद्दा, घिनौना;
dw/lw: ~**ly** /हौरेंडसलि/ *adv.* भयानक ढंग से, विकराल रूप में; ~**ness** /हौरेंडसनिस/ *n.* भयावहता, विकरालता, विभीषणता

horri\ble /हौरिबल/ *US* हाःरिबल, हॉःरिबल/ *adj.* 1 (***syn.*** terrible) भयानक, वीभत्स, डरावना, विकराल: ~**ble** cruelty/ disaster; ~**ble** devastation 2 (***syn.*** nasty/ obnoxious) भद्दा, घिनौना, कमीना: ~**ble** threats 3 अरुचिकर, उबाऊ: ~**ble** weather; a ~**ble** bore;
dw/lw: ~**bly** /हौरिबलि/ *US* हाःरिबलि, हॉःरिबलि/ *adv.* 1 घिनौने ढंग से: ~bly mutilated 2 उबाऊ ढंग से: ~bly bored

horrid /हौरिड/ *US* हाःरिड/ *adj.* 1 भयानक: ~ weather; ~ idea 2 (***syn.*** horrible) जघन्य, वीभत्स: ~ lusts;
dw/lw: ~**ly** /हौरिडलि/ *adv.* भयंकर ढंग से; ~**ness** /हौरिडनिस/ *n.* जघन्यता

horri\fic /हॉरिफिक/ *adj.* 1 (***syn.*** horrifying) दिल दहलाने वाला, भयावह, भीषण, भयानक, रोमांचकारी, रोमहर्षक, रौंगटे खड़े कर देने वाला 2 (***syn.*** horrendous) घिनौना, अप्रिय: ~ journey;
dw/lw: ~**fy** /हौरिफाइ/ *US* हाःरिफाइ/ *v., pt.* ~**fied**, *pp* ~**fying** दहला दे., भयभीत क., संत्रस्त क.; ~**fying** /हौरिफाइंग/ *US* हाःरिफाइंग/ *adj.* (***syn.*** horrific) भयावह, डरावना, विकराल: ~fying scenes

horripi\lation /हौरिपि\लेशन/ *US* हाःरिपि\लेशन/ *n.* रोमांच,

रोमहर्षण (भय आदि से मांसपेशियों का सिकुड़ना, रोंगटों का खड़ा होना), दिल दहल जाने की अवस्था;
dw/lw: **~lant** /~लंट/ *adj.* 1 रोमांचक, रोमहर्षक 2 दिल दहलाने वाला

horror /हौरः/ *US* हाःरः/ *n.* 1 दहशत, संत्रास, दहल: be filled with ~ at the sight/ at the thought of sth 2 घृणा, भय: a ~ of war 3 वीभत्सता, विकरालता: the papers are full of **~s** of every sort 4 विभीषिका, भयावहता: the idea gives me the **~s** 5 दिल दहलाने वाले दृश्य 6 अशिष्ट बच्चा;
adj. दहशतमंद, दहलानेवाला, भयावह: a ~ film/ movie/ story;
dw/lw: **~stricken** *adj.* भयभीत, सत्रस्त, संतप्त; **~struck** *adj.* भयविह्वल, आतंकित, इतना डरा हुआ कि काटो तो खून नहीं;
collocations: **~ story/ film** दिल दहलाने वाले दृश्यों व किस्सों से भरी कहानी या फिल्म;
p&i: **~ of ~s** सबसे भयंकर बात

hors de combat /ऑःडअकॉम्बाः/ *Fr.* 1 लड़ने में अक्षम 2 अपाहिज

hors d'oeuvre / ऑःडःव/*US* ऑःडःवर/ *n.* (*comp.* **starter**), *Fr.* भोजन से पहले लिया जाने वाला पाचक व्यंजन

horse /हॉःस/ *US* हॉर्स/ *n.* 1 घोड़ा, अश्व: riding/ saddle ~ 2 (***syn.*** cavalry) रिसाला, अश्वारोही सेना 3 लकड़ी का घोड़ा 4 कसरत का घोड़ा 5 शिशु शैया 6 चार पैरो वाला ढांचा (घोड़ा, घोड़ी): clothes-~, saw-~ (आरा-घोड़ी);
adj. 1 घोड़े का/ के/ की: ~ harness (घोड़े का जुआ); ~ hoe (घुड़साल की कुदाल) 2 अश्वीय, घोड़ों की: ~ ranch; ~ blinder(s), ~ blinkers 3 घोड़े संबंधी: ~ farming; ~ joke (अभद्र मजाक या चुटकुला); ~ opera/ stuff;
dw/lw: **~back** *n.* घोड़े की पीठ: on ~back; **~-box** *n.* रेल आदि से घोड़े लाने-लेजाने के लिए बना डिब्बा; **~-breaker** *n.* घोड़े को सधाने वाला व्यक्ति; **~-breaking** *n.* घोड़े की सधाई; **~-breeding** *n.* घुड़पालन; **~car** *n.* घोड़ा-गाड़ी; **~-cavalry** *n.* घुड़-फौज, रिसाला; **~-collar** *n.* घोड़े का ओसबंध, घोड़े की गर्दन के चारों ओर डाली जाने वाली पैड वाली पट्टी जो घोड़े के जुए का भाग होती है; **~-coper/ ~couper** *n.* घुड़-व्यापारी; **~d** *adj.* जुता हुआ घोड़ा: ~d transport; ~d vehicle; **~-drawn** *adj.* घोड़ा चालित (गाड़ी); **~dung** *n.* लीद; **~flesh** *n.* 1 बिकाऊ घोड़े 2 घुड़सवारी या घुड़दौड़ के घोड़े; **~fly** *n.* कुकुरमाछी, घुड़मक्खी, डांस, गोमक्षिका; **~-godmother** *n.* मोटी, थुलथुली औरत; **~hair** *n.* घोड़े की गर्दन या पूंछ के बाल, वेधतंतु; **~hide** *n.* घोड़े की खाल; **~-hoe** *n.* घुड़साल की कुदाल; **~leech** *n.* ताजे पानी की एक बड़ी जोंक; **~-mackerel** *n.* ट्यूना और उसी प्रकार की मछलियां; **~man/~woman** *n.* पुरुष/ स्त्री घुड़ सवार; **~manship** *n.* घुड़सवारी (की कला), शहसवारी; **~-marine** *n.* घुड़सवार-नाविक; **~-master** *n.* घुड़-साधक, घोड़ों की सधाई करने वाला; **~mint** *n.* जंगली पुदीना; **~play** *n.* धमाचौकड़ी, खरमस्ती; **~power** /हॉःसपॉवः/ (*abbr.* **hp**) *n.* इंजन की ताकत को नापने के लिए एक इकाई, अश्व-शक्ति; **~-race** *n.* घुड़-दौड़; **~radish** *n.* सहिजन, शोभांजन; **~shoe** /हॉःसशू/ *n.* नाल; **~shoer** *n.* नाल जड़ने वाला, लोहार; **~tail** *n.* 1 एक पौधा 2 घोड़े की पूंछ; **~-towel** *n.* चर्खी पर घूमने वाला हाथ पोंछने का तौलिया; **~-trading** *n.* मोल-भाव, कपटपूर्वक की जाने वाली सौदेबाजी; **~whip** *n.* चाबुक, कोड़ा; **~whip** *v., pt.* ~whipped, *pp* ~whipping चाबुक लगाना; **horsy/ horsey** /हॉःसि/ *adj., degr.* horsier, horsiest 1 घोड़े का, घोड़े-जैसा, अश्वीय 2 घोड़ों का शौकीन 3 दूल्हे का स्वांग भरने वाला (विदूषक);
collocations: **~back riding** घुड़सवारी; **~ bend** नाल जैसा मोड़; **~ block** घोड़े पर चढ़ने के लिए बनी पटरी या सीढ़ी; **~ brass** पीतल का गहना (पहले घोड़े को सिखाने के लिए प्रयोग होता था); **~ chestnut** अखरोट की जाति का एक वृक्ष, बनखोर; **dark ~** छुपा रुस्तम; **dead ~** *sl.* अग्रिम भुगतान वाला काम; **Horsehead Nebula** तारामंडल में धूल और गैसों का बना घना काला बादल जो घोड़े के आकार का लगता है; **~ latitudes** शांत अक्षांश; **~-laugh** अट्टहास, ठहाका; **~ leech** जन्म का भूखा, भुक्खड़; **mane** अश्व अयाल; **~ mushroom** एक बड़ी खाने योग्य खूमी; **~race** घुड़दौड़; **~racing** घुड़दौड़बाजी; **~riding** *UK* (*US* **~back riding**) घुड़सवारी, अश्वारोहण; **~ rider** घुड़सवार, अश्वारोही; **~ sense** लोक बुद्धि, व्यावहारिक बुद्धि, सामान्य बुद्धि; **~shoe crab** नाल के आकार का केंकड़ा; **~ trailer** घोड़ों को लाने-लेजाने की गाड़ी; **~ trials** तीन घुड़-दौड़ों (dressage, show-jumping and cross-country) के में मुकाबले में भाग लेने की क्रिया;
a dark ~ छुपा रुस्तम; **a maiden ~** ऐसा घोड़ा जो कभी न जीता हो; **a stalking ~** बहाना; **gentleman/ master of the ~** अश्वपाल; **gift ~** उपहार-स्वरूप दिया गया घोड़ा; **high ~** दंभी व्यक्ति; **high vaulting ~** ऊंची छलांगों के लिए घोड़ा; **light ~** 1 छोटा-हथियारबंद रिसाला 2 घुड़सवार; **pale ~** *bible* मृत्यु-सूचक फीका पड़ा घोड़ा; **salt ~** नमकीन मांस; **the iron ~** रेलगाड़ी का इंजन; **the Trojan ~** *Greek myth.* यूनान का पौराणिक घोड़ा; **white ~s** लहरों का फेनिल शिखर; **willing ~** काम करने को सदैव तत्पर, खुशी-खुशी काम करने वाला आदमी;
p&i: **~ about/ around** (***syn.*** fool around) लापरवाही से काम करते हुए किसी का नुकसान क.; **~ and foot** पूरी शक्ति से, पूरा जोर लगाकर; **~ and ~** समान स्थिति में; **~ back riding** *US* (*UK* **horse riding**) घुड़सवारी; **~s for courses** कर्मियों की योग्यता अनुसार उपयुक्त कार्य सौंपने की क्रिया;
a ~ on sb खिल्ली उड़ाने का प्रयास; **a ~ that will not carry a saddle must have no oats** काम नहीं तो दाम नहीं; **a good ~ cannot be of bad colour** अच्छी चीज में छोटी-मोटी कमियां तो होती ही हैं; **a short ~ is soon curried** आसान काम जल्दी हो जाता है; **a two, three, etc. horse race** सीमित उम्मीदवारों के बीच मुकाबला; **back the wrong ~** 1 गलत घोड़े पर बाजी लगाना 2 गलत व्यक्ति या दल का समर्थन क.; **be on/ get on/ ride/ mount/ one's high ~** दंभी या अहंकारी हो.; **change ~s midstream** मझधार में खिवैया नहीं बदलते; **come off your high ~!** अपने दंभ को छोड़ो और जमीन पर उतर आओ! जमीनी हकीकत का सामना करो!; **eat like ~** बहुत ज्यादा और जल्दी-जल्दी भकोसना; **enough to make a ~ laugh** अति हास्यास्पद बात; **flog/ beat a dead ~** गड़े मुर्दे उखाड़ना; **hold your ~es!** जरा धीरज रखो!, थोड़ा रुको!; **look a gift ~ in the mouth** दान की गाय के दांत नहीं देखा करते; **one can take a ~ to water, but one cannot make it drink** किसी को उसकी मर्जी के विरुद्ध काम करने के लिए बाध्य नहीं किया जा सकता; **put the cart before the ~** सिर के बल खड़ा करना, उल्टे क्रम में काम क.; **spur a willing ~** मात्र काम करने को तत्पर व्यक्ति को ही बार-बार काम दिया जाता है; **straight from the ~'s mouth** सीधे सूचना स्रोत से; **tell that to the ~s!** किसी और को बताना इस बात को!; **that's a ~ of another/ of a different colour** यह हुई न बात! यह तो बिल्कुल अलग बात हुई; **wild ~s would'nt drag/ pull away** 1 किसी को किसी भी तरह से कुछ करने को मजबूर नहीं किया जा सकता 2 किसी से कोई चीज किसी भी तरह नहीं ली जा सकती ;

horst /हॉःस्ट/ *n.* उत्खंड, धरती का स्थिर या अपरिवर्तनशील टुकड़ा जिसके नीचे की सतहें बदल गई हों

horta\tion /हॉःटेशन/ *n.* उत्साहवर्धक उपदेश या सलाह, प्रोत्साहन;
dw/ lw: **~tive/ ~tory** /हॉःटअटिव/ ऑःटअटरि/ *adj.* 1 उपदेशात्मक, प्रेरक 2 परामर्शकारी, परामर्शदात्री

horten\sis /ऑःटेन्सिस/ *n.* बागबानी;
dw/lw: **~sia** /ऑःटेंसिआ *n.* घने पीले फूलों वाला पौधा; **~sial** /ऑःटेंसिअल/ *adj.* बागबानी संबंधी

horticultural /हॉःटिकल्चरल/ *adj.* बागबानी से संबंधित;

horticulture /हॉःटिकल्चः/ *n.* बागबानी, उद्यान-कृषि, उद्यान-

विज्ञान;
dw/lw: **~rist** /हॉःटिकलचरिस्ट/ *n.* उद्यान-कृषक, उद्यान वेत्ता
hosanna /होजैना/ (*also* **hosannah**) *n., pl.* **~s** स्तुति गान; *excl.* जय हो!
hose /होज/ *n.* (*also UK* **~pipe** /होजपाइप) 1 रबड़ या प्लास्टिक की पाइप या नाली 2 *[pl.]* (*also* **panty~**) *US* औरतों की जुराब या मोजा;
v., pt. **~d**, *pp* **hosing** 1 पानी या अन्य तरल को बाहर निकालना 2 तरल को एक स्थान से दूसरी जगह पहुंचाना;
collocations: **~ coupling** दो नालियों या पाइपों का जुड़ाव; **~ reel** नाली को लपेटने के लिए पहियानुमा ढांचा
p&i: **~ sth down** सीधे पाइप से पानी डालना
hosier /होजिअः/ *n.* 1 होजरी व्यवसायी 2 मोजे आदि बेचने वाला;
hosiery /होजिरी/ (*also* **hose**) *n.* मोजे, कच्छे, बनियानें आदि, होजरी: ~ department
hospice /हौसपिस/ *US* हाःसपिस/ (*also* **hospitium**) *n.* 1 मनोरंजन स्थल 2 छात्रावास 3 धर्मशाला 4 मरने की कगार पर लोगों के लिए आश्रम, शरण-स्थल: an AIDs ~
hospita\ble /हौसपिटअ\बल/ *US* हाःसपिटअ\बल/ *adj.* 1 मेहमाननवाज, सत्कारशील: **~ble** household; **~ble** atmosphere 2 अतिथि-सेवी 3 (***syn.*** welcoming) आतिथेय: a mind **~ble** to new ideas 4 अनुकूल परिस्थिति: a **~ble** climate for growing apples;
dw/lw: **~bly** /~बलि/ *adv.* सादर, आदरभावपूर्वक, खातिरदारी से, मेहमाननवाजी करते हुए
hospital /हौस्पि\टल/ *US* हाःस्पि\टल/ *n.* 1 अस्पताल: ~ attendant/ orderly; ~ ward 2 चिकित्सालय: be in ~; ~ chart/ sheet; ~ train (अस्पताल रेलगाड़ी, अस्पताल गाड़ी);
dw/lw: **~ization** /~टअलाइजेशन/ *n.* 1 रोगी को अस्पताल में भर्ती कराने की क्रिया 2 अस्पताल में रोगी का रख-रखाव; **~ize** (*also UK* **-ise**) /~टअलाइज/ *v., pt.* ~ized, *pp* ~izing अस्पताल में भरती कराना या क.;
p&i: **be admitted to ~** अस्पताल में भरती हो.; **be discharged from ~** अस्पताल से फारिग होना; (*UK*) **in ~**/ (*US*) **in the ~** अस्पताल में
hospitali\ty /हौसपिटैलिटि/ *US* हाःसपिटैलिटि/ *n., pl.* **~ties** आतिथ्य, अतिथि-सत्कार, आवभगत, खातिरदारी, मेजबानी
host /होस्ट/ *n.* 1 मेजबान, आतिथेय: act as ~ 2 (***syn.*** compère, anchor) रेडियो या टीवी कार्यक्रमों का संचालक 3 खेल कार्यक्रमों आदि का आयोजक: ~ country 4 वेबसाइट स्थापित करने वाली कंपनी 5 पौधा या पशु जिसपर परजीवी पलते हैं, परपोषी 6 रेशों या अंग परिवर्तन का पात्र 7 सेना, फौज 8 दल, झुंड, भीड़, समूह: a ~ of children; a ~ of thoughts (विचार-पुंज) 9 कई, बहुत सारे: **~s** of friends 10 (**the Host**) (ईसाइयों की) पवित्र रोटी 11 पात्र, प्राप्तकर्ता: ~ computer (सूचना का पात्र या प्राप्तकर्ता कंप्यूटर) 12 कंप्यूटर नेटवर्क में मुख्य कंप्यूटर;
v., pt. **~ed**, *pp* **~ing** 1 मेजबान हो.: be the ~ of an event 2 वैबसाइट स्थापित क. और चलाने के लिए उपकरण मुहैया कराना;
p&i: **a ~ in himself** एक ही सवा लाख के बराबर (*Pbi.*), अति उत्तम, महाबली; **play ~** मेहमाननवाजी क.; **reckon without one's ~** गणना में भारी भूल क.; **the ~ (s) of heaven/ the heavenly ~** देवदूत-पुंज
hosta /हॉस्टा/ *n.* चीन और जापान में पाया जाने वाला सदाबहार पौधा
hostage /हौस्टिज/ *US* हाःस्टिज/ *n.* 1 बंधक, बंदी: take/ hold sb ~ 2 शत्रु द्वारा अपहृत व्यक्ति: exchange **~s** 3 बंधक-मुक्ति धन, राशि या गारंटी;
dw/lw: **~-taker** *n.* बंधक बनाने वाला व्यक्ति य संगठन;
collocations: **~s to fortune** पत्नी, बच्चे, अन्य बहुमूल्य व प्रिय लोग या वस्तुएं;
p&i: **give ~s to fortune** किस्मत के सामने समर्पण कर दे.
hostel /हौस्ट\ल/ *US* हाःस्ट\ल/ *n.* 1 छात्रावास, होस्टल 2 सराय, मुसाफिरखाना 3 बासा, निवास, पड़ाव;
dw/lw: **~er** /~लः/ *n.* होस्टलवासी, छात्रावास आवासी छात्र, हॉस्टल में रहने वाला छात्र; **~ery** /~लरि/ *n.* मयखाना, होटल
hostess /होस्टस/ *n., pl.* **~es** 1 आतिथ्य करने वाली/ मेजबान औरत: ~ gown (मेजबान गृहिणी का लंबा चोगा) 2 सत्कारिणी 3 परिचारिका: air ~; ~ cart/ ~ trolley 4 (***syn.*** compère, anchor) रेडियो या टीवी कार्यक्रम संचालिका 5 *euphemistic* रात्रि-क्लबों में नाचने-गाने वाली लड़की
hostile /हौस्टाइल/ *US* हाःस्टाइल/ *adj.* 1 शत्रुतापूर्ण, विद्वेषी: ~ camp; feel ~ towards sb 2 विरोधी, प्रतिकूल: ~ disposition; ~ looks, ~ opinions; a ~ climate 3 शत्रु खेमे से जुड़ा हुआ 4 कड़ा विरोधी
hostility /हौस्टिलिटि/ *US* हाःस्टिलिटि/ *n., pl.* **hostilities** 1 शत्रुता, शत्रुतापूर्ण रुख: perpetual ~; acts of ~; ~ to/ towards sb 2 (**hostilities**) शत्रुता, सशस्त्र झड़पें, संघर्ष, लड़ाई: arouse/ provoke **hostilities**; cessation of **hostilities**
hostler /हौस्टलः/ *US* हाःस्टलः/ *n.* = ostler साईस, घोड़ों की देख-भाल करने वाला
hot /हौट\/ *US* हाःट/ *adj., degr.* **~ter**, **~test** 1 गर्म, उष्ण, तप्त: ~ air; ~ asphalt; ~ snare; a ~ time; the ~ place 2 (***anton.*** mild) तीता, चरपरा, मिर्च जैसा तेज, तिक्त: ~ curry 3 तेज, उग्र, तीव्र, प्रचंड: ~-headed young man 4 (***syn.*** strict) कड़ा, कठोर, सख्त: be very ~ on punctuality 5 जोरदार (दावेदार): ~ favourite 6 *sl.* कामुक, कामातुर 7 अत्यधिक रेडियो धर्मी (रेडियोऐक्टिव): ~ material 8 पक्का (रंग) 9 *sl.* अभी-अभी चुराया हुआ: ~ goods; ~ oil; ~ money (बेहतर विनिमय दरों का लाभ उठाने के लिए एक देश से दूसरे में आनन-फानन में किए जाने वाले स्थानांतरण के लिए धन) 10 बिल्कुल ताजा, नई-नई: ~ scent (ताजा सुराग); on the ~ pursuit; ~ from the press; ~ news; ~ cargo (नया माल) 11 जटिल, खतरनाक: Bastar is becoming very ~ for the journalists these days 12 गर्म (ढलाई): ~ blast work 13 गर्म (भोजन): ~ storage 14 क्रुद्ध, तेज: ~ temper; ~ words; grow ~ over sth (किसी बात पर क्रुद्ध हो.); you shouldn't be getting ~ so often; be ~ upon a cause (किसी बात के प्रति अत्यधिक उत्कट /passionate/ हो.); ~ under the collar (अत्यधिक क्रुद्ध हो.) 15 जो शर्म के मारे लाल हो रहा हो: sb's cheeks are ~ with shame 16 सताने वाली (गर्म वस्तु या क्रिया): a long hot rail-journey 17 अत्यधिक आवेशपूर्ण, आवेगपूर्ण, संघर्षपूर्ण: the **hottest** phase of the electioneering 18 लोकप्रिय: the pub is very ~ with the youth 19 अत्यधिक मजबूत, सशक्त, बहुत बड़ा माहिर या जानकर: be too hot on mathematics 20 कटु, अति आलोचनापूर्ण: too ~ an article for the government's foreign policy 21 तेज स्वरों वाला (संगीत): jazz sometimes could be very ~;
adv. 1 गर्मी से भरकर: the sun shines ~ 2 गर्म-गर्म 3 अत्यधिक जोशो-खरोश से;
v. pt. **~ted**, **~ting** 1 गर्म क. 2 लोहे आदि को लाल क. 3 गर्म हो. या क., भावावेश बढ़ना: ~ up a campaign/ hostility;
dw/lw: **~bed** *n.* बुराइयों का गढ़/ अड्डा, अखाड़ा: ~bed of vice; **~-blooded** /~-ब्लडिड/ *adj.* 1 गर्म-मिजाज, तुनक-मिजाज 2 कामुक, विषयी 3 (***syn.*** passionate) उत्तेजना या जोश से भरा हुआ; **~-desking** *n.* दफ्तर में स्थायी काम देने के बदले समय-समय पर आवश्यकता पड़ने पर किसी को कोई काम देने का चलन; **~-dogging** शेखीबाजी, उत्तेजना भरा; **~foot** *v., pt.* ~footed, *pp* ~footing तेजी से चलना या कहीं जा.; **~foot** *adv.* उतावले ढंग से , जल्दी-जल्दी; **~headed** /हॉट्हेडिड/ *adj.* उतावला, जल्दबाजी करने वाला, जल्दबाज; **~house** *n.* शीशे की पौधशाला, कांच घर, ताप घर, गर्म घर: ~house plant; **~light** *n.* मुख्य बत्ती; **~line** *n.* 1 दो राष्ट्रों के नेताओं के बीच सीधी और व्यक्तिगत टेलीफोन लाइन या संपर्क 2 सहायतार्थ टेलीफोन लाइन; **~link** *n.* = **hyperlink** 1 किसी पाठ, आरेख या इलेक्ट्रोनी

दस्तावेज से बटन दबाकर दूसरे दस्तावेज को खोलने की क्रिया 2 पता, URL या प्रोग्राम जो hyperlink का कार्य जताता है; **~link** *v., pt.* ~linked, *pp* ~linking 1 किसी पाठ, आरेख या इलेक्ट्रोनी दस्तावेज से बटन दबाकर दूसरे दस्तावेज को खोलना 2 किसी दस्तावेज का hyperlink बनाना 3 किसी दस्तावेज तक पहुंचने के लिए hyperlink का प्रयोग क.; **~list** *n.* 1 लोकप्रिय चीजों, व्यक्तियों, कार्य-कलापों आदि की सूची 2 *comput.* अपने कंप्यूटर पर सर्वाधिक प्रयुक्त वैब्साइटों (websites) की सूची; **~ly** *adv.* 1 उतावलेपन से, जल्दबाजी में 2 आवेश में 3 (***syn.*** closely) कड़े मुकाबले के साथ: ~ly contested election 4 जोर-शोर से, बल देकर: ~ly deny rumours (अफवाहों का जोर-शोर से खंडन क.); **~ness** *n.* 1 गर्मी, ताप, उष्णता 2 उतावलापन, जल्दबाजी; **~plate** (गैस या बिजली का) चूल्हा; **~pot** 1 धीमी आग पर आलू के साथ पकाए जाने वाले गोश्त या सब्जियों का व्यंजन 2 पानी आदि कर्म करने के लिए बिजली का बर्तन; **~-shot** *n.* कुशल या सफल व्यक्ति; **~-shot** *adj.* कुशल या सफल: a ~shot doctor; **~-spirited** *adj.* जोशीला, तेज मिजाज; **~spur** *n.* 1 तेज मिजाज का व्यक्ति 2 बेकाबू आदमी 3 गर्दनतोड़ आदमी; **~-swap** *n.* (बिजली से) चलते हुए (power on) कंप्यूटर का कोई पुर्जा बदलना; **~-tempered** /हॉट-टेम्पःड/ *adj.* गुस्सैल, तुनक-मिजाज; **~-wire** ***v.,*** *pt.* ~wired, *pp* ~-wiring चाबी की बजाए तारों को जोड़कर गाड़ी के इंजन को चालू क.;

red-~ *adj.* तपकर लाल बना हुआ;

collocations: **~air artist** बातूनी, शेखीबाज, थोथा व्यक्ति या कलाकार आदि; **~air balloon** गर्म हवा से उड़ने वाला गुब्बारा; **~ button** बहुचर्चित संवेदनशील या विवादास्पद विषय: caste is a ~ button in India ; **~ chocolate** चौकलेट मिला गर्म पेय; **~cross bun** फलों का (किशमिश लगा) बन जिसके ऊपर पेस्ट्री का क्रॉस बना होता है; **~ dog** हॉटडॉग; **~ date** भावी प्रेमी या प्रेमिका से पहली पूर्वनियोजित मुलाकात; **~ discussion** गर्मागर्म बहस; **~ favourite** मुकाबले आदि को जीतने की सबसे अधिक संभावना रखने वाला; **~ flush/ flash** मासिक धर्म के समय औरतों द्वारा अचानक अनुभव की जाने वाली त्वचा में आकस्मिक अप्रिय अनुभूति; **~ foot** जल्दी में, उतावला, जितना जल्दी हो सके; **~ gospeller** पारस्परिक संपर्क पर आधारित धार्मिक आस्था का सक्रिय एवं सर्वघोषित प्रचारक; **~ goods** चोरी का माल; **~ key** कंप्यूटर में किसी प्रोग्राम को चालू करने वाला बटन; **~ melt** गर्म गोंद या चिपकाने वाला पदार्थ; **~ news** ताजा सनसनीखेज खबर; **~ pants** औरतों की बहुत छोटी और कस कर आने वाली निक्कर (shorts); **~ potato** कठिन समस्या या मुसीबत जिससे निपटना आसान न हो; **~ rod** ऐसी कार जिसमें फेर-बदल करके उसे अतिरिक्त चालन-शक्ति व गति दी गई हो; **~ set** तप्त, दृढ़.; **(the) ~ seat** 1 *US* बिजली की कुर्सी, जिस पर मौत की सजा पाए व्यक्ति को बैठाकर मारते हैं 2 दायित्वपूर्ण या महत्त्वपूर्ण पद, कठिन दायित्व निभाने का कार्य; **~ spot** 1 इंजन आदि में अत्यधिक ऊंचे तापमान वाला बिंदु या स्थान 2 ज्वालामुखी के विस्फोट का संभावित स्थान 3 *colloq.* मनोरंजन का स्थान यानी रात्रि-क्लब, पब (pub) आदि 4 लगातार जारी रहने वाली लड़ाई या तनाव की स्थित का स्थान 5 सूखा और गर्म स्थान जहां अक्सर आग लग जाती हो 6 *comput.* कंप्यूटर स्क्रीन (screen) पर ऐसा स्थान या बिंदु जहां पर बटन दबाने से प्रोग्राम चालू हो जाता है 7 होटेल, रेस्त्रां, स्टेशन आदि पर ऐसा स्थान जहां पर इंटरनेट से जुड़ा जा सकता है ; **~ spot** राजनीतिक अराजकता का क्षेत्र; **~ spring** जमीन के नीचे से निकलने वाला गर्म पानी का सोता; **~ stuff** 1 योग्य व्यक्ति 2 उत्साही या अटल व्यक्ति 3 कामुक या कामोत्तेजक व्यक्ति 4 कामुक दृश्यों से ओत-प्रोत फिल्म या कहानी आदि 5 लोगों में क्रोध व मनमुटाव पैदा करने वाली बात या चाल; **~ tub** (*also* **bathtub**) खुली हवा में रखा जाने वाला कई लोगों द्वारा एक साथ प्रयोग में लाने योग्य गर्म पानी का टब; **~ water** *colloq.* मुसीबत, संकट, समस्या; **~ water bottle** सेंकने के लिए गर्म पानी की बोतल; **~ wind** लू, गर्म हवा;

a ~ drink/ meal तेज पैग/ खाना; **a ~ issue/ topic** ज्वलंत समस्या या विषय; **a ~ summer's day** ग्रीष्म काल का एक अति गर्म दिन; **a ~ tip** विश्वसनीय और सनसनीखेज सूचना;

p&i: **~ air** निरर्थक बात, थोथी बात, डींग, बकबक; **~ and bothered** बेचैन और टूटा-टूटा-सा; **~ and heavy** *US* बढ़िया, पूरी तरह से; **~ (it) after sb** जल्दी-जल्दी, उतावली में; **~ love is soon cold** उफान का प्यार जल्दी ठंडा पड़ जाता है; **~/ fresh off the press** ताजा छपा हुआ; **~ on sth** किसी चीज में रुचि रखना, किसी बात या विषय में माहिर हो.; **~ on the heels of sb** उग्रतापूर्वक पीछा क.; **~ under the collar** क्रुद्ध; **~ up** *UK* स्थिति आदि का उग्र या तेज हो.; **~ up** or **~ sth up** किसी चीज को और उग्र या तेज बनाना;

as ~ as fire 1 आग जैसा गर्म 2 अंगारे-सा जोशीला; **be on a ~ sent** घटना आदि के एकदम बाद; **blow ~ and cold** परस्पर विरोधी बातें क., दायें-बायें हांकना; **drop sb like a ~ potato** किसी को या किसी चीज को मुसीबतों की जड़ (समस्याओं का स्रोत) समझकर झट से त्याग दे.; **get/ catch it ~** मार पड़ना; **give it ~ to sb** किसी के लिए काफी कठिनाई पैदा क.; **go** or **sell like ~ cakes** खूब बिकना; **have** or **get the ~s for sb** किसी की ओर तीव्र रूप से कामातुर हो.; **in ~ pursuit** तेजी से पीछा करते हुए; **make life ~ for sb** किसी के लिए कठिनाइयां पैदा क.; **not so ~** औसत, न ज्यादा अच्छा, न ज्यादा खराब; **piping ~** 1 अभी-अभी (ताजा) पका हुआ 2 बिल्कुल नया; **serve sth ~** गर्म-गर्म परोसना

HOTAS *abbr.* 'Hands on Throttle and Stick (Pilot's in Aircraft)' की प्रथमाक्षरी

hotchpotch /हौच-पौच/ *US* हाःच-पाःच/ (*US* **hodge-podge**) *n.* घालमेल, गड्डमड्ड, खिचड़ी

hotel /होटेल/ *n.* होटल;

dw/lw: **hotelier** /होटलिअः/ *n.* होटल मालिक;

collocations: **American plan (~)** होटल की दर या भुगतान योजना जिसके तहत कमरे के किराए में खाना-पीना भी जुड़ा रहता है; **at/ in a ~** होटल में; **European plan (~)** होटल की दर या भुगतान योजना जिसके तहत कमरे के किराए में केवल नाशते का पैसा जुड़ा रहता है; **luxury ~** पांच-सितारा होटल

hound /हाउंड/ *n.* 1 *colloq.* कुत्ता, शिकारी कुत्ता 2 कमीना या नीच आदमी, दुष्ट व्यक्ति, लुटेरा, बदमाश 3 शौकीन, प्रेमी: publicity ~ 4 व्यसनी आदमी 5 मंजा हुआ शिकारी 6 श्रद्धालुओं का समूह;
v., *pt.* **~ed**, *pp* **~ing** 1 (***syn.*** harass) बुरी तरह पीछे पड़कर तंग क.: creditors **~ed** him to death; ~ out of the city 2 भड़काना, उकसाना: ~ a dog on sb 3 शिकार क., ढूंढ निकालना: the murderer was **~ed** down;

collocations: **hound's foot** बदमाश या दुष्ट आदमी;

a publicity ~ स्वयं-प्रचार का भूखा, शेखीबाज व्यक्ति; **fox~** लोमड़ी का शिकार करने वाला शिकारी कुत्ता; **news~** खबर का शिकारी, पत्रकार;

collocations: **~ dog** *US* शिकारी कुत्ता; **the hound of hell = the hellhound** *myth.* भयंकर पौराणिक दैत्य; **the ~s** शिकारी कुत्ते; **the ~s of fate** भाग्य की मार;

p&i: **~'s tongue** जीभ के आकार के पत्तों वाला पौधा; **~'s-tooth/ dog's tongue** छोटे-छोटे टूटे खानों (checks) से बना कपड़े का डिजाइन;

hunt with the hound and run with the hare दोनों तरफ हो., दोगला व्यवहार क.; **ride before/ past/ the ~s** घटनाओं से आगे हो.; **ride to ~s** घुड़सवार होकर लोमड़ियों का शिकार क.

hour /आउअः/ आवः/ *n.* 1 घंटा, होरा (from **Horae** /होरी/ *n. Greek myth.* समय की देवी) 2 साठ मिनट: the ~ lasts sixty minutes 3 घड़ी द्वारा दिखाया जाने वाला समय 4 बंधा या निर्धारित समय, (इतने) बजे या इस समय यानी कार्य करने का समय 5 अवसर या मौका: the finest ~; dark ~ (कठिन समय) 6 दिन के समय का कोई भाग: an early ~ (बहुत तड़के/ सवेरे); keep late **~s** (देर

रात तक जागना); keep good **~s** (जल्दी सोना और जल्दी उठना) 7 किसी दूरी को तय करने का समय: one ~ away from the airport 8 कोई कार्य करने का समय: office **~s** 9 किसी कार्य को पूरा करने में लिया जाने वाला समय: an **~'s** work 10 समय की लंबाई: sleep for **~s** and **~s**/ for **~s** on end; 24 **~s** (पूरा दिन) 11 प्रति घंटा: ~ by ~ (घंटा-दर-घंटा)

dw/lw: **~-bell** *n.* हर घंटे बजने वाला घंटा; **~-circle** पृथ्वी के ध्रुवों और किसी स्थान विशेष में से गुजरने वाला वृत्त, याम्योत्तर-वृत्त (meridian); **~-glass** *n.* रेत घड़ी; **~ hand** *n.* घड़ी में घंटे की सूई; **~ly** /आवःलि/ *adj.* एक घंटे का, प्रति घंटे का: on ~ly basis 2 घंटेवार 3 बार-बार या अक्सर होने वाला: in ~ly fear of discovery 4 घंटे-घंटे में: an ~ dose of medicine; ~ output; **~ly** *adv.* 1 हर घंटे: the bell will ring every two ~ly;

collocations: **dead ~s** देर रात में; **unearthly ~** देर रात का समय; **~ hand** घड़ी में घंटे की सूई; **after ~s** बंद होने के समय के बाद; **the long ~s** रात के 11 या 12 बजे; **the short/ small ~s** 2, 3 या 4 चार आदि बजे; **trying ~s** परीक्षा की घड़ी; **the witching ~** आधी रात; **zero ~** 1 निर्णायक घड़ी 2 संसद आदि में शून्य काल;

p&i: **~ of crisis** संकट की घड़ी; **~ of cause** अदालत में सुनवाई का समय, पेशी; **~s of pleasure are short** सुख-चैन या ऐशो-आराम का समय लंबा नहीं होता;

all ~s हर समय, चौबीसों घंटे; **an ~ in the morning is worth two in the evening** सवेरे-सवेरे ताजा दिमाग से शाम के थके-मांदे दिमाग से दोगुना ज्यादा काम किया जा सकता है; **at all ~s** किसी समय भी; **at a good ~** ठीक समय पर; **at five minutes past the ~** एक बजकर पांच मिनट पर; **at the eleventh ~** अंतिम क्षणों में, आखिरी वक्त पर; **be up till all ~s every night** देर रात तक जागते रहना; **I have had my ~** मेरे जीवन में भी खुशी के दिन थे; **in an evil ~** अशुभ समय पर; **in one's ~s of ease** फुर्सत के समय; **in the early/ small ~s** आधी रात के बाद बहुत तड़के/ सवेरे; **in a good ~** शुभ समय पर; **in an ill/ evil ~** अशुभ घड़ी में; (*UK*) **in lunch ~**/ *US* **on lunch ~** दोपहर के भोजन (lunch) के समय; **keep bad ~s** रात को देर से सोना; **keep good ~s** जल्दी सोना, जल्दी उठना, नियमित व संयत जीवन जीना; **keep ~** निर्धारित समय के अनुसार काम क.; **my ~ has struck** मेरा समय आ गया है; **of the ~** ज्वलंत (मुद्दा आदि); **one's last ~ has come** किसी की अंतिम घड़ी आ गई है; **on the ~** ठीक समय पर; **opening ~s** शुरू-शुरू में, पहले के घंटों में; **out of ~s** सामान्य समय से पहले या बाद में; **peak ~** भीड़-भाड़ का शिखरतम समय; **question of the ~** इस समय का ज्वलंत प्रश्न; **rush ~** भीड़-भाड़ का समय; **sb's finest ~** किसी के लिए सर्वोत्तम घड़ी या सुनहरा समय; **spend ~s solving the problem** किसी समस्या को हल करने में घंटों लगाना; **strike the ~s** घंटे का बजना; **the hour has struck** समय आ गया है; **the small/ early ~s** (*also* **the wee small ~s**; *also US* **the wee ~s**) आधी रात के बाद का समय, तड़के-तड़के; **till all ~s** (पौ फटने तक); **two ~s away from the university** विश्वविद्यालय तक दो घंटे की दूरी; **watch beeps on the ~** (...) बजे घड़ी पीं-पीं करती है; **working ~s** कामकाजी समय

houri /हूअरी/ *n.* 1 जन्नत की हूर 2 परी 3 सुंदरी

hourly *see above under* **hour: *dw/lw***

house /हाउस/ *n. pl.* **~s** /हाउजिज/ 1 मकान, घर, गृह, भवन 2 (***syn.*** household) घर के निवासी, परिवार: ~ and home; noisy ~; meals are always late in our ~ 3 वंश, कुल: the **House** of Tatas 4 प्रतिष्ठान, भवन 5 सभागार में उपस्थित दर्शक या श्रोतागण 6 (**the House**) सदन: the lower/ upper **House** 7 सराय 8 स्कूल में भिन्न-भिन्न खेल-दल: Shakti **House** (Sardar Patel School, New Delhi) 9 स्कूल या कॉलेज में छात्रावास: Saproo House (JNU, New Delhi) 10 नक्षत्र-ग्रह, नक्षत्र घर 11 व्यापार या प्रकाशन गृह: trading/ business ~; wholesale ~; publishing ~ 12 सुधार-घर या किसी विशेष वर्ग का निवास स्थान: ~ of correction 13 किसी विशेष कार्य या भंडारण आदि के लिए कक्ष, कमरा, आगार आदि: light~, store~; ware~ 13 बड़े-बड़े भवनों के नामों में प्रयुक्त: Sindhia House, Hyderbad House 14 रेस्त्रां, चाय-काफी की दुकान: coffee ~ 15 वाद-विवाद सभा, श्रोतागण: the topic of the debate is: "the ~ is of the opinion that the honesty is the best policy"; the ~ voted against the motion;

v., pt. **~d**, *pp* **housing** 1 रहने के लिए आवास दे. 2 जगह दे. 3 ठहराना, आश्रय दे.,शरण दे. 4 किसी मकान में भंडारण क. 5 रहना;

dw/lw: **~agent** = **property agent** संपत्ति दलाल; **~boat** *n.* नौका-गृह, शिकारा, बजरा; **~-book** *n.* घर की आय-व्यय पुस्तिका; **~bug** *n.* खटमल; **~bound** /हाउसबाउंड/ *adj.* घर से बाहर न निकलने वाला, घर-घुस्सू; **~boy** *n.* होटल में सफाई आदि करने वाला लड़का; **~-breaker** *n.* सेंधमार; **~-breaking** *n.* सेंधमारी; **~-broken** /हाउस-ब्रोकन/ *adj.* सधाया हुआ (घोड़े आदि जानवर); **~-builder** *n.* घर-निर्माता; **~-chambermaid** *n.* घर को साफ-सुथरा बनाने वाली औरत; **~cleaning** *n.* घर की सफाई; **~coat** *n.* महिलाओं का घरेलू चोगा (गाउन); **~craft** /हाउसक्राफ्ट/ हाउसक्रैफ्ट/ *n.* 1 गृह विज्ञान 2 गृह-प्रबंध में कुशलता या कौशल; **~-dinner** *n.* मात्र अपनों का भोज; **~-dog** *n.* फास्टफूट का एक व्यंजन 2 घेरलू प्रहरी कुत्ता; **~-dress** *n.* घरेलू पोशाक; **~effects** *n.[pl.]* घरेलू माल-मत्ता; **~fly** *n.* मक्खी; **~ful** *adj.* पूरा भरा हुआ हाल; **household** *see below as a separate entry*; **~-hunt** *n.* घर की तलाश (ढूंढना); **~keeper** *n.* 1 गृह-प्रबंधक: a thrifty ~keeper 2 रसोइया 3 साफ-सफाई करने वाला; **~keeping** *n.* 1 घर की साफ-सफाई: light ~keeping 2 गृह-प्रबंध: ~keeping money 3 होटल में कमरों की सफाई व रख-रखाव विभाग 4 किसी संगठन या कंप्यूटर आदि को ठीक या चालू हालत में रखने के लिए उठाए जाने वाले कदम; **~less** *adj.* बेघर, बेघर-बार; **~man** *n.* नया-नया बना डॉक्टर; **~master/ ~mistress** *n.* ब्रिटेन में स्कूल के किसी विभाग या छात्रावास आदि का मुख्य अध्यापक या अध्यापिका; **~mate** *n.* किराये के घर में साथ रहने में भागीदार; **~-parent** *n.* किसी संस्था में बच्चों की देखभाल के लिए उत्तरदायी पुरुष या महिला; **~-party** *n.* शहर से बाहर स्थित घर में कुछ दिन रहने के लिए बुलाए गए मेहमानों का समूह; **~plant** *n.* घर के भीतर उगाया जा सकने वाला श्रृंगारिक पौधा; **~-proud** *n.* 1 अपने घर के बाहरी रूप पर जरूरत से ज्यादा गर्वित 2 घर को सजाने-बनाने में अत्यधिक व्यस्त; **~room** *n.* घर में ऐसा कमरा जिसमें किसी को ठहराया जा सके या कोई सामान आदि रखा जा सके; **~-sit** *v., pt.* ~sat, *pp* ~sitting घर के मालिक की अनुपस्थिति में घर में ठहरकर उसकी रक्षा या देखभाल क.; **~to~** *adj.* घर-घर जाने वाला; **~-top** *n.* घर की ऊपरी छत: proclaim from the ~-tops; **~train** *v., pt.* ~trained, *pp* ~training कुत्ते को, विशेषकर छोटे पिल्ले को घर से बाहर टट्टी-पेशाब करने के लिए प्रशिक्षित क.; **~trained** *adj.* पालतू कुत्ता जिसे घर से बाहर टट्टी-पेशाब करने के लिए प्रशिक्षित करने के लिए प्रशिक्षित किया गया हो; **~wares** /हाउस-वेअःज/ *n.* घरेलू उपकरण; **~-warming** *n.* गृह-प्रवेश; **~wife** *n. pl.* ~wives /हाउस्वाइव्ज/ 1 गृह-पत्नी, गृहिणी 2 सूई-धागा थैली; **~-wife** *v., pt.* ~-wifed, *pp* ~-wifing 1 घर-गृहस्थी चलाना 2 खर्चे में कमी क., बचत क.: ~wife money; **~wifely** /हाउसवाइफलि/ *adj.* गृहस्वामिनी के अनुरूप होने वाला, गृहिणी के विचार में उचित; **~wifely** *adv.* गृहस्वामिनी के अनुरूप; **~work** *n.* गृहकार्य; **~wright** /हाउसराइट/ *n.* 1 घर बनाने वाला 2 राजगीर, बढ़ई;

collocations: **~ agent** संपत्ति (गृह) क्रय-विक्रय एजेंट; **~ allowance** घर-भत्ता; **~ arrest** घर के अंदर नजरबंदी;**~ dust mite** = **dust mite** कुटकी; **~ god** गृह देवता; **~ goods** घरेलू सामान; **~ guest** व्यक्तिगत घरों में किराये पर रहने वाला अतिथि; **~hold name/ ~hold word** *see below under* household; ~husband गृह-पति, गृहस्थी चलाने वाला पुरुष; ~ in London सट्टा-बाजार; ~ leek छत पर चढ़ने वाली लता; ~ lights बड़े हाल या थियेटरों की रोशनी; ~maid's knee देर तक झुके रहने के कारण होने वाला घुटनों का दर्द; ~ martin चिड़िया जैसा एक यूरोपीय पक्षी; ~ music 1980 के दशक में पनपी डिस्को संगीत की एक शैली जिसमें संगीत इलेक्ट्रोनिक तकनीक से बनाया और फैलाया जाता था; ~ of cards 1 आसानी से ढह जाने वाली संरचना, कच्चा ढांचा, बालू की भीत, रेत की दीवार 2 ताश का घर 3 लचर योजना; House of Commons इंग्लैंड में भारत की लोक सभा के समानांतर सदन; ~ of correction जेल; ~ officer डॉक्टरी की पढ़ाई पूरी होने पर अस्पताल में काम करके व्यावहारिक अनुभव प्राप्त करने वाला डॉक्टर; ~ of God/ ~ of prayer/ ~ of worship प्रार्थना घर, मंदिर, मस्जिद, गुरु द्वारा, चर्च आदि; ~ of ill fame/ ~ of mercy/ ~ of ill repute/ disorderly ~ वेश्यालय; House of Lords इंग्लैंड में भारत की राज्य सभा के समानांतर सदन; ~ of office (cabin for thinking) *sl.* टॉयलेट; ~ organ/ magazine संस्था-पत्रिका; Houses of Parliament ब्रितानवी संसद;~ party किसी के निजी निवास पर (विशेषकर देहात में) कई दिनों तक रुकने वाले मेहमानों का दल; ~physician गृह-चिकित्सक, आवास-चिकित्सक; ~ plant घर के भीतर उगाया जाने वाला सजावटी पौधा; ~ property गृह-संपत्ति; House of Representatives प्रतिनिधि सदन;~ of correction युवा अपराधियों के लिए सुधार घर; ~ style प्रकाशन गृह आदि द्वारा अपनी सामग्री प्रस्तुत करने की शैली; ~ surgeon अस्पताल में रहने वाला वरिष्ठ सर्जन; ~ to ~ घर-घर: ~to ~ fighting; ~ to ~ visitation (घर-घर जाने की क्रिया); ~warming गृह-प्रवेश दावत; a condemned ~ जल्द गिराया जाने वाला मकान; a detached/ semi-detached ~ पूर्णतया अलग/ आधा जुड़ा हुआ घर; a full ~ पूरा भरा हुआ सभागार आदि; a halfway ~ 1 समझौता 2 दो नगरों के बीच में स्थित घर; a ~ of merchandise पंसारी की दुकान; an opera ~ ओपेरा घर; a public ~ पब, मयखाना, ढाबा; a publishing ~ प्रकाशन घर; a rough ~ शोर-शराबे वाला झगड़ा; boarding ~ छात्रावास; build/ buy/ rent/ sell a ~ घर बनाना/ खरीदना/ किराये पर लेना/ बेचना आदि; full ~ सभी श्रोतागण; milk ~ दोहन-घर; play ~ 'पापा-मम्मी' का खेल खेलना; scale ~ तौल-घर, धर्म-कांटा; terraced ~ खुली छत वाला घर, चबूतरे वाला घर; the House 1 विधान सभा या संसद 2 (ऑक्सफोर्ड विश्वविद्यालय में) क्राइस्ट चर्च कॉलेज 3 (लंदन में) सट्टा बाजार 4 (लंदन में) संसद भवन 5 (House) परिवार, घराना; the House of Keys ('Isle of Man' में) संसद का निर्वाचित सदन; the House of Commons/ Representatives *see in above para*; the White House अमेरिकी राष्ट्रपति का व्हाइट हाउस नामक निवास; thin ~ कम श्रोता, कम हाजिरी;treasure ~ अमूल्य वस्तुओं का भंडार;

p&i: ~ divided बिखरा हुआ घर या सदन, जहां एकता न हो; ~ oneself अपने आप को आवासित क.;

bow down in the ~ of Rimmon अपने सिद्धांतों के साथ समझौता क.; bring the ~ down थियेटर आदि में अपने अभिनय या गायकी से श्रोताओं को मंत्र-मुग्ध क.; build one's ~ upon a rock मजबूत नींव पर अपना घर बनाना; build one's ~ upon the sand बालू का (जल्द ढह जाने वाला) घर बनाना; burn one's ~ to get rid of the mice = throw the baby with the bath water छोटी-सी समस्या से छुटकारा पाने के लिए सारा ताना-बाना ही ध्वस्त कर देना; crash like a ~ of cards ताश के पतों के घर की तरह ढह जा.; dress the ~ थियेटर आदि के हाल को कृत्रिम तरीके से भरा दिखाना; eat sb out of the ~ and home किसी का दिवालिया निकाल देना, किसी को नष्ट कर देना; get on like a ~ on fire *colloq.* 1 बहुत अच्छी तरह से मिल-मिलाकर, घी-शक्कर होकर: they get on like a ~ on fire 2 तेजी से आगे बढ़ना; go round the ~es = beat about the bush बाएं-दाएं हांकना; keep one's ~ घर-गृहस्थी चलाना; keep a good ~ पर्याप्त भोजन की व्यवस्था क.; keep open ~ अत्यधिक अतिथि-सत्कार या आवभगत क.; keep the ~ घर बैठे र., बाहर न निकलना; make sb free of one's ~ किसी का सहर्ष अपने घर में स्वागत क. 2 अपना घर किसी को देना 3 किसी को अपने घर में बेतकल्लुफ महसूस कराना; on the ~ मेजबान की ओर से निःशुल्क, मालिक के खाते से; put one's ~ in order अपने मामलों को ठीक-ठाक क. या सुलझाना; safe as ~es अत्यधिक सुरक्षित; set up ~ अपनी खुद की घर-गृहस्थी आरंभ क., अपना गृहस्थ जीवन आरंभ क.; this building ~s lawyers' offices इस इमारत में वकीलों के कार्यालय हैं; those who live in glass ~s should not throw stones on others 1 शीशों के महलों में रहनेवालों को दसरों पर पत्थर नहीं फेंकने चाहिए 2 पहले अपने गरेबान में झांककर तो देखो!; throw the ~ out of the windows घर को अस्त-व्यस्त क.; turn sb out of the ~ and home किसी को उसके घर से निकाल बाहर कर देना; under ~ arrest नजरबंद; we can ~ you for a day or two हम आपको दो-एक दिन के लिए रख सकते हैं;

cry from the ~-tops जोर-शोर से जग जाहिर क.

household /हाउसहोल्ड/ *n.* 1 परिवार जन, कुटुंब, घराना 2 घर-बार, गृहस्थी;

adj. घर-गृहस्थी का, घरेलू;

dw/lw: ~er /हाउसहोल्डः/ *n.* गृहस्वामी, घर का मालिक;

collocations: ~ appliances घरेलू उपकरण; ~ bills/ expenses घरेलू बिल/ खर्चा; ~ durables टिकाऊ घरेलू सामान; ~ franchise/ suffrage घरों के मालिकों व किरायेदारों के लिए मताधिकार; ~ goods घरेलू सामान; ~hold name/ ~hold word घर-घर में प्रचलित या शब्द, प्रसिद्ध, सर्वप्रिय; ~ products/ goods घर में बनाया हुआ सामान; ~ soap सामान्य कपड़े धोने का साबुन; ~ word मुहावरा, अति प्रचलित शब्द;

a ~ name घर-घर में प्रिय, सर्वप्रिय, प्रसिद्ध; the master of the ~ घर का मालिक, परिवार का मुखिया

housing /हाउसिंग/ *n.* 1 आवास: provide ~ (for); the ~ problem 2 घर का प्रबंध: ~ development 3 शरण, आश्रय 4 ढांचा 5 जीन-पोश, झूल, जीन वस्त्र 6 *pl.* घोड़े की लगाम 7 आवरण 8 भवन-निर्माण: funds for ~ 9 *pp,* 'house' का वर्तमानकालिक कृदंत;

collocations: ~ association आवास समिति; ~ estate *UK* (*US* ~ development) 1 स्थानीय प्रशासन द्वारा निर्मित सुनियोजित आवासीय संपदा 2 गृह-निर्माण; ~ project गरीब लोगों के लिए आवास योजना

hove *pt. p.,* heave का भूतकालिक रूप

hovel /हौवल/ *US* हवल/ *n.* 1 छोटा-मोटा घर 2 सायबान 3 मामूली झोंपड़ी, झग्गी, मड़ैया 4 खांचा 5 छप्पर 6 पशुओं का दालान;

v., pt. ~led/ *US* ~ed, *pp* ~ling/ *US* ~ing, 1 खांचे में रखना 2 आश्रय दे. 3 सायबान या छप्पर की तरह बनाना

hover /हौवः/ *US* हवः/ *v., pt.* ~ed, *pp* ~ing 1 हवा में मंडराना: helicopter ~ed about/ over us 2 किसी के आसपास डोलना, आगा-पीछा क.: don't ~ over me! ~ around sb/ at sth 3 हिचकना, टालमटोल क.: ~ on the brink of decision 4 दुविधा में हो.: ~ between life and death;

dw/lw: ~craft /~क्राफ्ट/ *US* ~क्रैफ्ट/ *n.* जल या थल पर चलने वाली गाड़ी, हवा के गुब्बारे पर चलने वाली नौका; ~fly *n.* मक्षिका, एक पतंगा जो फूलों का रस चूसता है

how /हाउ/ *adv.* 1 कैसे: ~ is it/ come (कैसे हुआ?) 2 कितना, कितने: ~ far is the town? ~ much time did it take you? 3 कैसा, किस प्रकार, किस तरह: I should like to know the ~ of it 4 क्यों: ~ come you were there? 5 क्या

conj. 1 कैसे, किस तरह, किस तरीके से, कि: he told me ~ he had done it on his own 2 किस तरीके से, किस हाल में: I don't care ~ you get there;

n. काम करने का तरीका या कारण: I don't like your **~s** and whys; the **~s** and whys of it;

dw/lw: **know-how** /नो-हाउ/ *n.* तकनीक, तरीका, तकनीकी ज्ञान

p&i: **~ are things?/ ~ goes it?** क्या हाल है?; **~ kind of you!** आपकी बड़ी मेहरबानी!; **~ are you?/ how do you do?** कैसे हो? क्या हाल है?; **~ about ...?** इस प्रस्ताव के बार में क्या विचार है?; **~ come?** यह कैसे हुआ? ऐसे कैसे हो सकता है?; **~ goes the enemy** कितना बजा है?; **~ on earth do I know?** भला, मुझे कैसे मालूम!; **~ now** or **~ so?** यह क्या है?/ ऐसा क्यों है?; **~ squares go** कैसा चल रहा है? क्या हाल है?; **~ the dickens!** खुदा के वास्ते...; **~ strange/ stupid/ weird, etc. is that!** यह कितनी विचित्र/ मूर्खतापूर्ण/ अनोखी बात है!; **~'s that? (howzat?)** 1 क्रिकेट के खेल में अपील: इसके बारे में क्या निर्णय है? अब क्या कहना है? 2 क्यों, किस कारण से? **~'s that for high? ~ the wind blows?**; **do it ~ best you can!** जैसे आप कर सकते हो, करो/ जैसा मन आए, करो!

howbeit /हाउबीइट/ *adv.* तो भी, जो भी हो;
conj. यद्यपि

howdah /हौदा/ *n.* हाथी पर सवारी के लिए गद्दी, हौदा, अंबारी

howdy /हाउडि/ *excl.* हैलो कहने क लिए प्रयुक्त: ~, buddy?

how-d'ye-do/ how-dy-do /हाउडिडू/ *n.* कठिन या कष्टकर स्थिति

however /हाउएवः/ *adv.* 1 यद्यपि, फिर भी: ~ this is not common 2 (***syn.*** howsoever) किसी भी तरह से I cannot, ~, approve of it 3 कितना भी: ~ slight;
conj. कैसे भी, जैसे भी हो: ~ cold/ difficult/ slowly, etc. (कितना भी ठंडा/ कठिन/ धीमा क्यों न हो); do it ~ you like it (जैसे चाहो, वैसे करो); you must finish it ~ long it takes (चाहे जितनी देर लगे, आपको इसे पूरा करना ही है)

howitzer /हाउइटसः/ *n.* छोटी तोप: ~ fire

howl /हाउल/ *v., pt.* **~ed**, *pp* **~ing** 1 चीखना, चिल्लाना, हुआना: ~ with pain 2 विलाप क. 3 तेज हवाओं द्वारा सांय-सांय क.: the wind **~s** 4 ठहाके मारकर हंसना 5 ठहाकों से खिल्ली उड़ाकर बैठा दे.: the crowd **~ed** down the speaker;
n. 1 दहाड़: the ~ of a wolf 2 चीख, चिल्लाहट 3 रुदन: a ~ of despair 4 तेज हवा की सांय-सांय: ~ of the wind 5 ठहाका, अट्टहास: ~ of laughter/ of merriment 6 लाउडस्पीकर की सीटी;
dw/lw: **~er** /हाउलः/ *n.* 1 चीखने-चिल्लाने वाला, शोर मचाने वाला आदमी 2 (**~ monkey**) सबसे बड़ा अमेरिकी बंदर 3 भद्दी गलती, हास्यास्पद भूल; **~ing** /हाउलिंग/ *adj.* 1 रोने-चिल्लाने वाला 2 अत्यधिक बड़ी/ बड़ा: ~ing success; ~ing dog/ wind;
collocations: **~ away** चिल्लाकर भगा दे.; **~ down** चिल्लाकर चुप करा दे.;
p&i: **come a ~er** उलझन में पड़ना, मुसीबत में फंसना

howsoever /हाउसोएवः/ (*now* **however**) *adv., old use* यद्यपि

howzat /हाजट/ = **how is that?** बताओ, क्या कहना है?

hoy /हॉय/ *n.* 1 तट पर प्रयोग में आने वाली एक नौका 2 किसी को बुलाने के लिए दी जाने वाली आवाज

hoyden /हॉइडन/ *n.* 1 चंट या चंचल लड़की, चुलबुली लड़की 2 (***syn.*** Tomboy) लड़कों-सी निडर व चंचल लड़की
dw/lw: **~ish** /हॉइडअनिश/ *adj.* उच्छृंखल, अति चंचल

HP *abbr.* 'Hewlett-Packard', 'high pressure', 'hire-purchase', 'Houses of Parliament' की प्रथमाक्षरी

hp *abbr.* 'horsepower', 'higher purchase' की प्रथमाक्षरी

HPA *abbr.* 'Home Plug Power Alliance' की प्रथमाक्षरी

HPB *abbr.* 'Hind Pocket Books' की प्रथमाक्षरी

HPC *abbr.* 'Hellenic Paralympic Committee', 'High Power Committee', 'High Performance Computing' की प्रथमाक्षरी

HPCL *abbr.* 'Hindustan Petroleum Corporation Limited' की प्रथमाक्षरी

HPI *abbr.* 'Hewlett-Packard India' की प्रथमाक्षरी

HPISO *abbr.* 'Hewlett Packer's India Software Operations' की प्रथमाक्षरी

HPL *abbr.* 'Haldia Petrochemicals Limited' की प्रथमाक्षरी

HPLC *abbr.* 'High Proficiency Liquid Chromatography Instrument' की प्रथमाक्षरी

HPO *abbr.* 'Head Post Offices' की प्रथमाक्षरी

HPS *abbr.* 'Hantavirus Pulmonary Syndrome', 'Haryana Patrakar Sangh', 'HCL Perot Systems' की प्रथमाक्षरी

HPTDC *abbr.* 'Himachal Pradesh Tourism Development Corporation' की प्रथमाक्षरी

HPUTA *abbr.* 'Himachal Pradesh University Teachers Association' की प्रथमाक्षरी

HPV *abbr.* 'human papillomavirus' की प्रथमाक्षरी

HQ *abbr.* 'headquarters' की प्रथमाक्षरी

HR *abbr.* 'human resources', 'human rights' की प्रथमाक्षरी

Hr/ hr. (*pl.* **hrs/ hr**) *abbr.* 'hour' का संक्षेप

HRA *abbr.* 'house rent allowance' की प्रथमाक्षरी

HRC *abbr.* 'hot rolled coils' की प्रथमाक्षरी

HRD *abbr.* '(Ministry of) Human Resource Development' की प्रथमाक्षरी

HRE *abbr.* 'Holy Roman Emperor' की प्रथमाक्षरी

HRF *abbr.* 'Human Rights Forum' की प्रथमाक्षरी

HRH *abbr.* 'His/ Her Royal Highness' की प्रथमाक्षरी

HRIDAY *abbr.* 'Health Related Information Dissemination Amongst Youth' की प्रथमाक्षरी

HRM *abbr.* 'Human Resource Management' की प्रथमाक्षरी

HRP *abbr.* 'Human Resource Planning' की प्रथमाक्षरी

HRT *abbr.* 'hormone replacement therapy', 'head race tunnel' की प्रथमाक्षरी

HRTP *abbr.* 'Monopolies and Restrictive Trade Practices' की प्रथमाक्षरी

HRW *abbr.* 'Human Rights Watch की प्रथमाक्षरी

HS *abbr.* 'Harmonised System', 'high school' की प्रथमाक्षरी

HSC *abbr.* 'Higher Secondary Certificate' की प्रथमाक्षरी

HSCC *abbr.* 'Hospital Services Consultancy Corporation (India) Limited' की प्रथमाक्षरी

HSCL *abbr.* 'Hindustan Steelworks Construction Limited' की प्रथमाक्षरी

HSCSD *abbr.* 'High Speed Circuit Switched Data' की प्रथमाक्षरी

HSD *abbr.* 'high speed diesel' की प्रथमाक्षरी

HSDC *abbr.* 'High Speed Data Connectivity' की प्रथमाक्षरी

HSE *abbr.* 'Health and Safety Executive' की प्रथमाक्षरी

HSEB *abbr.* 'Haryana State Education Board' की प्रथमाक्षरी

HSG *abbr.* 'Health Solutions Group' की प्रथमाक्षरी

HSH *abbr.* 'His or Her Serene Highness' की प्रथमाक्षरी

HSLC *abbr.* 'High School Leaving Certificate' की प्रथमाक्षरी

HSM *abbr.* 'high-speed memory', 'His or Her Serene Majesty' की प्रथमाक्षरी

HSMI *abbr.* 'Human Settlements Management Institute (Netherlands)' की प्रथमाक्षरी

HSMTA *abbr.* 'Haryana State Medical Teachers Association' की प्रथमाक्षरी
HSN *abbr.* 'Harmonised System of Nomenclature' की प्रथमाक्षरी
HSP *abbr.* 'high-speed printer', 'human service provider' की प्रथमाक्षरी
HSRA *abbr.* 'Hindustan Socialist Republican Association' की प्रथमाक्षरी
HSS *abbr.* 'Hughes Software Systems' की प्रथमाक्षरी
HST *abbr.* 'hill-top standard time', 'Hubble Space Telescope' की प्रथमाक्षरी
HSTDV *abbr.* 'Hypersonic Technology Demonstrator Vehicle' की प्रथमाक्षरी
HT *abbr.* 'high tension', 'home transcription' की प्रथमाक्षरी
ht *abbr.* 'height' का संक्षेप
HTH *internet abbr.* 'hope this helps' की प्रथमाक्षरी
HTIL *abbr.* 'Hughes Telecom India Limited' की प्रथमाक्षरी
HTM *abbr.* 'held to maturity', 'Hotel & Tourism Management' की प्रथमाक्षरी
HTML *abbr.* 'hypertext mark-up language' की प्रथमाक्षरी (इंटरनेट पर ठीक से दिखाने के लिए एक विशेष प्रकार का पाठ)
HTMS *abbr.* 'Highway Traffic Management System' की प्रथमाक्षरी
HTR *abbr.* 'high temperature reactor' की प्रथमाक्षरी
HTS *abbr.* 'high tensile steel' की प्रथमाक्षरी
HTSC *abbr.* 'High Temperature Superconductors' की प्रथमाक्षरी
HTST *abbr.* 'High Temperature Short Time' की प्रथमाक्षरी
HTTP (*also* **http**) *abbr.* 'hypertext transfer protocol' का संक्षेप (इंटरनेट के किसी दस्तावेज से जुड़ने के लिए कंप्यूटर द्वारा दिया जाने वाला निर्देश)
hub /हब/ *n.* 1 केंद्र स्थल, केंद्रबिंदु: the ~ of the universe 2 गतिविधियों का अड्डा 3 नाभि, केंद्र 4 चक्र नाभि, पहिये के केंद्र में गोल भाग, हब 5 कुंजी, रास्ता: this idea is the ~ of piece (नाटक को समझने की कुंजी इस विचार में है);
dw/lw: **~cap** *n.* 1 नाभि टोपी 2 पहिये के हब का कवर या ढक्कन
p&i: **up to the** ~ ठसा-ठस, पूरी तरह से, सिर से पांव तक: he is up to the ~ in business
hubble-bubble /हबल-बबल/ *n.* 1 हुक्का 2 गुड़गुड़ाने की आवाज, गुड़गुड़, गुड़गुड़ाहट 3 होहल्ला 4 बेसिर पैर का/ की: ~ fellow
hubbub /हबअब/ *n.* 1 शोरगुल, शोर-शराबा, गुलगपाड़ा, होहल्ला, हुल्लड़, कोलाहल: ~ of voices 2 कोलाहलपूर्ण व उत्तेजनापूर्ण स्थिति
hubby /हबि/ *n.* पति
hubris /ह्यूब्रिस/ *n., Greek* घमंड, दर्प, हेकड़ी, अक्खड़पन, अहंकार;
dw/lw: **~tic** /ह्यूब्रिस्टिक/ *adj.* अहंकारी, दंभी; **~tically** /ह्यूब्रिस्टिकलि/ *adv.* अहंकारपूर्वक, दंभी अंदाज में
huckaback /हकअबैक/ *n.* तौलिया बनाने के लिए बूरदार कपड़ा: ~ towel
huckle /हकल/ *n.* कूल्हा, नितंब, रान;
dw/lw: **~back** *n.* कूबड़; **~backed** *adj.* कुबड़ा; **~bone** *n.* कूल्हे या पोर की हड्डी
huckleberry /हकलबेरि/ *n.* 1 उत्तरी अमेरिका के दलदली स्थानों पर पाया जाने वाला पेड़ या पौधा 2 इस पेड़ या पौधे के बेर (बेरी)
huckster /हकस्टः/ *n.* 1 फेरीवाला, खोमचे वाला 2 आक्रामक तरीके से माल बेचने वाला 3 भाड़े का आदमी 4 रेडियो तथा दूरदर्शन के लिए विज्ञापन लिखने वाला;
v., pt. **~ed**, *pp* **~ing** 1 खोमचा या फेरी लगाना 2 मोल-तोल क., घटिया तरीके से सौदेबाजी क.: ~ over the price 3 आक्रामक रुख के साथ माल बेचना
HUD *abbr.* 'Housing and Urban Development (*US department*)' की प्रथमाक्षरी
HUDA *abbr.* 'Haryana Urban Development Authority' की प्रथमाक्षरी
HUDCO *abbr.* 'Housing & Urban Development Corporation Limited' की प्रथमाक्षरी
huddle (*also* **~ together**/ **up**) /हडल/ *v., pt.* **~d**, *pp* **huddling** 1 सर्दी के कारण हाथ-पांव बोचकर बैठना, सिमटकर या सिकुड़कर बैठना: lie **~d** up 2 सटकर इकट्ठा बैठना: ~ together/ ~ up; ~ up to one another for warmth 3 जल्दी क. या करवाना: ~ a job through; ~ on one's clothes 4 हड़बड़ाना 5 ठूंस-ठूंसकर भर दे.: ~ clothes into a suitcase; he **~d** the children into his car;
n. 1 भीड़, भीड़भाड़ 2 जमघट 3 घालमेल, गड्डमड्ड: ~ of ideas (विचारों में गड्डमड्ड, उलटफेर, गड़बड़झाला) 4 हड़बड़ी, गड़बड़ी 5 गुप्त गुफ्तगू या बात;
dw/lw: **~d** /हडल्ड/ *adj.* सिमटा हुआ;
p&i: **~ together** or **up** सटकर इकट्ठे खड़े होना या बैठना; **go into a** ~ गुप्त गुफ्तगू क.
hue /ह्यू/ *n.* 1 रंग: of all **~s** 2 रंगत: conservative politicians of various **~s** 3 वर्ण: dark-**~d** (सांवला, काले रंग का);
dw/lw: **~d** /ह्यूड/ *adj.* रंगत वाला, रंग वाला; **~less** *adj.* बदरंग, फीका;
p&i: **~ and cry** शोर, शोरगुल, चीख-पुकार, हो-हल्ला, चिलमपों, गुहार-पुकार: raise a ~ and cry
HUF *abbr.* 'Hindu undivided family' की प्रथमाक्षरी
huff /हफ/ *v., pt.* **~ed**, *pp* **~ing** 1 खीझना, झुंझलाना, क्रुद्ध होना 2 डराना-धमकाना: ~ sb into silence 3 हांफना, सांस फूलने लगना: ~ into a breathlessness;
n. 1 झल्लाहट, खीझ, झुंझलाहट: in a ~ (झल्लाहट/ झुंझलाहट में); get into a ~;
dw/lw: **~y** /हफि/ (*also* **~ish**) *adj.* 1 झुंझलाया हुआ, झल्लाहट-भरा, खीझा हुआ 2 बहुत भावुक या तुनकमिजाज;
p&i: **~ and puff** व्यायाम आदि करने के बाद हांफना; **~ing and puffing** ऊंची आवाज में खोखली धमकी, बंदर घुड़की
hug /हग/ *v., pt.* **~ged**, *pp* **~ ging** 1 कसकर गले लगाना: ~ a friend 2 बांहों में भर ले.: ~ sb on his success 3 दीवार या किनारे आदि से सटकर चलना या खड़ा हो.: ~ the coast (समुद्र तट के साथ-साथ गाड़ी चलाना); ~ the right side of the road 4 लिपट जा. 5 किसी बात में दृढ़तापूर्वक विश्वास रखना: ~ one's beliefs 6 पोशाक का शरीर पर कसकर बैठना: figure-hugging jeans;
n. 1 (***syn.*** embrace) स्नेहपूर्ण आलिंगन: ~ of affection 2 जफ्फी (*Pbi*), जाफ्फी (*Hr.*) 3 पकड़, जकड़: Cornish ~ (रीछ का आलिंगन, यानी मौत)
dw/lw: **huggery** /हगरि/ *n.* लल्लोचप्पो, जफ्फी-पप्पी;
p&i: **~ the shore** जहाज आदि तट के साथ-साथ (समीप) चलना
huge /ह्यूज/ *adj.* 1 विशाल, विराट: ~ mountain/ building/ animal 2 बहुत बड़ा: ~ difference; ~ profits;
dw/lw: **~ly** /ह्यूजलि/ *adv.* बड़े पैमाने पर, अत्यधिक: ~ pleased; **~ness** /ह्यूजनिस/ *n.* भीमकायता, विशालता, विराटता
hugger-mugger /हगः-मगः/ *n.* 1 गड्डमड्ड, घालमेल 2 विभ्रम 3 अव्यवस्था, अस्तव्यस्तता 4 गोपनीयता: in ~ (चोरी-छिपे)
adj. 1 विभ्रमित 2 अस्तव्यस्त, बेतरतीब 3 गुप्त
adv. 1 विभ्रमतापूर्वक 2 घालमेल में 3 गुप्त रूप से, चोरी-छिपे
huh /हअ/ *excl.* विस्मयबोधक, प्रश्न पूछने/ आश्चर्य या क्रोध जताने के लिए प्रयुक्त होता है
hula/ hula-hula /हूला, हूला/ *n.* हूला, हवाई (Hawaii) देश का एक नृत्य, जिसमें नृत्यांगना अपने कूल्हे मटकाती है और बड़ी

नजाकत से अपनी बाहें झुलाती है;
collocations: ~ **hoop** प्लास्टिक का छल्ला, जो नृत्य करते समय कमर में झूलता रहता है; ~ **skirt** घास का स्कर्ट जिसे हूला नर्तकियां पहनती हैं

hulk /हल्क/ *n.* 1 (**the ~s**) जीर्ण-शीर्ण तथा बेकार नौका, जहाज या उसका टूटा-फूटा ढांचा 2 भारी-भरकम व्यक्ति या वस्तु: ~ up (भारी-भरकम हो.) 3 भोंड़ा व्यक्ति या वस्तु;
dw/lw: **~ing** /हल्किंग/ *adj.* 1 भारी भरकम 2 विकराल 3 भोंडा

hull /हल/ *n.* 1 जहाज का मुख्य भाग, पेटा 2 मिसाइल, रॉकेट, टैंक आदि का बख्तरबंद खोल 3 मटर आदि का छिलका, भूसी;
v., pt. **~ed**, *pp* **~ing** 1 जहाज के पेटे को गोले से घोंपना 2 खोल उतारना 3 छिलका उतारना: ~ beans/ peas;
dw/lw: **~ed** *adj.* बिना छिलके के, बिना खोल के; **~-down** *adj.* क्षितिज-पार छिपे पेटे के साथ: ~-down position (टैंक का आधा-छिपा भाग)

hullabaloo /हलाबलू/ *n.* होहल्ला, शोरगुल, कोलाहल

hullo *UK* (*UK/ US* **hello**) /हलो/ *excl.* 1 हैलो 2 बातचीत शुरू करने के लिए प्रयुक्त

hum /हम/ *v., pt.* **~med**, *pp* **~ming** 1 गुनगुनाना: ~ a tune; ~ sb to sleep 2 लगातार धीमी आवाज क.: ~ and ha(w) 3 भिनभिनाना 4 चहल-पहल हो.: the street **~s** all the time 5 बदबू आना 6 थोपना, आरोपण क.;
n. 1 गुनगुनाहट, गुंजन: the ~ of industry 2 भिनभिनाहट: ~ of conversation 3 चहल-पहल, भीड़-भड़क्कम: the ~ of traffic 4 बदबू;
p&i: ~ **and haw/ ha** or **hem and haw/ hah** हिचकिचाना, फैसला करने या उसे सुनाने में, ढुलमुल हो., उंह, अंह क., आगा-पीछा क.;
be ~ming भिन्न-भिन्न गतिविधियों के कारण चहल-पहल हो.; **give a ~ of approbation/ of disapproval** नापसंदगी या अस्वीकृति जाहिर करते हुए तिलमिलाना; **make things ~** काम चालू करवाना

human /ह्यूमन/ *adj.* 1 (***anton.*** non-human) इंसानों का, मानव संबंधी: ~ body/ anatomy; ~ behaviour 2 मानवीय दुर्बलताओं से संबंधित: ~ weaknesses/ failings; to err is ~ 3 (***anton.*** inhuman) मानवीय, मानुषिक, इंसानी: ~ tolerance (मानवीय सहन-शक्ति); politicians with ~ touch 4 मानवोचित, मनुष्योचित: ~-ceiling (इंसान की संभावनाओं की सीमा);
n. (*also* **~ being**) मानव, इंसान, पुरुष, नारी, बच्चा;
dw/lw: **~ly** *adv.* मानव के रूप में; **~ness** *n.* मनुष्यता, मानवीयता; **~iform** /ह्यूमैनिफॉःम/ *n.* मानव रूप; **~ify** /ह्यूमैनिफाइ/ *v., pt.* ~ified, *pp* ~ifying मानवीकरण क.; **humanism**, **humanitarian**, **~itarianism**, **humanities**, **humanity** *see below under separate entry*; **~ization** /ह्यूमनिजेशन/ *n.* मानवीकरण; **~ize** /ह्यूमअनाइज/ *v., pt.* ~ized, *pp* ~izing 1 मानवीय बनाना, सहृदय बनाना: ~ize (cow's) milk (गाय के दूध को स्त्री के दूध समान बनाना) 2 इंसानी जज्बे से ओत-प्रोत क., मानवीयकरण क., परिष्कृत क. ~ize the prison system; **~kind** /ह्यूमनकाइंड/ *n.* मानव जाति; **~ly** /ह्यूमनलि/ *adv.* मानव-सीमा के अंतर्गत, मानवीय ढंग से: ~ly possible; be ~ly fallible (इंसान के रूप में पतनशील हो.); it is ~ly impossible (इंसान के लिए असंभव); **~oid** /ह्यूमअनॉइड/ *adj.* मानव जाति के आदि पूर्वज; **~oid** *n.* मानव-सदृश मशीन या जीव;
collocations: ~ **being** मानव, मनुष्य; ~ **body** मानव शरीर; ~ **bomb** अपने शरीर पर बम बांधे आत्मघाती मनुष्य; ~ **factor** इंसानी पक्ष, मनुष्य की पक्षधरता का तत्त्व; ~ **guinea pig** मनुष्य के ऊपर वैज्ञानिक प्रयोग की क्रिया; ~ **immunodeficiency virus** मनुष्य में रोगरोधक जीवाणुओं की कमी पैदा करने वाले विषाणु; ~ **interest** 1 मानवीय अभिरुचि 2 मानव हित; ~ **milk** औरत का दूध; ~ **nature** 1 सकारात्मक मानव प्रकृति या स्वभाव 2 अतार्किक आचरण; ~ **resource** *UK* (*US* ~ **resources**) 1 मानव संसाधन, मानवीय संभावनाएं 2 (***syn.*** personnel) किसी कंपनी या अन्य संगठन में कर्मी दल के पहलुओं से संबंधित विभाग; ~ **rights** *[pl.]* मानव अधिकार: abuse/ violation of ~ rights; struggle for ~ rights; ~ **philosophy/ measure/ treatment** मानवीय दर्शन/ मान-दंड/ व्यवहार; ~ **progress** मानव जाति की उन्नति; **the ~ race** मानव जाति; ~ **sacrifice** मानव की बलि; ~ **shield** युद्ध काल में जनता के किसी अंग को (महिलाओं या बच्चों आदि को) दुश्मन के हमले के सम्मुख ढाल के रूप में खड़ा करके सामरिक महत्त्व के स्थान की रक्षा क.; **~studies** मानवीय अध्ययन; **the ~ race** सकल मानव जाति; ~ **weakness** मानवीय कमजोरी;
p&i: ~ **blood is all of one colour** सभी इंसानों का खून लाल रंग का होता है;
a man of ~ character सुच्चरित्र व्यक्ति; **be only ~** मनुष्योचित/ मानवतावादी हो; **it's ~ to err** इंसान से गलती हो ही जाती है; **the ~ face of** किसी चीज, कार्य या प्रक्रिया का सकारात्मक मानवीय या संवेदनशील रूप; **to err is ~, to forgive is divine** गलती करना इंसान की फितरत में है और माफ करना खुदाई मेहर है; **with a ~ face** जो जन-साधारण की समस्याओं, भावनाओं आदि के प्रति संवेदनशील हो

humane /ह्यूमेन/ *adj.* 1 (***anton.*** inhuman) दयालु, दयावान, सहृदय 2 क्षमाशील 3 संवेदनशील: a man of ~ character 4 मानवीय: ~ philosophy/ measure, treatment 5 मानवीयता-प्रधान, मानवतावादी 6 सरुचि-संपन्न, सांस्कृतिक, परिष्कृत;
dw/lw: **~ly** /ह्यूमेनलि/ *adv.* दयालुतापूर्वक, करुणापूर्वक: treat sb ~ly; **~ness** /ह्यूमेननेस/ *n.* दयालुता, संवेदनशीलता;

huma\nism /ह्यूमअनिज्म/ *n.* मानवीयता, मानवतावाद, इंसानियत;
dw/lw: **~nist** /ह्यूमअनिस्ट/ *n.* 1 मानवतावादी 2 मानवीय स्वभाव का अध्येता; **~istic** /ह्यूमनिस्टिक/ *adj.* मानवतावादी इंसानियतपरस्त;

humanitarian /ह्यूमैनिटेरिअ\न/ *adj.* 1 लोकोपकारी, जनहितकारी 2 मानवोन्मुख, मानव-हित उत्प्रेरित: ~itarian grounds; ~itarian aid; ~itarian catastrophe of huge proportions;
dw/lw: **~ism** /~निज्म/ *n.* मानवतावाद, लोकोपकार की भावना: ~ism aid

humanities /ह्यूमैनिटीज/ *n. [pl.]* मानविकी, कला-विषय, साहित्य, इतिहास, दर्शन आदि विषयों का समाहार

humanity /ह्यूमैनिटि/ *n.* 1 मानव जाति: a crime against ~ 2 मानवता 3 मानव स्वभाव या प्रकृति 4 दूसरों के प्रति दयालुता व सहानुभूति: treat a prisoner with ~ 5 मनुष्यता, इंसानियत 6 लोग, जनता: the theatre poured out its ~ (नाट्यशाला से जनता उमड़ रही थी) 7 (**the Humanities**) *see immediately above*

humankind *see above under* **human:** ***dw/lw***

humanly *see above under* **human:** ***dw/lw***

hum\ble /हंबल/ *adj.*, **~bler**, **~blest** 1 (***syn.*** modest) विनीत, विनयशील, नम्र, विनम्र: **~ble** request 2 दयनीय: **~ble** smile 3 दीन, दीन-हीन: in **~ble** circumstances 4 गरीब या निम्न सामाजिक वर्ग से संबंधित: of **~ble** birth 5 (***syn.*** modest) साधारण-सा, सामान्य-सा: **~ble** occupation/ station in life; **~ble** dwelling;
***v.**, pt.* **~bled**, *pp* **~bling** 1 नीचा दिखाना: **~ble** oneself before sb (किसी के सामने घुटने रगड़ना, अपने को गिराना) 2 हराना 3 हेकड़ी भुला दे., घमंड तोड़ दे. 4 अवनत क.;
dw/lw: **~le-bee** *n.* भौंरा; **~bling** *adj.* विनम्र या विनयशील बनाने वाला; **~bling** *n.* दीन-हीन व्यक्ति; **~bleness** 1 विनम्रता 2 दीन-हीनता; **~bly** /हंबलि/ *adv.* विनम्रतापूर्वक;
p&i: ~ **to the dust** धूल में मिलाना या धूल चटाना;
eat ~ pie अपमान सहना, अपने को नीचे गिराना, धूल चाटना

humbug /हमबग/ *n.* 1 छल-कपट, धोखा, खोखलापन 2 धोखाधड़ी, धूर्तता 3 बकवास, गप, गपोड़ा 4 धूर्त, ठग, धोखेबाज 5

पेपरमिंटी मिठाई;
***v.**, pt.* **~ged**, *pp* **~ging** 1 धोखा दे., छल क.: ~ money out of/ from sb 2 मनाना, प्रेरित क.: ~ sb into doing sth;
interj. **humbug!** कोरी बकवास!;
dw/lw: **~ger** /हमबगः/ *n.* धूर्त, कपटी, धोखेबाज; **~gery** /हमबगरी/ *n.* धोखा, छल, कपट

humdinger /हम्डिंगः/ *n.* 1 उत्कृष्ट वस्तु या व्यक्ति 2 लाजवाब चीज या आदमी 3 असाधारण व्यक्ति या वस्तु

humdrum /हम्ड्रम/ *adj.* 1 (***syn.*** dull, tedious) नीरस, फीका, एकरस 2 घिसा-पिटा, सड़क-छाप;
n. 1 नीरस, साधारण या मामूली आदमी 2 फीका व जटिल संवाद

humdudgeon /हम्डजिअन/ *n.* झूठी बीमारी, बीमारी का बहाना, बेकार होहल्ला

humect /ह्यूमेक्ट/ *v., pt.* **~ed**, *pp* **~ing** 1 गीला क. 2 *refl. v.* गीला हो.;

humectant /ह्यूमेक्टंट/ *adj.* गीला करने वाला, आर्द्रता बढ़ानेवाला;
n. 1 खाद्य पदार्थों में आर्द्रता बचाने के लिए डाला जाने वाला पदार्थ 2 त्वचा में आर्द्रता बचाने के लिए क्रीमों (creams) में डाला जाने वाला पदार्थ

humerus /ह्यूमअरस/ *n., pl.* **humeri** /ह्यूमअराइ/ कंधे और कोहनी के बीच की बड़ी-सी हड्डी का ऊपरी भाग, प्रगंडिका;
dw/lw: **humeral** /ह्यूमरल/ *adj.* 1 स्कंधावरणीय, स्कंध- 2 कंधों के आसपास के अंगों से संबंधित: **humeral** veil (स्कंधावरण)

humic /ह्यूमिक/ *adj.* खाद-मिट्टी के गुण वाला

humid /ह्यूमिड/ *adj.* नम, आर्द्र, गीला, भीगा हुआ
dw/lw: **~ifier** /ह्यूमिडिफायः/ *n.* वायु को नम रखने वाला उपकरण; **~ify** *v., pt.* ~ified, *pp* ~ifying आर्द्र बनाना, नम रखना, वायु में नमी पैदा क.; **~ness** /ह्यूमिडनिस/ *n.* आर्द्रता, गीलापन, नमी

humidity /ह्यूमिडिटि/ *n.* 1 उमस: a 2 नमी, सीलन, आर्द्रता: absolute/ relative ~; high/ low ~; 60% ~

humidor /ह्यूमिडॉर/ *n.* सिगारों, तंबाकू को आर्द्र रखने का कमरा

humi\fy /ह्यूमिफाइ/ *v., pt.* **~fied**, *pp* **~fying** खाद-मिट्टी बनाना;
dw/lw: **~fication** /ह्यूमिफिकेशन/ *n.* खाद-मिट्टी बनाने की क्रिया

humilia\te /ह्यूमिलिए\ट/ *v., pt.* **~ted**, *pp* **~ting** अपमानित क., नीचा दिखाना: **~te** sb's pride;
dw/lw: **~ted** /~टिड/ *adj.* अपमानित, बेइज्जत, आहत; **~ting** /~टिंग/ *adj.* अपमानजनक: a ~ting situation; **~tion** /~शन/ *n.* अपमान, मानमर्दन, मान भंग, बेइज्जती; **~tory** /~टरि/ *adj.* अपमानजनक, अवमानकारक

humilis /ह्यूमिलिस/ *n.* वामन

humilit\y /ह्यूमिलिटि/ *n., pl.* **~ies** विनम्रता, विनयशीलता, शालीनता

HUMINT *abbr.* 'human intelligence' का परिवर्णी शब्द (acronym)

humint /ह्यूमिंट/ *n.* लोगों या सरकार के बारे में गुप्त सूचनाएं एकत्रित करने का काम

humming /हमिंग/ *adj.* 1 गुंजार करने वाला 2 गुनगुनाहटभरी: ~ sound 3 सक्रिय, जोरदार: ~ knock (जोरदार खटखटाहट);
dw/lw: **~bird** *n.* मर्मर-पक्षी, गुंजार पक्षी; **~top** *n.* गुंजार लट्टू

hummock /हमक/ *n.* 1 टीला, टेकरी, छोटी पहाड़ी 2 बर्फ की चोटी

humongous/ humungous /ह्यूमंगस/ *adj.* (***syn.*** enormous) विशाल, विराट

hummum /हम्मम/ *n.* हमाम, हम्माम, स्नानघर

humoral /ह्यूमअरल/ *adj.* शरीर के द्रव से संबंधित

humoresque /ह्यूमरेअस्क/ *n.* हास्य संगीत की छोटी-सी रचना

humorist /ह्यूमअरिस्ट/ *n.* 1 हंसोड़ या विनोदप्रिय व्यक्ति, हास्यकर, मसखरा 2 हास्य-रस का लेखक

humor /ह्यूमः/ *n. US spell.*, 'humour' की अमेरिकी वर्तनी

humorous /ह्यूमअरस/ *adj.* 1 विनोदपूर्ण 2 हंसी-भरा: ~ play (हास्य-नाटक) 3 हास्यकर: ~ writer 4 हास्यजनक: ~ situation 5 हास्यास्पद: ~ accident;
dw/lw: **~ly** /ह्यूमरसलि/ *adv.* मजाक में, विनोदपूर्ण ढंग से

humour *UK* (*US* **humor**) /ह्यूमः/ *n.* 1 हास्यवृत्ति: a sense of ~ 2 परिहास, विनोद, हास्यरस: not much ~ in his remarks 4 विनोदशीलता: man of ~; a dry/ wry ~ 5 मनोदशा: in a good/ bad/ an ill ~; out of ~ (बद मिजाज) 6 मनोवृत्ति, स्वभाव, मिजाज: keep sb in good ~; grim ~ 7 हास्य रचना 8 मौज, उमंग, लहर: the child's **~s**; be in the ~ for sth/ to do sth 9 हास्यास्पदता: the ~ of his plight 10 देह द्रव (aqueous ~) यानी शरीर के चार द्रवों (रक्त-इंद्रिय या संवेदन [blood senses], पित्त, क्रोध [choler], विषाद [melancholy], श्लेष्मा, बलगम [phlegm]), जो एक पुराने मतानुसार किसी व्यक्ति के स्वास्थ्य व स्वभाव का आधार होते थे: cardinal **~s**;
v., pt. **~end**, *pp* **~ing** 1 किसी को खुश रखना या क.: ~ a child 2 किसी के मिजाज के अनुरूप अपने को ढाल लेना;
dw/lw: **~less** *adj.* हास्यवृत्तिहीन; **~some** *adj.* मौजी, विनोदी;

hump /हम्प/ *n.* 1 (***syn.*** mound) टीला 2 कूबड़, कूबर, ककूद 3 कोहान (ऊंट का) 4 कुबड़ापन 5 अवसाद, विषाद, निराशा व हताशा का भाव: have/ get the ~; give sb the ~ (किसी को निराश या हताश कर दे.) 6 कठिन समस्या या मुसीबत: fly over the ~/ get over the ~ 7 रूठन, खीझ;
***v.**, pt.* **~ed**, *pp* **~ing** 1 कुबड़ा हो. या क., झुकना या झुकाना: ~ (up) the back 2 किसी पर निराशा व हताशा का बोझ लाद दे. तंग क., चिढ़ाना 3 मुश्किल से ढोना या लादना, बोझ को पीठ पर लादना: ~ one's swag/ bluey; ~ sth about or around (किसी भारी वस्तु को कंधे पर मुश्किल से ढोना) 4 प्रयास जारी रखना;
dw/lw: **~ed** /हम्पट/ = **~backed** *adj.* कुबड़ा, कूबड़दार, कुब्जक; **~back** *n.* कूबड़; **~back bridge** or **~backed-bridge** एक तीव्र ढलान वाला (तिरछा) तंग पुल; **~back** or (*also* **whale**) अति विशाल (कूबड़दार पीठ वाली) व्हेल
p&i: **~ up** कूबड़ के आकार में एकत्रित हो.;
be over the ~ बड़ी कठिनाई या बाधा पार क.; **give sb the** ~ किसी को दुखी या उदास कर देना; **get/ take the** ~ किसी बात के बारे में क्रुद्ध हो., चिढ़ जा.; **live on one's** ~ अपने बलबूते पर जीना

humpty-dumpty /हंप्टि-डंप्टि/ *n.* छोटा-सा गोल-मटोल आदमी

humungous = **humongous**

humus /ह्यूमस/ *n.* खाद–मिट्टी

Hun /हून/ *n., pl.* **~s** 1 *hist.* हूण नाम की एक लड़ाकू खानाबदोश एशियायी कौम 2 बर्बर, लुटेरा 3 *derog. colloq., World War I sl.* जर्मनी वासी

hunch /हंच/ *n.* 1 अटकल 2 आभास, संकेत: have a ~ 3 कूबड़: ~back कुबड़ा, कूबड 4 बड़ा-सा टुकड़ा: ~ of bread;
***v.**, pt.* **~ed**, *pp* **~ing** 1 कुबड़ा होकर बैठना 2 झुकना, झुकाना: sit **~ed** 3 झटकारना;
dw/lw: **~ed** /हंचड/ = **~back** = **~backed** /हंचबैक्ट/ *adj.* कुबड़ा, झुका हुआ, मुड़ा हुआ, कूबड़दार, कुब्जक; ***p&i:*** **~ up** कूबड़ को आकार में मुड़ना

hundred /हंड्रड/ *n., cardinal numeral* 1 सौ, शत: sell by the ~ (सौ-सौ करके बेचना); **~s** and thousands; ~ and ~ make two ~; ~ tens are one thousand; ~ times as much (सौ गुणा ज्यादा)' I have ~ things to tell you; ~fold (सौगुणा) 2 सौ का कोई भी द्योतक चिह्न जैसे 100, c. 3 सौ का आंकड़ा (100) 4 chapter 100 (अध्याय 100) 5 सौ जने: there are ~ of them 6 सौ से आगे गिनती: ~ and one/ a ~ and two/ three ... (101, 102, 103...) 7 (**the ~s**) 100 से 999 तक की संख्याएं 8 **the ... ~s** किसी सदी के वर्ष: the early eighteen **hundreds** (early 1800s') 9 (**a** ~ or **hundreds of**) बहुत बड़ी संख्या या मात्रा: hear of sth a ~ times;**~s** of kilometres away;
dw/lw: **~th** /हंड्रड्थ/ *adj.* सौवां: he arrived ~; **~s** (सैंकड़ों, बहुत सारे); **~fold** *adj.* सौ-गुना: ~fold increase; **~-per-cent** *n.*,

adj., adv. सौ-प्रतिशत (100%)
***p&i*:** **~s and thousands/ ~s of people** हजारों (बहुत सारे) लोग;
a ~ and one बहुत ज्यादा; **a/ one ~ per cent 1** (***syn.*** completely) पूरी तरह से 2 पूर्णतः स्वस्थ एवं चुस्त-दुरुस्त 3 सौ प्रतिशत; **a ~ and one things to do** करने को सैकड़ों काम; **a ~ times/ ~s of times** अनेकों बार; **a ~ to one** बहुत कम संभावना; **accept/ apply for the Chiltern Hundreds** सांसदों द्वारा अपने त्यागपत्र मंजूर करवाने के लिए प्रार्थना; **great** or **long** ~ 120; **not a ~ miles from sth** बहुत निकट; **not a ~ percent healthy** पूरी तरह स्वस्थ न होना; **the ~ and one odd chances** भयंकर जोखिम; **the upper four ~** (कुछ समय पहले तक) अमेरिका के 400 परिवार जिनके हाथों में अमेरिका के अधिकतर साधन थे; **when angry, count a ~** जब गुस्से में हो तो 100 तक गिनो;

hundredweight /हंड्रअडवेट/ *n. pl.* **hundredweight** इंग्लैंड में 50.8 (**long ~**) और अमेरिका में 45.36 (**short ~**) किलोग्राम की मापन इकाई; **metric** ~ 50 किलोग्राम

hung /हंग/ *pt.* of '**hang**';
adj. त्रिशंकु: ~ parliament (संसद जिसमें किसी भी दल का बहुमत न हो, त्रिशंकु संसद); ~ jury (ऐसी ज्यूरी जिसमें सभी पक्षों के मत बराबर हों, त्रिशंकु ज्युरी);
p&i: **be ~ over** शाम को ज्यादा शराब पीने के कारण सुबह होने वाली खराब तबीयत का शिकार हो.; **be ~ up on** or **about sb** 1 किसी बात को लेकर बहुत व्यथित या दुखी होना 2 किसी पर बुरी तरह फिदा हो.

Hung. *abbr.* 'Hungary/ Hungarian' का संक्षेप

Hungarian /हंगेरियन/ *adj.* हंगरी का, हंगरी से संबंधित
n. हंगरी का नागरिक, हंगेरियायी भाषा

Hungary /हंगरी/ *n.* हंगरी (देश)

hunger /हंगः/ *n.* 1 भूख, क्षुधा, बुभुक्षा: I am dying of ~ (भूख से मेरी जान निकले जा रही है) 2 (***syn.*** starvation) भुखमरी: die of ~ 3 लालसा: hidden ~; ~ for glory/ for knowledge; ~ for success/ for recognition 4 ललक, लोभ, लालसा: land ~;
***v.**, pt.* **~ed**, *pp* **~ing** 1 भूखा हो.: be **~ed** into madness (भूख से पागल हो जा.) 2 लालायित हो.: ~ for or after sth 3 भूख से मारना: ~ a garrison out of a town;
dw/lw: **~ed** *adj.* 1 भूख से जान निकलने की कगार पर 2 भूखमरी का शिकार; **hungrily** /हंग्रिलि/ *adv.* 1 बड़ी बेसब्री से 2 भूख से तड़फते हुए 3 अत्यधिक भूख के साथ: eat ~ 4 लालची की तरह 5 लोभ-लालच से भरकर; **~-marcher** *n.* भूखहड़तालियों का मार्च; **~-strike** *n.* भूख-हड़ताल, अनशन;
collocations: **~ march** 1 भूखहड़तालियों का मार्च 2 बेरोजगार और अन्य जरूरतमंद लोगों का जलूस; **~ striker** भूखहड़ताल में भाग लेने वाला;
p&i: **~ breaks stone walls** भूख (के कारण होने वाले विद्रोह) पत्थर के किलों को भी धराशायी कर देती है; **~ drives the wolf out of the wood** मरता क्या न करता; **~for/ after sb/ sth** किसी चीज या किसी व्यक्ति के लिए तड़पना; **~ is the best sauce** भूख में चने भी बादाम;

hung-over /हंगोवः/ *adj.* अधिक शराब पीने के कारण अगली सुबह होने वाली खराब तबीयत से संतप्त

hungry /हंग्रि/ *adj.* 1 भूखा, क्षुधित: ~ stomach 2 उत्कंठित, उत्सुक: ~ look 3 खाद की कमी वाली (भूमि), अनुर्वर, बंजर 4 लालायित, लालसा भरा: ~ for knowledge 5 (***syn.*** starved) भुखमरी का शिकार: ~ children;
p&i: **~ dogs will eat dirty pudding** मरता क्या न करता; **~ eyes** लालायित (भूखी-प्यासी) आंखें, जो किसी को या किसी चीज को देखने के लिए तरस गई हों; **~ for home** घर की याद में तड़पने वाला; **~ for money** लालची, लोभी; **~ man is an angry man** भूखा सो रूखा; **as ~ as a hunter** भेड़िया-सा भूखा; **be ~ for sth** किसी चीज की बड़ी लालसा हो.; **go ~** 1 भुखमरी का शिकार हो. 2 बिना खाए-पिए रहना, भूखा रहना

hunk /हंक/ *n.* 1 ढेला, डळा (*Hr.*), बड़ा टुकड़ा 2 सुंदर, सशक्त युवक;
adj. *US* बिल्कुल ठीक-ठाक;
dw/lw: **hunky** /हंकि/ *n.* सुंदर, सशक्त (कामुकता से ओत-प्रोत) युवक

hunker /हंकः/ *n.* 1 पुराणपंथी व्यक्ति 2 रूढ़िवादी दकियानूस;
v.**, pt.* **~ed**, *pp* **~ing** 1 (*also* **~ down**) घुटने झुकाकर नम्रतापूर्वक एड़ियों के बल बैठना 2 (syn.*** squat) उकड़ू बैठना 3 अपना विचार या आचार-व्यवहार बदलने से साफ मना कर दे.;
dw/lw: **~s** *n.*: **on one's ~s** एड़ियों के बल बैठकर घुटनों के बल झुकना

hunky-dory /हंकि-डोरि/ *adj.* 1 बहुत बढ़िया 2 उत्तम, उत्कृष्ट

hunt /हंट/ *v., pt.* **~ed**, *pp* **~ing** 1 शिकार क. या खेलना: ~ for wolf; ~ in packs (कुत्तों के पूरे झुंड के साथ शिकार क.) 2 *Br.* लोमड़ियों का पीछा करके शिकार करने का खेल खेलना 3 (***syn.*** search) ढूंढना, खोजना: ~ up/ out evidence; ~ for a book; ~ the house for missing papers 4 पीछा क.: ~ on horseback/ with a pack of hounds 5 (***syn.*** harry) सताना: ~ the heretics (धार्मिक विद्रोहियों को सताना) 6 सताकर बाहर खदेड़ना: ~ sb from/ out of the village 7 औसत बिंदु के इर्दगिर्द रफ्तार का रहना;
n. 1 खोज, तलाश, अन्वेषण: be on the ~ for a job; launch a ~ (तलाश शुरू क.) 2 शिकार (करने की क्रिया), शिकार, आखेट: have a ~ 3 यंत्रणा, सताने की क्रिया 4 शिकारियों का समूह 5 शिकारगाह, आखेट स्थान 6 शिकारी कुत्तों का झुंड;
dw/lw: **~saboteur** *n.* शिकार, विशेषकर लोमड़ियों के शिकार का विरोधी, जो शिकार-क्रिया को विफल बनाने के अभियानों में भाग लेता है; **~sman** *n.* शिकारी;
witch-~ *n.* 1 डायनों की तलाश 2 विरोधी को सताने का कुचक्र;
collocations: **~ ball** शिकारियों के दल द्वारा दी गई गेंद; **~ing ground** शिकार ढूंढने और करने का स्थान;
p&i: **~ after** or **for sth/ sb** किसी को या किसी चीज को ढूंढना या खोजना; **~ counter** सूंघकर उल्टी तरफ देखने लगना; **~ and peck** एक या दो उंगलियों से टाइप क.; **~ down a question** किसी समस्या का हल ढूंढना; **~ out sb's address/ an old letter** दुर्लभ पते या पुराने पत्र को ढूंढ निकालना; **~ sth/ sb down** 1 पीछा करके पकड़ना 2 किसी को सताकर समाप्त कर दे.; **~ sth up** ढूंढ निकालना; **~ the letter** अनुप्रास का प्रयोग क.; **~ up** ढूंढना निकालना; **~ upon the stop** किसी काम को अनमने ढंग से क.; **~ with the hounds and run with the hares** दोगली नीति अपनाना, दो नावों में पांव रखना

hunter /हंटः/ *n.* 1 शिकारी 2 शिकारी कुत्ता 3 लोमड़ी आदि के शिकार में प्रयोग किया जाने वाला शक्तिशाली घोड़ा 4 धातु के ढक्कन वाली घड़ी 5 ढूंढने वाला, खोजी व्यक्ति 6 किसी बात के पीछे भागने वाला व्यक्ति: ~ after glory 7 संयुक्त शब्दों में: ढूंढने वाला व्यक्ति: beauty-~; fortune-~;
dw/lw: **~-gatherer** *n.* शिकार व जंगली फलों को एकत्रित करके जीवन बिताने वाले दल का सदस्य; **~-killer** *n.* दुश्मन के जहाज को ढूंढकर खत्म करने वाला जहाज या पनडुब्बी; **~ress** /हंटरेस/ *n.* 1 महिला शिकारी, शिकारिन 2 शिकार करने वाली मादा पशु;
collocations: **~'s moon** फसल काटने के बाद का पहला पूर्ण चंद्रमा, कार्तिक पूर्णिमा;
p&i: **~ after glory** प्रसिद्धि का दीवाना

hunting /हंटिंग/ *n.* 1 आखेट करने की क्रिया, आखेट, शिकार 2 घंटी बजने के क्रम में बदलाव;
dw/lw: **~-box** *n.* शिकारी कुटिया; **~-cap** *n.* शिकारी टोपी; **~-case** *n.* शिकारी ढक्कन वाली घड़ी का खोल; **~-cat** *n.* आखेट का निशाना चीता आदि; **~-crop** *n.* शिकारी चाबुक; **~-dog** *n.*

शिकारी कुत्ता; ~-**expedition** *n.* आखेट-अभियान; ~-**field** *n.* शिकारगाह; ~-**flask** *n.* शिकारी की बोतल; ~ **ground** *n.* आखेट-स्थल, शिकारगाह; ~-**horn** *n.* एक सींग या बिगुल जो शिकार करते समय संकेत देने के लिए प्रयुक्त होता है; ~-**knife** *n.* शिकारी छुरा; ~-**lodge** *n.* शिकारी कुटिया; ~-**piece** *n.* आखेट-चित्र; ~-**season** *n.* शिकार की ऋतु; ~-**seat** *n.* शिकारी कुटिया; ~**spider** *n.* भेड़िये की तरह दौड़कर शिकार करने वाली छिपकली; ~-**watch** *n.* शिकारियों की घड़ी; ~-**whip** *n.* शिकारी चाबुक;

p&i: **happy ~(s)** 1 स्वर्ग, मृत्यूपरांत आनंदमय जीवन 2 शिकारी का स्वर्ग यानी जहां अपार संख्या में शिकार योग्य जानवर हों

hur\dle /हःड्ल/ *n.* 1 फांद: high/ low **~dle** 2 (***syn.*** obstacle) बाधा: clear the **~dle** 3 रुकावट 4 घोड़ी यानी कपड़े आदि सुखाने के लिए लकड़ी का ढांचा;

v., *pt.* **~dled**, *pp* **~dling** 1 फांदना, कूदकर बाधा पार क. 2 बाधा दौड़ दौड़ना;

dw/lw: **~dler** /हःड्लः/ *n.* फांद-दौड़ में सम्मिलित होने वाला, फांद-धावक, बाधा-दौड़ धावक, बाधा दौड़ दौड़ने वाला; ~dler-race (बाधा दौड़); **~dling** /हःड्लिंग *n.* बाधा-दौड़;

p&i: **~dle off/ ~dle out/ ~dle round** 1 बाड़ से घेरना 2 बाधा दौड़ दौड़ना

hurdy-gurdy /हःडिगःडि/ *n.* एक तार वाद्य यंत्र, जिसे हत्था घुमाकर बजाया जाता है

hurl /हःल/ *v., pt.* **~ed**, *pp* **~ing** 1 झटके के साथ जोर से फेंकना: ~ a stone 2 गिरा दे.: ~ sb downstairs; ~ (down) tyranny (जुल्मी राज का तख्ता पलट दे.) 3 जोर से चिल्लाना: ~ invectives/ abuse/ insults, etc. at sb 4 खेल में जेवलिन फेंकना: ~ the javelin;

n. 1 प्रक्षेपण 2 फेंक 3 हर्लिंग (hurling), आयरलैंड का हॉकी जैसा खेल;

p&i: **~ at** किसी पर कुछ फेंकना

hurly-burly /हःलि-बःलि/ *n.* 1 आयरलैंड का हॉकी जैसा एक पारंपरिक खेल 2 हुल्लड़, हो-हल्ला, शोर-शराबा, शोरगुल, कोलाहल 3 गड़बड़ी

hurrah/ hurray (*also* **hooray/ hurray**) /हुराः/ हुरे/ *excl./interj.* शाबाश! बल्ले-बल्ले! वाह! वाह!! खूब अच्छा!: ~ for the victor!;

v., *pt.* **~ed**, *pp* **~ing** वाह-वाही दे.;

p&i: **~'s nest** 1 हुल्लड़, हो-हल्ला, शोर-शराबा 2 गड़बड़ी; **on the ~** जल्दी मचाते और हो-हल्ला करते हुए; **the last ~** *US* चुनाव पूर्व अभियान में हारे उम्मीदवार की अंतिम हुंकार

hurricane /हरिकेन/ *n.* 1 चक्रवाती तूफान, अंधड़ 2 हो-हल्लापूर्ण वाह-वाही: a ~ of applause 3 अति विनाशकारी तूफान 4 (**Hurricane**) द्वितीय विश्व युद्ध में प्रयुक्त लड़ाकू विमान: ~ bombardment;

dw/lw: **~dock** *n.* हल्का झूलने वाला पुल; **~-lamp/ lantern** *n.* तूफानी लालटेन

hurried /हरिड/ *adj.* 1 जल्दी-जल्दी में किया जाने वाला काम: ~ retreat (भगदड़, हड़बड़ी में पीछे हटने की क्रिया) 2 त्वरित: ~ glance (उड़ती नजर); a ~ life (तूफानी जीवन);

dw/lw: **~ly** /हरिड्लि/ *adv.* जल्दी से, जल्दी-जल्दी में, हड़बड़ी में; **~ness** /हरिडनेस/ *n.* उतावली, हड़बड़ी, हड़बड़ाहट

hurry /हरी/ *v., pt.* **hurried**, *pp* **hurrying**, *s/he/it* **hurries** 1 (***syn.*** rush) जल्दी क. या कराना: be **hurried** into (marking an) error 2 (***syn.*** make haste) जल्दी मचाना: ~ into one's clothes; ~ through (हड़बड़ाहट में कोई काम क. या करवाना) 3 (***syn.*** rush) जल्दी-जल्दी काम क.: ~ through one's meal 4 (***syn.*** haste) तेज चलना, के पीछे भागना: ~ after sb 5 उतावली दिखाना 6 किसी समस्या से जल्दी से निपटना 7 जरूरत से ज्यादा जल्दी क., हड़बड़ी मचाना;

n. 1 शीघ्रता, जल्दबाजी: in a ~ 2 उतावली, हड़बड़ी: undue ~; in a ~ to leave to forget sth 3 उत्सुकता, बेचैनी 4 झोंका, धमाका, झपट;

dw/lw: **~-call** *n.* तुरंत मदद के लिए आह्वान; **~graph** /हरिग्राफ/ *n.* पल-भर, जल्दी-जल्दी में किया हुआ काम; **hurried** /हरिड/ *adj.* उतावला, उत्सुक; **hurriedness** /हरिडनेस/ *n.* उतावलापन, हड़बड़ाहट;

p&i: **~ away** आनन-फानन में जा.; **~ no man's cattle!** धैर्य रखो!; **~ off** जल्दी में दूर हट जाना; **~ over** हड़बड़ी में जैसे-तैसे काम क.; **~ sb up** or **along** किसी को जल्दी करने के लिए प्रेरित या विवश क., किसी से जल्दी-जल्दी में कुछ करवाना; **~ spoils curry** जल्दबाजी से मजा किरकिरा हो जाता है; **~ up** जल्दी कराना: ~ up repairs; **~ up!** जल्दी करो!;

be in no ~/ not be in any ~ 1 किसी प्रकार की जल्दी में न हो. 2 किसी काम को करने की कोई इच्छा न हो.; **in a ~** आसानी से, सहर्ष, खुशी-खुशी: nobody will buy such an ugly car in a ~; **in a tearing ~ to do sth** कुछ करने के लिए बहुत जल्दी या हड़बड़ाहट में हो.; **sb will not do sth again in a ~** किसी को किसी उबाऊ काम को फिर से करने की कोई इच्छा न हो.

hurry-scurry /हरि-स्करि/ *adj.* जल्दबाजी-भरा, हड़बड़ाहट-भरा;

n. हड़बड़ी;

adv. जल्दबाजी में, हड़बड़ी में;

v., pt. **~-scurried**, *pp* **~-scurrying** *s/he/it* **~-scurries** हड़बड़ाना, उतावली क.

hurst /हःस्ट/ *n.* 1 टीला 2 झाड़ी 3 वन, उपवन

hurt /हःट/ *v., pt.* **hurt**, *pp* **~ing** 1 चोट लगना, शारीरिक चोट पहुंचाना 2 जख्मी क. या हो. 3 दुखना, दर्द हो.: sb's feet ~ 4 दर्द दे., यातना दे.: hunger **~s** terribly 5 ठेस पहुंचाना, सताना: not mean to ~ sb's feelings 6 नुकसान हो. या क., हानि क. या पहुंचाना: ~ oneself; it won't/ wouldn't ~ anybody 7 आहत हो.: she was **~ing** and he wanted help her 8 कठिन स्थिति में हो.: be **~ing** for want of money;

adj. 1 जख्मी: be badly ~ 2 दुखी, संतप्त: 3 आहत;

n. 1 चोट, आघात 2 नैतिक आघात: ~ to the morals 2 भावनापूर्ण चोट, ठेस: intend no ~ to anybody's feelings 3 पीड़ा, दर्द: dull ~; looking at the sun could cause ~ to the eyes 4 यातना, व्यथा: get/ receive a mortal/ serious ~ 5 हानि, क्षति: ~ to sb's health;

dw/lw: **~ful** *adj.* 1 (***syn.*** unkind) कष्टकर, दुखदायी, पीड़ादायक 2 ठेस पहुंचाने वाला (कथन) या पहुंचाने वाली (बात): ~ful expression/ look (दर्दभरी शक्ल/ सूरत); **~fully** *adv.* खेदपूर्वक, दुखदायक ढंग से, आहत करते हुए; **~less** *adv.* 1 अहानिकर 2 जिसे चोट न लगी हो या हानि न हुई हो

p&: **~ before one is hurt** चोट लगने से पहले ही चिल्लाने लगना; **~ feeling/ feeling of ~** आहत भावना;

feel ~ आहत हो.; **nothings ~s like the truth** सच्चाई कड़वी होती है; **wouldn't ~ a fly** चींटी को भी दर्द न देगा

hur\tle /हःटल/ *v., pt.* **~tled**, *pp* **~tling** 1 तेजी से नीचे गिरना: come **hurtling** down 2 तीव्र गति से आगे बढ़ना: **~tle** down the road; **~tle** towards disaster (विनाश की ओर अग्रसर हो.) 3 टकराना 4 लड़खड़ाना 5 झपटना

husband /हज्बंड/ *n.* पति, शौहर, खाविंद: a good ~ to sb; **~'s** tea (कम तेज और ठंडी चाय): a good wife makes a good **~'s** tea;

v., *pt.* **~ed**, *pp* **~ing** पैसे व संसाधनों को बुद्धिमत्ता व मितव्ययिता से खर्च क.: ~ one's resources; ~ one's strength; ~ ammunition;

dw/lw: **~age** /हज्बंडिज/ *n.* प्रबंध, प्रभार; **~land** *n.* किसान की भूमि; **~less** 1 अविवाहिता 2 विधवा; **~ly** *adj.* पति का/ के/ की: ~ly rights (पति के अधिकार); **~man** /हज्बंडमन/ *n., hist.* किसान, खेतिहर, कृषक;

p&i: **a good ~ makes a good wife** पति अच्छा तो पत्नी अच्छी

husbandry /हज्बंड्रि/ *n.* 1 खेती-बाड़ी, कृषि, किसानी 2 अर्थव्यवस्था: good/ bad/ ill ~ 3 मितव्ययिता, किफायत 4 पालन: animal ~ (पशु-पालन)

hush /हश/ *excl.* चुप रहने का इशारा;
n. चुप्पी, स्तब्धता, सन्नाटा: a ~ fell/ descended over the room (कमरे में सन्नाटा छा गया); in the ~ of night (रात के सन्नाटे में); a deathly ~ (श्मशान घाट की स्तब्धता या सन्नाटा);
***v.**, pt.* **~ed**, *pp* **~ing** 1 चुप कराना, शांत क.: ~ an infant; ~ a baby to sleep 2 चुप हो जा.: don't ~ me up! 3 छिपाना: ~ sth (दबा दे., छिपा दे.); ~ up (अवैध मामले आदि को दबा दे., छिपाना); ~ up a scandal 4 दबाना: ~ the enemy fire;
adj. चोरी-छिपा, गुप्त: ~ money (मुंह-भराई का पैसा);
dw/lw: **~aby** /हशेबि/ हशअबाइ/ *n.* लोरी; **~ed** /हशड/ *adj.* चुप, निःशब्द, स्तब्ध; **~-hush** *adj.* गुप्त तरीके से, चुप-चाप, चोरी-छिपे; **~ing** /हशिंग/ *adj.* दबी आवाज में: ~ing sound; **~-kit** *n.* जेट इंजन में लगा शोर कम करने के लिए एक उपकरण;
collocations: **~ money** *n.* मुंह-भराई, रिश्वत, घूस; **~ puppy** अमेरिका के दक्षिणी भाग में खाया जाने वाला मक्की का केक
p&i: **~ up** 1 दबा दे., छिपा लेना 2 आवाज दबा दे., शांत करवा दे.,

husk /हस्क/ *n.* 1 भूसी, तुष: separate the ~ from the grain 2 छिलका 3 बेकार की चीजों का आवरण: the dry ~ of the lecture;
***v.**, pt.* **~ed**, *pp* **~ing** 1 तुष या छिलका उतारना 2 कूटना 3 छीलना;
dw/lw: **~er-sheller** *n.* चावल आदि से भूसी अलग करने वाला यंत्र; **~er-shredder** *n.* मक्की निकालने और दलने की मशीन; **~ily** *adv.* फटी आवाज में, फूहड़ ढंग से; **~iness** *n.* फटी भर्राई आवाज; **~ing** /हस्किंग/ *n.* मक्की आदि निकालने की क्रिया व उसका दलन; **husky** *see below under separate entry*;
p&i: **separate the ~ from the grain** 1 भूसे से दाना अलग क. 2 असली चीज से बेकार की चीज को अलग क.

husky /हस्कि/ *adj.*, **huskier**, **huskiest** 1 भूसीदार 2 छिलकेदार 3 भर्रायी आवाजवाला: ~ voice/ cough 4 फटी-फटी, गहरी भर्रायी हुई कामुक (आवाज): ~ fellow 5 *colloq.* तगड़ा, कठोर, कामुक रूप में आकर्षक: a ~ man or boy 6 *US* बाहुबली, दबंग 7 भूसीदार, छिलके वाला;
n. भारी-भरकम कुत्ता, जिसे एस्कीमो लोग (आर्कटिक क्षेत्र के लोग) स्लेज गाड़ी (sledge) खींचने के लिए प्रयोग में लाते हैं

hussar /हुस्सार/*US* हजार/ (*also Russian* **гусáр**) *n.* (प्राचीन काल में) रूस या हंगरी का घुड़सवार सैनिक

Hussite /हसाइट/ *n.* 1415 में शहीद किए गए चैक (Czech) गणराज्य के बोहेमियायी (Bohemian) क्षेत्र के सुधारक यान हस (Jan Hus) का अनुयायी

hussy /हसि/ हजि/ *n.* 1 छिनाल, व्यभिचारिणी, कुलटा, हरजाई 2 नटखट या चुलबुली लड़की 3 ढीठ या फूहड़ लड़की

hustings /हस्टिंग्स/ *n.* 1 चुनावी भाषण देनेवालों के लिए बना मंच 2 चुनावी भाषण 3 मतदान बूथ या केंद्र

hust\le /हसल/ *v., pt.* **~led**, *pp* **~ling** 1 धक्का देकर आगे बढ़ाना, धकियाना: they were **~led** out of the yard; **~le** through the crowded streets 2 हड़बड़ी में काम क.: **~le** into a bus 3 उतावली मचाना, किसी को हड़बड़ाहट में कुछ करवाना: **~le** sb into deciding sth/ into a decision 5 गलत ढंग से खरीदवाना/ पैसा कमाना 6 जल्दी-जल्दी या जोर-शोर से काम क.: **~le** through;
n. 1 धक्कम-धक्का, शोर-शराबा 2 जल्दबाजी, गड्डमड्ड, हड़बड़ी 3 *sl.* घपला, ठगी, घोटाला 4 जोशीला-फुर्तीला डिस्को नृत्य 5 बतंगड़: do sth with (much) **~le**;
dw/lw: **~lement** *n.* घर के फर्नीचर की चीजें; **~ler** /हसलः/ *n.* 1 गलत ढंग से पैसा कमाने वाला, भ्रष्ट व्यक्ति 2 जोशीला-फुर्तीला व्यक्ति 3 हड़बड़ी मचाने वाला 4 ठग, घपलेबाज, गिरहकट 5 वेश्या;
p&i: **~le and bustle** चहल-पहल, शोर-शराबा

huswife /हजिफ/ *n.* = **housewife** मालकिन

hut /हट/ *n.* 1 झोंपड़ी, झुग्गी 2 कुटीर, कुटिया 3 मड़ैया, मढ़ी;
v., pt. **~ted**, *pp* **~ting** 1 सैनिकों आदि को झोंपड़ियों में ठहराना 2 झोंपड़ी या झुग्गी मुहैया कराना 3 झोंपड़ी में ठहरना;
dw/lw: **~ment** /हटमंट/ *n.* 1 झोंपड़-पट्टी 2 सैनिक कुटीर बसेरा, बैरक

hutch /हच/ *n., pl.* **~es** 1 (खरगोशों आदि का) दरबा 2 झोंपड़ी, झुग्गी 3 संदूक 4 छोटी-सी कोयला गाड़ी 5 खांचा

hutment *see above under* **hut: *dw/lw***

HV *abbr.* 'high voltage' की प्रथमाक्षरी

HVAC *abbr.* 'Heating Ventilation and Air Conditioning' की प्रथमाक्षरी

HVA&R *abbr.* 'Heating Ventilation, Air-conditioning and Refrigeration' की प्रथमाक्षरी

HVDC *abbr.* 'high voltage direct current' की प्रथमाक्षरी

HVDS *abbr.* 'high voltage distribution system' की प्रथमाक्षरी

HWB *abbr.* 'Heavy Water Board' की प्रथमाक्षरी

HWM *abbr.* 'high water mark' की प्रथमाक्षरी

HWS *abbr.* 'Hurricane Warning Service' की प्रथमाक्षरी

hyacinth /हायसिंथ/ *n.* 1 नीलम, राहु रत्न, रक्त मणि 2 संबुल 3 एक फूल

hyaena /हाइईना/ *n.* = **hyena** लकड़बग्घा

hyaline /हायलिन/ हाइलाइन/ *adj.* 1 स्पष्ट 2 शीशे-सा पारदर्शी: ~ **cartilage** *anat.* (पारभासी नीलाभ उपास्थि)

hyalini\ze/ hyalini\se /हायलनाइज/ *v., pt.* **~zed**, *pp* **~zing** ठोस कांच जैसे पारदर्शी ऊतक में परिवर्तित क. या हो.

hyalite /हायलाइट/ *n.* पारदर्शी रंगविहीन दूधिया

hyaloid /हायलॉइड/ *adj.* कांचाभ: ~ membrane (कांच जैसी पारदर्शी झिल्ली)

hybrid /हाइब्रिड/ *n.* 1 (***syn.*** mixture) संकर, मिश्रण, बहुतात्त्विक वस्तु या जीव: ~ music 2 दो भिन्न भागों या विचारों के आधार पर बना यंत्र 3 (*also* **~ car**) दो या अधिक प्रकार के ईंधन से चलने वाली कार 4 भिन्न-भिन्न तत्त्वों से बना शब्द 5 भिन्न-भिन्न तत्त्वों से बनी कोई भी वस्तु;
adj. संकर, बहुतात्त्विक: ~ languages; ~ words, e.g. bicycle; **~ car**;
dw/lw: **~ism/ ~ity** /हाइब्रिडिज्म/ हाइब्रिडिटि/ *n.* संकरता, बहुतात्त्विकता; **~ization** /हाइब्रिडिजेशन/ *n.* संकरण, बहुतत्त्वीकरण; **~ize** /हाइब्रिडाइज/ *v., pt.* ~ized, *pp* ~izing संकरण क., संकर उत्पत्ति क., मिश्रित क., बहुतात्त्विक बनाना;
collocations: **~ computer** डिजिटल और ऐनालोग (analog) कंप्यूटरों से बना संकर कंप्यूटर; **~ vigour** माता-पिता की तुलना में संकर संतान के कद या डील-डौल में वृद्धि

Hyde Park /हाइड पार्क/ लंदन में एक बड़ा पार्क जहां आम तौर पर राजनीतिक सभायें आयोजित की जाती हैं

hydel /हाइडअल/ *abbr.* 'hydroelectric' का संक्षेप

hydra /हाइड्रा/ *n., pl.* **~s/ hydrae** /हाइड्री/ 1 अनेक सिरों वाला सांप 2 वासुकि 3 *Greek myth.* (**Hydra**) काटने पर दुगने होते सिरों वाला जल-दैत्य, जल सर्प, जल राक्षस 4 बुरी चीज 5 अमिट व हमेशा बढ़ने वाली बुराई 6 जटिल समस्या जिससे निपटना आसान न हो 7 (**Hydra**) *astron.* एक बड़ा दक्षिणी तारामंडल;
dw/lw: **~gogue** /हाइड्रागॉग/ *n.* जलरेचक; **~-headed** /हाइड्राहेडिड/ *adj.* कई सिरों वाला: ~-headed monster

hydraemia /हाइड्रीमिआ/ (*US* **hydremia**) *n.* जलरक्तता

hydrangea /हाइड्रेंजा/ *n.* घड़ियाली आकार के फूलों के गुच्छों वाली झाड़ी

hydrant /हाइड्रंट/ *n.* बंबा, आग बुझाने के लिए पानी की पाइप, नल: fire ~

hydrargyrum /हाइड्रारजिरम/ *n.* (***syn.*** mercury) पारा

hydrargyrism /हाइड्रार्जिरिज़्म/ *n.* पारदीय (पारे की) विषाक्तता
hydra\te /हाइड्रेट/ *n.* हाइड्रेट, जलीय यौगिक;
v., pt. **~ted**, *pp* **~ting** हाइड्रेट (जलयुक्त) बनाना;
dw/lw: **~ted** /हाइड्रेटिड/ *adj.* जलयोजित, जलयुक्त; **~tion** /हाइड्रेशन/ *n.* जलयोजन, पानी-मिश्रण, जलयुक्तता
hydraulic /हाइड्रौलिक/ हाइड्रॉलिक/ *adj.* 1 द्रवचालित, द्रविक, द्रवीय: ~ drive; ~ propulsion; ~ dredge (जमीन से पानी निकालने का पंक) 2 जल-दबाव या द्रव-दबाव से चालित: ~ brake; ~ turbine 3 पानी में जमने वाला 4 जल-व्यवस्था-;
dw/lw: **~s** /हाइड्रौलिक्स/ हाइड्रॉलिक्स/ *n.* 1 द्रव चालन विज्ञान 2 द्रव चालन आधारित यंत्र;
collocations: **~ mining** द्रवचालित खनन; **~ pipe** द्रवचालित नल; **~ press** जल दबाव से चालित प्रेस; **~ ram** जल चालित प्रेस सिस्टम, द्रवचालित कुट्टक; **~/ hydroelastic suspension** द्रव-आधारित झटका-सह स्प्रिंग; **~ system** जल-आधारित प्रणाली; **~ traction** जलचालित कर्षण
hydric /हाइड्रिक/ *n.* 1 हाइड्रोजनयुक्त 2 अत्यधिक द्रवित
hydride /हाइड्राइड/ *n.* हाइड्रोजन का अन्य तत्त्वों के साथ मिश्रण
hydriodic acid हाइड्रोजन आयोडाइड का द्रवित घोल, हाइड्रियोडिक अम्ल
hydro- /हाइड्रो\/ हाइड्अ/ हाइड्रौ/ *prefix, comb. form, denoting:* 1 **water** (जल, पानी से संबंधित) 2 **hydrogen** (हाइड्रोजन);
dw/lw: **~carpic** *n.* जलमग्न फली; **~cele** /~सील/ *n.* अंडवृद्धि, अंडकोष-वृद्धि, जलसंग्रह; **~cephalic** /~सेफैलिक/ (*also* **~cephalous**) *adj.* शिरोजल रोग-संबंधी; **~cephalus** /हाइड्रोसेफलस/ *n.* शिरोजल रोग, जलशीर्ष, जल कपाल; **~dynamic** /~डिनैमिक/ *adj.* द्रवगतिक; **~dynamics** /~डिनैमिक्स/ *n.* द्रवगति-विज्ञान, द्रवगतिकी; **~electric** *adj.* जल-वैद्युत, पनबिजली संबंधी; **~electricity/ ~electric-power** *n.* जल-विद्युत, पन बिजली; **~foil** *n.* तेज गति से चलने वाली नाव पर लगा उपकरण जिसकी बदौलत रफ्तार पकड़ने पर नाव अपने आप पानी से ऊपर उठकर दौड़ने लगती है;
hydro\gen/~जन/ *n.* हाइड्रोजन, उदजन;
dw/lw: **~genate** /~जनेट/ *v., pt.* ~genated, *pp* ~genating हाइड्रोजनयुक्त क., हाइड्रोजनयुक्त मिश्रण बनाना; **~genation** /~जनेशन/ *n.* हाइड्रोजनयुक्त मिश्रण बनाने की क्रिया; **~gen-iodide** /~-आयोडाइड/ *n.* हाइड्रोजन और आयोडीन के मिलाने से बनने वाली भारी रंगविहीन जहरीली गैस; **~genous** /~जिनस/ *adj.* हाइड्रोजनयुक्त;
collocations: **~gen bomb** (*also* **H-bomb**) हाइड्रोजन बम
hydro\graph/~ग्राफ/ *n.* हाइड्रोग्राफ, जलारेख;
dw/lw: **~grapher** /~ग्राफ़ः/ *n.* जलसर्वेक्षक; **~graphic** *adj.* जल माप संबंधी, जलराशिक; **~graphy** /~ग्रफि/ *n.* जलराशिकी, जल-सर्वेक्षण; **hydroid** /हाइड्रॉइड/ *n.* जलवाह कोशिका; **~kinetics** /~किनेटिक्स/ द्रव-गति विज्ञान की एक शाखा जो गतिमान द्रवों (fluids in motion) का अध्ययन करती है, द्रव गतिकी; **~logy** *see below under separate entry*; **~lysis** /हाइड्रौलिसिस/ *n.* पानी के साथ प्रक्रिया के फलस्वरूप यौगिक (compound) का होने वाला विखंडन, जल-अपघटन; **~lyte** /हाइड्रअलाइट/ *n.* एक ऐसा द्रव जिसका जल-अपघटन (hydrolysis) किया गया हो; **~magnetics** *n. [sing.]* द्रव-चुंबक विज्ञान; **~mancy** /~मैंसि/ *n.* जल-आधारित ज्योतिष; **~meter** /~मीटः/ *n.* हाइड्रोमीटर; **~metereology** /हाइड्रअमिटिअरौलजि/ *n.* जल मौसम विज्ञान; **~metry** /~मिट्रि/ *n.* द्रवघनत्व मापन, उत्प्लव घनत्व मापन; **~pathy/ ~therapy** *n.* जल-चिकित्सा; **~philic** /~फिलिक/ *adj.* जलचूसक पदार्थ; **~phobia** /~फोबिआ/ *n.* 1 अतिशय जलभीति जो जलांतक (rabies) के फलस्वरूप पैदा होती है 2 पागल कुत्ते के काटने से होने वाला रोग (rabies); **~phobic** /~फोबिक/ *adj.* 1 जलभीति से संतप्त 2 जलातंक या जलभीति रोग से पीड़ित; **~phone** *n.* जलध्वनि श्रुति यंत्र; **~phore** /~फॉ/ *n.* भिन्न-भिन्न गहराइयों से पानी लेकर मापने का यंत्र; **~phylic** /~फिलिक/ *adj.* जलचूसक पदार्थ; **~phyte** /~फाइट/ *n.* पानी में उगनेवाला पौधा; **~plane** /~प्लेन/ *n.* 1 हाइड्रोफॉयल चालित नाव जो रफ्तार पकड़ने पर अपने आप पानी के ऊपर दौड़ने लगती है 2 मोटरचालित नौका 3 पनडुब्बी पर लगा उपकरण जिसकी बदौलत पनडुब्बी पानी पर टिकते-उछलते रहती है 4 जल विमान; **~ponic** /~पौनिक/ *adj.* पानी में पैदा किए हुए पौधे; **~ponics** /~पौनिक्स/ *n.* जल कृषि, बिना मिट्टी और पानी के संतुलित भोजनयुक्त द्रव में रखकर की जाने वाली खेती; **~power** *n.* पन बिजली; **~quinone** /~क्विनोन/ *n.* फोटो डवैल्पर; **~speed** *n.* उचित उपकरणों से लैस होकर तीव्र गति से बहती नदी में कूदकर तैरने का खेल; **~sphere** *n.* जल मंडल; **~static** /~स्टैटिक/ *adj.* जल-स्थैतिकी-संबंधी; **~statics** /~स्टैटिक्स/ *n.* जल-स्थैतिकी; **~therapeutic** /~थेरअप्यूटिक/ *adj.* जल-चिकित्सा संबंधी; **~therapeutics/ ~therapy** /~थेराप्यूटिक्स/ ~थेरपि/ *n.* जल-चिकित्सा; **~thermal** /~थःमल/ *adj.* जल-तापीय; **~tropic** /~ट्रौपिक/ *adj.* जलानुवर्ती, पानी से दूर रहने वाला पौधा; **~tropism** /~ट्रौपिजम/ *n.* पौधों की पानी या गीलेपन से दूर रहने की प्रवृत्ति;
collocations: **~bromic acid** हाइड्रोजन और ब्रोमाइड का घोल, हाइड्रोब्रोमाइड अम्ल; **~chloric acid** हाइड्रोक्लोरिक एसिड; **~fluoric acid** हाइड्रोफ्लोरिक एसिड, हाइड्रोजन और फ्लोरीन के मिश्रण से बना तेजाब; **~gen bomb/ H-bomb** हाइड्रोजन बम; **~gen bond** एक ऋण-विद्युती अणु का एकल-इलेक्ट्रोन युगल और हाइड्रोडन अणुओं के साथ बना रासायनिक जोड़; **~gen carbonate** कार्बोनिक एसिड का बाइकार्बोनेट नाम का तेजाबी लवण; **~gen chloride** हाइड्रोजन क्लोराइड; **~gen cyanide** एक जहरीली गैस जिसे पानी में घोलने से हाइड्रोस्यानिक एसिड बनता है; **~gen ion** धन आवेशित हाइड्रोजन (with positive charge) अणु जो तेजाब को पानी में घोलने से बनता है; **~gen peroxide** हाइड्रोजन परोक्साइड; **~gen sulphate** हाइड्रोजन सल्फेट; **~gen sulphide** हाइड्रोजन सल्फाइड
hydrology /हाइड्रौ\लजि/ *US* हाइड्राः\लजि/ *n.* जलविज्ञान;
dw/lw: **~logical** /हाइड्रअलौजिकल/ *US* हाइड्रअलाःजिकल/ *adj.* जलविज्ञान-संबंधी; **~logist** /~लअजिस्ट/ *n.* जल विज्ञानी;
hydrous /हाइड्रस/ *adj.* जलीय, जलयुक्त, सजल, जलमय
hydroxide /हाइड्रौक्साइड/ *US* हाइड्राःक्साइड/ *n.* हाइड्रॉक्सिल युक्त रासायनिक योग;
hydroxyl /हाइड्रौक्सिल/ *US* हाइड्राःक्सिल/ *n.* हाइड्रौक्सिल (combination of one oxygen one hydrogen atom);
hyena *see above under* **hyaena**
hye\tal /हायटल/ *adj.* वर्षा संबंधी, बरसाती;
dw/ lw: **~tograph** *n.* वर्षा चार्ट, वर्षा मापी यंत्र; **~tology** /हायटॉलजि/ *n.* वर्षा मापन, आर्द्रता मापन; **~tometer** *n.* वर्षा मापक, आर्द्रता मापक
HYGE *abbr.* 'Hydraulic-controlled gas-energized' की प्रथमाक्षरी
Hygeia /हाइजीआ/ *n., Greek myth.* स्वास्थ्य या स्वच्छता की देवी
hygeian/ hygienic/ hygienical /हाइजीअन/ हाइजीनिक/ हाइजीनिकल/ *adj.* स्वच्छता संबंधी, स्वच्छ, साफ;
hygge /हूगा/ *n., Danish* (**syn.** cosiness, *Russian* кайф /कैफ/) घर में बैठकर अंगीठी आदि के सामने सुस्ताते हुए या अन्य किसी स्थान पर मजे करने की क्रिया
hygiene /हाइजीन/ *n.* 1 सफाई, स्वच्छता : dental/ personal ~ (दंत या शारीरिक सफाई); standards of ~ 2 स्वच्छता के सिद्धांत व प्रक्रिया; **hygienically** /हाइजीनिकलि/ *adv.* साफ-सफाई से, स्वच्छतापूर्वक; **hygienics** /हाइजीनिक्स/ *n.* स्वच्छता विज्ञान; **hygienist** /हाइजीनिस्ट/ *n.* स्वच्छता विशेषज्ञ
hygric /हाइग्रिक/ *adj.* आर्द्र
hygro- /हाइग्रो-/ हाइग्रौ-/ *prefix, comb. form, indicating:*

wet (आर्द्र, गीला);

***dw/lw:* ~gram** /हाइग्रोग्रैम/ *n.* आर्द्रतालेख; **hygrograph** /हाइग्रोग्राफ/ *n.* आर्द्रतालेखी; **hygrology** /हाइग्रौलजि/ *US* हाइग्राःलजि/ *n.* आर्द्रता-विज्ञान; **~metre/ meter** /हाइग्रौमिटः/ *US* हाइग्राःमिटः/ *n.* आर्द्रतामापी; **~metry** /हाइग्रौमिट्रि/ *n.* आर्द्रता-मिति; **~phyte** /हाइग्रोफाइट/ *n.* आर्द्रता-प्रेमी पौधा; **~scope** /हाइग्रोस्कोप/ *n.* आर्द्रता-दर्शी; **~scopic/ ~scopical** /~स्कौपिक/ ~ स्कौपिकल/ *US* ~स्काःपिक/ ~ स्काःपिकल/ *adj.* आर्द्रताग्राही

hying /हाइंग/ *n.* हड़बड़ी, हड़बड़ाहट, उतावलापन

hyle /हाइल/ *n.* काष्ठ, पदार्थ (the first matter of cosmos);

***dw/lw:* hylic** /हाइलिक/ *adj., philos.* भौतिक, पार्थिक, शारीरिक, दैहिक; **hylicism** /हाइलिसिज्म/ (*also* **hylism**) *n.* भौतिकवाद, पदार्थवाद; **hylicist** /हाइलिस्ट/ (*also* **hylist**) *n.* भौतिकवादी;

hylo\genesis /हाइलॉजेनिसिस/ *n.* द्रव्योत्पत्ति;

***dw/lw:* ~morphism** /हाइलॉमॉःफिज्म/ *n.* भौतिक द्वैतवाद; **~pathism** /हाइलॉपैथिज्म/ *n.* द्रव्य संवेदन; **~phagous** /हाइलॉफेगस/ *adj.* काष्ठ भोजी, काष्ठ भक्षी; **~phyte** /हाइलॉफाइट/ *adj.* वनस्थलोद्भिद्; **~theism** /हाइलॉथीइज्म/ *n.* भौतिकवाद, भौतिक ईश्वरवाद; **~theist** /हाइलॉथीस्ट/ *n.* भौतिकवादी, भौतिक ईश्वरवादी; **~tomous** /हाइलॉटमस/ *n.* काष्ठ भक्षी; **~zoism** /हाइलअजोइज्म/ *n.* सर्वजीववाद; **~zoist** /हाइलअजोइस्ट/ *n.* सर्वजीववादी व्यक्ति

hymen /हाइमेन/ *n.* 1 योनि झिल्ली (लड़की के योनिक्षत होने से पहले का योनि आवरण), योनिच्छिद 2 विवाह-देवता;

***dw/lw:* ~al** /हाइमेनल/ *adj.* योनि झिल्ली से संबंधित; **~eal** /हाइमेनिअल/ *adj.* वैवाहिकः ~eal song (विवाह-गीत); **~otomy** /हाइमिनॉटमि/ *n.* योनिच्छेद, योनिक्षति

hymn /हिम/ *n.* ईश्वर-स्तुति, भजन, स्तोत्र, स्तोत्रगान, स्तुति-गान;

***dw/lw:* ~al** /हिम्नल/ *n.* स्तुति-संकलन, स्तुति-संग्रह; **~al** *adj.* स्तुतिगान-संबंधी; **~-book** *n.* भजनावली, भजन-संग्रह; **~ody** /हिमनडि/ *n.* भजन-गान; **~ographer** /हिमनॉग्रफः/ *n.* भजनगायक, भजनकार; **~ology** /हिमनौलजि/ *n.* स्तोत्र-विद्या, भजन-अध्ययन

HYO *abbr.* 'hank yarn obligation' की प्रथमाक्षरी

hyoid /हाइऑइड/ *adj.* कंठिकाः ~ bone (जीभ के नीचे एक मुड़ी हुई हड्डी)

hyoscine /हाइओसीन/ *n.* यात्रा-मचली से बचने के लिए दी जाने वाली पौधों से बनाई जाने वाली (हर्बल) दवाई

hyoscyamine /हाइओसाइमीन/ *n.* खुरासानी अजवायन से बना जहरीला क्षारोद (alkaloid)

hyp. *abbr.* 'hypotenuse', 'hypothesis', 'hypothetical' का संक्षेप

hypaethral /हिपीथरल/ *adj.* आसमान की ओर खुला हुआ (भवन), बिना छत काः ~ temple; ~ swimming-pool

hypallage /हाइपैलजि/ हिपैलजि/ *n., rhetoric* अलंकार, जिसमें शब्दों के मानक या स्थापित संबंध पारस्परिक रूप से बदल जाते हैं

hype /हाइप/ *n.* 1 सनसनीखेज प्रचार, बढ़ा-चढ़ाकर किया जाने वाला प्रचार, अति विज्ञापनः media ~ (प्रचार माध्यमों द्वारा भड़काया हुआ सनसनीखेज प्रचार) 2 कृत्रिम रूप से बढ़ाई (भड़काई) हुई उत्तेजना, अति नाटकीयताः ~ about/ surrounding sth 3 विक्रय-गति या तमाशा 4 धोखा 5 खाल के नीचे लगाए जाने वाले इंजेक्शन की सूई या सिरिंज 6 नशेड़ी 7 मादक पदार्थ जो कृत्रिम तरीके से उत्तेजित करता हो;

***v., pt.* ~d**, *pp* **hyping** (*also* **~ up**) 1 सनसनीखेज बनाना, सनसनीखेज तरीके से उछालना या ऊपर चढ़ाना 2 अपने आपको नशीले पदार्थ या दवा का इंजेक्शन लगाना 3 कृत्रिम रूप से उत्तेजना भड़कानाः ~ sb or sth **up**;

***dw/lw:* ~d** /हाइप्ड/ *adj.* सनसनीखेज तरीके से उछाला हुआ या ऊपर चढ़ाया हुआ; **~d-up** *adj.* 1 बढ़-चढ़ाकर पेश किया हुआ 2 नशीले पदार्थों आदि के सेवन से उत्तेजित 3 बनावटी (वस्तु), छलावापूर्ण (चीज), नकली, धोखेबाजीपूर्ण

hyper /हाइपः/ *adj.* अति सक्रिय या उत्तेजित, कृत्रिम रूप से उत्तेजित

hyper\- /हाइपः\-/ *prefix, comb. form, indicating:* **excessive**, **more than normal** (सामान्य से अधिक, आवश्यकता से अधिक मात्रा में);

***dw/lw:* ~-acidity** /~एसिडिटि/ पेट में अत्यधिक खट्टापन, अम्लता; **~-active** /~ऐक्टिव/ *adj.* अतिसक्रिय; **~-activity** /~एक्टिविटि/ *n.* अति सक्रियता; **~acute** /~ऐक्यूट/ *adj.* अति तीक्ष्ण; **~-aemia/ ~-emia** /हाइपरीमिआ/ *n.* शरीर के किसी भाग में रक्त की अतिशय मात्रा, अतिरक्तता; **~-aesthesia/ ~-esthesia** /हाइपरीस्थीजिआ/ *n.* रोग (उद्दीपन) के प्रति अत्यधिक संवेदनशीलता, अति संवेदना; **~algesia** /~ऐल्जीजिआ/ *n.* पीड़ा के प्रति अतिशय संवेदनशीलता; **~algesic/ ~algetic** /~ऐल्जेसिक/~ऐल्जेटिक/ *n.* पीड़ा के प्रति अतिशय संवेदनशील **~-baric** /~बैरिक/ *adj.* सामान्य से अधिक दबाव परः ~baric chamber; **~-baton** /~बअटौन/ *n.* अलंकार, जिसमें शब्दों का सामान्य क्रम बदल दिया जाता है;

hyper\bola /~बलअ/ *n., pl.* **~bolas/ ~bolae** /हाइपःबअलि/ *math.* ज्यामिति में विशेष प्रकार से बनी यानी वक्रता, अतिपरवलय;

***dw/lw:* ~bolic/ ~bolical** /~बॉलिक/ ~बॉलिकल/ *adj.* 1 *geom.* विशेष वक्रता से संबंधितः ~bolic function (ट्रिगनोमैटरी के फंक्शन की तरह गणित में छः कार्य-कलापों का समूह);

hyper\bole /हाइपः\-बअलि/ *n., stylistics, rhetoric* अत्युक्ति, अतिशयोक्ति, बढ़ा-चढ़ाकर की जाने वाली बात;

***dw/lw:* ~bolic/ ~bolical** /~बौलिक/ ~बौलिकल/ *US* ~बाःलिक/ ~बाःलिकल/ *adj., rhetoric* अतिशयोक्तिपूर्ण; **~bolism** /~बअलिज्म/ *n.* अतिशयोक्तिवाद; **~bolize** /~बअलाइज/ *v., pt.* ~bolized, *pp* ~bolizing 1 अतिशयोक्ति के माध्यम से अभिव्यक्त क. 2 अतिशयोक्ति का प्रयोग करते हुए बोलना 3 बढ़ा-चढ़ाकर कहना या दिखाना;

hyper\borean /हाइपः\बॉःरिअन/ *n.* सुदूर उत्तर का व्यक्ति, अति उत्तरीय निवासी; **~borean** *adj.* अति उत्तरीय; **~critical** /~क्रिटिकल/ *adj.* अतिआलोचनापूर्ण, अति छिद्रान्वेषी; **hyperdulia** /~ड्यूलाइआ/ *n.* एक विशेष पूजन पद्धति, प्रार्चना; **~emia** /हाइपेरमिआ/ *n. see* **'hyperaemia'**; **~fine** *adj.* अतिसूक्ष्म; **~gamy** *n.* अनुलोम विवाह; **~glycaemia** /~ग्लाइसीमिया/ *n.* ऐसी अवस्था जब रक्त में शर्करा (शक्कर) की मात्रा अत्यधिक होती है; **~golic** /~गौलिक/ *US* ~गालिक/ *adj.* अपने आप जल उठने वाला (ईधन); **~inflation** *n.* कीमतों में अत्यधिक तेजी से वृद्धि; **link** /~लिंक/ *n.* कंप्यूटर पर कई दस्तावेजों या पृष्ठों से कोड-शब्दों को दबाकर आसानी से हो सकने वाला जुड़ाव; **~market** *n.* शहर से बाहर बड़ी दुकान; **~media** *n.* कंप्यूटर फाइल तथा अन्य सॉफ्टवेयर (software) जो सूचनाओं (पाठ या विडियो क्लिप आदि) को संचार माध्यमों से जोड़ सकते हैं; **~meter** *n.* पदबंदी में अतिरिक्त शब्दांश; **~metrope** /~मेटरोप/ *n., med.* दूर तक देख सकने वाला व्यक्ति; **~metropia/ ~opia** /~मिट्रोपिआ/ हाइपरोपिआ/ (*also* **longsightedness** or **hyperopia** *see below*) *n.* ऐसा नेत्र रोग जब सूरज की किरणें आंख में घुसने के बाद रेटिना (पुतली) के पीछे एकत्रित हो जाती हैं जिसके कारण आंख के पास की वस्तुएं धूमिल दिखाई देती हैं; **~nation** /~नेशन/ *n.* सुस्ती, अत्यधिक तनाव; **~nym** *n., ling.* = **superordinate** उच्च कोटी; **~on** /हाइपरोन/ *n.* न्युट्रोन से अधिक द्रव्यमान वाले सूक्ष्म अणु; **~opia** /हाइपरोपिआ/ *n.* ऐसा नेत्र रोग जब सूरज की किरणें आंख में घुसने के बाद रेटिना (पुतली) के पीछे एकत्रित हो जाती हैं जिसके कारण आंख के पास की वस्तुएं धूमिल दिखाई देती हैं; दूरदर्शिता/ दूर दृष्टि (long-sightedness) का रोग; **~opic** /हाइपरौपिक/ *US* हाइपराःपिक/ *adj.* दूरदर्शिता के रोग से संबंधित; **~physical** *adj.* जो भौतिक नियमों से परे हो, अलौकिक; **~plasia** /~प्लेजिआ/ अति विकास, अतिवृद्धि; **~pyrexia** /~पाइरेक्सिआ/ *n.* प्रचंड ज्वर; **~sensitive**

/~सेंसिटिव/ *adj.* 1 आसानी से आहत हो जाने वाला 2 अतिसंवेदनशील; **~sensitiveness**/ **~sensitivity** /~सेंसिटिवनेस/ ~सेंसिटिविटि/ *n.* अति संवेदनशीलता; **~ sensual** *n.* अति कामुक, अति विषयी; **hypersonic** /~सौनिक/ *US* ~सौनिक/ *adj.* 1 ध्वनि की गति से पांच गुणा तेज 2 इस रफ्तार से तेज उड़ने वाला (यान) 3 1000 मिलियन हेर्टज (hertz) से ऊंची तरंगों वाला 4 अतिध्वनिक: ~sonic velocity (तेज ध्वनि गति वाला); **~ space** *n.* त्रीविम स्थान से बड़ा स्थान; **~tension** /~टेन्शन/ *n.* 1 सामान्य से ऊंची रक्तचाप, अति रक्तचाप 2 अत्यधिक मानसिक तनाव; **~text** /~टेक्स्ट/ *n.* किसी शब्द या बिंब को किसी दूसरे दस्तावेज से जोड़ने वाला पाठ जिसमें जुड़ने वाले पाठ के कोड शब्द दिये होते हैं जिन्हें दबाकर जुड़ने वाले पाठ को खोलकर पढ़ा जा सकता है (*see also* **Appendix: Computer and Internet terminology**); **~thermia** /~थःमिआ/ *n.* अति तापमान; **~thesis** *n.* ध्वनि या शब्दांश का स्थान परिवर्तन; **~thyroidism** /~थाइरॉयडिज्म/ *n.* 1 थायरॉइड ग्रंथि गिल्टियों द्वारा अत्यधिक मात्रा में थायरॉइड हारमोनों का उत्पादन, अवटु-अतिक्रियता 2 उपरोक्त कारण से पैदा होने वाला रोग यानी वजन का घटना, नींद न आना, हृदय-गति एवं क्षुधा (भूख) में वृद्धि; **~tonic** *adj.* मांस पेशियों का अत्यधिक तन जाने का रोग; **~trophy** /~ट्रफि/ *n.* अति अंग वृद्धि; **~ventilation** /~वेंट्रिलेशन/ *n.* सांस फूलने की बीमारी के कारण चक्कर आना, दम घुटना और बेहोशी आदि विकारों का पैदा हो.

hypha /हइफ/ *n.* **hyphae** /हाइफी/ फफूंदी में धागे जैसा तंतु, कवक तंतु

hyphaeresis /हाइफीरिसिस/ *n.* शब्द में अक्षर या शब्दांश का लोप

hyphen /हाइफन/ *n.* 1 '-' चिह्न जो दो शब्दों के मिलने से बने नए शब्द या लिखते समय शब्द के किसी भाग का दूसरी पंक्ति में होने को दर्शाता है, संयोजिका 2 समास-चिह्न, संयोजक रेखा, हाइफन;

dw/lw: **~ate** /हाइफअनेट/ *v., pt.* ~ated, *pp* ~ating संयोजिका लगाना, हाइफन से जोड़ना; **~ated** /हाइफनेटिड/ *adj.* 1 हाइफन के साथ लिखा हुआ: it's a ~ated word 2 मिश्रित अमेरिकी (नागरिक): ~ated Americans (अमेरिका से बाहर पैदा होनेवाले अमेरिकी नागरिक)

Hypnos /हिपनौस/ *US* हिपनाःस/ *n.* प्राचीन यूनान में निद्रा देवता

hypno- /हिप्नो\-/ हिप्नौ\-/ *prefix, comb. form, denoting:* 1 **sleep** (निद्रा) 2 **hypnosis** (सम्मोहन);

dw/lw: **~id**/ **~idal** /हिप्नॉइड/ ~इडल/ *adj.* 1 निद्रा या सम्मोहन की अवस्था से संबंधित 2 सम्मोहित; **hypnology** /हिप्नौलजि/ *US* हिप्नाःलजि/ *n.* निद्रा/ सम्मोहन-विज्ञान या विद्या; **~paedia** /~पीडिया/ (*US* **~pedia**) *n.* निद्रालु या अर्ध-निद्रालु व्यक्ति के सामने पुरानी रिकॉर्ड की हुई ध्वनि को बार-बार दोहराकर उसे किसी अवस्था विशेष में लाकर कुछ जानने की प्रक्रिया; **~pompic** /~पौम्पिक/ *US* ~पाःम्पिक/ *adj.* अर्ध-निद्रालु अवस्था से संबंधित; **~sis** /~सिस/ *n., pl.* **~ses** /~सीज/ 1 सम्मोहन, किसी की मनःस्थिति पर जादू-सा प्रभाव 2 सम्मोहन-विद्या; **~therapy** /~थेरअपि/ *n.* सम्मोहन विद्या द्वारा किसी बुरी लत का इलाज; **~tic** /~टिक/ *adj.* 1 सम्मोहन से संबंधित: **~tic** trance/ state 2 (***syn.*** mesmerizing, soporific) सम्मोहित करने वाली/ निद्रा पैदा करने वाली (दवाई); **~tic** *n.* 1 नींद की दवाई 2 सम्मोहन का शिकार 3 सम्मोहन की लपेट में आया हुआ व्यक्ति; **~tism** /~टिज्म/ *n.* 1 सम्मोहन विद्या 2 सम्मोहन विद्या में दक्षता 3 किसी की मनःस्थिति पर जादू-सा प्रभाव डालने की क्रिया; **~tist** /~टिस्ट/ *n.* किसी की मनःस्थिति पर जादू-सा प्रभाव डालने वाला, सम्मोहन-जादूगर; **~tization** /~टाइजेशन/ *n.* 1 सम्मोहन 2 मनःस्थिति पर जादू-सा प्रभाव डालने की क्रिया; **~tize** *(also UK* **-ise**) /~टाइज/ *v., pt.* ~tized, *pp* ~tizing (***syn.*** mesmerize) किसी की मनःस्थिति पर जादू-सा प्रभाव डालना, सम्मोहित क.

hypo /हाइपो/ *n.* खाल के नीचे इंजेक्शन लगाने की सुई या सिरिंज

hypo *abbr.* 'hyposulphite' का संक्षेप

hypo\- /हाइपो\-/ हाइपअ\-/ *prefix, comb. form, indicating:* 1 **under** (नीचे) 2 **inadequate** ≠ hyper (कम) 3 **defective** (दोषपूर्ण);

dw/lw: **~blast** *n.* अधःस्तर, अधःकोरक, 'gastrula' की आंतरिक तह; **~bole** /~बअलि/ *n.* अवरोक्ति; **~caust** *n.* प्राचीन रोम में मकानों को गर्म करने की एक प्रणाली, जिसके तहत दीवार और फर्श के नीचे पहले छोड़े गए खाली स्थानों में से गर्म हवा गुजारी जाती थी; **~centre** *n.* अवकेंद्र; **~chlorite** *n.* हाइपोक्लोरस एसिड का साल्ट (HCLO); **~chlorous acid** हाइपोक्लोरस अम्ल; **~chondria**/ **~chondriasis** /~कौंड्रिआ/ ~कौंड्रिअसिस/ *US* ~कांड्रिआ/ ~कांड्रिअसिस/ *n.* रोग-भ्रम, ऐसा मानसिक रोग जिसमें रोगी को किसी बीमारी से ग्रस्त होने का भ्रम होता है; **~chondriac** /~कौंड्रिऐक/ *US* ~कांड्रिऐक/ *n.* रोग-भ्रमित, रोगी होने की मिथ्या धारणा से ग्रस्त; **~chondrium** /~कौंड्रिअम/ *n.* पेट (उदर) के बायें और दायें बाजू; **~corism** /हाइपौकरिज्म/ हिपौकरिज्म/ *US* हाइपाःकरिज्म/ हिपाःकरिज्म/ *n.* प्यार से बुलाया जाने वाला छोटा नाम, स्नेहपूर्ण नाम: Harry is ~corism of Henry; **~coristic** /~करिस्टिक/ *adj.* प्यार के छोटे नाम से संबंधित; **hypochrome** /~क्रोम/ *adj.* अववर्णी;

hypo\crisy /हिपौक्रसि/ *US* हिपाःक्रसि/ *n.* पाखंड, ढोंग, मिथ्याचार; **~crite** /हिपअक्रिट/ *n.* ढोंगी, मिथ्याचारी; **~critical** /हिपअक्रिटिकल/ *adj.* ढोंगभरा, ढोंगी; **~critically** /हिपअक्रिटिकलि/ *adv.* ढोंगी तरीके से;

p&i: **~ is the homage which vice renders to virtue** ढोंग एक ऐसी माला है जिसे दुर्गुण सद्गुण को पहनाता है

hypocycloid /हिपअसाइक्लॉइड/ *n.* दो वृत्तों के बीच बनी वक्रता;

hypo\derma/ **~dermis** /हाइपअडःमा/ हाइपअडःमिस *n.* अधस्त्वचा; **~dermic** /हाइपअडःमिक/ *adj.* सुई से लगाया जाने वाला इजेक्शन; **~dermic** *n.* सुई;

dw/lw: **~gastric** /हाइपोगैस्ट्रिक/ *adj.* उदर के निचले केंद्रीय भाग से संबंधित, अधोजठरीय; **~geal**/ **~gean** /हाइपोजिअल/ हाइपोजिअन/ (*also* **~geous**) *adj.* अधोभूमिक, भूमिगत; **~genic** /हाइपोजीनिक/ *adj.* अधोजनित, भूमि के नीचे पैदा होने वाला; **~geum** /हाइपोजिअम/ *n.* मकबरे आदि का भूमिगत कक्ष, तहखाना; **~glyc(a)emia** /~ग्लाइसीमिआ/ *n., path.* रक्त में होने वाली शर्करा की भारी कमी; **~glyc(a)emic** /~ग्लाइसीमिक/ *adj.* रक्त में शर्करा की भारी कमी से पीड़ित, क्षीणशर्करा; **~mania** /हाइपअमेनिआ/ *n.* अल्पोन्माद; **~nasty** /~नैस्टि/ *n., bot.* पौधे के किसी भाग के निचले हिस्से में अत्यधिक वृद्धि, जिसके कारण वह झुक जाता है;

hypo\nym /हाइपअनिम/ *n.* शब्दों का समूह जिनके अर्थ किसी अन्य सामान्य शब्द में दिये गए हों, e.g., **oak** and **cedar** are the hyponyms of **tree**;

dw/lw: **~physis** /हाइपौफिसिस/ हिपौफिसिस/ *US* हाइपाःफिसि, हिपाःफिसिस/ *n., pl.* ~physes पीयूष-ग्रंथि, अधोवृद्धि, अधःस्फीतिका, निलंबक तालिका; **~plasia** /हिपअप्लेजिआ/ *n.* अल्प विकास; **~stasis** /हाइपौस्टअसिस/ हिपौस्टअसिस/ *US* हाइपाःस्टअसिस, हिपाःस्टअसिस/ *n., pl.* **~stases** /हिपौस्टअसीज/ हिपाःस्टअसीज/ *metaphysics* 1 रक्तसंकुलता, शरीर के किसी भाग में रक्त की अतिशय मात्रा, अतिरक्तता 2 तलछट 3 तत्त्व 4 पदार्थ का आधार, सार 5 त्रिरूपकता (Trinity) के प्रत्येक भाग का व्यक्तिपरक सार-तत्त्व: ~static union (व्यक्तिपरक अभेद); **~strophe** /हाइपअस्ट्रौफि/ *US* हाइपअस्ट्राःफि/ *n.* पुनरावर्तन; **~style** /हाइपोस्टाइल/ *adj.* बहुस्तंभी, स्तंभों पर टिकी छत वाला : ~style hall; **~sulphite** *n.* बालों आदि के लिए फिक्सर के रूप में प्रयुक्त होने वाला पदार्थ; **~tactic** /हाइपोटैक्टिक/ *n. gramm.* 1 आश्रित 2 अप्रधान, गौण उपवाक्य; **~taxis** /हाइपोटैक्सिस/ *n. gramm.* 1 अप्रधानता, गौण उपवाक्य का प्रयोग 2 अप्रधान संरचना

hypo\tension /हाइपअटेन्शन/ *n.* असामान्य रूप से होने वाला अति निम्न रक्तचाप, क्षीण रक्तचाप;

dw/lw: **~tenuse** /हाइपौटन्यूज/ *US* हाइपाःटन्यूज, हाइपाःटन्यूस / *n.,* (*abbr.* **hyp.**) समकोण त्रिभुज का कर्ण; **~thalamus**

/हाइपअथैल्मस/ *n., pl.* hypothalami /हाइपअथैल्माइ/ दिमाग की पीयूष-ग्रंथि के ऊपर का भाग जो धमनियों के केंद्रीय स्वतः नियंत्रण आदि का कार्य करती है;

hypothec /हाइपौथिक/ *US* हाइपाःथिक/ *n.* गिरवी, रेहन

hypo\thecate /हाइपौथिके\ट/ *US* हाइपाःथिके\ट/ *v., pt.* ~thecated, *pp* ~thecating गिरवी रखना, रेहन रखना;
dw/lw: **~thecated** /~टिड/ *adj.* भाराक्रांत, गिरवी; **~thecation** /~शन/ *n.* 1 गिरवी रखने की क्रिया 2 बंधक होने की अवस्था या स्थिति 3 भाराक्रांति

hypothermia /हाइपोथर्मिआ/ *n.* शरीर का तापमान अत्यधिक कम होने की अवस्था

hypo\thesis /हाइपौ\थअसिस/ *US* हाइपाः\थअसिस/ *n. pl.* **~theses** /~थअसीज/ (***syn.*** theory) प्रस्तावित धारणा जिसे सिद्ध करना बाकी है 2 (***syn.*** speculation) परिकल्पना, प्राक्कल्पना, अनुमान;
dw/lw: **~thesize** /~थिसाइज/ *v., pt.* ~thesized, *pp* ~thesizing प्राक्कल्पना क., अनुमान लगाना; **~thetical** /~थेटिकल/ *adj.* 1 अनुमान पर आधारित, आनुमानिक, प्राक्कल्पित, परिकल्पित, सापेक्ष 2 काल्पनिक; **~thetically** /~थेटिकलि/ *adv.* प्राक्कल्पित रूप में

hypothyroidism /हाइपोथिरॉइडिज्म/ *n.* 1 थायरॉइड ग्रंथि गिल्टियों द्वारा अति अल्प मात्रा में थायरॉइड हारमोनों का उत्पादन 2 उपरोक्त कारण से पैदा होने वाला रोग

hypotonic /हाइपटौनिक/ *US* हाइपटाःनिक/ *adj., pathol.* बहुत कम तनी हुई (मांस पेशियां)

hypoxaemia /हाइपौक्सिमिआ/ *US* हाइपाःक्सिमिआ/ (*US* **hypoxemia**) *n., pathol.* रक्त में ऑक्सिजन की सामान्य से कम मात्रा

hypoxia /हाइपौक्सिआ/ *US* हाइपाःक्सिआ/ *n., pathol.* शरीर के ऊतकों में ऑक्सिजन की कमी

hypso- /हिप्सो-/ हिप्सौ-/ *prefix, comb. form, signifying:* **height** (ऊंचाई);
dw/lw: **~dont** /हिप्सौडंट/ *US* हिप्साःडंट/ *n.* तुंगदंती; **~dontism** /हिप्सौडंटिज्म/ *US* हिप्साःडंटिज्म/ *n.* तुंगदंतता; **~graphy** /हिप्सौग्रफि/ *US* हिप्साःग्रफि/ *n.* भूगोल की एक शाखा जो भिन्न-भिन्न स्थानों की समुद्रतल से ऊंचाइयों व स्थल-आकृतियों का अध्ययन करती है, स्थलाकृति-उच्चता; **~meter** /हिप्सौमिटः/ *US* हिप्साःमिटः/ *n.* भूमि के भिन्न-भिन्न स्थलों का जल के क्वथनांक पर प्रभाव को मापकर उनकी ऊंचाइयों का पता लगाने का यंत्र, भूमि के भिन्न-भिन्न स्थानों की जलक्वथनांक द्वारा ऊंचाई मापक; **~metry** /हिप्सौमिट्रि/ *US* हिप्साःमिट्रि/ *n.* भूमि के भिन्न-भिन्न स्थानों की जलक्वथनांक द्वारा ऊंचाई मापने की विद्या या विज्ञान

hyrax /हाइरैक्स/ *n. pl.* **hyraxes/ hyraces** /हाइरअसीज/ खरगोश जैसा हाथी की प्रजाति का जानवर

hyssop /हिसप/ *n.* 1 पुदीना परिवार का एक छोटा पौधा 2 पवित्र-जल फुव्वारा

hyster- /हिस्टः/ *prefix, comb. form, signifying:* **womb** (गर्भाशय, बच्चेदानी, कोख)

hysterectomy /हिस्टअरेक्टमि/ *n.* शल्य-चिकित्सा द्वारा बच्चेदानी के निकाले जाने की क्रिया

hysteresis /हिस्टअरिसिस/ *n.* 1 शैथिल्य, चुंबकीय शैथिल्य 2 कारण और प्रभाव (परिणाम) के बीच अंतराल

hyster\ia /हिस्टिअरिआ/ *n., pl.* **~s**, *psychol.* 1 निर्मूल भ्रम, स्मृतिभ्रम, श्रुतिभ्रम आदि का दौरा 2 उन्मत्तता, भावनात्मक उन्माद, जैसे, लगातार हंसने या रोने का दौरा;
dw/lw: **~ic/~ical** /हिस्टेरिक/ ~ल/ *adj.* 1 उन्मत्त, उन्मादी 2 (***syn.*** hilarious) अत्यंत हास्यास्पद : a ~cal laugh; **~ics** /हिस्टेरिक्स/ *n. [pl.]* 1 उन्माद का दौरा : be in ~ics; have ~ics 2 बिना थमे हंसने का दौरा (in ~s); **~ogenic** /हिस्टअरोजेनिक/ *adj., med.* उन्माद के दौरे को पैदा करने वाला (कारण); **~oid** /हिस्टरॉइड/ *adj., med.* उन्माद के दौरे जैसा

hystero- /हिस्टअरो-/ *comb. form, signifying:* **womb** (गर्भाशय, बच्चेदानी, कोख);
dw/lw: **~otomy** /हिस्टअरॉटमि/ *n., med.* शल्य-चिकित्सा द्वारा बच्चेदानी से बच्चा निकाले जाने की क्रिया

hysteron proteron /हिस्टअरौन प्रौटअरौन/ *US* हिस्टअराःन प्राःटअराःन/ अलंकार जिसमें शब्दों के क्रम को उलट दिया जाता है

Hz *abbr.* 'hertz' का संक्षिप्त रूप

HZL *abbr.* 'Hindustan Zinc Limited' की प्रथमाक्षरी

I i

I i /आइ/ *n., pl.* **Is, I's** or **i's** 1 अंग्रेजी वर्णमाला का नौवां अक्षर 2 **'I'** आकार की वस्तु या रेखाचित्र;
***p&i:* to dot the i's and cross the t's** किसी कार्य या रचना को अंतिम रूप दे.

I /आइ/ 1 *pron.* मैं: it is **I** 2 *gramm.* (***syn.*** alter ego) वक्ता का आंतरिक सार: another **I** (मेरा दूसरा 'मैं'):
***p&i:* I dare say** शायद; **I don't think** मैं ऐसा नहीं सोचता; **I see** अच्छा!, मैं समझ गया; **I will trouble you to** कृपया

I 1 रासायनिक तत्त्व आयोडीन (iodine) का चिह्न 2 रोमन अंक **I** का चिह्न 3 विद्युत धारा (current) का चिह्न

I *abbr.* 'Independent', 'Institute', 'Institution', 'International', 'Island' or 'Isle' का प्रथमाक्षर

I इटली का अंतर्राष्ट्रीय वाहन पंजीकरण कोड (IVR)

IA *abbr.* 'Implementation Agreement', 'interlocutory application' की प्रथमाक्षरी

IA *abbr.* (*also* **Ia**) अमेरिकी प्रांत **'Iowa'** का संक्षेप

-ia *suffix, signifying:* 1 *med.* रोग (anaem**ia**, pneumon**ia**) 2 *biol.* पौधों और जीवों की श्रेणी (Magnol**ia**, dahl**ia**, reptil**ia** (सांप व अन्य रेंगने वाले जीव) 3 समाज की स्थिति (utop**ia**, suburb**ia**) 4 देश या स्थान का नाम (Ind**ia**, Austral**ia**, Austr**ia**) आदि का द्योतक

iatrology /आयट्रौलजि/ *US* आयट्राःलजि/ *n.* औषध-विज्ञान (medical science)

IAA *abbr.* 'Indian Anthropological Association', 'International Actuarial Association' की प्रथमाक्षरी

IAAC *abbr.* 'Indo-American Arts Council' की प्रथमाक्षरी

IAAF *abbr.* 'International Amateur Athletic Federation' की प्रथमाक्षरी

IAAF *abbr.* 'Indian Academy of Advertising Film Art' की प्रथमाक्षरी

IAAI *abbr.* 'International Airport Authority of India' की प्रथमाक्षरी

IA&AD *abbr.* 'Indian Audit and Accounts Department' की प्रथमाक्षरी

IAAS *abbr.* 'Indian Audit and Accounts Service' की प्रथमाक्षरी

IABA *abbr.* 'International Amateur Boxing Association' की प्रथमाक्षरी

IABF *abbr.* 'Indian Amateur Boxing Federation' की प्रथमाक्षरी

IAC *abbr.* 'Industrial Automation and Control', 'International Academy of Cytology (USA)', 'Investment Advisory Committee' की प्रथमाक्षरी

IACC *abbr.* 'International Anti-Counterfeiting Coalition (US)', 'Indo-American Chamber of Commerce' की प्रथमाक्षरी

IACM *abbr.* 'Institute of Advanced Computing and Management' की प्रथमाक्षरी

IACP *abbr.* 'Indian Academy of Clinical Psychiatry' की प्रथमाक्षरी

IACR *abbr.* 'International Association for Cryptologic Research' की प्रथमाक्षरी

IAD *abbr.* 'Integrated Access Devices' की प्रथमाक्षरी

IADP *abbr.* 'Integrated Area Development Projects' की प्रथमाक्षरी

IAEA *abbr.* 'International Atomic Energy Agency' की प्रथमाक्षरी

IAEC *abbr.* 'Institutional Animal Ethics Committee' की प्रथमाक्षरी

IAF *abbr.* 'Indian Air Force', 'International Astronautical Federation', 'International Automobile Federation' की प्रथमाक्षरी

IAKA *abbr.* 'Indian Amateur Kabbadi Association' की प्रथमाक्षरी

IAL *abbr.* 'Indian Association of Lawyers' की प्रथमाक्षरी

-ial *suffix in adjectives* 1 व्यावसायिक: manager**ial** 2 कार्य: tutor**ial** आदि का द्योतक

IAM *abbr.* 'indicated air minute', 'Institute of Advanced Management', 'Institute of Aerospace Medicine (Bengaluru)', 'International Academy of Medicine' की प्रथमाक्षरी

i-am/ iambus /आइ-ऐम/ आइऐम्बस/ *n.* पद्य का वह चरण जिसमें क्रमशः लघु और गुरु दो पदांश हों

iambic /आइऐम्बिक/ *adj.* छंद में **'iambuses'** के प्रयोग से संबंधित; ~ **pentameter** वीरगाथा आदि में प्रयुक्त पदांश जिसमें प्रत्येक पंक्ति पांच पदों तथा पद दो शब्दांशों (syllables) से बना होता है;
n. पांच पदों तथा दो शब्दांशीय पद वाली कविता

IAMT *abbr.* 'Indian Academy for Medical Transcription' की प्रथमाक्षरी

IAN *abbr.* 'internet access nodes' की प्रथमाक्षरी

-ian/ -ean *suffix* 1 व्यक्ति या वस्तु को दर्शाने वाले विशेषणों का द्योतक: Shakespear**ian** 2 किसी विशेष के हुनर को दर्शाने वाली संज्ञाओं का द्योतक: grammar**ian**

IAO *abbr.* 'Indian Astronomical Observatory' की प्रथमाक्षरी

IAP *abbr.* 'Indian Association of Physicians', 'Indian Association of Physiotherapists', 'Internet Application Platform' की प्रथमाक्षरी

IAPA *abbr.* 'International Airlines Passenger Association' की प्रथमाक्षरी

IAPT *abbr.* 'Indian Association of Physics Teachers' की प्रथमाक्षरी

IARC *abbr.* 'International Agency for Research on Cancer (France)' की प्रथमाक्षरी

IARCS *abbr.* 'Indian Association for Research in Computing Science' की प्रथमाक्षरी

IARI *abbr.* 'Indian Agricultural Research Institute (Delhi)' की प्रथमाक्षरी

IAS *abbr.* 'Indian Administrative Services', 'International Accounting Standards' की प्रथमाक्षरी

IASA *abbr.* 'International Air Safety Association' की प्रथमाक्षरी

IASC *abbr.* 'International Accounting Standards Committee' की प्रथमाक्षरी

IASM *abbr.* 'Indian Association of Sports Medicine' की प्रथमाक्षरी

IASOA *abbr.* 'IAS Officers Association' की प्रथमाक्षरी

IASP *abbr.* 'Indian Association for the Study of Population' की प्रथमाक्षरी

IASRI *abbr.* 'Indian Agricultural Statistics Research Institute (Pusa, *N.* Delhi)' की प्रथमाक्षरी

IATA *abbr.* 'International Air Transport Association' की प्रथमाक्षरी

IATC *abbr.* 'International Air Traffic Communication' की प्रथमाक्षरी

IATCA *abbr.* 'International Auditor and Training Certification Association (N. Delhi)' की प्रथमाक्षरी

IATO *abbr.* 'Indian Association of Tour Operators' की प्रथमाक्षरी

-iatric/ -iatrical *suffix* रोग की चिकित्सा आदि को दर्शाने वाले व्यवसाय का द्योतक: psych**iatric**, paed**iatric**
iatrogenic /आइऐट्रोजेनिक/ *adj., med.* चिकित्सकीय परीक्षण, निरीक्षण या उपचार की प्रक्रिया में पैदा होने वाली बीमारी से संबंधित
IATT *abbr.* 'Inland Air Travel Tax' की प्रथमाक्षरी
IAU *abbr.* 'International Astronomical Union' की प्रथमाक्षरी
IAVI *abbr.* 'International AIDS Vaccine Initiative' की प्रथमाक्षरी
IAY *abbr.* 'Indira Awas Yojana' की प्रथमाक्षरी
IB *abbr.* 'Intelligence Bureau', 'International Baccalaureate', 'International Board', 'International Border' की प्रथमाक्षरी
ib/ ibid /आइबी/ इबिड/ *abbr.* 'ibidem' का संक्षेप
IBA *abbr.* 'Independent Broadcasting Agency', 'Indian Banks Association', 'International Bar Association' की प्रथमाक्षरी
IBAB *abbr.* 'Institute of Bioinformatics and Applied Biotechnology (Bengaluru)' की प्रथमाक्षरी
IBC *abbr.* 'Independent Broadcasting Corporation, 'International Business Centre' की प्रथमाक्षरी
IBCA *abbr.* 'International Braille Chess Association' की प्रथमाक्षरी
I-beam /आइबीम/ *n. engin.* धातु से बना '**I**' आकार का शहतीर
Iberian /आइबिअरिअन/ *n.* आइबेरियन प्रायद्वीप यानी स्पेन, पुर्तगाल आदि देशों से संबंधित
ibex /आइबेक्स/ *n.* बड़े घुमावदार सींगो वाली पहाड़ी बकरी, साकिन
IBF *abbr.* 'Indian Broadcasting Foundation', 'International Badminton Federation', 'International Boxing Federation' की प्रथमाक्षरी
ibid. /इबिड/ (*also* **ib.**) *adv.* 'ibidem' का संक्षेप
ibidem /ईबिडम/ इबाइडम/ *adv., Lat.* उसी पुस्तक में, तत्रैव, वहीं, वही, पूर्वोक्त
ibis /आइबिस/ *n., pl.* **ibis/ ibises** सारस की जाति का पक्षी, बुज्जा: spoon-billed ~
IBL *abbr.* 'ICICI Bank Limited' की प्रथमाक्षरी
-ible *suffix* क्षमता जताने वाले विशेषणों का द्योतक: cred**ible**, poss**ible**
IBM *abbr.* 'I Blame Microsoft', 'Institute of Business Management', 'International Business Machines (Corporation)' की प्रथमाक्षरी
IBM ACSE *abbr.* 'IBM Advanced Certificate in Software Engineering' की प्रथमाक्षरी
IBMS *abbr.* 'Integrated Building Management System' की प्रथमाक्षरी
IBP *abbr.* 'Institute of Book Publishing', की प्रथमाक्षरी
IBR *abbr.* 'Infectious Bovine Rhinotracheitis' की प्रथमाक्षरी
IBRD *abbr.* 'International Bank of Reconstruction and Development' की प्रथमाक्षरी
IBRO *abbr.* 'International Brain Research Organisation' की प्रथमाक्षरी
IBS *abbr. med.* 'irritable bowel syndrome' की प्रथमाक्षरी
IBSA *abbr.* 'International Blind Sports Association' की प्रथमाक्षरी
IBSAD *abbr.* 'Institute of Bio-resources and Sustainable Development (Imphal)' की प्रथमाक्षरी
IBT *abbr.* 'India Business Trust' की प्रथमाक्षरी
IBU *abbr.* 'Internet Business Unit' की प्रथमाक्षरी
ibuprofen /आइब्युप्रोफन/ *n., med.* दर्द-निवारक दवाई, पीड़ाहर औषध
IBUs *abbr.* 'Independent Business Units' की प्रथमाक्षरी
IBWL *abbr.* 'Indian Board for Wild Life' की प्रथमाक्षरी
i/c *abbr.* 'in charge of', 'integrated circuit', 'internal circuits', 'internal combustion' की प्रथमाक्षरी
-ic/ -cal *suffix* किसी व्यवसाय या वस्तु विशेष से संबंध दर्शाने वाले शब्दों का द्योतक: photograph**ic**, histor**ical**
ICA *abbr.* 'Indian Council of Arbitration', 'Institute of Contemporary Arts', 'International Cooperative Alliance' की प्रथमाक्षरी
ICADR *abbr.* 'International Centre for Alternative Dispute Resolution' की प्रथमाक्षरी
ICAI *abbr.* 'Institute of Chartered Accountants of India' की प्रथमाक्षरी
ICAI-ARF *abbr.* 'ICAI-Accounting Research Foundation' की प्रथमाक्षरी
ICAMT *abbr.* 'International Centre for the Advancement of Manufacturing Technology' की प्रथमाक्षरी
ICANN *abbr.* 'Internet Corporation for Assigned Names and Numbers (California)' की प्रथमाक्षरी
ICAO *abbr.* 'International Civil Aviation Organisation' की प्रथमाक्षरी
ICAR *abbr.* 'Indian Council for Animal Research', 'Indian Council of Agricultural Research' की प्रथमाक्षरी
icarian /इकेरिअन/ आइकेरिअन/ *adj. Greek myth.* 1 इकारस (Icaria) से संबंधित 2 स्वप्न-द्रष्टा सामाजिक सिद्धांतकार का अनुयायी 3 जोखिम उठाने वाले व्यक्ति (Icarus) से संबंधित: ~ flight (बहादुरी व ईमानदारी की दुनिया में उड़ान)
ICAS *abbr.* 'Indian Cost Accounts Service' की प्रथमाक्षरी
ICB *abbr.* 'International Competitive Bidding' की प्रथमाक्षरी
ICBM *abbr.* 'inter-continental ballistic missile' की प्रथमाक्षरी
ICC *abbr.* 'International Cricket Council', 'International Conference Centre', 'International Criminal Court' की प्रथमाक्षरी
ICCF *abbr.* 'International Correspondence Chess Federation' की प्रथमाक्षरी
ICCI *abbr.* 'India Chamber of Commerce and Industry' की प्रथमाक्षरी
ICCR *abbr.* 'Indian Council for Cultural Relations' की प्रथमाक्षरी
ICCS *abbr.* 'International Council for Canadian Studies' की प्रथमाक्षरी
ICCU *abbr.* 'Intensive Cardiac Care Unit', 'Intensive Coronary Care Unit' की प्रथमाक्षरी
ICCW *abbr.* 'Indian Council for Child Welfare' की प्रथमाक्षरी
ICD *abbr.* 'implantable cardioverter defibrillator', 'interactive compact disc', 'International Classification of Diseases' की प्रथमाक्षरी
ICDB *abbr.* 'Indian Co-operative Development Bank' की प्रथमाक्षरी
ICDE *abbr.* 'International Council for Distance Education' की प्रथमाक्षरी
ICDS *abbr.* 'Integrated Child Development Services' की प्रथमाक्षरी
ICE *abbr.* 'Instrumentation & Control Engineering', 'internal combustion engine', 'Isentropic Compression Experiments' की प्रथमाक्षरी
ice /आइस/ *n.* (*also US* **frost**) 1 हिम, बर्फ: dead ~ (एक स्थान पर जमी बर्फ); eternal ~ (सदा जमी रहने वाली बर्फ); block of ~ (बर्फ का ढेला) 2 केक की ऊपरी सतह 3 आइस्क्रीम 4 *sl.* हीरे 5

sl. अवैध मादक पदार्थ 6 रूखापन: be all ~ to sb; *v., pt.* **~d**, *pp* **icing** 1 बर्फ जमाना 2 प्रशीतित क. 3 बर्फ का जमना: the pond was **~d** over; the **~-breaker** was **~d** up (हिम भंजक यंत्र पर बर्फ जम गई थी) 3 जमाना: horror **~d** his blood 4 केक आदि पर बर्फ की चाशनी की तह लगाना; ***dw/lw:*** **~-anchor** *n.* हिम लंगर; **~-bag** *n.* बर्फ की थैली; **~berg** *n.* हिम शैल, आइस्बर्ग, प्लावी हिम शैल; **~blink** *n.* हिम आभा, बर्फ के दूरस्थ टीलों की आसमान में दिखने वाली चमक; **~-blue** *adj.* हिम नील; **~-boat** *n.* हिम नौका; **~-bound** *adj.* बर्फ से आच्छादित या हिमबद्ध; **~breaker** *n.* बर्फ तोड़कर रास्ता बनाने वाली नौका, हिम भंजक नौका या पोत; **~-box** *n.* प्रशीतक बक्सा; **~-cap** *n.* हिम शिखर, हिमच्छद, पहाड़ की चोटी पर जमी हुई बर्फ की परत; **~-chart** *n., naut.* बर्फीले हालात; **~-cold** *adj.* हिम शीत, बर्फ जैसा ठंडा; **~cliff** *n.* हिम चट्टान; **~-control** *n.* बर्फबारी से संघर्ष; **~-cream** *n.* आइस्क्रीम, कुल्फी; **~d** /आइस्ट/ *adj.* 1 बर्फ द्वारा प्रशीतित: **~d** coffee 2 बर्फ की सजावटी परत से ढका केक आदि; **~-fall** *n.* हिमपात, बर्फबारी; **~-ferns** *n., pl.* शीशे पर बनने वाले बर्फ के रेखाचित्र (patterns); **~-float** *n.* समुद्र किनारे लगी बर्फ; **~-free** *adj.* जहां बर्फ न पड़ती या न जमती हो, हिम-मुक्त; **~-gull** *n.* ध्रुवीय गंगाचिल्ली; **~-house** *n.* बर्फ-घर, बर्फ-खाना; **Iceland** *n.* आइसलैंड नामक स्कैंडिनेवियायी देश; **Icelander** /आइसलैंडः/ *n.* आइसलैंड का निवासी; **Icelandic** *adj.* आइसलैंड का, आइसलैंड की भाषा; **~line** *n.* हिमांक-रेखा; **~man** *n.* बर्फ बेचने वाला, बर्फ वाला; **~-pack** *n.* 1 प्लावी हिमपुंज 2 बर्फ की थैली; **~-pick** *n.* बर्फ तोड़ने का सुआ; **~-pit** *n.* बर्फ बचाकर रखने का गढ़ा; **~-pitcher** *n.* बर्फ-घड़ा; **~-plant** *n.* बर्फ कारखाना; **~-point** *n.* बर्फ पिघलने का तापमान; **~-poultice** *n.* बर्फ वाला बुलबुला; **~-quake** *n.* बर्फीले मैदानों का भूकंप; **~-saw** *n.* बर्फ काटने का आरा; **~-sheet** *n.* हिम चादर; **~-skate** *n.* बर्फ पर स्केटिंग करने के लिए जूते; **~-skate** *v., pt.* ~-skated, *pp* ~-skating बर्फ पर स्केटिंग क.; **~-skating** *n.* बर्फ पर की जाने वाली स्केटिंग, हिमसरण; **~track** *n.* तेज स्केटिंग के लिए प्रयोग किया जाने वाला जमी बर्फ-ट्रैक या बर्फ पथ; **~-water** *n.* हिम जल, बर्फ का पानी; ***collocations:*** **~ age** (*often* **the Ice Age**) *n.* हिम युग, हिम काल; **~ axe** बर्फ काटने की कुल्हाड़ी, हिम कुठार; **~ bucket** बर्फ के टुकड़ों या क्यूबों को रखने का एक (वायुरुद्ध) बर्तन; **~ conditions** बर्फीले हालात; **~ cubes** बर्फ के टुकड़े; **~ dance/ ~ dancing** बर्फ पर स्केटिंग नृत्य; **~ field** बर्फ की चादर से ढका क्षेत्र; **~ floe** समुद्र के पानी की सतह पर तैरती बर्फ की चादर; **~ hockey** (*also US* **hockey**) बर्फ पर खेली जाने वाली हॉकी; **~ house** बर्फखाना; **~ lettuce** कुरकुरे पीले-हरे सलाद पत्ते; **~ lolly** /आइस लॉली/ *UK (US* **Popsicle** *tradem.)* बर्फ की लौली-पॉप; **~ number** *see below under separate entry*; **~ rink** बर्फ का स्केटिंग रिंक; **~ water**/ **~d water** बर्फ डला पानी;
p&i: **~ over** or **up** बर्फ से ढका हो.; **~ up the cake** कार्य को पूरा क.; **~ up the decision** पहले से तय कर ले.;
as chaste as ~ पूर्णतः निर्दोष; **as cold as ~** बर्फ-सा ठंडा; **a terror turned his heart into ~** आतंक ने उसके मन को बर्फ-सा रूखा बना दिया; **be on thin ~** खतरे की कगार पर, नाजुक या खतरनाक स्थिति में हो.; **break the ~** चुप्पी तोड़कर बातचीत शुरू क.; **cut no ~** कोई प्रभाव न डाल सकना; **on ~** काम पक्का; **put on ~** *US sl.* मार डालना; **put sth on ~** सफलता पक्की क.; **straight off the ~** ताजा, अभी-अभी लाया हुआ, तुरंत; **the tip of the ~berg** किसी बड़ी प्रक्रिया, वस्तु या घोटाले आदि का एक छोटा-सा हिस्सा (बानगी)

ICE number *abbr.* 'In case of Emergency Number' की प्रथमाक्षरीg (अपने मोबाइल में ऐसा टेलीफोन **ICE** के नाम से बचाकर रखना जिस पर दुर्घटना आदि होने पर लोग सूचना भेज सकें)

ICERD *abbr.* 'International Convention for Elimination of Racial Discrimination' की प्रथमाक्षरी

ICERP *abbr.* 'International Conference and Exhibition on Reinforced Plastics' की प्रथमाक्षरी

ICEs *abbr.* 'Improvised Chemical Entities' की प्रथमाक्षरी

ICF *abbr.* 'Integral Coach Factory', 'International Carom Federation' की प्रथमाक्षरी

ICFAI *abbr.* 'Institute of Chartered Financial Analysts of India' की प्रथमाक्षरी

ICFRE *abbr.* 'Indian Council of Forestry Research & Education (Dehradun)' की प्रथमाक्षरी

ICFTU *abbr.* 'International Confederation of Free Trade Unions' की प्रथमाक्षरी

ICG *abbr.* 'Intelligence Coordination Group', 'International Crisis Group', 'Internet Consultancy Group' की प्रथमाक्षरी

ICGEB *abbr.* 'International Centre on Genetic Engineering and Biotechnology' की प्रथमाक्षरी

ichneumon /इक्न्यूमन/ *n.* 1 नेवला 2 घुड़ सवार 3 (also **~ fly**) विविध पंखधारी पतंगे जो दूसरे पतंगों के लारवों (larvae) के ऊपर या उनके पास अपने लारवा छोड़ते हैं

ichor /आइकॉः/ *n., Greek myth.* 1 देवताओं का रक्त 2 पूयरक्त, पंछा

ICHR *abbr.* 'Indian Council of Historical Research' की प्रथमाक्षरी

ichthyo\graphy /इक्थिओग्रफि/ *n.* मत्स्य विवरण;
dw/lw: **~id** /इक्थिओइड/ *n.* मत्स्यवत्, मत्स्याभ, मछली जैसा; **~lite** *adj.* मत्स्याश्म; **~logy** /इक्थिऔलजि/ *US* इक्थिआःलजि/ *n.* मत्स्य विज्ञान; **~mancy** /इक्थिऔमैंसि/ *US* /इक्थिआःमैंसि/*n.* मछलियों के अंतरांगों पर आधारित ज्योतिष; **~phagi** /इक्थिऔफजाइ/ *US* इक्थिआःफजाइ/ *n., pl.* मत्स्य भोजी, मछली खानेवाले समुद्र तटीय लोग; **~phagous** /इक्थिऔफअगस/ *US* इक्थिआःफअगस/ *adj.* मत्स्यभक्षी, मछली खानेवाला; **ichthyophagy** /इक्थिऔफजि/ *US* इक्थिआःफजि/ *n., pl.* मत्स्य भोजन; **~ssur** /इक्थिअसॉः/ *n.* डायनासौर जैसी मछली;

ichthyosis /इक्थिऔसिस/ *US* इक्थिआःसिस/ *n., pathol.* वंशीय रोग जिसमें चमड़ी सूखी, मोटी, चकत्तेदार और काली हो जाती है

ICICI *abbr.* 'Industrial Credit and Investment Corporation of India' की प्रथमाक्षरी

ICICIHFC *abbr.* 'ICICI Home Finance Company' की प्रथमाक्षरी

icicle /आइसिक्ल/ *n.* टपकते जलकणों के जमने से बना लटकता हुआ बर्फ का नुकीला लंब, हिमलंब, हिमवर्तिका

ICIL *abbr.* 'International Computer India Limited' की प्रथमाक्षरी

icily /आइसिलि/ *adv.* बर्फ की तरह ठंडा: the wind blew ~; look/ glance/ stare ~ at sb (किसी को रूखेपन से देखना/ घूरना)

iciness /आइसिनेस/ *n.* 1 बर्फपन 2 शीतता 3 रुखाई

icing /आइसिंग/ *n.* (*also US* **frosting**) केक आदि के ऊपर लगाने का एक मीठा मिश्रण, पाग, चाशनी: ~ sugar (मिठाइयों या केक आदि पर आइसिंग लगाने के लिए शक्कर);
collocations: **~ sugar** (**confectioner's sugar** or **powdered sugar**) बूरा (*Hr.*)
p&i: **the ~/ frosting on the cake** अतिरिक्त मिलने वाला सुखद लाभ

ICITO *abbr.* 'Interim Commission for the International Trade Organisation (UNO)' की प्रथमाक्षरी

ICJ *abbr.* 'Indian Council of Jurists', 'International Court of Justice' की प्रथमाक्षरी

ickie/ icky /इकि/ *adj., US sl.* 1 चिपचिपा, अरुचिकर 2 बीमारू 3 घिनौना, कमीना 4 अत्यधिक भावुक 5 दकियानूस, पुराणपंथी

ICL *abbr.* 'International Computers Ltd.', 'International Cricket League' की प्रथमाक्षरी

ICLAA *abbr.* 'Indian Council of Legal Aid and Advice'

की प्रथमाक्षरी

ICMAM *abbr.* 'Integrated Coastal and Marine Area Management' की प्रथमाक्षरी

ICMF *abbr.* 'Indian Cotton Mills Federation' की प्रथमाक्षरी

ICMG *abbr.* 'Internet Component Management Group' की प्रथमाक्षरी

ICMR *abbr.* 'Indian Council of Medical Research' की प्रथमाक्षरी

ICND *abbr.* 'International Commission on Narcotic Drugs' की प्रथमाक्षरी

ICNL *abbr.* 'Institute of Climbers and Nature Lovers (Sunderban)' की प्रथमाक्षरी

icky *see above under* **ickie**

icon/ikon /आइकौन/ *US* आइकाःन/ *n.* 1 कंप्यूटर स्क्रीन पर दिखने वाले मेनु (menu) आरेख, चित्र या बिंब 2 किसी विचार या जीवन शैली का प्रसिद्ध प्रतिनिधि 3 *relig.* ऑर्थोडोक्स (रूसी आदि) चर्च में : पवित्र मूर्ति, प्रतिमा;
dw/lw: **~ic** /~निक/ *adj.* 1 मूर्तिपरक, प्रतिमापरक 2 आदर्श; **~oclasm** /~नअक्लैज्म/ *n.* 1 मूर्तियां तोड़ने का काम, मूर्तिभंजन, प्रतिमाभंजन 2 रूढ़ियों अथवा परंपरागत विश्वासों का खंडन; **~oclast** /~नअक्लैस्ट/ *n.* 1 मूर्तिभंजक, प्रतिमाभंजक 2 रूढ़िभंजक, रूढ़िवाद विरोधी; **~oclastic** /~नअक्लैस्टिक/ *adj.* 1 मूर्तिभंजक या मूर्तिभंजन-संबंधी 2 रूढ़िभंजक; **~ography** /~नअग्रफि/ *n.* प्रतिमाओं का पुस्तकीय चित्रण; **~olatry** /आइकौनौलटरि/ आइकअनौलटरि/ *n.* मूर्तिपूजा; **~ology** /आइकअनौअलजि/ *n.* 1 प्रतिमा-कला के विकास का अध्ययन 2 मूर्तियां या उनके प्रतीकों का समूह; **~ostasis** /आइकनौस्टअसिस/ *n.* ऑर्थोडोक्स चर्च में अंदरूनी भाग को मुख्य हाल से अलग करने वाला पर्दा (आइकॉन मूर्तियों की पंक्ति)

ICOR *abbr.* 'incremental capital output ration' की प्रथमाक्षरी

icosahedral /आइकोसअहीडरल/ *adj.* विंशफलकी, बीसफलकीय;
dw/lw: **icosahedron** /आइकोसअहीड्रन, आइकौसअहीड्रौन/ *US* आइकोसअहीड्रन, आइकाःसअहीड्राःन/ *n., pl.* **icosahedra** विंश फलक, बीस चेहरोंवाली एक ठोस मूर्ति

ICP *abbr.* 'Inductively coupled plasma', 'Intensive Contact Programme' की प्रथमाक्षरी

ICPA *abbr.* 'Indian Commercial Pilots Association' की प्रथमाक्षरी

ICPD *abbr.* 'International Conference on Population and Development' की प्रथमाक्षरी

ICPI *abbr.* 'International Centre for Peace Initiative' की प्रथमाक्षरी

ICPO *abbr.* 'National Internet Exchange of India' की प्रथमाक्षरी

ICPR *abbr.* 'Indian Council of Philosophical Research' की प्रथमाक्षरी

ICR *abbr.* 'intelligent character recognition' की प्रथमाक्षरी

ICRA *abbr.* 'Information and Credit Rating Agency' की प्रथमाक्षरी

ICRC *abbr.* 'International Committee of the Red Cross' की प्रथमाक्षरी

ICRF *abbr.* 'Imperial Cancer Research Fund' की प्रथमाक्षरी

ICRIER *abbr.* 'Indian Council for Research on International Economic Relations' की प्रथमाक्षरी

ICRIM *abbr.* 'Institute of Certified Risk & Insurance Managers' की प्रथमाक्षरी

ICRISAT *abbr.* 'International Crops Research Institute for the Semi-Arid Tropics' की प्रथमाक्षरी

ICRM *abbr.* 'Institute for Customer Relationship Management' की प्रथमाक्षरी

ICRW *abbr.* 'International Centre for Research on Women' की प्रथमाक्षरी

ICS *abbr.* 'International College of Surgeons' की प्रथमाक्षरी

ICSA *abbr.* 'Institute of Chartered Secretaries and Administrators' की प्रथमाक्षरी

ICSC *abbr.* 'Indo-American Community Service Centre' की प्रथमाक्षरी

ICSE *abbr.* 'Indian Certificate of Secondary Education' की प्रथमाक्षरी

ICSI *abbr.* 'Institute of Company Secretaries of India' की प्रथमाक्षरी

ICSSR *abbr.* 'Indian Council of Social Science Research' की प्रथमाक्षरी

ICSW *abbr.* 'Indian Council of Social Welfare' की प्रथमाक्षरी

ICT *abbr.* 'information and communications technology', 'Integrated Computer Technology', 'International Call Termination' की प्रथमाक्षरी

ICTB *abbr.* 'International Customs Tariffs Bureau' की प्रथमाक्षरी

icterus /इक्टअरस/ *n., med.* पीलिया, कामला, कमल

ictic /इक्टिक/ *adj.* 1 आघात-सा, आकस्मिक 2 छंदबद्धतात्मक

ICTT *abbr.* 'International Container Transhipment Terminal' की प्रथमाक्षरी

ictus /इक्टस/ *n., pl.* **ictus**/ **~es** 1 पद्य में छंदबद्धतात्मक बलाघात 2 दौरा

ICU *abbr.* 'intensive-care unit (in a hospital)' की प्रथमाक्षरी

ICW *abbr.* 'International Council of Women' की प्रथमाक्षरी

ICWA *abbr.* 'Indian Council of World Affairs' की प्रथमाक्षरी

icy /आइसि/ *adj.* 1 बर्फ से ढका, बर्फीला, हिमाच्छादित 2 अत्यंत सर्द या ठंडा, अति शीतल: it is ~ cold to-day 3 अति रूखा: ~ look/ stare; ~ reception/ welcome; in ~ tones;

icily /आइसिलि/ *adv.* रूखे ढंग से

ID *abbr.* 'identification or identity': ID (card)', '*med.* infectious disease', 'intradermal', 'Instructional Designers', 'Intelligence Department' की प्रथमाक्षरी

id /ईद/ *n.* = Eid ईद का त्योहार

id /इड/ *n.* 1 *psychoanal.* फ्रॉयड (Freud) के सिद्धांतनुसार: अचेतन मन का वह भाग जिसमें मूल शारीरिक, जीवनोन्मुख व प्रजनन सूत्र पैदा होते हैं 2 कामुकता

id *abbr.* 'idem' का संक्षेप

I'd /आइड/ *short* 'I had', 'I would' का संक्षिप्त रूप

IDA *abbr.* 'Industrial Dearness Allowance', 'Industrial Disputes Act', 'Import Duties Act (UK)' की प्रथमाक्षरी

id-al-Adha /इद-ऐल-आधा/ *n., Islam* इस्लाम का एक त्योहार

id-al-Fitr /ईद-ऐल-फितर/ *n., Islam* इस्लाम का मुख्य त्योहार

IDB *abbr.* 'Islamic Development Bank' की प्रथमाक्षरी

IDBI *abbr.* 'Industrial Development Bank of India' की प्रथमाक्षरी

IDBs *abbr.* 'India Development Bonds' की प्रथमाक्षरी

IDC *abbr.* 'Industrial Development Corporation', 'interest during construction', 'International Development Centre', 'Internet Data Centre' की प्रथमाक्षरी

IDDs *abbr.* 'iodine deficiency disorders' की प्रथमाक्षरी

IDEA *abbr.* 'International Development and Engineering Associates' की प्रथमाक्षरी

idea /आइडिआ/ *n.* 1 विचार, धारणा: abstract **~s**; basic/ essential, fundamental ~; dominant/ reigning, prevalent **~s**; capital/ admirable ~ 2 बिंब, समझ 3 मत 4 योजना 5 मंशा: impracticable ~ 6 विश्वास, अच्छाई-बुराई की समझ: cherish/ nourish an ~ 7 उद्देश्य, लक्ष्य: set forth an ~; the ~ of the game **...** (इस खेल का उद्देश्य है...) 8 ज्ञान, अता-पता, अनुमान, कल्पना: get **~s** ; have no ~ (कोई पता नहीं) 9 अवधारणा, भाव, भावना, बोध: the ~ of beauty; not my ~ of fun;

collocations: **clear/ distinct/ general ~** स्पष्ट/ सामान्य विचार: the young ~; **fixed ~** अपरिवर्तनीय विचार, लकीर का फकीर बनाने वाले विचार;

p&i: **a bad/ bright/ brilliant/ good/ stupid ~** खराब/ उज्ज्वल/ अति उत्तम/ अच्छा/ मूर्खतापूर्ण विचार या सुझाव; **at the bare ~ that ...** मात्र इस विचार के आधार पर कि ...; **come up with/ have an ~** नया विचार या सुझाव पेश क.; **exchange/ interchange ~s** विचारों का आदान-प्रदान क.; **give sb an ~/ put ~s into sb's head** किसी के दिमाग में कोई विचार [डालना, किसी के दिमाग में कोई नकारात्मक बात पैदा क.; **have no ~/ not have the faintest ~** किसी विषय, समस्या या प्रश्न के बारे में कुछ न पता हो.; **have the right ~** जीने या कुछ करने का कोई सफल तरीका ढूंढ लेना; **hot ~** बढ़िया! क्या विचार है!; **in ~** सिद्धांततः; **put ~s into sb's head** 1 किसी को कोई उपाय सुझाना 2 किसी को हवाई किले बनाने या उड़ान भरने की ओर धकेलना; **that's an ~!** सही, बिल्कुल सही!; **that's the ~!** यही तो! बिल्कुल सही!; **the ~ of it** सोचो तो जरा!; **the very ~** किसी बात के बारे में विचार मात्र; **what an/ the ~!** वाह, क्या विचार/ योजना है!; **what's the big ~** इसमें कौनसी बड़ी बात है; **wet ~** *sl.* बेहूदा विचार

ideal /आइडीअ\ल/ *adj.* 1 आदर्श, मानक: ~ companion 2 बढ़िया, उत्तम, सर्वश्रेष्ठ: ~ happiness; ~ picture 3 काल्पनिक: ~/ perfect gas 1 काल्पनिक गैस जिसमें अणु (atoms) एक-दूसरे पर कोई प्रभाव नहीं डालते 4 अयथार्थवादी, स्वाप्निक, स्वप्निल: ~ plans;

n. 1 आदर्श, सर्वश्रेष्ठ बात, शिखर: an ~ of conduct; realize one's **~s** 2 मानक, अनुकरणीँय व्यवहार या कार्य;

dw/lw: **~ism** /~लिजम/ *n.* 1 आदर्शवाद 2 विज्ञानवाद, प्रत्ययवाद, अध्यात्मवाद 3 *philos.* हालात की तुलना में विचारों को सर्वोपरि मानने की अवधारणा या समझ 4 अयथार्थता, काल्पनिकता; **~list** /~लिस्ट/ *n.* आदर्शवादी, विचारवादी; **~istic** /~लिस्टिक/ *adj.* आदर्शवादात्मक, विचारवादात्मक; **~ization** /~लाइजेशन/ *n.* आदर्शीकरण; **~ize** /~लाइझ/ *v., pt.* ~ized, *pp* ~izing आदर्श रूप में प्रस्तुत क. या मानना, आदर्शीकरण क.; **~ly** /~लि/ *adv.* 1 आदर्श रूप से 2 काल्पनिक रूप में; ***collocations:*** **beau ideal** आदर्श सौंदर्य

idea\te /आइडिए\ट/ *v., pt.* **~ted**, *pp* **~ting** 1 वैचारिक रूप दे. 2 कल्पना क., विचारों में कल्पना क.;

dw/lw: **~tion** /~शन/ *n.* विचार-रूपायण, प्रत्ययन, विचारण, उद्भावना; **~tional** /~शनल/ *adj.* विचार-रूपायण संबंधी

idée fixe /ईडे फीक्स/ *n., pl.* **idée fixes** 1 विचार की धुन या सनक 2 ललक

idem /इडेम/ *abbr.* (*also* **id.**) 1 वही (उपरोक्त) 2 *adv.* वहीं

IDEMI *abbr.* 'Institute for Design of Electrical Measuring Instruments (Mumbai)' की प्रथमाक्षरी

identical /आइडेंटि\कल/ *adj.* 1 तद्रूप, समरूप, एकरूप, समान: ~ with the original 2 एकांडी (of twins): ~ twin (समरूप, जुड़वां) 3 ठीक वैसा ही;

dw/lw: **~ly** /~कलि/ *adv.* ठीक उसी प्रकार से; **~ness** /~कलनिस/ *n.* एकरूपता, समानता, समरूपता

identifiable /आइडेंटिफायबल/ *adj.* जिसे पहचाना जा सके, अभिज्ञेय

identi\fication /आइडेंटि\फिकेशन/ *n.* 1 पहचान क्रिया, शिनाख्त: **~fication** mark; **~fication** parade; a form/ a means/ a proof of **~fication** 2 पहचान पत्र: **~fication** card/ number; **~fication** tag 3 एकीकरण, एकात्मीकरण; **~fier** /~फाय:/ *n., comput* फाइल आदि की पहचान चिह्न के रूप में प्रयुक्त अक्षर या संख्या

identi\fy /आइडेंटि\फाइ/ *v., pt.* **~fied**, *pp* **~fying** 1 किसी के साथ अभिन्नता स्थापित क., किसी के साथ तादात्म्य या समानता देखना: **~fy** oneself with sb's view; their tastes always **~fy**; **~fy** sb/ sth with sb/ sth 2 पहचानना: **~fy** the age of a horse by its teeth; **~fy** by the map 3 शिनाख्त क.: **~fy** a person/ a corpse 4 परिभाषित/ निश्चित क. 5 किसी के साथ सहानुभूति हो...;

p&i: **~ with sb** किसी के साथ सहानुभूति हो.; **~ sb with sth** किसी को किसी विशेषता के साथ जोड़कर देखना **~ sth with sth** किसी चीज या बात को किसी अन्य चीज या बात जैसा समझना; **be identified with sb/ sth** or **~ oneself with sb/ sth ~ sth with sth** किसी को या किसी कार्य का समर्थन क. या उनके साथ अभिन्न रूप से जुड़ा हो.

identity /आइडेंटिटि/ *n.* 1 पहचान: proofs of ~ 2 तादात्म्य, एकात्मकता, अभिन्नता, समरूपता, समानता 3 अस्मिता, विशिष्टता: a sense of ~ (अस्मिता का अहसास); cultural/ national/ personal ~; ~ crisis (1 अस्मिता का संकट 2 व्यक्ति का अपने आसपास के परिवेश से अलगाव 3 व्यक्ति के जेहन में अपने परिवेश में अपनी भूमिका या स्थान की पहचान के बारे में धूमिलता के कारण पैदा होने वाला संकट);

collocations: **~ card (ID card/ i- card)** पहचान पत्र; **~ parade** पहचान प्रदर्शनी; **~ theft** किसी दूसरे का पहचान पत्र या व्यक्तिगत सूचनाएं आदि चुराकर क्रेडिट कार्ड आदि की प्राप्ति;

identitikit /आइडेंटिटिकिट/ *n.* पहचान पत्र या चित्र

ideo\gram /इडिअ\ग्रैम/ इडिओग्रैम/ (*also* **~graph** /इडिअग्राफ, इडिअग्रैफ/) *n.* 1 प्रतीक, प्रतीक-चिह्न, चित्राक्षर, भावचित्र 2 किसी विचार, वस्तु या प्रक्रिया आदि का अक्षरों या चिह्नों द्वारा प्रतिनिधित्व;

dw/lw: **~graph** /इडिअ\ग्राफ, इडिअ\ग्रैफ/ *n.* = **ideogram**; **~graphic** /~ग्रैफिक/ *adj.* भावसूचक, भावमूलक; **ideo\graphy** /~ग्राफि, ~ग्रैफि/ *n.* भावांकन, भावलिपि, भावचित्रण

ideologic/ ~al /आइडिअलौजि\क/ ~कल/ *US* आइडिअलाःजि\क/ ~कल/ *adj.* 1 विचारधारात्मक, वैचारिक: **~al** conflicts/ struggle (विचारधारा के आधार पर होनेवाले टकराव/ संघर्ष) 2 सैद्धांतिक;

dw/lw: **~ally** /~कलि/ *adv.* विचारधारा के अनुसार, सैद्धांतिक दृष्टि से

ideolo\gy /आडिऔ\लजि/ *US* आडिआ:\लजि/ *n.* 1 विचारधारा, सिद्धांत 2 वैचारिकी 3 खोखली सिद्धांतवादिता;

dw/lw: **~gist** /~लजिस्ट/ *n.* 1 किसी विचारधारा का अनुयायी, मतावलंबी 2 सिद्धांतकार 3 विचारधारा का विशेषज्ञ; **~gue** / आडिऔग/ *US* आइडिअलाःग, आइडिअलॉःग / *n.* 1 सिद्धांतकार 2 कट्टरवादी मतानुयायी;

ideopraxist /आइडिओप्रैक्सिस्ट/ इडिओप्रैक्सिस्ट/ *n.* विचारानुपालक, विचार का पालन करने वाला

Ides /ides /आइड्ज/ *n., [sing./pl.]* रोमन कैलेंडर के अनुसार मार्च, मई, जुलाई तथा अक्तूबर की 15 और अन्य महीनों की 13 तारीख, सामान्यतः महीने का मध्य

id est /इडैस्ट/ *Lat.* **i.e.** (***syn.*** that is) अर्थात्

IDF *abbr.* 'Intel Developer Forum' की प्रथमाक्षरी

IDFC *abbr.* 'Infrastructure Development Finance Company' की प्रथमाक्षरी

IDI *abbr.* 'ICC Development International', 'Indian Diamond Institute (Surat)' की प्रथमाक्षरी

idic /इडिक/ *adj.* प्रजनन का बीज रूप

idio- /आइडिओ/ *pref.* किसी व्यक्ति या वस्तु की विशिष्टता का सूचक

idio\crasy /इडिऔ\क्रसि/ *US* इडिआ:क्रसि/ *n.* = **idiosyncrasy** विचित्रता, विशिष्टता;

dw/lw: **~cratic/ ~cratical** /इडिओक्रैटिक/ ~ल/ *n.* विचित्र,

विशिष्ट

idiocy /इडिअसि/ *n., pl.* **idiocies** 1 मूर्खता, जड़ता, जड़बद्धता, बेवकूफी, मूढ़ता, मूढ़पन 2 बेवकूफी की बात या काम

idioglossia /इडिऔग्लोसिआ/ *US* इडिआःग्लोसिआ/ *n.* वर्णच्युत भाषण, अव्यक्त भाषण

idiograph /इडिओग्राफ/ *n.* 1 निजी चिह्न, मार्का 2 फैक्टरी ब्रांड, ट्रेडमार्क

idiolect /इडिओलेक्ट/ *n.* 1 व्यक्तिगत भाषा 2 किसी आदमी का बोल-चाल का लहजा या अंदाज, अंदाजे बयां

idiom /इडिअम/ *n.* 1 मुहावरा 2 किसी भाषा के व्याकरण, वाक्य-विन्यास और अभिव्यक्ति के रूप: the French ~ 3 किसी व्यक्ति विशेष या समूह विशेष द्वारा प्रयुक्त व्याकरण, वाक्य-विन्यास और अभिव्यक्ति के रूप आदि: local ~ 4 किसी लेखक, कवि, कलाकार आदि की अभिव्यक्ति शैली, अंदाजे बयां: Shakespeare's ~;

dw/lw: **~atic** /इडिअमैटिक/ *adj.* मुहावरेदार: ~atic phrases/ expressions; **~atically** /इडिअमैटिकलि/ *adv.* मुहावरों या शैली अनुसार: ~atically expressed

idiopathic /इडिअपैथिक/ *adj., med.* 1 प्रारंभिक 2 स्वयंजात 3 अज्ञात कारणों से होने वाला

idiopathy /इडिऑपथि/ *n.* अज्ञात कारण से होने वाली बीमारी

idiosyncra\sy /इडिअसिन्क्रसि/ *n., pl.* **~sies** 1 व्यक्तिगत विशिष्टता या विशेषता 2 सनक, पागलपन 3 स्वभावगत विचित्रता;

dw/lw: **~tic** /इडिअसिन्क्रैटिक/ *adj.* 1 विशिष्ट 2 सनकी, पागल

idiot /इडिअट/ *n.* (***syn.*** fool, stupid) मूढ़, जड बुद्धि, बुद्धू, जड़मति, मूर्ख व्यक्ति;

dw/lw: **~ic/ ~ical** /इडिऔटि\क/ ~ल/ *US* इडिआःटि\क/ ~ल/ *adj.* (***syn.*** ridiculous) मूर्खतापूर्ण; **~ically** /~कलि/ *adv.* मूर्खतापूर्वक; **~ism** /~टिज्म/ *n.* मूढ़ता, मूर्खता, मूर्खतापूर्ण व्यवहार;

collocations: **~ board** टीवी कैमरे से परे रखी जाने वाली वह पट्टी जिस पर टीवी पर बोलने वाले के लिए पाठ लिखा रहता है; **~ box** मूर्खतापूर्ण डिब्बा यानी टीवी (TV); **~ light** कार के डैशबोर्ड में लगी टिमटिमाने वाली रोशनी जो कार में किसी कमी के बारे में सावधान करती है; **~ savant** /ईडिओ सैवां/ *US* ईडिओ सैवां/ *psychol.* मानसिक विकार से बीमार होते हुए कुछ विषयों में विलक्षण बुद्धिमत्ता दिखा सकने वाला व्यक्ति; **an ~tic/ grim idea** मूर्खतापूर्ण या विषादमय विचार

idioticon /इडिऔटिकौन/ *US* इडिआःटिकाःन/ *n.* देश की किसी एक बोली का शब्दकोश

IDL *abbr.* 'intermediate density lipoprotein' की प्रथमाक्षरी

idle /आइडल/ *adj., degr.* **~r, ~st** 1 बेकार: ~ time; out of ~ curiosity 2 निकम्मा 3 (***syn.*** lazy) आलसी, सुस्त, अकर्मण्य: ~ day; ~ and useless fellow 4 व्यर्थ, निरर्थक: ~ attempt; ~ conceit 5 निष्क्रिय: ~ capital/ money; ~ labour 6 (***syn.*** useless) निराधार, असार, सारहीन: an ~ rumour or gossip; ~ chatter; ~ dreams/ words 7 (***syn.*** unemployed) बेरोजगार: the depression rendered thousands ~ 8 बेकार, खाली, बिना काम के: stand ~; ~ machines; ~ capacity; be/ lie ~; ~ running; ~ space 9 मंद, शिथिल: the market is ~ 10 निर्लिप्त: ~ position 11 खाली, फुर्सत वाला: ~ Monday;

v., pt. **~d**, *pp* **idling** 1 बिना कोई परिणाम दिखाए काम क. 2 (***syn.*** tick over) इंजन आदि का खाली चलना, इंजन आदि को खाली चलाना: leave the car **idling** at the roadside 3 *US* बेकार बना दे. 4 (usually **~ away time**) व्यर्थ समय गंवाना;

dw/lw: **~headed** *adj.* मूढ़, मूर्ख, थोथा; **~r** /आइडलः/ *n.* बेकार या आलसी आदमी; **~r-pulley** *n.* खाली चर्खी; **~r-wheel** *n.* बेकार या आलसी आदमी; **idly** /आइडलि/ *adv.* खाली, बिना काम किए, व्यर्थ, आलस्य से, निष्प्रयोजन;

collocations: **~ talk** कोरी गप्प;

p&i: **~ away time** बेकार में समय गंवाना; **~ brain is the devil's workshop** खाली दिमाग – शैतान का घर; **~ folk lack no excuses** आलसी लोगों के पास बहानों की कमी नहीं होती; **~ folks have the least leisure** बेकार लोगों के पास फुर्सत की कमी रहती है; **~ sth away** किसी चीज को व्यर्थ गंवाना;

idleness /आइड्लनेस/ *n.* 1 निकम्मापन, खालीपन 2 बेकारी 3 थोथापन, खोखलापन 4 आलस्य, सुस्ती;

p&i: **~ always envies industry** काहिली मेहनत की दुश्मन है; **~ is the mother/ the root of all evil** निकम्मापन बुराई का जनक/ जड़ है; **~ is the parent of vice** निकम्मापन पाप का जनक है; **~ rusts the mind = ~ makes the wit rust** निकम्मेपन से दिमाग को जंग लग जाता;

an ~ brain is devil's workshop खाली दिमाग शैतान का घर होता है; **bread of ~** निकम्मेपन की कमाई; **live in ~** निकम्मेपन में जीवन गुजारना

IDMA *abbr.* 'India Drug Manufacturers Association' की प्रथमाक्षरी

IDMC *abbr.* 'Indian Dairy Machinery Company' की प्रथमाक्षरी

IDO *abbr.* 'International Development Organisation' की प्रथमाक्षरी

Ido /ईडो/ *n., ling.* ऐस्पिरांतो का सर्वाधिक व्यापक रूप

idol /आइडल/ *n.* 1 आदर्श, श्रद्धेय व्यक्ति, भक्ति पात्र: make an ~ of sb 2 बुत, मूर्ति, प्रतिमा: an ~ of the ancients;

dw/lw: **~ater** /आइडौलेटः/ *US* आइडाःलेटः/ *n.* मूर्तिपूजक, बुतपरस्त; **~atress** /आइडौलेट्रस/ *US* आइडाःलेट्रस/ *n.* महिला मूर्तिपूजक/ बुतपरस्त; **~atrous** *adj.* मूर्तिपूजक, अंधभक्त; **~atry** /आइडौलेट्रि/ *US* आइडाःलेट्रि/ *n.* 1 मूर्तिपूजा, बुतपरस्ती 2 अंधश्रद्धा, अंध भक्ति; **~ism** *n.* बुतपरस्ती, अंधश्रद्धा, अंध भक्ति; **~ist** /आइडौलिस्ट/ *US* आइडाःलिस्ट/ *n.* अंध भक्त; **~ization** /आइडअलाइजेशन/ *n.* 1 बुत में परिवर्तन, बुत-पूजा 2 अंध भक्ति, अंधश्रद्धा; **~ize** /आइडअलाइज/ (*also UK* **-ise**) *v., pt.* ~ized, *pp* ~izing बुत के रूप में अंध भक्ति क., बुत पूजा क.; **~oclast** /आइडौक्लैस्ट/ *US* आइडाःक्लैस्ट/ *n.* 1 मूर्तिभंजक 2 बुतपरस्ती व अंध भक्ति विरोधी;

collocations: **matiny ~** औरतों के मन को प्यारा सिने सितारा;

p&i: **~ an ~ of sb** किसी को भगवान का बुत बनाना;

idolum /आइडोलम/ *n.* 1 भावना, कल्पना, धारणा 2 मानसिक बिंब 3 छाया, छायाभास, मरीचिका 4 भ्रम

idoneous /आइडोनिअस/ *adj.* 1 (***syn.*** apt, appropriate, fit) उपयोगी, उपयुक्त

IDP *abbr.* 'integrated data processing', 'Internally Displaced Persons' की प्रथमाक्षरी

IDPA *abbr.* 'Indian Documentary Producers Association' की प्रथमाक्षरी

IDPL *abbr.* 'Indian Drug & Pharmaceuticals Limited' की प्रथमाक्षरी

IDR *abbr.* 'India Defence review' की प्रथमाक्षरी

IDRBT *abbr.* 'Institute for Development and Research in Banking Technology (RBI Established)' की प्रथमाक्षरी

IDS *abbr.* 'Institute of Development Studies' की प्रथमाक्षरी

IDSA *abbr.* 'Indian Direct Selling Association', 'Institute for Defence Studies and Analysis' की प्रथमाक्षरी

IDSMT *abbr.* 'Integrated Development of Small and Medium Towns' की प्रथमाक्षरी

IDSP *abbr.* 'Integrated Disease Surveillance Project' की प्रथमाक्षरी

IDSS *abbr.* 'Institute for Defence and Strategic Studies' की प्रथमाक्षरी

IDT *abbr.* 'Institute of Drilling Technology' की प्रथमाक्षरी

IDTR *abbr.* 'Institute of Driving Training and Research' की प्रथमाक्षरी

idyll/ *US* **idyl** /इडिल/ आइडल/ *n.* 1 सौम्य कविता, ग्राम गीत,

ग्राम्य जीवन-संबंधी छोटी कविता 2 ग्राम्य या सौम्य जीवन की काव्यात्मक झांकी या दृश्य;
***dw/lw:* ~ic** /इडिलिक/ आइडिलिक/ *adj.* 1 काव्यात्मक: an ~ic life (सौम्य काव्यात्मक जीवन) 2 एकांतमय स्थल 3 रमणीय, सौम्य 4 ग्रामीण, रमणीय देहात: an ~ic countryside
IE *abbr.* 'Internet Explosion' की प्रथमाक्षरी
i. e. (*also* **I e**) /आइ ई/ *Lat.* 'id est' का संक्षिप्त रूप, (***syn.*** that is) अर्थात्
IEA *abbr.* 'Indian Evidence Act', 'International Economics Association', 'International Energy Agency' की प्रथमाक्षरी
IEC *abbr.* 'import-export code', 'International Electro-technical Commission' की प्रथमाक्षरी
IED *abbr.* 'Improvised Explosive Device' की प्रथमाक्षरी
IEDC *abbr.* 'Integrated Education for Disabled Children' की प्रथमाक्षरी
IEE *abbr.* 'International Educational Exchange' की प्रथमाक्षरी
IEEE *abbr.* 'Institute of Electrical and Electronics Engineers Inc., USA' की प्रथमाक्षरी
IEEL *abbr.* 'Infotech Enterprises Europe Limited' की प्रथमाक्षरी
IEEMA *abbr.* 'Indian Electrical and Electronics Manufacturers Association' की प्रथमाक्षरी
IEEP *abbr.* 'Indian European Eco-design Programme' की प्रथमाक्षरी
IEER *abbr.* 'Institute for Energy and Environmental Research' की प्रथमाक्षरी
IEERCAS *abbr.* 'Institute for East European, Russian and Central Asian Studies' की प्रथमाक्षरी
IEG *abbr.* 'Information Exchange Group', 'Institute of Economic Growth' की प्रथमाक्षरी
IEI *abbr.* 'Institution of Engineers (India)' की प्रथमाक्षरी
IEIL *abbr.* 'Integrated Enterprises India Limited' की प्रथमाक्षरी
IELTS *abbr.* 'International English Language Testing System' की प्रथमाक्षरी
IEPA *abbr.* 'International Economic Policy Association' की प्रथमाक्षरी
IER *abbr.* 'Institute of Educational Research' की प्रथमाक्षरी
IES *abbr.* 'Indian Engineers Service' की प्रथमाक्षरी
IESC *abbr.* 'Indian European Studies Centre' की प्रथमाक्षरी
IET *abbr.* 'Institute of Engineering & Technology' की प्रथमाक्षरी
IETE *abbr.* 'Institution of Electronics and Telecommunication Engineers' की प्रथमाक्षरी
IETF *abbr.* 'Internet Engineering Task Force' की प्रथमाक्षरी
IEW *abbr.* 'Integrated Electronic Warfare' की प्रथमाक्षरी
if /इफ/ *conj.* 1 यदि, अगर, किसी शर्त आदि के पूरा होने पर संभव: if (it is) possible/ necessary, he will help you; **if** it should rain, stay at home; **if** it were not for the storm, the ship would have come in time 2 यद्यपि: it was interesting, **if** overpriced (यह काफी अच्छा है, यद्यपि कीमत ज्यादा है); he was nothing **if** not discreet 3 'ask/ know/ find out/ wonder' + **if** (***syn.*** whether) एक, दो या अधिक संभावनाएं जताने के लिए 'कि' के अर्थ में प्रयुक्त: wonder **if** she knows; ask him **if** he would come tomorrow 4 'will', 'would' के साथ कुछ करने के लिए विनती आदि करते हुए प्रयुक्त: **if** you will listen to me for a minute, I shall tell you every thing 5 क्रिया या विशेषण द्वारा भावना व्यक्ति करने के लिए प्रयुक्त: **if** I said that, I regret it 6 (***syn.*** when/ whenever/ every time) जब भी: **if** I don't know the way, I always ask; he gets agitated **if** she phones; I'll do it **if** and when I like it 7 हो सकता है, पर इसका कुछ महत्त्व नहीं: so what **if** he is not punctual., who cares 8 किसी को आपका अपना मत या विचार सुनने के लिए कहना: **if** you care to know, he is a fraud 9 **if** + may/ might / could के प्रयोग में कुछ सुझाव देने या किसी को बोलते समय बीच में विनम्रतापूर्वक टोकने के लिए प्रयुक्त: **if** I may say so, she is an excellent student;
n. अगर-मगर, शर्तें, आशंकाएं: **ifs** and buts; **if** he agrees to speak, and it is big **if**, it will be fantastic;
p&i: **if a man could have half his wishes, he would double his troubles** यदि मनुष्य की आधी इच्छाएं पूरी हो जातीं, तो उसकी समस्याएं दुगनी हो जातीं; **if a man ever falls, all will tread on him** माड़े की बहू भाभी सारे गाम की (*Hr.*); **if and when** जब कभी; **if ifs and ans were pots and pans, there'd be no trade for tinkers** = **if wishes were horses beggars would ride** = **if the beard were all, the goat would preach** ख्याली पुलाओ पकाने या हवाई किले बनाने से कुछ न होगा, खाली चाह, नहीं सफलता की राह; **if anything** बल्कि इसके उल्टा ...: he is not slim, if anything he is rather plump; the water was warm, if anything (चाहे जो हो, पानी गर्म था); **if anything can go wrong, it will** जो होना है वह होकर रहेगा; **if it were not belly, the back might fear gold** पेट-पीठ के कारने सब जग नाचे नाच; **if I were you, I would not do it** यदि आपकी जगह मैं होता, तो मैं ऐसा न करता; **if not** 1 नहीं तो: hope you agree, if not I withdraw my suggestion 2 अन्यथा: hope you are ready, if not I'll go alone 3 बल्कि: thousands of rupees were spent on the VC's extravaganza, if not millions; **if only** यदि केवल मात्र: if only I knew!; **if so, so be it (that)** यदि ऐसा है, तो होने दो!; **if that is the case you will have to come earlier** यदि ऐसा है तो आपको काफी समय पहले आना पड़ेगा; **if the sky falls, we shall catch larks** आसमान गिरेगा तो तारे दामन में आ जाएंगे; **if winter comes, can spring be far behind** घोर अंधेरी रात है तो सुबह भी होगी (आशावादी दृष्टिकोण); **if worst comes to worst ...** यदि बुरे से बुरा भी हो जाए, तो ...; **if you can't beat them, join them** जिसे जीत नहीं सकते, उससे मिल जाना ही बेहतर; **if you make mistakes, you don't make anything** 1 जो काम करता है उसी से गलतियां होती हैं (जो कुछ नहीं करता, वह गलती भी नहीं करता) 2 गलतियों से इंसान सीखता है; **if you don't mind** यदि आपको बुरा न लगे तो; **if you lie down with dogs, you will get up with fleas** जैसी संगत वैसी रंगत; **if you like** यदि आप चाहें तो; **if you pay peanuts, you get monkeys** खरी मजूरी चोखा काम; **if you throw mud enough, some of it will stick** ढेरों झूठी कालिख का कुछ दाग तो छूट ही जाता है; **if you want a thing done well, do it yourself** आप काज महा काज; **if youth knew, if age could** काश जवानी जानती और बुढ़ापा कर सकता!;
as if मानो कि: she is behaving as if she is a princess; **it's not as if** ऐसा नहीं कि ...; **I will do it, (even) if it kills me** मैं इसे करूंगा, चाहे इसमें मेरी जान क्यों न चली जाए; **mistakes, if any, should be corrected in ink** यदि गलतियां हों, तो उन्हें स्याही से दुरुस्त किया जाए; **only if** केवल इस शर्त पर कि ...; **there are too many ifs and buts in the way** इस काम के रास्ते में बहुत सारे अगर-मगर हैं; **well, if it weren't you, I would be lost** खैर, यदि आप न होते तो मैं बिखर/खो जाता

IFA *abbr.* 'Indian Football Association', 'International Financial Architecture', 'International Fiscal Association (Netherlands based)' की प्रथमाक्षरी
IFAC *abbr.* 'International Federation of Automatic Control' की प्रथमाक्षरी
IFAD *abbr.* 'International Fund for Agricultural Development' की प्रथमाक्षरी
IFAW *abbr.* 'International Fund for Animal Welfare (an American (NGO)' की प्रथमाक्षरी
IFB *abbr.* 'Invitation for Bids' की प्रथमाक्षरी
IFC *abbr.* 'Information and Facilitation Counters', 'International Finance Corporation' की प्रथमाक्षरी
IFCC *abbr.* 'Internet Fraud Complaint Center (US)' की प्रथमाक्षरी
IFCI *abbr.* 'Industrial Finance Corporation of India' की प्रथमाक्षरी
IFD *abbr.* 'International Federation for Documentation' की प्रथमाक्षरी
IFF *abbr.* 'International Film Festival' की प्रथमाक्षरी
IFFCO *abbr.* 'Indian Farmers Fertilizers Co-operative Limited' की प्रथमाक्षरी
IFFI *abbr.* 'International Film Festival of India' की प्रथमाक्षरी
Iff /इफ/ *conj.* गणित में एक अभिव्यक्ति जिसका अर्थ है: **'if** and only **if'**
iffy /इफि/ *adj.* 1 संदिग्ध, संशयपूर्ण: his chances were rather ~ 2 अनिश्चित, परिवर्तनशील: the weather seems to be quite ~
IFGTB *abbr.* 'Institute of Forest Genetics and Tree Breeding' की प्रथमाक्षरी
IFI *abbr.* 'International Financial Institution' की प्रथमाक्षरी
IFJ *abbr.* 'International Federation of Journalists' की प्रथमाक्षरी
IFL *abbr.* 'International Ferrites Limited', 'Imported Foreign Liquor' की प्रथमाक्षरी
IFLA *abbr.* 'International Federation of Landscape Architecture' की प्रथमाक्षरी
IFN *abbr.* 'In-Flight Network' की प्रथमाक्षरी
IFPI *abbr.* 'International Federation of the Phonographic Industry' की प्रथमाक्षरी
IFPMA *abbr.* 'International Federation of Pharmaceutical Manufacturers Association' की प्रथमाक्षरी
IFPRI *abbr.* 'International Food Policy Research Institute' की प्रथमाक्षरी
IFR *abbr.* 'Industrial and Financial Reconstruction' की प्रथमाक्षरी
IFR *abbr.* 'Institute of Food Research', 'International Fleet Review' की प्रथमाक्षरी
IFRC *abbr.* 'International Federation of the Red Cross' की प्रथमाक्षरी
IFS *abbr.* 'Indian Foreign Service', 'Indian Forest Service', 'Industrial & Financial Systems' की प्रथमाक्षरी
IFSM *abbr.* 'International Federation of Sports Medicine' की प्रथमाक्षरी
IFSW *abbr.* 'International Federation of Social Workers' की प्रथमाक्षरी
IFTA *abbr.* 'Indian Film and Theatre Academy' की प्रथमाक्षरी
IFTM *abbr.* 'Institute of Foreign Trade and Management' की प्रथमाक्षरी
IFTRT *abbr.* 'Indian Foundation of Transport Research and Training' की प्रथमाक्षरी
IFTU *abbr.* 'Indian Federation of Trade Unions' की प्रथमाक्षरी
IG *abbr.* 'immunoglobulin', 'Inspector General' की प्रथमाक्षरी
IGA *abbr.* 'inter-governmental agreement' की प्रथमाक्षरी
IGAD *abbr.* 'Inter-governmental Authority of Development' की प्रथमाक्षरी
IGC *abbr.* 'Indraprastha Gas Limited', 'Intergovernmental Commission (Indo-Russian)' की प्रथमाक्षरी
IGCAR *abbr.* 'Indira Gandhi Centre for Atomic Research (Kalpakkam)' की प्रथमाक्षरी
IGCC *abbr.* 'Indo-German Chamber of Commerce', 'integrated gasification combined cycle' की प्रथमाक्षरी
IGCL *abbr.* 'Indo-Gulf Corporation Limited', 'Indraprastha Gas Company Limited' की प्रथमाक्षरी
IGEP *abbr.* 'Indo-German Export Promotion Project' की प्रथमाक्षरी
IGF *abbr.* 'IBM Global Financing', 'Indian Growth Fund', 'Investors Grievances Forum' की प्रथमाक्षरी
IGI *abbr.* 'Infotech Global India' की प्रथमाक्षरी
IGIA *abbr.* 'Indira Gandhi International Ariport' की प्रथमाक्षरी
IGIB *abbr.* 'Institute of Genomics and Integrative Biology' की प्रथमाक्षरी
IGIPESS *abbr.* 'Indira Gandhi Institute of Physical Education & Sports Sciences' की प्रथमाक्षरी
IGL *abbr.* 'Indraprastha Gas Limited' की प्रथमाक्षरी
igloo /इग्लू/ *n.* इनुइट यानी एस्कीमो लोगों का बर्फ की ईंटों/ स्लैबों से बना घर, हिमकुटी
IGMDP *abbr.* 'Integrated Guided Missile Development Programme' की प्रथमाक्षरी
IGNCA *abbr.* 'Indira Gandhi National Centre for the Arts' की प्रथमाक्षरी
igne\ous /इग्निअस/ *adj.* 1 आग्नेय, अग्निमय, अग्निज, अग्नि-संबंधी 2 लावा से बना, ज्वालामुखी से निकला हुआ: **~ous** rock; ***dw/lw:*** **~scent** /इग्नेसंट/ *adj.* ज्वलंत; **~ferous** /इग्निफरस/ *adj.* आग्नेय, अग्निमय;
ignipotent /इग्निपटंट/ *adj., myth.* अग्नि-देवता
IGNFA *abbr.* 'Indira Gandhi National Forest Academy' की प्रथमाक्षरी
ignis fatuus /इग्निस फैट्यूअस/ *n., pl.* **ignis fatui** /इग्नीज फैट्युआइ/ 1 कच्छ प्रकाश 2 भ्रामक विचार, मिथ्याभास, छलावा, मृग-मरीचिका
ignitable /इग्नाइटअबल/ *adj.* दाह्य, दहनीय
igni\te /इग्नाइट/ *v., pt.* **~ted**, *pp* **~ting** 1 सुलगना, सुलगाना, प्रज्वलित क., आग लगाना 2 झगड़ा भड़काना, उत्तेजित क.; ***dw/lw:*** **~ter** *n.* दाहक, पलीता, आग लगाने वाला;
ignition /इग्निशन/ *n.* ज्वलन, प्रज्वलन: ~tion system; ***collocations:*** **~tion key** प्रज्वलन चाबी; **~tion temperature** प्रज्वलन तापांक
ignobility /इग्नअबिलिटि/ *n.* नीचता, कमीनापन
igno\ble /इग्नोबल/ *adj.* 1 अकुलीन, साधारण: ~ person 2 हेय, अधम: ~ purposes; ~ actions 3 नीच, कमीना; ***dw/lw:*** **~bly** /इग्नोबलि/ *adv.* कमीनापन से, नीचतापूर्वक; **~bleness** /इग्नोबलनेस/ *n.* = **~bility** नीचता, कमीनापन
igno\minious /इग्नअमिनिअस/ *adj.* 1 (***syn.*** disgraceful) शर्मनाक: ~minious end; ~minious defeat 2 जघन्य, अधम 3 अपकीर्तिकार: ~minious dismissal; ***dw/lw:*** **~miniously** /इग्नअमिनिअस्लि/ *adv.* शर्मनाक ढंग से; **~miny** /इग्नअमिनि/ *n., p.* ~minies 1 बदनामी 2 अपयश, कलंक 3 लोकनिंदा: punish sb with ~miny 4 घृणित या अधम

व्यवहार

ignoramus /इग्नअरेमस/ *n., pl.* **~es** गंवार व्यक्ति, अज्ञानी व्यक्ति

ignorance /इग्नअरंस/ *n.* 1 अनभिज्ञता, अज्ञान: complete ~; keep sb in ~ of sth; do sth from/ through ~; plead ~; ~ of the law 2 अनाड़ीपन;
p&i: **~ is no bliss** अज्ञानता कोई नेमत नहीं; **~ of law excuses no man** कानून से अनभिज्ञता कानून तोड़ने की इजाजत नहीं मानी जा सकती; **where ~ is bliss, 'tis folly to be wise (wit works woe)** जहां अज्ञान का बोलबाला है, वहां ज्ञानी होना मूर्खता है

ignorant /इग्नअरंट/ *adj.* 1 अनभिज्ञ, अज्ञानी, अनजान: ~ criticism; be ~ of sth; he is ~ of the truth 2 अनाड़ी, अशिक्षित: ~ man/ reply/ remark;
dw/lw: **~ly** /इग्नअरंटलि/ *adv.* अज्ञानतापूर्वक, बिना जाने;

ignoratio elenchi /इग्नअरेशिओ इलेन्काइ/ *Lat.* 1 बहस के मुख्य मुद्दे की होने वाली या की जाने वाली उपेक्षा या अनदेखी 2 संदर्भ से हटकर निकाला जाने वाला निष्कर्ष

igno\re /इग्नॉः/ *v., pt.* **~red**, *pp* **~ring** 1 (***syn.*** disregard) अनदेखी क.: nobody likes to be **~red** 2 उपेक्षा क. 3 अवहेलना क. 4 (***syn.*** take no notice, pay no heed) ध्यान न दे.: try to **~re** the pain;
dw/lw: **~rable** /इग्नॉरबल/ *adj.* उपेक्षणीय: ~rable fact; **~ration** /इग्नॉरेशन/ *n.* अनदेखी, उपेक्षा, अवहेलना; **~ring** /इग्नॉरिंग/ *n.* अवगणन, उपेक्षा

IGNOU *abbr.* 'Indira Gandhi National Open University' की प्रथमाक्षरी

IGP *abbr.* 'Inspector-General of Police' की प्रथमाक्षरी

IGPP *abbr.* 'Indira Gandhi Pratibha Pratisthan' की प्रथमाक्षरी

IGR *abbr.* 'Institute for Genome Research' की प्रथमाक्षरी

IGSCC *abbr.* 'Indira Gandhi Stadium Coaching Centre' की प्रथमाक्षरी

IGT *abbr.* 'impaired glucose tolerance' की प्रथमाक्षरी

IGTF *abbr.* 'Indian Golf Teachers' Federation' की प्रथमाक्षरी

IGU *abbr.* 'Indian Golf Union' की प्रथमाक्षरी

iguana /इग्वाना/ *n., pl.* **~s/** ~ एक तरह की छिपकली, गोह, गोध

iguanodon /इग्वानडौन/ *US* इग्वानडाःन/ *n.* गोह जैसे दांतों वाली डाइनोसॉर

IHA *abbr.* 'International Hotels Association' की प्रथमाक्षरी

IHBAS *abbr.* 'Institute for Human Behaviour and Allied Sciences (Delhi)' की प्रथमाक्षरी

IHBT *abbr.* 'Institute of Himalayan Bio-resource Technology (Palampur)' की प्रथमाक्षरी

IHC *abbr.* 'India Habitat Centre', 'Indian History Congress', 'Indian Hockey Confederation', 'Indian Hospitals Corporation' की प्रथमाक्षरी

IHCA *abbr.* 'Institute of Health Care Administration (Chennai)' की प्रथमाक्षरी

IHCS *abbr.* 'Indian History and Culture Society' की प्रथमाक्षरी

IHD *abbr.* 'Institute for Human Development', 'ischemia heart disease' की प्रथमाक्षरी

IHE *abbr.* 'Institute of Higher Education' की प्रथमाक्षरी

IHF *abbr.* 'Indian Hockey Federation', 'International Hockey Federation' की प्रथमाक्षरी

IHHR *abbr.* 'Indian Hotels and Health Resorts' की प्रथमाक्षरी

IHI *abbr.* 'International Hospital Inc.' की प्रथमाक्षरी

IHL *abbr.* 'Institutions of Higher Learning' की प्रथमाक्षरी

IHM *abbr.* 'Institute of Hotel Management' की प्रथमाक्षरी

IHMI *abbr.* 'International Hotel Management Institute' की प्रथमाक्षरी

IHRO *abbr.* 'International Human Rights Organisation' की प्रथमाक्षरी

IIA *abbr.* 'Indian Institute of Astrophysics (Bengaluru)', 'Institute of Internal Auditors' की प्रथमाक्षरी

IIAE *abbr.* 'Indian Institute of Aeronautical Engineering' की प्रथमाक्षरी

IIAS *abbr.* 'Indian Institute of Advanced Studies (Shimla)' की प्रथमाक्षरी

IIASA *abbr.* 'International Institute for Applied Systems Analysis' की प्रथमाक्षरी

IIBE *abbr.* 'Indian Institution of Bridge Engineers' की प्रथमाक्षरी

IIBI *abbr.* 'Industrial Investment Bank of India' की प्रथमाक्षरी

IIC *abbr.* 'India International Centre' की प्रथमाक्षरी

IICB *abbr.* 'Indian Institute of Chemical Biology' की प्रथमाक्षरी

IICCI *abbr.* 'Indo-Italian Chamber of Commerce and Industry' की प्रथमाक्षरी

IICMSR *abbr.* 'Indian Institute of Cost and Management Studies & Research' की प्रथमाक्षरी

IICT *abbr.* 'Indian Institute of Chemical Technology (Hyderabad)', 'Indian Institute of Commerce and Trade' की प्रथमाक्षरी

IID *abbr.* 'Integrated Infrastructural Development' की प्रथमाक्षरी

IIDC *abbr.* '(Industrial) Infrastructure Development Corporation' की प्रथमाक्षरी

IIE *abbr.* 'Indian Institute of Entrepreneurship (Guwahati)', 'Institute for International Economics', 'Institute of International Education' की प्रथमाक्षरी

IIEA *abbr.* 'International Institute for Environmental Affairs' की प्रथमाक्षरी

IIEC *abbr.* 'International Institute for Energy Conservation' की प्रथमाक्षरी

IIEE *abbr.* 'Indian Institute of Ecology and Environment' की प्रथमाक्षरी

IIEL *abbr.* 'India Infrastructure Equipment Limited' की प्रथमाक्षरी

IIF *abbr.* 'Indian Institute of Finance', 'Institute of International Finance' की प्रथमाक्षरी

IIFA *abbr.* 'Indian International Film Academy' की प्रथमाक्षरी

IIFE *abbr.* 'Indian Institute of Fire Engineering' की प्रथमाक्षरी

IIFM *abbr.* 'Indian Institute of Forest Management (Bhopal)' की प्रथमाक्षरी

IIFT *abbr.* 'Indian Institute of Foreign Trade' की प्रथमाक्षरी

IIHF *abbr.* 'International Ice Hockey Federation' की प्रथमाक्षरी

IIHMR *abbr.* 'Indian Institute of Health Management Research' की प्रथमाक्षरी

IIHR *abbr.* 'Indian Institute of Horticultural Research' की प्रथमाक्षरी

IIHT *abbr.* 'Indian Institute of Hardware Technology' की प्रथमाक्षरी

III *abbr.* 'International Institute for Interpreters' की प्रथमाक्षरी

IIIEM *abbr.* 'International Institute for Industrial Environment Management' की प्रथमाक्षरी

IIITA *abbr.* 'Indian Institute of Information Technology' की प्रथमाक्षरी
IIITB *abbr.* 'Indian Institute of Information Technology' की प्रथमाक्षरी
IIITC *abbr.* 'Indian Institute of Information Technology' की प्रथमाक्षरी
IIITM *abbr.* 'Indian Institute of Information Technology and Management' की प्रथमाक्षरी
IILF *abbr.* 'India International Leather Fair' की प्रथमाक्षरी
IILM *abbr.* 'Institute for Integrated Learning in Management' की प्रथमाक्षरी
IILP *abbr.* 'Indian Institute of Leather Products' की प्रथमाक्षरी
IILS *abbr.* 'International Institute for Labour Studies' की प्रथमाक्षरी
IIM *abbr.* 'Indian Institute of Management' की प्रथमाक्षरी
IIMA *abbr.* 'Indian Institute of Management, Ahmadabad' की प्रथमाक्षरी
IIMC *abbr.* 'Indian Institute of Mass Communication' की प्रथमाक्षरी
IIMM *abbr.* 'Indian Institute of Materials Management', 'International Institute of Mass Media' की प्रथमाक्षरी
IIMT *abbr.* 'Institute of International Management and Technology' की प्रथमाक्षरी
IIP *abbr.* 'Index of Industrial Production', 'Indian Institute of Petroleum', की प्रथमाक्षरी
IIPA *abbr.* 'Indian Institute of Public Administration' की प्रथमाक्षरी
IIPC *abbr.* 'India International Photographic Council' की प्रथमाक्षरी
IIPM *abbr.* 'Indian Institute of Planning and Management' की प्रथमाक्षरी
IIPR *abbr.* 'Indian Institute of Pulses Research' की प्रथमाक्षरी
IIQM *abbr.* 'Indian Institute of Quality Management' की प्रथमाक्षरी
IIRC *internet abbr.* 'if I remember correctly' की प्रथमाक्षरी
IIRM *abbr.* 'Indian Institute of Rural Management' की प्रथमाक्षरी
IIRR *abbr.* 'International Institute of Rural Reconstruction' की प्रथमाक्षरी
IIRS *abbr.* 'Indian Institute of Remote Reconstruction' की प्रथमाक्षरी
IIS *abbr.* 'Indian Information Service', 'Indian Institute of Science' की प्रथमाक्षरी
IISCO *abbr.* 'Indian Iron and Steel Company (Dhanbad)' की प्रथमाक्षरी
IISI *abbr.* 'International Iron and Steel Institute' की प्रथमाक्षरी
IISS *abbr.* 'International Institute of Strategic Studies' की प्रथमाक्षरी
IISU *abbr.* 'ISRO International Systems Unit' की प्रथमाक्षरी
IIT *abbr.* 'Indian Institute of Technology', 'Industrial Investment Trust' की प्रथमाक्षरी
IITC *abbr.* 'Integrated Information Technology Centre' की प्रथमाक्षरी
IITCS *abbr.* 'IIT Corporate Services' की प्रथमाक्षरी
IIT-D *abbr.* 'Indian Institute of Technology, Delhi' की प्रथमाक्षरी
IITEST *abbr.* 'Institute of IT Enabled Services Training' की प्रथमाक्षरी
IITF *abbr.* 'India International Trade Fair' की प्रथमाक्षरी
IIT-JEE *abbr.* 'Indian Institute of Technology – Joint Entrance Examination' की प्रथमाक्षरी
IITM *abbr.* 'Indian Institute of Tropical Meteorology' की प्रथमाक्षरी
IITTM *abbr.* 'Indian Institute of Tourism and Travel Management' की प्रथमाक्षरी
IIVR *abbr.* 'Indian Institute of Vegetable Research' की प्रथमाक्षरी
IIW *abbr.* 'Indian Internet World' की प्रथमाक्षरी
IJA *abbr.* 'Indo-Japanese Association' की प्रथमाक्षरी
IJHS *abbr.* 'International Journal of History of Sports' की प्रथमाक्षरी
IJT *abbr.* 'International Jet Trainer', 'intermediate jet trainer' की प्रथमाक्षरी
IJU *abbr.* 'Indian Journalists Union' की प्रथमाक्षरी
IKA *abbr.* 'Indian Karate Association' की प्रथमाक्षरी
ikat /इकात/ *n.* कपड़ों को रंगने की एक तकनीक जिससे रंगे जा रहे कपड़े पर तरह-तरह के चित्र या चित्राकार (pattern) बनाए जा सकते हैं
IKCA *abbr.* 'Indian Kayaking and Canoeing Association' की प्रथमाक्षरी
ikebana /ईकिबाना/ इकिबाना/ *n.* फूलों को सजाने की जापानी कला
ikon = **icon**
IL *abbr.* US state 'Illinois' (*also* **Ill.**) का संक्षेप
il- *prefix,* अक्षर '**il**' से शुरू होनेवाले शब्दों में प्रयुक्त: illegible, illegal
ILA *abbr.* 'International Law Association' की प्रथमाक्षरी
ILAC *abbr.* 'International Laboratory Accreditation Cooperation' की प्रथमाक्षरी
ILC *abbr.* 'International Labour Conference' की प्रथमाक्षरी
ILD *abbr.* 'International Literacy Day की प्रथमाक्षरी
ILDO *abbr.* 'International Long Distance Operators' की प्रथमाक्षरी
ILDP *abbr.* 'Integrated Livestock Development Project' की प्रथमाक्षरी
ileitis /इलिआइटिस/ *n.* अंतड़ी की सूजन
ileostomy /इलिऑस्टमि/ *US* इलिआःस्टमि/ *n.* ऐसा आपरेशन जिसमें पेट में एक कृत्रिम छेद करके क्षुद्र आंत को किसी बाहरी बर्तननुमा ग्राहक से जोड़ देते हैं ताकि उससे निकलने वाला द्रव उस में आता रहे
ileum /इलिअम/ आइलिअम/ *n., pl.* **ilea** /इलिआ/ क्षुद्र आंत, क्षुद्रांत्र
ilex /आइलेक्स/ *n.* सदाबहार बलूत
ILFS *abbr.* 'Infrastructure Leasing & Financial Services' की प्रथमाक्षरी
iliac /इलिऐक/ *adj.* श्रोणीय
Iliad /इलिअड/ *n.* 1 यूनानी महाकाव्य इलिआड 2 लंबी कहानी 3 घटनाओं या प्रक्रियाओं की लड़ी: ~ of woes
ilium /इलिअम/ *n.* श्रोणिफलक
ilk /इल्क/ *n.* 1 कुल 2 गिरोह, मंडली 3 (***syn.*** type) प्रकार
ill/इल/ *adj.* 1 अस्वस्थ 2 रुग्ण, बीमार: be taken ~ of/ with fever 3 खराब, बुरा: ~ taste; he has ~ manners; of ~ repute (बदनाम); in ~ temper; ~ feeling; ~ effects (दुष्परिणाम); a house of ~ fame (वेश्यालय) 4 अशुभ: ~ fortune; he had ~ luck; ~ omen; ~ tongues (अशुभ जबान) 5 त्रुटिपूर्ण, दोषपूर्ण: ~ choice 6 अरुचिकर: be in ~ odour (दुर्गंधमय हो.);
n. 1 समस्या: the ~**s** of life 2 बुराई, दोष, हानि: do ~ (to sb) (किसी का बुरा क.) 3 विपत्ति 4 बीमारी;
adv. 1 खराब ढंग से: go ~ with sb 2 बुरा: speak (think) ~ of sb 3 बुरी तरह से: be ~ provided with sth 4 रुखाई से:

behave ~ 5 कठिनता से: she is ~ to please; he fares ~; ~ afford the expense; ~ spare sb;
dw/lw: **~-advised** *adj.* कुमंत्रित, अविवेचित, , बुरी सलाह से प्रेरित, नासमझ; **~-boding** *adj.* अशुभ; **~-~-bred** /इल्ब्रेड/ *adj.* 1 जिसका लालन-पालन गलत ढंग से हुआ हो 2 अशिष्ट, उद्धत, बदतमीज; **~disposed** *adj.* 1 दुर्भावना से ग्रस्त, दुर्भावनापूर्ण 2 प्रतिकूल, विरोधी; **~-fated** *adj.* दुर्घटनाग्रस्त; **~-founded** *adj.* निराधार, बे आधार; **~-mannered** /इल्मैनःड/ *adj.* उजड्ड, अशिष्ट, बदतमीज; **~-natured** /इल्नेचःड/ *adj.* बुरे स्वभाव का, दुष्ट प्रकृति का, चिड़चिड़ा, बदमिजाज, दुष्ट; **~-off** *adj.* गरीब; **~-omened** *adj.* अमंगलकारी, अशुभ, अभागा, बदकिस्मत; **~-spent** *adj.* हराम के काम में खर्च किया हुआ; **~-starred** /इल्स्टाःड/ *adj.* अभागा, बदकिस्मत, दुर्भाग्यशाली; **~tempered** *adj.* तुनकमिजाज, चिड़चिड़ा, बदमिजाज; **~-timed** *adj.* गलत समय पर होने वाला, असामयिक, असमयोचित, बेवक्त; **~-treat** /इल्ट्रीट/ *v., pt.* ~-treated, *pp* ~-treating दुर्व्यवहार क., बुरा बर्ताव क., क्रूर व्यवहार क.; **~-treatment** *n.* दुर्व्यवहार, बुरा बर्ताव; **~-will** *n.* द्वेष, दुर्भाव, वैमनस्य, दुर्भावना;
collocations: **~ blood** बैर भाव, वैमनस्य; **~ health** अस्वस्थता, खराब सेहत;**~ humour** चिड़चिड़ापन, बदमिजाजी, झुंझलाहट; **~ turn** अपकार, अवनति; **social ~s** सामाजिक बुराइयां; **~ will** दुर्भावना;
p&i: **~ afford the money** इतने पैसे का इंतजाम न कर पाना; **~ at ease** अशांत, उखड़ा-उखड़ा-सा; **~-gotten is ill spent** हराम का माल हराम में जाए या पाप की कमाई पाप में ही लगती है; **~ news goes/ flies fast** or **~ news comes apace** बुरी खबर तेजी से फैलती है; **~s of modern society** आधुनिक समाज की बुराइयां या बीमारियां; **~ (shocks) that flesh is heir to** (Shakespeare) जीवन में दुःख-सुख, किस्मत के थपेड़े; **~ weeds grow apace** बुराई तेजी से बढ़ती है;
an ~-will दुर्भाव, द्वेष; **be ~ at ease** मुश्किल में हो., किसी स्थिति में सहज न हो पाना; **can ~ afford (to do) sth** 1 कुछ करने में असमर्थ हो. 2 किसी कार्य को करने के दुष्परिणाम निकालना; **go ~ with sb** किसी का बीमार आदि पड़ जा.; **it ~ becomes you to say such things** आपके मुंह से ऐसी बातें शोभा नहीं देतीं; **it's an ~ wind that blows nobody good/ it's an~ wind that turns none to good** इस कहावत के दो अर्थ निकाले जाते हैं: 1 बुराई से कभी भलाई नहीं हो सकती 2 बुराई से भी कहीं न कहीं भलाई हो सकती है; **it went ~ with them** उनके बीच अनबन हो (ठन) गई; **speak ~ of sb** किसी की निंदा क.; **take sth ~** बुरा मानना; **think ~ of sb** किसी के बारे में बुरा सोचना; **wish sb ~** किसी का बुरा चाहना या मनाना; **with an ~ grace** असौम्य या अशिष्ट ढंग से

I'll /आइल/ *short* 'I shall/ I will' का संक्षिप्त रूप

ill- /इल-/ *pref.* बुरा, बुरे ढंग से;
dw/lw: **~-affected** *adj.* दुराग्रह से ग्रस्त, दुर्भावनापूर्ण; **~-assorted** *adj.* कुवर्गित, ठीक से श्रेणीबद्ध न किया हुआ; **~-being** *n.* अस्वस्थता; **~-blood** *n.* दुर्भावना, अनबन; **~-bonding** *n.* अशुभ आभास, हानिकारकता; **~-conceived** /इल्कन्सीवड/ *adj.* कुविचारित, कुनियोजित; **~-considered** *adj.* कुविचारित, कुनियोजित; **~-defined** *adj.* अस्पष्ट, जिसे ठीक से सोच विचारकर स्पष्ट रूप न दिया गया हो, कुपरिभाषित; **~-effects** *n.* कुप्रभाव, बुरा असर, दुष्परिणाम; **~-equipped** /इल्इक्विपड/ *adj.* 1 बिना आवश्यक उपकरणों आदि के 2 अयोग्य, निःशस्त्र; **~-fame** *n.* अपयश, कुख्याति, बदनामी; **~-famed** *adj.* कुख्यात, बदनाम; **~-fated** /इल्फेटिड/ *adj.* अभागा, बदकिस्मत, भाग्यहीन, अशुभ; **~-favoured** /इल्फेवःड/ *adj.* 1 बदसूरत, कुरूप, भद्दा, अरुचिकर 2 आपत्तिजनक; **~-feeling** *n.* दुर्भावना, अनबन; **~-fitting** *adj.* शरीर पर फिट न बैठने वाला; **~-gotten** /इल्-गॉटन/ *adj.* अवैध या अनुचित रूप से प्राप्त, पाप या हराम की (कमाई); **~-humoured** /इलह्यूमःड/ *adj.* चिड़चिड़ा, बदमिजाज; **~-informed** *adj.* अनभिज्ञ, अज्ञानी, दुष्प्रचार का शिकार; **~-judged** *adj.* कुमंत्रित, जिसे ठीक से परखा न गया हो, जिसका सही अनुमान न लगाया गया हो: ~-judged attempt; **~-luck** *n.* दुर्भाग्य; **~-mature** *n.* अध-पका; **~-matched** *adj.* बेमेल, जिसका ठीक से मिलान न हुआ हो, असंगत; **~-suited** /इल्सूटिड/ *adj.* अनुपयुक्त, अयुक्तियुक्त, बेमेल, असंगत; **~-usage** /इल-यूजिज/ *n.* 1 बुरा व्यवहार ; **~-use** /इल-यूज/ *n.* दुरुपयोग; **~-use** *v., pt.* ~used, *pp* ~using 1 दुरुपयोग क. 2 बुरा या क्रूर व्यवहार क.

illy /इलि/ *adv.* बुरे तरीके से, क्रूरतापूर्वक: his ~ concealed arrogance (उसका नग्न अहंकार);

illaps\e /इलैप्स/ *n.* फिसलन, शनैः-शनैः होने वाला स्थानांतरण, अंतःसर्पण;
v., pt. **~ed**, *pp* **~ing** फिसलना, शनैः-शनैः स्थानांतरित हो., अंतःसर्पण हो.

illaqueate /इलाक्विएट/ ***v.***, *pt.* **~ted**, *pp* **~ting** जाल में फंसाना

illa\tion /इलेशन/ *n.* निष्कर्ष, निगमन;
dw/lw: **~tive** /इलेटिव/ *adj.* परिणामसूचक, निगमनात्मक

illaudable /इलॉडअबल/ *adj.* प्रशंसा के अयोग्य;

illegal /इलीगल/ *adj.* (***anton.*** legal) अवैध, गैरकानूनी: ~ trade;
dw/lw: **~ity** /इलिगैलिटि/ *n.* अवैधता; **~ly** /इलीगलि/ *adv.* गैरकानूनी ढंग से;
collocations: **~ immigrant** (*also US* **~ alien**) अवैध आप्रवासी

illegi\ble /इलेजि\बल/ *adj.* (***anton.*** legible) अस्पष्ट, अपठनीय, जिसे पढ़ा न जा सके;
dw/lw: **~bility** /~बिलिटि/ *n.* अस्पष्टता, अपाठ्यता, अपठनीयता; **~bly** /~बलि/ *adv.* अस्पष्ट ढंग से

illegitima\cy /इलैजिटअ\मअसि/ *n.* 1 अवैधता 2 जारजता;
dw/lw: **~te** /~मअट/ *adj.* 1 (***syn.*** unauthorised) अवैध (संतान), दोगला, जारज 2 गैरकानूनी 3 तर्क विरुद्ध 4 गलत, अशुद्ध; **~tely** /~मअटलि/ *adv.* अवैध रूप से

illeism /इलीइज्म/ *n.* अपने बारे में तृतीय पुरुष में लिखते या बोलते हुए सर्वनाम 'वह' (he) या अन्य तृतीय पुरुष रूप का अतिशय प्रयोग

illiberal /इलिबरल/ *adj.* 1 (***syn.*** intolerant) अनुदार 2 संकीर्ण विचारों वाला, तंगदिल 3 अशिष्ट;
dw/lw: **~ity** /इलिबरैलिटि/ *n.* 1 संकीर्णता, तंगदिली 2 कृपणता, लालच, लोभ;

illicit /इलिसिट/ *adj.* 1 (***syn.*** illegal) अवैध, गैरकानूनी 2 निषिद्ध 3 अनुचित: ~ dealer; ~ trade, ~ alcohol;
dw/lw: **~ly** /इलिसिटलि/ *adv.* अवैध रूप से, गैरकानूनी ढंग से

illimitable /इलिमिटअबल/ *adj.* 1 बेहद, बेअंत, अनंत 2 असीम, अपार: ~ ocean/ space/ wealth

illision /इलिजन/ *n.* प्रहार, धक्का, भिड़ंत

illitera\cy /इलिटअरअसि/ *n.* 1 अनपढ़ता 2 निरक्षरता 3 अशिक्षितता;
dw/lw: **~te** /इलिटअरअट/ *n.* अनपढ़, निरक्षर व्यक्ति; **~te** *adj.* 1 अनपढ़, निरक्षर 2 अनभिज्ञ, अशिक्षित: be mathematically ~te; ~te note

illness /इल्नअस/ *n., pl.* **~es** 1 बीमारी, रोग: cause/ develop/ have/ treat an ~ 2 बीमारी से ग्रस्तता: a critical/ minor/ serious/ terminal ~

illocution /इलअक्यूशन/ *n.* ऐसा कथन या भाषण जिसमें चेतावनी, वायदा या आदेश निहित हों

illogical /इलौजि\कल/ *US* इलाःजि\कल/ *adj.* तर्क विरुद्ध, बेतुका, असंगत, तर्कहीन, कुतर्की;
dw/lw: **~ity** /~कैलिटि/ *n.* बेतुकापन, असंगतता, तर्कहीनता

illth /इल्थ/ *n.* (***anton.*** wealth) गरीबी, गुरबत, कंगाली

illume /इल्यूम/ = **illuminate** *see below*

llumi\nance /इलूमि\नंस/ इल्यूमि\नंस/ *n.* प्रदीप, प्रकाश, चमक, दमक;

dw/lw: **~nant** /~नंट/ *n.* प्रदीपक, प्रकाश देने वाला

illumina\te /इलूमिने\ट/ इल्यूमिने\ट/ (*also* **illumine**) *v., pt.* **~ted**, *pp* **~ting** 1 प्रदीप्त क.: poorly **~ted** room; a smile **~ted** her face 2 दीपों या बत्तियों से सजाना, दीपमाला लगाना: **~te** a town for festivity 3 रंग लगाना, सचित्र क. 4 व्याख्या क., समझाना, प्रकाश डालना, स्पष्ट क. 5 प्रबुद्ध क., बौद्धिक ज्ञान दे.
dw/lw: **~tion** /~शन/ *n.* 1 प्रदीप्ति, प्रदीपन 2 प्रबोधन, स्पष्टीकरण 3 ज्योति, प्रकाश, जगमगाहट, रोशनी, दीपसज्जा 4 चित्रावली, चित्र; **~ting** /~टिंग/ *adj.* 1 ज्ञानवर्धक, प्रबोधक 2 प्रदीपक: ~ting gas; **~tive** /~टिव/ *adj.* प्रदीपक, प्रबोधक: ~tive way; **~tor** *n.* प्रदीपन उपकरण; **~tory** = **illuminer** *adj.* प्रदीपक

illuminati /इलूमिनाटि/ *n., [pl.]* 1 प्रबुद्ध जन, विद्वान, प्रकांड पंडित 2 पंडिताई के वाहकों के भिन्न-भिन्न गुट

illumi\ne /इलूमिन/ इल्यूमिन/ *v., pt.* **~ned**, *pp* **~ning**; *for the meaning see above under* **illuminate**

ill-usage, **ill-use** *see above under* **ill-: *dw/lw***

illusion /इलूजन/ इल्यूजन/ *n.* 1 भ्रम, भ्रांति: create an ~; ~ of the senses 2 मोहभ्रम, भ्रांति, मोह माया, मायाजाल 3 मरीचिका: optical ~ (दृष्टि-भ्रम) 4 भ्रामक विचार, गलतफहमी: indulge in **~s**;
dw/lw: **~ism** /इलूजनिज्म/ 1 मायावाद 2 कृत्रिम ढंग से पैदा किया हुआ यथार्थ का भ्रम; **~ist** /इलूजनिस्ट/ *n.* 1 मायावादी 2 भ्रमित स्वप्न-द्रष्टा 3 ऐंद्रजालिक जादूगर

illusive /इलूसिव/ इल्यूसिव/ (*also* **illusory** /इलूसरि/ इल्यूसरि) *adj.* 1 मायिक, मायामय 2 प्रातिभासिक 3 अवास्तविक, आभासी 4 भ्रामक, भ्रांतिजनक;
dw/lw: **~ness**/ **illusoriness** *n.* भ्रामकता, भ्रांतिजनकता, अवास्तविकता; **~ly**/ **illusorily** *adv.* भ्रामकतापूर्वक

illustra\te /इलस्ट्रे\ट/ *v., pt.* **~ted**, *pp* **~ting** 1 व्याख्या क., उदाहरण देकर समझाना: **~te** the advantages of sth 2 चित्र बनाकर दिखाना या समझाना, सचित्र क. 3 स्पष्ट क. 4 किसी बात का उदाहरण या समरूप चित्र बनाना;
dw/lw: **~ted** /~टिड/ *adj.* सचित्र, चित्र या रेखाचित्रयुक्त, सोदाहरण: ~ted magazine; **~tion** /~शन/ *n.* 1 पुस्तक या पत्रिका में छपा चित्र 2 उदाहरण, दृष्टांत 3 स्पष्टीकरण: as an ~tion of sth;
dw/lw: **~tive** /~टिव/ *adj.* 1 उदाहरण स्वरूप, दृष्टांत स्वरूप: ~tive examples 2 निदर्शी 3 प्रतीकात्मक: that was ~tive of his attitude; **~tor** /~टः/ *n.* चित्रकार

illustrious /इलस्ट्रिअस\/ *adj.* 1 (***syn.*** distinguished) प्रख्यात, सुविख्यात 2 यशस्वी, लब्ध-प्रतिष्ठ;
dw/lw: **~ness** /~नेस/ *n.* प्रख्याति, यश

ill-wisher *n.* बुरा चाहने वाला

illy *see above under* **ill: *dw/lw***

illywhacker /इल्लिवैकः/ (***syn.*** Confidence trickester) ठग, पेशेवर ठग

ILM *abbr.* 'Industrial Light and Magic' की प्रथमाक्षरी

ilmenite /इल्मअनाइट/ *n.* चट्टानों में मिलने वाला लोहा, टाइटेनियम और ऑक्सिजन मिला खनिज

ILNA *abbr.* 'Indian Languages Newspaper Association' की प्रथमाक्षरी

ILO *abbr.* 'International Labour Organisation' की प्रथमाक्षरी

ILS *abbr.* 'Institute of Life Sciences', 'Instrument Landing System' की प्रथमाक्षरी

ILTP *abbr.* 'Integrated Long-Team Programme' की प्रथमाक्षरी

ILU *abbr.* 'International Leprosy Union' की प्रथमाक्षरी

IM *abbr.* 'instant massaging', 'international market', 'investment management' की प्रथमाक्षरी

IM *abbr.* (*also written* **i.m.**) 'intramuscular or intramuscularly' की प्रथमाक्षरी

Il penseroso /इल्पेंसअरोसो/ *Italian* जॉन मिल्टन द्वारा 1632 में लिखित एक कविता

I'm /आइएम/ *short* 'I am' का छोटा रूप

im- /इम/ *pref.* नहीं: **im**mature (अप्रौढ़, अपरिपक्व); **im**mortal (अमर); **im**practicable (अव्यावहारिक)

IMA *abbr.* 'Indian Medical Association', 'Indian Military Academy', 'Institute of Molecular Agrobiology' की प्रथमाक्षरी

image /इमिज/ *n.* 1 छवि: an ~ of a warrior 2 चित्र, आकृति: enlarged/ magnified ~ 3 मूर्ति, प्रतिमा: an ~ of metal/ of stone 4 बिंब 5 प्रतिबिंब, प्रतिरूप, प्रति कृति, प्रतिच्छाया: he is the very/ the living ~ of his father 6 (*also* **mental ~**, *also* **imago**) मानसिक चित्र: mental ~/ vague ~ 7 (*also* **public ~**) धारणा, सोच 8 कल्पना: from an ~ in one's thought 9 भावना 10 प्रतीक: ~worshipper 11 (***syn.*** embodiment) मूर्त रूप 12 *lit.* (metaphor or simile) रूपक: poetic ~ 13 टीवी आदि पर सजीव चित्रण;
v., pt. **~d**, *pp* **imaging** 1 हू-ब-हू रूप, मूर्ति या चित्र बनना या बनाना 2 *med.* एक्स-रे आदि से शरीर या उसके किसी अंग का चित्र बनाना 3 कल्पना से किसी चीज या व्यक्ति का चित्र या बिंब अपने मन में बनाना: a poet **~s** his hero 4 दर्पण में अपना चेहरा देखकर अपने मन में अपना चित्र बनाना 5 चित्रित क.: ~ one's youth 6 किसी बात या व्यक्ति का प्रतिनिधि बिंब हो. 7 परावर्तित क.;
collocations: **~ breaker** (*also* **iconoclast**) मूर्ति-भंजक; **~ converter** एक इलेक्ट्रोनी उपकरण जिसके द्वारा अदृश्य बिंब को दृश्य बिंब में परिवर्तित किया जा सकता है; **~ enhancement** ऐसा तरीका जिसकी मदद से बिंब या चित्र को बड़ा या प्रखर किया जा सकता है; **~ intensifier** एक इलेक्ट्रोनी उपकरण जिसके द्वारा बिंब की तीव्रता या प्रखरता बढ़ाई जा सकती है; **~ maker** किसी व्यक्ति की जनता के बीच छवि को सजाने-संवारने वाला व्यक्ति;
p&i: **create/ project an ~** किसी वस्तु या किसी व्यक्ति की छवि बनाना या उसका प्रचार क.; **sb's/ sth's public ~** किसी की या किसी वस्तु की जनसाधारण के बीच छवि; **the living ~ of sb** हू-ब-हू शक्ल, किसी का जीवंत चित्र

image\ry /इमिजरि/ *n., pl.* **~ries** 1 शब्दों के माध्यम से बिंब-चित्रण, बिंब-विधान, अलंकार-योजना: poetic **~ry** 2 मूर्त-समूह, प्रतिमावली 3 मूर्तिकला

imaginable /इमैजिनअबल/ *adj.* 1 कल्पनीय, जिसकी कल्पना की जा सके: it is scarcely/ barely, hardly ~; the only way ~ (एक मात्र कल्पनीय रास्ता)

imaginary /इमैजिनरि/ *adj.* 1 काल्पनिक 2 कल्पित: ~ dialogue 3 मनगढ़ंत, ख्याली

imagina\tion /इमैजिनेशन/ *n.* 1 कल्पना: surpass all **~tion**; have/ lack/ show **~tion**; capture sb's **~tion** 2 सृजनशीलता: a man of no **~tion** 3 कल्पना शक्ति, कल्पनाशीलता: use one's **~tion**; a fertile/ vivid **~tion** 4 मन की रचनात्मक क्षमता: creativity and **~tion** 5 स्थिति से जूझने की क्षमता 6 कल्पना की उड़ान;
dw/lw: **~tive** /इमैजिनअटिव/ *adj.* 1 (***syn.*** inventive) कल्पना शक्ति संपन्न, कल्पनाशील: have an ~tive mind 2 रचनात्मक, सृजनशील: ~tive literature/ writings 3 काल्पनिक, कल्पनाप्रसूत, कल्पनात्मक; **~tively** /इमैजिनअटिवलि/ *adv.* कल्पना की उड़ान भरते हुए;
p&i: **leave nothing to ~** सब कुछ स्पष्ट हो. या दिखना, कल्पना की कोई गुंजाइश न छोड़ना; **not by any stretch of the ~tion** इसकी कल्पना भी नहीं की जा सकती

imagi\ne /इमैजिन/ *v., pt.* **~ned**, *pp* **~ning** 1 कल्पना क.: I can't **~ne** what he looks like 2 (***syn.*** suppose) मान ले. 3 मन से गढ़ना या समझ लेना 4 मन में चित्र बनाना: **~ne** sb wearing a hat; **~ne** that! (जरा कल्पना कीजिए!) 5 अनुमान लगाना, अटकल लगाना: I cannot **~ne** what you mean

imagineer /इमैजिनिअः/ *n.* किसी दिलचस्प यंत्र या उपकरण या यंत्र

का ईजाद करने वाला;
***v.**, pt.* **~ed**, *pp* **~ing** लोगों द्वारा मनोरंजनार्थ सवारी के लिए कोई दिलचस्प यंत्र ईजाद क.
imaging /इमिजिंग/ *n.* कंप्यूटर पर हू-ब-हू चित्र बनाने की क्रिया: computer/ digital ~
imaginings /इमेजिनिंग्ज/ *n., pl.* 1 ऐसी चीजें, जो मात्र आपके जेहन में हैं, पर वे वास्तव में हैं नहीं 2 कल्पना की उड़ान की उपज
imagism/ imaginism /इमैजीज्म/ इमैजिनीज्म/ *n. lit.* बिंबवाद
imago /इमेगो/ इमागो/ *n.* 1 यौनावस्था में पहुंचे कीट के जीवन चक्र की अंतिम अवस्था, पूर्ण कीट अवस्था 2 प्रौढ़ावस्था 3 बचपन से किसी के मन में किसी दूसरे का बना रोमांचक चित्र
imam /इमाम/ इमैम/ *n.* इमाम: **~bara** (इमामबाड़ा)
IMaRC *abbr.* 'International Management and Resource Centres' की प्रथमाक्षरी
IMAX *abbr.* 'Image Maximum (theatre in Mumbai)' की प्रथमाक्षरी
IMB *abbr.* 'International Maritime Bureau' की प्रथमाक्षरी
imbalance /इम्बैलंस/ *n.* 1 असंतुलन: trade ~ 2 विरोधाभास: ~ between the ego and social goals
imbarkation *see* **embarkation**
imbeci\le /इम्बिसील/ *n.* 1 मंदमति, अल्पबुद्धि, जड़बुद्धि: **~le** fellow 2 मूढ़, मूर्ख;
dw/lw: **~lic** /इम्बअसिलिक/ *adj.* मूढ़ या मूढ़तापूर्ण, मूर्खतापूर्ण; **~lity** /इम्बअसिलिटि/ *n.* मूढ़ता, अल्पबुद्धिता, मानसिक दुर्बलता,
imbed /इम्बेड/ *n.*, = **embed** जड़ना
imbi\be /इम्बाइब/ *v., pt.* **~bed**, *pp* **~bing** 1 पीना, विशेषकर शराब, पान क.: **~be** air 2 आत्मसात् क.: **~be** knowledge 3 हृदयंगम क., ग्रहण क., अंतर्ग्रहण क.: **~be** from one's parents 4 चूसना: **~be** moisture/ water
imbibition /इंबिबिशन/ *n.* आर्द्रता आदि का अंतर्ग्रहण, चूषण
imbizo /इंबिजो/ *n.* भेंट, विशेषकर नेता और जनसाधारण के बीच: the agriculture minister held an ~ with the farmers
IMBL *abbr.* 'International Maritime Boundary Line' की प्रथमाक्षरी
imbreviate /इंब्रिविएट/ *n.* 1 (***syn.*** enroll) सूची में शामिल क. 2 कांग्रेस आदि के लिए रजिस्ट्रेशन क. या करवाना
imbricate /इम्ब्रिकेट/ *n.* 1 एक मछली 2 कोरछादी, खपरैला
imbroglio /इम्ब्रोलिओ/ *n., pl.* **~s** 1 उलझन, कठिनाई, परेशानी 2 पेचीदगी 3 गड़बड़-घोटाला 4 अव्यवस्था
imbrue /इम्ब्रू/ *v., pt.* **~ed**, *pp* **imbruing** 1 रक्तरंजित क., दूषित क., धब्बा लगाना 2 गीला क., तरबतर क.
imbru\te /इम्ब्रूट/ *v., pt.* **~ed**, *pp* **~ing** दरिंदा बनाना, दरिंदा समान बनना
imbue /इंब्यू/ *v., pt.* **~d**, *pp* **imbuing** 1 सराबोर क., भर दे.: ~ somebody/ sth with sth (1 किसी को या किसी चीज को किसी पदार्थ से सराबोर क. 2 सिद्धांतों या आदर्शों आदि से भर दे. 3 का रंग चढ़ाना, रंगना: fabric **~ed** with colour 4 प्रेरित या ग्रस्त क. या हो.: be **~d** with prejudices 4 (***syn.*** infuse) किसी भावना से ओतप्रोत क.: ~ the minds of youth with patriotism
imburse /इम्बःस/ *v., pt.* **~d**, *pp* **imbursing** 1 पैसे इकट्ठा क. 2 पैसे मुहैया कराना 4 अदा क. 5 पैसे बटुए में रखना, जमा क.
IMC *abbr.* 'Indian Merchants Chamber', 'International Management Centre' की प्रथमाक्षरी
IMCA *abbr.* 'Indian Medical Council Act' की प्रथमाक्षरी
IMCF *abbr.* 'Insat Master Control Facility' की प्रथमाक्षरी
IMD *abbr.* 'Indian Meteorological Department' की प्रथमाक्षरी
IMDR *abbr.* 'eye-movement desensitisation retraining' की प्रथमाक्षरी
IMEI *abbr.* 'International Mobile Equipment Identity' की प्रथमाक्षरी
IMET *abbr.* 'International Military Education & Training' की प्रथमाक्षरी
IMF *abbr.* 'Indian Mountaineering Federation', 'Indian Mutual Funds', 'International Monetary Fund' की प्रथमाक्षरी
IMFC *abbr.* 'International Monetary and Financial Committee' की प्रथमाक्षरी
IMFL *abbr.* 'Indian Made Foreign Liquor' की प्रथमाक्षरी
IMG *abbr.* 'inter-ministerial group', 'International Management Group' की प्रथमाक्षरी
IMG-TWI *abbr.* 'International Management Group – Trans-World International' की प्रथमाक्षरी
IMHO *internet abbr.* 'in my humble opinion' का संक्षिप्त रूप
IMI *abbr.* 'Indian Music Industry', 'International Maritime Institute' की प्रथमाक्षरी
imit. *abbr.* 'imitation', 'imitative' का संक्षेप
imitable /इमिटअबल/ *adj.* 1 अनुकरणीय 2 नकल करने योग्य
imita\te /इमिटेट/ *v., pt.* **~ted**, *pp* **~ting** 1 अनुकरण क. 2 नकल क.: **~te** someone's movements/ gestures 3 (***syn.*** mimic) नकल उतारकर चिढ़ाना: **~te** one's acquaintances 4 नकल उतारना, सदृश हो.: he has a great power of **~tion** 5 किसी चीज की प्रतिलिपि बनाना या उसकी नकल तैयार क.: **~te** gems;
dw/lw: **~tion** /इमिटेशन/ *n.* 1 अनुकरण: an ~tion of Tolstoy 2 प्रतिलिपि, रूपाभास 3 नकल: a cheap/ convincing/ good/ pale ~tion; an ~tion of sth; ~tion pearls; ~tion jewellery 4 (***syn.*** impersonation) हाव-भाव, चाल-ढाल, बोल-चाल, भाव-भंगिमा की नकल: ~tion of Modi; **~tive** /इमिटअटिव/ *adj.* 1 नकल करने वाला 2 अनुकरणात्मक, अनुकारी: ~tive poetry 3 नकली 4 अनुकृत: ~tive words; **~tor** /इमिटेटः/ *n.* 1 अनुकारक 2 नकलची, नक्काल, नकल करने या उतारने वाला
IML *abbr.* 'Information Mark-up Language' की प्रथमाक्षरी
IMM *abbr.* 'Institute of Marketing & Management' की प्रथमाक्षरी
immacula\te /इमैक्यु\लअट/ *adj.* 1 (***syn.*** spotless) बेदाग, निष्कलंक: his conduct is not so **~te** 2 खरा 3 साफ-सुथरा, निर्मल: **~te** style in dress 4 (***syn.*** perfect) त्रुटिहीन, सही, निर्दोष: Immaculate Conception (इस बात में विश्वास कि गर्भवती होने के समय/ प्रारंभिक पाप के समय मेरी यानी ईसा की मां निर्दोष (virgin) थी);
dw/lw: **~cy** /~लअसि/ *n.* साफ-सुथरापन, निष्कलंकता; **~tely** /~लेटलि/ *adv.* सही-सही, साफ-सुथरे ढंग से
immanation /इमानेशन/ *n.* प्रवेश, अंतर्गृह
immane /इमअन/ *n.* 1 विशाल 2 निर्दयी, नृशंस
immanen\ce /इमअनंस/ *n.* = **~cy** /इमअनंसि/ *n.* 1 आंतरिक गुण 2 अंतर्यामिता, सर्वव्यापकता, अंतर्वर्तिता 3 अंतर्भूति
immanent /इमअनंट/ *adj.* 1 अंतर्यामी, सर्वव्यापी 2 अंतर्भूत, अंतःस्थ, अंतर्वर्ती, अंतर्निहित
immanifest /इमैनिफेस्ट/ *adj.* अस्पष्ट
immantl\e /इमैंटल/ *v., pt.* **~ed**, *pp* **~ing** ढकना, में लपेटना
immaterial /इमैट्रिअल/ *adj.* 1 अमूर्त, अभौतिक 2 विदेह, निराकार 3 नगण्य, तुच्छ, हेय 4 (***syn.*** irrelevant) अनावश्यक, महत्त्वहीन: ~ statement;
dw/lw: **~ity** /इमटिअरिऐलिटि/ *n.* अभौतिकता
immatu\re /इमच्युअः/ *adj.* 1 बचकाना: **~re** judgment 2 अप्रौढ़ 3 कच्चा: **~re** fruit 4 अपरिपक्व: **~re** mind;
dw/lw: **~rely** /इमच्युअःलि/ *adv.* बचकाना तरीके से, अपरिपक्वतापूर्वक; **~rity** /इमच्युअरिटि/ *n.* 1 बचकानापन 2 परिपक्वता, अप्रौढ़ता
immeasura\ble /इमेजरअबल/ *adj.* 1 जिसका नाप-तौल न हो सके,

अपरिमेय, अमापनीय 2 असीम 3 अपार;

dw/lw: **~bly** /इमेजरअबलि/ *adv.* अथाह रूप से, अपरिमेय रूप में

immedia\cy /इमीडिअसि/ *n., pl.* **~cies** तात्कालिकता, सन्निकटता, अविलंबता;

immedia\te /इमीडिएट\/ *adj.* 1 तुरंत, फौरन: ~ aim/ purpose; take ~ action; ~ compensation; ~ problem (फौरी समस्या) 2 (*syn.* instant) अविलंब: ~ decision 3 तात्कालिक: ~ reserve 4 सन्निकट: ~ heir (निकटतम उत्तराधिकारी); one's ~ family; in the ~ neighbourhood/ vicinity 5 अगला, निकटतम: the ~ future; ~ officer (अगला अधिकारी); sb's ~ family 7 सीधा: ~ contact; ~ cause (सीधा कारण);

dw/lw: **~tely** /~लि/ *adv.* 1 अविलंब, तुरंत ही, फौरन 2 निकटतम, सीधे: ~tely under sb's influence (किसी के सीधे प्रभाव तले); **~tely** *conj. UK* 1 (*syn.* as soon as) ज्यों ही, जैसे ही: ~ly he had left, I remembered his name;

immemorial /इममॉरिअल/ *adj.* 1 अति प्राचीन: ~ custom/ use; ~ oaks 2 स्मरणातीत: our territory from times ~ has been known for its rice

p&i: **a custom since time ~** अनंतकाल से चली आ रही प्रथा

immense /इमेंस/ *adj.* 1 अत्यधिक, बड़ा भारी: he is an ~ eater 2 (*syn.* enormous) विशाल 3 अपरिमित, असीम: an ~ distance/ length; ~ space;

dw/lw: **~ly** /इमेंसलि/ *adv.* (*syn.* enormous) अत्यधिक मात्रा या संख्या में, बड़े स्तर पर: ~ly powerful/ popular; **immensity/ ~ness** /इमेंसिटि/ इमेंसनेस/ *n.* अनंतता, असीमता, विशालता, गहराई, गांभीर्य: the ~ness of the disaster

immerd /इमःड/*v., pt.* **~ed**, *pp* **~ing** *arch.* गंदगी या कूड़े-कर्कट से ढकना

immer\se /इमःस/ *v., pt.* **~sed**, *pp* **~sing** 1 तरल में डुबोना 2 व्यक्ति या किसी पिंड को पानी में गोता लगवाना: **~se** sth in water 3 तल्लीन हो.;

dw/lw: **~sion** /इमःशन/ *n.* 1 निमज्जन, डुबकी, गोता, डुबोई: ~sion heater/ ~sion rod 2 बहाव, प्रवाह: ~sion of Ganesh idol 3 *astron.* निमीलन; **~sive** /इमःसिव/ *adj., techn.* ऐसी कंप्यूटर प्रणाली या बिंब से संबंधित जिससे कंप्यूटर का प्रयोगकर्ता घिरा लगता है

p&i **~sed in sth** किसी काम में डूबा हुआ, तल्लीन, निमज्जित; **~sed in a book/ in conversation** पुस्तक या बातचीत में तल्लीन; **~sed in thought** विचारों में डूबा हुआ; **~sed in business** व्यापार में लिप्त; **~se in debt** ऋण में डूबा हुआ

immigrant /इमिग्रंट/ *n.* आप्रवासी: illegal ~ (अवैध आप्रवासी); ***adj.*** अप्रवासी

immigra\tion /इमिग्रेशन/ *n.* 1 आप्रवासन: **~tion** policy; **~tion** control (किसी देश के हवाई अड्डे पर आप्रवासी नियंत्रण);

dw/lw: **~te** /इमिग्रेट/ *v., pt.* ~ted, *pp* ~ting आप्रवास क., विदेश में जा बसना

immi\nence /इमिनंस/ *n.* 1 आसन्नता, सन्निकटता, समीपता 2 होने की संभावना;

dw/lw: **~nent** /इमिनंट/ *adj.* 1 आसन्न 2 शीघ्र होने वाला: ~nent danger; a storm is ~nent (तूफान आने ही वाला है); **~nently** /इमिनंटलि/ *adv.* अत्यंत निकट

immiscible /इमिसिबल/ *adj.* जिसका किसी दूसरे पदार्थ से मिश्रण न हो सके, अमिश्रणीय

immisci\bility /इमिसिबिलिटि/ *n., chem.* अमिश्रणीयता;

immitance /इमीटंस/ *n.* प्रतिबंध या प्रतिबाधा, अप्रवेश्यता

immitigable /इमिटिगबल/ *adj.* 1 जिसकी कठोरता कम न की जा सके 2 जिसका प्रशमन न हो सके, अप्रशम्य

immix /इमिक्स/ *v., pt.* **~ted**, *pp* **~ting** 1 मिलाना, मिल जाना 2 घनिष्ठ संपर्क में हो.;

dw/lw: **~ture** /इमिक्स्चः/ *n.* 1 मिश्रण 2 उलझाव

immobi\le /इमोबाइल/ *adj.* अचल, निश्चल, स्थिर;

dw/lw: **~lity** /इमोबिलिटि/ *n.* जड़ता, स्थिरता, निश्चलता; **~lization** /इमोबिलाइजेशन/ *n.* अचलीकरण, स्थिरीकरण, गतिहीनता; **~lize** /इमोबिलाइज/ *v., pt.* ~lized, *pp* ~lizing 1 अचल कर दे., स्थिर बना दे. गतिहीन बना दे. 2 चलन बंद क.; **~lizer** /इमोबिलाइजः/ *n.* चोरी से बचने के लिए गाड़ी को एक स्थान पर स्थिर बनाकर खड़ा रखने वाला उपकरण

immodera\te /इमौडअरअ\ट/ *US* इमाःडअरअ\ट/ *adj.* 1 अमर्यादित, असंयत, असंतुलित: **~te** demands 2 (*syn.* excessive) अत्यधिक, बेहद: **~te** drinking;

dw/lw: **~tely** /~रिटलि/ *adv.* अमर्यादित या असंयमित रूप से; **~tion/ ~teness** /~रेशन/ ~रअटनेस/ (*also* **~cy**) *n.* असंयम, असंतुलित व्यवहार

immodest /इमौडि\स्ट/ *Us* इमाःडि\स्ट/ *adj.* 1 ढीठ, धृष्ट, अविनीत, निर्लज्ज, शर्मनाक: ~ boasting 2 घमंडी, दंभी, उद्धत;

dw/lw: **~ly** /~स्टलि/ *adv.* ढिठाई से, धृष्टतापूर्वक, निर्लज्जतापूर्वक; **~y** /~स्टि/ *n.* ढिठाई, घमंड, उद्धतता, निर्लज्जता

immola\te /इमअले\ट/ *v., pt.* **~ted**, *pp* **~ting** 1 आहुति दे.: **~te** oneself for the good of one's country 2 जलकर मरना 3 जलाकर बलि दे., बलि चढ़ाना: **~te** a ram/ a lamb 4 *lit.* किसी कीमती व प्रिय वस्तु को त्याग दे.: **~te** one's ambitions;

dw/lw: **~tion** /~शन/ *n.* 1 बलिदान, कुर्बानी 2 बलि, आहुति

immoral /इमौरल/ *US* इमाःरल/ इमॉःरल/ *adj.* 1 अनैतिक, नीति विरुद्ध, अनुचित 2 लंपट, व्यभिचारी, दुराचारपूर्ण, भ्रष्ट 3 अश्लील;

dw/lw: **~ity** /इमरैलिटि/ *n.* अनैतिकता, भ्रष्टता, दुराचार, व्यभिचार

collocations: **~ behaviour** दुराचार, अनैतिक व्यवहार: ~ traffic (देह-व्यापार)

immortal /इमॉःटल/ *adj.* 1 शाश्वत, अनश्वर 2 अमर: Shakespeare is one of the ~ writers 3 चिरस्मरणीय 4 कालजयी: ~ poem;

dw/lw: **~ity** /इमॉःटैलिटि/ *n.* 1 अमरता, अमरत्व: attain/ obtain ~ity 2 अनश्वरता: crown sb with ~ity; **~ization** /इमॉःटअलाइजेशन/ *n.* अमरता प्रदान करने की क्रिया, शाश्वतता; **~ize** (*also UK* **-ise**) /इमॉःटअलाइज/ *v., pt.* ~ized, *pp* ~izing अमर या चिरस्मरणीय बना दे.: ~ize a deed;

collocations: **the ~s** प्राचीन यूनान व रोम के पूज्य लोग (देवता): Shakespeare is one of the ~s of all times

immortelle /इमॉःटेल/ *n.* अमर बेल, पौधा या फूल

immotile /इमोटल, इमोटाइल/ *adj.* सहज रूप से अचल, स्वतंत्र रूप से चलने में अक्षम

immova\ble /इमूवअबल/ *adj.* 1 अचल, स्थावर: **~ble** property 2 अटल: **~ble** in his decision; **~ble** purpose 3 गतिहीन, निश्चल: **~ble** statue 4 स्थिर, सुदृढ़: **~ble** foundation 5 भावशून्य: **~ble** as a statue;

dw/lw: **~bles** /इमूवेबल्ज/ *n., law* अचल संपत्ति

immu\ne /इम्यून/ *adj.* 1 प्रतिरक्षित 2 निरापद: be **~ne** against/ to attack 3 रोग-प्रतिरोधक, असंक्राम्य: an **~ne** deficiency/ response (रोग-प्रतिरोधकता का अभाव/ रोगाणुओं के प्रतिरोध में कमी) 4 अप्रभावित: a be **~ne** from smallpox 5 सजा, दंड आदि से मुक्त: **~ne** from prosecution (जिस पर मुकदमा न चलाया जा सके, उदाहरणतः, राजदूतीय कर्मियों (diplomats) को ऐसी छूट मिली होती है) 6 कर, शुल्क, दंड आदि से मुक्त 7 शून्य प्रभाव ग्रहण: **~ne** to sycophancy (जिस पर चापलूसी का प्रभाव न पड़ता हो);

dw/lw: **~nity** /इम्यूनिटि/ *n.* प्रतिरक्षा, रोग या दंड से उन्मुक्तता: ~ity from taxation; ~nity of an MP; natural/ acquired ~nity (सहज रूप से प्राप्त प्रतिरक्षा); diplomatic ~nity (कूटनीतिज्ञों को कर, शुल्क, दंड, आदि से मिलने वाली छूट); **~nization** /इम्युनाइजेशन/ *n.* 1 निरापदता, बचाव 2 उन्मुक्ति, छूट देने की क्रिया 3 प्रतिरक्षण, प्रतिरक्षीकरण 4 असंक्रमीकरण 5 रोग-प्रतिरोधकता का निर्माण; **~nize** (*also UK* **-nise**) /इम्युनाइज/ *v., pt.* ~nized, *pp*

~nizing रोग का प्रतिरोध बनाना, रोग से प्रतिरक्षित क., असंक्रमीकरण क.

collocations: **~ne body** प्रतिरक्षक पिंड; **~ne response** शरीर में रोगाणुओं की प्रतिरोधक प्रतिक्रिया; **~ne system** शरीर की रोग-प्रतिरोधक प्रणाली; **~ne to criticism** आलोचना के प्रति असंवेदनशील; **~ne to German measles** खसरे से प्रतिरक्षित

immuno- /इम्यूनो-/ इम्युनो-/ *comb. form, denoting:* 1 **immunity** (रोग या दंड आदि से प्रतिरक्षा) 2 **immune** (रोग या दंड आदि से प्रतिरक्षित);

dw/lw: **~assay** /इम्यूनोऐस्से/ *n., biochem.* जीव-विज्ञान में एक क्रिया जो गुणात्मक परख करने में मदद करती है; **~chemistry** /इम्यूनोकैमिस्ट्रि/ *n.* रोग-प्रतिरोध रसायन विज्ञान; **~deficiency** /इम्यूनोडिफिसिअंसि/ *n.* रोगप्रतिरोधकता का अभाव; **~gen** *n.* रोगप्रतिरोधक जीवाणु; **~globin** *n.* रक्त प्लाज्मा प्रोटीन जो रोग-प्रतिरोधक सिस्टम का महत्त्वपूर्ण भाग है;

immunology /इम्यूनौलजि/ *US* इम्युनाःलजि/ *n.* रोग-प्रतिरोधकता विज्ञान; **~suppressive**/ **~suppressant** *adj.* रोगप्रतिरोधकता को दबानेवाली (दवाई); **~therapy** *n.* रोगप्रतिरोधकता चिकित्सा

immu\re /इम्युअः/ *v., pt.* **~red**, *pp* **~ring** 1 नजरबंद क.: **~re** sb in a cloister (किसी को पादरी मठ में नजरबंद क.) 2 (***syn.*** imprison) बंदी बनाना 3 घर आदि के अंदर अकेले बंद हो जा.: the student **~red** himself for study

immuta\ble /इम्यूटअ\बल/ *adj.* 1 (***syn.*** unchangeable) अपरिवर्तनीय, अपरिवर्त्य: **~ble** laws of Nature 2 अविकारी, निर्विकार;

dw/lw: **~bility** /~बिलिटि/ *n.* अपरिवर्तनीयता, अविकार; **~bly** /~बलि/ *adv.* अपरिवर्तनशील या निर्विकार ढंग से

imp /इम्प/ *n.* 1 छोटा शैतान, किस्से-कहानियों में मिलने वाला जादुई शक्ति से लैस बौना व्यक्ति 2 नटखट बालक, शैतान छोकरा;

dw/lw: **~ish** /इम्पिश\/ *adj.* 1 शैतान जैसा: take **~ish** delight in sth 2 जालिमाना, क्रूर: ~ish laughter 3 (***syn.*** mischievous) नटखट, शरारती; **~ishly** /~लि/ *adv.* शैतान की तरह; **~ishness** /~नेस/ *n.* शैतानपन, नटखटपन

IMO *abbr.* 'Indian Meteorological Office' की प्रथमाक्षरी

IMO *internet abbr.* 'in my opinion' की प्रथमाक्षरी (मेरे विचार में)

IMP *abbr.* 'Intercultural Management Program' की प्रथमाक्षरी

IMPACT *abbr.* 'IT enabling, Modernisation and Process Automation of the Commercial Text)' की प्रथमाक्षरी

impact /इम्पैक्ट/ *n.* 1 गहन प्रभाव: have/ make an ~; a major/ negative/ significant ~ 2 आघात (का असर): an ~ on sth 3 संघात 4 प्रतिघात 5 संघटन 6 टक्कर: ~ of waves on/ against rocks 7 विस्फोट, धमाका: ~ area, ~ fuse (संघातक, विस्फोट स्विच); ~ screen (कंपन धमाका);

v., pt. **~ed**, *pp* **~ing** 1 (*also* **~ on/ upon**) किसी चीज का टक्कर लगने से प्रभावित हो. 2 (affect) प्रभावित क.

dw/lw: **~ion** /इम्पैक्शन/ *n.* प्रभाव, आघात की शक्ति; **~ed** /इम्पैक्टिड/ *adj.* 1 जमा या मजबूती से बैठा हुआ 2 दृढ़, मजबूत बुद्धि दांत (wisdom tooth) जो जबड़े में मजबूती से जड़ा होने के कारण अपने आप बाहर नहीं आ सकता);

collocations: ~ **fracture** टक्कर आदि के प्रभाव से हड्डी का इस तरह टूट जा. कि उसके टूटे हुए सिरे एक-दूसरे के ऊपर चढ़ जाएं

impair /इम्पेअः/ *v., pt.* **~ed**, *pp* **~ing** 1 खराब क., बिगाड़ना: ~ one's health; his vision was **~ed** 2 कमजोर या क्षीण क. या हो.: ~ the strength of the argument 3 हानि या क्षति पहुंचाना या पहुंचना;

n. 1 कमजोरी, बिगाड़, खराबी 2 ह्रास, हानि, क्षति;

dw/lw: **~ed** /इम्पेअःड/ *adj.* बिगड़ा हुआ: visually/ hearing **~ed** (जिसकी देखने या सुनने की क्षमता क्षीण या क्षत हो गई है); **~ment** /इम्पेअःमंट/ *n.* 1 क्षति 2 ह्रास, क्षीणता: mental/ physical ~ment 3 खराबी, बिगड़ाव: suffer from an ~ment of conditions

impala /इम्पाःला/ *n.* एक प्रकार का छोटा (अफ्रीकी) हिरन इंपाला, जो बहुत सुंदर छलांगें लगाते हुए दौड़ता है

impa\le /इम्पेल/ *v., pt.* **~led**, *pp* **~ling** 1 नुकीली चीज भोंकना या घुसेड़ना 2 छेदित क., छेदना: **~le** sb with one's eyes 3 शूली पर चढ़ाना 4 दो कुल चिह्न या ध्वज चिह्नों को मिलाना 5 कांटेदार बाड़ लगाना;

dw/lw: **~lement** /इम्पेलमंट/ *n.* 1 बाड़ का घेरा 2 शूली 3 ध्वज चिह्नों का जोड़

impalpa\ble /इम्पैल्पअबल/ *adj.* 1 स्पर्शातीत, स्पर्श अगोचर 2 दुर्बोध, गूढ़, गहन, दुर्ज्ञेय: **~ble** distinctions of meaning; **~ble** theories 3 अति सूक्ष्म, दुर्ग्राह्य: **~ble** powder 4 अगोचर: **~ble** variations 5 नगण्य;

dw/lw: **~bility** /इम्पैल्पअबिलिटि/ *n.* 1 दुर्बोधता 2 स्पर्शातीतता

impanation /इम्पअनेशन/ *n.* अंतर्निहितवाद

impanel /इम्पैनल/ *v., pt.* **~led**, *pp* **~ling** (***syn.*** empanel) सूची में शामिल क., सूची में नाम चढ़ाना

imparadis\e /इम्पैरअडाइज/ *v., pt.* **~ed**, *pp* **~ing** 1 आनंदविभोर क. 2 स्वर्ग बनाना 3 स्वर्गीय आनंद का आभास दिलाना: be **~ed**

imparity /इम्पैरिटि/ *n.* 1 विषमता 2 जिसे दो बराबर भागों में न बांटा जा सके

impark /इम्पाःक/ *v., pt.* **~ed**, *pp* **~ing** 1 बाड़े में रखना या बंद क., बाड़ा बनाना 2 पार्क के लिए इस्तेमाल क.

impart /इम्पाःट/ *v., pt.* **~ed**, *pp* **~ing** 1 शिक्षा आदि प्रदान क.: ~ one's knowledge/ skill 2 (***syn.*** convey) बताना, विदित कराना: ~ one's apprehensions; ~ news 3 (***syn.*** lend) विशेष जायका आदि दे.: bay leaf **~s** a special flavour to the soup (जयपत्र सूप को विशेष जायका दे देता है) 4 प्रदान क.: exercise **~s** vigour to the body

impartial /इम्पाःशिअल/ *adj.* 1 निष्पक्ष, तटस्थ: ~ decision; ~ judgement 2 (***syn.*** neutral) समदर्शी;

dw/lw: **~ity** /इम्पाःशिऐलिटि/ *n.* 1 निष्पक्षता, तटस्थता: historic ~ity 2 समदर्शिता: ~ity to pupils; **~ly** /इम्पाःशिअलि/ *adv.* निष्पक्ष भाव से, तटस्थतापूर्वक, बिना तरफदारी किए

impassable /इंपाःसअबल/ *US* इंपैसअबल/ *adj.* 1 दुर्गम, अलंघ्य: swamps are ~ to men 2 अगम्य: ~ road 3 अपटनीय (खाई): an ~ gulf between them;

impasse /ऐम्पाःस/ इम्पैस/ *n.* 1 (***syn.*** deadlock) गतिरोध, जिच: break the ~ 2 अंधी गली: talks have reached an ~

impassible /इम्पैसिबल/ *adj.* 1 दुखातीत 2 भावशून्य 3 संवेदना रहित 4 अभेद्य 5 उदासीन: be ~ before danger/ defeat

impas\sion /इम्पैशन/ *v., pt.* **~sed**, *pp* **~sing** 1 भावुक या भावाभिभूत क. 2 उत्तेजित क. 3 जोश दिलाना;

dw/lw: **~sioned** /इम्पैशन्ड/ *adj.* 1 भावुक, भावाभिभूत: an ~sioned plea/ speech 2 (***syn.*** fervent) आवेगपूर्ण, आवेशपूर्ण, उत्तेजित: ~sioned glance 3 जोशीला

impassive /इम्पैसिव/ *adj.* 1 शांत-चित्त, धीर: ~ countenance 2 निरावेग 3 अचेत 4 विरक्त, वैरागी;

dw/lw: **~ly** /इम्पैसिवलि/ *adv.* शांत चित से, धीरतापूर्वक; **~ness** *n.* शांत-चित्तता, धीरज

impas\te /इम्पेस्ट/ *v., pt.* **~ted**, *pp* **~ting** 1 लेई तैयार क. 2 लेई लगाना 3 रंग थोपना

impasto /इम्पैस्टो/ *n.* 1 पेंटिंग में मोटा-मोटा पेंट लगाने की तकनीक 2 पेंटिंग में ब्रश के निशानों के साथ लगा पेंट

impa\tience /इम्पेशंस/ *n.* 1 अधीरता, व्यग्रता: wait with **~tience** for sb 2 उतावलापन, जल्दबाजी 3 बेचैनी 4 असहिष्णुता: **~tience** of dissent; **~tience** with red tape;

dw/lw: **~tient** /इम्पेशंट/ *adj.* 1 अधीर: ~tient child/ gesture

2 आतुर: be ~tient to see one's parents 3 व्यग्र, विकल: ~tient temper 4 उतावला: ~tient to do sth or for sth 5 बेचैन: ~tient of or with sth/ sb 6 असहिष्णु: ~tient with bureaucracy 7 चिड़चिड़ा: be ~tient of sb's presence 8 तनावपूर्ण: this one ~tient minute; **~tiently** /इम्पेशंटलि/ *adv.* अधीरतापूर्वक, बेचैनी से

impawn /इमपॉन/ *v., pt.* **~ed**, *pp* **~ing** 1 बंधक रखना 2 दांव पर रखना, बाजी लगाना

IMPCS *abbr.* 'India Mobile Personal Communications Service' की प्रथमाक्षरी

impeach /इम्पीच/ *v., pt.* **~ed**, *pp* **~ing** 1 *law* महाभियोग लगाना या चलाना: ~ a judge/ a president 2 अदालत में गंभीर आरोप दाखिल क.: ~ sb of/ with a crime 3 सरकारी अफसर पर उसके कार्यकाल में गंभीर आरोप दाखिल क. 4 किसी की ईमानदारी व चरित्र पर शक क.: ~ sb's intentions or actions;
***dw/lw:* ~able** /इम्पीचअबल/ *adj.* जिस पर महाभियोग चलाया जा सके, अभियोज्य: ~able motives; **~ment** /इम्पीच्मंट/ *n.* 1 भ्रष्ट या अयोग्य अफसर, न्यायाधीश, राष्ट्रपति आदि को पदच्युत करने के लिए कानूनी कार्रवाई, महाभियोग: ~ment for treason 2 दोषारोपण 3 अविश्वास: ~ment of the veracity of a witness; without an ~ment to their honour

impecca\ble /इम्पेकअ\बल/ *adj.* 1 त्रुटिहीन: her logical process is **~ble** 2 निर्दोष, जिसमें कोई कमी न हो 3 जो कोई पाप नहीं कर सकता हो;
***dw/lw:* ~bility** /~बिलिटि/ दोषहीनता, निष्कलंकता; **~bly** /~बलि/ *adv.* बिना किसी दोष/ त्रुटि के

impecca\ncy /इम्पेकंसि/ *n.* निष्कलंकता, निष्पापता;
***dw/lw:* ~nt** /इम्पेकंट/ *adj.* निष्कलंक, निर्दोष, पाप रहित

impecuni\osity /इम्पिक्यूनिऔसिटि/ *n.* निर्धनता, गरीबी, कंगाली;
dw/lw:* ~ous** /इम्पिक्यूनिअस/ *adj.* (syn.*** poor) निर्धन, गरीब, कंगाल

impedance /इम्पीडंस/ *n.* बाधा, अड़चन, रुकावट

impe\de /इम्पीड/ *v., pt.* **~ded**, *pp* **~ding** 1 रोकना: ~de traffic 2 बाधा या रुकावट डालना: ~de communication; his load ~ded him 3 अड़ंगा लगाना 4 रोड़े अटकाना: ~de negotiations;
***dw/lw:* ~dient** /इम्पीडिअंट/ *adj.* बाधक, रोड़े अटकाने वाला; **~diment** /इम्पेडिमंट/ *n.* 1 बाधा, रुकावट, अड़चन: an ~diment to progress 2 विघ्न 3 अड़ंगा 4 अवरोध: brush aside/ remove ~diments 5 हकलाहट: a speech ~diment or ~diment in speech 6 सामान, माल-असबाब; **~dimenta** /इम्पेडिमेंटा/ *n., [pl.]* 1 अड़ंगे, बाधाएं, रुकावटें 2 वैधानिक बाधाएं, कानूनी रुकावटें 3 बोरिया-बिस्तर, माल-असबाब

impel /इम्पेल/ *v., pt.* **~led**, *pp* **~ling** 1 प्रेरित क.: **~led** by a feeling of compassion 2 उत्तेजित क., उकसाना 3 आगे बढ़ाना: ~ sb to do sth/ to some action 4 धकेलना, ठेलना: a ship **~led** by the wind 5 कुछ करवाने के लिए जोर डालना, विवश क.: be **~led** to take sb's side in a quarrel;
***dw/lw:* ~ler** /इम्पेल:/ *n.* आगे बढ़ाने या चलाने वाला व्यक्ति या यंत्र, प्रवर्तक; **~lent** /इम्पेलंट/ *adj.* प्रेरक; **~lent** *n.* प्रेरणा-स्रोत, उद्देश्य; **~ling** /इम्पेलिंग/ *adj.* प्रेरक, प्रेरणादायक: ~ling force

impend /इम्पेंड/ *v., pt.* **~ed**, *pp* **~ing** 1 होने वाला, आने वाला: his birthday was **~ing** 2 खतरे आदि का मंडराना: the evil that **~s**;
***dw/lw:* ~ence** /इम्पेंडंस/ *n.* 1 जिसे टाला न जा सके, अवश्यंभावी कार्य या घटना 2 समीपता 3 खतरा; **~ent** /इम्पेंडंट/ *adj.* 1 आता हुआ, बढ़ा हुआ 2 समीप पहुंचने वाला 3 आगे होने वाला 4 जिसे टाला न जा सके 5 मंडराने वाला (खतरा); **~ing** /इम्पेंडिंग/ *adj.* 1 आसन्न: ~ing arrival 2 समीप आता हुआ: ~ing storm 3 सिर पर लटकने वाला: ~ing danger 4 सिर पर मंडराने वाला: ~ing disaster/ doom

impenetrable /इम्पेनिट्रअबल/ *adj.* 1 (***syn.*** incomprehensible) दुरूह, अज्ञेय, समझने में मुश्किल: ~ plot; ~ mystery 2 अभेद्य: ~ armour; ~ countenance (पत्थर की तरह भावशून्य शक्ल) 3 दुर्गम: ~ desert/ ice-fields/ forests 4 अगम्य 5 अलंघ्य: ~ darkness/ gloom; ~ silence 6 जो रिसने न दे: ~ to water/ moisture 7 अप्रवेश्य, अग्रहाक: a mind ~ by/ to/ new ideas 8 स्तब्ध 9 सजीव 10 अप्रभाव्य 11 रहस्यमय: the ~ depths of the sea;
***p&i:* sink into ~ despair** घोर विषाद में डूबना

impenetra\te /इम्पेनिट्रेट/ *v., pt.* **~ted**, *pp* **~ting** 1 दूर अंदर तक घुस जा. 2 आर-पार निकल जा.

impeni\tent /इम्पेनिटंट/ *adj.* 1 पश्चात्तापहीन: **~tent** heart 2 जिसे सुधारा न जा सके 3 कट्टर, पुराना पापी: **~tent** sinner;
***dw/lw:* ~tence** /इम्पेनिटंस/ *n.* 1 पश्चात्तापहीनता 2 कट्टरता

imperative /इम्पेरअटिव/ *adj.* 1 अत्यावश्यक: it is ~ to go at once 2 अवश्यकरणीय: ~ request 3 आज्ञासूचक, आदेशात्मक: ~ gesture (jerk of the head) 4 आज्ञार्थ, क्रिया का आज्ञासूचक: ~ mood;
n. 1 अनिवार्यता: the economic ~ of the higher education 2 आदेश: categorical ~ 3 विधि विध्यर्थ 4 आज्ञासूचक रूप: the verb in the ~; **~ly** /~लि/ *adv.* आदेशात्मक रूप में, अत्यावश्यक रूप से

imperator /इम्प्राटॉ:/ *n.* 1 (***syn.*** commander) विजयी योद्धा 2 सम्राट

impercepti\bility /इम्प:सेप्टि\बिलिटि/ *n.* अगोचरता, सूक्ष्मता;
***dw/lw:* ~ble** /~बल/ *adj.* अगोचर, नगण्य: ~ble change; ~ble touch; **~bly** /~बलि/ *adv.* अगोचर रूप में

imperceptive/ impercipient /इम्प:सेप्टिव/ इम्प:सिपिअंट/ *adj.* 1 देखने या अनुभूति करने में अक्षम 2 अनुभूति शून्य;
***dw/lw:* ~ness/ impercipience** /~नेस/ इम्प:सिपिअंस/ *n.* अनुभूति करने में अक्षमता, अनुभूति शून्यता

imperfect /इम्प:फेक्ट/ *adj.* 1 अपूर्ण, अधूरा: ~ knowledge 2 त्रुटिपूर्ण, सदोष: ~ verse; **~ly** /इम्प:फेक्टलि/ *adv.* त्रुटिपूर्ण ढंग से;
***dw/lw:* ~ion** /इम्प:फेक्शन/ *n.* दोष, कमी, त्रुटि: expose/ reveal ~ions; **~ness/ ~ion** /इम्प:फेक्टनेस/ इम्प:फेक्शन/ *n.* 1 अपूर्णता, अधूरापन 2 दोष, त्रुटि 3 अभाव, कमी; **~ive** /इम्प:फेक्टिव/ *adj.* अपूर्णार्थी, अपूर्ण
***collocations:* the ~** (*also* **the ~ tense**) 1 *gramm.* अपूर्ण कार्य द्योतक क्रिया 2 *gramm.* अपूर्ण काल

imperial /इम्पीरिअल/ *adj.* 1 राजसी, शाही: ~ flag/ coat of arms; ~ defence 2 राजशाही: ~ robes; ~ preferences 3 साम्राज्यिक 4 प्रतापी: ~ city 5 शानदार, भव्य: ~ banquets 6 बढ़िया, उत्तम: ~ tea; ~ drink; ~ condescension (शाही उदारचित्तता);
***dw/lw:* ~ism** /इम्पिरिअलिज्म/ *n.* 1 साम्राज्यवाद 2 बड़े देशों का छोटे देशों पर अन्याय: cultural/ economic ~ism (सांस्कृतिक/ आर्थिक साम्राज्यवाद); **~ity** /इम्पीरिऐलिटि/ *n.* शाही परिवार के सदस्य; **~ist** /इम्पिरिअलिस्ट/ *adj.* साम्राज्यवादी: ~ist countries/ monopolies/ wars; ~ist policy; **~istic** /इम्पिरिअलिस्टिक/ *adj.* 1 साम्राज्यवाद से संबंधित 2 साम्राज्यिक 3 राजशाही प्रणाली के अनुसार

imperil /इम्पेरिल/ *v. UK, pt.* **~led**, *pp* **~ling**; *US pt.* **imperilled**, *pp* **imperiling** 1 खतरे या जोखिम में डालना: ~ one's life 2 खतरा मोल लेना: ~ one's future/ one's good name;
***dw/lw:* ~led** /इम्पेरिलड/ *adj.* संकटग्रस्त, विपदापन्न, खतरे में; **~ment** /इम्पेरिल्मंट/ *n.* संकटग्रस्तता, विपदा

imperious /इम्पिअरिअस/ *adj.* 1 उद्धत, घमंडी: ~ bearing (अहंकारी चाल-ढाल); ~ look 2 रोब झाड़ने वाला: an ~ manner 3 दबाने वाला 4 निरंकुश: ~ attitude of mind 5 विवशता, मजबूरी: ~ want (अति आवश्यकता); obey the ~ necessity;
***dw/lw:* ~ness** *n.* निरंकुशता, उद्धतता

imperishable /इम्पेरिशअबल/ *adj.* 1 अविनाशी, अक्षय: ~

words 2 क्षयहीन 3 अनश्वर: an ~ memory of sb;

imperium /इम्पीरिअम/ *n., Lat.* 1 परम सत्ता, प्रभुत्व 2 ~ **in imperio** *Lat.* राष्ट्र में दूसरी राज्य सत्ता 3 राष्ट्र

imperma\nent /इम्पःमअ\नंट/ *adj.* अस्थायी, नश्वर;
dw/lw: **~nence/ ~nency** /~नंस/ ~नंसि/ *n.* अस्थायित्व, नश्वरता; **~nently** /~नंटलि/ *adv.* अस्थायी तौर पर

impermea\ble /इम्पःमिअ\बल/ *adj.* अभेद्य, अपारगम्य;
dw/lw: **~bility** /~बिलिटि/ *n.* अभेद्यता, अपारगम्यता

impermissi\ble /इम्पःमिसिबल/ *adj.* जिसकी अनुमति न दी जा सके, अननुज्ञेय: **~ble** violation of privacy/ human rights/ law

imperscriptible /इम्पःस्क्रिप्टिबल/ *adj.* अप्रमाणित, अलिखित: ~ right/ law

impersonal /इम्पःसअ\नल/ *adj.* 1 निर्वैयक्तिक: ~ discussion/ remark/ statement; 2 रूखा, संवेगविहीन, अवैयक्तिक: an ~ point of view 3 निरपेक्ष 4 *gramm.* भाववाचक: ~ constructions;
dw/lw: **~ization** /~नलाइजेशन/ *n.* निर्वैयक्तिक करने या बनाने की क्रिया; **~ize** /~नलाइज/ *v., pt.* ~ized, *pp* ~izing निर्वैयक्तिकरण क., अवैयक्तिक बनाना; **~ly** /~नलि/ *adv.* निर्वैयक्तिक या निरपेक्ष रूप से;
collocations: **~ pronoun** निर्वैयक्तिक सर्वनाम

impersona\te /इम्पःसअने\ट/ *v., pt.* **~ted**, *pp* **~ting** 1 की मूर्ति हो. 2 गलत कार्य करने के लिए किसी अन्य व्यक्ति का रूप धारण क.: **~te** Hamlet 3 छद्म रूप धारण क.;
dw/lw: **~tion** /~शन/ *n.* पररूप, छद्म रूप: be the ~tion of sth/ sb; **~tor** /~टः/ *n.* पररूप धारण करने वाला, छद्म रूपिया, बहुरूपिया

imperspicuity /इम्पःसपिक्यूइटि/ *n.* अस्पष्टता, अनिश्चितता

imperti\nence /इम्पःटि\नंस/ *n.* 1 ढिठाई 2 उद्धतता, धृष्टता 3 गुस्ताखी 4 बेरुखी: provoke **~nence** from sb 5 असंगति, अनुपयुक्तता;
dw/lw: **~nent** /~नंट/ *adj.* 1 (***syn.*** impolite) धृष्ट, उद्धत: ~nent behaviour 2 गुस्ताख 3 ढीठ, बेरुखा: ~nent young man; **~nently** /~नंटलि/ *adv.* बेरुखी से, धृष्टतापूर्वक

imperturba\bility /इम्पःटःबअ\बिलिटि/ *n.* 1 गंभीरता 2 अविचलता;
dw/lw: **~ble** /~बल/ *adj.* 1 गंभीर: ~ble common sense 2 शांत, सौम्य: with ~ble urbanity (शांत भद्रता के साथ) 3 अविचलित

impervious /इम्पःविअस\/ *adj.* 1 अप्रभाव्य 2 अभेद्य: ~ material; ~ rock 3 अपारगम्य 4 अप्रवेश्य: fabric ~ to moisture/ to water;
dw/lw: **~ly** /~लि/ *adv.* अप्रभाव्य ढंग से; **~ness** /~नेस/ *n.* अप्रभाव्यता, अभेद्यता

impeti\go /इम्पिटाइगो/ *n., med.* बच्चों में होने वाला एक अति संक्रामक चर्म रोग, चर्मपूय;
dw/lw: **~ginous** /इम्पिटिजिनस/ *adj.* चर्मपूय रोग से संबंधित

impetra\te /इम्पिट्रेट/ *v., pt.* **~ted**, *pp* **~ting** मांग लेना, प्रार्थना करते हुए मांगना;
dw/lw: **~tion** /इम्पिट्रेशन/ *n.* याचना, मांग, प्रार्थना द्वारा प्राप्ति

impetu\osity /इम्पेचुऔसिटि/ *n.* 1 उतावलापन, जल्दबाजी 2 अविवेकशीलता: **~tuosity** is his failing 3 अति जोश: they flew into each other's arms with **~tuosity**;
dw/lw: **~ous** /इम्पेच्युअस/ *adj.* 1 (***syn.*** rash) उतावला, जल्दबाज 2 अविवेकी, अविचारी: in a fit of ~ous anger; ~ous remarks 3 तीव्र, प्रचंड, उग्र: ~ous gale; **~ously** /इम्पेचुअस्लि/ *adv.* उतावलापन में, जल्दबाजी में

impetus /इम्पिटस/ *n.* 1 (***syn.*** force, energy) गति बल, शक्ति: the ~ behind/ for sth 2 (***syn.*** stimulus) प्रेरक शक्ति 3 प्रोत्साहन, बढ़ावा: give an ~ to sth

impiety /इम्पाइटि/ *n.* 1 अपवित्रता 2 अनास्था, अश्रद्धा: filial ~ (बेटे-बेटियों की अश्रद्धा); ~ to the dead 3 अधार्मिकता, नास्तिकता

impin\ge /इम्पिंज/ *v., pt.* **~ged**, *pp* **~ging** 1 टकराना 2 अतिक्रमण क.: **~ge** upon sb's authority; **~ge** on the sovereignty of a country 3 प्रभावित क.: **~ge** on sb/ sth;
dw/lw: **~gement** *n.* 1 टकराव, टक्कर 2 प्रहार 3 अतिक्रमण

impious /इम्पिअस/ *adj.* 1 अनादरपूर्ण 2 (***anton.*** pious) अपवित्र, अपावन 3 नास्तिक

impish /इम्पिश/ *adj. see above under* **imp: *dw/lw***

IMPITA *abbr.* 'Integrated Master's Program in IT Applications' की प्रथमाक्षरी

implaca\bility /इम्प्लैकअ\बिलिटि/ *n.* अड़ियलपन, हठ, निष्ठुरता, कठोरता;
dw/lw: **~ble** /~बल/ *adj.* 1 अड़ियल, हठी, धृष्ट 2 निष्ठुर, क्रूर, कठोर: ~ble hatred; ~ble vengeance (क्रूर बदला); ~ble opposition/ hostility (कठोर विरोध या शत्रुतापूर्ण रुख); **~bly** /~बलि/ *adv.* अड़ियलपन द्वारा, धृष्टतापूर्वक

implant /इम्पलां\ट/ *n.* शल्यक्रम द्वारा अंग-रोपण: breast **~s**;
v., pt. **~ed**, *pp* **~ing** 1 शरीर में अंग रोपण क. 2 विचार, श आदि रोपित क.: ~ **o**ne's convictions/ views in sb's mind; ~ doubt in sb's mind;
dw/lw: **~ation** /~टेशन/ *n.* 1 अंग-रोपण 2 विचारों या दृष्टिकोण का रोपण 3 अंडे या भ्रूण (embryo) का किसी के शरीर में रोपण

implausible /इम्प्लॉजिबल/ *adj.* 1 अविश्वसनीय, अविश्वास्य 2 सच से परे, जो ठीक न जंचे, अयुक्तियुक्त

implead /इम्प्लीड/ *v., pt.* **~ed**, *pp* **~ing** 1 पर मुकदमा चलाना 2 वादी बनाना: ~ sb of sth

impled\ge /इम्पलेज/ *v., pt.* **~ged**, *pp* **~ging** रेहन या गिरवी रखना

implement /इम्प्लिमंट/ *v., pt.* **~ed**, *pp* **~ing** 1 (***syn.*** carry out) चालू क., लागू क., अमल में लाना, कार्यान्वित क.: ~ a project; ~ a policy 2 अभिपूर्ति क.: ~ wages by pauper relief (वेतन में बहुत कम वृद्धि क.) 3 निबाहना 4 उपकरण दिलाना;
n. उपकरण, औजार, साधन: agricultural/ farming **~s**; **~s** of animal husbandry; fishing **~s**;
dw/lw: **~ation** /इम्प्लिमेंटेशन/ *n.* कार्यान्वयन, पालन, परिपालन;

implementiferous /इम्प्लिमंटिफरस/ *adj.* धरती के भीतर से खोदकर निकाले जा रहे मानव की गतिविधियों के अवशेषों से संबंधित

implete /इम्पलीट/ *v., pt.* **~d**, *pp* **impleting** भरना,
adj. भरा हुआ, पूरा;
dw/lw: **impletion** /इम्पलीशन/ *n.* भराई, पूर्णता, अनुपालन

implex /इम्पलेक्स/ *adj.* जटिल, पेचीदा

impliable /इम्पलायबल/ *adj.* 1 सम्भावित, अनुमानित: one of the ~ meanings 2 अड़ियल 3 किसी की गलत बात न मानने वाला

implica\te /इम्प्लिके\ट/ *v., pt.* **~ted**, *pp* **~ting** 1 फंसाना, उलझाना, लपेटना, सानना: his letter **~tes** you 2 आलिप्त क. या हो.: be **~ted** in a crime/in a plot 3 संकेतित क., छिपा आशय हो., तात्पर्य या अर्थ हो., विवक्षित क.;
dw/lw: **~tion** /~शन/ *n.* 1 निहित अर्थ, तात्पर्य, विवक्षा, आशय 2 छिपा अर्थ या इशारा: either expressly or by ~tion (खुल्लम-खुल्ला या परोक्ष रूप में) 3 (***syn.*** involvement) उलझाव, उलझन, फंसाव: ~tion in sleaze acandle 4 अर्थापत्ति, उपलक्षणा, दुष्परिणाम: far-reaching/ profound/ serious/ historical ~tions (दूरगामी/ गंभीर/ ऐतिहासिक दुष्परिणाम); have ~tions for sth

implicature /इम्पलिकअचः/ *n.* परोक्ष स्वीकृति या सहमति 2 परोक्ष कथन, इशारों में इजहार

implicit /इम्प्लिसिट\/ *adj.* 1 अंतर्निहित, अप्रत्यक्ष, अव्यक्त,

विवक्षित: ~ threat 2 (***syn.*** absolute, complete) पूर्ण, समग्र, निर्विवाद: ~ trust in sb; ~ belief/ confidence 3 अंध: ~ faith;

dw/lw: **~ly** /~लि/ *adv.* 1 अंतर्निहित रूप से, अव्यक्त रूप में, परोक्ष रूप से 2 अंध रूप से, पूरी तरह: obey ~ly; trust sb ~ly; **~ness** /~नेस/ *n.*1 अस्पष्टता 2 अंध-भक्ति, पूर्ण आज्ञाकारिता

implied /इम्पलाइड/ *adj.* 1 अंतर्निहित, विवक्षित, समाविष्ट: ~ contract/ warranty 2 उपलक्षित: ~ yield 3 आलिप्त

implo\de /इम्पलोड/ *v., pt.* **~ded**, *pp* **~ding** 1 भीतर-भीतर फूटना या फटना 2 अंत:स्फोट हो. 3 अंत:स्फोटात्मक व्यंजन ध्वनियों को उच्चरित क.;

dw/lw: **~sion** /इम्प्लोजन/ *n.* 1 भीतर-भीतर होने वाला धमाका 2 अंत: विस्फोट; **~sive** /इम्प्लोसिव/ *adj.* अंत: विस्फोटक

implo\re /इम्प्लोः/ *v., pt.* **~red**, *pp* **~ring** 1 (***syn.*** beseech) विनती क., अनुनय-विनय क.: **~re** sb's aid/ assistance/ help; **~re** sb for aid/ assistance, help 2 याचना या प्रार्थना क.: **~re** sb's forgiveness/ pardon; **~re** sb's protection 3 चिरौरी क.;

dw/lw: **~ring** *adj.* अनुनय-विनय करने वाला: ~ring glance; **~ringly** *adv.* अनुनय-विनयपूर्वक

implosion, **implosive** *see above under* **implode: *dw/lw***

imp\ly /इम्प्लाइ/ *v., pt.* **~lied**, *pp* **~lying**, *s/he/it* **~lies** 1 (***syn.*** mean) विवक्षित क., आशय हो.: silence often **~lies** consent 2 में अंतर्निहित या समाविष्ट हो.: drama **~lies** conflict 3 से अर्थ निकलना: you seem to **~ly** that ... 4 अपेक्षा क. 5 (***syn.*** suggest) उपलक्षित क, सूचित क, संकेत क.: what do his words **~ly**?

impolicy /इम्पॉलिसि/ *n.* 1 दुर्नीति 2 अनुपयुक्तता, अनौचित्य

impoli\te /इम्पलाइट/ *adj.* 1 (***syn.*** rude) अविनीत, अविनयपूर्ण 2 अशिष्ट, अभद्र: **~te** person/ tone;

dw/lw: **~tely** /~लि/ *adv.* अशिष्टतापूर्वक; **~ness** /~नेस/ *n.* अशिष्टता, अभद्रता

impolitic /इम्पौलिटिक/ *US* इम्पाःलिटिक/ *adj.* (***syn.*** unwise) नीति-विरुद्ध, अविवेकपूर्ण, अविवेकी, अनुचित

imponderability /इम्पौंडरअबिलिटि/ *US* इम्पाःडरअबिलिटि/ *n.* हल्कापन, भारहीनता

imponderable /इम्पौंडरअबल/ *US* इम्पांडरअबल/ *adj.* 1 जिसका प्रभाव या महत्त्व आंका न जा सके, अमित: ~ factors 2 निर्मूल्य, भारहीन, अति सूक्ष्म, हल्का;

n. ऐसी वस्तु या बात जिसका माप, वजन, महत्त्व आदि का अनुमान न लगाया जा सके: nobody can predict the result, there are several **~s**

imponderous /इम्पौंडअरस/ *US* इम्पांडअरस/ *adj.* भारहीन, अति सूक्ष्म, हल्का

imponent /इम्पोनंट/ *adj.* 1 नियम, शुल्क आदि लगाने वाला व्यक्ति 2 निश्चित सत्ता-अधिकार प्राप्त, सत्ताधारी व्यक्ति या संगठन

import /इम्पॉःट/ *v., pt.* **~ed**, *pp* **~ing** 1 (***anton.*** export) आयात क.: ~ raw materials 2 अर्थ या महत्त्व होना: what does this news ~? 3 सूचित क., संकेत क., उपलक्षित क.: his looks ~ no good to me 4 बीच में लाना: ~ personal feelings into sth 5 एक कंप्यूटर से दूसरे में स्थानांतरण क.;

n. 1 आयात: **~s** and exports 2 आयातित सामान: articles of ~ 3 अभिप्राय, अर्थ, आशय: ~ of sb's remark 4 महत्त्व: it is of no ~; matter of great ~;

dw/lw: **~ation** /इम्पॉःटेशन/ *n.* आयात, आयातित माल: a ban on the ~ation of drugs; **~er** /इम्पॉःटः/ *n.* (***anton.*** exporter) आयातक, आयात करने वाला;

collocations: **~ duty/ licence** आयात शुल्क या लाइसंस; **~ surplus** आयात अधिशेष, निर्यात से आयात की मात्रा अधिक होने की स्थिति

importance /इम्पॉःटंस/ *n.* महत्त्व: great/ paramount/ vital ~; emphasize/ stress the ~ of sth; historic/ strategic/ commercial ~;

p&i: **a person of ~** महत्त्वपूर्ण व्यक्ति, बड़ी तोप; **assume ~** दंभ भरना, अहंकार से पागल हो., धौंस दिखाना; **attach great ~ to sth** किसी चीज को अत्यधिक महत्त्व दे.; **be conscious of one's own ~** अपनी महता के बारे में अहसास हो.; **puff out with ~** दंभ से फटने को हो.; **swell with ~** अहंकार से दिमाग खराब हो.

important /इम्पॉःटंट/ *adj.* 1 महत्त्वपूर्ण: ~ news 2 प्रभावशाली: look ~;

dw/lw: **~ly** /~लि/ *adv.* 1 अधिक महत्त्वपूर्ण: more ~ly (इससे भी अधिक महत्त्वपूर्ण (बात यह है कि ...) 2 काफी;

collocations: **~ decision** महत्त्वपूर्ण फैसला; **very ~ person** (**VIP**) अति विशिष्ट व्यक्ति

importation, importer *see above under* **import**: ***dw/lw***

importunate /इम्पॉःचुनिट/ इम्पॉःचअनिट/ इम्पॉःचुनअट/ / इम्पॉःचअनअट/ *adj.* 1 आग्रही: ~ demands/ claims 2 दुराग्रही या दुराग्रहपूर्ण 3 ऋण वापसी की लगातार मांग करने वाला, टोकू (साहूकार): ~ creditor 4 जिद्दी, हठी;

dw/lw: **~ly** /इम्पॉःचुनिटलि/ *adv.* दुराग्रहपूर्वक, अत्यंत हठपूर्वक

importu\ne /इम्पःचून/ इम्पॉःचून/ *v., pt.* **~ned**, *pp* **~ning** 1 अति याचना क., बार-बार विनती क. या मांगते रहना, पीछे पड़े र. 2 आग्रह क.: **~ne** sb for a loan 3 दुराग्रह या हठ क. 4 किसी गलत काम (वेश्या आदि के पास चलने) के लिए पीछे पड़ना 5 मांग-मांगकर तंग क.: **~ne** one's friends/ neighbours;

adj. अति आग्रही, पीछा न छोड़ने वाला;

dw/lw: **~nity** /इम्पॉःचूनिटि/ *n.* 1 पीछे पड़कर लगातार किया जाने वाला आग्रह 2 दुराग्रह या हठ 3 अतियाचना

impo\se /इम्पोज/ *v., pt.* **~sed**, *pp* **~sing** 1 नए कर/ दंड आदि थोपना: **~se** a tax/ a tribute/ a penalty on sb 2 थोपना: **~se** one's views on sb 3 दूसरों पर लादना, दूसरों के मत्थे मढ़ना: **~se** a duty/ a task on sb 4 लागू क. 5 प्रभावित क., धौंस दे., धाक जमाना;

p&i: **~se oneself where not invited** जबरदस्ती बिना बुलाए जा.; **~se upon a simpleton** सीधे-सादे आदमी को ठगना; **~se on sb's good nature** किसी के नेक स्वभाव का अनुचित लाभ उठाना; **~se upon one's hearers** श्रोताओं पर बड़ा प्रभाव छोड़ना

imposing /इम्पोजिंग/ *adj.* 1 प्रभावशाली: an ~ figure/ personality 2 विशाल: ~ building/ monument 3 शानदार, भव्य 4 सुंदर, आकर्षक: an ~ young lady

imposition /इम्पजिशन/ *n.* 1 लगाने की क्रिया 2 लादा हुआ बोझ या भार: ~ of sth on sb; ~ of oneself on sb 3 अर्थ दंड, कर, शुल्क: pay **~s** 4 धोखा, प्रतारणा (fraud): suspect sb of ~ (किसी पर धोखाधड़ी का शक क.) 5 आरोपण: ~ of hands (हस्तारोपण) 6 घुसपैठ, अपने आपको किसी पर थोपने की क्रिया

impossi\bility /इम्पौसअबिलिटि/ *US* इम्पाःसि\बिलिटि/ *n.* 1 असंभावना, असंभवता 2 अशक्यता 3 अक्षमता: physical ~ 4 असाध्यता, अकरणीयता;

impossi\ble /इम्पौसि\बल/ *US* इम्पाःसि\बल/ *adj.* 1 असंभव, नामुमकिन: absolutely/ altogether ~; ~ task 2 अशक्य 3 असाध्य, दुसाध्य 4 अति जटिल, कठिन: ~ person 5 अक्षम 6 विश्वास्य: ~ circumstance/ event;

n. (**the impossible**) असंभव बात: attempt **the ~**;

dw/lw: **~bly** /~बलि/ *adv.* 1 असंभवतः, अत्यधिक: ~bly hard 2 संभावना के परे

impost /इम्पोस्ट/ *n.* 1 महसूल 2 चुंगी, कर, टैक्स 3 मेहराब का दासा, चाप-आधार (of arch) 4 पाया का सिरा (of pillar) 5 बाधा दौड़ में घोड़े पर लदा वजन

impostor (*also* **imposter**) /इम्पौस्टः/ *n.* 1 दूसरे का वेश धारण द्वारा धोखाधड़ी करने वाला व्यक्ति 2 छद्मवेशी 3 झूठा दावेदार 4

धोखेबाज, ढोंगी
impostume /इम्पोस्ट्यूम/ *n. med.* 1 फोड़ा, स्फोट 2 अनैतिक कार्य
imposture /इम्पौस्चः/ *US* इम्पाःस्चः/ *n.* 1 स्वांग 2 छद्म रूप धारण 3 धोखेबाजी, धोखाधड़ी, छल-कपट, ढोंग 4 फरेब 5 (***syn.*** fraud) प्रतारणा
impo\tence/ impo\tency /इम्पअटंस/ इम्पअटंसि/ *n.* 1 *med.* नपुंसकता, नामर्दगी 2 कमजोरी, दुर्बलता: moral **~tence**; **~tence** of mind 3 लाचारी, असमर्थता;
impotent /इम्पअटंट/ *adj.* 1 *med.* नंपुसक, नामर्द, हिजड़ा 2 अशक्त, शक्तिहीन, खोखला, थोथा: ~ rage (खोखला क्रोध) 3 असहाय 4 असमर्थ
impound /इम्पाउंड/ *v., pt.* **~ed**, *pp* **~ing** 1 जब्त क.: ~ sb's passport 2 पशुओं को जब्त करके कांजी हाउस या बाड़े में बंद क.: ~ stray animals 3 पानी आदि अवरुद्ध क.
impoverish /इम्पौव\रिश/ *US* इम्पाःव\रिश/ *v., pt.* **~ed**, *pp* **~ing** 1 दरिद्र या गरीब बनाना 2 बेदम या निर्बल क.: ~ life 3 खराब क.: ~ the soil 4 निरुपाय क. 5 अशक्त कर दे.: ~ the blood;
dw/lw: **~ed** /~रिश्ट/ *adj.* 1 दरिद्र बनाया हुआ 2 कंगाल: culturally/ emotionally ~ed 2 बेदम, निर्बल: ~ed mind 3 असहाय: ~ed existence; **~ment** /इम्पौवरिशमंट/ *n.* 1 निर्धनता 2 गरीब बनाने की क्रिया, दरिद्रीकरण
IMPPA *abbr.* 'Indian Motion Picture Producers' Association' की प्रथमाक्षरी
impractica\bility /इम्प्रैक्टिकअबिलिटि/ *n.* 1 दुःसाध्यता 2 अव्यावहारिकता;
dw/lw: **~ble** /इम्प्रैक्टिकअअबल/ *adj.* 1 अव्यवहार्य, अव्यावहारिक: ~ble proposal/ suggestion 2 दुष्कर: ~ble temper 3 दःसाध्य: ~ble device 4 दुर्गम: ~ble road 5 टेढ़ा; **~bly** /इम्प्रैक्टिकअबलि/ *adj.* अव्यावहारिक रूप से
impractical /इम्प्रैक्टि\कल/ *adj.* 1 अव्यावहारिक, अव्यवहार्य: ~ ideas, methods, etc. 2 अव्यवहारशील: ~ people 3 दुःसाध्य;
dw/lw: **~ity** /~कैलिटि/ *n.* अव्यावहारिकता, अव्यवहार्यता
impreca\te /इम्प्रिके\ट/ *v., pt.* **~ted**, *pp* **~ting** 1 कोसना 2 अभिशाप दे., बद दुआ दे.: she **~ted** many curses on him 3 बुरा चाहना;
dw/lw: **~tion** /~शन/ *n.* 1 अभिशाप: fierce ~tion 2 बद दुआ: mutter ~tions (बद दुआ बुदबुदाना)
imprecise /इम्प्रिसाइस/ *adj.* 1 अपरिशुद्ध, गलत 2 अयथार्थ 3 जो सही न हो, गलत: an ~ description
impregnability /इम्प्रेगनअबिलिटि/ *n.* अभेद्यता, अपराजेयता;
impregnable /इम्प्रेग्नअबल/ *adj.* 1 अभेद्य 2 अजेय, दुर्जेय, अपराजेय: ~ camp/ fort/ fortress 3 अटल: ~ honesty;
impregna\te /इम्प्रेग्ने\ट/ *v., pt.* **~ted**, *pp* **~ting** 1 गर्भाधान क., गर्भवती बनाना, गर्भित क. 2 अंतर्वेशित क. 3 भरना, पूरित क.: a good book **~tes** the mind with new ideas 4 सराबोर क., तर क.: the air was **~ted** with fragrance 5 संसिक्त क. (cell) 6 उर्वर बनाना 7 अनुप्राणित क.;
dw/lw: **~ted** /~टिड/ *adj.* भरा हुआ, सराबोर; **~tion** /~शन/ *n.* 1 गर्भाधान, अंतर्वेशन 2 संसेचन 3 उर्वरीकरण;
collocations: **~ted matches** सुरक्षित दियासलाई
impresario /इम्प्रअसारिओ/ *n.* गीत-नाट्य दल का प्रबंधक या संयोजक, नाट्यशाला संचालक
imprescriptible /इम्प्रिसक्रिप्टिबल/ *adj.* 1 जिसे अलग न किया जा सके 2 चिरभोगजन्य 3 जिसे छीना न जा सके: ~ rights
impress /इम्प्रेस/ *v., pt.* **~ed**, *pp* **~ing** 1 (**~ upon sth on sb**) किसी के मन में छाप छोड़ना, बन में छाप पड़ जा.: ~ sb in one's memory 2 प्रभावित क. या हो.: be deeply/ profoundly **~ed** 3 मोहर लगाना, अंकित क., दबाना 4 (**~ sth on/ upon sb**) समझाना: ~ on sb the need for silence; ~ one's beliefs/ view on/ upon/ others;
n. 1 छाप, प्रभाव: the ~ of beauty; the ~ of genius; a lasting ~ on sb's mind 2 चिह्न, सुराग, पैड़: an ~ of a foot 3 मुहर, ठप्पा;
dw/lw: **~ed** /इम्प्रेस्ट/ *adj.* 1 प्रभावित 2 किसी के लिए कायल
impression /इम्प्रेश\न/ *n.* 1 प्रभाव, असर: strong/ poor ~; evoke/ give rise to an ~; convey/ create/ give/ make an ~; be under the ~ of sth 2 (***syn.*** impersonation) व्यंगचित्र, व्यक्ति आदि का मनोरंजन के लिए की जाने वाली नकल: ~ of pop stars 3 अंकन, दाब, मुहर आदि का ठप्पा 4 छाप: a distinct/ false/ favourable/ indelible/ lasting/ misleading ~ 5 *printing* चिह्न, निशानी, ठप्पा: thumb ~ 6 अनिश्चित राय, विश्वास, मुगालता: a vague ~ of sth; be under the ~ that... (इस मुगालते में होना कि ...) 7 अनुभव, कृत्रिम आभास 8 धारणा, मत, राय: have a good ~ of sb 8 आवृत्ति, संस्करण: there were six **~s** of the book;
dw/lw: **~ability** /~नअबिलिटि/ *n.* संवेदनशीलता, प्रभाव ग्रहणशीलता; **~able** /~नअबल/ *adj.* जिस पर छाप छोड़ी जा सके, प्रभाव्य, आशुप्रभाव्य, संवेदनशील;
p&i: **first ~s are half the battle** प्रथम दर्शन – दिग्दर्शन; **one is under the ~ that** कोई इस मुगालते में है कि ...
impression\ism /इम्प्रेशनिज्म/ *n.* 1 प्रभाववाद, छापवाद 2 ऐसी कलात्मक एवं साहित्यिक शैली जिसमें लेखक, कवि या कलाकार यथार्थवादी चित्रण की बजाए वस्तुओं, व्यक्तियों, परिस्थितियों, समस्याओं, घटनाओं आदि के बारे में अपनी धारणाओं, विचारों व प्रभावों आदि को दर्शाता है;
dw/lw: **~ist** /इम्प्रेशनिस्ट/ *n.* प्रभाववादी कलाकार; **~istic** *adj.* प्रभाववादी, तथ्य या वस्तु की बजाए उनकी छाप या प्रभाव से ओतप्रोत
impressive /इम्प्रेसिव/ *adj.* 1 (***syn.*** un~) प्रभावशाली, प्रभावोत्पादक: ~ gesture; an ~ performance 2 चित्ताकर्षक: ~ speech/ actress;
dw/lw: **~ly** /इम्प्रेसिवलि/ *adv.* प्रभावशाली ढंग से
impressment /इम्प्रेसमंट/ *n.* 1 दबाव डालने की क्रिया 2 जब्री या बलात भरती
imprest /इम्प्रेस्ट/ *n.* 1 अग्रदाय, पेशगी 2 किसी कार्यालय के दिन प्रति दिन के कार्य को चलाने के लिए कार्यालय अध्यक्ष या कोषाध्यक्ष आदि को दी जाने वाली अग्रिम नकद राशि: ~ system; ~ money
imprimatur /इम्प्रिमाःटः/ इम्प्रिमेटः/ *n., Lat.* 1 मुद्रण या प्रकाशन की अनुमति 2 छपाईनामा 3 स्वीकृति, अनुमति
imprimis /इम्प्राइमिस/ *adv., Lat.* प्रथमतः, सर्वप्रथम-तो, ...; पहली बात तो यह कि...
imprint /इम्प्रिंट/ *n.* 1 छाप, मुहर, छापा 2 चिह्न, निशान, पैड़ (*Hr.*): the ~ of a foot/of a heel 3 (***syn.*** impression) मन पर छोड़ा गया प्रभाव, छाप 4 पुस्तक के मुख्यपृष्ठ पर छपा प्रकाशक का नाम और पता 5 मुखपृष्ठ की छपाई 6 मुद्रणांक, मुद्रक का नाम व पता;
v., pt. **~ed**, *pp* **~ing** 1 मुहर या अन्य चिह्न लगाना: ~ a letter with a postmark 2 कोई चिह्न छोड़ना; ~ a kiss on sb's cheek 3 मन पर छाप छोड़ना: leave a deep ~ on sb's mind; ideas **~ed** on the mind/ on the memory
imprison /इम्प्रिजन/ *v., pt.* **~ed**, *pp* **~ing** 1 (***syn.*** jail) जेल/ कारावास में डालना, बंदी बनाना 2 कैद क. 3 सीमाबद्ध क.;
dw/lw: **~ed** *adj.* कैदी, बंदी, कारा-रुद्ध; **~ment** /इम्प्रिजन्मंट/ *n.* कारावास, कैद: ~ment for the term of one's natural life
improbability /इम्प्रॉबअबिलिटि/ *n.* असंभावना, असंभवता, असंभाव्यता
improbable /इम्प्रौबअ\बल/ *US* इम्प्राःबअ\बल *adj.* 1 असंभावित, असंभाव्य 2 जिसके होने की संभावना न हो: ~ story;
dw/lw: **improbably** /~बलि/ *adv.* असंभाव्यतः;
improbit\y /इम्प्रोबिटि/ *n., pl.* **~ies** बेईमानी, दुष्टता
impromptu /इम्प्रौम्प्च्यू/ *US* इम्प्राःम्प्टू/ *adj., adv.* 1 अनियोजित: this was done almost ~ 2 तात्कालिक 3 बिना तैयारी के कही गई (बात आदि): ~ speech/ poems; an ~ performance;

n. 1 बिना तैयारी के किया जाने वाला काम 2 (***syn.*** improvisation) जुगाड़

improper /इम्प्रौ\पः/ *US* इम्प्राः\पः/ *adj.* 1 अनुचित: ~ speech; ~ use of funds 2 अनुपयुक्त, असंगत: ~ conduct 3 (***syn.*** inappropriate) अशोभनीय, अश्लील, भद्दा: ~ conduct/ behaviour 4 गलत: ~ treatment of a disease 5 विषम;

dw/lw: **~ly** /~पःलि/ *adv.* गलत ढंग से;

collocations: **~ fraction** ऐसी भिन्न जिसमें अंश हर से अधिक हो, जैसे: 9/8

impropriety /इम्प्रअप्रायटि/ *n.* 1 अनुपयुक्तता, अनुचितता, अनौचित्य 2 अशोभनीय कार्य, अनुचित व्यवहार: the ~ of sb's conduct 3 अशुद्धि, अशुद्ध प्रयोग: the ~ of an expression

improvable /इम्परूवअबल/ *adj.* जिसे सुधारा जा सके, सुधार्य, सुधार योग्य

improve /इम्प्रूव/ *v., pt.* **~d**, *pp* **improving** 1 बेहतर हो. या क., सुधरना या सुधारना: ~ in health; ~ in strength; ~ the faculties of the mind/ of one's talent 2 उन्नति क.: ~ each moment as it comes 3 सौंदर्य, नैतिक मूल्यों को बेहतर क. 4 जमीन आदि के मूल्यों में वृद्धि हो.: ~ virgin land 5 (*esp.* **~ on sth**) किसी गुण, विशिष्टता आदि को पहले से बेहतर क.: this town has been much **~d** upon in recent years;

dw/lw: **~d** /इम्प्रूवड/ *adj.* पहले से बेहतर: ~ed model; **~ment** /इम्प्रूवमंट/ *n.* 1 सुधार: ~ment of international relations; ~ment in one's health 2 उन्नति: a continuous/ dramatic/ gradual/ significant/ slight ~ment 3 समृद्धि, वृद्धि, सुधार: a house with all modern/ up-to-date ~ments 4 बेहतरी: the home ~ments done tastefully; she is putting some ~ments in her flat 5 पहले से बेहतर अवस्था: an ~ment on/ over sth;

p&i: **~ away** बेहतर करने के प्रयास में और खराब कर दे.; **~ on/ upon** पहले से बेहतर बनाना; **~ the occasion/ the opportunity** मौके का फायदा उठाना

improvidence /इम्प्रौविडंस/ *n.* 1 अदूरदर्शिता 2 अपव्यय 3 असावधानी, लापरवाही;

improvident /इम्प्रौविडंट\/ *US* इम्प्राःविडंट\/ *adj.* 1 अदूरदर्शी 2 अपव्ययी 3 असावधान, आपा-धापी या उतावली करने वाला;

dw/lw: **~ly** /~लि/ *adv.* अदूरदर्शितापूर्वक

improvi\sation /इम्प्रअवाइजेशन/ *n.* 1 स्थिति अनुसार ढलकर काम चलाने की प्रक्रिया 2 तात्कालिक भाषण या कविता पाठ आदि 3 कामचलाऊ प्रबंध या व्यवस्था, जुगाड़;

dw/lw: **~satioal** /इम्प्रअवाइजेशनल/ *adj.* आशुकाव्य-संबंधी, कामचलाऊ, जुगाड़ू; **~sator** /इम्प्रअवाइजेटः/ *n.* आशुकवि, आशुभाषणकर्ता, कामचलाऊ (व्यक्ति), जुगाड़ू आदमी; **~satorial** /इम्प्रअवाइजटॉरिअल/ *adj.* आशुकाव्य-संबंधी, कामचलाऊ, जुगाड़ू: ~satorial gift/ talent

improvi\se /इम्प्रअवाइज/ *v., pt.* **~sed**, *pp* **~sing** 1 बिना तैयारी के किसी तरह काम चला ले. 2 आशु संगीत या कविता आदि क. 3 तात्कालिक भाषण दे. या कविता सुनाना 4 कामचलाऊ काम या जुगाड़ क.;

dw/lw: **~sed** *adj.* 1 तात्कालिक 2 कामचलाऊ, जुगाड़ू: ~sed bed for unexpected guests

impru\dence /इम्प्रूडंस/ *n.* 1 उतावलापन, हड़बड़ाहट 2 अविवेक: have the **~dence** to do sth 3 असावधानी;

imprudent /इम्प्रूडंट/ *adj.* 1 उतावला, जल्दबाज 2 अविवेकी, कुविचारित: ~ behaviour/ conduct 3 लापरवाह, असावधान: ~ answer;

dw/lw: **~ly** /इम्प्रूडंटलि/ *adv.* उतावलापन या हड़बड़ाहट में, अविवेकपूर्वक

impu\dence /इम्प्यु\डंस, इम्प्य\डंस / *n.* 1 निर्लज्जता: none of your ~ 2 ढिठाई, गुस्ताखी: a man of amazing/ brazen ~;

dw/lw: **~dent** /~डंट/ *adj.* 1 निर्लज्ज, उद्धत: ~dent reply 2 ढीठ, अक्खड़ 3 गुस्ताख: what an ~dent rascal he is!; **~dently** /~डंटलि/ *adv.* ढिठाई से, निर्लज्जतापूर्वक; **~dicity** /~डिसिटि/ *n.* निर्लज्जता, उद्धतता, अविवेक

impugn /इम्प्यून/ *v., pt.* **~ed**, *pp* **~ing** 1 ईमानदारी के बारे में संदेह प्रकट क., शंका क. 2 बदनाम क. 3 *law* (***syn.*** challenge) विरोध क., प्रतिवाद क., चुनौती दे.: ~ a statement; ~ a claim;

dw/lw: **~able** /इम्प्यूनअबल/ *adj.* 1 जिसका विरोध किया जा रहा है 2 चुनौती देने योग्य; **~ment** /इम्प्यूनमंट/ *n.* 1 विरोध, प्रतिवाद 2 आरोप 3 आलोचना 4 शंका, संदेह

impuissa\nce /इम्प्यूइसंस/ *n.* 1 नपुंसकता, नामर्दगी 2 कमजोरी अशक्तता;

dw/lw: **~nt** /इम्प्यूइसंट/ *adj.* 1 अशक्त 2 नामर्द, नपुंसक

impulse /इम्पल्स/ *n.* 1 आकस्मिक धक्का, झटका: give a new/ strong ~ to sth 2 आवेग: under an ~ of curiosity 3उमंग, तरंग, लहर, सनक, मन-मौजी कार्य: a man of ~; act on ~; sb's first ~ 4 प्रेरणा, अंतःप्रेरणा: creative/ patriotic ~; feel an irresistible ~ to do sth 5 मनोवेग, आवेश: check/ control, restrain/ resist an ~: (मनोवेग या आवेशवश कार्य करने की प्रवृत्ति को रोकना);

collocations: **~ buying** बिना किसी योजना के की जाने वाली खरीदारी;

nerve ~ वैद्युत संकेत

impulsion /इम्पल्शन/ *n.* 1 धक्का, झटका 2 प्रेरणा: at sb's ~ 3 कुछ करने की आकस्मिक चाह 4 कोई कार्य करने का कारण ;

impulsive /इम्पल्सिव/ *adj.* 1 आवेगी: ~ child/ nature 2 सनकी, मनमौजी: ~ buy 3 (***syn.*** impetuous) भावावेश होकर कदम उठाने वाला या फैसले करने वाला 4 (***syn.*** rash) बेपरवाह, दुःसाहसी 5 प्रेरक या उत्प्रेरक शक्ति: ~ force;

dw/lw: **~ly** /इम्पल्सिवलि/ *adv.* (***syn.*** rashly, impetuously) आवेग में, बिना सोचे-समझे; **~ness** /इम्पल्सिवनेस/ *n.* आवेगशीलता, सनकीपन, बेपरवाही

impunity /इम्प्यूनिटि/ *n.* 1 दंड से मुक्ति: with ~ (बिना दंड पाए) 2 क्षति या दुष्परिणाम आदि से प्रतिरक्षा: break rules with ~ (बिना सजा पाए नियम तोड़ना)

impu\re /इम्प्युअः/*US* इम्प्युर/ *adj., degr.* **~rer**, **~rest** 1 अशुद्ध: **~re** colour 2 अपवित्र, दूषित: **~re** thoughts 3 मिलावटी 4 नैतिक रूप से पतित: **~re** mind;

dw/lw: **~rity** /इम्प्युअरिटि/ *US* इम्प्युरिटि/ *n., pl.* **~rities** 1 अशुद्धता, अशुद्धि 2 मिलावट: free from ~rities 3 मैल 4 जिस तत्त्व से मिलावट की जाती है

imputa\ble /इम्प्यूटअबल/ *adj.* आरोप्य;

dw/lw:**~tion** /इम्प्यूटेशन/ *n.* 1 दोषारोपण: refute an ~tion 2 आरोपण 3 लांछन: an ~tion of dishonesty/ cowardice;

impu\te /इम्प्यूट/ *v., pt.* **~ted**, *pp* **~ting** 1 आरोप या लांछन लगाना: **~te** sb's illness to negligence 2 के गले मढ़ना, आरोप थोपना: **~te** blame to sb 3 जवाबदेह ठहराना 4 दोषारोपण क. 5 आरोपित क. 6 श्रेय दे.;

dw/lw: **~ted** /इम्प्यूटिड/ *adj.* आरोपित (आय)

IMR *abbr.* 'infant mortality rate' की प्रथमाक्षरी

IMRB *abbr.* 'Indian Market Research Bureau' की प्रथमाक्षरी

IMRO *abbr. Br.* 'Investment Management Regulatory Organisation' की प्रथमाक्षरी

IMS *abbr.* 'International Medical Services' की प्रथमाक्षरी

IMSc *abbr.* 'Institute of Mathematical Sciences (Chennai)' की प्रथमाक्षरी

IMSD *abbr.* 'Integrated Mission for Sustainable Development' की प्रथमाक्षरी

IMSI *abbr.* 'International Mobile Security Identification' की प्रथमाक्षरी

IMT/ IMTECH *abbr.* 'Institute of Microbial Technology' की प्रथमाक्षरी

IMunE *abbr. Br.* 'Institution of Municipal Engineers' का परिवर्णी शब्द (acronym)
IMW *abbr.* 'India's Most Wanted' की प्रथमाक्षरी
IN *abbr.* US state 'Indiana' (*also* **Ind.**)' का संक्षेप
IN *abbr.* 'Indian Navy', 'intelligent network' की प्रथमाक्षरी
in *symbol, chem.* 'indium' का चिह्न
in- *prefix* अ-, अन्-, नि-, निर्-, अंतः-, अर्-, अन-, नहीं: **in**sensitive (असंवेदनशील)
in. *abbr.* 1 'inch' का संक्षेप (इंच) 2 'in toto' का संक्षेप (पूरी तरह, पूर्णतः)
in /इन/ *prep.* 1 में, अंदर, भीतर: ~ the car; ~ school; ~ January 2 के भीतर, अंदर: got ~ his car and drove away 3 के दौरान, कितने समय में/ के बाद में: ~ a few minutes 4 अभिव्यक्ति के माध्यम में: ~ painting 5 क्षेत्र/ व्यवसाय में: ~ politics 6 विषय या क्षेत्र में: ~ philosophy 7 पोशाक में: ~ dark suit 8 रंग/ स्याही में: ~ red ink 9 आकार या स्थिति में: ~ a row, lying ~ bed 10 अवस्था में: ~ love; ~ a bad mood; went out ~ rain 11 क्रम में: ~ alphabetical order 12 में से: one ~ every ten 13 भाषा में: ~ English/ Hindi/ Punjabi/ Urdu/ Tamil, etc. 14 शैली में: ~ a hurry 15 उपलक्ष्य में: ~ memory of 16 कुल: ~ all 17 में शामिल: one ~ thousand
adv. 1 क्षेत्र या स्थान में: ~to an area or space 2 के भीतर: Ram is ~ 3 कहीं पर, के भीतर (पहुंचना): a train/ plane, etc. is ~ 4 किसी स्थान पर (प्राप्ति): applications etc. must be ~ by now 5 मौसम में बदलाव: the tide is coming ~ (ज्वार-भाटा उठ रहा है) 6 टेनिस आदि खेलों में गेंद का पाले में होना: the ball was ~ 7 सूची या पैनल (panel) आदि में: be ~ on panel 8 शुरुआत की स्थिति में *UK*: team is ~ (पारी शुरू हो गई) 9 खिलाड़ी का खेल में बना हो.: the batsman is ~ ;
adj. फैशनेबल: (dark) is ~ these days; the **in** thing/ party/ group;
n. 1 अंदरूनी पहलू: the **~s** and outs of sth (किसी बात के सारे पहलू); know the **~s** and outs of a matter 2 मेल-मिलाप: have an ~ with sb;
abbr. (*also* **in.**) 'inch' का संक्षिप्त रूप (इंच);
dw/lw: **~-and-~** *adv.* एक वंश में, सगे-संबंधियों के बीच, एक ही कबीले में: marry/ breed ~-and-~; **~-and-~** *adj.* एक जाति या कबीले के बीच की: ~-and-~ marriage; **~-and-out** *adv.* पूरी तरह से: know sb ~-and-out; **~s-and-outs** *n. [pl.]* सभी पहलू; **~-box** (*also* **~box**) *n.* कंप्यूटर में ई-मेल का प्राप्ति स्थान; **~-breeding** *n.* 1 कबीले आदि के भीतर ही शादी-ब्याह और जनन-प्रजनन 2 अंत:प्रजनन 3 सजातीय प्रजनन, अंत:प्रजनन; **~-joke** *n.* आधुनिकतम व फैशनेबल मजाक; **~-tray** *n.* अधिकारी की मेज पर आने वाली डाक आदि के लिए ट्रे (tray) या खाना;
sit-~ *n.* किसी समूह द्वारा दिया जाने वाला धरना; **teach-~** किसी समूह द्वारा चलाया जाने वाला पढ़ाने का सत्र;
collocations: **~ abeyance** स्थगित; **~ absentia** /इन ऐबसेंशिआ/ *Lat.* की अनुपस्थिति में, गैरहाजिरी में; **~ accordance with** के अनुसार; **~ accord with** सहमति में, समरसता में, के अनुसार; **~ as much as** 1 को ध्यान में रखते हुए 2 के मद्दे नजर ... 3 क्योंकि; **~ camera** बंद कमरे में, पर्दे के भीतर; **~ and out** सभी पहलू, संपूर्णतः, पूरी तरह: know sth in and out; **~ cottage** फैशनेबल कॉटेज; **~ toto** कुल, कुल मिलाकर, सारे का सारा;
p&i: **~ a blue mood** उदास, दुखी, व्यथित; **~ a bad way** 1 गंभीर हालत में 2 बहुत नाराज; **~ a big way** बड़े पैमाने पर; **~ a brown study** खोया-खोया-सा, अन्यमनस्क; **~ a calm sea ever one is a pilot** कठिन घड़ी में ही इंसान की पहचान होती है; **~ a cleft stick** बड़ी उलझन में, कांध और खोद बीच (*Hr.*); **~ actual fact** वास्तव में; **~ advance** पहले से, अग्रिम खेप के रूप में; **~ a dither** डांवांडोल हालत में; **~ a family way** गर्भवती; **~ a flash** बिजली की कौंध-सी तेजी से; **~ a fume** गुस्से में; **~ a good hour** समय रहते, ठीक समय पर; **~ a hurry** जल्दी में; **~ a jiffy** तुरत-फुरत; **~ a kitty** साझे भंडार में; **~ all** कुल मिलाकर; **~ all probability** पूरी संभावना है कि...; **~ and out** कभी इधर, कभी उधर; **~ a jam** कठिन स्थिति में; **~ an accusing tone** दोष देने के लहजे में; **~ an evil hour** बुरे वक्त पर; **~ a nutshell** संक्षेप में; **~ any way/ wise** किसी भी तरह से, कैसे भी; **~ a Pickwick sense** काल्पनिक अर्थ में; **~ a quandary** भारी उलझन में, किंकर्तव्यविमूढ़; **~ a retreat, lame are the foremost** अवगुणी व्यक्ति पीछे हटने में सबसे आगे होता है; **~ a sack cloth and ashes** मातमी कपड़ों में; **~ a sense** एक अर्थ में; **~ as far as/ ~ so far as = ~ as much as = inasmuch as** 1 ऐसी अवस्था में..., को ध्यान में रखते हुए 2 के मद्दे नजर ... 3 क्योंकि; **~ a small way** छोटे-से या सामान्य स्तर पर; **~ a sorry state/ plight** बुरी हालत में; **~ split second** चुटकी में, एक पल में; **~ a state of nature** नग्न, नंगा; **~ a state of nerve** तनावपूर्ण स्थिति में; **~ a stew** बेडौल स्थिति में; **~ a tizzy** तनाव में; **~ a trice** आनन-फानन में; **~ a way** एक प्रकार से; **~ a word** संक्षेप में; **~ bad odour** बदनाम; **~ between** बीच-बीच में; **~ black and white** लिखित में; **~ broad day light** दिन दिहाड़े; **~ buff** नंगा; **~ bulk** थोक में; **~ case** यदि; **~ case of** के संबंध में; **~ charge = ~ command** की जिम्मेवारी में; **~ cold blood** सोच-समझकर, निर्ममता से; **~ common** समानता, के साथ साझा; **~ concert with** के साथ मिलकर; **~ conclusion** निष्कर्षतः; **~ conformity with** के अनुसार; **~ conjunction with** साथ मिलकर, की मिलीभगत से; **~ connection with** के सिलसले में; **~ consequence of** के परिणाम स्वरूप; **~ days of yore** बीते दिनों; **~ dead earnest** पूरी लग्न से, पूरी गंभीरता से; **~ deep water** बुरी मुसीबत में; **~ defult of** के उल्लंघन स्वरूप; **~ due course** यथा समय, समय आने पर; **~ fact/ ~ point of fact** असल में; **~ defiance of** का विरोध या उल्लंघन करते हुए; **~ detail** विस्तार में; **~ disguise** छद्म वेश में; **~ disrepair** बिगड़ी हालत में; **~ effect** असल में, सच में; **~ embryonic stage** प्रारंभिक अवस्था में; **~ evidence** दृश्य, जो दिख रहा है; **~ fact** असल में; **~ fair weather prepare for foul** इंसान को हर समय हर हाल के लिए तैयार रहना चाहिए; **~ favour of** के पक्ष में; **~ fine** संक्षेप में, सारांश में; **~ flesh** जीवित, भला-चंगा; **~ flight** 1 भागने की प्रक्रिया में 2 भागते हुए 3 विमान की उड़ान के दौरान; **~ focus** ध्यान के केंद्र में; **~ for a penny, ~ for a pound** जहां सेर, वहां सवा सेर; **~ for it** बुरे फंसे, सजा आदि मिलेगी ही; **~ front of** के सामने; **~ full cry = ~ full bloom** 1 पुरजोर, जोरों से 2 कमर कसकर विरोध करने पर उतारू; **~ full feather** मौज-मस्ती में, माला-माल; **~ full fig** सजा-धजा; **~ full swing** पूरे जोरों पर; **~ full view** पूर्णतः दृश्य, सबके सामने; **~ fun** मजाक में; **~ general** सामान्यतः; **~ good faith** नेकनीयती से; **~ good hands** अच्छी देखभाल में; **~ grand feather** 1 सजा-धजा 2 पूरी तरह भला-चंगा; **~ harness** काम या नौकरी में; **~ high dudgeon** आहत और क्रुद्ध; **~ high feather** मस्त, उल्लसित, प्रफुल्ल; **~ high leg** उत्तेजना और उल्लास में; **~ high spirits** प्रसन्नचित्त, उल्लसित; **~ hot water** संकट में; **~ isolation** अलग-थलग करके; **~ itself** अपने आप में; **~ itself entirety** संपूर्णता में, कुल मिलाकर; **~ jealousy there is more of self-love than love** स्वार्थ एवं स्व-प्रेम ईर्ष्या की जननी हैं; **~ jeopardy** खतरे में; **~ keeping with** के अनुसार, के उपयुक्त; **~ league with** के साथ सांठ-गांठ में; **~ letter and spirit** पूरी तरह से, रूप और विषय-वस्तु दोनों में; **in lieu of ~** के बदले में, के एवज में; **~ line with** से मेल खाते हुए , के अनुसार; **low water** पतली हालत में, खस्ता हाल में; **~ many ways** कई मायने में, कई प्रकार से; **~ meat or ~ malt** किसी रूप में (रिश्वत); **~ memorium** की याद में; **~ motion** चालू, गतिमान; **~ my opinion** मेरे विचार

में; ~ **need of** की जरूरत हो.; ~ **no time** जल्दी-जल्दी; ~ **one breath** एकमुश्त, एक ही बार में; ~ **one's imagination** किसी कल्पना में; ~ **one's right mind** अपने होशो-हवास में; ~ **one's true colours** अपने असली रूप में; ~ **order** सब ठीक-ठाक; ~ **order to** कुछ करने के लिए ; ~ **part** अंशतः, कुछ हद तक; ~ **one's elements** अच्छे मिजाज में, प्रसन्नचित्त; ~ **one's heart of hearts** दिल की गहराइयों में, तहे दिल से; ~ **one's mind's eye** किसी की आंतरिक कल्पना में; ~ **one's power** 1 किसी के सामर्थ्य या अधिकार में 2 किसी की मुट्ठी में; ~ **one's teens** 13 से 19 वर्ष का युवक; ~ **one's tracks** ठीक रास्ते पर; ~ **and out of pocket** कभी जेब भरी, कभी खस्ता हाल; ~ **other words** दूसरे शब्दों में; ~ **our midst** हमारे बीच में; ~ **place of** के स्थान पर; ~ **part** अंशतः; ~ **particular** विशेषकर; ~ **person** स्वयं; ~ **principle** सिद्धांततः; ~ **private** व्यक्तिगत रूप से; ~ **proportion to** के अनुपात में; ~ **pursuance of** को आगे बढ़ाते हुए; ~ **pursuit of** 1 का पीछा करते हुए 2 की खोज में; ~ **retrospect** पीछे की घटनाओं का अवलोकन करते हुए; **~s and outs** अंदर-बाहर की सब बातें; ~ **sb's bad books** किसी की आंखों का कांटा; ~ **sb's foot steps** किसी के पदचिह्नों पर; ~ **season** मौसमी, मौसम के अनुसार; ~ **session** (सदन आदि) सत्र में, चालू; ~ **sight** दृश्य, जो दिख रहा हो; ~ **single file** एक के पीछे एक की कतार में; ~ **smooth waters** सुख-चैन में; ~ **so many words** स्पष्ट शब्दों में, दो टूक; ~ **so far as** = **insofar as** = ~ **as far as** जहां तक कि (किसी बात) का सवाल है ...; ~ **some measure** कुछ हद तक; ~ **spite of bell, book and candle** हर विरोध के बावजूद; ~ **state** सामारोहिक अवस्था में; ~ **status quo ante** वर्तमान से पहले की स्थिति में; ~ **store** के लिए इंतजार में, के साथ होनेवाली (घटना); ~ **succession** लगातार, एक के बाद एक; **insurgents become revolutionaries** विद्रोही क्रांतिकारी भूमिका निभा सकते हैं; **interfere with** दखलंदाजी क.; ~ **that** इस कारण से कि...; ~ **that event** उस हालत में; ~ **the abstract** सैद्धांतिक रूप से; ~ **the air** अटकल बाजियों के माहौल में; ~ **the arms of Morpheus** निद्रा देवी की गोद में; ~ **the back of beyond** दूर-दराज के क्षेत्र में; ~ **the balance** अधर में लटका हुआ; ~ **the bowels of earth** भूगर्भ में; ~ **the care of** की देखरेख में; ~ **the case of** के संदर्भ में; ~ **the chair** अध्यक्ष; ~ **the country of the blind, one-eyed man is the king** अंधों में काना राजा; ~ **the course of** के दौरान; ~ **the dark** अनभिज्ञ; ~ **the dead of night** घोर अंधेरी रात में; ~ **the doghouse** अपमानित व शर्मनाक स्थिति में; ~ **the doldrums** डांवांडोल हालत में; ~ **the end** अंततः, आखिरकार; ~ **the event of sth** कोई घटना घट जाने से पैदा होने वाली स्थिति में; ~ **the eyes of** की नजरों में; ~ **the face of** के आमने-सामने होने की स्थिति में; ~ **the first place** पहली बात तो ...; ~ **the flicker of an eye-lid** पलक झपकते ही; ~ **the flower of his age** भरी जवानी में; ~ **the green** अनुकूल परिस्थितियों में; ~ **the hay before it rains** बारिश होने से पहले घास को अंदर क.; ~ **the heat of moment** किसी बात के उकसावा में; ~ **the interim** अस्थायी रूप में; ~ **the know** के संज्ञान में; ~ **the least** कम से कम हद में; ~ **the last resort** अंतिम चारे के रूप में; ~ **the lime light** सुर्खियों में; ~ **the long run** अंततः, आखिरकार; ~ **the lump** कुल जोड़ के अनुसार; ~ **the main** मुख्यतः; ~ **the mean time** इस बीच में; ~ **the mind's eye** की कल्पना में; ~ **the news** सुर्खियों में; ~ **the nick of time** ऐन ठीक समय पर; ~ **the pink of health** भला-चंगा, पूरी चमक-दमक में; ~ **the pipeline** जल्दी होने वाला; ~ **the prime of life** यौवन के शिखर पर; ~ **the process** = ~ **the pipeline**; ~ **the red** घाटे में; ~ **the region of** के आसपास, लगभग; ~ **the round number** मोटा-माटी, लगभग; ~ **the running** उम्मीदवार के रूप में टक्कर में, मैदान में; ~ **the saddle** मैदान में डटा हुआ; ~ **the same boat** समान स्थिति में; ~ **the seventh heaven** सातवें आसमान पर, खुशी से पागल; ~ **the short term** थोड़े दिनों के लिए; ~ **the soup** मुश्किल में; ~ **the straw** प्रसव में, प्रसूति अवस्था में; ~ **the sulks** नाराज, कुढ़ते हुए; ~ **theory** सिद्धांत रूप से; ~ **the teeth of wind** हवा के विपरीत दिशा में; ~ **the throes** मुसीबत के बीच में; ~ **the twinkling of an eye** पलक झपकते ही; ~ **virtue of** की बदौलत; ~ **the wake of** के परिणाम स्वरूप; ~ **the way of** की आदत हो.; ~ **the wind's eye** हवा के ऐन विपरीत; ~ **this day and age** वर्तमान काल में; ~ **this neck of woods** दुनिया के इस हिस्से में; ~ **this regard** इस संबंध में; ~ **time** समय पर; ~ **token of** के प्रतीक के रूप में; ~ **torment** भयंकर पीड़ा में; ~ **toto** सब कुछ, सारा मिलाकर; ~ **touch with** के संपर्क में; ~ **tow** एकदम पीछे; ~ **two ticks** जल्दी ही, एक पल में; ~ **triplicate** तीन प्रतियों में; ~ **unison** एक आवाज में; ~ **use** प्रयोग में; ~ **view of** के संदर्भ में, के मद्दे नजर; ~ **vogue** फैशन में, लोकप्रिय; ~ **voice** गाने या बोलने के लिए आवाज का अच्छी हालत में हो.; ~ **weal and woe** दुःख-सुख में; ~ **with sb** किसी के साथ मैत्रीपूर्ण संबंध हो., से मेल होना, से बनना: ~ **with you!** अंदर आ जाइए!; ~ **the wrong** गलती पर; ~ **the wrong box** उलझन में; ~ **this world man either must be an anvil or a hammer** इस दुनिया में इंसान या तो शिकारी होता है या शिकार; ~ **times of plenty friends will be aplenty** सुख में साथी सभैं बनैं दुःख में साथी न कोय; **in youth we learn, in age we understand** जवानी में इंसान सीखता है और बुढ़ापे में समझ पाता है;

be ~ for a surprise, shock, etc. आश्चर्य या मुसीबत की कगार पर हो.; **be ~ for it/ sth** आगे किसी समस्या का हो.; **be ~ with sb** किसी के साथ अच्छा मेल-मिलाप हो.; **blind ~ one eye** काना; **have it ~ for sb** किसी से रंजिश या खुंदक हो.; **he is not ~ today** वह आज बाहर गया हुआ है; **it set ~ to rain** बारिश शुरू हो गई; **keep ~ with the boss** बॉस के साथ ठीक-ठाक बनाकर रखना; **now in now out** कभी इधर, कभी उधर; **now the BJP is ~** अब बीजेपी सत्ता में है; **the harvest is in** फसल उठा ली गई है; **this decision did more harm than good ~ that it made the procedure still more complicated** इस फैसले ने नुकसान ज्यादा और फायदा कम किया है क्योंकि इसने प्रक्रिया को और ज्यादा पेचीदा बना दिया; **we are ~ for a storm** भीषण तूफान आने ही वाला है; **year ~, year out** साल-दर-साल

in- *pref.* 1 'l' से शुरू होनेवाले शब्दों (*also* **il-**), 'b, m, p' से शुरू होने वाले शब्दों में (*also* **im-**) या 'r' से शुरू होनेवाले शब्दों में (*also* **ir-**) मूल शब्दों यानी उनके धातु के अर्थ के विपरीत अर्थ दर्शाने के लिए प्रयुक्त: **in**hospitable, **illogical**, **immaturity**, **irrelevant** 2 'l' से शुरू होने वाले शब्दों (*also* **il-**), 'b, m, p' से शुरू होनेवाले शब्दों में (*also* **im-**) या 'r' से शुरू होने वाले शब्दों में (*also* **ir-**): a) in/ towards: **immigrant**, **imprison**, **in**trude के अर्थ में b) बल देने के लिए प्रयुक्त: **in**fluence

INA *abbr.* 'Indian National Army' की प्रथमाक्षरी

inability /इनअबिलिटि/ *n.* 1 अयोग्यता 2 अक्षमता, असमर्थता, विवशता: ~ to pay

in absentia /इनैब्सेंशिआ/ *adv. Lat.* की अनुपस्थिति में

inabstinence /इनैब्सटिनंस/ *n.* 1 परहेज का अभाव 2 बिना किसी निरर्थक परहेज या बंधनों के सामान्य गृहस्थ जीवन

inacceptable /इनेक्सेप्टअबल/ *adj.* जो स्वीकार्य न हो, अस्वीकार्य

inaccessibility /इनेक्सेसअबिलिटि/ *n.* अगम्यता, पहुंच के बाहर होने की स्थिति;

inaccessible /इनैक्सेसिबल/ *adj.* 1 जो मिलने-जुलने के लिए उपलब्ध न हो, पहुंच से बाहर या परे 2 अगम्य

inaccordant /इनअकॉःडंट/ *adj.* असमरस, प्रतिकूल, विरोधाभासी

inaccura\cy /इनैक्युरअसि/ *n.* 1 गलती, अशुद्धि, भूल: an **~cy** in the use of terms 2 निशाने(बाजी) में चूक;

inaccurate /इनैक्युरअट/ *adj.* 1 गलत, अशुद्ध: ~ statement 2 अयथार्थ

inaction /इनैक्शन/ *n.* 1 निष्क्रियता, निठल्लापन 2 आलस्य

inacti\vate /इनेक्टिवेट/ *v., pt.* **~vated**, *pp* **~vating** निष्क्रिय

बनाना, अक्रिय कर दे.;
dw/lw: **~vation** /इनेक्टिवेशन/ *n.* निष्क्रियण; **~ve** /इनैक्टिव/ *adj.* 1 निष्क्रिय: ~ve medicine; ~ve list 2 अकर्मण्य 3 आलसी: be ~ve 4 *gramm.* अकर्तृवाच्य; **~vity** /इनैक्टिविटि/ *n.* निष्क्रियता, अकर्मण्यता, आलस्य

inadapta\bility /इनअडैप्टअबिलिटि/ *adj.* अनुकूलन अक्षमता;
dw/lw: **~ble** /इनअडैप्टअबल/ *adj.* जिसे अनुकूल न बनाया जा सके

inadequa\cy /इनैडिक्वअसि/ *n.* 1 कमी, अपर्याप्तता 2 अनुपयुक्तता: the ~ of a reply 3 कमजोरी, निम्न स्तर;

inadequate /इनैडिक्विट/ *adj.* 1 कमजोर, लचर, निम्न-स्तरीय: ~ to the end 2 अनुपयुक्त: ~ conceptions; ~ terms 3 अपर्याप्त, कम: ~ compensation; ~ resources; ~ funds 4 अयोग्य, अक्षम: an ~ teacher 5 किसी स्थिति से निपटने में अक्षम;
dw/lw: **~ly** /इनैडिक्विटलि/ *adv.* अपर्याप्त रूप से

inadhe\rent /इनअढिअरंट/ *adj.* जुड़ा न हुआ, खुला;
dw/lw: **inadhesive** /इनअढिसिव/ *adj.* न चिपकने वाला

inadmissi\bility /इनअडमिसअबिलिटि/ *n.* अग्राह्यता, अमान्यता, अस्वीकार्यता, अनुज्ञेयता;
dw/lw: **~ble** /इनअडमिसअबल/ *adj.* अस्वीकार्य, अग्राह्य, अमान्य

inadver\tence /इनअडवःटंस/ *n.* 1 असावधानी: suffer for sb's **~tence** 2 भूल: by **~tence** 3 प्रमाद;
dw/lw: **~tent** /इनअडवःटंट/ *adj.* 1 अनभिप्रेत 2 असावधान; **~tently** /इनअडवःटंटलि/ *adv.* 1 अनजाने में 2 भूल से 3 असावधानी के कारण

inadvisable /इनअडवाइजअबल/ *adj.* अनुचित, अनुपयुक्त, अविवेकपूर्ण

INAEG *abbr.* 'Initiative Against Economic Globalisation' की प्रथमाक्षरी

inalterable /इनॉल्ट्रअबल/ *adj.* जिसे बदला न जा सके, अपरिवर्तनीय

inamorata /इनैमअराःटा/ *n., pl.* **~s**, *mainly lit.* प्रेयसी, प्रेमिका

inamorato /इनैमराःटो/ *n., pl.* **~s**, *mainly lit.* प्रेमी

inaliena\bility /इनएलिअनअबिलिटि/ *n.* अटूटता, अभिन्नता
dw/lw: **~ble** /इनएलिअनअबल/ *adj.* 1 अटूट, अभिन्न: ~ble right 2 अदेय, अहरणीय 3 अहस्तांतरणीय

inane /इनेन/ *adj., degr.* **~r**, **~st** 1 नासमझ, मूर्खतापूर्ण: ~ remark, ~ smile 2 निरर्थक: ~ and tiresome book 3 शून्य;
dw/lw: **~ly** *adv.* नासमझी से, मूर्खतापूर्वक; **inanity** /इनैनिटि/ *n.* नासमझी, मूर्खता

inanimate /इनैनिमेट/ *adj.* 1 निर्जीव: ~ matter 2 जड़: ~ conversation/ sermon 3 हतोत्साही: ~ face/ look 4 *gramm.* अप्राणिवाचक

inanition /इनअनिशन/ *n.* 1 खालीपन, थकान 2 बदहजमी या अपौष्टिकता के कारण पैदा हुई बदन की टूटन: ~ of the body; perish of ~;

inanity /इनैनिटि/ *n.,* **inanities** 1 शून्यता, अगंभीरता: treat a topic with ~ 2 मूर्खता 3 निरर्थकता: **inanities** of fashion

inappeasable /इनअपीजअबल/ *adj.* अतोषणीय, जिसको तुष्ट न किया जा सके

inappealable /इनअपीलअबल/ *adj.* जिसके खिलाफ अपील न हो सके, अपुनरावेदनीय

inappe\tence /इनैपिटंस/ *n.* अप्रवृत्ति, अनिच्छा, अरुचि
dw/lw: **~tent** /इनैपिटंट/ *n.* अप्रवृत्तिकर, अरुचिकर

inapplicable /इनैप्लिकेबल/ *adj.* 1 जो लागू न होता हो: the rule is ~ to this case 2 अप्रयोज्य 3 अनुपयुक्त: ~ means

inapposite /इनऐपअजिट/ *adj.* 1 अनुपयुक्त 2 अप्रासंगिक

inapprecia\ble /इनअप्रीशिएबल/ *adj.* तुच्छ, हेय, नगण्य: **~ble** difference in quality;
dw/lw: **~tive** /इनअप्रीशिअटिव/ *adj.* 1 जो प्रशंसक या गुण ग्राहक न हो 2 अगुणग्राही, अगुणज्ञ

inapproachable /इनअप्रोचअबल/ *adj.* जो पहुंच के बाहर हो

inappropriate /इनअप्रोप्रिअट/ *adj.* अनुपयुक्त, अनुचित;
dw/lw: **~ly** /~लि/ *adv.* गलत ढंग से; **~ness** /~नेस/ *n.* अनुपयुक्तता, अनौचित्य;

inapt /इनैप्ट/ *adj.* 1 अनुपयुक्त, अनुचित: ~ remarks 2 अपटु, अयोग्य, अदक्ष, अकुशल, अनाड़ी: ~ mechanic;
dw/lw: **~itude** (*also* **~ness**) /इनैप्टिच्यूड/ *n.* अयोग्यता, अदक्षता, अकुशलता

inarch /इनाःच/ *v., pt.* **~ed**, *pp* **~ing** *gardening* भेंटकलम बांधना

INARIS *abbr.* 'Integrated National Agricultural Resource Information System' की प्रथमाक्षरी

inarticulate /इनार्टिक्युलट/ *adj.* 1 जो ठीक से अभिव्यक्त न कर सके: he is ~ with rage 2 अस्पष्ट, अस्फुट, अव्यक्त: ~ groan/ mutter 3 मूक, गूंगा

in articulo mortis *Lat.* मरणासन्न, काल के गाल में, मृत्यु के कगार पर

inartificial /इनाःटिफिशिअल/ *adj.* नैसर्गिक, प्राकृतिक, स्वाभाविक: ~ classification 2 सहज: the ~ ways of a child

inartistic /इनाःटिस्टिक/ *adj.* जो कलात्मक न हो, भद्दा, भोंडा;
dw/lw: **~ally** /इनाःटिस्टिकलि/ *adv.* भद्दे रूप से

INASL *abbr.* 'Indian Association for Study of the Liver' की प्रथमाक्षरी

inasmuch as *see above under* **in:** ***collocations::***

inatten\tion /इनअटेन्शन/ *n.* 1 असावधानी 2 अनदेखी, उपेक्षा, अवहेलना, लापरवाही;
dw/lw: **~tive** /इनअटेंटिव/ *adj.* 1 बेध्यानी 2 बेखबर 3 लापरवाह 4 अनमना, अन्यमनस्क; **~tively** /इनअटेंटिवलि/ *adv.* बेध्यानी से, लापरवाही से

inaudibility /इनॉडअबिलिटि/ *n.* अश्रव्यता, सुनाई न पड़ने की स्थिति;

inaudible /इनॉडिबल/ *adj.* जो सुनाई न पड़ सके, अश्रव्य, कर्ण अगोचर

inaugu\ral /इनॉग्यु्रल/ *adj.* 1 उद्घाटन संबंधी 2 उद्घाटन समारोह या भाषण: **~ral** address/ speech; **~ral** ceremonies;
dw/lw: **~rate** /~रेट/ *v., pt.* ~rated, *pp* ~rating 1 उद्घाटन क.: ~rate the conference 2 शुभारंभ क. 3 नए परिवर्तन आरंभ क.; **~ration** /~रेशन/ *n.* उद्घाटन;
collocations: **Inauguration Day** 20 जनवरी, नव-निर्वाचित अमेरिकी प्रेजिडेंट के कामकाज का पहला औपचारिक दिन

inauspicious /इनॉस्पिशिअस/ *adj.* अमांगलिक, अशुभ, मनहूस: ~ beginning;
dw/lw: **~ly** /~लि/ *adv.* दुर्भाग्यवश

inauthen\tic /इनॉथेंटिक/ *adj.* नकली, जो भरोसेमंद न हो;
dw/lw: **~ticity** /~सिटि/ *n.* कृत्रिमता, बनावटीपन

inbeing /इनबीइंग/ *n.* सार, जीव

in-between *adj.* 1 बीच-का 2 न यहां, न वहां;
n. बीच की वस्तु या व्यक्ति

inboard /इनबॉःड/ *adj. & adv.* जहाज, विमान या कार में स्थित

inborn /इनबॉःन/ *adj.* 1 जन्मजात: ~ ability 2 जन्मसिद्ध 3 नैसर्गिक, सहज, स्वाभाविक: ~ aptitude 4 पुश्तैनी

inbound /इनबाउंड/ *adj.* 1 पहुंचने वाला 2 दूर-दराज की यात्रा के बाद लौटने वाला: ~ vessel

inbrea\the /इनब्रीद/ *v., pt.* **~thed**, *pp* **~thing** 1 कश लेना 2 सांस अंदर खींचना 3 प्रेरणा दे.

inbred /इनब्रेड/ *adj.* 1 जन्मजात: ~ curiosity 2 एक ही नस्ल के नर-मादा से उत्पन्न 3 अंतः प्रजात;

inbreeding *see above under* **in:** ***dw/lw***

inbuilt /इनबिल्ट/ *adj.* अंतर्निहित, के अंदर समाहित या समाविष्ट

inburst /इनबःस्ट/ *n.* अंदर आते हुए द्रव का ज्वार: an ~ of water

Inc. *abbr.* 'incorporated' का संक्षिप्त रूप (कुछ कंपनियों के नाम के साथ प्रयोग होता है)

INC *abbr.* 'Indian Merchants Chamber', 'Indian National Congress' की प्रथमाक्षरी

INCA *abbr.* 'Indian National Cartographic Association' की प्रथमाक्षरी

Inca /इन्का/ *n.* 1 दक्षिणी अमेरिकी देश पेरू (Peru) की इन्का जनजाति 2 इन्का भाषा

incalculable /इनकैलक्युलेबल/ *adj.* 1 अमित, जिसे मापा या गिना न जा सके: ~ losses 2 गणनातीत, बेशुमार 3 अनिश्चित: a person of ~ moods

incalescent /इनकलेसंट/ *adj.* गर्माहट प्राप्त करने वाला, गर्म होने वाला, उत्तप्त

in-calf /इनकाफ/ *adj.* (गाय, भैंस आदि) गाभिन, नया-दूध, गर्भित

in camera *Lat.* गुप्त, पर्दे के पीछे

incan\desce /इनकैंडेस/ *v., pt.* **~desced**, *pp* **~descing** उद्दीप्त क. या हो., गर्म होकर लाल हो.;

dw/lw: **~descence** /इनकैंडेसंस/ *n.* उद्दीप्ति, तापदीप्ति; **~descent** /इनकैंडेसंट/ *adj.* उद्दीप्त, तापदीप्त, प्रकाशमान, ज्योतिर्मय: ~descent lamp; ~descent mantle; ~dent wit (उज्ज्वल प्रतिभा); ~descent lamp

incantation /इनकैंटेशन/ *n.* 1 मंत्र पाठ 2 मंत्र 3 अभिचार, झाड़-फूंक, जादू-टोने का असर

incapa\bility /इनकेपअबिलिटि/ *n.* 1 अयोग्यता 2 असमर्थता, लाचारी 3 अक्षमता;

dw/lw: **~ble** /इनकेपअबल/ *adj.* 1 अक्षम: ~ble of thought (सोचने में अक्षम); drunk and ~ble (पीकर सुध-बुध खोए हुए) 2 असमर्थ 3 अयोग्य: thoroughly ~ble; ~ble of repair (जिसकी मरम्मत न हो सके)

incapacious /इनकपेशिअस/ *adj.* 1 तंग या छोटा 2 जिसकी समाविष्टता या भराई कम हो

incapacita\te /इनकपैसिटेट/ *v., pt.* **~ted**, *pp* **~ting** 1 पंगु या विकलांग बनाना 2 अशक्त बनाना, अक्षम क., असमर्थ क. 3 अयोग्य ठहराना;

dw/lw: **~ted** /~टिड/ *adj.* 1 अशक्त, असमर्थ, अक्षम 2 पंगु; **~tion** /~शन/ *n.* 1 *law* नागरिकता अधिकारों से वंचन 2 वैधता का लोप 3 अशक्तता, पंगुपन, अक्षमता

incapacity /इनकपैसिटि/ *n.* 1 अशक्तता, अक्षमता: ~ to work 2 (***syn.*** inability) अयोग्यता 3 असमर्थता 4 *law* अधिकार-अशक्तता, अक्षमता

in-car /इन-काः/ *adj.* कार के भीतर होने वाला, कार के भीतर का: ~ music

incarcera\te / इनकाःसअरेट/ इनकाःसअरेट/ *v., pt.* **~ted**, *pp* **~ting** 1 (***syn.*** imprison) कारागार में रखना 2 बंदी बनाना 3 कैद क.;

dw/lw: **~tion** /इनकाःसअरेशन/ *n.* (***syn.*** imprisonment) कारागार, कैद

incardina\te /इनकाःडिनेट/ *v., pt.* **~ted**, *pp* **~ting** अधिष्ठापन क., समाविष्ट क.

incarnadine /इनकाःनअडाइन/ *adj.* गहरा लाल, किरमिजी;

v., *pt.* **~d**, *pp* **incarnadining** गहरा लाल बनाना, लाल रंग में रंगना

incarna\te /इनकाःनेट/ *adj.* 1 अवतार 2 साक्षात मूर्त: the devil **~te** (साक्षात राक्षस) 3 देहधारी, शरीरधारी 4 मूर्तिमान;

v., pt. **~ted**, *pp* **~ting** 1 अवतार लेना, अवतार हो. 2 शरीर धारण क. 3 की मूर्ति हो., मूर्ति में उतारना, में अभिव्यक्त क.: **~te** a vision in a sculpture/ painting 4 मूर्तिमान बनाना: Egyptians **~ted** gods as or in the form of various animals;

dw/lw: **~tion** /इनकाःनेशन/ *n.* 1 (**the Incarnation**) अवतरण, कई योनियों में से होकर मनुष्य के रूप में अवतरण 2 देहधारण 3 अवतार बनने की क्रिया: the ~tion of sth 4 (***syn.*** embodiment) साक्षात स्वरूप: he is the ~tion of selfishness; ~tion of deceit

incase /इनकेस/ *v., pt.* **~d**, *pp* **incasing** डिब्बे में बंद क., *see also* **encase**

incautious /इनकॉशिअस\/ *adj.* 1 असावधान, फूहड़: ~ talk 2 लापरवाह: ~ act/ step;

dw/lw: **~ly** /~लि/ *adv.* फूहड़ तरीके से, लापरवाही से

INCB *abbr.* 'International Narcotics Control Board' की प्रथमाक्षरी

INCEF *abbr.* 'International Children's Excellence Fund' की प्रथमाक्षरी

incendia\ry /इनसेंडिअरि/ *adj.* 1 दाहक: an **~ry** bomb/ device 2 आगलगाऊ: **~ry** fire 3 आग पैदा कर सकने वाला: **~ry** bullet 4 अति ज्वलनशील 5 (***syn.*** inflammatory) उत्तेजक, भड़काऊ: **~ry** crime 7 विद्रोहात्मक;

n. 1 (***syn.*** fire bomb) अग्नि-गोला, अग्नि-बम, आगलगाऊ बम, गृहदाही 2 विद्रोही;

dw/lw: **~rism** /इनसेंडिअरिज्म/ *n.* आगजनी, गृहदाह

incen\se /इनसेंस/ *n.* 1 धूप (अगरबत्ती) का धुआं 2 लोबान 3 सुगंध 4 प्रशंसा, श्रद्धांजलि;

v., pt. **~sed**, *pp* **~sing** 1 क्रुद्ध हो. या क. 2 चिढ़ाना, उत्तेजित क. या हो.: be **~sed** at sb's remarks 3 लोबान चढ़ाना, धूप दे. 4 महकाना, सुगंधित क.;

dw/lw: **~sed** /इनसेंसड/ *adj.* क्रुद्ध; **~sory** /इनसेंसरि/ *n.* धूपदान

incentive /इनसेंटिव/ *n.* 1 प्रोत्साहन: offer sth as an ~; have/ provide an ~ (प्रोत्साहन पाना/ दे.); an added/ powerful/ strong ~ 2 प्रेरणा: the true ~ to scientific research 3 प्रेरणास्रोत: an ~ for sb

adj. 1 प्रेरक 2 प्रेरणादायक: ~ speech 3 उद्दीपक 4 प्रोत्साहक: ~ pay; an ~ scheme (प्रोत्साहक योजना)

incept /इनसेप्ट/ *v., pt.* **~ed**, *pp* **~ing** 1 प्रारंभ क. 2 आत्मसात् क.;

dw/lw: **~ion** /इनसेप्शन/ *n.* प्रारंभ, शुरुआत, सूत्रपात, श्रीगणेश; **~ive** /इनसेप्टिव/ *adj.* 1 प्रारंभिक 2 आरंभसूचक: be ~ive of sth 3 *gramm.* प्रारंभवाचक: ~ive verb

incertitude /इनसःटिच्यूड/ *n.* 1 अनिश्चय 2 संदेह, असमंजस: he fails from mere ~

inces\sancy /इनसेसंसि/ *n.* निरंतरता;

dw/lw: **~sant** /इनसेसंट/ *adj.* 1 निरंतर, लगातार, अविराम, बिना रुके: ~sant rains/ storms 2 अविरल, अनवरत: ~sant clamours/ complaints; **~santly** /इनसेसंटलि/s *adv.* बिना रुके, निरंतर

incest /इनसेस्ट/ *n.* 1 निकट संबंधियों के बीच संभोग 2 पारिवारिक व्यभिचार 3 अगम्यगमन;

dw/lw: **~uous** /इनसेस्चुअस/ *adj.* 1 निकट संबंधियों के बीच संभोग से संबंधित, व्यभिचारितापूर्ण 2 अपने संबंधियों तक ही सीमित रहने वाले लोग, पारिवारिक समूह; **~uously** /इनसेस्चुअसलि/ *adv.* अपने संबंधियों तक ही सीमित रहते हुए

inch /इंच/ *n.* (*abbr.* ***in.***), *pl.* **~es** 1 इंच = 2.54 सेंटीमीटर: she is five feet six **~es** 2 ऊंचाई, गहराई... का माप: an ~ of snow 3 रत्ती भर, थोड़ा-सा;

v., *pt.* **~ed**, *pp* **~ing** थोड़ा-थोड़ा करके सरकना या आगे बढ़ना;

dw/lw: **~meal** *adv.* इंच-इंच पर, थोड़ा-थोड़ा करके, धीरे-धीरे; **~tape** *n.* इंचों में मापने वाला फीता; **~worm** *n.* (measuring-worm) इंच कृमि, एक प्रकार की सुंडी;

p&i: **~ along/ forward/ out** धीरे-धीरे चलना/ आगे बढ़ना/ बाहर निकलना; **~ by ~/ by ~s** आहिस्ता-आहिस्ता, इंच दर इंच; **~ one's way forward** धीरे-धीरे आगे बढ़ना; **~ sb out** किसी को धीरे-धीरे बाहर कर दे.; **~ sth out** किसी चीज को बाहर कर दे. **a man of ~es** ऊंचे कद का आदमी; **an ~ breaks no squares** छोटी-मोटी असफलताओं से घबराना नहीं चाहिए; **an**

~ of cold iron कृपाण से वार; **be every ~ a gentle man** पूर्णतया एक शरीफ या नेक इंसान हो.; **die by ~es** घुट-घुटकर मरना; **every ~** पूर्णतः, शत-प्रतिशत; **give him an ~ and he'll take an ell** उसे उंगली दो, वह पहुंचा पकड़ लेगा; **he is noble every ~ of him** वह पूरी तरह से नेक व्यक्ति है; **miss by ~s** थोड़ी-सी दूरी से चूकना; **not to budge an ~** जरा भी पीछे न हटना; **not budge/ give/ yield an ~** एक इंच भी नहीं हटना, अडिग र.; **sell by ~ of candle** अंतिम वस्तु तक बेच डालना; **within an ~ of one's life** मौत के मुंह में होना; **within an ~ of sth** ऐन करीब हो.

incharge /इनचाःज/ *n.* इंचार्ज, प्रभारी, कार्याधिकारी, कार्यभारी

in-chief *comb. form* उच्चतम पद, सर्वोपरि: commander-**in-chief**

inchoa\te /इनको\एट/ *adj.* 1 शुरू का, आरंभिक: the **~te** thawing of snow 2 (***syn.*** embryonic) अपक्व, अधूरा, अपूर्ण 3 अविकसित: **~te** idea;

dw/lw: **~tion** /~एशन/ *n.* प्रारंभ, आरंभ; **~tive** /~एटिव/ *adj.* 1 *gramm.* अपने आप होने वाला (परिवर्तन) 2 प्रारंभिक: be in an ~tive stage

incidence /इंसिडेंस/ *n.* 1 घटना: a serious ~ 2 घटित होने की क्रिया: a high/ increased/ low ~ 3 आपतन 4 घटित होने का तथ्य: the ~ of a disease 5 विस्तार, मात्रा, संख्या, आकार: high ~ of crime 6 प्रभाव क्षेत्र: what is the ~ of the tax?

incident /इंसिडेंट/ *n.* 1 घटना: an ~ happens/ occurs 2 झड़प, टकराव, टक्कर: lead up to an ~; an isolated ~ 3 अनुषंग 4 प्रसंग 5 घटने की प्रक्रिया, विकास: an ~ of a plot (कहानी के कथानक का विकास);

dw/lw: **~al** /इंसिडेंट\ल/ *adj.* 1 संयोगजन्य, स्वभावोचित: weakness is ~al to human nature 2 लाक्षणिक: hardships are ~al to the life of explorers (खोजियों के जीवन में कठिनाइयां तो आती ही हैं); ills ~al to old age 3 विशेषतासूचक: dangers are ~al to travel 4 *law* (usually ~al to sth) पर निर्भर 5 *phys.* पर गिरती हुई: ~al rays 6 गौण: ~al advantage 7 प्रासंगिक, आकस्मिक: ~al conversation (*usually* ~al on/ upon sth) 8 फुटकर, विविध: ~al expenses; **~ally** /~लि/ *adv.* 1 संयोगवश, संयोग से: mention sth ~ally 2 प्रसंगवश आकस्मिक रूप से (by the way): be it said ~ally; **~als** /~ल्ज/ *n. [pl.]* छोटे-मोटे खर्चे, बारीकियां, चीजें

incinera\te /इनसिनअ\रेट/ *v., pt.* **~ted**, *pp* **~ting** जलाकर राख कर डालना, जला डालना, फूंक डालना, भस्म कर दे.;

dw/lw: **~tion** /इनसिनअरेशन/ *n.* भस्मीकरण, दाहन; **~tor** *n.* जलाकर राख करने वाली मशीन, भस्मक, दाहक, जलाने वाला

incipi\ence/ incipiency /इनसिपिअंस/ इनसिपिअंसि/ *n.* 1 प्रारंभिक अवस्था, प्रावस्था 2 प्रारंभ, शुरुआत;

dw/lw: **incipient** /इनसिपिअंट/ *adj.* 1 प्रारंभिक: ~ thawing 2 जल्द होने वाला, संभावित: ~ light of the day; ~ town

inci\se /इनसाइज/ *v., pt.* **~sed**, *pp* **~sing** 1 छेदना 2 कटाई क. 3 नक्काशी क., उत्कीर्ण क.: **~se** a copper plate; **~se** an epitaph on a grave (कब्र पर शिलालेख लिखना);

dw/lw: **~sed** /इनसाइजड/ *adj.* 1 छेदित 2 नक्काशीदार, उत्कीर्णित; **~sion** /इनसिजन/ *n.* 1 चीरा, छेदन, काट 2 उत्कीर्ण 3 शिलालेखन; **~or** /इनसाइजः/ *n.* 1 सामने का काटने वाला कोई नुकीला दांत, कृंतक 2 छेदक

incisive /इनसाइसिव/ *adj.* 1 छेदक, तीक्ष्ण 2 प्रखर, तेज, स्पष्टदर्शी: ~ mind; ~ questions/ comments/ criticism 3 प्रभावी व निर्णायक: ~ functioning; **~ly** /~लि/ *adv.* प्रभावी व निर्णायक ढंग से; **~ness** /~नेस/ *n.* 1 तेजी, तीक्ष्णता, पैनापन 2 निर्णायकता

incita\ble /इनसाइटेबल/ *adj.* जिसे भड़काया जा सके;

dw/lw: **~nt** /इनसाइटंट/ *adj.* उत्तेजित करने वाला, जोश दिलाने वाला; **~tion** /इनसाइटेशन/ *n.* उत्तेजना, जोश

inci\te /इनसाइट/ *v., pt.* **~ted**, *pp* **~ting** 1 उकसाना, भड़काना, उभारना, उत्तेजित क.: **~te** sb to do sth 2 प्रेरित क.: **~te** sb to a heroic deed;

dw/lw: **~tement** /इनसाइटमंट/ *n.* 1 उकसावा, उत्तेजना: do sth by sb's ~tement 2 प्रेरणा; **~ter** *n.* उकसाने वाला, भड़काने वाला व्यक्ति

incivility /इनसिविलिटि/ *n., pl.* **incivilities** 1 बदतमीजी, अशिष्टता, अभद्रता: commit an ~; permit (oneself) **incivilities** 2 रुखाई

incivism /इनसिविज्म/ *n.* 1 नागरिक भावना का अभाव, देशभक्ति का अभाव 2 देशद्रोह

incl. *abbr.* 'included/ including/ inclusive' का संक्षिप्त रूप

incle\mency /इनक्लेमंसि/ *n.* 1 मौसम आदि की खराबी 2 कठोरता;

dw/lw: **~ment** /इनक्लेमंट/ *adj.* 1 कड़ा, तेज, तूफानी (मौसम): ~ment weather 2 निर्दय, निर्मम, निष्ठुर: ~ment ruler 3 विषम, प्रतिकूल

inclinable /इनक्लाइनअबल/ *adj.* प्रवृत्त, उन्मुख, झुकाव वाला: ~ to mercy; somewhat ~ to corpulence (मोटे होने की प्रवृत्ति वाला)

inclination /इनक्लिनेशन/ *n.* 1 झुकाव, प्रवृत्ति: an ~ of the body; an ~ to stoutness/ to become, to grow fat 2 रुझान, रुचि, अभिरुचि: prevalent ~; an ~ for the stage 3 आनति, नति: repress/ suppress/ restrain one's ~ 4 ढाल, ढलान: the ~ of a roof

incline /इनक्लाइन/ *v., pt.* **~d**, *pp* **inclining** 1 झुकना या झुकाना: ~ the head 2 में रुचि रखना, रुझान हो.: he **~s** to serious studies 3 झुकाव हो.: be **~d** to leanness 4 प्रवृत क.: ~ sb to think that; be/ to feel **~d** to do sth 5 प्रभावित क. या हो., किसी ओर झुकाना या मोड़ना: ~ to an opinion; ~ one's ear to sth;

n. ढाल: ~ to/ towards sth;

dw/lw: **~d** *adj.* 1 कुछ करने को तत्पर या इच्छुक 2 चाहे-अनचाहे राजी होने को तैयार 3 झुका हुआ, मुड़ा हुआ 4 प्रवृत्त: he is dishonestly ~d 5 की ओर रुझान पाले हुए 6 किसी कोण पर ढला या झुका हुआ, आनत, नत: ~d plane; **inclinometer** /इन्क्लिनॉमिटः/ *n.* नमनमापी, ढालमापी, नतिमापी;

p&i: **~d to do sth** कुछ करने को प्रवृत्त या तत्पर; **~d plane** ढलवां तल या सतह;

artistically/ technically, etc. ~d जिसका कला या तकनीकी में रुझान हो; **be ~d to think/ believe/ agree, etc.** विचार/ विश्वास करने या सहमत होने को तत्पर या इच्छुक

inclo\se /इनक्लोज/ *v., pt.* **~sed**, *pp* **~sing** 1 चारों ओर से घेरना 2 पात्र में रखना 3 लिफाफे में रखना या बंद क.

inclosure /इनक्लोजः/ *n. see above* '**enclosure**'

inclu\de /इनक्ल्यूड/ *v., pt.* **~ded**, *pp* **~ding** 1 शामिल हो. या क.: the nutshell **~des** the kernel 2 समाविष्ट क.: the volume **~des** all his works 3 में लगा दे. या जोड़ना 4 किसी गतिविधि में जोड़ना;

dw/lw: **~ded** /इनक्ल्यूडिड/ *adj.* शामिल, सम्मिलित, समाविष्ट, अंतर्विष्ट, अंतर्गत: both points are ~ded; postage ~ded; **~dible** /इनक्ल्यूडिबल/ *adj.* सम्मिलित या शामिल किए जाने योग्य; **~ding** /इन्क्ल्यूडिंग/ *prep.* को मिलाकर, सहित, के समेत: we were six ~ding our host; up to and ~ding the 31st December

inclusion /इनक्ल्यूजन/ *n.* 1 समावेश, अंतर्वेश 2 अंतःस्थ पिंड, समाविष्ट वस्तु या पदार्थ

inclusive /इनक्ल्यूसिव/ *adj.* 1 (**~ of sth**) समावेशित, सहित: ~ of vat 2 सम्मिलित, शामिल, समाविष्ट 3 (***anton.*** excluding) को मिलाकर: from Monday till Saturday ~; ~ the first and last date or number 4 को ध्यान रखते हुए: ~ payment/ price/ terms 5 सब वर्गों व श्रेणियों आदि की भागीदारी वाला (विकास, कार्यक्रम ...): ~ growth as opposed to exclusive growth;

dw/lw: **~ly** /~लि/ *adv.* को मिलाकर, को मिलाते हुए; **~ness** /~नेस/ *n.* समावेशन, सब वर्गों व श्रेणियों आदि की भागीदारी की नीति;
collocations:~ **groups** सब को शामिल करने की नीति पर चलने वाले समुदाय; ~ **reckoning** गिनती की एक विधि जिसमें पहली और आखिरी संख्या को भी शामिल किया जाता है;
p&i: ~ **of** को मिलाकर
incoercible /इनकोअःसिबल/ 1 जिसे दबाया न जा सके 2 जो तरल अवस्था में परिवर्तित न हो सके 3 *med.* शमित न होने वाली: ~ vomiting (दबाई न जा सकने वाली उल्टियां)
incog. *short* 'incognito' का छोटा रूप
incognito /इन्कौग्नीतो/ *adv.* 1 छद्म रूप में 2 वेश बदलकर, जिसे कोई पहचान न सके: he presumes he is ~ 3 अज्ञात या गुप्त रूप से: travel ~
n. *pl.* **~s** 1 छद्म नाम 2 गुप्त रूप: preserve one's ~;
adj. गुप्त: ~ visitor
incogni\zable /इन्कौग्निजअबल/ इन्कौग्नाइजअबल/ *adj.* 1 अगोचर, जिसे पहचाना न जा सके 2 अबोधगम्य;
dw/lw: **~zant/ ~sant** /इन्कौग्निजंट/ *adj.* अनभिज्ञ
incohe\rence /इन्कोहिअरंस/ *n.* 1 असंबद्धता: **~rence** of speech 2 विसंगति: manifest **~rence** (स्पष्ट विसंगति) 3 लचरता, बेसिर-पैरपन;
dw/lw: **~rent** /इन्कोहिअरंट/ *adj.* 1 असंबद्ध: ~rent sentence 2 असंगत: ~rent ideas 3 अव्यवस्थित: ~rent public 4 अस्पष्ट: he was quite ~rent; **~rently** *adv.* असंगत व अस्पष्ट तरीके से
incohe\sion /इन्कोही\जन/ *n.* असंगति, असंबद्धता, अव्यवस्था;
dw/lw: **~sive** /~सिव/ *adj.* असंबद्ध, असंगत, अव्यवस्थित, अस्पष्ट
INCOIS *abbr.* 'Indian National Centre for Ocean Information Services' की प्रथमाक्षरी
INCOMAG *abbr.* 'International Communication Agency' की प्रथमाक्षरी
incombustible /इन्कंबस्टिबल/ *adj.* 1 जिसे जलाया न जा सके, जिसे आग न लगे 2 अदाह्य, अदह्य: an ~ substance
income /इन्कम/ *n.* आय, आमदनी: an average/ good/ high/ low/ steady ~; earn/ have/ provide an ~;
collocations: ~ **policy** आय नीति; ~ **support** कम आमदनी होने पर सरकार द्वारा दी जाने वाली सहायता; ~ **tax** आयकर;
gross ~ कुल आय; **national** ~ राष्ट्रीय आय; **net/ pure** ~ शुद्ध आय;
p&i: **live beyond one's** ~ आय से अधिक खर्च क, आमदनी चवन्नी, खर्चा अठन्नी
incomer /इनकमः/*n.* बाहर से आकर उस स्थान पर बसने वाला जहां वह पैदा नहीं हुआ
incoming /इनकमिंग/ *adj.* 1 (***syn.*** outgoing) आने वाली, आवक, प्रवेशी: ~ phone calls/ mail 2 आने वाली, आने वाला: ~ train/ passenger 3 आगामिक, आगमी: the ~ year;
n. आगमन: the ~ of a train (किसी गाड़ी का आगमन)
incommensura\ble /इनकमेंसरअबल/ *adj.* 1 अतुलनीय, असंगत: **~ble** things 2 अपरिमेय, असम्मेय 3 आकार, माप, महत्त्व आदि में बेमेल;
incommensurate /इनकमेंसरिट/ *adj.* 1 अपर्याप्त: his means are ~ with his needs 2 असमानुपाती, अनुपातहीन: a salary ~ to one's position 3 असमानुपात, अनुपयुक्त: ~ rate
incommo\de /इनकमोड/ *v., pt.* **~ded**, *pp* **~ding** 1 कष्ट दे., तंग क.: be **~ded** by sth 2 परेशान क.: fog **~ded** them greatly;
dw/lw: **~dious** /इनकमोडिअस/ *adj.* 1 छोटा, तंग 2 असुविधाजनक, कष्टकर
incommunica\ble /इनकम्यूनिकअबल/ *adj.* 1 जिसे भेजा न जा सके, अप्रेषणीय 2 अकथनीय, अप्रकाश्य;
dw/lw: **~tive** /इनकम्यूनिकेटिव/ *adj.* चुप्पा, गुमसुम, अल्प-भाषी
incommunicado /इनकम्यूनिकाडो/ *adj.* 1 जिसके साथ संपर्क न स्थापित करने दिया जा सके: hold sb ~do 2 संपर्क-वर्जित 3 एकांत कारावास;
incommutable /इन्कॉम्यूटेबल/ *adj.* अविनिमेय, अपरिवर्तनीय: ~ law (अटल विधान)
incompara\ble /इन्कौंपरअ\बल/ *adj.* 1 अनुपम, बेजोड़: ~ beauty 2 अद्वितीय 3 अतुल्य, अतुलनीय: she is ~ as a beauty;
dw/lw: **~bility** /~बिलिटि/ *n.* अद्वितीयता, अतुल्यता, अतुलनीयता
incompati\bility /इन्कंपैटअ\बिलिटि/ *n.* 1 विसंगति, असंगति 2 बेमेलपन: **~bility** of temper 3 असामंजस्य 4 बेमिलान, पारस्परिक विरोधाभास;
dw/lw: **~ble** /~बल/ *adj.* 1 बेमेल: persons of ~ble temper 2 असंगत: ~ble with reason 3 जो फिट न बैठता हो 4 परस्पर-विरोधी: ~ble ideas 5 असंयोज्य, असंसर्गी: ~ble with each other; **~bly** /~बलि/ *adv.* असंगत रूप से, बेमेल ढंग से
incompe\tence /इन्कौंपि\टंस/ *n.* 1 अयोग्यता 2 अक्षमता: **~tence** to act;
dw/lw: **~tent** /~टंट/ *adj.* 1 अयोग्य या अक्षम: ~tent to do sth/ for doing sth; ~tent administrator; ~tent leadership 2 अमान्य, अस्वीकार्य: ~tent evidence; ~tent witness/ in court; **~tently** /~टंटलि/ *adv.* अक्षमतापूर्वक
incomplete /इन्कंप्लीट\/ *adj.* 1 अपूर्ण, अधूरा: an ~ set of books; ~ knowledge; an ~ narrative (अपूर्ण किस्सा या कहानी) 2 नीम, कच्चा;
dw/lw: **~ly** /~लि/ *adv.* आधे-अधूरे तरीके से; **~ness** /~नेस/ *n.* अधूरापन, अपूर्णता
incomprehensi\bility /इन्कौंप्रिहेंसअ\बिलिटि/ *US* इन्कांप्रिहेंसअ\-/ *n.* अबोधगम्यता;
dw/lw: **~ble** /~बल/ *adj.* अबोधगम्य, अबोध्य, समझ में न आने वाला: be ~ble to sb; **~ve** /इन्कौंप्रिहेंसिव/ *US* इन्कांप्रिहेंसिव/ *adj.* अबोधगामी, सीमित
incompre\hension /इन्कौंप्रिहेन्शन/ *n.* 1 अबोधगम्यता, अबोधता 2 अज्ञान, नासमझी
incompressible /इन्कंप्रेसिबल/ *adj.* जिसे दबाकर छोटा न किया जा सके
incomputable /इन्कंप्यूटअबल/ *adj.* अपरिकलनीय, जिसकी गणना करना संभव न हो
inconceiva\ble /इन्कन्सीवअ\बल/ *adj.* 1 अकल्पनीय, कल्पनातीत 2 अचिंत्य, जिसके बारे में सोचा भी न जा सके;
dw/lw: **~bly** /~बलि/ *adv.* अचिंत्य रूप से
inconclusive /इन्कन्क्लूसिव\/ *adj.* 1 (***syn.*** conclusive) अधूरा, अपूर्ण: ~ evidence; ~ reasoning 2 अनिर्णीत, अनिर्णायक: the ballot is ~; ~ results;
dw/lw: **~ly** /~लि/ *adv.* अपूर्ण रूप से
incondensable /इनकंडेंसअबल/ *adj.* असंघननीय
incondite /इन्कौन्डाइट/ इन्कौंडिट/ *adj.* 1 अपरिष्कृत, कच्चा 2 असभ्य: an ~ collection of rules
inconditionate /इनकंडिशनेट/ *adj.* असीम, संपूर्ण: ~ power
inconformity /इन्कनफॉःमिटि/ *n.* विषमता, असादृश्य
incongru\ity /इन्कौंग्रुइटि/ *n.* विसंगति, बेमेल, अनुपयुक्तता;
dw/lw: **~ous** /इन्कौंग्रुअस/ *adj.* 1 बेमेल: ~ous with/ to avowed principles 2 असंगत 3 बेडौल, बेढब, फूहड़: ~ous manners 4 बेतुका: ~ous story 5 अनुपयुक्त: ~ous conduct
inconscient /इनकौंशिअंट/ *adj.* 1 अचेत 2 अचिंतित 3 अनायास
inconsecutive /इनकंसेक्यूटिव/ *adj.* क्रमविरुद्ध, अक्रमिक
inconsequent /इनकौंसिक्वेंट/ *adj.* 1 असंगत 2 अप्रासंगिक: ~ remark 3 तर्क विरुद्ध: ~ reasoning
inconsequential /इनकोंसिक्वेंशिअल/ *adj.* महत्त्वहीन, तुच्छ, नगण्य, असंगत
inconsiderable /इनकंसिडरअबल/ *adj.* 1 नगण्य: ~ distance/

degree 2 महत्त्वहीन, तुच्छ: comparatively ~ 3 अल्प, मामूली

inconsiderate /इनकंसिडरअट\/ *adj.* 1 बेलिहाज, बेमुरव्वत, बेमुरौवत: ~ person 2 असावधान, लापरवाह 3 (***syn.*** thoughtless) असंवेदनशील, दूसरों का ध्यान न रखने वाला: be ~ of others 4 अविवेकी: ~ conduct;

***dw/lw:* ~ly** /~लि/ *adv.* बेमुरौवती से, बिना लिहाज किए, अविवेकी ढंग से

inconsis\tency /इन्कनसिस्टंसि/ *n.* 1 अनुपयुक्तता, अनियमितता 2 विषमता, विसंगति: apparent/ glaring **~tency** 3 अननुरूपता: **~tency** in sth 4 परस्पर-विरोध: the **~tency** of one thing with another;

***dw/lw:* ~tent** /इन्कन्सिस्टंट/ *adj.* 1 विषम 2 असंगत: ~tent statement 3 बेमेल 4 बेतुका: ~tent with reason 5 सामंजस्यहीन: actions ~tent with sb's principles; **~tently** /इन्कन्सिस्टंटलि/ *adv.* बेतुके ढंग से

inconsola\ble /इन्कनसोलअ\बल/ *adj.* 1 भग्नहृदय 2 शोकविह्वल 3 असांत्वनीय, अत्यधिक शोकातुर: **~ble** distress/ sorrow;

***dw/lw:* ~bly** /~बलि/ *adv.* असांत्वनीय ढंग से

inconso\nance /इनकौंसअनंस/ *n.* असंगति, विसंगति;

dw/lw:* ~nant** /इनकौंसअनंट/ *adj.* 1 बेसुरा 2 (syn.*** incompatible) बेमेल, असंगत: ~nant with sth

inconspicuous /इन्कंस्पिक्युअस\/ *adj.* 1 जो ध्यान देने योग्य न हो, महत्त्वहीन: small ~ flowers 2 अव्यक्त, अस्पष्ट 3 नगण्य: make oneself as ~ as possible

***dw/lw:*~ly** /~लि/ *adv.* नगण्य ढंग से; **~ness** /~नेस/ *n.* नगण्यता, अव्यक्तता

incons\tancy /इनकौं\स्टंसि/ *n.* 1 परिवर्तनशीलता 2 (***syn.*** fickleness) अस्थिरता, चंचलता, अनियमितता;

dw/lw:* ~tant** /~स्टंट/ *adj.* 1 असतत, परिवर्तनशील: ~tant in friendship 2 (syn.*** fickle) अस्थिर, चंचल: ~tant lover; **~tantly** /~स्टंटलि/ *adv.* अस्थिर ढंग से

inconsumable /इन्कॉन्स्यूमअबल/ *adj.* 1 जिसका उपभोग न किया जा सके, अनुपभोग्य, अपाच्य 2 जिसे नष्ट न किया जा सके, अनश्वर, अदाह्य, अविनाश्य

incontestable /इन्कंटेस्टअबल/ *adj.* 1 अकाट्य, अप्रतिवाद्य: ~ evidence/ proof 2 असंदिग्ध 3 निर्विवाद: ~ facts

inconti\nence /इनकौंटि\नंस/ *n.* 1 असंयम: **~nence** of speech 2 व्यभिचार 3 दूध आदि की उल्टी: **~nence** of milk 4 पेशाब आदि निकलने पर नियंत्रण का अभाव;

***dw/lw:* ~nent** /~नंट/ *adj.* 1 असंयमी 2 असंयत: ~nent of secrets 3 व्यभिचारी 3 जिसका पेशाब निकलने पर काबू न हो

incontrollable /इनकंट्रोलअबल/ *adj.* अनियंत्रणीय, बेकाबू

incontrovertible /इनकौंट्रअवःटिबल/ *adj.* 1 निर्विवाद: ~ fact 2 अकाट्य, अखंडनीय, अविवाद्य: ~ evidence/ proof

inconve\nience /इनकन्वीनि\अंस/ *n.* 1 असुविधा: **~nience** of a custom; put sb to **~nience** 2 (***syn.*** nuisance) कष्ट, तकलीफ: suffer much **~nience**; experience extraordinary **~nience**; cause/ occasion **~nience** to sb;

***v., pt.* ~nienced**, *pp* **~niencing** असुविधा पैदा कराना, कष्ट दे., तकलीफ दे.: **~nienced** sb by complaints;

***dw/lw:* ~nient** /~अंट/ *adj.* 1 असुविधाजनक: ~nient arrangement 2 कष्टदायक, तकलीफदेह: ~nient staircase; **~niently** /~अंटलि/ *adv.* असुविधाजनक समय आदि पर: arrive ~niently;

***p&i:* if it is no ~nience to you** यदि इससे कष्ट न हो तो; **if not ~nient to you** यदि आपके लिए असुविधाजनक न हो तो; **put oneself to great ~niences** अपने आपको अत्यधिक तकलीफ दे.

inconvertibility /इनकन्वःटअबिलिटि/ *n.* अपरिवर्तनीयता, अविनिमेयता;

***dw/lw:* ~ble** /इनकन्वःटिबल/ *adj.* अपरिवर्तनीय, अविनिमेय: ~ble currency

inconvincible /इनकन्विंसअबल/ *adj.* जिसे समझाकर मनाया न जा सके, अप्रत्यायक

incoordination /इनकोऔःडिनेशन/ *n.* असमन्वय, तालमेल का अभाव

incorpora\te /इन्कॉःपअ\रेट/ *v., pt.* **~ted**, *pp* **~ting** 1 सम्मिलित क.: **~te** a suggestion in a plan 2 मिला दे. 3 समावेश क.: the book **~tes** the newest information; **~te** one's thoughts into an article 4 निगमित क.: **~te** a firm 5 वैध रूप से संस्थापित क.: **~ted** by the act of Parliament 6 निगम या संस्था का सदस्य बनाना 7 मिश्रित क. या हो.: **~te** fertilizers with soil; truth and falsehood will not **~te**;

adj. समाविष्ट, निगमित;

***dw/lw:* ~ted** /~रेटिड/ (*abbr.* **Inc.**) *adj.* निगमित, निगम के रूप में मिलाकर बनाया हुआ, समावेशित, सम्मिलित; **~tion** /~रेशन/ *n.* 1 मिलान, समावेशन 2 संस्थापन 3 निगमीकरण 4 निगम, संस्था

incorpor\eal /इंकॉःपॉःरिअल/ *adj.* 1 अशारीरिक, अशरीरी, अदेह, देहरहित 2 अमूर्त, अभौतिक;

***dw/lw:* ~eity** /इंकॉःपॉरीइटि/ *n.* 1 अदेहता 2 अमूर्तता, अभौतिकता

incorrect /इनकअरेक्ट\/ *adj.* 1 गलत, अशुद्ध : prove ~ 2 अनुचित 3 असत्य, मिथ्या : ~ calculation 2 दोषपूर्ण : ~ conduct/ behaviour;

***dw/lw:* ~ly** /~लि/ *adv.* गलत ढंग से; **~ness** /~नेस/ *n.* 1 गलती, अशुद्धि 2 अनौचित्य 3 असत्यता 4 दोषपूर्णता

incorrigi\bility /इनकौरिजि\बिलिटि/ इनकॉरिजअ\बिलिटि/ *n.* असाध्यता, असुधार्यता;

***dw/lw:* ~ble** /~जिबल/ /~जअबल/ *adj.* 1 जिसे सुधारा न जा सके: ~ble liar 2 असुधार्य : ~ble rogue 3 असाध्य : ~ble pessimist

incorrupt /इनकरप्ट/ *adj.* 1 अभ्रष्ट: ~ judge 2 चरित्रवान 3 अविकृत 4 शुद्ध, खरा: ~ air 5 ईमानदार;

dw/lw:* ~ible** /इनकरप्टिबल/ *adj.* 1 (anton.*** corruptible) जिसे भ्रष्ट न किया जा सके: ~ible judge 2 रिश्वत न लेने वाला 3 चरित्रवान 4 ईमानदार 5 अविनाशी, शाश्वत, अक्षय

INCPROSA *abbr.* 'International Control Programme for South Asia (UN)' की प्रथमाक्षरी

incrassa\te /इनक्रासे\ट/ *adj.* 1 (***syn.*** fluid) गाढ़ा 2 स्थूलीकृत 2 सूजा हुआ;

***v., pt.* ~ted**, *pp* **~ting** 1 स्थूल क. या हो. 2 गाढ़ा क.;

***dw/lw:* ~tion** /~शन/ *n.* स्थूलीकरण, वृद्धिस्थूलता

increa\se /इन्क्रीज/ *v., pt.* **~sed**, *pp* **~ing** बढ़ना या बढ़ाना, वृद्धि हो. या क.: **~se** the speed; **~se** one's knowledge; **~se** by degrees; **~se** in wisdom;

n. वृद्धि, बढ़ती, बढ़ोतरी: **~se** of knowledge; **~se** of pressure; get an **~se** of/in pay; on the **~se**; a dramatic/ sharp/ significant/ slight substantial **~se**; an **~se** in sth (किसी चीज में बढ़ोतरी);

***dw/lw:* ~sing** /इन्क्रीजिंग\/ *adj.* वर्धमान, बढ़ता हुआ; **~singly** /~ग्लि/ *adv.* बराबर बढ़ते हुए, वृद्धि या उत्कर्ष की ओर अग्रसर होते हुए, निरंतर अधिकतर संख्या में

increate /इन्क्रिएट/ *adj.* बिना रचित किए विद्यमान, अनादि

incredi\ble /इन्क्रेडि\बल/ *adj.* 1 अद्भुत: **~ble** stories 2 अविश्वसनीय, अविश्वस्य: **~ble** speed 3 आश्चर्यजनक: **~ble** bravery 4 अपार: **~ble** difficulties;

***dw/lw:* ~bly** /~बलि/ *adv.* 1 अत्यधिक 2 अविश्वसनीय ढंग से

incredu\lity /इन्क्रिज्यू\लिटि/ *n.* 1 (***syn.*** disbelief) अविश्वास: receive sth with **~lity** 2 संदेहशीलता;

***dw/lw:* ~lous** /~लस/ *adj.* 1 विश्वास न करने वाला: ~lous looks/ smiles 2 संदेही, संदेहशील; **~lously** /~लसलि/ *adv.* अविश्वास के साथ

increment /इन्क्रिमंट/ *n.* 1 वेतन-वृद्धि: annual ~ (वार्षिक) वेतन-वृद्धि 2 तरक्की 3 बढ़ोतरी, बढ़ती: ~ of temperature;
dw/lw: **~al** *adj.* वृद्धि-संबंधी: ~al plotter *comput.* (बिंबों, चित्रों के रूप में कागज पर छापने वाला कंप्यूटर उपकरण)
increscent /इन्क्रेसंट/ *adj.* उत्तरोत्तर बढ़ता हुआ: ~ moon
incrimina\te /इनक्रिमिनेट/ *v., pt.* **~ted**, *pp* **~ting** 1 आपराधिक मामले में फंसाना 2 अभियोग लगाना 3 दोष लगाना: **~te** sb's actions/ sb's intentions 4 फंसाना, पर्दाफाश क.: the evidence **~tes** him;
dw/lw: **~ting/ ~tory** /इन्क्रिमिनेटिंग/ इन्क्रिमिनेटरि/ *adj.* आपराधिक मामले में फंसाने वाली (सामग्री): ~ting/ ~tory documents/ letters, utterances; ~ting/ ~tory evidence (फंसाने वाले सबूत)
in-crowd /इन्क्राउड/ *n.* बड़े समुदाय के बीच एक छोटा पर अति लोकप्रिय व प्रभावी गुट
incrust /इन्क्रस्ट/ *v., pt.* **~ed**, *pp* **~ing** पपड़ी बनना या चढ़ना;
dw/lw: **~ation** /इन्क्रस्टेशन/ *n.* पपड़ी बनने की क्रिया; **~ed** *adj.* पपड़ीदार
INCSR *abbr.* 'Indian National Committee for Space Research' की प्रथमाक्षरी
incuba\te /इन्क्यु\बेट/ *v., pt.* **~ted**, *pp* **~ting** 1 (अंडे) सेना 2 (व्यूह) रचना: **~te** a plot;
dw/lw: **~tion** /`बेशन/ *n.* 1 अंडे सेने की क्रिया, सेनाई 2 ऊष्मायन, उद्भवन, परिपाक: ~tion period 3 (समय से पहले जन्मे बच्चे आदि को) अनुकूल परिस्थितियों में रखकर विकसित करने की क्रिया 4 किसी पदार्थ या मिश्रण को एक निश्चित तापमान पर बनाए रखने की क्रिया 5 धीरे-धीरे वर्धित होने की क्रिया; **~tor** ~बेटः/ *n.* 1 हाल में जन्मे बच्चे के जीवन वर्धन को सुनिश्चित करने का यंत्र 2 ऊष्मायंत्र 3 अंडे सेने की मशीन; **~tory** *adj.* सेने की क्रिया, ऊष्मायन, उद्भवन आदि से संबंधित
incubus /इन्क्युबस/ *n., pl.* **~es** 1 सोते हुए लोगों को तंग करने वाली दुष्टात्मा, दैत्य 2 तंग करने वाला व्यक्ति 3 दुःस्वप्न
inculca\te /इन्कल्केट/ *v., pt.* **~ted**, *pp* **~ting** 1 मन में बैठाना: **~te** ideas on or upon sb/ in sb's mind 2 जेहन में पैदा क. एवं मूर्त रूप दे.: **~te** real knowledge/ truth;
dw/lw: **~tion** /इन्कल्केशन/ *n.* जेहन में बैठाने की क्रिया
inculpable /इन्कल्पअबल/ *adj.* निर्दोष, निष्कलंक
inculpa\te /इन्कल्पे\ट/ *v., pt.* **~ted**, *pp* **~ting** 1 अपराध में फंसाना 2 अभियोग लगाना 3 दोष लगाना 4 फंसाना;
dw/lw: **~tory** /~टरि/ *adj. law* दोषारोपण संबंधी
incumb\ency /इन्कंबंसि/ *n.* पदभार या कार्यकाल, पदावधि;
dw/lw: **~ent** /इन्कंबंट/ *n.* 1 पद पर विराजमान, पदधारी, पदासीन व्यक्ति 2 वृत्ति भोगी व्यक्ति; **~ent *adj.*** 1 के जिम्मे: that is ~ent on sb; he felt it ~ent on her to answer the letters; be ~ent on/ upon sb to do sth (किसी की कुछ करने की जिम्मेवारी हो.) 2 पदासीन, पदधारी: the ~ent president (पदासीन अध्यक्ष) 3 बैठा हुआ 4 लटका हुआ: the ~ent clouds
incumbrance /इन्कंब्रंस/ *n.* (ऋण) भार (*see also* **encumbrance**)
incunabula /इन्क्यूनैब्युला/ *n., Lat.* 1 शैशव-काल 2 प्रारंभिक काल, पहले-पहले दिन 3 प्राचीन (1501 तक) प्रकाशित ग्रंथ
incur /इन्कः/ *v., pt.* **~red**, *pp* **~ring** *formal* 1 गुस्सा या नाराजगी आदि का शिकार हो.: ~ sb's displeasure/ sb's hatred 2 अप्रिय बात या घटना का पात्र हो.: ~ trouble 3 खर्चा या हानि आदि उठाना: ~ losses
incura\ble /इन्क्युअरअ\बल/ *adj.* 1 असाध्य, लाइलाज, अचिकित्स्य: **~ble** disease 2 (***syn.*** incorrigible) असुधार्य, अपरिवर्तनीय: **~ble** habits/ evils
dw/lw: **~bility** /~बिलिटि/ *adj.* 1 असाध्यता, अचिकित्स्यता 2 अपरिवर्तनीयता
incurious /इन्क्युअरिस/ *adj.* 1 जिसे जिज्ञासा न हो 2 उदासीन 3 विरक्त, अनुत्सुक 4 अरुचिकर, जो दिलचस्प न हो: the inscriptions are not ~; not an ~ story
incur\sion /इन्कःशन/ *n.* 1 धावा: make **~sions** 2 अतिक्रमण, घुसपैठ: border **~sions** 3 प्रवेश, रिसाव: the **~sions** of the sea;
dw/lw: **~sive** /इन्कःसिव/ *adj.* अतिक्रामक, आक्रामक
incur\ve /इन्कःव/ *v., pt.* **~ved**, *pp* **~ving** अंदर की ओर झुकाना
incus /इन्कस/ (*also* **anvil**) *n., pl.* **incudes** /इनक्युडीज/ स्थूणक, कान में एक अहरननुमा हड्डी
incuse /इन्क्यूज/ *adj.* अंकित;
n. अंकित छाप
IND *abbr.* 'India' का अंतर्राष्ट्रीय वाहन पंजीकरण कोड(IVR)
Ind. *abbr.* 'independent', 'India', 'Indian' का संक्षेप
IND *abbr.* 'investigative new drug' की प्रथमाक्षरी
INDAL *abbr.* 'Indian Aluminium Company Limited' की प्रथमाक्षरी
INDBATT *abbr.* 'Indian battalion' की प्रथमाक्षरी
indaba /इंडाबा/ *n.* 1 ऐसी सभा जिसमें नेता व व्यावसायिक लोग किसी महत्त्वपूर्ण विषय पर बहस करते हैं 2 आप से संबंधित कोई समस्या या बाधा
indebted /इन्डेटिड\/ *adj.* 1 कृतज्ञ, आभारी: be ~ to sb for sth 2 ऋणी, ऋणग्रस्त, कर्जदार;
dw/lw: **~ness** /~नेस/ *n.* 1 देनदारी, ऋणग्रस्तता 2 कृतज्ञता, आभार;
p&i: **~ to** 1 का ऋणी हो. 2 कृतज्ञ हो.
inde\cency /इन्डीसंसि/ *n.* अभद्रता, अश्लीलता, अनौचित्य;
dw/lw: **~cent** /इन्डीसंट/ *adj.* 1 अशोभनीय, अभद्र, अशिष्ट: ~cent behaviour; ~cent lack of gratitude 2 अश्लील, भोंडा: use ~cent language; ~cent assault 3 निर्लज्ज: ~cent exposure (आम जगह पर यौन अंगों का अश्लील प्रदर्शन) 4 अनुचित: grossly ~cent; **~cently** /इन्डीसंटलि/ *adv.* अभद्रता से, अश्लील ढंग से;
collocations: **~cent assault** किसी के साथ यौन रूप से अभद्र व्यवहार; **~ exposure** आम जगह पर अपने यौन अंगों का अश्लील प्रदर्शन
indeciduous /इंडिसिड्युअस/ *adj.* सदाबहार, सदापर्णी
indecipherable /इनडिसाइफअरबल/ *adj.* 1 जिसे पढ़ा न जा सके, अपाठ्य, अपठनीय, अस्पष्ट: ~ writing 2 दुर्बोध, गूढ़, समझ में न आने वाला
indeci\sion /इन्डिसिजन/ *n.* 1 अनिश्चितता 2 असमंजस, दुविधा, हिचकिचाहट 3 आत्मविश्वास का अभाव;
dw/lw: **~sive** /इन्डिसाइसिव/ *adj.* 1 ढुलमुल, दुविधाग्रस्त, डांवांडोल: ~ character 2 अनिश्चित: ~sive battle 3 निश्चयहीन; **~siveness** /इन्डिसाइसिवनेस/ *n.* 1 अनिश्चितता 2 असमंजसता 3 ढुलमुलपन 4 हिचकिचाहट
indeclinable /इन्डिक्लाइनअबल/ *adj.* 1 अविकारी, अव्यय 2 निरूपणीय 3 भिन्न-भिन्न शब्द रूप न धारण करने वाला;
n. अव्यय
indecorous /इनडेकअरस/ *adj.* 1 अमर्यादित, अनुचित: it is ~ for her to behave so 2 अभद्र, अशिष्ट, अशोभनीय: ~ behaviour
indecorum /इंडिकॉरम/ *n.* 1 अनौचित्य 2 अशिष्टता 3 शिष्टाचार का उल्लंघन
indeed /इंडीड/ *adv.* 1 निश्चय ही, अवश्य ही 2 वास्तव में, वास्तव में ही: I may ~ be wrong 3 असल में, सचमुच: very well ~ (सचमुच बहुत अच्छा) 4 आश्चर्य जताने के लिए प्रयुक्त: ~; never heard anything so stupid;
p&i: **a friend in need is a friend** ~ मुसीबत में ही दोस्त की पहचान होती है
indef. *short.* 'indefinite' का छोटा रूप
indefatiga\bility /इन्डिफैटिगअ\बिलिटि/ *n.* अनथकता;

dw/lw: **~ble** /~बल/ *adj.* 1 अनथक, अथक: a man of ~ble industry 2 न थकने वाला: ~ble worker 3 अश्रांत; **~bly** /~बलि/ *adv.* बिना थके, अनथक रूप से

indefeasible /इन्डिफीज़िबल/ *adj.* 1 जिसे छीना न जा सके: an ~ right/ title to sth 2 अकाट्य: ~ law 3 अलोप्य

indefectible /इंडिफेक्टिबल/ *adj.* अक्षय, अनिंद्य, त्रुटिहीन

indefensible /इन्डिफेन्सिबल/ *adj.* 1 जिसका बचाव न किया जा सके, अरक्ष्य, अरक्षणीय: ~ hypothesis 2 जिसे उचित न ठहराया जा सके, असमर्थनीय: lying is ~

indefina\ble /इन्डिफाइनअ\बल/ *adj.* 1 अपरिभाष्य, जिसे परिभाषित न किया जा सके 2 अवर्णनीय, अनिर्वचनीय, अकथनीय: **~ble** longings;

dw/lw: **~bly** /~बलि/ *adv.* अपरिभाष्य या अस्पष्ट रूप से

indefinite /इन्डेफिनिट\/ *adj.* 1 अनिश्चित, अनियत: ~ answer/ plan; ~ time/ space 2 अपरिमित, अनगिनत: an ~ period 3 (***syn.*** imprecise) अस्पष्ट: ~ language 4 *gramm.* अनिश्चयवाचक, अनिश्चितार्थी: ~article; ~ pronouns;

n. अंग्रेजी व्याकरण में प्रयुक्त अनिश्चियवाचक प्रविशेषण (indefinite articles): **'a'** या **'an'**;

dw/lw: **~ly** /~लि/ *adv.* 1 अनिश्चित काल के लिए: the work will be continued ~ly 2 अनिश्चित रूप से, अनियतरूपेण: divided into ~ly small parts;

***collocations:*indefinite article** *see above under* **'*n*'**; **indefinite pronoun** ऐसे सर्वनाम जो किसी व्यक्ति, वस्तु विशेष को नहीं दर्शाते, जैसे: anything, nobody, anybody. Somebody, something etc.

indehiscent /इन्डिहिसंट/ *adj.* अस्फुटनशील, ऐसा फल जो पकने पर अपने आप फटकर अपने बीज नहीं बिखेरता

indeliberate /इनडिलिबरिट/ *adj.* 1 अविवेचित 2 अज्ञानवश किया हुआ 3 जो जान-बूझकर न किया गया हो

indelible /इनडेलिबल/ *adj.* 1 जिसे भुलाया या मिटाया न जा सके 2 (***syn.*** permanent) अमिट, पक्का (दाग, धब्बा), कलंक: ~ shame/ disgrace; ~ ink 3 (***syn.*** inalienable) स्थायी, अलोप्य : ~ rights

indelicate /इनडेलिकिट\/ *adj.* 1 रूखा 2 अशोभनीय, अभद्र: ~ behaviour 3 अक्खड़: ~ remarks 4 गंवार : ~ sarcasm;

dw/lw: **~ly** /~लि/ *adv.* अशोभनीय या अभद्र ढंग से

indemni\fication /इनडेम्नि\फिकेशन/ *n.* 1 क्षतिपूर्ति की गारंटी 2 क्षतिपूर्ति;

dw/lw: **~fier** /~फायः/ *n.* क्षतिपूरक; **~fy** *v., pt.* ~fied, *pp* ~fying 1 (~fy sb against or from sth) किसी को किसी विपदा से सुरक्षा प्रदान क.: ~fy sb/ oneself against/ from the loss of sth 2 (***syn.*** compensate; *usually* ~y sb for sth) वित्तीय क्षतिपूर्ति क. हर्जाना दे..: ~fy sb for all the expenses incurred

indemnity / इनडेम्नअटि/ इनडेम्निटि/ *n.* 1 क्षतिपूर्ति की गारंटी: a bond of ~; a contract of ~ 2(***syn.*** compensation) क्षतिपूर्ति या हर्जाने की राशि: an ~ for breach of (a) contract; pay a war ~ 3 वकालती छूट, माफी 4 सुरक्षा

indemonstrable /इन्डिमौंस्ट्रअबल/ *adj.* अप्रमाण्य, अप्रदर्शनीय: ~ truth

indent /इंडेंट/ *v., pt.* **~ed**, *pp* **~ing** 1 हाशिया छोड़कर नए पैरे की पहली पंक्ति पूरे पाठ से थोड़ी ज्यादा दूरी पर आरंभ क.: ~ the first line of a paragraph; **~ed** paragraph (हाशिया छोड़कर बना पैरा या अनुच्छेद) 2 दांते निकालना 3 दांतेदार बनाना 4 पाठ को दो भागों में काटकर टेढ़ी-मेढ़ी पंक्ति पर दो स्तंभों में बांटना 5 किसी दस्तावेज (मांगपत्र या आदेशपत्र) की दो प्रतियां (दोहरा दस्तावेज) बनाना 6 (विशेषकर विदेशी माल के लिए) लिखित मांगपत्र या आदेशपत्र भेजना: ~ for goods 7 सौदा पक्का क., समझौता क. 8 खांचा (गड्ढा) डालना या उकेरना: ~ a pattern in a metal surface 9 छाप लगाना;

n. 1 दांता: the ~ of a leaf 2 माल खरीदने के लिए आदेशपत्र, मांगपत्र 3 (***syn.*** dent) काट : the ~ of a coast 4 गड्ढ़ा, खांचा 5 लिखित करारनामा, अनुबंधपत्र;

dw/lw: **~ation** /इंडेंटेशन/ *n.* 1 दंतुरण, दंतुरीकरण 2 काट, छेद 3 गर्त, धसकन, गड्ढ़ा, खांचा 4 अंतः हाशिया 5 (***syn.*** inlet) छोटी खाड़ी; **~ed** /इंडेंटिड/ *adj.* 1 दंतुरित 2 कटा हुआ: ~ coast-line 3 खांचेदार 4 हाशिएदार 5 मांगकर्ता;

indenture /इनडेंचः/ *n.* 1 अनुबंध-पत्र, मालिक और प्रशिक्षणार्थी के बीच अनुबंध: take up/ be out of one's **~s** (प्रशिक्षण पूरा क.) 2 अनुबंध, करारनामा, इनडेंचर, विलेख: under ~ 3 तालिका;

v., *pt.* **~d**, *pp* **indenturing** 1 अनुबंधित क.: ~ labour 2 अनुबंध करके बांधना;

dw/lw: **~d** /इनडेंचःड/ *adj.* करारबद्ध, प्रतिज्ञाबद्ध: **~d** labour

independence /इंडिपेंडंस/ *n.* 1 आत्म-निर्भरता, स्वालंबन: safeguard ~ 2 स्वतंत्रता, स्वाधीनता: win ~; achieve/ gain ~ 3 मुक्ति, आजादी: ~ from sth (किसी बुरी बात या काम से मुक्ति: ~ from exploitation/ starvation;

collocations: **~ Day** (*also India* **Fifteenth of August**, *US* **Fourth of July**) *n.* भारत या अमेरिका का स्वतंत्रता दिवस जो क्रमशः 15 अगस्त तथा 4 जुलाई को मनाया जाता है

independent /इंडिपेंडंट\/ *adj.* 1 (***anton.*** self-governing) स्वतंत्र, स्वाधीन 2 अनाश्रित: ~ clause 3 (***anton.*** dependent) आत्म-निर्भर (राजनीतिक व आर्थिक रूप से) 4 स्वावलंबी: take an ~ stand 5 विचारधारा या चिंतन के स्तर पर स्वतंत्र : ~ young woman 6 बिना एक-दूसरे से जुड़े : ~ of what he gains 7 निरपेक्ष, निष्पक्ष : ~ witness/ inquiry 8 निर्दलीय, अदल 9 स्वपोषित : ~ of others ~ television;

n. 1 निर्दलीय विधायक या सांसद 2 स्वतंत्र व्यक्ति;

dw/lw: **~ly** /~लि/ *adv.* स्वतंत्र रूप से;

collocations: ~ **clause** मुख्य धारा या दफ़ा; ~ **school** निजी (private) स्कूल; ~ **variable** ऐसा परिवर्ती जिसका मूल्य किसी दूसरे परिवर्ती पर निर्भर न हो

an ~ study निराश्रित या निरपेक्ष अध्ययन; **a woman of ~ means** स्वावलंबी नारी

in-depth /इन्डैप्थ/ *adj.* गहरा, गहन, सर्वपक्षीय, बहुआयामी : an ~ analysis/ an ~ study

indescribable /इनडिस्क्राइबअबल/ *adj.* 1 अवर्णनीय, वर्णनातीत : ~ agony 2 अवचनीय;

indestructi\ble /इनडिस्ट्रक्टिबल/ *adj.* अनश्वर, अविनाशी, अविध्वंस्य, अविनाश्य;

dw/lw: **~bility** *n.* 1 अविनाशिता 2 अनश्वरता : the law of ~bility of matter 3 अविध्वंस्यता

indeterminable /इनडिटःमिनअबल/ *adj.* 1 जिसे निर्धारित/ निर्णीत न किया जा सके 2 अनिर्धार्य, निर्णयातीत

indeterminate /इनडिटःमि\नअट/ *adj.* 1 अनिश्चित, अनिर्णीत : **~nate** future; **~nate** outlook (अनिश्चित या अनियत दृष्टिकोण) 2 अनियत, अनिधारित: **~nate** adjectives 3 अस्पष्ट, संदिग्ध: **~nate** ideas 4 अपरिमित 5 असीम, अनंत: **~nate** limit 6 अनिर्धार्य: **~nate** debate;

dw/lw: **~nacy/ ~nateness** /~नसि/ इनडिटःमिनअटनेस/ *n.* अनिश्चितता; **~nately** /~नअटलि/ *adv.* अनिश्चिततापूर्वक; **~nism** /इनडिटःमिनिज्म/ *n.* अतंत्रतावाद, अनियतत्ववाद

index /इंडेक्स\/ *n. pl.* **indices** or **indexes** 1 अनुक्रमणिका : library ~ 2 सूचीपत्र, तालिका 3 सूचकांक : ~ of cost of living 4 तर्जनी, देशिनी : ~ finger; ~-hand 5 निर्देशिका, अभिसूचक, दर्पण : the face is an ~ of the mood/ of the heart 6 अनुक्रमणी, विषय-सूची : ~ in a book 7 घातांक (exponent) : ~ number 9 वेतनमान का कीमतों के सूचकांक से जुड़ाव;

v., pt. **~ed**, *pp* **~ing** 1 सूचीपत्र या तालिका बनाना 2 सूचीबद्ध क. 3 पुस्तक में विषय-सूची दे. 4 सूचित क. 5 वेतनमान को कीमतों के सूचकांक से जोड़ना;

dw/lw: **indexation** /इंडेक्सेशन/ *n.* वेतनमान का कीमतों के

सूचकांक से जुड़ाव करने की क्रिया; **~er** /इन्डेक्सः/ अनुक्रमणिकाकार; **~-liked** *adj.* कीमतों के सूचकांक से जुड़ा हुआ; ***collocations:*** **~ finger** (*also* **first finger / forefinger**) तर्जनी उंगली; **~ card** सूचना-पत्रक; **~ auctorum** /~ ऑक्टोरम/ *Lat.* लेखक सूची; **~ librorum prohibitorum = ~ expurgatorius** वर्जित पुस्तकों की सूची; **~ locorum** स्थान नामावली या सूची; **~ number** सूचकांक, सूचनांक; **~ rerum** वस्तु सूची या तालिका; **~ verborum** शब्दावली, शब्द सूची

India /इंडिया/ *n.* 1 भारत, हिंदुस्तान 2 नाटो (NATO) संचार प्रणाली में अक्षर **'I'** का द्योतक;
collocs **~ ink** काली स्याही; **~ man** उन्नीसवीं सदी में भारत के साथ व्यापार में प्रयुक्त होने वाला समुद्री जहाज; **~ paper** 1 स्याही सोख 2 पतला घना कागज;

Indian /इंडिअ\न/ *n.* 1 भारतीय, हिन्दुस्तानी 2 अमेरिकी इंडिअन, अमेरिकी आदिवासी: an American ~;
dw/lw: **indic** *see below under separate entry*; **~ise** /~नाइज/ *v., pt.* **~ised**, *pp* **~ising** भारतीयकरण क.; **~ist** /~निस्ट/ *n.* (***syn.*** Indologist) भारत अध्येता; **~inaction** /~नाइजेशन/ *n.* भारतीयकरण;
collocations: **~ blue** नील; **~ buffalo** भारतीय भैंस; **~ cane** बांस; **~ club** बाहुबल (muscles) बढ़ाने के लिए व्यायाम करने में प्रयुक्त गदा;; **~ civilian** *hist.* भारत में अंग्रेज नागरिक या प्रशासनिक अधिकारी; **~ corn** मकई, मक्का; **~ fig** नागफणी, वट वृक्ष; **~ gift** अदला-बदली उपहार; **~ elephant** हिंदुस्तानी हाथी; **~ hemp** 1 सन, शण, पटसन 2 गांजा, भांग, चरस; **~ ink** काली स्याही; **~ light** आतिश-बाजी; **~ millet** ज्वार; **~ red** गेरू; **~ rope-stick** रस्सी द्वारा बल्लियों पर चढ़ने का हिंदुस्तानी हुनर; **~ rubber** स्वाभाविक या अकृत्रिम रबड़; **~ salmon** रावस बामीन; **~ single file** एक के पीछे एक खड़ा होकर बनाई जाने वाली पंक्ति; **Indian summer** रूस आदि देशों में पतझड़ के समय निकलने वाली धूप, सुनहरी पतझड़ (*Russian* **бабьё лéто** /बाबियो लेता/); **~ weed** तंबाकू

indic /इंडिक/ *adj.* इंडो-यूरोपीय भाषा परिवार की भारतीय भाषाओं की शाखा

Indo-Aryan इंडो-यूरोपीय भाषा परिवार

indicant /इंडिकंट/ *adj.* सूचक, संकेतक, परिचायक

indica\te /इंडिके\ट/ *v., pt.* **~ted**, *pp* **~ting** 1 दिखाना, इंगित क. : this **~tes** his intentions 2 रास्ता जतलाना : **~te** the way 3 बतलाना, सूचित क. 4 परोक्ष रूप से उल्लेख या इशारा क. 5 शारीरिक अंग के चालन द्वारा इशारा क. : **~te** assent 6 प्रतीक या संकेत हो. : the dotted lines **~te** the new frontiers 7 (***syn.*** **signal**) कार आदि द्वारा दिशा संकेत दिया जा. 8 डॉक्टर द्वारा निर्देश दिया जा., नुस्खा लिखना : the doctor **~ted** a course of antibiotics to her 9 नाप दिखाना;
dw/lw: **~ted** *adj.* निर्दिष्ट, निर्देशित, सूचित : ~ted horse-power; ~ted speed

indication /इंडिकेशन/ *n.* 1 संकेत : an **~tion** of one's feelings 2 निर्देश 3 लक्षण, चिह्न : an **~tion** of an approaching storm 4 चिकित्सा सुझाव 5 सूचन, निर्देशन;

indicative /इंडिकेटिव/ *adj.* 1 निर्देशक, निर्देशात्मक 2 लाक्षणिक, संकेतात्मक, परिचायक, द्योतक: irritability is often ~ of stress; headache is sometimes ~ of eye strain 3 बोधक;
n. **(the ~)** *gramm.* निश्चयार्थक क्रिया, निश्चयार्थ (an ~ form of a verb) : ~ mood

indicator /इंडिकेटः/ *n.* 1 (***syn.*** index) सूचक : an economic ~ 2 संकेतक : outer ~ 3 *UK* (*US* **turn signal**, *also* **blinker**) दिशा सूचक : a good/ reliable/ useful ~; ~ species (ऐसे पौधों या पशुओं की नस्लें जिनका किसी स्थान पर न होना वहां के पर्यावरण की स्थिति को दर्शाता है) 4 सुई : ~ dial 5 द्योतक : an ~ of sth callous/ casual/ cold indifference

indicatrix /इंडिकेट्रिक्स/ *n.* सूचिका, द्योतिका

indicia /इंडिशिआ/ *n., pl. of* **'indicium'** पहचान-चिह्न, चिह्न, लक्षण संकेत;
dw/lw: **~l** /इंडिशिअल/ *adj.* संकेतक, सूचक

indict /इंडाइट/ *v., pt.* **~ed**, *pp* **~ing** *law* 1 औपचारिक रूप से अभियोग चलाना : ~ sb for a crime/ as a criminal; be **~ed** for/ on a charge of murder 2 आरोप लगाना 3 घोषणा क.;
dw/lw: **~able** /इंडाइटेबल/ *adj.* 1 अभ्यारोप के योग्य, अभ्यारोप्य 2 अभियोज्य : ~able offence; ~able offender; **~ee** /इंडाइटी/ *n.* जिसे अपराधी घोषित किया गया हो; **~er** *n.* अपराधी घोषित करने वाला; **~ion** /इंडिक्शन/ *n.* घोषणा : ~ion of war; **~ment** /इंडाइट्मंट/ *n.* 1 भर्त्सना 2 अपराधी होने की घोषणा 3 अभियोगपत्र, अभ्यारोपण : charge sb upon an ~ (किसी पर अभियोग चलाना)

indie /इन्डाइ/ *n.* एक छोटी स्वतंत्र फिल्म या संगीत कंपनी;
adj. 1 छोटी स्वतंत्र फिल्म या संगीत कंपनी द्वारा बनाया हुआ : ~ music 2 गिटार पर आधारित मधुर संगीत

indifference /इन्डिफ्रंस/ *n.* 1 उदासीनता: ~ to/ towards suffering/ art/ music 2 उपेक्षा, तिरस्कार: treat sb/ sth with ~ 3 विमुखता, विरक्ति: show/ display ~ 4 महत्त्वहीनता, नगण्यता: a matter of ~;

indifferent /इन्डिफ्रंट/ *adj.* 1 उदासीन, विमुख, विरक्त : ~ spectator; be ~ to danger 2 तटस्थ : the reaction of the boss is ~ to me 3 तुच्छ, नगण्य 4 साधारण, फीका: ~ acting/ performance; an ~ speech 5 निष्क्रिय;
dw/lw: **~ly** /इन्डिफ्रंटलि/ *adv.* 1 उदासीनतापूर्वक 2 विमुख होकर 3 विरक्ति भाव से : play but ~ly 4 फीका-फीका: ~ly well; be rather ~ly off;
p&i: **~ to** के प्रति उदासीन; **be good, bad or ~** अच्छा, बुरा या साधारण हो.

indi\gence /इंडिजंस/ *n.* गरीबी, निर्धनता, दरिद्रता: be reduced to ~;
dw/lw: **~gent** /इंडिजंट/ *adj.* गरीब, असहाय, दरिद्र, अकिंचन, दीनहीन

indigenous /इंडिजिनस/ *adj.* 1 मूल (निवासी) : ~ peoples 2 (***syn.*** native) स्वदेश जात, स्वदेशी, देशज, देसी 3 सहज, स्वाभाविक, जन्मजात : emotions ~ to human beings;
dw/lw: **~ly** /इंडिजिनसलि/ *adv.* 1 मूलतः 2 स्वदेश में या अपने स्थान पर ही (पैदा क.)

indigent *see above under* **indigence: *dw/lw***

indi\gested /इनडिजेस्टिड/ *adj.* 1 जो हजम न हुआ हो: ~ food 2 असुविचारित, जिस विचार या तथ्य आदि को आत्मसात् न किया गया हो: an **~gested** array of facts 3 मंदाग्निग्रस्त 4 अजीर्णकारी, अपाचक 5 अव्यवस्थित;
dw/lw: **~gestible** /इनडिजेस्टिबल/ *adj.* 1 (जल्दी) हजम न होने वाला 2 अपाच्य 3 अग्राह्य, दुरूह: ~gestible book; **~gestion** /इंडिजेस्चन/ *n.* (***syn.*** dyspersia) अपाचन, बदहजमी, अजीर्ण;

indig\nant /इनडिग्नंट/ *adj.* 1 क्रुद्ध : **~nant** protest 2 रुष्ट;
dw/lw: **~nantly** *adv.* /इनडिग्नंटलि/ *adv.* क्रोधपूर्वक, गुस्से से: answer ~nantly; **~nation** /इनडिग्नेशन/ *n.* 1 क्रोध, गुस्सा: one's ~nation against sb; his ~ knows no bounds 2 रोष, आक्रोश: ~nation meeting

indignity /इनडिग्निटि/ *n.* 1 अपमान, अनादर, बेइज्जती : subject sb to indignities 2 तिरस्कार : treat sb with ~

indigo /इंडिगो/ *n.* नील;
adj. गहरा नीला, जंबुकी नील : ~ blue (जंबुकी नील)

indirect /इनडाइरेक्ट\/ *adj.* 1 परोक्ष : make an ~ reference to sb 2 अप्रत्यक्ष : ~ proofs/ evidence; ~ impact 3 *gramm.* परोक्ष, अप्रत्यक्ष, असाक्षात: ~ speech 4 *gramm.* गौण : ~ object (गौण कर्म) 5 जटिल : ~ consequences 6 (***syn.*** devious) कुटिल : ~ conduct; ~ methods/ dealings;
dw/lw: **~ly** /~लि/ *adv.* परोक्ष या अप्रत्यक्ष रूप से;
collocations: **~ object** गौण कर्म; **~ question** (*also*

reported question) असाक्षात् प्रश्न; ~ **speech** असाक्षात् कथन; ~ **tax** परोक्ष कर

indirection /इनडाइरेक्शन/ *n.* 1 सपरोक्ष उपाय: by ~ 2 टेढ़ा-मेढ़ा पथ, कुटिल रास्ता

indiscernible /इनडिसःनअबल/ *adj.* 1 अज्ञेय 2 दिखाई न पड़ने वाला, अगोचर, अतींद्रिय 3 अस्पष्ट या धुंधला

indiscipline /इनडिसिप्लिन/ *n.* अनुशासनहीनता

indiscreet /इनडिस्क्रीट/ *adj.* 1 अविवेकी : ~ remarks; ~ behaviour; an ~ display of sth 2 असावधान, नासमझ : ~ glances/ utterances/ questions;
***dw/lw:* ~ly** /इनडिस्क्रीटलि/ *adv.* अविवेकपूर्वक, असावधानी से, नासमझी से

indiscrete /इनडिस्क्रीट/ *adj.* 1 अपृथक 2 अविभक्त 3 संपूर्ण : ~ chaos 4 समरस (homogeneous) : ~ mass

indiscretion /इनडिस्क्रअशन/ *n.* 1 अविवेक : commit an ~; he is guilty of an ~ 2 असावधानी: suffer for one's ~ 3 नासमझी: behave with ~

indiscrimina\te /इनडिस्क्रिमिने\ट/ *adj.* 1 अंधा-धुंध : deal out **~te** blows 2 अविवेकपूर्ण: **~te** praise to new books 3 अव्यवस्थित, गड्डमड्ड 4 अच्छे-बुरे की पहचान करने में असमर्थ: **~te** reader;
***dw/lw:* ~tely** /~टलि/ *adv.* 1 अंधाधुंध 2 अविवेकपूर्ण ढंग से, बेतहाशा; **~tion** /~शन/ *n.* अविवेक, नासमझी : show ~tion in the choice of friends

indispensable /इंडिस्पेंसअबल/ *adj.* 1 अत्यंत आवश्यक: absolutely ~ 2 अपरिहार्य 3 अनिवार्य: ~ person;
***p&i:* ~ to** बिल्कुल जरूरी

indispo\se /इनडिस्पोज/ *v., pt.* **~sed**, *pp* **~sing** 1 अयोग्य या अनुपयुक्त बनाना 2 अस्वस्थ क. या हो. : lack of sleep **~ses** a person for the day 3 नाराज क. 4 के विरुद्ध क. : **~se** one person towards another 5 किसी में नापसंदगी पैदा क. : his tone **~sed** me to yield 6 अवरुद्ध क. : inoculation **~ses** the constitution to infection;
dw/lw:* ~sed** /इनडिस्पोज्ड/ *adj.* 1 (syn.*** unwell) कुछ-कुछ अस्वस्थ: be ~sed with a cold 2 अनिच्छुक: feel ~sed for a discussion 3 अप्रसन्न, अनुत्सुक: ~sed to agree; **~sition** /इनडिस्पअजिशन/ *n.* 1 किंचित् अस्वस्थता: suffer from a slight ~sition 2 अनिच्छा 3 विरोध: an ~sition to the interests of others

indisputable /इनडिस्प्यूटअबल/ *adj.* निर्विवाद, अविवाद्य : ~ facts/ rights/ privileges; a poet of ~ genius

indissoluble /इनडिसौल्यअबल/ *adj.* 1 अविलोपनीय 2 अविनाश्य : ~ wall 3 चिरस्थायी, टिकाऊ : ~ tie/ bond 4 अविसर्जनीय 5 *chem.* अघुलनशील, अटूट

indistinct /इनडिस्टिंक्ट/ *adj.* 1 अस्पष्ट : ~ sound/ noise/ voice; ~ speech 2 (***syn.*** hazy, vague) धुंधला: ~ image 3 धूमिल-सा : objects grew ~ in the twilight 4 अविशिष्ट;
***dw/lw:*~ion** /इनडिस्टिंक्टशन/ *n.* 1 धुंधलापन 2 अस्पष्टता : ~ion of parts; **~ive** /इनडिस्टिंक्टिव/ *adj.* 1 अविशिष्ट 2 अंधाधुंध; **~iveness** /इनडिस्टिंक्टिवनेस/ *n.* अस्पष्टता, धुंधलापन; **~ly** /इनडिस्टिंक्टलि/ *adv.* अस्पष्ट ढंग से, धुंधला-धुंधला-सा

indistinguishable /इनडिस्टिंग्विशअबल/ *adj.* 1 समान 2 अविभेद्य : ~ likeness 3 अदृश्य, अगोचर : ~ shades

indistributable /इनडिस्ट्रिब्यूटअबल/ *adj.* अवितरणीय, जिसे बांटा न जा सके

indi\te /इंडाइट\/ *v., pt.* **~ted**, *pp* **~ting** 1 लिखना : **~te** a letter 2 कलमबंद क., लिपिबद्ध क. 3 रचना क. : **~te** a poem/ a song;
***dw/lw:* ~tement** /~मंट/ *n.* रचना; **~ter** /~र/ *n.* रचनाकार, रचयिता, लिपिबद्धकर्ता

individual /इनडिविजुअ\ल/ *adj.* 1 अलग-अलग 2 पृथक : ~ protection cover 3 एकल: ~ question, ~ case 4 व्यक्तिगत, वैयक्तिक, निजी : ~ tastes/ efforts/ traits 5 (***syn.*** distinctive) विशिष्ट : an ~ style of writing; be ~ in one's views;
n. 1 व्यक्ति : he is a happy-looking ~; rights of an ~ 2 व्यष्टि, विशिष्टता 3 व्यक्ति विशिष्ट : morphological ~ (शब्दरूपात्मक व्यक्तिविशेष) 3 विचित्र व्यक्ति;
dw/lw:* ~ism** /~लिजम/ (*also* **Lassez-Faire**) *n.* 1 अहंवाद, स्वयंवाद 2 स्वार्थवाद 3 व्यष्टिवाद, व्यक्तिवाद 4 इस बात में विश्वास कि सरकार को व्यक्तिगत मामलों में हस्तक्षेप नहीं करना चाहिए; **~ist** / ~लिस्ट/ *n.* 1 स्वयंवादी/ स्वार्थी व्यक्ति 2 व्यक्तिवाद का समर्थक; **~istic** /~लिस्टिक/ *adj.* 1 व्यक्तिवादी 2 व्यक्तिपरक, व्यष्टिपरक; **~ity** /~लिटि/ *n.* 1 व्यक्तित्व, व्यक्तिकता 2 विशिष्टता, विशेषता 3 (syn.*** identity) अस्मिता: a man of marked ~ity; **~ization** /~लाइजेशन/ *n.* व्यक्तिकरण, विशिष्टीकरण; **~ize** /~लाइज/ *v., pt.* ~ized, *pp* ~izing 1 व्यक्तित्व प्रदान क., वैयक्तिक विशिष्टता से युक्त क., विशिष्टता प्रदान क. एक-एक बात या पहलू पर विचार क.: the style ~izes his work 3 अलग-अलग करके देखना या समझना: ~ize a character; **~ly** /~लि/ *adv.* 1 व्यक्तिगत रूप से: this affects him ~ly 2 अलग-अलग से, एक-एक करके: ~ly the same/ different

individua\te /इंडिविजुए\ट/ *v., pt.* **~ted**, *pp* **~ting** अलग व्यष्टि बनाना, व्यक्तित्व या विशिष्टता प्रदान क., अंतर या भेद दिखाना

indivisi\ble /इंडिविजअ\बल/ *adj.* अविभाज्य, अभाज्य;
***dw/lw:* ~bility** /~बिलअटि/ *n.* अविभाज्यता, अभाज्यता; **~bly** /~बलि/ *adv.* अविभाज्य रूप से

Indo-Aryan /इंडो-एआरिअन/ *adj.* भारतीय आर्यों या उनकी भाषा से संबद्ध: भारतीय आर्य बोलियां;
***collocations:*Indo-Canadian** *adj.* भारतीय मूल की कैनेडियायी (नागरिक); **Indo-China** /इंडो-चाइना/ हिंद-चीन, हिंदी-चीनी (एशिया के दक्षिणी-पूर्वी प्रायद्वीप यानी म्यांमार /बर्मा/, लाओस, वियतनाम, थाइलैंड, कंबोडिया से संबंधित); **Indo-European** भारतीय-यूरोपीय; **Indo-German** भारत-जर्मनी; **Indo-Iranian** भारत-ईरानी; **Indo-Japanese** भारत-जापानी

indocile /इंडोसाइल/ *adj.* 1 अवज्ञाकारी 2 अविनीत, जिसे वश में न रखा जा सके 3 अशिक्षणीय

indoctrina\te /इनडौक्ट्रिने\ट/ *US* इनडाःक्ट्रिने\ट/ *v., pt.* **~ted**, *pp* **~ting** 1 दिमाग में उल्टी-सीधी बातें भरना: fully **~ted** with a sense of magnitude (अपनी महानता के फतूर से ओतप्रोत 2 मत-आरोपण क. 3 उल्टी शिक्षा दे.

indoctrination /इनडौक्ट्रिनेशन/ *US* इनडाःक्ट्रिनेशन/ *n.* किसी पर नए विचारधारात्मक रंग की चढ़ाई, नीतिगत शिक्षण

INDOEX *abbr.* 'Indian Ocean Experiment' की प्रथमाक्षरी

indolence /इंडअलंस/ *n.* 1 सुस्ती, काहिली, आलस्य, अकर्मण्यता: waste one's time in ~ 2 निठल्लापन, खालीपन : he fell into ~

indolent /इंडअलंट/ *adj.* 1 सुस्त, काहिल, आलसी 2 अकर्मण्य: good-natured ~ man

Indologist /इंडौलअजिस्ट/ *US* इंडाःलअजिस्ट/ *n.* भारत-विज्ञ, भारतविद्

indology /इंडौलअजि/ *US* इंडाःलअजि/ *n.* भारत-विद्या, भारत-अध्ययन

in Domino /इन डौमिनो/ *US* इन डाःमिनो/ *Lat.* ईश्वर में, भगवान में, प्रभु में

indomita\ble /इनडौमिटअ\बल/ *US* इनडाःमिटअ\बल/ *adj.* 1 दबंग 2 अदम्य 3 दुर्दमनीय : ~ energy 4 अजेय: ~ courage/ pride;
***dw/lw:* ~bly** /~बलि/ *adv.* दबंगई से, अदम्यतापूर्वक

Indonesia /इंडोनीजिआ/ *n.* इंडोनेशिया;
***dw/lw:* ~n** /इंडोनीजिअन/ *adj.* इंडोनेशियायी, इंडोनेशिया संबंधी

indoor /इंडॉर/ *adj.* 1 भवन या घर के भीतर: ~ occupation; ~ games 2 अंतरद्वार : ~ planting;

***dw/lw:* ~s** /इंडॉःज/ *adv.* भवन या घर के भीतर (के भीतर)
***collocations:* ~ relief** गरीब व असहाय लोगों को आश्रमों या अस्पताल में रखने का कार्य; **~ patient** अंतर्द्वार रोगी, अस्पताल में भरती होने वाला रोगी

indorse *see above under* **endorse**

INDRA *abbr.* 'Indian National Disaster Reduction & Awareness' की प्रथमाक्षरी

indraft/ indraught /इनड्राफ्ट/ *n.* 1 हवा या पानी का अंदर की ओर बहाव : an ~ of air 2 अंतराकर्षण 3 अंतरागमन : the ~ of a railroad train

indrawn /इनड्रॉन/ *adj.* 1 अंदर खींचा हुआ (सांस आदि) 2 चुप्पा, गुमशुम 3 अपने तक सीमित रहने वाला

indubious /इनड्यूबिअस/ *adj.* 1 निस्संदेह 2 पक्का, बिना किसी शक के

indubita\ble /इनड्यूबिटअ\बल/ *adj.* 1 असंदिग्ध : ~ evidence 2 सुनिश्चित : ~ truth;
***dw/lw:* ~bly** /~बलि/ *adv.* निःसंदेह

induce /इंड्यूस/ *v., pt.* **~d**, *pp* **inducing** 1 राजी क., मनाना : ~ sb to do sth 2 प्रवृत्त क. 3 प्रेरित क. 4 फुसलाना 5 प्रभावित क. 6 उत्पन्न या पैदा क. : an illness **~d** by overwork; ~ doubt into sth 7 दवाई देकर प्रसूति करवाना 8 अनुमान लगाना 9 निष्कर्ष निकालना;
dw/lw:* ~d** /इंड्यूसड/ *adj.* 1 उत्प्रेरित : ~d activity (उत्प्रेरित रेडियोधर्मिता) 2 विवशित, जबरदस्ती किया हुआ : ~d draft (जबरदस्त खिंचाव); ~d nuclear reaction (कृत्रिम परमाणु क्रिया) 3 दवाई द्वारा उत्पन्न : ~d abortion; **~ment** /इंड्यूस्मंट/ *n.* 1 (syn.*** incentive) प्रलोभन 2 प्रेरण, प्रेरणा : be an ~ment to do sth 3 अन्य महत्त्वपूर्ण तथ्यों के बारे में कथन 4 दवाई से प्रसूति करवाने की क्रिया

inducible /इन्डयूसिबल/ *adj.* जिसे राजी किया या मनाया जा सके, उत्प्रेरणीय

induct /इंडक्ट/ *v., pt.* **~ed**, *pp* **~ing** 1 सदस्य बनाना 2 भर्ती क. 3 प्रेरित क. 4 अंदर बुलाना या ले आना : ~ into a room 5 चालू क., स्थापित क. 6 ज्ञान के किसी क्षेत्र से अवगत क., किसी मामले की तह तक ले जा. 7 किसी पद पर लगाना : ~ a new director;
***dw/lw:* ~ance** /इंडक्टंस/ *n., phys.* प्रेरकता, प्रेरकत्व; **~ile** /इंडक्टाइल/ *adj.* कठोर, अतन्य, बेलोच; **~ee** *n.* नया-नया भर्ती किया जाने वाला व्यक्ति; **~ion** /इंडक्टशन/ *n.* 1 प्रवेश, अधिष्ठापन : without much ~ion of superfluous words 2 भर्ती : ~ion examination (भर्ती के समय डॉक्टरी जांच आदि) 3 *elec.* प्रेरण, विद्युत व चुंबकत्व का एक पिंड से दूसरे में गमन की क्रिया, उत्पादित चुंबकत्व: ~ion coil 4 *logic* आगमन, तथ्यों और उदाहरणों के आधार पर नियमों और सिद्धांतों का प्रतिपादन 5 प्रस्तावना, प्रवर्तन 6 संपादन 7 पूर्व रंग 8 गर्भवती महिला की प्रसव प्रक्रिया शुरू करवाने का कार्य; **~ive** /इंडक्टिव/ *adj.* 1 नियमों व सिद्धांतों की स्थापना के लिए तथ्यों व उदाहरणों के प्रयोग से संबंधित, आगमनात्मक : ~ive method; ~ive evidence 2 विद्युत के प्रवाह से संबंधित 3 प्रेरक 3 आकर्षक; **~ivity** /इंडक्टिविटि/ *n.* प्रेरकत्व, आगमनात्मकता; **~or** /इंडक्टः/ *n.* प्रेरक, प्रेणिक, प्रेरित्र;
***collocations:* ~ion coil** ऐसा ट्रांसफॉर्मर जिसकी सहायता से निम्नस्तरीय विद्युत धारा (voltage) को उच्चस्तरीय वोल्टेज में बदला जाकता है; **~ion course** नए कर्मचारी या वेतनभोगी व्यक्ति को संस्था के कायदे कानूनों से अवगत कराने वाला कोर्स; **~ion heating** प्रेरित विद्युत धारा को किसी प्रेरक में से गुजारकर गर्म करने की क्रिया; **~ion loop system** कमजोर श्रवण शक्ति वाले श्रोताओं की मदद करने के लिए किसी स्थान पर तारों के माध्यम से हैडफोनों तक संचारित आवाज सुनने की प्रणाली; **~ion motor** *engin.* एक AC (alternating-current) विद्युत धारा मोटर जिसमें से अचल तार-कुंडली में से विद्युतधारा प्रवाहित की जाती है;
***p&i:* ~ into** भर्ती क., शामिल क.

indul\ge /इंडल्ज/ *v., pt.* **~ed**, *pp* **indulging** 1 तृप्त हो., मजा ले-लेकर खाना-पीना या बातें क., रस ले. 2 आदतें बिगाड़ना : **~ge** one's children 3 संतुष्ट क., किसी का मन रखना: **~ge** sb's passions; **~ge** a vain hope (मन में झूठी आशा पाले रखना) 4 अपने लिए आनंद या ऐशो-आराम की चीजें ले. : he seldom **~ges** in a holiday/ in a new suit 5 किसी को आनंदित क., खुश क. : **~ge** a company with a song 6 अत्यधिक शराब आदि पीना : **~ge** too much in drinking 7 ऋण अदायगी की अवधि बढ़ाना 8 किसी नकारात्मक या अवैध गतिविधियों में लिप्त हो.;
dw/lw:* ~gence** /इंडल्जंस/ *n.* 1 अति भोग, अति सेवन, लिप्तता: abstain from ~gence 2 मनमौज, रसस्वादन: smoking is his only ~gence 3 अनुग्रह, कृपा: treat sb with ~gence 4 दंडमोचन 5 अवैध गतिविधियों में लिप्तता; **~gent** /इंडल्जंट/ *adj.* 1 कृपालु, आसक्त: ~gent parents 2 (syn.*** patient) अति सहिष्णु, अति उदार: ~gent criticism 3 आशु दंडमोचक; **~gently** /इंडल्जंटलि/ *adv.* मन खोलकर, खूब: laugh ~gently;
***p&i:* ~ge in** मोज-मस्ती क., किसी चीज का मजा लेना; **~gent to** के प्रति स्नेहशील

indult /इंडल्ट/ *n.* अनुज्ञापत्र

induna /इंडूना/ (*S. Afr.*) *n.* 1 कबीले का सरदार 2 सत्ताधारी अधिकारी

indura\te /इंडुरे\ट/ *v., pt.* **~ted**, *pp* **~ting** 1 कठोर बनना या बनाना, दृढ़ क. : heat **~tes** clay 2 हठी बनना या बनाना 3 आदी होना या बनाना;
***dw/lw:* ~ted** *adj.* निष्ठुर, असंवेदनशील : ~ted conscience; **~tion** /इंडुरेशन/ *n.* 1 कड़ाई या कठोरीकरण 2 निष्ठुरीकरण 3 दृढ़ीकरण

indusium /इंड्यूजिअम/ *n.* सोरसछद, बीज धानी, डिंबकछद

Indus /इंडस/ *n.* सिंधु नदी

industrial /इंडस्ट्रिअ\ल/ *adj.* 1 औद्योगिक : the ~ revolution 2 औद्योगिक, उद्योग-बहुल 3 उद्योगीय माल के कलात्मक रूपांतरण से संबंधित 4 उद्योगीय : ~ goods/ products 5 उद्योग योग्य : ~ crops; ~ wood; ~ alcohol 6 उद्योग-संबंधित : ~ training; ~ hygiene; ~ medicine; ~ insurance; ~ relations;
***dw/lw:* ~ism** /~लिज्म/ *n.* उद्योगों पर आधारित आर्थिक व सामाजिक तंत्र; **~ist** /~लिस्ट/ *n.* उद्योग-पति; **~ization** /~लाइजेशन/ *n.* औद्योगीकरण; **~ize** /~लाइज/ *v., pt.* ~ized, *pp* ~izing उद्योग लगाना या लगना, उद्योगीकरण क. या होना; **~ized** (*also UK* **-ised**) /~लाइजड/ *adj.* उद्योगीकृत, जहां उद्योगीकरण हो चुका हो; **~lly** /~लि/ *adv.* औद्योगिक नीति से या उद्योगीय आयामों की दृष्टि से: ~lly backward;
***collocations:* ~ action** *UK* हड़ताल आदि; **~ archaeology** पुरानी औद्योगिक मशीनों व इमारतों का अध्ययन; **~ arts** (*also* **shop, shop class**) स्कूल पाठ्य-क्रम में हस्त-शिल्प का विषय; **~ democracy** औद्योगिक संस्थाओं के संचालन में मजदूरों की भागीदारी; **~ design** निर्मित की जा रही औद्योगिक वस्तुओं के निर्माण में सौंदर्यबोध का समावेश; **~ diamond** कृत्रिम तरीके से बनाया जाने वाला हीरा; **~ disease** औद्योगिक स्थान के हालात द्वारा पैदा किया जाने वाला रोग; **~ espionage** औद्योगिक गुप्तचरी; **~ estate** *UK (US* **~ park**) औद्योगिक परिक्षेत्र; **~ relations** उद्योगपतियों व मजदूरों के बीच संबंध; **~ revolution** औद्योगिक क्रांति; **the ~ Revolution** यूरोप और अमेरिका में 18वीं व 19वीं सदियों का काल जब मशीनों का प्रयोग शुरू होने के बाद औद्योगिक विकास तीव्र गति से होने लगा; **the ~ strength** अत्यधिक तेज व चरपरा (द्रव या अन्य पदार्थ): ~ strength coffee; **~ tribunal** उद्योगशील झगड़ों या मतभेदों के निपटारा के लिए समिति

industrious /इंडस्ट्रिअस/ *adj.* 1 अध्यवसायी 2 उद्यमी, परिश्रमी, मेहनती: an ~ man of letters 3 दुराग्रही, दुष्प्रेरित : ~ mischief-maker/ plotter;
***dw/lw:* ~ly** /~स्लि/ *adv.* परिश्रमपूर्वक, मेहनत के साथ

industry /इंडस्ट्रि/ *n.* 1 उद्योग : an ~ boom (औद्योगिक धूम/ गर्मबाजारी) 2 उद्योग समूह: an important/ major/ thriving ~ 3 उद्योगीय शाखा, उद्योग-धंधे : the entertainment ~ (मनोरंजन

उद्योग) 4 अध्यवसाय, परिश्रम : indefatigable ~

indwell /इंडवेल/ *v., pt.* **~ed**, *pp* **~ing** 1 रहना 2 निवास क.

INDWF *abbr.* 'Indian National Defence Workers Federation' की प्रथमाक्षरी

indy /इंडि/ (*also* **~ racing/ indy car/ indy car racing**) *n.* दोनों सिरों ऊपर उठते हुए पथ पर गाड़ी दौड़

inearth /इनर्थ/ *v., pt.* **~ed**, *pp* **~ing** गाड़ना, दफनाना

inebria\nt /इनीब्रिअंट/ *adj.* मादक, नशे में धुत्त करने वाला; ***n.*** मादक पदार्थ;

dw/lw: **~te** /इनीब्रिए\ट/ *v., pt.* ~ted, *pp* ~ting पिलाकर मत्त कर दे., धुत्त कर दे., नशे में चूर क.; **~te** /इनीब्रिइट/ *adj.* 1 मतवाला 2 नशे में धुत्त/ चूर; **~te** /इनीब्रिइट/ *n.* पियक्कड़, व्यसनी : an institution for **~tes**; **~ted** /इनीब्रिएटिड/ *adj.* मत्त, नशे में धुत्त/ चूर, मतवाला : ~ted with one's own verbosity (अपनी वाचालता के नशे में धुत्त); **~tion/ inebriety** /इनीब्रिएशन/ इनीब्राइटि/ *n.* 1 शराब की लत, व्यसन 2 नशा, मदमत्तता, मदोन्मत्तता 3 मतवालापन, मादकता, मस्ती

inedi\bility /इनअडअबिलिटि/ *n.* 1 अखाद्यता 2 अभक्ष्यता;

dw/lw: **~ble** /इनअडअबल/ *adj.* 1 अखाद्य (जिसे खाया न जा सके) 2 अभक्ष्य

inedited /इनेडिटिड/ *adj.* असंपादित, अप्रकाशित

ineducable /इनऐजुकबल/ *adj.* 1 जिसे शारीरिक या मानसिक कमी के कारण शिक्षित न किया जा सके 2 अशिक्षणीय, अशिक्ष्य

ineffa\bility /इनेफअबिलिटी/ *n.* अवर्णनीयता, अकथनीयता;

dw/lw: **~ble** /इनेफअ\बल/ *adj.* 1 जिसका वर्णन न हो सके, अवर्णनीय, अनिर्वचनीय, वर्णनातीत, अवाच्य: ~ble joy; ~ble anguish (अवर्णनीय पीड़ा) 2 वर्जित, निषिद्ध; **~bly** /~बलि/ *adv.* अवर्णनीय रूप में; **~bleness** /~बलनेस/ *n.* अवर्णनीयता

ineffaceable /इनिफेसअबल/ *adj.* अमिट, जिसे मिटाया न जा सके

ineffective /इनिफेक्टिव\/ *adj.* 1 बेअसर, अप्रभावी, निष्प्रभावी: ~ style; ~ design 2 अक्षम, बेहुनर, अयोग्य : ~ workman 3 निष्फल : ~ effort;

dw/lw: **~ly** /~लि/ *adv.* अप्रभावी ढंग से; **~ness** /~नेस/ *n.* 1 अक्षमता, अयोग्यता 2 निष्प्रभाव

ineffectual /इनिफेक्चुअल/ *adj.* 1 बेअसर, निष्प्रभावी, अप्रभावी : ~ remedy 2 निष्फल : ~ attempt

inefficacious /इनेफिकेशिअस/ *adj.* 1 जो गुणकारी न हो 2 अप्रभावी 3 प्रभावशून्य, निष्प्रभाव, बेअसर

inefficacy /इनेफिकअसि/ *n.* 1 प्रभावहीनता, प्रभावशून्यता 2 निष्फलता

ineffi\ciency /इनिफिशि\अंसि/ *n.* अयोग्यता, अक्षमता, अकुशलता;

dw/lw: **~cient** /~अंट/ *adj.* अकुशल, अक्षम, अयोग्य : ~cient workman; **~ly** /~अंटलि/ *adv.* निष्प्रभावी/ अक्षम ढंग से

inelas\tic /इनिलैस्टिक/ *adj.* 1 जिसमें लोच या लचक न हो, बेलोच, लोचहीन, चीमड़ : **~tic** bodies 2 अप्रत्यास्थ 3 अनम्य;

dw/lw: **~ticity** /इनिलैस्टिसिटि/ *n.* लोचहीनता, लचकहीनता

inelegance /इनेलिगंस/ *n.* 1 अनुत्कृष्टता, निकृष्टता : the **~gance** of figure 2 भोंडापन;

dw/lw: **~gant** /इनेलिगंट/ *adj.* 1 अनुत्कृष्ट, निकृष्ट, अधम : ~gant literary style 2 भद्दा, भोंडा : ~gant manner; **~gantly** / इनेलिगंटलि/ *adv.* भोंडे ढंग से

inelig\ble /इनअलिजअ\बल/ *adj.* अयोग्य, अपात्र: **~ble** for the post;

dw/lw: **~bility** /~बिलिटि/ *n.* अयोग्यता, अपात्रता

ineloquent /इनअलअक्वंट/ *adj.* अवाचाल, मितभाषी, अवाक्पटु, अवाग्मी, कुवक्ता

inelucta\ble /इनिलक्टअबल/ *adj., lit.* 1 अपरिहार्य 2 अनिवार्य 3 अटलनीय : **~ble** fate 3 अप्रतिरोध्य;

dw/lw: **~bly** *adv.* अनिवार्य रूप से, अवश्य ही

inept /इनेप्ट/ *adj.* 1 अनुपयुक्त : ~ words 2 (*comp.* **inapt**) अयोग्य, अकुशल 3 असंगत, बेतुका, मूर्खतापूर्ण : ~ remark 4 अनाड़ी 5 बेढंगा, भद्दा : ~ interference;

dw/lw: **~itude** /इनेप्टिच्यूड/ (*also* **~ness**) *n.* 1 अनुपयुक्तता 2 अकुशलता : ~itude to do sth 3 अप्रासंगिकता, असंगति, बेतुकापन 4 अनाड़ीपन 5 अक्षमता: mental ~itude; **~ly** /इनेप्टलि/ *adv.* अनुपयुक्त ढंग से

inequable /इनेक्वअबल/ *adj.* गैर-बराबर, असम, विषम, असमान

inequality /इनिक्वौलिटि/ इनिक्वौलअटि/ *n.* 1 गैरबराबरी, असमता: ~ in status 2 विषमता: ~ between sb and sb 3 असमानता : ~ of feelings 4 असमता, भेदभाव: gender/ racial/ social ~ 5 असमतलता, ऊबड़-खाबड़पन

inequitable /इनअक्विटअबल/ *adj.* अनुचित, अन्यायपूर्ण, विषम

inequity /इनअक्वअटि/ *n.* 1 (***syn.*** injustice) अन्याय, बेइंसाफी 2 अनौचित्य 3 पक्षपात

ineradicable /इनिरैडिकअबल/ *adj.* 1 जिसका, उन्मूलन न हो सके 2 जिसे जड़ से उखाड़ा न जा सके 3 अनुन्मूलनीय: ~ habit 4 अमिट, अकाट्य: ~ hatred; ~ contempt

inermous /इनःमस/ *adj.* कंटकहीन, निरस्त्र

inerrable /इनेरबल/ *adj.* 1 त्रुटिहीन, निर्दोष 2 भ्रमातीत, भ्रम से परे, निर्भ्रांत

inerrancy /इनेरंसि/ *n.* 1 त्रुटिहीनता, निर्दोषता 2 भ्रमातीतता, निर्भ्रांतता, पापहीनता

inerrant /इनेरंट/ *adj.* 1 त्रुटिहीन, गलतियां न करने वाला : ~ authority 2 निर्दोष 3 निर्भ्रांत

inert /इनःट\/ *adj.* 1 अक्रियाशील : ~ gas (*also see below* **noble gas**) 2 अकर्मण्य, निष्क्रिय 4 अचल, जड़, अवस्थित : ~ mass 5 मंद, मंदबुद्धि 6 शिथिल, सुप्त : ~ little town;

dw/lw: **~ly** /~लि/ *adv.* निष्क्रियतापूर्वक; **~ness** /~नेस/ *n.* (*also* **inertia**) 1 जड़त्व, जड़ता 2 अकर्मण्यता, निष्क्रियता, आलस्य, अक्रियता 3 ऐसा गुण (property) जो पदार्थ को किसी अवस्था में स्थिर रखे;

collocations: **~/noble gas** रंगविहीन, गंधविहीन, स्वादहीन गैस

inertia /इनःशिआ/ *n.* 1 जड़त्व, जड़ता : overcome the ~ 2 अकर्मण्यता, निष्क्रियता, आलस्य, अक्रियता : fall into ~; while away the time in ~ 3 ऐसा बल जो पदार्थ को किसी अवस्था में स्थिर रखे;

dw/lw: **~l** /इनःशिअल/ *adj.* जड़ता, अकर्मण्यता, निष्क्रियता आदि गुणों से संबंधित;

collocations: **~l control guidance/ ~l guidance/ ~l navigation** वायुयान, पनडुब्बी, मिसाइल आदि में स्वचालित मार्गदर्शक प्रणाली जो चुंबकीय या नियंत्रण केंद्र के रेडियो संकेतों पर निर्भर नहीं होती; **~reel seat belt** गाड़ियों में रील में लगी सुरक्षा पेटी; **~ selling** ब्रिटेन में बिना मंगाये सामान भेजने की अवैध प्रथा

inerudite /इनएरुडाइट/ *adj.* अर्ध-शिक्षित, अपरिष्कृत

INES *abbr.* 'International Nuclear Event Scale' की प्रथमाक्षरी

inescapa\ble /इनिस्केपअ\बल/ *adj.* (***syn.*** unavoidable) अनिवार्य, अपरिहार्य, अटल : **~ble** fate;

dw/lw: **~bly** /~बलि/ *adv.* अनिवार्यतः, अटल रूप से

inesculent /इनेस्क्युलंट/ *adj.* अभक्ष्य, अखाद्य, जो खाने योग्य न हो

in esse /इनेसि/ *Lat.* वास्तविक (real), जो वजूद में है

inessential /इनिसेंशिअल/ *adj.* 1 अनावश्यक, गैरजरूरी 2 गौण

inestimable /इनेस्टिमअबल/ *adj.* 1 अपरिमित, अपरिमेय 2 अपार: ~ value 3 अमूल्य, अनमोल : ~ monument; ~ privilege

inevita\bility /इनअविटअ\बिलअटि/ / (*also* **~bleness**) *n.* अनिवार्यता, अपरिहार्यता;

dw/lw: **~ble** /~बल/ *adj.* 1 अनिवार्य 2 अपरिहार्य: ~ble conflict/ row 3 अवश्यंभावी: the ~ble hour; **~bly** /~बलि/ *adv.* निश्चित रूप से, अनिवार्यतः

inexact /इनिग्जैक्ट/ *adj.* 1 अनिश्चित 2 अनियत 3 अशुद्ध : ~ translation 4 अयथार्थ 5 अतथ्य;
dw/lw: **~itude/ ~ness** /इनिग्जैक्टिट्यूड/ इनिग्जैक्टनेस/ *n.* अयथार्थता, अनियतता, अतथ्यता, अशुद्धता
in excelsis /इन एक्सेलिसिस/ *Lat.* उच्च शिखर पर
inexcusa\ble /इनिक्सक्यूजअ\बल/ *adj.* 1 अक्षम्य: **~ble** negligence/ deed 2 अन्यायपूर्ण, अनुचित;
dw/lw: **~bly** /~बलि/ *adv.* अक्षम्य रूप से
inexecution /इनिक्सक्यूशन/ *n.* अकार्यान्वयन : ~ of orders
inexhaustible /इनिग्जॉस्टअबल/ *adj.* 1 असीम, अपार : an ~ supply of water 2 अक्षय 3 अनंत : ~ purse 4 अथक : ~ toiler
inexora\ble /इनेक्सअरअ\बल/ *adj.* 1 अविरल 2 (***syn.*** relentless) दृढ़, अटल : the **~ble** nature of facts 3 अनमनीय 4 निर्दय, कठोर, निष्ठुर : **~ble** limitations/ fate/ logic;
dw/lw: **~bly** /~बलि/ *adv.* 1 दृढ़तापूर्वक 2 कठोरतापूर्वक 3 अनमनीय ढंग से
inexpectant /इनिक्स्पेक्टंट/ *adj.* आशारहित, आशाहीन
inexpedi\ence/ inexpediency /इनिक्स्पीडि\अंस/ ~अंसि/ *n.* 1 अनुपयुक्तता 2 अबुद्धिमानी, अविवेकपूर्णता;
dw/lw: **~ent** /~अंट/ *adj.* 1 असमीचीन 2 अवांछनीय, अनुपयुक्त, असामयिक, अनुचित: manifestly ~ent 3 अविवेकपूर्ण
inexpensive /इनिक्स्पेंसिव/ *adj.* सस्ता, सस्ती
inexperience /इनिक्स्पीअरि\अंस/ *n.* अनुभवहीनता: the ~ of youth;
dw/lw: **~d** /~अंस्ट/ *adj.* अनुभवहीन: be ~d in sth
inexpert /इनेक्स्प:ट/ *adj.* 1 अविशेषज्ञ 2 अकुशल, अदक्ष, अनाड़ी
inexpiable /इनेक्स्पिअबल/ *adj.* 1 जिसका प्रायश्चित न हो सके, अशोधनीय 2 अक्षम्य : the ~ wrong; ~ offence
inexplica\ble /इनिक्सप्लिकअ\बल/ *adj.* 1 (***syn.*** incomprehensible) अव्याख्येय, जिसका स्पष्टीकरण न हो: in an **~ble** manner 2 अबोध्य, अबोधगम्य: **~ble** mystery;
dw/lw: **~bly** /~बलि/ *adv.* अव्याख्येय ढंग से
inexplicit /इनिक्सप्लिसिट/ *adj.* 1 अनिश्चित, अस्पष्ट 2 अबोध्य 3 अव्यक्त;
dw/lw: **~ly** /~लि/ *adj.* अनिश्चित या अस्पष्ट ढंग से
inexpressible /इनिक्स्प्रेसअबल/ *adj.* 1 अवर्णनीय, वर्णनातीत: ~ hardships 2 अकथनीय, अवचनीय : an ~ charm
inexpressive /इनिक्स्प्रेसिव/ *adj.* 1 अकथ्य 2 भावशून्य : ~ countenance/ eyes 3 अर्थशून्य : ~ thought
inexpugnable /इनिक्सपगनअबल/ *adj.* 1 अजेय, अपराजेय : ~ desire 2 अभेद्य : ~ walls
inextensible /इनिक्सटेंसअबल/ *adj.* जिसे खींचकर या तानकर बढ़ाया न जा सके, अवितान्य
in extenso /इनेक्सटेंसो/ *Lat.* पूरा का पूरा, बिना छोटा किए
inextinguishable /इनिक्सटिंगविशअबल/ *adj.* 1 जिसे बुझाया न जा सके, अशम्य : ~ rage 2 जिसकी प्यास न बुझाई जा सके, अतृप्त
in extremis /इन इक्स्ट्रीमिस/ *adv., Lat.* 1 ठीक मरते समय, अंतिम घड़ी में, प्राण-संकट काल में 2 मुश्किल घड़ी में, विपदा के समय
inextrica\ble /इनिक्सट्रिकअ\बल/ *adj.* 1 पेचीदा, जटिल : ~ tangle/ knot 2 विकट : ~ confusion/ muddle 3 अलंघनीय 4 असमाधेय, जिसे अलग न किया जा सके;
dw/lw: **~bly** /~बलि/ *adv.* पेचीदा या जटिल ढंग से
inf. *abbr.* 'infantry', 'inferior', 'infinitive', 'information', 'informal' का संक्षेप
in faciae curiae /इन फेशी क्यूरी/ *Lat.* अदालत में, जज के सामने
infall /इनफॉल/ *n.* 1 आक्रमण, धावा 2 संगम : the ~ of two rivers 3 आर-पार 4 गिरने की क्रिया : ~ of meteorites
infallibility /इनफैलअ\बिलिटि/ *n.* 1 अचूकता, अमोघता 2 विश्वसनीयता 3 भरोसेमंदी;
dw/lw: **~ble** /~बल/ *adj.* 1 भ्रमातीत, अमोघ, अचूक : ~ble success 2 विश्वसनीय : ~ble obedience 3 भरोसेमंद : ~ble proof; **~bly** /~बलि/ *adv.* बिना गलती किए, बिना चूके
infamize /इनफमाइज/ (*also* **infame**) *v., pt.* **~zed**, *pp* **~zing** बदनाम क.
infa\mous /इनफेमस/ *adj.* 1 (***syn.*** notorious) बदनाम, कुख्यात : **~mous** in the history of India 2 घिनौना, घृणित, गर्हित : **~mous** behaviour; **~mous** plot; **~mous** crime;
dw/lw: **~my** /इनफअमि/ *n.* 1 बदनामी, अपकीर्ति : hold sb in/ up to ~my 2 दुष्टता, महापाप, घिनौना काम : scenes of horror and ~my
infancy /इनफंसि/ *n.* 1 शैशव, बचपन, बालकपन : from ~ to old age 2 प्रारंभिक अवस्था: in the ~ of man/of mankind; the ~ of a nation 3 बचपना, अवयस्कता, नाबालिगी
infant /इनफंट/ *n.* 1 शिशु, बाल, बच्चा, बालक : ~ feeding; ~ care 2 अवयस्क, नाबालिग: ~ prodigy (मेधावी शिशु);
adj. शैशव, प्रारंभिक : ~ industry;
dw/lw: **~icide** /इनफैंटिसाइड/ *n.* 1 बालहत्या, शिशुहत्या 2 शिशुहंता, बालहत्या करने वाला, बाल-हत्यारा; **~ile** /इनफंटाइल/ (*also* **infantine**) *adj.* 1 शिशु-संबंधी 2 शैशवी 3 बाल्यावस्था-संबंधी : ~ile diseases/ sicknesses 4 बाल-सुलभ : ~ile literature 5 बचकाना: ~ile mind (बचकाना मन); "Left-wing communism, an ~ile disorder" – V. I. Lenin; **~ilism** /इनफैंटिलिज्म/ *n.* बचकानापन; **~ility** /इनफैंटिलिटि/ *n.* बचकानापन, अवयस्कता; **~ilize** /इनफैंटिलाइज/ *v., pt.* ~ilized, *pp* ~izing किसी से ऐसे व्यवहार क. जैसे व बच्चा हो, किसी से बच्चे की तरह व्यवहार क.;
collocations: **~ phenomenon/ child prodigy** मेधावी बालक; **~ school** 5 से 7 वर्ष के बच्चों का स्कूल, किंडर-गार्टन (kinder-garten)
infanta /इनफैंटा/ *n., pl.* **~s** सपने या पुर्तगाल के राजा की ज्येष्ठ राजकुमारी, जो राज सिंहासन की उत्तराधिकारी न हो
infante /इनफैंते/ *n., pl.* **~s** स्पेन या पुर्तगाल के राजा का ज्येष्ठ राजकुमार, जो राज सिंहासन का उत्तराधिकारी न हो
infantry /इनफैंट्रि/ *n.* पैदल सेना;
dw/lw: **~man** *n.* प्यादा सैनिक;
collocations: **~ platoon/ regiment** पैदल सेना टुकड़ी; **mounted ~** मोटर-सवार सेना
infarct /इनफा:क्ट/ *n.* = **infarction** /इनफा:क्शन/ *n.* धमनियों में रक्त प्रवाह बंद होने पर ऊतकों के स्थानीय क्षेत्र में होने वाली सन्नता या सुन्नता
infare /इनफेअ:/ *n., US, colloq.* नव-वधू की गृह-प्रवेश पार्टी
infatua\te /इन्फैचुएट/ *v., pt.* **~ted**, *pp* **~ting** 1 मोह लेना, मोहित कर लेना या हो. : **~te** the public 2 आसक्त बना लेना या हो. : be **~ted** with sth 3 लगाव-सा हो. : he was **~ted** with pride;
adj. मोहित, आसक्त;
dw/lw: **~ted** /इन्फैचुएटिड/ *adj.* मोहित, आसक्त, प्रेमांध; **~tion** /इन्फैचुएशन/ *n.* आसक्ति, प्रेमांधता, मुग्धता, सम्मोह, लगाव, प्रेमोन्माद : fall into a deep ~tion for sb
infauna /इन्फॉवन/ *n.* अंत:प्राणिजात
infaust /इनफॉस्ट/ *adj.* अपशकुनी, अभागा
infeasible /इन्फीजअबल/ *adj.* अव्यवहार्य, अव्यावहारिक
infect /इन्फेक्ट/ *v., pt.* **~ed**, *pp* **~ing** 1 रुग्ण बनाना: be **~ed** with diphtheria 2 (***syn.*** contaminate) दूषित क. 3 (*often* **~ sth/ sb with sth**) संक्रमित क., छूत लगाना, कीटाणुग्रस्त क. 4 बिगाड़ना, भ्रष्ट क. 5 दुष्प्रभावित या सुप्रभावित क.: **~ed** by his merriment/ with enthusiasm 6 दूसरों को अपनी मन:स्थिति प्रदान क.: his high spirits **~ed** all his companions 7 कंप्यूटर का किसी वाइरस (virus) से संक्रमित हो.;
dw/lw: **~ion** /इन्फेक्शन/ *n.* 1 संक्रामक रोग 2 संक्रमण, दूषण, छूत, रोग संचार : spread by ~ion; catch/ get/ take an ~ion from

sb 3 भ्रष्टीकरण, भ्रष्टता, विकृति 4 प्रभाव डालने की क्रिया : the ~ion of enthusiasm 5 कंप्यूटर का किसी वाइरस (virus) से संक्रमण; **~ious** /इन्फेक्शिअस/ *adj.* 1 छूतहा, संक्रामक, संक्रामी, संसर्गज : an ~ious disease 2 मुग्धकारी, फैलनेवाला : ~ious laughter or feelings; **~ive** *adj.* संक्रामक, छूत से फैलने वाला : ~ive matter

infecund /इन्फिकंड/ *adj.* 1 अनुर्वर 2 निष्फल, वंध्य 3 बांझ;
***dw/lw:* ~ity** /इन्फिकंडिटि/ *n.* 1 अनुर्वरता 2 बांझपन 3 निष्फलता, वंद्यता

infelici\tous/ infelicific /इन्फीलिसिटस/ इन्फीलिसिफिक/ *adj.* 1 अनुपयुक्त, अनुचित 2 अशुभ : **~tous** occasion; **~tous** idea/ illustration; **~tous** occasion 3 दुर्भाग्यशाली;

infelicity /इन्फलिसिटि/ *n., pl.* **infelicities** 1 अनुपयुक्त कथन 2 दुर्भाग्य, दुःख : pure ~ty; there has been so much ~ty in his life 3 अनौचित्य, बेढबपन 4 गलती, भारी भूल, चूक, अनुचित प्रयोग: **infelicities** of style in the essay

infelt /इन्फेल्ट/ *adj.* हृदयग्राही, हार्दिक, हृदयस्पर्शी : ~ affection

infer /इन्फः/ *v., pt.* **~red**, *pp* **~ring** 1 (***syn.*** deduce) निष्कर्ष निकालना, अनुमान लगाना, परिणाम निकालना : ~ on slight evidence 2 उपलक्षित क., इशारे में दर्शाना : your silence **~s** consent 3 सूचित क. 4 अपेक्षा क. 5 का अर्थ या आशय निकालना;
***dw/lw:* ~ence** /इन्फअरंस/ *n.* 1 निष्कर्ष : draw an ~ence from sth 2 अनुमान : unfounded ~ence; that is a mere ~ence 3 अनुमानित आशय : by ~ence 4 अनुमिति 5 निष्कर्ष निकालने या राय बनाने की क्रिया; **~ential** /इन्फअरेंशिअल/ *adj.* अनुमान या निष्कर्ष के रूप में होने वाला, आनुमानिक, अनुमान-सिद्ध; **~red** /इन्फरड/ *adj.* अनुमानित, अध्याहृत, निष्कर्ष से निकला हुआ;
***p&i:* ~ from** निष्कर्ष निकालना

inferior /इन्फिरिअः/ *adj.* 1 घटिया, हीन, निकृष्ट : of ~ quality 2 निम्नतर : ~ position; ~ level; be in no way ~ to sb 3 अवर, निम्न : be ~ to the task 4 अधीनस्थ, निचला, अधर, अधोवर्ती 5 छोटा, निकृष्ट, हीनतर, बदतर : ~ in importance;
n. कनिष्ठ, अधीनस्थ व्यक्ति : one's **~s**; he is her ~; ~ planet (अंतर्ग्रह); ~ conjunction (अंतर्युति);
***dw/lw:* ~ity** /इन्फिरिऔरअटि/ *n.* निकृष्टता, हीनता : ~ity of mind;
***collocations:*~ity complex** हीन भावना, हीनता-ग्रंथि, हीनत्व

infern\al /इन्फःनल/ *adj.* 1 नारकीय 2 नरक-संबंधी : **~al** nuisance 3 घिनौना, घृणित: **~al** sneer/ plot; **~al** rascal 4 जुगुप्सित 5 पैशाचिक, नृशंस;
***dw/lw:* ~ally** *adv.* 1 घृणित ढंग से 2 नरक की तरह : it is ~ally hot;

inferno /इन्फःनो/ *n., pl.* **~s**, *Italian* 1 (*often* **the ~o**) नरक, नारकीय स्थल 2 भयंकर गड्डमड्डता 3 विकराल अग्निकांड: blazing ~

inferti\le /इन्फःटाइल/ *adj.* 1 अनुपजाऊ, अनुर्वर: **~le** land 2 बांझ: an **~le** person or animal 3 असंसेचित (egg);
***dw/lw:* ~lity** /इन्फःटिलिटि/ *n.* 1 बांझपन 2 अनुर्वरता, अनुपजाऊपन, बंजरपन

infest /इन्फेस्ट/ *v., pt.* **~ed**, *pp* **~ing** 1 कीटाणुओं या कीड़े-मकौड़ों का आक्रमण हो. : flies ~ horses and cattle 2 कीटाणुओं आदि की भरमार हो., झुंडों में बाहर निकलकर फैल जा. : the house is **~ted** with rats 3 दुःख-दर्द व चिंताओं का अंबार लगा हो.: cares ~ human life;
***dw/lw:* ~ation** /इन्फेस्टेशन/ *n.* कीड़ों का आक्रमण, कीड़ों का फैलाव, कीड़ों की भरमार: ~ation of lice; **~ed** /इन्फेस्टिड/ *adj.* 1 से ग्रस्त 2 से भरा हुआ

infibula\te /इन्फिब्युलेट/ *v., pt.* **~ted**, *pp* **~ting** सिलाई से बंद क.;
***dw/lw:* ~tion** /इन्फिब्युलेशन/ *n.* यौन क्रिया को रोकने के लिए औरत के गुप्तांगों को सिलाई करके बंद करने की क्रिया

infidel /इनफिडअल/ *n.* 1 अविश्वासी, नास्तिक 2 गैर-ईसाई, गैर मुसलमान, विधर्मी, काफिर 3 म्लेच्छ 4 (***syn.*** unfaithful) अनिष्ठावान व्यक्ति, बेवफा आदमी ;
adj. 1 म्लेच्छ, विधर्मी 2 नास्तिक : ~ pamphlet 3 बेवफा;
dw/lw:* ~ity** /इनफिडेलिटि/ *n.* 1 (syn.*** unfaithfulness) प्यार या यौन संबंधों में बेवफाई, लंपटता 2 अनास्था 3 निष्ठाहीनता

infield /इन्फील्ड/ *n.* 1 फार्म भवनों के पास का खेत 2 (क्रिकेट में) विकटों के पास का मैदान

infighting /इन्फाइटिंग/ *n.* अंतर्कलह, अंदरूनी झगड़ा

infill /इन्फिल/ *v., pt.* **~ed**, *pp* **~ing** दरारों या छेदों को भरने की क्रिया;
***dw/lw:* ~ing** *n.* दरारों आदि को भरने में प्रयुक्त होने वाला पदार्थ, आपूर्णन सामग्री

infiltra\te /इन्फिल्ट्रे\ट/ *v., pt.* **~ted**, *pp* **~ting** 1 घुसपैठ क. 2 छा जाना, फैलना : education **~tes** throughout 3 रिसना, रिस-रिसकर अंदर आना, छनना 4 में फैल जा.;
n. ठोस पदार्थों में रिस-रिसकर जमा होने वाला पदार्थ;
***dw/lw:* ~tion** /~शन/ *n.* 1 घुसपैठ: the ~tion of money/ ideas; the ~tion of enemy secret service agents 2 अंतःसंयदन, अंतःसरण, अंतःसंचरण 3 तरल पदार्थों का ठोस पदार्थों में किसी द्रव की रिस-रिसकर जमा होने की क्रिया: the ~tion of sea-water; **~tor** /इन्फिल्ट्रेटः/ *n.* घुसपैठिया

infima species /इनफीमा स्पिसीज/ *Lat.* किसी वंश या वर्ग में सम्मिलित निम्नतम जाति

in fine /इन फाइनि/ *Lat.* अध्याय या पृष्ठ आदि के अंत में दिया जाने वाला पाठ

INFINET *abbr.* 'Indian Financial Network' का परिवर्णी शब्द (acronym)

infiltrator *see above under* **infiltrate:** ***dw/lw***

infinite /इनफिनअट\/ *US* इनफअनिट\/ *adj.* 1 अपार: ~ gratitude 2 (***syn.*** boundless) अनंत, असीम: ~ time/ space 3 अपरिमित : ~ number 4 अनियत 5 विशाल 6 संपूर्ण;
n. /*UK* इनफाइनाइट/ *US* इनफअनअट/ 1 असीम या अनंत वस्तु 2 (**the Infinite**) परमात्मा (God)
***dw/lw:* ~ly** /~लि/ *adv.* 1 बेहद, असीम मात्रा में: be ~ly obliged/ indebted to sb 1 अत्यदिक; **~ness** /~नेस/ *n.* अनंतता, असीमता, विशालता, अपारता;
***collocations:* ~ verb** ऐसी क्रिया जो कर्ता, कर्म या काल की द्योतक न हो, असमापिका क्रिया

infinitesimal /इनफिनिटेसि\मल/ *adj.* 1(***syn.*** tiny) इतना छोटा कि उसे मापा भी न जा सके 2 अत्यंत सूक्ष्म, अति अल्प, बेहद छोटा;
n. बेहद कम मात्रा;
***dw/lw:* ~ly** /~मलि/ *adv.* अत्यंत अल्प मात्रा में

infinitival /इनफिनिटाइवल/ *n.* क्रिया के अनिश्चित रूप से संबंधित, अनियतात्मक

infinitive /इनफिनिटिव/ *n. gramm.* (*abbr.* **inf.**) 1 क्रिया का मूल रूप 2 क्रिया का रूप जो किसी निश्चित कर्ता या समय को नहीं दर्शाता (अंग्रेजी में क्रिया के इस रूप के प्रारंभ में **'to'** लगता है: **to** go, **to** come 3 क्रियार्थक संज्ञा, संज्ञार्थक क्रिया;
adj. 1 अनिश्चय रूपी क्रिया से संबंधित 2 अनिश्चयवाचक: ~ phrase;
***p&i:* split an ~** वाक्य में **'to'** और क्रिया के बीच क्रिया-विशेषण आदि जोड़ना

infinitude /इनफिनिच्यूड/ *n.* 1 असीमता, अनंतता 2 अपरिमितता, असीम या अपरिमित मात्रा, संख्या, दूरी, गहनता: an ~ of complex relations

infinity /इनफिनअटि/ *US* इनफिनिटि *n., pl.* **infinities** 1 स्थान, समय, दूरी आदि की असीमता या अनंतता 2 स्थान, समय, दूरी आदि की अपरिमितता यानी इतनी अपारता, विशालता आदि कि उसे मापा न जा सके: an ~ of details 3 अमाप्य या अपरिमित स्थान, समय,

दूरी आदि 4 ऐसी संख्या (symbol ∞) जो किसी भी ज्ञात निश्चित संख्या से अधिक हो और जिसके समीप तो पहुंचना संभव है पर पूर्ण रूप से उसके बराबर होना असंभव है (which can be approached but can never be reached) क्योंकि स्वाभाविक संख्याओं का क्रम अनंतता तक बढ़ता जाता है: to ~ (अनंतता तक)

infirm /इनफ:म/ *adj., degr.* **~er**, **~est** 1 कमजोर, अशक्त, दुर्बल : ~ constitution (कमजोर शारीरिक ढांचा) 2 अस्थिर : tread on ~ ground 3 अदृढ़ : ~ prop (अदृढ़ सहारा) 4 लड़खड़ाने वाला : walk with ~ steps 4 डांवांडोल, ढुलमुल : ~ of purpose;
***n.* (the ~)** बीमार, दुर्बल व बेसहारा लोग: care for the sick and ~;
***dw/lw:* ~ary** /इनफ:मरि/ *n.* 1 *UK* इंग्लैंड में कुछ अस्पतालों के नाम में प्रयुक्त: Leicester Royal Infirmary 2 *US* रोगी-कक्ष; **~ity** /इन्फ:मअटि/*US* इन्फ:र्मिटि/ *n.* 1 कमजोरी : ~ity of purpose 2 अशक्तता, दुर्बलता : the ~ity of old age 3 अस्वस्थता, बीमारी 4 कमी, दोष : bad temper is his worst ~ity

infix /इनफिक्स/ *n.* मध्यप्रत्यय, मध्यसर्ग, संयुक्त शब्द के बीच में जुड़ने वाला प्रत्यय;
***v., pt.* ~ed**, *pp* **~ing** 1 जड़ना 2 मन में बैठाना : ~ ideas in sb's mind 3 *gramm.* प्रत्यय या उपसर्ग (prefix or suffix) से अलग हटकर संयुक्त शब्द के बीच में प्रत्यय लगाना यानी मध्य-सर्ग की मदद से दो शब्दों को जोड़कर एक संयुक्त शब्द बनाना

in flagrante delicto /इन्फ्लअग्रैंति डिलिक्तो/ *adv.* (*short* **in flagrante**) *Lat., law* रंगे हाथों (पकड़े जा.)

infla\me /इन्फ्लेम/ *v., pt.* **~med**, *pp* **~ming** 1 आग लगाना या लगना, जलना या जलाना, प्रदाह क. या हो. 2 भड़काना : **~me** the audience 3 (***syn.*** exacerbate) गुस्सा दिलाना, क्रुद्ध क. : the tale **~med** his audience 4 उत्तेजित होना, की ज्योति में जलना : be **~med** with love 5 शरीर के किसी भाग का लाल या प्रदाही हो.;
***dw/lw:* ~med** /इनफ्लेम्ड/ *adj.* 1 लाल, प्रदाही, सूजा हुआ (throat etc.) 2 उत्तेजित या भड़का हुआ; **~mable** /इनफ्लैमअबल/ *adj.* 1 ज्वलनशील : ~mable gas 2 उत्तेजनशील, क्षोभशील : ~mable temper; a very ~mable state; **~mation** /इनफ्लअमेशन/ *n., pathol.* 1 (गले आदि की) सूजन, शोथ, प्रदाह : ~mation of the lungs 2 दाहन, जलन, प्रज्वलन 3 झुंझलाहट, खीज : in a state of extreme ~mation; **~matory** /इनफ्लैमअटरि/ *adj.* 1 प्रदाहक, प्रदाहात्मक, प्रज्वलनशील 2 भड़काऊ, उत्तेजक : ~matory speech 3 (गले आदि की) सूजन, शोथ आदि से संबंधित

inflatable /इनफ्लेटअबल/ *adj.* जिसे हवा भरकर फुलाया जा सके;
n. 1 फुलाई जाने वाली नौका 2 विज्ञापन गुब्बारा आदि

infla\te /इनफ्लेट/ *v., pt.* **~ted**, *pp* **~ting** 1 हवा भरकर फुलाना, फूलना 2 बढ़ाना, बढ़ाना-चढ़ाना 3 गर्व या दर्प को हवा दे. : **~ted** with pride 4 प्रफुल्लित क. 5 मुद्रास्फीति का बढ़ना या बढ़ाना;
dw/lw:* ~ted** /इनफ्लेटिड/ *adj.* 1 फूला हुआ, फुलाया हुआ : ~ted balloon 2 बढ़ा हुआ (मूल्य), स्फीत 3 आडंबरपूर्ण, दंभ से भरा हुआ : ~ted style; ~ted ego; **~tion** /इनफ्लेशन/ *n.* 1 (anton.*** deflation) मुद्रास्फीति : border on ~tion 2 फुलाव 3 परिवर्धन 4 आडंबरपूर्ण या झूठी शान : ~tion of style; ~tion of ego 5 *pathol.* फोड़ा; **~tionary**/ **~tive** /इनफ्लेशनरि/ इनफ्लेटिव/ *adj.* 1 मुद्रास्फीति बढ़ानेवाला 2 स्फीति-संबंधी, स्फीतिकारी 3 फुलाने या बढ़ानेवाला; **~tionism** /इनफ्लेशनिज्म/ *n.* पैसे को बड़ी मात्रा में बाजार में फैलाकर मुद्रास्फीति बढ़ाने की नीति या सिद्धांत

inflatus /इनफ्लेटस/ *n.* अंत:प्रेरणा

inflect /इनफ्ले\क्ट/ *v., pt.* **~ed**, *pp* **~ing**, *gramm.* 1 मोड़ना, झुकाना 2 विकारी बनाना 3 *gramm.* व्याकरणीय (विभक्तियों में) रूपांतरण क., संज्ञारूप या क्रियारूप बनाना 4 सुर बदलना या घटाना-बढ़ाना 5 बोलने के लहजे में उतार-चढ़ाव लाना;
dw/lw:* ~ion/ inflexion** /~क्शन/ *n.* 1 शब्दों का रुपांतरण, रूपरचना, विभक्ति 2 सुर-परिवर्तन, उतार-चढ़ाव 3 मोड़, नति, नमन : an ~ion of the body/ of the road; ~ion point 4 अंतर्नमन 5 (syn.*** tone, modulation) बोलने के लहजे में उतार-चढ़ाव : it was not her words, but her ~ion, that hurt; **~ional** /~क्शनल/ *adj.* 1 विभक्तिप्रधान, श्लिष्टयोगात्मक, रूपरचनात्मक : ~ional languages 2 विकारी

inflexibility /इनफ्लेक्सअबिलअटि/ *n.* 1 कठोरता, अड़ियलपन, लचकहीनता 2 अनम्यता, अपरिवर्तनीयता, हठधर्मी

inflexible /इनफ्लेक्सअबल/ *adj.* 1 कठोर, अड़ियल, हठी : she is ~ 2 दृढ़, अटल : ~ will 3 (***syn.*** rigid) अपरिवर्तनीय, अनम्य 4 (***syn.*** stiff) बेलचक : ~ materials

inflict /इन्फ्लिक्ट/ *v., pt.* **~ed**, *pp* **~ing** 1 पीड़ा या चोट पहुंचाना, प्रहार क. : ~ heavy blows on sb 2 हानि पहुंचाना : ~ losses on sb 3 थोपना, मढ़ना : ~ one's views on/ upon sb; ~ oneself on/ upon sb 4 लगाना, लादना : the judge **~ed** a heavy penalty on the defaulter 5 पीड़ा दे., ठेस पहुंचाना : ~ shame on sb;
***dw/lw:* ~ion** /इन्फ्लिक्शन/ *n.* 1 प्रहार, वार, आघात, चोट 2 कष्ट, पीड़ा, दंड 3 थोपने की क्रिया;
***p&i:* ~ on** 1 दंड आदि देना 2 चोट आदि लगाना

in-flight /इन-फ्लाइट/ *adj.* उड़ान के दौरान विमान के भीतर : the ~ movie

inflore\scence /इन्फ्लॉरअसं\स/ *n.* 1 पुष्पण 2 टहनी पर फूलों की सजावट, पुष्पावली, पुष्पक्रम, पुष्प-समूह;
***dw/lw:* ~t** /~ट/ *adj.* पुष्पित

inflow /इन्फ्लो/ *n.* 1 अंदर की ओर होने वाला प्रवाह, अंतर्प्रवाह 2 बहुत सारा पैसा, लोगों, वस्तुओं आदि का किसी प्रक्रिया में आने की क्रिया;
***dw/lw:* ~ing** /इन्फ्लोइंग/ *adj.* अंतर्प्रवाही, बहकर अंदर आने वाला

influence /इन्फ्लुअंस/ *n.* 1 (*esp.* **~ on sb/ sth**) प्रभाव, असर : bad/ considerable/ disruptive/ good/ powerful ~; ~ on/ over sb or sth 2 प्रभावशाली या साखवाला व्यक्ति : 3 महत्त्वपूर्ण बात, दबदबा : be under the ~ of sb/ sth (किसी घटना या बात के प्रभाव तले हो.) 4 सकारात्मक प्रभाव: a civilizing ~ on sb; be an ~ on character; be subject to sb's ~;
***v., pt.* ~d**, *pp* **influencing** 1 प्रभाव डालना: be **~d** by sth 2 किसी पर दबाव डालना: exert/ wield ~ 3 किसी पर रुतबा चलाना;
***collocations:* ~ peddling** नेता द्वारा पैसा लेकर अवैध काम करवाना; **backstairs ~** किसी पर किसी गुप्त प्रभाव;
***p&i:* under the ~ of** (alcohol etc) के नशे में

influent /इन्फ्लुअंट/ *adj.* अंतर्प्रवाही;
n. सहायक नदी

influential /इन्फ्लुएंशिअल/ *adj.* 1 प्रभावशाली, असरदार : ~ circumstances 2 साखवाला, रसूखवाला : ~ man

influenza /इन्फ्लुअंजा/ *n.* फ्लू, इन्फ्लुएंजा, सर्दी-जुकाम

influx /इन्फ्लक्स/ *n.* 1 अंतर्प्रवाह 2 बहुत सारे लोगों का एक साथ आगमन : an ~ of visitors/ patients 3 आगमन, बाढ़, अंतरागम

info /इन्फो/ *n. short* 'information' का संक्षिप्त रूप (सूचना);
***dw/lw:* info-tech** (*abbr.* **IT**) सूचना तकनीक

Infobahn *see under* **internet**

infold *see under* **enfold'**

infomania /इनफॉमानिआ/ *n.* अतिशय ई-मेल या मोबाइल पर जरूरत से ज्यादा संदेश पढ़ने या भेजने के कारण किसी की स्पष्ट ढंग से सोच-विचार करने की शक्ति का ह्रास

inform /इन्फॉ:म/ *v., pt.* **~ed**, *pp* **~ing** 1 सूचना दे. : if I am rightly **~ed**, ... 2 बतलाना 3 (*esp.* **~ sb about** or **of sth**) जानकारी दे. अवगत कराना 4 के विरुद्ध जासूसी क. : ~ sb against/ on sb 5 के विरुद्ध शिकायत क. 6 *lit.* प्रेरित क. : ~ one's heart with pity 7 जीवंत बनाना, अनुप्राणित क. : ~ sth with life;

dw/lw: **~ant** /इन्फॉःमंट/ *n.* 1 शोधकर्ताओं या पत्रकारों को किसी विषय पर जानकारी देने वाला 2 (***syn.*** informer) पुलिस आदि को किसी के बारे में गुप्त सूचनाएं देने वाला, मुखबिर; **~ative** /इन्फॉःमटिव/ (*also* **~atory**) *adj.* सूचना प्रधान, शिक्षाप्रद, ज्ञानप्रद : ~ article; **~ed** /इन्फॉःम्ड/ *adj.* 1 जानकार 2 संयुक्त शब्दों में : well-**~ed** person; **~er** /इन्फॉःमः/ *n.* मुखबिर

informal /इन्फॉःमल/ *adj.* 1 अनौपचारिक : ~ visit/ dinner/ meeting/ call on sb 2 सामान्य, स्वाभाविक : ~ garden (बिना कृत्रिम रोपण या अन्य क्रियाओं के) 3 बिना औपचारिक तामझाम के, बिना किसी तकल्लुफ के: ~ conversations between the representatives;

dw/lw: **~ity** /इन्फॉःमलिटि/ *n., pl.* **informalities** अनौपचारिकता, बेतकल्लुफी; **~ly** /इन्फॉःमलि/ *adv.* अनौपचारिक रूप से

informant *see above under* **inform:** ***dw/lw***

informatics /इन्फःमेटिक्स/ *n.* सूचना-विज्ञान

information /इन्फःमेशन/ *n.* 1 (*short* **info**) सूचना, खबर, इत्तला : turn in/ give ~; recent/ the latest ~ 2 जानकारी : ~ about/ on sth; statistical ~ 3 *comput.* जानकारीवाहक संकेत या चिह्न 4 *law* अदालत में मजिस्ट्रेट के सामने लगाया जाने वाला आरोप : lodge an ~ against sb 5 ज्ञान : a man of vast ~; he is a mine of ~;

adj. सूचना संबंधी : ~ desk; ~ centre

collocations: ~ **bureau** सूचना केंद्र, सूचनालय; ~ **network** सूचना संजाल; ~ **retrieval** *comput.* 1 सूचनाओं का कंप्यूटर के सूचना-भंडार में एकत्रीकरण 2 सूचनाओं का भंडारण, वर्गीकरण व खोज; ~ **science**/ **informatics** सूचना विज्ञान; ~ **superhighway** सूचना-संचार के सभी साधनों यानी इंटरनेट आदि का समूह; ~ **technology** सूचना तकनीक (*abbr.* **IT**): सूचना को प्रसारित या संग्रहीत करने के लिए कंप्यूटर व अन्य इलेक्ट्रोनिकी उपकरणों का प्रयोग; ~ **theory** सूचना सिद्धांत;

accurate/ confidential/ detailed/ further/ useful ~ सही/ गुप्त/ विस्तृत/ आगे की/ लाभदायक सूचना; **access/ exchange/ gather/ give/ need/ provide** ~ सूचना को किसी तक पहुंचाना/ का आदान-प्रदान क./ एकत्रित क./ दे./ की जरूरत हो./ मुहैया करवाना

in forma pauperis /इन फॉःमा पॉअरिस/ *Lat.* निर्धन व्यक्ति की तरह

in foro /इनफोरो/ *Lat.* न्यायाधीश के सम्मुख;

in foro conscientiae /इनफोरो कॉनसिअंटी/ *Lat.* अंतरात्मा की पुकार पर, नैतिक रूप से

infra /इन्फ्रा/ *adv., Lat.* 1 नीचे (in books, texts, etc.), आगे चलकर: see ~ p. 150, etc. 2 पृष्ठ पर नीचे;

p&i: ~ **dig** अपने आत्म-सम्मान के नीचे

infra- *prefix, mainly tech., indicating adjectives and nouns, meaning:* **below** or **beyond a limit** (नीचे, किसी सीमा से परे): ~red, ~-molecular

infracostal /इन्फ्रैकौस्टल/ *adj.*, पसली के नीचे का

infract /इन्फ्रैक्ट/ *v., pt.* **~ed**, *pp* **~ing** उल्लंघन क., नियम भंग क.: ~ the constitution/ neutrality;

dw/lw: **~ion** /इन्फ्रैक्शन/ *n.* 1 (***syn.*** infringement) नियम का उल्लंघन: ~ of a law/ of a statute 2 नियम भंग, भंजन 3 व्यतिक्रम; **~or** /इन्फ्रैक्टः/ *n.* उल्लंघनकारी

infra dig *short,* **'infra dignitatem'** का छोटा रूप (प्रतिष्ठा के प्रतिकूल, पद की गरिमा से नीचे /beneath one's dignity/)

infrangible /इनफ्रैंजिबल/ *adj.* 1 सरल 2 अखंडनीय, आगे टुकड़ों या भागों में अविभाज्य 3 जिसे आगे तोड़ा न जा सके 4 जिसे भंग न किया जा सके: ~ promise

infrared/ infra-red /इन्फ्रारेड/ *adj.* 1 विद्युत-चुंबकीय विकिरण से संबंधित, दृश्य स्पेक्ट्रम (spectrum) के लाल सिरे और माइक्रो-तरंगों, रेडियो-तरंगों के बीच की तरंग-लंबाई से संबद्ध: ~ rays; ~ camera 2 इस तरह के विकिरण के प्रति संवेदनशील 3 परालाल, अवरक्त;

collocations: ~ **astronomy** ब्रह्मांडीय पिंडों या अंतरिक्ष में विद्यमान गैस या धूल द्वारा पैदा किए गए इन्फ्रारेड विकिरण का पुंछल तारों व आकाश गंगा आदि की रचना, धूल व बादलों आदि के बनने की क्रिया को जानने के लिए किया जाने वाला अध्ययन; ~ **photography** इन्फ्रारेड विकिरण के प्रति संवेदनशील फिल्मों के प्रयोग से की जाने वाली फोटोग्राफी

infrasonic /इन्फ्रअसॉनिक/ *adj.* मानवीय कान द्वारा सुनी जा सकने वाली आवृत्ति-सीमा के नीचे की ध्वनि तरंग, अवश्रव्य

infrasound /इन्फ्रअसाउंड/ *n.* 20 Hz से कम फ्रिक्वेंसी (आवृत्ति) की ध्वनि तरंगें जिन्हें मानवीय कान से नहीं सुना जा सकता, पर उनका कंपन अनुभव किया जा सकता है

infrastruc\ture /इन्फरअस्ट्र\क्चः/ 1 समाज, संगठन या सिस्टम का आधारभूत ढांचा 2 आधारभूत प्रणालियां एवं सेवायें जैसे सड़कें, यातायात के साधन, बिजली, पानी आदि 3 आधारभूत संरचना;

dw/lw: **~tural** /~क्चरल/ *adj.* आधारभूत प्रणालियों एवं सेवाओं से संबंधित

infre\quency /इन्फ्रिक्वंसि/ *n.* 1 विरल आवृत्ति 2 अनूठापन;

dw/lw: **~quent** /इन्फ्रिक्वंट/ *adj.* 1 (***syn.*** rare) कभी-कभी होने वाला 2 विरला, अप्रायिक: ~quent occurrence; ~quent opportunity; **~ly** /इन्फ्रिक्वंटलि/ *adv.* (***syn.*** rarely) कभी-कभी

infringe /इन्फ्रिंज/ *v., pt.* **~d**, *pp* **infringing** 1 नियम भंग क.: ~ a law/ a contract/ a copyright 2 उल्लंघन क. (*also* **~ on/ upon sth**) अतिलंघन या अतिक्रमण क.: ~ upon/ on a nation's sovereignty 3 किसी के अधिकारों का अतिक्रमण क.;

dw/lw: **~ment** /इन्फ्रिंज्मंट/ *n.* 1 अतिक्रमण, अतिलंघन 2 उल्लंघन: ~ment of a treaty/ of law/ of the constitution; ~ment of copyright

infructuous/ infructuose /इन्फ्रक्च्युअस/ *adj.* निष्फल, बेकार

infula /इनफ्युला/ *n.* लाल रेशमी फीता

infundibular /इन्फंडिब्युलः/ *adj.* कीपाकार, फनल जैसी

infuria\te /इन्फ्युअरि\एट/ *v., pt.* **~ted**, *pp* **~ting** (***syn.*** enrage) अत्यधिक क्रुद्ध क., क्रोधोन्मत्त क.: **~te** sb with sth; be **~ted** at sth;

dw/lw: **~ting** /~एटिंग/ *adj.* बहुत गुस्सा दिलाने वाला, क्रोधजनक; **~tingly** /~एटिंगलि/ *adv.* क्रोधपूर्वक; **~tion** /~एशन/ *n.* क्रोध

infu\se /इन्फ्यूज/ *v., pt.* **~sed**, *pp* **~sing** 1 में डालना, में उंडेलना, भरना, में मिलाना 2 स्फूर्त क., अनुप्राणित क.: **~se** hope into sb; the words **~sed** new life into me 3 द्रव या जल में भिगोना 4 किसी ढंचे के सब भागों पर प्रभाव डालना 5 दवा, रक्त आदि को शनैः-शनै रगों में चढ़ाना;

dw/lw: **~sion** /इन्फ्यूजन/ *n.* 1 अनुप्रेरण, अनुप्राणन, में डालने की क्रिया: ~sion of (new) blood 2 निषेचन 3 मिलावट, मिश्रण: with a slight ~sion of sth 4 निषेक, फांट, काढ़ा, क्वाथ 5 दवा या रक्त आदि धमनियों में चढ़ाने की क्रिया; **~sible** /इन्फ्यूजिबल/ *adj.* 1 फांट योग्य 2 धमनियों में चढ़ाने योग्य; **~sive** /इन्फ्यूजिव/ *adj.* 1 नव-शक्ति या प्राण आदि फूंकने से संबंधित: the ~sive force of spring 2 अनुप्रेरक, अनुप्राणक

-ing[1] *suff.* 1 क्रिया या संज्ञा के साथ जुड़नेवाला उपसर्ग जिसकी बदौलत शब्द रचना और अर्थ में कई परिवर्तन किए जा सकते हैं: build**ing**, driv**ing**, etc. 2 संज्ञा के साथ जुड़नेवाला उपसर्ग: bed → bedd**ing** 3 क्रिया विशेषण के साथ जुड़नेवाला उपसर्गः off**ing**, out**ing**

-ing[2] *suffix* वर्तमानकालिक अपूर्ण कृदंत बनाने के लिए प्रयुक्तः work**ing**; go**ing**

INGAP *abbr.* 'Islets Neogenesis Associated Protein' की प्रथमाक्षरी

ingathering /इनैदरिंग/ *n.* 1 संचय, संचयन 2 जमावड़ा, जमघट

ingemina\te /इन्जेमिनेट/ *v., pt.* **~ted**, *pp* **~ting** 1 पुनरावृत्ति

क., दोहराना, एक ही शब्द या वाक्य को बार-बार दोहराना 2 दोहरा क.
ingenera\te /इन्जेनअ\रिट/ ~रेट/ *adj.* स्वयंभू, जन्मजात, सहज; *v., pt.* **~ted**, *pp* **~ting** पादा क., उत्पन्न क.
ingenious /इन्जीनिअस\/ *adj.* 1 प्रतिभाशाली, मेधावी: ~ performance/ reply 2 कुशल, दक्ष, प्रवीण: ~ contrivance (दक्ष जुगाड़) 3 उत्तम: ~ mind;
dw/lw: **~ly** /~लि/ *adv.* कुशल ढंग से, दक्षतापूर्वक: ~ly designed
ingénue /ऐन्जेन्यू/ *n., Fr.* सीधी-सादी, भोली-भाली लड़की
ingenu\ity /इन्जेन्यू\अटि/ *n.* 1 प्रतिभा: the **~ity** of man 2 कौशल, दक्षता, प्रवीणता : set one's **~ity** to work 3 ईमानदारी, पारदर्शिता, सहृदयता;
ingenu\ous /इन्जेन्यू\अस/ *adj.* 1 कुलीन 2 सरल, सच्चा: ~ous confession/ declaration 3 (***syn.*** naive) निष्कपट, सीधा-सादा, सरल हृदय 4 भोला-भाला, शिशु-समान: ~ous smile; ~ous face;
dw/lw: **~ously** /~असलि/ *adv.* निष्कपट भाव से; **~ousness** /~असनेस/ *n.* सरलता, सच्चाई,, निष्कपटता
ingest /इन्जेस्ट/ *v., pt.* **~ed**, *pp* **~ing** खाना, निगलना;
dw/lw: **~a** /इन्जेस्टा/ *n.* खाया जाने वाला भोजन : deficiency of liquid in the ~a; **ingestible** /इन्जेस्टअबल/ *adj.* खाये योग्य; **~ion** /इन्जेशन/ *n.* अंतर्ग्रहण, हाजमा
ingle /इंगल/ *n.* अंगीठी या चूल्हे में आग;
dw/lw: **~nook** *n.* बड़ी अंगीठी या चिमनी का कोना; **~-side** *n.* अंगीठी के पास का स्थान
inglorious /इनग्लॉरिअस\/ *adj.* 1 अकीर्तिकर, अपयशस्कर: live an ~ life 2 (***syn.*** shameful) लज्जास्पद, लज्जाजनक, शर्मनाक: ~ retreat/ defeat;
dw/lw: **~ly** /~लि/ *adv.* शर्मनाक ढंग से
ingoing /इन्गोइंग/ *adj.* 1 प्रवेश करने वाला: ~ vessel; ~ vehicles 2 (***syn.*** incoming) आने वाला, नया: the ~ administration; ~ tenant;
n. 1 अंदर जाने वाला व्यक्ति 2 अंतर्प्रवेश 3 उपकरणों और आवास का किराया, जिसे शुरुआत में ही लिया जाता है
ingot /इंगअट/ इंगट/ *n.* 1 धातु आदि की सिल या सिल्ली: ~ steel 2 धातु पिंड, शिलिका, ईट: ~ mould
ingrain /इन्ग्रेन/ *v., pt.* **~ed**, *pp* **~ing** 1 पक्के रंग में रंगना 2 पक्की आदत डालना;
dw/lw: **~ed** /इन्ग्रेंड/ *adj.* 1 गहरा पक्का (रंग) 2 पक्की परत आदि): ~ed dirt (गहरी जमी हुई गंदगी) 3 (***syn.*** deep-rooted) गहरी, पक्की (आदत आदि): ~ed sceptic; ~ed idea; ~ed prejudices
ingrate /इन्ग्रेट/ *n.* कृतघ्न व्यक्ति
adj. अहसानफरामोश, कृतघ्न, अकृतज्ञ
ingratia\te /इनग्रेशिए\ट/ *v., pt.* **~ted**, *pp* **~ting** 1 किसी का कृपा पात्र बनना: **~te** oneself with sb 2 अनुग्रह या कृपादृष्टि प्राप्त क.: **~te** oneself into sb's favour/ confidence;
dw/lw: **~ting** /~टिंग/ *adj.* कृपाकांक्षी, किसी की कृपादृष्टि पाने का प्रयास करने वाला: ~ting behaviour; **~tingly** /~टिंगलि/ *adv.* कृपादृष्टि पाने का प्रयास करते हुए, कृपाकांक्षापूर्वक;
p&i: **~te oneself with sb** किसी का विश्वास पात्र बन जा.
ingratitude /इनग्रैटिच्यूड/ *n.* कृतघ्नता, अकृतज्ञता, नमकहरामी
ingravescent /इन्ग्रअवअसंट/ *adj.* बद से बदतर बनने वाला, और ज्यादा गंभीर होने वाला
ingredient /इनग्रीडिअंट/ *n.* 1 अवयव, अंश: the **~s** of soap/ of a medicine; an ~ in/of sth 2 तत्त्व: a basic/ essential/ vital ~ 3 आयाम, पहलू: an important ~ in a character 3 संघटक, उपादान
in gremio /इन ग्रेमिओ/ *Lat.* हृदय में, दिल में: **in grenio legis** कानून द्वारा रक्षित
ingress/ ~ion /इन्ग्रेस/ इन्ग्रेसन/ *n.* 1 प्रवेश, अंतर्गमन प्रवेशधिकार: ~ was prohibited
dw/lw: **~ive** /इन्ग्रेसिव/ *adj.* अंतर्प्रवेशी
ingroup /इन्ग्रुप/ *n.* (***syn.*** clique) गुट, खेमा, विशेष वर्ग, अंतःसमूह
ingrow\ing /इन्ग्रोइंग/ *adj.* अंदर की ओर बढ़ता हुआ, अंतर्वर्धी;
dw/lw: **~n** /इन्ग्रोन/ *adj.* 1 अंदर की ओर बढ़ा हुआ, अंतर्वर्धित: ~n nail 2 जन्मजात
ingulf *see above* **engulf**
ingurgita\te /इनगःजिटेट/ *v., pt.* **~ted**, *pp* **~ting** 1 बेतहाशा भकोसना, निगलना 2 जल्दी-जल्दी गटकना
inhabit /इनहैबिट/ *v., pt.* **~ed**, *pp* **~ing** 1 निवास क., बसना 2 रहना: fish ~ the seas/ the rivers 3 में समाए हो.: so many thoughts **~ed** his mind;
dw/lw: **~able** /इनहैबिटअबल/ *adj.* रहने-योग्य, रहने-लायक; **~ancy/ ~tance** /इनहैबिटंसि/ इनहैबिटंस/ *n.* निवास-स्थान; **~ant** /इनहैबिटंट/ *n.* निवासी, बाशिंदा: an ~ant of the mountains; **~ation** *n.* निवास, घर; **~ed** /इनहैबिटिड/ *adj.* आबाद, बसा हुआ, जहां लोग रहते हों; **~er** *n.* निवासी, वासी
inhalant /इनेहेलंट/ *adj.* अंतर्वाही, सांस अंदर खींचने वाला;
dw/lw: **inhalation** /इनहलेशन/ *n.* अंतःश्वसन, कश
inha\le /इनहेल/ *v., pt.* **~led**, *pp* **~ling** 1 सांस अंदर खींचना, कश लेना: ~ air 2 *US* जल्दी-जल्दी निगलना;
dw/lw: **~r** /इनहेलः/ *n.* श्वास यंत्र, सांस या दवा अंदर खींचने वाला उपकरण, सुंघनी, श्वसित्र, कश लेने वाला उपकरण
inharmoni\c/ ~ous /इन्हाःमॉनिक/ इन्हाःमोनिअस/ *adj.* 1 बेमेल, असंगत: **~c** colours 2 बेसुरा, विस्वर, कर्णकटु;
dw/lw: **~ously** /इन्हाःमोनिअसलि/ *adv.* बेमेल या बेसुरे ढंग से; **~ousness** /इन्हाःमोनिअसनेस/ *n.* = **inharmony** बेमेलपन, असंगति
inhere /इनहिअः/ *v., pt.* **~d**, *pp* **inhering** 1 अंतर्निहित या अंतर्निष्ठ होना: a quality **inhering** in him 2 में समाया हो.;
p&i: **~ in sth** किसी चीज का सहज भाग हो.
inherent /इनहिअरंट\/ *adj.* 1 (***syn.*** intrinsic) अंतर्निहित, अंतर्निष्ठ, अंतर्भूत: be ~ in sth 2 सहज, स्वाभाविक, जन्मजात: ~ modesty; an ~ love of beauty;
dw/lw: **~ly** /~लि/ *adv.* 1 अंतर्भूत ढंग से 2 सहजतापूर्वक;
p&i: **~ in** सहज ढंग से अंतर्निहित
inherit /इनहेरिट/ *v., pt.* **~ed**, *pp* **~ing** 1 उत्तराधिकार में प्राप्त क., पुरखों से पाना, दाय पाना: ~ a fortune/ land/ property 2 माता-पिता से शारीरिक व मानसिक विशिष्टताएं पाना: ~ a temperament/ abilities; ~ a strong constitution 3 अपने से पहले पदाधिकारी से समस्या या अन्य किसी स्थिति को पाना;
dw/lw: **~ance** /इनहेरिटंस/ *n.* 1 विरासत, उत्तराधिकार: the right of ~ance; ~ance tax; *Inheritance of Loss* 2 दाय (भाग), दाय प्राप्ति: receive/ obtain, acquire/ sth by ~ance; an ~ance of woe; good ~ance 3 रिक्थ 4 बपौती, वंशागति, वंशानुक्रम: leave an ~ance to sb; **~ed** /इनहेरिटिड/ *adj.* दायागत, वंशगत, पूर्वजों से विरासत में मिला हुआ; **~or** /इनहेरिटः/ *n.* (***syn.*** heir) उत्तराधिकारी, वारिस; **~ress** /इनहेरिटरअस/ *n.* (***syn.*** heiress) महिला उत्तराधिकारी:
collocations: **~ance tax** उत्तराधिकार कर
inhibit /इनहिबि\ट/ *v., pt.* **~ed**, *pp* **~ing** 1 रोकना 2 मना क.: ~ sb from doing sth 3 कुछ करने में बाधा डालना: ~ one's desire to do sth 4 संयत र., रोके रखना: ~ oneself 5 दबा दे., कुचलना: ~ the emotion of pity 6 झिझक पैदा क., डरा दे.;
dw/lw: **~ed** /~टिड/ *adj.* 1 झिझका हुआ, हिचकिचाहट का शिकार 2 संकोची 3 संयमित 4 उदासीन 5 रुका हुआ 6 वर्जित 7 दबाई हुई: ~ed quality 8 शर्मीला, शर्मीली 9 अपने में सिमटा हुआ; **~ion** /~शन/ *n.* 1 हिचकिचाहट, झिझक, संकोच, शर्म: have no ~ions about doing sth 2 वर्जन, निषेध, मनाही, रोक 3 अवरोधन, दमन:

~ion of reflexes 4 अंतर्बाधा, भीतरी अवरोध: lose one's ~ions; **~ive/ ~ory** /~टिव/ ~टरि/ *adj.* 1 संकोच या झिझक पैदा करने वाला 2 अवरोधक; **~or** /~टः/ *n.* 1 संकोच झिझक पैदा करने वाला आदमी 2 अवरोधक व्यक्ति

inhomogeneous /इन्हॉमअजीनिअस/ *adj.* 1 असमरूप, असम, विषम 2 *math.* असमघात

inhospita\ble /इन्हौस्पिटअ\बल/ *adj.* 1 कठिनाइयों से भरा: a rocky, ~ shore 2 (***syn.*** unwelcoming) असत्कारशील 3 मनहूस, अमंगल, अंधकारमय 4 अशरण्य 5 बंजर, ऊसर: ~ wilderness;
dw/lw: **~lity** /~लिटि/ *n.* 1 असत्कारशीलता 2 अंधकार

in-house /इन्-हाउस/ *adj.* 1 आंतरिक, अंदरूनी: the work was done by ~ editors 2 अपने घर या संस्थान का/ की/ के

INHP *abbr.* 'Integrated Nutrition & Health Project' की प्रथमाक्षरी

inhuman /इन्ह्यूमन/ *adj.* 1 अमानवीय, अमानुषिक, पाशविक: ~ treatment 2 क्रूर, निष्ठुर, बर्बर: ~ deed; ~ cruelty;
dw/lw: **~ity** /इन्ह्युमैनिटि/ *n.* 1 (***syn.*** callousness) पाशविकता, दरिंदगी 2 क्रूरता, कठोरता, निर्दयता, निष्ठुरता, नृशंसता, बर्बरता, निर्ममता

inhumane /इन्ह्युमेन\/ *adj.* (***syn.*** callous) नृशंस, निर्दय, निर्मम;
dw/lw: **~ly** /~लि/ *adv.* (***syn.*** callously) निर्मम ढंग से, क्रूरतापूर्वक

inhumanity /इनह्यूमैनअटि/ /इनह्यूमैनिटि/ *n.* नृशंसता, निर्दयता, निर्ममता

inhumation /इन्ह्यूमेशन/ *n.* दफन, शवाधान

inhu\me /इन्ह्यूम/ *v., pt.* **~med**, *pp* **~ming** दफनाना, दफन क., गाड़ना

inimical /इनिमिकल/ *adj.* 1 अहितकर या अमैत्रीपूर्ण, विद्वेषी, विरोधी: ~ to one another 2 शत्रुतापूर्ण, विद्वेषपूर्ण: ~ attitude 3 हानिकर: ~ to one's health;
p&i: **~ to** किसी के प्रति शत्रुतापूर्ण

inimita\bility /इनिमिटअ\बिलअटि/ *n.* 1 अननुकणीयता 2 अद्वितीयता;
dw/lw: **~ble** /~बल/ *adj.* 1 अननुकरणीय 2 अद्वितीय: ~ble style

in invitum /इनिनवाइटम/ *Lat.* विवश होकर, विवशतापूर्वक

inion /इनिअन/ *n.* पश्चकूट, पश्चकूट बिंदु

iniquitous /इनिक्विटस\/ *adj.* 1 अन्यायी, अन्यायपूर्ण: ~ indictment/ punishment 2 दुष्ट, दुष्टतापूर्ण: ~ deeds 3 राक्षसी;
dw/lw: **~ly** /~लि/ *adv.* अन्यायपूर्वक, दुष्टतापूर्वक

iniquity /इनिक्वअटि/ *n., pl.* **iniquities** 1 अन्याय: the ~ of fortune 2 अत्याचार 3 दुष्टता, पाप: lost in ~ (पाप में डूबा हुआ);
p&i: **a den of** ~ अन्याय, पाप और दुष्टता का अड्डा

initial /इनिशिअल/ *adj.* 1 प्रारंभिक: the ~ symptoms of a disease 2 आरंभिक: ~ cost; ~ outlay; in the ~ phase of the scheme 3 शुरुआती: the ~ reaction was surprise 4 प्राथमिक, आद्य, आदि-: ~ letter (राज अक्षर) 5 मूल, पहला: ~ attempt/ efforts 6 शुरू-शुरू में: ~ running (इंजिन आदि को गर्म करने की क्रिया);
n. **(~s)** नाम के पहले अक्षर, राज अक्षर;
v., *UK pt.* **~led**, **~ling** or *US pt.* **~ed**, *pp* **~ing** 1 नाम के पहले अक्षर लिखना 2 पाठ पर पहले अक्षरों के रूप में हस्ताक्षर क.: ~ a note/ memo;
dw/lw: **~led** /इनिशिअल्ड/ *adj.* आद्याक्षरित; **~ly** /इनिशिअलि/ *adv.* प्रारंभ में, शुरू-शुरू में: had doubts ~ly; **~s** /इनिशिअल्स/ *n.* आद्याक्षर, नाम के पहले अक्षर, राज अक्षर;
collocations: **Initial Teaching Alphabet** (*abbr.* **ITA**) पढ़ने-लिखने के लिए विकसित की गई अक्षरों की स्वरमाला

initiali\ze /इनिशिअलाइज/ *v., pt.* **~zed**, *pp* **~zing** कंप्यूटर प्रोग्राम को प्रयोग करने के लिए तैयार क.

initia\te /इनिशिए\ट/ *v., pt.* **~ted**, *pp* **~ting** 1 आरंभ क.: **~te** a reform/ a measure 2 नए सदस्य के रूप में भर्ती या प्रविष्ट क.: **~te** sb into a club; **~te** into a society; they were **~ted** into the plot (उन्हें षड्यंत्र में शामिल कर लिया गया) 3 चलाना 4 प्रवर्तित क. 5 उपक्रम क. 6 प्रारंभिक शिक्षा दे., दीक्षा दे., दीक्षित क.: **~te** sb in sth (किसी को किसी विषय में प्रारंभिक शिक्षा दे.); **~te** a pupil into the elements of grammar;
dw/lw: **~ted** /~टिड/ *adj.* 1 दीक्षित 2 जिसे किसी उपक्रम का प्रारंभिक ज्ञान हो गया हो; **~tion** /~शन/ *n.* 1 सूत्रपात: the ~tion of new measures 2 प्रारंभ: ~tion of ceremonies 3 प्रवर्तन, उपक्रमण 4 दीक्षा: ~tion rites (दीक्षा क्रिया-क्रम) 5 भर्ती: ~tion fee;

initia\tive /इनिशिए\टिव/ *n.* 1 पहल, पहलकदमी: on one's own **~tive** 2 सूत्रपात 3 नेतृत्व, अगुआई: take the **~tive** in doing sth/ in the matter 4 उपक्रमण;
dw/lw: **~tor** /~टः/ *n.* 1 आरंभ करने वाला 2 सूत्रपात करने वाला 3 प्रवर्तक 4 दीक्षक, दीक्षागुरु; **~tory** /~टरि/ *adj.* 1 प्रारंभिक: the ~tory step 2 दीक्षात्मक: ~tory rite/ ceremony

inject /इंजेक्ट/ *v., pt.* **~ed**, *pp* **~ing** 1 सुई/ इंजेक्शन लगाना: ~ a drug into the body 2 जान फूंकना: ~ a note of optimism 3 नवीनता से भर दे.: ~ a remark into a conversation 4 किसी योजना या संगठन आदि में काफी सारा धन या प्रयास लगाना, अंतर्वेशन क.;
dw/lw: **~or** /इंजेक्टः/ *n.* अंतःक्षेपक, इंजेक्शन लगाने वाला, पैसा या अन्य साधन लगाने वाला; **~ion** /इंजेक्शन/ *n.* 1 सुई, इंजेक्शन: a drug by ~ion 2 धन आदि का निवेश या लागत: ~ion advance 3 चट्टान आदि में किसी घोल का अंतः क्षेपण 4 ईंधन आदि को इंजेक्शनुमा उपकरण से चढ़ाने की क्रिया: a fuel ~ system;
collocations: **~ion moulding** *engin.* गर्म होने से नर्म पड़े प्लास्टिक को नोजल आदि में से गुजारकर प्लास्टिक की चीजें बनाने की विधि

in-joke किसी समुदाय विशेष द्वारा पूरी तरह समझा जा सकने वाला मजाक या उपहास

in judicio /इनजुडिशिओ/ *Lat., law* 1 जज के सामने 2 अदालत में सुनवाई के दौरान

injudicious /इनजुडिशिअस\/ *adj.* 1 (***syn.*** unwise) विवेकहीन: ~ remark/ statement 2 विसंगत 3 अनुचित;
dw/lw: **~ly** /~लि/ *adv.* अविवेकपूर्वक, अनुचित ढंग से; **~ness** /~नेस/ *n.* विवेकहीनता, अनौचित्य

injunction /इंजंक्शन/ *n., law* (*also* **interdiction** /इंटःडिक्शन/) 1 निषेधाज्ञा, निषेधादेश, निरोधाज्ञा, व्यादेश: an ~ to prevent sb from doing sth 2 आदेश: the high ~; obey the **~s**;

injunctive /इंटःजंक्टिव/ *adj.* आदेशार्थ, निषेधाज्ञात्मक

inju\re /इंजः/ *v., pt.* **~red**, *pp* **~ring** 1 घायल क., चोटिल क.: **~re** sb's health 2 क्षति या हानि पहुंचाना: **~re** oneself 3 ठेस पहुंचाना: **~re** sb's feelings/ sensibilities 4 अन्याय या अपकार क.: **~re** sb's reputation;
dw/lw: **~red** /इन्जःड/ *adj.* 1 घायल, चोटिल 2 अपकृत: in an ~red voice 3 दूषित: an ~red air; **the ~red** *n.* घायल व्यक्ति या लोग: take the ~ed to the nearest hospital;
collocations:**the ~red party** अन्याय का शिकार पक्ष

injuria /इंजुअरिआ/ *n., Lat., pl.* **injuriae** /इंजुअरी/ *law* अन्याय, दूसरों के अधिकारों का अतिक्रमण

injurious /इंजुअरिअस/ *adj.* 1 चोट या आघात करने वाला 2 हानिप्रद, क्षतिकारक: smoking is ~ to health 3 अपमानजनक: act ~ to sb's reputation;
p&i: **cigarette smoking is ~ to health** सिगरेट पीना स्वास्थ्य के लिए हानिकारक है

injury /इंजरि/ *n., pl.* **injuries** 1 चोट, घाव: inflict **injuries** on sb 2 क्षति, हानि, नुकसान: compensate for an ~ (क्षतिपूर्ति क.); an ~ to sb's reputation/ character 3 *law* अन्याय:

complaint against ~ caused to sb;
collocations: ~ **time** फुटबाल आदि खेल में खिलाड़ियों के घायल होने के कारण खेल रोके जाने के एवज में अतिरिक्त खेल
p&i: **add insult to** ~ कटे या जले पर नमक छिड़कना; **a fatal/ major/ minor/ serious** ~ घातक, काफी बड़ी, मामूली या गंभीर चोट; **cause/ prevent/ receive/ recover from/ suffer an** ~ आघात या हानि पहुंचाना/ आघात रोकना/ झेलना/ आघात से उबरना/ हानि उठाना

injustice /इनजस्टिस/ *n.* 1 अन्याय, बेइंसाफी: do sb an ~ 2 दोष;
p&i: **do oneself/ sb an** ~

ink /इंक/ *n.* स्याही, मसि, रोशनाई: indelible/ invisible ~; write in ~;
v., pt. ~**ed**, *pp* ~**ing** स्याही से निशान लगाना, स्याही से भरना, स्याही से लिखना;
dw/lw: ~**er** *n.* स्याही वाला; ~-**horn** *n.* सींगनुमा स्याहीदान, दवात; ~-**pad** *n.* मुहर लगाने की पैड; ~-**pot** /इंक्पॉट/ *n.* दवात, स्याहीदान; ~-**spot** *n.* 1 स्याही का धब्बा 2 तिल; ~**jet-printer** *n.* स्याही भरे जेटनुमा कैप्सूलों वाला प्रिंटर; ~**shed** *n.* कागज खराब (काले) करने की क्रिया; ~-**stand** *n.* कलमदान; ~**ster** *n.* लिखाड़ी; ~-**stone** *n.* कसीस; ~-**well** *n.* स्याहीदान, दवात, मसिपत्र, मसिदाना, मसिधान; ~**y** /इंकि/ *adj., degr.* ~ier, ~iest 1 स्याही-जैसा, स्याह, काला 2 स्याही-पुता, स्याही के धब्बोंवाला 3 मसिभरा;
collocations: ~ **cap** खुमी जैसी फफूंदी जो काली स्याही जैसा द्रव छोड़ती है; ~-**horn terms** बुद्धिमत्तापूर्ण परंतु दुरूह शब्द; ~**ing pad** स्याही पैड; ~ **out** रोशनाई से मिटाना;
sling ~ कलम-घसीट, कागज काले करने वाला लेखक;
p&i: ~ **one's fingers** स्याही से हाथ गंदे क.; ~ **sth in** पेंसिल से बने रफ डिजाइन या प्रारूप पर स्याही से लिखना, स्याही भरना; ~ **up** (चित्रादि में) स्याही भरना;
as black as ~ रात की तरह अंधकारमय; **before the** ~ **is dry** तुरंत, झटपट; **black** ~ लाभ ही लाभ; **budgetary red** ~ बजट का घाटा; **red** ~ हानि; **the concern shifted from red** ~ **to black** कंपनी घाटे से निकलकर लाभ कमाने लगी

inkling /इंकलिंग/ *n.* 1 इंगित, इशारा, संकेत 2 आभास: an ~ of the truth 3 ख्याल, विचार, पोना: have an ~ of what was in the wind 4 (*syn.* suspicion) हल्का-सा शक

in-kneed /इन-नीड/ *adj., med.* X-नुमा (आर-पार) या टेढ़े घुटनों वाला

INL *abbr.* 'Indian National League' की प्रथमाक्षरी

inlaid /इनलेड/ *adj.* 1 '**inlay**' का भूतकालिक रूप 2 खचित, जड़ित: ~ work

inland /इनलैंड/ *adj.* 1 स्वदेशी, आंतरिक: ~ postage 2 आंतरस्थलीय, अंतःस्थलीय: ~ town; ~ navigation 3 देशीय, घरेलू: ~ trade/ transportation;
n. देश का आंतरिक भाग, अंतर्देश, भीतरी प्रदेश: reach the ~**s**; ~ duty (अंतर्देशीय कर);
adv. देश के भीतर (को/ में): go/ journey ~; live ~

Inland Revenue (*US equivalent* **IRS**) *Br.* राजस्व विभाग

in-laws /इनलॉज/ *n.* सास-ससुर व उनका परिवार: ~ trouble (सास-ससुर के साथ तनावपूर्ण रिश्ते);
collocations: **in-law apartment** = granny flat

inlay /इनले/ *v., pt.* **inlaid**, *pp* ~**ing** 1 जड़ना, जड़ाई क.: ivory **inlaid** with silver 2 जटित या खचित क.: ~ a floor;
n. जड़ाऊ काम;
dw/lw: ~**ing** *n.* किसी चीज के अंदर जड़ाई

INLD *abbr.* 'India National Lok Dal' की प्रथमाक्षरी

inlet /इन्लेट/ *n.* 1 पतली (उप)खाड़ी 2 प्रवेश मार्ग, अंतर्गम, प्रवेशिका 3 मशीन आदि में द्रव के प्रवेश का छेद, द्वार या नाली: ~ pipe

inlier /इन्लायः/ नवांतःशायी

in limine /इनलीमिने/ *Lat.* प्रारंभ में, देहरी पर, देहलीज पर

in-line skate *n.* (*also* **rollerblades** *[pl.]*) पहियों की एक पंक्ति वाले स्केटिंग जूते

in loco /इन लोको/ *Lat.* के स्थान पर: ~ **parentis** /इन लोको परेंतिस/ *Lat.* माता-पिता के स्थान पर बच्चों की माता-पिता की तरह देख-भाल करने वाले

inly /इनलि/ *adv., poet.* 1 अंदरूनी तौर पर, मन ही मन में 2 ईमानदारी से 3 तहे दिल से;
n. भेद, रहस्य

inlying /इनलाइंग/ *adj.* भीतरी, अंदरूनी: ~ picket (अंदरूनी पहरा)

in malam partem /इन मैलैम पाःतेम/ *Lat.* प्रतिकूल दृष्टि से, बुरे काम के संबंध में परिणाम की बजाए उसके किए जाने की मंशा या उद्देश्य ज्यादा अहम है

INMAS *abbr.* 'Institute of Nuclear Medicine and Allied Sciences' की प्रथमाक्षरी

inmate /इन्मेट/ *n.* 1 अस्पताल, आश्रम या कैद में रहने वाला: an ~ of a convent; ~ of a mental hospital 2 अंतर्वासी 3 गृहवासी, निवासी 4 संवासी, सहवासी

in medias res /इन मीडिऐस रेज/ इन मीडिऐस रीज/ *adv., Lat.* 1 सीधे बीच से 2 कहानी को सीधे बीच से (बिना भूमिका बांधे) शुरू क.

in memoriam /इन ममॉरिअम/ *prep., Lat.* 1 की स्मृति में 2 कब्र का शिलालेख, स्मृति लेख, स्मरणांजलि

INML *abbr.* 'Indian National Muslim League' की प्रथमाक्षरी

INMO *abbr.* 'Indian National Mathematics Olympiad' की प्रथमाक्षरी

inmost /इनमोस्ट/ *adj.* = **innermost** 1 सबसे भीतरी: the ~ centre of the earth 2 (सीमा से भीतर की ओर) दूरतम 3 घनिष्ठ, अंतरंग: ~ feelings/ thoughts; in the ~ of one's heart

inn /इन/ *n.* 1 सराय, पथशाला: a wayside ~; put up/ stop at an ~ 2 छोटा-सा होटल 3 धर्मशाला;
dw/lw: ~**keeper**/ ~-**holder** *n.* सराय-पाल;
collocations: **the Inn of Courts** लंदन और बेलफास्ट में न्याय संस्थान यानी चार सोसाइटियां जिन्हें वकालत करने की अनुमति देने का अधिकार प्राप्त है

innards /इनःडस/ *n., [pl.], colloq.* 1 (*syn.* entrails, guts) भीतरी अवयव, आदमी के भीतरी अंग, विशेषकर उदर एवं आंतें 2 यंत्र के आंतरिक कार्य

innate /इनेट/ *adj.* 1 (*syn.* inborn) जन्मजात, अंतर्जात, सहजात: ~ politeness 2 सहज, प्रकृत: ~ talent; ~ truth;
dw/lw: ~**ly** /इनेटलि/ *adv.* सहज ढंग से; ~**ness** /इनेटनेस/ *n.* सहजता

innavigable /इननैविगअबल/ *adj.* जहाजरानी के लिए अनुपयुक्त

inner /इनः/ *adj. comp. of* '**in**' (*superlative* **innermost/ inmost**) 1 आंतरिक, अंतर्वर्ती, भीतरी: ~ voice; ~ thoughts; ~ life 2 केंद्र के समीप 3 निकट, करीबी: the ~ circles 4 गहन, गूढ़: ~ meaning 5 व्यक्तिगत, निजी: not to reveal much of one's ~ self;
dw/lw: ~-**directed** *adj.* 1 अंतरात्मा या विश्वास की आवाज पर काम करने वाला 2 स्वतंत्र (विचारक), स्वतंत्र सोच वाला; ~**ness** *n.* अंतरंगता;
collocations: ~ **bar** राज परिषद; ~ **circle** अंतरंग मित्र गण; ~ **circle friends** अंतरंग मित्र मंडली; ~ **city** नगर के केंद्र के आसपास के क्षेत्र; ~ **ear** कान का सबसे भीतरी भाग; ~ **feelings, thoughts, etc.** अंतरंग/ आत्मिक भावनाएं, विचार आदि; ~ **tube** कार आदि के टायर (tyre) की भीतरी ट्यूब;
p&i: **a house with an** ~ **courtyard** भीतरी आंगन वाला घर; **refresh/ warm/ satisfy the** ~ **man** भूख मिटाना; **the** ~ **man**/ ~ **woman** 1 अंतरात्मा, अंतर्मन 2 *humorous* पेट

innermost/ inmost /इनःमोस्ट/ इनमोस्ट/ *adj.* 1 अंतरतम, अत्यंत

अंतरंग या घनिष्ठ 2 सबसे अंदर का, सबसे भीतरी 3 गहनतम, गूढ़तम: sb's ~ thoughts (किसी के निजी या दिली विचार)

innerva\te /इनःवेट/ *v., pt.* **~ted**, *pp* **~ting** 1 प्रेरित क. 2 अनुप्राणित क., प्राण फूंकना, जान डालना 3 स्फूर्त बनाना;
dw/lw: **~tion** /इनःवेशन/ *n.* तंत्रिकाभरण, तंत्रिकाओं में स्फूर्ति

inner\ve /इनःव/ *v., pt.* **~ved**, *pp* **~ving** 1 प्राण फूंकना, जान डालना 2 स्फूर्त बनाना, स्फूर्ति उत्पन्न क. 3 प्रेरित क.

inning /इनिंग/ *n.* 1 दलदल को सुखाने की क्रिया 2 समुद्र तले आई भूमि की पुनः प्राप्ति 3 सुखाया हुआ दलदल 4 समुद्र के उथले टुकड़ों को सुखाकर प्राप्त की गई भूमि 5 फसल की कटाई-उठाई

innings /इनिंग्ज/ *n., [pl.]* 1 पारी, पाली, बारी 2 पारी में बनाए गए रन (दौड़ें) 3 पारी के दौरान बल्लेबाजी की विशिष्टता 4 कार्यकाल, शासन काल: have a good ~ 5 जीवन काल 6 फसल की कटाई;
p&i: **at last new ideas got their ~** नए विचार आखिर छा गए; **have a good/ long ~** लंबा, सुखी जीवन जीना; **have one's ~** किसी की बारी या पारी आना; **you have had your ~** आपकी पारी पूरी हुई

innit /इनिट/ *excl. UK* विस्मयबोधकः बदलो!: It's wrong, **innit**! (यह उचित नहीं, इसे बदलो!)

innkeeper /इनकीपः/ *n.* सराय का मालिक या प्रबंधक

innocence /इनअसंस/ *n.* 1 बेगुनाही: prove one's ~ of a crime 2 निर्दोषता, निष्कपटता: smile in ~ 3 भोलापन, सीधा-सादापन 4 निरीहता, अबोधता 5 अहानिकारकता: ~ of treatment

innocent /इनअसंट/ *adj.* 1 बेगुनाह, बेकसूर, निर्दोष: ~ babe; hold sb ~ 2 अबोध, निरीह: ~ of all knowledge of the incident; ~ remark 3 (***syn.*** naive) भोला, सीधा-सादा, अनाड़ी: ~ to be thus deceived; look ~ 4 निष्पाप, निरपराध: ~ of all the ills 5 (***syn.*** harmless) अहानिकर: ~ tattling (अहानिकर बकबक) 6 बेदोष, साफ-सुथरा, जिसे छुआ तक न गया हो: ~ snow; ~ girl 7 बेदाग: ~ life;
n. 1 अबोध बालक: the Holy Innocents 2 निर्दोष लोग: massacre of the **~s** 3 बेदोष व्यक्ति 4 भोलाभाला व्यक्ति;
dw/lw: **~ly** /इनअसंटलि/ *adv.* निष्कपटतापूर्वक, भोलेपन से;
p&i: **~ as a babe unborn** 1 बच्चे-सा भोला-भाला या अनाड़ी 2 निर्दोष; **~ of** निर्दोष; **be ~ to be deceived** ठगे जा सकने की हद तक भोला हो.; **the massacre of ~s** 1 नन्हें बच्चों का संहार 2 संसद में समय के अभाव में विधेयक पर बहस का स्थगन

innocuity /इनअक्यूटि/ *n.* अहानिकारकता, निर्दोषता

innocuous /इनौक्युअस/ *adj.* 1 अहानिकर: ~ snake 2 अनपकारी: render ~;
dw/lw: **~ly** /~लि/ *adv.* अहानिकर ढंग से; **~ness** /~नेस/ *n.* अहानिकारकता

Inn of Courts *see above under* **inn:** ***collocations::***

innominate /इनॉमिनेट/ *adj.* 1 अनाम 2 अनामी 3 बिना नाम की: ~ bone;

innova\te /इनअवे\ट/ *v., pt.* **~ted**, *pp* **~ting** 1 नव परिवर्तन या नवकरण क. 2 नवीन प्रक्रिया शुरू क. 3 नया ढंग या नई राह निकालना;
dw/lw: **~tion** /~शन/ *n.* 1 नव परिवर्तन, नवीनीकरण: an ~tion in technology 2 नवाचार 3 नवीनता; **~tive** /~टिव/ *adj.* नवरूपकारी, नवशैलीप्रद; **~tor** /~टः/ *n.* नवरूपकार, नवकर्ता, नवप्रवर्तक; **~tory** /~टरि/ *adj.* नवरूपकारी, नवकरणीय

innoxious /इनॉक्शिअस/ *adj.* = **innocuous**

innuendo /इन्युएंडो/ *n.* 1 व्यंग्योक्ति, वक्रोक्ति, कटाक्ष 2 छिपा लांछन : evil **~es** 3 संकेत, इंगित, इशारा : convey sth by ~

Innuit *see under* **Inuit**

innumera\ble /इन्यूमरअबल/ *adj.* 1 (***syn.*** countless) अनगिनत, अगणित: **~ble** army 2 असंख्य, बेशुमार: **~ble** number;
dw/lw: **~bleness** *n.* अनगिनतता, असंख्यता, बेशुमारी; **~bly** *adv.* बेशुमार तरीके से

innumerate /इन्यूमअरेट/ *adj.* (***anton.*** numerate) 1 गिनने या सामान्य गणित करने में असमर्थ 2 गणित व विज्ञान से अनभिज्ञ

innutri\ent /इन्यूट्रि\अंट/ *adj.* कुपोषक, अपौष्टिक;
dw/lw: **~tion** /~शन/ *n.* पोषण अभाव, कुपोषण; **~tious** /~शिअस/ *adj.* कुपोषक

inobedient /इनअबीडिंट/ *adj.* अनाज्ञाकारी, गुस्ताख

inobnoxious /इनअबनॉक्शिअस/ *adj.* (***syn.*** innocuous) अहानिकर, हितकर

inobservance /इनऑब्जःवंस/ *n.* उपेक्षा, अपालन, उल्लंघन : ~ of a rule/ of a law

inobtrusive /इनअब्ट्रसिव/ *n.* अधृष्ट, अनाग्रही

inoccupation /इनॉक्युपेशन/ *n.* व्यवसायहीनता, बेकारी, खालीपन

inocula\te /इनौक्युलेट/ *v., pt.* **~ted**, *pp* **~ting** *med.* 1 सुई लगाना, टीका लगाना: be **~ted** against smallpox 2 *bot.* कलम लगाना 3 संचारित क. 4 विचारों आदि से भर दे., से प्रभावित क.: **~ted** sb with wisdom; be **~ted** with the poison of jealousy;
dw/lw: **~tion** /इनौक्युलेशन/ *n.* सुई, टीका, संचारण

inodorous /इनओडअरस/ *adj.* निर्गंध, गंधहीन

in-off *n.* स्नूकर के खेल में एक शॉट

inoffensive /इन्अफेंसिव/ *adj.* 1 अनाक्रामक: ~ person 2 अहानिकर: ~ medicine 3 आपत्तिहीन

inofficious /इन्अफिशियस/ *adj.* 1 अमान्य: treat sth as ~ 2 अनैतिक

inoperable /इनऔपअरअअबल/ *adj.* जिसकी शल्य-चिकित्सा न हो सके, जो आपरेशन के योग्य न हो: ~ case

inoperative /इनऔपरअटिव/ *adv.* 1 अक्रिय, निष्क्रिय, जो लागू न हुआ हो: the resolution was ~ 2 बंद 3 खाली

inopportune /इनऔपःच्यून/ *adj.* 1 असामयिक, बेमौके का: ~ visit 2 अनुचित: ~ demands;
dw/lw: **~ly** /~लि/ *adv.* अनुचित ढंग से; **~ness** /~नेस/ *n.* असामयिकता

inordinate /इनॉर्डिनअट/ *adj.* 1 जरूरत से ज्यादा: ~ drinking; ~ ambition 2 अनियमित 3 अनियत: ~ cost 4 विश्रृंखल;
dw/lw: **~ly** /~लि/ *adv.* अतिशय ढंग से

inorganic /इनॉःगैनिक/ *adj.* 1 अजैविक, अजैव: ~ substances/ compounds; ~ fertilizer 2 निरिंद्रीय, निरवयव 3 अकार्बनिक: ~ chemistry

inornate /इनॉःनअट/ *adj.* 1 सरल 2 अगूढ़ 3 जो जटिल न हो

inoscula\te /इनौस्क्यअलेट/ *US* इनाःस्क्यअलेट/ *v., pt.* **~ted**, *pp* **~ting** 1 जोड़ना: effort to **~te** past and present 2 में मिलना: **~te** with each other 3 जुड़ना: grow **~ted**;
dw/lw: **~tion** /इनॉःस्क्युलेशन/ *n.* जुड़ाव, मिलन

InP *abbr.* 'indium phosphide', 'Indian Network for People' की प्रथमाक्षरी

in partibus in fidelium /इन पार्टिबस इन फिडेलिअम / *Lat.* ईश्वर को न मानने वाले क्षेत्रों में

in-patient /इन-पेशंट/ *n.* अस्पताल में भर्ती रोगी;
collocations: **~ treatment** अस्पताल में भर्ती करके किया जाने वाला इलाज

in personam /इन पःसोनैम/ *adj., Lat,. law* किसी व्यक्ति विशेष या संगठन के विरुद्ध की जाने वाली कार्रवाई या मुकदमा

in petto /इन पेटो/ *adv. Lat.* मन में, अप्रकट, चुपके-चुपके, चोरी-छिपे

in principio /इन प्रिंसिपिओ/ इन प्रिंकिपिओ/ *Lat.* आरंभ में

in propria persona /इन प्रोप्रिअ पःसोना/ *Lat.* साक्षात्, स्वयं

in puris naturalibus /इन्प्यूरीस नैच्यूरालिबस/ *Lat.* एकदम नग्न, पूर्णतः निर्वस्त्र

input /इन्पुट/ *n.* 1 निवेश 2 योगदान: valuable ~ 3 आगत, निविष्ट सामग्री 4 उपकरण के अंदर आने वाली विद्युत धारा (current) 5 डिस्क (disc), टेप (tape) आदि से कंप्यूटर की मुख्य स्मृति में

संग्रहीत की जाने वाली सूचना 6 धन के रूप में योगदान 7 प्रवेशक संकेत;
v., pt. **~ted/ input**, *pt. p.* **~ted/ input**, *pp* **~ting** 1 कंप्यूटर में सूचना डालना 2 अंदर रखना;
collocations: ~ **device** उपकरण जिससे सूचनाएं कंप्यूटर की स्मृति पटल में स्थानांतरित होती हैं; **~-output analysis** उद्योगों के बीच माल की गतिशीलता का अध्ययन; **~/ output system** सूचनाओं के कंप्यूटर में आने और उससे बाहर जाने की प्रक्रिया में प्रयुक्त होनेवाले सॉफ्ट (soft) और हार्ड वेअर (hard ware) यानी कंप्यूटर प्रोग्राम और उपकरण

inquest /इन्क्वेस्ट/ *n.* 1 मृत्यु के कारणों की न्यायिक जांच, मृत्यु-समीक्षा 2 जांच-पड़ताल, तहकीकात: hold an ~ into sth 3 *colloq., esp. facetious* घटना, खेल आदि के बाद की जाने वाली बहस आदि, जांच-पड़ताल

inquiet /इन्क्वाइट/ *adj.* अशांत;
dw/lw: **~ude** /इन्क्वायट्यूड/ *n.* मानसिक या शारीरिक बेचैनी, अशांति, घबराहट

inqui\re (*also UK* **enqui\re**) /इन्क्वायः/ *v., pt.* **~red**, *pp* **~ring** 1 पूछना, पता लगाना: **~re** the way to some place; **~re** of sb about/ concerning/ in regard to the matter 2 पूछताछ क., जांच-पड़ताल क. 3 दरियाफ्त क. 4 मांगना: **~re** for a book at a shop;
dw/lw: **~rer** /इन्क्वायरः/ *n.* पूछताछ या जांच करने वाला, पता लगाने वाला; **~ring** (*also UK* **enquiring**) /इन्क्वायरिंग/ *adj.* 1 नई बातों के बारे में जानकारी पाने को उत्सुक: an ~ing mind 2 पूछने के लिए उत्सुक या आतुर: ~ring look; **~ingly** /इन्क्वायरिंगलि/ *adv.* पूछने के लिए उत्सुक दिखते हुए;
p&i: **~re after/ about sb's health** किसी के स्वास्थ्य आदि के बारे में पूछना; **~re into sth** जांच-पड़ताल क.

inquiry (*also UK* **enquiry**) /इन्क्वायरि/ *n., pl.* **inquiries** 1 पूछताछ की प्रक्रिया 2 पूछने के लिए किए जाने वाले प्रश्न: make **inquiries** about sb/ sth 3 पूछताछ: make/ receive an ~ 4 जांच-पड़ताल: method of ~ 5 आधिकारिक जांच-पड़ताल: police ~ 6 अन्वेषण;
collocations: ~ **office** पूछताछ कार्यालय; ~ **officer** पूछताछ अधिकारी, जांच अधिकारी

Inquisition /इन्क्विजिशन/ *n.* 1 धर्म-न्यायाधिकरण, धर्माधिकरण, (धर्म) परीक्षण: the Spanish ~ 2 आधिकारिक जांच: begin a careful ~ 3 खोजबीन, सक्रिय जांच-पड़ताल: earnest ~ (गंभीर जांच-पड़ताल)

inquisitor /इन्क्विजिटः/ *n.* धर्म-परीक्षक;
collocations: ~ **prices** लूटने वाले दाम

inquisitive /इन्क्विजअटिव/ *adj.* 1 (***syn.*** curious) जिज्ञासु: ~ mind 2 (***syn.*** enquiring) अधिक जानने को आतुर, कुतूहली: ~ glances;
dw/lw: **~ly** /~लि/ *adv.* जिज्ञासापूर्वक; **~ness** /~नेस/ *n.* जिज्ञासापरकता, कुतूहल, कौतूहल

inquorate /इन्क्वोरेट/ इन्क्वोरअट/ *adj.* कोरम-रहित: this meeting is ~

in re /इन री/ *prep., Lat., formal, business* इस विषय में, इस बारे में

in rem /इन रेम/ *adj., Lat., law* किसी वस्तु या जायदाद के मालिकाना हक के विरुद्ध कार्रवाई (न कि किसी व्यक्ति के खिलाफ)

in rerum natura /इन रेरुम नैटुअरा/ *Lat.* (***syn.*** in the nature of things) प्रकृति में, प्राकृतिक क्रम में

INRI *abbr.* 'Isus Nazarenus Rex Iudaeorum' की प्रथमाक्षरी, *Lat.* [(Jesus of Nazareth, the King of the Jews नजारेथ के ईसा, यहूदियों के राजा]

inroad /इनरोड/ *n.* 1 (**~s into sth**) किसी वस्तु या स्थान का अतिक्रमण और उस पर कब्जा, धावा, आक्रमण: plundering **~s** (लूट-मार के धावे) 2 किसी दूसरे के कार्य या कब्जे वाले क्षेत्र में घुसपैठ, हमला, छापा: make an ~ into a country 3 अतिक्रमण: **~s** upon sb's time/ upon sb's savings

in-run *n.* स्कीइंग आदि की दौड़ की दूरी

inrush /इनरश/ *n.* 1 तेजी से अंदर आगमन 2 ढेरों की तादाद में आगमन: an ~ of tourists 3 बाढ़, अंतर्वाह: the ~ of the flood

(the) INS *abbr.* 'Immigration and Naturalisation Service (US)', 'Indian Newspaper Society', 'Inertial Navigational System' की प्रथमाक्षरी

ins *abbr.* 'inches', 'insurance' का संक्षेप

INSA *abbr.* 'Indian National Science Academy' की प्रथमाक्षरी

in saceula saceulorum /इन साइकुला साइकुलोरम/*Br.* इन सेकुला सेकुलोरम/ *Lat.* हमेशा के लिए, सदाबहार

insalivation /इनसैलिवेशन/ *n.* लारमिश्रण

insalubri\ous /इनसलूब्रि\अस/ *adj.* 1 अस्वास्थ्यकर, अस्वच्छ 2 (***syn.*** sordid) गंदा, मैला;
dw/lw: **~ously** /~असलि/ *adv.* अस्वच्छ ढंग से; **~ty** /~ब्रिटि/ *n.* अस्वच्छता, अस्वास्थ्यकारिता, स्वास्थ्य के लिए हानिकारकता

insalutary /इनसल्युटरि/ *adj.* हानिकारक

ins and outs *n.* (आर-पार के) सभी पहलू

insa\ne /इनसेन/ *adj., degr.* **~ner, ~nest** 1 उन्मादी, उन्मादपूर्ण; an **~ne** passion for sth 2 (**the ~**) मानसिक रूप से विक्षिप्त, बावला, पागल: **~ne** person; **~ne** asylum 3 मूर्खतापूर्ण: **~ne** attempt/ plan;
dw/lw: **~nely** /~लि/ *adv.* मूर्खतापूर्वक; **~nity** /इनसैनअटि/ *n.* 1 (***syn.*** madness) पागलपन : signs of ~nity 2 (***anton.*** sanity) मूर्खता

insani\tary /इनसैनिटरि/ *adj.* 1 अस्वास्थ्यकर 2 अस्वच्छ, गंदा, मलिन: **~tary** conditions;
dw/lw: **~tation** /इनसैनिटेशन/ *n.* अस्वच्छता, सफाई का अभाव

insanity *see above under* **insane:** ***dw/lw***

INSAS *abbr.* 'Indian Small Arms Systems' की प्रथमाक्षरी

INSAT *abbr.* 'Indian National Satellite' की प्रथमाक्षरी

insatia\ble /इनसेशअ\बल/ *adj.* 1 जिसे तृप्त न किया जा सके: **~ble** appetite/ thirst/ curiosity 2 अतोषणीय: **~ble** desire for power; **~ble** ambition 3 अति लोभी, अति लालची;
dw/lw: **~bility** /~बिलअटि/ (*also* **insatiety** /इनसेशिअटि/) *n.* अतोषणीयता, अतर्पणीयता; **~bly** /~बलि/ *adv.* अतर्पणीय ढंग से; **~te** /इनसेशिइट/ (*also* **insatiable**) *adj.* अतृप्त, अतोषित, अतर्पणीय

inscape /इनस्केप/ *n.* कविता आदि में झलकने वाला व्यक्ति का आंतरिक या वास्तविक स्वभाव

inscience /इनशिअंस/ *n.* 1 अज्ञान, अनभिज्ञता 2 जाहिली, गंवारपन;
dw/lw: **inscient** /इनशिअंट/ *adj.* अज्ञानी, अनभिज्ञ

inscri\be /इन्स्क्राइब/ *v., pt.* **~bed**, *pp* **~bing** 1 शब्द उत्कीर्ण क., अंकित क.: **~be** an epitaph 2 नाम अंकित क., लिखना: **~be** a fact/ a verse on one's memory; **~be** one's name in a visitor's book 3 समर्पित क. **~be** sth to sb;
dw/lw: **~ption** /इन्स्क्रिप्शन/ *n.* उत्कीर्ण लेख, खुदा लेख, शिलालेख; **runic/ obliterated** ~ (मिटे हुए लेख); **~ptional/ ~ptive** /इन्स्क्रिप्शनल/ इन्स्क्रिप्टिव/ *adj.* उत्कीर्ण, अंकित;
collocations: **~bed circle** अंतर्वृत्त; **~bed stock** पंजीकृत नामशुदा स्टॉक

inscruta\ble /इन्स्क्रूटअ\बल/ *adj.* 1 गूढ़, रहस्यमय, गहन, कठिन, अबोधगम्य: **~ble** facts; **~ble** mystery 2 अतर्क्य: **~ble** smile;
dw/lw: **~bility** /~बिलअटि/ *n.* गूढ़ता, रहस्यमयता; **~bly** /~बलि/ *adv.* गूढ़तापूर्वक, रहस्यमयतापूर्वक

INSDAG *abbr.* 'Institute for Steel Development and Growth' की प्रथमाक्षरी

INSDOC *abbr.* 'Indian National Scientific & Documentation Centre (New Delhi)' की प्रथमाक्षरी
inseam /इन्सीम/ *n.* = inside leg अंतःस्तर
insect /इन्सेक्ट/ *n.* पतंगा, कीट: a swarm of **~s**; be infested with **~s**; ~ bite;
dw/lw: **~arium** /इन्सेक्टेअरिअम/ (*also* **insectary**) *n., pl.* ~aria कीट गृह; **~icide** /इन्सेक्टिसाइड/ *n.* 1 कीटनाशक दवाई 2 कीटों का विनाश; **~ile** /इन्सेक्टाइल/ *adj.* कीटस्वभावी; **~ivore** /इन्सेक्टिवॉः/ *n.* कीटभक्षक जीव; **~ivorous** /इन्सेक्टिवरस/ *adj.* कीटभक्षक; **~ology** /इन्सेक्टौलजि/ *n.* कीट-विज्ञान; **~-paste** *n.* कीटों को चिपकाने वाले गोंद; **~-pest** *n.* मच्छर-मारक पदार्थ
insecu\re /इनसिक्युअः/ *adj.* 1 आत्मविश्वासहीन: **~re** of the future 2 असुरक्षित: **~re** investment 3 अस्थिर, दुर्बल: **~re** footing/ hold;
dw/lw: **~rity** /इनसिक्युअरिटि/ *n., pl.* **~rities** 1 असुरक्षा, अरक्षा 2 जोखिम 3 आत्मविश्वास का अभाव 4 आशंका, संदेह
INSEE *abbr.* 'Indian Society for Ecological Economics' की प्रथमाक्षरी
inselberg /इंजलबःग/ *n., pl.* **~s** मैदान से सीधा ऊंचा उठता हुआ पहाड़
insemina\te /इनसेमिने\ट/ *v., pt.* **~ted**, *pp* **~ting** 1 शुक्रस्थापन क. 2 बीजारोपण क., बोना 3 गर्भाधान क. 4 संसेचित क.;
dw/lw: **~tion** /~शन/ *n.* 1 शुक्रस्थापन, गर्भाधान, (वीर्य-) सेचन, संसेचन 2 बीजारोपण; **~tor** /~टः/ *n.* गर्भाधान करने वाला
insensate /इनसेनसेट/ *adj.* 1 संज्ञाहीन, जड़, निरिंद्रिय 2 असंवेदनशील, संवेदनशून्य: ~ to beauty 3 भावशून्य, अनुभूतिहीन 4 निष्ठुर, हृदयहीन, कठोर: ~ of sb's doom; ~ revenge/ cruelty 5 मूर्ख या मूर्खतापूर्ण: ~ folly; ~ projects
insensi\bility /इनसेंसअ\बिलअटि/ *n.* 1 संज्ञाहीनता 2 बेहोशी: in a state of **~bility** 3 संवेदनशून्यता, असंवेदन: **~bility** to pain 4 उदासीनता: **~bility** to human suffering 5 अनभिज्ञता;
dw/lw: **~ble** /~बल/ *adj.* 1 संज्ञाहीन, संवेदनशून्य: hands ~ble from cold 2 मूर्छित, बेहोश, अचेतन: fall/ down ~ble 3 वेदनाहीन 4 अनुभूतिहीन: ~ble to fatigue 5 (*syn.* unaware) अनभिज्ञ, बेखबर: ~ble of the danger 6 उदासीन 7 नगण्य, अति सूक्ष्म: by ~ble degrees
insensi\tive /इनसेंसअ\टिव/ *adj.* 1 असंवेदनशील 2 संवेदनशून्य: **~tive** to light 3 निष्ठुर 4 भावशून्य 5 उदासीन: **~tive** to beauty;
dw/lw: **~ly** /~टिवलि/ *adv.* असंवेदनशील ढंग से; **~tivity** /~टिवअटि/ *n.* संवेदनशून्यता, संवेदनविहीनता
insensuous /इनसेंसुअस/ *adj.* 1 अतीन्द्रिय, इंद्रियातीत 2 अप्रत्यक्ष, अगोचर 3 अति सूक्ष्म, अति अल्प, बहुत थोड़ा
insentient /इनसेंशिअंट/ *adj.* 1 बेजान, निर्जीव: ~ substance 2 संज्ञाहीन 3 निरिंद्रिय
insepara\ble /इनसेपरअ\बल/ *adj.* 1 जिसे अलग न किया जा सके 2 अभिन्न (मित्र): **~ble** siblings; **~ble** companions 3 अवियोज्य 4 अविच्छेद्य, अपृथक्करणीय: be **~ble** from sth;
dw/lw: **~bility** /~बिलअटि/ *n.* अवियोज्यता, अविच्छेद्यता, अपृथक्करणीयता; **~bles** *n. [pl.]* अवियोज्य मित्र आदि; **~bly** /~बलि/ *n.* अविच्छेद्य या अपृथक्करणीय रूप से
insert /इनसःट/ *v., pt.* **~ed**, *pp* **~ing** 1 अंदर डालना, घुसेड़ना: ~ a coin in a slot-machine 2 किसी दस्तावेज या पाठ के बीच में कुछ अक्षर, शब्द, पाठ या पर्चा डालना या जोड़ना 3 कंप्यूटर में **'insert mode'** में अक्षर, शब्द, पाठ, प्रतीक, पृष्ठांक आदि जोड़ना: ~ a letter into a word 4 शामिल क. 5 निविष्ट क., सन्निविष्ट क: ~ vaccine matter;
dw/lw: **~ion** /इनसःशन/ *n.* 1 जोड़ा हुआ पाठ या उसका अंश 2 जोड़ने या बैठाने की क्रिया 3 निवेशन, सन्निवेश 4 अंतःस्थापन 5 कंप्यूटर में **'insert mode'** में अक्षर, शब्द, पाठ, प्रतीक, पृष्ठांक आदि की प्रविष्टि
in-service /इनसःविस/ *adj.* सेवाकाल में होने वाला, सेवाकालीन

INSET *abbr.* 'in-service training' की प्रथमाक्षरी
inset /इनसेट/ *v., pt.* **inset**, *pp* **~ting** 1 जोड़ना 2 अंदर लगाना;
n. अंदर जोड़ी, जमाई या लगाई हुई वस्तु
inshallah इंशा अल्लाह, खुदा की मर्जी
inshore /इन्शॉः/ *adj.* 1 तट के पास, तटवर्ती: ~ shipping 2 तटगामी;
adv. 1 तट की ओर: the wind blows ~ 2 तट के पास: ~ current; ~ waters; ~ wind
inside /इनसाइड/ *n.* 1 भीतरी भाग: the ~ of a room; the ~ of a box 2 अंदरूनी भाग 3 (***syn.*** service lane) घर के निकटतम गली, सेवा सड़क 4 सड़क से दूर हटकर पैदल पथ 5 भीतरी अंग (insides आंतें आदि) 6 अंदर की बात, अंदरूनी स्थिति;
adj. 1 भीतरी: ~ pockets 2 आंतरिक: ~ man; ~ information/ knowledge, etc. 3 गोपनीय: ~ information 4 भीतर स्थित: ~ passenger;
prep. 1 के अंदर 2 के भीतर: get right ~ a part 3 से कम समय में: be back ~ an hour;
adv. 1 भीतर, अंदर: go ~ 2 अंदर से, व्यक्ति के मन में 3 जेल में: spent one year ~;
dw/lw: **~r** /इनसाइडः/ *n.* भीतर का आदमी, घर का भेदी: ~r dealing/ ~r trading (सट्टा बाजार में काम करने वाले लोगों द्वारा अंदरूनी (गुप्त) सूचनाओं के आधार पर की जाने वाली अवैध सट्टेबाजी); **~s** /इनसाइड्ज/ *n. [pl.]* पेट, आंतें आदि
collocations: **~ out** उल्टा या उल्टी (पहनी पोशाक): turn sth ~ out (पोशाक को उल्टा कर दे.); put sth on ~ out (पोशाक को उल्टा पहन ले.); **~ track** 1 गोलाकार दौड़ मैदान के केंद्र के निकटतम चक्कर (अन्य चक्करों से थोड़ा छोटा) 2 शक्ति, शासन शक्ति या लाभदायक स्थिति;
p&i: **~ out** पोशाक की उलटी तरफ;
be on the ~ सब विवरण जा., सब बातों से अवगत हो.; **feel sth with one's ~** आंतरिक बोध से अनुभूत क.; **get on the ~ (of sth)** अंदर की सारी पेचीदगियों का पता लग जा.; **have a good ~** अच्छा इंसान हो.; **have the ~ track** दौड़ आदि में भीतरी पथ पाना; **know sth ~ out** किसी बात को (बाहर-भीतर से) पूरी तरह जानना; **on the ~** घर का भेदी; **one cannot know the ~ of a man's mind** कोई किसी के मन की बात नहीं जान सकता; **speak one's ~ freely** अंदर की बात बेबाकी से कहना; **turn sth ~ out** 1 किसी सथान को अस्त-व्यस्त या गंदा कर देना 2 पूरा का पूरा बदल देना
insidious /इनसिडिअस\/ *adj.* 1 घातक 2 कपटी, धोखेबाज, दुरंगा 3 धीरे-धीरे बिना देखे बढ़कर घातक रूप लेने वाला 4 प्रच्छन्न;
dw/lw: **~ly** /~लि/ *adv.* घातक रूप से, धोखे से; **~ness** /~नेस/ *n.* घातकता, धोखेबाजी, घिनौनापन
insight /इनसाइट/ *n.* 1 अंतर्दृष्टि, सूक्ष्म दृष्टि: have an ~ into sb's secrets 2 किसी के बारे में पूरी अंदरूनी या वास्तविक जानकारी: ~ into human character 3 किसी स्थिति के बारे में अंदरूनी यानी असली सच्चाई: gain/ give/ provide an ~ into sth 4 आंतरिक झलक या सच्चाई: understand through ~; a fascinating/ rare/ unique/ valuable ~; ***dw/lw:*** **~ful** *adj.* (***syn.*** perspective) किसी व्यक्ति या स्थिति की स्पष्ट समझ दर्शाने वाला
insignia /इनसिग्निआ/ *n. pl.* **insignia** or **~s** 1 पद-/ राज-/ सदस्य चिह्न या तमगा 2 प्रतीक 3 लक्षण
insignifi\cance /इनसिग्निफि\कंस/ *n.* 1 महत्त्वहीनता 2 नगण्यता: shrink/ reduce to **~cance** 3 तुच्छता: spring from **~cance**;
dw/lw: **~cant** /~कंट/ *adj.* 1 महत्त्वहीन: ~cant being 2 नगण्य 3 तुच्छ: waste time on ~cant matters 4 उपेक्ष्य 5 निरर्थक: ~cant talk; ~cant words/ phrases; **~ly** /~कंटलि/ *adv.* अप्रभावी ढंग से; **~cancy** /~कंसि/ *n.* = **insignificance**;
p&i: **pale into ~** महत्त्वहीन हो जा.
insince\re /इनसिंसिअः/ *adj.* 1 बेवफा, निष्ठाहीन: be **~re** 2 कपटी, कुटिल 3 पाखंडी, झूठा: **~re** declarations;

***dw/lw:* ~rely** /~अ:लि/ *adv.* 1 बेईमानी से 2 कुटिलतापूर्वक 3 बेवफाई से; **~rity** /इनसिंसअरअटि/ *n.* 1 बेईमानी 2 बेवाफाई 3 छलावा, कपट 4 कुटिलता 5 पाखंड

insinua\te /इनसिनुएʼट/ *v., pt.* **~ted**, *pp* **~ting** 1 अप्रत्यक्ष रूप से लांछन लगाना: **~te** that sb is dishonest 2 चुपके-चुपके घुसना या अपना स्थान बना लेना: **~te** oneself into society/ into company; **~te** oneself into the boss's good books/ confidence 3 घुसाना, प्रवेश कराना: **~te** one's ideas/ one's views 4 (***syn.*** imply) परोक्ष संकेत देना या इंगित क.;

***dw/lw:* ~ting** /~टिंग/ *adj.* 1 किसी के मन में चालाकी से अपना स्थान बनाने वाला 2 गूढ़ार्थ भरा, गुप्त, लांछनपूर्ण: ~ting manners/ words; **~tion** /~शन/ *n.* 1 गलत या अप्रत्यक्ष रूप से लगाया गया लांछन: he ignored the remarks and ~tions 2 परोक्ष संकेत या इंगित: a speech full of ~tions 3 गूढ़ार्थ 4 कपटपूर्ण प्रवेश 5 चापलूसी; **~tive**/ **~tory** /~टिव/ ~टरि/ *adj.* गूढ़ार्थक, कपटपूर्ण; **~tor** /~टः/ *n.* चापलूस, कपटी आदमी

insipid /इनसिपि\ड/ *adj.* 1 (***syn.*** flavourless) बेस्वाद, स्वादहीन, बेमजा: ~ food 2 फीका, नीरस: ~ allegory; ~ beauty 3 (***syn.*** dull) अरुचिकर: ~ compliment;

***dw/lw:* ~ly** /~डलि/ *adv.* नीरस ढंग से; **~ity**/ **~ness** /~डिटि/ ~नेस/ *n.* फीकापन, स्वादहीनता, नीरसता, तुच्छता

insipi\ence /इनसिपिअंस/ *n.* मूर्खता;

***dw/lw:* ~ent** *adj.* मूर्खतापूर्ण : ~ent demand

insist /इनसि\स्ट/ *v., pt.* **~ed**, *pp* **~ing** 1 किसी बात पर अड़ना, अड़े रहना: ~ on the importance of sth 2 किसी मांग को मनवाने के लिए बार-बार आग्रह क., पर बल दे.: ~ that sth must be done;

***dw/lw:* ~ence** /~स्टंस/ *n.* 1 आग्रह, हठ 2 जिद्द; **~ent** /~स्टेंट/ *adj.* 1 हठी, जिद्दी 2 अड़ा हुआ: be ~ent on leaving 3 आग्रही; **~ently** /~स्टंटलि/ *adv.* डटकर, अडिग होकर, आग्रहपूर्वक;

***p&:* ~ upon/ on** आग्रह क.

in situ /इनसाइट्यू/ *adv., Lat.* अपने मूल या सही स्थान में/ पर, अपनी जगह पर, स्वस्थाने

INSO *abbr.* 'Indian National Students Organisation' की प्रथमाक्षरी

insobriety /इन्सअब्रायटि/ *n.* 1 असंयम 2 अगांभीर्य 3 नशे में होने की अवस्था, धुत्तता

insofar as /इनसअफाः ऐज/ *conj.* जहां तक कि

insola\te /इन्सअलेट/ *v., pt.* **~ted**, *pp* **~ting** धूप या सूर्य के प्रकाश में रखना;

***dw/lw:* ~tion** /इन्सअलेशन/ *n.* सूर्यातपन, आतपाघात, पड़ने वाले सूर्य के प्रकाश की मात्रा

insole /इनसोल/ *n.* जूते का भीतरी तल्ला, भितल्ला

inso\lence /इंसअ\लंस/ *n.* 1 गुस्ताखी, धृष्टता 2 ढिठाई

***dw/lw:* ~lency** /~लंसि/ *n.* = **~lence**; **~lent** /~लंट/ *adj.* 1 गुस्ताख 2 धृष्ट: ~lent remark 3 बदतमीज: ~lent with one's juniors 4 ढीठ, अड़ियल 5 उद्धत, अक्खड़: ~lent conduct/ behaviour; **~ly** /~लंटलि/ *adv.* गुस्ताखी से, बदतमीजी से, धृष्टतापूर्वक

insolubility /इनसौल्युबिलिटि/ इनसौल्यअबिलअटि/ (*US* **insolvable**) *n.* 1 अघुलनशीलता 2 अविलेयता 3 असमाधानता 4 अव्याख्येता;

***dw/lw:* ~ble** /इनसौल्युबल/ *adj.* 1 अघुलनशील, न घुलने वाला 2 ऐसी समस्या, प्रश्न या रहस्य जिसका निपटारा या समाधान न हो: ~ble problem/ difficulty/ question; **~ble** doubt

insol\vency /इनसौल्वंसि/ *n., law* (***syn.*** bankruptcy) दिवालियापन, दिवाला;

dw/lw:* ~vent** /इनसौल्वंट/ *adj.* (syn.*** bankrupt) दिवालिया: ~vent debtor 2 शोध-अक्षम;

***collocations:* ~vent debtors court** दिवालियापन के मामलों की अदालत; **~vent law** दिवालियापन कानून

insomnia /इनसौम्निआ/ *n.* 1 नींद न आने का रोग, अनिद्रा रोग: labour under ~ 2 उन्निद्र: ~ of exhaustion;

***dw/lw:* ~c** /इनसौम्निऐक/ *n.* अनिद्रापीड़ित, अनिद्रा रोगी

insomnolence /इनसौम्नअलंस/ *n.* = **insomnia**

insomuch यहां तक कि: ~ that (कि/ यहां तक कि); ~ as (क्योंकि, कि, यहां तक कि)

insou\ciance /इनसूसिअंस/ *n., lit.* बेफिक्री, निश्चिंतता, लापरवाही;

***dw/lw:* ~ciant** /इनसूसिअंट/ *adj., lit.* निश्चिंत, बेफिक्र, लापरवाह, उदासीन

inspect /इंस्पेक्ट/ *v., pt.* **~ed**, *pp* **~ing** 1 (***syn.*** examine) मुआयना/ निरीक्षण क., जांचना: ~ goods/ food/ cattle; ~ troops 2 गौर से दे.: ~ sb's conduct;

dw/lw:* ~ion** /इंस्पेक्शन/ *n.* 1 (syn.*** examination) निरीक्षण, जांच: medical ~ion; ~ion certificate; ~ion board 2 गौर: on close ~ion (गौर से जांच करने पर) 3 मुआयना: hold an ~ion; house-to-house ~ion; ~ion routine निरीक्षण); **~or** /इंस्पेक्टः/ *n.* 1 निरीक्षक 2 इंस्पेक्टर: ~or General; **~orate** /इन्स्पेक्टअरअट/ *n.* 1 निरीक्षक का पद या कर्त्तव्य 2 निरीक्षक-समूह 3 निरीक्षक भवन या कार्यालय, निरीक्षालय; **~ress** /इंस्पेक्ट्रअस/ *n.* निरीक्षिका, महिला इंस्पेक्टर; **~orial** /इंस्पेक्टॉरिअल/ *adj.* निरीक्षकीय, निरीक्षण संबंधी; **~orship** *n.* निरीक्षक का पद व कार्य

inspiration /इंस्पिअरेशन\/ *n.* 1 (अंतः) प्रेरणा 2 प्रेरणा स्रोत: draw/ get/ derive ~ from sth; be an ~ to sb 3 प्रेरणा जनित सूझ-बूझ: by the ~ of one's muse 4 आध्यात्मिक प्रेरणा: he had a sudden ~ 5 दुष्प्रेरणा: ~ of rumours 6 *physiol.* अतःश्वसन, सांस अंदर खींचने की क्रिया

***dw/lw:* ~al** /~ल/ *adj.* 1 प्रेरणादायक, प्रेरणादायी: an ~al speaker 2 अंतःप्रेरित

inspi\re /इंस्पायः/ *v., pt.* **~red**, *pp* **~ring** 1 प्रेरित क.: **~re** the audience; **~re** sb to do sth 2 प्रेरणा से भरना: **~re** sb with hope/ with confidence/ with distrust, with terror; **~re** hope/ confidence, distrust, terror into sb 3 प्रेरणा स्रोत हो. 4 दुष्प्रेरित क.: **~re** false stories about sb 5 सांस अंदर खींचना;

***dw/lw:* ~red** /इंस्पायःड/ *adj.* 1 उत्प्रेरित: the ~ed writings 2 प्रेरित 3 अनुप्राणित: in an ~ed moment; **~ring** /इंस्पायरिंग/ *adj.* प्रेरणादायक, प्रेरक, प्रेरणाप्रद

inspirit /इनस्पिरिट/ *v., pt.* **~ed**, *pp* **~ing** 1 अनुप्राणित क., जान डालना, प्राण फूंकना 2 उत्साहित क., प्रोत्साहित क.: ~ sb to a feat 3 ढारस बंधाना;

***dw/lw:* ~ing** /इनस्पिरिटिंग/ *adj.* उत्साह-वर्द्धक: ~ing words;

inspissation /इन्स्पिसेशन/ *n.* संघनन

inst. *abbr.* 'instant', 'institute', 'institution' का संक्षेप

insta\bility /इन्स्टअबिलअटि/ *n.* 1 अस्थिरता, अस्थायित्व 2 परिवर्तनशीलता: **~bility** of temper;

***dw/lw:* ~ble** *adj.* अस्थिर, परिवर्तनशील

Insta Coll *abbr.* 'Instant Collaboration' की प्रथमाक्षरी

install (*also UK* **instal**) /इंस्टॉल/ *v., pt.* **~ed**, *pp* **~ing** 1 लगाना, स्थापित क.: ~ a heating system 2 पदासीन या पदारूढ़ क.: ~ sb in an office 3 नियुक्त क.: ~ a professor 4 कंप्यूटर में सॉफ्टवेयर (software) डालना;

***dw/lw:* ~ation** /इन्स्टअलेशन/ *n.* 1 स्थापना, लगाने की क्रिया: the ~ation of track 2 संस्थापन 3 पद पर आसीन करने का काम: ~ation of sb as VC 4 लगाए जाने वाले संयंत्र आदि: ~ation work; **~er** /इन्स्टॉलः/ *n.* लगाने वाला, संस्थापक

installment *UK* (*US* **instalment**) /इन्स्टॉल्मंट/ *n.* 1 किश्त, अंशिका: ~ plan 2 कड़ी 3 मात्रा: a large ~ of the truth 4 खेप: the first ~ of the goods ordered 5 उपन्यास आदि का किश्तों में प्रकाशन

instance /इंस्टंस/ *n.* 1 उदाहरण, दृष्टांत: familiar ~; give/ cite an ~ or two; furnish a striking ~; for ~ 2 अनुरोध: at the ~ of 3 वाद 4 किसी कार्य की संपूर्णता की अवस्था: in the first ~ (पहले, प्रथमतः, शुरू-शुरू में) 5 न्यायालय का क्रमिक स्तर: a court of first ~; win/ lose a lawsuit in the first ~ 4 घटना, होनी: in this ~;

p&i: **for** ~ उदाहरणतः; **in the first** ~ सबसे पहले तो ...

instant /इंस्टंट/ *n.* 1 (***syn.*** moment) पल, क्षण: go this ~ (अभी, इसी पल चले जा.); at that very ~ (उसी क्षण) 2 जिस पल: the ~ that (ज्यों ही ...) 3 पल भर: pause for an ~;

adj. 1 (***syn.*** immediate) तुरंत, एकदम: the ~ success; ~ response; ~ messaging (तत्काल संदेश सेवा) 2 फौरी: ~ death; be in ~ need of sth 3 तुरंत या तत्काल तैयार होने वाला: ~ coffee/ cocoa; ~ housing; ~ food or drink 4 वर्तमान में कोई समय: speak to sb at this ~ 5 चालू महीने आदि में होने वाला: in the ~ month 6 सीधा, सीधी: ~ dependence;

dw/lw: **~ly** /इंस्टंटलि/ *adv.* 1 (***syn.*** immediately) तुरंत, तत्काल 2 तत्क्षण, ज्यों ही, त्यों ही: met his guests ~ly as he saw them;

collocations:US ~ **replay** (*UK* **action replay**) टीवी आदि पर किसी क्रिया को तुरंत दोबारा से दिखाया जाने का कार्य; ~ **messaging** इंटरनेट पर संदेशों को तुरंत आदान-प्रदान करने की प्रणाली; ~ **reply** अविलंब उत्तर;

p&i: **on the** ~ तुरंत, फौरन, तत्काल, अविलंब

instanter /इंस्टेंटः/ *adv., Lat.* तुरंत, पल भर में

instantaneous /इंस्टंटेनिअस/ *adj.* 1 तात्क्षणिक 2 तात्कालिक: ~ decision/ action 3 फौरी: ~ photograph

dw/lw: **~ly** /~लि/ *adv.* तत्काल, तत्क्षण; **~ness** /~नेस/ *n.* 1 तात्क्षणिकता 2 तात्कालिकता

instantia\te /इंस्टेंशिए\ट/ *v., pt.* **~ted**, *pp* **~ting** सोदाहरण प्रस्तुत क., उदाहरण के साथ रखना, दृष्टांत दे.;

dw/lw: **~tion** /~शन/ *n.* उदाहरण के साथ प्रस्तुति

instants *n., [sing.]* (***syn.*** scratch card) स्क्रैच कार्ड, दुकानों पर मिलने वाले इनामी कार्ड, जिसे खुर्चकर इनाम ढूंढा जाता है

instar[1] /इनस्टाः/ *n.* 1 अंतररूप 2 कीटों के विकास की एक अवस्था, निरूप (निर्मोक रूप);

instar[2] /इंस्टाः/ *v., pt.* **~red**, *pp* **~ring** कागज आदि के सितारों से सजाना

instar omniam /इनस्टार ओमनिअम/ *Lat.* शेष इसी तरह (like all)

insta\te /इनस्टेट/ *v., pt.* **~ted**, *pp* **~ting** 1 पदासीन क., पदारूढ़ क. 2 स्थापित क. : **~te** sb in his rights 3 मुहैया करवाना 4 कुछ प्राप्त क.: **~te** oneself in sb's favour

in status quo /इन स्टेट्स क्वो/ *US* इन स्टैट्स क्वो/ *adv. Lat.* पहले की स्थिति में, यथापूर्व

instauration /इनस्टॉरेशन/ *n.* (***syn.*** restoration) पुनरुद्धार, नवीनीकरण

instead /इनस्टेड/ *adv.* 1 की बजाए 2 के स्थान पर, के बदले: if you can't go, let him go ~;

p&i: **~ of** 1 की बजाए 2 के स्थान पर 3 विकल्प के रूप में: eat boiled egg ~ of omelette

INSTEP *abbr.* 'Integrating New and Sustainable Technologies for Elimination of Poverty' की प्रथमाक्षरी

instep /इनस्टेप/ *n.* 1 पैर का ऊपरी मध्य भाग, पिचिंडिका: the shoes are too tight/ narrow/ across/ at the ~ 2 पांव के इस भाग पर आने वाला जूते का हिस्सा 3 गामचा (of horse)

instiga\te /इंस्टिगे\ट/ *v., pt.* **~ted**, *pp* **~ting** 1 भड़काना, उकसाना, उभाड़ना, शह दे.: ~ sb to sth/ to do sth 2 दुष्प्रेरित क.: ~ sb to a crime 3 कोई सरकारी कार्य शुरू क.: the state ~ted the programme of *swachch Bharat*;

dw/lw: **~tion** /~शन/ *n.* 1 उकसाहट, उकसावा: the ~tion of sb 2 दुष्प्रेरणा: the ~tion of the devil; **~tive** /~टिव/ *adj.* उकसाहट भरा, दुष्प्रेरक; **~tor** /~टः/ *n.* 1 भड़काने वाला, उकसाने वाला 2 दुष्प्रेरक

instil *UK* (*US* **instill**) /इनस्टिल/ *v., pt.* **~led**, *pp* **~ling** 1 (*esp.* ~ **sth in/ into sb**) मन में भरना या बैठाना, शिक्षा दे.: ~ love/ contempt for sth in sb; ~ a sense of fair play in sb 2 बूंद-बूंद टपकाकर भरना;

dw/lw: **~lation** /इनस्टिलेशन/ (*also* **~ment**) *n.* 1 भराई, भरने की क्रिया 2 धीरे-धीरे मूल्यों आदि का संस्करण, सिखाई, शिक्षण

instinct /इंस्टिंक्ट/ *n.* 1 पशुओं में: एक ही प्रकार की वंशागत व साझी प्रवृत्ति 2 मानवों में: सहज वृत्ति, प्रतिक्रिया, आवेग, ललक: the ~ of self-preservation 3 नैसर्गिक प्रवृत्ति 4 (***syn.*** intuition) अंतर्बोध, सहज मूल बोध: follow/ trust one's ~; first/ gut ~ (प्रथम बोध) 5 सहज-बुद्धि, सहज प्रतिभा: a natural ~ for music;

adj. से परिपूर्ण : the picture is ~ with life; ~ with passion/ with pity;

dw/lw: **~ive** /इंस्टिंक्टिव/ *adj.* 1 सहज, नैसर्गिक, स्वाभाविक: ~ive movement 3 सहज बोध से प्रेरित: an ~ive sense of danger; **~ively** /इंस्टिंक्टिवलि/ *adv.* सहज रूप से, अंतर्बोध से

institu\te /इंस्टिच्यूट/ *n.* 1 संस्थान 2 पीठ: teaching in Sanskrit **~te** 3 प्रतिष्ठान 4 संस्था 5 प्रथा: **~tes** and customs 6 स्थापित सिद्धांत, मूल्य, नियम 7 (**~s**) संहिता;

v., pt. **~ted**, *pp* **~ting** 1 संस्थापित या स्थापित क.: **~te** a students' welfare fund 2 कानूनी कार्रवाई आदि प्रारंभ क.: **~te** legal proceedings 3 नियुक्त क.: **~te** an inquiry 4 नियम या सिद्धांत बनाना: **~te** a law

institution /इंस्टिट्यूशन\/ *n.* 1 संस्थापन: charitable ~ 2 स्थापना 3 संस्था भवन 4 संस्थान: literary ~ 5 संस्था 6 रिवाज, प्रथा, नियम, सिद्धांत: the ~ of customs and rules; ~ of marriage 7 नियुक्ति;

dw/lw: **~al** /~ल/ *adj.* 1 प्रारंभिक, मूल: ~al instruction (प्रारंभिक शिक्षा); the ~al legend (दंतकथा या वीर-गाथा का मूल रूप) 2 स्थापित: ~al principle 3 संस्थागत; **~alization** /~लाइजेशन/ *n.* 1 संस्थाकरण 2 संस्थाओं जैसा चरित्र बनाने की क्रिया; **~alize** /~लाइज/ *v., pt.* ~alized, *pp* ~alizing 1 संस्थान बनाना 2 संस्थाओं/ संस्थानों जैसा रूप बनाना;

collocations: **the peculiar** ~ *US* अमेरिका अश्वेत लोगों को दास बनाने की प्रथा

in-store *adj.* दुकान के भीतर स्थित: ~ crèche facility (संस्था के भीतर स्थित पालना सुविधा)

instruct /इंस्ट्रक्ट/ *v., pt.* **~ed**, *pp* **~ing** 1 (***syn.*** direct) निर्देश दे., हिदायत दे., आदेश दे.: he acted as he was **~ed** 2 सिखाना, शिक्षा दे.: ~ a child/ the young; ~ sb in good manners 3 विवरण या सूचना दे., बताना: be **~ed** in good time (ठीक समय पर सूचित किया जा.) 4 *law* केस के बारे में तथ्य वकील को बताना 5 केस के लिए वकील क.;

dw/lw: **~ive** /इंस्ट्रक्टिव/ *adj.* शिक्षाप्रद; **~or** *n.* 1 अध्यापक 2 निर्देशिका, निर्देश पुस्तिका 3 सूचना-पुस्तिका 4 निर्देशक 5 उपदेशक

instruction /इंस्ट्रक्शन/ *n.* 1 (***syn.*** direction; order; *often* **~s**) निर्देश, हिदायत, आदेश: issue/ give **~s**; conform to/ comply with **~s**; follow the ~ 2 शिक्षा, शिक्षण: the ~ of youth; give ~ in English/ in music/ in swimming; a man of fine ~ 3 उपदेश 4 विस्तृत या पूरा विवरण: detailed/ full **~s**;

adj. किसी उपकरण को प्रयोग में लाने के निर्देशों से संबंधित: ~ manual/ booklet;

dw/lw: **~al** /~ल/ *adj.* 1 निर्देशात्मक 2 शैक्षिक; **~ive** *adj.* शिक्षाप्रद: ~ive lecture/ conversation/ talk/ lesson

collocations: **~al film** शिक्षाप्रद या शैक्षिक फिल्म; **~ book** निर्देशिका

instrument /इन्स्ट्रअमंट/ *n.* 1 उपकरण, यंत्र: **~s** of precision 2 औजार, हथियार: **~s** of torture; ~ of vengeance/ of revenge 3 वाद्य, बाजा: play (on) an ~ 4 मापक 5 माध्यम, साधन, कारण: ~ of sb's death 6 (***syn.*** agent) कर्ता: become sb's paid ~ 7 (***syn.*** deed) *law* औपचारिक अभिलेख, प्रपत्र, दस्तावेज: ratification of **~s**;

dw/lw: **~al** /इन्स्ट्रुमंटल/ *adj.* 1 सहायक, कर्ता: be ~al in ending the bloodshed 2 वाद्य संगीत से संबंधित 3 यंत्रीय, यंत्रों द्वारा किया जाने वाला: ~al errors; **~al** *n.* करण कारक, तृतीया: ~al case; **~alist** /इन्स्ट्रमेंटअलिस्ट/ *n.* वाद्य वादक; **~ation** /इन्स्ट्रमेंटेशन/ *n.* 1 वाद्यसंगीत-विन्यास, वाद्यसंगीत-शास्त्र 2 उपकरणों का प्रयोग 3 सहायता, माध्यम: be caught by sb's ~ation 4 शल्यकर्म;

collocations: ~ **board/ panel** उपकरण-पटल; ~ **flying** उपकरणों की मदद से भरी जाने वाली उड़ान; ~ **landing** उपकरणों की मदद से किया जाने वाला भूमि पत्तन (विमान द्वारा नीचे उतरने की क्रिया)

insubordina\te /इनसबॉःडिनअट/ *adj.* अवज्ञाकारी, उद्धत, दुर्विनीत; *dw/lw:* **~tion** /इन्सबॉःडिनेशन/ *n.* अवज्ञा, अविनय, आज्ञा भंग

insubstantial /इनसबस्टैंशिअल/ *adj.* 1 कमजोर, अशक्त, पतला: as ~ as a cobweb 2 अवास्तविक, मृग-मरीचिकी 3 सारहीन, असार, हल्का

insuffera\ble /इनसफरअ\बल/ *adj.* 1 (*syn.* unbearable) असह्य: an **~ble** person 2 अप्रिय: an **~ble** creature; **~bly** /~बलि/ *adv.* असह्य रूप में

insuffi\ciency /इनसफिशंसि/ *n.* 1 कमी, अभाव 2 अपर्याप्तता: an **~ciency** of data 3 कमजोरी: **~ciency** of the heart;
dw/lw: **~cient** /इन्सफिशिअंट\/ *adj.* (*syn.* inadequate) अपर्याप्त, कम, थोड़ा, न्यून: an ~cient quantity of sth; provisions are ~cient in quantity; **~ciently** /~लि/ *adv.* अपर्याप्त रूप से

insuffla\te /इनसफ्ले\ट/ *v., pt.* **~ted**, *pp* **~ting** 1 फूंक मारना, सांस खींचना 2 चिकित्सकीय लक्ष्य से गैस, चूर्ण आदि फूंकना 3 भूत आदि भगाने के लिए झाड़ा लगाना;
dw/lw: **~tion** /~शन/ *n.* 1 फूंक मारने की क्रिया, गैस, चूर्ण आदि की फुंकाई 2 भूत आदि भगाने के लिए झाड़ा

insula /इन्स्युला/ *n.* द्वीपिका, छोटा-सा द्वीप;
dw/lw: **~r** /इन्स्य\लः/ इन्स्यु\लः/ *adj.* 1 द्वीपीय 2 संकीर्ण, अनुदार, कूप-मंडूक 3 द्वीपवासी; **~rity** /~लैरअटि/ *n.* 1 कटाव, अलगाव, पार्थक्य 2 संकीर्णता, कूप-मंडूकता 3 द्वीपवास

insula\te /इंस्युले\ट/ इंस्यअले\ट/ *v., pt.* **~ted**, *pp* **~ting** 1 आवरण चढ़ाना, विद्युत-ऊष्मा-रोधी बनाना 2 खराब अनुभवों या प्रभाव से बचाकर रखना 3 पृथक या अलग क.;
dw/lw: **~ted** /~टिड/ *adj.* 1 आवरणयुक्त 2 विद्युतरोधी 3 विद्युत-रोधित: ~ted wire 4 अलग-थलग: ~ted life; **~ting** /~टिंग/ *adj.* विद्युतरोधी: ~ting wire; **~tion** /~शन/ *n.* 1 विद्युत-रोधक आवरण 2 विद्युत-रोधन 3 पृथक्करण: sound ~tion; heat ~tion; **~tor** /~टः/ *n.* 1 इंसुलेटर, विसंवाहक, पृथक्कारी 2 विद्युत-/ ऊष्मा-रोधी;
collocations: **~ting tape** विद्युत रोधक टेप

insulin /इंस्युलिन/ इंस्यलिन/ इंसअलअन/ *n.* इंसुलिन, मधुसूदनी: ~ shock

insult /इन्सल्ट/ *v., pt.* **~ed**, *pp* **~ing** 1 अपमान/ बेइज्जती/ अनादर क.: ~ sb by word or act 2 अपमानजनक ढंग से व्यवहार क.;
n. 1 अपमान, अनादर, बेइज्जती: private/ personal ~ 2 शारीरिक हानि;
dw/lw: **~ing** /इन्सल्टिंग/ *adj.* अपमानजनक, अनादरपूर्ण: ~ing language/ speech, behaviour;
p&i: **add ~ to injury** कटे/ जले पर नमक छिड़कना; **fling an ~ at/ against sb** किसी का अपमान क.; **swallow an ~** अपमान का कड़वा घूट पीकर रह जा.

insuperable /इन्सूपरअबल/ *adj.* 1 असहनीय: ~ pain 2 अलंघ्य, दुस्तर, अजेय, विकट: ~ difficulties/ obstacles; ~ height

insupportable /इन्सपॉःटअबल/ *adj.* 1 अनुचित, अन्यायपूर्ण 2 (*syn.* unbearable) असह्य: ~ pain; it is ~ to me 3 अति घिनौना: ~ claim (घिनौना दावा)

insuppressible /इनसपरेसअबल/ *adj.* जिसे दबाया न जा सके

insurable /इन्शुअरअबल/ *adj.* जिसका बीमा हो सके, बीमा योग्य

insurance /इंशुअरंस/ *n.* 1 बीमा: social ~; ~ upon lives; ~ against fire/ sickness/ accident, etc.; car/ travel ~; take out ~ 2 बीमा-राशि 3 (*also* ~ **policy**) बीमा-पत्र 4 बीमा का कारोबार 5 बीमा करवाने का कार्य;
dw/lw: **insurant/ insurer** *n.* बीमा धारक;
collocations: ~ **agent/ broker** बीमा एजेंट; ~ **company** बीमा कंपनी; ~ **premium** बीमा प्रीमियम

insure /इन्स्युअः/ इन्श्यॉः/ *US* इन्शुर/ *v., pt.* **~d**, *pp* **insuring** 1 बीमा कराना: ~ one's life/ person 2 किसी का बीमा क.: ~ sb against loss/ against damage 3 (*syn.* ensure) निश्चित कर दे., पक्का क.: ~ sb's success 4 (*syn.* secure) दिलाना, प्राप्त कराना 5 सुरक्षित क.: ~ sb against making mistakes

insur\gence /इनसः\जंस/ (*also* **~gency**) *n., pl.* **~gences** विद्रोह, बगावत, विप्लव;
dw/lw: **~gent** /~जंट/ *n.* (*syn.* rebel) विद्रोही या बागी व्यक्ति; **~gent** *adj.* 1 (*syn.* rebellious) विद्रोही, बागी 2 बगावती 3 विप्लवी 4 ज्वार-भाटित: ~gent waves; the ~gent sea

insurmountable /इन्सःमाउंटअबल/ *adj.* 1 जिसे पार न किया जा सके, अलंघ्य, दुर्लंघ्य: ~ difficulties 2 विकट, जटिल 3 अजेय

insurrection /इन्सरेक्श\न/ *n.* (*syn.* uprising) विद्रोह, बगावत: armed ~; rise in ~;
dw/lw: **~ary** /~नरि/ *n.* 1 = **~ist** 2 बागी से संबंधित; **~ist** /~निस्ट/ *n.* विद्रोही, बागी, विप्लवी व्यक्ति

in-swinger /इन्स्वींगः/ *n., cricket* क्रिकेट में गेंद फेंकने की एक विधि जिसमें गेंद बल्लेबाज के पांव की तरफ पड़ती है

insusceptible /इन्ससेप्टिबल/ *adj.* 1 जो भावुक या संवेदनशील न हो: ~ to pity 2 जिसे प्रभावित न किया जा सके: ~ to pain 3 जिस पर असर न हो, अप्रभावनीय: ~ of medical treatment; ~ to flattery

INT *abbr.* 'Institute of Network Technology (India)' की प्रथमाक्षरी

int. *abbr.* 'interior', 'internal', 'international' का संक्षेप

INTACH *abbr.* 'Indian National Trust for Art and Cultural Heritage' की प्रथमाक्षरी

intact /इंटैक्ट/ *adj.* 1 साबुत, संपूर्ण 2 (*syn.* undamaged) अक्षत, अक्षुण्ण: keep your honour ~ 3 अखंड: be left ~

intaglio /इंटैलियो/ इन्टाःल्यो/ *n.* उत्कीर्णन, उभारदार नक्काशी, उत्कीर्ण आकृति

intake /इन्टेक/ *n.* 1 ग्रहण क्षमता 2 खाद्य पदार्थों की ली जाने वाली मात्रा 3 अंतर्ग्रहण: an ~ of breath 4 भर्ती/ प्रवेश/ दाखले की संख्या (सीमा): the annual ~

intangi\ble /इन्टैंजि\बल/ *adj.* 1 अमूर्त, अगोचर: **~ble** idea 2 स्पर्शागम्य, अति सूक्ष्म 3 अस्पष्ट, अनिश्चित: **~ble** hopes and dreams 4 अप्रत्यक्ष;
dw/lw: **~bly** /~बलि/ *adv.* अमूर्त/ अस्पष्ट रूप में

intarsia /इंटाःसिआ/ *n.* 1 काष्ठ पच्चीकारी, लकड़ी की सजावटी जड़ाई 2 जटिल आकृतियों की बुनाई 3 बुनाई का पैटर्न: a beautiful ~ sweater

integer /इंटिजः/ *n., math.* 1 पूर्ण संख्या, पूर्णांक 2 अखंड वस्तु

integrable /इंटिग्रअबल/ *adj.* 1 समावेश्य 2 समाकलनीय 3 जिसे मिलाया जा सके

integral /इंटिग्रल/ *adj.* 1 पूर्ण, समग्र 2 अंगभूत, अनिवार्य: ~ part of sth 3 पूर्णसांख्यिक 4 समग्र, कुल: his ~ works are lost;
dw/lw: **~ity** /इंटिग्रअलिटि/ *n.* समाकलता, समग्रता, संपूर्णता;
collocations: ~ **calculus** समाकलन-गणित; ~ **equation** समाकल समीकरण; ~ **part** अभिन्न अंग

inte\grand /इंटिग्रैंड/ *adj.* समाकाल्य;
dw/lw: **~grant** /इंटिग्रैंट/ *adj.* अंगभूत; **~grant** *n.* संघटक, अंग, अवयव

integra\te /इंटिग्रे\ट/ *US* इंटअग्रे\ट/ *v., pt.* **~ted**, *pp* **~ting** 1 एकीकृत या समन्वित क., संघटित क., जोड़ना, मिलाना 2 एकीकरण द्वारा मजबूत क. 3 संपूर्ण क. 4 पूर्ण योग सूचित क. 5 समाकलन क.;
dw/lw: **~ted** /~टिड/ *adj.* एकीकृत, समाकालित, संघटित, समन्वित: ~ted a plan; **~tion** /~शन/ *n.* एकीकरण, संघटन, समाकलन; **~tive** /~टिव/ *adj.* समाकलनात्मक; **~tor** /~टः/ *n.* समाकलक

integrity /इंटेग्रिटि/ *n.* 1 ईमानदारी, सत्यनिष्ठा, न्याय निष्ठा: a man of ~ 2 अखंडता, अक्षतता: the ~ of an ancient manuscript; the ~ of a language; guarantee the territorial ~ of a country 3 सुस्वस्थता;

integument /इंटेज्यमंट/ इंटेग्यमंट/ *n.* 1 आवरण, कवच 2 बाह्य

त्वचा

intellect /इंटअलेक्ट/ *n.* 1 प्रज्ञा, बुद्धि 2 प्रतिभा, मेधा: the ~(s) of the age 3 ज्ञान शक्ति, विचार शक्ति: a man of mighty ~ 4 विद्वान: the greatest ~ of his time;

n. बुद्धिजीवी: the **~s** of the age;

intellectual /इंटलेक्चुअ\ल/ *adj.* 1 बौद्धिक: ~ novel 2 विचारशील, चिंतनशील;

n. 1 बुद्धिजीवी 2 विचारू, चिंतक 3 प्रबुद्ध चिंतन-मनन करने में सक्षम व्यक्ति 4 बौद्धिक रूप से सक्रिय या विकसित व्यक्ति;

***dw/lw:* ~ism** /~लिज्म/ *n.* 1 यह सिद्धांत कि ज्ञान तर्क अथवा मनन से उपलब्ध होता है 2 प्रज्ञावाद, बुद्धिवाद; **~ize** /~लाइज/ *v., pt.* ~ized, *pp* ~izing 1 बुद्धिसंगत बनाना 2 प्रबुद्ध चिंतन-मनन क. 3 दार्शनिक रूप से चिंतन-मनन क.; **~lity** /~लिटि/ *n.* प्रज्ञा शक्ति, बौद्धिकता; **~ly** /~लि/ *adv.* 1 बौद्धिक स्तर पर 2 बौद्धिक बल से;

***collocations:* ~ property rights** बौद्धिक संपत्ति अधिकार; **~ snob** अपने से कम शिक्षित लोगों को हेय समझने वाला व्यक्ति

intelli\gence /इंटेलिजंस/ *n.* 1 बुद्धि, प्रज्ञा, मेधा, अक्ल, समझ: average/ great/ high/ low **~gence**; a high order of **~gence**; **~gence** quotient (*abbr.* **IQ**) (बौद्धिक स्तर, बुद्धिफल); **~gence** test 2 गुप्त सूचना, खबर, समाचार: **~gence** from so and so 3 गुप्तचर विभाग;

adj. गुप्तचरी: **~gence** report; **~gence** officer; **~gence** service; **~gence** department;

***dw/lw:* ~gent** /इंटेलिजंट/ *adj.* मेधावी, प्रतिभाशाली, प्रज्ञावान, बुद्धिमान, समझदार: ~gent child; ~gent question/ reply; **~gently** /इंटेलिजंटलि/ *adv.* बुद्धिमत्तापूर्वक, बुद्धिमानी से;

intelligentsia /इंटेलिजेंटसिआ/ *n.* बुद्धिजीवी वर्ग, प्रबुद्ध वर्ग

intelligi\bility /इंटेलिजअ\बिलअटि/ *n.* बोधगम्यता, सुबोधता, पठनीयता;

***dw/lw:* ~ble** /~बल/ *adj.* 1 बोधगम्य, सुबोध, समझ में आने वाला: an ~ble description; a statement ~ble to all 2 पठनीय; **~bly** /~बलि/ *adv.* बुद्धिग्राह्य या बुद्धि संगत रूप में

intelsat /इनटेल्सैट/ *n.* विश्व व्यापारिक व असैनिक सैटेलाइट संचार प्रणाली

intemperament /इनटेंपरअमंट/ *n.* शारीरिक-तंत्र की खराब हालत

intemperance /इनटेंपअरंस/ *n.* 1 असंयम: ~ of expression 2 अत्यधिक मदिरा सेवन, नशाखोरी: ~ in drink

intemperate /इनटेंपअरअट/ *adj.* 1 असंयमी, असंयत, अमर्यादित 2 उद्धत, उग्र 3 नशाखोर, नशेड़ी, मद्यप 4 (***syn.*** inclement) विषम, कड़ा, कठोर, अति गर्म या अति सर्द आदि: ~ climate

intempestive /इनटेंपेस्टिव/ *adj.* बेमौके की, असमयोचित, असंगत: loud and ~ laughter

intenable /इनटेनअबल/ *adj.* अयुक्ति-युक्त, जो तर्क संगत न हो

INTEND *abbr.* 'Information Technology Enablers for persons with Disabilities' की प्रथमाक्षरी या परिवर्णी शब्द (acronym)

intend /इंटेंड/ *v., pt.* **~ed**, *pp* **~ing** 1 कुछ करने की मंशा रखना या योजना बनाना, विचार क. 2 इरादा क. या हो., ठान लेना 3 नीयत रखना: ~ no harm to anybody 4 (***syn.*** mean) अभिप्राय या तात्पर्य हो. 5 के लिए हो., किसी के निमित्त हो.: this remark is **~ed** for you 6 चाहना: we ~ them to do it 7 इरादतन क.: was this **~ed**?

***dw/lw:* ~ed** /इंटेंडिड/ *adj.* अभीष्ट, साभिप्राय: ~ed journey; ~ed insult; **~ed** *n.* मंगेतर: let me introduce you to my ~ed/ ~ed husband; **~ing** *adj.* चाहने वाला, इच्छुक: ~ing subscribers (पत्रिका आदि को नियमित रूप से लेने का इच्छुक ग्राहक)

intendant /इंटेंडंट/ *n.* प्रबंधक, अधीक्षक: ~ of justice, police and finances

intense /इंटेंस\/ *adj.* 1 (***syn.*** extreme) प्रचंड, तीव्र, प्रबल: ~ heat/ pain; ~ longing (तीव्र चाह) 2 उत्तेजित, भाव-प्रबल: ~ expression/ face 3 गहन, गंभीर: ~ application of mind; ~ thought/ attention; ~ people 4 उत्कट, उत्साही 5 कड़ा, कांटे का: ~ competition;

***dw/lw:* ~ly** /~लि/ *adv.* 1 अत्यधिक: love ~ly 2 प्रचंड रूप से, तीव्रतापूर्वक 2 गंभीर रूप से: be ~ly keen on sth; **~ness** *n.* 1 तीव्रता, गंभीरता: work with ~ness 2 गहनता, भड़कीलापन: ~ness of colour

intensi\fication /इंटेंसि\फिकेशन/ *n.* 1 तीव्रीकरण, प्रबलीकरण 2 तीव्रता;

dw/lw:* ~fier** /~फायः/ *n.* 1 तीव्रता प्रदान करने वाला, तीव्रक, प्रबलकारी 2 *gramm.* अर्थ में प्रबलता य गहनता लाने वाला: adjectives, adverbs, etc. play the role of ~fiers in a language; **~fy** /~फाइ/ *v., pt.* ~fied, *pp* ~fying 1 तीव्र या प्रचंड हो. या क.: ~fy the efforts 2 (syn.*** heighten) बढ़ाना: ~fy the campaign 3 प्रबल हो., तीव्र हो.: the violence ~fied fiercely

intension /इन्टेन्शन/ *n.* 1 दृढ़ता, निश्चय 2 गहनता, प्रबलन, तीव्रीकरण 3 तनाव 4 स्वगुणार्थ, वे गुण जिनसे आम नाम परिभाषित होता है (≠ extension) 5 चरित्र, परिभाषीय सार

intensity /इंटेंसिटि/ *n.* 1 प्रचंडता, उत्कटता, तीव्रता, तेजी: lessen the ~ of the heat; look at sb with an extreme ~ 2 प्रगाढ़ता, गहनता: ~ of passion/ of faith 3 प्रबलता, प्रखरता: the degree of ~; changing **intensities** of natural light

intensive /इंटेंसिव/ *adj.* 1 तीव्र: ~ development 2 उग्र, प्रबल 3 गहन, सघन, घना 4 गहन, प्रगाढ़, गहरा: ~ thinking; ~ searching/ training 4 अतिशयबोधक 5 गहन या सघन चिकित्सा विभाग;

***dw/lw:* ~ly** /इंटेंसिवलि/ *adv.* सघन रूप से, तीव्रतापूर्वक;

***collocations:* ~ care unit** (*abbr.* **ICU**) सघन चिकित्सा इकाई

intent /इंटेंट\/ *n.* 1 (***syn.*** intention) मंशा, मंसूबा, इरादा, संकल्प: with good ~ 2 उद्देश्य, लक्ष्य 3 लक्षित कार्य 4 आशय, अभिप्राय, धारणा;

adj. 1 एकाग्र, एकचित्त, दत्तचित्त: ~ look; keep one's mind ~ on sth 2 दृढ़-संकल्प, कमर कसे हुआ, तुला हुआ, जुटा हुआ: he is ~ on doing his best 3 तीव्र 4 उत्सुक 5 टिका हुआ;

***dw/lw:* ~ly** /~लि/ *adv.* 1 घूरते हुए 2 तीव्र दृष्टि से या आंखें गड़ाकर देखते हुए 3 इरादतन, साभिप्राय 4 उत्सुकतापूर्वक; **~ness** /~निस/ *n.* कटिबद्धता, तत्परता, एकाग्रता, एकचित्तता;

***p&i:* be ~ on sth/doing sth** किसी बात पर या कुछ करने पर तुला हो.; **to/ for all ~s and purposes** लगभग पूर्णतः, पूर्णरूपेण, सर्वथा, असल में

intention /इन्टेन्शन/ *n.* 1 इरादा, मंशा, नीयत: have the best **~s**; a person of excellent **~s** 2 आशय, अभिप्राय, मतलब 3 उद्देश्य: cherish an ~ of doing sth;

dw/lw:* ~al** /इंटेशनल/ *adj.* 1 (syn.*** deliberate) जान-बूझकर किया हुआ: ~al act 2 साशय, साभिप्राय: an ~al suppression of facts 3 ज्ञानकृत; **~ally** /इन्टेंशनलि/ *adv.* 1 जान-बूझकर, इरादतन 2 साभिप्राय; **~ed** /इन्टेंशन्ड/ *adj.* नीयत वाला, संकल्पित: ill-~ed (बदनीयत); well- नेकनीयत ~ed (नेकनीयत वाला);

***p&i:* announce/ declare/ signal one's ~** अपना इरादा घोषित क./ इरादे का इशारा दे.; **have no ~ of doing sth** कुछ करने की मंशा न हो.; **the road to hell is paved with good ~s = good acts are better than good ~s** करनी और कथनी के बीच फर्क नारकीय परिणाम पैदा करता है = नेक इरादों से नेक काम भले

inter /इंटः/ *v., pt.* **~red**, *pp* **~ring** दफनाना, गाड़ना;

prep., Lat. के बीच, के साथ-साथ;

***dw/ lw:* ~ment** /इंटःमंट/ *n.* धपन, निक्षेप

***collocations:* ~ alia** /इंटःएलिआ/ *Lat.* इंटः ऐलिआ/ अन्य बातों के साथ-साथ, साथ-साथ; **~ alios** /इंटः एलिओस/ अन्य लोगों के साथ; **~ nos** /इंटः नोस/ अपने बीच, परस्पर; **~ se** /इंटःसे/ पारस्परिक रूप से, आपस में, अपने बीच; **~ vivos** /इंटः विवोस/ इंटः वीवोस/ इंटः वाइवोस/ जीवित लोगों के बीच

inter- /इंटः-/ *prefix, denoting:* 1 **between, among** (अंतर-, के मध्य में, के बीच): ~-departmental 2 **mutual/ reciprocal** (आपसी, पारस्परिक): **inter**active

interact /इंटःऐक्ट/ *v., pt.* **~ed**, *pp* **~ing** 1 संवाद व मेलजोल से कार्य क. 2 एक दूसरे से संवाद क., एक दूसरे के संपर्क में रहना;

dw/lw: **~ion** /इंटःऐक्शन/ *n.* 1 संवाद 2 पारस्परिक मेल-जोल, सहकार्य, अंतर्व्यवहार 3 पारस्परिक संवाद; **~ive** /इंटःऐक्टिव/ *adj.* 1 बहुपपक्षीय संवाद या भागीदारी पर आधारित 2 पारस्परिक संवाद या विचारों के आदान-प्रदान पर आधारित 3 *comput.* कंप्यूटर और उसके प्रयोग कर्ता के बीच सूचनाओं का लगातार आदान-प्रदान

inter compact disc (*abbr.* **CD-I**) पारस्परिक रूप से प्रयुक्त होने वाली कॉमपेक्ट डिस्क

inter-allied /इंटःअलाइड/ *adj.* मित्रराष्ट्रीय, अंतःमित्रराष्ट्रीय

interamnian /इंटरैमनिअन/ *adj.* नदियों के बीच स्थित

interatomic /इंटःअटॉमिक/ *adj.* अंतरापरमाणुकः ~ forces

interbank /इंठबैंक/ *adj.* अंतर-बैंकीय

interblend /इंटःब्लेंड/ *v., pt.* **~ed**, *pp* **~ing** सम्मिश्रण क. या हो., मिलाना, मिल जा.

interbred /इंटःब्रेड/ *adj.* 1 'interbreed' का भूतकाल 2 मिश्रित जातीय, संकरजातीय

interbreed /इंटःब्रीड/ *v., pt.* **interbred**, *pp* **~ing** मिश्रित जाति के जीव उत्पन्न क., संकरण क., संकर उत्पन्न क.;

dw/lw: **~ing** /इंटःब्रीडिंग/ *n.* संकरण

intercalary /इंटःकलेरि/ इंटःकैलरि/ *adj.* 1 सौर-वर्ष के समरूप करने के लिए कैलेंडर में बढ़ाया हुआ दिन (e.g., leap year), अधिक (मास या दिन) 2 अंतर्निविष्ट, अंतर्विष्ट, सन्निविष्ट 3 दो सतहों के बीच वाला

intercala\te /इंटःकलेट/ *v., pt.* **~ted**, *pp* **~ting** 1 (कैलेंडर में) दिन बढ़ाना 2 जोड़ दे., सन्निविष्ट क.: **~te** a new line in an old song;

dw/lw: **~tion** /इन्टःकलेशन/ *n.* 1 सन्निवेशन 2 सन्निविष्ट वस्तु

intercaste /इंटःकास्ट/ इंटःकैस्ट/ *adj.* अंतर्जातीय

inter\cede /इंटःसीड/ *v., pt.* **~ceded**, *pp* **~ceding** 1 मध्यस्थता क., बीच-बचाव क. 2 किसी की तरफ से निवेदन क., अनुनय क.: **~cede** with sb for sb; **~cede** for mercy;

dw/lw: **~cession, ~cessor**: *see below as separate entries*

intercellular /इन्टःसेल्युलः/ *adj.* अंतर्कोषिकीय: ~ substance

intercensal /इन्टःसेंसल/ *adj.* दो जनगणनाओं के बीच काः ~ period

intercept /इंटःसेप्ट/ *v., pt.* **~ed**, *pp* **~ing** 1 बीच में रोक दे., बाधित क.: ~ sb's passage; ~ rays of light; ~ a view 2 अटकाना, अवरोध क.: ~ sb's influence 3 काटना, टोकना 4 बीच में रोककर पकड़ लेना: ~ a letter/ a messenger 5 प्रक्षेपास्त्र यानी मिसाइल आदि को निशाने पर पहुंचने से पहले ही काट दे.: ~ a ship, a plane, supplies 6 *math.* रेखा या वक्र को काटना;

n. 1 रेखा या वक्र आदि से कटा भाग 2 रोककर पकड़ी हुई वस्तु

dw/lw: **~er/ ~or** /इंटःसेप्टः/ *n.* 1 अंतर्रोधक, अवरोधक 2 बीच में टोकने या काटने वाला 2 शत्रु के बम वाहक विमान को बीच में काटने वाला लड़ाकू विमान; **~ion** /इंटःसेप्शन/ *n.* 1 बीच में किया जाने वाला अटकाव, बाधा, अवरोध 2 बीच में काटी या रोकी गई वस्तुः ~ion of signals; **~ive** /इंटःसेप्टिव/ *adj.* अंतर्रोधक, अवरोधक

intercession /इंटःसेशन/ *n.* 1 मध्यस्थता, बीच-बचाव 2 निवेदनः make an ~ for sb/ for sb's pardon

intercessor /इंटःसेसः/ *n.* 1 मध्यस्थ, बिचौलिया 2 किसी की सिफारिश करने वाला, निवेदक

interchan\ge /इंटःचेंज/ *v., pt.* **~ged**, *pp* **~ging** 1 विनिमय क. 2 अदला-बदली क. 3 बारी-बारी से क. या हो. 4 दो अवस्थाओं के बीच बदलावः **~ge** severity with indulgence; rain **~ges** with sunshine;

n. 1 विनिमयः **~ge** of money 2 दो अवस्थाओं में अदला-बदलीः **~ge** of light and darkness 3 पारस्परिक स्थानांतरणः the **~ge** of letters in a word; an **~ge** of hills and valleys;

dw/lw: **~geability** /इंटःचेंजअबिलअटि/ *n.* 1 विनिमेयता, विनिमयता 2 विनिमय-क्षमता; **~geable** /इंटःचेंजअबल/ *adj.* 1 विनिमेय, विनिमय योग्यः ~geable products/ goods 2 जिसे किसी अन्य विकल्प द्वारा स्थानांतरित किया जा सकेः ~geable parts in machines; **~geably** /इंटःचेंजअबलि/ *adv.* एक-दूसरे को अदल-बदलकर

inter-city /इंटःसिटि/ *adj.* अंतर्नगरीय

intercollegiate /इंटःकलीजिअट/ इंटःकलीजिट/ *adj.* अंतर्महाविद्यालयीः ~ games

intercom /इंटःकॉम/ *n.* आंतरिक संचार व्यवस्था या प्रणाली

intercommunica\te /इंटःकम्यूनिकेट/ *v., pt.* **~ted**, *pp* **~ting** 1 अंतः संचार हो., अर्थात् एक दूसरे के साथ पत्र-व्यवहार, बात-चीत हो. या आना-जा. हो. 2 एक दूसरे के सक्रिय संपर्क में हो.;

dw/lw: **~tion** /इंटःकम्यूनिकेशन/ *n.* 1 अंतःसंचार, पारस्परिक संपर्क या संसर्ग 2 आपसी मेलजोल या वैचारिक आदान-प्रदान

interconnect /इंटःकनेक्ट/ *v., pt.* **~ed**, *pp* **~ing** 1 एक दूसरे के साथ जोड़ना या जुड़ना 2 अंतर्सबद्ध क. या हो.;

dw/lw: **~ion** (*also* **interconnexion**) *n.* 1 अंतर्बंधन 2 अंतर्संबंध

intercontinental /इंटःकॉन्टिनेंटल/ *adj.* अंतर्महाद्वीपीयः ~ ballistic missiles

interconvertible /इंटःकनवःटिबल/ *adj.* समान, एकार्थकः ~ expressions

interconversion /इंटःकन्वःशन/ *n.* 1 अन्योन्य रूपांतरण, अंतर-रूपांतरण 2 पारस्परिक रूप से किया जाने वाला धर्मांतरण

intercooling /इंटःकूलिंग/ *n.* अंतर-शीतलन

intercorrelate /इंटरकोरिलेट/ *v., pt.* **~ed**, *pp* **~ing** परस्पर जोड़ना या संबद्ध क.

intercostal /इंटःकौस्टल/ *adj.* पसलियों के बीच का, अंतरापर्शुकः ~ muscles

intercourse /इंटःकोःस/ (*also* **sexual ~**) *n.* 1 संभोग, मैथुन 2 संपर्क, संसर्ग 3 परस्पर विचारों आदि का आदान-प्रदान

intercrop /इंटःक्रॉप/ *n.* 1 बीच की फसल 2 अंतराल सस्य;

dw/lw: **~ping** *n.* 1 बीच की फसल उगाने का कार्य 2 अंतराल सस्य उगाने का काम

intercross /इंटःक्रॉस/ *v., pt.* **~ed**, *pp* **~ing** 1 परस्पर काटना 2 दो या अधिक प्रजातियों को मिलाकर प्रजनन क., संकरण क.

intercultural /इंटःकल्चरल/ *adj.* अंतर्सांस्कृतिक

intercurrent /इंटःकरंट/ *adj.* मध्यवर्ती

intercut /इंटःकट/ *v., pt.* **intercut**, *pp* **intercutting** फिल्म के किसी दृश्य के बीच कोई दूसरा दृश्य डालनाःin the film the scene of university life was ~ by interviews and discussions

interdenominational /इंटःडिनौमिनेशनल/ *adj.* विभिन्न धर्मसंप्रदायों के बीच साझा, अंतर्धर्मसंप्रदायी

interdepartmental /इंटःडीपाःटमंटल/ *adj.* अंतर्विभागीय

interdependen\ce /इंटःडिपेंडंस/ (*also* **~cy**) *n.* अन्योन्याश्रय, पारस्परिक निर्भरता;

dw/lw: **~t** /~डंट/ *adj.* अन्योन्याश्रित, परस्पर-निर्भर

interdict /इंटःडिक्ट/ *v., pt.* **~ed**, *pp* **~ing** 1 मना कर दे.: ~ sb from doing sth 2 निषेध कर दे.: ~ books/ games; ~ by law 3 रोक लगा दे.: ~ the importation of certain goods;

n. निषेधाज्ञा, निषेधादेश;

dw/lw: **~ion** /इंटःडिक्शन/ *n.* मनाही, निषेध, निषेधादेश, रोक; **~ory** /इंटःडिक्टरि/ *adj.* निषेधात्मक

interdisciplinary /इंटःडिसअप्लिनरि/ *adj.* विभिन्न ज्ञान-शाखाओं के अंतर्संबंधों पर आधारित

interest /इंटरेस्ट/ *n.* 1 रुचि, दिलचस्पीः arouse/ excite/ awake sb's ~; public ~ in sth; this is of no ~ to me; take/ no ~ in sb/ sth; a genuine/ keen/ passionate/ strong ~ 2 अभिरुचि, शौकः develop/ generate/ have/ show/ take an ~; man of wide **~s** 3 कौतूहल, रसः be an object of intense ~ 4 बाजी, दाव 5 ब्याज, सूदः simple ~; rate of ~; lend (out) money on ~; ~ at 3%; return sb's favour with ~ 6 (**~s**) लाभ, हित, स्व-लाभ, निहित हित, स्वार्थ, अधिकार, स्वत्वः mutual/ common **~s**; protect one's **~s**; do sth in one's ~s; vested ~s; know where one's ~s lie 7 पक्ष: look after one's own ~ 8 हिस्सा, अंश: the business ~s; American ~s in India 9 परवाह, चिंता, फिक्र 10 महत्त्व: matter of considerable ~ 11 प्रभाव: obtain sth through ~ with sb 12 भला, भलाई, कल्याण: in the ~s of truth/ justice; work in the ~s of humanity 13 विश्वास: make ~ with sb (किसी का विश्वास जीतना) 14 सामूहिक या संस्थागत हित: clash of business and working ~s;

***v.**, pt.* **~ed**, *pp* **~ing** में दिलचस्पी हो.: ~ oneself in sth; be **~ed** in sth; ~ sb in buying sth 2 रुचि हो., के बारे में प्रबलतापूर्वक संवेदनशील हो.: politics doesn't ~ her;

dw/lw: **~ed** /इंटरेस्टिड/ *adj.* 1 में रुचि या दिलचस्पी रखने वाला 2 संबद्ध, हितबद्ध 3 पक्षपाती, तरफदार: ~ed audience; ~ed look; ~ed witness; ~ed parties/ groups; **~-free** *adj.* बिना ब्याज का: ~-free loan; **~ing** *see below under separate entry*; **self-~** *n.* व्यक्तिगत-हित;

collocations: **~ group** साझे हितों या लाभ वला समूह जो मिलकर अपनी स्वार्थ-सिद्धि के लिए सरकार आदि पर दबाव डालता है; **~ rate** ब्याज दर, सूद-दर, सूद; **compound ~** चक्रवृद्धि ब्याज; **vested ~s** निहित/ स्वार्थी हित;

p&i: **an ~ in sth** किसी बात या वस्तु में रुचि; **be in sb's ~(s)** किसी के हित में हो.; **do sth with ~** खूब मन लगाकर काम क.; **have sb's ~s in mind** किसी के हितों का खूब ध्यान रखना;

interesting /इंटरअस्टिंग\/ *adj.* 1 दिलचस्प, रोचक, रुचिकर: ~ing anecdote 2 उत्तेजक;

dw/lw: **~ly** /~लि/ *adv.* दिलचस्प यह है कि ...

interfa\ce /इंटःफेस/ *n.* 1 दो कंप्यूटरों या एक कंप्यूटर और एक व्यक्ति के बीच संबंध 2 मिलन-बिंद, अंतरा फलक, अंतरा पृष्ठ 3 दो या अधिक पहलुओं के बीच मिलन-बिंदु: ~ between knowledge and practice;

v., pt. **~ced**, *pp* **~cing** कंप्यूटरों या मनुष्यों के बीच संवाद हो.

dw/lw: **~cing** *n.* कपड़े या पोशाक को दृढ़ता देने के लिए दो कपड़ों के बीच सिला कपड़ा

interfaith /इंटःफेथ/ *adj.* कई धर्मों का सामूहिक (कार्य): ~faith memorial service

interfemoral /इंटफिमअरल/ *adj.* अंतरा-उरु, जांघों के बीच स्थित

interfe\re /इंटःफिअः/ *v., pt.* **~red**, *pp* **~ring** 1 दखल दे., हस्तक्षेप क., रुकावट डालना, दखल दे.: **~re** with sb's work; **~re** with sb's health; **~re** in/ with sb's affairs 2 बाधा डालना 3 व्यतिकरण क. 4 टकराना: their interests **~re** with each other 5 नेवर लगना;

dw/lw: **~rence** /इंटःफिअरंस/ *n.* 1 हस्तक्षेप, दखल: ~rence in sth 2 बाधा: ~rence from sb 3 व्यतिकरण; **~ring** *adj.* दखल देने वाला; **~rometer** /इंटःफिअःरौमिटः/ *n.* व्यतिकरण-मापी;

p&i: **~re in sb's business** किसी के मामलों में टांग अड़ाना; **~re with sb** 1 किसी का यौन-उत्पीड़न क. 2 किसी के कार्य या सफलता में बाधा डालना, रोड़े अटकाना

interferon /इंटःफिअरौन/ *n. biol.* हानिकारक जीवाणुओं द्वारा रोग के फैलाव को रोकने के लिए शरीर द्वारा पैदा किया जाने वाला एक पदार्थ

interfi\le /इंटःफाइल/ *v., pt.* **~led**, *pp* **~ling** अन्योन्य संचय क.

interflow *n.* बहाव का मिलन, संगम, आपसी मिलन

interflu\ence /इंटःफ्लुअंस/ *n.* बहाव का मिलन, संगम, अंतःप्रवाह;

dw/lw: **~ent** /इंटःफ्लुअंट/ *adj.* अन्योन्यप्रवाही, अंतराप्रवाही

interfoliaceous /इंटःफोलिएशिअस/ *adj., bot.* पत्तों के बीच का, अंतरा पर्णित

interfu\se /इंटःफ्यूज/ *v., pt.* **~sed**, *pp* **~sing** 1 मिश्रित क., एक कर दे. 2 व्याप्त हो जा. 3 भर दे., डाल दे.;

dw/lw: **~sion** /इंटःफ्यूजन/ *n.* 1 सम्मिश्रण 2 व्याप्ति

intergalactic /इंटःगअलैक्टिक/ *adj.* नीहारिकाओं के बीच होने वाला, अंतरा मंदाकिनीय

interglacial /इंटःग्लेशियल/ *adj.* अंतराहिमानी (युग)

intergenerational /इंटःजेनअरेशनल/ *adj.* पीढ़ियों के बीच का

interglossa /इंटःग्लॉसा/ *n.* अंतर्राष्ट्रीय भाषा

intergovernmental /इंटःगवःनमेंटल/ *adj.* अंतर-सरकारी, दो या अधिक सरकारों के बीच में

intergradation /इंटःग्रडेशन/ *n.* अंतर-क्रमण

interim /इंटअरिम/ *adj.* 1 अंतरिम: ~ certificate; ~ order 2 अंतःकालीन: ~ report;

n. अंतरिम अवधि: ~ dividend (अंतरिम लाभांश);

p&i: **ad ~** पदभारी मंत्री; **in the ~** इस बीच में, अंतरिम समय में

interior /इंटीरि\अः/ *n.* 1 अंतरांश, भीतरी भाग: the ~ of a cavern (गुफा का भीतरी भाग) 2 देश या प्रदेश का भीतरी भाग 3 अंदर 4 गृह-मंत्रालय: Minister of the **Interior** 5 अतःकरण: withdraw into one's ~ 6 अंदर का दृश्य 7 विश्वास: worm/ creep into sb's ~ 8 घरेलू कार्य;

adj. 1 भीतरी: the ~ part of the country 2 अंदरूनी: ~ design 3 आंतरिक: ~ affairs 4 अंतरंग: one's ~ life 5 देशीय, स्वदेशी 6 आंतर्स्थलीय 7 अंतःस्थित;

dw/lw: **~ity** /~अरअटि/ *n.*1 आंतरिकता 2 अंतर्मुखता; **~ize** /~अराइज/ *v., pt.* ~ized, *pp* ~izing आंतरीकरण क.; **~ly** /~अरअलि/ *adv.* दिल से, अंतरतम से;

collocations: **~ angle** अंतःकोण; **~ decoration** आंतरसज्जा; **~ decorator** आंतर-सज्जा विशेषज्ञ; **~ design** आंतरिक सज्जा; **~ designer** आंतरिक सज्जाकार; **~ life** आध्यात्मिक जीवन; **~ monologue** आत्मालाप; **~ of the earth** भूगर्भ

interjacent /इंटःजेसंट/ *adj.* मध्यवर्ती, अंतर्वर्ती, बीच का

interject /इंटःजेक्ट/ *v., pt.* **~ed**, *pp* **~ing** 1 टोकना, बीच में बोलना: ~ with a careless remark 2 यकायक बीच में रोकना या रुकना;

dw/lw: **~ion** /इंटःजेक्शन/ *n.* 1 (***syn.*** exclamation) विस्मयबोधक (अव्यय) 2 बीच में डाला जाने वाला व्यवधान, बाधा, टोकम-टाकी, अवरोध; **~ional** /इंटःजेक्शनल/ *adj.* व्यवधानपूर्ण: ~ional remark; cast ~ional looks

interlace /इंटःलेस\/ *v., pt.* **~d**, *pp* **interlacing** 1 गूंथना: ~ silk with cotton 2 अंतर्ग्रथित क.: the epic is everywhere **~ed** with dialogue;

dw/lw: **~ment** /~मंट/ *n.* अंतर्ग्रंथन

interlactation period गाय या भैंस का दूध बंद होने का समय

interlanguage /इंटःलैंगुवेज/ *n., ling.* अंतर भाषा

interlard /इंटःलाःड/ *v., pt.* **~ed**, *pp* **~ing** बीच-बीच में विदेशी शब्दों, उद्धरणों या विचित्र शब्दों को अत्यधिक संख्या में जोड़ना: ~ one's speech with foreign words/ terms/ oaths

interlay /इंटःले/ *v., pt.* **interlaid**, *pp* **~ing** बीच में परतें लगाना

interleaf /इंटःलीफ/ *n.* 1 आंतरपत्र, अंतःपत्र 2 पुस्तक आदि के पन्नों के बीच लगाए जाने वाले खाली पन्ने;

dw/lw: **interleave** /इंटःलीव/ *v., pt.* **~ed**, *pp* **~ing** पुस्तक के छपे पन्नों के बीच खाली पन्ने लगाना, आंतरपत्रण क.

interli\ne /इंटःलाइन/ *v., pt.* **~ned**, *pp* **~ning** पंक्तियों के बीच में लिखना या छापना: **~ne** corrections in a manuscript;

dw/lw: **~near** /इंटःलिनिअः/ *adj.* पंक्ति के बीच में लिखा हुआ: ~near manuscript; ~near note; **~neary** /इंटःलिनिअःरि/ *n.* पंक्ति से पंक्ति अनुवाद; **~ning** /इंटःलाइनिंग/ *n.* पोशाक के बीच में अतिरिक्त कपड़ा

interlingua /इंटःलिंगवा/ *n., ling.* अंतर्राष्ट्रीय भाषा, बिचौलिया भाषा;

dw/lw: **~l** /इंटःलिंगवल/ *adj.* द्विभाषीय: ~l dictionaries

interlink /इंटःलिंक/ *v., pt.* **~ed**, *pp* **~ing** जोड़ना या मिला दे.

interlobular /इंटःलोब्युलः/ *adj.* अंतरापालि

interlock /इंटःलौक/ *v., pt.* **~ed**, *pp* **~ing** 1 एक साथ जोड़ना या गूंथना 2 गुंथ जा.: ~hand in walking;

dw/lw: **~ing** *n.* आंतरिक मिलान, अंतःपाशन

interlocu\tion /इंटःलौक्यूशन/ *n.* 1 वार्तालाप, बातचीत 2 संवाद; ***dw/lw:*** **~tor** /इंटःलौक्युटः/ *n.* वार्तालाप करने वाला, संवादी, संवाद में भाग लेने वाला व्यक्ति; **~tory** /इंटःलौक्यूटरि/ *adj.* 1 संवादात्मक, वार्तालापीय: in an ~tory manner 2 *law* वादकालीन, अंतर्वर्ती, अदालती कार्रवाई के दौरान (आदेश): ~tory decree/ injunction/ order; ~tory instruction

interlope /इंटःलोप/ *v., pt.* **~d**, *pp* **interloping** दखल दे., हस्तक्षेप या दस्तंदाजी क.;
dw/lw: **~r** *n.* 1 दूसरों के मामलों में दखल देने वाला, दस्तंदाज 2 अंतःप्रवेष्टा 3 (***syn.*** intruder) अतिक्रमण या दखलंदाजी करने वाला

interlude /इंटःल्यूड/ *n.* 1 अंतराल, मध्यांतर 2 अंतरालिका, अंतराल संगीत आदि, बीच का कार्यक्रम (गीत आदि का कार्यक्रम) 3 विलासिका, प्रहसनिका, प्रासंगिका 4 विष्कंभक

interlunation /इंटःल्यूनेशन/ *n.* 1 अदृश्य चंद्रमा काल 2 अंधकारमय समय

interlunar /इंटःलूनः/ *adj.* शुक्लपक्षीय, आंतराचांद्र

interma\rriage /इंटःमैरिज/ *n.* अंतर्जातीय, अंतर्धार्मिक विवाह 2 श्वेतों और अश्वेतों के बीच शादी;
dw/lw: **~rry** /इंटःमैरि/ *v., pt.* ~rried, *pp* ~rrying 1 अंतर्जातीय विवाह क. 2 अपने कुल में विवाह क. 3 विवाहों द्वारा घुलमिल जा.

intermedd\le /इंटःमेडल/ *v., pt.* **~led**, *pp* **~ling** 1 दखल दे., हस्तक्षेप क.: **~le** in sb's business 2 किसी को लगातार तंग क.

intermedia\ry /इंटःमिडिअरि/ *n., pl.* **~ries** 1 मध्यस्थ 2 बिचौलिया 3 मध्यस्थता 4 माध्यम;
adj. 1 दो बिंदुओं के बीच का, बिचला 2 मध्यवर्ती: **~ry** power

inter\mediate /इंटःमिडिए\ट/ *adj.* 1 मध्यवर्ती, बीच का: **~mediate** space/ points 2 माध्यमिक 3 अंतर्वर्ती, मध्यम: **~mediate** steps;
dw/lw: **~mediation/ ~mediacy** /~शन/ /~सि/ *n.* मध्यस्थता;
collocations: **~mediate product** अंतर्वर्ती माल; **~ technology** विकासशील देशों के अनुकूल तकनीक; **~mediate stature** औसत ऊंचाई;

interment /इंटःमंट/ *n.* (***syn.*** burial) दफन, दफनाने की क्रिया

intermesh /इंटःमेश/ *v., pt.* **~ed**, *pp* **~ing** मशीन आदि के दो पुर्जों का एक-दूसरे में फिट अच्छी तरह बैठना: **~ing** cogs

intermezzo /इंटःमेत्सो/ *n., pl.* **~s** मध्यांतर के लिए उपयुक्त संगीत-रचना, अंतरालिका, मध्यवर्ती कार्यक्रम

interminable /इंटःमिनअबलै/ *adj.* 1 अनंत: ~ discourse (असीम विमर्श) 2 असीम, अपार: ~ sufferings 3 बहुत लंबी: ~ controversy

interming\le /इंटःमिंगल/ *v., pt.* **~led**, *pp* **~ling** 1 आपस में मिलना या मिलाना: **~le** facts with fiction 2 मिश्रित क. 3 घुलना-मिलना: **~le** with each other

inter\mission /इंटःमिशन/ *n.* 1 अंतराल, मध्यांतर: short **~mission** at noon 2 अवरोध 3 अवकाश: without **~mission**;

intermit /इंटःमि\ट/ *v., pt.* ~ted, *pp* ~ting 1 स्थगित क. 2 थोड़ी देर के लिए रुकना 3 बंद हो जा. 4 रोकना; **~tence** /~टंस/ अंतर्विराम; **~tent** /~टेंट/ *adj.* 1 रुक-रुककर होने वाला: ~tent current 2 सविराम: ~tent movement/ laughter 3 (***syn.*** periodic) आवर्तक: ~tent light 4 (***syn.*** sporadic) रह-रहकर होने वाली: ~tent pain; ~tent claudication (रुक-रुककर होने वाली लंगड़ाहट); **~tently** /~टंटलि/ *adv.* रुक-रुककर

intermix /इंटःमिक्स/ *v., pt.* **~ed**, *pp* **~ing** आपस में मिलना या मिलाना: oil and water do not ~;
dw/lw: **~ture** *n.* अंतर्मिश्रण

intermundane /इंटःमंडेन/ *adj.* अंतर्ग्रह, ग्रहों के बीच का: ~ space

intermundi\um /इंटःमंडिअम/ *n., pl.* **~a** दो ग्रहों के बीच का स्थान

intermural /इंटःम्युअरल/ *adj.* दीवारों के बीच स्थित

intermutation /इंटःम्युटेशन/ *n., biol.* एक रूप से दूसरे में परिवर्तन

intermutual /इंटःम्युचुअल/ *adj.* पारस्परिक, आपसी, दो-तरफा

intern /इंटःन/ (*also* **interne**) *n., pl.* **~s** 1 प्रशिक्षणाधीन चिकित्सक, वकील आदि 2 व्यावहारिक कार्य में रत प्रशिक्षणार्थी, प्रशिक्षु 3 निवासी;
v., pt. **~ed**, *pp* **~ing** 1 बंदी बनाना: ~ a warship/ an enemy citizen in time of war 2 नजरबंद क. 3 व्यावहारिक कार्य के माध्यम से प्रशिक्षण दे. 4 किसी स्थान पर बंद क.: ~ an insane person;
dw/lw: **~ee** /इंटःनी/ *n.* नजरबंद; **~ment** /इंटःनमंट/ *n.* बंदी काल, नजरबंदी; **~ship** /इंटःनशिप/ *n.* प्रशिक्षण काल

internal /इंटःनल/ *adj.* 1 (***anton.*** external) आंतरिक 2 भीतरी, अंदरूनी: ~ parts of the earth; ~ parts of a body; ~ bleeding 3 (***anton.*** domestic) देशीय, स्वदेशी, राष्ट्रीय: ~ trade/ navigation/ loans 4 किसी संगठन का 5 अंतःकरणीय: अंतर्मन के: ~ thoughts;
dw/lw **~ly** /इंटःनलि/ *adv.* 1 अपने घर में 2 अंदर खाने में 3 भीतरी भाग के विचार से: cold on the surface but hot ~ly
collocations: **~ combustion engine** अंतर्ज्वलन इंजन; **~ content** आंतरिक सार; **~ ear** आंतर कर्ण; **~ evidence** अंतः साक्ष्य, आंतरिक गवाही; **(the) revenue service** आंतरिक राजस्व सेवा; **~ rhyme** आंतरिक तुकबंदी

internali\ze /इंटःनलाइ\ज/ *v., pt.* **~zed**, *pp* **~zing** 1 किसी भी व्यवहार को अपने व्यक्तित्व का अभिन्न अंग बनाना 2 भावनाओं को अपने अंदर समेटकर रखना;
dw/lw: **~zation** /~जेशन/ *n.* आंतरिकरण क.

international /इंटःनेशनल/ *adj.* अंतर्राष्ट्रीय: ~ law/ agreement/ trade/ conference; ~ geographical mile (भौगोलिक या समुद्री मील =1853 m.);
n. *UK* अंतर्राष्ट्रीय खेल प्रतियोगिता आदि;
dw/lw: **(the) ~e** /इंटःनैशिअनाल/ *n.* फ्रांस में लिखित अंतर्राष्ट्रीय सर्वहारा गीत, जो 1944 तक सोवियत संघ का राष्ट्रीय गान था; **~ism** /इंटःनैशनलिज्म/ *n.* अंतर्राष्ट्रीयवाद, विश्ववाद; **~ist** /इंटःनैशनलिस्ट/ *n.* अंतर्राष्ट्रीयवादी, अंतर्राष्ट्रीयतावादी व्यक्ति; **~ity** /इंटःनैशनलिटि/ *n.* अंतर्राष्ट्रीयता; **~ize** /इंटःनैशअनलाइज/ *v., pt.* ~ized, *pp* ~izing 1 अंतर्राष्ट्रीय स्वरूप दे. 2 अंतर्राष्ट्रीय नियंत्रण में लाना या रखना;
collocations: **the ~ community** विश्व-जनमत; **~ law** अंतर्राष्ट्रीय कानून; **International Atomic Energy Agency** (*abbr.* **IAEA**) अंतर्राष्ट्रीय परमाणु ऊर्जा एजेंसी; **(the) International Baccalaureate** अंतर्राष्ट्रीय स्नातक परीक्षा (डिग्री); **International Date Line** (*abbr.* **IDL**) पृथ्वी के बीचोबीच उत्तर से दक्षिण को जाने वाली काल्पनिक अंतर्राष्ट्रीय रेखा जो धरती को दो पाटों में बांटती है और दोनों पाटों के बीच तिथि में एक दिन का अंतर आता है; **International Monetary Fund** (*abbr.* **IMF**) अंतर्राष्ट्रीय धन कोष; **International Phonetic Alphabet** (*abbr.* **IPA**) अंतर्राष्ट्रीय उच्चारण वर्णमाला

interne *see above under* **intern**

internecine /इंटःनीसाइन/ *US* इंटःनीसीन/ *adj.* एक ही पक्ष के दो धड़ों का आपसी (युद्ध), परस्पर संहारक 2 पारस्परिक या आपसी लड़ाई से संबद्ध: ~ war; ~ massacre

internee *see above under* **intern: *dw/lw***

Internet /इंटःनेट/ *n.* अंतर्राष्ट्रीय कंप्यूटर- आधारित संचार प्रणाली: browse/ surf the ~ (इंटनेट को खंगालना); on the ~; download sth from the ~;
collocations: **~ cafe** ऐसा स्थान जहां लोग कंप्यूटर सेवा के साथ-साथ चाय-पान आदि भी ले सकते हैं; **~ dating** इंटरनेट के माध्यम से दोस्ती या प्रेम संबंध बनाना;
an ~service provider इंटरनेट सेवा मुहैया करानेवाला; **the ~ access** इंटरनेट तक पहुंच

internist /इंटःनिस्ट/ *n.* 1 आंतरिक रोग विशेषज्ञ 2 (***syn.*** general practitioner) सर्वरोग चिकित्सक

internment *see above under* **intern: *dw/lw***

internode /इंटःनोड/ *n.* 1 *bot.* पोर 2 *anat.* पर्वान्तर

internship *see above under* **intern: *dw/lw***

internuncio /इंटःनंशिओ/ *n.* 1 पोप का दूत, राजदूत, उपप्रतिनिधि 2 बिचौलिया
interoceanic /इंटःओशिऐनिक/ *adj.* अंतर-महासागरीय
interoceptor /इंटिरोसेप्टः/ *n.* अंतःसंवेदक
inter-office /इंटः-आःफिस/ *adj.* अंतर्कार्यालयी
interoperable /इंटःऔपअरअबल/ *adj. comput.* कंप्यूटर प्रणालियां जो परस्पर सूचनाओं का आदान-प्रदान कर सकती हों
interoscula\te /इंटःऑस्क्युलेट/ *v., pt.* **~ted**, *pp* **~ting** एक दूसरे में मिल जाना;
dw/lw: **~tion** /इंटःऑस्क्युलेशन/ *n.* अंतर्मिश्रण, अंतराश्लेषण, विविध वर्ग गुण ग्रहण
interosseous /इंटःऑशिअस/ *adj.* हड्डियों के बीच का
interpe\llant /इंटःपेलंट/ *n.* प्रश्नकर्ता, पूछने वाला;
dw/lw: **~llate** /इंटःपेलेट/ *v., pt.* ~llated, *pp* ~llating स्पष्टीकरण मांगना, प्रश्न पूछना
interpenetra\te /इंटःपेनिट्रे\ट/ *v., pt.* **~ted**, *pp* **~ting** आपस में मिश्रित हो., अंतर्बेधन हो.;
dw/lw: **~tion** /~शन/ *n.* पारस्परिक मिलन; **~tive** /~टिव/ *adj.* पारस्परिक रूप से मिश्रित होनेवाले
interpersonal /इंटःपःसनल/ *adj.* पारस्परिक, अंतर्वैयक्तिक
interplaner /इंटःप्लेनः/ *n.* अंतर्तालीय
interplait /इंटःप्लेट/ *v., pt.* **~ed**, *pp* **~ing** इकट्ठा गूंथना या बुनना
interplanetary /इंटःप्लैनिटरि/ *adj.* अंतर्ग्रहीय
interplay /इंटःप्ले/ *n.* (***syn.*** interaction) पारस्परिक संवाद या क्रिया
interpleural /इंटःप्लुअरल/ *adj. anat.* बाएं और दाएं फेफड़ों के फुफ्फुसावरणियों के बीच स्थित
interpoint *v., pt.* **~ed**, *pp* **~ing** बिंदुओं या अन्य विराम-चिह्नों द्वारा शब्दों को अलग क.: sighs **~ed** her words (वह शब्दों के बीच-बीच में आहें भर रही थी)
Interpol /इंटःपोल/*abbr.* 'International Criminal Police Organisation' का संक्षेप
interpola\te /इंटःपअलेट/ *v., pt.* **~ted**, *pp* **~ting** 1 (***syn.*** insert) पाठ में पाठ जोड़ना, अंतर्वेशन क.: **~te** a spurious passage 2 (***syn.*** interject) वक्ता को बीच में टोकना
dw/lw: **~tion** /इंटःपलेशन/ *n.* पाठ के अंदर पाठ का जोड़
interpo\se /इंटःपोज/ *v., pt.* **~sed**, *pp* **~sing** 1 संवाद, भाषण, पाठ आदि में कुछ जोड़ना 2 बीच में बोलना, टोकना: **~se** an objection 3 बाधा डलना: **~se** one's hand between one's eyes and the light 4 दखल दे., हस्तक्षेप क.: **~se** in a matter; he **~sed** and made peace 5 दो पक्षों के बीच में आना, मध्यस्थता क.: **~se** between combatants; **~se** in quarrel; **~se** in a debate; **~se** between opponents;
dw/lw: **~sition** /इंटःपजिशन/ *n.* 1 हस्तक्षेप, दखल 2 मध्यस्थता
interpret /इंटःप्रिट/ *v., pt.* **~ed**, *pp* **~ing** 1 व्याख्या क., गूढ़ार्थ निकालना: ~ an obscure passage 2 अर्थ निर्णय क.: an actor **~s** a character in a play; ~ sb's silence as consent 3 भाषांतरण क., दुभाषिये का काम क.: ~ for sb 4 संगीत का छोटा-सा टुकड़ा बजाना 5 नाटक में छोटी-सी भूमिका अदा क.;
dw/lw: **~ation** /इंटःप्रटेशन/ *n.* 1 व्याख्या, टीका, भाष्य give different ~ations of the same facts 2 गूढ़ार्थ का प्रतिपादन: the ~ation of a dream 3 अर्थ-निर्णय: the ~ation of a drama by the actors 4 भाषांतरण, दुभाषिये का काम; **~ative/ interpretive** /इंटःप्रिटेटिव/ इंटःप्रिटिव/ *adj.* 1 व्याख्यात्मक: his ~ative power 2 गूढ़ार्थ-निर्णायक; **~er** /इंटःप्रटः/ *n.* 1 व्याख्याता 2 दुभाषिया, अनुवादक: carry on negotiations through an ~er 3 अपनी समझ या व्याख्या के अनुसार संगीत की कोई रचना बजाना या नाटक में भूमिका अदा क.
interprovincial /इंटःप्रॉविंशिअल/ *n.* अंतप्रांतीय
interproximal /इंटःप्रौक्सिमल/ *adj.* दांतों के मिलने का तल
interracial /इंटःरेशिअल/ *adj.* अंतर्जातीय, अंतर्नस्लीय, भिन्न-भिन्न नस्लों के बीच का
interregnum /इंटःरेग्नम/ *n., pl.* **~s/ interregna** 1 अंतराल, व्यवधान: an ~ of consciousness (चेतना में अंतराल) 2 शासनांतराल, शासनकालांतराल, शासन परिवर्तन काल
interrela\te /इंटअरिले\ट/ *v., pt.* **~ted**, *pp* **~ting** 1 एक दूसरे से संबंध स्थापित होना या क. 2 परस्पर संबद्ध क. या होना;
dw/lw: **~ted** /~टिड/ *adj.* परस्पर में संबद्ध; **~tion** /~शन/ (*also* **~tionship**) *n.* पारस्परिक संबंध;
interrex /इंटअरेक्स/ *n. Lat.* अंतरिम या अस्थायी सरकार
interroga\te /इंटेरअगे\ट/ *v., pt.* **~ted**, *pp* **~ting** 1 पूछताछ क.: **~te** a witness 2 प्रश्न पूछना;
dw/lw: **~tion** /~शन/ *n.* 1 पूछताछ 2 प्रश्नवाचकता: point/ mark/ note of ~tion; **~tor** /~टः/ *n.* जांच या पूछताछ करने वाला; **~tive** /~टिव/ *adj.* 1 प्रश्नवाचक शब्द या वाक्य: an ~tive sentence/ pronoun/ adverb 2 प्रश्नार्थक: ~tive look/ tone of voice 3 प्रश्नवाचक: ~tive mark (प्रश्नात्मक चिह्न); **~tory** /~टरि/ *adj.* प्रश्नार्थक, प्रश्नात्मक
in terrorem /इन टेर्रेम/ *Lat.* चेतावनी के तौर पर: **~ clause** वसीयत नामे में नामित उत्तराधिकारी के लिए चेतावनी धारा कि वसीयत के खिलाफ एतराज करने पर वह अपने अधिकार से वंचित हो जाएगा
interrupt /इंटरप्ट/ *v., pt.* **~ed**, *pp* **~ing** 1 टोकना, बोलने में व्यवधान डालना, बीच में बोलना: ~ a lecture with a question 2 किसी कार्य या प्रक्रिया को बीच में रोकना: ~ sb's sleep 3 क्रम भंग क., विच्छिन्न क.: ~ a conversation/ talk 4 हस्तक्षेप क. 5 बाधित क.;
dw/lw: **~ed** *adj.* बाधित: ~ed sleep; **~ion** /इंटरप्शन/ *n.* 1 व्यवधान, अवरोध: a brief/ short ~ion 2 रोकटोक, टोकम-टाकी: do sth amidst many ~ions 3 बाधा, विघ्न: meet with many ~ions; without ~ion 4 हस्तक्षेप, रोक 5 अतिक्रमण: the ~ion of the sea 6 क्रम-भंग, विराम: an ~ion in/ of sth; **~or** *n.* बाधक, क्रम भंग करने वाला, बिजली का सर्केट ब्रेकर (विद्युतधारा-विच्छेदक) आदि;
intersect /इंटःसेक्ट/ *v., pt.* **~ed**, *pp* **~ing** 1 एक दूसरे को काटना या पार क.: a path **~s** the field 2 परस्पर काटना: the two streets ~ at right angles 3 दो भागों में बांटना;
dw/lw: **~ion** /इंटःसेक्शन/ *n. US* (*UK* **junction**) 1 चौराहा, जंक्शन 2 प्रतिच्छेदन 3 कटाव 4 प्रतिच्छेद-बिंदु, मिलन-बिंदु 5 *maths* सर्वनिष्ठ
interseptal /इंटःसेप्टल/ *adj.* अंतरापटीय, दो पाटों के बीच स्थित
intersex /इंटःसेक्स/ *n.* द्विलिंगी, जिसमें पुरुष तथा स्त्री दोनों के यौन गुण हों, मध्यलिंगी
intersomnial /इंटःसॉमनिअल/ *adj.* 1 नींद में होने वाला 2 ऊंघ से संबंधित
interspace /इंटःस्पेस/ *n.* 1 दो समय-बिंदुओं के बीच अंतराल 2 दो स्थान-बिंदुओं के बीच स्थान या दरार
interspe\cific /इंटःस्पेसिफिक/ *adj. bot.* अंतर्जातीय: **~cific** crossing;
dw/lw: **~cies**/इंटःस्पिसीज/ *adj.* अंतर्जाति
intersper\se /इंटःस्पःस/ *v., pt.* **~sed**, *pp* **~sing** 1 बिखेरना, छितराना, विकीर्ण क. 2 जोड़-जाड़कर नया रूप दे. 3 अलंकृत क.: **~se** a book with pictures;
dw/lw: **~sed** /इंटःस्पःस्ड/ *adj.* 1 बिखरा या छितराया हुआ 2 अन्य प्रकार के पेड़-पौधों आदि से मिला हुआ; **~ion** /इंटःस्पःशन/ 1 छितराव, बिखराव 2 अलंकरण
interstate /इंटःस्टेट/ *adj.* अंतर्राज्य, अंतर्प्रदेशीय
interstellar /इंटःस्टेलः/ *adj.* अंतर्तारकीय: ~ space; ~ space ship
inter\stice /इंटःस्टिस/ *n.* 1 झिरी, छिद्र 2 दरार: an **~stice** in the wall
dw/lw: **~stitial** /इंटःस्टिशिअल/ *adj.* अंतरालीय, छिद्रालु, झिरीदार
intertextual /इंटःटेक्स्चुअ\ल/ *adj.* अंतर्पाठीय, ऐसे पाठ से संबंधित जिसमें दूसरे पाठों से उद्धरण व अन्य तत्त्व मिलाए गए हों;

***dw/lw:* ~ity** /~लअटि/ *n.* अंतर्पाठीयता; **~ize** /~लाइज/ *v., pt.* ~ized, *pp* ~izing अंतर्पाठीयकरण क.

intertexture /इंटःटेक्स्चः/ *n.* अंतर्बुनावट, अंतर्बनावट, अंतर्संरचना, अंतर्वयन, अंतरातंतुविन्यास,

intertidal /इंटःटाइडल/ *adj.* अंतर्ज्वारीय

intertribal /इंटःट्राइबल/ *adj.* अंतर्जनजातीय

intertrigo /इंटःट्रींगो/ *n.* खरोंच या रगड़ से होने वाला चर्म शोथ

intertropical /इंटःट्रॉपिकल/ *adj.* अंतःउष्णकटिबंधीय

intertwine /इंटःट्वाइन/ *v., pt.* **~d**, *pp* **intertwining** 1 गूंथना, गुंथना 2 किसी के साथ खूब धुला-मिला हो.

interuniversity /इंटःयूनिवःसिटि/ *adj.* अंतर्विश्वविद्यालयी

interurban /इंटःअर्बन/ *adj.* नगरों के बीच, अंतर्नगरीय: ~metro

interval /इंटःवल/ *n.* 1 मध्यांतर, मध्यावधि 2 *UK* (*UK/US* **intermission**) अंतराल, समयांतराल, कालांतराल: at short/ long/ regular **~s**; at brief **~s** 3 अवकाश, विराम, मध्यावकाश: in the ~; at **~s** (बीच-बीच में) 4 दरार 5 *music* स्वरांतराल: lucid ~;

***collocations:* ~ training** *sports* भिन्न-भिन्न प्रकार के खेलकूद में प्रशिक्षण;

lucid ~ 1 मानसिक रोगियों में बीच-बीच में आने वाला सामान्य होश का दौर 2 तूफानी घटनाओं के बीच शांत समय का दौर

***p&i:* at ~s** समय-समय पर, थोड़ी-थोड़ी दूरी पर

inter\vene /इंटःवीन/ *v., pt.* **~vened**, *pp* **~ vening** 1 हस्तक्षेप क., बीच में पड़ना: **~vene** to settle a quarrel 2 बीच में टोकना 3 दो स्थानों को अलग क.: the Mediterranean **~venes** between Europe and Africa 3 बाधित क.: I shall come, if nothing **~venes** 4 दो समय-बिंदुओं को अलग क.: many years **~vened** between our first and last meetings;

***dw/lw:* ~vener** /इंटःवीनः/ 1 बीच में पड़नेवाला, दस्तंदाज 2 अंतरायक; **~vening** /इंटःवीनिंग/ *adj.* 1 मध्यवर्ती: the ~vening months/ years/ period, etc. 2 अंतःस्थ; दो घटनाओं आदि के बीच के महीने/ समय/ वर्ष आदि, मध्यवर्ती; **~vention** /इंटःवेन्शन/ *n.* हस्तक्षेप, दखल, छेड़छाड़: surgical ~vention; direct/ official/ immediate ~vention; armed ~vention; **~ventionism** *n.* 1 अपने देश की आर्थिक गतिविधियों में सरकार की दखलंदाजी की नीति 2 दूसरे देश के मामलों दखलंदाजी; **~ventionist** *n.* दखल देने वाला, दस्तंदाज

intervertebral /इंटःवःटिब्रल/ *adj.* अंतराकशेरुक, कशेरुकांतर

interview /इंटःव्यू/ *n.* 1 किसी पद आदि के लिए साक्षात्कार 2 भेंट-वार्ता: an ~ lasting several hours; grant sb an ~; newspaper ~ 3 भेंट, मुलाक़ात: have an ~ with sb 4 पूछताछ;

***v., pt.* ~ed**, *pp* **~ing** 1 साक्षात्कार या पूछताछ के दौरान प्रश्न क. 2 साक्षातकार दे. या ले. 3 भेंट-वार्ता क. 4 पूछताछ क.;

***dw/lw:* ~er** /इंटःव्यूवः/ *n.* भेंटकर्ता; **~ee** /इन्टःव्यूवी/ *n.* इंटरव्यू देने वाला, साक्षात्कारदाता;

***p&i:* an exclusive/ frank/ in-depth ~** एकमात्र/ स्पष्टवादी/ गहन साक्षात्कार या भेंटवार्ता; **an ~ with sb** किसी के साथ भेंटवार्ता; **conduct/ do/ give/ have an ~** भेंटवार्ता चलाना/ दे./ करना

intervocalic /इंटःवोकैलिक/ *adj.* दो स्वरों के बीच में स्थित, स्वरमध्यग, स्वरमध्यस्थ

inter-war /इंटःवाः/ *adj.* प्रथम व द्वितीय महायुद्धों के बीच होने वाला

interweave /इंटःवीव/ *v., pt.* **interwove**, *pt. p.* **interwoven**, *pp* **~ing** 1 (के साथ) गूंथना: ~ truth with falsehood 2 गुंथन क., बटना

interwoven /इंटःवोवन/ *adj.* गूंथा हुआ, अंतर्गुंफित, अंतर्ग्रथित

intesta\cy /इंटेस्टअसि/ *n.* वसीयतनामा न होने की स्थिति;

***dw/lw:* ~te** /इंटेस्टेट/ *adj.* जिसने मृत्यु से पहले अपना वसीयतनामा न बनाया हो, इच्छापत्रहीन; **~te** *n.* बिना वसीयतनामा बनाए मर जाने वाला व्यक्ति

intestinal / इंटस्टिनल/ इंटस्टाइनल/ *adj.* आंत से संबंधित: ~ worm; ~colic

intestine /इंटेस्टिन/ *n., anat.* आंत, आंत्र: small ~ (छोटी आंत); large ~ (बड़ी आंत)

adj. 1 आंतरिक, देश के भीतर घटने वाला: ~ feuds (आपसी कलह); ~ calamities (देश में आने वाली विपदाएं) 2 अंतर्मन की: ~ necessity

intimacy /इंटिमअसि/ *n., pl.* **intimacies** 1 घनिष्ठता, आत्मीयता 2 प्रेम संबंध, यौन संबंध: live in close ~ with sb

intimate /इंटिमेट/ *adj.* 1 अंतरंग, अंतरतम: ~ feelings/ thoughts/ secrets 2 घनिष्ठ, आत्मीय: be on ~ terms with sb; ~ friends; establish/ maintain ~ relations with sb 3 गहरा, जिगरी 4 प्रगाढ़, गहन, पूरा: have an ~ knowledge of sth; an ~ acquaintance with the subject 5 निजी, वैयक्तिक: ~ details/ letters; an ~ diary 6 अंतरंगतावर्धक (स्थान) 7 (*often* **~ with sb**) किसी के साथ यौन संबंधों में;

n. अंतरंग मित्र, जिगरी दोस्त;

***v., pt.* ~d**, *pp* **intimating** सूचना दे., अवगत कराना: ~ sth to sb; express one thing and ~ another;

***dw/lw:* ~ly** /इंटिमेटलि/ *adv.* बहुत करीब से, अंतरंग रूप से

intimation /इंटिमेशन/ *n.* 1 सूचना, प्रज्ञापन, इत्तला: have an ~ of sth 2 सूचित की हुई बात 3 संकेत, इंगित: give **~s** of sb's plan

intimida\te /इंटिमिडे\ट/ *v., pt.* **~ted**, *pp* **~ting** 1 धमकाना 2 त्रस्त क., भयभीत क.;

***dw/lw:* ~ted** /~टिड/ *adj.* डरा हुआ; **~tion** /~शन/ *n.* 1 धमकी, डांट-डपट, भय: keep sb from sth by ~tion 2 अभित्रास, जोर-जबरदस्ती: surrender to ~tion; **ting** /~टिंग/ *adj.* जोर-जबरदस्ती करने वाला; **~tor** /~टः/ *n.* गुंडा, धमकाने वाला, अभित्रासक

intimisme /इंटिमिज्म/ *n.* (*also* **intimism**) फ्रांसीसी प्रभाववाद (impressionism) की एक धारा जिसमें चित्रकारिता में घर के भीतर या परिवार आदि के दिन प्रतिदिन के चित्र होते हैं

intimity /इंटिमिटि/ *n.* 1 आत्मीयता 2 एकांतमय समीपता

intinction /इंटिंक्शन/ *n. church* डुबाव, डुबकी

intitu\le /इंटिट्यूल/ (*see* **entitle**) *v., pt.* **~led**, *pp* **~ling** शीर्षक रखना

into /इंटु/ *prep.* 1 में 2 के अंदर: marry ~ a family; fall ~ a trap; get ~ trouble 3 बाहर से अंदर तक: change ~ a suit 4 के बारे में उत्साहित: be ~ *nirvana* in a big way 5 की ओर: the river flows ~ the sea 6 से गुणा (क.): six **into** six is not ninety six (as the money-lenders used to calculate), but thirty six 7 के टकराव में 8 अवस्था परिवर्तन : this process will reach far ~ the twentieth century; burst ~ tears/ laughter (आंसुओं या हंसी में फूट पड़ना); translate from English ~ Russian; break the glass ~ pieces;

***p&i:* ~ sb's clutches** किसी के शिकंजे में;

be ~ sb for sth किसी का कर्जदार हो.; **be pressed ~ service** काम में लगा दे.; **be shot ~ the head** गोली का सिर में लगना; **take ~ account/ consideration** ध्यान या विचाराधीन रखना; **come ~ being** वजूद में आना **come ~ money/ property** धन या संपत्ति मिल जा.; **get ~ problems** समस्या में फंसना

intoed /इन्टोड/ *adj.* बांगुर, अंदर को मुड़ी हुई उंगलियों वाला

intolera\ble /इनटौलअरअ\बल/ *adj.* (***syn.*** unbearable) असहनीय, असह्य: **~ble** pain/ insolence;

***dw/lw:* ~bly** /~बलि/ *adv.* असहनीय ढंग से

intole\rance /इनटौलअ\रंस/ *n.* असहिष्णुता, असहनशीलता, अनुदारता: the **~rance** of the medieval church; campaign against **~rance**;

***dw/lw:* ~rant** /~रंट/ *adj.* असहिष्णु, असहनशील, अनुदार: an ~ nature

intona\te /इंटअने\ट/ *v., pt.* **~ted**, *pp* **~ting** विशेष स्वर-शैली या लहजे में बोलना;

***dw/lw:* ~tion** / इंटोनेशन/ ~शन/ *n.* 1 स्वर-शैली 2 स्वर का उतार-चढ़ाव, लहजा, अंदाज, लय 3 गायन 4 संगीतारंभ

into\ne /इनटोन/ *v., pt.* **~ned**, *pp* **~ning** 1 गाकर सुनाना 2 स्वर

में पढ़ना, लय में पढ़ना, खास लहजे में बोलना 3 भजन आरंभ क.
intorsion /इनटॉःशन/ (*also* **intortion**) *n.* झुकाव, गुंफन
in toto /इनटोटो/ *adv., Lat.* पूर्णतः, सर्वथा, संपूर्णतः
intoxica\nt /इटॉक्सि\कंट/ *n.* मद्य, मादक द्रव्य: act as an **~nt**;
adj. मादक, नशीला;
***dw/lw:* ~te** /~केट/ *v., pt.* ~ted, *pp* ~ting 1 नशे में धुत्त क. 2 मदोन्मत्त क. 3 उत्तेजित क.; **~ted** /~केटिड/ *adj.* 1 मदहोश, नशे में धुत्त 2 उन्मत्त; **~ting** /~केटिंग/ *adj.* 1 नशीली, मादक 2 उत्तेजक, उन्माद पैदा करने वाली; **~tion** /~केशन/ *n.* नशा, मद, मस्ती, उन्माद, उन्मादन
intra- /इंट्रा-/ *pref., denoting:* **within**, **inside** (भीतरी, अंदरूनी)
intracellular /इंट्रअसेल्यलः/ इंट्रअसेल्युलः/ *adj.* अंतःकोशिकीय, कोशिका के भीतर
intracranial /इंट्रअक्रेनिअल/ *adj.* अंतरकपालीय
intracta\bility /इन्ट्रैक्टअबिलअटि/ *n.* 1 उद्धतता 2 (***syn.*** disease) दुःसाध्यता 3 अड़ियलपन;
***dw/lw:* ~ble** /इन्ट्रैक्टअबल/ *adj.* 1 अनियंत्रणीय, उद्धत: ~ble temper 2 अड़ियल, हठी: ~ble child 3 असाध्य: an ~ble malady; an ~ble pain
intracutaneous /इंट्रअक्युटेनिअस/ *adj., med.* त्वचा के नीचे
intradermal /इंट्रअडःमल/ (*abbr.* **ID** or **i.d.**) *adj.* 1 त्वचा के नीचे 2 चमड़ी के ऐन नीचे लगाया जाने वाला (इंजेक्शन)
intrados /इंट्रअडॉस/ *n.* मेहराब की भीतरी गोलाई, अंतःचक्र, अंतःवक्र
intrafamilial /इंट्रअफैमिलिअल/ *adj.* अंतःपारिवारिक, अंतःकुलीय
intramolecular /इंट्रअमोलेक्युलः/ इंट्रअमोलेक्यलः/ *adj.* अंतराणविक
intramundane /इंट्रअमंडेन/ *adj.* असल में वजूद में, भौतिक गुण
intramural /इंट्रअम्युअरल/ *adj.* 1 अंतर्संस्थानिक, संस्थागत, विद्यालयी (प्रतियोगिता) 2 भीतरी 3 दीवारों के भीतर स्थित
intramuscular /इंट्रअमस्क्युलः/ *adj.* पेशियों में स्थित, अंतर्पेशीय
intranet /इंट्रअनेट/ *n.* संस्था के सभी कंप्यूटरों का जुड़ाव
intransgressible /इंट्रैंसग्रेसअबल/ *adj.* 1 जिसे पार न किया जा सके 2 जिसका उल्लंघन न किया जा सके
intransi\gence /इंट्रैंसिजंस/ *n.* 1 हठ, अड़ियलपन 2 कट्टरता 3 दुराग्रह;
***dw/lw:* ~gent** /इंट्रैंसिजंट/ *adj.* हठी, दुराग्राही, अनम्य, कट्टर
intransitive /इनट्रैंजअटिव/ इनट्रैंजिटिव/ *adj., gramm.* अकर्मक (क्रिया)
in transitu /हन ट्रैंजिटु/ *Lat.* रास्ते में
intrant /इंट्रंट/ *n.* प्रवेशी, प्रवेश करने वाला, *also see* **'entrant'**
intra-ocular /इंट्रअऑक्युलः/ *adj.* आंख के भीतर का: ~ tension/ pressure (आंख के भीतर का तनाव या दबाव)
intrapreneur /इंट्रअपरिन्यः/ *n.* बड़े व्यापार संघठन के भीतर नए व्यापारिक कदम उठाने वाला
intrastate /इंट्रअस्टेट/ *adj.* अंतर्राज्यीय, राज्य के भीतर का
intrauterine /इंट्रअयूटअराइन/ *adj.* अंतःगर्भाशयी, गर्भ में होने वाला
collocations: **~ device/ ~ contraceptive device** (*abbr.* **IUD/ IUCD**) गर्भ-निरोधक उपकरण जिसे गर्भाशय में लगाया जाता है
intravenous /इंट्रअवीनस\/ *adj.* अंतःशिरा, नसों के अंदर: ~ infusion;
***dw/lw:* ~ly** /~लि/ *adv.* नसों के अंदर से
intraventricular /इंट्रअवेंट्रिक्युलः/ *adj.* आमाशय के भीतर स्थित, अंतःजठरीय
in-tray /इंट्रे/ *UK* (*US* **in-box**) *n.* अधिकारी के हस्ताक्षर हेतु बाहर से आने वाले दस्तावेज के लिए मेज पर रखी ट्रे (≠ **out-tray**)
intra vires /इंट्रअवायरीज/ *adv.* अधिकार अधीन, अधिकार क्षेत्र में
intrench /इंट्रेंच/ *see* **'entrench'**
intrepid /इंट्रेपिड/ *adj.* 1 (***syn.*** dauntless) बहादुर, दिलेर: ~ soldier; ~ explorer 2 (***syn.*** fearless) निर्भीक;
***dw/lw:* ~ity** /इंट्रेपअडिटि/ *n.* निर्भीकता, साहस, दिलेरी, बहादुरी; **~ly** /इंट्रेपिडलि/ *adv.* 1 निर्भय होकर, दिलेरी से 2 साहसपूर्वक
intrica\cy /इंट्रिकअ\सि/ *n.* 1 जटिलता: **~cy** of form 2 पेचीदगी: **~cy** of plan;
***dw/lw:* ~te** /~ट/ *adj.* 1 जटिल: an ~te problem 2 पेचीदा: an ~te piece of machinery 3 क्लिष्ट, दुर्बोध: ~te pattern/ system/ plot; **~tely** /~टलि/ *adv.* पेचीदे तरीके से
intri\gue /इंट्रीग/ *v., pt.* **~ed**, *pp* **~ing** 1 कुतूहल जगाना: his remark **~ed** me 2 षड्यंत्र क.: **~gue** to destroy the peace 3 गुप्त प्रेम क.;
n. 1 कुचक्र, षड्यंत्र, साजिश: fall/ plunge into **~gue** 2 कपटयोग: a passion for **~gue** 3 गुप्त प्रेम-संबंध: clandestine **~gue**;
***dw/lw:* ~gued** *adj.* हैरान-परेशान; **~guing** /इंट्रीगिंग/ *adj.* 1 अति लुभावना, मोहक 2 कुचक्री, टेढ़ा
intrinsic /इंट्रिंसिक/ *adj.* 1 तात्विक, मूलभूत: ~ character 2 अंतर्भूत, अंतर्निहित: the ~ meaning 3 आंतरिक, भीतर स्थित 4 निज, निजी: ~ to sb/ to sth 4 असल, वास्तविक: the ~ value of gold;
***dw/lw:* ~ally** /इंट्रिंसिकलि/ *adv.* अंतर्निहित रूप से: a thing ~ally evil
intro *abbr.* 1 'introduction' का संक्षेप 2 संगीत या साहित्यिक रचना की भूमिका
intro- *pref., denoting:* **within, into, inward** (भीतर, अंदर को)
introcurved /इंट्रोकःवड/ *adj.* अंतर्वक्र
introduce /इंट्रोड्यूस/ इंट्रअड्यूस/ *v., pt.* **~d**, *pp* **introducing** 1 प्रयोग में ला. 2 परिचय कराना: ~ sb to sb; ~ sb to sth; the chairman **~d** the speaker to the audience 3 प्रस्तुत या पेश क.: ~ a bill 4 अंदर ले जा., प्रवेश कराना: ~ a person into a company 5 चलाना, प्रवर्तित क., आरंभ क.: ~ a new word 6 लाना, जोड़ दे., रखना 7 प्रस्तावना लिखना 8 किसी चीज को किसी दूसरी वस्तु में घुसेड़ना या घुसाना: ~ a key into a lock 8 शामिल क.: ~ sb into the cabinet 9 नया माल बाजार में उतारना: ~ product into the market
introduction /इंट्रअडक्शन/ इंट्रोडक्शन/ *n.* 1 प्रयोग 2 भूमिका, प्रस्तावना, आमुख: an ~ to a book 3 परिचायक लेख या पुस्तक: an ~ to English literature 4 परिचय, अनुभव: an ~ with the new student/ new topic 5 पहचान-परिचय: letter of ~ 6 प्रारंभिक संगीतीय प्रस्तुति 7 प्रवेश
introductory /इंट्रअडक्ट्रि/ *adj.* 1 (***syn.*** opening) परिचायक: ~ remarks; ~ price 2 आरंभिक, प्रारंभिक: an ~ book/ course/ lesson, etc.
introit /इंट्रॉइट/ *n.* प्रवेश गीत, वंदना, प्रवेश-स्तोत्र
introjection /इंट्रअजैक्शन/ *n.* अंतर्वेशन
intro\mit /इंट्रोमिट/ *v., pt.* **~mitted**, *pp* **~mitting** 1 प्रवेश की अनुमति दे., प्रवेशानुमति दे. 2 के अंदर रखना;
***dw/lw:* ~mittent** /इंट्रोमिटंट/ *adj.* प्रवेशी; **~mission** /इंट्रअमिशन/ *n.* निवेशन, सन्निवेश, में जोड़, समावेशन
introrse /इन्ट्रॉःस/ *n.* अंतर्मुख
introspect /इंट्रअस्पेक्ट/ *v., pt.* **~ed**, *pp* **~ing** अंतर्मंथन क.
introspec\tion /इंट्रअस्पे\क्शन/ *n.* आत्मविश्लेषण, आत्मनिरीक्षण, अंतर्मंथन;
***dw/lw:* ~tive** /~क्टिव/ *adj.* आत्मविश्लेषी, आत्मनिरीक्षक
introver\sion /इंट्रअवःशन/ इंट्रोवःजन/ *n.* 1 अंतर्मुखता, अंतर्वृत्ति 2 अपनी दुनिया में ही खोए रहने की प्रवृत्ति;
dw/lw:* ~t** /इंट्रअवःट/ *n.* (anton.*** extrovert) अंतर्मुखी व्यक्ति; **~ted** /~टिड/ *adj.* अंतर्मुखी
intrude /इंट्रूड/ *v., pt.* **~d**, *pp* **intruding** 1 बलात् प्रवेश क., घुस आना: ~ upon sb's hospitality 2 अतिक्रमण क.: ~ upon sb's time

3 घुसपैठ क. 4 घुसेड़ना 5 अपने विचार या अपने आपको किसी पर थोपना: ~ oneself/ one's views/ one's opinions upon sb;
dw/lw: **~r** /इंट्रूयूडः/ *n.* 1 घुसपैठिया 2 अतिक्रमणकारी: an ~r on sb's joys

intrusion /इंट्रूजन/ *n.* 1 घुसपैठ, अनधिकार प्रवेश: unpardonable ~; an unwarranted/ unwelcome ~ 2 अतिक्रमण: an ~ upon sb's privacy 3 थोपने की क्रिया: the ~ of one's opinion upon others; an ~ into/ on sth

intrusive /इंट्रूसिव/ *adj.* 1 जबरदस्ती दखल देने वाला 2 अंतर्वेधी: ~ rock (धरती के भीतर ज्वलनशील चट्टानों के ठंडा होने पर बनी ठोस चट्टान, जैसे ग्रेनाइट) 3 घुसपैठिया

intrust /इंटस्ट/*see* **'entrust'**

intuit /इंट्यूइट/ *v., pt.* **~ed**, *pp* **~ing** 1 सहज वृत्ति से जान लेना 2 अंतर्ज्ञान या अंतर्बोध हो., अंदर से ज्ञान हो जा.;
dw/lw: **~ion** /इंट्यूइशन/ *n.* 1 सहज ज्ञान, सहज बुद्धि 2 अंतर्ज्ञान, अंतर्बोध, अंतर्दृष्टि; **~ive** /इंट्यूइटिव/ *adj.* 1 सहज ढंग से जानने वाला: ~ive knowledge 2 अंतर्ज्ञानी, अंतर्दर्शी; **~ively** /इंट्यूइटिवलि/ *adv.* सहज बोध से; **~iveness** /इंट्यूइटिवनेस/ *n.* सहजबोधता

intu\mesce /इंटुमेस/ *v., pt.* **~mesced**, *pp* **~mescing** 1 सूजना, फूलना 2 बुदबुदाना;
dw/lw: **~mescence** /इंटुमेसंस/ *n.* 1 सूजन, शोथ 2 स्फीति 3 बुदबुदाहट; **~mescent** /इंटुमेसंट/ *adj.* स्फीत, सूजा हुआ

intussusception /इंटुससेप्शन/ *n.* 1 आंत के एक भाग को उसकी निचली आंत में डालने या घुसेड़ने की क्रिया 2 दीवार की मोटाई में नया पदार्थ भरना

inulin /इन्युलिन/ *n.* पानी में घुलनशील कार्बोहाइड्रेट जो कुछ पौधों की जड़ों में मिलते हैं

inumbra\te /इनंब्रेट/ *v., pt.* **~ted**, *pp* **~ting** प्रच्छाया डालना, छाया क.

inunction /इनंकशन/ *n.* विलेपन, मलहम लगाने की क्रिया

Inuit /इनुइट/ *n. pl.* **Inuit** or **Inuits** उत्तरी अमेरिका, रूस व ग्रीनलैंड के बर्फीले क्षेत्रों के निवासी

inunda\te /इनअंडेट/ *v., pt.* **~ted**, *pp* **~ting** 1 (*syn.* flood) जलमग्न क., प्लावित क., बाढ़ तले आना 2 (*syn.* swamp) अतिशय मात्रा में हो.: **~ted** with invitations
dw/lw: **~tion** /इनअंडेशन/ *n.* 1 बाढ़ 2 भरमार: an ~tion of tourists

inundative method पानी में डूबने तक सिंचाई करने की प्रणाली

inurba\ne /इनःबेन/ *adj.* अशिष्ट, असभ्य, गंवार, उजड्ड;
dw/lw: **~nity** /इनःबैनिटि/ *n.* अशिष्टता, असभ्यता, गंवारपन

inu\re /इन्युअः/इन्यूः/ *v., pt.* **~red**, *pp* **~ring** 1 किसी को किसी अप्रिय चीज या काम का आदी बनाना: **~re** the body to heat/ cold/ tropical climate 2 *law* लागू हो जा.: **~re** to sb's benefit;
dw/lw **~rement** /इन्युअःमंट/ *n.* आदत, अभ्यास;
p&i: **~ oneself to** अपने को किसी अप्रिय चीज या काम का आदी बनना

inurn /इनःन/ *v., pt.* **~ed**, *pp* **~ing** (अस्थियों को) कलश या घड़े में डालना: burn and ~ a body 2 दफनाना, दफन क.

inusitate /इनयूजिटेट/ *adj.* 1 इस्तेमाल के अयोग्य 2 अप्रचलित

in utero /इन्यूटअरो/ *adj.* गर्भस्थ, कोख में, बच्चा पैदा होने से पहले

inuti\le /इन्यूटिल/ *adj.* (*syn.* futile) व्यर्थ, बेकार;
dw/lw: **~lity** /इन्युटिलिटि/ *n.* (*syn.* uselessness) व्यर्थता, अलाभप्रदता, व्यर्थ वस्तु

inutterable /इनअटःरअबल/ *adj.* जो मुंह से बोलने लायक न हो

in vacuo /इन वाकुओ/ *adj., Lat.* खाली जगह में, रिक्त स्थान में

inva\de /इनवेड/ *v., pt.* **~ded**, *pp* **~ding** 1 आक्रमण क., हमला क., चढ़ाई क., धावा बोलना: **~de** a country 2 भारी संख्या में आना: tourists **~ded** the city 3 घुस आना: angry supporters **~ded** the pitch 4 दबा ले., अतिक्रमित क.: **~de** sb's privacy; a sense of loneliness **~ded** her; terror **~ded** our minds; gangrene **~des** the healthy tissue;
dw/lw: **~der** /इनवेडः/ *n.* 1 आक्रमणकारी, हमलावर 2 अतिक्रमक

invagina\te /इनवैजिने\ट/ *v., pt.* **~ted**, *pp* **~ting** *med.* 1 अंदर घुसना 2 केस आदि में डालना, म्यान में रखना 3 गिलाफ चढ़ाना 4 केंद्रित हो जा.;
dw/lw: **~tion** /~शन/ *n.* अंदर डालने की क्रिया

invalescenc\e /इनवलेसंस/ *n.* अपंगता, खराब स्वास्थ्य

invalid /इनवैलिड/ *n.* 1 अपाहिज, अपंग व्यक्ति 2 दुर्बल या अशक्त व्यक्ति: home for both ~ and old age;
adj. 1 अमान्य, अप्रामाणिक: declare a marriage ~; an ~ document/ ticket/ law, etc. 2 अवैध, अविधिमान्य: ~ argument; ~ claim; ~ cheque 3 अपाहिज, अपंग, दुर्बल 4 बंजर, ऊसर: ~ land 5 *comput.* कंप्यूटर द्वारा अमान्य (सूचना, आदेश आदि);
v., pt. **~ed**, *pp* **~ing** 1 अवैध बना दे./ हो जा. या ठहराना 2 अपाहिज या अनुपयुक्त घोषित कर दे.: he was **~ed** and sent home 3 अपाहिजता के कारण सेना आदि से निवृत्त हो. या क.: he was **~ed** out of the army;
dw/lw: **~ate** /इनवैलिडेट/ *v., pt.* ~ated, *pp* ~ating 1 (***anton.*** validate) अवैध बनाना या ठहराना: ~ate evidence 2 विधि की दृष्टि से अमान्य ठहराना: ~ate an agreement; **~ation** /इनवैलिडेशन/ *n.* अविधिमान्यकरण, अवैध बनाने की क्रिया; **~ity** /इनवैलिडिटि/ *n.* 1 अविधिमान्यता, अवैधता: the ~ity of the evidence 2 अशक्तता, दुर्बलता: ~ity benefit (अपाहिजता वृत्ति) 3 अक्रियान्वयता: the ~ity of their passports

invalorous /इनवैलअरस/ *adj.* 1 कायर 2 डरपोक

invaluable /इनवैल्युअबल/ *adj.* 1 (***syn.*** valuable) अति उपयोगी: ~ book for students 2 बहुमूल्य, अमूल्य;
dw/lw: **~ness** *n.* 1 उपयोगिता 2 अमूल्यता, बहुमूल्यता

invaria\ble /इनवेअरिअ\बल/ *adj.* 1 अपरिवर्तनीय, स्थायी: **~ble** temperature 2 निरपवाद 3 (***syn.*** math) अचर;
dw/lw: **~bility** /~बिलअटि/ (*also* **~bleness**) *n.* अपरिवर्तनीयता, स्थायित्व; **~bly** /~बलि/ *adv.* 1 स्थायी रूप से, सदा

invariant /इनवेअरिअंट/ *adj., techn.* (***syn.*** invariable) अपरिवर्तनीय, सदा एक जैसा

inva\sion /इनवेजन/ *n.* 1 आक्रमण, हमला: **~sion** of ground forces; **~sion** fleet 2 धावा 3 अतिक्रमण: an **~sion** of sb's prerogatives; an **~sion** of privacy 4 रोग की शुरुआत; **~sive** /इनवेसिव/ *adj.* 1 आक्रामक: **~sive** war 2 प्रचंड, असाध्य: **~sive** disease

invected /इनवेक्टिड/ *adj.* प्रवेशित, मुड़ा हुआ.

invective /इनवेक्टिव/ *n.* 1 गाली-गलौज भरा आक्षेप: hurl ~ at sb; speech filled with **~s** 2 फटकार, भर्त्सना: spiteful **~s** 3 व्यंग्य काव्य

inveigh /इनवे/ *v., pt.* **~ed**, *pp* **~ing** 1 अपशब्द कहना, खरी-खोटी सुनाना, भला-बुरा कहना 2 घोर निंदा क.: ~ against sb or sth 3 कड़ी आलोचना क.

inveigle /इनवेगल/ इनवीगल/ *v., pt.* **~d**, *pp* **inveigling** 1 (***syn.*** entice, lure, ensnare) चालाकी से या लालच देकर फुसलाना: ~ sb's affection 2 (**~ sb into sth**) झांसे में फंसाना, जीतना या प्राप्त क.: ~ oneself into sb's affections 3बहकाना, लुभाना: ~ sb into doing sth wrong;
dw/lw: **~ment** /इनवीगलमंट/ *n.* 1 फुसलाहट 2झांसा 3 प्रलोभन; **~r** /इनवीगलः/ *n.* धोखेबाज, फुसलानेवाला

invendible /इनवेंडिबल/ *adj.* अविक्रेय, जिसे बेचा न जा सके

invenit /इनविनीट/ *Lat.* 1 उसने इसका आविष्कार किया, उसने इसको गढ़ा 2 इस कार्य को संपन्न किया

invent /इनवें\ट/ *v., pt.* **~ed**, *pp* **~ing** 1 आविष्कार क., ईजाद क.: ~ a new method; ~ the radio 2 झूठमूठ की बात गढ़ना: ~ an excuse/ an explanation 3 कोरी कल्पना क.: ~ dismal rumours 4 उद्भावना क.;
dw/lw: **~ed** /~टिड/ *adj.* 1 आविष्कृत 2 कल्पित 3 मनगढ़ंत; **~ion** /~शन/ *n.* 1 आविष्कार, आविष्करण, ईजाद, आविष्कृत

वस्तु: the safety razor is a useful ~ion 2 कपोल-कल्पना: his story is just/ pure ~ion 3 उपलब्धि 4 विदग्धता, प्रतिभा: a man of great/ of much ~ion; possess the gift/ the faculty of an ~ion; **~ive** /~टिव/ *adj.* 1 आविष्कारशील, आविष्कार-कुशल, आविष्कारी: ~ive faculty/ power 2 प्रतिभावान, विदग्ध: ~ive head/ mind, genius; **~ively** /~टिवलि/ *adv.* नए ढंग से; **~iveness** /~टिवनेस/ *n.* आविष्कारकता, आविष्कारशीलता; **~or** /~टः/ *n.* आविष्कारक, ईजादकर्ता;

***p&i:* necessity is the mother of ~ion** जरूरत आविष्कार की जननी है

inventory /इनवंटरि/ *n.* 1 संपत्ति-सूची: take/ make up/ draw up an ~ 2 विस्तृत सूची, तालिका 3 (***syn.*** stock) फहरिस्त, सामान-सूची: have a sale to reduce the ~ 4 जांच-पड़ताल: the annual ~ in January;

v., *pt.* inventoried, *pp* inventorying, *s/he/it* **inventories** 1 किसी चीज की विस्तृत सूची तैयार क.: ~ a person's qualities 2 माल की गिनती क.: ~ the goods once a month

inveracious /इनवरेशिअस/ *adj.* असत्य, गलत;

***dw/lw:* ~city** /इनवैरसिटि/ *n.* असत्यता, झूठ

inverisimilitude /इनवेरिसिमिलिच्यूड/ *n.* असत्यता, असंभवता

inver\se /इनवः\स/ *adj.* 1 उल्टा, औंधा 2 विपरीत: division is the **~se** operation of multiplication 3 प्रतिलोम, व्युत्क्रम: **~se** ratio/ proportion;

n. 1 उल्टा क्रम 2 विपरीतता

v., pt. **~sed**, *pp* **~sing** उलटना, उल्टा क.;

***dw/lw:* ~sely** /~सलि/ *adv.* 1 उल्टे, उल्टे क्रम से 2 विपरीत ढंग से 3 प्रतिलोमतः; **~sion** /~शन/ *n.* 1 उत्क्रमण, उल्टा क्रम या रूप, उलटाव, प्रतिलोमन: perform a series of **~sions** 2 विलोमता, प्रतिलोमता, व्युत्क्रम 3 विपरिवर्तन; **~sive** /~सिव/ *adj.* प्रतिलोमीय

invert /इनवःट/ *adj./ v., pt.* **~ed**, *pp* **~ing** 1 उल्टा/ औंधा क., पलट दे.: ~ a jar/ a glass/ a tumbler; ~ the soil (मिट्टी उलटना) 2 विलोम क., विपरीत क.: ~ the relation of cause and effect 3 *gramm.* व्युत्क्रमण (शब्दों के क्रम में फेर-बदल या उलटाव) क.;

n. 1 समलिंगकामी 2 उल्टी चाप;

***dw/lw:* ~ed** /इनवःटिड/ *adj.* औंधा, उल्टा, विपरीत, प्रतिलोमित, व्युत्क्रमित; **~er** /इनवःटः/ *n.* 1 प्रतीपक 2 विद्युत धारा को पलटने यानी वापस लाने वाला यंत्र; **~ible** /इनवःटिबल/ *adj.* जिसे उल्टा किया जा सके;

***collocations:* ~ed commas** उल्टे कौमा, उद्धरण चिह्न ("")

invertebrate /इनवःटिब्रेट/ ~ब्रिट/ *adj.* 1 बिना रीढ़ का, रीढ़विहीन, मेरुदंडरहित, अकशेरुकी, अपृष्ठवंशी 2 डांवांडोल, अस्थिर, निर्बल, अदृढ़, कमजोर;

n. बिना रीढ़ का जीव

invest /इनवे\स्ट/ *v., pt.* **~ed**, *pp* **~ing** 1 पूंजी-निवेश क., पूंजी लगाना: ~ one's money in a business enterprise/ in stocks/ in bonds/ in land 2 समय, ऊर्जा, प्रयास आदि लगाना 3 (*often* **~ sb with sth**) अधिकार आदि दे.: ~ sb with a responsibility 4 प्रतिष्ठापित क., प्रतिष्ठित क.: ~ sb with glory 5 (*usually* **~ sth in sb/sth**) में लगाना 6 आच्छादित हो.: be **~ed** with an air of mystery 7 आभूषित क., सज्जित क.: ~ sb with a gown/ with a robe 8 घेर लेना: ~ a town;

***dw/lw:* ~ing** /~स्टिंग/ *n.* निवेशी, निवेश करने वाला व्यक्ति; **investiture** *see below under separate entry*; **~ment** /~स्टमंट/ *n.* 1 निवेश, लागत: ~ment bank; ~ment company or trust; a wise ~ment of money 2 घेरा 3 प्रतिष्ठापन 4 आच्छादन, आवरण, पहनावा 5 समय, ऊर्जा, प्रयास: ~ment of all one's energies in sth; **~or** /~स्टः/ *n.* निवेशक, पूंजी लगाने वाला

investiga\te /इनवेस्टिगे\ट/ *v., pt.* **~ted**, *pp* **~ting** 1 छान-बीन क. 2 जांचना 3 अनुसंधान क.: scientists **~te** nature;

***dw/w:* ~tion** /~शन/ *n.* 1 जांच, जांच-पड़ताल: a detailed/ full/ thorough ~tion; carry out/ conduct/ launch an ~tion; an ~tion into sth 2 खोजबीन, छानबीन: the ~tion of the truth 3 अनुसंधान, अन्वेषण: contribute to the ~tion of sth; **~tive** /~टिव/ *adj.* खोजी, अनुसंधानात्मक: ~tive journalism (खोजी पत्रकारिता); **~tor** /~टः/ *n.* 1 जांच-पड़ताल करने वाला 2 अन्वेषक 3 अनुसंधाता, अनुसंधानकर्ता

investiture /इनवेस्टिचः/ *n.* 1 पदरोहण-समारोह, प्रतिष्ठापन-समारोह, अलंकरण-समारोह, मानाभिषेक, अभिषेक 2 आवरण

investment *see above under* **invest: *dw/lw***

investure /इनवेस्चः/ *n.* = **investment**

invetera\cy /इनवेटअरसि/ *n.* 1 आदत या लत का पक्कापन या स्थायीत्व, चिरकालिकता: the **~cy** of custom/ of habit 2 पुराने बैर की कट्टरता, घातकता: **~cy** of one's prejudices 3 रोग की ढिठाई: the **~cy** of a disease 4 गाढ़ापन, गहरापन 5 बद्धमूलता, प्ररूढ़ता;

***dw/lw:* ~te** /इनवेटरट/ *adj.* 1 गहरा, प्रगाढ़ 2 पक्का, मंजा हुआ: ~te liar; ~te thief 3 कट्टर 4 हठीला, ढीठ 5 पुराना, चिरकालिक, प्ररूढ़, बद्धमूल: ~te feud/ enmity/ dislike

invia\ble /इनवाय\बल/ *adj.* 1 अंकुरणअक्षम, अव्यवहार्य 2 जीवन-अक्षम;

***dw/lw:* ~bility** /~बिलअटि/ *n.* 1 अंकुरणअक्षमता, अव्यवहार्यता 2 जीवन-अक्षमता

invidious /इनविडिअस\/ *adj.* 1 द्वेषजनक, वैमनस्यकारी 2 क्षोभकारक, अपमानजनक: ~ remark/ comparison 3 घिनौना, घृणाजनक: ~ pamphlet 4 पक्षपातपूर्ण; **~ly** /~लि/ *adv.* द्वेषपूर्वक; **~ness** /~नेस/ *n.* 1 द्वेष, वैमनस्य 2 घिनौनापन

invigila\te /इनविजिले\ट/ *v., pt.* **~ted**, *pp* **~ting** 1 चौकस रहना 2 चौकसी क., निगरानी क. 3 निरीक्षण क. 4 वीक्षण क.;

***dw/lw:* ~tion** /~शन/ *n.* चौकसी, निगरानी, निरीक्षण; **~tor** /~टः/ *n.* (*US* **proctor**) निरीक्षक, निगरानी रखने वाला

invigora\te /इनविगअरे\ट/ *v., pt.* **~ted**, *pp* **~ting** 1 बल वर्धन क., शक्ति प्रदान क.: **~te** one's body by exercise 2 जान डालना: his speech **~ted** the audience 3 अनुप्राणित क., में प्राण फूंकना;

***dw/lw:* ~ting** /~टिंग/ *adj.* शक्तिवर्धक, स्फूर्तिदायक; **~tion** /~शन/ *n.* बल वर्धन, अनुप्राणन, स्फूर्तिवर्धन; **~tive** /~टिव/ *adj.* बलवर्धक, शक्तिवर्धक, स्फूर्तिवर्धक

invinci\bility /इनविंसअ\बिलअटि/ (*also* **~bleness**) *n.* 1 अजेयता, अपराजेयता 2 दुर्भेद्यता;

***dw/lw:* ~ble** /~बल/ *adj.* 1 अजेय, अपराजेय: ~ble army 2 दुर्भेद्य: ~ble will (दुर्भेद्य इच्छा शक्ति); **~bly** /~बलि/ *adv.* अजेय रूप से

inviola\ble /इनवाय\लेबल/ *adj.* 1 अलंघ्य, अलंघनीय 2 जिसे भंग न किया जा सके: **~ble** law 3 अनतिक्रम्य: **~ble** sanctuary 4 परम पावन, पवित्र: **~ble** vow/ oath;

***dw/lw:* ~cy** /~लसि/ *n.* 1 अलंघ्यता, अलंघनीयता: the ~cy of an oath 2 अनतिक्रमणता; **~te** /~लेट/ *adj.* 1 अखंड 2 अक्षत, अनतिक्रांत: keep one's oath/ vow/ promise ~te 3 अदूषित

invisca\te /इनविस्केट/ *v., pt.* **~ted**, *pp* **~ting** 1 चिपचिपा पदार्थ लेपना 2 चिपचिपे पदार्थ की मदद से मच्छरों को पकड़ना

invisi\bility /इनविजअ\बिलअटि/ *adj.* अदृश्यता, अगोचरता;

***dw/lw:* ~ble** /~बल/ *adj.* 1 अगोचर, अदृश्य: ~ble to the eye 2 परोक्ष: sb's ~ presence 3 गुप्त, अदृश्य: ~ble ink

invita\tion /इनविटे\शन/ *n.* 1 निमंत्रण, आमंत्रण, न्योता, बुलावा: an **~tion** to dinner; accept/ decline/ turn down an **~tion** 2 निमंत्रण पत्र: **~tion** card/ ticket 3 प्रलोभन: sth full of **~tion** 4 'आ बैल मुझे मार', मुसीबत को बुलावा 5 निवेदन;

***dw/lw:* ~tional** /~शनल/ *adj.* निमंत्रित व्यक्तियों तक सीमित, निमंत्रणपरक, आमंत्रणपरक; **~tional** *n.* निमंत्रण-आधारित खेल का मुकाबला

invi\te /इनवाइ\ट/ *v., pt.* **~ted**, *pp* **~ting** 1 आमंत्रित क.: **~te** sb over (*also* **~te sb round**) (अपने घर आमंत्रित क.) 2 अंदर बुलाना: **~te** sb in; he didn't **~te** me in 3 आधिकारिक रूप से

बुलाना: be **~ted** to a public reception 4 मुसीबत को बुलावा दे.: the situation **~tes** criticism 5 विनम्रतापूर्वक निवेदन क.: **~te** questions/ opinions 6 प्रलोभन दे., लुभाना, लालायित क.: the quiet **~tes** sleep; the swimming-pool **~tes** us;
***n.** colloq.* निमंत्रण: say thanks for the **~te**;
***dw/lw:* ~tee** /~टी/ *n.* आमंत्रित व्यक्ति, अतिथि, मेहमान; **~tement** /~टमंट/ *n.* प्रलोभन, लालच; **~ting** /~टिंग/ *adj.* 1 आकर्षक, लुभावना: ~ing to the eye/ to the taste 2 मोहक; ~ing look; **~tingly** /~टिंग्लि/ *adv.* मोहक अंदाज में लालायित करते हुए: he drew a chair forward ~

in vitro /इन वीट्रो/ *adj., adv., Lat* 1 किसी वस्तु या स्थान से बाहर 2 गर्भाशय आदि से बाहर कृत्रिम ढंग से (टेस्ट-ट्यूब आदि में गर्भ धारण);
***collocations:* ~ fertilization** (*abbr.* **IVF**) मां की कोख से बाहर (टेस्ट-ट्यूब आदि में) गर्भ धारण

in vivo /इन वीवो/ *adj., adv., biol., Lat.* प्राणी के शरीर में पैदा होने वाला

invoca\tion /इनवअकेशन/ इनवोकेशन/ *n.* 1 आह्वान, पुकार 2 प्रेरणा स्रोत (muse) को आह्वान 3 प्रार्थना 4 झाड़-फूंक, जादू-टोना 3 *comput.* किसी कार्य को आरंभ करने की क्रिया;
***dw/lw:* ~tory** /इनवोकेटरि/ *adj.* आह्वाहनपूर्ण

invoi\ce /इनवॉइस/ *n.* 1 बीजक, इनवॉइस: **~ce** amount 2 सामान की सूची व कीमत: make out an **~ce**;
v.**, pt.* **~ed**, *pp* **~ing** (syn.*** bill) सामान की सूची व कीमत भेजना: the goods were **~ced** at one thousand rupees per ton

invo\ke /इनवोक/ *v., pt.* **~ked**, *pp* **~king** 1 आह्वान क., प्रार्थना क.: **~ke** sb's blessing 2 बदले के लिए आह्वान क.: **~ke** vengeance 3 किसी का उल्लेख क. या उद्धरण दे.: **~ke** Marx 4 प्रतीक के रूप में किसी के नाम का उल्लेख क.: ~ Bhagat Singh's name as a symbol of revolution 5 कानून या नियम का सहारा ले. या उसे लागू क. 6 प्रेतात्माओं को बुलाना 7 (***syn.*** evoke) विशेष भाव या उद्गार पैदा क.: the poem **~s** a vivid picture of peasant life 8 *comput.* कंप्यूटर का कार्य (operation) शुरू क.

involucre /इनवल्यूकः/ *n.* 1 आवरण, आवेष्टन 2 सहपत्रचक्र

involunta\rily /इनवौलंटरअलि/ *adv.* 1 अनजाने में, बिना चाहे 2 अनियंत्रित तरीके से;
dw/lw:* ~ry** /इनवौलंटरि/ *adj.* 1 (anton.*** voluntary) अनैच्छिक, अनचाहा: ~ry obedience/ submission 2 इच्छा शक्तिहीन 3 अनियंत्रित: ~ry movement 4 इत्तिफाकी: ~ry injury;
***collocations:* ~ry muscle** वे मांस पेशियां; जो स्वचालित ढंग से काम करती हैं, जैसे हृदय, आंतों की पेशियां या रक्त वाहिकायें आदि

involu\te /इनवल्यूट/ *adj.* 1 जटिल: **~te** plot 2 अंतर्वलयित;
***dw/lw:* ~ted** /~टिड/ *adj. med.* सिकुड़ा हुआ; **~tion** /~शन/ *n.* 1 उलझन, उलझाव 2 जटिलता, पेचीदगी: the ~tion of harmony 3 ग्रस्तता, लिप्तता 4 अंग की सिकुड़न (जैसे बच्चा पैदा होने के बाद गर्भाशय या बुढ़ापे में पुरुष के गुप्तांगों की सिकुड़न) 5 विकार

invol\ve /इनवॉल्व/ *v., pt.* **~ved**, *pp* **~ving** 1 में निहित हो., अंतर्ग्रस्त हो.: every argument **~ves** some assumptions 2 पर प्रभाव डालना, को लपेटना, ढक ले.: clouds **~ved** the mountain-top 3 (*usually* **~ve sb in sth**) शामिल क.: be seriously **~ved** in sth; be **~ved** in working out a puzzle 4 कुंडलीकृत क.: the serpent is **~ved** in folds 5 जटिल बनाना, उलझाना 6 फंसाना: **~ve** sb in debt; 7 (***syn.*** implicate) फंसाना: in his statement in the court the witness **~ved** many important politicians 8 के लिए आवश्यक हो.: holidays **~ve** expense 9 की अपेक्षा रखना, मांगना 10 आवृत्त क. 11 भावनात्मक रूप से फंसाना: he got **~ved** with a woman rather seriously;
dw/lw:* ~ved** /इनवॉल्वड/ *adj.* 1 शामिल, फंसा हुआ: be/ get ~ved with sb (किसी के साथ प्रेम-प्रसंग में फंसा हो.) 2 (syn.*** complex) पेचीदा, जटिल: ~ved reasoning (जटिल दलील) 3 दुर्बोध; **~vement** /इनवॉल्वमंट/ *n.* 1 (***syn.*** participation) ग्रस्तता, लिप्तता 2 उलझन, उलझाव: close/ direct/ personal ~vement 3 जटिलता

invulnera\bility /इनवल्नअरअ\बिलअटि/ *n.* 1 अभेद्यता, अबेध्यता 2 अक्षतता;
***dw/lw:* ~ble** /~बल/ *adj.* 1 जिसे क्षति या हानि न पहुंच सके: be ~ble 2 अभेद्य, दुर्भेद्य: ~ble argument 3 जिसे जख्मी या घायल न किया जा सके 4 सुरक्षित

in-your-face /इन-योर-फेस/ *adj.* उग्र, उत्तेजक, भयावह

inward /इनवःड/ *adj.* 1 भीतर की ओर 2 भीतरी, आंतरिक, आभ्यंतर: the ~ parts of the body; in one's ~ soul; the ~ man (व्यक्ति की रूहानी दुनिया) 3 अंदरूनी, अंतरंग, असली: ~ nature (असली स्वभाव); ~ peace (रूहानी सुख-चैन) 4 आवक, अंतर्मुखी: ~ investment (बाहर का पैसा अपने देश में ला. या लगाना);
adv. (*also UK* **inwards**) भीतर की ओर;
***dw/lw:* ~ly** /इनवःडलि/ *adv.* 1 अंदर ही अंदर, भीतर ही भीतर: grieve ~ly; 2 मन में, मन ही मन में: curse sb ~ly; **~ness** /इनवःडनेस/ *n.* 1 अंतर्मुखता: explain the ~ness of poetry 2 अंतःस्वभाव, मूल प्रकृति: the true ~ness (असली स्वभाव); **~s** /इनवःडज/ *adv.* 1 भीतर की ओर 2 मन या आत्मा की ओर

inweave /इनवीव/ *v., pt.* **~ed/ inwove**, *pt. p.* **inwoven**, *pp* **~ing** साथ गूंथना या बुनना: ~ a fabric with gold thread;

inworking /इनवःकिंग/ *n.* भीतरी प्रभाव

inwrought /इनरॉःट/ *adj.* 1 बेल-बूटेदार, चित्रांकित, कामदार: ~ with figures 2 खचित, जटित: ~ flowers on silken tissue 3 अंतर्भूत

i/o *abbr.* 'input/ output' की प्रथमाक्षरी

IO *abbr.* 'Intelligence Officer', 'Investigating Officer' की प्रथमाक्षरी

IOA *abbr.* 'Indian Olympic Association' की प्रथमाक्षरी

IOB *abbr.* 'Institute of Bankers', 'Indian Overseas Bank' की प्रथमाक्षरी

IOC *abbr.* 'Indian Oil Corporation', 'Integrated Operations Centre', 'International Olympic Committee' की प्रथमाक्षरी

IOC-AOD *abbr.* 'Indian Oil Corporation-Assam Oil Division' की प्रथमाक्षरी

iodine /आयोडीन/ *n.* आयोडीन, समुद्री जल में मिलने वाला एक रसायन;
***collocations:*tincture of ~** टिंक्चर आयोडीन, एक रोगाणु-नाशक दवाई

IODMA *abbr.* 'Indian Optical Disc Manufacturers Association' की प्रथमाक्षरी

IoJ *abbr.* 'Institute of Journalists' की प्रथमाक्षरी

IOM *abbr.* 'International Organisation for Migration', 'Isle of Man' की प्रथमाक्षरी

ION *abbr.* 'Institute of Navigation' की प्रथमाक्षरी

ion /आयन/ *n.* आयन, एक अणु या अणुओं का समूह;
***dw/lw:* ~ic** /आयनिक/ *adj.* आयनी; **~ization** /आयनाइजेशन/ *n.* आयनन, आयनीकरण; **~ize** /आयनाइज/ *v., pt.* ~ized, *pp* ~izing आयनों में परिवर्तित क. या हो जा.; **~osphere** /आयॉनअस्फिअः/ *n.* आयनमंडल; **~ospheric** /आयॉनअस्फेरिक/ *adj.* आयनमंडलीय : ~ospheric data

Ionia /आयनिआ/ *n.* आयोनिया;
***dw/lw:* ~n** /आयनिअन/ *n.* आयोनिया वासी; **~-mode** *n.* आयोनियन राग

IOP *abbr.* 'intraocular pressure' की प्रथमाक्षरी

IOPA *abbr.* 'International Organisation for the Protection of Animals' की प्रथमाक्षरी

iota /आयोटा/ *n.* 1 ग्रीक वर्णमाला का नौवां वर्ण 2 कण, जर्रा, रत्ती, अति अल्प, बहुत थोड़ा: we will not yield one ~ of our privileges; not an ~ of truth (इस में) रत्ती भर भी (जरा भी) सच्चाई नहीं

IOU *abbr.* 'I owe you' का संक्षिप्त रूप (1 मुझे आपका उधार

चुकाना है 2 विनिमय-साध्य ऋण-पत्र)

IOW *Internet abbr.* 'in other words' का इंटरनेटीय संक्षिप्त रूप

IP *abbr.* 'Indian Police', 'infrastructure provider', 'Institute of Pathology (New Delhi)', 'intellectual property', 'Internet Protocol' की प्रथमाक्षरी

IPA *abbr.* 'Indian Pharmaceutical Alliance', 'International Phonetic Alphabet' की प्रथमाक्षरी

IPAA *abbr.* 'Independent Petroleum Association of America' की प्रथमाक्षरी

IP Address बिंदुओं द्वारा अलग की हुई संख्याओं की श्रृंखला जो इंटरनेट से जुड़े कंप्यूटर की पहचान करता है

IPAMA *abbr.* 'Indian Printing, Packaging and Allied Machinery Manufacturers Association' की प्रथमाक्षरी

IPAN *abbr.* 'Indian Public Affairs Network' की प्रथमाक्षरी

IP&TAFSG *abbr.* 'Indian Post and Telegraph Accounts and Finance Service Group' की प्रथमाक्षरी

IPAT *abbr.* 'Institute for Personality and Ability Testing' की प्रथमाक्षरी

IPC *abbr.* 'Indian Penal Code', 'International Paralympic Committee', 'International Publishing Corporation' की प्रथमाक्षरी

IPCC *abbr.* 'Intergovernmental Penal on Climate Change' की प्रथमाक्षरी

IPCL *abbr.* 'Indian Petrochemical Corporation Limited' की प्रथमाक्षरी

IPCS *abbr.* 'Institute of Professional Civil Servants' की प्रथमाक्षरी

IPEC *abbr.* 'International Programme on the Elimination of Child labour' की प्रथमाक्षरी

IPFA *abbr.* 'Indian Premier Football Association', 'Indian Professionals Football Association' की प्रथमाक्षरी

IPG *abbr.* 'Indian Pilots Guild' की प्रथमाक्षरी

IPGRI *abbr.* 'International Plant Genetic Resources Institute' की प्रथमाक्षरी

IPHS *abbr.* 'Indian Public Health Standards' की प्रथमाक्षरी

IPI *abbr.* 'International Patent Institute', 'International Press Institute' की प्रथमाक्षरी

IPKF *abbr.* 'Indian Peace Keeping Force' की प्रथमाक्षरी

IPLIC *abbr.* 'ICICI Prudential Life Insurance Company' की प्रथमाक्षरी

IPM *abbr.* 'Institute of Personal Management', 'integrated pest management' की प्रथमाक्षरी

IPMA *abbr.* 'International Project Management Associates' की प्रथमाक्षरी

IPO *abbr.* 'Indian Postal Order', 'initial public offering' की प्रथमाक्षरी

iPod /आइपॉड/ *n.* संगीत की श्रव्य व दृश्य फाइलों का इलेक्ट्रोनी संग्रहण व वाद्य उपकरण

ipomoea /इपोमीआ/ *n.* 1 कलमी, पटुआ-साग, करेमू 2 शकरकंद की बेल 3 बिलाईकंद 4 वनकलमी 5 कालादाना, मिरचाई 6 मूसाकानी 7 निसीथ

IPP *abbr.* 'Independent Power Plants', 'Independent Power Projects', 'Independent Power Production' की प्रथमाक्षरी

IPPAI *abbr.* 'Independent Power Producers Association of India' की प्रथमाक्षरी

IPPF *abbr.* 'International Planned Parenthood Federation' की प्रथमाक्षरी

IPPI *abbr.* 'Intensified Pulse Polio Immunisation Programme' की प्रथमाक्षरी

IPPNW *abbr.* 'International Physicians for the Prevention of Nuclear War' की प्रथमाक्षरी

IPPR *abbr.* 'Institute of Public Policy Research' की प्रथमाक्षरी

IPPS *abbr.* '(a biometric-based) integrated passenger profiling system' की प्रथमाक्षरी

IPR *abbr.* 'Institute for Plasma Research', 'Intellectual Property Rights' की प्रथमाक्षरी

IPRA *abbr.* 'International Public Relations Association' की प्रथमाक्षरी

IPS *abbr.* 'Indian Peace Service', 'Indian Police Services', 'Internet Professional Services' की प्रथमाक्षरी

ipse dixit /इप्से डिक्सिट/ *Lat.* अप्रामाणिक (कट्टरवादी या कठमुल्लई) कथन

ipseity /इप्सीइटि/ *n.* व्यक्तिगत पहचान, (individual identity) व्यक्तित्व

IPSG *abbr.* 'Interpol Secretariat General' की प्रथमाक्षरी

ipsilateral /इप्सिलैटरल/ *adj.* शरीर के एक ही पहलू में स्थित या उससे संबंधित, सपार्श्विक

ipsissima verba /इप्सिसिमा वेर्बा/ *adv., Lat.* (***syn.*** verbatim) इन्हीं शब्दों में;
n. सही शब्द

ipso facto /इप्सो फैक्टो/ *adv., Lat.* स्वत:, स्वयमेव, इसी से, इसी आधार पर

ipso jure /इप्सोजुरे/ *adv., Lat.* विधित:, विधि अनुसार, कानूनन

IPT *abbr.* 'Indian People's Tribunal (on Environment and Human Rights)' की प्रथमाक्षरी

IPTA *abbr.* 'Indian People's Theatre Association' की प्रथमाक्षरी

IPTSP *abbr.* 'Internet Protocol Telephony Service Providers' की प्रथमाक्षरी

IPU *abbr.* 'Inter-Parliamentary Union' की प्रथमाक्षरी

IPV *abbr.* 'inactivated polio vaccine' की प्रथमाक्षरी

IPW *abbr.* 'International Polytechnic for Women' की प्रथमाक्षरी

IQ /आईक्यू/ *n. abbr.* 'intelligence quotient' की प्रथमाक्षरी (प्रतिभा का स्तर, बुद्धिमत्ता-सूचक, बुद्धि-अंक)

IR *abbr.* 'Immediate Release', 'Indian Railways', 'Inland Revenue', 'Investigation Report' की प्रथमाक्षरी

Ir *symbol,* 'iridium' का प्रतीक

Ir. *abbr.* 'Ireland/ Irish' का संक्षेप

ir- /ir- /इर्-/ *pref., denoting*: **irregular**; **erratic** (नकारात्मक)

IRA *abbr.* 'Indian Railway Accounts Services', 'Irish Republican Army' की प्रथमाक्षरी

iracund /आइरअ\कंड/ *adj.* क्रोधी, चिड़चिड़ा;
dw/lw: **iracundulous** /~कंड्युलस/ *adj.* चिड़चिड़ा, क्रोधशील

Iran /ईरान/ *n.* ईरान;
dw/lw: **Iranian** /इरेनिअन/ *n.* ईरानवासी, फारसी (भाषा); **Iranian** *adj.* ईरानी: ~ language (*also* **Farsi**)

Iraq /इराक/ *n.* इराक;
dw/lw: **Iraqi** /इराकी/ *n.* इराक वासी

IRAS *abbr.* 'Indian Railway Accounts Services' की प्रथमाक्षरी

irasci\bility /इरैसअबिलअटि/ *n.* चिड़चिड़ापन, तुनकमिजाजी, क्रोधशीलता;
dw/lw: **~ble** /इरैसअबल/ *adj.* (***syn.*** irritable) चिड़चिड़ा, गर्ममिजाज, क्रोधी: ~ man/ temper/ manner

irate /आइरेट/ *adj.* क्रुद्ध, उत्तेजित, कुपित

IRBM *abbr.* 'intermediate range ballistic missiles' की प्रथमाक्षरी

IRC *abbr.* 'Internet Relay Chat' की प्रथमाक्षरी

IRCON *abbr.* 'Indian Railway Construction Company' की प्रथमाक्षरी
IRCOT *abbr.* 'Indian Railways Central Organisation for Telecom' की प्रथमाक्षरी
IRCRC *abbr.* 'International Red Cross & Red Crescent (Movement)' की प्रथमाक्षरी
IRCS *abbr.* 'Indian Red Cross Society' की प्रथमाक्षरी
IRCTC *abbr.* 'Indian Railway Catering and Tourism Corporation' की प्रथमाक्षरी
IRD *abbr.* 'integrated receiver decoder', 'Intellectual Resources Development' की प्रथमाक्षरी
IRDE *abbr.* 'Instruments Research and Development Establishment' की प्रथमाक्षरी
IRDP *abbr.* 'Integrated Rural Development Programme' की प्रथमाक्षरी
ire /आयः/ *n.* (***syn.*** wrath) क्रोध, गुस्सा, रोष;
dw/lw: **~ful** *adj.* क्रुद्ध, रुष्ट;
p&i: **arouse sb's ~/ get sb's ~ up** किसी को गुस्सा दिलाना, क्रुद्ध क.
IREDA *abbr.* 'Indian Renewable Energy Development Agency' की प्रथमाक्षरी
IREL *abbr.* 'Indian Rare Earths Limited' की प्रथमाक्षरी
irenic/ ~al /आयरीनिक/ आयरेनिक/ ~ल/ *adj.* शांतिप्रिय, शांति समर्थक
IRFC *abbr.* 'Indian Railways Finance Corporation' की प्रथमाक्षरी
IRFCM *abbr.* 'International Rain Forest Conservation Movement' की प्रथमाक्षरी
IRFU *abbr.* 'Indian Rugby-Football Union' की प्रथमाक्षरी
IRICEN *abbr.* 'Indian Railway Institute of Civil Engineering' की प्रथमाक्षरी
iridal /आयरिडल/ *adj.* इंद्रधनुष से संबंधित, इंद्रधनुषीय
iride\scence /इरिडेसंस/ *n.* 1 रंगदीप्ति 2 बहुवर्णी छटा;
dw/lw: **~scent** /इरिडेसंट/ *adj.* रंग-बिरंगा, सतरंगा, रंग-दीप्त, बहुवर्णी
iridization /इरिडिजेशन/ *n.* 1 = **iridescence** 2 *med.* आंख में मोतियाबिंद (glaucoma) के कारण रंग-बिरंगे चक्रों के दिखने की क्रिया
iridology /आइरिडौलजि/ इरिडौलजि/ *n.* रोग के निदान की वैकल्पिक विधि (alternative medicine) जिसके तहत आंख के रंगीन भाग (iris) यानी पुतली या परितारिका की जांच करके रोग का पता लगाया जाता है
IRIGC *abbr.* 'Indo-Russian Inter-Government Commission' की प्रथमाक्षरी
IRIN *abbr.* 'Integrated Regional Information Network (U.N.)' की प्रथमाक्षरी
IRIS *abbr.* 'Infrared Imaging Surveyor' की प्रथमाक्षरी
iris /आयरिस/ *n., pl.* **~es**/ *tech.* **irides** /आयरिडीज/ 1 इंद्रधनुष 2 जामुनी, पीले या श्वेत फूलों वाला आइरिस नाम का लंबा पौधा 3 आंख की पुतली, परितारिका: ~ contraction reflex 4 तारामंडल 5 वर्णच्छटा;
collocations: **~ diaphragm** रन्ध्रपटल, प्रकाश उपकरण में प्रकाश के प्रवेश को नियंत्रित करने वाला उपकरण
Irish /आइरिश/ *adj.* आयरलैंड का/ की/ के;
n. आयरलैंड की भाषा (Celtic language = केल्टिक भाषा);
dw/lw: **the Irish** *[pl.]* आयरलैंड के लोग; **~ism** *n.* आयरलैंड की भाषा के शब्द या अभिव्यक्तियां; **~man/ woman** *n.* आयरलैंड में पैदा हुआ पुरुष या पैदा हुई स्त्री;
collocations: **~ coffee** आइरिश व्हिस्की मिली कॉफी; **~ daisy** कुकरौंधा, सिंहपर्णी, डैंडेलियन; **~ elk** एक बहुत बड़े हिरण का अस्थि-पंजर; **~ stew** गोश्त, आलू और प्याज से बना एक आइरिश व्यंजन; **~ world hound** आयरलैंड का एक कुत्ता

iritis /आयराइटिस/ *n. med.* आंख की पुतली के आवरण का शोथ
irk /अःक/ *v., pt.* **~ed**, *pp* **~ing** 1 गुस्सा दिलाना, चिढ़ाना: it **~s** me to wait so long 2 थका दे., उबा दे., परेशान कर डालना;
dw/lw: **~some** /अःकसम/ *adj.* 1 चिढ़ाने वाला 2 कष्टप्रद, परेशान करने वाला, क्लेशकर 3 (***syn.*** tiresome) भारी, थकाने वाला, ऊबाने वाला: ~some task; **~somely** /अःकसमलि/ *adv.* क्लेशकर ढंग से; **~someness** /अःकसमनेस/ *n.* कष्टप्रदता, परेशानी
IRL *abbr.* 'Indy Racing League (US Car Series)' की प्रथमाक्षरी
IRO *abbr.* 'Inland Revenue Office' की प्रथमाक्षरी
IROA *abbr.* 'Indian Railway Officers Association' की प्रथमाक्षरी
iron /आयःन/ *n.* 1 लौह, लोहा, अयस: cast ~; wrought ~ 2 सलाख 3 इस्त्री: pressing/ electric ~ 4 (***syn,*** horse shoe) नाल 5 लोहे का बल्ला (in golf) 6 बेड़ियां 7 कड़ाई, कठोरता, दृढ़ता, लौह-पुरुषता, लौह-स्त्रीत्व: a man of ~ 8 (**irons**) बैसाखी 9 लोहे के औजार
v., pt. **~ed**, *pp* **~ing** 1 इस्त्री/ प्रेस क.: ~ linen/ clothes 2 लोहा लगाना या बेड़ियां डालना: the miserable victims were **~ed**;
adj. 1 लौह 2 सशक्त 3 अटल: display an ~ resolution 4 सुदृढ़, कड़ा, कठोर: have an ~ will (grip) 5 गहन, गहरी: ~ sleep/ slumber;
dw/lw: **~-bound** *adj.* 1 लौहबद्ध, लौहावृत्त, लोहे के तालों आदि में बंद: ~-bound coffer (लोहे की तिजौरी) 2 खड़ी चट्टान वाला जोखिम भरा समुद्र तट, लौहबद्ध चट्टानों से अवरुद्ध: ~-bound coast 3 कठोर, दृढ़, अटल: ~-bound traditions; **~-cased** *adj.* लोहे के आवरण से ढका, बख्तरबंद; **~-clad** *adj.* 1 कवचित, बख्तरबंद 2 सख्त, कठोर: ~-clad agreement (कठोर शर्तों वाला समझौता); ~-clad oath (दृढ़ शपथ); **~-fall** *n.* धूमकेतु के गिरने की क्रिया; **~-founder** *n.* ढलैया; **~-foundry** *n.* लोहा-ढलाई का कारखाना; **~-gray/ ~-grey** *adj.* भूरा-इस्पाती रंग; **~-handed** *adj.* सख्त, कड़ा, क्रूर; **~-hearted** *adj.* निष्ठुर, कठोर; **~-horse** *adj.* रेल का इंजन; **~ing** /आइरनिंग/ *n.* 1 इस्त्री करने की क्रिया 2 इस्त्री योग्य कपड़े; **~ing** *adj.* इस्त्री से संबंधित : ~ing board (इस्त्री करने का तख्ता); **ironman** /आयरनमैन/ *n.* पहाड़ काटने की मशीन; **~lung** *n.* कृत्रिम श्वसन-यंत्र; **~monger** *n.* लोहे का व्यापारी, लोहिया, लोहार का धंधा; **~-mould** *n.* कपड़े पर जंग या स्याही का धब्बा; **~-on** *adj.* गर्म लोहे की छड़ से जोड़ा जाने वाला मरम्मत का सामान आदि; **~-ore** *n.* खनिज लोहा; **~-rich** *adj.* लौह-समृद्ध; **~-sand** *n.* लौह-खनिज वाला रेत; **~shoe** *n.* लौह टेक; **~-side** *n.* बहादुर व दृढ़-संकल्प व्यक्ति; **~-sided** *adj.* कवचित, बख्तरबंद; **Ironside/s** *n.* शूरवीर, इंग्लैंड के 1642-49 के गृहयुद्ध काल में ओलिवर क्रॉमवेल (Oliver Cromwell, 1599-1658) की घुड़ सेना या रिसाला; **~smith** *n.* लोहार; **~stone** *n.* लोहे का कठोर अयस्क; **~ware** *n.* लोहे के बर्तन; **~wood** *n.* अति कठोर लकड़ी; **~work** *n.* लोहे से बना सामान; **~works** *n., [pl.]* लौहशाला, लोहे का कारखाना; **~y** *adj.* लौहमिश्रित, लौहपूर्ण, लोह जैसा : ~y chains; ~y particles
***collocations:*a shooting ~** बंदूक; **Iron Age** लौह-युग; **~ blackness** घोर अंधेरा; **Iron Curtain** लौहावरण, लोहे का पर्दा, सर्द युद्ध के काल में बाहरी देशों के नागरिकों द्वारा सोवियत संघ में आने और सोवियत नागरिकों द्वारा बाहर जाने पर आंशिक प्रतिबंध; **~ industry** लौह-उद्योग; **~ maiden** मध्यकाल में यातना देने का एक तरीका जिसमें बंदी को तेज सलाखों वाले लोहे के पिंजरे में बंद कर दिया जाता था; **~ master** लोहे के कारखाने का मालिक; **~ rations** पर्वतारोहियों, फौज के सिपाहियों, हिचहाइकरों (hitch-hikers) आदि द्वारा आपात स्थिति में प्रयोग किया जाने वाला अत्यधिक पौष्टिक अल्प मात्रा वाला आहार; **the ~ man/~woman** लौह-पुरुष/लौह-स्त्री; **~ times** संकट काल; **~ will** दृढ़ इच्छा शक्ति; **~wood tree** बहुत ही कड़ी लकड़ी वाला नागकेशर नामक वृक्ष;
the ~ years of war युद्ध काल के कठिन और संकटमय दिन;
p&i: **~ out differences** मतभेद सुलझाना; **~ out one's own**

temper अपने गुस्से पर अंकुश लगाना; ~ **rations** पर्वतारोहियों, सैनिकों आदि द्वारा संकट काल में उपयोग के लिए अपने साथ रखा जाने वाला अति पौष्टिक आहार; ~ **sth out** 1 समस्या सुलझाना, समाधान क. 2 इस्त्री क.;
display an ~ resolution फौलादी इरादों का परिचय दे.; **hard as ~** लोहे-सा सख्त; **have several** or **too many ~s in the fire** एक ही समय पर अनेक कामों में फंसा हो; **rule with an ~ hand** निष्ठुरतापूर्वक शासन क.; **strike while ~ is hot** बहती गंगा में हाथ धोना, सही अवसर आने पर वार क. **the ~ entered his soul** उसका दिल छलनी हो गया;

ironic/ ~al /आइरॉनिक/ ~ल/ *adj.* 1 व्यंग्यपूर्ण, व्यंग्यात्मक: **~al** compliment 2 व्यंग्य भाषी: ~ philosopher 3 विडंबनापूर्ण: an ~ situation;
***dw/lw:* ~ally** /आइरॉनिकलि/ *adv.* विडंबना की बात है ...

ironist /आइरनिस्ट/ *n.* व्यंग्यकार

irony /आयरनि/ *n.* 1 विडंबना: the ~ of fate (भाग्य की विडंबना) 2 व्यंग्य, व्यंग्योक्ति, कूट उक्ति 3 कुत्सित हालात;
***collocations:* ~ of fate** विधि की विडंबना;
dramatic/ tragic ~ ड्रामा और त्रासदी की विधाओं में प्रयुक्त व्यंग्य;
Socratic ~ 1 यूनानी दार्शनिक सुकरात का व्यंग्य, वाद-विवाद या तर्क-वितर्क में छद्म अनभिज्ञता 2 तर्क-वितर्क करने की सुकराती शैली

Iroquoian /इरअकवॉयन/ *adj.* 1 **Iroquoi** नाम की अमेरिकी जनजाति से संबंधित
n. इरअक्वॉ लोगों की भाषा

IRPL *abbr.* 'India Resources Private Limited' की प्रथमाक्षरी

IRPS *abbr.* 'Indian Railways Personnel Services' की प्रथमाक्षरी

IRQ *abbr.* 'Iraq' का अंतर्राष्ट्रीय वाहन पंजीकरण कोड (IVR)

IRR *abbr.* 'Institute for Research in Reproduction' की प्रथमाक्षरी

irradi\ance /इरेडिअंस/ *n.* 1 दीप्ति 2 विकिरणता 3 चमक, दमक
***dw/lw:* ~ant** /इरेडिअंट/ *adj.* प्रदीप्त: the ~ant sun

irradia\te /इरेडिएट/ *v., pt.* **~ted**, *pp* **~ting** 1 चमकाना, प्रकाशित क.: joy **~ted** her face 2 चमकना, चमकने लगना 3 प्रदीप्त क., ज्योतित क., उज्ज्वलता बिखेरना: **~te** goodness/ happiness 4 एक्सरे की किरणों (रेडियो-विकिरण) से उपचार क. 5 स्पष्ट क. 6 भोजन को विकिरणता द्वारा ताजा रखना;
***dw/lw:* ~tion** /~शन/ *n.* 1 प्रदीपन, विकिरणन 2 शरीर के किसी अंग का रेडियो-विकिरणन 3 विकिरण रोग: ~tion injury; ~tion sickness

irrational /इरैशअ\नल/ *adj.* 1 (***syn.*** unreasonable) अविवेकशील, विवेकहीन, बेतुका: ~ behaviour/ conduct 2 असंगत, अयुक्तिक, अकारण, निर्मूल: it is ~ to continue 3 अपरिमेय: ~ being;
***dw/w:* ~ity** /~नैलअटि/ (*also* **irrationalism** /~नलिजम/) *n.* बेतुकापन, अविवेक, असंगति, अयुक्ति; **~ly** /~नलि/ *adv.* बेतुके ढंग से, अविवेकपूर्ण तरीके से;
***collocations:* ~ numbers** एक वास्तविक संख्या जो भिन्न के रूप में नहीं हो सकती

irrealizable /इरिअलाइजअबल/ *adj.* जिसे प्राप्त न किया जा सके

irrebuttable /इरिबटअबल/ *adj.* जिसको नकारा न जा सके, अखंड्य

irreclaimable /इरिक्लेमअबल/ *adj.* जिसे गर्त से निकाला न जा सके, असुधार्य: ~ rogue

irreconcila\bility /इरेकंसाइलअ\बिलअटि/ *n.* पारस्परिक विरोध की समाधानहीनता, असंगति;
***dw/lw:* ~ble** /~बल/ *adj.* 1 बेमेल 2 परस्पर-विरोधी: ~ble enemies 3 अनम्य 4 समाधानहीन 5 असंगत ~ble statements

irrecoverable /इरिकवरअबल/ *adj.* 1 अप्राप्य 2 जिसे वसूल न किया सके 3 जिसे वापस न लाया जा सके: ~ state of happiness; wasted time is ~ 4 असंशोध्य 5 असाध्य, अचिकित्स्य: ~ sorrow

irrecusable /इरिक्यूजअबल/ *adj.* जिसे नकारा न जा सके, अकाट्य

irredeemable /इरिडीमअबल/ *adj.* 1 जिसका उद्धार न किया जा सके: ~ scoundrel 2 जिसे पुनः प्राप्त न किया जा सके 3 जो वसूल न हो सके: ~ debt 4 (***syn.*** hopeless) निराशाजनक, निराशापूर्ण: ~ woe

irreden\ta /इरिडेंटा/ *adj., hist.* 1 जिसे स्वतंत्र न कराया गया हो 2 बिखरा हुआ (देश): Italia ~ta;
***dw/lw:* ~tist** /इरिडेंटिस्ट/ *n.* बिखरी हुई इटली को एक करने के लिए संघर्षरत दल का सदस्य

irreducible /इरिड्यूसअबल/ *adj.* 1 जिसे कम न किया जा सके, अलघुकरणीय 2 अपरिवर्तनीय 3 स्वयंभू: fashions are ~ to rule

irreflection /इरिफ्लेक्शन/ *n.* अविचारता, सोच-विचार का अभाव

irreformable /इरिफॉःमअबल/ *adj.* जिसे सुधारा न जा सके: ~ character

irrefragable /इरेफरअगअबल/ *adj.* 1 अकाट्य, निर्विवाद: ~ argument; ~ answer 2 जिसे नकारा न जा सके: ~ evidence

irrefrangible /इरेफैंजिबल/ *adj.* (***syn.*** inviolable) जिसका उल्लंघन न किया जा सके, जिसे तोड़ा न जा सके: ~ law

irrefutable /इरिफ्यूटअबल/ *adj.* अकाट्य, अखंडनीय: ~ argument

irregular /इरेग्यु\लः/ इरेग्य\लः/ *adj.* 1 अव्यवस्थित: ~ proceedings 2 (***syn.*** uneven) विषम, उखड़ी-उखड़ी: ~ running; ~ breathing 3 असम, असमाकृति: ~ features 4 (***syn.*** abnormal) *gramm.* अपवाद: ~ verbs 5 अनियमित: be ~ in one's attendance at school 6 असाधारण: ~ process; ~ habits 7 खिलाफ-दस्तूर, बेकायदा: ~ action 8 नियम-विरुद्ध: ~ motion 9 अवैध: ~ construction 10 उत्पाती, उपद्रवी: ~ conduct 11 अपात्र, अयोग्य 12 कच्ची पलटन: ~ troops;
***dw/lw:* ~ity** /~लैरअटि/ *n.* 1 अनियमितता: charge with irregularities 2 बेकायदगी 3 अवैधता 4 विषमता: visible irregularities 5 अयोग्यता 6 बाधा; **~ly** /~लःलि/ *adv.* अनियमित ढंग से

irrelative /इरेलअटिव/ *adj.* असंबद्ध, असंगत

irrele\vance /इरेलअवंस/ *n.* अप्रासंगिकता, विसंगति;
***dw/lw:* ~vant** /इरेलअ\वंट/ *adj.* 1 अप्रासंगिक: ~vant illustration 2 विसंगत, असंगत: ~vant testimony; **~ly** /~वंटलि/ *adv.* अप्रासंगिक तरीके से

irrelievable /इरिलीवअबल/ *adj.* 1 अप्रशमनीय 2 अविमोचनीय

irreligious /इरिलिजिअस/ *adj.* 1 अधार्मिक (आचरण या व्यक्ति) 2 विधर्मी 3 धर्मविरोधी, धर्म-विरुद्ध 4 नास्तिक 5 दुराचारी

irremeable /इरेमिअबल/ *adj.* जो कभी वापस न आ सके

irremediable /इरिमीडिएबल/ *adj.* 1 असुधार्य 2 असाध्य: ~ disease

irremissible /इरिमिसअबल/ *adj.* 1 अक्षम्य: ~ sin 2 आवश्यक

irremovable /इरिमूवअबल/ *adj.* 1 जिसे हटाया या बदला न जा सके 2 अटल, अचल 3 अस्थानांतरणीय: ~ impediments

irrepara\ble /इरेपअरअ\बल/ *adj.* 1 जिसकी मुरम्मत न हो सके 2 जिसकी भरपाई न हो सके: **~ble** loss 3 असुधार्य: **~ble** wrong/ damage;
***dw/lw:* ~bly** /~बलि/ *adv.* असुधार्य ढंग से

irrepentant /इरिपेंटंट/ *adj.* जिसे कोई पश्चाताप न हो

irreplaceable /इरिप्लेसिअबल/ *adj.* जिसका स्थान कोई न ले सके, अपूर्णीय, अद्वितीय

irreprehensible /इरेप्रिहेंसअबल/ *adj.* बेकसूर, बिना किसी कमी के

irrepressi\ble /इरिप्रेसअ\बल/ *adj.* 1 (***syn.*** ebullient) जोशीला, ओजस्वी: in **~ble** spirits 2 अदम्य 3 जिसे दबाया न जा सके, बेकाबू: **~ble** laughter; **~ble** conflict;
***dw/lw:* ~bly** /~बलि/ *adv.* बेरोक, बेकाबू, बिना दबाव के

irreproacha\ble /इरिप्रोचअबल/ *adj.* 1 निष्कलंक, अनिंद्य, अनवद्य 2 निर्दोष

irreprovable /इरिप्रूवअबल/ *adj.* निष्कलंक, साफ-सुथरा

irresisti\bility /इरिजिस्टअबिलअटि/ *n.* बेजोड़ता, अनुपमता,

अप्रतिरोध्यता
dw/lw: **~ble** /इरिजिस्टिबल/ *adj.* 1 अत्यधिक आकर्षक: ~ble attraction 2 जिसे रोका न जा सके 3 अप्रतिरोध्य: ~ble desire/ impulse; **~bly** /इरिजिस्टिबलि/ *adv.* अप्रतिरोधपूर्वक

irresolute /इरेजअलूट/ *adj.* ढुलमुल, डांवांडोल, दुविधाग्रस्त: ~ person

irrespective /इरिस्पेक्टिव/ *adv.* 1 चाहे जो भी हो: ~ of consequences 2 बिना परवाह किए: ~ of differences; ~ of age

irresponsi\bility /इरिस्पौंसअ\बिलिटि/ *n.* गैरजिम्मेदारी, लापरवाही;
dw/lw: **~ble** /~बल/ *adj.* गैरजिम्मेदार, लापरवाह, उत्तरदायित्वहीन: ~ble ruler; ~ble behaviour/ conduct/ action; **~bly** /~बलि/ *adv.* गैरजिम्मेदाराना ढंग से, लापरवाही से

irresponsive /इरिस्पौंसिव/ *adj.* प्रतिक्रियाशून्य, ध्यान न देने वाला;
dw/lw: **~ness** /~नेस/ *n.* प्रतिक्रियाशून्यता

irreten\tion /इरिटेन्शन/ *n.* अधारिता, समाए न रखने की अवस्था;
dw/lw: **~tive** *adj.* अधारण-क्षम, जो अपने अंदर रख न सके

irretrievability /इरिट्रीवअ\बिलअटि/ *n.* पुनः प्राप्त करने की असंभावना;
dw/lw: **~ble** /~बल/ *adj.* 1 पुनः अप्राप्य 2 असुधार्य: ~ble decline; **~bly** /~बलि/ *adv.* असुधार्य रूप से

irreve\rence /इरेवअ\रंस/ *n.* अनादर, अश्रद्धा, अपमान
dw/lw: **~rent** /~रंट/ *adj.* 1 अनादरपूर्ण: ~rent word 2 श्रद्धाहीन; **~rently** /~रंटलि/ *adv.* अनादरपूर्वक, बिना श्रद्धा के

irreverend /इरेवअरंड/ *adj.* आदर के अयोग्य : ~ behaviour;

irreversi\ble /इरिवःसअबल/ *adj.* जिसे बदला न जा सके, अनपलट, अपरिवर्तनीय: **~ble** decree; **~ble** process;
dw/lw: **~bly** /इरिवःसिबलि/ *adv.* अपरिवर्तनीय रूप से

irrevoca\ble /इरेवअकअ\बल/ *adj.* 1 जिसे रद्द न किया जा सके या वापस न लिया जा सके 2 अटल, अपरिवर्तनीय;
dw/lw: **~bly** /~बलि/ *adv.* अटल ढंग से

irriga\ble /इरिगेबल/ *adj.* सिंचाई-योग्य;

irriga\te /इरिगे\ट/ *v., pt.* ~ted, *pp* ~ting सींचना, फसल को पानी दे.;
dw/lw: **~tion** /~शन/ *n.* 1 सिंचाई: ~tion engineering; ~tion canal 2 आबपाशी

irrita\ble /इरिटअ\बल/ *adj.* 1 चिड़चिड़ा, तुनुकमिजाज, बदमिजाज: **~ble** temper; become **~ble** 2 उत्तेजनशील, अति संवेदनशील;
dw/lw: **~bility** /~बिलअटि/ (*also* **~bleness**) *n.* तुनकमिजाजी, बदमिजाजी; **~bly** /~बलि/ *adv.* चिड़चिड़ेपन से, गुस्साते हुए
collocations: **~ble bowel syndrome** (*abbr.* **IBS**) *med.* बृहदांत्र की झिल्ली के शोथ के कारण उदर में दर्द, कब्ज या पेचिश (diarrhoea) आदि होने की अवस्था

irritant /इरिटंट/ *n.* 1 क्षोभकर, परेशान करने वाला 2 शरीर में खारिश पैदा करने वाला 3 जलन पैदा करने वाला, दाहोत्पादक, प्रदाहजनक

irrita\te /इरिटे\ट/ *v., pt.* **~ted**, *pp* **~ting** 1 चिढ़ाना, क्रुद्ध क., क्षुब्ध क., गुस्सा दिलाना: insolence **~tes** (अहंकार से चिढ़ होती है); be **~ted** by sth 2 खारिश पैदा क.: the thick smoke **~ted** my eyes 3 (प्र)दाह या जलन पैदा क.;
dw/lw: **~ted** /~टिड/ *adj.* 1 चिढ़ा हुआ, क्रुद्ध 2 उत्तेजित; **~tion** /~शन/ *n.* 1 चिढ़, चिड़चिड़ापन, चिड़चिड़ाहट 2 उत्तेजना 3 क्रोध, क्षोभ 4 अति संवेदना 5 दाह, जलन; **~ting** /~टिंग/ *adj.* परेशान करने वाला या चिढ़ाने वाला; **~tingly** /~टिंगलि/ *adv.* क्रोधित करते हुए, गुस्सा दिलाते हुए; **~tive** /~टिव/ *adj.* चिढ़ाने वाला, परेशान करने वाला: ~tive agent

irrupt /इरप्ट/ *v., pt.* **~ed**, *pp* **~ing** 1 फूट पड़ना 2 सेंध लगाना, अंतर्वेधन क. 3 जबरदस्ती घुस आना 4 तेजी से बढ़ना 5 धावा बोलना, चढ़ाई क.;
dw/lw: **~ion** /इरप्शन/ *n.* 1 धावा, चढ़ाई 2 आकस्मिक वृद्धि, संख्या या मात्रा में विस्फोट

IRS *abbr.* 'Indian Revenue Service' की प्रथमाक्षरी

IRSS *abbr.* 'Indian remote sensing satellite',

IRT *abbr.* 'Institute of Rail Transport' की प्रथमाक्षरी

IRTC *abbr.* 'Integrated Rural Technology Centre' की प्रथमाक्षरी

IRTE *abbr.* 'Institute of Road Traffic Education' की प्रथमाक्षरी

IRTS *abbr.* 'Indian Railway Traffic Service' की प्रथमाक्षरी

IRWO *abbr.* 'Indian Railway Welfare Organisation' की प्रथमाक्षरी

IS *abbr.* '**Iceland**' का अंतर्राष्ट्रीय वाहन रजिस्ट्रेशन कोड (IVR)

IS *abbr.* 'internal security' की प्रथमाक्षरी

Is. *abbr.* 'Island/s', 'Isle/s' का संक्षेप

is /इज/ है;
p&i: **~ no more** नहीं रहा, मर गया; **~ not worth its salt** बिल्कुल निकम्मा, बेकार;

ISA *abbr.* 'Internal Security Academy', 'Industry Standard Architecture (the usual international system used for connecting computers and other devices)' की प्रथमाक्षरी

isabel /इजअबेल/ *adj.* हल्का भूरा, बादामी;
n. (**Isabel**) औरत का नाम: **Isabel** Allende

ISACA *abbr.* 'Information Systems Audit and Control Association (Pune)' की प्रथमाक्षरी

ISAE *abbr.* 'Indian Society of Agricultural Economists' की प्रथमाक्षरी

ISAF *abbr.* '(U.N. mandated) International Security Assistance Force' की प्रथमाक्षरी

isagogic /आइसागौजिक/ *adj.* प्रारंभिक, परिचायक;
n., pl. **~s** प्रारंभिक या परिचायक अध्ययन

ISB *abbr.* 'Indian School of Business', 'International School of Business' की प्रथमाक्षरी

ISBN *abbr.* 'International Standard Book Number' की प्रथमाक्षरी

ISBT *abbr.* 'Inter-State Bus Terminus' की प्रथमाक्षरी

ISC *abbr.* 'Indian School Certificate', 'Intel Server Control', 'Inter-State Council', 'Investor Service Centres' की प्रथमाक्षरी

ISCA *abbr.* 'Indian Science Congress Association' की प्रथमाक्षरी

ISCCM *abbr.* 'Indian Society of Critical Care Medicine' की प्रथमाक्षरी

ischaemia/ ischemia /इसकीमिआ/ *n.* रक्त प्रवाहिकाओं के बंद हो जाने के कारण शरीर के किसी अंग में रक्त का अभाव

ischium /इसकिमिअ/ *n., pl.* **ischia** आसनास्थि

ISCL *abbr.* 'India Steamship Company Limited' की प्रथमाक्षरी

ISCO *abbr.* 'International Standard Classification of Occupations' की प्रथमाक्षरी

ISCSI *abbr.* 'Internet Small Computer System Interface' की प्रथमाक्षरी

ISD *abbr.* 'International Subscriber Dialling' की प्रथमाक्षरी

ISDN *abbr.* 'Integrated Services Digital Network', 'It Still Does Nothing' की प्रथमाक्षरी

ISE *abbr.* 'Indian Stock Exchange', 'Inter-connected Stock Exchange', 'Indian Sugar Exim Corporation' की प्रथमाक्षरी

ISEC *abbr.* 'Institute for Social and Economic Change' की प्रथमाक्षरी

I-SEC *abbr.* 'ICICI Securities' की प्रथमाक्षरी

ISEF *abbr.* 'Index Select Equity Fund', 'International Science and Engineering Fair' की प्रथमाक्षरी

ISEP *abbr.* 'International School Exchange Program' की प्रथमाक्षरी

ISEST *abbr.* 'Indian Society of Environmental Science & Technology' की प्रथमाक्षरी

ISF *abbr.* 'International Sailing Federation', 'International Shooting Federation' की प्रथमाक्षरी

ISG *abbr.* 'internal security group' की प्रथमाक्षरी

ISH *abbr.* 'International Students House' की प्रथमाक्षरी

-ish *suff.* 1 थोड़ा-सा: green**ish** 2 के जैसा, की तरह का: child**ish** 3 नागरिकता द्योतक: Swed**ish**

ISI *abbr.* 'Indian Statistical Institute', 'Information Society Index', 'Inter-Services Intelligence (Pakistan)', 'Iron and Steel Institute' की प्रथमाक्षरी

ISIC *abbr.* 'Indian Spinal Injuries Centre', 'International Standard Industrial Classification' की प्रथमाक्षरी

ISIN *abbr.* 'International Securities Identification Number' की प्रथमाक्षरी

isinglass /आइजिंग्लास/ *n.* 1 अबरक की पारदर्शी चादरें 2 जीवों की हड्डियों से बना शुद्धतम सरेस, जिसे गोंद या सिमेंट आदि में प्रयुक्त किया जाता है

ISKCON *abbr.* 'International Society for Krishna Consciousness' की प्रथमाक्षरी

Islam /इस्लाम/ *n.* इस्लाम, मुस्लिम धर्म;
dw/lw: **~ic** /इस्लामिक/ *adj.* इस्लामी; **~ism** /इस्लामिज्म/ *n.* इस्लाम, मुस्लिम धर्म; **~ite** /इस्लामाइट/ *n.* मुसलमान; **~ite** *adj.* इस्लामी

island /आइलंड/ *n.* 1 द्वीप, टापू: an ~ in the sea/ ocean 2 टापू जैसा अलग-थलग स्थान: ; ~ of safety/ refuge; traffic ~ 3 *anat.* कोशिकाओं का अलग-थलग समूह
v., pt. **~ed**, *pp* **~ing** 1 टापू का बनना 2 पानी से घिर जा. या घेरना 3 घेरना: mist **~ed** the peak (धुंध ने पर्वत चोटी को घेर लिया);
dw/lw: **~-arc** *n.* जापानी द्वीपों जैसी वक्र कड़ी; **~-continent** *n.* महाद्वीप जैसा द्वीप: ~-continent Australia; **~er** /आइलंडः/ *n.* द्वीप-वासी; **~-hopping** *n.* द्वीप सघन क्षेत्र में एक द्वीप से दूसरे में यात्रा करने की प्रवृत्ति

ISLE *abbr.* 'Indian Society of Lighting Engineers' की प्रथमाक्षरी

isle /आइल/ (*abbr.* **I, I., Is.**) *n.* छोटा टापू;
dw/lw: **isle-hop** *v., pt.* isle-hopped, *pp* isle-hopping द्वीप सघन क्षेत्र में एक द्वीप से दूसरे में यात्रा क; **islesman** /आइल्जमैन/ *n.* द्वीप-वासी; **islet** /आइलिट/ *n.* छोटा टापू, उपद्वीप

ISM *abbr.* 'Indian School of Mines', 'Indian Systems of Medicine' की प्रथमाक्षरी

-ism *suff.* 1 वाद, मत, सिद्धांत: capital**ism** ≠ social**ism** 2 गुण, अवस्था: hero**ism**; dandy**ism**; hooligan**ism**; manner**ism** 3 किसी भाषा या संस्कृति की विशिष्टता: American**ism**; Russian**ism** 4 रोग: alcohol**ism**

IMA *abbr.* 'Indian Military Academy (Dehradun)', 'Indian Sugar Mills Association' की प्रथमाक्षरी

ISMC *abbr.* 'India Sports Medicine Congress' की प्रथमाक्षरी

isn't /इजंट/ **'is not'** का छोटा रूप

ISO *abbr.* 'India Software Operation', 'International Standards Organisation' की प्रथमाक्षरी

iso- *suf., comb. form, denoting:* **same, equal** (सम-, समान)

isobar /आइसो\बाः/ *n.* 1 समदाब स्थल रेखा 2 समभार परमाणु;
dw/lw: **~ic** /~बैरिक/ *adj.* समदाब रेखा-संबंधी, समभारिक

isocheim /आइसोकाइम/ *n.* शीत माध्य, समताप स्थल रेखा

isochromatic /आइसोक्रोमैटिक/ *adj.* सवर्ण, समवर्ण

isochro\nal /आइसौक्रअनल/ (*also* **~nous**) *adj.* 1 समान-सामयिक 2 समसामयिक 3 समान अंतरालों के बाद होने वाला

isochronal /आइसॉक्रअनल/ *adj.* समान समय पर घटित होनेवाला

isochronous /आइसॉक्रनस/ *adj.* समकालिक

isochroous /आइसॉक्रोअस/ *adj.* इकरंगा, इकरंग, समवर्ण

isoclinal /आइसोक्लाइनल/ *adj.* समनत, समनतिक

isocracy /आइसॉक्रसि/ *n.* 1 समान राजनीतिक शक्ति या सत्ता अधिकार 2 ऐसी सत्ता-प्रणाली जिसमें सबको समान राजसत्तात्मक अधिकार प्राप्त हों

isodiametric/ **~al** /आइसोडाइमेट्रिक/ ~ल/ *adj.* समान व्यास वाले

isodynamic /आइसोडायनमिक/ *adj.* समबल, समान बल या शक्ति से संबंधित

isoelectric /आइसोइलेक्ट्रिक/ *adj.* समान बिजली धारा वाले

isogamous /आइसॉगमस/ *adj.* समयुग्मकी

isogloss /आइसोग्लौस/ *n.* मानचित्र पर समान भाषा-विभाजन रेखा

isogon /आइसगॉन/ *n.* समकोण बहुभुज;
dw/lw: **~al**/ **~ic** *adj.* 1 समकोण 2 समदिक्पाती

isochel /आइसोहेल/ *n.* सम सूर्य-प्रकाश स्थल (रेखा)

isohyet /आइसोहायट/ *n.* वर्षा-मानचित्र पर समवर्षा स्थल रेखा

isola\te /आइसअले\ट/ *v., pt.* **~ted**, *pp* **~ting** 1 अलग/ विलग/ पृथक क.: **~te** from the whole 2 अलग-थलग क.: **~te** a patient;
dw/lw: **~ted** /~टिड/ *adj.* 1 (***syn.*** remote) अन्य स्थानों से दूर 2 अलग-थलग 3 वियुक्त 4 एकाकी, अकेला, इक्का-दुक्का: an ~ted case/ example/ incident, etc.; **~ting** /~लेटिंग/ *adj., ling.* अलग-अलग करने वाला: ~ting languages; **~tion** /~लेशन/ *n.* 1 अलग-थलगपन, अलगाव, एकाकीपन: live in ~tion 2 तन्हाई, अकेलापन; **~tionism** /~शनिज्म/ *n.* अलगाववाद, पृथक्तावाद; **~tionist** /~शनिस्ट/ *n.* अलगाववादी, पृथकतावादी

isologous /आइसॉलगस/ *adj.* समाकार, समजातीय

isomer /आइसअ\मअः/ *n.* समावयव, समरासायनिक रचनीय यौगिक;
dw/lw: **~ic** /~मअरिक/ *adj.* समावयवी

isometric /आइसअमेट्रि\क/ *adj.* 1 सममितीय, समान मापी: ~ system 2 *physiol.* मांस-पेशियों के तनाव से संबंधित 3 एक धुरीवाले 3-आयामी (three-dimensional) चित्रों से संबंधित 4 शारीरिक व्यायाम के अभ्यासों से संबंधित;
dw/lw: **~s** /~क्स/ *n.* शारीरिक व्यायाम प्रणाली

isomorph /आइसअमॉःफ/ *n.* 1 किसी दूसरी वस्तु की रचना व आकृति के समान वस्तु 2 समान क्रिस्टलीय रचनाओं वाले दो पदार्थ 3 विषम जातीय/नस्लीय व्यक्तियों में आकृति-समानता;
dw/lw: **~ic** /आइसमॉःफिक/ *adj.* समरूपी, समाकृतिक, एक समान आकृति वाले: ~ic mapping; ~ic with/ to/ a set; **~ism** /आइसमॉःफिज्म/ *n.* 1 समरूपता, समाकृतिकता 2 सम-क्रिस्टलीयता 3 दो तरह के सेटों के अवयवों के बीच समानता: ~ism between two sets

isono\my /आइसौ\नमि/ *n.* अधिकार/ विशेषाधिकार-समता
dw/lw: **~mic** /~नमिक/ *adj.* सम-अधिकारीय, सम-विशेष-अधिकारीय

isophone /आइसअफोन/ *n.* सम ध्वनीय स्थान (रेखा)

isophotic /आइसअफोटिक/ *adj.* समान प्रकाशीय स्थल (रेखा)

isopleth /आइसअप्लेथ/ *n.* सममान स्थल (रेखा)

isoprene /आइसअप्रीन/ *n.* एक तरल हाइड्रो कार्बन जो पेट्रोलियम में मिलता है

isosceles /आइसौसअलीज/ *adj.* समद्विबाहु, दो बराबर भुजाओं वाली;
collocations: **~ triangle** समद्विबाहु त्रिकोण, दो बराबर भुजाओं वाली त्रिकोण

isoseismal /आइसअसाइजमल/ *adj.* भूकंप की समान उग्रता वाले स्थानों से संबंधित

isosta\sy /आइसौ\स्टअसि/ *n.* दो स्थानों की सिद्धांततः समान स्थिति (equilibrium);
dw/lw: **~tic** /~स्टैटिक/ *adj.* समस्थितिक, समान स्थिति वाले

isothere /आइसअथिअः/ *n.* नक्शे पर गर्मियों में समान औसत तापमान वाले स्थानों की द्योतक रेखा

isotherm /आइसअथःम/ *n.* समताप रेखा, मानचित्र में एक समान तापमान वाले स्थानों को मिलाने वाली रेखा

isotonic /आइसोटोनिक/ *US* आइसोटाःनिक/ *adj.* 1 उन खनिजों व लवणों से भरपूर पेय से संबंधित जिन्हें शरीर व्यायाम के दौरान खो देता है 2 समतानी, समपरासारी;
n. समान स्वचालित दबाव वाला (osmotic) घोल, समतानी या समपरासारी **घोल**

isotope /आइसअटोप/ *n.* आइसोटोप, एक समान प्रटोन पर भिन्न-भिन्न इलेक्ट्रोन संख्या वाला रासायनिक तत्त्व: radioactive ~

isotropic /आइसअट्रौपिक/ आइसोट्रौपिक/ *adj.* 1 समदिक्, समदैशिक 2 सब दिशाओं में समान गुणोंवाले (पदार्थ)

isotype /आइसोटाइप/ *n.* समप्ररूप, आइसोटाइप

I-spy /आई-स्पाई/ *n.* बच्चों का आंख-मिचौनी का खेल

ISP *abbr*: 'Indian Software Professional', 'Indian Space Programme', 'International Speed Post', 'Internet Service Provider' की प्रथमाक्षरी

ISPA *abbr.* 'International Sporting Press Association' की प्रथमाक्षरी

ISPAI *abbr.* 'Internet Service Providers Association of India' की प्रथमाक्षरी

ISPR *abbr.* 'Inter-Services Public Relations (Pakistan)' की प्रथमाक्षरी

Isr *abbr.* **'Israel'** का संक्षेप

Israel /इजरेइल/ *US* इजरिअल/ *n.* इजराइल;
dw/lw: **Israeli** /इजरेइलि/ *n., pl.* ~s इजराइल निवासी, इजराइली; **Israeli** *adj.* इजराइल-संबंधी, इजराइली; **~ite** /इजरअलाइट/ *n.* 1 यहूदीवाद समर्थक 2 अपने आपको परमात्मा के पसंदीदा लोग बताने वाले ईसाई संगठन

ISRF *abbr.* 'International Squash Racquets Federation' की प्रथमाक्षरी

ISRO *abbr.* 'Indian Space Research Organisation' की प्रथमाक्षरी

ISRS *abbr.* 'Institute for Strategic and Regional Studies' की प्रथमाक्षरी

ISS *abbr.* 'Infotree Software Solutions', 'International Security System', 'International Social Service', 'International Space Station' की प्रथमाक्षरी

ISSA *abbr.* 'International Social Security Association' की प्रथमाक्षरी

ISSF *abbr.* 'International Shooting Sports Federation' की प्रथमाक्षरी

ISSICON *abbr.* 'International Spine and Spinal Injuries Conference' की प्रथमाक्षरी

ISSP *abbr.* 'Indian Scientific Satellite Project' की प्रथमाक्षरी

issuable /इशुएबल/ इस्युएबल/ *adj.* 1 प्रकाश्य 2 प्रचलनीय 3 निगमनीय 4 विवाद्य: ~ term 5 (***syn.*** profitable) लाभदायक, लाभ दिलानेवाला

issue /इशू/ इस्यू/ *n.* 1 समस्या, विवाद या वाद का विषय, मुद्दा: the point of ~ 2 अंक, संस्करण: an over/ an under ~; to-day's ~ 3 प्रकाशन 4 पत्रिका, समाचार पत्र: appeared in the March ~ 5 टिकट (stamp), सिक्का (coin), शेयर (share): the new share ~ 6 उपलब्ध कराने की क्रिया, देने या बांटने की क्रिया: the ~ of overcoats to soldiers; ~ blankets 7 निर्गमन, निकासी: an ~ for water/ smoke 8 परिणाम, निर्णय, समाप्ति: bring an ~ to a close; the ~ of a combat/ a battle/ a contest; the ~ of an undertaking; the ~s of an idle brain (बेकारी के कारण पैदा होने वाले खोखले मुद्दे); bring sth to a successful ~; in the ~ (परिणाम स्वरूप, अंततः) 9 संतान, संतति: die without an ~; no ~ from the marriage survived; male ~ 10 लाभ: the ~s of an estate 11 स्राव, निकास: an ~ of blood from the nose/ from a wound; bloody ~ 12 आदेश देने या निकालने की क्रिया: the ~ of an order/ of a command 13 एतराज, एतराज: material/ immaterial ~; ~ of fact (प्रतिपक्ष की दलील का खंडन); ~ of law (कानूनी एतराज); debate an ~ (किसी मुद्दे पर बहस क.);
v., pt. **~d**, *pp* **issuing** 1 जारी क.: ~ money/ stamps 2 प्रदान क. 3 आना-जाना 4 बाहर निकलना: smoke **~d**; no words/ sounds **~d** from his lips 5 इस्तेमाल के लिए बांटना: ~ provisions/ ammunition to troops; ~ food and clothing to soldiers 6 घोषित क: ~ a statement/ rebuttal/ rejoinder 7 पत्रिका आदि प्रकाशित क. 8 शुरूआत क., आगे बढ़ना 9 परिणाम निकलना: the game **~d** in a tie 10 देना, जारी क.: ~ commands/ orders; ~ a writ (निर्देश दे.) 11 किसी के विरुद्ध कानूनी कार्रवाई शुरू क.;
dw/lw: **issuance** /इश्युअंस/ इस्युअंस/ *n.* 1 प्रकाशन 2 प्रचार 3 प्रदान, प्रवर्तन, प्रचालन, देने या निकालने की क्रिया: the issuance of an order; the issuance of rations; **issuant** /इश्युअंट/ इस्युअंट/ *n.* प्रवर्तक, विचारक; **~less** *adj.* निस्संतान: both their daughters were ~less; **~r** *n.* 1 प्रेषक, प्रकाशक 2 स्रावी, बहने वाला;
'collocations: **~ of fact** विवादास्पद मुद्दा; **~ing house** सट्टेबाजार के लिए शेयर और बॉड बेचने वाला बैंक; **bread-butter ~ (pocket book ~)** रोजी-रोटी का सवाल, ज्वलंत आर्थिक प्रश्न;
p&i: **~ an order/ statement/ warning** आदेश/ विज्ञप्ति/ चेतावनी जारी क.; **~ forth/ out** में से बड़ी मात्रा में निकलना; **~ from sb or sth** किसी के पास से या किसी बात में से परिणाम स्वरूप निकलना; **~ guidelines/ instructions** कार्य-निर्देश या आदेश जारी क.; **~ in sth** कोई मुद्दा हो.; **~ sb with sth** किसी को कुछ (कोई दस्तावेज आदि) दे.; **~ sth to sb** किसी को कोई चीज देना या जारी क.;
a contentious/ important/ key/ major/ thorny ~ विवादपूर्ण/ महत्त्वपूर्ण/ मुख्य/ बड़ा/ जटिल मुद्दा; **address/ discuss/ raise/ resolve an ~** मुद्दे से निपटना/ पर विचार-विमर्श क./ को उठाना/ का समाधान क.; **at ~** विवाद का विषय; **be at/ in ~** मतभेद हो.; **force the ~** मुद्दे पर विचार-विमर्श करने के लिए विवश क.; **have ~s with sth** किसी के साथ कोई समस्या हो.; **honour is at ~** इज्जत का सवाल है; **join ~** बहस शुरू क.; **make an ~ of sth** किसी बात को वाद-विवाद का मुद्दा बनाना; **take an ~ with sb** किसी के साथ कोई मामला उठाना; **take ~ (with sb/ sth)** किसी के साथ मुद्दा उठाना; **the ~ of sth** किसी बात का मुद्दा; **the point/ the matter at ~** (बहस या शिकायत आदि का मुद्दा); **the whole ~** सारा मामला, सब कुछ;

ISTA *abbr.* 'Indian Scientific Translators Association', 'International School Theatre Association' की प्रथमाक्षरी

ISTD *abbr.* 'Indian Society for Training & Development' की प्रथमाक्षरी

ISTDF *abbr.* 'Intel Science and Talent Discovery Fair' की प्रथमाक्षरी

isthmus /इस्मस/ इस्थमस/ *n.* 1 थलडमरूमध्य 2 स्थल-संयोजक, दो बड़े भू-स्थलों को मिलानेवाली पानी के बीच से गुजरनेवाली संकरी भू-पट्टी: ~ of Panama 3 संयोजक 4 किसी अंग या ऊतक का संकरा भाग

ISTL *abbr.* 'Indchem Software Technological Limited' की प्रथमाक्षरी

istle/ ixtle /इस्तलि/ इक्स्तलि/ *n.* कई उष्णकटिबंधीय (tropical) पेड़ों से बनाया जाने वाला कीमती कपड़ा

ISTM *abbr.* 'Institute of Secretariat Training and Management' की प्रथमाक्षरी

ISTO *abbr.* 'International Standardised Testing Organisation' की प्रथमाक्षरी

ISTRAC *abbr.* 'ISRO Elementary Tracking and Command Network' की प्रथमाक्षरी

ISU *abbr.* 'International Skating Union' की प्रथमाक्षरी

ISV *abbr.* 'independent software vendors' की प्रथमाक्षरी

ISYF *abbr.* 'International Sikh Youth Federation' की प्रथमाक्षरी

ISZ *abbr.* 'Indus Suture Zone' की प्रथमाक्षरी

IT *abbr.* 'Income Tax', 'information technology', 'Institute of Technology', 'Internet Telephony' की प्रथमाक्षरी

it /इट/ *pron.* 1 पहले से उल्लिखित जीव या वस्तु का द्योतक, यह: where is your cycle? **it** is in the garage 2 पहले से ज्ञात स्थिति का द्योतक: when the workshop closes down, it will mean 100 persons losing their job 3 किसी व्यक्ति की पहचान बताने के लिए प्रयुक्त: it's my mother on the phone 4 ऐसा 5 इसे: take this letter and read ~ 6 समय, महीने, दिन, मौसम आदि बताने के लिए प्रयुक्त: it is 10 a.m. 7 कुछ क्रियाओं के साथ कर्ता या कर्म के रूप में प्रयुक्त: ~ appears that the teacher has arrived 8 वाक्य के किसी भाग पर बल देने के लिए प्रयुक्त 9 प्राकृतिक तथ्यों को जताने के लिए प्रयुक्त: **it's** sb/sth 10 बच्चे (विशेषकर जिसके लिंग का पता न हो) के स्थान पर प्रयुक्त सर्वनाम: she looked at the baby, ~ was sleeping 10 वाक्य के किसी भाग पर बल देने के लिए प्रयुक्त: **it's** Goa they want to go to, not to Kerala;
demonstrative pron. 1 निर्देशक सर्वनाम के व्याकरणीय अर्थ में: who is it? it is the postman 2 यही तो: ~ was he who helped her;
p&i: **it all boils down to** सारे मामले का निचोड़ यह है कि..., ले-देकर मामला यों हो जाता है ...; **it costs the earth** इस पर बहुत पैसा लगता है; **it is a bold mouse that nestles in the cat's ear** बिरला ही कोई ऐसा काम कर सकता है; **it is a good horse that never stumble** इंसान से गलती हो ही जाती है; **it is long lane that has no turning** बड़े काम को पूरा करने के लिए कड़ी तपस्या करनी पड़ती है; **it is an ill wind that blows nobody any good** बुरे किसी का भला नहीं कर सकते; **it is a silly fish that is caught with the same bait twice** मूर्ख ही एक ही गलती को दोबारा करता है; **it is better to die on your feet than to live on your knees** गुलामी के टुकड़ों से मौत भली; **it is better to wear out than to rust out** बेकार से बेगार भला; **it is common knowledge ; it is easier to pull down than to build up** बनाने से गिराना आसान होता है; **it is easier to flatter, it is harder to praise** प्रशंसा करने से चापलूसी करना कहीं ज्यादा आसान; **it is high time ...** समय आ गया है ...; **it is incumbent on you** ऐसा करना आपकी जिम्मेवारी है; **it is not the beard that makes the philosopher** दाढ़ी रखने से कोई दार्शनिक नहीं बन जाता; **it is not work that kills but worry**काम से नहीं, बल्कि चिंता आदमी को खा जाती है; **it is no use crying over spilt milk = it is too late to shut the stable door after the horse has bolted** अब पछताए होत क्या, जब चिड़ियां चुग गईं खेत; **it is early bird that catches the worm** जो जागत है, सो पावत है; **it is the last straw that breaks camel's back** अंतिम क्षणों में डाला जाने वाला बोझ कमर तोड़ होता है; **it is time lay our nuts aside** समय आ गया है कि हम बचपना छोड़ दें; **it matters not how long we live, but how we live** यह प्रश्न कि जीवन कितना लंबा जिया उतना अहम नहीं, जितना कि जीवन कैसे जिया; **it's all up** सब कुछ बर्बाद हो गया!; **it's no joke** ऐसा करना कोई मजाक नहीं; **it stands to reason** यह तर्क संगत बात है; **it takes to make a quarrel** एक हाथ से ताली नहीं बजती; **it taints all it touches** जहं-जहं चरण पड़े संतन के तहं-तहं बंटाधार; **it was the story of the dog and the shadow** आधी छोड़ सारी को धाए, आधी रहे न सारी पाए

ITA *abbr.* 'Income Tax Act', 'Indian Tea Association', 'Indian Telegraph Act', 'Information Technology Agreement', 'Information Technology Association', 'Intercollegiate Tennis Association' की प्रथमाक्षरी

ITA/ i.t.a. *abbr.* 'Initial Teaching Alphabet' की प्रथमाक्षरी

ITAA *abbr.* 'Information Technology Association of America' की प्रथमाक्षरी

Ital. *abbr.* 'Italian/ Italy' का छोटा रूप

ital. *abbr.* '**italic**' का छोटा रूप

Italiana\te /इटैलिअने\ट/ *adj.* इतालवी शैली की/ (में की जाने वाली सज्जा या वास्तुकला): an Englishman **~te** is a devil incarnate;
v., pt. **~ted**, *pp* **~ting** शब्दों आदि का इतालवीकरण क.

Italy /इटली/ *n.* इटली;
dw/lw: **Italian** /इटैलियन/ *n.* 1 इटलीवासी 2 इटली की भाषा, इतालवी; **Italian** *adj.* 1 इटली का/ की/ के 2 इतालवी: Italian tiles; Italian cloth; Italian warehouse (इतालवी घरेलू सामान की दुकान); Italian iron (सिलिंडरनुमा इतालवी इस्त्री)

Italic/इटैलिक/ *adj.* इंडो-यूरोपीय भाषाओं की एक शाखा से संबंधित जिसमें लातीनी (Latin) और कई प्राचीन इतालवीं भाषाएं शामिल हैं

italic /इटैलिक/ *adj.* **italic** /इटैलिक/ *adj.* 1 तिरछे अक्षरों में लिखा हुआ 2 तिरछे अक्षरों वाली लेखन शैली का

italici\ze /इटैलिसाइज/ *v., pt.* **~zed**, *pp* **~zing** तिरछे अक्षरों में छापना, टाइप क.: the sentence was **~zed**; **~ze** a word;
dw/lw: **italics** /इटैलिक्स/ *n. [pl.]* तिरछे अक्षरों वाली लेखन शैली, तिरछी लिखाई;

Italo- /इतैलो/ *pref., comb. form, denoting:* **Italy, Italian** (इटली, इतालवी): Italo-Russian (इतालवी-रूसी)

ITAR-Tass /इताःतास/ *n., acronym* of Informatsionnoe telegraphnoe agenstvo Rossii' (Информационное телеграфное агенство России) का परिवर्णी शब्द

ITAT *abbr.* 'Income Tax Appellate Tribunal' की प्रथमाक्षरी

ITBP *abbr.* 'Indo-Tibetan Border Police (Force)' की प्रथमाक्षरी

ITC *abbr.* 'Independent Television Commission (Britain)', 'Indian Tobacco Company', 'India Tennis Centre', 'Industrial Training Centre', 'inferior temporal cortex', 'International Trade Centre', 'International Transfer Certificate', 'Italian Trade Commission' की प्रथमाक्षरी

ITCC *abbr.* 'Income Tax Clearance Certificate' की प्रथमाक्षरी

itch /इच/ *v., pt.* **~ed**, *pp* **~ing** 1 खुजली हो. 2 के लिए बेचैन हो. 3 ललकना, ललक हो, उतावला हो.: ~ to know sb's secret; my fingers ~ to give him a thrashing;
n. 1 खुजली, खाज 2 खाज-खुजली वाला चर्म रोग 3 प्रबल इच्छा 4 उत्कंठा, ललक, बेचैनी;
dw/lw: **~ing** /इचिंग/ *adj.* प्रबल इच्छा से बेचैन, खुजली वाला; **~iness** /इचिनेस/ *n.* खुजलाहट; **~y** /इचि/ *adj., degr.* itchier, itchiest 1 खुजलाहट से त्रस्त 2 खुजलाहटभरा: ~y feet;
p&i: **be ~ing to do sth** कुछ करने या पाने की तीव्र उत्कंठा हो.; **have an ~y feet** यात्रा करने या घूमने-फिरने की प्रबल उत्कंठा हो.; **have an ~y/ ~ing palm** लाभ की उम्मीद हो., पैसे के लिए बहुत लालची हो., पैसे के लिए तरसना; **scratch one where one ~es** किसी की दुखती रग पर हाथ रखना

ITCZ *abbr.* 'Intertropical Convergence Zone' की प्रथमाक्षरी

ITD *abbr.* 'Income Tax Department' की प्रथमाक्षरी

it'd /इटअड/ 'it would'/'it had' का छोटा रूप

ITDA *abbr.* 'Integrated Tribal Development Agency' की

प्रथमाक्षरी

ITDC *abbr.* 'Indian Tourism Development Corporation' की प्रथमाक्षरी

ITDP *abbr.* 'Institute for Transportation and Development Planning' की प्रथमाक्षरी

ITE *abbr.* 'International Trade and Exhibitions' की प्रथमाक्षरी

item /आइटम/ *n.* 1 मद, मद्द, नग: an ~ of income 2 समाचार: several interesting **~s** in todays paper 3 विषय: **~s** of care 4 बात, मुद्दा: disagree on several **~s**; the first ~ on a programme; an ~ on the agenda 5 अंग 6 इकाई, अकेला नग 7 कहानी, लेख 8 क्रमांक: answer a letter ~ by ~ 9 प्रेम-प्रपंच में लीन जोड़ा: be an ~;

***dw/lw:* ~ize** (*also UK* **-ise**) /आइटमाइज/ *v., pt.* ~ized, *pp* ~izing 1 वस्तुओं आदि की सूची बनाना 2 मदवार लिखना 3 अलग-अलग उल्लेख क.; **~ized** /आइटेमाइजड/ *adj.* मदवार; **~wise** /आइटमवाइज/ *adv.* मद/ विषय-क्रम से;

***collocations:* an ~ number** फिल्म आदि में नृत्य-गीत का कामुक प्रस्तुति

ITEP *abbr.* 'International Traineeship Exchange Programme' की प्रथमाक्षरी

ITER *abbr.* 'International Thermonuclear Experimental Reactor' की प्रथमाक्षरी

itera\te /इटअरे\ट/ *v., pt.* **~ted**, *pp* **~ting** 1 दुहराना, बार-बार कहना: **~te** a warning; **~te** advice/ an offence; **~te** an accusation 2 पुनर्कथन क.;

***dw/lw:* ~ted** *adj.* पुनर्कथित, दोबारा कही गई बात; **~tion** /~शन/ *n.* दुहराव, पुनरावृत्ति, पुनर्कथन; **~tive** /~टिव/ *adj.* 1 पुनरावृत्तीय 2 पुनरावृत्ति-वाचक, पुनरावृत्तिमूलक

itine\rant /आइटिनअ\रंट/ *adj.* 1 घुमक्कड़, चलता-फिरता, घूमने-फिरने वाला, यायावर, भ्रमणशील 2 दौरा करने वाला: **~rant** doctor, justice/ judge 3 घुमंतु (प्रचारक): **~rant** musicians; **~rant** preacher;

n. सैलानी;

dw/lw:* ~rancy** /~रंसि/ *n.* 1 बंजारापन 2 घुमंतूपन 3 यात्रा या भ्रमण की प्रवृत्ति; **~rant** /~रंट/ *n.* 1 यात्री 2 घुमंतू, बंजारा; **~rary** /~रेरि/ *n., pl.* ~raries 1 पूर्व-नियोजित यात्रा, भ्रमण 2 (syn.*** route, stops, visits etc.) यात्रा का कार्यक्रम, रास्ता, थमाव आदि 3 (***syn.*** guide-book) मार्ग-दर्शिका-पुस्तिका 4 मार्ग-दर्शक; **~rary** *adj.* 1 यात्रा-संबंधी 2 रास्ते का 3 यात्रा करने वाला; **~rate** /~रेट/ *v., pt.* ~rated, *pp* ~rating यात्रा/ भ्रमण क.

ITES *abbr.* 'Information technology enabled services' की प्रथमाक्षरी

ITF *abbr.* 'Indian Triathlon Federation', 'International Tennis Federation' की प्रथमाक्षरी

ITGC *abbr.* 'International Telecommunications Gateway Centres' की प्रथमाक्षरी

ITGS *abbr.* 'Intelligent Traffic Guidance System' की प्रथमाक्षरी

ITHEL *abbr.* 'International Travel House Explorations Limited' की प्रथमाक्षरी

ITI *abbr.* 'Indian Telephone Industries', 'Industrial Training Institute' की प्रथमाक्षरी

ITIL *abbr.* 'Information Technologies India Limited' की प्रथमाक्षरी

ITIMM *abbr.* 'Information Technology-Integrated Manufacturing Management' की प्रथमाक्षरी

IT-ISAC *abbr.* 'Information Technology Information Sharing and Analysis Centre' की प्रथमाक्षरी

ITK *abbr.* 'Indigenous Technical Knowledge' की प्रथमाक्षरी

ITL *abbr.* 'Infosys Technologies Limited', 'Integrity, Truth and Learning' की प्रथमाक्षरी

it'll /इटल/ 'it will/ it shall' का छोटा रूप

ITLRC *abbr.* 'IT Learning Resource Centre' की प्रथमाक्षरी

ITM *abbr.* 'in-the-money' की प्रथमाक्षरी

ITMS *abbr.* 'Integrated Treasury Management System' की प्रथमाक्षरी

ITN *abbr*: 'Independent Television Network', 'Independent Television News' की प्रथमाक्षरी

ITO *abbr*: 'Income Tax Officer', 'International Trade Organisation' की प्रथमाक्षरी,

ITP *abbr.* '(The bleeding disorder called) Idiopathic thrombocytopenic purpura', 'Immortal Traffic Prevention Act', 'Integrated Transport Policy' की प्रथमाक्षरी

ITPA *abbr.* 'Immoral Trafficking Prevention Act' की प्रथमाक्षरी

ITPI *abbr.* 'Institute of Town Planers, India' की प्रथमाक्षरी

ITPL *abbr.* 'International Technology Park Limited' की प्रथमाक्षरी

ITPO *abbr.* 'India Trade Promotion Organisation' की प्रथमाक्षरी

ITR *abbr.* 'Interim Test Range (Surface-to-air missile)' की प्रथमाक्षरी

ITRC *abbr.* 'Industrial Toxicology Research Centre (Lucknow)' की प्रथमाक्षरी

ITS *abbr.* 'Institute of Technology and Science' की प्रथमाक्षरी

its /इट्स/ *determiner* 1 (किसी वस्तु, पशु या बच्चे का या उनसे संबंधित) इसका, इसकी, इसके 2 अपना, अपनी, अपने: the child showed ~ first drawing; the horse broke ~ leg

it's /इट्स/ 'it is'/ 'it has' का छोटा रूप

ITSA *abbr.* 'Indian Telecom Services Association' की प्रथमाक्षरी

itself /इट्सेल्फ/ *pron.* 1 स्वयं: the child stood up (all) by ~ 2 स्वयं को 3 खुद, अलग-थलग: the house stands (all) by ~ 4 खुद को: the hare hid ~; when the monkey saw ~ in the mirror ... 5 अपने आप: an automatic machine is one that works by ~ 6 बल देने के लिए प्रयुक्त 7 (***syn.*** normal self) सामान्य अवस्था: the house looked ~ again;

***p&i:* (all) by ~** अकेले ही; स्वयं ही, अपने आप; **be patience, honesty, simplicity, etc. ~** धैर्य, ईमानदारी, सादगी आदि की साक्षात मूर्ति हो.; **in ~** अपने आप में; **of ~** अपने आप

ITSP *abbr.* 'Internet telephony service providers' की प्रथमाक्षरी

itsy-bitsy /इटसि-बिटसि/ (*also* **itty-bitty** /इटि-बिटि/) *adj.* छोटा, लघु, तुच्छ, नगण्य, नन्हा

ITT *abbr*: 'Individual Time Trial', 'International Telephone and Telegraph' की प्रथमाक्षरी

ITTA *abbr.* 'Indian Tourist Transporters Association' की प्रथमाक्षरी

ITTAC *abbr.* 'Indian Tyre Technical Advisory Committee' की प्रथमाक्षरी

ITTC *abbr*: 'International Telephone and Telegraph Corporation' की प्रथमाक्षरी

ITTF *abbr.* 'International Table Tennis Federation' की प्रथमाक्षरी

ITU *abbr*: 'International Telecommunication Union', 'International Triathlon Union' की प्रथमाक्षरी

ITV *abbr.* 'Independent Television' का संक्षिप्त रूप

ITVUS *abbr.* 'India Technology Venture Unit Scheme' की प्रथमाक्षरी

IU *abbr.* 'intrauterine' का संक्षेप

IUC *abbr.* 'interconnect usage charges' की प्रथमाक्षरी
IUCAA *abbr.* 'Inter-University Centre for Astronomy and Astrophysics (Pune)' की प्रथमाक्षरी
IUC-DAEF *abbr.* 'Inter-University Consortium for DAE Facilities (Indore)' की प्रथमाक्षरी
IUCD, **IUD** *see above under* **intrauterine:** ***collocations:***
IUCI *abbr.* 'Internet Users Club of India' की प्रथमाक्षरी
IUCN *abbr.* 'International Union for Conservation of Nature' की प्रथमाक्षरी
IUCW *abbr.* 'International Union for Child Welfare' की प्रथमाक्षरी
IUD *abbr.* 'Intra-Uterine Device' की प्रथमाक्षरी
IUML *abbr.* 'Indian Union Muslim League' की प्रथमाक्षरी
IUPF *abbr.* 'Indo-U.S. Parliamentary Forum' की प्रथमाक्षरी
IUPGR *abbr.* 'International Undertaking on Plant Genetic Resources' की प्रथमाक्षरी
IV or **i.v.**, *abbr. med.* *US* (*UK* **drip**) 'intravenous/ intravenously' का संक्षेप (शरीर में रक्तवाहिकाओं में द्रव चढ़ाने वाला उपकरण)
I've 'I have' का संक्षिप्त रूप
IVF *abbr.* 'ICICI Venture Funds', 'in vitro fertilisation' की प्रथमाक्षरी (कृत्रिम ढंग से गर्भाशय में बच्चा पैदा करने की क्रिया)
IVG *abbr.* 'Intec Venture Group' की प्रथमाक्षरी
IVLP *abbr.* 'Institute of Village Linkage Programme' की प्रथमाक्षरी
IVR *abbr.* 'interactive voice response', 'International Vehicle Registration' की प्रथमाक्षरी
ivied /आइविड/ *adj.* जिसे ऊपर से घास आदि ने ढक लिया हो : ~ walls
ivory /आइवरि/ *n., pl.* **ivories** 1 हाथी-दांत, गज-दंत: fossil ~ (हाथी-दांत की नकल) 2 हाथी-दांत की वस्तुएं 3 हाथी-दांत-सा रंग 4 (**ivories**) पिआनो के बटन (keys);
adj. 1 हाथी-दांत का 2 हाथी दांत का बना हुआ 3 हाथी-दांत जैसा
dw/lw: **~-black** *n.* दंति-कज्जलि; **~-thumper** *n.* पिआनोवादक; **~-turner** *n.* दंतकार; **ivoried** /आइवरिड/ *adj.* हाथी दांत जैसा बना हुआ; **~-white** *adj.* हाथी-दांत के रंग का;
collocations: **~ tower** बिल्कुल अलग-थलग व जनसाधारण से कटा हुआ स्थान;
p&i: **thump/ tinkle the ivories** पिआनो बजाना; **flash/ show one's ivories** खिल-खिलाकर हंसना
IVRI *abbr.* 'Indian Veterinary Research Institute' की प्रथमाक्षरी
IVRS *abbr.* 'Interactive Voice Response System (LIC)' की प्रथमाक्षरी
ivy /आइवी/ *n.* सिरपेंचे की बेल, सिरपेंचा, लबलब, मारवल्ली;
collocations: **~ gourd** कुंदरु, बिंबा फल; **the Ivy League** 1 *US* पूर्वी अमेरिका में आठ पुराने व उच्च कोटि के विश्वविद्यालयों का समूह 2 बुद्धिजीवियों का अभिजात जमावड़ा; **Ivy League** *adj.* उच्च कोटि के: Ivy League colleges
IWA *abbr.* 'Inland Waterways Authority of India', 'International Webmasters Association' की प्रथमाक्षरी
IWD *abbr.* 'International Women's Day' की प्रथमाक्षरी
IWDP *abbr.* 'Integrated Watershed Development Project', 'Integrated Wastelands Development Project' की प्रथमाक्षरी
IWF *abbr.* 'Indian Weightlifting Federation', 'International Weightlifting Federation' की प्रथमाक्षरी
IWGM *abbr.* 'International Women Grandmaster' की प्रथमाक्षरी
IWGMP *abbr.* 'Intergovernmental Working Group on Marine Pollution (UNO)' की प्रथमाक्षरी
IWHF *abbr.* 'Indian Women's Hockey Federation' की प्रथमाक्षरी
IWM *abbr.* 'International Woman Master' की प्रथमाक्षरी
IWPC *abbr.* 'Indian Women's Press Corps' की प्रथमाक्षरी
IWS *abbr.* 'International Wool Secretariat' की प्रथमाक्षरी
IWT *abbr.* 'Inland Water Transport' की प्रथमाक्षरी
IWTAI *abbr.* 'Inland Water Transport Authority of India' की प्रथमाक्षरी
IWW *abbr.* 'Industrial Workers of the World' की प्रथमाक्षरी
IXA *abbr.* 'Internet Exchange Architecture' की प्रथमाक्षरी
IYC *abbr.* 'Indian Youth Congress' की प्रथमाक्षरी
IYM *abbr.* 'International year of Mountains' की प्रथमाक्षरी
IYV *abbr.* 'International Year of the Volunteers' की प्रथमाक्षरी

J j

J j /जे/ *n., pl.* **Js**, **J's**, or **j's** अंग्रेजी वर्णमाला का दसवां वर्ण

J *abbr.* **'Japan'** का अंतर्राष्ट्रीय गाड़ी पंजीकरण (registration) कोड (*IVR*)

JA *abbr.* **'Jamaica'** का अंतर्राष्ट्रीय गाड़ी पंजीकरण (registration) कोड (*IVR*)

jab /जैब/ *v., pt.* **~bed**, *pp* **~bing** 1 झट से धंसा दे., घुसाना 2 कोंचना, चुभाना, गाड़ना: he **~bed** his elbow into my side 3 फुर्तीला घूंसा लगाना (in boxing): the boxer **~bed** at his opponent;
n. 1 आघात, प्रहार: a ~ in the stomach 2 इंजेक्शन: give a tetanus ~ (धनुस्तंभ सुई लगाना);
p&i: **~ at** किसी पर जोर से घूसे से वार क.; **~ sth into** किसी चीज को किसी चीज में मारकर घुसेड़ना; **~ sth out** किसी चीज को किसी चीज में से मारकर निकालना

jabber /जैबः/ *v., pt.* **~ed**, *pp* **~ing** 1 बड़बड़ाना, बकबक क., टर्र-टर्र क., बकवाद क. 2 (***syn.*** gabble) उत्तेजित होकर गपड़-सपड़ क.;
n. 1 बकबक, बड़बड़, टर्र-टर्र, गपड़-सपड़ 2 बकबक करने वाला, बकवादी, टरनि वाला, गपड़-सपड़ बोलने वाला

jabberwocky /जैबअवौकि/ *n.* 1 प्रहसन या मजाक के रूप में पेश किए जाने वाले रचना, भाषण या व्यवहार 2 हास्य-रचना

jabot /जैबो/ *n.* कमीज की अगली तरफ लगाए जाने वाले कपड़े के सजावटी बेल-बूटे

JAC *abbr.* 'Joint Action Committee' की प्रथमाक्षरी

Jacaranda /जैकअरैंडा/ *n.* सुगंधदार लकड़ी वाला एक उष्णकटिबंधीय (tropical) पेड़

jacinth /जैसिंथ/ (*also* **hyacinth**) *n.* 1 (***syn.*** blue gemstone) राहु रत्न, नीलम 2 पुखराज, स्फटिक, बिल्लौर 3 आरक्त, नारंगी रंग 4 कपोत

jack /जैक/ *n.* 1 जैक, भारी वस्तुओं या मशीनों को ऊपर उठाने वाला एक उपकरण, उत्थापक 2 चर्खी, पहिया चलाने का हत्था 3 बिजली या टेलीफोन का सॉकेट (socket) 4 ताश में गुलाम का पत्ता 5 कुछ जानवरों के नर, जैसे गधा 6 समुद्री जहाज पर लगी देश-सूचक पताका 7 नाविक, मल्लाह 8 मजदूर 9 टहलुआ, लौंडा 10 बदमाश, पाजी, ढीठ, धृष्ट व्यक्ति 11 साधारण व्यक्ति: every man ~ 11 (***syn.,*** *taboo* **~ shit**) बेकार चीज;
v., *pt.* **~ed**, *pp* **~ing** 1 जैक से ऊपर उठाना: ~ sth up or in 2 जैक का उपयोग क. 3 (**~ sb around**) किसी का समय व्यर्थ करवाना 3 एकदम बहुत ज्यादा दाम बढ़ा दे.;
dw/lw: **~boot** /जैक्बूट/ *n.* 1 सैनिकों के लिए घुटनों तक का या टखनों से ऊंचा जूता, जैकबूट 2 क्रूर सैनिक शासक; **~-in-office** *n.* छोटा दफ्तरशाह/ नौकरशाह, रोब झाड़ने वाला बाबू; **~-in-the-box** *n.* एक गुड़िया जो बक्से में स्प्रिंग से लगी होती है और ढक्कन उठाते ही वह उछल पड़ती है, जैक-पेटी; **~-in-the-green** *n.* त्योहार के अवसर पर पत्तों और टहनियों से लदा युवक; **~-of-all-trades** *n.* हरफनमौला, दर्जी की सुई; **~-knife** *n., pl.* ~-knives 1 अपने हत्थे में बंद हो जाने वाला खटकेदार जेबी चाकू 2 गोताखोरी की एक शैली जिसमें पहले बदन को मोड़ लिया जाता है और गोता लगाने से पहले उसे खोल लिया जाता है; **~-knife** ***v.***, *pt.* ~-knifed, *pp* ~-knifing जैक चाकू से प्रहार क.; **jack-o-lantern** /जैक-ओ-लैंटःन/ *n.* 1 तुमड़ी-लैंप, तुमड़बत्ती 2 छलावा 3 मृगमरीचिका; **Jack-out-of-office** *n.* बाबू, जिसे काम से निकाल दिया हो; **~-plane** *n.* मोटा रंदा; **~s/ ~stones** *n. [pl.]* एक खेल जिसमें गोटियों को हवा में उछालकर उल्टी हथेली पर लिया जाता है; **~screw** /जैक्सक्रू/ *n.* पेचों (screws) से चलने वाला जैक, जैकस्क्रू, जैकपेंच; **~sie/ ~sy** *sl.* चूतड़, गुदा, मल द्वार; **~-snipe** *n.* चाहा; **~-stay** *n.* जैक-तान; **~-straw** *n.* फूस का पुतला, तुच्छ व्यक्ति, छुटभैया; **~-towel** *n.* साझे प्रयोग के लिए तौलिया;
collocations: **Jack at a pinch** जिससे हर कार्य करवाने के लिए मांग हो; **Jack Blunt** उजड्ड आदमी; **Jack boots** होटल में बरामदे में बैठने वाला कर्मी; **Jack Canuck** कैनेडा वासी का उपनाम; **Jack Drum's entertainment** फीका स्वागत; **Jack Frost** पाले का साक्षात रूप; **Jack Horner** शरारती बालक; **Jack in office** हेकड़ीबाज बाबू; **Jack in the low cellar** मां की कोख में बच्चा; **Jack Johnson** बम का भारी गोला, हथियार; **Jack ketch** जल्लाद; **Jack of both sides** बेपेंदे का लोटा; **Jack Presbyter/ Priest** पोप; **~ pudding** विदूषक, मसखरा, भांड, गंवार **~ rabbit** /जैक रिपिट/ *n.* बड़ा खरगोश; **Jack Russel/ Jack Russel terrier** सफेद-भूरे रंग का एक छोटा शिकारी कुत्ता; **Jack Sprat** छोटा आदमी; **Jack tar** मल्लाह, नाविक; **Jack the Lad** हट्टा-कट्टा और दंभ से भरा बांका-छैला; **Jack the Ripper** लंदन में कभी रहा औरतों को चीर देने वाला भयंकर अपराधी;
cheap Jack घुमक्कड़ व्यापारी; **the Black Jack** समुद्री डाकुओं की पताका; **Union/ British Jack** ब्रिटेन का झंडा; **yellow Jack** पीत ज्वर;
p&i: **~ among the maids** गोपियों के बीच कान्हा; **Jack is as good as his master** जैसा मालिक वैसा नौकर; **~ of all trades** हरफनमौला; **~ of all trades and master of none** नीम हकीम, खतरे जान; **~ off** *sl.* हस्तमैथुन क.; **~ up** 1 किसी यंत्र से किसी चीज को ऊपर उठाना 2 बढ़ाना-चढ़ाना (कीमतें आदि) 3 अपने आपको मादक दवा का इंजेक्शन लगाना; **~ up one's job** काम छोड़ दे.; **~ up the job** काम खराब कर दे.; **~ sth up** जैक से ऊपर उठाना; **~ sth in** or **up** *sl.* नौकरी आदि छोड़ दे.; **Jack wants to be as good as his master** जैसा मालिक वैसा नौकर; **~ sb around** किसी का समय बर्बाद करवाना;
a good Jack makes a good Jill अच्छे पति की अच्छी पत्नी; **all shall be well, Jack shall have Jill** सब ठीक होगा, जैक को जिल मिल जाएगी, अंत भला सो भला; **before (one) can/could say Jack Robinson** पल भर में, एक चुटकी में; **be Jack of/ on/ o'/ both sides** दोगला (तेरा भी, मेरा भी) आदमी; **be on sb's ~** किसी पर मुक्कों की बौछार क.; **climb like a steeple Jack** बाजीगर की तरह ऊंची इमारतों पर चढ़ जा.; **every Jack has his Gill/ Jill** हरेक की कोई प्रेमिका होती है; **every man ~** हर कोई, प्रत्येक, हरेक; **I'm all right, Jack** काश मेरा सब कुछ ठीक होता!; **make one's ~** बहुत सारा पैसा कमाना; **not to care a ~** जरा भी परवाह न क.; **on one's ~** अकेले, अकेलेपन में, अपने बल बूते पर; **raise ~** शोर मचाना; **play ~ with sb** ठगना

jackal /जैकॉल/ जैकल/ *n.* 1 गीदड़, सियार, श्रृंगाल 2 कमीना, नीच व्यक्ति, टहलुआ, मुफ्तखोर, हरामखोर

jackanapes /जैकअनेप्स/ *adj.* 1 बंदर, वानर 2 बांका, छैला 2 गुस्ताख, बदमाश 3 ढीठ बालक

jackass /जैकैस/ *n.* 1 गधा 2 मूर्ख व्यक्ति, बेवकूफ

jackdaw /जैक्डाः/ *n.* कौए के आकार-प्रकार का एक पक्षी, कौआ;
p&i: **~ in peacock's feathers** भेड़ की खाल में भेड़िया

jacket /जैकिट/ *n.* 1 जैकेट, वास्कट, मिरजई 2 बाह्य आवरण;
dw/lw: **~ed** /जैकिटिड/ *adj.* खोल में रखा हुआ: ~ed cylinder;
collocations: **~ potato** भुना हुआ छिलकेदार आलू;
p&i: **dust/ thrash/ trim/warm/ dress down sb's ~** किसी की पिटाई क.; **potatoes boiled/ cooked in their ~** आलू को उसकी छिलके के साथ भूनना, उबालना; **water ~** पानी ठंडा रखने के लिए चमड़े का खोल

jackfruit /जैक्फ्रूट/ *n.* कटहल, पनस

jackhammer /जैक्हैमः/ *n.* फर्श, चट्टान आदि तोड़ने वाली मशीन, जैकहैमर, जैक हथौड़ा

jackpot /जैकपॉट/ *n.* लॉटरी आदि में अधिकतम राशि का इनाम;
p&i: **hit the ~** लॉटरी आदि में अधिकतम इनाम जीतना

Jacobean /जैकअबीअन/ *adj.* 1 इंग्लैड के राजा जेम्स प्रथम के राज्यकाल से संबंधित 2 इस काल की वास्तुकला, फर्नीचर, नाटक आदि;
Jacobite /जैकोबाइट/ *n.* इंग्लैड के राजा जेम्स द्वितीय का समर्थक
Jacob's ladder 1 गोलाकार सीढ़ी 2 एक सदाबहार पौधा
Jacob's staff 1 सर्वेक्षक (surveyor) की छड़ी 2 भिन्न-भिन्न कालों के अलग-अलग सर्वेक्षण औजार
jaconet /जैकनिट/ *n.* जगन्नाथी (कपड़ा)
jacquard /जैकाःड/ *n.* जैकर्ड, कर्घे में लगने वाला उपकरण जिससे भिन्न-भिन्न आकृतियों patterns) वाला कपड़ा बनाया जाता है: ~ loom (1 जैकर्ड करघा 2 ऐसे करघे से बना कपड़ा)
jactitation /जैक्टिटेशन/ *n.* 1 बीमारी में छटपटाहट या तड़फ 2 शारीरिक ऐंठन 3 *law* झूठा बयान, शेखी-बाजी 4 छल, कपट;
collocations:: **~ of marriage** किसी से शादी होने का दिखावा
jaculator /जैकुलेटः/ *n.* उत्क्षेपक, गोला आदि) फेंकने वाला
Jacuzzi /जकूजि/ *n., pl.* **~s** बुलबुलेदार स्नानघर और उसमें स्नान
jade /जेड/ *n.* 1 हरे रंग का रत्न, संगयशब 2 बूढ़ा मरियल घोड़ा 3 कुलटा, बदचलन स्त्री, चुड़ैल; ***v.***, *pt.* **d**, *pp* **jading** 1 थककर चूर हो जा. 2 थकाना 3 निस्तेज या निर्जीव हो जा., बुझा-बुझा-सा गना 4 कमजोर पड़ना: sb's interest in sth **~d**;
dw/lw: **~d** *adj.* 1 थका-मांदा, थककर चूर होने वाला, क्लांत 2 घिसा-पिटा
Jaffa /जैफा/ *n.* मोटी छाल वाला संतरा
jag /जैग/ *v., pt.* **~ged**, *pp* **~ging** (कपड़े आदि को) टेढ़ा-मेढ़ा काटना;
n. 1 आगे निकला हुआ नुकीला कोना, नोक, कांटा, दांता 2 सिंघाड़ा 3 खोंच (tear in cloth) 4 *sl.* शराब का दौर: have a ~ on 5 छोटा-सा भार 6 उत्तेजित अवस्था, दौरा: it gives him a ~; enjoy a sentimental ~; in a crying ~ 7 किसी काम में बावलेपन की हद तक लीनता: he went on a reading ~;
dw/lw: **~ged** /जैगिड/ *adj.* खुरदरा, कांटेदार, दांतेदार: ~ged nails; **~gy** /जैगि/ *adj., degr.* jaggier, jaggiest टेढ़े-मेढ़े और भद्दे कोनों वाला;
***collocations:*crying** ~ पिए हुए व्यक्ति को पड़ने वाला उन्माद का दौरा
jaggery /जैगरि/ *n.* गुड़, शक्कर
jaguar /जैगुआः/ *n.* अमेरिका में पाया जाने वाला चीता, तेंदुआ
JAI *abbr.* 'Jockeys Association of India' की प्रथमाक्षरी
jail (*also UK* **gaol**) /जेल/ *n.* जेल, जेल-खाना, बंदीघर, कारागार;
v., pt. **~ed**, *pp* **~ing** जेल में डालना, कैद क.;
dw/lw: **~er**/ (*also UK* **gaolor**) *n.* जेलर, काराधिकारी, कारापाल, जेलर; **~-bird** *n.* 1 बंदी, कैदी 2 बार-बार जुर्म करने वाला, जेल का पंछी; **~bait** *n.* नाबालिग लड़की या लड़का, जो यौन संबंध की अनुमति देने की उम्र के न हुए हों; **~break** *n.* जेल से भाग निकलने की क्रिया; **~-delivery** *n.* 1 जेल से अदालत भेजने का कार्य 2 कारा मुक्ति 3 *US* जेल से भाग निकलने का कार्य; **~-fever** *n.* टाइफस ज्वर, पृषज्वर; **~house** *n.* जेल, कारागार
p&i: **a ~ sentence** कारावास का दंड; **be released from/ be sent to ~** कैद से छोड़ा जा. / कैद में डाला जा.; **in ~** कैद में, बंदी
Jain जैन धर्म अनुयायी;
dw/lw: **~ism** *n.* जैन धर्म
jake /जेक/ *adv.* (*Austral. and NZ*) एकदम ठीक, संतोषजनक
JAL *abbr.* 'Japan Airlines Company Limited' की प्रथमाक्षरी
jalopy/ jallopy /जलौपि/ जैलपि/ *n.* पुरानी छकड़ा कार (गाड़ी)
jalousie /जैलुजी/ *n.* झिलमिली, बाहरी शट्टर
jam /जैम/ *n.* 1 (*also US* **jelly**) जैम, मुरब्बा 2 जंजाल, उलझन, झंझट, जाम: be in a ~; pull sb out of a ~ 3 (*also* **traffic jam**) गाड़ियों से सड़क का ठसाठस भरने से होने वाला यातायात अवरोध, भीड़-भाड़ 5 मशीन या किसी यंत्र में किसी चीज का फंसाव, अड़ाव: paper ~ in the printer 5 रेडियो आदि के सिगनलों का अवरोध;
v., *pt.* **~med**, *pp* **~ming** 1 (***syn.*** squeeze, squash) घुसेड़ना, ठूंसना या ठुस जा.: ~ one's hands into one's pockets; ~ coins into a slot; six persons were **~med** up in a small car 2 कसना, जकड़ना या जकड़ा जा. 3 अड़ा दे., फंसा दे., जाम क. 4 भींचना, कुचलना: ~ fingers in the door 5 भीड़ लगाना, अवरोध क. 6 यंत्र का अटक जा., अवरुद्ध हो., फंसना, जाम हो जा., जकड़ जा.: the printer often **~s** up 7 रेडियो आदि के सिगनलों का अवरुद्ध होना;
dw/lw: **~ful** *adj.* खचाखच भरा हुआ; **~ming** *n.* 1 सड़क पर ट्रैफिक जैम 2 पेच-पुर्जों का फंसाव या अड़ाव 3 रेडियो के सिगनलों में किया जाने वाला अवरोध: ~ station; **~my** /जैमी/ *adj.* 1 वांछनीय, लाभकारी (नौकरी) 2 बिना प्रयास करने वाला भाग्यशाली (व्यक्ति) 3 जैम से भरा (मर्तबान); **~-packed** /जैम्पैक्ड/ *adj.* ठसाठस या खचाखच भरा हुआ
collocations: **~ sandwich** पुलिस दल की कार; **~ session** पॉप संगीत (pop music) का जीवंत उत्सव; **~ tomorrow** (the rule is jam tomorrow and jam yesterday – but never jam today, *ref.* Lewis Carroll, *Through the Looking Glass*) कोई अच्छी चीज देने या अच्छे दिन दिखाने का वायदा, जो कभी पूरा नहीं होता;
p&i: **~ on** कसना; **~ sth in/ into/ on, etc.** ठूंसना, ठसाठस भर दे.; **~ sth up** यंत्र के अंदरूनी पुर्जों को कसकर बंद कर दे.; **~ tomorrow** कल कभी महीं आता
have ~ on it सुख-चैन की जिंदगी बिताना
Jamaica /जमेका/ *adj.* जमैका, कैरिबियायी समुद्र में एक द्वीप-देश;
dw/lw: **~n** /जमेकन/ *adj.* जमैका (कैरिबियायी समुद्र में द्वीप-देश) संबंधी; **~n.** जमैका निवासी
jamb /जैम/ *n.* दरवाजे या खिड़की का पाखा, पाट, द्वारपक्ष
jamboree /जैंबूरी/ *n., pl.* **~s** 1 बालचरों (scouts) की बड़ी रैली (rally), समारोह, उत्सव, मेला 2 मौज-मस्ती की चौकड़ी
jammy *see above under* **jam:** ***dw/lw***
jam-packed *see above under* **jam:** ***dw/lw***
Jan. *abbr.* 'January' का संक्षिप्त रूप
Jane Do /जेन डो/ *n.* 1 अनजान औरत या ऐसी औरत, जिसका नाम गुप्त रखा गया है, के लिए प्रयुक्त 2 एक सामान्य महिला
jang\le /जैंगल/ *n.* 1 झनझन, झनझनाहट, खनखन, खड़खड़ाहट, खटखट 2 झगड़ा;
v., *pt.* **~led**, *pp* **~ling** 1 झनझनाना, खनखनाना, खड़खड़ाना, खटखटाना 2 किसी को चिढ़ाना, त्रस्त क. 3 त्रस्त हो.: her nerves were **jangling**
jani\tor /जैनिटः/ *n., N. Amer.* 1 भवन रक्षक 2 देख-भाल करने वाला (care-taker) 3 द्वारपाल;
dw/lw: **~tress** /जैनिट्रिस/ *n.* भवन की देखभाल करने वाली स्त्री, भवनरक्षिका, द्वारपालिन
January /जैन्युअरि/ (*abbr.* **Jan.**) *n.* जनवरी;
p&i: **~ commits the fault and May bears the blame** करे कोई, भरे कोई
Janus /जेनस/ *n.* (*ancient Roman myth about a Roman god of doorways, of beginnings, and of the rising sun, having one head with two bearded faces, looking in opposite directions)* दो मुंहा रोमन देवता जेनस:
dw/lw: **~-faced** दोमुंहा
jap /जैप/ (*also* **japan**) रोगन (मूलतः जापान से);
v., *pt.* **~ped**, *pp* **~ping** (*also pt.* **japanned**, *pp* **japanning**) रोगन क.
Jap *offensive sl.* जापानी
Japan /जपैन/ *n.* जापान;
dw/lw: **~ese** /जैपअनीज/ *adj.* जापानी; **~ese** *n.* 1 जापान का

नागरिक 2 जापानी भाषा

ja\pe /जेप/ *v., pt.* **~ped**, *pp* **~ping** मजाक क., दिल्लगी या परिहास क.;
n. मजाक, दिल्लगी, परिहास;
dw/lw: **~per** /जेपः/ *n.* दिल्लगीबाज, विनोदी, परिहासशील

Japlish /जैपलिश/ *n.* जापानी अंग्रेजी

japonica /जपौनिका/ (*also* **Japanese quince**) *n.* लाल फूलों वाली एक प्रकार की जापानी झाड़ी, जैपोनिका

JAPROC *abbr.* 'Japanese Language Promotion Centre (*N.* Delhi)' की प्रथमाक्षरी या परिवर्णी शब्द (acronym)

jar /जाः/ *n.* 1 मर्तबान: a ~ of strawberry jam 2 जग, सुराही 3 खड़खड़ाहट, झनझनाहट 4 धक्का, सदमा: a nasty ~; feel a ~ 5 झगड़ा, अनबन 6 बिअर (beer) का एक गिलास;
v., pt. **~red**, *pp* **~ring** 1 अप्रिय लगना, खटकना: be **~red** by the news 2 (***syn.*** clash) मेल न खाना, असंगत लगना: this order **~s** with the rules; our opinions always **~red** 3 (***syn.*** grate) चरचराना, खड़खड़ाना, कर्णकटु आवाज क.: the brakes **~red**; ~ on sb's nerves; ~ on sb's ear 4 कांपना, कंपकंपाना: the wind **~red** the house 5 स्पंदित हो. 6 हिचकोले से टकराना 7 झगड़ना 8 धक्का दे.;
dw/lw: **~ful** *n.*, **~s** मर्तबान भर मात्रा; **~ring** /जारिंग/ *adj.* 1 कर्णकटु: ~ring on sb's ears 2 कर्कश: ~ring to the nerves 3 बेसुरा: ~ring notes (बेसुरे ताल) 4 बेमेल;
p&i: **~ on** अप्रिय प्रभाव पैदा क.; **~ on sb's nerves** गुस्सा दिलाना, चिढ़ाना; **on the ~** थोड़ा खुला दरवाजा; **~ with** बमेल हो.

jardinière /जाःडिनिअः/ *n.* सजावटी गमला, फूलदान

jargon /जाःगःन/ *n.* 1 वर्ग-विशेष या व्यवसाय-विशेष की शब्दावली, खास बोली, वर्ग-बोली: legal ~; computer ~ 2 अनाप-शनाप, आंय-बांय, अंट-शंट;
dw/lw: **~eer/ ~ist** /~नीअ/ ~\निस्ट/*n.* खास बोली के शब्द प्रयोग करने वाला; **~ize/ ~ise** /~नाइज/ व्यवसाय-विशेष की शब्दावली प्रयोग में लाना

JARN *abbr.* 'Japan Air-conditioning, Heating & Refrigeration News (JARN) Journal' की प्रथमाक्षरी

JASA *abbr.* 'Journal of the Acoustical Society of America' की प्रथमाक्षरी

jasmine /जैस्मिन/ जैज्मिन/ (*also* **jesmine**) *n.* 1 चमेली की लता, जूही, जुही या मालती की लता 2 पीली चमेली या जुही, सोना-जुही 3 वन-मल्लिका, नेवाड़ी 4 कुंद (फूल) 5 मोगरा;
collocations:**orange** ~ कामिनी; **night ~/ coral ~** हर-सिंगार

jasper /जैस्पः/ *n.* एक प्रकार का रत्न, जैस्पर, सूर्यकांत मणि

Jat /जाट/ *n.* जाट, हरियाणा, पंजाब, राजस्थान, पश्चिमी उत्तर-प्रदेश आदि प्रदेशों में बहुसंख्यक जाति जिसके अधिकतर लोग कृषि, सैनिक व अन्य सशस्त्र बलों में कार्यरत हैं

jato /जेटो/ *n.* जेटो इकाई (jato unit) की मदद से भरी जाने वाली उड़ान

jaundice /जॉडि\स/ *n.* 1 पीलिया 2 कामला, कमल रोग 3 ईर्ष्या;
dw/lw: **~d** /~सड/ *adj.* 1 पीलिया का रोगी 2 द्वेषपूर्ण या दुराग्रही रुख से ग्रस्त, सनकी: a ~d eye; take a ~d view of sth;
collocations:**a ~d eye** दुराग्रहपूर्ण नजरिया, छिद्रान्वेषी

jaunt /जॉंट/ *n.* सैर-सपाटा;
dw/lw: **~iness** *n.* 1 निश्चिंतता 2 जिंदादिली 3 स्फूर्ति, तेजी; **~y** /जॉंटिनेस/ *adj., degr.* ~ier, ~iest 1 बांका, जिंदादिल, जीवंत 2 निश्चिंत व आत्मतुष्ट 3 सुंदर, आकर्षक पोशाक आदि

Java /जावा/ *n.* जावा द्वीप;
adj. जावा का/ की/ की: ~ man (जावा का आदि मानव (homo erectus);
dw/lw: **Javanese** /जावअनीज/ *adj.* 1 जावा द्वीप-संबंधी 2 यव भाषा; **Javanese** *n.* जावा-निवासी

javelin /जैवअलिन/ *n.* भाला, बरछा, नेजा: the ~ throw (जैवलिन यानी भाला फेंकने की प्रतियोगिता)

jaw /जॉ/ *n.* 1 जबड़ा, कल्ला, हनु: set one's ~ 2 (**jaws**) मशीन का पंजा या शिकंजा: ~ opening; ~ clutch/ ~ coupling 3 घाटी आदि का संकरा मुंह 4 वाचालता, बातूनीपन 5 लंबी बात-चीत 6 नीरस भाषण, उपदेश या प्रवचन;
dw/lw: **~bone** *n.* जबड़े की हड्डी, हन्वस्थि; **~breaker** *n.* ऐसा शब्द जिसका उच्चारण कष्टसाध्य हो, जबड़ातोड़; **~line** *n.* निचले जबड़े का आरेख (outline); ***collocations:*** **lantern ~s** पतला चेहरा;
p&i: **~s are wagging** अफवाह है कि ...;
get one's ~s tight क्रुद्ध हो., चिढ़ जा.; **hold one's ~** अपनी जबान पर काबू रखना; **save sb from the ~s of death** मौत के मुंह में से बचाना; **sb's ~ drops** मुंह उतरना

jawan /जवान/ *n.* जवान, सैनिक

jay /जे/ *n.* (*also* **common jay**) 1 नीलकंठ, बनसर्रा 2 बातूनी आदमी 3 मूर्ख आदमी 4 चंचल, लापरवाह स्त्री 5 अक्षर **'J'** की उच्चारण ध्वनि;
adj. *US sl.* मूढ़, मूर्ख, घटिया
dw/lw: **~bird** *n.* नीलकंठ; **~walk** *v., pt.* **~walked**, *pp* **~walking** यातायात के नियमों की परवाह न करते हुए सड़क पार क.; *also* **~walker** *n.* सड़क पर लापरवाही से टेढ़ा-मेढ़ा चलने वाला; **~walking** *n.* सड़क पर लापरवाही से चलने की क्रिया;
p&i: **naked as a ~bird** बिल्कुल नंगा, पूर्णतः नग्न, नंगा-बूचा

jazz /जैज/ *n.* 1 जैज संगीत 2 *sl.* बकवास, व्यापारिक शेखी-बाजी 3 जीवंतता, सजीवता;
v., pt. **~ed**, *pp* **~ing** 1 (*usually* **~ sth up**) जीवंत या और रुचिकर बनाना: ~ sb up 2 जैज-सी ताल दे. 3 जुगाड़ लगाकर कुछ क.: ~ the motor;
dw/lw: **~y** *adj., degr.* ~ier, ~iest 1 (***syn.*** snazzy) जैज शैली में 2 भड़कीला, दिखावापूर्ण; **~ily** *adv.* भड़कीले ढंग से; **~man** *n.* जैजगायक;
collocations: **~ poetry** जैज संगीत के साथ पढ़ी जाने वाली कवितायें;
p&i: **~ up** भड़कीला बनाना, दिखावापूर्ण ढंग से पेश क.; **~ sth up** जीवंत बनाना;
... and all that ~ ... और दूसरी इसी तरह की बातें या चीजें;

JBC *abbr.* '(Indo-US) Joint Business Council' की प्रथमाक्षरी

JBCRI *abbr.* 'Jamnalal Bajaj Centeral Research Institute' की प्रथमाक्षरी

JC *abbr.* 'Jesus Christ', 'Juvenile Court' की प्रथमाक्षरी

JCA *abbr.* 'Joint Council of Action (of Postal Workers)' की प्रथमाक्षरी

JCB *abbr.* 'Joint Cipher Bureau' की प्रथमाक्षरी

JCB™ एक प्रकार की जमीन खोदनेवाली चल मशीन

JCI *abbr.* 'Jute Corporation of India' की प्रथमाक्षरी

JCL *abbr., comput.* 'job control language' की प्रथमाक्षरी

J-cloth™ *n.* सफाई करने के लिए एक पतला कपड़ा

JCO *abbr.* 'Junior Commissioned Officer (Army)' की प्रथमाक्षरी

JCS *abbr.* 'Joint Chiefs of Staff' की प्रथमाक्षरी

J-curve किसी मुद्रा के अवमूल्यन के बाद व्यापार का संतुलन द्योतक **'J'** आकार की वक्र रेखा

JCWI *abbr.* 'Joint Council for the Welfare of Immigrants' की प्रथमाक्षरी

JD(U) *abbr.* 'Janata Dal (United)' की प्रथमाक्षरी

JDAI *abbr.* 'Juvenile Diabetes Association of India' की प्रथमाक्षरी

JDGFT *abbr.* 'Joint Director General of Foreign Trade' की प्रथमाक्षरी

JDMC *abbr.* 'Janaki Devi Medical College (DU)' की प्रथमाक्षरी

JDS *abbr.* 'Junior Diploma in Statistics' की प्रथमाक्षरी

JDTI *abbr.* 'Jewellery Design & Technology Institute (Noida)' की प्रथमाक्षरी

JE *abbr.* 'Japanese Encephalitis', 'Junior Engineer' की प्रथमाक्षरी

jealous /जेलस/ *adj.* (*often* ~ **of sb** or **sth**) 1 ईर्ष्यालु: be ~ of another's success/ glory, etc. 2 शक और जलन से पैदा होने वाली असुरक्षा की भावना का शिकार 3 डाह या जलन से ग्रस्त, डाही, जरतुआ: a ~ fury; insanely/ madly ~ (पागलों की तरह ईर्ष्यालु) 4 चौकन्ना, चौकस, सतर्क, सजग: ~ nurse; keep a ~ eye on sb's movements; be ~ of one's rights; **~ly** /जेलस्लि/ *adv.* 1 ईर्ष्यापूर्वक 2 सतर्कतापूर्वक: they guarded their secret **~ly**;

***dw/lw:* ~y** /जेलअसि/ *n.* 1 ईर्ष्या, डाह, जलन: ~y devoured him (ईर्ष्या ने उसे निगल लिया); petty ~y 2 मत्सर, मात्सर्य: blind ~y; unfounded/ groundless ~ 3 चिंता: ~y for sb's well-being 4 सतर्कता, चौकसी, सजगता

jean /जीन/ *n.* एक प्रकार का मोटी बनावट वाला सूती कपड़ा, जीन;

***dw/lw:* jeans** /जीन्ज/ *n. [pl.]* जीन की पतलून

JEE *abbr.* 'Joint Entrance Examination' की प्रथमाक्षरी

jeep /जीप/ *n.* जीप (गाड़ी)

jeepers /जीप:ज/ and ~ **creepers** *excl., US* आश्चर्य व्यक्त करते हुए प्रयुक्त

jeer /जीअ:/ *v., pt.* **~ed**, *pp* **~ing** 1 (***syn.*** mock at) उपहास क., खिल्ली उड़ाना: ~ at sb or sth 2 तिरस्कारपूर्वक हंसना 3 (***syn.*** taunt) कुटिलतापूर्वक फब्ती कसना;

n. (***syn.*** taunt) उपहास, ताना, खिल्ली, कुटिल हंसी, फब्ती;

***dw/lw:* ~ing** *adj.* उपहासभरी, खिल्ली उड़ानेवाली; **~ing** *n.* उपहास, खिल्ली उड़ाने का कार्य; **~ingly** *adv.* तिरस्कारपूर्वक, खिल्ली उड़ाते हुए;

***p&i:* ~ at sb or sth** किसी की या किसी बात की खिल्ली उड़ाना

jeez/ jeeze /जीज/ *excl., sl.* आश्चर्य या उत्साह दिखाने के लिए प्रयुक्त

jehad /जेहाद/ *n.* = jihad जिहाद, जेहाद, कट्टरपंथियों द्वारा छेड़ा जाने वाला तथाकथित धर्मयुद्ध

Jehovah/ Jehouah /जहोवा/ *n.* यहोवा, ईसाइयों के कट्टरपंथी धर्मावलंबियों के एक पंथ का ईश्वर

Jehu /जीहू/ *n. colloq., humour* बहुत तेज गाड़ी चलाने वाला ड्राइवर;

***p&i:* drive like** ~ सिरफिरे की तरह बेतहाशा गाड़ी चलाना

jejune /जिजून/ *adj.* 1 अशक्त, दुर्बल 2 नीरस, फीका, शुष्क, उबाऊ: ~ story 3 अपर्याप्त: ~ reason 4 अनुर्वर 5 अपौष्टिक: ~ diet 6 बचकाना, अपरिष्कृत

jejunum /जिजूनम/ *n.* अग्रक्षुद्रांत, मध्यांत्र, छोटी आंत का दूसरा भाग, जो हज्म हुए भोजन को अपने में सोखता है

Jekyll and Hyde /जकिल ऐंड हाइड/ जीकिल ऐंड हाइड/ (***syn.*** split personality) अपने में अच्छाई और बुराई यानी सकारात्मक व नकारात्मक पहलुओं को समाये व्यक्ति

Jell/ jell /जेल्ल/ *n.* 1 *US tradem.* जेली 2 मीठी चटनी या मुरब्बे जैसा गाढ़ा

jelly /जेली/ *UK* (*US* **Jell-O**) *n.* 1 जेली 2 (*UK/US* **jam**) फल की जेली या जैम, मुरब्बा, अवलेह: ~ structure 3 क्रीम जैसा गाढ़ा द्रव 4 घबराहट, परेशानी;

***dw/lw:* jellied** /जेलीड/ *adj.* 1 जमा हुआ 2 मीठा: ~ied tongue; **~fish** *n.* जहरीली समुद्री मछली, छत्रिक; **jellify** *v., pt.* jellified, *pp* jellifying जेली बनाना

***collocations:* ~ baby/ bean** बच्चे या बीनफली के आकार की मुलायम मिठाई; **~ bag** जैली बनाने का थैला; **~ bag** फलों का रस बनाने का थैला; **~ roll = Swiss roll**

jemmy /जेमी/ *n.* सेंध लगाने के लिए इस्तेमाल किया जाने वाला औजार (सब्बल, रंभा), सबरी

jennet /जेनिट/ *n.* स्पेनी गधा;

***dw/lw:* jenny** /जेनि/ *n.* स्पेनी गधी

jeopardize (*also UK* **–ise**) /जेप:डाइज/ *v., pt.* **~zed**, *pp* **~zing** खतरे या जोखिम में डालना: **~ze** one's life; not to ~ peace;

jeopardy /जेप:डि/ *n.* 1 खतरा, जोखिम: be in ~ 2 अभियोज्यता 3 अभियुक्तता: double ~ (एक ही अपराध के लिए दोहरी अभियुक्तता)

a je ne sais quoi /आ जे न से क्वा/ ऐसी वस्तु जिसे परिभाषित न किया जा सके

jerboa /ज:बोआ/ (*also* **desert rat**) *n.* चूहे की तरह का उछल-उछलकर चलने वाला एक जंतु, हिरन-मूसा

jeremiad /जेरिमायड/ *n.* 1 लंबी दुखभरी कहानी 2 दुखड़े के बारे में रोना-धोना, विलाप, करुण क्रंदन 3 शिकायत-शिकवा, गिला-शिकवा

jerid/ jerreed /जअरीड/ *n.* लकड़ी का बरछा, नेजा

jerk /ज:क/ *v., pt.* **~ed**, *pp* **~ing** 1 झटके से चलना: the train **~ed** along 2 झटके से रुकना: ~ to a sudden stop 3 झटकना, झटकारना, झटका दे. 4 झटके से चलाना या दबाना: ~ the trigger 5 फूट पड़ना 6 बोल उठना, झटके से बोलना: ~ out a few words 7 भारोत्तोलन में एक झटके से भार को उठाकर बाजुओं को सीधा क. 8 झटके से पीछे खींचना: ~ back the hand;

n. 1 (***syn.*** jolt) झटका: move in **~s**; give a ~ 2 झकझोरा 3 धक्का 4 ऐंठन, तनाव: ~ from the neck 5 मांसपेशियों में मरोड़, फड़कन 6 *sl.* नालायक और बेवकूफ व्यक्ति;

***dw/lw:* ~ily** *adv.* झटके के साथ: move ~ily; sob ~ily; speak/ answer ~ily; **~y** /ज:कि/ *adj., degr.* ~ier, ~iest झटकेदार, ऐंठनदार: ~y movements; ~y speech; ~y thoughts; **~y-water** *adj.* दूर-दराज और बेरास्ते का;

***p&i:* ~ along** हिचकोले खाते हुए चलना; **~ back** झटके से पीछे खींच ले.; **~ off/ ~ sb off** हस्तमैथुन क.; **~ on** झटके से चालू क.; **~ out** 1 घबराहट में जल्दी-जल्दी कुछ कह दे. 2 पीछे खींचना; **~ sb around** किसी से बुरी तरह पेश आना और उससे अन्यायपूर्ण व्यवहार क.; **~ up** (सिर को) झटकना;

get a ~ on sth जल्दी क.; **one-hand clean and** ~ *sports* एक हाथ से धकेलना; **put a ~ in it** जोश के साथ काम करना शुरू क.; **physical ~s** जिमनास्टिक्स का अभ्यास; **standing ~ with knee** घुटने में थोड़ा झटके से खड़ा हो.

jerkin /ज:किन/ *n.* 1 जरकिन, फतुई, मिरजई, सदरी 2 बिना बाजुओं की चुस्त जैकेट

jerky *see above under* **jerk: *dw/lw***

Jerry /जेरी/ *n. Brit, war sl.* जर्मन सिपाही

jerry /जेरि/ *n.* 1 स्वचालित चाकू 2 खराब सामग्री से बना मकान;

***dw/lw:* ~-build** /जेरि-बिल्ड/ *v., pt.* ~-built, *pp* ~-building रद्दी सामग्री लगाकर जल्दी-जल्दी मकान बनाना, सस्ते मकान बनाना; **~-builder** *n., adj.* सस्ते खराब मकान बनाने वाला; **~-built** *adj.* रद्दी सामान लगाकर बनाया हुआ (मकान), कुनिर्मित या सस्ता (मकान); **~-hat** *n.* गोल टोप; **~ letters** *n., [pl.]* शरीर पर बने टैट्टू; **~-shop** *n.* सस्ती बियर बार

jerry-mander /जेरिमैंड:/ (*also* **gerry-mander**) *v., pt.* **~-mandered** *pp* **~-mandering** किसी एक उम्मीदवार की मदद करने के लिए अनुचित ढंग से हल्के (constituency) की सीमा आदि बदलना

jersey /ज:सी/ *n., pl.* **~s** 1 जर्सी, बंडी, स्वेटर 2 वेशभूषा बनाने के लिए ऊनी कपड़ा 3 (**Jersey**) जर्सी गाय

Jessamine *see* **'jasmine'**

jest /जेस्ट/ *n.* 1 (***syn.*** joke) मजाक, परिहास, दिल्लगी: speak in ~; say sth in ~; a misplaced/ inappropriate ~; a standing ~ 2 (***syn.*** prank) चुटकुला, ठिठोली, हल्की-फुल्की शरारत 3 ताना, फब्ती: a malicious/ biting/ caustic ~;

v., pt. **~ed**, *pp* **~ing** 1 मजाक क.: ~ at sb's expense 2 ठिठोली क. 3 फब्ती कसना

dw/lw: **~-book** *n.* चुटकुला-पुस्तिका; **~er** /जेस्टः/ *n.* मजाकिया, विदूषक, मसखरा, दिल्लगीबाज, भांड; **~ful** *adj.* परिहासपूर्ण, विनोदपूर्ण, दिल्लगी-भरा: he is a ~ful man; **~ing** *n.* मजाकियापन, दिल्लगी; **~ing** *adj.* मजाकिया, ठिठोलीबाज: ~ing fellow; ~ing remark; **~ingly** *adv.* मजाक में: say sth ~ingly;

collocations:: **~ing stock = a standing ~** 1 मजाक का स्रोत 2 सदा मजाक का निशाना;

p&i: **~ with an ass and he will flap you in the face with his tail** मूर्खों से मजाक करना खतरे से खाली नहीं, भैंस के आगे बीन बजाना;

better lose a ~ than a friend खिल्ली उड़ाकर दोस्त को खोने से बेहतर है ऐसा काम न क.; **many a true word is spoken in ~** मजाक अक्सर सच्चाई से परे नहीं होता

Jesuit /जेज्युइट/ *n.* रोमन कैथोलिक संप्रदाय का सदस्य;

dw/lw: **~ical** /जेज्युटिकल/ *adj.* 1 धूर्त दलील 2 चालाक व कपटपूर्ण योजना

Jesus /जीजस/ *n.* 1 ईसा मसीह 2 excl. आश्चर्य आदि भावनाएं व्यक्त करने के लिए प्रयुक्त: Look at the blood, **Jesus**!; by ~! ईसा की सौगंध!

Jesus Christ /जीजस क्राइस्ट/ *n.* यीशु, ईसा मसीह

JET *abbr.* 'Joint Entrance Test' की प्रथमाक्षरी

jet /जेट/ *n.* 1 जेट विमान 2 धारा, पानी या गैस की तीव्र धार: ~ of blood 3 सूक्ष्म छिद्र से निकलने वाली तेज धारा या फुहारा: steam ~ 4 जेट टोंटी, नोजल, पानी या गैस की तेज धारा फेंकने वाला उपकरण: ~ of flame 5 (***syn.*** mineral) संगमूसा, कृष्णाश्म: ~ necklace 6 (*also* **~ aircraft**) जेट इंजन चालित विमान;

v., pt. **~ted** *pp* **~ting** 1 द्रव-धारा का फूट निकलना, धार फेंकना 2 जेट विमान से यात्रा क.;

adj. स्याह काला: **jet-**black (काला-स्याह);

dw/lw: **~-fighter** *n.* जेट इंजन चालित लड़ाकू विमान; **~-pump** *n.* तेज तरल धारा निकालने वाला पंप; **~sam** /जेटसम/ *n.* यान का भार हल्का करने के लिए समुद्र में फेंका जाने वाला सामान;

collocations: **~ ant** काली चींटी; **~ engine** विमान को द्रुत गति से चलाने वाला जेट इंजन; **~ lag** *n.* लंबी हवाई यात्रा व समय के अंतर के कारण होने वाली थकान व नींद में खलल; **~ plane** जेट-इंजन चालित वायुयान; **~ propelled** जेट-इंजन चालित; **~ propeller** जेट-इंजन चालक; **~ propulsion** जेट इंजन से चालन: ~ propulsion plane; **~ set/ the jet set** अक्सर विमान से यात्रा करने वाला (धनिक वर्ग); **~ stream** 1 *meteorol.* बहुत ऊंची हवाएं (धरती से लगभग 20,000 फुट ऊपर) 2 रॉकेट इंजन (rocket engine) के जले ईंधन व गैसों को बाहर फेंकने वाला उपकरण या क्रिया

jettison /जेटिसन/ *v., pt.* **~ed**, *pp* **~ing** 1 अवांछित वस्तुओं को फेंकना या छोड़ दे., तिलांजलि दे. 2 बोझ कम करने के लिए विमान द्वारा ईंधन, सामान आदि का फेंका जाना: ~ a bill (किसी विधेयक को बिना पास करवाए छोड़ दे.); ~ device भार कम करने का उपकरण)

jetton /जेटन/ *n.* 1 पीतल का मोहरा 2 ताश आदि जुआ के खेलों में प्रयुक्त टोकन (token) 3 किसी यंत्र को चलाने में प्रयुक्त टोकन

jett\y /जेट्टि/ *n., pl.* **~ies** 1 माल उतारने का घाट, जेट्टी 2 बंदरगाह को लहरों से बचाने के लिए बनाई हुई पत्थर की बाधा (दीवार)

Jew /ज्यू/ *n., pl.* **~s** 1 यहूदी, हीब्र्यू नस्ल का सदस्य 2 जूडावाद (Judaism) का अनुयायी 3 कंजूस-मक्खीचूस एवं कट्टरपंथी यहूदी (Shylock in Shakespeare's *the Merchant of Venice*);

dw/lw: **~-baiting** *n.* यहूदियों का उत्पीड़न; **jewess** /जूऐस/ *n.* यहूदिन, यहूदी औरत; **~ness** *n.* यहूदीपन; **~ish** *adj.* यहूदी, यहूदियों का; **~ry** *n.* यहूदी मोहल्ला, यहूदी लोग, यहूदी समुदाय

jewel /ज्युअल/ *n.* 1 रत्न, मणि, जवाहर: real/ false **~s**; wear/ put on **~s** 2 मूल्यवान वस्तु या व्यक्ति: a ~ of a man 3 नगीना;

v., pt. **~led**, *pp* **~ling** रत्न जड़ना या रत्नों से जड़ना;

dw/lw: **~led** /जुअल्ड/ *adj.* जड़ाऊ, रत्नजड़ित; **~ler** (*US* **jeweler**) /ज्यूलः/ *n.* जौहरी, मणिकार; **~lery** /ज्युअलरि/ (*US* **jewelry**) *n.* हीरे-जवाहरात, गहने, आभूषण

jezebel /जेजअबेल/ *n., derg.* 1 निर्लज्ज, बेहया महिला 2 दुराचारिणी

JFI *abbr.* 'Judo Federation of India' की प्रथमाक्षरी

JFMC *abbr.* 'Joint Forest Management Committees' की प्रथमाक्षरी

JFMRC *abbr.* 'Jaipur Fertility & Microsurgery Research Centre' की प्रथमाक्षरी

JFPM *abbr.* 'Joint Forest Planning and Management' की प्रथमाक्षरी

JFTCP *abbr.* 'Jelly Filled Telecom Cable Project' की प्रथमाक्षरी

JGE *abbr.* '(India-Nepal) Join Group of Experts' की प्रथमाक्षरी

JGSY *abbr.* 'Jawahar Grama Samridhi Yojana' की प्रथमाक्षरी

JHF *abbr.* 'Joint Hindu Family' की प्रथमाक्षरी

JHU *abbr.* 'Johns Hopkins University (USA)' की प्रथमाक्षरी

jib /जिब/ *n.* 1 जहाज का तिकोना पाल, गाब: flying ~ 2 डांड, भुजा 3 अड़ानी 4 अड़ियल घोड़ा;

v., pt. **~bed**, *pp* **~bing** 1 अड़ जा., अड़ना, पीछे हटना: ~ in the face of danger 2 आगे काम न क.: ~ at doing sth 3 पाल को स्थानांतरित क.;

dw/lw: **~ber** /जिबः/ *n.* अड़ियल घोड़ा;

p&i: **~ at** 1 पीछे हटना या चलना: my car ~s at steep hills 2 नापसंदगी जताना;

he ~s at speaking with her वह उससे बात करने से टलता है; **the cut of sb's ~** निजी रंग-ढंग या चाल-ढाल

JIBCC *abbr.* 'Japan-India Business Cooperation Committee' की प्रथमाक्षरी

jibe /जाइब/ (*also* **gibe**) *n.* अपमानजनक कथन

JIC *abbr.* 'Joint Intelligence Committee (UK)' की प्रथमाक्षरी

jiffy /जिफि/ (*also* **jiff**) *n.* पल, क्षण;

p&i: **in a ~** तत्क्षण, चुटकी में

jig /जिग/ *n.* 1 एक पुराना जोशीला देहाती नृत्य 2 ऐसे नृत्य के लिए संगीत 3 झटकेदार गति या हरकत 4 मजाक: spike sb's **~s** 5 जुगत 6 पकड़-संडासी;

v., pt. **~ged**, *pp* **~ging** 1 उपर्युक्त नृत्य क., जोशीली धुन पर नाचना 2 उछलना-कूदना, फुदकना: ~ up and down in excitement 3 ऊपर-नीचे झटके लगाना, उछालना: ~ a baby up and down on one's knees;

p&i: **sing to ~ and dance to church music** उल्टा काम क.; **the ~ is up/ over** खेल खत्म, हार गए!; **whistle ~s to a milestone** बेकार का काम क., भैंस के आगे बीन बजाना

jigger /जिगः/ *n.* 1 शराब पीने का छोटा-सा दौर 2 शराब का डेढ़ औंस (ounce) के नाप वाला गिलास 3 लोहे की टोपी वाला गोल्फ बैट 4 *N. Amer.* कोई भी उपकरण, जिगर 5 नर्तक 6 कठपुतली कलाकार 7 *colloq.* लौंडा, विचित्र या अप्रिय आदमी 8 साइकिल आदि;

v., pt. **~ed**, *pp* **~ing** 1 फंदे में फंसी मछली का उछलना 2 नाचना;

dw/lw: **~ed** /जिगःड/ *adj.* 1 थका-मांदा 2 स्तब्ध, भौचक्का: I'll be ~ed (मैं तो स्तब्ध हूं); **~y-pokery** /जिग्रि-पॉक्रि/ *n., colloq.* बेईमानी, धोखाधड़ी, चालबाजी;

p&i: **not worth a ~** बेकार, दो कौड़ी का भी नहीं

jiggl\e /जिगल/ *v., pt.* **~ed**, *pp* **~ing** 1 बाएं-दाएं, ऊपर-नीचे झूलना या झुलाना 2 कूदना-फांदना;

n. कूद-फांद

jigsaw /जिग्सॉ/ *n.* 1 छोटा चौखटा-आरा 2 लकड़ी चीरने या उस पर नक्काशी करने की छोटी आरी;
v., pt. **~ed**, *pp* **~ing** आरी से कुछ चीरना या काटना;
collocations: **~ puzzle** चित्र-खंड पहेलिका, छोटे-छोटे टुकड़ों को जोड़कर चित्र बनाने का खेल

JIIT *abbr.* 'Jaipuria Institute of Information Technology', 'Japyee Institute of Information Technology, Noida (UP)' की प्रथमाक्षरी

jilt /जिल्ट/ *v., pt.* **~ed**, *pp* **~ing** (प्रेमी को) छोड़ दे.: ~ sb for sb else; **~ed** lover (त्यक्त या ठुकराया हुआ प्रेमी)
n. प्रेमी को छोड़ देने वाली स्त्री

Jim Crow /जिम्क्रो/ *n. sl.* 1 अफ्रीकी मूल का अश्वेत व्यक्ति 2 ऐसे लोगों के प्रति भेदभाव व अलगाव की नीति;
adj. अश्वेत
collocations: **~ laws** अश्वेत विरोधी कानून; **~ outrages** अश्वेतों पर किए जाने वाले जुल्म; **~ regiments** सेना की दमनकारी टुकड़ियां

jimdandy /जिम्डैंडि/ *adj.* बहुत बढ़िया

jimjams /जिमजैम्ज/ *pl.* 1 *colloq.* परेशानीभरी उत्तेजना 2 *sl.* (***syn.*** delirium tremens) कंपोन्माद 3 *colloq.* पायजामा;
p&i: **give sb the ~**

jimm\y /जिमि/ *n.* सबरी, सब्बल;
v., pt. **~ied**, *pp* **~ying** सबरी से (दरवाजा, खिड़की आदि) तोड़ना

jimson-weed /जिमसन-वीड/ *n.* धतूरा

jing\le /जिंगल/ *n.* 1 एक छोटा गीत जिसे किसी वस्तु के प्रचार करने के लिए बजाया जाता है 2 टनटन, झनझन, छनछन: the **~le** of bells; the **~le** of coins/ keys 3 सरल तुकांत कविता या गीत: **~le** of words;
v., *pt.* **~led**, *pp* **~ling** झनझनाना, टनटनाना, खनखनाना, छनछनाना: **~le** the keys/ coins; bells **~le**;
dw/lw: **~le-jangle** *n.* अतुकांत या बेसुरी कविता का शोर

jingo /जिंगो/ *n.* 1 अतिवादी राष्ट्रवाद 2 अति युद्धप्रिय तथाकथित देशभक्त;
dw/lw: **~ism** /जिंगोइज्म/ *n.* अतिवादी राष्ट्रवाद की भावना, अतिवादी राष्ट्रवादी युद्धप्रियता; **~ist** /जिंगोइस्ट/ *n.* चीखने-चिल्लाने वाले (breast-beating) राष्ट्रवादी, युद्धप्रिय लोग;
p&i: **by ~!/ by the living ~!** आश्चर्य आदि भाव व्यक्त करने के लिए प्रयुक्त; आश्चर्य सूचक, विस्मयबोधक प्रयोग

jink /जिंक/ *v., pt.* **~ed**, *pp* **~ing** (वार) बचा जा., प्रहार बचाने कि लिए अचानक झुकना या निशाने से परे हट जा.;
n. शरारत, हरकत; *pl.* **~s** धूम-धड़ाक्का, रंगरलियां: high **~s**;
p&i: **give sb the ~** चालाकी से भाग जा.

jinn/ jinni /जिन/ जिनी/ *n., pl.* ~, जिन्न, जिन, प्रेतात्मा, भूत

jinricksha /जिनरिक्शाः/ *n.* आदमी द्वारा चलाई जाने वाली रिक्शा, जापानी जिन रिक्शा

jinx /जिंक्स/ *n., pl.* **~es** 1 (*usually* **a ~ on sth/ sb**) अशुभ घड़ी, प्रभाव या मनहूस व्यक्ति/ वस्तु 2 अभिशाप लाने वाला व्यक्ति या वस्तु;
v., pt. **~ed**, *pp* **~ing** 1 अशुभ या मनहूस साबित हो. 2 किसी को अभिशापित बनाना 3 अमंगलकारी होना

JISTA *abbr.* 'Journal of Indian Scientific Translators Association' की प्रथमाक्षरी

JIT *abbr.* 'just-in-time' की प्रथमाक्षरी (बिल्कुल सही समय पर)

jitney /जिट्नी/ *adj.* सस्ता: ~ magazine

jitter /जिटः/ *v., pt.* **~ed**, *pp* **~ing** घबराहट के कारण संतुलन खो बैठना;
n. (*usually* **the ~s**) बेहद घबराहट का दौरा: get/ have the ~;
dw/lw: **~iness** /जिटरिनेस/ *n.* घबराहट; **~y** /जिटरि/ *adj.* घबराया हुआ, परेशान

jitterbug /जिटःबग/ *n.* 1 एक जीवंत अमेरिकी नृत्य 2 नर्तक 3 *Br.* हड़बड़िया आदमी

ji\ve /जाइव/ *n.* 1 अमेरिकी जैज नृत्य की एक जीवंत शैली 2 बेसिर-पैर की बात, अंडबंड;
v., pt. **~ved**, *pp* **~ving** 1 जीवंत शैली में नृत्य क. 2 (***syn.*** kid) झूठ को सच सिद्ध करने की कोशिश क., अंडबंड बातें क.

jizz /जिज/ *n., pl.* **~es** पक्षी, जीव या पौधे के निहित गुण जो उसका अपने जैसों से अंतर जताते हैं

JKANC *abbr.* 'Jammu and Kashmir Awami National Conference' की प्रथमाक्षरी

JKCCC *abbr.* 'J&K Cable Car Corporation' की प्रथमाक्षरी

JKCHR *abbr.* 'Jammu and Kashmir Council for Human Rights' की प्रथमाक्षरी

JKDFP *abbr.* 'Jammu and Kashmir Democratic Freedom Party' की प्रथमाक्षरी

JKPCC *abbr.* 'Jammu and Kashmir Pradesh Congress Committee' की प्रथमाक्षरी

J-MAT *abbr.* 'Journalism & Mass Communication Aptitude Test' की प्रथमाक्षरी

JMC *abbr.* 'Jesus and Mary College (DU)' की प्रथमाक्षरी

JMET *abbr.* 'Joint Management Entrance Test' की प्रथमाक्षरी

JMFC *abbr.* 'Judicial Magistrate, First Class' की प्रथमाक्षरी

JMI *abbr.* 'Jamia Milia Islamia' की प्रथमाक्षरी

JMM *abbr.* 'Jharkhand Mukti Morcha' की प्रथमाक्षरी

JMU *abbr.* 'James Madison University (USA)' की प्रथमाक्षरी

JNS *abbr.* 'Jawaharlal Nehru Stadium' की प्रथमाक्षरी

JNCASR *abbr.* 'Jawaharlal Nehru Centre for Advanced Scientific Research (Bengaluru)' की प्रथमाक्षरी

JNMF *abbr.* 'Jawaharlal Nehru Memorial Fund' की प्रथमाक्षरी

JNNCE *abbr.* 'Jawaharlal Nehru National College of Engineering' की प्रथमाक्षरी

JNNYC *abbr.* 'Jawaharlal Nehru Youth Centre' की प्रथमाक्षरी

JNPT *abbr.* 'Jawaharlal Nehru Port Trust' की प्रथमाक्षरी

Jnr *UK* (*UK/US* **jr.**) *abbr.* 'junior' का संक्षिप्त रूप

JNST *abbr.* 'Jawaharlal Nehru Sports Trust' की प्रथमाक्षरी

JNTU *abbr.* 'Jawaharlal Nehru Technological University (Hyderabad)' की प्रथमाक्षरी

JNU *abbr.* 'Jawaharlal Nehru University' की प्रथमाक्षरी

JNUSU *abbr.* 'Jawaharlal Nehru University Students Union' की प्रथमाक्षरी

JNUTA *abbr.* 'Jawaharlal Nehru University Teacher Association' की प्रथमाक्षरी

JNVs *abbr.* 'Jawahar Navodaya Vidyalayas' की प्रथमाक्षरी

JO *abbr.* 'Junior Officer' की प्रथमाक्षरी

Job /जोब/ *n.* बाइबल में एक पात्र जो अपना सब कुछ खोने के बाद भी ईश्वर में विश्वास नहीं खोता, धैर्यशाली व्यक्ति;
collocations: **~'s news** अशुभ समाचार; **~'s post** अशुभ समाचार लाने वाला व्यक्ति; **Job's tears** घास मनका;
p&i: **Job's comforter** सहानुभूति प्रकट करने वाला जो और विपदा लाता है, अभागों की कठिनाई बढ़ाने वाला; **the patience of Job** बहुत धैर्यवान होते हुए शिकायत न करने का तथ्य: one needs the patience of Job to deal with some difficult customers;

job /जौब/*US* जाःब/ *n.* 1 नौकरी, नियुक्ति, रोजगार: out of a ~ 2 काम, काम-धंधा, फुटकर काम, मजदूरी, दिहाड़ी: by the ~ (दिहाड़ी या किए गए काम के हिसाब से): odd **~s** 3 कर्त्तव्य, कार्य या जिम्मेदारी 4 *sl.* चोरी, लेन-देन, भ्रष्टाचार, दंडनीय कुकृत्य: it is an insider's ~5 झटका, धक्का 6 (***syn.*** object, thing) विशेष प्रकार की वस्तु: it's a real *sandal* wood, not a fake ~ 7 बनाई हुई चीज 8 शल्य-क्रिया 9 कंप्यूटर के कार्य की इकाई10 समस्या, कठिनाई: had a ~ finding it 11 कपटपूर्ण योजना, लोक सेवा के बहाने स्वयं सेवा करने की कुटिल चाल: a put-up ~; his appointment was a ~ 12 मामला, धंधा: wedding – a proper church ~;

v., pt. **~bed**, *pp* **~bing** 1 दिहाड़ी आदि का काम क. 2 सट्टा बाजार में दलाली क. 3 नौकरी देने-दिलाने का धंधा यानी दलाली क., भ्रष्टाचार क. 4 क्रय-विक्रय क., दलाली के माल को इधर-उधर क. 5 घोड़े आदि किराये पर देना;

dw/lw: **~ber** /जॉबः/ *n.* 1 फुटकर काम करने वाला 2 दिहाडी मजदूर आदि 3 आढ़तिया 4 सट्टा-दलाल 5 ठेकेदार 6 धंधेबाज; **~bery** /जॉबरी/ *n.* 1 (नियमित नौकरी के अलावा) ऊपरी आमदनी की प्रथा 2 भ्रष्टाचार, रिश्वतखोरी; **jobie** /जॉबि/ *n.* विशेष प्रकार की वस्तु: a designer's jobie; **~bing** /जॉबिंग/ *adj.* 1 कभी-कभी मिलने वाला काम 2 फुटकर काम 3 दिहाड़ी का काम 4 छोटी-मोटी मरम्मत 5 सट्टा-बाजारी, भ्रष्टाचारपूर्ण लूट: the ~bing of the public funds 6 संसदीय चालबाजी; **~carriage** *n.* भाड़े की गाड़ी; **~holder** *n.* स्थायी कर्मचारी; **~less** *adj.* बेरोजगार; **~share** *v., pt.* ~shared, *pp* ~sharing पूरे दिन की नौकरी को दो जनों के बीच आधा-आधा बांटना;

collocations: **~ analysis** विभिन्न व्यवसायों में कर्मियों से अपेक्षित कार्य-क्षमता, कार्य-विशिष्टता आदि का विश्लेषण; **~ breakdown** कार्य-प्रक्रिया का विभिन्न अवयवों में विभाजन; **~ card** काम की मजदूरी बिल; **~ centre** रोजगार केंद्र; **~ club** बेरोजगार लोगों की मददगार क्लब; **~ creation** नौकरियां मुहैया कराना; **~ description** कार्य-विवरण; **~ holder** नौकरी-पेशा करने वाला; **~ lot** सस्ते थोक के माल का भंडार; **~ recovery** पुनः कार्य-प्राप्ति; **~ placement** नौकरी देने की क्रिया; **~ placement outlet** नौकरी दिलाने वाला संगठन; **~ price** दिहाड़ी के काम की मजदूरी; **~ security** नौकरी की सुरक्षा; **~ seeker** नौकरी ढूंढने वाला; **~sworth** नियमों का गुलाम बाबू; **~ work** ठेके का काम, फुटकर काम;

full-time/ good/ part-time/ temporary ~ पूरे दिन की/ अच्छी/ आंशिक/ अनियमित नौकरी; **Job Seekers' Allowance** बेरोजगारों एवं कम आय वाली नौकरी रहनेवालों के लिए भत्ता; **odd ~s** दिहाड़ी के काम या नौकरी;

p&i: **~ for the boys** अपने समर्थकों या चहेतों के लिए नौकरी पैदा क.; **~s for the boys** अपने सगे-संबंधियों को यानी भाई-भतीजावाद करते हुए नौकरियां देना;

a good ~ *colloq.* भाग्यशाली, सफल; **a ~ as sth** के रूप में काम; **a ~ of work** जिस कार्य को करने के लिए पैसे मिलते हैं, नौकरी; **an inside ~** किसी भीतरघाती का काम; **an outside ~** किसी बाहर के व्यक्ति द्वारा किया जाने वाला अपराध; **apply for/ create/ do/ find/ get/ lose a ~** नौकरी के लिए आवेदन पत्र दे./ पैदा क./ नौकरी करना/ नौकरी पाना/ नौकरी खोना; **a white-collar ~** दफ्तर का काम, बाबू का नौकरी; **bad ~** गया-गुजरा काम; **be down on the ~** खून-पसीना एक क.; **do a ~ on sb** 1 किसी का नुक्सान क. 2 किसी को बदशक्ल बनाना; **do the ~** दिए गए काम को निपटाना; **do a good/ excellent, etc. ~** अच्छा या अति उत्तम परिणाम दिखाना; **do the ~ for sb/ do sb's ~** किसी का विनाश कर दे.; **fat ~** अच्छा वेतन दिलाने वाली नौकरी; **give sth up as a bad ~** किसी कार्य को लाइलाज या असंभव समझकर छोड़ दे.; **have a hard/ difficult ~ doing/ to do sth** किसी कार्य को करने में कठिनाई आना; **it's a good job** *UK* अच्छी बात हुई; **just the ~ = just the ticket** *UK* सही काम, बिल्कुल वही कार्य जो चाहिए, अनुकूल काम; **lie/ fall down on the ~** ढीले-ढाले तरीके से काम क.; **make a bad/ good, etc. ~ of sth** अच्छा या बुरा परिणाम दिखाना; **make the best of a bad ~** प्रतिकूल परिस्थिति में अच्छा काम क.; **more than your job's worth to do sth** किसी अनुचित या जोखिम भरे काम को करना महंगा पड़ सकता है; **on the ~** 1 कार्यरत 2 *sl.* संभोगरत; **put-up ~** चालबाजी का काम;

jobspill job /जौबस्पिल/*US* जाःबस्पिल/ *n.* दफ्तर के काम को घर पर करने की क्रिया

JOC *abbr.* 'Japanese Olympic Committee' की प्रथमाक्षरी

jock /जॉक/ *n.* 1 *US* पुरुष एथलीट (athlete, खिलाड़ी) 2 घुड़दौड़ में पेशेवर घुड़सवार 3 डिस्क-जॉकी 4 पुरुष खिलाड़ियों द्वारा प्रयुक्त सुरक्षात्मक लंगोट या जांघिया

jockey /जॉकी/ *n., pl.* **~s** 1 घुड़दौड़ में घुड़सवार, जॉकी 2 धोखेबाज व्यापारी;

v., pt. **~ed**, *pp* **~ing** धोखा दे., छल-कपट क.: ~ sb into or out of sth (चकमा देकर कोई काम क.);

dw/lw: **~ing** *n.* 1 घुड़-व्यापार 2 घुड़-दौड़ में घुड़सवारी 3 धोखा, कपट, ठगी; **~ism** /जॉकीज्म/ *n.* 1 शैली 2 ढंग 3 (***syn.*** jargon) घुड़सवारों की विशेष शब्दावली;

p&i: **~ for a position** किसी पद को पाने के लिए तिकड़म लड़ाना; **~ out of doing sth** किसी को धोखे से किसी काम से वंचित क.; **~ sth out of sb** किसी को धोखे से किसी गलत धंधे में फंसा दे.

Jock itch उरु-मूल (groin) को प्रभावित करने वाला चर्म रोग

jocko /जॉको/ *n.* चिम्पैंजी, बंदर!

jockstrap /जौक्स्ट्रैप/ *n.* पुरुष खिलाड़ियों द्वारा प्रयुक्त लंगोट या जांघिया

jocose /जकोस\/ *adj.* ठट्ठेबाज, विनोदी, विनोदप्रिय, हंसोड़, परिहासशील, मजाकपसंद, विनोदपूर्ण;

dw/lw: **~ly** /~लि/ *adv.* विनोदपूर्वक; **~ness** /~नेस/ (*also* **jocosity** /जकौसिटि/) *n.* विनोदप्रियता, परिहासपूर्णता

jocular /जौक्यु\लः/ जौक्य\लः/ *US* जाःक्य\लः/ *adj.* विनोदप्रिय, परिहासशील, मजाकपसंद, विनोदपूर्ण, मजाकिया;

dw/lw: **~ity** /~लैरिटि/ *n.* विनोदप्रियता, परिहास, मसखरापन; **~ly** /~लःलि/ *adv.* विनोदपूर्वक

jocund /जोकं\ड/ जौकं\ड/ *US* जाःकं\ड/ *adj.* प्रसन्न, आनंदपूर्ण, प्रफुल्ल, मौजी, मस्त;

dw/lw: **~ity** /~डिटि/ (*also* **~ness** /~डनेस/) *n.* प्रसन्नता, आनंद, प्रफुल्लता, मौज, मस्ती; **~ly** /~डलि/ *adv.* प्रसन्नतापूर्वक

Joe /जो/ *n., pl.* **~s** साधारण आदमी;

***collocations:*Joe Blow/ Bloggs/ John Doe** आम आदमी; **Joe Miller** 1 घिसापिटा या बासी मजाक, विकृत हास्य 2 बासी चुटकुलों की किताब; **Joe Public** जन-साधारण; **Joe Six-pack** दिहाड़ी का काम करने वाला मजदूर-सा व्यक्ति;

p&i; **not for Joe!** बिल्कुल नहीं, किसी कीमत पर भी नहीं

joey /जोइ/ *n., pl.*~**s** जानवर का, विशेषकर कंगारू का छोटा बच्चा

jog /जौग/ *US* जाःग/ *v., pt.* **~ged**, *pp* **~ging** 1 व्यायाम करने के लिए धीरे-धीरे दौड़ना 2 किसी चीज से हल्के से टकराना 3 किसी को कुछ याद दिलाना 4 (***syn.*** nudge) हल्के-से कोहनी आदि से मारना 4 (*also* **~ along/on**) धीरे-धीरे आगे बढ़ना;

n. 1 हल्की-हल्की दौड़: go for a ~ 2 मंथर गति, धीमी चाल, दुलकी (घोड़े की) 3 (***syn.*** nudge) टहोका, झटका, धक्का, झकोरा 4 पथ/ दिशा परिवर्तन;

dw/lw: **~ger** /जौगः/ *n.* 1 धीरे-धीरे दौड़कर नियमित रूप से व्यायाम करने वाला 2 स्टैपल (staple) करने के लिए कागज को तरतीब से रखने वाली मशीन 3 (**~gers**) जॉग करने की पोशाक; **~ging** /जौगिंग/ *n.* 1 हल्की-हल्की दौड़ 2 मंथरगति, धीमी चाल; **~ging** *adj.* मंथरगति की दौड़ से संबंधित: ~ing pants; **~-trot** /जौग-ट्रौट/ *n.* धीमी दुलकी चाल; **~-trot** *v., pt.* ~-trotted, *pp* ~-trotting धीमी दुलकी चाल से चलना;

collocations: **~'s nipple** जॉग करते समय कपड़ों से रगड़ खाने के कारण चूचियों में होने वाली सूजन;

p&i: **~ along/ ~ on** धीरे-धीरे आगे बढ़ना; **~ sb's memory** किसी को कुछ याद दिलाना, स्मरण कराना;

give a ~ हल्का-सा धक्का दे.; **the work ~s on** काम धीरे-धीरे आगे बढ़ रहा है

jogg\le /जौग्ल/ *US* जाःगल/ *v., pt.* **~led**, *pp* **~ling** 1 धक्का देना 2 हिलाना-डुलाना, झटका दे.;

n. झटका

john/ the john /जौन/ *n.* 1 शौचालय 2 वेश्या का ग्राहक

John /जौन/ *US* जाःन/ *n.* यीशु के बारह शिष्यों में से एक;

dw/lw: **~-Bull** *n.* 1 इंग्लैंड 2 ठेठ अंग्रेज 2 अंग्रेज लोग; **~-Doe**

n. अदालत में कल्पित मुद्दई: ~-Doe and Richard (वादी और प्रतिवादी); **~-a-dreams** (Shakespeare) *n.* 1 स्वप्न-द्रष्टा, कल्पनाशील व्यक्ति 2 शेखचिल्ली; **~-a-nods** *adj.* ऊंघता हुआ, अफीमची; **~-a-nokes/ ~-a-stiles** *n.* अदालत में कल्पित वादी;
collocations: **~ Barleycorn** व्हिस्की, बायर आदि पेय; **~ Chinaman** चीन का निवासी, चीनी; **~ Draw-Latch** उचक्का, उठाईगीर; **~ Dory** एक खाद्य मछली; **~ Hancock** *US* किसी के अपने हाथ से किया हुआ हस्ताक्षर; **~ Long the carrier** किसी चीज को लाने में देर करने वाला व्यक्ति; **~-o'-Groat's (House)** उत्तरी स्कॉटलैंड: from ~-o'-Groat's (House) to Land's End (ब्रिटेन के उत्तर से दक्षिण तक/ देश के एक कोने से दूसरे तक); **~ Q. Public = Joe Public** जन-साधारण; **~ Thomson's man** बीवी या जोरू का गुलाम; **~ Trot** गंवार बालक, बेशउर आदमी;
long ~s अंदर के गर्म कपड़े; **the ~ Birch Society** अमेरिका में साम्यवाद के विरुद्ध खड़ा किया गया एक घोर दक्षिण पंथी संगठन

john-go-to-bed-at-noon *n.* बकर-दाढ़ी, दिन में बंद हो जाने वाला फूल

Johnny /जौनि/ *US* जाःनि/ *n., pl.* **Johnnies** 1 गंवार आदमी, लड़का, लौंडा 2 अस्पताल के रोगियों द्वारा पहना जाने वाला लंबा कुर्ता 3 कंडोम;
dw/lw: **~-cake** *n.* हिंदुस्तानी रोटी; **~-come-lately** /जॉनि-कम-लेटलि/ *n., pl.* **~-come-latelys** लेट-लतीफ, नया-नया आया हुआ, नवागंतुक; **~-on-the-spot** *n.* सदा कोई भी काम करने को तत्पर व्यक्ति;
collocations: **~ Head-in-the -Air** हवाई किले बनाने वाला व्यक्ति, अव्यावहारिक व्यक्ति; **~ Raw** अनुभवहीन व्यक्ति, नौसिखिया;
a boal-oil ~ बेतहाशा पैसे उड़ानेवाला व्यक्ति

joie de vivre /ज्वा-दे-वीव/ /ज्वा-द-वीव्र/ *n.* जीने की चाह या आनंद

join /जॉइन/ *v., pt.* **~ed**, *pp* **~ing** 1 किसी दल, संस्था या संगठन का सदस्य बनना, में भर्ती हो.: ~ a party; ~ the army; ~ one's regiment when one's leave is over 2 साथ चलना, किसी कार्यक्रम में शामिल हो.: ~ sb for dinner; soon he **~ed** me 3 (**~ one thing to another/ ~ things up**) जोड़ना, बांधना, मिलाना: ~ one length of rope to another 4 मिलना, मिल जा., जुड़ना, जुड़ जा.: the path **~s** the highway 5 सहयोगी या साथी बनना: ~ in matrimony/ in marriage; ~ in a game/ in an excursion/ in an enterprise 6 एक कर देना: ~ different groups into one 7 संयुक्त क., संबद्ध क.: ~ theory and practice 8 नौकरी शुरू क., पदभार ग्रहण क., सेवा आरंभ क.: ~ duty 9 रेलगाड़ी, विमान आदि पकड़ना: ~ a train, plane, etc.;
n. 1 जोड़ 2 जोड़-बिंदु, जोड़-रेखा आदि;
dw/lw: **~der** /जॉइंडः/ *n.* सम्मिलन, संयोजन: ~der of actions; **~ed-up** /जॉइंड-अप/ *adj.* 1 एक-दूसरे से जुड़े हुए, मिले हुए: ~-up writing 2 संयुक्त 3 बुद्धिमत्तापूर्ण संवाद और सहयोग पर आधारित: ~-up thinking/ working; **~er** /जॉइनः/ *n.* 1 संयोजक, जोड़ने वाला, मिलाने वाला, बढ़ई: ~er's glue 2 *US* अनेक क्लबों, संस्थाओं से संबद्ध रहने वाला व्यक्ति; **~ery** /जॉइनरि/ *n.* जुड़ाई, बढ़ई का काम, बढ़ईगिरी; **~ing** /जॉइनिंग/ *n.* 1 संयोजन, जोड़, संधि 2 कार्यारंभ, कार्यभार-ग्रहण, पद भार-ग्रहण: ~ing date; ~ing pay; ~ing report; ~ing time;
collocations: **~-up writing** एक विशेष लेखन शैली जिसमें प्रत्येक अक्षर दूसरे अक्षर से जुड़ा होता है; **~-up thinking** बुद्धिमत्तापूर्ण संवाद और सहयोग पर आधारित समझ या सोच;
p&i: **~ a line** (*also UK* **~ a queue**) पंक्ति में शामिल हो.; **~ battle** लड़ाई छेड़ना; **~ forces with sb** किसी के साथ साझा प्रयास क., मिलकर संघर्ष क.; **~ hands with sb** साथ मिलकर चलना; **~ in** किसी गतिविधि में शामिल हो., में भाग लेना; **~ in sth** में भाग लेना; **~ issue** विवाद में विपरीत पक्ष लेना, बहस में भाग ले.; **~ on to sth** में शामिल हो जा.; **~ sb for sth** कुछ करने के लिए किसी के साथ मिल जा.; **~ sb's standard** किसी का अनुयायी बनना; **~ the angels** स्वर्गवास हो.; **~ the banner** किसी झंडे तले खड़ा हो.; **~ the colours** सेना में भर्ती हो.; **~ the club** दूसरों की तरह किसी नकारात्मक व्यवहार या होनी का शिकार हो जा.; **~ the (great/ silent) majority** 1 बहुत बड़े मौन बहुमत में शामिल हो. 2 मर जा.; **~ the palms** हाथ जोड़ना; **~ things up** दो या अधिक चीजों को जोड़ना या मिलाना; **~up** में भर्ती हो., दूसरों के साथ शामिल हो जा.

joint /जॉइंट/ *n.* 1 जोड़, संधि, गांठ: out of ~; put a bone into ~ again 2 *geol.* संभेद, दर्ज 3 अंग, अवयव 4 पारचा, गोश्त का बड़ा टुकड़ा 4 अड्डा, मद्यशाला, बेचने या खाने-पीने का स्थान: hop ~ (अफीम-सेवन अड्डा); eating ~ 5 गांजा भरी सिगरेट 6 यंत्र के पुर्जों आदि का जोड़: universal ~ (नम्य जोड़);
v., pt. **~ed**, *pp* **~ing** 1 जोड़ना, मिलाना, जोड़ बैठाना 2 व्यंजन पकाने के लिए पक्षी या जानवर को जोड़ों पर काटना
adj. 1 संयुक्त: ~ committee; ~ action 2 मिला हुआ, सम्मिश्रित;
dw/lw: **~ed** *adj.* 1 संधित, जुड़ा हुआ 2 खंडों से बना हुआ; **~er** *n.* 1 संयुक्तक, मेलक, जोड़ने वाला, जोड़क 2 गारा भरने का औजार, करनी या कन्नी; **~ing** *n.* जोड़, जुड़ाव, जुड़न; **~ing** *adj.* जोड़ने वाला; **~ing-rule** *n.* कोनिया, गुनिया; **~less** /~लेस/ जोड़-रहित; **~ly** /~लि/ *adv.* संयुक्त रूप से: ~ly and separately (संयुक्त रूप से तथा अलग-अलग); ~ly liable (संयुक्त रूप से जिम्मेवार); **~ure** /जॉइंचः/ *n.* पति द्वारा पत्नी के नाम की हुई संपत्ति;
collocations: **~ account** संयुक्त खाता; **~ annuity** संयुक्त वार्षिकी; **~ authors** संयुक्त लेखक; **~ cadre** संयुक्त संवर्ग (कर्मी समूह); **Joint Chiefs of Staff** संयुक्त सैनिक प्रमुख; **~ committee** संयुक्त समिति; **~efforts** साझे प्रयास; **~ family** संयुक्त परिवार; **~ girder** संयुक्त शहतीर; **~ heir** संयुक्त उत्तराधिकारी; **~ holding** संयुक्त जोत, संयुक्त संपत्ति; **~ guarantee** संयुक्त गारंटी; **~ liability** संयुक्त जिम्मेवारी, संयुक्त देनदारी; **~ owner** संयुक्त मालिक या स्वामी; **~ ownership** संयुक्त स्वामित्व; **~ operations** संयुक्त अभियान; **~ resolution** संयुक्त प्रस्ताव; **~ responsibility** संयुक्त या साझी जिम्मेवारी; **~ sector** संयुक्त सेक्टर; **~ set** संयुक्त समुच्चय, संधि-समुदाय; **~ stock company** संयुक्त शेयर कंपनी; **~ traffic** संयुक्त यातायात; **~ valley** संधि घाटी; **~venture** संयुक्त व्यापार या अन्य संस्थान;
a hop ~ अफीमचियों का अड्डा;
p&i: **~ in sb's armour** किसी के रक्षा-कवच में कमजोर स्थान; **have one's nose out of ~** हार जाना; **out of ~** 1 (जोड़) उखड़ा हुआ 2 उखड़ा-उखड़ा-सा; **put sb's nose out of ~** किसी को हरा दे.; **the time is out of ~** कालों का संबंध टूट गया

joist /जॉइस्ट/ *n.* 1 लकड़ी 2 लकड़ी या लोहे आदि की कड़ी: ~ ceiling (लकड़ी की कड़ियों की छत) 3 धरन 4 शहतीर

joke /जोक/ *n.* 1 मजाक, दिल्लगी, परिहास, उपहास: a dirty/ sick ~ (भद्दा/ घिनौना मजाक); a ~ about sth; crack/ make/ tell a ~; play a ~ on sb; put the ~ on sb (किसी की खिल्ली उड़ाना) 2 मजाकिया किस्सा, चुटकुला: the best of the ~ (मजाक का असली अर्थ) 3 उपहासजनक या हास्यास्पद स्थिति: turn sth into a ~/ make a ~ of sth 4 मजाक का निशाना (उपहासजनक व्यक्ति): he is the ~ of the town;
v., pt. **~d**, *pp* **joking** 1 हंसी-मजाक/ परिहास क. 2 मजाक क. या मजाक में कहना;
dw/lw: **~r** /जोकः/ *n.* 1 विदूषक, मजाक करके लोगों का दिल बहलाने वाला, मसखरा 2 ताश के पत्तों में एक पत्ता; **joking** /जोकिंग/ *n.* मजाक; **jokingly** /जोकिंगलि/ *adv.* मजाक में;
collocations: **joking and jesting** हंसा-ठट्ठा, हंसी-मजाक;
a standing ~ सदा दोहराया जाने वाला मजाक;
p&i: **a ~ breaks no bones** मजाक से हड्डियां नहीं टूटतीं यानी हंसी-मजाक से किसी का कोई गंभीर नुक्सान नहीं होता; **be a ~** हास्यास्पद हो; **be no ~** हंसी या मजाक की बात न हो.;

beyond a ~ मजाक-मजाक में सीमा लांघना; **crack a** ~ मजाक क.; **in** ~ मजाक में; **make a ~ of sth** किसी बात या काम का मजाक बना दे.; **no** ~ मजाक की बात नहीं, गंभीर मामला है; **play a ~ on sb** किसी का मजाक उड़ाना; **put the ~ on sb** किसी को मजाक निशाना बनाना; **see the** ~ मजाक का असली अर्थ समझ लेना; **take a** ~ मजाक को ठीक ढंग से ले., मजाक का बुरा न मानना; **the joke is on him** उसका मजाक उसी पर पड़ गया; **you must be joking/ you're joking!** मैं हैरान हूं! तुम मजाक तो नहीं कर रहे?

~r in the pack बार-बार स्थिति अनुसार रंग बदलने वाला आदमी; **joking apart/ aside** मजाक छोड़िए, मजाक को एक तरफ रखते हुए

jokey /जोकी/ *adj., degr.* **jokier, jokiest** 1 मजाकिया, हंसोड़ 2 मजाक की तरह

jol /जॉल/ *n.* 1 हंसी-मजाक का समय हंसी या मजाक 2 मौज-मस्ती की दाव;

v., pt. **~led**, *pp* **~ling** मौज-मस्ती क.; ~ all night

jol\ly /जौलि\/*US* जाःलि/ *adj.* 1 खुशमिजाज, प्रसन्न, आनंदित, मौजी, मस्त, विनोदी, जिंदा दिल 2 सुंदर, हृष्ट-पुष्ट 3 आनंदभरा: **~ly** weather 3 मिलनसार, तबीअतदार: (as) **~ly** as a sandboy;

adv. बहुत: **~ly** good/ well/ quick; I shall **~ly** well leave him alone;

dw/lw: **~lification** /~फिकेशन/ *n.* रंगरलियां, राग-रंग; **~lify** /जौलिफाइ/ *v., pt.* ~ified, *pp* ~ifying मौज उड़ाना, आनंदित हो.; **~liness/ ~lity** /जॉलिनेस/ जॉलिटि/ *n.* आनंद, उल्लास, खुशमिजाजी, प्रफुल्ल स्वभाव, राग रंग; **~ly-boat** *n.* जहाज की छोटी डोंगी, होड़ी;

collocations: **Jolly Roger** /जॉली रोझे/ खतरे के निशान की द्योतक समुद्री डाकुओं की काली पताका; **~ly season** मौज-मस्ती का मौसम; **~ly god** सुरा देवता बैकस (Bacchus); **~ly good!** बहुत अच्छा! **~ly well!** तुरंत, फिर भी, सच में;

p&i: **~sb along** किसी को अच्छे मिजाज में रखना

jolt /जोल्ट/ *n.* 1 (***syn.*** jerk) झटका, हिचकोला, हचका: soften a ~ 2 धक्का, आघात: give a ~; receive/ suffer a ~ 3 आश्चर्य;

v., pt. **~ed**, *pp* **~ing** 1 झटके से चल पड़ना या चलाना 2 हिचकोले खाना या लगाना 3 मानसिक आघात पहुंचाना 4 आघात के द्वारा किसी को या किसी चीज को किसी जगह से हटाना;

dw/lw: **~ing** *n.* झटकने की क्रिया: ~ing machine; **~ingly** *adv.* झटकते या झाड़ते हुए; **~y** /जोल्टि/ *adj.* हचकदार, हिचकोलेदार

jolterhead /जोल्टःहेड/ (*also* **jolthead**) *n.* उल्लू का पट्ठा, मूर्ख या मूढ़ आदमी

Jonah /जोन/ *n.* 1 एक हिब्रू पैगंबर 2 अशुभ या मनहूस व्यक्ति

Joneses /(जोनजिज)/ *n.*: **keep up with the** ~ ऐशो-आराम की वे सब चीजें प्राप्त करने की कोशिश क. जो आपके दोस्तों व पड़ोसियों के पास हैं

jonquil /जॉन्क्विल/ *n.* सफेद-पीले सुगंधित फूलों वाली नरगिस

Jordan /जॉःडन/ *n.* जॉर्डन;

dw/lw: **Jian** /जॉःडेनिअन/ *adj.* जॉर्डन का; **~ian** *n.* जॉर्डन वासी

jorum /जॉरम/ *n.* कटोरा

Jos. *abbr.* 'Joseph' का संक्षेप

Josh. *abbr.* 'Joshua' का संक्षेप

josh /जोश/ *v., pt.* **~ed**, *pp* **~ing** 1 (***syn.*** tease) खिल्ली उड़ाना, चिढ़ाना 2 छेड़ना, तंग क.;

n. 1 हल्के-हल्के चिढ़ाने की क्रिया 2 जुल, मजाक, उपहास, दिल्लगी

joskin /जॉस्किन/ *n.* गंवारपन

joss /जॉस/ *n.* चीनी देवमूर्ति: ~ house (चीनी मंदिर);

dw/lw: **~-stick** *n.* एक तरह की अगरबत्ती

jost\le /जौसल/ *US* जाःसल/ *v., pt.* **~led**, *pp* **~ling** 1 भीड़ में धक्कम-धक्का करके रास्ता निकालना: **~le** through a crowd 2 ढकेलना, धकियाना: be **~led** by the crowd;

n. 1 धक्का 2 धक्कम-धक्का, ढकेला-ढकेली, रेलपेल 3 भिड़ंत, मुठभेड़;

p&i: **~le for sth** किसी चीज के लिए जूझना/कोशिश क.; **~le with sb for power/ position/ advantage** सत्ता/ कुर्सी/ लाभ के लिए किसी के विरुद्ध उग्र अभियान चलाना

jot /जौट/ *US* जाःट/ *n.* बिंदु, कण, थोड़ा-सा, रत्ती भर, लेश मात्र, लव मात्र: not a ~/ not one ~ of truth;

v., pt. **~ted**, *pp* **~ting** जल्दी से लिखना: ~ sth down (जल्दी से नोट क.);

dw/lw: **~ter** /जौटः/ *US* जाःटः/ *n.* छोटी नोटबुक; **~tings** /जौटिंग्ज/ *US* जाःटिंग्ज/ *n.* टिप्पणियां, टांकी हुई बातें, टीप, संकेत-मात्र;

p&i: **~ or tittle** छोटी राशि; **not a** ~ जरा भी नहीं;

joule /जूल/ *n.* ऊर्जा की इकाई

joun\ce /जॉउंस/ *v., pt.* **~ced**, *pp* **~cing** हिचकोले खाते चलना, हचकना, हचकाना, झकझोरना;

n. हिचकोला, हचका, झटका, धक्का

journal /जःनल/ *n.* 1 पत्रिका: ~ of a conference 2 किसी विषय-विशेष से संबद्ध पत्रिका 3 शोध पत्रिका 4 समाचार पत्र, दैनिक 5 दैनंदिनी, दैनिकी, रोजनामचा;

dw/lw: **~ese** *see below under separate entry*; **~ism** /जःनलिज्म/ *n.* पत्रकारिता: investigative ~ism; **~ist** /जःनलिस्ट/ *n.* पत्रकार, अखबारनवीस: accredited ~ist; **~istic** /जःनलिस्टिक/ *adj.* पत्रकारक, पत्रकारिता संबंधी;

p&i: **gutter/ yellow** ~ सनसनीखेज या नाले की पत्रकारिता

journalese /जःनअलीज/ *n.* 1 समाचार-पत्रों की घिसी-पिटी शैली 2 अखबारी शैली, पत्रकारी भाषा 3 चालू पत्रकारों द्वारा प्रयुक्त सड़क-छाप जुमलों से लदी पत्रकारिता शैली

journey /जःनि/ *n.* 1 यात्रा, सफर: ~ to Chandigarh/ into the country; make/ take/ undertake/ go on a ~ 2 यात्रा का समय और दूरी: a ~ of three days;

dw/lw: **~man** *n.* 1 कारीगर 2 दिहाड़ी कमेरा 3 विद्युत घड़ी; **~-work** *n.* दिहाड़ी का काम, कच्चा काम, ठेके का काम;

p&i: **an arduous/ long/ perilous/ short** ~ कठिन/ लंबी/ विनाशकारी/ छोटी यात्रा; **begin/ complete/ embark on/ go on/ make a** ~ यात्रा आरंभ क./ पूरी क., यात्रा पर निकल पड़ना, यात्रा जारी रखना/ करना; **cheat the** ~ यात्रा का समय बचाना; **reach one's ~'s end** अपनी जीवन यात्रा के अंतिम पड़ाव के पास पहुंचना

journo /जःनो/ *n., pl.* **~s**, *colloq.* पत्रकार

joust /जाउस्ट/ जस्ट/ *n.* 1 सशस्त्र अश्वारोहियों की लड़ाई: engage in a ~ 2 दो घुड़सवार शूरवीरों के बीच बरछेबाजी का मुकाबला;

v., pt. **~ed**, *pp* **~ing** दो घुड़सवार शूरवीरों के बीच बरछेबाजी में भाग लेना

Jove /जोव/ *n.* बृहस्पति;

p&i: **by Jove** *Br., colloq.* सचमुच!

jovial /जोविअ\ल/ *adj.* विनोदप्रिय, हंसमुख, प्रसन्नचित्त;

dw/lw: **~ity** /जोविऐलिटि/ *n.* विनोदप्रियता, खुशमिजाजी, दिल्लगीबाजी, प्रसन्नचित्तता; **~ly** /~लि/ *adv.* खुशी-खुशी, मजे से, प्रसन्नतापूर्वक; **~ness** /~लनेस/ *n.* विनोदप्रियता, प्रसन्नचित्तता

jowl /जाउल/ *n.* 1 (निचला) जबड़ा 2 गाल 3 गलकंबल 4 गलथैली 5 लटकती हुई दोहरी ठोडी, ठोढी के नीचे लटकती हुई चर्बी: heavy ~ (बड़ी दोहरी ठोडी) 6 सिर (of a fish) 7 बकवास, मिथ्या प्रचार;

p&i: **cheek by** ~ साथ-साथ, एक साथ मिलकर

joy /जॉय/ *n.* 1 आनंद, खुशी: wish sb ~; **~s** shared with others are more enjoyed 2 (***syn.*** delight) हर्ष, आह्लाद: jump/ cry with ~; be sb's only ~; the **~s** and sorrows of life 3 सफलता: tried calling a car mechanic for hours, but had no ~; sb's pride and ~ 4 खुशी का मौका या अवसर;

dw/lw: **~bells** *n., [pl.]* मंगल अवसरों पर बजाई जाने वाली घंटियां; **~ful** *adj.* आनंदमय; **~-gun** *n.* उत्सव बंदूक; **~-house** *n.* वेश्यालय; **~less** *adj.* आनंदविहीन, निरानंद, उदास, नीरस, मनहूस; **~lessly** *adv.* बिना किसी आनंद के; **~lessness** *n,*

नीरसता, उदासी, आनंदविहीनता, मनहूसता; **~ous** /जुऑअस/ *adj.* आनंदपूर्ण, खुशियों भरा, आनंदमय; **~ousness** /जुऑअसनेस/ *n.* आनंद, आह्लाद, हर्षानंद; **~ously** /जुऑअसलि/ *adv.* खुशी-खुशी, आनंदपूर्वक; **~-pop** *v., pt.* ~-popped, *pp* ~-popping कभी-कभी (बिना व्यसनी बने) मादक पदार्थ लेना; **~-ride** *n.* गाड़ी द्वारा की जाने वाली आनंदमय सैर; **~-riding** /जुऑयराइडिंग/ *n.* चोरी की कार को खतरनाक ढंग से चलाकर किया जाने वाला सैर-सपाटा; **~-stick** /जुऑयस्टिक/ *n.* 1 *comput.* कंप्यूटर स्क्रीन (computer screen) पर करसर (cursor) के चलन को नियंत्रित करने वाला उपकरण 2 किसी यंत्र या विमान को नियंत्रित करने का हत्था 3 कार्य उत्तोलक;

collocations: **~less occasion** उदासीभरा मौका; **~less trip** निरानंद-यात्रा;

p&i: **~ of the heart makes the face merry** मन की खुशी चेहरे पर झलकती है;

full of the ~s of spring अति प्रसन्नचित्त; **God give you ~/ ~ go with you** आपकी सफलता के लिए शुभकामना!; **(there is) no ~ without alloy** बिना गम खुशी कहां, कांटे बिन गुलाब कहां!

JP *abbr.* 'justice of the peace' की प्रथमाक्षरी (स्थानीय छोटी कचहरी का न्यायाधीश)

JPC *abbr.* 'Joint Parliamentary Committee' की प्रथमाक्षरी

JPEG /जेपेग/ *n. abbr.* 1 'Joint Photographic Experts Group' की प्रथमाक्षरी (कंप्यूटर में इलॉक्ट्रॉनिक तस्वीरों द्वारा घेरे जाने वाले स्थान को कम करने के लिए विशेषज्ञ दल) 2 कंप्यूटर में चित्र-फाइल

JPSC *abbr.* 'Jharkhand Public Service Commission' की प्रथमाक्षरी

Jr. (*also UK* **Jnr**) *abbr.* 'junior' का संक्षिप्त रूप: John F. Kennedy, **Jr.**

JRC *abbr.* 'Joint Rivers Commission' की प्रथमाक्षरी

JRF *abbr.* 'Junior Research Fellow', 'Junior Research Fellowship' की प्रथमाक्षरी

JRY *abbr.* 'Jawahar Rozgar Yojana' की प्रथमाक्षरी

JS *abbr.* 'Joint Secretary' की प्रथमाक्षरी

JSA *abbr.* 'Job Seekers Allowance' का संक्षिप्त रूप

JSP *abbr.* 'Java Server Pages' की प्रथमाक्षरी

jt. *abbr.* 'joint' का संक्षिप्त रूप

JTA *abbr.* 'Jamia Teachers Association' की प्रथमाक्षरी

JTG *abbr.* 'Joint Technical Group (Indo-U.S.)' की प्रथमाक्षरी

JTO *abbr.* 'Junior Telecom Officer' की प्रथमाक्षरी

JTOA *abbr.* 'Junior Telecom Officers Association' की प्रथमाक्षरी

jubate /जूबेट/ *adj.* शेर जैसे लंबे बालों वाली गर्दन वाला (जानवर)

jube /जूब/ *n. see* **'jujube'**

jubi\lance /जूबिलंस/ *n.* आनंदोत्सव, उल्लास;

dw/lw: **~lant** /~लंट/ *adj.* आनंदविभोर, प्रफुल्ल; **~lantly** /~लंटलि/ *adv.* प्रफुल्लतापूर्वक; **~late** /~लेट/ *v., pt.* ~lated, *pp* ~lating खुशियां मनाना, खुशियों से फूला न समाना; **~lation** /~लेशन/ *n., pl.* ~lations आनंदोत्सव, उल्लासपूर्ण उत्सव

jubilee /जूबिली/ *n.,* **~s** जंयती;

collocations: **~ year** जयंती-वर्ष; **diamond ~ (60 years)** हीरक जयंती; **golden ~ (50 years)** स्वर्ण जयंती; **silver ~ (25 years)** रजत जयंती

Jud *abbr.* 'Judith', 'Judges' का संक्षिप्त रूप

Juda\ic /जूडेइक/ *adj.* यहूदीवाद से संबंधित;

dw/lw: **~ism** /जूडेइज्म/ *n.* यहूदी धर्म, यहूदीवाद

Judas /जूडास/ *n.* 1 ईसा के साथ रहने वाले बारह अनुयायियों में से वह जिसने ईसा के साथ दगा करके उन्हें पकड़वाया था 2 (***syn.*** traitor) मित्रद्रोही, द्रोही, विश्वासघाती, गद्दार;

collocations: **~'s kiss** गद्दार का चुंबन, गद्दारी; **~ hole** दरवाजे में बना झांकने का छेद

judder /जडः/ *v., pt.* **~ed**, *pp* **~ing** थरथराना, डगमगाना; ***n.*** थरथराहट, डगमगाहट, कंपन

judge /जज/ *n.* 1 न्यायाधीश, न्यायकर्ता 2 रेफ्री, निर्णायक: the **~s** of a contest; ~ at the curve 3 पारखी: a good/ poor ~ of horses 4 गुणज्ञ, गुण-दोष परखने वाला व्यक्ति: ~ of the course; *v., pt.* **~d**, *pp* **judging** 1 न्याय क., न्याय दे. 2 फैसला क., फैसला सुनाना 3 धारणा या विचार बनाना या रखना 4 प्रतियोगिता के परिणामों का निर्णय क., निर्णायक बनना 5 आकलन क., आंकना, परखना: **~d** her fit to play 6 अनुमान लगाना, निष्कर्ष निकालना: **judging** by/ from sth 7 लोचना क., निंदा क. 8 गुण विवेचन क.;

dw/lw: **~-made** *adj.* निर्णीत; **~ship** *n.* न्यायाधीश का पद;

collocations: **~ advocate** न्यायाधिवक्ता;

p&i: **~ not lest ye be ~ed** जो शीशे के महलों में रहते हैं, उन्हें दूसरों पर पत्थर नहीं फेंकना चाहिए; **don't ~ a book by its cover** बाहरी शक्ल के आधार पर किसी चीज की अच्छाई-बुराई का निर्णय नहीं क. चाहिए; **grave as a ~** जज की गंभीर व गर्वीला; **sober as a ~** जज की तरह पूरे होशो-हवास में

judgment (*also* **judgement**) /जजमंट/ *n.* 1 फैसला, निर्णय, न्याय, दंडादेश: a harsh/ subjective ~; good/ poor ~; ~ for the defendant; ~ for the plaintiff; pass ~ on sb; ~ reserved; pass/ give/pronounce/execute/vacate a ~; reverse a ~ on appeal 2 धारणा, आकलन, निष्कर्ष, राय, विचार, अनुमान: in sb's ~; against one's better ~; an error/lapse of ~; form a ~ 3 परख, निर्णय करने की क्षमता: a man of sound/good ~ 4 आलोचना, मूल्यांकन: sit in ~ on/ upon a case 5 निंदा 6 विवेक, समझ;

dw/lw: **~al** (*also UK* **judgemental**) /जजमंटल/ *adj.* 1 फैसले से संबंधित 2 न्याय करने में सक्षम 3 निष्कर्षात्मक, धारणात्मक;

collocations: **~ call** स्पष्ट नियम की अनुपस्थिति में अपना निर्णय, अपना निष्कर्ष तय करने की आवश्यकता; **Judgement Day** न्याय दिवस, कयामत का दिन; **~ reserved** निर्णय विलंबित या सुरक्षित; **~ respited** दंडाज्ञा विलंबित; **Judgement of Solomon** कठिन पर सही निर्णय;

final ~ अंतिम फैसला; **the Last Judgement** कयामत का दिन;

p&i: **A Daniel come to ~** ईमानदार, न्यायपरक न्यायाधीश (*Biblical, also* see Shakespeare: *The Merchant of Venice:*

"A Daniel came to judgement, yea, a Daniel!
O wise young judge, how I do honour thee!");

against one's better ~ अपने विश्वास और आस्था के बावजूद; **disturb the ~** बहकाना, गुमराह क.; **make a ~** फैसला क.; **pass ~ on** 1 किसी की आलोचना क. 2 फैसला सुनाना; **sit in ~** न्यायाधीश हो.

judgmental (*also UK* **judgemental**) /जजमंटल/ *adj.* 1 फैसले से संबंधित 2 न्याय करने में सक्षम

judicable /ज्यूडिकेबल/ *adj.* न्याय-योग्य

judicature /जूडिकेचः/ *n.* 1 न्याय-प्रशासन, न्याय-व्यवस्था, न्यायाधिकरण 2 न्यायाधीश का पद, कार्य या अधिकार क्षेत्र 3 न्यायाधीश या न्यायालय की अधिकार-सीमा

judicial /ज्यूडिशिअ\ल/ *adj.* 1 न्यायायिक, न्यायिक: ~ court; ~ murder (न्यायिक गलती); purity of the ~ ermine (न्यायाधीश की ईमानदारी) 2 अदालती: ~ notice; ~ proceedings; take/ bring ~ proceedings against sb 3 न्यायसम्मत 4 विवेचनात्मक: a man with a ~ mind;

dw/lw: **~ly** /~लि/ *adv.* न्यायिक दृष्टि से, विधितः, कानूनन;

collocations: **~ activism** न्यायालय द्वारा देश हित में राजनीतिक या सामाजिक निर्णय लिए जाने में दिखाई वाली न्यायिक सक्रियता; **~ custody** अदालती हिरासत; **~ lockup** अदालती हवालात; **~ restraint** यह विचार कि न्यायालय को संविधान द्वारा निर्धारित कानून के साथ छेड़छाड़ करने या बदलना से बचना चाहिए; ~

review उच्चतम न्यायालय का संविधानिक वैधता तय करने का अधिकार या कार्य; ~ **service** न्यायिक सेवा; ~ **separation** न्यायालय द्वारा निर्णीत पति-पत्नी का आंशिक विवाह विच्छेद

judiciary /ज्यूडिशिअरी/ *n.* 1 (*usually* **the** ~) न्यायपालिका, न्याय तंत्र: independent ~ 2 न्यायाधीशों का वर्ग

judicious /जूडिशिअस\/ *adj.* 1 (***anton.*** in~) विवेकपूर्ण, न्यायपूर्ण 2 बुद्धिमत्तापूर्ण, समझदारी पर आधारित;

***collocations:*~ly** /~लि/ *adv.* 1 न्यायपूर्वक 2 विवेकपूर्वक, समझदारी से: a ~ly worded statement; **~ness** /~नेस/ *n.* 1 न्यायपूर्णता 2 विवेकशीलता, बुद्धिमत्ता, समझदारी

judo /जूडो/ *n.* जूडो, जापानी सुरक्षात्मक शारीरिक व्यायाम शैली;

***dw/lw:* ~gi** /जूडोजि/ *n.* जूडो खिलाड़ी की वर्दी; **~ist**/ **~ka** /जूडोइस्ट/ जुडोका/ *n.* जूडो खिलाड़ी

jug /जग/ *n.* 1 (***syn.*** pitcher) जग: a ~ of beer 2 सुराही, घट 3 मर्तबान जैसा लंबोतरा बर्तन 4 *sl.* कारागार;

***v.**, pt.* **~ged**, *pp* **~ging** लंबोतरे बर्तन में गोश्त (stew) बनाना

***dw/lw:*~ful** *n., pl.* **~s** भरा जग, जग के माप की मात्रा;

***p&i:* not by a ~ful** नहीं, बिल्कुल नहीं

jugged hare खरगोश का एक व्यंजन

jugal bone गंडिका

jugate /जूगेट/ *adj.* 1 युग्मित 2 युग्मपर्णी

Juggernaut /जगःनॉट/ *n.* 1 जगन्नाथ 2 *colloq.* एक भारी-भरकम गाड़ी (lorry) 3 जगन्नाथ का रथ 4 अत्यंत घातक शक्ति, महाशक्ति: bureaucratic ~

juggins /जगिन्ज/ *n., rather dated sl.* बुद्धू, मूढ़, गंवार

jugg\le /जगल/ *v., pt.* **~led**, *pp* **~ling** 1 बाजीगिरी क., बहुत सारी गेंदों को हवा में उछालना व बिना गिराए लपकना: ~ with balls 2 शब्द जाल बिछाना: **~le** with words (शब्दों के साथ खिलवाड़ क./ शब्दों के अर्थ को तोड़ना-मरोड़ना); **~le** with facts and figures, etc. (तथ्यों और आंकड़ों के साथ खिलवाड़ क.); **~le** with sb's feelings 3 बहुत सारी बातों में हाथ डालना 4 धोखेबाजी क.: **~le** sb out of sth (किसी से धोखे से कोई चीज ले.); **~le** sb into doing sth (किसी से धोखे से कोई काम करवाना); **~le** sth away (चालबाजी से चीज कोई चीज उड़ा ले जा.);

***dw/lw:*~ler** /जगलः/ *n.* 1 मदारी, बाजीगर 2 इंद्रजाली, धोखेबाज, चालबाज; **~lery** /जग्लरि/ *n.* 1 बाजीगिरी, चतुर या धूर्त चालें चलने का व्यवहार: political ~lery 2 बाजीगर का खेल 3 इंद्रजाल, तमाशा 4 हस्तलाघव, हाथ की सफाई, धोखेबाजी, ठगी; **~ling** /जगलिंग/ *n.* चालबाजी से किया जाने वाला तथ्यों के साथ खिलवाड़

jugular /जग्युलः/ जग्यलः/ *adj.* कंठ्य: ~ vein; ~ canal;

n. कंठ्य धमनी;

***p&i:* go for the** ~ तर्क-वितर्क आदि में किसी की सबसे कमजोर अंग या जगह पर वार क.

jugula\te /जग्युलेट/ *v., pt.* **~ted**, *pp* **~ting** 1 गला काटना, गला घोंटना 2 कठोर कदम उठाकर रोग को दबाना

jugulum /जग्युलम/ *n.* जत्रुक

jui\ce /ज्यूस/ *n.* 1 फलों आदि का रस 2 सार, तत्त्व 3 शरीर के प्राकृतिक द्रव्य (juices): gastric **~ce** 4 शक्ति-स्रोत, ओज, ओजस्विता 5 *sl.* विद्युत धारा जैसी जीवन-दायक ऊर्जा (शक्ति-स्रोत) 6 *US sl.* शराब 6 पेट्रोल, ईंधन गैस आदि;

***v.**, pt.* **~ced**, *pp* **~cing** फल आदि से रस निकालना: **~ce** the oranges;

***dw/lw:* ~celess** *adj.* नीरस, रसविहीन; **~cer** /जूसः/ *n.* (*also* **~ce extractor**) जूस निकालने का यंत्र, जूसर; **~ces** /ज्यूसिज/ *n.* मांस का रसा, शोरबा: digestive ~ces आमाशय का रस जो भोजन पचाने में मदद करता है; **~ciness** /जूसिनेस/ *n.* रसमयता; **~cy** /ज्यूसि/ *adj.* 1 रसदार, पिलपिला, रसीला 2 रोचक, मजेदार, दिलचस्प, चटपटी, मसालेदार: ~cy story/ gossip 3 *colloq.* फायदेमंद (प्रस्ताव, सम्मान आदि): a ~cy award;

***p&i:* stew in one's own ~ce** अपनी समस्या में से स्वयं निकलना; **step on the ~ce** अकस्मात् ऊर्जा के स्रोत पर पांव पड़ जा.

jujitsu/ ju-jutsu /जूजित्सू/ *n.* जापानी कुश्ती (जूडो की जननी)

juju /जूजू/ *n.,* **~s** पश्चिमी अफ्रीकी जनजातियों में प्रचलित ताबीज पूजा और उसमें छिपा जादुई प्रभाव

jujube /जूजूब/ *n.* एक प्रकार की मीठी गोली

jukebox /ज्यूकबॉक्स/ *n.* पैसे डालने से बजनेवाली गाने की मशीन

Jul. *abbr.* 'July' का संक्षेप

julep /जुलिप/ *n.* 1 एक प्रकार का शरबत 2 मसालेदार शराब

Julian calendar /जूलिअन कैलंडर/ जूलिअन कैलिंडर/ जूलियस सीजर (Julius Caesar) द्वारा 46 ईसा पूर्व में शुरू किया गया जूलियन कैलेंडर जिसके तहत वर्ष में 365 और लीप वर्ष में 366 दिन होते हैं

July /जुलाई/ *n.* वर्ष का सातवां महीना, जुलाई

jumb\le /जंबल/ *n.* 1 गडमड, घालमेल 2 गड़बड़, घमरौल, गड़बड़झाला 3 (***syn.*** shock) धक्का, हिचकोला;

***v.**, pt.* **~led**, *pp* **~ling** 1 (*also* **~le up**) गडमड/ घालमेल कर दे., अव्यवस्थित कर दे.: **~le** together 2 उलझाना: **~le** up 3 छटपटाना, कुलबुलाना 4 अव्यवस्थित ढंग से चलना;

***collocations:* ~le sale** *UK (US* **rummage sale)** परोपकारी कार्य के लिए पुराने सामान, कपड़े आदि की सस्ते में बिक्री; **~le shop** सस्ते सामान की दुकान

jumbo /जंबो/ *adj.* 1 विशाल, दीर्घाकार 2 बड़े डील-डौल वाला, भारी-भरकम;

n. (**~ jet**) विशाल विमान: Boing 747 is a ~ jet;

***dw/lw:* ~sized** /जंबोसाइजड/ *adj.* बड़े आकार वाला: ~-sized cake;

collocations: ~ **boom** समुद्री माल वाहक जहाज में भारी माल लादने के लिए विशेष जिब (कांटा); ~**jet** बहुत बड़ा जेट विमान

jump /जंप/ *v., pt.* **~ed**, *pp* **~ing** 1 कूदना, उछलना, छलांग लगाना 2 के ऊपर से कूदना, लांघना, पार क., फांदना: ~ the hurdles 3 (***syn.*** startle) चौंकना या चौंकाना: on seeing the tiger he **~ed** in panic 4 (***syn.*** leap) कीमतों आदि में एकदम से उछाल आना, अचानक बढ़ना या बढ़ाना: the prices have **~ed** suddenly of late 5 5 एकदम बदलना: ~ from topic to topic 6 (***syn.*** skip) बीच-बीच में कुछ अंश छोड़ना: ~ several paras while reading the paper 7 यंत्र का अचानक असाधारण ढंग से क्रम छोड़ना: the type-writer ~ed several letters; the film **~ed** during the projection 8 अचानक हमला क.: the thieves suddenly **~ed** him in the darkness of night 9 कूदकर गाड़ी में बैठना: ~ a bus 10 अत्यंत जीवंत हो.: the club is **~ing** tonight;

n. 1 कूद, छलांग, फांद: long ~; high ~ 2 कीमतों आदि में उछाल, बढ़त 3 कूद-फांद;

***dw/lw:* ~-cut** *n.* अंतराल के बाद अकस्मात् फिल्म में एक दृश्य से द्रुत गति से दूसरे में बदलाव; **~ed-up** *adj.* जिसका अपने बारे में जरूरत से ज्यादा ऊंचा विचार हो, नकचढ़ा, अहंकारी, दंभी; **~er** /जंपः/ *n.* 1 छलांगें लगाने वाला, छलांगे भरने वाला, कूदने वाला 2 *US* (*UK* **pinafore**) दूसरे कपड़ों के ऊपर पहनी जाने वाली बिना बांह की कुर्ती 3 *UK* (*UK*/ *US* **sweater**) स्वैटर जैसा गर्म कपड़ा 4 बिजली का अस्थायी कनेक्शन (connection) लेने के लिए बिजली की तार का टुकड़ा 5 ब्लाउज (blouse), जंपर; **~ing** /जंपिंग/ *n.* कूदने-फांदने की क्रिया; **~ing-board** *n.* कूदने का तख्ता; **~ing-jack** *n.*एक खिलौना जिसके अंग रस्सी से खींचने पर कूदने लग जाते हैं; **~ing-off-place** *n.* 1 यात्रा का आखिरी पड़ाव 2 ऐसा स्थान जहां से आदमी किसी भी नई दिशा में जा सकता है या नई गतिविधि शुरू कर सकता है 3 *US* दूरस्थ निर्जन स्थान; **~ingly** *adv.* कूदते हुए; **~-jockey** *n.* बाधा दौड़ में भाग लेने वाला घुड़सवार; **~-off** *n.* 1 मुकाबला बराबरी पर समाप्त होने की स्थिति में अतिरिक्त खेल का समय 2 शुरुआत; **~-seat** *n.* कार या विमान में चल सीट, मुड़वां सीट; **~-start** *n.* 1 बैठी हुई बैटरी वाली गाड़ी को तार से दूसरी कार की बैटरी से जोड़कर या धक्का देकर चालू करने की क्रिया 2 किसी कार्य को तेजी से करने के लिए किया जाने वाला अत्यधिक प्रयास; **~-suit** *n.* एक-पीस वाला ट्रैक सूट (track-suit)

आदि; ~-up *n.* एक कैरिबियायी नृत्य; ~y /जंपि/ *adj., degr.* ~ier, ~iest 1 उखड़ा-उखड़ा-सा, उद्विग्न, घबराया हुआ, परेशान, अधीर 2 हचकते हुए चलने वाला;

collocations: ~ **airplane** कलात्मक स्केटिंग (skating) में एक विशेष छलांग; ~ **ball** खेल शुरू करने के लिए रेफ्री (referee) द्वारा दोनों पक्षों के बीच फेंकी जाने वाली गेंद; ~ **cable** = ~ **lead** बैठी हुई बैटरी वाली गाड़ी को दूसरी कार की बैटरी से जोड़ने की तार; ~ **dismount** जिमनास्टिक्स (gymnastics) में समानांतर डंडों आदि से उतरने का एक विशेष हुनर; ~**ing competition** कूद-प्रतियोगिता; ~**ing-off place** = ~**ing-off point** ऐसा स्थान जहां से आदमी किसी भी नई दिशा में जा सकता है या नई गतिविधि शुरू कर सकता है; ~ **jet** जेट विमान जो उड़ान-पट्टी (runway) के बिना सीधे उड़ान भर सकता है या नीचे उतर सकता है; ~ **lead** = **jump cable** (*see above*); ~ **pole** कूदने का बल्ला; ~ **race** स्की-कूद मुकाबला; ~ **rope** *US (UK* **skipping rope**) कूदने-फांदने की डोरी; ~ **shot** बास्केटबाल में कूदते हुए बास्किट में डाली जाने वाली गेंद ; ~ **story** दूसरे पृष्ठ पर जारी रहने वाली कहानी; **closed** ~ कलात्मक स्केटिंग में बंद छलांग; **diving** ~ ऐथलेटिक्स (athletics) में एक विशेष कूद; **long** ~ लंबी कूद; **high** ~ ऊंची कूद; **hop-step-and** ~ उछल-कदम-कूद; **trial** ~ घुड़सवारी के करतबों में नियंत्रक कूद;

p&i: ~ **about** इधर-उधर कूदना; ~ **a claim** किसी की संपत्ति को अवैध ढंग से हथियाना; ~ **an opponent** प्रतिद्वंद्वी को पछाड़ना; ~ **a page** एक पृष्ठ छोड़कर आगे निकल जा.; ~ **at an offer/ at a chance** किसी की पेशकश या अवसर को झट से स्वीकार कर ले.; ~ **at sb** किसी की कटु आलोचना क.; ~ **at sth like a cock at a gooseberry** किसी चीज पर बुरी तरह टूट पड़ना; ~ **at the bait** झट से झांसे में आ जा.; ~ **bail** जमानत पर छूटे आरोपी आदमी द्वारा पेशी वाले दिन अदालत में हाजिर न हो.; ~ **down sb's throat** गुस्से में किसी से अधीरतापूर्वक बात क., किसी पर बरस पड़ना; ~ **from one subject to another** एक मुद्दे से दूसरे पर चले जा.; ~ **in a conversation/ an argument** किसी की बातचीत या बहस में टपक पड़ना; ~ **in prices** कीमतों में उछाल; ~ **into one's clothes** झट से अपने कपड़े पहन ले.; ~ **into/ up, etc.** झट से चढ़कर बैठना; ~ **on** किसी पर टूट पड़ना; ~ **one's bail** जमानत का उल्लंघन क., जमानत जब्त करवाना; ~ **on the bandwagon** किसी के पहले से चल रहे कार्यक्रम या योजना में आनन-फानन शामिल हो; ~ **off** से कूद पड़ना; ~ **out** कूद पड़ना; ~ **out at sb** = **leap out at**: the mistake in the statement ~ed out at me; साफ-साफ दिखने वाली; ~ **out of one's skin** भौचक्का होकर उग्रतापूर्वक कदम उठाना; ~ **out of the frying-pan into the fire** आसमान से गिरा खजूर पर लटका; ~ **over the moon** उत्तेजित हो.; ~ **over the broom stick** शादी की रस्में पूरी किए बिना विवाह कर ले.; ~ **ship** 1 नाविक द्वारा जहाज के कार्य से अवैध तरीके से अनुपस्थित रहना 2 संगठन को अचानक छोड़ देना; ~ **the gun** दौड़ने का संकेत मिलने (बंदूक के धमाके होने) से पहले ही दौड़ पड़ना, नियम का उल्लंघन क.; ~ **the lights** = **run a red light** = **run the lights** ट्रैफिक की बत्ती का उल्लंघन क.; ~ **the next chapter** अगले अध्याय को छोड़ दे.; ~ **the queue/ line** लाइन (पंक्ति) तोड़ कर आगे बढ़ना; ~ **the rails/ the track** 1 रेलगाड़ी का पटरी से उतर जा. 2 गलत रास्ते पर आ जा.; ~ **through hoops** कुछ प्राप्त करने के लिए कठिन और जटिल कार्य क.; ~ **to it** जल्दी क.; ~ **to conclusion** आनन-फानन में निष्कर्ष निकालना; ~ **to one's feet** उछलकर खड़ा हो.; ~ **up and down** ऊपर-नीचे कूदना; ~ **upon** टूट पड़ना; ~ **with** किसी के साथ चल पड़ना; ~ **with a long run** or **taking a long run** लंबा दौड़कर कूदना; ~ **with joy** खुशी से झूम लगना; **a** ~ **from parachute** पैराशूट से छलांग; **all of a** ~ तनाव में; **at a/ one** ~ एक छलांग में, फौरन, तुरंत; **be ~ed into sth** किसी द्वारा धोखे से किसी चीज में फंसा दिया जा.; **be for the high** ~ गंभीर अशुभ बातें होने की उम्मीद हो.; **be one** ~ **ahead of sb** किसी से थोड़ा आगे निकल जा.; **get the** ~ **on sb** किसी से आगे निकल जा.; **give sb a** ~ किसी को चौंका दे.; **give** ~ **of surprise** आश्चर्यजनक शुरुआत क.; **go and** ~ **in a lake!** भाग जाओ! दफा हो जाओ!; **have a** ~ **on sb** किसी से एक कदम आगे रहना; **on the** ~ गतिमान; **our opinions** ~ **together/ one with another** हमारे विचार मिलते हैं; **stay one** ~ **ahead of sb** प्रतिद्वंद्वियों की चालों से एक कदम आगे रहना; **take a running** ~! जहन्नुम में जाओ! चले जाओ!; **take the high** ~ फांसी पर झूल जा.; **the train ~ing the rails** पटरी से उतरने वाली गाड़ी; **the disco was ~ing** डिस्को में बहुत ही चहल-पहल थी; **wait for the cat to** ~/ **see which way the cat ~s** देखें ऊंट किस करवट बैठता है;

jumper *see above under* **jump:** ***dw/lw***

jumping *see above under* **jump:** ***dw/lw***

jumpy *see above under* **jump:** ***dw/lw***

Jun. *abbr.* 'June', 'Junior' का संक्षेप

junction /जंक्शन/ *n.* 1 (***syn.*** *US* intersection) *UK* दो या अधिक सड़कों, रेल मार्गों का मिलन-बिंदु या स्थान, जंक्शन: a railway/ road ~ 2 बिजली की तारों का मिलन-बिंदु 3 संयोजन 4 संगम, संयोग: **T-**~ (ऐसा स्थल जहां एक तरफ से आने वाली सड़क बड़ी सड़क में मिलकर **'T'** आकार बनाती है) 5 सम्मिलन, मिलन: ~ of talent and experience 6 संधि, संधि स्थल: the ~ of sth and sth 7 जोड़, मोड़ 8 घड़ी, समय, मौका 9 व्यस्त मिलन स्थल: a busy ~

juncture /जंक्चः/ *n.* 1 समयबिंदु, घड़ी 2 पल, समय, काल: at this ~ 3 परिस्थिति: critical ~ of things 4 जोड़, मोड़, संधि: at the ~ of one river with another 5 संयोजन

June /जून/ *n.* वर्ष का छटवां मास, जून

Jungian /जुंगिअन/ *n.* युंगवादी, युंगीय (Swiss psychologist Carl Gustav Jung/ 1875-1961/ से संबंधित)

jungle /जंगल/ *n.* 1 वन, जंगल, झाड़-झंखाड़ 2 कठोर प्रतिद्वंद्विता की स्थिति 3 खतरनाक स्थान. भूलभुलैया, जटिल परिस्थिति 4 उष्णकटिबंधी (tropical) क्षेत्र के वर्षा-वन का नाम 5 (*also* **jungle music**) 1990 के दशक में ब्रिटेन में विकसित एक द्रुत संगीत जिसमें शब्द नागरीय जीवन की विडंबनाओं के दर्शाते थे;

dw/lw: ~**bobbler** *n.* वन्य कचपचिया; ~**fowl** *n.* जंगली मुर्गी; ~-**green** *adj.* बहुत गहरा हरा;

collocations: ~ **bush quail** वन्य क्षुपबटेर; ~ **fever** मलेरिया का बुखार; ~ **gym** चढ़ने-उतरने का ढांचा; ~ **juice** *sl.* घर की बनाई हुई बहुत तेज पर खराब शराब, दारू; ~ **of regulations** नियमों की भूलभुलैया; **the concrete** ~ सिमेंट के बने मकानों आदि का जाल; **the law of** ~ जंगल का कानून, अराजकता, अंधेर, अंधेर नगरी

jung\ly /जंगली/ (*also* **jungli**) *adj., degr.* ~**lier**, ~**liest** 1 जंगलवासी, वनवासी 2 वन्य, वनीय 3 जंगली, अनगढ़, गंवार, बेहूदा, बदतमीज

junior /जूनिअः/ *adj.* (*abbr.* **Jr.**, **Jnr**, **jnr**, **Jun/ Ju*n*.**) 1 कनिष्ठ: ~ technician 2 स्तर या उम्र में छोटा, अवर, जूनियर: be sb's ~ 3 अनुज, छोटा: be 10/20 years somebody's ~ 4 युवा: ~ book; ~ team 5 *US* (*abbr.* **Jr.**) परिवार में एक नाम के दो व्यक्तियों में से छोटे के नाम के साथ जुड़ने वाला संक्षेप: John Kennedy **Jr**;

n. 1 युवा पीढ़ी 2 अमेरिकी कॉलेज का तृतीय वर्ष का छात्र 3 *UK* जूनियर स्कूल का छात्र 4 निम्न स्तर की नौकरी 5 कनिष्ठ पुत्र;

dw/lw: ~**ity** /जुनिऑरिटि/*n.* कनिष्ठता; ~**most** *adj.* कनिष्ठतम, सबसे छोटा;

collocations: ~ **college** अमेरिका में विश्वविद्यालय में प्रवेश की तैयारी करने के लिए दो-वर्षीय कॉलेज; ~ **common room** कनिष्ठ छात्रों का साझा कमरा; ~ **division** कनिष्ठ प्रभाग; ~ **doctor** मैडिकल कॉलेज से हाल ही में शिक्षा पूरी करके अस्पताल में व्यावहारिक अनुभव प्राप्त करने वाला डॉक्टर; ~ **high school** (*also* ~ **high**) अमेरिका व कैनेडा में 12 से 15 वर्षीय बच्चों का स्कूल;

~ **school** ब्रिटेन में 7 से 11 वर्षीय बच्चों का स्कूल; ~ **sophomore** कैंब्रिज विश्वविद्यालय के स्नातक का द्वितीय वर्ष का छात्र; ~ **technician** ब्रितानवी वायु सेना का कनिष्ठ सैनिक; ~ **versity** स्कूल या कॉलेज की दोयम दर्जे की खेल टीम;
p&i: **be years somebody's** ~ किसी से उम्र में छोटा हो.

juniper /जूनिपः/ *n.* धूपचंदन नामक पौधा, आरार

junk /जंक/ *n.* 1 (***syn.*** rubbish/ garbage) कबाड़, टूटा-फूटा सामान, कूड़ा-कर्कट 2 रद्दी रस्सा 3 बकवास 4 *sl.* हिरोइन जैसे नशीले पदार्थ 5 सुखाया हुआ गोश्त 5 = junk food;
adj. सस्ता पर बेकार, रद्दी: ~ jewellery;
v., *pt.* **~ed**, *pp* **~ing** 1 किसी चीज को रद्दी की तरह ले. 2 रद्दी समझकर फेंक देना 3 टुकड़े-टुकड़े कर दे.;
dw/lw: **~er** /जंकः/ *n.* पुरानी रद्दी गाड़ी; **~ie** (*also* **~y**) *n., pl.* **~ies** 1 नशेड़ी 2 दीवाना: power **~ies** (सत्ता-दीवाने); **~y** *adj.* रद्दी, बेकार, टूटा-फूटा; **~man**/ **~-dealer** *n.* कबाड़ी, कबाड़िया; **~shop** *n.* पुरानी वस्तुओं या कबाड़ी की दुकान; **~yard** (*also* **scrapyard**) *n.* गुदड़ी बाजार, कबाड़ी बाजार;
collocations: ~ **bond** ऊंचे लाभांश वाले पर अति असुरक्षित बांड; ~ **call** देने वालों आदि की तरफ से अवांछित टेलीफोन; ~ **fax** बेकार का फैक्स संदेश; ~ **food** झटपट तैयार होने वाला (स्वास्थ्य के लिए हानिकारक) चालू खाना; ~ **mail** बेकार ई-मेल, अंटशंट ई-मेल

junket /जंकिट/ *n.* 1 एक मीठा व्यंजन 2 सरकारी खर्च पर की जाने वाली विदेश की सैर 3 भोज
v., *pt.* **~ed**, *pp* **~ing** खाना-पीना, उत्सव मनाना, मौज-मस्ती क.
dw/lw: **~er**/ **~eer** *n.* सैर-सपाटा व मौज-मस्ती करने वाला

Juno /जूनो/ *n. Roman myth* युनोना, अति सुंदर लड़की, जुपिटर की पत्नी;
collocations:**bird of ~**/ **~'s bird** मोर

junta /जंटा/ *US* हुंटा/ *n.* 1 फौजी षड्यंत्रकारियों का गुप्त गुट 2 (*also* **junto**) किसी षड्यंत्र में शामिल लोगों की चौकड़ी

Jupiter /जूपिटः/ *n.* वृहस्पति ग्रह, गुरु;
collocations:**by ~!** जुपिटर की सौगंध!

jural /ज्यूरःल/ *adj.* न्यायिक, न्यायायिक, विधिक, विधिपरक, वैध

Jurassic /ज्यूरैसिक/ *adj.* ज्यूरैसिक, 21 से 14 करोड़ वर्ष पहले का

juratory /ज्युअरेटरि/ *adj.* शपथमय

jure divino /ज्युअरि डिवाइनो/ ईश्वरीय विधान से

juridic/ **juridical** /जुअरिडिक\/ ~ल/ *adj.* विधिक, न्यायिक: ~ person;
dw/lw: **~ly** \/~लि/ *adv.* विधितः, विधि अनुसार, कानूनन

jurisconsult /जुअरिसकनसल्ट/ जुअरिसकौनसल्ट/ *n.* 1 कानूनी सलाहकार 2 विधिवेत्ता

jurisdiction /जुअरिस्डिक्शन\/ *n.* 1 अधिकार-क्षेत्र: exclusive ~ 2 न्याय अधिकार: contentious ~; compulsory ~ 3 न्याय व्यवस्था;
dw/lw: **~al** /~ल/ *adj.* अधिक्षेत्रीय, अधिकार क्षेत्र संबंधी, क्षेत्र-अधिकारीय, आधिकारिक

jurispru\dence /जुअरिस्प्रू\डंस/ *n.* 1 विधि विज्ञान, विधि शास्त्र, न्यायशास्त्र 2 विधि संग्रह 3 विधि विज्ञान में दक्षता;
dw/lw: **~dent** /~डंट/ *n.* विधि-विशेषज्ञ; **~dential** /~डंशिअल/ *adj.* विधि-विशेषज्ञता संबंधी, न्यायशास्त्रीय

jurist /जुअरि\स्ट/ *n.* विधिविज्ञानवेत्ता, विधिवेत्ता, विधिशास्त्री, न्यायशास्त्र का विद्वान;
dw/lw: **~ically** /~स्टिकलि/ *adv.* विधितः, विधि अनुसार, कानूनन; **~ic** /~स्टिक/ *adj.* 1 विधिवेत्ता-संबंधी 2 विधि विज्ञान संबंधी

juror /जुअरः/ *n.* ज्युरी सदस्य, पंच-मंडल सदस्य: grand/ petty ~;

jury /जुअरि/ *n., pl.* **juries** 1 निर्णायक-मंडल, न्याय समिति, पंच-मंडल, ज्युरी: common/ petty/ trial ~; grand ~ 2 प्रतियोगिता निर्णायक-मंडल;
dw/lw: **~man**/ **~woman** *n.* पंच-मंडल सदस्य; **~-leg** *n.* लकड़ी की टांग; **~mast** *n.* काम-चलाऊ मस्तूल; **~-rig** *n.* पाल पोत के पालों की अस्थायी तैनाती (तानने की क्रिया); **~-rigged** *adj.* काम-चलाऊ सज्जा-युक्त; **~-rigging** *n.* पालों की काम-चलाऊ तैनाती;
collocations: ~ **box** अदालत में निर्णायक-मंडल के बैठने का स्थान; ~ **of appeal** ऐसी ज्युरी जिसके सामने अपील की जा सके; **special** ~ विशेष ज्युरी; **the ~ of public opinion** जनमत का निर्णय

JUSE *abbr.* 'Japanese Union of Scientists and Engineers' की प्रथमाक्षरी

just /जस्ट/ *adv.* 1 केवल, मात्र: ~ as much (मात्र इतना ही) 2 थोड़ी देर पहले, अभी-अभी : ~ now; ~ gone; ~ out of swaddling clothes (अभी-अभी पोतड़ों से निकला, छोटा बच्चा) 3 बिल्कुल उपयुक्त या सही: ~ the man; ~ the thing; that is ~ it (यही तो); ~ what I wanted 4 मुश्किल से: ~ caught the train; ~ saved himself (बस बच गया); only ~ enough (मुश्किल से पूरा पड़ने वाला) 5 बिल्कुल: it is ~ splendid; ~ excellent 6 हू-ब-हू एक समान: ~ as good 7 बिल्कुल, एकदम: time ~ flew 8 लगभग ~ about (करीब-करीब) 10 ऐन, बिल्कुल: ~ in time; ~ at that spot; ~ so! (बिल्कुल ऐसे ही!); ~ the contrary/ the opposite/ the other way about/ the reverse (ऐन उल्टा) 11 बस: he was ~ leaving (वह बस जा ही रहा था); ~ a little bit (बस थोड़ा-सा); ~ a minute (बस एक मिनट); we will ~ have to do sth 12 ठीक, ऐन: ~ then (ठीक उसी समय) 13 कुछ करने या होने को हो.: the water was ~ about to boil 14 (***syn.*** simply) इतनी आसानी से: one cannot ~ stop writing 15 वास्तव में: the film was ~ wonderful 16 जरा: ~ wait a minute 17 नम्र निवेदन: could you ~ do me a favour 18 हो सकता है, शायद: he might ~ be at home;
adj. 1 (***syn.*** fair, reasonable) न्यायसंगत, न्यायपूर्ण: be ~ to/ towards sb; speak for a ~ cause 2 ईमानदार, निष्पक्ष: ~ opinion 3 उचित, यथोचित: receive one's ~ deserts (पात्रता के अनुसार पाना); ~ proportion (उचित अंश) 4(***syn.*** well-deserved) पात्रता-आधारित, सुपात्र: ~ fear 5 वैध, विधिसंगत 6 ठीक, सही: ~ suspicion; ~ scales/ ~ balances (सही तराजू); ~ intonation (सही लहजा);
dw/lw: **~ly** /जस्टलि/ *adv.* निष्पक्ष/ ठीक ढंग से, उचित रूप से, न्यायपूर्वक; **~ness** /जस्टनेस/ *n.* न्यायशीलता, निष्पक्षता;
p&i: ~ **about** लगभग, के आसपास: ~ about ready; ~ **as** ज्यों ही, जैसे ही, ठीक उसी समय, ठीक वैसा ही, जैसा था वैसा; ~ **as bad/ good/ tall, etc. as sb/ sth else** लगभग उतना ही बुरा/ अच्छा/ लंबा आदि जितना कि कोई और या दूसरा; ~ **before/ over/ under, etc.** थोड़ा पहले/ से ऊपर/ कम आदि; ~ **fancy!** जरा सोचिए तो!; ~ **in case** यदि कुछ हो जाए तो, एहतियात के तौर पर; ~ **like that** वैसे ही, ऐसे ही; ~ **now** अभी-अभी, थोड़ी देर पहले; ~ **one of those things** ऐसी बातें होती रहती हैं; ~ **so** बिल्कुल सही अवस्था में; ~ **the job** ऐन वही काम जो चाहिए था; ~ **then** ठीक उसी समय; ~ **the same** (***syn.*** nevertheless) इस सब के बावजूद: ~ the same he is a good man; ~ **the thing** बिल्कुल वही चीज जिसकी जरूरत थी
a ~ war is better than unjust peace अन्यायपूर्ण शांति से न्यायपूर्ण युद्ध बेहतर है; **as ~ as a square** बिल्कुल सही, राई रत्ती का भी फर्क नहीं; **be ~ about to do sth** जल्द ही कुछ करने को हो.; **it's ~ as well** अच्छा हुआ, भाग्यशाली रहे; **not ~ yet** थोड़ा या जरा अभी नहीं

justice /जस्टिस/ *n.* 1 (***syn.*** in~) न्याय, इंसाफ: cry for ~ 2 न्यायपरायणता, न्यायशीलता: treat sb with ~ 3 औचित्य 4 निष्पक्षता 5 सच्चाई 6 (***syn.*** legal system) न्याय तंत्र: Court of **Justice** 7 न्यायाधीश, न्यायमूर्ति, न्यायाधिपति: ~ Iyer;
dw/w: **~ship** /जस्टिसशिप/ *n.* न्यायमूर्ति; **justiciability** /जस्टिसिअबिलअटि/ *n.* मुकदमा चलाने की योग्यता; **justiciable** /जस्टिसिअबल/ *adj.* मुकदमा चलाने योग्य;
collocations: **Justice of the Peace** (*abbr.* **'JP'**) स्थानीय छोटी कचहरी का न्यायाधीश;

Jeddard/ Jedwood ~ न्याय का मखौल, जंगलराज के कानून पर आधारित न्याय (पहले मौत के घाट उतार देना, फिर मुकदमा चलाना); **miscarriage of** ~ अन्याय; **poetic** ~ अन्याय के जवाब में होने वाला सहज आदर्श न्याय;
p&i: ~ **delayed is** ~ **denied** न्याय में देर, न्याय में अंधेर है; ~ **for sb** किसी के लिए न्याय;
bring sb to ~/ administer ~ 1 पर मुकदमा चलाना 2 सजा दिलवाना; **do sb/ sth** ~ किसी के या किसी चीज के साथ न्याय क.; **do ~ on/ upon sb** किसी को मौत की सजा दे.; **do oneself** ~ अपनी अच्छाइयों प्रकट होने दे.; **fight for/ seek** ~ न्याय के लिए लड़ना/ न्याय मांगना; **he did ~ to the dinner** उसने भली प्रकार खाना खाकर भोजन को सम्मान दिया

justiciary /जस्टिशिअरि/ (*also* **judiciary**) *n., pl.* **justiciaries** 1 न्यायमूर्ति, न्यायाधीश 2 न्यायदाता 3 न्यायतंत्र

justifia\ble /जस्टिफाय\बल/ *adj.* (***syn.*** legitimate) क्षम्य, तर्कसंगत, न्यायोचित, न्यायसंगत, जिसे सही ठहराया जा सके: **~ble** homicide (आत्मरक्षा में या किसी भारी अपराध को होने से रोकने के लिए किया जाने वाला वध या खून); **~ble** claims (वैध दावा);
dw/lw: **~bly** /~बलि/ *adv.* न्यायोचित ढंग से

justifica\tion /जस्टिफिके\शन/ *n.* 1 औचित्य, तर्कसंगति 2 औचित्य-स्थापना 3 दोषमोचन, पापमोचन, पाप मुक्ति;
dw/lw: **~tive** /~टिव/ (*also* **~tory**) *adj.* औचित्य-स्थापक; **~tor** (*also* **justifier**) *n.* 1 उचित ठहराने वाला 2 न्यायप्रतिपादक 3 क्षमा दाता, दोषमोचक;
p&i: **~tion by faith** एक मत कि ईसा मसीह में विश्वास सब पापों को धो देता है;
in ~tion of sb/sth किसी या किसी कदम के बचाव में या उन्हें उचित ठहराते हुए

justi\fied /जस्टिफाइड/ *adj.* उचित, न्यायसंगत, दोषमुक्त;
dw/lw: **~fier** *n,* 1 उचित ठहराने वाला 2 न्याय प्रतिपादक 3 क्षमा देने वाला, दोषमोचक;

justi\fy /जस्टिफाइ/ *v., pt.* **~fied**, *pp* **~fying**, *s/he/it* **~fies** 1 न्यायोचित या दोषमुक्त सिद्ध क.: **~fy** one's conduct 2 योग्यता सिद्ध क. 3 किसी के विश्वास या आशाओं के अनुरूप खरा उतरना: **~fy** one's hopes 4 कंप्यूटर में टाइप करते समय पाठ को दोनों सिरों पर बराबर रखना या क., समकरण क.;
dw/lw: **~fying** /जस्टिफाइइंग/ *n.* 1 *comput.* समकरण 2 उचित या दोषमुक्त ठहराने की क्रिया; **~fying** *adj.* 1 सही ठहराने वाला 2 न्यायोचित सिद्ध करने वाला: reasons ~fying the expenses

just-in-time (*abbr.* **'JIT'**) माल के भंडारण को नियंत्रित करने का एक तरीका जिसके तहत माल को गोदाम में रखने की बजाए उसे देने के समय तैयार करके सीधे ग्राहक को दे दिया जाता है

just\le /जसल/ *v., pt.* **~led**, *pp* **~ling** see *above under* **'jostle'**

justly; **justness** *see above under* **just:** ***dw/lw***

jut /जट/ *v., pt.* **~ted**, *pp* **~ting** (***syn.*** protrude) बाहर निकला हुआ होना: ~ into/ out, etc. (से बाहर निकालना): a row of windows **~ted** out of the wall

jute /जूट/ *n.* 1 जूट, पटसन, सन 2 उस जर्मन समुदाय का सदस्य जो डेन्मार्क के उत्तरी भाग (Jutland) के निवासी थे

juvene\scency /जूविनेसंसि/ (*also* **~scence** /जूविनेसंस/) *n.* तरुणाई, किशोरावस्था;
dw/lw: **~scent** /जूविनेसंट/ *adj.* किशोरावस्था में पहुंचने वाला

juvenile /जूवअनाइल/ *adj.* (*abbr.* **ju***v.*) 1 बालावस्थीय, किशोरीय: ~ years; ~ ardour (बालकालीन जोश) 2 (***syn.*** childish) बचकाना: ~ follies (बचकाना या बेवकूफीपूर्ण हरकतें); ~ behaviour 3 किशोरसम्मत: in a ~ manner 4 किशोर जैसा: ~ appearance/ look 5 किशोरों के लिए: ~ court 6 किशोरीय (किशोरों का): ~ author; ~ labour; ~ literature; ~ library; ***n.*** 1 अपरिपक्व या अप्रौढ़ व्यक्ति 2 किशोरों की भूमिका करने वाला (किशोर) कलाकार
collocations:~ **delinquency** बाल-अपराध; ~ **delinquent/ ~offender** बाल-अपराधी

juvenilia /जुवअनिलिआ/ *n.* बाल-प्रयास, बाल-कृतियां, किशोरावस्था की रचनाएं

juxtapo\se /जक्स्टा\पोज/ *v., pt.* **~sed**, *pp* **~sing** तुलना हेतु पास-पास या सटाकर रखना;
dw/lw: **~sition** /~पजिशन/ *n.* 1 सन्निधान, सन्निधि, सान्निध्य 2 तुलना हेतु पास-पास या सटाकर रखे जाने की क्रिया; **~sitional** /~पजिशनल/ *adj.* सटा हुआ, सन्निहित, संलग्नक;

JV *abbr.* 'Jhelum Valley', 'joint venture' की प्रथमाक्षरी

JVP *abbr.* 'Janatha Vimukthi Peramuna (Colombo)' की प्रथमाक्षरी

JWB *abbr.* 'Juvenile Welfare Board' की प्रथमाक्षरी

JWF *abbr.* 'Journalists' Welfare Fund' की प्रथमाक्षरी

JWG *abbr.* 'Joint Working Group (Indo-US)' की प्रथमाक्षरी

JWO *abbr.* 'Junior Warrant Officer' की प्रथमाक्षरी

K k

Kk /के/ *n., pl.* **Ks/ K's/ k's** अंग्रेजी वर्णमाला का ग्यारहवां अक्षर

K *n., [pl.], colloq.* 1 एक हजार (1000): a salary of 80K per month 2 कंप्यूटर स्मृति-पटल की (memory) की एक इकाई = 1024 बिट/ बाइट/ शब्द

K *abbr.* 1 'Kampuchea' कंपुच्छिया (अब कंबोडिया) का अंतर्राष्ट्रीय वाहन पंजीकरण (registration) कोड (IVR) 2 'kelvin' scale, 'kilo', 'kilometre', 'kilobyte', 'king', 'knight' (शतरंज में), 'krona' (स्वीडन, आइसलैंड, डेन्मार्क, नार्वे की मुद्रा), 'kwacha' (जांबिया की मुद्रा), 'karat/ carat' का प्रथमाक्षर

K-12 *US* अमेरिका में किंडरगार्टन (kindergarten) से बाहरवीं कक्षा तक की पढ़ाई

KA *abbr.* 'Kuwait Airways' की प्रथमाक्षरी

Kaaba/ Kabalaa /काबा/ कबाला/ *n.* मक्का की एक प्रसिद्ध मस्जिद

kabuki /कबूकी/ *n., pl.* **~s** काबूकी, जापानी नाटक, जिसमें आदमी और औरत की भूमिका पुरुष पात्र ही करते हैं

kack-handed /कैक-हैंडिड/ *adj.* बेढंगा, खब्बू (*Hr.* जो बाएं हाथ से काम करता हो)

Kafkaesque /कैफकेस्क/ *adj.* भयंकर, अस्त-व्यस्त, जटिल (स्थिति)

Kaftan /कफ्तान/ (*Russian* **кафтáн**) *n.* एक लंबा, ढीला-ढाला चोगा

Kaiser /काइज़ः/ *n.* जर्मनी के सम्राटों की उपाधि, काइजर

Kalashnikov /कलाश्निकोव/ (*Russian* **Калáшников**) *n.* अक्सर आतंकवादियों द्वारा प्रयोग में लाई जाने वाली रूसी इंजीनियर कलाश्निकोव द्वारा निर्मित कुख्यात राइफल कलाश्निकोव

kale /केल/ (*also* **collard greens**) *n.* एक विशेष बंदगोभी: ~yard (सब्जी का बगीचा)

kaleidoscope /क्लाइडअस्कोप/ *n.* 1 सैरबीन नामक खिलौना 2 बहुमूर्तिदर्शी, बहुरूपदर्शी 3 बहुरूपी व सदा परिवर्तनशील दृश्य: a ~ of colour and pattern

KAM *abbr.* 'Key Account Management' की प्रथमाक्षरी

KAMA *abbr.* 'Kashmir Apple Merchants Association' की प्रथमाक्षरी

Kamasutra /कामसूत्र/ *n.* कामसूत्र (यौनक्रियाओं पर भारतीय शास्त्र /ग्रंथ/)

kamerad /कामअराड/ *int., Ger. sl.* मैं हथियार डालकर माफी मांगता हूं!

kamikage /कैमिकाजी/ *n.* 1 दूसरे महायुद्ध में विशेष ढंग से प्रशिक्षित आत्मघाती जापानी विमानचालक 2 उक्त विमानचालक का विमान, आत्मघाती विमान

Kanfed *abbr.* 'Kerala Association for Non-Formal Education' से बना परिवर्णी शब्द (acronym)

kangaroo /कैंगरू/ *n.* कंगारू;
collocations: **~ closure** संसदीय प्रणाली जिसके तहत अध्यक्ष विधेयक में केवल गिने-चुने संशोधनों पर बहस की इजाजत दे सकता है; **~ court** अवैध न्यायालय; **~ rat** कंगारू-मूषक

Kantian /कैंतिअन/ *adj.* जर्मन दार्शनिक कांत (Immanuel Kant) से संबंधित;
dw/lw: **~ism** /कैंतिअनिजम/ *n.* कांतवाद

kaolin /केओलिन/ *n.* चीनी मिट्टी

kappa /कैप्पा/ *n.* ग्रीक वर्णमाला का दसवां वर्ण 'क'

kaput /कापूत/ *adj.* 1 खत्म! 2 नष्ट-भ्रष्ट, ध्वस्त, चकनाचूर

karakul /कैराकुल/ *n.* 1 एशिया की एक भेड़ 2 चमकीली ऊन

karat /कैरट/ *n. US spell.* of **'carat'** कैरट, स्वर्ण शुद्धता मापदंड

karate /कराटे/ *n.* कराटे, एक जापानी शारीरिक व्यायाम प्रणाली

karma /कर्म/ *n.* कर्म

KASEZ *abbr.* 'Kandla Special Economic Zone' की प्रथमाक्षरी

kasha /काशा/ (*also Russian* **кáша**) *n.* (***syn.*** porridge) दलिया

katabasis /कटैबसिस/ *n., pl.* **katabases** 1 नीचे की ओर गति 2 सेना के पीछे हटने की क्रिया

katamorphism /कैटअमॉःफिजम/ *n.* धरती की सतह पर होने वाले परिवर्तन

kataphalanx /कैटअफेलंक्स/ *n. meteorol.* ठंड की सीमा

katydid /केटिडिड/ *n.* टिड्डा

KAU *abbr.* 'Kerala Agricultural University' की प्रथमाक्षरी

kayak /कायैक/ *n.* ऐस्कीमो लोगों की छोटी पैडल नाव, डोंगी

kayaking /कायैकिंग/ *n.* कायाक नाव में सवारी

Kazakh /कजाख/ *n.* कजाक, कजाखस्तानी

Kazakhstan /कजाखस्तान/ *n.* कजाकस्तान

KBE *abbr.* 'Knowledge based Engineering' की प्रथमाक्षरी

kbps *abbr.* 'kilobytes per second' की प्रथमाक्षरी

KBS *abbr.* 'Knowledge Based Systems' की प्रथमाक्षरी

KC *abbr.* 'Kirti Chakra' की प्रथमाक्षरी

KCC *abbr.* 'Kisan Credit Cards' की प्रथमाक्षरी

KCNA *abbr.* 'Korean Central News Agency' की प्रथमाक्षरी

KDP *abbr.* 'Kurdistan Democratic Party' की प्रथमाक्षरी

kebab /किबाब/ (*also* **shish kebab**) *n.* कबाब

ked\ge /केज/ *n.* छोटा लंगर;
v., pt. **~ged**, *pp* **~ging** जलयान को फेरना, मोड़ना

keek /कीक/ *v., pt.* **~ed**, *pp* **~ing** झांकना;
n. झलक;
dw/lw: **keeker** /कीक/ *n.* ताक-झांक करने वाला, भेदिया

keel /कील/ *n.* 1 नौतल, जहाज की तली 2 (*also* **~boat**) जहाज, नाव;
v., pt. **~ed**, *pp* **~ing** 1 (***syn.*** capsize) औंधना, उलट जा.: ~ over (जहाज का बाएं-दाएं डोलना 2 मूर्च्छित होकर गिर पड़ना);
dw/lw: **~age** /कीलिज/ *n.* बंदरगाह प्रवेश शुल्क, घाट भाड़; **~ed** *adj.* नौतलित; **~er**/ **~man** *n.* माझी, जहाज या नाव पर काम करने वाला; **~haul** /कील्हॉःल/ *v., pt.* ~hauled, *pp* ~hauling (व्यक्ति को) दंडित करने के लिए (रस्से से बांधकर) जहाज की तली से घसीटना;
p&i: **~ over** 1 एक तरफ गिर जा., पलट जा. 2 मूर्च्छित होकर गिर जाना; **on an even ~** 1 शांत और संतुलित 2 बिना एक तरफ से दूसरी तरफ हिले-डुले

keen /कीन/ *adj.* 1 (***syn.*** eager) उत्सुक: be ~ to do sth; ~ on doing sth; be ~ on/ upon/ about sport, music, art, horses, mountaineering 2 उत्साही, जोशीला: a ~ reader 3 लालायित: ~ glance 4 (***syn.*** sharp) तीक्ष्ण, पैना, तेज: ~ knife/ sword/ spear; ~ as a razor; ~ hunger; ~ appetite 5 (***syn.*** sharp, acute) कुशाग्र, प्रखर: ~ criticism 6 (***syn.*** fierce) उग्र, प्रचंड, तेज: ~ wind; ~ contest/ competition 7 कुशाग्रबुद्धि, विचक्षण, दूरदर्शी: ~ sight/ intelligence; ~ hearing; ~ intellect/ interest 8 तीखा, तीता, चरपरा: dishes with a ~ relish 9 (***syn.*** competitive) भाव (price) आदि के बारे में: कम, स्पर्धाशील 10 गहन: ~ sorrow/ disappointment 11 सर्द: ~ wind;
v., *pt.* **~ed**, *pp* **~ing** किसी के मरने पर ऊंची आवाज में विलाप क.;
n. विलाप, रुदन;
dw/lw: **~eyed** *adj.* प्रखर या तेज दृष्टिवाला; **~ing** *n.* विलाप; **~ly** /~ली/ *adv.* उत्सुकतापूर्वक; **~ness** /~नेस/ *n.* 1 उत्सुकता, उत्साह 2 कुशाग्र, परखता; **~-set** *adj.* अति उत्साही, उतावला: be ~-set for sth; **~-witted** *adj.* प्रखर-बुद्धि;
p&i: **~ as mustard** अति उत्सुक, अति उत्साही, अति लालायित; **~ prices** कम दाम

keep /कीप/ *v., pt.* **kept**, *pt. p.* **kept**, *pp* **~ing** 1 पास रखना, रखना: ~ sth in one's possession; ~ it as a remembrance; ~ a stock of sth; ~ one's sorrow to oneself 2 ठीक रखना या रहना: food and drink well **kept** (खाद्य पदार्थ या पेय खराब नहीं हुए); meat does not ~ long in hot weather 3 को मानना,

का ध्यान रखना, पालन क.: ~ the law/ the rules/ the commandments; ~ to the truth; ~ in with the law; ~ to the left 4 पूरा क., निभाना: ~ a date (प्रेम-भेंट पर अडिग रहना); ~ sb to his promise/ word (किसी से उसका वादा मनवाना) 5 देख-रेख क.: ~ the house clean 6 रक्षा क., सुरक्षित रखना: ~ sth intact, ~ sb from harm 7 बचाकर रखना: ~ a seat for me; ~ sth for reference; ~ money in the saving-bank; ~ back some money 8 चालू रखना, बनाए रखना: ~ a car; ~ the fire burning; ~ reading/ writing/ working; ~ thinking about sth 9 (*syn.* raise) पालन-पोषण क., की देख-भाल क.: ~ animals 10 चलाना, रखे रखना: ~ people at their jobs 11 रोकना, रोके रखना: there is nothing to ~ me in America; ~ sb out of the room; ~ the matches away from the children 12 कैद में रखना 13 वश में रखना, अपने को रोकना, नियंत्रण में रखना: ~ one's temper; couldn't ~ from smiling; ~ within the peace; ~ back one's tears 14 गुप्त रखना, छिपाकर रखना: he **kept** nothing from me; ~ back the news/ the truth from sb 15 रहना: ~ at home/ indoors/ within doors; ~ alert; ~ quiet; ~ in close touch with sb 16 पर चलते रहना: ~ to the right/ left; ~ the path (अपने रास्ते पर चलते जा.); ~ straight on 18 ठीक बने रहना, न बिगड़ना: ~ smiling; ~ one's balance; ~ one's figure; ~ one's looks; how are you ~**ing**? (कैसे हो? क्या हाल है?) 18 देरी करवाना, रोके रखना: ~ sb for dinner 19 डायरी आदि रखना/ लिखना: ~ a diary/ accounts, books 20 किसी काम में लगाकर रखना या उससे दूर रखना: the noise ~**s** me from sleeping 21 जागते रहना: ~ early/ good/ bad/ late/ hours 22 मनाना: ~ one's birthday 23 संभालकर रखना, सहेजे रखना: ~ sth in memory/ in mind 24 स्कूल या बैंक आदि का खुला रहना, काम क.: schools/ banks, etc. ~ to-day 25 पर चलना: ~ to a strict diet 26 भंडारण क., दुकानदार आदि द्वारा स्टॉक (stock) में रखा जा 27 कोई धंधा चलाना: ~ a shop 28 आर्थिक रूप से सहारा देना: ~ one's children at university 29 नौकरी में रखना: ~ a driver 30 विकेट, गोल आदि का रक्षण क. 31 छोटे पैसे वापस न क.: ~ the change:

n. 1 भरण-पोषण, निर्वाह, गुजारा: earn one's ~ 2 बचाकर रखा हुआ चारा: this grass will make some useful ~ for the winter 3 भरण-पोषण, रख-रखाव, स्वास्थ्य: be in good/ poor ~ 4 रखैल: man/ woman ~ 5 स्थायी रूप: for ~**s** (हमेशा के लिए); spoil a car for ~**s** 6 किले का बुर्ज;

dw/lw: **keeper** *see below under separate entry*; ~**-fit** *n.* व्यायाम-अभ्यासों की प्रणाली; **keeping** *see below under separate entry*; ~**net** /कीप्नेट/ *n.* नदी में फेंका जाने वाला कोणाकार जाल; ~**sake** /कीपसेक/ *n.* निशानी, स्मृति चिह्न, यादगार;

collocations: ~ **ring** गेट की घंटी; **kept press** भाड़े के समाचार-पत्र; **kept man/ woman** रखैल पुरुष या स्त्री;

p&i: ~ **a bad quarter** हो-हल्ला मचाना; ; ~ **abreast of** से आगे रहना; ~ **abreast with/ of the times** समय के साथ चलना, नवीनतम चाल-चलन से जुड़े रहना; ~ **a calm sough** चुप रहना, कुछ न कहना; ~ **a check** निगरानी रखना; ~ **a civil tongue in one's head** बदतमीजी न क.; ~ **a close/ watchful eye on sb** किसी पर कड़ी निगरानी रखना; ~ **a diary** प्रतिदिन डायरी में लिखना; ~ **early hours** सुबह जल्दी उठना; ~ **a family** घर-गृहस्थी चलाना; ~ **a fast** व्रत रखना; ~ **a firm hold on** पक्की पकड़ बनाए रखना; ~ **afloat** ऋण के जाल में न फंसना; ~ **a good table/ house** अच्छी मेहमाननवाजी/ खातिरदारी क.; ~ **a house** घर-गृहस्थी चलाना; ~ **aloof** दूसरों से अलग रहना; ~ **a low profile** विनम्र शैली से जीना, पब्लिसिटी से दूर रहना; ~ **an appointment** तयशुदा भेंट का पालन क.; ~ **an eye on** किसी पर या किसी चीज पर निगाह रखना; ~ **animals** पशु पालना; ~ **a place warm** किसी पद पर जमे रहकर उसे किसी के लिए सुरक्षित रखना ; ~ **a secret** रहस्य सुरक्षित रखना, भेद न खुलने दे.; ~ **a tight rein on sb/ sth** किसी बात या किसी पर सख्त नियंत्रण रखना; ~ **a promise/ one's word, etc.** वायदा या वचन पूरा क; ~ **a secret** रहस्य या भेद न खोलना; ~ **a sharp look out for sb** किसी पर कड़ी नजर रखना; ~ **a stiff face/** ~ **a stiff upper lip/** ~ **one's countenance** 1 अपने हाव-भाव बनाए रखना 2 अपनी अंदरूनी अवस्था न प्रकट होने दे. 3 अपना संतुलन बनाए रखना; ~ **a straight face** अपना सिर ऊंचा रखना; ~ **at bay** किसी खराब आदमी को पास न फटकने देना; ~ **at sth** किसी काम में लगे रहना: ~ at it! (लगे रहो! हार न मानो!); ~ **away from sth** किसी चीज से दूर रहना; .; ~ **back** अपने में छिपाकर रखना, न बताना; ~ **body and soul together** मुश्किल से गुजारा क., किसी तरह निर्वाह क; ~ **books** बही-खाता चलाना, हिसाब-किताब रखना; ~ **company with** के साथ रहना; ~/ ~ **on doing sth** लगातार कुछ करते रहना; ~ **dark** चुप रहना; ~ **down** छिपे रहना; ~ **fair with** अच्छे संबंध रखना; ~ **fit** सेहत ठीक हो.; ~ **from** से परहेज रखना, से दूर रहना; ~ **from sth** 1 किसी भाव को प्रकट होने से रोकना 2 नकारात्मक गतिविधि से दूर रहना ; ~ **going** 1 कठिन समय में सामान्य जीवन बिताना 2 किसी को कोई कार्य जारी रखने के लिए प्रोत्साहित क.; ~ **good hours** जल्दी सोना और जल्दी उठना; ~ **good quarter** तरतीब बनाए रखना; ~ **hold of sth** किसी चीज पर कब्जा बनाए रखना; ~ **in** निकल भागने न दे.; ~ **in step** कदम से कदम मिलाकर चलना; ~ **in with sb** किसी के साथ अच्छे संबंध बनाए रखना (विशेषकर निहित स्वार्थ के लिए); ~ **in touch** संपर्क में र.; ~ **it up!** इसी तरह जारी रखो!; ~ **late bows** देर रात तक जगते रहना; ~ **mum** चुप रहना; ~ **off** दूर रहना; ~ **off sth** किसी चीज से दूर रहना: ~ off the grass!; ~ **on** *UK* बोलते चले जा., जारी रखना; ~ **on about sth** किसी चीज के बारे में लगातार बोलते जा.; ~ **on a tight rein** सख्त नियंत्रण रखना; ~ **on at sb** किसी का लगातार सिर (भेजा) खाते र., तंग क.: she kept on at me about job; ~ **sb at a distance** किसी को पास न फटकने दे.; ~ **on ice** *US* ठंडे बस्ते में डालना; ~ **one's balance** अपना संतुलन बनाए रखना; ~ **one's/ big mouth shut/** ~ **mum** चुप र.; ~ **one's chin/ pecker up** हौसला बुलंद रखना; ~ **one's cool** अपना मिजाज ठंडा रखना; ~ **one's countenance** भावुक न हो.; ~ **one's distance** से अलग-थलग रहना; ~ **oneself to oneself** अपनी बात अपने तक रखना, भेद न खोलना; ~ **one's end up** हौसला बुलंद रखना, अपनी जगह पर डटे रहना; ~ **one's eyes open/ skinned/ peeled** सतर्क र.; ~ **one's feet/ legs** जमे या डटे रहना; ~ **one's fingers crossed** प्रतीक्षा क. और अच्छा होने की उम्मीद रखना; ~ **one's hair/ shirt/ wool on** आपे से बाहर न हो.; ~ **one's hand/ eye in** अभ्यास क.; ~ **one's head** अपना संतुलन बनाए रखना; ~ **one's head above water** 1 कर्ज के जाल से बचे रहना 2 कठिनाई में संतुलन बनाए रखना, होशो-हवास में रहना; ~ **one's head up** सर ऊंचा रखना; ~ **one's incognito** अपना छद्म वेश बनाए रखना; ~ **one's mind off one's troubles** अपनी कठिनाइयों से ध्यान हटाए रखना; ~ **one's mind on** दिलो-दिमाग से काम लेते रहना; ~ **one's nose to the grindstone** कमर-तोड़ मेहनत क.; ~ **one's own counsel** = ~ **one's own mind** अपनी बात अपने तक रखना; ~ **one's nose out** दूसरों के मामलों में टांग न अड़ाना; ~ **one's shirt on** = ~ **one's temper** आपे से बाहर न हो.; ~ **one's thumb on** भेद न खोलना; ~ **one's tongue within one's teeth** जबान पर लगाम लगाना; ~ **one's weather eye open** सतर्क रहना; ~ **one's wits around** अपना विवेक बनाए रखना; ~ **word** वायदा निभाना; ~ **open house** घर के दरवाजे खुले रखना; ~ **out of sb's quarrel** दूसरों के झगड़ों में न पड़ना; ~ **out of the way** किसी के रास्ते में न आना; ~ **out of trouble** मुसीबत से दूर र.; ~ **pace with sb or sth** किसी के या किसी चीज के साथ मिलकर चलना; ~ **peace** शांति बनाए रखना; ~ **records/ notes** रिकॉर्ड या नोट बनाना और उन्हें सुरक्षित रखना; ~ **sb at arm's length** किसी को कोसों दूर रखना; ~ **sb/ sth**

awake/ clean/safe, etc. किसी को स्थिति विशेष में (जागते हुए/साफ-सुथरा/ सुरक्षित) बनाए रखना (maintain); ~ (sb/ sth) away किसी को दूर रखना, किसी को बुरा कार्य करने से रोकना; ~ sb back = ~ sb after किसी को रोके रखना; ~ sb dangling किसी को तनावपूर्ण प्रतीक्षा में लटकाए रखना; ~ sb down किसी को छिपाकर रखना; ~ sth down कीमतें आदि को नियंत्रण में रखना; ~sb from doing sth किसी को कुछ (बुरा काम) करने से रोकना; ~ sb going किसी की जीवन-यात्रा चलाए रखना; ~sb in 1 भीतर बंद रखना 2 कैद में रखना; ~ sb/ sth in check किसी को या किसी चीज को नियंत्रण में रखना; ~ sb/ sth in/ inside, etc. किसी को अंदर रोके रखना; ~ sb in the picture किसी को शामिल रखना; ~ sb in the dark किसी को किसी बात के बारे में अंधेरे में रखना; ~sb off sb किसी को किसी से दूर रखना; ~ sb/ sth off sth किसी को या किसी चीज को किसी बात या क्षेत्र आदि से दूर रखना; ~ sb on किसी की नौकरी आदि बरकरार रखना; ~ sb on their toes (toe) किसी को व्यस्त और सक्रिय रखना; ~ sb on tap किसी को जुझारू हालत में रखना; ~sb on the trot किसी को काम में व्यस्त रखना; ~sb/ sth out किसी को या किसी चीज को बाहर रखना : ~ sb out of danger (किसी को खतरे से परे रखना); ~ sb posted किसी को घटनाओं के बारे में सूचनाएं देते रहना; ~ sb shady *US sl.* किसी को छिपाकर रखना; ~ sb to sth किसी से कोई बात (वायदा, फैसला आदि) पूरा करवाना; ~ sb under किसी को दबाए रखना; ~ sb under observation किसी पर निगरानी रखना; ~ sb up किसी को जागते रखना, सोने न देना; ~ sharp look-out कड़ी निगरानी रखना; ~ sheep by moonlight फांसी पर चढ़ाया जा.; ~ step कदम से कदम मिलाकर चलना; ~ sth back भेद न खोलना, कुछ छिपाकर रखना; ~ sth down 1 कीमतों आदि का स्तर नीचे रखना, बढ़ोतरी न होने दे. 2 किसी चीज को दबाना 3 खाने-पीने में ज्यादती न करने में सफल र.; ~ sth from sb किसी से कोई बात छिपाकर रखना; ~ sth in mind किसी बात को ध्यान में रखना; ~ sth in/ on, etc. सामान आदि को किसी स्थान पर संभाल कर या छिपाकर रखना; ~ sth on किसी चीज को बरकरार या जारी रखना; ~ sth to oneself भेद न खोलना; ~sth to sb किसी चीज को मात्र किसी तक सीमित रखना; ~ sth on ice किसी काम को ठंडे बस्ते में रखना; ~ sth to oneself किसी बात को सिर्फ अपने तक रखना; ~ sth up कम न होने दे., जारी रखना, बंद न होने दे., अच्छी हालत में बनाए रखना; ~ sth up one's sleeves गुप्त तीर को तरकश में रखना; ~ tabs (tab) on sb/ sth किसी की गतिविधियों पर नजर रखना; ~ the ball rolling जारी रखना; ~ the balance of power शक्ति का संतुलन बनाए रखना; ~ the door open 1 सदा अतिथि सत्कार के लिए तत्पर र. 2 बातचीत के रास्ते खुले रखना; ~ the field मैदान में डटे रहना; ~ the pot boiling/ keep the ball rolling गुजारा करना, गुजारे योग्य कमा ले.; ~ the enemy on the run दुश्मन का अनवरत पीछा करते र.; ~ the powder dry (compare!: hope for the best, be prepared for the worst, keep the gun powder dry) हमले आदि का जवाब देने के लिए तैयार र.; ~ weather of अनुकूल स्थिति बनाए रखना; ~ the wolf from the door गुरबत व भूखमरी से बचे रहना; ~ thy shop and thy shop will ~ you काम को बचाओ, वह भी आपको बचाएगा; ~ time समय का पाबंद र.; ~ together इकट्ठे या एकता में र.; ~ to oneself 1 अपनी ही दुनिया में र. 2 किसी बात को छिपाकर रखना ; ~ to sth 1 एक स्थान या रास्ते पर बने र. 2 वायदे या योजना पर अटल र.; ~ to the subject विषय से न भटकना; ~track of स्थिति पर नजर रखना; ~ under wraps छिपाकर रखना; ~ up 1 दूसरे की रफ्तार का साथ दे. 2 एक स्तर पर बने रहना या बनाए रखना 3 समय के अनुसार चलना; ~ up appearances बाहरी रूप से विचलित न हो.; ~ up the ball बात का सिलसिला जारी रखना; ~ up with sb 1 किसी से पीछे न र. 2 किसी के स्तर पर अपने को बनाए रखना; ~ up with the joneses दूसरों से बदतर न होने की कोशिश क.; ~ up with sth 1 से अवगत रहना 2कोई कार्य जारी रखना; ~ up with the times समय से न पिछड़ना; ~ watch निगरानी रखना; ~ wicket क्रिकेट के खेल में विकेट-कीपिंग क.; ~ within bounds हद में र.; ~ your mouth shut and eyes open अपना मुंह बंद और आंखें खुली रखो!; ~ your breath to cool your porridge! बेकार में चीख-चिल्लाहट में ऊर्जा न गंवाओ!; ~ your hands off! दूर रहो!; ~ your pecker up अपना हौसला बुलंद रखो!; ~ you purse and mouth close खर्च कम और मुंह बंद!; ~ your shirt on! उबलो मत! गुस्सा न करो!

earn one's ~ अपने गुजारे लायक खुद कमाना; for ~ अंतिम रूप से, हमेशा के लिए;

keeper /कीपः/ *n.* 1 किसी स्थान या वस्तुओं का रक्षक, रखवाला: ~ of manuscripts/ rare book/ secrets 2 पालन करवाने वाला: ~ of the laws 3 प्रहरी: lighthouse ~ 4 गोलकीपर, गोल रक्षक 5 क्रिकेट में विकेटकीपर 6 जानवरों आदि का पालक, पाळी (*Hr.*): poultry ~ 7 देर तक ठीक रहने वाला (खाद्य आदि): an apple is a good ~;

dw/lw: **inn-~** *n.* सराय-मालिक; **shop-~** *n.* दुकानदार

keeping /कीपिंग/ *n.* 1 हिफाजत: in safe ~; have sth in one's ~ 2 सुरक्षित भंडारण या रक्षण: be in sb's ~ 3 रखवाली 4 पालन-पोषण;

p&i: **~ of one's promise** वायदा निभाने की क्रिया;

be in ~ with sth के अनुरूप हो.; **be out of ~ with sth** के अनुरूप न हो.; **conduct in ~ with sb's nature** किसी के स्वभाव अनुसार व्यवहार; **his acts are out of ~ with his words** उसकी कथनी और करनी मेल नहीं खाते; **not in ~ with sth** किसी बात के प्रतिकूल, उल्टा; **out of ~ with traditions** प्रथाओं के प्रतिकूल; **his acts are out of ~ with his principles** उसकी करनी उसके सिद्धांतों के प्रतिकूल है

keeve /कीव/ *n.* बιयर आदि उबालने के लिए हौज

kef /केफ/ (*also* **kif**) *n.* 1 स्वप्निल सुखाभास 2 मस्ती, तरंग, खुमारी 3 ऐसी अवस्था में लाने वाले भांग, हशीश आदि मादक पदार्थ

keg /केग/ (*abbr.* **kg**) *n.* 1 दस गैलन से कम माप का ढोलनुमा पीपा या ढोल 2 बιयर रखने के लिए ऐल्म्युनियम का ढोल: ~ beer (ड्राफ्ट बιयर);

p&i: **sit on a ~ of gun-powder** बारूद के ढेर पर बैठा हो.;

keister /कीस्टः/ *n.* 1 *US sl.* 1 (*syn.* bottom) चूतड़, नितंब 2 सूटकेस, थैली, थैला

KEL *abbr.* 'Kinetic Engineering Limited' की प्रथमाक्षरी

Kelper/ kelper /केल्पर/ *n.* फाल्कलैंड द्वीप के निवासी

kelpie/ kelpy /केल्पि/ *n., Scottish folklore* जलप्रेत, जलपिशाच

keelson /कीलसन/ (*also* **kelson**) *n.* मजबूती के लिए जहाज की तली के साथ लगाई हुई लकड़ी

kelvin /केल्विन/ *n.* तापमान मापक इकाई: ~ scale

kemp /केम्प/ *n.* 1 खुरदरे तंतु, ऊन: ~ hair 2 विशाल, शक्तिशाली और बहादुर योद्धा

kempt /केम्प्ट/ *adj.* 1 साफ-सुथरा, स्वच्छ 2 कंघी करके ठीक रखे हुए बाल

ken /केन/ *v., pt.* **kent/ ~ned,** *pp* **~ning** 1 जानना 2 समझना; *n.* 1 समझ, ज्ञान: human/ widest ~ 2 ज्ञान-परिधि, ज्ञान-सीमा, पहुंच: beyond/ out of/ one's ~ (किसी की ज्ञान-सीमा या समझ से बाहर);

p&i: **swim into sb's ~** किसी के क्षेत्र में प्रकट हो.

kennel /केनल/ *n., pl.* **~s** 1 (*syn.* dog-house) कुत्ता-घर 2 *US* (*UK* **kennels**) कुकुर-घर, गंदा कुत्ता-घर: loathsome/ ghostly ~ 3 पतनाला, मोरी;

v., pt. **~led,** *pp* **~ling/** *US pt.* **~ed,** *pp* **~ing** कुत्ता-घर में रखना;

dw/lw: **~-man/ maid** कुत्ते की देखभाल करने वाला व्यक्ति

p&i: **go to ~** छिप जा.

kenspecle/ kenspeck /कन्स्पेकल/ कनस्पेक/ *adj.* 1 भड़कीले रंग का 2 दर से दिखनेवाला

kenosis /किनोसिस/ *n.* न्यूनीकरण

Kentish /केंटिश/ *adj.* दक्षिण-पूर्व इंग्लैंड की काउंटी (county) केंट से संबंधित: ~ man (केंट निवासी); ~ fire (करतल-ध्वनि); ~ knocker (स्मगलर); ~ pill (***syn.*** bullet) गोली;
***collocations::* ~ fire** तालियों की गूंज

Kenya /केन्या/ *n.* केन्या, केनिया;
dw/lw: **Kenyan** /कीन्यन/ *adj.* केन्या का; **Kenyan** *n.* केन्यावासी

kepi /केपी/ *n.* फ्रांसीसी सैनिक की टोपी

Kepler's laws /केप्लःज लॉज/ ग्रहों की गति के तीन प्रमेय जो ग्रहपथों की गति बताते हैं

kept /केप्ट/ *pt.* **'keep'** का भूतकाल

kerb *UK* (*US* **curb**) /कःब/ *n.* 1 सड़क के किनारे ऊंचा उठा पैदल-पथ: buy/ sell on the ~ 2 सड़क किनारे का पत्थर: ~-stone
dw/lw: **~crawler** *n.* संभावित यौन-साथियों (partners) का ध्यान खींचने के लिए सड़क के किनारे-किनारे धीमी चाल की गाड़ी; **~crawling** *n.* संभावित यौन-साथियों का ध्यान खींचने के लिए सड़क के किनारे-किनारे धीरे-धीरे गाड़ी चलाने का अपराध; **~-merchant/ ~-vendor** *n.* फुटपाथिया धंधेबाज या फेरीवाला; **~side** *n.* सड़क का किनारा
collocations: **~ broker** फुटपाथिया दलाल; **~ drill** पैदल-पथिकों के लिए सड़क पार करने का सुरक्षित तरीका; **~ weight** यात्रियों व सामान के बिना कार का वजन

kerchief /कःचिफ/ *n.* सिर पर बांधने का बड़ा रूमाल, ओढ़नी

kerf /कःफ/ *n.* 1 आरा 2 काट 3 काट-स्थान 3 कतरन 4 कटाई

kerfuffle /कःफफल/ *n.* आरे से बनाया हुआ काटने का निशान, काट

kermesse /कःमिस/ *n., pl.* **~es** शहर का साइकिल दौड़ मेला

kermis/ kirmess /कःमिस/ *n., pl.* **~es** *N. Amer.* दान-धन (charity) एकत्रित करने के लिए मेला

kernel /कःनल/ *n.* 1 गिरी, गूदा, सार भाग: ~ of a nut/ almond 2 सार, तत्त्व: the ~ of a narrative (कहानी का सार); the true ~ of the matter 3 मक्की जैसे पौधों का दाना;
***p&i:* he that will eat the ~ must crack the nut** बिना परिश्रम के मीठा फल नहीं मिलता, परिश्रम सफलता की कुंजी है

kerning /केरनिंग/ *n.* न्यूनतम क्षमता

kerosene (*N. Amer.* **paraffin**) /कैरअसीन/ *n.* मिट्टी का तेल

kersey /केःजि/ *n., pl.* **~s** मोटा ऊनी कपड़ा

kestrel /केस्ट्रल/ *n.* एक छोटा बाज, खेरमुतिया, करौटिया

KET *abbr.* 'Key English Test (Cambridge University)' की प्रथमाक्षरी

ketch /केच/ *n.* दो मस्तूलों वाला जहाज, केच, नाव

ketchup /कैचप/ *n.* कैचप, टमाटर की सॉस

keton /कीटोन/ *n.* कीटोन (कार्बन यौगिक)

ketosis /कीटोसिस/ *n., med.* कीटोमयता, शरीर में ऐसिटोन या कीटोन की अत्यधिक मात्रा जो मधुमेह या अधिक देर तक भूखा रहने का द्योतक है

kettle /केटल/ *n.* केतली, देगची: the ~ boils/ sings/ boils over;
dw/lw: **~drum** /~ड्रम/ *n.* नक्कारा, ताशा;
collocations: **~hole** जलजगर्तिका, चट्टानों में गोलाकार छेद जो उनमें फंसी बर्फ के पिघलने से बनता है; **~ stich** लपेट-सिलाई;
p&i: **~ calls the pot black** छाज तो बोले छलनी क्यों बोले जिसमें बहत्तर सौ छेद;
a fine/ pretty/nice ~ of ~ भद्दी स्थिति, गड़बड़झाला, बिखराव, अस्त-व्यस्तता; **another/ different ~ of fish** बिल्कुल भिन्न स्थिति या मामला

ketubah /केटूबा/ *n.* यहूदियों में विवाह-अनुबंध पत्र जिस पर दुल्हा और दुल्हन शादी से पहले हस्ताक्षर करते हैं

kevel /केवल/ *n.* खूंटी

key /की/ *n.* 1 ली, चाबी, कुंजी: safe ~; ~ of a clock 2 (***syn.*** key-board button) कुंजीपटल का बटन 3 पर्दा (पिआनो का) 4 सुर, स्वर, तान 5 (***syn.*** wedge) पच्चर, फन्नी 6 मूल स्वर 7 मूल सिद्धांत 8 मूल भाव 9 वातावरण, शैली 10 उत्तरों की लड़ी: set of ~ to objective type questions 11 सफलता आदि का माध्यम: ~ to sb's success 12 सुराग: ~ to a mystery 13 आवाज की ऊंचाई-निचाई, तान, शैली: speak in low ~ (धीमे स्वर में बोलना) 14 कुंजी, समाधान 15 नक्शे में प्रयुक्त प्रतीकों और चिह्नों की तालिका 16 बिजली का सर्कट (circuit) तोड़ने वाला हत्था (lever) 17 कोड (code) की चाबी, पासवर्ड (password): ~ of the cipher (पहेली आदि बूझने का कार्य) 18 प्रवेश-बिंद या स्थान: Calais served as a ~ to France 19 दिल तक पहुंचने की सही राह: ~ to the heart 20 रहस्य 21 *comput.* कुंजीपटल का बटन (button);
adj. 1 (***syn.*** critical/ vital) महत्त्वपूर्ण: ~ questions/ issues/ factor 2 मुख्य: ~ industries; workers in ~ trades 3 निर्णायक: ~ position 4 रण-नीति के हिसाब से महत्त्वपूर्ण: ~ terrain 5 वर्णनात्मक संकेतक: ~ file
v., pt. **~ed**, *pp* **~ing** 1 (*also* **~ sth in**) चाबी से बंद क. या खोलना 2 कुंजी मुहैया क. 3 (**~ sth in, *syn.*** enter) कंप्यूटर में सूचना डालना 4 कुंजी या फन्नी लगाना 5 सुर ठीक क. 6 प्लास्टर आदि चढ़ाने के लिए दीवार आदि की ऊपरी सतह को खुरदरा बनाना 7 दिए जाने वाले इश्तिहारों आदि को एक पहचान चिह्न दे. 8 प्रतीकों के प्रयोग के साथ छपाई ड्राइंग (drawing) पर छापे जाने वाले पाठ आदि की स्थिति चिह्नित क.;
dw/lw: **~bar** *n.* कुंजी शलाका; **~-board** *n.* 1 पियानो या कंप्यूटर का कुंजीपटल, कुंजी-फलक 2 पियानो जैसा वाद्य; **~ed** /कीइड/ *adj.* 1 कुंजीदार, कुंजियों के साथ 2 तनावपूर्ण, तनावग्रस्त 3 *music* विशेष चाबी के अनुसार स्वर-तालित 4 बिल्कुल तैयार; **~ed-up** /कीइड-अप/ *adj.* तनावग्रस्त; **~er** *n.* कुंजीयक, चाबीवाला; **~hole** *n.* ताले में चाबी लगाने का स्थान, ताले का मुंह या छेद: ~hole surgery शल्य-चिकित्सा की आधुनिकतम तकनीक; spy through/ listen at the ~hole (चाबी छेद से जासूसी क. या चोरी-छिपे सुनना); **~ing** *n.* कुंजीयन; **~less** *adj.* बिना कुंजी के; **~-note** *n.* 1 मुख्य स्वर 2 बीज विचार; **~pad** /कीपैड/ *n.* रिमोट कंट्रॉल (remote control) आदि का कुंजीपटल; **~pal** *n.* ई-मेल दोस्त; **~punch** *n.* कुंजीपटल से सूचनाओं का स्थानांतरण; **~stone** *n.* 1 मुख्य या आधार शिला 2 तर्क, योजना आदि का अत्यंत महत्त्वपूर्ण अंश; **~stroke** *n.* कुंजीपटल के बटन को दबाने की क्रिया; **~word** *n.* (***syn*** pass-word) 1 संकेत शब्द 2 मूल शब्द 3 मुख्य विचार-वाहक शब्द 4 कंप्यूटर में किसी विषय को खोजने के लिए लिखा जाने वाला सुराग शब्द;
collocations: **~ area** मुख्य क्षेत्र; **~ city** प्रमुख नगर; **~ grip** फिल्म कैमरा का इंचार्ज; **~hole surgery** शरीर में छोटा-सा चीरा लगाकर शल्य-क्रिया क.;**~ industry** मुख्य उद्योग; **~ line** एक पंक्ति का शीर्षक; **~ man** प्रमुख व्यक्ति; **~ map** निर्देश मानचित्र; **~ money** पगड़ी, घूस; **~note speech/ address** बीज विचार या भाषण; **~ plan** निर्देश रूपरेखा; **~ point** मूल स्थल; **~ question** मुख्य मुद्दा; **~ ring** चाबी छल्ला; **~ signature** संगीत स्वर संकेतिका; **~ site** निर्देश स्थान; **~ stage** ब्रितानवी शिक्षा प्रणाली की चार अवस्थाओं (stages) में से एक; **~ station** उद्गम केंद्र, रेडियो या टीवी के प्रमुख स्टेशन; **~ village** मूल गांव; **~ way** चाबी खांचा;
a ~ factor महत्त्वपूर्ण बात; **a master ~ = false ~** सर्वकुंजी, सब तालों में लगने वाली कुंजी; **car ~** कार की चाबी; **golden/ silver ~** घूस; **the power of the ~s** पोप-सत्ता, पाप-मोचन अधिकार;
p&i: **~ed up** उत्तेजित, तनावग्रस्त, आतुर, उतावला; **~ in** 1 कंप्यूटर आदि के कुंजी पटल पर निर्देश डालना 2 सुर में सुर मिलाना, सामंजस्य बिठाना; **~ off** बंद क.; **~ on** चालू क.; **~ sb up to a state of great excitement** किसी को बहुत ज्यादा उत्तेजित कर दे.; **~ sth into sth** 1 दो चीजों को जोड़ना 2 के बीच तालमेल बिठाना; **~ed up** 1 बढ़ी हुआ सुर, आवाज 2 उत्तेजित 3 तनाव ग्रस्त; **~ up expectation** अपेक्षाएं बढ़ा दे.;
a bunch of/ set of ~ चाबियों का गुच्छा/ चाबियों का सेट (set); **be in ~ with sb** किसी के साथ मेल खाना, किसी के साथ एक सुर हो.; **be out of ~ with sb** किसी के साथ मेल न खाना, किसी के सुर में सुर न मिलना; **deliver one's ~s** हार मान लेना; **get the ~s of the street** रात भर के लिए घर से बाहर निकाल

दिया जा.; **have the ~ to the street** घर से बाहर निकाल दिया जा. (सड़क की चाबी दे.); **hold the ~ of sth** 1 पर पूरा कब्जा हो., वश में हो. 2 पहेली बूझने की कुंजी हो.; **strike/ sound/ introduce the ~ of policy** किसी नीति की पहेली सुलझाना; **the ~ for/ to sth** किसी समस्या के हल की कुंजी, किसी पहेली की कुंजी; **the ~s of a pianoforte** पिआनोपटल का बटन; **turn the ~ on sb** कैदी आदि को ताले के भीतर बंद क.; **under lock and** ~ ताले-चाबी में बंद

Keynesian /केंजिअन/ *adj.* अर्थ शास्त्री जे. एम. केने (J M Keynes, 1883-1946) से संबंधित

KFPDS *abbr.* 'Kashmir Foundation for Peace and Developmental Studies' की प्रथमाक्षरी

kg *abbr.* 'kilogram' की प्रथमाक्षरी

KGB *abbr.* 'Komitet gosudarstvennogo bezopasnosti (*Russian* **Комитéт государственного безопáсности**)' की प्रथमाक्षरी

KGMC *abbr.* 'Kasturba Gandhi Medical College', 'King Georges Medical College (Lucknow)' की प्रथमाक्षरी

khaki /खाकी/ *adj.* खाकी;

n. खाकी वर्दी: ~ election (सैनिक विजय की छाया में होने वाला चुनाव)

kHz *abbr.* 'kilohertz' का संक्षेप

KIAMS *abbr.* 'Kirloskar Institute of Advanced Management Studies' की प्रथमाक्षरी

kibble /किब्बल/ *v., pt.* **~d**, *pp* **kibbling** दलना, पीसना;

n. डोल, बाल्टी

kibbutz /किबुट्ज/ *n.* 1 इजराइल में खेत या कारखानों में साझा जीवन (life in commune) बिताने का स्थान 2 इजराइल में साझा खेत

kibe /काइब/ *n.* त्वचा में तरेड़, बिवाई (*Hr.*);

***p&i:* tread on sb's ~s** किसी की दुखती रग पर हाथ रख दे.; **tread/ follow on the ~s of sb** साये की तरह किसी के पीछे-पीछे चलना

kibitz /किबिट्स/ *v., pt.* **~ed**, *pp* **~ing** बिना मांगे राय दे., बिना मतलब दूसरों को राय दे.

kibosh /काइबॉश/ *n.* 1 अनाप-शनाप, बकवास 2 बेहूदा;

***p&i:* put the ~ on sth** 1 किसी बात या कार्य को न होने देना 2 ठुकाई क. 3 नष्ट कर दे.

kick /किक/ *v., pt.* **~ed**, *pp* **~ing** 1 ठोकर या लात मारना: ~ sb in the chest 2 लतियाना 3 लात चलाना, दुलत्ती चलाना: this horse **~s** 4 फुटबाल आदि को ठोकर मारकर दूर फेंकना: ~ the ball into play 5 धक्का लगाना 6 बुरी लत (आदत) को छोड़ना: ~ alcohol 7 पांव से किसी वाहन का पैडल (pedal) चलाना 8 क्रुद्ध हो जा.: the child was screaming and **~ing** 9 तैरने, लड़ने के समय पांव या लात चलाना 10 नाचते समय पांव चलाना 11 बंदूक द्वारा चलते समय पीछे की ओर धक्का दिया जा. 12 (*sometimes* **~ against sth**), विरोध क.: ~ against/ at cruel treatment/ taxes/ old-fashioned restrictions/ high prices/ bad decisions, etc. 13 दौड़ आदि में अतिरिक्त जोर लगाना;

n. 1 ठोकर, लात: **~s** and punches; a ~ of a horse; a ~ on the shin/ in the stomach 2 फुटबाल आदि को मारी जाने वाली ठोकर: corner/ free ~; drop ~ (रुककर लगाई जाने वाली किक/ ठोकर); ground ~; half volley ~ (हवा में उठी गेंद को लगाई जाने वाली किक); ~ with run up (दौड़कर लगाई जाने वाली ठोकर) 3 फुटबाल खिलाड़ी: a good ~ 4 (***syn.*** thrill) तेज प्रभाव (नशा आदि), थोड़ा-सा जोश, शरूर, उत्तेजना: get a big ~ out of sth/ out of doing sth 5 *dancing* टांग का घुमाव या पटक: high **~s** 6 बंदूक के चलते समय लगने वाला झटका 7 तेजी, तीखापन 8 दौड़ते समय गति में अंतिम उछाल 9 उछाल 10 आपत्ति, विरोध 11 ऊर्जा, शक्ति: have no ~ left 12 नशा देने वाली ताकत: a cocktail with not much ~ in it;

dw/lw:* ~back** *n. US* (syn.*** bribe) रिश्वत का पैसा; **~boxing** *n.* लात-घूसों व ठोकरों के प्रयोग से की जाने वाली मुक्केबाजी; **~down** *n.* कार का गिअर (gear) बदलने का एक तरीका; **~er** *n.* किक मारने वाला; **~ing** *adj.* जीवंत, जीवट: the club is ~ing; **~ing** *n.* ठोकर मारने की क्रिया; **~-off** *n.* **~-off** *n.* फुटबाल के खेल में पहली किक या ठोकर, खेल का आरंभ; **~pleat** *n.* स्कर्ट (skirt) के पीछे लगा चुनट या चुनन; **~shaw** *n.* 1 स्वादिष्ट पकवान 2 छोटी-मोटी बेकार चीज; **~stand** *n.* मोटरसाइकल आदि को ठोकर (kick) लगाकर चालू करने का पैडल; **~-start** *n.* मोटरसाइकल आदि के पैडल पर किक लगाकर चालू करने की क्रिया; **~turn** *n.* बिल्कुल उल्टा यानी 180^0 पर मोड़; **~-up** *n.* 1 शोर, हड़कंप 2 पीने-खाने की पार्टी 3 उल्टा झटका;

collocations: **~ circle** फुटबाल आदि के मैदानों में खुली ठोकर (free kick) मारने का वृत्त; **~ drum** पैडल द्वारा बजाया जाने वाला ढोल या ड्रम (drum); **~ line** रेखाएं जहां से खुली ठोकर व कोने की ठोकर (corner kick) आदि लगाई जाती हैं;

alive and ~ing कुशल-मंगल, भला-चंगा;

p&i: **~ about** उल्टा फेंकना, इधर-उधर पसरने दे.: leave one's clothes ~ing about the floor; **~ against sth** किसी बात को लेकर हंगामा क.; **~ against the pricks** ओखली में सिर दे.; **~ a man when he is down** मरे को मारना; **~ around** 1 इधर-उधर फेंकना 2 आवारा घूमना: ~ about/ around (बेकार पड़े रहना, आवारागर्दी क.) 2 बदतमीजी से पेश आना: ~ sb about/ around (किसी से दुर्व्यवहार क.); **~ aside** एक तरफ फेंक दे.; **~ at** नापसंदगी जाहिर क.; **~ away** ठोकर मारकर बाहर निकाल दे.; **~ back** ईंट का जवाब पत्थर से दे.; **~ down** 1 फेंक दे. 2 ठोकर मारकर गिरा दे.; **~ in** 1 ठोकर मारकर अंदर घुसेड़ दे. 2 मर जा. 3 लागू हो.; **~ in the pants** डांट-डपट, फटकार; **~ off** हिलाकर उतार फेंकना: ~ off one's shoes; **~ oneself** 1 अपनी मूर्खता पर क्रुद्ध हो. 2 अपने आपको डांटना-फटकारना : ~ oneself for being tactless; **~ one's heels** बिना काम के हो.; **~ out** 1 ठोकर मारकर बाहर निकाल दे.: ~ the ball out 2 शर्मसार करते हुए बाहर खदेड़ना; **~ sb in the teeth** किसी को बुरी तरह लताड़ना; **~ sb over the traces** 1 संतुलन खोकर बुरा व्यवहार करने लगना 2 किसी के दबाव को न मानना; **~ sb's ass** दंड देना या हराना; **~ sb upstairs** किसी बेकार कर्मी से छुटकारा पाने के लिए उसकी पदोन्नति करवाना; **~ sth about/ around** किसी बात पर कई लोगों के साथ बिना तकल्लुफ के विमर्श क.; **~ (sth) off** आरंभ क.; **~ the beam** महत्त्वहीन हो.; **~ the bucket** मर जा.; **~ the habit/ drug/ booze** लत, नशा या शराब छोड़ देना; **~ up** कोई वस्तु बनाना; **~ up a fuss/ row/ stink/ a shindy/ a rumpus** 1 जोर-शोर से विरोध जताना 2 शोर-शराबा क., हड़कंप मचाना 3 बतंगड़/ झगड़ा/ अप्रिय बात छेड़ना; **~ up dust/ sand** ठोकर मारकर धूल उड़ाना; **~ up one's feet/ legs** टांगें हवा में हिलाना; **~ up one's heels** खुशी मनाना, मस्ती क.; **a ~ in the teeth** गहरी अपमानजनक चोट; **be ~ing about/ around** बिना प्रयुक्त हुए वजूद में हो.; **for ~s** मस्ती के लिए; **get a ~ out of/ from sth** किसी चीज के सेवन से तरंग या मस्ती पाना; **have no ~ left** अशक्त या थका-मांदा हो जा.; **more ~s than halfpence** पचड़े ज्यादा फायदा कम: receive more ~s than half pence; **the drink has quite a ~** पेय में अच्छा-खासा नशा है;

a high ~er चंचल दिलफेंक लड़की

kid /किड/ *n.* 1 बच्चा, शिशु 2 बिल्ली का बच्चा 3 मेमना 4 मेमना आदि का चमड़ा 5 (***syn.*** bluff) झूठ: it was a ~;

v., pt. **~ded**, *pp* **~ding** 1 बकरी आदि का ब्याना 2 (***syn.*** joke) मजाक क.: I thought he was **~ding** at first 3 चिढ़ाना, हंसी उड़ाना 4 (***syn.*** deceive) छलना, धोखा देना: ~ sb into sth/ into doing sth 5 बेवकूफ या बुद्धू बनाना;

adj. छोटा, अनुज: ~ brother/ sister;

dw/lw: **kidology** /किडौलजि/ *US* किडाःलजि/ *n.* बेवकूफ बनाने का हुनर; **kidult** /किडल्ट/ *n.* बच्चों जैसी हरकतें करने वाला या बच्चों जैसी चीजें खरीदने वाला व्यक्ति;

collocations: **~ brother** छोटा भाई; **~ sister** छोटी बहन;

~ **leather/ kidskin** मेमने का मुलायम चमड़ा; **~'s stuff** बहुत आसान काम;
p&i: ~ **around** मजाक क., बेवकूफ बनाना: ~ around with sb; ~ oneself; ~ **glove diplomacy** नाजुक या नर्म रुख की कूटनीति; ~ **glove treatment** नर्म रुखपूर्ण या उदार बर्ताव; ~ **methods** अति नाजुक तौर-तरीके; **~s' stuff** = *US* ~ **stuff** बहुत आसान काम
handle/ treat sb with ~ gloves किसी के साथ बहुत नाजुक तरीके से पेश आना; **no ~ding?** बुद्धू तो नहीं बना रहे?; **you're kidding = you must be kidding!** आप तो मजाक कर रहे हैं!

kiddie/ kiddy /किडि/ *n., pl.* **kiddies** 1 छोटा-सा शिशु या बच्चा 2 छोटा-सा मेमना 3 *sl.* पेशेवर चोर;
dw/lw: ~ **wink** शिशु, बच्चा

kidnap /किड्नैप/ *v., pt.* **~ped**, *pp* **~ping** (***syn.*** abduct) अपहरण क., ले भागना, अगुआ क.;
n. (***syn.*** abduction) अपहरण;
dw/lw: **~ped** /किडनैप्ड/ *adj.* अपहृत; **~per** /किडनैपः/ *n.* (***syn.*** abductor) अपहरणकर्ता, अपहर्ता; **~ping** /किडनैपिंग/ *n.* अपहरण करने की क्रिया

kidney /किडनि/ *n., pl.* **~s** 1 *anat.* गुर्दा, वृक्क 2 जानवरों के गुर्दे का गोश्त: grilled **~s** 3 स्वभाव, प्रकृति: a man of a different ~;
collocations: ~ **bean** मोथा, मोठ; ~ **disease** गुर्दे की बीमारी; ~ **machine** वृक्कयंत्र; **~-punch** गुर्दे पर वार; ~ **stone** पथरी
p&i: **a man of the right** ~ सही व्यक्ति; **both of the same** ~ दोनों एक जैसे; **of the right** ~ उपयुक्त

kidology *see above under* **kid: *dw/lw***

kidult *see above under* **kid: *dw/lw***

KILA *abbr.* 'Kerala Institute for Local Administration' की प्रथमाक्षरी

kilderkin /किल्डःकिन/ *n.* पीपा

kike /काइक/ *n., US sl.* यहूदी के लिए अति अपमानजनक शब्द

kill /किल/ *v., pt.* **~ed**, *pp* **~ing** 1 मारना, हत्या क., वध क.: ~ a man/ a fox/ a rabbit 2 समाप्त क., नष्ट क.: ~ a conversation; the frost **~ed** the flowers; ~ sb's love/ feelings/ enthusiasm 3 बहुत तकलीफ दे.: feet are **~ing** me; grief is **~ing** her 4 हरा दे., विफल कर देना: ~ a proposal 5 फीका कर दे., प्रभाव खत्म कर दे. 6 खत्म क., मिटा दे.: ~ a disease/ an infection 7 (समय) काटना: ~ time 8 अभिभूत क. 9 प्रकाशित न होने देना: ~ the manuscript; an order to ~ the column 10 बंद कर. देना: ~ the engine (इंजन बंद क.); ~ the ball 11 अतिशय परिश्रम आदि क.: ~ oneself by doing unpaid work 12 बेतहाशा आलोचना क.: ~ a play/ a novel;
n. 1 वध, हत्या 2 हनन 3 शिकार, मारा हुआ जानवर 4 विनाश;
dw/lw: **~cow** *n.* कसाई (butcher); **~deer** *n., pl.* **~/ ~s** एक जलपक्षी; **~-devil** *n.* दिलेर आदमी; **~er** *n.* 1 हत्यारा 2 जानलेवा काम या परिश्रम; **~ing** *n.* (***syn.*** murder) हत्या, वध; **~ing** *adj.* 1 घातक: ~ing frost 2 (***syn.*** exhausting) थककर चूर कर देने वाला: ~ing work 3 अति उबाऊ: ~ing story/ film/ look 4 अत्यधिक दिलचस्प: ~ing story; **~ingly** *adv.* 1 घातक ढंग से 2 दिलचस्प ढंग से; **~joy** /किल्जॉय/ *n., pl.* **~s** रंग में भंग डालने वाला, मजा किरकिरा करने वाला, कबाब में हड्डी;
collocations: **~joy countenance** मनहूस चेहरा; **~er application** (*abbr.* **~er app.**) *comput.* ऐसा अत्यधिक लोकप्रिय कंप्यूटर प्रोग्राम जिसे चलाने के लिए लोगों को उसे चलाने वाला यंत्र यानी कंप्यूटर आदि खरीदना ही पड़ता है; **~er bee** एक अति प्रचंड मधुमक्खी; **~er cell** श्वेत रक्त कोशिकायें जो संक्रमित कोशिकाओं या कैंसर कोशिकाओं को नष्ट करती हैं; **~er whale** (*also* **orca**) एक मांसाहारी व्हेल; **~ing fields** ऐसा स्थान या मैदान जहां युद्ध आदि में बहुत सारे लोगों का खून बहा हो;
serial ~er मंजा हुआ हत्यारा जो एक के बाद दूसरा खून करता जाता है;
p&i: ~ **man with a cushion** अतिशय आराम में डुबोकर किसी को पंगू बनाना; ~ **an hour in pub** (pub) एक घंटा पब (pub) में गुजारना; ~ **by inches** तड़पा-तड़पा कर मारना; ~ **oneself** अपने को मजाक बना लेना; ~ **or cure** तख्त या तख्ता, राजगद्दी या शूली; ~ **out** बिल्कुल मिटा दे., नष्ट कर दे.; ~ **sb / sth off** किसी चीज या किसी को खत्म क.; ~ **the bottle** पीकर बेहोश हो.; ~ **one's conscience** अपने ईमान का गला घोंटना; ~ **oneself doing overtime** बहुत देर तक काम करके अपनी सेहत को जोखिम में डालना; ~ **oneself with laughter** ठहाके मारकर हंसना; ~ **the fatted calf** किसी के स्वागत के लिए बहुत अच्छे-अच्छे पकवान बनाना; ~ **the goose that lays golden eggs** सोने के अंडे देने वाली मुर्गी को एक ही बार सब अंडे पाने के लालच में मार डालना; ~ **time** समय काटना; ~ **two birds with one stone** = ~ **two flies with one flap** एक तीर से दो शिकार क.; ~ **with kindness** दयालुता से किसी का मन जीतना;
be in at the ~ किसी के नाटकीय पतन के समय मौजूद होना; **be dressed to ~ = dotted up fit to ~** (दूसरों को अपने पर फिदा करने के लिए) अति सुंदर वस्त्र पहने होना; **be on the ~** अपना लक्ष्य प्राप्त करने के लिए कुछ भी कर डालने के लिए उतारू हो.; **curiosity ~s the cat** जरूरत से ज्यादा जिज्ञासा घातक हो सकती है; **go/ move in for the ~** मात दे. या हत्या क.; **make a ~ing** आकस्मिक लाभ पाना; **sb ~ing sb** क्रुद्ध हो.; **the turquoise ~s the green** बेहतर चीज के कारण पुरानी अच्छी चीज फीकी पड़ जाती है;

killick/ killock /किलिक/ किलॉक/ *n.* जुगाड़ करके बनाया हुआ पत्थर का लंगर

kiln /किल्न/ *n.* 1 भट्ठी 2 ईंटों का भट्ठा: set the ~ on fire/ fire the ~ 3 कुम्हार का आवां;
v., *pt.* **~ed**, *pp* **~ing** भट्ठे में सुखाना या पकाना;
dw/lw: **~-dry** ***v.***, *pt.* ~-dried, *pp* ~-drying भट्ठे में सुखाना

Kilner jar *tradem.* फल और सब्जियों को रखने का शीशे का जार

kilo /किलो/ *n.* 'kilogram' का संक्षिप्त रूप

kilo- /किलो-/ *pref., comb. form* (*abbr.* **K/ k**) 1 हजार: a **~meter** (हजार मीटर); a **~gram** (हजार ग्राम) 2 *comput.* भंडारण क्षमता की इकाई: 1024 (2^{10}) byte

kilobit /किलोबिट/ *n.* 1024 बिट्स

kilobyte /किलोबाइट/ (*abbr.* **K/ KB/ kbyte**) *n.* कंप्यूटर की संग्रहण या भंडारण क्षमता नापने की इकाई, = 1024 बाइट

kilocalorie/ kilogram calorie *n.* (*abbr.* **kcal**) ताप ऊर्जा की मिट्रिक इकाई, 1000 कलोरी = kilo joule (*see below*)

kilocycle /किलोसाइकल/ *n.* (*abbr.* **kc**) = kilohertz (*see below*)

kilogram /किलोग्राम/ (*also UK* **kilogramme**; *abbr.* **kg**) *n.* 1000 ग्राम, किलोग्राम

kilogray /किलोग्रे/ (*abbr.* **kGy**) *n.* 1000 ग्रे, खाद्य पदार्थों की विकिरणता या विकिरणता के सोख की मात्रा को मापने की विश्व इकाई

kilohertz /किलोहेर्ट्ज/ (*abbr.* **kHz**) *n.* 1000 हेर्ट्ज, ध्वनि व रेडियो तरंगों को मापने की इकाई = 1000 हेर्ट्ज या 1000 साइकिल

kilojoule /किलोयोल/ (*abbr.* **kJ**) *n.* ऊर्जा, काम और ताप की मिट्रिक इकाई (1 kj = 0.2388 kcal)

kiloletre/ kiloliter /किलोलीटः/ (*abbr.* **kl**) *n.* एक हजार लीटर, किलोलीटर

kilometre *UK* /किलोमीटः/ (*also US* **kilometer**; *abbr.* **km**) *n.* 1000 मीटर, किलोमीटर

kiloton/ kilotonne /किलोटन/ *n.* 1000 टन, किलोटन

kilovolt /किलोवोल्ट/ (*abbr.* **kV**) *n.* 1000 वोल्ट

kilowatt /किलोवाट/ (*abbr.* **kW**) *n.* 1000 वाट, किलोवाट;
collocations: ~ **hour** (*abbr.* **kWh**) विद्युत ऊर्जा की व्यापारिक इकाई जिसके आधार पर बिजली का बिल बनता है

kilt /किल्ट/ *n.* स्कॉटलैंड के पुरुषों की चुनटदार स्कर्ट, घाघरा: the ~ (स्कॉटलैंड की राष्ट्रीय पोशाक);

v., pt. **~ed**, *pp* **~ing** 1 ऊपर चढ़ाना 2 चुनट-पट्टी डालना;
dw/lw: **~ed** *adj.* 1 चुननदार 2 चुनटदार स्कर्ट पहने हुए

kilter/ kelter /किल्टः/ केल्टर/ *n.* उपयुक्त अवस्था, अच्छी हालत: in ~ (व्यवस्थित); out of ~ (अव्यवस्थित, बिगड़ा हुआ यंत्र आदि); long flights may throw one's sleeping time out of ~

kim-kam /किम-कैम/ *adj.* बिगड़ा हुआ, लंपट

kimono /किमोनो/ *n., pl.* **~s** किमोनो, जापानी स्त्रियों का चौड़ी आस्तीन वाला लंबा योगी या गाउन (gown)

KIMS *abbr.* 'Kerala Institute of Medical Sciences' की प्रथमाक्षरी

kin/किन/ (*also* **kinsfolk**) *n. [pl.]* 1 संबंधी, रिश्तेदार: blood ~; ~ to the governor; near of ~ 2 कुटुंबी, एक ही परिवार के सदस्य: of the same ~;
adj. से संबंधित, का संबंधी;
dw/lw: **kinfolk** /किन्फॉक/ (*also* **kinfolks**) *n.* रिश्तेदार, बंधु-बांधव; **~sfolk** /किन्ज़्फोक/ *n.* कुटुंबी, रिश्तेदार, परिवारजन; **~ship** /किन्शिप/ *n.* 1 रिश्तेदारी, रिश्ता 2 बंधुता 3 संबंध 4 (***syn.*** affinity) सादृश्य, समानता: spiritual ~ship; **~sman** /किंजमन/ *n.* रिश्तेदार, नातेदार; **~swoman** /किन्जवुमन/ *n.* रिश्तेदारिन;
p&i: **kith and ~** सगे-संबंधी; **makes the whole world ~** वसुधैव कुटुंबकं, सारा विश्व – एक परिवार; **more ~ than kind** यद्यपि रिश्तेदार, पर जालिम आदमी; **next of ~** मृतक के बाद उसका उत्तराधिकारी; **of noble ~** भले घर का

kinaesthesia/ kinesthesia /काइनिस्थीजिआ/ *US* किनअस्थीजिआ/ (*also* **kinaesthesis/ kinesthesis**/काइनिस्थीसिस/*US* किनअस्थीसिस/) *n.* एक ऐसी प्रक्रिया जिसके तहत शरीर के भिन्न-भिन्न अंगों की सापेक्षिक स्थिति एवं गतिशीलता मांस पेशियों, नसों और जोड़ों की संवेदनशील कोशिकाओं द्वारा अनुभव की जा सकती हैं

kind/काइंड/ *n.* 1 प्रकार, किस्म: good/ bad/ remarkable/ usual ~; a new ~ of silk/ paper/ apples; something of the ~ (कुछ इसी प्रकार का) 2 वर्ग: two of a ~ 3 जाति, नस्ल: different **~s** of animals/ plants/ fruits; the human ~/ mankind 4 स्वभाव, चरित्र, विशिष्टता: a queer ~ of person; he is the ~ of man I want;
adj. 1 दयालु, कृपालु, सदय: sb is very ~ 2 स्नेही, भला 3 सौम्य 4 हार्दिक 5 नेक: he is very ~;
dw/lw: **~hearted** /~हाःटिड/ *adj.* दयावान, उदार, रहमदिल; **~heartedly** /~हाःटिडलि/ *adv.* 1 सहानुभूतिपूर्वक 2 दरियादिली से, उदारतापूर्वक 3 कृपापूर्वक 4 दया भाव से; **~heartedness** *n.* दरियादिली, उदारता, दयालुता; **~ly** /~लि/ *adj., degr.* ~lier, ~iest 1 दयालु, नेक: ~ly old man 2 उदार-हृदय, सौहार्दपूर्ण: ~ly treatment; ~ly of disposition 3 संवेदनशील: ~ly heart 4 नर्म, मुलायम, सुहावना: ~ly of spirit; ~ly of temper; ~ly climate; **~ly** *adv.* 1 दयालुतापूर्वक: she ~ly offered me a lift 2 मैत्रीपूर्वक: speak/ write/ answer ~ly 3 संवेदनशीलता से: not take ~ly to sth (किसी बात को पसंद न क.); look ~ly on sb/ sth 4 नाजुक ढंग से, संवेदनशीलतापूर्वक : take ~ly to one's new duties 5 सौहार्दपूर्वक: think ~ly of sb 6 कृपा करके, कृपया: ~ly remove your shoes; would you ~ help me?; **~ness** /~नेस/ *n.* 1 दयालुता, नेकता: ~ness of heart; do sth out of ~ness 2 नेक-नीयती: personal/ great ~ness 3 सौहार्द: a ~ness for sb 4 संवेदनशीलता 5 उदारता, सहृदयता: show/ do sb a ~ness;
p&i: **~ hearts are soonest wronged** दयालु लोग आसानी से ठगे जाते हैं; **~ of** एक तरह का; **~ of thought so** कुछ ऐसा ही सोचता था;
after its ~ इसके स्वभाव अनुसार; **after one's ~** नस्ल की विशेषताओं के अनुसार; **a ~ of suspicion** एक प्रकार का शक; **all of a ~** सभी एक जैसे; **be so ~ as to .../ be ~ enough to** कृपया, कृपा करके; **differ in ~** स्वभाव में अलग-अलग हो.; **grow out of ~** नस्ल का बिगड़ जाना; **hair ~ to the touch** छूने में मुलायम बाल; **it is very ~ of you** आपकी बड़ी कृपा है; **kill with ~ness** *see above under* **kill**: ***p&i***); **nothing of the ~** ऐसा कुछ नहीं; **of a ~** एक प्रकार का, एक जैसा; **pay back/ answer/ return in ~** or **repay insolence in ~** ईंट का जवाब पत्थर से दे.; **pay in ~** माल के बदले माल दे.; **same ~ of** एक प्रकार का/ की; **the worst ~** *US* बहुत ज्यादा, अतिशय; **this horse is ~ in harness** जोतते समय यह घोड़ा काफी भला है; **this stone is ~ for dressing** इस पत्थर को आसानी से तराशा जा सकता है; **will you be ~ enough/ so ~ as to do that** क्या आप इतनी-सी कृपा कर सकेंगे?; **with ~ regards** सस्नेह; **Yours ~ly** आपका सहृदय, सस्नेही; **~ness comes of will** दया भाव सहज स्वभाव में होता है

kinda /काइंडा/ *US* **'kind of'** का संक्षिप्त रूप (एक प्रकार का)

kindergarten /किंडःगाःटन/ *n.* 1 ब्रिटेन में 4 से 6 वर्ष बच्चों का स्कूल, शिशुशाला, बाल विहार 2 अमेरिका में 5 वर्ष के बच्चों की शिशुशाला

kindle /किंडल/ *v., pt.* **~d**, *pp* **kindling** 1 सुलगना, सुलगाना: ~ a fire 2 जलना, जलाना: the spark **~d** the dry wood; ~ sth into flame 3 चमकना, चमकाना, जगमगाना: ~ to blushes; day **~s** in the east 4 उद्दीप्त या प्रदीप्त क.: the setting sun **~d** the sky 5 उत्तेजित क. या हो. 6 दिलचस्पी बढ़ना, रुचि पैदा क.: ~ interest 7 काम-क्रोध भड़काना: ~ anger; discontent, **~d** into revolt (विद्रोह बनकर भड़क उठा);
p&i: **~ a fire that you cannot extinguish** ऐसी आग लगाना जिसे बुझाया न जा सके

kindliness /काइंड्लिनेस/ *n.* उदारता, दयालुता, सहृदयता, सज्जनता

kindling /किंडलिंग/ *n.* 1 आग सुलगाने की छोटी-छोटी लकड़ियां: ~ wood 2 आग जलाने की क्रिया 3 प्रज्वलन 4 भट्ठी आदि की सुलगाहट

kindly *see above under* **kind: *dw/lw***

kindness *see above under* **kind: *dw/lw***

kindred /किंडःड/ *adj.* 1 सगोत्र: ~ tribes/ races; ~ souls/ natures 2 एक जैसा, वैसा ही: ~ phenomena 3 समान: ~ languages/ institutions 4 एक प्रकार का;
n. 1 परिवार व नातेदार, रिश्तेदार, खून का रिश्ता, बंधु-बांधव: all one's ~ 2 कुटुंबी 3 सजातीयता: ~ with the great poet;
collocations: **a ~ spirit** जिसके स्वभाव, अभिरुचि, विचार आदि किसी दूसरे जैसे हों

kine /काइन/ *n.* 1 गायें 2 चौपाए मवेशी, ढोर

kinema /किनिमा/ *n.* सिनेमा

kinematic /किनिमैटिक/ काइनिमैटिक/ *adj.* शुद्धगतिक;
dw/lw: **~s** /~स/ *n.* 1 शुद्धगति विज्ञान 2 शुद्धगतिकी, प्रगतिकी 3 पिंडों की गति का अध्ययन

kinematograph /काइनिमैटअग्राफ/ *n.* चलचित्रदर्शी, चलचित्र कैमरा

kinesics /किनीसिक्स/ काइनीसिक्स/ *n., [sing.]* 1 शरीर की गति या गतिक्रम, जो भाषा की अनुपस्थिति में शारीरिक हाव-भाव या मुद्रा-प्रदर्शन से सूचना या भाव व्यक्त करती है 2 दृश्य शारीरिक भाषा की संचार प्रकिया (communication) के रूप में अध्ययन

kinesiology /किनिसिऔलजि/ *US* किनिसिआःलजि/ *n.* मानवीय गति का वैज्ञानिक अध्ययन

kinesis /किनीसिस/ काइनीसिस/ *n.* प्रकाश या आर्द्रता जैसी साधारण उत्तेजना आदि की प्रतिक्रिया स्वरूप जीवित अंगों या कोशिकाओं में पैदा होने वाली गति, गतिक्रम

kinetic /किनेटिक/ काइनेटिक/ *adj.* 1 गतिजनित, गतिक 2 गत्यात्मक: ~ head (गत्यात्मक दबाव) 3 गतिसंबंधी, गतिमूलक;
dw/lw: **~s** /किनेटिक्स/ काइनेटिक्स/ *n.* बलगति-विज्ञान, बलगतिकी;
collocations: **~ art/ sculpture** कला और मूर्तिकला जिनमें वायु धाराओं और विद्युत आदि द्वारा पैदा की जाने वाली गति एक मूलभूत गुण होता है; **~ energy** गतिज ऊर्जा; **~ theory** बलगति

सिद्धांत;

***p&i:* a man of ~ energy** अति ऊर्जावान व्यक्ति

king /किंग/ *n.* 1 राजा, नरेश, नृप, शाह, बादशाह 2 शासक या शीर्षस्थ व्यक्ति: ~ of **~s** 3 सर्वाधिक बलशाली व खूंखार: lion, the ~ of beasts 4 ताश का पत्ता (बादशाह) 5 शतरंज का बादशाह; 6 किसी व्यवसाय का शीर्षस्थ व्यक्ति या बादशाह: a ~ of painters, the diamond ~; the liquor ~

adj. बहुत बड़ा: ~ prawns;

v., pt. **~ed**, *pp* **~ing** 1 शासन क. 2 राजा की तरह व्यवहार क. (अपने आप को राजा बताना) 3 हुक्म चलाना: ~ it over sb (दूसरों पर रोब झाड़ना) 4 राजा बनाना;

dw/lw:* ~bolt** *n.* बड़ा काबला या बोल्ट; **~-cobra** *n.* नागराज; **~craft** *n.* शासनकला; **~crow** *n.* भुजंगा; **~cup** *n.* गेंदा; **~dom** *n.* 1 रियासत 2 बादशाहत 3 जगत; **~fish** *n.* बड़ी मछली; **~fisher** *n.* कौड़िल्ला, रामचिरैया; **~hood** = **~ship** *n.* राजपद, राज काल, राजाधिकार; **~let** *n.* रजवाड़ा; **~like** *adj.* राजा-जैसा, राजसी; **~liness** *n.* नृपत्व, राजसी स्वभाव; **~ly** /किंग्लि/ *adj.* (syn.*** regal) राजसी, शाही, बादशाही, नृपोचित: ~ly crown; ~ly air/ look (शाही वातावरण/ शक्ल-सूरत); **~lever** *n.* मुख्य लीवर; **~maker** *n.* राजा बनाने वाला, राजानिर्माता, नृप-विधाता; **~-penguin** *n.* बड़ी पेंगविन; **~pin** *n.* 1 बड़ी कील 2 मुख्य व्यक्ति (या वस्तु), मुख्य अपराधी या षड्यंत्रकारी, सरगना; **~-piece** = **~-post** नर-खंभा, शाह-स्तंभ, शहतीर; **~ship** *n.* राजपद, राजकाल, राजाधिकार; **~-size** (*also* **king-sized**) *adj.* 1 बहुत बड़ा 2 मानक आकार से बड़ा: a ~-size bed (बड़ा बिस्तरा); ~-size cigarettes (बड़ी या लंबी सिगरेट) 3 सबसे बड़ा आकार का; **~-spoke** *n.* शाह मुठिया;

collocations:* King Baby** परिवार में सब का दुलारा बच्चा; **~ bird** शाही पक्षी; **~ Charles spaniel** एक छोटा-सा बहुत चुस्त कुत्ता; **~ cobra** नागराज; **~ crab** बड़ा केंकड़ा; **King James Version** जेम्स प्रथम के शासन काल में प्रकाशित बाइबल का संस्करण; **~ log** नाम मात्र का राजा; **~'s messenger** राजदूतीय संदेशवाहक; **~ of arms/ ~ at arms** शाही पीढ़ियों और राज चिह्नों का इतिहासकार; **~ of beasts** जंगल का राजा (शेर); **~ of birds** पक्षियों का राजा, बाज; **~ of the castle** मुख्य व्यक्ति; **~ of day** सूर्य; **~ prawn** बड़ा झींगा; **~'s apple** लाल रंग का बड़ा सेब; **King's English** शुद्ध मानक या प्रामाणिक अंग्रेजी; **~'s evidence** सरकारी गवाह, मुखबिर; **King's evil** कंठ माला, गंडमाला रोग; **~'s ransom** (syn.*** fortune) धन का अंबार; **King Stork** जालिम राजा; **~'s vulture** बड़ा गिद्ध; **~'s weather** शानदार मौसम; **~ wood** सागवान; **~'s yellow** अमलतासी;

***p&i:* ~ for a day** एक दिन का बादशाह; **~'s bad bargain** बेकार सिपाही; **~s go mad and the people suffer for it** राजा के पागलपन का खमियाजा जनता को भुगतना पड़ता है; **~s have long arms** राजा सर्व-शक्तिमान होता है;

as the ~, so are the subjects यथा राजा, तथा प्रजा, जैसा राजा, वैसी प्रजा; **lion, the ~ of beasts** जानवरों का बादशाह शेर; **punctuality is a ~ly virtue** समय की पाबंदी शाही विनम्रता होती है; **the ~ can make a knight but not a gentleman** राजा किसी को शूरवीर की उपाधि दे सकता है, पर उसे शरीफ आदमी नहीं बना सकता; **the ~ can do no wrong** राजा कोई गलत काम नहीं कर सकता; **the ~ never dies** व्यक्ति मर जाता है पर राजा नहीं; **~ of terrors** मृत्यु, सर्वाधिक डरावनी क्रिया; **the ~ sends his carriage** जेल गाड़ी भेजकर किसी को गिरफ्तार क.; **the uncrowned ~ of** बेताज बादशाह;

kingdom /किंगडम/ *n.* 1 रियासत, राज्य, शासन-क्षेत्र 2 जगत, संसार: the animal/ plant ~ (पशु/ वनस्पति संसार) 3 कार्य-क्षेत्र, सक्रियता क्षेत्र: ~ of thought/ of the mind;

***collocations:*the ~ God** स्वर्ग;

***p&i:* ~ come** मृत्यूपरांत जगत: gone to the ~ (स्वर्गवास हो गया); **~ of imagination** कल्पना का संसार; **blow them all to ~ come** सभी को दूसरी दुनिया में भेज दे.; **send to ~ come** मौत के हवाले कर दे.; **till ~ come** अनंत काल के लिए; **to ~ come** स्वर्ग में

kink /किंक/ *n.* 1 मोड़, घुमाव: ~ of a curve 2 मांस-पेशी की ऐंठन 3 बल, खम 4 (***syn.*** curl) घूंघर 5 ग्रंथि 6 सनक, विचित्रता, विशेषकर यौन-संबंधों में 7 नई चीज या उसमें कमी;

v., pt. **~ed**, *pp* **~ing** 1 घूंघर बनाना 2 बल पड़ना या डालना 3 मोड़ना या मुड़ना 4 विचित्र ढंग से व्यवहार क.;

***dw/lw:* ~y** /किंकि/ *adj.* 1 विचित्र या उन्मादपूर्ण यौन व्यवहार करने वाला, अति कामुक 2 कामोत्तेजक 3 सनकी 4 ऐंठनदार, घुंघराला

kinsfolk *see above under* **kin: *dw/lw***

kinship *see above under* **kin: *dw/lw***

kinsman *see above under* **kin: *dw/lw***

kinswoman *see above under* **kin: *dw/lw***

kiosk /किऔस्क/ *US* किआःस्क/ (*also* **kiosque**) *n.* (stand, booth) छोटी दुकान, स्टॉल, सार्वजनिक टेलीफोन बूथ

kip /किप/ *n.* 1 नींद की झपकी 2 बछड़े या मेमने की खाल: **~skin** 3 रहने की सस्ती जगह;

***v., pt.* ~ped**, *pp* **~ping** नींद की झपकी ले.: ~ down;

***dw/lw:* ~house/ shop** *n.* वेश्यालय

kipper /किपः/ *n. UK* नमक लगाकर सुखाई हुई सामन या हिलसा मछली

kirk /कःक/ *n.* गिरजा

kirsch /किअःश/ *n.* चेरी के रस से बनी ब्रांडी, कीर्श

KIRTADS *abbr.* 'Kerala Institute for Research, Training and Development Studies for Scheduled Castes and Scheduled Tribes' की प्रथमाक्षरी

kiss /किस/ *v., pt.* **~ed**, *pp* **~ing** 1 चूमना, चुंबन क., बोसा ले.: give sb a ~ 2 चुंबन लेकर कोई भावना प्रकट क.: ~ good night 3 आहिस्ता-आहिस्ता स्पर्श क.: the wind gently **~ed** the trees/ sb's hair; the moonbeams **~ed** the sea;

***n., pl.* ~es** 1 चुंबन: chaste/ ardent/ reverent/ farewell ~ 2 चुम्मा: give a ~ 3 बोसा 4 हल्का-सा स्पर्श;

***dw/lw:* ~able** /किसअबल/ *adj.* चूमने योग्य; **~er** /किसः/ *n.* 1 चूमने वाला, चुंबन लेने वाला: a good **~er** 2 *sl.* मुंह 3 चेहरा; **~ing** *n.* चूमने की क्रिया; **~-and-tell** *v.* किसी पत्रिका आदि को अपने यौन संबंधों के बारे में बताना या साक्षात्कार देना; **~ogram** *n.* जन्म दिन आदि पर दोस्तों द्वारा एक विशेष ढंग से भेजा जाने वाला बधाई संदेश;

***collocations:* ~ curl** बालों का चपटा घूंघर; **~ing cousin** दूर का रिश्तेदार; **~ing dance**विवाह के समय लिए-दिए जाने वाले चुंबन; **~ing gate** एक तंग या संकरा दरवाजा जिसमें से मात्र एक व्यक्ति गुजर सकता है; **~-in-the ring** एक प्राचीन देहाती नाच जिसमें पकड़ा जाने वाला पकड़ने वाले को चुंबन देता है; **~-me quick** औरतों का छोटा-सा टोप; **~ of death** मनहूस चेहरा, विनाशकारी चाल; **~ of life** किसी के मुंह पर मुंह रखकर उसमें सांस भरने की कोशिश; **~ of peace** शांति का चुंबन; **the KISS principle** व्यापार में एक सिद्धांत कि माल और उसके बारे में विज्ञापन को सरल से सरल रखना चाहिए: 'KISS' यहां पर 'keep it simple, stupid' का आदिवर्णी शब्द (acronym) है;

***p&i:* ~ and make up** एक दूसरे को माफ करते हुए फिर से दोस्त ब.; **~ away** चूमकर आंसू पोंछना; **~ good-bye to sth** किसी चीज या लत आदि को सदा के लिए छोड़ दे.; **~ hands** बड़े पद को स्वीकार करते हुए राजा का हाथ चूमना; **~ off!** बाहर निकल जाओ! दफा हो जाओ!; **~ one's hand to sb/ blow a ~ to sb** किसी को हवाई चुंबन भेजना; **~ sb's arse/ ass!** जहन्नुम में जाओ!; **~ sth better** चोट आदि को चूमकर संवेदना जताना; **~ sth goodbye** किसी चीज या लत को तज दे.; **~ the book** बाइबल आदि धर्म ग्रंथ को हल्के-से चूमना; **~ the clink** = **~ the counter** जेल में बंद हो., हवालात की हवा खाना; ~ or **lick the dust/ the ground** धूल चाटना, धराशायी हो जा.; **~ the gunner's daughter** कोड़ों से पीटने के लिए तोप से बांधा जा.;

~ **the hair's foot** सांप निकलने के बाद लकीर पीटना; ~ **the rod** सहर्ष दंड स्वीकार कर ले.;
a lingering/ passionate ~ आहिस्ता-आहिस्ता देर तक चलने वाला चुंबन; **blow a** ~ हवाई चुंबन भेजना; **cement sth with a** ~ किसी बात को चुंबन से पक्का क.; **give sb the ~ of life** बेहोश व्यक्ति में सांस फूंकना; **plant a ~ on sb's lips/ cheek, etc.** किसी के होंठों या गालों आदि को चूमना; **pluck/ snatch/ steal a** ~ किसी तरह से चुंबन ले.; **the ~ of death** किसी अन्य बात की कीमत पर सफलता

kit /किट/ *n.* 1 उपकरण-सेट: ~ bag 2 औजार या उपकरण-बैग या थैला: a plumber's ~ 3 यात्री या सैनिक के सामान की किट: hunting/ golfing/ skiing ~ 4 विभिन्न भागों को जोड़कर कोई यंत्र बनाने की किट 5 कठौत या कठौता, कठरा 6 टोकरा 7 बिल्ली आदि का छोटा बच्चा 8 फर वाले (रोएंदार) जानवरों (polecat, fox, etc.) का छोटा बच्चा;
***v., pt.* ~ted,** *pp* **~ting: ~ sb out/ up in** or **with sth** किसी को किसी कार्य के लिए उचित पोशाक पहनाना या देना: ~ sb out in new sports outfit or dress;
***dw/lw:* ~-bag** *n.* औजार या उपकरण-थैला: electrician's bag; **~-cat** *n.* बच्चों का एक खेल;
***collocations:* ~ bag** औजार या उपकरण-बैग या थैला;
***p&i:* ~ out** कपड़े और साजो-सामान की आपूर्ति क.;
get one's ~ off कपड़े उतारना; **the whole ~ and caboodle/ billing** सब का सब, सारे का सारा सामान, सब के सब, सारी चौकड़ी

kitchen /किचन/ *n.* 1 रसोई घर, पाकशाला, बावर्चीखाना 2 रसोई, भोजन;
adj. रसोई का, रसोई संबंधी;
***dw/lw:* ~ette** /किचनेट/ *n.* छोटी रसोई, छोटा-सा रसोई-घर; **~-maid** *n.* रसोई में बर्तन धोने वाली औरत; **~-range** *n.* रसोई का चूल्हा; **~ry** /किचनरि/ *n.* व्यंजन बनाने का हुनर, रसोइये का कौशल; **~-sink** *n.* दिन-प्रतिदिन के जीवन का उबाऊ वर्णन या चित्रण; **~-sink school** साहित्य में प्रत्येक विवरण को जरूरी-गैरजरूरी या ऊल-जलूल चीजों के चित्रण से भरने की शैली; **~-stuff** *n.* रसोई के लिए सब्जी व अन्य खाद्य पदार्थ; **~-tested** *adj.* वास्तविक अनुभव में आंका हुआ; **~ware** /किचनवेअः/ *n.* खाना बनाने यानी रसोई के बर्तन;
***collocations:* ~ cabinet** गुप्त सलाहकार; **~ garden** घर का छोटा-सा बगीचा, शाक वाटिका; **~ knife** रसोइया चाकू; **~ paper** (*also* **kitchen**);**~ police** *sl.* विद्यमान रसोई कर्मियों की मदद करके रसोईघर व भोजनालय को सेना के जवानों द्वारा फिर से अपने पांव पर खड़ा क.; **~ porter** रेस्त्रां, होटल आदि स्थानों पर बर्तन धोने जैसे छिटपुट काम करने वाला कर्मी; **~ sink (drama)** दिन-प्रतिदिन की उबाऊ घटनाओं से भरा नाटक या अन्य रचना; **~ tea** दुल्हन के सम्मान में शादी से पहले का भोज जिसमें उसे रसोई का सामान भेंट में दिया जाता है; **~-train** खाने का सामान ढोने वाली रेलगाड़ी; **~ truck** मोटर-गाड़ी में बना रसोईघर; **~ unit** रसोई में लगाए जाने वाली अल्मारियों का सेट;
hell's ~ बदनाम क्षेत्र; **the French/ German** ~ फ्रांसीसी या जर्मन पाक शैली; **thieves'** ~ चोरों का अड्डा;
***p&i:* everything but the ~ sink** ऊल-जलूल चीजें

kite /काइट/ *n.* 1 पतंग, कनकौआ, गुड्डी 2 चील 3 (*also* **box-kite**) एक जटिल पतंगनुमा उड़ने वाला उपकरण जिसमें रिकॉर्डिंग यंत्र या आदमी समा सकते हैं 4 *naut.* ऊंचा हल्का पाल 5 *sl.* विमान 6 (a person) गीध, ठग, धोखेबाज 7 हुंडी, निभाव (in business);
***v., pt.* ~d,** *pp* **kiting** 1 खाते में पैसे न होते हुए भी चेक काटकर दे. 2 पतंग की तरह ऊपर चढ़ना;
***dw/lw:* ~-flying** *n.* 1 पतंगबाजी, गुड्डी उड़ाने का कार्य 2 हवाबाजी., अटकलबाजी;
***collocations:* ~ balloon** वातावरण के दबाव आदि को मापने के लिए मौसमी गुब्बारा; **~ flying** थाह लेने या जनता की राय जानने की क्रिया; **~ mark** पतंग जैसा ब्रितानवी मानक चिह्न;
blackwing ~ कपासी; **brahmini** ~ ब्राह्मणी/ धोबिया चील;
***p&i:* fly a ~** 1 पतंग उड़ाना 2 *finance* घरों के जाली कागजात बनाने का धंधा क. 3 जनमत जानने के लिए जान-बूझकर अफवाह या कोई सुझाव फैलाना; **Go fly a ~!** चले जाओ! **higher than a** ~ अद्भुत शक्ति के साथ धराशायी क.;

KITES *abbr.* 'Katha Information Technology and E-Commerce School' की प्रथमाक्षरी

kith /किथ/ *n.* मित्रगण, स्वजन;
***p&i:* ~ and kin** दोस्त व सगे-संबंधी

kitish /काइटिश/ *adj.* खूंखार, लालची, लोभी

kitsch /किच/ *n.* 1 अति भावुक, दिखावापूर्ण व फूहड़ कला, निर्माण-शिल्प, चलचित्र-निर्माण, साहित्य आदि 2 भोंडी रचना

kitten /किटन/ *n.* 1 बिलौटा, बिल्ली का बच्चा 2 खरगोश आदि जीवों का बच्चा;
v., pt. **~ed,** *pp* **~ing** बिल्ली आदि का ब्याना
adj. बिलौटा जैसा, चुलबुली, नटखट;
***dw/lw:* ~ish** *adj.* 1 चिलबिल्ला 2 नखरेबाज, नटखट 3 फुर्तीला, चंचल 4 चुलबुली (स्त्री), चुलबुली होने का ढोंग करने वाली;
***p&i:* have ~s** बहुत परेशान और चिंतित हो.

kitty /किट्टि/ *n., pl.* **kitties** जमा किया हुआ साझा धन;
***collocations:* ~ party** औरतों द्वारा ताश खेलने के लिए अपने जमा साझे धन से की जाने वाली किट्टी पार्टी; **frisky** ~ चुलबुली बिलौटी

kiwi /किवी/ *n.* 1 न्यूजीलैंड के वनों में पाया जाने वाला एक पक्षी 2 न्यूजीलैंड वासी;
***collocations:* ~ fruit** काले बीजों और भूरी रोएंदार छाल वाला फल

kj *abbr.* 'kilojoule/s' का संक्षेप

KKK *abbr.* 'Ku Klux Klan' की प्रथमाक्षरी (अश्वेतों का त्रासक)

KKNPP *abbr.* 'Kudankulam Nuclear Power Project' की प्रथमाक्षरी

kl *abbr.* 'kilolitre' का संक्षेप

klaxon /क्लैक्सन/ *n.* ऐंबुलैंस या अग्निशमन सेवाओं की गाड़ियों पर लगा भोंपू या झिलमिलाती बत्ती

kleptomania /क्लेप्टअमेनिआ/ *n.* बेकार या अनावश्यक वस्तुओं की चोरी करने की (बुरी) आदत, चौर्योन्माद;
***dw/lw:* ~c** /क्लेप्टअमेनिऐक/ *n.* जिसे अनावश्यक वस्तुओं की चोरी करने की आदत पड़ी हो, चौर्योन्मादी

Klieg/ klieg light फोटो स्टुडियो आदि में प्रयोग होने वाला बहुत तेज प्रकाश

klip /क्लिप/ *n.* हीरे-जवाहरात

KLM *abbr.* 'Koninklijke Luchtvaart Maatschappij (Royal Dutch Airlines)' की प्रथमाक्षरी

Klondike/ Klondyke /क्लौंदाइक/ *n.* धन का एक अथाह स्रोत

kloof /क्लूफ/ *n.* पहाड़ी घाटी का दर्रा

klutz /क्लूट्ज/ *n.* फूहड़ आदमी, मिट्टी का माधो

klystron /क्लाइस्ट्रन/ कलिस्ट्रॉन/ *n., elect.* काली की हुई इलैक्ट्रोनी ट्यूब जो माक्रोवेव पैदा करने या तेज करने में प्रयुक्त होती है

KM *abbr.* 'Knowledge Management' की प्रथमाक्षरी

km *abbr.* 'kilometre/ kilometer' का छोटा रूप

KMCL *abbr.* 'Kinetic Motor Company Limited' की प्रथमाक्षरी

km/h *abbr.* 'kilometres per hour' की प्रथमाक्षरी

KN *abbr.* 'Knowledge Networks' की प्रथमाक्षरी

kn *abbr.* 'knot' का संक्षेप

knack /नैक/ *n.* 1 करने का हुनर, दक्षता, कौशल: a ~ of/ for doing sth; a ~ at handling tools 2 ढब, ढंग: one's own ~ in doing sth 3 युक्ति, चाल: by a peculiar ~; an uncanny ~ (रहस्यमय कौशल) 4 सहज आदत या रुझान;
***dw/lw:* ~y** /नैकि/ *adj.* हुनरमंद, दक्ष, कुशल, प्रवीण

knacker /नैकः/ *n.* 1 बूढ़े घोड़ों का खरीदार 2 पुराना घर, पुराने जहाजों आदि का खरीददार;
***v., pt.* ~ed,** *pp* **~ing** 1 (*syn.* exhaust) थककर चूर करना 2

किसी को घायल क..;
dw/lw: **~ed** /नैकःड/ *adj.* थका-मांदा, थककर चूर; **~y** /नैकरि/ *n.* घोड़ों का बूचड़खाना;
collocations: **~'s yard** 1 (*also* **the knackers**) घोड़ों का बूचड़खाना 2 विनाश, अंत 3 कबाड़ का ढेर

knackwurst/ knockwurst /नैकवःस्ट/ नौकवःस्ट/ *n., Ger.* खूब अच्छी तरह सीजन (season) की हुई (धुएं में पकाई हुई) सॉसेज की एक किस्म

knag /नैग/ *n.* 1 पेड़ की गांठ 2 खूंटी 3 कूटक;
dw/lw: **~gy** /नैगि/ *n, degr.* knaggier, knaggiest 1 गांठदार 2 विषम, खुरदरा, रूक्ष

knap /नैप/ *n.* 1 शिखर, टीला, छोटी पहाड़ी 2 *colloq.* तेज प्रहार 3 खटखटाहट

knapper /नैपः/ *n., colloq.* सिर, दिमाग

knapsack /नैप्सैक/ *n.* 1 पीठ पर टांगने वाला थैला 2 पैदल यात्री का पीठ-थैला 3 वायरलेस सैट का थैला: ~ set;

knar /नाः/ *n.* पेड़ की गांठ;
dw/lw: **~red**/नाःड/ *adj.* गांठदार

knave /नेव/ *n.* 1 धोखेबाज: cowardly ~ 2 दुर्जन, धूर्त 3 बदमाश, पाजी: base/ shrewd/ arrant ~ 4 (ताश के खेल में, ***syn.*** jack) गुलाम, गुल्ला;
dw/lw: **~ry** /नेवरि/ *n.* 1 शठता, धूर्तता 2 दुर्जनता, बदमाशी 3 बेईमानी 4 धोखेबाजी, पाजीपन;
dw/lw: **knavish** /नेविश\/ *adj.* 1 पाजी: it is downright ~ 2 धूर्ततापूर्ण: ~ tricks; ~ lad 3 ठगों-सा: a ~ piece of work; **knavishly** /~लि/ *adv.* 1 बेईमानी से 2 छल से 3 ठगी से; **knavishness** /~नेस/ *n.* बदमाशी, बेईमानी, धोखेबाजी, पाजीपन
p&i: **a ~ in grain** मंजा हुआ बदमाश, परले दर्जे का पाजी; **a ~ of hearts** औरतों को फंसाने वाला; **play the ~** धोखा क., ठगना; **confess ~** ठगी मानना

KNC *abbr.* 'Kamala Nehru College (DU)' की प्रथमाक्षरी

knead /नीड/ *v., pt.* **~ed**, *pp* **~ing** 1 गूंधना, सानना, मांड़ना 2 मालिश क., मलना;
dw/lw: **~er** *n.* 1 गूंधने वाला2 मालिश करने वाला;
collocations: **~ing-machine** आटा गूंधने वाली मशीन; **~ing-trough** आटा गूंधने का बर्तन

knee /नी/ *n., pl.* **~s** 1 घुटना, जानु: feeble **~s**; up to one's **~s**; Shaktiman's leg was amputated at the ~ 2 जानु संधि, घुटने के चारों ओर का क्षेत्र 3 पैंट का घुटना 4 (***syn.*** lap) गोदी: sit on Nana's ~ 5 घुटनों को ढकने वाली पोशाक: the ~s of a pair of trousers; sagging **~s** 6 घुटने जैसी कोई चीज;
v., *pt.* **~d**, *pp* **kneeing** 1 घुटने से मारना या धकेलना: ~ sb in the groin; ~ to no man 2 पैंट को घुटनों पर थैलानुमा, झोलदार या ढीला-ढाला बनाना;
dw/lw: **knee-action-suspension** *n.* कार आदि में सभी पहियों की स्वतंत्र सस्पेंशन; **~-boot** *n.* घुटनों तक आने वाले ऊंचे जूते; **~-breeches** *n., [pl.]* घुटन्ना; **~-brush** *n.* बुरुश; **~-cap/ ~-pan** *n.* (***syn.*** patella) चपनी, जानु फलक, चक्की, खुरिया; **~-crooking** *adj.* घुटनेटेक, चापलूस, जीहजूरिया, ठकुरसुहाती करने वाला; **~d** *adj.* घुटनेदार; **~-deep** *adj.* घुटनों तक गहरा; **~-high** *adj.* घुटने तक, घुटनों तक ऊंचा: ~-high to a duck/ grasshopper, mosquito (ठिगना-सा, छोटा-सा); **~hole** *n.* डेस्क के नीचे घुटनों के लिए स्थान; **~-jerk** /नी-जःक/ *adj.* हड़बड़ाहट में ठोकर मारकर किया जाने वाला, घबराकर या झल्लाकर किया जाने वाला: a ~-jerk reaction/ response, etc.; **~-joint** *n.* घुटनों का जोड़; **~-length** *adj.* घुटनों तक की लंबाई का; **~pad** *n.* घुटनों को चोट से बचाने के लिए पहनी जाने वाली गद्दी; **~-pan** *n.* = **knee-cap** (*see above*); **~-reflex** *n.* = **~-jerk**; **~stand** *n. sports* घुटनों पर खड़े होने की क्रिया; **~s-up** *n.* धुआंधार पार्टी, मौज-मस्ती; **~-trembler** *n.* संभोग; **~-tribute** *n.* घुटनों के बल झुककर किया जाने वाला (दंडवत) प्रणाम;
p&i: **at one's mother's ~s** किसी को बुरी तरह हराना या नष्ट क.; **be ~-deep in sth** किसी काम या समस्या में खूब फंसा हो.; **beseech on one's ~s** घुटनों के बल पड़कर अनुनय-विनय क.; **bend/ bow the ~/ bend the ~ to sb** घुटनों के बल बैठकर किसी की चिरौरी क.; **bring sb to their ~s** किसी के घुटने टिकवाना, किसी को धूल चटवाना; **bring sth to its ~s** किसी संगठन को नष्ट क.; **fall on to sb's ~s** किसी के पांव पड़ना, किसी के सामने घुटने टेकना; **go/ fall/ drop on one's ~s** घुटने टेकना; **go (down) on one's ~s to sb** किसी के सामने घुटनों के बल पसरना; **go weak at the ~** भावुकता में डूब जा.; **learn sth at one's mother's ~** बचपन में मां के चरण कदमों में सीखना; **on the ~s of the gods** भगवान ही जानता है; **offer/ give a ~ to sb** मदद क.; **sit ~ by ~** साथ-साथ सटकर बैठना;

kneel /नील/ *v., pt.* **knelt/ ~ed**, *pp* **~ing** *pt.* (*often* **~ down**) घुटनों के बल झुकना: ~ to/ before/ sb; ~ submissively; ~ in prayer;
dw/lw: **~er** *n.* 1 झुकने वाला 2 गद्दी जिस पर घुटनों के बल झुका जा सके

knell /नेल/ *v., pt.* **knelt/ knelled**, *pt. p.* **knelt/ knelled**, *pp* **~ing** 1 मृत्यु होने पर या अर्थी ले जाने से पहले घंटा बजाकर सूचना दे. 2 किसी बात का अंत होने की घोषणा क.: ~ the downfall of an empire;
n. 1 किसी के मरने पर अथवा उसकी अर्थी ले जाते समय घंटा बजाकर की जाने वाली घोषणा, घंटानाद, मृतक घंटा, घंटास्वन: doleful ~; funeral ~ 2 अंत की घोषणा: ring the ~ for the old era/order;
p&i: **sound/ ring the death ~ for/ of sth** किसी बात के अंत की घोषणा क.

Kneesset /क्नेसेट/ *n.* इजराइल की एक-सदनी (uni-cameral) संसद

knew /न्यू/ *pt.,* **'know'** का भूतकालिक स्वरूप

knickerbocker /निकःबौकः/ *n.* 1 न्यु यॉर्क में हॉलैंड वासियों की संतानें: ~ family 2 न्यु यॉर्कवासी;
collocations: **~ glory** आइस्क्रीम का एक बड़ा-सा टुकड़ा (portion) या कप

knickerbockers /निकःबॉकःज/ *n., [pl.],* (*US* **knickers** /निकःज/) थैले जैसी पैंट (निक्कर) जिसके निचले भाग को घुटने के थोड़ा नीचे बांधा जा सकता है;

knickers /निकःज/ *UK* (*US* **panties**) *n. [pl.]* निक्कर, औरतों का जांघिया;
p&i: **get one's ~ in a twist** क्रुद्ध या उत्तेजित हो जा., घबरा जा.

knicknack /निक्नैक/ *n.* (*US* **nick-nack**) 1 छोटी-मोटी सजावटी वस्तु 2 दिखाऊ या लिफाफिया गहना या टूम-छल्ला 3 खिलौना;
dw/lw: **~atory** /निक्नैकअटरि/ *n.* टूम-छल्ला या गहनों के लिए बक्सा; **~ery** /निक्नैकरि/ *n.* नकली या दिखाऊ टूम-छल्ला या आभूषण, खिलौने; **~ish** /निक्नैकिश/ *adj.* 1 बेकार, खोखला 2 निराधार 3 नकली

knife /नाइफ\/ *n. pl.* **knives** 1 चाकू: fruit ~; it cuts like a ~ 2 छुरी, छुरा: the assassin's ~; the surgeon's ~; stick a ~ into sb;
v., pt. **~d**, *pp* **knifing** 1 छुरा मारना या घोंपना 2 काटना 3 धोखा-धड़ी से हराना;
dw/lw: **~-board** *n.* चाकू साफ करने का तख्ता; **~-edge** /~-ऐज/ *n.* 1 चाकू-छुरी की धार, क्षुरधार 2 संकट-बिंदु, संकट-पूर्ण स्थिति; **~-file** *n.* छुरी-रेती; **~-grinder** *n.* सिकलीगर; **knifing** *n.* चाकू से प्रहार, छुरेबाजी; **~-point** *n.*छुरी की नोक; **~-rest** *n.* छुरी-स्टैंड;
collocations: **~ and fork** छुरी-कांटा; **~ block** लकड़ी का छेददार तख्ता जहां चाकू टंगे रहते हैं; **~ pleat** तंग चपटी पट्टी; **~ point** चाकू या छुरी की नोक; **~ switch** खटकेदार चाकू खोलने का स्विच;
p&i: **~ into sth** किसी चीज में चाकू भोंकना; **~ through sth** चाकू से काटकर दो फाड़ क.; **knives are out** चाकू-छुरियां तन

गई हैं, झगड़े ने खतरनाक रूप ले लिया है;
at ~ point चाकू या छुरी की नोक पर; **before one could say ~** तुरंत, एकदम, पलभर में, तत्काल, फौरन; **cut like a ~** चाकू की तरह काटना या घोंपना; **die under the ~** शल्य-क्रिया (operation) के दौरान मर जा.; **get/ one's ~ into sb** किसी को छुरा घोंपना; **go under the ~** शल्य-क्रिया करवाना; **have a horror of the ~** शल्य-क्रिया से बुरी तरह डरना; **have one's ~ in** or **into sb** 1 किसी के विरुद्ध रंजिश पालना 2 किसी के प्रति दुराग्रही हो. या बदले की भावना से ग्रस्त (rancorous) हो.; **look carving knives at sb** किसी को काट खानेवाली नजर से देखना; **make/ wage/ war to the ~** भयंकर युद्ध क.; **on a ~-edge** अत्यधिक तनाव की स्थिति में; **play a good ~ and fork** खूब खाना; **twist the ~ (in the wound)** किसी के कटे पर नमक छिड़ना, दुखी मन को और दुखाना; **under the ~** शल्य-कर्म (ऑप्रेशन) करवाना

knight /नाइट/ *n.* 1 शूरवीर, सूरमा: ~ of the pen (कलम का शूरवीर) 2 ब्रिटेन में जिसे सम्राट या सम्राज्ञी द्वारा 'नाइट' या 'सर' की उपाधि दी गई हो 3 (शतरंज में) घोड़ा;
v., pt. **~ed**, *pp* **~ing** शूरवीरता या शौर्य की उपाधि दे.;
dw/lw: **~age** *n.* सामंत-वर्ग, सामंत समुदाय; **~hood** /नाइटहुड/ *n.* 'Sir' की उपाधि, शूरवीर की उपाधि; **~ly** /नाइटलि/ *adj.* 1 शूरवीर से संबंधित: ~ly order 2 (***syn.*** chivalrous) शूरवीर के उपयुक्त या उसके विचार में शोभनीय 3 शूरवीरोचित: ~ly actions;
collocations: **~ bachelor** सूरमाओं की एक विशेष प्रकार, आयु में सबसे बड़ा पर पदवी में सबसे नीचे का शूरवीर; **~ commander** वरिष्ठ शूरवीर कमांडर; **~ errant** घुमंतू शूरवीर, भ्रमणशील शूरवीर, जो शौर्यपूर्ण कारनामों की तलाश में भ्रमण करता हो; **~ in shining armour** दिलेर शूरवीर; **~ of fortune** धन का दुस्साहसी शूरवीर; **~ of industry** चोर-उच्चका; **~ of rainbow** वर्दीधारी चपरासी; **~ of St. Crispin** मोची, जूते बनाने वाला; **~ of the brush/ of the cue/ of the green cloth/ of the napkin/ of the cleaver/ of the needle** चित्रकार/ ताश का खिलाड़ी/ रेस्त्रां का बेरा/ सुई धागे आदि का माहिर; **~ of the pen** लेखक; **~ of the pestle** औषध निर्माता; **~ of the post** पेशेवर गवाह, ठग, छलिया; **~ of the road** 1 बटमार, राहजन, सड़क लुटेरा 2 वाणिज्य यात्री 3 ट्रक ड्राइवर 4 आवारागर्द; **Knight of the Rueful Countenance** मनहूस छवि का शूरवीर (दोन किखोते/ Don Quixote/); **~ of the shears** दर्जी; **~ of the stick** संगीतज्ञ, संगीत निर्देशक; **~ without Fear and without Reproach** निर्भय एवं निष्कलंक शूरवीर; **Knights of Labour** *US* श्रम-शूरवीर; **~ of the whip** कोचवान;
valiant ~ दिलेर शूरवीर;
p&i: **be ~ed** शूरवीर की पदवी पाना

knish /निश/ *n.* एक तरह की भरवां रोटी या कचौरी (यहूदी व्यंजन)

knit /निट/ *v., pt.* **knit/ ~ted**, *pt. p.* **knit/ ~ted**, *pp* **~ting** 1 बुनना: ~ in the blue wool with the green 2 स्वेटर आदि बुनना: ~ stocking out of wool 3 दो या अधिक चीजों या व्यक्तियों को जोड़ना, एक क., एकत्रित क.: ~ together in bonds of affection; they are ~ together by common interests; **~ting** all his strength, he got one hand free 4 (***syn.*** frown) भौंहें चढ़ाना: ~ one's brows together 5 *poetic* दो या अधिक बातों या पात्रों को एक-दूसरे के साथ मिलाना 6 (***syn.*** mend) हड्डियों आदि का फिर से जुड़ना: in old age bones do not easily ~ correctly;
adj. संयुक्त शब्दों में: close-~family (एकता के सूत्र में बद्ध घनिष्ठ परिवार);
n. बुनाई से बनी पोशाक: cotton-**knits** for summer;
dw/lw: **~ter** /निटः/ *n.* 1 बुनाई का काम करने वाला, बुनाई करने वाला 2 बुनाई करने की मशीन, बुनाई-मशीन; **~ting** /निटिंग/ *n.* बुनाई, बुनने की क्रिया, बुनने वाली; **~ting machine** बुनाई की मशीन; **~ting needle** बुनाई करने की सलाई; **~wear** /निटविअः/ *n.* बुना हुआ कपड़ा;
p&i: **~ in** में मिलाना, मिश्रित क.; **~ one's brows** त्योरियां चढ़ाना, भौंहें सिकोड़ना; **~ up** को मिलाकर बुनना; **~ up a knot** गांठ या पेंच बुनना;
the cement is well ~ted सिमेंट अच्छी तरह जम गया है; **stick to one's ~ting** अपने काम-काज को अधिक ध्यान दे.

knob /नौब/ *US* नाःब/ *n.* 1 गोलाकार हत्था, दस्ता, मूठ: this ~ doesn't work 2 यांत्रिक (mechanical) व विद्युत उपकरणों में गोलाकार बटन 3 गुमटा, गुलमा, घुंडी 4 डळा (*Hr.,* मिट्टी का ढेला) 5 टीला 6 *sl.* पुरुष का गुप्तांग 7 मूढ़ आदमी;
dw/lw: **~by** /नौबि/ *adj.* गुमटेदार; **~ble** /नौबल/ *n.* छोटा-सा मूठ, गुमटी, डळा (*Hr.*), ढेला; **~bly** /नौबलि/ *adj.* हत्थेदार, मूठ वाली या मूठ वाला; **~kerrie** *adj.* मूठदार या गांठदार लाठी, छड़ी या बेंत;
collocations: **~ handle** लट्ठदार मूठ; **~ stick** गांठदार लाठी;
a ~ of butter मक्खन की गोली; **with ~s on** 1 और क्या? बहुत अच्छी तरह 2 ईंट का जवाब पत्थर से

knock /नौक/ *US* नाःब/ *v., pt.* **~ed**, *pp* **~ing** 1 (***syn.*** rap) ठकठकाना, खटखटाना, खड़खड़ाना: ~ at/ on the door/ the window 2 मारकर गिराना, प्रहार क.: his cool impudence **~ed** me completely 3 आलोचना क. 4 टक्कर खाना या लगना: ~ one's foot against/ on a stone 5 जोर से बजना, दिल आदि का धड़कना: her heart **~ed** wildly 6 ठोकना: ~ a nail into the wall 7 चोट मारकर तोड़ना: ~ a door down to enter the room 8 दीवार आदि में छेद बनाना: ~ a hole in the wall 9 *sl.* संभोग क.;
n. 1 खटखट, ठकठक, ठकठकाहट, खटखटाहट: timid/ imperative/ resounding ~; give a ~ 2 प्रहार, आघात: hard/ thundering ~ 3 धक्का देकर ऊपर चढ़ाने की क्रिया 4 व्यक्तिगत दुर्भाग्य, आघात, विपदा, धक्का 5 इंजन आदि में आंतरिक ज्वलन से होने वाला धमाका 6 आलोचना;
dw/lw: **~about** *n.* 1 (***syn.*** slapstick) एक जीवंत प्रहसन: ~about performance 2 घुड़सवारी का जबरदस्त प्रदर्शन 3 इस तरह का प्रदर्शन करने वाला 4 अतिरिक्त (extra) कलाकार या कर्मी 5 घुमक्कड़ आदमी; **~back** *n.* 1 (आर्थिक आदि) धक्का, झटका 2 निराकरण, तिरस्कार, इन्कार, दुत्कार 3 जेल से पैरोल पर छोड़ने से इन्कार; **~down** *adj., colloq.* 1 (rock-bottom) सस्ता, कम कीमत का: ~down prices 2 आसानी से भागों में अलग हो जाने वाला (फर्नीचर आदि) 3 सशक्त, जोरदार: ~down punch/ arguments; **~down** *n.* धराशायी होने की क्रिया, हार; **~down-drag-out** *adj.* उग्र, प्रचंड (झगड़ा); **~er** /नौकः/ *US* नाःकः/ *n.* 1 **(door ~ers)** ठकठक करने के लिए दरवाजे पर टंगी धातु की वस्तु, कड़ा, कुंडा 2 ठकठकाने वाला व्यक्ति 3 बिन बुलाए घर-घर जाकर छोटी-मोटी चीजें खरीदने वाला आदमी 4 *colloq.* आलोचक 5 **(~ers)** *sl.* औरत की छाती (breasts) के लिए अपमानजनक शब्द; **~er-up** *n.* कारखाने के हुक्म से सवेरे-सवेरे मजदूरों को उठाने वाला व्यक्ति; **~ing** *see below under separate entry*; **~-knee** *v., pt.* ~-kneed, *pp* ~-kneeing चलते समय घुटनों का रगड़ना या टकराना; **~-kneed** /नौक-नीड/ *US* नाःकः-नीड) *adj.* बांडा (*Hr.*), जिसके चलते समय घुटने रगड़ते या टकराते हों; **~-knees** /नौक-नीज/ *US* नाःकः-नीज/ *n., [pl.]* अंदर की ओर मुड़े घुटने, X-नुमा यानी बांडी टांगें; **~-me-down** *adj.* 1 विध्वंसक, विनाशकारी 2 मुंहतोड़ 3 शोर-शराबे वाला; **~-on** /नौक-ऑन/ *US* नाःकःऑन/ *adj.* के परिणामस्वरूप एक के बाद एक होने वाला: a ~-on effect; **~out** /नौकाउट/ *US* नाःकाउट/ *n.* 1 मुक्केबाजी में एक मुक्केबाज द्वारा दूसरे को घूंसा मारकर धराशायी करने की क्रिया 2 हार 3 अत्यंत आकर्षक या सुंदर व्यक्ति या वस्तु 5 सनसनीखेज सफलता; **~out** *adj.* 1 मुक्केबाज को धराशायी करने वाला प्रहार: ~-out blow 2 हारने वाली टीम को बाहर करने वाला: ~-out competitions; **~up** *n.* खेल के मुकाबले से पहले थोड़ा-सा अभ्यास; **~wurst** *n.* खूब अच्छी तरह सीजन की हुई सॉसेज की एक किस्म;

collocations: **~-for-~ agreement** or **policy** दो बीमा कंपनियों के बीच समझौता जिसके अनुसार वे दो कारों की टक्कर होने की स्थिति में दोनों कारों के मालिकों को नुकसान की भरपाई करते हैं; **~out drops** किसी को बेहोश करने के लिए पेय में मिलाई जाने वाली दवाई; **~-out tournament** निर्णायक (हारने वाली टीम को बाहर करने वाली) प्रतियोगिता;

p&i: **~ about** or **around** 1 मारा-मारा फिरना, आवारा की तरह घूमना 2 बेकार मक्खियां मारना 3 दूर-दूर तक की जाने वाली यात्रा के दौरान तरह-तरह के अनुभव प्राप्त के.; **~ about with sb** किसी के साथ उठना-बैठना; **~ against** अचानक मिल जा., टकरा जा.; **~ a hole into** ठोक-ठाककर किसी चीज में छेद बनाना; **~ all of a heap/ ~ cold/ ~ for six** हैरान कर दे., बुरी तरह स्तंभित कर दे., चकरा दे.; **~ around/ about with sb together** किसी के साथ बहुत समय बिताना; **~ at an open door** व्यर्थ प्रयास क.; **~ down** मारकर गिरा दे.; **~ down and drag out** भयंकर बहस, झगड़ा या लड़ाई; **~ home** किसी के भेजे में डालना, दिमाग में बिठाना; **~ into sb** अचानक मिल जा.; **~ into sb** or **sth** किसी से या किसी चीज से टकरा जा.; **Knock it off!** बंद करो!; **~ off** 1 दिन भर के काम को बंद करके जा. 2 शब्द आदि काट देना 3 दाम आदि कम क.; **~ on** फुटबाल आदि में फारवर्ड को हाथ से धक्का देकर फाउल (foul) क.; **~ on wood** = touch wood खुदा खैर करे!; **~ one off the perch** किसी अतिशय आत्म-विश्वास तोड़ना; **~ one's head against a brick wall** दीवार पर मारकर सिर फोड़ने का बेकार प्रयास क.; **~ on the head** काम तमाम कर दे.; **~ sb about** or **around** किसी को बुरी तरह पीटना, किसी से दुर्व्यवहार क.; **~ sb back** 1 किसी के लिए महंगा पड़ना या उसे कोई कीमत चुकानी पड़ना 2 किसी को आश्चर्यचकित, दुखी या निराश कर दे. 3 किसी को कुछ हासिल करने से रोकना; **~ sb dead** किसी को अत्यधिक प्रभावित कर दे.; **~ sb down** *UK* किसी को गाड़ी से कुचलकर मार डालना; **~ sb down from sth (to sth)** किसी को कीमत करने के लिए मनाना; **~ sb down with a feather** की बाजी या मुकाबला आसानी से जीत लेना; **~ sb for a goal/ loop** किसी को धराशायी कर दे.; **~ sb for six** किसी को गहरा धक्का लगाना या उसे बहुत प्रभावित क.; **~ sb into a cocked hat** मार-मारकर हुलिया बिगाड़ दे.; **~sb into the middle of next week** 1 किसी पर बहुत बुरा प्रहार क. 2 चौंका दे.; **~ sb off** 1 किसी को मार डालना 2 किसी से संभोग क.; **~ sb off their pedestal/ perch** किसी को उसकी नेकनामी खोने पर विवश कर दे.; **~ sb off his pins** किसी को स्तंभित क.; **~ sb** or **sth into shape** पीट-पीटकर किसी को या किसी चीज को ठीक कर दे.; **~ sb** or **sth over** अनजाने में टकरा जा.; **~sb out** 1 किसी को मारकर बेहोश क. 2 मुक्केबाज को पछाड़ दे., मारकर धराशायी कर दे. 3 किसी को हराकर मुकाबले से बाहर क.; **~ sb's head/ block off** किसी को पीट डालने की धमकी दे.; **~ oneself out** अपने आप को थकाकर चूर कर लेना; **~ sb senseless** किसी को प्रहार से बेहोश कर दे.; **~ sb's head off** 1 आसानी से किसी से आगे निकल जा. 2 क्रुद्ध होकर किसी को पीटना; **~ sb sideways** 1 किसी को अकस्मात् बहुत बड़ा झटका देकर उसकी सिट्टी-पिट्टी गुल कर दे. 2 किसी को पूरी तरह धराशायी क.; **~ sb up** 1 खटखटाकर जगाना 2 थकाकर चूर कर दे. 3 *sl.* गर्भवती कर दे.; **~ spots off sb** or **sth** किसी या किसी चीज से कहीं बेहतर हो.; **~sth back** *UK* शराब के जाम को झट से गटकना, खाने को जल्दी से चट कर जा.; **~ sth down** 1 मकान आदि को गिराना 2 कीमतें कम क.; **~ sth down to sb** किसी को कोई माल नीलामी में बेचना; **~ sth into sb** किसी को जबरदस्ती कुछ सिखाना या उसके भेजे में कुछ घुसेड़ना; **~sth off (sth)** 1 दाम कुछ कम क. 2 जल्दी-जल्दी पैदा क. या प्रकाशित क. 3 किसी का कुछ चुरा लेना 4 किसी पाठ की कॉपी करके अवैध तरीके से बांटना; **~ sth on the head** 1 किसी बात को होने से रोक दे. 2 किसी चीज या बात को निर्णायक ढंग से निपटा दे.; **~ sth out** 1 प्रहार करके बाहर कर दे. 2 नुकसान पहुंचाकर निरस्त कर दे.; **~ sth together** जल्दी-जल्दी ठोक-पीटकर बना लेना; **~ sth up** 1 जल्दी-जल्दी बनाना 2 (क्रिकेट में) काफी रन बनाना; **~ the bottom out of sth** किसी को बुरी तरह झटक दे., गिरा दे.; **~ the hell out of sb** or **sth** किसी की कसकर पिटाई क., किसी वस्तु को जोर की ठोकर मारना; **~ their heads together!** इन्हें होश में लाओ!; **~ / beat the (living)/ daylights out of sb** डराकर किसी की सिट्टी-पिट्टी गायब करवा दे.; **~ the stuffing of sb** पीट-पीटकर किसी का कुचूंबर निकाल दे.; **~ together** जोड़ना, अलग-अलग पुर्जों को मिलाकर पूरा यंत्र तैयार क.; **~ under** के सामने घुटने टेक दे., के सामने झुक जा.: ~ under one's fate; **~ under board** पीकर धुत्त हो जा.; **~ up** मुकाबले से पहले प्रतिद्वंद्वी के साथ अभ्यास मुकाबला खेलना; **~ your heads together** झगड़े या मतभेद भूलकर एक हो जा.;

a sharp ~ जोर-जोर से की जाने वाली खटखटाहट; **face the ~** घर-घर जाकर भीख मांगना; **get the ~** 1 श्रोताओं या दर्शकों द्वारा अच्छी प्रतिक्रिया न मिलना 2 नौकरी से निकाल दिया जा.; **take a ~** भावनात्मक या आर्थिक ठेस पहुंचना; **take the ~** बर्बाद हो जा., दिवालिया पिटवाना; **you might have ~ed me down with a feather** मैं इतना हैरान हूं कि मेरे होशो-हवास उड़ गए!

on the ~er 1 एक के बाद दूसरा घर (बनाना) 2 उधार पर; **up to the ~er** बढ़िया हालत में, अच्छी सेहत में, भला-चंगा, तरो-ताजा;

knocking /नौकिंग/ *US* नाःकिंग/ *n.* 1 दरवाजे पर खटखट, ठक-ठक, ठकठकाहट 2 खटखट की आवाज 3 विस्फोटन 4 जलधारा का झटका 5 बिन बुलाए घर-घर जाकर छोटी-मोटी चीजें खरीदने-बेचने का काम; ***collocations:*** **~ copy** दूसरों के माल को बदनाम करने वाला इश्तिहार या प्रकाशन सामग्री; **~ shop** वेश्यालय;

p&i: **~ on** जवान होना; **~ for** की उम्र के आसपास हो.: ~ for 50

knoll /नोल/ *n.* 1 टीला, टेकरी 2 (***syn.*** mound) गोल व घसीली छोटी-सी पहाड़ी 3 घंटी की आवाज

knop /नोप/ *n.* 1 (***syn.*** knob) घुंडी, बटन 2 *arch.* गोल सजावटी छज्जा

knot /नौट/ *US* नाःट/ *n.* 1 पौधे में जोड़ या गांठ, ग्रंथि 2 सलकड़ी में गांठ का निशान 3 रस्सी, टाई (tie) आदि की गांठ: make/ tie a ~ in a rope 4 (***syn.*** bond) बंधन 5 उलझन, गांठ, जटिल समस्या 6 वायु, जहाजों व विमानों की गति मापक इकाई, जो एक समुद्री मील (*abbr.* **kn**) के बराबर है 7 *loosely* एक समुद्री मील 8 लोगों का छोटा-सा हुजूम, समूह 9 पेट में मरोड़ या ऐंठन 10 बालों में घूंघर, घुंघराला छल्ला 11 जटिलता, पेचीदगी;

v., pt. **~ted**, *pp* **~ting** 1 गांठ बांधना, गांठ लगाना, गांठ पड़ना: tie ~s in pieces of string, rope, etc. 2 बांधना 3 गांठ में बांधकर उलझाना, फंसाना 4 सिकोड़ना 5 पेट में गांठ पड़ना, ऐंठना;

dw/lw: **~grass/ ~weed** *n.* चिमटी घास; **~hole** *n.* गांठ निकल जाने से लकड़ी में होने वाला छेद, गठ छेद; **~less** *adj.* बिना गांठ का; **~ted** *adj.* 1 गंठीला, गांठों से भरा 2 उलझन या जंजाल में फंसा हुआ 3 जटिल, पेचीदा; **~ty** /नौटि/ *US* नाःटि/ *adj.* 1 गांठो वाला, गांठदार, ग्रंथिल 2 पेचीदा, जटिल: ~ty question/ problem 3 (***syn.*** thorny) उलझन भरा 4 उलझा हुआ;

collocations: **~ garden** फूलों की क्यारियों की जटिल आकृतियों (patterns) से बना बाग; **granny's ~** अस्त-व्यस्त ढंग से किया जाने वाला काम; **true-love ~** वफादारी की द्योतक गांठ; **~ty problem** जटिल समस्या;

p&i: **at a rate of (@) ~s** इतने समुद्री मील प्रति (घंटा) आदि; **cut the Gordian ~** गोर्डिआस (Gordias) की न खुलने वाली गांठ का सिकंदर महान द्वारा तलवार के वार से काटा जाना यानी किसी भयंकर रूप से जटिल समस्या का हल निकाला जा.; **tie oneself in ~s** अपने को भयंकर उलझन में फंसा लेना; **tie the ~** विवाह सूत्र में बंधना;

knout /नाउट/ *n.* चमड़े का कोड़ा जिसे अपराधियों गरीब किसानों को पीटने के लिए (*Russian* **кнут** /क्नूत/) प्रयोग किया जाता था; *v., pt.* **~ed**, *pp* **~ing** कोड़े लगाना

know /नो/ *v., pt.* **knew**, *pt. p.* **known**, *pp* **~ing** 1 जानना, का ज्ञान हो.: ~ sb's peculiarities, habits, character; ~ oneself; ~ sth thoroughly/ superficially/ insufficiently

2 जानना-पहचानना, अंतर जानना, पहचान ले.: ~ sb by his voice/ by his walk; ~ what's what; ~ a friend from a foe (दोस्त और दुश्मन में अंतर समझना) 3 किसी काम को करने की तरकीब या विधि आना 4 समझना: ~ better than that/ ~ better than do sth (कुछ करने की समझ हो.) 5 का पता हो: ~ one's faults 6 से परिचित हो., मालूम हो. 7 का अनुभव हो. या अनुभव से जानना: ~ poverty/ sorrow (गरीबी और दुःख-दर्द का अनुभव हो. 8 का ज्ञान हो., में दक्ष हो.: ~ a foreign language; ~ a thing or two (थोड़ा-बहुत जानना) 9 जान-पहचान हो., परिचय हो.: ~ sb intimately/ officially 10 अहसास हो.: when I met her I knew I was in the wrong 11 का विश्वास हो.: I don't ~ if shall come to the meeting 12 बदनामी या नेकनामी हो.: be **known** as an honest person 13 के नाम से जाना जा.: Shimla is **known** as the queen of hills 14 देखा-जाना हो., को झेलना: I have **known** Russian winter;

n. 1 ज्ञान 2 जान-पहचान 3 संज्ञान, जानकारी, सूचना;

dw/lw: **~able** /नोअबल/ *adj.* 1 जानने योग्य 2 मिलनसार: ~ble sort of people; **~er** /नोअः/ *n.* जानकार, ज्ञाता; **~-all** *n* सर्वज्ञ, सब कुछ जानने वाला; **~-how** /नोहाउ/ *n.* व्यावहारिक ज्ञान या कौशल, हुनर, कार्य-विधि; **~-it-all** *n.* = **~-all**; **~-nothing** *n* जिसे कुछ मालूम न हो, अज्ञानी, ना-समझ;

p&i: **~ a hawk from a handsaw** चीजों में अंतर को जानना, अच्छे-बुरे की पहचान हो.; **~ all the answers** सभी बातों की जानकारी हो., सब समस्याओं का हल जानना; **~ a man from his company** किसी की संगत देखकर उसे पहचान जाना; **~ a thing or two** कुछ-कुछ जानना.; **~ better than that/ to do sth** बेहतर समझना कि माजरा क्या है; **~ B from bull's foot** किसी आदमी का चलता-पुर्जा यानी चालू हो.; **~ by repute** किसी की देखा-देखी जानना; **~ chalk from cheese/ ~ a friend from a foe** दो चीजों या व्यक्तियों में अंतर समझना; **~ how many beans make five** समझदार हो., बातों की गहराई को समझना; **~ life** घाट-घाट का पानी पिया हो.; **~ no bounds** कोई ठिकाना या हद न हो.; **~ of/ about sth** or **sb** किसी व्यक्ति या चीज के बारे में पता हो., जानना; **~ one from~ one's business** अपने काम-धंधे को भली भांति जानना; **~ one's own mind** अपने मन की बात को बिल्कुल स्पष्ट ढंग से जानना.; **~ one's stuff/ ~ one's onions** अपने कार्य या विषय को भली भांति जानना; **~ one's way around** किसी स्थान या समस्या को अच्छी तरह जानना; **~ sb as** or **for sth** किसी को किसी रूप में या किसी बात की बदौलत जानना; **~ sb as one ~s one's ten fingers** किसी को भली भांति जानना; **~ sb/ sth backwards** किसी को या किसी मामले को पूरी तरह जानना; **~ sb by sight** किसी को शक्ल से जानना या पहचानना; **~ sb through and through** किसी की रग-रग को जा.; **~ sb/ sth inside out = ~ sb/ sth like the back of one's hand** किसी चीज या बात को अच्छी तरह जानना; **~ sth as well as I do** आप भी जानते हैं और मैं भी कि ..., यह जगजाहिर बात है कि ..., यह बात सब को मालूम है कि ...; **~ the ins and outs of sth** किसी चीज, प्रक्रिया, बात या व्यक्ति के अंदर-बाहर के सारे पहलुओं को जानना; **~ the ropes** or **~ the time of day = ~ one's way about** सब-कुछ भली भांति जानना; **~ the world** दुनिया देखी हो.; **~ what is what** सब चीजों की पूरी जानकारी हो., खरे-खोटे की पहचान हो.; **~ what one is talking about** किसी मामले के बारे में अपने अनुभव से जानना; **~ what it is like** किसी चीज को अच्छी तरह जानना; **~ where the shoe pinches** समस्या को झेलने वाले व्यक्ति पता होता है कि दर्द कहां हो रहा है; **~ which side one's bread is buttered on** अपने स्वार्थ को भली भांति जानना; **~ which way the wind blows** स्थिति का अच्छा ज्ञान हो.; **~ what is what** किसी बात या वस्तु को भली भांति जानना; **~ who is what** कौन क्या है या कौन-सी चीज क्या है जानना; **all one ~s** बस इतना जानते हैं कि...; **as far as I ~** जहां तक मुझे मालूम है; **before one ~s where one is** बहुत जल्दी, चुटकी में; **be ~n as sth** के रूप में जाना जा.; **be not in a position to ~** स्वयं की गलती को जानने का कोई तरीका न हो.; **better the devil you ~ than a friend you don't ~ enough** जाना-पहचाना दुश्मन, अनजाने दोस्त से बेहतर होता है; **for all we ~** कैसे पता कि ..., हो सकता है कि ...; **for reasons best ~n to sb** उन कारणों की बदौलत जिन्हें मात्र उक्त व्यक्ति जानता है; **have ~n sth** जिसे किसी चीज का पता हो.; **Heaven/ God/ goodness ~s** 1 राम जाने 2 खुदा गवाह है; **I don't know, how, why, etc.** किसी की आलोचना करने के लिए प्रयुक्त कि वह कैसे और क्यों ऐसा काम कर सकता है; **I ~** मालूम है; **in the ~ of** मालूम रहना, का पता हो.; **I wouldn't know** मुझे पता नहीं; **let sb ~** किसी को किसी मामले के बारे में बता दे.; **let it be ~n/ make it ~n that ...** सब को मालूम होना चाहिए कि ...; **make oneself ~n to sb** किसी को अपना परिचय दे.; **not ~ A from B** कुछ न जानना, महामूर्ख हो.; **not know any better** कोई इसलिए बदतमीज है क्योंकि तमीज उसे सिखाई ही नहीं गई; **not ~ beans about sth** किसी को किसी विषय में कुछ भी पता न हो.; **not ~ one's arse from one's elbow** पूर्णतः जड़बुद्धि हो.; **not ~ sb from Adam** किसी को बिल्कुल न जानना; **not ~ the first thing about sb / sth** किसी या किसी चीज के बारे कुछ पता न हो.; **not ~ what hit you** अपनी मुसीबत के कारणों के बारे में पूर्णतः अनभिज्ञ हो.; **not ~ where to look** इतना झेंप जाना कि मुंह छिपाते न बने; **not ~ where one is coming or going** बुरी तरह सकपकाकर सुध-बुध खो बैठना; **not ~ you are born** इतनी आरामदेह जिंदगी जीना कि आप को पता भी न चले कि जिंदगी कितनी सुख-चैन भरी है; **not to ~ enough to come out of the rain** विपदा से निकलने के काबिल न हो, मूढ़ या मूर्ख हो.; **that's what I would like to ~** यही तो मैं जानना चाहता हूं; **there's no ~ing** कोई नहीं कह सकता कि क्या होगा, पता लगाने का कोई तरीका नहीं; **well, I don't know** क्या पता; **what does one know** क्या पता, कौन क्या कह सकता है!; **who knows** किसी को क्या पता!; **you ~...** 1 आपको मालूम है... 2 बात जारी रखने के लिए प्रयुक्त होता है; **you ~ sth/ what** कोई विचित्र या आश्चर्यजनक बात कहने के लिए प्रयुक्त; **you ~ who/ what** बिना किसी का नाम लिए किसी के बारे कुछ बताने के लिए प्रयुक्त; **you never ~** कुछ पता नहीं, कहा नहीं जा सकता, कह नहीं सकते

knowing /नोइंग/ *adj.* 1 परिचित 2 जानकार 3 चतुर: ~ fellow 4 बुद्धिमान 5 समझदार 6 चौकस, चौकन्ना 7 गुप्त ज्ञानपूर्ण: ~ look;

dw/lw: **~ly** /नोइंग्लि/ *adv.* 1 (***syn.*** deliberately) जान-बूझकर, इरादतन: he would never ~ly injure me 2 चिर-परिचित ढंग से;

p&i: **~ hand at the game** मंजे हुए आदमी का काम है; **be a ~ card** किसी बात का बड़ा जानकार हो.; **beyond sb's ~** किसी की भी समझ से बाहर; **ordinary ~ faculties** सामान्य बौद्धिक योग्यता

knowledge /नौलिज/ *US* नाःलिज/ *n.* 1 ज्ञान: ~ of life/ music/ chemistry/ Russian; earn/ accumulate/ impart ~ 2 पांडित्य, विद्वत्ता 3 परिचय, जानकारी: first-hand ~; have no ~ of sth; direct ~ of conditions; my ~ of Mr. X is very limited 4 चेतना: grow out of sb's ~ 5 समझ 6 शिक्षा: have/ gain/ impart ~ 7 विज्ञान, विशेष ज्ञान, जानकारी: branches of human ~ 8 सूचनाओं का भंडार 9 कौशल, कार्य-निपुणता;

dw/lw: **~ability** /नौलिजिअ\बिलिटि/ *US* नाःलिजिअ\बिलिटि/ *n.* ज्ञान या जानकारी प्राप्त करने की संभावना; **~able** /~बल/ *adj.* 1 ज्ञानी, विद्वान 2 अनुभवी 3 समझदार, बुद्धिमान, मेधावी 4 सुविज्ञ 5 (***syn.*** well-informed) अवगत, जानकार;

collocations: **~ base** ज्ञान का आधार; **~ engineering** *comput.* कृत्रिम बुद्धि की तकनीकों का विशेषज्ञता आधारित प्रणालियों में प्रयोग; **~-based system** (*abbr.* **kbs**) ज्ञान-आधारित प्रणाली;

branch of ~ ज्ञान-विज्ञान की शाखा; **carnal ~** यौन क्रियाओं की जानकारी; **common/ detailed/ first hand/ poor/**

thorough ~ सामान्य/ गहन/ सीधा/ सतही/ बहुआयामी ज्ञान या जानकारी;
p&i: **~ about/ of sth** किसी बात के बारे में जानकारी; **~ is power** ज्ञान शक्ति का स्रोत है;
be a common ~ सर्वविदित बात हो.; **come to sb's** ~ किसी को पता चलना; **grow out of** ~ भुला दिया जा.; **to one's** or **to the best of one's** ~ जितनी कि किसी को जानकारी है; **with/ without sb's** ~ किसी की जानकारी से या बिना किसी की जानकारी के

known /नोन/ *adj. pt. p.,* **'know'** भूतकालिक कृदंत रूप (ज्ञात, मालूम)

knuckle/नकल/ *n.* 1 पोर, उंगली का जोड़ या गांठ: the **~s** (उंगलियों के जोड़ों की हड्डियां) 2 (*also* **hock**) घुटने का जोड़ 3 जानवर की उंगलियों के जोड़ों के निचले भाग से कटे गोश्त के टुकड़े, जानु मांस 4 कोना;
***v.**, pt.* **~d**, *pp* **knuckling** 1 ठुनका या टोला मारना, कोहनी मारना 2 ठकठकाना 3 सलाम क. 4 आत्म-समर्पण क. 4 घुटना या पोर मोड़ना 5 पोर से छूना, पोर से धरती को छूना;
dw/lw: **~-bone** *n.* पोर की हड्डी; **~-duster** *n.* (*also* **brass ~s**) हथियार के रूप में प्रयुक्त किया जाने वाला लोहे का दस्ताना; **~-head** *n.* मूर्ख, बेवकूफ आदमी; **~-headed** *adj.* मूर्ख, बेवकूफ;
collocations: **~ joint** 1 जानु-संधि, उंगली का जोड़ 2 मशीन की चूल वाला (hinged) जोड़; **~ sandwich** *colloq.* मुंह पर किया जाने वाला मुक्के का प्रहार या वार; **~ part of the glove** घूसे का आघातक भाग;
p&i: **~ down** घुटने टेक देना; **~ down to** (*syn.* get down to) किसी काम में दृढ़ निश्चय से जुट जा.; **~ under** 1 झुक जाना, हथियार डाल दे. 2 किसी अन्य का लोहा मानने लगना;
a rap on/ across/ over the ~s किसी को शाबाशी देते हुए थपथपाना; **give a rap on/ over the ~s = rap sb over the ~s** फटकार लगाना; **get a rap on/over the ~s** डांट-डपट खाना; **near the ~** 1 पूरी तरह उपयुक्त नहीं 2 अश्लील होने की कगार पर 3 लगभग अधिकतम महत्त्व की बात;

knur/ knurr/ nur/ nurr/नः/ *n.* 1 पेड़. लकड़ी की गांठ 2 लकड़ी की गेंद या गांठ

knurl/ nurl/ /नःल/ *n.* 1 नाब, घुंडी, बटन 2 गांठ 3 मेंड़, डांड़ 3 बौना आदमी 4 मनका, गोली;
***v.**, pt.* **~ed**, *pp* **~ing** पीसना, दलना

KO *abbr.* 'kick-off/ kick-out/ knockout' की प्रथमाक्षरी

koala (*also* **koala bear**) /कोआला/ *n.* कोआला, एक आस्ट्रेलियायी भालू जैसा जानवर जो पेड़ों पर रहता है और पत्ते खाता है

kobold /कोबौल्ड/ *US* कोबाःल्ड/ *n., Ger. folklore* 1 बौना 2 खानों-खदानों की प्रेतात्मा 3 बेताल

KoPT *abbr.* 'Kolkata Port Trust' की प्रथमाक्षरी

kohl /कोल/ *n.* सुरमा, अंजन

koine /कॉइनी/ *n., pl.* **~s** बोली जो एक बड़े क्षेत्र में बोलचाल की भाषा बन गई हो

kola /कोला/ *n.* कोला = cola nut

kolkhoz /कल्खोस/ (*Russian* **колхóз**) *n., pl.* **~es**/ **~y** सामूहिक या साझा खेत

kook /कूक/ *n. N. Amer., colloq.* मूर्ख या सनकी व्यक्ति;
dw/lw: **~y** /कूकी/ *adj.* मूर्ख, झक्की, तरंगी, सनकी

kopeck /कोपेक/ (*Russian* **копéйка**) *n.* रूसी मुद्रा रूबल का सौवां भाग, कोपेक

Koran /दि कोरान/ *n.* (*also* **Quran**) कुरान, मुसलमानों का पवित्र धर्म ग्रंथ

Korea /कोरिआ/ *adj.* कोरिया;
dw/lw: **Korean** /कोरिअन/ *adj.* कोरिया-संबंधी, कोरिया का; **Korean** *n.* 1 कोरिया का निवासी या नागरिक 2 कोरियाई भाषा

kosher /कोशः/ *adj.* 1 यहूदी नियमों के अनुसार पकाया हुआ कोशर भोजन 2 ईमानदार या वैध

kowtow /काउटाउ/ *v., pt.* **~ed**, *pp* **~ing**, *Chinese* झुककर (धरती को सिर से स्पर्श करते हुए) प्रणाम क.: ~ to sb;
n. धरती को सिर से स्पर्श करते हुए किया जाने वाला प्रणाम

KP *abbr.* 'kitchen police', 'Kyoto Protocol' की प्रथमाक्षरी

KPC *abbr.* 'Kleiner Perkins Conference' की प्रथमाक्षरी

kpg *abbr.* 'kilometres per gallon' की प्रथमाक्षरी

kph *abbr.* 'kilometres per hour' की प्रथमाक्षरी

KPT *abbr.* 'Kandla Port Trust' की प्रथमाक्षरी

KQ *abbr.* 'knowledge quotient' की प्रथमाक्षरी

kr *abbr.* 'Krona' का संक्षेप (स्वीडन आदि कई देशों की मुद्रा)

KRA *abbr.* 'Key Result Area' की प्रथमाक्षरी

kraken /क्रॉकन/ *n.* नार्वे के पास प्रकट होने वाला किंवदंतीय समुद्री दैत्य

krait /क्रेट/ *n.* चट्टानों में रहने वाला एक जहरीला दक्षिणी अफ्रीकी सांप

Kremlin /क्रेम्लिन/ (*Russian* **Кремлин**) *n.* 1 मास्को का क्रेमलिन नामक दुर्ग 2 रूसी सरकार का शाही महल 3 प्राचीन काल में रूसी नगरों के चारों बनाई जाने वाली दीवारनुमा प्राचीर;
dw/lw: **Kremlinologist** /क्रेम्लिनौलअ\जिस्ट/ *US* क्रेम्लिनाःलअजिस्ट/ *n.* रूसी राजनीति का विशेषज्ञ; **Kremlinology** /~जि/ *n.* रूस संबंधी राजनीति विज्ञान

KRIBHCO *abbr.* 'Krishak Bharati Co-operative Limited' की प्रथमाक्षरी

krona /क्रोन/ *n.* (*abbr.* **kr**) स्वीडन आदि कई देशों की मुद्रा, क्रोना

krone /क्रोने/ *n.* डेन्मार्क, नार्वे आदि देशों की मुद्रा, क्रोने

Krugerrand /क्रुगअरैंड/ *n.* दक्षिण अफ्रीका का सोने का सिक्का, क्रुगरैंड

KSA *abbr.* 'Kingdom of Saudi Arabian' की प्रथमाक्षरी

KSSP *abbr.* 'Kerala Sastra Sahitya Parishad' की प्रथमाक्षरी

KSTA *abbr.* 'Kerala School Teacher Association' की प्रथमाक्षरी

KSU *abbr.* 'Khasi Students Union' की प्रथमाक्षरी

KT *abbr.* 'Knight of Thistle' की प्रथमाक्षरी

Kt/ kt/ kT *abbr.* 'Kiloton/s' का संक्षेप

KTS *abbr.* 'Key Telephone System' की प्रथमाक्षरी

kudos /क्यूडौस/ *US* क्यूडाःस/ *n.* किसी सफलता के लिए मिलने वाली प्रतिष्ठा, वैभव;
excl. शाबाश, बहुत अच्छा!

kulak /कुलाक/ (*Russian* **кулáк** /मुट्ठी या मुक्का/) *n.* समृद्ध किसान, लंबरदार

Ku Klux Klan /कु-क्लक्स-क्लैन/ *n.* अमेरिकी गृहयुद्ध के उपरांत बना श्वेतों का एक घोर अश्वेत विरोधी गुप्त संगठन, कूक्लक्सक्लान

kumara /कूमार/ *n. NZ* (***syn.*** sweet potato) शक्करकंदी

kung fu /कंग-फू/ *n.* कराटे की तरह की चीनी युद्ध-विद्या

kupfernickel /कुप्फःनिकल/ *n.* नकली तांबा

Kurd /कुर्द/ *n.* कुर्द व्यक्ति;
dw/lw: **Kurdish** /कुर्डिश/ *adj.* कुर्द जन-जाति से संबंधित

Kuwait /कुवेत/ *n.* कुवैत;
dw/lw: **Kuwaiti** /कुवेती/ *n.* कुवैत-संबंधी, कुवैत का निवासी

kV *abbr.* 'kilovolt' की प्रथमाक्षरी

KV *abbr.* 'Kendriya Vidyalaya' की प्रथमाक्षरी

KVIC *abbr.* 'Khadi and Village Industries Commission' की प्रथमाक्षरी

KVP *abbr.* 'Kisan Vikas Patra' की प्रथमाक्षरी

kW (*also* **kw**) *abbr.* 'kilowatt' का संक्षेप

KWA *abbr.* 'Kerala Water Authority' की प्रथमाक्षरी

KWAC *abbr.* 'key word and context' की प्रथमाक्षरी

kWh *abbr.* 'kilowatt hour/ kilowatt hours' की प्रथमाक्षरी

KWIC *abbr.* 'key word in context' की प्रथमाक्षरी

KWOC *abbr.* 'key word of context' की प्रथमाक्षरी

KWT *abbr.* 'Kuwait' का अंतर्राष्ट्रीय वाहन पंजीकरण कोड(IVR)

KY/ Ken. / Ky *abbr.* 'Kentucky' का संक्षेप

L l

L l /एल/ *n., pl.* **Ls, L's** or **l's** 1 अंग्रेजी वर्णमाला का बारहवां वर्ण 2 '**L**' आकार 3 '**L**' आकार का भवन 4 इस अक्षर द्वारा चिह्नित ध्वनि 5 *symbol* संख्या 50 का चिह्न (L = 50) 6 *abbr.*, 'lake', 'learner driver', 'liberal', 'licentiate', 'lira/ lire' का प्रथमाक्षर

l *abbr.*, 'left', 'length', 'line', 'litre' का प्रथमाक्षर

LA *abbr., US state* 'Los Angeles', *US state* 'Louisiana' (*also* **La**) का संक्षेप

La *symbol, chem.* 'lanthanum' का चिह्न

laager /लाःगर/ *n., SAfrE* बैलगाड़ियों द्वारा घेरा डालकर बनाया हुआ पड़ाव, शिविर: draw the wagons into a ~ and set up a camp;
v., pt. **~ed**, *pp* **~ing** पड़ाव या शिविर डालना;
collocations: ~ **mentality** बंद-दिमागी या रूढ़िवादी मानसिकता

Lab *abbr.*, 'Labour', 'Labrador' का छोटा रूप

lab *abbr.*, 'laboratory' का छोटा रूप (प्रयोगशाला, लैब)

LAB *abbr.* 'lineara alkyl benzene' की प्रथमाक्षरी

labdacism/ lambdascism /लैब्डअसिजम/ लैम्डअसिजम/ *n.* 1 लकारीकरण 2 ध्वनि 'र' का 'ल' के रूप में गलत उच्चारण

labarum /लैबअरम/ *n.* 1 शाही निशान, राजचिह्न 2 ध्वज 3 चिह्न

labefaction /लैबिफेक्शन/ *n.* 1 क्षीणता 2 सिंहासन च्युति, तख्ता-पल्ट 3 पतन

label /लेबल/ *n.* 1 लेबल 2 नामपत्र, अंकित ट्रेडमार्क आदि 3 (***syn.*** tag, sticker) नामचिप्पी, नामपट्टी, ऐसी पर्ची जो उस वस्तु के बारे में जानकारी देती है जिस पर वह चिपकाई गई है: put **~s** on one's luggage 4 निर्देश चिप्पी 5 उपनाम, व्यक्ति, वर्ग या विचारधारा आदि के आधार पर लगाया जानेवाला लेबल, अक्सर नकारात्मक नाम: 'left extremist' 6 माल पर लगी निर्माता के बारे में जानकारी की चिप्पी 7 *comput.* पाठ में प्रयुक्त मुख्य शब्द 8 (*also* **record** ~) संगीत रिकार्ड कंपनी का ट्रेडमार्क 9 पुराने संगीत रिकार्डों के केंद्र में लगी चिप्पी जिसमें गाने और गायक के नाम आदि लिखे रहते थे 10 पट्टी, फीता 11 कंप्यूटर पाठ में प्रयोग होने वाले लेबल;
v., UK pt. **~led**, *pp* **~ling**/ *US* **labeling**, *pt.* **labeled** 1 शीशी आदि में डली वस्तु के बारे में जानकारी देने के लिए पर्ची चिपकाना, चिप्पी लगाना, टैग लगाना: all the boxes were properly **~led** 2 व्यक्ति, वर्ग या विचारधारा आदि के आधार पर किसी पर कोई उपनाम (लेबल) मढ़ना 3 वर्गीकरण क. 4 *chem.* रेडियो-धर्मित तत्त्व की रासायनिक प्रतिक्रिया आदि को पहचानने के लिए प्रयुक्त क.: **~led** atom;
dw/lw: **~led** /लेबल्ड/ *adj.* 1 अंकित, चिह्नित 2 जिस पर लेबल लगा हो, लेबलदार 3 जिस व्यक्ति पर कोई लेबल (उपनाम) लगा हो

labellum /लेबिलम/ *n., pl.* **labella** ओष्ठक;
dw/lw: **labelloid** /लेबिलॉइड/ *adj.* ओष्ठकाभ

labia /लेबि\आ/ *n. [pl.]* 1 'labium' का बहुवचन 2 औरत के गुप्तांग के प्रवेश पर त्वचा की चार परतें;
dw/lw: **~l** /लेबिअल/ *adj., phon.* 1 ओष्ठक, अधरों से संबंधित 2 होंठों से उच्चरित, ओष्ठय 3 होंठ से बजने वाला; **~lization** /लेबिअलाइजेशन/ *n.* ओष्ठ्यीकरण; **~te** /लेबिएट/ लेबिअट/ *n.* पुष्पित होने वाले पौधों की प्रकार;
adj. 1 ओष्ठी, होंठदार 2 होंठों जैसा

labile /लेबाइल/ लेबिल/ लेबल/ *adj.* 1 अस्थिर, असंतुलित 2 *chem.* परिवर्तनशील

labiodental /लेबिओडेंटल/ *n., phon.* ऊपरी दांतों द्वारा निचले होंठ को दबाने के साथ उच्चरित होने वाली ध्वनि

ack-ack

labiovelar /लेबिओवीलः/ *n., phon.* होंठों और मुलायम तालु के प्रयोग से उच्चरित होने वाली ध्वनि

labium /लेबिअम/ *n., pl.* **labia** 1 होंठ, ओष्ठ, अधरोष्ठ 2 होंठ जैसी बनावट या आकृति का (पदार्थ, वस्तु, पौधा, पुष्प आदि)

labor /लेबः/ *n. US spelling,* '**labour**' की अमेरिकी वर्तनी;
collocations: **Labor Day** = **May Day** पहली मई का अंतर्राष्ट्रीय श्रम दिवस

laborato\ry / लअबौरअटरि / *US* लअब्रअटॉरि/ *n., pl.* **~ries** *US* 1 प्रयोगशाला, शोधशाला: hot **~ry** (अति सक्रिय पदार्थों के लिए प्रयोगशाला) 2 वैज्ञानिक प्रयोगशाला: **~ry** findings 3 कंप्यूटर प्रयोगशाला;
collocations: **~ry of the mind/ of ideas** मन या विचारों की मंथनशाला; **~ry routine** प्रयोगशाला कार्यक्रम; **language ~ry** भाषा प्रयोगशाला

laborer /लेबरः/ *n. US spelling,* '**labourer**' की अमेरिकी वर्तनी, श्रमिक

labor improbus /लाबर इम्प्रोबुस/ *Lat.* कड़ी मेहनत, कठिन परिश्रम, मशक्कत

laborious /लअबॉःरिअ\स/ *adj.* 1 परिश्रमी, मेहनती, श्रमशील 2 (***syn.*** onerous, taxing) श्रमसाध्य, कठिन, जटिल: ~ task/ process 3 भाषायी अभिव्यक्ति के बारे में: असहज, कृत्रिम;
dw/lw: **~ly** /~सलि/ *adv.* परिश्रमपूर्वक, (बड़ी) मेहनत से, अथक रूप से

labor omnia vincit /लाबर ओमनिआ विंकेत/ *Lat.* मेहनत हर चीज पर विजय पा लेती है

labors /लेबःज/ *n. [pl.] US spelling,* '**labours**' की अमेरिकी वर्तनी

labour *UK* /लेबः/ (*US* **labor**) *n.* 1 (*usually* **~s**) शारीरिक या मानसिक श्रम, परिश्रम, मेहनत: Labour and Capital (श्रम और पूंजी) 2 मेहनत का काम: forced ~ 3 मजदूरी, मेहनताना, श्रम: surplus ~; ~ contract 4 श्रमिक (वर्ग), मजदूर (समुदाय): skilled and unskilled ~; ~ legislation; talks between management and ~ 5 प्रसव, प्रसव-पीड़ा, प्रसव-वेदना: a woman in ~; ~ pains 6 ब्रिटेन की लेबर (Labour) पार्टी;
v., *pt.* **~ed**, *pp* **~ing** 1 श्रम क.: ~ in the fields 2 (कठोर) परिश्रम क. 3 कठिनाई से आगे बढ़ना 4 स्पष्ट क. क., दोहराना, जोर दे.: I will not ~ the point further 5 विस्तार क. 6 (***syn.*** struggie) संघर्ष क.: ~ a steep slope (खड़ी ढलान पर चढ़ना)
adj. श्रमिक, मजदूर संबंधी: Labour Party;
dw/lw: **~ed/ labored** /लेबःड/ *adj.* 1 अस्वाभाविक, असहज: ~ed style of writing 2 यत्नसिद्ध, जबरदस्ती का, प्रयासपूर्ण: ~ed joke/ compliment 3 जटिल, कठिन: ~ed breathing/ respiration; **labour\er** *UK* (*US* **laborer**) /लेबरः/ *n.* मजदूर, मजदूरिन, मजदूरनी, श्रमिक, श्रमजीवी: agricultural/ farm ~ers; **~ing** *adj.* 1 मेहनत करने वाला: ~ing man 2 धक-धक करने वाला (दिल) 3 हांफनेवाला (सांस); **~ing** *n.* कठोर शारीरिक श्रम; **~-intensive** *adj.* ऐसा उत्पादन कार्य जिसमें बड़ी संख्या में मजदूरों की जरूरत हो; **~s** (*US* **labors**) /लेबःज/ *n. [pl.]* की जानेवाली मेहनत, काम, दिहाड़ी: sb's ~s; **~-saving** *adj.* = **~-intensive** मजदूरों की कमी करने वाला या मजदूरी का समय बचानेवाला; **~some** *adj.* बेहद मेहनतवाला, थकाऊ;
collocations: ~ **bureau** श्रम कार्यालय; ~ **camp** श्रम शिविर; **Labour Day** = **Labor Day** *see above under* **Labor:*collocations***; ~ **exchange** रोजगार कार्यालय; ~ **famine** श्रमिकों का अभाव; ~ **force** श्रम-शक्ति, श्रमिक-बल; ~ **market** श्रम-बाजार; ~ **movement** मजदूर आंदोलन; ~ **organization** मजदूर संगठन; ~ **pains** प्रसव-पीड़ा; ~ **problem** मजदूरों के संघर्ष के कारण मालिकों के लिए पैदा होने वाली समस्यायें, श्रम समस्या; ~ **room** प्रसव-कक्ष; ~ **trouble** श्रमसंकट, श्रमिक अशांति, मजदूर संघर्ष के कारण मालिक के लिए होनेवाली परेशानी; ~ **unrest** मजदूर संकट, मजदूरों की हड़ताल आदि; ~ **union** (*UK/ US* **trade union**) मजदूर संघ; ~ **welfare** श्रम-कल्याण;
casual ~ अनियमित मजदूर; **child** ~ बाल श्रम, बाल मजदूरी; **division of** ~ काम का विभाजन, श्रम-विभाजन; **forced** ~

बेगार; **manual** ~ शारीरिक काम; **mental** ~ मानसिक या बौद्धिक श्रम; **part-time** ~ आंशिक काम, अंशकालिक श्रमिक; **the Labour Party** ब्रिटेन की तीन मुख्य राजनीतिक पार्टियों में से एक; **whole-time** ~ पूर्णकालिक श्रमिक; **skilled** ~ कुशल या सिद्धहस्त श्रमिक, कारीगर; **unskilled** ~ अकुशल श्रमिक, अप्रशिक्षित या अनसीखा मजदूर;

p&i: ~ **a/ the point** बाल की खाल उतारना, बार-बार एक ही दलील की ओर लौट आना और स्पष्टीकरण दे.; **~ers in sb's vineyard** सहकर्मी; ~ **for breath** बुरी तरह हांफना, मुश्किल से सांस ले पाना; **~/s of love** निःस्वार्थ सेवा या श्रम; ~ **under** कठिन हाल में हो., मुसीबत में हो.; ~ **under delusion/ a mistake/ misapprehension** भ्रांति/ भ्रम/ गलती/ भटकाव का शिकार हो.; ~ **under bad health** हमेशा बीमार-सा रहना; ~ **with** किसी को मनाने के लिए खूब प्रयास क.;

a ~ of Sisyphus कठिन और बेकार मेहनत; **despite the ~s the lawn wasn't good enough** इतनी सारी मेहनत के बावजूद घास का मैदान (lawn) अच्छा नहीं हुआ; **hard** ~ कैदी द्वारा की जानेवाली कठिन मेहनत; **his ~s are over** उसकी जीवन लीला समाप्त हुई; **idle folk have the most** ~ बेकार में बैठकर मक्खियां मारनेवाले लोग बनते हैं मानो वे सबसे ज्यादा काम करते हैं; **join the ~ force** श्रमिकों में शामिल हो जा.; **lost** ~ बेकार जानेवाली मेहनत; **the ~er is worthy of his hire** मजदूर को उसकी मजदूरी मिलनी ही चाहिए; **the ~ of one's hands** किसी के हाथों का काम

labrador /लैब्रअडॉः/ *n.* एक बड़ा कुत्ता

labrum /लैब्रम/ *n.* 1 ओष्ठ, ऊपरी होंठ 2 पाषाण वाष्प-स्नानघर;

dw/lw: **labrose** /लैब्रोज/ *adj.* स्थूलोष्ठी, मोटे होंठवाला

laburnum /लअबःनम/ *n.* एक पेड़ जिसमें पीले रंग के फूल गुच्छों में लटकते हैं, अमलतास

labyrinth /लैबअरिंथ/ *n.* 1 भूलभुलैया: find his way through the ~ 2 पेचीदा स्थिति, उलझन 3 शरीर की मांस-पेशियों, झिल्लियों, हड्डियों आदि की जटिल संरचना 4 *electronics* फालतू की ध्वनियों को सोखनेवाला पेचीदा बॉक्स या बक्सा;

dw/lw: **~ine** /लैबअरिंथाइन/ *n.* 1 भूलभुलैया-जैसा 2 जटिल, पेचीदा 3 उलझन-भरा, उलझा हुआ

labyrinthitis /लैबअरिंथाइटिस/ *n., med.* कान के भीतरी भाग में शोथ व पीड़ा

LAC *abbr.* 'Labour Advisory Committee', 'Land Acquisition Controller', 'Line of Actual Control' की प्रथमाक्षरी

lac /लैक/ *n.* 1 लाख (100,000 = सौ हजार) 2 लाक्षा: ~-dye (लाहरंजक, लाक्षारंजक)

Lacanian /लैकेनिअन/ *adj.* फ्रांसीसी संरचनावादी (structuralist) विद्वान झाक लअकौं (Jacques Lacan, 1901-1981) से संबंधित

lace /लेस/ *n.* 1 झालर 2 फीता 3 तस्मा (जूतों का) 4 डोरी 5 लेस, जाली 6 पुट 7 कलाबत्तू, लेस, गोटा पट्टी: gold ~, silver ~ 7 बेल;

v., pt. **~d**, *pp* **lacing** 1 डोरी या तस्मे से बांधना, तस्मा या फीता बांधना, फीता बांधकर कसना 2 गूंथना, पिरोना, मिश्रण क. 3 किनारी या गोटा-पट्टी लगाना: ~ sb's jacket 4 शराब आदि का पुट दे.: be **~d** with sth 5 रंग की धारियां लगाना 6 (***syn.*** lash, whip) चाबुक लगाना 7 पुस्तक, लेख, कहानी आदि में कोई विशेष पुट दे.: conversation, **~ed** with witticisms;

dw/lw: **~-boot** *n.* फीतेदार जूता; **~d** *adj.* 1 शराब आदि के पुटवाला (पेय) 2 साइकिल के पहिए की हब से रिम की ओर फैली (ताड़ियां); **lacing** /लेसिंग/ *n.* 1 फीता, तस्मा, फीताबंदी 2 डोरी 3 इमारत के किसी भाग में चिनाई की किसी वस्तु या सिमेंट आदि से भराई 4 कपड़े में धारियों या किनारी आदि की सिलाई 5 खाने या पीने की वस्तु में थोड़ी मात्रा में शराब आदि का पुट; **~maker** *n.* फीतासाज; **~-up** *n.* तस्मोंवाला जूता; **~-up** *adj.* बंधा-फीता, फीते से बंधा; **~-wing** *n.* बड़े-बड़े पारदर्शी पंखोंवाला कीट;

p&i: **~ed mutton** वेश्या; ~ **into sb** किसी पर शारीरिक या शाब्दिक प्रहार क.; **~ sth up** 1 जूतों को तस्मों से कसना 2 प्रोजेक्टर आदि में फिल्म लगाना; ~ **up** तस्मों से कसना

lacera\te /लैसअरे\ट/ *v., pt.* **~ted**, *pp* **~ting** 1 चमड़ी में चीरा लगाना या खरोंचना 2 चिथाड़ना, चीरना-फाड़ना 3 घात पहुंचाना, दिल दुखाना;

dw/lw: **~tion** /~शन/ *n.* 1 चीरा, चीर, खरोंच 2 यातना, संताप; **~ted** /~टिड/ *adj.* चीरा-फाड़ा हुआ: ~ted wound

laches /लैचिज/ *n.* 1 *law* किसी वैधानिक कार्य को पूरा करने में अनुचित विलंब, ढील, सुस्ती, शैथिल्य: ~ of entry (उत्तराधिकार पाने की समय-सीमा का उल्लंघन) 2 समय-अवधि समाप्त होने की क्रिया 3 गफलत, लापरवाही, असावधानी

lachry\mal /लैक्रि\मल/ *adj.* आंसुओं का, अश्रु-संबंधी: **~mal** gland;

n. 1 अश्रुग्रंथि, अश्रुवाही अंग, अश्रुधानी 2 रुदन आवेश;

dw/lw: **~mation** /~मेशन/ *n.* अश्रुधारा; **~mary/ ~matory** /~मेरि/ ~मेटरि/ *adj.* अश्रुजनक, अश्रुवाही, अश्रुकारी; **~mose** /लैक्रिमोस/ *adj.* 1 (***syn.*** tearful) रोंदू, बात-बात पर रोने वाला 2 अश्रुपूर्ण, अश्रुमय 3 दुखी

lacing *see above under* **lace: *dw/lw***

lacinia\te /लअसिनिए\ट/ लअसिनिइ\ट/ *adj.* (***syn.*** jagged) विदीर्ण;

dw/lw: **~tion** /~शन/ *n.* विदारण

lack /लैक/ *n.* (***syn.*** dearth, shortage) कमी, अभाव, न्यूनता: ~ of money/ of intelligence/ of wit; ~ of capacity; total ~ of sth;

v., *pt.* **~ed**, *pp* **~ing** अभाव या कमी हो.: ~ courage/ wisdom, wit; ~ a knowledge of French/ of English 2 की जरूरत हो.: ~ for sth;

dw/lw: **~-all** *n.* अकंचन, असहाय; **~-beard/ ~-brain** *n.* मूर्ख व्यक्ति; **~ing** /लैकिंग/ *adj.* 1 (***syn.*** missing) से हीन या विहीन, रहित 2 जिसमें कोई कमी हो 3 अभावग्रस्त: sth ~ing in life; **~-Latin** *n.* अज्ञानी पुरोहित; **~-love** *adj.* प्रेम-शून्य; **~-lustre** *see below under separate entry*;

p&i: ~ **the courage of one's convictions** निष्ठा और साहस का अभाव हो.;

an apparent ~ of sth किसी बात की साफ कमी; **be ~ing** किसी बात की कमी हो.; **be ~ing in sth** किसी गुण का अभाव हो.; **for ~ of** किसी चीज की कमी के कारण, के अभाव में; **no ~ of sth** प्रचुर मात्रा में हो.; **nothing is ~ing for comfort** आराम के लिए सब-कुछ है

lackadaisical /लैकअडेजिक\ल/ *adj.* 1 निस्तेज, ओजविहीन, निर्जीव 2 निश्चयहीन 3 उदासीन 4 विषादग्रस्त, मायूस, निरुत्साह, सुस्त;

dw/lw: **~ly** /~लि/ *adv.* 1 निस्तेज या निर्जीव ढंग से 2 बिना किसी उत्साह या जोश के

lackey /लैकि/ *n.* 1 अनुचर, खिदमतगार 2 पिछलग्गू, पिट्ठू, टहलुआ 3 क्षुद्र सेवक, गुलाम 4 खुशामदी टट्टू

lacking *see above under* **lack: *dw/lw***

lackland /लैक्लैंड/ *adj.* देशहीन

lacklustre *UK* (*US* **lackluster**) /लैकलस्टः/ *adj.* 1 बिना किसी ऊर्जा या उत्साह के: this school is educationally ~ 2 भावशून्य, निस्तेज, निष्प्रभ: ~ eyes 3 फीका, आभाविहीन 4 मलिन

LACONES *abbr.* 'Laboratory for the Conservation of Endangered Species' की प्रथमाक्षरी

laco\nic /लअकौनि\क/ *US* लअकाःनि\क/ *adj.* सारगर्भित, संक्षिप्त, नपा-तुला, दो-हरफी; **~nically** /~कलि/ *adv.* जैसे गागर में सागर, दो शब्दों में, सूत्र रूप में; **~nism** /लैकअनिज्म/ *n.* 1 मितभाषण, सुसंहत अभिव्यक्ति, सूत्रात्मकता, सूत्रखतन 2 सूत्रशैली 3 सूक्ति 4 नपी-तुली बात 5 गागर में सागर

lacquer /लैकः/ *n.* 1 लकडी या धातु पर चढ़ाई जाने वाली लाख 2

रोगन के रूप में प्रयोग किया जाने वाला पेड़ों का रस, प्रलाक्षा 3 लाख का काम;
v., pt. **~ed**, *pp* **~ing** 1 लाख चढ़ाना 2 बालों में लाख लगाना

lacrosse /लैक्रौस/ *US* लैक्रॉःस/ *n.* गेंद और स्टिक से खेला जाने वाला खेल

lacta\te /लैक्टे\ट/ *v., pt.* **~ted**, *pp* **~ting** 1 पशुओं या औरत द्वारा बच्चे के लिए दूध दिया जा. 2 पशुओं द्वारा सामान्य प्रयोग के लिए दूध दे.;
adj. दुग्धीय;
dw/lw: **~tion** /~शन/ *n.* 1 दूध देने की क्रिया 2 दूध देने की अवधि, दुग्धकाल, स्तन्यकाल: ~tion period

lacteal /लैक्टिअल/ *adj.* 1 दुग्ध-संबंधी, दुग्धीय, दूध का 2 दूधिया, दूध-जैसा: ~ fluid; ~ gland;
n. दुग्ध-वाहिनी, आक्षीर-वाहिनी, वसासलीका-वाहिनी

lacte\scence /लैक्टेसं\स/ *n.* 1 दूधियापन 2 क्षीरस्रवण 3 दुग्धता;
dw/lw: **~scent** /~संट/ *n.* 1 दूधिया 2 आक्षीरी, क्षीरस्रावी

lactic /लैक्टिक/ *adj.* दुग्ध-संबंधी, दुग्धिक, दुग्धीय: ~ acid (दुग्धाम)

lactiferous /लैक्टिफरस/ *adj.* 1 दुधारू, दुग्धवाही, दुग्धजन: ~ fodder 2 आक्षीरी, क्षीरवाही

lactometer /लैक्टौमीटः, लाक्टअमिटः/ *US* लैक्टाःमीटः, लाक्टअमिटः/ *n.* दुग्धमापी यंत्र

lactose /लैक्टोस/ लैक्टोज/ *n.* दुग्धशर्करा

lacto-ovo-vegetarian /लैक्टो-ओवो-वेजअटेअरिअन/ *n.* शाकाहारी, अंडाहारी एवं दुधाहारी व्यक्ति

lactovegetarian /लैक्टोवेजअटेअरिअन/ (*also* **lacterian**) *n.* 1 दूध और शाकाहार का सेवन करने वाला व्यक्ति 2 दुग्धीय एवं शाकाहारी व्यक्ति

lacuna /लअक्यू\ना/ *US* लअकू\ना/ *n. pl.* **lacunae/ lacunas** 1 खाली जगह, रिक्ति, रिक्तस्थल 2 (***syn.*** gap) अंतराल, अंतर, गैप 3 बीच की लुप्त कड़ी, कमी, त्रुटि 4 गर्तिका, कुल्यिका 5 हड्डी में खोखला या पोपला स्थान;
dw/lw: **~r** /~नाः/ *n.* रिक्तिका, गर्तिका, गर्तिका छत; **~ry** /~नरि/ (*also* **lacunose**) *adj.* विविरयुक्त, रिक्तियुक्त, गर्तिकायुक्त

lacustrine /लकस्ट्राइन/ *adj.* 1 सरोवरी, सरोवर में उगनेवाला 2 झील का 3 झील में या झील तटीय: ~ dwellings

lacy /लेसि/ *adj., degr.* **lacier**, **laciest** 1 गोटे जैसा नाजुक या चित्रनुमा: the ~ patterns left by frost on the window-pane 2 गोटे से बना या गोटे की किनारी वाला

lad /लैड/ *n.* 1 बालक, युवक, किशोर, लड़का, छोकरा: the **~s** of the village 2 (**the lads**) इकट्ठे मौज-मस्ती करने वाले लौंडों की चौकड़ी 3 *Br.* घुड़साल में काम करने वाला आदमी 4 *Scots* प्रेमी, छोकरीबाज;
p&i: **a bit of** ~ 1 पियक्कड़ 2 छोकरीबाज; **my ~!** मां का अपने बेटे के लिए स्नेहभरा संबोधन; **one of the ~s** अति साधारण आदमी, छोकरा, जो खुशी-खुशी किसी का साथ देने लगता है

Ladakh /लदाख/ *n.* भारत का लदाख प्रदेश;
dw/lw: **Ladakhi** /लदाखी/ *n./ adj.* लदाखी (व्यक्ति या भाषा)

ladder /लैडः/ *n.* 1 सीढ़ी, सोपान, जीना, नसैनी 2 (***syn.*** rope) कमंद 3 *in stockings:* खाली घर, छूटा हुआ फंदा (stitch) 4 कैरियर की सीढ़ियां: climb up the ~; get one's foot on the ~ 5 उधड़ जानेवाला फंदा, घर (in stockings) 6 एक खेल जिसमें कभी सीढ़ीनुमा लाइन के ऊपर चढ़ते हैं या कभी नीचे आते हैं;
p&i: **he who would climb the ~ must begin at the bottom** सभी को कोई काम शुरू से करना पड़ता है; **Jacob's ~** आसमान पर चढ़ने वाली सीढ़ी; **kick down/ away/ the ~ (by which one rose)** जिसके कंधे पर चढ़कर ऊपर उठा हो, उसे ही ठोकर मारना, कृतघ्न या नमकहराम हो.; **mount a ~** फांसी लगाकर मर जा.; **the first/ highest/ next, etc. rung of the ladder** सीढ़ी का पहला/ उच्चतम/ अगला आदि पायदान या कदम

laddie /लैड्डि/ *n., pl.* **~s** 1 बच्चा 2 बेटा

laddish /लैडिश\/ *adj. UK* बचकाना;
dw/lw: **~ness** /~नेस/ *n.* पियक्कड़ लौंडों द्वारा की जाने वाली गुंडागर्दी

lade /लेड/ *v., pt.* **~d**, *pt., p.* **laden**, *pp* **lading** 1 माल चढ़ाना, लादना 2 लादा जा. 3 उलीचना (bails) 4 चम्मच से पानी आदि निकालना 5 हैरान क. 6 दोषबोध के भार तले दबना: mind **~n** with sin/ sorrow/ guilt;

laden /लेडन/ *adj.* 1 लदा हुआ, चढ़ाया हुआ: be ~n with sth 2 लदा हुआ, से भरा: heavy-~n; trees ~n with fruit (फलों से लदे पेड़) 3 बोझ से त्रस्त (मन): guilt-~n (दोष बोध के बोझ तले दबा हुआ);
p&i: **~en with** भारी बोझ ढोना

ladette /लैडेट/ *n.* (***syn.*** Tom boy) लड़कों-सा व्यवहार करने वाली लड़की

la-di-da /लाः-डि-डाः/ *adj.* (***syn.*** affected) छलपूर्ण, आडंबरी, दंभी;
n. शेखीबाज या आडंबरपूर्ण व्यक्ति;
adv. आडंबरपूर्ण ढंग से: talks so ~, no one would guess what he means

ladies /लेडिज/ *n.* (*usually* **the ~**) सार्वजनिक जनाना शौचालय;
collocations: **ladies' man** रंगीला, रसिया, गोपियों का कान्हा; **ladies room** *US* सार्वजनिक जनाना शौचालय

lading /लेडिंग/ *n.* 1 जहाज में लादने का सामान, भार, माल 2 लदाई, लदान: bill of ~ (बिल्टी, लदान-पत्र)

lad\le /लेडल\/ *n.* 1 बड़ा चम्मच: soup **~le** 2 कड़छी, करछुल, दर्बी 3 गाढ़े द्रव को निकालने के लिए बड़ा-सा कड़छा या कलछा: foundry **~le**;
v., pt. **~led**, *pp* **~ling** 1 तरल को चम्मच आदि से निकालना 2 तरल को निकालकर अलग-अलग बर्तनों में डालना;
dw/lw: **~leful** /~फुल/ *adj.* कड़छीभर;
p&i: **~le out** उदारतापूर्वक बड़ी मात्रा में दे.; **~le out honours** इनामों या सम्मान की बंदरबांट क.; **~le out praise** प्रशंसा के अंबार लगा दे.; **~le sth out** 1 (***syn.*** serve) बांटना 2 आलोचना के अंबार लगा दे.

LADT *abbr.* 'Local Area Development Tax' की प्रथमाक्षरी

LADWA *abbr.* 'Lake and Waterways Development Authority' की प्रथमाक्षरी

lady /लेडि/ *n.* 1 महिलाओं के लिये आदरपूर्ण शब्द: fine ~; young ~ 2 (**Lady**) ब्रिटेन में उच्च घराने की महिलाओं के लिये खिताब या उपाधि 3 उच्च घराने की महिला, कुलीन स्त्री, भद्र महिला: great ~ 4 ऐसे व्यवसाय की औरत जिन्हें पहले मात्र पुरुष करते थे: ~ doctor 5 औरत या लड़की को संबोधित करने के लिए प्रयुक्त 6 (**Our Lady**) ईसा की मां मेरी (Mary) के लिए प्रयुक्त उपाधि 7 अनौपचारिक संबोधन के लिए प्रयुक्त: listen, lady, don't be so rude!;
dw/lw: **~bird/ ~bug/ ~cow** *n.* सोनपाखरा, सोनपंखी, सुररखी, लाल रंग का कीट, बीरबहूटी; **~-boy** *n.* (***syn.*** transvestite/ transsexual) हिजड़ा; **~-dog** *n.* कुत्तिया; **lady-finger/ ~finger** *n.* 1 एक प्रकार का केक 2 (*also* **~'s finger**) भिंडी; **~-help** *n.* नौकरानी, सेविका; **~hood** *n.* 1 कुलीन स्त्री की अवस्था 2 नारीत्व, स्त्रीत्व; **~-housekeeper** *n.* महिला गृह-प्रबंधक; **~-in-waiting/ ~ in waiting** रानी या राजकुमारी की परिचारिका/ सेविका, राज-सेविका; **~-killer** *n.* महिलाओं का चहेता, चित्तचोर; **~like** *adj.* (***syn.*** refined) अति शालीन, विनयशील; **~-love** *n.* प्रेयसी, प्रेमिका, महबूबा; **~ship** *n.* 1 महामहिम 2 मेम साहब;
collocations: **Lady Chapel** वर्जिन मेरी को समर्पित चर्च; **Lady Day** 25 मार्च, माता मरियम दिवस; **~ friend** महिला दोस्त; **Lady Mayor = Mayoress**; **Lady Mayoress** लॉर्ड मेयर (महापौर) की पत्नी; **~ like** महिला जैसा, महिलोचित, महिला-सुलभ, शालीन; **~ luck** सौभाग्य या मंगल की साक्षात् मूर्ति:

~ luck was smiling on the winner of the horse race; ~ **of easy virtue/ ~ of pleasure/ ~ of the night/ evening** वेश्या; ~ **of the frying-pan** महिला बावर्ची; ~ **of the house** घर की मालकिन, गृहस्वामिनी; ~ **principal** महिला प्रधानाचार्य; **~'s delight** खेतों में उगनेवाला वायोलेट, बनफशा; **~'s finger** भिंडी; **~'s man** स्त्रियों का चहेता, चित्तचोर; **~'s-slipper** ऑर्कीड नाम का फूल, जिसके अधर स्लीपर जैसे होते हैं; **her ~/ your lady** मेम साहिबा, महामहिम, उपाधिधारक महिला के लिए संबोधन; **Our ~** माता मरियम; **the leading ~** नाटक या फिल्म का नायिका;

***p&i:* a ~ in the case** इस काम में कोई औरत लिप्त है

laevorota\tion /लीवोरोटेशन/ *n.* बाईं ओर मोड़, वामावर्तन;

***dw/lw:* ~tory** /लीवोरोटेटरि/ *adj.* वामावर्त, वामावर्ती

laevulose /लीव्यूलोस/ *n.* फल-शर्करा, फल से बनी शक्कर

LAF *abbr.* 'Liquidity Adjustment Facility' की प्रथमाक्षरी

lag /लैग/ (*also* **time ~**) *n.* 1 देरी, विलंब: ~ of the tide 2 समयांतर: a time ~ of one month 3 बीच का समय;

v., pt.* ~ged, *pp* ~ging** 1 (syn.*** trail) पीछे रह जा., पीछे छूट जा.: ~ behind (sb/sth) 2 देर क. 3 पिछड़ जा. 4 (***syn.*** insulate) पानी की पाइपों पर ताप-हानि से बचने के लिए तापरोधक मोटा कपड़ा आदि चढ़ाना;

***collocations:* jet ~** दो शहरों के बीच हवाई यात्रा और उनमें समय के अंतर के कारण सोने के समय में होने वाली अस्त-व्यस्तता

lagan /लैगन/ *n.* समुद्र में डूबा माल

lager /लागः/ *n.* 1 एक प्रकार की कम तेज बीयर 2 इस बीयर का गिलास या मग;

***dw/lw:* ~-loutery/ ~-laddishness** *n.* पियक्कड़ बालकों द्वारा की जाने वाली गुंडागर्दी;

***collocations:* ~ lout** अतिशय मात्रा में पीकर दुर्व्यवहार करने वाला लौंडा, पियक्कड़-गुंडा या उपद्रवी

laggard /लैगःड/ *adj. & n.* पिछड़ा हुआ व्यक्ति, फिसड्डी, मंदबुद्धि;

***dw/lw:* ~ly** /~लि/ *adv.* फिसड्डियों की तरह, मंद गति से; **~ness** /~नेस/ *n.* फिसड्डीपन, मंदगति, शिथिलता

lagging /लैगिंग/ *n.* 1 बॉयलरों और पाइपों का ताप-हानि-रोधक लपेटन, परत 2 पिछड़नेवाला, मंद;

***collocations:* ~ of the tides** ज्वार-भाटे की शनैः-शनैः मंद पड़ने की क्रिया

lagniappe /लैन्यैप/ *n.* अप्रत्याशित रूप से मिला उपहार या तोहफा

lagomorphs /लैगोमॉःफ/ *n.* खरगोश की जाति का जानवर

lagoon /लगून/ *n.* 1 समुद्री झील 2 समुद्रताल 3 समुद्र के पास ताजे पानी की कम गहरी झील

LAHDC *abbr.* 'Leh Autonomous Hill Development Council' की प्रथमाक्षरी

LAI *abbr.* 'Lawrence & Associates Inc' की प्रथमाक्षरी

laic /लेइक/ *adj.* 1 साधारण 2 अपुरोहितीय 3 अविशेषज्ञीय, अयाजकीय;

***dw/lw:* ~ize** /लेइसाइज/ *v., pt.* ~ized, *pp* ~izing सामान्य लोगों (अयाजकों) को सौंपना

laid /लेड/ *pt.*, **'lay'**का भूतकाल:

dw/lw:* ~-back** /लेडबैक/ *adj./ pp* (syn.*** easy-going) निश्चिंत, बेफिक्र, बेपरवाह: ~-back attitude; **~-up** *n.* 1 बिस्तर में पड़ा आखिरी सांसें गिननेवाला रोगी 2 मरम्मत के लिए भेजी हुई गाड़ी, नौका आदि;

***collocations:* ~ paper** 1 रेखित कागज 2 एक प्रकार की कशीदाकारी

lain /लेन/ *pt. & pt. p.*, **'lie'** का भूतकालिक कृदंत रूप

lair /लेअः/ *n.* 1 (***syn.*** den) मांद: at ~ 2 (***syn.*** hide-out) छिपने या शरण लेने का स्थल 3 बिछौना

laird /लेअःड/ *n.* 1 *Scots* जमींदार 2 (***syn.*** absentee landlord) अनुपस्थित जमींदार

laissez-aller /लैसेआले/ लैसेऐले/ *n.* मनमर्जी, अनियंत्रणता, स्वच्छंदता

laissez-faire/ laisser-faire /लैसेफेअ/ लैसेफअः/ *n.* मनमर्जी, स्वार्थपूर्ण व्यवहार, किसी के कार्य या जीवन में अहस्तक्षेप-नीति (जैसे पूंजीवाद में, पूंजीपति जितना मन आए उतना लूटे या शोषण करे, पर सरकार उसे नहीं रोकेगी): ~ policy; ~ economy

laissez-passer/ laisser-passer /लैसेपाःसे/ लैसेपैसे/ *adj.* किसी क्षेत्र विशेष में स्वच्छंदतापूर्वक घूमने की अनुमति

laity /लेअटि/ *n.* (*usually* **the laity**) पुरोहितों या पादरियों से अलग वर्ग, जनसाधारण, अयाजक वर्ग, सामान्य वर्ग, सामान्य लोग, आम लोग: intolerance of the criticisms of the ~

lake /लेक/ *n.* 1 झील, ताल, सरोवर: Lake Poets 2 लाक्षक 3 एक आर्थिक नीति के तहत किसी द्रव्य का अतिशय भंडार: wine ~ 4 (***syn.*** reddish dye) कपड़े रंगने का लाल रंग;

***dw/lw:* ~-country** *n.* झीलों-भरा देहात; **~-dweller** *n.* झील-किनारे रहने वाला; **~-dwelling** *n.* झील-किनारे का आवास; **~-habitation** *n.* झील-किनारे का आवास; **~-side** *n.* झील-किनारे का क्षेत्र; **~-village** *n.* झील-किनारे बसा गांव; **laky** /लेकि/ *adj.* झीलों-भरा;

***p&i*: Jump in a ~!** चले जाओ! दफा हो जाओ!

lakh /लाख/ (*also* **lac**) *n.* लाख (1,00000 = सौ हजार)

lallation /लैलेशन/ *n.* ध्वनि 'र' का लकारीकरण, 'र' को 'ल' उच्चरित करने की क्रिया (*see also* **labdacism/ lambdascism**)

la-la land /लाः-लाः लैंड/ 1 (***syn.*** cloud-cuckoo land) ऐसा स्थान जहां खाली घूमकर या मौज-मस्ती में समय गंवाया जाता है 2 मौज-मस्ती व स्वप्नों की दुनिया

lallygag /लौलीगैग/ लैलीगैग/*US* लाःलीगैग/ -/ *v., pt.* **~ged**, *pp* **~ging** 1 (***syn.*** loiter, loaf) व्यर्थ समय गंवाना, झख मारना, मक्खियां मारना, आवारागर्दी या मटरगश्ती क. 2 (***syn.*** neck, caress) छाती से लगाना, प्यार से लिपटना

lam /लैम/ *v., pt.* **~med**, *pp* **~ming** 1 मारना-पीटना, धुनाई क.: ~ into sb 2 प्रहार क., चोट मारना, ठोकर मारना 3 बाजी मारना: ~ into one's opponent during a debate;

n. बचने के लिए अपनाया जानेवाला भगोड़ापन का रास्ता: on the ~ (फरार, भगोड़ा);

***p&i:* on the ~** पुलिस का भगोड़ा

Lam. *abbr.*, 'Lamentations' का संक्षेप (शोकगीत)

lama /लामा/ *n.* तिब्बत का लामा;

***dw/lw:* ~ism** /लामाइज्म/ *n.* लामावाद, तिब्बतियों का बौद्ध धर्म; **~sery** /लामअसरि/ *n.* लामा-विहार

Lamarckism /लाःमाःकिजम/ लअमैर्किजम/ *n.* लामार्कवाद, लामार्क (Jean Baptiste Lamarck, 1744 – 1829) द्वारा प्रतिपादित मानवीय विकास का सबसे पुराना सिद्धांत (अब इसे ठुकराया जा चुका है) जिसके अनुसार माता-पिता द्वारा जीवनभर में अपनाए जानेवाले गुण-अवगुण संतान को स्थानांतरित होते हैं

lamb /लैम/ *n.* 1 मेमना 2 भोला-भाला या निर्दोष व्यक्ति 3 मेमने का गोश्त: a leg of ~ 4 शांत और शालीन लड़का 5 दयालु, शिष्ट, मधुरभाषी व्यक्ति 6 भोंदू, गावदी;

***v., pt.* ~ed, *pp* ~ing** 1 ब्याना 2 ब्यानेवाली भेड़ों की देख-भाल क.;

***dw/lw:* ~ing** /लैंबिंग/ *n.* 1 भेड़ों द्वारा बच्चे देने का समय 2 इस काम को करने में लगनेवाला समय और प्रक्रिया; **~skin** /लैंबस्किन/ *n.* मेमने की खाल या चमड़ा; **~swool** /लैंब्जवूल/ *n.* मेमने की पहली ऊन;

***collocations*: the Lamb/ the lamb of God** येशु, ईसा मसीह;

***p&i:* ~'s quarters = ~'s lettuce** बथू, बथुआ, जंगली पालक, सलाद पत्ता; **like a ~ to the slaughter** बिल्कुल शांतचित्त और बिना कोई अड़चन पैदा किए; **mutton dressed as ~** बूढ़ी घोड़ी लाल लगाम; **one's eye ~** बहुमूल्य वस्तु या

इकलौता बच्चा; **quiet as a** ~ बिल्कुल शांत

lambada /लैंबाडा/ *n.* 1 द्रुत गति का एक ब्राजीलियायी नृत्य 2 सालसा, कलिप्सो आदि संगीत शैलियों से प्रभावित एक नृत्य शैली

lambaste /लैंबेस्ट/ (*also* **lambast**) *v., pt.* **~ed**, *pp* **~ing** 1 मारना, मारना-पीटना 2 कटु आलोचना क., बखियां उधेड़ना, धज्जियां उड़ाना 3 खूब डांटना-डपटना, झाड़ना, खरी-खोटी सुनाना

lambda /लैम्डा/ *n.* लैम्डा, यूनानी भाषा की वर्णमाला का ग्यारहवां वर्ण

lambdacism *see above under* **labdacism/ lambdascism**

lam\bency /लैंबंसि/ *n.* 1 झिलमिलाहट, जगमगाहट, चमक, दीप्ति, कांति 2 विनोदशीलता, हंसी-मजाक भरी लेखन शैली;
dw/lw: **~bent** /लैंबंट/ *adj.* 1 झिलमिल करता हुआ, झिलमिलाता हुआ, जगमगाता हुआ 2 चमचमाता हुआ, चमकता हुआ, दीप्त: eyes ~bent with interior light 3 विनोदपूर्ण, हंसी-मजाक भरा लेख आदि

lambert /लैंबःट/ *adj.* किसी सतह पर रोशनी की मात्रा की मापन इकाई

lambing *see above under* **lamb:** ***dw/lw***

LAMDA *abbr.,* 'London Academy of Music and Dramatic Arts' की प्रथमाक्षरी

lame /लेम\/ *adj.* 1 लंगड़ा, अपंग, पंगु, लुंजा: be ~ of/ in one leg 2 (***syn.*** feeble) कमजोर, अशक्त: ~ duck 3 (***syn.*** unconvincing) त्रुटिपूर्ण, असंतोषजनक: ~ argument; ~ conclusion; ~ account 4 कच्चा, अपूर्ण, अधूरा: ~ story 5 झूठा, झूठी 6 असफल: ~ endeavour 7 ठोकर खानेवाला: ~ footsteps;
v., *pt.* **~d**, *pp* **laming** पंगु या लंगड़ा कर दे. या हो जाना: ~ a leg;
dw/lw: **~brain** *adj.* महामूर्ख; **~ly** /~लि/ *adv.* (*syn.* feebly); **~ness** /~नेस/ *n.* अपंगता, लंगड़ापन: permanent ~ness;
collocations: ~ **duck** 1 रोगी, असमर्थ, असहाय 2 टटपुंजिया, दिवालिया 3 निर्गामी पदाधिकारी, ऐसा अधिकारी जिसका उत्तराधिकारी नियुक्त हो चुका हो और इसी कारण वह अपने कार्य में अशक्त हो चुका हो: ~ duck VC; ~ **excuse** झूठा बहाना;
p&i: **the ~ foot overtakes the swift one in the end** धीमा पर लगातार काम करने वाला विजयी होता है

lamé /लामे/ *n.* जरीदार कपड़ा

lamella /लमेल/ *n.* पटलिका, लमेला

lament /लअमेंट/ *v., pt.* **~ed**, *pp* **~ing** 1 (***syn.*** bemoan, bewail) विलाप क., रुदन क.: ~ the death of a friend/ ~ for a friend 2 शोक मनाना 3 निराशा व्यक्त क.: ~ sb's failure 4 गिला-शिकवा जताना: ~ the destruction of the countryside;
n. 1 विलाप, रुदन 2 शोक गीत 3 शोक काव्य;
dw/lw: **~able** /लैमंटअबल/ लअमेंटअबल/ *adj.* 1 शर्मनाक, बहुत खराब, घिनौना 2 शोचनीय, दयनीय: ~able voice 3 घटिया, गया-गुजरा: ~able result; **~ably** /लैमंटअबलि/ *adv.* दुख के साथ; **lament\ation** /लैमंटेशन/ *n.* 1 विलाप, रुदन, क्रंदन 2 विलापगीत, शोकगीत; **~ed** /लमेंटिड/ *adj.* दिवंगत (व्यक्ति), जिसके लिए शोक व्यक्त किया गया हो, मृत;
p&i: **the late ~ed** जिसका हाल ही में स्वर्गवास हुआ हो

lamia /लेमिआ/ *n.* 1 चुड़ैल, डायन 2 मानवों का शिकार करके उनका (विशेषकर बच्चों का) खून पीनेवाला दैत्य

lamina /लैमिन/ *n.* 1 पतली परत, पटल, स्तरिका 2 पत्रदल;
dw/lw: **~l** /लैमिनल/ *adj.* पतली परत के रूप में या उससे संबद्ध

lamina\te /लैमिने\ट/ *v., pt.* **~ted**, *pp* **~ting** 1 पतली परत के रूप में बनाना 2 दो या अधिक परतों को जोड़ना, लैमिनेट क.;
dw/lw: **~ted** /~टिड/ *adj.* 1 जो दो या अधिक परतों से बना हो 2 जिस पर पारदर्शी परत चढ़ाई गई हो, परतबंद, परतदार, पटलित; **lamina\tion** /~शन/ *n.* पारदर्शी परत जमाने का कार्य, परतबंदी, परत-चढ़ाई, पटलीकरण, लैमिनेशन

laminitis /लैमिनाइटिस/ *n.* घोड़े के सुम का तप, सुम-शोथ

lammer\geyer/ ~geir /लैमःगेअः/ *n.* एक नस्ल का (यूरोपीय) गिद्ध

lamp /लैंप/ *n.* 1 चिराग, दीया, दीप, दीपक 2 लालटेन 3 लैंप: electric ~;
dw/lw: **~black** *n.* (***syn.*** soot) कार्बन जलाने से प्राप्त काला पदार्थ, काजल, कालिख; **~light** *n.* दीपक की रोशनी; **~lighter** *n.* 1 गली की बत्तियों को जलाने-बुझानेवाला आदमी: run like a ~lighter (बड़ी तेजी से दौड़ना) 2 दीप्त करने वाला विमान; **~lit** *adj.* दीपक के प्रकाश से दीप्त; **lamp\post** *n.* बिजली का खंभा, दीप स्तंभ; **~shade** *n.* दीप-छादक, दीप-छत्र, अधिक रोशनी को रोकने के लिये प्रयुक्त आवरण;
collocations: ~ **communication** प्रकाश-संकेत संचार; ~ **room** बत्तीघर; ~ **stand** दीवट, दीपाधार; **pilot** ~ सूचक दीप;
p&i: **~s of night** सितारे, तारे;
Aladdin's ~ अल्लादीन का जादुई दिया; **band/ pass on the** ~ ज्ञान को फैलाना, आगे बढ़ाना; **between you and me and the** ~ मात्र अपने बीच की बात; **by ~light** कृत्रिम प्रकाश तले; **hand on the** ~ ज्ञान व परंपराएं अगली पीढ़ी को सौंपना; **hurricane** ~ तूफानी दिया; **like a ~lighter** सरपट दौड़ना; **smelling of the** ~ अधिक अध्ययन से सताया हुआ, त्रस्त

lampas /लैंपस/ *n.* तालुआ, घोड़े के तालु का फोड़ा

lampion /लैंपिअन/ *n.* दीया, फानूस

lampoon /लैंपू\न/ *n.* 1 निंदा-रचना, निंदा-लेख 2 व्यंग्य, व्यंग्यपूर्ण रचना, फब्ती, अवगीत;
v., *pt.* **~ed**, *pp* **~ing** फब्ती कसना, व्यंग्य का निशाना बनाना, कटाक्ष लेख लिखना, व्यंग्य चित्र बनाना;
dw/lw: **~ist** /~निस्ट/ (*also* **~er**) *n.* 1 व्यंग्यकार, व्यंग्य-लेखक 2 निंदालेखक 3 व्यंग्य चित्रकार; **~ery** /~नरि/ *n.* व्यंग्य-लेखन, व्यंग्य चित्रकारी

lamprey /लैंपरि/ *n.* एक तरह की परजीवी मछली जो दूसरी मछलियों से चिपककर उनका खून चूसती है, सर्पाकार मछली

LAN *abbr.,* 'Local Area Network' की प्रथमाक्षरी (छोटे क्षेत्र यानी एक कार्यालय आदि में सभी कंप्यूटरों को परस्पर जोड़ने की प्रणाली)

lanate /लेनेट/ *adj.* बालदार, लोमश, ऊनी

Lancastrian /लैंकैस्ट्रिअन/ *n.* लंकाशायर (**Lancaster/ Lancashire**) का निवासी;
collocations: **Lancashire hotpot** लैंब गोश्त से सब्जियों के साथ बना तरीदार व्यंजन;

lan\ce /लांस/ *US* लैंस/ *n.* भाला, बरछा, बल्लम;
v., *pt.* **~ced**, *pp* **~cing** 1 बल्लम या बरछे से मारना 2 भाले से चीरना;
dw/lw: **~cer** /लांसः/ *n.* बल्लमधारी घुड़सवार सैनिक, बल्लम-बरदार, लांसर; **~ce-sergeant** *n.* सेना में नौन-कमीशन्ड अफसरों में निम्नतम रैंकों में से एक, लांस सार्जेंट;
collocations: **~ce corporal** सेना में नौन-कमीशन्ड अफसर का निम्नतम पद;
p&i: **break a ~ce with sb** 1 प्रतियोगिता में मुकाबला क. 2 किसी से उत्तेजित होकर बहस क.

lanceolate /लांसिअलेट/ *n.* बल्लम-नोक

lancer *see above under* **lance:** ***dw/lw***

lancers /लांसःज/ *n.* सामूहिक युगल नृत्य

lancet /लांसिट/ *n.* शल्य-चिकित्सक का दुधारी चाकू, दुधारी छुरी;
collocations: ~ **arch** नोकदार मेहराब; ~ **window** ऊंची नोकदार खिड़की

lancinating /लांसिनेटिंग/ *adj.* 1 तेजधारी 2 तेज (दर्द)

land /लैंड/ *n., pl.* **~s** 1 (***syn.*** terrain) भूमि, धरती, जमीन, मिट्टी: rich, good, fat, poor, boggy (दलदली), clayey ~; arable ~ (सिंचित भूमि); ~ rent 2 (***syn.*** ground) थल, स्थल, पृथ्वी का

वह हिस्सा जो समुद्र में नहीं है: dry ~, firm ~, on ~; come in sight of ~/ spy ~ (थल, तट या स्थल का दिखना); come to ~ (तट तक पहुंचना); make the ~ (तट के समीप आना) 3 देश: visit distant/ far-off **~s** 4 प्रदेश, राज्य 5 (***syn.*** plot) भूखंड 6 (**~s**) जायदाद, भूसंपत्ति, जागीर 7 संयुक्त शब्दों में: hinterland; highland 8 देहात: leave the ~ and migrate to towns and cities;

v., pt. **~ed**, *pp* **~ing** 1 उतरना, उतारना: the goods were quickly **~ed** 2 (***anton.*** take off) हवाई जहाज का धरती पर उतरना या उसको उतारना: the airliner **~ed** safely; ~ troops in Afghanistan 3 तट पर पहुंचाना: ~ on the opposite bank (दूसरे किनारे पर उतर जा.) 4 पहुंच जाना, पहुंचाना, आकर पड़ना: ~ the ball in the middle of the field; be **~ed** in a strange city without money or friends 5 प्राप्त क. 6 फंसाना: she has managed to ~ a rich man 7 किसी के शरीर के किसी अंग पर घूसा आदि जमाना: ~ sb a blow in the eye 8 पानी से बाहर निकल आना;

dw/lw: **~-based** *adj.* धरती पर स्थित; **~-breeze** *n.* तटीय-समीर; **~-cess** *n.* लगान, कर; **~-clearing** *n.* भूमि को कृषि योग्य बनाने के लिए झाड़-झंखाड़ की सफाई; **~ed** *adj.* जिसके पास जमीन हो, जमींदार: the ~ed classes (भू-संपन्न वर्ग); ~ed estates (भू-संपत्ति, जमीन-जायदाद); ~ed interest (जमीन के मालिक वर्ग का सांझा हित); **~fall** *n.* लंबी समुद्री यात्रा के बाद होनेवाला भूमि का दर्शन, भूदर्शन, थलावतरण; **~fill** *n.* जमीन में कूड़ा भरने/ गाड़ने की जगह, कचरा भराई; **~grabber** *n.* भूमि हथियानेवाला; **~form** *n.* भूतल की नैसर्गिक विशेषता, धरती की सतह; **land\holder** *n.* 1 भूमिधारी 2 काश्तकार; **~ing** *see below under a separate entry*; **~-jobber** *n.* भू-सटोरिया; **~lady** *n.* मकान मालकिन; **~less** *adj.* भूमिहीन; **~line** *n.* तार से जुड़ा दूरभाष; **~locked** *adj.* जिसके चारों ओर भूमि हो, भूमि से घिरा हुआ, स्थल-रुद्ध, भूबद्ध, भू-आवृत; **land\lord** *n.* 1 मकान मालिक 2 जमींदार, भूस्वामी; **~lordism** *n.* जमींदारी; **~lubber** /लैंडलबः/ *n.* समुद्र से अनभिज्ञ व्यक्ति के लिए नाविकों द्वारा प्रयुक्त अपमानजनक शब्द, भूकीट; **~mark** *n.* 1 सीमा निशान, सरहद 2 मील का पत्थर 3 ऐतिहासिक या युगांतकारी घटना; **~mass** *n.* बहुत बड़ा भूभाग; **land\mine** *n.* बारूदी सुरंग; **~owner** *n.* भू-स्वामी, जमीन का मालिक; **~-poor** *n.* गरीब किसान; **~s** *n., [pl.]* भू-संपत्ति, जागीर; **land\scape** /लैंडस्केप/ *n.* प्राकृतिक भू-दृश्य; **~scape** *adj.* प्राकृतिक दृश्य से संबंधित: ~scape gardening (प्राकृतिक दृश्य का प्रभाव देने वाले बाग बनाने की कला); **~scaping** *n.* प्राकृतिक भू-दृश्य का विकास; **~scapist** *n.* प्राकृतिक भू-दृश्य निर्माता; **~side** *n.* हवाई अड्डे पर आम जनता की पहुंच का क्षेत्र; **~slide** *n.* भू-स्खलन; **~slide** *adj.* अप्रत्याशित रूप से बड़े स्तर की, बहुत बड़ी: ~slide victory; **~slip** *n.* चट्टान या धरती का ऊंचाई से फिसलकर गिरने वाला टुकड़ा; **~slope** *n.* भू-ढाल; **~-survey** *n.* भू-सर्वेक्षण; **~-tenure** *n.* भू-धारण, भू-धृति; **~ward** *adv.* स्थल की ओर; **~ward** *adj.* स्थलोन्मुख;

collocations: ~ **agent** भू-दलाल, बिचौलिया; ~ **airfield** थल हवाई अड्डा; ~ **forces** थल सेना; ~ **mass** महाद्वीप जैसा भूभाग; ~ **mine** जमीन में बिछीं बारूदी सुरंगें; ~ **mortgage** रहन रखी हुई जमीन, भूमि बंधन; ~ **office** = ~ **registry** जमीन का पंजीकरण कार्यालय; ~ **of dreams** स्वप्नों का देश; ~ **of milk and honey** दूध-दही की नदियों का देश; ~ **of the midnight sun** आधी रात के सूरज का देश (नार्वे), फिनलैंड रूस का उत्तरी भाग आदि जहां गर्मियों में आधी रात तक प्रकाश रहता है; ~ **proprietor** जमीन का मालिक; ~ **reclamation** भूमि उद्धार, रासायनिक व अन्य कारणों से खराब हुई जमीन को ठीक करने की क्रिया; ~ **reforms** भूमि-सुधार; ~ **registry** = ~ **office**; ~ **return** थल से भेजे जानेवाले रेडियो-संकेत; ~ **revenue** भू-राजस्व, मालगुजारी; ~ **rover** शक्तिशाली चार-पहियों की ड्राइव वाली एक गाड़ी जो ऊबड़-खाबड़ जमीन पर भी चलाई जा सकती है; **~'s end** इंग्लैंड में दूरतम स्थान कॉर्नवाल (Cornwall); ~ **settlement** चकबंदी; ~ **yacht** 1 जमीन पर चलने वाली पालदार नौकानुमा गाड़ी 2 एक बड़ी कार;

a good ~fall समुद्र किनारे सही स्थान पर उतरने की क्रिया; **alluvial** ~ कछारी भूमि; **elevated** ~ उत्थित या उन्नत भूमि; **no-man's land** दो देशों की सीमाओं के बीच छोड़ी हुई बिना मालिक की जमीन, निष्पक्ष भूमि; **the Land of Promise/ the Promised Land** फिलस्तीन की पवित्र धरती, सुख-साधन संपन्न देश; **the ~ of the golden fleece** भेड़ की स्वर्ण ऊन का देश (आस्ट्रेलिया); **the ~ of the leal** *Scots* आकाश, स्वर्ग; **the ~ of the rising sun** चढ़ते सूरज का देश (जापान); **the ~ of the Rose** गुलाबों का देश (इंग्लैंड); **the ~ of stars and stripes** सितारों और पट्टियों का देश (अमेरिका); **the ~ of the Thistle** ऊंटकटारा का देश (स्कॉटलैंड);

p&i: ~ **a blow/ punch** घूंसा जड़ना; ~ **a criminal** अपराधी को पकड़ लेना; ~ **a fish** मछली को जाल या फंदे में फंसा लेना; ~ **a prize** इनाम जीतना; ~ **in great difficulties** भारी मुसीबत में फंस जा. या फंसाना; ~ **lucky** भाग्यशाली होना, अचानक अच्छी स्थिति में हो.; ~ **in/ on, etc..** 1 धरती पर गिरना 2 अचानक अच्छी वस्तु पाना; ~ **one's feet** बीमारी या आर्थिक संकट के बाद फिर से अपने पांवों पर खड़ा होना; ~ **sb in sth** किसी को मुसीबत में डालना; ~ **sb one** किसी को चोट पहुंचाना; ~ **sb with sth** किसी को अप्रिय या अनचाही वस्तु दे.: ~ed us with all the bills to pay; ~ **up** (***syn.*** end up) बदतर स्थिति में आ फंसना; ~ **up doing sth** अनमने ढंग से कार्य क.;

Bad Lands अमेरिका के दक्षिण-पश्चिम (Southern Dakota) में स्थित बंजर जमीन; **be on the** ~ खेती क.; **by** ~ रेल या सड़क से (यात्रा); **cloud cuckoo** ~ सपनों का देश; **how the ~ lies** क्या हाल है?; **in ~ of nod** नींद में; **in the ~ of the living** इस दुनिया में, जीवित; **live off/ on the fat of the ~/ live off the** ~ अपने खाने-पीने के पदार्थ खेती से पाना; **see how the ~ lies** फैसला करने से पहले अच्छी तरह छानबीन क.; **spy out the** ~ छानबीन करके स्थिति का जायजा लेना; **the ~ of steady habits** अमेरिका के न्यू इंग्लैंड (New England) और कनेक्टिकट (Connecticut) प्रांत का उपनाम; **the ~ of the golden fleece** आस्ट्रेलिया; **the ~ knows** कौन जाने!; **the ~ of the living** 1 दुःख के दिन जैसा बड़ा 2 आदमकद

landau /लैंडॉः/ लैंडाउ/ *n.* बग्गी

L&DO *abbr.* 'Land & Development Office' की प्रथमाक्षरी

landing /लैंडिंग/ *n.* 1 (***anton.*** take-off; ***syn.*** ~ stage) विमान आदि की जमीन पर उतरने की क्रिया: emergency/ forced ~; soft ~ 2 समुद्री जहाज से उतरने का स्थान: the ~ of the Pilgrim Fathers in America (अमेरिका में पहले ब्रितानवी उपनिवेशवादियों के दल का आगमन) 3 सीढ़ियों के ऊपर आनेवाला समतल स्थान 4 सैनिकों को शत्रु-क्षेत्र में उतारने की क्रिया;

dw/lw: **~-craft** *n.* 1 सामान आदि ढोकर बंदरगाह पर लाने वाला हवाई जहाज 2 समुद्र-तट पर सैनिकों आदि को उतारने वाला जहाज 3 अंतरिक्ष यान का वह भाग जो चंद्रमा आदि पर उतारकर वहीं छोड़ा जाता है; **~-field** *n.* हवाई-अड्डा, हवाई पट्टी; **~-net** *n.* हाथ में पकड़ा जानेवाला जाल जिसमें पकड़ी जानेवाली मछलियां डाली जाती हैं; **~-stage** *n.* समुद्री जहाज के यात्रियों के लिए जहाज से उतरने की पट्टी या प्लेटफॉर्म;

collocations: ~ **distance** उतरने की दूरी; ~ **gear/ undercarriage** विमान के पहिये व अन्य उपकरण जो उड़ान भरने या उतरने में प्रयोग होते हैं; ~ **in force** बड़ी संख्या में सैनिकों का उतारने की क्रिया; ~ **party** उतरनेवाले सैनिकों का बल; ~ **ship** सैनिक आदि उतारनेवाला जहाज; ~ **strip** विमान के उड़ने-उतरने के लिए एक संकरी पट्टी, हवाई पट्टी; ~ **yacht** नौका-विहार नाव;

impact ~ अंतरिक्ष यान की झटके के साथ उतराई

lane /लेन/ *n.* 1 सड़क पर वाहनों के चलने के लिये गलियारे: red ~;

narrow ~; in the inside ~; the fast/ slow ~ 2 गांव या शहर की संकरी गली: **~s** and alleys 3 (***syn.*** route) हवाई जहाज का उड़ान रास्ता 4 समुद्री जहाज के चलने का रास्ता 5 दौड़ या तैराकी प्रतियोगिताओं में अलग-अलग गलियारे 6 भीड़ के बीच से रास्ता: make a ~ for sb;

collocations: **blind** ~ अंधी गली यानी एक सिरे पर बंद गली; **hunger** ~ बेरोजगारी (भुखमरी का रास्ता);

p&i: **it is a long ~ that has no turning** मुसीबत का कभी तो अंत होता है; **red** ~ कंठ, गला

language /लैंग्विज/ *n.* 1 भाषा, जबान: learn/ speak a ~ 2 किसी देश की भाषा: official ~ 3 व्यवसाय विशेष की या नौकरी संबंधित भाषा: ~ of poetry/ of science 4 कंप्यूटर की भाषा 5 भाषा-क्षमता 6 भाषा-शैली: fine ~; the ~ of Shakespeare 7 व्यावसायिक शब्दावली;

adj. भाषा का, भाषायी, भाषागत: ~ expert (भाषा विशेषज्ञ, भाषाविद्);

***v.**, pt.* **~d**, *pp* **languaging** शब्दों में या अन्य किसी प्रकार से व्यक्त क., कहना;

dw/lw: **~d** *adj.* भाषा-विद्, भाषा-युक्त: well ~d in Russian; **languaging** *n.* भाषागत अध्ययन, भाषा-संबंधी क्रियाएं;

collocations: ~ **barrier** भाषायी व्यवधान या बाधा; ~ **expert** भाषा विशेषज्ञ, भाषाविद्; ~ **laboratory** भाषा प्रयोगशाला; ~ **processor** भाषा संसाधित्र; ~ **shift** एक भाषा से दूसरी में स्थानांतरण;

artificial/ information/ logical ~ कृत्रिम/ सूचना/ तार्किक भाषा; **body** ~ शरीर की भाव-भंगिमायें; **foul/ bad** ~ गाली-गलौज; **cipher** ~ बीजांक भाषा; **dead** ~ मृत भाषा, अप्रचलित भाषा; **first** ~ मातृ-भाषा; **finger/ sign** ~ संकेत भाषा; **foreign ~s** विदेशी भाषायें; **native/ official/ strong** ~ मातृ/ सरकारी/ कठोर भाषा; **living** ~ प्रचलित भाषा; **literary** ~ साहित्यिक भाषा; **modern ~s** आधुनिक भाषायें; **second** ~ मातृ-भाषा के अतिरिक्त अन्य भाषायें; **spoken** ~ बोल-चाल की भाषा; **working** ~ कामकाजी भाषा;

p&i: **articulate** ~ भाषा को प्रभावी ढंग से व्यक्त क.; **bad** ~ गाली-गलौज; **billingsgate** ~ सब्जी बाजार की बोली; **speak sb** ~ किसी के साथ सहमति बना लेना; **speak the same** ~ एक ही भाषा या बोली बोलना, समान विचार या मत रखना; **strong** ~ बुरी फटकार

langue /लैंग/ *n., ling.* भाषीय समुदाय का सामूहिक भाषा तंत्र

langue de chat /लैंग ड शा/ *n.* एक बहुत पतला उंगलीनुमा बिस्कुट

languid /लैंग्विड/ *adj.* 1 ऊर्जाहीन, क्षीण: be left ~ by the illness; the ~ air 2 उदासीन, फीकी: a ~ manner/ voice; ~ attempts 3 शिथिल, निस्तेज, सुस्त, ढीला-ढाला: the ~ flame(s); ~ souls 4 उबाऊ;

dw/lw: **~ly** /~लि/ *adv.* 1 निढाल होकर 2 बेजान या शिथिल ढंग से

languish /लैंग्विश/ *v., pt.* **~ed**, *pp* **~ing** 1 में दिन काटना, दुख-दर्द में तड़पना: young children ~ in slums; ~ at/ in, etc.. sth 2 नीरस जीवन जीना: ~ in poverty 3 मुरझाना: flowers ~ in drought 4 कैद आदि में तड़प-तड़पकर निढाल होना: ~ for years in a dungeon 5 किसी के लिए तड़पना, विह्वल रहना (long for passionately);

dw/lw: **~ing** /~शिंग/ *adj.* 1 बेदम-सा, बेजान-सा: ~ing look/ gaze 2 थका-मांदा 3 शिथिल 4 तड़पता हुआ: ~ing Spanish beauty

languor /लैंगः/ *n.* 1 उदासीनता 2 निश्चेष्टता, निष्क्रियता, आलस्य, सुस्ती 3 अशक्तता, दुर्बलता, कमजोरी, निर्जीवता: the ~ of a summer day 4 थकान, थकावट, पस्त हाल 5 शिथिलता, बेहाली 6 अवसाद, विषाद, वेदना 7 खोया-खोयापन;

languorous /लैंगअरस/ *adj.* 1 अकर्मण्य 2 सुस्त, शिथिल: ~ gait 3 थका-हारा, निर्जीव-सा 4 अवसादपूर्ण: ~ black eyes

dw/lw: **~ously** /लैंगरसलि/ *adv.* 1 सुस्ती से 2 अकर्मण्यतापूर्वक 3 शिथिलतापूर्वक, शिथिल व पस्त ढंग से 4 ढीले-ढाले तरीके से

langur /लंगूर/ *n.* लंगूर (बंदर की एक प्रजाति)

laniary /लैनिअरि/ *adj.* भेदक, तोड़क

laniferous/ lanigerous /लैनिफरस/ लैनिजरस/ *adj.* ऊनदार

La Niña /लानीन्या/ (compare: **El Niño**) *n.* केंद्रीय व पूर्वी प्रशांत महासागर में पानी के ठंडा होने की प्रक्रिया जिसके कारण हर 3-4 वर्ष में कई देशों का जलवायु पर असर पड़ता है

lank /लैंक/ *adj., degr.* **~er**, **~est** 1 लंबा-पतला 2 मरियल, निर्जीव, दुर्बल 3 बालों के बारे में: लंबे, खड़े-खड़े-से, अस्वस्थ-से 4 बहुत ज्यादा (मात्रा में): have a ~ work to do

lanky /लैंकि/ *adj., degr.* **lankier**, **lankiest** लंबा, छरहरा: a tall ~ boy;

dw/lw: **lankiness** *n.* छरहरापन

lanner falcon /लैनः फाल्कॉन/ *n.* पक्षीभक्षी मादा बाज;

dw/lw: **lannaret** /लैनअरेट/ *n.* नर बाज

lanolin /लैनअलिन/ *n.* भेड़ की ऊन से निकलनेवाला एक प्रकार का चिपचिपा तेल, ऊर्णवसा, लैनोलिन

lantana /लैंटान/ *n.* तानतानी

lantern /लैंटःन/ *n.* 1 लालटेन 2 लालटेन जैसा एक जगह पर लगा हुआ लैंप 3 लाइट-हाउस में लैंटरन रखने का स्थान;

dw/lw: **~fly** *n.* जुगनू; **~-jaws** *n., [pl.]* लंबे पतले जबड़े, पिचके गाल; **~-tower** *n.* समुद्री दीप या प्रकाश घर;

collocations: ~ **cock** सोलहवीं या सत्रहवीं शताब्दी की घड़ी; ~ **fish** दोनों तरफ से चमकनेवाली समुद्र के गहरे पानी की मछली; ~ **slide** चित्रदर्शी स्लाइड; **Chinese** ~ कागज का कंडील; **magic** ~ छोटे चित्र को बड़ा करके दिखानेवाला उपकरण; **parish** ~ *facetiously* चांद;

p&i: **a blind** ~ गुप्त टॉर्च

lanuginous /लैन्युजिनस/ *adj.* रोमिल, रोंगटेवाला, रोमश

lanugo /लैन्युगो/ *n.* कोमल बाल, रोएं, गर्भलोम

lanyard/ laniyard /लैन्यःड/ *n.* 1 डोरी 2 कोई चीज लटकाने के लिए गले में बांधी जाने वाली डोरी

LAP *abbr.* 'Local Area Plan' की प्रथमाक्षरी

lap /लैप/ *n.* 1 गोदी, गोद: baby on mother's ~ 2 पल्ला, आंचल, दामन, झोली 3 दौड़ का चक्कर: one curve ~ 4 जानवरों द्वारा पानी या अन्य द्रव पीते समय होने वाली चपड़-चपड़ या लप-लप की आवाज: the dog emptied the plate with three **~s** of the tongue 5 समुद्र आदि की लहरों का किनारे आदि से टकराने से होने वाली आवाज, छप-छप: the ~ of the waves against the side of a boat;

***v.**, pt.* **~ped**, *pp* **~ping** 1 लप-लप पीना, लप-लपाना, चपड़-चपड़ करके पीना: ~ up/ down a plate of soup 2 प्रतियोगिता में एक खिलाड़ी का दूसरे से कुछ चक्करों से आगे-पीछे हो. 3 लहरों द्वारा तट आदि से टकराकर शोर क. 4 गोद में रखना 5 वस्त्र लपेटना 6 के ऊपर चढ़ा दे., ढकना, में लपेटा जा.: a house ~ped (round) in woods;

dw/lw: **~-board** *n.* 1 गोदी में रखकर लिखने की तख्ती 2 बंदरगाह; **~-dissolve** *n.* चलचित्र निर्माण आदि में एक तकनीक जब पहला दृश्य दूसरे में विलीन होता जाता है; **~-dog** *n.* 1 छोटे आकार का कुत्ता जिसे लोग गोदी में उठा लेते हैं, गोद का कुत्ता: *The Lady with the* ***Lap-dog*** (A. Chekhov) 2 दूसरों के पंजे तले दबा व्यक्ति; **~ful** *adj.* गोद-भर; **~-joint** *n.* चढ़वां जोड़, दो लकड़ियों आदि के सिरों को पतला करके एक दूसरे पर चढ़ाकर बनाया हुआ जोड़; **~ping** *adj.* चप-चप करने वाला; **~ping** *n.* चप-चप की आवाज; **~-robe** *n.* छाती और पांव को ढकनेवाला कंबल; **~top** *n.* छोटा कंप्यूटर जिसे आसानी से लाया-लेजाया जा सकता है;

collocations: ~ **belt** = **seat belt** विमान में अपने स्थान बैठे हुए बांधे जाने वाली पेटी; ~ **dancing** डिस्को आदि में किसी की गोद बैठकर किया जानेवाला उत्तेजक नृत्य;

p&i: **~ against/ on, etc. sth** लहरों आदि का टकराना; **~ of luxury** ऐशो-आराम में डूबा हो.; **~ sb in sth** किसी को किसी चीज में लपेटना; **~ sth around sb** किसी चीज को किसी के चारों ओर लपेटना; **~ sth up** 1 मजे ले-लेकर पीना 2 बताई जाने वाली बात को झट से ग्रहण कर लेना 3 किसी चीज पर भूखे भेड़िये की तरह टूट पड़ना;
be in the ~ of the gods भगवान जाने; **drop/ dump sth in sb's ~** किसी चीज को अचानक किसी के हवाले कर दे. या उसके जिम्मे छोड़ दे.; **fall/ land in/ into sb's ~** किसी की पहुंच या गोद में आ गिरना; **in nature's ~** प्रकृति की गोद में; **in the ~ of fortune** भाग्य भरोसे, भाग्यशाली; **in the ~ of the future** भविष्य की कोख में; **in the ~ of the gods** भगवान भरोसे; **in the ~ of luxury** ऐशो-आराम में डूबा होना

laparoscopy /लैपअरौस्कअपि/ *US* लैपअराःस्कअपि/ *n.* शरीर के अंदर नलकीनुमा यंत्र डालकर भीतर के अंगों का निरीक्षण करने की क्रिया

laparotomy /लैपअरौटमि/ *US* लैपअराःटमि/ *n.* उदरच्छेदन, उदर में छेद करने की क्रिया

lapel /लपेल/ *n.* 1 कॉलर से जुड़ा हुआ कोट/ जैकेट का अग्र भाग 2 गरेबान की लौट, मोड़ी, मुड़ी: ~ insignia

lapidary /लैपिडरि/ *adj.* 1 जड़ाऊ: ~ lathe 2 पत्थर पर उत्कीरण: ~ work 3 सूत्रात्मक 4 (***syn.*** concise) प्रखर, सधी हुई लेखन शैली: in ~ style;
n. 1 मणिकार, संगतराश 2 पारखी, जौहरी

lapida\te /लैपिडे\ट/ *v., pt.* **~ted**, *pp* **~ting** पत्थर मारना, पत्थरों से मार डालना;
dw/lw: **~tion** /~शन/ *n.* 1 पत्थरबाजी, पथराव 2 पत्थर से किया जानेवाला वध

lapideous /लपिडिअस/ *adj.* पथरीला, आश्मिक

lapidi\fy /लैपिडि\फाइ/ *v., pt.* **~fied**, *pp* **~fying** 1 पत्थर बना दे. 2 पत्थर में बदलना.;
dw/lw: **~fication** /~फिकेशन/ *n.* अश्मीकरण, पत्थर में परिवर्तन

lapidose /लैपिडोस/ *adj.* 1 पथरीला, पत्थर जैसा 2 पथरीली जमीन में उगनेवाला

lapillus /लअपिलस/ *adj.* ज्वालामुखी अश्मक या पत्थर का टुकड़ा

lapis lazuli /लैपिस्लैज्युलि/ *n.* 1 गहरे नीले रंग की मणि 2 गहरा नीला रंग

Laplander /लैप्लैंडः/ *n.* लैपलैंड (स्कैंडेनेविया) वासी

Lapp /लैप/ *n.* लैपलैंड वासी

lappet /लैपेट/ *n.* आंचल, पल्ला, दामन

lapse /लैप्स/ *n.* 1 (***syn.*** interval) समय का अंतराल, समय की गति: the rapid ~ of time; with the ~ of time; a time ~ 2 भूल, चूक, गलती: moral ~; a momentary ~ (क्षणिक चूक, छोटी-सी भूल) 3 दोष: a ~ in/ of sth 4 अवनति, ह्रास, पतन: a ~ of the memory; a ~ from virtue; a ~ from one's principles 5 बहाव: the ~ of stream 6 लय 7 *law* अधिकार आदि की समाप्ति;
v., pt. **~d**, *pp* **lapsing** 1 खत्म हो., बीत जाना, समाप्त हो जाना 2 गिर जाना, अवनत हो जा.: ~ into bad habits; ~ into easy-going ways 3 पतित हो जा. 4 बह जा. 5 (***syn.*** expire) कालातीत होकर या रद्द होकर सरकार के कब्जे में आ जा.: the estate of a person dying without heirs or successors **~s** to the government;
dw/lw: **~d** /लैप्स्ड/ *adj.* 1 कालातीत 2 रद्द, मंसूख या समाप्त, बीता हुआ: ~d legacy 3 धर्मच्युत 4 पदच्युत; **~-rate** *n., meteorol.* अंतरिक्षीय ऊंचाई के अनुपात में तापमान में बदलाव की दर

lapsus /लैप्सस/ *n.* भूल, चूक, गलती, स्खलन;
collocations: **~ calami** /लैप्सस कैलेमाइ/ लिखने की भूल या त्रुटि; **~ linguae** /लैप्सस लिंग्वाइ या लिंग्वि/ जबान की चूक, गलती से जबान से निकली बात, वाक्-स्खलन (a slip of the tongue); **~ memoriae** स्मृति स्खलन, भूल

laptime /लैप्टाइम/ *n.* दौड़ के प्रत्येक चक्कर को पूरा करने में लिया जाने वाला समय: announce the ~

laptop *see above under* **lap:** ***dw/lw***

Laputa /लअप्यूटा/ *n.* गुलिवर की यात्रा का देश;
dw/lw: **Laputan** /लअप्यूटन/ *n.* लप्यूटावासी; **Laputan** *adj.* 1 बेहूदा, मूढ़, जंगली 2 अव्यावहारिक, काल्पनिक

lapwing /लैपविंग/ *n.* एक प्राचीन पक्षी, टिटहरी: red-wattled ~ (तितरी); yellow-wattled ~ (जिरदी)

lar /लाः/ *n.* प्राचीन रोम में कुल देवता;

larboard /लाःबःड/ *n.* बायां डेक;
adj. बायां

lar\cener /लाःसिनः/ *n.* चोर, तस्कर: petty/ grand ~cener;
dw/lw: **~cenous** /लाःसिनस/ *adj.* चोरी का; **~ceny** /लाःसअनि/ *n.* 1 चोरी: mixed/ compound ~ceny 2 तस्करी

larch /लाःच/ *n.* 1 देवदार या बबूल की जाति का वृक्ष, देवदारु 2 उक्त पेड़ की लकड़ी जो बहुत मजबूत होती है

lard /लाःड/ *n.* सुअर की चर्बी, शूकर-वसा;
v., pt. **~ed**, *pp* **~ing** 1 मांस को पकाने से पहले चर्बी का लेप क. 2 (भाषण या लेख में) कुछ जोड़-जाड़ कर समृद्ध क.: ~ one's speech with technical terms/ quotations 3 सजाना;
dw/lw: **~aceous** /लाःडेशिअस/ *adj.* चर्बीदार: ~aceous kidney; **~y** /लाःडि/ *adj.* चर्बीदार, चर्बीवाला;
p&i: **~ sth with sth** किसी चीज में कुछ जोड़-जाड़कर समृद्ध क.

lardass /लाःडाःस/ *US* लाःडैस/ *n.* मोटा, पिलपिला व सुस्त व्यक्ति

larder /लाःडः/ *n.* ठंडा भंडारगृह या खाद्य-सामग्री रखने की अल्मारी

lardon/ lardoon /लाःडः/ लाःडून/ *n.* चर्बी की टिकिया या डली

lares /लेअरीज/ *n.* कुलदेवता, गृहदेवता;
p&i: **Lares and Penates** घर का सुकून

large /लाःज/ *adj.* 1 बड़ा (नाप या मात्रा में): ~ output; ~ order 2 वृहत्: ~ memory; ~ insight 3 प्रचुर, विपुल, अत्यधिक: ~ income 4 भारी-भरकम: ~ congregation 5 खुला, विस्तृत, लंबा-चौड़ा, विशाल: ~ room/ house/ case 6 माप (size) में बड़ा: the coat is a trifle ~ for me/ on the ~ side 7 उदार 8 व्यापक 9 अनुकूल, वायु के साथ (of wind) 10 दीर्घतम (स्वर, *music*);
dw/lw: **~-calibre** *n.* बड़ा व्यास; **~-calibre** *adj.* 1 बड़े व्यास का 2 बड़े-बड़े हाथोंवाला 3 उदार, उदार-हृदय, दरियादिल; **~-handed** *adj.* मुक्तहस्त, खुले हाथवाला, उदार; **large\-hearted/ large\-minded** *adj.* बड़े दिलवाला, विशाल हृदय, उदारमना; **~-handedness/ ~-heartedness/ ~-mindedness** *n.* उदारता, उदार-हृदयता, दरियादिली; **largish** /लाःजिश/ *adj.* बड़ा-सा; **~ly** /लाःजलि/ *adv.* मुख्य रूप से, अधिकांशतः: he is ~ly to blame; give ~ly to charity; **~ness** /लाःजनेस/ *n.* विशालता, व्यापकता; **~-scale** *adj.* (***anton.*** small-scale) 1 बड़े पैमाने पर होनेवाला, व्यापक 2 मानचित्र आदि में बड़ी तफसील से दिखाया हुआ (छोटा क्षेत्र);
collocations: **~ intestine** बड़ी आंत; **~ paper edition** विस्तृत पृष्ठीय प्रकाशन;
p&i: **~r than life** 1 वास्तविकता से भी बढ़कर, असली वजूद से बड़ा हो. 2 (***syn.*** flamboyant) तड़कीला-भड़कीला, चटकीला, अति आडंबरपूर्ण; **large it (up)!** मजे करो!, मौज-मस्ती करो!;
as ~ as life साक्षात्, हू-ब-हू, जैसा कि जीवन में होता है; **be at ~** भगोड़ा हो.; **by and ~** कुल मिलाकर; **gentleman at ~** बेरोजगार व्यक्ति; **in ~** बड़ी मात्रा में; **in ~ part/ in ~ measure** काफी हद तक; **in the ~** बड़े पैमाने पर, विशाल दृष्टिकोण से; **loom ~** (खतरे आदि का) मंडराना, (बादलों आदि का) घिर आना; **people at ~** आम आदमी, सामान्य लोग, जनसाधारण; **sb/ sth at ~** आम व्यक्ति या वस्तु; **talk ~** स्वयं अपनी प्रशंसा क., शेखी

बघारना, अपने मुंह मियां मिट्ठू बनना; **there he is as ~ as life** लो आ गया खुद-ब-खुद!; **writ** ~ स्पष्ट, प्रत्यक्ष

largess/ largesse /लाःजेस/ *n.* 1 दानशीलता 2 उदारतापूर्वक दिया गया उपहार, दान, बख्शीश 3 उदारता

largo /लाःगो/ *adv.* हौले-हौले, मंद गति तथा अत्यंत शालीनता से; ***n.*** मंद तथा शालीन शैली की संगीत रचना

lariat /लैरिअट/ *n.* 1 कमंद 2 पशुओं को खूंटे से बांधने का रस्सा, ज्यौड़ा (*Hr.*)

lark /लाःक/ *n.* 1 एक गाने वाला पक्षी 2 (***syn.*** crested) चंडूर 3 अगिन, अगिनपंछी: red-winged bush ~ 4 बगेरी: short toed ~ 5 भरत, भरुही: sky-~ 6 मजाक, मस्खरी, शरारत (prank) 7 छेड़छाड़, अठखेली, आमोद-प्रमोद, क्रीड़ा-कौतुक;

v., pt. **~ed**, *pp* **~ing** 1 मजाक क., मस्खरी क., हंसी-मजाक क. 2 छेड़-छाड़ क., अठखेलियां क. 3 शरारत क.;

dw/lw: **larky** /लाःकि/ *adj.* 1 मस्त, आनंद-प्रिय 2 विनोदशील 3 नटखट, शरारती;

p&i: **~ about/ around** उच्छृंखल बनकर घूमते फिरना, मस्ती क.;

(as) cheerful as a ~ अति मनमौजी व्यक्ति; **as happy as** ~ 1 आजाद पंछी की तरह खुश 2 जिसे कोई परवाह न हो.; **blow/ sod that for a lark** भाड़ में जाए, मैं नहीं करता; **have/ take a** ~ थोड़ी अठखेलियां क., शरारत क.; **if the sky falls we shall catch ~s** अगर-मगर; **rise with the** ~ तड़के-तड़के उठना; **say/ do sth for a** ~ मजाक में कुछ कहना या क.

larkspur /लाःकस्पर/ *n.* निर्विषी

larney /लाःनि/ (*also* **larnie**) *adj.* सुंदर, बहुत महंगा: a ~ hotel

larrikin /लाःरिकिन/ *n.* दुनिया को जूती की नोक पर लेनेवाला व्यक्ति

larrup /लैरप/ *v., pt.* **~ed**, *pp* **~ing** पिटाई क., ठुकाई क., कोड़ों से पीटना

larva /लाःवा/ *n., pl.* **larvae** /लाःवि/ मच्छर, तितली आदि के अंड़ों से निकला जीव, इल्ली, डिंभी या डिंभक;

dw/lw: **~l** /लाःवल/ *adj.* इल्ली-संबंधी: in the ~l stage; **larvi\cide** /लाःविसाइड/ *n.* डिंभकनाशक दवा; **~parous** /लाःविपरस/ *adj.* डिंभकप्रजक

laryn\geal /लअरिंजिअल/ *adj.* कंठ्य: **~geal** cavity;

dw/lw: **laryn\gitis** /लैरिंजाइटिस/ *n.* गले की सूजन, कंठशोथ; **~gology** /लैरिंगॉलजि/ *n.* कंठ-रोग विज्ञान; **~goscope** /लैरिंगॉस्कोप/ *n.* कंठ-दर्शी, स्वरयंत्र-दर्शी; **~goscopy** /लैरिंगॉस्कपि/ *n.* कंठ-दर्शन, स्वरयंत्र दर्शन; **~gotomy** /लैरिंगॉटमि/ *n.* कंठच्छेद, स्वरयंत्र उच्छेदन

larynx /लैरिंक्स/ *n., pl.* **larynges/ larynxes** /लैरिंजीज/ लैरिंक्सीज/ (***syn.*** voice-box) कंठ, स्वरयंत्र, हलक, टेंटुआ

lasagne /लजैन्य/ लसैन्य/ (*US* **lasagna** /लजान्या/) *n.* 1 चपटे पास्ते की परतें 2 इटली का एक पकवान जो पास्ता, मांस और चटनी के साथ बनाया जाता है

lascar /लैस्कः/ *n.* यूरोपीय जहाजों पर भारतीय मूल का नाविक

lascivious /लअसिविअस\/ *adj.* 1 कामुक, लंपट, विलासी 2 काव्य के बारे में: कामुकतापूर्ण, कामोत्तेजक;

dw/lw: **~ness** /~नेस/ *n.* कामुकता, लंपटता, विलासिता

LASE *abbr.* 'Laser Assisted Spinaj Endoscopy' की प्रथमाक्षरी

lase /लेज/ *v., pt.* **~d**, *pp* **~lasing** लेजर के रूप में काम करना

laser /लेजः/ *n.* 1 लेजर 2 एक ऐसा उपकरण जिसके तेज और सघन किरण पुंज द्वारा चिकित्सीय और अन्य तकनीकी कार्य किए जाते हैं;

dw/lw: **~-camera** *n.* लेजर कैमरा;

collocations: ~ **disc** श्रव्य व दृश्य के रिकॉर्ड की मात्र बजाने वाली डिस्क; ~ **printer** कंप्यूटर से जुड़ने वाला लेजर प्रिंटर, लेजर मुद्रक; ~ **mass spectrometer** लेजर विश्लेषण या दर्शन प्रणाली मीटर

lash /लैश/ *v., pt.* **~ed**, *pp* **~ing** 1 (***syn.*** beat, thrash) कोड़े लगाना, कोड़े से पीटना: ~ a horse with a whip 2 से टकराना 3 (***syn.*** attack) की घोर निंदा या आलोचना क., भर्त्सना क. 4 फटकारना 5 उत्तेजित क.: ~ the listeners into a fury 6 (***syn.*** pound) हवा या बारिश का किसी वस्तु से जोर से टकराना: the waves **~ed** the shore 7 कोड़े आदि को तेजी से हवा में हिलाकर बजाना 8 अचानक परेशान होकर जोर-जोर से हिलना-डुलना;

n. 1 कोड़े की मार, कशाघात: he was given twenty **~es** 2 कोड़ा, चाबुक 3 ताना, कटाक्ष 4 (**~es = eyelashes**) पलकें, बरौनी 5 घोर निंदा, आलोचना, भर्त्सना: the ~ of scandal/ of an angry tongue; be under the ~ 6 (**the ~**) कोड़ों से पिटाई;

dw/lw: **~ing** /लैशिंग/ *n.* 1 (**~ings**) कोड़ों की मार, कोड़े से होने वाली धुनाई 2 कशाघात 3 झिड़की, भर्त्सना, फटकार 4 बांधने की रस्सी या रस्सा; **~ing** *adj.* 1 किसी भी वस्तु की मार या टकराहट आदि से संबंधित: ~ing rain 2 बांधने के लिए प्रयुक्त: ~ing chain; **~ings** *n. [pl.]* 1 उदारतापूर्वक दिया जानेवाला भोजन, पेय, धन 2 प्रचुरता, बहुतायत;

p&i: **~ oneself into a fury** ताव में आना, भड़क उठना, आग बबूला हो जा.; ~ **out** 1 जोर से प्रहार क. 2 कड़ी आलोचना क., झिड़कना, भर्त्सना क. 3 अनाप-शनाप खर्च क., पानी की तरह पैसा बहाना; **~ sth down/ together, etc.** कसकर बांधना; **~ things together** चीजों को रस्सी से कस कर बांधना; **~ up** अस्थायी कमरे में लगाकर परखना; **~ up and stow!** बोरिया-बिस्तर बांधो और भाग जाओ!;

be under the ~ भयंकर आलोचना का शिकार हो.

LASIK *abbr.* 'Laser Assisted in Situ Keratomileusis' की प्रथमाक्षरी

lass /लैस/ *n.* 1 लड़की, युवती, किशोरी 2 प्रेयसी, प्रेमिका 3 किसी भी उम्र की औरत के लिए प्रयुक्त स्नेहपूर्ण संबोधन;

dw/lw: **~ie** /लैसि/ *n., pl.* **~s** छोटी लड़की, नटखट और चंचल लड़की;

p&i: **all are good ~es, but whence come the bad wives?** यदि सभी युवतियां अच्छी हैं तो खराब पत्नियां कहां से आती हैं?

lass fever चूहों से होनेवाली एक गंभीर बीमारी

lassitude /लैसिट्यूड/ *n.* 1 थकान, थकावट, क्लांति 2 उदासी 3 शिथिलता, निर्जीवता, सुस्ती 4 अवसाद, विषाद

lasso /लैसो/ *n., pl.* **~s/ ~es** 1 गरगो, फंदेदार रस्सी, ज्यौड़ा (*Hr.*) 2 कमंद, पाश, फांसा;

v., pt. **~ed**, *pp* **~ing**, *s/he/it* **~es** फांसे या कमंद से पकड़कर बांधना

last /लास्ट/ *US* लैस्ट/ *adj. determiner* 1 अंतिम, आखिरी: sb's ~ words before death; sb's ~ word on the matter; the ~ great change 2 पिछली/ पिछला, अंतिम: ~ but one (अंतिम से पहला) 3 गत, पिछला: ~ summer 4 बचा हुआ, आखिरी: ~ crust/ resource 5 अधमतम: the ~ thing one should do; of the ~ importance 6 चरम, शिखरतम: the ~ word in science; ***adv.*** 1 अंत में 2 सबके बाद 3 आखिरी बार, पिछली बार: when did you ~ go abroad?;

n. 1 अंत 2 अंतिम व्यक्ति या वस्तु: the ~ of Guptas; her ~ (उसका पिछला बच्चा) 3 मृत्यु, अंतिम सांस: his ~ 4 मजाक, शब्दों का हेर-फेर या शब्दों का खेल 5 कहानी, फिल्म आदि का अंत: hear/ see the ~ of sth 6 अंतिम दर्शन आदि: see the ~ of sb/ sth 7 जूते ठीक करने का कलबूत;

v., pt. **~ed**, *pp* **~ing** 1 बने रहना, टिके रहना, टिकाऊ हो.: good woollen cloth **~s** long 2 कुछ समय तक बने/ बचे रहना: his strength **~ed** to the end of the journey 3 पर्याप्त हो.: the supply of coal will hardly ~ (out) the winter 4 चलना, जारी रहना: as long as life **~s**; lilies ~ but a day;

dw/lw: **~-ditch** *adj.* अंतिम विकल्प या चारा; **~-gasp** *n.* अंतिम क्षणों में प्राप्त; **~ing** /लास्टिंग/ *adj.* (***syn.*** durable) चिर-स्थायी, टिकाऊ: ~ing peace; a ~ing friendship (टिकाऊ

मित्रता); **~ly** /लास्टलि/ *adv.* 1 (***syn.*** finally) अंततः 2 अंत में 3 अंतिम बात यह है कि; **~-mentioned** *adj.* जिसका पीछे जिक्र हुआ है, उक्त; **last\-minute** *adj.* अंतिम क्षणों का; **~-named** *adj.* जिसका अंतिम नाम लिया गया हो;

collocations: **~ agony** मृत्यु पीड़ा; **~ call** विमान आदि में बैठने के लिए अंतिम बुलावा; **~ heir** अंतिम उत्तराधिकारी; **~ home** कब्र; **Last Judgment** अंतिम निर्णय, कयामत का दिन; **~ name** उपनाम, कुल नाम, गोत्र; **~ night** कल शाम; **~ orders** पब, मयखाने आदि में पेय लेने का अंतिम हुक्म; **~ payment** अंतिम भुगतान; **~ thing** आखिरी काम;

a last-ditch attempt/ effort अंतिम प्रयास; **first and ~** सब मिलकर; **my ~** अंतिम पत्र; **the last** सबसे बाद में आने वाला व्यक्ति या वस्तु; **the Last Day** प्रलय का दिन; **the ~ post** 1 दिन भर के काम के बाद रात्रि विश्राम का बिगुल 2 शव-यात्रा के बाद अंतिम विदाई बिगुल; **the ~ rites** अंतिम संस्कार; **the ~ straw** धैर्य की अंतिम हद; **the ~ supper** अंतिम ब्यारी, ईसा का अपने शिष्यों के साथ अंतिम भोज; **the ~ word** 1 अंतिम निर्णय, आखिरी फैसला 2 निर्णायक कथन, दो-टूक बात 3 ताजा फैशन; **the long ~ sleep** मृत्यु;

p&i: **~ but not least** अंतिम पर कम महत्त्वपूर्ण नहीं; **~ but one** अंतिम से एक पहले का; **~ castes** अतिवादी बिंदु; **(die in the) ~ ditch** अंत तक (आखिरी दम तक) लड़ना; **~ in first out** जो सबसे बाद में आएं हैं, सबसे पहले जाएंगे (नौकरी आदि से निकाले जाने के बारे में); **~ makes fast** काम के अंतिम चरण में आते-आते आदमी अधिक चुस्त हो जाता है; **~ thing in** आधुनिकतम, नवीनतम;

a ~ fling शराब, गांजा आदि मादक द्रवों का आखिरी दौर; **at ~** अंततोगत्वा, आखिरकार; **at (long) ~** अंततोगत्वा, आखिरकार; **at the ~ minute** अंतिम क्षणों में; **be on its/ one's ~ legs (leg)** (जीवन के) अंतिम चरण में हो.; **breathe one's ~** दम तोड़ना, मर जाना; **every ~** अंतिम, हर आखिरी व्यक्ति या वस्तु; **have the ~ laugh** अंततः बाजी मार लेना; **have the ~ word** अंतिम शब्द, उत्तर या निर्णायक कथन पाना; **to the ~** अंत तक, अंतिम दम तक; **in the ~ light** अंधेरे में; **in the ~ half** उत्तरार्ध में, दूसरे आधे भाग में; **in the ~ resort** अंतिम विकल्प के रूप में; **next/ second to last = ~ but one** अंतिम से पहले का; **one's ~ resort** किसी का अंतिम विकल्प; **put the ~ hand to** पूरा क.; **stick to one's ~** अंतिम दम तक डटे रहना; **the day/ week/ year before last** पिछले से एक दिन/ एक सप्ताह/ एक साल पहले का; **the final/ ~ straw** आखिरी हद; **the ~ card up one's sleeve** 1 तरुप का पत्ता 2 आखिरी हथियार; **the ~ drop makes the cup run over** एक सीमा के बाद धैर्य का बांध टूट जाता है; **the ~ gasp** अंतिम हद, से आगे नहीं जिया जा सकता; **the ~ moment/ minute** किसी घटना से पहले के अंतिम क्षण; **the ~ of pea-time** अंतिम चरण; **the ~ of sth** आखिरी बचा हुआ; **the ~ I heard** अंतिम/ पिछली बात जो मैंने सुनी थी...; **the ~ person/ thing, etc.** ऐसा व्यक्ति या वस्तु जिसकी उम्मीद न हो; **the ~ suitor wins the maid** डटे रहनेवाले की ही विजय होती है; **the ~ trump** प्रलय के दिन का आखिरी बिगुल; **till the ~** अंतिम दम तक, अंत तक, मृत्यु-पर्यंत; **the ~ word on a subject** 1 अंतिम निर्णय, आखिरी फैसला 2 नवीनतम दृष्टिकोण/ विचार

latch /लैच/ *n., pl.* **~es** 1 अड़का, सिटकनी, चटखनी, कुंडी, अर्गला: the door is on the ~ 2 खटकेदार ताला;

v., *pt.* **~ed**, *pp* **~ing** सिटकनी, चटखनी, कुंडी आदि लगाकर दरवाजे को बंद क.;

dw/lw: **~key** *n.* सिटकनी वाले दरवाजे की चाबी **~string** *n.* खींचकर सिटकनी या चिटकनी खोलने की रस्सी;

collocations: **~key child/ ~key kid** वह बच्चा जो स्कूल से उस समय घर लौटता है जब उसके माता-पिता घर पर न होकर काम पर होते हैं (बच्चा कुंडी या सिटकनी हटाकर अपने आप दरवाजा खोल लेता है);

p&i: **~ on** किसी चीज को समझना या उसका अर्थ पकड़ पाना; **~ on to sb** 1 किसी से चिपक जाना या के साथ लग जाना 2 किसी से लगाव हो जा.; **~ on to sth** किसी चीज से बुरी तरह चिपक जाना या उसके पीछे पड़ जा.; **~string** सिटकनी या कुंडी से बंधी रस्सी;

on the ~ सिटकनी आदि से बंद दरवाजा; **win the ~-key** बालक का प्रौढ हो जा.

latchet /लैचिट/ *n.* 1 चमड़े का तस्मा: the ~ of whose shoe I am not worthy to unloose (*Bible*) 2 चमड़े की पेटी;

late /लेट\/ *adj., degr.* **~r, ~st** 1 (***anton.*** early) विलंबित, जिसे देर हो गई हो: be ~ for school/ for breakfast/ for dinner 2 देर का 3 पछेता, पछेती (फसल): ~ variety 4 पिछला 5 उत्तर-, परवर्ती: in ~ summer 6 स्वर्गीय, दिवंगत: the ~ lamented; the ~ president 7 भूतपूर्व 8 हाल का, पिछले दिनों का;

adv. 1 देर से, देर करके, देर तक: come ~ 2 किसी ऐतिहासिक समय के अंत में 3 हाल में 4 अंतिम भाग में 5 गत समय में;

dw/lw: **~comer** *n.* देर से पहुंचनेवाला, लेट-लतीफ; **~ly** /लेटलि/ *adv.* पिछले दिनों में: not seen him ~ly; **~ness** *n.* 1 पछेतापन 2 देरी: ~ness of hour; **~-night** *n.* देर रात में होनेवाली बात या घटना; **~r** /लेटः/ *adj.* 1 बाद का 2 नवीनतम, अभी का (काम); **~r** *adv.* 1 बाद में: no ~r than yesterday 2 फिर कभी: ~r on: this happened ~r on;

Johny-come-lately जो किसी कार्य में देर से शामिल हुआ हो;

collocations: **~ fee** देरी-शुल्क; **~ news** छपते-छपते; **~-night shopping** दुकानें बंद होने के बाद की जा सकनेवाली खरीदारी;

p&i: **~ in the day** 1 दिन ढले 2 **(rather ~ in the day)** अब काफी समय बीत चुका, अब कुछ नहीं किया जा सकता; **~ in the night** बहुत रात गए; **~ in life** जीवन के संध्या काल में;

at (the) ~st अधिक से अधिक (देर तक); **better ~ than never** कभी न करने से देर से करना बेहतर होता है; देर आए, दुरुस्त आए; **it is never too ~ to mend** भूल कभी भी सुधारी जा सकती है; **it's ~** काफी देर हो गई है, अब शाम होने को है; **keep ~ hours** देर रात तक जागना; **of ~** हाल ही में, पिछले कुछ समय से, पिछले दिनों; **sooner or ~r/ early or ~/ soon or ~** देर-सवेर

lateen /लअटीन/ *n.* तिकोना पाल, कातराः ~ sail

lately *see above under* **late: *dw/lw***

latency /लेटंसि/ *n.* 1 प्रसुप्तावस्था: ~ period (प्रसुप्ति काल) 2 घटित होने की अप्रत्यक्ष प्रक्रिया

La Tène /लै टेन/ *adj.* लौह-काल की केंद्रीय व पश्चिमी यूरोपीय संस्कृति से संबंधित

latent /लेटंट/ *adj.* 1 अप्रत्यक्ष: ~ meaning 2 अंतर्निहित: ~ qualities; ~ talent 3 जागृत होने की अवस्था में 4 घटित होने की प्रक्रिया में 5 छिपे-छिपे घटनेवाला: ~ business partner;

collecs.: **~ energy** अप्रत्यक्ष ऊर्जा; **~ heat** ऐसी ऊष्मा जिसका पता न चले; **~ image** गुप्त बिंब; **~ period** प्रसुप्ति काल; **~ virus** छिपे संक्रामक रोगाणु, जो किसी पौधे या जीव में मौजूद तो होते हैं पर वे रोग के रूप में प्रकट नहीं हुए होते

later *see above under* **late: *dw/lw***

lateral /लैटर\ल/ *adj.* 1 पार्श्व का: ~ area (पार्श्व क्षेत्र) 2 बाजू का, बगल का: ~ dimensions; ~ position;

n. 1 बगल की शाखा 2 (फुटबॉल में) दायें, बाएं या पीछे की ओर दिया जानेवाला पास;

dw/lw: **lateral\ity** /लैटैरेलिटि/ (*also* **~isation**) *n.* पार्श्वता, बाजू की स्थिति; **~ly** /~लि/ *adv.* बाजू की स्थिति अनुसार;

collocations: **~ artery** पार्श्व-धमनी; **~ consonant** जिह्वा द्वारा तालु के किसी भाग को स्पर्श करने से पैदा होनेवाली व्यंजन ध्वनि; **~ expansion** पार्श्वी प्रसार; **~ inversion** पार्श्वी परिवर्तन; **~ section** पार्श्वी परिच्छेद; **~ thinking** किसी प्रक्रिया या बात

को समझने का नया ढंग जिसके अनुसार स्थापित ज्ञान या मूल्यों से हटकर बात, घटना या प्रक्रिया को समझने का प्रयास होता है

laterite /लैटअराइट/ *n.* लाल, दानेदार मिट्टी, मखरैला

latescent /लटेसंट/ *adj.* बदलती हुई गुप्त प्रक्रिया

latest /लेटिस्ट/ *adj.* नवीनतम, ताजा: the ~ thing;
n. (**the** ~) नवीनतम वस्तु, समाचार या क्रिया: the ~ in sth;
p&i: **at the** ~ अधिक से अधिक, ज्यादा से ज्यादा (देर में), अंतिम सीमा तक

latex /लेटेक्स/ *n.* 1 वनस्पति दूध, वानस्पतिक दुग्ध 2 क्षीर 3 वनस्पतियों में से निकलने वाला दूध जैसा पदार्थ

lath /लाथ/ *US* लैथ/ *n.* 1 लकड़ी की पट्टी: ~ house 2 लकड़ी की फर्री, धज्जी: (as) thin as a ~ (बहुत पतला);
v., pt. **~ed**, *pp* **~ing** लकड़ी की पट्टियों को छत, दीवार आदि पर लगाना;
dw/lw: **~ing** /लादिंग/ *n.* धज्जीबंदी, जाली; **~y** /लादि/ *adj.* तांतिया, दुबला-पतला

lathe /लेद/ *n.* 1 खराद (मशीन): ~ work 2 (कुम्हार का) चाक 3 (करघे का) डंडा;
v., pt. **~d**, *pp* **lathing** खराद पर चढ़ाकर बनाना, खरादना

lather /लादः/ *US* लैथः/ *n.* फेन, झाग: a good ~ is half the shave;
v., pt. **~ed**, *pp* **~ing** 1 झाग बनाना: this soap does not ~ well 2 मुंह पर दाढ़ी बनाने का झाग लगाना;
dw/lw: **~y** /लादरि/ *adj.* झाग से भरा, झागदार;
p&i: **get into a** ~ परेशान हो., चिंतित हो.

latifundia /लाःटिफंडिआ/ *n., pl., Lat.* विशाल जागीर

Latin /लैटिन/ *n.* 1 लैटिन, लातीनी भाषा: classical ~; medieval ~; vulgar ~ 2 इतालवी, स्पेनी, पुर्तगाली मूल का व्यक्ति 3 लातीनी से निकले अंग्रेजी के शब्द;
adj. 1 लातीनी भाषा से संबंधित 2 लातीनी से निकली भाषाओं से संबंधित: French, Italian and Spanish are ~ languages 3 इतालवी, स्पेनी, पुर्तगाली (मूल का व्यक्ति);
dw/lw: **Latina** /लैटीना/ *n.* अमेरिका में रहनेवाली लातीनी अमेरिकी मूल की लड़की या औरत; **Latinate** /लैटिनेट/ *adj.* 1 लातीनी से निकला हुआ या लातीनी से संबंधित 2 जिसकी लेखन शैली और शब्द लातीनी भाषा की शैली जैसे हों; **Latiner** /लैटिनः/ *n.* लातीनी विषयों का विशेषज्ञ; **Latinx** /लैटींक्स/ *n.US* दक्षिण अमेरिकी मूल का अमेरिकी पुरुष या महिला (नागरिक); **~ism** /लैटिनिज्म/ *n.* लातीनी भाषा से लिए हुए शब्द और मुहावरे; **~ist** /लैटिनिस्ट/ *n.* लातीनी भाषा का विशेषज्ञ; **~ize** /लैटिनाइज/ *v., pt.* ~ized, *pp* ~izing लातीनी ढंग का बनाना; **Latino** /लैटीनो/ *n.* *US* दक्षिण अमेरिकी मूल का अमेरिकी पुरुष (नागरिक);
collocations: ~ **America** लैटिन अमेरिका, लातीनी अमेरिका; ~ **American** दक्षिण और मध्य अमेरिका और मेक्सिको जैसे देशों से संबंधित; ~ **American** लातीनी अमेरिकी व्यक्ति, वस्तु आदि; ~ **Cross** विशेष प्रकार का लातीनी क्रॉस; ~ **lover** लातीनी अमेरिकी प्रेमी (जिसे अच्छा प्रेमी माना जाता है)
thieves ~ विशेष समुदायों के बीच प्रचलित शब्द (jargon);

Latinx *see above under* **Latin:** ***dw/lw***

latitant लैटिटंट/ *adj.* 1 गुप्त, छिपा हुआ 2 सर्दियों में नींद में सुप्त

latitu\de /लैटिट्यूड/ *US* लैटिटूड/ *n.* 1 अक्षांश, अक्षांतर: 300 of **~de** north of the equator 2 *astron.* विक्षेप, शर 3 (***syn.*** liberty) छूट, स्वच्छंदता: allow people **~de** in religion 4 उदारता 5 विस्तार, व्याप्ति, फैलाव: **~de** of knowledge 6 गुंजाइश: **~de** of exposure;
dw/lw: **latitu\dinal** /~डिनल/ *adj.* अक्षांश-संबंधी, अक्षांशीय; **~dinarian** /~डिनेअरिअ\न/ *n.* 1 उदार या सहिष्णु व्यक्ति 2 उदारपंथी, उदारवादिता 3 सिद्धांत-निरपेक्ष; **~dinarianism** /~डिनेअरिअनिज्म/ *n.* 1 उदारवादिता, सहिष्णुता 2 सिद्धांत-निरपेक्षता;
collocations: **high ~des** ऊंचे अक्षांश; **low ~des** उष्णकटिबंधीय (tropical) अक्षांश

latria /लट्रिआ/ *n.* आराधना

latrant /लेटरंट/ *adj.* भौंकनेवाला

latrine /लअट्रीन/ *n.* शौचघर, टट्टी, पाखाना, संडास

latte /लैटे/ *US* लाःटे/ *n.* कॉफी और दूध से बनाया जाने वाला एक पेय

latte factor लापरवाही से थोड़ा-थोड़ा करके हो जाने वाला काफी खर्चा

latter /लैटः/ *adj.* 1 बाद के समय का (प्रायः ऐतिहासिक) 2 पिछला: in these ~ days 3 अंत के करीब: the ~ half of the year/ the month, the week; the ~ half of the twentieth century;
dw/lw: **latter\-day** 1 बाद के समय का 2 आजकल का, हाल ही का, आधुनिक; **latterly** /लैटःलि/ *adv.* 1 हाल ही में 2 अंतिम समय में 3 पिछले कुछ समय से; **the latter** /लैटः/ *n.* बाद वाला, दूसरा; **~most** /लैटःमोस्ट/ *adj.* अंतिम, सबसे बादवाला;
p&i: ~ **end** अंतिम सिरा या छोर

lattice /लैटिस/ *n., [pl.]* 1 (*also* ~ **work**) धातु अथवा लकड़ी की जाली, जालक, झंझरी;
collocations: ~ **bridge** जालीदार पुल; ~ **frame** जालीदार चौखट; ~ **girder** जालीदार धरण (शहतीर); ~ **plane** जालीदार-तल; ~ **sheet** जालीदार-पट; ~ **window** (**~d window**) धातु की पट्टियों में जड़े हीरेनुमा शीशों की झांकी

Latvia /लातविआ/ *n.* लातविया;
dw/lw: **~n** /लैतविअन/ *adj.* 1 लातविया वासी 2 लातविया से संबंधित 3 (*also* **Lettish**) लातवियाई भाषा से संबंधित

laud /लॉःड/ *v., pt.* **~ed**, *pp* **~ing** 1 प्रशंसा क., सराहना 2 स्तुति क. 3 गुणगान क.;
n. स्तुति, भजन;
dw/lw: **laud\able** /लॉडअ\बल/ *adj.* (***syn.*** commendable) प्रशंसनीय, श्लाघ्य, स्तुत्य: a ~able aim/ ambition/ goal/ attempt/ cause/ effort; **~ably** /~बलि/ *adv.* प्रशंसनीय ढंग से; **~atory** /~टरि/ *n.* प्रशंसा या स्तुति के रूप में होनेवाला, सराहनीय, प्रशंसात्मक;
p&i: ~ **(someone) to the skies** किसी की तारीफ के पुल बांधना

laudanum /लाःडअनम/ *n.* अफीम से बनी औषध

laugh /लाःफ/ *US* लैफ/ *v., pt.* **~ed**, *pp* **~ing** 1 हंसना: ~ oneself helpless/ into convulsions/ into fits 2 उपहास क., खिल्ली उड़ाना, हंसी उड़ाना, मजाक उड़ाना: ~ to scorn (किसी की खिल्ली उड़ाना) 3 उपेक्षा क., परवाह न क.: ~ at difficulties/ at threats/ at danger/ at misfortunes 4 सुनकर हंसना: ~ one's pleasure;
n. 1 हंसी: have a good/ a hearty ~ at sb 2 उपहास, मजाक: join in the ~; break into a ~ 3 खिल्ली: raise / turn the ~ against sb;
dw/lw: **laugh\able** /~अबल/ *adj.* 1 (***syn.*** absurd) हास्यास्पद: ~able character; be ~able 2 हास्यजनक: ~able incident; **~ably** /~अबलि/ *adv.* हास्यजनक ढंग से; **~ing** *see below under separate entry*; **~some** *adj.* हंसोड़, मजाक के योग्य;
p&i: ~ **and grow fat** हंसना और मस्त रहना; ~ **and the world ~s with you, weep and you weep alone** हम हंसते हैं तो सभी हंसते हैं पर जब रोते हैं तो अकेले रोना पड़ता है; ~ **at a man's beard** 1 किसी को उल्लू बनाना 2 खिल्ली उड़ाना; ~ **at sb/ sth** किसी पर या किसी बात पर हंसना; ~ **away** हंसी में टाल दे.; ~ **before breakfast you'll cry before supper** जो सुबह से हंसने लगता है उसे शाम तक रोना भी पड़ सकता है; ~ **down** हंस कर चुप करा दे.; ~ **in sb's face** अनादर क.; ~ **in up one's sleeves** मन-ही-मन हंसना; ~ **like a drain** ठहाके मारकर हंसना; ~ **off** मजाक द्वारा पीछा छुड़ा ले.; ~ **oneself silly** हंस-हंसकर पागल हो जा.; ~ **one's head off**

ठहाके मारकर देर तक हंसना; **~ on the other side of one's face** अच्छा मिजाज क्रोध में बदल जा.; **~ out** किसी आदत आदि पर हंसकर छुटकारा पाना; **~ out of court** खिल्ली उड़ाना; **~ sb out of court** हंसकर (तिरस्कारपूर्वक) ठुकरा दे.; **~ sb out of countenance** = **~ to scorn** मजाक/ खिल्ली उड़ाना; **~ sth off** में किसी बात को हंसी उड़ा दे.; **~ until one cries** इतना हंसना कि हंसते-हंसते आंसू आ जाएं; **~ up one's sleeve** अंदर ही अंदर खुश हो., मन में लड्डू फूटना;
be ~ing all the way to the bank ठगकर बहुत पैसा बनाना; **do it for a ~/ for ~s** मजाक के लिये क.; **don't make me ~** बेवकूफीपूर्ण बात न करो!; **have a good ~ (about sth)** कोई बात मजेदार लगना; **have the ~ on one's side** किसी से बाजी मारना; **have the last ~** अंततः विजयी होना; **he is not ~ed at that ~s at himself first** जो अपनी आलोचना खुद कर लेता है उसकी आलोचना कोई नहीं कर सकता; **make me ~!** कितना हास्यास्पद है!; **no ~ing matter** हंसने की कोई बात नहीं, यह गंभीर मामला है; **not know whether to ~ or cry** जटिल स्थिति में फंसने के कारण दुविधा में पड़ जा.; **he ~s best who ~s last** जो जीता वही सिकंदर; **enough to make a cat ~** जग-हंसाई के सिवा और कुछ नहीं; **on the ~** हंसते हुए

laughing /लॉफिंग\/ *US* लैफिंग/ *adj.* हंसने या हंसानेवाला, हास्यमय, हास्यस्पद: ~ face/ countenance;
n. हंसी: too much **~ing** and talking;
dw/lw: **~ing-matter** *n.* मजाक; **~ingly** /~लि/ *adv.* हंसी-हंसी में, हंसते-हंसते;
collocations: **~ing gas** हास्य-गैस; **~ing jackass** किंगफिशर की जाति का एक पक्षी; **~ing stock** जिसकी बेवकूफी पर सब हंसते हैं;
p&i: **be no ~ing matter** मजाक की बात न हो.

laughter /लाःफ्टः/ *US* लैफ्टः/ *n.* हंसी, हंसी का ठहाका: tears/ gales/ peals/ shrieks of ~;
p&i: **burst/ dissolve into ~** ठहाका लगाकर हंसने लगना; **die with ~** हंसी से जान निकल जा.; **Homeric ~** देवताओं-सा ऊंचा व खुला ठहाका; **roar with ~** ठहाके की गरजन क.

launch /लॉंच/ *v., pt.* **~ed**, *pp* **~ing** 1 जलयान को पहली बार जल में उतारना (जलावतरण क.) 2 वायुयान को पहली बार आसमान में भेजना 3 रॉकेट आदि दागना/ छोड़ना: ~ a rocket/ missile/ torpedo 4 महत्त्वपूर्ण कार्य आरंभ क.: ~ out on a voyage of discovery 5 नए उत्पाद को पहली बार सबके सामने प्रस्तुत करने का समारोह आयोजित क.: ~ a new enterprise; ~ a book 6 कूद पड़ना, पिल पड़ना: ~ into an argument 7 प्रस्थान क. 8 आक्रमण शुरू क., धावा बोलना: ~ an attack; ~ a blow 9 कोई अभियान शुरू क.: ~ an anti-corruption campaign; ~ an invective 10 किसी नकारात्मक कार्य में पड़ जा.: ~ into dissipation/ into extravagance;
n. 1 जलयान का अवतरण, जलावतरण: the ~ of a new liner 2 वायुयान या रॉकेट आदि की प्रथम यात्रा/ उड़ान 3 किसी महत्त्वपूर्ण कार्य का श्रीगणेश 4 नई वस्तु या सेवा का उद्घाटन/ प्रस्तुतीकरण 5 एक बड़ी नाव जिसमें मोटर लगी हो, विहार-नौका 6 आक्रमण, धावा 7 नए अभियान की शुरुआत 8 प्रस्थान;
dw/lw: **~er** /लॉंचः/ *n.* लांचर, प्रक्षेपण-यंत्र; **~ing** *n.* 1 अवतरण, जलावतरण 2 शुरुआत; **~ing** *adj.* अवतरण, जलावतरण संबंधी: ~ing-ramp; ~ing-site;
collocations: **~ing pad/ ~ pad** अवतरण मंच, रॉकेट दागने का ढांचा; **~ vehicle** रॉकेट दागने की गाड़ी; **~ window** *astron.* स्पुतनिक, अंतरिक्ष यान आदि को सही कक्ष या पथ में डालने के लिए उसके छोड़ने में लगनेवाला समय;
p&i: **~ an aerial attack** हवाई हमला शुरू क.; **~ into eternity** स्वर्ग यात्रा पर निकल पड़ना; **~ into sth** 1 किसी की बहुत गुस्से से आलोचना क. 2 किसी कार्य को जोशो-खरोश के साथ आरंभ क.; **~ out** कोई महत्त्वपूर्ण कार्य शुरू क.; **~ sth against** किसी चीज के विरुद्ध अभियान छेड़ना;
press coverage for the ~ of the new product नए माल की प्रस्तुति के बारे में समाचार-पत्रों में सामग्री का प्रकाशन

launder /लॉंडः\/ *v., pt.* **~ed**, *pp* **~ing** 1 कपड़े आदि धोना: beautifully **~ed** linen 2 मुद्रा की अदला-बदली में पैसा कमाना 3 (कपड़े का) धुलाई में आसान हो.: the shirt **~s** well;
dw/lw: **~er** / लॉंडरः/ *n.* 1 कपड़े धोने तथा उन पर इस्तरी करने वाला, धोबी 2 काले धन को सफेद करने वाला; **~ess** *n., pl.* ~es धोबिन; **~ette** (*N. Amer.* **laundromat**) *n.* ऐसा स्थान जहां धुलाई के लिए सिक्के डालकर चलाई जानेवाली धुलाई मशीनें लगी होती हैं; **launder\ing** /लॉंडरिंग/ *n.* (***syn.*** washing) काले धन को सफेद करने की प्रक्रिया; **~y** /लॉंडरि/ *n.* 1 धोबी घाट 2 धुलाई-घर 3 (***syn.*** washing) धुलाई के कपड़े: send linen to the ~y; ~y soap; ~y detergent; **~yman** *n.* धोबी;
collocations: **money ~ing** एक मुद्रा को दूसरी में बदलकर उनकी विनिमय दरों में अंतर की बदौलत पैसे कमाना

Laurasia /लॉःरेशिआ/ *n.* अरबों वर्ष पूर्व उत्तरी गोलार्ध में आधुनिक अमेरिका, ग्रीनलैंड, यूरोप और एशिया के अधिकतर भागों में फैला एक विशाल क्षेत्र

laureate /लौरिअट/ *US* लॉरिअट/ *adj.* 1 प्रतिष्ठित, सम्मानित, सम्मान-प्राप्त: poet ~ (सम्मानित कवि) 2 जयपत्र के हार से सुसज्जित व सम्मानित: ~ wreath;

laurel /लौरअल/ *US* लॉरल, लाःरल / *n.* 1 जयपत्र: bay ~ (जयपत्र) 2 विजय माला, जयपत्र का मुकुट: win/ gain **~s**; reap one's **~s**;
collocations: **~ wreath** जयपत्र का मुकुट; **Alexandrian ~** सुलताना, चंपा, पून, पुन्नाग; **Indian ~** सज, साइन;
p&i: **gain ~s** प्रसिद्ध हो जा.; **rest/ sit on your ~s** पुरानी उपलब्धियों से संतुष्ट रहना और अपने आप को सुधारने की कोशिश न क.; **look to one's ~s** अपना सम्मान व उपलब्धियों को न खोने के प्रति सजग रहना; **restore one's ~s** खोई प्रतिष्ठा व उपलब्धियों को फिर से बहाल क.

LAUTRO *abbr.,* 'Life Assurance and Unit Trust Regulatory Organisation' की प्रथमाक्षरी

lav *abbr.,* 'lavatory' का संक्षेप

lava /लावाः/ *n.* लावा (ज्वालामुखी पर्वत से निकलनेवाली पिघला हुआ द्रव): a bed of ~ (लावा की परत); ~ ash (लावा राख); ~ flow (लावा का बहाव); ~ pit (लावा का गढ़ा)

lavabo /लवेबो/ *n.* हस्त-प्रक्षालन, हाथों की धुलाई

lavage /लैविज/ *n.* अंदरूनी अंग की धुलाई

lavation /लैवेशन/ *n.* प्रक्षालन, धुलाई;

lavatory /लैवअटरि/ *US* लैवअटॉरि/ *n.* शौचालय

lave /लेव/ *v., pt.* **~d**, *pp* **laving** 1 धोना, प्रक्षालन क. 2 स्नान क., नहाना 3 बहना;
dw/lw: **~ment** /लेवमंट/ *n.* अंग प्रक्षालन, धुलाई, वस्ति, वस्तिकर्म; **~r** /लेवः/ *n.* हाथ धोने का पात्र

lavender /लैवंडः/ *n.* 1 जामुनी रंग का सुगंधित फूलोंवाला पौधा 2 बैंगनी या जामुनी रंग 3 सुगंधित पुष्प, मोतिया 4 मोतिया या चमेली के फूलों का इत्र: ~ water;
adj. चमेलिया: ~ print;
collocations: **~ colour** मोतिया रंग; **oil of ~** लैवेंडर का तेल;
p&i: **lay in ~** भविष्य के लिए बचाकर रखना

lavish /लैविश\/ *adj.* 1 (***syn.*** extravagant) अपव्ययी, फिजूलखर्च, उड़ाऊ: ~ in one's habits 2 उदार, मुक्तहस्त: ~ in one's ideas 3 प्रचुर, विपुल, अपार: ~ in hospitality; be ~ of one's praise 4 ठाठदार, शानदार;
v., pt. **~ed**, *pp* **~ing** 1 बेहिसाब खर्च क.: ~ sth on sb/ sth 2 उदारतापूर्वक दे. 3 उदार हो.;
dw/lw: **lavish\ly** /~लि/ *adv.* प्रचुर मात्रा में, खुलकर, उदारतापूर्वक, मुक्तहस्त होकर; **~ness** /~नेस/ *n.* 1 मुक्तहस्तता 2

उदारता 3 अपव्ययिता:
p&i: ~ **in** खर्च आदि करने में असंयत; ~ **sth on/ upon sb/ sth** किसी के ऊपर खूब दिल खोलकर खर्च आदि क.

law /लॉ/ *n.* 1 कानून, विधि, विधान: criminal/ penal ~; according to ~ (विधि अनुसार); be equal in ~ 2 नियम, सिद्धांत: ~ of equity (समता मूलक सिद्धांत) 3 विधि संहिता 4 देश का कानून, देशाचार: become ~; go beyond the ~ 5 (***syn.*** jurisprudence) विधि-शास्त्र 6 नियमावली, निर्देशिका 7 कानून की पढ़ाई 8 वकालत का व्यवसाय: practise ~ 9 कानूनी नियंत्रण, नियंत्रक शक्ति, व्यवस्था: ~ and order 10 विधि का विधान 11 व्यवहार-विधि 12 (***syn.*** principle) किसी क्रिया का सिद्धांत;

dw/lw: **~-abiding** *adj.* कानून का पालन करने वाला, विधिपालक; **~breaker** *n.* कानून तोड़नेवाला, विधि का उल्लंघन करने वाला, विधिभंजक; **~-costs** *n., [pl.]* वाद-व्यय, मुकदमे का खर्च; **~-court** *n.* न्यायालय, कचहरी, अदालत; **law\ful** *adj.* विधिसम्मत, वैध, विधिसंगत, कानूनी: the ~ful king/ heir/ owner/ wife; reach ~ful age; ~ful money; **~fully** *adv.* विधिपूर्वक, कानून से, विधि के अनुसार, विधितः; **~giver** *n.* विधायक या सांसद, विधिकर्ता; **law\less** *adj.* 1 कानून की तौहीन करने वाला, विधि की उपेक्षा करने वाला 2 विधिविहीन, अराजक: ~less act 3 अनियंत्रित 4 विधिविरुद्ध 5 अवैध; **~lessness** *n.* अराजकता, विधिविहीनता, अव्यवस्था, अंधेर; **~maker** *n.* विधायक, विधि निर्माता; **~making** *n.* विधिनिर्माण, कानून बनाने का कार्य; **~-officer** *n.* विधि-अधिकारी; **law\suit** *n.* मुकदमा; **~-term** *n.* 1 विधि पारिभाषिक शब्द 2 अदालत का कार्यकाल; **law\yer** /लॉयर/ *n.* वकील, विधिवेत्ता, अधिवक्ता: company/ jcorporation ~yer;

brother-in-~ *n.* साला, बहनोई; **common-~** *n.* सांझा कानून, सामान्य कानून; **daughter-in-~** *n.* बेटे की पत्नी; **father\-in-law** *n.* ससुर; **in-~s** *n. [pl.]* सास-ससुर; **mother\-in-law** *n.* सास; **sister-in-~** *n.* साली/ भाभी; **son-in-~** *n.* दामाद;

collocations: ~ **and order** कानून और व्यवस्था; ~ **centre** *Br.* सरकारी कानूनी सलाह केंद्र; ~ **of averages** एक सिद्धांत जिसके तहत नकारात्मक व सकारात्मक क्रियाओं का संतुलन होता रहता है; ~ **of civil procedure** दीवानी विधि कानून; ~ **of conservation of energy** ऊर्जा संरक्षण विधान; ~ **of diminishing returns** एक ऐसा नियम या भविष्यवाणी जिसके तहत किसी उत्पादन कार्य में एक बिंदु के बाद किए जाने वाले पूंजी या श्रम के निवेश से औसत लाभ कम होता जाता है; ~ **of disuse** अनुपयोग नियम; ~ **of inheritance** उत्तराधिकार कानून; ~ **of jungle** अराजकता, ऐसी अवस्था जिसके तहत व्यक्ति को हर हाल में मात्र अपने हितों की रक्षा करनी होती है; ~ **of natural justice** स्वभावगत न्याय का कानून; ~ **of nature** 1 प्रकृति का नियम, प्राकृतिक विकास के नियम 2 सहज मानवीय अनुभवों का नियम; ~ **of Moses** एक यहूदी कानून; ~ **of the land** देश का कानून; ~ **of self-preservation** स्वयं-सुरक्षा की सहज भावना; ~ **of probability** संभावनाओं का नियम; ~ **of supply and demand** मांग और आपूर्ति का सिद्धांत; ~ **of treaties** संधि कानून; ~ **school** विधि अध्ययन संकाय;

administrative ~ प्रशासनिक नियम; **air** ~ उड्डयन नियम; **canon** ~ चर्च सिद्धांत; **civil** ~ दीवानी कानून; **criminal** ~ फौजदारी कानून; **customary** ~ प्रथागत विधान; **economic ~s** आर्थिक विधान; **international** ~/ ~ **of nations** अंतर्राष्ट्रीय कानून; **martial** ~ सेना का कानून या राज; **moral** ~ नैतिक नियम; **natural** ~ मानव-धर्म; **positive** ~ राजकृत विधि; **public/ private** ~ सामान्य या व्यक्तिगत कानून; **statute** ~ लिखित विधान; **the** ~ 1 कानूनी तंत्र, विधि-विशेषज्ञ 2 पुलिस दल-बल; **the** ~ **of the jungle** 1जंगल राज, अराजकता 2 ऐसी अवस्था जिसके तहत हर व्यक्ति मात्र अपने हित के बारे में सोचता है; **the ~s of nature/ physics** ~ प्रकृति/ भौतिकी के नियम; **the** ~ **of gravity** गुरुत्व का नियम; **the ~s of the Medes and Persians** शाश्वत विधान;

p&i: ~ **makers should not be** ~ **breakers** कानून रक्षक को कानून भंजक नहीं होना चाहिए; **~yer's house are built on the heads of fools** वकीलों का घर मूर्खों की दौलत से भरता है;

a ~ **against sth** किसी बात के विरुद्ध कानून; **a ~yer never goes to** ~ **himself** वकील खुद कभी भी मुकदमेबाजी में नहीं पड़ता; **an unwritten** ~ परंपरागत चलनेवाला कानून; **a Philadelphia ~yer** चालाक वकील; **be against the** ~ कानून के विरुद्ध होना; **be a** ~ **unto oneself** अपनी मनमर्जी की चलाना और कानून व परंपरा की परवाह न क.; **blue** ~ शुद्धतावादियों का कानून; **break/ enforce/ obey/ pass a** ~ कानून तोड़ना/ लागू क./ का पालन क./ बनाना; **by** ~ कानून के मुताबिक, विधि अनुसार; **cutter's** ~ लुटेरों का कानून; **Draconian ~s** राक्षसी कानून; **go to** ~ मुकदमा चलाना; **have/ get the** ~ **on sb** किसी के विरुद्ध कानूनी कार्रवाई करवाना; **have the** ~ **of sb** किसी पर मुकदमा ठोक दे.; **judge-made** ~ कानूनी अनुभव से बने कानून; **lay down the** ~ कानून या नियम बनाना; **Lynch** ~ भीड़ द्वारा कानून अपने हाथों में लेकर मार डालने की घटना; **necessity knows no** ~ मरता क्या न करता, विपदा में कोई कानून काम नहीं करता; **one** ~ **for the rich, and another for the poor** अमीर के लिए न्याय और गरीब के लिए अन्याय; **take the** ~ **into one's own hands** कानून को अपने हाथ में लेना, मन-मर्जी क.; **the blue-sky** ~ शेयरों और बौंडों का नियंत्रण कानून; **the** ~ **catches flies, but let hornets go fine** कानून छोटे-मोटे अपराधियों को पकड़ता है बड़ों को नहीं; **the** ~ **forbids/ prohibits/ requires sth** कानून मना करता है/ प्रतिबंध लगाता है/ किसी बात की मांग करता है; **their word is** ~ उनका कहना एक कानूनी हुक्म जैसा है; **the** ~ **is an ass** कानूना अंधा होता है; **the** ~ **is made for men and not men for the** ~ कानून आदमी के लिए होता है, आदमी कानून के लिए नहीं; **the** ~ **is not the same at morning and at night** हालात/ वक्त के लिए हिसाब से कानून बदलता है; **the long arm of the** ~ कानून के लंबे हाथ; **there is no law against sth** ऐसा कार्य जो विधि द्वारा प्रतिबंधित न हो

lawn /लॉन/ *n.* घास का मैदान, लान;
collocations: ~ **mower** 1 घास काटने की मशीन 2 घसियारा 3 एक तरह की मलमल; ~ **party** बगीचे में दी जानेवाली दावत; ~ **sprinkler** घास पर पानी छिड़कने का उपकरण; ~ **tennis** लॉन टेनिस

lax /लैक्स/ *adj., degr.* **~er, ~est** 1 ढीला: ~ discipline 2 शिथिल, पिलपिला 3 लापरवाह: in a ~ way of speaking 4 नैतिक रूप से कमजोर: ~ morals/ behaviour 5 विरल;
dw/lw: **lax\ative** /लैक्सअटिव/ *adj.* रेचक, दस्तावर, सारक; **~ity** /लैक्सिटि/ (*also* **~ness**) *n.* 1 शिथिलता, ढिलाई, ढीलापन 2 लापरवाही, असावधानी 3 छूट; **~ly** /~लि/ *adv.* 1 शिथिलतापूर्वक 2 लापरवाही से;

lay /ले/ *v., pt.* **laid**, *pp* **laying** 1 रखना, बिछाना 2 लेटना, लिटाना 3 (***syn.*** knock down) गिरा दे. 4 अंडे दे. 5 (***syn.*** allay fear) शांत क., आशंका आदि को दूर क.: ~ fear 6 दांव पर लगाना, की बाजी लगाना 7 (निशाना) साधना 8 सोच-विचार करके योजना बनाना: ~ plans 9 (***syn.*** place, present) प्रस्तुत क., पेश क.: ~ plans before sb 10 तैयार क., नियम आदि बनाना: ~ the ground rules 11 योजना बनाकर फंसाना 12 आरोप लगाना 13 (***syn.*** set) खाने के लिए मेज सजाना 14 अंगीठी के लिए लकड़ी आदि जुटाना 15 **lay** *pt.*, **'lie'** का भूतकालिक रूप;
n. 1 गीत, छोटी कथा या कविता जो गाने के लिए होती है 2 मांद (lair) 3 स्थिति, परिस्थिति: the ~ of the land; start a new ~ 4 भाग, हिस्सा 5 बटन, साध (of gun) 6 बल (of rope) 7

व्यवसाय, कार्य 8 मुर्गी द्वारा अंडे सेने की क्रिया: be in (full/ good) ~ 9 विन्यास, व्यवस्था 10 तह, स्तर, परत 11 दांव, शर्त, बाजी 12 कार्य शैली;
adj. 1 अकुशल या अप्रशिक्षित 2 जो विषय-विशेषज्ञ न हो, साधारण: ~ man/ ~ woman/ ~ person 3 अयाजकीय;
dw/lw: **~-by** *n.* सड़क के किनारे स्थान जहां कारें आदि सुरक्षित खड़ी हो सकती हैं; **~brother/ ~sister** *n.* धर्म की दीक्षा पाकर ब्रह्मचर्य का पालन करने की शपथ लेने वाला व्यक्ति; **~-figure** *n.* रेडिमेड पोशाक की दुकान के सामने रखा रहने वाला प्लास्टिक या मिट्टी का बुत जिस पर कोई पोशाक पहनाई जा सकती है; **lay\man/ ~woman/ ~person** *n.* जो विषय-विशेषज्ञ न हो, साधारण या सामान्य व्यक्ति: in ~man's language; **~-off/ ~off** *n.* 1 नौकरी से छुट्टी, अस्थायी छंटनी 2 मंदी; **~out** *n.* 1 भवन आदि का नक्शा, खाका, विन्यास 2 आयोजन, व्यवस्था, फैलाव; **~over** *n.* **~over = stop-over** ठहराव, विश्राम काल, प्रतीक्षाकाल; **~-person/ audience** *n.* साधारण व्यक्ति/ श्रोतागण; **~-reader** *n.* साधारण पाठक जो धार्मिक पाठ आदि पढ़ने के लिए प्रशिक्षित न हो; **~-stall** *n.* कूड़ा-कर्कट फेंकने का स्थान, कुड़ी (*Hr.*), घूरा; **~-up** *n.* एक हाथ से गेंद को टोकरी में डालने की क्रिया;
collocations: **~ about** 1 सुस्त आदमी 2 आवारा आदमी; **~ away** दुकान में किसी चीज का आंशिक मूल्य देकर उसे अपने लिए रखवा छोड़ना;
p&i: **~ a bet** शर्त लगाना; **~ about one** चारों ओर से प्रहार क., मारना, पीटना; **~ a burden on sb** किसी पर बोझ डालना; **~ a carpet** ठीक स्थान पर बिछाना या रखना; **~ a claim to sth** किसी चीज पर दावा क.; **~ a finger on sb** किसी को छूना; **~ a ghost/ a spirit** भूत भगाना; **~ a ground** कंकरीट बिछाना; **~ a heavy tax on sth** किसी चीज पर भारी टैक्स लगाना; **~ a minefield** बारूदी सुरंगें बिछाना; **~ an ambush/ a trap for sb** किसी को पकड़ने के लिए घात लगाना; **~ an egg** अंडा दे.; **~ an information** अभियोग पत्र प्रस्तुत क.; **~ an opponent low with one punch** प्रतिद्वंद्वी को एक घूसे से चित्त कर दे.; **~ aside** 1 भविष्य के लिए बचाकर अलग रखना 2 छोड़ दे.; **~ aside the prejudices of a lifetime** जिंदगी भर के दुराग्रहों को परे रखना; **~ a snare** घात लगाना, जाल बिछाना; **~ a strict injunction on sb** किसी को सख्त हुक्म दे.; **~ a submarine cable** पन्नडुब्बी की तारें लगाना; **~ a thing before one** किसी के सामने कोई बात विचाराधीन रखना; **~ a trap** किसी को पकड़ने के लिए जाल बिछाना, फंदा लगाना; **~ a wager on sth** किसी चीज के बारे में शर्त लगाना; **~ away/ ~ by** भविष्य के लिए बचाकर रखना; **~ back** पीछे हटाना; **~ bare** प्रकट क., भेद खोल दे.; **~ by** बचाकर रखना; **~ by heels** कैद में डालना; **~ down** रखना; **~ down as a principle** सिद्धांत के रूप में प्रतिपादित क.; **~ down one's arms** हथियार डालना; **~ down one's life** अपना जीवन बलिदान क.; **~ down the law** कानून या नियम बनाना; **~ down the weapons** हथियार डालना, लड़ाई बंद क.; **~ emphasis** बल दे.; **~ eggs** अंडे दे.; **~ eyes on** देख लेना; **~ flat** (मकान आदि को) गिरा दे.; **~ great store upon** बड़ा महत्त्व दे.; **~ great weight on sb's presence** किसी की उपस्थिति को बड़ा महत्त्व दे.; **~ heads together** इकट्ठे मिलकर सलाह-मशविरा क.; **~ hands on** 1 ढूंढ़ लेना 2 काबू कर लेना 3 कब्जा कर लेना; **~ hands on oneself** आत्म-हत्या कर लेना; **~ hold on/ of sth** किसी चीज पर कब्जा क.; **~ in** एकत्र क., संचय क., भंडारण क.; **~ in wait for** घात लगाकर बैठना; **~ in/ on, etc..** किसी चीज को किसी चीज पर ठीक से रखना/ बिछाना/ लिटाना, किसी वस्तु को सही जगह पर रखना; **~ into sb** किसी पर प्रहार क., किसी को बुरी तरह लताड़ना; **~ into sth** उत्साह के साथ जल्दी-जल्दी खाना; **~ it down as an axiom that ...** किसी बात को स्वयंसिद्ध तथ्य के रूप में मानना कि ...; **~ it on** किसी की धुनाई क.; **~ it on thick/ with a trowel** अतिशय प्रशंसा करना, चापलूसी क.; **~ land fallow** जमीन को बिना बुवाई के छोड़ना; **~ low** तख्ता पल्टा दे., मार डालना; **~ low on empire** साम्राज्य को तहस-नहस कर दे.; **~ off** 1 उतारना 2 एक तरफ रखना 3 नौकरी से छंटनी कर दे.; **~ off sth** बंद कर दे.; **~ off sb** किसी को अकेले या एकांत में छोड़ना, किसी से दूर रहना; **~ on** बुरी तरह पीटना, आघात क.; **~ oneself out to** किसी बात को अपना घोषित लक्ष्य बनाना; **~ one's finger upon** ठीक-ठीक पता लगना; **~ on load** धुनाई क.; **~ on one's back** लंबी बीमारी हो.; **~ on the shelf** बेकार चीज को हटाकर कहीं रख दे.; **~ one's account with/ on/ for/ sth** किसी से आशा रखना, पर निर्भर क.; **~ one's bones** मर जा., दफना दिया जा.; **~ one's head on a pillow** अपने सिर को सिरहाने पर रखना; **~ one's finger on sth** 1 खोज ले. 2 स्थापित क. 3 कहना; **~ one's hands on sb/ sth** किसी या किसी चीज को कब्जे में लेने में सफल हो.; **~ one's heart bare** अपने मन को खोल कर रख दे.; **~ one's hopes on sb** किसी से बड़ी आशाएं रखना; **~ one's plans bare** अपनी योजना खोलकर रख दे.; **~ oneself open to sth** अपने को आलोचना आदि के लिए खोलकर रख दे.; **~ oneself open to suspicions/ to attack** अपने आप को शक या आक्रमण का निशाना बना ले.; **~ oneself out for sth** प्राप्त करने का प्रयास क.; **~ out** 1 बाहर निकालना 2 सामने रखना; **~ over** 1 परत से ढकना 2 स्थगित क. 3 किसी को पीछे छोड़ना; **~ sb under an obligation** किसी को अहसान तले दबाना; **~ sb off** किसी को नौकरी से छंटनी कर दे.; **~ sb out** 1 मार कर बेहोश कर दे. 2 लाश को दफनाने के लिए तैयार क.; **~ sb's doubts** किसी का शक दूर क.; **~ sb under a necessity** किसी को मजबूर क.; **~ sb under contribution** किसी को पैसा देने के लिए विवश क.; **~ sb up** बिस्तरे या घर में रहने के लिए विवश क.; **~ siege to** घेरा डालना; **~ sth on** की आपूर्ति क.; **~ sth out** 1 सुनियोजित करके व्यवस्थित ढंग से लगाना या रखना 2 दिखाने के लिए बिछाना 3 खर्च कर दे.; **~ sth up** 1 भंडारण करके रखना 2 जहाज को मरम्मत आदि के लिए खड़ा क.; **~ sth up for a rainy day** मुसीबत के लिए कुछ बचाकर रख लेना; **~ sth flat** नष्ट कर दे.; **~ siege to** घेरा डालना, घेराबंदी क.; **~ sth bare** प्रकट क., उघाड़ना, भेद खोलना; **~ sth by** भविष्य के लिए बचाकर रखना; **~ sth down** 1 नीचे या जमीन पर रख दे. 2 किसी चीज को जमानत के रूप में रखना 3 त्याग क., कुरबानी दे.: ~ down one's life 4 मसौदा तैयार क., कुछ बनाना 5 वाइन आदि को वाइन सैल्लर में भंडारित करके रखना 6 रेल लाइन आदि बनाना शुरू क. 7 संगीत को टेप में रिकॉर्ड क.; **~ sth on** समूह को मुहैया करवाना; **~ sth on sb/ ~ sth to/ at sb's door** किसी चीज को किसी के माथे मढ़ना; **~ sth to sb's charge** किसी चीज को किसी को सौंप दे.; **~ sth out** 1 तरतीब से रखना, व्यवस्थित क. 2 लिख कर समझाना; **~ stress on sth** किसी बात पर बल दे.; **~ strict injunctions on sb** किसी को सख्त हुक्म दे.; **~ the blame on sb** किसी पर आरोप लगाना; **~ the cloth** खाने की मेज पर खाना रखना; **~ the foundation(s) for/ of sth** किसी चीज की नींव रखना; **~ the stomach for a while** कुछ समय के लिए भूखे रखना; **~ the table** खाने के लिये मेज पर व्यंजन रखना; **~ the venue** मुकदमे का स्थान घोषित क.; **~ to** जहाज की रफ्तार सबसे कम कर दे.; **~ to heart** ठेस खाना; **~ to one's charge** किसी वस्तु या व्यक्ति को अपनी सुपुर्दगी में ले.; **~ to sleep/ to rest** सुला दे.; **~ up** बचाकर रखना; **~ up in lavender** भविष्य के लिए संभाल कर/ सहेज कर रख दे.; **~ up in napkin** ताक पर रख दे.; **~ upon** बाजी लगाना; **~ up with** बीमार हो.; **~ wait** घात लगाकर बैठना; **~ your cards (card) on the table** पत्ते खोलना; **~ your hands (hand) on sth** पकड़ना, कब्जे में क.; **~ waste** बर्बाद कर दे.;
a ~ preacher अप्रशिक्षित प्रचारक; **get laid** संभोग करने में सफल हो.; **the hens are ~ing well now** मुर्गियां अब अच्छी प्रकार अंडे से रही हैं; **the kid ~** बच्चों का पैसा चुराना

layer /लेअ:/ *n.* 1 परत 2 ईंटें 3 निरंतर अंडे देने वाली मुर्गी 4 ईंटें चिनने वाला व्यक्ति;
v., pt. **~ed**, *pp* **~ing** परत पर परत चढ़ाना;
***collocations*: a ~ of sth** किसी चीज की परत; **an outer/ top ~** बाहरी या शिखरतम परत; **a thick ~ of sth** किसी चीज की मोटी परत; **ozone ~** ओजोन की परत
layette /लेएटि/ *n.* नए जन्मे बच्चे के कपड़े
lazaret(to) /लैजअरेट/ लैजेरे(ट्टो) *n.* कुष्ठालय, संगरोध-आश्रम
lazarus /लैजअरस/ *adj.* कंगाल
la\ze /लेज/ *v., pt.* **~zed**, *pp* **~zing** सुस्ताना, सुस्त पड़े रहना;
n. सुस्ताने का समय;
***p&i*: ~ze about** *or* **around** बेकार पड़ा रहकर या घूम-फिरकर समय गुजारना
lazy /लेजि\/ *adj., degr.* **lazier, laziest** 1 आलसी 2 मंथर, मंद;
***dw/lw*: ~-bones** *n., [pl.]* सुस्त व्यक्ति; **lazily** /~लि/ *adv.* धीरे-धीरे, मंद गति से; **laziness** /~नेस/ *n.* सुस्ती, आलस, आलस्य;
***collocations*: ~ eye** प्रयुक्त होने वाली कमजोर दृष्टि वाली आंख; **Lazy Laurence** निठल्ला, ढलुआ, कामचोर; **~ Susan** खाने की मेज में लगी गोल घूमने वाली ट्रे या तस्तरी जिस पर खाने के व्यंजन रखे रहते हैं और उन्हें इस तस्तरी को घुमाकर मेज पर बैठे लोगों को परोसा जाता है
***p&i*: ~ beggar/ bones** सुस्त आदमी;
as Lazy as Lawrebce's dog बहुत सुस्त/ काहिल/ पोस्ती; **as Lazy as Ludlam's dog** मरियल कुत्ते-सा सुस्त हो.
lb *abbr.,* 'libra' का संक्षेप (ब्रिटेन में ठोस पदार्थ को नापने की इकाई, पौंड)
LBA *abbr.* 'Ladakh Buddhist Association' की प्रथमाक्षरी
LBNL *abbr.* 'Lawrence Brekeley National Laboratory' की प्रथमाक्षरी
LBR *abbr.* 'Limca Book of Records' की प्रथमाक्षरी
LBS *abbr.* 'London Business School' की प्रथमाक्षरी
LBSIM *abbr.* 'Lal Bahadur Shastri Institute of Management (Delhi)' की प्रथमाक्षरी
LBSIMT *abbr.* 'Lal Bahadur Shastri Institute of Management & Technology (Bareilly)' की प्रथमाक्षरी
LBSNAA *abbr.* 'Lal Bahadur Shastri National Academy of Administration' की प्रथमाक्षरी
LBV *abbr.* 'low biological value' की प्रथमाक्षरी
lbw *abbr.,* 'leg before wicket' की प्रथमाक्षरी
LBZ *abbr.* 'Lutyens Bungalow Zone' की प्रथमाक्षरी
LC *abbr.* 'Law Centre', 'Letter of Credit' की प्रथमाक्षरी
lc *abbr.,* 'loco citato', *Lat.* ' की प्रथमाक्षरी (1 उस स्थान पर जहां उद्धृत है 2 *printing* 'lower case' की प्रथमाक्षरी (छपाई में, छोटा अक्षर)
LCA *abbr.* 'Leber Congenital Amaurosis', 'left coronary artery', 'Light Combat Aircraft' की प्रथमाक्षरी
LCAI *abbr.* 'Laser Class Association of India' की प्रथमाक्षरी
LCB *abbr.* 'Large Corporate Branch' की प्रथमाक्षरी
LCD *abbr.,* 'liquid crystal display' की प्रथमाक्षरी (एक प्रकार का विद्युत स्क्रीन (पर्दा) जो द्रव के माध्यम से लिखित पाठ या बिंब दिखलाता है
LCI *abbr.* 'Law Commission of India' की प्रथमाक्षरी
LCM *abbr.,* 'lowest common multiple' की प्रथमाक्षरी
L/Cpl *abbr.,* 'Lance Corporal' की प्रथमाक्षरी
LCR *abbr.* 'ligase chain reaction', 'loan to cost ration' की प्रथमाक्षरी
LCV *abbr.* 'light commercial vehicles' की प्रथमाक्षरी
LCVP *abbr.* 'landing craft vehicle personnel' की प्रथमाक्षरी
LDA *abbr.* 'Lucknow Development Authority' की प्रथमाक्षरी
LDB *abbr.* 'Land Development Bank' की प्रथमाक्षरी
LDC *abbr.* 'Lower Division Clerk' की प्रथमाक्षरी
LDCs *abbr.* 'Least Development Countries' की प्रथमाक्षरी
LDF *abbr.* 'Left Democratic Front' की प्रथमाक्षरी
LDL *abbr.* 'low density lipoprotein' की प्रथमाक्षरी
LDO *abbr.* 'Land and Development Office' की प्रथमाक्षरी
LDP *abbr.* 'language data processing' की प्रथमाक्षरी
L-driver *abbr.,* 'Learner driver' का संक्षेप
LDSL *abbr.* 'Lipi Data Systems Limited' की प्रथमाक्षरी
LE *abbr.* 'Logistics Executive' की प्रथमाक्षरी
LEA *abbr., Br.* 'Local Education Authority', 'Leprosy Elimination Alliance' की प्रथमाक्षरी
lea /ली/ (*also* **lease/ leaze**) *n.* 1 घास का मैदान, चरागाह 2 कृषि योग्य भूमि जिसे कुछ समय के लिए बिना बोए छोड़ दिया गया हो
leach /लीच/ *v., pt.* **~ed**, *pp* **~ing** *chem.* 1 नमक आदि से साफ क. 2 धुल जा. या धो दे.;
n. नमक का गाढ़ा घोल
LEAD *abbr.* 'Leadership for Environment and Development' की प्रथमाक्षरी
lead /लीड/ *v., pt.* **led** (*also* **leaded**: *see meaning* No. 16 below), *pp* **~ing** 1 (***syn.*** guide) मार्ग दर्शन क., पथ प्रदर्शन क. 2 रास्ता दिखाना: ~ a blind man 3 अगवाई क.: ~ an expedition 4 संचालन क. 5 मुख्य भूमिका निभाना 6 बढ़त प्राप्त क. 7 ताश के खेल में बाजी शुरू क., चाल चलना 8 समय, जीवन आदि बिताना: ~ a miserable existence; ~ double life 9 प्रेरित क. 10 की ओर ले जाना, को ले जाना: where does this road ~? 11 (***syn.*** result) का कारण बनना: this **led** to confusion; fear **led** him to tell lies; sth **~s** her to refuse 12 (*usually* **~ with/ on**) समाचार-पत्र द्वारा मुख्य समाचार या वर्णन (~ story) छापना 13 तरल पदार्थ को नाली आदि में बहाकर ले जा. 14 संगीत-मंडली आदि की अगवाई क.: ~ a brass band 15 टहलाना (घोड़े आदि को) 16 (*pt.* **leaded**) सीसा चढ़ाना 17 खिड़की के शीशों को सीसे से ढकना 18 सीसे की चादरों की छत लगाना;
n. 1 (***syn.*** advantage) बढ़त: take the ~; have/ gain the ~ in a race; follow the ~ of sb 2 अगवाई: in the ~ 3 फिल्म आदि में मुख्य पात्र 4 *UK* (*US* **leash**) कुत्ते के गले का कॉलर: the dog was on the ~ 5 *UK* (*US* **cord**) बिजली की तार 6 (***syn.*** clue) अता-पता, सुराग, संकेत: get a definite ~ 7 पहल 8 दिशा 9 उदाहरण 10 अवरता, प्राथमिकता 11 बर्फ के बीच से नाली 12 ताश के खेल में चाल: it is your ~ 13 बॉक्सिंग के खेल में वार: ~ for the body/ for the face 14 सीसा, जस्ता, लेड (lead): ~-free petrol (सीसा रहित/ जस्ता रहित पेट्रोल) 15 पेंसिल का सिक्का 16 ग्रेफाइट 17 छत बनाने के लिए सीसे की चादरें (sheets): under the **~s** 18 खिड़की के सीसा-चढ़े शीशे आदि 19 सीसे के वजन 20 गोली: hail of ~ (गोलियों की बौछार); get the ~ (गोली लगने से मरना);
adj. 1 मुख्य (पात्र): ~ role 2 समाचार पत्र में मुख्य (खबर): ~ story; ~ article;
***dw/lw*: lead\ed** /लेडिड/ *adj.* सीसा-युक्त; **~en** /लेडन/ *adj.* 1 सीसा-युक्त, सीसे का 2 सीसे जैसा 3 धूसर, धुंधला; **~-in** /लीड-इन/ *n.* 1 लेख, वाद-विवाद, संगीत-रचना आदि की भूमिका, प्रस्तावना 2 रेडियो या टीवी को एरियल से जोड़नेवाला तार; **~-line** /लीड-लाइन/ *n.* प्रूम-रस्सी; **~-off** /लीड-ऑफ/ *n.* प्रारंभ, शुरुआत, पहल, पहली चाल; **~-off** *adj.* शुरुआती, प्रारंभिक; **~-pencil** /लेड-पेंसिल/ *n.* अंकनी, पेंसिल; **~-pipe** /लेड-पाइप/ *n.* सीसे (जस्ते) की पाइप; **~-poisoning** /लेड-पॉइजनिंग/ *n.* 1 सीसक-विषायण, सीसे के कारण होनेवाली विषाक्तता 2 *sl.* गोली से हुई मृत्यु; **~-sheet** /लेड-शीट/ *n.* सीसा-चादर; **~-up** /लीड-अप/ *n.*

1 घटित होने का कारण 2 किसी घटना से पहले का समय: the ~-up to the election; **~wort** /लीड-वःट/ *n.* चीता, चित्रक, लाल चीता;

collocations: ~ **guitar** संगीत-मंडली का मुख्य गिटार-वादक; ~ **shot** सीसे के छर्रे; **~s and lags** *commerce* मुद्रा-विनिमय दर में अपेक्षित परिवर्तन का लाभ उठाने के लिए खरीददार द्वारा जल्दी किया जानेवाला भुगतान और विक्रेता द्वारा देर से बनाए जानेवाले बिल आदि कुचालें; ~ **time** किसी उत्पाद के डिजाइन की रचना और उसके आधार पर उत्पादन शुरू होने के बीच का समय; **white** ~ (व्हाइट लेड) सफेदा; **red** ~ (रेडट लेड) सिंदूर;

p&i: ~ **a busy/ normal/ quiet, etc. life** व्यस्त/साधारण/शांत जीवन बिताना; ~ **a cat-and-dog life** झगड़े में फंसकर जीवन बीताना; ~ **a charmed life** सुख-चैन का या स्वप्नों-सा जीवन व्यतीत क.; ~ **a dog's life** कुत्ते-जैसी जिंदगी गुजारना; ~ **a miserable life** बहुत दयनीय जीवन जीना; ~ **astray** 1 भ्रमित क., भटकाव का शिकार बनाना 2 गुमराह क., पथ-भ्रष्ट क.; ~ **away** अपने साथ परे ले जा.; ~ **a woman to the altar** शादी क.; ~ **from the front** सक्रिय रूप से अगवाई क.; ~ **into** फंसा दे., उल्झा दे.; ~ **in** 1 लेख आदि की भूमिका 2 (***syn.*** cable) टेलीविजन, कंप्यूटर आदि की उपकरणों को जोड़ने की तार; ~ **India in cricket** क्रिकेट में भारत की अगुआई (कप्तानी) क.; ~ **into/ to/ towards, etc.** की ओर/ तक ले जा.; ~ **me to think** इससे मुझे विचार आता है कि ...; ~ **off from sth** से शुरू क.; ~ **on** (***syn.*** mislead) 1 लुभा ले. 2 (बातचीत में) आशा से आगे बढ़ने के लिए प्रेरित क.; ~ **out** शुरू क.; ~ **out of** बाहर निकलना या ले जाना; ~ **sb a captive** कैदी बनाकर ले जाना; ~ **sb a dog's life** किसी का जीवन दूभर कर दे.; ~ **sb a pretty/ merry dance** किसी को जानबूझकर मुसीबत में फंसा दे.; ~ **sb by the nose** किसी को नकेल डालकर यानी जबरदस्ती चलाना; ~ **sb nowhere** किसी को कोई सफलता न मिलना; ~ **sb on** 1 किसी को और आगे बढ़ने के लिए प्रेरित क. 2 किसी को धोखा दे. या बहकाना; ~ **sb** or **sth out** सफलता की ओर ले जाना; ~ **sb to a conclusion** किसी को किसी निष्कर्ष पर पहुंचाना; ~ **sb to do sth** किसी को कुछ करने के लिए मनाना; ~ **sb to expect** किसी की आशाएं जगा दे.; ~ **sb up the garden path** (***syn.*** mislead) सब्ज बाग दिखाना; ~ **the life of Riley** सुख-चैन की जिंदगी जीना; ~ **the way** दूसरों का नेतृत्व/ अगुवाई क.; ~ **to sth** 1 का परिणाम निकलना 2 कुछ होने का कारण ब.; ~ **up to sth** 1 धीरे-धीरे किसी बात के लिए तैयार क. 2 भूमिका बनाना 3 बातचीत को किसी विषय की ओर मोड़ दे.: ~ up to the subject of discussion 4 का कारण बनना, किसी घटना तक पहुंचाना; ~ **with sth** समाचार-पत्र की मुख्य खबर हो.;

all roads ~ to Rome अलग-अलग रास्तों से एक ही मंजिल पर पहुंचना, किसी स्थान या बात का केंद्र-बिंदु हो.; **be in the ~** आगे निकलना, बढ़त बनाए रखना; **follow sb's ~** किसी के पीछे चलना, किसी के उदाहरण पर चलना; **give a ~** उदाहरण स्थापित क.; **go down like a ~ ballon** असफल हो जा., जनता द्वारा ठुकरा दिया जा.; **increase/ stretch your ~** अपनी बढ़त और बढ़ाना, और लंबा क.; **swing the ~** बीमारी का बहाना करके काम से टलना; **take the ~** 1 अगुआई क. 2 आगे बढ़ जा.; **the road ~s to** सड़क ... को जाती है

leaden /लेडन/ *adj.* 1 सीसे का बना हुआ 2 भारी, बोझिल: ~ sleep/ slumber; with a ~ heart; a ~ mind 3 धूसर: ~ clouds/ sky 4 स्लेटी रंग का

leader /लीडः/ *n.* 1 नेता, मुखिया, अगुआ, अग्रणी: the ~ of an expedition 2 दूसरों का मार्ग दर्शन करने वाला 3 (*N. Amer.* **concert master**) संगीत मंडली का अगुआ; *US* आर्केस्ट्रा संगीत-मंडली का अगुआ 4 सदन का नेता 5 *Br.* (*also* **leading article**) समाचार पक्ष आदि में अग्र लेख या संपादकीय 6 (***syn.*** tendon) कंडरा 7 *printing* संकेतक बिंदु 8 जो जीत रहा हो, विजेता 9 किसी मशीन का मुख्य पहिया या चक्र;

dw/lw: **~less** *adj.* नेतृत्वविहीन; **leader\ship** *n.* 1 नेतृत्व: ~ship skills/ qualities; a ~ship contest; under sb's ~ship 2 नेता, शासक: ~ship of sth किसी कार्य का नेता या नेतृत्व 3 नेतृत्व-क्षमता;

p&i: **floor** ~ संसद का नेता

leading /लीडिंग/ *adj.* 1 मुख्य: ~ statesmen; ~ counsel (चोटी का वकील); ~ writer 2 नेतृत्व देने वाला 3 पथ-प्रदर्शक 4 संचालक 5 जिसकी बढ़त हो 6 (***syn.*** gap between the lines) छपी पंक्तियों के बीच का खाली स्थान;

dw/lw: **~-edge** *adj.* 1 (***syn.*** cutting edge) नवीनतम तकनीक 2 किसी क्षेत्र में सर्वाधिक महत्त्वपूर्ण व नवीनतम स्थिति 3 विमान के प्रोपेल्लर के ब्लेड का अग्रतम भाग; **~-rein** *n.* कुत्ते के गले की डोरी;

collocations: ~ **aircraftman/ aircraftwoman** *n.* (in British Air Force): 'एयरक्राफ्टमैन' या 'एयरक्राफ्टवूमन' ब्रितानवी वायु सेना का निचले स्तर का पुरुष या महिला अधिकारी या सैनिक; ~ **article** अग्रलेख, संपादकीय; ~ **business** प्रमुख कारोबार; ~ **case** *law* उदाहरणीय मुकदमा; ~ **lady/** ~ **man** फिल्म की नायिका या नायक; ~ **light** 1 किसी क्षेत्र में महत्त्वपूर्ण व्यक्ति; ~ **note** संगीत की किसी भी कुंजी के डाइटोनिक स्केल का सातवां सुर; ~ **question** ऐसा प्रश्न जिसमें उत्तर निहित हो, अर्थगर्भित प्रश्न, गूढ़ प्रश्न; ~ **seaman** ब्रितानवी नौसेना में निचले स्तर का पदाधिकारी;

men of light and ~ जानी-मानी हस्ती, सम्माननीय विभूति;

p&i: ~ **in turn** बारी-बारी से किया जानेवाला नेतृत्व; **in ~** डोरी से बंधा; **in ~-strings** जो अपने पांवों पर न खड़ा हो

leaf /लीफ/ *n. pl.* **leaves** /लीव्ज/ 1 पत्ता, पत्ती, पर्ण, पत्र, पंखुड़ी 2 पन्ना (sheet of paper) 3 बर्क, वरक (कागज या सोना, चांदी आदि धातुओं का पन्ना): gold ~ 4 पत्तल, पत्तर, पटल, स्तरिका 5 पल्ला, पाट, किवाड़, कपाट (of door) 6 *sl.* गांजा, चरस, भांग;

v., pt. **~ed**, *pp* **~ing** 1 पत्ते लगना या आना 2 पंखुड़ियों का खिलना;

dw/lw: **~age** /लीफिज/ *n.* पत्रावलि, (पेड़ों के) हरे पत्ते, पत्तों का ढेर; **~-base** *n.* पत्ते का पौधे के तने या टहनी से जुड़ाव स्थान; **~-bud** *n.* टहनी या तने पर गांठ जिससे पत्ते निकलते हैं; **~curl** *n.* पत्तों का मुड़ जाने का यानी मरोड़िया (पर्ण-कुंचन) रोग; **~-cutting (bee)** *adj.* पतकटनी, पत्तों में छेद कर देने वाला कीड़ा; **~-fall** *n.* पतझड़; **~-hopper** *n.* पतंगे जो पौधों या पत्तों का रस चूसते हैं; **~less** *adj.* (***syn.*** base) बिना पत्तों के, पत्रविहीन; **leaf\let** *n.* 1 (***syn.*** booklet) संक्षिप्त सूचना का पन्ना, इश्तिहार 2 कच्चा पत्ता; **~y** /लीफि/ *adj.* पतों से भरा, पत्तेदार, पर्णिल: ~y shade;

collocations: **in ~** 1 खिली पंखुडियोंवाला 2 पत्तों के ढेर तले दबा; ~ **insect** पत्तों जैसे दिखनेवाले पंखधारी पतंगे; ~ **mosaic** आलू आदि पौधों का रोग जिसके कारण पत्ते चित्तीदार हो जाते हैं; ~ **mould** गले-सड़े पत्तों से बनी खाद-मिट्टी; ~ **spring** पत्तीदार (कई पत्तियों से बनी) कमानी; ~ **stalk** पत्ते की डंठल, पर्ण वृंत;

loose ~ पुस्तक आदि में रखा जानेवाला पन्ना;

p&i: ~ **through sth** किताब आदि के पन्ने जल्दी-जल्दी पलटना;

a ~ lane/ suburb हरी-भरी गली या नगर का पिछवाड़ा; **come into ~/ be in ~** 1 पत्तों के ढेर से ढक जा. 2 खिल जा.; **leaves without figs** खोखले शब्द; **quake like a ~** पत्ते की तरह कांपना; **take a ~ from sb's book** किसी के उदाहरण से सीखना; **take a ~ out of sb's book** (***syn.*** emulate) किसी से सीख लेना, किसी के पद चिह्नों पर चलना; **turn over a new ~** 1 जीवन में नई शुरुआत क. 2 जीवन-यात्रा में नया दौर शुरू क.

leaflet *see above under* **leaf:** ***dw/lw***

league /लीग/ *n.* 1 (***syn.*** alliance) संघ, संघटन, समुदाय, राष्ट्रकुल, लीग 2 टीमों का समूह, जो किसी प्रतियोगिता में भाग लेता है 3 स्तर के आधार पर बना समुदाय 4 तीन मील या 4.55 किलोमीटर की दूरी या नाप, लीग 5 समुद्री दूरी की माप इकाई यानी एक अंश का

बीसवां भाग (1/20 of a degree);
v., pt. **~d**, *pp* **leaguing** संघटित हो. या क.;
collocations: **~ match** लीग मैच, एक ही क्लब या लीग की टीमों के बीच मुकाबले; **~ table** किसी क्लब या लीग की मेज जिसके चारों ओर भाग लेने वाले प्रतियोगी अपनी-अपनी कामयाबी के अनुसार स्थान ग्रहण करते हैं; **League of nations** 1919 में बना राष्ट्र संघ जिसका मुख्यालय स्विटजरलैंड के शहर जनेवा में था और यह संघ 1946 में विघटित हो गया;
p&i: **~ together against a common enemy** सांझे शत्रु के विरुद्ध एक हो जा.;
be in ~ with sb किसी के साथ मिली भगत हो., किसी के साथ सांठ-गांठ में शामिल हो.; **bottom** or **top of the ~** किसी प्रतियोगिता तालिका में शिखर या निम्नतम पायदान पर हो.; **in the big ~** सशक्त व महत्त्वपूर्ण लोगों के बीच हो.; **not be in the same ~ as sb/ sth** मुकाबले या स्तर में किसी से कम हो., स्तर के आधार पर कम हो.

leak /लीक/ *v., pt.* **~ed**, *pp* **~ing** 1 (तरल या गैस आदि का) रिसना: the boiler/ the cistern is **~ing** 2 चूना, टपकना: the rain water is **~ing** in through a crack in the roof 3 (***syn.*** disclose) सूचनाओं को चोरी-छिपे बाहर किसी को दे दे., प्रकट कर दे., भेद खोल दे.: ~ out; ~ the report;
n. 1 रिसाव, स्रवण, निस्सरण 2 चोरी छिपे दी गई सूचना, रहस्योद्घाटन 3 रंध्र 4 छेद, छिद्र, दरार 5 क्षरण (of electricity) 6 चुआक (of a ship) 7 *sl.* पेशाब करने की क्रिया;
dw/lw: **leak\age** /लीकिज/ *n.* 1 तरल या गैस का रिसाव 2 रिसा हुआ/ क्षरित पदार्थ 3 भंडाफोड़; **~ing** *adj.* रिसाव करने वाली, चूनेवाली (छत आदि); **~-proof** *adj.* रिसाव-रहित, रिसाव से सुरक्षित; **~y** /लीकि/ *adj.* 1 रिसावी, चूने वाला 2 सुराखदार 3 बातूनी, जो बात को पचाकर न रख सके: ~y vessel (बातूनी आदमी);
p&i: **~ out** 1 गुप्त सूचना चोरी छिपे दूसरों को दे. 2 जेल आदि से निकलकर भाग जाना;
a small ~ will sink a great ship बूंद-बूंद से घड़ा भर जाता है; **spring a ~** अचानक रिसने लगना

leal /लील/ *adj., Scots* सुहृदय, वफादार, ईमानदार, निष्ठावान;
collocations: **Land o' the Leal** स्वर्ग, देवलोक

lea management चरागाह का प्रबंध

lean /लीन/ *v., pt.* **~ed** (*also UK pt.* **leant**, *pt. p.* **leant**), *pp* **~ing** 1 झुकना: ~ over a fence 2 टेक या सहारा लेना, टिका दे.: ~ a ladder against a wall 3 अवलंबित र. 4 की ओर झुकना 5 (*usually* **~ towards**) की ओर झुकाव हो.: ~ to sb's view; ~ towards staying where one is 6 नति हो., किसी में रुचि हो. 7 किसी के सहारे खड़ा हो. या टिका हो.: ~ one's back against a tree 8 किसी पर निर्भर हो.;
adj., *degr.* **leaner, leanest** 1 दुबला-पतला 2 कृशकाय 3 बिना चर्बी का 4 बांझ, फलरहित 5 क्षीण, अपुष्ट 6 अपर्याप्त 7 हल्का (रोगन);
n. 1 झुकाव, अभिरुचि 2 टेक, सहारा 3 ढलान;
dw/lw: **~-burn** *adj.* ईंधन-हवा के मिश्रण से संबंधित, जिसके तहत ईंधन में हवा की मात्रा ज्यादा और पेट्रोल कम होता है, जिसकी बदौलत पेट्रोल आदि के खर्च और हानिकारक गैसों में कमी आती है; **~ing(s)** /लीनिंग(ज)/ *n. [usually pl.]* 1 वैचारिक झुकाव, नति, प्रवृत्ति: distinct ~ towards the law as a profession; have a ~ towards pacifism 2 झुकने की क्रिया: ~ exercises; **~ness** *n.* 1 पतला-दुबलापन 2 अपर्याप्तता, कमी; **~-to** /लीन-टू/ *n.* किसी बड़े भवन, मकान या उसकी दीवार के सहाने झुकने या लगने वाला शेड, ढालू छत, सायबान: ~-to garage;
collocations: **~ meat** बिना चर्बी का गोश्त; **~ years/ period** अकाल या मंदी के दिन;
p&i: **~ a hand (with)** मदद क.; **~ back** पीछे झुकना; **~/ bend over backwards** कोई कसर न छोड़ना; **~ forward** आगे की ओर झुकना या बढ़ना; **~ liberty is better than fat slavery** कंगाली भरी आजादी सोने की जंजीरों वाली गुलामी से बेहतर; **~ on a reed** बोदे या कमजोर व्यक्ति पर भरोसा क.; **~ on sb/ sth** मुसीबत आदि में किसी का या किसी चीज का सहारा लेना; **~ out** खिड़की आदि के बाहर झुकना; **~ over** झुककर मुड़ना: trees ~ over in strong wind; **~ (sth) against/ on sth** 1 किसी चीज का किसी चीज के सहारे झुकना 2 के सहारे खड़ा क.; **~ (sth) back/ forward etc..** किसी चीज या किसी को पीछे या आगे की ओर झुकाना;
a ~ fee is fat reward for a lazy clerk कामचोर के लिए थोड़ी बख्शिश भी बहुत होती है

leaning(s) *see above under* **lean:** ***dw/lw***

leap /लीप/ *v., pt.* **~ed/ leapt**, *pt. p.* **~ed/ leapt**, *pp* **~ing** 1 कूदना, उछलना, छलांग लगाना: ~ with joy 2 पर/ की ओर झपटना 3 लांघना, कूदकर पार क.: ~ (over) a hedge 4 (***syn.*** shoot up) कीमतों में आकस्मिक उछाल आना 5 कूदकर चढ़ना: ~ into the saddle (कूदकर काठी पर बैठ जा.) 6 कुदवाना, उछाल लगवाकर पार करवाना: ~ a horse over an obstacle 7 एक बात से दूसरी बात पर जाते रहना: he **~ed/ lept** from one trifling matter to another;
n. 1 कूद, छलांग, लंबी छलांग 2 उछाल 3 लंघन 4 आकस्मिक विषयांतर या परिवर्तन 5 छलांग लगाकर तय की गई दूरी 6 आकस्मिक उछाल, चढ़ाव 7 कीमतों आदि में उछाल: prices went up with a ~;
collocations: **~ day** लीप वर्ष में फरवरी का उनतीसवां दिन; **~ frog** 1 मेंढक-कुदान, बच्चों का खेल जिसमें झुके हुए बालक की पीठ के ऊपर से दूसरे बालक कूदते हैं 2 कैरियर की दौड़ में अधिकारियों के आगे-पीछे होते रहना; **~ year** लीप वर्ष जो हर चार साल के बाद आता है और इस वर्ष में फरवरी महीने के 29 दिन होते हैं;
quantum ~ = quantum jump बहुत बड़ा परिवर्तन;
p&i: **~ at sth** तुरंत स्वीकार कर ले., पर झपट पड़ना: ~ at the opportunity; **~ in the dark** अंधेरे में टटोलना, बिना जांच-पड़ताल किए फैसला कर लेना; **~ into/ out of/ up, etc.** 1 के अंदर/ से बाहर/ के ऊपर अचानक छलांग लगाना; **~ off/ over/ into, etc.** किसी (वस्तु) के ऊपर से या के अंदर छलांग लगाना; ~ or **jump to conclusions** जल्दी में (बिना सोचे-समझे) निष्कर्ष निकाल लेना; **~ to the eye** तुरंत स्पष्ट हो जाना, आंखों में नाच उठना;
a ~ forward कूद कर आगे बढ़ना, द्रुत गति से वृद्धि; **a ~ in the dark** बिना जांच-पड़ताल या परख किए उठाया जानेवाला कदम; **by/ in ~s and bounds** द्रुत गति से; **his heart leapt with/ for/ joy** उसका मन बाग-बाग हो गया; **look before you ~** पहले सोचो फिर बोलो; **ready to ~ out of one's skin** खुशी से विह्वल हो.

learn /लःन/ *v., pt.* **~ed/** *UK* **learnt**, *pt. p.* **~ed/ learnt**, *pp* **~ing** 1 सीखना: ~ to be more careful; ~ sth from sb 2 (***syn.*** memorise) याद क., कंठस्थ क.: ~ by heart 3 समझना: ~ the ropes (धीरे-धीरे कुछ करने का कौशल समझना-सीखना) 4 शिक्षा प्राप्त, सीख लेना: ~ from mistakes; ~ a lesson; ~ from/ by sth 5 (***syn.*** discover) जान लेना, पता चलना, मालूम हो जाना: ~ the good/ sad news; ~ about/ of sth 6 कुछ करने का हुनर सीखना: ~ how to do sth;
dw/lw: **learn\er** /लःनः/ *n.* 1 सीखने वाला: he is a quick ~er; ~er's licence/ permit 2 विद्यार्थी 3 गाड़ी चलाना सीखने वाला: ~er's licence;
p&i: **~ by heart** जबानी याद क.; **~ by rote** रट्टा लगाना; **~ the hard way** बहुत प्रयास करके सीखना; **~ to creep before you leap** चलने से पहले घिसटना सीखो!; **~ wisdom by the follies of others** दूसरों की गलतियों से सीखना;
one lives and ~s इंसान जिंदगी भर सीखता रहता है; **soon**

learnt, **soon forgotten** आसानी से मिलने वाला आसानी से चला जाता है (*compare:* **Ill got is ill spent**); **~ a lesson** (गलती आदि से) सीखना

learned /लःनिड/ *adj.* 1 अनुभवी, ज्ञानी 2 विद्वान: ~ scholar 3 (**the ~**) जहां या जिसके पास ज्ञान का भंडार है: ~ book;

dw/lw: **~ly** /लःनिडलि/ *adv.* विद्वत्तापूर्वक, पांडित्यपूर्वक: speak very ~ly on a subject;

collocations: **~ leisure** सीखने के लिए फुर्सत; **~ theory** प्रगाढ़ या गूढ़ सिद्धांत;

my ~ brother *law* मेरे फाजिल दोस्त... (अदालत में एक वकील द्वारा दूसरे के लिए आदरपूर्वक प्रयुक्त); **the ~ professions** भगवान भक्ति, कानून, चिकित्सा

learning /लःनिंग/ *n.* 1 सीखने की क्रिया: the ~ of languages 2 हुनर सीखने की क्रिया 3 ज्ञान प्राप्ति: polite/ classical ~ (शास्त्रीय ज्ञान की प्राप्ति) 4 विद्वत्ता: a man of great ~;

collocations: **~ curve** 1 शिक्षा और ज्ञान प्राप्ति का रेखाचित्र (graph) 2 किसी विषय या कामकाज को सीखने की रफ्तार; **~ disabilities** सीखने की क्रिया में मानसिक अपंगता; **~ support** मानसिक अक्षमता से ग्रस्त लोगों के लिए विशेष शिक्षण कार्यक्रम या उपकरण;

p&i: **the new ~** पुनर्निर्माण काल की संस्कृति (in England: 16th century AD)

leasable /लीसअबल/ *adj.* पट्टे पर देने योग्य

lease /लीस/ *n.* 1 पट्टा, इजारा: long ~ 2 अस्थायी स्वामित्व: ~ out land/ houses 3 पट्टे की अवधि: ~ tenure;

v., pt. **~d**, *pp* **leasing** पट्टे पर दे. या ले.: ~ out land/ houses;

adj. पट्टे पर लिया हुआ: ~ property; ~ accommodation;

dw/lw: **~back** (*also* **sale and ~back**) जायदाद के मालिक द्वारा अपनी जायदाद बेचने के बाद उसे वापस पट्टे पर लिए जाने का कार्य; **lease\-hold** *n.* (≠ **free-hold** पूर्ण स्वामित्व) पट्टे पर ली हुई जमीन या इमारत; **lease\-holder** *n.* पट्टेदार, पट्टाधारी; **~r** /लीसः/ *n.* पट्टादाता, पट्टे पर देने वाला;

collocations: **~ deed** पट्टानामा; **~ without term** आजीवन पट्टा;

a ~ of/ on sth किसी चीज का पट्टा;

p&i: **get a new ~ of life** किसी में नए जीवन का संचार क.; **give sb/ sth a new ~ of life** *UK* (*also US* **give sb/ sth a new ~ on life**): 1 नई जिंदगी दे., गंभीर बीमारी आदि के बाद ठीक हो जाना, मौत के मुंह से लौटाना 2 किसी वस्तु को सुधारना ताकि वह बेहतर काम करने लगे; **renew/ sign/ take a ~** पट्टे को फिर से दे./ पट्टे पर हस्ताक्षर क./ नया पट्टा लेना

leash /लीश/ (*also UK* **lead**) *n.* कुत्ते आदि के गले में बांधी जाने वाली पट्टी या फीता, पट्टा: a dog on (the) ~ (पट्टी से बंधा कुत्ता);

v., pt. **~ed**, *pp* **~ing** कुत्ते आदि के गले में डोरी या पट्टी बांधकर रखना: ~ a dog;

p&i: **~ed by sacred ties** पवित्र धागों से बंधा हुआ; **hold sb under/ in ~** काबू में रखना, अधीन बनाकर रखना; **straining at the ~** अधीर, उतावला, किसी काम को शुरू करने के लिए आतुर

leasing /लीसिंग/ *n.* मिथ्या, झूठ, छल, कपट

least /लीस्ट/ *adv.* 1 सबसे कम 2 से कम नहीं: ~ of all; nobody can complain, you ~ of all (कोई कुछ शिकायत नहीं कर सकता, कम से कम आप तो नहीं);

adj./ quantifier 1 **'little'** की उत्तम श्रेणी (superlative degree) 2 न्यूनतम, अल्पतम, लघुतम: at the ~ estimate; ~ beautiful/ intelligent/ dangerous 3 सबसे कम: the ~ chance; ~ in number 4 जरा भी, थोड़ा भी, बिल्कुल भी: not the ~ mercy; not the ~ wind; not in the ~ tired; not the ~ mercy 5 कम से कम: you might at ~ say sorry;

dw/lw: **leastways/ leastwise** *adv.* कम से कम;

collocations: **~ common denominator** लघुतम समापवर्त्य; **~ common multiple** लघुतम; **the ~ways** न्यूनतम;

p&i: **~ of all** सबसे कम, कम से कम; **~ or less said the better** जितना कम कहा जाए उतना बेहतर, इतना खराब कि चुप ही रहना बेहतर होगा; **~ said the soonest mended** मित बोली से नुकसान कम होता है;

at ~/ ~wise 1 कम से कम 2 परंतु 3 से कम 4 इतनी तो, इतना तो 5 चाहे जो हो 6 खैर; **in the ~** थोड़ा भी, जरा भी; **not in the ~/ ~ bit** जरा भी नहीं, बिल्कुल भी नहीं; **last but not ~** अंतिम पर कम महत्त्वपूर्ण नहीं; **the ~ boy always carries the greatest fiddle** गरीब पर सभी दो बोरे अधिक लादते है; **the ~ foolish is wise** जो कम-से-कम मूर्खता करे वही बुद्धिमान है; **to say the ~** कम से कम कहते हुए

leat /लीट/ *n.* कुल्या, पानी की नाली

leather /लेदः/ *n.* 1 चर्म, चमड़ा: made of ~ 2 सफाई के लिए छोटा-सा चमड़े का टुकड़ा 3 किसी वस्तु में चमड़े से बना भाग 4 (**~s**) घुड़सवारी के लिए चमड़े की पैंट 5 (चमड़े की पोशाक) 6 त्वचा: lose ~ (खरोंच आना);

adj. 1 चमड़े का: ~ apron/ belt/ gloves; ~ wallet 2 चमड़े से बना: ~ cloth 3 स्वउत्पीड़कों/ परउत्पीड़कों (sado-masochistes) से संबंधित;

v., pt. **~ed**, *pp* **~ing** 1 चमड़े की पालिश क. 2 ठुकाई या पिटाई क.: ~ sb black and blue;

dw/lw: **~-back** *adj.* एक समुद्री कछुआ; **~-bound** *adj.* चमड़े की जिल्द में; **~ette** /लेदअरेट/ *n.* चमड़े जैसा कागज, नकली-चमड़ा; **~ing** *n.* पिटाई, धुनाई; **~-jacket** *n.* चमड़े का जैकेट; **~n** /लेदःन/ *adj.* चमड़े का, चमड़े का बना हुआ: ~n purse; **~-neck** *n. sl.* 1 थल सैनिकों के बीच नौसैनिकों के लिए प्रयुक्त 2 *US* नौसैनिक; **~ns** *n., [pl.]* घुड़सवारी के लिए (चमड़े की) पोशाक; **~y** /लेदरि/ *adj.* 1 चिमड़ा, चीमड़ 2 चमड़े का, चमड़े की तरह कड़ा: ~y leaves;

p&i: **~ and prunella** चिल्लर, छोटी-मोटी चीज; **~ away at/ on the job** निष्ठापूर्वक काम क.; **~y tough** चमड़े की तरह सख्त;

hell for ~ शीघ्रातिशीघ्र, जल्दी से जल्दी; **pull ~** घोड़े की काठी में डटे रहकर कुछ करने की कोशिश क.; **there is nothing like ~** हर कुम्हार अपने बर्तन को सराहता है

leave /लीव/ *v., pt.* **left**, *pt. p.* **left**, *pp* **leaving** 1 छोड़ कर जा. 2 पति/ पत्नी आदि द्वारा एक-दूसरे को त्यागना, एक-दूसरे से बिछुड़ना 3 छोड़ जा., भूल जा.: ~ behind sth; ~ sth open/ on/ off, etc. 4 थोड़ा-सा छोड़ दे., बचा रहने दे.: ~ sth for sb to eat; ~ sth until to-morrow 5 स्थायी छाप छोड़ना: ~/ make your mark 6 घाव का निशान (scar, etc.) छोड़ना 7 धब्बा छोड़ा या डालना: red wine **~s** a stain 8 बाद के लिए छोड़ दे., रहने दे.: **left** half her dinner 9 (***syn.*** bequeath) वसीयत छोड़ना: she **left** her daughter one million 10 सौंप दे.: ~ the keys with a neighbour; ~ sth behind sb (किसी चीज को किसी को सौंप जाना) 11 अस्वीकार कर दे. 12 विदा होना, प्रस्थान क., चला जाना: take ~; ~ for London 13 पीछा छोड़ना: his cold did not ~ him for weeks 14 त्याग दे., छोड़ दे. 15 त्यागपत्र दे.: ~ one's job 16 किसी को या किसी वस्तु को किसी स्थिति विशेष में रहने दे.: ~ the window open; ~ sth undone/ unsaid; some things are better **left** unsaid; her words **left** him furious 17 (***syn.*** remainder) शेष के रूप में छोड़ना: three minus two **~s** one 18 किसी के मरने के बाद परिवार सदस्यों को छोड़ जा.: he **~s** a wife and son 19 किसी कार्य को किसी अन्य द्वारा करने दे.: **left** the driving to her;

n. 1 छुट्टी का दिन, छुट्टी 2 अवकाश: ~ without pay; on ~ 3 अनुमति, इजाजत: take sb's ~ 4 *old use* विदाई;

dw/lw: **~-taking** *n.* विदाई; **leaving** /लीविंग/ *n.* 1 प्रस्थान 2 विदाई 3 अनुमति 4 स्कूल आदि की पढ़ाई की संपूर्णता; **leaving** *adj.* छोड़ने से संबंधित: school leaving examination; school leaving certificate; **leavings** /लीविंग्ज/ *n., [pl.]* बचा-खुचा खाना आदि, झूठन, कूड़ा;

collocations: ~ **account** किसी कर्मी की छुट्टियों का लेखा; ~ **allowance** अवकाश भत्ता; ~ **of absence** छुट्टी; ~ **of court** न्यायालय का निर्णय; ~ **school** स्कूल की पढ़ाई पूरी क.; ~ **vacancy** किसी के लंबी छुट्टी पर होने के कारण रिक्त स्थान या पद; **without** ~ बिना अनुमति के;

p&i: ~ **a bad taste in the mouth** कटुता छोड़ जाना या पैदा क.; ~ **a margin for error** भूल-चूक लेनी-देनी; ~ **a mark** छाप छोड़ना; ~ **a person cold** 1 किसी पर भयावह प्रभाव छोड़ना 2 किसी पर कोई असर न हो.; ~ **go/ hold of sth** (***syn.*** let go) किसी चीज की पकड़ छोड़ दे.; ~ **in the briers** परेशानी/ कठिनाई/ संकट में साथ छोड़ दे.; ~ **in the dark** धोखे में रखना; ~ **it at that** इस बात को यहीं समाप्त करते हैं, आगे कुछ नहीं करना चाहिए; ~ **it to me** इसे मुझ पर छोड़ दो (मैं इसे संभालूंगा); ~ **it to one's discretion** किसी के विवेक पर छोड़ दे.; ~ **me** छोड़ो, तंग न करो!; ~ **much to be desired** सुधार या बेहतरी क लिए बहुत कुछ करने के लिए हो., त्रुटिपूर्ण हो.; ~ **no stone unturned** हर संभव प्रयास क.; ~ **of absence** अनुपस्थित रहने की अनुमति; ~ **off** छोड़ दे.; ~ **one cold** प्रभावित न कर पाना; ~ **oneself open** अपने ऊपर चोट का बल ले लेना; ~ **out** छोड़ दे., रहने दे., शामिल न क.; ~ **out in the cold** उपेक्षा क., बात तक न पूछना, परवाह न क.; ~ **sb alone** किसी को उसके हाल पर छोड़ दे.; ~ **sb/ sth behind** किसी को पीछे छोड़ दे. या पिछड़ने दे.; ~ **sb holding the baby** किसी को मुसीबत में फंसाकर छोड़ दे.; ~ **sb/ out in the cold** किसी की बुरी तरह उपेक्षा क.; ~ **sb in the lurch** मुसीबत में फंसे व्यक्ति को अधर में छोड़ दे.; ~ **sb/ sth out** किसी वस्तु या व्यक्ति को शामिल न क.; ~ **sb to himself** किसी को अकेले छोड़ दे.; ~ **sb to shift for himself** किसी को उसकी जीविका खुद अर्जित करने दे.; ~ **sb to their own devices (device)** किसी को उसके हाल पर छोड़ दे.; ~ **sb/ sth off** शामिल न क.; ~ **sb/ sth to the tender mercies of sb** किसी या किसी चीज को किसी की दया पर छोड़ दे.; ~ **someone for dead** मरा मानकर छोड़ दे.; ~ **sth alone** यथास्थिति में छोड़ना, कोई छेड़छाड़ न क.; ~ **sth aside** पर विचार न क.; ~ **sth for/ to sb** किसी पर ज़िम्मेदारी छोड़ना; ~ **sth out of account/ consideration** किसी बात पर ध्यान न दे. या उसकी उपेक्षा कर दे.; ~ **sth to chance/ to accident** किसी चीज को संयोग, इत्तफाक या दैवयोग पर छोड़ दे.; ~ **the beaten track** लीक से हटकर नया रास्ता अपनाना; ~ **without figs** कोरे वायदे, खाली बातें;

ask/ beg ~ to do sth कुछ करने की अनुमति मांगना; **be badly/ poorly/ well left** (बल्लेबाज द्वारा गेंद को) खराब तरीके से या भली भांति छोड़ दिया जा.; **be left alone at the post** अकेले पड़ जाना; **be left out** किसी कार्य या योजना आदि में सम्मिलित न किया जाना; **be left over** बचा हुआ होना; **by/ with/ your** ~ आपकी अनुमति से; **his behaviour ~s much to be desired** उसका व्यवहार बहुत ही दोषपूर्ण है; **take (a) French** ~ बिना अनुमति के छुट्टी क.; **take ~ of one's senses** पागल हो जा.; **take one's** ~ विदा हो.; **take ~ of one's friends** दोस्तों से विदाई ले.

leaven /लेव्न/ (*also* **~ing**) *n.* 1 (***syn.*** yeast) खमीर 2 परिवर्तनकारी प्रभाव या वस्तु: the ~ of learning;

***v.**, pt.* **~ed**, *pp* **~ing** 1 खमीर उठाना 2 परिवर्तित क., प्रभावित क.: jokes may ~ a boring speech;

dw/lw: **~ed** /लेवन्ड/ *adj.* खमीरा; **~ing** /लेव्निंग/ *n.* किण्वन; **leaven\ous** /लेवनस/ *adj.* खमीरपूर्ण;

p&i: **of the same ~ = the old ~** एक ही थैली के चट्टे-बट्टे

leaving; leavings *see above under* **leave:** ***dw/lw***

Lebanon /लेबनान/ *n.* लेबनान;

dw/lw: **Lebanese** *n.* लेबनान वासी, लेबनान का

Lebensraum /लेबनज़्राउम/ (*sometimes* **lebensraum**) *n.* 1 रहने के लिए स्थान 2 *hist.* जर्मनी से बाहर की धरती जिसे हिटलर जर्मनी के आर्थिक विकास के लिए हथियाना चाहता था

LEC *abbr.* 'Liquid Equity Capital' की प्रथमाक्षरी

lech /लेच/ *n., pl.* **~es**, *sl.* 1 लंपट आदमी, ऐयाश व्यक्ति 2 कामुकता, लंपटता;

***v.**, pt.* **~ed**, *pp* **~ing** लंपटता या व्यभिचार क.

lecher /लेचः/ *n.* 1 व्यभिचारी व्यक्ति 2 कामासक्त व्यक्ति, लंपट;

***v.**, pt.* **~ed**, *pp* **~ing** लंपट-सा व्यवहार क.;

dw/lw: **~ous** /लेचरस\/ *adj.* (***syn.*** lustful) मदमस्त, कामांध, व्यभिचारपूर्ण; **~ously** /~लि/ *adv.* मदमस्ती से, कामांधतापूर्वक; **~y** /लेचरि/ (*also* **~ousness** /~नेस/) *n.* व्यभिचार, कामासक्ति, लंपटता

lectern /लेक्टःन/ *n.* पाठ-मंच, वह आधान या ढलवां मंच जिस पर पुस्तक आदि रखकर चर्च या क्लास रूम में लेक्चर देते हैं

lection /लेक्शन/ *n.* 1 (***syn.*** podium) पठन 2 चर्च में पढ़ा जानेवाला पाठ

lector /लेक्टॉः/ *n.* = lecturer 1 कॉलेज या विश्वविद्यालय में पठन-पाठन कराने वाला अध्यापक 2 चर्च में बाइबल से पाठ पढ़ने वाला

lecture /लेक्चः/ *n.* 1 पाठ या पठन 2 चर्च में पढ़ा जानेवाला पाठ 3 भाषण, व्याख्यान: read/ deliver a ~; a course of ~s 4 उपदेश, सीख, फटकार, डांट-डपट, भाषण;

***v.**, pt.* **~d**, *pp* **lecturing** 1 व्याख्यान दे. 2 उपदेश दे., फटकारना, डांट-डपट लगाना: ~ sb severely;

dw/lw: **lecture\r** /लेक्चरः/ *n.* व्याख्याता, व्याख्यात्री, प्राध्यापक, प्राध्यापिका; **lecture\ship** /लेक्चःशिप/ *n.* 1 व्याख्याता का पद या कार्यकाल 2 वक्तृता;

collocations: ~ **theatre/ hall** अध्यापन कक्ष;

p&i: **curtain** ~ सजा, दंड, फटकार या डांट-डपट

LED *abbr.,* 'light-emitting diode' की प्रथमाक्षरी

led /लेड/ 1 *pt.* '**lead**' का भूतकालिक रूप 2 प्रभावित या संचालित: a consumerism-led society; student-led activities

LEDA *abbr.* 'learning through exploration, discovery and adventure ((NIIT) = National Institute of Information Technology)' की प्रथमाक्षरी

ledge /लेज/ *n.* 1 खिड़की के ऊपर या नीचे बना ढलानदार छज्जा, कगार, शिला-फलक, तलशिला: window ~ 2 दीवार में लगी सामान रखने की पट्टी, आला 3 समुद्री चट्टान: ~ for chalk;

ledger /लेजः/ *n.* 1 खाता 2 बही-खाता, लेखाबही: sale/ purchase ~ 3 प्रपंजी 4 मचान (पाड़) की आड़ी (timber) 5 (कब्र का) समतल पत्थर या पटिया;

dw/lw: **~-bait** *n.* मछली पकड़ने के लिए लगाया हुआ स्थिर प्रलोभन; **~-line** *n.* मछली पकड़ने के लिए लगाया हुआ स्थिर प्रलोभन-चारे का तख्ता; **~-tackle** *n.* मछली पकड़ने के जालों की कतार;

collocations: ~ **balance** खाता शेष; ~ **folio** खाता पन्ना; ~ **line** *music* संगीत में सुरों के स्तर का निशान

lee /ली/ *n.* 1 आश्रय, शरण, ओट, आड़ 2 हवा से बचाव का स्थान: under/ in the ~ of a house/ of a cliff/ of a mountain/ of an island 3 (**lees** /लीज/ *n.* = **dregs**) (वाइन आदि की) तलछट, तलौंछ, तली पर बचा हुआ पदार्थ;

dw/lw: **~-board** *n.* समुद्री जहाज को हवा के वेग से बचाव के लिए लटकाया हुआ तख्ता, ओट तख्ता; **~most** *adj.* हवा के अनुकूल दूरतम स्थित; **~-port** *n.* हवा से रक्षित बंदरगाह; **~-shore** *n.* अनुवात तट; **~-tide** *n.* वायु की दिशा वाला ज्वार; **~ward** *adv.* अनुवात, सुरक्षित दिशा की ओर, ओट में, वायु की दिशा में; **~way** *n.* 1 अनुवात दूरी, अनुवात गमन, पोत का वायु वेग के कारण पथ से विस्थापन 2 छूट, गुंजाइश, कार्य-अवधि आदि में छूट 3 (***syn.*** latitude) अपने मन का काम करने की गुंजाइश 4

कसर, कमी: make up ~way (कसर या कमी पूरी क.);
p&i: **drain/ drink to the ~** जाम को पूरा पीकर खाली कर दे.; **have ~way** बचाकर रखना; **have much ~way to make up** जोशो-खरोश के साथ रक्षा क.; **make ~way** तयशुदा मार्ग से भटकना या हटना; **the ~ of life** जीवन के बचे हुए दिन, बुढ़ापा

leech /लीच/ *n.* 1 जोंक, जलौका 2 दूसरों का खून चूसनेवाला, जोंक 3 चिपकू, जिससे पीछा छुड़ाना मुश्किल हो, गले पड़ने वाला आदमी: stick like a ~ (किसी से कुछ फायदा उठाने के लिए चिपक जाना); ~ off sb or sth; ~ on to sb or sth 4 चिकित्सक: ~-fee;
p&i: **the ~ will hardly fasten on a fish** मछली को जोंकें कम ही लगती हैं

leek /लीक/ *n.* एक प्रकार की सब्जी जो प्याज की तरह होती है, गंदना: green as ~;
p&i: **eat one's ~s** अपमान का कड़वा घूंट पी जाना;

leer /लिअः/ *v., pt.* **~ed**, *pp* **~ing** बुरी नजर से देखना या मुस्कराना, कुदृष्टि डालना: ~ one's eye at sb;
n. बुरी नजर, बुरी निगाह, कुदृष्टि;
dw/lw: **~ily** *adv.* शकपूर्वक; **~ing** *n.* कुदृष्टि; **~ing** *adj.* कुदृष्टि डालनेवाला; **~y** /लिअरि/ *adj., degr.* ~ier, ~iest *US* 1 शक्की-मिजाज, सनकी: be ~y of sb/ sth 2 चालू, चालबाज

lees /लीज/ *n.* (वाइन आदि की) तलछट, तलौंछ;
p&i: **drain/ drink to the ~** जाम को पूरा पीकर खाली कर दे.; **the ~ of life** जीवन के बचे हुए दिन, बुढ़ापा; **there are ~ to every wine** तलछट हर वाइन में बनती है

leeward /लीवःड/ *adv. see under* **lee: *dw/lw***

leeway /लीवे/ *n. see under* **lee: *dw/lw***

left /लेफ्ट/ *adj.* 1 बायां: ~ bank 2 वाम, प्रगतिशील, वामपंथी: ~ wing;
adv. बाईं ओर;
n. 1 बायां छोर 2 बाईं तरफ: the river is on your ~; keep to the ~ 3 बायां भाग या अंग 4 बाईं दिशा 5 (**the Left/ left**) वामपंथ 6 *pt.,* **'leave'** का भूतकालिक रूप 7 बायां हाथ 8 बायें हाथ का मुक्का: he got in one with his ~ 9 बायें हाथ का दस्ताना आदि 10 बायें हाथ या बाईं ओर का मोड़;
dw/lw: **left\-click** *v., pt.* ~-clicked, *pp* ~-clicking कंप्यूटर के माउस का बायां बटन दबाना; **~-field** *adj.* विचित्र एवं रोचक; **~-footed** *adj.* 1 बायें पांव से किया हुआ काम 2 बायें पांव में ज्यादा ताकत या कौशल हो.; **~-footer** *n.* बायें पांव से काम करने वाला; **left\-hand** *adj.* 1 बाईं ओर का 2 बायें हाथ से किया हुआ काम: ~-hand drive (इंग्लैंड, भारत आदि देशों में बायें बाजू का गाड़ी चालन); **left\-handed** *adj.* 1 बाएं हाथ से कार्य करने वाला 2 अनाड़ी, फूहड़ 3 घड़ी की सुइयों की उल्टी दिशा में 4 दो गैर-बराबर शख्सों के बीच शादी; **~-hander** *n.* बाएं हाथ से काम करने वाला व्यक्ति, खब्बू, खब्बा, वामहस्त; **~-handedness** *n.* वामहस्तता; **~ism** /लेफ्टिज्म/ *n.* वामपंथवाद; **left\ist** /लेफ्टिस्ट/ *adj.* वामपंथी; **~ist** *n.* वामपंथी व्यक्ति; **~-luggage** *n.* रेलवे स्टेशन आदि पर छोड़े जानेवाले सामान के लिए घर; **~most** *adj.* बाईं ओर सबसे दूर; **~-of-centre** *adj.* राजनीति में थोड़ा वामपंथी; **~over** *adj.* बचा हुआ; **~overs** *n. [pl.]* झूठन; **left\-wing** *adj.* 1 वामपंथी (राजनीतिक दल) 2 सेना की बायें बाजू की (टुकड़ी); **~-winger** *n.* वामपंथी; **~ward** *adj., adv.* बायीं ओर का, बायीं ओर; **~wards** *adv.* बायीं ओर (को); **~y** *n.* 1 खब्बू, बाएं हाथ से काम करने वाला व्यक्ति 2 वामपंथी व्यक्ति; **~y** *adj.* वामपंथी: a ~y feminist;
collocations: **Left Bank** पेरिस में सीएने नदी (River Seine) के बायें तट पर रहने वाले मुख्यतः विद्यार्थी एवं कलाकार लोग; **Left Bank** *adj.* (*often* **left bank**) कलात्मक, अपारंपरिक या विचित्र तौर-तरीकों से संबंधित; **~ brain** मानव दिमाग का बायां भाग जो सोचने और विश्लेषण करने में सक्षम है; *US* **in/ from/ out of left field** विचित्र और आकस्मिक; **~-luggage office** छोड़े हुए सामान का कार्यालय; **~, right and centre** सब जगह हो., सब तरफ से; **~ to no profession** हरफन-मौला;
right and ~ सबको, सभी को;
p&i: **~-luggage office** खोई वस्तु कार्यालय; **~overs** बचा-खुचा;
about ~/ right face पीछे, बायीं, दायीं तरफ देखने या मुड़ने का आदेश; **about ~/ right turn** बायें से दायें मुड़ने का आदेश; **eyes right/ left/ front** दायें/ बायें/ सामने देखने का आदेश; **~ handed compliment** कटाक्ष, ताना; **have two ~ feet** नाचने में बिल्कुल बेढब हो.; **marry with the ~ hand** उच्च-वर्ग और निम्न वर्ग आदमी औरत के बीच शादी (morganatic marriage) जिसकी वजह से इस शादी से पैदा होनेवाली संतान को उच्च-वर्ग का उत्तराधिकार नहीं मिल सकता; **over the ~** बिल्कुल उल्टा

leg /लेग/ *n.* 1 टांग, लात, पांव, पैर 2 मुर्गे आदि की टांग का गोश्त 3 कुर्सी या चारपाई आदि की टांग, पाया 4 पैंट की टांग, पायंचा, पायंचा 5 यात्रा का एक चरण/ दौर/ पड़ाव: the first ~ of a round-the-world flight; both **~s** of the cruise (समुद्री यात्रा में जाना-आना यानी दोनों चरण) 6 (***syn.*** lap) दौड़ आदि प्रतियोगिता में एक चक्कर;
dw/lw: **~-bail** *n.* भगोड़ापन, कानून आदि से बचकर भाग खड़ा होने की क्रिया; **leg\-break** *n.* (क्रिकेट में) जब गेंद लेग-साइड (leg-side) में टप्पा खाकर ऑफ (off-side) साइड में जाती है; **leg\-bye** *n.* (क्रिकेट में) ऐसा रन जब गेंद बल्लेबाज के हाथों या बल्ले से न लगकर शरीर के किसी अन्य भाग से छूकर गई हो; **~ged** *adj.* टांगोंवाला, -पाद; **~gings** /लेगिंग्स/ *n., [pl.]* 1 महिलाओं का एक वस्त्र जो टांगों पर पहना जाता है, टांग-त्राण, कसकर फिट बैठने वाला पाजामा-सा (मुख्यतः लड़कियों के लिए) 2 क़ड़ी सर्दी से बचने के लिए पैंट के नीचे पहना जाने वाला ऊनी पाजामा; **~-guard** *n.* क्रिकेट आदि खेलों में टांगों को चोट से बचाने के लिए खिलाड़ियों द्वारा पहना जाने वाला सुरक्षा-पैड; **~gy** *adj.* सुंदर लंबी टांगोंवाली (औरत); **~horn** *n.* एक प्रकार का हैट; **~-iron** *n.* टांगों की बेड़ियां, जंजीर; **~it** 'legitimate' का संक्षेप, *see below under separate entry*; **~less** *adj.* 1 बिना टांगों के, टांगहीन 2 नशे में धुत्त; **~-man/ ~-woman** *n.* गुप्त रूप से सूचनायें एकत्रित करने के लिए दफ्तर से जाने वाला, समाचार-संग्राहक, हरकारा, पत्रकार; **~-of-mutton/ ~-o'-mutton** *n.* तंग पहुंचे और चौड़े कंधोंवाली आस्तीन; **~-over** *n. sl.* संभोग करने की क्रिया; **leg-pull** *n.* टांग खिंचाई; **~-puller** *n.* टांग-खिंचाई करने वाला, किसी का मजाक उड़ाने वाला; **~-rest** *n.* पांव रखने के लिए पटरी आदि; **~room** *n.* पांवों के लिए स्थान, पैर पसारने की जगह; **~-side** *n.* क्रिकेट में क्षेत्र-रक्षण का वह स्थान जो दायें बाजू के बल्लेबाज के बायीं ओर तथा खब्बू बल्लेबाज के दायीं तरफ होता है; **~-up** *v., pt.* ~ged-up, *pp* ~ging-up 1 किसी की घोड़े पर चढ़ने में मदद क. 2 किसी की हालत सुधरने में मदद क.: give sb a ~-up;
collocations: **~ and ~** मुकाबले में बराबर के अंक; **~ before wicket (LBW)** (क्रिकेट में) पगबाधा, गेंद को विकिटों पर लगने से टांग अड़ाकर रोकना; **~ hold** कुश्ती आदि में टांग की जकड़ या पकड़; **~ room/ space** टांगें पसारने के लिए स्थान; **~ show** नृत्य में नर्तकी द्वारा टांगों का दिखाया जा.; **~ slip** क्रिकेट में बल्लेबाज के थोड़े पीछे का क्षेत्र-रक्षण स्थान; **~ spin** (क्रिकेट में) जब गेंद लेग-साइड में टप्पा खाकर ऑफ साइड में जाती है; **~ stump** (क्रिकेट में) बल्लेबाज के बायें पांव के निकट का स्टंप; **~ theory** (क्रिकेट में) बल्लेबाज के पांव के पास गेंद पटकने की नीति; **~ warmer** टखनों से लेकर घुटनों तक आनेवाली लेगिंग; **~ work** 1 ऐसा काम जिसमें बहुत चलने और यात्रा करने की आवश्यकता होती है, दौड़-धूप का काम 2 सैनिक मार्च;
bow-~ged man टेढ़ी टांगोंवाला, बांडा (*Hr.*) आदमी;
p&i: **all ~s/ all ~s and wings** लंबा एवं पतला-दुबला; **as**

fast as one's ~s can carry one जितना जल्दी हो सकता है; **be all ~s** पतला-दुबला व लंबा व्यक्ति हो.; **be off one's ~s** 1 थककर चूर हो. 2 आराम-चैन की स्थिति में हो.; **be/ get on one's hind ~s** 1 घोड़े का पिछले टांगों पर खड़ा हो. 2 भाषण के बाद खड़े होकर करतल ध्वनि क.; **be on its last ~s** आखिरी चरण में हो.; **be/ run off one's ~s** गिर जा.; **be tied by the ~** हाथ-पांव बंधे हो.; **dance/ walk sb off his ~s** किसी को नचाकर या घुमा-घमाकर थका दे.; **fall/ light on his ~s** भली प्रकार जंजाल से छुटकारा पाना; **feel one's ~s** खड़ा होने की कोशिश क., चल-फिर पाना, किसी स्थान पर अपने सामर्थ्य को आंकने की कोशिश क.; **get a ~ in** किसी का विश्वास-पात्र बन जा.; **get/ find/ have one's sea ~s** समुद्री जहाज के हिलने-डुलने का अभ्यस्त हो.; **give sb a ~ up** 1 ऊपर चढ़ने में मदद क. 2 घोड़े आदि की दीवार आदि को फांदकर पार करने में मदद क.; **have (got) by the ~** कठिन स्थिति में फंसा दे.; **have hollow ~s** बहुत भूखा हो., व्यथित हो.; **have one's tail between one's ~s** भीगी बिल्ली बनना, अपमानित हो.; **have the ~s** और भी आगे या दूर तक चल पाना; **have the ~s of sb** और तेजी से दौड़ना; **lies do not have a ~ to stand on** झूठ के पांव नहीं होते; **long in the ~** लंबी टांगोंवाला; **lose one's ~s** कुछ ज्यादा पी ले.; **pull sb's ~** किसी की टांग खिंचाई क., किसी का मजाक उड़ाना; **put/ set one's best ~ foremost** जो सर्वश्रेष्ठ है, उससे शुरुआत क.; **put/ set sb on his ~s** बीमारी के बाद किसी को उसके पांवों पर खड़ा क.; **shake a ~** तत्परता दिखाना; **show a ~** बिस्तर से उठना; **stand (up) on one's own ~s** अपने पांव पर खड़ा हो.; **stretch one's ~s** पैर सीधे क., आराम क.; **stretch one's ~s according to the coverlet** जितनी चादर देखो, उतने पांव पसारो!; **take to one's ~s** भाग खड़ा हो., नौ-दो ग्यारह हो.; **walk one's ~ off** थककर चूर होने तक चलते ही जाना; **talk the hind ~ off a donkey** लंबे समय तक बक-बक करने की क्षमता रखना; **the sharp ~ of the compasses** परकार की नुकीली टांग; **try it on the other ~** अंतिम संभावना को काम में लाना; **walk/ run sb off his ~s** किसी को तेज चलाकर थका दे.

legacy /लेगअसि/ *n., pl.* **legacies** 1 परंपरा, प्रथा: ~ of the past 2 (***syn.*** inheritance) रिक्थ, पैतृक संपत्ति, वसीयत संपदा, विरासत, बपौती, उत्तरदान: leave a ~; ~duty (उत्तराधिकार शुल्क) 3 पूर्वजों से प्राप्त धरोहर;
dw/lw: **legatary** /लेगअटरि/ *adj.* वसीयत में मिलनेवाला; **legator** /लिगेटः/ *n.* रिक्थदाता, वसीयत करने वाला;
collocations: **absolute ~** पूर्ण विरासत; **comulative ~** अतिरिक्त वसीयत; **conditional ~** सशर्त विरासत; **general ~** अतिरिक्त वसीयती धन

legal /लीगल/ *adj.* 1 विधि संबंधी, कानूनी: ~ language; institute/ take ~ proceedings against sb 2 विधि सम्मत, वैध, कानूनी: ~ ethics; ~ action; ~ costs; ~ owner; ~ claim 3 विधिपरक, विधिविषयक: ~ document 4 विधि, विधिवेत्ताओं व अधिवक्ताओं से संबंधित: ~ person; ~ adviser/ expert; take ~ advice; ~ standing;
dw/lw: **~ese** /लीगअलीज/ *n.* जटिल कानूनी भाषा या लफ्फाजी; **~ism** /लीगअलिज्म/ *n.* विधि-परायणता, विधिवाद, विधिवादिता, विधि-कर्मकांडवाद; **~ist** /लीगअलिस्ट/ *n.* विधिवादी, विधि-कर्मकांडवादी; **~istic** /लीगअलिस्टिक/ *adj.* विधि-परायण, विधिवादी, विधि-कर्मकांडवादी; **legal\ity** /लीगैलिटि/ *n.* वैधता, कानूनियत; **~ize** /लीगअलाइज/ *v., pt.* ~ized, *pp* ~izing वैध बनाना; **~ization** /लीगअलाइज़ेशन/ *n.* वैधीकरण; **legal\y** /लीगलि/ *adv.* कानूनी तौर पर, विधिवत; **~-size** (*also* **legal**) *n.* 8.5"x 14" कागज;
collocations: **~ action = ~ proceedings** कानूनी कार्रवाई; **~ aid** कानूनी सहायता; **~ eagle** (*also* **~ beagle**) एक युवा, चुस्त-दुरुस्त, चतुर और सक्रिय वकील; **~ fiction** कानूनी कथा साहित्य; **~ holiday** कानूनी तौर पर घोषित अवकाश; **~ pad** पंक्तित कागज का पुलिंदा; **~ proceedings = ~ action** कानूनी कार्रवाई, मुकदमा; **~ practitioner** विधिजीवी, वकील; **~ separation** पति-पत्नी का वैध अलगाव यानी अलग-अलग रहने की व्यवस्था; **~ tender** वैध मुद्रा; **~ year** ऐसा साल जिसके संदर्भ में सालाना कैलेंडर बनता है

legatary *see above under* **legacy: *dw/lw***

lega\te /लेगअ\ट/ *n.* 1 प्रतिनिधि, दूत, पोप का दूत, राजदूत 2 रोम के जनरल का लेफ्टिनेंट 3 पोप के किसी प्रांत का गवर्नर;
v., pt. **~ted,** *pp* **~ting** रिक्थदान क., देना, दानपत्र लिखना;
dw/lw: **~tee** /~टी/ *n., pl.* **~tees** 1 वारिस, उत्तराधिकारी 2 रिक्थभोगी, रिक्थग्राही 3 वसीयतवार; **~tion** /लिगेशन/ *n.* 1 दूत, दूतपद, दूत कार्य 2 दूतावास 3 राजदूतावास (embassy) से नीचे का प्रतिनिधि-मंडल

lega\to /लिगाटो/ *adv.* 1 सुचारु रूप से, सुर में से सुर निकलते हुए 2 समरसता से चलते हुए;
dw/lw: **~tos** *n.* सुर में सुर निकलकर बना संगीत; **~tissimo** *adv.* अत्यधिक सुचारू रूप से

legato *see above under* **legacy: *dw/lw***

legend /लेजंड/ *n.* 1 (***syn.*** myth) प्राचीन गाथा, दंत-कथा, किंवदंती 2 पौराणिक कथा 3 कहानी, कथा 4 गौरव गाथा, शूरवीर-गाथा, प्रसिद्ध मानव या घटना 5 किसी ऐतिहासिक तमगे या सिक्के पर मिला लेख, शिलालेख 6 नक्शे या चित्रों पर मिलनेवाले लेख 7 जो अपने जीवन काल में ही प्रसिद्ध हो गया हो 8 संत की जीवन-गाथा;
dw/lw: **legend\ary** /लेजंडरि/ *adj.* 1 पौराणिक, कल्पित 2 प्रसिद्ध 3 रोमांचक 4 गौरव-गाथापूर्ण, शूरवीरगाथीय: ~ary heroes/ ~ary age गौरव-गाथापूर्ण नायक या काल: a ~ary Greek hero (प्रसिद्ध यूनानी शूरवीर); **~ary** *n., pl.* ~aries 1 शूरवीर-गाथा लेखक 2 शूरवीर-गाथा पुस्तक, दंत-कथा समूह

legerdemain /लेजःडमेन/ *n.* 1 (***syn.*** sleight of hand) जादू का खेल, जादूगरी, बाजीगरी, हाथ की सफाई 2 इंद्रजाल 3 (***syn.*** trickery) छल-कपट, चालबाजी

leggings *see under* **leg: *dw/lw***

leggy *see under* **leg: *dw/lw***

legi\ble /लेजिब्ल/*adj.* (***anton.*** illegible) सुपाठ्य, स्पष्ट, आसानी से पढ़ा जा सकनेवाला (लेख या लिखाई);
dw/lw: **~bilty** *n.* सुपाठ्यता, सुपठनीयता, लिखाई की स्पष्टता; **~bly** *adv.* साफ-साफ, स्पष्ट ढंग से

legion /लीजन/ *n.* 1 बड़ी सैनिक टुकड़ी या दस्ता, लीजन 2 भीड़-भाड़ 3 बहुत बड़ी संख्या 4 प्राचीन रोम में 3000 से 6000 तक सैनिकों का दस्ता 5 कुछ सैनिक दस्तों का नाम: the French Foreign Legion; American/ British Foreign ~;
adj. अनगिनत, बहुत बड़ी संख्या में;
dw/lw: **~aire** /लीजअनेअः/ *n.* सैनिक टुकड़ी, विशेषकर फ्रांसीसी विदेशी सैनिक टुकड़ी का सदस्य; **legion\ary** /लीजनरि/ *n., pl.* ~aries 1 *hist.* प्राचीन रोम के लीजन का सिपाही 2 सैनिक, सैन्य दल का सदस्य; **~ary** *adj.* लीजन यानी सैन्य दल से संबंधित; **~s** /लीजन्ज/ *n., [pl.]* 1 सैनिक, सैन्य दल का सदस्य 2 लोगों का हुजूम: ~s of people 3 (***syn.*** numerous) बहुत बड़ी संख्या: research papers on this topic are ~s (इस विषय पर शोध पत्रों का अंबार लगा है);
collocations: **~aires' disease** फेफड़ों की गंभीर बीमारी जो एअर-कंडीशनर आदि द्वारा फैलाए जाने वाले बैक्टीरिया से होती है

legisla\te /लेजिस्ले\ट/ *v., pt.* **~ted,** *pp* **~ting** विधि या कानून बनाना: **~te** for/ against sth;
dw/lw: **~tion** /~शन/ *n.* 1 कानून, विधान: labour ~tion; a piece of ~tion; ~tion on sth 2 विधि-निर्माण: introduction/ passing of ~tion 3 विधायन: the proposed ~tion; **~tive** /~टिव/ *adj.* विधान-संबंधी, विधायी, वैधानिक: ~tive assembly; ~tive council; ~tive measure (कानूनी कार्रवाई

या कार्यवाही); ~tive power; **legisla\tor** /~टः/ *n.* विधायक, विधिकर्ता; **~ture** /~चः/ *n.* विधान-सभा, विधायिका, विधानमंडल

legist /लीजिस्ट/ *n.* विधिज्ञ, विधिशास्त्री

legit/ legit. *abbr.* 'legitimate' का संक्षेप

legitimacy /लिजिटिमअसि/ *n.* 1 वैधता, औरसता: ~ of an action 2 तर्कसंगति, प्रामाणिकता, प्रमाणीकरण

legitima\te /लिजिटिमट/ *adj.* 1 (***syn.*** valid) जायज, उचित: for **~te** purposes; a **~te** complaint or fear 2 न्यायसंगत: **~te** action 3 (***syn.*** legal) वैध, विधिसम्मत: **~te** claim 4 (***syn.*** justifiable) तर्कसंगत, युक्तिसंगत: **~te** reason 5 (***anton.*** illegitimate) औरस, वैध: **~te** offspring 6 (***syn.*** traditional) यथार्थपूर्ण, प्रथागत: **~te** drama/ **~te** theatre 7 प्रमाणित, वैध: **~te** portion;

v., pt. **~ted**, *pp* **~ting** 1 उचित ठहराना 2 प्रमाणित क. 3 तर्कसंगत सिद्ध क. 4 किसी को वैध संतान होने का अधिकार दे., वैध/ औरस ठहराना या बनाना;

dw/lw: **~tely** /~मेटलि/ *adv.* न्यायपूर्ण ढंग से, विधिवत, जायज तरीके से; **~tion/ legitimization** /~मेशन/ ~माइजोशन/ *n.* वैधीकरण, प्रमाणीकरण, औरसीकरण (वैध संतान होने का अधिकार देने की क्रिया); **~tize/ legitimize** /~मअटाइज/~माइज/ (***syn.*** legalize) *v., pt.* ~tized, *pp* ~tizing 1 वैध (औरस) बनाना 2 अवैध बच्चे को वैध संतान का अधिकार दे. 3 तर्कसंगत सिद्ध क.

legiti\mism /लिजिटि\मिज्म/ *n.* वैधतावाद;

dw/lw: **~mist** /~मिस्ट/ *n.* वैधतावादी

legless /लेगलेस/ *adj.* 1 टांग रहित 2 पीकर धुत्त

legpull; **legroom** *see above under* **leg: *dw/lw***

Lego /लेगो/ *n. trademark* भवन-निर्माण क्रिया पर आधारित खिलौना

legu\me /लेग्यूम/ लिग्यूम/ *n., bot., tech* 1 फली (सेम आदि की) 2 फल का गूदा या उसके खाने योग्य बीज 3 ऐसा पौधा जिसमें फलियां लगती हों: **~me** crops;

dw/lw: **~minous** /लिग्यूमिनस/ *adj.* फलीदार, फलियोंवाला

lei /ले/ लेइ/ *n., pl.* **~s** पोलिनेशिया (Polynesia) द्वीप में स्वागत रूप में पहनाई जानेवाली फूलों, शंखों व पक्षी-पंखों की माला

Leics *abbr. Br.* 'Leicestershire' का संक्षेप

LEISA *abbr.* 'low external input sustainable agri-and-aquaculture' की प्रथमाक्षरी

leisure /लेजः\/*US* लीजः\/ *n.* 1 फुरसत (फुर्सत), खाली समय: be at one's ~; wait sb's ~/ wait till sb has ~ 2 अवकाश 3 खाली, खोखला जीवन: life of ~;

dw/lw: **~d** /~ड/ *adj.* जिसे फुर्सत हो, खाली; **leisure\ly** /~लि/ *adj.* 1 अत्वरित, ढीला-ढाला, शिथिल-सा: ~ly movements 2 आरामपूर्ण (बिना किसी हड़बड़ी या उतावलापन के): ~ly minds; undertake a ~ly journey; **~ly** *adv.* आराम से, धीरे-धीरे: work ~ly;

collocations: **~ centre** *UK* खेलकूद और मनोरंजन के माध्यम से समय बिताने का केंद्र; **~ suit** = **~ wear** ढीली-ढाली आरामदेह पोशाक;

p&i: **at ~ = at one's ~** 1 जिसके पास फुर्सत हो 2 फुर्सत के समय 3 बिना हड़बड़ाहट के, आराम से; **off ~** जिसके पास काम न हो, बेकार

leitmotif /लाइटमोटीफ/ (*also* **leitmotiv**) *n., Ger.* 1 ऐसा महत्त्वपूर्ण विचार या शब्द जो किसी रचना में बार-बार दोहराया जाता है या उसमें पूरी तरह रमा होता है, आवर्ती विचार 2 *music* टेक, विशिष्ट स्वरलहरी

lek /लेक/ *n.* मोर जैसे पक्षियों द्वारा अपनी मादा से मिलन के लिए किया जानेवाला प्रपंच या नाच;

v., pt. **~ked**, *pp* **~king** उक्त पक्षियों द्वारा संभोग किया जा.

LEM *abbr.,* 'Lunar Excursion Module' की प्रथमाक्षरी

lemma /लेमा/ *n., pl.* **~s** or **~ta** 1 प्रमेयका 2 तर्क वाक्य 3 सर्वमान्य तर्क 4 साहित्यिक रचना या लेख का विषय-सूचक शीर्षक 5 चित्र का नारा या विषय-शीर्षक 6 हाशिए में लिखे जानेवाले शब्द 7 *ling.* (***syn.*** headword, dictionary entry) शब्दकोश में मुख्य शब्द या प्रविष्टि;

dw/lw: **lemma\tical** /लेमअटिकल/ *adj.* 1 शब्दकोश में मुख्य शब्द या प्रविष्टि से संबंधित 2 तर्कवाक्य या शीर्षक से संबंधित; **~tize/ ~tise** *v., pt.* ~tized, *pp* ~tizing शब्दकोश आदि में सभी संबंधित (एक धातु के) शब्दों को एक मुख्य शब्द (headword) के नीचे देना

lemming /लेमिंग/ *n.* 1 एक प्रकार का चूहा 2 विनाश पथ पर दूसरों के पीछे आंख मूंदकर चलनेवाला;

dw/lw: **~-like** *adv.* मूर्खतापूर्वक, बिना सोचे-समझे

lemon /लेमन/ *n.* 1 नींबू, नीबू, जंबीर: ~ peel; ~ gratings 2 नींबू का पेड़ 3 (***syn.*** dud) बेकार वस्तु 4 *colloq.* (***syn.*** idiot) बेकार या मूर्ख व्यक्ति या वस्तु 5 (***syn.*** lemon yellow) पीला रंग;

adj. 1 पीला 2 नींबू-सा स्वादवाला;

dw/lw: **lemon\ade** /लेमअनेड/ *n.* 1 *UK* एक शीतल पेय जो नींबू और चीनी के साथ बनाया जाता है 2 *US* नींबू का शरबत, शिकंजी; **~-squeezer** *n.* नींबू निचोड़ने का उपकरण; **~y** /लेमनि/ *adj.* 1 नींबू जैसा स्वाद या सुगंध वाला 2 नींबू जैसा पीले रंग वाला; **~-yellow** *adj.* नींबूपीत, बसंती;

collocations: **~ balm** 1 नींबू जैसी स्वादवाली जड़ी-बूटी 2 शरीर और आत्मा के लिए सुखकर वस्तु या बात; **~ curd/ ~ cheese** नींबू दही, नींबू पनीर; **~ drop** खट्टी-मीठी गोली, लेमनचूस; **~ grass** नींबू जैसे स्वादवाली घास; **~ juice** नींबू का रस; **~ peel** नींबू की छाल; **~ sole** यूरोपीय खाद्य पदार्थ; **~ squash** लैमन स्क्वैश; **~ tree** नींबू का पेड़;

p&i: **hand sb a ~** किसी को ठग लेना; **the answer's a ~!** नहीं चलेगा!

lemur /लीमः/ *n.* लीमर, बंदर जैसा जानवर, निशाकपि: flying ~ (कुबंग)

lend /लेंड/ *v., pt.* **lent**, *pt. p.* **lent**, *pp* **~ing** 1 (***syn.*** loan) उधार दे.: ~ books to sb 2 ब्याज या सूद पर दे.: ~ money to sb 3 किराये पर दे. 4 गुण प्रदान क.: ~ dignity/ enchantment/ grace; ~ colour to sth 5 सहयोग दे. 6 सहारा दे.: facts ~ probability to the theory;

dw/lw: **lend\er** /लेंडः/ *n.* वह व्यक्ति या संगठन जो लोगों को पैसे उधार देता है, सूदखोर; **~-lease/ lease-~** *n.* भूमि के किसी टुकड़े या अन्य जायदाद को पट्टे पर दे.;

collocations: **~ing library (≠ reference library)** जो पुस्तकालय घर पर पढ़ने के लिए पुस्तकें देता है; **~ing rate** उधार देने के लिए ब्याज दर;

p&i: **~ a hand** मदद क., सहारा लगाना; **~ an ear** किसी की बात सुनना; **~ itself to sth** किसी लक्ष्य के लिए ठीक बैठना, किसी कार्य के लिये उपयुक्त हो.; **~ oneself to sth** अपने आपको स्थिति अनुसार ढलने दे., किसी बात या घटना में नई रंगत जोड़ दे., रोचक बनाना; **~ one's name to sth** किसी कार्य या बात के साथ अपना नाम जुड़ने दे.; **~ one's soul to a task** किसी काम को पूरा मन लगाकर क.; **~ out** उधार दे.; **~ sb a box on the ear** किसी के कान पर मुक्का मारना; **~ sth to sb** किसी की सहायता या समर्थन करते रहना;

he ~s himself to illusory hopes वह अपने आपको भ्रामक आशा के सहारे छोड़ देता है; **neither a borrower nor a lender be** (Shakespeare) न उधार लो, न दो!

length /लेंग्थ\/ *n.* 1 लंबाई: ~ of march (आर-पार की लंबाई); the ~ of sth (किसी चीज की लंबाई) 2 समय की दीर्घता: (of) an hour's ~ (घंटे भर का); the ~ of a lifetime (जिंदगी भर का); in ~ of time (समय के दौरान) 3 लंबाई (लिखने की) 4 लंबाई (कपड़े, रस्सी की): a ~ of rope 5 विस्तार: fall all one's ~ (पूरे विस्तार में फैल जा.); large **~s** of seas (समुद्री विस्तार) 6 मात्रा 7 घुड़दौड़ या तैराकी आदि प्रतियोगिता की लंबाई, चक्कर 8 दूरी,

फासला;

adj. 1 संयुक्त शब्दों में: की लंबाई का: knee-~ skirt (घुटने तक की लंबाई का स्कर्ट) 2 लंबा (टुकड़ा): full-~; hair-~;

dw/lw: **~en** /~न/ *v., pt.* ~ened, *pp* ~ening 1 लंबा क.: ~en life; ~ened out बहुत लंबा कर दे.; ~en out a story 2 बढ़कर या फैलकर किसी प्रक्रिया में मिल जाना: summer ~ens into autumn; **~ened** /~न्ड/ *adj.* दीर्घकृत, लंबा किया हुआ, बढ़ाया हुआ; **~ening** /~निंग/ *n.* लंबाई में वृद्धि, दीर्घीकरण; **~ful** *adj.* बहुत लंबा; **~ily** /लेंग्थिलि/ *adv.* विस्तार से, लंबाई के बल; **~iness** /लेंग्थिनेस/ *n.* लंबापन; **~man** *n.* सड़क आदि के विशेष टुकड़े या दूरी के रखरखाव के लिए जिम्मेदार व्यक्ति; **~-mark** *n., phon.* स्वर-दीर्घता संकेत; **~ways/ ~wise** /~वाइज/ *adv.* लंबाई के बल, लंबाई में, लंबाई के हिसाब से; **~y** /लेंग्थि/ *adj.* बहुत लंबा, विस्तृत: ~y speech; ~y style (शब्द-बाहुल्य शैली);

collocations: **~ of days** दीर्घायु, लंबी आयु;

p&i: **at arm's ~** कोसों दूर; **at ~** विस्तार से; **at (one's) full ~** अंततोगत्वा, आखिरकार; **go to great ~s to do sth** कुछ करने की हर संभव कोशिश क.; **go to any ~/ s** *or* **go to all ~s** किसी कार्य को करने के लिए किसी भी हद तक जाना; **have/ know the ~ of sb's foot** किसी की कमजोरियों को पहचान ले.;

keep sb at an arm's ~ किसी को पास न फटकने दे.; **measure sb's ~** जमीन पर चित्त गिराना; **run 10 ~s a day** दस चक्कर प्रतिदिन लगाना; **the ~ and breadth of sth** आर-पार, पूरा का पूरा; **the day ~ens and the cold strengthens** गर्मियों में जितना ज्यादा सूरज चमकेगा, सर्दियों में उतना ज्यादा पाला पड़ेगा = जै दिन जेठ चले पुरबाई, तै दिन सावन धुर्री उड़ाई; **win by two ~s** दो चक्करों से जीतना

lenience/ leniency /लीनिअंस/ लीनिअंसि/ *n.* 1 रियायत, नर्मी, लिहाज 2 दया 3 सौम्यता 4 उदारता

lenient /लीनिअंट/ *adj.* 1 नर्म, अकठोर: ~ punishment/ sentence/ measures 2 नर्म दिल, दयालु: ~ disposition 3 मृदु स्वभाव, दिल-पसीज 4 लिहाज करने वाला: be ~ towards sb

Leni\nism /लेनिनिज्म/ *n.* लेनिनवाद, रूस की अक्तूबर क्रांति के नेता लेनिन के राजनीतिक व आर्थिक सिद्धांत और नीतियां;

dw/lw: **~nist/ ~nite** *n.* लेनिनवादी, लेनिनवाद का अनुयायी

lenis /लेनिस/ *US* लीनिस/ *adj.* 1 शिथिल, अशक्त 2 *phon.* जो बहुत धीमे स्वर में उच्चरित किया गया हो;

n. pl. **lenes** /लेनीज/ शिथिल व अशक्त ढंग से उच्चरित होने वाला व्यंजन

lenitive /लेनिटिव/ *adj.* 1 प्रशामक, मृदुरेचक, मृदु बनानेवाला 2 पीड़ाहर

lenity /लेनिटि/ *n.* रियायत, नर्मी, दयालुता, सदयता

lens /लेंज/ *n.* 1 लेंस (चश्मा, दूरबीन, कैमरे का), ताल, वीक्ष 2 आंख की पुतली के पीछे का भाग, तेजोजल: concave/ convex ~

lent /लेंट/ *pt.,* **'lend'** का भूतकालिक रूप

Lent *n.* 'ईस्टर' के पूर्व चालीस दिन का ईसाई त्योहार, चालीसा

lenten /लेंटन/ *adj.* 1 चालीसे का: ~ day; ~ fast 2 अपर्याप्त, बहुत कम

lentic /लेंटिक/ *adj., ecol.* 1 तालाब के खड़े पानी से संबंधित 2 तालाबों व दलदल में रहने वाला

lenticel /लेंटिसेल/ *n.* वातरंध्र

lenti\cle /लेंटिकल/ *n., geol.* लेंस के आकार का मसूरा, मूंगा;

dw/lw: **~cular** /लेंटिक्युलः/ *adj.* मसूराकार, मूंगाकार: ~cular screen film; ~cular opacity

lentiginous /लेंटिजिनस/ *adj.* चकत्तेदार

lentigo /लेंटाइगो/ *n.* चकत्ता, चकत्तेदार त्वचा

lentil /लेंटल/ *n.* दाल, मूंग: green ~ (मूंग)

lent-lily /लेंट-लिली/ *n.* एक प्रकार का डैफोडिल

lentitude /लेंटिट्यूड/ *n.* सुस्ती

lento /लेंटो/ *adv.* धीरे-धीरे, धीमा (संगीत)

lentoid /लेंटाइड/ *adj.* वीक्षाकार

LEO *abbr.* 'Low Extension Orbit' की प्रथमाक्षरी

Leo /लीओ/ *n.* 1 सिंह राशि 2 तेइस जुलाई और 22 अगस्त के बीच जन्मा व्यक्ति

leone /लिओन/ *n.* सियेरालियोन की मुद्रा

leonine /लीअनाइन/ *adj.* 1 शेर-संबंधी 2 शेर जैसा, सिंह-सदृश: a man of ~ aspect

leopard /लेपःड/ *n.* तेंदुआ: American ~;

dw/lw: **~ess** /लेपःडेस/ *n.* तेंदुई; **~-moth** *n.* एक सफेद पतंगा जिसके पंखों पर काले धब्बे होते हैं;

collocations: **~ cat** भारत में पाई जानेवाली चीतेदार सफेद बिल्ली; **snow ~** साह; **clouded ~** लमचित्ता;

p&i: **~s don't/ can't change their spots** लोगों का स्वभाव, चरित्र, कामकाज की शैली आदि आसानी से नहीं बदलते, रस्सी जल गई पर बल नहीं गया

leotard /लीअटाःड/ *n.* औरतों, नटों, नर्तकियों आदि द्वारा पहने जानेवाली खिंचनेवाली चुस्त पोशाक

LEP *abbr.* 'Life Extension Projects' की प्रथमाक्षरी

Lepcha /लेप्चा/ *n.* लेपचा जाति या भाषा

lep\er /लेपः/ *n.* कोढ़ी, कुष्ठ रोगी;

dw/lw: **~rosarium** /लेप्रअसेरिअम/ *n.* कुष्ठालय, कुष्ठाश्रम; **~rosy** /लेपअरअसि/ *n.* कोढ़, कुष्ठ: moral ~rosy; **~rous** /लेपअरस/ *adj.* 1 कोढ़ी, कुष्ठी 2 कुष्ठ रोग से संबंधित

lepid /लेपिड/ *adj.* 1 सुप्रिय 2 हंसमुख 3 मनमोहक, शालीन

lepidopte\ra /लेपिडौपटअ\रा/ *US* लेपिडाःपटअ\रा/ *n.* कीट-पतंगों के विकास-क्रम की एक अवस्था;

dw/lw: **~rist** /~रिस्ट/ *n.* तितलियों व कीट-पतंगों के विकास-क्रम का अध्येता

leporine /लेपअराइन/ *adj.* शशजातीय, खरगोश से संबंधित, खरगोश जैसा

leprechaun /लेप्रअकॉन/ *n.* आयरलैंड के लोक साहित्य में एक परी

-lepsy /लेप्सि/ *comb. form, denoting: med.* **seizure** (पूरे शरीर की ऐंठन, मिर्गी जैसी बीमारियों के दौरा का द्योतक): epi**lepsy**

lepton /लेप्टॉन/ *n.* इलेक्ट्रोन जैसे अणु

leptosome /लेप्टोसम/ *n.* बहुत पतला-दुबला, छरहरे बदन का

LES *abbr.* 'life extension studies' की प्रथमाक्षरी

lesbian /लेज्बिअ\न/ *n.* समलैंगिक महिला;

dw/lw: **~ism** /~निज्म/ *n.* स्त्री-समलैंगिकता, स्त्री-समलिंगकामुकता

lese majesté/ lese majesty /लीज मैजिस्टि/ *US* लेइज मैजिस्टि/ *n.* 1 राजद्रोह, राजापमान 2 किसी रूढ़ि पर किया गया प्रहार

lesion /लीजन/ *n.* 1 घाव, चोट 2 शारीरिक विकृति: skin/ brain ~ 3 क्षति, हानि

less /लेस/ *adj., quantifier comparative degree of* **'little'** 1 अपेक्षाकृत कम या थोड़ा: drink ~ milk than sb; smoke ~ cigarettes; tried to eat ~ 2 से घटिया, कमजोर 3 किसी से डील-डौल व लंबाई-चौड़ाई में छोटा 4 से मात्रा या संख्या में कम: of ~ magnitude/ importance/ value; far/ much ~;

adv. 1 इतना नहीं 2 कम हद तक, कम मात्रा में: ~ beautiful/ agreeable/ curious/ difficult/ serious; the road was something ~ than smooth;

pron. कम संख्या या मात्रा: eat ~ (कम (मात्रा में) खाना खाना);

prep. (***syn.*** minus) के बिना: a year ~ eight days;

p&i: **~ and ~** कम और कम: become ~ and ~ aggressive; **~ said the better** इतना खराब कि जितनी कम बात की जाए उतना अच्छा; **~ than no time** बहुत कम समय में;

any (the) ~ थोड़ा भी कम नहीं: your shadow hasn't grown any the ~ (आपका प्रभाव कोई कम नहीं हुआ); **even/ much/ still ~** से भी कम; **in ~ than no time** तुरंत, शीघ्र ही; **more or ~** लगभग; **much ~** की तो बात ही छोड़ो: didn't write the essay, much ~ write a poem (उसने निबंध तो लिखा नहीं, कविता की तो बात ही छोड़ो); **no ~ than** से कम नहीं, से कम स्तर का नहीं: no ~ than a film star (फिल्म स्टार से कम नहीं); no ~ a person than ... (इतनी बड़ी हस्ती से कम नहीं); compliments from the director, no ~; **none the ~** फिर भी; **nothing ~ than** से कम नहीं: nothing ~ than a swindle (धोखाधड़ी से कम नहीं)

-less *suff., forming adjectives, denoting:* **free from**, **lacking**, **without** (के बिना, रहित, विहीन): penni**less**, pain**less**

lessee /लेसी/ *n., pl.* **~s** पट्टेदार, पट्टाधारी

lessen /लेसन/ *v., pt.* **~ed**, *pp* **~ing** 1 कम क. या कम हो.: ~ sb's rank; ~ sb's services 2 घटना या घटाना: ~ punishment;

lesser /लेसः/ *adj.* 1 (***anton.*** greater) तुलना में कम (महत्त्वपूर्ण आदि) 2 छोटा, ठिगना-सा 3 संख्या या मात्रा में कम: ~ circulation;

dw/lw: **~-known** /लेसःनोन/ *adj.* कम प्रसिद्ध या लोकप्रिय;

p&i: **~ of two evils** दो बुराइयों में से एक जो कम हो

lesson /लेसन/ *n.* 1 पढ़ाने का पीरिअड या घंटा 2 सबक, पाठ: give **~s**; take **~s** (पढ़ना); learn a ~ (सबक सीखना) 3 अनुभव आधारित सीख, शिक्षा, उपदेश;

collocations: **~ book** पाठ्य-पुस्तक;

p&i: **teach sb a ~** सबक सिखाना, सीधा क.

lessor /लेसः/ *n.* पट्टाकर्ता, पट्टाकार, पट्टादाता

lest /लेस्ट/ *conj.* 1 कहीं ऐसा न हो कि, ऐसा न हो कि: he ran away ~ he should be seen 2 कि ऐसा न हो जाए: worried ~ we are late

LeT *abbr.* 'Lashkar-e-Taiba (Pakistani militants)' की प्रथमाक्षरी

let /लेट/ *n.* 1 (मकान आदि को) किराए पर चढ़ाने की प्रक्रिया 2 टेनिस, बैडमिंटन आदि खेलों में सर्विस के दौरान गेंद या शटल कॉक के लिए नेट आदि द्वारा पैदा की जाने वाली बाधा 3 बाधित सर्विस (tennis, etc..) 4 बाधा: with no ~ and hindrance (बिना किसी बाधा के);

v., pt. **let**, *pt. p.* **let**, *pp* **~ting** 1 अनुमति दे.: ~ sb into the waiting-room 2 होने दे.: did he ~ you know what had happened?; ~ drop a hint 3 निकलने/ करने/ जाने दे.: they will not ~ me pass 4 किराये, भाड़े या पट्टे पर दे.: ~ the second floor for three months; the house is to ~ 5 आदेश आदि में प्रयुक्त: होने दो!, आदि: **Let** him go! don't ~ the fire go out 6 खून बहाना: they fought until the last drop of their blood was ~ 7 'आओ या आइए कोई काम करते हैं' आदि अभिव्यक्तियों के अर्थ में प्रयुक्त: **let's** have a bite; **let's** dance! **let's** go!;

dw/lw: **~-alone** *n.* अहस्तक्षेप, गैरदखली; **~-down** *n.* 1 (***syn.*** disappointment) निराशा 2 धोखा, दगा 3 घटाव, उतार, मंदी; **~-go** *n.* मुक्ति; **~-off** *n.* बचाव, खुश-किस्मती से मिलने वाली सफलता; **~-out** *n.* 1 *colloq.* बचने के लिए पलायन, भाग्यशाली अवसर 2 (***syn.*** escape clause/ route) बच निकलने का विकल्प; **~-pass** *n.* अंदर या बाहर जाने की अनुमति; **~-table**/लेटअबल/ *adj.* किराये पर देने योग्य; **~-ting** *n.* किराये पर देने की अवधि या काल; **~-up** *n.* 1 (***syn.*** relief) राहत 2 घटाव 3 (***syn.*** end, respite) विराम, ठहराव, ढिलाई, ढील: no ~-up in the bombardment 4 मंदी;

p&i: **~ alone** उसे तो रहने ही दीजिए; **~ at** *Scot.* पर गोली चलाना; **~ be** (**~ it be**) होने दो, रहने दो!, हस्तक्षेप न करो!., छोड़ दो!; **~ by** जाने दे.; **~ bygones be bygones** गड़े मुर्दे न उखाड़ो!; **~ down** 1 नीचे गिरने दे.: ~ down one's hair 2 दगा दे.: ~ down a friend; **~ fall sth** बातचीत में की बात गलती से या मानो गलती से कह दे.; **~ fly at sb** किसी पर शारीरिक या शाब्दिक प्रहार क.; **~ fly sth** 1 फेंकना 2 बौछार होने दे.: ~ fly a torrent of abuse; **~ go off sth** छोड़ दे., जाने दे.; **~ go off my sleeve** मेरी आस्तीन छोड़ो!; **~ in** अंदर आने दे.; **~ it pass** इस पर ध्यान न दो!, होने दो!, जाने दो!; **~ loose** छोड़ना, जंजीर खोल दे., आजाद कर दे.; **~ loose one's wrath** अपने क्रोध को उबलने दे.; **~ loose the reign of terror** आतंक मचा दे.; **~ me see/ think** मैं सोचकर बताता हूं; **~ me alone** मुझे मेरे हाल पर छोड़ दो!; **~ me/ us** मुझे/ हमें (करने दीजिए); **~ off** *colloq.* पादना; **~ sth off** बंदूक चलाना या विस्फोट क.: ~ off the gun; ~ off steam (भड़ास निकालना या निकलने दे.); **~ on (to sb)** 1 किसी को कोई राज बताना, भेद खोलना 2 दिखावा क., बनना; **~ oneself go** 1 अपनी सेहत की परवाह न क. 2 दूसरों की परवाह किए बिना मौज-मस्ती क.; **~ one's hair down** अपने बाल खुले छोड़ दे.; **~ oneself in for sth** अनजाने में किसी मुसीबत में फंस जा.; **~ out** 1 बाहर निकलने दे. 2 गलती से भेद खोल दे.: ~ out a secret 3 किराए पर चढ़ाना; **~ out a gasp** अभिव्यक्त क., बाहर निकलने दे.; **let's** चलो/ अच्छा तो (चलें, कुछ करें...); **let's see/ let me see** चलो देखते हैं; **let's go** आओ चलें; **let's say** मानलो कि; **~ sb be** रहने दे., दखल न दे., किसी को उसके हाल पर छोड़ दे.; **~ sb/ sth go** किसी व्यक्ति या वाहन आदि को जाने/ छोड़ दे.; **~ sb have it** किसी पर शारीरिक या शाब्दिक प्रहार क.; **~ sb in for sth** किसी को मुश्किल काम या मुसीबत में फंसा दे.; **~ sb in on sth** किसी को गुप्त बात बताना; **~ sb/ sth in/ past/ through, etc..** किसी को या किसी वाहन आदि को गुजरने दे.; **~ sb know (sth)** किसी को कुछ बताना, उसे जान लेने दे.; **~ sb off** बिना दंड दिए यानी सस्ते में छोड़ दे.; **~ sb off the hook** फंसे हुए आदमी को छोड़ दे.; **~ sb/ sth out** किसी व्यक्ति या वस्तु को दरवाजा खोलकर बाहर जाने दे.; **~'s face it** आओ इस कटु सत्य का सामना करें!; **~ sth drop** अनजाने में कोई भेद खोल दे.; **~ sth loose** खुला छोड़ दे.; **~ the cat out of the bag** भेद खोल दे., भंडा फोड़ दे.; **~ up** 1 कमजोर पड़ना, मंद हो., कम हो., घटना 2 कम उग्र या कठोर हो. 3 तनाव आदि में कमी हो.: the rain is ~ting up; **~ well alone** किसी बात में दखल न देना ही अच्छा होगा, जैसा है वैसा ही रहने दे.;

live and ~ live जियो और जीने दो!

lethal /लीथल/ *adj.* 1 (***syn.*** fatal, deadly) घातक, प्राणहर: ~ blow 2 हानिकर: ~ outcome;

dw/lw: **~ly** /लीथअलि/ *adv.* घातक रूप से; **~ity** /लिथैलिटि/ *n.* घातकता, हानिकारकता

lethar\gic/ ~gical /लेथाः\जिक/ ~जिकल/ *adj.* 1 सुस्त, आलसी, शिथिल 2 (***syn.*** dull) ढीला, बेदम, निर्जीव, नीरस: sultry weather makes me ~gic 3 तंद्रालु, तंद्राजनक: ~gic sleep 4 अकर्मण्य, सुस्त;

dw/lw: **~gy** /लेथअजि/ *US* लेथर्जि/ *n.* 1 (*syn.* listlessness, sluggishness) सुस्ती, शिथिलता: ~gy of thought 2 तंद्रा 3 अकर्मण्यता

Lethe /लीथि/ *n., Greek myth* 1 लेता, नरक की नदी 2 मृत्यु

Lett /लेट/ *n.* 1 लातविया-वासी 2 लातवियायी भाषा

LETS *abbr.*, 'Local Exchange Trading System' की प्रथमाक्षरी

letter /लेटः/ *n.* 1 पत्र, चिट्ठी, खत: business ~; open ~ (खुला पत्र); the receipt of a ~ 2 वर्ण, अक्षर: capital/ small ~; italic **~s** 3 (**the ~**) शब्दों का कड़ाई से निकाला जाने वाला अक्षरशः अर्थ, विशेषकर कानूनी दस्तावेजों में: according to the ~ of the law 4 (***syn.*** document) दस्तावेज 5 (**letters**) साहित्य, विद्या;

dw/lw: **~-book** *n.* पत्र-पंजी, बाहर भेजे जानेवाले पत्रों की प्रतियों की फाइल या पुस्तिका; **~-bound** *adj.* समस्या के असली सार (spirit) की बजाए बाह्य रूप (letter) पर ज्यादा बल देने वाला, नियमनिष्ठ, बाल की खाल उतारने वाला: ~-bound person; **~-box** *n.* 1 दरवाजे का छेद जिस में से पत्र घर के अंदर फेंके जाते हैं 2 (*US* **mailbox**) पत्र-पेटी या बक्सा; **~-card** *n.* पत्रक; **~ed**

/लेटःड/ *adj.* शिक्षित, साक्षर, विद्वान; **~head** *n.* लैटरहैड, लेखन-पत्र, शीर्ष-नामा, सरनामा; **~ing** /लेटरिंग/ *n.* 1 लिखावट, वर्णलेखन, अक्षरलेखन, अक्षरांकण 2 वर्णलेख, अक्षरलेख, लिखाई; **~pad** *n.* पत्राली, पत्रपैड; **~-paper** *n.* लेखन-पत्र, पत्र का कागज; **~-perfect** *adj.* 1 पूर्ण शुद्ध 2 अभिनेता जिसे अपनी भूमिका अक्षरशः कंठस्थ हो; **~-press** *n.* अक्षर-मुद्रण, चित्र-टीका; **~s** *n., pl.* 1 साहित्य: commonwealth/ republic of ~s (1 लेखक-समाज 2 विद्वद्जन 3 विद्वत्ता); a man/ woman of ~s (विद्वान या विदुषी); **~-size** *adj.* 8 ½" x 11" लंबाई-चौड़ाई का कागज; **~-weight** *n.* दाब; **~-worship** *n.* नियम-निष्ठा, विद्याडंबर; **~-writer** *n.* पत्र-लेखक

collocations: **~ bomb** पत्र के रूप में भेजा जाने वाला बम; **~ carrier** *US* (*UK* **postman**) डाकिया; **~ of advice** सूचना या सलाह पत्र; **~s of credence/ ~s credential** प्रत्यय पत्र; **~ of credit** साख-पत्र, हुंडी; **~ of enquiry** माल के भाव आदि जानने के लिए पत्र; **~ of indemnity/ of guarantee** गारंटी पत्र; **~s-of-marque/ ~-of-marque** किसी निजी व्यक्ति या कंपनी को दूसरे देशों के जहाजों से माल जब्त करने का दिया हुआ अधिकार (लाइसेंस); **~ opener = paperknife**; **~ order** लिखित आदेश; **~s patent** अधिकार लेख; **~ testimonial/ ~ of recommendation** सिफारिशी पत्र;

academy of ~s साहित्य अकादमी; **black ~** प्राचीन अंग्रेजी गोथीक (Gothic) वर्णमाला; **bread-and-butter ~** अतिथि सत्कार के लिए मेजबान को भेजा जाने वाला धन्यवाद पत्र; **capital ~s** बड़े अक्षर; **covering ~** सह-पत्र; **dead ~** अज्ञातनामिक पत्र, जो न पत्र पाने वाले को मिलता है और न भेजने वाले के पास वापस आता है; **dog's ~** अक्षर **'R'** का पुराना नाम; **forwarding ~** प्रेषण-पत्र; **man of ~s** विद्वान, साहित्यिक हस्ती; **small ~s** छोटे अक्षर; **the ~** शाब्दिक अर्थ; **white ~s** लातीनी वर्णमाला;

***p&i*:** **~ for ~** अक्षरशः;

according to ~ of the law अक्षरशः नियमानुसार; **an open ~** खुला पत्र; **follow the instructions to the ~** निर्देशों का कड़ाई से या अक्षरशः पालन क.; **in ~ and in spirit** अक्षरशः एवं तत्त्व अनुसार, ईमानदारी से; **to the ~** अक्षरशः, हू-ब-हू, पूर्णतः: know sth to the ~; **teach a child his ~s** बच्चे को पढ़ना सिखाना; **win one's ~** खेल संगठन का सदस्य बनने का हक पाना

Lettish /लेट्टिश/ (*also* **Lettic**) *adj.* 1 लातविया से संबंधित 2 लातवियायी भाषा

lettuce /लेटिस/ *n.* सलाद पत्ता, काहू

leucas /लूकस/ *n.* छोटा हलकुशा

leuchaemia/ leukaemia *UK* (*US* **leukemia**) /ल्यूकीमिआ/ *n.* श्वेतरक्तता, रक्त संबंधी विकार जिसमें श्वेत रक्त कणों में बहुत अधिक वृद्धि हो जाती है, रक्त कैंसर

leuco\cyte /ल्यूकअसाइट/ *n.* रक्त के श्वेत कण, श्वेताणु;

dw/lw: **~cytosis** /ल्यूकअसाइटअसिस/ *n.* श्वेत अणुओं में वृद्धि

leuco\derma /ल्यूकोडःमा/ *n.* धवल रोग, श्वेत कुष्ठ, सफेद कोढ़;

dw/lw: **~pathy** *n.* रंजकहीनता; **~plast** *n.* अवर्णी लवक, श्वेत कणक

leucotomy /ल्यूकअटमि/ *n.* मस्तिष्क का शल्योपचार

leucorrhoea/ leukorrhoea /ल्यूकरीअ/ *n.* सफेद प्रदर, ल्यूकोरिया

Lev /लेव/ (*also* **Лéва**) *n.* बल्गारिया की मुद्रा

Levant /लवैंट/ *n.* 1 (पुराने समय में) पूर्वी भूमध्य सागर के द्वीप व देश 2 निकट पूर्व;

dw/lw: **~ine** /लेवंटाइन/ *adj.* 1 पूर्वी भूमध्य सागर के द्वीपों व देशों से संबंधित 2 उपर्युक्त देशों के साथ व्यापार करने वाले जहाज

levant /लिवैंट/ *n.* (*also* **levanter**) 1 तेज पूर्वी हवा 2 मोरक्को का चमड़ा;

v., pt. **~ed**, *pp* **~ing** चंपत हो जाना, भाग जाना (विशेषकर जुए में हारी हुई रकम अदा किए बिना);

dw/lw: **~er** /लिवैंटः/ *n.* फरार आदमी

levator /लिवेटः/ *n.* उन्नायक, उन्नयनी, मांस-पेशियों का खिंचाव या तनाव

levee /लेवि/ *n.* 1 नदी के समांतर बना तटबंध, बांध 2 (***syn.*** quay) घाट 3 दरबार 4 राजा या अन्य किसी बड़े ओहदेदार की सवेरे बिस्तर से उठने के बाद पहली सरकारी मुलाकात 5 (पुराने जमाने में) दोपहर से पहले सरकारी प्रीतिभोज

level /लेवल\/ *n.* 1 समुद्र तल से ऊपर ऊंचाई, तल, सतह, तलमान, तलांक: be high above the ~ of the sea 2 स्तर, मानक, प्रतिमान, दर्जा: on/ at the highest ~; a high ~ of excellence 3 मात्रा 4 क्षमता-स्तर: ~ indicator 5 सामाजिक स्तर: find one's (own) ~ 6 (**the level**) समतल भूमि 7 साधनी, पाणसल, तलमापी, गुनिया 8 भवन की मंजिल 9 अध्ययन में प्रगति का स्तर: took exams at an advanced level;

adj., *degr.* **leveller**, **levellest** 1 समतल 2 एक समान ऊंचाईवाला 3 सपाट 4 (***syn.*** horizontal) क्षैतिज 5 (***syn.*** uniform) समान स्तर का, बराबर का: ~ playing field; ~ to one's capacities 6 (***syn.*** balanced) संतुलित, स्थिर: ~ life; speak in a ~ voice; have a ~ head;

adv. 1 बराबर के स्तर पर (रहना) 2 बराबर (रहना): run ~ with another person;

v., pt. **~led**, *pp* **~ling** (*US* **leveling**, *pt.* **leveled**) 1 किसी स्थान या वस्तु को समतल, चौरस, बराबर या सपाट क., पटतारना 2 (***syn.*** raze to ground) इमारत को गिराना या ध्वस्त क. 3 आरोप लगाना: ~ an accusation at/ against sb 4 निशाना साधना, लक्ष्य क.: ~ one's gun at a tiger;

dw/lw: **~-headed** /~हेडिड/ *adj.* समझदार, विवेकशील, संतुलित; **~er/ ~ler** /लेवलः/ *n.* समतावादी, बराबर कर देने वाला; **~ling** /लेवलिंग/ *n.* 1 चौरसाई, समतलन, समतलीकरण 2 तल मापन; **~ly** /लेवलि/ *adv.* शांत एंव संतुलित ढंग से: look at sb ~ly;

A-~ इंग्लैंड, वेल्ज, आदि में 18 वर्ष तक की पढ़ाई;

collocations: **~ crossing** *UK* (*US* **grade** or **railroad crossing**) रेलवे क्रॉसिंग, सम-पार; **~ number** स्तर संख्या; **~ pegging** प्रतिद्वंद्वियों के बीच समानता; **~/ flat playing field** प्रतिद्वंद्वी या पक्षों के लिए समान शर्तें या सुविधायें;

above sea ~ समुद्र तल से ऊपर; **practical ~** व्यावहारिक स्तर पर;

p&i: **~ best** अधिकतम, किसी की अधिकतम क्षमता अनुसार; **~ down** नीचे ले जाना, नीचे उतारना; **~ in sth** तहस-नहस क., खाक में मिलाना; **~ off/ ~ sth off** बराबर या समतल बनाना या हो., एक ही स्तर पर रहना; **~ out/ ~ sth out** बराबर कर दे. या हो.; **~ sth at or against sb** किसी बात या किसी व्यक्ति के विरुद्ध आरोप आदि लगाना; **~ sth at sb** किसी पर या किसी चीज पर बंदूक का निशाना साधना; **~ up** किसी स्तर तक भराई क.; **~ with/ ~ to the ground** भवन को गिराकर समतल कर दे.; **~ with sth** समान ऊंचाई; **~ with sb** किसी से ईमानदारी से बात क.;

a ~ एक ही स्तर पर, बराबर; **at the highest ~** उच्चतम स्तर पर; **be ~ pegging** बराबर-बराबर के अंक यानी स्कोर हो.; **come out ~ in the test** टेस्ट के परिणामों में बराबर आना; **dead ~** एक जैसा उबाऊ परिदृश्य; **death ~s all men** मृत्यु सबको बराबर कर देती है; **do one's ~ best** पूरी कोशिश क.; **find one's ~** दूसरों के बीच अपना सही स्थान, स्तर आदि पा ले.; **on the ~** (*US* **on the up and up**) *sl.* (***syn.*** above board) ईमानदारीपूर्ण, भरोसा करने योग्य: the deal is on the level; **the great ~ler** मृत्यु

lever /लीवः/ *US* लेवः/ *n.* 1 मशीन को चलाने का हैंडल: ~ of the first/ second/ third order *or* kind 2 एक लंबा छड़ जिसको एक तरफ दबाने से किसी वस्तु को उठाया या हिलाया जा सकता है, भारोत्तोलक 3 काम निकालने के लिए प्रयुक्त चाल आदि;

v., pt. **~ed**, *pp* **~ing** (***syn.*** prise) लीवर के प्रयोग द्वारा किसी

चीज को ऊपर उठाना या खोलना, आदि;
dw/lw: **~age** /लीवअरिज/ *US* लेवअरिज/ *n.* 1 उत्तोलन, उत्तोलक-शक्ति 2 उल्लू सीधा करने का अवसर या संभावना

leveret /लेवअरिट/ *n.* एक वर्ष से कम उम्र का खरगोश का बच्चा

leviable /लेविअबल/ *adj.* 1 आरोप्य, आक्षेप्य 2 कर लगाने योग्य

leviathan /लअवायथन/ *n.* 1 बड़े आकार-प्रकार का महाबली 2 एक विशालकाय समुद्री राक्षस, तिमिंगल 3 महाशक्तिशाली विजेता: Egypt was the Hebrews' ~ 4 विशालकाय समूह आदि: bureaucracy is the ~ of any government

leviga\te /लेविगेट/ *v., pt.* **~ted**, *pp* **~ting** 1 सपाट या समतल क. 2 चूर्ण कर दे., घोटना 3 लेई बनाना

levin /लेविन/ *adj.* बिजली की कौंध, तड़ित

levira\te /लेवअरि\ट/ लेवअरे\ट/ *n.* 1 बड़े भाई की विधवा (भाभी) से देवर का विवाह 2 देवर द्वारा लत्ता उढ़ाई (*Hr.*);
dw/lw: **~tion** /~शन/ *n.* विधवा भाभी से विवाह

levita\te /लेविटे\ट/ *v., pt.* **~ted**, *pp* **~ting** अलौकिक शक्ति से हवा में उठना या उड़ना;
dw/lw: **~tion** /~शन/ *n.* आकाश-गमन; आकाश में उड़ान

Levite /लीवाइट/ *n.* लेवी, वेदी-सेवक

levity /लेविटि/ *n.* 1 (***syn.*** frivolity) ओछापन, छिछोरापन, छुटपन, मूर्खता 2 खिलवाड़ 3 ओछा काम या बात, हल्कापन

levulose /लीव्यूलोस/ *n.* फलशर्करा

levy /लेवि/ *v., pt.* **levied**, *pp* **~ying**, *s/he/it* **levies** 1 पहले से हिसाब लगाकर, शुल्क आदि लगाना और उगाहना 2 सेना बनाना या उसके लिए धन इकट्ठा क.;
n. 1 उगाही, चंदा: great ~ (भारी कर); capital ~ (पूंजी कर) 2 सेना बनाने का काम 3 अनिवार्य सैन्य-भर्ती 4 युद्ध की तैयारी के लिए भर्ती किए गए सैनिक और एकत्रित धन: ~ in mass/ ~ en masse (सभी समर्थ आदमियों की सैन्य भर्ती आदि के लिए लाम-बंदी);
collocations: **~ sugar** अनिवार्य वसूली की चीनी;
p&i: **~ a charge/ fine/ tax, etc.** कोई राशि, दंड या कर आदि लगाना और उगाहना; **~ a war upon/ against a country** किसी देश पर चढ़ाई कर दे.; **~ in mass** शारीरिक रूप से सक्षम पुरुषों की सेना में व्यापक भर्ती

lewd /लूड/ ल्यूड/ *adj., degr.* **lewd\er, lewd\est**) 1 अश्लील या भद्दे तरीके से कामेच्छा दर्शानेवाला 2 लंपट, कामुक, कामोत्तेजक: ~ comments/ gestures;
dw/lw: **~ly** /ल्यूडलि/ *adv.* अश्लील या भद्दे तरीके से; **~ness** /ल्यूडनेस/ *n.* लंपटता, अश्लील कामुकता; **~sby** /ल्यूडज्बि/ (*also* **~ster**) *n.* लंपट

lewis /लुइस/ *n., pl.* **~es** डोली

lex /लेक्स/ *n., Lat.* कानून: ~ non scripta (अलिखित कानून); ~ scripta (लिखित कानून)

lexeme /लेक्सीम/ (*also* **lexical item**) *n., ling.* समान धातु के शब्दों में निरंतर मिलने वाला अर्थ-द्योतक भाग

lexi\cal /लेक्सिकल/ *adj., ling.* 1 शब्दार्थक, शब्द-अर्थ संबंधी 2 कोशगत, कोश-विषयक 3 कोश-रचनागत;
dw/lw: **~cographic/ ~al** /लेक्सिकौग्रैफिक/ ~ल/ *US* लेक्सिकाःग्रैफिक/ ~ल/ *adj., ling.* कोश-रचना संबंधी, कोश-विज्ञान संबंधी; **lexi\cographer** /~ग्रअफः/ *n., ling.* कोशकार; **lexi\cography** /~ग्रफि/ *n., ling.* 1 कोश-रचना, शब्दकोश-निर्माण 2 कोशविज्ञान; **lexi\cology** /~लजि/ *n., ling.* 1 शब्द-विज्ञान 2 कोश-विज्ञान या अध्ययन; **lexi\con** /लेक्सिकन/ *US* लेक्सिकाःन/ *n., ling.* 1 शब्दकोश 2 किसी विषय या ज्ञान-क्षेत्र विशेष के तमाम शब्द या शब्द-समूह 3 किसी लेखक या कवि आदि द्वारा प्रयुक्त शब्द-समूह; **~gram** /लेक्सिग्रैम/ *n., ling.* शब्द चिह्न, शब्द को दर्शाने वाला चिह्न; **lexi\graphy** /लेक्सिग्रअफि/ *n., ling.* लिखाई की प्रणाली या पद्धति

lexis /लेक्सिस/ *n., ling.* 1 (***syn.*** vocabulary) किसी भाषा का पूरा शब्दसमूह 2 शब्दों के अर्थों का समूह 3 शब्द रचना की शब्दों में अभिव्यक्ति 4 कथन-शैली 5 *ling.* भाषा के भिन्न-भिन्न भागों के अर्थ

lex talionis /लेक्स टैलिनोसिस/ *Lat.* (***syn.*** retributive justice) बदला लेने का नियम (आंख के बदले आंख, खून के बदले खून आदि)

lez/ les./ lezz/ lazzy/ lazzie/ lesbo: **'lesbian'** के अपमानजनक स्लैंग (slang)

LF *abbr.,* 'lactoferren', 'Left Front', 'low frequency' की प्रथमाक्षरी

LFA *abbr.* 'low-frequency active' की प्रथमाक्षरी

LFI *abbr.* 'Labour Friends of India' की प्रथमाक्षरी

LFM *abbr.* 'light field mapping' की प्रथमाक्षरी

LFS *abbr.* 'landfill sites' की प्रथमाक्षरी

LGS *abbr.* 'Local Guerrilla Squad' की प्रथमाक्षरी

LGV *abbr.* 'light goods vehicles' की प्रथमाक्षरी

LH *abbr.,* 'luteinizing hormone' की प्रथमाक्षरी

l.h. *abbr.,* 'left hand' की प्रथमाक्षरी

LHC *abbr.* 'Large Hardron Collinder' की प्रथमाक्षरी

LHD *abbr.* 'Litteratum Humaniorum Doctor, *Lat.* or Doctor of Humanities' की प्रथमाक्षरी

lhd *abbr.,* 'left hand drive' की प्रथमाक्षरी

LHMC *abbr.* 'Lady Harding Medical College' की प्रथमाक्षरी

liabili\ty /लायबिलि\टि/ *n., pl.* **~ties** 1 दायित्व, देयता, दायिता, देनदारी: incur **~ties** 2 ऋण, देय धन 3 उत्तरदायित्व, जिम्मेवारी: **~ty** to pay taxes; absolute **~ty** (पूरी जिम्मेवारी); limited **~ty** (आंशिक जिम्मेवारी); criminal **~ty** (आपराधिक जिम्मेवारी) 4 कष्टदायक बोझ, समस्याप्रद भार: **~ty** for damages; **~ty** of indemnity (हानि-पूर्ति की जिम्मेवारी) 5 संभावना 6 झुकाव, प्रवृत्ति: **~ty** to error;
collocations: **assets and ~ties** देना-पावना, देनदारी-लेनदारी

liable /लायबल/ *adj.* 1 कानून द्वारा बाधित: ~ to income-tax; be ~ to do sth 2 जवाबदेह, उत्तरदायी, जिम्मेदार, जिम्मेवार: be ~ for sb's debts 3 की ओर झुका हुआ, प्रवृत्त: all men are ~ to make mistakes 4 अधीन, कमजोर 5 संभावित: ~ to catch cold; difficulties are ~ to occur; ~ to error (गलती करने की संभावना होना);
p&i: **~ for** संभावित

LIAFI *abbr.* 'Life Indurance Agents Federation of India' की प्रथमाक्षरी

liai\se /लिएज/ *v., pt.* **~sed**, *pp* **~sing** (*usually* **~se with sb**) संपर्क में होना, संवाद रखना

liaison /लिएजन/ *n.* 1 लोगों के बीच संपर्क: ~ aircraft; ~ personnel; ~ officer (संपर्क अधिकारी) 2 सूचनाओं या विचारों का आदान-प्रदान: ~ report 3 (***syn.*** affair) महिला और पुरुष के बीच अल्पकालिक यौन संबंध, जार संबंध, अवैध यौन संबंध;
collocations: **~ officer** संपर्क अधिकारी

liana/ liane /लिआन/ *n.* कठ लता

liar /लायः/ *n.* 1 झूठा: a ~ is not believed when he speaks the truth; inveterate ~ (पक्का झूठा); compulsive ~ (आदतन झूठा); congenital ~ (जन्मजात झूठा); outrageous ~ (घोर झूठा) 2 मिथ्यावादी, मिथ्या भाषी: **~s** have no need of good memories;
p&i: **a ~ is not believed when he speaks the truth** झूठा सच बोले तो भी लोग विश्वास नहीं करते; **~s should have good memory** झूठ बोलने के लिए अच्छी याददाश्त चाहिए

lias /लायस/ *n.* चूना पत्थर, चूर्णशैल जो उत्तर-जुरासिक काल में बनी हो

lib *abbr.,* 'libration', 'liber /book/', 'library' का छोटा रूप

lib /लिब/ *v., pt.* **~bed**, *pp* **~bing** *colloq.* बधिया क.

libation /लाइबेशन/ *n.* 1 भगवान को मदिरा चढ़ाने का काम 2 तर्पण

3 परोसी हुई मदिरा 4 किसी भी प्रकार की शराब 5 मदिरा पीने का दौर

libber /लिबः/ *n. short* '**liberationist**' का छोटा रूप: women's ~ (स्त्री-मुक्ति के लिए संघर्ष करने वाला)

Lib Dem /लिब डेम/ 'Liberal Democrat' का छोटा रूप

libel /लाइब\ल/ *n.* 1 *Br. law* किसी के बारे में झूठी बातों पर आधारित अपमानजनक लेख 2 मान-हानिपूर्ण कथन, लेख, चित्र: the portrait is a ~ upon/ on him; the book/ the play is a ~ on human nature 3 मान-हानि के विरुद्ध अभियोग पत्र: action for ~;

v., pt. **~led**, *pp* **~ling** (*also US* **~ed**, *pp* **~ing**) 1 *law* किसी के बारे में मानहानिकारक लेख छापना 2 बदले की भावना से बदनाम क.;

dw/lw: **libel\ant/ libel\lant** /~लंट/ *n.* 1 अपमानजनक लेख लिखनेवाला व्यक्ति 2 जिस पर मान-हानि का दावा किया गया हो; **~ler** *n.* = **~lant**; **~ee/ ~lee** /~ली/ *n.* जिसने मान-हानि का दावा किया हो; **libel\lous** /~लस/ *adj.* लिखित रूप में मानहानिकारक: ~lous statement

liberal /लिबअरल/ *adj.* 1 उदार, उदारचेता, उदारचरित, शिक्षण-मान्यताओं का समर्थक: ~ education 2 उदारवादी, प्रगतिशील: a ~ attitude; ~ political ideas 3 सहनशील 4 दानी, दानशील: be a ~ giver 5 (***syn.*** lavish) प्रचुर, भरपूर: ~ in praise 6 लचीला, जो अड़ियल न हो: ~ interpretation/ translation 7 (***syn.*** free) जो पूर्णतः सही न हो: a ~ translation/ interpretation;

n. 1 उदारवादी व्यक्ति 2 सुधारवादी व्यक्ति 3 किसी देश में लिबरल पार्टी का सदस्य 4 (**Liberal**) ब्रिटेन आदि देशों की लिबरल पार्टी का सदस्य;

***dw/lw*:** **liberal\ism** /लिबःलिज्म/ *n.* उदारतावाद, खुलापन; **~ity** /लिबरैलिटि/ *n.* 1 उदारता 2 विशाल-हृदयता; **liberal\ization** /लिबःलाइजेशन/ *n.* उदारीकरण; **~ize** /लिबःलाइज/ *v., pt.* ~ized, *pp* ~izing उदारीकरण क., विनियंत्रित क., उदार बनाना; **liberal\ly** /लिबरलि/ *adv.* उदारतापूर्वक; **~-minded** *adj.* उदारचेता, उदारचरित;

collocations: **~ arts** *US* (*UK/ US* **arts**) सामान्य ज्ञान के विषय जैसे इतिहास, भाषाएं, साहित्य आदि; **Liberal Democracy** व्यक्तिगत स्वतंत्रता तथा जनता के शासन में भागीदारी पर आधारित राजनीतिक प्रणाली; **Liberal Democrat** ब्रितानिया की उदारवादी राजनीतिक पार्टी का सदस्य या समर्थक

libera\te /लिबरे\ट/ *v., pt.* **~ted**, *pp* **~ting** 1 मुक्त क., बंधन से छुड़वाना: **~te** slaves; **~tet** prisoners of war 2 देश को अत्याचारी शासन आदि से मुक्त कराना 3 रूढ़िवाद आदि से मुख्त कराना 4 चिंता आदि से मुक्त कराना या हो.: **~te** sb from a task/ from anxiety; **~te** from cares;

dw/lw: **~ted** /~टिड/ *adj.* 1 मुक्त, आजाद, स्वतंत्र 2 शत्रु के कब्जे से मुक्त 3 रूढ़िवादी सामाजिक मान्यताओं से मुक्त, उदारवादी

libera\tion /लिबरे\शन/ *n.* 1 शत्रु के कब्जे से मुक्ति 2 मुक्ति, मोचन, उद्धार 3 स्वतंत्रता, आजादी 4 रूढ़िवादी सामाजिक मान्याताओं से मुक्ति, उदारवाद;

dw/lw: **~tionist** /~शनिस्ट/ *n.* शोषण, दलन व अन्याय से मुक्ति संघर्ष का समर्थक; **~ting** /~टिंग/ *adj.* मुक्ति दायक, आजादी देने वाला; **~tor** /~टः/ *n.* मुक्तिदाता;

collocations: **~tion theology** ईसा मसीह के शोषितों व दलितों की सहायता करने के मिशन पर आधारित 1960 में लातीनी अमेरिका में पनपा ईसाई पादरियों का शोषण व सामाजिक अन्याय के विरुद्ध संघर्ष में भागीदारी आंदोलन

Liberia /लाइबेरिआ/ *n.* लाइबेरिया;

dw/lw: **~n** /लाइबेरिअन/ *n.* लाइबेरिया वासी, लाइबेरिया संबंधी

libertarian /लिबःटेअरिअ\न/ *n.* 1 विचारों की अभिव्यक्ति की स्वतंत्रता का समर्थक 2 स्वतंत्र इच्छा व अपना स्वयं वजूद बनाए रखने का समर्थक;

dw/lw: **~ism** /~निज्म/ *n.* चर्च को सरकारी या सार्वजनिक गतिविधियों (public functioning) से अलग रखने के लिए चला आंदोलन

liberticide /लिबःटिसाइड/ *n.* 1 स्वतंत्रता का हत्यारा 2 स्वतंत्रता की मृत्यु, विनाश;

adj. स्वातंत्र्यघाती

liberties *n.* 1 शासन निकाय द्वारा प्रदत्त अधिकार 2 स्वतंत्रता, स्वातंत्र्य;

collocations: **civil ~** सामाजिक स्वतंत्रताएं;

p&i: **take ~** छेड़छाड़ क., मनमानी या बेहूदगी क.

liberti\ne /लिबः\टीन/ *n.* 1 व्यभिचारी, परस्त्रीगामी, लंपट 2 सामान्य सामाजिक मान्यताओं के विरुद्ध 3 स्वेच्छाचारी;

adj. 1 लंपट, व्यभिचार-ग्रस्त: a chartered ~ (जिसे कुछ भी करने की छूट हो) 2 सामान्य सामाजिक मान्यताओं का विरोधी;

dw/lw: **~nism/ ~nage** /~टिनिज्म/ ~टिनज/ *n.* 1 व्यभिचारिता, लंपटता 2 सामान्य सामाजिक मान्यताओं का विरोधवाद;

p&i: **chartered ~ne** ऐसा व्यक्ति जिसे सब कुछ करने की इजाजत हो

liberty /लिबःटि/ *n.* 1 शत्रु के कब्जे, कैद, दासता आदि बंधनों से मुक्ति, छुटकारा 2 (**liberties**) मुक्ति का स्वाभाविक अधिकार, स्वतंत्रता, स्वातंत्र्य, आजादी, स्वाधीनता: civil **liberties** 3 व्यक्तिगत जीवन की स्वतंत्रताएं: ~ of conscience/ of speech/ of the press 4 अतिशय स्वेच्छाचार, स्वच्छंदता, मन-मर्जी का चलन: be at ~ to do any thing (कुछ भी करने को स्वतंत्र हो.); take **liberties** with sth (अपनी मन-मर्जी चलाना) 5 अधिकार: defend one's ~ 6 छूट, अनुमति: you are at ~ to do as you please 7 अत्यधिक सरल व सतही बात 8 (***syn.*** privileges) विशेषाधिकार: the **liberties** of the city of London;

dw/lw: **~-cap** *n.* मुक्ति या स्वतंत्रता का प्रतीक; **~-day** *n.* ऐसा दिन जब नाविकों के एक भाग को जहाज से उतरकर तट पर जाने की अनुमति मिलती है; **~-man** *n.* नाविक जिसे जहाज से उतरकर तट पर जाने की अनुमति मिली हो;

collocations: **~ hall** (Liberty Hall) स्वतंत्रता सभागार

p&i: **~ of conscience** अंतरात्मा की स्वतंत्रता;

at ~ 1 मुक्त 2 जिसे काम से फुर्सत हो, खाली, जो व्यस्त न हो 3 स्वतंत्र 4, मर्जी का मालिक: I am not at ~ to discuss this matter with you; **set at ~** मुक्त क., आजाद क.; **take the ~ of doing sth/ to do sth** बिना अनुमति के कुछ करने की धृष्टता क.

libi\dinal /लिबि\डिनल/ *adj.* काम-वासना से संबंधित;

dw/lw: **~dinous** /~डिनस/ *adj.* कामातुर, कामुक, विषयासक्त, कामी; **libi\do** /लिबीडो/ *n.* 1 *psychoanal*. फ्रॉयड (Freud) की शब्दावली का शब्द जो ऐसी जीवन शक्ति या मनःशक्ति (**libido**) को दर्शाता है जो सृजनात्मक क्रियाओं को ऊर्जित करती है 2 काम लिप्सा, काम-वासना, काम-प्रवृत्ति

LIBOR *abbr.* 'London Inter-Bank Offered Rate' की प्रथमाक्षरी

Libra /लीब्रा/ *n., pl.* **~s** 1 तुला राशि 2 ऐसे व्यक्ति की राशि जो 23 सितंबर से 22 अक्तूबर के बीच पैदा हुआ हो

librarian /लाइब्रेरिअन/ *n.* जो पुस्तकालय में कार्यरत हो, लाइब्रेरियन, पुस्तकपाल;

dw/lw: **~ship** *n.* लाइब्रेरियन का कार्य या पद

library /लाइब्रेरि/ *n.* 1 पुस्तकालय, ग्रंथालय: the ~ of useful knowledge; ~ reader; ~ book 2 साहित्यिक ग्रंथावली: a ~ of fiction; a ~ of Indian translations into Russian 3 कंप्यूटर प्रोग्रामों का संग्रह 4 संदर्भ (reference) साहित्य-संग्रह;

collocations: **~ edition** विशेष तौर से पुस्तकालय के लिए तैयार की हुई पक्की जिल्दवाली पुस्तक; **~ education** पुस्तकालय शिक्षा; **~ science** पुस्तकालय विज्ञान; **~ stock** पुस्तकालय में पुस्तक-भंडार; **walking/ living ~** विद्वान व्यक्ति; **~ pictures**

टीवी पर दिखाई जानेवाली फिल्म में बिंब के नीचे दिए जानेवाले शीर्षक

librate /लाइब्रे\ट/ *v., pt.* **~ted**, *pp* **~ting** 1 डोलना, दोलन क., हिलना 2 संतुलित रहना;
dw/lw: **~tion** /~शन/ *n.* 1 डोलन 2 संतुलन 3 आभासी दोलन; **~tory** /~टरि/ *adj.* दोलायमान

librettist /लिब्रेटिस्ट/ *n.* गीति-नाट्य का शब्द लेखक या कवि

libre\tto /लिब्रे\टो/ *n., pl.* **libretti**/ **librettos** ओपेरा, गीतिनाट्य के शब्द;
dw/lw: **~ttist** /~टिस्ट/ *n.* गीतिनाट्य या बाइबल आदि के भजनों के लिए शब्द लिखने वाला (कवि)

Libya /लिबिआ/ *n.* लिबिया;
dw/lw: **~n** /लिबिअन/ *n.* लिबियावासी, लिबिया से संबंधित

LIC *abbr.* 'Life Insurance Corporation' की प्रथमाक्षरी

lice /लाइस/ *n., [pl.]* **'louse'** का बहुवचन, जूं

licence *UK* /लाइसं\स/ (*also US* **license**) *n.* 1 अनुज्ञा या अनुमति-पत्र, लाइसेंस: driving ~ 2 कुछ करने की सरकारी अनुमति: a ~ to practise as a doctor 3 शराब बेचने की सरकारी अनुमति 4 चले जाने की अनुमति 5 अभिव्यक्ति की अतिशय स्वतंत्रता 6 कवियों व अन्य सृजनशील लोगों द्वारा भाषा के नियमों आदि से विचलन: poetic ~; metrical ~;
v. (*also* **license**), *pt.* **~d**/ **licensed**, *pp* **licencing**/ **licensing** अनुज्ञा पत्र या लाइसेंस दे.: **license** a doctor to practise medicine; **license** the letting of lodgings (आवास किराए पर देने की अनुमति);
dw/lw: **~d** /~स्ट/ *adj.* 1 अनुमति-प्राप्त: ~d victualler (शराब-ढाबा चलानेवाला); ~d house 2 अनुमति-प्राप्त (होटल आदि जहां शराब परोसी या बेची जा सकती है) 3 अनुमति-प्राप्त, अनुज्ञप्त, अनुज्ञापित; **~e**/ **licensee** /लाइसेंसी/ *n., pl.* **~s** लाइसेंसदार, अनुमति-प्राप्त, अनुज्ञा-पत्रधारी, अनुज्ञप्त या अनुज्ञापित व्यक्ति; **~er**/ **licenser** /~सः/ *n.* 1 अनुज्ञा देने वाला 2 सेंसर प्रमाण-पत्र देने वाला; **off-~** /ऑफ-~स/ *adj.* लाइसेंस के बिना यानी अनुमति विहीन; **licensure** /लाइसंस्युअः/ *n., US* अनुमति या पेटंट देने की क्रिया;
collocations: **~ plate** *US* (*UK* **number plate**) *n.* कार का नंबर पटल;
driving ~ गाड़ी चलाने का लाइसेंस; **on ~** कैदी जिसे पूरी सजा काटने से पहले रिहा कर दिया जाता है; **poetic ~** काव्यात्मक विचलन;
p&i: **~d victualler** सरकारी अनुमति प्राप्त भोजन और पेय बेचने वाला ढाबा; **a ~ for sth** कोई कार्य या धंधा करने की कानूनन अनुमति; **apply for/ hold/ issue a ~** लाइसेंस के लिए प्रार्थना-पत्र दे./ लाइसंस का होना/ लाइसेंस दे. या जारी क.

licentiate /लाइसेंशिअट/ *n.* अनुज्ञप्तिधारी, अनुज्ञा/ अनुमति-पत्रधारी

licentious /लाइसेंशिअस/ *adj.* 1 कामुक 2 विषयी, लंपट, व्यभिचारी: ~ morals; ~ living 3 स्वेच्छाचारी: ~ rhyme;
dw/lw: **~ness** /लाइसेंशिअसनेस/ *n.* 1 कामुकता, लंपटता 2 स्वेच्छाचारिता

lichen /लाइकेन/ लिचन/ *n.* पहाड़ों पर होने वाला एक जंगली पौधा, चरीला, शैवाक, पत्थर का फूल

LICHF *abbr.* 'LIC Housing Finance Limited' की प्रथमाक्षरी

lich-gate /लिचगेट/ *n.* (चर्च का) शव द्वार

licit /लिसिट/ *adj.* 1 (≠ **illicit**) वैध, विधिसंगत 2 विधिसम्मत, कानूनी;
dw/lw: **~ly** /लिसिटलि/ *adj.* विधिवत्

lick /लिक/ *n.* 1 चाटने की क्रिया, लेहन: have a ~ at sth 2 थोड़ी-सी राशि या मात्रा 3 कदम, तेज रफ्तार: put in one's best/ big **~s** 4 प्रयास 5 तेज प्रहार: a ~ of a stick;
v., pt. **~ed**, *pp* **~ing** 1 चाटना 2 हल्के-से स्पर्श क.: a ~ of paint (दीवार की पेंट से हल्की-सी पुताई) 3 हराना, पछाड़ना 4 बार-बार मारकर पिटाई क. 5 तेज रफ्तार से जा.;
dw/lw: **~erish** /लिकरिश/ *adj.* 1 (***syn.*** epicurean) चटोरा 2 लोलुप, लालची 3 कामुक; **lick\ing** /लिकिंग/ *n.* 1 चाटने की क्रिया 2 (***syn.*** thrashing) पिटाई, धुनाई: get or take a ~ing (पिटाई का शिकार होना) 3 हार, पराजय: give sb a ~ing (धुनाई क., धूल चटवाना); **~-penny** /लिक-पेनि/ *n.* लालची, लोभी, कंजूस; **~spittle** /लिक-स्पिटल/ *n.* चाटुकार;
p&i: **~ into shape** और अधिक संतोषजनक या कार्यकुशल बनाना, संवारना, निखारना; **~ one's lips/ chops** लार टपकाना, किसी बात का आतुरता से इंतजार क.; **~ one's wounds** अपमानजनक हार के बाद धीरे-धीरे ठीक हो. या उबरना; **~ sb's boots** (*also* **~ sb's arse**) किसी के तलवे चाटना; **~ the dust** धराशायी हो., धूल चाटना; **~ the fat from the beard** (किसी का खेल) बिगाड़ दे.; **~ the ground** मुंह की खाना, धूल चाटना; **~ with the rough side of the tongue** लताड़ना, डांट-डपट क., डांट पिलाना;
a ~ and a promise हड़बड़ी या जल्दी में किया जाने वाला काम या घास-कटाई; **at a fair ~** तेज रफ्तार से; **drive away at some/ fair ~** काफी तेज रफ्तार से गाड़ी चलाकर जा.; **put in one's best ~s** कोई कसर न छोड़ना

lickety split *adv.* जल्दी-से, तुरंत

licorice /लिकअरिस/ लिकरिश/ (*also* **liquorice**) *n.* मुलैठी

lid /लिड/ *n.* 1 (***syn.*** top, cork, cap, stopper) ढक्कन, ढकना: tea-pot ~ 2 पलक: narrow one's **~s** (अपनी आंखें सिकोड़ना);
dw/lw: **~ded** /लिडिड/ *adj.* ढक्कनदार, ढक्कन से बंद; **~less** *adj.* बिना ढक्कन के;
p&i: **blow/ take/ lift the ~ off sth** किसी गुप्त या छिपी हुई बात से पर्दा हटा दे., भेद खोल दे.; **flip one's ~** क्रोध से आग-बबूला हो जा.; **keep the ~ on** बात को गुप्त रखना; **lift the ~ from sth** भंडा-फोड कर दे., भेद खोल दे.; **put the ~ on it** 1 किसी बात या विषय को बंद क.; **sit on the ~** किसी बात को दबा दे.; **that puts the ~ on 1** सब मुसीबतें खत्म 2 अंतिम जुल्म या अन्याय; **the ~ is on** बात अभी गुप्त है

lido /लीडो/ *n.* 1 सार्वजनिक स्नानताल, तरणताल 2 नहाने योग्य समुद्र तटीय बीच

lie[1] /लाई/ *v., pt.* **lay**, *pt. p.* **lain**, *pp* **lying** 1 लेटना, लेट जाना, लेटे र.: ~ in peace and take one's rest; ~ flat; ~ for the night 2 पड़ा र. या हो.: the money **lay** idle in the bank 3 होना: do all that **~s** in sb's power 4 रहना: ~ in ambush/ ~ in wait for sb (घात में र.); ~ under cover (छिपे र.) 5 स्थित हो.: ~ at anchor (जहाज द्वारा लंगर डाले हो.); the choice **~s** between the two 6 फैला हो.: the valley **lay** at our feet; life **~s** in front of you 7 किसी के फैसले के अधीन हो.: it **~s** with you to decide this question 8 दफनाया जा. 9 स्वीकार्य हो.: an appeal **~s** in this case (इस मुकदमे में अपील स्वीकार्य है);
n. 1 स्थिति, दशा 2 दिशा 3 रूप 4 रचना 5 मांद (lair);
dw/lw: **~-abed** *n.* बहुत सोने वाला व्यक्ति, कुंभकर्ण; **~-down** *n.* लेटकर किया जाने वाला थोड़ा-सा आराम; **~-in** *n.* बिस्तरे में देर तक रहने की क्रिया; **~-in-bed** *n.* देर तक सोनेवाला आदमी;
collocations: **~ of the land** मौजूदा सूरते हाल, दशा: check out the ~ lay of the land before taking a decision;
p&i: **~ about** अस्त-व्यस्त पड़ा हो.; **~ ahead/ in store** किसी के लिए भविष्य में होने वाला; **~ along** हवा के मारे जहाज का हिलना-डुलना; **~ around** 1 आराम या सुस्ती में समय गंवाना 2 स्थित हो.; **~ at host** रहने का स्थान हो.; **~ at sb's door** किसी के मत्थे या जिम्मे हो.; **~ at sb's heart** किसी को पसंद हो.; **~ back and relax** लेटकर आराम क.; **~ behind sth** किसी बात या घटना का छिपा या असली कारण हो.; **~ below/ in/ on/ to, etc.** किसी एक जगह पर (नीचे/ अंदर/ ऊपर/ की ओर,

...) स्थित या पड़ा हो.; ~ **by** बिना प्रयोग में आए पड़ा रहना; ~ **by the heels** कैद में हो.; ~ **doggo** बिना हिले-डुले पड़ा हो.; ~ **dormant** निष्क्रिय, अनुपयुक्त, अचल या बिना हिले-डुले पड़े र.; ~ **down** सोने या थोड़ा आराम करने के लिये लेटना; ~ **down on the job** काम से जी चुराना; ~ **down under (an insult)** रक्षा या विरोध करने में अक्षम हो.; ~ **fallow** खाली पड़ा हो.; ~ **hard upon** किसी का दलन क.; ~ **idle** बेकार पड़ा हो.; ~ **in/ sleep in** 1 सवेरे देर तक सोना 2 बच्चे को जन्म देने के लिए लेटे हो.; ~ **in ambush** घात लगाए रहना; ~ **in/ on, etc.** किसी स्थान आदि पर लेटना; ~ **in sb's power** किसी के बस में हो.; ~ **on sb's way** किसी के रास्ते में रोड़ा ब.; ~ **in state** शव-यात्रा से पहले शव का ताबूत में जनता के दर्शन के लिए रखा हो.; ~ **in sth** किसी की किसी कार्य में सक्षमता हो.; ~ **in wait for sb** किसी की घात या ताक में र.; ~ **low** 1 थोड़ा जमीन पर लेट जा. 2 मृत हो. 3 अपमानित हो. 4 थोड़े समय के लिए छिपकर या पर्दे की पीछे र.; ~ **on one's hands** किसी का न हो.; ~ **on one's oars** चप्पुओं को सुखाना, आराम क.; ~ **out** घर से बाहर रात बिताना; ~ **out of one's money** स्वीकृत पैसा न मिलना; ~ **over** मामले को टाल दिया जा.; ~ **perdu(e)** घिरा हुआ हो.; ~ **to one's work** धमाधम काम क.; ~ **under an imputation** दोषारोपित हो.; ~ **under an obligation** कुछ करना आवश्यक हो.; ~ **up** बिस्तर में पड़े रहना, बाहर न निकलना; ~ **with sb** 1 किसी की जिम्मेवारी हो.: the decision lies with her (फैसला उसे करना है) 2 संभोग क.;

as far as in me ~s यथाशक्ति, जहां तक मेरा बस चलेगा; **be lying around** वस्तुओं का इधर-उधर अस्त-व्यस्त पड़ा हो.; **blame ~s at sb's door** किसी का दोष हो.; **find out how the land ~s** हालात का जायजा ले.; **let the sleeping dogs ~** मुसीबत को व्यर्थ में बुलावा न दे., सोते सांप को न जगाना; **let the matter ~** मामले को अभी ठंडे बस्ते में रहने दे.; **not to take sth lying down** किसी चीज को यों ही नहीं छोड़ना या न रहने दे. (विरोध क.); **strength lies in sb's capacity to work hard** किसी की शक्ति उसके मेहनत करने की क्षमता में होती है; **take sth lying down** अपमान या अन्याय को चुपचाप सहन क.; **the appeal will not ~** अपील मान्य नहीं होगी; **the field lay before us** खेत हमारे सामने फैला था; **the ~ of the ground** किसी स्थान का परिप्रेक्ष्य; **the general ~ and disposition of the boughs** टहनियों की सामान्य स्थिति; **the ~ of matters** 1 स्थिति, दशा 2 मांद, बिल

lie² *v., pt.* **lied**, *pp* **lying** 1 ठगने आदि के लिए झूठ बोलना: tell **lies** 2 धोखा क., कपट क. 3 भ्रांति पैदा क., मिथ्या प्रभाव डालना: camera never **lies**;

n. 1 झूठ, असत्य: tell a ~ 2 धोखा, छलावा: live a ~;

collocations: **a ~ detector** झूठ पकड़ने वाला यंत्र; **a white ~** सफेद झूठ

p&i: ~ **away** झूठी बात कहकर बदनामी क.; ~ **in one's throat/ teeth** or ~ **like a trooper** बेशर्मी से झूठ बोलना; ~ **like a gas meter** बहुत झूठ बोलना; ~ **oneself into sth** झूठ बोलकर कहीं पर पैठ पाने में सफल हो जाना; ~ **one's way into/ out of sth** झूठ बोलकर किसी स्थिति में पहुंचना या किसी स्थिति से निकलना;

act a ~ धोखा दे.; **a ~ has no legs to stand upon** झूठ के पांव नहीं होते; **a ~ out of whole cloth** शर्मनाक झूठ; **a pack of ~s** झूठ का पुलिंदा; **give the ~ to sb** किसी के झूठ का पर्दाफाश क., झूठा सिद्ध क.; **nail a ~** झूठ का पर्दाफाश क.; **one ~ makes/ calls for many** एक झूठ को छिपाने के लिए सौ झूठ बोलने पड़ते हैं; **swap ~s** चुगली क., अफवाह फैलाना, बकवास क.

lief /लीफ/ *adv.* खुशी-खुशी: I would as ~ go there as anywhere else; I would **~er** die than live dishonoured

liege /लीज/ (*also* ~ **lord**) *n., feudalism* सामंत;

adj. 1 दास आदि से उपहार आदि पानेवाला 2 सामंत को बेगार देने को विवश;

collocations: ~ **lord** सामंत, भू-स्वामी; ~ **man** सामंत का दास, विश्वासपात्र अनुचर

LIEL *abbr.* 'Lipton India Exports Ltd.' की प्रथमाक्षरी

lien /लीअन/ लीन/ *n., law* 1 ऋण चुकाने के लिए रेहन रखी जाने वाली वस्तु को पुनः पाने का अधिकार 2 दीर्घ-अवकाश के बाद अपना पद पुनः पाने का अधिकार: a ~ on a post

lieu /ल्यू/ लू/ *n.* स्थान, एवज: in ~ of sth (के बदले में, के स्थान पर)

Lieut. (*also* **Lt.**) 'lieutenant' का छोटा रूप

lieutenant /लेफ्टेनंट/ *US* लूटिनंट/ (*short* **Lt.**) *n.* 1 कनिष्ठ सैनिक अधिकारी का पद, लेफ्टेनेंट 2 सहायक, उप-, सह, वरिष्ठ अधिकारी का सहायक: **Lt.** colonel (लेफ्टेनेंट कर्नल); **Lt.** Governor (लेफ्टेनेंट गवर्नर, उपराज्यपाल); Lt. General लेफ्टेनेंट जनरल

LIF *abbr.* 'Location Interoperability Forum' की प्रथमाक्षरी

life /लाइफ/ *n., pl.* **lives** 1 जीवन: the origin of ~ 2 जिंदगी 3 जीवन काल 4 जीने का तरीका, जीवन शैली 5 (***syn.*** biography) जीवन-चरित, जीवनी 6 आयु 7 बचा हुआ जीवनकाल 8 (***syn.*** vitality) स्फूर्ति, प्राण, जान, ऊर्जा एवं उत्साह, जिंदादिली: full of ~; infuse new ~ into sth 9 प्राणी, जीव-जंतु: marine ~ 10 कार्यक्षमता काल (मशीन आदि का): a long shelf-~ 11 संयुक्त शब्दों में: long-~ milk, love-~ 12 जान, प्राण: many lives were lost in the war; battle was won at great sacrifice of ~; lose one's ~ 13 जीवन या शक्ति-स्रोत: the ~ and soul of the party/ the group 14 क्रिकेट आदि में जीवन-दान: Sehwag got two **lives** before reaching his hundred 15 उम्र-कैद: got ~ for the murder 16 जन्म: come to ~ 17 सहज जीवन, प्रकृति: a picture/ a portrait taken from (the) ~;

adj. जीवन-पर्यंत: a ~ member of the club;

dw/lw: **life\-annuity** *n.* वार्षिकी; **~-and-death** *adj.* बहुत-गंभीर (रोगी की हालत); **~-assurance/ ~-insurance** *n.* जीवन-बीमा; **~-belt** *n.* रक्षा-पेटी; **~-blood** *n.* 1 प्राणों के लिए आवश्यक रक्त, खून 2 प्राण, जान 3 जीवन का आधार या स्रोत 4 प्राणदायक शक्ति; **~-boat** *n.* 1 जीवन-रक्षक नौका 2 समुद्री जहाज की आपातकालीन नौका; **~-boatman** *n.* रक्षा-नाविक; **~-breath** *n.* जीवन-शक्ति, जीवन-ऊर्जा; **life\-buoy** /लाइफ-बॉई/ *n.* रक्षा-बोया, डूबने से बचाने के लिए हवा भर कर फुलाए हुए और पानी में तैरते हुए रबड़ या प्लास्टिक के गुब्बारे; **~-coach** *n.* जीवन सलाहकार या प्रशिक्षक; **~-convict** *n.* उम्रकैदी, आजीवन बंदी; **~-cycle** *n.* जीवन चक्र (कीटाणु या पक्षियों का विकास क्रम); **~-enhancing** *adj.* स्फूर्तिदायक, ऊर्जादायक; **~-estate** *n.* आजीवनकालीन संपदा; **~-expectancy** *n.* औसत जीवन-काल; **~-force** *n.* प्राणदायक शक्ति, ऊर्जा; **~ful** *adj.* जीवंत, प्राण-ऊर्जा से ओतप्रोत; **~-guard** *n.* जीवन-रक्षक, लोगों को डूबने से बचाने के लिए तैनात तैराक; **~-giving** *adj.* प्राणदायक; **~-history** *n.* जीवनवृत्त; **~-hold** *n.* आजीवन पट्टा; **~-jacket** *n.* हवा भरकर फुलाई जा सकनेवाली जैकेट जिसे डूबने से बचने के लिए पहना जाता है; **life\less** *adj.* 1 (***syn.*** inanimate) मृत 2 मूर्च्छित 3 स्फूर्ति या ऊर्जा विहीन, थका-हारा, निर्जीव-सा: ~less stones 4 (***syn.*** lacklustre) नीरस, फीका: he is ~less that is faultless; ~less food 5 जीवनदायक-शक्ति रहित स्थान: ~less desert; **~like** *adj.* 1 हू-ब-हू 2 (***syn.*** realistic) अत्यंत सहज और जीवन के करीब, जीता-जागता, असली; पूरे डील-डौल में: a ~like portrait/ sculpture; **~-line** *n.* 1 खतरनाक हालात में बचाव रस्सी 2 जीवन का सहारा, जीवनदायक संचार साधन 3 बस या ट्रक चालक की संकेत लाइन; **~long** *adj.* जीवन भर का (के लिए) आजीवन; **~-member** *n.* आजीवन सदस्य; **~-or-death** = **~-and-death**; **~-peer/ ~-peeress** *n.* 1 *UK* जिन्हें ब्रितानिया में जीवन भर के लिए 'लॉर्ड', 'लेडी' या 'बैरनेस' का ख़िताब मिला हो 2 ऐसा पिअर जिसका पद वंशानुगत न हो; **~-peerage** /पिअरज/

n. आजीवन पिअर; **~-period** *n.* आयु, जीवन-अवधि, जीवनकाल; **~-policy** *n.* जीवन-बीमा; **~-preserver** *n.* जीवन-रक्षक व्यक्ति या तत्त्व; **~r** *n.* उम्र-कैदी; **~-saver** *n.* प्राण-रक्षक व्यक्ति या तत्त्व; **~-saving** *n.* डूबते हुए या संकट की घड़ी में लोगों को बचाने वाला व्यक्ति; **~-saving** *adj.* प्राण-रक्षक: ~-saving drug; **~-size(d)** *adj.* आदमकद, प्राकृत आकार का; **~some** *adj.* प्रफुल्लित, उल्लास भरा; **~-span** *n.* जीवन-काल, जीवन-अवधि; **~-spring** *n.* जीवन-स्रोत; **life\-style** *n.* जीवन शैली; **~-support** *adj.* गंभीर-रूप से बीमार व्यक्ति को कृत्रिम रूप से जिंदा रखने का यंत्र: ~-support machine; ~-support system; **~-support** (*also* **~-support machine/ ~ support**) *n.* जिंदा रहने में मदद करनेवाली मशीन; **~-threatening** *adj.* जीवन के लिए खतरनाक; **~time** *n.* जीवन काल, जीवन: it is all in a ~time; **~work** (*also* **~'s work**) *n.* 1 जीवन भर का काम 2 जीवन का उद्देश्य;

love-~ *n.* यौन-जीवन; **shelf-~** *n.* यंत्र का काम करने का काल;

collocations: **~ form** पौधे या पशु जैसा जीव रूप; **Life Guards** ब्रितानवी राजा का रक्षक-बल; **~ process** जीवन प्रक्रिया; **~ raft** जहाज पर आपात स्थिति में प्रयोग करने के लिए रखा हुआ बेड़ा या तरापा; **~ rocket** विपत्ति में फंसे जहाज तक आवश्यक सामग्री पहुंचाने के लिए रॉकेट; **~ science/ ~ sciences** जीव विज्ञान, जीवन विज्ञान; **~ span** जीवन-अवधि; **life sentence** उम्र कैद; **~ story** 1 आत्मकथा 2 जीवनगाथा, जीवनी; **~-style drug** जीवन शैली से पैदा हुई बीमारियों (मोटापा आदि) की दवाइयां; **~ table** जीवन तालिका; **~ tenant** जीवन भर के लिए किरायेदारी का हकदार आदमी; **~ to the ~** हू-ब-हू मौलिक वस्तु, व्यक्ति या प्रक्रिया जैसा; **~ vest** जीवन-रक्षक जैकेट; **~ weary** जिंदगी से तंग आया हुआ, संतप्त;

a ~ member of the party दल का आजीवन सदस्य; **a sheltered ~** अतिशय सुरक्षित जीवन; **family/ private/ sex, etc. ~** पारिवारिक/ निजी/ यौन जिंदगी आदि; **full of ~** अति जीवंत; **the high ~** उच्च या फैशनेबुल समाज की जीवन शैली; **the ~ of Riley** /राइलि/ आराम भरी बेपरवाह जिंदगी; **the ~ beyond** जीवनोपरांत जीवन; **this ~** इहलोक (जीवन); **the other ~** परलोक में जीवन; **for ~** जीवन भर के लिए; **to the ~** जीवन यानी वास्तविकता की हू-ब-हू प्रति; **upon my ~!** राम कसम!; **walk of ~** जीवन की सैर;

p&i: **~ after death** अगले जीवन में; **~ and limb** सकुशल बच निकलना; **~ for ~** खून का बदला खून; **~ is but a span** जीवन छोटा-सा है; **~ is cheap** लोगों के जान-माल की कोई कीमत नहीं; **~ is made up of little things** जिंदगी छोटी-छोटी चीजों से बनती है; **~ is too short = ~ is but a span** बेकार के कामों में गंवाने के लिए यह छोटा-सा जीवन नहीं होता; **~ must be measured by thought and action, not by time** काल से काम भला;

a bad ~ दुर्बल व जर्जर आदमी; **a dog's ~** बहुत बुरी जिंदगी; **a double ~** दो-मुंहापन; **a lease for three lives** जीवन पर्यंत पट्टा; **all in a ~time** जीवन में सब कुछ होता है; **anything for a quiet ~** शांति के लिए कोई भी कीमत दी जा सकती है; **as large as ~** वैसा ही जैसे वास्तविक जीवन में होता है; **be sb's life** किसी के लिए अति महत्त्वपूर्ण हो.; **between ~ and death** जीवन और मृत्यु के बीच लटकना; **bother/ harass/ nag/ worry the ~ out of sb** किसी का जीना दूभर कर दे.; **bring sth to ~/ come to ~** किसी में जीवन फूंकना/ जीवंत या रोचक बनाना या हो जा.; **bring sth to ~** कहानी आदि को और जीवंत या रोचक बनाना; **choke the ~ out of** किसी को गला घोटकर मार दे.; **depart from ~** मर जा.; **for ~** जीवन भर के लिए; **for dear ~** उतना ज्यादा या तेज जितना हो सकता है; **for dear one's ~** बेतहाशा शक्ति या ऊर्जा से; **for the ~ of me** कितनी भी कोशिश क्यों न करें; **enter upon ~** जीवन में अपना स्थान बनाना, जीवन में पदार्पण क.; **escape with ~ and limb** मुसीबत से सकुशल निकल आना, सही-सलामत लौट आना; **for one's ~** अपनी जिंदगी बचाते हुए; **for the ~ of me I can't do it** मर जाऊंगा, पर ऐसा काम नहीं करूंगा; **frighten/ scare the ~ out of sb** किसी के बुरी तरह डरा दे.; **full of beans/ life** ऊर्जा से ओतप्रोत; **galvanize into ~** थोड़े समय के लिए स्फूर्तीशील या स्फूर्तिप्रद बनाना; **Get a ~!** ओछा, उबाऊ, दकियानूसी या उदास आदि होना बंद करो!, जिंदादिल बनो!; **give sb the kiss of ~** बेहोश व्यक्ति के मुंह में मुंह से फूंक मारकर प्राणों का संचार क.; **give sb/ sth a new lease of ~** किसी को जिंदगी में एक नई शुरूआत (नया अवसर) दे., नया जीवन दे.; **guy the ~ out of sb** किसी का जीना दूभर कर दे.; **have/ lead/ live a charmed** or **normal, etc. ~** जादुई या साधारण जीवन जीना; **have/ live a ~ of its own** 1 स्वतंत्र जीवन जीना 2 किसी यंत्र आदि का अपने आप चलना; **he is ~less that is faultless** जिसमें कोई दोष नहीं वह इंसान नहीं; **high ~** उच्च समाज का जीवन; **how's ~** क्या हाल है?; **it is all in a/ one's ~** यह सब कुछ आदमी के एक जीवन में हो सकता है; **larger than ~** बढ़ा-चढ़ा कर प्रस्तुत किया हुआ; **lay down one's life for sth** किसी बात के लिए जान न्योछावर क.; **lead a busy ~** व्यस्त जीवन बिताना; **lead a quiet ~** शांत जीवन जीना; **leap to ~** पुनः जीवंत हो जा.; **lose one's ~** मर जा.; **make ~ difficult/ hell for sb** किसी के नाक में दम कर दे.; **matter of ~ and death** जीवन-मरण का प्रश्न; **nothing in ~** जरा भी नहीं, ऐसी कोई बात नहीं; **not in one's ~! = not for one's ~** कभी नहीं, मर जाऊंगा पर इसे न होने दूंगा; **put ~ into sth** किसी बात में प्राण फूंकना; **put sth into ~** जीवन बिताना; **see ~** घाट-घाट का पानी पीना; **sell one's ~ dear(ly)** जीवन को बड़े ऊंचे दामों पर बेचना; **spend your ~ (doing sth)** कुछ करते हुए अपना जीवन बिताना; **spring to ~** पुनः जीवन पाना; **stake one's ~** जान की बाजी लगा दे.; **take one's ~ in both hands and eat it** जीवन नष्ट क. या व्यर्थ गंवाना; **take/ carry one's ~ in one's hands** 1 जीवन में कोई अहम फैसला क. 2 जान हथेली पर रखकर रहना; **take one's own ~** आत्महत्या क.; **take/ seek sb's ~** मारना, खून कर दे., हत्या क.; **that's life!** यही है जिंदगी! (जीवन में उतार-चढ़ाव तो आते ही हैं!); **the facts (fact) of ~** जीवन के (कटु) सत्य; **the ~ and soul of the party** किसी दावत की जान या सबसे रोचक व्यक्ति; **the ~ of wolf is the death of the lamb** भेडियों का कलेवा मेमने की जान; **the man/ woman in one's ~** प्रेमी या प्रेमिका; **there is ~ in the old dog yet/ a cat has nine lives** जाट मरा तब जानिए जब तेरहवीं होले; **upon my ~** अपने जीवन की सौगंध; **where there is ~ there is hope = while there is ~ there is hope** जब तक सांस, तब तक आस

LIFE *abbr.,* 'London International Financial Futures Exchange' की प्रथमाक्षरी

LIFO *abbr.,* 'Last in, first out' की प्रथमाक्षरी

LIFT *abbr.* 'lead-in fighter trainers' की प्रथमाक्षरी

lift /लिफ्ट/ *v., pt.* **~ed**, *pp* **~ing** 1 उठाना, ऊंचा क., उठाकर रखना 2 धुंध, बादलों आदि का छंटना: the fog has **~ed** 3 कप आदि जीतना 4 उन्नत बनाना, ऊपर उठाना 5 उठा (चुरा) ले जा. 6 उठना, बढ़ना 7 प्रतिबंध आदि उठाना: ~ the ban, etc. 8 (***syn.*** boost) हौसला आदि बुलंद क. या हो.: ~ the sprits 9 गिरफ्तार क.: ~ a terrorist 10 (***syn.*** plagiarize) किसी पुस्तक आदि के कुछ अंश उठा (चुरा) लेना: ~ some text from somewhere 11 भौंहें चढ़ाना: ~ (up) one's eyes 12 उठाकर ले जा.: ~ off the opponent 13 खोदकर निकालना: ~ a minefield 14 राह चलते पैदल व्यक्ति को गाड़ी में बैठाकर कहीं तक छोड़ना;

n. 1 उठने-उठाने की क्रिया 2 *UK* (*US* **elevator**) ऊपर चढ़ने या नीचे उतरने की मशीन, लिफ्ट 3 राह चलते किसी वाहन में मुफ्त की सवारी: give a ~ in one's car; take ~ in sb's car 4 पदोन्नति: a great ~ in sb's career 5 उत्थापन, उन्नयन, विमान की उड़ान भरने की क्रिया 6 उत्थान, उठान 7 उन्नति, विकास, प्रगति 8 सहायता 9 गुल (heel of shoe) 10 (***syn.*** boost) मनःस्थिति में उछाल 11 (***syn.*** plagiarism) साहित्यिक अंशों की चोरी 12 उठाने की शक्ति

13 जहाज आदि का उच्चतर स्तर पर उठान या चढ़ाई;
dw/lw: **~-bridge** *n.* उठने-लेटनेवाला पुल; **~-gear** *n.* (***syn.*** elevator) ऊपर उठानेवाला यंत्र, ऐलिवेटर; **~ing** *n.* 1 उठान, ऊपर उड़ान 2 चोरी; **~ing** *adj.* उठने या उठाने वाला: ~ing-bridge (उठने-लेटने वाला पुल); ~ing power; ~ing force; **lift-off** *n.* = blast-off अंतरिक्ष यान आदि की सीधी ऊपर उड़ान: five minutes to ~-off; **~-over** *n.* कुश्ती में उलटी पटकन; **~-pump** *n.* पानी उठाने या ऊपर चढ़ाने का मोटर-पंप; **~-truck** *n.* अपने आप ऊपर उठने-उठाने वाला ट्रक;
shop-~er *n.* दुकान चोर;
p&i: **~ off** रॉकेट आदि द्वारा अंतरिक्ष की ओर उठकर उड़ान भरना; **~ one's hand** किसी पर प्रहार करने की धमकी दे. या प्रहार क.; **~ one's voice** दृढ़ता के साथ विरोध जताना; **~ tariff barriers** आयात शुल्क घटाना; **~ the face** शल्य क्रिया द्वारा चेहरे का उद्धार क.; **~ up another's head** दूसरे का सिर ऊंचा क.; **~ up one's head** गिर कर संभलना; **~ up one's horn** जमीन पर पांव न रखना; **~ up one's voice** 1 आवाज ऊपर क. 2 उत्तेजित होकर ऊंचा-ऊंचा बोलने लगना 3 किसी बात का विरोध क.; **~ up the heel against** लानत-मलामत क.;
a ~ in life समर्थन, मदद; **give too much ~** किसी को कुछ ज्यादा ही भाव दे.; **have one's face ~ed** प्लास्टिक सर्जरी (शल्य-क्रिया) आदि द्वारा अपने चेहरे की झुर्रियां आदि हटवाना; **not ~ a finger = not to ~ finger or hand** कुछ भी काम न क., जरा भी प्रयास न क.; **shop ~ing** दुकान से की जाने वाली चोरी

LIG *abbr.* 'Lower Income Group' की प्रथमाक्षरी

lig /लिग/ *v., pt.* **~ged**, *pp* **~ging** 1 बेकार पड़े रहना 2 किसी दूसरे की कीमत पर खाना-पीना और मौज क.

ligament /लिगअमंट/ *n.* 1 मांस पेशियों को जोड़ने वाले स्नायु, तंत्रिका, अस्थि-बंध, जोड़: ankle/ knee **~s** 2 बांधने या जोड़नेवाले सूत्र 3 जोड़नेवाले तंतु आदि: torn **~s** (फटे या टूटे हुए स्नायु या तंत्रिका)

liga\te /लिगेट/ लाइगेट/ *v., pt.* **~ted**, *pp* **~ting** *mainly surg.* रक्त-धमनियों, नलिकाओं को बांधना या उन पर पट्टी बांधना;
dw/lw: **~tion** /लाइगेशन/ *n.* 1 पट्टी आदि बांधने की क्रिया 2 बंधाई

ligatu\re /लिगअचः/ *n.* 1 पट्टी, धागा आदि 2 बांधने की क्रिया या बंधाई 3 संयोजन 4 संयुक्ताक्षर, युक्ताक्षर, जुड़वां अक्षर 5 दो या दो से ज्यादा पात्रों के जुड़ाव से बना पात्र 6 संबंध, नाता, लगाव;
v., pt. **~red**, *pp* **~ring** पट्टी, धागा आदि बांधना

ligger /लिगः/ *n.* 1 फलक 2 फट्टा 3 चक्की का निचला पाट 4 चादर 5 चांदनी 6 मछली पकड़ने की चुग्गा लगी डोरी

light[1] /लाइट/ *n.* 1 प्रकाश, ज्योति, रोशनी: ~ and shade 2 प्रकाश या विकिरण का स्रोत यानी सूर्य, चंद्रमा, बत्ती, दीपक, बल्ब आदि 3 लपट पैदा करने का साधन, चिंगारी, दियासलाई, सिगरेट लाइटर आदि: can you give me a ~? 4 खिड़की, प्रकाश छिद्र 5 उज्ज्वलता 6 दृष्टि, दृष्टिकोण, खुले विचार: view sth in a favourable ~ 7 (**the lights**) यातायात बत्तियां: stop for the **~s** 8 दिन का प्रकाश, प्रभात, दिन: the ~ began to fail 9 आंखों, चेहरे आदि की दमक, चमक 10 दिग्गज हस्ती: leading **~s** of the university; he was one of the shining **~s** of his age 11 (**lights**) अंतःज्योति, ज्ञान, समझ, प्रबोधन 12 संकेत, इशारा 13 बिजली की कौंध 14 प्रकाश स्तंभ, प्रकाशगृह 15 स्वर माला;
adj. 1 उज्ज्वल 2 (***anton.*** dark) ज्योतिर्मय, दिन के प्रकाश से दीप्त: leave when it is ~ 3 प्रकाशमान, रोशन: ~ room;
adv. हल्के या कम सामान के साथ यात्रा क.: travel ~;
v., pt. **lit** or **lighted**, *pp* **~ing** 1 सुलगना, सुलगाना: ~ a fire 2 जलाना, जलना, जलने लगना: streets were brightly **lit** up 3 बिजली जलाना 4 पर प्रकाश डालना, आलोकित क. 5 प्रकाशमान हो. या क.: a smile **lit** up her face; badly **lit** streets 6 चमकना, दमकना 7 रास्ता दिखाना: a full moon **lit** our way 8 खुशी के मारे खिल जाना;
dw/lw: **~age** /लाइटिज/ *n.* कृत्रिम प्रकाश का इंतजाम; **~ed** *adj.* 1 जलता हुआ या हुई 2 (***anton.*** dark) उज्ज्वल, प्रकाशमान; **lighter** *see below under separate entry*; **~-fast** *adj.* = ~proof/ ~-tight प्रकाश-सह: ~-fast paint; **light\-house** *n.* प्रकाशगृह या प्रकाश बुर्ज; **~ing** *n.* 1 प्रकाश का प्रबंध: electric/ natural ~ing; good/ poor ~ing; street ~ing 2 जगमगाहट: ~ing of stars 3 प्रदीपन, प्रदीप्ति; **light\ing** *adj.* 1 प्रकाश देने वाला (उपकरण या व्यक्ति): ~ing equipment; ~ing cameraman; ~ing-up time (गाड़ियों द्वारा आगे-पीछे की बत्तियां जलाए रखने का समय) प्रकाश का; ~ing effects; **~proof/ ~-tight** *adj.* = ~-fast प्रकाश-सह; **~s** *n., [pl.]* 1 (*also* **traffic ~s**) ट्रैफिक की लाल, हरी या पीली बत्ती 2 गोश्त के रूप में खाए जानेवाले जानवर के फेफड़े; **~-sensitive** *adj.* प्रकाश के प्रति संवेदनशील; **~ship** *n.* जलती हुई बत्तीवाला जहाज जिसमें बत्ती प्रकाश बुर्ज (**~house**) का काम करती है; **~some** *adj.* प्रसन्नचित्त, विनोदशील, मनोरम, मनोहर; **~somely** *adv.* विनोदशीलता से; **~s-out** *n.* बत्तियां बुझाने की बेला, बत्ती बंद करने का समय, (सेना या पुलिस शिविर में) रोशनी बुझाने का बिगुल (हुक्म); **light-year** *n.* प्रकाश-वर्ष, किसी प्रकाश-पुंज द्वारा रिक्तता (vacuum) में एक वर्ष में तय की जानेवाली दूरी जो 9.46 ट्रिलियन किलोमीटर या 5.88 ट्रिलियन मील के बराबर होती है;
collocations: **~ aircraft** छः से कम सीटोंवाला छोटा विमान; **~ bath** प्रकाश स्नान; **~ bulb** बिजली का बल्ब; **~ meter** प्रकाश मीटर; **~ pen** कंप्यूटर में पैननुमा उपकरण जिससे कंप्यूटर चित्र बनाए जाते हैं; **~ pollution** कृत्रिम प्रकाश की अतिशय मात्रा; (**high**) **~s/ highlights** मुख्य घटनाएं, सुर्खियां; **~ show** रोशनियों का रंगारंग मनोरंजन कार्यक्रम; **~ therapy** प्रकाश चिकित्सा;
a ~ माचिस की तिल्ली द्वारा पैदा की गई लपट; **festival of ~s** दीपावली; **floating ~** तैरता हुआ प्रकाश स्तंभ; **green ~** हरी बत्ती (ट्रैफिक लाइट); **northern/ polar ~s** उत्तरी ध्रुवीय प्रकाश; **street ~** गली की बत्तियां; **tail ~** गाड़ी की पिछली बत्तियां; **the greater ~ and the lesser ~** *Bible* सूरज और चांद; **the ~ of my eyes** मेरी आंखों की रोशनी; **the ~ of sb's countenance** किसी की कृपा दृष्टि; **traffic ~s** चौराहे की बत्तियां;
p&i: **~ at the end of the tunnel** अंधकार के पार आशा की किरण; **~ cares speak, great ones are dumb** थोथा चना बाजे घना, पर गहरा पानी शांत होता है; **(the) ~ dawned on sb** किसी को प्रबोधन हो., कुछ समझ में आ जा.; **~ of one's eyes** प्रिय व्यक्ति; **~ out** बचकर निकलना; **~ shining in the darkness** आशा की किरण; **~ spirited** प्रसन्न मुद्रा में; **~ up** 1 खिल जा. (चेहरे का) 2 सिगरेट आदि जलाकर पीने लगना, तंबाकू की पाइप पीना 3 रोशनी जलाना; **~-winged** 1 छोटा-हल्का (विमान) 2 विस्फोटक;
according to sb's/ sth's ~s किसी के मापदंडों के अनुसार; **a ~ breaks in upon sb** ज्ञानोदय या प्रबोधन हो.; **ancient ~s** प्रकाश का अधिकार; **as ~ as air** गुब्बारे की तरह हल्का; **as ~ as a butterfly** कागज की तरह हल्का; **as ~ as feather** पंख की तरह हल्का; **as ~ as thistledown** हवा-सा हल्का; **bear the ~ of day** बेदाग हो.; **be out like a ~** बेहोश हो.; **bring sth to ~** उजागर क.; **by God's ~** भगवान कसम!; **by the ~ of nature** अंतर्ज्योति से; **cast a lurid ~ on sth** किसी बात पर मनहूस साया डालना; **cast/ shed/ throw ~ on sth** प्रकाश डालना; **come to ~** पता लगना, उजागर हो.; **do one's best according to one's ~** अपनी क्षमता अनुसार अधिक से अधिक प्रयास क.; **get out of the ~!** बाधा मत डालो, रास्ते से हटो!; **give sb a green ~** अनुमति दे.; **go/ be out like a ~** लेटते ही गहरी नींद में डूब जा.; **greater ~s** बड़ी-बड़ी हस्तियां; **hide one's ~ under a bushel** अपने प्रतिभा व

सद्गुण दूसरों से छिपाए रखना; **in a good/ favourable/ bad ~** अच्छे या बुरे रूप में; **in ~ of sth** (*also US* **in ~ of sth**) की पृष्ठभूमि में, के संदर्भ में; **in the ~ of past events** पिछली घटनाओं के मद्दे नजर; **it is ~** पौ फट गई, प्रभात हो गया, दिन या सूर्य निकल आया; **let's go now while it's still ~** आओ दिन की रोशनी रहते-रहते चल पड़ें; **need more ~ on the subject** इस विषय पर और ज्यादा प्रकाश डालने की जरूरत है; **new ~s** नई विचारधाराएं; **place sth in a different ~** किसी बात को भिन्न परिपेक्ष में रखना; **punch or put sb's ~s out** 1 किसी की खूब पिटाई क. 2 किसी की हत्या कर दे.; **put the best ~ on sth** किसी बात को सार्थक ढंग से पेश क.; **run a red ~/ run the ~s** लाल बत्ती पर चौराहा आदि पार क.; **see the ~** 1 किसी बात को समझ लेना 2 धर्म परिवर्तन क. 3 पैदा हो., प्रकट हो.; **see the ~ of day** 1 पैदा हो., वजूद में आना, खोजा जा. 2 लोगों की नजर में आ जाना; **see the red ~** खतरे की घंटी बजना; **set ~ to sth** *UK* (***syn.*** ignite) किसी वस्तु को आग लगाना; **shine with a reflected ~** किसी और के दीप्ति तले चमकना; **shut one's ~s** मर जा.; **stand in sb's ~** किसी की राह का रोड़ा बनना; **stand in one's own ~** अपने आपको हानि पहुंचाना.; **strike a ~** *mainly Austral., sl.* हैरानी जताना; **the ~ of one's countenance** कृपाशील हो.; **the ~ of sb's life** किसी का सर्वाधिक प्रिय व्यक्ति या वस्तु; **the ~s are on but nobody's at home; these facts throw/ shed (a) new ~ on the matter** ये तथ्य विषय पर नई रोशनी डालते हैं; **view sth in a favourable ~** किसी बात को सहानुभूतिपूर्वक देखना

light[2] *adj., degr.* **~er, ~est** 1 (***anton.*** heavy) हल्का (वजन) 2 कम (मात्रा में): ~ clothing; ~ meal 3 हल्की (हवा), मंद-मंद समीर: ~ wind 4 भूरा, गोरा, गोरी, फीका, बदरंग: ~ complexion 5 मनोरंजक 6 हल्का (स्पर्श): ~ touch 7 आसान: ~ work 8 हाथ में पकड़ा जा सकनेवाला हल्का (हथियार): ~ automatic gun 9 प्रफुल्ल, हंसोड़, मजाकिया 10 (***syn.*** gentle) शालीन व चुस्त-दुरुस्त 11 (***anton.*** deep) कम गहरी (नींद) 12 अगंभीर, छिछोरा: ~ remarks; a person of ~ character 13 हल्का-फुल्का: ~ of foot 14 कम तेज, जो स्वाद या तिक्तता आदि में तेज न हो (बिना मिर्च-मसालोंवाला) 15 हल्का (वाहन): ~ vehicle 16 कम (चीनी) या हल्की (मदिरा) 17 लघु (उद्योग) 18 मंद, शिथिल, रफ्तार में कम; ***dw/lw:*** **~-armed** *adj.* हल्के हथियारों से लैस; **~-coloured** *adj.* हल्के या फीके रंग का; **lighter** *see below under separate entry*; **~-fingered** *adj.* उठाईगीर, हथलपक, हथफेर, उचक्का, चाइयां, गिरहकट; **~-flyweight** *n.* ऐसा मुक्केबाज जिसका वजन 48 किलोग्राम से कम हो; **~-footed** /लाइट-फुटिड/ *adj.* 1 नाचने में फुर्तीला या चपल 2 चलने में चुस्त-दुरुस्त और तेज, सक्रिय; **~-hand** *n.* दक्ष, प्रवीण; **~-handed** *adj.* हस्त-कुशल, हाथ-चुस्त; **~-headed** *adj.* 1 अविवेकी, चलचित्त, चंचल, चपल 2 नशीले पदार्थ के सेवन से आए हल्के नशे में; **~-headedly** *adv.* मजाक में; **light\-hearted** *adj.* 1 प्रसन्नचित्त, मसखरा, प्रफुल्ल 2 मनोरंजक; **~-heartedly** *adv.* प्रसन्नतापूर्वक, हलके-फुलके अंदाज में; **~-heartedness** *n.* प्रसन्नचित्तता, मसखरापन, प्रफुल्लता; **~-heavyweight** *n.* पचहत्तर से इक्यासी (75-81) किलोग्राम का वजन का मुक्केबाज; **~ish** *adj.* थोड़े हल्का रंग का; **~house** *n.* (*also* **~-tower**), *pl.* 1 समुद्र के किनारे प्रकाश स्तंभ, प्रकाश बुर्ज, जलदीप, दीपस्तंभ 2 प्रकाशगृह 3 फानूस, कंडीलिया; **~-houseman/ ~-housekeeper** *n.* प्रकाश बुर्ज कर्मी; **~er** *see below under separate entry*; **~ly** /लाइटलि/ *adv.* 1 धीरे से, हल्के से, थोड़ा-सा: sleep ~ly; ~ly cooked vegetables 2 हलके-फुलके में: get off ~ly (*also UK* **escape ~ly**) (सस्ते में छूट जा.) 3 खुशी से 4 स्फूर्तिपूर्वक 5 लापरवाही से, उपेक्षापूर्वक: take ~ly; not do sth ~ly (गंभीरता से ले.) 6 अकारण; **light\-minded** *adj.* चंचल, चपल, छिछोरा; **~ness** *n.* हलकापन, नर्मी, कोमलता, छिछोरापन; **lightning** *see below under separate entry*; **~-skirts** *n.* अगंभीर औरत, व्यभिचारिणी; **~weight** *n.* मुक्केबाजी की कम वजन की श्रेणी; **~weight** *adj.* 1 हल्का, कम वजन का: ~weight gas-mask 2 *derog.* महत्त्वहीन या ओछा व्यक्ति, हल्का या नगण्य व्यक्ति 3 बॉक्सिंग में लाइटवेट श्रेणी से संबद्ध, लाइटवेट श्रेणी (62.2 किलोग्राम से कम वजन) का मुक्केबाज: ~ welter weight (मध्यम वजन की प्रथम श्रेणी); **~wood** *n.* हल्का काठ;

collocations: **~ duties** हल्का-फुल्का काम; **~ fingers** 1 दक्ष उंगलियां 2 चोरी में दक्ष हाथ; **~ industry** लघु उद्योग; **~ jest** हल्का-फुल्का मजाक; **~ laughter** बेपरवाह हंसी; **~ literature** हल्का-फुल्का साहित्य यानी उपन्यास या कहानियों की किताबें; **~ o' love** स्वैरिणी, अगंभीर औरत; **~ persiflage** नाजुक मजाक; **~ punishment** हल्का दंड; **~ railway** छोटा (तंग) रेल पथ; **~ reading** हलके-फुलके उपन्यास या कहानियों की किताबें आदि; **~ sleep** हल्की नींद, श्वान निद्रा; **~ touch** हल्का-सा स्पर्श; **~ walk/ footsteps/ movements** हल्की सैर/ शनैः-शनैः पड़नेवाले कदम/ धीमी चाल; **~ warning radar** हल्का सचेतक रडार; **~ water** हल्का पानी; **~ woman** बुरे चरित्र की औरत;

p&i: **~ down from the bus** बस से उतरना; **~ gains make a heavy purse** बूंद-बूंद से घड़ा भर जाता है; **~ on a passage in a book** पुस्तक में अचानक किसी रुचिपूर्ण पैराग्राफ या कथन पर पहुंच जा.; **~ on/ upon sth** अचानक कोई चीज मिल जा.; **~ on one's feet** गिरने के बाद उठकर अपने पांव पर खड़े हो.; **~/ ~ly come, ~/ ~ly go = ill got, is ill spent** हराम की कमाई हजम नहीं होती; **~ purse makes a heavy heart** पास में न पैसा तो सुख-चैन कैसा?; **~ up/ ~ sth up** 1 सिगरेट आदि पीना शुरू क. 2 किसी स्थान या वस्तु को प्रकाशमान बनाना 3 खुशी आदि से दमक उठना;

as ~ as a feather/ as air पंख-सा या हवा-सा हल्का; **a ~ breeze** मंद-मंद समीर; **a vein of ~ humour** अति नाजुक हास्य; **~ brown/ green** हल्का भूरा या हरा; **~ clothing/ machinery** हल्की पोशाक या हल्का यंत्र; **give ~ weight** तौल में कम दे.; **in a ~ manner** हल्के-फुलके अंदाज में; **in ~ marching order** हल्के हथियारों के साथ प्रस्थान आदेश; **~ in the head** 1 सिर में चक्कर आने का अहसास 2 मूर्ख; **make ~ of sth** 1 गंभीरता से न ले. बात को हवा में उड़ा दे. 2 किसी कार्य को आसानी से कर लेना; **many hands make ~ of work** कई लोग मिलकर काम को जल्दी पूरा कर सकते हैं; **no ~ matter** गंभीर मामला; **one's ~est word/ wish** किसी की जरा-सी चाह या कहना; **travel ~** कम सामान के साथ यात्रा क.

lighten /लाइटन/ *v., pt.* **~ed**, *pp* **~ing** 1 हल्का क., (गंभीर बात को) कम बोझिल क.: ~ up *sl.* (आराम क.) 2 प्रकाशमान क.: a solitary candle **~ed** the darkness of the great hall 3 उज्ज्वल या प्रकाशमान क. या हो.: it thundered and **~ed**; the eastern sky **~ed** 4 चिंता या बोझ कम क.: ~ one's conscience 5 भार या बोझ आदि से मुक्त हो. या क.: ~ the burden/ load 6 राहत मिलना या दे. 7 निखारना (रंग का)

lighter /लाइटर/ *n.* 1 (सिगरेट आदि) जलाने का यंत्र, लाइटर 2 जहाजों के बीच माल लाने-लेजानेवाली नाव;

adj. *comp. degr.,* **'light'** की तुलनात्मक श्रेणी;

dw/lw: **~age** /लाइटरिज/ *n.* जहाज पर माल चढ़ाने या उतारने की मजदूरी, ढुलाई-भाड़ा; **~er-than-air craft** ऐसा विमान जो उस हवा से हल्का हो जिसे वह विस्थापित करता है

lighting *see above under* **light[1]: *dw/lw***

lightly *see above under* **light[2]: *dw/lw***

lightning /लाइटनिंग/ *n.* बिजली की कड़क या कौंध: summer/ heat ~ (चद्दरी कौंध, सौदामिनी, भभक); chain(ed) ~ (टेढ़ी-मेढ़ी कौंध); sheet ~ (लंबी सीधी कौंध);

adj. 1 फुर्तीला, द्रुत, तीव्रगामी 2 बिजली की गतिवाला: with ~ speed 3 आकस्मिक;

dw/lw: **~-arrester** *n.* बिजली चूषक, बिजली से बचाव करने वाला ढांचा; **~-conductor** *n.* = **~-conductor/ rod** *n.*

तड़ित-संवाहक, तड़ित-चालक, बिजली-बचाव, तड़ित-रक्षक; **~-like** *adj.* बिजली की कौंध जैसी; **~-strike** *n.* आकस्मिक हड़ताल, मजदूरों द्वारा आनन-फानन में की जानेवाली हड़ताल; **~-stroke** *n.* बिजली की मार;

p&i: **~ never strikes in the same place twice** अजूबा अक्सर नहीं होता;

a bolt/ flash of ~ बिजली की कौंध; **a ~ning before death** चिराग की लौ बुझने के पहले भभक उठती है; **be struck by ~** बिजली गिरने का शिकार हो.; **like (grease) ~** बहुत तेज गति से; **thunder and ~** बादलों की गरजन और बिजली की कौंध

lign\eous /लिग्निअस/ *adj., tech.* 1 लकड़ी का: **~eous** plant 2 लकड़ी-जैसा 3 काष्ठीय, काष्ठाभ: **~eous** marble (संगमरमर के नीचे लगा लकड़ी का सहारा);

dw/lw: **~ify** /लिग्निफाइ/ *v., pt.* ~fied, *pp* ~fying, *s/he/it* ~ifies पौधों की दीवारों का काठ जैसा हो जा., काठ ब. या बनाना

lignite /लिग्नाइट/ *n.* भूरा कोयला जो जलते समय अत्यधिक धुआं छोड़ता है और कम गर्मी पैदा करता है

LII *abbr.* 'Local Informatics Infrastructure' की प्रथमाक्षरी

like /लाइक/ *adj.* 1 समान, सदृश, से मिलने वाला: as ~ as two peas (हू-ब-हू एक जैसे); men of ~ disposition; there is nothing ~ a good rest 2 'कैसा है?' प्रश्न या जवाब में प्रयुक्त: what is he ~? 3 जैसा कि, की तरह का, तुल्य, जैसा: it's just ~ them to forget (भूल जाना उनकी फितरत में है); we shall not see his ~ again; and the ~ (और इसी तरह के दूसरे) 4 जैसा, जैसी: a voice ~ a trumpet 5 अनुरूप;

prep. 1 (***syn.*** such as) जैसे कि, उदाहरण के तौर पर: animals ~ cats and dogs 2 उसी तरह से जैसे कि, उसी मात्रा में: run ~ a deer;

adv. 1 लगभग: anything ~ 100 students 2 जैसे कि: it was magic, ~;

conj. 1 उसी तरह जैसे कि: not pretty ~ you are 2 के समान 3 *US* जैसे कि: it's ~ I have been here before 4 मानो;

v., pt. **~d**, *pp* **liking** (***syn.*** adore, love, be fond of, be keen on) 1 चाहना: do as you ~ it 2 पसंद क.: ~ sb but not love him/ her; ~ wine but it does not ~ me (मुझे मदिरा पसंद है, पर वह मुझे रास नहीं आती) 3 से प्रसन्न हो. 4 के मुकाबले ज्यादा पसंद क. 5 की इच्छा हो.: I should ~ to go there;

n. 1 की श्रेणी के लोग या वस्तुएं: people of their ~ (उन जैसे लोग); the **~s** of you (आप जैसे लोग); the **~s** of him (उस जैसे लोग) 2 पसंद: sb's **~s** and **dislikes** 3 टक्कर का, जवाब: ~ father, ~ son (जैसा बाप, वैसा बेटा);

p&i: **~ a bear with a sore head** झल्लाया हुआ; **~ a bird** सहर्ष; **~ a bull in a China shop** शीशमहल में बंदर; **~ a dying duck** तड़पना, कैद आदि में सड़ना; **~ a cat on hot bricks** कांटों पर, बेचैनी की हालत में; **~ a cipher in arithmetic** शून्य, अज्ञानी; **~ a dog's dinner** तीतर की तरह सजा-धजा; **~ a drowned rat** सिर से पैर तक भीगा हुआ; **~ a duck in a thunderstorm** असहाय, परेशान; **~ a fish out of water** जैसे बिन पानी मछली; **~ a grain of mustard** बूंद जो सागर बन जाए; **~ a hen with one chicken** जरा-जरा सी बात पर तुनक उठनेवाला; **~ a house on fire** जोर-शोर से; **~ a lamb** गाय-जैसा भोला-भाला; **~ all possessed** जोर-शोर से; **~ a log** मूर्च्छित, बेहोश; **~ a millpond** बिल्कुल शांत; **~ a nether mill-store** पत्थर-दिल, संगदिल; **~ anything/ blazes/ crazy/ the devil/ mad** भयंकर ढंग से, अत्यधिक, तेज, पूरा जोर लगाकर; **~ red rag to a bull** चिढ़ानेवाली वस्तु; **~ a shot** तीर की तरह; **~ as not** शायद; **~ ton of bricks** भारी वस्तु की तरह; **~ a whirlwind** तूफानी रफ्तार से; **~ breeds ~** जैसा बाप वैसा बेटा; **~ cures ~** कांटे से कांटा निकलता है; **~ dogs, when one barks, all bark** देखा-देखी पाप देखा-देखी पुन्य; **~ draws to ~** चोर-चोर मौसेरे भाई; **~ father ~ son** जैसा बाप वैसा बेटा; **~ hay-go-mad** इधर-उधर, अस्त-व्यस्त; **~ hell** तूफान की तरह, ऊर्जापूर्वक; **~ it or lump it** या तो ले लो, या छोड़ दो; **~ loves ~** मूर्ख से मूर्ख मिले कर-कर लंबे हाथ; **~ master ~ man** यथा राजा तथा प्रजा; **~ men, ~ manners** एक-जैसे लोग एक-जैसा व्यवहार; **~ nothing on earth** अनुपम, अद्वितीय; **~ one of the family** जैसे कि अपने घर का आदमी हो; **~ priest ~ people** यथा राजा तथा प्रजा; **~ rabbits in a warren** इतनी घनी आबादी कि तिल धरने को भी जगह नहीं; **~ ruler ~ ruled** यथा राजा तथा प्रजा; **~s and dislikes** पसंद और नापसंदगी; **~ smoke** बहुत जल्दी; **~ the back of one's hand** बहुत अच्छी तरह; **~ tree, ~ fruit** जैसा पेड़ वैसा फल; **~ water off duck's back** चिकने घड़े की तरह; **~ what** उसी तरह, की तरह: he is not mad, ~ you are; **~ will to ~** जो जैसा होगा वैसा ही को वह पसंद भी करेगा;

and the ~ वगैरह, आदि; **as ~ as not** शायद; **as ~ as two peas/ beans** बिल्कुल एक समान; **as you ~ it** जैसी आपकी मर्जी; **hope I don't see the likes of him ever again** आशा है कि उस जैसों से मेरा फिर कभी पाला न पड़ेगा; **he ran ~ mad** पूरा जोर लगाकर दौड़ा; **how do you ~ sb/ sth?** आपको कितना लगता है?, के बारे में आपका क्या विचार है?; **how would you ~ it?** आपको कैसा लगेगा; **if you ~** यदि आप चाहें तो, यदि आपका मन करे तो; **I ~ that** यह सही नहीं!; **I would ~ to think** मेरा विचार है कि यह बात सही है; **more ~ it** लगता है, सच्चाई के करीब; **not anything ~ as good as the other one** उतनी अच्छी नहीं जितनी कि दूसरी चीज; **not for the ~s me** हम जैसों के लिए नहीं; **not ~ to do sth/ not ~ doing sth** कुछ करने का मन न हो.; **nothing ~ as good** वैसा बिल्कुल भी नहीं; **nothing ~** लगभग नहीं; **return ~ for ~** ईंट का जवाब पत्थर से दे.; **the ~** 1 जैसी चीजें: computers, TV's and the ~ are on the ground floor 2 उस जैसे को: hope, never see the ~ again; **sth ~** लगभग; **this is something ~ a day!** शानदार दिन!; **what is sb/ sth ~?** कैसा है (व्यक्ति या वस्तु)?; **what are you ~?** किस प्रकार के (व्यक्ति/ जंतु हो?); **would ~ sth** कुछ चाहना; **would you ~ ...?** क्या ... आप लेना चाहेंगे?

-like /-लाइक/ *suff., forming adjectives, denoting:* **resembling** (के समान, जैसा): childlike, life**like**

like\able /लाइकअबल/ (*also* **likable**) *adj.* 1 पसंद आने योग्य, जो लोगों को पसंद आए 2 आकर्षक, प्रीतिकर;

dw/lw: **~lihood** /लाइकलिहुड/ *n.* संभावना: in all ~lihood; **~liness** /लाइक्लिनेस/ *n.* संभावना; **~ly** *see below under separate entry*; **~-minded** /लाइक-माइंडिड/ *adj.* एक-सी रुचि या विचारों वाले (लोग); समान रुझान वाले (लोग); **~n** /लाइकन/ *v., pt.* ~ned, *pp* ~ning 1 तुलना क. 2 समान समझना: ~n sth/ sb to sth/ sb; **~ness** /लाइकनेस/ *n., pl.* 1 (***syn.*** resemblance) एकरूपता, समानता, साम्य: not much ~ness between them 2 सादृश्य, समान रूप, प्रतिरूपता: speaking ~ness (हू-ब-हू एक समान, प्रतिरूप); an enemy in the ~ness of a friend 3 प्रतिकृति, प्रतिरूप: the portrait is sb's good ~ness; take sb's ~ness (किसी को सामने बैठाकर चित्र बनाना);

like\wise /लाइकवाइज/ *adv.* 1 उसी तरह या प्रकार, वैसे ही: watch him and do ~wise (उसे ध्यान से देखो और उसी की तरह करो!) 2 और, भी;

p&i: **in the ~ness of sb** किसी की तरह

like\ly *adj., degr.* **more ~ly, most ~ly** *or* **likelier, likeliest** 1 संभावित 2 अति संभव 3 संभावनीय, संभाव्य: **~ly** tale 4 समान, तुल्य 5 सत्य 6 होनहार 7 रोचक 8 आशाजनक 9 विश्वास योग्य, विश्वसनीय: a **~ly** account 10 (***syn.*** promising) उपयुक्त: **~ly** spot for a picnic; the **~liest** time to meet sb 11 संतोषजनक;

adv. 1 संभवतः, शायद 2 शायद, हो सकता है: most **~ly**/ very

~ly; not **~ly**! *UK* (संभव नहीं, बिल्कुल भी नहीं);
p&i: **a ~ly story** मनगढ़ंत किस्सा; **as ~ly as not** *or* **most/ very ~ly** शायद, संभवतः; **not ~ly** ऐसा नहीं हो सकता, यह संभव नहीं

liking /लाइकिंग/ *n.* 1 (***syn.*** fondness) पसंद: sb's ~; have a great ~ for flowers; take a ~ to sb; friendship begins with ~ 2 रुचि, रुझान, प्रवृत्ति 3 अनुराग, प्रेम: have a ~ for sb;
p&i: **be too bright/ sweet, etc. for one's ~** किसी की पसंद के लिए जरूरत से ज्यादा चमकीला/ मीठा आदि हो.; **be to sb's ~** किसी का पसंदीदा हो. के लिए उपयुक्त; **for your ~** आपकी पसंद अनुसार; **on/ upon ~** आजमाने-परखने के लिए

lilac /लाइलअक/ *n.* एक प्रकार का जामुनी पुष्प या उसकी झाड़ी, नीलक

Lilliput /लिलिपूत/ *n.* बौने लोगों का देश (in Jonathan Swift's *Gulliver's Travels*, where the people are only 15 cms high);
dw/lw: **~ian** /लिलिप्यूशन/ *n.* बौने कद का आदमी; **~ian** *adj.* (***syn.*** diminutive, tiny) बौने कद का, बौना, बहुत छोटा

Lilo /लाइलो/ (*also* **Li-lo** or **lilo**) *n., pl.* **~s**, *trademark* फुलाकर बनाया जानेवाला गद्दा

lilt /लिल्ट/ *n.* 1 बोलने का शालीन, सुहावना ढंग या लहजा 2 *colloq.* लय, गीत, झूमर 3 चाल में झम या लहराहट;
v., pt. **~ed**, *pp* **~ing** 1 झूमने के अंदाज में बोलना 2 झूम-झूमकर सुर या लय में गाना 3 झूम के साथ चलना

lily /लिलि/ *n., pl.* **lilies** 1 शुद्ध, पवित्र वस्तु या मनुष्य 2 कुमुदिनी, सोसन, लिली;
dw/lw: **~-like** *adj.* गोरा; **lily\-livered** *adj.* (***syn.*** cowardly) डरपोक, भीरु; **~-of-the-valley** *n.* घड़ियालनुमा सुगंधित फूलोंवाला वसंती पौधा; **~-pad** *n.* कमल का पत्ता; **~-white** *adj.* 1 कुमुदिनी श्वेत 2 बिल्कुल सफेद 3 (***syn.*** morally perfect) शुद्ध, निर्दोष, पवित्र;
collocations: **~-white schools** मात्र श्वेत लोगों के लिए स्कूल; **Easter lilies** श्वेत कुमुदिनी; **tiger lilies** लाल कुमुदिनी; **water lilies** कमल; **the lilies of France** फ्रांस का एक शाही निशान; **~ hands** कोमल-श्वेत हाथ;
p&i: **(as) pure as a ~** साफ-सुथरा, शुद्ध, पवित्र; **gild the ~** सुंदर चीज को और सुंदर बनाने की प्रक्रिया में उसे बिगाड़ दे.; **lilies and roses** गोरा और गुलाबी; **pure as a ~** कुमुदिनी-सा शुद्ध

limb /लिंब/ *n.* 1 शरीर का अंग, अवयव 2 पेड़ की शाखा, डाली 3 दल का सदस्य 4 सूर्य, चंद्रमा आदि गोलाकार पिंडों का किनारा, छोर;
dw/lw: **~ed** *adj.* किसी प्रकार के अंगोंवाला; **~less** *adj.* अंग रहित;
p&i: **~ and bone/ carcass/ wind** पूरा शरीर: examine sb in ~ and carcass (पूरे शरीर को जांचना-परखना); **~ of the devil/ ~ of Satan/ of hell** शैतान की औलाद, शरारती बच्चा; **~ of the law** वकील, पुलिस का सिपाही;
a regular (young) ~ पक्का शैतान; **escape with life and ~** सकुशल बच जाना; **out on a ~** 1 खतरे में, असुविधा में 2 अलग-थलग, विलग; **tear/ rip sb ~ from ~** किसी के टुकड़े-टुकड़े कर दे.

limbate /लिंबेट/ *adj.* किनारेदार

limber /लिंबः/ *adj.* 1 सुनम्य 2 फुर्तीला 3 लचीला, लचकदार;
v., pt. **~ed**, *pp* **~ing** 1 सुनम्य बनाना 2 लचीला या लचकदार बनना या बनाना 3 (***syn.*** warm up) दौड़ आदि से पहले मांस पेशियों को सुनम्य क.;
dw/lw: **~-up** *n.* पांव, बाजू, हाथ तथा अन्य अंगों को हल्का-हल्का खींच-तानकर शरीर को मुख्य व्यायाम के लिए तैयार करने की क्रिया

limbic system 1 भावनाओं से संबद्ध दिमाग का अंग 2 तोप के अलग किए जा सकने वाले भाग

limbo /लिंबो/ *n., pl.* **~s** 1 अधर 2 उपेक्षित स्थल 3 परलोक एवं इहलोक का सीमांत प्रांत 4 कारागार 5 उपेक्षावस्था 6 कूड़ाखाना 7 वेस्ट इंडीज का एक नृत्य;
p&i: **consign sth to ~** किसी चीज या बात को भुला दे.; **stuck in ~** प्रतीक्षा व आशंका की अवस्था में फंसा हुआ

Limburger /लिंबःगः/ (*also* **limburger cheese**) *n.* स्वाद में तीखा तथा तेज गंध वाला सफेद पनीर (चीज)

lime /लाइम/ *n.* 1 नींबू जैसा फल 2 लासा 3 चूना;
v., pt. **~d**, *pp* **liming** 1 लासा लगाकर पक्षियों आदि को फंसाना 2 चूना लगाना या मिलाना, चूना फेरना 3 जमीन में चूना मिलाना 4 बहकाना;
dw/lw: **~-ade** /लाइमेड/ *n.* नींबू शर्बत; **~-cast** *n.* कलई (चूने) की ऊपरी परत; **~-juice** *n.* नींबू का रस; **~kiln** /लाइम-किल्न/ *n.* चूना-भट्ठा; **~-pit** *n.* चूने का गड्ढा; **~stone** *n.* चूना पत्थर, चूर्ण-प्रस्तर; **~twig** /लाइमट्विग/ *n.* लसौटा, खोंचा, लासेदार टहनी; **~wash** *n.* पुताई, सफेदी, चूना-पुताई; **lime\water** *n.* कैल्सियम और हाइड्रोक्लोराइड को पानी में मिलाकर बनाया जाने वाला अम्लता-विरोधी (anti-acidic) पेय, चूना मिला पानी; **liminess** /लाइमिनेस/ *n.* चूने के गुणों की मौजूदगी; **liming** /लाइमिंग/ *n.* चमड़े को चूने के घोल में डालकर बाल आदि उतारकर तैयार करने की क्रिया; **limy** /लाइमि/ *adj., degr.* **limier, limiest** 1 चूनेदार, चूनिया: limy soil 2 चूने या नींबू के स्वादवाला;
collocations: **~ green** पीले और हरे रंग का मिश्रण; **~ tree/ linden tree** नींबू जैसे फलोंवाला पेड़, कागजी नींबू, खट्टा नींबू; **quick ~** अनबुझा चूना; **slaked ~** बुझा चूना

limelight /लाइमलाइट/ *n.* लोकप्रसिद्धि, संचार माध्यमों की सुर्खियों में: hog/ steal the ~; in the ~; throw ~ (1 जगमगाना 2 जगजाहिर क.)

limen /लाइमन/ *n.* 1 (***syn.*** threshold) देहली, दहलीज 2 संवेदनशीलता की दहलीज, चेतना की सीमा (threshold of consciousness)

limerick /लिमअरिक/ *n.* आयरलैंड के नगर लिमरिक के नाम से प्रसिद्ध पांच पंक्तियों की तुकांत व एक लयबंद हास्य कविता, तुक्तक

limes /लाईमीस/ *n., pl.* **limites** /लिमिटीज/ सीमा या घेरा

limey /लाइमि/ *n., pl.* **~s**, *sl., US, Austral., NZ* 1 ब्रितानिया वासी 2 *US sl.* ब्रितानवी नाविक या जहाज

liminal /लिमिनल/ *adj.* 1 (***syn.*** threshold) किसी दशा में पहुंचने की सीमा से संबंधित 2 मुश्किल से समझ में आनेवाला

limit /लिमिट/ *n.* 1 सीमा, हद: be over the ~; within **~s**; off **~s** (सीमा के बाहर, पहुंच से बाहर); ~ of elasticity/ fatigue/ accuracy/ audition 2 पराकाष्ठा: an age/ height/ speed/ time ~; a ~ on/ to sth 3 (***syn.*** restriction) बंधन: a legal/ maximum/ strict/ upper ~ (कानूनी/ अधिकतम/ सख्त/ उच्चतम सीमा); exceed/ impose a ~ (सीमा लांघना/ सीमा लगाना) 4 किसी क्षेत्र की सीमा 5 अवधि: time ~ 6 *stock exchange* शेयर खरीदने की पहले से तय सीमा 7 *maths.* ऐसा मूल्य जिसके करीब तो पहुंचा जा सकता है पर उसे प्राप्त नहीं किया जा सकता, अप्राप्य मूल्य या संख्या;
v., pt. **~ed**, *pp* **~ing** 1 किसी स्थान की सीमा या हद तय क. 2 मात्रा या संख्या सीमित क.: ~ one's desires; ~ the hours of work in a day 3 (***syn.*** restrict) प्रतिबंध लगाना, सीमित क.: ~ sb to sth 4 आने-जाने या बोलने-लिखने आदि पर प्रतिबंध लगाना 5 सीमाबद्ध क.: be **~ed** to sth;
dw/lw: **~able** /लिमिटेबल/ *adj.* जिसे सीमित किया जा सके; **~arian** /लिमिटेरिअन/ *adj.* सीमामुक्तिवादी; **~ary** /लिमिटरि/ *adj.* सीमाबद्ध, नियामक, प्रतिबंधक; **limit\ation** /लिमिटेशन/ *n.* 1 सीमा 2 (***syn.*** curb) बंधन 3 अवधि, समय-सीमा; **~ations** *n.* 1 सीमाएं: statute of ~ations 2 क्षमता सीमा: know one's ~ations 3 कमियां; **~ative** /लिमिटेटिव/ *adj.* प्रतिबंधक, प्रतिबंधी; **~ed** *see below under separate entry*; **~er** /लिमिटः/ *n.* सीमित, मर्यादित, परिमित; **~ing** /लिमिटिंग/ *adj.*

सीमित करने वाला: ~ing adjective (नियामक विशेषण); ~ing value (अधिकतम मूल्य); ~ing point (मिलन बिंदु); **~less** /लिमिटलेस/ *adj.* 1 असीम, सीमारहित: ~less credulity (किसी पर या किसी बात पर विश्वास करने की अपार क्षमता) 2 (***syn.*** infinite) बेअंत, असीम: ~less ambition 3 अपार: the ~less ocean; **~lessness** *n.* असीमता, अनंतता;

collocations: **inferior ~** अल्पतम सीमा; **superior ~** अधिकतम सीमा;

p&i: **~s of a prison/ jail** जेल में वह भाग जहां बंदी स्वच्छंद घूम-फिर सकता है; **~ switch** सीमा-नियामक स्विच;

go the ~ *US* हद पार क.; **~s of sb's abilities** किसी की क्षमता की सीमाएं; **she is the ~!** वह तो बस हद है!; **the frozen ~** नीचता की पराकाष्ठा; **to the ~** अधिकतम सीमा तक; **without ~** असीम, अपार

limited /लिमिटिड/ *adj.* 1 सीमित: ~ number 2 तंग, संकीर्ण, परिमित: ~ ideas; ~ views; ~ intelligence 3 सीमित (संख्या, मात्रा): ~ resources 4 सीमित अधिकारवाला आदि: ~ monarchy; ~ authority 5 सीमित क्षेत्र वाला 6 सीमित जिम्मेवारी वाला:

collocations: **~ company/ ~ liability company** सीमित जिम्मेवारीवाली कंपनी; **~ edition** (पुस्तक का सीमित संख्यावाला संस्करण); **~ liability** किसी कंपनी के सदस्य की सीमित जिम्मेवारी

limnolo\gy /लिम्नौ\लजि/ *US* लिम्ना:\लजि/ *n.* ताजा पानी क्षेत्र के प्राणियों का अध्ययन शास्त्र;

dw/lw: **~gical** /लिम्नअलौजिकल/ *adj.* ताजा पानी क्षेत्र-प्राणी अध्ययन विज्ञान संबंधी; **~gist** /~लअजिस्ट/ *adj.* ताजा पानी क्षेत्र-प्राणी विज्ञानी

limnetic /लिम्नेटिक/ *adj.* 1 ताजा पानी का, दलदली: ~ peat (वानस्पतिक कोयला) 2 ताजे पानी या दलदल में रहनेवाला

limitrophe /लिमिट्रोफ/ *adj.* सीमावर्ती

limn /लिम/ *v., pt.* **~ed**, *pp* **~ing** 1 अंकित या चित्रित क. 2 वर्णन क.;

dw/lw: **~er** *n.* चित्रकार

limo /लिमो/ *n., short,* 'limousine' का छोटा रूप

limousine /लिमअजीन/ (*also* **limo**) *n.* एक ऐशो-आरामपूर्ण (luxury) बड़ी कार: a chauffeur-driven ~

limp /लिंप/ *adj.* 1 ढीला, शिथिल 2 लंगड़ाता हुआ, लंगड़ा 3 निस्तेज, निर्जीव-सा: flowers often look ~ in hot weather 4 लचलचा, लचीला: a starched collar gets ~ in water 5 मुलायम जिल्दवाली पुस्तक: ~ binding 6 क्षतिग्रस्त जहाज या विमान;

v., *pt.* **~ed**, *pp* **~ing** लंगड़ाना: ~ away/ ~ off (लंगड़ाते हुए जा.);

n. लंगड़ापन, लंगड़ी चाल: walk with a ~; have a bad/ pronounced ~;

dw/lw: **~ing** /लिंपिंग/ *adj.* लंगड़ानेवाला; **~ly** *adv.* लंगड़ाते हुए; **~ness** *n.* लंगड़ापन, शिथिलता; **~wristed** /लिंप-रिस्टिड/ *adj.* जनाना आदमी, स्त्रैण, समलिंगी;

p&i: **his character is rather ~** उसका चरित्र काफी लचर है

limpet /लिंपिट/ *n.* 1 घोंघा 2 नौकरी-परस्त, चिपकू: stick like a ~;

collocations: **~ mine** ऐसा बम जिसे समुद्र में छिपाया जा सकता है और चुंबकीय आकर्षण द्वारा सीधे निशाने पर दागा जा सकता है;

p&i: **cling like a ~ to sb** किसी से एक पल के लिए भी दूर न हो.

limpid /लिंपि\ड/ *adj.* 1 साफ-सुथरा 2 स्वच्छ, निर्मल: ~ waters/ brooks; ~ air 3 (***syn.*** transparent) पारदर्शक: ~ water 4 सुस्पष्ट, सरल: ~ speech;

dw/lw: **~ity**/ **~ness** /~डिटि/ ~डनेस/ *n.* पारदर्शिता, सतहीपन; **~ly** /~डलि/ *adv.* सुस्पष्ट ढंग से

LIMS *abbr.* 'Laboratory Information Management Systems' की प्रथमाक्षरी

limy *see above under* **lime:** ***dw/lw***

lin. *abbr.,* 'linear' का छोटा रूप

linage /लिनिज/लाइनिज/ *n.* 1 पंक्तिबद्धता 2 पृष्ठ या स्तंभ में पंक्तियों की संख्या 3 पत्रकारिता के क्षेत्र में पंक्तियों के हिसाब से भुगतान

LINC *abbr.* 'Language Instruction for Newcomers to Canada' की प्रथमाक्षरी

linchpin /लिंचपिन/ (*also* **lynchpin**) *n.* 1 लिंचपिन, कौटी, धुरी की कील 2 किसी कार्य के लिए महत्त्वपूर्ण व्यक्ति, मुख्य व्यक्ति जिस पर सब कुछ निर्भर करता हो

Lincs. *abbr. English County* 'Lincolnshire' का संक्षेप

linctus /लिंक्टअस/ *n.* 1 खांसी व खराब गले के इलाज के लिए शरबती तरल: cough ~ 2 लेह, अवलेह

line /लाइन/ *n.* 1 सरल या वक्र रेखा: straight/ bent/ curved ~ 2 लकीर, लीक 3 कतार, तांता, पांत, पंक्ति, लाइन 4 कपड़े की धारी, रस्सी, धागा, डोर, डोरी 5 सीमा, सीमा-रेखा: ~ judge (टेनिस आदि खेल में गेंद को 'इन' या 'आउट' का फैसला करने वाला रेफ्री); on the ~ 6 पंक्ति, चरण, पद (in a poem): a ~ from Shakespeare 7 (***syn.*** series) श्रेणी, माला, अनुक्रम, श्रृंखला 8 (***syn.*** lineage) वंशक्रम, वंशावली, एक ही वंश या खानदान के व्यक्ति: from a long ~ of doctors; male/ female ~; ~ of consanguinity (खून का रिश्ता); collateral/ transversal ~ (मुख्य वंशक्रम से हटकर रिश्ता); a descendant in a direct/ in the male/ female ~ 9 टेलीफोन लाइन: hold the ~ 10 नीति, कार्य-योजना, तरीका: ~ of argument; proceed on/ along these **~s** until further notice 11 तार का टुकड़ा 12 रेल लाइन, रेल पथ, रास्ता: go off the ~ 13 दिशा, पथ, निशाना: ~ of aim 14 यात्रा-प्रणाली, यातायात-पथ: air ~ 15 व्यापार, व्यवसाय, पेशा, धंधा: what is his ~?; ~ of business 16 विषय, क्षेत्र: it is not in my ~ 17 सीमा, सीमा-रेखा: the district ~; ~ of demarcation 18 (**lines**, ***syn.*** wrinkles) झुर्रियां: **~s** of premature age on the face; face was covered with deep **~s** of care and suffering 19 (**~s**) अभिनेता आदि की संवाद की पंक्तियां: the actor was not sure of his **~s** 20 रूपरेखा: the savage **~s** of the mouth 21 (*often* **~s**) आकृति रेखाएं, रेखाचित्र: contour ~s; ~ drawing; infuse life into ~ and colour 22 छोटा-सा पत्र या पत्रक (note): drop sb a ~ 23 नया उत्पाद: new ~ in tonic water; the shop has a cheap ~ in felt hats 24 उत्पाद क्रम 25 परिवर्तन या विभाजन बिंदु: a thin ~ between simple and simpleton; below the ~ (मानक रेखा से नीचे); draw a ~ (अंतिम मात्रा या सीमा निर्धारित क.); ~ of departure; ~ of contact 26 खेल के मैदान में खिंची लकीरें: a goal ~; the stumping ~ 27 मारक दिशा, दूरी या निशाना: ~ of fire 28 विशेष संपर्क माध्यम: hot ~; child~ 29 मोर्चाबंदी: ~ of troops; ~ of retreat/ of withdrawal; the front ~ 30 (**~s**) रक्षा पंक्तियां: behind enemy **~s** 31 सेना, पुलिस: police **~s** 32 चालाकी: he spun her a ~ 33 (**~s**) *Scots* प्रमाण-पत्र: marriage **~s** 34 विशेषताएं, गुण: the **~s** of sb's character 35 धारा: main ~ (मुख्य धारा) 36 क्षेत्र: Civil Lines, Cavalry Lines;

v., *pt.* **~d**, *pp* **lining** 1 कतार बनाना, पंक्तिबद्ध या क्रमबद्ध खड़ा हो: fall in a ~; stand in a ~ 2.1 कतार में खड़ा क.: ~ up troops along a road 2.2 रेखा या लकीर खींचना या लकीरों से रेखांकित क.: ~ off a race ground 3 अस्तर लगाना या भरना: ~ an overcoat with silk (कोट को बकरम लगाना) 4 मुहैया कराना या क. 5 कतारों से घिरा हो.: many streets are **~d** with trees 6 (***syn.*** wrinkled) झुर्रियों से भर जा.: a face **~d** with worries;

dw/lw: **~d** *adj.* 1 लाइनदार, रेखांकित: ~d paper 2 बकरमदार

(कोट आदि): ~d jacket 3 झुर्रीदार 4 पंक्तियों से घिरा हुआ; ~-**dancing** *n.* लोक संगीत की लय में बिना साथी का पंक्तिबद्ध नृत्य; **~r** *see below under separate entry*; **~man**/ **~sman** *n.* 1 टेलीफोन आदि ठीक करने वाला आदमी 2 टेनिस आदि खेल में गेंद को 'इन' या 'आउट' बतानेवाला व्यक्ति; **~-out** *n.* रगबी के खेल में एक स्थिति; ~ **through** *n.* 1 बल देने की क्रिया 2 निरस्तीकरण; **~-up** *n.* 1 पंक्तिबद्धता, पंक्ति बनाकर खड़े व्यक्ति या रखी हुई वस्तुएं 2 चुनी हुई टीम 3 किसी सांस्कृतिक कार्यक्रम में भाग लेनेवाले कलाकार 4 पहचान परेड 5 समीकरण: the new ~-up of European powers 6.1 भाग लेनेवालों की पंक्ति 6.2 (***syn.*** programme) क्रम में लगी वस्तुएं या कार्यावली;

collocations: ~ **drawing** रेखा-चित्र; ~ **drive** क्रिकेट, बेसबाल आदि में जबरदस्त सीधा शॉट; ~ **management** *UK* पदावली-आधारित प्रबंधन पद्धति यानी प्रबंधन की सीढ़ीनुमा या नीचे से ऊपर उठती या इसके उलटी दिशा में जाती हुई प्रणाली; ~ **manager** *UK* पदावली में कहीं स्थित प्रबंधक; ~ **of action** कार्य नीति; ~ **of communication** संपर्क या यातायात के साधन; ~ **of country** किसी की विशेषज्ञता का क्षेत्र; ~ **of march** प्रयाण-दिशा; ~ **of fire** 1 बंदूक आदि हथियारों की मारक दूरी या निशाना; ~ **of fortune** भाग्य रेखा; ~ **of latitude** भूमध्य रेखा से दूरी की स्थिति; ~ **of life** जीवन रेखा; ~ **of longitude** उत्तरी और दक्षिणी ध्रुवों में से गुजरने वाली लाइन के संदर्भ में मुख्य याम्योत्तर-वृत्त से दूरी; ~ **of policy** नीति-दिशा; ~ **of vision**/ ~ **of sight**/ **sight-line** आंख की सीध की रेखा; ~ **printer** सीधे पूरी लाइन छापनेवाला कंप्यूटर प्रिंटर; **~r note** (*also* **sleeve note**) संगीत रिकॉर्ड पर दी जानेवाली संगीत या संगीतकारों के बारे में सूचना; ~ **space** छपाई की पंक्तियों के बीच का फासला;

a diagonal/ horizontal/ straight/ vertical ~ कोने से कोने तक (विकर्णी या तिरछी)/ समस्तर/ सीधी/ खड़ी रेखा; **civil ~s** सरकारी अफसरों के आवास की गली; **crossed** ~ बिजली की लाइन के तारों आदि का फंसा हो.; **dotted** ~ हस्ताक्षर करने के लिए बिंदु-रेखा; **female** ~ 1 स्त्री-पीढ़ियां (lineage) 2 नारी परंपरा; **front** ~ सबसे पहली पंक्ति, मोर्चा-पंक्ति; **hard** ~ हठी या अड़ियल नीति; **hot** ~ सीधा संपर्क (टेलीफोन या अन्य किसी प्रकार का); **shipping** ~ जहाजरानी का कारोबार; **the bottom** ~ 1 अत्यधिक महत्त्वपूर्ण शर्त 2 लेखा-जोखा की आखिरी पंक्ति; **the** ~ भूमध्य रेखा;

p&i: ~ **of business** अभिनेता के संवाद; ~ **one's purse/ pockets** बटुआ व जेबों आदि को ठूंस-ठूंस कर पैसों से भरना, भ्रष्ट तरीके से धन कमाना; ~ **sb** or **sth up** 1 संगठित क. 2 किसी बात के विरोध में खड़ा क. या हो. 3 क्रम अनुसार लगाना 4 भविष्य की योजना बनाना; ~ **the wall with books** दीवार को पुस्तकों की कतार से ढक दे.;

advertise a new ~ **in furniture** फर्नीचर में नए (उत्पाद या सामान) का प्रचार क.; **all along the** ~ हर बिंदु पर, हर कदम पर; **along the ~s of sth** किसी नीति के अनुसार; **as straight as a** ~ or **right as a/ any** ~ बिल्कुल साफ-सुथरा व खरा; **be on the** ~ 1 टेलीफोन पर इंतजार क. या हो. 2 खतरे में हो.; **be/ come, etc..., on** ~ 1 चालू हो. 2 कंप्यूटर या इंटरनेट आदि से जुड़ा हो.; **be in** ~ **for sth** पदोन्नति आदि की प्रतीक्षा में हो.; **be in** ~ **with sth** किसी बात या नियम आदि के अनुसार हो.; **be ~d with sth** 1 कोट आदि के अंदर कपड़े का अस्तर लगा हो. 2 बकरम लगाना; **be in one's** ~ किसी के कार्य क्षेत्र में हो.; **be out of one's** ~ के अधिकार क्षेत्र से बाहर हो.; **blow one's ~s** तयशुदा पथ से भटकना; **bread** ~ बेरोजगारों की कतार; **bring sb** or **sth into** ~ किसी को नीति के अनुसार ढालना; **by** ~ **and level/ by rule and** ~ नियमानुसार; **choose/ follow/ take the** ~ **of least resistance** सरलतम रास्ता चुनना; **come into** ~ किसी के साथ सहमत हो.; **down/ along the** ~ 1 टेनिस आदि खेल में कोर्ट की सीमा रेखा के बहुत करीब 2 भविष्य में; **draw a** ~ सहन करने की सीमा रेखा तय क.; **draw the** ~ **at sth** लक्ष्मण रेखा खींचना, सीमा निर्धारित क.; **drop a** ~ संक्षिप्त पत्र लिखना; **end of** ~ खेल खत्म, इससे आगे कुछ करना बेकार है; **follow the** ~ **of least resistance** सरलतम रास्ते पर चलना, जोखिम भरे पथ पर न चलना; **get a** ~ **on sb/ sth** किसी के बारे में थोड़ी-बहुत सूचना प्राप्त क.; **give** ~ नीति सुझाना या दे.; **give sb** ~ **enough** कुछ समय के लिए किसी का पीछा छोड़ देने की नीति अपनाना ताकि उसे फिर बेफिक्री या असावधान अवस्था में पकड़ा जा सके; **go over the** ~ हद पार क.; **go up on one's ~s** अभिनेता द्वारा संवाद भूलना; **hard ~s!** दुर्भाग्यपूर्ण बात है!; **hold the** ~ टेलीफोन पर इंतजार क.; **in a straight** ~ सीधी रेखा में, सीध में; **in** ~ **abreast** (जलयान) पंक्ति में; **in** ~ **for sth** कुछ प्राप्त करने को हो.; **in the** ~ **of duty** कर्त्तव्य अनुसार; **in** ~ **with** के अनुसार; **keep to one's** ~ अपने ढर्रे पर चलना, अपने कार्य-क्षेत्र तक सीमित र.; **lay it on the** ~ साफ-साफ बात क.; **on the** ~ सीध में; **out of** ~ 1 बेमेल (गाड़ी के पहियों आदि का) 2 धृष्ट, उद्धत, बदतमीज 3 दुर्व्यवहार करने वाला; **put sth on the** ~ दांव पर लगाना, खतरा उठाना; **read between the ~s** छिपा या गूढ़ अर्थ निकालना; **reach the end of a** ~ खेल खत्म हो जा., इससे आगे कुछ करना बेकार है; **ride the** ~ पशुओं को चारों ओर घूमकर देखना; **sb's** ~ **of reasoning/ thinking, etc..** किसी के विचारों या दलीलों की पद्धति या दिशा; **shoot a** ~ शेखी बघारना; **sign on the dotted** ~ पूरी तरह सहमत हो.; **step out of** ~ दुर्व्यवहार क., बदतमीजी क.; **strike out a new** ~ **for oneself** नया रास्ता अपनाना; **take a** ~ कोई पथ पकड़ना; **the** ~ **of life** हथेली की जीवन रेखा; **the ~s have fallen to me in pleasant places** मैं भाग्यशाली रहा; **thin red** ~ कम रक्षा बल के साथ रक्षा क.; **toe the (party)** ~ (पार्टी) की नीति का पालन क.; **walk a chalk** ~ शराब न पिए होने की बात सिद्ध करने के लिए रेखा पर चलना; **walk/ tread a** ~ or **a thin** ~ नाजुक स्थिति में हो.; **wait in** ~ पदोन्नति आदि की प्रतीक्षा में हो.

lineage /लिनिएज/ *n.* 1 पूर्वज, बाप-दादा का वंश 2 (***anton.*** ancestry) वंशानुक्रम, वंश-परंपरा 3 खानदान, कुल: of good ~

lineal /लिनिअल/ *adj.* 1 सीधे पारिवारिक क्रम में: ~ descendant (वंशज); ~ consanguinity (सीधा खून का रिश्ता) 2 वंशानुक्रमिक, वंश-पारंपरिक: ~ heir; ~ succession 3 पंक्ति-दर-पंक्ति: ~ translation

lineaments /लिनिअमंट्स/ *n.* 1 नैन-नक्श, चेहरा-मोहरा, मुखाकृति, शक्ल, सूरत 2 विशिष्ट गुण, विशेषता सूचक लक्षण: ~s of a Mongol face

linear /लिनिअः/ *adj.* 1 (***anton.*** non-~) रेखीय, रैखिक 2 रेखाकार 3 सीधी-लाइन में बढ़ा हुआ: ~ defence 4 एक-आयामी 5 एकाघात 6 समानांतर पहलुओं वाला, लंबा-संकरा 7 *maths.* सरल रेखा द्वारा लक्षित (मूल्य) 8 सीधे अनुपात वाली (तकनीकी प्रणाली) 9 लंबाई संबंधी 10 रेखाकार चित्र संबंधी;

collocations: ~ **A** अभी तक अव्याख्यायित प्राचीन लिपि; ~ **accelerator** इलेक्ट्रोनों की गति बढ़ाने वाला उपकरण; ~ **B** यूनानी भाषा का प्राचीनतम (1400 ईसवीपूर्व) लिपि रूप; ~ **equation** गणित में रेखाकार समीकरण; ~ **momentum** सीधी रेखा में चलने वाले कणों के द्रव्यमान और वेग का परिणाम; ~ **motor** बिना गियरों के सीधा धक्का देने वाली बिजली की मोटर; ~ **programming** औद्योगिक प्रक्रियाओं में प्रयुक्त होने वाला कंप्यूटर प्रोग्राम

lineate /लिनिएट/ *adj.* रेखित, धारीदार

lineation /लिनिएशन/ *n.* 1 किसी पाठ को रेखाओं से अंकित करने की क्रिया, रेखांकन 2 रेखाओं की विशेष व्यवस्था, रेखाचित्र

linen /लिनिन/ *n.* 1 कपड़ा, छालटी, क्षौम, लिनेन 2 मेजपोश आदि का कपड़ा; **wash one's dirty** ~ **at home** घर की बात घर में रहने दे.; **wash one's dirty** ~ **in public** घर के झगड़ों को जग जाहिर क.

liner /लाइनः/ *n.* 1 किसी मार्ग पर नियमित रूप से चलने वाला बड़ा यात्री समुद्री जहाज: a cruise/ ocean ~ 2 किसी भी बर्तन व अन्य चीजों के भीतर की तरफ लगाई जाने वाली परत (कलई) का पदार्थ 3 बकरम 4 लाइन पेंटर या लेखक, रेखाकार 5 = eye-liner पलकों या होंठों पर लगाया जाने वाला पदार्थ

line-up *see above under* **line:** ***dw/lw***

linger /लिंगः/ *v., pt.* **~ed**, *pp* **~ing** 1 देर तक टिके रहना, ठहरना: the smell of garlic **~ed** for a long time in the kitchen; ~ before the fire 2 देर लगाना, देर तक बैठे रहना, ठहरना, डोलते रहना (tarry): ~ after others had left 3 अनुभूति या स्वाद का देर तक बने रहना या चलते जा.: ~ over sth 4 किसी चीज या बात से देर तक चिपके रहना 5 धीरे-धीरे प्राण निकलना: he **~ed** for nearly two years; ~ on (चलते रहना) 6 आवारा घूमना: ~ about;

***dw/lw:* ~ing** /लिंगरिंग/ *adj.* 1 देर तक रहने वाला: ~ing look; ~ing hope 2 रह-रहकर टिकनेवाला 3 सरक-सरक कर चलनेवाला 4 जल्दी खत्म न होनेवाला 5 लंबा खिंचा हुआ; **~ingly** *adv.* टहलते हुए, झूमते-झामते, आहिस्ता-आहिस्ता

lingerie /लैंजरि/ *US* लांजरि/ *n.* महिलाओं के जांघिया आदि अंदर पहनने के वस्त्र

lingering *see above under* **linger:** ***dw/lw***

lingo- *com. form, denoting:* **wood** (काठ, लकड़ी)

lingo /लिंगो/ *n.*, **~s** 1 *colloq., often derog.* गौण भाषा: doesn't speak the ~ 2 (***syn.*** jargon) किसी समुदाय विशेष की भाषा या बोली: medical ~

lingua franca /लिंग्वा फ्रैंका/ *n., Italian* 1 भिन्न-भिन्न भाषाएं बोलने वाले लोगों के बीच संपर्क भाषा 2 दूर तक बोली जाने वाली संकर या मिश्रित संपर्क भाषा 3 संगीत या कला के क्षेत्र में ऐसी प्रणाली जो आसानी से समझ में आ जाए: the ~ of ballet (बैले नृत्य की सरल भाषा-प्रणाली) 4 पूर्वी भूमध्य सागर क्षेत्र में फ्रांसीसी, स्पेनी, यूनानी, अरबी आदि भाषाओं के शब्दों के मिश्रण से बनी व्यापारिक इतालवी भाषा

lingual /लिंग्वल/ *adj.* 1 जिह्वा या जीभ से संबंधित: ~ artery 2 भाषाई, भाषीय 3 *phon.* जिह्वीय 4 मूर्धन्य 5 संयुक्त शब्दों में: भाषाओं के ज्ञान की संख्या का लक्षण 6 बोलने की क्षमता (भाषण-क्षमता) प्राप्ति से संबंधित: **pre-~**;

***dw/lw:* ~ly** *adv.* भाषीय दृष्टि से; **bi-~** *adj.* द्विभाषी; **mono-~** *adj.* एक-भाषी; **tri-~** *adj.* त्रि-भाषी; **multi-~** *adj.* बहु-भाषी

linguiform/ linguilate /लिंग्विफॉ:म/ लिंग्विलिट/ *adj.* जिह्वाकार

linguist /लिंग्वि\स्ट/ *n.* भाषा-विज्ञानी, भाषाविद्;

***dw/lw:* linguist\ic** /लिंग्विस्टिक/ *adj.* 1 भाषा या भाषा-विज्ञान संबंधी 2 भाषामूलक 3 भाषिक, भाषायी: ~ic methods/ studies/ problems; **~ically** *adv.* भाषा की दृष्टि से; **~ician** /~स्टिशिअन/ *n.* भाषा-विज्ञान का अध्ययन करने वाला; **linguist\ics** / लिंग्विस्टिक्स/ *n.* भाषा-विज्ञान: areal ~ics (भाषा के क्षेत्रीय फैलाव का अध्ययन);

***collocations:* ~ic atlas** भाषा की विशेषताओं और उसके प्रचलन-क्षेत्रों की जानकारी; **~ic province** भाषा-आधारित प्रांत

linguistics *see above under* **linguist:** ***dw/lw***

liniment /लिनअमंट/ *n.* लेप, पीड़ाहर लेप या तेल

lining /लाइनिंग/ *n.* बकरम, अस्तर, तल्ला: a coat/ jacket ~;

***p&i:* a silver ~** आशा की किरण; **silver ~ behind a cloud** or **every cloud has a silver ~** हर विपदा का अंत होता है

link /लिंक/ *n.* 1 जोड़, कड़ी: a ~ in a chain of evidence; the missing ~ 2 कड़ी (जंजीर की), जंजीर का छल्ला 3 संपर्क: a ~ with sb or sth 4 संबंध: discover/ establish/ find a ~ 5 योजक, जोड़ने वाला, बंधन-सूत्र: the ~ between past and future; a ~ between sth and sth; a close/ direct/ strong ~ 6 संचार व्यवस्था या यातायात के साधन 7 (***syn.*** torch) मशाल 8 मापने की इकाई (जरीब का सौवां भाग = 7.92 इंच = 20 सेंटिमीटर) 9 कफ-बटन: cuff-~ 10 (*also* **hyperlink**) संबंध, लिंक (इंटरनेट संबंधी);

v., pt. **~ed**, *pp* **~ing** 1 संबंध बनाना, जुड़ना: these events were all **~ed** together 2 (***syn.*** associate) मिलना, मिलाना: ~ up with sb 3 जोड़ना, एक करना: ~ (sb/sth) up 4 एक हो. 5 (***syn.*** connect) स्पुतनिक या इंटरनेट आदि से जुड़ना: ~ up to satellite TV;

dw/lw:* link\age** /लिंकिज/ *n.* 1 जुड़े होने की अवस्था या अहसास 2 (syn.*** connection) जुड़ाव, संयोजन, कड़ी 3 बंधन 4 संबंध, संपर्क 5 अनुबंध 6 सहलग्नता 7 सहवर्ती या संलग्न समूह; **~ing** *adj.* 1 जोड़ने वाला, योजक: ~ing station 2 (***syn.*** ~ing verb, copula) योजन क्रिया; **~man**/ **~boy** *n.* अंधेरी गलियों में मशाल से रास्ता दिखानेवाला; **~-pin** *n.* जंजीर आदि की जोड़क पिन; **~s** *see below under separate entry*; **~-up** *n.* 1 जुड़ाव: ~-up of cosmic ships 2 मेल-जोल, मेल-मिलाप, लगाव 3 सहसंबंध 4 मिलन, सभा: ~-up in Crimea; **~-up** *v., pt.* ~ed-up, *pp* ~ing-up 1 जोड़ना, संबंध जोड़ना 2 जुड़ना, जुड़ जा.;

***collocations:* ~ bar** बंद-दंड; **~ language** संपर्क भाषा; **~ man** टीवी के दो कार्यक्रमों को जोड़ने वाला व्यक्ति; **~ motion** वाष्पयंत्र की चाल पलटने का कार्य; **~ work** कड़ियों की श्रृंखला;

***p&i:* ~ up with sb/ sth** से जुड़ना;

a chain is no stronger than its weakest ~ जहां कमजोरी है, वहीं टूटन; **a ~ in the chain** जंजीर की एक कड़ी

links *n.* 1 *n., [pl.]* = golf ~s गोल्फ के खेल का मैदान 2 समुद्र के पास समतल मैदान

linn /लिन/ (*also* **lin**) *n., mainly Scottish* 1 झरना, निर्झर 2 निर्झर ताल 3 घाटी, खंदक, गहरी खड्ड 4 खड़ी चट्टान

linnet /लिनिट/ *n.* 1 यूरोप में गाने वाला पक्षी लिनिट 2 तूती

lino /लाइनो/ *n., pl.* **~s** 1 लाइनो छपाई: ~ type (लाइनो टाइप) 2 *colloq.* 'linoleum' का छोटा रूप (लिनोलियम)

linoleum /लिनोलिअम/ *n.* लिनोलियम, फर्श पर बिछाई जाने वाली मोटी सिंथेटिक दरी (mat)

linotype /लाइनोटाइप/ *n.* पूरी पंक्ति छापने की तकनीक: ~ operator

linseed /लिनसीड/ *n.* तीसी, अलसी: ~ cake (अलसी की खल); ~ oil

linsey-woolsey /लिन्जि-वुल्जी/ *n.* 1 घालमेल, गड्डमड्ड 2 मोटी ऊन और सूत का मिश्रित कपड़ा

linstock /लिनस्टॉक/ *n.* तोप का पलीता, तोड़ा

lint /लिंट/ *n.* 1 फाहा, सूफ, रूई, सूत का धागा 2 पट्टी बांधने के लिए कपड़े के छोटे-छोटे टुकड़े

lintel /लिंटल/ *n.* 1 लिंटल, सरदल, सोहावटी 2 दरवाजे या खिड़की का शहतीर

liny /लाइनि/ *adj.* 1 (***syn.*** thin) तांतिया, तंग 2 रेखित 3 रेखाओं से भरा 4 झुर्रियों से रेखित

lion /लायन\/ *n.* 1 शेर, सिंह: the ~ is the king of beasts 2 नर-नाहर 3 बहादुर, दिलेर 4 जनता के ध्यान का केंद्र 5 *astron.* **'Leo'** नामक तारामंडल 6 (**the Lion**) *astrol.* सिंह राशि;

***dw/lw:* lion\esque** /लायनेस्क/ *adj.* 1 शेर जैसा भयावह 2 गंभीर तथा उदात्त; **~ess** *n.* 1 शेरनी, सिंहनी 2 वीरांगना; **~et** /लायनेट/ *n.* सिंह शावक; **~-hearted** /~-हा:टिड/ *adj.* शेरदिल, अत्यधिक दिलेर, बहादुर; **lion\ize** /लायनाइज/ *v., pt.* ~ized, *pp* ~izing (किसी व्यक्ति को) अत्यधिक महत्त्व दे., गुणगान क.; **~like** *adj.* सिंह सदृश, शेर जैसा;

***collocations:* the ~'s share** अधिकतर भाग, बड़ा हिस्सा;

***p&i:* ~'s den** शेर की मांद, खतरनाक स्थान; **~'s mouth** खतरनाक स्थिति; **~'s skin** दिखावे की चीज;

a ~ in the path/ in the way बाधा; **a ~ is known by his claws** वीर उसके प्रहार से जाना जाता है; **a ~'s skin is never cheap** बड़ी चीजें सस्ती नहीं होती; **beard the ~ in**

his den शेर को उसकी मांद में ललकारना; **make a ~ of sb** किसी को अतिशय ऊपर चढ़ाना; **put one's head in ~'s mouth** अपने आप को खतरे में डालना; **see the ~s** रमणीय स्थल देखना; **the ~ is not so fierce as he is painted** शैतान इतना भद्दा नहीं जितना उसे बताया जाता है; **the ~'s provider** गीदड़ (शेर को शिकार देने वाला), चमचा; **throw sb to the ~** किसी की तबाही क.; **twist the ~'s tail** ततैयों के छत्ते में हाथ डालना

LIP *abbr.* 'large industrial power' की प्रथमाक्षरी

lip /लिप/ *n.* 1 होंठ, ओंठ, ओठ, ओष्ठ, अधर 2 (***syn.*** rim) मुड़ा हुआ किनारा 3 चोंच 4 धार 5 बर्तन का मुंह जहां से पानी या कोई तरल पदार्थ निकलता है 6 (***syn.*** cheek) *sl.* गाल, गुस्ताख आदमी, गुस्ताखी, ढिठाई: don't let him give you any ~!;

dw/lw: **~-deep** *adj.* झूठा, कपटी; **~-language** *n.* ओष्ठ-भाषा; **~let** *n.* जिह्विका; **~-microphone** *n.* बेतार माइक्रोफोन; **~ped** *adj.* होंठदार; **~-read** /लिप-रीड/ *v., pt.* ~-read, *pp* ~-reading ओष्ठ-पठन क. (बहरे लोगों द्वारा प्रयुक्त); **~-reading** *n.* ओष्ठ-पठन; **~salve** *n.* होंठों का मरहम, लल्लो-चप्पो, चापलूसी; **~-service** *n.* दिखावापूर्ण व्यवहार: pay ~-service to sb/ sth; **~-smacking** *adj.* स्वादिष्ट; **~-speaking** *n.* गूंगे-बहरों से बात करते समय होंठों व अन्य अंगों के चलन की भाषा; **~stick** /लिपस्टिक/ *n.* लिपस्टिक, ओष्ठ रंजनी; **~-synch/ ~-sync** /लिप्सिंक/ *v., pt.* ~synched, *pp* ~synching होंठों को इस तरह चलाना मानो पहले से रिकॉर्ड किया हुआ गाना कलाकार द्वारा अभी गाया जा रहा हो;

collocations: **~ devotion** बगुलाभक्ति, दिखावटी सेवा; **~ gloss** होंठों को चमक देने के लिए लगाया जाने वाला पदार्थ;

p&i: **~s, however rosy, must be fed** भूखे भजन न होए गोपाला;

be on everybody's ~s सभी के मुंह में किसी बात का हो.; **bite one's ~/s** अपना क्रोध या हंसी आदि छिपाने की कोशिश क.; **button one's ~** मुंह बंद रखना; **curl one's ~** नापसंदगी या घृणा प्रकट क.; **escape sb's ~s = leap to sb's ~s** अचानक मुंह से बात निकल जा.; **hang on the ~s of** बड़े ध्यान से सुनना; **keep a stiff upper ~** 1 दंभी होना 2 संकट में भी अपना अहंकारी रवैया न छोड़ते हुए कोई भावुकता आदि न दिखाना 3 दृढ़ भाव रखना, हिम्मत न हारना; **lick one's ~s** लार टपकाना; **make (up) ~** मुंह बनाना; **my ~s are sealed** मेरे होंठ सिले हैं, मैं चुप रहने को मजबूर हूं; **none of your ~** बदतमीजी मत करो!; **not to open one's ~s** मुंह न खोलना; **open one's ~s** मुंह (भेद) खोलना, कोई गुप्त या छिपी बात बता दे.; **pass one's ~s** निगलना; **put sth to one's ~** चखना; **shoot out the ~** तिरस्कार को सह पाना; **smack one's ~s** कुछ खाते हुए चटकारा मारना; **steeped/ immersed to the ~s in sth** सिर से पैरों तक कीचड़ आदि में धंसा हुआ; **there's many a slip between (the) cup and (the) ~** दिल्ली दूरस्थ अस्तु (दूर है);

lipid /लिपिड/ *n., biochem.* चर्बी

lipo- /लिपो/ लाइपो/ *comb. form, denoting:* **fat** (चर्बी);

lipogram /लिपोग्राम/ *n.* एक विशेष तरह की कविता, जिसमें किसी विशेष अक्षर वाले शब्दों का प्रयोग नहीं किया जाता

lipography /लिपोग्रफि/ *n.* लिखते या टाइप करते समय किसी अक्षर या शब्द का अनायास लोप

lipoid /लिपोइड/ *adj.* वसोपम, चर्बी जैसा

lipoprotein /लिपअप्रोटीन/ *n.* पानी में घुलनशील प्रोटीन जो खून को कोलेस्ट्रॉल पहुंचाता है

liposome /लिपोसोम/ लाइपोसोम/ *n.* वसाकाय, दवा को किसी अंग तक पहुंचाने वाली एक छोटी-सी थैली

liposuction /लिपोसक्शन/ लाइपोसक्शन/ *n.* शरीर के किसी भाग से चर्बी को विशेष उपकरण से चूसकर निकालने की शल्य क्रिया

lippy /लिपि/ *n.* = lip-stick;

adj. (***syn.*** cheeky) गुस्ताख, धृष्ट, बदतमीज

lipuria /लिप्युरिआ/ *n.* वसामेह

liq. *abbr.,* 'liquid', 'liquor' का संक्षेप

liquation /लिक्वेशन/ *n.* गलनिक पृथक्करण, द्राव गलन

lique\facient/ ~factive /लिक्वि\फेशिअंट/ ~फैक्टिव/ *adj.* द्रावक, तरल बनाने वाला;

dw/lw: **~faction** /~फैक्शन/ *n.* द्रवण, द्रवीकरण, द्रवीकरण की क्रिया; **~fiable** /~फायबल/ *adj.* द्रवणीय; **~fied** /~फाइड/ *adj.* द्रवित; **~fier** /~फायः/ *n.* द्रावी, द्रावित्र; **~fy** /~फाइ/ *v., pt.* ~fied, *pp* ~fying पिघलाना, द्रव बनाना या बनना; **~scent** /~संट/ *adj.* द्रवणशील;

collocations: **~fied natural gas** (*abbr.* **LNG**) द्रवित प्राकृतिक गैस; **~fied petroleum gas** (*abbr.* **LPG**) द्रवित पैट्रोलियम गैस

lique\sce /लिके\स/ *v., pt.* **~sced**, *pp* **~scing** 1 तरल/ द्रव बनाना 2 विलीन हो.;

dw/lw: **~scence** /~संस/ *n.* तरलन, द्रवणीयता

liqueur /लिक्युअः/ *US* लिकअः/ *n.* एक प्रकार की मदिरा जिसे लोग थोड़ी मात्रा में रात्रि भोजन के बाद लेते हैं: ~ glass (मदिरा प्याला)

liquid /लिक्वि\ड/ *n.* 1 द्रव या तरल पदार्थ 2 **'l'** or **'r'** ध्वनि;

adj. 1 तरल, द्रव 2 (***syn.*** diluted) पतला, पतली: ~ food/ diet; ~ feed; ~ mud 3 (***syn.*** limpid) पानी-सा पारदर्शी: ~ sky; ~ blue eyes 4 स्वच्छ, सहज: ~ milk (प्राकृतिक दूध) 5 अस्थिर: ~ opinions/ convictions/ principles 6 प्रवाही 7 नकद पैसा: ~ debt (आसानी से पैसे के रूप में प्राप्त किया जा सकनेवाला ऋण); ~ assets 8 अतःस्थ 9 समरस (ध्वनि): ~ tones; in his ~ Italian 10 गीली (आंखें): ~ eyes;

dw/lw: **liquid\ate** *see below under separate entry*; **~ity** /~डिटि/ *n.* 1 द्रवता, तरलता 2 नकद पैसा, नकदी; **~ize** /~डाइज/ *v., pt.* ~ized, *pp* ~izing 1 तरलीकरण क. 2 रस निकालना 3 प्रोत्साहन दे. 4 सुविधा प्रदान क. ;

collocations: **~ amber** सिलारस, सिल्हक; **~ assets** ऐसी संपत्ति जिसे बेचकर नकद धन प्राप्त किया जा सकता है; **~ crystal** द्रवों की तरह प्रवाही पर ठोस पदार्थों की तरह दिखनेवाले मिश्रण या यौगिक क्रिस्टल जो इलेक्ट्रोनी उपकरणों व चिकित्सा-प्रणाली में प्रयुक्त होते हैं; **~ crystal display** (*abbr.,* **LCD**) डिजिटल उपकरणों में प्रयुक्त संख्याओं या अक्षरों को विशेष ढंग से दिखाने की विधि; **~ fuel/ nitrogen** द्रवित ईंधन/ नाइट्रोजन; **~ lunch** दोपहर का भोजन जिसमें पीना ज्यादा और खाना कम हो; **~ measures** तरल पदार्थों की माप इकाइयां; **~ oxygen** ऑक्सीजन गैस को ठंडा करने पर मिलने वाला पीला-नीला या पारदर्शी द्रव जो रॉकेट-प्रोपेलैंटों (रॉकेट ईंधन) में प्रयोग होता है; **~ paper** सफेद द्रव जिसे मिटाए जानेवाले अक्षरों के ऊपर लगाया जाता है और सूख जाने पर उसके ऊपर लिखा जा सकता है; **~ paraffin** पैट्रोलियम से मिलनेवाला रोगरहित खनिज तेल जिसे उपकरणों या यंत्रों को चिकनाहट देने के लिए प्रयोग किया जाता है

liquida\te /लिक्विडे\ट/ *v., pt.* **~ted,** ***pp*** **~ting** 1 किसी कंपनी या व्यक्ति द्वारा किए जाने वाले सट्टा-व्यापार को उसके आमदनी और ऋण के आकलन के बाद समाप्त क. 2 निर्धारित क. 3 ऋण चुकाना 4 दूर क. 5 संपत्ति को बेचकर नकदी प्राप्त क. 6 *sl.* किसी को मारना 7 (***syn.*** annihilate) नर-संहार द्वारा विरोधियों आदि का विनाश क.;

dw/lw: **liquid\ation** /लिक्विडेशन/ *n.* 1 किसी कंपनी या व्यक्ति द्वारा किए जानेवाले सट्टा-व्यापार की समाप्ति: the company has gene into ~tion 2 खात्मा, समापन 3 निर्धारण 4 कत्ल, नर-संहार 5 किसी को या विरोध आदि को हिंसा द्वारा कुचलने की क्रिया 6 विनाश; **~tor** /~टः/ *n.* समापन अधिकारी, सरकार द्वारा नियुक्त दिवालिया अधिकारी जो दिवालिया कंपनी की संपत्ति आदि का आकलन कर मूल्य निर्धारित करता है या उसे बेचकर धन प्राप्त करता है: official ~tor;

p&i: **go into ~tion** दिवालिया हो जा.

LCD *see above under* **liquid:** ***collocs.***

liquidity *see above under* **liquid:** ***dw/lw***

liquor /लिकः/ *n.* 1 (***syn.*** spirits) मदिरा, सुरा, शराब: hard ~; spirituous ~ 2 *pharmacol.* किसी दवा या रसायन को पानी में घोलने से बना घोल 3 द्रव स्राव 4 गोश्त पकाने में बना द्रव;

collocations: ~ **store** *US* (*UK* **off-licence**) *n.* शराब की दुकान: malt ~ (1 जौ से बनी व्हिस्की 2 बीयर);

p&i: **in ~ = the worse for ~ = under the influence of ~ = disguised with** ~ शराब के नशे में

liquorice /लिकअरि\श/ ~स/ (*also* **licorice**) *n.* 1 गुंजा, धुंपची, रत्ती, (पौधा) जो भूमध्यसागरीय क्षेत्र में मिलता है और उसकी मीठी जड़ों को मिठाइयों में या जुलाब की दवाई बनाने में प्रयोग किया जाता है 2 मुलेठी, जेठीमधु;

dw/lw: **~allsorts** /लिकअरिश-ऑलसॉःट्स/ *n.* मुलेठी आदि से बनी चमकदार रंगीन मिठाई

lira /लीरा/ *n.* 1 माल्टा, सिरिया, टर्की आदि देशों की मुद्रा 2 इटली की पूर्व मुद्रा, लीरा

lirk /लर्क/ *n.* झुर्री, मोड़

LIS *abbr.* 'Lighting Imaging Sensor' की प्रथमाक्षरी

lisle /लाइल/ *n.* एक प्रकार का सूती धागा जिससे अंदर के मुलायम कपड़े (बनियान, जांघिया आदि) बनाए जाते हैं

Lisbon /लिस्बन/ *n.* 1 पुर्तगाल की राजधानी लिस्बन 2 इस नाम की एक पुर्तगाली मदिरा

lisp /लिस्प/ *n.* 1 तुतलाहट: speak with a ~ 2 तोतली बोली 3 **'s'** और **'z'** ध्वनियों का क्रमशः thin में **'th'** (थ) और this में **'d'** (द) की तरह उच्चारण यानी थदीकरण और ददीकरण 4 सरसराहट 5 (***syn.*** ripples) कल-कल;

v.*, pt.* **~ed**, *pp* **~ing** 1 तुतलाना 2 **'s'** ध्वनि का thin में **'th'** (थ) और **'z'** ध्वनि का this में **'d'** (द) उच्चारण क.;

dw/lw: **~er** /लिस्पः/ *n.* तुतलाने वाला; **~ingly** *adv.* तुतलाते हुए

LISP *abbr.*, 'general purpose programming language' का छोटा रूप

LISS *abbr.* 'Landmark Infotech Systems and Solutions', 'Liner Imaging Self Scanner' की प्रथमाक्षरी

lissom/ lissome /लिसम\/ *adj.* 1 सुनम्य 2 सुंदर 3 फुर्तीला, फुर्तीली 4 शालीन व लचकदार;

dw/lw: **~ly** /~लि/ *adv.* सुंदरता और शालीनता से

list /लिस्ट/ *n.* 1 सूची, तालिका, फहरिश्त: duty ~; enter in a ~; stand first on the ~ 2 किनारी, कन्नी, बॉर्डर (cloth border) 3 धरी 4 चपती (strip of wood) 5 खेत में क्यारियों की मेड़ 6 (***syn.*** inclination) झुकाव 7 अखाड़ा 8 गंतव्य स्थान 9 सूचनाओं या तथ्यों की कंप्यूटर फाइल में व्यवस्था;

v.*, pt.* **~ed**, *pp* **~ing** 1 सूचीबद्ध क., की सूची बनाना: compile/ draw up/ make/ write a ~ 2 सूची या फहरिश्त में दर्ज क.: ~ for service (सैनिक सेवा के लिए नाम दर्ज क. या करवाना) 3 किनारी लगाना 4 मेड़ बनाना 5 झुकाव हो. 6 जहाज आदि द्वारा एक तरफ झुक जा. 7 किसी बात या कविता आदि को सुनना;

dw/lw: **~er** *n.* मेड़कार, सूचीकार; **~ing** *see below under separate entry*; **~s** /लिस्ट्स/ *n., pl.* 1 प्रतियोगिताओं आदि के लिए रक्षित मैदान या उसके चारों ओर लगाई हुई बाड़ या बाधायें 2 लड़ाई या युद्ध का दृश्य: enter the **~s** (1 चुनौती दे. या स्वीकार क. 2 लड़ाई या विवाद शुरू कर दे. या उसमें उलझ जा.); **price-~** *n.* मूल्य-सूची;

collocations: **~ box** कंप्यूटर स्क्रीन पर किसी बॉक्स में चुनाव की सूची; **~ed building** ऐतिहासिक महत्त्व के भवनों की सूची में दर्ज इमारत जिसे बिना आधिकारिक अनुमति के नष्ट नहीं किया जा सकता; **~ed company** ऐसी कंपनी जिसने सट्टा बाजार में अपनी हुंडी दर्ज करवाई हुई है; **~ price** 1 विक्रेता की तालिका में दिया हुआ दाम 2 विज्ञापित मूल्य 3 मूल्य में कमी करने से पहले का यानी शुरुआती दाम; ~ **slippers** घर में पहने जाने वाली चप्पल; **active** ~ युद्ध योग्य सैनिकों की सूची; **a ~ of sth** माल आदि की सूची; **a shopping** ~ खरीददारी की सूची; **mailing** ~ पत्र पानेवालों की सूची; **on a** ~ सूची में; **the active** ~ सशस्त्र सेना के अफसरों की सूची जिन्हें सक्रिय सेवा के लिए बुलाया जा सकता है; **the free** ~ सिनेमा या समारोहों में बिना पैसे दिए (फोकट में) घुसनेवाले लोग; **waiting** ~ प्रतीक्षार्थियों की सूची

p&i: **a black** ~ प्रतिबंधित सूची; **a sucker** ~ *sl.* ऐसे लोगों की सूची जिनसे आसानी से पैसा ऐंठा जा सकता हैं; **enter the ~s (against sb)** 1 चुनौती दे., ललकारना 2 चुनौती स्वीकार क. 3 झगड़ा शुरू क. और उसमें फंस जा.; **enlist/ ~ (oneself) a soldier/ for a soldier** सिपाही के रूप में भर्ती होने के लिए अपना नाम दर्ज करवाना; **take a** ~ जहाज का बाएं-दाएं झुकना, हिलना-डुलना

listen /लिसन/ *v., pt.* **~ed**, *pp* **~ing** 1 (**~ to sb** or **sth**) किसी को या किसी बात को कान लगाकर सुनना, सुनने की कोशिश क.: we **~ed** but we heard nothing; ~ to a lecture/ to music 2 कान दे. 3 कान खोलकर सुनना 4 (**~ to sb** or **sth**) किसी की सलाह को स्वीकारना, कहना मानना: he is fooling you, don't ~ to him;

dw/w: **~able** /लिसनअबल/ *adj.* सुनने योग्य, श्रवणीय; **~er** /लिसनः/ *n.* 1 सुननेवाला, श्रोता: a good ~er 2 (*also* **~er-in**) रेडियो कार्यक्रम आदि का श्रोता; **~ing** *n.* सुनने की क्रिया; **~ing** *adj.* सुनने संबंधी, सुनने का/ की/ के: ~ing room (श्रवण कक्ष, सुनने का कमरा);

collocations: **~ing post/ station** सुनने की चौकी या स्टेशन;

p&i: **~ in** 1 रेडियो सुनना 2 शत्रु आदि के रेडियो प्रसारण या टेलीफोन पर होने वाली बातें चोरी-छिपे सुनना; **~ (out) for sth** सुनने की कोशिश क.; **~ to reason** किसी न्यायसंगत बात या सुझाव आदि को मान लेना; **Listen up!** सुनो!; **~ with rapt attention** बहुत ध्यान से सुनना

lister /लिस्टः/ *n.* (***syn.*** plough) एक प्रकार का अमेरिकी हल: ~-cultivator

listeria /लिस्टिअरिआ/ *n.* चिकन आदि में होने वाला बैक्टेरिया जो गोश्त को ठीक से न पकाये जाने पर घातक रोग **'listeriosis'** पैदा कर सकता है

listing /लिस्टिंग/ *n.* 1 सूची, सूचीकरण 2 सूची में स्थान की स्थिति 3 कंप्यूटर में किसी फाइल या प्रोग्राम का छपा हुआ रूप 5 मद, प्रविष्टि 6 सट्टा बाजार में प्रविष्ट माल को खरीदने या बेचने के लिए आधिकारिक प्रविष्टि

listless /लिस्टलेस\/ *adj.* 1 बेजान, निर्जीव-सा 2 निरुत्साह, उत्साहविहीन, बुझा-बुझा-सा 3 उदासीन: ~ audience;

dw/lw: **~ly** /~लि/ *adv.* बेजान या उदासीन ढंग से; **~ness** /~नेस/ *n.* निर्जीवता, उदासीनता, उत्साहविहीनता, बुझा-बुझापन

lists *see above under* **list:** ***dw/lw***

lit /लिट/ *pt.*, **'light'** का भूतकालिक रूप

lit. *abbr.*, 'literature', 'litrary' का संक्षेप: **lit. crit.** = literary criticism साहित्यिक आलोचना

litany /लिटअनि/ *n. pl.* **litanies** 1 *Christ.* स्तुति-माला 2 आवृत्ति-प्रार्थना 3 बहुत लंबी और जटिल सूची: ~ of jobs to be done (किए जाने वाले कामों की लंबी उबाऊ सूची)

litchi /लीची/ *n.* लीची

lite /लाइट/ *adj.* 1 'light' का एक रूप 2 कम चर्बीवाले या हलके-फुलके खाने (जिससे कम मोटापा होता है) से संबंधित;

n. (घटिया) नकल: the movie is a Raj Kapur ~

liter /लिटः/ *n.* **'litre'** की अमेरिकी वर्तनी, लीटर

litera\cy /लिटअ\रअसि/ *n.* 1 साक्षरता: adult **~cy** 2 लिखने-पढ़ने की क्षमता: **~cy** test 3 भाषा को सक्षम ढंग से प्रयोग करने की क्षमता 4 शिक्षितता;

dw/lw: **literate** / लिटअरअट/ *adj.* 1 साक्षर 2 जो पढ़ना-

लिखना जानता हो 3 शिक्षित 4 किसी कला या हुनर में दक्ष: computer ~te; **~te** *n.* 1 साक्षर व्यक्ति 2 शिक्षित व्यक्ति

literal /लिटअ\रल/ *adj.* 1 अक्षरशः: ~ error 2 शाब्दिक: ~ meaning 3 शब्दशः: ~ translation; ~ interpretation 3 नीरस, शुष्क (matter-of-fact): ~ description of an event 4 यथातथ्य, अनलंकृत: the ~ truth; a ~ barren mind (अक्षर-चिपकू बांझ बुद्धिजीवी);
***dw/lw:* literal\ity** /~रैलिटि/ *n.* शाब्दिकता, अक्षर-चिपकूपन; **~ism** /~रअलिज्म/ *n.* 1 शाब्दिक अर्थ का सख्ती से पालन, अक्षरचर्या 2 यथातथ्य, नीरस, बांझ व कल्पनाविहीन विवरण; **~ist** /~रअलिस्ट/ *n.* 1 शाब्दिक अर्थ पर जोर देने वाला, अक्षरचारी 2 यथातथ्य को पत्थर की लकीर मानने वाला; **~ly** /~रअलि/ *adv.* 1 अक्षरशः, अक्षर-अक्षर, हू-ब-हू 2 शाब्दिक अर्थ में: interpret a remark/ an order ~ly 3 शब्दशः, बिल्कुल (actually): ~ly drenched to the skin; they were ~ly starving 4 वास्तव में: missed that kick ~ly by miles! ~ly had egg on his face

literary /लिटअरअरि/ *adj.* 1 साहित्यिक: ~ works/ writings; ~ man 2 साहित्यिक भाषा से संबंधित: ~ language/ style 3 साहित्यिक विद्या से संबंधित: ~ studies;
***collocations:* ~ agent** साहित्यिक एजेंट, जो लेखक की ओर से प्रकाशकों व वितरकों आदि के साथ संपर्क में रहता है; **~ critic** साहित्यिक आलोचक; **~ criticism** साहित्यिक आलोचना

literate *see above under* **literacy: *dw/lw***

literati /लिटअराटि/ *n., [pl.]* 1 साहित्यकारों का वर्ग 2 विद्वज्जन, विद्वान लोग 3 साहित्यिक गलियारों की हस्तियां

literatim /लिटअराटिम/ *adv., Lat.* अक्षरशः, शब्दशः

literator /लिटअरेटः/ *n.* 1 साहित्यकार, लेखक 2 आलोचक 3 विद्वान 4 शिक्षित व्यक्ति

literature /लिटरेचः/ *n.* 1 साहित्य 2 उपन्यास, कहानी, कविता आदि लिखित रचनाओं का सामूहिक भंडार: ~ consisting of poetry, prose and drama 3 किसी देश, क्षेत्र व काल की रचनाओं का भंडार व साहित्यिक संस्कृति: Indian ~; Russian ~ 4 साहित्य (किसी एक विषय की पुस्तकें): philological/ mathematical ~; travel ~; scientific ~ 5 किसी लेखक की कलात्मक रचनाओं का समूह 6 किसी विषय पर मुद्रित सामग्री 7 साहित्यिक अध्ययन, साहित्यिक विषय, साहित्य विद्या: study ~; ~ was represented at the conference by young poets

-lith *suff., comb. form, denoting:* **stone/ rock** (पत्थर या चट्टान): mono**lith** (एक पत्थर से बना, एकाश्म)

litharge /लिथाःज/ *n.* (***syn.*** lead monoxide) मुर्दासंख, मुर्दासन

lithe /लाइद\/ *adj. degr.:* **~r**, **~st** 1 नम्य, सुनम्य, लचीला 2 चारु 3 फुर्तीली;
***dw/lw:* ~ly** /~लि/ *adv.* फुर्ती से; **~ness** /~नेस/ *n.* सुनम्यता, लचकीलापन, फुर्ती; **~some** /~सम/ *adj.* 1 सुनम्य, लचीला 2 फुर्तीला

lithia /लिथिआ/ *n.* लिथियम ऑक्साइड, एक रंगविहीन पाउडर जिसे चीनी मिट्टी के बर्तनों में प्रयोग किया जाता है

lithiasis /लिथायसिस/ *n.* पथरी, अश्मरी

lithic /लिथिक/ *adj.* 1 पत्थर का: ~ industy; ~ age (पाषाण युग) 2 आश्मिक, पथरीला, पथरी

lithium /लिथिअम/ *n., symbol* **Li** एक तत्त्व, लिथियम, सबसे हल्का धातु तत्त्व जिसे बैटरियों और अन्य कई प्रकार के कार्यों में प्रयोग करते हैं;
***collocations:* ~ water** 1 लिथियम लवणवाला पानी 2 गठिया की दवा

litho /लिथो/ *n, pl.* **~s** लिथोग्राफ;
***v.**, pt.* **~ed**, *pp* **~ing**, *s/he/it* **~s**/ **~es** अश्ममुद्रण/ शिलामुद्रण क.

litho- /लिथो-/ लिथअ-/ *comb. form, denoting:* **stone** (पत्थर);
***dw/lw:* ~clasty** /~क्लैस्टि/ *n.* पत्थर की तुड़ाई; **~glyph** /~ग्लिफ/ *n.* शिला-उत्कीर्णन; **~graph** /लिथअग्राफ/ *US* लिथअग्रैफ/ *n.* अश्म-मुद्रण, अश्म-लेख, शिलामुद्र; **~graph** *v., pt.* ~graphed, *pp* ~graphing अश्म-मुद्रण द्वारा छापना; **~grapher** /लिथअग्राफः/ *US* लिथअग्रैफः/ *n.* अश्म-मुद्रक; **~graphic** /लिथअग्रैफिक/ *adj.* अश्म-मुद्रणीय: ~graphic stone; **~graphically** /लिथअग्रैफिकलि/ *adv.* अश्म-मुद्रणीय ढंग से; **~graphy** /लिथौग्रअफि/ *US* लिथाःग्रअफि/ *n.* अश्म-मुद्रण, शिला-मुद्रण; **litholapaxy** /~लअपैक्षि/ *n.* पथरी की शल्य-क्रिया

litho\logy /लिथौ\लजि/ *n.* अश्म-विज्ञान;
***dw/lw:* ~logist** /~लजिस्ट/ *n.* अश्म-विज्ञानी; **~phyte** /लिथअफाइट/ *n.* पत्थरों या चट्टानों पर उगनेवाला पौधा; **~sphere** /लिथोस्फिअः/ *n.* स्थल-मंडल, पृथ्वी का ठोस भाग

litho\tomy /लिथौटअमि/ *US* लिथाःटअमि/ *n.* पथरी की शल्य-क्रिया यानी लिथोट्रिप्टर आदि द्वारा पिसाई करके पथरी बाहर निकालने की क्रिया;
***dw/lw:* lithotomist** /~टअमिस्ट/ *n.* पथरी की शल्य-क्रिया करने वाला; **~tomize** /~टअमाइज/ *v., pt.* ~tomized, *pp* ~tomizing पथरी की शल्य-क्रिया क.; **~tripsy**/ **~trity** /लिथोट्रिप्सि/ लिथोट्रिटि/ *n.* पथरी की मूत्राशय आदि में पिसाई, ताकि उसके छोटे-छोटे टुकड़े या कण पेशाब के माध्यम से निकल जाएं; **~tripter**/ **~triptor** /लिथोट्रिप्टः/ *n.* पथरी की पिसाई करने वाला उपकरण

Lithuania /लिथुएनि\आ/ लिथुएनि\आ/ *n.* लिथुएनिया;
***dw/lw:* ~n** /~न/ *n.* 1 लिथुएनिया वासी: the ~ns 2 लिथुएनियायी भाषा

liti\gable /लिटि\गेबल/ *adj.* मुकदमा लड़ने योग्य;
***dw/lw:* ~gant** /~गंट/ *n.* मुकदमा लड़ने वाला, मुकदमेबाज, मुकदमों में उलझे रहने वाला, वादी; **~gate** /~गेट/ *v., pt.* ~gated, *pp* ~gating मुकदमा लड़ना; **liti\gation** /~गेशन/ *n.* मुकदमेबाजी, वाद; **~gator** /~गेटः/ *n.* मुकदमेबाज; **~gious** /~जिअस/ *adj.* 1 मुकदमेबाज, मुकदमेबाजी का शौकीन 2 वादप्रिय 3 मुकदमे-संबंधी; **~giousness** /~जिअसनेस/ *n.* वादप्रियता

litmus /लिटमस/ *n.* नीले रंग का वानस्पतिक द्रव जो एसिड के घोल में लाल हो जाता है और अलकली के घोल में नीला, लिटमस;
***collocations:* ~ paper** लिटमस पेपर; **~ test** उपरोक्त ढंग का तुलनात्मक अम्लत्व या अलकलीपन का परीक्षण

litotes /लाइटोटीज/ *n.* (*also* **meiosis**), *rhet., lit.* नकारात्मक प्रयोग द्वारा सकारात्मक अर्थ पर बल: **not a little angry** = **very angry** (थोड़ा क्रोधित नहीं, बल्कि बहुत ज्यादा)

LITR *abbr.* 'London Institute of Technology and Research' की प्रथमाक्षरी

litre *UK* (*US* **liter**) /लीटः/ (*abbr.* **l**) *n.* लीटर, तरल पदार्थ का तौल: ~ capacity

litter /लिटः/ *n.* 1 कूड़ा-कचरा, घास-फूस: drop ~ 2 पालकी, डोला, डोली 3 तृणशैय्या (तिनकों से बना सोने का स्थान), पशु-बिछाली 4 बिखरी हुई या अस्त-व्यस्त पड़ी चीजें: the room was in a ~/ was **~ed** with 5 गड़बड़, अव्यवस्था 6 झोल, एक साथ पैदा हुए कई शावक: a ~ of kittens/ puppies 7 उत्साहहीनता 8 छकड़ा-गाड़ी;
v., pt. **~ed**, *pp* **~ing** 1 कचरे का बिखरना: ~ a desk with papers 2 बिछाली डालना, घास बिछाना 3 बिल्ली आदि का ब्याना (बच्चे दे.);
***dw/lw:* ~-lout** *n.* सार्वजनिक स्थल पर गंदगी फैलानेवाला, जानबूझकर कूड़ा बाहर बिखेरने वाला आदमी;
***collocations:* ~ bin**/ **~ basket** कूड़ादान, कूड़ा-टोकरी; **~ tray** बिल्ली आदि द्वारा पेशाब या टट्टी करने की या अन्य कूड़े के लिए तश्तरी

litterateur /लिटराटअ/ लिटराटुअः/ *n.* साहित्यकार

little /लिटल\/ *adj., degr.* 1 **~r**/ **more little**, **~st** (*small in size*) 2 **less**, **least** (*small in amount*) लंबाई-चौड़ाई, दूरी,

मात्रा आदि में छोटा, लघु, थोड़ा, थोड़ी (देर, दूरी आदि) 3 कुछ ही, अल्प, किंचित: very ~ knowledge of the subject; ~ chance 4 (*syn.* young, younger) छोटा, छुटकू: a ~ girl; her ~ brother; the ~ ones 5 छोटी-सी, मामूली-सी: a ~ misunderstanding 6 छोटा-सा: a ~ disagreement 7 तुच्छ, क्षुद्र, नगण्य: poor ~ efforts to please 8 (*syn.* narrow-minded) संकीर्णमना, अनुदार, ओछा, अधम: a ~ man with a ~ mind;

n. थोड़ी-बहुत मात्रा: we must keep what ~ we have; from ~ up (बचपन से); the ~ (छोटे लोग); in ~ (कम मात्रा या संख्या में);

pron. 1 कम, नाकाफी 2 थोड़ा-सा, जरा-सा, थोड़ा-थोड़ा: a ~ sth;

adv. *degr.* **less, least** 1 कम, थोड़ा-सा: ~ more; see ~ of sb (किसी का बहुत कम मिलना) 2 एकदम नहीं, बिल्कुल नहीं: he ~ knows (उसे एकदम पता नहीं); make ~ of sth (एकदम समझ न आना); think ~ of (किसी को बिल्कुल तुच्छ समझना);

dw/lw: **~-known** *n.* अप्रसिद्ध; **~ness** /~नेस/ *n.* 1 लघुता 2 छोटापन, छुटपन, ओछापन, तुच्छता, संकीर्णता;

collocations: **~ end** (कार इंजन में) जोड़ने वाली बड़ी-सी छड़ का छोटा सिरा; **~ Englander** इंग्लैंड या ब्रिटेन के साम्राज्यवाद का विरोधी अंग्रेज; **~ finger** छोटी उंगली, कनिष्ठिका या कनिष्ठा, कानी उंगली; **~ grebe** छोटा-सा जल-पक्षी; **~ green men** काल्पनिक अन्य ग्रहवासी; **~ Mary** *sl.* पेट, उदर, आमाशय; **~ people** आम आदमी; **~ sister** छोटी बहन, अनुजा; **~ slam/ small slam** ताश के खेल (ब्रिज) में एक को छोड़कर सब चालें जीतना; **the Little Bear** = Ursa Minor ध्रुवमत्स्य तारामंडल; **the~ people** (*syn.* fairies) परियां; **~ toe** पैर का अंगूठा; **~ woman** पत्नी;

the ~ Bear (*UK/ US* **the Little Dipper**) ऊर्सा माइनर;

p&i: **~ bird** गुमनाम मुखबिर; **~ bird told me** किसी ने मुझे बताया; **~ by ~/ by ~ and ~** धीरे-धीरे, शनैः-शनैः, थोड़ा-थोड़ा करके; **~ drops fill the ocean** बूंद-बूंद से तालाब भरता है; **~ horror** शरारती बच्चा; **~ kenned, less cared for** दूर का चाचा/ मामा छाया-सा होता है; **~ or nothing** लगभग कुछ भी नहीं; **~ pitchers have long ears** बच्चों के कान तेज होते हैं; **~ short of** लगभग पूरा; **~ squirt** नगण्य व्यक्ति; **~ strokes fell great oaks** छोटे-छोटे धक्कों से बड़े-बड़े भी धराशायी हो जाते हैं; **~ thiefs are hanged, but great one's escape** बड़े चोरों को पकड़ना कठिन होता है इसीलिए छोटे चोर ही दंडित होते हैं; **~ things are great to ~ man** छुद्र नदी भरि चलि उतराई;

a ~ bantam cock अत्यंत निर्भीक; **a ~ bird wants a ~ nest** गरीब आदमी थोड़े ही में संतुष्ट हो जाता है; **a ~ bit** 1 थोड़ा-सा 2 थोड़े-से समय में, जल्दी ही 3 थोड़ी दूर 4 थोड़ी मात्रा में; **a ~ knowledge is a dangerous thing** नीम-हकीम खतर-ए-जान; **a ~ pot is soon hot** छोटे आदमी थोड़े में खुश हो जाते हैं; **go but a (very) ~ way to** काफी न हो.; **in ~** छोटे-से स्तर पर; **life's ~ day** जिंदगी का द्रुत गति से बीत जाने वाला दिन; **make ~ of sth** किसी बात को महत्त्व न देना; **many a ~ makes a mickle** बूंद-बूंद करके तालाब भर जाता है; **not a ~** बहुत अधिक (litotes); **one's ~ ways** किसी की छोटी-मोटी आदतें; **put it on thick, and a ~ will stick** खूब कीचड़ फेंको, थोड़ा-बहुत तो टिक ही जाएगा; **the ~ ones** बच्चे

littoral /लिटअरल/ *adj.* समुद्रतटीय, तटवर्ती, बेलांचली;

n. तट, समुद्रतटीय क्षेत्र, बेलांचल

litur\gical /लिटःजिकल/ *adj.* गिरजाघर में आम पूजा-विधि से संबंधित;

dw/lw: **~gy** /लिटःजि/ *n., pl.* **~gies** पूजन-विधि, पूजन-पद्धति, उपासना-प्रणाली

LIU *abbr.* 'Local Intelligence Unit' की प्रथमाक्षरी

livable/ liveable /लिवेबल/ लिविएबल/ *adj.* 1 (*syn.* habitable) रहने योग्य 2 (*syn.* endurable) सहनीय, सह्य 3 अनुकूल, मिलनसार (of person) 4 वेतन या मजदूरी बस इतनी कि जिंदा रहा जा सके

live[1] /लिव/ *v., pt.* **~d**, *pp* **living** 1 जिंदा रहना, जीना: ~ to be old; ~ to a great age 2 जीवित हो.: ~ to see sth 3 जीवित बच जा., मौत से बच जा. 4 टिकना, सहना, बने रहना 5 जीवन बिताना, व्यतीत क.: ~ a happy life 6 निर्वाह क., गुजारा क.: ~ within one's means; ~ beyond/ above one's means; ~ on one's salary; ~ on air/ on nothing 7 रहना, निवास क.: ~ in a small flat; ~ at/ in/ near, etc.; ~ in England/ abroad/ in a hotel/ in the country/ at the seaside 8 किसी शैली का जीवन जीना: ~ well; ~ in a small way 9 जीवन में उतारना, लागू क. 10 अनुभव क., भोगना, मजे क.: know how to ~ 11 अपनी आस्था में विश्वास करते हुए जीना: ~ one's religion;

dw/lw: **~able/ livable** /लिवअबल/ *adj.* 1 (*syn.* habitable) रहने के लिए सुरक्षित व अच्छा 2 (*syn.* endurable) रहने योग्य 3 (*syn.* solvable) जिससे निपटा जा सकता है 4 (*syn.* manageable) उतना वेतन आदि जिससे गुजारा हो सके; **~d-in** *adj.* 1 ऐसा कमरा या मकान जिसमें पहले कोई रह चुका हो 2 ऐसा चेहरा जिस पर जिए गए जीवन के जटिल अनुभवों की छाप झलकती हो; **~-in** *n.* 1 ऐसा कर्मी जो जहां काम करता है वहीं रहता है 2 बिना शादी किए एक साथ रहने वाले आदमी और महिला, सहवास;

live\lihood /लाइवलिहुड/ *n.* आजीविका, जीविका, रोजी-रोटी: earn one's ~lihood by teaching; earn an honest ~lihood; make a decent ~lihood; **~long** /लिवलौंग/ लाइव-लॉःग/ *adj.* 1 सारे जीवन का, समग्र, पूरे जीवन का 2 जीवन भर के लिए: the ~long day; **~r** /लिवः/ *n.* रहने वाला, निवासी: clean ~r/ good ~r; the longest ~r; a ~r in cities;

collocations: **~ action** फिल्म आदि में वास्तविक लोगों की भागीदारी से बना दृश्य; **~-call therapy** (*also* **cellular therapy**) चोटिल या क्षत कोशिकाओं या ऊतकों को पुनर्जीवित करने के लिए पशु के ऊतकों को मानवीय मांस पेशियों में लगाने की शल्य क्रिया;

p&i: **~ a clean life** साफ-सुथरा जीवन जीना; **~ a dog's life** कुत्ते की जिंदगी जीना; **~ a lie** झूठ का जीवन जीना; **~ and breathe sth** किसी बात के बारे में बहुत उत्साहित हो.; **~ and learn** अनुभव से सीखना; **~ and let ~** जिओ और जीने दो; **~ at rack and manger** ऐश-ओ-आराम की जिंदगी जीते हुए पैसा उड़ाना; **~ beyond one's means** अपनी आय से ज्यादा खर्च क.; **~ by doing sth** कुछ काम करके जीविका कमाना; **~ by one's tricks** चालाकियों के सहारे फलना-फूलना; **~ each day as though it were the last** प्रत्येक क्षण को भरपूर जिओ!; **~ down** भूतकाल के कलंक या बदनामी आदि को उतारना, दूर क.; **~ down one's record/ reputation** अपनी बदनामी को धो डालना और नेकनामी अर्जित क.; **~ fast** गुलछर्रे उड़ाना; **~ for sth/ sb** किसी बात या किसी के लिये जीना; **~ for the moment** अभी जीना या जीने का मजा लूटना, कौन जाने कल क्या होगा; **~ from hand to mouth** तुरंत कुआं खोदना तुरंत पानी पीना; **~ hammer and tongs** कुत्ते-बिल्ली की तरह हमेशा लड़ते रहना; **~ high** मौज उड़ाना; **~ in an ivory tower** यथार्थता से कटा हो.; **~ in a shanty and dream of plenty** झोंपड़ी में रहकर महलों के ख्वाब देखना; **~ in a small way** थोड़े में गुजारा करते हुए सुख-चैन से जीना; **~ in clover** पांचों उंगलियां घी में हो.; **~ in comfort/ poverty/ luxury/ misery** आराम/ गरीबी/ विलासिता/ कंगाली में रहना; **~ in glass houses** नाजुक स्थिति में रहना; **~ in/ out** काम करने के स्थान पर कभी रहना, कभी न रहना; **~ in sin** बिना शादी किए साथ रहना; **~ in style** फैशनेबुल जीवन शैली बिताना; **~ it up** विलासिता का जीवन जीना; **~ it up** जीवन को बर्बाद क.; **~ like a lord** ठाठ-बाट से जीना; **~ off the land** खेतों से प्राप्त खाद्य-सामग्री पर

गुजारा क.; ~ **like fighting cocks** मौज-मस्ती से रहना; ~ **low** फटेहाल या कंगाल हो.; ~ **not to eat, but eat to** ~ खाने के लिए जीने की बजाय जीने के लिए खाना चाहिए; ~ **on** जीते/ जीवित रहना, जारी रहना; ~ **on air** बिना खाए-पिए रहना; ~ **on/ by one's wits** 1 किसी तरह जिंदा र. 2 बेईमानी से जीवन चलाना; ~ **on borrowed time** आशा से अधिक लंबे समय तक जीना; ~ **on sth** 1 किसी प्रकार की जीविका (पैसे) के सहारे जीवन चलाना 2 किसी एक प्रकार के भोजन के सहारे जीना; ~ **on the fat of the land** संसार की सारी सुविधाएं प्राप्त हो.; ~ **out of a suitcase** अलग-अलग स्थानों पर थोड़े-थोड़े समय रहना (सूटकेस खोलने का भी समय न हो.); ~ **out of the world** लोगों से दूर-दूर या कटा-कटा रहना; ~ **rough** सिर के ऊपर छत न होने के कारण कठिन जीवन बिताना; ~ **tally** (पुरुष और स्त्री का) बिना शादी के सहवास क.; ~ **through sth** कठिन समय झेलते हुए जीना: he has ~d through three wars; ~ **together** बिना शादी किए किसी के साथ रहना; ~ **to oneself** एकाकी जीवन बिताना; ~ **under** किरायेदार हो.; ~ **under the cat's paw** जोरू का गुलाम हो.; ~ **up to one's principles** अपने सिद्धांतों पर खरा उतरना; ~ **up to one's promise** अपना वायदा पूरा क.; ~ **up to sth** किसी लक्ष्य आदि की अपेक्षा अनुसार खरा उतरना; ~ **within one's means** जितनी चादर हो, उतने पांव पसारना, जितना कमाना, उतना खाना; ~ **with oneself** अपना आत्म-सम्मान न खोना; ~ **with sb** किसी के साथ बिना शादी किए रहना; ~ **with sth** किसी अप्रिय बात को सहते हुए जीना;

a ~ dog is better than a dead lion मरे बाज से जीवित मैना अच्छी; **a ~ wire** बिजली-सी फुर्ती वाला व्यक्ति; **he ~s long that ~s well** सुखी जीवन लंबा जीवन; **how the other half ~s** दूसरों का जीवन कैसा है (का ज्ञान हो.); **I'll never ~ it down!** मैं इस मजाक/ बात को कभी न भूल सकूंगा; **Long ~!** ... जिंदाबाद!; **the ~long day** सारा दिन; **where one ~s** दुखती रग पर हाथ रखना

live² /लाइव/ *adj.* 1 जिंदा, जीवित, जीता-जागता: ~ bait (मछली पकड़ने के लिए चारा के रूप में रखी गई जिंदा छोटी मछली); ~ cattle/ fish 2 सजीव, जीवंत 3 सप्राण: ~ birth (जीवित बच्चे का जन्म) 4 बिजली के करंट वाला तार, विद्युन्मय तार: a ~ wire; ~ circuit 5 सीधा (प्रसारण), सीधा (प्रदर्शन), सीधी (रिकॉर्डिंग): ~ show 6 कारतूस जो अभी चलाया न गया हो: ~ ammunition; ~ round 7 अनफटा, अनबुझा: a ~ bomb 8 जलता हुआ, ज्वालामुखी जो अभी सुप्त न हुआ हो 9 कर्मठ, क्रियाशील, ओजस्वी 10 आधुनिकतम, अद्यतन 11 वर्तमान में जारी (चलनेवाला कंप्यूटर प्रोग्राम आदि) 12 असली (नकली के विपरीत): ~ target 13 (***syn.*** authentic) प्रमाणित: saw a real ~ cosmonaut 14 *acoustics*, (***syn.*** reverberation) लंबी खिंचने वाली गूंज: ~ resonance 15 ज्वलंत (समस्या): ~ issues 16 दर्शकों के सामने जारी कार्यक्रम: a good ~ band 17 कंप्यूटर के यांत्रिक भाग से संबंधित;

adv. सीधा (प्रसारण), जारी, सीधे: perform ~ on stage; go ~;

dw/lw: **live\liness** /लाइवलिनेस/ *n.* जीवंतता, सजीवता, रोमांचकता; **~ly** *see below under separate entry*; **live\stock** /लाइवस्टॉक/ *n.* घरेलू पशु, पशुधन (गाय-भैंस, बैल,घोड़ा, भेड़ आदि पालतु जीव): ~stock breeding (पशु-पालन); **~ware** *n., colloq.* कंप्यूटरों (computer hardware) के साथ काम करने वाला व्यक्ति

lively /लाइवलि/ *adj. degr.* **livelier**, **liveliest** 1 (***syn.*** animated, vivacious) जोशीला, उत्साही, जीवंत, जीवंतता व ऊर्जा से भरपूर: an intelligent and ~ woman; ~ imagination; a ~ sense of gratitude 2 सजीव, सक्रिय, उत्तेजनापूर्ण: ~ description; they had a very ~ time! 3 प्रफुल्ल 4 फुर्तीला 5 (***syn.*** bustling) चटकीला, चमकीला;

adv. 1 जल्दी-जल्दी 2 जीवंत ढंग से 3 खुशी-खुशी;

p&i: **Look lively!** चलो शुरू हो जाओ/ करो! **take ~ interest in sth** किसी चीज या मामले में सक्रिय दिलचस्पी लेना; **make things ~ for sb** किसी के लिए मुसीबत (जटिल स्थिति) खड़ी क.

liven /लाइवन/ *v., pt.* **~ed**, *pp* **~ing** जीवंत या सजीव बना दे. या हो जा.;

dw/lw: **~-up** *v., pt.* ~ed-up, *pp* ~ing-up जीवंत व रोचक हो. या क.;

collocations: **~-cell therapy** (*also* **cellular therapy**) मानव की मांस पेशियों में जानवरों के जीवित ऊतकों को लगाना, ताकि मानव के चोटिल व फटे ऊतक व कोशिकाएं जीवंत हो जाएं;

p&i: ~ **up** रोचक व जीवंत हो जा. या क.

liver /लिवः/ *n.* 1 जिगर 2 कलेजा 3 यकृत 4 कलेजी (जानवरों के कलेजे का गोश्त);

dw/lw: **~-complication** (*also* ~ **complaint**) *n., med.* जिगर की बीमारी; **~-extract** *n.* यकृत निष्कर्ष, यकृत निचोड़; **~ish** *adj.* यकृत-रोगी, पित्तदोष-ग्रस्त, चिड़चिड़ा; **~wort** /लिवर-वर्ट/ *n.* एक प्रकार का पौधा, प्रहरिता;

collocations: ~ **fluke** वयस्कों के जिगर में पाया जाने वाला एक जीवाणु जो बीमारी पैदा कर सकता है; ~ **salts** पाचन-रोध व पेट की अन्य बीमारियों से आराम पाने के लिए खनिज नमक; ~ **sausage**/ **~wurst** कलेजी व अन्य प्रकार के गोश्त से बनी सलामी या सॉसिज; ~ **spot** बुढ़ापे में खाल पर बने सफेद-से चकत्ते; **hot** ~ जोशो-खरोश भरा स्वभाव; **good** ~ नेक इंसान; **free** ~ मन-मौजी; **loose** ~ लंपट, व्यभिचारी; **white/ lily** ~ कायरता

Liverpudlian /लिवःपडलिअन/ *n.* इंग्लैंड के उत्तर-पश्चिमी भाग में स्थित लिवरपूल नगर का निवासी

livery /लिवरि/ *n.* 1 वर्दी (प्रायः नौकर की) 2 कंपनियों आदि की विशेष पोशाक, पहनावा 3 भिन्न-भिन्न कंपनियों के विमानों, बसों आदि की विशेष रंगावली व उनके कर्मियों का विशेष रंग वाला परिधान, लिबास 4 *law* अर्पण 5 घोड़ों को चारा देने, देखभाल व अस्तबल में रख-रखाव करने का कार्य 6 *lit.* बाहरी आवरण की विशेष पहचान: the trees in their spring ~; birds in their winter ~;

dw/lw: **~man** *n.* अस्तबल में घोड़ों की देखरेख करने वाला कर्मी; **liveried** /लिवरीड/ *adj.* वर्दीधारी;

collocations: ~ **allowance** वर्दी भत्ता; ~ **company** कंपनियों के अपने कर्मियों के लिए वर्दी; ~ **horse** अस्तबल में रखा जानेवाला घोड़ा; ~ **stable** घोड़ों की देखरेख व रखरखाव के लिए बना अस्तबल

lives /लाइव्ज/ *pl.* '**life**' का बहुवचन, जिंदगियां, जिंदगानियां

livestock *see above under* **live2** ***:dw/lw***

livid /लिविड/ *adj.* 1 (***syn.*** furious) अत्यधिक क्रुद्ध, भयंकर गुस्से में, क्रोधित 2 (***syn.*** black-and-blue) सुरमई, नीलाभ (चोट के निशान से), खरोंचलगा: a ~ bruise; be ~ with cold (सर्दी से नीला पड़ जा.) 3 श्वेत या अति पीला;

dw/lw: **livid\ity**/ **~ness** *n.* क्रोध, क्रुद्धता; **~ly** *adv.* गुस्से से, क्रोध में भरकर

living /लिविंग/ *n.* 1 जीवन, जीविका: earn/ make a ~ as a teacher 2 जीविका के साधन 3 जीवन शैली: the art of ~ 4 जीवन-निर्वाह: plain ~;

adj. 1 (**the living**) जीवित, जिंदा (लोग): the greatest ~ poet; still in the land of the ~ (अभी जिंदा है) 2 वर्तमान: ~ languages 3 सक्रिय, सजीव, जीवंत: ~ pictures 4 जीता-जागता, ज्वलंत: ~ proof 5 बिल्कुल वही का वही, हू-ब-हू: ~ Gandhi 6 निर्वाह-योग्य: ~ expenses (निर्वाह-खर्च, जेब-खर्च, गुजारा भत्ता); ~ wage (निर्वाह-वेतन);

collocations: ~ **death** अत्यधिक गरीबी व तंगहाली या कंगाली का समय, साक्षात् मौत; ~ **hell** साक्षात् नरक; ~ **room** (*also UK* **sitting room**) बैठक; **Livingstone daisy** दक्षिणी अफ्रीका का एक रसदार पौधा जिसके पत्ते गूदेदार और बड़े-बड़े रंगदार फूल यानी डेजी (**daisy**) जैसे होते हैं; ~ **skeleton**

सूखकर कांटा बना हुआ; ~ **standard/ standards of** ~ जीवन-स्तर; ~ **wage** गुजारे लायक मजदूरी; ~ **will** चिकित्सा आदि के बारे में जीवित रहते बनाया हुआ वसीयत-नामा;

p&i: ~ **death** नारकीय जीवन; ~ **memory** लोगों की याददाश्त में; ~ **on loose** लंगोट का ढीला; ~ **rock** सहज अवस्था में; **beat/ knock the ~ daylights out of sb** किसी का पीट-पीटकर भुरथा बना दे., बुरी तरह धुनाई क..; **be ~ proof of sth** किसी बात का ज्वलंत उदाहरण हो.; **scare/ frighten the ~ daylights out of sb** किसी के डराकर होश उड़ा दे.; **within ~ memory** जीवित लोगों की स्मृति में

LIW *abbr.* 'Labour Intensive Works' की प्रथमाक्षरी

LIWC *abbr.* 'Linguistic Inquiry and Word Count' की प्रथमाक्षरी

lixiviation /लिक्सिविएशन/ *n.* 1 निक्षालन, छानने की क्रिया 2 निथारने की क्रिया

lizard /लिजःड/ *n.* 1 छिपकली, गोधिका: house ~ 2 गिरगिट, सरट: garden ~ 3 सांडा: spiny-tailed ~ 4 बाहम्नी, बहम्न बिछिया: snake-eyed ~ 5 गोह;

p&i: **lounge** ~ आवारा, बेकार फिरनेवाला व्यक्ति

LJ *abbr.*, 'Lord Justice' की प्रथमाक्षरी

LJS *abbr.* 'Lok Jan Shakti Party' की प्रथमाक्षरी

LKG *abbr.* 'lower kindergarten' की प्रथमाक्षरी

LL *abbr.*, 'Late Latin/ Low Latin', 'lines' की प्रथमाक्षरी

llama /लाःमा/ *n.* 1 लामा, विकूट 2 दक्षिण अमेरिका में भार ढोने के लिए रखा जाने वाला खच्चर जैसा जानवर

llano /लानो/ *n.* लंबा-चौड़ा घास का मैदान

LLB *abbr.* 'Bachelor of Laws' की प्रथमाक्षरी

LLD *abbr.* 'Doctor of Laws', 'low-leval design' की प्रथमाक्षरी

LLL *abbr.* 'Lupin Laboratories' की प्रथमाक्षरी

LLM *abbr.* 'Master of Laws' की प्रथमाक्षरी

LM *abbr.* 'Leadership and Motivation' की प्रथमाक्षरी

LME *abbr.* 'London Metal Exchange' की प्रथमाक्षरी

LMG *abbr.* 'Light Machine Gun' की प्रथमाक्षरी

LMP *abbr.* 'licentiate of medical practice' की प्रथमाक्षरी

LMSAL *abbr.* 'Lockheed-Martin Solar and Astrophysics Laboratory' की प्रथमाक्षरी

LNF *abbr.* 'French Football League' की प्रथमाक्षरी

LNG *abbr.* 'liquefied natural gas' की प्रथमाक्षरी

LNIPE *abbr.* 'Lakshmibai National Institute of Physical Education (Gwalior)' की प्रथमाक्षरी

LNJPN *abbr.* 'Lok Nayak Jai Prakash Narain Hospital' की प्रथमाक्षरी

LNSIM *abbr.* 'Lal Bahadur Shastri Institute of Management' की प्रथमाक्षरी

lo /लो/ *excl.* आकस्मिक व रोमांचक बात कहने से पहले प्रयुक्त, देखो!;

p&i: **Lo and behold!** लीजिए, देखिए! लो, आ गया!

loach /लोच/ *n.* नदी-तालाब आदि में पाई जानेवाली खाने योग्य छोटी मछली

load /लोड/ *n.* 1 (***syn.*** burden) भार, बोझ 2 खेप, लदान 3 माल 4 खेप या लदान की क्षमता या सीमा: ~ capacity; ~ limit 5 संयुक्त शब्दों में: lorry**load** of bricks 6 बिजली का लोड 7 मानसिक तनाव, बोझ: a ~ of care, ~ of responsibility 8 (**a load/ loads**) बहुत ज्यादा, असंख्य, बहुत अधिक मात्रा: **~s** of time (ढेरों समय); they have **~s** of money 9 काम का भार, काम की मात्रा: heavy teaching ~; bear a ~ on one's back/ on one's shoulders 10 एक समय पर किए जानेवाले काम 11 इंजन का लोड (भार): working ~; peak ~ 12 बंदूक आदि का एक भराव;

v., *pt.* **~ed**, *pp* **~ing** (*also* ~ **up**) 1 ट्रक, जहाज आदि में बोझ या माल लादना: ~ a ship 2 भरना (कैमरा में फिल्म) 3 पिस्तौल आदि में गोली आदि भरना: ~ quickly! 4 मिलावट क. (सीसा डालकर भारी क.), मिलौनी क.: air **~ed** with carbon; air **~ed** with fragrance 5 वजन या बोझ डालना 6 बर्तन या कपड़े धोने की मशीन में धुलाई के बर्तन या कपड़े लगाना: ~ the dishwasher/ washing machine 7 किसी पर बोझ डालना, दलन क., दबाना: a heart **~ed** with sorrow; ~ sb with reproaches, with insults 8 कंप्यूटर में स्मृति पटल (memory disc) या पैन ड्राइव (pen drive) आदि लगाना 9 कंप्यूटर मेमोरी (स्मृति-पटल) में सूचनाओं (data) को भरना 10 क्षमता से अधिक बोझ डालना 11 किसी परत पर भारी मात्रा में पेंट लगाना 12 *insurance* बीमा आदि का खर्चा डालना 13 (***syn.*** shower) किसी पर किसी वस्तु की ढेरों बौछार क.: ~ sb with favours/ with honours;

dw/lw: **~-bearing** /लोड-बिअरिंग/ *adj.* मकान के स्तंभ या दीवार जो अपने ऊपर बनी इमारत का वजन ओट सकते हैं; **load\ed** /लोडिड/ *adj.* 1 (***syn.*** laden) लदा हुआ, भरा हुआ 2 (***syn.*** drunk) नशे में चूर 3 गूढ़ार्थ युक्त: ~ed question (गूढ़ अर्थयुक्त प्रश्न, अप्रत्यक्ष अर्थपूर्ण कथन) 4 भरी हुई बंदूक आदि: a ~ed gun (1 गोली से भरी बंदूक 2 पैसे में डूबा आदमी) 5 धनी: let her pay, she is ~ed; **~er** /लोडः/ *n.* लदाई या भराई करने वाला, भारक; **~ing** *n.* 1 लदान, लदाई, भराई 2 अतिरिक्त भुगतान या अदायगी: ~ing on using the credit card abroad 3 विशेष हुनर आदि के लिए अतिरिक्त भत्ता; **loading** *adj.* लदाई या भराई से संबंधित: ~ing point; ~ing bay (गाड़ियों को लादने या खाली करने का स्थान); ~ing gauge (गाड़ियों का वजन मापने का यंत्र, धर्म कांटा); **~master** *n.* माल (cargo) का उत्तरदायी कर्मी; **~-shedding** *n.* समय-समय पर बिजली बंद करके बिजली बचाने का काम; **~star** /लोडस्टार/ *n.* = lodestar ध्रुव तारा; **~stone** /लोडस्टोन/ *n.* = lodestone 1 चुंबक, चुंबक पत्थर 2 जीवित चुंबकीय लोहे का टुकड़ा;

collocations: **~ed dice** 1 चौसर आदि के खेल में पांसा 2 उल्टा पांसा 3 कूटार्थ, गूढ़ार्थ; **~ed stick/ cane** लाठी; **~line** *n.* = plimsoll line मालवाहक जहाज की भार-वाहन रेखा (~ capacity);

p&i: **~ed dice** गूढ़ चाल; **~ed sb/ sth down** किसी को बोझ तले दबा दे.; **~ed sb with sth** किसी को किसी बोझ तले दबाना; **~ed the dice against sb** किसी को न्यायपूर्ण अवसर से वंचित क.; ~ **up** 1 भार उठाना 2 यात्रियों का चढ़ना;

all lay ~ on the willing horse काम करने वाले को सभी काम देते हैं; **a ~ off one's mind** भारी मानसिक राहत; **a ~ of rubbish/ nonsense, etc.** ढेरों बकवास; **a ~ed question** गूढ़ प्रश्न; **be/ get ~ed** पीकर धुत्त हो.; **be ~ed down with sth** बहुत ज्यादा लदा हो., बहुत अधिक बोझ तले दबा हो.; **get a ~ of** ध्यान से सुनना, ध्यान दे.; **get a ~ of sth** बहुत सारी चीजें पाना; **have/ get a ~ on** मन पर बोझ हो.; **lift a ~ from sb's mind** किसी के मन का बोझ हल्का क.; **take a ~ off** बैठकर थोड़ा आराम क.

-load *suff., comb. form, denoting:* **load** (भर, भरी, भरा): a truck ~ of soldiers (सिपाहियों से भरा ट्रक)

loadstar/ lodestar *see above under* **load: *dw/lw***

loadstone/ lodestone *see above under* **load: *dw/lw***

loaf /लोफ/ *n., pl.* **loaves** /लोवज/ 1 पाव रोटी, डबल रोटी 2 कंद का डळा (*Hr.*) 3 *sl.* सिर या दिमाग: use your ~;

v., *pt.* **~ed**, *pp* **~ing** समय बर्बाद क., आवारागर्दी क.: ~ through life;

dw/lw: **loaf\er** /लोफः/ *n.* 1 आवारागर्द, व्यर्थ समय बर्बाद करने वाला व्यक्ति 2 एक हल्का अनौपचारिक जूता; **~ing** /लोफिंग/ *n.* आवारागर्दी

collocations: ~ **sugar** कंद, चीनी या शक्कर का ढेला, गुड़ की भेली (*Hr.*);

p&i: ~ **about/ around/ away** आवारा घूमना, समय बर्बाद

क.; **loaves and fishes** इहलौकिक ऐशो-आराम का सामान, सांसारिक ऐशो-आराम;
half a ~ is better than no bread = sth is better than nothing कुछ भी न करने की बजाय कुछ (थोड़ा-बहुत) करना बेहतर है; **use one's ~!** अपने दिमाग या बुद्धि का ठीक इस्तेमाल करो!
loam /लोम/ *n.* 1 उर्वर मिट्टी, पलस्तर आदि करने के काम आने वाली चिकनी मिट्टी: clay ~ 2 दुम्मट, दुमट 3 गीली चिकनी मिट्टी और रेत का मिश्रण जो ईंट आदि बनाने के काम आता है;
***dw/lw:* ~y** /लोमि/ *adj.* दुम्मटी
loan /लोन/ *n.* 1 उधार: on ~ (उधार पर) 2 कर्जा, कर्ज, ऋण: government **~s**; ask for the ~ of sth;
v., pt. **~ed**, *pp* **~ing** 1 उधार दे. 2 विचित्रालय या संग्रहालय (museum) आदि को बहुमूल्य वस्तु कुछ समय के लिए उधार दे.;
***dw/lw:* ~able** /लोनअबल/ *adj.* उधार देने योग्य; **~-certificate** *n.* ऋण-पत्र; **~-collections** *n.* 1 प्रदर्शनी हेतु उधार ली हुई कला-कृतियां 2 (सरकारी) ऋण की उगाही; **~-company** *n.* कर्जा-कंपनी, उधार देनेवाली कंपनी; **~ee** /लोनी/ *n.* उधार लेने वाला, कर्जदार, ऋणी; **~-shark** *n.* 1 सूदखोर 2 बहुत ऊंचे ब्याज पर उधार देने वाला साहूकार; **~-translation** (*also* **calque** /कैक/) विदेशी शब्दों का शब्दशः अनुवाद करके बनाए हुए शब्द; **~word** /लोनवःड/ *n.* किसी भाषा में आए हुए विदेशी शब्द, आगत शब्द;
***p&i:* a bank ~** बैंक से लिया जाने वाला उधार; **apply for/ repay/ take out a ~** उधार के लिए प्रार्थना-पत्र दे./ वापस क./ उधार लेना; **be on ~** उधार पर ली हुई; **have sth on ~ from sb** किसी से कोई चीज उधार लेना
loath /लोथ/ *adj.* संकोची, अनिच्छुक: be ~ to do sth (किसी कार्य को करने की बिल्कुल इच्छा न हो.);
***collocations:* nothing ~** इच्छुक, खुशी-खुशी से;
dw/lw:* loath\e** /लोद/ *v., pt.* ~d, *pp* loathing 1 (syn.*** detest) घृणा क., नफरत क.: ~e injustice (अन्याय से घृणा क.) 2 नापसंद क.: ~e tea for breakfast; **loath\ing** /लोदिंग/ *n.* घिन, घृणा, जुगुप्सा: be filled with ~ing; **~ingly** /लोदिंगलि/ *adv.* घृणापूर्वक; **~ly** /लोथलि/ *adj.* घिनौना; **~some** /लोथसम/ *adj.* (***syn.*** repulsive) घिनौना, घृणित; **~-to-depart** /लोद-टु डिपाःट/ *n.* विदाई गीत
loaves *see above under* **loaf**, *pl.*
lob /लौब/ *US* लाःब/ *v., pt.* **~bed**, *pp* **~bing** 1 *tennis* धीरे से ऊपर फेंकना, लॉब क. 2 गेंद ऊपर उछालना 3 *cricket* धीमी ऊपर उठती हुई गेंद फेंकना 4 भद्दी चाल से आगे बढ़ाना;
n. 1 *tennis* धीरे से ऊपर फेंकी हुई गेंद 2 गेंद का उछाल 3 *cricket* ऊपर उठती हुई धीमी गेंद 4 बड़ा-सा ढेला 5 बेडौल, बेढंगा आदमी;
***p&i*: ~-lie-by-the-fire** जहां देखी तवा-परात, वहां गंवाई सारी रात, बेताल; **~'s pound** 1 कारागार, कैद 2 कठिनाई
lobby /लौबि/ *n., pl.* **lobbies** 1 (***syn.*** foyer) प्रतीक्षालय, प्रतीक्षा कक्ष (होटल, सिनेमा आदि में प्रवेश द्वार के पास का क्षेत्र): a hotel ~; the ~ of a theatre 2 प्रकोष्ठ, सभाकक्ष, मतदान प्रकोष्ठ 3 गुट, दल 4 सामूहिक दबाव: the anti-smoking ~ 5 (***syn.*** pressure group) वह समूह जो सत्ता पक्ष को प्रभावित करने की कोशिश करता है 6 संसद में सांसदों द्वारा आम आगंतुकों से मिलने का स्थान 7 (*also* **division ~**) ब्रितानवी संसद में लोक सभा के दो गलियारों में से कोई-सा भी, जहां सांसद मत विभाजन के समय खड़े हो जाते हैं: vision ~;
v., *pt.* **lobbied**, *pp* **lobbying**, *s/he/it* **lobbies** 1 पैरवी क.: ~ for a proposal 2 वोट या समर्थन मांगना: ~ among the convention delegates 3 सत्ता पक्ष को प्रभावित करके किसी फैसले को अनुकूल या प्रतिकूल करवाने की कोशिश क.: ~ through a bill;
***dw/lw:* ~ing** /~बिंग/ *n.* पैरोकारी, पैरवी; **~ist** /~इस्ट/ *n.* पैरोकार, पैरवी करने वाला **~-member** *n.* 1 पत्रकार, संवाददाता 2 पैरवी करने वाला
lobe /लोब/ (*also* **ear~**) *n.* 1 लोलकी, ललरी, कान के बाहरी भाग का निचला मुलायम हिस्सा: ~ of the ear 2 शरीर के किसी अंग, जैसे दिमाग, फेफड़े, कलेजा आदि का दो भागों में विभाजन 3 पत्ते की दो फाड़, पिंडक: ~ of a leaf 4 पालि, खंड
lobectomy /लोबेक्टमि/ *n., pl.* **lobectomies** खंडोच्छेदन, शरीर के किसी अंग, जैसे गिल्टी या ग्रंथि आदि से शल्य क्रिया द्वारा किसी खंड को निकालना
lobelia /लोबीला/ *n.* कई रंगों के फूलों वाला पौधा, नरसल, नलोत्तम
loblolly /लौबलौलि/ *US* लाःबलाःलि/ *n.* 1 गाढ़ा दलिया 2 *US* गंदे पानी का गढ़ा;
***collocations:* ~ boy/ man** जहाज कंपाउंडर
lobo /लोबो/ *n. US, pl.* **~s** लकड़ी का भेड़िया (a timber wolf)
loboto\my /लोबौटमि/ *US* लोबाःटमि/ *n.* 1 शरीर के किसी अंग या गिल्टी आदि का शल्य-क्रिया द्वारा खंडोच्छेदन;
***dw/lw:* ~mize/ ~mise** /लअबौटअमाइज/ *US* लअबाःटअमाइज/ *v., pt.* ~mized, *pp* ~mizing शल्य-क्रिया द्वारा खंडोच्छेदन क.
lobster /लौब्सटः/ *US* लाःब्सटः/ *n.* समुद्री झींगा या उसका गोश्त, महाचिंगट: red as a ~;
***dw/lw:* ~-box** *n.* माल-वाहक जहाज; **~-creel** *n.* = **~-pot** झींगों को पकड़ने का टोकरीनुमा जाल, झींगा टोकरी; **~-smack** *n.* लड़ाकू जहाज
lobular /लौब्युलः/ *US* लाःब्युलः/ *n.* पालिरूप, विभाजित भाग
lobule /लौब्यूल/ *US* लाःब्यूल/ *n.* 1 पालिका, खंडक, पिंडिका 2 खंड
lobworm /लौबवःम/ *US* लाःबवःम/ *n.* बड़ा केंचुआ, समुद्री केंचुआ
LOC *abbr.* 'Line of Control', 'Line of Credit', 'Look-Out Circular' की प्रथमाक्षरी
loc. cit *abbr.*, **'loco citao'** का संक्षेप (पिछले उद्धृत अनुच्छेद में)
local /लोकल/ *adj.* 1 स्थानीय, स्थानिक, मुकामी: ~ customs/ habits; ~ dialect; ~ time 2 हर छोटे-बड़े स्टेशन पर रुकने वाली रेलगाड़ी या बस 3 *med.* सीमित प्रभाववाली: ~ anaesthesia; ~ infection; ~ action; ~ injury;
n. 1 स्थानीय निवासी 2 स्थानीय समाचार 3 स्थानीय रेलगाड़ी आदि 4 व्यापारिक संघ की स्थानीय शाखा 5 शरीर के अंग विशेष के सीमित क्षेत्र को सुन्न करने की शल्य क्रिया 6 स्थान: sb's ~ *UK* (स्थानीय बार (मयखाना) जो शराबी के घर के बिल्कुल पास हो);
dw/lw:* local\ity** /लोकैलिटि/ *n.* 1 (syn.*** vicinity) क्षेत्र, इलाका, हल्का 2 मुहल्ला 3 स्थान, जगह, संस्थिति: in the ~ity of; sense/ bump of ~ity (अपने स्थान की स्थिति के बारे में पता लगाने की क्षमता); **~ize** /लोकअलाइज/ *v., pt.* ~ized, *pp* ~izing 1 (***syn.*** confine) स्थानीय बना दे. या बन जा., सीमित क.: ~ize a fire 2 स्थान निर्धारित क. या उसका पता लगाना: ~ize a breakdown; **~ized** *adj.* सीमित स्थान का, स्थानीय बना हुआ, स्थानीकृत; **local\ly** /लोकअलि/ *adv.* स्थानीय रूप से, किसी स्थान पर;
***collocations:* ~ adverb** स्थानवाचक क्रिया विशेषण; **~ anaesthetic** *UK* (*US* **~ anesthetic**) शरीर के किसी अंग विशेष के क्षेत्र को सुन्न यानी चेतनशून्य करने संबंधी; **~ area network (LAN)** स्थानीय क्षेत्रीय नेटवर्क; **~armistice** स्थानीय (अर्ध) संधि; **~ authority** स्थानीय शासन या प्रशासन; **~ call** स्थानीय टेलीफोन की कॉल; **~ case** स्थानवाचक कारक; **~ colour** स्थानीय रंगरूप; **~ custom** स्थानीय रीति-रिवाज; **~ education authority (LEA)** स्थानीय शिक्षा संगठन; **~ exchange trading system (LETS)** स्थानीय आदान-प्रदान व्यापारिक प्रणाली; **~ government** स्थानीय प्रशासन; **~ horizon** दृश्य क्षितिज; **~ outlook** संकीर्ण दृष्टिकोण; **~ radio** स्थानीय रेडियो; **~ time** स्थानीय समय
locale /लोकाःल/ *US* लोकैल/ *n.* घटनास्थल, घटनाओं का घटने का

स्थान: the ~ and period of the play

locality *see above under* **local:** ***dw/lw***

localize *see above under* **local:** ***dw/lw***

locally *see above under* **local:** ***dw/lw***

loca\te /लोकेट/ *v., pt.* **~ted,** *pp* **~ting** 1 खोजना: **~te** a town on a map 2 पता लगाना: **~te** the source of a pain 3 स्थान निर्धारित क. 4 रखना 5 (***syn.*** site, establish, relocate) स्थापित क. 6 बिठाना 7 सीमा निर्धारित क., ठहराना, अवस्थित हो.; ***dw/lw:*** **~ted** /लोकेटिड/ *adj.* स्थित: be ~ted in/ near/ on, etc.; **loca\tion** /लोकेशन/ *n.* 1 स्थान, स्थिति: ~tion survey (स्थिति सर्वेक्षण) 2 स्थान-निर्धारण, स्थान की खोज: ~tion statement 3 प्राकृतिक या सहज स्थान: ~tion hunting; ~tion shooting (फिल्म की प्राकृतिक स्थान पर शूटिंग) 4 घटना स्थल: on ~tion (वास्तविक घटना स्थल पर); at/ in a remote/ secret, etc. ~tion; the ~tion of sth (किसी चीज का होने का स्थान)

locative /लोकेटिव/ *adj., gramm.* 1 स्थानवाचक 2 स्थानवाचक कारक में;
n. स्थानवाचक या अधिकरण कारक, सप्तमी

loc cit /लौक सिट/ *abbr.* 'loco citato' *Lat.* का संक्षेप (ऊपर उद्धृत अनुच्छेद /para/ में)

loch /लौक/ *n., Scottish* समुद्र किनारे स्थित झील

lochia /लॉकिआ/ *n.* प्रसव के अंत में रक्त स्राव, प्रसूति-स्राव

loci /लोसाइ/ *n., pl.,* **'locus'** का बहुवचन, बिंदुपथ

lock /लौक\/ *US* लाःक\/ *v., pt.* **~ed,** *pp* **~ing** 1 दरवाजे आदि को ताला लगाकर बंद क.: ~ a gate 2 ताला लगने से बंद हो जा.: ~ automatically 3 घर को ताला लगाकर सुरक्षा का इंतजाम क. 4 जोड़ना, कसना, जकड़ना 5 कसकर पकड़ना: ~ sb in one's arms 6 बंद क. या हो.: ~ sth/ sb away etc. 7 जोड़ना, जुड़ना या जुड़ जाना 8 (***syn.*** jam) फंस जा.;
n. 1 ताला: trick ~ 2 नदी में नावों आदि के आने-जाने के लिए पानी का स्तर बनाए रखने के लिए पानी को रोकने का फाटक, जलपाश, बांध (of canal): ~ gate 3 केश गुच्छ, लट (बालों की) 4 बंद या गुप्त स्थान 5 घोड़ा (of gun) 6 (***syn.*** jamming) अवरोध, पुर्जे आदि को बाहर न निकलने देने की रोक 7 *wrestling* कुश्ती में एक दाव, जकड़ या कसी हुई पकड़: double arm ~ 8 *engin.* डोडाकोष्ठ 9 (***syn.*** airlock) वायु-अवरोध 10 किसी संगठन या उत्पाद पर पूर्ण नियंत्रण: Coca-cola/ Pepsi-cola's total ~ on beverage market 11 रतिरोग चिकित्सालय;
dw/lw: **~able** /~अबल/ *adj.* इमारत या कमरा जिसे ताला लगाकर बंद किया जा सके; **~age** /लौकिज/ *US* लाःकिज/ *n.* 1 नहर का फाटक-द्वार 2 फाटक-बंध 3 फाटक-बंधों के भिन्न-भिन्न स्तरों के बीच अंतर या उतार-चढ़ाव 4 फाटक-बंधों के प्रयोग से पानी की हानि आदि (रिसा हुआ पानी) 5 ताले का सामान; **~-down** *n.* किसी के आने-जाने पर रोक, एक स्थान या कोने में बंदीकरण; **~ed** /~ड/ *adj.* ताले में बंद; **~er** /लौकः/ *US* लाःकः/ *n.* बैंक आदि में विशेष अल्मारी जिसमें लोग अपना निजी सामान (ताला लगा कर) रख सकते हैं: ~er room (कमरा जिसमें लौकर रखे होते हैं); **Lock-hospital** *n.* गुप्त-रोगों का अस्पताल; **~-house** *n.* कैद, कारागार; **~-in** *n.* ग्राहकों द्वारा मयखाने या क्लब में बंद होकर जारी रखा जाने वाला पीने का दौर; **~ing** /लौकिंग/ *US* लाःकिंग/ *n.* तालाबंदी: ~ing gear (अवरोध गिअर); ~ing pawl (ताले के अंदर सुरक्षा ताला); ~ing pin (अवरोध यानी रोकनेवाली पिन); **~jaw** /~-जॉ/ *n.* 1 धनुक-बाई, टेटनस के कारण मुंह न खुलने की बीमारी 2 चांदनी (of horse); **~-keeper** *n.* नहर-द्वारों को चलानेवाला व्यक्ति; **~man** *n.* संतरी, प्रहरी; **~-nut** *n.* ताला-ढिबरी; **~out** *n.* मजदूरों को फैक्टरी से निकालने के लिए की जानेवाली तालाबंदी; **~smith** /~स्मिथ/ *n.* तालेवाला, तालासाज; **~-step** *n.* 1 कदम-ताल 2 एक साथ होनेवाले कई कार्य; **~up** *n.* 1 हिरासत, कारागार, हवालात, बंदीगृह, कैदखाना 2 रिहायस से अलग छोटी-सी दुकान;
p&i: **~ away** ताला बंद करके छिपा दे.; **~ horns with sb over sth** किसी के साथ वाक्-युद्ध या मल्ल-युद्ध आदि में उलझना; **~ onto** रडार से पता लगाकर विमान आदि का पीछा क.; **~ out** 1 ताला लगाकर बाहर से अंदर न आने दे. 2 फैक्टरी आदि में तालाबंदी करके मजदूरों को निकाल दे.; **~ sb in/ out** किसी को अंदर बंद कर दे. या अंदर न आने दे.; **~ sb up = ~ sb/ sth away** अस्पताल या जेल में बंद क.; **~ stock and barrel** सारा-का-सारा, पूरा का पूरा; **~ up** सब दरवाजे बंद कर लेना; **~ (sth) up** खिड़की दरवाजे बंद क.; **~ the stable door after the horse has bolted** अब पछताए होत क्या जब चिड़ियां चुग गई खेत;
a ~ on sth किसी चीज पर ताला; **a safety ~** सुरक्षा-ताला; **be ~ed into bitter feud** घोर कलह में फंसा हो.; **be ~ed together in sth** आलिंगन आदि में लिपटा हो.; **Davy Jones's ~** महासागर, नाविकों की कब्र: be/ go to Davy Jones's ~ (समुद्र में डूब जाना); **keep a ~ upon one's lips** चुप रहना, लब सी लेना; **keep under ~ and key** ताले के अंदर संभालकर रखना; **kept fit a ~** ताला लगना; **laid in the ~s** मृत; **the lake is ~ed in by hills** झील चारों ओर से पहाड़ों से घिरी है

locket /लौकिट/ *US* लाःकिट/ *n.* गले में लटकती जंजीर से बंधा ताबीज, लटकन, लाकेट, जंतर, ढोलना

locky /लौकि/ *US* लाःकि/ *adj.* 1 भड़कीला, जुल्फों की छल्लेदार लटोंवाला 2 गर्वीला 3 स्वार्थी

loco /लोको/ *adj.* 1 *sl.* (***syn.*** crazy) पागल, सनकी 2 *US* इस नाम के रोग से ग्रस्त पशु;
n. रेलवे इंजन

loco citato /लोको किताता/*Lat.* ऊपर उद्धृत अनुच्छेद (para) में

loco\motion /लोकअमोशन/ *n.* 1 चलने की क्रिया या क्षमता, संचलन, गति, गमन, गतिक्षमता: capacity for/ power of **~motion** 2 यात्रा: have no taste for **~motion** 3 वाहन;
dw/lw: **~motive** /लोकअमोटिव/ *n.* 1 रेलगाड़ी का इंजन: new ~motive 2 चलित्र; **~motive** *adj.* 1 जंगम, संचलनशील, गतिशील: ~motive faculty (गति-क्षमता) 2 यात्रा-संबंधी, यात्रीय: ~motive person (सदा यात्रा करते रहनेवाला); in these ~motive days (आजकल के यात्रा के फतूर के दिनों में) 3 चलने से संबंधित: use one's **~s** (पैदल चलकर जा.); **~motor** /लोकअमोटः/ (*also* **~motory**) *adj.* चलनेवाला, गति-विषयक, गतिक, गति-: ~motor ataxia/ ~motor ataxy (चलन-विभ्रम, मांसपेशियों में असंतुलन)

locoweed /लोकअवीड/ *n.* 1 एक पौधा जिसके खाने से पशुओं को 'लोको' रोग हो जाता है 2 *sl.* भांग, गांजा, चरस

locular /लोकुलः/ *adj.* छोटे डिब्बों से संबंधित, कोष्ठ-युक्त

loculus /लौक्युलस/ *US* लाःक्युलस/ *n., pl.* **loculi** /लोकुलाइ/ कोष्ठक

locum /लोकम/ (*in full* **~ tenens** /लोकम टेनेंज/) *n., pl.* (**~s** or **~ tenentes** /टेनेन्टीज/) 1 अस्थायी तबादली डॉक्टर या पादरी 2 किसी के स्थान पर अस्थायी रूप से काम करने वाला व्यक्ति: she did a ~ for a chemist in summer 3 अस्थायी कर्मी का कार्य;
collocations: **locum tenency** किसी के स्थान पर किया जाने वाला अस्थायी या तबादली कार्य, विशेषकर चिकित्सा के क्षेत्र में

locus /लोकस/ *n., pl.* **loci** /लोसाइ/ लोकी/ *Lat.* 1 *law* बिंदु, नुक्ता 2 घटना का सही स्थान या स्थल 3 पुस्तक का अनुच्छेद 4 *genetics* क्रोमोसोम में किसी विशेष जीन की स्थिति;
collocations: **~ communis** /लोकस कौम्यनिस/ *Lat.* सड़कछाप बात; **~ classicus** /लोकस क्लैसिकस/ आधिकारिक अभिदेश; **~ in quo** *Lat.* घटना-स्थल; **~ standi** /लोकस स्टैंडाइ/ *Lat.* आधिकारिक स्थिति, अधिकारिता, दखल देने का अधिकार

locust /लोकस्ट/ *n.* 1 टिड्डा, टिड्डी (दल): ~ bird (टिड्डी भक्षक पक्षी) 2 भक्षक;
p&i: **swarm like ~s** टिड्डी दल की तरह छा जाना

locu\tion /लअक्यूशन/ *n.* 1 पद या पदबंध 2 विशिष्ट भाषण-शैली

3 मुहावरा: use the Greek ~ (यूनानी मुहावरे का प्रयोग);
dw/lw: **locu\tory** /लौक्युटरि/ *US* लाःक्युटॉरि/ *n.* 1 ईसाई मठ का आगंतुक प्रतीक्षालय व बातचीत करने का स्थान, अतिथिकक्ष, स्वागत-कक्ष 2 मठ की सीखचें जिनके पास बैठकर मठवासी लोगों को निहारते हैं

lode /लोड/ *n.* 1 धातुमय खनिज से भरी चट्टान परत 2 श्रेष्ठ साधन, उत्तम स्रोत 3 जल स्रोत तक पहुंच 4 पानी-धारा, नहर;
dw/lw: **~star** (*see also under* **loadstar**) *n.* 1 ध्रुव तारा 2 पथ-प्रदर्शक, आदर्श सिद्धांत आदि; **~stone** (*see also* **loadstone**) *n.* चुंबक पत्थर

lodge /लौज/ *US* लाःज/ *n.* 1 कभी-कभार उपयोग में आने वाला आवास, वासा 2 देहात में बना घर, विशेषकर संयुक्त शब्दों में: a hunting-~; a mountain/ ski-~ 3 छोटा-सा बूथ या बक्सानुमा कुटिया जहां चौकीदार आदि बैठ सकते हैं 4 मकान 5 कुछ संगठनों का सभा-स्थल: Freemasons' ~ 6 (*syn.* den) मांद 7 झोंपड़ा 8 तंबू 9 (*syn.* branch house) शाखा-भवन: SBI ~ 10 किसी अधिकारी का आवास: Vice-Chancellor's ~ 11 विचारों का शरण-स्थल: the idea found **~ment** in his mind 12 फंसी गंदगी आदि: a ~ of dirt in a pipe;
v., pt. **~d**, *pp* **lodging** 1.1 (*syn.* board) थोड़े समय के लिए किराए के घर में रहना और खाना-पीना: ~ at/ with, etc. 1.2 (*syn.* accommodate) ठहराना, घर पर रखना 2 स्थापित क. या हो.: we were well **~d** 3 विचारों आदि का जहन में बैठ जा., घर क.: the idea firmly **~d** in his mind; ~ in the memory 4 (*syn.* deposit) रख दे., सौंपना: ~ power with sb/ in the hands of sb 5 किसी पर कोई आरोप लगाना 6 किसी विचार आदि को किसी के भेजे में बैठाना 7 (*syn.* register) शिकायत दर्ज कराना, दायर क.: ~ a claim/ complaint/ protest, etc.; ~ information against sb 8 आंधी आदि से फसल का गिर जाना 9 किसी का या किसी चीज का कहीं फंस जा., अटक जा.: the bullet **~d** in sb's arm; ~ in/ on, etc.. 10 वार क.: ~ a blow on sb's jaw 11 छोड़ दे., बचा रहने दे.: the tide **~s** mud in the cavities;
dw/lw: **~-book** *n.* फ्रीमेसन (Freemason) अतिथि-घर की निर्णय-पुस्तिका; **~-keeper** 1 दरबान, लौज का चौकीदार; **~ment** /लौजमंट/ *US* लाःजमंट/ *n.* बसेरा, डेरा, ठहरने की जगह, आधार, मोर्चा: make/ find a ~ment; **~r** /लौजः/ *US* लाःजः/ *UK* (*US* **boarder**) *n.* खाने-पीने का पैसा देकर किसी के घर में रहनेवाला किरायेदार; **~r-franchise** /लौजःफ्रैंचाइज/ *US* लाःजःफ्रैंचाइज/ *n.* किरायेदारों का मताधिकार;
p&i: **~ out** रात को घर से बाहर कहीं ठहर जा.; **~ sth with sb** (कीमती) चीज को किसी को सौंप दे. या किसी के पास जमा कर दे.

lodging /लौजिंग/ *US* लाःजिंग/ *n.* बसेरा, आवास, किराये का स्थान: find (a) ~ for the night;
dw/lw: **~-money** *n.* (किराए के लिए पैसा); **~s** /लौजिंग्ज/ *n., pl. UK* किसी के घर में किराये के कमरे;
collocations: **~ allowanc**e आवास-भत्ता; **~ house** 1 किसी के घर में एक या अधिक कमरे किराये पर रहने के लिए हो. 2 अस्थायी आवास;
dry ~ बिना भोजन के आवास

loess /लोइस/ लस/ *n.* अति महीन दानों वाली क्वार्ट्ज आधारित खुली दुम्मट जो अमेरिकी, यूरोपीय व रूसी नदी-घाटियों में पाई जाती है

loft /लौफ्ट/ *US* लाःफ्ट/ *n.* 1 अटारी, अट्टालिका 2 दीर्घा 3 अस्तबल के ऊपर का कमरा जिसमें भूसा व सूखा घास आदि रखा जाता है 4 (**pigeon** ~) कबूतर-घर, कबूतरों का झुंड 5 गोल्फ की गेंद को ऊंचा उछालने के लिए लगाया जानेवाला शॉट;
v., pt. ~**ed**, *pp* ~**ing** गेंद को मारकर हवा में उछालना;
dw/lw: **loft\iness** /लौफ्टिनेस/ *US* लाःफ्टिनेस/ *n.* 1 ऊंचाई, उत्कृष्टता 2 महानता, महत्ता; **~y** /लौफ्टि/ *US* लाःफ्टि/ *adj.* 1 ऊंचा, उत्तुंग, उच्च: ~y mountain/ tower, tree, spire 2 (*syn.* sublime) उदात्त: ~y style/ language; ~y aims/ ideals/ principles 3 महत्त्वपूर्ण 4 (*syn.* arrogant, haughty) अहंकारी, दंभी, घमंडी: ~y good humour (अहंकारपूर्ण उदारता)

log /लौग/ लाःग/ *n.* 1 लट्ठा, कुंदा, बोटा, शहतीर 2 पेड़ से टूटा या कटा लट्ठा 3 जहाज की यात्रा के दौरान घटनाओं का विवरण 4 रोजनामचा, वह किताब जिसमें वाहनों की यात्रा का विवरण लिखा जाता है;
v., pt. **~ged**, *pp* **~ging** 1 (*syn.* record) यात्रा-विवरण लिखना 2 (*syn.* clock up) यात्रा के दौरान तय की गई दूरी दर्ज क. 3 कार्य-पंजी या यात्रा-दैनिकी में प्रविष्टि क. यानी दर्ज क. 4 पेड़ या टहनियां काटकर लट्ठों के रूप में एकत्रित क. 5 लट्ठों को काटना;
dw/lw: **~book** *n.* निबंधन-पुस्तिका, पंजीयन-पुस्तिका, दैनिकी, रोजनामचा; **~-cabin** *n.* लट्ठों की झोंपड़ी या कुटिया; **~ged** *adj.* लट्ठों से बना; **~ger** /लौगः/ *n.* लकड़हारा
collocations: **~ conveyer** लकड़ी ढोने का पथ; **~ glass** रेतघड़ी; **~ frame** लकड़ी चीरने का ढांचा; **~ house** लट्ठा-गृह; **~ truck** लकड़ी ढोनेवाली लॉरी; **the ~ rolling** काम की रफ्तार को बनाए रखने की क्रिया;
p&i: **~ in/ on** कंप्यूटर चालू क.; **~ off/ out** कंप्यूटर बंद क.; **in the** ~ अगढ़, गंवार; **like a** ~ बुत की तरह अचल; **keep the ~ rolling** काम तेजी से करना जारी रखना; **roll each other's ~s = roll my ~ and I'll roll your** तुम मेरी पीठ खुजलाओ, मैं तुम्हारी; **(as) simple as rolling off a** ~ बहुत आसान; **sleep like a** ~ लट्ठे की तरह सोना, गहरी नींद में सोना; **split the** ~ कोई बात समझाना; **stand (up) to one's lick** ~ हिम्मत दिखाना;
as easy as falling of a ~ अत्यंत सुगम, बहुत आसान

loganberry /लोगनबेरी/ *n.* रसबेरी जैसी बेरी, एक गहरा लाल रसदार फल या उसका पौधा

logan(-stone) /लॉगनस्टोन/ *n.* स्पर्श-स्पंदन, शिलाखंड, दोल-पत्थर

logarithm /लौगअरिद\म/ *US* लाःगअरिद\म, लॉगअरिद\म / *n.* लघु-गणक;
dw/lw: **~ic** /~मिक/ *adj.* लघु-गणकीय: ~ic table; **~ically** /~मिकलि/ *adv.* लघु-गणक अनुसार

logbook *see above under* **log:** ***dw/lw***

loge /लोज/ *n.* 1 थियेटर में बैठने के लिए छोटा कक्ष-बॉक्स (*in Russian*: **лóжа** = लोझा) 2 बूथ, छोटी दुकान

-logged *suff.*, (*in compound words*) *comb. form, denoting:* **saturated**, **full of** (से भरा हुआ, से तृप्त): water-~; smoke-~ (धुंए से भरा)

loggerhead /लौगःहेड/ *US* लाःगःहेड/ *n., pl.* **~s** 1 समुद्री कछुआ, राजकच्छप: ~ turtle 2 खंभा, थाम 3 काठ का उल्लू, उल्लू का पट्ठा, मूर्ख;
p&i: **be at ~s with sb** एक-दूसरे का गला काटने पर तुले हुए हो.; **fall/ get to ~s** झगड़े तक की नौबत आ जाना; **set people at ~s** लोगों को आपस में लड़ाना

loggia /लॉजअ/ लॉजिअ/ *n.* तोरणपथ से जुड़ा बरामदा

logging /लौगिंग/ *US* लाःगिंग/ *n.* 1 पेड़ों की कटाई और लकड़ी के लट्ठे बनाने का काम 2 लॉग-बुक आदि में दर्ज करने का काम

logia /लौगिआ/ *US* लाःगिआ/ *n., pl.* **~s** सूक्ति-संग्रह

logic /लौजिक/ *US* लाःजिक/ *n., philos.* 1 तर्क: argue with ~ 2 तर्क संगति: the ~ of events/ of facts 3 तर्कशास्त्र 4 *maths.* तर्क सिद्धांतों, जिन पर गणितीय प्रणालियां टिकी हैं, का विश्लेषण 5 तर्क सम्मति 6 किसी विषय संबंधित तर्क सिद्धांत 7 तर्क की शक्ति 8 संबंधित घटनाओं के आपस में जुड़ाव की प्रणाली;
collocations: **~ bomb** कंप्यूटर में एक प्रकार का वाइरस जो कंप्यूटर के असली कार्यक्रम के चलने में बाधा डाल सकता है; **~ circuit** डिजिटल कंप्यूटरों में एकीकृत सर्कट बनाने के लिए आधारभूत तत्त्व; **~ function** तर्कफलन; **~ gate** (*also* **gate**) *comput.* एक इलैक्ट्रोनी स्विच जिसमें डाली जा रहीं सूचनाओं पर वह कई प्रकार प्रतिक्रियाएं देता है, फिर कंप्यूटर इन सूचनाओं को कई

logic gates में से गुजारकर अपना काम करता है
p&i: **chop ~** बहस क., सिद्ध क.
logical /लौजि\कल/ *US* लाःजि\कल/ *adj.* 1 तर्कसंगत, युक्तियुक्त: a ~ truth; ~ symbol 2 तार्किक: ~ mind 3 तर्क-आधारित व प्रमाणित: a ~ choice/ conclusion 4 समझदारीपूर्ण: ~ behaviour 5 तर्कशास्त्रीय;
dw/lw: **~ity** /~कैलिटि/ *n.* तर्कसंगति; **logical\ly** /~कलि/ *adv.* तर्क के आधार पर, तर्कसंगत, तार्किकतापूर्वक;
collocations: **~ positivism** 1920 के दशक में प्रचलित एक दार्शनिक आंदोलन जिसके अनुसार मात्र आंखों देखी और कानों सुनी बात ही सत्य मानी गई , अध्यात्मवाद, नैतिकतावाद या धार्मिकतावाद आदि अदृश्य व काल्पनिक मान्यताओं को स्वीकार नहीं किया गया
-logical/ -logic *comb. form, denoting adjectives, corresponding to nouns ending in:* **~logy** (विशेषण बनाने वाला उपसर्ग): archaeo**logical**, patho**logical**
logician /लअजिशिअन/ *n.* 1 तर्कविद्, तरक्-शास्त्री 2 तार्किक ढंग से सोचने वाला
login /लौगिन/ *US* लाःगिन, लॉगिन / *n.* इंटरनेट सुविधा के उपयोगार्थ कंप्यूटर चालू करने का आइकॉन (icon)
logion /लोगिऔन/ लौगिऔन/ लोजिऔन/ *US* लोगिआःन, लाःगिआःन, लोजिआःन/ *n.* धार्मिक मसीहा (ईसा) की सूक्ति, सूक्ति
logisti\cs /लअजिस्टि\क्स/ *n., [pl.]* 1 किसी बड़े कार्यक्रम को पूरा करने के लिए हर संभव साधन या सामान जुटाने की क्रिया, वास्तविक प्रबंध, जतन-जुगाड़: the ~ of sth/ doing sth 2 संभार-तंत्र, सेना-संचालन, सेना-व्यवस्था 3 व्यापार के कार्य में सामान, सामग्री या कर्मियों की आवा-जाही का नियमन व नियंत्रण 4 सैनिक दलों की आवा-जाही और उन्हें हर संभव साधन और सामान की आपूर्ति करने की प्रक्रिया में दक्षता;
dw/lw: **~cal** /~कल/ *adj.* 1 किसी बड़े कार्यक्रम को पूरा करने के लिए हर संभव साधन या सामान जुटाने की क्रिया संबंधी 2 जतन-जुगाड़ 3 मोर्चे के पीछे के क्षेत्र से मोर्चे को आपूर्ति करने की व्यवस्था; **~cally** *adv.* संभार-तंत्र के अनुसार, संभार-संचालन या संभार-व्यवस्था की दृष्टि से
logjam /लौगजैम/ *US* लाःगजैम, लॉगजैम/*n.* 1 नदी में बहाए जाने वाले लट्ठों का कहीं पर फंस जाने के कारण रुकाव, थमाव 2 नदी में वह स्थान जहां लट्ठे अक्सर फंस जाते हैं 3 (***syn.*** bottleneck) प्रगति में ठहराव, बाधा
logo /लोगो/ *n., pl.* **~s** 1 शब्द चिह्न 2 प्रतीक 3 संगठन चिह्न;
dw/lw: **~gram** /लौगअग्रैम/ *US* लॉगअग्रैम/ (*also* **~graph** *see below under separate entry*) *n.* शब्दचिह्न; **~machy** /लौगौमअकि/ *US* लाःगाःमअकि/ *n.* 1 वितंडा, शब्दयुद्ध 2 बेकार का शब्द जाल 3 शब्दों का हेर-फेर या खेल
logo- *comb. form, signifying:* **words, speech** (शब्द, वाणी, कथन, भाषा)
logocentrism /लौगोसेंट्रिजम/ लॉगोसेंट्रिजम/ *n.* 1 भाषा, पाठ या पाठ के रूप को विषय-वस्तु से अधिक महत्त्वपूर्ण मानने में विश्वास 2 '**क्या**' कहा जाए को गौण और '**कैसे**' कहा जाए को मुख्य समझने में आस्था
logodaedalus /लौगोडीडअ\लस/ *US* लाःगोडीडअ\लस/ *n. pl.* **logodaedali** /~लाइ/ शब्दों का हेर-फेर करके प्रयोग करने में माहिर व्यक्ति
logograph /लौगअग्राफ/ *US* लॉगअग्राफ/ (*also* **logogram** /लौगअग्रैम/ *US* लॉगअग्रैम/) *n.* 1 शब्द चिह्न 2 शब्द-प्रतीक 3 चित्र-प्रतीक, रेखा-चित्र प्रतीक
logogriph /लौगोग्रिफ/ *US* लाःगोग्रिफ/ (*also* **anagram** /ऐनअग्रैम/) *n.* शब्द-प्रहेलिका, शब्द-पहेली
logomachy *see above under* **logo: *dw/lw***
logopathy /लौगअपअथि/ *US* लॉगअपअथि/ *n.* बोलने या अभिव्यक्त करने की प्रक्रिया में विघ्न
logorrhoea /लौगअरिआ/ *US* लॉगअरिआ/ (*US* **logorrhea**) *n.* 1 जल्दी-जल्दी कुछ अनाप-शनाप बोलने की मानसिक बीमारी 2 बहुत सारे शब्द बोलने या कुछ-न-कुछ कहने की बीमारी (verbal diarrhoea)
Logos /लौगोस/ *US* लॉगोस, लाःगोस / *n., Greek* 1 संसार के विकास और नियंत्रण का दार्शनिक सिद्धांत 2 शब्द (ब्रह्म)
logroll /लौगरो\ल/ *US* लाःगरो\ल, लॉगरो\ल/ *v., pt.* **~ed**, *pp* **~ing** 1 *US* आपस में एक-दूसरे की मदद क. (you scratch my back, I'll do yours के सिद्धांत पर) 2 एक दूसरे-की तारीफ क.;
dw/lw: **~ing** /~लिंग/ *n.* 1 लट्ठों का आपसी आदान-प्रदान, अदला-बदली, लेनदेन 2 लक्कड़-लुढ़काव 3 मिलकर की जाने वाली सफाई 4 एक-दूसरे की सहायतार्थ किया जानेवाला कार्य 5 एक दूसरे-की तारीफ
-logue *comb. form, signifying:* 1 **speech** or **discourse** (बोली तथा विमर्श): mono**logue**, dia**logue** 2 **list/ compilation** (सूची): cata**logue**, trave**logue**
logy /लोजि/ *adj., US* 1 (***syn.*** dull, sluggish, lethargic) सुस्त, शिथिल, ढीला-ढाला 2 मूढ़, नितांत जड़मति
-logy (*also* **-ology**) *comb. form, forming nouns, denoting:* 1 **science/ study** (विज्ञान या अध्ययन): bio**logy**, geo**logy** 2 **writing** or **speech** (लिखावट या बोली): tri**logy**
LOH *abbr.* 'light observation helicopter' की प्रथमाक्षरी
LOI *abbr.* 'Letter of Intent' की प्रथमाक्षरी
loin /लॉइन/ *n.*, **~s** 1 कमर 2 कटि: ~ of mutton 3 (**~s**) *euphemistic* or *poetic* मनुष्यों का गुप्तांग स्थान;
dw/lw: **~cloth** *n.* लंगोटी, लुंगी;
p&i: **fruit of one's ~s** किसी के अपने बच्चे; **gird up one's ~s** कमर कसना; **sprung from sb's ~s** किसी के (गुप्तांगों से पैदा हुए) बच्चे
loiter /लॉइटः/ *v., pt.* **~ed**, *pp* **~ing** 1 मटरगश्ती क., उधर-उधर फिरना 2 धीरे-धीरे चलना, डोलना 3 (***syn.*** loaf) आवारा घूमना, आवारागर्दी क.: he **~ed** away the rest of the day;
dw/lw: **~er** *n.* आवारागर्द, लफंगा;
p&i: **~ about** धीरे-धीरे चलना; **~ away** व्यर्थ बर्बाद क.; **~ away one's time** समय बर्बाद क.; **~ with intent** अपराध करने की ताक में घूमना
LOL *internet abbr.,* 'laughing out loud' की प्रथमाक्षरी (ठहाके मारकर हंसने की क्रिया)
loll /लौल/ *US* लाःल/ *v., pt.* **~ed**, *pp* **~ing** 1 (*often* **~ about**) आराम से पड़े रहना 2 जीभ का बाहर निकलना या लटकना;
p&i: **~ about** सुस्ताते हुए खाली बैठे या पड़े रहना: ~ about doing nothing; **~ back/ ~ out** पसरकर बैठना: ~ back in a chair
lollapalooza /लॉलअपलूज़ा/ *n., sl.* शानदार, बहुत बढ़िया
lollipop /लौलिपौप/ *US* /लाःलिपाःप/ (*also UK* **lolly** /लौलि/ *US* लाःलि/) *n.* लौलिपॉप, सींख पर लगी चूसने की मीठी टिकिया;
collocations: **~ lady/ ~ man** स्कूल जाने वाले बच्चों को लेजाने-लानेवाली औरत या आदमी
lollop /लौलअप/ *US* लाःलअप/ *v., pt.* **~ed**, *pp* **~ing** लंबे-लंबे डग भरते हुए चलना
lolly /लौलि/ *US* लाःलि/ *n.*, **lollies** 1 लॉलिपॉप 2 पैसे के लिए प्रयुक्त एक स्लैंग;
p&i: **do the** ~ आपे से बाहर हो., गुस्सा हो.
London /लंडन/ *n.* लंदन;
dw/lw: **~er** *n.* लंदनवासी; **~ism** *n.* लंदनी मुहावरा, लंदनी भाषा शैली, लहजा, अंदाज;
collocations: **~ ivy** लंदन का कोहरा; **~ smoke** काले-खाकी रंग का धुआं; **~ pride** गुलाबी फूलों वाला एक सुंदर पौधा
lone /लोन\/ *adj.* 1 एकमात्र: ~ tree 2 (***syn.*** solitary) अकेला, अकेली 3 अलग, अलग-थलग: ~ house 4 एकांत 4 सूना, निर्जन 5 (***syn.*** single) अविवाहित;
dw/lw: **~r** /लोनः/ *n.* 1 जिसे अकेला रहना और किसी के साथ

घनिष्ठता से बचना पसंद हो 2 जिसे 'एकला चलो' यानी अकेला चलना अच्छा लगता है 3 एकांतप्रिय व्यक्ति; **~some** /~सम/ *adj.* 1 अकेला और उदास: be ~some 2 अकेलेपन का अहसास करानेवाला 3 (*syn.* isolated) सुनसान, निर्जन: ~some road 4 अकेले-अकेले: on or by one's ~some (बिल्कुल अकेले); cooked the exotic dinner all on his/ her ~some; **lone\liness** /~लिनेस/ *n.* 1 अकेलापन, एकाकीपन: suffer from ~liness 2 तन्हाई 3 एकांत;

p&i: **a ~ wolf** एकांतप्रिय व्यक्ति; **hold/ play a ~ hand** बिना किसी की सहायता के कुछ क.;

be by one's ~some अकेला हो.; **the ~ sheep is in danger of the wolf** अकेला ही मार खाता है

lonely /लोनलि/ (*also* **lonesome**) *adj. degr.* **lonelier**, **loneliest** 1 अकेला, एकाकी: ~ house 2 एकांतमय: ~ life 3 (*syn.* isolated) सुनसान, निर्जन: ~ village; ~ wood;

collocations: ~ **heart** जिसका कोई प्रेमी या प्रेमिका न हो; ~ **hearts**/ ~ **hearts column** समाचार-पत्र या पत्रिका में एक स्तंभ जिसमें प्रेम-त्रस्तों को सलाह-मश्विरा दिया जाता है

loner *see above under* **lone:** ***dw/lw***

lonesome *see above under* **lone:** ***dw/lw***

loneliness *see above under* **lone:** ***dw/lw***

long /लौंग/ *US* लॉग/ *adj. degr.* **~er**, **~est** 1 लंबा: ~ distance 2 दीर्घ (स्वर) 3 बहुत समय से चलने वाला 4 लंबा (समय) 5 लंबा (लेख), लंबी (कहानी): a ~ article/ letter 6 नीरस 7 बड़ा, बड़ी 8 दीर्घकालीन, मुद्दती, दीर्घ (अवधि का) 9 संयुक्त शब्दों में: three hour-~ film;

n. 1 दीर्घ स्वर, दीर्घ अक्षर 2 दीर्घ काल, दीर्घ अवधि;

v., *pt.* **~ed**, *pp* **~ing** 1 लालायित हो. 2 (*syn.* yearn) तरसना, आहें भरना;

adv. 1 देर तक: we can't wait any **~er**/ we can wait no **~er** 2 लंबे समय से: ~ overdue 3 सरा समय (दिन भर आदि): all day ~;

dw/lw: **~-ago** *adj.* प्राचीन, बहुत समय पहले का; **~-ago** *n.* प्राचीनकाल: incidents of the ~-ago; **~animity** /लौंगअनिमिटि/ लॉगअनिमिटि/ *n.* अत्यधिक धैर्य; **~-armed** *adj.* लंबी भुजाओंवाला; **~-awaited** *adj.* चिर-प्रतिक्षित; **~boat** *n.* जहाज में आपातकालीन प्रयोग के लिए रखी जानेवाली सबसे लंबी नौका; **~bow** *n.* महाधनुष, दीर्घ चाप; **~cloth** *n.* लट्ठा, गाढ़ा, लंकलाट; **~cripple** *n.* बिना पैरों की घिसटनेवाली एक छिपकली; **~-dated** *adj.* लंबी अवधि का (ऋण आदि); **~-delay** *adj.* धीमी गति से होनेवाला; **~-distance** *adj.* लंबी दूरी का, सुदूर, लंबा रास्ता: a ~-distance phone call; ~-distance footpath (देहात में पैदल जाने का रास्ता); **~-drawn-out** *adj.* (*syn.* protracted) बहुत देर तक चलने वाला, लंबा-चौड़ा; **~eared** *adj.* लंब-कर्ण, मूर्ख; **~ed-for** *adj.* आतुरतापूर्वक प्रतिक्षित; **~eval** /लौंजीवल/ *US* लॉजीवल/ *adj.* लंबे समय के लिए टिकनेवाला; **longevity** /लौंजेविटि/ *US* लॉजेविटि/ *n.* 1 दीर्घ आयु 2 लंबा जीवनकाल; **~-expected** *adj.* बहुत देर से प्रतीक्षित या अपेक्षित; **~-forgotten** *adj.* बहुत देर पहले भुला दिया जानेवाला; **~-headed** *adj.* सयाना, समझदार, चतुर, बुद्धिमान; **~-hair** *n. colloq.* 1 बुद्धिजीवी 2 संगीत-प्रेमी 3 कवि 4 हिप्पी; **~-haired** *adj.* लंबे बालोंवाला; **~hand** *n.* 1 हाथ की लिखाई, हस्तलेखन, हस्तलेख 2 सामान्य लिपि; **long\-haul** *n.* 1 दूर का सफर, लंबी यात्रा 2 दीर्घ-आयु; **~-haul** *adj.* लंबा, लंबी, लंबा-खिंचा हुआ: a ~-hall flight; **~-hopped-for** *adj.* **(journey)** बहुप्रतिक्षित (यात्रा); **~horn** *n., [pl.]* लंबे सींगोंवाला, दीर्घ-शृंगी (पशु); **~-house** *n.* मलेशिया, इंडोनेशिया आदि देशों में बड़ा सामूहिक घर; **~ing** /लौंगिंग/ *n.* जोरदार चाहत, प्रबल इच्छा, उत्कंठा, तड़प; **long\ing** *adj.* 1 प्रबल इच्छा रखने वाला 2 तरसने या तड़पने वाला: ~ing eyes; **~ingly** *adv.* प्रबल इच्छापूर्वक; **~ish** /लौंगिंश/ *adj.* कुछ-कुछ लंबा, लंबा-सा; **~-jumper** *n.* लंबी छलांग लगाने वाला; **~-keeping/ ~-lasting** *adj.* देर तक टिकनेवाला, खराब न होनेवाला, टिकाऊ; **~-legged** *adj.* 1 लमटंगा, लमगोड़ा, दीर्घपाद 2 लंबी, सुंदर टांगोंवाली (लड़की); **~-life** *adj.* दीर्घायु, चिरस्थायी; **~-line** *n.* 1 मछली पकड़नेकी लंबी छड़ी 2 जरूरत से ज्यादा लंबाई की पोशाक; **~-lived** *adj.* लंबी उम्र वाला, दीर्घायु; **~-lost** *adj.* बहुत देर से खोया या बिछड़ा हुआ: ~-lost friend; **~-necked** *adj.* दीर्घग्रीव, लमधिचा; **~-playing** (*abbr.*, **LP**) देर तक चलने वाला संगीत रिकॉर्ड; **~-range** *adj.* 1 दूर भविष्य में भी लागू 2 जिसे दूर तक भेजा जा सके 3 जो दूर तक मार कर सके, दूरमारक, दूर प्रहारी: ~-range rocket; ~-range gun; ~-range accuracy system; ~-range policy; ~-range bomber/ missile; **~-run** *adj.* 1 दूर का 2 लंबे समय के लिए 3 दूर के निशाने का: ~-run objective; **~-running** *adj.* काफी समय से चलता आने वाला; **~-serving** *adj.* लंबे समय से सेवारत; **~ship** *n.* एक लंबा पतला लड़ाकू समुद्री जहाज; **long\shore** *n.* समुद्र तट का वासी या तटीय क्षेत्रों में काम करने वाला; **long\shoreman** *n.* समुद्री जहाजों में माल लादने वाला या उतारने वाला आदमी; **~-sighted** *UK* (*US* **farsighted**) *adj.* 1 दूर-दृष्टि (विकार) 2 दूरद्रष्टा, दूर भविष्य को देख सकने वाला व्यक्ति, दूरदर्शी, बुद्धिमान; **~-sightedness** *n.* 1 दूरदर्शिता 2 दूरदृष्टिता; **~spun** *adj.* लंबा खिंचा हुआ (भाषण आदि), उबाऊ; **long\-standing** *adj.* पुराना, जो बहुत समय से लंबित हो, चिरकालिक: a ~-standing relationship (पुराना संबंध); **~-stay** *adj.* 1 जिसका इलाज लंबा चलेगा 2 लंबे समय के लिए गाड़ी खड़ा (park) करने वाला व्यक्ति; **long\-suffering** *adj.* चिरदुखी, जो बहुत समय से कष्ट भोग रहा हो; **~-term** *adj.* दीर्घ कालिक, दीर्घकालीन, लंबे समय तक चलनेवाला; **~-tail** *n.* लंबी पूंछवाला जानवर; **~-tailed** *adj.* लंबी पूंछ वाला; **~time** *adj.* पुराना, लंबे समय से; **~-tongued** /लौंग-टंगड/ *US* लॉग-टंगड/ *adj.* गप्पी, बातूनी; **~ways/ ~wise** *adv.* लंबाई के बल, लंबाई की दिशा में; **~wearing** *adj.* टिकाऊ, देर तक चलने वाला (कपड़ा आदि); **~-winded** *adj.* (*syn.* tedious) लंबी और जटिल बातें: a ~-winded speech (उबाऊ भाषण, लंबा, बिखरा हुआ भाषण); **~wise** *adv.* लंबाई में, लंबाई के बल

collocations: ~ **arm** किसी की या किसी संगठन की ताकत की पहुंच, लंबे हाथ; ~ **arm of the law** 1 कानून की पहुंच 2 कानून के लंबे हाथ 3 सत्ता; ~ **bill** लंबी अवधि की हुंडी; ~ **barrow** ठेला; ~ **bow** महाधनुष या तीर-कमान, दीर्घचाप; **~-case clock** बाप-दादा के समय का घंटा; ~ **custom** पुराने रीति-रिवाज; ~ **date** दूर की तारीख या पेशी; ~ **division** भाग (तकसीम) करने का एक तरीका जिसमें भाग करने की लंबी-चौड़ी प्रक्रिया रहती है; ~ **drink** लंबे गिलास में डाला जानेवाला ठंडा पेय; ~ **face** मनहूस चेहरा, उतरा हुआ चेहरा; ~ **family** बड़ा परिवार; ~ **farewell** लंबे समय के लिए जुदाई; ~ **field** क्रिकेट आदि खेलों में मैदान की सीमा रेखा के पास का क्षेत्र या क्षेत्र-रक्षण; ~ **finger** मध्यमा; ~ **green** कागजी पैसे; ~ **haul** 1 लंबी दूरी की उड़ान: ~ haul flight to the US 2 लंबे समय तक चलनेवाला जटिल कार्य; ~ **home** कब्र; ~ **johns** (*syn.* leggings) पतलून के नीचे पहना जानेवाला पायजामा; ~ **jump** लंबी छलांग या कूद; ~ **lease** लंबी अवधि का पट्टा; ~ **leg** क्रिकेट के खेल में बल्लेबाज के पास से सीमारेखा की ओर खुलता हुआ क्षेत्र; ~ **look** देर तक देखते रहने की क्रिया; ~ **mark** दीर्घता चिह्न (:); ~ **memory** अच्छी याददाश्त; ~ **milk** लंबे समय तक टिकनेवाला दूध; ~ **nine** *US* सस्ता सिगार; ~ **odds** *betting* जुए आदि के खेल में जीत की बहुत कम संभावना; ~ **off** क्रिकेट के खेल में बल्लेबाज के सामने या दाईं या बाईं ओर से सीमा रेखा की ओर खुलता हुआ क्षेत्र; ~ **on** क्रिकेट के खेल में बल्लेबाज के सामने या दाईं या बाईं ओर से सीमा रेखा के पास का क्षेत्र; ~ **pig** मानव का गोश्त; ~ **price** हैसियत के बाहर का मूल्य; ~ **run** लंबी अवधि; **~s and shorts** पद्य की

पंक्तियां; ~-**service pay** लंबे सेवाकाल के लिए वेतन-वृद्धि; ~**shore drift** लहरों के प्रभाव तले बीच (beach) के साथ-साथ रेत का बिखरना; ~ **shot** ऐसी बाजी जिसमें सफल होने की कम गुंजाइश हो; ~ **stay** लंबे समय तक अस्पताल में रुकनेवाला रोगी, लंबे समय की कार पार्किंग; ~ **suit** ताश के खेल में एक ही तरह के कई पत्ते हाथ में आने की स्थिति; ~ **slip** क्रिकेट के खेल में बल्लेबाज के पीछे के पास का क्षेत्र; ~ **tongue** बातूनीपन; ~ **train** लंबी श्रृंखला; ~ **transmission** लंबी दूरी का संचार; ~ **vacation (long vac)** लंबी छुट्टी, दीर्घ अवकाश; ~ **wave** लंबी तरंग (1000 मीटर से अधिक लंबी); ~ **weekend** शुक्रवार से रविवार या सोमवार तक चलनेवाले छुट्टी के दिन;

a ~ dozen तेरह; **a ~ face** उतरा हुआ या उदास चेहरा; **a ~ hour** एक घंटे से कम नहीं; **a ~ mile** एक मील से कम नहीं; **a ~ purse** बहुत सारा पैसा; **an hour ~** घंटे भर का, की; **in the ~ run** अंततः, अंततोगत्वा, आखिरकार;

p&i: **~ absent, soon forgotten** आंख ओझल, पहाड़ ओझल; **~ after** बहुत दिनों बाद; **~ ago** बहुत समय पहले; **~ dozen** तेरह; **~ drawn out** लंबा खिंचा हुआ; **~est at the fire soonest finds cold** मखमली घास पर चहल-कदमी करने वाले को कंकड़ जल्दी चुभते हैं; **~est way round is the shortest way home** आवश्यक नहीं कि सीधा रास्ता ही आसान हो; **~ for sth** किसी बात के लिए तरसना, तड़पना, आहें भरना, बहुत चाहना; **~ for a change/ for something new** बदलाव या कुछ नई बात के लिए प्रबल इच्छा हो.; **~ in the tooth** पुराना, बहुत बूढ़ा; **~ live sb/ sth!** जिंदाबाद!; **~-nine** एक सस्ता सिगार; **~ on sth** किसी चीज की बहुतायत हो.; **~ time no see** नमस्कार, बहुत समय हो गया मिले नहीं; **~ to do sth** कुछ करने को आतुर हो., बहुत मन हो., प्रबल इच्छा हो.;

all day ~ सारा दिन; **a ~ way out** गलत-सलत; **a ~ shot** तुक्का; **a ~ way to go** बहुत दूर जाना है, दिल्ली दूरस्थ अस्तु; **as/ so ~ as** जब तक कि; **as ~ long as one's arm** बहुत लंबा; **at ~ last** अंततः, अंततोगत्वा, आखिरकार; **at ~ range** लंबी दूरी पर; **at the ~est** ज्यादा से ज्यादा, लंबे से लंबा; **before ~** जल्दी ही; **be ~ing to see sb** किसी से मिलने के लिए तरसना; **by a ~ chalk/ way/ shot** बहुत अधिक; **cut a ~ story short** सारांश में बताना, संक्षेप में कहें तो...; **draw at a ~ date** लंबी अवधि की हुंडी लेना; **for so ~** इतने लंबे समय से ...; **go a ~ way** 1 बहुत मदद करेगा 2 लंबे समय तक चलना; **go back a ~ way** बहुत लंबे समय का परिचय; **have a ~ arm** काफी प्रभावशाली व्यक्ति हो.; **happy as the ~ day** बहुत खुश; **have come a ~ way** काफी तरक्की कर लेना; **have a ~ way to go** बहुत कुछ करना बाकी हो.; **have a ~ wind** लंबी दूरी या काफी समय तक दौड़ने की क्षमता हो.; **he is not ~ for this world** वह इह लोक से नहीं; **how ~ have you got?** किसी बात को बताने में लंबा समय लगेगा; **how ~ is a piece of string?** कुछ कहा नहीं जा सकता; **in the ~ run** अंततः; **it is as broad as it is ~** दोनों ही स्थितियां एक जैसी हैं; **it is a ~ story** कहानी (बात) बहुत लंबी और जटिल है; **it is ~ since we saw him** उससे मिले बहुत समय हो गया; **make a ~ arm for sth** कुछ लेने के लिए हाथ बढ़ाना; **not by a ~ chalk/ shot** बिल्कुल भी नहीं; **no ~er/ not any ~er** अब नहीं, और नहीं; **not ~ for this world** मरनेवाला हो.; **not too ~ on brains** ज्यादा दिमाग न हो.; **pul/ wearl a ~ face** मुंह बनाना, चेहरा मुर्झा जा.; **see you before ~** जल्दी ही मिलेंगे; **so long!** अलविदा!, खुदा हाफिज!, नमस्कार!; **so ~ as** जब तक कि; **take a ~/ cool/ hard look at sth** किसी चीज या बात को ठोक बजाकर देखना या उस पर देर तक विचार क.; **take the ~ view of sth** दूरदर्शितापूर्वक विचार क.; **the ~ and short of it** तथ्य, सारांश में; **the ~ arm of coincidence** होनी की मर्जी; **the ~est night will have an end** सुबह कभी तो होगी; **the ~ hours dragged slowly by** लंबी घड़ियां चींटी की चाल से सरकती रहीं; **the ~ last sleep** महानिद्रा, मृत्यु; **the opportunity was not ~ in coming** अवसर आने में देर न लगी; **to cut/ make a ~ story short** सारांश में, लंबी बात को थोड़े शब्दों में कहते हुए

longitude /लौंगिच्यूड/ लॉंगिच्यूड/ *n.* देशांतर रेखांश, अक्षांश

longitudinal / लौंगिच्यूडिनल/ लॉंगिच्यूडिनल/ *adj.* 1 देशांतर-संबंधी, देशांतरिक 2 लंबाई के बल होने वाला

longueurs /लौंगःज/ *US* लोंगर्ज/ *n.* 1 बहुत उबाऊ लंबा समय 2 ऐसा संगीत जब श्रोता अनसुना होकर सुनता है, या जिसे सुनते-सुनते उसका ध्यान कहीं और भटकने लगता है

loo /लू / *n.* 1 शौचालय: ~ roll *colloq.* (टॉयलेट पेपर का गोला) 2 लू (गर्म हवा)

looby /लूबि/ *n.* गंवार, गोबर-गणेश

loofah/ loofa/ luffa /लूफा/ *n.* घिया, लंबी लौकी का स्पंज

look /लुक/ *v., pt.* **~ed**, *pp* **~ing** 1 (***syn.*** watch, observe) देखना, दृष्टि डालना: ~ out of the window 2 ढूंढना, इधर-उधर देखना 3 प्रतीत हो., लगना, दिखाई पड़ना, दिखना: everybody **~ed** tired; things ~ promising; he **~s** a perfect fool 4 की ओर मुड़ना, से अपेक्षा क.: I ~ to you for protection 5 की प्रतीक्षा क. 6 (***syn.*** regard) विचार हो.: I ~ on/ upon it as an ill omen (मेरे विचार में यह अपशकुन है) 7 की ओर खुलना, दृश्य की ओर पड़ना: the windows ~ (out) on the garden;

n. 1 (***syn.*** gaze) नजर, दृष्टि: had a ~ through the photos; have/ take a ~ at sth; flash a ~ at sb 2 (***syn.*** glance, glimpse) निगाह, निहार, झलक: give sb an impatient ~; give sb a searching ~; kind/ scornful/ angry/ vacant ~ 3 चेहरा-मोहरा, आकृति, रुख, रूपरंग, शक्ल-सूरत: not like the ~ of sb 4 रूप, स्वरूप: affairs took on an ugly ~ 5 आकार 6 (नया) फैशन 7 हाव-भाव: an ugly ~ in sb's eye 8 खोज, तलाश: a quick ~ for sth 9 फैशन, शैली: the hippie ~ was wide spread in America;

dw/lw: **look\alike** *n.* हमशक्ल; **~-and-say** *n.* पढ़ाने का तरीका, जिसमें बच्चों को पूरा शब्द देखकर बोलना सिखाया जाता है; **~er** *n.* आकर्षक व्यक्ति, विशेषकर स्त्री; **~-in** *n.* भागीदार बनने का अवसर, भेंट: not to get a ~-in; **~er-on** *n.* दर्शक (मूक), निरीक्षक: ~ers-on see more than players; ~ers-on see most of the game; **~ing** *adj.* 1 देखनेवाला, दर्शक 2 देखने का: ~ing-glass (दर्पण, शीशा) 3 संयुक्त शब्दों में एक भाग: good-looking; ill-looking; **~out** *n.* 1 सतर्कता: keep a good ~out for sth 2 ताक, पहरा 3 चौकी 4 पहरेदार, जो खतरों के बारे में सूचना देता हो 5 (***syn.*** view) दृश्य 6 भविष्य में प्रत्याशा, संभावना; **look\-see** *n., pl.* **~-sees** जल्दी-जल्दी देख लेने की क्रिया, विहंगम दृष्टि, निरीक्षण: take/ have a ~-see round the place;

p&i: **Look!** देखो! सुनो!; **~ about** 1 चारों ओर घूमकर देखना 2 सतर्क हो. 3 ढूंढना; **~ after sb/ sth** देखभाल क.; **~ a gift horse in the mouth** दान की गाय के दांत नहीं देखा करते; **~ ahead to sth** आगे की सोचना; **~ alive/ sharp!** जल्दी करो!; **~ a picture** बहुत सुंदर दिखना या लगना (लड़की आदि के बारे में); **~ around/ round** घूमकर देखना, तलाशना, खोजना; **~ as if/ as though** ऐसा लगना मानो...; **~ as if one has been dragged through a hedge backwards** अव्यस्थित या गंदा-संदा दिखना; **~ as if one were just out of a Bandbox** सीधा ड्राई-क्लीनिंग की दूकान से आया हुआ लगना; **~ at him ...** उसकी शक्ल तो देखो!...; **~ at it ...** बाहर से देखें तो; **~ at sth** 1 किसी बात पर सोच-विचार क. 2 लेख पढ़ना, जांच क. 3 किसी के नजरिये से देखना; **~ at the bright side** आशावादी हो.; **~ back** (upon) 1 अतीत में झांकर देखना, पिछली बातों को याद क., भूली-बिसरी यादों में जा. 2 आगे बढ़ते जा., सफलता पाते जा.: he never ~ed back (उसने फिर कभी पीछे मुड़कर न देखा, वह आगे ही आगे बढ़ता गया); **~ bad for sb** किसी के लिए अशुभ या खराब लगता है; **~ before you leap!** पहले तोलो, फिर

बोलो! या पहले सोचो, फिर करो!; **~ before you leap for snakes among sweet flowers do creep** पहले बात को तोलो फिर मुंह से बोलो; **~ big** लाट साहब होने के अंदाज में बोलना; **~ black** चेहरा उतरा हो., हालात बहुत नाजुक हो.; **~ blank** घबराया हुआ दिखना; **~ blue** सिट्टी-पिट्टी गुम हो.; **~ breed love** प्रेम आंखों में पनपता है; **~ daggers** गुस्से से देखना; **~ danger in the face** खतरे से दो-चार हो.; **~ down one's nose at sb/ sth** तिरस्कृत कर दे., किसी की ओर उपेक्षापूर्वक देखना; **~ down on (upon) sb/ sth** 1 तुच्छ समझना, तिरस्कृत क. 2 किसी को तिरस्कार भाव से देखना; **~ downward** नीचे की ओर देखना; **~ers-on see more than players** तमाशा करने वालों से ज्यादा तमाशबीनों को दिखता हैं; **~ for a needle in a haystack** व्यर्थ प्रयास क.; **~ for sb/ sth** ढूंढना; **~ forward to sth/ doing sth** किसी बात की या कुछ करने की उत्सुकता से प्रतीक्षा क.; **~ for trouble** आफत मोल ले.; **~ forward** बेताबी से इंतजार क.; **~ good** अच्छा दिखना, प्रगति करते हुए दिखना; **~ here** एतराज या विरोध करने के लिए प्रयुक्त; **~ in** किसी के यहां झांक ले., मुलाकात क.; **~ in on sb** किसी के यहां थोड़ी देर के लिए हो आना; **~ing for** खोज, तलाश: be on the ~ing for (किसी वस्तु या व्यक्ति की तलाश में हो.); **~ into each other's eyes** आंखें चार हो.; **~ into sth** जांचना, जांच-पड़ताल क.; **~ like a dog that has lost its tail** बिरादरी से बाहर हो.; **~ like a million dollars** बहुत बढ़िया!; **~ nice/ strange, etc.** सुंदर/ विचित्र दिखना; **~ nine ways** भैंगापन हो., ऐंचाताना हो.; **~ on/ upon sb** or **sth in a certain way** (***syn.*** regard) किसी विशेष नजरिये से देखना, किसी को कुछ (दोस्त आदि) समझना; **~ on** देखते रहना, सिर्फ एक दर्शक के रूप में देखना; **~ one's age** जितनी उम्र का है उतना दिखना या लगना; **~ one's best** अपने सर्वोत्तम रूप में हो.; **~ oneself again** फिर से अपने जैसा दिखना; **~ one's part** कलाकार का पात्र जैसा लगना; **~ out** 1 बाहर झांककर देखना 2 सतर्क रहना; **Look out! = watch out!** सावधान!; **~ out for sth** किसी चीज को ढूंढ निकालना, खोज लेना; **~ out for sb/ sth** 1 ढूंढते समय सतर्क रहना 2 रक्षा क., बचाना; **~ out for squalls** चौकन्ना रहना; **~ over sth** 1 सरसरी नजर से देखना, परखना 2 न देख पाने के कारण छूट जा.; **~ round** 1 चारों ओर घूमकर देखना 2 सभी पहलुओं पर विचार क.; **~ right/ straight through sb** किसी की जान-बूझकर उपेक्षा क.; **~s like** लगता है; **~s like/ as if** ऐसा लगता है, लगता है कि; **~ sb up** किसी के यहां हो आना; **~ sb up and down** किसी के पूरे डील-डौल को ध्यान से देखना; **~ sharp** जल्दी क.; **~ small** अदना-सा लगना, छुटपन का शिकार हो.; **~ sth in the eye** किसी बात से बहादुरी से रूबरू (face to face) हो.; **~ the other way** नजर चुराना; **~ the part** पूर्णतया (नाटक आदि के) पात्र अनुकूल हो.; **~ through** सरसरी नजर से दस्तावेज आदि देखना: ~ through sb's papers; **~ through blue-coloured glasses** मरुस्थल में जन्मे को सब सूखा ही सूखा लगता है; **~ through one's fingers at** देखी-अनदेखी क.; **~ through rose-coloured glasses** सावन के अंधे को सब हरा ही हरा लगता है; **~ through sth** सरसरी नजर से देखना या पढ़ना; **~ to** 1 किसी की देखभाल क. 2 किसी का ध्यान रखना: just ~ to it that it doesn't happen; **~ to one's laurels** साख बनाए रखना; **~ to sb/ sth** पर भरोसा क., से अपेक्षा रखना; **~ to the main chance** मौके की तलाश में रहना, मौका ताकते रहना; **~ up** 1 नजर ऊपर उठाना 2 किसी को आदर भाव से लेना 3 (**~ sth up**) शब्दकोश आदि में ढूंढना 4 स्थिति में सुधार आना; **~ up and down** 1 नीचे-ऊपर सब जगह ढूंढना 2 किसी को एक नजर से भांपना; **~ up and see!** ध्यान से देखो!; **~ up to sb** किसी का प्रशंसक हो., किसी को आदर्श के रूप में देखना, किसी पर भरोसा क.; **~ young for one's years** उम्र से कम लगना;

a close/ good ~ अच्छी तरह देखना; **a ~ at sb/ sth** किसी या किसी चीज पर नजर (रखना); **be ~ing to do sth** कुछ करने की योजना बनाना; **be nothing (much) to ~ at/ not be much to ~ at** देखने को कुछ विशेष न हो.; **be on the ~out for sb** किसी पर नजर रखना या उसे ढूंढना; **be sb's ~out** किसी की करतूतों को नासमझी समझना; **by the ~/s of things/ by the ~/ s of sb/ sth** शक्ल-सूरत से, जैसा दिख रहा है उसके आधार पर; **give a dirty ~** गुस्से या नफरत भरी नजर से देखना; **good ~s** सुंदर रंग-रूप या शक्ल; **have/ take a ~ at sth** नजर डालना, देखना; **here's ~ing at you** किसी के नाम जाम उठाते हुए कहना; **it ~s like rain/ like raining** लगता है कि वर्षा होगी; **it ~s as if/ as though we are going to have trouble** ऐसा लगता है कि हमारे लिए कुछ समस्या होगी; **never ~ back** 1 कभी पीछे मुड़कर न देखना 2 सफल होते जा.; **not have/ get a ~-in** किसी बात या कार्य में भाग लेने या सफल होने का अवसर न मिलना: he talks so much that nobody else can get a ~-in; **not know where to ~ to** शर्म के मारे मुंह छिपाने को जगह न हो.; **not to ~ oneself** अपने जैसा न लगना; **~ oneself again** फिर से अपना संतुलन पाना; **sb's ~s** किसी का रंग-रूप; **steal a ~** चोरी-छिपे देख ले., कानी आंख से देखना; **take a long ~ at sth** किसी चीज को भली भांति देखना-परखना; **that's his own ~ out** यह उसका मामला (नजरिया) है; **the ~ of sb/ sth** किसी की शक्ल-सूरत; **upon the ~** की खोज में; **wither sb with a ~** किसी को नजरों से धराशायी क.; **you don't ~ yourself** आप तो पहचान में भी नहीं आ रहे

loom /लूम/ *v., pt.* **~ed**, *pp* **~ing** 1 अस्पष्ट, धुंधले तथा डरावने रूप में दिखना: the dark outline of another ship **~ed** through the fog; the mountain-tops ~ through the clouds 2 भयावह खतरों आदि का मंडराना: dark clouds of intolerance are **~ing** large on the horizon; his own private troubles ~ very large just now;

n. 1 करघा, खड्डी 2 डंडा (of an oar) 3 (***syn.*** handle) मूठ, हत्था 4 (***syn.*** appearance) अस्पष्ट छाया या रूप;

dw/lw: **~ing** *n.* मृग-मरीचिका, मृग-तृष्णा: ~ing of the coast;

p&i: **~ large** खतरे का मंडराना

loon /लून/ *n.* 1 *US* गोताखोर पक्षी (मुर्गाबी), पनडुब्बी 2 गोबर-गणेश, मूर्ख 3 (***syn.*** rogue) पाजी, बदमाश

loonie /लूनि/ (*also.* **loon**) *n.* कैनेड़ा का एक डालर का नोट या सिक्का

loony /लूनि/ *n., pl.* **loonies** विचित्र व्यक्ति, पागल

adj., *degr.* **loonier**, **looniest** मूर्खतापूर्ण: ~ ideas (मूर्खतापूर्ण विचार); some ~ fringe group (कुछ पगलैटों की छोटी-मोटी टोली);

dw/lw: **~-bin** *n., sl.* पागलखाना

loop /लूप/ *n.* 1 धागे, रस्सी, जंजीर आदि का गोलाकार फंदा, फांद 2 पाश, पाशकुंडली 3 तुकमा, काज 4 छल्ला 5 (***syn.*** bend) चाप 6 (***syn.*** circle) चक्कर, चक्र, परिक्रमा 7 (***syn.*** intrauterine loop) लूप, गर्भ-निरोधक छल्ला 8 उंगलियों के चार तरह के संभव निशानों में से एक 9 नदी का गोलाकार बहाव 10 विमान की गोलाकार उड़ान 11 फिल्म रील का गोलाकार छल्ला 12 *electronics* (***syn.*** closed circuit) एक बंद परिपथ जिसमें से संकेत (signal) गोल चक्र में घूम सकता है 13 *comput.* कार्यक्रम आदेशों की लड़ी जिसे दोहराया जाता है 14 कागज पर बना वृत्त 15 *phys.* ग्राफ पर मुड़ा हुआ वक्र 16 बुनाई में एक घर 17 **the Loop** अमेरिका के शिकागो (Chicago) शहर का व्यापार केंद्र;

v., *pt.* **~ed**, *pp* **~ing** 1 फंदा डालना, कुंडली बनाना 2 गोलाकार लपेटना 3 फंदे से बांधना 4 लूप या छल्ला बनाना;

dw/lw: **~-aerial** *n.* चक्राकार ऐंटेना; **~-change-loop** *n.* **'8'** के आकार में स्केटिंग; **loop\hole** *n.* 1 रंध्र, बचाव का रास्ता, फंदे में कमजोर जगह (फंदे से बच निकलने का रास्ता) 2 नियम या कानून में कमजोरी, कमी, खामी, कमजोर कड़ी: a legal ~hole (कानूनी कमजोरी); **~ing** *n.* फंदा या छल्ला बनाने की क्रिया; **~-line** चाप

लाइन; ~y *adj., degr.* loopier, loopiest 1 *sl.* पागल, सिरफिरा 2 चक्करदार, घुमावदार;
p&i: **~ sth around/ over, etc. sth** फंदा डालना; **~ the ~** विमान द्वारा आकाश में वृत्ताकार उड़कर छल्ला-सा या छल्लानुमा चक्र बनाना;
a ~ in sth किसी फंदे या काम में कमी

loopy /लूपि/ *adj.* 1 (***syn.*** crazy) विचित्र, नासमझीपूर्ण 2 (***syn.*** furious) अत्यधिक क्रुद्ध

loose /लूज/ *adj.* 1 ढीला: ~ collar/ belt; ~ knot 2 (***anton.*** tight) ढीला, लटकनेवाला (कपड़ा): ~ clothes 3 खूंटे आदि से खुला हुआ (पशु): horse had broken ~ 4 (***syn.*** unpacked) अलग, पैकेट में अनबंधे: get the ~ oranges 5 ढीली, जो जमकर पक्की न हुई हो: ~ soil 6 लचर, गैर-जिम्मेदाराना, घटिया, कच्ची: ~ talk/ tongue 7 (***syn.*** baggy) थैला-नुमा, लटकती हुई: ~ dress/ trousers/ sweater 8 बंधनरहित, निर्बंध, बंधनमुक्त, खुला, स्वच्छंद, मुक्त: he got one hand ~; ride with a ~ rein (1 घोड़े को खुली लगाम से दौड़ाना 2 खुली छूट दे दे.) 9 (***syn.*** sluggish) ढीला-ढाला, शिथिल 10 लचर, खराब: hit a ~ ball for a six 11 असंयत 12 असंगठित, असंहत: ~ alliance/ coalition 13 छिदरा 14 अस्पष्ट, धुंधला-सा: ~ proposal 15 अशुद्ध, अयथार्थ: ~ translation 16 लंपट: ~ fish (लंपट आदमी); ~ character; lead a ~ life 17 लचर, छिछोरी, सुलभ: ~ woman 18 गैरजिम्मेदार, लापरवाह: ~ style 19 पतला, पानी-सा: ~ bowels/ motion (दस्त) 20 थुल-थुल: ~ cheeks 21 ढीला, हिलता हुआ: ~ tooth;
n. 1 निर्बाधता, खुले रूप में प्रकटीकरण: give a ~ to one's tongue/ feelings 2 छोटे सिक्के: carry one's small change ~ in one's pocket 3 (***syn.*** at large) बंधनमुक्तता: prisoners on the ~;
adv. खुले रूप में, स्वच्छंद ढंग से, ढीलेपन से;
v., *pt.* **~d**, *pp* **loosing** 1 ढील दे.: ~ discipline 2 ढीला क., पकड़ ढीली क.: ~ the hold 3 (***syn.*** relax) तनाव कम क.: ~ one's tension 4 (***syn.*** loosen) खोलना, खुल जा.: ~ a knot 5 (***syn.*** release) मुक्त क., छूट दे., वचन आदि से मुक्त क. 6 निर्बाध बोलना या प्रकट क.: his tongue was **~d** by drink 7 खुल जाना: ~ hesitation/ shyness 8 खूंटे आदि से खोल दे.: ~ a boat; ~ a rope 9 बाल खुले छोड़ना 10 जंजीर आदि खोल दे.: ~ the fetters 11 (***syn.*** fire bullets etc.) बंदूक, तीर आदि चला दे.;
dw/lw: **~-bodied** 1 ढीला-ढाला 2 व्यवहार में लचर; **~-fitting** *adj.* ढीला; **~-leaf** *n.* फोल्डर आदि में रखे खुले कागज, खुला पन्ना; **~-limbed** *adj.* मुक्त चाल से चलनेवाला, स्वच्छंद, तनावरहित; **loose\ly** /लूजलि/ *adv.* 1 लगभग, पूरी तरह से नहीं: the film, ~ly based on Gorky's novel *Mother* 2 ढीला, जो कसा हुआ न हो; **~ness** *n.* 1 ढीलापन 2 अस्पष्टता, लचरता 3 दस्तावरता: ~ness of motions 4 डोल;
collocations: **~ box** अस्तबल का एक भाग जहां घोड़ों को खुला छोड़ दिया जाता है; **~ canon** असंयत, अनियंत्रित, दिशाहीन; **~ change** छोटे सिक्के, चिल्लर;; **~ covers** (*also* **slip over**) ढीला कवर या आवरण; **~ end/s** अपूर्ण, जिसे अभी पूरा नहीं किया गया हो: signed the contract after the ~ ends had been tied up; **~ tongued** बकवादी, अंट-शंट बोलने वाला, जिसकी जबान पर लगाम लगाना संभव न हो;
p&i: **~ fish** 1 नीच, अधम, पापी 2 लंगोट का ढीला; **~ ground** पांव उखड़ जाना; **~ in the hilts** कुलटा औरत; **~ sth off at sb/ sth** दाग दे., गोली आदि चला दे.;
all hell broke ~ कोहराम मच गया, अफरा-तफरी मच गई, तूफान खड़ा हो गया; **at ~ hours** फुर्सत में; **be at a ~ end/s** कुछ करने को न हो., फुर्सत का समय हो.; **be on the ~** लंपट जीवन जीना; **break/ cut/ tear ~ from sb/ sth** बंधन मुक्त हो. या क., किसी के नियंत्रण से छूट जा. या छुड़वाना; **come/ work ~** पेंच आदि का ढीला हो जाना, असुरक्षित हो जा.; **cut ~** बंधन तोड़ना, निकल भागना, अनियंत्रित हो.; **cut sb/ sth ~ from sb/ sth** किसी को किसी से मुक्त करवा दे.; **hang/ stay ~** शांत रहना, चिंता न क.; **have a ~ screw** सनकी हो., झक्की हो., दिमाग का कोई पेच ढीला हो.; **have a ~ tongue** जबान पर लगाम न हो.; **let/ cut ~** लगाम ढीली कर दे., नियंत्रण खो दे.; **let ~ sth** ऊंची आवाज में बदजबानी क.; **let ~ one's indignation** अपने गुस्से को निर्बाध निकलने दे.; **let ~ sb on sb/ sth** 1 किसी को किसी के साथ मनमानी करने की छूट दे दे. 2 सारे बंधनों से मुक्त कर दे.; **on the ~** बंधन-मुक्त; **play fast and ~ with sb** अपने वायदे से मुकर जाना

loosen /लूजन/ *v., pt.* **~ed**, *pp* **~ing** 1 (***syn.*** slacken) ढीला क. या हो.: ~ the grip/ hold; ~ the brakes 2 लटों आदि को खोल दे. 3 (***syn.*** relax) गलघोंटू नियंत्रण में ढील दे.: dictators won't ~ their grip on the people 4 उन्मुक्त कर दे. 5 चुप्पे या घुन्ने की जबान को खोल दे.: drink **~s** everybody's tongue;
dw/lw: **~er** *n.* 1 ढीला करने वाला 2 तीव्रता कम करनेवाली (दवाई आदि); **~ing** *n.* 1 शिथिलन 2 पकड़ में ढील 3 मिट्टी का ढीलापन;
p&i: **~ the purse-strings** दिल खोल के खर्च क.; **~ up** 1 दूसरों के साथ आसानी से हिल-मिल जा. 2 मिट्टी आदि का ढीला पड़ जाना 3 *colloq.* (***syn.*** relax) निश्चिंत हो जा., तनाव में कमी हो. 4 मांस-पेशियों आदि को तनावमुक्त क., उनमें अकड़न में कमी लाना; **~ the purse-strings** खुलकर खर्च क.; **~ sb's tongue** किसी की जबान को बेलगाम कर दे.

loot /लूट/ *v., pt.* **~ed**, *pp* **~ing** 1 भीड़ आदि द्वारा दुकानों आदि का लूटा जा. 2 युद्ध काल में शत्रु क्षेत्र में लूट-मार क. 3 जबरदस्ती किसी से कुछ छीनना, लूटना;
n. 1 दंगों आदि के समय की जानेवाली लूट 2 लूट-खसोट का काम 3 युद्ध काल में शत्रु क्षेत्र में लूट 4 (***syn.*** booty) लूट-खसोट का माल 5 *sl.* पैसा, धन;
adj. लुटाई की, लूट का, लूटने की;
dw/lw: **~er** *n.* लुटेरा; **~ing** *n.* लूटने का काम, लूट: ~ing spree

lop /लौप/ *US* लाःप/ *v., pt.* **~ped**, *pp* **~ping** 1 काटना, एक झटके में काटना 2 (***syn.*** chop) काटना-छांटना 3 ढीला-ढाला लटकाना, लटकना 4 जहाज का बाएं-दाएं डोलना: ~ over;
n. 1 छंटाई, काट-छांट 2 कटाई, कतरन 3 लटकन;
dw/lw: **~-ears** *n., pl.* लटकते हुए कान; **~-eared** *adj.* लटकते कानोंवाला; **~-sided** *adj.* 1 छोटे-बड़े पहलुओंवाला 2 तिरछा 3 मुड़ा हुआ 4 विषम: ~-sided growth 5 एक-तरफा 6 पक्षपातपूर्ण 7 असंतुलित: ~-sided development;
p&i: **~ about** आवारा-गर्दी क., वक्त बर्बाद क.; **~ away/ ~ down/ ~ off** (दर्जी आदि द्वारा) फालतू के कपड़े आदि को काटना, कुतरना, काट-छांट क.; **~ sth off** एक झटके में काट दे.

lope /लोप/ *v., pt.* **~ed**, *pp* **~ing** 1 छलांगें लगाना 2 चौकड़ी लगाकर दौड़ना 3 लंबे-लंबे डग भरना

loquacious /लअक्वेशिअस/ *adj.* (***syn.*** talkative) बातूनी, वाचाल, गप्पी, बकवादी;
dw/lw: **loquaciously** /~लि/ *adv.* बातूनी ढंग से; **~ness** /~नेस/ (*also* **loquacity** /लअक्वैसिटि/) *n.* बातूनीपन, वाचालता

loquat /लोक्वौट/ *US* लोक्वाःट/ *n.* लोकाट फल

loquitur /लॉक्विटः/ *Lat.* बोल रहा है/ बोलता है

lord /लॉःड/ *n.* 1 (*also* **Lord**) *UK* ब्रिटेन में एक खिताब, अभिजात वर्ग का सदस्य 2 स्वामी, मालिक: ~ of the manor/ of the soil (जागीरदार) 3 किसी क्षेत्र में अनुचित तरीकों से बना सरगना: the cotton **~s**; war-lords 4 शासक, हाकिम, शाह 5 सामंत 6 प्रभु, ईसा मसीह के लिए संबोधन शब्द 7 ब्रिटेन में कुछ पदों या उपाधियों से विभूषित लोगों को संबोधित करते हुए प्रयुक्त: Lord Provost, Lord Chancellor 8 पति (पुराने जमाने में) 9 **the**

Lords (*also* **House of Lords)** राज्य सभा की तरह ब्रितानवी संसद का अपर सदन, जिसमें लॉर्ड लोग सदस्य होते हैं;
v., pt. **~ed,** *pp* **~ing** 1 शासन क., प्रभुत्व जमाना 2 सरगना बनना 3 लॉर्ड की उपाधि दे. 4 लॉर्ड की तरह धौंस या रोब जमाना: ~ it over sb; he will not be **~ed** over (उस पर धौंस नहीं चलेगी); ***dw/lw:*** **~-and-ladies** *n.* एक यूरोपीय सदाबहार पौधा; **~like** *adj.* लॉर्ड जैसा; **~liness** /~लिनेस/ *n.* शाहीपन, जमींदाराना; **~ly** /~लि/ *adj., degr.* ~ier, ~iest 1 लॉर्ड जैसा, शाहों की तरह का, शाही 2 (***syn.*** haughty) दंभी, घमंडी, अभिमानी, हेकड़ीबाज 3 प्रतापी 4 (***syn.*** imposing) भव्य; **Lords** /लॉःडस/ *n.* 1 लंदन का क्रिकेट मैदान 2 (**the Lords**) हाउस ऑफ लार्डस; **~ship** /~शिप/ *n.* 1 शासक का पद या अधिकार 2 सामंती जायदाद आदि का स्वामित्व: ~ship over self (स्व-नियंत्रण, आत्म-नियंत्रण);
collocations: **~s of creation** मानव जाति; **Lords Spirituals** ब्रितानवी लॉर्डज सदन में धार्मिक संस्थानों के प्रतिनिधि सदस्य; **Lords Temporal** लॉर्डज सदन में धार्मिक संस्थानों के अतिरिक्त सदस्य; **the Lord's supper** यूखारिस्ट, प्रभु-प्रसाद, परम-प्रसाद; **the Lord's day** रविवार; **the Lord's prayer** ईश प्रार्थना;
p&i: **~ it over sb** किसी पर रोब जमाना; **~ knows** खुदा जाने, राम जाने; **~ over territory** किसी जायदाद का जागीरदार हो.; **drunk as a ~** नशे में धुत्त; **Good Lord!** हे भगवान!; **live like a ~** नवाबों की तरह रहना; **Lord advocate** मुख्य वैधानिक अधिकारी; **Lord Chamberlain** शाही घर का मुख्य प्रबंधक; **Lord Chancellor/ High Chancellor** ब्रिटेन का वित्त मंत्री; **Lord Chief Justice/ Lord Chief Justice of England/ Lord Chief Justice of Northern Ireland** लॉर्ड मुख्य न्यायाधीश/ इंग्लैंड के लॉर्ड मुख्य न्यायाधीश/ उत्तरी आयरलैंड के लॉर्ड मुख्य न्यायाधीश; **Lord Justice General** स्कॉटलैंड के लॉर्ड मुख्य न्यायाधीश; **Lord Lieutenant** ब्रितानिया (यू.के.) के अन्य भागों में शाही प्रतिनिधि; **Lord knows who, what, why** क्या हुआ, किसने किया, क्यों हुआ – राम जाने; **My Lord!** न्यायालय में न्यायाधीश के लिए संबोधन; **new ~s, new laws** नई झाड़ू नए तरीके से साफ करती है; **one's ~ and master** पति; **swear like a ~** मछली बाजार की तरह गाली-गलौज क.; **the Lord Harry** शैतान, दैत्य; **Your Lordship** बिशप, जज आदि के लिए प्रयुक्त संबोधन

lordosis /लॉःडोसिस/ *n.* मेरुदंड-अग्रवक्रिमा, अग्रजकुब्जता, अग्रकुबड़ता

lore /लॉःर/ *n.* 1 किसी विशिष्ट विषय पर संपूर्ण ज्ञान निधि: the ~ of the Indians, folk**lore** 2 किसी विशिष्ट विषय संबंधी ज्ञान: weather ~

lorgnette /लॉःन्येत/ *n., Fr.* 1 मुठियादार चश्मा 2 थियेटर में देखने की दूरबीन

lorica /लोराइका/ *n.* 1 कवच 2 चमड़े का बख्तर;
dw/lw: **~te** /लॉरिकेट/ *adj.* 1 कवचित 2 रक्षा-आवरण से ढका 3 सींगनुमा आवरणवाला

loris /लॉरिस/ *n., pl.* **lorises/ loris** रात को निकलने वाला लजीला बंदर

lorn /लॉःन/ *adj.* 1 त्यक्त, तिरस्कृत: love ~ 2 निस्संग और दुखी: a lone, ~ widow

lorry /लौरि/ *US* लॉरि/ *UK* (*UK/ US* **truck**) *n., pl.* **lorries** लॉरी, ट्रक

lory /लॉःरि/ *n.* मधुशुक, लोरी नामक तोता

lose /लूज/ *v., pt.* **lost,** *pt. p.* **lost,** *pp* **losing** 1 खो दे., खोना: **lost** his money through the hole in the pocket 2 कहीं रखकर भूल जा.: **lost** the mobile phone somewhere 3 अपना कोई गुण या विशेषता गंवा दे.: ~ one's nerve/ sense of humour; ~ one's hair/ one's health/ one's memory/ one's good looks 4 अपनी पहचान या अस्मिता आदि खो दे.: ~ one's identity; he **lost** all sense of shame/ of honour/ of duty 5 पहले से कम हो.: the cloth has **lost** its colour; the flower **lost** its smell 6 हारना (खेल में): **lost** by 100 runs 7 देख/ सुन न पाना: ~ one's sight/ hearing 8 किसी को गंवा दे., गंवा बैठना: **lost** a friend in a car accident 9 गर्भपात के कारण बच्चे को गंवा दे.: **lost** the child due to miscarriage 10 युद्ध काल आदि में किसी को या किसी वस्तु को गंवाना: **lost** a friend in war 11 समुद्र आदि में डूबने के कारण किसी को गंवाना 12 अवसर गंवाना: **lost** a chance to take an exam due to sudden illness 13 छूट जा., पल्ले न पड़ना, समझ में न आना: sorry, you have **lost** me there (माफ कीजिए, आपने मुझे ठीक से नहीं समझा); ~ the end of a sentence 14 वजन आदि घटाना: she was dieting to ~ weight 15 निमग्न हो.: ~ oneself in musing (सोच-स्वप्न में डूब जा.); **lost** in thought 16 घड़ी का पिछड़ना, घड़ी का धीरे चलना: my watch **~s** two minutes a day 17 मनःस्थिति पर प्रभाव पड़ना: ~ faith/ interest/ patience, etc. 18 तल्लीन या तन्मय हो., डूब जा.: be **lost** to oneself 19 किसी से बचकर निकल जा., किसी का अता-पता खो. जा.: ~ sb's track 20 (***syn.*** evade, shake off) किसी से टलकर निकल जा.: the thief **lost** the people pursuing him in the darkness 21 रास्ता खो दे., रास्ते से भटक जा.: ~ one's way 22 समय आदि गंवाना: **lost** several hours in vain;
p&i: **~ a bargain** सौदा हार जाना; **~ all reason/ ~ one's mind/ reason** बुद्धि या विवेक खो दे.; **~ a neck** थोड़े अंतर से हार जा.; **~ caste** जाति से निकाला जा.; **~ count of sth** संख्या या मात्रा की गिनती खो दे.; **~ courage** हिम्मत हारना; **~ face** नाक कटवाना; **~ favour with sb** किसी की कृपापात्रता या समर्थन खो दे.; **~ ground** पिछड़ जा., बढ़त गंवाना; **~ heart** हतोत्साह होना, हिम्मत हारना; **~ honour** इज्जत खोना; **~ interest** किसी कार्य में रुचि न रहना; **~ life** जान से हाथ धोना; **~ no time in doing sth** किसी कार्य को तुरंत कर दे.; **~ one's balance** संतुलन खो बैठना; **~ one's bearings** घबरा जाना, किंकर्त्तव्यविमूढ़ हो जाना; **~ one's breath** हांफने लगना; **~ one's cool** आपे से बाहर हो.; **~ oneself in sth** सुध-बुध खो बैठना, में रम जा., तल्लीन हो.; **~ one's grip over sth** किसी चीज या बात पर अपनी पकड़ खो बैठना; **~ one's head/ one's reason/ one's senses** गुस्से में सुध-बुध खो दे. या दिमाग खराब हो जा./ विवेक खो दे./ होशो-हवास खो बैठना; **~ one's heart** हिम्मत हारना.; **~ one's heart to sb** किसी को दिल दे बैठना; **~ one's licence** गाड़ी चलाने के अयोग्य घोषित हो.; **~ one's life** जान गंवा दे.; **~ one's marbles** होशो-हवास खो बैठना; **~ one's nerve** हिम्मत हारना; **~ one's place** 1 पिछड़ जाना 2 अपनी साख खो बैठना 3 पढ़ते-पढ़ते वह स्थान (पृष्ठ या पैरा) भूल जाना जहां पढ़ना छोड़ा था; **~ one's rag** गुस्से से लाल-पीला होना; **~ one's seat/ election** चुनाव हार जाना; **~ one's shirt = ~ one's temper** आपे से बाहर होना; **~ one's legs** कुछ ज्यादा पी ले., अपने पांवों पर खड़ा न हो पाना; **~ one's voice** गला खराब होने की वजह से आवाज बैठ जा.; **~ one's way** रास्ता भूल जा., रास्ते से भटक जा.; **~ one's wool** ताव में आना, आपा खोना; **~ out on sth** 1 असफल हो जा., हार जा. 2 हानि उठाना; **~ out to sb/ sth** 1 किसी से हार जा. या किसी से पिछड़ जा. 2 किसी के मुकाबले में धंधा गंवा बैठना; **~ patience** धैर्य खो बैठना; **~ sense of shame** शर्म-ओ-हया घोल कर पी जाना; **~ sight of** आंख से ओझल हो जा., ध्यान में न रहना, किसी बात का छूट जाना; **~ sleep over sth** किसी बात को लेकर बेहद चिंता में हो. (नींद उड़ जाना); **~ the day** हार जाना; **~ the lead** मुकाबले में पिछड़ जा.; **~ the thread of a conversation** बातचीत का सिलसिला खो दे.; **~ touch with sth** 1 से संपर्क छूट जाना 2 किसी विषय या समस्या से संबंध का सूत्र टूट जाना 3 कुछ करने की तकनीक भूल जाना; **~ the post** अपना पद गंवा दे.; **~ the thread of sth** किसी चीज से संपर्क या संबंध-सूत्र टूट जा.; **~ track of sth** किसी मामले का अता-पता खो बैठना; ~

wits होश उड़ना, अक्ल चरने जाना;
be losing it पागल हो.; **fight a losing battle** निश्चित हार के खतरे के बावजूद संघर्षरत रहना; **heads I win, tails you ~** 1 चित्त भी मेरा, पट भी मेरा 2 दोनों स्थितियों में जीत हो.; **my hints were not lost upon him** मेरे संकेत को वह समझ गया; **their quickness to ~ heart was not lost on their enemies** उनका जल्दी हिम्मत हारने की कमी दुश्मनों ने पकड़ लिया

loser /लूज़ः/ *n.* 1 पराजित व्यक्ति, हारने वाला 2 जीवन में असफल व्यक्ति: a bad/ poor/ good ~ 3 खोने वाला, हानि उठाने वाला आदमी;
p&i: **a bad ~** हारने के बाद पस्त हिम्मत होने वाला; **a good ~** हार कर भी हिम्मत न हारने वाला; **a two-time/ three-time/ big-time ~** दो बार/ तीन बार/ बहुत बार जेल जानेवाला; **come off a ~** घाटे में रहना

losing /लूज़िंग/ *adj.* 1 घाटे का 2 सदा असफल 3 हार जाने वाला: play a ~ game

loss /लौस/ *US* लॉस/ *n.*, **~es** 1 हानि, क्षति: his stupidity may lead to a big ~ 2 घाटा: a ~ of 10 million rupees (एक करोड़ रुपये की हानि); irreparable ~ (भरपाई न की जा सकनेवाली हानि); have a ~/ meet with a ~ (घाटा उठाना) 3 नुकसान: dead ~ (शुद्ध हानि); sell at a ~ 4 लोप: total/ partial ~ of hearing; ~ of one's eyesight 5 मौत: the ~ of life; come to terms with the ~ of one's mother; console sb in his/ her ~ 6 छिन जाने का आभास या स्थिति: a great ~ to the country; **~es** in manpower and material 7 कमी, घटाव, गिरावट: ~ of strength; ~ in altitude;
collocations: **~ adjuster** *insurance* बीमा कंपनी की ओर से नुकसान का आकलन करने वाला अधिकारी; **~ leader** *commerce* ग्राहकों को आकृष्ट करने के लिए कम दाम पर बेची जाने वाली वस्तु; **the ~ of a battle/ of a contest** लड़ाई या मुकाबले में हार;
p&i: **a sense of ~** कुछ खोने का अहसास; **be at a ~ to say sth/ be at a ~ for words** कुछ कह न पाना, किंकर्त्तव्यविमूढ़ या हक्का बक्का हो जा.; **be a dead ~** एकदम निकम्मा या बेकार हो.; **her tantrums left him at a complete ~** उसके नखरों व झल्लाहट (चोंचलेबाजी) ने उसे हक्का बक्का कर दिया; **make/ suffer a ~** हानि उठाना; **no great ~ without some small gain** खोकर ही कुछ पाया जाता है, बुराई नहीं तो भलाई भी नहीं; **one person's ~ is another's gain** किसी की हार किसी की जीत; **without any ~ of time** बिना और समय गंवाए

lost /लौस्ट/ *adj.* 1 भटका/ खोया हुआ 2 गुमशुदा 3 खोया-खोया-सा 4 लुप्त 5 व्यर्थ गंवाया हुआ: ~ happiness 6 *pt.*, **'lose'** का भूतकालिक रूप, खोया हुआ;
dw/lw: **long-~** *adj.* बहुत दिनों से खोया हुआ;
collocations: **~ and found** खोया और मिला हुआ सामान आदि; **~ cause** ऐसा नेक कार्य जिसके लिए संघर्ष की सफलता की कोई संभावना न हो; **~ generation** 1 प्रथम विश्व-युद्ध में मरनेवाले लोग 2 प्रथम विश्व-युद्ध के फलस्वरूप मोह भंग होने के कारण बहुत सारे अमेरिकी प्रसिद्ध नागरिकों, जिनमें ऐरनेस्त हेमिंग्वे (Ernest Hemingway) और एफ स्कॉट फिट्ज़जिराल्ड (F. Scott Fitzgerald) भी शामिल थे, की पीढ़ी जो अमेरिका से पलायन कर पेरिस आदि नगरों में बस गए थे 3 कोई भी पीढ़ी जिसने अपने से पहले या अपने समय के मूल्यों को ठुकरा दिया हो; **~ motion** खाली चाल; **~ property** *n. UK* खोई हुई वस्तु या संपत्ति; **~ property office/ department** खोई हुई वस्तुओं का कार्यालय;
p&i: **~ cause** पराजित होनेवाला अभियान; **~ in astonishment** हैरानी से हक्का बक्का; **~ in sth** किसी पुस्तक, लेख या अन्य किसी विचार में डूबा हुआ; **~ one's touch** क्षमता खो दे.; **~ to sb** किसे के लिए क्षतिकर हो.; **~ to sth** किसी बात के लिए भारी हानि होना;
be ~ without sb/ sth किसी या किसी चीज के बिना जीने या काम करने की क्षमता खो दे.; **be ~ on sb** किसी को मजाक, कटाक्ष या अन्य बात समझ में न आना; **Get lost!** निकल जाओ ! दफा हो जाओ!; **give sb up for ~** किसी को मृत समझकर भूल जा.; **make up for ~ time** गंवाए गए समय की आपूर्ति क.; **that is not ~ that comes at last** देर आए दुरुस्त आए या कभी न आने से तो देर से आना भला; **what's lost is ~** जो खो गया, सो खो गया

lot /लौट/ *US* लाःट/ *n.* 1 (***syn.*** destiny) भाग्य, किस्मत, तकदीर: cast/ throw in one's ~ with sb; his ~ has been a hard one 2 हाल, हालत, स्थिति: remedy the ~ of homeless; pitiable ~ of the unemployed youth 3 लॉटरी आदि की पर्ची: draw a ~; settle sth by a draw of ~ 4 (**one's lot**) हिस्सा: that is your ~!; sb's ~/ portion (किसी का खाने आदि का हिस्सा); the ~ came to/ fell upon me; fall to sb's ~ to do sth (किसी कार्य को पूरा करने का काम किसी के हिस्से आना) 5 (*colloq., usually* **a ~ of/ ~s/ ~s of/ a fat ~**) ढेर सारे, ढेरों: an awful ~ of work 6 (**a ~**) बहुत ज्यादा: **a** ~ better/ older/ quicker, etc.; a ~ more 7 किश्त, खेप: a new ~ of hats; one ~ of washing 8 (**the lot**) सब कुछ, कुल रकम आदि, पूरी संख्या या मात्रा: eat the whole ~; buy in one ~ (पूरा माल खरीद लेना); whole ~/ all the ~ 9 जमीन का टुकड़ा, भूखंड, भूभाग: parking ~ 10 भाग्यपत्रक 11 नीलामी से बेची जाने वाली वस्तु: ~ No. thirteen (13) looks interesting 12 लोग, समूह: move on, you lazy ~!; a bad ~ (दुष्ट लोग, बदमाश लोग);
collocations: **~ production** थोक में उत्पाद;
p&i: **a bad ~** बेईमान व्यक्ति; **across ~s** बिल्कुल नाक की सीध में; **a fat ~** बहुत अधिक, अथाह; **a job ~** थोक में बेचा जानेवाला फुटकर माल; **all over the ~** सब जगह; **by ~** लॉटरी से; **cast (in) one's ~ with sb** अपनी किस्मत किसी से जोड़ लेना; **draw ~s** लॉटरी निकालना; **fall to sb's ~ to do sth** कोई काम किसी के हिस्से आना; **one's ~ is cast** फैसला हो चुका; **this/ that little ~** खराब या अस्त-व्यस्त हालत; **throw in one's ~ with sb** किसी अपना भाग्य जोड़ ले.; **What a ~!** कितने खराब लोग या चीजें हैं!

lo-tech *adj.* = low tech

loth /लोथ/ (*also* **loath**) *adj.* अनिच्छुक

lotion /लोशन/ *n.* लोशन, त्वचा पर लगाई जाने वाली क्रीम

lothario /लअथेअरिओ/ *adj.* लंपट (यौन-उन्मादी), कामुक;
p&i: **a gay ~** लंपट आदमी

lotion /लोशन/ *n.* लोशन, एक प्रकार की क्रीम

lottery /लौटरि/ *US* लाःटरि/ *n.*, **lotteries** 1 (***syn.*** gambling) लाटरी, जुआ: ~ ticket 2 भाग्य का खेल 3 आकस्मिक बात या होनी: a sudden ~

lotto /लॉटो/ *n.* (***syn.*** bingo) बिंगो नामक खेल का पुराना नाम

lotus /लोटस/ *n.* कमल, पंकज, पद्म;
dw/lw: **~-eater** *n.* 1 स्वप्न-विलासी 2 जिसे निष्क्रिय होकर सुस्ताते हुए जीवन जीने में मजा आता हो; **~-eating** *n.* स्वप्न-विलास; **~-land** *n.* ऐशो-आराम व स्वप्नों का लोक; **~-position** *n.* पद्मासन;
p&i: **~-eater** सुस्त व्यक्ति, हाथ पर हाथ धरे बैठा रहनेवाला आदमी

louche /लूश/ *adj.* 1 (***syn.*** disreputable) बदनाम 2 (***syn.*** shifty) धूर्त, चतुर

loud /लाउड\/ *adj., degr.* **~er, ~est** 1 ऊंचा, ऊंची: ~ voice/ cry/ laugh 2 महाघोष: a ~ horn 3 कोलाहलपूर्ण: streets ~ with life 4 (***syn.*** gaudy, garish) चटकीला, भड़कीला: ~ colours 5 प्रबल, जोरदार: ~ complaints 6 (***syn.*** aggressive and coarse) तीव्र, कर्कश: ~ behaviour;

adv. ऊंचा, ऊंचे-ऊंचे: talk ~;
dw/lw: **~hailer** /~हेलः/ *n.* (***syn.*** bull-horn) चल ध्वनि वर्धक उपकरण; **~ish** /लाउडिश/ *adj.* थोड़ा ऊंचा या ऊंची (आवाज वाला); **~ly** /~लि/ *adv.* ऊंची आवाज में, जोर से; **~-mouth** *n.* ऊंचे-ऊंचे बोलकर शेखी बघारने वाला व्यक्ति; **~-mouthed** *adj.* ऊंचा-ऊंचा या जोर से बोलने वाला; **~ness** /~नेस/ *n.* 1 शोर, कोलाहल 2 आवाज की ऊंचाई, तीव्रता 3 प्रबलता 4 शोर का स्तर; **~speaker** /~स्पीकः/ *n.* 1 ध्वनि-वर्धक उपकरण, ध्वनि-विस्तारक 2 लाउडस्पीकर; **~-spoken** *adj.* ऊंचा या जोर से बोलने वाला;
collocations: **~ and clear** बिल्कुल साफ (आवाज में या शब्दों में); **~ clothes** भड़कीले कपड़े; **~ complaints** जोरदार या प्रबल शिकायतें; **out ~** किसी की बात जिसे दूसरे सुनते या मानते हैं;
p&i: **~ly dressed** भड़कीले कपड़े पहने हुए; **~ thinking** मुखर रूप से सोचने की क्रिया; **as ~ as thunder** बिजली की गरजन जैसा

lounge /लाउंज/ *n.* 1 *UK* (***syn.*** living/ sitting room) निजी घर में विश्राम-कक्ष, बैठकखाना, विश्रांतिका 2 वह कमरा जहां लोग सुस्ताते हैं 3 *US* होटल में बड़ा-सा प्रतीक्षा कक्ष 4 (*also* **departure ~**) हवाई अड्डे आदि पर बड़ा-सा प्रस्थान कक्ष;
v., *pt.* **~d**, *pp* **lounging** 1 (***syn.*** laze) लेटकर या बैठकर सुस्ताना, अलसाना, आराम क. 2 (***syn.*** laze around) मटरगश्ती क., व्यर्थ समय गंवाना;
dw/lw: **~r** /लाउंजः/ *n.* 1 निठल्ला, सुस्तानेवाला 2 सुस्ताने के समय पहने जाने वाली ढीली पोशाक; **loungingly** *adv.* सुस्ताते हुए
collocations: **~ bar** (*also* **saloon**) होटल, पब आदि में मयखाना; **~ lizard** निठल्ला, किसी दिलपसीज नारी का कृपापात्र बनने की आशा में उच्च अभिजात समाज के दावतों और रंगरलियों में हिस्सा लेनेवाला; **~ suit** कामकाजी या कार्यालयी पोशाक; **~ suite** एक सोफा और दो आराम कुर्सियों का सेट;
p&i: **~ about/ around** 1 सुस्ताते हुए लेटे या बैठे रहना 2 आराम-मस्ती क.; **~ away one's time** खाली बैठ या लेटकर समय बिताना, बेकार में समय गंवाना

loupe /लूप/ *n.* छोटा आवर्धक लेंस जिसका प्रयोग जौहरी और घड़ीसाज जैसे पेशेवर लोग करते हैं

lour /लाउअः/ (*also* **lower**) *v., pt.* **~ed**, *pp* **~ing** 1 काले, घने बादलों का घिर आना, घटा छा जा. 2 विषादपूर्ण नजर से घूरना, घुड़कना;
n. चिंघाड़, चीख
dw/lw: **~ing** *adj.* काले, घने बादलों वाला

lou\se /लाउस/ *n., pl.* **lice** /लाइस/ 1 जूं 2 चीलर 3 छगोड़िया: body **~se** 4 कुटकी: biting **~se** 5 *sl.* (*pl.* **louses**) गंदा, घिनौना व्यक्ति;
v., *pt.* **~sed**, *pp* **~sing** 1 बालों आदि से जुएं निकालना 2 खराब क.;
dw/lw: **lou\sy** /लाउजि/ *adj. degr.* ~sier, ~siest 1 जुओं भरा 2 बेकार, गंदा, खराब 3 (***syn.*** awful) घटिया, घिनौना 4 किसी नकारात्मक वस्तु या क्रियाओं से लबालब भरा: ~sy with money (पैसे में डूबा हुआ); ~sy with lice; ~sy with cops (पुलिसवालों से भरा हुआ); **~sily** /लाउजिलि/ *adv.* खराब या भद्दे तरीके से; **~siness** /लाउजिनेस/ *n.* घटियापन, घिनौनापन;
p&i: **~se sth up** खराब कर दे.

lout /लाउट/ *n.* 1 अनगढ़, अनपढ़, गंवार (पुरुष) 2 (***syn.*** yob) उद्दंड, बदतमीज;
dw/lw: **~ish** /लाउटिश/ *adj.* बेढंगा, मूर्ख; **~ishness** *n.* गंवारपन, अनगढ़ता, मूर्खता

louver /लूवः/ (*also* **louvere**) *n.* 1 झिलमिली, दीवार में लगा जंगला 2 हवा आने या धुआं निकलने के लिए चिमनी;
dw/lw: **~ed** *adj.* झिलमिली लगा जंगला या रोशनदान: ~ed shutter

lovable (*also* **loveable**) /लवअबल/ *adj.* 1 (***syn.*** endearing) प्यारा, सुप्रिय, प्रीतिकर: a ~ child 2 प्रेम के काबिल

lovage /लविज/ *n.* अजवायन

love /लव/ *v., pt.* **~d**, *pp* **loving** 1 प्यार क., प्यार हो जा., अनुरक्त हो., प्रेम भाव रखना 2 (**would ~ /to/**) किसी को या किसी कार्य को बहुत पसंद क., चाहना: I would so much ~ to see you again 3 दुलारना, चुमकारना: ~ one's children 4 स्नेह क.: ~ one's parents/ one's friends 5 अच्छा लगना: ~ chocolate biscuits 6 (***syn.*** adore) किसी काम को करने में मजा आना, उसे पसंद क.: ~ to swim; some people ~ to find mistakes; he doesn't ~ to be told the truth; I'd ~ to 7 लगाव हो., किसी वस्तु या हस्ती से लगाव हो.: ~ one's country;
n. 1 प्रेम, प्रीति, मुहब्बत, प्यार: unrequited ~ (एकतरफा प्यार); ~ is blind; fall out of ~ with sb; marry for ~; his first ~; ~ at first sight 2 अनुराग, अभिरुचि, पसंद: ~ for profession; for ~ of the game 3 स्नेह: ~ for one's children/ parents/ friends 4 निःस्वार्थ प्रेम: ~ of country; ~ of benevolence 5 प्रणय, रति 6 काम 7 वात्सल्य, ममता 8 प्रेमपात्र, स्नेहभाजन 9 *UK* (my ~!) (प्रिय, जिसे प्यार दर्शाने के लिए कहा जाता है) 10 प्रेमी, प्रेमिका: I have lost my ~ 11 शून्य (खेल में): ~ all (किसी खेल मुकाबले में दोनों पक्ष शून्य-शून्य पर बराबर);
dw/lw: **~-apple** *n.* टमाटर; **~bird** *n.* 1 एक प्रकार का छोटा तोता 2 प्रेमियों का जोड़ा; **~child** *n.* अवैध संतान, जारज संतान; **~d-up** *adj.* 1 मादक पदार्थ के नशे की उड़ान पर 2 किसी के लिए प्रेम से ओत-प्रोत; **~-favour** *n.* प्यार भरा उपहार; **~-feast** *n.* आदि ईसाइयों के बीच भाईचारा मिलन, प्रीति-भोज; **~-ful** *adj.* प्रेम में डूबा हुआ; **~-hate** *adj.* प्यार में बनता-बिगड़ता संबंध, कभी धूप-कभी छांव वाला नाता; **~-in** *n.* 1 प्रेमियों के मिलन की दावत 2 दिखावापूर्ण प्रेम मिलन; **~-in-a-mist** *n.* बगीचे का एक पौधा जिसके फूल हल्के नीले या सफेद और पत्ते पंखनुमा होते हैं; **~-juice** *n.* वीर्य; **~-knot** *n.* दुहरी गांठ; **~lace** /लवलेस/ *n.* 1 लंपट 2 एक साहित्यिक पात्र (after a character in Samuel Richardson's novel *Clarissa*); **~less** *adj.* बिना प्यार के, प्रेमशून्य: ~less marriage; **~-lies-bleeding** *n.* एक पौधा जिसके लाल-बैंगनी फूल नीचे की ओर झुके होते हैं; **~liness** /लवलिनेस/ *n.* (***syn.*** beauty) मनोहरता, सौंदर्य, सुप्रियता; **~lock** *n.* लट, काकुल; **~lorn** /लवलॉःन/ *n.* प्रेम में ठुकराया हुआ, प्रेमातुर, विरही; **~ly** *see below under a separate entry*; **~making** *n.* 1 प्रेमाचार 2 सहवास, संभोग; **~-match** *n.* प्रेम-विवाह; **~-mate** *n.* प्रेम-साथी, प्रेमी, प्रेमाचार में एक-दूसरे के साथी, सहवासी; **love\-philtre** /लव-फिल्टः/ *n,* वशीकरण-पेय; **~r** *see below under a separate entry*; **~rly** /लवःलि/ *adj.* प्रेमी जैसा; **~-scene** *n.* प्रेम-मिलन या प्रेमाचार का दृश्य; **~sick** *adj.* प्रेमासक्त, विरही, प्रेमातुर, प्रेमविह्वल; **~-song** *n.* प्रेम-गीत; **~-story** *n.* प्रेम कहानी; **~-token** *n.* प्रेम प्रतीक; **~worthy** *adj.* प्रेम के काबिल; **~y-dovey** /लवि-डवि/ *adj.* प्रेमी-प्रेमिका का ऐसा जोड़ा जो भावुकतापूर्ण ढंग से यानी मूर्खतापूर्ण तरीके से अपने प्यार का सार्वजनिक प्रदर्शन करते हैं; **loving** *see below under a separate entry*;
collocations: **~ affair** 1 प्रेम प्रसंग 2 (***syn.*** passion) किसी कार्य या वस्तु के प्रति ओजपूर्ण लगाव; **~ bite** (*US* **hickey/ hickie**) प्रेमी या प्रेमिका की गर्दन आदि पर गहन चुंबनों के निशान; **~ handles** पीठ के नीचे कमर की दोनों तरफ चर्बी का जमाव; **~ interest** फिल्म में प्रेमी पात्र; **~ letter** प्रेम-पत्र; **~ life** प्रेम जीवन, प्रेम-लीला; **~ marriage/ ~ match** प्रेम-विवाह; **~ nest** ऐसा एकांत स्थान जहां प्रेमी-प्रेमिका बिना किसी विघ्न के समय बिता सकते हैं; **~ of books** पुस्तक-प्रेम; **~ potion** एक प्रकार का कामोत्तेजक पदार्थ, वशीकरण-पेय; **~ seat** दो जनों के बैठने के लिए एक आरामदेह सीट; **~ triangle** प्रेमी तिकोना (जैसे पति-पत्नी और वो);

a labour of ~ प्यार से किया गया काम; **brotherly** ~ भाई जैसा प्यार; **cupboard** ~ स्वार्थपूर्ण प्रेम; **unconditional** ~ बिना शर्त प्यार;

p&i: ~ **all** शून्य-शून्य का अंक, दोनों पक्षों के बराबर अंक; ~ **and cough cannot be hid** इश्क और मुश्क छिपाये नहीं छिपते; ~ **and light cannot be hid** प्रेम और प्रकाश छिपाये नहीं जा सकते; ~ **and lordship never like fellowship** आशिक और हाकिम को रकीब फूटी आंखों नहीं भाता; ~ **at first sight** पहली नजर में प्यार (हो.); ~ **begets** ~ प्रेम से ही प्रेम होता है; ~ **cannot be compelled** प्रेम कोई दबाव नहीं मानता; ~ **does much, money does everything** प्यार से कुछ हो जाता किंतु पैसे से सब कुछ हो जाता है; ~ **in a cottage** झोंपड़ी भी प्रेम का स्वर्ग हो सकता है; ~ **is a sweet torment** मीठी तड़पन का ही दूसरा नाम प्रेम है; ~ **is blind** इश्क अंधा होता है; ~ **is free** प्रेम कोई बंधन नहीं मानता; ~ **is never without jealousy** प्रेम ईर्ष्या के बिना नहीं होता; ~ **is sweet in the beginning but sour in the ending** प्रेम पहले तो मीठा लगता है किंतु अंत में कड़वा; ~ **is the loadstone of** ~ प्रेम से ही प्रेम बढ़ता है; ~ **is the reward of** ~ प्रेम का पुरस्कार प्रेम है; ~ **is without reason** प्रेम और तर्क का कोई संबंध नहीं; ~ **laughs at locksmiths** प्रेम अपना रास्ता निकाल लेता है; ~ **lives in cottages as well as in courts** प्रेम की पहुंच सर्वत्र है क्या कुटिया क्या महल; ~ **makes the world go round** प्रेम से ही दुनिया चलती है; ~ **me little and** ~ **me long** मुझे भले ही थोड़ा प्यार करो किंतु हमेशा करो; ~ **me** ~ **my dog** प्रेमी की हर शर्त मंजूर करनी होती है; ~ **one to distract** प्यार में अपने आप को भुला दे.; ~ **sb/ sth as the devil ~s holy water** किसी चीज से ऐसे ही प्यार करना जैसे कुत्ता लाठी से, बिल्कुल पसंद न क.; **~-shaft** प्यार का तीर; ~ **should not be all on one side** एकतरफा प्रेम नहीं चलता; ~ **the truth but pardon error** सत्य से प्रेम करो किंतु भूल को क्षमा कर दो; ~ **you and leave you** न चाहते हुए भी जाने का समय हो जा.;

a light o' ~ चंचल चुलबुली लड़की; **be fathoms deep in** ~ सिर से पैर तक प्रेम में डूबा हो.; **be madly in** ~/ **in** ~ **with sb** किसी के प्यार में दीवाना हो.; **calf** ~ बच्चे का प्यार; **cupboard** ~ स्वार्थपूर्ण प्रेम; **everything is fair in** ~ **and war!** प्यार और लड़ाई में सब कुछ जायज होता है! (एक दार्शनिक दृष्टिकोण); **fall in** ~ **with sb** किसी से प्यार करने लगना; **fall out of** ~ प्यार खत्म हो जा.; **faults are thick where** ~ **is thin** जिनके बीच प्रेम नहीं उन्हें एक दूसरे में कमियां ही कमियां नजर आती हैं; **for the** ~ **of God** भगवान के लिए!; **for the** ~ **of it** किसी या किसी बात के प्रति स्नेहवश; **give/ send sb one's** ~ किसी को अपना प्यार या स्नेह भेजना; **in** ~ **with sb** किसी से प्यार हो.; **make** ~ **to/ with sb** किसी के साथ संभोग क., प्रेम-विहार क.; **not to be had for** ~ **or money** किसी भी कीमत से प्राप्त नहीं किया जा सकता; **no** ~ **lost between the two** दोनों में काफी दुराव है.; **not for** ~ **or money** किसी भी हाल में नहीं, बिल्कुल भी नहीं; **platonic** ~ अशारीरिक प्रेम; **play for** ~ इसलिए खेलना क्योंकि अच्छा लगता है; **there is no** ~ **lost between them** वे एक दूसरे को पसंद नहीं करते; **the** ~ **of money and the love of learning** धन की भूख और ज्ञान की भूख एक व्यक्ति में शायद ही होती है; **unlucky in** ~, **lucky at play** प्यार में अभागा, जुए में भाग्यशाली

lovely /लवलि/ *adj. degr.* **lovelier**, **loveliest** 1 सुंदर, प्यारा: ~ joke 2 आकर्षक: ~ woman 3 रमणीय, प्रीतिकर: ~ view; ~ sunset; a ~ day (एक मनोरम दिन) 4 सुरीली, मधुर: ~ melody;

p&i: ~ **and warm** or **~, cold and quite here** यहां काफी सुकून है; **have a** ~ **time** मजेदार ढंग से समय बिताना, मौज-मस्ती क.

lover /लवः/ *n.* 1 प्रेमी, प्रेमिका: two happy **~s** 2 शौकीन: a book/ cat/ dog, etc. ~ 3 समर्थक: **~s** of peace; **~s** of liberty; your true ~

loving /लविंग/ *adj.* 1 प्रिय: your ~ friend 2 स्नेही, स्नेहमय 3 प्यार भरा 4 लाडला 5 संयुक्त शब्दों में: किसी बात का शौकीन: fun-~;

dw/lw: **~ly** /लविंगलि/ *adv.* सस्नेह, प्रेमपूर्वक, स्नेहपूर्वक;

collocations: ~ **cup** दो हत्थोंवाला प्याला जिसे प्रीति-भोज के अंत में एक-एक घूंट भरने के लिए चारों ओर घुमाया जाता है; ~ **kindness** प्रेममय दयालुता या दयाशीलता;

p&i: ~ **comes by looking** देखने या साथ रहने से प्यार होता है

LOW *abbr.* 'launch on warning' की प्रथमाक्षरी

Low[1] /लो/ *v., pt.* **~ed**, *pp* **~ing** 1 (***syn.*** moo) रंभाना 2 डकारना;

n. रंभाई, रंभण

low[2] *adj. degr.* **~er**, **~est** 1 नीचा, कम ऊंचाई का: ~ wall/ ceiling/ fence/ roof 2 निचला, निम्नस्थ, अधःस्तर: the glass is ~ (बैरोमीटर में बहुत नीचे है यानी कम तापमान है); ~ fever (कम बुखार); ~ trajectory (नीची ऊंचाई की उड़ान) 3 भूतल के करीब: ~ cloud; ~ range of hills; trees growing in ~ and shady places 4 धीमा, धीमी (गति): a ~ gear; ~ pulse 5 (***syn.*** dim) मंद, मद्धम: ~ lighting 6 धीमी, मुलायम: a ~ hum of fridge; ~ whisper 7 धूमिल: ~ visibility 8 दुखी, दुर्बल, निर्जीव, शिथिल: feel ~ after the operation 9 छिछला, उथला 10 अल्प, थोड़ा, कम, निम्न स्तर का: the river is ~ 11 अल्प, थोड़ा, कम (मात्रा, संख्या): be ~ in supply; ~ fat diet 12 (***syn.*** down) उदास, दयनीय: feel ~ after losing the job; a ~ state of health; in ~ spirits 13 (***syn.*** poor) बुरा, खराब: ~ opinion 14 (***syn.*** dishonest) बुरा, गिरा हुआ, अधम, क्षुद्र, हेय, कमीना: how can one stoop so ~? 15 ग्राम्य, गंवारू 16 निकृष्ट, घटिया, उद्दंड, अश्लील: ~ manners; ~ fellow; ~ tastes; ~ comedy 17 मंद्र, अनुदात्त 18 दीन, दरिद्र, अधम, गौण: all sorts of people, high and ~; have a ~ station in life (जीवन में गौण स्थिति हो.) 19 सस्ता, कम कीमत का 20 नीचा (गले आदि का): ~ neck 21 विनम्र, दब्बू-सा: a ~ profile 22 *phon.* धीमी, मंद, मद्धम (ध्वनि): speak in a ~ voice 23 भूमध्य रेखा क्षेत्रीय (अक्षांश आदि) 24 कम ऊंचा, छोटा (कद में): of a ~ stature (छोटे कद का);

adv. 1 निचले स्तर पर: aimed ~ and fired 2 अधम स्तर पर: never fell as ~ as that (कभी इतना नीचे नहीं गिरा, इतना अधम या नीच नहीं बना); he cannot get so ~ 3 नीचे 4 धीमे, धीमी (आवाज में): speak/ talk/ read ~ 5 धीमी गति से 6 कम दाम पर: buy ~ 7 गरीबी में: live ~ 8 मद्धम रोशनी से: burn ~ 9 काल में पहले या पीछे: you can find it as ~ as the 18th century 10 दबा-सा: lay ~ 11 संयुक्त शब्दों में: ~-cut;~-slung (नीचे टंगा हुआ);

n. 1 अधमता 2 निचाई: the rupee has reached an all-time ~ 3 शिथिलता 4 उदासी 5 अल्पता 6 निकृष्टता, क्षुद्रता 7 कम दबाव का क्षेत्र: another ~ is moving from the Bay of Bengal;

dw/lw: **~-alcohol** *adj.* कम तेज शराब वाला पेय: low-alcohol beer; **~ball** *v., pt.* ~balled, *pp* ~balling प्रोजेक्ट आदि की जान-बूझकर कीमत कम रखना: ~ball a project in order to obtain UGC funding; **~-boiling** *adj.* कम तापमान पर उबलने वाला; **lowborn** *adj.* निम्न कुल में उत्पन्न, अकुलीन; **~-bred** *adj.* 1 निम्न कुल द्वारा लालित-पालित 2 अकुलीन 3 असभ्य, गंवार, अशिष्ट; **~brow** *adj.* (***anton.*** highbrow) अशिक्षित, असभ्य; **~-calorie** /लो-कैलरि/ (*abbr.*, **low-cal** or **lo-cal** /लो-कैल/) *adj.* कम 'कैलरी' वाला, जिसमें कम कैलोरियां हों: a ~-calorie food or drink; **~-cost** *adj.* सस्ता; **~-cut** *adj.* गर्दन व छाती को दिखानेवाली (स्तन-दर्शी): a ~-cut dress; **(the) ~down** *n.* किसी के बारे में गुप्त ढंग से प्राप्त की हुई सनसनीखेज सूचना: a ~down about sb's love affair;

~-end *adj.* सस्ते स्तर का; ~-fat *adj.* कम चर्बीवाला: a ~-fat diet; **~-grade** *adj.* घटिया स्तर का, अपकृष्ट; **~-impact** *adj.* 1 शरीर पर कम दबाव डालने वाली गतिशीलता 2 कम परिवर्तन लाने वाला; **low-key** *adj.* 1 धूमिल-से रंगों से बने (चित्र, फोटो आदि) 2 जो अपनी ओर ज्यादा ध्यान न खींचता हो 3 बिना किसी ताम-झाम या सनसनी के; **~land** *n.* 1 समुद्र तल से नीचे की भूमि, निम्नभूमि 2 स्कॉटलैंड की कम पर्वतीय भूमि: the Lowlands of Scotland; **~-level** *adj.* 1 निम्न स्तर का 2 यंत्र भाषा के निकट (computer): ~-level language 3 अधम स्तर का, घिनौना: ~-level attack; **low-life** *see below under a separate entry*; **~-lights** *n. [pl.]* सिर के बालों का वह हिस्सा जहां रासायनिक पदार्थों की बदौलत ज्यादा कालापन आ गया है; **lowliness** *n.* 1 निम्न या सामान्य स्तर 2 सादगी, शालीनता: ~liness of mind; **lowly** *adj. degr.* lowlier, lowliest 1 निम्न श्रेणी का: a ~ly job (निम्न कोटि का काम) 2 सीधा-सादा व विनम्र (व्यक्ति) 3 नीची: ~ly lands; **~-lying** *adj.* नीचा, निम्न स्तर का: ~-lying ground; **~-maintenance** *adj.* रख-रखाव की कम कीमतवाला; **~-minded** *adj.* नीच, कमीना, ओछा, अधम मानसिकता का (आदमी); **~-paid** *adj.* कम मजदूरी पानेवाले लोग; **~-pitched** *adj.* 1 (आवाज) तीव्रता में निम्न, धीमी 2 कम ढलवीं (छत); **~-point** *n.* सबसे कम रोचक बिंदु; **~-powered** *adj.* कम शक्ति वाला (इंजन आदि); **~-pressure** *adj.* कम दबाववाला; **~priced** *adj.* कम दामवाला, सस्ता; **~-ranking** *adj.* गौण; **~-reception** *n.* संयत तथा शोर-शराबे के बिना प्रीतिभोज; **~-rent** *adj.* घटिया या निम्न स्तर का; **~-risk** *adj.* = safe जिसमें कम खतरा हो; **~-spirited** *adj.* उदास, अनमना, पस्त-हिम्मत; **~-rise** *adj.* 1 कमर से नीचे तक आनेवाली (पैंट) 2 (***anton.*** ~-rise) नीची या कम मंजिली इमारत; **~-slung** *adj.* नीचे तक लटकती हुई; **~-tech** /लो-टेक/ *n.* = lo-tech नीचे स्तर की तकनीक, ≠ **high-tech** उत्तम तकनीक; **~-water-mark** *n.* 1 स्तर जिस तक भाटा पहुंचता है 2 ऐसे स्तर को दिखानेवाली रेखा 3 भाटा का निम्नतम स्तर;

collocations: ~ **caste** छोटी जाति, निम्न जाति; ~ **class** निम्न वर्ग का; ~ **comedy** सतही हास्य-रस पर आधारित प्रहसन; ~ **cloud** नीचे झुके बादल; **Low Countries** हॉलैंड, बेल्जियम, ल्युक्समबर्ग जो समुद्र तल से नीचे की भूभि पर बसे हैं; ~ **frequency** 1 रेडियो की 30 से 300 किलोहर्ट्ज प्रति सैकंड तक का बैंड 2 'low-frequency vibrations' की श्रेणी के विद्युत धारा, वोल्टेज या ध्वनि-तरंगों से संबंधित; ~ **gear** धीमी गति; **Low German** विशेष क्षेत्रों की बोलियों के समावेश से बनी जर्मन भाषा; ~ **hum** मद्धम स्वरीय शोर; ~ **land** निम्नभूमि, निचान की धरती; **Low Latin** क्लासिकल काल के बाद या यूरोप में मध्य काल में प्रयुक्त होनेवाली लातीनी भाषा; ~ **lighting** मद्धम रोशनी; **Low Mass** साधारण यानी बिना संगीत और धूप बत्ती की मिस्सा; **lowest of the** ~ निम्नतम, सबसे कम या निचला; ~ **profile** 1 कम ताम-झाम वाला, विनम्र 2 संयत चाल-ढाल व बोलचालवाला; ~ **river** कम गहरी या कम पानी वाली नदी; ~ **season** (*also* **off season**) साल का ऐसा समय जब बहुत कम सैलानी आते हैं; ~ **tide** भाटा; ~ **voltage** कम वोल्टेज; ~ **water** उथला पानी; ~ **water mark** ≠ high water mark भाटे के समय समुद्र का निम्नतम स्तर;

p&i: ~ **form of animal life** जीव-जगत में निम्न-स्तर के प्राणी; ~ **hedge is easily leaped over** छोटा काम आसानी से सध जाता है; ~ **in sth** किसी चीज का औसत से कम हो.: ~ in fat (चर्बी का कम हो.); ~ **on brains** दिमाग कम हो.; ~ **on sth** किसी चीज का औसत से कम सेवन क.: ~ on coffee (कम कॉफी पीना); ~ **on priorities** किसी की योजनाओं की सूची में नीचे हो.;

aim ~ and fire निचले स्तर पर निशाना साधकर गोली दागना; **all-time** ~ अब तक का निम्नतम स्तर (सबसे नीचे का); **a new/ all-time, etc. ~ record** न्यूनतम/ अब तक का निम्नतम स्तर; **be at a ~ ebb** 1 सबसे निचले स्तर पर हो. 2 हिम्मत पस्त हो.; **be brought** ~ स्वास्थ्य, संपत्ति, स्थिति आदि में गिरावट लाना; **be ~ in pocket** पैसे कम हो.; **bring sb** ~ किसी का अधोपतन क.; **feel** ~ पस्त-हाल या पस्त-हिम्मत हो.; **have a ~ opinion** किसी के बारे में खराब विचार हो.; **keep a ~ profile** अपनी चाल-ढाल और कार्य-कलाप संयत रखना, दब्बू जीवन जीना; **lie** ~ 1 अपनी चाल-ढाल और कार्य-कलाप को संयत रखना 2 पर्दे के पीछे रहना; **make a ~ bow** झुककर प्रणाम क.; **run** ~ कम हो. या पड़ना, खत्म होने को हो.; **stoop** ~ कमीनेपन पर उतर आना

lower /लोअः/ *adj.* 1 निम्नतर: ~ middle class; ~ orders; the ~ ranks of life/ the ~ walks of life 2 निचला: ~ deck; ~ jaw/ jaw-bone 3 अवर 4 न्यूनतर 5 कम विकसित 6 नदी के निचले हिस्से के पास यानी नदी-स्रोत से दूर 7 दूरतर स्थान 8 निचानवाली;

v., *pt.* **~ed**, *pp* **~ing** 1 नीचे उतारना, नीचे गिराना: ~ one's voice to a whisper 2 कम क., घटाना: ~ prices; ~ the rent of a house; poor diet **~s** resistance to illness 3 संख्या या मात्रा में कम हो., घटना, कम हो जा. 4 कम तीव्र क.: ~ one's tone 5 झुकाना: ~ one's eyes 6 बादलों का घिर आना, मौसम खराब होने को हो. 7 खिड़की आदि के शटर (shutter) गिराना 8 नीचे गिराना;

n. 1 गुस्सैल तेवर 2 क्रोध भरी नजर 3 धुंधलापन, कालिमा;

dw/lw.: **~-case** (*abbr.* **lc**) रोमन लिपि में छोटे अक्षर: a, b, c ..., etc. 2 लोअर केस, प्रूफ-रीडिंग में चिह्न **'lc'**;

collocations: ~ **case** छोटे अक्षर; ~ **class** निम्न वर्ग, मजदूर वर्ग; ~ **garment** अधोवस्त्र, नीचे (अंदर) पहने जाने वाले वस्त्र (बनियान, जांघिया आदि); ~ **house**/ **chamber** अवर सदन, निचला सदन (भारत की संसद में: लोक सभा); **Low Latin** मध्यकालीन यूरोप में प्रयुक्त होने वाली लातीनी भाषा; ~ **lid** निचली पलकें; ~ **limit** निम्नतम सीमा; ~ **middle class** निम्न मध्य वर्ग; ~ **world** 1 धरती 2 नरक;

p&i: ~ **oneself** अपनी तौहीन करवाना; ~ **one's flag** अपनी गलती/ अपना कसूर मानना; ~ **one's sail** हथियार डाल दे./ हार मान लेना; ~ **sb in sb's opinion** किसी को किसी की नजरों में गिराना; ~ **sb's confidence** किसी के विश्वास में कमी लाना; ~ **sb's pride** किसी के मान-सम्मान को ठेस पहुंचाना; ~ **sth away** गिराना, झुकाना, उतारना (जहाज की नौका, पाल आदि); ~ **the lifeboat** जीवन रक्षक नौका को पानी में उतारना;
it belongs to a ~ date (यह बाद की तारीख का है)

lowermost /लोअःमोस्ट/ *adj.* सबसे छोटा/ कम, निम्नतम: ~ limit (निम्नतम सीमा)

lowest /लोअस्ट/ *adj.* निम्नतम या न्यूनतम;

collocations: ~ **common denominator** (*abbr.*, **LCD**) लघुत्तम समापवर्त्य; ~ **common multiple** (*abbr.*, **LCM**) लघुतम समापवर्तक; ~ **limit** निम्नतम सीमा;

p&i: **at the** ~ कम से कम

low-life *adj.* 1 निम्न-स्तरीय, अश्लील व भद्दा: ~ scum;

n. (**lowlife**) *pl.* **lowlifes** 1 आपराधिक जगत के लिए प्रयुक्त जातिवाचक संज्ञा 2 अपराधी समुदाय का सदस्य 3 बेईमान व नीच आदमी

lox /लौक्स/ *US* लाःक्स/ *pl.* **lox**/ **~es** 1 एक प्रकार की सालमोन 2 *abbr.*, 'liquid oxygen' का संक्षेप (*see below under* **loxygen**)

loxygen /लौक्सिजन/ 'liquid oxygen' का संक्षेप (द्रवित ऑक्सीजन जिसे रॉकेट के ईंधन की ज्वलननशीलता के लिए प्रयोग करते हैं)

loyal /लॉयल/ *adj.* 1 निष्ठावान, कर्त्तव्यनिष्ठ: ~ supporter 2 (***anton.*** disloyal) ईमानदार, वफादार: ~ to one's word 3 (***syn.*** true) सच्चा, विश्वासपात्र 4 राजभक्तिपूर्ण: the ~ toast to the Queen;

dw/lw: **loyal\ties** /लॉयलटीज/ *n., [pl.]* वफादारी; **~ist**

/लॉयलिस्ट/ *n.* स्वामिक्त, राजभक्त: the ~ist army; **loyal\ly** /लॉयलि/ *adv.* वफादारी से, निष्ठापूर्वक; **loyal\ty** /लॉयलटि/ *n.* 1 वफादारी, निष्ठा 2 स्वामिभक्ति, राजभक्ति: sign a ~ty oath; ~ty purge *US* (सरकारी संस्थानों में कार्यरत शक के दायरे में आए तथाकथित निष्ठाहीन कर्मियों की सफाई)

lozenge /लौजिंज/ *n.* 1 समचतुर्भुज 2 चूस टिकिया (खांसी के समय खाई जानेवाली एक मीठी गोली)

lp *abbr.,* 'line printer' की प्रथमाक्षरी

LP *abbr.,* 'long playing (record)' की प्रथमाक्षरी (रिकॉर्ड जिसमें एक तरफ 25 गाने होते हैं)

LPA *abbr.* 'Latent Patent Appeals', 'long period average' की प्रथमाक्षरी

LPCD *abbr.* 'litres per capita a day' की प्रथमाक्षरी

LPF *abbr.* 'low power factor' की प्रथमाक्षरी

LPG *abbr.* 'liquefied petroleum gas' की प्रथमाक्षरी

L-plate *abbr.,* 'Learner's plate' की प्रथमाक्षरी (ब्रिटेन व अन्य देशों में **'L'** यानी चालक द्वारा गाड़ी चलाना सीखने की द्योतक संकेतक पट्टी

LPN *abbr.* 'licensed practical nurse' की प्रथमाक्षरी

LPSC *abbr.* 'Liquid Propulsion Systems Centre' की प्रथमाक्षरी

LPT *abbr.* 'Low Power transmitter' की प्रथमाक्षरी

LPTB *abbr.* 'London Passenger Transport Board' की प्रथमाक्षरी

LR *abbr.* 'letter of request', 'Letter of Rogatory' की प्रथमाक्षरी

LRAM *abbr.,* 'Licentiate of Royal Academy of Music' की प्रथमाक्षरी

LRC *abbr.* 'Lightning Research Centre' की प्रथमाक्षरी

LRCP *abbr.,* 'Licentiate of Royal College of Physicians' की प्रथमाक्षरी

LRCS *abbr.,* 'Licentiate of Royal College of Surgeons' की प्रथमाक्षरी,

LRF *abbr.* 'Laboratory Reserve Fund' की प्रथमाक्षरी

LRQA *abbr.* 'Llyod's Register Quality Assurance' की प्रथमाक्षरी

LRTS *abbr.* 'Light Rail Transit System' की प्रथमाक्षरी

LSAT *abbr.* 'Law School Admission Test' की प्रथमाक्षरी

LSC *abbr.* 'London School of Commerce' की प्रथमाक्षरी

LSD *abbr.* 'Linked Ship Differential', 'low sulphur diesel', की प्रथमाक्षरी

LSD *abbr.,* 'lysergic acid diethylamide', की प्रथमाक्षरी (सम्मोहक प्रभाव पैदा करनेवाली नशीली दवाई जिससे इंद्रियां शिथिल हो जाती हैं और मतिभ्रम, दृष्टिभ्रम, श्रुतिभ्रम आदि हो जाते हैं)

LSE *abbr.,* 'London School of Economics', 'London Stock Exchange' की प्रथमाक्षरी

LSF *abbr.* 'Left Students Front' की प्रथमाक्षरी

LSGI *abbr.* 'Local Self Government Institution' की प्रथमाक्षरी

LSIL *abbr.* 'Laser Soft Infosystems Ltd' की प्रथमाक्षरी

LSM *abbr.* 'Leisure Sports Management' की प्रथमाक्षरी

LSO *abbr.,* 'London Symphony Orchestra' की प्रथमाक्षरी

LSR *abbr.* 'Lady Shri Ram College (DU)' की प्रथमाक्षरी

LSS *abbr.* 'Life Support System' की प्रथमाक्षरी

LSSS *abbr.* 'London School of Slavonic Studies' की प्रथमाक्षरी

LSTK *abbr.* 'Lump sum Turnkey' की प्रथमाक्षरी

LSU *abbr.* 'University of Louisiana' की प्रथमाक्षरी

Lt/ lt *abbr.,* 'language teacher', 'Lieutenant' की प्रथमाक्षरी

LTA *abbr.* 'Leave Travel Allowance' की प्रथमाक्षरी

L&D *abbr.* 'Larsen & Toubro' की प्रथमाक्षरी

LTB *abbr.* 'Learning Technology Business' की प्रथमाक्षरी

LTBM *abbr.* 'Language Technology Business Meet' की प्रथमाक्षरी

LTC *abbr.* 'leave travel concession' की प्रथमाक्षरी

Ltd *abbr.,* 'Limited' का संक्षेप (लिमिटेड कंपनी, सीमित दायिता कंपनी)

LTDP *abbr.* 'Long Term Development Plan' की प्रथमाक्षरी

LTH *abbr.* 'low temperature holding' की प्रथमाक्षरी

NTITL *abbr.* 'L&T Information Technology Limited' की प्रथमाक्षरी

LTLR *abbr.* 'long term lending rates' की प्रथमाक्षरी

LTPE *abbr.* 'Low Temperature Plastic Exploding' की प्रथमाक्षरी

LTR *abbr.* 'land transfer regulation' की प्रथमाक्षरी

LTTE's UW III *abbr.* 'LTTE's Unceasing Waves III' की प्रथमाक्षरी

LTU *abbr.* 'International Telecom Union', 'Live Terminal Unit' की प्रथमाक्षरी

LTV *abbr.* 'Life time Value', 'Loan to Value', 'long-terms visa' की प्रथमाक्षरी

lubber /लबः/ *n.* 1 मूर्ख व्यक्ति 2 गोबर-गणेश 3 बेडौल, बेढब 4 सुस्त, थुल-थुल;
dw/lw: **~ly** /लबःलि/ *adv.* मूर्खतापूर्ण ढंग से; **~-head** *n.* 1 गोबर-गणेश 2 मूर्ख, मूढ़; **~-land** *n.* काल्पनिक सर्व-बाहुल्य देश, जहां सुस्त लोगों को मेहनत करने की जरूरत नहीं;
collocations: **~'s line** सूचक रेखा, जहाज की दिशा सूचक कुतुबनुमा (compass) की सुई; **~ fiend** एक दयालु प्रेतात्मा जो रात में लोगों के कठिन काम पूरा कर देती है

lubra /लूब्र/ (*Austr.*) *n.* आदिवासी स्त्री

lubri\cant /लूब्रि\कंट/ *n.* 1 चिकनाई 2 स्नेहक 3 ओंगन 4 ऐसा तेल जिसकी बदौलत मशीनों में चिकनाई रहती है;
adj. स्नेहक;
dw/lw: **~cate** /~केट/ *v., pt.* ~cated, *pp* ~cating (***syn.*** grease) यंत्रों को तेल या ग्रीज दे., चिकनाना, ओंगना, तेल देकर चिकना क.; **~cating** /~केटिंग/ *adj.* स्नेहक, जो चिकनाई देता हो; **lubri\cation** /~केशन/ *n.* स्नेहन, तेल देने की प्रक्रिया, चिकनाहट **lubri\cator** /~केटः/ *n.* स्नेहक पदार्थ; **~cious** /लुब्रिशिअस/ (*also* **lubri\cous** /~कस/) *adj.* 1 चिकना, चिक्कण 2 फिसलवां 3 धूर्त, कामांध, लंपट; **~city** /~सिटि/ *n.* 1 स्नेहन, चिकनाहट 2 धूर्तता, चालाकी 3 *lit.* (***syn.*** lewdness) कामुकता, कामांधता, लंपटपन;
collocations: **~cation chart** स्नेहन तालिका; **forced ~cation** दबाव तले स्नेहन; **self-acting ~cation** स्व-प्रभावी स्नेहन

lucent /ल्यूसंट/ *adj.* 1 चमकीला, चमकदार, प्रकाशमान 2 (***syn.*** translucent) पारभासी

lucid /लूसि\ड/ ल्यूसि\ड/ *adj.* 1 (***syn.*** clear) स्पष्ट: ~ explanation 2 प्रांजल 3 (***syn.*** intelligible) सुबोध 4 स्पष्ट व साफ 5 (***syn.*** clear-headed) सुबुद्ध 6 अनुबोधात्मक, अनुभूतिक्षम: ~ mind 7 स्वच्छ 8 (***syn.*** sane) स्वस्थ, प्रकृतिस्थ 9 शांत;
dw/lw: **lucid\ity** /~डिटि/ (*also* **~ness**) *n.* 1 प्रांजलता 2 सुबोधता, सुबोधगम्यता 3 सुबद्धता 4 चमकीलापन 5 मानसिक स्वच्छता, शांति; **~ly** /~डलि/ *adv.* स्पष्ट ढंग से;
collocations: **~ intervals** प्रांजल या स्पष्ट अंतराल, सुबुद्ध मन की घड़ियां; **~ streams** पारदर्शी धाराएं; **the ~ firmament** दीप्त व्योममंडल

Lucifer /लूसिफः/ ल्यूसिफः/ *n.* 1 (***syn.*** Satan) शैतान: as proud as ~ 2 (***syn.*** Venus) शुक्र;
dw/lw: **lucifer** (***syn.*** lucifer match) दियासलाई; **~ous**

/लूसिफरस/ *adj.* 1 प्रकाश-दायक 2 रोशनी डालनेवाला 3 प्रबुद्ध करने वाला;

p&i: **(as) proud as Lucifer** अहंकारी, दंभी आदमी

lucifugous /ल्यूसिफ्युगस/ *adj.* प्रकाश-भीति से त्रस्त, रोशनी से डरने वाला

luck /लक/ *n.* 1 भाग्य, नियति, किस्मत: ~ was on his side, so he kept on betting 2 सौभाग्य, सुखमय जीवन: wish sb all the ~ in the world; bring sb ~ 3 दुखमय जीवन: had a bad ~ 4 संयोग: a great piece of ~ 5 आकस्मिक होनी: a stroke of ~; **(~ out)** ***v.***, *pt.* **~ed out**, *pp* **~ing out** भाग्यशाली हो.;

dw/lw: **~ily** /लकिलि/ *adv.* खुशकिस्मती से, सौभाग्यवश: ~ily for me I was wrong; ~ily I was out when he called; most ~ily for me he didn't see me; **~less** /लकलेस/ *adj.* (***syn.*** unlucky) अभागा: a ~less day;

p&i: **~ into/ onto sth** *sl.* संयोगवश हो.; **~ of the Irish** अति सौभाग्यशाली; **~ out** *sl.* खुशकिस्मत हो.;

any ~? ठीकठाक रहा क्या?; **as good ~ would have it** सौभाग्यवश; **as ill ~ would have it** दुर्भाग्यवश, बदकिस्मिती से; **a run of ~** सौभाग्यशाली अंतराल; **bad/ beginner's/ good/ rotten ~** खराब/ नौसिखिए की/ अच्छी/ बहुत बुरी किस्मत; **Bad/ Hard ~!** दुर्भाग्यपूर्ण बात है, पर कोई बात नहीं, अगली बार सफलता पाएं!; **be bad/ hard ~ on sb = be down on one's ~** खुशकिस्मत न हो.; **be in ~** किस्मत अच्छी हो.; **better ~ next time!** अगली बार भाग्य आपका साथ दे!; **press one's ~** भाग्य को आजमाना; **curse one's ~** अपने भाग्य को कोसना; **devil's own ~** अति उत्तम किस्मत; **down on one's ~** किस्मत खराब हो.; **for ~!** खुशकिस्मती के लिए!, भाग्य आपका साथ दे!; **for ~** 1 भाग्य का साथ पाने के लिए 2 यों ही!; **Good luck! = the best of ~!** शुभकामनाएं!; **have hard ~** दुर्भाग्यशाली हो.; **had the ~ to know sb** किसी के साथ जान-पहचान होने का सौभाग्य प्राप्त हो.; **in ~** सौभाग्यशाली, खुशकिस्मत; **just my/ our/ his etc. ~** किसी के साथ भी ऐसा हो सकता है; **no such ~** दुर्भाग्य से ऐसा नहीं हुआ; **one's ~ is in** भाग्यशाली रहा; **out of ~** बदकिस्मत; **push one's ~** जो भी हो प्रयास करते रहना; **rough ~** क्रूर किस्मत; **ride one's ~** भाग्य पर निर्भर क., राम भरोसे हो.; **the ~ of the draw** भाग्यवश; भाग्य की चाल से, भाग्य के निर्णय से; **there is ~ in old numbers** विषम संख्याएं भाग्यशाली होती हैं; **try one's ~** भाग्य आजमाना; **worse ~** दुर्भाग्यवश; **the ~ turns at last** आखिरकार भाग्य ने करवट ली और साथ दिया; **~ upon sth** *sl.* सौभाग्यवश मिलना; **wish sb all the ~ in the world** किसी के खुशकिस्मत होने की कामना क.; **worse ~** दुर्भाग्यवश, और बिगड़ गया

luckily *see above under* **luck:** ***dw/lw***

lucky /लकि/ *adj. degr.* **luckier**, **luckiest** 1 (***syn.*** fortunate) भाग्यशाली, सौभाग्यशाली: ~ day (भाग्यशाली दिन) 2 भाग्यवान, खुशकिस्मत: ~ fellow 3 नसीबवाला: he is a ~ dog 4 शुभ, मंगलकारी, मंगलप्रद 5 (***syn.*** fortuitous) दैवकृत: ~ escape 6 आकस्मिक: it was ~ that the weather had been good 7 (***syn.*** felicitous) ललित;

n. 1 भाग्य का साथ 2 पलायन;

dw/lw: **happy-go-~** *adj.* मस्तमौला, मनमौजी, मौज-मस्ती करने वाला;

collocations: **~ bag** बच्चों को बेचा जानेवाला बैग (थैला) जिसमें तरह-तरह की मिठाइयां आदि होती हैं; **~ charm** खुशकिस्मती के लिए पहना जानेवाला ताबीज आदि; **~ dip** फुटकर चीजों से भरे बैग में से बिना देखे चीजें निकालकर भाग्य आजमाने की क्रिया; **~ penny/ sixpence** तालिशमानी सिक्का;

p&i: **~ beggar/ bargee!** देखो, कितना भाग्यशाली है! भाग्य उसका सदा साथ देता है!; **~ in life, unlucky in love** जिंदगी में सौभाग्यशाली, प्रेम में दुर्भाग्यशाली; **~ men need no counsel** सौभाग्यशाली को परामर्श की आवश्यकता नहीं; **~ move/ hit/ shot** भाग्यशाली चाल/ निशाना;

cut/ make one's ~ भाग्य के साथ की बदौलत चौंककर भाग जाना

lucrative /लूकरअटिव/ *adj.* लाभप्रद, अर्थकर, फायदेमंद: a ~ contract/ job/ offer;

dw/lw: **~ly** /~लि/ *adv.* लाभकारी ढंग से, फायदेमंद तरीके से

lucre /लूकः/ *n.* 1 धन 2 गलत तरीके से प्राप्त किया जाने वाला आर्थिक लाभ: lure of filthy ~

lucubra\te /लुक्युब्रेट/ *v., pt.* **~ted**, *pp* **~ting** 1 रात-रातभर जागकर गहन (नैश) अध्ययन क. 2 पांडित्यपूर्ण पुस्तक, लेख आदि लिखना या भाषण दे., शास्त्रार्थ क.;

dw/lw: **lucubra\tion** *n.* 1 रात-रातभर जागकर किया जानेवाला काम 2 गहन अध्ययन 3 अच्छी तरह तराशी हुई रचना

luculent /लूक्युलंट/ *adj.* 1 स्पष्ट: ~ explanation 2 सुबोधगम्य 3 अकाट्य, जोरदार: ~ proof/ testimony

Luddite /लडाइट/ *n.* 1 उन्नीसवीं सदी के प्रारंभ में दक्ष कारीगरों का समूह जो यंत्रीकरण का इस लिए विरोध करते थे क्योंकि इससे मजदूरों की छंटनी होगी 2 तकनीकीकरण व उद्योगीकरण का सिद्धांततः विरोधी

ludic /लूडिक/ *adj.* हंसी मजाक करने वाला, हंसोड़

ludicrous /लूडिक्रस/ *adj.* 1 हास्यास्पद, हास्यजनक 2 मूर्खतापूर्ण 3 (***syn.*** absurd) बेतुका, अनर्गल 4 असंगत;

dw/lw: **~ly** /~लि/ *adv.* बेतुके ढंग से; **~ness** /~नेस/ *n.* हास्यजनकता

ludism /लूडिजम/ ल्यूडिजम/ *n., lit. theory* एक साहित्यिक सिद्धांत जिसके अनुसार पाठ और भाषा का कोई चिरस्थायी या पक्का (absolute) 'अर्थ' नहीं होता, बल्कि लेखक एवं पाठक द्वारा पाठ के साथ अठखेलियां करने से नए-नए अर्थ निकल सकते हैं

ludo /लूडो/ *n. Br.* लूडो, पांसे के साथ तख्त पर खेला जाने वाला खेल

lues /लूईज/ *n.* 1 महामारी 2 (***syn.*** syphilis) गर्मी या उपदंश

luff /लफ/ *v., pt.* **~ed**, *pp* **~ing** (जहाज को) हवा की ओर घुमाना या अनुवात यानी हवा की दिशा में मोड़ना

LUG *abbr.* 'Linux User Groups (India)' की प्रथमाक्षरी

lug /लग/ *n.* 1 फल रखने की टोकरी 2 पकड़ 3 (***syn.*** ~hole) कान: give sb a ~ (किसी के कान खींचना) 4 कसी आदि का हत्था 5 टोपियों में लगे कानों को ढकने वाले लटकते हुए पल्ले: put on **~s**;

v., *pt.* **~ged**, *pp* **~ging** घसीटना, घसीट ले जा.: ~ a heavy suit-case; ~ a handcart along the road;

p&i: **~ away** अपने पीछे खींचना या आकर्षित कर लेना; **~ away/ ~ out** किसी चीज को किसी आवरण आदि से बाहर निकालना; **~ in/ ~ into** कृत्रिम तरीके से कोई मुद्दा उठाना;

pile on (the) ~s अकड़कर चलना

luggage /लगिज/ *n. Br.* (***syn.*** baggage) सामान, असबाब: ~ van; ~ boot (कार की डिक्की); ~ office;

collocations: **hand ~** विमान में हाथ में ले जाने वाला सामान; **~ rack** रेलगाड़ी में सीट के ऊपर सामान रखने का खाना; **~ van** सामान गाड़ी

lughole /लगहोल/ *n., colloq., humorous:* = **lug** (3)

lugubrious /लअगूब्रिअस/ *adj.* (***syn.*** doleful) दुखद, विषादमय, रंजीदा;

dw/lw: **~ly** /~लि/ *adv.* दुखपूर्वक; **~ness** /~नेस/ *n.* विषादमयता, शोक

lugworm /लगवःम/ *n.* मछली को फंसाने के लिए चारे की तरह प्रयुक्त केंचुआ, समुद्री केंचुआ

lukewarm /लूकवॉःम/ *adj.* 1 कुनकुना, सोंधा, मंदोष्ण, गुनगुना, नीमगर्म, शीरगर्म: ~ water; ~ food 2 उदासीन: ~ person 3 निरुत्साहपूर्ण, मंदोत्साहपूर्ण: ~ support; ~ agreement 4 ढीला, शिथिल 5 खिन्न;

dw/lw: **~ness** *n.* उत्साहहीनता, शिथिलता, शैथिल्य

lull /लल/ *v., pt.* **~ed**, *pp* **~ing** 1 (***syn.*** soothe) शांत व तनावरहित क.: ~ the baby to sleep 2 शांत हो.: the wind **~ed**; the fury of the storm had **~ed** to some extent 3 सुलाना, लोरी गाकर सुलाना 4 बहकाकर शक या भय दूर क., बहकाकर कुछ करवाना: ~ sb's fears; ~ sb's suspicions; ~ sb into a false sense of security;
n. 1 शांति 2 सन्नाटा, खामोशी: a ~ before the storm 3 मंदी 4 थमाव, ठहराव: a ~ in conversation; a ~ in the fighting;
p&i: **~ sb into sth/ doing sth** किसी को फुसलाकर कुछ करवाना

lullaby /ललअबाइ/ *n., pl.* **lullabies** लोरी, शिशुगीत

lumbago /लंबेगो/ *n.* कमर-दर्द, कटिवेदना

lumbar /लंबः/ *adj., anat.* 1 कमर में होने या किया जाने वाला: ~ anaesthesia 2 कमर का: ~ vertebrae (कटि-कशेरुका);
v., *pt.* **~ed**, *pp* **~ing** पीठ का निचली पसली और वृक्कद्रोणी (pelvis) के बीच का हिस्सा;
collocations: **~ puncture** मिननजाइटस जैसे रोगों की जांच के लिए रीढ़ के निचले हिस्से में सूई लगाकर द्रव निकालने की क्रिया;
p&i: **~ along/ around/ off, etc.** कठिनाई से (धीरे-धीरे) चलना; **be ~ed with sth/ sb** *UK* अनचाहे काम का बोझ ढोना

lumber /लंबः/ *n.* 1 काठ-कबाड़ 2 इमारती लकड़ी, (*UK* **timber)** घर बनाने के काम आनेवाली लकड़ी: ~ drying;
v., pt. **~ed**, *pp* **~ing** 1 लकड़ी काटकर ढेर लगाना 2 काठ-कबाड़ से स्थान घेरना 3 लकड़ी को आरे आदि से काटकर लेने-लेजाने के लिए तैयार क. 4 भद्दे ढंग से चलना;
dw/lw: **~-camp** *n.* लकड़ी भंडारण गोदाम; **~ing** *n.* वन की लकड़ी की कठाई, चिराई और बिक्री; **~jack** *n.* जंगल में लकड़ियां काटनेवाला कर्मी, लकड़हारा; **~man** *n.* 1 काष्ठ-व्यवसायी 2 काठ-कबाड़ी; **~-trade** *n.* लकड़ी-व्यापार; **~yard** *n.* इमारती लकड़ी भंडारण स्थान, काठ गोदाम;
collocations: **~ jacket** गर्दन से कूल्हे तक लटकती ऊनी जैकेट; **~ kiln** लकड़ी सुखाने की भट्टी; **~ mill** लकड़ी चीरने का कारखाना; **~ room** काठ-कबाड़ आदि रखने का कमरा, कबाड़घर, कबाड़खाना;
p&i: **~ along/ ~ by/ ~ past** गाड़ियों का चर्र-मर्र करते हुए धीरे-धीरे पास से गुजरना: the heavy trucks ~ed by/ past; **~ sb with sth** किसी पर अनचाही जिम्मेवारी या बोझ लाद दे.; **~ sth (up) with sth** किसी स्थान को बेकार के सामान यानी काठ-कबाड़ आदि से भर दे.;
be in ~ हवालात में हो.; **put to ~** गिरवी रखना

lumbrical /लंबरिकल/ *adj.* कीड़े जैसा, कृमल: ~ muscle (अनुकुंडरिका)

lumen /लूमेन/ *n., pl.* **lumina/ ~s** 1 प्रकाश या दीप्ति की एक माप-इकाई 2 *biol.* जीवों में वाहिका की दीवारों और नलाकार (tubular) अंगों के बीच का स्थान, पुटी 3 अवकाशिका

luminance /लूमिनंस/ *n.* 1 दीप्ति 2 टीवी संकेतों में उज्ज्वलता (brightness) नियंत्रित करनेवाली क्रिया

luminary /लूमिनरि/ *n.* 1 प्राकृतिक प्रकाश-स्रोत (सूर्य, चंद्रमा, सितारे आदि), ज्योतिर्मय पिंड, प्रकाश-पुंज 2 तेजस्वी व्यक्ति 3 प्रकांड पंडित, जाना-माना विद्वान

luminescence /लूमिनिसंस *n.* 1 ज्योतिर्मय पिंड द्वारा पैदा की जानेवाली दमक 2 संदीप्ति;

luminescent /लूमिनेसंट/ *adj.* दीप्त, संदीप्तिशील

luminosity /लूमिनौसिटि/ *US* लूमिनाःसिटि/ *n.* 1 ज्योतिर्मयता 2 ज्योति, दीप्ति 3 *astron.* किसी खगोलीय पिंड जैसे सितारे आदि की दमक

luminous /लूमिनस/ *adj.* 1 ज्योतिर्मय, प्रकाशमान: ~ effect 2 प्रदीप्त, चमकदार: ~ body (signs); the ~ sea 3 जो अंधेरे में चमकता है: a ~ clock face; ~ dial 4 सुबोध, प्रांजल 5 प्रतिभाशाली: ~ intellect; ~ explanation 6 प्रदीपी (insect) 7 भड़कीले रंग का: ~ green socks;
collocations: **~ energy/ flux** प्रकाश-ऊर्जा की प्रवाह-मापक इकाई; **~ intensity** प्रकाश पैदा कर सकने वाली यानी दिख सकने वाली रोशनी की मात्रा; **~ signal** प्रकाश संकेत; **~ speaker/ writer** विद्वान वक्ता या लेखक

lummox /लमक्स/ *n., pl.* **~es** भोंडा, बेढब व्यक्ति, मूर्ख आदमी, उल्लू

lump /लंप/ *n.* 1 ढेला, पिंड: a ~ of coal; a ~ of ice; a ~ of clay; break up into **~s** 2 शरीर में गांठ, गुमटा, गूमड़, सूजन: a ~ in one's throat; a bad ~ on the forehead 3 समान वस्तुओं का ढेर जिसे एक वस्तु के रूप में लिया जा सकता है: he is a ~ of selfishness 4 मूढ़ आदमी, काठ का उल्लू 5 चीजों का ढेर: a ~ of money 6 (**the lump**) असंगठित भवन-निर्माण मजदूरों आदि का समूह जिन्हें कर (tax) बचाने के लिए एकमुश्त पैसा दिया जाता है;
v., *pt.* **~ed**, *pp* **~ing** 1 मिला लेना: ~ several things under one name; ~ together all expenses 2 ढेर लगाना 3 घसीटकर आगे बढ़ाना 4 एकत्रित हो जा. या क. 5 अप्रिय बात को सहना 6 अप्रसन्न हो., मनहूस या गुस्सैल शक्ल का हो.;
dw/lw: **~er** /लंपः/ *n.* मोटिया; **~fish** (*also* **~sucker**) *n.* दुनिया के उत्तर के ठंडे समुद्रों में मिलने वाली एक मछली; **~ing** *n.* करीब-करीब या मोटा-मोटा हिसाब; **~ing** *adj.* 1 बड़ा, बहुल, भरा हुआ: ~ing weight (पूरा अच्छा भार); a ~ing great helping of pudding 2 थोक का 3 भारी-भरकम (कदम), बेढब; **~ish** /लंपिश/ *adj.* 1 ढेले के आकार का, ढेलेदार 2 बोझिल, भारी-भरकम, बेढंगा, भद्दा 3 मूर्ख, बुद्धू; **~ishly** /लंपिशलि/ *adv.* फूहड़ तरीके से; **~ishness** /लंपिशनेस/ *n.* बेढंगापन, भद्दापन, मूर्खता; **~y** /लंपि/ *adj. degr.* ~ier, ~iest 1 जिसमें गांठ पड़ी हो 2 ढेलेदार, पिंडित 3 भारी-भरकम, बेढब;
collocations: **~ sugar** ढेले के रूप में चीनी; **~ sum** एक मुश्त में दिया जावेवाला पैसा: payment on a ~ sum basis; **~y sea** उद्वेलित सागर;
p&i: **~ in sb's throat** उतेजना या भावावेश के कारण गले की रुंधाई; **~ in the throat** गला भर आना; **~ large** खास आदमी होने का दंभ भरना; **~ sth/ sb together** इकट्ठे एक ही श्रेणी में डालना;
all of a ~ सब एक साथ; **a ~ of clay** मिट्टी का ढ़ेला, बेकार चीज या व्यक्ति; **by the ~** कुल मिलाकर; **take it or ~ it** चाहे लो, चाहे छोड़ दो; **in/ by/ the ~** थोक में; **in the ~** कुल मिलाकर

lumpectomy /लंपेकटमि/ *n.* शरीर से फोड़े या गूमड़े को हटाने की शल्य-क्रिया

lumpen /लंपन/ *n.* 1 बदमाश, गुंडा, जो जरा भी सुधरना न चाहता हो 2 अनगढ़, बदतमीज आदमी 3 जो संगठित लोक-शक्ति के विरुद्ध हो;
dw/lw: **~ proletariat** *n.* गुंडा-सर्वहारा तत्त्व जो अक्सर सर्वहारा वर्ग के हितों के विरुद्ध मालिकों के गुंडों के रूप में काम करते हैं; **~ proletarian** *adj.* गुंडा-सर्वहारा तत्वों से संबंधित

lunacy /लूनअसि/ *n.* 1 (***syn.*** madness) पागलपन, उन्माद, विक्षिप्तता: ~ laws 2 मूर्खतापूर्ण कार्य, बेवकूफी

lunar /लूनः/ *adj.* 1 चांद जैसा 2 चांद द्वारा पैदा किया हुआ 3 चांद से संबंधित 4 अर्ध-चंद्राकार 5 फीका, पांडु 6 चंद्रमा के उतार-चढ़ाव पर आधारित चांद्रमास 7 चंद्रमा की सतह पर प्रयुक्त होनेवाली गाड़ी: ~ vehicle;
dw/lw: **~ian** /लूनेरिअन/ *n.* 1 चंद्र-निवासी 2 चंद्र-विशेषज्ञ; **lunary = lunar**; **lunation** /लूनेशन/ *n.* चांद्रमास;
collocations: **~ caustic** क्षारक रजत; **~ distance** चांद्र दूरी; **~ eclipse** चंद्र-ग्रहण; **~ month** चांद्र मास; **~ module** चांद्र प्रतिरूपक, चंद्रयान; **~ nodes** चांद्र आसंधि; **~ orbit** चांद्र कक्षा; **~ politics** अवास्तविक राजनीति, सपनों की उड़ान; **~ rainbow** चांद्र इंद्रधनुष; **~ year** चांद्र वर्ष

lunate /लूनेट/ *adj.* नवचंद्राकार, अर्धचंद्राकार

lunatic /लूनअटिक/ *adj.* 1 (***syn.*** insane) पागल, विक्षिप्त, सनकी 2 *law* (***syn.*** maniac) बावला, उन्मादी, सिरफिरा, उन्मत्त, जिसे किसी गलत कार्य के लिए कानूनी रूप से दोषी नहीं ठहराया जा सकता: criminal ~;
collocations: ~ **asylum** मानसिक चिकित्सालय, पागलखाना; ~ **fringe** किसी राजनीतिक दल के उन्मादी तत्त्वों की टोली, उन्मादी वर्ग; ~ **policy** मूर्खतापूर्ण नीति

lunch /लंच/ *n.* दोपहर का भोजन, मध्याह्न भोजन: eat/ have/ take ~; have sth for ~;
***v.**, pt.* **~ed**, *pp* **~ing** दोपहर का खाना खाना: ~ a friend at one's club;
dw/lw: **~eon** /लंचन/ *n.* दोपहर का खाना: ~eon meat; ~eon voucher/ ticket (कंपनी आदि द्वारा दोपहर के भोजन के लिए कर्मचारियों को दी जाने वाली पर्चियां); **eonette** /लंचअनेट/ *n.* लंच की दुकान, लंच घर; **~time** *n.* दोपहर के भोजन का समय;
collocations: ~ **box** लंचबॉक्स, खाने के लिए छोटा डिब्बा; ~ **break** मध्याह्न-भोजनकाल, लंच की छुट्टी; ~ **counter** लंच के व्यंजन प्राप्त करने की खिड़की या स्थान; ~ **home** रेस्त्रां; ~ **lady** = **dinner lady** अमेरिकी स्कूलों में बच्चों को भोजन परोसनेवाली औरत;
a light ~ दोपहर का हल्का भोजन; **basket** ~ पिकनिक टोकरा, पिकनिक नाश्ता; **packed** ~ बांधकर लाया हुआ दोपहर का भोजन;
p&i: **out to** ~ हड़बड़ाहट में विचित्र ढंग से बात क.;

lune /लून/ *n.* इंदुक, अर्धचंद्राकार चित्र

lunes /लूनज/ *n., pl.* पागलपन का दौरा

lunnette /लूनेट/ *n.* 1 अर्धचंद्रक 2 छत में गोलाकार खिड़की

lung /लंग/ *n.* 1 *anat.* फेफड़ा, फुफ्फुस 2 सांस लेने का अंग;
dw/lw: **~ul** *n.* एक सांस में अंदर खींची गई हवा की मात्रा;
collocations: ~ **cavity** फेफड़े में छेद; ~ **complication** फेफड़ों में जटिलता, निमोनिया आदि; ~ **power** दमदार आवाज में भाषण आदि देने की क्षमता;
inflammation of the ~s निमोनिया;
p&i: **~s of London** लंदन के हरे-भरे पार्क, बगीचे आदि;
at the top of one's ~s ऊंची आवाज में गला फाड़कर (बोलना); **have good ~s** दमदार आवाज या बोलने की क्षमता रखना

lunge /लंज/ *n.* 1 आगे की ओर आकस्मिक झपट, झपट्टा, झटका 2 हूल, झोंका 3 सधाने के लिए घोड़ा फेरने की लंबी रस्सी 4 घोड़ा फेरने का गोलाकार मैदान 5 तलवारबाजी में आकस्मिक घोंप;
***v.**, pt.* **~d**, *pp* **lunging** 1 झटकना या अचानक झपटना 2 हूलना, तलवार आदि भोंकना, घोंपना, वार क 3 कावे दे., सधाने के लिए घोड़े को रस्सी से पकड़कर मैदान में चलाना 4 मुक्केबाजी में कंधे से टक्कर मारना 5 आगे झुकना;
p&i: ~ **at sb** or **sth** किसी पर या किसी चीज पर झपट पड़ना

lungfish /लंगफिश/ *n.* ऐसी मछली जिसमें गलफड़ा भी हो और फेफड़ा भी, उभयश्वासी मछली

lungwort /लंगवःट/ *n.* छांव में उगनेवाला एक सदाबहार पौधा

luniform /लूनिफॉःम/ *adj.* नवचंद्राकार

luni-solar /लूनि-सोलः/ *adj.* चांद्र-सौर, चांद-सूरज

lunitidal /लूनिटाइडल/ *adj.* चांद्र ज्वार-भाटा: ~ interval (चांद्र अंतराल)

lunkhead /लंक्हेड/ *adj.* मूर्ख व्यक्ति

lunula/ lunule /ल्युनूला/ ल्यूनूलअ/ *n. pl.* **lunulae** /ल्युनूली/ मानवों के नाखूनों की अर्ध चंद्राकार जड़

LUP *abbr.* 'low visibility procedure' की प्रथमाक्षरी

lupin /लूपिन/ *n.* बगीचे का एक छोटा फूलदर पौधा, द्विदल

lupine /लूपाइन/ *adj.* भेड़िये का, भेड़िये जैसा

lupus /लूपस/ *n., pl.* **lupuses/ lupi** /लूपाइ/ 1 चर्मयक्ष्मा, एक त्वचा रोग जिसमें शरीर पर फफोले निकल आते हैं 2 चर्म क्षयरोग 3 वृक

lurch /लःच/ *n., pl.* **~es** 1 झोंका, झटका 2 ताश के खेल में एक खिलाड़ी की दूसरे द्वारा करारी हार 3 लडखड़ाहट, डगमगाहट: made a ~ for the door 4 एक ओर आकस्मिक झुकाव;
v.**, pt.* **~ed**, *pp* **~ing** 1 झोंका खाना 2 (syn.*** stagger, sway) लड़खड़ाना, डगमगाना 3 घबरा जा. या उत्तेजित हो.;
dw/lw: **~er** *n.* 1 उचक्का, उठाईगीर, चोर, ठग 2 गुप्तचर 3 संकर (दोगला) कुत्ता;
p&i: ~ **forward/ towards, etc.** लड़खड़ाते हुए आगे को झुकना, किसी एक ओर झूलना आदि; **leave sb in the** ~ मुसीबत की घड़ी में किसी का साथ छोड़ दे., किसी को गढ़े में पड़ा छोड़ दे., दगा दे.

lurdan /लःडन/ *n.* निकम्मा आदमी, ठाली (खाली) बैठा रहने वाला

lure /लुअः/ ल्युअः/ *v., pt.* **~d**, *pp* **~luring** 1 (***syn.*** entice) प्रलोभन द्वारा आकर्षित क. 2 ललचाना, लुभाना 3 बहकाना 4 मछली आदि को फंसाने हेतु चारा डालना;
n. 1 *falconry*, (***syn.*** enticement) लोभ, लालच, प्रलोभन 2 मछली पकड़ने के लिए प्रयुक्त प्रलोभन चारा;
p&i: **alight on one's** ~ किसी के झांसे में आ जा.

lurgy /लर्जि/ *n.* 1 हल्की-फुल्की बीमारी: flu ~; lever ~ 2 बोझ, अभिशाप: that dreaded ~, marijuana!

lurid /लुअरिड/ *US* ल्युरिड/ *adj.* 1 चौंधियाने वाला, चमकदार: the ~ reflection of fires; ~ thunder-clouds; a leaden glare made the snow and ice more ~ 2 सनसनीखेज 3 भयंकर, विकराल, क्षोभजनक: ~ details/ stories (सनसनीखेज विवरण/ किस्से) 4 फीका, विवर्ण: cast a ~ light on sth 5 धुंधला: ~ sunset;
dw/lw: **lurid\ly** *adv.* 1 चौंधियाते हुए 2 सनसनीखेज ढंग से; **~ness** *n.* 1 विकरालता 2 विवर्णता, फीकापन

lurk /लःक/ *v., pt.* **~ed**, *pp* **~ing** 1 (***syn.*** skulk) घात में बैठना, छिपे रहना: there is sb **~ing** in the shadows 2 इंटरनेट के चैट रूम (chat room) में जाकर दूसरों द्वारा लिखी हुई बातें चोरी-छिपे पढ़ना 3 किसी बात का मन में घर किए रहना: some suspicion still **~ed** in his mind; the idea **~ed** at the back of his mind;
n. चोरी-छिपे देखने की क्रिया: on the ~;
dw/lw: **lurk\ing** *adj.* छिपा हुआ, प्रच्छन्न, गुप्त: ~ing place (छिपने का स्थान, गुप्त जगह); ~ing suspicion (मन के अंदर बैठा शक, प्रच्छन्न संदेह); ~ing feeling (मन के अंदर घर किए हुई भावना)

lurve /लःव/ *n.* 'love' की अशुद्ध वर्तनी जिसे गहन प्रेम-प्रसंग में प्रयुक्त करते है: ~ is in the air

luscious /लशिअस/ *adj.* 1 (***syn.*** delicious) जायकेदार, स्वादिष्ट, सरस, रसीला 2 लुभावना: ~ silks and velvets 3 कमनीय, कामुकता उत्तेजित करनेवाली (औरत) 4 ललित 5 सुमधुर: ~ music 6 ज्यादा मीठा: ~ grapes;
dw/lw: **~ly** /लशिअसलि/ *adv.* सुमधुरता से, लुभावने ढंग से; **~ness** *n.* 1 स्वादिष्टता 2 कमनीयता, कामुकता 3 लालित्य

lush /लश/ *adj. degr.* **~er**, **~est** 1 हरा-भरा: ~ meadows 2 रसीला, रसाल: ~ fruit 3 शानदार, प्रचुर, घना, प्रभूत;
n. 1 शराबी, बेवड़ा 2 मदिरा, दारू, मादक पेय;
dw/lw: **~ly** *adv.* शानदार ढंग से; **~ness** *n.* 1 प्रचुरता 2 हराभरापन 3 रसीलापन 4 मदहोशी; **~y** /लशि/ *adj.* मदहोश, नशे में धुत्त

lusophone /लूसअफोन/ *adj.* पुर्तगाली भाषा को मुख्य भाषा के रूप में बोलने वाला

lusory /लूसरि/ *adj.* मनोरंजक, प्रफुल्ल, मनमौजी

lust /लस्ट/ *n.* 1 कामुकता, कामाग्नि, अंध कामवासना, हवस: a purely ~ driven affair 2 लोलुपता, लोभ: ~ of accumulation 3 सत्ता की भूख: a ~ for power/ of applause 4 लालसा, तीव्र इच्छा: a ~ for gold 5 कामना 6 उमंग, अति उत्साह;

v., pt. **~ed**, *pp* **~ing** 1 संभोग आदि की प्रबल इच्छा रखना, कामाग्नि में जलना: ~ after sb (किसी को लेकर कामाग्नि में जलना) 2 प्रबल लालसा या लालच हो.: ~ after/ for power/ gold;
dw/lw: **~er** *n.* कामाग्नि में जलने वाला, प्रबल इच्छा रखने वाला; **~ful** /लस्टफुल/ *adj.* (***syn.*** lascivious) कामुक, कामांध; **~fully** *adv.* कामांधतापूर्वक; **~ily** /लसटिलि/ *adv.* 1 कामांधतापूर्वक 2 प्रबलतापूर्वक; **~iness** /लस्टिनेस/ *n.* 1 शक्ति, ओज 2 कामाग्नि; **~y** *see below under separate entry*;
p&i: **the ~s of the flesh** काम-वासना

lust\ral /लस्ट्रल/ *adj.* 1 (***syn.*** quinquennial) पंचवर्षीय, पंचवर्षक 2 शुद्धिकर, शुद्धिकरण के क्रियाकर्म से संबंधित;
dw/lw: **~rate** /लस्ट्रेट/ *v., pt.* ~rated, *pp* ~rating बलि देकर शुद्धीकरण क.; **~ration** /लस्ट्रेशन/ *n.* शुद्धीकरण बलि

lust\re /लस्टः/ (*also* **luster**) *n.* 1 (***syn.*** shine, gloss) दीप्ति, द्युति, चमक, ओप 2 (***syn.*** brilliance, dazzle, beauty) कांति, आभा, द्युति, रौनक: add/ give **~re** to sth 3 (***syn.*** splendour) शान, महिमा, ख्याति 4 (***syn.*** chandelier) 5 दीपवृक्ष 6 (***syn.*** glaze, varnish) पालिश, रोगन;
v., pt. **~red**, *pp* **~ring** 1 चमकना, चमकाना 2 चमकदार बनना या बनाना;
dw/lw: **lust\reless** /लस्टःलेस/ *adj.* 1 कांतिहीन 2 निष्प्रभ, मलिन; **lust\rous** /लस्ट्रस/ *adj.* 1 (***syn.*** bright, glossy) उज्ज्वल, चमकदार, द्युतिमान प्रदीप्त: ~rous eyes 2 (***syn.*** shining) चमकीला, उजला: ~rous coal;
collocations: **luster ware/ lusterware** चमकीली पालिश आदि से दमकते हुए चीनी के बर्तन;
p&i: **add ~re to sth** किसी चीज को चार चांद लगा दे.

lustrum /लस्ट्रम/ (*also* **lustre**) *n., pl.* **~s/ lustra** पांच वर्ष की अवधि, पंचवर्षक, वर्षपंचक

lusty /लस्टि/ *adj.* **lustier**, **lustiest** 1 (***syn.*** strong and healthy) चुस्त-दुरुस्त, हृष्ट-पुष्ट: a ~y young man; ~y singing 2 (***syn.*** vigorous) ऊर्जा से ओतप्रोत

lusus (naturae) /लूसस नच्युअरि/ *Lat.* सामान्य से हटकर

LUT *abbr.* 'Local User Terminals' की प्रथमाक्षरी

lute /ल्यूट/ *n.* 1 वीणा 2 मृत्तिका, गारा 3 चाकू;
dw/lw: **~nist/ lutanist** /ल्यूटअनिस्ट/ *n.* वीणावादक

lutein /लूटीइन/ *n.* (***syn.*** yellow pigment) पीतिका

luteous /लूटिअस/ *adj.* नारंगी पीत

Lutheran /लूथअरन/ *adj.* मार्टिन लूथर (1483-1546) की शिक्षाओं पर आधारित: ~ Church

lutose /ल्युटोस/ *adj.* गंदा, गंदगी से ढका

luv /लव/ *n.* 'love' की अनौपचारिक वर्तनी

luvvie/ luvvy /लवी/ *n., pl.* **luvvies** *facetious, Br.* 1 जो बहुत बोझिल एवं आडंबरपूर्ण भाषा का प्रयोग करता हो 2 = lovey

lux /लक्स/ *n.* प्रकाश की माप इकाई;
p&i: **lux mundi** /लक्स मंडी/ *Lat.* विश्व का प्रकाश, जगत-प्रकाश

luxa\te /लक्सेट/ *v., pt.* **~ted**, *pp* **~ting** जोड़ उखाड़ना;
dw/lw: **~tion** /लक्सेशन/ *n.* उखाड़, संधिभ्रंश

luxe /लक्स/ लूक्स/ *n., Fr.* 1 सुख-साधन, विलास-बाहुल्य 2 शानदार, अति उत्तम: edition de ~; articles de ~

Luxembourger /लक्समबःगः/ *n.* लक्समबर्ग (Luxembourg) निवासी

luxuri\ance /लग्ज्युअरि\अंस/ (*also* **luxuriancy**) *n.* 1 श्रेष्ठता, उत्तमता, प्रचुरता 2 बाहुल्य, विपुलता 3 अति अलंकरण 4 उर्वरता 5 हरियाली;
dw/lw: **luxuri\ate** /~एट/ *v., pt.* ~ated, *pp* ~ating 1 मजे लेना, मौज क.: ~ate in the warm spring sunshine 2 भोग-विलासी जीवन बिताना

luxuriant /लग्ज्युअरिअंट/ *adj.* 1 (*syn.* lush) हरा-भरा, सघन: the ~ant vegetation of the tropics 2 उपजाऊ, उर्वर 3 प्रचुर: ~ant imagination 4 (***syn.*** flowery and bombastic) अति अलंकृत

luxuri\ous / लग्ज्युअरिअस/ *adj.* 1 (*syn.* sumptuous) स्वादिष्ट, शानदार, ठाठदार: ~ous hotel/ house/ furniture 2 विलासपूर्ण: live in ~ous surroundings 3 (*anton.* spartan) विलासप्रिय, विलासी, आरामप्रद, ऐश-पसंद, ठाठदार

luxury /लक्शरि/ *n., pl.* **luxuries** 1 विलास की सामग्री 2 विलासिता, विलास, आनंद, ऐयाशी, विषय-सुख, भोग-विलास: live in ~ 3 सुख-साधन: be lapped in ~ 4 (***syn.*** extravagance) मंहगी वस्तु जिसकी जरूरत न हो: that is a ~ today 5 (***syn.*** indulgence) विशेष सुविधा या सुख-साधन: the ~ of a good book; have a ~ of choosing one from amongst many alternatives;
p&i: **swim in ~** ऐशो-आराम में डूबा हो.

LV *abbr.*, 'luncheon voucher' की प्रथमाक्षरी (दोपहर के भोजन की पर्ची)

LVP *abbr.* 'Low Visibility Procedure' की प्रथमाक्षरी

LVPEI *abbr.* 'L.V. Prasad Eye Institute (Hyderabad)' की प्रथमाक्षरी

LWDA *abbr.* 'Lakes and Water ways Development Authority' की प्रथमाक्षरी

lx *abbr.* 'lux' का संक्षेप, लक्स

-ly *suff., comb. form, forming adverbs, denoting:* 1 **in a particular way** (विशेष प्रकार से) 2 *forming adjectives and adverbs, denoting*: **intervals of time** (काल-अंतराल): dai**ly**, year**ly**

lycanthropy /लाइकैन्थ्रअपि/ *n.* 1 मानव से पशु (प्रायः, भेड़िया) का रूप धारण करने की तथाकथित क्षमता 2 एक मानसिक रोग, जिसके कारण मनुष्य विश्वास करने लग जाते हैं कि वे भेड़िया बन गए हैं, वृकोन्माद

lycee /लीसे/ *n. Fr.* फ्रांस में सरकारी माध्यमिक (बड़े बच्चों के लिए) स्कूल

lyceum /लाइसिअम/ *n.* 1 भाषण-कक्ष, व्याख्यानालय, सभागार 2 महाविद्यालय, कॉलेज 3 अरस्तु (Aristotle) का शिक्षण केंद्र

Lydian /लिडिअन/ *adj.* कामुकतापूर्ण, मधुर (sensuously sweet, voluptuous) (संगीत);
n. 1 लीडिया निवासी 2 जनाना संगीत, मधुर संगीत

lye /लाइ/ *n.* क्षार मिला हुआ पानी, सज्जीदार पानी

lying /लाइंग/ *present participle (pp),* **'lie'** का वर्तमानकालिक कृदंत;
adj. 1 झूठा, मिथ्याभाषी: ~ rumour; ~ prophet 2 लेटा हुआ: ~-down trench (लेटकर गोली चलाने का मोर्चा);
n. झूठ, मिथ्याभाषण;
dw/lw: **~-in** *n.* प्रसूति से पहले और बाद में लेटे रहने की अवस्था, प्रसूति-काल, प्रसव: ~-in period; ~in woman; ~-in hospital; **~-in-state** *n.* दफनाने से पहले जनता के दर्शनार्थ रखा जाने वाला शासक का शव

lyke-wake /लाइक-वेक/ *n.* मृतक जागरण

Lyme disease /लाइम डिजीज/ चिचड़ी (चिचड़ों) से मनुष्यों में लगने वाली बीमारी, जो जोड़ों, दिल और स्नायुतंत्र को प्रभावित करती है

lymph /लिंफ/ *n., anat.* लसीका;
dw/lw: **lymph\atic** /लिंफैटिक/ *adj.* 1 लसीका-संबंधी 2 (***syn.*** slow and lethargic) शिथिल, निष्क्रिय, अकर्मण्य: ~atic vessel; **~oid** /लिंफॉइड/ *adj.* लसीकाभ; **~ocyte** /लिंफअसाइट/ *n.* लसीकाणु, लसीका-कोशिका; **~oma** /लिंफोमा/ *n.* लसीका ऊतकों में कैंसरयुक्त फोड़ा;
collocations: **~atic system** शरीर में लसीकाओं का वाहन तंत्र; **~atic tissue** भिन्न-भिन्न लसीकाओं का तंत्र; **~ node/ ~ gland** गर्दन, बगल (कांख) और उरू-मूल में बड़े-बड़े गुच्छों में पाए जाने वाले गोलाकार तंत्र जो इम्यून क्रियाओं में एंटिबॉडी बनाते हैं

और लसीकाओं से आनेवाले जर्मो को छानकर रोक देते हैं

lynch /लिंच/ *v., pt.* **~ed**, *pp* **~ing** भीड़ द्वारा किसी को अवैध तरीके से पीट-पीटकर या फांसी पर लटकाकर मारना: ~ mob; ~ law (भीड़ का कानून, जंगल तंत्र)

lyncean /लिन्सीअन/ *n.* तीव्रदृष्टि, तीक्ष्णदृष्टि

lynx /लिंक्स/ *n.* 1 बनबिलाव 2 विडाल;
dw/lw: **~-eyed** *adj.* तीक्ष्ण-दृष्टि या तेज निगाहवाला

Lyra /लायरा/ *n.* इस नाम की राशि

lyre /लायः/ *n.* वीणा;
collocations: **~ bird** एक आस्ट्रेलियायी पक्षी, जिसकी पूंछ के पंख प्रणय-लीला के समय में वीणाकार हो जाते हैं

lyric/ lyrical /लिरिक\/ ~ल/ *adj.* 1 *poetry* व्यक्तिगत या आंतरिक भावनाओं को अभिव्यक्त करेन वाली (कविता आदि): ~ poet 2 गीतात्मक, संगीतमय, लयबंद, प्रगीतात्मक: become quite ~ 3 गीत के बोल से संबंधित;
n. 1 उत्तम पुरुष (first person) में रचित कविता या गीत 2 गीतिकाव्य: ~ poetry/ verse (1 भावव्यंजक कविता 2 अंतरंगता बहुल कविता)

lyricism /लिरिसिज्म/ *n.* प्रगीतात्मकता

lyricist /लिरिसिस्ट/ *n.* प्रगीतकार; **~s** /लिरिक्स/ *n. [pl.]* गीत के बोल, गीत

lyrist /लाइरिस्ट/ *n.* वीणावादक, गीतकार

lysine /लाइसीन/ *n.* एंटिबॉडी, संलायिका

lysis /लाइसिस/ *n.* जीवित कोशिका के अपघटन (destruction) की क्रिया

-lysis /लिसिस/ *comb. form, denoting:* **disintegration** (विखंडन, अपघटन): electro**lysis**

Lysol /लाइसोल/ *n.* लायसोल

lysosome /लाइसअसोम/ *n.* झिल्ली से घिरी संरचना, जो पशुओं की कोशिकाओं में मिलती है और पाचक ऐंजाइमों की वाहक होती है

lyssa /लिसा/ *n., med.* (***syn.*** hydrophobia, rabies) जल भीति, जलांतक, पागलपन

-lytic *comb. form, denoting:* **loosening** (ढील, विखंडन): electro**lytic**

M m

M m /एम/ *n., pl.* **Ms, M's** or **m's** 1 अंग्रेजी वर्णमाला का तेरहवां अक्षर 2 **M** आकार की वस्तु या संरचना आदि 3 ब्रिटेन में मोटरवे का द्योतक: M8

M माल्टा का अंतर्राष्ट्रीय वाहन पंजीकरण कोड (IVR)

M *abbr.,* 'Mark', 'Master', 'Medium', 'mega', 'Member', 'Monsieur', 'Molar', 'Million', 'Monday/Mon', *Br.* 'Motorway' का प्रथमाक्षर

M (*also* **m**) रोमन संख्या '1,000' का चिह्न

m (*US* **m.**) *abbr.,* 'metre/s', 'masculine', 'male', 'married', 'mile(s)', 'million/s', 'minute/s', 'mark/s', 'mare', 'metre/s', 'month' का प्रथमाक्षर

MA *abbr.,* 'Master of Arts', 'Mature Audience' की प्रथमाक्षरी

MA 'Massachusetts' का संक्षेप

MAA *abbr.* 'minimum application amount' की प्रथमाक्षरी

ma /मा/ *n., informal* मां

ma'am /मैम/ 'madam' का संक्षेप (मैम, मैडम)

mac /मैक/ *n.* 'mackintosh' का संक्षेप (*UK* रेनकोट, मोमजामे का कोट)

MAC *abbr.* 'Maharaja Agrasen College', 'media access controller' की प्रथमाक्षरी

MAC /मैक/ *n.* 1 *derog.* स्कॉट, स्कॉटलैण्डवासी 2 स्कॉटलैंड के पारिवारिक नामों में प्रयुक्त

Mac /मैक/ *n.* 1 उस व्यक्ति को पुकारने के लिए प्रयुक्त जिसका नाम आप नहीं जानते 2 *US* ए छोकरे!

MACA *abbr.* 'MA in Communication Arts' की प्रथमाक्षरी

macabre /मअकाःब्रा/ मअकाःबअ/ *adj.* 1 वीभत्स मृत्यु से संबंधित: dance ~ (तांडव नृत्य); ~ ritual 2 (***syn.*** grisly, ghoulish) डरावना, विकराल, घिनौना: a ~ story

macadam /मअकैडम/ *n.* 1 गिट्टी, पक्की सड़क बनाने की रोड़ी 2 सड़क की ऊपरी सतह;
dw/lw: **~ize** /~माइज/ *v., pt.* ~ized, *pp* ~izing गिट्टी, बजरी या रोड़ी बिछाना

macadamia /मैकडेमिआ/ *n., pl.* **~s** 1 आस्ट्रेलिया में पाया जाने वाला एक पेड़ 2 खाने के तेल देने वाला गिरीदार फल

macaque /मअकैक/ मअकाःक/ *n.,* **~s** छोटी पूंछवाला बंदर, लघुपुच्छ वानर

macaroni /मैकअरोनि/ *n., pl.* **~s** इटली का खोखली नूडल वाला व्यंजन: ~ cheese;
dw/lw: **~c** /मैकअरौनिक/ *adj.* 1 बहुभाषी शब्दों के मिश्रण से बनी हुई: ~c poetry 2 खिचड़ीनुमा, गड्डमड्ड, घालमेल 3 मिश्रित शैली का

macaroon /मैकअरून/ *n.* बादाम व अंडे आदि से बना केक

macaw /मअकॉः/ *n.* लंबी पूंछवाला तोता

Maccabees /मैकअबीज/ *n.* मक्काबियों का ग्रंथ

MACE II *abbr.* 'Middeck Active Control Experiment Reflight II' की प्रथमाक्षरी

mace /मेस/ *n.* 1 राजदंड 2 गदा: ~-bearer 3 जावित्री 4 चोब मुंगरा, मुंगरी;
v., pt. **~d**, *pp* **macing** गदा से प्रहार क.;
dw/lw: **~r** /मेसः/ *n.* = **mace-bearer** गदाधारी

Macedonia /मैसिडोनिया/ *n.* मैसिदोनिया (मकदूनिया) नामक देश

macera\te /मैसअरे\ट/ *v., pt.* **~ted**, *pp* **~ting** 1 पानी में भिगोकर नर्म करना 2 नर्म बनना 3 व्रत आदि रखने के कारण दुर्बल या क्षीण हो जाना 4 गलाना या गलना 5 व्यर्थ गंवाना;
dw/lw: **~tion** /~शन/ *n.* द्रव में मसलन, द्रव संमर्दन, मसृणीकरण

Mach /माःक/ मैक/ *n.* 1 गति की माप इकाई: a fighter plane with maximum speed of ~ 2 (ध्वनि गते से 3 गुना ज्यादा रफ्तार वाला लड़ाकू विमान)

machete /मअशेटि/ *n., pl.* **~s** एक प्रकार का चाकू, छुरा, खंजर

Machiavellian /मैकिअवेलिअन/ (*origin:* after a crafty Italian politician Nicolo Machiavelli /1469-1527/ who in his book *The Prince* explained that it was necessary for politicians to use immoral methods for grabbing power and success) *adj.* 1 (***syn.*** cunning, crafty) धोखेबाज, तिकड़मी 2 धोखेधड़ी में माहिर, शातिर 3 धूर्त, धूर्ततापूर्ण, कपटपूर्ण 4 षड्यंत्रपूर्ण, कूटनीतिपूर्ण;
n. हर कीमत पर सत्ता हथियाने पर उतारू अनैतिक, अवसरवादी राजनेता या व्यक्ति

machi\nate /मैकिने\ट/ मैशिने\ट/ *v., pt.* **~nated**, *pp* **~nating** 1 दुष्टतापूर्ण इरादों की पूर्ति के लिए षड्यंत्र रचना 2 योजना बनाना 3 साजिश क., दुरभिसंधि क., चालबाजी क.;
dw/lw: **~nator** /~टः/ *n.* चालबाज, दुष्ट षड्यंत्रकारी; **machi\nation** /~शन/ *n.* 1 (*usually* **~nations**) कुचक्र, षड्यंत्र, कपट-योजना, चालबाजी, जाल; **~nations** /~शन्स/ *n., [pl.]* दांवपेंच, कपटी चाल, षड्यंत्र, जाल: political ~nations

machine /मशीन/ *n.* 1 मशीन, यंत्र, कल: sewing ~; ~ for testing; the ~ runs well; the ~ has gone wrong; the ~ is out of order; drilling/ turning ~; ~ cut (मशीन द्वारा तैयारशुदा) 2 उपकरण: run a ~ 3 एक ऐसा समूह या तंत्र जो किसी एक उद्देश्य के लिए कार्य करता हो: state ~; war ~ (युद्ध तंत्र) 4 कंप्यूटर 5 संगठन: political ~ 6 वाहन 7 अंग, तंतु: the hearing ~ of the bat;
adj. 1 मशीन द्वारा तैयार किया हुआ: ~ cut 2 संगठन से संबंधित: ~ politician (पार्टी तंत्र का नेता);
v., pt. **~d**, *pp* **machining** 1 मशीन से तैयार क. 2 टाइप क.
dw/lw: **~-made** *adj.* यंत्रनिर्मित; **~-minder** *n.* मशीन पर काम करने वाला मजदूर; **~-oriented** *adj.* यंत्रमूलक; **~-readable** *adj.* जिसे कंप्यूटर पर पढ़ा जा सके: a ~-readable dictionary; **~-washable** *adj.* मशीन से धुलने लायक;
collocations: **~ code** (*also* **~ language**) 1 यांत्रिक भाषा 2 कंप्यूटर की भाषा; **~ fire** मशीनगन से गोलीबारी; **~ gun** मशीनगन; **~-idle time** यंत्र-अप्रयुक्त समय; **~ like** यंत्रवत्; **~ man** मशीन-चालक, मिस्त्री; **~ parts** पुरजे; **~ shop** यंत्रों की दुकान, यंत्रालय; **~ tools** मशीन-औजार, यंत्र-उपकरण, उपयंत्र; **~-tool plant** यंत्रोपकरण कारखाना; **~ translation** कंप्यूटर द्वारा किया जानेवाला अनुवाद;
p&i: **fight like a threshing ~** पूरे दमखम से लड़ना; **operate/ use a ~** मशीन चलाना; **turn off/ turn on a ~** मशीन बंद क. या चलाना

machinery /मशीनरि/ *n.* 1 मशीनें और उनके कल-पुर्जे 2 यंत्रसमूह, यंत्रावली: industrial/ farm ~ 3 संगठनात्मक ढांचा या कार्यप्रणाली आदि: the complex ~ of modern society; set up ~ for mediation (मध्यस्थता के तंत्र स्थापित क.) 4 संगठनात्मक तंत्र: the ~ of government 5 संगठन को नियंत्रण करने वाले लोग

machining /मशीनिंग/ *n.* मशीन से तैयार करने की क्रिया

machinist /मशीनिस्ट/ *n.* 1 मशीन चलाने वाला, मशीन चालक, यंत्रकार 2 मिस्त्री

machiolate /मशीलेट/ मोर्चाबंदी क.

machismo /मअचिज्मो/ मैकिज्मो/ *US* माचीज्मो/ *n.* 1 अदम्य पौरुष 2 पुरुष होने का अत्यधिक अभिमान, पौरुषाभिमान, मर्दानगी का दंभ 3 पूर्वाग्रही पौरुषवाद, पौरुष-प्रदर्शन

mach number /माक नंबः/ (*short* **mach 1**/ mach 2, Mach 3 ...) *aeronautics* विमान आदि की गति और ध्वनि-गति का अनुपात

macho /मैचो/ माचो/ *adj.* उग्र रूप से मर्दपन पर गर्वित, औरत को हीन समझने वाला;
n., pl. **~s** उग्र मर्दानगी की मानसिकता से ग्रस्तता

machtpolitik /माख्तपॉलिटीक/ *n.* बाहुबल की राजनीति (might-

makes-right politics)
macilent /मैसिलंट/ *adj.* पतला-दुबला
mackerel /मैकरल/ *n. pl.* **mackerel/ ~s** 1 एक खाने योग्य समुद्री मछली 2 मछली का चिकना खाने योग्य अंग;
collocations: ~ **breeze/ gale** ताजी हवा; ~ **shark** उत्तरी अटलांटिक और भूमध्य सागरों में पाई जाने वाली शार्क मछली; ~ **sky** चित्रित आकाश, सफेद बादलों से घिरा आकाश
mackintosh /मैकिनटौश/ *US* मैकिनटाःश/ (*also* **Mac**) *n., old-fashioned* 1 *mainly Br.* रेनकोट, बरसाती, मोमजामे का कोट 2 रबड़-चढ़ा धागा आदि
mackle /मैकल/ *n.* धब्बा, मुद्रण प्रक्रिया में दोबारा छप जाने का धब्बा;
dw/lw: **~d** *adj.* धब्बेदार
macle /मैकल/ *n.* यमल-मणिभ
macramé /मक्रामे/ *n.* 1 मोटे धागे से बुनने या कसीदा करने की कला 2 झालर, गोट
macro /मैक्रो/ *n., pl.* **~s** *comput.* कंप्यूटर में एक बड़ा आदेश (macroinstruction) जिससे ढेर सारे अन्य आदेश (microinstructions) प्रकट हो जाते हैं
macro- *comb. form denoting:* **large**, **long** or **large-scale** (1 बड़ा, लंबा या बड़े पैमाने पर होनेवाला 2 असाधारण रूप से बढ़ा हुआ अंग)
macrobiotic /मैक्रोबायौटि\क/ *US* मैक्रोबायाःटि\क/ *adj.* 1 बिना दले हुआ अनाज व बिना रासायनिक पदार्थों के प्रयोग के उगाई हुई सब्जियों से बना हुआ: a ~ diet 2 जीवनवर्धक 3 दीर्घजीवी;
dw/lw: **~s** /~क्स/ *n.* 1 दीर्घ-जैविकी, आयु-वर्धक विज्ञान 2 जीवनवर्धक भोजन-प्रणाली/ पद्धति 3 ऐसी भोजन-प्रणाली/ पद्धति की प्रयोग-क्रिया
macro\cephaly /मैक्रो\सिफालि/ *n, pathol.* असाधारण रूप से बड़ा सिर;
dw/lw: **~cephalic** (*also* **~cephalous** /~सेफालस/) /~सेफालिक/ *adj.* बृहत-कापालिक, दीर्घ-शीर्ष (दीर्घ-शिरस्क), असाधारण रूप से बड़े सिर वाला; **~cosm** /~कौजम/ *US* ~काःजम/ *n.* 1 ब्रह्मांड, विश्व, संसार, दुनिया, त्रिभुवन 2 छोटे ढांचों से बना संपूर्ण ढांचा; **~cyte** /~साइट/ *n.* बृहत्-लौहिताणु, स्थूलाणु; **~dont** /~डौंट/ *adj.* गुरुदंती, बहुत बड़े दांतोंवाला; **~dontia** /मैक्रोडौंटिआ/ मैक्रअडौंशिआ/ *n.* बहुत बड़े दांत; **macro\economics** /~ईकअनौमिक्स/ *US* ~ईकअनाःमिक्स/ *n.* राष्ट्रीय अर्थ-तंत्र, अंतर्राष्ट्रीय व्यापार आदि बड़ी-बड़ी इकाइयों का आर्थिक अध्ययन; **~floral** /~फ्लोरल/ *adj.* दीर्घ-पुष्पी, बड़े-बड़े फूलों वाला; **~gamete** /~गमीट/ *adj.* गुरुयुग्मक; **macrology** /~लजि/ *n.* बहु-शाब्दिकता, बहुभाषिता, वाचालता; **~meteorology** /~मीटिअरॉलजि/ *n.* विशाल-क्षेत्रीय मौसम विज्ञान; **~molecule** /~मॉलिक्यूल/ *n.* बृहदणु, बहुत बड़ा अणु; **~structure** /~स्ट्रक्चः/ *n.* ऊपरी या बड़ी संरचना
macron /मैक्रौन/ *US* मेक्राःन/ *n.* 1 दीर्घता-सूचक उच्चारण चिह्न 2 दीर्घ-चिह्न: '¯'
mactation /मैक्टेशन/ *n.* बलि-चढ़ाई
macula /मैक्यु\ला/ (*also* **fovea/ yellow spot**) *n., pl.* **maculae** /मैक्यूली/ 1 धब्बा (विशेषकर सूरज पर) 2 दाग (चमड़ी पर);
dw/lw: **~te** /~लाट/ *v., pt.* ~ted, *pp* ~ting दाग या धब्बा लगाना, दूषित क., कलंकित क.; **~tion** /~लाशन/ *n.* धब्बे लगाने की क्रिया; **~lutea** /~लालूतिआ/ *n. pl.* **maculae luteae** /~लि लूतिइ/ आंख की पुतली के केंद्र में एक छोटा-सा बिंदु या धब्बा जहां दृष्टि तीक्ष्णतम होती है
MAD *abbr.* 'multiple access devices', 'Music, Art & Dance' की प्रथमाक्षरी
mad /मैड/ *adj., degr.* **~der**, **~dest** 1 (*syn.* crazy, nuts, out of one's mind) पागल, विक्षिप्त, उन्मत्त, बौरहा: like ~ 2 *US* क्रुद्ध, क्रोधी, चिड़चिड़ा 3 मानसिक रूप से बीमार: go/ run ~ 4 उग्र, प्रचंड, बेकाबू, पागलों की तरह 5 आवेशपूर्ण, उत्तेजित, व्यग्र, कुपित: ~ with jealousy; get ~; drive sb ~ 6 मूर्ख, मूर्खतापूर्ण: ~ undertaking 7 आसक्त, मुग्ध, प्रेमांध, प्रेमविह्वल, दीवाना: ~ about/ on music;
dw/lw: **-brained** *adj.* पागल, विक्षिप्त; **~cap** *adj.* 1 सिरफिरा, सनकी 2 अतिशय उत्साहित या जोशीला 3 मसखरा, भांड; **~cap** *n.* सिरफिरा आदमी; **~house** *n.* 1 जहां बहुत भीड़-भड़क्कम और अस्त-व्यस्तता हो: the place is like a ~house 2 पागलखाना; **~ly** /मैडलि/ *adv.* 1 जोश के साथ, पागलों की तरह: be ~ly in love; **~man/ ~woman** /मैडमन/ मैडवूमन/ *n. pl.* ~men/ ~women /मैडविमिन/ पागल आदमी/ औरत: fight/ shout like a ~man/ ~woman; **~ness** *n.* 1 पागलपन 2 मानसिक बीमारी, विक्षिप्तता: mid-summer ~ness 3 दीवानगी, दीवानापन 4 विक्षेप, उत्तेजना, क्रोध;
collocations: ~ **cow disease** गाय का मस्तिष्क रोग; ~ **keen** व्यग्र, अत्यधिक उत्साहित;
p&i: ~ **as a hatter** बिल्कुल पागल; ~ **as a March hare** 1 मध्य मार्च में खरगोशों का प्रजनन काल होता है और इस अवस्था के कारण वे बहुत जल्द क्रुद्ध हो सकते हैं 2 किसी कठिन परिस्थिति में फंसने के कारण गुस्से से पागल हो.; ~/ **keen on sth/ sb** किसी चीज को या किसी के बहुत पसंद क.;
as a wet hen/ as ~ as a hornet गुस्से से पागल; **(as) ~ as a beetle** क्रोध से पागल; **be ~ about** or **for sb/ sth** 1 दीवानों की तरह किसी पर आसक्त होना या किसी को चाहना 2 अति उत्साहित; **go** ~ 1 गुस्से से पागल हो जा. 2 अति उत्साहित हो. 3 पागल या विक्षिप्त हो जा.; **hopping ~/ ~ as mud/ as ~ like ~/ crazy** 1 पागलों की तरह: run, work, etc. like ~ 2 बहुत दर्द हो.; **midsummer ~ness** पागलपन
Madagascan /मैडअगैसकन/ *adj.* मैडगास्कर (अफ्रीका पूर्वी तट से परे एक द्वीप देश) से संबंधित
Madam /मैडम/ (*also* **madam**) *n., pl.* **Mesdames** /मेडम/ or **madams** 1 मैडम 2 उच्चपदासीन स्त्री के पद के साथ जुड़ा आदरसूचक संबोधन, भद्रे!, महोदया!: **Madam** Chairperson 3 *Br.* एक दंभी और बिगड़ी हुई लड़की: cheeky little **~!** 4 वेश्यालय की स्वामिनी
madame /मैडम/ मदाम/ (*abbr.* **Mme**) *n., pl.* **Mesdames** (*abbr.* **Mmes**) श्रीमती, मदाम
madcap *see above under* **mad: *dw/lw***
madden /मैडन/ *v., pt.* **~ed**, *pp* **~ing** 1 (***syn.*** infuriate) पागल बनना या बनाना 2 पागल या क्रुद्ध क. या हो.;
dw/lw: **~ing** /मैडनिंग/ *adj.* 1 अत्यधिक पीड़ादायक या चिंताकारक 2 चिढ़ाने वाला, पागल कर देने वाला
madder /मैडः/ *n.* 1 एक यूरेशियायी आयुर्वेदिक जड़ी-बूटी 2 इस बूटी से निकलने वाला हरा लाल रंग 3 मजीठ, मंजिष्ठा: Indian ~ (चिरवाल)
madding /मैडिंग/ *adj.* 1 पगला 2 पागल कर देने वाला;
p&i: **far from the ~ crowd** एकांतमय शांत स्थान पर
made /मेड/ *pt.,* **'make'** का भूतकाल या भूतकालिक कृदंत रूप
adj. 1 (~ **in**) में निर्मित: ~ in India 2 कृत्रिम 3 (~ **from**, ~ **of sth**) से तैयार किया या बनाया हुआ: road ~ of asphalt and tarmac 4 सफल, समृद्ध: a ~ man 5 (**-made**) विशेष प्रकार से बना हुआ: well-~; home-~;
suffix प्रत्यय: **home~** घर पर बना हुआ; **man-~** कृत्रिम; **ready-~** तैयार-शुदा; **self-~** अपने प्रयत्नों से बना हुआ: a self-~ person; **tailor-~** के अनुरूप बना हुआ;
dw/lw: **~-up** /मेड-अप/ *adj.* 1 कृत्रिम, बनावटी, रचा हुआ 2 मनगढ़ंत, गढ़ा हुआ: ~-up story; ~-up title 3 प्रसाधन लगाकर सजा-धजा, प्रसाधित, जिसने मेक-अप किया हो 4 मिला-जुलाकर बनाया या जुटाया हुआ;
collocations: ~ **for** (एकदम) उपयुक्त, (पूर्णतः) अनुरूप, मेल खानेवाला: ~ for each other; ~ **of** से बना (निर्मित); ~ **road**

पक्की सड़क; ~ **of money** बहुत अमीर; ~ **mast** अखंड भाग; ~ **to measure** किसी की जरूरत या पसंद अनुसार बनाना

Madeira /मअदिअरा/ *n.* (*also* **Madeira wine**) 1 उत्तरी अटलांटिक द्वीप मदेरा में बनने वाली एक वाइन (अंगूर की शराब) 2 मदिरा का एक गिलास

Mademoiselle /मैडमवैजेल/ मैडमवअजेल/ (*abbr.,* **Mlle**) *n., pl.* **Mesdemoiselles** (*abbr.* **Mlles**) /मेडमवाजेल/ 1 अविवाहित (फ्रांसीसी) लड़की के लिए प्रयुक्त, कुमारी 2 फ्रांस में घरेलू अध्यापिका

Madonna /मअडौना/ *US* मअडाःना/ *n.* 1 (**the ~**) मां मरियम, (**Madonna**) कुंवारी मारिया: ~-braided (दो चोटियों वाली लड़की) 2 मरियम का चित्र, बुत, प्रतिमा

madras /मद्रास/ *n.* 1 मद्रासी धागे से बना बड़ा रंगीन रूमाल 2 महीन सूती या रेशमी कपड़ा 3 (***syn.*** curry) मद्रासी करी

madrigal /मैड्रिग्ल/ *n.* 1 लघु श्रृंगारी कविता 2 सोलहवीं सदी में प्रचलित बिना संगीत वाद्यों के गाया जाने वाला लघु प्रेम समूह गीत 3 कजली

Maecenas /मीसीनैस/ *n.* कलाओं का धनी संरक्षक

maelstrom /मेल्स्ट्रौम/ *US* मेल्स्ट्राःम/ *n.* 1 भयंकर अस्त-व्यस्तता, हंगामा, उथल-पुथल, विक्षोभपूर्ण स्थिति 2 विनाशकारी शक्तियां जिनसे कोई चाहे-अनचाहे जुड़ जाता है 3 (***syn.*** whirlpool) प्रचंड भंवर

maenad /मीनैड/ *n.* 1 *lit.* उन्मत्त या पागल स्त्री 2 *Greek & Roman mythol.* सुरादेवी 3 चंडी;
dw/lw: **~ic** /मीनैडिक/ *adj.* 1 उन्मत्त-सा 2 सुरादेवी से संबंधित

maestoso /माएस्टोजो/ *adv., music* प्रभावपूर्वक

maestro /माइस्ट्रो/ *n., pl.* **~s/ maestri** 1 संगीत आदि में महारथी, महान संगीतज्ञ 2 महान कलाकार

Mae West /मेवेस्ट/ *n.* द्वितीय विश्वयुद्ध में प्रयुक्त विमान-चालकों के लिए फुलाई जा सकने वाली जैकेट

MAF *abbr.* 'million-acre foot' की प्रथमाक्षरी

MAFA *abbr.* 'Management Accounting and Financial Analysis' की प्रथमाक्षरी

MAFF *abbr. UK* 'Ministry of Agriculture, Fisheries and Food' की प्रथमाक्षरी

maffick /मैफिक/ *v., pt.* **~ed,** *pp* **~ing** 1 खूब रंगरलियां मनाना 2 उन्मत्त होकर आनंद मनाना

Mafia /मैफिया/ *US* माफिया/ *n., pl.* **~s** 1 (**the Mafia**) अंतर्राष्ट्रीय आपराधिक गिरोह, माफिया 2 आपराधिक ढंग से काम करते हुए निर्णय लेने की प्रक्रिया को प्रभावित करने वाला गिरोह: the land ~

Mafioso /मैफिओसो/ *US* माःफिओसो/ (*also* **mafioso**) *n., pl.* **Mafiosi** /मैफिओसी/ मैफिओजी/ or **~s** माफिया का सदस्य

mag *short,* 'magazine' का छोटा रूप

magazine /मैगजीन/ *n.* 1 मैगजीन, पत्रिका, रसाला: ~ article 2 रेडियो या टीवी पर प्रसारित समस्या-आधारित धारावाहिक कार्यक्रम 3 बारूदखाना, शस्त्रागार 4 बंदूक का गोली रखने का स्थान, मैगजीन 5 भण्डार, गोदाम

magenta /मजेंटा/ *adj.* जामुनी, मैजेंटा;
n. जामुनी रंग

maggot /मैगट/ *n.* 1 मक्खी का अविकसित रूप, इल्ली 2 कीड़ा 3 सनक: have a ~ in one's brain/ head; acting the ~;
dw/lw: **~y** /मैगटि/ *adj.* 1 इल्लियों से भरा 2 *Austral. sl.* चिड़चिड़ा 3 सनकी;
p&i: **~ in one's head** धन, सनक, खब्त

Magi /मेजाइ/ *n.* 1 ध्रुव तारा से दिशा निर्देश लेते हुए ईशु के लिए पूर्व से उपहार लाने वाले तीन पूर्वी विद्वान 2 मजूसी 3 ज्योतिषी

magic /मैजि\क/ *n.* 1 (***syn.*** sorcery, witchcraft) जादू, टोना, जादू-टोना, जादूगरी: black ~; as if by ~ (मानो कि जादू से) 2 (***syn.*** conjuring) मनोरंजन हेतु प्रदर्शित जादू 3 किसी को दूसरों से ज्यादा आकर्षक, सुप्रिय और मजेदार बनाने वाली विशेषता 4 (***syn.*** enchantment) मायावी, सम्मोहक, वशीकरण शक्ति: ~ of poetry 5 इंद्रजाल, बाजीगरी, हाथ की सफाई;
adj. 1 जादुई शक्ति वाला: ~ lantern; ~ square 2 जादू से जुड़ी हुई 3 जादू से ग्रस्त 4 मायावी, ऐंद्रजालिक 5 अद्भुत, शानदार, महान;
v., *pt.* **magicked,** *pp* **magicking** 1 जादू से कोई काम कर दे. या किसी वस्तु को मुहैया करवा दे.: **magicked** a rabbit out of his hat 2 (*often* **~ sth away/ up**) जादू से किसी चीज को बनाना, चलाना या कोई अन्य काम करना;
dw/lw: **~al** /~कल/ *adj.* 1 जादुई, जादू भरा 2 शानदार, अच्छा 3 मायिक, आभिचारिक, ऐंद्रजालिक 4 रहस्यमय, चौंका देने वाले या अद्भुत नतीजे देने वाला; **~ally** /~कलि/ *adv.* जादुई ढंग से; **magicking** /~किंग/ *n.* जादू से बनाने, रचने या बदलने की क्रिया; **~ian** /~शिअन/ *n.* 1 जादूगर 2 पौराणिक कहानियों में एक पात्र जिसके पास जादुई शक्ति होती थी 3 मायावी 4 (***syn.*** conjurer) जादूगर, ऐंद्रजालिक, बाजीगर 5 (***syn.*** sorcerer) जो जादुई शक्ति से अजूबे पैदा कर सकता है;
collocations: **~ bullet** रोगाणुओं, कैंसरयुक्त कोशिकाओं को नष्ट करने वाली दवाई; **~ carpet** जादुई उड़न गलीचा (उड़न खटोला); **~ circle** जादुई वृत्त; **~ eye** दरवाजे में छोटे से झरोखे में लगा शीशा जिस में से दरवाजे से बाहर खड़े व्यक्ति को देखा जा सकता है; **~ lantern** चित्र-दर्शी, चित्रक्षेपी लालटेन, जादू की लालटेन; **~ mirror** माया दर्पण, जादू का शीशा; **~ moments** चमत्कारी समय; **~ mushroom** मायावी प्रभाव पैदा करनेवाली खुमी; **~ number** परमाणु संख्या, जादुई संख्या; **~ realism** जादुई यथार्थवाद; **~ square** वर्गाकार संरचना में जुड़े छोटे-छोटे वर्गाकार टुकड़े; **~ wand** जादुई छड़ी;
black ~ काला जादू, तिलिस्मी जादू, अभिचार, वशीकरण; **natural ~** नैसर्गिक माया, प्राकृतिक जादू; **white ~** इंद्रजाल, बिना प्रेतात्माओं के किया जानेवाला जादू, उपकारी जादू;
p&i: **~ away** छूमंतर क., गायब कर दे.; **as if by ~** जैसे कि जादू से; **like ~** 1 जादू की तरह, झटपट 2 रहस्यमय ढंग से 3 शानदार तरीके से;

magical *see above under* **magic: *dw/lw***

magician *see above under* **magic: *dw/lw***

magis\terial /मैजि\स्टअरिअल/ *adj.* 1 आधिकारिक, हाकिमी, मजिस्ट्रेट का 2 मजिस्ट्रेट-संबंधी 3 (***syn.*** authoritative) अध्यापकीय, शिक्षकीय, शिक्षक या प्रशिक्षक अनुकूल या उनसे संबंधित: **~terial** staff (अध्यापक-गण);
dw/lw: **~tracy** /~स्ट्रअसि/ (*also* **~trature** /~स्ट्रेचः/) *n., pl.* **~tracies** 1 मजिस्ट्रेट का पद, मजिस्ट्रेटी दंडाधिकारिता 2 मजिस्ट्रेट-समुदाय, दंडनायक-गण; **~trate** /मैजिस्ट्रेट/ *n.* (***syn.*** **~trature** /~स्ट्रेचः/; justice of the peace) मजिस्ट्रेट, दंडाधिकारी, न्यायाधीश: examining ~trate (जांच-मजिस्ट्रेट)

magistral /मैजिस्ट्रल/ *adj.* 1 *pharmacol.* अधिकारपूर्ण, प्रभावशाली, प्रामाणिक 2 विशेष 3 वैद्य द्वारा विशेष रूप से बनाई गई (औषधि)

magma /मैग्मा/ *n., pl.* **~s/ ~ta** 1 मैग्मा 2 *geol.* पृथ्वी की सतह के नीचे उबलती हुई चट्टान 3 खनिज पदार्थों का मोटा मिश्रण, तलछट, लिसलिसा पदार्थ;
dw/lw: **~tic** /मैग्मैटिक/ *adj.* 1 लिसलिसा 2 (उबलती) चट्टानीय

maglev /मैगलेव/ *n.* चुंबकीय पहियों वाली तूफानी रेल गाड़ी

Magna Carta/ Charta /मैग्नअकाःटा/ *n.* महाधिकार-पत्र, अधिकार प्रदान करने वाला मूल विधान

magna cum laude /मैग्नअ कुम लॉडि/ मैग्नअ कुम लाउडे/ *adv., Lat.* उच्चतर दर्जे पर, तीन उच्चतम स्तरों में से दूसरे स्थान पर (आना): he graduated ~

magnani\mity /मैग्नअनि\मिटि/ *n.* उदार-हृदयता, उदारता, महामनस्कता;
dw/lw: **magnanimous** /~मस/ *adj.* विशालहृदय, उदार, उदारचेता, बड़े दिल वाला: a man ~mous of soul; **~mously** /~मसलि/ *adj.* उदारतापूर्वक

magnate /मैग्नेट/ *n.* 1 धनी व्यापारी: a business/ media ~ (प्रचार-माध्यम सरगना) 2 गण्यमान्य तथा प्रभावी व्यक्ति

magnesia /मैगनीजिया/ *n., pl.* **~s** मैगनीजियम हाइड्रोक्साइड और पानी का घोल (*also* **milk of magnesia**) जिसे पेट की गैस-निरोधी दवाई के रूप में लिया जाता है

magnesium /मैग्नीजिअम/ *n.* मैग्नीजियम, मैग्नीशिया, मैग्नीशियम: ~ light (मैग्नीशिया का बहुत तीव्र सफेद प्रकाश)

magnet /मैग्नअ\ट/ *n.* 1 चुंबक 2 (especially **a ~ for** or **to sth/ sb**) अपनी ओर खींचने वाली वस्तु: that rubbish bin is a ~ to flies;

dw/lw: **~ic** /मैग्नेटिक/ *adj.* 1 चुंबकीय, चुंबकीय गुण संपन्न 2 (*also* personal ~ic) प्रभावशाली, आकर्षक, चुंबकीय 3 चुंबकयुक्त, चुंबक-चालित 4 पृथ्वी की चुंबकीय शक्ति से संबंधित: ~ic declination; **magnet\ism** /~टिजम/ *n.* 1 चुंबक शक्ति, चुंबकत्व 2 चुंबकीय आकर्षण-शक्ति: terrestrial ~ism (धरती की चुंबकीय आकर्षण-शक्ति) 3 आकर्षण; **~ization** /~टाइजेशन/ *n.* चुंबकन, चुंबकीयकरण; **~ite** /~टाइट/ *n.* खान से निकला हुआ चुंबकीय शक्ति वाला कच्चा लोहा; **~ize**/ **~ise** /~टाइज/ *v., pt.* ~ized, *pp* ~izing चुंबक बना दे., चुंबकित क.;

collocations: **~ic activity** चुंबकीय सक्रियता; **~ic anomaly** चुंबकीय विसंगति; **~ic axis** चुंबकीय अक्ष; **~ic bearing** चुंबकीय दिक्मान; **~ic bubble** कंप्यूटर स्मरण-शक्ति (memory) का एक रूप जो झटके या कंपन सह होती है और जिसमें चुंबकीय बुलबुले नामक कृत्रिम तरीके से पैदा की गई अति-सूक्ष्म विसंगतियां एक पतली चुंबकीय फिल्म में तैरती रहती हैं; **~ic coil** चुंबकीय कुंडली; **~ic compass** चुंबकीय दिक्सूचक; **~ic cycle** चुंबकीय चक्र; **~ic declination** चुंबकीय दिक्पात; **~ic deflection** चुंबकीय विक्षेप; **~ic detector** चुंबकीय संसूचक; **~ic disk** *comput.* चुंबकीय सूचना-भंडारण डिस्क; **~ic drum** बड़े कंप्यूटरों में एक विशेष भंडारण प्रणाली; **~ic elements** चुंबकीय अवयव; **~ic energy** चुंबकीय ऊर्जा; **~ic equator** धरती के चारों ओर काल्पनिक रेखा जहां पर चुंबकीय सूई लंबित (लेटी) रहती है यानी यहां पर चुंबकीय आकर्षण शक्ति शून्य होती है; **~ic field** चुंबकीय क्षेत्र; **~ic flux** चुंबकीयता की मात्रा का माप; **~ic induction** अचुंबकीय सामग्री में चुंबकीय गुण पैदा करने की क्रिया; **~ic ink character recognition** (*abbr.,* **'MICR'**) चुंबकीय 'स्याही' में छपे अक्षरों या चिह्नों का पठन; **~ic keeper** चुंबकीय रक्षक; **~ic levitation** चुंबकीय नति के कारण किसी चीज की लटकन; **~ic media** कंप्यूटर में सूचना-भंडारण के भिन्न-भिन्न तरीके या माध्यम; **~ic meridian** चुंबकीय ध्रुववृत्त; **~ic mine** चुंबकीय खान; **~ic mineral** चुंबकीय खनिज; **~ic moment** चुंबकीय घूर्ण, स्थायी चुंबक की चुंबकीय शक्ति की मात्रा या माप; **~ic needle** चुंबकीय सूई; **~ic north** चुंबकीय उत्तर; **~ic oxide** चुंबकीय ऑक्साइड; **~ic pole** चुंबकीय ध्रुव; **~ic recording** चुंबकीय अभिलेखन या रिकॉर्डिंग; **~ic resonance imaging** (*abbr.,* **MRI**) मानवीय शरीर के चित्र बनाने के लिए नाभिक चुंबकीय गूंज का प्रयोग; **~ic screening** चुंबकीय आवरण; **~ic storm** चुंबकीय प्रक्षोभ (तूफान); **~ic strip** चुंबकीय पट्टी; **~ic tape/ disk/ storage, etc.** कंप्यूटर में प्रयुक्त होनेवाले टेप या डिस्क आदि उपकरण, चुंबकीय भंडारण; **~ic track** चुंबकीय पथ; **~ic tube of force** चुंबकीय बल नलिका; **~ic variation** चुंबकीय विभिन्नता;

p&i: **attract sb like a ~** चुंबक की तरह आकर्षित क.

magnetism *see above under* **magnet:** ***dw/lw***

magnetite *see above under* **magnet:** ***dw/lw***

magneto /मैग्नीटो/ *n., pl.* **~s** छोटा जेनरेटर, कार आदि के इंजन में ज्वलन-क्रिया (ignition) पैदा करने के लिए बिजली पैदा करने वाला छोटा-सा चुंबकीय यंत्र

magneto- /मैग्नीटो\-/ *comb. form denoting:* 1 **magnetic** (चुंबकीय) 2 **relating to magnetism** (चुंबकत्व-संबंधी) 3 **magneto-electric** (चुंबकीय-विद्युतीय): ~graph; ~meter; ~sphere;

dw/lw: **~electricity** *n.* चुंबकों द्वारा पैदा की जाने वाली बिजली; **~meter** /~मीटः/ *n.* किसी स्थान की चुंबकीय-शक्ति और दिशा नापने का यंत्र; **~metery** /~मिटरि/ *n.* मैग्नीटोमीटर के प्रयोग द्वारा चुंबकीय नति नापने की क्रिया; **~motive** /~मोटिव/ *adj.* मैग्नेटिक फ्लक्स पैदा करने वाली चुंबकीय शक्ति; **~sphere** /~सफीअः/ *n.* चुंबक मंडल, धरती के इर्दगिर्द स्थित अंतरिक्ष क्षेत्र जिसमें चुंबकीय कण मौजूद होते हैं जो धरती के चुंबकीय क्षेत्र की बदौलत इस क्षेत्र में टिके रहते हैं

magnetron /मैग्निट्रॉन/ *n.* रडार के ट्रांसमीटरों में प्रयुक्त होने वाले माइक्रोवेवों (लघु तरंगों) को पैदा करने वाला यंत्र (अब माइक्रोवेव चूल्हों में भी प्रयुक्त)

magnet school/ magnet high school अमेरिका में ऐसे स्कूल जहां दूर-दराज के छात्रों को आकर्षित करने हेतु सामान्य शिक्षा के अतिरिक्त भाषायें, ललित कला, विज्ञान आदि विषय भी पढ़ाये जाते हैं

magnificat /मैग्निफिकैट/ *n.* 1 ईश्वर-स्तुति भजन 2 स्तुति-गान;

p&i: **correct ~** बिना बात के गले पड़ना; **sing ~ at matins** बेमौके का काम या बात क.

magni\fication /मैग्नि\फिकेशन/ *n.* 1 *optics* आवर्धन, लेंस द्वारा चित्र में वृद्धि (विस्तार) या घटाव (संकुचन) की मात्रा: high/ low **~fication** 2 आवर्धित चित्र या बिंब 3 विस्तृत प्रति 4 आवर्धन या वर्धन की द्योतक क्रिया 5 अति-प्रशंसा, अति-स्तुति;

dw/lw: **~fied** /~फाइड/ *adj.* 1 आवर्धित 2 अतिरंजित; **~fier** /~फायः/ *n.* आवर्धक, बढ़ाने वाला, अतिरंजक; **magni\fy** /~फाइ/ *v., pt.* ~fied, *pp* ~fying 1 (***syn.*** enlarge) आकार में बड़ा दिखाना, बढ़ाना 2 बात का बतंगड़ बनाना: ~fy an incident 3 आवर्धन क., आवर्धित क. 4 (***syn.*** exaggerate) अतिरंजित क., बढ़ा-चढ़ा कर कहना: ~fy oneself (अपने मुंह मियां मिट्ठू बनना); **~fying** /~फाइंग/ *adj.* आवर्धक, बढ़ाने वाला: ~fying glass (बढ़ाने वाला शीशा, आवर्धक लेंस

magnifi\cence /मैग्निफि\संस/ *n.* 1 महिमा, वैभव, भव्यता, शान) 2 प्रताप, ठाठ-बाट 3 विशालता;

dw/lw: **magnifi\cent** /~संट/ *adj.* 1 बहुत अच्छा, सुंदर, भव्य: ~cent view 2 महान, प्रतापी, वैभवशाली 3 शोभायमान 4 शानदार, श्रेष्ठ: ~cent poet; **~cently** /~संटलि/ *adv.* शानदार ढंग से

magnifico /मैग्निफिको/ *n.* 1 धनपति, प्रभाव-शाली व्यक्ति 2 अत्यंत प्रतिष्ठित व्यक्ति, उच्च पदाधिकारी

magnify *see above under* **magnification:** ***dw/lw***

magnilo\quence /मैग्नीलअ\क्वंस/ *n.* 1 शब्दाडंबर, शेखीबाजी 2 अतिशय ओजपूर्ण भाषण शैली;

dw/lw: **~quent** /~क्वंट/ *adj.* 1 शब्दाडंबरपूर्ण 2 शेखीबाज, आडंबरी, डींग मारने वाला; **~quently** /~क्वंटलि/ *adv.* शब्दाडंबरपूर्वक

magnitude /मैग्निट्यूड/ *n.* 1 विशाल आकार-प्रकार, विस्तार, व्यापकता 2 महत्त्व, महत्ता 3 परिमाण, मात्रा 4 *astron.* किसी सितारे की कांति, दीप्ति, आभा;

p&i: **of the first ~** बहुत बड़ा, उत्तम

magnolia /मैग्नोलिआ/ *n.* बड़े-बड़े सुगंधित सफेद या गुलाबी फूलों वाला पेड़, जो विशेषकर पश्चिमी गोलार्ध में मिलता है;

adj. अमेरिका के दक्षिण के जमींदार वर्ग से संबंधित: ~ accent (दक्षिणी अभिजातवर्गीय लहजा)

magnum /मैग्नम/ *n.* शैंपेन की बड़ी (1.5 लीटर की) बोतल

magnum opus /मैग्नम ओपस/ *n.* 1 महान कृति, श्रेष्ठ रचना 2 कलाकार, साहित्यकार आदि की प्रधान या सर्वश्रेष्ठ कृति 3 विशालकाय रचना

magpie /मैग्पाइ/ *n.* 1 मैना की जाति का एक यूरोपीय पक्षी 2 बातूनी, बकवादी, गप्पी 3 छोटी-मोटी बेकार वस्तुओं का संग्रह करने वाला;

p&i: **chatter like a ~** मैना की तरह बक-बक क.

magtape /मैग्टेप/ *n.* चुंबकीय टेप

magus /मेगस/ *n., pl.* **magi** /मेजाइ/ 1 (*usually* **the Magi**)

ध्रुव तारा से दिशा निर्देश लेते हुए ईशा के लिए पूर्व से उपहार लाने वाले तीन पूर्वी विद्वान (*also* **the Three Kings/ Three Wise Men**) 2 मजूसी

Magyar /मैग्याः/ 1 माग्यार 2 हंगरी 3 हंगरीवासी 4 हंगेरियायी भाषा

Mahabank *abbr.* 'Bank of Maharashtra' का संक्षेप

MAHE *abbr.* 'Manipal Academy of Higher Education (Chennai)' की प्रथमाक्षरी

mahogany /मअहौगनि/ मअहाःगनि/ *n.* 1 फर्नीचर बनाने में उपयुक्त एक महंगी लकड़ी: ~ furniture 2 तून विशेष, महार्घ 3 लाल-भूरा रंग;

collocations: **~ bug/ flat** खटमल;

***p&i*:** **have/ put one's feet** or **stretch one's legs under sb's ~** किसी की मेहमाननवाजी का नाजायज फायदा उठाना

mahout /महाउट/ *n.* महावत, हाथी-पालक

MAI *abbr.* 'market access initiative' की प्रथमाक्षरी

maid /मेड/ *n.* 1 सेविका, नौकरानी, दायी, दासी 2 कुमारिका 3 अविवाहिता औरत 4 कुंवारी लड़की, कन्या;

dw/lw: **~-of-all-work** *n.* अकेली नौकरानी;

collocations: **~ of honour** नव-वधू की प्रमुख सेविका या परिचारिका; **~ servant** सेविका, नौकरानी; **between ~** नौकरानी का सहायक; **old ~** अधेड़ अविवाहिता

maiden /मेडन/ *n.* 1 कुंवारी लड़की 2 कन्या 3 कुमारी 4 ऐसा घोड़ा जिसने कभी घुड़-दौड़ न जीती हो 5 क्रिकेट के खेल में छः गंदों का ओवर (over) जिसमें कोई रन (run) न बना हो;

adj. 1 अविवाहिता: ~ aunt 2 कन्योचित, कुमारी-सुलभ: ~ name 3 प्रथम: ~ trip/ voyage; ~ flight; ~ speech; ~ century (क्रिकेट में पहला शतक) 4 अव्यवहारित, अप्रयुक्त: ~ soil 5 नया, कोरा या कोरी 6 अविजित: ~ peak 7 केवल महिलाओं की भागीदारी वाली (घुड़दौड़) 8 क्रिकेट में ऐसे ओवर से संबंधित जिसमें कोई रन न बना हो: ~ over;

dw/lw: **~hair** *n.* बालों जैसे पत्तों वाला पेड़; **~head** = **~hood** /~हुड/ *n.* कुंवारापन, कुमारीपन, कौमार्य; **~like** *adj.* कुमारियों जैसी, कुमारीय; **~ly** *adj.* कुमारी-सुलभ, कन्योचित;

collocations: **~ name** लड़की का शादी से पहले का नाम; **~ peak** अविजित चोटी; **~ soil** ऐसी जमीन जो कभी न जोती गई हो;

p&i: **~ castle** अविजित दुर्ग; **~ name** अविवाहित स्त्री का उपनाम; **~ trip** पहली यात्रा; **~ widowed** बालिका विधवा

maieutic /मेयूटिक/ *adj., logic* सहायक, उप- (यूनानी दार्शनिक सुकरात की अवचेतन को प्रकट करने की प्रणाली से संबंधित): ~ method (उद्बोधन-प्रणाली, धात्री-प्रणाली)

maigre /मेगः/ *adj.* निरामिष

mail /मेल/ *n.* 1 चिट्ठी, डाक: foreign ~; registered ~; unopened ~ 2 *US* डाक भेजने-पाने का तरीका, डाक व्यवस्था: deliver/ collect/ dispatch the ~; this letter will catch the night ~ to London 3 (*also* **chainmail**) कवच, बख्तर: coat of ~ 4 जीवों का रक्षात्मक आवरण (कछुए की खोपड़ी आदि);

v., *pt.* **~ed**, *pp* **~ing** 1 डाक से पत्र आदि भेजना 2 कवच पहनाना;

dw/lw: **~able** /मेलअबल/ *adj.* डाक से भेजने योग्य, प्रेषणीय; **~-armour** *n.* कवच; **~bag** *n.* डाक थैला; **~box** *n.* 1 *US* घर के बाहर टंगा बॉक्स जिसमें डाकिया पत्र डालता है 2 (*UK* letterbox, post box) लैटर बॉक्स, पत्रपेटी; **~call** *n.* सेना की टुकड़ी में डाक का वितरण; **~-carrier** *n.* डाकिया; **~-clad/ ~ed** *adj.* कवचित, कवच से ढका हुआ: ~ed car; ~ed fist (रक्षा या युद्ध शक्ति); **~-coach** *n.* डाक-गाड़ी, डाक-डिब्बा; **~-guard** *n.* डाक-रक्षक; **~ing** *pp,* 'mail' का वर्तमानकालिक कृदंत; **~ing** *adj.* डाक संबंधी: ~ing list (नाम और पतों की सूची); ~ing machine (भेजे जाने वाले लिफाफे आदि को डाक से भेजने के लिए तैयार करने वाली मशीन); **~man** *n. US* (*UK* **postman**) *n. pl.* ~men डाकिया; **~shot** *n.* डाक से भेजी जाने वाली प्रचार सामग्री; **~-train** *n.* डाक-गाड़ी; **~-van** *n.* डाक-वाहन;

e-mail *n.* ई-मेल;

collocations: **~ bomb** डाक से भेजा जानेवा ला बम; **~ drop** 1 घर के बाहर टंगा पत्र-बक्सा, पत्र-पेटी 2 ऐसा पता जहां से प्राप्तकर्ता अपनी डाक ले सकता है; **~ order** 1 वस्तुओं को खरीदने के लिए डाक से भेजा जाने वाला क्रय-पत्र (ऑर्डर) 2 मनिआडर, डाक-धनादेश; **~ slot** = letter box; **~ transfer** डाक अंतरण या स्थानांतरण;

junk ~ बेकार (कचरा) डाक; **snail ~** साधारण डाक से भेजी या प्राप्त की जाने वाली चिट्ठियां; **surface ~** थल-मार्ग से भेजी जाने वाली डाक; **voice ~** टेलीफोन आदि पर छोड़े जाने वाले संदेश

maillot /मैयो/ *n., Fr.* 1 जिमनास्टों, कलाबाजों आदि के शरीर पर सटकर आने वाली पोशाक 2 महिला स्नान परिधान

maim /मेम/ *v., pt.* **~ed**, *pp* **~ing** 1 अपंग या अपाहिज बना दे.: ~ sb for life 2 लंगड़ा-लूला क., पंगु बनाना, अंगभंग क., अंगहीन क.: **~ed** in the hand/ in the leg 3 अशक्त बना दे. 4 विकृत क., बिगाड़ना;

n. अपंगता, पंगुपन;

dw/lw: **~ed** /मेमड/ *adj.* अपाहिज, पंगु; **~ing** /मेमिंग/ *n.* अपंग बनाने की क्रिया

main /मेन/ *adj.* 1 (***syn.*** chief, major, principal, key) मुख्य, प्रमुख, प्रधान: ~ feature; ~ point; ~ title 2 (***syn.*** central) सबसे बड़ा और जरूरी: ~ street; ~ attack/ effort 3 *lit.* (***syn.*** prime) अति की चरम सीमा वाला, सर्वाधिक, एक मात्र: by ~ force/ strength (अत्यधिक शक्ति से);

n. 1 मुख्य धारा 2 विकास आदि की मुख्य दिशा 3 मुख्यांश, मख्य भाग 4 मुख्य बात या विषय 5 मुख्य लाइन 6 मुख्य नहर आदि 7 (***syn.*** circuit) मुख्य परिपथ 8 (*often* **the ~s**) बिजली पानी की मुख्य आपूर्ति लाइन: turn the water off at the ~s; connect up with the **~s** 9 *old use* (***syn.*** open sea) खुला विशाल सागर;

dw/lw: **~brace** /मेनब्रेस/ *n.* पाल जहाज की गति को नियंत्रित करने वाला मुख्य रस्सा; **~frame** *n.* एक बड़ा सशक्त कंप्यूटर जिसका कई लोग एक साथ उपयोग कर सकते हैं, बृहत् कंप्यूटर; **mainland** *see below under separate entry*; **~line** *n.* 1 *sl.* मादक द्रव को मुख्य नस में इंजेक्शन से शरीर में डालकर जल्दी-जल्दी नशा पाने की लाइन 2 (***syn.*** mainstream) मुख्य धारा; **~line** *adj.* मुख्य: ~line churches/ faiths; **~line** *v., pt.* ~lined, *pp* mainlining जल्दी-जल्दी नशा पाने के लिए मादक द्रव को मुख्य नस में इंजेक्शन से शरीर में चढ़ाना; **~ly** *adv.* 1 (***syn.*** chiefly, primarily) मुख्यतः, प्रधानतः: he is, ~ly, to blame 2 बड़े भाग के रूप में: ~ly women were present; **~mast** *n.* मुख्य मस्तूल; **mains** *see below under a separate entry*; **~sail** *n.* बड़ा या प्रमुख पाल; **~sheet** *n.* मुख्य मस्तूल के निचले कोने से बंधी रस्सी जिससे गति के कोण या दिशा आदि नियंत्रित किए जा सकते हैं; **~spring** *n.* 1 घड़ी आदि की मुख्य कमानी जो घड़ी को चलाती है 2 मुख्य शक्ति या प्रेरणा-स्रोत, मुख्य कारण; **~stay** *see below under a separate entry*; **mainstream** *see below under a separate entry*; **~top** *n.* मुख्य मस्तूल के निचले भाग का चबूतरा; **~yard** *n.* मुख्य मस्तूल के नीचे का चबूतरा;

collocations: **~ body** मुख्यांग; **~ clause** (***syn.*** independent/ principal clause) मुख्य वाक्यांश; **~ course** 1 खाने का सबसे बड़ा और मुख्य भाग 2 बड़ा या प्रमुख पाल; **~ deck** प्रमुख तल (जहाज आदि का); **(the) ~ drag** किसी नगर का प्रमुख मार्ग; **~ event** प्रमुख घटना या बात; **~ flood** 1 मुख्य बहाव 2 विशाल जल संग्रह; **~ frame** (*also* **~frame computer**) बहुत सारे लोगों द्वारा प्रयोग में लाया जाने वाला बड़ा कंप्यूटर; **~ guard** आक्रमण या रक्षण की मुख्य टुकड़ी; **~ line** मुख्य रेल मार्ग, मुख्य मार्ग, मुख्य नस; **~ road** मुख्य सड़क; ~

store कंप्यूटर में सूचनाओं का प्रमुख संग्रहण या भंडारण स्थान; ~ **street** 1 (*syn.* high street) मुख्य सड़क 2 **Main Street** मध्यमवर्गीय अमेरिकियों का वर्ग: ~ Street won't be happy with the decision to take in some of Syrian refugees; ~ **supply** मुख्य आपूर्ति पथ; ~ **verb** मुख्य वाक्यांश (main clause) में क्रिया;
gas/ water ~s मकान की गैस या पानी आपूर्ति नाली;
p&i: **by ~ force** बल प्रयोग से; **from Main to California** अमेरिका के एक कोने से दूसरे तक; **in the ~** मुख्य रूप से, कुल मिलाकर; **the ~ chance** फायदा उठाने का सर्वोत्तम अवसर: an eye to the ~ chance; **with might and ~** पूरी शक्ति से; **the ~ thing** सर्वाधिक महत्त्वपूर्ण बात

mainland /मेनलैंड/ *n.* (*especially* **the ~**) देश की मुख्य भूमि (आस-पास के द्वीपों को छोड़ कर);
adj. मुख्य (भूभाग): ~ Britain; ~ China (तैवान आदि को छोड़कर चीन का मुख्य भाग);
dw/lw: **~er** *n.* देश के मुख्य भूभाग का निवासी

mains (*also* **the mains**) *n. [pl.] UK* 1 मकान की बिजली, गैस या पानी का आपूर्ति माध्यम (line) 2 जहां से बिजली के उपकरणों के लिये बिजली ली जाती है, मुख्य स्विच 3 उच्च सरकारी नौकरियों (IAS, IFS, IPS etc.) की परीक्षा का मुख्य (लिखित) भाग

mainstay *n.* प्रमुख आधार या सहारा: a/ the ~stay of sth;

mainstream /मेनस्ट्रीम/ *n.* 1 (**the ~**) मुख्य धारा या परंपरा: the ~ of modern art 2 नदी का मुख्य भाग जो आगे छोटी-छोटी नदियों (tributaries) में बंट जाता है;
adj. 1 मुख्य धारा का: ~ culture/ politics (मुख्य धारा की संस्कृति या राजनीति) 2 मुख्य धारा का, सामान्य, मानक: ~ view on the subject;
v., *pt.* **~ed**, *pp* **~ing** *US* विकलांग या विशेष पिछड़ापन के शिकार बच्चों को मुख्य धारा के स्कूलों से जोड़ना

maintain /मेनटेन/ *v., pt.* **~ed**, *pp* **~ing** 1 (*syn.* preserve) रख-रखाव क.: ~ a house 2 अच्छी हालत में बनाए रखना: food is necessary to ~ life 3 देखभाल क. 4 मानना, धारणा हो., दावा क., दृढ़तापूर्वक या निश्चयपूर्वक कहना: ~ one's view; ~ one's position/ innocence 5 शांति आदि बनाए रखना: ~ law and order/ peace 6 सहारा दे., प्रोत्साहन दे., समर्थन क. 7 (*syn.* keep) पालन या भरण-पोषण क., खर्च चलाना या दे.: ~ one's family 8 की रक्षा या बचाव क., सुरक्षित रखना: ~ one's rights 9 संपोषित क. 10 बनाए रखना, जारी या चालू रखना: ~ contact; ~ silence;
dw/lw: **~able** /मेन्टेनअबल/ *adj.* 1 चलाए जाने योग्य 2 रखने योग्य 3 पालन करने योग्य 4 दावे के रूप में मान्य 5 पोषणीय, अनुरक्षणीय, संपोषणीय 6 समर्थन योग्य; **~ed** *adj.* समर्थित, सम्पोषित: grant-~ed school (अनुदान से चलने वाला स्कूल);
p&i: **~ a low profile** विनम्रतापूर्वक रहना, दिखावा आदि न क.; **~ an open mind on** उदार मन हो, किसी बात को लेकर संकीर्णमना न हो.

maintenance /मेंटअनंस/ *n.* 1 रख-रखाव: ~ costs; ~ crew (रख-रखाव कर्मी दल); ~ department; ~ section; ~ manual (रख-रखाव निर्देश पुस्तिका) 2 (*syn.* alimony) गुजारा भत्ता: separate ~ 3 अनुरक्षण: high/ low ~ (अनुरक्षण का बड़ा या कम खर्चा) 4 पालन (alimony) ~ money; child ~ 5 रोटी-कपड़ा, निर्वाह, जीविका, गुजारा: provide for sb's ~ 6 रक्षा, संधारण 7 जारी या जीवित रखने की क्रिया: ~ of contact;
adj. रख-रखाव से संबंधित: ~ man; a ~ order;
dw/lw: **~-allowance** *n.* भरण-पोषण भत्ता, गुजारा भत्ता;
collocations: **~ and cure** घायल व्यक्ति का इलाज व संपोषण का अधिकार; **~ grant** अनुरक्षण अनुदान; **~ man** रख-रखाव करने वाला कर्मी; **~ of accounts** हिसाब-किताब का रख-रखाव, लेखे-जोखे का चालन; **~ order** किसी के रख-रखाव या गुजारा-भत्ता देने के लिए अदालती आदेश; **~ panel** अनुरक्षण पट्टिका;
p&i: **carry out ~** रख-रखाव क.

maisonette/ moisonnette /मेजअनेट/ (*US* **duplex**) *n.* एक बड़े भवन में अक्सर दो-मंजिला मकान या फ्लैट

MAIT *abbr.* 'Manufacturers Association for Information Technology' की प्रथमाक्षरी

maître d'hôtel /मेत्रअदोतेल/ (*also* **maître d'** /मेत्रअ दी/) *n.* 1 भोजनालय का मुख्य बैरा या प्रबंधक 2 होटल प्रबंधक

maize /मेज/ *UK* (*US* **corn**) *n.* 1 मक्का, मकई का पौधा: ~ ear (भुट्टा) 2 मक्की का अनाज

majestic /मअजेस्टि\क/ *adj.* 1 *US* (*syn.* awe-inspiring, splendid) भव्य, शानदार 2 राजसी, शाही 3 प्रतापी, तेजस्वी: ~ aspect;
dw/lw: **~ally** /~कलि/ *adv.* शानदार ढंग से

majesty /मैजअस्टि/ *n., pl.* **majesties** 1 राजसी ठाठ, शाहीपन 2 प्रताप, तेजस्विता 3 ऐश्वर्य, भव्यता 4 विभूति 5 शाही राजसत्ता, आधिपत्य, प्रभुत्व 6 राजा, महाराजा;
collocations: **Her ~** तत्रमहती, महामहिम; **His ~** तत्रमहान, महामहिम; **His/ Her/ Your Royal Majesty** महाराजाधिराज; **your ~** अत्रमहान, महामहिम

Maj-Gen *abbr.* 'Major-General' का संक्षेप

majolica /मजौलिका/ *n.* चीनी मिट्टी के कांच चढ़े चिकने बर्तन

major /मेजः/ *adj.* 1 (***anton.*** minor) मुख्य, प्रधान 2 भारी संख्या वाला 3 लंबाई-चौड़ाई/ विस्तार/ मूल्य संबंधित: ~ forces 4 महत्त्व में बड़ा, गुरु 5 वयस्क, बालिग (भारत, ब्रिटेन और अमेरिका में 18 वर्ष की आयु) 6 अधिकांश, अधिकतर: ~ part/ portion 7 पाश्चात्य संगीत का एक सुर 8 गंभीर, जोखिम-भरा 9 पढ़ाई के मुख्य विषय से संबंधित;
n. 1 *US* विश्वविद्यालयीय स्तर पर छात्र का मुख्य विषय, ऑनर्ज (Hons.): English is his ~ 2 मुख्य विषय का छात्र: he is an English ~ 3 सेना का एक पद, मेजर 4 सेना के बैंड का इंचार्ज-अफसर (pipe major) 5 (*syn.* logic) साध्यपद 6 वयस्कता, बालिग उम्र 7 मुख्य भाग;
v., *pt.* **~ed**, *pp* **~ing** 1 ऑनर्ज (Hons.) में उत्तीर्ण हो. 2 (*especially* **~ in** or **on sth**) किसी विषय को मुख्य विषय के रूप में पढ़ना, में विशेषज्ञ हो.: he **~s** in English;
dw/lw: **~-domo** /मेजर-डोमो/ *n.* (*syn.* steward) किसी बड़े घराने का मुख्य सेवक/ गृहप्रबंधक; **~-general** *n.* मेजर जनरल (सेना में एक उच्च पद – ब्रिगेडियर से ऊपर तथा लेफ्टिनैंट जनरल से नीचे का पद); **~ly** *adv.* अत्यधिक, अत्यंत: ~ly disappointed;
collocations: **~ axis** दीर्घ कक्ष; **~ head** मुख्य शीर्षक; **~ league** अमेरिका में (विशेषकर बेसबॉल के खेल में) राष्ट्रीय स्तर की लीग प्रतियोगिता; **~ orders** ईसाई धर्म-तंत्र में उच्च-पदासीन धर्माधिकारी; **~ premise** *logic* न्याय-वाक्य, हेत्वनुमान, निगमनिक तर्क जिसमें निष्कर्ष का विधेय प्रतिपादित होता है; **~ prophet(s)** इसायाह, यिरमियाह, एजेकिएल एवं दानिएल (according to Old Testament); **~ works** बड़े निर्माण कार्य; **a ~ problem/ issue** मुख्य समस्या/ मुद्दा; **a psychology ~** मनोविज्ञान का मुख्य या विशिष्ट विषय के रूप में अध्ययन (Hons) (बीए/ एमए (Hons) आदि)

Majorcan /मर्जॉःकन/ *n.* भूमध्य सागर में स्पेनी द्वीप मर्जॉर्का से संबंधित या इस द्वीप का निवासी

majorette /मेजअरेट/ (*also* **drum majorette**) *n.* सैनिक वर्दी में सज-धजकर सैनिक परेड में बेटन घुमाते हुए मार्च करने वाली लड़कियों के दल की सदस्या

majority /मअजौरिटि/ *US* मअजाःरिटि/ मअजॉरिटि/ *n.* 1 बहुमत: qualified/ simple ~; be in the ~ 2 चुनाव में बहुमत: win/ be elected by a large/ small/ absolute/ narrow/ overwhelming/ outright/ tiny/ vast ~ 3 अधिकांश 4 वयस्कता, बालिग अवस्था;

collocations: ~ **rule** बहुमत का शासन; ~ **verdict** बहुमत का निर्णय; ~ **vote** बहुसंख्यक मत;
absolute ~ पूर्ण बहुमत; **overall** ~ सामान्य बहुमत; **silent** ~ संकोचवश या विवशता के कारण चुप रहनेवालों का बहुमत; **the great** ~ दिवंगत लोग;
p&i: **be in a/ the** ~ बहुमत में हो.; **join the great** ~ मृत्यु को प्राप्त हो.; **the** ~ **of sth** किसी चीज का अधिकांश भाग; **the** ~ **of the people** अधिकांश या अधिकतर लोग

majuscule /मजस्क्यूल/ *n., printing* बड़ा अक्षर

make /मेक/ *v., pt.* **made**, *pt. p.* **made**, *pp* **making** 1 (***syn.*** create, generate) बनाना, निर्मित क.: ~ tables/ bricks/ wine/ machines; ~ electricity 2 तैयार क.: ~ dinner/ breakfast/ lunch; ~ a list; ~ a note 3 (***syn.*** form) समझना, मानना: how large do you ~ this crowd?; ~ sth of sb (किसी को किसी रूप या अर्थ में ले. या समझना) 4 के बराबर होना: 9 and 5 ~ fourteen 5 पहुंचना: ~ the village before dark; ~ the station in time; ~ the finish 6 मरम्मत क. 7 की ओर प्रस्थान क.: ~ for home; ~ for the open sea 8 पैसे बनाना या कमाना: she **~s** at least five lacs per month; ~ money; ~ profit 9 नियुक्ति क., बनाना, नौकरी दे.: ~ sb a judge 10 बनना: cold tea **~s** an excellent drink in summer; ~ a good teacher; this room will ~ a good study 11 होना: noon was **made** (दोपहर हो गई) 12 जोड़ना 13 सृजन क., रचना 14 लिखना: ~ one's will (वसीयत बनाना) 15 (***syn.*** prepare) प्रारूप बनाना, कानून आदि बनाना: ~ a law 16 बिस्तर आदि बनाना 17 (***syn.*** cause) बनाना: the stone **made** a dent in the metal sheet; the news **made** him very happy; ~ sb laugh 18 विवश क.: ~ sb repeat their version 19 चित्रित या द्योतित क.: ~ sb a truly tragic figure 20 (***syn.*** develop) के रूप में विकसित हो. या पनपना: make an excellent teacher;
n. 1 किसी कंपनी का ब्रैंड, मार्का: a new ~ of automobile; cars of all **~s**; an automobile of English ~ 2 बनावट, गठन: a man of slender ~; a man with the ~ and muscles of a prize-fighter 3 स्वभाव 4 प्रकार 5 निर्माण, उत्पाद 6 *sl.* सैनिक पदोन्नति के रूप में तरक्की;
dw/lw: **~-believe** *n.* 1 काल्पनिक कृति या बिंब 2 बहाना, छल, ढोंग: it is just ~-believe; **~-believe** *adj.* 1 कपटपूर्ण, कपटी, झूठा 2 छलिया, धोखेबाज: ~-believe reply/ story; **~over** *n.* शक्ल-सूरत में सुधार या बदलाव; **~peace** *n.* शांति-स्थापक; **~r** *n.* बनाने वाला, रचनाकार, निर्माता: ~r of maps; ~r of history; **~shift** *adj.* (***syn.*** improvised, provisional) कामचलाऊ (चीज या उपकरण), अस्थायी; **~-up**/ **~up** *n.* 1 बनाव-श्रृंगार, अंग-साज, रूप-सज्जा: use too much ~-up; ~-up room; ~-up man 2 बनावट, ढांचा, रचना: the ~-up of this substance 3 स्वभाव: people of a nervous ~-up 4 मनगढ़ंत बात; **~weight** *n.* पासंग (तोलने का); **~-work** *n.* लोगों को व्यस्त रखने के लिए दिया जानेवाला (व्यर्थ) काम; **making** *see below under a separate entry*;
collocations: **~-and-break contact** जोड़-तोड़ संपर्क; ~ **and mend hour** व्यायाम से छूट का समय;
p&i: ~ **a bad shot** निशाना चूक जा.; ~ **a bed** बिस्तरा बनाना; ~ **a bid for sth** नीलामी में बोली लगाना; ~ **a bee-line for sth** कहीं पर या किसी के पास सीधे सबसे छोटे रास्ते से जा.; ~ **a blunder/ a mistake** भयंकर भूल क.; ~ **a bolt for** की ओर झपटना; ~ **a bonfire of** जलाकर नष्ट कर दे.; ~ **a bow** झुककर प्रणाम क.; ~ **a break** अटपटी बात क.; ~ **a break for it** खूंटा तुड़ाकर भाग खड़े हो.; ~ **a bridge of gold for someone** (किसी को) गलती सुधारने का मौका दे.; ~ **a call to someone** टेलीफोन क.; ~ **a campfire** आग जलाकर उत्सव मनाना; ~ **a capital out of** फायदा उठाना; ~ **a cat's paw of sb** किसी के कंधे पर रखकर बंदूक चलाना; ~ **a clean breast of** अपराध स्वीकार कर लेना, भंडा-फोड़ क., सब कुछ उगल दे.; ~ **a clean sweep** 1 प्रतियोगिता या चुनाव आदि में सभी मुकाबले जीत लेना 2 पूर्णतः छुटकारा पाना; ~ **a commotion** हलचल पैदा क.; ~ **a concession** कुछ राहत दे.; ~ **a conspicuous figure** आदरणीय व्यक्ति बनना; ~ **a dash for** किसी ओर झपटना; ~ **a date** प्रेम-भेंट तय क.; ~ **a dead set at someone** भिड़ने के लिए घेरा डालना; ~ **a decision** निर्णय लेना, फैसला क.; ~ **advances** किसी की ओर प्रणय पहल क.; ~/ **pull a face (at sb)** किसी पर नाक-भौं सिकोड़ना; ~ **a fast buck** बहुत सारा पैसा कमाना; ~ **a figure** हंसी-मजाक का निशाना बनना; ~ **a fool of** मूर्ख बनाना; ~ **a footing** आधार या सहारा पाना; ~ **a fortune** मालामाल हो.; ~ **after sb/ sth** किसी के या किसी चीज के पीछे जाना या उनका पीछा क.; ~ **fast buck** आनन-फानन में ढेरों पैसा बना लेना; ~ **fuss about** के बारे में चोचलेबाजी क.; ~ **against** किसी के विरुद्ध बोलना; ~ **a getaway** बचकर निकल जा.; ~ **a good/ bad job of it** अच्छी/ बुरी तरह काम क.; ~ **a good haul** बहुत सारी कीमती संपत्ति चुराना; ~ **a good job of** अच्छी तरह काम निपटाना; ~ **a good/ poor fist at/ of sth** सफल/ असफल प्रयास क.; ~ **a good meal** मन भरकर खाना खाना; ~ **a good start** अच्छी शुरुआत क.; ~ **a good/ substantial/ light/ hasty/ late breakfast, lunch** or **dinner** अच्छा/ अच्छा-खासा/ हल्का/ जल्दी-जल्दी में/ देर से नाश्ता, दोपहर या रात्रि भोजन क.; ~ **a good thing of sth** किसी चीज से अच्छा-खासा पैसा कमा ले.; ~ **a go of it** सफलता प्राप्त क.; ~ **a grab for** झपट कर छीनना; ~ **a guess** अनुमान लगाना; ~ **a hand** किसी बात में सफल हो.; ~ **a hash/ a mess/ a muddle of sth** किसी बात में गड़बड़-घोटाला कर दे.; ~ **a hell of sb's life** किसी के लिए नारकीय स्थिति बनाना; ~ **a hit** बहुत सफल हो.; ~ **a hog or dog of sth** किसी-न-किसी में लड़ना; ~ **a hole in the water** डूब जा.; ~ **a house** कोरम पूरा क., गणपूर्ती क.; ~ **a hurdle** बाधा पार क.; ~ **a jump** कूदना; ~ **a killing** अत्यधिक सफल हो.; ~ **a Kirk or mill of it** इसके साथ जो चाहो सो करो!; ~ **a laughing-stock of sb** किसी को मजाक का निशाना बना दे.; ~ **a landing** विमान को नीचे उतारना; ~ **a lip** मुंह बनाना; ~ **all by oneself** सब कुछ अकेले क.; ~ **allowance for** किसी को राहत देते हुए विचार क.; ~ **a long face** मुंह बनाना, चेहरा उतरा हो.; ~ **a long arm for sth** किसी चीज के लिए हाथ बढ़ाना; ~ **a long nose** अश्लील संकेत क.; ~ **a long story short/** ~ **short of long** सारांश या विस्तार में बताना; ~ **a man bleed** किसी का भयंकर शोषण क.; ~ **a man of** बड़ों की तरह व्यवहार करने के लिए विवश क.; ~ **a man walk Spanish** नौकरी से निकाल दे.; ~ **a matter of conscience** अंतरात्मा का प्रश्न बनाना; ~ **a meal of** चट कर जा.; ~ **a meal on/ of nuts** भोजन में बस मूंगफली खाना; ~ **amends for** सुधार क., क्षतिपूर्ति क.; ~ **a merit of sth** किसी प्रस्ताव आदि को ध्यान देने योग्य समझना; ~ **a monkey out of someone** किसी को उल्लू बनाना; ~ **a mountain of a molehill** तिल का ताड़ बनाना, राई का पहाड़ बनाना; ~ **a move** चल पड़ना; ~ **a muck of** गुड़ गोबर क.; ~ **a muddle of sth** चौपट कर दे.; ~ **a mull of a job** सारा गुड़ गोबर कर दे.; ~ **an agreement** समझौता या सहमति बनाना; ~ **an ally of sb** किसी को अपना सहयोगी बनाना; ~ **an appointment** मिलने का समय लेना; ~ **an application** प्रार्थना पत्र दे.; ~ **an ass/ a fool of oneself** अपने को मूर्ख साबित क.; ~ **an errand** जाने का बहाना ढूंढना; ~ **an example of sb** किसी व्यक्ति को गलत कार्य या कारनामे के लिए मिले दंड को दूसरों द्वारा सबक लेने के लिए उदाहरण के रूप में प्रस्तुत क.; ~ **exhibition of oneself** अपने को तमाशा बना दे.; ~ **an honest woman of sb** दुराचारी

औरत से शादी कर उसके पापों को मिटा दे.; ~ **an issue of** पर गंभीर बहस क.; ~ **a night of it** रात भर मौज-मस्ती क.; ~ **a noise** शोर क.; ~ **a noise in the world** हर जबान पर नाम हो., दूर-दूर तक चर्चा हो.; ~ **a note of sth** किसी बात का संज्ञान ले.; ~ **an ox of one** किसी को उल्लू बनाना; ~ **a nuisance of oneself** जंजाल बन जा.; ~ **a parade of** दिखावा क.; ~ **a pass at** लड़कियों आदि से छेड़छाड़ क.; ~ **a person open his eye** किसी की आंखें खोल दे.; ~ **a pig of oneself** सूअर-सा व्यवहार क.; ~ **a pile** ढेरों पैसे बनाना; ~ **a pint measure hold a quart** पूर्णतः असंभव कार्य करने का दुस्साहस क.; ~ **a play** डोरे डालना; ~ **a point of doing sth** किसी काम को करने के लिए निश्चय क.; ~ **a poor fight of it** डटकर विरोध न कर पाना; ~ **a poor mouth** कुछ कहने में कंजूसी क.; ~ **approaches** किसी से संपर्क क.; ~ **a promise/ remark/ mistake, etc.** वचन दे./ टिप्पणी क./ गलती आदि क.; ~ **a purse** धन एकत्रित क.; ~ **a racket** उधम या बखेड़ा क.; ~ **a rod for oneself/ for one's own back** अपने आप को दंड दे.; ~ **a room** 1 कमरे की सफाई क. 2 कुछ स्थान दे.; ~ **arrangements for** का प्रबंध क.; ~ **a rule of it** किसी बात को नियम के रूप में लेना; ~ **a run of it** भाग जा.; ~ **a save** गोल बचाना; ~ **a scene** बखेड़ा खड़ा क.; ~ **a score off one's own bat** बिना किसी दूसरे की मदद के काम पूरा क.; ~ **a shaft or a bolt of it** जो है सो ले लेना; ~ **(a) shift** पाला बदलना; ~ **a show of sth** किसी बात को तमाशा में बदल दे.; ~ **as if** or **as though/** ~ **like sth** or ~ **like to do sth** किसी विशेष ढंग से करने या होने का दिखावा क., ऐसा दिखाना मानो कि...; कुछ करने का दिखावा क.; ~ **a sight of oneself** नमूना लगना, तमाशा बनना; ~ **a silk purse (out) of a sow's ear** गधे से घोड़े का काम ले.; ~ **a slip of the tongue** जबान फिसल जा.; ~ **a snook(s)** नाक-भौं सिकोड़ना; ~ **a song and dance about sth** किसी बात को लेकर बखेड़ा खड़ा क.; ~ **a splash** जलवा दिखाना; ~ **a speech** भाषण दे.; ~ **a spoon or spoil a horn** किसी काम में सफल या असफल हो.; ~ **a stand** विरोध क.; ~ **assurance double sure** किसी बात को पक्का कर ले.; ~ **a stop** ठहर जाना; ~ **a strike** सोने की खान हाथ लग जा.; ~ **at** झपटना, टूट पड़ना; ~ **a tally bargain** (पुरुष या स्त्री का) बिना शादी के सहवास क., साथ-साथ रहना; ~ **a tour/ a trip/ a journey** यात्रा क.; ~ **a treaty** संधि क.; ~ **a vow** शपथ दे., सौगंध खाना; ~ **a Virginia fence** लड़खड़ाते हुए चलना; ~ **a virtue of necessity** मजबूरी की बजाए मर्जी से काम करने का दिखावा क., मजबूरी को नेकी बताना; ~ **away** दौड़ जा.; ~ **away with oneself** आत्म-हत्या क.; ~ **away with sth** चुराकर भाग जाना; ~ **away with sb** किसी को मार दे.; ~ **a will** वसीयतनामा बनाना; ~ **a wry face** नाक-भौं सिकोड़ना, मुंह बनाना; ~ **back** वापस आना; ~ **bad weather of** कठिनाई को ठीक से न झेल पाना; ~ **bold** हिम्मत क.; ~ **both/ two ends meet** मुश्किल से गुजारा क.; ~ **bricks without straw** आसमान में थिगली लगाना; ~ **castles in the air/ Spain** हवाई किले बनाना; ~ **common cause with** साथ दे.; ~ **conversation** (भद्रतापूर्वक या कायदे से) बातचीत क.; ~ **do (with)** गुजारा क., काम चलाना; ~ **do without sth** किसी चीज के बिना गुजारा कर लेना; ~ **ducks and drakes** 1 पानी की सतह पर चपटे पत्थर फेंकना 2 नासमझी का काम क.; ~ **enemies** दुश्मन बनाना; ~ **enough of** अत्यधिक महत्त्व दे.; ~ **exit** बाहर निकलना; ~ **eyes at sb** किसी से नजरें लड़ाना; ~ **face** मुंह बनाना; ~ **fair weather with** चापलूसी आदि द्वारा किसी का कृपा-पात्र बनना; ~ **fish of one and flesh of another** दो व्यक्तियों के साथ दोहरा व्यवहार क., भेदभावपूर्ण व्यवहार क..; ~ **for sth** 1 किसी स्थान की ओर जा. 2 पर आक्रमण क. 3 उत्पन्न क., बनाना 4 परिणाम के रूप में हो.; ~ **for sb/ sth** (*syn.* head for) 1 किसी की ओर या किसी के पास जान-बूझकर या अचानक जल्दी से जा. 2 किसी बात को संभव बनाने में मदद क.; ~ **free with** बेतकल्लुफी से पेश आना; ~ **friends** मित्र बनाना; ~ **fun of** मजाक उड़ाना; ~ **good/** ~ **sth good** 1 क्षतिपूर्ति क. 2 काफी धन कमाना 3 वायदा पूरा क.; ~ **good one's retreat** बच निकलना; ~ **great play about** पर अत्यधिक बल दे.; ~ **haste** जल्दी क.; ~ **haste slowly** हड़बड़ाहट में काम खराब न क.; ~ **hay** खूब पैसा कमाना; ~ **hay while the sun shines** बहती गंगा में हाथ धोना, अवसर का पूरा फायदा उठाना; ~ **head against sth** 1 सफलतापूर्वक विरोध क. 2 विरोध के बावजूद आगे बढ़ना; ~ **head or tail of** पल्ले पड़ना, समझ में आना; ~ **headway** आगे बढ़ना; ~ **heavy weather** सरल काम को भी मुश्किल बना दे.; ~ **in free as to** बहादुरी दिखाना; ~ **inroads into** में अपनी पैठ बनाना; ~ **inquiries** पूछताछ क.; ~ **it** 1 सफल हो. 2 किसी स्थान पर ठीक समय पर पहुंचना 3 किसी स्थान पर उपस्थित होने में सफल हो. 4 गंभीर बीमारी या दुर्घटना आदि से बच निकलना; ~ **it at** 1 कहीं पर निश्चित समय पर पहुंचना 2 सफल हो.; ~ **it hot for sb** किसी के लिए मुश्किलें पैदा क., किसी को भला-बुरा कहना; ~ **it one's business to** बीड़ा उठाना; ~ **it snappy!** जरा संक्षेप में कहो!; ~ **it up to sb** कमी पूरी क., क्षतिपूर्ति क.; ~ **it up with sb** किसी से समझौता कर लेना; ~ **it with sb** संभोग क.; ~ **it worth sb's while** किसी को इनाम दे.; ~ **like** दूसरों पर धाक जमाने के लिए कुछ होने या करने का ढोंग क.; ~ **little/ light of sth** किसी बात को हल्के में लेना या उसे तुच्छ समझना; ~ **little account of sth** किसी बात को महत्त्व न देना; ~ **love, not war!** प्यार करो, लड़ाई नहीं!; ~ **merry** खुशियां मनाना; ~ **mincemeat of sth** कचूमर निकाल दे.; ~ **most of sth** ज्यादा से ज्यादा फायदा उठाना; ~ **much ado about nothing** बात का बतंगड़ बनाना; ~ **much of sth/ of sb** किसी बात या व्यक्ति को अति उत्तम समझना, अत्यधिक महत्त्व दे.; ~ **neither head, nor tail of sth** कोई बात या चीज का बिल्कुल समझ में न आना, सिर-पैर पल्ले न पड़ना; ~ **night of it** पूरी रात रंगरलियां मनाना; ~ **no bones about/ of sth** 1 बिना हिचकिचाहट के कोई काम क. या बोलना, खड़तल बात क. 2 बेझिझक बात या काम क. 3 किसी बात को न छिपाना 4 किसी बात के बारे में कोई एतराज न क.; ~ **no hand of sth** किसी कार्य को खराब ढंग से क.; ~ **no scruple to do sth** किसी काम को आराम से क.; ~ **nothing of** 1 तुच्छ समझना 2 बेधड़क क. 3 कुछ समझ न पाना; ~ **odds even** मतभेद मिटाना; ~ **of sb/ sth** किसी की समझ/ किसी के विचार जानना, समझना; ~ **off** चला जाना, भाग जाना (जल्दी में या चुपके से); ~ **off with sth** चुराना, लेकर भाग जा.; ~ **old bones** गहन बुढ़ापे तक जिंदा र.; ~ **on** अवसर का खूब फायदा उठाना; ~ **one's adieu** अलविदा कहना; ~ **one one's ape** उल्लू बनना; ~ **one's bread** गुजारे के लिए कमाना; ~ **oneself at home** अपने घर जैसा समझकर आराम से बैठना या व्यवहार क.; ~ **oneself cheap** आत्म-सम्मान खोना; ~ **one's escape** बच निकलना; ~ **oneself felt** अपने वजूद का अहसास कराना; ~ **oneself master of sth** में माहिर/ प्रवीण/ सिद्धहस्त हो.; ~ **oneself scarce** गायब हो जा.; ~ **oneself solid with sb** किसी का कृपा-पात्र हो जा.; ~ **oneself understood** अपनी बात समझा पाना; ~ **oneself useful** मदद करने के लिए कुछ क.; ~ **one's hackles rise** किसी को बहुत क्रुद्ध क.; ~ **one's jack** सफल हो.; ~ **one's living** आजीविका कमाना; ~**one's living with one's pen** लेखन से अपनी आजीविका चलाना; ~ **one's manners** किसी को प्रणाम क.; ~ **one's mark** नाम कमाना, कीर्ति प्राप्त क.; ~ **one's mouth water** किसी के मुंह में पानी लाना, ललचाना; ~ **one's pile** बहुत सारा धन कमाना; ~ **one's profit over to sb** अपना लाभ किसी और को दे दे.; ~ **or break/ mar** बनाना या बिगाड़ना; ~ **or break sth** किसी चीज या किसी की सफलता या असफलता की परीक्षा हो.; ~ **out** 1 समस्या का हल निकालना 2 कामुक अंदाज

में कुछ क. 3 तैयार क. 4 लिख दे., भर दे., बनाना: ~ out a check/ a bill 5 सफल होना, तरक्की क. 6 पढ़कर समझना, भेद क., अंतर समझना: ~ out the meaning of a word 7 देखना 8 बनना 9 प्रस्तुत क.; **~ out a case for** अपनी दलील को पुख्ता क.; **~ out sth** or **~ sth out** 1 किसी चीज या किसी को देखने या सुनने लग जाना 2 किसी दस्तावेज को (लिखकर) भरना; **~ over** 1 हस्तांतरित क. 2 बदल दे., दोबारा बनाना; **~ overture to** किसी से बातचीत करने की कोशिश क.; **~ peace** शांति स्थापित क.; **~ provisions against** भविष्य के लिए इंतजाम क.; **~ question** लज्जित हो.; **~ rapid strides** तेजी से प्रगति क.; **~ rings round** दौड़ आदि में बहुत पीछे छोड़ दे; **~ room for sb** स्थान दे., किसी के लिए जगह बनाना; **~ sail** समुद्री यात्रा शुरू करना, पाल चढ़ाना; **~ sb's acquaintance/ ~ the acquaintance of sb** किसी से परिचित हो.; **~ sb's ears burn** पीठ पीछे चुगली क.; **~ sb cry/ laugh** किसी को रो पड़ने या हंसने के लिए मजबूर क.; **~ sb do sth** किसी को कुछ करने के लिए बाध्य क.; **~ sb free of one's house** किसी का गर्म-जोशी से स्वागत क.; **~ sb happy/ sad etc.** किसी को खुश/ दुखी आदि बनाना; **~ sb/ sth into sb/ sth** (***syn.*** turn into) किसी को या किसी चीज को किसी और (चीज) में बदलना; **~ sb out** (***syn.*** distinguish) किसी का चरित्र समझ जा.; **sb's blood boil** किसी का खून खौलाना; **make sb's blood run cold** डराकर किसी की सिट्टी-पिट्टी गायब कर दे.; **~ sb's brain reel** किसी को हैरत में डालना, अत्यधिक परेशान क.; **~ sb's day** किसी के दिन को सफल बनाना; **~ sb's hair curl/ stand on end** किसी के रोंगटे खड़े क.; **~ sb sit up** किसी को झकझोर दे.; **~ sb stare** किसी को हैरान क.; **~ sb think** किसी को सोचने पर मजबूर क.; **~ sb turn in his grave** किसी को कब्र में भी दुखी क.; **~ sb up** किसी की सिंगार-सज्जा क.; **~ sense** समझदारी का काम हो.; **~ sheep's eyes at sb** किसी को प्रेमपूर्वक देखना; **~ short work of sth** एकदम से खत्म कर दे., थोड़े समय में ही निपटा दे.; **~ so free as** दूसरों के साथ जरूरत से ज्यादा बेतकल्लुफी दिखाना; **~ someone's life a burden** किसी के जीवन को बोझ बनाना; **~ sport of** खिल्ली उड़ाना; **~ sth do sth** किसी बात का कारण बनना: the sight of food made my mouth water; **~ sth of sb/ sth** किसी का या किसी बात का कोई अर्थ निकालना; **~ sth of sb** किसी की बात को कुछ-कुछ समझना; **~ sth** or **sb out to be sth** 1 किसी चीज या किसी को किसी रूप में दिखाना या देखना 2 किसी चीज या किसी को किसी और रूप (वास्तविक रूप से अलग) में दिखाना या देखना; **~ sth into sth** किसी एक चीज को किसी दूसरी चीज में बदलना; **~ sth known** किसी बात को बताना या जग-जाहिर क.; **~ sth of oneself** 1 जीवन में सफल हो. 2 बनना, दिखावा क.; **~ sth of sth** किसी चीज से कोई दूसरी चीज बनाना; **~ sth out** 1 देख-सुनकर कुछ समझ सकना 2 दावा क. 3 दस्तावेज या फार्म आदि भरना 4 चैक आदि बनाना; **~ sth out of nothing** बढ़ा-चढ़ाकर बात क.; **~ sth over to sb** 1 किसी के लिए छोड़ या दे दे. 2 (***syn.*** transform) अलग रूप देने के लिए किसी चीज को बदलना, रूपांतर क.; **~ sth up** 1 कहानी गढ़ना 2 कई चीजें जोड़कर एक वस्तु या दवाई आदि तैयार क. 3 (***syn.*** constitute) का हिस्सा हो. 4 किसी चीज को पूरा करने वाला या अंतिम भाग बनना: need one more player to ~ up the team 5 (***syn.*** compensate) क्षतिपूर्ति क. 6 बिस्तर बनाना; **~ sure/ certain that ...** इस बात को पक्का करना कि...; **~ ten miles a day** दिन में 10 मील चलना; **~ terms with** समझौता कर लेना, दोस्ती स्थापित क.; **~ the bag** शिकारियों द्वारा किए गए शिकार में अधिकांश भाग का हिस्सेदार हो.; **~ the best of** अवसर का पूरा फायदा उठाना; **~ the best of a bad bargain** त्रासदी का दिलेरी से सामना क., बुरी स्थिति को भी अनुकूल बना लेना; **~ the best of one's way** ज्यादा से ज्यादा कोशिश क.; **~ the best of both worlds** चित्त भी मेरा, पट भी मेरा; **~ the bull's-eye** निशाने पर तीर लगना; **~ the dust/ feathers/ fur fly** बखेड़ा खड़ा क.; **~ the grade** 1 बाधा पार करने में सफल हो. 2 किसी स्तर पर पहुंचने में सफल हो.; **~ the money fly** पैसे को बेतहाशा उड़ाना; **~ the pot boil** 1 गुजारे लायक कमाना 2 जुगाड़ू काम क.; **~ the running** अच्छे परिणाम प्राप्त क.; **~ the worst of sth/ of it** किसी चीज को बुरे से बुरे रूप में दिखाना; **~ things hum** काम को तेजी से आगे बढ़ाना; **~ things lively/ hot for sb** किसी के लिए समस्या पैदा क.; **~ time** ठीक समय पर आना; **~ to order** किसी व्यक्ति की रुचि अनुसार बनाना; **made to order** किसी की पसंद के अनुसार बनाया हुआ; **~ the welkin ring** भयंकर बखेड़ा खड़ा क.; **~ to do sth** 1 कुछ करने का प्रयास क. 2 कुछ करने को झपट पड़ना; **~ too much of** अत्यधिक तूल या भाव दे.; **~ towards** किसी तरफ जा.; **~ two bites of a cherry** 1 थोड़ी-सी चीज को भी बांटकर खाना 2 तोप से चिड़ियों पर गोले दागना; **~ up** 1 बनाना, संगठित क., एकत्रित क.: ~ up a group 2 कसर निकालना, भरपाई क. 3 तैयार क., एकत्र क. 4 गढ़ना, कल्पना क.: ~ up a story 5 मेल-मिलाप क., समझौता क., फिर से दोस्ती क., टूटे रिश्ते फिर से जोड़ना 6 सजाना, सजना-धजना, श्रृंगार क.; **~ up differences** मतभेद दूर कर लेना; **~ up for sth** भरपाई क., क्षतिपूर्ति क.; **~ up for lost time** खोए समय की भरपाई क.; **~ up for sb's absence** किसी के स्थान की पूर्ति क.; **~ up one's mind** निश्चय क.., पक्का इरादा क.; **~up to** 1 प्रणय-निवेदन क. 2 समीप पहुंचना: ~ up to important people (बड़े लोगों की चापलूसी क.); **~ up sth** कुल मिलाकर हो.; **~ use of** किसी चीज का सही इस्तेमाल क., मौके का फायदा उठाना; **~ void** बेकार क.; **~ water** पेशाब क.; **~ way/ headway/ one's way** रास्ता छोड़ना/ प्रगति क./ अपना रास्ता बनाना, आगे बढ़ना; **~ whoopee** शोर-शराबे भरी रंग-रलियां मनाना; **~ with sb** किसी के साथ सहवास क.;

a self-made man स्व-निर्मित व्यक्ति, अपने प्रयासों से सफल होनेवाला आदमी; **as they ~ them** भयंकर रूप से; **as you ~ your bed, so you must lie upon/ on/ in it** जैसा करोगे, वैसा भरोगे; **at ~** चालू, जारी; **be made for** के लिए बना या उपयुक्त हो.; **be the making of** का हेतु हो.; **have (got) it made** मुश्किलें खत्म, सफलता पक्की; **have the makings of** बनने के गुण, योग्यता या क्षमता हो.; **have sth made** कुछ बनवाना या कोई काम करवाना; **he made a dead set at me** उसने मेरे विरुद्ध शत्रुतापूर्ण रवैया अपनाया; **he quickly made away with the money he had inherited** विरासत में मिले पैसे को उसने आनन-फानन में उड़ा दिया; **he made up the actor** उसने अभिनेता की नकल उतारी; **one fool ~s many** मूर्ख को सदा साथी मिल जाते हैं; **on the ~** अवैध रूप से व्यक्तिगत लाभ चाहनेवाला; **she never ~s up** वह कभी भी दिखावा नहीं करता; **the fresh air made me drunk** ताजी हवा से मुझे नशा-सा हो गया; **two and two ~ four** दो और दो चार होते हैं; **What ~ the car is?** कार किस ब्रैंड की है

making /मेकिंग/ *n.* 1 कुछ बनाने की प्रक्रिया: bread~; in the ~; the ~ of grain into malt (अनाज से यव्य /malt/ बनाने की क्रिया) 2 निर्माण, रचना: music-~ 3 गुण, योग्यता: have the **~s** of a great man/ of a general/ of a champion 4 निर्माण सामग्री आदि: ~ of bricks;

dw/lw: **~s** /मेकिंग्स/ *n.* 1 गुण, तत्त्व 2 योग्यता, क्षमता 3 कुछ बनाने के लिए आवश्यक वस्तुएं;

p&i: **be a sth/ sb in the ~** कुछ बनने की राह पर, योग्यता या क्षमता बनाने की ओर अग्रसर; **be the ~s of sb** किसी की सफलता का कारण बनना, सफल होने में किसी की मदद क.; **have the ~s of sth** कुछ बनने की क्षमता, योग्यता या गुण रखना; **of one's own ~** 1 किसी के अपने प्रयासों का फल हो. 2 खुद का उत्पाद; **this failure was the ~ of him** (इस असफलता से सबक लेकर वह सफल हुआ)

MAL *abbr.,* 'Malaysia' का अंतर्राष्ट्रीय गाड़ी रजिस्ट्रेशन कोड

(IVR)
Mal. *abbr.,* 'Malachi' का संक्षेप (बाइबल का ग्रंथ)
mal- /मैल/ *pref. denoting:* 1 **bad/ badly** (बुरा या बुरे ढंग से): ~formed 2 **incorrect/ incorrectly** (गलत या गलत ढंग से): **mal**function
malabsorption /मैलअब्ज़ॉःप्शन/ *n., med.* छोटी आंत में भोजन के किसी तत्व या किन्हीं तत्वों, खनिजों आदि का अपाचन (बदहजमी)
malacca /मलैका/ *n.* चलने की छड़ी या बेंत
malachite /मैलअकाइट/ *n., geol.* मेलाकाइट (खनिज), पुखराज नामक हरे रंग का पत्थर
malacology /मैलअकौलजि/ *US* मैलअकाःलजि/ *n.* शुक्ति-विज्ञान
mal-adap\tation /मैलअडैप्टेशन/ *n.* स्थिति अनुसार अनुकूलता का अभाव, अनुपयुक्तता, त्रुटिपूर्ण अनुकूलन;
dw/lw: **~ted** /मैलअडैप्टिड/ *adj.* अनुपयुक्त, जो सही तरीके से अनुकूलित न हुआ हो या स्थिति अनुसार न ढल सका हो
mal-adjust\ed /मैलअडजस्टिड/ *adj.* कुसमंजित, जिसने मेल न खाया हो, बेमेल;
dw/lw: **~ment** *n.* अव्यवस्था, कुसामंजस्य, असंतुलन, बेमेलपन
maladminis\ter /मैलअडमिनि\स्टः/ *v., pt.* **~tered**, *pp* **~tering** कुप्रशासन क., प्रशासन को ठीक ढंग से न चलाना;
dw/lw: **~tration** /~स्ट्रेशन/ *n.* कुशासन, कुप्रशासन
maladroit /मैलअड्रॉइट\/ *adj.* 1 (***syn.*** clumsy) बेढंगा 2 फूहड़ 3 अनाड़ी;
dw/lw: **~ly** /~लि/ *adv.* फूहड़पन से; **~ness** /~नेस/ *n.* 1 फूहड़पन 2 अनाड़ीपन
malady /मैलअडि/ *n., pl.* **maladies** 1 (***syn.*** ill) बीमारी, रोग, मर्ज: incurable/ fatal ~; symptoms of a ~; suffer from an obscure ~ (अजान रोग से पीड़ित हो.) 2 खराब स्थिति: the ~ of the age 3 थकान: slight ~ 4 (***syn.*** evil) व्याधि, बुराई
mala fide /मेलअफाइडि/ *adj., Lat.* 1 (***anton.*** bona fide) बदनीयत, दुराग्रहपूर्ण, दुर्भावपूर्ण 2 जाली, कपटपूर्ण;
adv. बदनीयती से, बेईमानी से, दुर्भावपूर्वक;
dw/lw: **mala fides** /मेलअफाइडीज/ *n., Lat.* कदाशय, बदनीयती, दुर्भाव
Malagasy /मैलअगैसि/ *adj.* मैडगैस्कर से संबंधित;
n. 1 मैडगैस्कर का नागरिक 2 मैडगैस्कर की भाषा
malaise /मअलेज/ *n., pl.* **~s** 1 बेचैनी, घबराहट 2 कष्ट, तकलीफ, व्याकुलता 3 निराशा, अवसाद, विषाद 4 अस्वस्थता, बीमारी, रुग्णता, क्लांति 5 मंदी
malamute /मैलअम्यूट/ *n.* एस्किमो लोगों का कुत्ता
malaprop /मैलैप्रौ\प/ *US* मैलैप्राः\प/ *n., Fr.* शब्दों का अनुचित या तोड़-मरोड़कर किया जाने वाला प्रयोग;
adv. 1 अनुचित तरीके से 2 असंगत ढंग से 3 बेवक्त;
dw/lw: **~ism** /~पिजम/ (*comp.* **Freudian slip**) *n., Fr.* 1 लगभग समान उच्चारण वाले शब्दों का घालमेल या उनके प्रयोग में गलती, गलती से होने वाला किसी मिलते-जुलते शब्द का हास्यास्पद प्रयोग 2 अनजाने में किया जाने वाला शब्दों का हास्यास्पद प्रयोग; **malapropos** /मैलैप्रअपो/ *adj., Fr.* 1 बेमेल 2 असंगत 3 असामयिक, बेवक्त 4 अनुपयुक्त, अनुचित
malar /मेलः/ *adj.* गंड-, कपोल संबंधी;
n. गंडास्थि, कपोलास्थि
malaria /मलेरिया/ *n.* 1 मच्छरों द्वारा काटने से होने वाला बुखार मलेरिया 2 शीत ज्वर, जूड़ी, फसली बुखार;
dw/lw: **malarial** /मलेरिअल/ (*also* **malarious**) *adj.* 1 मलेरिया से पीड़ित/ ग्रस्त 2 मलेरिया से संबंधित
malarkey/ malarky /मअलाःकि/ *n.* 1 निराधार कहानी, कपोल-कल्पना 2 अंडबंड, अनाप-शनाप, बकवास: masters of ~ for the masses (जनता के लिए अनाप-शनाप बातें गढ़ने में माहिर)
Malay /मले/ *n.,* **~s** 1 मलायी या मलेशिया, इंडोनेशिया, सिंगापुर, ब्रुनेई आदि देशों की भाषा 2 मलेशियावासी, सिंगापुरवासी, इंडोनेशियावासी, ब्रुनेईवासी (inhabitants of Malay Peninsula);
dw/lw: **Malayan** /मलेअन/ *adj.* मलय प्रायद्वीप (Malay Peninsula) से संबंधित, मलय
Malaysian /मलेशिअन/ *adj.* मलेशियाई;
n. मलेशियावासी
Malayalam /मलअयालम/ *n.* मलयालम (केरल की भाषा)
malcontent /मैल्कंटेंट/ (*also* **malcontented**) *adj.* असंतुष्ट, विक्षुब्ध;
n. असंतुष्ट व विद्रोही तेवर का व्यक्ति
mal de mer /मैल-डअ-मेअः/ *n.* (***syn.*** seasickness) समुद्री ज्वर, जहाजी मितली
MALDI *abbr.* 'Matrix-Assisted Laser Desorption Ionization' की प्रथमाक्षरी
maldistribution /मैल्डिस्ट्रिब्यूशन/ *n.* कुवितरण
male /मेल/ *adj.* नर-, पुंजातीय, पुरुष-, पुंकेसरी;
n. 1 नर, पुरुष 2 नर पशु 3 नर पौधा;
dw/lw: **~ness** *n.* मर्दपन, मर्दानगी;
collocations: **~ buffalo** भैंसा; **~ chauvinist** वह आदमी जो पुरुषों को महिलाओं से श्रेष्ठतर समझता है, पुरुषवादी; **~ chauvinist pig (MCP)** कट्टर पुरुषवादी आदमी; **~ chauvinism** पुरुषवादी कट्टरता, स्त्रियों के प्रति दुर्भावना; **~ child** बालक; **~ compartment** पुरुषों का डिब्बा; **~ choir** पुरुष समूहगान मंडली; **~ heir** नर उत्तराधिकारी; **~ issue** नर संतान; **~ line** पितृ परंपरा, पुरुष वंशावली; **~ nurse** पुरुष नर्स (उपचारक)
maledic\tion /मैलिडि\क्शन/ *n., lit. or formal* 1 अभिशाप: give one's **~tion** to sb; pronounce a **~tion** upon sb 2 निंदा 3 आक्रोश;
dw/lw: **~ent** /~संट/ *adj.* निंदात्मक; **~t** /~क्ट/ *adj.* निंदित; **~tory** /~क्टरि/ *adj.* अभिशापपूर्ण, निंदात्मक;
p&i: **~tion be upon him!** उसे शाप लगे!
malefaction / मैलिफैक्शन/ *n.* दुष्कर्म, कुकर्म, अपराध, जुर्म
malefac\tor /मैलिफै\क्टः/ *n.* (***anton.*** benefactor) 1 दुष्कर्मी या कुकर्मी व्यक्ति 2 अवैध या गलत काम करने वाला या दुष्ट मनुष्य 3 अपराधी;
dw/lw: **~tory** /~क्टरि/ (*also* **malefic**) *adj.* बदमाश, शरारती, दुष्कर्मी, कुकर्मी, अपराधी
malefic /मअलेफिक/ (*also* **maleficent**) *adj.* 1 (*also* **malefactory**) हानिकर, अहितकर 2 अनिष्टकर, अशुभ 3 आपराधिक 4 शरारती, बदमाश 5 दुष्कर्मी, कुकर्मी
malefi\cence /मअलेफि\संस/ *n.* 1 हानि 2 अपराध 3 अपकार;
dw/lw: **malefic\cent** /~संट/ *adj.* 1 हानिकर, अमंगलकर 2 आपराधिक
male menopause *colloq., especially facetious* अधेड़ उम्र के पुरुषों में आत्म-विश्वास की कमी और बूढ़ा होने के डर से पैदा होने वाला मनोवैज्ञानिक संकट (औरतों के मेनोपॉज के तुल्य)
maleruption /मैलिरप्शन/ *n., med.* दांतों का अनुचित ढंग से निकलने की क्रिया
malevo\lence /मअलेवलंस/ *n.* (***anton.*** benevolence) द्वेष, दुर्भाव, विद्वेष;
dw/lw: **malevo\lent** /मअलेवलंट/ *adj.* 1 (***syn.*** malicious) द्वेषी, द्वेषपूर्ण: ~lent people; ~lent smile 2 (***anton.*** benevolent) अहितेच्छु, अपकारी: ~lent fate 3 प्रतिकूल: ~lent wind; be ~lent to sb
malfea\sance /मैल्फीजंस/ *n.* 1 अनुचित कार्य (विशेषकर सरकारी अधिकारी द्वारा किया जाने वाला), अपराध 2 दुष्कर्म, भ्रष्टाचार;
dw/lw: **~sant** /मैल्फीजंट/ *n.* दुष्कर्ता, भ्रष्टाचारी
malformation /मैल्फॉःमेशन/ *n.* 1 दूषित बनावट, कुरचना 2 बेडौलपन 3 विकृति, विकार;
dw/lw: **malformed** *adj.* विकृत, कुरचित, कुरूप

malfunction /मैल्फंक्शन/ *v., pt.* **~ed**, *pp* **~ing** ठीक ढंग से काम न क.;
n. ठीक ढंग से काम न करने की क्रिया, बिगड़ाव, अपक्रिया

Mali /माली/ *n.* माली, एक पश्चिमी अफ्रीकी देश;
dw/lw: **~an** *n.* माली का नागरिक, मालीवासी

malice /मैलिस/ *n.* 1 दुर्भाव, दुर्भावना 2 द्वेष, विद्वेष: bear sb ~/ bear ~ against sb (किसी के प्रति दुर्भाव पालना);
p&i: **~ in fact/ actual ~** आपराधिक मंशा; **bear sb no ~** किसी के प्रति दुर्भाव न पालना; **be exposed to the ~ of winds and weather** प्रकृति की मर्जी के हवाले हो.; **stand mute of ~** न्यायाधीश के प्रश्नों का उत्तर देने से मना कर दे.; **with ~ aforethought/ prepense** पहले से सोची-समझी अपराध या किसी का नुकसान करने की मंशा से

malicious /मअलिशिअस\/ *adj.* 1 दुर्भावनापूर्ण, दुर्भावपूर्ण: ~ gossip 2 (***syn.*** malevolent, spiteful) द्वेषपूर्ण, विद्वेषमूलक 3 घिनौना: ~ person 4 शरारतपूर्ण: ~ smile; ~ reports;
dw/lw: **~ly** /~लि/ *adv.* द्वेषपूर्वक, दुर्भावपूर्वक, दुर्भाव से; **~ness** /~नेस/ *n.* विद्वेषपूर्णता, घिनौनापन

malign /मअलाइन/ *v., pt.* **~ed**, *pp* **~ing** 1 (***syn.*** slander) बदनाम क.: ~ an innocent person 2 निंदा क., बुराई क.;
adj. 1 अहितकर: ~ influence 2 अनिष्टकर: ~ forces/ spirits 3 अशुभ, अमांगलिक, बुरा: ~ influence; ~ desire 3 द्वेषी 4 विषालु 5 दुर्दम्य 6 घिनौना: ~ character;
dw/lw: **malignancy** /मअलिग्नंसि/ (*also* **malignity** /मअलिग्निटि/) *n.* 1 अमंगल, अहित 2 (***syn.*** malevolence, spitefulness) द्वेष, बैर 3 विषालुता, सांघातिकता 4 ईर्ष्या 5 (***syn.*** tumour) कैंसर, घातकता, असाध्यता; **~ant** /मअलिग्नंट/ *adj.* 1 (***syn.*** malevolence) अहितकर, अमंगल, अशुभ, अनिष्टकर: ~ant fairy 2 अशुभ, बुरा 3 प्रद्वेषी, अहितेच्छु, द्वेषी 4 विषालु: ~ant glance 5 सांघातिक, असाध्य, घातक: ~ant cholera; ~ant growth/ tumour

malinger /मअलिंगः/ *v., pt.* **~ed**, *pp* **~ing** 1 काम से जी चुराना 2 (***syn.*** **be ~ing**) काम से बचने के लिए बीमारी का बहाना बनाना;
dw/lw: **~er** /मअलिंगरः/ *n.* कामचोर, मिथ्यारोगी, बहानेबाज

malism /मैलिजम/ *n.* कुसृष्टिवाद, इस बात में विश्वास की दुनिया में बुराई का बोलबाला है

mall /मॉल/ (*also* **shopping ~**) *n.* 1 बड़ा खरीदारी केंद्र 2 सड़क, छायादार मार्ग, माल रोड, ठंडी सड़क

mallard /मैलाःड/ *US* मैलअर्ड/ *n., pl.* **mallard/ ~s** जंगली बत्तख, नीलसर

mallea\bility /मैलिअ\बिलिटि/ *n.* घन या आघात-वर्धनीयता या वर्ध्यता;
dw/lw: **malleable** /मैलिअबल/ *adj.* 1 जिसे आसानी से ढाला जा सके, पिटवां, कुटनीय: ~ble iron 2 जिसे आसानी से प्रभावित या नियंत्रित किया जा सके: ~ble age 3 आघातवर्ध्य, आघातवर्धनीय

mallet /मैलिट/ *n.* लकड़ी से बना हथौड़ा, मोगर, मुंगरा, मुंगरी, मूगरा

malleus /मैलिअस/ *n., pl.* **mallei** /मैलिआइ/ 1 हथौड़ा 2 मैलिअम, मुदरक 3 *anat.* कान के मध्य में हथौड़े-आकार की हड्डी

mallow /मैलो/ *n.* एक यूरोपीय पौधा, कंघी: musk ~ (मुश्कदाना)

Mallorcan *see above* **Majorcan**

mallrat /मॉलरैट/ *n.* अपनी टोली के साथ बड़ी-बड़ी माल (दुकानों) में डोलने वाला युवक

malm /माम/ *n.* 1 मिट्टी और चॉक का कृत्रिम मिश्रण जो ईंटें बनाने में काम आता है 2 खड़ियामय चट्टान या दोमट

malmsey /माःमजि/ *n.* प्रारंभ में यूनान में और अब स्पेन और मदेरा में मिलने वाली तेज मीठी मदिरा

malnourish\ed /मैल्नरिश\ट/ *adj.* कुपोषित;
dw/lw: **~ment** /~मंट/ *n.* कुपोषण

malnutrition /मैलन्युट्रिशन/ *n.* 1 कुपोषण 2 कुपोषण से होने वाली बीमारियां 3 पोषक आहार की कमी

malodorous /मैलोडअरस/ *adj.* 1 बदबूदार, दुर्गंधित, दुर्गंधपूर्ण 2 कमीना, नीच (व्यवहार में, व्यापारिक संबंधों आदि में)

malodour /मैलोडः/ *n.* दुर्गंध

malpracti\ce /मैलप्रैक्टिस\/ *n.* 1 बेईमानी, अनुचित व्यवहार 2 कदाचार, अपराध 3 अनुचित, लापरवाह, अवैध, अनैतिक व्यावसायिक व्यवहार;
dw/lw: **~oner** *n.* दुराचारी, कदाचारी: medical ~oner (अनैतिक डॉक्टरी व्यवहार, रोगी के विश्वास के साथ खिलवाड़ आदि)

malt /मॉल्ट/ *n.* 1 अनाज (जौ) का वह रूप जिससे बीयर या व्हिस्की आदि बनाई जाती हैं 2 भिगोने से अंकुरित जौ, जिसे भट्ठी में सुखाया जाता है और जिससे व्हिस्की बनती है 3 यव्य 4 यवरस, सुरा;
v., pt. **~ed**, *pp* **~ing** 1 किसी मदिरा को यवरस से मिलाना 2 जौ को माल्ट (यव्य) में बदलना;
dw/lw: **~house** *n.* माल्ट-गृह; **~ing** *n.* माल्टन, यवरसी; **~ose** /मॉल्टोज/ *n.* यव-शर्करा, कड़ी दानेदार चीनी; **~ster** /मॉल्टस्टः/ *n.* माल्ट (यव्य) निर्माता; **~-worm** *n.* शराबी, पियक्कड़; **~y** /मॉल्टि/ *adj.* माल्टी, यवरसी;
collocations: **~ extract** माल्ट से मिलने वाला मीठा लिसलिसा रसा जिसे कई तरह के व्यंजनों में मिलाया जाता है; **~ed milk** यवा-दुग्ध, यवरसी, पिसे हुए जौ और सुखाए हुए दूध का पाउडर-मिश्रण; **~ vinegar** माल्ट से बना सिरका; **~ whisky** (*also* **malt**) माल्ट से बनी व्हिस्की;
p&i: **the ~ is above the meal** कुछ ज्यादा ही पीली

Malta /माल्टा/ *n.* केंद्रीय भूमध्य सागर के द्वीप समूह पर स्थित देश माल्टा;
dw/lw: **Maltese** *adj.* माल्टा का नागरिक या वहां की भाषा;
collocations: **Maltese cross** यूनानी ईसाई प्रणाली का क्रॉस

Malthusian /मैलथ्यूजिअन/ *adj.* माल्थस (Thomas Malthus) नाम के अंग्रेज अर्थ-शास्त्री की अवधारणा कि जनसंख्या की वृद्धि दर को धरती के प्राकृतिक संसाधन झेल नहीं सकते, इसलिए लोगों की संभोग सक्रियता को नियंत्रित करना चाहिए

maltose *see above under* **malt:** ***dw/lw***

maltreat /मैल्ट्रीट\/ *v., pt.* **~ed**, *pp* **~ing** 1 बुरा व्यवहार क., दुर्व्यवहार क. 2 सताना, अत्याचार क., बर्बरतापूर्ण बर्ताव क.: ~ animals;
dw/lw: **maltreatment** /~मंट/ *n.* दुर्व्यवहार, बर्बरतापूर्ण बर्ताव

malversation /मैल्वःसेशन/ *n.* 1 भ्रष्टाचार, घूसखोरी, गबन 2 पद का दुरुपयोग

mal vu /मैल वू/ *Fr.* अस्वीकार्य

mam /मैम/ *n. colloq.* 1 मां 2 महोदया

mama /मैमाः/ माःमा/ (*US* **mamma** /माःमा/ *and* **mummy**), *often shortened to* **ma**, **mom** *n., pl.* **mamas/ mammas/ mummies** 1 *colloq.* मां, मम्मी 2 *sl., mainly US* महिला

mamba /मांबा/ *n.* जहरीला अफ्रीकी सांप, विषधर सर्प

mambo /मैंबो/ *n.* 1 लयबद्ध लातीनी अमेरिकी नृत्य मैंबो 2 जादू-टोना (voodoo) करने वाली महिला पादरी;
v., pt. **~ed**, *pp* **~ing** मैंबो नृत्य क.

MAMC *abbr.* 'Maulana Azad Medical College' की प्रथमाक्षरी

mamelon /मैमअलन/ *n.* गोल पहाड़ी या टीला

mamilla (*N. Amer.* **mammila**) /मैमिला/ *n., pl.* **mamillae** /मैमिली/ 1 चूचुक, चूची 2 स्तनाग्र;
dw/lw: **~ry** *n.* 1 औरत की छाती से संबंधित 2 चूचुकाकार

mamma *see above under* **mama**

mammal /मैमल/ *n.* स्तनपायी, स्तनधारी, स्तनी जीव;
dw/lw: **mammalian** /ममेलिअन/ *adj.* स्तन-संबंधी, स्तनीय

mammology /मैमैलजि/ *n.* स्तनपायी जीव अध्ययन विज्ञान

mammary /मैमरि/ *adj., biol., med.* स्तन-संबंधी, स्तनीय: ~ gland
mammifer /मैमिफ:/ *n.* = **mammal**
mammiform /मैमिफॉःम/ *adj.* स्तनाकार, कुचाकार
mammogram /मैमअग्रैम/ *n.* कैंसर की परख करने के लिए छाती की ऐक्सरे (X-rays) से निरीक्षण
mammography /मैमौग्रैफि/ *US* मैमाःग्रैफि/ *n.* छाती में कैंसर की परख करने के लिए की ऐक्सरे (X-rays) का प्रयोग
Mammon/ mammon /मैमअ\न/ *n.* 1 पाप, भ्रष्टाचार आदि का स्रोत धन 2 धनसंपत्ति 3 (**Mammon**) *bible* धन देवता, कुबेर; ***dw/lw:*** **~ism** /~निजम/ *n.* धनलोलुपता; **~ish** /~निश/ *adj.* लोभी, लालची, धनलोलुप; **~ist**/ **~ite** /~निस्ट/ ~नाइट/ *n.* धनलोलुप व्यक्ति;
p&i: **~ has more worshippers than God** धन ईश्वर से भी बढ़कर है, कुबेर को लोग भगवान से ज्यादा पूजते हैं
mammoth /मैमथ/ *adj.* बड़ा, विशाल, भारी-भरकम, विशालकाय: a ~ task
mammy /मैमि/ *n.* 1 मां 2 मम्मी 3 (*US, hist.*) *pejor.* गोरे बच्चों की देख-रेख करने वाली अश्वेत धाय
MAN *abbr.* 'metropolitan area network' की प्रथमाक्षरी
man /मैन/ *n., pl.* **men** 1 पुरुष, नर, मर्द: play the ~ (मर्द की तरह व्यवहार क.); make a ~ of sb; bear sth like a ~ 2 व्यक्ति, मनुष्य, आदमी: a ~ of action; a ~ of character; a ~ of moods; a ~ of peace; a ~ of principle; a ~ of wisdom; a ~ of ideas 3 मानव, इंसान: the rights of ~ 4 किसी व्यवसाय से संबंधित व्यक्ति: a medical ~ 5 पति, प्रेमी 6 नौकर, अनुचर, सेवक, कामगार, कर्मी: betting ~; the gas ~; TV ~ 7 श्रमिक, मजदूर 8 सैनिक 9 बहादुर या मजबूत व्यक्ति: come on. be a ~! 10 पैदल व्यक्ति 11 शतरंज की गोटी, मोहरा, प्यादा (in chess); ***v.***, *pt.* **~ned**, *pp* **~ning** 1 उपकरण या किसी अन्य यंत्र को चलाना: ~ the guns 2 पहरेदार, सैनिक, मल्लाह आदि के रूप में तैनात हो.: ~ the fort 3 (***syn.*** crew, staff) किसी उद्योग इकाई या अन्य व्यावसायिक संगठन को कामगार मुहैया कराना: over-**manned**/ under-**manned**/ fully-**manned** organisation 4 हिम्मत बांधना, साहस बटोरना: ~ oneself;
dw/lw: **~-at-arms** *n.* शस्त्रसज्जित यानी हथियारों से लैस सैनिक या अश्वारोही; **~-day** *n.* श्रम-दिन, एक आदमी द्वारा एक दिन में किए जाने वाले काम की माप इकाई; **~-eater** *n.* नरभक्षी; **~ful** *adj.* पुरुषोचित, मर्द, मर्दाना, शूरवीर, साहसी; **~hood** /मैनहुड/ *n.* 1 परिपक्व यौवन, प्रौढ़ता: reach/ arrive at ~hood; ~hood suffrage (प्रौढ़-मताधिकार) 2 पुरुषत्व, पौरुष 3 पुरुषार्थ 4 साहस 5 मर्दानगी 6 पुरुष वर्ग: the ~hood of England; **~hour** /मैनऑः/ *n.* 1 श्रम-घंटा 2 एक व्यक्ति द्वारा एक घंटे में किया जानेवाला काम; **~-jack** (*also* **every ~ jack**) एक-एक करके सभी; **mankind** *see below under a separate entry*; **~like** *adj.* पुरुषोचित, मर्द-सा, मर्दाना; **man\liness** *n.* पौरुष, मर्दपन, मर्दानापन, पुरुषत्व; **man\ly** *adj., degr.* ~lier, ~liest 1 मर्द-से गुणवाला 2 मर्दाना: a deep ~ly voice 3 पुरुषोचित, मनुष्योचित; **~-made** *adj.* 1 मनुष्य द्वारा बनाया हुआ/ बनाई हुई: ~made noise 2 मानव-रचित 3 कृत्रिम: a ~-made lake; **~-management** *n.* किसी संगठन में कर्मचारियों या कर्मियों के काम का आबंटन, तैनाती व संचालन; **~ned** *adj.* मानव-चालित, मानवयुक्त (विमान): ~ned balloon; ~ned space flight; ~ned satellite; **man\ning** /मैनिंग/ *n.* कर्मियों की काम पर तैनाती व संचालन: ~ning detail; overmanning; undermanning; **~nish** /मैनिश/ *adj.* पुरुषों-जैसा, मर्दाना, पुरुषसदृश: ~nish ways; a ~nish style of dress; **~nishness** /मैनिशनेस/ *n.* पुरुषत्व, मर्दपन, मर्दानगी: ~nishness of dress; **~-of-war**/ **man o' war** *n., pl.* **men-of-war** युद्धपोत, जंगी जहाज; **~power** *n.* मजदूर, जनशक्ति, मानवशक्ति, कार्यकर्ता: a ~ shortage (मजदूरों या कर्मियों की कमी); **~-sized**/ **~-size** *adj.* 1 मानवाकार 2 मनुष्य के लिए उपयुक्त 3 बड़ा, लंबा-चौड़ा; **~slaughter** /मैनस्लॉटः/ *n.* नरसंहार, नर हत्या, मानव हत्या, मनुष्य हत्या; **~slayer** मैनस्लेअः/ *n.* नरहंता, मानवहंता; **~-to-~** *adv.* आमने-सामने, सीधे, रूबरू: ~-to-~ talk; **~ward** /मैनवःड/ *adj.* मनुष्य-विषयक; **menfolk** *n. [pl.]* आदमी लोग; ***collocations:*** **~ and boy** बचपन से; **~ and wife** पति-पत्नी; **~ about town** (***syn.*** page three man) पार्टियों, क्लबों, थियेटरों आदि में अधिक समय बिताने वाला आदमी; **~ days** श्रम दिन; **Man Friday** 1 विश्वसनीय सेवक या सहायक 2 बॉस का चहेता आदमी 3 एक कनिष्ठ अधिकारी जिसे (बॉस का चहेता होने की बदौलत) दफ्तर में नाना प्रकार के कार्य सौंपे जाते हैं; **~ of family** परिवार को समर्पित व्यक्ति; **~ of genius** प्रतिभाशाली व्यक्ति; **~ in the moon** चंद्रमा में दिखने वाली मानव आकृति; **~ in the street/ the ~ in the car** आम आदमी, जनसाधारण; **~ of few words** मितभाषी; **~ of God** 1 संत, धार्मिक व्यक्ति 2 (*also* **~ of the cloth**) पुजारी, पादरी, पुरोहित; **~ of his hands** पराक्रमी व्यक्ति; **~ of honour** सम्माननीय व्यक्ति; **~ of law** कानून-विशेषज्ञ, वकील; **~ of letters** साहित्यकार, लेखक, विद्वान; **~ of many words** बातूनी व्यक्ति; **~ of means** समृद्ध व्यक्ति; **~ of one's word** वायदे का पक्का व्यक्ति, वचन का धनी; **~ of straw** 1 आर्थिक रूप से कमजोर व्यक्ति, कंगाल 2 डांवांडोल विचारों वाला आदमी, गिरगिट 3 फिसलने वाला प्रतिवादी जिसे किसी के विरुद्ध मात्र दिखावे के लिए खड़ा गया हो; **~ of the house** घर का मुखिया; **~ of the moment** 1 वर्तमान जटिल स्थिति से बखूबी दो-चार होने या निपटने में सक्षम आदमी 2 किसी अवसर विशेष पर सर्वाधिक वांछनीय व्यक्ति; **~ on man** एकजुट होकर; **~ of taste** परिष्कृत स्वाद या पसंद का व्यक्ति; **~ of the house** गृहस्वामी; **~ of the turf** घुड़-दौड़ों में स्थायी दर्शक या भागीदार; **~ of the world** दुनियादार व्यक्ति, घाट-घाट का पानी पिए हुआ व्यक्ति;
a run-of-the-mill ~ आम आदमी; **a University** ~ उच्च-शिक्षा प्राप्त व्यक्ति; **a ~ in a thousand** विरला व्यक्ति; **best ~** सहबाल; **garbage ~** कूड़ा-कर्कट उठाने वाला; **heavy ~** त्रासदीपूर्ण भूमिका करने वाला कलाकार; **men in grey suits** उच्चपदासीन बाबू या नौकरशाह; **no ~'s land** जो जमीन या वस्तु किसी की न हो, निष्पक्ष क्षेत्र; **odd ~** निर्णायक मत; **odd ~ out** अलग प्रकार का, भिन्न; **one-dollar-a-year ~** सरकारी कामकाज में रत बड़ा पूंजीपति जो वेतन के रूप में मात्र एक डालर लेता है; **senior ~** वरिष्ठ व्यक्ति; **the grand old ~** किसी क्षेत्र में जाना-माना व्यक्ति; **the ~ higher up** बौस; **the next ~** *US* हर कोई;
p&i: **~ and boy turned out into the street** सब के सब बाहर निकलकर आए; **~ at five may be a fool at fifteen** जरूरत से ज्यादा लालायित बच्चे प्रायः बिगड़ैल व्यक्ति बनते हैं; **~ far from his good is near his harm** बुरा आदमी अपना ही शत्रु होता है; **~ has his wall, but woman has her way** मनुष्य इरादे करता है किंतु निर्णय नारी लेती है; **~ is a bubble** आदमी बुलबुले की तरह नश्वर है; **~ is a lion in his own cause** जब आई पै जाए तो गीदड़ भी शेर हो जाता है; **~ is a lump of selfishness** आदमी स्वार्थ का पुतला है; **~ is an old as he feels and a woman as old as she looks** पुरुष उतनी उम्र का होता है जितना वह स्वयं अनुभव करता है और स्त्री उतनी जितनी वह दिखती है; **~ is born free but/ and everywhere he is in chains** आदमी आजाद पैदा हुआ है किंतु वह सर्वत्र जंजीरों में जकड़ा है; **~ is known to be mortal by two things, sleep and lust** नींद और वासना मनुष्य की कब्र खोद देते है; **~ is the measure of all things** दुनिया की हर चीज आदमी के लिए बनाई गई है; **~ is to man a wolf** कुत्ते का बैरी कुत्ता; **~ may meet but mountains never** कुएं से कुआं नहीं मिलता; **~ of ideals** आदर्शवादी व्यक्ति; **~ proposes, God disposes** मेरे मन में कछु और है, कर्ता के कछु

और (आदमी बनाए, ईश्वर ढाए); **~-queller** हत्यारा; **~'s best friend** स्वामिभक्त कुत्ता; **~'s devil is ~** आदमी ही आदमी का दुश्मन है; **~'s eatate** प्रौढ़ अवस्था; **~ shall not live by bread** मात्र खान-पान पर ही व्यक्ति जिंदा नहीं रह सकता; **~ stealer** रंगदारी या कबूतरबाजी करने वाला; **~ to ~** दो ईमानदार व्यक्तियों के बीच (की बात); **~ who fears nothing is as powerful as he who is feared by everybody** जो आदमी किसी से भी नहीं डरता वह उस आदमी की तरह शक्तिशाली होता है जिससे सब डरते है;

a butter-and-egg ~ गंवार व्यापारी खूब पैसा लुटाए; **a confidence ~** ठग; **a dollar-a-year ~** एक डालर का वेतन लेने वाला धनी व्यक्ति; **a drowning ~ catches at a straw** डूबते को तिनके का सहारा; **a fancy ~** प्यार में डूबा हुआ व्यक्ति; **a four-letter ~** कमीना आदमी; **all men are brothers** सब लोग भाई-भाई; **a medicine ~** नीम हकीम; **a ~ assaulted is half taken** पिटा हुआ आदमी अधमरा होता है; **a ~ can die but once** मौत केवल एक बार आती है; **a ~ every inch of him** समग्र आदमी, पूरा इंसान; **a ~ is known by the company he keeps** मनुष्य उसकी संगति से पहचाना जाता है; **a ~ is not a horse because he was born in a stable** आदमी के गुण देखे जाते हैं न कि जन्म-स्थान; **a ~ of people** जनता का आदमी; **a ~ or a mouse** तख्त या तख्ता; **a ~'s home is his castle** = **an Englishman's home is his castle**; **a ~'s ~** पुरुषों का चहेता आदमी; **a made ~** समृद्ध व्यक्ति; **a ~ born of woman** नश्वर व्यक्ति; **a ~ can do no more than he can** अपनी क्षमता से अधिक कुछ नहीं किया जा सकता; **a ~ may love his house well without ridding on the ridge** अपने प्रिय घर के बारे में चौराहे पर खड़ा होकर तारीफ नहीं करते; **a ~ of mark** जानी-मानी हस्ती; **a ~ of men** लाखों में एक; **a ~ of mould** साधारण नश्वर व्यक्ति; **a ~ of substance** धनी और जाना-माना व्यक्ति; **a ~ of one book** एक ही पुस्तक का लेखक; **a ~ of words and not of deeds is like a garden full of weeds** थोथा चना बाजे घना; **a ~ set upon is half taken** मार के पीछे पुकार नहीं; **a ~ surprised is half beaten** आश्चर्यचकित व्यक्ति अधमरा होता है; **a ~ with the bark on** बेढब आदमी; **an angry young ~** जमाने से खफा नौजवान; **a sandwich ~** जीता-जागता विज्ञापन; **a self-made ~** अपनी मेहनत से बना व्यक्ति; **as good as the next ~** एक आम आदमी जैसा; **as one ~** एकमत से, एक (एकजुट) होकर; **a strong-arm ~** बाहुबली, गुंडा; **a wild ~** खूंखार आदमी; **a wise ~ changes his mind, a fool never will** बुद्धिमान व्यक्ति परिवर्तनशील और मूर्ख कठमुल्ला होता है; **be a ~ = be ~ enough to do sth** मर्द बनना, पुरुषोचित व्यवहार क.; **be one's own ~** 1 होश में आना 2 अपनी मर्जी का मालिक हो.; **be sb's ~** किसी के लिए बिल्कुल सही आदमी हो.; **between ~ and ~** मर्दों के बीच की बात, जैसे एक मर्द दूसरे से पेश आता है; **be twice the ~** ज्यादा बेहतर और मजबूत हो.; **blind men can judge no colours** अयोग्य व्यक्ति फैसला नहीं कर सकता; **dead ~'s shoes** दिवंगत आदमी की जिम्मेवारी संभालना; **dead men tell no tales** व्यक्ति सुप्त, रहस्य लुप्त; **every ~ for himself** पहले आप फिर दूजा, अपनी-अपनी काया ढकना (पूंजीवाद का सिद्धांत); **every ~ has fool in his sleeve** चांद में भी दाग है; **every ~ has his hobby-horse** अपनी-अपनी डफली, अपना-अपना राग; **every ~ is a fool sometimes and none at all times** व्यक्ति सदा मूर्ख नहीं रह सकता; **every ~ to his/ own taste** पसंद अपनी, अपनी; **God made the country, ~ made the city** भगवान ने बनाई प्रकृति (देहात), मनुष्य ने बनाया शहर; **he is the last ~ to ...** वह ऐसा काम कभी नहीं कर सकता; **he lived there ~ and boy** उसने सारा जीवन वहां बिताया; **hit a ~ when he is down** कमजोर पड़े व्यक्ति पर प्रहार क.; **if two men ride on a horse, one must ride behind** एक घोड़े पर सवार दो जनों में से एक पीछे बैठता हैं; **I'm your ~** मैं आपकी सेवा में हाजिर हूं; **iron ~** लौह पुरुष; **let me see as blind ~ said** अंधे ने कहा: देखेंगे; **liberty ~** नौकरी से निकाला हुआ नौ-सैनिक; **like master, like ~** यथा राजा, तथा प्रजा; **make a ~ of sb** जिंदादिल, मजबूत और दिलेर आदमी बनाना; **mistake one's ~** व्यक्ति के आकलन में गलती क.; **no living ~ all things can** एक व्यक्ति सब काम नहीं कर सकता; **no ~ can serve two masters** एक व्यक्ति दो नावों पर सवार नहीं हो सकता; **no ~ is a hero to his valet** नौकर के लिए कोई भी मालिक तीस मार खां नहीं हो सकता; **no ~ is born wise or learned** जन्म से कोई विद्वान नहीं होता; **no ~ is wise at all times** कोई हमेशा बुद्धिमान नहीं रह सकता; **no ~ loves his fetters, be they made of gold** बेड़ियां चाहे सोने की बनी हों तो भी बेड़ियां ही होती हैं; **one ~'s meat is another ~'s poison** किसी के लिए अमृत, किसी के लिए विष, पसंद अपनी-अपनी; **play the ~** मर्द की तरह बर्ताव क.; **refresh one's inner ~** भूख मिटा लेना; **remittance ~** घर से आने वाले पैसे पर आश्रित परवासी; **(so) many men, (so) many minds** जितने मुंह, उतनी बातें; **sort out** or **separate the men from the boys** अनुभवी व्यक्तियों को अनाड़ियों से अलग क.; **the child is father of the ~** बचपन में ही प्रौढ़ता की नींव पड़ती है; **the inner ~** मन, अंतरात्मा: refresh the inner ~ (थोड़ा-बहुत खाकर स्फूर्त हो.); **the ~ at the wheel** नेता, अगुआ; **the ~ for me, the ~ for my money** यह आदमी मुझे रास आता है; **the ~ in the moon** रहस्यमय व्यक्ति; **the ~ in the street** आम आदमी; **the ~ of blood and iron** खूनी राजा विस्मार्क; **the ~ of destiny** अच्छी किस्मत वाला; **the ~ of the match** खेल के किसी मैच में सर्वश्रेष्ठ खिलाड़ी; **the ~ on horseback** सैनिक तानाशाह; **the ~ who makes no mistakes does not usually make anything** जो गलतियां नहीं करता वह प्रायः कुछ नहीं करता; **the old ~ of the sea** चिपकू आदमी; **the outer ~** रूप-रंग, पोशाक; **the right ~ in the right place** उपयुक्त स्थान पर उपयुक्त आदमी; **the Sick Man of Europe** तुर्की; **time and tide wait for no ~** समय और मुसीबतें किसी की प्रतीक्षा नहीं करते; **to a ~** सब के सब, सभी, बिना अपवाद के; **to the last ~** अंतिम व्यक्ति तक; **undercover ~** गुप्तचर; **you can't keep a good ~ down** पक्का इरादा, मजबूत कदम; **you'll be a ~ before your mother** कोई बात नहीं जल्दी ही बड़े हो जाओगे

manacle /मैनअकल/ *n.* 1 हथकड़ी 2 बाधा;
v. *pt.* **~d**, *pp* **manacling** 1 हथकड़ी पहनाना 2 रोक रखना, कैद क. 3 निरोध क.

manage /मैनि\ज/ *v., pt.* **~d**, *pp* **managing** 1 प्रबंध क., संभालना: ~ a household/ a business 2 नियंत्रित क., देख-रेख क.: ~ one's own affairs; ~ the financial side 3 पैसे आदि का उपयोग व्यवस्थित क.: ~ on some amount of money 4 गुजारे लायक पर्याप्त पैसे की व्यवस्था क., पैसा आदि जुटाना: ~ on 100000 rupees per month 5 व्यवस्था क.: ~ the food 6 संचालन क., चलाना: ~ the meeting 7 की युक्ति निकालना 8 सफल होना: ~d to see him; ~ to lift sth; ~ to persuade him 9 काबू या वश में रखना: a difficult person to ~; ~ to keep one's temper; ~ the temper and tantrums of sb (किसी की तुनकमिजाजी को संभालना); ~ the dog 10 समय आदि निकालना 11 किसी यंत्र आदि को चलाना आना: ~ the computer well 12 (***syn.*** cope) से जूझना, को झेलना;
dw/lw: **~ability** /~जिएबिलिटि/ (*also* **~ableness**) *n.* 1 प्रबंधनीयता 2 संचालनीयता; **manage\able** /~जिएबल/ *adj.* 1 जिसे संभाला जा सके, वश्य: ~able child 2 संचालनीय,

नियंत्रणीय 3 प्रबंधनीय: ~able voter;
collocations: **~d fund** आर्थिक प्रबंधकों द्वारा व्यवस्थित कोई इकाई-आधारित (unit-based) बीमा या बचत योजना;
p&i: **~ with/ without sth/ sb** किसी चीज या किसी के साथ या उनके बिना काम चलाना

management /मैनिजमंट/ *n.* 1 प्रबंध, प्रबंधन, व्यवस्था, इंतजाम: the ~ of state affairs; the ~ of the factory 2 संचालन 3 प्रबंध-कौशल 4 प्रबंधकगण, व्यवस्थापकगण, प्रबंध समिति, प्रबंधक: labour and ~ failed to agree on wages 5 किसी बीमारी आदि का विशेष इलाज;
collocations: **~ accountant** प्रबंधक लेखाकार; **~ accounting** प्रबंधन लेखा-जोखा; **~ buyout** कंपनी का अन्य लोगों द्वारा खरीदे जाने या हस्तांतरित किए जाने की संभावना के समय प्रबंधकों द्वारा अधिकांश शेयरों की खरीदारी, ताकि वे कंपनी का नियंत्रण अपने हाथों में रख सकें; **~ consultant** प्रबंधन सलाहकार; **~ consulting/ consultancy** प्रबंधन संबंधी सलाह देने का कार्य; **~ of sth** किसी संस्था या कार्य का प्रबंध; **~ skills** प्रबंध-कौशल

manager /मैनिजः/ *n.* 1 प्रबंधक, व्यवस्थापक, अधिष्ठाता, मैनेजर: an excellent ~ 2 खिलाड़ियों आदि को प्रशिक्षण देने वाला व्यक्ति;
dw/lw: **~ess** /मैनिजअरेस/ *n.* प्रबंधिका, व्यवस्थापिका, महिला प्रबंधक; **~ship** *n.* प्रबंधक का पद या कार्य, प्रबंधक का कार्यकाल; **manager\ial** /मैनजिअरिअल/ *adj.* 1 प्रबंधन सबंधी 2 प्रबंधकीय: ~ial qualities; ~ial skills 3 प्रबंधक 4 प्रबंधकों की

managing /मैनेजिंग/ *adj.* 1 कार्यकारी, प्रबंध-(समिति आदि): ~ staff 2 धूर्त, कुचक्री 3 (***syn.*** domineering) दबंग 4 (***syn.*** economical) मितव्ययी: a thrifty ~ housekeeper 5 प्रबंधकुशल 6 प्रबंधक: ~ director; ~ agent; ~ committee; ~ editor

mañana/ manana /मैन्याना/ *n., adv., colloq., Spanish* 1 कल 2 बाद में 3 फिर कभी

manatee /मैनअटी/ *n., pl.* **~s** समुद्री गाय, वृहदाकार शाकाहारी जलचर

Mancunian /मैनक्यूनिअन/ *n.* मैनचेस्टर नगर वासी

mancipa\te /मैंसिपेट/ *v., pt.* **~ted**, *pp* **~ting** संपत्ति का अधिकार दे.

manciple /मैंसिपल/ *n.* रसद-खरीदार (कॉलेज आदि के लिए)

-mancy *comb. form denoting:* **deviation by a specified method** (नीति-बद्ध नति): necro**mancy** (भूतसिद्धि, जादू-टोना)

M&A *abbr.* 'mergers and acquisitions' की प्रथमाक्षरी

mandala /मैंडअला/ *n., pl.* **~s** मंडल चक्र

mandamus /मैंडेमस/ *n., pl.* **~es** *law* 1 परमादेश 2 उच्चतर न्यायालय का छोटी अदालत के नाम लिखित आदेश, आदेश-पत्र

Mandarin /मैंडअरिन/ (*also* **~ Chinese**) *n.* चीन की प्रमुख भाषा, मंदरिन, मंडारिन

mandarin /मैंडअरिन/ *n.* 1 **mandarin(e)** (*also* **~ orange**) संतरा 2 उच्च सरकारी नौकरशाह या बाबू: **~s** of Education Ministry 3 प्रतिक्रियावादी साहित्यिक तोप;
collocations: **~ collar/ neck** *dress making* छोटा-सा खड़ा कॉलर; **~ duck** चमकीले पंखोंवाली छोटे आकार की एशियायी बत्तख

mandatary /मैंडअटरि, मैंडेटरि/ *US* मैंडअटॉरि/ (*also* **mandatory**, *see below*) *n.* 1 अधिदेश-प्राप्त सत्ता या व्यक्ति, यानी ऐसा देश, जाति या व्यक्ति जिसे किसी अन्य देश पर शासन करने का अधिकार मिला हो 2 मुख्तार

mandate /मैंडेट/ *n.* 1 जनादेश, जनसमर्थन 2 न्यायालय का आदेश, आज्ञा, आदेशपत्र 3 अधिदेश, शासनादेश 4 शासन करने का जनादेश 5 बैंक के कार्य (खाता आदि) चलाने का अधिकार या आज्ञा: joint account ~ 6 (*also* **Mandate = mandated territory**) प्रथम विश्वयुद्ध के बाद लीग ऑव नेशन्ज (League of Nations) द्वारा कुछ देशों पर कुछ अन्य देशों द्वारा शासन करने का दिया जानेवाला अधिकार;
v., *pt.* **~d**, *pp* **mandating** 1 सौंपना 2 किसी को या किसी संस्था आदि को सत्ता-अधिकार दे. 3 किसी देश को आदेशानुसार सत्ता-अधिकार क्षेत्र सौंपना;
dw/lw: **~d** *adj.* 1 अधिदेशाधीन 2 विधि सम्मत 3 अधिकार-प्राप्त

mandatory /मैंडअटरि/ *adj.* 1 (***syn.*** compulsory) अनिवार्य, जरूरी: ~ provisions 2 अधिदेशप्राप्त, अधिकार देने वाला: ~ powers 3 आदेशात्मक: ~ order, ~ allowance 4 न्यायालय के आदेशानुसार: ~ retirement;
n. अधिदेश-प्राप्त सत्ता

M&H *abbr.* 'Medium and Heavy (Vehicles)' की प्रथमाक्षरी

M&I *abbr.* 'motor and industrial' की प्रथमाक्षरी

mandi\ble /मैंडिबल/ *n., zool.* 1 निचला जबड़ा 2 चोंच 3 अधोहनु;
dw/lw: **~bular** *adj.* अधोहनु, नीचेवाले जबड़े का

mandolin /मैंडअलिन/ *n.* मैंडोलिन, सारंगी, मंडोरा

mandrake /मैंड्रेक/ *n.* 1 यूरेशिया का एक विषैला पौधा 2 विशाखमूल, एक वमनकारी व मूर्च्छाकारक पौधा 3 लक्ष्मणा

mandrel /मैंड्रिल/ (*also* **mandril**) *n., tech.* यंत्र-खराद पर लगी एक छड़ जिससे बनाया जाने वाला उपकरण जुड़ा होता है, दंडक

mandrill /मैंड्रिल/ *n.* एक तरह का बंदर, लंगूर, नरकीश

M&SI *abbr.* 'Mountaineering and Skiing Institute' की प्रथमाक्षरी

manduca\te /मैंड्युकेट/ *v., pt.* **~ted**, *pp* **~ting** (***syn.*** masticate) चबाना, जुगाली क.;
dw/lw: **manduca\tion** /मैंड्युकेशन/ *n.* चर्वण, जुगाली

mane /मेन/ *n.* 1 अयाल, घोड़े या शेर की गर्दन के लंबे बाल, याल: ~ hair 2 व्यक्ति के लंबे बाल 3 केसर

manège /मैनेझ/ *n., tech.* 1 घोड़ों को सधाने का हुनर 2 घुड़सवारी का कौशल 3 सधाने की तरकीब और चालें 4 घुड़सवारी का स्कूल

manes /मेनीज/ मानेस/ *n., pl.* पितर, पितृ, प्रेत, प्रेतात्मा

maneuver *US* (*UK* **manoeuvre**) /मअनूवः/ *n.* 1 कौशल, युक्तिचालन: a skilful ~ 2 (**manoeuvers**) बड़े स्तर पर युद्धाभ्यास, सैनिकों, सैनिक गाड़ियों, टैंकों आदि का रण-कौशलात्मक संचालन 3 (***syn.*** move) युक्ति, चाल, दांव, चालबाजी: a political/ tactical/ diplomatic ~; the low **~s** of politicians 4 कपट-प्रबंध: propaganda ~;
v., *US pt.* **~ed**, *pp* **~ing**/ *UK* pt. **~d**, *pp* **manoeuvring** 1 युक्तिचालन क.: ~ to gain/ manage sth 2 युद्धाभ्यास क.: the fleet is **~ing** off the east coast 3 युक्ति/ चाल/ दांव चलना: ~ for position (कोई पद पाने के लिए चालें चलना); ~ a friend into a good job 4 चालबाजी क.: ~ sb into a corner 5 कपट-प्रबंध क.: ~ sb into an awkward position 6 किसी वाहन, यंत्र या युद्ध-पोत आदि का बड़ी चतुराई से संचालन क.: ~ one's car into the garage;
dw/lw: *US* **~ability**/ *UK* **manoeuvr\ability** /मअनूवरअबिलिटि/ *n.* कौशल, युक्तिचालन आदि की संभावना, युद्ध-पोत आदि का संचालन करने की संभावना; **manoeuvr\able** /मअनूवरअबल/ *adj.* जिसे किसी अन्य स्थान या स्थिति में पहुंचाया या खिसकाया जा सके; **~er/ manoeuvr\er** *n.* कौशलात्मक संचालन करने वाला; **~ing** *n.* कौशलात्मक संचालन: ~ing area (विमान का संचालन क्षेत्र); **~ing** *adj.* गतिशील, सक्रिय: ~ing force (सक्रिय या गतिशील बल); ~ing target (गतिशील निशाना);
p&i: **freedom of/ room for ~** कार्य करने या चालें चलने की स्वतंत्रता

manganese /मैंगअनीज/ *n.* मैंगनीज

mange /मेंज/ *n., vet. med.* बिल्ली-कुत्तों को होने वाली खुजली, खारिश, खाज आदि चर्म रोग

mangel-wurzel /मैंगल-वःजल/ (*US* **mangel**) *n.* =

mangold एक बड़ा चुकंदर जिसे पशुओं के चारे के रूप में भी प्रयुक्त करते हैं
manger /मेंजः/ *n.* नांद, चरनी, पशुओं को चारा डालने का खुला बक्सा (*Hr.* गमैण);
p&i: **dog in the** ~ न खुद खाए, न किसी दूसरे को खाने दे
mangetout /मौंजअटू/ (*also* **mangetout pea/ snow pea**) *n.* बगीचे में उगने वाली मटर जिसे बिना दाने निकाले खाया जा सकता है
mangey, **mangier**, **manginess** *see below under* **mangy**
mangle /मैंगल/ *n.* कपड़े निचोड़ने की मशीन;
v. pt. **~d**, *pp* **mangling** 1 मशीन में डालकर कपड़े निचोड़ना या सुखाना 2 नष्ट क., खराब क. 3 क्षत-विक्षत क., बिगाड़ना, विकृत क.: badly **~d** by a fast moving car 4 अशुद्ध उच्चारण या अनुवाद आदि क.: ~ a piece of music; ~ a Russian name;
dw/lw: **~d** *adj.* बुरी तरह क्षत-विक्षत: a ~d body
mango /मैंगो/ *n., pl.* **~es** or **~s** आम, आम्र, रसाल: ~-grove (अमराई, आम्र-वन);
dw/lw: **~-ginger** *n.* आम-अदरक
mangold /मैंगोल्ड/ *n. see above under* **mangel-wurzel**
mangonel /मैंगअनेल/ *n.* 1 गोफिया (*Hr.*) 2 शिला-प्रक्षेपक
mangosteen /मैंगअस्टीन/ *n.* मंगुष्ठ, संतरे जैसा फल
mangrove /मैंग्रोव/ *n.* 1 गरान, कच्छ वनस्पति 2 गारा में या नदी किनारे आदि पर उगने वाला पेड़
man\gy /मेंजि/ *adj., degr.* **~gier**, **~giest** 1 खाज से पीड़ित, खरसैला, खुजैला 2 घृणित, कुत्सित, घटिया 3 मैला-कुचैला, बिखरा हुआ;
dw/lw: **~giness** *n.* खरसैलापन, खुजैलापन, घटियापन
manhand\le /मैनहैंडल/ *v., pt.* **~led**, *pp* **~ling** 1 दुर्व्यवहार क., अभद्र व्यवहार क. 2 धींगामुश्ती क. 3 (*syn.* haul) हाथापाई क., पीटना, थपेड़ना 4 हाथों से उठाकर रखना, घसीटना: **~le** a gun into position
manhole /मैनहोल/ *n.* 1 मैनहोल, नरमोखा, मानुसमोखा 2 गली में बना नाली का ढका हुआ प्रवेश-छिद्र
manhood *see above under* **man:** ***dw/lw***
manhunt /मैनहंट/ *n.* किसी की ताबड़तोड़ तलाश
mania /मेनिआ/ *n., pl.* **~s** 1 *psychol.* मानसिक विकार: suicidal ~ 2 उन्माद, पागलपन: persecution ~/ ~ of persecution 2 सनक, झक 3 (~ **for sth**, ***syn.*** craze) उन्मादभरा जोश या उमंग: football ~;
dw/lw: **dipso~** *n.* शराब पीने की अदम्य इच्छा; **klepto~** *n.* बिना जरूरत की चीजें चुराने की लत; **nympho~** *n.* स्त्रियों में यौन-अतृप्ति उन्माद, अदम्य कामेच्छा
maniac /मेनिऐक/ *n.* 1 मानसिक रोगी 2 झक्की, सनकी 3 उन्मादी, उन्मत्त पागल व्यक्ति: a sex ~ (यौन उन्मादी) 4 (***syn.*** fanatic) कठमुल्ला, कट्टरतावादी, कट्टरवादी;
adj. उन्मादी: a ~ fan/ fanatic;
dw/lw: **mania\cal** /मअनायकल/ (*also* **manic** /मैनिक/) *adj.* 1 मानसिक रोग/ झक्क/ उन्माद/ पागलपन से संबंधित 2 उन्मत्त, मानसिक रोगी, झक्की, उन्मादी, पागल आदमी की तरह व्यवहार करने वाला, अति सक्रिय 3 अदम्य इच्छा या उत्साह से भरा हुआ; **~ally/ manically** /मअनायकलि/ मैनिकलि/ *adv.* मानसिक रोगी/ झक्की/ उन्मादी/ पागल की तरह से, उन्मत्ततापूर्वक; **manic-depressive** *adj.* अत्यधिक हर्षोन्माद या व्यथा के दौरों से पीड़ित;
collocations: **manic-depressive psychosis/ manic depression** अत्यधिक हर्षोन्माद या व्यथा के दौरे पड़ने की बीमारी
manichaen/ manichean /मैनिकीअन/ *n.* मानिकीवाद या द्वैतवाद का अनुयायी;
adj. मानिकवाद संबंधी, मानिकीवादी;
dw/lw: **manichaeism** /मैनिकिइज्म/ *n.* मानिकीवाद, द्वैतवाद
mani\cure /मैनिक्यु\अः/ *n.* नख/ हस्त प्रसाधन;
v., pt. **~cured**, *pp* **~curing** किसी व्यक्ति के नाखून या हाथ संवारना;
dw/lw: **mani\curist** /~अरिस्ट/ *n.* नख प्रसाधक;
manifest /मैनिफे\स्ट/ *v., pt.* **~ed**, *pp* **~ing** 1 (~ **itself**, ***syn.*** appear) दिखना, प्रकट हो., अभिव्यक्त हो: ~ the truth of a statement 2 व्यक्त क. या होना: ~ a desire to do sth 3 (demonstrate) का प्रमाण होना या दे.: ~ in actions 4 मालसूची में लिखना;
n. 1 समुद्री जहाज या वायुयान की मालसूची 2 वायुयान की यात्री-सूची: ~ of cargo;
adj. 1 प्रत्यक्ष, स्पष्ट, सुस्पष्ट: a ~ truth/ error; it was ~ from his speech that ... 3 (***syn.*** clear) प्रकट: it was made ~ in his actions 4 व्यक्त, अभिव्यक्त;
dw/lw: **~ant** /~स्टंट/ *n.* प्रदर्शनकारी; **~ation** /~स्टेशन/ *n.* 1 प्रत्यक्षता, प्रकटीकरण 2 प्रदर्शन 3 अभिव्यक्ति 4 भूत, प्रेत; **~ly** /~स्टलि/ *adv.* प्रकट या स्पष्ट रूप से
manifesto /मैनिफेस्टो/ *n., pl.* **~s/ ~es** घोषणा-पत्र, नीति-घोषणा, लोक-घोषणा, चुनाव घोषणा-पत्र
manifold /मैनिफोल्ड/ *adj., formal or lit.* 1 तरह-तरह के: ~ pressure 2 बहुविध, विविध, नानारूपी 3 कई गुणा 4 बहुस्तरीय;
n. (*also* **~ pipe**) *tech.* 1 बहुमुखी पाइप या नाली, बहुछिद्री नासिका 2 बहुरूपता, बहु-विशेषता, विविध-कार्यक्षमता;
v., pt. **~ed**, *pp* **~ing** 1 विविधता लाना 2 प्रतियां बनाना
maniform /मैनिफॉःम/ *adj.* हस्ताकार, पंजाकार
manikin/ mannikin /मैनिकिन/ *n.* 1 (***syn.*** dwarf) बौना 2 पुतला, काठ से बनी मूर्ति 3 मानव शरीर संरचना ढांचा जिसे पढ़ाते समय प्रयुक्त किया जाता है
manila/ manilla /मअनिला/ (*also* **manila paper**) *n. pl.* **~s** एक मोटा भूरा कागज जिसे मनीला-सन के रेशे से बनाया जाता था
Manila hemp सन के रेशे से बना कपड़ा, टाट आदि
manioc /मैनिऔक/ (***syn.*** cassava) *n.* कसावा, एक पौधे की जड़ों का नाम
maniple /मैनिपल/ *n.* 1 पैदल सेना, पदाति दल 2 हस्तपट, हस्तपट्टिका
manipula\te /मअनिप्युले\ट/ *v., pt.* **~ted**, *pp* **~ting** 1 चालाकी से काम निकालना, तिकड़म से काम चलाना, तिकड़म लड़ाना: **~te** his supporters 2 चलाना, से काम लेना: **~te** the levers of a machine 3 छल योजना क. 4 झुठलाना 5 सूचनाओं, आंकड़ों आदि को चालाकी से बदलना, हेर-फेर क.: **~te** facts; **~te** accounts; **~ting** the statistics or facts 6 शरीर के किसी अंग का थेरेपी से इलाज;
dw/lw: **~ted** /~टिड/ *adj.* छलयोजित; **manipula\tion** /~शन/ *n.* 1 चालाकी से करवाया हुआ काम, हेर-फेर, जोड़-तोड़ 2 तिकड़म, चालाकी, जोड़तोड़ 3 हस्तकौशल, व्यवहार-कौशल 4 धोखेबाजी, चाल-बाजी 5 छल योजना, छल-कपट; **~tive** /~टिव/ (*also* **~tory**) *adj.* व्यवहारकुशल, तिकड़मी, जोड़-तोड़ करने वाला, छलपूर्ण: a devious, ~tive bureaucrat (तिकड़मी और चालबाज बाबू); **~tor** /~टः/ *n.* जोड़-तोड़ करने वाला व्यक्ति या यंत्र
MANIS *abbr.* 'Manufacturing and Management Information System' की प्रथमाक्षरी
manitou /मैनिटु/ *n. American Red Indians* परमात्मा, आत्मा
mankind /मैनकाइंड/ *n.* मानव जाति, मनुष्य-जाति
manky /मैंकि/ *adj., degr.* **mankier**, **mankiest** 1 खराब, भद्दा 2 घटिया, सदोष, घटिया स्तर का 3 गंदा, सड़ा हुआ
man-made /मैन-मेड/ *adj.* (***syn.*** artificial) कृत्रिम: ~ lake
manna /मैन्ना/ *n.* 1 अप्रत्याशित सहायता 2 मान्ना, दिव्यान्न: like ~ from heaven
manned *see above under* **man:** ***dw/lw***
mannequin /मैनिकिन/ *n.* 1 (***syn.*** model) फैशन मॉडल या

प्रतिमान, विशेषकर औरत का 2 वस्त्रों या दर्जी की दुकान पर लगा मानव के डील-डौल का डमी (dummy) यानी बुत 3 पुतला

manner /मैनः/ *n.* 1 ढंग, तरीका: speak/ do in this/ in such a ~; after the ~ of sb (किसी की तरह); ~ of speaking/ reading/ acting 2 रीति-रिवाज, रीति: the **~s** of our ancestors; **~s** change with the times 3 आदतें 4 चाल-चलन, तौर-तरीके: bedside **~s**; table **~s** 5 प्रकार: in the same ~ as ... (उसी प्रकार, जैसे कि ..); all ~ of things (सब प्रकार की वस्तुएं) 6 (**~s**) व्यवहार, आचरण: have no **~s**; have good **~s**; it is bad **~s** to stare at people; pleasant ~ (सुरुचिकर व्यवहार) 7 चाल-ढाल, शैली: imitate a poet's ~; ~ and matter (रूप और अंतर्वस्तु); dressed in Haryanavi ~ (हरियाणवी शैली की पोशाक में);
***dw/lw:* ~ed** /मैनःड/ *adj.* 1 शिष्ट, शिष्ट आचरण वाला: bad-~ed/ ill-~ed (बदतमीज, अशिष्ट); sweet-~ed (शिष्ट, सुरुचिकर) 2 कृत्रिम, बनावटी, दिखावटी, अस्वाभाविक; **~ism** *see below under separate entry*; **~less** /मैनःलेस/ *adj.* अशिष्ट, अभद्र, बदतमीज; **~liness** /मैनःलिनेस/ *n.* शिष्टता, भद्रता, सभ्याचार, शालीनता; **manner\ly** /मैनःलि/ *adj.* शिष्ट, भद्र, शालीन; **~ly** *adv.* विनम्रतापूर्वक; **manner\s** /मैनःज/ *n. [pl.]* शिष्टाचार, तमीज, सभ्याचार; **~s-bit** *n.* खाने के अंत में शर्म के नाते थाली में छोड़ा जानेवाला टुकड़ा;
***collocations:* ~ of life** जीवन-चर्या, जीवन-शैली;
a comedy of ~s तौर-तरीकों का ऐसा अतिवाद कि सब मजाक लगने लगे; **adverb of ~** रीतिवाचक क्रियाविशेषण; **bad ~s** अशिष्टता, अभद्रता; **good ~s** शिष्टाचार, सभ्याचार, शालीनता;
***p&i:* after a ~** किसी प्रकार से; **all ~s of sb/ sth** सब प्रकार के आदमी/ की वस्तुएं; **as/ as if to the ~ born** जन्म (पोतड़ों) से विशिष्ट आचार-व्यवहार का आदी; **be taken/ found in/ with the ~** रंगे हाथों पकड़े जा.; **by all ~s of means** अवश्य ही, बिल्कुल, हर सूरते हाल में; **by no ~ of means** बिल्कुल भी नहीं, कदापि नहीं, किसी सूरत में भी नहीं; **have no ~s** कोई तमीज न हो.; **in a ~ of speaking** एक तरह से; **in a similar/ traditional/ professional, etc. ~** इसी प्रकार की/ परंपरात्मक/ व्यावसायिक शैली में; **make one's ~s** आदर-सत्कार क., सलाम क.; **in the ~ of sb** किसी की शैली में; **in a ~** एक प्रकार से; **(as if) to the ~ born** मानो सहज रूप में; **shark's ~** लोभ-लालच; **what ~ of** किस प्रकार का

manner\ism /मैनअ\रिज्म/ *n.* 1 किसी की विशिष्ट हाव-भाव जैसे शरीर के अंगों का चालन, चेहरे की भाव-भंगिमायें या मुद्राएं 2 व्यवहार-विचित्रता, वैचित्र्य 3 कृत्रिमता, बनावटी व्यवहार 4 साहित्य और कला में कृत्रिम शैली की अतिरंजना 5 सोलहवीं सदी के फ्रांस, स्पेन और इटली आदि देशों में कला और भवन-निर्माण शिल्प (architecture) के क्षेत्र में मानव शरीर आदि का अति विचित्र ढंग से प्रदर्शन या चित्रण;
***dw/lw:* ~ist** /~रिस्ट/ *n.* उपर्युक्त शैली का कलाकार या साहित्यकार

mano-a-mano /माःनो-ऐ-माःनो/ *n., pl.* **mano-o-manos** दो लोगों के बीच मुकाबला या द्वंद्व;
adv. किसी बात का फैसला करने के लिए दो जनों द्वारा आमने-सामने होकर: it's time to settle the matter ~

manoeuv\re; **~rable** *see above under* **'maneuver'**

manometer/ manometre /मअनौमिटः/ *n.* मैनोमीटर, दाबमापी, गैस या तरलों का दाबांतरमापी यंत्र

manor /मैनः/ (*also* **manor-house**) *n.* 1 जमींदार की बड़ी जमीन-जायदाद पर बनी मुख्य हवेली या घर 2 जमींदार की जागीर, जमींदारी भूसंपत्ति, गढ़ी 3 *Br. colloq.* पुलिस या आपराधिक गिरोह का कार्य-क्षेत्र

manpower *see above under* **man: *dw/lw***

manqué /मौंके/ *US* मांके/ *adj., Fr., lit.* 1 विफल, असफल 2 अप्राप्तलक्ष्य, अकृतकार्य: an artist ~ 3 लक्ष्यच्युत

mansard /मैंसाःड/ (*also* ~ **roof**) *n.* दुढालू छत, दो तरफ से ढलवां छत

manse /मैन्स/ *n., Scot.* 1 पुरोहित निवास, पुरोहिताश्रम 2 मंत्री निवास;
***collocations:* on of a ~** मंत्री पुत्र

manservant /मैनसःवंट/ *n., pl.* **menservant** पुरुष नौकर

mansion /मैन्शन/ *n.* 1 कोठी, भवन, हवेली, प्रासाद: Queen Anne ~ 2 जमींदार की हवेली

mansuete /मैंस्विट/ *n.* सज्जन, सौम्य, नम्र;
***dw/lw:* mansuetude** /मैंस्विट्यूड/ *n.* सौम्यता, नम्रता

mantel /मैंटल/ (*also* **mantelpiece/ mantelshelf**) *n.* 1 अंगीठी पर बनी टांड 2 चिमनी के ऊपर बना स्थान जहां सजावटी चीजें रखी जाती हैं 3 अंगीठी-कानस

mantelet /मैंटअलिट/ *n.* गोलीसह पर्दा

manteletta /मैंटअलेटा/ *n.* प्रावारिका

mantelpiece *see above under* **mantel**

mantic /मैंटिक/ *n.* 1 शकुन, शगुन 2 शाकुन, शाकुनेय, शागुनेय 3 भविष्यवाणी से संबंधित;
***dw/lw:* ~ally** *adv.* शगुन के लिहाज से

mantilla /मैंटिला/ *Spanish* /मैंटीया/ *n.* 1 ओढ़नी, चुन्नी, दुपट्टा 2 सिर पर बांधने या कंधों पर डालने के लिए रेशमी रूमाल (चुन्नी), प्रावारिका

mantis /मैंटिस/ (*also* **praying ~**) *n., pl.* **~es**/ **mantes** मैंटिस, वृद्धहस्त कीट

mantissa /मैंटिसा/ *n.* अपूर्णांश, दशमलवांश

mantle /मैंटल/ 1 (***syn.*** cloak, covering) लबादा, प्रावरण, गाउन 2 *lit.* आवरण, परत: a ~ of snow; under the ~ of darkness 3 बाह्यभित्ति, जमीन की सतह 4 गैस के दिये की प्रकाश देनेवाली जाली 5 *lit.* विशिष्ट व्यक्ति के उत्तरदायित्व या कार्य;
***v.**, pt.* **~d**, *pp* **mantling** 1 आवृत क. 2 ढांकना: ~ sb in a cloak/ in furs 3 आच्छादित क.: **~d** in darkness; dark clouds **~d** the setting sun 4 लाल हो जाना या कर दे.: blushes **~d** on her cheeks; her face **~d** with emotion 5 पर सतह जम जाना: mountains **~d** with snow;
***p&i:* have sb's ~ fall upon one** किसी की ख्याति का उत्तराधिकारी बनना

mantra /मंत्र/ *n.* मंत्र: a ~ of democratic reform

manual /मैन्युअल/ *adj.* 1 हाथ से किया जानेवाला: ~ labour/ work; ~ worker; ~ skill (हस्त-कौशल) 2 हस्त-चालित, करचल: ~ transportation; a ~ control; ~ gear (हस्त-संचालित गिअर);
n. 1 निर्देश पुस्तिका: field ~ 2 नियमावली, नियम पुस्तक;
***dw/lw:* manual\ly** /मैन्युअलि/ *adv.* हाथ से;
***p&i:* on ~** जिसे हाथ से न चलाया जाता हो

manubrium /मैनुब्रिअम/ *n.* मूठ, पकड़, मुष्टिकार वस्तु

manufactory /मैन्युफैक्टरि/ *n.* 1 कारखाना 2 निर्माणशाला

manufactu\re /मैन्युफै\क्चः/ *v., pt.* **~red**, *pp* **~ring** 1 उत्पादन क., निर्माण क.: **~re** shoes/ steel 2 बनाना, तैयार क. 3 गढ़ना या झूठ के सहारे बनाना: **~re** false evidence; **~re** an excuse 4 फर्मा पर चढ़ाकर बनाना, घिसी-पिटी शैली में तैयार क.: **~re** novels by the dozen; **~re** pot-boilers;
n. 1 (***syn.*** mass-production) उत्पादन, निर्माण: cloth **~re**; of home/ domestic/ foreign **~re**; **~re** mark (उत्पादन मार्का) 2 उत्पाद 3 घिसी-पटी कहानी आदि की रचना 4 मनगढ़ंत बात;
***dw/lw:* ~red** /~\क्चःड/ *n.* निर्मित: ~red goods; **~rer** /~क्चरः/ *n.* 1 उत्पादक, निर्माता 2 कहानी गढ़नेवाला: a shoe ~rer (जूते बनाने वाला); **~ring** /~क्चरिंग/ *n.* उत्पादन, निर्माण: ~ring cost (निर्माण लागत); ~ring town; car/ food ~ring

manumission /मैन्युमिशन/ *n.* दासता से मुक्ति, गुलामी से छुटकारा, दास-मुक्ति

manumit /मैन्युमि\ट/ *v., pt.* **~ted**, *pp* **~ting** 1 विमुक्त क. 2 दासता से मुक्त क. 3 छोड़ दे.;
dw/lw: **~ter** /~टः/ *n.* दास मुक्ति करने वाला, दासों को मुक्ति देने वाला

manumotive /मैन्युमोटिव/ *adj.* हस्त-चालित

manu propia /मेन्यु प्रोपिअ/ *Lat.* अपने हाथ से

manu\re /मअन्युअः/ *n.* (*syn.* dung) गोबर आदि की खाद: cow/ horse **~re** (गाय के गोबर या घोड़े की लीद की खाद); **~re** distributor;
v., pt. **~red**, *pp* **~ring** गोबर आदि की खाद बनाना

manuscript /मैन्युस्क्रिप्ट/ (*abbr.*, **MS**, *pl.* **MSS**) *n.* 1 पांडुलिपि: ~ on paper/ on parchment; ~ in facsimile (पांडुलिपि की हूबहू प्रतिलिपि); accept/ refuse a ~ 2 हस्तलिपि;
adj. हस्तलिखित;
collocations: **~ copy** पांडुलिपि की प्रति; **in MS** अमुद्रित; **rare ~s** दुर्लभ पांडुलिपि;

manward *see above under* **man:** ***dw/lw***

manus /मेनस/ *n.* 1 हाथ, हस्त 2 कलाई 3 जानवरों के अगले पैर

Manx /मैंक्स/ *adj.* आयरलैंड के समुद्र में स्थित मैनद्वीप (**'Isle of Man'**) का निवासियों या वहां की भाषा आदि से संबंधित: ~man/ ~woman

many /मैनि/ *pron., quantifier/ adj., degr.* **more**, **most** 1 बहुत-से, बहुतेरे, अनेक: of ~ kinds 2 (*syn.* a lot of, lots of) बहुत बड़ी संख्या, अनगिनत 3 (**the ~**) भीड़, आम जनता;
pron. बहुत सारे (लोग, वस्तुएं आदि): the sweets were so rich that I could not eat ~; a great ~/ good ~ (बहुत सारे);
dw/lw: **~-coloured** *adj.* बहुरंगी, रंगबिरंगा; **~-headed** *adj.* बहुशीर्ष; **~-sided** *adj.* बहुपक्षीय, बहुआयामी, बहु-अंगीय: a ~-sided man; **~sidedness** /मेनिसाइडिडनेस/ *n.* बहुपक्षता;
p&i: **~ a**, **an** or **another …** बहुत सारे: ~ a man; spent ~ a happy hour there; **~ a little makes a mickle** बूंद-बूंद से सागर बन जाता है; **~ can argue, not ~ can converse** बहुत से लोग बहस तो कर सकते है किंतु आपस में बातचीत नहीं; **~ dishes make ~ diseases** चटोरे कम ही स्वस्थ होते हैं, पेटूपन खतरे से खाली नहीं; **~ drops make a shower** बूंद-बूंद से घड़ा भर जाता है; **~ hands make light work** एक से भले दो, एक और एक ग्यारह; **~ is the tale he has told us** उसने हमें बहुत सारी कहानियां सुनाई; **~ is the sb/ sth** ऐसी अनेक बातें हैं जो...; **~ is the time** बहुत सारे अवसरों पर, बहुत बार; **~, ~ happy returns of the day!** जुग-जुग जिओ!; **~ receive advice, only wise profit by it** सलाह लेने वाले ज्यादा, फायदा उठाने वाले कम; **~ small make greats** एक और एक ग्यारह; **~ times/ ~ a time** बहुत बार: ~ a time she has not made it (वह कई बार असफल रही); **~ words will not fill a bushel** खाली बातों से पेट नहीं भरता;
as ~ इतने सारे; **a good ~** बहुत सारे; **as ~ as** जितने हो सकें: I need as ~ men as you can spare; as ~ as three years; **be one too ~** फालतू हो.; **be/ one too ~ for sb** 1 किसी से ज्यादा शक्तिशाली या चालाक हो. 2 किसी के बस की बात न हो.; **for ~ a long day** लंबे समय के दौरान; **have one too ~** ज्यादा पी लेना; **he has none too ~ friends** उसके ज्यादा दोस्त नहीं; **how ~?** कितने?; **like so ~ people** अनेक लोगों की तरह; **Many, ~ happy returns of the day** जन्मदिन मुबारक हो!; **say sth in so ~ words** किसी को सीधे और साफ-साफ कह दे.; **so ~** इतने सारे; **the ~** अधिकांश लोग जनता, आम आदमी, जनता, भीड़; **to be too ~ for sth** आवश्यकता से ज्यादा संख्या में हो.: too ~ idle people बहुत ज्यादा बेकार लोग

manyplies /मैनिप्लाइज/ *n.* जुगाली करने वाले पशु का तृतीय आमाशय

Maoism /माओ\इजम/ *n.* माओवाद;
dw/lw: **Maoist** /~इस्ट/ *adj.* माओवादी; **Maoist** *n.* माओवादी व्यक्ति

Maori /माउअरि/ *adj.* 1 न्युजीलैंड में रहने वाली एक (पोलिनेशियायी) जाति 2 माउरी भाषा

MAP *abbr.* 'medical aid post', 'Microwave Anisotropy Probe', 'minimum advertised pricing', 'modified atmosphere packaging' की प्रथमाक्षरी

map /मैप/ *n.* 1 नक्शा, मानचित्र, खाका: a ~ of the world; road ~; up-to-date ~; follow a ~ 2 रूपरेखा, रेखाचित्र;
v., pt. **~ped**, *pp* **~ping** 1 (*syn.* chart) नक्शा या मानचित्र बनाना, मानचित्रण क. 2 योजना बनाना 3 व्यवस्था क. 4 सुव्यवस्थित क.;
dw/lw: **~ping** /मैपिंग/ *n.* 1 मानचित्र बनाने की कला 2 मानचित्र-निर्माण, मानचित्रण: ~ing coverage (किसी स्थान विशेष का मानचित्रण); **~-reading** *n.* नक्शा देखने या पढ़ने का हुनर;
collocations: **~ distance** मानचित्रानुसार दूरी; **~ scale** मानचित्र का पैमाना; **~ study** मानचित्र अध्ययन;
p&i: **~ sth on/ onto sth** किन्हीं गुणों, वस्तुओं उनके स्रोत, कारण, स्थिति आदि से जोड़ना; **~ sth out** 1 रूपरेखा तैयार क., खाका तैयार क. 2 योजना बनाना; **~ the route** नक्शे में रास्ता रेखांकित क.;
be off the ~ गायब हो जा.; **off the ~** 1 दूर-दराज का स्थान जो सभी सड़कों या अन्य संचार साधनों की पहुंच से बाहर हो 2 जो अब वजूद में न हो 3 त्यक्त और तिरस्कृत; **on the ~** मौजूद, वजूद में; **put oneself on the ~** अपनी मौजूदगी दर्ज करवाना; **put sth/ sb on the ~** किसी वस्तु या व्यक्ति को प्रसिद्ध बनाना; **the country was ~ped out with tourist routes** देश यात्री-पथों से भरा पड़ा था; **write off the ~** दुनिया से नामोनिशान मिटा दे.

MAPIS *abbr.* 'Medical & Aromatic Plants Information Service' की प्रथमाक्षरी

maple /मेपल/ (*also* **~ tree**) *n.* अमेरिका, रूस, कैनेडा आदि देशों में पाया जाने वाला चौड़े पत्तोंवाला एक वृक्ष जिसके मीठे रस से चीनी तैयार की जाती है, पुतली वृक्ष 2 द्विफल: ~ leaf (द्विफल का पत्ता); ~ syrup 3 (**the ~ leaf**) कैनेडा का राष्ट्रीय चिह्न

MAPPA *abbr.* 'Medicinal and Aromatic Plants Programme in Asia' की प्रथमाक्षरी

MAPS *abbr.* 'Madurai Atomic Power Station', 'Madras Atomic Power Station' की प्रथमाक्षरी

maquette /मैकेत/ *n.* किसी बड़ी परियोजना का एक छोटा-सा हू-ब-हू प्रारूप जो मिट्टी, मोम या प्लास्टिक आदि से बनाया जाता है

maquillage /मैकियाज/ *n.* 1 रूप-सज्जा की सामग्री (कॉस्मैटिक्स), रूप-सज्जा, मेक-अप 2 अपने चेहरे पर कॉस्मेटिक्स लगाने का हुनर

maquis /मैकी/ *n. [sing. & pl.], Fr.* 1 झाड़ियों का समूह, क्षुप गुच्छ 2 दूसरे विश्वयुद्ध में जर्मन फासीवाद के विरुद्ध फ्रांसीसी गुरिल्ला सैनिक

Mar. *abbr.*, 'March' का संक्षेप

mar /माः/ *v. pt.* **~red**, *pp* **~ring** 1 (*syn.* blight, ruin) बट्टा लगाना 2 बिगाड़ना: nervousness **~red** the effect of his speech 3 विकृत क.: small-pox had **~red** her face 4 खराब क.: nothing **~red** our happiness; the flavour **~red** by excessive vinegar;
collocations: **~ sport** रंग में भंग डालनेवाला; **~ text** अनपढ़ पुरोहित;
p&i: **make or ~** बनाना या बिगाड़ना

marabou/ marabout /मैरअबू/ *n., pl.* **~s** चमरघेंघ

marabout /मैरबूट/ 1 मुसलिम सन्यासी, फकीर 2 मकबरा

maracas /मअरैकअज/ *n.* लातीनी अमेरिकी ढोलनुमा वाद्यों का एक जोड़ा

maraschino /मैरअशीनो/ मैरअस्कीनो/ *n.* चेरी (फल) से बनी लिक्योर (मीठी मदिरा)

marasmus /मैरेज्मस/ *n.* शरीर-क्षय, सूखा (रोग): **marasmus**

senillis /मैरेज्मस सेंसिलिस/ *Lat.* (बुढ़ापे में होने वाला शरीर-क्षय)

Maratha /मराठा/ *n.* मराठा;

dw/lw: **Marathi** *n.* मराठी भाषा

marathon /मैरअथन/ *n.* 1 लंबी दौड़ (42.195 कि. मी. या 26 मील लंबी) 2 कोई भी लंबा कार्यक्रम या लंबी घटना;

adj. बहुत लंबा या बड़ा: ~ race; a ~ effort (बड़ा भारी प्रयास)

maraud /मअरॉःड/ *v., pt.* **~ed**, *pp* **~ing** 1 राहजनी क., लूटमार क., छापा मारना 2 दरिंदों की तरह क्षत-विक्षत क.;

dw/lw: **~er** /मराःडः/ *n.* लूटमार करने वाला, लुटेरा; **~ing** /मरॉःडिंग/ *adj.* 1 लूटमार 2 शरीर को क्षत-विक्षत क.: ~ing animal

marble /माःबल/ *n.* 1 संगमरमर 2 (**~s**) संगमरमर की गोलियां (आजकल कांच की), कंचों का खेल 3 संगमरमर की मूर्तियां आदि: ~ cutting 4 (**~s**) बुद्धि, विवेक, होशो-हवास: lose one's ~ (हार से) बौखला उठना या होशो-हवास गंवा बैठना;

adj. संगमरमर का: ~ paper;

v. *pt.* **~d**, *pp* **marbling** कागज आदि को चितकबरा पेंट क.;

dw/lw: **~d** /माःबल्ड/ *adj.* 1 चितकबरा 2 अबरी; **~-hearted** *adj.* 1 बिना किसी भाव या भंगिमाओं के 2 रूखा; **marbling** *n.* कागज आदि को चितकबरे पेंट से चित्रित करने के क्रिया;

p&i: **(as) cold as** ~ रूखा, असंवेदनशील; **have all ones ~s** पूरे होशो-हवास में हो.

MARC *abbr.* 'Manufacturer of Atomic Reactor Components' की प्रथमाक्षरी

marc /माःक/ *n.* 1 फोक, सीठी, फलों का रस निकालने के बाद बचा कचरा, गूदा 2 इससे बनी ब्रैंडी

MArch *abbr.* 'Master of Architecture' की प्रथमाक्षरी

march /माःच/ *n.* 1 लंबी पदयात्रा आदि 2 मोर्चा, मार्च (जुलूस), प्रयाण, अग्रमण: on the ~ 3 सैनिकों का मार्च 4 अभियान: ~ order; go on a ~ (अभियान पर जाना) 5 गति, चाल: the ~ of time/ events; the ~ of history 6 प्रगति: the ~ of science 7 विकास: the ~ of mind 8 सीमा 9 सीमांत, सीमा-प्रांत: ~-land (सीमा-प्रांत) 10 प्रयाण-राग, प्रयाण-संगीत;

v., *pt.* **~ed**, *pp* **~ing** 1 मार्च क.: ~ in step with the music 2 सैनिकों द्वारा मार्च क.: ~ in single file; ~ in review (सामारोहिक मार्च क.) 3 प्रयाण क. 4 अग्रमण क. 5 कूच क., चलते रहना: ~ past 6 प्रगति क.: ~ ahead;

dw/lw: **~er** *n.* जुलूस आदि में भाग लेनेवाला व्यक्ति; **~es** /माःचिज/ *n.* सीमांत प्रदेश; **~ing** *n.* अभियान गति; **~past** *n.* (***syn.*** parade) मार्चपास्ट;

collocations: **~ing band** ब्रेड बाजा; **~ing fire** चलते हुए की जानेवाली गोलीबारी; **~ing orders** 1 प्रयाण-आदेश 2 नौकरी आदि से छुट्टी का हुक्म; **~ing song** प्रयाण-गीत;

p&i: **~ away** ले जाना; **~ comes in like a lion and goes out like a lamb** (रूस आदि ठंडे देशों में) मार्च के शुरू में बर्फानी तूफान आते हैं और अंत में सौंधी-सौंधी गर्मी आ जाती है; **~ forth** कार्रवाई क.; **~ off/ up/ down, etc.** गुस्से में जल्दी-जल्दी ऊपर-नीचे चलना; **~ on** आगे बढ़ना; **~ out** मार्च शुरू क., अभियान पर निकल पड़ना; **~ in cadence** कदम से कदम मिलाकर चलना;

be (as) mad as a ~ hare पागल हो जा. (*see also above under* **mad:*p&i***);

hunger ~ बेरोजगारों का जुलूस; **steal a ~ on sb** किसी से आगे निकल जाना; **the frog ~** टांगें, बाहें पकड़कर किसी को औंधे मुंह घसीटना

March (*abbr.*, **Mar**) *n.* मार्च का महीना

marchpane /माःचपेन/ *n.* बादाम की मिठाई

MARCO *abbr.* 'Marine commandos' का संक्षेप

mare[1] /मेअः/ *n.* 1 घोड़ी 2 गधी 3 *Br. sl.* बेवकूफ औरत;

p&i: **~'s nest** 1 मायाजाल 2 थोथी खोज या बेकार का आविष्कार 3 *US* अति जटिल स्थिति; **~'s-tail** चमरी मेघ (पौधा); **a mare's nest** पूरी तरह से घालमेल या अस्त-व्यस्त; **his discovery turned out to be a ~'s nest** उसकी खोज थोथी सिद्ध हुई; **money will make the ~ go** सब पैस का खेल है; **the grey ~ is the better horse** पत्नी पति से भी बढ़कर है, घर में पत्नी ही मालकिन है

mare[2] /माःरे/ *astron., pl.* **maria** /मारिआ/ चंद्रमा या मंगल ग्रह पर काले धब्बों वाले समतल क्षेत्र

mare[3] /मेअरि/ *Lat.* (***syn.*** sea) खुला सागर;

collocations: **~ clausum** *Lat.* बंद सागर, किसी देश की वैध समुद्री सीमा; **~ librum** *Lat.* खुला सागर; **~ nostrum** /माःरे नौस्ट्रम/ *Lat.* (हमारा समुद्र) भूमध्य सागर (Latin name for Mediterranean)

maremma /मेरमा/ *n.* (समुद्र के किनारे) दलदल-प्रदेश

margarine /माःजरीन/ माःगरीन/ (*contraction* **marg** /माःज/) *n.* सभी कृत्रिम या वनस्पति मक्खनों का सामान्य नाम, मार्गरीन

margarita /माःगअरीटा/ *n.* तकीला (Tequila) में फलों का रस मिलाने से बनने वाला शराबी पेय

margin /माःजिन/ *n.* 1 समय, पैसे, स्कोर आदि में अंतर: won by a narrow ~ 2 सीमांत, हाशिया, मार्जिन: notes on the ~ 3 उपांत, पिछला: ~ data; ~ position 4 सिरा, छोर, किनारा: the ~ of a lake 5 (***syn.*** fringe) सिरा, छोर, मुख्य धारा से बाहर: people living on the ~s 6 सीमा: ~ of safety; ~ prices (अधिकतम या न्यूनतम दामों की सीमा) 7 अतिरिक्त राशि, माल, सामग्री 8 गुंजाइश, मात्रा: ~ of error; allow a ~ for mistakes 9 लाभ आदि की मात्रा: ~ of profit; gross ~;

v., *pt.* **~ed**, *pp* **~ing** 1 हाशिया छोड़ना 2 हाशिये में नोट आदि लिखना 3 किनारी या झालर लगाना 4 किनारे को सजाना: river **~ed** with trees; ~ a pool with flowers;

dw/lw: **~ate** /माःजिनेट/ *v., pt.* ~nated, *pp* ~ating 1 हाशिएदार वस्तु (कागज आदि) बनाना 2 हाशिया लगाना; **~ate** *adj.* हाशिएदार, किनारीदार; **~ated** *adj.* किनारेदार;

collocations: **~ of error** भूल-चूक की गुंजाइश या अंतर;

p&i: **a wide ~** भारी अंतर

margi\nal /माःजि\नल/ *adj.* 1 साधारण, सामान्य, महत्त्वहीन: **~nal** farmer (ऐसा किसान जो माल के उत्पादन से बस लागत ही निकाल सकता है) 2 (***syn.*** slight) न्यूनतम, नाम मात्र का: a **~nal** effect/ improvement; **~nal** cost 3 उपांतीय, उपांतिक, पार्श्व, पाश्र्वर्ती 4 किनारे का, सीमावर्ती सीमांत 5 हाशिए का;

n. *mainly Br.* मतों के बहुत कम अंतर से जीती हुई संसद सदस्यता या हल्का (constituency): labour **~nal** (constituency/ seat);

dw/lw: **margi\nalia** /~नेलिआ/ (*also* **margi\nal notes**) *n.* 1 हाशिए की टिप्पणियां, पार्श्व-टिप्पणी 2 गौण या फुटकर तथ्य या विवरण; **~nality** /~नअलिटि/ *n.* महत्त्वहीनता, हाशिए का या गौण स्थान, सामान्यता; **margi\nalization** /~नलाइजेशन/ *n.* महत्त्वहीनता, सामान्यीकरण: ~nalization of the elderly; **~nalize** (*also UK* **-nalise**) /~नलाइज/ *v. pt.* ~nalized, *pp* ~nalizing 1 महत्ता या दबदबा घटाना 2 किनारे पर लगा दे. 3 हाशिए पर पहुंचा दे.; **~nally** /~नलि/ *adv.* बहुत कम अंतर से, कम मात्रा में, थोड़ा-सा: ~nally more expensive;

collocations: **~nal demand** बहुत छोटी-सी मांग; **~nal land** कष्टकृष्य भूमि यानी जिस पर मुश्किल से खेती की जा सके और जिससे बहुत कम बचत हो; **~nal producer** ऐसा उत्पादक जो माल के उत्पादन से बस लागत ही निकाल सकता हो; **~nal profit** उत्पादन की अंतिम इकाई से होने वाला लाभ, थोड़ा-सा लाभ; **~nal utility** उत्पाद की अंतिम इकाई से प्राप्त उपयोगिता, सीमांत उपयोगिता

marguerite /माःगअरीट/ *n.* अक्षिपुष्प, डेजी

mariachi /मैरिआःचि/ *n.* मैक्सीको का वाद्यवृंद

mariculture /मैरिकल्चः/ *n.* मछलीपालन

marigold /मैरिगोल्ड/ *n.* गेंदा, गेंदे का फूल

margosa /माःगोसा/ *n.* नीमः ~ tree (नीम का पेड़)
marigraph /मैरिग्राफ/ *n.* ज्वार-भाटा लेखी
marijuana /मैरअवाःना/ *US* (*UK* **cannabis**; *sl.* **pot**) *n.* भांग, चरस, गांजा
marina /मअरीना/ *n.* 1 समुद्र के किनारे-किनारे सैर-स्थान 2 वह समुद्रतटीय स्थान जहां लोग पानी में अपनी आनंद-विहार नौकाएं रखते हैं 3 छोटी नावों की बंदरगाह
marinade /मैरिनेड/ *n.* 1 मसालों और मदिरा आदि से बनी चटनी 2 ऐसी चटनी और मसालों में रमा या सीझा हुआ गोश्त, मछली आदि व्यंजन;
v., pt. **~d**, *pp* **marinading** गोश्त, मछली आदि खाद्य पदार्थों को पकाने से पहले तेल, नमक, सिरका, मसालों आदि की चटनी में सीझाकर पकाने के लिए तैयार क.
marina\te /मैरिनेट/ *v., pt.* **~ted**, *pp* **~ting** कुगोश्त, मछली आदि खाद्य पदार्थों को पकाने से पहले तेल, नमक, सिरका, मसालों आदि की चटनी में सीझाना
marine /मअरीन/ *adj.* 1 समुद्री 2 समुद्र में उगने वाला: ~ plants 3 समुद्री व्यापार, जलपोत, नौसेना संबंधी: ~ battalion; ~ architect (जहाज-निर्माता) 4 समुद्र में प्रयुक्त;
n. 1 (*often* **marine**) नौसैनिक 2 जहाजी बेड़ा;
dw/lw: **mariner** /मअरीनः/ *n.* नाविक, मल्लाह: master **~r** (समुद्री जहाज का कप्तान);
collocations: ~ **belt** किसी देश की तीन मील की दूरी तक का वैध समुद्री क्षेत्र; **~'s compass** कुतुबनुमा, दिशा सूचक यंत्र; ~ **creatures/ life** समुद्री जीव/ समुद्री दुनिया; ~ **express** समुद्री द्रुत माल-ढुलाई सेवा; ~ **insurance** समुद्री जहाज का बीमा; ~ **landscape** समुद्री दृश्य; ~ **merchant** (*also* **mercantile** ~) व्यापारिक जहाजों के नौसैनिक;
the Marines नौसैनिक;
p&i: **tell that to the ~s** यह बात किसी और को बताना (मैं विश्वास नहीं करता)
marionette /मैरिअनेट/ *n.* कठपुतली
marital /मैरिटल/ *adj.* 1 शादी से संबंधित: ~ status; ~ problems; ~ bed 2 पति-विषयक, पति का 3 वैवाहिक, दांपत्य: ~ relations
maritime /मैरिटाइम/ *adj.* 1 समुद्री, समुद्री यात्रा एवं जहाजरानी संबंधी: ~ communications; ~ law; a ~ museum 2 समुद्रतटीय (वनस्पति): ~ climate (समुद्रतटीय जलवायु) 3 समुद्रवर्ती 4 तटवर्ती, समुद्र-तटीय देश: ~ nation; ~ belt; ~ patrol aircraft 5 नौ-, जहाजी या जहाजरानी में रत (देश)
marjoram /मार्जअरम/ (*in full* **sweet marjoram**, *also* **wild** ~) *n.* एक प्रकार का पुदीना, कुठरा, मरुआ, मरुवा, मुरवा, मुरवाक
mark /माःक/ *n.* 1 (***syn.*** stain, blot, speck, spot) धब्बा, गंदगी आदि का निशान: dirty ~ 2 चिह्न, निर्देश, संकेत: question ~; punctuation **~s**; interrogation ~/ ~ of interrogation; quotation **~s** (उद्धरण चिह्न); ~ of accent 3 परीक्षा के अंक, श्रेय: pass **~s**; full **~s** 4 स्तर-निशान 5 मार्का: the mark II engine 6 प्रमाण, पहचान, शरीर पर मिलने वाला धब्बा (तिल आदि): indentify sb by the ~ on their arm; a ~ of sth (सबूत, किसी चीज का निशान) 7 महत्त्व, विशेषता: sb of no ~; man of ~ 8 प्रतिष्ठा, यश 9 प्रतीक, सम्मान-संकेत आदि: as a ~ of respect/ esteem 10 लक्ष्य, निशाना, वेध्य: hit the ~; miss the ~ 11 प्रभाव, छाप: a ~ on sth (किसी बात पर छाप) 12 दौड़ आदि के शुरू और खत्म होने के निशान: check ~; get off the ~ (दौड़ शुरू क.) 13.1 (*abbr.,* **M**/ DM) जर्मनी की यूरो-पूर्व मुद्रा, मार्क 13.2 सोने और चांदी के लिए वजन की इकाई 14 हस्ताक्षर के स्थान पर प्रयुक्त होने वाला निशान: put the ~ on the document 15 सकारात्मक या नकारात्मक निशान (√, **X**): put a ~ (√ or **X**) against sb's name; ~ of absence 16 पथ-संकेतक निशान: ~ for fliers; he went by **~s** left on the trees 17 लक्षण: **~s** of illness/ of fatigue/ of a blow 18 पैमाने, थर्मामीटर आदि पर माप-निशान: the ~ on the scale 19 मापदंड: above/ below/ beneath the ~;
v., pt. **~ed**, *pp* **~ing** 1 (***syn.*** indicate) संकेतित क. 2 (***syn.*** celebrate) त्योहार आदि मनाना 3 चिह्न, निशान या छाप लगाना: ~ the trees 4 अंकित क., चिह्नित क.: **~ed** in his diary 5 अंक दे. (परीक्षा में), नंबर डालना, नंबर दे.: ~ the examination papers 6 दाग या धब्बा लगाना 7 व्यक्त क., प्रकट क.: ~ the approval by clapping 8 (***syn.*** characterize) की विशेषता होना या जताना: be **~ed** as anti-reservationist 9 पर ध्यान दे.: ~ sb well; he was **~ed** by everyone; ~ my words! (मेरे शब्दों को नोट कर लो!) 10 लिखना 11 शरीर आदि पर निशान हो.: his face was **~ed** with smallpox 12 (***syn.*** indicate) की ओर इशारा क.: PM's statement may ~ a reshuffle in government 13 खेल के मुकाबले में किसी खिलाड़ी को घेरे रखना;
dw/lw: **~down** *n.* लाभ में कमी लाते हुए दाम में कमी; **~ed** *see below under separate entry*; **~edness** *see below under* **marked**:***dw/lw***; **~er** /माःकः/ *n.* 1 (*also* **~er pen**) निशान लगाने वाला पेन, चिह्नक, अंकक 2 किसी स्थान का सूचक निशान, चिह्न 3 स्कोरर: not a ~er to/ on (के मुकाबले में कुछ भी नहीं); **sing** *see below under separate entry*; **mark\sman** *n.* निशानेबाज, लक्ष्यवेधी, निशाने लगाने में सिद्धहस्त; **mark\smanship** *n.* निशानेबाजी; **~up** *n.* 1 दाम में वृद्धि 2 क्रय-विक्रय के फलस्वरूप प्राप्त लाभ, दाम और लागत के बीच का मुनाफा 3 थोक और फुटकर मूल्यों में अंतर 4 *comput.* कंप्यूटर में चिह्नों की व्यवस्था;
collocations: **~ed man** जो निशाने पर हो, हिट-लिस्ट में शामिल;
bench ~ कसौटी, मानक स्तर (*see also under* **bench*:* *dw/lw***); **book** ~ पुस्तक-पृष्ठ संकेतक; **grace ~s** अनुग्रह अंक; **sign-post ~s** संकेत-पटों पर लिखित संकेत; **man of great** ~ जाना-माना व्यक्ति; **of little** ~ महत्त्वहीन;
p&i: ~ **down (up)** 1 मूल्य घटाना या बढ़ाना 2 परीक्षा में किसी को दिए गए अंकों को कम या ज्यादा क. 3 महत्त्व कम करके दिखाना, भाव न दे.; ~ **my words!** मैं जो कह रहा हूं उसकी ओर ध्यान दें, उसे नोट करें!; ~ **off** 1 अलग-अलग क. 2 आंकना 3 पूरे हुए कार्य को चिह्नित क.; ~ **out** 1 नोट क. 2 संकेत चिह्न लगाना; ~ **sb as a criminal** किसी पर एक अपराधी का लेबल (ठप्पा) लगाना; ~ **sb out for sth** किसी व्यक्ति को किसी कार्य विशेष के लिए चुनना; ~ **sb's card** किसी की गलती सुधारना, किसी की मिथ्या समझ को ठीक क.; ~ **sb down as sth** किसी की किसी रूप में पहचान बनाना; ~ **sb out as/ for sth** किसी को किसी बात या कार्य के लिए चुनना या पहचानना; ~ **sth down** 1 चीजों के दाम घटाना 2 किसी बात को नोट क. या उस पर निशान लगाकर भविष्य के लिए याद रखना; ~ **sth off** 1 किसी चीज से अलग पहचान बनाना 2 हदबंदी करके किसी चीज को अलग क.; ~ **sth on** किसी चीज पर निशान लगाना; ~ **sth out** 1 सीमांकन क. 2 निर्दिष्ट क. 3 चारों ओर लकीर खींच कर पहचान स्थापित क.; ~ **sth up** ≠ ~ **sth down** किसी वस्तु के मूल्य में वृद्धि क.; ~ **time** 1 एक ही स्थान पर खड़े-खड़े पैर पटकना 2 समय काटना 3 अवसर की तलाश में रहना; ~ **with** चेहरे आदि पर चोट आदि के निशान हो.; ~ **with a T** चोर घोषित कर दिया जा.; ~ **with a white stone** बहुत खुशकिस्मत माना जा.; ~ **you!** आप नोट करें!;
a bad ~ अशुभ बात; **a big question** ~ बड़ा सवालिया निशान; **above the** ~ स्थापित स्तर से ऊपर; **a** ~ **of intelligence/ ignorance/ good will/ resentment** बुद्धिमत्ता/ अज्ञानता/ सद्भाव/ नाराजगी का लक्षण; **a Mark Tapley** हिम्मतवाला व्यक्ति; **a soft** ~ भोला-भाला व्यक्ति; **a strawberry** ~ लाल तिल; **bear the ~ (s) of sth** किसी व्यक्ति या बात में किसी चीज के लक्षण हो.; **be off the** ~ अनुमान

या निशाना गलत हो.; **be quick off the** ~ तुरंत कार्रवाई शुरू कर दे.; **beside the** ~ असंगत; **be slow off the** ~ धीमी चाल से चलना; **bless the** ~ बुरा मत मानिये!; **easy/ soft** ~ आसान शिकार; **events ~ing a new era** नए युग को इंगित करने वाली घटनाएं; **far from/ wide of/ short of/ beside the** ~ 1 असंगत 2 निशाने से दूर; **full ~s for sth** बहुत बढ़िया काम; **get off the** ~ खेल में अंक या रन आदि बनाने लगना; **go beyond the** ~ निशाना चूक जा.; **high-water** ~ शिखरतम बिंदु; **hit** or **miss the** ~ 1 निशाने पर लगाना या निशाना चूकना 2 किसी कार्य में सफल या असफल हो.; **leave one' ~ on sth/ sb** किसी चीज पर या किसी पर अपनी छाप छोड़ना; **low-water** ~ निम्नतम स्तर; **make one's** ~ विशिष्टता या सफलता प्राप्त क., प्रसिद्धि पाना.; **mother's** ~ तिल; **off the** ~ 1 गलत 2 लक्ष्य से परे, लक्ष्यच्युत 3 निशाने से दूर; **on your ~s, get set, go!** धावकों के लिए दौड़ के लिए तैयार होने का आदेश: तैयार!, दौड़ो!; **overshoot the** ~ गलत अनुमान लगाना, किसी की या किसी चीज के सामर्थ्य को अधिक समझ लेना; **overstep the** ~ आवश्यकता या लक्ष्य से अधिक क.; **pass the** ~ अपना कार्यभार किसी दूसरे को सौंपना; **quick/ slow off the mark** किसी स्थिति के प्रति प्रतिक्रिया में धीमा हो.; **the ~ of the beast** शर्मनाक कलंक; **toe the** ~ 1 निर्धारित नियम या नीति का पालन क. 2 किसी की नीति पर चलना; **up to the ~ = up to the stuff = up to the scratch** 1 निशाने या अनुमान के काफी करीब 2 संतोषजनक या वांछित स्तर पर

marked /माःक्ट/ *adj.* 1 स्पष्ट, सुस्पष्ट: a ~ change in sb/ in sb's appearance, in sb's behaviour/ in sb's attitude 2 चिह्नित, अंकित: the prices of the goods ~ on them 3 निशान लगा हुआ: ~ pages/ passages 4 अच्छा खासा: ~ difference; ~ disadvantage 5 विशिष्ट: a man of ~ ability 6 अलग किया हुआ: goods were ~ best quality 7 निशाने पर रखा हुआ: a ~ man;

dw/lw: **~ly** *adv.* स्पष्ट या विशिष्ट रूप से: he was ~ly polite; **~ly** *adj.* विशिष्ट, स्पष्ट; **~ness** /माःकडनेस/ *n.* विशिष्टता, सुस्पष्टता;

collocations: **a ~ change in attitude** रवैये या रुख में स्पष्ट बदलाव; ~ **for sth** 1 किसी विशेष लक्ष्य के लिए चिह्नित 2 के लिए बना हुआ;

p&i: ~ **with a T** चोर होने का दाग दे.

market /माःकिट/ *n.* 1 बाजार, क्रय-विक्रय का स्थान: common ~ 2 मंडी: grain ~ 3 हाट: the next ~ is on Sunday 4 *US* **a supermarket** सुपर मार्केट 5 किसी वस्तु विशेष का क्रय-विक्रय, व्यापार: be in/ on the ~; bring to ~/ put on the ~ 6 (**the market**) विक्रय या व्यापार क्षेत्र: the French ~; the teenage ~; the ~ forces 7 (***syn.*** demand) मांग: the products of this industry always find a ~ 8 मूल्यानुसार बाजार में क्रय-विक्रय की स्थिति: a dull ~; buyer's/ seller's ~; raise the ~; the ~ rose;

v., pt. **~ed**, *pp* **~ing** 1 बेचना 2 बाजार में लाना या भेजना 3 खरीदारी क. (शॉपिंग क.), रसद खरीदना 4 बाजार में व्यापार क. 5 (***syn.*** promote) माल का प्रचार क.;

dw/lw: **~able** /माःकि\टअबल/ *adj.* 1 बेचने लायक 2 क्रय-विक्रेय, पण्य, विपण्य: ~able products; **market\eer** /~टिअः/ *n.* 1 विक्रेता, बेचने वाला 2 विशेष प्रकार का विक्रेता: black-~; free-~; **market\er** /माःकिटः/ *n.* विक्रेता, बेचने वाला; **~ing** /~टिंग/ *n.* विपणन, बिक्री-कला, विक्रय करने का हुनर: a career in ~ing/ sales and ~ing;

collocations: ~ **economy** ऐसी आर्थिक प्रणाली जिसमें भाव, कीमतें, वेतन, उत्पाद और सेवाओं को बाजार की शक्तियां मांग और आपूर्ति के आधार पर तय करती हैं और इस प्रणाली में शासकीय नियंत्रण के लिए कोई स्थान नहीं होता; ~ **day** बाजार या हाट का दिन; ~ **forces** ग्राहक की विक्रेता द्वारा प्रस्तावित या प्रस्तुत माल, वस्तु या सेवा को किसी भाव या दाम पर खरीदने की इच्छा या स्वीकृति, मांग और आपूर्ति; ~ **garden** (*also* **truck farm**) शहर या बस्ती के पास ऐसी कृषि योग्य भूमि जहां सब्जियां, फल आदि उगाए जा सकते हों; ~ **leader** 1 ऐसी कंपनी जो दूसरी कंपनियों से ज्यादा सामान या माल बेचती है 2 ऐसे ब्रांड का माल जो अन्य किसी ब्रांड के माल से ज्यादा बिकता हो; ~ **maker** क्रेता, विक्रेता, व्यापारी, दलाल आदि तत्व; ~ **overt** खुला या आम बाजार; ~ **place** 1 खुले स्थान पर लगा बाजार या हाट 2 खरीदो-फरोख्त (क्रय-विक्रय) की दुनिया 3 बाजार; ~ **price** बाजार भाव, अंकित मूल्य; ~ **report** बाजार के भावों की खबर; ~ **research** किसी माल के संबंध में ग्राहकों की आदतों, जरूरतों, पसंदों आदि का अध्ययन; ~ **research** व्यापार संबंधी शोध, किसी माल विशेष के संदर्भ में ग्राहकों की आदतों, जरूरतों, पसंदों आदि का अध्ययन; ~ **share** बाजार में बिक्री का हिस्सा; ~ **town** ऐसा नगर जहां कृषि-क्षेत्र के बीच लगातार हाट लगती है; ~ **value** माल का बाजार भाव;

a cattle/ fish/ flower ~ पशु/ मछली/ फूलों का बाजार; **black** ~ काला बाजारी, चोर-बाजारी; **common** ~ साझा बाजार; **flea** ~ गली में पुराने कपड़े या वस्तुएं बेचने वाला; **free** ~ अनियंत्रित और खुला बाजार; **niche** ~ लोगों का एक छोटा पर विशेष वर्ग जो किसी वस्तु विशेष का क्रेता या खरीददार होता है; **open** ~ खुला बाजार; **seller's/ buyer's** ~ खरीदार या विक्रेता का बाजार;

p&i: ~ **in sth** किसी माल का व्यापार क.;

a ~ collapsed बाजार ढह गया; **a drag on the** ~ ऐसा माल जिसके लिए कोई मांग नहीं; **be in the ~ for sth** किसी वस्तु को खरीदने के लिए तैयार हो.; **bring one's eggs/ hogs/ pigs/ to a bad** or **to the wrong** ~ स्थिति को समझने में गलती क., धोखा खाना; **come to the** ~ कोई माल आदि बेचने के लिए बाजार जाना या आना; **corner the** ~ बाजार पर कब्जा क.; **drive one's hogs to** ~ जोर-जोर से खर्राटे भरना; **flood the** ~ बाजार को माल से भर दे.; **go to** ~ क्रुद्ध हो.; **in the ~ for sth** कुछ खरीदने के लिए तैयार; **mar one's/ sb's** ~ किसी को हानि पहुंचाना; **miss one's** ~ अधेड़ उमर तक कुंवारी रहना; **on the** ~ बेचने के लिए तैयार (घर, दुकान), बिक्री हेतु प्रस्तुत; **play the** ~ स्टॉक और शेयरों का क्रय-विक्रय करके लाभ कमाना, सट्टेबाजी क.; **price sth out of the** ~ बेचने के लिए इतने ऊंचे दाम तय करना कि कोई खरीदार ही न मिले; **rig the** ~ बाजार में दामों को कृत्रिम तरीके से गिरा दे.; **the ~ is booming/ is growing** बाजार खूब फल-फूल रहा है, बढ़ रहा है

MARKFED *abbr.* 'Marketing Federation' की प्रथमाक्षरी

marking /माःकिंग/ *n.* 1 अंकन, चिह्न, निशान: ~ and sorting (छांटना और चिह्न लगाने की क्रिया) 2 पशुओं और पौधों पर रंग लगाने की एक विशेष पद्धति: the ~ of cattle 3 परीक्षा पत्रों को परखकर अंक देने की क्रिया 4 सड़क आदि पर निशान लगाने की क्रिया या पद्धति 5 फुटबॉल आदि खेल में किसी खिलाड़ी को घेरे रखने की क्रिया;

dw/lw: **~-ink** *n.* अंकन-मसि (स्याही); **~-nut** *n.* भिलावां, भल्लात; **~s** /माःकिंग्ज/ *n. [pl.]* (पक्षी, जानवरों पर) निशान

markka /माःका/ *n. pl.* **markka /~s** फिनलैंड की भूतपूर्व मुद्रा

marksman *see above under* **mark: *dw/lw***

marl /माःल/ *n.* 1 चिकनी मिट्टी, खड़िया, मिट्टी और चूने का मिश्रण 2 विषम रंगों के धागों वाला कपड़ा;

v., pt. **~ed**, *pp* **~ing** रेतीली मिट्टी वाली जमीन में मिट्टी और चूने का मिश्रण मिलाना;

dw/lw: **~ing** /माःलिंग/ *n.* रेतीली मिट्टी वाली जमीन का पानी रोकने की क्षमता आदि को बढ़ाने के लिए मिट्टी और चूने का मिश्रण मिलाने की क्रिया

marlin /माःलिन/ *n., pl.* ~**/ ~s** एक बड़ी मछली

marline /माःलिन/ *n.* बड़ी रस्सी के ऊपर लपेटी हुई छोटी रस्सी

marmalade /माःमलेड/ *n.* 1 नींबू या नारंगी से बना मुरब्बे जैसा

खाद्य 2 संतरे आदि फलों का चीनी लगा सूखा मुरब्बा
marmeli\ze /माःमलाइज/ *v., pt.* **~zed**, *pp* **~zing** *Br. colloq.* 1 किसी को बुरी तरह पीटना या हराना 2 नष्ट क.
marmoreal /माःमॉरिअल/ *adj., lit.* 1 संगमरमर-सा, मुलायम, रूखा और सफेद आदि 2 संगमरमर का बना हुआ
marmoset /माःमअजेट/ *n.* लंबी तथा झबरी दुम वाला बंदर
maroon /मअरून/ *n.* गहरा लाल या करौंदिया रंग;
adj. गहरा लाल या करौंदिया रंग का, मैरून;
v., *pt.* **~ed**, *pp* **~ing** 1 (***syn.*** strand) किसी निर्जन टापू या समुद्र में फंस जाना: be **~ed** (बाढ़ द्वारा अलग-थलग किया जाना) 2 किसी स्थान पर फंसे व्यक्ति को असहाय छोड़ दे.: **~ed** by the pirates
marplot /माःप्लौट/ *US* माःप्लाःट/ *n.* काम-बिगाड़ू, रंग में भंग करने वाला, कबाब में हड्डी
marque /माःक/ *n. pl.* **~*s*** कारों का ब्रैंड या मार्का, छाप
marquee /माःकी/ *n. pl.* **~*s*** *UK* 1 बहुत बड़ा शामियाना, टेंट 2 *US* सिनेमा घर का बिलबोर्ड

marquess /माःक्विस/ *n., Br.* मार्क्विस, उच्च अभिजात उपाधिधारी
marquetry /माःकअट्रि/ *n.*, **marquetries** 1 लकड़ी का जड़ाऊ काम 2 हाथी दांत आदि में जड़ाई का हुनर या कला
marquis /माःक्विस/ *n.* ~/ **~es** यूरोपीय देशों में एक उच्च सामंती पद
marquise /माःकीज/ *n.* **~s** 1 'marquis' की पत्नी 2 महिला माःक्विस (marquis) 3 हीरा 4 हीरे जड़ित अंगूठी
marram /मैरम/ (*also* ~ **grass**) *n.* रेतीले समुद्री तटों पर रेत के कटाव को रोकने के लिए लगाया जाने वाला कड़ा घास यानी दूब
marriage /मैरिज/ *n., pl.* **~s** 1 शादी: make an offer/ proposal of ~; contract a ~ 2 (***syn.*** wedding) विवाह कर्म 3 परिणय, पाणिग्रहण: seek sb's hand in ~ 4 मिलन;
dw/lw: **marriage\ability** /मैरिजअबिलिटि/ *n.* विवाह्यता, विवाह-योग्यता; **~able** /मैरिजअबल/ *adj.* विवाह्य, विवाह-योग्य: ~able daughter; a girl of ~able age; **~-bed** *n.* विवाह-सेज: defile/ violate the ~-bed (पर नारी या पुरुष गमन क.); **married** /मैरिड/ *adj.* 1 शादी-शुदा 2 विवाहित 3 घनिष्ठ रूप से संबंधित 4 वैवाहिक, विवाहित: married man; be/ get married; married life; married to sth (बहुत करीबी से जुड़े हुए); **marrieds** *[pl.]* नव-विवाहित दंपत्ति;
collocations: ~ **articles** विवाह-समझौता की धाराएं; ~ **bonds/ ties** परिणय सूत्र; ~ **bureau** विवाह केंद्र; ~ **broker** शादी तय करवाने वाला; ~ **ceremony** विवाह-कर्म, विवाहोत्सव; ~ **certificate** विवाह-प्रमाणपत्र; ~ **contract** विवाह-समझौता; ~ **guidance** विवाहित दंपत्तियों को विवाहित जीवन के विषय में सलाह-मशवरा; ~ **licence** विवाह-अनुज्ञा; ~ **lines** विवाह प्रमाण-पत्र; ~ **of convenience** 1 जोड़-तोड़ पर आधारित शादी 2 आर्थिक, राजनीतिक या अन्य उद्देश्यों की पूर्ति हेतु की जाने वाली शादी; ~ **of theory and practice** सिद्धांत और कर्म का मिलन; ~ **of verse and tune** गीत और संगीत का मिलन; ~ **party**/ ~ **procession** बरात, बारात, वर यात्रा; ~ **settlement** तलाक होने की सूरत में पति-पत्नी के बीच संपत्ति संबंधी समझौता; **civil** ~ अदालत में पंजीकृत विवाह; **Gretna Green** ~ भागकर की जाने वाली शादी; **law of** ~ विवाह कानून; **Scotch** ~ बिना विवाह-कर्म के की जाने वाली शादी; **shotgun** ~ जबरदस्ती की जाने वाली शादी; **uncle by** ~ पति या पत्नी का चाचा;
p&i: ~ **breaks up/ fails** शादी का टूटना या असफल हो.; ~ **goes by contrasts** शादी में दोनों का अतिवादी होने की बात; ~ **is a lottery** शादी एक जुआ है; ~ **makes** or **mars a man** शादी एक जुआ है; **~s are made in heaven** विवाह एक संयोग की बात है;
a bread-and-cheese ~ गरीब से शादी; **a happy** ~ आनंदमय शादी; **defile the ~-bed** शादी में बेवफा हो.; **give sb in** ~ किसी का ब्याह क.; **sb's ~ to sb** किसी की किसी से शादी; **take sb in** ~ किसी से ब्याह क.
married *see above under* **marriage: *dw/lw***
marrow /मैरो/ *n. UK* 1 एक प्रकार की सब्जी: vegetable ~ (कुम्हड़ा) 2 (*also* **bone marrow**) मज्जा: ~ bone (मज्जास्थि) 3 सार: the pith and ~ of a statement 4 सर्वोत्तम आंतरिक भाग: extract the ~ of a book 5 पौधों का गूदा 6 शक्ति, बल;
collocations: ~ **cavity** मज्जा गुहा; **~fat pea** एक बड़ी मटर या उसका पौधा;
***p&i*:** **be chilled to the** ~ सर्दी से बुरी तरह जम जाना; **get down on one's ~bones** घुटनों के बल खड़ा हो.; **to the ~ of one's bones** दिल की गहराइयों तक
marry /मैरि/ *v., pt.* **married**, *pp* **~ing**, *s/he/it* **marries** 1 शादी क.: ~ young; ~ late in life 2 शादी करवाना 3 विवाह-सूत्र में बंधना 4 विवाह-कर्म संपन्न कराना, विवाह कराना (माता-पिता, पुरोहित, पंडित, पादरी, मुल्ला आदि द्वारा) 5 दो वस्तुओं को जोड़ना: the two sides do not ~;
dw/lw: **~ing** शादी करने वाला: not the ~ing type;
p&i: ~ **beneath one** गैर बराबर की शादी क.; ~ **each other** एक दूसरे से शादी क.; ~ **in haste and repent at leisure** चट-पट ब्याह, तो जिंदगी भर पछता!; ~ **into sth** 1 शादी की बदौलत किसी स्थिति में हो जाना 2 शादी की बदौलत कुछ पाना; ~ **into another village** दूसरे गांव में शादी क.; ~ **money** धनी आदमी से शादी क.; ~ **sb off** किसी की शादी कर दे.; ~ **sth up** दो चीजों को ठीक से जोड़ना, दो प्रकार की दलीलों या बातों में मेल बिठाना; ~ **sth with sth** संपर्क जोड़ना, गठबंधन करवाना
Mars /माःज/ *n., astrn.* 1 सूर्य से चौथा और धरती के निकटतम ग्रह, मंगल ग्रह 2 युद्ध देवता
Marseillaise /माःसअलेज/ *n., Fr.* फ्रांस का राष्ट्रीय गान
marsh /माःश/ *n.* दलदल, कच्छ;
dw/lw: **~-fire**/ **~-light** (*also* **will-o'-the-wisp**) *n.* 1 छलावा 2 (***syn.*** unreliable) बालू की भीत 3 पकड़ में न आने वाला व्यक्ति या चीज; **~iness** *n.* कच्छता, दलदलापन; **~land** *n.* दलदली भूमि; **marshy** /माःशि/ *adj., degr.* ~ier, ~iest दलदल से भरा, दलदला, कच्छी;
collocations: ~ **fever** मलेरिया; ~ **gas** कच्छ गैस; ~ **harrier** यूरोप के दलदली क्षेत्रों में पाया जाने वाला बाज; ~ **hawk** उत्तरी अमेरिकी बाज; ~ **marigold** पीले फूलों वाला दलदली पौधा; ~ **mallow** पीले फूलों वाला दलदली पौधा;
salt ~ अक्सर समुद्री पानी भरने से नमक से रमी धरती
marshal /माःशल/ *n.* 1 नेतृत्व करने वाला 2 *US* सेना का उच्च पद 3 ब्रिटेन में उच्च पदाधिकारी 4 (***syn.*** steward) बड़े सार्वजनिक समारोहों में परेड करवाने वाला या भीड़ को नियंत्रित करने वाला अधिकारी 5 न्यायालय का मार्शल, कारागार अधिकारी 6 संसद या विधान सभाओं का मार्शल 7 अग्नि-शामक दल का मुखिया;
v., *pt.* **~led**, *pp* **~ling** 1 (***syn.*** muster) लोगों को एकत्रित करके क्रमबद्ध क. 2 विचारों आदि को (सु)व्यवस्थित क. 3 विधिपूर्वक ले चलना 4 भीड़ या जुलूस को निर्देश देकर नियंत्रित क.;
dw/lw: **~ling** *n.* 1 विन्यास, क्रमबंधन, तैयारी 2 डिब्बे जोड़कर रेलगाड़ी तैयार करने की क्रिया 2 सैनिक टुकड़ियों की तैनाती: ~ling area (सैनिक टुकड़ियों को तैनात करने का स्थान); ~ling camp (तैनात सेना शिविर); **~ling-yard** *n.* विन्यास या समाहार यार्ड, ऐसा अहाता जहां रेल के डिब्बों को जोड़कर रेलगाड़ी बनाई जाती है;
collocations: **Field Marshal** 1 सेना का उच्चतम पद 2 इस पद पर नियुक्त अफसर;
p&i: ~ **an army** सेना को युद्धरत होने के लिए तैयार क.; ~ **one's arguments well** अपनी दलील को ठीक तरह से सुव्यवस्थित करके व्यक्त क.; ~ **papers** कागजात को व्यवस्थित क.; ~ **sb out** किसी को सामारोहिक ढंग से बाहर ले जाना.

marshmallow /माःशमैलो/ मार्शमैलो/ *n.* खाने का एक सफेद और मुलायम पदार्थ जो चीनी से बनता है

marsu\pial /माःसूपिअल/ माःस्यूपिअल/ *adj.* धानी-प्राणी यानी कंगारू जैसे प्राणियों से संबंधित;

dw/lw: **~pium** *n.* आस्ट्रेलिया में खाल की शिशुधानी में बच्चा रखने वाला पशु

mart /माःट/ *n.* 1 मार्केट, बाजार, व्यापार-केंद्र 2 नीलामी केंद्र

martello /माःटेलो/ *n., pl.* **~s** 1 हथियारों से लैस एक छोटा-सा समुद्रतटीय मीनार 2 गढ़ी

marten /माःटिन/ 1 चितराला, पेड़ों में रहने वाला परभक्षी जानवर 2 इस जानवर की कीमती काली या भूरी फर

martial /माःशल/ *adj.* 1 युद्ध-संबंधी, सामरिक 2 वीर, सूरमा, लड़ाकू, बहादुर 3 युद्धप्रिय, युद्धप्रेमी 4 सैनिक या फौजी सेवा के अति उपयुक्त;

dw/lw: **~ism** /माःशिअलिज्म/ *n.* युद्धप्रियता; **~ly** /माःशिअलि/ *adv.* सामरिक लिहाज से, वीरों की तरह, बहादुरी से;

collocations: **~ art** 1 युद्ध कला 2 जूडो, कराटे आदि आत्मरक्षार्थ युद्ध-विद्या; **~ bearing** सैनिक ठाठ; **~ cloak** सैनिक कोट; **~ exercises** सामरिक अभ्यास; **~ law** सैनिक शासन, फौजी कानून: declare ~ law; **~ music** सामरिक संगीत

Martian /माःशिअन/ *n.* मंगल ग्रह से आने वाला काल्पनिक प्राणी; ***adj.*** मंगल ग्रह से आने वाला या उससे संबंधित

martin /माःटिन/ *n.* अबाबील चिड़िया

martinet /माःटिनेट/ *n.* कठोर अनुशासन-भक्त व्यक्ति, कठोर अनुशासक

martingale /माःटिंगेल/ *n.* जेरबंद, पेशबंद, घोड़े का सिर नीचे रखने के लिए पट्टी

martini /माःटीनी/ *n., pl.* **~s** 1 वेरमाउथ मदिरा का इतालवी ब्रैंड 2 जिन और वेरमाउथ का कॉकटेल

martyr /माःटअः/ *n.* 1 शहीद, आत्मबलिदानी, हुतात्मा 2 चिर यातनाग्रस्त;

v., *pt.* **~ed**, *pp* **~ing** 1 शहीद बनाना या हो. 2 यातना दे., सताना;

dw/lw: **martyr\dom** /माःटअःम/ *n.* 1 शहादत, कुर्बानी, प्राणोत्सर्ग, आत्मबलिदान 2 यातना, यंत्रणा; **~ologic** /माःटअरअलौजिक/ *adj.* शहादत से संबंधित; **martyr\ology** /माःटअरौलजि/ *n.* शहीदनामा, शहीदों के जीवन की अध्ययन विज्ञान; **martyr\y** /माःटअरि/ *n.* शहीद की समाधि, शहीद-स्मारक, हुतात्मा-स्मारक, शहीद-यादगार;

p&i: **be a ~ to sth** सताया हुआ हो.; **die a ~ to sth** किसी बात के लिए शहीद हो.; **make a ~ of oneself** जान-बूझकर अपने आपको अन्याय का शिकार होते दिखाना

marvel /माःवल\/ *n.* 1 (***syn.*** wonder) आश्चर्य, चमत्कार: a ~ of science; a ~ of patience; this medicine works **~s** 2 (***syn.*** wonders) अद्भुत वस्तु, परिणाम: the doctors have done **~s** to her 3 अद्भुत बात: it is a ~ that ... चमत्कारपूर्ण बात है कि ...;

v., *UK pt.* **~led**, *pp* **~ling**/ *US pt.* **~ed**, *pp* **~ing** 1 आश्चर्यचकित हो.: ~ at sb's skill 2 आश्चर्य क., अचंभे में पड़ना, दंग रह जा. 3 जिज्ञासु होना;

dw/lw: **marvel\lous** *UK* (*US* **marvelous**) /~स/ *adj.* 1 बहुत अच्छा, बढ़िया 2 (***syn.*** fantastic, splendid) चामत्कारिक, आश्चर्यजनक, अद्भुत; **~lously** *UK* (*US* **marvelously**) /~सलि/ *adv.* शानदार ढंग से; **~lousness** (*US* **marvelousness**) /~सनेस/ *n.* बढ़ियापन, चमत्कारिता, अद्भुतता;

collocations: **~ of Peru** गुल-अब्बास, गुलाबास

Marxian /माःक्सिअन/ *adj.* मार्क्सवादी, मार्क्सवाद से संबंधित

Marx\ism /माःक्सि\ज्म/ *n.* मार्क्सवाद;

dw/lw: **~ist** /माःक्सिस्ट/ *adj.* मार्क्सवादी: ~ist theory; **~ist** *n.* मार्क्सवादी व्यक्ति: be a ~ist;

collocations: **Marxian/ Marxist literary theory** साहित्यिक सिद्धांत जिसके अनुसार साहित्यिक रचनाओं में रूप और अंतर्वस्तु का उचित सामंजस्य होना चाहिए और साहित्य में सामाजिक यथार्थ, विचारों और विचाराधारात्मकता की झलक होनी चाहिए

marzipan /माःजिपैन/ *n.* बादाम की मिठाई

MAS *abbr.* 'mind altering substances' की प्रथमाक्षरी

mascara /मैस्काःरा/ *n., pl.* **~s** नेत्र प्रसाधन, पलकें रंगने का प्रसाधन, अंजन

mascot /मैस्कअट/ *US* मैस्काःट/ *n.* शुभ-चिह्न, शगुन, शुभ फलदायक व्यक्ति या वस्तु, शुभंकर

masculi\ne /मैस्क्युलि\न/ मैस्क्यअलि\न/ *adj.* 1 मर्दाना, पुरुषोचित, नर 2 (***syn.*** unfeminine, mannish) पुरुष-सुलभ, पुरुष-सदृश 3 जानदार, दमदार, ओजस्वी 4 (*abbr.,* **m./ masc.**) *gramm.* पुल्लिंग;

dw/lw: **masculinity** /~नअटि/ *n.* मर्दानगी, पौरुष, पुंसत्व; **~nize/ ~nise** /~नाइज/ *v., pt.* ~nized, *pp* ~nizing पुरुष-सदृश हो. या बनना (विशेषकर स्टिरॉयड के प्रयोग द्वारा)

collocations: **~ne attire** मर्दाना पोशाक; **~ne descent** पुरुष लिंग की वंशावली; **~ne noun** पुल्लिंग संज्ञा; **~ne features** मर्दाना नैन-नक्श; **~ne appearance/ voice** पुरुष-सदृश चेहरा या आवाज

maser /मेजः/ *n.* मेसर, माइक्रोवेव को और तेज करने का उपकरण

mash /मैश/ *v., pt.* **~ed**, *pp* **~ing** 1 (**~ sth up**) भोजन के व्यंजनों को मसल कर नरम क., मसलना, रगड़ना: **~ed** potatoes 2 कुचलना: have one's arm **~ed** up 3 मरगजा क. 4 *sl.* झूठा प्यार दिखाना 5 किसी को अपने प्यार में दीवाना क.: make a ~ on sb 6 किसी के प्यार में दीवाना हो.;

n. 1 दलिया, सानी 2 घालमेल 3 *sl.* प्रेमोन्माद: she is his ~;

collocations: *UK* **~ed potato**/ *US* **~ed potatoes** उबालने के बाद मसलकर नरम या खिचड़ीनुमा बनाया हुआ आलू;

p&i: **make one's ~** चाहने वाला मिल जा.

mask /माःस्क/*US* मैस्क/ *n.* 1 नकाब, मुखौटा, मुखावरण, मुखच्छद 2 नकली चेहरा, चेहरे का सांचा 3 लीला-रूपक 4 बहाना, पर्दा: under the ~ of friendship/ of religion 5 कपट वेश, छद्मावरण, छद्म वेश आवरण, स्वांग: put on/ assume/ wear a ~;

v., *pt.* **~ed**, *pp* **~ing** 1 नकाब पहनना 2 छल-कपट क., स्वांग भरना 3 असली चेहरा छिपाना, छद्मवेश धारण क.: ~ one's smile; ~ one's enmity under an appearance of friendliness;

dw/lw: **~ed** /मास्क्ट/ *US* मैस्क्ट/ *adj.* 1 नकाबपोश: a ~ed gunman (नकाबपोश बंदूकधारी) 2 चेहराधारी, छद्मवेशी: ~ed position 3 छिपा हुआ, गुप्त: ~ed battery; ~ed fever (छिपा मलेरिया); **~er** = **masquer** *n.* नकाबपोश नृत्य में भाग लेने वाला; **~ing** *n.* प्रच्छादन, नकाबपोशी;

collocations: **~ ball/ dance** (***syn.*** masquerade) मुखौटा पहनकर किया जाने वाला नृत्य; **surgical ~** डाक्टरों, नर्सों आदि द्वारा संक्रमण से बचने के लिए पहना जाने वाला नकाब;

p&i: **~ as sth** or **sb** किसी तरह का या किसी जैसा रूप धारण क.;

tear the ~ off sb किसी को बेनकाब क.; **throw off/ pull off/ drop one's ~** नकाब उतारकर असली रूप धारण क.; **with the ~ off** बेनकाब होकर

maso\chism /मैसअकि\जम/ *n., pathol.* 1 स्वयं को पीड़ा देने में यौन-आनंद पाने की मानसिकता 2 स्वपीड़न-रति 3 दूसरे द्वारा खुद के पीड़न से पाया जाने वाला यौन-आनंद, परपीड़ित-कामुकता, मासोकवाद;

dw/lw: **masochist** /~जम/ *n.* स्वपीड़न-रतिक, स्वपीड़क, परपीड़ित-कामुक; **~chistic** /~स्टिक/ *adj.* स्वयं को पीड़ा देकर यौन-आनंद पाने वाला: ~chistic behaviour/ tendencies

mason /मेसन/ *n.* 1 (*also* **stonemason**) राज(गीर), थवई, राजमिस्त्री: ~ bee (भौंरी) 2 संगतराश 3 (**Mason**) मेसन, गुप्त-

संसदी;
dw/lw: **Masonic** /मअसौनिक/ *US* मअसाःनिक/*n.* फ्रीमेसन (Freemason) गुप्त संसदों से संबंधित; **~ry** /मेसअनरि/ *n.* 1 राजगीरी, चिनाई, चिति 2 ईंट और पत्थरों से बनी हुई इमारत: ~ry dam (पक्का बांध)

masque /माःस्क/ मैस्क/ *n.* 1 कविता, नृत्य और संगीतमय नाटक, जो इंग्लैंड में सोलहवीं ओर सत्रहवीं शताब्दियों में काफी लोकप्रिय था 2 नौटंकी, लीला-रूपक (नकाबपोशी का नाट्य)

masquera\de /मैस्कअरे\ड/ *also Br.* मास्केरेड/ *v., pt.* **~ded**, *pp* **~ding** 1 मुखौटे आदि पहनकर गुप्त रूप धारण क. 2 छद्मवेश धारण क.: he **~ded** as her brother; **~de** under an assumed name 3 छल कपट क. 4 नकाबपोश नृत्य-समारोह में भाग लेना 5 नकाबपोशी पार्टी में जाना 6 *mainly US* नकाबपोशी की पोशाक (fancy dress) पहनना;
n. 1 छद्मवेश-समारोह 2 छद्मवेश 3 छल-कपट 4 नकाबपोशी 5 *mainly US* नकाबपोशी की पोशाक (fancy dress);
dw/lw: **~der** /~डः/ *n.* 1 मुखौटाधारी, नकाबपोश 2 छद्मवेशी 3 छलिया

mass /मैस/ *n.* 1 (***syn.*** Mass) ईसाई पूजा-पद्धति की एक रस्म 2 मिस्सा, ख्रीस्तयाग, यज्ञ: high ~; low ~ 3 पिंड, पुंज, ढेर, राशि, अंबार: a ~ of snow; a ~ of evidence; a ~ of things; ~ of mistakes 4 (**~es**, ***syn.*** common people) आम आदमी, जनता, जनसमूह, भीड़: gather in **~es**; ~ of the people 5 द्रव्यमान, मात्रा 6 *phys.* परिमाण, वजन, मात्रा: calculate the ~ of a planet 7 (***syn.*** majority) अधिकांश भाग: not popular among ~ of teachers 8 (***syn.*** lots) बहुत बड़ी संख्या, ढेर;
adj. सामूहिक, व्यापक, जन;
v., *pt.* **~ed**, *pp* **~ing** 1 एकत्र हो., जमा हो. 2 एकत्र क. या हो. 3 ढेर लगाना, जुटाना;
dw/lw: **~es** *n. [pl.]* बड़ी संख्या, अधिक मात्रा या राशि: ~es of books; **the ~es** *n. [pl.]* आम जनता, जन साधारण; **~-market** *adj.* थोक बाजार, विशाल उत्पाद का व्यापार केंद्र; **~-produce** *v., pt.* ~-produced, *pp* ~-producing अधिक मात्रा में उत्पादित क., बड़े पैमाने पर पैदा क.; **~-produced** *adj.* अधिक मात्रा में या बड़े पैमाने पर उत्पादित; **massy** /मैसि/ *adj.* 1 भारी, वजनी 2 भारी-भरकम 3 ठोस;
collocations: **~ action** 1 जन-साधारण द्वारा बड़े पैमाने पर की जाने वाली कार्रवाई 2 द्रव्यमान अनुपाती क्रिया; **~ analysis** द्रव्यमान विश्लेषण; **~ coefficient** द्रव्यमान गुणांक; **~ component** द्रव्यमान-घटक; **~ concrete** कंक्रीट का बड़ा-सा ढांचा; **~ defect** द्रव्यमान क्षति; **~ destruction** बड़े पैमाने पर विनाश; **~ execution** बड़े पैमाने पर फांसी; **~ extinction** धरती के इतिहास में एक ही समय में किन्हीं जीवों के खत्म हो जाने की घटना; **~ meeting** अपार जनसभा, विशाल सभा; **~ noun** *gramm.* ऐसी संज्ञा जिसके पहले एक वचन में अनिश्चयवाचक उपपद (indefinite article) नहीं लग सकता, इसके अतिरिक्त ऐसी संज्ञा बहुवचन में भी प्रयुक्त नहीं हो सकती: furniture, sugar, etc.; **~ number** 1 द्रव्यमान-संख्या 2 एक अणु में प्रोटोनों और न्युट्रोनों की कुल संख्या; **the ~ media** जन-प्रचार साधन, जनसंचार माध्यम; **~ movement** जन-आंदोलन; **~ murder** नर संहार करने वाला; **~ production** बड़ी मात्रा में उत्पादन, पुंजोत्पादन, बड़े पैमाने पर उत्पादन; **~ raid** बड़े पैमाने पर हवाई हमला; **~ scale** बड़ा पैमाना; **~ spectrograph** अणु का द्रव्यमान मापी उपकरण; **~ unemployment** बड़े पैमाने पर बेरोजगारी;
p&i: **~ murderer** नरसंहार करने वाला; **in the ~** कुल मिलाकर

Mass. *see above under* **MA**

massac\re /मैसअकः/ *n.* जनसंहार, नरसंहार, हत्याकांड, कत्ले-आम;
v., *pt.* **~red**, *pp* **~ring** 1 नरसंहार क., कत्ले आम क. 2 खेल में करारी हार दे.

massa\ge /मैसाःज/ मसाज/ *n.* 1 मालिश, चंपी 2 (अंग) मर्दन: **~ge** parlour (1 अंगमर्दन कक्ष 2 वेश्यालय);
v., pt. **~ged**, *pp* **~ging** 1 मालिश क. 2 चंपी क., मसलना;
p&i: **~ge sb's ego** किसी के अहम् को तूल दे.

Mississauga /मैअसौगा/ *n.* एक विषैला सांप

mass cult *short,* **'mass culture'** का छोटा रूप (जन-संस्कृति)

massé /मैस/ मैसे/ *n., pl.* **~s** बिलियर्ड के खेल में गेंद को मारने की एक विशेष शैली;
collocations: **en ~** /ऑं मैस/ *adv.* बड़े पैमाने पर, सब लोग मिलकर

massagist/ masseur /मैसाजिस्ट/ मैसिअः/ (*also* **masseuse** /मैसज/) *n.* अंगमर्दक, मालिश करने वाला

masseter /मैसीट/ *n.* चर्वणी, चर्वणिका

masseur /मैसः/ *n.* अंगमर्दक, मालिश करने वाला

masseuse /मैसज/ *n.* अंगमर्दिका, मालिश करने वाली

massif /मैसीफ/ *n.* पर्वत-श्रेणी, पर्वत-समूह, गिरि-पिंड

massive /मैसिव/ *adj.* 1 बहुत बड़ा, विशाल: ~ problems; ~ central issue in the debate 2 भारी-भरकम: ~ heart attack 3 स्थूल, अति विशाल, महाकाय, भीमकाय: ~ chin; ~ figure 4 ठोस, संपिंडित: a cup of ~ gold 5 प्रभावशाली: ~ efforts; ~ efforts to conserve wildlife 6 घना: ~ texture 7 बड़े पैमाने पर: ~ destructive power; ~ retaliation; ~ demonstration/ migration/ protest;
dw/lw: **~ly** *adv.* विशाल स्तर पर, बड़े पैमाने पर; **~ness** *n.* विशालता

massy *see above under* **mass: *dw/lw***

massymore /मैसिमोः/ *n., Scot.* भूमिगत कैदखाना

mast /माःस्ट/ *n.* 1 मस्तूल 2 लंबा खंभा, स्तंभ, जिससे टीवी, रेडियो, मोबाइल फोन आदि के सिग्नल भेजे जाते हैं: ~ aerial;
dw/lw: **~head** *n.* 1 मस्तूल की चोटी या सिरा 2 अखबार या पत्रिका के पहले पृष्ठ के शिखर पर छपने वाला अखबार का नाम, चिह्न, दाम, प्रकाशन स्थान आदि;
collocations: **~ house** मस्तूल घर (workshop); **sailor before the ~** साधारण नाविक;
p&i: **nail one's colours to the ~** अपने सिद्धांतों या आस्थाओं पर खुल्लम-खुल्ला मजबूती से डटे र.; **sail/ serve/ before the ~** साधारण नाविक के रूप में काम क.

mastectomy /मस्टेक्टमि/ *n.,* **mastectomies** औरत की छाती को शल्य-क्रिया से हटाना

master /मास्टः/ *US* मैस्टः/ *n.* 1 मालिक, स्वामी, गृहपति: ~ of a shop; the ~ of the house 2 अध्यक्ष, प्रधान 3 मुख्य अधिकारी 4 अधिपति 5 सरकार 6 जहाज का कप्तान 7 अध्यापक, मास्टर, गुरु: mathematics/ music ~ 8 (***syn.*** skilled person) विशेषज्ञ, आचार्य, प्रवीण: ~ of one's subject 9 छोटा बच्चा: little ~ 10 उस्ताद, कारीगर 11 विश्वविद्यालय की उपाधि, एमए: **Master** of Arts/ Medicine (एमए/ एम-मेडिसिन) 12 कुत्ते का मालिक;
v., pt. **~ed**, *pp* **~ing** 1 कुशलता प्राप्त क. 2 वशीभूत क., वश में कर लेना: ~ one's temper 3 अधीन क., पर अधिकार प्राप्त क., विजय प्राप्त क.: ~ the enemy 4 का विशेषज्ञ बनना, पर्याप्त ज्ञान अर्जित क., में महारत पा लेना: ~ a language 5 शासन क.;
adj. 1 मुख्य, प्रथम, प्रधान 2 मूल: ~ copy (मूल प्रति) 3 बर हाल में कारगर: ~ key 4 संपूर्ण, पूरा 5 नियंत्रक;
dw/lw: **~-at-arms** *n., pl.* **~s-at-arms** जहाज का अनुशासन अधिकारी; **~-builder** *n.* उत्कृष्ट निर्माता; **~ful** *adj.* दक्ष, कुशल, प्रभावशाली; **~fully** *adv.* कुशलतापूर्वक, दक्षतापूर्वक; **~hood** *n.* कुशलता, प्रवीणता; **~less** *adj.* 1 मालिकविहीन 2 अवज्ञाकारी; **~ly** *adj.* कौशलपूर्ण, उच्च कोटि का, उत्कृष्ट: a ~ly display of golf; **~mind** *v., pt.* ~minded, *pp* ~minding 1 योजना बनाना 2 षड्यंत्र रचना 3 नेतृत्व दे.; **~mind** *n.* 1 मुख्य षड्यंत्रकारी 2 सुयोग्य व्यक्ति, निपुण व्यक्ति; **~piece** *n.* श्रेष्ठतम कृति, उत्तम कृति या रचना; **Master\s** *pl.* एमए या एमएससी (MA/ MSc) डिग्री;

~-spirit *n.* प्रकांड पंडित, महा विद्वान; ~**stroke** /मा:स/ मैस्ट: स्ट्रोक/ *n.* 1 चतुराई-भरा कदम, अत्यंत चतुर युक्ति या चाल 2 कमाल, चतुराई 3 (हस्त) कौशल, हथौटी; ~-**switch** *n.* मुख्य-स्विच;

collocations: ~ **and man** मालिक और नौकर; ~ **bedroom** मुख्य शयन-कक्ष; ~ **chef** वरिष्ठतम रसोइया; ~ **copy** सर्वमान्य और प्रमाणित प्रति; ~ **controller** मुख्य प्रबंधक; ~ **craftsman** कुशल दस्तकार; ~ **file** मुख्य या मूल फाइल; ~ **gunner** कुशल तोपची; ~ **hand** माहिर, विशेषज्ञ, पारखी, प्रवीण, दक्ष; ~ **key** मास्टर कुंजी, सर्वकुंजी, सब या कई तालों को लगने वाली ताली; ~ **of ceremonies** विधि-नायक; ~ **of the house** राजकीय परिवार का पदाधिकारी; **Master of Arts/ Science, etc.** एमए/ एमएससी डिग्री (MA/ MSc); ~ **plan** व्यापक दूरगामी योजना; ~ **of rolls** रिकार्ड कार्यालय प्रमुख; ~ **ship** प्रभुत्व, अध्यापकता, अध्यापन, अध्यापकी, आचार्यत्व; ~ **work** उत्कृष्ट, ग्रंथरत्न;

p&i: ~ **in one's own house** 1 अपनी मर्जी का मालिक 2 अपने घर के मामलों में किसी और की दखलंदाजी सहन न करने वाला; ~ **of satire** व्यंग्य का धनी; ~ **of the situation** जिसका हालात पर काबू हो;

a past ~ खूब चालू; **be a past** ~ **of an art** किसी कला में माहिर हो.; **be** ~ **of oneself** अपने ऊपर नियंत्रण रखना, आपे में र.; **be one's own** ~ अपनी मर्जी का मालिक हो.; **be/ remain** ~ **of the situation** स्थिति को काबू में रखना; **be the** ~ **of sb** किसी से उच्चतर स्थिति या पद पर हो.; **jack of all trades,** ~ **of none** नीम हकीम खतरे जान; **like** ~ **like man** यथा राजा, तथा प्रजा; **play the** ~ मालिक की तरह व्यवहार क., हुक्म चलाना; **serve two** ~**s** दो परस्पर विरोधी मतों या मठाधीशों के साथ काम क, दुविधा में दोनों गए, माया मिली न राम; **take** ~**'s degree** एमए की उपाधि प्राप्त क.; **the** ~ **of fence** ओजस्वी वाद-विवाद कर्ता; **the** ~ **of one's destiny** अपनी किस्मत का मालिक; **the old** ~**s** महान कलाकार

mastery /मास्टरि/ *n., pl.* **masteries** 1 अधिकार: ~ of/ over sth 2 (*esp.* ~ **over sb** or **sth**) प्रभुत्व, हुकूमत, शासन, नियंत्रण: gain/ get the ~ over sth/ sb; maintain ~ 3 प्रबलता, प्राबल्य, विजय: ~ in the air; ~ of sea 4 (*usually* ~ **of sth**) प्रकांड पांडित्य, आचार्यत्व, विषयगत निपुणता: ~ of sth 5 महारत, कुशलता, दक्षता, हुनर: sb's ~ of the violin

masthead *see above under* **mast:** ***dw/lw***

mastic /मैस्टिक/ *n.* 1 गंदा बिरोजा 2 वार्निश बनाने के काम आने वाला गोंद, राल, मस्तगी 3 चीजों को जोड़ने वाला या छेद भरने वाला मसाला

mastica\te /मैस्टिके\ट/ *v., pt.* ~**ted,** *pp* ~**ting** 1 चबाना, चर्वण क. 2 कूटना, पीसना, मसलना;

dw/lw: **mastication** /~शन/ *n.* चबाई, चर्वण; ~**tor** /~ट:/ *n.* चर्वक

mastiff /मैस्टिफ/ मा:स्टिफ/ *n.* मास्टिफ, छोटे बालों वाला बलिष्ठ शिकारी कुत्ता

mastitis /मैस्टाइटिस/ *n.* स्तन-कील, थनेला, थनेली, स्तन-शोथ, स्तन की सूजन

masto- /मैस्टो/ *comb. form denoting:* 1 **breast of mammary glands** (छाती या स्तनीय ग्रंथियां) 2 **a teat** or **nipple** (चूची, चूचुक, स्तनाग्र)

mastodon /मैस्टअडोन/ *n.* एक लुप्त स्तनपायी (हाथी की तरह का) पशु

mastoid /मैस्टॉइड/ *adj., anat.* 1 स्तनाकार 2 स्तन की चूची जैसा; ***n.*** कान के पीछे की उठी हुई हड्डी का क्षेत्र

mastoiditis /मैस्टाइडाइटिस/ *n.* कनपेड़ा

masturba\te /मैस्ट:बे\ट/ *v., pt.* ~**ted,** *pp* ~**ting** हस्तमैथुन क.;

dw/lw: ~**tion** /~शन/ *n.* हस्तमैथुन, स्वमैथुन; ~**tor** /~ट:/ *n.* हस्तमैथुन करने वाला; ~**tory** /~टरि/ *adj.* हस्तमैथुन संबंधी

MAT *abbr.* 'Management aptitude Test', 'Minimum Alternative Tax' की प्रथमाक्षरी

mat /मैट/ *n.* 1 पायदान, पायंदाज: rubber/ wire-woven ~ 2 गर्म वस्तुओं से बचाने के लिए खाने की मेज पर बिछाया जाने वाला मैट 3 चटाई 4 उलझट्टा: a ~ of hair; comb the ~**s** out;

n. चित्र का बार्डर;

adj. द्युतिहीन, निष्प्रभ;

v., pt. ~**ted,** *pp* ~**ting** 1 उलझना, उलझकर गुच्छा-सा बन जा. 2 चटाई, मेजपोश आदि बिछाना 3 तख्त आदि लगाना, तख्तबंदी क.: ~ the bank of a canal (नहर के किनारे को तख्त लगाकर मजबूत क.) 4 बार्डर या किनारी लगाना;

dw/lw: ~**ted** *adj.* 1 उलझा हुआ 2 चटाईनुमा 3 किनारी वाला;

p&i: **be on the** ~ चारों खाने चित्त हो.; **bring sb on the** ~ किसी को बॉस के पास बुलाना; **go to the** ~ उग्रतापूर्वक पेश आना

matador /मैटअडॉ:/ *n.* द्वंद्व में सांड को मारने वाला, वृष-हंता, जांबाज

MATC *abbr.* 'Mobile Air Traffic Control' की प्रथमाक्षरी

match /मैच/ *n., pl.* ~**es** 1 प्रतियोगिता, मुकाबला, मैच, खेल: football/ tennis ~; win the ~ 2 दियासलाई, तीली, कांटी 3 जोड़, मेल: a perfect ~ of colours 4 जोड़ा, जोड़ीदार, विवाह के लिए उपयुक्त लड़का या लड़की: make a ~; he/ she is a good ~ 5 (*esp.* **a** ~ **for sb/ sth**) मुकाबले में बराबर का व्यक्ति या वस्तु: meet one's ~; he has no ~; be/ prove oneself an *or* more than a ~ for sb; be no ~ for sb/ sth;

v., pt. ~**ed,** *pp* ~**ing** 1 (~ **up**) मेल खाना, समान हो., सदृश होना, एक दूसरे से मेल बैठना: his name ~**es** his character 2 उपयुक्त होना, जोड़ का हो., तुलना में बराबर का हो. 3 (~ **sth up**) अनुकूल हो., से मेल बैठना: these colours don't ~; ~ colours 4 जोड़ना, से मेल बिठाना, जोड़ा खोज निकालना, विवाह कराना 5 मुकाबले का हो.: cannot ~ the offer 6 तुलना का हो., सानी हो.: no one can ~ him in archery (तीरंदाजी में उसका कोई सानी नहीं) 7 (***syn.*** equal) तुल्य हो. 8 मुकाबला कराना, तुलना क.: ~ sb against sb 9 *electron.* ऊर्जा के अधिकतम स्थानांतरण के लिए दो बराबर के सर्किट बनाना;

adj. 1 सदृश, समान 2 सुमेल, मेली, जोड़ीदार 3 टक्कर या बराबर का;

dw/lw: ~**able** *adj.* 1 उपयुक्त 2 सदृश 3 मेल खाने योग्य; ~**board** *n.* सुमेल तख्ता; **match\box** *n.* माचिस, दियासलाई की डिबिया; ~**ed** *adj.* अनुरूप, सुमेल; ~**ing** /मैचिंग/ *adj.* जोड़े का, मेल खानेवाला, मिलता-जुलता; **match\less** *adj.* (***syn.*** incomparable) बेजोड़, अद्वितीय, अनुपम; ~**lock** *n.* तोड़ेदार बंदूक; **match\maker** *n.* 1 विवाह-संबंध बनानेवाला 2 बरेखिया, घटक 3 दियासलाई बनाने वाला; ~-**making** *n.* 1 विवाह के लिए जोड़ी बैठाने का काम 2 दियासलाई बनाने का काम; ~**stick** *n.* तिल्ली, माचिस की तिल्ली; ~**wood** /मैचवुड/ *n.* दियासलाई की तिल्लियां बनाने की लकड़ी;

collocations: ~ **play** (गोल्फ के खेल में) स्ट्रोकों की संख्या की बजाए जीते या हारे हुए छेदों के अनुसार खेलना; ~ **point** मुकाबले या खेल का अंतिम पुआइंट; ~**stick figure** तीली जैसी पतली टांगों-बाहों वाला शारीरिक गठन;

man of the ~ किसी एक मुकाबले का सर्वश्रेष्ठ खिलाड़ी;

p&i: ~ **for sb** किसी के लिए सुमेल या सदृश; ~ **sth against sth** जोड़ मिलाना; ~ **sb/ sth against** or **with sb/ sth** किसी की टक्कर का ढूंढना; ~ **sb/ sth up** टक्कर का आदमी मिलाना या बराबर की वस्तु मिलाना; ~ **up to sb/ sth** (***syn.*** measure up) किसी के या किसी चीज के बराबर का हो.; ~ **up with sth** (***syn.*** tally, agree) किसी चीज या बात का किसी अन्य चीज से मेल खाना; ~ **sth up with sth** आपस में मेल खानेवाली या आकर्षक चीजों को ढूंढ़ना;

a good/ bad ~ अच्छा/ अच्छी या खराब जोड़ीदार; **a slanging** ~ गाली-गलौज का दौर, सिलसिला; **find/ meet**

one's ~ in sb अपनी टक्कर या बराबर का व्यक्ति मिलना; **make ~wood of sth/ sb** किसी को हरा देना, चकनाचूर क.

matchet /मैचिट/ *n.* छुरा, छुरी

mate /मेट/ *n.* 1 दोस्त, सहयोगी, साथी, संगी, सखा 2 जीवन-संगी, पति, पत्नी, जोड़ीदार: she has been a faithful ~ to him 3 पशुओं का यौन संगी 4 *UK* यार, साथी आदि शब्दों से संबोधन: alright, **~!** 5 किसी के साथ एक ही बात, वस्तु या स्थिति में भागीदार 6 कारीगर का सहायक: surgeon's ~ 7 व्यापारी जहाज में मास्टर के पद से नीचे का कर्मी, मालिम, उपनावाध्यक्ष 8 (शतरंज के खेल में) शहमात;

***v.**, pt.* **~d**, *pp* **mating** 1 पशुओं का प्रजननात्मक संबंध हो. या कराना 2 विवाह क. या कराना 3 जोड़ खाना या खिलाना 4 (शतरंज में) शहमात या शह या मात दे.;

dw/lw: **mating** /मेटिंग/ *n.* 1 समागम 2 मैथुन, पशुओं के बीच संभोग: ~ member; ~-season (संगम-ऋतु) 3 जोड़े का पुर्जा;

p&i: **fool's** ~ दूसरी चाल में मात हो जाना; **running** ~ उपराष्ट्रपति के पद के लिए उम्मीदवार; **scholar's** ~ चौथी चाल में मात

mater /मेटः/ *n.* 1 मां, अम्मा 2 परिवार की माता-मुखिया 3 पब्लिक स्कूल के छात्रों द्वारा संबोधन के रूप में प्रयुक्त

material /मअटिअरिअ\ल/ *n.* 1 कुछ बनाने का सामान, पदार्थ, सामग्री, माल, वस्तु, चीज आदि: building **~s**; insulating ~ 2 (***syn.*** fabric, cloth, textile) कपड़े या पर्दे आदि बनाने का कपड़ा 3 सूचना सामग्री, जानकारी, तथ्य आदि: collect ~ for a literary work/ for a report/ for a thesis; ~ for thought; provide ~ for conversation 4 (**materials**) किसी काम के लिए आवश्यक औजार और उपकरण आदि 5 उपादान, माल;

adj. 1 पैसे या संपत्ति संबंधी: ~ well-being 2 (***anton.*** spiritual) भौतिक, द्रव्यात्मक: the ~ world 3 शारीरिक, दैहिक: ~ pleasures 4 (***anton.*** immaterial) सांसारिक, पार्थिव, इहलौकिक, दुनियावी: have enough for one's ~ needs 5 ऐंद्रिय, विषयी 6 आवश्यक, लाजमी, महत्त्वपूर्ण: facts which are not ~ to the point in question; he has been of ~ service to me 7 भरपूर, सारगर्भित 8 वस्तुपरक;

dw/lw: **~ization** /~लाइजेशन/ *n.* 1 भौतिकीकरण 2 कार्यान्वयन, उत्पादन; **~ize** (*also* **–ise**) /~लाइज/ *v., pt.* ~ized, *pp* ~izing 1 यथार्थ में परिवर्तित हो. या क. 2 कार्यान्वित या लागू हो. या क. 3 प्रकट हो. 4 मूर्त रूप दे. या कराना 5 भौतिक बनाना 6 उत्पन्न क.; **~ly** /~लि/ *adv.* 1 भौतिक रूप में: be ~ly equal (समान सामग्री से बना हुआ हो.) 2 पर्याप्त मात्रा में, भरपूर: shorten the road ~ly 3 तात्त्विक दृष्टि से: it is not ~ly profitable 4 विषय की दृष्टि से 5 तथ्यों की दृष्टि से: be formally correct, but ~ly false; **~s** /~ल्ज/ *n.* किसी काम के लिए आवश्यक औजार, उपकरण, माल, पढ़ने या लिखने की सामग्री आदि;

collocations: ~ **damage** जान-माल की क्षति; ~ **evidence** 1 महत्त्वपूर्ण प्रमाण 2 जान-माली प्रमाण; ~ **facts** अहम तथ्य; ~ **fallacy** वस्तुगत त्रुटि; ~ **handling** 1 माल की लदाई-उतराई 2 माल की ढुलाई; ~ **nouns** द्रववाचक संज्ञाएं; ~ **witness** महत्त्वपूर्ण गवाह; ~ **world** भौतिक संसार;

building ~s निर्माण सामग्री; **customer's own ~ made up** ग्राहक की पसंद अनुसार सिली हुई पोशाक; **raw** ~ कच्चा माल;

p&i: ~ **fallacy** तथ्यात्मक भ्रांति; **sb being a management etc.** ~ किसी में प्रबंध कार्य आदि की क्षमता हो.; **sth ~ to the discussion** किसी बात या चीज का विचार-विमर्श के लिए महत्त्वपूर्ण हो.

materi\alism /मअटिरिअलि\जम/ *n.* 1 भौतिकतावाद 2 यह समझ कि पदार्थ अनादि और अनंत होता है और सामाजिक हालात या वातावरण ही विचारों को जन्म देते हैं, न कि इसके उल्टा 3 सांसारिकता;

dw/w: **materi\alist** /~स्ट/ *adj.* भौतिकतावादी; **~alist** *n.* भौतिकतावादी व्यक्ति; **~listic** /~स्टिक/ *adj.* भौतिकतावाद में विश्वास करने वाला व्यक्ति, सांसारिक, द्रववादी; **~alistically** /~स्टिकलि/ *adv.* 1 काफी हद तक 2 शारीरिक और भौतिक कल्याण की दृष्टि से; **~ality** /~टि/ (*also* **~alness**) *n.* भौतिकता, द्रव्यात्मकता

materia medica /मअटिरिआ मेडिका/ *Lat.* 1 औषध सामग्री, औषध विवरणी 2 (***syn.*** pharmacology) औषध-शास्त्र

matériel /मअटिअरिएल/ *n., Fr.* सेना के लिए साजो-सामान, उपकरण, विशेषकर गोला-बारूद, रसद आदि: ~ support

maternal /मअटःनल/ *adj.* 1 मातृ सुलभ: the ~ instinct 2 मातृवंश से संबंधित: ~ inheritance 3 मातृक: ~ grandfather (नाना)

maternity /मअटःनिटि/ *n.* 1 प्रसूति, प्रसव अवस्था, गर्भावस्था: ~ hospital/ ~ home (प्रसवशाला); ~ ward 2 मातृत्व, जननीत्व 3 ममता;

collocations: ~ **benefit** प्रसव अनुदान; ~ **centre** मातृ-केंद्र; ~ **clothes/ wear** प्रसवकालीन वस्त्र; ~ **leave** प्रसूति-छुट्टी, प्रसव अवकाश, प्रसवावकाश; ~ **welfare** मातृ-कल्याण

matey/ maty /मेटि/ *adj., degr.* **matier**, **matiest** मित्रतापूर्ण, मैत्रीपूर्ण, मिलनसार, स्नेही: be on ~ terms with sb;

***n.**, pl.* **mateys/ maties** मित्र, साथी, दोस्त, सखा;

dw/lw: **mateyness/ matiness** *n.* मिलनसारिता, मित्रता

math *abbr.,* 'mathematics' का संक्षेप

mathemati\cal /मैथअमैटि\कल/ मैथिमैटि\कल/ *adj.* 1 गणित संबंधी, गणितीय 2 यथातथ्य, परिशुद्ध, सुनिश्चित 3 सही;

dw/lw: **~cally** /मैथअमैटिकलि/ *adv.* गणित के आधार पर, गणितानुसार, गणितीय ढंग से; **mathemati\cian** /मैथअमअटिशिअन/ *n.* गणित शोधार्थी, गणितज्ञ; **mathemati\cs** /मैथमैटिक्स/ *n.* गणित, हिसाब;

collocations: **~cal construct** गणितीय विन्यास; **~cal economics** गणितीय अर्थशास्त्र; **~cal physics** गणितीय भौतिकी; **~cal programming** गणितीय प्रोग्रामन; **~cal formula/ equation** गणितीय सूत्र/ गणितीय समीकरण

maths *abbr.,* 'mathematics' का संक्षेप

matinée /मैटिने/ *n., Fr.* दोपहर बाद का फिल्म शो, मैटिनी शो;

collocations: औरतों का पसंदीदा कलाकार

mating *see above under* **mate: *dw/lw***

matins /मैटिन्ज/ (*also* **morning prayer**) *n.* 1 प्रातःकालीन प्रार्थना, भोर प्रार्थना 2 मध्यरात्रि वंदना

matrass /मैटरस/ *n. [sing./ pl.]* 1 कांच की नली 2 गोल, लंबी गर्दन वाला कांच का बर्तन

matri- *comb. form denoting:* 1 **mother/s** (माता, माताएं) 2 औरत, औरतें: matricide, matriarchal

matriarch /मेट्रिआःक/ मैट्रिआ:\क/ *n.* कुलमाता, कुल की बड़ी मां;

dw/lw: **~al** /~कल/ *adj.* मातृ-सत्तात्मक, मातृक, मातृ-प्रधान, मातृतंत्रात्मक; **~ate** /~केट/ *n.* कुलमाता, मातृ समाज, स्त्री प्रधान व्यवस्था; **matriarch\y** /~कि/ *n.* 1 मातृतंत्र, मातृ-सत्ता 2 ऐसा तंत्र जिस में औरतों की प्रभुसत्ता हो

matri\c /मअट्रि\क/ *n.* हाई स्कूल (दसवीं कक्षा) तक की पढ़ाई;

dw/lw: **~culate** /~क्युलेट/ *v., pt.* ~culated, *pp* ~culating हाईस्कूल (दसवीं कक्षा) परीक्षा में उत्तीर्ण होना, मैट्रिक में पास होना; **matri\culate** *adj.* मैट्रिक पास, हाईस्कूल में उत्तीर्ण; **matri\culation** /~क्युलेशन/ *n.* = **matric** 1 हाईस्कूल परीक्षा में उत्तीर्ण होने की क्रिया 2 प्रवेशिका-परीक्षा 3 पंजीकरण

matri\cidal /मेटरिसाइडल/ *adj.* मातृघातक, मातृ-हंता;

n. मातृहत्या, मातृघात;

dw/lw: **matri\cide** /मेटरिसाइड/ *adj.* मातृ-हत्या, मातृघात

matriculate *see above under* **matric: *dw/lw***

matri\lineal /मैट्रि\लिनिअल/ *adj.* मां की वंशावली आधारित, मातृवंशीय, मातृकुलीय (उत्तराधिकार);

dw/lw: **~linially** /~लिनिअलि/ *adv.* मां की वंशावली अनुसार; **matri\local** /~लोकल/ *adj.* मातृ-स्थानिक, पत्नी-स्थानिक, घर-जंवाई प्रथा आधारित

matrimonial /मैटरिमोनिअल/ *adj.* विवाह-संबंधी, वैवाहिक

matrimony /मैट्रिमनि/ *n., pl.* **matrimonies** 1 शादी, विवाह 2 पाणिग्रहण, परिणय 3 वैवाहिक जीवन, दांपत्य जीवन

matrix /मेट्रिक्स/ मैट्रिक्स/ *n., pl.* **matrixes** *or* **matrices** /मेट्रिसीज/ 1 सांचा, मैट्रिक्स 2 *anat.* गर्भाशय 3 सामाजिक-राजनीतिक उत्पत्ति-स्थान 4 आधार-पत्थर 5 आधात्री 6 आधार-द्रव्य 7 (*syn.* network) एक-दूसरे को काटने वाली लकीरों, सड़कों आदि का तंत्र 8 *comput.* (*syn.* grid) कतारों में व्यवस्थित इलेक्ट्रोनिकी सर्कट के तत्वों का समूह

matron /मेट्र\न/ *n.* 1 *UK* मेट्रन, अधीक्षिका, अस्पताल की प्रधान नर्स 2 *US* विधवा, बुढ़िया 3 *US* किसी अस्पताल, स्कूल, छात्रावास या जेल की महिला मैनेजर या प्रधान परिचारिका 4 विवाहिता: jury of ~ law (मृत्यु-दंड प्राप्त कैदी की गर्भावस्था प्रमाणित करने के लिए विवाहित महिलाओं की ज्युरी) 5 मेट्रन, अध्यक्षा;

dw/lw: **matron\age** /मेट्रअनिज/ *n.* 1 परिवार की मांएं 2 आदरणीय महिलाएं 3 विवाहिता की कृपापात्रता; **~al** /~नल/ *adj.* मेट्रन संबंधी; **~hood** /~नहुड/ *n.* 1 आदरणीय महिलाएं 2 विवाहिता अवस्था; **~ly** /~नलि/ *adj.* आदरणीय विवाहिता सदृश: ~ly woman; in a ~ly manner; at thirty she looked quite ~ly;

collocations: **~ of honour** दुल्हन की मुख्य परिचारिका के रूप में काम करने वाली विवाहिता स्त्री

matronymy /मैट्रअनिमि/ *n.* मां या महिला पूर्वज के नाम पर आधारित कुल नाम

matt *UK* (*US* **matte**) /मैट/ *adj.* निष्प्रभ, जो चमकीला न हो (पेंट): ~ paint (फीका पेंट);

dw/lw: **~ed** /मैटिड/ *adj.* 1 निष्प्रभ, द्युतिहीन: a ~ed photograph (निष्प्रभ या फीका चित्र) 2 चटाईदार 3 बेंत का 4 उलझा हुआ, जटिल, घना: ~ed hair; become ~ed

mattamore /मैटअमॉ:/ *n.* 1 तहखाना 2 भूमिगत रिहाइश

matter /मैटः/ *n.* 1 विषय, विषयवस्तु, विषय-सामग्री, अंतर्वस्तु: the book contains much useless ~; form and ~ (रूप व अंतर्वस्तु) 2 सरोकार, मुद्दा, प्रश्न: business **~s**; a ~ of life and death; **~s** of principle; a ~ of form 3 (**the ~/ the ~ with sb/ sth;** ***syn.*** affair) बात, मामला, समस्या, कठिनाई: what is the ~? ~ of dispute 4 (**~s**; ***syn.*** things) स्थिति, हालात 5 पदार्थ: radioactive ~; vegetable ~ 6 वस्तु, सामग्री, चीज, तथ्य: a ~ in deed (दस्तावेजों द्वारा प्रमाणित या निर्विवाद तथ्य) 7 द्रव्य, भौतिक तत्त्व, पदार्थ, जड़ वस्तु, सामग्री: the indestructibility of ~ (भौतिक तत्त्व की शाश्वतता) 8 (***syn.*** question) कारण, आधार, वजह, सवाल: learning to speak a language is a ~ of practice 9 महत्त्व, महत्त्व की बात, महत्त्वपूर्ण विषय, परिणाम: sth of no ~ 10 उपादान वस्तु, तत्व या पदार्थ, जिससे कोई चीज बनती है 11 प्रकृति, मामला: ~ of taste/ habit 12 छपाई के लिए सामग्री 13 मवाद: ~ in suspension 14 (*usually* a ~ of sth) अनुमानित या लगभग मात्रा: I will be there in a ~ of minutes;

v., pt. **~ed**, *pp* **~ing** 1 महत्त्वपूर्ण हो.: sb's health is what **~s**; it **~s** a good deal to me; nothing else **~s** 2 प्रभावित क., असर डालना 3 सरोकार हो. 4 मवाद निकलना;

dw/lw: **~less** *adj.* 1 बिना किसी विषय-वस्तु के 2 बिना किसी मुद्दे के; **~-of-course** *adj.* स्वाभाविक या साधारण (बात); **matter\-of-fact** *adj.* 1 सीधे तरीके से की जाने वाली या खरी-खरी (बात) 2 (***syn.*** unemotional, dry) तथ्यात्मक, नीरस, व्यावहारिक, बिना भावुक हुए की जाने वाली (बात), रूखी; **~-of-factly** *adv.* सीधे तरीके से खरी-खरी बात करें तो..., तथ्यात्मक या रूखे ढंग से; **~y** *adj.* मवादी;

collocations: **~ in deed** निर्विवाद सत्य, स्थापित सत्य; **~ in hand** विचाराधीन मामला; **~ of dispute** विवाद का विषय या मामला; **~ of form** 1 औपचारिकता की बात 2 रूप का प्रश्न; **~ of law** वाद-विवाद का विषय, जो संबंधित कानून के तहत ही सुलझाया जा सकता है; **~ of life and death** जीवन-मरण का प्रश्न, अत्यधिक महत्त्वपूर्ण मामला; **~ of opinion** राय अलग-अलग हो सकती है;

a ~ of course हमेशा की तरह, स्वाभाविक या साधारण बात, जिसके होने की संभावना हो, स्पष्ट दिखने वाली बात, जाहिर-सी बात; **a ~ of fact** असली बात, वास्तविकता, असलियत, वास्तविक हालात; **dead ~** निरर्थक (बेकार) मामला; **first-class ~** *US* डाक से भेजा जानेवाला बंद लिफाफा (चिट्ठी); **grey ~** बुद्धि; **printed ~** छपी सामग्री; **second-class ~** *US* डाक से भेजी जाने वाली पत्रिकाएं आदि; **subject ~** विषय-वस्तु; **third-class ~** *US* डाक से भेजी जानेवाली छपी हुई सामग्री;

p&i: **a ~ of days/ weeks/ hours, etc.** कुछ ही समय (दिनों, सप्ताह, घंटों आदि) की बात है; **a ~ of confidence/ luck/ waiting, etc.** भरोसे/ किस्मत/ थोड़ी प्रतीक्षा की बात है; **a ~ of course** साफ बात है, स्वतः स्पष्ट; **a ~ of life and/ or death** जीने-मरने का सवाल, जीवन-मरण का प्रश्न; **a ~ of record** मामला या तथ्य जो लिखित रूप से विद्यमान या दर्ज है; **a ~ of opinion** विवादास्पद, मत अपना-अपना; **as a ~ of fact** (***syn.*** actually) वास्तव में, असल में, असल में बात यह है कि; **as ~s stand** मौजूदा हालात में; **be another/ different ~** अलग बात हो.; **be no laughing ~** हंसने की बात नहीं, जो हास्यास्पद न हो, गंभीर मामला हो.; **carry ~s too far** मामले को जरूरत से ज्यादा तूल दे.; **consider/ discuss/ pursue/ raise/ resolve a ~** मामले पर सोच-विचार क./ विचार-विमर्श क./ मामले की तहकीकात क./ मामले को उठाना/ हल क.; **for that ~/ for the ~ of that** असल बात तो यह है कि ...; **gray ~** दिमाग; **is there anything the ~ with him?** उसके साथ कोई समस्या है क्या?; **it is no laughing ~** यह मजाक की बात नहीं; **(it is) no such ~** ऐसी कोई बात नहीं; **it is a ~ for regret** यह खेद की बात है; it's **only a ~ of time** हो जाएगा, बस चंद दिनों/ कुछ समय की बात है; **make ~s worse** इसके सिवा गड़बड़ यह भी हुई; **mend ~s** बिगड़ी स्थिति को सुधारना; **no ~** इसका कोई मतलब या महत्त्व नहीं, कोई फर्क नहीं पड़ता; **no ~ what** चाहे कुछ भी हो/ चाहे जो भी हो; **no ~ how/ what/ when, etc.** चाहे कैसे/ क्या/ कभी भी क्यों न हो; **not to ~ a dam** जरा सा फर्क न पड़ना; **not to ~ a bit/ a hoot/ a rap/ a straw** कोई मतलब या अर्थ न हो., कोई महत्त्व न हो.; **not to mince ~s** साफ-साफ (खड़तल) बात क.; **on the ~ (of sth)** इस मामले पर, संबंधित मामले के बारे में; **sth the ~ with the washing machine** धुलाई मशीन में कुछ गड़बड़ है; **take ~s easy** न घबराना, कोई ध्यान या महत्त्व न दे. (आराम से!, आराम से लेना); **that is (quite) another ~** यह बिल्कुल अलग मामला है; **there's sth the ~** कोई समस्या है; **there's nothing the ~** कोई समस्या नहीं है; **to make ~s worse, he was late** समस्या को इस बात ने और उलझा दिया कि वह देर से पहुंचा; **what's the ~?** समस्या/ कठिनाई/ मामला क्या है?; **within a ~ of...** थोड़े-से समय में

matting /मैटिंग/ *n.* 1 *present participle (pp)*, **mat/ matt** का वर्तमानकालिक कृदंत 2 कालीन या चटाई बनाने की क्रिया 3 दालीन, चटाई 4 उलझावग्रस्त होने की प्रक्रिया

mattock /मैटॉक/ *n.* फावड़ा, गैंती, कुदाल

mattoid /मैटॉइड/ *adj.* प्रतिभाशाली, सनकी, सयानापन और पागलपन की सीमा-रेखा पर स्थित

mattress /मैट्रस/ *n.* 1 गद्दा (बिस्तरे का), तोशक 2 बांध (dyke), सड़कें आदि बनाने के लिए प्रयुक्त पुश्ता या तख्ते;

collocations: **~ stuffing** गद्दे भरने की सामग्री

matura\te /मैच्युरे\ट/ ***v., pt.*** **~ted**, *pp* **~ting** 1 परिपक्व हो. 2 *med.* मवाद पड़ना, फोड़े, फुंसी आदि का पक जाना;

dw/lw: **matura\tion** /~शन/ *n.* 1 *med.* मवाद की भराई 2

परिपाक 3 परिपक्वन, परिपक्व होने की क्रिया

mature मअच्युअ:\/ *adj.* 1 परिपक्व, पक्का, तैयार, विकसित: ~ age; ~ scheme/ plan 2 (***anton.*** immature) समझदार, समझदारीपूर्ण: ~ reflection 3 प्रौढ़, वयस्क 4 देय, प्राप्य: the insurance policy has ~d 5 काफी समय तक रखकर पकाई हुई (मदिरा आदि) 6 अनुभव-आधारित 7 जीवन के अंतिम चरण में रचित होने के कारण अति संवेदनशील एवं परिपक्व;

***v.**, pt.* **~d**, *pp* **maturing** 1 विकसित हो. 2 (बौद्धिक रूप से) परिपक्व हो.: his character **~d** during these years 3 पैसे का देय हो., भुगतान समय या दिन का आ जाना, देय या प्राप्य बनना: when does this bill ~? 4 पक जाना, विकसित हो जाना, पूर्ण रूप से तैयार हो जाना: his plans had not yet **~d**;

dw/lw: **maturity** /~रअटि/ (*also* **matureness**) *n.* 1 बौद्धिक परिपक्वता, समझदारी: the years of maturity 2 परिपक्वता, प्रौढ़ता, पूर्णता 3 भुगतान-तिथि या देय अवधि का आगमन;

collocations: **~ student** 1 *UK* 25 वर्ष से ज्यादा उम्र का विद्यार्थी जिसने विश्वविद्यालय या कॉलेज में देर से प्रवेश लिया हो 2 परिपक्व/ प्रौढ़ छात्र

matutinal /मैच्युटाइनल/ *adj.* प्रातःकालीन, सवेरे-सवेरे होनेवाला, प्राभातिक

MATV *abbr.*, 'Master Antenna Television' की प्रथमाक्षरी

matzo /मैट्स/ मैट्सो/ *n., pl.* **~s** 1 बेखमीर, निस्तेज रोटी (unleavened bread) 2 एक प्रकार का वेफर

maud /मॉड/ *n.* ऊनी कंबल

maudlin /मॉःडलिन/ *adj.* 1 (***syn.*** sentimental) थोड़ा भावुक 2 नशे में धुत्त होने के कारण मूर्खतापूर्ण ढंग से भावुक या उदास 3 आमत्त 4 मूर्ख;

dw/lw: **~drunk** *adj.* नशे में आंसू बहाने वाला, अश्रुपूर्ण

maul /मॉल/ *v., pt.* **~ed**, *pp* **~ing** 1 (***syn.*** savage) (पशु द्वारा) क्षत-विक्षत हो. या किया जा.: be **~ed** by a tiger/ by a bear 2 (***syn.*** savage) त्रुटियां निकालकर आलोचना से ध्वस्त क., की धज्जियां उड़ाना: his new book was **~ed** by the critics 3 (***syn.*** thrash) मार-पीट-कर शक्ल बिगाड़ना, मोगरी से मारना 4 (***syn.*** trash) ध्वस्त क., धूल चटाना;

n. लकड़ी का भारी हथौड़ा

maulstick/ mahlstick /मॉःल्स्टिक/ चित्रकार द्वारा दाहिना हाथ टेकने की छड़ी

maumet /मौमिट/ *n.* पक्षियों या जानवरों को डराने के लिए खड़ी फसल में गाड़ा हुआ मानवाकार पुतला या कठपुतली

maund /मॉड/ *n.* मन (चालीस सेर का)

maunder /मॉडः/ *v., pt.* **~ed**, *pp* **~ing** 1 (*also* **~ on**) प्रलाप क., बुदबुदाना, बहकी-बहकी बातें क., इधर-उधर की हांकना., बकवाद क. 2 व्यर्थ घूमना-फिरना, आवारागर्दी क.: ~ about/ ~ along;

dw/lw: **~er** /मॉडरः/ *n.* बकवादी, बातूनी; **~ing** /मॉडरिंग/ *n.* बकवाद

Maundy /मॉःण्डि/ *n., Christ.* पुण्य (ईस्टर पूर्व) सप्ताह के दौरान गरीबों के पांव धोने की प्रथा: ~ money (पुण्य सप्ताह के दौरान गरीबों को दी जानेवाली भीख)

Maundy Thursday 1 पुण्य बृहस्पतिवार (पवित्र शुक्रवार /Good Friday/ से पहले का दिन) 2 ईसाई धर्म में शासक द्वारा गरीब लोगों के पांव धोने और दान देने की रस्म

mauser /माउजः/ *n.* माउजर: ~ rifle

mausoleum /मॉःसअलिअम/ *n., pl.* **~s/ mausolea** विशाल मकबरा: Lenin's ~ at Red Square in Moscow

mauvaise honte /मोवेजॉःण्ट/ *Fr.* बनावटी लज्जा

mauvais sujet /मोवेस्यूजे/ *Fr.* बेकार या पथ-भ्रष्ट व्यक्ति

mauve /मोव/ *n.* 1 फीका जामुनी रंग, बैंगनी, नील-लोहित 2 नीला मटमैला रंग;

adj. फीका जामुनी या बैंगनी रंग का

MAV *abbr.* 'multi-activity vehicle' की प्रथमाक्षरी

maven/ mavin /मेवन/ मेविन/ *n.* 1 विशेषज्ञ 2 पारखी 3 प्रवीण, कुशल

maverick /मैवअरिक/ *n.* 1 *N. Amer., esp. US* बिना दागा हुआ बछड़ा 2 रंबता या रमता बछड़ा 3 विचित्र व्यक्ति, भयंकर स्वतंत्र विचारों का व्यक्ति: a ~ politician 4 घुमक्कड़

mavis /मेविस/ *n., pl.* **~es** गाने वाला कस्तूरा या शरालि (पक्षी)

mavourneen /मवुअःनीन/ *n. Irish* प्रिये!

maw /माः/ *n.* 1 किसी भूखे या बहुत खाने वाले पशु का पेट, उदर, जबड़ा, मुंह 2 *facetious* लालची आदमी का पेट: fill one's ~ (पेट ठूंस-ठूंसकर भर ले.) 3 ऐसा जीव जो हर समय कुछ न कुछ निगलता ही रहता है

mawkish /माःकिश\/ *adj.* 1 (***syn.*** sentimental) अत्यंत भावुक व बेवकूफीपूर्ण: ~ love tales 2 फीका, स्वादहीन 3 मिचली लाने वाला;

dw/lw: **~ly** /~लि/ *adv.* अत्यंत भावुक व बेवकूफीपूर्ण ढंग से; **~ness** /~नेस/ *n.* अतिभावुकता

mawseed /माःसीड/ *n.* पोस्ते का दाना

max. *abbr.*, 'maximum' का छोटा रूप

MAXAT *abbr.* 'Maximum Aperture Telescope' की प्रथमाक्षरी

maxi /मैक्सि/ *n.* 1 मैक्सी, लंबा स्कर्ट, कोट आदि 2 बड़ा, बृहत्: ~ computer (बृहत् कंप्यूटर)

maxilla /मैक्सिला/ *n., pl.* **maxillae** /मैक्सिली/ *biol.* पशुओं के ऊपरी जबड़े की हड्डी;

dw/lw: **maxillary** /मैक्सिलरि/ *adj.* जबड़े की: ~ry bone; ~ry sinus

maxim /मैक्सिम/ *n.* 1 नीतिवाक्य, सिद्धांत वाक्य, सूक्ति, नीतिवचन, तथ्योक्ति, सूत्र, सामान्य नियम: copy-book ~; ~ of war 2 शिष्टाचार के नियम, सिद्धांत

maximal /मैक्सिमल/ (*also* **maximum**) *adj.* 1 अधिकतम, महत्तम, उच्चतम 2 उच्चिष्ठ;

dw/lw: **maximal\ist** *n.* 1 अतिवादी व्यक्ति 2 जो अधिकतम मांग रखता है और उससे पीछे नहीं हटता

maximi\ze (*also UK* **-se**) /मैक्सिमाइज/ *v., pt.* **~zed**, *pp* **~zing** 1 जहां तक संभव हो बढ़ाना, उच्चतम सीमा तक बढ़ाना: **~ze** profits 2 अतिवादी व्याख्या क.

maximum /मैक्सिमम/ *adj.* अधिकतम, महत्तम, उच्चतम: ~ altitude (अधिकतम ऊंचाई); ~ cruising speed; ~ flying distance/ speed; ~ load; ~ tolerance dose (रेडिएशन आदि की अधिकतम सह्य मात्रा); ~ range; ~ rate of fire;

n. (*also mainly US* **the max.**), *pl.* **~s/ maxima** ज्यादा-से-ज्यादा संख्या, मात्रा, दूरी, सीमा, प्रक्रिया आदि: reach a ~;

p&i: **~ out** सारा पैसा खत्म कर दे.;

a ~ of अधिक से अधिक; **to the ~** जितना हो सकता है, अधिकतम सीमा तक; **up to a ~** अधिकतम सीमा तक

May /मे/ *n.* 1 मई मास: the merry month of ~ 2 (रूस आदि अति सर्द देशों में) वसंत 3 यौवन, जीवन का श्रेष्ठ काल: the ~ of youth; in the ~ of life; ~ days 3 (भारत जैसे गर्म देशों में) ग्रीष्म काल;

dw/lw: **May\-butter** *n.* घी, टिंडी (*Hr.*); **may\day** *pl.* **~s** अंतरराष्ट्रीय आपदा रेडियो सिग्नल; **May\fair** *n.* लंदन का फेशनेबुल क्षेत्र; **May\-dew** *n.* (यूरोप में) वसंत की ओस; **may\fly** *n., pl.* **may\flies** पांखी, पारदर्शी पंखों वाला पतंगा, जो वसंत काल में (यूरोप में) थोड़े समय के लिए प्रकट होता है; **mayi\ng** *n.* मई दिवस समारोहों में भाग लेने की क्रिया;

collocations: **~ and December** जवान लड़की और बुढ़ऊ के बीच शादी; **~ Day** अंतर्राष्ट्रीय श्रम दिवस, मई दिवस;

p&i: **May and December** युवा पत्नी और बूढ़ा पति; **May it please you** आपकी कृपादृष्टि हेतु

may /मे/ *modal v., pt.* **might** 1 शायद हो., (संभावना सूचक) कर

सकना, हो.: it ~ rain; he ~ not be hungry; he ~ go; he ~ have forgotten his promise; it **might** be about midnight when I came home; it ~ not be true; it ~ have been true; she was afraid he **might** catch cold 2 इजाजत मांगना: ~ I come in?; if I ~ say so (यदि मुझे ऐसा कहने की इजाजत हो तो ...); ~ I be excused, please? (कृपया, मुझे जाने की इजाजत दीजिए); you ~ begin; he ~ go 3 (**may well**) अनुमति हो. 4 प्रस्ताव क. 5 शुभ कामनाएं दे.: ~ you be happy/ successful 6 लक्ष्य सामने रखना: no replacement ~ take place during a trial 7 वाक्य के पहले भाग में कही गई बात को काटना;

n., (*also* **mayflower**) *pl.* **~s** 1 बन-संजली पेड़ का पुष्पण 2 वन संजली पेड़ की प्रजाति: ~ tree;

p&i: **~ it please you** यदि आप बुरा न माने तो; **~ (well)... but** हो सकता है, परंतु...;

be that as it ~ (***syn.*** nevertheless) जो भी हो; **come what ~** चाहे जो भी हो; **he that will not when he ~, when he will he shall have nay** जब कर सकता है तो करेगा नहीं, जब करना चाहेगा तो होगा नहीं; **he wrote the address down (so) that he might not forget it** उसने पता लिख लिया ताकि वह भूल न जाए; **it ~ be cheap but it's not very good** यह (वस्तु) सस्ती हो सकती है, परंतु यह बहुत अच्छी नहीं; **run as he might he could not overtake me** वह जितना भी दौड़ा, मुझसे आगे नहीं निकल सकता; **that's as maybe** ऐसा हो सकता है; **try as he might, he could not get the window open** उसने जितनी भी कोशिश की, खिड़की नहीं खोल पाया; **whatever he ~ say I am with him** वह जो भी कहे, मैं उसके साथ हूं; **you ~ well say so** आप ऐसा कह सकते हैं

maybe /मेबी/ मेबि/ *adv.* 1 (***syn.*** perhaps) शायद, संभवतः: ~ yes/ ~ no (शायद हां, शायद नहीं) 2 शायद हो सकता है 3 कुछ करने का सुझाव: ~ we could go to the cinema 4 आंशिक रूप से सहमत होते हुए: ~, but I can't afford 5 शायद, संभवतः: 'I think he should leave now' 'maybe';

n., *pl.* **maybes** 1 संभावना 2 संभावित निर्णय, संभावित नियुक्ति

mayhem /मेहेम/ *n.* 1 हंगामा, उथल-पुथल, अस्त-व्यस्तता 2 अंगभंग का अपराध: commit ~ on sb

mayn't /मेअंट/ *contraction* **'may not'** का छोटा रूप

mayonnaise /मेअनेज/ *n., Fr.* अंडे से बनाई गई एक प्रकार की चटनी

mayor /मेअः/ *n.* 1 महापौर, मेयर 2 नगरपति 3 नगरप्रमुख, निगमाध्यक्ष;

dw/lw: **~al** /मेअरल/ *adj.* महापौर-संबंधी: ~al robes/ duties; **mayoralty** /मेअरअल्टि/ *n.* नगर-प्रमुख का पद या कार्यकाल; **~ess** /मेअरेस/ *n.* 1 महिला महापौर 2 महापौर की पत्नी

maypole /मेपोल/ *n.* फूलों से सुसज्जित लाट या डंडा जिसके इर्दगिर्द मई दिवस पर लोग नाचते हैं

mazard /मैजःड/ (*also* **mazzard**) *n.* सिर, खोपड़ी

mazarine /मैजअरीन/ *n.* गहरा नीला रंग

Mazdaism /मैज्डाइज्म/ *n.* जरतुश्ती धर्म

maze /मेज/ *n.* 1 भटकाव, भूलभुलैया: a ~ of streets 2 भंवरजाल, जंजाल, उलझन: be in a ~ (उलझन में हो.) 3 व्यूह, चक्रव्यूह 4 कोई भी जटिल ढांचा, तरीका: tread a ~ (जटिलताओं में फंस जा.)

v., *pt.* **~d**, *pp* **mazing** चकरा दे., उलझन में डालना

dw/lw: **mazy** /मेजि/ *adj.* जटिल, पेचीदा, पेचीला, पेचदार

mazurka /मजःका/ *n.* पोलैंड का एक द्रुत नृत्य

MB *abbr.*, 1 'Megabyte' का संक्षेप (कंप्यूटर में संग्रहित सूचनाओं को नापने की एक इकाई) 2 'Bachelor of Medicine' की प्रथमाक्षरी

MBA *abbr.*, 'Master of Business Administration' की प्रथमाक्षरी

MBC *abbr.* 'Most Backward Castes', 'Most Backward Communities', 'Most Backward Classes' की प्रथमाक्षरी

MBE *abbr.*, 'Master in Business Economic', 'Molecular Beam Epitaxy' की प्रथमाक्षरी

MBF *abbr.* 'Management of Business Finance' की प्रथमाक्षरी

MBGS *abbr.* 'metal bodied geared scooters' की प्रथमाक्षरी

MBIL *abbr.* 'Moser Bear India Limited (Data Storage Co.)' की प्रथमाक्षरी

MBM *abbr.* 'Master in Business Management' की प्रथमाक्षरी

MBO *abbr.*, 'management buyout' की प्रथमाक्षरी

MBP *abbr.* 'Marine Biotech Park' की प्रथमाक्षरी

mbpd *abbr.* 'million barrels per day' की प्रथमाक्षरी

mbps *abbr.* 'mega bytes per second' की प्रथमाक्षरी

MBRL *abbr.* 'Multi Barrel Rocket Launchers' की प्रथमाक्षरी

MBS *abbr.* 'Manchester Business School', 'mortgage-backed securities' की प्रथमाक्षरी

MBSc *abbr.*, 'Master of Business Science' की प्रथमाक्षरी

MBT *abbr.* 'Mean body temperature', 'Main Battle Tank (Russian T-90)' की प्रथमाक्षरी

MBTI *abbr.* 'Myers-Briggs Type Indicator' की प्रथमाक्षरी

mBTU *abbr.* 'million British Thermal Unit' की प्रथमाक्षरी

mbyte *abbr.*, 'megabyte' का संक्षेप

MC *abbr.*, 'master of ceremonies', 'Military Cross', 'Missionaries of Charity' की प्रथमाक्षरी

MCA *abbr.* 'Management Consultants Association' की प्रथमाक्षरी

MCAD *abbr.* 'mechanical computer aided design' की प्रथमाक्षरी

MCAF&AD *abbr.* 'Ministry of Consumer Affairs, Food & Public Distribution' की प्रथमाक्षरी

mcap *abbr.* 'market capitalisation' का संक्षेप

MCAT *abbr.* 'Medical College Admission Test' की प्रथमाक्षरी

MCB *abbr.* 'miniature circuit breeder' की प्रथमाक्षरी

MCBG *abbr.* 'micro controller based governor' की प्रथमाक्षरी

MCC *abbr.* 'Marylebone Cricket Club', 'Medicine Control Council', 'Melbourne Cricket Club', 'Mission Control Centre' की प्रथमाक्षरी

McCarthyism /मकाःथीइज्म/ *n.* अमेरिका में 1950 के दशक में मैकार्थी (**McCarthy**) की नीतियों के तहत सभी सरकारी विभागों से साम्यवादी या साम्यवाद समर्थकों का सफाया करने की नीति;

dw/lw: **McCarthyite** /मैकाःथाइट/ *n.* घोर साम्यवाद विरोधी

McCoy /मकॉइ/ *n.* असली चीज;

collocations: **the real McCoy** असली चीज, न कि उसकी नकल: cheap sparkling wines cannot be labelled 'champagne' - it has to be the real McCoy (हर सस्ती बुलबुलेदार मदिरा शैंपेन नहीं हो सकती, उसे तो **the real McCoy** होना चाहिए)

MCP *abbr.*, 'male chauvinist pig' की प्रथमाक्षरी

MD *abbr.*, 'Managing Director', 'Doctor of Medicine', 'mentally deficient' की प्रथमाक्षरी

MDF *abbr.*, 'medium density fibreboard ' की प्रथमाक्षरी

MDS *abbr.*, 'Master of Dental Surgery' की प्रथमाक्षरी

MDT *abbr.*, 'Mountain Daylight Time' की प्रथमाक्षरी

ME *abbr.*, 'Middle English', *US state* 'Maine' की प्रथमाक्षरी

ME *med.* 'myalgic encephalomyelitis' की प्रथमाक्षरी (*also* **chronic fatigue syndrome)** अत्यधिक थकानग्रस्त

बनानेवाली बीमारी

me /मी/ *pron.* 1 मुझे, मुझ को 2 निम्न स्थितियों में '**I**' के स्थान प्रयुक्त: क्रिया '**be**' के साथ; या जब '**I**' के साथ कुछ शब्द न जुड़े हों: it's only **me**;
p&i: **be me** *colloq.* मुझे फिट बैठनेवाली (पोशाक आदि): this dress isn't really me

mea culpa /मेअ कुल्पा/ *excl., Lat.* अपने अपराध या अपनी भूल की स्वीकारोक्ति (मैं कुसूरवार हूं, मेरी गलती है) करते हुए प्रयुक्त

mead /मीड/ (*also* **hydromel**) *n.* 1 शहद और पानी से बनी एक तरह की मदिरा, मध्वासव 2 '**meadow**' का काव्यात्मक संक्षेप: ~ green

meadow /मेडो/ *n.* 1 घास का मैदान, चरागाह, घासस्थली, शाद्वल, बांगर 2 नदी के किनारे घास भरी जमीन;
dw/lw: **~y** /मेडोवि/ *adj.* चरागाह जैसा;
collocations: **~ bright** चरागाह में गेंदे आदि के पौधे; **~ brown** एक प्रकार की तितली; **~ grass** चरागाह में उगनेवाली घास; **~ lark** गायक पक्षी; **~ pipit** लार्क जैसा गायक पक्षी; **~ sweet** गुलाब जैसा एक पौधा, क्षेत्र-नंदिनी

meagre *UK* (*US* **meager**) /मीगः/ *adj., degr.* **~r, ~st** 1 बहुत कम, थोड़ा: ~ diet 2 दुबला-पतला: ~ face; grow ~ 3 (***syn.*** paltry) अपर्याप्त, अल्प, स्वल्प: a ~ ration/ salary (बहुत कम राशन/ वेतन) 4 तनु 5 नीरस, रूखा: ~ style;
dw/lw: **meagre\ness** *n.* अपर्याप्तता, अल्पता

meal /मील/ *n.* 1 आहार, भोजन, खाना: have four **~s** a day; stand-up ~ (खड़े होकर किया जाने वाला भोजन); ~ station (भोजन-स्थल); ~ time; cook/ eat/ have/ prepare a ~ 2 आटा;
v., *pt.* **~ed**, *pp* **~ing** 1 भोजन क. 2 आटा पीसना, दलना;
dw/lw: **~ie** /मीलि/ *n., pl.* **~s** 1 मकई का भुट्टा 2 (*esp.* **~ies**) मकई; **~-monger** *n.* आटा व्यापारी; **meal\-mouthed** *adj.* चिकनी-चुपड़ी बातें करने वाला, मृदुभाषी, अस्पष्टवादी, घुमा-फिराकर बातें करने वाला; **~s-on-wheels** *n.* पहिएवाली तश्तरी पर खाना; **~time** *n.* भोजन का समय; **~worm** *n.* पालतू पक्षियों पर पलनेवाली इल्ली; **~y** /मीलि/ *adj.* 1 आटे-जैसा 2 चूर्णवत् 3 चूर्णमय, आटेदार 4 धब्बेदार 5 फीका, पीला; **meal\y-mouthed** *adj.* घुमा-फिराकर बात करने वाला: ~y-mothed politician;
collocations: **a three, etc. course ~** सलाद, शोरबा और मुख्य व्यंजन का यानी तीन परोसों का भोजन; **a square ~** अति अल्प भोजन; **~ ticket** 1 *colloq.* अत्यंत गरीबी में रोटी-पानी का साधन: marriage as a ~ ticket out of poverty 2 *N. Amer.* (***syn.*** luncheon voucher) दोपहर के खाने का टिकट;
p&i: **at ~s** भोजन करते समय; **make a ~ of it** जरूरत से अधिक क.; **make a ~ of sth** किसी कार्य को समय और साधनों को बढ़ा-चढ़ाकर खर्च करते हुए क.

mean /मीन/ *v., pt.* **meant** /मेंट/, *pp* **~ing** 1 (***syn.*** intend) अर्थ या अभिप्राय होना या रखना, मंशा हो.: I did not ~ to offend you/ I meant you no offence 2 सूचित क. 3 मतलब या अर्थ समझाना: this is what I ~ 4 (***syn.*** entail) परिणाम में परिणत हो., नतीजा निकालना: the conflict, probably, **~s** war; war **~s** hardship and suffering 5 गंभीरता से कहना: I never say what I don't ~ 6 महत्त्व रखना 7 निश्चय रखना, संकल्प क., इरादा होना, चाहना: ~ mischief (शरारत करने का इरादा हो.) 8 किसी व्यक्ति या कार्य के प्रति कोई धारणा हो.: I **meant** this remark for a joke 9 महत्त्व रखना: your friendship **~s** a great deal to me; money **~s** little to me 10 आनेवाली घटनाओं को बताना या संकेतित क.: cold cloudless evening **~s** dense fog;
adj., *degr.* **~er, ~est** 1 अभद्र 2 (***anton.*** generous) कंजूस, कृपण: be ~ over/ about money (matters) 3 (***syn.*** cheap) अधम, कमीना, घिनौना, तुनकमिजाज: ~ trick; it is ~ of him (उसकी तरफ से यह कमीनापन है) 4 मंझला, औसत, मध्य, मध्यम: ~ time; ~ solar day (दिन-रात की औसत लंबाई); ~ water (पानी का सामान्य स्तर); ~ yield (सामान्य पैदावार) 5 घटिया, निकृष्ट, भद्दा: ~ abode (घटिया स्तर की रिहाइश) 6 नगण्य, क्षुद्र: he is no ~ scholar; ~ fare (बहुत कम भोजन) 7 थका-मांदा, बीमार-सा: it made me feel rather ~ 8 चालक, धूर्त: a ~ conspirator 9 गरीब, निर्धन, निम्न श्रेणी का;
n. 1 मध्यम (बिंदु, स्थान, परिमाण आदि), औसत, मध्य मार्ग 2 मध्यमान 3 माध्य, समानांतर माध्य 4 मध्य पद;
dw/lw: **~-born** *adj.* दीन-हीन, अकुलीन; **~ly** *adv.* 1 नीचतापूर्वक 2 कंजूसी से; **~ness** *n.* 1 नीचता 2 कंजूसी 3 दीन-हीनता; **~s** *n. [pl.]* साधन (*also see below under separate entry*); **~-spirited** *adj.* घिनौनी फितरत का आदमी; **mean\time**; **mean\while** *see below under separate entries*; **mean\y/ ~ie** /मीनि/ *n., colloq.* 1 स्वार्थी, कमीना और घटिया आदमी 2 घिनौना और तुनकमिजाज आदमी;
collocations: **~ person** कमीना आदमी; **~ sun** कल्पित सूर्य जो असली सूर्य की गति से चलता है, माध्य सूर्य; **~ value** मध्यवर्ती मूल्य, मध्यमान;
arithmetic ~ गणितीय माध्य; **geometric ~** गुणोत्तर माध्य; **harmic ~** हरात्मक माध्य; **the golden/ happy ~** आनंदमय मध्य मार्ग;
p&i: **~ business** किसी कार्य को करने में गंभीर हो.; **~ sb no harm/ not ~ (sb) any harm** किसी का नुकसान करने की कोई मंशा न हो.; **~ to say** कहने का मतलब है कि ...; **~ well** सद्भावना रखना, नेक इरादे रखना; **~ well by** के प्रति सद्भाव रखना;
be no ~ ... कुछ कम नहीं, तुच्छ व्यक्ति या कार्य नहीं; **be ~t for sth** किसी उद्देश्य के लिए हो.; **be ~t to be sth** कुछ बनने का इरादा रखना; **be ~t to do sth** कुछ करना चाहना; **have been ~ing to do sth** काफी समय से कुछ करने का इरादा था; **he does not ~ maybe** इसमें कोई संदेह नहीं होना चाहिए; **I mean, ...** कहने का मतलब है कि ...; **went there in May, I mean, June** हम वहां मई, मेरे कहने का मतलब है कि जून में गए थे; **setting up a business in two days was no ~ feat** दो दिनों में अपना कारोबार स्थापित करना छोटी बात न थी

meander /मिऐंडः/ *v., pt.* **~ed**, *pp* **~ing** 1 (***syn.*** wander) बेकार में इधर-उधर घूमना 2 टेढ़े-मेढे चलना, टेढ़े-मेढ़े घूमना 3 चक्कर काटकर या घूम-फिरकर जा. 4 (बातचीत का) सारहीन या निरर्थक हो.;
n. 1 (*often* **~s**) मोड़, टेढ़ा-मेढ़ा रास्ता 2 *art* जटिल, अस्त-व्यस्त या बिखरा हुआ आकार (pattern);
dw/lw: **meander\er** /मिऐंडरः/ *n.* घूमने-फिरने वाला; **meander\ingly** /मिऐंडरिंगलिः/ *adv.* घूमते-फिरते, चक्कर काटते हुए; **~ings** *n. [pl.]* 1 टेढ़ा-मेढ़ा रास्ता 2 व्यर्थ भ्रमण, आवारागर्दी 3 निरुद्देश्य बातें, गप-शप: sb's philosophical ~ings; **~line** *n.* जलाशय की प्राकृतिक सीमा दिखलाने वाली सर्पीली रेखा; **meander\s** /मीऐंडःज/ *n. [pl.]* 1 मोड़, टेढ़ा-मेढ़ा रास्ता या नदी का बहाव 2 जटिल, उलझी हुई संरचना या साहित्यिक कृति; **meandrian/ meandrous** /मिऐंड्रिअन/ मिऐंडरस/ *adj.* टेढ़ा-मेढ़ा, घुमावदार, चक्करदार;
p&i: **~ along/ around/ through, etc.** के साथ-साथ चलना/ के इर्दगिर्द घूमना/ घुमावदार या टेढ़े-मेढ़े रास्ते के बीच से जा.; **~ around/ from/ off, etc.** इधर-उधर घूमना, बेकार में इधर-उधर घूमना; **the ~s of the law** कानून के टेढ़े-मेढ़े दाव-पेंच

meandrian/ meandrous *see above under* **meander: *dw/lw***

meanders *see above under* **meander: *dw/lw***

meaning /मीनिंग/ *n.* 1 अर्थ, आशय, अभिप्राय, तात्पर्य, मायने: different/ hidden/ precise/ real/ true ~; understand sb's ~ 2 मतलब: convey/ explain/ grasp/ understand the ~ of sth (किसी बात का आशय बताना/ समझाना/ ग्रहण क./ समझना) 3 महत्त्व: full of ~ 4 मंशा, उद्देश्य 5 भावना, अनुभूति: ~ of love 6 संदेश, उपदेश: several layers of ~;

adj. = meaningful अर्थवान, सोद्देश्य: ~ look;

dw/lw:* ~ful** *adj.* 1 महत्त्वपूर्ण, गंभीर: a ~ful discussion 2 अर्थपूर्ण, सोद्देश्य: a ~ful look/ glance (एक अर्थपूर्ण नजर) 3 जिसे आसानी से समझा जा सके 4 सार्थक: a ~ful comparison/ conclusion (एक सार्थक तुलना/ निष्कर्ष); **~fully** *adv.* गंभीरतापूर्वक, सार्थक रूप से; **meaning\less** *adj.* 1 (syn.*** pointless) बिना मतलब के 2 अर्थहीन, निरर्थक 3 (***syn.*** irrelevant) बेकार; **~lessly** *adv.* बेकार में, निरर्थक रूप से

means /मीन्ज/ *n. [pl.]* 1 लक्ष्य प्राप्त करने का साधन, उपाय, माध्यम या जरिया: ~ of production 2 आवा-गमन या यातायात के साधन: ~ of transportation 3 संचार माध्यम: ~ of communication 4 आर्थिक जरिया, पैसा, धन, संपत्ति, आय: have ample ~ at one's disposal; a person of modest ~ (साधारण साधनों का व्यक्ति); be without ~;

***collocations:* ~ test** किसी की हैसियत यानी आय के साधनों आदि के बारे में पूछताछ; **~-tested** *UK* सिर्फ उन लोगों को दी जाने वाली रकम जो बहुत गरीब हैं; **~-tested benefits** गरीबी के आधार पर दी जानेवाली सुविधाएं (अनुदान राशि आदि);

***p&i:* ~ to an end** किसी लक्ष्य को प्राप्त करने के साधन; **~ well** वह भला चाहता है;

be not by any ~ a wicked man/ be by no ~ a wicked man किसी तरह से भी दुष्ट व्यक्ति न हो.; **by all ~** निःसंदेह, बेशक, हां, सहर्ष, खुशी से, अवश्य ही, जरूर, निश्चय ही; **by any ~** किसी भी तरह से; **by fair ~ or foul** किसी भी तरह से; **by ~ of sth** किसी चीज की मदद से; **by no ~/ not by any~** बिल्कुल नहीं, कदापि नहीं: it is by no ~ easy; **by some ~ or the other/ by all manner of ~/ by fair ~ or foul** किसी भी तरह से, हर हाल में; **end does not justify the ~** गलत तरीकों से सही फल नहीं पाए जा सकते; **end justifies the ~** मिलने वाला आखिरी फल उसे पाने के लिए अपनाए गए तौर-तरीकों को सही या गलत ठहराता है; **live beyond ~** चादर से ज्यादा पांव पसारना; **live within ~** जितनी चादर हो, उतने पांव पसारना; **must do it by all ~** हर हालत में करना है; **no manner of ~** किसी भी सूरत में नहीं; **ways and ~** (लक्ष्य) प्राप्त करने के साधन

meant /मेंट/ *pt.*, **'mean'** का भूतकालिक रूप

meantime /मीनटाइम/ *n.* (***syn.*** meanwhile) दो समय-बिंदुओं के बीच अंतराल;

adv. 1 मध्यकाल में, बीच के समय में 2 इस बीच, इतने में: in the ~

meanwhile /मीनव्हाइल/ *adv.* 1 (***syn.*** meantime) इस बीच, इतने में, उसी समय 2 वर्तमान कार्य के समांतर समय में 3 दो प्रक्रियाओं के तुलनात्मक रूप में: excess of everything is bad, moderation in the ~ can be very good;

***p&i:* for the ~** कुछ (थोड़े) समय के लिए; **in the ~** दो काल-बिंदुओं को बीच में, इस दौरान

measles /मीजल्ज/ *n.* खसरा, छोटी माता, रोमांतिका, मसूरका: German ~ (खसरा)

measly /मीजलि/ *adj.* 1 खसरे से ग्रस्त 2 तुच्छ, नगण्य: give a ~ present

measurable /मेजरअबल/ *adj.* 1 जिसे मापा जा सके, परिमेय: within ~ distance of sth 2 काफी, ध्यान देने योग्य

measure /मेजः/ *v., pt.* **~d**, *pp* **measuring** 1 नापना, मापना 2 असर, महत्ता, गुणवत्ता, कीमत आदि का जायजा लेना 3 आकार, भार, मात्रा, गति आदि नापना 4 किसी आकार या नाप का हो. 5 (***syn.*** assess) आंकना, मूल्यांकन क., (शक्ति आदि का) अनुमान लगाना: ~ sb with one's eye 6 के अनुसार घटाना-बढ़ाना 7 (*also* **~ off sth/ ~ sth off** or **out**) किसी माप की इकाइयों में नापकर बांटना: **~ off** four inches from the end of line; **~ out** a spoonful of medicine 8 तुलना क., प्रतिस्पर्द्धा क.: ~ one's length with/ against sb (किसी और की लंबाई की तुलना में अपनी लंबाई नापना); ~ one's strength with sb; ~ one's desires by one's means 9 किसी मुद्दे को विचार-विमर्श करके आंकना, स्थिति का जायजा ले.: ~ the gravity of the situation;

n. 1 (*usually* **~s**) किसी स्थिति से निपटने के लिए उठाए जाने वाले कदम, कार्रवाई, कार्यवाही: take/ adopt drastic or extreme or severe or proper or legal or coercive or retaliatory or punitive **~s** 2 मात्रा, परिमाण, माप: words do not always give the ~ of one's feelings 3 नाप, पैमाना: full/ short ~; give good ~ 4 मानदंड, मापदंड, कसौटी, मान, नियम, पैमाना: a ~ of sth (किसी वस्तु या स्थिति को समझने का पैमाना, मापदंड) 5 अपवर्त्तक (maths.) 6 (*usually* **~s**) संस्तर (geol.): coal **~s** 7 संगीत में ताल और लय 8 उपाय, युक्ति 9 नापने का एक तरीका 10 अनुपात 11 (***syn.*** degree) तर्कसंगत सीमा, मर्यादा, मात्रा: ~ of politeness; ~ of luck; within ~ (हद के भीतर); above/ beyond ~; without ~ (असीम) 12 माप की इकाई 13 तुलना, अनुमान या निर्णय का स्तर 14 छपाई में पृष्ठ या स्तंभ की लंबाई-चौड़ाई आदि 15 विधेयक या प्रस्ताव 16 संकेत, मात्रा का आभास: giving flowers is a ~ of respect, love etc..;

***dw/lw:* measure\d** /मेजःड/ *adj.* 1 नपा-तुला: ~d words; in ~d tones; with ~d steps 2 नपा हुआ 3 परिमित, मापा हुआ 4 नियमित, अनवरत; **~less** /मेजःलेस/ *adj.* असीम, अनंत; **measure\ment** /मेजःमंट/ *n.* 1 नापने की क्रिया: the ~ment of ground 2 मापन, माप, नाप 3 किसी का आकार, नाप 4 नापने का तरीका; **~r** /मेजरः/ *n.* मापक; **measuring** *see below under a separate entry*;

***collocations:* ~ment goods** विशाल आकार का माल जिसे जहाज में तोलने की बजाए आकार से मापा जाता है; **~ment ton** मापदंड टन; **~ of luck** अच्छी-खासी किस्मत;

a tape ~ फीते से मपाई; **drastic ~s** कड़े कदम;

***p&i:* ~ another's foot by one's own last** अपने तराजू से दूसरों को तौलना, अपनी कसौटी पर दूसरों को कसना; **~ for ~** खून के बदले खून; **~ his strength against yours** उसकी शक्ति को अपने मुकाबले में आंकना; **~ one's cloth by another's yard** अपने को दूसरे के नजरिये से आंकना; **~ one's length** जमीन पर पूरा लमलेट हो जाना; **~ other's corn by one's own bushel** दूसरों को अपने तराजू में तौलना; **~ sth out** नाप कर दे.; **~ swords with sb** किसी के साथ तलवार तानना; **~ sb up** किसी को आंक लेना या भांप लेना, किसी की क्षमता या योग्यता को आंक लेना; **~ sth/ sb against sth/ sb** किसी चीज या किसी को किसी और चीज या आदमी की तुलना में आंकना; **~ up** तुलना में खरा उतरना, उपयुक्त हो., योग्य हो.; **~ up to sth** = के अनुरूप होना, की आकांक्षाओं पर खरा उतरना;

be the ~ of sth किसी वस्तु को मापने या आंकने की कसौटी हो.; **beyond/ out of/ above ~** अत्यधिक, हद से ज्यादा; **fill up the ~ of sth** धैर्य का बांध टूटना; **for good ~** 1 अतिरिक्त 2 कम से कम मात्रा से ज्यादा; **get/ have the ~ of sb/ have sb's ~** किसी की योग्यता या क्षमता को आंकना; **give full ~** पूरे माप के अनुसार दे.; **give less/ short ~** माप से कम दे.; **have a suit made to ~** माप देकर सूट सिलवाना; **her joy was beyond/ knew no ~** उसकी खुशी का ठिकाना न था; **in a ~** कुछ-कुछ, कुछ हद तक; **in full ~** अधिकतम मात्रा में; **in no small/ in some/ in equal ~** बहुत/ कुछ/ बराबर की हद तक; **made to ~** माप के अनुसार बना हो.; **she ~s up with me** वह ऊंचाई में मेरे बराबर है; **some ~ of sth** कुछ मात्रा में; **tread a ~ with sb** किसी के साथ नाचना

measuring /मेजरिंग/ *n.* 1 मापन: ~ bottle/ flask;

adj. माप या मापन का/ के/ की: ~-glass (मापक शीशा);
dw/lw: **~-rod** *n.* मापक छड़ या दंड; **~-tape** *n.* मापक फीता; **~-worm** *n.* इंच-वॉर्म;
collocations: **~ cup** आटा, दाल आदि मापने का प्याला; **~ jug** द्रव की मात्रा नापने का जग; **~ out** सामान का आवंटन; **~ point** प्रारंभिक मापक सिरा; **~ tank** 1 मापक टंकी 2 माप

meat /मीट/ *n.* 1 मांस, गोश्त: minced ~; forced ~ (कीमा) 2 *old use* सामान्य खाद्य पदार्थ 3 गूदा, गिरी: the ~ of a nut 4 मुख्य व महत्त्वपूर्ण अंश 5 विषय-वस्तु, अंतर्वस्तु: the ~ of story; strong ~ (समझने में जटिल) 6 (***syn.*** substance) सार, तथ्यता: a book/ a speech full of ~; there is no ~ in his argument 7 प्रिय कार्य: music is his ~;
dw/lw: **~ball** *n.* 1 कीमे का गोला 2 मूर्ख व्यक्ति; **~-broth** *n.* गोश्त का पारदर्शी शोरबा (bouillon, बुलियोन); **~-chopper** *n.* मीट काटने का कुल्हाड़ा; **~-eater** *n.* सामिष, मांसाहारी व्यक्ति; **~iness** *n.* 1 मांसलता, मांस-तत्त्व भरपूरता 2 सारपूर्णता, अर्थपूर्णता; **~less** *adj.* निरामिष: Tuesday as a ~less day; **~man** *n.* कसाई; **~y** *adj.* 1 (***syn.*** fleshy) मांसल, मांस-तत्त्व से भरपूर 2 मांस जैसा 3 (***syn.*** substantial) सारगर्भित, सारपूर्ण, अर्थपूर्ण, आशयपूर्ण: a ~y article;
collocations: **~ and potatoes** किसी वस्तु या यंत्र, तंत्र आदि का प्राथमिक एवं अहम हिस्सा; **~ and two veg** गोश्त-आलू या गोश्त-सब्जी का पारंपरिक ब्रितानवी व्यंजन; **~ cutting plant** गोश्त कारखाना; **~ grinder** मांस पीसनेवाला उपकरण; **~ loaf** रोटी के आकार का गोश्त के कीमा से बना व्यंजन; **~ packing** गोश्त की कटाई व विक्रय; **~ scrap** मांस उद्योग से बचने व फेंके जाने वाले पदार्थ; **~ tea** चाय और गोश्त-स्नैक; **~ wagon** *sl.* सफाई डिब्बा;
easy ~ 1 आसान शिकार 2 आसानी से विश्वास कर लेनेवाला व्यक्ति, गंवार; **green ~** हरी सब्जियां; **white ~** सुअर, मुर्गे आदि का गोश्त;
p&i: **~ and drink to sb** 1 किसी के लिए मनोरंजन का स्रोत 2 मुख्य आधार या सहारा;
after ~ mustard बहुत देर हो गई; **(as) mean as cat's ~** कपटी-कमीना; **be ~ and drink to sb** किसी को बहुत खुशी दे.; **every man's ~** सबको समझाने वाला; **one man's ~ is another man's poison** जितने मुंह उतने स्वाद

meatus /मिएटस/ *n.* 1 नली, कुहर, द्वार 2 नाक, कान आदि का छिद्र

meaty *see above under* **meat: *dw/lw***

mecca /मेका/ *n.* 1 मक्का शहर 2 मुसलमानों के लिए अत्यंत महत्त्वपूर्ण स्थान 3 केंद्र, उद्गम-स्थान 4 मुहम्मद हजरत का जन्म-स्थान 5 किसी भी समुदाय का विचारधारात्मक संगठन या विश्वास का केंद्र-बिंदु 6 उद्गम स्थल

mecha\nic /मअकै\निक/ *n.* 1 मिस्त्री, कारीगर 2 यंत्रकार: motor ~; dental ~ 3 यंत्रविद् 4 यांत्रिक;
dw/lw: **~nical** *see below under separate entry*; **mecha\nician** /~नीशियन/ *n.* यंत्र और औजार बनानेवाला कारीगर; **mecha\nics** /~निक्स/ *n. [sing.]* 1 यांत्रिकी (पढ़ाई का विषय), यंत्रविज्ञान, यंत्रविद्या: ~nics of fluids 2 यंत्र और औजार बनाने का हुनर या विज्ञान 3 **~nics** *n. [pl.]* क्रिया-प्रणाली, प्रक्रिया, क्रियाविधि 4 (**~nics**; ***syn.*** routine things) *colloq.* साधारण दिन-प्रतिदिन की यांत्रिक (यंत्रवत् होनेवाली) प्रक्रियायें

mechanical /मअकैनिक\ल/ *adj.* 1 यंत्र संबंधी, यांत्रिक, मशीनी: ~ engineering; ~ damage 3 यंत्र-चालित, यंत्र-उत्पादित: ~ devices/ toy 4 स्वचालित: ~ computer; ~ control (स्वचालित नियंत्रण); ~ lubrication (स्वचालित ग्रीजिंग) 5 तकनीकी: ~ aptitude (तकनीकी रुझान, तकनीकी सक्षमता); ~ skill (तकनीकी हुनर) 6 यंत्रवत्, अविचारित: ~ answer; ~ philosophy 7 (***syn.*** routine) बंधा-सधा, दिन-प्रतिदिन का: ~ life;
dw/lw: **mechanical\ly** /~लि/ *adv.* यंत्रवत्, यांत्रिक ढंग से;
collocations: **~ advantage** इनपुट और आउटपुट ऊर्जा का अनुपात; **~ drawing** परकार आदि से चित्र बनाने का हुनर; **~ transport** मोटर परिवहन

mechanics *see above under* mechanic: **mechanic: *dw/lw***

mechanism /मेकअनिजम/ *n.* 1 यंत्र-विन्यास, यंत्रावली, यंत्रकारी 2 यंत्र के चालू कल-पुर्जे: quite a simple ~ 3 कार्य चलाने के साधन, क्रिया-प्रणाली, क्रिया-विधि 4 बनावट, रचना, तंत्र, रचना-तंत्र: laughter is a common defence ~ 5 यंत्रवाद, यांत्रिकी

mechanist /मेकअनिस्ट/ *n.* यांत्रिक, यंत्र बनाने में कुशल व्यक्ति, दक्ष यंत्र निर्माता

mechanistic /मेकअनिस्टिक/ *adj.* 1 यंत्रवादी 2 यंत्रविज्ञान या यंत्र-विन्यास से संबंधित 3 बल विज्ञान से संबंधित 4 यंत्रावली का

mechanization /मेकअनाइजेशन/ यंत्रीकरण, यांत्रिकीकरण

mecha\nize /मेकअनाइज/ *v., pt.* **~nized**, *pp* **~nizing** 1 मशीनें लगाना 2 (***syn.*** automate) ऑटोमैटिक क. या बना दे., हस्तचालित प्रणाली का बदलकर यांत्रिक या यंत्रचालित बनाना, यंत्र सज्जित क., काम में यंत्रों का प्रयोग क., यंत्रों से काम लेना 3 सेना आदि को आधुनिक हथियारों और बख्तरबंद गाड़ियों आदि से लैस क. 4 नीरस बनाना;
dw/lw: **~nized** (*also UK* **-nised)** /मैकअनाइज्ड/ *adj.* 1 यंत्र-चालित, यंत्र-सज्जित: ~nized equipment 2 यंत्रीकृत, मशीनी: ~nized farming (यंत्र-संचालित कृषि कार्य) 3 यंत्रों से चलनेवाला या किया जानेवाला (काम): ~nized attack; ~nized production (यंत्र-संचालित उत्पाद)

meconium /मिकोनिअम/ *n.* जन्म के बाद बच्चे का पहला स्टूल

the Med *abbr.,* 'the Mediterranean Sea' का छोटा रूप

MEd. *abbr.,* 'Master of Education' का संक्षेप

med. *abbr.,* 'medical', 'medicine', 'medieval', 'medium' का संक्षेप

medal /मेडल/ *n.* पदक, तमगा: putty ~ (संदेहजनक पदक); gold/ silver/ bronze medal;
dw/lw: **medal\list** *UK* (*US* **medalist)** 1 जिसे पदक मिला हो, पदक-विजेता, पदकधारी, तमगा पाने वाला: gold/ silver/ bronze medallist 2 पदक बनाने वाला;
collocations: **Medal of Freedom** अमेरिका का उच्चतम नागरिक सम्मान; **medal of Honor** अमेरिका का उच्चतम सैनिक सम्मान; **~ play = stroke play** गोल्फ के खेल में एक मुकाबला जिसमें अंक गेंद को लगाई जाने वाली मार (strokes) के आधार पर गिने जाते हैं;
p&i: **the other/ reverse side of the ~** 1 सिक्के का दूसरा पहलू 2 मामले का दूसरा आयाम

medallion /मअडैलिअन/ *n.* 1 बड़ा पदक या तमगा 2 पदक-जैसा डिजाइन, गोलाकार फलक या चित्र

meddle /मेडल/ *v., pt.* **~d**, *pp* **meddling** 1 हस्तक्षेप क., दखल दे.: ~ in sb's affairs; ~ in sth (में हस्तक्षेप क.) 2 (***syn.*** interfere) जबरदस्ती टांग अड़ाना, दखलंदाजी या दस्तंदाजी क. 3 छेड़छाड़ क.: not to ~ with sb's tools;
dw/lw: **~-proof** *adj.* छेड़-छाड़ से सुरक्षित; **meddle\r** /मेडलः/ *n.* (***syn.*** busybody) हस्तक्षेपकर्ता, टांग अड़ानेवाला; **~some** /मेडलसम/ *adj.* टांग अड़ाने वाला या हस्तक्षेप करने वाला, दस्तंदाज, दखलंदाज; **meddling** /मेडलिंग/ *n.* हस्तक्षेप, दखलंदाजी;
p&i: **~ and smart for it** जो दूसरों के मामलों में दखल देता है, वह दुख पाता है; **~ in** किसी के काम में टांग अड़ाना; **~ with sth** के साथ छेड़-छाड़ क.

medevac /मेडिवैक/ *n.* घायल सैनिकों का हेलिकॉप्टर से अस्पताल में स्थानांतरण

media /मीडिआ/ *n.* 1 *pl.* of **'medium'** 2 प्रचार-माध्यम, जनसंचार माध्यम: ~ coverage/ attention;
collocations: **~ gaze** प्रचार माध्यमों की तीव्र दृष्टि; **~ hype**

संचार-माध्यमों द्वारा उछाला जानेवाला मामला; ~ **studies** संचार-माध्यमों पर आधारित अध्ययन का विषय;
the mass ~ जन-संचार माध्यम; **trial by** ~ संचार माध्यमों द्वारा की जाने वाली अनुचित आलोचना

mediaeval /मेडिईव\ल/ *adj.* 1 '**medieval**' की वैकल्पिक वर्तनी 2 मध्यकालीन, मध्ययुगीन;
dw/lw: **mediaeval\ism** /~लिज्म/ *n.* मध्ययुगीन भावना, मध्ययुग-वाद, मध्ययुगीनता; **~ist** /~लिस्ट/ *n.* मध्ययुग-विद्, मध्ययुग-वेत्ता, मध्ययुग का विशेषज्ञ

mediagenic /मीडियाजीनिक/ *adj.* संचार माध्यमों में, विशेषकर टीवी पर प्रभावशाली ढंग से बोलने\वाला, लिखने\वाला या प्रस्तुत करने वाला

medial /मीडिअल/ *adj.* 1 बीच का, बीच में स्थित 2 औसत दर्जे का, माध्य, मध्यस्थ, मध्यवर्ती, औसत, साधारण;
dw/lw: **medial\ly** *adv.* मध्यत

median /मीडिअन/ *adj.* 1 मध्यम, माध्यिक, मध्य में स्थित (बिंदु) या मध्य से गुजरने वाली (रेखा आदि), मध्यम (रेखा);
n. 1 माध्यिका, माध्यिक या बीच का भाग 2 मध्यम शिरा या धमनी 3 मध्यांतर या मध्यम रेखा, मध्यम बिंदु 4 संख्याओं के बीच मध्यम मूल्य 5 बीच के दो मापों की औसत;
collocations: **the ~ age/ income** अधेड़ उम्र/ मध्यम स्तर की आय

mediant /मीडिअंट/ *n.* मध्यम स्वर

mediastinum /मीडिअस्टाइनम/ *n., pl.* **mediastina** /मीडिअस्टाइना/ 1 झिल्ली का दो भागों में विभाजन, विशेषकर फेफड़ों का विभाजन 2 मध्यस्थानिका, फुप्फुस मध्यावकाश

media\te /मीडिएट/ *v., pt.* **~ted**, *pp* **~ting** 1 मध्यस्थता क., बीच-बचाव क., मध्यस्थ होना या बनना: **~te** between two warring countries; **~te** a settlement/ a peace/ a suspension of arms 2 माध्यम होना 3 बीच की स्थिति में हो.: **~te** between the old and the new;
adj. /मीडिअट/ 1 मध्यस्थता से निकलने वाला 2 मध्यस्थ, मध्यवर्ती 3 परोक्ष, अप्रत्यक्ष, व्यवहित: **~te** testimony *law* अप्रत्यक्षदर्शी की गवाही;
dw/lw: **~tely** *adv.* 1 अप्रत्यक्ष या परोक्ष रूप से 2 अन्य द्वारा, माध्यम से; **media\tion** /मीडिएशन/ *n.* 1 मध्यस्थता: through the ~tion of sb; attempts at ~tion by a third party were rejected 2 बीच बचाव, बिचवई, बच-बचाव: ~tion board; collective ~tion; **media\tor** /मीडिएटः/ *n.* मध्यस्थता करने वाला, मध्यस्थ, बिचौलिया; **~torial** /मीडिअटॉरिअल/ **(~tory)** *n.* मध्यस्थीय; **~trix** /मीडिएट्रिक्स/ *n., pl.* **mediatrices** / मीडिएट्रिसीज/ मध्यस्था, बिचवइना, महिला बिचौलिया

media\tize /मीडिटाइज/ *v., pt.* **~tized**, *pp* **~tizing** मिला लेना, समावेशित क.

medic /मेडिक/ (*also* **medico**) *n.* 1 डॉक्टर, चिकित्सक या चिकित्सा-विज्ञान का छात्र 2 *US* (सेना का) डॉक्टर

medicable /मेडिकअबल/ *adj.* चिकित्स्य, साध्य, जिसका इलाज हो सकता हो

Medicaid /मेडिकेड/ *adj. US* अमेरिका में गरीबों को दी जाने वाली स्वास्थ्य सहायता

medical /मेडिकल/ *adj.* 1 चिकित्सा-संबंधी 2 औषधि/ औषध-संबंधी 3 डाक्टरी, चिकित्सीय: ~ comment;
n. (*US* **physical**) 1 चिकित्सा-संबंधी परीक्षण 2 चिकित्सा-विज्ञान का छात्र;
dw/lw: **medically** /मेडिकलि/ *adv.* 1 चिकित्सा-विज्ञान अनुसार: ~ly speaking; viewed ~ly; be ~ly examined 2 स्वास्थ्य के आधार पर;
collocations: ~ **aid/ assistance/ attention** डाक्टरी सहायता या सेवा; ~ **board** चिकित्सा समिति; ~ **certificate** डाक्टरी प्रमाण-पत्र; ~ **discharge** बीमारी के आधार पर सेवा-निवृत्ति; ~ **equipment** चिकित्सा उपकरण; ~ **examination** डाक्टरी परीक्षण या जांच; ~ **history** बीमारी की पृष्ठभूमि; ~ **inspection** चिकित्सीय जांच; ~ **jurisprudence** चिकित्सा-विज्ञान की वह शाखा जो मृत्यु के कारणों, अपराधी की पहचान आदि का पता लगाने के लिए प्रमाण प्रस्तुत करती है; ~ **leave** बीमारी की छुट्टी, चिकित्सा-अवकाश; ~ **officer** चिकित्सा अधिकारी; ~ **practice** डाक्टरी पेशा, चिकित्सा कर्म, डाक्टरी आय; ~ **profession** चिकित्सा व्यवसाय; ~ **service** चिकित्सा सेवा; ~ **science** चिकित्सा-शास्त्र, चिकित्सा-विज्ञान; ~ **wallet** डाक्टरी थैला; ~ **ward** सामान्य चिकित्सा खंड

medicament /मेडिकअमं\ट/ मडिकअमंट/ *n.* औषध, दवा;
dw/lw: **medicamentry** /~टरि/ *adj.* 1 चिकित्सीय 2 औषधीय

Medicare /मेडिकेअः/ *n.* चिकित्सा-सुरक्षा (योजना)

medicaster /मेडिकैस्टः/ *n.* कठबैद, नीमहकीम

medica\te /मेडिके\ट/ *v., pt.* **~ted**, *pp* **~ting** 1 दवा दे. 2 दवा मिश्रित क., औषधयुक्त क., औषधीकरण क. 3 इलाज क.: **~te** away; this lotion **~tes** away dandruff;
dw/lw: **~cative** /~टिव/ *adj.* स्वास्थ्यकर, अरोग्यकर; **medica\ted** /~टिड/ *adj.* औषधियुक्त: ~ted soap; a ~ted substance; **medica\tion** /~शन/ *n.* 1 औषधियों द्वारा इलाज, चिकित्सा 2 औषध-मिश्रण 3 औषध

medicinal /मअडिसिन\ल/ *adj.* 1 औषधीय: ~ plant; ~ preparation 2 स्वास्थ्यकर: ~ bath 3 रोगहर, रोग नाशक, आरोग्यकर;
dw/lw: **~ly** /~लि/ *adv.* औषधीय आधार पर: take sth ~ly

medicine /मेडिसन/ *n.* 1 दवाई, औषधि, औषध, भेषज: patent a ~; a good ~ for colds 2 चिकित्सा विज्ञान, चिकित्सा-शास्त्र, आयुर्विज्ञान: study ~ 3 वैद्यक, हकीमी;
adj. दवाई का/ के/ की: ~ bag; ~ bottle; ~ chest (दवाइयों की पेटी); ~ dropper; ~ glass;
collocations: ~ **dance** झाड़-फूंक या जादू-टोना का नाच; ~ **man** झाड़-फूंक करने वाला, जादूगर, ओझा;
p&i: **bad** ~ कमीना आदमी; **give sb a dose/ taste of his own** ~ किसी के दूसरों के विरुद्ध चले जाने वाले कुचक्रों को उसी पर लागू क.; **take/ swallow one's** ~ अपने किए की सजा भुगतना

medico /मेडिको/ *n., pl.* **~s** 1 चिकित्सक, डॉक्टर 2 चिकित्सा विज्ञान का छात्र

medico- *comb. form denoting:* **medicine/ medical matters** (औषधि या चिकित्सीय मामला)

medieval /मेडिईव\ल/ *adj.* 1 '**mediaeval**' की वैकल्पिक वर्तनी 2 मध्यकालीन, मध्ययुगीन: ~ literature/ art;
dw/lw: **~ism** /~लिज्म/ *n.* मध्ययुग-भाव, मध्ययुग-वाद, मध्ययुगीनता; **medieval\ist** /~लिस्ट/ *n.* मध्ययुग-विद्, मध्ययुग-वेत्ता, मध्ययुग का विशेषज्ञ

medio\cre /मीडि\ओकः/ *adj.* साधारण, सामान्य, मध्यम स्तर का, औसत, मामूली, अति सामान्य: **~cre** people; **~cre** play; rise above the **~cre**;
dw/lw: **medio\crity** /~औक्रिटि/ *n., pl.* **~crities** 1 सामान्यता, साधारणता 2 औसत स्तर, सामान्य योग्यता 3 साधारण योग्यता वाला या घटिया व्यक्ति

medita\te /मेडिटे\ट/ *v., pt.* **~ted**, *pp* **~ting** 1 ध्यान क., ध्यान-मग्न हो, मनन क., चिंतन क. 2 सोचना, ध्यान लगाना: **~te** on one's future/ one's past/ one's misfortunes 3 विचार क., के ऊपर गौर क.: **~te** mischief/ revenge; **~te** doing sth 4 मंशा हो.: the lion **~tes** his prey;
dw/lw: **medita\tion** /~शन/ *n.* ध्यान, चिंतन-मनन, गहन विचार, विवेचन, विचारमग्नता: be plunged in ~tion; **~tive** /~टिव/ *adj.* (***syn.*** thoughtful) चिंतनशील, मननशील, ध्यानस्थ, विचारमग्न, चिंतनमय: ~tive air (विचार-मग्न मुद्रा); ~tive person; ~tive mind; **~tor** *n.* चिंतन-मनन करने वाला

व्यक्ति;

***p&i:* ~te on/ about sth** किसी बात पर बहुत गहन चिंतन-मनन क.

Mediterranean (the) /मेडिटेरेनिअन/ *n.* 1 भूमध्य सागर 2 भूमध्य सागर क्षेत्र का व्यक्ति 3 भूमध्य सागरीय जलवायु (सूखी, गर्म ग्रीष्मकाल और नर्म वर्षालु सर्दी);

adj. 1 भूमध्य सागरीय: the ~ area 2 भूमध्य सागर क्षेत्र की विशेषतासूचक 3 *meteorol*. भूमध्य सागरीय जलवायु से संबंधित: a ~ climate

medium /मीडिअम/ *adj.* 1 मध्यम: ~ pace (मध्यम गति का) 2 मंझला, मझोला: of ~ height/ quality/ size or sized; ~ altitude; ~ bomber 3 न ज्यादा गर्म, न ज्यादा नर्म 4 औसत 5 बीच का 6 नर्म 7 मध्यम दूरी की: ~ frequency; ~ wave (100 से 1000 मीटर के बीच की रेडियो तरंग);

***n., pl.* ~s/ media** 1 माध्यम: circulating ~/ a ~ of circulation (मुद्रा प्रसारण माध्यम/ प्रसारण साधन); a ~ of Exchange (अंतर्राष्ट्रीय विनिमय माध्यम) 2 (*usually* **media**) संचार या प्रचार माध्यम: advertising ~/ a ~ for advertising; radio is a ~ of communication; mass communication ~/ ~ of communication; through the ~ of the press 3 साधन, किसी कार्य में प्रयुक्त सामग्री: this sculptor's favourite ~ is marble 4 मध्य 5 पर्यावरण, वातावरण: reflecting ~; social ~ 6 जीवाणुपोषक पदार्थ 7 मध्य मार्ग: the happy ~ (स्वर्णिम मध्यम मार्ग); strike the happy ~ 8 अभिव्यक्ति के माध्यम: ~ of instruction (पढ़ाई या शिक्षण माध्यम) 9 घोल आदि बनाने का माध्यम (पदार्थ) 10 (*usually* **media**) चुंबकीय डिस्क आदि माध्यम जिनपर पाठ या सूचनाएं भंडारित होती हैं 11 ऐसा व्यक्ति जिसके माध्यम से प्रेतात्माएं अभिव्यक्त होती हैं 12 एजेंट, बिचौलिया: sold through the ~ of or by/ through the ~ of (के माध्यम से, की मार्फत से बेचा गया);

***dw/lw:* ~-dated** *adj.* पांच से पंद्रह वर्ष की अवधि में भुनाए जानेवाले सुरक्षा-बौंड; **~-powered** *adj.* मध्यम-शक्ति की: ~powered car; **medium-term** *adj.* मध्यम समय अवधि का;

***p&i:* the happy** ~ स्वर्णिम मध्यम मार्ग

mediumise /मीडियमाइज/ *v., pt.* **~d**, *pp* **mediumising** (in spiritism) किसी को अचेतन (trans) अवस्था में लाना

medlar /मेडलः/ *n.* लोकाट (वृक्ष तथा फल): Japanese ~

medley /मेडलि/ *n., pl.* **~s** 1 कई गीत, सुरों का मिश्रण, स्वर-संगम 2 घालमेल, खिचड़ी, गड्डमड्ड: a ~ of all kinds of things 3 सम्मिश्रण: make a ~ of sth 4 (*also* ~ **relay**) मिश्रित चरणों (stages) की दौड़: a ~ of races;

adj. 1 गड्डमड्ड 2 बेमेल, विविध 3 मिश्रित

medulla /मेडला/ *n., p.* **~s/ ~ae** /मेडली/ 1 पौधों का कोमल भाग, गूदा 2 हड्डियों या मेरुदंड का मज्जा 3 मज्जका 4 अंतस्था;

***dw/lw:* ~ry** /मेडलरि/ *n.* मज्जक; **~ted** /मेडअलेटिड/ *n.* मेदावृत;

***collocations:* ~ oblongata** मस्तिष्क का पिछला भाग

medusa /मद्यूजा/ मद्यूसा/ *n., pl.* **~s/ medusae** /मद्यूसी/ एक डिस्क के आकार का या घंटे के आकार का सदा तैरता रहने वाला जीव जो जेलीफिश के प्रजनन काल का द्योतक होता है

meed /मीड/ *n.* 1 इनाम, पुरस्कार 2 हिस्सा जिस पर किसी का हक हो, उचित या उपयुक्त भाग

meek /मीक/ *adj., degr.* **~er, ~est** 1 दब्बू 2 (***syn.*** compliant, self-effacing) विनम्र, विनीत: ~ as a lamb/ as Moses 3 उत्साहहीन, सहिष्णु;

***dw/lw:* meek\ly** /मीकलि/ *adv.* नम्रतापूर्वक, दब्बू तरीके से; **~ness** /~नेस/ *n.* 1 विनम्रता, विनय 2 दब्बूपन;

***p&i:* ~ and mild** निरीह और विनम्र

meerschaum /मिअःशम/ मिअःशाउम/ *n.* मिट्टी जैसा एक खनिज, समुद्रफेन

meet /मीट/ *pt.* **met**, *pp* **~ing** 1 मिलना, मुलाकात क., भेंट होना: we seldom/ often ~; good-bye until/ till we ~ again 2 किसी से पहली बार मिलना, परिचय हो.: pleased to ~ you 3 (*also* ~ **up with sb**/ ~ **with sb**; ***syn.*** come across, encounter) आमना-सामना हो., अचानक मिल जाना: ~ sb in the street/ in the theatre/ at the station unexpectedly/ in the morning 4 एक साथ मिलना, एकत्र हो., की बैठक होना, का अधिवेशन होना: ~ together 5 किसी निश्चित स्थान और समय पर मिलना, स्वागत क.: **met** the train 6 (***syn.*** satisfy, fulfil) खरा उतरना, पूरा क., के अनुकूल होना, संतुष्ट क.: **met** his requirements; ~ sb's wants 7 कुछ कर पाना 8 मिलना, जुड़ना: the path **~s** the road; here the road **~s** the railway 9 (*usually* ~ **with sth**) का सामना हो., प्रतिरोध हो.: my plan **met** with considerable opposition 10 खंडन क. 11 (*also* ~ **with sth**) अनुभव क.: **met** with disaster; ~ one's death 12 टकरा जाना, टक्कर खाना: her hand **met** his face in a resounding slap 13 का परिचय प्राप्त क. 14 चुकाना, पैसे दे देना: ~ a bill/ expenses;

adj. सही, ठीक, उचित, समीचीन;

n. 1 खेल प्रतियोगिता 2 खिलाड़ियों का समागम, गोष्ठी 3 लोमड़ी के शिकार की दौड़ शुरू होने से पहले शिकारियों और शिकारी कुत्तों का मिलन 4 सभा, मीटिंग 5 भिड़ंत, मुठभेड़;

dw/lw:* meet\ing** /मीटिंग/ *n.* 1 गोष्ठी, सभा, बैठक, अधिवेशन: political ~ing; public ~ing; private ~ing; ~ing in camera; plenary ~ing (संपूर्ण सत्र सभा); Heads-of-government ~ing/ a ~ing of the Heads of Governments; open/ dissolve a ~ing; right of ~ing 2 मिलन, सम्मिलन: our first ~ing 3 (syn.*** encounter) आकस्मिक मिलन 4 संगम 5 प्रतियोगिता: an athletic ~ing; **~ing-house** *n.* सभा-घर;

***collocations:* ~ and greet** मिलकर दुआ-सलाम क.; **a swim/ track ~** तैराकी की प्रतियोगिता/ दौडों का मुकाबला; **athletic/ swimming ~**;

***p&i:* ~ a deadline** निश्चित समय में पूरा क.; **~ all expenses** सारा खर्च उठाना; **~ a phrase/ a mention of sb in a book** पुस्तक में कोई जुमला या किसी का जिक्र मिलना; **~ one's fate** मारा जा.; **~ one's maker** मृत्यु को प्राप्त हो.; **~ one's match** मुकाबले में बराबर के व्यक्ति से टकराना; **~ one's Waterloo** अंतिम हार का मुंह देखना; **~ sb's eye(s)/ gaze/ look, etc.** आंखें मिलाना; **~ sb halfway** कुछ रियायत देकर समझौता क.; **~ the case** पर्याप्त या संतोषजनक हो.; **~ the ear** सुनाई पड़ना; **~ the eye** दिखना, दिखाई दे.; **~ objections/ criticisms** एतराज या आलोचना का सामना करना पड़ना या झेलना; **~ sb half way** समझौता क., समझौते का प्रस्ताव मान लेना; **~ sth with sth** विशेष प्रकार से प्रतिक्रिया दे.; **~ the situation** हालात का सामना क.; **~ up** 1 कुछ काम करने के लिए किसी से मिलना 2 सड़कों का मिलना; **~ up with sb** किसी से पहले से तय करके मिलना; **~ with an accident** दुर्घटना का शिकार हो.; **~ with approval** स्वीकृति मिलना; **~ with difficulties** कठिनाइयों से टकराना; **~ with disaster** दुर्घटना का शिकार हो.; **~ with losses** हानि उठाना; **~ with many misfortunes** कई दुर्भाग्यपूर्ण बातों का सामना करना पड़ना; **~ with obstacles** बाधाओं का सामना क.; **~ with sth sb** बातचीत करने के लिए किसी से मिलना; **~ with sth** 1 से टकराना या पाला पड़ना 2 विरोध का सामना हो.; **~ with resistance** विरोध का सामना करना पड़ना;

a ~ing of minds मनों का मिलना; **an overflow ~ing** समानांतर सभा; **make ends ~** मुश्किल से गुजारा क.; **quaker(s') ~ing** मौन लोगों की सभा; **there is more than ~s the eye/ ear** पहली नजर में दिखने या सुनने से कहीं ज्यादा जटिल या रोचक है

meeting *see above under* **meet:** ***dw/lw***

mega /मेगा/ *adj., colloq.* (***syn.*** huge, great) बहुत बड़ा और बढ़िया;
adv. बहुत ज्यादा: they're ~ rich
mega- /मेगा-/ *comb. form denoting:* 1 **symbol M = a million** (एक मिलियन यानी दस लाख) 2 **great** (बहुत बड़ा): **mega**star; **mega**watt;
dw/lw: **~bit** *n., comput.* सूचना के लगभग 1000000 बिट के बराबर की एक इकाई; **~buck** /मेगाबक/ *n.* 1 1,000,000 रुपये या डॉलर 2 बहुत अधिक पैसा; **~byte** /मेगाबाइट/ (*abbr.,* **MB**) *n.* कंप्यूटर में एकत्रित सूचना को मापने की इकाई यानी 1,000,000 bytes = 1 MB: a 40-megabyte hard disk; **~cephalic**/ **~cephalous** /मेगासिफैलिक/ मेगासिफैलस/ *adj.* बृहत्शिरस्क; **~cycle** *n.* मेगासाइकल; **~death** *n.* दस लाख लोगों की मृत्यु; **~flop** /मेगाफ्लॉप/ *n.* बहुत बड़ी असफलता, विशेषकर जिसमें बहुत बड़ी आर्थिक हानि हुई हो; **~hertz** *n., pl.* **~hertz** *symb.* **MHz** मेगाहैर्ट्ज यानी रेडियो आवृत्ति-बैंड की इकाई, जो 1,000,000 हैर्ट्ज के बराबर है; **~lith** /मेगालिथ/ *n.* महापाषाण; **~lithic** /मेगालिथिक/ *adj.* महापाषाणयुगीय, बड़े-बड़े पत्थरों से बना हुआ; **~phone** /मेगाफोन/ *n.* भोंपू, ध्वनिवर्धक, माइक; **~pixel** /मेगापिक्सल/ *n.* कंप्यूटर या कैमरे की तस्वीर की बारीकी को बताने के लिए एक इकाई (one million pixels = 1,000,000 pixels); **~scope** *n.* मेगास्कोप; **megaseism** /मेगअसाइज्म/ *n.* बड़ा भूकंप; **~spore** *n.* गुरु बीजाणु; **megastar** *n.* = **super star** प्रसिद्ध कलाकार या अभिनेता; **~store** *n.* बहुत बड़ी दुकान या स्टोर; **megaton** *n.* मेगाटन, दस लाख टन, एक मिलियन टन; **~volt** *n.* मेगावोल्ट, दस लाख वोल्ट; **megawatt** *n.* 1 ~watt = 1,000,000 watts विद्युत ऊर्जा को नापने की एक इकाई, मेगावाट = दस लाख वॉट
megalo\\- *comb. form denoting:* **large** (अत्यधिक);
dw/lw: **megalo\\mania** /मेगअलअमेनिआ/ *n.* 1 एक मानसिक रोग जिसमें सत्ता और शक्ति का उन्माद निहित होता है, अहंमन्यता, स्वयं की काल्पनिक महानता की मानसिकता से ग्रस्तता 2 बड़ा काम करने का गौरव प्राप्त करने की सनक, महत्त्वोन्माद, अहंकारोन्माद 3 महत्त्वाकांक्षा; **megalo\\maniac** /मेगअलअमेनिऐक/ *adj.* 1 स्वयं की काल्पनिक महानता की मानसिकता से ग्रस्त 2 महत्त्वोन्मादी, महत्त्वाकांक्षी, अहंमन्य
megass(e) /मेगैस/ *n.* ईख की सीठी
megrim /मीग्रिम/ *n.* 1 आधा-सीसी, अधकपारी 2 सनक 3 उदासी, चिड़चिड़ापन 4 माइग्रेन, घुमड़ी, लड़खड़ाहट (vertigo)
meiosis /माइओसिस/ *n., pl.* **meioses** /माइओसीज/ 1 अर्धसूत्रण, अर्धसूत्री विभाजन, कोशिका-विभाजन की प्रक्रिया में नर और मादा युग्मकों का निर्माण या जन्म 2 (in rhetorics, ***syn.*** litote) पर्यायोक्ति, न्यूनोक्ति;
dw/lw: **maeiotic** /माइऑटिक/ *adj.* पर्योक्ति संबंधी
meister /माइस्टः/ *n.* 1 विशेषज्ञ 2 किसी विशेष क्षेत्र में विशेषज्ञ: style ~; scam ~; image ~
meizoseismal /माइजोसाइज्मल/ *adj.* अधिकतम विनाशकारी शक्तिवाला
me judice /मे ज्यूडिसि/ *Lat.* मेरी राय में, मेरी सम्मति से
mekometer /मीकॉमिटः/ *n.* दूरी-मापक
melancholia /मेलनकोलिआ/ *n., pl.* **melancholiae** /मेलनकोलिआइ/ *Lat.* एक मानसिक रोग, जिसमें व्यक्ति छोटी-छोटी बातों के डर के कारण अवसाद और तनाव का शिकार हो जाता है और आत्म-विश्वास खोकर अपने को बहुत दुर्बल महसूस करता है;
dw/lw: **melancholiac** /मेलनकोलिऐक/ *n.* अवसाद का शिकार व्यक्ति
melancho\\ly /मेलनकअलि/ मेलनकौलि/ *n.* 1 विषण्ण और विषादमय रहने की प्रवृत्ति, चिड़चिड़ापन, बदमिजाजी 2 दुख, निराशा, मायूसी 3 लंबी उदासी, विषाद, अवसाद 4 गहन चिंता 5 चिंताजनक स्थिति;
adj. 1 (***syn.*** mournful) विषण्ण और विषादमय: ~ thoughts/ memories 2 दुखी, निराश;
dw/lw: **melancho\\lic** /मेलनकौलिक/ (*also* **~lious**) *adj.* 1 विषादमय अवस्था या स्थिति से संबंधित 2 निराशापूर्ण, उदासी भरा, विषादमय, अवसादपूर्ण: a ~lic expression (उदास मुद्रा या सूरत)
Melanesia /मेलअनीजिया/ *n.* मेलेनेसिया, आस्ट्रेलिया के उत्तर-पूर्व में स्थित मेलेनेसिया नाम का द्वीप-समूह;
dw/lw: **~n** /मेलअनीजिअन/ *n.* मेलेनेसिया के वासी और वहां की भाषायें
mélange/ mélange /मेलांझ/ *n., Fr., pl.* **~s** 1 मिश्रण 2 गड्डमड्ड, खिचड़ी: ~ of strange characters (विचित्र पात्रों की खिचड़ी)
mela\\nin /मेलअनिन/ *n.* बालों या त्वचा का काला या काला-भूरा रंग
dw/lw: **mela\\nic** /मलैनिक/ *adj.* काला या काला-भूरा; **mela\\nism** /मेलअनिज्म/ *n.* अतिकृष्णता, श्यामलता, सांवलापन
melanochroi /मेलअनॉक्रोआइ/ *n., pl.* काले बालों व श्वेत त्वचावाले लोग;
dw/lw: **melanochroic**/ **melanochroous** /मेलअनॉक्रोइक/ मेलअनॉक्रस/ *adj.* काले बालों वाला
melano- /मिलानो-/ *comb. form denoting:* 1 **black** or **dark** (काला) 2 (*also* **melanin**) (काला या काला-भूरा)
melanocyte /मेलअनोसाइट/ *n.* (*also* **melanin**) कोशिका जो काला रंग पैदा करती है
melanoma /मेलअनोमा/ *n., pl.* **~s/ ~ta** *med.* एक प्रकार का त्वचा का कैंसर
melanosis /मेलअनोसिस/ *n.* ऊतकों में कालिमा का अस्वस्थ संचय, काला सरतान, काला कैंसर
melasma /मिलैज्मा/ *n.* त्वचा में काले रंग की अतिशय मात्रा
Melba toast बहुत पतला और कड़क टोस्ट
meld /मेल्ड/ *v., pt.* **~ed**, *pp* **~ing** 1 (***syn.*** blend) मिलाना, मिश्रित क. 2 विलीन हो जाना या कर दे. 3 ताश की बाजी में पत्ते खोल दे.;
n. ताश की बाजी में पत्ते खोल देने की क्रिया
melee/ mêlée /मेले/ *n., pl.* **~s** 1 अनियंत्रित भीड़ 2 मारा-मारी, आपा-धापी 3 भारी भीड़ द्वारा दंगा-फसाद, हंगामा, उपद्रव 4 संकुलयुद्ध, रणसंकुल
melena /मिलीना/ *n., med.* काले खूनी दस्त
melic /मेलिक/ *adj.* गेय, गाया जा सकने वाला, छंदबद्ध
melilot /मेलिलॉट/ *n.* सिंजी, मेथा
melinite /मेलिनाइट/ *n.* विस्फोटक सामग्री
meliora\\te /मीलिअरे\\ट/ *v., pt.* **~ted**, *pp* **~ting** सुधार क., सुधारना;
dw/lw: **meliora\\tion** /~शन/ *n.* 1 सुधार, उन्नति 2 अर्थोत्कर्ष; **meliora\\tive** /~टिव/ *adj.* अर्थोत्कर्षी, आर्थिक उत्कर्षक; **~tor** /~टः/ *n.* सुधारक
meliorism /मील्यरिज्म/ *n.* एक विश्वास कि मनुष्य के प्रयासों से संसार अच्छा हो सकता है; (विश्व)-सुधारवाद, उन्नयनवाद
meliority /मीलिअरिटि/ *n.* 1 उन्नति, सुधार 2 उच्चता, बड़प्पन
meliphagous /मिलिफगस/ *adj.* मधु-पोषित, मधु-जीवी, मधु-भक्षी
melisma /मिलिज्मा/ *n. pl.,* **~ta** 1 गीत, संगीत-धुन, टेक 2 रागात्मक अलंकरण
melittology /मेलिटौलजि/ *US* मेलिटाःलजि/ *n.* मधु-मक्खी विज्ञान
mell /मैल/ *v., pt.* **~ed**, *pp* **~ing** 1 (***syn.*** blend, mix) मिलाना, मिश्रित क. 2 (***syn.*** meddle) हस्तक्षेप क., बीच में टपकना 3 के साथ हो., संबंध हो. 4 युद्ध में शामिल हो.;
n. मुंगरी, भारी हथौड़ा
melli\\ferous /मेलिफरस/ *adj.* 1 मधुकर, मधुकारी 2 मधुप्रद
mellifluous /मेलिफ्लूअस\\/ (*also* **mellifluent** /मेलिफ्लूअंट/)

adj. 1 कर्णप्रिय 2 मीठा, मधुर, माधुर्यपूर्ण 3 मृदुमंद;
dw/lw: **~ly** /~लि/ *adv.* मधुर आवाज में; **~ness** *n.* कर्णप्रियता, माधुर्य

mellow /मेलो/ *adj., degr.* **~er**, **~est** 1 मधुर, सुरीली (आवाज): a ~ voice 2 शांत, चिंता-मुक्त, बेफिक्र (व्यक्ति) 3 मुलायम: ~ light 4 रसीला, परिपक्व (फल), घुला 5 स्निग्ध, मंजुल, मृदु(ल), नर्म: ~ tints 6 सौम्य, विवेकशील 7 (थोड़ा नशे में) सहृदय, प्रसन्नचित्त, तबीयतदार, प्रफुल्ल, प्रमुदित (व्यक्ति): be ~ 8 उपजाऊ, अत्युर्वर (जमीन): ~ earth;
v., *pt.* **~ed**, *pp* **~ing** 1 नर्म या मृदु स्वभाव हो. (उम्र बढ़ने के साथ): age has **~ed** him 2 किसी को उदार, दयालु और सहृदय बनाना 3 नर्माना: his voice **~ed** 4 पकना या पकाना, परिपक्व क.;
dw/lw: **~ly** /मेलोलि/ *adv.* नर्म ढंग से; **mellow\ness** *n.* 1 स्निग्धता, मंजुलता, मृदुलता, नर्मी 2 परिपक्वता
p&i: **~ out** तनाव, चिंताओं व कसमसाहट से मुक्त हो.

melodeon/ melodion /मलोडिअन/ *n.* 1 सरकंडे से बना एक छोटा बांसुरीनुमा वाद्य 2 हारमोनियम, एक तरह का अकॉर्डिअन

melodic /मअलौडिक/ *US* मअलाःडिक/ *adj.* 1 धुन संबंधी 2 मधुर, सुरीला, लययुक्त, रागात्मक;
dw/lw: **~s** /मलौडिक्स/ *US* मअलाःडिक्स/ *n.* संगीत-स्वर विज्ञान, राग विज्ञान

melodious /मअलोडिअस\/ *adj.* 1 श्रुतिमधुर, सुरीला, सुरीली: the ~ voice of a young girl 2 संगीतमय, लयबद्ध, रागमय;
dw/ lw: **~ly** /~लि/ *adv.* सुरीले ढंग से; **melodious\ness** /~नेस/ *n.* सुरीलापन;

melodist /मेलअडिस्ट/ *n.* 1 गायक, गीतकार 2 लय या धुन का रचनाकार

melodi\ze /मेलअडाइज/ *v., pt.* **~zed**, *pp* **~zing** राग बनाना, गीत की स्वर-योजना बनाना, सुरीला बनाना

melodrama /मेलअ\ड्राःमा/ *n., pl.* **~s** 1 अतिशय नाटकीय कहानी 2 अति नाटकीय, सनसनीखेज एवं उत्तेजक नाटक 3 नौटंकीपन, भावुकता;
dw/lw: **melodrama\tic** /~ड्रअमैटिक/ *adj.* अति नाटकीय, भावोत्तेजक, भावुकतापूर्ण, सनसनीखेज; **~tically** /~ड्रअमैटिकलि *adv.* अति नाटकीयतापूर्वक; **melodrama\tics** /~ड्रअमैटिक्स/ *n.* अति नाटकीय व्यवहार, नाटकबाजी, अतिनाटकीयता; **~tize/ ~tise** /~ड्रअमअटाइज/ *v., pt.* ~tized, *pp* ~tizing 1 अति नाटकीय बनाना 2 सनसनीखेज बनाना

melody /मेलअडि/ *n., pl.* **melodies** 1 सुर, संगीत 2 राग, स्वर-संगम 3 गान, धुन: old folk ~ 4 स्वरमाधुर्य 5 स्वरानुक्रम, स्वरावली

melomania /मेलोमेनिया/ *n.* संगीतोन्माद

melon /मेलन/ *n.* 1 खरबूजा या तरबूज: water ~ (तरबूज); musk ~ (खरबूजा); cut/ slice the ~ 2 (***syn.*** momordica) फूट 3 मधुपाका;
p&i: **cut the** ~ लाभ को बांटना

melt /मेल्ट/ *v., pt.* **~ed**, *pp* **~ing** 1 (*sometimes* **~ down**/ **~ sth down**) पिघलना या पिघलाना, गलाना: the ice will ~; butter **~s** in the sun 2 गुस्से के बाद द्रवित हो., पसीजना, नर्माना: ~ with love; nothing can ~ him; pity **~ed** her heart; her grief **~ed** our hearts 3 द्रवीभूत क. 4 घुलना: ~ like wax 5 (**~ into sth**) विलीन हो जाना, मिल जाना: in the rainbow one colour **~s** into another 6 विघटित हो जाना: the fog began to ~ into rain 7 लुप्त हो जा.: the clouds **~ed**; ~ into the background; ~ into thin air;
n. 1 गलन, पिघलाने की क्रिया 2 द्रवीभूत धातु 3 धातु की ढलाई;
dw/lw: **~able** /मेल्टअबल/ *adj.* पिघलाने या ढलाई योग्य; **~ableness** *n.* घुलनशीलता; **melt\age** /मेल्टिज/ *n.* गलन, पिघलाने की क्रिया, ढलाई; **~down** *n.* 1 संकट, बेकाबू स्थिति: economic ~down (आर्थिक स्खलन या फिसलन); ~down at the stock market 2 अत्यधिक गर्मी से परमाणु रिएक्टर का आधार ईंधन पिघलने के कारण रेडियो-एक्टिविटी यानी रेडियो-धर्मिता का पर्यावरण में फैलाव 3 भीषण आपदा; **~ed** *adj.* पिघला हुआ: ~ed butter; ~ed cheese; **molten** /मोल्टन/ *adj.* पिघला हुआ, द्रवित; **~er** *n.* 1 पिघलाने वाला, द्रावक, गालक (गलानेवाला) 2 भट्टियों की देख-रेख करने वाला; **~-heat** *n.* पिघलने से पैदा होनेवाली अदृश्य गर्मी; **~-house** *n.* ढलाई घर; **melt\ing** *n.* पिघलाहट, घुलने की क्रिया, ढलाई; **~ing** *adj.* 1 पिघलानेवाला: ~ing furnace 2 द्रवणशील; **~ingly** /मेल्टिंगलि/ *adv.* द्रवित होते हुए; **~water** *n.* बर्फ का पानी;
collocations: **~ing point** गलनांक, द्रवणांक; **~ing pot** 1 घरिया, धातुओं को पिघलाने का बर्तन, कुठाली 2 ऐसा स्थान जहां भिन्न-भिन्न जातियां या संस्कृतियां, विचारधाराएं आदि घुल-मिल रहती हैं;
p&i: **~ at** से दिल पसीज जा.; **~ away** गायब हो जा.; **~ into sth** घोलना या घुल जा.; **~ into tears** आंसुओं में फूट पड़ना; **~ sth away** गायब या लुप्त क.; **~ sth down** गलाना, पिघलाना; **be in the ~ing mood** द्रवीभूत मिजाज में हो., मन पसीजा हो.; **be in the ~ing-pot** आमूल-चूल परिवर्तन की प्रक्रिया में हो.; **butter wouldn't ~ in sb's mouth** कृत्रिम या बनावटी लज्जा दर्शानेवाला व्यक्ति, बनावटी विनम्रता, मीठी छुरी; **in the ~ing pot** परिवर्तन की कगार पर, अनिश्चय की स्थिति में, खटाई में पड़ा हुआ, लटका हुआ, लंबित; **put/ throw/ go into the ~ing-pot** आमूल-चूल परिवर्तन की प्रक्रिया तले लाना या आना; **sb's smile ~ed sb's heart** किसी की मुस्कान से किसी का दिल पसीज गया

mem. *abbr.* (*also* **Mem.**) 'member', 'memorandum', 'memorial' का संक्षेप

member /मेंबः/ *n.* 1 (**Member**) सदस्य, सभासद: full ~; permanent ~; original **~s**; rank-and-file **~s**; ~ of a library 2 अंग, अवयव: ~ of a sentence 3 शिश्न, लिंग 4 बड़े भवन आदि का भाग 5 बड़ी वस्तु का अंश, तत्त्व 6 भाग, घटक, एकक, इकाई;
collocations: **~ of Christ** दयालु ईसाई; **~ of Satan** शैतान का पट्ठा; **~ state** संयुक्त राष्ट्र संघ के सदस्य देश; **Member of Parliament** संसद सदस्य; **unruly** ~ बेलगाम जबान;
p&i: **~s above the gangway** सरकार का मंत्रीमंडल; **an unruly** ~ बड़-बड़ करने वाली जुबान

membership /मेंबःशिप/ *n.* 1 सदस्यता: ~ card; ~ list; ~ fee 2 किसी संगठन की सदस्य-संख्या, मेंबरी: a large ~; a society with a ~ of a thousand; the opinion of the majority of the ~

membra\ne /मेंब्रेन/ *n.* 1 झिल्ली, पर्दा, कला: cell **~ne** (कोशिका झिल्ली); plasma **~ne** (प्लाविका झिल्ली) 2 सूक्ष्म आवरण: **~ne** mask;
dw/lw: **~neous/ ~naceous/ ~nous** /मेंब्रेनिअस/ मेंब्रेनेशिअस/ मेंब्रेनस/ *adj.* झिल्लीदार, झिल्लीमय, झिल्ली का

meme /मीम/ *n.* नकल के माध्यम से किसी सामाजिक समूह के व्यवहार का उसके सदस्यों में प्रसार

memento /मअमेंटो/ *n., pl.* **~s/ ~es** 1 (***syn.*** souvenir) यादगार, स्मृति-चिह्न 2 स्मारिका, निशानी;
collocations: **~ mori** कपाल-चिह्न, मृत्यु की अनिवार्यता की याद दिलाने वाली वस्तु (जैसे खोपड़ी)

memo /मेमो/ 1 *contraction of* **memorandum** का संक्षिप्त रूप 2 *pl.* **~s** ज्ञापन 2 पुर्जा, रुक्का 3 लिखित नोटिस, स्मृति-पत्र

memoir /मेम्वाः(र)/ *n.* 1 जीवन वृत्तांत 2 निबंध 3 वृत्त, विवरण, इतिहास 4 जीवनवृत्त, निजी जीवन के वृत्तांत, जीवन-चरित, व्यक्तिगत परिचय, आत्मचरित, आत्मकथा 5 अनुसंधान लेख, संस्मरण;
dw/lw: **~s** /मेम्वाः(र)ज/ *n., [pl.]* आत्म-संस्मरण, जीवन-वृत्तांत, कार्य-विवरण; **~ist** /मेम्वारिस्ट/ *n.* आत्म-संस्मरण का लेखक

memorabilia /मेमअरअबिलिआ/ *n., [pl.], Lat.* 1 याद दिलाने वाली छोटी-छोटी चीजें, स्मृति-चिन्ह, स्मारिकायें, निशानियां 2

स्मरणीय-वस्तुएं, स्मरणीय तथ्य

memora\ble /मेमअरअ\बल/ *adj.* 1 (***syn.*** unforgettable) याद रखने योग्य, स्मरणीय 2 सुगमता से याद हो जानेवाली (बात);
dw/lw: **~bility** /~बिलिटि/ *n.* स्मरणीयता; **~bly** /~बलि/ *adv.* स्मरणीय रूप में

memorandum /मेमअरैंडम/ *n., pl.* **~s/ memoranda**; *contraction* **memo** 1 ज्ञापन 2 मेमो, नोट, पत्रक 3 भविष्य में याद रखने लायक टिप्पणी, स्मरणपत्र, स्मारपत्र, आलोकपत्र, अनुबोधक 4 ज्ञापन पत्र, ज्ञापिका 5 वक्तव्य, विज्ञप्ति 6 विवरणिका, विवरण-पत्र: explanatory ~;
collocations: **~ book** ज्ञापन-पुस्तक; **~ calendar** स्मारक तिथि-पत्री; **~ of Understanding (MoU)** सहमति-ज्ञापन-पत्र; **~ of Association** संस्था या संगठन की नियमावली

memorative /मेमअरेटिव/ *adj.* स्मरण-शक्ति संबंधी: ~ faculty

memorial /मअमॉरिअल/ *n.* 1 स्मारक: war ~ 2 स्मरण-पत्र, प्रज्ञप्ति 3 अभ्यावेदन 4 आवेदनपत्र, याचिका 5 इतिवृत्त, संस्मरण 6 यादगार, स्मरण-चिह्न: as a ~ of sth;
adj. स्मरणात्मक, संस्मरणात्मक, स्मारिक: ~ tablet (स्मारक-पटल);
dw/lw: **~ist** *n.* 1 संस्मरण-लेखक 2 अभ्यावेदक;
collocations: **~ Day** युद्ध में शहीद हुए सैनिकों की याद में स्मरण दिवस; **~ service** स्मृति प्रार्थना सभा

memoriam /मअमॉरिअम/ **in ~** की याद में

memoriali\ze /मर्मॉरिअलाइज/ *v., pt.* **~zed**, *pp* **~zing** 1 स्मरणोत्सव/ स्मरण दिवस मनाना 2 आवेदन-पत्र दे.

memori\ze (*also UK* **-se**) /मेमअराइ\ज/ *v., pt.* **~zed**, *pp* **~zing** 1 याद क., स्मरण क. 2 कंठस्थ क., जबानी याद क., रटना;
dw/lw: **~zable** /~जेबल/ *adj.* याद करने योग्य; **~zation** /~जेशन/ *n.* कंठस्थ करने की क्रिया, रटाई, घोटाई

memory /मेमरि/ *n., pl.* **memories** 1 (***syn.*** recollection) याददाश्त, स्मृति: childhood **memories**; slip/ go out of ~; fade from one's ~; refresh one's ~; stick in one's ~ 2 याद, यादें, यादगार: sweet/ pleasant ~; retain a clear ~ of sth; of happy/ blessed ~; of notorious ~; leave a sad ~ behind 3 याददाश्त, स्मरण-शक्ति: short ~; from ~; call to ~ (याद क.); lose one's ~; loss of ~ 4 कंप्यूटर का वह भाग जहां सूचनाएं संग्रहित रहती हैं 5 (***syn.*** storage capacity) कंप्यूटर की स्मरण या सूचना भंडारण-क्षमता 6 कंठस्थ करने की क्रिया 7 स्मरण-शक्ति की सीमा, याद रखने की हद 8 स्मारक या याद दिलाने वाला कार्य या समारोह;
dw/lw: **~-resident** *n. psych.* स्मृतिवासी;
collocations: **~ bank** कंप्यूटर आदि की स्मृति भंडार; **~ buffer** स्मृतिचयक; **~ capacity** स्मृतिधारिता, स्मरण-क्षमता की सीमा; **~ effect** स्मृति का प्रभाव; **~ lane** बीते दिनों की रोमांचक यादों भरा गलियारा; **~ mapping** कंप्यूटर में भंडारण-प्रणाली; **~ of an event** किसी घटना की याद; **~ of generations** पीढ़ी-दर-पीढ़ी की स्मृति; **~ sketch** याद से बनाया हुआ विवरण; **Memory Stick** *trademark* कंप्यूटर और मोबाइल फोन का एक यंत्र जिसमें सारी सूचना रखी जाती है, पेन ड्राइव, फ्लैश; **photographic ~** चीजों या घटनाओं को हू-ब-हू याद रखने की क्षमता;
p&i: **~ like an elephant** बहुत बुरी स्मरण-शक्ति, हाथी जैसी यादाश्त;
blot out of one's ~ यादाश्त से मिट जा.; **burden ~ with sth** यादाश्त पर बोझ डालना; **come back to one's ~** याद आ जा.; **commit sth to ~** कंठस्थ क., जबानी याद कर लेना; **dwell in sb's ~** सदा याद रहना; **engrave on sb's ~** यादाश्त में खुदा हो.; **fade from one's ~** भूल जा.; **have a bad/ good ~** किसी की खराब या अच्छी स्मरण शक्ति हो.; **have a good/ amazing/ poor ~ for sth** किसी बात की अच्छी/ आश्चर्यजनक/ खराब याद हो.; **have a ~ like a sieve** यादाश्त या स्मृति पटल से सब ऐसे लुप्त हो जा. जैसे छलनी में से पानी; **have no ~ of sth** किसी बात को बिलकुल भूल जाना, किसी बात की कोई याद न हो.; **his ~ clicked** उसे अचानक याद आ गया; **if my ~ serves me well/ if my ~ does not fail me** यदि मुझे ठीक से याद है तो; **in ~ of** के स्मरणार्थ, की स्मृति में; **in ~ of old friends** पुराने दोस्तों की याद में; **jog sb's ~** किसी को कोई बात याद कराने की कोशिश क., किसी को कोई बात भूलने न दे.; **keep sb's ~ green** हमेशा याद रखना; **refresh one's ~** अपनी याददाश्त ताजा क.; **rummage in one's ~** याद करने की कोशिश क.; **sb's ~ is green** किसी की याद अभी ताजी है; **search one's ~** याद करने की कोशिश क.; **speak from ~** याद से बोलना, अपनी यादों को ताजा करते हुए कहना; **to the best of one's ~** जहां तक किसी को याद है; **to the ~ of sb** किसी की यादगार को समर्पित; **trip/ walk down the ~ lane** यादों के गलियारे में झांकना; **within one's living ~** जहां तक किसी को याद है

memsahib /मेमसाहिब/ *n., IE* मेमसाहब

men /मेन/ *pl.,* '**man**' का बहुवचन;
p&i: **~ are not angels** आदमी देवता नही है, आदमी अवगुणों का पुतला है; **~ learn while they teach = ~ muse as they use** मनुष्य सिखाते समय सीखता भी है; **~ will wrangle for religion, write for it fight for it, die for it, anything but live it** धर्म के लिए लोग तू-तू मैं-मैं करेंगे, उसके लिए लिखेंगे, लड़ेंगे, मरेंगे पर उसे अपने जीवन में अपनाने के सिवा सब कुछ करेंगे; **~ worship the rising sun** चढ़ते सूरज को सब पूजते हैं

menace /मेनस/ मेनिस/ *n.* 1 (***syn.*** nuisance) खतरा, आफत, बला: a ~ to world peace 2 (***syn.*** threat) संत्रास, जो धमकी, संकट या जोखिम भरा हो: a ~ of war;
v., *pt.* **~d**, *pp* **menacing** 1 खतरा पैदा क.: her life was **~d** 2 धमकी दे.: his eyes were cold and filled with ~ 3 जोखिम में डालना

menacing /मेनअसिंग\/ *adj.* (***syn.*** threatening) खतरनाक, डरावना, धमकी भरा: in a ~ tone;
dw/lw: **~ly** /~लि/ *adv.* (***syn.*** threateningly) खतरनाक ढंग से, डरावने अंदाज में

ménage /मेनाःज/ *n., pl.* **~s**, *Fr., lit.* 1 (***syn.*** household) घर के लोग, परिवार, घरदारी 2 घराना 3 गृह-व्यवस्था

ménage à trois /मेनाज आ त्रवा/ *n., Fr., pl.* घर में तीन लोगों यानी पति, पत्नी और उन में से किसी एक का प्रेमी या प्रेमिका का सहवास

menagerie /मअनैजरि/ *n., pl.* **~s** 1 प्रदर्शनी के लिए लाए हुए पिंजरे में बंद जंगली जानवर और जीवों का समूह 2 जंगली प्राणी-संग्रह 3 पशु-संग्रह 4 पशुशाला, प्राणीशाला

menarche /मेनाःकि/ *n., pl.* **~s**, *physiol.* प्रथम रजोदर्शन, प्रथम रजस्राव, औरत के मासिक धर्म की शुरुआत

mend /मेंड/ *v., pt.* **~ed**, *pp* **~ing** 1 सुधारना, दुरुस्त क., मरम्मत क., ठीक क.: ~ shoes; ~ up one's clothes; ~ a broken window 2 पैबंद लगाना 3 रफू क. 4 शुद्ध क. 5 भला-चंगा क. 6 सुधरना, उन्नति क. 7 (***syn.*** recover) ठीक हो जाना, स्वस्थ या भला-चंगा हो जाना 8 मतभेद दूर क., बिगड़े संबंध सुधारना;
n. 1 सुधार 2 मरम्मत, पैबंद: the ~s were almost invisible;
dw/lw: **~able** /मेंडअबल/ *adj.* मरम्मत योग्य: the stockings are no longer ~able; **~er** /मेंडः/ *n.* मरम्मत करने वाला
p&i: **~ one's pace** कदम तेज क.; **~ one's ways/ manners** सुधर जाना, अपना व्यवहार शैली सुधारना; **~ or end** समस्या सुलझाओ या छोड़ दो; **~ fire** आग जलाना; **~ one's fences with sb** किसी के साथ अपने संबंध सुधारना, मतभेद दूर क.; **~ one's pace** तेजी से चलना; **~ the matter/ ~ matters** मामला ठीक क.;
be on the ~ सुधार या ठीक होने की राह पर हो.; **cry/ crying**

will not ~ matters रोने-धोने से मामला ठीक न होगा; **it is never too late to ~** किसी भी समय सुधरा जा सकता है; **least said, soonest ~ed** जितना कम बोलोगे, उतनी कम गलतियां होंगी और उन्हें सुधारना आसान होगा

mendacious /मेंडेशिअस/ *adj.* (***syn.*** lying) झूठा, मिथ्यावादी: ~ newspaper reports;

dw/lw: **~ly** /~लि/ *adv.* मिथ्यावादिता के सहारे

mendacity /मेंडैसिटि/ *n.*, **mendacities** 1 झूठ बोलने की प्रवृत्ति 2 (***syn.*** lying) झूठ, कपट

mendi\cancy /मेंडि\कंसि/ *n.* भिक्षावृत्ति, भिक्षाचर्या, भिखारीपन;

dw/lw: **mendi\cant** /मेंडिकंट/ *n.* 1 भिक्षु 2 भिखमंगा 3 भिखारी, भिक्षुक; **~cant** *adj.* भिक्षार्थी, भीख मांगने वाला

mending /मेंडिंग/ *n.* 1 मरम्मत: a basketful of ~; ~ outfit/ kit (मरम्मत का साजो-सामान) 2 मरम्मत किए जानेवाले कपड़े आदि;

p&i: **the evil is past ~** इस दर्द की अब दारू नहीं; **~ fences** (चुनाव से पहले मतदाताओं के साथ) रिश्ते-नाते सुधारना

menfolk /मेनफोक/ *n.* 1 लोग 2 घर (परिवार) के पुरुष 3 किसी औरत के पुरुष रिश्तेदार

menhir /मेन्हिअः/ *n.* मेनहिर, एक सीधे खड़े ऊंचे पत्थर (***syn.*** standing stone) के रूप में प्रागैतिहासिक (pre-historic) स्मारक

menial /मीनिअल/ *adj.* 1 निम्नस्तरीय कार्य, छोटे स्तर का काम 2 नौकर-चाकरों द्वारा किए जाने वाले काम 3 नौकर का, दासोचित 4 निकृष्ट, घटिया;

n. नौकर, चाकर: the **~s**

meninges /मिनिंजीज/ *n., [pl.], sing.* **meninx** /मेनंक्स/ मस्तिष्क की तीन झिल्लियां जो मस्तिष्क और मेरु-रज्जा के आवरण के रूप में काम करती हैं, तानिका

meningitis /मेनिनजाइटिस/ *n., pathol.* 1 मस्तिष्क का एक रोग, मस्तिष्क-झिल्ली की सूजन 2 तानिका-शोथ 3 गर्दन-तोड़ बुखार

men in grey suits *pl.* पर्दे के पीछे से काम करने वाले अति शक्तिशाली नौकरशाह, जो असली शक्ति-केंद्र होते हैं

meniscus /मअनिस्कस/ *n.*, **~es**/ **menisci** /मनिस्काइ/ मनिसाइ/ 1 नवचंद्रक 2 एक तरफ उन्नतोदर (convex) और दूसरी तरफ नतोदर (concave) लेंस

menology /मिनौलजि/ *US* मिनाःलजि/ *n.* 1 भक्तमाल 2 संतों का महीनेवार जीवनवृत्त 3 मासिक या महीनेवारी जंत्री

menopause /मेनअपॉज/ (*also* **change of life/ the change**) *n.* रजोनिवृत्ति, महिलाओं की 50 वर्ष के आसपास की आयु में मासिक-धर्म का समापन

menorrhagia /मेनअरेजिआ/ मासिक-धर्म के समय अति रजःस्राव, अत्यार्त्तव या अत्यधिक खून का स्राव

menorrhoea/ *US* **menorrhea** /मेनअरिआ/ मासिक-धर्म के समय खून का सामान्य स्राव

men's *n. US* पुरुषों का शौचालय

mensal /मेंसल/ *adj.* 1 मासिक (धर्म) 2 भोजन संबंधी

menses /मेंसीज/ *n. [pl.], biol., med.* मासिक धर्म, रजोधर्म, रजोदर्शन, आर्त्तव

Menshevik /मेंशेविक/ (*Russian* **Меньшевик**) *n.* रूस में अक्तूबर क्रांति से पहले बोल्शेविकों के विरोध में बना एक नर्म पंथी मार्क्सवादी दल

mens rea /मेनजरिअ/ *n., law* आपराधिक मंशा, अपराध करते समय अपराधी को होने वाला अपराध करने का अहसास

men's room (***syn.*** men's public toilet) पुरुषों के लिए सुविधाएं

menstrual /मेंस्ट्रुअल/ (*also* **menstruous**) *adj.* मासिक धर्म संबंधी, रजोधर्म-विषयक, आर्त्तव;

collocations: **~ cycle** महीने या 28 दिनों में एक बार होने वाला प्रजनन क्रिया का सक्रियकरण; **~ fluid** रज

menstrua\te /मेंस्ट्रु\एट/ *v., pt.* **~ted**, *pp* **~ting** मासिक धर्म हो.;

dw/lw: **~l** /मेंस्ट्रुअल/ *adj.* मासिक धर्म या रजःस्राव से संबंधित; **menstrua\tion** /मेंस्ट्रुएशन/ *n.* रजोधर्म, मासिक धर्म, रजःस्राव, ऋतुस्राव, आर्त्तव

menstruum /~अम/ *n.* विलायक

mensu\rable /मेंशअरअबल/ मेन्स्युरअबल/ *adj., music* मापनीय, परिमेय, तालबद्ध, बद्ध मात्रात्मक;

dw/lw: **~ration** /मेंशअरेशन/ मेंस्युरेशन/ *n.* 1 मापन, पैमाइश, परिमाण 2 विस्तार-कलन, क्षेत्रमिति

menswear /मेन्जवेअः/ *n.* पुरुषों के वस्त्र, पुरुष-परिधान

-ment *suff., forming nouns, denoting:* 1 **a process, action, result, means** (प्रक्रिया, परिणाम या साधन): treat**ment**, pay**ment** 2 **quality, state or condition** (गुण, अवस्था या हालत): enjoy**ment**, merri**ment**

mental /मेंटल/ *adj.* 1 (***syn.*** psychological) मानसिक, मनोगत: ~ deficiency; ~ powers; ~ test; ~ work; in the ~ sphere; ~ calculation 2 (***syn.*** insane, neurotic, psychotic) मानसिक रूप से विक्षिप्त: ~ disease/ alienation; ~ patient/ case 3 चिबुक (of chin);

dw/lw: **~ist** /मेंटअलिस्ट/ *n.* मन को पढ़ लेने वाला; **~istic** /मेंटलिस्टिक/ *adj.* अति बौद्धिक: ~istic approach; **mental\ly** /मेंटलि/ *adv.* दिमागी तौर पर, मानसिक रूप से: ~ly defective/ deficient; ~ly qualified; ~ly affected (मानसिक रूप से रुग्ण); **mental\ity** /मेंटैलिटि/ *n.* 1 दृष्टिकोण, सोच-शैली, रुझान, चरित्र इत्यादि 2 विचार-प्रणाली 3 (***syn.*** mindset) सोच, स्वभाव, मनोवृत्ति, मानसिकता 4 मानसिक व बौद्धिक क्षमता की अवस्था, मानसिक शक्ति, बौद्धिक सामर्थ्य: a war ~ity; a person of average ~ity;

collocations: **~ age** मानसिक आयु, बच्चे के मानसिक विकास का स्तर; **~ arithmetic** मन ही मन गणन करने की क्रिया; **cruelty** मानसिक क्रूरता या संत्रास; **~ deficiency**/ **~ handicap**/ **~ retardation** दिमागी कमजोरी, मानसिक शैथिल्य, अल्पबुद्धिता; **~ disorder** मानसिक बीमारी; **~ hospital**/ **home**/ **asylum** मनोचिकित्सालय, मानसिक चिकित्सालय, पागलखाना; **~ patient** मानसिक रोगी; **~ reservation** कूट-कथक, मानसिक हिचकिचाहट

mentation /मंटेशन/ *n.* मानसिक प्रक्रिया, मनोभाव

menthol /मेंथौल/ *US* मेंथाःल, मेंथॉल/ *n.* पुदीने का सत, मेंथौल;

dw/lw: **~ated** /मेंथौलेटिड/ *US* मेंथाःलेटिड/ *adj.* मेंथौलयुक्त

mention /मेंशन/ *v., pt.* **~ed**, *pp* **~ing** 1 (***syn.*** refer to, quote cite) उल्लेख, चर्चा या जिक्र क.: ~ as an instance; be **~ed** in dispatches 2 (***syn.*** comment on) किसी के बारे में टिप्पणी क. 3 (***syn.*** allude to) नाम लेना: he **~ed** no names; make ~ of sb/ sth; ~ sb in one's will;

n. 1 उल्लेख, जिक्र, चर्चा: ~ may be made of ...; make no ~ of sb/ sth; special ~ 2 चर्चा करने की क्रिया: we need hardly make a ~ that ... (हमें इस बात की चर्चा करने की जरूरत नहीं कि ...);

dw/lw: **~able** /मेंशनअबल/ ***adj.*** उल्लेखनीय, उल्लेख करने योग्य; **~ed** *adj.* उल्लिखित, चर्चित, कथित;

collocations: **honourable ~** सम्मानजनक उल्लेख;

p&i: **a brief/ passing/ special ~** किसी बात की थोड़ी-सी/ चलते-चलते/ विशेष रूप से किया जानेवाला उल्लेख; **don't ~ it** धन्यवाद की कोई बात नहीं; **deserve/ get/ be worth a ~** उल्लेख करने लायक हो.; **it is not worth ~ing** यह बात जिक्र करने योग्य नहीं कि; **not to ~/ without ~ing** बिना उल्लेख किए

mentor /मेंटॉः/ मेंटः/ *n.* 1 मार्गदर्शक, गुरु 2 अनुभवी व भरोसेमंद परामर्शदाता;

dw/lw: **~ing** *n.* परामर्श देने की क्रिया; **~ship** *n.* मार्गदर्शन की क्रिया

menu /मेन्यू/ *n., pl.* **~s** 1 व्यंजन-सूची, व्यंजनी, मेन्यू, मीनू 2 *computing* कंप्यूटर के प्रोग्रामों या आइकोनों की तालिका;

collocations: **~ bar** कंप्यूटर प्रोग्रामों या किए जाने वाले कार्यों

की तालिका या पट्टी; ~ **option** कंप्यूटर आइकोन सूची में से कोई एक विकल्प

meow /मीआउ/ *n.* 1 *US spelling* **'miaow'** की अमेरिकी वर्तनी 2 बिल्ली की म्याऊं

MEP *abbr.*, 'Member of European Parliament' की प्रथमाक्षरी

meo periculo /मिओ पेरिक्युलो/ *Lat.* मेरी जिम्मेदारी पर (at my own risk)

mephi\tic /मेफिटिक/ *adj.* बदबूदार, दुर्गंधमय, विषाक्त;
dw/lw: **mephi\tis** (मेफाइटिस) *n.* दुर्गंध, विषाक्त वाष्प; **~tism** /मेफाइटिज्म/ *n.* वायु-विषायण

mephistophelian /मेफिस्टअफीलिअन/ *adj.* राक्षस की तरह विकराल व बुरा

mercan\tile /मःकंटाइल/ *adj.* व्यापारिक, वाणिज्यिक, तिजारती: ~ marine (व्यापारी बेड़ा); **~tile** operation; **~tile** law; **~tile** system;
dw/lw: **~tilism** *n.* वाणिज्यवाद, व्यापारिक संस्कृति, व्यापारिक बुद्धि, बनियापन

mercena\ry /मःसअनरि\/ *n.* 1 भाड़े पर काम करने वाला व्यक्ति, भाड़े का सिपाही 2 भृतक सैनिक;
adj. स्वार्थी, धनलोलुप, लालची, लोभी, भृतिभोगी: **~ry** politicians; **~ry** marriage; act from **~ry** motives (स्वार्थपूर्वक या लालच के कारण से कोई कदम उठाना);
dw/lw: **~rily** /~लि/ *adv.* लालच में; **~riness** /~नेस/ *n.* स्वार्थ, धनलोलुपता

mercer /मःसः/ *n.* बजाज, वस्त्र-व्यापारी;
dw/lw: **mercer\y** /मःसरि/ *n.* कीमती वस्त्रों का व्यापार; **~ize** /मःसअराइज/ *v., pt.* ~ized, *pp* ~izing सूती धागे को पक्का और रेशम-सा मुलायम बनाना

merchandi\se /मःचंडाइ\स/ *n.* माल, क्रय-विक्रय का सामान, बिक्री की वस्तुएं, पण्य, वाणिज्य-वस्तुएं;
***v.**, pt.* **~sed**, *pp* **~sing** 1 व्यापार क., क्रय-विक्रय क. 2 किसी माल के प्रचार और क्रय-विक्रय की योजना बनाना;
dw/lw: **merchandi\sing** /~जिंग/ *n.* 1 व्यापार, क्रय-विक्रय 2 लोकप्रिय फिल्मों, फिल्मी सितारों व घटनाओं के बारे में बनी वस्तुएं

merchant /मःचं\ट/ *n.* 1 व्यापारी, सौदागर, वणिक, बनिया 2 दुकानदार;
adj. व्यापार संबंधी, व्यापारिक, व्यापारी: ~ air force; ~ fleet/ marine/ navy/ service; ~ seaman; ~ prince (बहुत बड़ा व्यापारी);
dw/lw: **~able** /~टअबल/ *adj.* विपण्य, विक्रेय; **~man** *n.* वणिक-पोत, वाणिज्य पोत; **~ry** /~टरि/ *n.* 1 व्यापार 2 व्यापारी-वर्ग; **~-venturer** *n.* विदेश-व्यापार में रत वणिक;
collocations: **~ bank** (***syn.*** investment bank) व्यापारी बैंक; **~ man** (***syn.*** ~ ship) व्यापारी मालवाहक जहाज; **~ navy**/ **~ service** वणिक-बेड़ा, व्यापारी बेड़ा और उसके कर्मी; **~'s court** व्यापारी अदालत; **speed ~** गर्दनतोड़ ड्राइवर;
p&i: **~ of death** मौत के सौदागर; **he's one of your funny ~s** वह मसखरा है

merci\ful /मःसि\फुल/ *adj.* (***syn.*** humane) क्षमाशील, दयावान, दयालु, कृपालु, उदार;
dw/lw: **~fully** /~फुलि/ *adv.* (***syn.*** thankfully) शुक्र है: ~fully he came in time; **~less** /~लेस/ *adj.* (***syn.*** cruel) निर्दयी, निष्ठुर, दयाहीन, कठोर, क्रूर, बेरहम; **~lessly** /~लेसलि/ *adv.* निर्दयतापूर्वक, क्रूरतापूर्वक, निष्ठुरता से, बेरहमी से; **~lessness** /~लेसनेस *n.* निर्दयता, क्रूरता, निष्ठुरता;
p&i: **~ful heavens!** हे भगवान!; **be ~ful to sb** भगवान भला करे!;

mercuration /मःक्युरेशन/ *n.* पारद निवेशन

mercurial /मःक्यूरिअ\ल/ *adj.* 1 पारदीय, पारदमय: ~ thermometer 2 बदलता रहनेवाला 3 तेज, सक्रिय 4 बुध ग्रह का, बुध विषयक 5 (***syn.*** changeable, volatile) अस्थिर, परिवर्तनशील, चंचलचित्त 6 (***syn.*** ready-witted) हाजिर-जवाब 7 (***syn.*** sprightly) जीवंत, जिंदादिल, प्रसन्नचित्त 8 (***syn.*** shrewd) चालाक, चतुर;
n. पारदमय औषध या द्रव्य;
dw/lw: **~ism** /~लिज्म/ *n.* पारदात्यय; **mercurial\ity** /~लिटि/ *n.* जीवंतता; **~ize** /~लाइज/ *v., pt.* ~ized, *pp* ~izing पारद-निवेश क.;
collocations: **~ finger** कनिष्ठा; **~ ointment** पारा की मलहम

mercu\ric /मःक्युअरिक/ (*also* **~rous**) *adj.* पारदिक, पारायुक्त

Mercury /मःक्यरि/ *n.* 1 बुध ग्रह 2 मार्गदर्शक 3 संदेशहर

mercury /मःक्यरि/ *n.* 1 पारा, पारद: the ~ is falling; the ~ is rising 2 पारदस्तंभ 3 जिंदादिली, जीवट, जोश;
p&i: **the ~ is falling** काम बिगड़ रहा है; **the ~ is rising** काम संवर रहा है

mercy /मःसि/ *n.* 1 दया, करुणा, दयालुता: ~ appeal/ petition (दया-याचिका/ दया-याचना); in ~ (दया-भाव से); take ~ on sb; without ~ (निर्दयतापूर्वक); treat sb with ~; there is no ~ in him/ he has no ~ 2 क्षमा: beg for/ call for ~; recommend sb to ~ 3 अनुकंपा, कृपादान: at the ~ of God;
collocations: **~ drug** असाध्य रोग से पीड़ित व्यक्ति के लिए सुख-मृत्यु की दवा; **~ flight** किसी घायल या बीमार व्यक्ति को किसी निर्जन स्थान से हवाई जहाज द्वारा अस्पताल आदि स्थानों को लाना-लेजाना; **~ killing** सुखमृत्यु; **~-seat** दया सिंहासन, ईश-सिंहासन; **sisters of ~** नर्स, परिचरी; **work of ~** दानशीलता;
p&i: **~ sunpasses justice** दया न्याय से बड़ी चीज है **an errand of ~** किसी दीन-हीन को उसके गांव या शहर जाकर मदद दे.; **ask for/ beg for/ plead for ~** दया की याचना क./ भीख मांगना/ पैरवी क.; **at the ~ of** की कृपा पर, की मेहरबानी पर; **be at the ~ of sth/ sb** किसी बात की या किसी की दया पर निर्भर हो.; **be thankful/ grateful for small mercies** खुशकिस्मती से होने वाले नेक कामों के लिए शुक्रगुजार हो.; **for ~'s sake** भगवान के लिए (दया कीजिए); **leave sb/ sth to the tender mercies of sb/ sth** किसी को किसी की दया पर छोड़ दे.; **show (no) ~** बिल्कुल रहम न खाना; **throw oneself on sb's ~** अपने को किसी की दया पर छोड़ दे.

mere /मिअः/ *adj., degr.* **~r**, **~st** 1 मात्र, सिर्फ, केवल, निरा: ~ coincidence (महज एक संयोग); it's a ~ chance; the ~ sight of him makes me angry; at the ~ thought of sb/ sth 2 से ज्यादा कुछ नहीं: but he is a ~ boy 3 शुद्ध: it's a ~ trifle; the **~st** nobody (पूर्णतः तुच्छ आदमी);
n. *old use, poetic* झील, तालाब, पोखर, दलदल;
dw/lw: **mere\ly** /मिअःलि/ *adv.* 1 केवल, सिर्फ, बस 2 महज: it is ~ly a coincidence/ chance;
collocations: **the merest** थोड़ा-सा पर जरूरी: be upset by the ~st hint of criticism;
p&i: **not ~ ... but also ...** केवल इतना ही नहीं, बल्कि ...; **of ~ motion** *law* स्वेच्छा से

-mere /मिअः/ *comb. form (biol.), forming nouns denoting:* **part** (भाग): centro**mere**;

~meric /मेरिक/ *comb. form, forming:* **adjectives** (विशेषण)

meringue /मिरेंगे/ *n.* कैरिबियाई सैली का जीवंत नृत्य

meretricious /मिअरट्रिशिअस\/ *adj.* 1 भड़कीला, दिखावटी, ऊपर से चमकीला पर बेकार: ~ style 2 वेश्या स्वभाव की, पतुरिया, अभद्र, भद्दा 3 नकली, कपटी: ~ jewellery 4 वेश्या का, वेश्योचित;
dw/lw: **~ly** /~लि/ *adv.* दिखावटी ढंग से; **~ness** /~नेस/ *n.* भड़कीलापन, अभद्रता, वेश्यापन

merganser /मःगैंसः/ *n.* गोताखोर बत्तख, कारंड, कारंडव

merge /मःज/ *v., pt.* **~d**, *pp* **merging** 1 संगम हो., विलय हो., विलीन हो.: twilight **~d** into darkness 2 मिलाना.: the banks were **~d** into one large organization;

dw/lw: **merge\nce** /मःजंस/ *n.* विलय, मिलन; **merge\r** /मःजः/ (*also* **amalgamation**) *n.* विलय(न), मिलन, एकीकरण: industrial ~r; ~r company (मिलाई जाने वाली कंपनी); **~r** *v., pt.* ~red, *pp* ~ring मिल जा.: ~r with sth;

p&i: **~ into background** किसी मंडली की उपस्थिति में चुप रहकर जान-बूझकर पृष्ठभूमि में चले जा.

meridian /मअरिडिअन/ *n., geog.* 1 मध्याह्न रेखा, याम्योत्तर रेखा, याम्योत्तर-वृत्त: celestial ~; zero ~ 2 मध्याह्न 3 शिरोबिंदु 4 *lit.* चोटी, शिखर, पराकाष्ठा: at the ~ of his glory; calculated/ designed to/ for the ~ of sb;

adj. 1 मध्याह्निक: ~ sun 2 सर्वोच्च, सर्वोत्कृष्ट: he was in his ~ glory;

dw/lw: **~al** /~ल/ 1 दक्षिण, दक्षिणी(य), दक्षिणात्य 2 रेखांशिक; ***n.*** दक्षिणी यूरोप, दक्षिणी यूरोप का निवासी (विशेषकर दक्षिणी फ्रांस का)

meringue /मअरैंग/ *n., Fr.* 1 अंडे की सफेदी और चीनी से बना एक प्रकार का मिश्रण 2 इस मिश्रण से बने केक, पेस्ट्री आदि

merino /मअरीनो/ (*also* **marino sheep**) *n., pl.* **~s** 1 भेड़ों की एक जाति 2 मरीनो भेड़ों की बढ़िया ऊन 3 इस ऊन से बना बढ़िया धागा

meristem /मेरिस्टेम/ *n., bot.* विभज्योतक;

dw/lw: **~atic** /मेरिस्टेमैटिक/ *adj.* विभज्योतिकी, विभाजक कोशिकाओं का क्षेत्र

merit /मेरिट/ *n.* 1 योग्यता: there isn't much ~ in it; according to ~; decide the question on its **~s**; judge a proposal on its **~s** 2 विशेषता, विशिष्टता, गुण, खूबी, अच्छाई: treat sb according to his **~s**; on its **~s** 3 उत्कर्ष 4 श्रेष्ठता: a man of ~; work of little ~ 5 गुण-दोष: the **~s-demerits** of a case/ a question/ a proposal; make a ~ of sth (अपने गुणों या सेवाओं में गिनवाना); discuss/ go into the **~s** of sth;

v., *pt.* **~ed**, *pp* **~ing** 1 के योग्य हो., का पात्र हो.: ~ to be trusted 2 अर्जित क.: ~ reward 3 विशिष्ट हो.;

dw/lw: **~ed** /मेरिटिड/ *adj.* विशिष्ट, योग्य; **merit\ocracy** /मेरिटौक्रसि/ *US* मेरिटाःक्रसि/ *n., pl.* **~ocracies** 1 मेधातंत्र 2 गुणी, योग्य व विशिष्ट व्यक्तियों का शासन 3 गुणतंत्र, योग्यतातंत्र; **merit\orious** /मेरिटॉरिअस/ *adj.* 1 गुणी, गुणवान 2 (***syn.*** praiseworthy) प्रशंसनीय, सराहनीय, स्तुत्य: ~orious patience; prize for ~orious work 3 मेधावी, योग्य, विशिष्ट; **~oriousness** /मेरिटॉरिअसनेस/ ***n.*** विशिष्टता, योग्यता

collocations: **~ act** पुण्य-कर्म; **~ list** विशिष्टता-सूची, योग्यतासूची; **~ scholarship** मेधा छात्रवृत्ति, योग्यता आधारित छात्रवृत्ति; **~ service** सराहनीय सेवा;

p&i: **make a ~ of sth** अपनी उपलब्धि मानना

merlin /मःलिन/ *n.* एक छोटा बाज

merlon /मःलअन/ *n.* (किले का) कंगूरा

mermaid /मःमेड/ *n.* जलपरी, मत्स्यकन्या

merman /मःमैन/ *n.* मत्स्यपुरुष, जलपुरुष

meroblastic /मेरोब्लैस्टिक/ *adj.* अंशभंजी

merriment /मेरिमंट/ *n.* (***syn.*** mirth, jollity) मौज-मस्ती, आनंद-मंगल, आमोद-प्रमोद

merr\y /मेरि/ *adj., degr.* **~ier**, **~iest** 1 (***syn.*** cheery) खुश, उत्फुल्ल, प्रसन्नचित्त 2 आनंदित, प्रमुदित: **~y** laugh 3 विनोदी 4 जिंदादिल 5 आनंदमय 6 (***syn.*** tipsy) नीममस्त, गुलाबी (थोड़ा-सा) नशे में;

dw/lw: **~ily** /मेरिलि/ *adv.* (***syn.*** gaily) खुशी से, प्रसन्नतापूर्वक; **~y-andrew** *n.* मसखरा; **merr\y-go-round** *n.* 1 घुमौआ झूला, हिंडोला, चक्रदोला, चक्र 2 गतिविधियों का बवंडर 3 बार-बार होनेवाली गतिविधियां; **~y-maker** *n.* मौज-मस्ती करने वाला; **~y-making** *n.* आनंद-मंगल, रंगरलियां, आमोद-प्रमोद, मौज-मस्ती; **~y-meeting** *n.* पीने-खाने की दावत; **~y-thought** *n.* फरकुला (पक्षी की छाती की हड्डी);

p&i: **~y meet ~y part** खुशी-खुशी मिलना खुशी-खुशी बिछड़ना; **~y month of May** (यूरोप में) मई का सुहावना मास; **as ~y as cricket** भौंरे-सा मस्त; **as ~y as a cricket/ as a lark/ as a grig/ as maids** बहुत प्रसन्न; **as ~y as pie** पक्षी-सा प्रसन्न; **as ~y as lark** पंछी-सा चहकना; **as ~y as the day is long** दिन-सा उजला; **make ~y** आनंद मनाना, मौज-मस्ती करना; **play ~y hell with sb/ sth** का हिस्सा हो., में शामिल हो.; **Robin Hood and his ~y men** रॉबिन हुड और उसके जिंदादिल साथी; **the more the merrier** जितने ज्यादा, उतना अच्छा; **wish sb a ~y Christmas** किसी को क्रिस्मस की शुभकामनाएं दे.

mesa /मेसा/ *n.*, **~s** एक तरफ से ढलुआं पठार

mesalliance /मेजऐलिअंस/ *US* मेजअलायंस/ *n., Fr., lit.* बेमेल या अनुपयुक्त विवाह

mescaline /मेस्कअलिन/ (**mescaline**) *n.* एक मायावी नशा देने वाली दवा जो मैक्सिको आदि में पाए जाने वाले मस्कैल कैक्टस से बनाई जाती है

Mesdames '**madam**' or '**madame**' का बहुवचन (*see also under* '**madam**' or '**madame**')

Mesdemoiselles *pl of* '**Mademmoiselle**' (*see also above* **Mademmoiselle**)

meseems *v., impersonal, poetic* मुझे लगता है

mesencephalon /मेसेंसेफअलौन/ मेजंसेफअलअन/ *n.* मध्यमस्तिष्क

mesenter\y /मेसंटरि/ *n., pl.* **~ies** *anat.* आन्त्रयोजनी, मानवों और पशुओं के शरीर में दोहरी तह वाली झिल्ली जो शरीर के भीतर उदर, छोटी आंत व प्लीहा आदि को अपनी-अपनी जगह बनाए रखती है

mesh /मेश/ *n., pl.* **~es** 1 जाली, छिद्र, जालरंध्र: a net with inch **~es** 2 फंदा, जाल, पाश 3 (*usually* **~es**) भूलभुलैया, जाल: entangle sb in the **~es** of intrigue (किसी को षड्यंत्र के जाल में फंसाना);

v., *pt.* **~ed**, *pp* **~ing**, *s/he/ it* **~es** 1 मेल खाना, जुड़ना 2 ठीक बैठना, फंसना 3 फंसाना, फांसना;

dw/lw: **~ed** *adj.* 1 फंसा हुआ 2 छिद्रदार 3 जालीदार; **~-work** *n.* 1 जाली का काम 2 जाल: ~-work of railways; **~y** *adj.* जालीदार;

p&i: **~ with sth** के साथ मेल खाना, गरारियों के दांते आदि का दूसरी गरारी के दांतों में ठीक से फंस जा.; **~ work** जाली का काम; **be caught in sb ~es** किसी के जाल में फंस जाना; **be in ~** फंसा हो.

mesial /मीजिअल/ *adj.* शरीर के मध्यम भाग में स्थित (अंग)

mesic /मेजिक/ मीजिक/ मीसिक/ *adj.* संतुलित रूप से नम जलवायु के अनुकूल

mesmeric /मेज्मेरिक/ *adj.* 1 (***syn.*** hypnotic) सम्मोहक, सम्मोहित कर लेने वाला 2 सम्मोहन-विषयक;

dw/lw: **mesmerism** /मेज्मअरिजम/ *n.* 1 पहले '**hypnotism**' के स्थान पर प्रयुक्त होता था 2 सम्मोहन 3 मूर्च्छन 4 सम्मोहन (विद्या) 5 असीम आकर्षण; **~ist** /मेज्मअरिस्ट/ *n.* सम्मोहन करने वाला (hypnotist); **mesmerize/ mesmerise** /मेज्मअराइज/ *v., pt.* mesmerized, *pp* mesmerizing 1 सम्मोहित क., सम्मोहन क. 2 (***syn.*** fascinate) असीम रूप से आकर्षित क. 3 कृत्रिम निद्रा में सुलाना; **mesmerizing** *adj.* 1 सम्मोहक 2 जादुई असर करने वाली 3 आकर्षक

mesne /मीन/ *adj.* 1 मध्यवर्ती: ~ lord (बीच का सामंत) 2 अंतरिम: ~ process (अदालत का अंतरिम आदेश)

meso- /मेसो/ मीसो/ मेजो/ मीजो/ *comb. form denoting:* **middle** (मध्य): ~carp; ~derm; ~morphic

Mesoamerica /मेसोअमेरि\का/ (*also* **Central America**) *n.* मध्य अमेरिका;
dw/lw: **~n** /~कन/ *n.* मध्य अमेरिकी
mesobar /मेसोबाः/ *n.* बैरोमीटर के सामान्य दबाव का क्षेत्र
Mesolithic/ Mesolithic /मेसोलिथिक/ *adj.* पाषाण युग के मध्य काल से संबंधित
mesomorph /मेजअमॉःफ/ मिजअमॉःफ/ *n.* शारीरिक रूप से सुडौल या सुगठित व्यक्ति
meson /मीज़ॉन/ मेसॉन/ *n. phys.* अस्थिर प्राथमिक अणुओं का समूह
mesophyll /मेजअफिल/ मिजअफिल/ *adj.* पर्णमध्यक, पत्ते के मध्य में स्थित तत्त्व
mesosphere /मेजअस्फीअः/ मिजअस्फीअः/ *US* मेसोस्फिः/ *n.* वायुमंडल का वह भाग जो पृथ्वी से 250 से 650 मील दूरी के बीच यानी स्ट्रैटोस्फिअर (Stratosphere) से ऊपर और थर्मोस्फिअर (Thermosphere) से नीचे के भाग में फैला हुआ है और जहां ज्यों-ज्यों ऊपर जाते हैं तापमान तेजी से नीचे गिरता जाता है
mesothorax /मेसोथोराक्स/ *n.* मध्यवक्ष, छाती का मध्य भाग
Mesozoic /मेसोजोइक/ *adj.* मध्यजीवी;
collocations: **~ era** भूवैज्ञानिक युग यानी मध्यजीवी महाकल्प से संबंधित
mess /मेस/ *n.* 1 अस्त-व्यस्तता, बिखराव, घाल-मेल: in a ~; clear up the ~ 2 बखेड़ा, परेशानी, झंझट, जंजाल, तकलीफ, कष्ट, उलझन: get oneself into a ~ 3 घोटाला, गड़बड़ी 4 गंदगी 5 अति क्षतिग्रस्त हालत में इमारत आदि 6 अस्त-व्यस्त हालत 7 जानवरों का गोबर, लीद आदि: dog ~ 8 सैनिक क्लब तथा भोजनालय, भोजन-कक्ष: be at ~; it's time to go to ~ 9 खुराक;
***v.**, pt.* **~ed**, *pp* **~ing**, *s/he/ it* **~es** 1 गड़बड़ क.: it **~ed** up all our plans 2 गड्ड-मड्ड क., अव्यवस्थित कर दे.: ~ (up) the whole business 3 गंदा क. 4 भोजन क. या कराना: we ~ together; ~ a regiment/ a crew (फौजी टुकड़ी या चालक दल को भोजन कराना);
dw/lw: **mess\ing** *n.* भोजनालय में नियमित भोजन करने की क्रिया: ~ing allowance (सैनिकों आदि को मिलने वाला भोजन-भत्ता); ~ing charge (खाने का खर्च); **~mate** *n.* सहभोजी; **~-room** *n.* भोजन-कक्ष; **~-tin** *n.* डिब्बा; **~y** /मेसि/ *adj.* 1 गंदा: ~y floor; be ~y with sth 2 (***syn.*** chaotic) अस्त-व्यस्त, गड्ड-मड्ड: ~y job 3 झंझट भरा, तकलीफदेह, कष्टकर, उलझन भरा;
collocations: **~ dress/ kit** भोजनालय की पोशाक; **~ hall** भोजन-कक्ष; **~ steward** भोजनालय का मुख्य प्रबंधक; **the officers' ~** सेना के अफसरों की क्लब व भोजनालय;
p&i: **~ about/ around** 1 बहुत ही मूर्खतापूर्ण ढंग का व्यवहार क. 2 आवारागर्दी क. 3 बेकार समय बर्बाद क. या गंवाना 4 किसी से बदतमीजी क.; **~ about/ around with sth** किसी काम में गड़बड़-घोटाला क., से छेड़छाड़ क.; **~ of pottage** लाभ की बात; **~ sb about/ around** *UK* 1 किसी के साथ बदतमीजी क., तंग क. 2 किसी के साथ यौन-संबंध बनाना; **~ sb up** 1 किसी को पागल कर दे. 2 किसी को ठेस पहंचाना; **~ sth up** 1 अस्त-व्यस्त क., बिगाड़ना 2 किसी चीज को खराब क. 3 किसी को गड़बड़ में फंसाना; **~ with sb/ sth** किसी से उलझना, किसी के साथ बखेड़ा क.;
be in a ~ 1 झंझट या जंजाल में फंसा हो. 2 अस्त-व्यस्त हो.; **clean/ clear up a ~** 1 गंदगी की सफाई क 2 ठीक-ठाक क. 3 जंजाल खत्म क.; **lose the number of one's ~** लड़ाई में मारा जा.; **make a ~ of sth** गड़बड़ क., चौपट क.; **no ~ing!** 1 कोई गड़बड़-घोटाला नहीं! 2 कोई काम इतनी आसानी से नहीं हुआ; **not ~ around/ about** कोई काम चुस्त-दुरुस्त तरीके से निपटा दे.; **what a ~!** कितनी गंदगी है! कितना गड़बड़-घोटाला है!
message /मेसिज/ *n.* 1 संदेश, संदेशा, पैगाम: send a ~; code/ decipher/ intercept/ pick up/ relay/ get through a ~; deliver a ~ 2 शिक्षा, प्रेरणा, उपदेश, प्रेरणादायक विचार (moral of a story): the ~ of the book; the writer's ~ to his age 3 दूतकार्य, सौंपा हुआ काम: the President's ~ to Congress; run **~s** सौपे हुए कार्य पूरे क. 4 (*mostly* **~s**) घरेलू खरीदारी;
***v.**, pt.* **~d**, *pp* **messaging** ई-मेल (कंप्यूटर द्वारा) या अन्य माध्यमों से संदेश भेजना;
collocations: **~ board** वैब-साइट पर ऐसा पटल जहां पर लोग संदेश पढ़ सकते हैं और अपना संदेश चोड़ सकते हैं; **~ stick** संदेश छड़ी;
p&i: **a ~ for/ from sb** किसी के लिए या किसी से संदेश; **get/ leave/ send/ take a ~** संदेश पाना/ छोड़ जा./ भेजना/ लेना; **get the ~** 1 किसी के कार्य से कुछ समझना या सीख लेना 2 अभिप्राय समझना, इशारा समझ जा.; **on/ off ~** यह संदेश देना कि कोई अपने दल की आधिकारिक प्रतिक्रिया दे रहा है या नहीं दे रहा
messenger /मेसिंजः/ *n.* 1 संदेशवाहक, दूत, हरकारा: diplomatic ~; send by ~ 2 छोटी-मोटी खरीदारी करने वाला;
dw/lw: **~-pigeon** *n.* संदेश लाने-लेजानेवाला कबूतर;
collocations: **~s of age** प्राचीन महान उपदेशक; **~ service** संदेश सेवा; **~ team** संदेश-वाहक दल;
p&i: **shoot the ~** बुरा काम करने वाले की बजाए बुरे काम की खबर देने वाले को दंडित क.
(the) Messiah /मअसाया/ *n.* 1 ईसा मसीह 2 (***syn.*** saviour) अत्याचार से मुक्त करानेवाला 3 देश या जनता को मुक्ति देने वाला
Messianic /मेसिऐनिक/ *adj.* 1 मसीही, ईसा मसीह जैसा 2 मुक्तिदायक
Messieurs /मेसअज/ *Fr.* मेसयो/ *Br.* मेसय/ *n. [pl.],* **'Monsieur'** का बहुवचन; श्रीमन, महोदय
messing *see above under* **mess:** ***dw/lw***
Messrs /मेसःज/ (*also* **Messrs.**) *n., [pl. of* **Mr./ monsieur***]* 'मेसर्स', श्रीमान, श्रीमन्, सर्वश्री
messuage /मेस्विज/ *n., law* 1 हवेली और बाड़ी, अहातेदार कोठी 2 कृषि योग्य भूमि से जुड़ी कोठी
messy *see above under* **mess:** ***dw/lw***
mestiza /मेस्टीजा/ *n.*, **~s** 1 स्पेनी-अमेरिकी और अमेरिकी आदिवासी माता-पिता की स्त्री संतान 2 वर्णसंकर
mestizo /मेस्टीजो/ *n.*, **~s** 1 स्पेनी-अमेरिकी और अमेरिकी आदिवासी माता-पिता की पुरुष संतान
(the) Met *n., colloq.* 'the London Metropolitan Police Force', 'the Metropolitan Opera, New York', *UK* (*also* the Met Office) 'the Meteorological Office' का छोटा रूप
met /मेट/ *pt.,* **'meet'** का भूतकालिक रूप
meta- /मेटा-/ *comb. form, denoting:* 1 **a change** (परिवर्तन): **meta**bolism, **meta**morphosis 2 **text of a study of the primary source** (किसी विषय के मूल स्रोत के अध्ययन का पाठ, मूल के आधार पर रचित दूसरा पाठ): metalinguistics 3 **a position behind** or **beyond sth** (से पीछे या से आगे का स्थान: **meta**carpal;
dw/lw: **meta\bola** /मेटैबअला/ *n., [pl.]* परिवर्तनशील कीट; **meta\bolic** /मेटअबौलिक/ *US* मेटअबाःलिक/ *adj.* 1 किसी भी जीव के शरीर की कोशिकाओं में होने वाली रासायनिक क्रियाओं से संबंधित 2 उपापचयी, उपापचय: ~bolic disease; ~bolic disorder; **~boli\ze** *v., pt.* ~bolized, *pp* ~bolizing 1 उपापचयन क. 2 जटिल रासायनिक यौगिकों या मिश्रणों को सरल अणुओं में बदलना; **meta\bolism** /मअटैबलिज्म/ *n.* 1 किसी भी जीव के शरीर की कोशिकाओं में होने वाली रासायनिक क्रियाओं का कुल जोड़ या समावेश 2 शरीर के अंदर होने वाली रासायनिक प्रक्रियायें, परिवर्तन यानी पदार्थों का आदान-प्रदान
meta\carpal /मअटकाःपल/ *adj.* करभास्थि से संबंधित, कलाई तथा उंगलियों के बीच का भाग (अंग) का;
dw/lw: **~carpus** /मअटकाःपस/ *n., pl.* **~carpi** /मअटाकाःपाइ/ 1 कलाई और उंगलियों के बीच की पांच हड्डियों

(**~carpal bones**) का समूह, करभ;
collocations: **first ~carpus** अंगुष्ठ करभास्थि; **fourth ~carpus** अनामिका करभास्थि; **fifth ~carpus** कनिष्ठा करभास्थि; **second ~carpus** तर्जनी करभास्थि; **third ~carpus** मध्यमा करभास्थि

metachromatism /मेटअक्रोमअटिजम/ *n.* तापमान के दबाव तले रंगों में बदलाव

metachronism /मेटअक्रोनिजम/ *n.* घटना को ज्यादा बाद के समय से जोड़ने की क्रिया, विगतकाल भ्रम

metafiction /मेटअफिक्शन/ *n.* ऐसा उपन्यास या नाटक जिसमें लेखक पाठकों को विशेष रूप से याद दिलाता है कि वर्तमान रचना मात्र कल्पना है, वास्तविक जीवन नहीं

metafile *n., comput.* ऐसी कंप्यूटर फाइल जिसमें समाहित बिंब भिन्न-भिन्न प्रोग्रामों और प्रणालियों में प्रयोग किए जा सकते हैं

metagalaxy /मेटअगैलक्सि/ *n.* अधिमंदाकिनी, सभी तारामंडलों का समूह, संपूर्ण ब्रह्मांड

metage /मीटिज/ *n.* 1 मापन 2 मापन-शुल्क

metagraphy /मअटैग्रफि/ *n.* (***syn.*** transliteration) शब्दों का एक लिपि से दूसरी में परिवर्तन

metal /मेटल/ *n.* 1 धातु: base/ imperfect **~s** 2 ढलवां लोहा 3 पिघला कांच 4 रोड़ी, गिट्टी 5 मौलिक द्रव्य 6 (**~s**) लोहे की रेल पटरियां 7 (*also see* **mettle**) जीवट, जीवंतता, हिम्मत, साहस: he has no ~ in him; give up one's ~ (हिम्मत हारना);
v.*, pt.* **~led**, *pp* **~ling** 1 धातु चढ़ाना या लगाना 2 रोड़ी डालकर सड़क पक्की क.;
adj. धात्विक, धातुय, धातु का: ~ brush;
dw/lw: **~-ceramics** *n., pl.* धातु-मिश्रित चीनी मिट्टी के बर्तन; **~-clad** *adj.* धातु-चढ़ा; **metal\led** /मेटल्ड/ *adj.* रोड़दरी, पक्की: ~led road; **metallic** *see below under separate entry*; **~lically** *adv.* धातु के रूप में; **~licity** /मेटअलिसिटि/ *n.* धात्विक गुण; **~liferous** /मेटअलिफरस/ *adj.* धातुमय, जिसमें धातु मिश्रित हो: ~liferous deposite/ rock; **~liform** *n.* धातु-रूप, धातु-जैसा; **~line** *adj.* 1 जिसमें धातु मिश्रित हो 2 धातु से बना; **~ling** *n.* सड़क आदि को पक्का बनाने का काम; **~lise** *v., pt.* ~lised, *pp* ~lising 1 धात्विक बना दे. 2 धातु की तह चढ़ाना 3 (***syn.*** vulcanize) वल्कनित क.; **~list** *n.* धातु का काम करने वाला; **~lization** /मेटअलाइज़ेशन/ *n.* धात्विकरण; **~lography** /मेटअलौग्रफि/ *US* मेटअलाःग्रफि/ *n.* धातुरचना-विज्ञान; **~loid** /मेटअलॉइड/ *n.* उपधातु, धातु जैसा पदार्थ; **~lurgical** *see below under separate entry*; **~s** *[pl.]* रेल की पटरियों के लोहे के गर्डर; **~work** *n.* 1 धातुशिल्प, धातु की कलात्मक वस्तुएं बनाने का काम 2 धातु की बनी चीज; **~worker** *n.* 1 धातुकार, कसेरा 2 धातु की वस्तुएं बनाने वाला;
collocations: **~ age** धातुयुग; **~ detector** धातु-अन्वेषक, धातु पहचाननेवाला यंत्र; **~ fatigue** किसी ऐसी धातु में कमजोरी जो बार-बार दबाव तले आने के कारण टूट सकती है; **~ pulverization** फुहारे से सड़क पक्की करने की क्रिया; **~ welding** धातुओं से की जानेवाली वेल्डिंग; **~ working** धातुओं की ढलाई;
p&i: **~ more attractive** कोई ज्यादा आकर्षक वस्तु;
carry heavy ~ 1 भारी हथियार से लैस हो. 2 गंभीर दावेदार हो.; **heavy ~** खतरनाक शत्रु; **jump/ leave the ~s** रेलगाड़ी का पटरी से उतरना

metalanguage /मेटअलैंगविज/ *n.* 1 भाषा या चिह्नों का समूह जो किसी अन्य भाषा के अध्ययन में प्रयुक्त होता है 2 पूर्व भाषा के विषय में नया अध्ययन, नयी भाषा या नया पाठ 3 अधिभाषा 4 किसी एक भाषा का वर्णन करने में प्रयुक्त शब्द, वाक्य, वाक्यांश, पाठ (text) आदि

metallic /मटैलिक/ *adj.* 1 धात्वीय, धातु संबंधी: ~ mine (धातु के खोलवाली बारूदी सुरंग); ~ currency (धातु-मुद्रा, सिक्के); ~ corrosion (धातु क्षय); ~ ores (धातु के खनिज) 2 कर्कश, एकतान (स्वर);
collocations: **~ lustre** धातु जैसी चमक-दमक; **~ sound** खनक, झनकार, टनटन; **~ voice** कर्कश आवाज;
heavy ~ भारी धातु, भारी हथियार

metallur\gical /मेटअलःजिकल/ *adj.* धातुकर्मीय;
dw/lw: **metallurgist** /मअटैलः\जिस्ट/ *n.* धातुविज्ञानी; **metallurgy** /~जि/ *n.* 1 धातु विज्ञान, धातु शोध विद्या 2 धातुकर्म 3 कच्ची धातु को साफ करके, उसे कूट-पीटकर या अन्य क्रियाओं के माध्यम से अन्य रूप या आकार देने का काम

meta\mer /मेटमः/ *n.* मध्यावयवी, अंगों में विभक्त

metamor\phic /मेटअमॉःफिक/ *adj.* 1 रूपांतरिक 2 ताप या दबाव के रबाव के कारण रूपांतरित, कायांतरित, परिवर्तित 3 रूपांतरकारी;
dw/lw: **~phism** /मेटमॉः\फिज्म/ *n.* 1 पहले से मौजूद चट्टान की रचना और गठन में परिवर्तन 2 रूपांतरण, कायांतरण; **~phose** /मेटामॉःफोज/ (***syn.*** transform) *v., pt.* ~phosed, *pp* ~phosing रूपांतरित या कायांतरित क. या हो जा., रूप बदल दे. या बदल जा.; **metamor\phosis** /~फअसिस/ ~फोसिस/ *n., pl.* **~phoses** /~फअसीज/ 1 कायांतरण, कायापलट, रूपांतरण 2 कुछ जीवों के बाल्यकाल से युवावस्था में परिवर्तन के कारण होने वाले शारीरिक परिवर्तन, कायांतरण

metaphase /मेटअफेस/ *n.* सूत्रीविभाजन (mitosis) और अर्धसूत्रण या कोशिका-विभाजन की प्रक्रिया (meiosis) में दूसरी अवस्था जब नाभिक झिल्ली फटकर टूट जाती है, कायांतरण में मध्यरूप या मध्यावस्था

metaphor /मेटअफः/ मेटअफॉः/ *n.* रूपक, रूपक अलंकार: mixed ~ (मिश्रित अलंकार); sustained ~ (सांग रूपक);
dw/lw: **metaphorical** /मेटअफॉरिकल/ *adj.* 1 लाक्षणिक 2 जहां रूपक या अलंकार का प्रयोग हुआ हो

metaphrase /मेटअफ्रेज/ *n.* 1 शाब्दिक या अक्षरशः अनुवाद, अविकल अनुवाद 2 बेबाक जवाब

metaphrast /मेटअफ्रैस्ट/ *n.* गद्य को पद्य में या पद्य को गद्य में बदलनेवाला व्यक्ति

metaphysical /मेटअफिजिकल/ *adj.* 1 तात्विक, तत्व-मीमांसात्मक 2 गूढ़, दुर्बोध, दुरूह, अतिसूक्ष्म: ~ poetry (अमूर्त काव्य); ~ painting (अमूर्त मूर्ति या चित्र) 3 अतींद्रिय, अभौतिक 4 आध्यात्मिक, अलौकिक 5 बुद्धिवादी, अध्यात्मवादी

metaphysician /मेटअफिजिशिअन/ *n.* तत्त्वज्ञानी, तत्त्वमीमांसक, अध्यात्म विद्वेत्ता, सूक्ष्म विचारक

metaphysics /मेटफिजिक्स/ *n.* 1 दर्शनशास्त्र की एक शाखा, जिसके अनुसार सामाजिक परिस्थितियां विचारों को जन्म नहीं देतीं, बल्कि विचार सामाजिक स्थिति को बनाते हैं। इसके अनुसार यदि देखने वाला ही नहीं है, तो देखी जाने वाली वस्तु का भी वजूद नहीं हो सकता। इसी लिए इस विचारधारा को माननेवाले भौतिकतावादियों के ऐन विपरीत वस्तु स्थिति के अध्ययन को गौण मानते हैं और मनुष्य के आंतरिक जीवन पर केंद्रित होते हुए उसके आध्यात्मिक पहलुओं पर ध्यान केंद्रित करते हैं 2 तत्त्व विज्ञान, तत्त्वमीमांसा, आधितात्विकी, अमूर्त सैद्धांतिकी

metaplasis /मिटैप्लअसिस/ *n.* 1 ऊतक रूपांतरण 2 परिपक्वता, आयु की पूर्ण विकासावस्था, युवा या प्रौढ़ होने का काल

metaplasm /मेटअप्लैज्म/ *n.* 1 अजीव द्रव्य, निर्जीवांश द्रव्य 2 *ling.* शब्द में अक्षरों को छोड़कर, जोड़कर या उनका स्थान बदलकर शब्द-परिवर्तन

metapsychology /मेटअसाइकौलजि/ *US*/मेटअसाइकाःलजि/ *n.* 1 सिग्मंड फ्रॉयड (Sigmund Freud) द्वारा स्थापित मनोवैज्ञानिक पहलुओं का अतिसैद्धांतिकरण यानी उन सिद्धांतों की स्थापना जिन्हें प्रयोगों आदि द्वारा सिद्ध नहीं किया जा सकता 2 अधिमनोविज्ञान

metasta\sis /मअटैस्टअसिस/ *n., pl.* **metastases** /मअटैस्टअसीज/ 1 रोग व्याप्ति, शरीर के एक भाग से दूसरे भागों में रोग का फैलाव 2 प्रथम फोड़े से दूसरे फोड़ों को स्थानांतरण 3 एक विषय से दूसरे की ओर आकस्मिक मोड़ 4 रूपांतरण;
dw/lw: **~size** *v., pt.* ~sized, *pp* ~sizing कैंसरनुमा रोगों का

प्रथम फोड़े से निकल कर शरीर के दूसरे भागों में फैलना

metatarsus /मेटअटाःसस/ (*also* **metatarsal bones**) *n., pl.* **metatarsi** /मेटअटाःसाइ/, *anat.* 1 पांव के टखने और अंगूठे के बीच पांच लंबी हड्डियां 2 पांव का वह भाग जहां ये पांच हड्डियां स्थित हैं 3 प्रपद, प्रपदिका, प्रपदास्थि

metatheory /मेटअथिअरि/ *n.* किसी एक सिद्धांत के विषय में (नया) सैद्धांतिक अध्ययन

metathesis /मेटैथअसिस/ *n., ling.* 1 शब्द में वर्णों या ध्वनि के सामान्य क्रम में बदलाव 2 (वर्ण, ध्वनि) विपर्यय अथवा व्यत्यय 3 वर्ण या ध्वनि का स्थानांतरण: **grin → girn (r-metathesis)**

metathorax /मेटअथॉःरैक्स/ *n.* कीट का पश्चवक्ष

métayage/ metayer /मेटेयाःज/ मेटःये/ *n., Fr.* कृषि में अधिया-बटाई की प्रणाली, बटाई, अधबटाई

metazoan /मेटअजोअन/ *n.* बहुकोशिकीय जीव जिनमें भिन्न-भिन्न शारारिक ऊतक होते हैं

mete /मीट/ *v., pt.* **~d**, *pp* **meting** 1 बांट दे: ~ sth out/ ~ out sth 2 देना ~ out punishment; ~ out reward 3 नापना;
n. 1 चौहद्दी 2 *law* हद, सीमा: **~s** and bounds 3 माप;
dw/lw: **~stick/ ~wand/ ~yard** *n.* नाप गज

metempirical /मेटेंपिरिकल/ *adj.* 1 अनुभवातीत, अत्यनुभविक 2 मानव के अनुभव से बाहर या पार स्थित

metempsycho\sis /मटेमसाइको\सिस/ *n.* **~ses** /~सीज/ पुनर्जन्म, देहांतरण

meteor /मीटिअः/ *US* मीटिऑर/ *n.* 1 उल्का, उल्कापात: ~ shower (उल्का-वृष्टि); ~ iron 2 टूटता तारा, उल्का-पिंड 3 टूटते तारा द्वारा आकाश में बनाई जानेवाली तीव्र प्रकाश की रेखा, धूमकेतु (comet);
dw/lw: **~-dust** *n.* अंतर्ग्रहीय धूल; **~-graph** *n.* गिरते तारे का स्थान-मापक यंत्र; **meteoric** /मीटिऔरिक/ *US* मीटिऑःरिक/ *adj.* 1 क्षणप्रभ, अल्प समय में अत्यधिक सफल: ~ic career; ~ic talent 2 उल्का की तरह चमकीला, द्रुतगामी व क्षणभंगुर 3 वायुमंडलीय 4 उल्का-, उल्का-विषयक, उल्कामय; **meteorite** /मीटिअराइट/ *n.* उल्कापिंड, उल्काश्म (उल्काशम); **~oid** /मीटिअरॉइड/ *n.* उल्का पिंड, धरती के वायुमंडल में प्रवेश करने पर उल्का जैसा दिखनेवाला अंतर्ब्रह्मांडीय पिंड

meteorolo\gical /मीटिअ\रअलौजिकल/ *US* मीटिअ\रअलाःजिकल/ *adj.* मौसम विज्ञान संबंधी, वायुमंडलीय: **~gical** conditions; **~gical** radar/ station

meteoro\logy / मीटिअरौ\लजि/ *US* मीटिअराः\लजि/ *n.* मौसम विज्ञान;
dw/lw: **~logist** /~लजिस्ट/ *n.* मौसम वैज्ञानिक;

meter /मीटः/ *n.* 1 *US spelling*, **'metre'** की अमेरिकी वर्तनी 2 बिजली, पानी आदि की खपत मापक उपकरण, मीटर, मापक 3 गाड़ी खड़ी करने का मीटर 4 (***syn.*** speed-meter) रफ्तार-मापक;
v., *pt.* **~ed**, *pp* **~ing** मीटर से मापना;
dw/lw: **~age** /मीटरिज/ *n.* माप का परिणाम; **~ing** /मीटरिंग/ *n.* मीटर से लिया जानेवाला माप: ~ing device; ~ing equipment

-meter *comb. form denoting:* 1 **meter** (मापक): thermometer 2 **feet in poetry** (कविता में पद या छंद): penta**meter**

methadone /मेथअडोन/ *n.* 1 एक प्रकार की दवाई जिससे नशे की लत छोड़ने में मदद मिलती है 2 अफीम आदि का अति क्षीण विकल्प 3 पीड़ाहर

methane /मीथेन/ मेथेन/ *n.* मिथेन गैस

methinks /मीथिंक्स/ *v., pt.* **methought** *old use* मुझे लगता है

method /मेथड/ *n.* 1 (**Methods**) विधि, ढंग, तरीका, रीति, कायदा: comparative/ experimental ~; a new ~ of cure/ application; modern **~s** of language teaching 2 प्रणाली, पद्धति: the ~ of operation; a man of ~ 3 क्रमिकता, क्रमबद्धता 4 (सु)व्यवस्था, योजनाबद्धता: work without ~ 5 क्रम, नियमितता;
dw/lw: **method\ic/ ~icical** /मअथौडि\क/ ~कल/ *US* मअथाःडि\क/ ~कल/*adj.* 1 सिलसिलेवार, क्रमिक, क्रमबद्ध: ~ic work 2 (***syn.*** disciplined) (सु)व्यवस्थित, योजनाबद्ध: be ~ic 3 नियमित: ~ic life; ~ic person; **~ically** /~कलि/ *adv.* सिलसिले से, तरीके से, कायदे से, क्रमानुसार; **~ize** /मेथअडाइज/ *v., pt.* ~ized, *pp* ~izing 1 क्रमबद्ध क. 2 व्यवस्थित रूप दे., सुव्यवस्थित क.;
collocations: **~ acting** (*also* **Method/ the method**) नाटक या फिल्म में भूमिका ऐसे अदा क. जैसे कि अभिनेता पात्र की जिंदगी जी रहा हो;
an alternative/ new/ reliable/ simple/ traditional ~ एक वैकल्पिक/ नया/ भरोसेमंद/ पारंपरिक प्रणाली या तरीका;
p&i: **~ in sb's madness** अव्यवस्था में भी कोई व्यवस्था हो.;
develop/ devise/ use a ~ कोई (नया) तरीका विकसित क./ निकालना/ प्रयोग क.;

Methodist /मेथअडिस्ट/ *n.* चर्च आव इंग्लैंड (Church of England) की एक शाखा जो बाद में ईसाईयत का स्वतंत्र पंथ बन गया

methodological /मेथअडअलौजि\कल/ *US* मेथअडअलाःजि\कल/ *adj.* पद्धति-विज्ञान से संबंधित, क्रिया-पद्धतियों के वर्गीकरण से संबंधित;
dw/lw: **~ly** /~कलि/ *adv.* क्रिया-पद्धति विज्ञान के अनुसार

methodolo\gy /मेथअडौलजि/ *US* मेथअडाःलजि/ *n., pl.* **~gies** 1 पद्धतियों या प्रणालियों का समुच्चय या वर्गीकरण और उनका वैज्ञानिक अध्ययन 2 (पढ़ने या पढ़ाने का) विधि-विज्ञान 3 प्रणाली विज्ञान, विधि-तंत्र 4 विधि-वर्गीकरण

methought /मिथॉट/ *pt.*, **'methinks'** का भूतकालिक रूप

meths *n., [sing.]* 'methylated spirits' का छोटा रूप

methyl /मेथिल/ *n.* मेथिल: ~ alcohol

methylated spirit मेथिलित स्पिरिट, मद्यसार

meticulous /मअटिक्युलस\/ *adj.* 1 सुव्यवस्थित: be ~ in little things 2 (***syn.*** thorough, fastidious) हर बारीकी में जानेवाला, सतर्क, अति सावधान, सही-सही काम करने वाला: ~ planning; be ~ in the choice of words; be ~ in one's dress;
dw/lw: **~ly** /~लि/ *adv.* व्यवस्थित ढंग से, सही तरीके से

métier /मेतिए/ *n., Fr.* 1 पेशा, व्यवसाय, धंधा 2 विशेषज्ञता का क्षेत्र

the Met Office *see above under* **'the Met'**

me time /मी टाइम/ *n.* वह समय जब आप जो करना चाहें कर सकें, आपका अपना समय

Metis /मेटी/ *n.*, **Metis** /मेटी, मेटीज/ कैनेडा में आदिवासी और यूरोपूय माता-पिता की मिश्रित यानी वर्णसंकर संतान

metol/ Metol /मीटौल/ *n.* पानी में घुलनशील रंग (का पदार्थ) जो फोटोग्राफी (डवेलपिंग) में प्रयुक्त होता है

Metonic /मिटॉनिक/ *adj., astron.* चंद्रमा-सौर्य: ~ cycle (चंद्रमा-सौर्य चक्र)

metonym /मेटअनिम/ *n.* लाक्षणिक शब्द, लाक्षणिक प्रयोग;
dw/lw: **~ic(al)** /मेटअनिमिक(ल)/ *adj.* लाक्षणिक; **metonymy** /मिटौनअमि/ *US* मिटाःनअमि/ *n., pl.* **~ies** 1 साहित्यिक रचनाओं में किसी अंश या भाग द्वारा संपूर्ण वस्तु, व्यक्ति या प्रक्रिया का प्रतिनिधित्व (बोतल शराब का) 2 लाक्षणिकता, लाक्षणिक प्रयोग, लक्षणा

me-too *adj.* दूसरे के सफल प्रयोग की देखा-देखी किया जाने वाला कार्य;
dw/lw: **me-tooism** /मीटूइजम/ *n., politics, sl.* दूसरों (विपक्षी दल) के नारों आदि का प्रयोग

metope /मेटोप/ *n. anat.* खोपड़ी का अगला भाग, माथा;
dw/lw: **metopic** /मेटोपिक/ *adj.* माथा से संबंधित

metopos\copist /मेटोपॉस्कअपिस्ट/ *n.* मुखाकृति संबंधी;
dw/lw: **metopos\copy** /मेटोपॉस्कअपि/ *n.* मुखाकृति

metre *UK* (*US* **meter**) /मीटः/ *n.* 1 मीटर (मापने का) 2 छंद, पद,

वृत्त (कविता में)

metre-kilogram-second system (*abbr.* **mks system**) मापन प्रणाली जिसमें मीटर, किलोग्राम, सैकंड क्रमशः लंबाई, वजन और समय के माप की मूल इकाइयां हैं

metric /मेट्रिक/ *adj.* 1 मीटरी: ~ ton (भार नापने की एक इकाई (1 टन = 1000 किलोग्राम) 2 ग्राम, मीटर, लीटर आदि पर आधारित माप प्रणाली से संबंधित;

dw/lw: **metrics** /मेट्रिक्स/ *n.* 1 छंद-शास्त्र, छंद-विधान 2 मापन प्रणाली विज्ञान;

collocations: **the ~ system** दशमलव आधारित माप-तौल प्रणाली या पद्धति

metrical /मेटरिकल/ *adj.* 1 पद्य से संबंधित 2 छंदोबद्ध, पद्यात्मक 3 मापन-प्रणाली से संबंधित

-metric/ -mertrical *comb. form, forming adjectives denoting:* **measurement** (वैज्ञानिक मापन प्रणाली)

metrica\te /मेटरिके\ट/ *v., pt.* **~ted**, *pp* **~ting** मीटरी पद्धति अपनाना;

dw/lw: **metrica\tion** /~शन/ *n.* मीटरी प्रणाली या पद्धति अपनाने की क्रिया

metrician /मिटरिशिअन/ *n.* छंद-पद प्रणाली का विशेषज्ञ

metrics *see above under* **metric: *dw/lw***

metri\fy /मेट्रिफाइ/ *v., pt.* **~fied**, *pp* **~fying** छंदोबद्ध क., पद्य लिखना

metritis /मिट्राइटिस/ *n.* गर्भाशय-शोथ

metro /मेट्रो/ *n., pl.* **~s** 1 भूगर्भगाड़ी 2 भूमिगत रेल गाड़ी प्रणाली 3 ('metro' *from the word* **'meteorological'**) मौसम संबंधी: ~ date/ report (मौसम संबंधी बुलेटिन); ~ message/ service (मौसम संबंधी संदेश या सेवा);

adj. = **metropolitan** *US* बड़े शहरों से संबंधित: the New York ~ area

metrolo\gist /मीट्रौ\लजिस्ट/ *US* मीट्राः\लजिस्ट/ *n.* माप विज्ञानी;

dw/lw: **metrolo\gy** /~लजि/ *n.* माप विज्ञान, मापविद्या, माप-पद्धति

metrono\me /मेट्रअ\नोम/ *n.* लय-ताल माप, लय-तालमान;

dw/lw: **metrono\mic** /~नौमिक/ *US* ~नाःमिक/ *n.* लय-ताल मापी

metronymic /मेट्रअनिमिक/ *adj.* मातृनाम से जुड़ा हुआ;

n. मातृ-नामिक नाम

metropolis /मअट्रौपअलिस/ *US* मअट्राःपअलिस/ *n., pl.* **~es** महानगर, राजधानी

metropolitan /मेट्रअपौलिटन/ *US* मेट्रअपाःलिटन/ *adj.* 1 महानगरीय: a ~ council 2 राजधानी से संबंधित 3 केंद्रीय, देश के मुख्य भाग की या उससे संबंधित (न कि देश के छोटे-छोटे द्वीपों या भागों से) 4 मुख्य चर्च या उससे संबंधित अधिधर्माध्यक्षीय;

n. 1 कैथौलिक और यूनानी ऑर्थोडॉक्स चर्चों का अध्यक्ष (आर्कबिशप के समानांतर), अधिधर्माध्यक्ष 2 राजधानी या देश के मुख्य भाग का निवासी;

collocations: **~ county** इग्लैंड की छः प्रशासनीय इकाइयों (काउंटियों) में से एक

metrorrhagia /मेट्रोरेजिआ/ *n., med.* गर्भाशयी रक्त-स्राव

metrosexual /मेट्रअसेक्शुअल/ *adj.* शहर में रहनेवाला फैशनपरस्त विषमकामी (heterosexual) पुरुष

-metry /मेट्री/ *comb. form, forming nouns denoting:* 1 **science involving measurement** (नाप विज्ञान से संबंधित): geo**metry** 2 (मापन प्रक्रिया)

mettle /मेटल\/ *n.* 1 साहस, जीवट, जिगर, हिम्मत: show one's ~; be on one's ~ (साहसपूर्वक डटना) 2 चरित्र बल: a man of ~ 3 तेज स्वभाव 4 जोश: a horse of ~ 5 उत्साह 6 बहादुरी, दिलेरी;

dw/lw: **mettle\some** /~सम/ *adj.* जीवंत, उत्साही (घोड़ों के बारे में);

p&i: **~ is dangerous in a blind horse** दिलेरी सधी हुई न हो तो जानलेवा होती है; **prove one's ~** अपने आप को सिद्ध क.; **put/ set sb on/ upon/ to his ~** *or* **try sb's ~** किसी की हिम्मत की परीक्षा ले.

meunière /मेनीएअर/ *adj.* थोड़ा आटा लगाकर मक्खन में हल्के-हल्के तली हुई (मछली)

meum /मीअम/ *Lat.*: **~ et tuum** मेरी और तेरी (संपत्ति), मेरी-तेरी

MeV *abbr.*, 'mega-electron-volt/s' का संक्षेप

mew /म्यू/ *n.* 1 (***syn.*** seagull) सामुद्रिक गंगाचिल्ली 2 (***syn.*** cage) पिंजड़ा 3 बिल्ली की म्यांव, म्यांऊ;

***v.**, pt.* **~ed**, *pp* **~ing** म्यांऊ-म्यांऊ क.

mewl /म्यूल/ *v., pt.* **~ed**, *pp* **~ing** रिरियाना, पिनपिनाना, बच्चे द्वारा दबी आवाज में रोना

mews /म्यूज/ *n., pl.* **mews**/ **~es** अहाते या चौराहे के चारों ओर बने अस्तबल समूह, अश्वकोष्ठ;

collocations: **~ house** *UK* (*US* **carriage house**) अश्वकोष्ठ

MEX *abbr.*, 'Mexico' मैक्सिको के अंतर्राष्ट्रीय वाहन रजिस्टेशन अक्षर (*IVR*)

Mex. *abbr.*, 'Mexico/ Mexican' का संक्षेप

Mexico /मैक्सिको/ *n.* मैक्सिको;

dw/lw: **Mexican** /मैक्सिकन/ *adj.* 1 मैक्सिको का: **Mexican** Rank (अस्थायी पद) 2 मैक्सिको निवासी;

collocations: **Mexican wave** खेल के मैदान की दर्शक दीर्घा में बैठे दर्शकों द्वारा पंक्ति-दर-पंक्ति बारी-बारी से खड़ा होकर हाथ हिलाने ओर फिर उसी क्रम में बैठ जाने की क्रिया

mexometer /मिक्सोमीटः/ *n.* दूरीमापक यंत्र

MEZ *abbr.* 'Mitteleuropäische Zeit' '(Ger.) की प्रथमाक्षरी (केंद्रीय यूरोपीय समय)

mezzanine /मेजअनीन/ मेत्सेनीन/ *n., pl.* **~s** 1 परछत्ती, दुछत्ती, म्यानी 2 दो मंजिलों के बीच का (बिचला) तल्ला या तल: ~ floor 3 = **entresol** रंगमंच का तहखाना;

collocations: **~ finance/ ~ funding** *business* बैंक आदि के ऋण के बीच में किसी राशि का भुगतान

mezzo /मेत्सो/ *adv., music* साधारण मध्यम (स्वर): ~ forte or ~ piano

mezzotint /मेत्सोटिंट/ *n.* तांबे की प्लेट से की जाने वाली छपाई

MF *abbr.*, 'machine finished' (paper)/ 'medium frequency'/ 'multi-frequency' की प्रथमाक्षरी

mf *abbr., music* 'mezzo forte' का संक्षेप (तेज आवाज का)

mfrs *abbr.*, 'manufacturers' का संक्षेप

mg *abbr.*, 'milligram/s' का संक्षेप

MGM *abbr.*, 'Metro-Goldwyn-Mayer' की प्रथमाक्षरी

Mgr *abbr.*, 'manager/ Monseigneur/ Monsignor' का संक्षेप

MHR *abbr.*, 'Member of the House of Representatives' की प्रथमाक्षरी

MHz *abbr.*, 'megahertz' का संक्षेप

MI *abbr.*, 'Michigan', 'Military Intelligence' की प्रथमाक्षरी

MI5 *abbr.*, 'Military Intelligence, section 5' की प्रथमाक्षरी

MI6 *abbr.*, 'Military Intelligence, section 6' की प्रथमाक्षरी

mi /मी/ *n.* संगीत का तीसरा स्वर, 'गा'

MIA *abbr.*, *US* 'missing in action' की प्रथमाक्षरी

miaow *UK* (*US* **meow**) /मीआउ/ *n.* म्यांउ, बिल्ली की आवाज

miasma /मीऐज\मा/ माइऐज्मा/ *n., pl.* **miasmata**/ **~s**, *lit.* 2 दलदल आदि में उठने वाला बदबूदार भाप का बादल, विषाक्त वाष्प, वायु-प्रदूषण: a ~ of stale alcohol 2 वायुमंडल या वातावरण का बुरा प्रभाव;

dw/lw: **mias\mal** /~मल/ *adj.* विषाक्त वाष्प से भरा; **mias\mic/ mias\matic** /~मिक/ ~मैटिक/ *adj.* सड़ांधयुक्त, विषाक्त वाष्प से संबंधित

Mic. *abbr.*, **'Micah'** (Book of the Bible) का संक्षेप

mic /माइक/ *n.* = **microphone**
mica /माइका/ *n., pl.* **~s** अभ्रक, अबरक;
dw/lw: **~ceous** /माइकेशिअस/ *adj.* अभ्रकी, अभ्रकाभ
mice /माइस/ *n. [pl.]* **'mouse'** का बहुवचन, चूहे
Mich. *abbr.,* 'Michaelmas/ Michaelmas term' का संक्षेप
Michaelmas /मिकलमअस/ *n., Christ.* 29 सितंबर को संत मिखाइल (St. Michael the archangel) के सम्मान में किया जाने वाला समारोह;
collocations: **Michelangelo term** 'St. Michael the archangel' के सम्मान में ऑक्सफोर्ड और कैंब्रिज आदि विश्वविद्यालयों में सितंबर के महीने (29 सितंबर के आसपास) में शरद्‌कालीन अवकाश
Michelangelo virus *comput.* कंप्यूटर में जब 6 मार्च दिखता है तो कंप्यूटर में जमा सारी सूचनाओं को नष्ट करने वाला वाइरस फैल सकता है
Mick *n. sl.* 1 कुछ लोगों के लिए (विशेषकर आयरलैंड वासियों के लिए) अपमानजनक शब्द 2 *esp. Austral.* रोमन कैथौलिक
mickey /मिकि/ *n.* जंगली सांड: **take the ~ (out of sb)** *UK* किसी के ऊपर हंसना या उसका मजाक बनाना
Mickey Finn (*also short* **Mickey**) *n. pl.* **Mickey Finns** *sl.* शराब का ऐसा पैग जिसमें पीने वाले को ध्वस्त या शिथिल करने के लिए चुपके-से कोई नशीला या जुलाब वाला पदार्थ मिला दिया जाता है
Mickey-Mouse *n.* 1 नकल करके बनाया हुआ घटिया किस्म का माल: ~ version of sth 2 अति साधारण या सरल, अव्यावसायिक
mickle/ muckle /मिकल/ मकल/ *archaic or N. Eng. dialect & Scots* 1 *adj.* काफी, बड़ा 2 *adv.* बहुत 3 *n.* बहुत सारी मात्रा;
p&i: **many a mickle makes a muckle** बूंद-बूंद से सागर बन जाता है/ बूंद-बूंद से घड़ा भर जाता है
MICR *abbr., comput.* 'magnetic ink character recognition' की प्रथमाक्षरी
micro /माइक्रो/ *n., pl.* **~s** *colloq.* 1 छोटा कंप्यूटर, माइक्रो प्रोसेसर 2 माक्रोवेव चूल्हा
micro- /माइक्रो-/ *comb. form, denoting:* 1 **very small** (बहुत छोटा) 2 **one millionth part** /106/ (दस लाखवां भाग) 3 **used in microscopy** (माइक्रोस्कोपी में प्रयुक्त) 4 (***anton.*** macro) **dealing with minute quantities** (बहुत छोटी मात्राओं, वस्तुओं आदि के संबंध में): a ~chip (कंप्यूटर में प्रयुक्त होनेवाली छोटी-सी मैमोरी चिप (छोटा-सा सूचना संग्रहण पटल)
micro\be /माइक्रो\ब/ *n.* सूक्ष्म जीव, रोगाणु, जीवाणु;
dw/lw: **~bial** /~बिअल/ *adj.* सूक्ष्मजीवी (रोगाणु); **micro\biologist** /~बायौलजिस्ट/ *US* ~बायाःलजिस्ट/ *n.* सूक्ष्मजीवाणु विशेषज्ञ; **micro\biology** /~बायौलजि/ *US* ~बायाःलजि/ *n.* सूक्ष्म जीव-विज्ञान, सूक्ष्म जैविकी; **~chip** /~चिप/ *n.* माइक्रोचिप, कंप्यूटर में प्रयुक्त होने वाला एक छोटा-सा टुकड़ा जिसमें सूचनायें जमा होती हैं; **~climate** /~क्लाइमेट/ *n.* छोटे-से क्षेत्र का या स्थानीय जलवायु; **~code** *n.* छोटे-छोटे आदेशों की कड़ी; **~computer** *n.* लघु कंप्यूटर; **~cosm** /~कौजम/ *n.* 1 लघु ब्रह्मांड, पिंड 2 लघु जगत 3 छोटी दुनिया 4 बड़ी वस्तु या प्रक्रिया का छोटा रूप: ~cosm of culture (संस्कृति का लघु जगत); **~dot** /~डौट/ *n.* लगभग एक मिलिमीटर की छोटी-सी फोटो; **micro\-economics** *n.* व्यष्टि अर्थशास्त्र, ऐसा अर्थ शास्त्र जिसमें अलग-अलग परिवारों या कंपनियों की आर्थिक परिस्थितियों का अध्ययन किया जाता है; **~-electronics** *n.* सूक्ष्म इलेक्ट्रॉनिकी; **~fibre** (*US* **~fiber**) पोशाक (suit) आदि बनाने के लिए बहुत हल्का व गर्म कपड़ा; **~film** *n.* लघु फिल्म, माइक्रो फिल्म: ~film reader (माइक्रोफिल्म पठन-यंत्र); **~fiche** /~फीश/ *n.* एक ऐसी फिल्म जिसमें सूचनाएं अति सूक्ष्म अक्षरों में लिखी रहती है; **~gamete** /~गमीट/ *n.* लघुयुग्मक; **~gram** /~ग्राम/ ~ग्रैम/ *n.* माइक्रोग्राम; **~graph** /~ग्राफ/ *n.* सूक्ष्मलेखी; **~gravity** *n.* न्यूनतम गुरुत्व अवस्था; **~light/ ~light plane** *n.* अति सूक्ष्म विमान; **~manipulation** *n.* अति सूक्ष्म उपकरण के प्रयोग की तकनीक; **~meter/ ~metre** /माइक्रौमीटर/ *n.* सूक्ष्ममापी; **~mesh** *n.* ऊनी वस्त्र बनाने की अति सूक्ष्म जाली; **~miniturise** *v., pt.* ~miniturised, *pp* ~miniturising वैज्ञानिक उपकरणों को सूक्ष्म से सूक्ष्म बनाना; **micron** *see below under separate entry*; **~nutrient** /~न्युट्रिअंट/ *n., biol.* अति सूक्ष्म मात्रा में प्रयुक्त आहार तत्त्व; **~-organism** *n.* अति सूक्ष्म जीव; **microphone** *n.* माइक्रोफोन, ध्वनिग्राहक; **~phyll** *n.* लघुपर्ण; **microprocessor** *n.* कंप्यूटर का वह हिस्सा जो सारे कल-पुर्जों को नियंत्रित करता है, सूक्ष्म संसाधक; **~pyle** /माइक्रअपाइल/ *n.* बीजांडद्वार; **~scope** /माइक्रअस्कोप/ *n.* सूक्ष्मदर्शी, खुर्दबीन, दूरबीन; **~scopy** /माइक्रौस्कअपि/ *n.* सूक्ष्मदर्शिकी: under a ~scopy (सूक्ष्मदर्शी के नीचे); **~scopic** *adj.* अतिसूक्ष्म; **~second** *n.* सेकिंड का दस लाखवां भाग; **microseism** /माइक्रसाइज्म/ *n.* सूक्ष्मभूकंप; **~spore** /~स्पॉः/ *n.* लघुबीजाणु; **~surgery** *n.* शल्य-क्रिया की अति सूक्ष्म व जटिल विधि; **~tome** /माइक्रअटोम/ *n.* सूक्ष्मतक्षणी, सूक्ष्मकर्तक; **~tomy** /माइक्रअटोमि/ *n.* सूक्ष्मतक्षण (सूक्ष्मदर्शी परीक्षण के लिए अति सूक्ष्म कटाई का उपकरण); **microwave** *n.* 1 सूक्ष्म विद्युत तरंग 2 भोजन पकाने के ऑवन में प्रयुक्त सूक्ष्म विद्युत तरंग; **~wave** *v. pt.* ~waved, *pp* ~waving माइक्रोवेव ऑवन में खाना बनाना या गर्म क.
micron /माइक्रौन/ *US* माइक्राःन/ *n.* मीटर का दस लाखवां भाग, माइक्रॉन
mictura\te /मिक्ट्युरे\ट/ *US* मिक्च्यरे\ट/ *v., pt.* **~ted,** *pp* **~ting** पेशाब क.;
dw/lw: **~tion** /~शन/ *n.* मूत्रण, पेशाब करने की क्रिया
mid /मिड/ *adj.* मध्य भाग से संबंधित: in ~-Atlantic; ~ leg walk (घुटनों तक); ~ leg (deep) through the mud
mid- /मिड-/ *prefix* मध्य-, में: **mid**channel (मध्यधारा);
dw/lw: **~-air** *n.* बीच हवा में, बीच आसमान में: in ~air; **~-Atlantic** *adj.* ब्रितानवी और अमेरिकी लहजों से मिश्रित (अंग्रेजी बोली); **~brain** *n.* दिमाग का वह हिस्सा जो दिमाग के अग्र (forebrain) भाग और पाश्च (hindbrain) भागों को जोड़ता है; **~-course** *n.* किसी कार्य का मध्य-बिंदु: in ~-course (मझधार में); his speech was arrested in ~-course; **~day** *n.* मध्याह्न: ~day meal; the heat of the ~day sun; **~field** *n.* 1 (फुटबॉल के खेल में) मध्यवर्ती मैदान, मैदान के बीच का भाग 2 (**the ~field**) मध्यवर्ती मैदान में खेलने वाले खिलाड़ी; **~heaven** *n.* मध्याकाश; **~land** *n.* किसी देश का मध्य भाग (*see also below under separate entry*); **~-life** *n.* जीवन का मध्य भाग: ~-life crisis (जीवन के मध्य का ऐसा समय जब व्यक्ति अपना आत्मविश्वास खोकर भविष्य के बारे में चिंतित रहने लगता है); **~night** *n.* मध्यरात्रि, आधी रात, रात के बारह बजे: ~night hours; ~night train; burn ~night oil (देर रात तक काम क.); ~night sun (गर्मियों में उत्तरी और दक्षिणी ध्रुवीय प्रदेशों में रात के बारह बजे भी रहने वाला प्रकाश); **~point** *n.* मध्यबिंदु; **~-range** *adj.* औसत दर्जे का; **~rib** /मिडरिब/ *n.* पत्ते के बीचोंबीच की नस, मध्यशिरा; **~riff** /मिडरिफ/ *n.* शरीर का छाती से कमर तक का भाग, मध्यच्छद; **~-season** *adj.* ऋतु-मध्य की: ~-season variety; **~ship(s)** *n.* पोतमध्य; **~shipman** *n.* प्रशिक्षणरत युवा नौसैनिक; **midst** *see below under separate entry*; **midstream** *see below under separate entry*; **~summer** *n.* गर्मियों के सबसे बड़े दिन के आसपास का समय, मध्य-ग्रीष्म (21 जून के आसपास का समय): Midsummer Day/ Midsummer's Day (24 जून); ~summer madness (पागलपन); **~term** /मिडटःम/ *n.* 1 शैक्षणिक सत्र का मध्य 2 किसी के आधिकारिक नियुक्ति काल की मध्यावधि 3 सत्र का मध्य अवकाश: ~term election; **~town** *n.* नगर का मध्य भाग, मध्य नगर; **~way** *adv.* 1 बीचों बीच 2 समय या दूरी के दो छोर बिंदुओं के बीच का बिंदु: ~way between sth and sth; ~way through

sth; **~week** *n.* सप्ताह का बीच, विशेषकर बुधवार; **~week** *adj., adv.* सप्ताह के बीच का: a ~week game/ match; **the Midwest** *n.* अमेरिका का उत्तरी-मध्य भाग; **Midwestern** *adj.* अमेरिका के उत्तरी-मध्य भाग से संबंधित; **~wicket** *n.* क्रिकेट में बीच का विकेट; **~wife** /मिडवाइफ/ *n., pl.* midwives /मिडवाइव्ज/ दाई, प्रसाविका, धात्री; **~wifery** /मिडवाइफ्रि/ *n.* दाई का कार्य, धात्री-विद्या, प्रसूति-विद्या, कुमारभृत्य: ~wife toad (एक यूरोपीय मेढक जो पानी से बाहर रहता है और प्रजनन क्रिया करता है); **~winter** *n.* 1 मध्य शीतकाल 2 सबसे छोटे दिन यानी 22 दिसंबर के आसपास का समय; **~year** *n.* 1 वर्ष का मध्य भाग 2 (*usually* **midyears**) *US* शैक्षणिक सत्र के बीच में होनेवाली परीक्षा

(the) Midlands /मिडलंड्स/ *n.* इंग्लैंड का मध्य भाग जहां बहुत बड़े-बड़े औद्योगिक शहर हैं, मध्य देश

midmost *see under* '**middlemost**'

mid on/ mid off /मिडऑन/ मिडऑफ/ *n.* (क्रिकेट में) गेंदबाज के बायीं और दायीं ओर के क्षेत्र रक्षण स्थान, मिड-ऑन, मिड-ऑफ

Midas touch /माइडअस-टच/ *n.* मिडास स्पर्श, पारस स्पर्श

midden /मिडन/ *n., mainly used in dialect* 1 कूड़े का ढेर, गोबर का ढेर, कूड़ा-कर्कट, घूरा: ~-cock; ~-stead 2 गंदी जगह

middle /मिडल/ *n.* 1 बीच: in the ~ of the speech/ of the reading/ of dinner 2 केंद्र 3 कमर, कटि: seize sb round the ~; a pain in sb's ~ 4 मध्य भाषा (उदाहरणतः पुराने और आधुनिक कालों के बीच के समय की अंग्रेजी) 5 मध्य पद 6 मध्य भाग, मध्य बिंदु: the ~ of life; he was up to his ~ in water 7 मध्य मार्ग, बीच का रास्ता: ~ ground;

***v.**, pt.* **~d**, *pp* **middling** 1 मध्य में रखना 2 दोहरा क. 3 (क्रिकेट में) बैट के मध्य से गेंद को मारना;

adj. 1 बीच का, बिचला, बिचली: ~ finger (मध्यमा) 2 बराबर का 3 मध्यवर्ती, मध्य में: ~ latitude 4 मध्यम, दरमियानी 5 नर्म विचारों का (not extreme) 6 दो अतिवादी दृष्टिकोणों आदि के बीच का: the ~ way; take a ~ course;

dw/lw: **middle\-aged** *adj.* अधेड़; **~brow** /मिडलब्रो/ *adj.* सामान्य बुद्धिवाला; **~-class** *n.* मध्य वर्ग; **~-class** *adj.* मध्यवर्गीय मध्यवर्गी: ~-class prejudices; **Middle\-English** *n.* मध्य अंग्रेजी; **~-ground** *adj.* 1 उथला 2 बंदरगाह के प्रवेश और दूर-मध्य सागर की स्थिति 3 बीच का रास्ता; **~-late** *adj.* मध्य देरी की; **~man** *n., pl.* ~men दलाल, बिचौलिया; **middle\most** *adj.* मध्यवर्ती, ठीक मध्य में: ~most's knot; **middle\-of-the-road** *n.* 1 राजनीति आदि में मध्य मार्ग, मध्यम मार्ग (न अधिक गर्म, न ज्यादा नर्म दल), मध्यम 2 गीत में मध्यम स्वर आदि 3 अत्यधिक साधारण या सड़कछाप; **~-sized** *adj.* बिचले कद का, मंझला; **~weight** /मिडलवेट/ *n.* 60 से 72.5 किलोग्राम तक के भारवाला मुक्केबाज;

collocations: ~ **age** अधेड़ अवस्था, मध्यवय; **(the) Middle Ages** मध्य युग, मध्य काल; **~-age spread**/ **~-aged spread** कमर के चारों ओर जमी चर्बी जो अधेड़ उम्र की द्योतक होती है; **Middle America** 1 मैक्सिको और मध्य अमेरिका का क्षेत्र 2 अमेरिका के औसत आय वाले और शिक्षा प्राप्त लोग, जो प्रायः पारंपरिक विचारों के होते हैं और मतदाता के रूप में वे किसी भी दल के लिए महत्त्वपूर्ण होते हैं; ~ **C** 1 पिआनो के मध्य में C 2 छपे संगीत नोटों (स्वरों) में विशेष स्थान पर स्थित पंक्ति; ~ **class** मध्य वर्ग; ~ **course** मध्य मार्ग; ~ **distance** बीच की दूरी, आधा रास्ता; ~ **ear** मध्य कर्ण; **(the) Middle East** पश्चिमी एशिया/ मध्यपूर्व एशिया; **Middle Eastern** मध्यपूर्व एशियायी; **Middle England** इंग्लैंड के औसत आय वाले और शिक्षा प्राप्त लोग, जो प्रायः पारंपरिक विचारों के होते हैं और मतदाता के रूप में वे किसी भी दल के लिए महत्त्वपूर्ण होते हैं; ~ **finger** बीच की उंगली, मध्यमा: ~ finger salute (1 अक्सर सड़क पर गाड़ी चलाते समय आए गुस्से का इजहार 2 मुट्ठी भींचकर, उसके बीच से अंगूठा निकालकर क्रोध भरा अश्लील संकेत, अंगूठा दिखाने की क्रिया); ~ **ground** बीच का रास्ता या हल (*see also under* ***dw/lw***); ~ **income** न अमीर, न गरीब, मध्य वर्गीय आय; ~ **managers** मध्यम स्तर के प्रबंधक; ~ **name** प्रथम नाम और उपनाम के बीच का नाम; ~ **school** मिडिल स्कूल, माध्यमिक विद्यालय या पाठशाला; ~ **term** मध्यपद, मध्यावधि (सत्र);

p&i: **~-of-the road** नर्म पक्ष; **be in the ~ of doing sth** किसी काम में व्यस्त हो.; **be sb's ~ name** किसी की विशेषता हो.; **knock sb into the ~ of next week** पीट-पीट कर किसी का कचूमर निकालना; **sb's ~** कमर; **in the ~ of nowhere** बहुत दूर, जहां आस-पास कुछ न हो; **~ of the night** मध्य रात्रि; **~ of the road** औसत दर्जे का

middling /मिडलिंग/ *adj. & adv.* 1 साधारण, मामूली, अतिसामान्य 2 मध्यम, औसत: fair to ~ (औसत से थोड़ा-सा अच्छा) 3 मंझला: of ~ size; ~ tall; How are you ? – middling (क्या हाल है?–न बुरा, न अच्छा)

Midx *abbr.*, 'Middlesex' का संक्षेप (इंग्लिश काउंटी मिडलसेक्स)

middy /मिड्डि/ *n., pl.* **middies** *Austral., colloq.* 1 बीयर की मात्रा का द्योतक 2 *short,* **'midshipman'** का छोटा रूप, नाविक: ~ blouse (नाविक का टी-शर्ट)

midge /मिज/ *n.* 1 एक प्रकार का मच्छर 2 बौना, बालिश्तिया आदमी

midget /मिजिट/ *n.* 1 बौना, नाटा, बालिश्तिया व्यक्ति, लघु रूप 2 दूसरों से छोटी वस्तु;

adj. (अति) लघु

MIDI *abbr.* 'musical instruments, devices and computers' की प्रथमाक्षरी (इलैक्ट्रोनी संगीत वाद्यों को कंप्यूटर से नियंत्रित करने की एक प्रणाली)

midi /मिडी/ *n., pl.* **~s** 1 मिडी 2 घुटने और टखने के बीच तक पहुंचने वाला स्कर्ट आदि 3 मध्यम लंबाई का कोट

midi- *pref., denoting:* **medium size** (मध्यम लंबाई-चौडाई): midi-skirt

midi system छोटे-छोटे भागों से बना हाई-फाई सिस्टम

midst /मिड्स्ट/ *n.* 1 के बीच में, के मध्य में 2 किसी चीज या कार्य के बीच में: in the ~ of sth 3 किन्हीं लोगों के बीच में: in our ~ (हमारे बीच में, हम लोगों के बीच में)

midstream /मिडस्ट्रीम/ *n.* मध्य धारा, मझधार;

p&i: **change horses in** ~ किसी काम के बीच में ही मुख्य कार्यकर्ताओं को बदलना; **in the** ~ मझधार में; **she cut him off in** ~ उसने उसे बीच में ही काट दिया

mien /मीन/ *n., lit.* 1 चाल-ढाल या रूप-रंग 2 रंगढंग 3 आकृति, मुखाकृति, मुद्रा: lofty ~ (गौरवमय मुद्रा) 4 हाव-भाव: with an indignant ~; with (a) sorrowful ~

miff /मिफ/ *n.* 1 नाराजगी 2 कहा-सुनी, छोटा-मोटा झगड़ा 3 खीज, झुंझलाहट;

***v.**, pt.* **~ed**, *pp* **~ing** 1 किसी को नाराज क., किसी को ठेस पहुंचाना, आहत क. 2 (*usually* **~ed at/ about/ with sb** or **sth**) आहत हो. या महसूस क., रुष्ट हो जा.;

dw/w: **~ed** /मिफड/ *adj.* रुष्ट, आहत; **miff\y** /मिफि/ *adj., degr.* **miff\ier, miff\iest** बहुत जल्दी आहत होनेवाला, अति भावुक

MIG, mig /मिग/ *n.* acronym, 'Mikoyan-i-Gurevich' का आदिवर्णी शब्द, रूस-निर्मित लड़ाकू विमान

might[1] /माइट/ *modal/ aux. verb* 1 '**may**' का भूतकालीन रूप: he ~ be of some help 2 (*sometimes* **might well**) संभावना का द्योतक: she ~ well be right (वह सही हो भी सकती है) 3 आज्ञा मांगने का द्योतक: might I speak? (क्या मैं बोल सकता हूं?) 4 यद्यपि: you ~ be the boss, but you are still an idiot (यद्यपि आप बॉस हैं, तिस पर भी आप काठ के उल्लू हैं); you ~ like/ want to go to the theatre *UK* (आप शायद थियेटर जाना चाहें)

might[2] *n.* 1 शक्ति, बल, महाबल: the whole ~ of the country

2 पराक्रम 3, सामर्थ्य: work with all one's ~;
dw/lw: **might-have-been/ the might-have-been**, *pl.* **might-have-beens** अनहोनी घटनाएं, जो हो सकता था: he is a ~'ve been; ~'ve been operation; **~ily** /माइटिलि/ *adv.* 1 अत्यधिक, बहुत अधिक 2 प्रभावशाली ढंग से; **~iness** /माइटिनेस/ *n.* 1 शक्ति, महाबल 2 महानता;
p&i: **might is right** जिसकी लाठी उसी की भैंस, समरथ को नहीं दोष गुसांई **with ~ and main** पूरे दल-बल से, संपूर्ण शक्ति के साथ
mightn't /माइटंट/ *UK* **'might not'** का संक्षेप
might've /माइटव/ **'might have'** का संक्षेप
mighty /माइटि/ *adj., degr.* **mightier**, **mightiest** 1 पराक्रमी 2 महाबली, शक्तिशाली: the ~ ocean 3 (***syn.*** great) महान: ~ nation 4 प्रकांड: ~ works 5 अत्यधिक: he was in a ~ hurry; ***adv.*** *US* 1 बहुत: ~ rich/ wise; ~ pretty 2 (***syn.*** really) सच्च में;
p&i: **be high and ~** 1 अहंकार के नशे में धुत्त हो. 2 दूसरों को हीन समझना
mignon /मिन्यौं/ *adj., Fr.* 1 नाजुक, पतला-दुबला 2 छोटा और नर्म
migraine /माइग्रेन/ *n.* आधे सिर का दर्द, अधकपारी, आधासीसी, अधसीसी;
dw/lw: **~ous** /माइग्रेनिअस/ *adj.* आधे सिर का दर्दवाला
migrant /माइग्रंट/ *n.* प्रवासी: ~ labour/ workers (प्रवासी श्रमिक)
migra\te /माइग्रेट/ *v., pt.* **~ted**, *pp* **~ting** 1 पक्षियों द्वारा थोड़ी अवधि के लिए एक प्रदेश से दूसरे प्रदेश जा. 2 (***syn.*** emigrate) देशांतरण क., प्रवास क., परदेश जा कर बसना, प्रवास क., प्रव्रजन क. 3 विभिन्न स्थानों में बसना 4 स्थानांतरण क., स्थान बदलना 5 बंजारों की तरह घूमते र. 6 एक विद्यालय छोड़कर दूसरे में जा.;
dw/lw: **~te-station** *n.* घुमंतू पक्षियों की उड़ान की देख-रेख करने के लिए स्थायी चौकी; **migra\tion** /~शन/ *n.* 1 प्रवास, प्रवसन, प्रव्रजन, देशांतरण 2 स्थानांतरण: ~tion of bids; ~tion area/ length; **migra\tory** /माइग्रअटरि/ *adj.* 1 प्रवासी, प्रव्राजी 2 भ्रमणशील 3 यायावर, बंजारा 4 घुमंतू: ~tory birds;
collocations: **~tion certificate** (विश्वविद्यालय) अंतरण प्रमाणक
mikado /मिकाःडो/ *n.* जापानी सम्राट
Mike /माइक/ *n.* नाटो की संदेश प्रणाली में अक्षर 'M' का द्योतक
mike /माइक/ *n.* 'microphone' का संक्षिप्त रूप: ~ fright (माइक पर बोलने से पहले होने वाला थोड़ा डर, थोड़ी घबराहट)
mil./ milit. *abbr.* 'military' का छोटा रूप
milage = mileage
milch /मिल्च/ *adj.* दूध देने वाली, दुधारू: ~ cow 2 ऐसा व्यक्ति जिससे आसानी से पैसा ऐंठा जा सकता है (लाभ का स्रोत)
mild /माइल्ड\/ *adj., degr.* **milder**, **mildest** 1 (***syn.*** slight) हल्का-फुल्का: ~ gaiety 2 (***syn.*** meek) शांत, नर्म, सौम्य: the **~est** man alive 3 मंद, मध्यम: a ~ form of measles 4 नर्म, मृदु, कोमल: ~ punishment; ~ criticism 5 सुहावना: ~ weather 6 मध्यम कोटि का 7 (***syn.*** equable) अकठोर, जो ज्यादा कड़ा न हो: **~er** measures 8 (***anton.*** hot) कम तेज, कम तीखा: ~ tobacco/ cigarettes;
n. हल्की बीयर: a pint of ~;
dw/lw: **~en** /~न/ *v., pt.* ~ened, *pp* ~ening कोमल, मंद या नर्म हो. या क.; **~ly** *adv.* 1 (***syn.*** slightly) थोड़ा-सा, थोड़ी-सी 2 नर्मी से, शांत स्वर में; **mild\ness** /~नेस/ *n.* 1 सौम्यता 2 नर्मी, मृदुलता 3 हल्कापन; **~-spoken** *adj.* मृदु-भाषी; **~-mannered** *adj.* नर्म-स्वभाव का; **~-tempered** *adj.* शांत स्वभाव का;
collocations: **~ steel** कार्बन की कम मात्रा वाली इस्पात; **~ person** सौम्य व्यक्ति;
a ~ winter नर्म या सुहावनी सर्दी, गुलाबी जाड़ा; **to put it ~** यदि नर्म शब्दों में कहें तो; **as ~ as a dove/ as a lamb/ as May/ as milk** अत्यधिक दब्बू; **~ ale** कम तेज बीयर; **draw it ~!** बढ़ा-चढ़ाकर मत कहो!
mildew /मिल्डयू/ *n.* चेपा, भुकड़ी, फफूंदी, फफूंद;
v., *pt.* **~ed**, *pp* **~ing** फफूंदी लगना;
dw/lw: **~ed** *adj.* जिसके ऊपर फफूंदी लगी हो; **~y** /मिल्डयूवि/ *adj.* फफूंदीदार
mile /माइल/ *n.,* (*abbr.,* **m/ m./ ml**) 1 मील 2 (ब्रिटिश प्रणाली में) मील = 1760 गज = 1.61 किलोमीटर 3 (**miles**) बहुत ज्यादा दूरी या फासला: **~s** away 4 बहुत अधिक 5 **the ~** एक मील की दौड़ का मुकाबला आदि;
dw/lw: **~age** *see below under separate entry*; **~r** /माइलः/ *n.* एक मील की दौड़ दौड़ने वाला धावक; **~ometre/ ~ometer** /माइलॉमीटः/ *n.* मीलमापी, माइलोमीटर; **mile-post** *n./* **milestone** *n.* 1 मील का पत्थर 2 (***syn.*** landmark) जीवन में महत्त्वपूर्ण मोड़ या घटना: a ~stone in sb's life; **~s** /माइल्ज/ *n. [pl.]* 1 मीलों की दूरी 2 अत्यधिक;
p&i: **~s from anywhere** दूर-दराज का क्षेत्र जहां चारों ओर खुला मैदान या समुद्र आदि हो;
feel ~s better पहले से अत्यधिक बेहतर महसूस क., पहले से काफी ज्यादा ठीक हो.; **go the extra ~ for sb/ sth** किसी ध्येय के लिए विशेष प्रयास क.; **live/ be ~s away** मीलों (कोसों) दूर रहना; **missed by a ~** बहुत अधिक फासले से (मीलों से) चूक गया; **run a ~ from sb/ sth** कुछ करने से बहुत डरना; **see, spot, tell, smell, etc. sth a ~ off** उड़ती चिड़िया को पहचान लेना; **stand/ stick out a ~** दूर से दिखना
mileage /माइलिज/ (*also* **milage**) *n.* 1 खरीदने के बाद गाड़ी द्वारा तय किया गया फासला, मील-दूरी, मील संख्या 2 एक लीटर/ दस लीटर आदि ईंधन में गाड़ी द्वारा तय किया जानेवाला फासला 3 (***syn.*** advantage) फायदा 4 मील-भत्ता: ~ allowance; delegates shall receive ~ and per diem 5 मील-भाड़ा 6 सुविधा, लाभ;
collocations: **high ~** नौकरी आदि का लंबा काल
milfoil /मिल्फॉइल/ *n.* सहस्रपर्णी
miliaria /मिलिआरिआ/ *n., med.* 1 घमौरी, अम्हौरी, अम्भौरी 2 पित्ती, गर्मी-दाना
miliary /मिल्यरि/ मिलिएरि/ *adj.* चकत्तेदार, फुंसीदार
milieu /मीलयू/ मीलु/ मीलय/ *n., pl.* **~s/ milieu**, *Fr.* 1 (***syn.*** background) सामाजिक वातावरण, परिवेश 2 पर्यावरण 3 परिस्थितियां
milit. *see above under* **mil.**
mili\tancy /मिलिटंसि/ *n.* 1 लड़ाकूपन 2 युयुत्सा, युद्धप्रियता 3 युद्धसंलग्नता 4 उग्रवाद, आतंकवाद;
dw/lw: **mili\tant** /मिलिटंट/ *adj.* 1 लड़ाकू 2 युयुत्सु, युद्धप्रिय 3 युद्धसंलग्न, युद्धकारी, युद्धमान 4 जुझारू, सक्रिय: a trade union ~tant; ~tant programme 5 उग्रवादी, आतंकवादी 6 प्रयतमान: ~tant church; **~tant** *n.* 1 उग्रवादी, लड़ाकू व्यक्ति 2 जुझारू व्यक्ति; **~tantly** *adv.* जुझारू तरीके से
milita\ria /मिलिटेअ\रिआ/ *n. [pl.]* हथियार, वर्दी, सेना पदक, तमगे व सेना से संबंधित अन्य युद्ध सामग्री;
dw/lw: **milita\rily** /~रिलि/ *adv.* सैनिक रूप से: occupy a town ~rily; **milita\rism** /~रिजम/ *n.* 1 युद्धप्रियता, युद्धसंलग्नता, युद्ध करने के लिए अति क्रियाशीलता 2 सैनिक उद्देश्यों की पूर्ति के लिए अति उग्र प्रयास करने में संलग्नता 3 सैन्यवाद 4 सैनिक मनोवृत्ति; **~ist(ic)** /~रिस्टिक/ *adj.* सैन्यवादी; **milita\rization** /~राइजेशन/ *n.* सैन्यकरण; **milita\rize** /~राइज/ (***anton.*** demilitarize) *v., pt.* ~rized, *pp* ~izing 1 देश का या देश के नागरिकों का सशस्त्रीकरण 2 बड़े पैमाने पर सैन्यकरण क. 3 सेना को बड़े पैमाने पर आधुनिकतम हथियारों से लैस क. 4 अतिवादी सैन्यकरण की भावना का फैलाना
military /मिलिटरि/ *adj.* 1 सैनिक: ~ community; ~

command; ~ conduct (सैनिकों का व्यवहार) 2 सैनिक तंत्र या फौज संबंधी, सैन्य, फौजी: ~ staff; ~ camp 3 सामरिक, समर: ~ offence;

n. 1 सेना, फौज 2 सैनिक तंत्र, युद्ध-तंत्र 3 युद्ध या सैनिक शक्ति

collocations: **~ academy** सैनिक अकादमी; **~ courtesy** 1 सैनिक विनम्रता 2 सैनिक आदर-सत्कार; **Military Cross** (*abbr.,* **MC**) अंग्रेजों के समय में सेना के अफसरों को दिया जाने वाला पदक; **~ adviser/ attaché/ district/ tribunal** सैनिक सलाहकार/ अतशे/ क्षेत्र/ ट्रिब्यूनल; **~ band** सैनिक बाजा (बैंड-बाजा); **~ establishment** सैनिक तंत्र, सैनिक ताम-झाम; **~ fever** मियादी बुखार; **~ force** सैनिक बल, फौज; **~ government** सैनिक सरकार; **~ honours** सैनिक सम्मान; **~ law** फौजी कानून; **~ intelligence** सैनिक गुप्तचर विभाग; **~ man** सैनिक, फौजी; **~ personnel** सेना के कर्मी (अफसर व सिपाही आदि); **~ police** (*abbr.,* **MP**) सैनिक पुलिस; **~ rank** सैनिक पद; **~ rule** सैनिक शासन; **~ science** सैन्य विज्ञान; **~ service** सैनिक सेवा; **~ testament/ will** सैनिक का मौखिक वसीयतनामा; **the military** सेना, फौज, सैनिक समूह

milita\te /मिलिटे\ट/ *v., pt.* **~ted**, *pp* **~ting** 1 (***syn.*** resist) विरोध क., विरोध में संघर्षरत हो. 2 युद्ध क. 3 के प्रतिकूल होना: facts that ~ against the defendant 4 जुझारू संघर्ष क.: ~ against the racialism

militia /मिलिशिआ/ *n., pl.* **~s** नागरिक सेना, जो जरूरत पड़ने पर सेना की मदद करने में तैनात की जा सकती है;

dw/lw: **~man** *n., pl.* ~men नागरिक सेना का सदस्य

milk /मिल्क\/ *n.* 1 दूध, दुग्ध: mother's/ dried/ new/ condensed ~ 2 नारियल आदि का पानी: ~ of almonds;

v., pt. **~ed**, *pp* **~ing** 1 दोहन क. 2 दूहना, दुहना, दूध निकालना 3 पशु द्वारा दूध दे. 4 किसी से चतुराई से कोई गुप्त योजना आदि निकलवाना: ~ a wire/ a telegram (टेलीग्राम आदि को बीच में चतुराई से मार ले.);

adj. 1 दूध का: ~ bar (दुग्ध केंद्र) 2 दूधिया, दुग्ध: ~ chocolate (दूधिया चाकलेट);

dw/lw: **~-and-water** *n.* 1 कमजोर, दुर्बल 2 नीरस, फीका, पतला, निस्सार (भाषण आदि) 3 पतला; **~-cow** *n.* दुधारू गाय; **~er** /मिल्कः/ *n.* 1 दूध दूहने वाला, दोहक, दूध या धार (*Hr.*) निकालने वाला 2 दूध देने वाला पशु 3 दोहनयंत्र; **~-fever** *n.* प्रसूति-ज्वर; **~-gland** *n.* दुग्ध-ग्रंथि; **~-gauge** *n.* लैक्टोमीटर; **~iness** *n.* दूधियापन; **~ing** *n.* दोहन क्रिया; **~ing** *adj.* दोहने की: ~ing machine (दोहन-यंत्र, दूध-मशीन); **~-livered** /~-लिवःड/ *adj.* कायर, डरपोक; **~maid** *n.* दूध दूहने वाली स्त्री, ग्वालिन, गोपी; **~man** *n., pl.* ~men दूधवाला, ग्वाला; **~powder** *n.* दुग्धचूर्ण; **~pudding** *n.* दुग्ध-निर्मित मिष्ठान; **~shake** *n.* मिल्क शेक, दूध व आम आदि से बना पेय; **~sop** /~सॉप/ *n.* दुर्बल या भीरु व्यक्ति; **~-sugar** *n.* दुग्ध-शर्करा; **~-tooth** *n.* दूध का दांत, पातुक दंत; **~-white** *adj.* दुग्धश्वेत; **~y** *adj., degr.* **~ier, ~iest** 1 दूध युक्त, दूधिया 2 दुधिया, दूधिया: ~y juice/ sap; ~y stage (उपज के दानों में दूध पड़ने की अवस्था;

collocations: **~ and honey** ऐशो-आराम, बाहुल्य; **~ brain** दूध पीते बच्चे की मां में हो जाने वाली थकावट एवं मानसिक बिखराव; **~ float** एक छोटी-सी विद्युत दुग्ध गाड़ी; **~ of human kindness** मानवीय करुणा या दयाभाव; **Milk of Magnesia** पाचन-शक्ति बढ़ाने के लिए एक सफेद द्रव; **~ punch** दूध को शराब में मिलाकर बनाया जाने वाला पेय; **~ round** 1 दूधवाले की फेरी 2 ब्रिटेन में विद्यार्थियों को काम के लिए चयनित करने के लिए कंपनियों द्वारा लगाए जाने वाले चक्र; **~ run** *airmen's sl.* 1 कई स्टेशनों पर रुकने वाली दैनिक रेल-यात्रा या उड़ान 2 दूध वाले की फेरी; **~ tree** बलवर्द्धक रस देने वाला वृक्ष; **~ weed** दूध जैसा सफेद रस देने वाले पौधे;

skimmed ~ बिना मलाई का दूध; **the Milky Way** *n.* = **the Galaxy** आकाश गंगा, मंदाकिनी;

p&i: **~ and roses** दूध के साथ लहू; **~ and honey** बहुतायत, बाहुल्य: land flowing with ~ and honey; **~ for babes** सरल व आसान पाठ्य-सामग्री; **~ the bull/ ram** अनहोनी बात करने में समय गंवाना; **~ the market/ the street** शेयर मार्केट आदि का खूब फायदा उठाना;

it's no use crying over spilt ~ अब पछताए होत क्या जब चिड़ियां चुग गईं खेत; **land flowing with ~ and honey** सुख-समृद्धि व बाहुल्य का देश; **the ~ is spilled** अब कार्य को सुधारा नहीं जा सकता

mill /मिल/ *n.* 1 चक्की, पेषणी, पनचक्की: water~ 2 कॉफी के बीज या दाने आदि पीसने के लिए छोटी मशीन: pepper~ 3 फैक्टरी, मिल, कारखाना: a woolen ~ 4 ऐसा संस्थान जिसमें कारखाने जैसी कार्य-प्रणाली व्याप्त हो;

v., pt. **~ed**, *pp* **~ing** 1 (***syn.*** grind, crush) पीसना, दलना 2 मशीन से बनाना 3 (*esp.* **~ about/ around**), *colloq.* एक ही स्थान पर खाली-पीली चक्कर काटना: people **~ing** around outside 4 मलीदा क. 5 सिक्के की किनारी में खांचा बनाना;

dw/lw: **~board** *n.* दफ्ती, कार्ड-बोर्ड; **~-cake** *n.* खली, खल; **~dam** = **~pond** *n.* (मिल में पानी देने के लिए बना) मिल-बांध, तालाब, पुश्ता; **~ed** *adj.* 1 मशीन से तैयार किया हुआ, यंत्रनिर्मित 2 मशीन-कुटा, कुटा हुआ: ~ed rice 3 पिसा हुआ 4 खांचेदार 5 गरारीदार; **~er** *see below under separate entry*; **~-hand** *n.* कारखाना श्रमिक, मिल मजदूर; **~ing** *n.* 1 पेषण, पिसाई 2 मिल से बनाने की क्रिया 3 मिल से खांचे बनाने की क्रिया 4 रेखांकन 5 आवारा घूमने की क्रिया; **mill-owner** *n.* मिल-मालिक; **~stone** *see below under separate entry*; **~stream** *n.* पनचक्की आदि के पंखों पर पड़कर उसके पहियों को घुमानेवाली जलधारा; **~wheel** *n.* पनचक्की आदि के पंख और पहिए, पनचक्की का चक्का; **~-wright** *n.* पनचक्की बनाने या उसकी मरम्मत करने वाला कारीगर;

water-~ *n.* पनचक्की;

collocations: **cotton/ woollen ~** सूती या ऊनी कपड़े का कारखाना; **Mills bomb** हथगोला; **tread ~** 1 पांव-चक्की 2 व्यायाम करने के लिए बिजली या पांव चालित दौड़ने या चलने की मशीन;

p&i: **~ about/ around (sth)** एक ही स्थान पर आवारों की तरह झुंडों में घूमना.;

between the upper and nether ~ stones 1 अत्यधिक दबाव में 2 कुंए और खाई बीच, कांध और खोद बीच (*Hr.*); **draw water to one's ~** स्थिति का फायदा उठाने का हुनर आना; **go/ put/ pass through the ~** 1 कठोर प्रशिक्षण पाना 2 कठिन परिश्रम क. 3 बहुत दुख झेलना; **run of the ~** साधारण या आम लोग; **the ~s of God grind slowly, but exceedingly well** खुदा के घर में देर है, अंधेर नहीं

millenarian /मिलिनेअरिअ\न/ *n.* 1 सहस्राब्दिक 2 सहस्राब्दवादी यानी ईसाई मत की हजार-वर्षीय शिखरता के आने में विश्वास करने वाले मतावलंबी;

dw/lw: **~ism** /~निज्म/ *n.* सहस्राब्दवाद

millena\ry /मिलिनरि/ *n., pl.* **~ies**, *Christ.* 1 ईसाई मत की सहस्राब्दी के आने में विश्वास करने वाला व्यक्ति;

adj. 1 सहस्री 2 सहस्र या सहस्राब्दी से संबंधित

millennial /मिलेनिअल/ *adj.* सहस्राब्दिक

millennium /मिलेनिअम/ *n., pl.* **~s/ millennia** 1 हजार वर्ष का समय 2 (**the Millennium**) सहस्राब्दी 3 स्वर्ण युग, सतयुग

millepede/ millipede /मिलअपीड/ *n.* 1 गोजर, कनखजूरा 2 रामघोड़ी

miller /मिलः/ *n.* पनचक्की का मालिक, चक्की वाला 2 खराद का औजार 3 *sl.* मुक्केबाज;

p&i: **drown the ~** मदिरा में अत्यधिक पानी मिलाना; **too much water drowned the ~** अति सर्वत्र वर्जयेत्

millesimal /मिलेसिमल/ *n.* हजारवां, सहस्रतम, सहस्रांश

millet /मिलिट/ *n.* ज्वार, बाजरा आदि मोटा अनाज;
collocations: **barnyard** ~ सांवां; **common** ~ चेना; **finger** ~ मंड़आ; **great** ~ ज्वार, जुवार; **Italian** ~ कंगनी; **little** ~ कुटकी, कोदों; **pearl** ~ बाजार

milli- /मिलि-/ *comb. form, forming nouns denoting:* **a thousandth part** (हजारवां भाग): millisecond, millimetre

milliard /मिलिआःड/ मिलियाःड/ *n.* 1 एक हजार मिलियन (100 करोड़) 2 एक बिलियन

milligram/ milligramme /मिलिग्रैम/ (*abbr.,* **mg**) *n.* ग्राम का हजारवां भाग = 0.001 ग्राम

millilitre *UK* (*US* **milliliter**) (*abbr.,* **ml**) /मिलिलीटः/ *n.* लीटर का हजारवां भाग = 0.001 लीटर

millimetre *UK* (*US* **millimeter**) (*abbr.,* **mm**) /मिलिमीटः/ *n.* मीटर का हजारवां भाग = 0.001 मीटर

milliner /मिलिनः/ *n.* औरतों की टोपियां बनाने या बेचने वाला;
dw/lw: **~y** /मिलिनअरि/ मिलिनेरि/ *n.* 1 औरतों की टोपियां बनाने या बेचने का काम 2 नारी वस्त्र, नारी-शिरोवस्त्र

milling /मिलिंग/ *n.* 1 अनाज की गहाई, कटाई 2 पिसाई: high/ low ~ (महीन या मोटी पिसाई) 3 (धातु की) खराद 4 बेलन, रोल्लिंग 5 सिक्के के किनारे पर खांचे की बनाई 6 एक स्थान पर चक्कर लगाने की क्रिया: ~ crowds (एक स्थान पर लगी भीड़भाड़);
adj. पिसाई से संबंधित: ~ quality 2 एक जगह पर चक्कर काटनेवाली या भीड़ लगानेवाली: ~ crowds

million /मिलिअन/ *n.* 1 दस लाख (1000,000) या 106 2 (**~s**) कई मिलिअन, बहुत सारे, असंख्य: one in a ~ (लाखों में एक); count by the ~; **~s** of people; they have **~s** and **~s** (उनके पास करोड़ों रुपये हैं); two ~ men; a quarter of a ~ men;
dw/lw: **million\aire** /मिलिअनेअः/ *n.* लखपति, करोड़पति; **~airess** *n.* औरत करोडपति; **~th** /मिलिअंथ/ *serial number* 1 दस लाखवां = 1000,000वां 2 दस लाखवां हिस्सा;
p&i: **be worth ~s** लाखों का हो.; **count by the ~s/ talk in ~s** लाखों में खेलना

millpond /मिलपौंड/ *n.* पनचक्की का तालाब

millisecond /मिलिसेकंड/ (*abbr.,* **ms**) *n.* सेकंड का हजारवां भाग

millstone /मिलस्टोन/ *n.* 1 अनाज पीसने के पत्थर के पाट, चक्की के पाट 2 भारी बोझ;
p&i: **between the upper and the nether** ~ कुंए और खाई बीच हो.; **hard as the nether** ~ चक्की के निचले पाट-सा सख्त 2 अति कठोर, क्रूर; **have/ hang a ~ about one's neck** भारी मानसिक बोझ ढोना; **see far in/ into/ through a** ~ अत्यधिक गहरा पैठना

millstream /मिलस्ट्रीम/ *n.* पनचक्की के पहिए पर पड़नेवाली जलधारा

milometer /माइलोमीटः/ (*also* **mileometer, odometer, the clock**) *n.* मीलमापी

milord /मिलॉःड/ *n.* न्यायाधीश आदि को संबोधित करने के लिए प्रयुक्त शब्द

milt /मील्ट/ *n.* 1 मत्स्यशुक्र 2 तिल्ली, प्लीहा;
v., *pt.* **~ed**, *pp* **~ing** संसेचित क.

Miltonic /मिल्टॉनिक/ *adj.* अंग्रेजी साहित्य के कवि मिल्टन की शैली जैसा या मिल्टन से संबंधित

mime /माइम/ *v., pt.* **~d**, *pp* **miming** 1 मूक अभिनय क. 2 होंठ आदि हिलाकर गाना गाने का अभिनय क.;
n. 1 मूक अभिनय से अभिव्यक्त की जानेवाली रचना 2 (***syn.*** mime artist) इस कला को अपनानेवाला कलाकार 3 प्राचीन यूनानी तथा रोमन रंगशाला में संवादों में अंग-प्रचालन का बाहुल्य;
dw/lw: **~r** /माइमः/ *n.* मूक अभिनय करने वाला कलाकार, स्वांगिया

mimeograph /मिमिअग्राफ/ *n.* 1 स्टेंसिल में टाइप की हुई सामग्री की प्रतिलिपियां बनानेवाली मशीन 2 स्टेंसिल मशीन से बनाई हुई प्रतिलिपि 3 मिमियोग्राफ;
v., *pt.* **~ed**, *pp* **~ing** मिमियोग्राफ से प्रतिलिपियां तैयार क.

mimesis /मिमीसिस/ माइमीसिस/ *n.* 1 (कला और साहित्य में) हू-ब-हू अनुकरण या नकल पर आधारित रचना 2 अनुकरण करने या नकल उतारने की कला 3 किसी व्यक्ति के शब्दों की नकल करते हुए उसके कथनों आदि का प्रयोग

mimetic /मिमेटिक/ *adj.* 1 नकल उतारने वाला, नकलची, अनुकरणशील 2 अनुकरणात्मक, अनुकरणमूलक 3 नकली (not genuine)

mimic /मिमिक/ *v., pt.* **~ked**, *pp* **~king** 1 नकल उतारना: ~ sb's voice and gestures 2 (***syn.*** imitate) किसी अन्य व्यक्ति की तरह व्यवहार क., का अनुकरण क. 3 किसी के सदृश होना 4 किसी वस्तु की नकल क.: ~ marble (संगमरमर जैसी वस्तु बनाना) 5 स्वांग क., किसी रूप या स्थिति में होने का स्वांग रचना;
n. 1 नकल उतारने वाला, नकलची 2 स्वांगिया 3 स्वांग, नकल;
adj. 1 अनुकरणशील, अनुकारी 2 अनुकरणात्मक, अनुकारक 3 नकली;
dw/lw: **~ker = mimic** नकलची; **~ry** /मिमिक्रि/ *n., pl.* **~cries** 1 नकल करने या स्वांग भरने की कला या हुनर 2 नकल उतारने की क्रिया, अनुकरण 3 स्वांग 4 विडंबन, विडंबना 5 अनुकृति, अनुकार, अनुकारिता 6 (***syn.*** close resemblance) किसी जानवर, पौधे आदि से अत्यधिक सदृश्यता

miminy-piminy /मिमिनि-पिमिनि/ *adj.* अति सुकुमार, नाजुक-मिजाज, छुईमुई

mimosa /मिमोसा/ मिमोजा/ *n.; pl.* **~s/ mimosae** /मिमोसीः/ लाजवंती, छुई-मुई का पौधा;
collocations: ~ **pudica** /~ प्युडीक/ लजालू, छुईमुई, लाजवंती

min *n.* 'minute' का छोटा रूप

Min. *abbr.,* 'Minister'/ 'Ministry' का संक्षेप

min. *abbr.,* 'minimum', 'minute/s' का संक्षेप

mina /माइना/ (*also* **myna**) *n.* मैना;
collocations: **bank** ~ चही, दरिया मैना, किलनहिया; **black-headed** ~ पवई; **common** ~ किलहंटा; **gracale** ~ पहाड़ी मैना; **hill/ jungle** ~ पहाड़ी मैना; **Indian** ~ देसी मैना; **red** ~ गुलाबी मैना, तिलवर

mina\cious/ mina\tory /मिने\शिअस/ मिनअ\टरि/ *adj.* धमकी-भरा, धमकाने वाला, भयानक, डरावना;
dw/lw: **~city** /~सिटि/ *n.* धमकी

minaret /मिनअरेट/ *n.* मीनार

minatory *see above under* **'minacious/ minatory'**

minauderie /मिनॉःडरी/ *n., Fr.* 1 ढोंग 2 नखरेबाजी, चोंचलेबाजी

mince /मिंस/ *UK* (*US* **ground beef**) *n.* कीमा, कोफ्ता;
v., *pt.* **~d**, *pp* **mincing** 1 कीमा बनाना, भुर्ता बनाना, काट कर टुकड़े-टुकड़े क. 2 शब्दों आदि की तीक्ष्णता या तीखेपन को हल्का क., कम क., नजाकत से बोलना: not to ~ matters/ one's words (दो टूक बात क., साफ-साफ बात कहना); ~ words with sb/ ~ one's words (बात को थोड़ा नजाकत से कहना) 3 ठुमक-ठुमककर चलना 4 चबा-चबाकर या बनाबनाकर (बनावटी ढंग से) बातें क.;
dw/lw: **mince\d** *adj.* छोटे-छोटे टुकड़ों में कटा हुआ, कीमा बना हुआ: ~d meat; **~meat** *n.* छोटे-छोटे टुकड़ों में कटा हुआ एक प्रकार का फलदार मिष्ठान; **~-pie** *n. UK* गुजिया की तरह का पकवान, कीमा से भरे समोसे आदि; **~r/ mincing-machine** *n.* छोटे-छोटे टुकड़ों में काटने वाला उपकरण; **mincing** *adj.* बनावटी;
p&i: ~ **along** नजाकत से चलना; ~ **one's words/ matters** खुलकर या सीधी बात न क., बात को थोड़ा घुमा-फिराकर या दिखावापूर्ण नजाकत से कहना;
make ~d meat of sb भुर्ता बना दे., धज्जियां उड़ा दे., टुकड़े-

टुकड़े कर दे., कचूमर निकाल दे.

mind /माइंड/ *n.* 1 (***syn.*** intellect) बुद्धि, दिमाग, सोचने की शक्ति: a sound ~ in a sound body (तन चंगा, तो मन चंगा) 2 स्मृति, स्मरण-शक्ति, याद: call sth to ~; this brings to ~ another story 3 मन, मानस, मानस-पटल, चित्त: peace of ~ 4 मत, विचार, राय: to my ~, it is not right; poison sb's ~ against sb (किसी के मन को किसी के विरुद्ध विषाक्त कर दे.) 5 इरादा, इच्छा, मंशा: have a ~ to go; what have you in ~? change/ alter one's ~ 6 मनोभाव, मनोदशा, संतुलन: presence of ~; be of sound ~; his ~ was filled with sad thoughts; it preys on my ~; get sth out of one's ~; be/ go out of one's ~; ~ drive/ send sb out of his ~ 7 मनोवृत्ति, झुकाव: have a good/ a great ~ to do sth 8 ध्यान, एकाग्रता, एकचित्तता: keep one's ~ on the job 9 (***syn.*** brain) बुद्धिमान व्यक्ति: great **~s** of our age 10 बुद्धिमत्ता, विवेक, समझदारी: lose one's ~; possess unusual powers of ~;

v., pt. **~ed**, *pp* **~ing** 1 बुरा मानना: do you ~ if I smoke/ open the window?/ do you ~ my smoking; don't ~ me (मेरी परवाह न करो!) 2 देख-भाल क. 3 मन में संजोना 4 देख-रेख क., रक्षा क. 5 की चिंता क. 6 किसी बात या व्यक्ति का संज्ञान लेना, किसी को पूरी तवज्जोह दे.: ~ what I say 7 किसी चीज या बात से बचना, अपने को बचा कर निकालना 8 किसी बात या कार्य से सावधान र.;

dw/lw: **~-bending** *adj. colloq.* अति आश्चर्यजनक, दिमाग हिला देने वाला; **~-blowing** *adj.* 1 बहुत ही विस्मयकारी, दिमाग हिला देने वाला 2 नशे की उड़ान पर चढ़ाकर सिर चकरा देने वाली; **mind\-boggling** /~बौगलिंग/ *US* ~बाःगलिंग/ *adj.* 1 बहुत ही विस्मयकारी, दिमाग हिला देने वाला; **~ed** /माइंडिड/ *suffix* प्रवृत्ति या रुचि वाला, के लिए मन बनाए हुआ; **~er** /माइंडः/ *n. UK* ध्यान रखने वाला या रक्षा करने वाला: child-~er; **~ful** *adj.* जागरूक, सावधान, खबरदार, सतर्क, सचेत: be ~ful of the danger; be ~ful of one's duties; ~ful of sth; **~fully** *adv.* को ध्यान में रखते हुए, का संज्ञान लेते हुए, ध्यानपूर्वक; **~fulness** *n.* सतर्कता, संवेदनशीलता; **mind\less** /~लस/ *adj.* मूर्ख, असावधान, बिना किसी कारण के, लापरवाह, बुद्धिहीन: ~less violence; be ~less of danger; be ~less of others; **~lessly** *adv.* पागलों की तरह, लापरवाही से; **~lessness** *n.* पागलपन, संवेदनशून्यता; **mind\-numbing** /~नमिंग/ *adj.* मन को सुन्न कर देने वाला; **~-reader** *n.* मन की बात पढ़ लेनेवाला व्यक्ति; **~set** *n.* स्वभाव, रवैया; **~-stuff** *n.* मानस-द्रव्य;

absent-minded *adj.* अन्यमनस्क, खोया-खोया-सा, **double-~ed** *adj.* दुविधा में; **feeble-~ed** *adj.* कमजोर मन; **literature-~ed** *adj.* साहित्य में रुचि रखने वाला; **money-~ed** *adj.* लोभी, लालची, कंजूस; **narrow-~ed** *adj.* तंगदिल, संगदिल, दकियानूस; **open-~ed** *adj.* खुला दिल, अंदर से जैसा है बाहर भी वैसा ही; **single-~ed** *adj.* एकचित्त, मुख्य बात पर ध्यान केंद्रित रखनेवाला;

collocations: **~ and body** तन और मन; **~'s eye** मन की आंख, मानसिक चक्षु, कल्पना शक्ति; **~ field** मन की पहुंच;

an absence of ~ बेखबरी, बेसुधी, बेमनापन, अन्यमनस्कता; **meeting of ~s** मनों का मिलन; **piece of one's ~** फटकार; **presence of ~** हाजिर-जवाबी, तत्काल-बुद्धि; **state of ~** मनोदशा, मनःस्थिति;

p&i: **~ and do what you are told** सावधान, वही करो जो तुम्हें कहा जाए; **~ one's own business** अपने काम से काम रखना; **~ one's Ps & Qs** व्यवहार में चुस्त-दुरुस्त हो.; **~ out!** *UK* 1 सावधान! 2 देखिए (watch out!), मुझे जरा निकलना है; **~ over matter** भौतिक समस्याओं से निपटने के लिए मानसिक शक्ति को काम में लाना; **~ sb's attitude very much** किसी के रवैये का बुरा मनाना; **~ the baby** बच्चे का ध्यान रखना; **~ the dog** कुत्ते से सावधान!; **~ the door!** दरवाजे से सावधान!; **~ the shop/ store** कुछ समय के लिए किसी के स्थान पर किसी कार्य को देखना; **~ the step/ the stairs!** सीढियों पर चढ़ते समय सावधान!; **~ you** ध्यान रहे कि ...; **~ you, bring the book** ध्यान रहे, किताब लाना न भूलिए; **~ your eye** सावधान रहो; **~ your health** अपनी सेहत का ध्यान रखो!; **~ what you are doing!** अपनी करतूतों से सावधान रहो!; **~ your eye!** आंख का ध्यान रखें;

a ~ to do sth कुछ करने का मन या मंशा हो.; **at/ in the back of your ~** मन में हो., जहन में रहना; **a weight off your ~** मन का बोझ हल्का हो जा.; **be all in sb's mind** किसी की कपोल-कल्पना हो.; **bear/ keep sb/ sth in ~** ध्यान में रखना; **be bored/ frightened/ pissed/ stoned, etc. out of one's mind** बहुत उकता/ डर/ झल्ला आदि जा.; **be clear in one's own ~** अपनी मन में स्पष्ट हो.; **be in one's right ~** सहज होना; **be in two ~s** *UK* (*US* **be of two ~s**) दुविधा में हो.; **be/ go out of one's ~** विक्षिप्त हो., बुद्धिभ्रष्ट हो.; **be of one ~/ be of the same ~** एक मत होना, एक मन होना; **be out of one's ~ with worry/ grief, etc.** चिंता या विषाद के कारण विह्वल हो.; **blow one's ~** नशीले द्रव द्वारा दिमाग घुमा दिया जा.; **bring/ call sth /sb to ~** (***syn.*** recall) किसी को या किसी बात को याद क.; **bring one's ~ to bear on sth** किसी बात पर ध्यान दे.; **cast one's ~ back** याद क.; **change your ~** धारणा, राय या इरादा बदलना; **come into ~** याद आना, सूझना; **come/ spring to ~** मन में आना/ अचानक सूझना; **cross one's ~** दिमाग में आना, सूझना; **do you ~/ would you ~** आप नाराज तो नहीं होंगे या आपको कोई एतराज तो नहीं; **give sb a piece of one's ~** किसी को खूब खरी-खोटी सुनाना, खूब फटकार लगाना; **good ~, good find** आप भला, तो जग भला; **go/ pass/ slip out of ~** मन से निकल जा., ध्यान में न रहना, भूल जा.: it went clean out of my ~ (मैं साफ भूल गया); **have a good ~** काफी चाहना, पूरी मंशा हो.; **have a ~ of one's own** अपना दिमाग होना; **have sth on your ~** चिंतित हो., मन पर बोझ हो.; **have half a ~ to** कुछ करने के बारे में ढुलमुल हो.; **have sb/ sth in mind for sth** किसी काम के लिए कोई व्यक्ति ध्यान में हो.; **if you don't ~** यदि आपको एतराज न हो तो...; **if you don't ~ my saying so** यदि आपको मेरी बात पर एतराज न हो तो...; **in a good/ bad state/ frame of ~** अच्छा या बुरा मिजाज हो.; **in the ~'s eye** कल्पना में, मन ही मन; **keep an open ~ on sth** किसी बात के बारे में खुला मन हो.; **know one's own ~** अपने मन को जानना; **lose one's ~** पागल हो जा.; **make one's ~ up** निश्चय क., इरादा कर लेना; **my ~ to me is a kingdom** मन चंगा, तो कठौती में गंगा; **never ~ !** कोई बात नहीं; **never ~ him** उसकी चिंता न करो!; **never ~ the expense** खर्चे की परवाह न करो!; **never you ~** मत पूछो, मैं नहीं बताऊंगा; **of two ~s** ढुलमुल हो.; **out of one's ~** पागल, विक्षिप्त; **out of sight, out of ~** आंख ओझल, तो पहाड़ ओझल; **put in ~** मन ही मन नोट कर लेना; **put/ set/ turn one's ~ to sth** किसी बात पर पूरा ध्यान केंद्रित क.; **put/ set sb's ~ at rest/ ease** किसी की ढाढ़स बंधाकर या किसी को सांत्वना देकर निश्चिंत क.; **put/ get sth out of one's mind** किसी अप्रिय बात या घटना को अपने मन से निकाल दे.; **read sb's ~** किसी के मन की बात जान लेना; **set one's ~ on sth** किसी बात पर एकचित्त हो.; **slip out of one's ~** भूल जा.; **so many men, so many ~s** जितने लोग उतने मत; **speak one's ~** साफ-साफ कह डालना, मन की बात कहना, मन की भड़ास निकालना; **speak one's ~ out** or **tell sb one's ~** or **let sb know one's ~** मन की भड़ास निकाल लेना या मन की बात कह दे.; **take one's ~ off sth** किसी बात से ध्यान हटाना; **the dog ~s his master** कुत्ता अपने मालिक की सुनता

है; **to my** ~ मेरी समझ में, मेरे विचार में; **turn one's ~ to sth** किसी बात की ओर ध्यान दे., किसी बात की ओर अपना ध्यान दे.; **with one** ~ एक मत से; **would you ~?** कृपया ...; **would you ~ holding your tongue?** कृपया, अपनी जबान पर लगाम रखें; **year's** ~ बरसी, वार्षिक श्राद्ध आदि

mind-bending *see above under* **mind: *dw/lw***

mind-blowing *see above under* **mind: *dw/lw***

mind-boggling *see above under* **mind: *dw/lw***

minded *see above under* **mind: *dw/lw***

mine[1] /माइन/ *pron.* 1 मेरा/ मेरी/ मेरे: your coat is nice, but ~ is better 2 मेरे परिवार जन: I'll mind if it affects me and ~; ***adj.*** मेरा, मेरी, मेरे: it is no business of ~; ~ guest; a friend of ~

mine[2] *n.* 1 खान: ~ belt (खानों का क्षेत्र); gold ~ 2 आकर, खदान 3 (***syn.*** tunnel) सुरंग 4 बारूदी सुरंग: hit a ~; ~ area 5 भंडार; ***v.****, pt.* **~d**, *pp* **mining** 1 कुछ निकालने के लिए खोदना, खान से निकालना: ~ a bed of coal 2 बारूदी सुरंग बिछाना 3 सुरंग बनाना;

dw/lw: **~-detector** *n.* बारूदी सुरंगों का पता लगाने वाला यंत्र; **mine\field** *n.* 1 खान क्षेत्र 2 बारूदी सुरंगों से लबालब भरा स्थान 3 जोखिम व मुश्किलों से भरा कार्य-कलाप 4 कानूनी दांव-पेचों का बारूदी सुरंग क्षेत्र; **mining** *see below under separate entry*; **~layer** *n.* बारूदी सुरंगें बिछाने वाला जहाज, सुरंग-पोत; **~-laying** *n.* बारूदी सुरंगें बिछाने का काम; **~-shaft** *n.* खान-कूप; **mine\sweeper** *n.* बारूदी सुरंगें हटाने वाला यंत्र या जहाज आदि;

collocations: ~ **captain** खान का निरीक्षक; ~ **clearing** बारूदी सुरंगें हटाने का काम; ~ **carrier** बारूदी सुरंगें ढोनेवाला वाहन; ~ **dump** खान की खुदाई से निकलने वाले कचरे का ढेर; ~ **hunter** बारूदी सुरंगें खोजकर नष्ट करने वाला जहाज; ~ **locator** बारूदी सुरंगें खोजने वाला उपकरण; ~ **of information** सूचनाओं की खान;

floating ~ तैरती बारूदी सुरंग; ~ **owner** खानों का मालिक;

p&i: ~ **somewhere for sth** किसी चीज के लिए खुदाई क.; ~ **the foundations of a doctrine** विचारधारा की नींव उड़ा दे.;

ship was ~d जहाज को बारूदी सुरंग लगाकर नष्ट कर दिया गया; **spring a ~ on sb** किसी को बुरी खबर से चौका दे.; **the area has been ~d** इस स्थान पर बारूदी सुरंगें बिछी हैं

miner /माइनः/ *n.* खान खोदने वाला, खनक, खनिक: a coal ~;

collocations: **~'s anaemia** खान खोदने वालों को हो जाने वाली रक्त-अल्पता बीमारी; **~'s lamp** खान मजदूरों द्वारा प्रयोग किया जाने वाला लैंप; **~'s phthisis** खान के वायु सेवन से होने वाला क्षयरोग; **~'s worm** उदर विकार पैदा करनेवाले कीटाणु

mineral /मिनरल/ *n.* 1 खनिज पदार्थ 2 रसायन जो शरीर के लिए जरूरी होता है और जो न आमिष है और न निरामिष 3 (**minerals**) खनिजयुक्त पानी;

adj. 1 खनिजयुक्त: ~ deposit 2 खनिजों से संबंधित: ~ resources;

dw/lw: ~**ize** *v., pt.* ~ized, *pp* ~izing 1 किसी वस्तु या पदार्थ को खनिजों के गुणों से युक्त क. 2 खनिज बनाना; **~ized** /मिनरअलाइजड/ *adj.* खनिजीकृत, खनिजयुक्त; **~ogical** /मिनरअलौजिकल/ *adj.* खनिज विज्ञान-संबंधी; **~ogist** /मिनऔरैलअजिस्ट/ *n.* खनिज-विज्ञानी; **mineralogy** /मिनऔरैलअजि/ *n.* खनिज-विज्ञान, खनिजिकी;

collocations: ~ **acid** खनिज अम्ल; ~ **ash** खनिज राख; ~ **coal** पत्थर का कोयला; ~ **jelly** कच्चे पैट्रोल से मिलने वाला एक नर्म पीला पदार्थ, वेसलीन; ~ **oil** पृथ्वी से निकाला हुआ किसी भी प्रकार का तेल; ~ **spring** खनिज-मिश्रित जल का सोता; ~ **tar** डामर, तारकोल; ~ **water** खनिज-मिश्रित जल; ~ **wax** एक प्रकार का सख्त मोम

minestrone /मिनजट्रोनि/ *n.* क्लीअर सूप, साफ और पारदर्शी शोरबा

minesweeper *see above under* **mine: *dw/lw***

minever /मिनिवः/ *see below under* **miniver**

Ming /मिंग/ *n.* चीन के मिंग नामक राज घराने से संबंधित

mingle /मिंगल/ *v., pt.* **~d**, *pp* **mingling** 1 मिलना, मिलाना: ~ with other people 2 (***syn.*** circulate among) हिलना-मिलना, मिलना-जुलना: ~ with/ in the crowd 3 से मिल जाना: my respect was **~d** with admiration 4 के साथ हिस्सेदार हो., के साथ किसी काम में सम्मिलित हो जाना: ~ in society;

dw/lw: **~-mangle** /मिंगल-मैंगल/ *n.* 1 घालमेल 2 हर प्रकार की फुटकर वस्तुओं का गड़डमड्ड 3 घपला;

p&i: ~ **tears** मिलकर रोना, मुसीबत में एकजुट हो.

mingy /मिंजि/ *adj., degr.* **mingier**, **mingiest** 1 (***syn.*** stingy) कंजूस, कृपण 2 कमीना, नीच

mini /मिनि/ *n. colloq. pl.* **~s** लाघवी, मिनी, छोटा, छोटी (चीज); ***adj.*** लघु, छोटा: ~skirt

mini- /मिनि-/ *pref., forming nouns denoting:* **smaller, shorter** (आम आकार-प्रकार से छोटा): **mini**bus;

dw/lw: **~bike** *n.* छोटी साइकिल; **~bus** *n.* छोटी बस, मिनी बस; **~cab** *n.* टैक्सी; **~cam** /मिनिकैम/ *n.* कंधे से लटकने वाला छोटा चलचित्र कैमरा; **~computer** *n.* मिनिकंप्यूटर, छोटा कंप्यूटर; **~disk** *n.* मिनिडिस्क; **~flyweight** /मिनिफ्लाइव्हेट/ *n.* 48 किलोग्राम का शौकिया मुक्केबाज; **~fy** /मिनिफाइ/ *v., pt.* ~fied, *pp* ~fying कम या छोटा क., महत्त्व घटाना; **~-series** *[pl.]* टीवी कार्यक्रमों की कड़ी का छोटा रूप; **mini\skirt** *n.* मिनि स्कर्ट, छोटा स्कर्ट, अधलहंगा, ऊंची काट का लहंगा;

collocations: ~ **and maxi** छोटा और बड़ा

minia\te /मिनिएट/ *v., pt.* **~ted**, *pp* **~ting** 1 सिंदूर से रंगना 2 सचित्र क., रंग लगाना

minia\ture /मिनिएचः/ *adj.* लघु, छोटा: **~ture** edition of a book;

n. 1 लघु कृति, लघु प्रतिलिपि 2 छोटा नमूना 3 बहुत छोटा चित्र: in **~ture** (किसी बड़ी चीज का लघु रूप, लघुचित्र); a family is society in ~ture 4 पांडुलिपि का दीप्तिकरण;

adj. लघु: **~ture** painting;

dw/lw: **~turize (-turise)** *v., pt.* ~turized, *pp* ~turizing लघूकरण क.; **miniaturist** /मिनिएचअरिस्ट/ *n.* लघुचित्र बनाने वाला, लघु-चित्रकार

minikin /मिनिकिन/ *adj.* दिखावटी, कृत्रिम

minim /मिनिम/ *n.* 1 न्यूनतम भाग 2 बूंद-भर 3 बिंदुक 4 *music* (*also* **half note**) अर्द्ध स्वर 5 अल्प मात्रा 6 कलम की घसीट 7 छोटी-सी वस्तु

minimal /मिनिमल/ *adj.* थोड़ा, नाममात्र का, जरा-सा;

dw/lw: **minimalism** /मिनिमलिज्म/ (*also* ~ **art**) *n.* 1 (संगीत, कला, डिजाइन आदि में) कम से कम साधनों से अधिक से अधिक प्रभावशाली परिणाम पाने की प्रवृत्ति 2 कम से कम साधनों से अधिक से अधिक प्रभावशाली बनाए हुए रचना, चित्र, मूर्ति आदि 3 कम से कम कदम उठाने या दखल देने की नीति; **minimalist** /मिनिमलिस्ट/ *n.* 1 न्यूनतमतावादी 2 न्यूनतमतावाद का अनुयायी 3 ऐसा कलाकार, मूर्तिकार या चित्रकार ... जिसकी रचनायें मिनिमलीज्म के सिद्धांत पर बनी हैं 4 कम से कम कदम उठाने या दखल देने की नीति का अनुयायी; **minimally** /मिनिमलि/ *adv.* न्यूनतम ढंग से, कम से कम हद तक

minimax /मिनिमैक्स/ *n.* 1 न्यूनतम अंश 2 कम से कम नुकसान उठाने की कार्य-नीति पर चलने की रण-नीति

minimi\ze (*also UK* **-se**) /मिनिमाइज/ *v., pt.* **~zed**, *pp* **~zing** 1 यथासंभव छोटा क. 2 अल्पतम, न्यूनतम या कम कर दे. 3 छोटा, लघु या कम क. या समझना

minimum /मिनिमम/ *n., pl.* **~s/ minima** 1 (***anton.*** maximum) कम-से-कम/ अल्पतम/ लघुतम/ न्यूनतम संख्या,

राशि, परिमाण आदि 2 (*sometimes* **a ~ of sth**) निम्नतम या न्यूनतम संख्या, मूल्य, मात्रा, परिमाण आदि जो पाया गया है या जो अनुमति-प्राप्त है: a ~ of two persons; a ~ of sth (किसी चीज की कम से कम मात्रा); five is the ~;
adj. 1 कम-से-कम, अल्पतम, लघुतम, न्यूनतम 2 निम्नतम: ~ speed;
collocations: ~ **lending rate** (*abbr.,* **MLR**) न्यूनतम ऋण दर; ~ **security prison** = open prison खुली जेल; ~ **wage** न्यूनतम मजदूरी या वेतन; ~ **waste** कम से कम फिजूलखर्ची या बर्बादी;
p&i: **an absolute/ bare** ~ बिल्कुल कम, जितना संभव हो उतना कम; **keep sth to a** ~ किसी चीज को न्यूनतम मात्रा या सीमा तक सीमित रखना; **with the ~ of sth** न्यूनतम राशि के साथ

minimus /मिनिमस/ *n.* कनिष्ठ, लघुतम कद

mining /माइनिंग/ *n.* 1 खुदाई, खान खुदाई का हुनर, खनिजकर्म, खनन 2 बारूदी सुरंग बिछाने का काम;
collocations: ~ **centre** खनन केंद्र; ~ **engineering** खान खुदाई यांत्रिकी; ~ **industry** खनन-उद्योग; ~ **machine** खान खुदाई मशीन; ~ **settlement** खनन-बस्ती

minion /मिनियन/ मिन्यन/ *n.* 1 खुशामदी-टट्टू, चाटुकार 2 कृपापात्र;
collocations: ~ **of the law** पुलिसमैन, पुलिस का कर्मी; ~ **of fortune** किस्मत का दुलारा;
p&i: **~s of moon** रात के बादशाह; **~s of the law** कानून के ठेकेदार (पुलिस व वकील आदि); **the ~ of fortune** चाटुकार दुलारा, बिगड़ा नवाब

miniscule /मिनिस्क्यूल/ (*also* **minuscule**) *adj.* सूक्ष्म, बहुत छोटा

minister /मिनिस्टः/ *n.* 1 मंत्री: the **~s** (सरकार) 2 ईसाई पुरोहित 3 सहायक-राजदूत: ~ counsellor; ~ plenipotentiary; envoy extraordinary and ~ plenipotentiary 4 बुरे कार्य आदि का हथियार: ~ of evil; a **~ing** angel (स्नेहपूर्वक किसी की सेवा-शुश्रूषा करने वाला)
v., *pt.* **~ed**, *pp* **~ing** 1 सेवा क., सहायता क., में सहायक होना: ~ to sb/ sb's needs 2 उपचार क.: ~ to the wants of a sick man 3 अनुष्ठान क.;
dw/lw: **~ial** /मिनिस्टिरिअल/ *adj.* 1 मंत्री संबंधी, मंत्री या मंत्रालय से जुड़ा हुआ: on ~ial level; ~ial act 2 सरकारी, प्रशासकीय: a ~ial job/ post 3 लिपिक-वर्गीय, दफ्तरी 4 सहायक: be ~ial to sth 5 पुरोहिती; **~ialist** /मिनिस्टिरअलिस्ट/ *n.* शासन समर्थक; मंत्रीसमर्थक;
collocations: ~ **of state** राज्यमंत्री; ~ **without portfolio** निर्विभागीय मंत्री; **chief** ~ मुख्यमंत्री; **prime** ~ प्रधानमंत्री

ministrant /मिनिस्ट्रंट/ *n.* सेवक: ~ to sb; ~ to sth

ministration /मिनिस्ट्रेशन/ *n.* 1 सेवा-शुश्रूषा, उपचार, परिचर्या: the **~s** of sb's nurse 2 पुरोहिती सेवा, संस्कार-प्रदान: receive the **~s** of a priest

ministry /मिनिस्ट्रि/ *n.* 1 मंत्रालय, मंत्रिमंडल: form a ~; enter the ~ 2 (**the ministry**) ईसाई पुरोहित का पद या कार्य, पुरोहिताई 3 धर्म-सेवा, पुरोहिताई, संस्कार-प्रदान

minium /मिनिम/ *n.* सिंदूर, हिंगुल, सीसा-सिंदूर

minivan /मिनिवैन/ *n. US* मिनि वैन, छोटी गाड़ी

miniver /मिनिवः/ *n.* एक विशेष प्रकार की फर जिसे समारोहों या उत्सवों की पोशाकों में अस्तर (lining) लगाने के लिए प्रयुक्त करते हैं

minivet /मिनिवेट/ *n.* सहेली पक्षी;
collocations: **scarlet** ~ पहाड़ी बुलाल-चश्म; **small** ~ रजलाल; **white-bellied** ~ सफेद रजलाल

mink /मिंक/ *n.* 1 ऊदबिलाव 2 मिंक, एक कीमती फर (fur) वाला जानवर 3 इस जानवर की कीमती फर (fur)

minneola /मिनिओला/ *n., pl.* **~s** संतरे और ग्रेप फल से बना संकर फल

minnow /मिनो/ *n.* 1 एक छोटी मछली, मिनिका 2 छोटी या गौण कंपनी या खेल टीम;
p&i: **throw out a minnow to catch a whale** नौ नगद न तेरह उधार

minor /माइनः/ *adj.* 1 छोटा, गौण: ~ poet/ critic 2 छोटी-मोटी: ~ repair(s); ~ larceny (छोटी-मोटी लूट); ~ problem 3 अगंभीर: ~ injury; ~ offence 4 नाबालिग, अवयस्क 5 दो भाइयों में से छोटे या पिता और पुत्र में से पुत्र के लिए प्रयुक्त: Bush ~;
n. 1 अपरिपक्व/ नाबालिग व्यक्ति 2 लघुपद, पक्षपद 3 *US* दोयम दर्जे का अध्ययन विषय: he has a history ~;
collocations: ~ **league** खेल के क्षेत्र में छोटा सा संगठन

minority /माइनौरिटि/ *US* माइनाःरिटि/ *n., pl.* **minorities** 1 (***anton.*** majority) अल्पमत: be in a ~ (अल्पमत में हो.) 2 अल्पसंख्या 3 छोटी प्रजाति, अल्पसंख्यक वर्ग: a sizeable/ small/ substantial/ tiny ~; an ethnic ~ (जातीय रूप से अल्पसंख्यक प्रजाति) 4 छोटा समूह;
collocations: ~ **government** अल्प मत की सरकार; ~ **leader** अल्प-मत दल का नेता

Minotaur /माइनअटाः/ *n., Greek myth.* वृषशिरस्क (दानव), नरवृषभ, अर्द्ध-मानव और अर्द्ध बैल के आकार का नरभक्षी दानव

minster /मिंस्टः/ *n.* बड़ा गिरजा घर

minstrel /मिंस्ट्रअल\/ *n.* मध्यकालीन गायक या वादक, चारण, मागध;
dw/lw: **minstrelsy** /~सि/ *n.* 1 चारण-काव्य, चारण-काव्य सर्जन 2 गायक मंडली, चारण व्यवसाय

mint /मिंट/ *n.* 1 पिपरमिंट 2 पुदीना: ~ sauce (पुदीने की चटनी) 3 टकसाल: fresh from the ~ 4 बहुत ज्यादा पैसा: a ~ of money 5 खान, स्रोत: a ~ of intrigue;
v., *pt.* **~ed**, *pp* **~ing** सिक्के बनाना;
dw/lw: **~age** *n.* 1 टंकण 2 सिक्के बनाने की क्रिया: coins of Roman ~age 3 छाप 4 सिक्के घड़ाई पर शुल्क 5 सर्जन: a new word of German ~age; **~er** /मिंटः/ *n.* सिक्के बनानेवाला; **~mark** *n.* सिक्के पर टकसाल का चिह्न;
p&i: **in ~ condition/ state** बिल्कुल मूल अवस्था या बढ़िया हालत में, नया-नया या नई-नई (पुस्तक, डाक-टिकट, सिक्का आदि)

minuend /मिन्युअंड/ *n., maths.* व्यवकल्य

minuet /मिन्युएट/ *n.* 1 दरबारी नृत्य 2 सत्रहवीं, अठारहवीं सदियों में प्रचलित मंद नृत्य

minus /माइनस/ *prep.* 1 से घटाने पर, ऋण: 6 minus 3 is 3 या 6 – 3 = 3; 2 के बिना: a book ~ its cover;
adj. 1 शून्य से कम: ~ figure 2 परीक्षा मैं ग्रेड, अंक या श्रेणी से संबंधित: **A minus (A -), B minus (B -), etc.** 3 नकारात्मक: ~ aspects;
n., *pl.* **~es** 1 (*also* **minus sign**: '–', ***anton.*** plus /+/) ऋण-चिह्न 2 घाटा, कमी, ऋणात्मक क्रिया, ऋण 3 नकारात्मक स्थिति या अवस्था: ~ charge

minuscu\le /मिनस्क्यू\ल/ (*also* **miniscule**) *adj.* 1 सूक्ष्म, बहुत छोटा 2 छोटा (छपाई में अक्षर);
dw/lw: **~lar** /मिनस्क्युलः/ *adj.* छोटा, सूक्ष्म

minute[1] /मिनिट/ (*abbr.* **min**) *n.* 1 मिनट (60 सेकंड): wait ten **~s**; take ten **~s** 2 क्षण, पल, कुछ ही पल: wait a ~! 3 थोड़ा समय: a **~'s** rest; not to have a free ~ 4 मेमो, नोट 5 (**the minutes**) *[pl.]* मीटिंग का कार्रवाई-विवरण, कार्यवृत्त, सभा-कार्य ब्योरा: make the ~; record in the **~s** 6 टिप्पणी: the registrar made a ~ on the file;
v., *pt.* **~d**, *pp* **minuting** 1 एक-एक मिनट का हिसाब लगाना 2 मीटिंग का कार्रवाई-विवरण तैयार क.: ~ down;
collocations: ~ **book** सभा कार्रवाई-विवरण पंजिका; ~ **hand** घड़ी की बड़ी सुई, मिनटों की सुई; ~ **man** अमेरिकी क्रांति में एक असैनिक व्यक्ति जो बुलाए जाने पर लड़ाई के लिए तत्पर होता

था; ~ **steak** पतला लंबा सींक कबाब जिसे बहुत जल्दी (एक मिनट में) पकाया जा सकता है; **up to the ~/ up-to-the ~** अति आधुनिक;

p&i: **(at) any ~** किसी समय भी, जल्दी ही; **at the last ~** अंतिम क्षणों में; **expect sb any/ every ~** (कोई) किसी समय भी आ सकता है; **hold on a ~!** एक मिनट रुकिए, थोड़ा रुकिए!; **in a ~** जल्दी से, एक पल में; **the last ~** आखिरी वक्त पर; **the ~ (that) he gets here** ज्यों ही वह यहां पहुंचे, जैसे ही वह यहां आए ...; **wait/ just a minute** थोड़ा रुको/ थोड़ी प्रतीक्षा कीजिए

minute² /माइन्यूट/ ***adj.*** 1 बहुत छोटा: a ~ amount/ quantity 2 (***syn.*** precise) सुस्पष्ट, असंदिग्ध 3 गौण, तुच्छ 4 ब्योरेवार, छोटे से छोटे तथ्यों पर गौर करने वाला 5 कोण से संबंधित: ~ angle;

dw/lw: **minute\ly** /~लि/ *adv.* सूक्ष्म रूप से, बारीकी से, अत्यंत सावधानी से; **minute\ness** /~नेस/ *n.* सूक्ष्मता, अत्यल्पता, यथातथ्यता

minutia/ minutiae /मिन्यूशि/ माइन्यूशी *or* मिन्युशिआई/ माइन्युशिआई/ *n., [pl.], Lat.* छोटी-मोटी बात, गैर जरूरी बारीकियां

minx /मिंक्स/ *n.* शरारती, चुलबुली लड़की, ढीठ लड़की

Miocene /मायसीन/ *n.* 1 तृतीय महाकल्प का चौथा युग 2 इस युग से संबंधित 3 इस युग में बनी चट्टानों से संबंधित 4 माइओसीन, अल्पनूतन

MIPS/ mips /मिप्स/ *abbr., comput.* 'millions of instructions per second' की प्रथमाक्षरी

MIR *abbr., banking* 'mortgage interest relief' की प्रथमाक्षरी

mir /मीर/ (*also Russian* **мир**) *n.* 1 मीर 2 (*Russian*) 2.1 शांति 2.2 संसार, दुनिया 3 अंतरिक्ष यान मीर (Mir)

miracle /मिरअकल/ *n.* 1 चमत्कार: it sounds like a ~ 2 (***syn.*** wonder) अजूबा, आश्चर्य की बात, करामात: ~ of modern technology 3 अनहोनी घटना या बात: by a ~ 4 सहज नियमों के विपरीत मानो ईश्वरीय शक्ति द्वारा संपन्न 5 करामाती सफलता या कार्य: work/ accomplish a ~; work **~s** on sb;

dw/lw: **miracle\-monger** *n.* जादू-टोना करने वाला व्यक्ति, ओझा; **~play** *n.* = **mystery play** रहस्यवादी नाटक का प्रारंभिक रूप, धार्मिक-नाटक; **~-worker** *n.* चमत्कारी कर्मी;

p&i: **to a ~** अति आश्चर्यजनक; **work/ perform ~s** करामाती परिणाम पाना, कमाल करना, करिश्मा कर दिखाना

miraculous /मिरअक्युलस/ *US* मिरअक्यलस/ *adj.* 1 (***syn.*** phenomenal) चमत्कारपूर्ण, चमत्कारी, चामत्कारिक, करामाती, करिश्माई, तिलिस्मी, जादुई: ~ escape 2 अद्भुत, आश्चर्यजनक, अलौकिक, दिव्य;

dw/lw: **miraculous\ly** /~लि/ *adv.* चमत्कारपूर्ण ढंग से; **~ness** /~नेस/ *n.* चमत्कारिकता, चमत्कारपूर्णता, अलौकिकता, अद्भुतता

MIRAS *abbr.,* 'mortgage interest relief at source' की प्रथमाक्षरी

mirage /मिराज/ *n.* 1 (***syn.*** illusion) मरीचिका, मृग तृष्णा, मृगजल 2 भ्रामक या मायावी स्थिति या वस्तु 3 नजर का धोखा, दृष्टि भ्रम

Miranda /मिरैंडा/ *adj. US* इस बात से संबंधित कि गिरफ्तार किए गए व्यक्ति को पुलिस यह बताए कि: 1 गिरफ्तार व्यक्ति की मौखिक गवाही उसके खिलाफ इस्तेमाल की जा सकती है 2 गिरफ्तार व्यक्ति को चुप रहने का अधिकार है: the police read him his ~ rights

mire /मायः/ *n.* 1 कीचड़, पंक 2 दलदल, पंकस्थली 3 अप्रिय संकट: find oneself/ stick/ be in the ~;

v., pt. **~d**, *pp* **miring** 1 (***syn.*** bog) दलदल में धंसना या फंसना: the car was **~d** 2 किसी चीज या किसी को कीचड़ से खराब क. 3 किसी को संकटपूर्ण स्थिति में फंसाना 4 किसी का नाम कीचड़ में मिलाना: drag sb's name through the ~/ mud;

dw/lw: **~d** /मायःड/ *adj.* 1 दलदल में धंसा या फंसा हुआ 2 संकटपूर्ण स्थिति में फंसा हुआ; **miry** /मायरि/ *adj.* 1 पंकिल, कीचड़-भरा 2 गंदा 3 दलदला;

p&i: **find oneself in the ~** दलदल में फंसना, गड़बड़झाला में फंसना

mirror /मिरः/ *n.* 1 आईना, दर्पण, शीशा, मुकुर, आरसी 2 नमूना, आदर्श 3 सही प्रतिरूप या प्रतिबिंब;

v., pt. **~ed**, *pp* **~ing** (***syn.*** reflect) प्रतिबिंबित क., प्रतिरूप प्रस्तुत क.;

dw/lw: **~ball** *n.* शीशे जड़ित गेंद की छत से लटकने वाली सज्जा; **~ed** *adj.* 1 शीशा जड़ित 2 दर्पण का काम करनेवाली (वस्तु);

collocations: **~ finish** शीशे जैसी चिकनी लिपाई-पुताई का काम; **~ image** 1 दर्पण द्वारा प्रतिबिंबित छवि 2 उल्टा प्रतिरूप 3 दर्पण में दिखनेवाले बिंब की तरह दूसरी चीज से हू-ब-हू मिलनेवाली वस्तु 4 विलोम अभिव्यक्ति; **~ site** किसी वैब साइट (web-site) की हू-बही नकल; **~ wardrobe** शीशे जड़ित परिधान अल्मारी; **~ writing** आइने की तरह उल्टी छवि का प्रदर्शन;

false ~ विकृत दर्पण; **magic ~** जादुई दर्पण; **rear-view ~** कार आदि में लगा शीशा जो गाड़ी के पीछे की स्थिति को दर्शाता है; **wing ~** कार आदि का शीशा जो गाड़ी के बाजू की स्थिति को दर्शाता है;

p&i: **a distorting ~** वास्तविकता को तोड़-मरोड़कर दिखाने वाला; **can art be a ~ of life/ of the times/ of the age?** क्या कला जीवन, काल या युग का दर्पण हो सकती है?; **hold the ~ up to nature** जीवन को सही ढंग से दर्शाना; **hold up a ~ to sb/ sth** किसी को या किसी बात को सही रूप में दर्शाना; **with ~s** मानो करिश्मा हो गया

mirth /मःथ/ *n.* 1 (***syn.*** merriment) हर्ष, उल्लास, प्रसन्नता 2 आमोद-प्रमोद 3 हंसी-खुशी;

dw/lw: **mirth\ful** /~फुल/ *adj.* उल्लसित, प्रसन्न, आनंदित, हर्षित; **mirth\less** /~लेस/ *adj.* विषण्ण, उदासीपूर्ण

MIRV /मःव/ *n. milit.* 'multiple independently targetable re-entry vehicle' की प्रथमाक्षरी (अणु बम ले जाने का सामर्थ्यवाली मिसाइल)

mis- *pref. denoting:* 1 **wrong, wrongly** (गलत या अनुचित तरीके से): **mis**behave 2 (**bad, badly**) बुरा या बुरे तरीके से 3 (**lack** or **absence of sth**) किसी चीज का अभाव: **mis**trust;

dw/lw: **~adjustment** /मिसअडजस्टमंट/ *n.* गलत मिलान; **~adventure** /मिसअडवेंचः/ *n.* 1 (***syn.*** mishap) दुर्भाग्यपूर्ण घटना: death by ~adventure 2 दुर्घटना, अनिष्ट: homicide by ~adventure 3 दुर्भाग्य: by ~adventure (दुर्भाग्यवश); **~advertence** /मिसअडवःटंस/ *n.* बेध्यानी, देखरेख में कमी; **~advise** *v., pt.* ~advised, *pp* ~advising गलत राय/ सलाह दे.; **~-advisedly** *adv.* गलत सलाह के कारण; **mis\align** /मिसअलाइन/ *v., pt.* ~aligned, *pp* ~aligning गलत ढंग से मिलाना या जोड़ना; **mis\alignment** *n.* गलत मिलान या मेल; **~alliance** /मिसअलायंस/ *n.* 1 बेमेल विवाह 2 अनुचित गठबंधन; **~allocate** /मिसअलोकेट/ *v., pt.* ~allocated, *pp* ~allocating गलत ढंग से वितरण क., अपवितरण क.; **~allocation** /मिसअलोकेशन/ *n.* गलत आबंटन या वितरण; **~ally** /मिसअलाइ/ *v., pt.* ~allied, *pp* ~allying लोगों, दलों आदि को बेमेल तरीके से जोड़ना या एक साथ मिलाना

misanthro\pe /मिजंथ्रोप/ *n.* मानवद्वेषी, सभी मानवों से घृणा करने वाला;

dw/lw: **~pic** /मिजंथ्रौपिक/ *US* मिजंथ्राःपिक/ *adj.* मानवद्वेषी, मानवद्वेषीय; **misanthro\py** /मिजैंथ्रअपि/ *n.* मानवद्वेष, सभी मानवों से घृणा करने की प्रवृत्ति

misapp\lication /मिसैप्लिकेशन/ *n.* दुरुपयोग, गलत उपयोग;

dw/lw: **~lied** /मिसअप्लाइड/ *adj.* दुष्प्रयुक्त, दुर्प्रयोगित, अनुचित ढंग से उपयोगित; **~ly** /मिसअप्लाइ/ *v., pt.* ~lied, *pp* ~lying दुरुपयोग या दुष्प्रयोग क., अनुचित उपयोग क.

misappre\hend /मिसैप्रिहेंड/ *v., pt.* **~hended**, *pp* **~hending** गलतफहमी होना, गलत समझ बैठना, मिथ्या अर्थ निकालना;
dw/lw: **misappre\hension** /मिसैप्रिहेन्शन/ *n.* 1 गलतफहमी, मिथ्या बोध: ~hension of facts; under a ~hension (गलतफहमी से); **~hensive** /मिसैप्रिहेंसिव/ *adj.* गलतफहमीपूर्ण
misappropria\te /मिसअप्रोप्रिए\ट/ *v., pt.* **~ted**, *pp* **~ting** 1 गबन क. 2 दुरुपयोग क. 3 गलत ढंग से प्राप्त क.;
dw/lw: **misappropria\tion** /~शन/ *n.* गबन, अनुचित प्राप्ति
misarray /मिअरे/ *n.* अस्त-व्यस्तता, अव्यवस्था, गड्डमड्डता, घालमेल
misbe\come /मिस्बिकम/ *v., pt.* **~came**, *pt. p.* **~come**, *pp* **~coming** अनुपयुक्त, अनुचित या अशोभनीय होना;
dw/lw: **~coming** *adj.* अनुचित, अशोभनीय
misbegotten /मिस्बिगौटन/ *US* मिस्बिगाःटन/ *adj., lit.* 1 जारज, दोगला 2 हेय, तुच्छ 3 अवैध ढंग से प्राप्त किया हुआ 4 किसी साहित्यिक रचना का मूर्खतापूर्ण ढंग से गढ़ा हुआ कथानक, विषयवस्तु आदि
misbeha\ve /मिस्बिहेव/ *v., pt.* **~ved**, *pp* **~ving** दुर्व्यवहार क., अनुचित या अभद्र व्यवहार क., दुराचार क.;
dw/lw: **misbeha\viour** /मिस्बिहेविअः/ मिस्बिहेव्यः/ *UK* (*US* **misbehavior**) *n.* दुर्व्यवहार, दुराचार, कदाचार, बदचलनी, अभद्र व्यवहार
misbe\lieve /मिस्बिलीव/ *v., pt.* **~lieved**, *pp* **~lieving** गलत धारणा बना लेना, भ्रांत विचार या मत को सही मान लेना;
dw/lw: **~lief** /मिस्बिलीफ/ *n.* गलत धारणा, भ्रांत विश्वास या मत
misc. *abbr.,* 'miscellaneous' का संक्षेप (फुटकर, विविध)
misbeseem /मिस्बिसीम/ *v., pt.* **~ed**, *pp* **~ing** अनुचित होना
miscalcula\te /मिस्कैल्क्युले\ट/ *v., pt.* **~ted**, *pp* **~ting** 1 (*syn.* misjudge) गलत अंदाजा लगाना, मिथ्या अनुमान लगाना: ~te about sth 2 गलत निर्णय ले. 3 गलत हिसाब लगाना, अशुद्ध गणना क.;
dw/lw: **miscalcula\tion** /~शन/ *n.* गलत अंदाजा, अशुद्ध गणना
miscall /मिस्काःल/ *v., pt.* **~ed**, *pp* **~ing** 1 गलत नाम से बुलाना, गलत नाम लेना 2 गाली दे., अपशब्द कहना
miscarriage /मिस्कैरिज/ *n.* 1 गर्भस्राव, गर्भपात 2 अन्याय: a ~ of good; ~ of justice;
p&i: **a ~ of justice** अन्याय हो., बेइंसाफी होना
miscarr\y /मिस्कैरि/ *v., pt.* **~ied**, *pp* **~ying** 1 गर्भस्राव हो. 2 गर्भपात होना 3 अपवाहित होना, खो जाना 4 विफल, बेकार या व्यर्थ हो जाना: his plans **~ied**
miscast /मिस्कास्ट/ *v., pt.* **miscast**, *pt. p.* **miscast**, *pp* **~ing** 1 अभिनेता को अनुचित भूमिका दे. 2 गलत सांचे में ढालना 3 गलत योग क.;
dw/lw: **~ing** *n.* गलत योग, गलत भूमिका
miscegenation /मिसिजअनेशन/ *n., formal* विभिन्न जातियों का संकरण, जाति-मिश्रण, भिन्न-भिन्न जातियों या नसलों के लोगों के बीच विवाह या संकरण
miscella\nea /मिसअलेनिआ/ (= **~ny** /मिसेलनि/ *n., pl.* **~nies**) *n., [pl.], Lat.* 1 विविध-निबंध-संग्रह 2 विविध सामग्रियों का योग, विविधतापूर्ण संकलन, विविधा 3 प्रकीर्णक;
dw/lw: **~neous** /मिसअलेनिअस/ *adj.* 1 विविध, फुटकर, प्रकीर्ण: box of ~neous candies; ~neous news 2 बहुमुखी, बहुआयामी: a ~neous collection of people; **~nist** *n.* विविध प्रकार के विषयों पर छिटपुट लिखने वाला
mischance /मिस्चांस/ *US* मिस्चैंस/ *n.* दुर्भाग्य, बदकिस्मती
miscellany *see above under* **miscellanea**
mischief /मिस्चिफ/ *n.* 1 शरारत, शैतानी: children up to some ~; a real ~ to one's family; they are up to some ~ (वे कोई शैतानी करने वाले हैं) 2 (***syn.*** evil) अनिष्ट, विपत्ति, बुराई, शारीरिक चोट: do sb a ~; play the ~ with; out of ~; mean ~; what the **~!** 3 नटखटपन, नटखटी: full of ~ 4 आग (झगड़ा) लगाने का काम: make ~ between two people 5 नुकसान, हानि: work ~ with sb/ sth; keep out of ~;
dw/lw: **~-maker** *n.* आग लगाने या झगड़ा कराने वाला, विष की गांठ; **~-making** *n.* झगड़ा कराने या आग लगाने का काम;
p&i: **~ comes by the pound and goes away by the ounce** मुसीबतें आती हैं तूफान चाल से और जाती हैं कछुए की चाल से; **~ in brewing** मुसीबत का तूफन उमड़ रहा है;
do sb a ~ किसी का नुकसान क.; **he that ~ hatches, ~ catches** जो दूसरों के लिए खाई खोदता है वह खुद उसमें गिर जाता है
mischievous /मिस्चीविअस\/ *adj.* 1 शैतानीपूर्ण, शरारती: ~ rumour 2 नटखट, शरारती: ~ tricks/ pranks; as ~ as a monkey 3 अनिष्टकर, हानिकर: ~ tongue;
dw/lw: **~ly** /~लि/ *adv.* शैतानी से; **~ness** /~नेस/ *n.* शरारतीपन
mis-citation /मिसाइटेशन/ *n.* विकृत उद्धरण
misci\ble /मिसिबल/ *adj.* (***anton.*** immiscible) तरल पदार्थ जो मिश्रित हो सके, मिश्र्य, मिश्रणीय;
dw/lw: **~bility** /मिसिबिलिटि/ *n.* मिश्रयता, मिश्रणीयता
miscon\ceive /मिस्कअन्सीव/ *v., pt.* **~ceived**, *pp* **~ceiving** 1 (**~ceive of sth**) गलत धारणा बना लेना 2 गलत समझना, मिथ्या अर्थ लगाना 3 भ्रांत धारणा होना;
dw/lw: **miscon\ceived** /मिस्कअन्सीवड/ *adj.* गलत धारणा से ग्रस्त
misconception /मिस्कअन्सेप्शन/ *n.* 1 गलत धारणा, भ्रांत धारणा: be based on a ~ 2 भ्रांति, भ्रम: a common/ popular ~ 3 गलतफहमी
misconduct /मिस्कौंडक्ट/ *n.* 1 दुर्व्यवहार, दुराचार, कदाचार 2 बदचलनी 3 व्यभिचार;
v., *pt.* **~ed**, *pp* **~ing** 1 कुप्रबंध क.: ~ of university's affairs 2 भ्रष्टाचार या व्यभिचार क.: accused of gross ~
misconstruction /मिस्कंस्ट्रक्शन/ *n.* 1 गलत अर्थ 2 गलत व्याख्या: words open to ~
miscons\true /मिस्कंस्ट्रू/ *v., pt.* **~trued**, *pp* **~truing** 1 गलत अर्थ लगाना 2 जान-बूझकर तोड़ना-मरोड़ना: **~true** sb's words
miscount /मिस्काउंट/ *v., pt.* **~ed**, *pp* **~ing** गलत जोड़ लगाना या गिनना;
n. गलत जोड़/ गणना, अशुद्ध गिनती
miscreant /मिस्क्रिअंट/ *n., lit.* 1 बदमाश या कमीना आदमी 2 पाजी, छंटा हुआ गुंडा;
adj. कमीना, शरारती, अधम
miscreated /मिस्क्रिएटिड/ *adj.* विकृत, बिगड़ा हुआ
miscue /मिस्क्यू/ *v., pt.* **~d**, *pp* **miscuing** 1 क्रिकेट आदि के खेल में गेंद पर ठीक से बल्ला न लगा पाना 2 (नाटक में) स्टेज के पीछे से बताए हुए शब्द भूल जाने के कारण गलत शब्द बोल दे.;
n., *[pl.]* **miscues** 1 गलती, भूल, चूक 2 असफलता
misdate /मिस्डेट/ *v., pt.* **~d**, *pp* **misdating** 1 गलत तारीख डालना या बताना 2 गलत या अशुद्ध तिथ्यंकन क.
misdeal /मिस्डील/ *v., pt.* **misdealt**, *pt. p.* **misdealt**, *pp* **misdealing** ताश आदि के खेल में गलत पत्ते बांटना;
n. पत्तों की गलत बांट
misdeed /मिस्डीड/ *n., lit.* 1 बुरा काम, कुकर्म, दुष्कर्म 2 अपराध
misdemeanant /मिस्डिमीनंट/ *n.* 1 दोषी व्यक्ति 2 कसूरवार अपराधी
misdemeanour *UK* (*US* **misdemeanor**) /मिस्डिमीनः/ *n.* 1 नैतिक रूप से बुरा व्यवहार: ~ in office 2 बुरा काम, कुकर्म, दुष्कर्म 3 *US* छोटा-मोटा अपराध: commit a ~
misdial /मिस्डाइल/ *v., pt.* **~ed**, *pp* **~ing** टेलीफोन पर गलत नंबर लगाना या लगना

misdirect /मिस्डाइरेक्ट/ *v., pt.* **~ed**, *pp* **~ing** 1 गलत निर्देश दे. 2 गलत रास्ता बताना 3 गलत दिशा में मोड़ना: ~ one's energies/ abilities 4 बहकाना, गुमराह क. 5 गलत या अशुद्ध पता लिखना: ~ a letter 6 धन आदि का दुरुपयोग क. 7 जज द्वारा ज्यूरी को गलत तथ्य प्रस्तुत क. 8 (क्रिकेट आदि के खेल में) गेंद को गलत ढंग से मारना, मारते वक्त चूक जा.: be **~ed**;

dw/lw: **misdirection** *n.* अनुचित निदेशन, गलत मार्ग-दर्शन, बहकावा, गलत पता, अशुद्ध मार्ग, अनुचित पथ

misdo /मिस्डू/ *v., pt.* **~did**, *pt. p.* **~done**, *pp* **~doing** गलत काम क.;

dw/lw: **~ing** /मिस्डूइंग/ *n.* 1 दुष्कर्म, गलत काम, कुकर्म 2 अपराध 3 भूल, चूक

misemploy /मिसिप्लॉय/ *v., pt.* **~ed**, *pp* **~ing** दुरुपयोग क., कुप्रयोग क.

mise en scène /मीजौनसेन/ *US* मीजाःनसेन/ *Fr.* (*UK* **stage setting**), *n., pl.* **mise en scènes**, *theat.* अभिनय सेट की तैयारी, नाटक के दृश्य या पर्यावरण की रचना, दृश्य-सज्जा

miser /माइजः/ *n.* 1 कंजूस, कृपण, सूम 2 धनलोलुप;

dw/lw: **miser\ly** *adj.* कंजूस, कृपण, सूम; **~liness** /माइजःलिनेस/ *n.* कंजूसी, कृपणता, धनलोलुपता

misera\ble /मिजरअ\बल/ *adj.* 1 (**syn.** depressed) दुखी, दुखद: **~ble** life; make sb's life **~ble** 2 दयनीय, शोचनीय: feel **~ble**; **~ble** living conditions 3 दरिद्र: **~ble** hovel (झोंपड़ी, झुग्गी) 4 अप्रिय, खराब: **~ble** weather 5 (**syn.** grumpy) तुनकमिजाज, चिड़चिड़ा 6 अभागा, कमबख्त 7 तुच्छ, हीन, शर्मनाक: a ~ failure 8 संगदिल 9 कमीना, घिनौना: **~ble**/ ugly as sin 10 (***syn.*** paltry) कम: **~ble** wage;

dw/lw: **misera\bly** /~बलि/ *adv.* 1 कृपणतापूर्वक 2 दयनीय रूप से, शर्मनाक ढंग से 3 दुखी मन से 4 (***syn.*** in a mean way) बुरी तरह 5 बहुत कम मात्रा में

misery /मिजरि/ *n., pl.* **miseries** 1 (***syn.*** distress) घोर दुख, दुर्दशा, दुर्गति: suffer/ be in ~ from toothache 2 (***syn.*** poverty) गरीबी, कंगाली, तंगहाली: live in ~ and want 3 विपत्ति, आपदा: 4 *colloq.* दुख व बदमिजाजी, चिड़चिड़ापन;

p&i: **he bears ~ best who hides it most** विपदा को शांतचित्त से झेलने में ही बुद्धिमत्ता है; **make sb's life a ~** किसी का जीना दूभर कर दे.; **put sb out of their ~** 1 किसी को मुसीबत से बाहर निकालना 2 तड़फते हुए जानवर को मारकर दुख-दर्द से छुटकारा दिलाना, सुख-मृत्यु दे.

misestima\te /मिसएस्टिमेट/ *v., pt.* **~ted**, *pp* **~ting** गलत अनुमान लगाना

misfeasance /मिस्फीजंस/ *n.* अपकरण, अधिकार का दुरुपयोग

misfi\le /मिस्फाइल/ *v., pt.* **~led**, *pp* **~ling** फाइल में गलत जगह नत्थी क.

misfire /मिस्फायः\/ *v., pt.* **~d**, *pp* **misfiring** 1 बंदूक ठीक से न चलना, गोली का न चलना, न दगना 2 कार इंजन आदि द्वारा ईंधन को उचित समय पर प्रज्वलित न कर पाना 3 किसी टिप्पणी या मजाक आदि का निशाने पर न लगने के कारण उल्टा प्रभाव पड़ना या परिणाम निकलना;

dw/lw: **~d** /~ड/ *adj.* अनदगा (कारतूस)

misfit /मिस्फिट/ *n.* 1 जो सटीक या उपयुक्त न हो 2 ठीक न बैठने वाला कपड़ा, मेल न खाने वाली या बेमेल चीज 3 अनुपयुक्त वस्तु या व्यक्ति: ~ as a teacher;

***v.**, pt.* **~ted**, *pp* **misfitting** 1 ठीक से न बैठना, मेल न खाना 2 अनुपयुक्त हो.

misfortune /मिस्फॉःचून/ *n.* 1 दुर्भाग्य, बदकिस्मती, बदनसीबी: he had the ~ to lose it 2 विपत्ति, अनर्थ: he bore his **~s** bravely 3 (***syn.*** disaster) कोई बड़ी दुर्घटना: he has suffered a great ~;

p&i: **~ come on wing and depart on foot = mischief comes by the pound and goes away by the ounce** मुसीबतें आती हैं तूफान चाल से और जाती हैं कछुए की चाल से; **~ makes foes of friends** मुसीबत में दोस्त भी दुश्मन हो जाते हैं; **~s never come alone/ singly** or **one ~ comes on the neck/ back of another** आपदा कभी अकेले नहीं आती

misgi\ve /मिस्गिव/ *v., pt.* **misgave**, *pt. p.* **~ven**, *pp* **~ving** आशंका होना या उत्पन्न क., संशय पैदा कर दे.,

dw/lw: **~ving** /मिस्गिविंग/ *n., pl.* **~vings** 1 शंका, संदेह: my heart is full of ~ving/s; grave/ serious/ strong ~vings 2 अविश्वास: ~vings about sth 3 झिझक 4 आशंका, अंदेशा, भय: it caused him no ~ving; without ~vings; express/ have ~vings

misgovern /मिस्गवःन/ *v pt.* **~ed**, *pp* **~ing** शासन ठीक से न चला पाना, कुशासन क., कुप्रबंध क.

misgui\dance /मिस्गाइडंस/ *n.* 1 बहकावा 2 गलत मार्गदर्शन, गुमराह करने की क्रिया;

dw/lw: **~de** /मिस्गाइड/ *v., pt.* ~ded, *pp* ~ding 1 गुमराह क., गलत रास्ते पर ले जाना 2 बहकाना 3 भ्रम में डालना; **misgui\ded** /मिस्गाइडिड/ *adj.* 1 गुमराह, पथभ्रष्ट 2 (***syn.*** inappropriate) बहकाया हुआ, विभ्रांत

mishand\le /मिस्हैंडल/ *v., pt.* **~led**, *pp* **~ling** 1 ठीक से व्यवहार न क. 2 के साथ दुर्व्यवहार क. 3 (***syn.*** mismanage) गलत ढंग से व्यवस्थित क. 4 किसी काम को लापरवाही से क.

mishap /मिस्हैप/ *n.* 1 दुर्घटना: meet with a ~ 2 अनर्थ, अनिष्ट: after many **~s** 3 दुर्भाग्यपूर्ण घटना: accomplish an errant without ~

mishear /मिस्हिअः/ *v., pt.* **~d**, *pt. p.* **~d**, *pp* **~ing** 1 ठीक से न सुन पाना 2 कुछ का कुछ सुन लेना 3 ऊंचा सुनना

mishit /मिस्हिट/ *v., pt.* **mishit**, *pt. p.* **mishit**, *pp* **~ting** ठीक से आघात न कर पाना, बल्ले आदि से ठीक से गेंद को न मार पाना;

n. 1 गलत वार या प्रहार 2 (बल्ले आदि की) गलत मार

mish-mash /मिश्मैश/ *n.* गड्डमड्ड, घालमेल

misinform /मिस्इन्फॉम/ *v., pt.* **~ed**, *pp* **~ing** गलत जानकारी या मिथ्या सूचना दे.;

dw/lw: **~ation** *n.* मिथ्या सूचना

misinterpret /मिस्इंटःप्रि\ट/ *v., pt.* **~ed**, *pp* **~ing** गलत अर्थ निकालना;

dw/lw: **misinterpretation** /~टेशन/ *n.* 1 भ्रांत व्याख्या, गलत अर्थ 2 अर्थ अपनिरूपण, अपनिर्वचन

misjoinder /मिस्जॉइंडः/ *n., law* कई दावों का एक में गलत जोड़

misju\dge /मिस्जज\/ *v., pt.* **~dged**, *pp* **~dging** 1 ठीक न समझ पाना, गलत समझना 2 गलत अनुमान लगाना;

dw/lw: **~dgment** (*also UK* **misju\dgement**) /~मंट/ *n.* 1 गलत धारणा, गलत समझ 2 अनुचित अनुमान

mis\key /मिस्की/ *v., pt.* **~kied**, *pp* **~keying** *comput.* कंप्यूटर में गलत ढंग से सूचनाएं टंकित (type/ enter) क.

miskick /मिस्किक/ *v., pt.* **~ed**, *pp* **~ing** गलत दिशा में ठोकर मारना

mislay /मिस्ले/ *v., pt.* **mislaid**, *pt. p.* **mislaid**, *pp* **~ing** 1 कहीं रख कर भूल जा. 2 किसी चीज को लापरवाही से रखना

mislead /मिस्लीड/ *v., pt.* **misled**, *pt. p.* **misled**, *pp*, **~ing** 1 गुमराह (पथभ्रष्ट) क., गलत रास्ते पर ले जा.: the guide **misled** us 2 बहकाना: ~ sb as to one's intentions 3 (***syn.*** deceive) भ्रम में डालना, भ्रमित क.: ~ sb into thinking/ believing that ...;

dw/lw: **mislead\ing** /मिस्लीडिंग/ *adj.* 1 (***syn.*** deceptive) भ्रामक: ~ing answer 2 गलत; **~ingly** *adv.* भ्रामक ढंग से

mismana\ge /मिस्मैनिज/ *v., pt.* **~ged**, *pp* **~ging** 1 कुप्रबंध क., बदइंतजामी क. 2 (***syn.*** mishandle) किसी से ठीक से न निपटना;

dw/lw: **mismana\gement** *n.* कुप्रबंध, अव्यवस्था,

बदइंतजामी

mismatch /मिस्मैच/ *n.* बेमेल जोड़ा;
v., pt. **~ed**, *pp* **~ing** मेल न खाना, बेमेल होना

misna\me /मिस्नेम/ *v., pt.* **~med**, *pp* **~ming** 1 गलत नाम से पुकारना 2 किसी को या किसी चीज को बेमेल या असंगत नाम दे.

misnomer /मिस्नोमः/ *n.* 1 गलत नाम, मिथ्या नाम: by a ~ 2 अनुचित नामकरण: the city which by a ~ is called Sun City 3 नाम में विकृति

miso /मीसो/ *n., cookery* सोयाबीन से बनी एक चटनी या पेस्ट जिसे व्यंजनों को एक विशेष जायका देने के लिए प्रयोग करते हैं

misoga\mist /मिसौगअ\मिस्ट/ *US* मिसाःगअ\मिस्ट *n.* विवाह से घृणा करने वाला;
dw/lw: **misogamy** /~मि/ *n.* विवाह से घृणा

miso\gynist /मिसौजि\निस्ट/ *US* मिसाःजि\निस्ट/ *n.* औरतों से घृणा करने वाला, नारीद्वेषी; **miso\gynous** /~नस/ *n.* नारी-द्वेषात्मक; **~gynistic** /~निस्टिक/ (*also* **~gynist**) *adj.* नारीद्वेषी, औरतों से घृणा करने वाला; **miso\gyny** /~नि/ *n.* औरतों से घृणा, नारीद्वेष, स्त्रीद्वेष

miso\neism /मिसो\नीइज्म/ माइसो\नीइज्म/ *n.* 1 नूतनता द्वेष 2 पुरातनवाद;
dw/lw: **misoneist** /~नीइस्ट/ *n.* 1 नूतनता विरोधी 2 पुरातनवादी

misplace /मिस्प्लेास/ *v., pt.* **~d**, *pp* **misplacing** 1 गलत जगह पर रखना या रखकर भूल जा.: ~ the keys 2 खो दे. 3 अपात्र या अयोग्य व्यक्ति पर विश्वास या स्नेह रखना, गलत व्यक्ति पर भरोसा क.: ~ one's affections; ~ confidence in sb;
dw/lw: **~d** /~स्ट/ *adj.* 1 अनुचित, गलत, भ्रामक: ~d words 2 गलत जगह रखा हुआ 3 खोया हुआ 4 अपात्र या अयोग्य व्यक्ति पर किया गया (विश्वास या स्नेह): ~d confidence

misprint /मिस्प्रिंट/ *n.* छपाई या मुद्रण की भूल, गलती या दोष;
v., pt. **~ed**, *pp* **~ing** गलत या अशुद्ध छापना, छापने में गलती क.

misprision /मिस्प्रिजन/ *n., law* 1 गंभीर अपराध के बारे में उचित अधिकारियों को सूचना देने में लापरवाही या असफलता 2 सरकारी कर्मी द्वारा किया जाने वाला गंभीर दुष्कर्म 3 व्यतिक्रम, गंभीर अपराध या देशद्रोह आदि को जानबूझकर छिपाने की कुचेष्टा: ~ of felony (महा अपराध-संगोपन, भयंकर अपराध को छिपाने का दोष); ~ of treason (देशद्रोह को जानबूझकर छिपाने का अपराध);
collocations: **~ of heresy** देशद्रोह के बारे में सूचना देने में असफलता (जानबूझकर छिपाने) का अपराध

misprize /मिस्प्राइज/ *v., pt.* **~d**, *pp* **misprizing** 1 तिरस्कार क., कम मूल्यांकन क. 2 की कदर नहीं क., घृणा क.

mispro\nounce /मिस्प्रअ\नाउंस/ *v., pt.* **~nounced**, *pp* **~nouncing** गलत उच्चारण क.;
dw/lw: **mispro\nunciation** /~ननसिएशन/ *n.* अशुद्ध/ गलत उच्चारण

misquo\te /मिस्क्वो\ट/ *v., pt.* **~ted**, *pp* **~ting** गलत उद्धरण दे.;
dw/lw: **misquo\tation** /~शन/ *n.* गलत उद्धरण

misread /मिस्रीड/ *v., pt.* **misread** /मिसरेड/, *pt. p.* **misread** /मिसरेड/, *pp* **~ing** 1 ठीक से न पढ़ पाना: ~ a letter 2 गलत समझना: ~ sb's motives/ feelings 3 गलत अर्थ निकाल लेना: the situation was **misread**

misreport /मिस्रिपोर्ट/ *v., pt.* **~ed**, *pp* **~ing** 1 मिथ्या विवरण दे. 2 गलत सूचना या तथ्य दे., तथ्य तोड़-मरोड़कर पेश क.

misrepresent /मिसरेप्रिजेंट/ *v., pt.* **~ed**, *pp* **~ing** मिथ्या विवरण दे., गलत-बयानी क., गलत तथ्य दे., गलत ढंग से बात प्रस्तुत क.;
dw/lw: **~ation** /मिसरेप्रिजेंटेशन/ *n.* 1 गलत बयानी 2 गलत तथ्य-निरूपण, मिथ्या निरूपण 3 विकृत प्रस्तुति: wilful ~ation (जान-बूझकर की जानेवाली विकृत प्रस्तुति)

misrule /मिसरूल/ *n.* 1 कुशासन, दुःशासन 2 अराजकता;
v., pt. **~d**, *pp* **misruling** ठीक से शासन न क.

miss /मिस/ *v., pt.* **~ed**, *pp* **~ing**, *s/he/ it* **~es** 1 कमी महसूस क., अभाव अनुभव क.: he wouldn't be **~ed** 2 याद आना: ~ sb; we ~ her terribly 3 कहीं जा न पाना, देर से हाजिर हो., गाड़ी आदि छूट जाना: ~ the train/ the bus/ the boat 4 कुछ सुन न पाना, देख न पाना 5 निशाना चूकना: this blow **~ed** the aim/ the target; the bullet **~ed** him by a hair's breadth 6 चूकना, चूक जाना, न मिलना: ~ a ball; ~ the breakfast 7 छूट जा.: **~ed** the first part of his speech; he **~ed** his hold of the cord; she **~ed** the step and fell; ~ (out) a word 8 में असफल होना, से रह जाना 9 न समझ पाना: ~ the point 10 न कर पाना 11 खो दे., हाथ से जाने दे.: ~ an opportunity/ one's chance; ~ the turn;
n. 1 युवती 2 उपाधि, पदवी, उपपद 3 युवती के लिए संबोधन शब्द 4 चूक, भूल 5 अभाव, अनुपस्थिति: he is no great ~ 6 असफलता: this venture may be a hit or a ~;
p&i: **~ a chance/ an opportunity** मौका चूकना, अवसर खोना; **~ out** अवसर गंवाना; **~ out on sth** किसी अच्छी चीज या अवसर को खो दे.; **~ sth out/ ~ out sth** किसी को या किसी चीज को सूची आदि में शामिल करने से चूक जा.; **~ the boat/ bus** सुनहरा अवसर खो दे.; **~ the cushion** निशाना चूक जा.; **~ the mark** निशाना चूक जा.; **the second volume was ~ing** पुस्तक का दूसरा भाग गायब था; **~ trick** अन्यमनस्क हो.; **a ~ is as good as a mile** चाहे थोड़ा-सा चूको या ज्यादा, चूक तो चूक ही है; **a near ~** कुछ अच्छा या बुरा होते-होते बच जा.; **give sth/ sb a ~** *UK* किसी काम को जान-बूझकर न क.; **give sb a ~** किसी से मिलने से टल जा.; **got a lucky ~** खुश-किस्मती से बच गया; **just ~ed being run over** कुचला जाने से बाल-बाल बच गया;
not ~ a trick चौकन्ना र.

Miss/ miss /मिस/ *n.* 1 कुमारी, सुश्री 2 छोटे बच्चों द्वारा अपनी शिक्षिका के लिए संबोधन (**Miss**) 3 (**Miss**) किसी भी लड़की के लिए प्रयुक्त 4 अविवाहित (कुंवारी) लड़की 5 सौंदर्य प्रतियोगिता की विजेता को दी जाने वाली उपाधि: **Miss** World, **Miss** Universe, **Miss** India;
dw/lw: **missing** *see below under separate entry*;
collocations: **Miss Right** पत्नी; **the Miss White** शौचालय;
p&i: **~ one's tip** अपनी योजना या प्रयास में असफल हो जा.; **~ one's vocation** गलत व्यवसाय का चुनाव हो गया; **~ sth out** कुछ छूट जा.; **~ the buss/ boat** वसार गंवा दे.;
a bread and butter ~ स्कूल की छात्रा

missal /मिस्सल/ *n.* 1 मिस्सा-नियमावली 2 मिस्सा-ग्रंथ, यज्ञ-ग्रंथ 3 चर्च में पूरे वर्ष की प्रार्थना सभाओं में पढ़े गए पाठों की ग्रंथावली या पुस्तिका

missend /मिसेंड/ *v., pt.* **missent**, *pt. p.* **missent**, *pp* **~ing** गलत जगह भेजना

misshape /मिसशेप/ *v., pt.* **~d**, *pp* **misshaping** शक्ल बिगाड़ दे.

misshapen /मिस्शेपन/ *adj.* विकृत, टेढ़ा-मेढ़ा, बेढंगा, विरूपित, कुरूप;
dw/lw: **~ly** *adv.* बेढंगे-से; **~ness** *n.* भद्दापन, कुरूपता

missile /मिसाइल/ *US* मिस्सल/ *n.* 1 दूरस्थ लक्ष्य वाला प्रक्षेपास्त्र, प्रक्षेपणास्त्र: guided ~ (कंप्यूटर द्वारा नियंत्रित मिसाइल); medium-range/ short-range ~; dispatch/ fire/ launch a ~ 2 स्वचालित (उड़ता हुआ) बम 3 (***syn.*** projectile) फेंका या दागा जानेवाला अस्त्र या हथियार;
adj. क्षेपणीय;
dw/lw: **missilery** /मिसिलरी/ *n.* 1 प्रक्षेपास्त्रों की निर्माण-विद्या 2 प्रक्षेपास्त्रों का प्रयोग 3 मिसाइल बम;
collocations: **~ art** क्षेपणीय तकनीक; **~ base** मिसाइल

अड्डा; ~ **weaponry** प्रक्षेपास्त्रों का भंडार; ~ **weapon** क्षेपणीय अस्त्र;

Intercontinental Ballistic Missile (ICBM) (अंतर्महाद्वीपीय प्रक्षेपास्त्र, बहुत दूर तक मार करनेवाली मिसाइल)

missing /मिसिंग/ *adj.* 1 गुमशुदा, लापता: killed/ wounded or ~; ~ person 2 नदारद, अविद्यमान, अप्राप्त 3 गायब, लुप्त: ~ book;

collocations: ~ **link** लुप्त कड़ी; ~ **person** गुमशुदा व्यक्ति;

p&i: ~ **from sth** नदारद, जो छूट गया हो;

be among the ~ गुमशुदा लोगों की सूची में हो.; **go** ~ लापता हो जाना; **report sb** ~ किसी को लापता घोषित क.; **the** ~ **link** छूटी हुई कड़ी

mission /मिशन/ *n.* 1 (*usually* ~ **in life**; ***syn.*** vocation) उद्देश्य, जीवन-लक्ष्य, ध्येय: the ~ of a poet 2 निशाना 3 शिष्टमंडल, दूत-मंडल: peace/ goodwill ~ 4 (दूत)कार्य, दूतावास, राजनयिक कार्यालय: diplomatic ~ 5 विशिष्ट अंतरिक्ष यात्रा: ~ control (अंतरिक्ष यात्रा आदि का विशेष नियंत्रण-कक्ष) 6 विशिष्ट सैनिक कार्य: assign/ set a ~; ~ report 7 कोई भी विशिष्ट कार्य, सशस्त्र कार्य: go on a ~; complete one's ~ successfully 8 प्रेषण 9 मिशन-क्षेत्र 10 धर्म-प्रचार मंडल;

dw/lw: **~critical** *adj.* किसी संगठन या कार्य की सफलता के लिए अति आवश्यक;

collocations: ~ **in life** जीवन का उद्देश्य; ~ **report** दिए गए विशिष्ट कार्य की पूर्ति के बारे में विवरण; ~ **statement** किसी संगठन, संस्था आदि के लक्ष्यों का विवरण

missionary /मिशनरि/ *n., pl.* **missionaries** 1 प्रचारक, ईसाई धर्म प्रचारक 2 स्वधर्म-प्रचारक 3 धर्म-दूत, उपदेशक 4 अति सक्रिय प्रचारक मंडल 5 किसी कार्य में त्याग-भावना या जोशो-खरोश से जुटे लोगों का समूह;

adj. जीवन-लक्ष्य संबंधी, ईसाई धर्म प्रचार संबंधी;

collocations: ~ **spirit** मिशनरी भावना, सेवा-भावना, सेवा-धर्म; ~ **zeal** प्रचारक व्रत भावना, जोशो-खरोश भरी भावना

misses/ missus /मिसिस/ *n.* 1 मालकिन: the ~ is in the drawing-room 2 श्रीमती, पत्नी

missive /मिस्सिव/ *n., lit., law* 1 चिट्ठी, संदेश: letter-~/ ~ letter 2 लंबा व विस्तृत पत्र

misspell /मिसस्पेल/ *v., pt.* **~ed** or *UK* **misspelt**, *pt. p.* **~ed** or *UK* **misspelt**, *pp* **~ing** अशुद्ध वर्तनी लिखना, गलत हिज्जे क.;

dw/lw: **~ing** *n.* अशुद्ध वर्तनी, गलत हिज्जे

misspend /मिसस्पेंड/ *v., pt.* **misspent**, *pt. p.* **misspent**, *pp* **~ing** 1 फिजूलखर्ची क., अपव्यय क., बेकार खर्च क. 2 (***syn.*** waste) गंवाना,

misstate /मिस्स्टेट/ *v., pt.* **~ed**, *pp* **misstating** 1 गलत वक्तव्य दे., गलतबयानी क. 2 झूठा विवरण दे., अनुचित विवरण दे.;

dw/lw: **~ment** /मिस्स्टेटमंट/ *n.* गलत वक्तव्य, अनुचित कथन, गलतबयानी

misstep /मिस्स्टेप/ *n.* (***syn.*** mistake) गलत कदम, भूल

mist /मिस्ट/ *n.* 1 धुंध: the hills hidden in ~ 2 कोहरा, कुहासा: heavy ~ 3 धूमिलता, अस्पष्टता: lost in the **~s** of time 4 धुंधलका: see sb/ sth through the ~; she looked up at him in a ~ of tears;

v., *pt.* **~ed**, *pp* **~ing** 1 कोहरा छा जा. 2 धुंधला हो.: the mirror **~ed** over 3 धूमिलता छा जा.: her eyes **~ed** with tears 2 पौधों के पत्तों पर पानी की बौछार क.;

dw/lw: **~ful** *adj.* धुंधला, धूमिल; **mist\ily** /मिस्टिलि/ *adv.* धुंधला-सा; **~iness** *n.* धूमिलता, अस्पष्टता; **mist\y** /मिस्टि/ *adj., degr.* ~ier, ~iest 1 कोहरा भरा, धुंधला, धूमिल: ~y weather 2 (*syn.* blurred) अस्पष्ट, विकृत, धूमिल: ~y idea/ recollection; ~y outlines; ~ eyes

p&i: ~ **over** धुंधला पड़ना, धूमिल हो.; ~ **up** भाप की परत से ढक जा.;

cast a ~ before sb's eyes किसी की आंखों में धूल झोंकना; **Scotch** ~ हल्की फुहार के साथ धुंध

mistakable /मिस्टेकअबल/ *adj.* 1 जिसे समझने में धोखा (होता) हो: easily ~ for sb/ sth 2 भ्रममूलक, भ्रामक, भ्रांतिजनक

mistake /मिस्टे\क/ *n.* 1 (***syn.*** inaccuracy) गलती: make **~s** 2 भूल: bad/ great ~; make the ~ of doing sth 3 (***syn.*** error) अशुद्धि: a ~ in calculating; there must be some ~ 4 दोष 5 (***syn.*** error) गलत समझ, अशुद्ध व्याख्या 6 (***syn.*** slip, howler) अनजाने में की जानेवाली भूल या चूक: do sth/ by ~;

v., pt. **mistook**, *pt. p.* **~n**, *pp* **mistaking** 1 गलत समझना 2 भूल क., भूल जा. 3 गलती क. 4 (***syn.*** confuse) किसी को कोई और व्यक्ति समझ लेना: he **mistook** me for my twin brother; ~ sb for sb else 5 (***syn.*** confuse) कुछ को कुछ समझ ले.: ~ an answer for a question 6 (***syn.*** misconstrue) अशुद्ध व्याख्या क.: ~ sb's meaning 6 रास्ता भूल जा.: ~ one's way;

dw/lw: **mistake\n** /~कन/ *adj.* 1 जिसने भूल की हो 2 जिसके बारे में गलती हुई हो: it was a case of ~n identity 3 (***syn.*** misguided) अनुचित: ~n kindness (अनुचित दयालुता); **~nly** /~कनलि/ *adv.* गलती से, भूल से;

p&i: ~ **one's man** किसी का ठीक से आकलन न कर पाना; ~ **one's way** रास्ता भूल जा.;

and no ~ अवश्य, सच में; **and no ~ about this** और इस बारे में बिल्कुल कोई चूक नहीं होनी चाहिए; **by** ~ गलती से, भूल से; **he who makes no ~s, makes nothing** जो गलती नहीं करता वह कुछ नहीं करता, काम करोगे तो गलतियां तो होंगी; **if I am not ~n** यदि मैं गलती नहीं कर रहा तो ...; **there's no mistaking the facts** इन तथ्यों के बारे में कोई गलती नहीं हो सकती

mister /मिस्टः/ (*also* **Mister** *short form* **Mr.**) *n.* 1 श्री 2 श्रीमान, महोदय: I beg to differ, **Mister** Prime Minister!

mistime /मिस्टाइम/ *v., pt.* **~d**, *pp* **mistiming** 1 असमय बोलना/ आना या कुछ क. 2 समय का गलत हिसाब लगाना 3 चूकना

mistletoe /मिस्लटो/ *n.* एक प्रकार की परजीवी बेल जिसमें सफेद रंग के फल (berries) लगते हैं और जिसे क्रिस्मस के समय सजाने के लिए प्रयोग करते हैं, बांदा, मिस्लटो

mistook /मिस्टुक/ *pt.*, **'mistake'** का भूतकालिक रूप

(the) mistral /मिस्ट्रअल/ मिस्ट्राःल/ *n., meteorol.* मिस्ट्रल, दक्षिणी फ्रांस में सर्दियों में चलने वाली तेज उत्तरी हवाएं

mistransla\te /मिस्ट्रांस्लेट/ *v., pt.* **~ted**, *pp* **~ting** अशुद्ध या गलत अनुवाद क.

mistreat /मिस्ट्रीट/ *v., pt.* **~ed**, *pp* **~ing** (***syn.*** ill-treat) के साथ दुर्व्यवहार क.;

dw/lw: **~ment** /मिस्ट्रीटमंट/ *n.* दुर्व्यवहार

mistress /मिस्ट्रेस/ *n., pl.* **~es** 1 उपपत्नी 2 प्रेमिका 3 रखैल, रखेल 4 गृहिणी, गृह-स्वामिनी, मालकिन 5 अधिकारिणी, अधिष्ठात्री: she wants to be ~ of her own affairs 6 शिक्षिका, अध्यापिका 7 कुत्ते की मालकिन ;

p&i: ~ **of the situation** हालात की मालकिन यानी स्थिति पूर्णतः काबू में;

a ~ of ceremonies कार्य-क्रम संचालिका; **be one's own mistress** स्वयं अपनी मर्जी की मालकिन हो., स्थिति पर काबू हो.; **Mistress of the Adriatic** इटली का शहर वेनिस (Venice, in Italian: Venezia); **a ~ of needlework** सिलाई-कढ़ाई में निपुण

mistrial /मिस्ट्रायल/ *n.* 1 अपविचार, गैरकानूनी ढंग से चलाया जानेवाला मुकदमा, अवैध कार्रवाई 2 ऐसा मुकदमा जिसमें ज्युरी किसी निष्कर्ष पर न पहुंच सके

mistrust /मिस्ट्रस्ट/ *n.* (***syn.*** suspicion) अविश्वास, संदेह, शक, शंका;

v., pt. **~ed**, *pp* **~ing** 1 अविश्वास/ संदेह क.: ~ one's own powers 2 शक या सन्देह हो.;

dw/lw: **mistrust\ful** *adj.* 1 संदेही, शंकाशील 2 अविश्वासी, अविश्वासपूर्ण, शक्की; **~fully** *adv.* संदेहपूर्ण ढंग से

misty *see above under* **mist:** ***dw/lw***

misunder\stand /मिसंडःस्टैंड/ *v., pt.* **~stood**, *pp* **~standing** 1 गलत समझ ले.: don't **~stand** me 2 कुछ का कुछ या गलत अर्थ लगा लेना, सही ढंग से न समझ पाना 3 गलत धारणा बनाना 4 गलतफहमी हो.: we **~stood** each other; be **~stood** (गलतफहमी का शिकार हो.);

dw/lw: **misunder\standing** /~स्टैंडिंग/ *n.* 1 गलतफहमी, भ्रम, भ्रांति: through a ~standing; clear up a ~standing 2 गलत समझ: ~standing of the text/ of his words 3 अनबन, झगड़ा, वैमनस्य 4 थोड़ा मतभेद; **~stood** *adj.* जिसे ठीक से समझा न गया हो: a much ~stood person

misusage /मिस्यूसिज/ *n.* 1 (शब्दों का) दुरुपयोग, अशुद्ध प्रयोग 2 दुर्व्यवहार, बुरा बरताव

misuse /मिस्यूज/ *v., pt.* **~d**, *pp* **misusing** 1 (***syn.*** abuse) दुरुपयोग क.: ~ power/ authority for selfish ends 2 अशुद्ध प्रयोग क.: ~ a term; ~ of the word 3 (***syn.*** ill-treat) के साथ दुर्व्यवहार क.;

n. दुरुपयोग: ~ of public funds; alcohol/ drug ~; authority ~ of position of power; ~ of confidence;

dw/lw: **~r** *n.* दुरुपयोजक

MIT *abbr.*, 'Massachusetts Institute of Technology' की प्रथमाक्षरी

mite /माइट/ *n.* 1 कुटकी, बरुथी 2 छोटी-सी, थोड़ी-सी मात्रा, अणु 3 दमड़ी: offer/ contribute one's ~ 4 छोटा बच्चा, शिशु, नन्ही-सी जान: a ~ of a child; poor little **~!**;

p&i: **a** ~ कुछ-कुछ, थोड़ा सा: a ~ of advice; a ~ of comfort/ consolation; be a ~ worried (थोड़ा-सा चिंतित हो.)

mithridate /मिथ्रिडेट/ *n.* विषहर

miti\gable /मिटिगअबल/ *adj.* शांत करने योग्य, प्रशम्य;

dw/lw: **miti\gant** /मिटिगंट/ *n.* प्रशामक, उपशामक, शांत या मंद करने वाला

mitiga\te /मिटिगे\ट/ *v., pt.* **~ted**, *pp* **~ting** 1 दोष या हानि को कम क. या घटाना 2 कुप्रभाव कम क., हल्का या मंद क. 3 पीड़ा, क्रोध आदि को कम या मंद क. 4 *law* अपराध की गंभीरता को कम क.;

dw/lw: **mitiga\tion** /~शन/ *n.* 1 दोष या हानि में कमी 2 अल्पीकरण, न्यूनीकरण 3 (प्र)शमन, मंदी, कमी 4 अपराध की गंभीरता में थोड़ी नर्मी; **~ting** /~टिंग/ *adj.* 1 दोष की गंभीरता में थोड़ी नर्मी लानेवाले (हालात): ~ting factors; ~ting circumstances 2 हानि को कम करने वाला;

p&i: **in ~tion** अपराध की कठोरता कम क.

mitochondrion /माइटोकौंड्रिअन/ *n.* कोशिकाओं में पाया जानेवाला छोटा-सा भाग जिसमें खाद्य पदार्थों की ऊर्जा छोड़ी जाती है

mito\sis /माइटोसिस/ मिटोसिस/ *n., pl.* **~ses** /माइटोसीज/ कोशिका-विभाजन की प्रक्रिया, सूत्रीविभाजन

mitre /माइटः/ (*US* **miter**) *n.* 1 बिशप का मुकुट या टोप, किरीट 2 लकड़ी के चौखटों में कोने का जोड़

mitt /मिट/ *n.* 1 *colloq.* हाथ 2 = **mitten** बिना अलग-अलग उंगलियों वाला मोटा दस्ताना;

p&i: **frozen** ~ रुखाईपूर्ण स्वागत; **hand sb the frozen** ~ रूखा स्वागत क.; **tip one's** ~ गलती से मुंह से बात निकल जा., भेद खुल जा.

mitten /मिटन/ *n.* 1 एक तरह का दस्ताना जिसमें कलाई और हाथ ढके रहते हैं और उंगुलियां बाहर निकली रहती हैं 2 अंगूठे और उंगलियों के लिए दो खाने का दस्ताना, जिसे अक्सर रसोई में गर्म बर्तन आदि पकड़ने के लिए इस्तेमाल करते हैं;

p&i: **get the** ~ नौकरी से हटाया जा.; **give the** ~ 1 नौकरी से हटाना 2 प्रेमी के विवाह प्रस्ताव को ठुकराना; **handle without ~s** कठोरता से पेश आना

mittimus /मिटिमस/ *n.* कैद में डालने का हुक्म, आदेश

mix /मिक्स/ *v., pt.* **~ed**, *pp* **~ing** 1 (***syn.*** stir) कई पदार्थों को मिलाकर एक चीज बनाना, मिलाना, कई पदार्थों का मिल जाना: ~ several colours together 2 कई प्रकार के गुणों या गतिविधियों को एक साथ चलाना: ~ business with pleasure 3 संकरण क. 4 (***syn.*** mingle) लोगों से मिलना-जुलना: ~ with the crowd: ~ with people; he doesn't ~ well (वह मिलनसार नहीं) 5 (***syn.*** blend) एक ही दौर में कई तरह की शराब (व्हिस्की, ब्रैंडी, रम, वाइन, बीयर आदि) पीना 6 कई प्रकार की संगीत धुनों को मिलाकर मिश्रित (remix) संगीत बनाना;

n. 1 मिश्रित जन-समूह, मिला-जुला वर्ग 2 मिश्रण, संकरण 3 खिचड़ी, घालमेल 4 भावनाओं का मिश्रण;

dw/lw: **mix\er** /मिक्सः/ *n.* 1 मशीन जिसके द्वारा कोई मिश्रण, जैसे मैंगोशेक, आदि बनाया जाता है, मिश्रक 2 शराब आदि में मिलाया जा सकने वाला पेय 3 कंप्यूटर आदि द्वारा भिन्न-भिन्न रंगों, रंगतों, प्रकाश आदि को मिलाकर तस्वीर बनानेवाली तकनीक या उपकरण; **~ing** *adj.* मिलानेवाला या मिलाने के लिए: ~ing bowl; ~ing desk; **~ing** *n.* मिश्रित करने की क्रिया; **~-up** *n.* 1 मिलाने की क्रिया 2 गलतफहमी 3 (***syn.*** confusion, muddle) किसी व्यक्ति को कोई और व्यक्ति समझ लेने की स्थिति 4 (***syn.*** muddle) तारीखों आदि का घालमेल;

collocations: **~ed feelings** मिश्रित भावनाएं, दुविधाजनक स्थिति;

p&i: **~ and match** वांछित परिणाम पाने के लिए भिन्न वस्तुओं, कार्यों आदि को मिलाकर देखना; **~ in** झगड़े में फंसना; **~ it (up) with sb** 1 किसी के साथ बहस या झगड़ा क. 2 समस्या पैदा क.; **~ sb up** किसी व्यक्ति को कोई और व्यक्ति समझ लेना; **~ someone up in sth** किसी के किसी पचड़े में लपेट लेना, फंसा दे.; **~ sth into sth** (***syn.*** blend) किसी वस्तु को दूसरी वस्तु में मिलाकर कुछ बनाना; **~ sb/ sth up with sb/ sth** 1 (***syn.*** muddle) गड्डमड्ड क. 2 (***syn.*** confuse) भ्रम की स्थिति हो.; **~ up** 1 अच्छी तरह मिलाना 2 किसी को कोई दूसरा आदमी समझ बैठना;

a bad/ good ~er गैर-मिलनसार या मिलनसार व्यक्ति; **be/ get ~ed up in sth** किसी अवैध कार्य में लिप्त हो जा.; **be/ get ~ed up with sb** किसी के साथ प्रेम-प्रपंच आदि में फंसना; **be in a** ~ पूरी तरह भ्रमित हो जा.; **water and oil do not** ~ पानी और तेल मिलकर एक नहीं होते

mixed /मिक्स्ट/ *adj.* 1 मिला-जुला, मिली-जुली 2 मिश्र, मिश्रित: ~ biscuits/ sweets/ ice 3 दोनों लिंगों का मिलाजुला या साझा: ~ bathing (समुद्र तट पर साझा नहाने का स्थान, बीच); a ~ school;

dw/lw: **~-ability** *adj., education* अलग-अलग क्षमताओं वाले बच्चों की कक्षा; **~-manned** *adj.* स्त्री-पुरुषों द्वारा चालित: ~-manned submarine; **~-race** *n.* मिश्रित जाति; **mixed\-up** *adj.* मानसिक और भावनात्मक रूप से अस्त-व्यस्त या भ्रमित: a ~-up kid; ~-up age (घूमने-फिरने की उम्र);

collocations: ~ **bag** अच्छी और खराब बातों या चीजों का घालमेल; ~ **blessing** ऐसी बात जिसमें कुछ लाभ भी हो और कुछ हानि भी; ~ **doubles** (टैनिस आदि खेलों में) एक आदमी और एक औरत से बनी टीमों के बीच मुकाबला; ~ **economy** सरकार-नियंत्रित और निजी उद्योगों आदि से बना आर्थिक ढांचा; ~ **farming** मिली-जुली खेती, जैसे कृषि तथा पशुपालन; ~ **feelings** मिली-जुली भावनाएं, उलझन, गड़बड़; ~ **grill** भिन्न-भिन्न प्रकार के ग्रिल-गोश्त का मिश्रित व्यंजन; ~ **marriage** विभिन्न धर्मावलंबियों या विभिन्न जातियों के लोगों के बीच होनेवाला विवाह, मिश्रित विवाह; ~ **metaphor** दो या उससे अधिक अलंकारों का संगम जो असंगत-सा मानसिक चित्र बनाकर मन पर अटपटी-सी छाप छोड़ता है; ~ **number** पूर्ण अंक और

भिन्न से बनी संख्या, जैसे: 2⅔; ~ **up** *adj.* 1 भ्रमित, दुविधाग्रस्त 2 फंसा हुआ, लिप्त: be ~ up in sth (गलत या गैरकानूनी कार्य में लिप्त हो.); be ~ up with sb (गलत संगत में पड़ा हो.)

mixer *see above under* **mix:** ***dw/lw***

mixture /मिक्स्चः/ *n.* 1 पदार्थों का मिश्रण: cough ~; explosive ~ 2 अवस्थाओं, विचारों, गुणों, शैलियों का मिश्रण: a ~ of sadness and happiness;

p&i: **Oxford** ~ काले-भूरे रंग का कपड़ा; **the ~ as before** कुछ नहीं बदला, सब वैसे का वैसा ही है

mizzen/ mizen /मिज्न/ *n., naut.* तीसरा पाल, जहाज का सबसे छोटा मस्तूल;

dw/lw: **~mast** /मिजनमाःस्ट/ *n.* पिछला मस्तूल

mizzle /मिजल/ *n.* (***syn.*** drizzle) झींसी, फुहार, बूंदा-बांदी, रिम-झिम

Mk *abbr.,* 'mark/ markka' का संक्षेप

MKS/ mks *abbr.,* 'metre-kilogram-second' की प्रथमाक्षरी

ml *abbr.,* 'millimetre/s' का संक्षेप

MLA *abbr.,* 'Member of the Legislative Assembly' की प्रथमाक्षरी

MLC *abbr.,* 'Member of the Legislative Council' की प्रथमाक्षरी

MLitt *abbr.,* 'Master of Letters (*Latin:* Magister Litterarum)' का संक्षेप

Mlle *abbr.,* 'Mademoiselle' का संक्षेप

MLR *abbr.,* 'Minimum Lending Rate' की प्रथमाक्षरी

MM *abbr.,* 'Messeurs (*UK* Messrs)' का संक्षेप

MM *abbr.,* 'Military Medal' की प्रथमाक्षरी

mm *abbr.,* 'millimetre/s' का संक्षेप

MMC *abbr.,* 'Monopolies and Mergers Commission' की प्रथमाक्षरी

Mme *abbr.,* 'Madame' का संक्षेप

MMR *abbr.,* 'measles, mumps, rubella' की प्रथमाक्षरी (चेचक, कनपेड़ा और खसरा)

MMS *abbr.,* 'Multi-media Messaging Service' की प्रथमाक्षरी

MN *abbr.,* 'Merchant Navy' की प्रथमाक्षरी

MN *abbr., US state* 'Minnesota' का संक्षेप

Mn *abbr.,* 'manganese' का चिह्न

MNA *abbr.,* 'Member of the National Assembly' की प्रथमाक्षरी

mnemo\nic /निमौनिक/ *adj.* स्मृति बढ़ाने वाला, स्मृतिकारक, स्मृति-सहायक, स्मरणोपकारी, स्मृति-विषयक (शब्द, वाक्य, कविता आदि);

dw/lw: **mnemonics** *n.* स्मृति-विज्ञान, स्मरण-शक्ति वर्धन विज्ञान

MO *abbr.,* 'Medical Officer', 'modus operandi', 'money order' की प्रथमाक्षरी

Mo /मो/ *n.* रासायनिक तत्व मौलिब्डिनम का चिह्न

mo /मो/ *n., pl.* **~s** *UK, colloq.* 1 थोड़ी देर के लिए 2 एक पल, थोड़ा-सा: wait a ~!/ half a ~!

-mo (*bookbinding, publishing*), *suffix, forming nouns and adjectives, denoting:* 1 **number of leaves to a sheet** (कागज की शीट के पन्ने) 2 **size of a book** (ऐसी शीटों से बनी पुस्तक का आकार)

moa /मोअ/ *n., pl.* **~s** न्यूजीलैंड का शतुर्मुर्ग जैसा एक लुप्त पक्षी

moan /मोन/ *v., pt.* **~ed**, *pp* **~ing** 1 कराहना: ~ with pain 2 विलाप क., रोना-धोना: he is everlastingly **~ing** and groaning 3 अप्रसन्नता जाहिर क.: ~ out (कराहते हुए बोलना) 4 शिकायत क.: ~ about sth;

n. 1 (***syn.*** groan) कराह 2 विलाप 3 शिकवा-शिकायत 4 सरसाहट;

dw/lw: **moan\ful** /मोनफुल/ *adj.* शिकायत या विलाप करता हुआ, कराहता/ सिसकता हुआ;

collocations: **~ing Minnie** 1 हर समय रोने-धोनेवाला व्यक्ति 2 *war sl.* (***syn.*** air-raid siren) हवाई हमले के समय बजने वाला भोंपू;

p&i: **~ and groan** दुख-दर्द से कराहना

moat /मोट/ *n.* 1 खाई, परिखा, खंदक 2 किले के चारों ओर पानी से भरी खाई

mob /मौब/ *US* माःब/ *n.* 1 उपद्रवी, उत्तेजित या उग्र भीड़: form a ~/ gather into a ~ 2 (**the** ~) जनसाधारण, आम आदमी, निम्न-वर्ग 3 भीड़-भाड़, जनसमूह 4 (**the ~**, ***syn.*** gang, mafia) अपराधियों का गिरोह 5 (***syn.*** flock) झुंड;

v., pt. **~bed**, *pp* **~bing** 1 (***syn.*** besiege) भीड़ द्वारा घेर लिया जा. 2 भीड़ लगाना 3 तंग क. या आक्रमण क.;

adj. भीड़ का, भीड़ से संबंधित: **~bed** *adj. colloq.* भीड़-भरा;

dw/lw: **~cap** *n., hist., fashion* अठारहवीं सदी में औरतों द्वारा सुबह पहनी जाने वाली घरेलू टोपी; **~bish** /मौबिश/ *adj.* अनियंत्रित, उत्पाती; **~law** *n.* हुल्लड़बाजी, अराजकता; **mob\-mentality** *n.* भीड की (अराजक) मानसिकता; **~ocracy** /मॉबॉक्रसी/ *n.* 1 भीड़-तंत्र, भीड़शाही 2 हुल्लड़बाजी; **mob\-psychology** *n.* भीड़ की मनोवृत्ति; **mob\sman/ mob\ster** *n.* आपराधिक गिरोह का सदस्य;

collocations: **swell** ~ जेबकतरों का गिरोह

mobi\le /मोबाइल/ *adj.* 1 चलता-फिरता 2 (***anton.*** immobile) चल, सचल, चलंत, गतिशील: **~le** home; **~le** hanger; **~le** field station 3 चलता, गश्ती 4 चंचल, परिवर्तनशील: **~le** mind 5 भाव-भंगिमा बदल लेने वाला (चेहरा): **~le** features 6 एक वर्ग से दूसरे की ओर अग्रसर 7 वाहन पर सवार, जिसके पास गाड़ी हो 8 जल्दी-जल्दी नौकरियां या घर बदलने वाला;

n. 1 मोबाइल फोन, चल टेलीफोन, दुकान आदि 2 लटकने वाली सजावटी वस्तु जो हवा के झोंकों आदि से इधर-उधर झूल सकती है;

dw/lw: **mobi\le** /मबील/ *n.* किसी विशिष्ट व्यक्ति के लिए गाड़ी: Pope mobile (पोप की गाड़ी); **~lize** (*also* **-ise**) /मोबिलाइज/ *v., pt.* ~lized, *pp* ~lizing 1 किसी काम के लिए एकजुट क., जुटाना, कार्यप्रवृत क.: ~lize all resources 2 लामबंद हो. या क.: ~lize people 3 सेना आदि को युद्ध के लिए संघटित क., तैयार क. 4 संचारित क., चलाना 5 चल या गतिशील बनाना;

collocations: **~le home** बिना नींवों का घर, जिसे गाड़ी या वैन आदि में रखकर इधर-उधर ले जाया जा सकता है; **~le library** चल पुस्तकालय; **~le phone** मोबाइल फोन; **~le shop** चल या घुमंतू दुकान; **~le van** 1 गश्ती गाड़ी 2 चलंत गाड़ी

mobility /मोबिलिटि/ *n.* 1 गतिशीलता: ~ of fire (गोलीबारी का चल रूप) 2 चंचलता: ~ of features 3 चलने-फिरने या यात्रा की संभावना या क्षमता: ~ means (यातायात के साधन)

mobilization /मोबिलाइजेशन/ *n.* 1 लामबंद करने का काम 2 लामबंदी 3 सैन्य-संघटन: ~ plan 4 युद्ध के लिए तैयारी

moccasin /मौकअसिन/ *n.* 1 मृग चर्म का मुलायम जूता, मृग या अन्य किसी मुलायम चमड़े के जूते, चप्पल 2 (*also* **water** ~) दक्षिणी अमेरिका के जंगली दलदल में मिलनेवाला एक विषैला सांप

mocha /मौका/ *n., pl.* **~s** कॉफी और चॉक्लेट से बनी एक जायकेदार बढ़िया कॉफी: ~ beans;

adj. 1 गहरा भूरा रंग: ~ ice-cream (काले-भूरे रंग की आइस्क्रीम); ~ shoes (काले-भूरे रंग के जूते) 2 भूरे रंग की (एक बढ़िया कॉफी)

mock /मौक\/ *US* माःक/ *v., pt.* **~ed**, *pp* **~ing** 1 उपहास क., की हंसी उड़ाना: ~ (at) sb's fears/ hopes 2 की नकल क. या नकल उतारना: he **~s** and mimics all he sees 3 धोखा दे, या खाना: be **~ed** with false hopes (वह झूठी आशाओं पर खुशी मनाकर धोखा खा रहा है); the weather **~ed** him (मौसम ने उसे धोखा दिया) 4 व्यर्थ कर दे. 5 हरा दे.: the fortress **~ed** the enemy;

adj. 1 (***syn.*** sham) नकली, झूठा, दिखावटी, बनावटी: ~ modesty (झूठी विनम्रता) 2 दिखावे की: ~ trial; ~ verses

(उपहास कविताएं);

dw/lw:* ~er** /मौकः/ *n.* 1 उपहासक, खिल्ली उड़ाने वाला, चिढ़ाने वाला 2 नकल उतारने वाला; **~ery** *see below under separate entry*; **mock\ing** /माःकिंग/ *US* मौकिंग/ *adj.* 1 (syn.*** contemptuous) मजाक उड़ाने वाला 2 घृणित; **~ing** *n.* उपहास या खिल्ली; **mocki\ngly** /मौकिंगलि/ *US* माःकिंगलि/ *adv.* उपहास करते हुए, ठिठोली करते हुए, उपहास रूप में, किसी की खिल्ली उड़ाते हुए; **~-up** /~-अप/ *n.* (***syn.*** dummy) वायुयान, युद्ध पोत, भवन आदि का बड़ा-सा नमूना, छपती हुई पुस्तक का नमूना;

***collocations:* ~ battle/ ~ combat** नकली या अभ्यास लड़ाई; **~ing bird** अमेरिका या मैक्सिको का एक काला, श्वेत या भूरा पक्षी जो दूसरे पक्षियों की बोली की नकल कर सकता है; **~ examination/ ~ test** अभ्यास के रूप में ली या दी जाने वाली परीक्षा; **~ heroic** वीर रस की हास्यजनक नकल, व्यंग्य-वीर काव्य; **~ moon** चंद्राभास; **~ orange** नकली संतरा; **~ sincerity** बनावटी (दिखावे की) वफादारी; **~ sun** सूर्याभास; **~s the pauses** ठहराव द्वारा दिए गए अवसरों को गंवाना;

***p&i:* ~ at sb/ sth** किसी की खिल्ली उड़ाना; **~ing is catching** नकल उतारना बुरी बात है; **put the ~s on sth or sb** किसी बात या किसी की सफलता की संभावना को बिगाड़ दे.

mockery /मौकरि/ *US* माःकरि/ *n., pl.* **mockeries** 1 (***syn.*** ridicule) उपहास, मजाक, खिल्ली: hold sb/ sth up to ~; his trial was a ~ of justice 2 उपहासपूर्ण नकल 3 (***syn.*** travesty) उपहासपूर्ण असफलता, उपहास या मजाक का विषय 4 अनेकों कमियोंवाला व्यक्ति, कार्य या वस्तु: become a ~; make a ~ of sth

MOD/ MoD *abbr.,* 'Ministry of Defence' की प्रथमाक्षरी

mod/ Mod *n.* 1 स्कॉटलैंड के साहित्य का वार्षिक उत्सव 2 *colloq.* 2.1 नया फैशन 2.2 संयत व विनम्र व्यक्ति;

adj. 1 आधुनिक, नए फैशन का 2 विनम्र व संयत

mod. /मौड/ *short,* 'modern', 'moderno', 'moderate' का छोटा रूप

modal /मोडल/ *adj.* 1 *gramm.* क्रियार्थद्योतक या सहायक (क्रियायें): auxiliary/ modal verbs (can, could, may, shall, will, must, ought to) 2 राग-संबंधी, रागात्मक, लय-संबंधित 3 रूपात्मक, रीत्यात्मक, पद्धति-संबंधित 4 *logic* निश्चयमात्रक, रूप-विषयक;

***dw/lw:* modalism** /मोडअलिज्म/ *n.* अभिव्यंजनप्रकारवाद;

***collocations:* ~ legacy** सशर्त वसीयती इन्कार; **~ proposition** तर्क वाक्य जिसमें संभावना-असंभावना के विषय में निर्णायक रूप से कहा गया हो

modality /मोडैलिटि/ *n., pl.* **modalities** 1 रीति, ढंग, शैली 2 पद्धति, प्रणाली 3 अनुभव या अनुभूति प्राप्त करने के लिए शरीर द्वारा प्रयुक्त की जानेवालीं इंद्रियां: the visual and auditory **modalities**

mod cons /मौड कौन्ज/ *US* माःड काःन्ज/ *n.* 1 आधुनिक जन-सुविधाएं 2 आधुनिक घरेलू सुविधाएं यानी बिजली, हीटर, फोन, टीवी आदि

mode /मोड/ *n.* 1 प्रक्रिया, प्रणाली, पद्धति: ~ of production 2 ढंग, प्रकार, विधि, तौर-तरीका: ~ of operation; a new ~ of transport 3 रूप 4 रीति, रिवाज, प्रथा, चलन, फैशन: to-day's ~; after the ~ of France 5 राग 6 बहुलक, संख्याओं के किसी समूह में उच्चतम आवृत्ति का मूल्य 7 *comput.* कार्य-विधि: print ~; working ~ 8 नमूना: constructed after ~ 9 मिजाज: a holiday ~ 10 संगीत में स्वर-समूह: major/ minor ~;

***collocations:* ~ airplane/ yacht** विमान या नाव का नमूना; **~ behaviour** आदर्श व्यवहार; **~ of life** जीवन-शैली; **~ of payment** भुगतान पद्धति; **the latest ~** नवीनतम फैशन, आधुनिकतम शैली

model /मौड\ल/ *US* /माःड\ल/ *n.* 1 मौडल, फैशन मौडल: the latest Paris **~s** 2 नमूना, प्रतिमान, प्रतिरूप, प्रतिकृति: ~ of a monument/ bridge 3 आदर्श, उदाहरण: a ~ of virtue/ perfection/ industry; take sb as one's role ~ 4 डिजाइन, निर्माण प्रकार: the latest ~ of car 5 आधार रूप 6 कई स्वरूपों में से एक 7 व्यक्ति जिसको सामने बिठाकर चित्रकार चित्र उतारता या बनाता है 8 फैशन की नई-नई वस्तुओं के विज्ञापनों में भूमिका अदा करने वाला व्यक्ति;

adj. 1 आदर्श 2 मानक 3 अनुकरणीय;

v., *UK pt.* **~led**, *pp* **~ling** or *US pt.* **~ed**, **~ing** 1 फैशन मौडल के रूप में काम क. 2 (***syn.*** emulate) आदर्श के अनुसार बनना या अपने आप को ढालना: ~ sth on sth; ~ oneself/ one's behaviour/ conduct on/ upon/ after sb 3 ढांचा या प्रतिरूप बनाना: ~ sth in clay 4 संभावित ग्राहकों को पोशाक पहनाकर दिखाना 5 नमूने के अनुसार ढालना या बनाना: ~ dresses; be **~led** on sth 6 किसी चीज या व्यक्ति के अनुरूप मूर्ति आदि गढ़ना, चित्र बनाना, स्वरूप तैयार क. 7 किसी आदर्श पर खरा उतरना 8 (***syn.*** simulate) जीवन की साक्षात् परिस्थिति तैयार करके उससे निपटने की तरकीब तैयार क.: ~ a typical class-room situation;

***dw/lw:* ~ler** /~लः/ (*also US* **modeler**) *n.* 1 वस्तुओं के नमूने बनाने वाला, मूर्तिकार 2 किसी प्रणाली या प्रतिक्रिया का सरल विवरण देने वाला व्यक्ति; **model\ling**/ *US* **model\ing** /~लिंग/ *n.* 1 नमूने (आधार वस्तु) बनाने की क्रिया, कला या हुनर, प्रतिरूपण 2 नमूने (आधार वस्तु या मूर्ति आदि) बनाने का व्यवसाय: clay ~ling 3 फैशन मौडल का हुनर या काम: a career in ~ling 4 किसी या किन्हीं आदर्श व्यक्ति या व्यक्तियों का अनुसरण करने की क्रिया 5 जीवन की साक्षात् परिस्थिति तैयार करने की क्रिया: computer ~ling;

***collocations:* ~ railway** रेल प्रणाली या सिस्टम का नमूना; **~ village** 1 भिन्न-भिन्न नमूनों का गांव के रूप में संकलन 2 योजनाबद्ध तरीके से व्यवस्थित कस्बा, मोहल्ला या बस्ती;

a ~ of loyalty निष्ठा का नमूना या आदर्श; **a ~ teacher** आदर्श अध्यापक

modem /मोडेम/ *n. comput.* 1 यंत्र जिसके माध्यम से इंटरनेट काम करता है 2 ऐसा उपकरण जो एक कंप्यूटर से दूसरे को सूचनायें भेजता है

modena /मौडिना/ *US* माःडिना/ *n.* गहरा बैंगनी रंग

modera\te /मौडअ\रअट/ *US* माःडअ\रअट/ *adj.* 1 औसत, कम मात्रा में: **~te** eating; **~te** prices 2 नर्मपंथी (राजनीति आदि में), जो उग्रवादी या हिंसावादी न हो: a man of **~te** opinions/ views 3 (***syn.*** immoderate) संतुलित, संयत, मिताचारी, संयमी 4 मंद, मृदु, नर्म, अल्पबल: **~te** breeze/ gale 5 मध्यम, न ज्यादा बड़ा, न छोटा, मध्यमार्गी 6 (***syn.*** mediocre) साधारण, सामान्य, मामूली: **~te** man; **~te** skills/ abilities;

n. नर्मपंथी व्यक्ति, मध्यमार्गी व्यक्ति;

v., *pt.* **~ted**, *pp* **~ting** 1 संयत क. या हो. 2 मर्यादा में रखना या र.: he **~ted** the debate 3 कम या नर्म क. या हो.: **~te** one's enthusiasm/ pretensions/ demands 4 किसी वाद-विवाद या बहस में निष्पक्ष मध्यस्थ का काम क., संचालन क., सभापतित्व क.: **~te** between the rivals; ~ over sth;

dw/lw:* modera\tely** /~रअटलि/ *adv.* 1 कम मात्रा में: eat/ drink ~tely 2 संयमपूर्वक 3 साधारण-सा: a ~tely large audience; ~tely intelligent; **modera\tion** /~रेशन/ *n.* 1 संयम: ~tion in eating 2 नर्मी 3 शांति 4 नियंत्रण, संयमन, आत्मसंयम, मिताचार, संतुलन, नियमन: in ~ (1 उचित मात्रा में 2 मर्यादा की हद के अंदर) 5 मंदन 6 (**Modera\tions**, *also called* **Mods/ mods**) ऑक्सफोर्ड विश्वविद्यालय में स्नातक (BA) के लिए प्रथम सार्वजनिक परीक्षा; **modera\tor** /~रेटः/ *n.* 1 परिमार्जक 2 (syn.*** mediator) मध्यस्थ, पंच, निर्णायक 3 संचालक, नियामक 4 मंदक (परमाणु ऊर्जा रिएक्टरों में न्युट्रोनों को मंद करनेवाली प्रक्रियायें)

moderato /मौडअरा\टो/ *US* माःडअरा\टो/ *adv., adj., music* 1 *adj.* मंद्र 2 *adv.* संयत व सधे स्वर में;
n., pl. **~s** संयत, सधे या मंद्र स्वर का संगीत

modern /मौडः\न/ *US* माःडः\न/ *adj.* 1 आधुनिक: ~ history 2 आजकल का, नए जमाने का: in ~ times 3 नया, अपारंपरिक 4 (*syn.* contemporary) अर्वाचीन 5 (*syn.* up-to-date) नवीनतम: ~ inventions 6 आधुनिक स्तर तक विकसित (भाषा आदि): ~ languages;
n. आधुनिक विचारों का व्यक्ति;
dw/lw: **~day** *adj.* (*syn.* contemporary) नए जमाने का, आजकल का; **modernity** /~निटि/ *n.* 1 आधुनिकता, वर्तमान काल 2 नवीनतमता;
collocations: **~ art/ architecture** आधुनिक कला/ भवन-निर्माण शिल्प या कला; **~ dance** अति गतिशील व जीवंत आधुनिक नृत्य; **~ English** 500 ईस्वी से लेकर आज तक विकसित हुई अंग्रेजी भाषा; **~ languages** आधुनिक काल में नवीनतम स्तरों तक विकसित भाषाएं; **~ medicine** आधुनिक औषधि; **~ society** आधुनिक समाज; **~ times** आधुनिक काल, आज का समय;
the stresses of ~ life आधुनिक समय के दबाव और तनाव

modern\ism /मौडःनि\ज्म/ *US* माःडःनि\ज्म/ *n.* 1 आधुनिकतावाद 2 आधुनिक प्रयोग, शैली, मुहावरा, विचार, प्रथा या विशेषता 3 आधुनिक भावना या स्वभाव, आधुनिक प्रवृत्तियां या विचार 4 (**Modernism**) बीसवीं सदी के आरंभ में यूरोपीय साहित्य, कला आदि के क्षेत्र में रूप और भाषा शैली में एक प्रकार का अति प्रयोगवाद, अति रूपवाद;
dw/lw: **~ist** /~स्ट/ *n.* 1 आधुनिक विचारों, शैली आदि का समर्थक 2 अति प्रयोगवादी या आधुनिकतावादी साहित्यकार या कलाकार; **~istic** /~स्टिक/ *adj.* आधुनिकतावादी, आधुनिक

modernity *see above under* **modern:** ***dw/lw***

modernize (*also UK* **-ise**) /मौडःनाइज/ *US* माःडःनाइज/ *v., pt.* **~d**, *pp* **modernising** 1 आधुनिक बनाना या बनना 2 नवीनतम शैलियां, प्रतिमान व तकनीक अपनाना 3 आधुनिक पद्धतियां, प्रणालियां, तरीके, ढंग लागू क.

modernization /मौडःनाइजेशन/ *US* माःडःनाइजेशन/ *n.* 1 आधुनिकीकरण 2 नवीनतम शैलियों, प्रतिमानों, तकनीकों, पद्धतियों, प्रणालियों, तरीकों, ढंगों के माध्यम से किया जाने वाला आधुनिकीकरण या नवीनीकरण

modest /मौडिस्ट/ *US* माःडिस्ट/*adj.* 1 अल्प, साधारण: ~ fortune; ~ house; ~ income/ ~ means 2 विनम्र, संकोची, अल्पभाषी: be ~ about one's achievements 3 (*anton.* immodest) विनीत, विनय-शील, निरहंकार: with a ~ air 4 (*anton.* demure) सलज्ज, शालीन, सुशील, मर्यादित: ~ girl 5 संतुलित, मर्यादित: be ~ in one's demands 6 सरल, सीधा-सादा: ~ dress (सीधी-सादी पोशाक);
dw/lw: **modest\ly** *adv.* विनम्रतापूर्वक, साधारण स्तर पर; **modest\y** /मौडिस्टि/ *US* माःडिस्टि/ *n., pl.* **~ies** 1 (*anton.* immodesty) विनम्रता, शालीनता, विनय 2 संकोच, सलज्जता, शील, शील-संकोच: her ~y prevented her from saying that 3 संतुलन 4 सादगी, सादापन, सरलता: ~y of sb's home 5 मर्यादा, औचित्य: with all due ~; ~ of the eyes 6 अल्पता, सामान्यता: the ~ of her means;
p&i: **offend** ~ विनयशीलता भंग क.; **violate sb's** ~ किसी का बलात्कार क.

modicum /मौडिकम/ *US* माःडिकम/ *n.* 1 अल्प-मात्रा, अल्पांश: live upon a very small ~ 2 थोड़ा-सा, थोड़ी-बहुत: have a ~ of decency 3 किंचित, लेशमात्र: achieve success with a ~ of effort 4 कम से कम: ~ of comfort

modifi\able /मौडिफायबल/ *US* माःडिफायबल/ *adj.* परिवर्त्य, जिसमें परिवर्तन या सुधार किया जा सके

modifica\tion /मौडिफिकेशन/ *US* माःडिफिकेशन/ *n.* 1 आंशिक परिवर्तन: make **~tions** in sth 2 रूपांतर, रूपांतरण 3 (*syn.* adaptation) बदलाव, छोटा-मोटा संशोधन: a few **~tions** in the original plan 4 परिष्कार, सुधार 5 परिवर्तित आकृति;
dw/lw: **modifica\tory** *adj.* परिवर्तक, संशोधक

modi operandi *see under below under* **'modus operandi'**

modifier /मौडिफायः/ *US* माःडिफायः/ *n.* 1 प्रविशेषण, 2 परिवर्तक, रूपांतरक 3 विशेषक, विशेषण के रूप में संज्ञा 4 परिवर्तन या सुधार करने वाला व्यक्ति, सुधारक 5 किसी शब्द समूह या उपवाक्य का विशेषक

modi\fy /मौडिफाइ/ *US* माःडिफाइ/*v., pt.* **~fied**, *pp* **~fying** 1 किंचित् परिवर्तन क., सुधार क. 2 संज्ञा, क्रिया आदि की विशेषता बताना: adjectives ~ nouns 3 (*syn.* adapt) हेर-फेर क., काट-छांट क., रूपांतरित क. 4 कम क., नम्र बनाना: ~ one's tone 5 अर्थ सीमित क. 6 (*syn.* adjust) कुछ-कुछ बदल दे.: ~ one's demands 7 *gramm.* वाक्य में संज्ञा आदि का विशेषण आदि द्वारा परिभाषित किया जा.

modish /मोडिश/ *adj.* 1 जो रिवाज या फैशन में हो, प्रचलन में 2 फैशनेबुल

modular /मौड्युलः/ *US* माःड्युलः/ *adj.* 1 प्रमापीय, मापांक 2 भिन्न-भिन्न स्वतंत्र भागों या इकाइयों से बना हुआ;
collocations: **~ construction** भिन्न-भिन्न स्वतंत्र इकाइयों से बना कंप्यूटर के यांत्रिक (हार्डवेयर) या सॉफ्टवेयर सिस्टम (प्रणाली)

modulari\ze/ ~ise /मौड्युलअराइज/ *Us* माःड्युलअराइज/ *v., pt.* **~zed**, *pp***~zing** कॉलेज या विश्वविद्यालयीय शिक्षा को पारंपरिक डिग्री पाठ्यक्रमों के स्थान पर स्वतंत्र शैक्षणिक इकाइयों पर आधारित क.

modula\te /मौडयुले\ट/ *US* माःडयुले\ट/ *v., pt.* **~ted**, *pp* **~ting** 1 (*often* **~te to** or **into sth**) सुर आदि में परिवर्तन लाना, स्वर बदलना या संगीत में स्वर ऊंचा-नीचा क., आरोह-अवरोह क. 2 एक स्वर से दूसरे स्वर में जा. 3 स्वर या आवाज को ठीक क., घटाना-बढ़ाना, के अनुकूल बना लेना, मंद क. 4 रेडियो तरंगों के आयाम बदलना 5 झुकाना;
dw/lw: **modula\tion** /~शन/ *n.* 1 स्वर अनुकूलन, लय नियंत्रण 2 स्वर की मूर्छना, स्वर का आरोह-अवरोह या आरोहण-अवरोहण 3 स्वर-परिवर्तन, स्वर-सामंजस्य, स्वर-माधुर्य 4 स्वर साधना, बलाघात या स्वराघात परिवर्तन; **modula\tor** /~टः/ *n.* स्वर नियंत्रक, मिश्रक

module /मौड्यूल/ *US* माःड्यूल/*n.* 1 विश्वविद्यालय या कॉलेज में स्वतंत्र शैक्षणिक इकाई 2 अपने आप में संपूर्ण अंश या इकाई 3 अंतरिक्ष यान में स्वतंत्र और स्वावलंबी इकाई जो किसी कार्यक्रम विशेष के लिए बनी होती है: lunar excursion ~

modulo /मौड्युलो/ *US* माःड्युलो/ *n.* सापेक्ष

modulus /मौड्युलस/ *US* माःड्युलस/ *n., pl.* **moduli** /मौड्युली/ मौड्युलाइ/ वास्तविक संख्या का पूर्ण मूल्य, मापांक: ~ of elasticity

modus operandi /मोडस औपअरैंडाइ/ मोडस औपअरैंडी/ *n., pl.* **modi operandi** /मोडी औपअरैंडी/ मोडाइ औपअरैंडाइ/ कार्य-पद्धति, कार्य-प्रणाली या कार्य-विधि, काम करने का ढंग

modus vivendi /मोडस विवेंडी/ मोडस विवेंडाई/ *n., pl.* **modi vivendi** /मोडी विवेंडी/ मोडाइ विवेंडाई/ 1 (*syn.* a working arrangement, practical compromise) विवादी पक्षों में अंतिम फैसले होने तक अंतरिम समझौते के तहत सह-अस्तित्व, अस्थायी व्यवस्था 2 जीवन-शैली

mog /मौग/ *US* माःग/ (*also* **moggy**/ **moggie** /मौगि/ *US* माःगि/) *n.* बिल्ली

Mogul /मोगल/ *n.* 1 (*syn.* magnate) महत्त्वपूर्ण और धनी व्यक्ति, विशेषकर व्यापार और फिल्म उद्योग के क्षेत्रों में: a movie ~ (फिल्मी दुनिया का बादशाह) 2 (*also* **Moghul**, **Mughal**) मुगल, 16वीं से 19वीं शताब्दी तक भारत में मुगल (मुसलमान) शासक: the Great/ the Grand ~ 3 स्कीइंग के समय कूदकर पार

किया जाने वाला सख्त बर्फ का टीला

MOH *abbr.* 'Medical Officer of Health' की प्रथमाक्षरी

mohair /मोहेअः/ *n.* अंगोरा भेड़ या बकरी (goat) की लंबी मुलायम ऊन

Mohican /मोहीकन/ (*also* **Mohawk**) *n.* पंकों (punks) के बालों की शैली

moi /म्वाः/ *excl.* मैं, मैंने!

moiet\y /मॉइइटि/ *n., pl.* **~ies** *lit.* or *law* आधा भाग, आधा, अर्धांश

moil /मॉइल/ *v., pt.* **~ed**, *pp* **~ing** परिश्रम क.;

n. 1 कठिन काम 2 कष्ट, यातना 3 घालमेल 4 गंदा धब्बा

the Moirai /मॉअरि/ *n., [pl.]* यूनान के पुराणों में भाग्य-देवी

moire /म्वाःर/ (*also* **moiré** /म्वाःरे/) *n., pl.* **~s**, *Fr.* एक तरह का रेशम, लहरियादार रेशम

moist /मॉइस्ट/ *adj., degr.* **~er**, **~est** 1 गीला, नम, तर: ~ wind; eyes ~ with tears 2 आर्द्र: ~ summer (वर्षा भरी ग्रीष्म ऋतु);

dw/lw: **~en** /मॉइस्टन/ *v., pt.* ~ed, *pp* ~ing 1 गीला हो., नम हो., तर हो. 2 भीग जाना 3 भिगोना, तर क.: ~ one's lips

moistu\re /मॉइस्च\ः/ *n.* 1 नमी: **~re** of plants 2 आर्द्रता: **~re** recorder 3 सीलन, सीड़;

dw/lw: **~re-free**/ **~reless** *adj.* आर्द्रताविहीन, सूखा; **~re-proof** *adj.* (आर्द्रता-सह); **~rize** (*also UK* **-rise**) /~राइज/ *v., pt.* ~rised, *pp* ~rising त्वचा पर नमी-वर्धक क्रीम आदि लगाना; **moistu\riser** (*also UK* **-riser**) /~राइजः/ *n.* नमी पैदा करने वाली (क्रीम आदि)

moisty /मॉइस्टि/ *adj.* 1 कोहरा पूर्ण, धुंधला 2 नमी से भरा

moke /मोक/ *n., pl.* **~s**, *sl.* 1 गधा, कमजोर घोड़ा, टट्टू 2 मूर्ख

molar /मोलः/ *n.* दाढ़, चर्वण-दंत, चर्वणक;

adj. ग्राम-अणुक

dw/lw: **molarity** /मोलैरिटि/ *n.* ग्राम अणुकता

molasses /मअलैसिज/ (*also UK* **treacle**) *n. [sing.]* शीरा, सीरा, राब, चाशनी

mold /मोल्ड/ *US n.* 1 **'mould'** की अमेरिकी वर्तनी 2 सांचा, धातु ढालने का फर्मा 3 ढांचा, खांचा 4 विशेष स्वभाव या प्रकृति 5 सांचे में बनी कोई वस्तु;

v., *pt.* **~ed**, *pp* **~ing** 1 सांचे में ढालना, आकृति विशेष का बनाना

Moldavian /मॉल्देवियन/ *n.* मॉल्देविया वासी, मॉल्देवियाई भाषा

moldboard /मोल्डबोःड/ *n.* बुल्डोजर के आगे लगा बड़ा-सा ब्लेड जिससे मिट्टी खोदी या धकेली जाती है

molder /मोल्डः/ *v., pt.* **~ed**, *pp* **~ing** खंडहर हो जाना, टूट जा., नष्ट हो जा.

molding *see under* '**moulding**'

moldy /मोल्डि/ *adj. US* '**mouldy**' की अमेरिकी वर्तनी

mole /मोल/ *n.* 1 मस्सा, तिल 2 गर्भाशय में बना एक मांसल फोड़ा 3 छछूंदर 4 समुद्री प्राचीर, तटबंध, समुद्र तट पर पत्थर का बांध 5 कृत्रिम बंदरगाह 6 मुखबिर, भेदिया, भीतरघाती, गुप्तचर 7 मिर्च और चॉकलेट से बनी मैक्सिको की चटनी;

dw/lw: **~-cricket** *n.* रीवां; **mole-eyed** *adj.* निकटदर्शी, अंधा; **molehill** *n.* छछूंदर की बांबी; **~-skin** *n.* मजबूत सूती कपड़ा;

p&i: **as blind as a ~** छछूंदर-सा अंधा; **make a mountain of a ~hill** बात का बतंगड़ बनाना, तिल का ताड़ बनाना, राई का पहाड़ बनाना

molecular /मौलिक्यूलः/ *US* माःलिक्युलः/ *adj.* आणविक, अणु;

collocations: ~ **biology** जीवाणुओं का अध्ययन विज्ञान; ~ **formula** आणविक फार्मूला (सूत्र); ~ **genetics** वंशानुगत अणुओं का अध्ययन या विज्ञान; ~ **heat**/ **velocity** आणविक ऊष्मा/ वेग; ~ **weight** अणु वजन या भार

molecule /मौलिक्यूल/ *US* माःलिक्युल/ *n.* कई परमाणुओं (atoms) से बना किसी रासायनिक तत्त्व का लघुत्तम भाग, अणु

molehill *see above under* **mole:** ***dw/lw***

molest /मअले\स्ट/ *v., pt.* **~ed**, *pp* **~ing** 1 यौन उत्पीड़न क. 2 छेड़छाड़ क., छेड़खानी क. 3 तंग क., सताना;

dw/lw: **molestation** /~स्टेशन/ *n.* यौन उत्पीड़न, छेड़छाड़, दुर्व्यवहार

moll /मौल/ *US* माःल/ *n., sl.* 1 किसी अपराधी की सहायिका या प्रेमिका 2 वेश्या

molli\fication /मौलि\फिकेशन/ *US* माःलि\फिकेशन/ *n.* प्रशमन, नर्माई, नर्म या मंद करने या होने की क्रिया;

dw/lw: **mollifier** /~फायः/ *n.* नर्म या शांत करने वाला; **mollify** /~फाई/ *v., pt.* ~fied, *pp* ~fying 1 (***syn.*** placate) किसी का गुस्सा शांत क.: ~fy sb with sth; ~fy sb's anger 2 नर्म क. 3 परेशानी कम क., घटाना; **~fying** /~फाइंग/ *adj.* नर्म लहजे में: ~fying remark; in a ~ying tone

mollusc/ *US* **mollusk** /मौलअस्क/ *US* माःलअस्क/ *n.* कवचधारी प्राणी, कवचित जीव

molly /मौलि/ *US* माःलि/ *n.* 1 वेश्या 2 स्त्रैण, मेहरा

mollycodd\le /मौलिकौडल/ *US* माःलिकाःडल/ *v., pt.* **~led**, *pp* **~ling** अतिशय लाड़-प्यार क., दुलार क.: he likes to be **~led**;

n. दुलारा, लाड़ला व्यक्ति

Molotov Cocktail /मोलअतोव कौक्टेल/ *US* - काःक्टेल/ (*also* **petrol bomb**) *n.* 1 छोटे-छोटे घरेलू बम 2 बोतल में भरे पैट्रोल और कपड़ा से बना जलता हुआ बम

molt/ **moult** /मोल्ट/ *v., pt.* **~ed**, *pp* **~ing** 1 पंख झाड़ना 2 केंचुली (कांजली, *Hr.*) उतारना 3 बाल झड़ना;

n. 1 पंख झड़ाई, केंचुली या कांजली की उतराई 2 झड़े पंख, उतरी केंचुली

molten /मोल्टन/ *adj.* पिघला हुआ: ~ metal

molto /मौल्टो/ *US* माःल्टो/ *adv., adj., music* अत्यधिक, बहुत ज्यादा: ~ allegro

molybdenum / मलिब्डिनम/ *n.* एक रासायनिक तत्त्व

mom/ **momma**/ **mommy** *US* /मौम, माःम/मौमा, माःमा/मौमि, /माःमि / (*UK* **mum**/ **mumma**/ **mummy**) *n., pl.* ~s/ ~s/ **mummies** मां

mom-and-pop *adj.* माता-पिता का

moment /मोमंट/ *n.*, **~s** 1 पल, क्षण: wait a ~! just a ~!; **~s** ago 2 समय: just/ only this ~ heard of it 3 घड़ी, पल: at the present ~ 4 हाल-फिलहाल: happened a ~ ago 5 महत्त्व: be of great/ of little/ of the first ~; be of no ~; an affair/ matter/ business/ literary work of great ~ 6 *phys.* घूर्ण, आघूर्ण, धुरी के पास गति प्रदान करने की क्रिया, गुरुत्व: ~ of inertia; ~ of friction 7 (**the ~**) उसी पल, उसी घड़ी, ज्यों ही: the ~ (that) I saw him, I called him;

dw/lw: **~al** /मोमंटल/ *adj., phys.* घूर्णी, आघूर्णी, संवेगीय; **~ly** /मोमंटलि/ *adv.* क्षण-क्षण, तत्क्षण, क्षणमात्र; **~arily** /मोमंटेरअलि/ *adv.* 1 (***syn.*** briefly) थोड़े समय के लिए, क्षणमात्र, पलभर: be ~arily distracted 2 जल्दी ही, पल भर में: he ~arily recovered; **~ariness** /मोमंटरिनेस/ *n.* अल्पकालिकता; **momentary** /मोमंटरि/ *adj.* (***syn.*** brief) क्षणिक, अल्पकालिक, क्षणभंगुर: in ~ary expectation of his arrival;

p&i: **~ of truth** संकट/ परीक्षा की घड़ी;

a ~ to spare देने के लिए कुछ समय; **at a ~'s notice** थोड़े समय पहले सूचना देने पर; **at any** ~ किसी समय भी, किसी पल भी, जल्दी ही; **at odd ~s** समय-बेसमय; **at the** ~ अभी, इस समय; **at the last** ~ अंतिम क्षणों में; **at this ~ in time** इसी समय; **be back in a** ~ क्षण भर में लौट आना; **for a** ~ पल भर के लिए, थोड़ी देर के लिए; **for the** ~ अभी तो, अभी कुछ समय; **have a senior/ blond, etc.** ~ बूढ़ों की तरह बर्ताव क.; **have one's ~s** खुशी के पल पाना; **in a** ~ पल भर में, एक मिनट में; **in one's spare ~s** किसी के फालतू समय के दौरान; **interrupt**

at every ~ हर समय टोकना; **it will take a** ~ बस क्षण भर में हो जाएगा; **Just at that** ~ उसी क्षण; **man of the** ~ इस घड़ी का महत्त्वपूर्ण व्यक्ति; **not for a/ one** ~ बिल्कुल भी नहीं, कदापि नहीं; **not for the** ~ अभी नहीं; **not for a** ~ कभी नहीं, बिल्कुल नहीं; **of** ~ बहुत अहम; **of the** ~ इस समय पर चोटी का: man of the ~; **on the spur of the** ~ उसी क्षण, बिना सोचे-समझे; **psychological** ~ सर्वाधिक उपयुक्त समय; **the ~ of truth** परीक्षा की घड़ी, अहम फैसले करने का समय; **the ~ (that)** जैसे ही; **the last** ~ ऐन वक्त पर, अंतिम क्षणों में; **to the (very)** ~ बिल्कुल सही निर्धारित समय पर

momentous /मोमेंटस/ *adj.* अत्यधिक महत्त्वपूर्ण: a ~ decision, event, etc.; on this ~ occasion (इस महत्त्वपूर्ण अवसर पर)

momentum /मोमेंटम/ *n., pl.* **~s/ momenta** 1 संवेग: carried away by one's own ~ 2 गति, बल , जोर, परिबल: gain/ gather ~ 3 तेजी, गतिमात्रा, प्रगति की निरंतर चाल: ~ of the attack/ offensive

momma /मौमा/ *US* मा:मा/ *n.* मां, मम्मी

mommy / *US* मौमि, मा:मि/ (*UK* **mummy**) *n.* मां, मम्मी

mompara /मौंपरा/ *US* मांपरा/ (*also* **mampara**) *n.* मूर्ख, गधा

Mon. *abbr.,* 'Monday' का संक्षेप

monacal/ monachal /मॉनअकल/ *adj.* मठवासीय, मठ-संबंधी;

dw/lw: **monachism** /मॉनअकीज्म/ *n.* मठवाद

monad /मौनै\ड/ *US* मा:नै\ड, मोनै\ड/ *n.* 1 इकाई, एकक 2 ईश्वर 3 मूल जीव 4 एक संयुज 5 चिदणु;

dw/lw: **~ism** /~डिज्म/ *n.* चिदणुवाद; **~ology** /~डअलजि/ *n.* चिदणु विज्ञान

monadelphous /मौनअडेल्फस/ *adj.* एकसंघी

monan\drous /मौनैंड्रस/ *US* मा:नैंड्रस/ *adj.* एकपतिका, एकपुंकेसर;

dw/lw: **monandry** /मौनैंड्रि/ *US* मा:नैंड्रि/ *n.* एक पतित्व, एक पति प्रथा

monanthous /मौनैंथस/ *US* मा:नैंथस/ *adj.* एकपुष्पी

monarch /मौन:क/ *US* मा:नअर्क, मा:नार्क / *n.* 1 (निरंकुश) राजा या रानी: the lion is the ~ of all beasts 2 सुल्तान 3 नरपति, अधीश 4 प्रभावशाली व्यक्ति;

dw/lw: **~ianism/ ~ism** /मौन:किअनिज्म/ मौन:किजम/ *US* मा:न:किअनिज्म, मा:न:किजम/ *n.* एकतंत्रवाद, एकव्यक्तिवाद; **~ical** /मौन:किकल/ *US* मअना:र्किकल/ *adj.* एकतंत्रीय; **monarchist** /मौन:किस्ट/ *US* मा:नअर्किस्ट/ *adj.* **monarchy** /मौनअकि/ *US* मा:नअर्कि/ *n.* 1 राजतंत्र, राजशाही: absolute/ constitutional/ limited/ hereditary ~y 2 राजशाही का देश

monaster\y /मौनअस्टरि/ *US* मा:नअस्टरि/ *n.,* **~ies** मठ, विहार, संघाराम

monas\tic /मनैस्टि\क/ *adj.* 1 मठ, विहार संबंधी मठ-विषयक: **~tic** vows; **~tic** life (मठवास) 2 (*syn.* ascetic) तपोमय, सादा, एकांतमय, शांत;

dw/lw: **monasticism** /~सिजम/ *n.* 1 मठवाद, मठ-जीवन, मठचर्या 2 साधुओं का जीवन, साधुओं की दिनचर्या 3 वैराग्य, तप

monatomic /मौनअटौमिक/ *US* मा:नअटा:मिक/ *adj.* एक-परमाणुयुक्त

monaural /मौनॉरल/ *US* मा:नॉरल/ *adj.* एक कान वाला, एक कान से संबंधित

monaxial /मौनैक्सिअल/ *US* मा:नैक्सिअल/ *adj.* एक-अक्षीय, एक-धुरी

Monday /मंडे/ (*abbr.,* **Mon.**) *n.* सोमवार, चंद्रवार;

collocations: ~ **feeling** रविवार के बाद काम करने की अनिच्छा; **Black** ~ *school sl.* छुट्टियों के बाद पहला सोमवार;

p&i: **keep Saint** ~ रविवार को ज्यादा पी लेने के कारण सोमवार को काम करने में असमर्थता; **that ~ morning feeling** शनिवार-रविवार की छुट्टियों के कार्यक्रमों के कारण सोमवार सुबह अनुभव होने वाली थकावट; ~ **morning quarterback** किसी घटना के होने के बाद आलोचना करनेवाला व्यक्ति

monde /मौंड/ *US* मांड/ *n.* फैशनेबुल समाज, मंडली

mondial /मौंडिअल/ *US* मांडिअल/ *adj.* विश्वव्यापी, सार्वभौमिक

moneta\rism /मनिटअरि\ज्म/ *n., econ.* पैसे के चलन को नियंत्रित करके मुद्रा-स्फीति पर काबू पाने की आर्थिक नीति;

dw/lw: **~rist** /~स्ट/ *n.* पैसे के चलन को नियंत्रित करके मुद्रा-स्फीति पर काबू पाने की आर्थिक नीति का समर्थक; **moneta\ry** /मनिटरि/ *adj.* 1 आर्थिक 2 मुद्रा संबंधी, मौद्रिक: ~ry reform; ~ry unit (किसी देश की मुद्रा की मुख्य इकाई, जैसे रुपया, डॉलर, यूरो, रूबल आदि) 3 (*syn.* financial) वित्तीय: ~ry allowance

moneti\zation /मनिटाइ\जेशन/ *n.* मुद्रीकरण, वैध मुद्रा के रूप में स्थापना;

dw/lw: **~ze** /~ज/ *v., pt.* ~zed, *pp* ~zing 1 मुद्रा के रूप में स्थापित होना, क. या चलाना 2 मुद्रीकरण क.

money /मनि/ *n., pl.* **monies/ moneys** 1 रुपया-पैसा: paper/ soft ~ 2 मुद्रा: hard ~/ a piece of ~ (सिक्का); ~ of account 3 (*syn.* cash) रकम, नकद राशि 4 धन, द्रव्य 5 *colloq.* धनी व्यक्ति, धनी लोग;

adj. लाभदायक, अर्थकर;

dw/lw: **~back** *adj.* धन-वापसी (बीमा पॉलिसी); **~bags** *n., sl.* अमीर आदमी (पैसों का बोरा), धनवान, धनाढ्य व्यक्ति; **~box** *n.* पेटी, गुल्लक, गोलक; **~-broker** *n.* दलाल; **~changer** *n.* मुद्रा-परिवर्तन करने वाला, मुद्रा-परिवर्तक; **~ed/ monied** /मनीड/ *adj.* धनी, धनाढ्य; **money\-grubber** /मनीग्रब:/ *n.* धनलोलुप, पैसा-झपट्टू, धन बटोरनेवाला; **~-grubbing** *n.* धनलोलुपता; **~lender** *n.* महाजन, साहूकार, सूदखोर; **~lending** *n.* महाजनी, साहूकारी, सूदखोरी; **~maker** *n.* कमाऊ, धनजोड़ू; **~-making** *n.* धनोपार्जन, पैसे की अंधाधुंध कमाई; **~-saving** *adj.* पैसा बचाने वाली, किफायती; **~-spinner** /मनीस्पिन:/ *n.* ऐसा विचार या योजना जिससे काफी धन की प्राप्ति होती हो, धन का स्रोत; **~'s-worth** *n.* पैसे की कीमत;

collocations: **~back guarantee** माल संतोषजनक न होने की सूरत में पैसा लौटाने का भरोसा; ~ **bill** वित्त विधेयक; ~ **down** नकद भुगतान; ~ **market** 1 पैसे का बाजार 2 धन-व्यापार कंपनियां, बैंक, सट्टा-बाजार, साहूकार-सूदखोर जो पैसे का लेन-देन करते हैं; ~ **order** *US* (*UK* **postal order**) धनादेश, मनीऑर्डर; ~ **spider** छोटी-सी मकड़ी, जिसके बारे में अंधविश्वास है कि जिसके ऊपर वह चढ़ जाती है वह मालामाल हो जाता है; ~ **supply** पैसे की आपूर्ति, पैसा मुहैया कराने की प्रक्रिया; ~ **tree** पैसे का अच्छा स्रोत; ~ **wage** नकद मजदूरी;

public ~/s जनता का पैसा;

p&i: ~ **answers all things** = ~ **makes the mare go** दाम बनाए काम; ~ **begets** ~ पैसा पैसे को खींचता है; ~ **burns holes in fools pockets** पैसा समझदारों के पास ही टिकता है; ~ **doesn't grow on trees** पैसा पेड़ों पर नहीं उगता, पैसा आसानी से नहीं मिलता; ~ **for jam** = ~ **for old rope** मुफ्त का पैसा, आसानी से पाया हुआ धन; ~ **has no smell** पैसा जहां से भी आए अच्छा है; ~ **is a good servant but a bad master** पैसे की गुलामी बुरी बला; ~ **is the miser's God** 1 कंजूस के लिए पैसा ही भगवान है 2 बाप बड़ा न भैया, सबसे बड़ा रुपैया; ~ **is the sinews of war** पैसा युद्ध की आग में घी; ~ **is wise, it knows its way** पैसा अपना रास्ता खुद तलाश लेता है; **~less man goes fast through the market** ठन-ठन गोपाल, क्या खरीदे, क्या पूछे दाम; ~ **list** भुगतान रसीदों की सूची; ~ **makes the man** पैसा ही इंसान का खुदा है; ~ **makes the mare go** दाम बनाए काम; ~ **matter** आर्थिक प्रश्न; ~ **spent on the brain is never spent in vain** शिक्षा पर खर्चा सर्वोत्तम निवेश; ~ **talks** पैसा सिर चढ़कर बोलता है;

a mint of ~ पैसों का अंबार; **be bad** ~ नुकसान का सौदा; **be flush with ~ = wallow in money = have ~ to burn**

मालामाल हो.; **be good ~** लाभ का सौदा; **be in the ~** बहुत धनी या धनवान हो.; **buy ~** जुए या घुड़दौड़ में सबसे बड़ी बाजी लगाना; **coin ~** आनन-फानन में अमीर बनना; **come into ~** वसीयत में बहुत सारा धन पाना; **conscience ~** बिना मांगे देय कर का स्वयं ईमानदारी से भुगतान क.; **dirty ~** गंदगी की सफाई आदि काम के लिए औसत से ज्यादा भुगतान; **folding ~** बैंक के नोट, कागजी पैसा; **for love or ~** हर कीमत पर; **for my/ our etc. ~** मेरे या हमारे आदि विचार में; **for one's ~** किसी के अनुसार, किसी के विचार में; **get one's ~'s worth** पैसा वसूल क., किए गए खर्चे के एवज में पूरा फायदा या मजा पाना; **good ~** बहुत सारा पैसा; **hard ~** सिक्के; **have ~ to burn** अत्यधिक धनी; **hot ~** (***syn.*** money laundering) पैसे को चोरी-छिपे विदेश में लेजाकर पैसा कमाना; **it is a bargain for the ~** यह लाभ का सौदा है; **lend your ~ and lose your friend** उधार दोस्ती का दुश्मन है; **lie out of one's ~** पैसे का भुगतान न पाना; **made of ~** अत्यधिक अमीर; **make ~** लाभ कमाना या पैसा बनाना; **make** or **lose ~ hand over fist** बड़ी मात्रा में और जल्दी-जल्दी पैसा बनाना या गंवाना; **marry ~** पैसे के लिए धनी औरत या पुरुष से शादी क.; **mint ~** अंधाधुंध पैसा बनाना; **not everybody's/ every man's ~** हर एक के विचार में यह फायदेमंद नहीं; **on the ~** बिल्कुल सही, ठीक निशाने पर; **pin ~** जेब खर्च; **put ~ into sth** पैसे को किसी व्यापार में लगाना; **put ~ on sb/ sth** 1 घुड़दौड़ में किसी विशेष घोड़े पर बाजी लगाना 2 किसी बात के सही होने के बारे में आश्वस्त होकर शर्त लगाना.; **put one's ~ on a scratched horse** गलत घोड़े पर बाजी लगाना; **put one's money where one's mouth is** अपने वायदे को निभाने के लिए सब कुछ दांव पर लगा दे.; **ready ~** नकद पैसा; **smart ~** हर्जाने का पैसा; **soft ~ = folding ~**; **spent ~ like water** पानी की तरह पैसा बहाना; **there is ~ in it** यह लाभ का सौदा है; **throw good ~ after bad** पैसा उड़ाना; **throw ~ at sth** किसी काम को सुधारने के लिए पानी की तरह पैसा बहाना; **time is ~** समय सोने बराबर; **token ~** टोकन के रूप में पैसा, प्रतीकात्मक पैसा; **worth the ~** लगाए जाने वाले पैसे के लिए अच्छा है; **your ~** or **your life!** पैसा दो या जान गंवाओ!

monger /मंगः/ *n.* व्यापारी, अवैध विक्रेता: fish-~;
dw/lw: **mongery** /मंगरि/ *n.* अवैध व्यापार

-monger *comb. form, forming nouns, denoting*: 1 **trader** (व्यापारी, लेन-देन करने वाला): fish~ 2 **evil promoter** (दुष्कर्मों या कांडों को बढ़ावा देने वाला): gossip-~;
dw/lw: **-mongering** *suffix* 1 व्यापार, लेन-देन: fish-~ 2 किसी दुष्कर्म या कांड को बढ़ावा: war~, scandal~

Mongol /मौंगोल/ *US* मांगोल/ *n.* मंगोल नस्ल (प्रवर्तक – चंगेज खान) का सदस्य

Mongolia /मंगोलिया/ *n.* मंगोलिया (एक देश);
dw/lw: **~n** /मंगोलिअन/ *n.* मंगोलियावासी

mongoloid /मौंगअलॉयड/ *n.* 1 एक बीमारी यानी **'Down's syndrome** (मानसिक कमजोरी, धीमा शारीरिक विकास, चपटे नैन-नक्श और तिरछी आंखें आदि लक्षण) से ग्रस्तता 2 पूर्वोत्तरीय और दक्षिणोत्तरीय एशिया में बसनेवाले कुछ लोगों की नस्ल

mongoose /मौंगूस/ *n., pl.* **~s** नेवला, नकुल, न्योला;
collocations: **~ plant** सरहटी, सर्पाक्षी, नकुलकंद, गंधनाकुली

mongrel /मंग्रअल/ *n.* 1 वर्णसंकर 2 दोगली नस्ल का कुत्ता, दोगला कुत्ता 3 संकर: ~ word (संकर शब्द, मिश्रशब्द)

monial /मोनिअल/ *adj.* बिचला छड़

monies /मनिज/ *n., [pl.]* पैसे

moniker /मौनिकः/ *US* माःनिकः/ *n. US sl.* (***syn.*** nick-name) चिढ़ानेवाला नाम

moniliform /मौनिलिफॉःम/ *US* माःनिलिफॉःम/ *n.* मालाकार

moni\sm /मौनिजम/ *US* माःनिजम, मोनिजम/ *n., philos.* 1 अद्वैतवाद, एकात्मावाद, एकत्त्ववाद, एकत्त्वाद 2 दर्शन का सिद्धांत जिसके अनुसार यथार्थ केवल एक ही रूप होता है यानी शरीर और आत्मा में कोई फर्क नहीं होता;
dw/lw: **~st** /मौनि\स्ट/ *US* माःनि\स्ट/ *n.* अद्वैतवादी, एकात्मावादी; **monistic** /~स्टिक/ *adj.* अद्वैतवादी, अद्वैतवादात्मक, एकात्मक, अद्वैतात्मक

monition /मौनिशन/ *US* माःनिशन/ *n.* चेतावनी, डांट-फटकार, आह्वान

monitor /मौनि\टः/ *US* माःनि\टः/ *n.* 1 (कंप्यूटर या टीवी) का स्क्रीन या मॉनिटर 2 अस्पताल आदि में रोगी की हालत पर निरंतर नजर रखनेवाला और नियंत्रण करने वाला उपकरण 3 कक्षानायक, मॉनीटर 4 (*also* **~ lizard**) गोह, कबरा गोह, चंदन गोह 5 युद्धपोत, जंगी जहाज 6 दूर-संचार के क्षेत्र में टेलीफोन, रेडियो या टीवी आदि के कार्यक्रमों के प्रसारण पर नजर रखनेवाला यंत्र;
v., pt. **~ed**, *pp* **~ing** 1 ध्यान से देखना 2 (***syn.*** track) नजर रखना 3 अनुश्रवण क., मॉनीटर क.;
dw/lw: **~ing** /~टरिंग/ *n.* देखरेख, ध्यान रखने की क्रिया, नियंत्रण; **~ial** /~टॉरिअल/ *adj.* ध्यान रखने की क्रिया से संबंधित; **~y** /~टरि/ (*also* **~y letter**) *n., pl.* **~ies** प्रबोधक, (बिशप आदि द्वारा लिखित) चेतावनी पत्र;
collocations: **~ing service** दूसरे देशों द्वारा किए जानेवाले रेडियो या दूरदर्शन प्रसारणों को सुन या देखकर रेकॉर्ड करनेवाली संस्था; **~ing station** नियंत्रण स्टेशन

monk /मंक/ *n.* भिक्षु, साधु, योगी, वैरागी, मठवासी;
dw/lw: **monk\ery** /मंकरि/ *n.* मठवासी जीवन, मठ; **~ish** /मंकिश/ *n., adj.* साधुओं जैसा;
p&i: **the cowl does not make the ~** हर चमकदार चीज सोना नहीं होती

monkey /मंकि/ *n., pl.* **~s** 1 बंदर, वानर, लंगूर 2 नील वानर 3 शरारती बालक: you young **~!** 4 *US sl.* बोझ बनी कोई आदत या लत;
v., pt. **~ed**, *pp* **~ing** 1 नकल क. या उतारना 2 हंसी उड़ाना, शरारत या नटखटी क.;
dw/lw: **~-bread** *n.* (tree) गोरक्षी; **~-jacket** *n.* वर्दी कोट; **~-jacktree** *n.* लकुच, बड़हर; **~shine** (*also* **~ business**) *n.* चालबाजी, शरारत;
collocations: **~ business** धोखाधड़ी का काम; **~ drill** *war sl.* शारीरिक तैयारी; **~ engine** भवन या पुल बनाने के लिए स्तंभों को जमीन में गाड़ने वाला इंजन या मशीन; **~ in the middle** = piggy in the middle; **~ nut** छिलके समेत मूंगफली; **~ puzzle tree/ ~ puzzle** एक दक्षिणी अमेरिकी पेड़; **~ tricks** शैतानी, शरारतें; **~ wrench** चूड़ीदार रेंच;
p&i: **~ about/ around with sth** खिलवाड़ क., बुद्धू बनाना; **~'s allowance** रगड़ाई ज्यादा कमाई कम; **~ tricks** बंदर घुड़की; **~ with the cards** (ताश के) पत्ते लगाना; **~ with the milk** दूध में पानी मिलाना;
(as) agile as a ~ बंदर-सा फुर्तीला; **get one's ~ up** नाराज हो.; **get the ~ off** नशीले पदार्थों का सेवन छोड़ देना; **have a ~ on one's back** *sl.* मादक द्रवों का लती हो., नशेड़ी हो.; **make a ~ out of sb** किसी को बुद्धू बनाना, किसी की खिल्ली उड़ाना; **not give a ~'s** *sl.* बिल्कुल भी परवाह न क.; **put sb's ~ up** नाराज क., आपे से बाहर क.; **suck/ sup the ~** 1 बोतल को मुंह लगाकर पीना 2 नारियल का पानी पीना; **throw a ~ wrench in/ into sth** किसी की राह में रोड़े अटकाकर उसका काम बिगाड़ना

mono /मौनो/ *US* माःनो/ *adj., colloq., short,* 'monophonic' का छोटा रूप;
n. एक ही प्रकार की ध्वनि यानी स्टीरियो ध्वनि के विपरीत एक ही प्रवाहिका से ध्वनि की गूंज

mono- /मौनो\-/ *US* माःनो\-/ *prefix* or *comb. form, denoting*: **single** (एक): ~cracy; ~gamy;
dw/lw: **~acidic** /मौनोएसिडिक/ *US* माःनोएसिडिक/ *adj.*

एकाम्लक, एकाम्ल; **~atomic** /मौनोअटौमिक, मौनोअटौमिक/ *US* माःनोअटाःमिक/ *adj.* एकपरमाणुक; **~basic** /मौनोबेसिक/ *US* माःनोबेसिक/ *adj.* एक-क्षारीय; **~bloc** *n.* मोनोब्लौक; **~carp** /मौनोकाःप/ *US* माःनोकाःप/ *n.* एक ऐसा पौधा जिसके जीवन काल में मात्र एक बार फूल और फल आते हैं; **~cephalous** /मौनोसेफअलस/ *US* माःनोसेफअलस/ *adj.* एकमुंडकी; **mono\chord** /मौनोकॉःड/ *US* माःनोकॉःड/ *n.* संगीत स्वरमापी; **~chromatic** /मौनअक्रोमैटिक/ *US* माःनअक्रोमैटिक/ *n.* 1 एकल-लंबाई-तरंग प्रकाश 2 श्वेत-श्याम, एकरंग; **~chrome** /मौनअक्रोम/ *US* माःनअक्रोम/ *adj.* 1 एकरंगी, श्वेत-श्याम-रंगी 2 नीरस, फीका; **~chrome** *n.* 1 एक-रंगी चित्र, फोटो या पेंटिंग 2 एक ही रंग में अभिव्यक्ति 3 एकरंगी कला या तकनीक; **monocle** /मौनअकल/ *US* माःनअकल/ *n.* मात्र एक आंख की दृष्टि ठीक करने वाला लेंस, एकोपाक्ष, उपनेत्र; **~clinic** /मौनअक्लिनिक/ माःनअक्लिनिक/ *adj.* एकनताक्ष; **~clinous** /मौनअक्लाइनस/ *US* माःनअक्लाइनस/ *adj.* उभयलिंगी; **~clonal/ ~cline** /मौनोक्लोनल/ मौनअक्लाइन/ *US* माःनोक्लोनल/ माःनअक्लाइन/ *adj.* एकनतिक; **~coque** /मौनअकौक/ *US* माःनअकाःक/ *n., pl.* **~s** एकांगी पेटा (जहाज का); **~cotyledon** /मौनोकॉटिलीडन/ *US* माःनोकॉटिलीडन/ *n.* एकबीजपत्रक, एकबीज-पत्री; **mono\cracy** /मौनौक्रसि/ *US* माःनाःक्रसि/ *n.* एक व्यक्ति का शासन, एकतंत्र, तानाशाही; **mono\crat** /मौनअक्रैट/ *US* माःनअक्रैट/ *n.* तानाशाह; **~cular** /मनौक्युलः/ *US* मनाःक्युलः/ *adj.* एकनेत्र, एकनेत्री; **~culous** /मनौक्युलस/ *US* मनाःक्युलस/ *adj.* एकाक्ष; **~culture** /मौनअकल्चः/*US* माःनअकल्चः/ *n.* एकधान्य, (एकफसली) कृषि; **~cycle** *n.* एक पहिए का साइकल; **~drama** /मौनअड्रामा/ *US* माःनअड्रामा/ *n.* एकलनाटक; **~dy** /मौनअडि/ *US* माःनअडि/ *n.* एकस्वर गीत, शोकगीत; **~ecious** /मौनीशिअस/ *US* माःनीशिअस/ *adj.* 1 ऐसा पौधा जिसमें नर और मादा दोनों साथ-साथ होते है 2 द्विलिंगी, उभयलिंगी; **~filament** /मौनअफिलामंट/ *US* माःनअफिलामंट/ *n.* कृत्रिम कपड़े की एक ही लहर

mono\gamist /मअनौ\गअमिस्ट/ *US* मअनाः\गअमिस्ट/ *adj.* एकपत्नीक, एकपतिका;

dw/lw: **mono\gamy** /~गअमि/ *n.* एक पति या पत्नी का सिद्धांत, एकविवाह, एकपतित्व, एकपत्नीत्व, एकविवाह-प्रथा; **mono\gamous** /~गअमस/ *adj.* 1 एक समय में एक पति-पत्नी के सिद्धांत को माननेवाला, एकविवाही 2 एकसंगी

mono\genesis /मौनो\जेनिसिस/ *US* माःनो\जेनिसिस/ (*also* **mon\ogony** /मौनौगनि/ माःनाःगनि/) *n.* 1 एकपूर्वजवाद 2 एकोद्भव;

dw/lw: **mono\glot** /मौनअग्लौट/ *US* माःनअग्लाःट/ *n.* एकभाषी; **mono\gram** /मौनअग्रैम/ *US* माःनअग्रैम/ *n.* मोनोग्राम, गुंफाक्षर, एकाक्षर प्रतीक; **mono\graph** /मौनअग्राफ/ *US* माःनअग्रैफ/ *n.* एकबंध, विनिबंध, प्रबंध, एक विषय पर बहुआयामी पुस्तक; **~graph** *v., pt.* ~graphed, *pp* ~graphing बहुआयामी पुस्तक लिखना; **~gynous** /मौनॉजिनस/ *US* माःनॉजिनस/ *adj.* 1 एकपत्नीक 2 एकस्त्रीकेसरी; **~gyny** /मौनॉजिनि/ *US* माःनॉजिनि/ *adj.* एक-पत्नीत्व; **~lingual** /मौनअलिंग्वल/ *US* माःनअलिंग्वल/ *adj.* एकभाषी; **mono\lith** /मौनअलिथ/ *US* माःनअलिथ/ *n.* एकाश्म, एक ही पत्थर का बना बहुत बड़ा खंभा; **mono\lithic** /मौनअलिथिक/ *US* माःनअलिथिक/ *adj.* एकाश्म, अखंड, अखंडित

mono\logue (*also US* **~log**) /मौनअलौग/ *US* माःनअलॉग, माःनअलाःग / *n., pl.* **~s** एकालाप, एक व्यक्ति का लंबा भाषण;

dw/lw: **mono\logy** /मौनौलजि/ *US* माःनाःलजि/ *n.* एकालापता, संवाद पर एकाधिकार

mono\machy /मअनौमअकि*US* मअनाःमअकि/ *n.* (***syn.*** duel) द्वंद्व युद्ध;

dw/lw: **mono\mania** /मौनो\मेनिआ/ *US* माःनो\मेनिआ/ *n.* एक समय पर बस एक काम या बात करने की झक, एकोन्माद; **mono\manic** /~मेनिक/ *adj.* एक समय पर बस एक काम या बात करने वाला, एकोन्मादी; **mono\mark** /~माःक/ *n.* पहचान चिह्न के रूप में प्रयुक्त होने वाला अक्षरों या संख्याओं का विशेष मिलान; **~mer** /मौनअमेअः/ *US* माःनअमेअः/ *n.* एक साधारण अणु (molecule) जो दूसरे बहुत सारे अणुओं से मिलकर पौलिमर (polymer) नामक बड़े अणु (molecule) बनाता है; **~metallic** /~मिटैलिक/ *adj.* एक धातु से बना हुआ; **~mial** /मौनोमिअल/ *adj.* एकपदी; **~molecular** /मनोमलेक्युलः/ *adj.* एकाणुक; **~morphic/ ~phous** /~मॉःफिक/ ~मॉःफस/ *adj.* एकरूपी; **~nucleosis** /~न्यूक्लिओसिस/ *US* (*UK* **glandular fever**) *n.* एक बीमारी जब खून में बहुत अधिक लिंफोसाइट हो जाते हैं जिसकी वजह से थकान महसूस होती है; **~petalous** /मौनअपेटअलस/ *US* माःनअपेटअलस/ *adj.* एकदली; **~phagous** /~फअगस/ *adj.* एक ही प्रकार के भोजन का भक्षण करने वाला; **~phase** /मौनअफेज/ *US* माःनअफेज/ *adj.* एक ही फेज का; **~phonic** /मौनअफोनिक/ *US* माःनअफोनिक/ *adj.* एकराग, एकध्वनिक; **~phthong** /मौनअफ्थौंग/ *US* माःनअफ्थौंग/ *n.* एकस्वर; **~phyllous** /मौनअफिलस/ मौनअफिलस/*US* माःनअफिलस/ *adj.* एकपत्री; **~physite** /मनौफिसाइट/ *US* मनाःफिसाइट/ *n.* ईसा के मात्र एक स्वभाव में आस्था रखने वाला, एकस्वभाववादी; **~plane** /मौनअप्लेन/ *US* माःनअप्लेन/ *n.* एकपंखी विमान, एकतलीय वायुयान; **mono\plegia** /~प्लीजिआ/ *n.* एकांगघात, एकांग संस्तंभ यानी एक ही अंग में लकवा; **~pode** /मौनअपोड/ *US* माःनअपोड/ *n.* एक टांगवाला; **~podial** /मौनअपोडिअल/ *US* माःनअपोडिअल/ *adj.* एकाक्षिक

mono\polism /मअनौ\पअलीजम/ मअनाः\पअलीजम/ *n.* एकाधिकारवाद;

dw/lw: **mono\polist** /~पअलिस्ट/ *n.* एकाधिकारी, इजारेदार; **~polization** /~पअलाइजेशन/ *n.* एकाधिकारीकरण; **~polize** (*also UK* **~polise**) /~पलाइज़/ *v., pt.* ~polized, *pp* ~polizing एकाधिकार प्राप्त क., पर पूरा अधिकार प्राप्त क., पूर्णरूप से अपनाना या अपने अधिकार में ले लेना; **~polized** /~पअलाइज्ड/ *adj.* एकाधिकृत; **mono\poly** /~पलि/ *n., pl.* **~polies** 1 एकाधिकार, इजारा 2 एकाधिपत्य, इजारेदारी: government ~poly; ~poly prices; ~poly money (काल्पनिक पैसा जिसकी कोई कीमत नहीं होती): inflation has turned the money into ~poly money

mono\propellant /मौनो\प्रअपेलंट/ *US* मौनो\प्रअपेलंट/ *n.* एक ही पदार्थ से बना रॉकेट ईंधन या इंधन;

dw/lw: **~rail** /~रेल/ *n.* 1 एकल पटरी, पर चलने वाली गाड़ी 2 एकल पटरी, .एकपटरी रेलगाड़ी; **mono\rhyme/ ~rime** /मौनअराइम/ *US* माःनअराइम/ *n.* एक लय की कविता; **~sexual** /~सेक्सुअल/ *adj.* एकलिंगी; **~stable** /~स्टेबल/ एकस्थितिक; **mono\syllabic** /मौनअसिलैबिक/ *US* माःनअसिलैबिक/ *adj.* एकशब्दांशीय, एकाक्षरीय, अल्पभाषी; **~syllable** /मौनअसिलअबल/ *US* माःनअसिलअबल/ *n.* 1 एक शब्दांशवाला शब्द, एकशब्दांशीय शब्द 2 मितभाषी: speak/ answer in ~syllables; **~theism** /~थीइजम/ *n.* एकेश्वरवाद, अद्वैतवाद; **mono\theist** /~थीइस्ट/ *n.* एकेश्वरवादी; **~theistic** /मौनअथीइस्टिक/ *US* माःनअथीइस्टिक/ *adj.* एकेश्वरवादी; **~tint** /मौनअटिंट/ *US* माःनअटिंट/ *adj.* इकरंगा, श्वेत-श्याम

mono\tone /मौनअटोन/ *US* माःनअटोन/ *n.* एकतान, एकस्वर, एकस्वर उच्चारण, एकरूपता: read/ speak/ in a **~tone**;

dw/lw: **~tone** *adj.* एक स्वर; **~tonous** /मअनौ\टअनस/ *US* मअनाः\टअनस/ *adj.* नीरस, एकरस: ~tonous voice; ~tonous work; a street of ~tonous houses; **~tonously** /~टअनसलि/ *adv.* नीरस तरीके से; **~tony** /~टअनि/ *n., pl.* **~tonies** 1 एकरसता 2 नीरसता 3 एकस्वरता, एकसुरापन 4 विरसता 5 ऊब, उकताहट

mono\type /मौनअटाइप/ *US* माःनअटाइप/ *n.* मौनोटाइप, एकल

प्रारूप, एक मुद्र; **~typic** *adj.* एकप्रतिरूपी;

dw/lw: **~valence** /मौनो\वेलंस/ *US* माःनो\वेलंस/ *n.* एकअणुवीयता; **~valent** /~वेलंट/ *adj.* एक-संयोजक; **~xylon** /~क्सिलौन/ *US* ~क्सिलाःन/*n.* हल्की नौका

monozygotic/ monozygous twin /मोनोजाइगौटिक टविन/ *US* -गाःटिक -/ हू-ब-हू एक समान (identical) जुड़वां बच्चे

(the) Monroe Doctrine /मअनरो डौकट्रिन/ *US* - डाःकट्रिन/ अमेरिकी प्रेजिडेंट जेम्ज मनरो द्वारा 1823 में घोषित विदेश नीति जिसके तहत अमेरिका को उत्तरी और दक्षिणी अमेरिका में अपने हितों की रक्षा करने का अधिकार है

Monseigneur /मौनसेन्यः/ *US* माःनसेन्यः/ (*abbr.* **Mgr, Mgrs**) *n., pl.* **~s** महामान्य, महामान्यवर

Monsieur /मअस्यर/ (*abbr.* **M** or *pl.* **Mgrs**) *n.* = **Mr.** श्रीयुत, श्रीमान, महोदय

Monsignor /मौनसीन्यः/ *US* माःनसीन्यः/ *n., pl.* **~s/ Monsignori** /मौनसिन्यौःरि/ महामान्य, महामान्यवर

monsoon /मौनसूःन/ *US* माःनसूःन/*n.* वर्षा ऋतु, मौनसून, मानसून, पावस, बरसाती हवा: ~ drift (मौनसून धाराएं);

dw/lw: **~al** /~नल/ *adj.* वर्षा ऋतु संबंधी

monster /मौंस्टः/ *US* मांस्टः/*n.* 1 दैत्य, राक्षस, पिशाच: the **~s** of the deep (समुद्री दैत्य) 2 दुष्टात्मा, दुष्ट, जालिम: a ~ of cruelty; a ~ of ingratitude 3 विकृतांग, विकटांग, विकृताकार, अप्रकृत-रूप या विरूप प्राणी (पौधा): ~ apples; a ~ of a plum 4 भीमकाय जानवर, भीमाकार वस्तु: ~ ship/ cabbage 5 शैतान बच्चा;

adj. (***syn.*** giant) भीमकाय, भीमाकार: ~ mushrooms;

collocations: **~ truck** सामान ढोनेवाला बहुत बड़ा ट्रक;

p&i: **the green-eyed ~** ईर्ष्या

monstera /मौंस्टिअरा/ *US* मांस्टिअरा/ *n., pl.* **~s** घरेलू लता

monstrance /मौंस्ट्रंस/ *US* मांस्ट्रंस/ *n., pl.* **~s** प्रदर्शिका, सोने या चांदी का बड़ा प्याला

monstrosity /मौंस्ट्रौसिटि/ *US* मांस्ट्राःसिटि/ *n.* 1 टेढ़ा-मेढ़ा और भद्दा जानवर या प्राणी 2 (***syn.*** eyesore) दैत्याकार वस्तु: a concrete ~ 3 क्रूरता, नृशंसता 4 वीभत्स कर्म

monstrous /मौंस्ट्रस\/ *US* मांस्ट्रस\/*adj.* 1 (***syn.*** outrageous) बहुत बुरा, राक्षसी 2 (***syn.*** gigantic) विशालकाय, अतिविशाल, भीमाकार 3 (***syn.*** horrifying) विकराल, विकट, डरावना: ~ crime; ~ figure/ creature 4 विरूप, विकृतांग 5 पापात्मा, दुष्टात्मा 6 नितांत असंगत, निरर्थक;

dw/lw: **~ly** /~लि/ *adv.* विकराल रूप में; **monstrousness** /~नेस/ *n.* विकरालता, विकटता, डरावनापन

montage /मौंटाज/ *US* माःटाःज/ *n.* 1 चित्रों को जोड़कर बनाया जाने वाला चित्र 2 जोड़ चित्र 3 फिल्म-संग्रथन

montane /मौंटेन/ *US* मांटेन/ *adj.* पहाड़ी, पर्वतीय, पर्वत

monte /मौंटि/ *US* मांटि/ *n.* झाड़ियों से भरा क्षेत्र

Montenegrin /मौंटिनीग्रिन/ *US* मांटिनीग्रिन/ *n.* मौंटिनीग्रो देश का नागरिक

Montero /मौंटेअरो/ *US* मांटेअरो/ *n.* शिकारियों की टोपी

Montessori /मौंटिसॉरि/ मांटेसॉरि/ *n.* इतालवी शिक्षाविद् मारिया मौंटेसॉरी द्वारा विकसित स्वयं-विकास आधारित शिशु शिक्षा पद्धति: ~ method

Montezuma's revenge /मौंटअजूमाज रिवेंज/ सफर में अलग तरह के भोजन खाने से होनेवाली पेचिश

month /मंथ/ (*also* **calendar ~**) *n.* 1 महीना: calendar/ lunar ~; current/ present ~ 2 चार सप्ताह, मास: **~'s** pay;

adv. प्रतिमास, हर महीने, माहवार;

dw/lw: **month\ly** /मंथलि/ *adj.* 1 मासिक: ~ly instalment; ~ly inspection; average ~ly wage 2 एक महीने तक चलनेवाला; **~ly** *adv.* महीने में एक बार; **~ly** *n., pl.* ~lies 1 मासिक पत्रिका 2 मासिक धर्म, माहवारी;

collocations: **~ly wages** माहवार, मासिक मजदूरी; **~ of Sundays** बहुत लंबा समय; **~'s mind** मृत्यु के एक महीने बाद का क्रिया-कर्म या रस्म; **~ to month** प्रतिमास, महीने दर महीने; **calendar ~** 1 महीना 2 चार सप्ताह, मास; **solar ~** धरती द्वारा सूर्य की परिक्रमा करने के समय (लगभग 365 दिनों) का बारहवां भाग; **lunar ~** चंद्रमा द्वारा पृथ्वी का चक्र पूरा करने का समय;

p&i: **~ in, ~ out** महीने-दर-महीने, हर महीने;

by the ~ हर महीने, महीने के हिसाब से; **once/ twice a ~** महीने में एक या दो बार; **by/ after ~ = ~ in ~ out** *see above*; **from ~ to ~** महीने से महीने तक; **for ~s** महीनों तक

monticule /मौंटिक्युल/ *US* मांटिक्युल/ *n.* छोटी-सी पहाड़ी, टीला, अद्रिका

monty /मौंटि/ *US* मांटि/ *n.* **the full ~** पूरा पैसा: they will do the full ~ (take off all their clothes) if you so want

monument /मौन्यु\मंट/ माःन्यु\मंट/ *n.* 1 स्मारक, यादगार: a ~ to sb/ sth 2 ऐतिहासिक स्मारक, कीर्ति स्तंभ, स्मारक भवन या अन्य संरचना: ancient **~s**; ~ statue 3 उत्तम या गौरवमय उदाहरण: a ~ of literature/ learning/ architecture;

dw/lw: **monument\al** /~मेंटल/ *adj.* 1 विशाल: ~al production 2 स्मारकीय, स्मारक से संबंधित: ~al inscription; ~al mason (स्मारक की पट्टी बनाने वाला कारीगर) 3 चिरस्थायी 4 अत्यंत महत्त्वपूर्ण 5 भारी, बहुत बड़ा: ~al ignorance; **~alize** /~मेंटअलाइज/ *v., pt.* ~alized, *pp* ~alizing का स्मारक बनाना; **~ly** /~मेंटलि/ *adv.* बहुत अधिक या बहुत बड़ी मात्रा में;

collocations: **~al mason** कब्र का पत्थर लगानेवाला राजगीर

moo /मू/ *n.* गाय आदि की रंभाई या रंभाहट;

v., pt. **~ed**, *pp* **~ing** *s/he/ it* **~s** रंभाना;

dw/lw: **~ing** *n.* रंभाई

mooch /मूच/ *v., pt.* **~ed**, *pp* **~ing**, *s/he/ it* **~es** *colloq.* मुफ्त में पाना, भीख मांग कर पाना;

p&i: **~ about/ around** 1 मटरगश्ती क., आवारागर्दी क., बेकार घूमना 2 लुकना-छिपना, दबकना

mood /मूड/ *n.* 1 मनोदशा, मनःस्थिति 2 स्वभाव 3 मिजाज, तबीयत: be in a good/ bad/ merry ~; a man of **~s** 4 चित्तवृत्ति, भाव(दशा): have **~s** (नखरेबाजी क., बदमिजाज हो.) 5 तरंग, मौज, मस्ती, सनक 6 *gramm.* क्रिया के संकेतार्थ (**the indicative ~**), विध्यर्थ (**imperative ~**) और संभावनार्थ (**subjunctive mood**) आदि तीन रूपों में से एक 7 कथन के भेद या प्रकार;

dw/lw: **moody** /मूडि/ *adj., degr.* **moodier, moodiest** 1 तुनकमिजाज, बदमिजाज, चिड़चिड़ा 2 सनकी, मनमौजी, तरंगी;

p&i: **be in the ~ for sth/ to do sth** कुछ करने का मिजाज हो.; **be in no ~ for sth/ to do sth** कुछ करने की मनःस्थिति में न हो.; **in the meiting ~** (Shakespeare) रोने की कगार पर; **not be in a ~** चिड़चिड़े मिजाज में हो.; **not in the ~ for dancing** नाचने का मिजाज न हो.; **tense ~** तनावपूर्ण मिजाज

moon /मून/ *n.* 1 (*often* **Moon, the moon**) चंद्रमा, चंद्र, चांद, शशि, शशी: there was no ~ that night 2 (चांद्र)मास 3 अर्द्धचंद्र 4 उपग्रह: the planet Jupiter has nine **~s**;

v., pt. **~ed**, *pp* **~ing** 1 निरुद्देश्य या निरुत्साह घूमना-फिरना: ~ up and down the street; ~ away one's summer holidays/ two hours 2 एकटक देखते रहना, विचारों में भटकना, गुम-सुम बैठे रहना;

dw/lw: **~-beam** *n.* चंद्र-किरण पुंज; **~-blind** *adj.* 1 निशांध, रतौंध 2 चुंधा; **~-bound** *adj.* चांद पर जानेवाला या जाने को तैयार: ~-bound rocket; **~-bow** *n.* इंद्र-धनुष; **moon\calf** *n.* 1 भोंदू, काठ का उल्लू, बैल 2 विकृत वस्तु 3 गर्भ पिंड 4 दैत्य; **~-dial** *n.* चांद्र घड़ी; **~ed** *adj.* भरे गोल चेहरेवाला व्यक्ति; **~-eye** *n.* 1 निशांधता 2 चुंधियापा; **~-eyed** *adj.* 1 निशांध 2 चुंधा; **~-face** *n.* भरा गोल चेहरा; **~-flower** *n.* चंद्रकांति; **~-glade** *n., US* पानी पर चांद्र पथ; **~light** *n.* 1 चांदनी, ज्योत्सना 2 चांदनी में धुली हुई; **moon\light** *v. pt.* ~lighted, *pp* ~lighting अपने

आधिकारिक कार्य समय के अतिरिक्त कहीं और चोरी-छिपे काम क.; **~lighter** *n.* चोरी-छिपे काम करने वाला; **moon\lighting** *n.* अवैध काम, चोरी-छिपे किया जानेवाला काम; **moo\lit** /मूनलिट/ *adj.* चांदनी (में नहाई हुई रात आदि): ~lit scene; **~madness** *n.* उन्माद, पागलपन; **~rise** *n.* चंद्रोदय; **~-rover** *n.* चांद पर चलने वाली गाड़ी; **~scape** *n.* चांद की सतह का दर्शन या उसके दिखाई पड़ने की क्रिया; **~set** *n.* चंद्रास्त; **~shine** *n.* 1 चांदनी 2 (***syn.*** nonsense) मूर्खतापूर्ण या व्यर्थ बात, अनाप-शनाप, बकबक, प्रलाप 3 हवाई महल, ख्याली पुलाव: that's all ~shine 4 वैध शराब; **~shot** *n.* किसी यान का चंद्रमा के कक्ष या उसके ऊपर उतारने के लिए छोड़े जाने की क्रिया; **~stone** *n.* चंद्रमणि, चंद्रकांत, चंद्रशिला; **~struck** *adj.* 1 प्यार में पागल, उन्मत्त 2 भौचक्का, हक्का बक्का; **~walk** *n.* 1 चंद्रमा पर चहलकदमी 2 एक प्रकार का नृत्य; **moon\y** /मूनि/ *adj.* 1 मूर्ख 2 चांद्र 3 चंद्राकार 4 गुम-सुम, दिवा-स्वप्न द्रष्टा;

collocations: **~ boot** बर्फ पर चलने के लिए कपड़े या प्लास्टिक का मोटा जूता; **Moon Festival** चीन का एक त्योहार; **~ lighting** 1 अवैध काम करने की क्रिया 2 एक साथ दो स्थानों पर की जानेवाली नौकरियां; **~-lit night** चांदनी रात; **~ walker** चांद पर चलने वाली गाड़ी;

crescent/ full/ new ~ अर्ध/ पूर्ण/ नव चंद्रमा आदि चांद के विभिन्न रूप; **full ~** पूर्णिमा, पूर्णमासी; **new ~** अमावस, अमावस्या, बालचंद्र;

p&i: **~ about/ around** आवारागर्दी क., बेकार घूमना; **~ over sb** अपने प्रेमी या प्रेमिका की यादों में खोया रहना;

aim at the ~ बढ़-चढ़कर खोखली बातें क.; **a ~light flit** रात के समय चुपके-से (अक्सर किराया देने से बचने के लिए) अपने फ्लैट से दूसरी जगह स्थानांतरित हो जा.; **a ~shine in the water** अव्यावहारिक आशा; **ask/ cry for the ~** असंभव मांग क., अनहोनी बात की मांग क.; **bark at the ~** व्यर्थ में समय गंवाना; **believe that the ~ is made of green cheese** अनहोनी बातों पर विश्वास क.; **be over the ~** अत्यधिक प्रसन्न हो., खुशी से फूले न समाना; **many ~s ago** बहुत समय पहले; **old ~ in new ~'s arms** लुप्त हुए पूर्णमासी के चांद से नया चंद्रमा पैदा होता है; **once in a blue ~** कभी-कभी, बहुत कम; **persuade sb that the ~ is made of green cheese** स्पष्ट रूप से बेवकूफीपूर्ण बात सिद्ध करने की कोशिश क.; **promise the ~** चांद-तारे तोड़ लाने के वायदे क.; **shoot the ~** अनहोनी बात क.; **the man in the ~** 1 काल्पनिक व्यक्ति 2 विचित्र व्यक्ति, जो चांद से आ टपका हो; **the ~ does not heed the barking of dogs** कुत्ते भौंके तो चंद्रमा को क्या?; **the ~ is not seen where the sun shines** बड़ों के आगे छोटों की क्या बिसात?

moonie /मूनी/ *n.*: **do a ~** सरे आम अपने नंगे चूतड़ दिखाना

moonshee /मुंशी/ *n.* मुन्शी, निजी सहायक, क्लर्क

moor /मुअः/ मॉः/ *US* मुर/ *v., pt.* **~ed**, *pp* **~ing** (***syn.*** tie up) (नाव या जहाज) को लंगर डालकर या रस्से से बांधकर खड़ा क., बांधना;

n. 1 = **moorland** (*see also below under **dw/lw***) घास का समतल मैदान, बीढ़, बंजर भूमि 2 ऊंचा, खुला घासभरा बंजर क्षेत्र;

dw/lw: **moor\age** *n.* जहाज का लंगर या रस्सी बांधकर खड़े करने की क्रिया; **moor\cock** *n.* जंगली मुर्गा; **moor\-hen** *n.* जल-मुर्गी, एक छोटा-सा पक्षी जो पानी में या पानी के पास रहता है; **moor\ing** /मूरिंग/ *n.* 1 नौबंध, बांध-घाट, लंगर-स्थल: ~ing area 2 (**~ings**, *see also below under separate entry*) नौका द्वारा लंगर डालने के लिए लंगर, रस्से आदि साजो-सामान: ~ing anchor; ~ing buoy; **~land** /मूरलैंड/ *n.* घास का समतल मैदान, बीढ़, बंजर भूमि

Moor /मॉःर/ *n.* उत्तर-पश्चिमी अफ्रीका के अरब जाति मिश्रित (मोरक्को, मोरेस्क /Moresco/ Moresque/) आदि देशों के) मुसलमान जिन्होंने आठवीं सदी में आइबेरियायी प्रायद्वीप (पुर्तगाल, स्पेन आदि) को जीत लिया था;

dw/lw: **~ish** *adj.* मूरों से संबंधित; the ~ish architecture

mooring(s) /मूरिंग्स/ *n.* 1 जहाज को लंगर पर खड़ा करने के लिए रस्से, जंजीरें आदि सजो-सामान: ~ ropes 2 वह स्थान जहां जहाज को बांधकर खड़ा किया जाता है: private **~s** 3 नैतिक नियम, रीति-नीति: lose one's ~ नैतिक नियमों की परवाह न क.

moose /मूस/ *n., pl.* **moose** उत्तरी अमेरिका का एक बड़ा हिरन

moot /मूट/ *adj., degr.* **~er**, **~est** 1 विवादास्पद, विवाद्य 2 संदिग्ध, संदेहात्मक: ~ point (विवाद का विषय) 3 अनिश्चित, अनिर्धारित: ~ case/ question/ point;

v., pt. **~ed**, *pp* **~ing** 1 (***syn.*** propose, put forward) बहस के लिए उठाना, की चर्चा चलाना, वाद-विवाद के लिए प्रस्तुत क.: ~ the question again 2 अकादमिक बहस आदि के रूप में प्रतिवाद क.: ~ a point;

n. 1 अदालत या प्रशासनिक समिति 2 शैक्षणिक उद्देश्य से चलाई जानेवाली अदालत;

dw/lw: **~-hall** शैक्षणिक विधि सभा मंडप;

collocations: **~ court** किसी काल्पनिक मुकदमे पर शैक्षणिक उद्देश्य से नकल के रूप में चलाई जानेवाली (mock) अदालत

mop /मौप/ *US* माःप/ *n.* 1 फर्श पोंछने का उपकरण 2 झाड़न, पुचारा 3 मुख-विकृति 4 दीर्घ शीर्ष 5 उलझे-उलझे मोटे बाल 6 किराया-भाड़ा;

v., pt. **~ped**, *pp* **~ping** 1 पोंछना, झाड़ना, पुचारा फेरना, पोंछा लगाना: ~ the floors; ~ one's brow (with one's handkerchief) 2 मुंह बनाना: ~ and mow (हाव-भाव दिखाना) 3 फर्श आदि पर गिरी चीज को पोंछे से साफ क.;

dw/lw: **mop\-eyed** *adj.* निकटदर्शी; **~-head** *n.* दीर्घ-शीर्षक या उलझे-उलझे बालोंवाला व्यक्ति; **mop\ping** *n.* 1 सफाई 2 फर्श की सफाई-पोंछा; **~ping-up** *n.* पूरा सफाया; **~-up** *n.* (दुश्मन आदि का) सफाया;

p&i: **~ and mow** नाक-भौं सिकोड़ना; **~ the floor with sb** किसी को पूरी तरह अपने अधीन क.; **~ up** or **~ sth up** 1 पोंछे से पोंछना 2 *colloq.* (**~ sb up**) बचे-खुचे दुश्मनों का सफाया क. 3 जो कुछ भी बचा है उसको खत्म क.

mope /मोप/ *v., pt.* **~d**, *pp* **moping** 1 (*esp.* **~ about** or **around**) उदास या निरुत्साह होना 2 (*often* **~ along**) पस्त-हौसला, पस्त-हिम्मत होकर या बिना किसी उद्देश्य के कदम घसीटते जाना: ~ in solitude/ have the ~ (अकेलेपन में विषाद के दौरे का शिकार हो.); ~ (oneself) to death (अकेलेपन में घुट-घुटकर मर जाना);

n. 1 पस्त-हिम्मत, उदास और हतोत्साह व्यक्ति 2 (**the ~s**) उदासी, विषाद, निराशा (depression): suffer (from) a fit of **~s**;

dw/lw: **mopish** /मोपिश/ *adj.* उदास, विषण्ण, दुखी; **mopy** /मोपि/ *adj., degr.* **mopier**, **mopiest** 1 निस्तेज, निराश, हताश, पस्त-हिम्मत, अत्यधिक दुखी; **mopily** /मोपिलि/ *adv.* हताशा और निराशा से भरकर; **mopiness** *n.* निस्तेजता, हताशा, उदासी

moped /मोपेड/ *n.* 1 मोपेड 2 छोटी स्कूटी

moppet /मौपिट/ *US* माःपिट/ *n.* सुंदर-सी नन्ही बच्ची

moquette /मौकेट/ *US* मोकेट/ *n.* 1 सन का कपड़ा 2 सन की दरी

MOR *abbr.* 'middle-of-the-road' की प्रथमाक्षरी

mora /मौःरा/ *n.* 1 *Lat., law* देरी 2 *Greek* स्पार्ता की सेना की टुकड़ी 3 उंगलियों की संख्या पर आधारित एक खेल

moraine /मअरेन/ मौरैन/ *n.* हिमनद द्वारा लाया हुआ मलबा, हिमखंड द्वारा लाया हुआ कचरा, कंकड़-पत्थर, हिमोढ़

moral /मौरअ\ल/ *US* माःरअ\ल/ *n., pl.* **~s** 1 अच्छे-बुरे, सही-गलत, सत्य-असत्य आदि के सिद्धांत 2 शिक्षा, सीख, उपदेश: a story with a ~; the ~ of a fable 3 नैतिक शिक्षा 4 सही प्रतिरूप: the very ~ of sth (किसी बात की हू-ब-हू प्रति) 5 सदुपदेश 6 सूक्ति, नीतिवचन 7 आचार, आचरण: bourgeois **~s** 8 आचार-शास्त्र, नीतिशास्त्र 9 (**morals**) चरित्र: a man of good **~s**; a man without **~s**;

adj. 1 (***syn.*** ethical) नैतिक, सदाचारी: ~ standards; ~ life 2 नीतिपूर्ण, नीतिसंगत: ~ question; ~ act; ~ virtues 3 साहसपूर्ण, हिम्मतपूर्ण, मनोवैज्ञानिक: ~ ascendancy (over the enemy) 4 चरित्रवान: a ~ person 5 (***syn.*** good, honourable) अच्छा, सम्मानजनक 6 न्यायपूर्ण;

dw/lw: **moralism** /~लिज्म/ *n.* नैतिक शिक्षा, नीतिवाद, नैतिकतावाद; **moralist** /~लिस्ट/ *n.* 1 नैतिकतावादी, नीतिज्ञ या सदाचारी व्यक्ति 2 नीतिवादी; **~istic** /~लिस्टिक/ *adj.* 1 नैतिकतावादी-संबंधी 2 सदाचार-संबंधी, नीति-संबंधी, शिक्षाप्रद, नीतिवादी, नैतिकतावादी; **~istically** /~लिस्टिकलि/ *adv.* नैतिक दृष्टि से; **~ity** *see below under separate entry*; **~ize** /~लाइज/ *v., pt.* ~ized, *pp* ~izing (preach) सदाचार की बातें क., नीति बघारना, उपदेश दे., शिक्षा निकालना, सुशील या सदाचारी बनाना; **~izer** *n.* उपदेशक; **~ly** /~लि/ *adv.* 1 नैतिक आधार पर, नैतिक मानदंडों के अनुसार, नैतिक रूप/ दृष्टि से: be ~ly responsible; be ~ly bound to do sth 2 सदाचारपूर्वक: live ~ly; the attempt is ~ly bound to fail; **~s** **/मौरअल्ज/** *n. [pl.]* सदाचार, नीति, नैतिक मूल्य व मानदंड;

collocations: ~ **code** नीति-संहिता, आचार-संहिता; ~ **courage** चरित्रबल; ~ **certainty** नीतिसंगत निश्चिंतता, अवश्यंभाविकता; ~ **defeat** नैतिक पराजय; ~ **duty** नैतिक कर्त्तव्य; ~ **fibre** आंतरिक नैतिक सूत्र या शक्ति; ~ **law** नैतिक नियम या विधान; ~ **majority** सामाजिक बहुमत जो प्रायः कठोर आचार संहिता के समर्थन में होता है; ~ **obligation** नैतिक कर्त्तव्य; ~ **philosophy** नीति दर्शन; ~ **science** नीति शास्त्र; ~ **sense** नैतिक अर्थ; ~ **support** नैतिक समर्थन; ~ **theology** ईसाई नैतिक मूल्यों पर आधारित धार्मिक अध्ययन शास्त्र; ~ **victory** नैतिक विजय; **man of loose ~s** दुश्चरित्र व्यक्ति;

p&i: **take, claim, seize, etc. the ~ high ground** अपनी नैतिक श्रेष्ठता को सिद्ध मानकर बहस या बात क.

morale /मअराःल/ *US* मअरैल/ *n.* 1 मनोदशा: boost/ raise ~ 2 साहस, हौसला, धैर्य, हिम्मत, मनोबल: excellent/ high/ low/ flagging ~ of the troops; affect the ~; bolster (up) the ~; batter the ~ (उत्साह या साहस को तहस-नहस क.) 3 धृति, धैर्य: loss of ~;

collocations: ~ **of players** खिलाड़ियों का मनोबल; ~ **of soldiers** सैनिकों की मनोदशा; ~ **of party workers** पार्टी कार्यकर्ताओं का हौसला

morality /मअरैलटि/ *n.* 1 नैतिकता, नैतिक शक्ति 2 सदाचार 3 नीतिशास्त्र, नीति दर्शन 4 नैतिक शिक्षा, उपदेश 5 नीति-नाटक;

collocations: ~ **play** एक संकेतात्मक नाटक जिसमें मध्य युग (Middle ages) में पात्र भगवान और बुराई के बीच तनाव और पारस्परिक विरोध को प्रदर्शित करते हैं

morass /मअरैस/ *n., pl.* **~es** 1 (***syn.*** quagmire, bog) दलदल, चहला, कच्छार 2 (***syn.*** web) जटिल स्थिति

morato\rium /मौरअटॉरिअम/ *US* मॉरअटॉरिअम/ *n., pl.* **~s**/ **moratoria** 1 अस्थायी निलंबन-आदेश 2 अदायगी की मोहलत, ऋण-स्थगन, विलंबन 3 विलंब-काल, स्थगन-काल;

dw/lw: **morato\ry** / मौरअटॉरि/ *US* माःरअटॉरि/*adj.* विलंब(न)कारी

Moravia /मोराविया/ *n.* (आधुनिक चैक गणतंत्र के क्षेत्र में) मध्य युग में एक प्राचीन रियासत;

dw/lw: **~n** *adj.* मोराविया से संबंधित; **~n** *n.* 1 इस क्षेत्र के वासी 2 मोराविया में प्रचलित चैक बोली

moray /मौरे/ *n.* एक प्रकार की मछली

morbid /मॉःबि\ड/ *adj.* 1 विकृत मानसिकता (मृत्यु व अन्य वीभत्स प्रक्रियाओं के भय से ग्रस्त), रुग्ण, अस्वस्थ: ~ curiosity (रुग्ण जिज्ञासा); ~ imagination 2 दूषित, घिनावना, घिनौना: have a ~ outlook on life; ~ details (घिनौना विवरण);

dw/lw: **morbidity** /~डिटी/ (*also* **morbidness**) *n.* 1 रुग्णता, रुग्णावस्था 2 वीभत्सता, विकृति, अस्वस्थता 3 समाज में ऐसे रुग्ण लोगों की संख्या या दर

morbific /मॉःबिफिक/ *adj.* रोगकारक, रोगकारी, रुग्ण

morceau /मॉःसो/ *n., pl.* **~x**/ **~s** /मॉःसो/ मॉःसोज/, *Fr.* संगीत या साहित्यिक कृति, लेख

morda\cious /मॉःडेशिअस/ *adj.* 1 कटखना, काट खानेवाला, दंशक 2 कटु, व्यंग्यपूर्ण, तीक्ष्ण;

dw/lw: **morda\city** /मॉःडैसिटि/ *n.* कटुपन, कटुता, तीक्ष्ण व्यंग्यपूर्णता

mordant /मॉःडंट/ *adj.* 1 (***syn.*** caustic) अति व्यंग्यपूर्ण: sb's ~ wit 2 कटु, काटनेवाला, मर्मवेधी, काटू, दंशक 3 क्षयकारी, संक्षारक 4 तीक्ष्ण 5 रंगबंधक, रंग(स्थापक);

n. 1 रंगबंधक या रंग (स्थापक) रसायन 2 क्षयकारी पदार्थ;

v., pt. **~ed**, *pp* **~ing** रंगस्थापक लगाना, रंगस्थापन क.

mordent /मॉःडंट/ (*also* **Grace Note**) *n., music* 1 संगीत में ऐसा वादन जब सुर से ऊपर या नीचे के सुर असली सुर से पहले बजाए जाते हैं 2 स्वरकंपन

more /मॉः(र)/ *quantifier, adj., comp. degr.* 1 '**many**'/ '**much**' का तुलनात्मक रूप, तुलना में अधिक: have/ show ~ patience/ craft/ ability/ knowledge than ...; there is ~ truth in it than you think 2 से अधिक, पहले से ज्यादा: children of twelve years of age and ~; we can do no ~ 3 और, अतिरिक्त: one/ two/ three ... ~; what ~ do you want?; say no ~ 4 बहुत सारे विशेषणों और क्रिया विशेषणों का तुलनातमक रूप बनाने के लिए प्रयुक्त: ~ difficult; ~ beautiful;

adv. 1 '**much**' का तुलनात्मक रूप: ~ easily; ~ intensely; ~ correctly 2 से ज्यादा: be ~ like one's father than one's mother; much ~; he was ~ frightened than hurt 3 से अधिक: it is ~ than enough 4 (एक बार ...) और, और अधिक: once ~; twice ~; I feel it ~ and ~ every day 5 फिर से, दोबारा फिर: not to return/ go somewhere any ~;

p&i: ~ **and** ~ (***syn.*** increasingly) अधिक और अधिक; ~ **hurry less speed = haste makes waste** हड़ाबड़ाहट में काम गड़ाबड़ा जाता है; ~ **is meant than meets the eye/ the ear** दिखने और सुनने में जितना आता है, उससे कहीं अधिक गहरा अर्थ है; ~ **kicks than half pence** बातें कम लातें ज्यादा; ~ **know Tom fool than Tom fool knows** मूर्ख को अपने से ज्यादा दूसरे जानते हैं; ~ **laws, the** ~ **offenders** जितने ज्यादा कानून उतने ही कानून तोड़नेवाले; ~ **laws, the** ~ **sins** जितने ज्यादा कानून उतने ज्यादा पाप; ~ **of sth** कुछ और ज्यादा; ~ **of a painter than a writer** लेखक से कहीं ज्यादा चित्रकार है; ~ **often than not** अधिकतर मामलों में, अक्सर; ~ **or less** लगभग; ~ **praise than pudding** खाली बातों से पेट नहीं भरता; ~ **sacks to the mill (bring ~ sacks to the mill)** तर्क पर तर्क दे.; ~ **sinned against than sinning** दूसरों का बुरा करने की तुलना में उसके साथ ज्यादा बुरा व्यवहार हुआ; ~ **than a little** काफी ज्यादा; ~ **than a match for** नहले पर दहला; ~ **than bargain for** आशा से अधिक; ~ **than enough is too much** जरूरत से ज्यादा अच्छा नहीं होता; **all the ~ so** इसलिए और भी ज्यादा; **be no ~** देहांत हो जा.; **hope to see ~ of you** तुमसे और अधिक बार मिलने की आशा रखूंगा; **neither ~ nor less than** न ज्यादा न कम; **not any ~** इसके बाद फिर नहीं; **once ~** एक बार फिर, दोबारा फिर; **sth is ~ like it** यह ज्यादा उपयुक्त है; **the ~ a man knows, the ~ he forgives** मनुष्य जितना अधिक जानता है उतना ही अधिक क्षमाशील हो जाता है; **the ~ I see of men the ~ I love dogs** इंसान से तो कुत्ता भला; **the ~ merrier** एक अकेला दो का मेला, एक से दो भले; **what is ~/ and ~** और इसके अतिरिक्त

moreen /मःरीन/ *n.* (परदे का) मोटा कपड़ा

moreish /मॉरिश/ *adj.* थोड़ा-सा और (चाहिए)

morel /मअरेल/ *n.* कुकुरमुत्ता, खुमी, गुच्छी

morendo /मॉरेंडो/ *adj./adv.* (संगीत में) धीरे-धीरे कम होते रफ्तार

और स्वर

moreover /मॉअःओवः/ *adv.* (***syn.*** in addition) इसके अतिरिक्त/ सिवा: ~, circumstances are favourable

mores /मॉःरेज/ *n. [pl.]* (***syn.*** conventions) रीति-रिवाज, लोकाचार, प्रथाएं, लोक-रीति, लोकप्रथा

Moresque /मःरेस्क/ *adj./ n.* अरबी अफ्रीकियों से संबंधित, मूरिश (art)

morganatic /मॉःगअनैटिक/ *adj.* अनुलोम विवाह (~ marriage) संबंधी यानी ऐसी शादी से संबंधित, जिसमें आदमी या औरत में से कोई एक उच्च वर्ग से होता है और उसका जोड़ीदार निम्नतर वर्ग से, परंतु उनके बच्चों को न तो उच्च वर्ग का सदस्य बनने दिया जाता है और न ही उसकी पदवी उन्हें मिल सकती है

morgue /मॉःग/ *n., pl.* **~s** 1 शव गृह, मुर्दाघर, शवशाला 2 समाचार-पत्र के कार्यालय में ऐसा स्थान जहां भविष्य में संदर्भ के लिए सूचनाओं को भंडारित करके रखा जाता है 3 हेकड़ी

MORI *abbr.* 'Market and Opinion Research Institute' की प्रथमाक्षरी;
adj. **MORI poll** = **MORI** जनमत

moribund /मौरिबंड/ *US* माःरिबंड, मॉरिबंड/ *adj.* 1 मरणासन्न, मरणोन्मुख 2 क्षयग्रस्त, ह्रासोन्मुख: ~ culture (ह्रासोन्मुख संस्कृति)

morish *see above under* '**moreish**'

morion /मॉरिअन/ *n.* शिरस्त्राण, स्पेनी हेल्मट

Mormon /मॉःमअन/ *n.* अमेरिका में 1830 में जोसेफ स्मिथ द्वारा संस्थापित ईसाई धर्म की एक शाखा जो बाइबल और 'Book of Mormon' को पवित्र ग्रंथों के रूप में मानती है

morn /मॉःन/ *n., poetic* सुबह, भोर: the **~'s** morn (कल सुबह)

morning /मॉनिंग/ *n.* 1 सुबह, सवेरा, भोर: at four o'clock in the ~; every ~; work/ from ~ till night *or* work ~, noon and night 2 प्रभात, प्रातःकाल, उषाकाल, सूर्योदय: in the **~s** of each day 3 प्रारंभ: in the ~ of life 4 पूर्वाह्न;
adj. प्रातःकालीन, सवेरे का;
dw/lw: **~-after** *adj.* 1 किसी घटना का एक दिन बाद होने वाला 2 रात के शराब पीने के भयंकर दौर के बाद की सुबह होने वाली बुरी हालत: a ~-after headache/ hangover; **~-after-pill** *n.* गर्भ धारण करने से बचने के लिए औरत द्वारा संभोग के कई (उदाहरणतः 72) घंटे के बाद तक ली जानेवाली गोली; **~-tide** *n.* प्रातःकाल, प्रभात; **~-watch** *n.* प्रातःकालीन पहरा;
collocations: **~ call** प्रातःकालीन मेहमान; **~ coat** प्रभातकालीन पोशाक के रूप में पहना जानेवाला काला कोट; **~ coffee** सुबह-सुबह पी जानेवाली कॉफी; **~ dress** आदमी की दिन भर के लिए औपचारिक पोशाक जिसमें प्रभातकालीन काला कोट और स्लेटी पैंट आदि होते हैं; **~ edition** प्रातःकालीन समाचार पत्र; **~ glory** एक प्रकार का पौधा, कलदाना; **~ parade** प्रातःकालीन परेड; **~ sickness** गर्भवती स्त्री को होनेवाली सुबह की मिचली; **~ star** 1 भोर का तारा, शुक्र ग्रह, प्रभात तारा 2 शुक्र; **~ tea** प्रातःकालीन चाय;
Northern ~ गर्मियों में उत्तरी ध्रुवीय क्षेत्र में रात में भी दिन जैसा रहनेवाला प्रकाश;
p&i: **morning dreams come true** सुबह के सपने सच होते हैं; **come back in the ~** अगले प्रातःकाल यानी अगले दिन सवेरे-सवेरे वापस आना; **Good morning** सुबह का अभिवादन, नमस्कार; **3-4 etc. o'clock in the ~** सुबह के 3-4 बजे; **the ~ after** दावत आदि के बाद की अगली सुबह; **the ~ of life** जीवन का प्रारंभिक काल

mornwards /मॉःनवःडज/ *adv.* पूर्व की ओर, प्रभात से मिलन की ओर

Moro /मोरो/ *n.* मोरो, फिलिपीनी मुसलमान

morocco /मअरौको/ *US* मअराःको/ *n.* जिल्दबंदी के काम आने वाला बकरी का चमड़ा, अजाचर्म

Morocco /मरॉक्को/ *n.* उत्तरी अफ्रीका का मोरक्को नामक देश;
dw/lw: **Moroccan** *adj.* मोरक्को या उसके नागरिकों आदि से संबंधित;
n. मोरक्को का नागरिक

moron /मॉःरौन/ *n.* मूर्ख, मंदबुद्धि, क्षीणबुद्धि, बालिश;
dw/lw: **~ic** /मअरौनिक/ *adj.* मूर्ख, मूर्खतापूर्ण; **moronity** /मअरौनिटि/ *n.* बुद्धि शिथिलता, बुद्धि क्षीणता, बालिशता

morose /मअरोस/ *adj.* 1 (***syn.*** gloomy) खिन्न, दुखी, विषण्ण: ~ manner(s) 2 चुप्पा-चिड़चिड़ा, रूखा 3 उदासीपूर्ण: ~ climate;
dw/lw: **~ly** /मअरोसलि/ *adv.* खिन्नतापूर्वक; **~ness** /मअरोसनेस/ *n.* उदासी, खिन्नता, विषण्णता

morph /मॉःफ/ ***v.***, *pt.* **~ed**, *pp* **~ing** 1 कंप्यूटर द्वारा एक बिंब को दूसरे में धीर-धीरे बदलना 2 किसी को या किसी चीज को किसी अन्य जीव या वस्तु में बदलना

-morph /मॉःफ/ *comb. form, forming nouns, denoting*: **shape** or **structure** (रूप, आकृति, संरचना): endo**morph**; **-morphic** *comb. form, forming adjectives, denoting*: **shape** or **structure**; **~morphy** *comb. form, forming nouns, denoting*: **shape** or **structure**

morphean /मःफीअन/ *adj.* 1 मार्फिया (अफीम से बनी औषधि) से संबंधित 2 (***syn.*** drowsy) उनींदा, स्वप्न देव की गोद में जाने को तत्पर

morphe\me /मॉःफीम/ *n.* 1 शब्द का वह सबसे छोटा भाग जिसका कुछ अर्थ हो 2 रूपिम, रूपग्राम;
dw/lw: **morphe\mic** /~मिक/ *adj.* रूपिम-संबंधी; **~mically** /~मिकलि/ *adv.* रूपिम के अनुसार; **morphe\mics** /~मिक्स/ *n.* रूपिम विज्ञान

Morpheus /मोर्फिअस/ *n.* यूनान का स्वप्न देव

morphine /मॉःफीन/ (*also* **morphia** /मॉःफिया/) *n.* 1 अफीम से बनी औषधि, मार्फिया 2 अहिफेनासव 3 अफीम का सत

morphing /मॉःफिंग/ *n., cinematoloy* कंप्यूटर द्वारा एक चित्र को दूसरे में मिलाना, उदाहरणतः, कलाकार के शरीर, नैन-नक्श या अंगों में बदलाव

morphogenesis /मॉःफोजेनअसिस/ *n.* रूप और संरचना विकास

morphological /मॉःफअलौजिकल/ *adj.* रूपिम, आकृति-मूलक, रूपात्मक

morpholo\gy /मॉःफौलअजि/ *n.* 1 रूपिम-विज्ञान 2 रूप विज्ञान, आकृति-विज्ञान, आकारिकी 3 रूप विधान;
dw/lw: **~gist** /मॉःफौलअजिस्ट/ *n.* रूपिम विज्ञानी;

morphosyntactic /मॉःफोसिंटैक्टिक/ *adj.* रूपिम-विज्ञान व वाक्य-विज्ञान का मिश्रण से संबंधित

morris dance /मौरिस डांस/ *US* मॉरिस डैंस/ पारंपरिक अंग्रेजी देहाती नृत्य जिसमें आदमी हाथ में डंडे लेकर नाचते हैं

morrow /मौरो/ *US* माःरो, मॉरो/ *n., poetic* **(the morrow)** आने वाला कल, आगामी कल, अगला दिन: what has the ~ in store for us?

Morse code/ alphabet /मॉःस कोड/ *n.* मौर्स पद्धति (सैमुअल मौर्स द्वारा अन्वेषित तार-पद्धति) तार भेजने की संकेत लिपि

morsel /मॉःसल/ *n.* 1 ग्रास, कौर, निवाला 2 अल्पाहार 3 छोटा टुकड़ा;
v., *pt.* **~ed**, *pp* **~ing** छोटे टुकड़ों में विभाजित क., थोड़ा-थोड़ा करके बांटना

mortal /मॉःटल/ *adj.* 1 (***anton.*** immortal) नश्वर, नाशवान, मरणशील, मर्त्य: man is ~; ~ remains 2 (***syn.*** deadly) घातक, सांघातिक, प्राणघातक, जानलेवा: ~ disease/ wound/ blow; ~ enemy/ foe; ~ hatred; ~ combat; ~ offence 3 भीषण, विकट, कटु, निष्ठुर: ~ danger/ fear/ terror, etc..; in ~ fear/ anxiety; in ~ hurry; ~ sin (महापाप, जघन्य पाप, जिसके लिए भगवान भी माफ नहीं कर सकता) 4 मरणांतक: ~ agony;
n. 1 (***syn.*** human being) नश्वर मानव 2 मनुष्य;
adv. अत्यधिक, भयंकर रूप से: be **~ly** angry;
dw/lw: **mortal\ity** /मॉःटैलिटि/ (*also* **~ity rate**) *n., pl.* **~ties** 1 मरणशीलता, मरण-संख्या, मृत्यु-दर, मृत्यु-संख्या दर: the

~ity from disease; epidemic with a heavy ~ity; ~ity table (मनुष्य के जीवनकाल की तालिका) 2 नश्वरता: be acutely aware of human ~ity 3 घातकता, प्राणांतता 4 मृत शरीर, मृत्यः hospital ~ities; **mortal\ly** /मॉ:टलि/ *adv.* 1 (***syn.*** fatally) घातक रूप से: be ~ly wounded 2 घोर रूप से, अत्यधिक: be ~ly jealous/ offended/ afraid;
collocations: **~ sin** रोमन कैथौलिक चर्च के अनुसार अति गंभीर पाप जिसके लिए पाप-मुक्ति की अनुपस्थिति में मनुष्य को नरक भेजा जाता है

mortar /मॉट:/ *n.* 1 छोटी तोप, मोर्टर, तोप: ~ bomb/ shell; ~ detachment; ~ gunner/ ~ man 2 सीमेंट-कंकरीट का घोल, गारा, मसाला: ~ trough 3 खरल, खल्ल 4 ऊखल, ओखली: ~ and pestle (ओखली और मूसल);
***v.**, pt.* **~ed**, *pp* **~ing** 1 गारा या सीमेंट के मसाले से ईंटें लगाना 2 सीमेंट आदि के मसाले से दीवार आदि पर पलस्तर चढ़ाना 3 तोप के गोले दागना;
collocations: **~ board** 1 दीक्षांत समारोह आदि के दौरान पहने जाने वाली अकादमिक काली चौकोर टोपी 2 राजगीरों (मिस्त्रियों) द्वारा सीमेंट के मसाले को लगाने के लिए चौकोर तख्ती या पट्टी

mortgage /मॉ:गिज/ *n.* 1 रेहन, गिरवी: loan on ~; ~ term 2 बंधक 3 बंधकपत्र, रेहननामा: payoff/ redeem a ~;
***v.**, pt.* **~d**, *pp* **mortgaging** 1 वचन दे., वचनबद्ध हो.: ~ one's happiness/ one's life to a cause 2 गिरवी रखना: ~ one's house;
dw/lw: **~able** /मॉ:गिजअबल/ *adj.* जिस वस्तु को गिरवी के रूप में स्वीकार किया जा सके; **mortgagee** /मॉ:गिजी/ *n.* रेहनदार, गिरवीदार, रेहन पर लेने वाला, बंधकग्राही, बंधकी; **mortgager/ mortgagor** /मॉ:गिज:/ मॉ:गिजॉ:/ *n.* अपनी संपत्ति रेहन/ गिरवी रखने वाला, बंधकदाता, बंधकक-कर्ता;
collocations: **~ bond** रेहन पत्रक

mortician /मॉ:टिशिअन/ (*esp. US* **undertaker**) *n.* अंत्येष्टि प्रबंधक, अंत्येष्टि-निर्वाहक

morti\ferous /मॉ:टिफअरस/ *adj.* (***syn*** deadly) घातक, प्राणांतक;
dw/lw: **morti\fication** /मॉ:टिफिकेशन/ *n.* 1 आत्मदमन: the ~fication of the flesh/ of the body; the ~fication of the passions 2 तपस्या, तप 3 आत्म संतापन: suffer bitter ~fication 4 विगलन 5 मान-मर्दन, संताप; **~fied** /मॉ:टिफाइड/ *adj.* लज्जित, दमित; **morti\fy** /मॉ:टिफाइ/ *v., pt.* ~fied, *pp* ~fying, *s/he/it* ~fies 1 (***syn.*** humiliate) लज्जित या शर्मिंदा क./ हो.: be/ feel ~fied at/ by sb's behaviour 2 अपमानित क., नीचा दिखाना 3 का मानमर्दन क. 4 इच्छाओं का दमन क. 5 तपस्या या आत्मदमन द्वारा अपनी भावनाओं को वश में रखना; **~fying** /मॉ:टिफाइंग/ *adj.* 1 अपमानजनक: to apologise to a blackmailer is ~fying 2 दमनकारी

mortise /मॉ:टिस/ (*or* **mortice**) *n., carpentry* 1 खांचा 2 लकड़ी में छेद;
v.**, pt.* **~d**, *pp* **mortising** 1 खांचा/ सुराख क. 2 चूल बैठाना, छेद क.; ***collocations: **~ chisel** सुराख करने की छेनी; **~ lock** एक-पाट के दरवाजे में अंदर की तरफ खुदे छेद में जड़ा ताला

mortmain /मॉ:ट्मेन/ *n., law* असंक्राम्यता, किसी संस्थान का संपत्ति पर पक्का व पूर्ण अधिकार

mortuar\y /मॉ:चुरि/ *US* मॉ:चुअरि/ *n., pl.* **~ies** शवगृह, मुर्दाघर, शवशाला;
adj. मृत्यु या दफन-संबंधी: **~y** rites/ ceremonies; **~y** urn

Mosaic /मोजेइक/ *n.* 1 बाइबल के हजरत और विधिवेत्ता मूसा से संबंधित: **Mosaic** law (मूसा-संहिता)

mosaic /मोजेइक/ *n.* पच्चीकारी: a design in ~; worker in ~;
adj. पच्चीकारी वाला: ~ floor; ~ binding; ~ structure

Moses /मोजिज/ *n.* विधि-निर्माता: ~ basket (पालना (टोकरीनुमा प्रैम)

moschatel /मॉस्कअटेल/ *n.* कस्तूरी पुष्प

mosey /मोजी/ *v., pt.* **~ed**, *pp* **~ing**, *s/he/ it* **~s** 1 घिसट कर चलना, धीरे-धीरे चलना: ~ along (धीरे-धीरे आगे बढ़ना) 2 टहलना, चहलकदमी क.: he spent three weeks in Paris just **~ing** about the museums and galleries

Moslem /मॉजलेम/ *n. another spelling,* **'Muslim'** की वैकल्पिक वर्तनी, मुसलमान;
dw/lw: **~ism** /मॉजलेमिज्म/ *n.* इस्लाम

mosque /मौस्क/ *n., pl.* **~s** मस्जिद

mosquito /मअस्कीटो/ *n., pl.* **~es** मच्छर, मशक;
dw/lw: **~-bar** *n.* मच्छरदानी की एक प्रकार; **~-curtain/ mosquito-net** *n.* मसहरी, मच्छरदानी

moss /मौस/ *US* मॉस/ *n., pl.* **~es** 1 काई 2 दलदली क्षेत्र;
dw/lw: **~back** *n.* दकियानूस व्यक्ति; **~-grown** *adj.* काई से ढका; **~-trooper** *n.* लुटेरा, डाकू; **mossy** *see below under separate entry*;
collocations: **~ agate** काई जैसा गोमेद या अकीक; **~ green** हल्का पीला-हरा; **~ stich** बारी-बारी से सरल और सोने जैसी तार से बुनाई;
p&i: **a rolling stone gathers no ~** 1 धोबी का कुत्ता घर का न घाट का या दुविधा में दोनों गए, माया मिली न राम 2 सतत बदलते रहनेवाले की कोई जिम्मेवारी नहीं होती;

MOSSAD /मॉसैड/ *n./ abbr.* इजराइल का गुप्तचर संगठन

mossie/ mozzie /मौसि/ मौजि/ *n., colloq.* जीवंत और भावुक ढंग

mosso /मौसो/ *US* मॉसो/ *adv., music* जल्दी-जल्दी और जीवंत ढंग से

mossy /मौसि/ *US* मॉसि/ *adj., degr.* **mossier**, **mossiest** 1 काई से ढका 2 पंकिल, दलदली, काईदार

most /मोस्ट/ *adv.* (*also* **the most**) 1 अधिकतर, ज्यादातर, बहुधा: ~ of all; what I desire ~/ what I ~ desire 2 मुख्यतः, प्रधानतः: that's ~ strange 3 अधिकतम: the ~ beautiful/ intelligent/ dangerous; a ~ interesting book;
n. अधिकांश भाग, अधिकतम मात्रा या संख्या;
quantifier /adj. 1 अधिकतम: have the ~ power; ~ of them/ us 2 सबसे ज्यादा: have the ~ reason to do sth; make the ~ mistakes; ~ people 3 अत्यंत, सर्वाधिक, अत्यधिक: ~ of the time/ of the work; he is ten at the ~; ~ and least;
pron. 1 सबसे ज्यादा संख्या या मात्रा 2 अधिकतर लोग या वस्तुएं: **Most** of them are here (उन में से अधिकतर लोग मौजूद हैं);
collocations: **~ favoured nation** दो देशों के बीच पारस्परिक व्यापार में किसी देश के आयातित माल पर न्यूनतम सीमाशुल्क की उगाही;
p&i: **~ all we have done** जो हमने किया है, लगभग सब; **at the ~** अधिक से अधिक, ज्यादा से ज्यादा; **~ certainly** अवश्य; **~ everybody** लगभग सभी; **~ likely** जिसकी अधिकतम संभावना है; **make the ~ of sth** पूरा लाभ उठाना; **the ~** ज्यादा से ज्यादा; **the ~ attractive/ important/ popular, etc.** सबसे ज्यादा सुंदर/ महत्त्वपूर्ण/ सर्वप्रिय आदि; **for the ~ part** अधिकतर समय, अधिकांश हिस्से में

~most *comb. form, forming adjectives and adverbs, denoting*: **farthest** (किसी दिशा में दूरतम, सबसे ज्यादा दूर): southern**most**

mostly /मोस्टलि/ *adv.* 1 मुख्यतः: ~ in the morning 2 लगभग पूरी तरह से, अधिकतर, अक्सर, ज्यादातर: be ~ out

MOT/ MoT /मोट/ *abbr.* 1 *UK* (*also* **MOT test**) ब्रिटेन में तीन साल से ज्यादा पुरानी गाड़ियों के लिए वार्षिक तकनीकी क्षमता टेस्ट 2 (*also* **MOT certificate**) गाड़ी द्वारा **MOT test** अच्छी तरह से पास करने पर दिया जाने वाला प्रमाण पत्र

mot /मो/ *n., Fr.* 1 कहावत, लोकोक्ति, सूक्ति 2 उपयुक्त या सही शब्द: ~ juste (*see also below under* **mot juste**)

mote /मोट/ *n.* 1 (***syn.*** speck of dust) धूल का कण, धूलिकण, मिट्टी का जर्रा: the **~s** in a sunbeam 2 रजकण, कणिका 3 टीला; ***p&i:*** **see the ~ in sb's eye** मात्र दूसरे की कमियां, गलतियां देखना

motel /मोटेल/ (*also* **motor lodge**) *n.* कार यात्रियों के लिए होटल, जिसमें कार पार्किंग के लिए पर्याप्त जगह होती है

motet /मोटेट/ *n.* भजन, कई जनों द्वारा गाया जानेवाला धार्मिक गीत

moth /मौथ/ *US* मॉथ/ *n.* कपड़कीड़ा, पतंगा, शलभ
dw/lw: **~-eaten** *adj.* 1 कीड़ों द्वारा खाया हुआ, घुन-लगा 2 फटा-पुराना, गला-सड़ा; **~-proof** जिसे कीड़े या घुण न खाते हों; **mothy** /मौथि/ *US* मॉथि/*adj.* कीड़ेदार

mothball /मॉथबॉःल/ *n.* फिनायल की गोली;
***v.**, pt.* **~ed**, *pp* **~ing** 1 किसी योजना आदि पर चल रहे काम को रोकना या उसे अनिश्चित काल के लिए बंद क. 2 कपड़ों में कैंफर की गोलियां डालकर रखना;
collocations: ~ **fleet** रिजर्व में रखा हुआ जहाजी बेड़ा;
p&i: **put sth in ~balls** फिनायल की गोलियां रख देना

mother /मदः/ *n.* 1 मां, अम्मा, अम्मी: **~'s** milk; **~'s** mark (तिल) 2 माता, जननी: the ~ of six/ of a family; expectant ~ 3 (**the mother**) मां जैसी स्नेहशील व दुलार भरी 4 मां के रूप में संबोधन 5 **Mother** (*also* **Mother Superior**) ईसाई धार्मिक स्त्री वर्ग की मुखिया 6 जननी, जन्मदात्री: ~ of all vices (सब पापों की जड़) 7 मादा;
***v.**, pt.* **~ed**, *pp* **~ing** 1 को जन्म दे., पैदा क.: ~ two children; ~ revolt 2 मातृवत् लालन-पालन या पालन-पोषण क.: a young wolf was **~ed** upon a bitch; ~ another's child 3 उत्तरदायित्व स्वीकार क.;
dw/lw: **~board** *n., comput.* कंप्यूटर मुख्य प्रिंटिड सर्कट बोर्ड जिसमें सभी मुख्य व अतिरिक्त या पेरिफिरल उपकरण जुड़ सकते हैं; **~craft** *n.* शिशुपालन-कला; **motherese** /मदरीज/ *n.* (*also* **caretaker speech**), *ling.* 1 शिशुओं के साथ बड़े लोगों द्वारा प्रयुक्त भाषा या बोली, जिसमें छोटे-छोटे वाक्यों, साफ उच्चारण और स्पष्ट बलाघात आदि की प्रधानता रहती है 2 माता-पिता द्वारा अपने बच्चों के साथ प्रयुक्त की जाने वाली भाषा की सरल शैली; **~fucker** *n.* एक बहुत ही भद्दी मां की गाली; **mother\hood** *n.* मातृत्व; **~ing** *n.* मां द्वारा किया जानेवाला लालन-पालन: good/ poor ~ing; **~-in-law** *n., pl.* **~s-in-law** सास, श्वश्रू; **~land** *n.* मातृभूमि; **~less** *adj.* मातृहीन; **~like** *adj.* मातृ-सदृश, मातृ-सुलभ, मातृवत्; **~-love** *n.* मातृप्रेम; **~ly** *adj.* मातृसुलभ, मातृवत्; **~-of-pearl** *n.* कुछ सीपियों की भीतरी चमकीली परत (जिससे बटन आदि बनते हैं), मुक्ता; **~-right** *n.* मातृ-तंत्र; **~-tincture** *n.* मूलार्थ; **~-to-be** *n.* गर्भवती स्त्री; **~wort** *n.* गूमा;
collocations: ~ **cell** जननी कोशिका; ~ **city** मातृ नगर; ~ **country** मूल-देश, मातृभूमि; ~ **earth** धरती मां; ~ **figure** पथ-प्रदर्शक की भूमिका में कोई औरत; ~ **fixation** मां से अतिशय लगाव की भावना; ~ **goddess** मातृदेवी; ~ **hen** दूसरों का ख्याल रखनेवाली औरत; **Mothering Sunday** *UK* लेंत (Lent) में चौथा रविवार जब बच्चे पारंपरिक रूप से उपहार देकर मां का अभिनंदन करते हैं; ~ **lode** कान में सोने व चांदी का बड़ा स्रोत; ~ **love** मां का प्यार; ~ **naked** बिल्कुल नंगा; **Mother Nature** मानव जाति को प्रभावित करनेवाली प्रकृति; ~ **rock** मादा नस्ल; **Mother's Day** मातृ-दिवस; **~'s help** नौकरानी; ~ **ship** 1 आधार-पोत 2 मुख्य अंतरिक्ष यान जिसमें से छोटे यान निकलकर अंतरिक्ष में जाते हैं; **~'s milk** पसंदीदा वस्तु या कार्य; **~'s ruin** जिन (gin) नाम की शराब; **~'s son** हर कोई, प्रत्येक; **Mother Superior** महिला धार्मिक संगठन की मुखिया औरत; ~ **tree** बीज वृक्ष; ~ **tongue** मातृ-भाषा; ~ **wit** सहज बुद्धि;
p&i: **~ of mischief is no bigger than a midg's wing** झगड़े की जड़ छोटी होती है;
at one's ~'s knee मां की गोद में, बचपन में; **does your ~ know you're out?** अभी दूध पीते बच्चे हो; **every ~'s son** सभी, बिना किसी अपवाद के; **(just) like ~ makes** बिल्कुल मेरी पसंद का; **like ~, like child** जैसी मां वैसा बच्चा; **necessity is the ~ of invention** आवश्यकता आविष्कार की जननी है; **old enough to be sb's mother** किसी की मां बनने लायक उम्र की; **the ~ and father of sth** or **of all sths** सबसे बड़ा; **this book/ joke was ~ed (up) on her** इस पुस्तक या मजाक को उसके माथे मढ़ा गया; **to be the mother** *colloq., facetious* चाय या भोजन आदि परोसना

motherese *see above under* **mother: *dw/lw***

motif /मोटीःफ/ *n.* 1 कपड़ों पर एक ही प्रकार का डिजाइन या प्रतीक 2 बार-बार आवृत्त होनेवाली आकृति 3 (***syn.*** theme) साहित्यिक कृति का मूलभाव 4 अभिप्राय 5 (गीत की) टेक

moti\le /मोटिल/ मोटाइल/ *adj.* गतिशील, गतिक्षम, चल;
dw/lw: **motility** /मोटिलिटि/ *n.* गतिशीलता

motion /मोशन/ *n.* 1 गति, चाल, गति-क्षमता, ठवन: forward/ backward ~; make a ~ towards the door; watch sb's **~s** 2 (***syn.*** gesture) इशारा, इंगित, हलचल, चेष्टा, हावभाव: with a ~ of the hand; make a ~ to sb; all her **~s** were graceful 3 शरीर की अंगचालन क्षमता, अंगविक्षेप: an exercise in three **~s** (तीन प्रकार से अंगचालन का कार्य) 4 प्रस्ताव: propose/ move/ bring forward a ~; put the ~ to vote; adopt/ carry/ reject a ~; ~ for a new trial; put/ defeat a ~ 5 *law* मुकदमे के बीच में न्यायाधीश से अंतरिम आदेश देने के लिए आवेदन 6 अशांति, अस्थिरता, कंपन, स्पंदन 7 मलत्याग 8 (**~s**) मल, विष्ठा;
***v.**, pt.* **~ed**, *pp* **~ing** (*often* ~ **to sb**) किसी को इशारा या संकेत दे., इशारे से बता दे. या आदेश दे.;
dw/lw: **~less** /मोशनलेस/ *adj.* अचल, गतिहीन: remain ~less;
collocations: ~ **of closure** बहस आदि को बंद करने का प्रस्ताव; ~ **for consideration** विचार-विमर्श के लिए प्रस्ताव; ~ **picture** चलचित्र; ~ **projector** चलचित्र दिखाने का उपकरण; ~ **sickness** यात्रा के दौरान बस, कार, जहाज आदि के कंपन, हिलने-डुलने या झटकों आदि के कारण कई लोगों को होने वाली उल्टी, कै आदि;
p&i: ~ **sb in/ away** किसी को अंदर आने या बाहर जाने का इशारा क.; ~ **sb to a seat** स्थान ग्रहण करने का इशारा क.; ~ **to sb to do sth** किसी को कुछ करने का इशारा क.;
go through the ~s of doing sth (बेमन से या अनमने ढंग से) किसी कार्य को करने की खानापूर्ति-सी क.; **in** ~ चलता, चलायमान; **of one's own** ~ अपनी पहल पर; **set sth in** ~ प्रक्रिया आरंभ क.

motiva\te /मोटिवे\ट/ *v., pt.* **~ted**, *pp* **~ting** 1 प्रेरित क., किसी को कुछ करने के लिए प्रोत्साहित क. 2 कारण बनना या बनाना 3 से प्रेरित हो.: be **~ted** by greed;
dw/lw: **~ted** /~टिड/ *adj.* से प्रेरित; **motiva\tion** /~शन/ *n.* 1 प्रेरणा, प्रयोजन 2 कारण, हेतु; **~tional** /~श्नल/ *adj.* प्रेरक, प्रवर्तक; **~tionally** /~श्नलि/ *adv.* प्रेरणा के आधार पर

motive /मोटिव/ *n.* 1 उद्देश्य, प्रयोजन: act from some **~/s** 2 प्रेरणा, प्रेरक, अभिप्रेरक 3 हेतु, हेतुक: have a ~ in doing sth 4 अभिप्राय 5 कारण;
adj. 1 प्रेरक 2 चालक: ~ power;
dw/lw: **~less** *adj* निरुद्देश्य; **motivity** /मोटिविटि/ *n.* 1 प्रेरकता 2 चालक शक्ति;
collocations: ~ **power** चालक-शक्ति, प्रेरक बल, वेग-वर्धक ऊर्जा

mot juste /मो जूस्ट/ *n., pl.* **mots justes** /मो जूस्ट/ *Fr.* किसी स्थिति में उपयुक्त या सही शब्द

motley /मौटलि/ *US* माःटलि/ *adj., degr.* **more ~**, **most ~** 1 मिला-जुला, खिचड़ी: ~ crowd 2 रंग-बिरंगा, बहुरंग: ~ dress 3 पंचमेल 4 तरह-तरह का;

n., pl. **~s** 1 बहुरंगी पोशाक 2 घालमेल, भानुमती का पिटारा;
p&i: **~ fool** जोकर, मसखरा; **wear the** ~ मसखरे का अभिनय क.

moto-cross /मोटक्रॉस/ *n.* मोटर साइकिल दौड़

motometer /मोटॉमीटः/ *n.* चक्र-मीटर

motor /मोटः/ *n.* 1 मोटर गाड़ी: ~ pool; ~ transport; ~ petrol 2 चालक यंत्र, इंजन: jet ~; electric ~;
adj. 1 मोटरकार संबंधी 2 प्रेरक, चालक 3 इंजन चालित 4 शरीर के तंत्र चालक: both ~ and sensory functions are affected;
v., *pt.* **~ed**, *pp* **~ing** मोटरगाड़ी से जाना: ~ to Delhi; ~ sb home;
dw/lw: **motor\able** *adj.* गाड़ी चलाने योग्य; **~-bandit** *n.* कार पर सवार डाकू या लुटेरा; **~bike** *n.* मोटरबाइक; **~-boat** *n.* मोटर (चालित) नौका; **~-borne** *adj.* मोटरगाड़ी में सवार या लादा हुआ; **motorcade** /मोटःकेड/ *n.* कारों का काफिला; **~cycle** *n.* मोटरसाइकल, फटफटिया; **~-drawn** *adj.* मोटर-चालित; **~-driven** *adj.* इंजन चालित; **~-driver** *n.* गाड़ी चालक; **~drome** *n.* गाड़ी-चालन क्षेत्र; **~ed** *adj.* इंजन-चालित: ~ed division; ~ed force; ~ed infantry; **~-fuel** *n.* मोटर इंधन; **~ing** *adj. UK* मोटर चालन संबंधी; **~ing** *n.* मोटर चालन: school of ~ing; **motor\ist** *n.* मोटर चालक; **motor\ize** /मोटराइज/ *v., pt.* ~ized, *pp* ~izing मोटर या इंजन लगाना, मोटर से सज्जित क.; **~ized** *adj.* 1 इंजन-चालित 2 गाड़ी-सवार (सैनिक बल आदि); **~man** *n.* 1 मोटर चलाने वाला 2 इंजन-चालक; **~mouth** *n.* बकबकिया, बहुत ज्यादा और ऊंचा-ऊंचा बोलनेवाला व्यक्ति; **~-road** *n.* पक्की सड़क; **~-service** *n.* बस-सेवा; **~way** *n.* चौड़ी सड़क;
collocations: ~ **centre** प्रेरक केंद्र; ~ **disorder** प्रेरक विकार; ~ **generator** मोटर जनित्र, मोटर से चलनेवाला जेनरेटर; **~ed dynamo** गाड़ी की विद्युत मोटर; ~ **gunboat** तोप-नाव; ~ **lodge** *see above under* **motel**; ~ **oil** गाड़ी का तेल; ~ **racing**/ ~ **rally**/ ~ **run** कार दौड़; ~ **ship** स्टीमर; ~ **spirit** कार पैट्रोल; ~ **truck** माल ढोने वाली गाड़ी; ~ **vehicle** कार, गाड़ी; **~way** *UK* (*US* **freeway**, **expressway**, **interstate**) लंबी-चौड़ी सड़कें जिन पर तेज रफ्तार से मोटर गाड़ी आदि चला सकते हैं

mottle /मौटल/ *US* माःटल/ *n.* रंगबिरंगा या चित्तीदार पैटर्न, रंगबिरंगा ऊनी कपड़ा;
v., *pt.* **~d**, *pp* **mottling** चित्तियां डालना, रंगबिरंगा बना दे.;
dw/lw: **~d** /मौटल्ड/ *US* माःटल्ड/ *adj.* चित्तीदार, चितकबरा, कर्बुर, कर्बुरित: a ~d pattern; ~d skin (चित्तीदार चमड़ी)

motto /मोटो/ *n., pl.* **~s**/ **~es** 1 उद्देश्य 2 नीति वाक्य, आदर्श-वाक्य, नारा 3 किसी पुस्तक के आरंभ में दी जानेवालीं समर्पण पंक्तियां

mou/ MoU *abbr.* 'Memorandum of understanding' की प्रथमाक्षरी (दो या अधिक संगठनों के बीच सहमति-पत्र)

mouchoir /मूशवा/ *n., Fr.* नाक पोंछने का रूमाल

moue /मू/ *n., Fr.* खीझ, खीझ द्योतक भाव-भंगिमा

mouzhik /मुझिक/ (*also Russian* **мужик**) *n., pl.* **~s** अनपढ़, अनगढ़ किसान, 19वीं सदी के अंत तक रूस में दासता में पिसता हुआ फटेहाल खेतिहर

mould *UK* /मोल्ड/ (*US* **mold**)/ *n.* 1 फफूंदी, भुकरी, कवकच्छद: ~ on the cheese 2 सांचा, ढांचा, धातु ढालने का फर्मा: cast in the same ~ 3 खांचा 4 विशेष स्वभाव या प्रकृति: cast in a(n) heroic ~; man cast in a simple ~ 5 नमूना, संरचना, बनावट, रूप, मूर्ति 6 सांचे में बनी कोई वस्तु: ~ in wax/ in clay 7 मुलायम मिट्टी, कब्र की मिट्टी;
v., *pt.* **~ed**, *pp* **~ing** 1 ढलाई क. 2 सांचे में ढालना: ~ out of wax/ of clay 3 आकृति विशेष का बनाना, गढ़ना 4 फफूंदी लगना: cheese **~s** in warm and damp weather 5 फिट आना, ठीक बैठना 6 स्वभाव या चरित्र विशेष का बनाना: ~ sb's character;
collocations: ~ **up** पौधे की जड़ों को मिट्टी से ढकना; **man of** ~ साधारण संसारी व्यक्ति;
p&i: ~ **one like wax** जैसा चाहना वैसा ढालना; ~ **sth/ sb into sth** किसी चीज या किसी को किसी सांचे या संरचना विशेष में ढालना;
be cast in a different ~ अलग मिट्टी से बना हो., अलग तरह का हो.; **break the** ~ औरों से अलग ढंग से क.; **render to the** ~ दफनाना

moulder /मोल्डः/ (*also*~ **away**) *v., pt.* **~ed**, *pp* **~ing** 1 धूल में मिलना 2 सड़ना, गलना 3 उम्र के साथ खंड हरित (टुकड़े-टुकड़े) होना 4 ढहना, गिर जा. 5 खंडहर हो जा., नष्ट हो जा.: the empire **~ed** away

moulding /मोल्डिंग/ (*US* **molding**) *n.* 1 ढलाई 2 ढली हुई वस्तु, ढालन, गढ़त 3 लकड़ी की एक ढली हुई सुसज्जित पट्टी 4 पिघली धातुओं, प्लास्टिक आदि को सांचों में डालकर भिन्न-भिन्न प्रकार की वस्तुएं बनाने की क्रिया

moul\dy *UK* (*US* **mol\dy**) /मोल्डि/ *adj., degr.* **~dier**, **~diest** 1 फफूंद-लगा, फफूंददार: **~dy** bread; **~dy** smell; go **~dy**; **~dy** cheese 2 पुराना, बासी, सड़ा हुआ: feel pretty **~dy** 3 घिसा-पिटा, घिसी-पिटी: not to want sb's **~dy** advice;
dw/lw: **mouldiness** *n.* 1 पुरानापन, बासीपन 2 घिसा-पिटापन

moult/ molt /मोल्ट/ *v., pt.* **~ed**, *pp* **~ing** 1 पंख झाड़ना 2 रोआं या सींग झाड़ना 3 केंचुली छोड़ना या उतारना;
n. 1 पंख झाड़ने या केंचुली छोड़ने की क्रिया 2 निर्मोक 3 निर्मोचन

mound /माउंड/ *n.* 1 (***syn.*** heap) ढेर 2 टीला, टीबा, टिब्बा 3 स्वर्णगोलक;
v., *pt.* **~ed**, *pp* **~ing** (*now usually* ~ **sth up**) ढेर को टिब्बे में बदलना

mount /माउंट/ *n.* 1 *poetic* (*abbr.,* **Mt**) पहाड़ों के नाम का हिस्सा, पर्वत 2 उभार 3 धारक, आधार, आलंबन 4 आधार ढांचा 5 सवारी का घोड़ा 6 माइक्रोस्कोप से देखने के लिए आधार ढांचे पर चढ़ाई जाने वाली स्लाइड आदि 7 हथेली का उभार 8 किसी माल की बहुत अधिक या जरूरत से ज्यादा मात्रा;
v., *pt.* **~ed**, *pp* **~ing** 1 (***syn.*** ascend) ऊपर चढ़ना या चढ़ाना: ~ a hill/ a ladder/ the stairs 2 (***anton.*** dismount) घोड़े, साइकिल आदि पर सवार हो.: ~ a horse/ a cycle 3 चढ़ाना, लगाना: ~ sth on a stand; ~ a statue on a pedestal 4 (*also* ~ **up**, ***syn.*** build up) बढ़ना: the tension is **~ing**; when pressure **~s** up …; profits ~ constantly 5 तस्वीर आदि को फ्रेम में चढ़ाना: ~ pictures on to a frame 6 अभियान शुरू क. या चलाना 7 आक्रमण या चढ़ाई शुरू क. 8 घोड़े आदि द्वारा घोड़ी पर चढ़कर उसे नया दूध क. 9 क्रुद्ध हो., पारा चढ़ना: a blush **~ed** to his face; his blood **~ed** to his head;
dwlw: **~ed** *see below under separate entry*; **~er** *n.* मढ़ाईदार; **mounting** /माउंटिंग/ *n.* 1 आरोहण, आरोपण 2 धारक, आधार; **~ing** *adj.* बढ़ता हुआ: ~ing concern about the rampant acts of terrorism;
collocations: **Mount Everest** एवरेस्ट की चोटी; **~ed police** घुड़सवार पुलिस; **~ing tension** बढ़ता हुआ तनाव;
p&i: ~ **a campaign/ challenge/ protest, etc.** अभियान/ चुनौती/ विरोध आदि शुरू क.; ~ **the high horse** दिमाग सातवें आसमान पर हो.; ~ **the throne** गद्दी पर बैठना; ~ **sth on/ to, etc.** किसी चीज को किसी चीज पर चढ़ाना; ~ **up** राशि आदि का बढ़ते जा.

mountain /माउंटिन/ *n.* 1 बहुत ऊंचा खड़ा पहाड़, पर्वत (अक्सर मात्र एक खुली चट्टान से बना): ~ chain/ range/ stream/ pass; ~ cure (पहाड़ों की आबो-हवा द्वारा किया जाने वाला इलाज) 2 ढेर सारा काम: a ~ of debts/ of difficulties;
adj. पर्वती, पर्वतीय, पहाड़ी;
dw/lw: **mountaineer** /माउंटिनिअः/ (*also* **~-climber**) *n.* 1 पर्वतारोही 2 पहाड़ पर चढ़ने वाला व्यक्ति; **mountaineering**

/माउंटिनिअरिंग/ *n.* पर्वतारोहण: ~eering equipment; **~-high** *adj.* बहुत ऊंचा; **~ous** /माउंटिनस/ *adj.* 1 पहाड़ी, पर्वतीय, पर्वताकार 2 (***syn.*** huge) बहुत बड़ा, विशाल; **~side** *n.* पर्वतीय ढलान; **mountainy** /माउंटिनि/ *adj.* पहाड़ी, पर्वतीय; **~top** *n.* पर्वतीय शिखर;

collocations: **~ ash** गिरि-प्रभूर्ज; **~ beaver** गिलहरी जैसा जीव जिसका शरीर भारी और दुम पतली होती है और वह ठंडे देशों में रहता है; **~ bike** (*also* **~ biking**) पहाड़ पर चलाने योग्य साइकिल; **~board** स्केटिंग जैसे पहियों वाला तख्ता जिसपर सवार होकर पहाड़ से नीचे उतरा जा सता है; **~ cat** पहाड़ी चीता; **~ chain** पर्वत-श्रृंखला, पर्वत-श्रेणी; **~ dew** अवैध रूप से बनाई हुई व्हिस्कि; **~ lion = puma** पहाड़ी शेर या बाघ; **~ man** पहाड़ों में रहने वाला और जानवरों का शिकार करके जीवन बिताने वाला व्यक्ति; **~ peak** पर्वत-शिखर; **~ range** पर्वतमाला; **~ sickness** पर्वत-रोग, पहाड़ों में होने वाली मिचली;

p&i: **if the ~ won't come to Mohammed, Mohammed must go to the ~** प्यासा कुएं के पास जाता है, न कि इसके उल्टा; **make a ~ out of a molehill** बात का बतंगड़ बनाना, राई का पहाड़ बनाना; **move ~s** एड़ी-चोटी का जोर लगाना; **run ~(s) high** (तरंगों का) बहुत ऊंचा उठना; **the ~ has brought forth a mouse** खोदा पहाड़, निकला चूहा

mountebank /माउंटिबैंक/ *n., lit., derog.* 1 नकली दवाएं बेचने वाला व्यापारी 2 नीमहकीम, कठबैद 3 ठग, धोखेबाज व्यक्ति

mounted /माउंटिड/ *adj.* 1 अश्वारोही, घुड़सवार, सवार, आरूढ़: ~ action; ~ attack; ~ detachment 2 आरोपित, तैयार, जड़ित: ~ gem 3 आधार-ढांचे पर चढ़ी हुई: ~ gun

Mountie /माउंटि/ *n.* कैनेडा की घुड़सवार पुलिस का सदस्य

mounting *see above under* **mount:** ***dw/lw***

mourn /मॉःन/ *v., pt.* **~ed**, *pp* **~ing** 1 (***syn.*** grieve) शोक मनाना, मातम क. या मनाना: ~ the death of sb 2 दुखी होना: ~ for/ over sb/ sth; find the cause to ~ (दुखी होने का बहाना ढूंढना) 3 विलाप क.;

dw/lw: **~er** /मॉःनः/ *n.* (***syn.*** grief) शोक यात्रा में जाने वाला, शोकाकुल: chief ~er (शोक यात्रा में सम्मिलित निकटतम संबंधी); **~ful** /मॉःनफुल/ *adj.* 1 मातमी, शोकपूर्ण: ~ful song 2 शोकग्रस्त, दुखी, विषण्ण, दुखपूर्ण; **~fully** /मॉःनफुलि/ *adv.* मातमी अंदाज में, शोकपूर्वक;

p&i: **blessed are they that ~** (बाइबल) विलाप करनेवाले आनंद में हैं; **be in ~ing/ wear ~**शोक-संतप्त हो.

mourning /मॉःनिंग/ *n.* 1 शोकाकुलता 2 शोक, मातम, विलाप: all were plunged into ~ 3 मातमी लिबास 4 मातमी समय: be in ~;

adj. शोकमय, शोक-संबंधी;

collocations: **~ band** काली मातमी पट्टी; **~ border** पत्र आदि पर मातमी पट्टी; **~ clothes** काली या अन्य मातमी पोशाक;

p&i: **eye in ~** आंख के नीच नील (काला धब्बा); **finger-nails in ~** नाखूनों के नीचे कालापन

mouse /माउस/ *n., pl.* **mice** 1 चूहा 2 चुहिया, मूषिका: little ~ 3 मुस्सा 4 *pl.* **~s** *comput.* कंप्यूटर का माउस, चूहानुमा छोटा-सा उपकरण;

v., *pt.* **~d**, *pp* **mousing** 1 बिल्ली आदि द्वारा चूहे पकड़ना: our cat **~s** well; ~ around/ ~ about/ ~ along to sth 2 **~ about/ around** बिल्ली आदि द्वारा चूहे पकड़ने की ताक में र.;

dw/lw: **~coloured** *adj.* सूर (घोड़ा); **~-deer** *n.* पिसूरी; **~-grey** *adj.* धूसर; **~-hare** *n.* रंगदुनी, पहाड़ी खरगोश; **~-hole** *n.* सूराख, छेद; **~ing** /माउसिंग/ *n.* चूहे पकड़ने की क्रिया; **mouser** /माउजः/ *n.* चूहे पकड़ने वाली बिल्ली; **~-sight** *n.* निकटदर्शी व्यक्ति; **~tail** *n.* चूहे की दुम जैसा पौधा; **~trap** *n.* चूहेदानी;

collocations: **~ mat** कंप्यूटर के माउस रखने का पैड; **~ potato** *comput. sl.* बहुत समय तक कंप्यूटर पर बैठा रहने वाला व्यक्ति;

p&i: **~ and man** हर जीव; **~ that hath but one hole is quickly taken** एक ही साधन पर निर्भर नहीं रहना चाहिए; **a little ~ of a thing/ of a girl** भीरु लड़की; **a ~ may help a lion** छोटे भी बड़ों के काम आ जाते हैं; **as quiet/ still as a ~** चूहे-सा खामोश; **mice and men** सारा जीव जगत; **the mountain has brought forth a ~** खोदा पहाड़, निकला चूहा

mousse /मूस/ *n., pl.* **~es** 1 एक तरह की मिठाई 2 (***syn.*** styling ~) बालों में लगाने वाली एक क्रीम

mousseline /मूसलीन/ *n., pl.* **~s** 1 फ्रांसीसी मलमल 2 कांच का बहुत नाजुक प्याला आदि 3 एक व्यंजन: ~ sauce

moustache (*also US* **mustache**) /मस्टाःश/ *n.* मूंछ, श्मश्रु;

dw/lw: **moustached** /मस्टाःश्ट/ *adj.* अनकटी मूंछों वाला

p&i: **handlebar ~** ताव दी हुई मूंछें; **old ~** पुराना घाघ, मंजा हुआ सैनिक

mousy (*also* **mousey**) /माउसि/ *adj., degr.* **mousier, mousiest** 1 मूषकवत्, चूहा-सा 2 चुपचाप, शर्मीला, डरपोक;

collocations: **~ hair** चूहे के रंग के बाल; **a ~ person** संकोची या भीरु व्यक्ति

mouth /माउथ/ *n., pl.* **~s** /माउद्ज/ 1 मुंह, मुख: in the ~; it sounds strange in his ~ 2 मोहड़ा, नदी का मुहाना या दहाना: ~ of a river मुहाना 3 होंठ व मुंह के अन्य बाहरी या दृश्य अंग 4 बोतल का मुंह 5 लोग, जिनका पेट भरना है, भूखा (जिसे भरपेट खाना देना हो): five **~s** to feed 6 शेखी: be all ~ (मुंहफट, शेखी बघारना, लंबी छोड़ना) 7 शेखीबाज, बकबकिया: loud/ big ~ 8 (***syn.*** back chat) चुगली: not wanting sb's ~ (किसी की चुगली नहीं सुनना) 9 लहजा, अंदाज 10 किसी भी वस्तु या बंद स्थान का प्रवेश: ~ of a cave/ tunnel, etc.;

v. (माउद), *pt.* **~ed**, *pp* **~ing** 1 बिना बोले मुंह के इशारों से कुछ कहना: **~ed** a hello from a distance (दूर से मुंह हिलाकर नमस्कार क.) 2 सुनाना 3 चबा-चबाकर कहना, आडंबरपूर्ण ढंग से बात क.: ~ platitudes (थोथे जुमले बोलना); ~ empty threats 4 मुंह में डालना, मुंह से पकड़ना या छूना 5 मुंह बनाना;

dw/lw: **~-filling** *adj.* अभिमानी, दंभी, अहंकारी; **~-friend** *n.* दिखावे का दोस्त, झूठा दोस्त, कागजी दोस्त (केवल शब्दों में ही दोस्त); **~ful** *see below under separate entry*; **~-gag** *n.* कुछ ठूंसकर बोलना-चिल्लाना बंद करने वाला; **~-guard** *n.* = **gumshield**; **~organ** *n.* फूंक मारकर बजाया जाने वाला एक बाजा; माउथ ऑर्गन; **~piece** *n.* 1 किसी के विचार व्यक्त करने वाला प्रतिनिधि, प्रवक्ता, किसी दूसरे की बात कहने का माध्यम 2 लगाम (bridle), मुंहनाल (हुक्का की), मुखिका 3 मुखांग 4 मुखपत्र; **~-to-~** *adj.* व्यक्ति का सांस रुक जाने पर मुहं से मुंह लगाकर कृत्रिम ढंग से सांस चालू करने का प्रयास से संबंधित; **~wash** /माउथवॉश/ *n.* कुल्ला करने का जर्म-निरोधक व सुगंधित द्रव्य, मुख-धावन; **~-watering** *adj.* 1 अति स्वादिष्ट 2 (***syn.*** tempting) लार-टपकाऊ 3 *colloq.* अत्यधिक वांछनीय; **~y** /माउदि/ *n.* बक्की, शेखीबाज;

collocations: **~ cavity** मुंह का छेद; **~-to-~ resuscitation = the kiss of life** मुंह से मुंह में फूंक मारकर पुनर्जीवित करने की क्रिया; **~ ulcer** मुंह का फोड़ा;

foul ~ बदजबान, गाली-गलौज करने वाला;

p&i: **~ empty threats** बंदर घुड़की या थोथी धमकियां दे.; **~ it** विशेष लहजे में ऊंचा-ऊंचा बोलना; **~ off** *sl. US* 1 ऊंचा-ऊंचा बोलकर अपनी बात कहना 2 शेखी बघारना; **~ off at/ about sth** ऊंचा-ऊंचा बोलकर शिकायत क.; **~ (out) one's words** साफ-साफ बोलकर घोषणा क., हर शब्द को साफ-साफ उच्चरित क.;

a close ~ catches no flies चुप रहने में ही भलाई है; **be all ~** बढ़-चढ़कर बातें क., थोथी बातें क.; **be hard in the ~** घोड़े द्वारा लगाम की परवाह न की जानी; **be light in the ~** घोड़े का

लगाम से भली भांति नियंत्रित हो; **born with a silver spoon in one's** ~ अमीर घर में पैदा हो.; **butter wouldn't melt in sb's** ~ मीठी-मीठी बातें क., बहुत भोला बनने का छलावा क., आडंबरपूर्ण ढंग से बात क.; **by word of** ~ मुंह जबानी बातें करके फैलाना; **close/ shut/ one's** ~ 1 मुंह बंद क. 2 चुप हो जा.; **condemn oneself out of one's own** ~ किसी को अपने विरुद्ध गवाही देने के लिए मजबूर क.; **down in the** ~ हताश; **foam at the** ~ पागलपन के दौरे के कारण हिंसा पर उतारू हो जा.; **from ~ to** ~ जबानी एक दूसरे को बताना; **from the horse's** ~ स्वयं किसी बात के स्रोत से, अति विश्वसनीय सूत्रों से; **give ~ to a feeling** अपनी भावना का इजहार क.; **have a big** ~ बड़बोला हो.; **have a foul** ~ बदजबान हो.; **have one's ~ made up for sth** चखकर देखना, सी चीज के लिए मन बनाना; **it does not lie in his ~ to** ऐसी बात करना उसे शोभा नहीं देता; **keep one's ~ shut** मुंह बंद रखना, भेद न खोलना, भांडा न फोड़ना; **keep your ~ shut and your ears open** सुनो सब कुछ पर कहो कुछ भी नहीं!; **laugh on the wrong side of one's** ~ हंसने की बजाए रोना-धोना; **live from hand to** ~ तुरंत कुआं खोदना, तुरंत पानी पीना, बड़ी मुश्किल से गुजारा क.; **look a gift horse in the** ~ दान की गाय के दांत नहीं देखते; **make a ~/ ~s at sb** किसी पर मुंह बनाना; **make a poor** ~ गरीबी स्वीकार क.; **make a wry** ~ नाराजगी का इजहार क.; **make sb's ~ water** किसी के मुंह में पानी लाना; **my ~ waters** मेरे मुंह में पानी आ रहा है; **open one's ~ (too) wide** बहुत ज्यादा दाम मांगना; **put one's money where one's ~ is** लफ्फाजी करने की बजाए, ठोस ढंग से मदद क.; **out of the ~s of babes and sucklings** छोटे बच्चों के मुंह से सच्चाई निकलती है; **put words into sb's** ~ किसी से अपनी बात कहलवाना; **run off at the** ~ बड़बोला हो., डींग हांकना; **shut sb's** ~ किसी का मुंह बंद क.; **take the bread out of sb's** ~ किसी के मुंह से कौर छीनना, किसी के पेट पर लात मारना; **take the words out of sb's** ~ किसी के मन की बात कहना

mouthful /माउथफुल/ *n., pl.* 1 कौर, ग्रास, निवाला, घूंट, ग्रास: eat a ~ (कौर भर खाना) 2 थोड़ा-सा, अल्पमात्रा 3 शब्द जिसका उच्चारण कठिन हो: Russian names are quite a ~ 4 *colloq.* बदजबानी का तूफान खड़ा करने वाला: give a ~ of abuses (नौ-नौ मन की गालियां देना);

p&i: **give sb a ~ful** किसी को खूब खरी-खोटी सुनाना; **say a ~ful** चंदेक शब्दों में कोई विशेष बात कहना; **swallow sth at one ~/ make one ~ of sth** एक घूंट में पी जाना, एक कौर में निगल ले.; **you've said a** ~ एक-एक शब्द सोने के भाव

movability /मूवअबिलिटि/ *n.* गतिशीलता

movable/ moveable /मूवेबल/ *adj.* 1 एक स्थान से दूसरे स्थान तक ले जाने योग्य 2 *law* चल, जंगम, सर्पी: ~ bridge;

n. चल-संपत्ति;

dw/lw: **movables** /मूवेबल्ज/ *n. [pl.]* चल-संपत्ति, विशेषकर फर्नीचर आदि;

collocations: ~ **feast** ईस्टर जैसा धार्मिक उत्सव जिसकी तिथियां हर वर्ष बदलती रहती हैं; ~ **furniture** चल फर्नीचर; ~ **property** चल-संपत्ति

move /मूव/ *v., pt.* **~d**, *pp* **moving** 1 अन्यत्र जा.: ~ over (खिसकना, सरकना) 2 चलना, चलना-फिरना, हिलना, आना-जाना: ~ quickly/ slowly/ graceful/ with dignity 3 आगे बढ़ना: his life was **moving** towards its end; the plot of the drama **~s** swiftly 4 स्थिर न रहना: my affairs are **moving** 5 घूमना: the Earth ~s round the Sun 6 जल्दी क. 7 (***syn.*** shift) स्थान बदलना, जगह बदलना: ~ house 8 (***syn.*** act) उपयुक्त कार्रवाई क.: ~ on in sb/ sth 9 बात या विषय बदलना 10 निवेदन क.: ~ for a new trial 11 (***syn.*** transfer) हटाना, खिसकाना, किसी वस्तु या व्यक्ति को एक स्थान से दूसरे पर ले जा.: ~ an official to another district 12 संचालित क., चलाना, हिलाना: the water **~s** the mill-wheel; ~ one's lip/ one's hands; not to ~ hand or foot 13 (***syn.*** prompt, persuade) प्रभावित क., प्रेरित क.: ~ sb to do sth 14 (***syn.*** progress) प्रगति क.: ~ towards reconciliation (समझौते की ओर बढ़ना) 15 (***syn.*** put forward, present) प्रस्तुत क., प्रस्तावित क.: ~ a resolution 16 चाल चलना: make a ~ 16.1 चल पड़ना, प्रस्थान क. 16.2 चाल चलना (शतरंज आदि में) 17 उच्च समाज में समय बिताना: ~ in high circles;

n. 1 कार्य की शुरुआत, पहल, कदम: good/ bad ~ 2 (***syn.*** shifting) स्थान परिवर्तन, निवास-परिवर्तन 3 (***syn.*** movement) स्थानापन्न, स्थानांतरण 4 गति, चाल (शतरंज आदि में): check-mate in four **~s** (चार चालों में मात दे देना) 5 चेष्टा, युक्ति, कार्रवाई, कार्यवाही, कदम: a false ~; make the first ~ towards peace; a new ~ on the part of France (फ्रांस की नई पहल);

p&i: ~ **about** स्थान-स्थान पर जा.; ~ **ahead/ along/ forward, etc.** आगे बढ़ना/ साथ आगे चलना/ प्रगति क.; ~ **aside** परे हट जाना या हटाना; ~ **along** 1 थोड़ा सरकना 2 आगे बढ़ना; ~ **away** दूर हट जा. या हटाना; ~ **down** नीचे उतरना या उतारना; ~ **for sth** किसी समस्या का समाधान पाने के लिए आवेदन क.; ~ **forward** आगे बढ़ना; ~ **heaven and earth** आकाश-पाताल एक क., कोई काम करने में कोई कसर न छोड़ना; ~ **in/ into sth** नए घर या निवास स्थान में जा.; ~ **in some matter** किसी कार्य में हिस्सा लेने को मान जा.; ~ **in good/ high society** उच्च समाज के चक्कर लगाना; ~ **in on sb/ sth** नाकाबंदी क.; ~ **in with sb** किसी के साथ सहवास करने लगना; ~ **off** चले जा.; ~ **on** आगे बढ़ना, कार्रवाई क.; ~ **on to sth** किसी नए प्रश्न पर विचार करना शुरू कर दे.; ~ **out** मकान छोड़ दे., (पुराने) स्थान या घर से कहीं और चले जा.; ~ **over** किसी को स्थान देने के लिए थोड़ा सरकना; ~ **round** पीछे मुड़ना; ~ **sb deeply/ ~ sb's heart** किसी के हृदय को छू जा.; ~ **sb to do sth/ act** किसी को कार्रवाई करने के लिए प्रेरित क. या उकसाना; ~ **sb to tears** किसी को अभिभूत करके रुला दे. ~ **sb to wrath** किसी को आपे से बाहर क.; ~ **the goal posts** बीच खेल में खेल के नियम बदलना, किसी मामले की आरंभिक शर्तों को बीच में ही बदल दे.; ~ **towards compromise** समझौते की ओर कदम; ~ **up** के पास आना;

be ~d by jealousy ईर्ष्या से प्रेरित हो.; **be on the** ~ 1 अलग-अलग रास्तों पर जा. 2 कहीं जाने के लिए रास्ते में हो. 3 = **be on the go**; **get a ~ on/ get moving** जल्दी क.; **be up to every ~ on the board** समझदार, चतुर व हुनरमंद हो.; **get sth moving** कुछ प्रगति क.; **it's for him to ~ first in the matter** उसे ही किसी काम में पहल करनी है; **it's your turn to ~/ it is for you to** ~ अब आपकी चाल या बारी है; **make a** ~1 चाल चलना 2 प्रस्थान क.; **make one's** ~ कोई कदम उठाना; **nothing can ~ him** उसे कोई टस से मस नहीं कर सकता; **on the** ~ स्थान बदलते रहना, गतिमान रहना, आगे बढ़ते रहना, अग्रसर रहना; **this article is not moving** यह लेख दिल के तार झंकरित नहीं करता; **willing to know all the ~s** सब चालों का पता लगाने को इच्छुक

movement /मूवमंट/ *n.* 1 गति: ~ away 2 आंदोलन: revolutionary/ peace ~; ~ towards vegetarianism 3 अग्रसरता, स्थानांतरण 4 कदम, गतिविधियां, कार्य, व्यापार, कामकाज या प्रयास (**~s**): sb's **~s**; study sb's **~s** 5 लय 6 (***syn.*** trend) रुझान प्रवृत्ति, झुकाव 7 चेष्टा, सक्रियता, क्रियाशीलता, जीवंतता: the novel lacks ~ 8 (***syn.*** progress) प्रगति 9 (***syn.*** change): ~ in prices बदलाव 10 शारीरिक अंगों और भाव-भंगिमाओं का चालन, अंग-चालन (in acting or under some pressure): a ~ of impatience; sudden or jerky body **~s** 11 (***syn.*** bowel movement) मलत्याग, मल, विष्ठा;

p&i: **be in the** ~ स्थिति से भली भांति अवगत हो.

mover /मूवः/ *n.* 1 प्रस्तावक 2 चलाने वाला 3 (*UK* removal man) वह जो घर-गृहस्थी का सामान एक घर से दूसरे घर तक पहुंचाता है, वाहक 4 प्रवर्त्तक, चलाने वाला: prime ~ (ऊर्जा का मुख्य स्रोत, मुख्य प्रवर्तक) 5 परिवाहक, चालक;
collocations: **~s and shakers** *US* सत्ताधारी या प्रभावशाली लोग;
p&i: **the prime** ~ किसी धराणा का प्रवर्तक हो.

movie /मूवि/ *n., pl.* **~s** 1 (***syn.*** picture/ film) चलचित्र, फिल्म: ~ star; see a ~; go to the **~s** 2 (**the movies** *US*; *UK* **the cinema**) सिनेमा (हॉल); ~ **theatre** *US* (*UK* **cinema**) सिनेमाघर 3 फिल्म उद्योग;
dw/lw: **~-goer** *n.* फिल्म देखने वाला व्यक्ति

moving /मूविंग/ *adj.* 1 मार्मिक, हृदयस्पर्शी, प्रभावशाली: a ~ story; ~ sight; ~ words 2 गतिमान, चलता हुआ: ~ target 3 प्रवर्त्तक: ~ spirit (जान या जीवन फूंकनेवाला व्यक्ति);
collocations: ~ **force** प्रेरक शक्ति; ~ **staircase** चल-सीढ़ियां, ऐस्केलेटर; ~ **van** = **removal van** घर का सामान ढोनेवाली गाड़ी; ~ **walkway** चल पैदलपथ

mow /मो/ *v., pt./ pt. p.* **mown/ mowed**, *pp* **~ing**, *s/he/ it* **mows** 1 घास काटना, लुनना, लवना: ~ corn; ~ a meadow/ grass 2 गिरा दे., मार डालना, समाप्त कर दे., नष्ट क.: ~ down the demonstrators with a machine gun 3 मुंह विकृत क.;
n. 1 गर्री, मुसीरा, खत्ता, गांज 2 मुख-विकृति;
dw/lw: **mow\er** /मोअः/ (*also* **lawn-~er**) *n.* 1 घास काटने की मशीन 2 काटने वाला, लुनेरा, लावक 3 लवित्र; **~ing** /मोइंग/ *n.* 1 लवन, कटाई, लुनाई 2 घास काटने का काम: ~ing time

moxie /मौक्सि/ *n.* साहस, ऊर्जा, पक्का इरादा

Mozambi\que /मोजंबी\क/ *n.* मोजंबीक नाम का देश;
dw/lw: **~can/ ~quan** /~कन/ *n.* मोजंबीकवासी; **~can** *adj.* मोजंबीक से संबंधित

Mozartian/ Mozartean /मोत्साःतिअन/ *adj.* प्रसिद्ध ऑस्ट्रियायी संगीतकार मोत्सार्त से संबंधित

mozzarella /मॉत्सारेला/ *n.* मुलायम, सफेद इतालवी पनीर

MP *abbr.* 'Member of Parliament, Metropolitan Police, Military Police, mounted police' की प्रथमाक्षरी

MP3 1 कंप्यूटर में संगीत या ध्वनि फाइल का आकार घटाने का तरीका 2 **MP3 player** उपरोक्त फाइल को कंप्यूटर पर बजाने का यंत्र

mp (*also* **m.p.**) *abbr.,* **'**melting point/ mezzo piano' की प्रथमाक्षरी

m.p. *abbr.,* **'**melting point' की प्रथमाक्षरी

mpg *abbr.,* 'miles per gallon' की प्रथमाक्षरी

mph *abbr.,* 'miles per hour' की प्रथमाक्षरी

MPhil *abbr.,* **'**Master of philosophy' का संक्षेप

MPV *abbr., UK* 'multi-purpose vehicle' की प्रथमाक्षरी

Mr /मिस्टः/ *n., pl.* **Messrs** /मसःज/ 1 मिस्टर, श्री, श्रीमान, महोदय 2 किसी हुनर या गुण विशेष से युक्त व्यक्ति के लिए प्रयुक्त: **Mr.** Fixit, **Mr.** Right (होनेवाला पति);
p&i: **Mr. Nice Guy** चुप्पा नेता

Mr. Charlie अफ्रीकी अमेरिकियों द्वारा श्वेत व्यक्ति लिए प्रयुक्त उपनाम

Mr. Clean ईमानदार व्यक्ति के लिए आदर भाव से प्रयुक्त शब्द

Mr. Fixit जुगाड़ू व्यक्ति के लिए प्रयुक्त

MRC *abbr.,* 'Medical Research Council' की प्रथमाक्षरी

MRCP *abbr.,* **'**Member of Royal College of Physics' की प्रथमाक्षरी

MRI *abbr.,* 'magnetic resonance imaging' की प्रथमाक्षरी (मशीन, जिसके द्वारा शरीर के अंदर के अंगों की तस्वीर देखी जा सकती है)

mRNA *abbr.,* 'messenger RNA' की प्रथमाक्षरी

MRP *abbr.,* 'manufacturers' recommended price' की प्रथमाक्षरी

Mr. Right *n.* किसी के लिए एक उपयुक्त दूल्हा या जोड़ीदार

Mrs /मिसिज/ *n.* श्रीमती;
p&i: **Mrs. Grundy** लोभी-लालची औरत; **Mrs. Thing** क्या नाम है उसका?; **what will Mrs. Grundy say?** लोग क्या कहेंगे

MRSA *abbr.,* 'Methicillin Resistant Staphylococcus Aureus' की प्रथमाक्षरी (अस्पताल में पाया जाने वाला एक रोगाणु)

MS *abbr.,* 1 'manuscript (*pl.* MSS/ mss)', 'Master of Surgery', 'multiple sclerosis' की प्रथमाक्षरी 2 मोरीशियस के अंतर्राष्ट्रीय वाहन पंजीकरण कोड (IVR)

Ms /मिज/ *abbr.,* 1 'miss' का संक्षेप 2 सुश्री, विवाहित या अविवाहित लड़की के नाम से पहले या उसे संबोधित करते हुए प्रयुक्त होता है

MSc *abbr.,* 'Master of Science' की प्रथमाक्षरी

MSDOS/ MS-DOS *abbr.,* 'Microsoft disc-operating system' की प्रथमाक्षरी

MSF *abbr.,* **'**Manufacturing, Science and Finance, 'Médecins sans Frontiers' (*Fr.,* doctors without frontiers), Manufacturing, Science and Finance' की प्रथमाक्षरी

MSG *abbr.* 'monosodium glutamate' का संक्षेप

Msgr *abbr.* 'Monsignor' का संक्षेप

MSP *abbr.* 'Minimum Support Price', 'Member of Scottish Parliament की प्रथमाक्षरी

MST *abbr. US* 'Mountain Standard Time' का संक्षेप

MT *abbr. US* state 'Montana' का संक्षेप

Mt *abbr.* **'**Mount' का संक्षेप

MTech *abbr.* 'Master of Technology' का संक्षेप

mth *abbr.* 'month' का संक्षेप

Mts *abbr.* 'Mountains' का संक्षेप

MTV *abbr.,* 'Music Television' की प्रथमाक्षरी

mu /म्यू/ (**μ**) *n.* यूनानी वर्णमाला का बारहवां अक्षर

much /मच/ *quantifier, adj., degr.:* **more**, **most** 1 (***syn.*** a lot, lots of) बहुत, अधिक मात्रा में: ~ water/ rain/ time; there is ~ truth in that remark; put too ~ sugar/ butter 2 ज्यादा: have ~ luck; have ~ difficulty in convincing sb 3 *as pron.* बहुत सारा: the belongings do not amount to ~; there is not ~ to see/ to be seen; there is ~ to do/ to be done; ~ still remains to be done; there is not ~ left; there is ~ to say; ~ of what you say is true;
adv. 1 काफी: I am ~ obliged to you; love sb ever so ~; see ~ of sb 2 ज्यादा अच्छा, समझदार 3 प्रायः, लगभग: it was ~ about that time; be ~ the same age/ be ~ of age; it is as ~ as to say/ saying that he is a liar 4 अत्यधिक, अनपेक्षित, असहनीय, बहुत ज्यादा: ~ faster/ better/ worse/ richer/ happier/ more carefully; ~ less agreeable; three times as ~ as I want; give me that ~;
p&i: ~ **ado about nothing** खोदा पहाड़ निकली चूहिया; ~ **as** चाहे कितना भी, ...: I cannot do it, ~ as I would like so; ~ **as I like it** मैं कितना भी पसंद क्यों न करूं; ~ **as I tried** मैंने कितनी भी कोशिश क्यों न की हो...; ~ **bran little meal** भूसी बहुत और आटा कम; ~ **bruit little fruit** ऊंची दुकान फीका पकवान; ~ **coin** ~ **care** जितना धन उतनी चिंता; ~ **cry little wool** खोदा पहाड़ निकली चुहिया; ~ **he knows about it** वह इस बारे में ज्यादा कुछ नहीं जानता; ~ **of a ~ness** लगभग एक समान; ~ **science (Learning)** ~ **sorrow** जितना ज्ञान उतनी चिंता/ दुःख; ~ **smoke little fire** बातें लाख की करनी खाक की; ~ **the most expensive** अन्य वस्तुओं के मुकाले में कहीं ज्यादा महंगी; ~ **the same** लगभग वैसा ही; ~ **to my**

astonishment/ regret मेरी हैरानी या दुख का ठिकाना न था; ~ to my regret (मुझे बहुत सदमा लगा); ~ will have more पैसे को पैसा खींचता है;

a bit ~ कुछ ज्यादा ही हो.; **all men are ~ of a muchness** सभी लोग एक जैसे हैं; **a ~ talked of (affair)** बहुचर्चित (मामला); **as ~ again** जितना है उतना और; **as ~ as one can do** उतना जितना कोई अधिक से अधिक कर सकता है; **as ~ as to say** यह तो यह कहने जैसा है कि...; **be ~ the worse for sth** इससे भी कहीं ज्यादा खराब; **be not ~ to look at** देखने में कुछ विशेष नहीं; **be worth/ amount to ~** की कीमत का हो.; **by that ~** इतना-सा, उतना-सा; **how ~?** कितना?; **it is as ~ your fault as mine** आपका उतना ही दोष है जितना मेरा; **it is too ~ of a good thing** थोड़ा-थोड़ा सब को; **it leaves ~ to be desired** इसमें काफी सुधार की गुंजाइश है; **make ~ of** को बहुत महत्त्व दे.; **not ~ of a sth** कोई खास बात नहीं; **not so ~ ... as** उतना नहीं जितना कि...; **not to be ~ to look at** देखने-वेखने में ज्यादा कुछ नहीं; **not to say ~ for... = there is not ~ in it** इसमें कुछ भी विशेष नहीं; **not up to ~** उतना अच्छा नहीं, कोई ज्यादा अच्छा नहीं; **say this/ so ~ for sb** किसी के बारे में केवल इतना ही कहना कि...; **so ~ for that** बस काफी हो गया; **so ~ for his friendship!** देख ली उसकी दोस्ती!; **so ~ so that** यहां तक कि; **so ~ the better/ the worse/ the more/ the less** जितना ज्यादा बेहतर/ खराब/ बड़ी या कम संख्या; **think ~ of sb/ sth** किसी को अधिक महत्त्व दे.; **too ~ for sb** किसी के लिए कुछ ज्यादा ही खराब हो.; **want as ~ again** उतना ही और चाहना; **very ~ so** बिल्कुल सही

muchness /मचनेस/ *n., old use* 1 महानता 2 अधिकता, प्राचुर्य, प्रचुरता

muci\lage /म्यूसिलिज/ *n., p.* **~s** 1 गोंदिया लासा 2 श्लेष्मा;
dw/lw: **~laginous** /म्यूसिलैजिनेस/ *n.* लसदार

mucin /म्यूसिन/ *n.* श्लेष्मरस

muck /मक/ *n.* 1 धूल, कीचड़, पांस 2 गंदगी, कूड़ा-करकट: all in a ~; eat ~; ~ cart 3 (***syn.*** manure) गोबर, खाद 4 कुछ भी गंदा-संदा या घटिया माल: be in a ~ of a sweat; ~ for mugs;
v., pt. **~ed**, *pp* **~ing** 1 *UK* व्यर्थ में समय बर्बाद क. 2 घाल-मेल क. 3 कीचड़-गंदगी में लथपथ हो.: ~ one's hands/ clothes 4 सफाई क. 5 गोबर-लीद आदि हटाना: ~ out a stable 6 मिट्टी में गोबर आदि की खाद मिलाना;
dw/lw: **~er** /मकः/ *n., sl.* 1 सब से बढ़िया दोस्त या छुटभैया 2 *US* गंवार 3 धड़ाम से गिरने की क्रिया: come a ~er (ढह जा. बर्बाद हो जा.) 4 गंद फैलाने वाला, चुगलखोर; **~er** *v., pt.* ~ered, *pp* ~ering 1 मुसीबत में फंस जा., असफल हो जा. 2 मौका चूक जा. 3 धन इकट्ठा क.; **~heap** /मकहीप/ *n.* गोबर का ढेर, कूड़े का ढेर; **~rake** /मकरेक/ *v., pt.* ~raked, *pp* ~raking जानेमाने लोगों के दुराचरण का पता लगाना और उनका भंडाफोड़ क.; **~-raking** *n.* जानेमाने लोगों के दुराचरण का पता लगाने और उनका भंडा फोड़ने का काम; **~spread** /मकस्प्रेड/ *n.* खेत में खाद की बिछाई; **~y** /मकि/ *adj.* 1 गंदा: ~y hands 2 (***syn.*** obscene, vulgar) अश्लील: ~y jokes;
p&i: **~ about/ around** मूर्खतापूर्ण व्यवहार क.; **~ about/ around with sb = ~ sb about/ around** 1 किसी से दुर्व्यवहार क. 2 किसी के साथ बेईमानीपूर्ण व्यवहार क.; **~ about/ around with sth** 1 दखलंदाजी क., टांग अड़ाना 2 यंत्र के साथ छेड़छाड़ करके उसे बिगाड़ दे.; **~ and money go together** जहां पैसा वहां बुराई; **~ in/ ~ in with sb** 1 किसी के साथ बांटकर काम क. 2 बांटकर खाना-पीना.; **~ out/ ~ sth out** गोबर आदि हटाना; **~ sth up** = mess sth up बदरंग कर दे., गुड़ गोबर कर दे., बिगाड़ दे.;
go a ~er on sth किसी ऐरी-गैरी चीज से ढेर सारे पैसे कमा लेना; **high ~-a-~** अहंकारी; **make a ~ of sth** खराब कर दे., बिगाड़ दे., नष्ट कर दे.; **where there is ~, there is brass** बेईमानी से ही पैसा बनता है

mucous /म्यूकस/ *adj.* कफकारक, श्लेष्मल, श्लेष्म;
dw/lw: **~membrane** *n. anat.* श्लेष्मल झिल्ली

mucro /म्यूक्रो/ *n.*नोक, उग्राग्र;
dw/lw: **~nate** /म्यूक्रोनेट/ (*also* **~nated**) *adj.* नाकेदार

mucus /म्यूकस/ *n.* 1 कफ, बलगम, श्लेष्मा 2 रेंट 3 कीचड़

MUD /मड/ 1 *abbr.* 'multi-user dungeon/ dimension' की प्रथमाक्षरी 2 *n., comput.* एक कंप्यूटर खेल जिसे एक समय पर कई जने मिलकर खेल सकते हैं

mud /मड/ *n.* 1 कीचड़, गारा: be covered in ~/ be all over ~ 2 गंदगी: stick in the ~ 3 *colloq.* बदनाम करनेवाले कारनामे: his name is ~; drag sb/ sb's name in/ through the ~;
dw/lw: **~-bath** *n.* शरीर पर गीली मिट्टी का लेप या मालिश ,कीचड़-स्नान, कीचड़ में लथपथ होकर किया जानेवाला स्नान; **~-brick** *n.* कच्ची ईंट, गारे की ईंट; **~ded** *adj.* कीचड़ में लथपथ; **~diness** /मडिनेस/ *n.* गदलापन, धुंधलापन या भ्रांति, गंदगी, धूमिलता: ~diness of mind (मन की धूमिलता); **~flap** /मडफ्लैप/ *n.* गाड़ी के पिछले पहियों के पीछे लगी रबड़ आदि की पट्टी या फ्लैप जो कीचड़ को ऊपर उछलने से रोकती है; **~flat** *n.* समुद्र तट का वह भाग जो ज्वार में डूब जाता है; **mudguard** *n.* *UK* (*US* **fender**) साइकिल या मोटरसाइकल के पीछे लगी लोहे की पट्टी जो कीचड़ को ऊपर उछलने से रोकती है यानी कीचड़ से बचाती है, पंक रोक; **~-hole** *n.* गंदगी-भरा गड्ढ़ा; **~hopper/ ~skipper** /मडहॉपः/ मडस्किपः/ *n.* गारा में रहने वाली एक प्रकार की मछली; **~-mortar** /मड-मॉःटः/ *n.* चिनाई के लिए गारा; **~pack** /मडपैक/ *n.* चेहरे पर लेप लगाने की एक पेस्ट; **~puppy** /मडपपि/ *n.* एक उत्तरी अमेरिकी जल-थलचर; **~slide** *n.* पहाड़ से गारा या गीली मिट्टी का स्खलन; **mudslinging** /मडस्लिंगिंग/ *n.* कीचड़ उछालने या निंदा करने का काम; **~slinger** *n.* कीचड़ उछालने वाला, बदनामी करने वाला; **~stone** *n.* पंकाश्म; **~-turtle** *n.* कछुई; **~-wasp** *n.* बिलनी; **~dy** *see below under separate entry*;
p&i: **(as) sick as ~** पस्त हाल, हताश; **clear as ~** गंदा, कीचड़भरा, भ्रांत, बिल्कुल अस्पष्ट; **fling/ throw ~ at sb** किसी पर कीचड़ उछालना; **here's ~ in your eye!** हमारी सेहत के लिए; **if you throw ~ enough some of it will stick** किसी पर यदि बहुत अधिक कीचड़ उछालोगे, कुछ तो चिपट ही जाएगी; **sb's name is in ~** किसी की नेकनामी कीचड़ में मिला दी गई है; **stick in the ~** जमाने से पिछड़ जा.; **up to ~** बेकार

mudar /मडाः/ *n.* मदार, आक

mud\dle /मडल/ *n.* 1 अव्यवस्था, गड़बड़ी, भ्रामकता: make a **~dle** of one's life; be in a **~dle** 2 घबराहट, संभ्रम: get into a **~dle** about sth 3 (***syn.*** mess) घाल-मेल 4 मिली-जुली संगति;
v., pt. **~dled**, *pp* **~dling** 1 भ्रमित क., धुंधला कर दे.: **~dle** sb's brain/ mind 2 (***syn.*** mix up) गड़बड़ कर दे., अस्त-व्यस्त कर दे.: **~dle** (up) things 3 मदहोश कर दे., मतवाला क.: **~dle** sb with drink; a glass of whiskey **~dles** him 4 गंवाना, बिगाड़ना: **~dle** with sth 5 बेतरीके काम क.: **~dle** one's papers;
dw/lw: **mud\dled** /मडल्ड/ *adj.* 1 भ्रमित: get sb/ sth ~dled up (किसी को या किसी सभा आदि को भ्रमित क.) 2 अस्त-व्यस्त: things that are ~dled; **mud\dle-headed** /मडल-हेडिड/ *adj.* भ्रमित; **~dle-headedly** *adv.* अस्त-व्यस्त ढंग से; **~dle-headedness** *n.* अस्त-व्यस्तता, बिखराव, गड़बड़झाला; **~dler** /मडलः/ *n.* अस्त-व्यस्त करने वाला;
p&i: **~dle about** यूं ही आवारा घूमना; **~dle along** किसी तरह काम चलाना, धीरे-धीरे और बेतरतीब विकास क.; **~dle sth up** गलत तरीके से रखना; **~dle through (sth)** किसी तरह पार लगना

mud\dy /मडि/ *adj., degr.* **~dier**, **~diest** कीचड़दार, कीचड़भरा, पंकिल: the road is **~dy** 2 गदला: taste **~dy** 3 धुंधला 4 अस्पष्ट, अव्यवस्थित: **~dy** terminology/ philosophy; **~dy** thinking/ ideas;
v., pt. **~died**, *pp* **~dying**, *s/he/ it* **~dies** 1 गदला क. 2 धुंधला क. 3 अस्पष्ट या अव्यवस्थित क. 4 भ्रम फैलाना या पैदा क.;
p&i: **the Big Muddy** अमेरिका की मिसूरी नदी का उपनाम

muesli /म्यूज़्लि/ मूज़लि/ *n., pl.* **~s** शाही दलिया यानी दाने, मेवा आदि का मिश्रण जिसे दूध में मिलाकर नाश्ते के साथ लिया जाता है

muezzin /मूअज़िन/ *n.* नमाज के लिए अजान देने वाला, मुअज्जिन

muff /मफ/ *v., pt.* **~ed**, *pp* **~ing** 1 कैच छोड़ दे., गेंद को लपक न पाना: ~ an easy catch 2 किसी काम को करने का अवसर गंवा दे.;
n. 1 छोड़ा हुआ कैच 2 दस्ताना;
p&i: **make a ~ of sth** चूक जा.

muffin /मफिन/ *n.* 1 मीठा केक 2 *UK* (*US* **English muffin**) छोटी गोल ब्रेड जिसे मक्खन लगाकर गर्म-गर्म खाते हैं, गोल मीठी रोटी

muffin top किसी की पैंट के ऊपर से कमर से लटकने वाला मोटा पेट

muff\le /मफल/ *v., pt.* **~led**, *pp* **~ling** 1 (कपड़े आदि से) मुंह बंद क. या आवाज दबाना: **~le** the steps/ voices/ roar 2 ढक लेना, लपेटना: **~le** one's throat; **~le** oneself (up) well; **~le** up; the attackers were **~led** with black cloth;
n. 1 छादन, आवाज की घुटाई 2 छादित भट्ठा 3 ऊपरी होंठ, थूथन 4 दबी आवाज;
dw/lw: **muff\led** /मफ्फल्ड/ *adj.* दबी हुई: ~led oars; ~led voices; ~led sounds; **~ler** /मफ्लः/ *US* (*UK* **silencer**) *n.* 1 इंजन का वह हिस्सा जो इंजन की आवाज को दबा देता है, साइलेंसर 2 निःशब्दक 3 (***syn.*** scarf) गुलूबंद, मोटा स्कार्फ, मफलर;
p&i: **~led cats catch no mice** मुंह बंधा कुत्ता भला क्या शिकार करेगा!

mufti /मुफ्ती/ *n.* 1 फतवा या व्यवस्था देने वाला मुल्ला 2 साधारण कपड़े: in ~ (साधारण कपड़ों में, बिना वर्दी के)

mug /मग/ *n.* 1 मग, कप, प्याला 2 चेहरा या मुंह, थोबड़ा 3 जिसे आसानी से बेवकूफ बनाया जा सकता है, भोला, बुद्धू;
v., pt. **~ged**, *pp* **~ging** 1 मारपीटकर लूटना 2 रट लेना;
dw/lw: **~ful** *n.* प्याला-भर वस्तु; **~ger** /मगः/ *n.* जो लोगों को मार पीटकर लूटता है, मगर, मकर; **mug\ging** /मगिंग/ *n.* लूट-मार;
p&i: **a ~'s game** व्यर्थ की भाग-दौड़, बेहूदा काम, मूर्खतापूर्ण गतिविधि; **~ sth up** रट लेना, जबानी याद कर लेना; **~ on sth** परीक्षा के लिए खूब पढ़कर याद कर लेना, रट लेना; **thinking ~** *sl.* भेजा, दिमाग

muggins /मगिन्ज/ *n.* 1 भोला-भाला व्यक्ति 2 मूर्ख, काठ का उल्लू

muggy /मगि/ *adj., degr.* **~gier**, **~giest** (***syn.*** close, stuffy) उमस-भरा: a ~ afternoon

mugshot /मगशॉट/ *US* मगशाःट/ *n.* किसी अपराधी की फोटो

mugwump /मगवंप/ *n.* 1 दलीय राजनीति से दूर रहने वाला व्यक्ति, अवसरवादी 2 मुखिया, प्रधान, बड़ा आदमी

Muhammad /मुहम्मद/ *n.* मोहम्मद

Muhammadan /मुहम्डन/ *n.* मुसलमान

mukluk /मक्लक/ *n.* सील मछली के चमड़े से बना जूता (जिसे एस्किमो पहनते हैं)

mulatto /मुलैटो/ म्युलैटो/ *n.* संकर नस्ल का व्यक्ति, विशेषकर गोरे और अफ्रीकी मूल के व्यक्तियों के बीच संकरण की संतान

mulberry /मल्बेरि/ *n.* 1 शहतूत (पेड़ और फल), तूत: Himalayan ~ (कीमू, हीमू) 2 गहरा बैंगनी रंग

mulch /मल्च/ *n.* पेड़-पौधों की जड़ों को ढकने के लिए पत्ते, घास आदि;
v., pt. **~ed**, *pp* **~ing** पेड़-पौधों की जड़ों को घास-पात से ढकना

mulct /मल्क्ट/ *n.* जुर्माना, अर्थ दंड;
v., pt. **~ed**, *pp* **~ing** 1 अर्थ दंड दे.: ~ sb/ in a certain sum 2 से वंचित क.: ~ sb of sth (किसी को धोखे से किसी चीज से वंचित क.); he was **~ed** of 1000 rupees

mule /म्यूल/ *n.* 1 खच्चर, बेसर: as obstinate/ stubborn as a ~ 2 दोगला, वर्णसंकर 3 (**~s**) स्लिपर, चप्पल, सैंडल 4 हठधर्मी 5 *sl.* नशीले पदार्थों का स्मगलर 6 (*also* **spinning ~**) कताई उपकरण;
dw/lw: **mule\teer** /म्यूलअटिअः/ *n.* खच्चर हांकने वाला, खच्चर वाला;
p&i: **(as) obstinate as a ~** खच्चर-सा अड़ियल

muliebrity /म्यूलिएब्रिटि/ 1 नारीत्व, स्त्रीत्व, नारीस्वभाव 2 मृदुलता, कोमलता

mulier /म्यूलीअः/ *n.* 1 स्त्री, नारी 2 पत्नी 3 मां 4 वैध संतान

mulish /म्यूलिश/ *adj.* (***syn.*** stubborn) अड़ियल, जिद्दी;
dw/lw: **mulishly** *adv.* अड़ियल तरीके से; **~ness** *n.* अड़ियलपन

mull /मल/ *v., pt.* **~ed**, *pp* **~ing** 1 (***syn.*** consider) सोचना, विचार क.: ~ over a notion 2 चीनी डालकर (मदिरा को) गर्म क.: **~ed** wine;
n. 1 नर्म मखमल, मलमल 2 गड़बड़-झाला, घालमेल: make a ~ of sth;
p&i: **make a ~ of it** नासमझी से काम बिगाड़ दे.

mullah /मुल्ला/ *n.* मुल्ला

muller /मलः/ *n.* सिलौटी, मूसली, पीसने की चक्की

mulligrubs /मलिग्रब्ज/ *n.* 1 उदासी 2 (***syn.*** sulkiness) खीझ, चिड़चिड़ापन 3 उदरशूल

mullion /मल्यन/ *n., arch.* खिड़की में बिचला छड़

mullock /मलक/ *n., Austral.* खानों का कूड़ा-करकट;
p&i: **poke ~ at sb** किसी की खिल्ली उड़ाना, किसी की पगड़ी उछालना

multangular /मल्टैंग्युलः/ *adj.* बहुकोणी

multi- /मल्टि\-/ *pref., denoting*: **many** (अनेक, बहुत, बहु-): **multi**-millionaire; ~-channel;
dw/lw: **~access** /~ऐक्सेस/ *n.* बहुपथ पहुंच; **~buy** *adj.* बहुसंख्यक प्रतियों की खरीद के कारण सस्ता; **multicast** *v., pt.* ~casted, *pp* ~casting *comput.* कई उपभोक्ताओं को एक साथ सूचना भेजना; **~cauline** /~कॉलीन/ *adj.* बहुस्तंभी; **~channel** /~चैनल/ *adj.* बहुसंख्यक चैनलोंवाला; **~coloured** /~कलडः/ *adj.* बहुरंगी, रंगबिरंगा; **~cultural** *adj.* अनेक जातियों और धर्मों के लोगों का, बहुसांस्कृतिक; **~culturalism** *n.* बहुसंस्कृतिवाद; **~costate** /~कोस्टेट/ *adj.* कई पसलियों वाला; **~craft** *adj.* बहुशिल्पी; **~cupsidate** /~कप्सिडेट/ *adj.* बहुदंताग्र, अनेक नोकोंवाला; **~cycle** *n.* बहुचक्री यान आदि; **~dentate** /~डेंटेट/ *adj.* बहु दंतुर, कई दांतोंवाला; **~digitate** /~डिजिटेट/ *adj.* बहु अंगुलि, कई उंगलियोंवाला; **~dimensional** /~डाइमेंश्नल/ *adj.* बहुआयामी, बहुविम; **~directional** *adj.* बहुदिश्य, बहुदिशात्मक; **multidisciplinary** /~डिसिप्लिनरि/ *adj., education* बहुविषयक; **~faceted** /~फैसिटिड/ *adj.* बहुमुखी, बहुपक्षीय, बहुआयामी; **~farious** /~फेअरिअस/ *adj.* विविध या विविधतापूर्ण, नानाविध, बहुविध; **~focal** *adj.* बहुकेंद्रीय; **~fid** /~फिड/ *adj.* अनेक भागोंवाला; **~florous** /~फ्लोरस/ *adj.* अनेक फूलोंवाला; **~foil** /~फॉइल/ *adj.* कई तहोंवाला; **~fold** /~फोल्ड/ *adj.* कई गुना; **~foliate** /~फोलिएट/ *adj.* बहुपर्णी, बहुपत्तीय, कई पत्तोंवाला; **~form** /मल्टिफॉःम/ *adj.* नाना रूप, नानाविध, बहुरूप; **~functional** *ad.* विविध कार्यकलापों वाला; **multigrade** *adj.* बहुवर्गीय (मोटर ऑयल आदि); **~grain** *adj.* बहुअनाजीय; **~gravida** /~ग्रैविडा/ *n., pl.* **~s**/ **~gravidae** /~ग्रैविडि/ ऐसी गर्भवती स्त्री, जिसने पहले कई बार गर्भधारण किया हो; **~gym** *n.* व्यायाम करने के नाना प्रकार के उपकरणों से सज्जित व्यायामशाला; **~hole** *adj.* बहुछिद्री;

~lateral /~लैटरल/ *adj.* बहुपक्षीय, बहुपक्षी, बहुपार्श्व; **~linear** /~लीनिअः/ *adj.* बहुरैखिक; **~lingual** /मल्टिलिंग्वल/ *adj.* 1 बहुभाषी: ~lingual translators 2 (***syn.*** polyglot) अनेक भाषाओं का जाननेवाला; **~loquence** /~लअकअवंस/ *n.* 1 (***syn.*** verbosity, loquaciousness, prolixity) बहु-शब्दता, शब्द-बाहुल्यता 2 (***syn.*** talkativeness) अतिशय बातूनीपन, बहु भाषण; **multiloquy** /~लअकवि/ *n.* बहुभाषिता; **~media** *adj.* 1 दृश्य-श्रव्य बहुमाध्यम 2 *comput.* विविध-प्रणालीय; **~member** *adj.* बहुसदस्यीय; **multi\millionaire** /~मिल्यनेअः/ *n.* करोड़पति; **~national** *adj.* बहुराष्ट्रीय; **multi\national** *n.* बहुराष्ट्रीय कंपनी: ~national corporation; **~nomial** /~नोमिअल/ *adj.* बहुपदी, बहुनामक; **multi\para** /~पअरा/ *n., pl.* **~s**/ **~parae** /~पअरी/ *n.* दूसरी बार जन्म देनेवाली औरत या जीव; **multi\parous** /~परस/ *adj.* बहुसर्जी, एक साथ कई बच्चों को जन्म देने वाला जीव; **~partite** /~पाःटाइट/ *adj.* बहुपक्षीय; **multi\party** *adj., politics* बहुदलीय; **~ped** /~पेड/ *adj.* बहुपाद

multiple /मल्टिपल/ *adj.* 1 बहुत, अनेक: ~ meaning 2 बहु-, बहुल: ~choice (बहुविकल्पी) 3 बहुविध: a man of ~ interests 4 बहुखंडी: ~ columns 5 बहुशाख: ~personality (*also* **split personality**) (ऐसी मानसिक स्थिति जब एक व्यक्ति में कई तरह के व्यक्तित्वीय पहलू एक साथ मौजूद रहते हैं) 6 बहु-प्रयोजन 7 बहुगुण 8 बहुलित;
n. 1 गुणज: common ~ (लघुतम) सार्वगुणज समापवर्त्य 2 कई विकल्पोंवाला, बहुप्रणाली 3 लघुतम समापवर्त्य: least common ~ 4 बहुविमता;
dw/lw: **~choice** *adj.* बहुचयनीय, किसी प्रश्न के दिए गए कई संभावित उत्तरों में एक सही उत्तर के चुनाव की संभावना वाला; **multiple\-sclerosis** /~स्क्लअरोसिस/ (*abbr.* **MS**) *n.* दिमागी बीमारी जिसकी वजह से मस्तिष्क द्वारा अंगों का संचालन प्रभावित होता है और देखना, समझना, बोलना, स्मरण-शक्ति आदि सभी इंद्रियां विकृत हो जाती हैं;
collocations: **~personality disorder** व्यक्तित्व में बहुअंगी विकार; **~ shop** बहु-प्रयोजन (बहु-शाखीय) दुकान; **~stage missile** बहुचरणी मिसाइल; **~ store** बहु-प्रयोजन भंडार **~s of five** पांच से विभाज्य अंग;

multiplex /मल्टिप्लेक्स/ *n.* विविध फिल्में एक साथ दिखाने वाला सिनेमा हाल

multipliable/ **~plicable** /मल्टिप्लायबल/ मल्टिप्लिकअबल/ *adj., math* गुण्य

multiplicand /मल्टिप्लिकैंड/ *n.* गुण्य राशि

multi\plication /मल्टि\प्लिकेशन/ *n., math* 1 गुणन, गुणा: ~plication of one number by another 2 बढ़ोतरी, वृद्धि: ~plication of the human species;
dw/lw: **multiplicative** /~प्लिकेटिव/ *adj.* 1 गुणक, गुणनात्मक 2 गुणात्मक: ~plicative stage; **~plicator** /~प्लिकेटः/ *n.* गुणक; **multiplicity** /~प्लिसिटि/ *n., pl.* ~plicities विविधता, बाहुल्य, बहुलता; **multiplier** /~प्लाइअः/ *n.* गुणक, प्रवर्धक, त्वरक, बढानेवाला; **multi\ply** /~प्लाइ/ *v., pt.* ~plied, *pp* ~plying, *s/he/ it* ~plies 1 गुणा क., जरब दे.: ~ply two numbers together 2 संख्या बढ़ाना: ~ply instances/ examples; ~ply words; ~ply evil upon evil 3 प्रसव क., जनना;
collocations: **~plication sign (x)** गुणन-चिह्न; **~plication table** पहाड़ा;
p&i: **~ply words** शब्द-बहुल हो.

multi\polar /मल्टि\पोलः/ *adj.* बहुध्रुवी;
dw/lw: **~processor** *n.* बहु-प्रोसेसरी (processor) कंप्यूटर; **~purpose** *adj.* बहु-उद्देश्यीय; **~racial** *adj.* बहु-नस्ली; **~skilling** *n.* बहु-कौशलता; **~storey** *adj.* बहु-मंजिला: ~story car park; **~task** *v., pt.* ~tasked, *pp* ~tasking 1 कंप्यूटर पर एक साथ कई प्रोग्राम चलाना 2 एक समय पर कई काम एक साथ क.; **multi\tasking** *n.* 1 कंप्यूटर की एक साथ कई प्रोग्राम चलाने की क्षमता 2 एक समय पर कई काम एक साथ करने की क्षमता; **multi\track** *adj.* कई प्रकार के संगीत को मिश्रित करके चलाने से संबंधित

multitu\de /मल्टिच्यूड/ मल्टिट्यूड/ *n.* 1 जमघट, भीड़: the **~de** (साधारण लोग, जन साधारण) 2 अधिकता, बाहुल्य, ढेर सारे: hide a **~de** of sins (ढेरों पाप छिपाना);
dw/lw: **multitu\dinous** /~डिनस/ *adj.* 1 असंख्य, बहुसंख्यक 2 बहुविध 3 प्रचुर: ~dinous roar; **multitu\deness** /~डनेस/ *n.* बाहुल्य, प्रचुरता

multi-user *adj.* एक समय पर कई प्रयोगकर्ताओं द्वारा उपयोग्य

multivitamin *n.* कई विटामिनों के मिश्रण से बनी गोली

multi-word *n.* एक से ज्यादा शब्दों से बनी शब्दों की इकाई

multum in parvo /मल्टअमिन पाःवो/ *Lat.* गागर में सागर

multure /मल्चः/ *n.* पिसाई

mum /मम/ *UK* (*US* **mom**) *n.* मां;
v., pt. **~med**, *pp* **~ming** चुप र., चुप क.;
adj. चुप: keep ~ about sth; stand ~ (चुपचाप खड़े र.);
p&i: **~ is the word** किसी को कुछ न बताना, चुप रहना

mumb\le /मंब\ल/ *v., pt.* **~led**, *pp* **~ling** (***syn.*** mutter) बुदबुदाना, बड़बड़ाना: **~le** a prayer; **~le** to oneself; **~le** through one's answer;
dw/lw: **~ler** /~लः/ *n.* बुदबुदानेवाला; **mumb\ling** /~लिंग/ *n.* बुदबुदाहट; **~ling** *adj.* बुदबुदानेवाला; **~lingly** *adv.* बुदबुदाते या बड़बड़ाते हुए

mumbo-jumbo /मंबो-जंबो/ *n.* 1 मूर्खतापूर्ण बात या अनाप-शनाप 2 मूर्खतापूर्ण या अनर्गल कर्मकांड 3 (अफ्रीकी) बुत, बुत-परस्ती 4 निरर्थक पूजा

mummer /ममः/ *n.* 1 (पुराने जमाने में) मूक लोकनाट्य अभिनेता, मूक कलाकार 2 त्योहारों के दिनों में मूक नाटकों या रंगरलियों में छद्मवेश में भाग लेते बच्चे;
dw/lw: **mummer\y** /ममरि/ *n., pl.* **~ies** मूक लोक नाट्य, मूक अभिनय

mummi\fy /ममि\फाइ/ *v., pt.* **~fied**, *pp* **~fying** (***syn.*** embalm) शव को ममी के रूप में रसायनों द्वारा सुखाकर सुरक्षित रखना, सुखाना;
dw/lw: **~fied** /~फाइड/ *adj.* ममी के रूप में सुरक्षित; **mummi\fication** /~फिकेशन/ *n.* ममी के रूप में सुरक्षित रखने की क्रिया

mummy /ममि/ *n.* रसायनों द्वारा सुखाकर सुरक्षित रखा हुआ शव: beat sb to a ~ (किसी को पीट-पीटकर बेहोश कर दे.);
p&i: **(as) dry as a ~** तिनका-सा सूखा

mum\my /ममि/ *UK* (*US* **mommy**) *n., pl.* **~mies** 1 मां 2 ममी, अम्मा;
collocations: **~my's boy/ mama's boy** ऐसा व्यक्ति जो अपनी मां पर अतिशय आश्रित हो

mump /मंप/ *v., pt.* **~ed**, *pp* **~ing** 1 (***syn.*** sulk) खीझना, चिड़चिड़ाना 2 (***syn.*** beg) भीख मांगना;
dw/lw: **~er** /मंपः/ *n.* भिखारी; **~ish** /मंपिश/ *adj.* चिढा या खीझा हुआ

mumps /मंप्स/ *n., [sing.]* **(the ~)** कनपेड़ा, कनभर, गलसुआ, कर्णमूल

mums\y /मम्जि/ *adj., degr.* **~ier**; **~iest** *colloq.* 1 घर जैसा आरामदेह 2 पुराने तरीके की, फीकी पर आरामदेह

munch /मंच/ *v., pt.* **~ed**, *pp* **~ing** (***syn.*** chomp) चबाना, चबड़-चबड़कर खाना: ~ an apple

Munchausen syndrome /मंचाउजअन सिंड्रोम/ *n., psychol.* एक ऐसी मानसिक बीमारी जिसमें रोगी अस्पताल में उपचार पाने के लिए इस बात का दिखावा करता है कि उसे कोई गंभीर बीमारी है और वह इसके लक्षण भी दिखलाता है

Munchausen by proxy/ Munchausen syndrome by proxy एक ऐसा मानसिक विकार जिसके तहत अक्सर डॉक्टर दूसरे किसी व्यक्ति, प्रायः बच्चे में किसी काल्पनिक बीमारी के लक्षण पैदा कर देता है

munchies /मंचिज/ *n., [pl.]* 1 खाने के लिए अत्यधिक ललक 2 टूंगने के लिए अल्पाहार (snacks) आदि: have the ~ (भूख लगना)

mundane /मंडेन/ *adj.* 1 सांसारिक, ऐहिक, लौकिक, इस दुनिया का 2 (***syn.*** routine, dull, ordinary) रोजमर्रा की बात या प्रक्रिया, अरुचिकर, एक ही ढर्रे या लीक पर चलने वाला (जीवन);
dw/w: **~ly** /मंडेनलि/ *adj.* इसी दुनिया का, अरुचिकर, उबाऊ, सांसारिक: ~ly existence; **mundane\ness/ mundanity** *n.* उबाऊपन, सांसारिकता

munia /म्युनिया/ मुनिया/ *n.* एक पक्षी;
collocations: **green** ~ हरी मुनिया; **red** ~ लाल मुनिया; **spotted** ~ तेलिया मुनिया, सीनाबाज; **white throated** ~ चरगा, चरक्का

municipal /म्यूनिसि\पल/ *adj.* नगर-, नागर: ~ administration; ~ corporation (नगर-निगम); ~ undertakings (नगर संस्थान); ~ law;
dw/lw: **municipali\ty** /~पैलिटी/ *n., pl.* **ities** नगरपालिका; **municipalize** /~पैलाइज/ *v., pt.* ~zed, *pp* ~zing नगरपालिका के अधीन क.

munifi\cence /म्युनिफि\संस/ *n., formal* दानशीलता, शानदार उदारता: through the **~cence** of sb (किसी की उदारता की बदौलत);
dw/lw: **munifi\cent** /~संट/ *adj.* अत्यंत उदार, दानी; **~cently** /~संटलि/ *adv.* अत्यंत उदारतापूर्वक

muniment\s /म्यूनिमंट्स/ *n., [pl.], law* 1 अधिकार-पत्र, मालिकाना हक के दस्तावेज 2 (**~-room**) किसी संस्था के महत्त्वपूर्ण दस्तावेज रखने का कक्ष

muni\te /म्यूनाइट/ *v., pt.* **~ted**, *pp* **~ting** सुरक्षित रखना, संभालकर रखना

munitions /म्यूनिशन्ज/ *n., [pl.]* युद्ध सामग्री, गोला-बारूद: ~ of war;
adj. गोला-बारूद का/ के/ की: ~ factory (युद्ध-सामग्री फैक्टरी)

munnion /मन्यन/ *n.* बिचला छड़

muppet /मपिट/ *n.* बेवकूफ व्यक्ति

mural /म्यूरल/ *n.* (*also* ~ **painting**) दीवार पर बना चित्र: ~ painting (भित्ति-चित्र);
adj. भित्ति-चित्र संबंधी: ~ decoration (भिति-चित्र सजावट);
dw/lw: **mural\ist** /म्यूरअलिस्ट/ *n.* भित्ति-चित्र बनाने वाला चित्रकार

murder /मःडः/ *n.* 1 कत्ल, हत्या, खून: guilty of ~ 2 वध: commit ~ 3 दुखद व परेशानीपूर्ण बात: it's ~ driving through the centre during peak hour;
v.**, pt.* **~ed**, *pp* **~ing** 1 खून क., हत्या क. 2 वध क., मार डालना 3 (syn.*** butcher) संगीत की रचना आदि को बिगाड़ना या तोड़ना-मरोड़ना, चौपट कर दे.: ~ a song by faulty singing; ~ a speech by faulty reading; ~ the English language 4 *colloq.* किसी को जान बूझकर अवैध रूप से सख्त सजा दे. 5 किसी से बहुत नाराज हो. 6 (***syn.*** thrash) किसी को बहुत बड़े अंतर से हराना: Spain **~ed** Italy four nil.;
dw/lw: **murder\er** /मःडरः/ *n.* (***syn.*** killer) खूनी, हत्यारा, कातिल; **~ess** /मःडरेस/ *n.* हत्यारिन; **~ly** /मःडरसलि/ *adv.* प्राणघातक ढंग से: ~ly attack sb; **~ness** /मःडरसनेस/ *n.* प्राणघातकता; **murder\ous** /मःडरस/ *adj.* 1 प्राण-घातक, कातिलाना, हिंसक, खूंखार: ~ous deed/ act; ~ous weapon/ blow; ~ous fire from enemy machine-guns; with ~ous intent 2 (***syn.*** savage) नृशंस, क्रूर, निर्दय: a ~ous look in the eyes (खूंखार नजर);
collocations: ~ **in the first degree** (***syn.*** homicide) सोच-समझकर की जानेवाली हत्या; ~ **in the second degree** हालात की मजबूरी से होनेवाली हत्या;
p&i: **~/ truth will out** खून या सच्चाई उजागर होकर रहेगी; **cry/ scream/ shout blue** ~ बिना बात के आसमान सिर पर उठाना; **get away with** ~ खून के इल्जाम से साफ बच निकलना; **I could ~ a ...** बहुत भूखा होने के कारण किसी खाद्य को भकोसने के लिए तत्पर हो.: I am very hungry, I could ~ a whole chicken; **judicial** ~ निर्दोष को दिया जानेवाला मृत्यु-दंड; **like blue** ~ सिर पर पैर रखकर दौड़ जा.; **look ~ at sb** किसी को खूंखार नजरों से देखना; **the ~ is out** भेद खुल गया; **the traffic in town was a ~ today** शहर में आज यातायात पूरी तबाही थी

mu\re /म्युअः/ *v., pt.* **~red**, *pp* **~ring** 1 बंद क., कैद क.: be **~red** up in a small room 2 शहर आदि के गिर्द दीवार आदि का घेरा डालना.: **~re** in a town

murine /म्युअराइन/ म्युअरिन/ *adj.* 1 चूहे जैसा 2 चूहे की नस्ल के जीवों से संबंधित

murk /मःक/ (rarely **mirk**) *n.* 1 अंधकार, अंधेरा 2 विषाद, उदासी

mur\ky /मःकि/ (rarely **mir\ky**) *adj., degr.* **~kier**, **~kiest** 1 शर्मनाक: **~ky** past 2 गैरकानूनी 3 धुंधला, अंधकारमय 4 मटमैला, गंदा 5 घना, घनगोर: **~ky** darkness 6 निरानंद, विषादमय;
dw/lw: **~kily** *adv.* शर्मनाक तरीके से; **murk\iness** *n.* धुंधलापन, गदलापन

murmur /मःमः/ *v., pt.* **~ed**, *pp* **~ing** 1 फुसफुसाना, मरमराना: ~ a secret into sb's ear 2 सरसराना, कलकलाना: a brook **~ed** in the garden 3 बड़बड़ाना, भुनभुनाना, कुड़बुड़ाना, कड़कुड़ाना: ~ against new taxes 4 बुदबुदाना, गुनगुनाना: ~ sth in reply; they **~ed** like a swarm of bees;
n. 1 फुसफुसाहट, मरमराहट: converse in **~s** 2 सरसराहट, कलकलाहट 3 बड़बड़ाहट: a distant ~ of voices; without a ~ 4 गुनगुनाहट;
dw/lw: **murmur\ing** /मःमरिंगः/ *n.* मरमराहट, सरसराहट; **~ing** *adj.* मरमराहटपूर्ण, सरसराहट भरा; **~ingly** /मःमरिंगः/ *adv.* फुसफुसाते हुए, मरमराते हुए; **~ous** /मःमरस/ *adj.* मरमराहटपूर्ण, सरसराहटपूर्ण

murphy /मर्फी/ *n.* 1 विश्वासपात्र बनकर धोखा देने पर आधारित खेल 2 *sl.* आलू

Murphy's Law इस बात की घोषणा कि यदि किसी चीज को खराब होना है तो वह अवश्य खराब होगी

murrain /मरिन/ मरअन/ *n.* पशुओं की महामारी, पशुओं में होने वाला प्लेग, विशेषकर खुर-पैर की बीमारी;
p&i: **a ~ on you!** तुम्हें कोढ़ लग जाए!

mus. *abbr.* 'music/ musical' का संक्षेप

MusB/ MusBac *abbr.* 'musicae Baccalaureus (Bachelor of Music)' का संक्षेप (संगीत में बी.ए.)

muscadel *see below under* **muscatel**

Muscadet /मस्कअडे/ मुस्कअडे/ *n.* सूखी सफेद मदिरा

muscatel/ muscadelle/ muscadel /मस्कअटेल/ मस्कअडेल/ *n.* 1 सूखी सफेद मदिरा बनाने के लिए अंगूर की एक प्रकार 2 सूखी सफेद मदिरा

muscat /मस्कैट/ *n.* 1 मीठे अंगूर 2 (*also* ~ **wine**) तेज, मीठी, सफेद मदिरा, अंगूरों की शराब

muscle /मसल/ *n.* 1 मांसपेशी 2 मांसपेशियों से बना शरीर का अंग यानी द्विशिर पेशी 3 बाहु-बल 4 शक्ति, प्रभाव;
***v.**, pt.* **~d**, *pp* **muscling** जोर-जबरदस्ती से घुस आना;
dw/lw: **muscle\-bound** /मस्ल-बाउंड/ *adj.* अकड़ी हुई मांसपेशियों वाला, कड़ा; **~man** *n.* 1 शक्तिशाली या बाहुबली व्यक्ति 2 पहलवान या पाले हुए गुंडे; **muscular** *see below*

under separate entry;
collocations: **political/ military** ~ राजनीतिक और सैनिक शक्ति; ~ **power** बाहुबल; ~ **dystrophy** मांस-पेशियों के कमजोर पड़ने की बीमारी;
p&i: ~ **in on sth** जबरदस्ती घुसना या कुछ छीनना; ~ **sense** मांसपेशियों-सी अनुभूति, बाहुबली की सोच;
have ~ बाहुबली हो.; **man of** ~ बाहुबली; **not to move a** ~ कुछ न क.
muscovado /मस्कअवादो/ (*also* **muscovado sugar**) *n., pl.* **~s** बिना साफ की हुई चीनी यानी गन्ने के रस को सुखाने के बाद बचा पदार्थ, शक्कर
Muscovite /मस्कअवाइट/ *n.* मास्कोवासी, मास्को नगर के निवासी, मस्क्वावासी
muscovite /मस्कवाइट/ *n.* श्वेत अभ्रक
muscular /मस्क्युलः/ *adj.* 1 (*also* **muscly** /मसलि/) गठीला, हृष्ट-पुष्ट, हट्टा-कट्टा: be ~ 2 मांसपेशी संबंधी;
collocations: ~ **activity** मासंपेशियों का कार्य; ~ **dystrophy** एक वंशानुगत बीमारी जिसमें कुछ मांस पेशियां लगातार नष्ट होती रहती हैं और उनका स्थान चर्बीदार ऊतक ले लेते हैं; ~ **man** हृष्ट-पुष्ट व्यक्ति; ~ **system** मांस-पेशी-तंत्र; ~ **tissue** मासंपेशियों के ऊतक
musculature /मस्क्युलअचः/ *n.* पेशी-विन्यास, पेशीसमूह
MusD/ MusDoc *abbr.* 'Musicae Doctor (Latin)' = 'Doctor of Music' का संक्षेप
Muse /म्यूज/ *n., Greek mythol., lit., art, etc.* 1 कलाकारों, कवियों, लेखकों आदि की प्रेरणा स्रोत कला की नौ देवियों में से कोई एक 2 विद्या की देवी, अधिष्ठात्री देवी 3 (**the Muse**) काव्यात्मक विलक्षणता या प्रेरणा-स्रोत: the suckling of the **~s** (कला व काव्य की संतति) 4 काव्य या कला
muse /म्यूज/ *v., pt.* **~d**, *pp* **musing** 1 (*often* ~ **on sth**) सोच-विचार क., चिंतन क., ध्यान क.: ~ on the future 2 दार्शनिक या चिंतनशील अंदाज में अपने आप से कुछ कहना 3 (***syn.*** ponder) चिंतनशील मुद्रा में मग्न होकर देखना: ~ upon a distant scene; ~ over the memories of the past;
dw/lw: **muse\d** *adj.* 1 हैरान, हक्का बक्का 2 अन्यमनस्क, खोया-खोया-सा 3 स्वप्न-मग्न; **~ful** *adj.* 1 विचारमग्न, ध्यानमग्न 2 स्वप्नों में खोया हुआ; **~fully** *adv.* सोचते हुए, चिंतनशील मुद्रा में; **~less** *adj.* अनपढ़, गंवार; **musing** *adj.* विचार-मग्न, चिंतनशील; **musing** *n., pl.* **musings** विचार-मग्नता, चिंतन-मनन, सोच-विचार: fall into a ~ over sth; **musingly** *adv.* चिंतन-मनन की मुद्रा में डूबकर, सोचते-विचारते हुए
musette /म्यूजअट/ *n.* छोटी मशकबीन: ~ bag
museum /म्यूजिअम/ *n.* संग्रहालय, विचित्रालय, अजायबघर;
dw/lw: **~-keeper** *n.* संग्रहपाल; **~-piece** *n.* 1 संग्रहालय में दर्शनार्थ रखी हुई कृति या वस्तु 2 *colloq.* पुराने विचारों का या दकियानूसी आदमी
mush /मश/ *n.* 1 गूदा, लुगदी, दलिया 2 सस्ती भावुकता 3 *N. Amer.* मोटे अनाज का दलिया 4 बकवास 5 छोटा छाता 6 कुत्तों द्वारा खींची जानेवाली स्लेज (sledge) द्वारा यात्रा;
v., *pt.* **~ed**, *pp* **~ing**, *s/he/ it* **~es** कुत्तों द्वारा खींची जानेवाली स्लेज पर यात्रा क.;
dw/lw: **mush\y** /मशी/ *adj., degr.* ~ier, ~iest 1 गूदेदार 2 भद्दे ढंग से भावुक
mushroom /मशरूम/ *n.* 1 कुकुरमुत्ता, खुमी, छत्रक, खुखरी: ~ poisoning 2 कल का नवाब 3 खुमीनुमा कोई भी वस्तु 4 गुलाबी-भूरा रंग 5 खुमी की तरह उगने की रफ्तार या प्रकार;
adj. 1 खुमी की तरह जल्दी बढ़ने और फैलनेवाला 2 गुलाबी-भूरा रंग का: ~ business;
v., *pt.* **~ed**, *pp* **~ing** तीव्र गति से फैलना;
collocations: ~ **cloud** परमाणु विस्फोट से उठनेवाला खुमीनुमा धुएं का काला बादल, छत्रक मेघ; ~ **growth** त्वरित वृद्धि, कुकुरमुत्ता की रफ्तार से वृद्धि या बढ़त; **~ing** घनन, कई चीजों, जीवों आदि का बड़ी मात्रा या संख्या में बहुत शीघ्र प्रकट या पैदा होने की क्रिया;
p&i: **grow up like ~s** खुमियों की तरह बड़ी संख्या में उगना और जल्दी-जल्दी बढ़ना
music /म्यूजिक/ *n.* 1 संगीत, धुन, लय: to ~ (धुन या लय में); set to ~ (लयबंद क., धुन में संजोना) 2 संगीत के चिह्न: read ~ 3 श्रुति मधुर ध्वनि, झंकार: play without ~ 4 गायन-वादन 5 संगीतीय कृति 6 पक्षियों की चहक 7 झरने आदि की झरझर 8 वाद्य 9 *US* जीवंतता;
adj. संगीत का, संगीतीय: ~-school;
collocations: ~ **centre** संगीत केंद्र; ~ **drama** संगीत नाटक; ~ **hall** संगीत सभागार; ~ **lesson** संगीत का पाठ या कक्षा; ~ **theatre** संगीत नाट्यगृह; ~ **therapy** संगीत के माध्यम से उपचार;
classical ~ शास्त्रीय संगीत; **instrumental** ~ वाद्य संगीत; **vocal** ~ कंठ-संगीत;
p&i: ~ **to one's ears** सुप्रिय या सुरुचिकर;
face the ~ किसी काम का उत्तरदायित्व अपने ऊपर लेकर दंड स्वीकार क., कठिनाई का सामना क.; **rough** ~ शोर-शराबा
musical /म्यूजिकल/ *adj.* 1 सांगीतिक, संगीत संबंधी 2 संगीतमय, संगीतात्मक, श्रुति मधुर: ~ sounds/ voice;
n. 1 गीत-संगीत से भरपूर नाटक या सिनेमा 2 लयबद्ध या श्रुति मधुर ध्वनि 3 संगीतमय व्यक्ति, संगीत प्रिय, संगीतज्ञ;
dw/lw: **~-box**/ ~ **box** बक्से में बंद एक छोटा-सा संगीत उपकरण जो बक्से के खुलते ही बजने लगता है; **musical\ly** *adv.* 1 संगीत की दृष्टि से 2 सुरीले ढंग से; **~ity** /म्यूजिकैलिटि/ *n.* श्रुतिमाधुर्य, संगीतात्मकता, सुरीलापन;
collocations: ~ **accent** संगीतात्मक स्वराघात, स्वर-तान, सुर; ~ **bumps** *sing.* बच्चों का खेल जिसमें संगीत बंद होने पर सभी को एकदम बैठना होता और सबसे पीछे बैठनेवाला बालक खेल से बाहर हो जाता है; ~ **chairs** एक खेल जिसमें संगीत बंद होने पर सभी को एकदम किसी कुर्सी पर बैठना होता और कुर्सी पर न बैठ पाने वाला व्यक्ति खेल से बाहर हो जाता है; ~ **comedy** हास्य या खुशनुमा संगीत-नाटक; ~ **director** संगीत निर्देशक; ~ **flame** गायक ज्वाला; ~ **instrument** वाद्य, बाजा; ~ **interval** स्वरांतराल; ~ **notation** स्वर लिपि; ~ **stool** पिआनो की तिपाई; **rough** ~ हो-हुल्लड़
musicale /म्युजिकैल/ *n.* संगीत का कार्यक्रम, संगीत-समारोह
musician /म्यूजिशिअन/ *n.* संगीतकार;
dw/lw: **~ly** /म्यूजिशिअनलि/ *adv.* संगीतकार के दृष्टिकोण से; **~ship** *n.* संगीतकार का काम, संगीतकार का पद
musicolog\y /म्यूजिकौलजि/ *n.* संगीत विद्या, संगीत-शास्त्र;
dw/lw: **musicological** /म्यूजिकअलौजिकल/ *adj.* संगीत-शास्त्रीय; **musicologist** /म्यूजिकौलजिस्ट/ *n.* संगीतज्ञ, संगीत-शास्त्री
musing, musingly *see above under* **muse:** ***dw/lw***
musique concrète /मुजिक कंक्रेत/ (*also* **concrete music**) *Fr.* बीसवीं सदी के मध्य में पहले से रेकॉर्ड की हुई ध्वनियों (जिनमें सभी संगीतमय नहीं होती थीं और जिनमें संगीतकार की मर्जी से फेर-बदल भी हो सकता था) से बना संगीत
musk /मस्क/ *n.* कस्तूरी मुश्क, मृगमद;
dw/lw: **~-rat** (*also* **musquash**) *n.* 1 छछूंदर 2 गंधाखु, चूहे की तरह का एक जंतु जिससे कस्तूरी जैसी सुगंध आती है; **~-rose** *n.* भूमध्य सागर के क्षेत्र का गुलाब जिसके फूलों से कस्तूरी सुगंध आती है, कूजा; **musk\y** /मस्कि/ *adj., degr.* ~ier, ~iest मुश्की, कस्तूरी मुश्क की सुगंधवाला
collocations: ~ **deer** कस्तूरी मृग, कस्तूरा; ~ **gland** मुश्क ग्रंथि; ~ **mallow** मुश्कदाना; ~ **melon** खरबूजा; ~ **orchid** कस्तूरी का बगीचा; ~ **ox** कैनेडा या ग्रीनलैंड में पाया जाने वाला लंबे सींगों वाला बैल, जिसके सींगों से मद काल (मस्ती) में कस्तूरी

मुश्क की सुगंध आती है
musket /मस्किट/ *n.* पुरानी चाल 16वीं से 19वीं सदियों की बंदूक, तुपक;
dw/lw: **musketeer** /मस्कटिअः/ *n.* बंदूकची (इस बंदूक को चलानेवाला); **musketry** /मस्किट्रि/ *n.* 1 बंदूकें 2 बंदूकचियों का दस्ता 3 चांदमारी;
p&i: **Three Musketeers** तीन बंदूकचियों की कभी न अलग होने वाली टोली
Muslim (*also* **Moslem**) /मुस्लिम/ *n.* मुसलमान
muslin /मज़्लिन/ *n.* मलमल, महीन जालीदार कपड़ा;
p&i: **a bit of ~** औरत, लड़की
muso /म्यूज़ो/ *n., pl.* **~s**, *sl., UK, derog.* 1 पॉप या रॉक संगीतकार जो तकनीक पर अतिशय बल देता है 2 *Austr.* संगीतकार, गायक या संगीत दीवाना
muss /मस/ *US colloq. v., pt.* **~ed**, *pp* **~ing** 1 अस्तव्यस्त क., घालमेल क.: ~ sth up 2 गंदा क.: ~ (up) one's dress; ~ (up) one's hands; be all **~ed** up 3 बालों आदि को उलझाना;
n., pl. **~es** अस्तव्यस्तता, गड़बड़-घोटाला;
***dw/lw*:** **muss\y** /मसि/ *adj.* अस्तव्यस्त, गड्डमड्ड, मैला-कुचैला
mussel /मसल/ *n.* 1 सीपी, मुसेल: fresh water ~ (सूती, सीपी) 2 कवचधारी जंतु, शंबुक
must /मस्ट/ *modal/ auxiliary v.* 1 आवश्यकता जताने के लिए प्रयुक्त: I ~ have some money; love ~ come in everybody's life; do it if you ~; why ~ you be always meddling? 2 निश्चितता जताने के लिए प्रयुक्त, निश्चितता होना, अनिवार्यता जताना: those who meet, ~ part; he ~ be here soon 3 आग्रह जताने के लिए प्रयुक्त, सुझाव दे.: you ~ come to us soon; she ~ go to school; you ~ come to meet my father; you **~n't** mind what a sick person says 4 कर्त्तव्य जताने के लिए प्रयुक्त, फर्ज निभाना: we ~ obey the laws; I ~ pray 5 इरादा जताने के लिए प्रयुक्त, पक्का इरादा जताना: I ~ meet her this evening; I ~ go 6 संभावना आदि जताने के लिए प्रयुक्त: you ~ be my cousin; he ~ be there now 7 फफूंदी लगना;
n. (**a must**) 1 परम आवश्यक वस्तु, कार्य आदि, अनिवार्य बात: good health is a ~ in life; a raincoat is an absolute ~ 2 निश्चितता, आग्रह आदि का बोधक: this book is a ~ 3 भुकड़ी (mould), फफूंद (*see also below under a separate entry* **must\iness**) 4 (***syn.*** grape juice) द्राक्षारस 5 (हाथी, ऊंट आदि में) खतरनाक मस्ती (musth), मस्त हाथी, ऊंट आदि;
dw/lw: **~-have** *adj.* (फैशन आदि के) दबाव में समझी जाने वाली आवश्यक (वस्तु): ~-have accessory (ऐसा उपकरण जो अवश्य हर किसी के पास होना चाहिए); a ~-have thing; **~-have-been** *adj., lit.* कल्पना पर आधारित; **~-list** *n.* अति आवश्यक या अटलनीय कार्यों या वस्तुओं की सूची; **must\n't** /मसंट/ 'must not' का छोटा रूप (बिल्कुल नहीं)
mustache/ mustached /मस्टाश/ मस्टाशड/ *US n.* '**moustache/ moustached**' की अमेरिकी वर्तनी
mustachio /मस्टाशिओ/ *n.* ताव दी हुई मूंछ
mustang /मस्टैंग/ *n.* मैक्सिको का एक जंगली घोड़ा
mustard /मस्टःड/ *n.* 1 सरसों: ~ seed 2 सरसोंई या पीला रंग;
collocations: **~ and cress** सरसों और चनसर के बीजों का मिश्रण; **~ gas** रंगहीन तेल जैसे द्रव से उठनेवाले जहरीले वाष्प; **~ plaster** सरसों का लेप; **~ pot** सरसों-चटनीदानी;
English ~ पानी मिली सरसों चटनी; **wild ~** हुरहुर;
p&i: **all to the ~** जैसा होना चाहिए, बहुत अच्छा; **as keen as ~** बहुत ज्यादा उत्सुक व उत्साही; **cut the ~** हर लिहाज से उपयुक्त;
mustee /मस्टि/ *n.* संकर जाति का बालक
muster /मस्टः/ (*also* **~ up**) *v., pt.* **~ed**, *pp* **~ing** 1 (***syn.*** gather) इकट्ठा क.: ~ the soldiers 2 जमा हो., एकत्र क. या हो जाना: all the food I could ~ 3 जुटाना, बटोरना: ~ one's thoughts 4 (**~ sth up**, summon) साहस या जोश जुटाना: ~ (up) all one's courage; ~ all one's strength 5 पशुओं आदि का निरीक्षण क. 6 भर्ती क. 7 निश्चित संख्या में हो.: a society that **~s** a hundred members;
n. 1 सैनिकों आदि का खुले मैदान में जमावड़ा: make/ take ~ 2 बानगी, नमूना एकत्रण a few **~s** of new goods 3 हाजिरी, कुल संख्या: in full ~ 4 निरीक्षण: work that will pass ~ 5 पशुओं या जानवरों की निरीक्षण के लिए की जानेवाली धर-पकड़;
dw/lw: **~-out** *n.* सेना से बर्खास्तगी; **~-roll/ ~-book** *n.* 1 नामावली 2 हाजिरी रजिस्टर;
p&i: **~ sb in** *US, milit.* सैनिक सेवा में भरती क.; **~ sb out** *US, milit.* सैनिक सेवा से निवृत्त क.; **~ sth up/ ~ up sth** ताकत या हिम्मत जुटाना;
pass ~ जांच में संतोषजनक पाया जा.; **with all the strength one could ~** पूरी ताकत से
musth /मस्थ/ (*also* **must**) *n.* जानवर (हाथी, ऊंट आदि) की मदमस्त अवस्था, जानवर की खतरनाक मदहोशी;
p&i: **be in ~** मदहोश हो., हाथी आदि का कामांधतापूर्ण मदमस्ती में हो.
must\y /मस्टि/ *adj.* 1 फफूंददार, फफूंदियाहा: **~y** hay; **~y** smell; **~y** room 2 (***syn.*** dank) सीलनभरा, दुर्गंधपूर्ण: a **~y** room 3 बासी, पुराना: **~y** eggs; grow **~y** 4 दकियानूस, पिछड़ा हुआ, घिसा-पिटा: **~y** ideas;
dw/lw: **must\iness** /मस्टिनिस/ *n.* 1 फफूंदी या भुकड़ी लगने की अवस्था, फफूंदियापन 2 बासीपन 3 दकियानूसीपन, पिछड़ापन
muta\ble /म्यूटअ\बल/ *adj.* 1 परिवर्तनशील, विकारी, परिवर्त्य 2 चंचल 3 अस्थिर;
dw/lw: **muta\bility** /~बिलिटि/ *n.* परिवर्तनशीलता, नस्ल परिवर्तन की संभावना
muta\te /म्यूटेट/ *v., pt.* **~ted**, *pp* **~ting** 1 बदलाव हो. 2 संपत्ति या जमीन आदि के मालिकाना हक दाखिल-खारिज हो. 3 जीवों में जीन (gene) या नस्ल-गुण परिवर्तन हो. 4 कुछ भाषाओं में स्वर आदि की स्थिति के कारण कई स्वरों या व्यंजनों के उच्चारण में परिवर्तन हो.;
dw/lw: **muta\nt** /म्यूटंट/ *n.* ऐसा जीव या जानवर जिसमें उसके जनक व जननी से अलग गुण हों; **~nt** *adj.* जीवों में जीन (gene) परिवर्तन प्रक्रिया के फलस्वरूप पैदा होने वाला, उत्परिवर्तित, उत्परिवर्ती; **muta\tion** /म्यूटेशन/ *n.* 1 किसी भी प्रकार का बदलाव, संपत्ति की दाखिल-खारिज प्रक्रिया 2 जीवों में जीन परिवर्तन प्रक्रिया, नस्ल-गुण परिवर्तन: ~ of species 3 उत्परिवर्तन 4 कुछ भाषाओं में स्वर आदि की स्थिति के कारण कई स्वरों या व्यंजनों के उच्चारण में परिवर्तन; **~tional** /म्यूटेशनल/ *adj.* जीन परिवर्तन प्रक्रिया से संबंधित; **~tionally** /म्यूटेशनलि/ *adv.* जीन परिवर्तन प्रक्रिया आदि के आधार पर; **mutative** /म्यूटअटिव/ *adj.* परिवर्तनशील, जीन संरचना में परिवर्तन से संबंधित
mutatis mutandis /म्यूटाटिस म्यूटैंडिस/ *adv., Lat.* 1 आवश्यक परिवर्तन या भिन्नताओं के साथ, तफसील में अलगाव को मानते हुए 2 आवश्यक परिवर्तन या फेर-बदल करते हुए
mute /म्यूट/ *adj., degr.* **muter**, **mutest** 1 (***syn.*** silent) मौन, मूक 2 (***syn.*** dumb) गूंगा 3 अव्यक्त: ~ sorrow 4 अनुच्चरित 5 अध्वनित 6 शांत 7 चुप, चुप्पी साधे हुआ: stand **~te** with wonder 8 निःशब्द, चुपके-चुपके, बिना शोर किए: run ~ (बिना शोर किए या बोले शिकार का पीछा क.) 9 स्पर्श;
n. 1 स्पर्श व्यंजन, मूक वर्ण 2 वाद्य की तारों की गूंज को कम करने की क्लिप 3 अदालत में दोषारोपण का जवाब न देने वाला व्यक्ति 4 मूक अभिनेता, गूंगे का अभिनय करने वाला कलाकार 5 *Br. obsolete* शवयात्रा आदि में शामिल भाड़े का शोक मनाने वाला;
v., pt. **~d**, *pp* **muting** 1 मंद क., ध्वनि दबा दे., किसी वाद्य की आवाज को धीमा क. 2 चुप क., आवाज बंद क.;
dw/lw: **mute\d** /म्यूटिड/ *adj.* 1 दबी-दबी, धीमी: with ~d strings; a ~d sound 2 फीका: ~d colour (हल्का या फीका रंग)

3 दबी आवाज में: ~d criticism (दबी आवाज में आलोचना, डर-डरकर की जानेवाली नुक्ताचीनी); **mute\ly** /म्यूटलि/ *adv.* 1 दबी आवाज में, हल्के से, डर-डरकर 2 चुपके-चुपके; **~ness** /म्यूटनेस/ *n.* 1 गूंगापन 2 मूकता, चुप्पी 3 निःशब्दता, नीरवता 4 खामोशी; **mutism** /म्यूटिज्म/ *n., med., psychol.* 1 बोलने में अक्षमता, गूंगापन 2 बोलने से इन्कार, चुप्पी;
collocations: **~ button** 1 टेलीफोन में मूक-बटन 2 टेलीविजन की आवाज बंद करने या चलाने का बटन; **~ swan** यूरोपीय सारस;
p&i: **~ of malice** प्रार्थना करने से इन्कार करने वाला; **(as) ~ as a fish** पूर्णतः गूंगा

mutila\te /म्यूटिले\ट/ *v., pt.* **~ted**, *pp* **~ting** 1 अंग भंग क., विकलांग क. 2 (***syn.*** vandalise) विकृत क., बिगाड़ना, तहस-नहस क. 3 पाठ या लेख आदि का (संपादक आदि द्वारा) काट-छांटकर विकृत कर दिया जा.;
dw/lw: **mutila\ted** /~टिड/ *n.* 1 खंडित, भग्न, विकृत (शरीर आदि) 2 विकृत, विरूपित, कटा-फटा 3 विकलांग; **mutila\tion** /~शन/ *n.* 1 अंग भंग, अंगच्छेद, विकलांगता 2 विरूपता, कटा-फटा रूप 3 विकृति

muti\neer /म्यूटिनिअः/ *n.* विद्रोही व्यक्ति, बागी आदि;
dw/lw: **muti\nous** /~नस/ *adj.* विद्रोही, विद्रोहपूर्ण, बागी: ~nous sailors; ~nous behaviour; **muti\ny** /~नि/ *n., pl.* **~nies** विद्रोह, बगावत, सैन्य-द्रोह, गदर, बलवा; **~ny** *v., pt.* ~nied, *pp* ~nying, *s/he/ it* **~nies** विद्रोह क., बगावत क., बलवा क.

mutism *see above under* **mute:** ***dw/lw***

mutt /मट/ *n., sl.* 1 (***syn.*** mongrel) दोगली नस्ल का कुत्ता 2 मूर्ख या बेढब व्यक्ति: you poor **~!** (बेचारा!)

mutter /मटः/ *v., pt.* **~ed**, *pp* **~ing** 1 (***syn.*** mumble) बड़बड़ाना, बुदबुदाना: ~ threats at sb; ~ sth in one's sleep 2 फुसफुसाना: ~ in sb's ear 3 गुनगुनाना 4 (***syn.*** grumble) कुड़बुड़ाना: ~ at/ against 5 (***syn.*** rumble) घड़घड़ाना: thunder **~ed**;
n. बड़बड़ाहट, बुदबुदाहट, कुड़बुड़ाहट, घड़घड़ाहट;
dw/lw: **mutter\ing** /मटरिंग/ *n.* 1 बुदबुदाहट, फुसफुसाहट: hostile ~ings (विरोधपूर्ण फुसफुसाहट) 2 कुड़बुड़ाहट, घड़घड़ाहट: ~ings of revolt;
p&i: **~ under one's breath** धीमे स्वर में कहना या बुदबुदाना

mutton /मटन/ *n.* बकरी या बकरे का गोश्त;
dw/lw: **~-chop** *n.* मटन-चौप; **~-fist** *n.* 1 भारी लाल हाथ 2 भारी लाल हाथों वाला आदमी; **~-ham** *n.* बकरे की धूमित टांग; **~-head** *n.* मूर्ख या नितांत मूढ़ आदमी, काठ का उल्लू;
collocations: **~ chops/ ~ chop whiskers** गलमुच्छा; **~ thumper** भोंडा जिल्दसाज;
p&i: **~ dressed as lamb** *UK* बूढ़ी घोड़ी लाल लगाम; **as dead as ~** पूर्णतः मृत; **return to one's ~s** बातचीत के विषय की ओर लौटना; **take/ eat a bit of sb's ~/ a bit of ~ with sb** किसी के साथ भोजन क.

mutual /म्यूचुअ\ल/ *adj.* 1 आपसी, पारस्परिक: ~ aid/ assistance/ help; ~ relations 2 दोनों का, पारस्परिक, साझा: ~ benefit 3 एक दूसरे के बारे में एक जैसा रवैया रखनेवाले: ~ admiration or liking; ~ hate; ~ attraction 4 कई पक्षों के बीच एक समान: ~ friend;
dw/lw: **mutual\ism** /~लिजम/ *n.* पारस्परिकता, आपसी मेलजोल, सहोपकारिता; **~ity** /~लिटि/ *n.* 1 पारस्परिकता: literary ~ity (साहित्यिक आदान-प्रदान, आपसी साहित्यिक मेलजोल) 2 आपसी मेलजोल या सहयोग, सहोपकारिता 3 एक दूसरे के प्रति शुभचिंता या सहोदरता; **~ize** *v., pt.* ~ized, *pp* ~izing 1 पारस्परिक बनना या बनाना 2 आपसी तालमेल या मेलजोल क.; **mutual\ly** /~लि/ *adv.* आपस में, परस्पर, एक दूसरे के बीच;
collocations: **~ capacity** पारस्परिक धारिता; **~ fund** निवेश-संस्थान, निवेश-निधि; **~ induction/ inductance** अन्योन्य प्रेरण; **~ insurance** सहसदस्यता बीमा यानी बीमाधारी व्यक्ति को कंपनी का हिस्सेदार बनाने के बारे में समझौता

muu muu /मूःमूः/ *n.* ढीला-ढाला, चमकीला, रंगीन पहनावा (विशेषकर हवाई (Hawaii) देश की औरतों द्वारा पहना जानेवाला)

mutuus consensus *Lat.* ≠ **mutuus dissensus** पारस्परिक स्वीकृति या सहमति

muzzle /मजल/ *n.* 1 थूथन, मोहरा 2 पोथ 3 छींका 4 मुसका, जाबा 5 नालमुख (the open end of a gun barrel);
v., pt. **~d**, *pp* **muzzling** 1 मोहरा पहनाना (~ on a dog) 2 (***syn.*** gag) विचार या मत प्रकट करने से रोकना, मुंह बंद क.;
dw/lw: **~-loader** *n.* नालमुख से भरी जानेवाली बंदूक; **~-loading** *n.* बंदूक की नालमुख से भराई; **~velocity** *n.* नालमुख-वेग;
p&i: **~ the press** समाचार पत्रों का गला घोंटना

muzz\y /मजि/ *adj., degr.* **~ier**, **~iest** 1 धुंधला, अस्पष्ट 2 स्पष्ट ढंग से न सोच पानेवाला 3 निस्तेज, निर्जीव, हतोत्साह, मतवाला;
dw/lw: **muzz\iness** /मजिनेस/ *n.* धुंधलापन, अस्पष्टता, निर्जीवता

MV *abbr.* 'motor vessel' की प्रथमाक्षरी

MVO *abbr.* 'Member of Royal Victorian Order' की प्रथमाक्षरी

MW *abbr.* 1 'medium wave', 'megawatt/s' की प्रथमाक्षरी 2 'Malawi' का अंतर्राष्ट्रीय वाहन पंजीकरण कोड (IVR)

MWA *abbr.* 'Member of the Welsh Assembly' की प्रथमाक्षरी

M-way *abbr.* 'Motorway' का संक्षेप

mx *abbr.* 'maxwell/s' का संक्षेप

my /माइ/ *determiner* 1 मेरा, मेरी, मेरे: this dictionary is ~ own 2 विस्मयबोधक वाक्यों में संज्ञाओं के साथ प्रयुक्त: **My** gosh! **My** God! **My** foot! **My** word!, **My** goodness! 3 संबोधन सूचक संज्ञाओं के साथ प्रयुक्त: **My** lord! 4 दुलार भरे संबोधन में प्रयुक्त: **My** dear!; **my** dear fellow; **my** darling!, **my** love!;
collocations: **~ folks** मेरा परिवार, मेरे सगे-संबंधी;
p&i: **~ hands are full** मैं बहुत व्यस्त हूं; **~ mind to me a kingdom is** मन चंगा तो कठौती में गंगा; **~ fingers itch** किसी की धुनाई करने को आतुर हो.

my- *see below under* **myo-**

myalgia /माइऐल्जिआ/ *n., med.* मांस-पेशी शूल, पेश्यार्ति

myalgic encephalomyelitis /माइऐल्जिक एनसेफअलोमायलाइटिस/ (*abbr.* **ME**) एक प्रकार का वाइरस जिससे शरीर में थकान, बदन में टूटन, मांसपेशियों में दर्द, स्मरण-शक्ति का लोप, विषाद आदि विकार आते हैं जो महीनों चल सकते हैं

Myanmar /म्यान्मार/ *n.* दक्षिण-पूर्व एशिया का एक देश जिसका पुराना नाम बर्मा था

myasthenia /मायस्थीनिआ/ *n., med.* मांस-पेशी-अवसाद एवं दुर्बलता

mycelium /माइसीलिअम/ *n., pl.* **mycelia** /माइसीलिआ/ *biol.* बहुकोशिकीय फफूंदी में धागेनुमा तंतुओं का जाल, कवक-जाल

Mycenaean /माइसनीअन/ *adj.* 1 यूनान की कांस्युगीन (ईसवीपूर्व 1500-1100) सभ्यता से संबंधित जिसका पता होमर की कविताओं और दक्षिणी यूनान में माइसेनी (Mysenae) नामक नगर के अवशेषों से चलता है 2 प्राचीन नगर माइसेनी या उसके वासियों से संबंधित;
n. माइसेनी संसार का वासी

myco- /माइको/ माइकौ/ *comb. form, denoting:* **fungus** or **mushroom** (फंफूदी या खुमी);
dw/lw: **myco\logy** /माइकौलअ\जि/ *US* माइकाःलअ\जि/ *n., biol.* कवक-विज्ञान, फफूंदी-विज्ञान; **~logic/ ~logical** /~जिक/ ~जिकल/ *adj.* फफूंदी विज्ञान से संबंधित; **~logist** /माइकौलअजिस्ट/ *n.* फफूंदी-विशेषज्ञ; **myco\sis** /माइकोसिस/

n., pathol. कवकार्ति, कवकता, फफूंदी लगने के कारण होनेवाली बीमारी; **~toxin** /माइकोटॉक्सिन/ *n., biol.* फफूंदी से पैदा होने वाला कोई जहरीला पदार्थ

mydriasis /माइड्रायसिस/ *n., med.* आंख की पुतली का फैलाव

myelitis /मायलाइटिस/ *n., pathol.* मेरु-रज्जुशोथ, मेरु-मज्जाशोथ, जिसके कारण मेरुदंड के नीचे के अंगों को लकवा मार जाता है

myeloma /मायलोमा/ *n., pl.* **myelomata/ ~s**, *med., pathol.* मेरुमज्जा का फोड़ा, हड्डी के भीतर फोड़े के रूप में होनेवाला एक प्रकार का कैंसर

mylonite /माइलअनाइट/ *n., geol.* एक बढ़िया काली दानेदार चट्टान

myna/ mynah /माइना/ (*also* **mina**) *n., pl.* **~s** मैना की जाति का पक्षी

myo- /माइओ-/ *scientific comb. form denoting:* **muscle** (मांस-पेशी): myology

MYOB *Internet abbr.,* 'mind your own business' की प्रथमाक्षरी

myocardinal infraction *pathol.* हृदय की मांसपेशी का लकवा जो अक्सर धमनियों के जमने से होता है

myocarditis /मायोकाःडाइटिस/ *n.* हृदय के ऊतकों का शोथ

myocar\dium /मायोकाःडिअम/ *n., anat.* हृदय के ऊतक;
dw/lw: **myocar\diac/ myocar\dial** /~ऐक/ ~ ऐकल/ *n.* हृदय-ऊतक संबंधी

myofibril /मायोफाइब्रिल/ *n., anat.* मांस-पेशियों के रेशे से बनने वाले अति महीन सूत्र

myoglobin /मायोग्लोबिन/ *n., biochem.* मांस-पेशियों में ऑक्सीजन का भंडारण करने वाली प्रोटीन

myology /मायॉलजि/ *n.* मांसपेशी विज्ञान

myomancy /मायोमैंसि/ *n.* मूषक शकुन विचार, मूषक प्राख्यापन

myope/ myopic /मायौप/ मायौपिक/ *US* मायाःप/ मायाःपिक/ *adj.* 1 निकटदर्शी, निकटदृष्टिक: ~ child/ eye 2 अदूरदर्शी

myopia/ myopy /मायोपिआ/ मायोपि/ *n., opthalmol.* 1 (***syn.*** short sight, short-sightedness) क्षीण दृष्टि (विशेषकर पास की चीजें न देख पाना), निकट-दृष्टिता 2 अदूरदर्शिता

myosis /मायोसिस/ *n.* (आंख का) तारा-संकोच, तारा-संकुचन, पुतली का संकुचन

myositis /मायोसाइटिस/ *n.* पेशी शोथ, पेशी विकृति

myosotis /मायोसोटिस/ *n.* छुई-मुई का पौधा, मूषकर्णी

myriad /मिरिअड/ *n.* (*esp.* **myriads/ a ~ of sth**) बहुत बड़ी संख्या;
adj. 1 असंख्य: ~ problems of modern life 2 अयुत 3 करोड़ों

myriapod /मिरिअपौड/ *n.* कनखजूरा, बहुपाद

myrmecology /मअःमिकौलजि/ *US* मअःमिकाःलजि/ *n.* चींटी-विज्ञान

myrmidon /मःमिडन/ *n.* (*sometimes* **Myrmidon**) 1 अनुचर, अनुपालक (पुलिस आदि): **~s** of the law/ of justice 2 लठैत, भाड़े का गुंडा;
p&i: **~ of justice/ law** कानून का प्रहरी, पुलिसिया

myrobalan /माइरॉबलन/ *n.* हर्र, हर्रा, हरीतकी;
collocations: **belleric** ~ बहेड़ा; **emblic** ~ आंवला

myrrh /मः/ *n.* 1 एक प्रकार का गोंद, बोल, लोबान, गंधरस 2 गोंद पैदा करने वाला पेड़

myrtacious /मःटेशिअस/ *adj.* मेंहदिया

myrtle /मॉःटल/ *n.* 1 विलायती मेंहदी 2 सफेद सुगंधित फूलोंवाली सदाबहार झाड़ी;
collocations: **box** ~ कायफल; **common crape** ~ चिनाई-मेंहदी, तेलिगचीना, फर्राश; **queen crape** ~ जारूल, तामन, मोता

myself /माइसेल्फ/ *pron.* 1 स्वयं, खुद: I said so ~; that poor boy was ~ 2 अपने आप को, अपने आप का/ की/ के: I never spare ~;
p&i: **(all) by** ~ अपने आप, अकेले (कुछ क.); **(all) to** ~ सिर्फ अपने लिए; **as for** ~जहां तक मेरा सवाल है; **I am not quite ~ to-day** आज मैं सामान्य नहीं, आज मैं खुद अपने जैसा नहीं; **I am quite ~ again** मैं फिर से सामान्य हो गया; **I came to ~ in a strange room** मुझे एक विचित्र कमरे में होश आया; **I know better than most how to keep ~ to ~** किसी दूसरे से मैं बेहतर जानता हूं कि कैसे अपने को अपने तक रखा जाए; **I ~ prepared the coffee** मैंने स्वयं अपनी कॉफी बनाई

mysophobia /माइसोफोबिआ/ *n.* मैल, गंदगी से भयंकर भय

mysta\gogue /मिस्टअगॉग/ *n.* रहस्य-आचार्य, गूढ़ आध्यात्मिक सिद्धांतों का शिक्षक;
dw/lw: **~gogy** /मिस्टअगॉजि/ *n.* रहस्य-दीक्षा, रहस्य-शास्त्र

mysterious /मिस्टिअरिअस\/ *adj.* 1 रहस्यमय: ~ crime 2 गूढ़, भ्रामक: in a ~ way 3 (***syn.*** enigmatic) विचित्र, रहस्यपूर्ण, पोशीदा, दुर्बोध 4 चुप्पा, घुन्ना, अस्पष्ट: be ~ about one's future plans;
dw/lw: **mysterious\ly** /~लि/ *adv.* रहस्यमय ढंग से, रहस्यपूर्वक

myster\y /मिस्टरि/ *n., pl.* **~ies** 1 रहस्य, भेद, मर्म: unsolved **~y**; wrapped in **~y** 2 गूढ़ार्थ, गूढ़ता: see no **~y** about it 3 (***syn.*** enigma) रहस्यपूर्ण घटना: shrouded in **~y**; it is a **~y** to me how he managed to do it 4 (***syn.*** secret rites) रहस्यानुष्ठान, गुह्मोपासना 5 गूढ़ बात: make a **~y** of sth 6 अस्पष्ट या रहस्यमय धार्मिक आस्था 7 विचित्रता: dark glasses give sb an air of **~y** 8 सनसनीखेज कहानी, फिल्म आदि जिसमें रहस्य का भेद अंत में खुलता है;
adj. 1 विचित्र, दिलचस्प: a **~y** guest 2 रहस्यपूर्ण 3 दुर्बोध;
dw/lw: **~y-man** *n.* जादूगर, मदारी;
collocations: **~y play** रहस्य-नाटक; **~y religion** यूनानी-रोम युग का एक ऐसा धार्मिक पंथ जिसके सदस्य मात्र वही लोग बन सकते थे जिन्होंने गुप्त क्रियाकर्म पूरे कर लिए हों; **~y tour** मंजिल से मंजिल तक का एक टूर (tour) जिसके बारे में सैलानियों को पहले से कुछ न बताया गया हो; **~y shopper** छद्म खरीदार बनकर दुकानों व कंपनियों से सूचनाएं एकत्रित करने वाला व्यक्ति; **~y writer** रहस्यवादी रचनाओं का लेखक;
p&i: **make a ~y of sth** किसी बात को रहस्यमय बनाना

mystic /मिस्टि\क/ *n., relig.* 1 रहस्यवादी व्यक्ति 2 ऐसा व्यक्ति जिसने भगवान से सीधा तार जोड़ने के लिए अपना सारा जीवन ध्यान और प्रार्थना को समर्पित कर दिया हो;
adj. 1 गूढ़, गूढ़ार्थक: ~ teachings 2 रहस्यमय: ~ powers 3 गुप्त, रहस्यमय: the ~ hour of midnight 4 रहस्यानुष्ठानात्मक: ~ rites and ceremonies;
dw/lw: **mystic\al** /~कल/ (*also* **mystic**) *adj.* 1 रहस्यवादियों के धार्मिक विश्वास से संबंधित 2 गूढ़ आध्यात्मिक शक्तियों से संबंधित, रहस्यात्मक, रहस्यवादी: ~al body (रहस्यात्मक पिंड)

mysticism /मिस्टिसिजम/ *n., relig.* 1 रहस्यवाद 2 यह विश्वास कि ईश्वर को तर्क की बजाए प्रार्थना और ध्यान के माध्यम से जाना जा सकता है

mysti\fication /मिस्टिफिकेशन/ *n.* 1 रहस्यकरण, रहस्यवाद में अंतरण

mysti\fy /मिस्टि\फाइ/ *v., pt.* **~fied**, *pp* **~fying**, *s/he/it* **~fies** (***syn.*** baffle) 1 हक्का बक्का क., मति भ्रांत क.: be **~fied** by the sudden disappearance one's friend 2 धोखा दे., आंखों में धूल झोंकना 3 रहस्यमय बना दे., दुर्बोध बना दे.;
dw/lw: **mysti\fying** /~फाइंग/ *adj.* मति-भ्रांत करने वाला, आश्चर्यजनक

mystique /मिस्टीक/ *n.,* **~s** 1 रहस्यमय व आकर्षित करने वाला गुण 2 रहस्यात्मकता: feminine ~ 3 रहस्यपूर्ण वातावरण

myth /मिथ\/ *n.* 1 पौराणिक कथा, मिथक 2 (***syn.*** fallacy, post-truth) झूठा सच, सत्य न होने पर भी समाज में प्रचलित मान्यता: contrary to the ~, women are not worse drivers than

men 3 देव कथा 4 (***syn.*** legend) काल्पनिक, कल्पित या (मन)गढ़ंत कथा, बात या व्यक्ति: ancient Indian myths;
dw/lw: **myth\ic/ myth\ical** /~क/ ~कल/ *adj.* 1 पौराणिक, कल्पित: ~ical heroes/ events 2 पौराणिक कथाओं से संबंधित: ~ical literature 3 मनगढ़ंत: ~ical uncle; ~ic/ ~ical wealth; **~ically** /~कलि/ *adv.* पुराणों के आधार पर; **myth\icize/ myth\icise** /~साइज/ *v., pt.* ~icized, *pp* ~icizing पौराणिक या कल्पित समझना, मानना या बनाना

mytho\genesis /मिथोजेनेसिस/ *n.* 1 पुराणोत्पत्ति, पौराणिक गाथा या काल्पनिक कथा की उत्पत्ति एवं मौलिकता 2 मिथक-सर्जन और विकास;
dw/lw: **mytho\genic** /मिथॉजेनिक/ *adj.* मिथक-सर्जक; **~ographer** /मिथॉग्राफ़ः/ *n.* मिथक संग्रहकर्ता; **mytho\mania** /मिथोमेनिआ/ *n.* (***syn.*** exaggeration) अतिरंजन प्रवृत्ति, बढ़ा-चढ़ाकर बताने या कल्पित करने की प्रवृत्ति; **mytho\poeia** /मिथोपीआ/ *n.* मिथकसर्जन, मिथकों की रचना

mytholo\gic/ mytholo\gical /मिथअलौजिक/ ~ल/ *US* मिथअलाःजिक/ ~ल/ *adj.* 1 अयथार्थ, काल्पनिक 2 पौराणिक, पुराण-संबंधी: **~gic** message/ stories;
dw/lw: **mytholo\gist** /मिथौलअ\जिस्ट/ *US* मिथाःलअ\जिस्ट/ *n.* पुराणवेत्ता, पुराणज्ञ, पुराण-शास्त्री; **~gize/ ~gise** /~जाइज/ *v., pt.* ~gized, *pp* ~gizing 1 मिथकों का सृजन क., कपोल कथाएं गढ़ना, मिथक बनाना 2 मिथकों को परिभाषित क.

mythogy /मिथौलजि/ मिथाःलजि/ *n., pl.* **~gies** 1 पौराणिक कथाओं का समुच्चय, पुराण(समूह), पौराणिक कथाएं 2 मिथकशास्त्र, पुराणशास्त्र, पुराण विद्या, मिथक-विद्या, पौराणिकी;

my word! = my goodness! = my God! *excl.* हे भगवान!

myxo- /मिक्सो/ *comb. form denoting*: **mucus** (बलगम)

myxoedema/ *US* **myxedema** /मिक्सिडीमा/ *n., pathol.* मिक्सिडीमा, ऐसी बीमारी जिसमें चमड़ी का मोटापा और उसका सूखापन, वजन और बालों में कमी, दिमाग और अंगों में बदलाव आदि परिणाम और लक्षण दिखते हैं

myxo\ma /मिक्सोमा/ *n.*, **~mata** /मिक्सोमाटा/, *pathol.* जेली या बलगम से बना फोड़ा जो चमड़ी के नीचे बनता है, मिश्राबुर्द

myxomatosis /मिक्सअमटोसिस/ *n., vet.* खरगोशों की घातक बीमारी

myxovirus /मिक्सोवाइरस/ *n., pathol.* मिश्र विषाणुओं का एक समूह जो नजला (flu), कनपेड़ा (mumps) आदि बीमारियां फैलाते हैं

N n

N n/ एन/ *n., pl. Ns, N's* or *n's* 1 अंग्रेजी वर्णमाला का चौदहवां वर्ण 2 (*syn.* nasal consonant) अनुनासिक, नासिक्य 3 *math.* अज्ञात या अनिश्चित संख्या

N *print.* एन (माप -)

N *abbr.* 1 'National', 'Nationalist', 'New', 'Newton', 'nitrogen', 'Northern', 'Nuclear' का प्रथमाक्षर 2 'Norway' का अंतर्राष्ट्रीय वाहन पंजीकरण कोड (IVR)

N *symbol* (*syn.* knight) शतरंज का बादशाह

N- *comb. form denoting*: **nuclear** (नाभिक)

n *abbr.* 'name', 'neuter', 'noon', 'note', 'noun', 'nano-' (अति सूक्ष्म), 'neutron', 'new', 'nominative' का प्रथमाक्षर

n *math.* 1 अज्ञात या अनिश्चित संख्या 2 बड़ी संख्या

n. *abbr.* 'noun' का प्रथमाक्षर

n/a *abbr.* 'not available', 'not applilable' की प्रथमाक्षरी

N/A (*also US* **NA**) *abbr.* 'not applicable' की प्रथमाक्षरी (लागू नहीं, अनुपयोज्य)

NA 1 'Netherlands Antilles' का अंतर्राष्ट्रीय वाहन पंजीकरण कोड (IVR) 2 *abbr.* 'North America' की प्रथमाक्षरी

NAACP *abbr., US* 'National Association for the Advancement of Coloured People' की प्रथमाक्षरी

NAFI *abbr., UK* 'Navy, Army and Air Force Institutes' की प्रथमाक्षरी

nab /नैब/ *v., pt.* **~bed**, *pp* **~bing** 1 (अपराधी को) रंगे हाथों पकड़ना 2 पकड़ना, धर दबोचना, गिरफ्त में लेना 3 गिरफ्तार क.

Nabard *abbr., India* 'National Bank for Agricultural and Rural Development' का परिवर्णी शब्द (acronym)

nabob /नबॉब/ *n.* 1 नवाब 2 बिगड़े नवाब (spoiled brats of rich families) 3 पूर्व के देशों में धनी बना यूरोपीय व्यक्ति

nacelle /नसेल/ *n., aeronautics* 1 हवाई जहाज में इंजन, यान चालकों, यात्रियों व माल आदि के लिए बने कक्ष 2 हवाई गुब्बारे या यान की यात्री टोकरी या गंडोला (gondola)

nacre /नेकः/ *n., pl.* **~s** मुक्ता सीप;

dw/lw: **~ous** /नेकरिअस/ *adj.* मुक्ताभ, मौक्तिक

NACRO *abbr.* 'National Association for the Care and Resettlement of Offenders' की प्रथमाक्षरी

nadir /नेडिअः/ *n.* 1 अधोबिंदु, अधःस्वस्तिक 2 (***anton.*** zenith) किसी भी क्रिया का निम्नतम बिंदु: the ~ of progress; the ~ of one's hopes 3 पतन की पराकाष्ठा: the ~ of wickedness

naevus /नीवस/ (*US* **nevus**) *n., pl.* **naevi** /नीवाइ/ (चमड़ी पर) तिल;

dw/lw: **naevoid** /नीवॉइड/ *adj.* तिल जैसा

naff /नैफ/ *adj., degr.* **~er, ~est** *UK* 1 मूर्ख, बेढब 2 बेतुका, अप्रचलित, पोंगा-पंडित 3 बेस्वाद, अश्लील 4 रद्दी, घटिया, फिसड्डी: a ~ band;

p&i: **~ all** कुछ भी नहीं; **~ off** *offen.* भाग जाओ! दूर हट! दफा हो जा!

NAFTA or **Nafta** *abbr.* 'North American Free Trade Agreement' की प्रथमाक्षरी (अमेरिका, कैनाडा और मैक्सिको आदि देशों के बीच मुक्त व्यापार समझौता)

nag /नैग/ *v., pt.* **~ged**, *pp* **~ging** 1 जान खाना, किच-किच करना: don't ~, don't ~!; don't ~ at me! 2 (**~ sb into sth**) किसी के पीछे पड़कर और उसे लगातार सताकर कोई काम करने के लिए मजबूर क.: she **~ged** him into doing what she wanted 3 (**~ (away) at sb**) चिंता पैदा क., परेशान करना, सताना, सिर खाना 4 दर्द आदि का देर तक बने रहना;

n. 1 घोड़ा, अश्वक, सवारी का घोड़ा, टट्टू 2 बूढ़ा घोड़ा, मरियल घोड़ा, डग्गा 3 किच-किच करने वाला व्यक्ति;

dw/lw: **~ger** /नैगः/ *n.* आफती व्यक्ति, किच-किच करने वाला व्यक्ति; **nag**'not available'**ging** /नैगिंग/ *adj.* 1 लंबे समय से चलने वाली (परेशानी या चिंता, दर्द आदि): ~ging tone; ~ging pain; ~ging fear 2 किच-किच करने वाला या सताने वाला

Naga /नागा/ 1 नागा (एक आदिवासी जनजाति) 2 नागा (नंगे) साधु

Nah /नाह/ *abbr.,* (Old Testament) Nahum नाहूम (का ग्रंथ)

naiad /नाइऐड/ *n.,* **~es** /नाइऐडीज/ or **~s** 1 *Gr. mythology* जलपरी, जलदेवी 2 कुशल तैराक लड़की 3 एक जल पौधा

nail /नेल/ *n.* 1 नख, नाखून: do one's **~s** (नाखून-सज्जा क.) 2 धातु की कील, मेख: drive a ~ home (कील के सिर पर चोट लगाकर गाड़ना) 3 कांटा, कंटिया;

v., *pt.* **~ed**, *pp* **~ing** 1 किसी चीज को किसी अन्य वस्तु में लगाना, कील जड़ना: ~ a name-plate to a door; **~ed** to the cross; have one's boots **~ed** (जूतों में कील लगवाना) 2 *US* पकड़ना, गिरफ्तार करना, धर दबोचना: the police have **~ed** the thief 3 झूठ का पर्दाफाश क.: ~ down a lie; be **~ed** going without leave;

dw/lw: **~-bed** *n.* नाखून का आधार, नाखून की जड़; **~-biting** *n.* 1 मुंह से नाखून चबाने या कुतरने की क्रिया 2 अत्यधिक अनिश्चितता (suspense) से भरी या सनसनीखेज घटना, अनुभव, कड़ा मुकाबला आदि, जिसमें परिणाम का अंत तक पता नहीं होता; **nail\-biting** *adj.* 1 अनिश्चितता भरा या रोमांचक, सनसनीखेज 2 कठिन, कड़ा (मुकाबला आदि); **~brush** *n.* नाखून पर रंग लगाने वाला ब्रश; **~ed-up** *adj.* ऐसे ही बनाया हुआ; **nail\er** /नेलर/ *n.* कील निर्माता; **nail\ery** /नेलरि/ *n.* कील बनाने का कारखाना; **~file** *n.* नाखून रेतने की छोटी-सी रेती; **~-head** *n.* कील का सिर, कील का माथा; **~ing** /नेलिंग/ *n.* कीलबंदी, कील की जड़ाई; **~ing** *adj.* बढ़िया, शानदार: ~ing (good) race (बढ़िया दौड़); **nail\-parings** /नेल-पेअरिंग्ज/ *n., pl.* कटे नाखून; **~puller** *n.* कीलें उखाड़नेवाला उपकरण; **~-scissors** /नेल-सिजःज/ *n.* नाखून काटने की कैंची;

collocations: **~ bar** नाखून संवारने की दुकान या स्थान; **~ bomb** विस्फोटक सामग्री; **~ clippers** = **~ cutter** नाखून काटने का उपकरण; **~ enamel** नाखून पर लगाई जानेवाली पॉलिश; **~ gun** धातु की मेख को ठोकने का एक उपकरण; **~ polish** (*also UK* **~ varnish**) नाखून पर लगाई जानेवाली पॉलिश;

p&i: **~ a lie** झूठ का पर्दाफाश क.; **~ a lie to the counter** तिजौरी पर खोटा सिक्का जड़ना और फिर उससे अन्य सिक्कों का मिलान क.; **~ed to the spot** किसी स्थान पर ऐसे अटक जाना जैसे कि उसे कील से गाड़ दिया हो; **~ed to one's mind on a subject** किसी विषय पर बहुत अधिक एकाग्र या एकचित्त हो.; **~ on** किसी चीज को किसी अन्य वस्तु में लगाना; **~ one's colours to the mast** 1 अपनी विचारधारा के बारे में सरे आम घोषणा क. 2 किसी को अपना पूर्ण समर्थन दे.; **~ sb down** किसी को धराशायी क., धर-दबोचना; **~ sb to the wall** दीवार से लगाकर दबोचना; **~ sth down** *US* 1 नाखूनों से किसी चीज को ठीक क. 2 सही पहचान का पता लगा लेना 3 झूठ का पर्दाफाश क.; **~ the bargain** सौदा पक्का क.; **~ to the barn-door** शर्मसार करने के लिए चौराहे के खंभे से लटका दे.;

a coffin ~ सिगरेट; **a ~ in it's coffin** किसी को मौत के मुंह में धकेलने वाला; **as tough/ hard as ~s** अत्यधिक कठोर; **drive the ~ home** काम को पूरा क., अपनी बात मनवाना; **hit the ~ on the head** पते की बात कहना, तीर निशाने पर लगाना; **hard as ~s** कठोर हृदय, हृदयहीन, क्रूर; **he must have iron ~s that scratches a bear** खतरे से खेलने वाला खतरों के विरुद्ध हर प्रकार से तैयार होता हैं; **one ~ drives out another** लोहे को लोहा काटता है; **on the ~** तुरंत, तत्काल, फौरन; **right as ~s** बिल्कुल सही; **spit ~s** गुंडागर्दी क.; **the final ~ in the coffin** किसी को खत्म करने के लिए आखिरी आघात; **to a/ the ~** अच्छी तरह से, बिल्कुल ठीक ढंग से; **tooth and ~** हर प्रकार से, पूरी तरह से, जोर-शोर से, पूरी ताकत लगाकर; **~ up** किसी चीज को कीलों से जड़ना या लगाना

nainsook /नैनसुक/ *n.* 1 एक प्रकार की मलमल, मखमली कपड़ा 2 नैनसुख

naira /नाइरा/ *n.* नाइजेरिया की मुद्रा

naissant /नेसंट/ *adj.* उभरता हुआ, जन्म लेता हुआ, नवजात

naïve/ naive /नाइईव/ *adj., degr.* **~r, ~st** 1 सीधा, सहज: ~ remark; ~ poetry 2 नासमझ: it was very ~ of you to believe him; it would be ~ to assume that ... 3 (***syn.*** artless) भोला-भाला, जिसे आसानी से बुद्धू बनाया जा सके;
dw/lw: **naive\ly** /नाइईवलि/ *adv.* नासमझी से, भोलेपन में; **naïve\té/ naive\ty** /नाइईवटे/ नाइईवटि/ *n.* भोलापन, सीधा-सादापन, सिधाई, निष्कपटता, अकृत्रिमता, सहजता

naked /नेकिड/ *adj.* 1 नंगा, नग्न: ~ child 2 (***syn.*** bare) उघड़ा, अनावृत, खुला, सबको दिखने वाला: ~ shoulders; ~ trees 3 सीधा-सादा, सहज, सरल: the ~ truth 4 बंजर, खाली (भूमि) 5 खुली (लपटें) 6 सज्जाहीन, स्पष्ट, प्रकट, खुल्लम-खुल्ला: ~ assertion 7 बिना चश्मे की नजर या आंख 8 (***syn.*** helpless) अरक्षित, शस्त्रहीन, बेसहारा: left me ~ to mine enemies (Shakespeare); the ~ of the land (बेसहारा लोग) 9 बिना किसी सबूत के 10 बिना किसी जमानत या प्रतिभूति के (in commerce or finance): ~ promise;
n. भूखा-नंगा आदमी, अति निर्धन व्यक्ति: clothe the ~;
dw/lw: **naked\ly** *adv.* 1 खुल्लम-खुल्ला, सरे आम 2 प्रकट रूप से: ~ly aggressive; **~ness** *n.* 1 नंगापन, वस्त्रहीनता, नग्नता 2 उघड़ापन;
collocations: **~ bulb** बिना आवरण या लैंपशेड का बल्ब; **~ bullet** नंगी गोली; **~ cable** अनढकी तार; **~ contract** प्रतिभूतिहीन (बिना गारंटी की) संविदा; **~ debenture** अप्रतिभूत ऋणपत्र; **~ facts** नग्न तथ्य, कटु सत्य; **~ faith** अंध-विश्वास; **~ greed** लालच का नंगा नाच; **~ lady/ ~ ladies** *sing.* शरद्कालीन केसर (का पौधा); **~ light** बिना ढकी (सीधी आंखों पर पड़नेवाली) रोशनी, खुली बत्ती; **~ nerve** खुली नस; **~ sword** नंगी तलवार;
p&i: **~ flame** असुरक्षित लौ या लपटें;
as ~ as a frog बिल्कुल नंगा; **as ~ as a robin** लापरवाह; **as ~ as worm** केचुएं की तरह नंगा; **as ~ as my mother bore me** बिल्कुल नंगा; **fight with ~ fists** बिना दस्तानों के लड़ना या मुक्केबाजी क.; **go about ~** नंगा घूमना; **see sth with the ~ eye** बिना चश्मा, दूरबीन या अन्य चित्र-वर्द्धक उपकरण के देखना; **the ~ness of the land** अरक्षित क्षेत्र

naker /नेकः/ *n.* नगाड़ा, नक्कारा

namaskar *n., IE* नमस्कार

namby-pamby /नैंबि-पैंबि/ *adj., derog.* 1 थोड़ा भावुक, नीरस 2 अति-सुकुमार, नाजुक 3 ढुलमुल;
n., pl. **namby-pambies** 1 थोड़ी संकोचपूर्ण या लज्जापूर्ण रचनाएं 2 थोड़ा नखरे वाला या लजीला व्यक्ति

namak /नमक/ *n., IE* 1 नमक 2 यौन आकर्षण (sex appeal), चटपटापन 3 (***syn.*** grace) लावण्य

name /नेम/ *n.* 1 नाम: Christian/ first, given ~; middle ~; know by ~; under the ~ of 2 ख्याति: get a bad ~ 3 (***syn.*** reputation) नेकनामी 4 नामी-गिरामी हस्ती: the big **~s** in fashion;
v., pt. **~d**, *pp* **naming** 1 (***syn.*** call) नामकरण करना, नाम रखना: ~ a child Ashok 2 नाम लेना या बताना 3 (***syn.*** nominate) नियुक्त करना: he has been **~d** ambassador 4 मनोनीत या नामित क.: he has been **~d** a member of Rajya Sabha; he was **~d** for Padamshri 5 (***syn.*** identify) नाम से निश्चित या निर्धारित क. 6 उल्लेख या चर्चा क.: ~ all the flowers in the garden 7 (***syn.*** specify) बताना, निश्चित क.: ~ one's price;
adj. प्रसिद्ध, नामी: ~ brand; ~ writers (नामी लेखक);
dw/lw: **~abale/ namable** /नेमअबल/ *adj.* जिसका नाम रखा जा सके; **~board** *n.* नामपट्ट; **~-calling** *n.* गाली-गलौज; **~check** *n.* नामों को सूची में शामिल करने की क्रिया; **~d** *adj.* नामक; **~drop** /नेमड्रॉप/ *v., pt.* ~ped, *pp* ~ping बड़े लोगों का नाम लेकर या गिनाकर दूसरों को प्रभावित क. या उन पर धाक जमाना; **name\dropping** /नेमड्रॉपिंग/ *n.* अपना सिक्का जमाने के लिए बात-बात में बड़े-बड़े लोगों के नाम अपने दोस्तों की फहरिश्त में गिनाने की क्रिया; **~less** *adj.* 1 (***syn.*** anonymous) बेनाम, अनाम 2 अज्ञात, बिना नाम का: a ~less village 3 अकथनीय, अकथ्य, अवर्णनीय: ~less dread (अकथनीय विपदा) 4 घृणित, घिनौना, वीभत्स: ~less practices (घिनौने रीति-रिवाज); **~ly** /नेमलि/ *adv.* जैसे, अर्थात, यानी; **~-part** *n.* शीर्षक-पात्र की भूमिका, मुख्य पात्र की भूमिका; **~plate** *n.* नाम पट्टी, नामपट्ट; **~sake** *n.* हमनाम, एक नाम-राशि का, एक नाम वाला, एक ही नाम के एक से अधिक व्यक्ति; **~-study** *n.* (***syn.*** onomastics/ onomatology) नामों का अध्ययन विज्ञान; **~tape** *n.* वस्तुओं, कपड़ों आदि पर चिपकाई जाने वाली चिप्पी; **~worthy** /नेमवःदि/ *adj.* उल्लेखनीय; **naming** /नेमिंग/ *n.* नामकरण, नामोल्लेख;
collocations: **~ brand** नामी या जानामाना मार्का या ब्रैंड; **~ calling** गाली-गलौज; **~ child** नामधेय, ऐसा बच्चा जिसका नाम उक्त आदमी के नाम पर रखा गया हो; **~ day** ईसाइयों में उस संत का दिवस जिसके नाम पर किसी का नाम रखा गया हो, नाम-दिवस; **~ entry** लेखक के नाम से प्रविष्टि; **~ story** जिस कहानी के नाम पर संग्रह का नाम रखा गया है; **~ tag** नाम की पर्ची या पट्टी; **~ word** व्यक्तिवाचक संज्ञा;
a bad/ ill ~ बदनामी; **a good ~** नेकनामी, अच्छा नाम, किसी गुण या अवगुण के लिए सम्मान, यश; **an illustrious ~** शानदार विभूति; **brand ~** मार्के का नाम या प्रसिद्धि; **Christian ~** ईसाई नामों में पहला नाम; **common ~** जातिवाचक संज्ञा; **family ~** उपनाम या कुल नाम; **first ~** व्यक्ति का अपना या पहला नाम; **last ~** उपनाम, परिवार या कुल का नाम; **maiden ~** लड़की का विवाह-पूर्व का नाम; **place ~** स्थान का नाम; **trade ~** व्यवसाय का नाम;
p&i: **~ after/ from** किसी के सम्मान में नाम रखना; **~ and shame** *UK* खुले आम नाम लेकर शर्मिंदा करना; **~ one's price** अपना दाम बताना; **~s and natures do often agree** जैसा नाम वैसा काम; **~s are debts** आदमी के नेकनामी के अनुरूप समाज के प्रति उसका दायित्व होता है; **~ sb after sb** किसी का किसी के सम्मान में नाम रखना; **~ sth after sb** or **sth** किसी चीज का नाम किसी व्यक्ति या घटना के सम्मान में रखना; **~ the day** किसी की शादी आदि का दिन तय क.;
a good ~ is better than riches दाम से नाम भला; **a mere ~/ only a ~** नाम मात्र; **a ~ to conjure with** जानामाना नाम; **be ~d by the Chairman and warned** संसद आदि के अध्यक्ष द्वारा नाम लेकर चेतावनी दी जानी; **be ~d in the suit** मुकदमे में वादी बनाना; **call sb ~s** 1 किसी अन्य नाम से पुकारना 2 गालियां दे.; **get a bad ~** बदनामी पाना; **get/ make/ win oneself a ~** नाम कमाना; **have a ~ for honesty/ for generosity/ have the ~ of being honest/ generous** ईमानदारी या दरियादिली के लिए जाना जा.; **have to one's ~** के नाम हो., धारक हो.; **have one's ~ on it** किसी के निमित्त हो.; **he is chief in ~ only** वह नाम मात्र का मुखिया है; **honesty is his middle ~** ईमानदारी उसका दूसरा नाम है; **in all but ~** वास्तव में या व्यावहारिक तौर पर हो., यद्यपि आधिकारिक रूप में ऐसा होना दर्ज न किया गया हो; **in ~ only** नाम मात्र के लिए, मात्र नाम का; **in one's own ~** अपने नाम से; **in the ~ of** किसी बात के नाम में, किसी की ओर से; **in the ~ of common sense** समझदारी के नाते; **in the ~ of fortune/ of heaven/ of wonder!** खुदा के नाम पर; **in the ~ of the law** विधि अनुसार; **keep sb's ~ on the books** सदस्य बनाए र.; **keep sb's ~ off the books** सदस्यता समाप्त क.; **lend one's ~/ the shelter of one's ~ to sb** किसी को अपना नाम

दे.; **make a good ~ for oneself** नाम कमाना, ख्याति प्राप्त क.; **not to be ~d on the same day/ in breath with** किसी के साथ कोई तुलना नहीं हो सकती: he is not to be ~d on the same day with his brother; **of (great) ~** विख्यात व्यक्ति; **of no ~/ without a ~** 1 जिसका कोई नाम न हो 2 जिसे परिभाषित करना कठिन हो; **one's ~ is mud** किसी की नेकनामी पर कालिख पुत गई है; **perpetuate one's ~** अपने नाम को अमर क.; **put one's ~ down for** किसी वस्तु या कार्य के लिए अपना नाम शामिल करवाना; **put one's ~ to sth** किसी बात या प्रस्ताव के नीचे अपना नाम लिखना यानी समर्थन क.; **send in one's ~** 1 प्रतियोगिता आदि के लिए नाम लिखवाना 2 अपने आने की घोषणा क.; **take sb's ~ in vain** किसी का नाम लेकर शेखी बघारना; **take the ~ of God in vain** भगवान के नाम का व्यापार क.; **there is only the ~ of friendship between them** उनके बीच दोस्ती नाम मात्र की है; **the great ~s of history** इतिहास की महान विभूतियां; **the last of his ~** अपने वंश में अंतिम; **their ~ is legion** उनके हजारों नाम हैं; **the ~ of the game** किसी कार्य का सबसे जरूरी हिस्सा, सबसे महत्त्वपूर्ण पहलू; **to one's ~** किसी के नाम; **trivial ~** बोलचाल की भाषा में नाम; **under the ~ of** किसी नाम के तहत; **use sb's ~** किसी के नाम को सिफारिश के रूप में प्रयुक्त क.; **you ~ it** आप जो चाहें चुनें

nan /नैन/ *n.* (*Br.*) दादी, नानी;
dw/lw: **nan/ naan** /नान/ *n.* एक प्रकार की रोटी: ~ bread (नान रोटी)

nana /नाना/ *n., pl.* **~s** *derog., sl.* 1 सनकी, मूर्ख 2 *Austral. sl.* सिर;
p&i: **off one's ~** *Austral. sl.* (*syn.* idiot) मूर्ख

nancy /नैंसी/ (*also* **nancy boy**) *n., pl.* **nancies** *derog., colloq.* 1 स्त्रैण युवक या लड़का, लौंडा 2 (*syn.* homosexual) समलैंगिक युवक

nankeen /नैन्कीन/ *n.* 1 फीका पीला रंग 2 चीन के नानकिंग नगर में बनने वाला पीले रंग का सूती कपड़ा, नैनकीन

nanny /नैनि/ *n., pl.* **nannies** 1 दाई, धाय, आया 2 नानी, दादी 3 *derog. colloq.* (*also* **the ~ state**) ऐसे संस्थान या सरकार जो नागरिकों के जीवन में जरूरत से ज्यादा हस्तक्षेप करते हैं;
v., pt. **nannied**, *pp* **~ing**, *s/he/ it* **nannies** 1 जरूरत से ज्यादा सुरक्षा रखना 2 व्यक्तिगत मामलों में हस्तक्षेप क.;
dw/lw: **~goat** *n.* बकरी; **~ing** *n.* 1 बच्चे की आया का काम क. 2 जरूरत से ज्यादा सुरक्षा या मदद देने का काम; **~ish** *adj.* अत्यधिक सुरक्षात्मक

nano- /नैनो/ 1 *prefix and comb. form denoting: abbr.* **n = 10-9 = one billionth = a thousand millionth** (दस अरबवां भाग) 2 **of microscopic size** (बहुत छोटा, सूक्ष्मातिसूक्ष्म आकार का): **nano**-technology (सूक्ष्मातिसूक्ष्म आकार के तकनीकी यंत्र व उपकरण);
dw/lw: **nano\meter** /नैनोमीटर/ *n.* 1-9 मीटर = मीटर का दस अरबवां भाग, नैनोमीटर; **~second** /नैनोसेकंड/ *n.* 1-9 सेकंड = सेकंड का दस अरबवां भाग, नैनोसेकंड

nap /नैप/ *n.* 1 (*syn.* snooze) झपकी, झपक: after-lunch ~; steal a ~ 2 उंघाई, ऊंघ 3 कपड़े की सतह पर उभरा हुआ ऊनी रोआं 4 ताश का एक खेल 5 घुड़दौड़ (जुए) में जीतने वाले घोड़े के बारे में सलाह;
v., pt. **~ped**, *pp* **~ping** झपकी लेना;
dw/lw: **~less** *adj.* जर्जर, जीर्ण;
collocations: **~ hand** खेल में लगातार पांच जीतों की लड़ी
p&i: **bring/ get/ up sb's ~** किसी को क्रुद्ध क.; **catch ~ping** असावधानी बरतते या झपकी लेते पकड़ना; **go ~ on sth** सब कुछ दाव पर लगा दे.; **steal a ~** थोड़ी झपकी ले.

napa/ nappa /नैप/ *n.* भेड़ की खाल से बना मुलायम चमड़ा

napalm /नेपाम/ नैपाम/ *n.* अत्यंत ज्वलनशील पदार्थ जो आग लगाने वाले नेपाम बम (वियतनाम में अमेरिकी आक्रमणों में अमेरिका द्वारा प्रयुक्त) बनाने में प्रयुक्त होता है;
v., pt. **~ed**, *pp* **~ing** नेपाम बम फेंककर नष्ट क.

nape /नेप/ *n.* गर्दन के पीछे का भाग, गुद्दी (*Hr.*), घाटिका: ~ of the neck

napery /नेपरि/ *n.* मेजपोश, बिस्तर की चादरें

naphtha /नैफ्था/ *n.* नैफ्था;
dw/lw: **~lene** /नैफ्थलीन/ *n.* नैफ्थलीन

napiform /नेपिफॉःम/ *n.* कुंभी रूप

napkin /नैपकिन/ (*also UK* **serviette/ table napkin**) *n.* 1 खाने की मेज पर मुंह और उंगलियां आदि साफ करने के लिए कपड़े या कागज का रूमाल, नैपकिन: lay up/ hide/ wrap up in a ~ 2 शिशु का पोतड़ा;
p&i: **hide in a ~** संभाल कर कहीं रख दे.

napoleon /नेपोलिअन/ *n., hist.* फ्रांस में नेपोलिअन I के काल में प्रचलित 20 फ्रेंक का सोने का सिक्का

Napoleonic /नपोलिऑनिक/ *adj.* नेपोलिअन I (1769-1821) से संबंधित या उन जैसा: ~ code; ~ wars

nappa *see above under* **napa**

nappy /नैपि/ *UK* (*US* **diaper**) *n.* 1 पोतड़ा 2 लंगोट 3 कलोट 4 शिशु का मल-मूत्र सोखने वाली गद्दियों वाला पोतड़ा;
adj., degr. **nappier**, **nappiest** 1 झागदार (बीयर) 2 तेज 3 नशे में 4 (घोड़े के बारे में) उत्तेजित, उखड़ा हुआ
collocations: **~ rash** लंबे समय तक गीले या गंदे पोतड़े के प्रयोग से बच्चे के चूतड़ों पर होने वाली फुंसियां या लाल दाने

narc/ narco /नाःको/ *n., pl.* **~s** *US* नशीले पदार्थों का एजंट

narci\ssism /नाःसि\सिजम/ *n.* 1 आत्म-मुग्धता 2 आत्म-मोह 3 स्वरूप-कामुकता, आत्म-रति, आत्मासक्ति 4 अपना गुणगान, अपनी प्रशंसा, अपने मुंह मियां मिट्ठू होने की प्रवृत्ति;
dw/lw: **~ssist** /~सिस्ट/ *n.* 1 आत्म-प्रशंसक 2 आत्म-मुग्ध, आत्ममोहित, आत्मासक्त 3 अपने मुंह मियां मिट्ठू; **~ssistic** /~सिस्टिक/ *adj.* 1 आत्मप्रशंसक 2 आत्ममोही 3 स्वरूपकामुक

Narcissus /नाःसिसस/ *n.* 1 अपने आप पर मोहित सुंदर यूनानी योद्धा;
dw/lw: **narcissus** /नाःसिसस/ *n.,* **~es/ narcissi** /नाःसिसाइ/ नरगिस, डेफोडिल जैसा सफेद या पीले फूलों वाला पौधा

narcoanalysis /नःकोअनालिसिस/ *n., pathol.* नशीली दवाइयों के नशे में डूबे व्यक्ति का मनोवैज्ञानिक अध्ययन

narco\- /नाःको\-/ नाःकौ-/ *comb. form, denoting:* 1 **numbness/ torpor** (सुन्न अवस्था, बेहोशी) 2 **using drugs** (नशीले पदार्थों का सेवन) 3 नशीले पदार्थों का अवैध उत्पादन;
dw/lw: **narco\lepsy** /~लेप्सि/ *n., pathol.* नींद के आकस्मिक दौरे पड़ने की बीमारी, निद्रारोग; **narco\mania** /~मेनिआ/ *n.* स्वापक-व्यसन; **narco\sis** /~सिस/ *n., pl.* **~ses**, *pathol.* 1 निद्रवहन, ऊंघ 2 सुषुप्ति, नशीली दवा से होने वाली बेहोशी, अचैतन्य; **~synthesis** /~सिंथेसिस/ *n.* नशे के प्रभाव में रोगी का इलाज क. क्योंकि ऐसी हालत में रोगी की दबी हुई भावनाएं खुलकर बाहर आ जाती हैं और उन्हें सीधे कैमरे में कैद कर लिया जाता है; **~terrorism** /~टेरअरिजम/ *n.* आतंकवाद के साथ नशीले पदार्थों के व्यापार का जुड़ाव; **~therapy** /~थेरअपि/ *n.* नींद के माध्यम से उपचार; **narco\tic** /नार्कौटिक/ *n.* 1 नशीली दवा आदि 2 बेहोश करने वाला मादक पदार्थ 3 संवेदनमंदक, उपविष 4 स्वापक-व्यसनी; **~tic** *adj.* 1 नशीला, नशीली: ~tic drug, ~tic addiction 2 स्वापक, स्वापी, नींद पैदा करने वाला 3 उबाऊ: ~tic lectures (ऐसे भाषण जिनमें नींद आ जाती है) 4 व्यसनी; **~tism** /नाःकअटिजम/ *n.* 1 नशेड़ियापन, लत, व्यसन 2 नशीले पदार्थों द्वारा पैदा किया हुआ अचैतन्य या बेहोशी 3 सुषुप्ति, निद्रारोग; **~tist** /नाःकअटिस्ट/ *n.* 1 नशेबाज, नशेड़ी 2 स्वापक-व्यसनी; **~tize** /नाःकअटाइज/ *v., pt.* ~d, *pp* ~tizing 1 अचेतन क., बेहोश क. 2 नशीले पदार्थों का लती बनाना

nard /नाःड/ *n.* नरकुल, जटामांसी, बालछड़
nar\es /नेअरीज/ *n., [pl.], Lat., anat.* नथने, नासरंध्र;
dw/lw: **~ial/ ~ine** /नेअरिअल/ नेअराइन/ *adj.* नथनों से संबंधित
narghile/ nargile/ nargileh /नाःगिलि/ नाःगिले/ *n.* हुक्का
nark /नाःक/ *v., pt.* **~ed**, *pp* **~ing**, *colloq.* 1 क्रुद्ध क., गुस्सा दिलाना, चिढ़ाना 2 किच-किच क. 3 किसी के बारे में पुलिस को सूचना दे., मुखबरी क.;
n., sl. UK 1 पुलिस मुखबिर, भेदिया, जासूस 2 *Austral.* परेशान करने वाला;
dw/lw: **nark\y** /नाःकि/ *adj.*, ~ier, ~iest, *colloq.* (***syn.*** bad tempered) चिड़चिड़ा, बदमिजाज
p&i: **~ at sb** लगातार आलोचना द्वारा किसी को नाराज कर लेना; **~ it!** जबान पर लगाम लगाओ!
narra\te /नअरे\ट/ *v., pt.* **~ted**, *pp* **~ting** 1 वर्णन करना, सुनाना, कहना, बताना: **~te** one's adventures 2 फिल्म आदि के चलने के समय (बीच में) निरंतर टिप्पणियां क.;
adj. वर्णनात्मक, विवरणात्मक: ~tive poem; ~tive literature; a writer of great ~tive power; ~tive infinitive (वर्णनात्मक क्रिया का मूल रूप);
dw/lw: **narra\tion** /~शन/ *n.* 1 वर्णन, कथा-वाचन, किस्सागोई 2 विवरण; **~tive** /~टिव/ *n.* 1 वर्णन, वृत्तांत 2 (***syn.*** story) कहानी, कथा, किस्सा 3 आख्यान 4 वर्णन शैली, कथा-शैली; **narra\tor** /~टर/ *n.* वर्णनकर्ता, कथावाचक, सूत्रधार, वाचक
narrow /नैरो\/ *adj., degr.* **~er**, **~est** 1 (***anton.*** broad, wide) तंग: the coat was ~ for his shoulders; the ~ house/ bed/ cell 2 संकरा, कम चौड़ा: ~ window/ ribbon/ goods; ~ gorge; within ~ bounds 3 बारीकीपूर्ण, सूक्ष्मतापूर्ण: ~ examination; ~ search; make a ~ inquiry/ search into sth; subject a case to a ~ inspection 4 (***anton.*** wide) सीमित: a ~ circle of friends; ~ means (सीमित साधन); ~ choice 5 (***anton.*** broad) संकीर्ण, तंगदिल, अनुदार: ~ mind; ~ opinions 6 संकुचित, परिमित: ~ understanding; in its **~est** sense 7 (***syn.*** thin) अति अल्प (limited), बहुत कम अंतर वाला: a ~ escape/ win/ victory; ~ majority 8 कंजूस: ~ with one's money;
n. 1 तंग भाग या स्थान 2 (**narrows**) नदी, धारा आदि का तंग हिस्सा;
adv. कम अंतर से: fall ~;
v., *pt.* **~ed**, *pp* **~ing** 1 संकरा हो जा., तंग बनाना: the river **~s** 2 संकीर्ण बनाना 3 दूरी कम करना, घटाना 4 संकुचित या सीमित कर दे.: ~ the enemy (दुश्मन पर दबाव बनाना) 5 घटाना 6 अंतर कम क.;
dw/lw: **~boat** *n.* नहरों आदि में प्रयुक्त लंबी पतली नौका; **~cast** /~कास्ट/ *v., pt.* ~cast, *pp* ~casting 1 टीवी कार्यक्रमों का केबल टीवी आदि से प्रसारण क. 2 टीवी आदि से इश्तिहारों आदि प्रचार सामग्री का सीमित दायरे के लोगों के लिए प्रसारण क.; **~casting** *n.* 1 केबल टीवी आदि से प्रसारण 2 इश्तिहारों या अन्य प्रसारण सामग्री का कैसेट या सीडी आदि बनाकर किया जाने वाला प्रसारण; **~-eyed** *adj.* तंग आंखों वाला; **narrow\-gauge** *n.* छोटी लाइन की (रेल) पटरी आदि; **~-gauged** *adj.* कम चौड़ी; **~ly** /~लि/ *adv.* 1 बहुत थोड़े अंतर से: he ~ly escaped losing 2 बारीकी से, ध्यान से: look ~ly at sth; watch him ~ly; look/ search ~ly into an affair; **narrow\-minded** /~माइंडिड/ *adj.* संकीर्ण-हृदय, पूर्वाग्रही, अनुदार, तंगदिल, संकीर्ण(मना), परिमित, सीमित, संकुचित; **~-mindedly** *adv.* अनुदारतापूर्वक, संकीर्ण भावना से; **~-mindedness** *n.* संकीर्ण-हृदयता, तंगदिली, अनुदारता, दकियानूसीपन; **~-necked** *adj.* तंग मुंहवाली (बोतल आदि); **~ness** /~नेस/ *n.* संकीर्णता, सीमितता, संकरापन, संकुचितता, अनुदारता, दकियानूसीपन, संकीर्ण-हृदयता, तंगदिली; **~s** /नैरोज/ *n.* (जल के बीच में) संकरा रास्ता, नदी या चैनल का संकरा भाग; **~-sighted** *adj.* अदूर-दृष्टिवाला; **~-souled/ ~-spirited** *adj.* तुच्छ या तंगदिल व्यक्ति;
collocations: **~ boat** 1 नहर में चलने वाली बजरा या नौका (विशेषकर 2.1 मीटर से कम चौड़ाई का); **~ circumstances** तंगहाली; **~ defeat/ victory** बहुत ही थोड़े अंतर से होने वाली हार या जीत; **Narrow Seas** ब्रितानिया को यूरोपीय महाद्वीप से अलग करने वाला जल-डमरू मध्य; **~ squeak** (***syn.*** ~ escape) बहुत कम अंतर से होने वाली जीत, हार, बचाव आदि;
p&i: **~ circumstances** गरीबी, निर्धनता; **~ down the dispute** मतभेद कम क.; **~ one's lids** पलकें बंद क.; **~ squeak** बाल-बाल बचना; **~ sth down** किसी चीज या संख्या को कम करना, संकुचित करना, सीमित करना;
have a ~ escape बाल-बाल बचना; **in its ~est sense** अपने अति सीमित अर्थ में; **the ~ bed** कब्र
narthex /नाःथेक्स/ *n., pl.* **~es** *archit.* 1 ड्योढ़ी 2 चर्च में ड्योढ़ी (प्रकोष्ठ) और मध्यभाग के बीच का स्थान
nary /नेअरि/ *adj., colloq.* 1 थोड़ा-सा भी नहीं, जरा भी नहीं: ~ a doubt 2 एक बूंद भी नहीं: ~ a hint of apology 3 एक भी नहीं: ~ a dollar do you get; ~ a red cent (एक दमड़ी भी नहीं)
narwhal /नाःवल/ *n.* नारवल नाम की एक सफेद व्हेल (मछली)
NASA *abbr.* 'National Aeronautics and Space Administration' का संक्षेप
nasal /नेज\ल/ *adj.* 1 नाक का, नाक संबंधी, नासीय: ~ cavity (नासिका-विवर, नासिका-गुहा, नासा-पुट) 2 *phon.* नाक से उच्चरित, अनुनासिक, नासिक्य: ~ in tone; ~ accent; ~ twang (नाक में उच्चारण) 3 भयंकर: ~ voices;
n. 1 नासिक्य, अनुनासिक, नाक से उच्चरित स्वर या ध्वनि 2 (***syn.*** nasal bone) नासास्थि;
dw/lw: **nasal\ity** /नेजैलिटि/ *n.* अनुनासिकता; **~ization** /~लाइजेशन/ *n.* नासिक्यकरण, अनुनासिकता, अनुनासिकीकरण; **~ize** /~लाइज/ *v., pt.* ~ized, *pp* ~izing नाक से बोलना, नकियाना, अनुनासिक बनाना, नासिक्य बनाना; **nasal\ly** /~लि/*adv.* नाक से, नाक में;
collocations: **~ cold/ catarrh** जुकाम; **~ duct** नाक की नाली; **~ feeding/ gavage** /गैवाःज/ नाक से खाना खिलाने की क्रिया; **~ index** नासा-सूचनांक; **~ septum** नाक की हड्डी (बाधा)
nascency /नैसंसि/ *n.* 1 उत्पत्ति की प्रक्रिया 2 नवजात अवस्था 3 विकास की प्रारंभिक प्रक्रिया
nascent /नेसंट/ नैसंट/ *adj.* 1 प्रारंभिक: ~ doubts 2 नवजात: ~ anxieties 3 उदीयमान, जायमान: ~ freedom 4 होने या घटने की प्रक्रिया में: ~ state/ condition
NASDAQ *abbr., finance* 'National Association of Securities Dealers Automated Quotation' का संक्षेप (अमेरिका के शेयर बाजार में स्वचालित सट्टाबाजारी की राष्ट्रीय समिति)
naso- (नेजो\-); *comb. form denoting*: 1 **nose** (नाक) 2 **linked to nose** (नाक से संबंधित);
dw/lw: **~frontal** /~फ्रंटल/ *adj., anat.* नाक और प्रमुख नासास्थि से संबंधित; **~gastric tube** *med.* नाक में से पेट में लगाई जानेवाली ट्यूब; **naso\lacrymal** /~लैक्रिमल/ *adj., med.* नाक और आंसुओं से संबंधित; **~logical** /नेजअलौजिकल/ *US* नेजअलाःजिकल/ *adj.* नासिका से संबंधित; **naso\logy** /नेजौलअजि/ *US* नेआःलअजि/*n.* नासिका का वैज्ञानिक अध्ययन, नासा विज्ञान; **naso\pharynx** /नेजअफाइरिंक्स/ *n., anat.* कोमल तालु से ऊपर की ग्रसनी
nastic movement /नैस्टिक मूवमंट/ *n., bot.* बाहरी प्रभाव के फलस्वरूप होने वाला पौधे का दिशाहीन विकास
nasturtium /नअस्टःशम/ *US* नअस्टरशम/ *n.* जलकुंभी, इंद्रशूर
nasty /नास्टि/ *US* नैस्टि/ *adj., degr.* **nastier, nastiest** 1

(*syn.* mean घृणित, बुरा, घिनौना: ~ man; ~ trick 2 अप्रिय: be in a ~ mood; leave a ~ taste in the mouth 3 द्वेषपूर्ण: he has a ~ mind; ~ look 4 अश्लील, आपत्तिजनक, निर्लज्ज 5 अशिष्ट: ~ day 6 हिंसक, खतरनाक: ~ temper; ~ sea 7 गंभीर, घोर, चिंताजनक: ~ wound; ~ illness; things look ~ for me; he had a ~ fall 8 खराब, दमघोंटू: ~ smell; ~ weather; ~ traffic jam;

***n.**, pl.* **nasties** घिनौने लोग: a video ~;

dw/lw: **nastily** /नैस्टिलि/ *adv.* घिनौने ढंग से; **nastiness** /नास्टिनेस/ *n.* घिनौनापन, दुष्टता, अश्लीलता;

collocations: **a ~ bit**/ **~ piece of work** अत्यंत द्वेषपूर्ण और घिनौनी बात या व्यक्ति; **get/ turn ~** 1 भयावह बनना 2 दुष्ट बनना;

p&i: **~ piece of work** अत्यधिक घिनौना काम

NAS, UWT *abbr.* 'National Association of Schoolmasters, Union of Women Teachers' की प्रथमाक्षरी

Nat. *abbr.* 'National', 'Nationalist' का संक्षेप

nat *n. colloq.* (*full form* **Nationalist**) राष्ट्रवादी व्यक्ति

nat. *abbr.* 'national, 'native', 'natural' का संक्षेप

natal /नेटल/ *adj.* 1 पैदाइशी 2 जन्म-संबंधी: ~ day (जन्म दिन); ~ country (जन्म भूमि), ~ mountain-peaks (बचपन के पहाड़) 3 प्रसव-, प्रसव का, प्रासूतिक: ~ therapy (प्रसव संबंधी समस्याओं का मनोवैज्ञानिक ढंग से इलाज) 4 जन्म-दर;

dw/lw: **natal\ity** /नेटैलिटि/ *n.* (***syn.*** birth rate) जन्म-दर, उत्पत्ति-क्रम

nata\nt /नेटंट/ *adj.* तैरता हुआ, प्लवमान, प्लावित;

dw/lw: **nata\tion** /नेटेशन/ *n., formal* प्लावन, तैरने की क्रिया; **~tor** /नेटेटः/ *n.* तैराक, तैरनेवाला; **~torial/ ~tory** /नेटेटॉःरिअल/ नेटेटरि/ *adj.* 1 तैरने से संबंधित 2 जिसे तैरने की आदत हो 3 तरणशील, प्लावी; **nata\torium** /नेटेटोरिअम/ *n., pl.* **~s**/ **natatoria** तरणताल, तैरने का तालाब

natch /नाःच/ *adv., sl.* (***syn.*** of course, naturally) निस्संदेह

nates /नेटीज/ *n., [pl.], anat.* चूतड़, नितंब, पुट्ठा

nation /नेशन\/ *n.* 1 राष्ट्र, देश: peace-loving **~s**; most favoured ~; the **~'s** economically distressed areas 2 कौम: ~ of shopkeepers (अंग्रेज) 3 (the **~s**; ***syn.*** population) संसार के लोग 4 (***syn.*** American Red Indians) अमेरिका की आदिवासी जनजाति: Indians of five **~s**;

dw/lw: **nation\hood** *n.* राष्ट्रत्व, राष्ट्रीयता; **~wide** *adj.* राष्ट्रव्यापी: ~wide campaign;

collocations: **~ state** समान संस्कृति, भाषा आदि के पक्षधर लोगों के समूह से बना राष्ट्र; **law of ~s** अंतर्राष्ट्रीय कानून; **League of ~** राष्ट्रसंघ;

p&i: **~s like men, have their infancy** मानवों की तरह राष्ट्रों का भी शैशव होता है

national /नैशन\ल/ *adj.* 1 राष्ट्रीय: ~ spirit/ genius; ~ debt; ~ forest; ~ elections; ~ calamity; ~ papers 2 राष्ट्र संबंधी: ~ committee; ~ salute; ~ figure; ~ emergency 3 कौमी: ~ feelings 4 राष्ट्रीय (पोशाक/ प्रथा या रिवाज): ~ markings;

n. 1 नागरिक: French **~s**; enemy **~s** 2 राष्ट्रीय समाचार-पत्र 3 राष्ट्रीय प्रतियोगिता: *Br.* the Grand **National**;

dw/lw: **national\ism** /~लिजम/ *n.* 1 राष्ट्रीयता, राष्ट्रवाद 2 राष्ट्रभावना; **~ist** /~लिस्ट/ *n.* राष्ट्रवादी व्यक्ति; **national\ist** *adj.* राष्ट्रवादी: ~ist leaders; **~istic** /~लिस्टिक/ ***adj.*** अपने राष्ट्र को अन्य राष्ट्रों से सर्वश्रेष्ठ मानकर अन्य राष्ट्रों को हीन समझने वाला, अंध- राष्ट्रप्रेमी, राष्ट्र-मूलक; **~ity** /नैशनैलटि/ नैश्नैलिटि/ *n., pl.* **nationalities** 1 नागरिकता 2 राष्ट्रीयता, कौमियत 3 कौम, प्रजाति; **~ize** /~लाइज/ *v., pt.* ~ized, *pp* ~izing 1 नागरिक बनाना 2 राष्ट्रीयता प्रदान क. 3 राष्ट्रीयकरण क., राष्ट्रीय बनाना, राष्ट्र की संपत्ति बनाना; **~ized** /~लाइज्ड/ *adj.* राष्ट्रीयकृत, राष्ट्रीकृत; **national\ization** /~लाइजेशन/ *n.* राष्ट्रीयकरण; **~ly** /~लि/ *adv.* राष्ट्रीय स्तर पर: ~ly known school; be ~ly acclaimed;

collocations: **~ anthem** राष्ट्रगीत, राष्ट्रगान; **~ aspiration** राष्ट्रीय आकांक्षायें; **~ assembly** राष्ट्रीय सभा; **~ bank** राष्ट्रीय बैंक; **National Cadet Corps (NCC)** राष्ट्रीय कैडिट कोर; **~ calendar** राष्ट्रीय पंचांग; **~ call** राष्ट्रीय आह्वान; **~ capital** राष्ट्रीय राजधानी; **~ character** राष्ट्रीय चरित्र; **~ code** राष्ट्रीय नियम (विधान); **~ command** राष्ट्रीय सैनिक नेतृत्व; **~ convention** राष्ट्रीय अधिवेशन; **National Curriculum** राष्ट्रीय पाठ्यक्रम; **~ customs** राष्ट्रीय प्रथायें; **~ debt** राष्ट्रीय ऋण; **~ defence** राष्ट्रीय सुरक्षा; **~ demand** राष्ट्रीय मांग; **~ economy** राष्ट्रीय अर्थ व्यवस्था; **~ education** राष्ट्रीय शिक्षा; **~ emblem** राष्ट्र प्रतीक; **~ flag** राष्ट्र ध्वज; **~ forces** राष्ट्रीय सैनिक बल; **~ Front** राष्ट्रीय मोर्चा; **~ grid** राष्ट्रीय उच्च-तनाव (high voltage) बिजली की तारों का जाल; **~ guard** राष्ट्रीय सुरक्षा बल; **National Health Service** *UK* राष्ट्रीय स्वास्थ्य सेवा; **~ highways** राष्ट्रीय राजमार्ग; **~ holiday** (*also US* **federal holiday**) राष्ट्रीय अवकाश; **~ income** राष्ट्रीय आय; **~ insurance** राष्ट्रीय बीमा; **~ integration** राष्ट्रीय अखंडता; **~ language** राष्ट्रभाषा; **~ law** राष्ट्रीय विधि; **~ liberation movement** राष्ट्रीय मुक्ति आंदोलन; **~ minority** राष्ट्रीय अल्प-संख्यक समूह; **~ monument** राष्ट्रीय स्मारक; **~ motto** राष्ट्रीय आदर्श वाक्य (नारा: the official US ~: 'In God we trust'; **~ movement** राष्ट्रीय आंदोलन; **~ park** राष्ट्रीय प्राणी उद्यान, राष्ट्रीय-पार्क; **~ price average** राष्ट्रीय दाम औसत; **~ price level** राष्ट्रीय दाम स्तर; **~ sanctuary** राष्ट्रीय अभयारण्य; **~ security** राष्ट्रीय सुरक्षा; **~ service** 1 राष्ट्रीय सेवा 2 (*syn.* military service) कुछ देशों में प्रचलित अनिवार्य सैनिक सेवा; **~ serviceman** राष्ट्रीय सेवाकर्मी; **National Service Scheme (NSS)** राष्ट्रीय सेवा दल; **National Socialism/ National Socialist party** जर्मनी के तानाशाह अदोल्फ हिटलर का अतिराष्ट्रवादी या फासीवादी दल, जो इस बात में विश्वास करता था कि जर्मन आर्य नस्ल दुनिया की सर्वश्रेष्ठ नस्ल है और उसे सारी दुनिया पर राज करने के लिए बनाया गया है; **(the) National Trust** इंग्लैंड, वेल्ज, और उत्तरी आयरलैंड में ऐतिहासिक एवं प्राकृतिक सौंदर्य स्थलों की रक्षार्थ बना राष्ट्रीय न्यास; **~ waterways** राष्ट्रीय जलमार्ग; **~ wealth** राष्ट्रीय धन

native /नेटिव/ *adj.* 1 मूलवासी, देशज, देसी: ~ to India; ~ sons; ~ customs in India; salt in its ~ state 2 मूलभाषीय, देशीय भाषा से संबंधित: ~ language/ native tongue; ~ speaker 3 मूलनिवासीय, आदिवासीय, जन्म से संबद्ध: ~ Russian; ~ peoples 4 (***syn.*** indigenous) मूल पशु-पक्षी, पौधे आदि से संबंधित देशीय, देसी, देशज: ~ soil; ~ grasses 5 (***syn.*** innate) सहज, स्वाभाविक, सहजात, जन्मजात, पैदायशी: ~ ability 6 प्राकृत, प्राकृतिक: ~ flora and fauna 7 आदिम, मौलिक;

n. 1 नागरिक 2 देशी व्यक्ति, पेड़-पौधे आदि 3 किसी स्थान से जन्म का संबंध 4 (***syn.*** local) मूल वासी: speak English like a ~; dispute between **~s** and settlers;

dw/lw: **~-born** *adj.* किसी देश विशेष में पैदा होने वाला; **~ly** /नेटिवलि/ *adv.* मूल जन्म-स्थान के आधार पर; **native\ness** /नेटिवनेस/ *n.* मूलवासीपन, देशजता, देसीपन;

collocations: **Native American** उत्तरी अमेरिका के मूल निवासी, अमेरिकी रेड इंडियन; **~ country** जन्मभूमि, स्वदेश; **~ land** वह देश या धरती जहां कोई पैदा हुआ हो, जन्मभूमि; **~ language** मूल भाषा, देशीय भाषा; **~ place** जन्म स्थान; **~ intelligence** सहज बुद्धि; **~ speaker** मूलभाषा भाषी, किसी भाषा को मातृभाषा की तरह बोलने वाला; **~ wit** सहज हास्य-बोध या विनोद-प्रियता;

p&i: **go ~** मूलनिवासियों जैसा हो जा., सहज व मौलिक सभ्यता के करीब हो.

nati\vism /नेटिविजम/ *n.* 1 जन्मजाती गुणों पर अतिशय गर्व 2

देशीय पक्षपात, अतिदेशीयता 3 सहजज्ञानवाद, सहजवाद 4 देशी या मूल संस्कृति को बाहरी प्रभावों से बचाने की प्रवृत्ति;
dw/lw: **~vist** *n.* अति सहजवादी, अति देसीवादी व्यक्ति; **~vistic** *adj.* साहजात्य; **nati\vity** /नेटिविटि/ *n., pl.* ~vities 1 जन्म, उद्भव, उत्पत्ति: the country of one's ~vity 2 **the Nati\vity** ईसाइयों द्वारा क्रिस्मस (Christmas) के समय मनाया जाने वाला ईसा मसीह का जन्मदिन: **~vity** play 2 शिशु ईसा मसीह को चित्रित करने वाली कोई तस्वीर, चित्र, प्रतिनिधि बिंब या छवि

NATO (*also UK* **Nato**) /नेटो/ *n., abbr.* 'North Atlantic Treaty Organization' की प्रथमाक्षरी (उत्तर एटलांटिक गठजोड़ संधि संगठन, यानी अमेरिका समेत विकसित पश्चिमी देशों का सैनिक गुट)

natter /नैटः/ *v., pt.* **~ed**, *pp* **~ing** *UK* 1 बकवास करना, बकबक क. 2 खूब मग्न होकर गप्पें मारना 3 चिड़-चिड़ाना, भुनभुनाना;
n. *UK* 1 बकवास, बकबक 2 (***syn.*** chat) गपशप: have a good ~ 3 भुनभुनाहट;
dw/lw: **~jack** *n.* (*also* **~jack toad**) धावी भेक (मेढक)

nattier blue हल्का नीला

natty /नैटि/ *adj., degr.* **nattier**, **nattiest** 1 बना-ठना 2 सुघड़ 3 चाक-चौबंद, चकाचक: a ~ curl; a ~ suit 4 चतुर-चौकन्ना 5 चमकीला-भड़कीला;
dw/lw: **nattily** *adv.* साफ-सुथरे ढंग से, चतुराई से: be nattily dressed (बना-ठना हो., चुस्त-दुरुस्त ढंग से कपड़े पहने हो.)

natural /नैचर\ल/ *adj.* 1 प्राकृतिक, नैसर्गिक: ~ forces/ phenomena; ~ grandeur and beauty; ~ harbour 2 प्रकृत, प्रकृति-दत्त, कुदरती, जन्मजात: ~ talent/ ~ gift/ ability 3 भौतिक, मातृक, जनक: ~ rock; his ~ mother had gone abroad, so his grandmother took care of him 4 स्वाभाविक, सहज, सरल: ~ acting 5 विवेकपूर्ण: ~ justice 6 वास्तविक, असली, छल-कपट रहित 7 प्राकृतिक ज्ञान से संबंधित: the ~ cause of a seeming miracle; ~ history (प्राकृतिक इतिहास) 8 साधारण, सामान्य, समझ में आनेवाला: ~ mistake; die a ~ death 9 असभ्य, आदिम, जैसा पैदा हुआ था वैसा ही, जंगली, अकृत्रिम: ~ wool (अकृत्रिम ऊन) 10 गुणानुसार 11 अविवाहित माता-पिता की संतान: a ~ daughter;
n. 1 जन्मजात मूर्ख: she is not quite a ~ 2 उपयुक्त व्यक्ति या वस्तु: this job is a ~ for him 3 जीवन, संसार, इहलोक: in all my ~ (इस संसार में);
dw/lw: **~-born** *n.* जन्मजात, सहज; **natural\ism** /~लिज्म/ *n.* प्रकृतवाद, (साहित्य व कला में) अतियथार्थवाद जिसके तहत वर्णन या चित्रण लगभग फोटोग्रैफिक होता है, न कि यथार्थवाद की परिभाषा के अनुसार यानी प्रतिनिधि परिस्थितियों में प्रतिनिधि पात्रों या घटनाओं का चित्रण; **natural\ist** /~लिस्ट/ *n.* 1 प्रकृतिवादी, प्रकृति विज्ञानी 2 साहित्य और कला आदि में अतियथार्थवाद का समर्थक; **~istic** /~लिस्टिक/ *adj.* अति यथार्थवादी, फोटोग्रैफी की तरह हर बात का जरूरत से ज्यादा बारीकी (बिना गौण या प्रतिनिधि बारीकियों में अंतर किए) से किए जाने वाले चित्रण शैली से संबंधित: ~istic scenes; **~ization** /~लाइजेशन/ *n.* नागरिकता प्रदान करने की प्रक्रिया, नागरिकीकरण, देशी-करण; **~ize** /~लाइज/ *v., pt.* ~ized, *pp* ~izing 1 नागरिकता प्रदान क., का देशीकरण क. 2 अपनाना, अपना लेना, (अपने को) ढाल (देशी बना) लेना; स्वाभाविक या अकृत्रिम बनाना: the word 'curry' has become ~ized in England 3 प्रकृति का अध्ययन क. 4 प्राकृतिक या स्वाभाविक सिद्ध क.: ~ized art; **natural\ly** /~लि/ *adv.* (***syn.*** of course) 1 निस्संदेह, अवश्य, स्वभावतः 2 सहज तरीके से 3 सहज स्वरूप के अनुसार 4 प्राकृतिक रूप से, नैसर्गिक रूप से, अपने आप, सरलता से, प्रकृति से प्राप्त: ~ly gifted singer 5 प्रकृति में मिलने वाले: ~ly occurring chemicals; **~ness** /~लनेस/ *n.* 1 सहजता 2 नैसर्गिकता 3 स्वाभाविकता: ~ness of sb's reaction;
collocations: **~ childbirth** बिना शल्यक्रिया या दवा-दारू के होने वाला जन्म; **~ day** दिन-रात; **~ fibres** अकृत्रिमिक रेशे (कपड़े के); **~ death** स्वाभाविक मृत्यु; **~ calamity** प्राकृतिक आपदा; **~ child/ son** अविवाहित माता-पिता की संतान/ पुत्र; **~ childbirth** बिना किसी शल्य-क्रिया के बच्चे का होने वाला जन्म; **~ cover** प्राकृतिक रक्षा-आवरण; **~ fool** जन्म से मूर्ख; **~ frequency** 1 बिना बाहरी शक्तियों के प्रभाव के होने वाली कंपन तीव्रता या आवृत्ति 2 बिजली के सर्कट की तारों में होने वाली गूंज की दर या स्तर; **~ gas** प्राकृतिक गैस; **~ history** प्रकृति इतिहास, प्राकृतिक इतिहास, प्राकृतिक संपदा का इतिहास; **~ infancy** *law* सात वर्ष तक का शैशवकाल; **~ immunity** जन्मजात असंक्राम्यता; **~ language** प्राकृतिक रूप से विकसित होने वाली भाषा, ऐसी भाषा जो कंप्यूटर आदि कृत्रिम साधनों से विकसित न की गई हो; **~ law** मानवीय व्यवहार का नैतिक विधान, स्वाभाविक रूप से विवेकपूर्ण विधान व नैसर्गिक नियम; **~ life** सांसारिक अस्तित्व; **~ linguist** जन्मजात भाषाविद्; **~ number** (गणित में) पूर्ण सकारात्मक संख्या; **~ orator** जन्मजात या सहज वक्ता; **~ philosophy** प्रकृति विज्ञान या शास्त्र, भौतिकी, भौतिकी एवं गतिकी (गति-विज्ञान); **~ portrait** प्रकृति से उतारा हुआ चित्र; **~ rights** जन्मजात अधिकार; **~ resources** प्राकृतिक संपदा (संसाधन या स्रोत); **~ rock** मातृकशैल, जनकशैल; **~ science** जीव, रसायन, और भौतिक विज्ञान आदि का अध्ययन, प्राकृतिक-विज्ञान; **~ seeding** स्वाभाविक या स्वयंजात अंकुरण; **~ selection** 1 स्वाभाविक (पारदर्शी) चयन 2 एक प्रक्रिया जिसके तहत नई परिस्थितियों के अनुसार ढल जानेवाली पौधों व जीवों की नस्लें जीवित रहती हैं, जबकि अन्य लुप्त हो जाती हैं 3 प्राकृतिक चयन; **~ speaker** जन्मजात वक्तृता गुणों से संपन्न; **~ state** आदिकालीन अवस्था; **~ steel** अनपकी इस्पात; **~ theology** प्राकृतिक धर्म मीमांसा या दर्शन; **~ wastage** सेवानिवृत्त होने वाले कर्मियों द्वारा खाली किए गए स्थान न भरकर कर्मियों की संख्या घटाने की प्रक्रिया या नीति; **~ world** इहलोक, सांसारिक अस्तित्व; **~ year** सौर-वर्ष यानी 365 या बारह मास का वर्ष;
for the term of one's ~ life आजीवन कारावास;

nature /नेचः/ *n.* 1 (*also* **Nature**) भौतिक सृष्टि, प्रकृति (जो इंसान ने न बनाई हो), वनस्पति, जंगली जीव, पर्वत, पहाड़, समुद्र, वायु, आकाश, चांद-सितारे आदि का समुच्चय: all ~ looked gay; Shelley was a ~ poet: **Nature's** engineering; a return to ~; in a state of ~ 2 (***syn.*** essential character) स्वभाव, स्वरूप, प्रकृति, मिजाज: human ~; good ~; ill ~; second ~; it is only human ~ to love; contrary to sb's ~; cats and dogs have entirely different **~s** 3 सहज वृत्ति, प्रवृत्ति, रवैया, रुख: quiet and retiring by ~ 4 (***syn.*** type, kind) प्रकार, किस्म, रूप: it was in the ~ of a command; goods of such ~ 5 (***syn.*** essence) तत्त्व, प्राण-शक्ति: ~ is exhausted 6 (***syn.*** basic quality) किसी वस्तु के आधारभूत गुण: specialised in ~ 7 आदिम अवस्था, नग्नता;
dw/lw: **~d** *adj.* स्वाभाव का; **~-gods** *n., pl.* भगवान के रूप में प्राकृतिक प्रक्रियायें; **natural-knowledge** *n.* प्रकृति ज्ञान; **natural-myth** *n.* प्रकृति मिथक; **~-worship** *n.* प्रकृति-पूजा;
collocations: **~ cure/ naturopathy** प्राकृतिक (जड़ी-बूटियों और योग क्रियाओं द्वारा) चिकित्सा; **~ reserve** प्राकृतिक अभयारण्य; **~ strip** सड़क और पैदल पथ आदि के बीच उगी घास; **~ study** पेड़-पौधों, जीवों व अन्य प्राकृतिक प्रक्रियाओं के समुच्चय का शौकिया (amateurish) अध्ययन; **~ trail** प्रकृति की गोद में बना स्वभाविक पथ;
p&i: **~ abhors a vacuum** प्रकृति में शून्य स्थान नहीं होता; **~ will have its course** होनी को कोई नहीं टाल सकता, होता वही है जो मंजूरे खुदा होता है;
against ~ कृत्रिम, अनैतिक; **all** ~ सब के सब, बहुत सारे लोग; **an engagement that cannot in ~ be missed** ऐसी भेंट या मिलन जिसे गंवाया नहीं जा सकता; **beat all** ~ दुनिया में सबसे

बढ़कर; **by** ~ स्वभाव से: recluse by ~ (स्वभाव से एकांतवासी); **by/ in/ from the ~ of things** or **of the case** स्वभाववश अवश्यंभावी; **call of** ~ मल-त्याग की आवश्यकता; **control** ~ अपने स्वभाव को काबू में रखना; **draw from** ~ प्रकृति से चित्र बनाना; **from** ~ स्वभाव से; **get/ go, etc. back to** ~ शहरी शोर-शराबे से दूर वापस प्रकृति की गोद (देहात) में जाना; **habit is** (a) **second** ~ आदत इंसान का दूसरा स्वभाव है; **in** ~ पूरी दुनिया में; **in the ~ of sth** के रूप में; **in the ~ of things** जैसे कि अक्सर होता है; **pay one's debt to** ~ मर जाना; **the worst rogue in** ~ दुनिया में सबसे बड़ा कमीना; **throw ~ out of the door, it will come back again through the window** प्रकृति को नहीं बदला जा सकता

natu\rism /नेच\रिज़्म/ *n.* 1 (***syn.*** nudism) स्वाभाविक प्रवृत्ति में निहित नग्नतावाद 2 प्रकृति पूजा;

dw/lw: **~rist** /~रिस्ट/ *n.* (***syn.*** nudist) नग्नतावादी

naturopath /नेचरअ\पैथ/ *n.* प्राकृतिक चिकित्सक;

dw/lw: **~thy** /~पअथि/ *n.* प्राकृतिक चिकित्सा; प्राकृतिक (जड़ी-बूटियों और योग क्रियाओं द्वारा) चिकित्सा

naught (*also UK* **nought**) /नॉट/ *n.* शून्य, सिफर, कुछ नहीं: all for ~ (बेकार में);

adj. निकम्मा, बेकार: his luck is ~;

p&i: **~ is never in danger** जिसके पास कुछ नहीं होगा उससे कोई क्या छीनेगा?;

bring to ~ निष्फल या व्यर्थ कर दे.; **come to** ~ असफल हो जाना, बेकार हो जाना; **set at** ~ अवज्ञा क., अनादर क.; **set sth at** ~ घृणा क., तिरस्कार क., उपेक्षा क.

naughtily /नाःटिली/ *adv.* शरारतन, पाजीपन से

naughtiness /नाःटिनेस/ *adj.* 1 पाजीपन 2 शरारत, शैतानियत

naugh\ty /नॉटि/ *adj., degr.* **~tier**, **~tiest** 1 नटखट, शरारती, अवज्ञाकारी, शैतान: **~ty** child; very **~ty** of you (तुम बहुत शरारती हो) 2 अनुचित, अश्लील, भद्दा, बदमाश: **~ty** stories;

dw/lw: **naugh\tily** *adv.* शरारतपूर्वक; **~tiness** *n.* नटखटपन, शैतानपन;

p&i: **~ty boys sometimes make a good man** आज का शैतान कल का इंसान; **~ty hints** शरारतपूर्ण इशारे; **~ty nineties (1890-1900)** अठारह सौ नब्बे का अत्यधिक खुशनुमा दशक; **~ty films/ magazines** अश्लील फिल्में/ पत्रिकायें; **you were ~ty to-day** आज तुमने बहुत शरारत की

nausea /नॉजि\आ/ *n.* 1 उल्टी या वमन होने की अवस्था, मचली, मतली, उबकाई 2 जुगुप्सा, घृणा, घिन, विरक्ति: fill with ~;

dw/lw: **nausea\nt** /नॉजिअंट/ *n.* उल्टी लानेवाला पदार्थ; **~nt** *adj.* उल्टी लानेवाला; **~te** /नाःजिएट/ *v., pt.* ~ted, *pp* ~ting 1 जी मिचलाना या मचलाना 2 घिन हो.: he ~ted at the prospect 3 (***syn.*** sicken, revolt) किसी में मतली पैदा क., किसी बात के प्रति घिन पैदा क.: the food ~ted them; the idea ~teds me; **nauseat\ing** /~एटिंग/ *adj.* 1 वमनकारी, मितलीकारक 2 घिनौना: ~ting sight; **~tingly** /~एटिंगलि/ *adv.* घिनौने ढंग से

nauseous /नॉसिअस\ नॉजिअस/ *adj.* 1 वमनकारक, वमनकारी: ~ drugs 2 घिनौना, घृणित, वीभत्स: ~ hypocrisy 3 बदजायका, कुस्वाद 4 बदबूदार: ~ smell;

dw/lw: **nauseous\ly** /~लि/ *adv.* घिनौने ढंग से; **~ness** /~नेस/ *n.* घिनौनापन

naut. *abbr.* 'nautical' का संक्षेप

nautch /नॉःच/ *n.* 1 पेशेवर लड़कियों का नाच 2 पेशेवर लड़कियां: ~-girl (नर्तकी, नाचनेवाली, कोठेवाली)

nautical /नॉटिकल/ *adj.* (*abbr.* **naut.**) 1 समुद्री जहाज संबंधी 2 नाविकों या जहाज-चालन से संबंधित: ~ navigation 3 समुद्री (of sea), जहाजरानी से संबंधित: ~ day (समुद्री दिन यानी दोपहर से दोपहर तक);

collocations: **~ almanac** समुद्री कलैंडर; **~ properties** जहाजरानी के गुण; **~ mile** (*abbr.* **n mile**, *also* **sea ~**) समुद्री दूरी मापने की इकाई, यानी 1 नॉटिकल मील = 1.85 किलोमीटर

nautilus /नॉटिलस/ *n., pl.* **~es/ nautili** /नॉटिलाइ/ एक प्रकार का समुद्री घोंघा, नाटिलस

nav. *abbr.* 'naval'/ 'navigable'/ 'navigation'/ 'navigator' का संक्षेप

NAV *abbr.* 'net set value' का संक्षेप

Navajo/ navaho /नैवहो/ *n.pl.* **~s** 1 उटा, आरिजोना, न्यू मैक्सिको (Utah, Arizona, New Mexico) के अमेरिकी आदिवासी नैवाहो 2 इन में से कोई एक जनजाति या उनकी भाषा

naval /नेवल/ *adj.* 1 नौसेना या नौसेना बेड़ा संबंधी: ~ power; ~ supremacy; ~ warfare 2 नौसैनिक: ~ officer; ~ cadet 3 जहाजी: ~ ordnance; ~ ship 4 नौसेना-, नौ;

dw/lw: **~ly** *adv.* नौसैनिक शक्ति के अर्थ में: be supreme ~ly;

collocations: **~ science** नौसेना विज्ञान; **~ intelligence** नौसैनिक गुप्तचरी; **~ encounter/ engagement** नौसैनिक भिड़ंत; **~ supply centre** नौसैनिक आपूर्ति केंद्र; **~ force** नौसैनिक बल; **~ stores** नाविक भंडार

nave /नेव/ *n.* 1 पहिये की धुरी (hub of a wheel) 2 चर्च का मध्य भाग जहां श्रद्धालु लोग बैठते हैं

navel /नेवल/ *n.* 1 नाभि, ढोंढ़ी, तुंदी, सुंडी (*Hr.*) 2 किसी भी संरचना का केंद्रीय भाग;

dw/lw: **~-gazing** *n.* तत्काल कार्रवाई की आवश्यकता के समय बेकार की आत्मालोचना में समय व्यर्थ करने की क्रिया;

collocations: **~ orange** दोहरा बीजरहित संतरा

navicular /नविक्युल/ *adj.* 1 नौकाकार, नौकाभ 2 (*also* **scaphoid**) टखने या हाथ के पहौंचे में नौकाकार अस्थि: ~ disease (सुरनबाद)

naviga\bility /नैविगअबिलिटि/ *n.* नौगम्यता;

dw/lw: **naviga\ble** /नैविगअबल/ *adj.* 1 नौगम्य, जिसमें (जहां) जहाज चल सके, नाव्य 2 संचाल्य, नौचालन योग्य; **naviga\te** /नैविगेट/ *v., pt.* ~ted, *pp* ~ting 1 मानचित्र या नक्शा देख कर जहाज चलाना, नौचालन करना 2 जहाज चलाना, संतरण करना: ~te a ship 3 कठिनाइयों का सामना करते हुए आगे बढना 4 मुश्किल या पेचीदे रास्ते से आगे बढ़ना: the fellow was hardly able to ~te 5 समुद्र यात्रा क., नौयात्रा क., नौपरिवहन क., विमान-यात्रा क.: he was first to ~te the Northern Ocean 6 जहाज या विमान चलाना 7 (***syn.*** plot course) मार्गनिर्देशन क. 8 पारित करवाना: ~te a bill through Parliament; **~tion** /नैविगेशन/ *n.* 1 नौचालन या जहाज चालन 2 विमान-संचालन: aerial ~tion; ~tion lights (विमान की दिग्सूचक बत्तियां) 3 जहाजरानी 4 नौयात्रा, समुद्री यात्रा, नाव यात्रा, नौगमन: inland ~tion; ~tion canal; ~tion bridge 5 मार्गनिर्देशन: ~tion equipment; **naviga\tor** /नैविगेटः/ *n.* (नौ-, विमान-) चालक, जाहजरान, जलयान या विमान का मार्गनिर्देशक

navvy /नैवि/ *n., pl.* **navvies** 1 मजदूर 2 खुदाई-मजदूर, बेलदार 3 नहरों, सड़कों व रेलमार्ग आदि में खुदाई करने वाला मजदूर;

v., pt. **navvied**, *pp* **~ing**, *s/he/ it* **navvies** खुदाई-मजदूर, बेलदार आदि के रूप में काम क.

p&i: **work like a** ~ कोल्हू के बैल की तरह काम क., अनथक काम क.

navy /नेवि/ *n., pl.* **navies** 1 **the Navy** नौसेना (जहाजों, पनडुब्बियों व नाविकों और नौसेना के अफसरों आदि) का पूरा तामझाम 2 नौसैनिक बेड़ा 3 (*also* **~ blue**) गहरा नीला रंग;

collocations: **~ in the air** नौसेना का हवाई बेड़ा; **the merchant** ~ व्यापारिक समुद्री बेड़ा; **Navy List** ब्रितानिया के नौ सेना अफसरों की सूची; **~ yard** *esp. US* सरकारी गोदी, गोदी-बाड़ा, मालजहाज गोदी

Naxal(ite) *n.* 1 बंगाल के नक्सलबाड़ी क्षेत्र में शुरू होने वाला हथियारबद्ध माओवादी आंदोलन 2 इस आंदोलन के समर्थक व अनुयायी, नक्सलवादी

nay /ने/ *adv.* 1 नहीं, न 2 और अधिक 3 बल्कि, बल्कि यदि और बल देकर कहा जाए तो: I suspect, ~ I am certain;

***n.**, pl.* **nays** 1 संसद में किसी प्रस्ताव के विरोध में पड़े मत: **Nays** have it (विरोधी मतों की बढ़त हुई) 2 विरोधी मतदाता: **nays** to the left, ayes to the right (विरोधी मतदाता बायीं और (प्रस्ताव के) समर्थक सदस्य दायीं ओर (खड़े हो जायें);

p&i: **say sb** ~ किसी की बात को काटना, किसी की प्रार्थना अस्वीकार क., मना क.; **mistake, ~, a crime** गलती नहीं, बल्कि अपराध; **yeas and ~s** पक्ष और प्रतिपक्ष के मत; **he will not take** ~ उसे इन्कार स्वीकार न होगा; **say** ~ इन्कार क.

naysay /नेसे/ ***v.**, pt.* **naysaid**, *pp* **~ing**, *s/he/it* **~s** 1 अस्वीकार क., नहीं मानना, मना क. 2 प्रतिवाद क.;

n. इन्कार, प्रतिवाद

nayward /नेवःड/ *n.* (**to the ~**) इन्कार की राह पर

naze /नेज/ *n.* अंतरीप, पृथ्वी का उभरा हुआ या चट्टानी भाग जो दूर तक समुद्र में चला गया हो

Nazi /नात्सि/ *n., pl.* **~s** 1 नाजी, नात्सि (from the word 'natsional = national or National Socialism') 2 जर्मनी के तानाशाह अदोल्फ हिटलर (Adolf Hitler) का अतिराष्ट्रवादी फासीवादी दल का सदस्य, जो इस बात में विश्वास करता था कि जर्मनी की आर्य नस्ल दुनिया की सर्वश्रेष्ठ जाति है और उसे सारी दुनिया पर राज करने के लिए बनाया गया है। इसीलिए इस दल ने अन्य नस्लों के लोगों, विशेषकर यहूदियों का पूर्णतया सफाया करने के अभियान चलाए। उन्हें गैस चैंबरों और वीभत्स बंदी शिविरों में भरकर मारा गया 3 अति नस्लवादी, प्रतिक्रियावादी व कट्टरपंथी व्यक्ति;

dw/lw: **Nazism** /नात्सिज्म/ नाजिज्म/ *n.* नात्सिवाद, फासीवाद

nb/ NB/ N.B. *abbr.* 'nota bene (note well)' की प्रथमाक्षरी (ध्यातव्य, ध्यान से नोट कीजिए!)

NBA *abbr.* 'Net Book Agreement' की प्रथमाक्षरी (1900 से 1995 तक लागू रहने वाला ऐसा समझौता जिसके तहत पुस्तकों को बाजार में प्रकाशक द्वारा निर्धारित मूल्य से कम में नहीं बेचा जा सकता था)

NBC *abbr. US* 'National Broadcasting Company', 'Nuclear, Biological and Chemical (warfare)' की प्रथमाक्षरी

NBC suit *abbr.* 'Nuclear, Biological and Chemical suit' की प्रथमाक्षरी (ऐसी पोशाक जो परमाणु, जीवाणु व रासायनिक युद्ध और हथियारों से रक्षा कर सकती है)

NBT *abbr., Ind.* 'National Book Trust' की प्रथमाक्षरी

N by E *abbr.* 'North by East' का संक्षेप (पूर्व से उत्तर)

N by W *abbr.* 'North by West' का संक्षेप (पश्चिम से उत्तर)

NC *abbr.* 'National Curriculum', 'numerical control' की प्रथमाक्षरी

nc *abbr.* 'no charge' की प्रथमाक्षरी

NCC *abbr.* 'National Curriculum Council', 'Nature Conservancy Council', *Ind.* 'National Cadet Corps' की प्रथमाक्षरी

NCCL 'National Council for Civil Liberties' की प्रथमाक्षरी

NCO *abbr.* 'Non-Commissioned Officers' की प्रथमाक्षरी

NCP *abbr.* 'National Country Party' *Austral.* (आस्ट्रेलिया का एक राजनीतिक दल), *Ind.* 'Nationalist Congress Party' की प्रथमाक्षरी

NCT *abbr.* 'National Childbirth Trust', *UK* 'National Curriculum' की प्रथमाक्षरी

NCV *abbr.* 'National Council for Vocational Qualifications' की प्रथमाक्षरी

nd *abbr.* 'no date' की प्रथमाक्षरी

NE *abbr.*, 'North East', 'North Eastern' की प्रथमाक्षरी

né /ने/ *adj.* पूर्वनामा, उपाधिधारी व्यक्ति का मूल नाम का द्योतक: Edward Knight **né** Austen

Neanderthal /निऐंडःताल/ *adj.* 1 यूरोप में पाया जाने वाला पाषाण युगीन मानव 2 *sometimes* **neanderthal** *colloq.* अति दकियानूसी व प्रतिक्रियावादी मनुष्य;

dw/lw: **~oid** /निऐंडःतालॉयड/ *adj.* पाषाण युगीन मानव जैसा

neanthropic /निऐनथ्रॉपिक/ *adj.* आधुनिक मानव से संबंधित

Neapolitan /निअपॉलिटन/ *n.* इटली का नेपल्ज शहर या उसका वासी;

adj. 1 इटली के नेपल्ज शहर से संबंधित 2 नेपल्ज-विषयक: ~ ice/ ~ ice cream भिन्न-भिन्न रंगों की सतहों से बनी आइस्क्रीम

neap tide/ neap /नीप टाइड/ *n.* चंद्रमा के पहले और तीसरे सप्ताह में उठने वाला ज्वार-(भाटा), लघु ज्वार यानी ऐसा ज्वार जब अधिकतम व निम्नतम ज्वार और भाटों में बहुत कम अंतर होता है

near /निअः/ *adv., degr.* **~er**, **~est** 1 निकट, पास, समीप, नजदीक: come/ draw ~; as soon as he came **~er**; the harvest season is drawing ~ 2 लगभग, प्रायः (almost): ~ a century ago; it is done or ~ so 3 दूर नहीं, पास ही 4 निकटतम 5 के समान, बराबर: the results are pretty ~ 6 नजदीकी, निकट के: we are ~ related; be ~ akin (निकट के संबंधी हो.) 7 करीब से, अति निकट: they are ~ acquainted with the people;

adj.**, degr.* **~er**, **~est** 1 (syn.*** close) पास का, समीप, निकट: ~ relation; the post-office is quite ~; the **~est** way to the station 2 निकट भविष्य में, नजदीकी, समीपवर्ती 3 घनिष्ठ, अंतरंग: ~ to sb's heart; (intimate) 4 (***syn.*** stingy) कंजूस: he is ~ with his money 5 निकटतम: the **~est** translation of an idiom 6 लगभग: ~ blindness; a ~ saint (लगभग संत आदमी);

prep. 1 से (दूरी) पास, निकट: we live ~ them 2 के निकट: bring your chair ~/ **~er** the fire; he drew/ came ~ us; his hopes were ~ fulfilment 3 समय के अर्थ में समीप 4 किसी गुण, विशेषता या अवस्था के निकट 5 के समान: their language is **~er** Latin than Italian 6 के बराबर: nobody can come anywhere ~ him;

v.**, pt.* **~ed**, *pp* **~ing** 1 (syn.*** approach) निकट होना: be **~ing** one's end 2 निकट आना, पास पहुंचना, नजदीक आना: the ship was **~ing** land;

dw/lw: **~-bottom** *adj.* निचला तल; **near-by/ nearby** *adj.* नजदीक, निकटवर्ती, समीप-स्थित, पास में, नजदीकी: a ~by farm-house; **~by** *adv.* निकट ही, पास में: the car is parked ~by; **~-break** *n.* टूटने के अति करीब; **~-critical** *adj.* लगभग नाजुक हालत में; **~-hand** *adj.* पास ही; **nearly** *see below under separate entry*; **~ness** *n.* निकटता, समीपता; **~sighted** /निअःसाइटिड/ *US* (*UK* **short-sighted**; ***anton.*** far-sighted) *adj.* कमजोर आंखों वाला, निकटदर्शी; **near\-sightedness** *n.* (***anton.*** far-sightedness) निकट दृष्टि; **~sonic** *adj.* लगभग ध्वनि की रफ्तार का;

collocations: **~ and dear** सगे-संबंधी; **~ beer** *US* ½% से कम अल्कोहल (शराब के सार) वाली बीयर; **~ brilliant results** लगभग शानदार नतीजे; **~-death experience** मृत्यु के लगभग कगार पर होने का अनुभव; **~ defeat** हार के बहुत करीब; **Near East** 1 निकट-पूर्व, मध्य पूर्व 2 (पहले) बालकन क्षेत्र और टर्की और कभी-कभी ईरान के पश्चिम में स्थित क्षेत्रों का समुच्चय; **~ enough** लगभग; **~ miss** 1 चूकते-चूकते बची सफलता, लगभग असफलता, मुश्किल से मिली सफलता 2 किसी बुरी होनी या दुर्घटना से बाल-बाल बचाव; **~ point** दृष्टि का निकटतम बिंदु; **~ relative** निकट का संबंधी; **~ side** 1 सड़क के किनारे के बहुत करीब 2 बाईं तरफ: the ~ side front tyre; **~ thing** बाल-बाल बचाव, थोड़े से अंतर या बढ़त से पाई गई सफलता;

the Near east = the Middle East मध्यपूर्व के देश; **the nearside** बाईं ओर;

p&i: **~ as dammit** लगभग; **~ at hand** समीप ही; **~ enough** काफी हद तक सही या गलत आदि; **~er the church further from God** जो मक्के में रहते हैं हज नहीं करते, चिराग तले अंधेरा होता है; **~est way is commonly the foulest** आवश्यक नहीं कि सबसे सीधा रास्ता सबसे अच्छा रास्ता हो **~ go/**

shave/ squeak/ thing/ touch बाल-बाल होनेवाला बचाव; **~ is my coat but ~er is my shirt** = **~ is my shirt but ~er is my skin** आप सुखी जहान सुखी; **~ on/ upon** लगभग; **~ the knuckle** लगभग अश्लील; **~ to** 1 पास में, के करीब: his conduct comes ~ to treachery; he came ~ to killing himself 2 के आस-पास: ~ to Diwali 3 लगभग: ~ to black 4 संख्या में लगभग: ~ to the record high 5 के बराबर हो.: come ~ to sb intellectually 6 शारीरिक या मानसिक अवस्था: ~ to tears;

a ~ thing बाल-बाल बचाव; **as ~ as no matter/ as ~ as a toucher/ as a touch/ as ninepence/ as damn it** or **dammit** थोड़ा-थोड़ा, लगभग, बहुत करीब; **be ~ upon eighty years of age** लगभग 80 वर्ष के करीब हो.; **come ~** सफलता या लक्ष्य के समीप होना; **come/ be ~ to doing sth** कुछ कर पाने के निकटतम होना; **go ~ (narrowly fail)** सफल होते-होते रह जाना, लक्ष्य के समीप आकर चूक जाना; **came ~ hitting each other** (वे) एक-दूसरे को लगभग मारने ही वाले थे; **far and ~** सभी जगह, दूर-दूर तक; **lie/ come/ go ~ sb's heart** किसी के मन के करीब हो.; **live ~** कंजूसी से जीना; **not anywhere/ nowhere ~** बिल्कुल भी नहीं, दूर-दूर की भी संभावना नहीं; **not to go ~ sb** or **sth** किसी के पास भी न फटकना; **one's nearest and dearest** किसी के निकटतम परिवार वाले या दोस्त लोग; **sail ~ the wind** खतरा मोल उठाना; **so ~ and yet so far** करीब होकर भी बहुत दूर; **the ~ bank of the river** नदी का नजदीकी किनारा

Nearctic /निआःक्टिक/ *adj.* जीव-भूगोल की दृष्टि से उत्तरी अमेरिका से लेकर कर्क रेखा के उत्तर और ग्रीनलैंड तक के क्षेत्र से संबंधित

nearly /निअःलि/ *adv.* 1 लगभग, करीब-करीब: ~ frozen; ~ blind; he is ~ twice as old as she 2 प्रायः;

p&i: **~ fell** मैं गिरते-गिरते बच गया;

be ~ interested in sth किसी बात में सक्रिय रूप से रुचि रखना; **it concerns me ~** इसका सीधा मुझ से सरोकार है; **not ~ (as/ so)** उतना नहीं जितना सोचा था, बहुत दूर; **not ~ enough** बिल्कुल भी काफी नहीं; **not ~ so good** बिल्कुल उतना अच्छा नहीं; **resemble ~** अत्यधिक मिलना या समान हो.

neat[1] /नीट/ *adj., degr.* **~er**, **~est** 1 साफ-सुथरा, सुरुचिपूर्ण: ~ beds; he was ~ in his dress; ~ handwriting 2 बढिया, दक्षतापूर्ण, परिष्कृत: very ~ answer; ~ argument (साफ-सुथरी दलील) 3 शुद्ध, अमिश्रित, बिना पानी-वानी मिलाए (alcoholic drink): drink one's whisky ~ 4 स्वच्छ, साफ: ~ as a bandbox/ as a new pin/ as ninepence/ as wax 5 विदग्ध, परिष्कृत प्रांजल: ~ style; ~ workmanship; ~ craftsman; ~ but not gaudy 6 (***syn.*** ~-handed) कुशल, दक्ष 7 (***syn.*** tidy) सुव्यवस्थित, साफ: ~ piece of work;

dw/lw: **~en** /नीटन/ *v., pt.* ~ened, *pp* ~ening किसी चीज या स्थान को सफाई करके साफ-सुथरा बनाना; **~ly** /नीटलि/ *adv.* सुव्यवस्थित रूप में, बहुत अच्छे ढंग से

neat[2] *n., pl.* **neat** *archaic* or *dialect* बैल, गाय, मवेशी, ढोर: as ~ herd (गोपाल, ग्वाला, पाळी /*Hr.*/); ~-house (गोशाला)

neath/ 'neath /नीथ/ *prep, dialect or poetry*; *short* of **'beneath'** का छोटा रूप

NEB *abbr.* 'National Enterprise Board', 'New English Bible' की प्रथमाक्षरी

Neb./ Nebr. *see above under* **NB**

neb /नेब/ *n.* 1 चिड़िया आदि की चोंच 2 मनुष्य का मुंह 3 नोक, नुकीला भाग 4 नाक;

v., pt. **~bed**, *pp* **~bing** गुप्तचर की तरह सूंघते घूमना ताकि गप्प मारने के लिए कुछ मसाला मिल जाए

nebbich /नबिक/ or **nebbish /nebish** /नबिश/ नेबिश/ *n., pl.* **~es** 1 महत्त्वहीन व्यक्ति 2 अक्षम व्यक्ति 3 सदा जुल्म का शिकार व्यक्ति

nebula /नेब्यूला/ *n., pl.* **~s/ nebulae** /नेब्यूली/ 1 धुंधलापन 2 अंतरिक्ष में धूल के कणों से बना चमकीला काला धब्बा 3 नीहारिका 4 फूली, हल्की-फुल्की (on cornea), आंख का कांटा या किरकिरी;

dw/lw: **nebular** /नेब्युलः/ *adj.* 1 नीहारिका-संबंधी: ~ hypothesis (नीहारिका-परिकल्पना) 2 बादलों के ढेर-सा 3 धुंधला

nebuli\ze /नेब्युलाइ\ज/ *v., pt.* **~zed**, *pp* **~zing** फुहारकर छिड़कना;

dw/lw: **~zer** /नेब्युलाइजः/ *n., med.* 1 फुहारक, शीकरक 2 दवाई को नेब्युलाइजर (फुहारे) की मदद से धुंधनुमा रूप में लेना

nebulous /नेब्यु\लस/ *adj.* 1 धुंधला, अस्पष्ट: ~ disquisitions (अस्पष्ट लफ्फाजी) 2 मेघाच्छन्न, मेघाच्छादित 3 *astron.* नीहारिकाभ, नीहारिका-मय 4 (***syn.*** misty) कोहरेदार 5 (***syn.*** turbid) गदला;

dw/lw: **nebulous\ness** /~लसनेस/ (*also* **nebulosity** /नेब्युलॉसिटि/) *n.* 1 कोहरापन, धुंधलापन 2 अस्पष्टता, धूमिलता 3 ढुलमुलपन

NEC *abbr.* 'National Executive Committee', 'National Exhibition Centre' in Birmingham की प्रथमाक्षरी

nece\ssaries /नेसअ\सअरीज/ *n.* 1 (किसी काम के लिए) आवश्यक वस्तुएं 2 आवश्यकताएं, जरूरियात 3 रोटी-कपड़ा-मकान आदि;

dw/lw: **~ssarily** /~सेरिलि/ *adv.* 1 आवश्यक रूप से: it must ~ssarily follow that ... 2 अनिवार्य रूप में: that is not ~ssarily so 3 जरूरतन: be ~ssarily absent (जरूरतवश अनुपस्थित); **nece\ssary** /~सरि/ *adj.* 1 जरूरी, आवश्यक: ~ssary for our country; ~ssary for happiness; ~ssary to me; it is not ~ssary for you to come 2 नितांत आवश्यक: the ~ssary alternative; ~ssary conclusion 3 (***syn.*** unavoidable) अनिवार्य, अपरिहार्य: ~ssary evil 4 (***syn.*** inevitable) अटलनीय, अकाट्य: ~ssary to the scheme 5 विवशतापूर्ण: ~ssary action 6 स्पष्ट, स्वयंसिद्ध: ~ssary truth; **~ssary** *n.* 1 नितांत आवश्यक चीज या बात: deny oneself every ~ssary 2 जरूरतें: ~ssaries of life 3 धन, पैसा: provide the ~ssaries; **~ssitarian** /~सिटेरिअन/ (*also* **~ssarian**) *adj.* नियतिवादी, भाग्यवादी; **~ssitarianism** /~सिटेरिअनिजम/ *n.* नियतिवाद, भाग्यवाद; यह विश्वास कि मानव जनों के कर्म पूर्व निर्धारित हालात द्वारा निश्चित होते हैं और उन्हें स्वेच्छा से नहीं बदला जा सकता; **nece\ssitate** /नअसेसिटेट/ *v., pt.* ~ssitated, *pp* ~ssitating 1 जरूरी और अवश्यंभावी बनाना: increase in population ~ssitates a greater food supply 2 किसी को कुछ करने के लिए विवश क.: sacrifices ~ssitated by war 3 मांगना 4 की अपेक्षा क.; **~ssitous** /नअसेसिटस/ *adj.* 1 जरूरतमंद: ~ssitous public 2 आवश्यक, जरूरी 3 दरिद्र, अकिंचन, तंगहाल: in ~ssitous circumstances (तंगहाली में); **nece\ssitude** /नअसेसिट्यूड/ *n.* = **necessity**;

collocations: **~ssary-and-proper clause** अमेरिकी संविधान की धारा, जो कांग्रेस को कानून बनाने का अधिकार देती है;

p&i: **~ssary evil** विवाषता के कारण अपनाई जानेवाली बुराई

necessity /नअसेसिटि/ *n., pl.* **necessities** 1 जरूरत, अनिवार्यता: of ~; do sth of ~; be under the ~ of doing sth; in case of ~ (जरूरत पड़ने पर); it is a ~ to me 2 आवश्यकता, दबाव: a ~ for action; logical ~ 3 दरिद्रता, गरीबी, कंगाली, तंगहाली: be in great ~ 4 अकाट्यता, अटलनीयता 5 जरूरत की चीजें, आवश्यक जरूरतें: food and warmth are **necessities** 6 *philos.* आवश्यकता: ~ and chance; doctrine of ~;

p&i: **~ is the mother of invention** आवश्यकता आविष्कार की जननी है; **~ knows no law** कंगाली में कानून की तंगहाली;

bow to ~ जिसे टाला नहीं जा सकता उसे स्वीकार कर लेने में ही भलाई है; **make a virtue of ~** मजबूरी को अवसर में बदलना; **necessity is coal black** आवश्यकता टाली नहीं जा सकती

neck /नेक/ *n.* 1 गर्दन, ग्रीवा: break sb's ~ 2 कमीज का गला, गरेबान 3 गर्दनी 4 बोतल का गला 5 गर्दन का गोश्त 6 घाटी (of mountain) 7 जलडमरू मध्य (of land) 8 बदतमीजी, अहंकार; *v., pt.* **~ed**, *pp* **~ing** *sl.* कामातुर होकर चुंबन लेना;
dw/lw: **~band** *n.* 1 कमीज आदि के गले के चारों ओर लगी पट्टी 2 वकीलों या न्यायाधीशों आदि द्वारा पहने जाने वाली गल-पट्टी; **~cloth** *n.* पुरुषों द्वारा गले में पहने जाने वाला रूमाल या अन्य कपड़ा; **neck\erchief** /नेकःचिफ/ *n.* गले में बांधने का रूमाल; **~ing** /नेकिंग/ *n.* चुम्मा-चाटी; **~ing-party** *n.* चुम्मा-चाटी पार्टी; **neck\lace/ neckl\et** /नेक्लेस/ नेक्लेट/ *n.* 1 गले का हार, माला, कंठी, कंठा 2 गुलूबंद; **~lace** *v., pt.* ~laced, *pp* ~lacing *in South Africa*: किसी को गले के हार को खींचकर मारना; **~line** /नेकलाइन/ *n.* गले के आकार का (कपड़ा), गले की रेखा, सीमित रेखा: a low ~line (गले की नीची रेखा); **~tie** /नैक्टाइ/ *n.* टाई, नेकटाई, कंठबंध, कंठ-लंगोट; **~wear** /नेक्विअः/ *n.* टाई, गले में पहनने का कपड़ा (रूमाल आदि); **necky** /नेकि/ *adj.* बदमाश, बदतमीज;
collocations: **~ of the woods** *humorous* 1 पड़ोस, स्थान 2 जंगल में डेरा; **polo ~** टीशर्ट आदि की ऊपर उठी गर्दनी;
p&i: **~ and crop** पूरा का पूरा; **~ and ~** 1 (मुकाबले में) बराबर की टक्कर के, कांटे की टक्कर 2 पहलू-ब-पहलू, साथ-साथ; **~ and ~ with sb/ sth = nip and tuck with sb** मुकाबले या दौड़ में किसी के बराबर आना; **~ or nothing** तख्त या तख्ता; **~ to ~ fight** घमासान युद्ध;
a head-and-neck's length *horse racing* बहुत कम अंतर से (जीतना); **a stiff ~** अडियलपन; **be breathing down sb's ~** किसी के ऊपर कड़ी नजर रखना; **be up to one's neck (in sth)** बहुत व्यस्त होना, किसी काम में पूर्णतः डूबा हो.; **break one's ~** 1 अपनी गर्दन तुड़वाना 2 सिर पर पांव रखकर दौड़ना; **catch it in the ~** पापों की सजा मिलना; **get it in the ~** *colloq.* कड़ी फटकार सहना, दंडित हो.; **go out on one's ~** सिर पर पांव रखकर दौड़ जा.; **joined to the mainland by a ~ of land** धरती के संकरे टुकड़े के माध्यम से मुख्य भूभाग से जुड़ा हो.; **millstone around one's ~** भारी बोझ, गले पड़ा ढोल; **risk one's ~** बहुत बड़ा जोखिम उठाना; **save one's ~/ skin** अपनी जान बचाना; **stick one's ~ out** खतरा मोल ले.; **up to one's ~ in sth** सिर से लेकर एड़ी तक किसी कार्य में डूबा हो.; **won by a ~** बड़े कम अंतर से जीता

necro- /नेक्रो/ नेक्रअ/ नेक्रॉ/ *comb. form denoting*: 1 **dead** (मृत) 2 **dead body** (शव) 3 **dead tissue** (मृत ऊतक);
dw/lw: **~biosis** /नेक्रअबायोसिस/ *n., pathol.* कोशिका का स्वाभाविक ह्रास; **necro\lator** /नेक्रोलेटः/ *n.* शवपूजक, मृतकपूजक; **~latry** /नेक्रोलेटरि/ *n.* शवपूजा; **~logic** /नेक्रअलॉजिक/ *adj.* मृत्यु उपरांत: ~logic notice; **necro\logy** /नेक्रॉलजि/ *n.* 1 मृतक सूची 2 मृतक तालिका 3 (obituary) निधन-सूचना 4 निधनोपरांत श्रद्धांजलि लेख, मृत्युसंवाद; **~mancer** /नेक्रोमैंसः/ *n.* 1 मृतकों के साथ संवाद साधकर भविष्यवाणी करने वाला 2 जिसने भूतों को सिद्ध कर लिया हो, भूतसिद्ध 3 जादूगर, टोनहाया, टोनहिया, ओझा; **necro\mancy** /नेक्रोमैंसि/ *n.* 1 भूतसिद्धि 2 (***syn.*** magic) अभिचार, टोनहाई, जादू-टोना, टोना-टोटका 3 काला जादू, झाड़-फूंक 4 सम्मोहन; **~mantic** /नेक्रोमैंटिक/ *adj.* भूतसिद्धि/ अभिचार/ टोनहाई/ जादू-टोना/ टोना-टोटका करने वाला; **~mantically** /नेक्रअमैंटिकलि/ *adv.* भूतसिद्धि आदि के माध्यम से; **necro\phagous** /नेक्रौफअगस/ *adj.* शवभक्षी (पशु, पक्षी); **~philia** /नेक्रअफिलिआ/ (*also* **~philism**) *n.* शव-मैथुन, शव-सहवास, शवकामुकता; **~phile**/ **~philiac** /नेक्रअफाइल/ नेक्रअफिलिऐक/ *n.* शवकामुक व्यक्ति; **~philic** /नेक्रअफिलिक/ *adj.* शवकामुक; **~philism**/ **~phily** /नेक्रअफिलिजम/ नेक्रअफिलि/ *n.* शवकामुकता; **necro\phobia** /नेक्रोफोबिआ/ *n.* शवभीति; **necro\polis** /नेक्रौपलिस/ (*also* **necro\poleis** /नेक्रौपलीस/) *n.* श्मशान, कब्रिस्तान; **necro\psy/ necro\scopy** /नेक्रौप्सि/ नेक्रोस्कौपि/ *n.* (***syn.*** autopsy) शव-परीक्षा; **necro\sis** /नेक्रोसिस/ *n.* ऊतक-क्षय, ऊतक परिगलन, अस्थिक्षय, रक्ति-पूर्ति (blood-supply) क्षति; **necro\tomy** /नेक्रौटअमि/ *n.* (***syn.*** autopsy) शव-परीक्षा;
collocations: **~tizing faciitis** /नेक्रअटाइजिंग फैशिआइटिस/ कोशिकाओं के ऊतकों को द्रुत गति से नष्ट करने वाला गंभीर संक्रमण

nectar /नेकटः/ *n.* 1 देव-पेय, अमृत, सुधा 2 मकरंद, मधुरस 3 फल रस;
dw/lw: **~ed** /नेकटःड/ *adj.* 1 शहद भरा 2 सुगंधित; **nectareous** /नेकटेअरिअस/ (*also* **~ean** /नेकटेअरिअन/) *adj.* 1 मधुरिम 2 सुगंधित 3 मीठा; **~ine** /नेक्टअरीन/ *n., pl.* **~ines** फूलों का रस, अमृत, पीयूष, सुधा, मधु, एक प्रकार का फल, शफतालू; **~y** *n., pl.* **nectaries** मकरंदकोष

ned /नेड/ *n., Scots, sl.* गुंडा नौजवान

NEDC *abbr., UK* 'National Economic Development Council' की प्रथमाक्षरी

neddy /नेडि/ *n., pl.* **neddies** *colloq.* 1 गधा 2 मूर्ख, काठ का उल्लू 3 *Austral. sl.* रेस (race) का घोड़ा

née/ nee /ने/ *adj.* पूर्वनाम, लड़की का विवाह के पहले का नाम: Madhuri Nene, **née** Madhuri Dixit

need /नीड/ *v., pt.* **~ed**, *pp* **~ing** 1 आवश्यक हो.: he **~s** a lesson 2 की आवश्यकता हो. या पड़ना, को जरूरत हो.: he ~ not come; he **~n't** have been in such a hurry 3 आकांक्षा करना: ~ sth of sb 4 अभाव अनुभव करना, का अभाव होना: farmers ~ rain 5 *as aux. v.* कुछ करने की जरूरत हो.: ~ to do sth; I don't ~ to do anything; he **~s** to be careful; you ~ not trouble yourself;
n. 1 आवश्यकता, जरूरत: be/ stand in ~ of sth; feel the ~ of sth/ have the ~ of sth; the house is in ~ of repairs 2 अभाव, तंगी, गरीबी: live/ be in ~ 3 अपेक्षा 4 (***syn.*** difficulty, hardship) विपत्ति, कष्ट: hour of dire ~; good at ~ (मुसीबत में काम आनेवाला);
dw/lw: **~blind** *adj. US* अमेरिका में पूर्णतः योग्यता के आधार पर किसी को दिया जाने वाला किसी कोर्स में प्रवेश; **~ful** /नीडफुल/ *adj.* (***syn.*** necessary) आवश्यक, जरूरी: do what is ~ful; do the ~ful (जिसकी जरूरत है उसे क.); **~iness** /नीडिनेस/ *n.* निर्धनता; **need\less** /नीडलेस/ *adj.* 1 (***syn.*** unnecessary) अनावश्यक: ~less to say ... (कहने की जरूरत नहीं कि ...); ~less to add ... (और कुछ जोड़ने की जरूरत नहीं कि ...) 2 निरर्थक 3 अकांक्षा रहित 4 व्यर्थ: ~less trouble; **~lessly** /नीडलेस्लि/ *adv.* व्यर्थ में, बेकार में; **~lessness** /नीडलेसनेस/ *n.* अनावश्यकता; **need\ments** /नीडमंट्स/ *n., pl.* 1 सभी आवश्क वस्तुएं 2 हाथ में ले जाने वाला सामान 3 जरूरियात; **need\s** /नीड्ज/ *n., [pl.]* जरूरतें, आवश्यकताएं: her ~s are modest (उसकी जरूरतें बहुत कम हैं); **need\y** /नीडि/ *adj., degr.* ~ier, ~iest गरीब, जरूरतमंद, दरिद्र, निर्धन;
collocations: **~ to know** जितनी जानकारी की जरूरत हो उतनी दे.: further information will be released on a ~ to know basis;
p&i: **~ hardly tell sb that ...** किसी को यह बताने की जरूरत नहीं कि...; **~less to say** यह बताने की जरूरत नहीं कि ...; **~ makes the naked man run** जरूरत बुरी बला है; **~ makes the old wife trot** कंगाली बुरी बला है; **~ not trouble oneself** ज्यादा तकलीफ उठाने की जरूरत नहीं; **~s must when the devil drives** यदि जरूरत है तो अवश्य करना चाहिए, चाहे वह काम अप्रिय क्यों न हो; **~ to have one's head examined** दिमाग खराब हो.;
a friend in ~ is a friend indeed मुसीबत में ही सच्चे दोस्त

की पहचान होती है; **for ~ of** की कमी के कारण; **daily ~s** दिन प्रतिदिन की आवश्यकताएं; **if ~ be** यदि जरूरत पड़ी तो; **in ~** जरूरतमंद, निर्धन; **poorer than was ~ed** जरूरत से कहीं अधिक गरीब; **that ~s no saying** ऐसी बात कहने की जरूरत नहीं; **the ~ of one's heart** दिल की आवाज; **these facts ~ no comment** इन तथ्यों पर टिप्पणी की आवश्यकता नहीं

needfire /नीडफायः/ *n.* लकड़ी के दो टुकड़ों की रगड़ से पैदा होने वाली आग

needle /नीडल\/ *n.* 1 टीका या इंजेक्शन लगाने वाली सूई 2 सिलाई करने वाली सूई: ply one's ~ (सिलाई क.) 3 वैज्ञानिक उपकरणों में कुछ नापने वाली सूई: magnetic ~ (कुतुबनुमा (compass) की सूई) 4 चीर-फाड़ करने की सूई 5 घड़ी आदि की सूई 6 ग्रामोफोन की सूई 7 (**the needle**) *colloq.* उकसावा, चिढ़, क्रोध, नापसंदगी: get/ have the ~ (चिढ़ना, क्रुद्ध हो.); give sb the ~ or ~ sb (किसी को चिढ़ाना या क्रुद्ध क.); sharp as a ~ (सूई-सा पैना, मेधावी);

v., pt. **~d**, *pp* **needling** 1 सीना, सिलाई क. 2 छेदना, चुभोना 3 (***syn.*** antagonise) उत्तेजित क., उकसाना, उभाड़ना, चिढ़ाना;

dw/lw: **~cord** *n.* बढ़िया कोर्डुराइ (corduroy); **needle\craft** /~क्राफ्ट/ ~क्रैफ्ट/ *n.* सुईकारी, कढ़ाई, कशीदाकारी; **~point** (*also* **~lace**) *n.* 1 सूई की नोक 2 कपड़े पर बढ़िया सुईकारी, कशीदाकारी; **~syringe** *n.* इंजेक्शन की सूई; **needle\woman** *n.* सिलाई-कढ़ाई या बुनाई के काम में निपुण स्त्री, दर्जिन; **~work** *n.* सुईकारी, कशीदाकारी, कढ़ाई;

collocations: **~ administration** इंजेक्शन से दवाई चढ़ाने की क्रिया; **~ bank** ऐसा स्थान जहां मादक पदार्थों के व्यसनी (नशेड़ी) इंजेक्शन से मादक द्रव अपने शरीर में लेने के पुराने सिरिंजों के बदले मुफ्त में नए सिरंज ले सकते हैं ताकि वे रोग संक्रमण से बचे रहें; **~ time** रेडियो चैनल को पहले से रिकॉर्ड किया हुआ संगीत बजाने का अनुमत समय; **~ valve** सूईनुमा वाल्व (कपाट);

p&i: **~ in a haystack** घास के ढेर में सूई (खोजना), निरर्थक प्रयत्न क.; **~ one's way** भीड़ में से अपना रास्ता बनाना; **as sharp as a ~** कुशाग्र बुद्धि; **thread the ~** जटिल कार्य निपटाना

needless *see above under* **need: *dw/lw***

needn't /नीडंट/ '**need not**' का संक्षिप्त रूप (इसकी जरूरत नहीं)

needs *see above under* **need: *dw/lw***

needy *see above under* **need: *dw/lw***

neep /नीप/ *n., Scots* शलगम, शलजम

ne'er /नेअः/ *adv., poetic, contraction of* 'never' कभी नहीं;

dw/lw: **ne'er-do-well** *n.* निकम्मा, बुदम व्यक्ति; **ne'er-do-well** *adj.* निकम्मा, बुदम

NEF *abbr.* 'National Energy Foundation' की प्रथमाक्षरी

nefarious /निफेअरिअस\/ *adj.* 1 दुष्ट या दुष्टतापूर्ण: ~ schemes 2 बुरा 3 निंद्य 4 घृणित 5 जघन्य: ~ practices of slave-dealers;

dw/lw: **nefarious\ly** /~लि/ *adv.* दुष्टता से, घिनौनेपन से; **~ness** /~नेस/ *n.* दुष्टता

neg *abbr.*, 'negative'/ 'negatively'/ 'negotiable' का संक्षेप

nega\te /निगेट/ *v., pt.* **~ted**, *pp* **~ting** 1 निष्प्रभावी बनाना, निराकरण करना, नकारना: **~te** free-will 2 अस्वीकार क., खंडन क. 3 व्यर्थ कर दे., के विरुद्ध जा.: our actions often **~te** our principles;

dw/lw: **nega\tion** /निगेशन/ *n.* 1 निराकरण, निष्प्रभाव: arbitrary action is the ~tion of order and justice (सनकी कार्य व्यवस्था और न्याय को नकारता है) 2 इन्कार, नकार, प्रतिवाद, खंडन: he made a sign of ~tion 3 निषेध, अभाव 4 *logic* नकारात्मक तर्क-वाक्य या प्रतिज्ञप्ति: ~tion of ~tion (नकारात्मकता का प्रतिवाद); **~tionist** /निगेशनिस्ट/ *n.* जो मात्र नकारता है पर अपने पक्ष में कोई दलील नहीं देता, सदाबहार नकारक;

collocations: **~ therapy** *alternative med.* एक इलाज पद्धति जिसके तहत शरीर को अहानिकर अयोनों (**ion**s) के प्रभाव तले लाया जाता है

negative /नेगअटिव\/ *adj.* 1 (***syn.*** prohibitory) निषेधात्मक, निषेधी, निषेधक 2 (***anton.*** positive) नकारात्मक: ~ voice; ~ vote; ~ personality; ~ report 3 (***anton.*** affirmative) नकारात्मक (उत्तर) 4 (***anton.*** positive) निषेधात्मक (चिकित्सीय परीक्षा परिणाम) 5 (***anton.*** positive) ऋणात्मक संख्या, शून्य से कम: ~ sign; ~ air pressure 6 *elec.* (***anton.*** positive) ऋणात्मक, ठंडा 7 अभावात्मक, प्रतिकूल, प्रभावहीन: the experiments proved ~; ~ evidence 8 (***anton.*** positive) निराशावादी, विनाशकारी: ~ criticism; ~ attitude 9 नहिक, नेगेटिव (photography): ~ print (प्रतिछाप) 10 निरर्थक, फिजूल 11 *logic* कर्ता और कर्म में संबंध को नकारने वाला: a ~ word or phrase *gramm.* (निषेधात्मक शब्द या वाक्य) 12 गति-मंदक: ~ acceleration 13 आयात अधिक, निर्यात कम: ~ trade balance;

n. 1 कैमरे से खींचे गए फोटो का मूल 2 नहीं, नकारात्मक (निषेधक) शब्द या वाक्य 3 नकारात्मक उत्तर: replied/ answered in ~; the answer is in the ~ 4 अवगुण: his character is made up of **~s** 5 खलनायक 6 नकारात्मक परिणाम: it was decided in the ~; the plebiscite returned a ~ (जनमत-संग्रह का परिणाम नहीं में निकला) 7 ऋणात्मक संख्या: two **~s** make an affirmative;

v., pt. **~d**, *pp* **negativing** 1 अस्वीकार क. 2 खंडन क., नकारना: ~ a hypothesis/ an inference 3 (***syn.*** neutralize) व्यर्थ कर दे.: ~ an effect; ~ all efforts/ attempts 4 रोकना, निषेध क. (veto): the senate **~d** the proposed taxation 5 गलत सिद्ध क.: experiments **~d** his theory;

dw/lw: **negative\ly** /~लि/ *adv.* 1 नकारते हुए, प्रतिवाद करते हुए 2 नकारात्मक रुख से; **~ness** /~नेस/ *n.* नकारात्मकता, नकारात्मक रवैया या रुख;

collocations: **~ bias** ऋणात्मक अभिनति, नकारात्मक प्रवृत्ति, दुराग्रह; **~ equity** *econ.* संपत्ति की दरों में गिरावट से पैदा हुई स्थिति यानी ऐसे हालात जब जायदाद की कीमत उसके रहन (गिरवी) की कीमत से कम हो जाए; **~ feedback** 1 निराशाजनक प्रतिक्रिया 2 विरोध, समर्थन का अभाव; **~ heliotropism** पत्तों और तने की प्रकाश की ओर बढ़ने (**positive heliotropism**) और जड़ों की प्रकाश से दूर बढ़ने (**negative heliotropism**) की प्रवृत्ति; **~ pole** ऋणात्मक ध्रुव; **~ reinforcement** *psychol.* एक ऐसी प्रक्रिया जिसमें किसी नकारात्मक प्रभाव (electric shocks etc.) के माध्यम से उपचार किया जाता है; **~ sign** ऋणात्मक द्योतक (–);

p&i: **two ~s make an affirmative** ना-ना करते-करते हां कर दे.

negativism /नेगअटिविजम/ *n.* 1 मान्य विश्वासों या मान्यताओं को नकारने की प्रवृत्ति 2 नकारवाद, हानिकर नकारात्मकता 3 निषेधवाद, निषेधवृत्ति 4 असहयोग प्रवृत्ति 5 विनाशकारी रुख या रवैया

negativity /नेगअटिविटि/ *n.* 1 निषेधात्मकता 2 नकारात्मकता, नकारवाद 3 ऋणात्मकता

negator /निगेटः/ *n.* 1 नकारने वाला 2 *gramm.* नकारात्मक अर्थ के द्योतक शब्द या शब्द-भाग, उदाहरणतया: **not, never** etc.;

dw/lw: **negator\y** /निगेटरि/ *n.* नकारात्मक

neglect /निग्ले\क्ट/ *v., pt.* **~ed**, *pp* **~ing** 1 ध्यान न दे.: ~ one's children 2 पूरा नहीं क., छोड़ दे. 3 अवहेलना या उपेक्षा करना: not to ~ one's elderly parents; ~ to do/ doing sth; ~ to clean the shoes 4 (***syn.*** omit) भूल या गलती से कुछ छोड़ दे.: ~ to mention sth 5 परवाह न क.: **~ing** worldly ends (सांसारिक जरूरतों की परवाह न क.) 6 लापरवाही क.: not to ~ taking care of the cold; he **~ed** his clothes 7 रुचि न दिखाना, उदासीन हो.: market is **~ed** (खरीददार बाजार में कोई रुचि नहीं दिखा रहे);

n. 1 अवहेलना, अवज्ञा: ~ of official duty 2 उपेक्षा: ~ of the child by the parents 3 अनादर, तिरस्कार: ~ of elderly 4

लापरवाही, देखभाल का अभाव: in a state of ~; fall into ~ 5 उदासीनता 6 भुला दिए जाने की क्रिया: ensure against ~;

dw/lw: **neglect\ed** /~क्टिड/ *adj.* उपेक्षित, तिरस्कृत, अनादरित या अनादृत, परित्यक्त, विस्मृत; **~ful** *adj.* 1 असावधान 2 लापरवाह 3 बेखबर, बेपरवाह: ~ful of one's appearance 4 उदासीन: ~ful attitude; **~fulness** *n.* असावधानी, बेपरवाही, लापरवाही, उपेक्षा

negligee/ négligée /नेग्लिजे/ *n., pl.* **~s** औरत का पतला गाउन, ढीले-ढाले कपड़े

negli\gence /नेग्लि\जंस/ *n.* 1 लापरवाही: criminal/ culpable **~gence**; gross **~gence** (अत्यधिक लापरवाही) 2 असावधानी: his habitual **~gence**; be due to **~gence** 3 बेध्यानी, गफलत 4 प्रमाद 5 उपेक्षा 6 उदासीनता;

dw/lw: **negli\gent** /नेग्लिजंट/ *adj.* 1 लापरवाह: ~gent in his work; ~gent of his duties 2 असावधान 3 प्रमादी: ~gent of good humour 4 उदासीन: ~gent air 5 (***syn.*** nonchalant) बेपरवाह, बेतकल्लुफ: ~gent attitude; **~gently** *adv.* लापरवाही से

negligi\bility /नेग्लिज\बिलिटि/ *n.* (***syn.*** insignificance) तुच्छता, महत्त्वहीनता, नगण्यता;

dw/lw: **negligi\ble** /नेग्लिजअबल/ *adj.* 1 (***syn.*** insignificant) नगण्य: ~ble quantity; by a ~ble margin 2 महत्त्वहीन: ~ble error 3 उपेक्षणीय; **~bly** *adv.* 1 उपेक्षापूर्वक 2 थोड़ा-सा, अति नगण्य रूप में

negotiable /निगोशिएबल/ *adj.* 1 जिसे पार किया जा सके, पारणीय 2 विक्रेय, जिसे दिया-लिया जा सके 3 जिसे वार्ता से सुलझाया जा सके, संलाप्य: not ~ 4 विनिमेय, जिसे लेन-देन का विषय बनाया जा सके: non-~ securities 5 परक्राम्य: ~ instrument (परक्राम्य लिखत)

negotia\te /निगोशिएट/ *v., pt.* **~ted**, *pp* **~ting** 1 समझौते के लिए बात-चीत करना, वार्ता क.: **~te** for peace/ for truce/ for cease-fire; **~te** from a position of strength; **~te** a treaty with another nation 2 (बाधा आदि) पार करना: **~te** a wall; **~te** an obstacle; **~te** a curve (सड़क पर कोई मोड़ पार क.); **~te** a fence (बाड़ पार क.) 3 मोल-तोल क., लेन-देन क.: **~te** tariff concessions 4 समझौता वार्ता क., सौदा क.: **~te** a contract 5 प्रबन्ध क., इंतजाम क. 6 बेचना, परक्रामण क.: **~te** a bill/ a cheque (हुंडी या चेक भुनाना);

dw/lw: **~ted** /निगोशिएटिड/ *adj.* बात-चीत द्वारा तय; **~ting** *adj.* वार्तालाप संबंधी: ~ting conference (वार्तालाप सभा); **negotia\tion** /निगोशिएशन/ *n.* 1 समझौता-वार्ता, बात-चीत: enter into ~tions with sb for sth 2 मोल-तोल 3 बातचीत का दौर: be in ~tions; conduct ~tions; fail in one's ~tions; **~tor** /निगोशिएटः/ *n.* 1 वार्ताकार, समझौता-वार्ता करने वाला: chief ~tor 3 बेचने वाला, पराक्रामक

Neg\ress /नीग्रेस/ *n., pl.* **~es** *offensive* अफ्रीकी मूल की काले रंग की स्त्री, हब्शिन, नीग्रो स्त्री;

dw/lw: **~rillo** /निग्रिलो/ *n., pl.* **~rillos** बौना हब्शी; **~rito** /निग्रीटो/ *n.,* ~s/ ~es नेग्रीटो, दक्षिण-पूर्व एशिया, मेलेनेशिया और अफ्रीका में मिलनेवाली बौनी हब्शी प्रजातियां; **~ritude** /नेग्रिटयूड/ *n.* 1 नीग्रोपन 2 नीग्रो चेतना, अस्मिता या संस्कृति; **~ro** /नीग्रो/ *n., pl.* **~roes** *offensive* अफ्रीकी मूल का काले रंग का आदमी, नीग्रो, हब्शी; **~ro** *adj.* अफ्रीकी मूल के काले रंग के लोगों से संबंधित: ~ro songs; the ~ro community; ~ro tribes; **~roid** /नीग्रॉयड/ *adj.* हब्शी नस्ल के नैन-नक्शवाला; **~roid** *n.* हब्शी; **~roism** /नीग्रोइजम/ *n.* 1 *US* अफ्रीकी मूल के काले रंग के लोगों की बोली की कुछ विशेषतायें 2 अफ्रीकी मूल के काले रंग के लोगों के अधिकार आंदोलन के प्रति समर्पण 3 नीग्रोवाद; **~rophil(e)** /नीग्रोफिल/ *n.* अफ्रीकी मूल के काले रंग के लोगों के प्रति प्रेम; **neg\rophobe** /नीग्रोफोब/ *n.* अफ्रीकी मूल के काले रंग के लोगों से प्रति द्वेष या घृणा करने वाला; **neg\rophobia** /नीग्रोफोबिआ/ *n.* अफ्रीकी मूल के काले रंग के लोगों के प्रति द्वेष या घृणा;

collocations: **Neg\ro spiritual** अमेरिका के उत्तरी राज्यों में पनपे अफ्रीकी मूल के काले रंग के दासों का एक धार्मिक गीत जिसमें दासता से बच निकलने के सपने छिपे थे

Negus /नीगस/ *n.* गर्म पानी, मदिरा व अन्य कई चीजों से बना पेय

Neh. *abbr.* 'Nehemah' Book of the Bible का संक्षेप

neigh /ने/ *n.* घोड़े की हिनहिनाहट;

v., *pt.* **~ed**, *pp* **~ing** हिनहिनाना

neighbour *UK* (*US* **neighbor**) /नेबः/ *n.* 1 पड़ोसी: next-door **~s**; love thy ~ as thyself; duty to one's ~ 2 पड़ोसिन 3 बगलवाला 4 प्रतिवेशी, प्रतिवासी;

v., *pt.* **~ed**, *pp* **~ing** 1 पास रहना या होना: the wood **~s** upon the lake (वन झील तक फैला है) 2 मेल-जोल रखना;

dw/lw: **~ed** /नेबःड/ *adj.* पड़ोस में स्थित: a beautifully ~ed town; ~ed by/ with; ill ~ed (खराब पड़ोस); a sparsely ~ed place (असघन पड़ोस); **neighbour\hood** *see below under separate entry*; **~ing** *UK* (*US* **neighboring**) /नेबरिंग/ *adj.* 1 पड़ोस का: ~ing countries 2 निकटवर्ती, समीपवर्ती: in the ~ing village 3 परिवेशी; **~liness** /नेबःलिनेस/ *n.* 1 अच्छा पड़ोसपन 2 मेलजोल 3 मिलनसारिता; **~ly** /नेबःलि/ *adj.* 1 पड़ोसियों-सा, पड़ोसाना: it was not ~ly of her 2 (***syn.*** kind) अच्छे पड़ोसियों-सा, मैत्रीपूर्ण, मिलनसार: she is a ~ly soul;

***collocations*: the ~ing states** पड़ोसी देश; **the Good Neighbour Policy** पड़ोसियों से सद्-व्यवहार की नीति

neighbourhood *UK* (*US* **neighborhood**) /नेबःहुड/ *n.* 1 पड़ोस, पास-पड़ोस: live in the ~ of Delhi; live in a healthy ~ 2 (***syn.*** vicinity) अड़ोस-पड़ोस: ~ schools; ~ stores 3 प्रतिवेश, प्रतिवास: inter-racial ~; be laughed at by the whole ~; ~ opinion 4 सामीप्य, समीपता 5 मेल-जोल 6 के आसपास;

collocations: **~ watch** अपराधों की रोकथाम के लिए अड़ोस-पड़ोस में मिल-जुलकर पहरा रखने की योजना;

p&i: **in the ~ of** 1 लगभग, के आस-पास 2 के पड़ोस में, के समीप

neither /नाइदः/ नीदः/ *pron., determiner/ adj.* दोनों में से कोई नहीं: ~ suggestion is acceptable/ ~ of suggestions is acceptable;

adv. दूसरे भी नहीं, भी नहीं: if she won't, ~ will Ram; I can agree in ~ case/ in ~ case can I agree; he took ~ side; ~ of you knows the truth; ~ of the statements is true;

conj. **neither ... nor** न एक, न दूसरा, कोई भी नहीं: he **neither** understands, **nor** cares to understand; **neither** for **nor** against it; **neither** more **nor** less than;

p&i: **~ chick nor child** बेऔलाद; **~ fowl, nor fish/ neither hay nor grass** न तीन में, न तेरह में; **~ hay nor grass** अल्हड़ अवस्था; **~ here nor there** 1 न यहां, न वहां 2 निरर्थक, महत्त्वहीन; **~ hup nor wind** कुछ न क.; **~ rhyme nor reason** बिना किसी कारण के

nekton /नेक्टन/ *n.* तरणक, पानी में तैरते रहनेवाले जीवाणु

nelly /नेलि/ *n., sl.* 1 (***syn.*** effeminate) स्त्रैण 2 सनकी;

p&i: **not on your ~** *UK* एक दम नहीं, बिल्कुल नहीं

nelson *n.* कुश्ती का दांव;

collocations: **bar ~** बाहर से कंधे के नीचे से गर्दन की पकड़; **half ~** कंधे के नीचे से गर्दन की पकड़;

p&i: **the ~ touch** कमाल की तदबीर

nematocyst /नेमअटअसिस्ट/ *n.* दंशकोशिका

nematode /नमअटोड/ *n.* गोल कृमि

nemesia /नअमीजिआ/ *n., pl.* **~s** चमकीले फूलोंवाला पौधा

Nemesis /नेमअसिस/ *n.* 1 *Gr. mythol.* प्रतिशोध की देवी 2 भाग्य,

प्रतिशोध
nemesis /नेमिसिस/ *n., pl.* **nemeses** /नेमिसीज/ 1 प्रतिशोध, न्यायपूर्ण दंड 2 प्रतिशोध-देवी, दंड देने वाली देवी 3 पराजय या दंड
nemine /नेमिनी/ *Lat.* कोई भी नहीं (nobody);
collocations: **nem. con** /नेम कॉन/ *abbr.* '**nemine contradicente**' /नेमिने कॉन्त्रादिकेंते या कॉन्त्रादिसेंते / *Lat.* का संक्षेप (सर्वसम्मति से, निर्विरोध)
nem. diss *abbr.* '**nemine dissentiente**' /नेमिने दिसेंतिएंते/ *Lat.* का संक्षेप (कोई भी असहमत नहीं, सर्वसम्मति से)
nemoral /नेमअरल/ *adj.* वनवासी
nenuphar /नेन्युफाः/ *n.* कुमुद, कुमुदिनी
neo- /नीओ-/ *prefix, denoting:* **new/ new form** (नव, नवीन): neo-fascists;
dw/lw: **~classical** /नीओक्लासिकल/ *adj.* नवशास्त्रीय; **neo\colonialism** /नीओकलोनिअलिज्म/ *n.* नव-उपनिवेशवाद; **~coloniser** *n.* नव-उपनिवेशवादी देश, शासक; **neo\colonialist** /नीओकलोनिअलिस्ट/ *n.* नव-उपनिवेशवादी
neodamode /निऑडअमोड/ *n., Gr.,* नया निवासी
neoconservative /नीओकॉसंःवअटिव/ *n.* कला, दर्शन, रानीतिक सिद्धांतों आदि क्षेत्रों में परंपरागत रूढ़िवादी मूल्यों का थोड़ा बदले स्वरूप में प्रयोग
neo-Darwi\nism /नीओडार्विनिज्म/ *n., biol.* डार्विनवाद के बाद के दिनों में विकसित नया रूप जिसके तहत नैसर्गिक चुनाव पर ज्यादा बल दिया गया और वंशानुगत गुणों को वसीयत में पाने के सिद्धांत को छोड़ दिया गया;
dw/lw: **neo-Darwi\nist/ neo-Darwi\nian** /नीओडार्वि\निस्ट/ ~निअन/ *n.* बदले हुए डार्विनवाद का पक्षधर
neodoxy /नीओडक्सि/ *n.* (***syn.*** new doctrine) नई नीति या शिक्षा
neodymium /नीओडिमिअम/ *n., chem.* रजत धातु तत्व जिसका आणविक नंबर 60 है और उसका चिह्न है **Nd**
Neofascism /नीओफाशिज्म/ *n.* जर्मनी व अन्य देशों में एक ऐसा आंदोलन जो फासीवाद को बहाल करना चाहता है;
dw/lw: **Neofascist** /नीओफाशिस्ट/ *n.* फासीवाद की बहाली के आंदोलन का समर्थक या प्रवर्तक
neogrammarian /नीओग्रअमेअरिअन/ *n.* युवा व्याकरण विशेषज्ञ समूह
Neo-Gothic/ neo-gothic /नीओगोतिक/ *adj.* 1 उन्नीसवीं सदी की गोथिक पद्धति का नव-स्वरूप 2 अठारहवीं सदी के कला और साहित्य आदि में प्रचलित पद्धति जिसके तहत रहस्यवाद और अठारहवीं सदी में प्रचलित यथार्थ से परे अति रहस्यवादी शैली का बोलबाला रहता है
Neo-impressionism /नीओइंपरेसिअनिज्म/ (*also* **Divisionism, Pointillism**) *n., art, lit.* कला और साहित्य में 1885 से 1900 के बीच प्रभाववाद के सतही यथार्थवाद (empirical realism) के विरोध में पनपा आंदोलन जिसके तहत कलाकृतियों में अधिक पद्धतिबद्ध गणना व वैज्ञानिक सिद्धांतों (systematic calculation and scientific theory) को दर्शनीय प्रभाव (visual effects) को उभारने के लिए प्रयोग किया गया
neolalia /नीओलेलिआ/ *n.* मानसिक रोगियों द्वारा शब्द-निर्माण
neolithic /नीअलिथिक/ *adj.* 1 दक्षिण-पश्चिम एशिया में 9000 से 6000 ईसवीपूर्व तक और यूरोप में उत्तर-पाषाणकालीन यानी 40,00 से 2400 ईसवीपूर्व तक के नवप्रस्तर, जिसमें पत्थर के अति चमकीले औजार बनाने की शैली प्रधान थी, से संबंधित 2 पूर्व कालों से प्रचलित, पुरातनवादी
neolo\gism /निऔ\लजिजम/ *US* निआः\लजिजम/ *n.* 1 नव-शब्द निर्माण 2 नया शब्द, जिसे अभी शब्दकोशों में प्रवेश न मिला हो 3 नए शब्द और प्रयोग गढ़ने की क्रिया;
dw/lw: **~gist** /~लजिस्ट/ *n.* नव-शब्द निर्माता; **~gistic/ ~gical** /~लजिस्टिक/ ~ल/ *adj.* नव-शाब्दिक; **~gize** /निऔलअजाइज/ *v., pt.* ~gized, *pp* ~gizing नए शब्द बनाना या गढ़ना;
neology /निऔलजि/ *US* निआःलजि/ *n.* = **neologism**
neomenia /नीओमीन्य/ *n., Gr.* नव-चंद्र काल
neomycin /नीओमाइसीन/ *n., pharmacol.* एक ऐंटिबायटिक (antibiotic) जिससे चमड़ी और आंख आदि के संक्रमणों का इलाज किया जाता है
neon /नीऑन/ *n., chem. (symbol* ***Ne***) 1 एक तत्व या गैस जिसमें से यदि बिजली गुजारी जाए तो वह लाल होकर दमकने लगती है 2 इस गैस के प्रयोग से जलने वालीं और विज्ञापनों में प्रयुक्त होने वालीं रंग-बिरंगी बत्तियां;
collocations: **~ light/ lamp** नियॉन दीप; **~ sign** नियॉन इश्तिहार
neonatal /नीओनेटल/ *adj.* नवजात शिशु से संबंधित;
collocations: **~ asphyxia/ mortality** नवजात शिशु मर्त्यता या मृत्यु दर
neonate /नीओनेट/ *n., biol.* नवजात (लगभग एक मास का) शिशु
Neo-Nazi /नीओ-नात्सि/ *n.* फासीवाद का आधुनिक समर्थक;
dw/lw: **Neo-Nazism** *n.* नात्सिवाद या फासीवाद का आधुनिक स्वरूप
neophilia /नीओफिलिआ/ *n.* अति नवीनता प्रेम;
dw/lw: **neophile** /नीओफाइल/ *n.* अति-नवीनता प्रेमी
neopho\bia /नीओफो\बिआ/ *n.* अति-नवीनता भीति, नवीनता से भय;
dw/lw: **neopho\be** /~ब/ *n.* नवीनता-भीरु व्यक्ति; **~bic** *adj.* नवीनता-भय से संबंधित
neophyte /नीओफाइट/ *n.* 1 नौसिखिया, अनाड़ी 2 नया-नया मुल्ला, नवधर्मी 3 धार्मिक मामलों में अनाड़ी, नवदीक्षित, नवशिष्य
neoplasm /नीओप्लाज्म/ (*also* **neoplasma**, *pl.* **~ta**) *n., med.* अर्बुद, गिल्टी, ट्यूमर, फोड़ा
neoplas\tic /नीओप्लास्टिक/ *adj.* फोड़े से संबंधित: **~tic** disease (फोड़ा);
dw/lw: **~ty**/नीओप्लास्टि/ *n., med.* फोड़े हटाने की शल्य-क्रिया
Neoplato\nism /नीओप्लअटोनिज्म/ *n.* नवअफलातूनवाद, ईसवी की तीसरी सदी में विकसित दर्शन जिसमें अफलातूनी दर्शन को प्राच्य तत्त्वों से जोड़ा गया है;
dw/lw: **~nic** *adj.* नवअफलातूनवादी; **~nist** *n.* नवअफलातूनवाद का अनुयायी
neoprene /नीओप्रीन/ *n.* निओप्रीन, क्लोरोप्रीन के पॉलिमर से बना तेल-सह और गर्मी-सह रबड़
neorea\lism /नीओरिअलिज्म/ *n.* नवयथार्थवाद;
dw/lw: **~list** *n.* नवयथार्थवादी; **~listic** *adj.* नवयथार्थवाद संबंधी
neoteny /निऔटनि/ *US* निआःटनि/ *n.* अधेड़ उम्र में युवा नैन-नक्श की बरकरारी
neoteric /निओटेरिक/ *adj.* आधुनिक, थोड़े दिन पहले का: ~ sages;
n. आधुनिक लेखक या दार्शनिक
neotropical /नीओट्रपिकल/ *adj.* नवोष्णकटिबंधी: ~ region
Neozoic /नीओजोइक/ *adj., geol.* मध्यजीवी महाकल्प के युग से आधुनिक काल तक का
Nep/ nep/ NEP (*Russian* **НЭП**) *abbr., n.,* 'New Economic Policy' की प्रथमाक्षरी
Nepolese/ Nepali /नेपलीज/ नेपाली/ *adj.* नेपाली, नेपाल का
nepenthe(s) /निपेंथि/ निपेंथीज/ *n., pl.* **~s** *Gr. mythol.* 1 एक दवाई या पेय जो व्यक्ति को उसके दुख-दर्द भूलने में मदद करती है 2 वह पौधा जिससे ऐसी दवाई या पेय बनाते हैं, घटपर्णी;
dw/lw: **nepenthean** /निपेंथिअन/ *adj.* दर्द-निवारक, विस्मृति-कारक
nephalism /नेफअलिज्म/ *n.* मदिरा सेवन से पूर्ण परहेज
nephelometer /नेफअलौमिटः/*US* नेफअलाः-/ *n.* तरल का गदलापन नापने का यंत्र
dw/lw: **~y** /नेफलौमिटरि/ *US* नेफअलाः-/ *n., meteorol.*

आकाश का मेघाच्छादन मापन

nephew /नेफ्यू/ नेव्यू/ *n.* 1 भतीजा 2 भांजा; *feminine equivalent* **niece** 1 भतीजी 2 भांजी

nepholo\gy /निफौलजि/ *US* निफाःलजि/ *n., metereol.* मेघ-विज्ञान;

dw/lw: **~gic/ ~cal** /नेफअलौजिक\/ ~ल/ *adj.* मेघ-विज्ञान से संबंधित; **nepholo\gist** /नेफौलजिस्ट/ *n.* मेघ-विज्ञानी

nephralgia /निफ्रैल्जिआ/ (*also* **nephralgy**) *n.* = **nephritis** (***syn.*** kidney pain) वृक्क-पीड़ा, वृक्क शोथ

nephrectomy /निफ्रेक्टअमि/ *n., pl.* **nephrectomies**, *med.* एक या दोनों गुर्दों (kidney) का शल्य क्रिया से हटाए जाने का कार्य

nephritic /नेफ्रिटिक/ *adj.* वृक्क, गुर्दे का

nephritis /निफ्राइटिस/ *n.* वृक्क-पीड़ा, वृक्क-शोथ, गुर्दे की सूजन

nephro- /नफ्रो-/ *comb. form, denoting:* **one/ both kidneys** (एक या दोनों गुर्दे);

dw/lw: **nephro\logy** /निफ्रौलजि/ *US* निफ्राःलजि/ *n.* गुर्दा अध्ययन विज्ञान

nephron /नेफ्रौन/ *US* नेफ्राःन/ *n., anat.* गुर्दे की लाखों सूक्ष्म छन्नियों (filters) की क्रियाओं में से एक, अर्थात् खून की सफाई करके मूत्र बनाने की क्रिया

ne plus ultra /ने-प्लुस-उल्ट्रा/ *Lat.* (***syn.*** acme, zenith) किसी भी वस्तु या काम की संपूर्णता की पराकाष्ठा, संपूर्णावस्था, चरमावस्था, श्रेष्ठतम नमूना

nepo\tic /निपौटिक/ *US* निपाः-/ *adj.* भाई-भतीजावाद से संबंधित: **~tic** ambition;

dw/lw: **nepo\tism** /नेपअटिज़म/ *n.* भाई-भतीजावाद, कुनबापरस्ती; **~tist** /नेपअटिस्ट/ *n.* भाई-भतीजावादी

Neptune /नेप्ट्यून/ *n.* सौर-मंडल में वरुण नाम का ग्रह;

dw/lw: **Neptunian** /नेप्ट्यूनिअन/ *adj.* वरुण-संबंधी

neptunium /नपट्यूनिअम/ *n., chem.* एक रासायनिक तत्व (चिह्न **Np**), जो एक रेडियो धर्मी धातु है

NERC *abbr.* 'National Environmental Research Council' की प्रथमाक्षरी

nerd/ nurd /नःड/ *n., derog,* 1 मूर्ख, बेढब व उबाऊ व्यक्ति, काठ का उल्लू 2 दुर्बल, कमजोर 3 अरोचक व्यक्ति, उबाऊ आदमी 4 (***syn.*** geek) कंप्यूटर उन्मादी व्यक्ति;

dw/lw: **~y** /नर्डि/ *adj.* दकियानूसी और उबाऊ

nereid /निअरिअड/ *n., pl.* **~s/ nereides** /निरिइडीज/ 1 (*also* **Nereid**), *mythol.* जलपरी, समुद्री भगवान **Nereus** की बेटी 2 शैवाल 3 एक ढोलनुमा समुद्री जीवाणु 4 वरुण का एक चंद

Nereus /नेरअयूस/ *n., Gr. mythol.* समुद्री भगवान

nerium /नीरिअम/ *n.* (***syn.*** indicum) कनेर

nerka /नःका/ *n., pl.* **~s** एक प्रकार की मछली

Nero /निरो/ *n.* रोम का सम्राट नीरो, जो क्रूरता, स्वमुग्धता व लंपटता के लिए कुख्यात था;

dw/lw: **Neronian** /निरोनिअन/ *adj.* नीरो से संबंधित: Neronian cruelty; Neronian epoch

neroli /नेरअलि/ (*also* **naroli oil**) *n.* संतरे के फूलों का तेल

nervate /नःवेट/ *adj.* रेशेदार

nervation /नःवेशन/ *n.* नाड़िका-विन्यास, रेशाविन्यास, स्नायु-तंत्र विन्यास

nerve /नःव/ *n.* 1 नस, नाड़ी 2 स्नायु, तंत्रिका, रेशा 3 (***syn.*** guts) मानसिक तनाव आदि झेलने की हिम्मत, धैर्य, बल, तेज, शक्ति: iron **~s**/ **~s** of steel/ a man of ~ (लौह-पुरुष); live on one's ~ (धैर्य रखना) 4 आत्मविश्वास: failure of ~ 5 (***syn.*** cheek) हिमाकत, दुस्साहस, धृष्टता: have the ~ to do sth 6 (**nerves**) *colloq.* घबराहट, तनाव: suffer from **~s**; a fit/ an attack of **~s** (भावोन्माद का दौरा, हिस्टीरिया);

v., pt. **~d**, *pp* **nerving** 1 शक्ति या साहस प्रदान क., हिम्मत बंधाना, बांधना या जुटाना: ~ oneself to accepting sb's offer;

dw/lw: **~-cell** *n.* तंतु-कोशिका; **nerve\-centre** *n.* 1 तंत्रिका केंद्र 2 संगठन का सक्रिय केंद्र; **~gas** *n.* तंत्रिका-तंत्र को तहस-नहस करने वाली गैस; **~-knot** *n.* नसों का जाल, स्नायु-तंत्र; **~less** /नःवलेस/ *adj.* 1 निडर, साहसी: a ~less rider 2 शक्तिहीन, दुर्बल, निस्तेज: ~less verse (शिथिल पद या छंद); **~lessness** *n.* हिम्मत-पस्ती; **~lessly** *adv.* पस्त-हिम्मत से; **nerve\-racking/ nerve\-wracking** /नःवरैकिंग/ *adj.* 1 हिम्मत पस्त या चूर-चूर कर देने वाला 2 बहुत परेशानी या घबराहट पैदा करने वाली, थकाऊ, कष्टप्रद: a ~-racking experience; **~s** /नःवज/ *n., [pl.]* 1 घबराहट, अधीरता, अशांति, तनाव 2 हिम्मत, धैर्य: steady/ strong **~s**; **nervily** *adv.* उत्तेजनापूर्वक; **nerviness** /नःविनेस/ *n.* तनावग्रस्तता, घबराहट, आशंका, अशांति; **nervous** *see below under separate entry*; **nervy** /नःवि/ *adj., degr.* nervier, nerviest 1 जिसे विचलित, उत्तेजित, या तनावग्रस्त किया जा सके 2 *N. Amer.* दुःसाहसी, हिम्मती, सशक्त, दिलेर 3 धृष्ट, ढीठ;

collocations: **~ agent** स्नायु गैस और उस जैसे पदार्थ; **~ cell** तंत्रिका-कोशिका; **~ centre** तंतु केंद्र; **~ deafness** बहरापन; **~ fibre** अक्षतंतु; **~ gas/ poison** स्नायु-तंत्र को विषाक्त करनेवाली गैस; **~ impulse** विद्युतीय संकेत जो तंत्रिकाओं में फैलकर उत्तेजना, तनाव आदि प्रतिक्रियायें पैदा करता है; **~ plexus** स्नायु उलझाव; **~ storm** भावोन्माद, हिस्टीरिया;

p&i: **~ oneself for sth** अपने आपको किसी चुनौती के लिए तैयार क.;

above the ~ of mortal arm अति मानुषी शक्तिवाला; **be a bag/ bundle of ~s** अत्यधिक तनावग्रस्त हो.; **be the ~ and soul of sth** किसी बात या कार्य का मन और मस्तिष्क हो.; **calm one's ~s** तनाव से मुक्त हो., शांत व संतुलित हो.; **get on sb's ~** किसी को चिढ़ाना या परेशान क., नाक में दम क.; **good laws are the ~s of a state** अच्छे विधान सरकार के स्नायु-तंत्र के समान होते हैं; **have the ~ to do sth** कुछ करने की हिम्मत व शक्ति हो.; **hit/ touch a raw** or **sensitive** ~ जले या कटे पर नमक छिड़कना, धृष्टता क.; **iron ~s** लौह पुरुष; **lose one's ~** हिम्मत हारना; **one's ~s on edge** धैर्य का बाँध टूटने को हो.; **one's ~s will crack** असहनीय हो.; **strain every ~ to do sth** कुछ करने में कोई कसर न छोड़ना; **you have a ~!** बड़ी हिम्मत है आप में!

nervine /नःवाइन/ *adj.* शामक, शमक

nervous /नःवस\/ *adj.* 1 स्नायु-तंत्र संबंधी, स्नायविक, तंत्रिकीय, तंतुजन्य: ~ system/ tissue 2 डरावना, चिंताजनक: ~ excitement 3 (***syn.*** edgy, jittery, nervy) अधीर, विकल, व्यग्र, उत्तेजित, अशांत, तनावग्रस्त: feel ~ over sb's absence 4 (***syn.*** on the edge) आशंकित, सशंक: ~ at the idea; feel ~ about the future;

dw/lw: **~ly** /~लि/ *adv.* घबराकर, तनावग्रस्त होकर; **~ness/ nervosity** /~नेस/ नःवोसिटि/ *n.* डर या चिंता, घबराहट, अधीरता, अशांति, उत्तेजना, तनावग्रस्तता; **nervy**; **nervily**; **nerviness** *see above under* **nerve: *dw/lw***;

collocations: **~ breakdown** हिम्मत-पस्ती, एक मानसिक रोग जिसके लक्षण हैं उत्तेजना, बेचैनी, अवसाद और तनाव आदि; **~ case** तनाव-उन्माद का शिकार; **~ chill** मानसिक तनाव; **~ system** 1 तंत्रिका-तंत्र, स्नायु-तंत्र 2 दिमाग, मेरुरज्जु के बीच संचार संजाल जो व्यक्ति के मानसिक व शारीरिक क्रिया-कलापों को नियंत्रित करता है

nervure /नःव्यूः/ *n.* 1 पत्ते की शिरा 2 नली

nescien\ce /नेसिअंस/ *n.* अज्ञान, मूढ़ता, अविद्या;

dw/lw: **nescient** /नेसिअंट/ *adj.* 1 अनभिज्ञ, अज्ञानी 2 अज्ञेयवादी (agnostic)

ness /नेस/ *n.* अंतरीप, रास

-ness /-नेस/ *suffix, forming nouns, denoting*: **a state** (हालत), **condition** (स्थिति): dryness, great**ness**

nest /नेस्ट/ *n.* 1 घोंसला, नीड़, बसेरा, निलय 2 अड्डा (अपराधियों

आदि का): ~ of robbers/ criminals; ~ of vice (दुराचार का अड्डा); ~ of vipers (सांपों का गढ़) 3 झुंड, टोली, समूह: ~ of alleys (छोटी-छोटी गलियों का जाल) 4 एक-दूसरे में फिट बैठने वाली वस्तुएं: a ~ of tables (एक दूसरे के अंदर जाने वाला मेजों का सेट); ~ of shelves 5 आरामदेह स्थान: make oneself a ~ of cushions 6 अपना घर, शरण-स्थल: some poor man's ~;
***v.**, pt.* **~ed**, *pp* **~ing** 1 घोंसला बनाना, बसेरा क.: ~ oneself; pirates **~ed** themselves on the island 2 घोंसले की तलाश में निकलना 3 एक के अंदर दूसरी चीज बैठाना (फिट क.): cottages **~ed** among the wooded hills; go **~ing**;
dw/lw: **nest\-egg** /नेसेग/ *n.* 1 भविष्य के लिए बचाकर रखा जाने वाला पैसा 2 घोंसले में रखा हुआ असली या कृत्रिम अंडा;
collocations: **nest/ nesting box** 1 पक्षियों द्वारा घोंसला बनाए जाने के लिए रखा गया छोटा-सा बक्सा 2 पक्षियों का दड़बा;
p&i: **~ of resistance** विरोध का जाल;
feather one's ~ अपनी जेबें भरना; **find a mare's ~** अनहोनी बात हो.; **it's an ill bird that fouls its own ~** अपने ही पांव पर कुल्हाड़ी मारना; **the wind was in its ~** हवा दब गई; **stir up a wasps'/ a hornets' ~** भर्र के छत्ते में हाथ दे., मुसीबत मोल ले.

nestle /नेस्ल/ *v., pt.* **~d**, *pp* **nestling** 1 सुरक्षित स्थान पर होना 2 (*often* **~up/ down/ together**) सुख से बस जा., (बिस्तरे, सोफे आदि में) जमकर बैठ जा.: ~ in a chair/ among the cushions; ~ (sth) against/ in/ on, etc. 3 छिपा पड़ा रहना: ~ in the grass/ among the leaves; ~ beneath/ between/ in, etc. 4 चिपका ले., छाती आदि से चिपका ले., चिपक जा.: the child **~d** close to its mother; the child **~d** his face against/ in his mother's shoulder;
dw/lw: **~-cock** *n.* 1 मुर्गी आदि का अंतिम चूजा 2 कमजोर पर लाडला शिशु; **nestling** /नेसलिंग/ *n.* 1 घोंसले में रहने वाले पक्षी का छोटा बच्चा जो अभी उड़ न पाता हो, पोया, चूजा 2 गेदा, चिड़िया का बच्चा, नीड़-शावक, चेंटुआ

Nestor /नेस्टॉःर/ *n.* 1 होमर (Homer) का नायक 2 बुद्धिमान वरिष्ठ सलाहकार 3 ऋषि, मुनि;
dw/lw: **Nestor\ianism** /नेस्टॉःरिअनिज्म/ *n.* 1 द्विव्यक्तिवाद यानी इस मत में विश्वास कि ईसा के अवतार में दो अलग-अलग व्यक्ति थे अर्थात् एक मानवीय रूप में और दूसरा ईश्वरीय स्वरूप में 2 उपरोक्त मत के प्रवर्तक कॉसटेंटिनोपल (Constantinople) के पैट्रिआर्क (patriarch) नेस्टोरियस (Nestorius, 428-32) का मतावलंबन यानी नेस्टोरियसवाद

net /नेट/ *n.* 1 जाल, पाश: wire ~; catch with **~s**; ~ door 2 जाल, फंदा: be caught in a cheat's ~; spread one's ~ for sb; the spider weaves his ~ 3 वालीबाल या टेनिस आदि के खेल का नेट 4 (**nets**) क्रिकेट आदि खेल में अभ्यास करने का जाल 5 **the Net** *short of:* 'the Internet' का संक्षेप (इंटरनेट) 6 (*also UK* **nett**) ***adj.*** नेट, शुद्ध, वास्तविक, खालिस, असली, निवल: a ~ profit (शुद्ध लाभ);
***v.**, pt.* **~ted**, *pp* **~ting** 1 शुद्ध लाभ पाना, लाभ उठाना: he **~ted** rupees 15000 2 गोल करना 3 फंसाना, जाल से पकड़ना: ~ fish; ~ birds 4 जाल बिछाना: ~ a river; ~ fruit-trees (जाल से फलदार पेड़ को ढकना) 5 जाल में बंद क., जाल से घेर लेना: ~ a prisoner of war 6 आकर्षण के पाश में बांधना: ~ sb's fancy 7 जाल या जाली लगाना: ~ a tennis-lawn; ~ windows 8 जाल या जाली बनाना, जाली बुनना: ~ a purse 9 जाल में फेंकना, गोल क.: hit/ throw/ kick a ball into a ~;
adj. 1 शुद्ध: ~ cash; ~ cost; ~ income; ~ load; ~ price; ~ profit; ~ surplus; ~ worth (शुद्ध मूल्य) 2 अंतिम 3 अमिश्रित, अकृत्रिम 4 असली, शुद्ध: ~ yield; ~ efficiency; ~ fuel; ~ result;
dw/lw: **~ball** /नेटबॉल/ *n.* बास्किटबॉल की तरह का एक खेल; **netting** /नेटिंग/ *n.* 1 जाल, जाली: windows screened with ~ting 2 जाल बनाने की क्रिया; **~working** *see below under* **network:** ***dw/lw***;
collocations: **~ amount** शुद्ध राशि; **~ assets** शुद्ध संपत्ति; **~ asset value** (*abbr.* **NAV**) किसी कंपनी आदि के धन और जायदाद की कुल कीमत में से देनदारी घटाकर बची कीमत, शुद्ध कीमत; **Net Book Agreement** 1900 से 1995 तक लागू रहने वाला ऐसा समझौता जिसके तहत पुस्तकों को बाजार में प्रकाशक द्वारा निर्धारित मूल्य से कम में नहीं बेचा जा सकता था; **~ game/ net play** टेनिस आदि खेलों में नेट से खेलना; **~ receipt** निवल (शुद्ध) प्राप्ति; **~ weight** शुद्ध वजन;
p&i: **~ a big profit** बहुत बड़ा लाभ कमाना; **spread one's ~ for sb** किसी को जाल में फंसाना

Neth. *abbr.* 'Netherlands' का संक्षेप

nether /नेदः/ *adj., degr.* **nethermore**, **nethermost** निचला, निम्न, अधः, निम्नस्थ, अधमतम: ~ garments (अधोवस्त्र यानी बनियान, जांघिया आदि);
collocations: **~ lip** निचला होंठ; **~ world** (*also* **nether regions**) 1 अधोलोक 2 पाताल, नरक 3 अपराध-जगत

Netherland\s /नेदःलैंड\ज/ *n.* हालैंड, नीदरलैंड;
dw/lw: **Netherlander** /नेदःलैंडः/ *n.* नीदरलैंडवासी, हालैंडवासी; **~ic/ ~ish** /नेदःलैंडिक/ नेदःलैंडिश/ *adj.* हालैंड से संबंधित

Netiquette/ netiquette /नेटिकेट/ *n., comput.* इंटरनेट पर शालीन ढंग से बातचीत करने के नियम, इंटरनेट शिष्टाचार

nettle /नेटल/ *n.* 1 बिच्छू बूटी 2 दंश रोम;
***v.**, pt.* **~d**, *pp* **nettling** 1 चंक मारना 2 बिच्छू बूटी का चुभना: he **~d** himself 3 चुभोना 4 तंग क. 5 चिढ़ाना, भड़काना, उत्तेजित क.;
collocations: **~ rash** चकत्ते, ददोरा या पित्ती;
p&i: **~d by/ with sth** किसी बात से चिढ़ा हो.;
be on ~s अत्यधिक घबराया हुआ हो.; **grasp the ~** कठिन काम को पक्के इरादे से करने लगना; **grasp the ~ and it won't sting you** कठिन काम को हिम्मत के साथ क.; **her indifference ~d him** उसकी बेपरवाही ने उसे चिढ़ा दिया

network /नेटवःक/ *n.* 1 छोटे-छोटे केंद्रों को मिलाकर बनी एक बड़ी (संपर्क) व्यवस्था 2 जाल: a ~ of streets 3 लोगों के समूहों की संपर्क प्रणाली 4 टेलीविजन नेटवर्क, दूर-संचार जुड़ाव संजाल या जालक्रम: ~ announcer 5 किसी कार्यालय या संस्था के कंप्यूटरों का केबल या वाई-फाई (wi-fi) आदि से जुड़ाव 6 तामझाम, तार-तंत्र, जाल: ~ of intrigue/ lies; ~ of espionage (गुप्तचरी जाल) 7 बुनाई;
***v.**, pt.* **~ed**, *pp* **~ing** 1 परस्पर संपर्क के लिए आपस में जुड़े होना (सामाजिक तौर से) 2 अपने कैरियर में आगे बढ़ने के लिए विशिष्ट लोगों से अवसरवादी मंशा से संपर्क बनाना या रखना 3 कंप्यूटरों का एक-दूसरे से जुड़ना या उन्हें जोड़ना 4 रेल मार्गों आदि से जोड़ना या जुड़ना: all regions are **~ed**;
dw/lw: **network\ing** /नेटवःकिंग/ *n.* 1 अपना स्वार्थ पूरा करने के लिए काम आने वाले लोगों से सामाजिक रूप से स्थापित किया जाने वाले मेल-मिलाप या संपर्क बनाने और चलाने की प्रणाली 2 कंप्यूटरों का पारस्परिक संपर्क 3 जाल, तंत्र, जालक्रम

neural /न्यूरल/ *adj.* 1 स्नायु-संबंधी 2 तंत्रिकीय, तंत्रिक, नस-तंतुक प्रणाली: ~ process;
dw/lw: **neural\gia** /न्यूअरैल्जिआ/*US* न्यूरैल्जिआ/ *n., pathol.* तंत्रिका-शूल, स्नायु-शूल, स्नायु के साथ-साथ बढ़ता जाने वाला कभी-कभार होने वाला दर्द;
collocations: **~ activity** नस-तंत्र का कार्य-कलाप; **~ canal** पीठ-मस्तिष्क नस; **~ network** *comput.* कई कंप्यूटरी इकाइयों का समानांतर जुड़ाव, जिसकी मदद से मानव स्नायु-तंत्र की गतिविधियों व क्रिया-कलापी प्रक्रियाओं की नकल करने की कोशिश की जाती है

neurasthenia /न्यूअरअस्थीनिआ/ *n.* 1 तंत्रिका-दुर्बलता, स्नायु-

दौर्बल्य 2 (***syn.*** depression) दीर्घकालिक अवसाद, मनःश्रांति, तंत्रिकावसाद;
dw/lw: **neurasthenic** /न्युअरअस्थेनिक/ नुअरअस्थेनिक/ *adj.* श्रांतमना
neuration /न्युअरेशन/ *n.* तंत्रिका-विन्यास, शिरा-विन्यास
neurectomy /न्युरेक्टमि/ *n., med.* नस या तंतुच्छेद
neurility /न्युरिलिटि/ *n.* स्नायुतंत्र की श्रांति पैदा करने की क्षमता
neuritis /न्यूराइटिस/ *n.* तंत्रिका-शोथ, स्नायु-शोथ, तंत्रिका-पीड़ा
neuro\- /न्यूरो-/ न्यूरौ-/ *comb. form, denoting:* **a nerve or nervous system** (तंत्रिका-संबंधी, तंत्रिकीय प्रणाली): ~surgery;
dw/lw: **~blast** /न्युरौब्लास्ट/ *US* नुराः-/ *n.* तंत्रिका-कोशिकाप्रसू; **~glia** /न्युरौगलिआ/ *US* नुराः-/ *n.* तंत्रिबंध, दिमाग और मेरुदंड का सहायक तंतु; **neuro\linguistics** /न्यूरोलिंग्विस्टिक्स/ *n.* स्नायुतंत्र-भाषाविज्ञान, मानव-मस्तिष्क द्वारा भाषा-क्रिया के चालन का अध्ययन;
neuro\logy /न्यूअरौ\लजि/ *US* नुराः\लजि/ *n., med.* 1 तंत्रिका-विज्ञान 2 केंद्रीय तंत्रिका-तंत्र/ स्नायु-तंत्र तथा बाह्य तंत्रिकाओं की संरचना, क्रिया-कलाप, रोग एवं विकारों का वैज्ञानिक अध्ययन;
dw/lw: **~logical** /न्युअरअलौजिकल/ *US* नुरअलाःजिकल/ *adj.* स्नायु-विज्ञान संबंधी: ~logical complication; **neuro\logist** /~लजिस्ट/ *n.* 1 तंत्रिका-विज्ञानी 2 तंत्रिका विशेषज्ञ
neuro\ma /न्युरोमा/ *n., pl.* **~ta** तंत्रिका-अर्बुद; **~muscular** /न्युरअमस्क्युलः/ *adj.* स्नायु-पेशीय;
dw/lw: **~ne/ ~n** /न्यूअरोन/ न्युअरौन/ *US* /-/ न्युअराःन/*n.* 1 स्नायु-कोशिका, तंत्रिकाकोशिका 2 विशेष कोशिकाओं में से कोई एक जो शरीर के एक भाग से दूसरे को विद्युत संकेत भेजती है
neuro\pathology /न्युअरोपअथौ\लजि/ *US* नुरोपअथाः\लजि/ *n.* तंत्रिका-विकृति विज्ञान
neuro\pathy /न्युरौ\पअथि/ *US* नुराः\पअथि/ (*also* **~sis**) *n.* तंत्रिका-रोग, स्नायु-रोग या विकार;
dw/lw: **neuro\sis** / न्युरोसिस/ (*also* **~pathy**) *n., pl.* **neurses** /न्युअरौसीज/ *US* नुराःसीज/ *n.* मनोविक्षेप, अतिशय भय व चिंता से ग्रस्तता, तंत्रिका रोग; **~physiology** /न्यअरोफिजिऔलजि/ *US* न्यअरोफिजिआःलजि/ *n.* तंत्रिका कायिकी, तंत्रिका-तंत्र का अध्ययन; **~science** /न्युरोसाइंस/ *n.* मस्तिष्क व तंत्रिका संरचना एवं कार्यप्रणाली अध्ययन विज्ञान; **~surgeon** /न्युरोसःजन/ *n.* तंत्रिका-शल्यविज्ञानी; **~surgery** /न्यूरोसःजरि/ *n.* मस्तिष्क तंत्रिका-शल्य क्रिया
neuro\tic /न्युअरौ\टिक/ *US* नुराः\टिक/ *adj.* 1 मनोविक्षेप-संबंधी: ~tic fears 2 विक्षिप्त, मनोस्ताप ग्रस्त 3 अत्यधिक संवेदनशील;
dw/lw: **~tic** *n.* मनोविक्षेप रोगी, तंत्रिका रोगी, तंत्रिका-रोग या विकार से पीड़ित व्यक्ति; **~ticism** /~टिस्ज्म/ *n.* विक्षिप्ति, मनस्ताप; **~toxin** /न्युरोटौक्सिन/ *US* न्युरोटाःक्सिन/*n.* तंत्रिका-विषाक्तता पैदा करने वाला पदार्थ; **~transmitter** /न्युरोट्रैंज्मिटः/ *US* नुरो-/ *n., physiol.* अक्ष-तंतु से निकला रसायन जिसके माध्यम से विद्युत संकेत किसी मांस पेशी या दूसरी तंत्रिका तक पहुंचता है
neut. *abbr.* 'neuter' *gramm.*, 'neutral' का संक्षेप
neuter /न्यूटः/ *US* नूटः/ *adj.* 1 *gramm.* नपुंसक लिंग से संबंधित 2 लिंग-निष्पक्ष 3 खस्सी, बधिया 4 अलिंगी, लिंगविहीन 5 निष्पक्ष, निरपेक्ष: stand ~;
n. *gramm.* 1 नपुंसक लिंग 2 नपुंसक लिंग का शब्द 3 लिंगविहीन पौधा या जीव 4 बधिया बिल्ली या अन्य जानवर 5 हिजड़ा;
v., *pt.* **~ed**, *pp* **~ing** बधिया क.
neutral /न्यूट्रल/ *US* नूट्रल/ *adj.* 1 तटस्थ, न पक्ष में न विपक्ष में, निष्पक्ष: ~ nation; ~ ships/ forces/ territory; be/ remain ~; ~ zone; be ~ in a quarrel; ~ ground (निष्पक्ष धरातल या स्थान) 2 (***syn.*** indifferent) उदासीन: a ~ character 3 मध्यग, मध्यम, औसत: ~ equilibrium 4 (***syn.*** vague) अनिश्चित: ~ in expression; ~ opinion; ~ point 5 *phonetics* 5.1 बलाघातशून्य, निष्क्रियः ~ vowel 5.2 उदासीन 6 (***syn.*** asexual) अलिंगी 7 *elec.* निरावेशित, अनाविष्ट 8 *geol.* मध्यसिलिक 9 फीका, भूरा (रंग): ~ colour;
n. 1 इंजन में गियर के न लगे होने की अवस्था, इंजन से पहिये तक शक्ति संचार न होने की स्थिति 2 इंजन का खाली चलन 3 तटस्थ व्यक्ति या देश;
dw/lw: **~ism** /न्यूट्रअलिजम/ *US* नू-/ *n.* 1 निष्पक्ष-नीति 2 किसी भी पक्ष के साथ न जुड़ने की नीति 3 निष्पेक्षता, तटस्थता; **~ist** /न्यूट्रअलिस्ट/ *US* नू-/ *n.* निष्पक्ष, तटस्थतावादी, तटस्थतावाद का पक्षधर; **neutral\ity** /न्यूट्रैलिटि/ *US* नू-/ *n.* 1 तटस्थता, निष्पक्षता, निष्पक्षधरता: ~ity of a judge 2 उदासीनता, मध्यगतता 3 बेसरोकारी; **neutral\ization** /न्यूट्रअ\लाइजेशन/ *US* नूट्रअ\लअजेशन/ *n.* 1 तटस्थीकरण 2 खात्मा: ~ization of hopes 3 निष्प्रभावीकरण, निष्क्रियकरण: ~ization of fire 4 संतुलन: ~ization of efforts; **~ize** /न्यूट्रअलाइज/ *US* नूट्रअलाइज/ *v.*, *pt.* ~ized, *pp* neutralizing 1 तटस्थ बनाना 2 व्यर्थ कर दे.: ~ize efforts/ work 3 नष्ट क.: ~ize the middle peasant; ~ize opposition 4 निष्प्रभावी क., न्यूट्रल क.: ~ize sb's influence; one colour ~izes another 5 (***syn.*** counterbalance) संतुलित क.: parties that ~ize each other 6 *elec.* निरावेशित या अनाविष्ट कर दे.; **~izing** /न्यूट्रअलाइजिंग/ *US* नू-/ *adj.* निष्प्रभावक: ~izing agent (निष्प्रभावक पदार्थ); **~izing** *n.* निष्प्रभावीकरण; **~-tinted** *adj.* संतुलित रंग का
neutrino /न्यूट्रीनो/ *n., pl.* **~s**, *phys.* उपाणविक कण जो विद्युत-शक्ति और द्रव्यमान विहीन होता है और वह प्रकाश की गति से चल सकता है
neutron /न्यूट्रौन/ *US* नूट्राःन/ *n., phys.* अणु (atom) की नाभि में विद्यमान एक विद्युत-शक्ति विहीन लघु अणु;
collocations: **~ bomb** ऐसा बम जिससे प्राणी जगत का तो विनाश होता है, पर इमारतों आदि को अधिक नुकसान नहीं होता
névé /नेवे/ *n., pl.* **~s**, *Fr.* 1 दानेदार हिम, मुलायम या रुई जैसे हिमकण (वर्षा की बूंदों के स्थान पर) 2 दानेदार बर्फ से ढका स्थान
never /नैवः/ *adv.* 1 कभी नहीं: I shall ~ forget it 2 कदापि नहीं 3 अवश्य ही नहीं 4 एक बार भी नहीं: he ~ came back 5 किसी भी प्रकार से नहीं 6 विस्मयबोधकः असंभव!, कभी नहीं!;
dw/lw: **~-ceasing** *adj.* कभी न खत्म होनेवाला, निरंतर; **~-dying** *adj.* कभी न मरने वाला, अमर; **~-ending** *adj.* अनंत, अंतहीन; **~-fading** *adj.* कभी फीका न पड़ने वाला; **~-failing** *adj.* 1 अमोघ, अचूक, रामबाण 2 अक्षय, अथकः ~-failing kindness 3 मझधार में न छोड़नेवाला: ~-failing friend; **~mind** *n.* सरोकार, समस्या: that is no ~mind of their's (यह उनकी समस्या नहीं); **~more** *adv.* दुबारा नहीं, फिर कभी नही; **~-~land** (*also* **Never\-Never\-Land**) काल्पनिक स्थान, कल्पनातीत सौंदर्य का स्थान, जिसका होना नामुमकिन है; **~-say-die** *adj.* अदम्य, कभी हिम्मत न हारनेवाला: a ~-say-die spirit; **~-to-be-forgotten** *adj.* जिसे कभी भुलाया न जा सके; **~-was** *n.* सदा असफल व्यक्ति;
p&i: **~ answer a question until it is asked** बिना पूछे अपनी राय नहीं देनी चाहिए; **~ a word** एक शब्द नहीं कहा; **~ a whit** एक बूंद भी नहीं; **~ before** पहले कभी नहीं हुआ; **~ do things by halves** आधे मन से काम मत करो; **~ ever** कभी नहीं, किसी भी सूरत में नहीं; **~ hear the end of it** अंत ही होकर नहीं देता; **~ is a long day/ word** ऐसा नहीं हो सकता कि कभी न हो; **~ look a gift horse in the mouth** दान की गाय के दांत नहीं देखा करते; **~ mind** कोई बात नहीं; **~ mind what the people say** लोगों के कहने की परवाह मत करो; **~ put off till tomorrow what you can do today** आज का काम कल पर मत छोड़ो; **~ say die** हथियार न डालना, हिम्मत न हारना; **he ~ set the Thames on fire** उसने कोई तीर नहीं मारा; **~ so** कभी ऐसा न हो, चाहे कितना क्यों न हो; **~ swap/ swop horses while crossing the stream** मझधार में नाव नहीं

बदलते; ~ **thought so** कभी ऐसा न सोचा था; ~ **to be forgotten** चिर-स्मरणीय; ~ **too late to learn** सीखने के लिए कभी देर नहीं होती;

be he ~ so rich वह कितना ही धनी क्यों न हो, ...; **he will ~ be the wiser** वह इसे कभी न देख पाएगा; **I ~ did!** ऐसा पहले कभी नहीं देखा!; **it ~ rains but it pours** यहां वर्षा नहीं, बल्कि मूसलाधार वर्षार होती है; **one ~ knows** क्या पता, कल क्या होगा; **that will ~ do** इससे काम नहीं चलेगा; **the Never-Never Country** आस्ट्रेलिया में कवीन्जलैंड का कम आबादी वाला उत्तर-पश्चिमी क्षेत्र; **whatever I do, it's ~ enough** मैं जो कुछ भी करता हूं, काफी नहीं होता; **this will ~ do** इससे काम नहीं चलेगा, यह काफी न होगा; **those two are ~ twins!** वे दोनों कभी जुड़वां नहीं हो सकते!; **well I ~!** आश्चर्य की बात है!; **you ~ know what you can do till you try** करोगे तो पता चलेगा

nevertheless /नेवःदलेस/ *adv.* (***syn.*** nonetheless) फिर भी, तिस पर भी, तथापि: he did it, **nevertheless ...**;

conj. 1 यद्यपि ... तथापि: she was very tired, ~ she kept working 2 फिर भी, के बावजूद भी: there was no news, ~ she went on hoping

nevus *see above under* **'naevus'**

new /न्यू/ *US* नू/ *adj., degr.* **~er, ~est** 1 नवीन, नया: ~ and second hand books 2 नव-जात, अभिनव: the ~ baby 3 नव-निर्मित: ~ house 4 बदला हुआ, परिवर्तित: a ~ creature 5 अपरिचित: ~ arrival; ~ lands 6 अभूतपूर्व, अनजाना: the work is ~ to him; a ~ element was discovered 7 ताजा: ~ milk (ताजा दूध) 8 कच्चा, अनाड़ी: ~ from the country (नया-नया देहाती); ~ to the work 9 फिर से चुनी हुई: ~ Parliament 10 आधुनिक: ~ literature 11 प्रगतिशील, आधुनिक: ~ woman 12 अन्य, दूसरा, अलग प्रकार का: lead a ~ life; he has become a ~ man 13 एक और, और कई, अतिरिक्त: I found a ~ mistake; we must make ~ experiments; ~ trial (एक बार और चलाया जानेवाला मुकदमा, पुवर्विचार);

adv. अभी हाल में, अभी हाल का: ~ and ~; ~-baked bread (अभी-अभी पकाई हुई रोटी);

dw/lw: **new\bie** /न्यूबी/ *US* नूबी/ *n.* (***syn.*** novice) 1 अनाड़ी 2 कंप्यूटर आदि चलाने में नया-नया कर्मी; **new\-blown** *adj.* अभी-अभी खिला (फूल); **new\born** /न्यूबॉःन/ *adj.* नवजात, नवोदित: ~born baby; ~born freedom; **~born** *n.* नवजात शिशु; **Newcastle** *n.* न्यूकासल, न्यूकैसल (नामक नगर); **~-coined** *adj.* नया-नया गढ़ा हुआ: ~-coined words; **~-come** *adj.* हाल ही में आनेवाला (विदेशी); **~-comer** *n.* 1 नवागत, हाल ही में आने वाला व्यक्ति 2 नौसिखुआ आदमी; **~-fallen** *adj.* 1 नई-नई गिरी हुई (बर्फ आदि) 2 अभी-अभी पैदा हुआ (जानवर का बच्चा); **new\-fangled** /न्यूफैंगल्ड/ *adj.* 1 हाल ही में जोड़-जाड़कर या जुगाड़ करके बनाया हुआ: ~-fangled fashions; ~-fangled ideas; ~-fangled theories 2 आधुनिक, नये ढंग का; **~fangledness** *n.* एक प्रकार की नवीनता; **~-fashioned** *adj.* नई शैली में बनाया हुआ, आधुनिक, अभिनव, नये ढंग का: ~-fashioned hats; ~-fashioned mode of painting; **newfie** /न्यूफी/ *n.* कैनेडा के न्यूफाउंडलैंड का निवासी; **~-found** *adj.* 1 किसी में पाई गई नई खूबी या बात 2 नई गढ़ी हुई (वस्तु) 3 नई-नई खोजी हुई: ~-found land; **Newfoundland** *n.* एक बहुत बड़े और चतुर कुत्ते की नस्ल जो तैरने में भी काफी तेज होता है; **new\ish** /न्यूइश/ *adj.* नया-नया-सा; **~laid** *adj.* मुर्गी आदि द्वारा थोड़ी देर पहले दिए गए (अंडे); **~-made** *adj.* नया-नया बनाया हुआ: ~-made honour (हाल में सम्मानित); **new\-mown** *adj.* नया-नया कटा हुआ घास; **~ness** *n.* नयापन;

collocations: **New Age** 1 आधुनिक सांस्कृतिक प्रवृत्ति जिसमें शरीर, आत्मा और अध्यात्म के संगम को अहमियत दी गई है 2 (**New Age Music**) 1980 के दशक में आरंभ हुआ संगीत जिसमें जैज, लोक-संगीत और शास्त्रीय संगीत के तत्वों को मिलाकर तथा ध्वनि मिश्रकों के माध्यम से नए-नए प्रयोग किए गए; **New Age Traveller** नए प्रकार के यात्री जो स्वच्छ वातावरण और नई जीवन शैली को बढ़ावा देते हैं; **New Australian** हाल ही में आस्ट्रेलिया में आया हुआ विदेशी; ~ **blood** नया खून, नई पीढ़ी; ~ **broom** नया अधिकारी या कार्यकर्ता जो बहुत बड़े-बड़े काम करना चाहता हो; ~ **chum** 1 *Austral. & NZ colloq.* 1 नया-नया आया हुआ विदेशी जो अनुभव के नाम पर बिल्कुल कोरा हो 2 नौसिखुआ, नौसिखिया; ~ **consignment** माल की नई खेप; ~ **departure** नई पहल; **New Englander** अमेरिका के न्यु इंग्लैंड क्षेत्र का नागरिक, निवासी या वासी; **New Frontier** अमेरिकी राष्ट्रपति केनेडी की नीति; ~ **generation** नई पीढ़ी; ~ **heights** सफलता की नई ऊंचाइयां; ~ **lad** नव धनाढ्य युवक जिसका काम मात्र खाना-पीना और मौज करना हो और जो लिंग भेद, नस्लभेद, रंगभेद व अन्य मामलों में अति प्रतिक्रियावादी रुख अपनाते हुए खुल्लमखुल्ला फब्तियां कसने से न कतराता हो; **New Latin** नवजागरण युग के बाद के काल में कानूनी और वैज्ञानिक साहित्य में प्रयुक्त होने वाली लैटिन भाषा; **New Left** 1960 के दशक में (विशेषकर छात्रों के बीच) पनपा नया वामपंथी आंदोलन; ~ **look** 1 बदलाव के फलस्वरूप बना नया रूप 2 (**New Look**) 1947 में औरतों के फैशन के तहत शुरू की गई एक नई शैली जिसके तहत लंबे स्कर्टों को अहमियत दी गई थी; ~ **man** 1 सुधरा हुआ व्यक्ति 2 पहले से ज्यादा स्वस्थ व्यक्ति 3 (**New Man**) ऐसा व्यक्ति जो अपनी भावनायें या विचार छिपाता न हो और जिसने स्वास्थ्य, वातावरण आदि मामलों के प्रति आधुनिक और प्रगतिशील रवैया अपनाया हो; ~ **maths** *sing.* 1 गणित पढ़ाने की नई शैलियां; ~ **media** इंटरनेट व अन्य आधुनिकतम संचार माध्यम; ~ **moon/ the ~ of the moon** नव चंद्रमा, दूज का चांद, बालचंद्र; ~ **planet** नया ग्रह; **~-ploughed field** नई तोड़ जमीन; ~ **poor** कुछ सुविधाओं से वंचित हो जाने के कारण अपने आप को गरीब समझने वाले लोग; ~ **potatoes** थोड़े समय पहले खोद कर निकाले हुए आलू; ~ **rich** (**nouveau riche** /नूवोरिश/) *Fr.* नौदौलतिया, कल का नवाब, नव-धनाढ्य; ~ **soldier** नया-नया सिपाही; **New Style** आधुनिक कैलेंडर शैली (Gregorian Calendar); ~ **techniques** नई तकनीकें; **New Testament** नवविधान, इंजील बाइबिल का उत्तरार्ध; ~ **town** एक सुनियोजित आधुनिक नगर (उदाहरणतः, चंडीगढ़); ~ **variant CJD** मस्तिष्क की एक घातक बीमारी; ~ **wave** 1 कला, साहित्य, संगीत आदि के क्षेत्रों में नए प्रयोग और नई शैलियां 2 पुरानी रूढियों या तकनीकों से मुक्ति; **New World** सारा अमेरिकी महाद्वीप ~ **year** (*also* **New Year**) नया साल, नव वर्ष; **New Year's Day**/ **~-year's day** नववर्ष का दिन; **New Year's Eve** नववर्ष की पूर्व संध्या;

brand ~ बिल्कुल नया या नई; **the New Right** पुराणपंथी व धार्मिक कट्टरतावाद पर आधारित नई दक्षिणपंथी राजनीतिक शक्तियां;

p&i: ~ **broom sweeps clean** नया-नया अफसर अच्छा काम करता है, नया-नया मुल्ला कुछ ज्यादा ही नमाज पढ़ता है; ~ **from her sickness** बीमारी के बाद अभी-अभी अपने पांवों पर खड़ा होने वाला या खड़ी होने वाली; ~ **lords,** ~ **laws** नया-नया राजा नये-नये कानून; ~ **to the saddle** अन-सधा (घोड़ा आदि);

a ~ deal नए राजनीतिक सुधारों का दौर (US President F. Roosevelt's policy); **a ~ kid on the block** काम या संगठन में बिल्कुल नया व्यक्ति; **a ~ one on me** पहली बार सुना गया विचार, मजाक आदि; **as good as ~** लगभग नया; **a whole ~ ball game** बिल्कुल अलग दुनिया, नए तौर-तरीकों का मामला; **be ~ about the house** वह अभी नए घर का आदी नहीं हुआ; **be ~ at the job** किसी काम को पहली बार क.; **be ~ to sb** किसी के लिए नया या अनजाना हो.; **be ~ to sth** किसी कार्य के लिए अनजाना हो.; **brave ~ world** नए क्रांतिकारी परिवर्तनों का

युग; **break ~ ground** कुछ नया कर दिखाना, कोई नई चीज ईजाद क.; **carry coals to Newcastle** उल्टे बांस बरेली को; **clean as ~ pin** बिल्कुल नया व साफ-सुथरा; **give ~ hope** आशा की नई किरण का फूटना, नई आशाएं बंधाना; **give sb/ sth a ~ lease of life** किसी को नई जिंदगी दे., समाप्तप्राय या मृतप्राय बात या व्यक्ति में नया जीवन फूंकना; **good as ~** बिल्कुल नया-सा; **put ~ wine into old bottles** पुरानी चीज का मात्र बाहरी रूप बदल दे.; **ring out the old year and ring in the ~** बीते वर्ष को विदा करना और नए का स्वागत; **tomorrow will be a ~ day** कल सब कुछ बदल जाएगा; **turn over a ~ leaf** नई जिंदगी आरंभ क.; **what's new?** क्या हाल है?

Newcastle Disease (*also* **fowl pest**) पक्षियों, विशेषकर मुर्गे और मुर्गियों में फैलने वाली अत्यधिक संक्रामक बीमारी

newel /न्यूअल/ *n.* 1 एक बड़ी तकलीनुमा या बेलनाकार संरचना जिसके चारों ओर घुमावदार सीढ़ी चढ़ती है 2 (~ **post**) सीढ़ियों के नीचे या शिखर पर लगा खंभा जो सीढ़ियों की रेलिंग को सहारा देता है

newly /न्यूलि/ *US* नूलि/ *adv.* 1 अभी हाल में: ~ furnished rooms; ~ weds/ a ~ married couple 2 नया-नया, दुबारा: furniture ~ arranged 3 फिर से

news /न्यूज/ *US* नूज/ *n., [sing.]* 1 समाचार, ताजा खबर: latest ~; current ~ 2 (**the news**) रेडियो और टीवी द्वारा प्रसारित समाचार (बुलेटिन) 3 समाचार पत्रों की सूचनाएं: this has ~ value; foreign ~; home ~; stop-press ~/ breaking ~ (ताजा खबर) 4 कोई भी ताजी सूचना: that's ~ to me 5 हाल में अभिनंदित व्यक्ति या घटना;

dw/lw: **news\-boy/ ~-girl** (*also* **paper boy**) *n.* अखबार लाने वाला लड़का या लाने वाली लड़की; **news\-brief** *n.* समाचार-संक्षेप; **~cast** *n. US* रेडियो या टेलीविजन पर समाचारों का प्रसारण, समाचार-प्रसारण; **~caster** *n.* रेडियो या टेलीविजन पर समाचार प्रसारित करने वाला; **~casting** *n.* रेडियो या टेलीविजन पर समाचार प्रसारण; **~-editor** *n.* समाचार संपादक; **news\flash** (*also* **breaking ~**) *n.* रेडियो या टीवी पर चल रहे प्रसारण को रोककर या उसके साथ-साथ किसी महत्त्वपूर्ण ताजा समाचार का प्रसारण; **~-gatherer** *n.* संवाद-संग्राहक, समाचार-संग्राहक; **~girl** *n.* अखबार बांटनेवाली लड़की; **~group** *n.* इंटरनेट पर किसी विषय पर लिखनेवाले या आदान-प्रदान करनेवाले लोगों का समूह; **~hawk/ ~hawker** *n.* 1 समाचारपत्र बेचने वाला 2 समाचार रिपोर्टर; **~hound** /~हाउंड/ *n., facetious* समाचार रिपोर्टर, खबरखोजी, खबर लेने और देने वाला; **newsiness** /न्यूजिनेस/ *US* नूजिनेस/ *n.* समाचार बनने की योग्यता, क्षमता या गुण वाली सूचना; **~letter** *n.* किसी संस्था के सदस्यों को समय-समय पर भेजे जाने वाले समाचार, वृत्त-पत्र; **~man** संवाददाता; **news\monger** *n.* 1 सनसनीखेज खबरों को फैलानेवाला 2 गपोड़संख, गपोड़िया, गप्पी; **~mongering** *n.* अफवाहों और सनसनीखेज खबरों को फैलाने का काम; **~paper** *n.* अखबार, समाचार-पत्र: ~paper heading; ~paper clipping/ cutting; ~paper item/ paragraph; **~paperman/woman** *n.* पत्रकार; **news\paperese** /न्यूजपेपरीज/ *n.* 1 समाचारपत्रों की भाषा 2 समाचारपत्रों के घिसे-पिटे जुमले; **~-print** *n.* अखबारी कागज, समाचारपत्रों का कागज; **~peak** *n., ironic* राजनीतिक नेताओं आदि द्वारा अक्सर प्रयुक्त किए जानेवाले मजमा लगे विभिन्नार्थक जुमले; **~reader** *n.* रेडियो या टेलीवीजन का समाचार प्रसारक; **~reel** *n.* समाचार-फिल्म; **~room** *n.* 1 समाचार-कक्ष, ऐसा कार्यालय जहां समाचार प्राप्त किए जाते हैं और फिर प्रकाशन या प्रसारण हेतु संपादित किए जाते हैं, समाचार-पत्र का समाचार-विभाग 2 वाचनालय; **~sheet** *n.* थोड़े से पृष्ठोंवाला छोटा-सा अखबार; **~stand** *n. US* वह स्थान जहां अखबार बेचे जाते हैं; **news\vendor** /न्यूजवेंडः/ *n.* अखबार बेचने वाला, पत्र-विक्रेता; **news\worthy** /~वःदि/ *adj.* प्रसारण या समाचार के रूप में प्रकाशित करने योग्य (खबर); **newsy** /न्यूजि/ *US* नूजि/ *adj., degr.* **newsier**, **newsiest** समाचारों और सूचनाओं से ओतप्रोत, नई खबरों से भरा;

collocations: **~ agency** समाचार एकत्रित करके समाचार-पत्रों व अन्य प्रचार-माध्यमों को खबर मुहैया कराने वाली एजंसी; **~ agent** (*also* **~ dealer**) *UK* 1 समाचार विक्रेता, समाचारपत्र व पत्र-पत्रिका विक्रेता 2 समाचार-पत्र विक्रेता केंद्र का कर्मी; **~ analyst** समाचार विश्लेषक; **~ blackout** जान-बूझकर समाचार न छापने का काम; **~ bulletin** समाचार बुलेटिन; **~ conference** समाचार-पत्र के रिपोर्टरों के साथ खुला प्रश्न-उत्तर सत्र; **~ coverage** के बारे में समाचार देने की क्रिया; **~ desk** समाचार कक्ष; **~ fiction** 1 दस्तावेजी नाटक 2 तथ्यों और कल्पना पर आधारित रचना; **~ gatherer** समाचार एकत्र करने वाला; **~ hack/ digger-upper/ ~hound** समचार रिपोर्टर, खबरखोजी, खबर लेने और देने वाला; **~ house** समाचार प्रकाशन घर; **~ letter** समाचार बुलेटिन; **~ media** समाचार माध्यम; **~ release** समाचारपत्रों के लिए सूचना; **~ ticker (ticker)** टेलीविजन या कंप्यूटर स्क्रीन पर चलने वाली ताजा खबर; **~ wire** इंटरनेट के प्रयोग द्वारा नवीनतम खबर देने वाली सेवा;

p&i: **~ are like fish** पुरानी खबरें बासी हो जाती हैं; **~ on the hour** ताजा खबर;

bad ~ travels quickly/ ill ~ flies fast/ apace बुरी खबर तेजी से फैलती है; **be in the ~** खबरों या सुर्खियों में हो.; **be making the ~** समाचार-सुर्खियों में हो.; **break the ~ to sb** किसी को सावधानी से बुरी खबर दे.; **fiddler's ~** बासी खबर; **Job's ~** दर्दनाक खबर; **no ~ is good ~** किसी भी खबर का न होना अच्छी खबर है

newt /न्यूट/ *US* नूट/ *n.* जल-गोधिका, सरटिका, छिपकली की नस्ल का जीव

newton /न्यूटन/ *US* नूटन/ *n., phys.* बल मापक इकाई (*abbr.* **N**)

New Zealand /न्यूजीलैंड/ *n.* न्यूजीलैंड;

dw/lw: **~er** *n.* न्यूजीलैंड का निवासी या नागरिक

next /नेक्स्ट/ *adj.* 1 समय या क्रम में अगला, आगामी: the ~ on the list; the ~ day; ~ year 2 इसके बादवाला: ~ week 3 निकटतम, समीपतम, पास का: in the ~ room; in the ~ place; live ~ door 4 गिनती में अगला, इसके बाद गिनती में अगला: by the ~ mail 5 पड़ोस का (घर), ठीक बगलवाला (घर): ~ door;

n. अगला व्यक्ति: ~ please!; her ~ was a girl (उसका अगला बच्चा एक लड़की थी);

adv. 1 इसके तुरंत बाद: in the week ~ ensuing 2 अगली बार: when I ~ saw her 3 तदनंतर (क्रम में या गुण में): he is poet first/ scientist ~ 4 उसके उपरांत: what ~! 5 बाद में;

pron. अगला: ~ best; that is her ~ dress;

dw/lw: **~-door** *adj.* ठीक बगलवाला (घर/ पड़ोसी); **~-door** *adv.* अगले कमरे, घर या इमारत में: live ~door to the university; **~-door** *n.* बगलवाले मकान आदि में रहने वाला व्यक्ति या लोग: ~door's dog; **next\ly** *adv.* फिर, आगे;

collocations: **~ best** सर्वोत्तम से थोड़ा ही कम; **~ but one** एक को छोड़कर अगला या अगली; **~ friend in law** असमर्थ व्यक्ति के हितों का निकटतम कानूनी रक्षक; **~ of kin** निकटतम संबंधी; **~ on the list** सूची में अगला मसला, मामला या नाम; **the ~ best thing** इसके बाद की सर्वोत्तम चीज या बात; **the ~ biggest** अगली सबसे बड़ी (बात या मामला आदि); **the ~ place** अगला स्थान; **the ~ thing** इसके बाद की, अगला काम या अगली बात; **~ time** अगली बार; **~ to** लगभग: ~ to impossible (लगभग असंभव); ~ to nobody (लगभग कोई नहीं); ~ to nothing (कुछ भी नहीं, नहीं के बराबर); **~ to** *prep.* 1 के पास: a seat ~ to the fire; his garden is ~ to mine 2 संख्या या मात्रा, गुणात्मकता आदि में अगला, के बाद; ~ to sb or sth (किसी या किसी चीज के बाद);

p&i: **~ of kin** निकटतम संबंधी; **be as good as the ~ man** वह किसी से कम नहीं.; **the ~ world** परलोक; **be ~ door to**

blasphemy ईश निंदा या अपमानजनक व्यवहार की कगार पर हो.; **be ~ door to starving** भूखे मरने की कगार पर हो.; **in the ~ compartment** अगले डिब्बे में; **not till ~ time** अगली बार तक नहीं, यानी कभी नहीं; **the ~ man, woman, person, etc..** औसत व्यक्ति; **the very ~ person** अगला ही व्यक्ति; **the weekend/ week/ Sunday, etc. after ~** इसके बादवाला सप्ताहांत/ सप्ताह/ रविवार आदि; **wearing ~ to no clothes** बहुत कम (नहीं के बराबर) कपड़े पहने हुए; **What happened ~?** इसके बाद क्या हुआ? **when I ~ saw him** अगली बार जब मैं उससे मिला

nexus /नेक्सस/ *n., pl.* **nexus/ ~es** 1 आपस में जुड़ी हुई कड़ियां 2 अंतःसंबंध, बंधन के सूत्र, रिश्ता: causal ~ 3 सांठगांठ: the cash ~ (पैसे की साठगांठ)

NF *abbr. UK* 'National Front', *US* (*also* **Nfl**) 'Newfoundland' की प्रथमाक्षरी

NFER *abbr.* 'National Foundation for Educational Research

NCERT 'National Council for Educational Research and Training' की प्रथमाक्षरी

NFS *abbr.* 'Not for sale' की प्रथमाक्षरी

NFSE *abbr.* 'National Federation of Self-Employed' की प्रथमाक्षरी

NFU *abbr.* 'National Farmers' Union' की प्रथमाक्षरी

NFWI *abbr.* 'National Federation of Women's Institutes' की प्रथमाक्षरी

NG *abbr. US* 'National Guard' की प्रथमाक्षरी

NGA *abbr.* 'National Graphical Association' की प्रथमाक्षरी

ngaio /नाइओ/ *n., pl.* **~s** न्यूजीलैंड का सफेद लकड़ीवाला सदाबहार पेड़

NGO *abbr.* 'Non-Governmental Organization' की प्रथमाक्षरी

NH *abbr. US* 'New Hampshire' की प्रथमाक्षरी

NHI *abbr.* 'National Health Insurance' की प्रथमाक्षरी

NHS/ the NHS *abbr., UK* 'the National Health Service' की प्रथमाक्षरी

NI *abbr.* 'National Insurance', Northern Ireland की प्रथमाक्षरी

Ni *symbol, chem.* Nickel का चिह्न

niacin /नायसिन/ (*also* **nicotinic acid**) *n.* विटामिन **B**

Niagara /नाइगरा/ *n.* 1 नाइगरा नामक जल-प्रपात यानी झरना (fall) 2 धारा, झरना 3 बाढ़: a ~ of letters; a ~ of tears

nib /निब/ *n.* 1 धातु से बनी लिखाई के लिए निब जिसका निचला सिर दो फाड़ रहता है: ~ of a pen 2 तेज नोक या नुकीली छड़: **~s** of a fork 3 पक्षी की चोंच 4 कुटे हुए कॉफी के दाने 5 (**nibs**) छोटे-छोटे कण या ढेले 6 शिखर, चोटी;

v., pt. **~bed**, *pp* **nibbing** 1 कलम में निब लगाना या बनाना 2 नोकदार बनाना 3 पीसना, छोटे-छोटे टुकड़े क.;

dw/lw: **~bed** *adj.* 1 निबवाला 2 मूंगफली आदि से संबंधित

nib\ble /निबल/ *v., pt.* **~bled**, *pp* **~bling** 1 एक छोटा ग्रास, टुकड़ा या निवाला लेना या काटकर खाना 2 हल्के-से कुतरना 3 नुक्ता-चीनी क. 4 टूंगना (food): **~ble** olives 5 किसी विचार या प्रस्ताव में रुचि लेना: **~ble** at the idea;

n. **take a ~ble** छोटा-सा कौर काट ले.;

dw/lw: **~bler** *n.* कुतर-कुतरकर खानेवाला, टूंगनेवाला; **nibbling** *n.* कुतर-कुतरकर खाने की क्रिया;

p&i: **~ble at sth** 1 हल्के-से कुतरकर खाना, टूंगना: the fish ~bled/ at the bait 2 किसी प्रस्ताव आदि में सावधानी भरी रुचि दिखाना: ~ble at the bargain etc. (पसंद आने के बावजूद भी माल को लेने में झिझकना); ~ble at a subject (किसी विषय में सावधानी भरी रुचि ले.); ~ble at an idea (किसी विचार में सावधानी भरी रुचि ले.); **~ble away at sth** कम क., क्षीण क.: inflation is ~bling away at the real incomes

niblick /निब्लिक/ *n., golf* पुरानी तरह की गोल्फ क्लब

nibs *n., [sing.]* (*usually* **his/ her ~**) *facetious* किसी विशिष्ट व्यक्ति या होने वाले विशिष्ट व्यक्ति के लिए उपहास भरा या अपमानजनक उपनाम

NIC *abbr.* 'Nicaragua' का अंतर्राष्ट्रीय वाहन रजिस्ट्रेशन कोड (IVR)

nicad /नाइकैड/ *n.* 1 बैटरी बनाने के लिए निकल और कैडमियम 2 निकल और कैडमियम से बनी बैटरी

Nicam /नाइकैम/ *n.* ऐसी प्रणाली जिसके माध्यम से मानक टीवी सिगनलों के साथ डिजिटल सिगनल भी प्रसारित किए जाते हैं

niccolite /निकलाइट/ (*also* **nickeline/ kupfernickel**) *n.* निकल आरसिनाइड नामक खनिज

nice /नाइस\/ *adj., degr.* **~r**, **~st** 1 अच्छा, सुखद: the place is ~ and healthy; it will be ~ and fine 2 (***anton.*** nasty) मित्रतापूर्ण, स्नेहपूर्ण, सहृदय: this is very ~ of you 3 आकर्षक, सुंदर, रुचिकर, मनोहर, चारु: ~ face; ~ day 4 साफ-सुथरा: ~ and clean 5 भद्र, शालीन: he was very ~ about the incident 6 (***syn.*** modest) सुशील, विनम्र: ~ people 7 (***syn.*** subtle) सूक्ष्म, बारीक: ~ distinctions; ~ ear; he has a ~ eye for these delicate differences; ~ taste in art; ~ judgment; ~ critic; a ~ point of law 8 (***syn.*** delicate) नाजुक: ~ question 9 (***syn.*** dainty) स्वादिष्ट: ~ to the taste; ~ to the feel 10 विशेष, सटीक: a ~ sense of honour 11 *ironic* खराब, गड़बड़: here is a ~ muddle!; a ~ state of affairs!;

dw/lw: **~-looking** *adj.* मनोहर, सुंदर, रमणीय; **nice\ly** /~लि/ *adv.* 1 सटीक तरीके से, ध्यान से: assessed it ~ly 2 भली भांति: it will suffice ~ly 3 आकर्षक या ठीक ढंग से: she is doing ~ly; **nicety** *see below under separate entry*;

p&i: **~ and...** बहुत ज्यादा; **~ distinctions** काफी अच्छी विशिष्टतायें; **~ in matters of etiquette** शालीनता के मामले में काफी सटीक;

a ~ mess अच्छा-खासा गड़बड़-घोटाला; **a ~ wife and a back door, often make a rich man poor** सुंदर पत्नी और पिछला दरवाजा धनी को भी निर्धन बना देते हैं; **as ~ as nun's hen** संतों की तरह; **more ~ than wise** नजाकत या डर के कारण चुप रहकर अपना नुकसान करने वाला; **to a ~** ठीक-ठीक

nicety /नाइसटि/ *n., pl.* **niceties** 1 सूक्ष्मता, बारीकी: ~ of judgment; a point of great ~; ~ in matters of honour; **niceties** of legal proof 2 चारुता, तकल्लुफ: no time to mind **niceties** 3 बढ़िया चीज 4 (***syn.*** precision) सटीकता: fits to a ~ (बिल्कुल सटीक बैठता है);

p&i: **to a ~** बिल्कुल सटीक और सही तरीके से

niche /नीश/ निच/ *n.* 1 विशेष स्थान, आरामदेह एवं उपयुक्त स्थान: a ~ for oneself; the work fills a ~ of its own 2 (***syn.*** nook) दीवार में बना आला, ताक, ताखा 3 जिंदगी में ऐसा मुकाम जब व्यक्ति अपने आपको कुछ करने में सफल और निश्चिंत महसूस करता है 4 कुछ विशेष वस्तुओं का बाजार: ~ market; ~ marketing (विशिष्ट वस्तुओं की बिक्री) 5 जीने के लिए उपयुक्त;

v., pt. ~**d**, *pp* **niching** 1 विशेष स्थान, ताक या आला आदि पर रखना 2 विशिष्ट स्थान बनाना 3 अपने को विशिष्ट स्थान में जमा लेना: ~ oneself;

dw/lw: **~d** /नीशड/ निचड/ *adj.* विशिष्ट स्थिति में विराजमान

Nick /नाइक/ निक/ *n.* दानव, राक्षस: Old ~ (शैतान)

nick /निक/ *v., pt.* **~ed**, *pp* **~ing** 1 *UK* (***syn.*** pinch) चुराना: ~ a watch 2 अपराधी को पकड़ना, गिरफ्तार क. 3 खरोंच लग जा. 4 खांचा डालना या काटना, निशान लगाना 5 घोड़े की पूंछ की मांस-पेशी काटना ताकि वह पूंछ ऊपर उठा सके 6 ठीक निशाने पर लगाना: I **~ed** it, didn't I? 7 ठीक समय पर पहुंचना: ~ the nick 8 ताड़ जाना, ठीक अंदाजा लगाना: ~ the truth;

n. 1 *UK* जेल या पुलिस स्टेशन 2 छोटी खरोंच, निशान 3 खांचा;
dw/lw: **nicked** /निक्ड/ *adj.* 1 रटा हुआ 2 खरौंच पड़ा;
p&i: **~ down**/ **~ up** हिसाब क.; **~ in** सड़क पर गाड़ी चलाते समय कोना काटना; **~ sb for sth** किसी को किसी अपराध के लिए गिरफ्तार क.; **~ sth from sb** किसी के पास से कुछ चुराना; **in bad**/ **good nick** *UK* अच्छी या बुरी हालत में; **in the ~ of time** ऐन/ ठीक समय पर, ऐन वक्त पर

nickel /निकल/ *n.* 1 *chem.* एक रासायनिक तत्व (*symbol* **Ni**) 2 *US/ Canada* अमेरिका या कैनेडा में पांच सेंट का सिक्का 3 एक प्रकार की धातु 4 निकल, गिलट;
adj. निकल से बना;
v., *pt.* **~ed**, *pp* **~ing** गिलट या कलई चढ़ाना;
dw/lw: **nickel\-and-dime** *n.* 1 थोड़ी-सी लागत 2 थोडे-से प्रयास के लायक; **nickel\-plated** *adj.* कलई चढ़ा; **~-plating** *n.* गिलट, कलई;
collocations: **~ silver** तांबा, जस्त और निकल से बनी मिश्र धातु

nickeline *see* **'niccolite'**

nickelodeon /निकलोडिअन/ *n. old use US* पांच सेंट का सिनेमा टिकट आदि

nicker /निकः/ *n., pl.* **nicker**, *old sl.* पाउंड स्टर्लिंग

nicknack /निकनैक/ (*also* **knicknack**) *n.* 1 (***syn.*** trinket) बहुत साधारण गहना, टूम-छल्ला 2 सस्ती चीज 3 खिलौना

nickname /निकनेम/ *n.* 1 प्यार-दुलार भरा नाम (घर का नाम) 2 घृणा जताने या खिल्ली उड़ाने के लिए दिया जाने वाला अपमानजनक उपनाम;
v., *pt.* **~d**, *pp* **nicknaming** घृणा के कारण या मजाक में अपमानजनक उपनाम रखना: he was **~d** Shorty

nicotiana /निकोशिआना/ *n.* तंबाकू परिवार का पौधा

nicotine /निकअटीन/ *n.* तंबाकू में विद्यमान एक नशीला पदार्थ

nictate/ **nictitate** /निक्टे\टं/ निक्टिटे\टं/ *v., pt.* **~d**/ **nictitated**, *pp* **nictating**/ **nictitating** पलक मारना, पलकें झपकाना या झपकना;
dw/lw: **nictation**/ **nictitation** /~शन/ *n.* पलकें झपकने की क्रिया;
collocations: **nictation**/ **nictitation signal** जलता-बुझता संकेत

nidamen\tal /नाइडमेंटल/ *adj.* अंडावरणी;
dw/lw: **~tum** /नाइडमेंटम/ *n.* अंडा-वरण

niddle-noddle /निडल-नॉडल/ *adj.* अस्थिर, डांवां-डोल;
v., *pt.* **niddle-noddled**, *pp* **niddle-noddling** = **nid-nod** (*see below*) 1 ऊंघना 2 झुकते रहना (of head), झूमना 3 झुमाना

nidifica\te/ /निडिफिकेट/ *v., pt.* **~ted**, *pp* **~ting** घोंसला बनाना

nidi\fy /निडिफाइ/ *v., pt.* **~fied**, *pp* **~fying**, *s/he/ it* **~fies** घोंसला या नीड़ बनाना;
dw/lw: **nidi\fication** /निडिफिकेशन/ *n.* घोंसले बनाने की क्रिया

nid-nod /निड-नॉड/ *v., pt.* **nid-nodded**, *pp* **nid-nodding** ऊंघना, झूमना (of head), झुक-झुक पड़ना;. झुमाना

nidus /नाइडस/ 1 नीड़, घोंसला 2 (***syn.*** breeding place) (सं)प्रजनन-स्थान, रोगाणु-केंद्र 3 (***syn.*** source) उद्गम, उत्पत्ति-स्थान

niece /नीस/ *n.* भांजी, भतीजी: *masc. equiv.* **nephew** (भांजा, भतीजा)

niello /निएलो/ *n., pl.* **nielli**/ **~s** /निएलि/ निएलोस/ 1 धातुओं पर उत्कीरण करके सजाने का तरीका 2 नक्काशी की या नीलोकृत रचना 3 उत्कीरण में प्रयुक्त होने वाले पदार्थ (गंधक मिली चांदी, सीसा या तांबा);
v., *pt.* **~ed**, *pp* **~ing**, *s/he/ it* **nelloes** उत्कीरण क., नीलोकृत क.

Nietzsche /नीत्र्ये/ नीचि/ *n.* जर्मन दार्शनिक, साहित्यिक आलोचक व सिद्धांतकार फ्रेडरिक नीत्र्ये (1844-1900);
dw/lw: **Nietzschean** /नीचिअन/ *adj.* नीत्र्येयायी, नीत्र्ये संबंधी, नीत्र्ये का; **Nietzscheanism** /नीचिअनिजम/ *n.* नीत्र्येवाद, जिसमें अविवेक (irrationalism), संकल्पवाद (voluntarism), जीवन-दर्शन (Philosophy of Life) आदि अवधारणायें महत्त्वपूर्ण आयाम बनकर उभरे और जिसकी कई धारणाओं ने जर्मनी में फासीवाद को बढ़ावा दिया

niff /निफ/ *n., sl.* दुर्गंध, बदबू;
v., *pt.* **~ed**, *pp* **~ing**, *s/he/ it* **~s** बदबू छोड़ना, बदबू दे.;
dw/lw: **~y** /निफ्फि/ *adj., degr.* ~ier, ~iest दुर्गंधयुक्त, बदबूदार, दुर्गंधित

nif\ty /निफ्टि/ *adj.*, **~tier**, **~tiest** 1 चतुर, दक्ष, फुर्तीला: **~ty** legs 2 शैलीकार, फैशनेबुल: **~ty** suit 3 आकर्षक, बना-ठना 4 (***syn.*** handy) काम आने वाला

Nigella/ **nigella** /नाइजेला/ (*also* **love-in-a-mist**) *n., pl.* **~s** 1 कलौंजी 2 बारीकी से कटे पत्तों और सफेद, नीले या पीले फूलों वाले पौधों का समूह

niggard /निगःड/ *n.* (***syn.*** mean) कंजूस व्यक्ति, मक्खीचूस आदमी;
dw/lw: **~ly** /~लि/ *adj.* 1 (***syn.*** misery) कंजूस, कृपण, मक्खीचूस: ~ly rich man; ~ly of money; ~ly compliments; ~ly of advice; ~ly of appreciation 2 (***syn.*** mean) टुच्चा, तुच्छ 3 बहुत कम: a ~ly allowance for sth; **~ly** *adv.* कंजूस की तरह; **~liness** *n.* कृपणता, कंजूसपना, टुच्चापन

nigger /निगः/ *n., offensive* 1 अश्वेत लोगों के लिए प्रयुक्त अपमानजनक शब्द 2 अफ्रीकी मूल का अश्वेत व्यक्ति;
p&i: **~ in the woodpile**/ **in the fence** 1 संदेहपूर्ण स्थिति 2 छिपा हुआ दुष्टतापूर्ण प्रभाव; **work like a ~** कोल्हू के बैल की तरह काम क.

niggle /निगल/ *v., pt.* **~d**, *pp* **niggling** 1 (***syn.*** bother) लगातार परेशान करना 2 (***syn.*** quibble) यों ही दोष निकालते रहना: ~ about/ over, etc. (लगातार किच-किच करना) 3 मक्खी मारना, झख मारना, यों ही समय बर्बाद क. 4 खिलवाड़ क. 5 लापरवाही से काम क.;
n. 1 लगातार परेशान करने वाली चिंता 2 छोटी-मोटी शिकायत या नुक्ताचीनी;
dw/lw: **niggling** /निगलिंग/ *adj.* 1 झक्खी 2 (***syn.*** petty) छोटी-छोटी बातों को लेकर लगातार परेशान करने वाला 3 बाल की खाल उतारने वाला 4 हर वक्त नाक में दम करने वाला

nigh /नाइ/ *adv., old use, dialect or poetic* 1 निकट: winter is ~ at hand 2 लगभग: ~ on or well ~ (लगभग);
v., *pt.* **~ed**, *pp* **nighing** पास आना: night is **~ing**; it **~s** to/ towards Christmas;
prep. पास में: stay ~ me;
dw/lw: **~ness** *n.* समीपता: the ~ness of blood (खून का रिश्ता);
p&i: **well ~ dead** = **sick ~ into death** लगभग मृत

night /नाइट/ *n.* 1 रात, रात्रि: all ~ long; at ~; have/ pass a good or a bad ~ 2 सूर्यास्त से सूर्योदय तक का समय: by ~ (रात के समय) 3 निशा: ~ fell (निशा छा गई) 4 सोने से लेकर सवेरे उठने तक का समय: a **~'s** lodging (रात भर के लिए ठहरने की क्रिया); ~ off (एक रात के काम से छुट्टी) 5 सायंकाल: Saturday ~ 6 अंधकार-काल, अंधकारमयता: the ~ of death 7 अज्ञानता, दुष्टता और शोक का समय: the ~ of ignorance;
adj. 1 रात भर का 2 रात (का): ~ duty; ~ action (रात भर चलने वाली लड़ाई);
adv. 1 रात में: at ~ 2 हर रात: every ~;
dw/lw: **~-bell** *n.* रात में प्रयोग करने के लिए दरवाजे की घंटी (विशेषकर होटल में); **~-bird** *n.* रात्रिचर व्यक्ति, रातभर जागने

वाला; **night\-blind** *adj.* निशांध; **~-blindness** *n.* रतौंधी; **~-boat** *n.* रात्रि-नौका; **~cap** *n.* सोते समय गिलासभर पी जाने वाली शराब; **~class** *n.* रात को लगने वाली पढ़ाई की क्लास; **~clothes** *n., pl.*= **~-attire** रात में सोने के समय पहनने के कपड़े, रात्रि-परिधान, शयन-वस्त्र; **~-cloud** *n.* धारीदार बादल; **~club** *n.* रात में मनोरंजन का स्थान, नाइट क्लब, रात्रि क्लब; **~dress** *n. UK* स्त्रियों की रात की पोशाक; **~duty** *n.* रात की ड्यूटी, रात्रि ड्यूटी; **~eyed** *adj.* रात को देख सकने वाली, बिल्ली; **~fall** *n.* अंधेरा होने का समय; **~-fighter** *n.* रात में चलने वाला लड़ाकू जहाज; **~-flying** *n.* रात में भरी जाने वाली उड़ान; **~gown** *n.* स्त्रियों की रात की पोशाक; **night\hawk** *n.* 1 उल्लू 2 रात को अच्छा काम करने वाला; **~-heron** /नाइटहेरन/ *n.* वाक-बगुला; **~ie**/ **~y** /नाइटि/ *n., pl.* **nighties** स्त्रियों की रात की पोशाक; **~-intruder** *adj.* रात्रि-बमवर्षक; **~jar** *n.* छपका; **night\life** *n.* रात के समय मनोरंजक गतिविधियां; **~light** *n.* रात भर जलने वाली छोटी धीमी बत्ती, रतबत्ती; **~long** *adv. & adj.* सारी रात (चलने वाला), सारी रात (का), रात भर (का); **~ly** /नाइटलि/ *adj.* रात का: ~ly watches (रात को दिया जाने वाला पहरा); ~ly performances (रात भर चलने वाला रंगारंग कार्यक्रम); **night\mare** /~मेअः/ *n.* 1 बुरा सपना 2 भयानक सपना, दुःस्वप्न 3 कटु अनुभव: he had a ~mare; the ~mare of war; **~marish** /~मेऑरिश/ *adj.* बहुत बुरा; **~-owl** *n.* 1 उल्लू 2 रात को अच्छा काम करने वाला; **~-piece** *n.* नाटक, काव्य आदि में रात्रि-दृश्य; **~-robber** *n.* रात में लूटने वाला, लुटेरा; **nights** /~स/ *adv.* 1 रात्रि-पारी 2 रात को, रात में प्रायः 3 हर रात या अधिकतर रातों में; **~shade** (*also* **deadly ~shade**) *n.* 1 रात्रि-पौधे: बेलाडोना, कंटा-लाका आदि 2 रजनीमाची (black); **~-shift** *n.* रात्रि-पारी; **~-singer** *n.* रात में गाने वाला पक्षी; **~shirt** *n.* रात में पहनने के लिए लंबा ढीला कुर्ता; **~-soil** *n.* मल, विष्ठा; **~spot** *n.* रात्रि-रेस्त्रां; **~stand** *n.* (*syn.* bedside table) बिस्तरे के सिरहाने रखी जाने वाली छोटी-सी मेज, स्टूल; **~stick** *n.* बैंत, पुलिस वालों का डंडा; **~-suit** *n.* रात्रि-पोशाक; **~-tide** *n.* रात्रि-ज्वार; **~-time** *n.* सूर्यास्त से लेकर सूर्योदय तक का समय; **nightingale** *see below under separate entry*; **~-vision** *n.* रात्रिदर्शी (device); **night\-walker** *n.* (animal) 1 रात्रिचर 2 (*syn.* somnambulist) निद्राचारी 3 वेश्या; **~-watch** *n.* 1 रात का पहरा 2 चौकीदारी; **~-watchman** *n.* 1 रात का चौकीदार 2 (क्रिकेट में) दिन के खेल के आखिर के बचे हुए थोड़े-से समय में खेलने के लिए भेजा जाने वाला पुंछल खिलाड़ी (tail-ender); **~wear** *n.* रात्रि-पोशाक; **~y** = **nightie** (*see above*)

collocations: **~ binoculars** रात की दूरबीन; **~ dew** रात की ओस; **~ frequency** रात के समय के लिए रेडियो तरंग; **~ latch** दरवाजे की कुंडी; **~ letter** रात को रियायती दामों पर भेजा जानेवाला तार; **~ owl** 1 उल्लू 2 रात को देर तक जागने वाला व्यक्ति; **~ riders** रात्रि-घुड़-सवार; **~ robe** रात्रि पोशाक; **~ safe** = **~ depository** बैंक में रात को पैसा रखने के लिए बाहरी दीवार में बनी तिजौरी (सेफ); **~ school** रात्रि-विद्यालय, रात्रि-पाठशाला; **~ shelter** रात्रि-निवास, रैनबसेरा; **~ shift** रात्रि-पारी; **~ spot** नाइट क्लब; **~ time** 1 रात का समय, रात्रिकाल 2 बड़े नगरों में रात को होने वाली रंग-रलियां; **~ vision** रात्रि-दृष्टि;

a ~ out मौज-मस्ती के लिए शाम बाहर बिताने का कार्यक्रम; **by ~** रात के समय में, रात के समय होने वाली रंग-रलियां: Paris by ~; **first ~** नाटक का पहला मंचन;

p&i: **~ after ~** हर रात; **~ and day**/ **day and ~** रात-दिन; **~ is too young** अभी तो बच्चों के सोने का समय हुआ है (अभी देर रात नहीं हई); **~ owl** देर रात तक जागकर काम करने वाला व्यक्ति;

a ~ out मौज-मस्ती करने के लिए देर रात तक या सारी रात घर से बाहर रहना; **all right on the ~** समय आने पर सब कुछ ठीक हो जाना; **as ~ follows day** जिसे टाला नहीं जा सकता; **Good night!** सोने से पूर्व का अभिवादन; **have an early/ a late ~** रात को जल्दी या देर में सोना; **have a good/ bad ~** रात भर अच्छी या बुरी नींद सोना; **have a ~ on the tiles** मौज-मस्ती करते हुए सारी रात घर से बाहर रहना; **in the dead of ~** देर रात में; **in the depth of ~** रात की गहराई में; **in the still of the ~** रात के सन्नाटे में; **like a thief in the ~** चोरों की तरह, चोरी-छिपे, चुपके-चुपके; **make a ~ of it** रातभर मौज-मस्ती क.; **make (the) ~ hideous** रात के सन्नाटे को भंग क.; **night, night** बच्चों द्वारा '**Good night**' के अर्थ में प्रयुक्त; **ships that pass in the ~** एक रात का सहवास करने वाले लोग; **spend the ~ with sb** रात किसी के साथ सहवास करते हुए बिताना; **the ~ is no man's friend** रात किसी की मित्र नहीं होती; **the ~ brings counsel** सुबह शाम से ज्यादा सयानी होती है; **turn ~ into day** रात को दिन बना दे., रात को वह काम करना जो दिन में करते हैं; **what is done by ~ appears by day** कुछ भी छिपा नहीं रहता, अंधेरा छिपाए, प्रकाश दिखाए

nightingale /नाइटिंगेल/ *n.* गाना गाने वाली एक छोटी चिड़िया, कोकिला;

p&i: **Dutch ~** *facetious* मेढक; **~s will not sing in a cage** कोयल को पिंजरा नहीं, पेड़ की टहनियां चाहिएं

nigrescent /नाइग्रे\संट/ निग्रे\संट/ *adj.* 1 सांवला, श्याम(ल), सांवला होता हुआ 2 अश्वेत, काला-काला, थोड़ा-थोड़ा काला;

dw/lw: **nigrescence** /~संस/ *n.* 1 अश्वेतता, कालापन 2 काली रंगत 3 काला होने की प्रक्रिया

nigritude /निग्रिट्यूड/ *US* निग्रिटूड/ *n.* कालापन, अश्वेतता

nigromancy *see above* **necromancy**

nihil /नाइल/ नाइहिल/ *Lat.* 1 कुछ नहीं 2 शून्य 3 नगण्य वस्तु;

p&i: **nihil ad rem** /नाइल ऐड रेम/ *Lat., law* जिसका मुकदमे, तथ्य आदि से कोई सरोकार न हो, असंगत, बेतुका; **nihil dicit** /नाइल डाइसिट/ *Lat., law* 1 प्रतिवादी का गवाही देने से इंकार 2 प्रतिवादी के प्रतिवाद के अभाव में वादी यानी मुदई के हक में फैसला; **nihil habet** /नाइल हेबेट/ *Lat., law* ऋणी के पास कुड़की योग्य संपत्ति का अभाव;

aut Caesar, aut nihil /आउट काइसर आउट नाइल/ = either a Caesar or nothing = all or nothing या तो सारा या कुछ नहीं; **ex nihilo nihil fit** / एक्स नाइहिलो नाइहिल फिट/ = nothing comes out of nothing शून्य से शून्य ही पैदा होता है

nihi\lism /नाइइलिज्म/ *n.* 1 शून्यवाद 2 नकारवाद 3 उन्नीसवीं सदी का रूसी आंदोलन जो सभी सामाजिक व्यवस्थाओं और संस्थाओं को नकारता था (*see* Ivan Turgenev's novel *Fathers and Sons*);

dw/lw: **nihi\list** /नाइइलिस्ट/ *n.* नकारवादी, शून्यवादी; **nihi\lity** /नाइइलिटि/ *n.* 1 गैर-वजूदगी 2 शून्यता 3 नकारात्मकता 4 असत्ता, अराजकतावाद

-nik *suffix, forming nouns, denoting:* **a specific cause** or **activity** (विशेष कार्य या गतिविधि): peace**nik** (शांति-योद्धा); refuse**nik** (आवश्यक सैनिक-सेवा से इन्कार करने वाला)

Nike /नाइकी/ *n., Gr. mythol.* विजय देवी

Nikkei index *n. stock market* टोकियो स्टॉक एक्सचेंज के शेयरों आदि का संकेतक

nil /निल/ *n., games, sports etc.* 1 (*syn.* zero) शून्य: the result of the game was four – **nil**, i.e. 4 - 0; the profits were ~ 2 कुछ भी नहीं: rate the chances as ~;

p&i: **~ admirari** /निल ऐडमिरेअर/ किसी भी बात से हैरान नहीं होना चाहिए; **~ desperandum** /निल डिसपअरैंडम/ कभी हताश नहीं होना चाहिए

Nile blue फीका हरा-हरा-सा नीला रंग

Nile green फीका हरा रंग

Nilot /नाइलौट/ *n.* ऊपरी नील नदी क्षेत्र के निवासी;

dw/lw: **Nilotic** /नाइलॉटिक/ *adj.* नील नदीय

nimbed /निमड/ *adj.* प्रभा-मंडल से घिरा हुआ, प्रभा-मंडित

nimble /निंबल\/ *adj., degr.* **~r**, **~st** 1 (***syn.*** agile) फुर्तीला: be ~ on one's feet 2 चौकन्ना 3 जल्दी ही (कोई बात) सीख और समझ लेने वाला, सुजान: ~ wits 4 दक्ष, कुशल: ~ at/ in sth or ~ to do sth 5 कुशाग्रबुद्धि: ~-witted; a ~ thinker;
dw/lw: **nimble\-fingered** *adj.* दक्ष, कुशल (कारीगर, दस्तकार); **~-footed** /~फुटिड/ *adj.* तीव्रगामी, द्रुतगामी, चुस्त; **~-minded** *adj.* कुशाग्रबुद्धि; **~ness** /~नेस/ *n.* फुर्तीलापन, फुर्ती, चुस्ती-दुरुस्ती, कुशाग्रता; **nimble\-witted** *adj.* कुशाग्रबुद्धि, हाजिरजवाब; **nimbly** /निंबलि/ *adv.* 1 फुर्ती से, द्रुत गति से 2 दक्षतापूर्वक 3 ठीक निशाने पर

nimbostratus /निंबोस्ट्राःटअस/ निंबोस्ट्रेटअस/ *US* निंबोस्ट्रेटअस/ निंबोस्ट्रैटअस/ *n., pl.* **nimbostrati** /निंबोस्ट्राटाइ/ *metereol.* घने, काले बादलों की घटा, काली घटा

nimbus /निंबस/ *n., pl.* **~es**/ **nimbi** /निंबाइ/ 1 वर्षा करने वाला मेघ, वर्षामेघ 2 प्रभामंडल

NIMBY/ Nimby (*acronym of:* 'not in my backyard') /निंबि/ *n. colloq.* स्वार्थपूर्ण सकारात्मक व्यक्ति यानी ऐसा व्यक्ति जो किसी कार्य के होने में तब तक बाधा नहीं डालता जब तक वह कार्य उसके स्वार्थी हितों को आंच नहीं पहुंचाता;
dw/lw: **nimby\ism** /निंबिइज्म/ *n.* स्वार्थपूर्ण सकारात्मकता

nimiety /निमाइइटि/ *n.* आधिक्य, प्रचुरता

niminy-piminy /निमिनि-पिमिनि/ *adj., derog.* कृत्रिम ढंग से सुकुमार लगने वाला

Nimrod /निमरॉड/ *n.* 1 महान शिकारी, आखेटकार 2 महान खिलाड़ी

nincompoop /निंकंपूप/ *n.* मूढ़ व्यक्ति, काठ का उल्लू, मूर्ख, गोबरगणेश

nine /नाइन/ *n., numeral/ cardinal* 1 नौ, नव: ~ and ~ make eighteen; there were ~ of them (वहां पर नौ जने थे) 2 नौ के द्योतक चिह्न: 9, IX आदि 3 नौ वर्ष: he is ~; boy of ~ 4 सवेरे के नौ बजे: the shop opens at 9 am (9 o' clock); he will come at ~ 5 ताश का पत्ता (नहला): play one's ~ 6 पोशाक या जूतों आदि का साइज
dw/lw: **~-eyed** *adj.* नौ-आंखोंवाली (eel); **~fold** *adj.* नौगुना, नवधा, नौपहला; **~fold** *adv.* नौगुना ज्यादा: increase ~fold; **~-lived** *adj.* बिल्ली की तरह आसानी से न मरने वाला; **~pence** *n.* नौ पैंस: as right as ~pence (सब ठीक है); **~pins** *n., [sing.]* स्किटल्स जैसा खेल जिसमें लकड़ी की गेंद प्रयुक्त होती है; **~-tailed** *adj.* नौ पूंछों वाला; **~-to-five** *adj., adv.* सुबह नौ से शाम के पांच बजे तक का (दफ्तरी काम);
collocations: **~ tenths** दस का नौवां भाग, लगभग पूरा; **~ winks** नींद की छोटी-मोटी झपकियां;
p&i: **~-and twenty/ ~-and thirty** उनतीस/ उन्तालीस; **~ tailors make a man** आदमी कई कारीगरों की बदौलत सजता-संवरता है; **~ times out of ten** दस में से नौ बार, अक्सर; **~ twos are eighteen** नौ दूनी अठारह;
a ~ days' wonder चार दिन की चांदनी, फिर अंधेरी रात; **at ~** नौ वर्ष की आयु में; **bowl over like ~pins** एक के बाद दूसरे को उखाड़ फेंकना; **cats have ~ lives** जाट मरा तब जानिए जब तेरहवीं हो ले; **dressed up to the ~** अपनी सुंदरतम पोशाक पहने हुए, पूरी तरह बना-ठना; **eighteen is ~ times as much as two** दो का नौ गुणा अठारह होता है; **in ~s** नौ के समूह में; **look ~ ways** भेंगा हो.; **ninety ~ times out of hundred** सौ में से नब्बे बार, अक्सर

nineteen /नाइनटीन/ *n., numeral/ cardinal* 1 उन्नीस, नवदश: ~ and ~ make thirty eight; ~ two's are thirty eight; chapter ~ 2 उन्नीस का द्योतक चिह्न: 19, IXX आदि 3 उन्नीस वर्ष: a girl of ~;
p&i: **~ to the dozen** तेज रफ्तार से;
talk/ run ~ to the dozen उत्तेजना से भरकर चपर-चपर करते रहना; **they were ~ of them** वे उन्नीस जने थे

nineteenth /नाइनटीन्थ/ *adj., serial number* 1 उन्नीसवां: she is in her ~ year; ~ chapter 2 (**the nineteenth**) उन्नीस तारीख: ~ of July;
n. 1 उन्नीस बराबर के हिस्सों में से एक 2 one nineteenth (1/19) एक बटा उन्नीसवां भाग 3 **the ~ hole** गोल्फ-क्लब घर, मधुशाला (the bar)

nineties /नाइंटीज/ *n., [pl]* 1990 का दशक यानी 1990 से 1999 तक का दशक: be in your ~ (90 से 99 के बीच की उम्र का हो.); Fauja Singh is in his ~

ninetieth /नाइंटीअथ/ *serial number* नब्बेवां, नवतितम: he is in his ~ year; he arrived ~ (वह नब्बेवें स्थान पर रहा)

ninety /नाइंटि/ *n., cardinal number* 1 नब्बे (90): page ~ 2 नवति: ~-nine out of a hundred 3 नब्बे के द्योतक चिह्न: 90, XC आदि 4 नब्बे वर्ष: a man of ~ 5 नब्बे लोगों का समूह 6 नब्बे अंक;
adj. 1 **aged ~** नब्बे वर्ष का 2 नब्बेवां क्रमांकवाला: **ninety\-ninth**

ninny /निनी/ *n.* मूर्ख व्यक्ति, बेवकूफ

ninth /नाइंथ/ (*also* **9th**) *serial number, n.* 1 नौवां 2 नौवां हिस्सा 3 नौवां स्थान 4 (**the ~**) महीने की नौ तारीख;
dw/lw: **~ly** *adv.* नौवीं बात, दलील, वस्तु आदि;
p&i: **the ~ part of a man** *facetious* दर्जी

Niobe /नाइबि/ *n., Gr. mythol.* शोक या मातम की देवी

nobium /नायोबिअम/ *n.* एक रासानिक तत्त्व यानी रुपहले-भूरे रंग की धातु

nip /निप/ *v., pt.* **~ped**, *pp* **nipping** 1 हल्का-सा काटना: the lobster **~ped** the toes of the bather 2 दबाना, दबा दे., पकड़ना: **~ped** the finger in the door 3 चुटकी काटना, चिहुंटना 4 (*often* **~ off sth**) थोड़ा-सा हिस्सा दांत से काटकर अलग क., चुटकी भर तोड़ना 5 रोकना, अवरुद्ध क., आगे न बढ़ने दे.: ~ the tide 6 हानि पहुंचाना: frost **~ped** the plants; ~ped by excessive cold 7 चुस्की लेना 8 गिरफ्तार क. 9 *colloq.* कुछ छीनना;
n. 1 दबाव, कटाव: ice ~ 2 चुटकी, चिकोटी: give a ~ 3 चुटकी भरकर या दांत से काटकर अलग किया हुआ टुकड़ा 4 तीक्ष्ण शीत, तेज सर्दी: a cold ~ in the air 5 चुस्की, घूंट: a ~ of brandy 6 तीक्ष्णता, तीखापन: ~ of chilly;
dw/lw: **~-cheese/ ~-farthing** *n.* कंजूस-मक्खीचूस; **nip\ping** /निपिंग/ *adj.* भीषण, घोर (सर्दी आदि); **nip\py** /निपि/ *adj., degr.* ~pier, ~piest 1 बहुत ठंडा: ~py weather 2 फुर्तीला, चुस्त: be ~py about it (जल्दी-जल्दी चलना) 3 स्वाद में तेज, तीक्ष्ण;
p&i: **~ along** भागकर गायब हो जा., जल्दी-जल्दी चलना; **~ and tuck** *colloq.* सौंदर्य-प्रसाधन के रूप में कोई छोटी-मोटी शल्य-क्रिया; **~ and tuck** (*also* **neck and neck**) *adj.* घमासान, कांटे की टक्कर का; **~ at** गोलीबारी क.; **~ away/ ~ off/ ~ round** जल्दी से जाकर आना; **~ down/ out/ up, etc.** *UK* जल्दी से कहीं जाकर आना; **~ in/ ~ into** में फंसाकर काट ले.; **~ on** भागकर आगे निकल जा.; **~ it in the bud** किसी बात को शुरू में ही खत्म कर दे.; **~ out** भागकर आगे निकल जा.; **~ the evil in the bud** बुराई को आरंभ में ही खत्म कर दे.; **~ up** पकड़ ले.; **put the ~s into sb** किसी से पैसे उड़ा लेना

nipper /निपः/ *n.* 1 चिकोटी भरने वाला व्यक्ति 2 केंकड़े या समुद्री झींगे का पंजा 3 *old colloq.* नन्हा-मुन्ना बच्चा;
dw/lw: **~s** /निपःज/ *n., [pl.]* 1 चिमटी, मोचनी, संडासी, संदंशिका, प्लास 2 *sl.* हथकड़ी

nipple /निप्ल/ *n.* 1 स्तनाग्र, चूची, चूचुक 2 (***syn.*** teat) दूध पिलाने की बोतल की चुसनी

nipplewort /निपलवःट/ *n.* पीले फूलों वाला एक लंबा पौधा जिसे पहले चूचियों के दर्द-निवारक के रूप में सेवन करते थे

Nippon /निपॉन/ *n.* जापानी भाषा में 'जापान' के लिए शब्द

nippy *see above under* **nip:** ***dw/lw***
NIRC *abbr.* 'National Industrial Relations Court' की प्रथमाक्षरी
nirvana /निःवाणा/ निर्वाण/ *n.* निर्वाण, मुक्ति
Nisei /नाइसे/ नीसेइ/ *n., pl.* **nisei** जापानी मूल का अमेरिकी या कैनेडियायी नागरिक
nisi /नाइसाइ/ *adj., Lat., law* 1 किसी तिथि विशेष से लागू होने वाला अदालती हुक्म, बशर्ते कोई एतराज न करे 2 जब तक कि किसी को एतराज न हो
nisi prius /नाइसाइ प्रायस/ *Lat., law*: **court of nisi prius** जज और ज्यूरी के सदस्यों वाली अदालत
Nissen hut /निसन हट/ *n.* नालीदार धातु की चादरवाला चल तंबू
nisus /नाइसस/ *n.* प्रयास, कोशिश
nit /निट/ *n.* 1 लीख, लिक्षा: dead as a ~ (सड़ा-मरा) 2 *sl.* गंदगी, तुच्छ वस्तु 3 मूर्ख व्यक्ति;
dw/lw: **nit\-picker** *n.* छोटी-छोटी बातों पर नुक्ताचीनी करने वाला, बाल की खाल उतारने वाला; **~-picking** *n.* 1 ओछी आलोचना 2 छोटी-छोटी बातों पर नुक्ताचीनी; **~-picking** *adj.* बद-मिजाज; **~ty** /निटि/ *adj., degr.* nittier, nittiest लीखभरा
nithing /निदिंग/ *n.* 1 नीच आदमी 2 कुख्यात व्यक्ति 3 बागी;
adj. कायर जैसा, कंजूस जैसा
nitid /निटिड/ *adj.* चमकीला
nitrate /नाइट्रेट/ *n., chem.* नाईट्रेट, एक प्रकार का रसायन
nitre /नाइटः/ *n., chem.* शोरा, नाइटर, सुरिया-खार
nitric /नाइट्रिक/ *adj., chem.* नाइट्रिक: ~ acid
nitri\fication /नाइट्रिफिकेशन/ *n.* नाइट्रीकरण;
dw/lw: **~fying** *adj.* नाइट्रीकारी
nitrogen /नाइट्रोजन/ *n.* नाइट्रोजन गैस;
dw/lw: **~ous** *n.* नाइट्रोजन-युक्त: ~ous fertilizers; **~-gatherer** *n.* नाइट्रोजन-एकत्रक;
collocations: **~-gathering plants** नाइट्रोजन-एकत्रण पौधे
the nitty-gritty /निटि-ग्रिटि/ *n., colloq.* 1 किसी कार्य, गतिविधि, मामले आदि की बारीक व्यावहारिक बातें 2 सभी छोटे-मोटे तथ्य या पहलू
nitwit /निटविट/ *n., sl.* मंदबुद्धि व्यक्ति, बुद्धू, उल्लू
nival /नाइवल/ *adj.* 1 हिममय 2 बर्फ तले उगने वाला;
dw/lw: **nivation** /नाइवेशन/ *n.* बर्फ से ढकाव; **niveous** /निविअस/ *adj.* हिममय, श्वेत हिममय
nix /निक्स/ *n., sl.* कुछ नहीं, शून्य: you can't get him to work for ~ (वह बेगार या मुफ्त में काम नहीं करेगा);
v., pt. **~ed,** ***pp*** **~ing** 'न' कहना, मना क.;
adv. बिल्कुल नहीं
p&i: **~ on that game!** नहीं होगा! **~ out** भाग जाना; **say ~ on sth** किसी बात के प्रति नकारात्मक रवैया अपनाना
NJ *abbr., US* 'New Jersey' की प्रथमाक्षरी
NL *abbr.* 'Netherlands' का अंतर्राष्ट्रीय वाहन रजिस्ट्रेशन कोड (IVR)
NLP *abbr.* 'neurolinguistic programming', 'natural language processing' की प्रथमाक्षरी
NM *abbr., US* 'New Mexico' की प्रथमाक्षरी
nm *abbr.* 'nanometre', 'nautical mile' की प्रथमाक्षरी
n mile *abbr.* 'nautical mile' की प्रथमाक्षरी
NMR *abbr.* 'nuclear magnetic resonance' की प्रथमाक्षरी
NNE *abbr.* 'north-north-east' की प्रथमाक्षरी
NNW *abbr.* 'north-north-west' की प्रथमाक्षरी
NO *abbr. US* 'New Orleans' की प्रथमाक्षरी
No1 *abbr.* 'number' की प्रथमाक्षरी
No2 *symbol* 'nobelium' की प्रथमाक्षरी
No3 *abbr. see* **NOH**
no /नो/ *excl.* 1 नकारात्मक जवाब, इन्कार, मनाही, मतभेद आदि जताने के लिए प्रयुक्त 2 मनाही द्योतक, नहीं 3 निषेधात्मक नहीं 4 हक्का बक्का होकर दिया जाने वाला जवाब: **No!** Don't say like that! 5 निराश या अप्रिय घटना होने पर प्रयुक्त विस्मयादिबोधक पद: Oh **no!** नहीं, भई!
no *determiner/ adj.* 1 नहीं, कोई भी नहीं, एक भी नहीं: ~ good book on history; ~ one man can do this 2 निषेधात्मक: there's ~ milk left 3 बिल्कुल भी नहीं: she is ~ moron (वह मंदबुद्धि नहीं); he is ~ fool; a teacher of ~ mean ability; ~ easy task; I am ~ philosopher 4 जल्दी ही: he should do it in ~ time (वह इसे चुटकी में कर लेगा) 5 मनाही: ~ smoking 6 अभाव: ~ opinion; there is ~ getting away from the fact; there is ~ accounting for tastes 7 कोई ...नहीं: ~ other than (के सिवा और कोई नहीं); ~ doubt (कोई संदेह नहीं); ~ hurry (कोई जल्दी नहीं); ~ way कोई संभावना नहीं, किसी भी प्रकार से नहीं;
adv. 1 नहीं: ~ bigger than (से बड़ा नहीं) 2 बिल्कुल नहीं, तनिक भी नहीं: he is ~ better yet; ~ worse;
n. **(*anton.*** ayes) विरोधी मतदाता, विरोधी: the **noes (nays)** have it (विरोधी पक्ष की जीत); not take ~ for an answer (नकारात्मक जवाब स्वीकार न क.);
dw/lw: **~-account** *adj.* बेकार, निकम्मा; **~-ball** *n.* गलत बाल, नो-बाल, निरस्त गेंद; **~-brainer** /नोब्रेनः/ *n.* 1 सरल, स्पष्ट 2 जिस समस्या में ज्यादा दिमाग लड़ाने की जरूरत न हो.; **~-fault** /नोफौल्ट/ *adj. US* ~-fault ऐसे नियम या प्रणालियां जहां यह जरूरी नहीं कि यह ढूंढा जाए कि जो हुआ है उसके लिए कौन जिम्मेदार है: ~fault insurance (हादसा-आधारित बीमा); **no\-frills** *adj.* मौलिक, आधार रूपी, बिना ऊपर के तामझाम या गोटा-किनारी के; **~-glare** /नोग्लेअः/ *adj.* जो चौंधियाता न हो; **~-go** *n.* 1 असफलता: I tried but it was ~go; ~go area *UK* (खतरनाक/ निषेधित क्षेत्र) 2 भीतर-घात; **~-good** /नोगुड/ *adj.* 1 बेकार: ~good take 2 अविश्वसनीय; **~-good** *n.* बुरा या बेकार व्यक्ति; **~hoper** /नोहोपः/ *n.* ऐसा व्यक्ति या पशु जिसके सफल होने की कोई उम्मीद न हो; **~-show** /नोशो/ *n.* टिकट लेकर भी शो में न आने वाले दर्शक; **~-side** /नोसाइड/ *n., rugby* खेल का अंत; **no\-thoroughfare** /नो-थॉरोफेअः/ *n.* आम रास्ता नहीं; **~-trump** /नो-ट्रंप/ *n.* (*also* **no-trumps**) ताश के खेल में तुरुप के बिना चाल; **no\-trust** *n.* अविश्वास: ~-trust motion; **~-win** *adj.* जीत असंभव;
collocations: **~-fly zone** किसी देश में दूसरे देशों के विमानों के लिए वर्जित क्षेत्र; **~ man's land** लावारिस या स्वामीहीन भूमि; **~-go area** 1 शहर का ऐसा क्षेत्र, जहां जाना खतरे से खाली नहीं 2 कोई वर्जित विषय यानी ऐसा विषय जिस पर बहस करना बेकार हो; **~-par** /नोपाः/ *adj.* जिसका अंकित या दिखने में कोई मूल्य न हो: ~-par value stock (नाम मात्र मूल्य का सट्टा); **~-score draw** (*also* **goalless draw**) बिना किसी गोल का यानी बराबरी का फुटबॉल का मुकाबला;
p&i: **~ buts** कोई बहाना नहीं चलेगा; **~ carrion will kill a crow** सभी अपनी जाति की रक्षा करते हैं, सांप सांप को नहीं काटता; **~ chain is stronger than its weakest link** जंजीर सबसे कमजोर कड़ी पर ही टूटती है; **~ end** बहुत ज्यादा; **~ fear** कोई डर नहीं; **~ fire without its weeds** जहां फूल वहां कांटे, जहां आग वहां धुआं; **~ flies on him** उसे न छेड़ो! उसे बुद्धू नहीं बनाया जा सकता; **~ garden without its weeds** जहां फूल वहां कांटे; **~ go** असंभव, बिल्कुल अच्छा नहीं; **~ great shakes** कोई विशेष बात नहीं, कोई ज्यादा तीस-मार-खां नहीं; **~ laughing matter** यह हंसी की बात नहीं, गंभीर मामला है; **~ love lost between so and so** दोनों एक-दूसरे को फूटी आंख नहीं सुहाते; **~ matter what, who, where** चाहे जो भी हो, जहां पर हो; **~ one can be perfectly free till all are free** कोई भी तब तक आजाद नहीं हो सकता जब तक सब आजाद नहीं हो जाते; **~ one knows the weight of another's burden** पीड़ पराई जानना आसान काम नहीं; **~ pains ~ gains** बिना सेवा मेवा नहीं

मिलता; ~ **rose without a thorn** दुःख बिना सुख नहीं; ~ **sooner said than done** कहना आसान पर करना मुश्किल; ~ **two ways about it** इसके बारे में दो राय नहीं हो सकती; **two ~es make a yes** दो बार की ना हां बन जाती है; ~ **way** बिल्कुल नहीं;
by ~ means किसी भी तरह नहीं; **he is ~ more** उसका देहांत हो गया; **we had ~ end of a good time** हमने बहुत देर तक अच्छा समय बिताया; **not take ~ for an answer** इन्कार के रूप में उत्तर स्वीकार न क., यानी किसी का कहना मानना अनिवार्य हो.

n.o. *abbr.* 'not out' का संक्षेप

Noah /नोआ/ *n.* यहूदियों का आदि पुरुष, नूह

Noah's ark नूह द्वारा निर्मित पोत जिसमें बैठकर उन्होंने प्रलयकारी बाढ़ में अपनी तथा अपने परिवार और पशुओं की जान बचाई थी

nob /नौब/ *US* नाःब/ *n., sl.* 1 सिर 2 धनी व्यक्ति, रईस 3 मुखिया, प्रधान

nobble /नौबल/ *US* नाःबल/ *v., pt.* **~d**, *pp* **nobbling** *colloq.* 1 *horse-racing* घुड़दौड़ जीतने के लिए प्रतिद्वंद्वी के घोड़े को नशीला पदार्थ दे दे. या उसके साथ अनुचित छेड़छाड़ क. 2 अनुचित ढंग से यानी घूस या धमकी देकर कोई काम करवाना: ~ a judge (जज से अनुचित फैसला करवाना) 3 हथियाना 4 पकड़ना, धरपकड़ क. गिरफ्तार क. 5 (***syn.*** swindle) किसी को ठगना

nobbler /नौबलः/ *US* नाःबलर/ *n.* घूंटभर शराब

nobby /नौबि/ *US* नाःबि/*adj.* फैशनेबुल, बढ़िया, शानदार

nobelium /नोबीलिअम/ *n., chem.* एक रासायनिक तत्व (*symbol* **No**), एक रेडियोधर्मी धातु

Nobel Prize 1 नोबेल पुरस्कार 2 स्वीडन के विज्ञानी, डायनामाइट के खोजकर्ता आल्फ्रेड नोबेल द्वारा (Alfred Nobel, 1833-1896) 1895 में स्थापित पुरस्कार यानी भौतिकी, रसायन विज्ञान, औषध विज्ञान, शरीर विज्ञान, साहित्य, अर्थ शास्त्र और शांति के लिए संघर्ष आदि क्षेत्रों में उत्कृष्ट व अद्वितीय काम के लिए हर वर्ष दिया जाने वाला पुरस्कार;
dw/lw: **Nobelist** /नोबेलिस्ट/ *n.* नोबेल पुरस्कार विजेता
collocations: **Nobel laureate** नोबेल पुरस्कार से सम्मानित व्यक्ति

nobiliary /नोबिलिअरि/ *adj.* आभिजात्य, कुलीन: the ~ particle/ prefix (नाम के साथ जुड़नेवाला कुलीनता द्योतक प्रत्यय);
p&i: **the ~ particle** कुलीन व्यक्ति के नाम के साथ जोड़ा जाने वाला प्रत्यय

nobili\ty /नोबिलिटि/ *n., pl.* **~ies** 1 सच्चरित्रता, शराफत, शालीनता: **~ty** of features; **~ty** of soul 2 (**the ~ty**; ***syn.*** aristocracy) अभिजात वर्ग, कुलीनवर्ग, सामंतवर्ग, समाज का उच्च वर्ग: patent of **~ty** (सामंती प्रमाण-पत्र); **~ty** and gentry (सामंत तथा उच्च वर्ग)

noble /नोबल/ *adj., degr.* **~r, ~st** 1 (***anton.*** ignoble) भला, शरीफ: ~ man/ woman 2 सम्माननीय 3 (***syn.*** aristocratic) अभिजात वर्ग का, राज(सी), शाही: ~ estate; ~ rank 4 उच्च, उदात्त: ~ actions; ~ sentiments; ~ deed; ~ mind; ~ soul 5 (***syn.*** splendid) महान, भव्य, प्रभावशाली: ~ edifice (भव्य भवन); on a ~ scale (भव्य स्तर पर) 6 उत्कृष्ट, उत्तम: ~ horse;
n. 1 कुछ देशों में समाज का उच्चतम वर्ग 2 *US sl.* हड़ताल तोड़ने वालों का सरगना;
dw/lw: **~man/ ~woman** *n., pl.* **noblemen or noble-women** (***syn.*** aristocrat) कुलीन पुरुष/ कुलीन स्त्री, कुलीन व्यक्ति; **~-minded** *adj.* उदारचरित, उदारमन, उच्चाशय, उदारचेता, विशाल-हृदय; **~ness** *n.* शराफत, भलमनसाहत, शालीनता; **nobly** /नोबलि/ *adv.* 1 उदारतापूर्वक, भलमनसाहत या शराफत से 2 भव्य रूप में, प्रभावशाली ढंग से: nobly proportioned edifice; **noble\sse** /नोबलेस/ *n.* कुलीनता;
collocations: **~ gas** (*also* **inert gas/ rare gas**) कोई भी रंगविहीन, गंधविहीन, स्वादहीन गैस, जैसे हीलियम, निओन, आर्गोन, क्रिप्टोन, रादोन आदि; **~ metal** सोना, चांदी, प्लाटिनम आदि धातु जो हवा-पानी लगने के कारण खराब या फीकी नहीं पड़तीं; **~ rot** सफेद अंगूर, जो फफूंदी द्वारा पैदा की हुई बीमारियों से जल्दी प्रभावित होते हैं; **~ savage** आदि मानव के प्रति रोमांचवादी व आदर्शवादी रवैया; **~ science/ art** *sl.* मुक्केबाजी; **noblesse oblige** /नोबलेस ओबलीज/ (*usually ironic*) समाज के गरीबों और दमितों की मदद करना कुलीनों का दायित्व है (एक प्रकार का व्यंग्य)!

nobody /नोबअडि/ नोबौडि/ *pron.* 1 (***syn.*** no one) कोई नहीं: ~ knows about it; ~ came to meet me;
n., *pl.* **nobodies** 1 नगण्य व्यक्ति: she has married a ~; I knew him when he was ~ 2 (***syn.*** nonentity) नाचीज: treat people as nobodies 3 छुटभैया: a mob of **nobodies**;
collocations: **~'s business** किसी का कोई सरोकार न हो.;
p&i: **~ home** पेंच ढीला है, थोड़ा हिला हुआ है; **like ~'s business** बहुत जोर-जोर से: he yelled like ~'s business; **everybody's business is ~'s business** दो मुल्लाओं में मुर्गी हराम; **there is ~ at home** किसी के दिमाग का पेंच ढीला है

NOC *abbr.* 'National Olympic Committee', 'No Objection Certificate' की प्रथमाक्षरी

nocent /नोसंट/ *adj.* (***anton.*** innocent) हानिकर, नुकसानदायक, दोषी

nociassociation /नोसिअसोसिएशन/ *n., med.* 1 झटके या धक्के आदि के रूप में तनावपूर्ण ऊर्जा का स्राव 2 दुर्बलता

nociceptive /नोसिसेप्टिव/ *adj., physiol.* 1 दर्द के प्रति अति संवेदी 2 पीड़ादायक

nock /नॉक/ *n.* खांचा, खोंच, निशान;
v., *pt.* **~ed**, *pp* **~ing** 1 खांचा या खोंच लगाना 2 धनुष की डोरी में तीर लगाकर तानना

no-claims bonus/ no-claim bonus/ no-claims discount बीमा आदि से कोई दावा न लेने के एवज में अगले प्रीमियम में कटौती

no-confidence /नो-कौन्फिडंस/ *US* नो-काःन्फिडंस/ *n.* अविश्वास, विश्वास का अभाव: ~ motion (अविश्वास प्रस्ताव)

noctambu\lant /नौक्टैंब्यु\लंट/ *US* नाःक्टैंब्यु\लंट/ *n.* 1 (***syn.*** sleep walker) रात्रिचर 2 पागल आदमी;
adj. रात्रिचर, पागल;
dw/lw: **~lation/ ~lism** /~लेशन/ ~लिजम/ *n.* (***syn.*** sleep walking) निद्राचार; **~list** /~लिस्ट/ *n.* निद्राचारी, रात्रिचर, नींद में चलने वाला आदमी; **~listic/ ~lous** /~लिस्टिक/ ~लस/ *adj.* = **noctambu\lant** (*see above*)

nocti\- /नौक्टि\/ *US* नाःक्टि\/ *comb. form, denoting:* **night** (रात्रि);
dw/lw: **~dial** /~डिअल/ *adj.* दिन-रात का, दिन-रात चलने वाला; **~florous** /~फ्लअरस/ *adj.* निशापुष्पी, रात में खिलनेवाला (फूल); **nocti\lucent** /नौक्टि\ल्यूसंट/ *US* नाःक्टि\लूसंट/ (*also* **~lucous**) *adj.* 1 (***syn.*** phosphorescent) निशादीप्त, अंधेरे में चमकने वाला 2 *metereol.* ऊंचे स्थानों पर उठने वाले धूल या बर्फ के बादल जो निचले स्थानों पर रात में दिखाई देते हैं; **~vagant/ ~vagous** /~वगंट/ ~वगस/ *adj.* निशाचारी, रात में घूमने वाला

nocto- /नौक्टो-/ (*also* **noct-**) *comb. form, denoting:* **night** (रात्रि);
dw/lw: **nocto\graph** /नौक्टअ\ग्राफ/ *US* नाःक्टअ\ग्राफ/*n.* दृष्टिहीनों के लिए लेखन-यंत्र; **~vision** /नॉक्टअविजन/ *n.* निशादृष्टि; **~visor** /नॉक्टअवाइजः/ *n.* रात्रि-दूरदर्शन ट्रांसमिटर

noct- /नौक्ट्/ *US* नाःक्ट्/ *comb. form, denoting:* **night** (रात्रि);
dw/lw: **~ule** /नौक्ट्यूल/ *US* नाःक्टूल/ *n.* बड़ा-सा भूरा चमगादड़; **~urn** /नौक्टःन\/ *US* नाःक्टःन\/ *n.* रात्रिवंदना,

शार्वरीका; **~urnal** /~ल/ *adj.* 1 रात्रिकालिक: ~urnal vision (रात्रिकालिक दृष्टि, रात में देखने की क्षमता) 2 (***anton.*** diurnal) रात्रिकालीन: ~urnal activities/ habits (रात्रिकालीन गतिविधियां या आदतें) 3 रात में सक्रिय 4 रात्रिक, नैश, निशा-, रात्रि: ~urnal blindness (रतौंधी) 5 रात्रिचर (animal): ~urnal bird; ~urnal-habit animals; **~urnally** /~लि/ *adv.* रात में;
collocations: **~urnal emission** स्वप्न-दोष

nocturne /नौक्टःन/ *US* नाःक्टःन/ *n.* 1 निशा गीत 2 नैशसंगीत, रोमांचक संगीत-रचना 3 रात्रि-दृश्य, चांद की छटा का दृश्य (in painting)

nocuous /नौक्युअस/ *US* नाःक्युअस/ *adj.* 1 (***anton.*** innocuous) हानिकर 2 (***syn.*** noxious) विषैला

nod /नौड/ *US* नाःड/ *v., pt.* **~ded**, *pp* **~ding** 1 स्वीकृति या अभिवादन में सिर हिलाना: ~ and smile at sb 2 झुकाना, सहमति जताना, हामी भरना: ~ comprehension (समझ में आने की बात स्वीकारते हुए हामी भरना); ~ one's approval 3 झपकना, ऊंघना: he sat **~ding** by the fire; catch sb **~ding** (किसी को ऊंघते हुए पकड़ना) 4 असावधान होने या तन्मयता क्षीण हो जाने के कारण गलती क.: there is hardly an author who is not caught **~ding**; Homer sometimes **~s** (बड़े-बड़ों से गलती हो जाती है) 5 हिलना, झूलना: trees **~ded** under strong wind 6 सिर हिलाकर मार्ग-दर्शन करना, रास्ता दिखाना: be **~ded** towards the gate 7 विनाश की कगार पर हो.: the empire was **~ding** to its fall (साम्राज्य-विनाश की कगार पर था);
n. 1 नवाई, निहुराई 2 सहमति, स्वीकृति, हामी: give a ~ 3 आदेश 4 झपकी;
collocations: **~ding acquaintance** 1 दुआ-सलाम की जान-पहचान, थोड़ी-सी जान-पहचान, देखादेखी-भर की जान-पहचान 2 किसी विषय की सरसरी जानकारी: have a ~ with Greek; ~ **donkey** तेल के कुंओं से तेल निकालने के लिए एक प्रकार का पंक;
on the ~ प्रस्ताव का सिर हिलाकर पारित किया जाना; **the Land of Nod** 1 काल्पनिक देश जहां निद्राचारी विचरते हैं 2 निद्रा या नींद का स्वर्ग;
p&i: **~ off** ऊंघ जाना, सो जाना; **~ sb through** संसद में सदस्य की अनुपस्थिति में किसी को मत देने की अनुमति दे.;
a ~ for a wise man and a rod for a fool समझदार को इशारा काफी, मूर्ख के लिए डंडा; **a ~ is as good as a wink to a blind horse** समझदार को इशारा काफी; **get sth on the ~** मुफ्त में पाना; **get the ~** किसी कार्य या जिम्मेवारी के लिए चुना जा.; **give sb/ sth the ~** 1 किसी बात की अनुमति दे. 2 किसी को किसी कार्य के लिए चुनना; **have sb at the ~** *colloq.* किसी पर हुक्म चलाने की स्थिति में हो.; **obey on the ~** बिना बहस किए प्रस्ताव मान लेना; **pass sth on the ~** प्रस्ताव आदि को सिर हिलाकर स्वीकृति दे.

nodal /नोडल/ *adj.* 1 केंद्रीय, संगमीय: ~ agency (केंद्रीय संपर्क व संचालन संगठन) 2 कटान-बिंदु या न्यूनतम गति के बिंद के समीप का: ~ point 3 जटिल, उलझन भरा 4 मिलन बिंदु से संबंधित

noddle /नौडल/ *US* नाःडल/ *n., pl.* **~s** 1 सिर 2 दिमाग: get sth into one's ~;
v., pt. **~d**, *pp* **noddling** हल्के से सिर हिलाना

noddy /नौडि/ *US* नाःडि/ *n., pl.* **noddies** 1 ऐसे समुद्री पक्षी जो मानवों से मूर्खता की हद तक नहीं डरते 2 मूर्ख, भोला आदमी

node /नोड/ *n.* 1 गांठ, ग्रंथि 2 पर्णसंधि, पर्णग्रंथि, जोड़: a lymph ~ 3 उलझन, कहानी की जटिलता 4 *comput.* कटान-बिंदु यानी ऐसा बिंदु जहां दो रेखाएं या प्रणालियां मिलती हैं या एक दूसरे को काटती हैं: a network ~ 5 न्यूनतम गति बिंदु 6 *med.* सूजन, गूमड़ा;
collocations: **ascending ~** 1 आरोह-पात 2 केतु (of moon)

no-delay *adj.* अविलंब: ~ call (अविलंब टेलीफोन)

no-demand certificate मांगरहित प्रमाण पत्र

nodo\se /नोडोस/ *adj.* 1 गांठदार, ग्रंथिल, गठीला 2 सूजनभरा;
dw/lw: **~sity** /नोडौसिटि/ *n., pl.* **nodosities** 1 ग्रंथिलता, गठीलापन 2 ग्रंथिल सूजन

nodular /नौड्युलः/ *US* नाःड्युलः/ *adj.* 1 ग्रंथिल, पर्विल 2 पिंडाकार: ~ ore

nodule /नौड्यू\ल/*US* नाःज्यूल/ *n.* 1 एक छोटी-सी गांठ 2 *bot.* ग्रंथिका 3 *geol.* पिंड 4 *anat.* गुटिका, पर्विका;
dw/lw: **nodulose, nodulous** /नौड्युलोस, नौड्युलस /*US* नाःज्युलोस नाःज्युलस / *adj.* गांठभरा, ग्रंथिल

nodus /नोडस/ *n., pl.* **nodi** कठिनाई, उलझन

Noel/ Noël /नोएल/ *n.* 1 बड़े दिन (the Christmas) का गान 2 बड़े दिन (the Christmas season)

noeme /नोईम/ *n.* अर्थग्राम

noes *pl. of* **no**

noesis /नोईसिस/ *n.* 1 बुद्धि की क्रियान्वयता, दिमागी काम, विवेकशीलता 2 चिंतन-मनन की बौद्धिक प्रक्रिया, संज्ञान, प्रज्ञान 3 मात्र बौद्धिक आशंका या अनुभूति

noetic /नोएटिक/ *adj.* 1 जो मात्र बौद्धिक रूप से अनुभूत होता है 2 मानसिक, तर्क-संगत व बौद्धिक क्षमता से संबंधित;
dw/lw: **noetics** /नोएटिक्स/ *n.* 1 तर्क-संगत विचारधारा 2 चिंतन-मनन के तार्किक विधान

no-fault *see above under* **no: *dw/lw***

nog /नौग/ *US* नाःग/ *n.* 1 तेज बीयर की एक प्रकार 2 खूंटी 3 चिप्पड़

noggin /नौगिन/ *US* नाःगिन/ *n.* 1 *colloq.* सिर 2 थोड़ी-सी मदिरा 3 छोटा मग 4 प्याला

no-glare, no-go ; **no-good** *see above under* **no: *dw/lw***

nohow /नोहाउ/ *adv., colloq., dialect* 1 एकदम नहीं, बिल्कुल भी नहीं 2 किसी भी प्रकार से नहीं, किसी भी हाल में नहीं: we could ~ bring ourselves to do it

noise /नॉइज/ *n.* 1 शोर: make a ~ 2 कोलाहल, होहल्ला, हुल्लड़: do sth without ~ 3 शोरगुल, कलरव, राव: the ~ of the bells; a ~ of falling leaves 4 *comput.* कंप्यूटर द्वारा बनाई गई किसी रचना या अन्य सूचनाओं में बेकार या अवांछित सामग्री के घुस आने की क्रिया 5 प्रतिक्रिया, अटकलबाजी, अफवाहें: make a ~ in the world; make a lot of ~ about a novel; the novel made a lot of ~ 6 रेडियो संकेतों में बाधा: atmospheric ~; background ~ 7 *facetious* किसी के द्वारा अपने रवैये के बारे में दिए जाने वाले अस्पष्ट संकेत: make polite **~s** (किसी बात का संकेत दे., हलके-फुलके ढंग से रोष प्रकट क.) 8 धमाका: the terrific ~ of an explosion 9 नाद, आवाज 10 गरजन, गूंज;
v., pt. **~d**, *pp* **noising** 1 फैलाना, प्रचारित क.: his success was **~d** abroad 2 शोर मचाना;
dw/lw: **~-free** *adj.* बिना शोरवाला, नीरव **~-killer** *n.* शोर नियंत्रक; **~less** *adj.* 1 निःशब्द, नीरव: the ~less foot of time 2 मौन, चुप, शांत; **~lessly** *adv.* बिना शोर किए, चुपचाप; **~-meter** राव-मापी; **~ness** *n.* शांति, नीरवता, चुप्पी, निःशब्दता; **~-proof** *adj.* शोर-सह; **~-stop** *adj.* शोर-सह; **noisily** /नॉइजिलि/ *adv.* शोर मचाते हुए, शोर के साथ: eat noisily (चप-चप करके खाना); **noisy** /नॉइजि/ *adj., degr.* noisier, noisiest 1 जहां या जिसमें बहुत शोर हो 2 शोर मचाने वाला, मुखर 3 कोलाहलपूर्ण 4 शोर-शराबे भरा: noisy bazaar; noisy towns; noisy crowd; noisy with *children's* voices;
collocations: **~ control** शोर का नियंत्रण; **~ immunity** बाधा-सह क्षमता; **~ level** बाधा का स्तर, शोर का स्तर; **~ off** 1 श्रोताओं के लिए रंगशाला के मंच से परे की जाने वाली ध्वनियां 2 पृष्ठभूमि का परेशान करने वाला शोर; **~ pollution** शोर-प्रदूषण; **~ suppression** बाधा या शोर नियंत्रण;
a big ~ बड़ी तोप, दबदबेवाला व्यक्ति;
p&i: **~ abroad/ about** जग जाहिर क., अफवाह फैलाना; **~ sth abroad** जग जाहिर क.;
hold one's ~ शोर मचाना बंद क.; **make a ~** हल्ला-गुल्ला

क., शोर क.; **make a ~ about sth** शिकायत क., बदनाम या कुचर्चित क.; **make soothing/ encouraging/ reassuring ~s out sth** अवसर अनुसार सबको खुश करने के लिए बातें कहना

noisette /नवैजेट/ *n.* हड्डी से काटे हुए गोश्त का छोटा-सा रोल किया हुआ टुकड़ा

noisome /नॉइसम\/ *adj.* 1 आपत्तिजनक, नागवार: ~ task 2 हानिकर, अस्वस्थकर, जहरीला: ~ fumes 3 (***syn.*** noxious) गंदा, बदबूदार, घृणित, अप्रिय: ~ alleys, teeming and squalid;
dw/lw: **~ly** /~लि/ *adv.* आपत्तिजनक ढंग से; **noisome\ness** /~नेस/ *n.* गंदापन, घिनौनापन, अप्रियता

noisy *see above under* **noise:** ***dw/lw***

nolens volens /नोलेन्ज वोलेन्ज/ *adv., Lat.* (***syn.*** willy-nilly) चाहे-अनचाहे में, मर्जी-बेमर्जी से

nolle /नौलि/ *v., pt.* **~d**, *pp* **nolling** दावा निरस्त क.: case against him was **~d**

nolle pros /नौलि प्रॉस/ *Lat.* वादी और प्रतिवादी द्वारा मुकदमा वापस ले लिया जा.

nolle prosequi /नौलि प्रौसिक्वाइ/ *Lat., law* अदालत के रिकॉर्ड में दर्ज की जाने वाली शर्त कि वादी या प्रतिवादी मुकदमे आगे कार्रवाई नहीं करेंगे

nolo contendere /नोलो कंटेंडरि/ *La., law* बचाव पक्ष की दलील कि वे जुर्म स्वीकार नहीं करते पर अदालत द्वारा दी जाने वाली सजा उन्हें मान्य है

no-load *n.* शून्य लदान, न्यूटर चाल

nolo episcopari /नोलो एपिसकपेअराइ/ *Lat.* 1 शब्दशः: मैं बिशप नहीं बनना चाहता 2 जिम्मेवारी का कोई पद लेने से इन्कार

nom. *abbr., gramm.* 'nominative' का संक्षेप

nom /नौम/ *Fr.* नाम;
collocations: **~ de guerre** /नौम डअ गेअः/ *pl.* **noms de guerre** 1 लेखक द्वारा लिया गया साहित्यिक नाम, छद्म नाम 2 कल्पित नाम, उपनाम, तखल्लुस; **~ de plume** /नौमडअप्लूम/ (*also* **~-de-plume**) *pl.* **noms de plume** 1 उपनाम, तखल्लुस 2 लेखक का छद्म नाम

nomad /नोमै\ड/ (*also* **nomade**) *n.* खानाबदोश, यायावर, घुमंतू, बंजारा;
dw/lw: **~ic** /नोमैडिक/ *adj.* खनाबदोशों का, यायावरी, घुमंतू; **~ism** /~डिज्म/ *n.* खानाबदोशी, यायावरी, यायावरता, चालवासिता; **~ize** /~डाइज/ *v., pt.* ~ized, *pp* ~izing 1 घुमंतू जीवन व्यतीत क. 2 बंजारा बनाना या बनना 3 किसी को यायावरी जीवन शैली अपनाने के लिए विवश क.; **~ization** /~डाइजेशन/ *n.* यायावर/ घुमंतू/ बंजारा बनने या बनाने की क्रिया

no-man's-land *n.* 1 बिना मालिक की जमीन 2 दो देशों के बीच सीमांत पर जमीन जिसपर किसी का कब्जा न हो 3 अनिश्चिततापूर्ण स्थिति

nomencla\te /नोमेनक्ले\ट/ *v., pt.* **~ted**, *pp* **~ting** नाम दे.;
dw/lw: **~tive** /~टिव/ *adj.* 1 नामक 2 पारिभाषिक; **~tor** /~टः/ *n.* नामदाता

nomenclature /नोमेन्क्लअचः/ नअमेन्क्लअचः/ *n.* 1 पारिभाषिक शब्दावली, नामकोश 2 नामावली, नामपद्धति, नामतंत्र 3 शीर्षक नाम

-nomial /-नॉमिअल/ *comb. form, denoting:* **a set of specified number of terms** (परिभाषी शब्दों की संख्या आदि)

nominal /नौमिन\ल/ *US* नाःमिन\ल/ *adj.* 1 नाम मात्र के लिए, तथाकथित: ~ king; is Indian President a ~ head of state? 2 नामिक, नामधेय (नाम से): ~ list; ~ share 3 (***syn.*** token) नाम मात्र की, बहुत कम, सांकेतिक, अवास्तविक: the peace was ~ because border clashes continued; ~ and real wages; ~ rent; his duties are ~; ~ damages; ~ price; a ~ sum of money (बहुत कम पैसा) 4 सूची या कागजात के अनुसार, अंकित: ~ capital; ~ value (बौंड या शेयर-पत्र पर लिखित राशि) 5 *gramm.* नामजात, संज्ञात्मक, संज्ञा-प्रधान, संज्ञा से संबंधित: ~ sentence; ~ stem 6 *space flight* योजना अनुसार;
dw/lw: **nominal\ism** /~लिज्म/ *n.* नामवाद, नामरूपवाद, ऐसी धारणा कि पुष्प जैसे आम शब्द मात्र नाम हैं, वे वास्तविक वस्तु या व्यक्ति नहीं होते; **~ize** /~लाइज/ *v., pt.* ~ized, *pp* ~izing क्रिया से संज्ञा बनाने की प्रक्रिया; **nominal\ly** /~लि/ *adv.* 1 नाम मात्र के लिए 2 सिद्धांत रूप में (न कि वास्तव में) 3 *gramm.* संज्ञा के रूप में;
collocations: **~ accounts** आय और व्यय का खाता; **~ atomic bomb** नाम मात्र का परमाणु बम; **~ definition** शाब्दिक परिभाषा; **~ roll** नामावली; **~ value** नाम मात्र का या सैद्धांतिक महत्त्व, कीमत; **~ verb** नाम धातु

nominali\ze /नौमिनलाइज/ *US* नाःमि-/ *v., pt.* **~zed**, *pp* **~zing** क्रिया से संज्ञा बनाना

nomina\te /नौमिने\ट/ *US* नाःमिने\ट/ *v., pt.* **~ted**, *pp* **~ting** 1 मनोनीत करना, नामजद क.: **~te** sb to/ for a post 2 (***syn.*** propose) प्रस्तावित क., नामांकित करना 3 (***syn.*** appoint) नियुक्त क. 4 (***syn.*** select) चयनित क.;
dw/lw: **~ted** /~टिड/ *adj.* नामित, नामांकित, मनोनीत, प्रस्तावित, नामजद; **~ting** /~टिंग/ *adj.* नामजदगी करने वाली: ~ting convention (*US* अमेरिकी प्रेजिडेंट के लिए उम्मीदवार की नामजदगी करनेवाली सभा); **nomina\tion** /~शन/ *n.* 1 नामांकन 2 मनोनयन, नामजदगी: ~tion paper; put in ~tion 3 नियुक्ति: have a ~tion at one's service 4 नामनिर्देशन; **nomina\tive** /~टिव/ (*abbr.* **nom.**) *n., gramm.* 1 क्रिया का कर्ता: ~tive absolute (अनन्वित कर्ता) 2 कर्ता कारक में संज्ञा, प्रथमा: ~tive to a verb; **~tive** *adj.* 1 कर्ता कारक से संबंधित: ~tive case (कर्ता कारक); ~tive sentence; ~tive construction 2 जो चुनाव की बजाए मनोनीत हुआ हो: ~tive and elective members 3 नामित, विशेष नाम में: ~tive will (नामित वसीयतनामा); **nominana\tor** /~टः/ *n.* नियोजक, नियोक्ता, नामांकक, नामजद करने वाला

nominee /नौमिनि/ *US* नाःमिनि/ *n.* 1 मनोनीत व्यक्ति, प्रतिनिधि 2 नियुक्त या नामांकित व्यक्ति 3 बीमा पॉलिसी आदि में पॉलिसी धारक की मृत्य उपरांत नामित या मनोनीत व्यक्ति

nomocracy /नौमौक्रसि/ *US* नाःमाःक्रसि/ *n.* 1 विधि आधारित सरकार, नियमबद्ध सरकार 2 वैधता 3 विधि-आधारित प्रणाली

nomogram/ nomograph /नौमौग्रै\म/ नौमौग्रै\फ/ *US* नाःमाःग्रै\म/ नाःमाःग्रै\फ/ (*also* **isoleth**) *n.* 1 सरल और वक्र रेखाओं का चार्ट 2 विधि-निर्माण कला;
dw/lw: **nomographer** /~फः/ *n.* 1 विधि-निर्माता 2 विधिवेत्ता; **~y** /~फि/ *n.* 1 नॉमोग्रैम या नॉमोग्राफ बनाने की कला या हुनर 2 विधि-निर्माण

nomolo\gy /नोमौ\लजि/ *US* नोमाः\लजि/ *n.* 1 विधि-विज्ञान 2 चिंतन-मनन प्रणाली-विज्ञान;
dw/lw: **~gical** /नौमअलौजिकल/ *US* नाःमअलाःजिकल/ *adj.* नियम-शास्त्र संबंधी; **~gist**/~लजिस्ट/ *adj.* विधि-विज्ञान मर्मज्ञ

-nomy /नमि/ *comb. form, forming nouns, signifying:* **science/ field of knowledge** (विज्ञान/ ज्ञान का क्षेत्र): astro**nomy**, agro**nomy**

non- /नौन\-/ *US* नाःन-/ *prefix* 1 बिना, नकारात्मक, के बिना: ~-existent, ~-compulsory 2 *ironic* नाम के नाकाबिल: ~-event, ~-hero 3 श्रेणी या वस्तु विशेष न होने की स्थिति: ~-fiction, ~-metals 4 न करने वाला, जो भागीदार न हो: ~-runner, ~-voting 5 अस्वीकृति, टालमटोल, चूक: ~-payment, ~-cooperation 6 असंभाव्यता: ~-shrink (न सिकुड़ने वाला) 7 किसी उपचार की अनावश्यकता: ~-iron (इस्तरी करने की अनावश्यकता वाला);
dw/lw: **~-ability** /~-अबिलिटि/ *n.* अयोग्यता, अक्षमता; **~-absorbable** /~-अबसॉःबअबल/ *adj.* असोखनीय; **~-absorbent** /~-अबसॉःबंट/ *adj.* अचूषक, न सोखने वाला; ~-

abstainer *n.* 1 परहेज न करने वाला 2 पक्ष या विपक्ष में मत न देने वाला; **~-accent** /~-ऐक्संट/ *n.* बलाघात का अभाव; **~-acceptance** /~-अकसेप्टंस/ *n.* अस्वीकृति; **~-admission**/**~-admittance** *n.* प्रवेश देने से इन्कार

nonage /नौनिज/ *US* नाःनिज/ *n., law* 1 अवयस्कता, नाबालिगी: be in one's ~; riotous ~ (तूफानी जवानी) 2 अपरिपक्वता: ~ of a nation (राष्ट्र का शैशवकाल)

non-agenarian /नौनअजनेअरिअन/ *US* नाःन-/ *adj.* नब्बे और सौ के बीच की उम्र का, नवतिवर्षीय

nonagon /नौनअगन/ *US* नाःनअगाःन/ *n., geom.* नवभुज

nonary /नोनअरि/ *adj.* नवक, नौ पर आधारित गणितीय पद्धति

non\-aggression /नौन-\अग्रेशन/ *n.* अनाक्रमण: ~-aggression pact (अनाक्रमण संधि);

dw/lw: **~-alcoholic** *adj.* शराबविहीन, शराबरहित; **~-aligned** /~-अलाइंड/ *adj.* निर्गुट, तटस्थ, गुटनिरपेक्ष; **~-alignment** /~-अलाइनमंट/ *n.* तटस्थता, गुटनिरपेक्षता; **~-alphabetic**/ **~-alphabetical** *adj.* अवर्णीय, वर्णमाला से बाहर का; **~-apparent** *adj.* परोक्ष, अप्रत्यक्ष; **~-appearance** *n.* अदालत में जान-बूझकर या विवशता के कारण अनुपस्थिति; **~-arrival** *n.* पहुंच न पाने की स्थिति; **nonary** /नोनअरि/ *adj.* नवक, नौ पर आधारित गणितीय पद्धति **~-assertive** /~असःटिव/ *adj.* जो अपनी बात जोर देकर न कह सके, दब्बू; **~-attendance** *n.* 1 अनुपस्थिति 2 अदालत में जान-बूझकर या विवशता के कारण अनुपस्थिति; **~-attributable** /~ऐट्रिब्यूटअबल/ *adj.* जिसे किसी के माथे न मढ़ा जा सके; **~-automatic** *adj.* अस्वचालित; **~-available** /~अवेलअबल/ *adj.* अनुपलब्ध; **~-bailable** *adj.* गैरजमानती; **~-believer** *n.* नास्तिक, जो भगवान में आस्था न रखता हो; **~-belligerency** /~-बिलिजरंसि/ *n.* युद्ध में भागीदारी न होने की स्थिति; **~-belligerent** /~बिलिजरंट/ *adj.* युद्ध में भाग न लेने वाला, जो आक्रामक न हो; **~-biodegradable** /~बायोडिग्रेडअबल/ *adj.* ऐसी सामग्री जो जैविक तरीके से न गले-सड़े; **~-biological** /~बायलॉजिकल/ *adj.* अजैविक; **~-breakable** /~ब्रेकअबल/ *adj.* अटूट्य, जिसे तोड़ा न जा सके

nonce /नौंस/ *US* नांस/ *adj.* किसी अवसर पर एक बार प्रयोग के लिए आविष्कारित (शब्द);

n. 1 = **~-word** किसी विशिष्ट अवसर के लिए गढ़ा हुआ शब्द 2 प्रस्तुत समय: at the very ~ (इसी अवसर पर) 2 यह घटना, यह अवसर 3 *prison sl.* यौन-अपराधी;

collocations: ~ **use** कभी-कभी होने वाला प्रयोग; **for the** ~ 1 इस अवसर पर 2 इसी बार, समय या अवसर के लिए, इतने में;

p&i: **for the** ~ इस बार के लिए, अस्थायी रूप से

non-chalance /नौन-\शअलंस/ *US* नाःन-\शअलांस/ *n.* निश्चिंतता, बेफिक्री, रूखापन, बेपरवाही, उदासीनता;

dw/lw: **~-chalant** /~शअलंट/ *US* ~शअलांट/ *adj.* 1 रूखा, भावहीन 2 (***syn.*** casual) बेपरवाह 3 (***syn.*** indifferent) उदासीन: ~-chalant attitude 4 शांत, उत्तेजनारहित; **~-chalantly** /~शअलंटलि/ *US* ~शअलांटलि/ *adv.* शांत मुद्रा में, बेरुखी से; **~-claim** *n., law* वैध अवधि के अंदर न किया जाने वाला दावा, जिसके लिए कोई दावा न किया गया हो; **~-classified** /~क्लासिफाइड/ *adj.* गुप्त या अघोषित सूचना; **~-cognizable** /~कौग्निजअबल/ *US* ~काःग्निजअबल/ *adj.* अनवेक्षणीय, असंज्ञानीय; **~-cognizance** /~कॉग्निजंस/ *US* ~काःग्निजंस/ *n.* असंज्ञान, अनवेक्षा; **~-coherent** /~कोहिअरंट/ *adj.* असंबद्ध, अस्त-व्यस्त, अस्पष्ट; **non-collegiate** /~कलीजिअट/ *n.* 1 जो कॉलेज आदि से संबद्ध न हो, प्रशासन-अप्रतिबद्धता 2 बिना कॉलेजों वाला, विश्वविद्यालय; **~-com** *n., colloq.* 'non-commissioned officers' का छोटा रूप, सेना में निचले पद का अफसर जिसे कमीशन न मिला हो; **~-combatant** /~कौंबअटंट/ *US* ~कांबअटंट/ *n.* (***syn.*** civilian) गैर-लड़ाकू सैनिक, अयोधी, असामरिक: ~-combatant mask (गैस-रोधी मुखौटा); ~-combatant vacuum (स्थानीय जनता की स्थानांतरण रेखा); ~-combatant corps (1 अयोधी सैनिक 2 शांतिपूर्ण असैनिक जनता); **~-combustible** /~कंबस्टिबल/ *adj.* अज्वलनशील, जिसे आग न लगती हो; **~-commercial** /~कमःशिअल/ *adj.* अव्यवसायी, गैर-व्यापारी: ~-commercial publication (गैर-व्यापारी प्रकाशन); **~-commissioned** /~कमिशंड/ *adj. see above under* **non-com**; **~-commissioned officer** (*abbr.* **NCO**) सेना में निचले पद का अफसर जिसे कमीशन न मिला हो, अनायुक्त, अराजादिष्ट; **~-committal** /~कमिटल/ *adj.* 1 अप्रतिबद्ध 2 अनिश्चित: ~-committal reply; be ~-committal; **~-committally** *adv.* बिना प्रतिबद्धता के; **~-committed** /~कमिटिड/ *adj.* अवचनबद्ध, अप्रतिबद्ध; **non-communicable** /~कम्युनिकःबल/ *adj.* असंक्रामक; **~-communicant** /~कम्युनिकंट/ *n., Christianity* 1 जो प्रभु-भोज या परम-प्रसाद न लेता हो 2 जिसने अभी प्रभु-भोज या परम-प्रसाद न लिया हो; **~-compliance** /~कंप्लायंस/ *n.* अपालन, अवज्ञा: ~-compliance with orders

non compos mentis /नौन कॉपस मंटिस/ *adj., Lat., often humorous* विक्षिप्त, दिमाग से हिला हुआ: the jury brought him in ~ (ज्युरी ने उसे पागल करार दिया)

non\-concur /नौन\-कन्कः/ *US* नाःन\-कन्कः/ *v., pt.* ~-concurred, *pp* ~-concurring अस्वीकार कर दे.: the House ~-concurred with the Senate amendment;

dw/lw: **~-conductor** *n.* अचालक, जिस पदार्थ या सामग्री में से बिजली न गुजर सके; **~-conducting** *n.* ऊष्मा व ऊर्जा का अचालक पदार्थ; **non-con**/ **~con** = **~-conformist** /~कन्फॉःमिस्ट/ *n.* रूढ़ियों को न मानने वाला, परंपराविरोधी, रूढ़िभंजक, रूढ़िविरोधी: ~-conformist deportment (अमर्यादित या उच्छृंखल व्यवहार); ~-conformist spirit of the earliest settlers; **~-conforming** *adj.* रूढ़ियों को न मानने वाला; **~-conformity** /~कन्फॉःमिटि/ (*also* **~-conformism**) *n.* रूढ़िविरोध, अपरंपरावादिता; **~-content** /~कंटेंट/ *adj.* 1 असंतुष्ट व्यक्ति 2 साररहित; **non-contributory** /~कंट्रिब्यूटरि/~कंट्रिब्यूटॉरि/ *adj.* जिसमें कर्मचारियों को अंशदान न करना पड़े (अपने हिस्से के पैसे न देने पड़ें): ~-contributory pension plan; **~-controversial** *adj.* जिसमें कोई झगड़ा न हो; **~-co-operation** *n.* असहयोग; **~-creasable** /~क्रीजअबल/ *adj.* जिस (कपड़े) में सिकुड़न न पड़े; **~-credit** *adj.* परीक्षा दिए बिना पढ़ने वाला विद्यार्थी (जिसे परीक्षांक न दिए जाने हों): ~-credit student; ~-credit study; **~-custodial** /~कस्टोडिअल/ *adj.* बिना हवालात में बंद किया जाने वाला; **~-dairy** /~डेअरी/ *adj.* अदुग्ध, बिना दूध का (पकवान); **~-deciduous** /~डिसिड्युअस/ *adj.* सदा हरा, सदाबहार; **~-delivery** *n.* अवितरण, जब माल प्राप्त कर्ता तक न पहुंचाया गया हो; **~-denominational** /~डिनौमिनेशनल/ *US* ~डिनाःमिनेशनल/ (*also* **~-sectarian**) *adj.* 1 किसी धार्मिक समुदाय से असंबद्ध 2 सभी धार्मिक समुदायों के उपयोग व भागीदारी के लिए; **~-descript** /~डिस्क्रिप्ट/ *adj.* (***syn.*** dull) अति सामान्य: clad in ~-descript gray clothes; a row of ~-descript houses; a ~-descript man (अल्लम-गल्लम, अज्ञातकुल, बिना किसी साफ दिखने वाली नैन-नक्श आदि विशेषताओं के व्यक्ति); **~-discriminatory** /~डिस्क्रिमिनेटरी/ *adj.* अविभेदकारी, भेदभाव न करनेवाली (नीति); **~-divisible** /~डिविजिबल/ *adj.* अविभाज्य, जिसे विभाजित न किया जा सके; **~-drip** *adj.* बिना टपकने वाला रोगन (paint); **~-durables** /~ड्युरेबल/ अल्प-अवधिवाला सामान;

collocations: **~-contact sport** ऐसा खेल जिसमें खिलाड़ी एक दूसरे को नहीं छूते; **~-destructive testing** संरचना को बिना नुकसान पहुंचाए किया जानेवाला परीक्षण

none /नन/ *quantifier, pron.* 1 कोई नहीं: there were ~ in the school; ~ of them can help me 2 कोई भी नहीं: ~ was as generous as he; I want ~ of these things 3 किसी प्रकार का भी नहीं, कितना भी नहीं: ~ but the best students were admitted 4 बिल्कुल कोई भी नहीं: ~ at all 5 जरा भी नहीं, एक बूंद भी नहीं: ~ too ... (बिलकुल भी नहीं, किसी भी सूरत में नहीं); ~ too clean/ clever/ pleased, etc. (बिल्कुल भी साफ/ चतुर/ खुश नहीं);

adv. तनिक भी नहीं, बिल्कुल नहीं, जरा भी नहीं: ~ so good (बिल्कुल भी अच्छा नहीं);

dw/lw: **~-sparing** *adj.* सर्व-विनाशक;

collocations: **next to** ~ लगभग कुछ भी नहीं; **second to** ~ किसी से कम नहीं;

p&i: **~ but ...** को छोड़कर और कोई नहीं: ~ but a fool would do such a thing; **~ have all, all must have some** किसी को सारी की सारी वस्तु नहीं ले लेनी चाहिए, बल्कि सभी को कुछ न कुछ मिलना चाहिए; **~ is so deaf as those who won't hear** अनसुनी करने वाला बहरे से भी बदतर होता है; **~ of (this) ...** यह सब सहन नहीं किया जा सकता; **~ of your business!** इससे आपका कुछ लेना-देना नहीं; **~ of your cheek** बदतमीजी नहीं चलेगी; **~ of your impudence!** आपकी बदतमीजी नहीं चलेगी!; **~ of your pranks** (अब) आपकी शरारतें नहीं चलेंगी; **~ other than (but)** उसके सिवा और कोई नहीं; **~ preaches better than the ant and she says nothing** बातें कम और काम ज्यादा!; **~ the happier/ poorer/ wiser, etc.** इससे ज्यादा और खुश/ गरीब या समझदार नहीं;

an ill opinion is worse than ~ at all किसी भी विचार का न होना, खराब विचार होने से बेहतर है; **any occupation is better than ~ at all** बिल्कुल खाली होने से तो कोई भी काम-धंधा बेहतर है; **be ~ the better for it** पहले से कोई ज्यादा बेहतर नहीं; **be ~ the worse for one's experience** मुसीबतों से किसी पर बिल्कुल असर न पड़ना; **he is aware ~ better that ...** उससे बेहतर कोई नहीं जानता; **his nature is ~ of the calmest** उसका स्वभाव सर्वाधिक शांत स्वभावों में से नहीं; **I will have ~ of that!** मैं इस बारे में कुछ सुनना भी नहीं चाहता; **there is ~ like her** उस जैसा कोई और नहीं; **there's ~ or little** यह बहुत कम है; **the visitor was ~ other than the king/ but the king** आगंतुक कोई और नहीं, बल्कि स्वयं राजा था; **they chose ~ but the best** उन्होंने सबसे बढ़िया चीज चुनी

non-effective /नौन-इफेक्टिव/ *US* नाःन-इफेक्टिव/ *adj., milit.* 1 सेना कर्मी जो या तो सैनिक सेवा के काबिल न रहा हो या वह उसे करने में असमर्थ हो 2 अप्रभावी, निष्प्रभावी;

dw/lw: **~-ego** /~ईगो/ *n.* (***syn.*** non-I) जिसमें अहम् या अहंकार न हो, अनात्म; **~-egoistical** /~ईगोइस्टिकल/ *adj.* अहम-शून्य, निस्स्वार्थी; **~-ejector** /~इजेक्टः/ *n.* अनपसारक (जिसमें बाहर निकालनेवाला उपकरण न हो); **~-elective** *adj.* जिसे चुना न जाता हो (बल्कि मनोनीत आदि होता हो); **~-encumbrance** /~इनकंब्रंस/ *n.* भार-मुक्ति, कर-मुक्ति

non-ens /नौनेंज/ *US* नाःनेंज/ *n., pl.* **nonetia** /नौनेशिआ/ काल्पनिक वस्तु

non-entity /नौन-एंटिटि/ *US* नाःन-एंटिटि/ *n.* 1 (***syn.*** nobody) नगण्य वस्तु या व्यक्ति, तुच्छ वस्तु या व्यक्ति 2 जिसका खास वजूद न हो, जिसकी कोई हस्ती न हो 3 आकाशकुसुम 4 छुटभैया;

dw/lw: **~essential** /~इसेंशिअल/ *adj.* अनावश्यक

nones /नोन्ज/ *n.* मार्च, मई, जुलाई या अक्तूबर की सातवीं तारीख और अन्य महीनों की पांचवीं तारीख

nonesuch/ nonsuch /ननसच/ *n.* बेजोड़ व्यक्ति या वस्तु, सबसे शानदार व्यक्ति या वस्तु

non est inventus /नौन एस्त इनवेंटस/ *Lat.* कार्य-सूची आदि में 'मिला नहीं' का निशान

nonet /नोनेट, नौनेट/ *US* नोनेट, नाःनेट/*n., pl.* **nonettos/ nonetti** /नोनेटोज/ नोनेटी/, *music* 1 नौ वाद्यों या स्वरों आदि के लिए संगीत रचना, नवक 2 नौ वाद्यों या नौ गायकों की मंडली

nonetheless /ननदिलेस/ (*also* **none the less; nevertheless**) *adv.* के बावजूद, फिर भी

non-Euclidean geometry /नौन-युक्लिडिअन ज्योमेट्रि/ ज्यामिती या रेखागणित की कोई भी प्रणाली जो यूनानी गणितज्ञ युक्लिड (Euclid) के सिद्धांतों पर आधारित न हो;

dw/lw: **~-European** *adj.* गैर-यूरोपीय; **~-event** /~इवंट/ *n.* (***syn.*** anti-climax) साधारण या महत्त्वहीन घटना; **~-existence** /~इग्जिस्टंस/ *n.* अनस्तित्व, बेवजूदगी; **~-existent/ non-existing** /~इग्जिस्टंट/ ~इग्जिस्टिंग/ *adj.* जिसका अस्तित्व न हो, जिसका वजूद न हो; **~-expendable** /~इक्सपेंडअबल/ *adj.* 1 जो खत्म न हो 2 जिसे बार-बार प्रयोग में लाया जा सके; **~-exportation** /~इक्सपोःटेशन/ *n.* निर्यात न करने का कार्य या नीति; **~-factive** *adj.* (of verbs) मिथ्या बात के बारे में चर्चा करेनवाली: 'believe' and 'doubt' are ~-factive verbs; **~-fading** /~फेडिंग/ *adj.* जो फीका न पड़े या बदरंग न हो; **~-fat** *adj.* बिना चर्बी (तेल) का (खाना आदि); **~-feasance** /~फीजंस/ *n., law* कार्य के न किए जाने का का तथ्य, अकरण; **~-ferrous** /~फेरस/ *adj.* 1 वस्तुएं या उपकरण जो लोहे या इस्पात के न हों, अलोह, अलौहीय 2 वस्तुएं या उपकरण जिनमें लोहा न मिला हो; **~-fiction** /~फिक्शन/ *n.* असाहित्यिक पुस्तकें या ऐसी पुस्तकें, जिनमें कथा-कहानी, उपन्यास या कवितायें आदि न हों: ~-fiction books; **~-finite** /~फाइनाइट/ *adj.* अनिश्चयवाचक; **~-flammable** /~फ्लैमअबल/ *adj.* अज्वलनशील, जिसे आग न लगती हो; **non-fulfilment** *n.* 1 अपालन 2 पूरा न करने की अवस्था 3 उल्लंघन;

collocations: **~-executive director** कंपनी का निदेशक जो कंपनी का चौबीस घंटे का नौकर न होकर मात्र सलाहकार का काम करता है

nong /नौंग/ *US* नांग/ *n. Austral./ NZ sl.* मूर्ख, मूढ़ व्यक्ति, काठ का उल्लू

non-gazetted /नौन-गजअटिड/ *US* नाःन- / *adj.* अराजपत्रित

non grata /नौन ग्राःटा/ *US* नाःन ग्राःटा/ अवांछित: persona **non grata** (अवांछित व्यक्ति); the public was ~ at the gathering (सभा में जनता को आने नहीं दिया गया)

non-human /नौन-ह्यूमन/ *US* नाःन-ह्यूमन/ *adj.* अमानुष, अमानवीय;

collocations: **~-identical twin** असमान जुड़वां बच्चे

nonillion /नोनिलिअन/ *n.* 1 कुछ यूरोपीय संघ के देशों में 10^{54} 2 उत्तरी अमेरिका में (10^{30})

non-interference /नौन-इंटःफिअरंस/ *US* नाःन-इंटःफिअरंस/*n.* अहस्तक्षेप, गैर-दखल: ~-interference in domestic affairs;

dw/lw: **~-intervention** /~इंटःवेन्शन/ *n.* अहस्तक्षेप, तटस्थता; **~-invasive** /~इन्वेसिव/ *adj.* ऐसा उपचार या चिकित्सा जिसमें शल्य औजार शरीर में न घुसेड़ने पड़ें; **~-involvement** /~इन्वॉल्वमंट/ *n.* झगड़े या बहस आदि से अलग रहने की नीति, विलग्नता; **~-iron** *adj.* (कपड़ा) जिसे धोने के बाद इस्तरी करने की आवश्यकता न हो; **~-issue** *n.* नगण्य मामला; **~-judgemental/ ~-judgmental** /~जज्मेंटल/ *adj.* खुले दिल का (रवैया), नैतिक मूल्यों पर आधारित रुख न थोपनेवाला; **~-judicial** /~ज्यूडिशिअल/ *adj.* न्यायिकेतर, न्याय-तंत्र के दायरे से बाहर, जो न्यायालय या कानून से संबंधित न हों: ~-judicial paper (गैरअदालती कागज); **~-juring** /~ज्युरिंग/ *adj.* स्वामीभक्त या देश आदि के प्रति वफादारी की शपथ न लेनेवाला; **~-juror** *n.* स्वामिभक्ति या देश आदि के प्रति वफादारी की शपथ लेने से इन्कार करने वाला व्यक्ति; **~-jury** /~ज्युरि/ *adj.* बिना ज्युरी सदस्यों के चलाया जानेवाला मुकदमा; **~-lending** *adj.* पुस्तकें आदि पुस्तकालय से बाहर न लेजाने देने वाली: ~-lending library; ~

liability /~लायबिलिटि/ *n.* अदेयता, देनदारी न होने की स्थिति
non liquet /नौन लाइकवेट/ *US* नाःन लाइकवेट/ *n.* अस्पष्टता, संदेह
non\-loadable /नौन\-लोडेबल/ *US* नाःन\-/ *adj.* अभारणीय, जिसे लादा न जा सके;
dw/lw: **~-malignant** *adj.* जो घातक न हो; **~-material** /~मैट्रिअल/ *adj.* 1 अभौतिक 2 भौतिक सामग्री से भिन्न 3 आध्यात्मिक; **~-member** *n.* असदस्य, गैर-सदस्य: open to ~-members; ~-member states; **~-metal** *n., chem.* गैर-धातु रासायनिक तत्व; **~-metalled** /~मेटल्ड/ *adj.* कच्ची (सड़क आदि); **~-moral** *adj.* नैतिक-अनैतिक होने के प्रश्न से परे; **~-nasalized** /~नेजलाइज्ड/ *adj.* निरनुनासिक; **~-native** *adj.* 1 पौधे, वृक्ष आदि जो किसी स्थान पर पहले से न उगते हों और उन्हें बाहर से लाया गया हो 2 मातृभाषा से अलग भाषा का प्रयोगकर्ता; **~-negotiable** *adj.* जो लेन-देन या समझौते आदि की शर्तों से परे हो, जिसे बहस या सौदेबाजी का मुद्दा नहीं बनाया जा सकता, अपरक्राम्य; **~-nuclear** *n.* गैर-परमाणु: ~-nuclear country; ~-nuclear weapons; ~-nuclear zone
no-no *n.* अस्वीकार्य बात, पक्का इन्कार
non\-obedience /नौन\-ओबीडिअंस/ *US* नाःन\-/ *n.* अवज्ञा, आज्ञा का उल्लंघन;
dw/lw: **~-objective** *adj.* जो पक्षपात या व्यक्ति की पसंद-नापसंद पर आधारित हो, पक्षपातपूर्ण; **~-observance** /~ऑबजःवंस/ *n.* अपालन, अननुवर्तन, उल्लंघन; **~-official** *adj.* 1 गैरसरकारी, अशासकीय, अराजकीय 2 अनधिकारिक: ~-official report
no-nonsense /नो-नौनसंस/ *US* नो-नाःनसंस/ *adj.* 1 जो बकवास नहीं 2 अच्छा, बेहतर
no-objection /नो-ऑब्जेक्शन/ *n.* अनापत्ति (प्रमाणपत्र), एतराज न होने की स्थिति
non\-operational attrition युद्ध से असंबद्ध जान माल की हानि;
dw/lw: **~-pareil** /नौन\-परेल/ *US* नाःन\-/ *adj.* (***syn.*** nonsuch) अद्वितीय, दूसरों से बेहतर, बेजोड़; **~-participating** *adj.* जो भाग न ले रहा हो; **~-partisan** /~-पाःटिजन/ *adj.* निष्पक्ष, दलगत नीति से परे: ~-partisan ballot; ~-partisan board; ~-partisan election; **~-party** *adj.* निर्दलीय, दलगत राजनीति से परे; **~-payment** *n.* भुगतान न करने की स्थिति, अदेयता, गैर-अदायगी, अशोधन; **~-perishable** /~पेरिशेबल/ *adj.* खराब न होने वाली, टिकाऊ; **~-persistent** /~पःसिस्टंट/ *adj.* ऐसे कीटनाशक पदार्थ जो बहुत जल्दी सड़ जाते हैं और वातावरण या फसल को प्रदूषित नहीं करते; **~-person** *n.* ऐसा व्यक्ति जो अब गिनती में नहीं रहा हो, गौण या महत्त्वहीन व्यक्ति, चुका हुआ आदमी; **~-pensionable** /~पेंशनेबल/ *adj.* गैर-पेंशनी, जिसे पेंशन न दी जा सके; **~-permanent** *adj.* अस्थायी: ~-permanent members of the Security Council
non placet /नौन-प्लेसेट/ *US* नाःन-/ *Lat.* विरोध में मत
non\-plan /नौन\-प्लैन/ *Us* नाःन\-/ *n.* गैर-योजना, योजना के दायरे से बाहर;
dw/lw: **~-poisonous** /~पॉइजनस/ *adj.* अविषाक्त, निर्विष, विषहीन, जो जहरीला न हो
nonplus /नौन\-प्लस/ *US* नाःन\- / *v., pt.* **~sed**, *pp* **~sing** or *US pt.* **~ed**, **~ing** 1 किंकर्तव्यविमूढ़ कर दे., हक्का बक्का कर दे. या हो.: he was completely **~sed** 2 उलझन में डाल दे.: this question **~sed** the candidates;
n. गतिरोध, उलझन, किंकर्त्तव्यविमूढ़ता;
dw/lw: **~sed** /~प्लस्ड/ *adj.* (***syn.*** dumbfounded) किंकर्तव्यविमूढ़, हक्का बक्का
non plus ultra *Lat. see above under* **ne plus ultra**
non\-political /नौन\-पलिटिकल/ *US* नाःन\-/ *adj.* अराजनीतिक;
dw/lw: **~-porous** /~पोरस/ *adj.* छिद्ररहित; **~-prescription** *adj.* बिना डाक्टरी नुस्खे के खरीदी जा सकने वाली (दवाइयां); **~-productive** *adj.* अनुत्पादक, अनुत्पादी: ~-productive personnel; ~-productive plan; **~-professional** *adj.* 1 अव्यावसायिक, अप्रशिक्षित 2 शौकिया काम करने वाला; **~-profit** *adj.* लाभनिरपेक्ष, जो लाभ-हानि पर आधारित न हो: ~-profit organization; **~-profit-making** *UK* (*US* **~profit**) *adj.* जो लाभ कमाने की नीति पर आधारित न हो, न-लाभ-न-हानि की नीति पर आधारित; **~-proliferation** /~प्रॉलिफिरेशन/ *n.* उत्पाद न करने की नीति: nuclear ~-proliferation; **~-proprietary** /~प्रप्रायटरि/ *adj.* 1 किसी कंपनी से असंबद्ध या कंपनी द्वारा अनिर्मित 2 जायदाद से संबंधित; **~rated-man** *US* साधारण सिपाही; **~-recognition** /~रेकग्निशन/ *n.* अमान्यता, मान्यता न देने की नीति या निर्णय; **~-recurring** /~-रिकरिंग/ *adj.* अनावर्ती, अनावर्तक, जो बार-बार न हो, एक बार होने वाला; **~-refundable** *adj.* अप्रतिदेय, जिसे वापस न किया जा सके; **~-renewable** /~रिन्यूवअबल/ *adj.* अनवीनकरणीय, जिसका नवीनीकरण न किया जा सके; **~-representational** /~रेप्रिजेंटेशनल/ *adj.* अप्रतिनिधित्मक, अवास्तविक; **~-residence** *n.* अनिवास; **~-resident** *adj.* प्रवासी, जो निर्दिष्ट स्थान का निवासी न हो: ~-resident borrower; ~-resident medical officer; **~-residential** *adj.* जो रिहायशी न हो, अनावासिक, जहां रहा न जा सके, अनिवासीय; **~-resistance** /~रिजिस्टंस/ *n.* अप्रतिरोध, प्रतिरोध न करने की नीति: ~-resistance to evil; **~-resistant** /~रिजिस्टंट/ *adj.* अप्रतिरोधी, अरोधक, जो प्रतिरोध न करे; **~-restrictive** /~रिस्ट्रिक्टिव/ *adj.* न रोकने वाला, अप्रतिबंधक; **~-returnable** *adj.* जिसे लौटाने की जरूरत न हो, जिसे लौटाया न जा सके; **~-return-valve** *n.* तरल या गैस आदि को वापस न जाने देने वाला कपाट या वाल्व; **~-reversible** /~रिवःसअबल/ *adj.* जो वापस मूल स्थान पर न लौट सके, जिसे वापस न किया जा सके; **~-rigid** *adj.* लचीला, जो अड़ियल न हो, ढीला-ढाला, शिथिल
non-pros /नौन-प्रॉस/ *US* नाःन-प्रॉस/ *v., pt.* **~ed**, *pp* **~ing**, *law* मुद्दई के अदालत में हाजिर न होने के कारण दावे को खारिज क.
non-prosequitur /नौन-प्रॉसेकविटः/ *US* नाःन-प्रॉसेकविटः/ *n., law* मुद्दई के अदालत में हाजिर न होने के कारण दावा खारिज होने की स्थिति
non\-scheduled /नौन\-शिड्यूल्ड/ *US* नाःन\-/ *adj.* नियमित से भिन्न, अनियमित चलने वाला, समय-सारिणी से बाहर का (कार्य);
dw/lw: **~-scientific** *adj.* अवैज्ञानिक
non\sense /नौनसंस/ *US* नाःनसेंस/ *n.* 1 बकवास: ~sense!; talk **~sense** 2 अर्थहीन या बेकार बात: that's all **~sense**; **~sense** verses (निरर्थक कविता, अकविता); make a **~sense** of sth (बेकार कर दे.) 3 बेहूदा व्यवहार: I'll stand no **~sense** from you! 4 (***syn.*** rubbish) अनापशनाप, अंड-बंड: a piece of **~sense**; his theory is a piece of **~sense** 5 मूर्खता, उलझन: this passage makes **~sense**;
dw/lw: **no-~sense** *adj.* गंभीर, काम से काम रखने वाला: no-~sense manner of a professor; no-~sense attitude (गंभीर रवैया); **~-sensical** /नौन-सेंसिकल/ *adj.* 1 (***syn.*** absurd) अंडबंड 2 मूर्खतापूर्ण; **~-sensicality** *n.* मूर्खतापूर्णता; **~-sensically** *adv.* मूर्खतापूपूर्वक; **~-sensicalness** *n.* मूर्खतापूर्णता, अर्थहीनता, बेहदगी;
p&i: **make a ~ of sth** किसी चीज का मजाक बना दे.; **that will take/ knock the ~sense out of him!** यह बात उसे बेवकूफी से छुटकारा दिला देगी
non\-shrinkable /नौनशरिंकअबल/ *US* नाःन-/ *adj.* न सिकुड़ने वाला;
dw/lw: **~-skid/ non-slip** *adj.* 1 जो फिसले न: ~-skid/ non-slip chain 2 ऐसा तल या फर्श जिस पर फिसलने की संभावना न हो; **~-smoker** *n.* बीड़ी-सिगरेट न पीने वाला; **~-smoking**

adj. जहां बीड़ी-सिगरेट पीना मना हो; **~-specific** /~स्पेसिफिक/ *adj.* 1 जो स्पष्ट न हो, अस्पष्ट; **~stainable** /~स्टेनअबल/ *adj.* जिस पर धब्बे न पड़ें; **~-standard** *adj.* अपमानक, जो किसी प्रतिमान के अनुसार न हो; **~-starter** *n.* 1 जिसकी सफलता की संभावना न हो 2 घुड़दौड़ के आरंभ में ही न दौड़ने वाला (अड़ जाने वाला) घोड़ा; **~-statutory** /~स्टैट्यूटरि/ *adj.* असांविधिक, जो नियमों के अनुसार न हो या जो नियमों और विधानों के दायरे से परे हो; **~-stick** *adj.* ऐसी कड़ाही या फ्राइंग पैन (frying pan) जिसकी तली में पकाया जा रहा व्यंजन न चिपके; **~-stop** *adj., adv.* (***syn.*** direct) बिना रुके, अविराम, निरंतर: fly ~-stop; talk ~-stop;

collocations: **~-steroidal anti-inflammatory drug** स्टिरॉयडरहित गठिया रोधक दवाई

non sequitur /नौन-सेक्विटः/ *US* नाःन-/*n.,* (*abbr.,* **non seq.**) 1 अतर्कसंगत दलील, कुतर्क 2 आधार-वाक्य से न निकलने वाला निष्कर्ष: that is a piece of ~

nonsuch /नन्सच/ *n.* (***syn.*** paragon, non-pareil) बेजोड़ या सर्वश्रेष्ठ व्यक्ति या वस्तु

non\-suit /नौन\-स्यूट/ *US* नाःन\-स्यूट/ *n.* वादी द्वारा मुकदमे की वापसी या सबूत आदि के अभाव में न्यायाधीश द्वारा मुकदमा खारिज, वादावसान;

dw/lw: **~-suit** *v., pt.* ~-suited, *pp* ~suiting मुकदमा खारिज क.; **~-synchronous** /~सिन्क्रअनस/ *adj.* जो एक साथ काम न करे; **~-teaching** *adj.* अध्यापन के बाहर के दायरे का: ~teaching staff; **~-technical** *adj.* गैर-तकनीकी; **~-transferable** /~ट्रैंस्फअरअबल/ *adj.* 1 अहस्थतांतरणीय 2 जिसे किसी दूसरे को न दिया जा सके; **non-U** *adj. Brit, colloq.* उच्च वर्ग को अमान्य व्यवहार या भाषा; **~-union** *n.* 1 जो किसी यूनियन या संगठन का सदस्य न हो 2 जो यूनियन को मान्य न हो 3 गैर-यूनियन सदस्यों द्वारा बनाया या पैदा किया हुआ माल; **~-union** *adj.* गैर-यूनियन: employ ~-union labour; **~-user** *n.* अनुपयोगक, जो किसी वस्तु या सुविधा का उपयोग न करता हो; **~-variant** /~वेरिअंट/ *n.* असंगति, प्रकार, रूपांतर; **~-vascular** /~वैस्क्युलः/ *adj.* गैर-नसीय; **non-veg.** *abbr.* 'non-vegetarian' का संक्षेप; **~-vegetarian** /~वेजिटेरिअन/ *adj.* मांसाहारी; **non-vintage** *adj.* जो एक ही स्थान पर होने वाले अंगूरों से न बनी हो; **~-violence** *n.* अहिंसा; **~-violent** *adj.* अहिंसक, शांत स्वभाव का; **~-voter** *n.* गैर-मतदाता, जिसे मत देने का अधिकार न हो; **~-white** *adj.* अश्वेत; **~-white** *n.* अश्वेत व्यक्ति

noodle[1] /नूडल/ *n.* 1 *North Amer.* सिर (head) 2 काठ का उल्लू, मूर्ख

noodle[2] /नूडल/ *n., pl.* **~s** 1 नूडल 2 एक प्रकार का भोज्य पदार्थ 3 सेवईं

nook /नुक/ *n.* अलग-थलग कोना: every ~ and cranny (corner) (हर जगह, हर कोने में, कोने-कोने में) 2 सुनसान कोना, एकांत (स्थान): peaceful ~ in the country;

p&i: **~s and corners** कोना-कोना, हर जगह;

a ~ yet untroubled by the tourist ऐसा कोना या एकांत स्थान जिसे अभी तक सैलानियों ने खराब न किया; **search in every ~ and corner** कोने-कोने को छान डालना; **roam through ~s and corners** हर स्थान पर घूमना

nooky /नूकि/ *n., sl.* संभोग, यौन क्रियायें

noon /नून/ *n.* 1 (***syn.*** mid-day) दोपहर: the sun at ~ 2 दोपहर का चरम बिंदु या पराकाष्ठा: at the height of ~ 3 मध्याह्न;

adj. मध्याह्नकालिक, रेखांशिक;

v., pt. **~ed**, *pp* **~ing** भोजन अंतराल क., मध्याह्न में आराम क.: we **~ed** it just there;

dw/lw: **~day** *n.* 1 दोपहर, शिखर दोपहर: the ~day sun 2 शिखर बिंद, पराकाष्ठा: he was at the ~day of his prosperity; **~ing** /नूनिंग/ *n.* 1 दोपहर, मध्याह्न 2 दोपहर के भोजन का लंबा अंतराल; **~tide** /नूनटाइड/ *n., lit.* 1 दोपहर का समय, मध्याह्न 2 बहार (वसंत) का शिखरतम बिंदु 3 यौवन का शिखर; **~time** *adj.* दोपहर के आस पास, दिन का बीच;

collocations: **~ basket** दोपहर के भोजन की टोकरी; **~ halt** लंबा ठहराव; **~ recess** लंबा अंतराल;

p&i: **the ~ of one's life** जीवन का शिखर-बिंदु, यौवन

no-one (*also* **no one**) *n.* कोई नहीं, कोई भी व्यक्ति नहीं

noose /नूस/ *n.* 1 फांसी का फंदा 2 फंदा, पाश, जाल, रस्सी का फंदा 3 विवाह बंधन;

v., pt. **~d**, *pp* **noosing** 1 फंदा, डालना, फंदे में फांसना 2 फंदा बनाना: ~ a rope 3 फंसाना: ~ oneself;

p&i: **~ around sb's neck** किसी के गले में फंदा;

put one's head in a ~/ put one's neck in the ~ अपने आप फंदे में फंस जा., अपने गले में रस्सी डालना; **the ~ is hanging** सब-कुछ तैयार है

no-par *see above under* **no:** ***dw/lw***

NOP *abbr.* 'National Opinion Poll/s' की प्रथमाक्षरी (राष्ट्रीय जनमत)

nope /नोप/ *excl., sl.* जोर से कहा जा.: 'नहीं!'

noplace /नोप्लेस/ *adv.* = nowhere कहीं भी नहीं: have ~ else to go

Nor. *abbr.* 'Norman', 'North', 'Norway', 'Norwegian' का संक्षेप

nor /नॉः(र)/ *adv., conj.* 1 **neither...nor...** न यह, न वह, न तो पहला, न दूसरा: he **neither** knows ~ does he care; I don't know ~ do I care 2 और न ही: **nor** can, **nor** do you, etc. न मैं, और न ही आप...; not a piece of bread, ~ a drop of water

Nordic /नॉःडिक/ *adj.* 1 स्कैंडेनेविया के देशों यानी स्वीडन, डेन्मार्क, नॉर्वे, फिनलैंड और आइस्लैंड आदि से संबंधित 2 देखने में जर्मन और स्कैंडेनेवियाई लोगों जैसे यानी लंबे और नीली आंखों वाले

Norf. *abbr. English County* 'Norfolk' का संक्षेप

nori /नौरि/ *US* नॉःरि/ *n.* जापानी व्यंजनों में प्रयोग किया जानेवाला समुद्री खर-पतवार

noria /नोरिआ/ *n. pl.* **~s** रहंट, रहट, रहट की बाल्टियों की कड़ी

nork /नःक/ *n. Austral. sl.* औरत की छाती, स्तन

norland /नॉःलंड/ *n.* उत्तरी क्षेत्र;

dw/lw: **~er** *n.* उत्तरी क्षेत्र निवासी

norm /नॉःम/ *n.* 1 (**the ~**) आदर्श, नमूना, पैटर्न 2 (***syn.*** rule) सर्वमान्य मानदंड, प्रतिमान, नियम: social ~ 3 **norms** मानक, मानदंड, मूल्य: departure from the ~ 4 सामान्य स्तर: production ~

normal /नॉःम\ल/ *adj.* 1 (***anton.*** abnormal) सामान्य, ठीक-ठाक: pulse ~ for a person's age; ~ winter weather; he is perfectly ~; ~ condition 2 (***syn.*** average) औसत स्तर की: ~ intelligence 3 (***syn.*** usual) साधारण, बदस्तूर, मामूली, औसत 4 (***syn.*** natural) स्वाभाविक, प्रकृत, प्राकृत, सहज 5 (***syn.*** regular) नियमित: ~ load; ~ bed capacity; ~ landing 6 (***syn.*** standard) प्रमाणक 7 (***syn.*** perpendicular) अभिलंब, अभिलंबीय: ~ to sth (का लंब) 8 *chem.* (*abbr.* **N**) घोल की सामान्य सघनता सूचक, नार्मल;

n. 1 सामान्य व्यक्ति, स्थिति या स्तर 2 (***syn.*** mean) औसत 3 लंब, अभिलंब 4 सामान्य तापमान आदि;

dw/lw: **normalcy** /~लसि/ (**normality** /नॉःमैलिटि/) *n.* 1 साधारणता, सामान्यता: back to ~ 2 सहजता; **~ization** /नॉःमअलाइजेशन/ *n.* सामान्यीकरण, हालात (बीमार व्यक्ति आदि की हालत) आदि में सुधार; **~ize** /नॉःमअलाइज/ *v., pt.* ~ized, *pp* ~izing 1 प्रमाणक या नियमित बनाना: ~zed to ... (के अनुसार बनाना) 2 सामान्य बनाना, ठीक कर दे., सुधारना या सुधरना; **~ly** /~लि/ *adv.* 1 सामान्य ढंग से, स्वभावतः 2 सामान्यतः, ठीक ढंग से;

collocations: ~ **distribution** जनता के बारे में आंकड़ों के विभाजन की आवृत्ति; ~ **school/ summer** ~ साधारण स्कूल या ग्रीष्मकालीन अध्यापक प्रशिक्षण विद्यालय

normally *see above under* **normal:** *dw/lw*

Norman /नॉ:मन/ *n.* 1 फ्रांस में नॉर्मेंडी प्रदेश का निवासी 2 नॉर्मेंडी निवासी, विशेषकर उत्तरी फ्रांस में स्कैंडेनेवियायी बाशिंदे जिन्होंने 1066 में इंग्लैंड पर विजय पाई थी 3 नॉर्मेंडियायी या नॉरमन फ्रांसीसी नागरिक 4 इंग्लैंड में ग्यारहवीं और बारहवीं सदियों की भवन-निर्माण शिल्प का द्योतक;

adj. 1 नॉर्मेंडी का निवासी 2 नॉर्मन लोगों से संबंधित 3 दसवीं-ग्यारहवीं सदी के नॉमेंडी और ग्यारहवीं- बारहवीं सदी के इंग्लैंड की भवन निर्माण शिल्प से संबंधित;

dw/lw: **Normanesque** /नॉ:मनेस्क/ *adj., arch.* नॉर्मेंडियायी या नॉरमन शैली का; **Norman-French** *n.* फ्रांसीसी भाषा की नॉर्मेंडियायी बोली

normative /नॉ:मअटिव/ *adj.* 1 मानदंड या मानक-संबंधी 2 मर्यादा-संबंधी 3 मानक-स्थापक: ~ grammar 4 नियामक: ~ mineral 5 मानकीय, आदर्श (of norms)

Norn /नॉ:न/ *n.* 1 *Scandinavian mythol.* भाग्य देवी 2 नौर्स (**Norse**) भाषा जो कभी और्कनी (Orkney), शेटलैंड (Shetland) और उत्तरी स्कॉटलैंड में बोली जाती थी

Norse /नॉ:स/ *adj.* 1 प्राचीन व मध्यकालीन स्कैंडेनेवियायी भाषा से संबंधित 2 नार्वे की प्राचीन भाषा से संबंधित;

n. 1 प्राचीन आइसलैंडियायी भाषा 2 स्कैंडेनेविया का जर्मेनिक भाषा परिवार 3 (*also* **Old Norse**) इस परिवार की भाषा जो मध्यकाल में नार्वे और इसके उपनिवेशों में प्रचलित थी;

dw/lw: **~man** /नॉ:समेन/ *n.* स्कैंडेनेविया के निवासी, नार्वे वासी

north/ North /नॉ:थ/ (*also* **the North**, *abbr.* **N, No.**) *n.* 1 उत्तर दिशा, जब कोई उदय होते सूर्य की ओर मुख किए खड़ा हो तो उसके बाईं ओर की दिशा: true ~ (भौगोलिक या असली उत्तर); overlook the ~ (उत्तर की ओर खुलना) 2 चुंबकीय उत्तर: magnetic ~ 3 (**the North**) विकसित देश (पहली दुनिया के देश) 4 (**the North, the north**) किसी देश का उत्तरी भाग 5 अमेरिका के उत्तरी-पूर्वी प्रांत जो गृह-युद्ध में दक्षिण के विरुद्ध लड़े थे;

adv. उत्तर की ओर: Scotland lies ~ of England; further ~ than ...; due ~ (सीधे उत्तर को); the wind blows ~;

adj. (*also* **North**) 1 उत्तरी, उत्तर में: a ~ wind (उत्तरी हवा) 2 उत्तर की ओर: ~ window;

dw/lw: **Northants** *abbr. English County* 'Northampton' का संक्षेप; **~bound** *adj.* उत्तर की ओर जाने वाला, उत्तरमुखी; **~-country** *adj.* देश का उत्तरी भाग; **~-east/ North-East** *n.* 1 उत्तर-पूर्वी दिशा 2 (**the ~-east**) देश का उत्तर-पूर्वी हिस्सा 3 उत्तरपूर्व, ईशान-कोण; **~-easter/ nor'-easter** *n.* उत्तरपूर्वी हवा, तेज हवाएं; **~-easterly** *adj./ adv.* 1 उत्तर-पूर्वी: ~-easterly direction 2 (*also* **~-eastward**) उत्तर-पूर्व की ओर; **~-easterly** *n.* उत्तर-पूर्व से आने वाली तूफानी हवाएं; **~-eastern/ North-eastern** *adj.* 1 उत्तर-पूर्व से 2 उत्तर-पूर्व का 3 उत्तर-पूर्व की ओर; **~-eastward** *adj./ adv.* उत्तर-पूर्व की ओर; **~-eastwardly** *adj./adv.* उत्तर-पूर्वी (हवा); **~-eastwards** *adv.* उत्तर-पूर्व की ओर; **~erly** /नॉदःलि/ *adj.* 1 उत्तरी: ~erly direction; ~erly latitude (उत्तरी अक्षांश); ~erly wind 2 (**a ~erly wind**) उत्तरी हवा: the most ~erly outpost (दूरतम उत्तरी चौकी); **~erly** *n.* (**~erlies**) उत्तरी हवा; **~erliness** *n.* उत्तरपन; **~ern/ Northern** /नॉ:दःन/ *adj.* उत्तर से/ का: ~ern lights (उत्तरी ध्रुवीय प्रकाश /Aurora Borealis/); the Northern Bear (उत्तर का गुप्तचर, सेब की एक प्रकार); ~ern cross (हंस); ~ern crown (उत्तर किरीट); **~ern** *n.* उत्तरी हवा; **~erner/ Northerner** /नॉ:दनः/ *n.* जो उत्तर से हो, उत्तर का; **northernmost** /नॉ:दःनमोस्ट/ *adj.* जो उत्तर में सबसे दूर हो, सुदूरतम उत्तरी; **~-facing** /नॉथ-फेसिंग/ *adj.* उत्तर की तरफ मुंह वाला, उत्तरमुखी; **~ing** /नॉ:दिंग/ *n., mainly naut.* 1 उत्तर की ओर यात्रा 2 किसी ग्रह का भूमध्य रेखा से उत्तर की ओर फासला 3 समुद्र में यात्रा पर निकले जहाज द्वारा तय किया अक्षांश में अंतर 4 उत्तरांतर, उत्तर की ओर झुकाव; **Northman** *n.* = **Norseman** उत्तरी यूरोप का निवासी (*hist.* Norman); **~-polar** /नॉ:थपोलः/ उत्तरध्रुवीय; **~ward/ ~wards** /नॉ:थवःड/ नॉ:थवःड्ज/ *adv.* उत्तर की ओर; **~ward/ ~wards** *adj.* उत्तरोन्मुख: ~ward of sth (किसी वस्तु या स्थान से उत्तर की ओर स्थित); **~ward/ ~wards** *n.* उत्तर-पश्चिमी दिशा या क्षेत्र: to the ~ward/ ~wards (उत्तर-पश्चिमी दिशा में); **~wardly** *adj.* उत्तर की ओर का; **~wardly** *adv.* उत्तर की ओर उन्मुख; **~-west/ Northwest** /नॉ:थवेस्ट/ (*sometimes* **North-West**) *n.* देश का उत्तर-पश्चिमी भाग; **~-west** *adj.* 1 उत्तर-पश्चिमी 2 उत्तर-पश्चिम से: ~-west wind (उत्तर-पश्चिमी हवा); **~-west** *adv.* उत्तर-पश्चिम में/ को/ की ओर; **~er/ nor'-wester** *see below under separate entry*; **~-westerly** *adv./ adj.* 1 उत्तर-पश्चिम का/ में/: ~-westerly direction (उत्तर-पश्चिमी दिशा में) 2 (*also* **~-westward**) 1 उत्तर-पश्चिम की ओर 2 उत्तर-पश्चिम से उठा तूफान या तेज हवाएं; **~-western/ North-western** /नॉ:थवेस्टःन/ *adj.* 1 उत्तर-पश्चिम का/ की/ के 2 उत्तर-पश्चिम में/ की ओर; **norther/ nor'-wester** *n.* तेज उत्तर-पश्चिमी हवा, कालबैसाखी;

collocations: **North Atlantic Drift** = **Gulf Stream** खाड़ी धारा, महासागरीय गर्म बहाव जो मैक्सिको की खाड़ी से निकलकर फ्लोरीडा और अमेरिका के पूर्वी तट की ओर बढ़ जाता है; **the North Country** (*also* **north country**) किसी देश के उत्तरी क्षेत्र; ~ **eye** भेंगापन; **(the) North Pole/** ~ **pole** 1 उत्तरी ध्रुव, सुमेरु 2 उत्तर की ओर आकर्षित होनेवाला चुंबकीय सिरा या ध्रुव; **North Sea oil/ gas** *Br.* यूरोपीय महाद्वीप व ब्रितानवी द्वीपों के बीच में स्थित उत्तरी सागर (अटलांटिक महासागर की एक शाखा) के भीतर से निकाला जाने वाला तेल या गैस; **North Star** ध्रुव तारा;

p&i: **too far** ~ बहुत चालू (चतुर) है

North Germanic इंडो-यूरोपीय भाषा परिवार की एक शाखा जिसमें जर्मन भाषा के आधुनिक और ऐतिहासिक स्वरूप शामिल हैं और जो पूर्वी जर्मैनिक (Gothic and other extinct languages), उत्तरी जर्मैनिक (**North Germanic** – Norwegian, Danish, Swedish, Icelandic) और पश्चिमी जर्मैनिक (English, Frisian, Dutch, Low German, High German) आदि वर्गों में बंटी है

Nothumb *abbr. English county* '**Northumberland**' का संक्षेप

Norway /नॉर्वे/ *n.* स्कैंडेनेविया का एक देश, नॉर्वे;

dw/lw.: **Norwegian** /नॉर्वेजिअन/ *adj.* नॉर्वे से संबंधित, नॉर्वे का, नॉर्वे का नागरिक या भाषा; **~yawl** *n.* पाल नौका; **Norwegian** *n. pl.* **~s** नॉर्वे का नागरिक;

collocations: ~ **rat** भूरा चूहा; ~ **spruce** एक काला-हरा यूरोपीय पेड़

no-score draw (*also* **goalless draw**) बिना किसी गोल का यानी बराबरी का फुटबॉल का मुकाबला *see above under* **no:** *dw/lw*

nose /नोज/ *n.* 1 नाक: blow one's ~ 2 नासा, नासिका, थूथन 3 (*syn.* instinct) घ्राण, सूंघने की शक्ति: dog with a good ~ (अच्छी सूंघ-शक्ति वाला कुत्ता); have a good ~ for sth 4 गंध, सुगंध 5 अग्रभाग, अग्र, नोक 6 टोंटी 7 टांग अड़ाने (दखल देने) का प्रतीक;

v., pt. **~d**, *pp* **nosing** 1 सूंघना: the dog was **nosing** his master's boots 2 ताक-झांक क. 3 पता लगाना, टोह लेना: ~ out a secret (भेद निकाल ले.); **nosing** for news (खबर सूंघते फिरना) 4 आगे बढ़ना: the ship was **nosing** its way through the fog (जहाज कोहरे में से आगे बढ़ रहा था);

dw/lw: **~bag** *n.* 1 तोबरा, छोटा थैला 2 मजदूर द्वारा काम पर लाया जाने वाला नाश्ता 3 *sl.* गैस-सह मुखौटा; **~band** *n.* नाक

पर आने वाला लगाम का भाग, पूजीपट्टा; **~bleed** /नोजब्लीड/ *n.* नकसीर, नाक से खून बहने की क्रिया; **~-count** *n.* लोगों या समर्थकों की गिनती; **~dive** /नोजडाइव/ *v., pt.* ~dived, *pp* ~diving (***syn.*** plummet) तीव्रता से सीधे नीचे उतरना या कूदना; **~dive** *n.* 1 विमान द्वारा नाक के बल तेजी से नीचे उतरने की क्रिया 2 नीचे की ओर तेजी से लगाई जाने वाली कूद 3 किसी भी वस्तु या मूल्यों आदि में तेज गति से आने वाली भारी गिरावट; **~d** /नोजड/ *adj.* बड़ी नाक वाला; **~gay** *n., pl.* **~s** फूलों का छोटा-सा गुच्छा, गुलदस्ता; **~job** *n.* नाक की शल्यक्रिया से शक्ल सुधारने का काम; **~less** *adj.* नककटा, नकटा; **~piece** *n.* 1 घोड़े की नाक पर चढ़ा लगाम का हिस्सा 2 ऐनक का नाक पर टिकने वाला हिस्सा 3 हेल्मट आदि का नाक को ढकने वाला हिस्सा; **~r** *n.* तेज प्रतिवात, सामने की तेज हवा; **~-rag** *n.* नाक का रूमाल; **~-ring** *n.* नाक में लगाया जाने वाला छल्ला, नथनी; **~-spin** *n.* नाक के बल चक्करबाजी; **~-wipe**/ **~-wiper** *n.* रूमाल; **nosey** /नोजि/ *adj.* 1 नक्कू (having long nose) 2 बदबूदार 3 कुतूहली, घरघुमना 4 **'nosy'** की एक और वर्तनी, *see below under separate entry*; **nosing** /नोजिंग/ *n.* गोला, सोपानाग्र;

collocations: **~ agent/ gas/ irritant** नाक को परेशान करने वाला पदार्थ, गैस या अन्य अप्रिय वस्तु; **~ and throat service** नाक और गले का उपचार; **~ candy** *sl.,* नशीली दवा कोकीन; **~ cone** रॉकेट के मुंह पर लगी शंकुनुमा टोपी; **~ job** नाक को सुंदर बनाने के लिए की जाने वाली प्लास्टिक शल्य-क्रिया; **~ paint** शराब; **~ rag** *sl.* रूमाल; **~ ring** 1 नकेल, नाथ 2 नथ, नथनी, बुलाक, बेसर (ornament); **~ wheel** वायुयान आदि के आगे लगा अकेला पहिया; **~ to ~** आमने-सामने;

a ~ of wax लचर आदमी, कमजोर इच्छा-शक्ति वाला आदमी; **white ~** सफेद शिखरवाली तरंग;

p&i: **~ about/ ~ after/ ~ round** ताक-झांक करते फिरना; **~ danger** खतरा भांप ले.; **~ for/ ~ in** बातचीत में शामिल हो.; **~ into** रुचि लेना; **~ on/ upon sb** किसी की मुखबरी क.; **~ out** सूंघकर खोज निकालना; **~ to tail/ bumper to bumper** गाड़ियों का एक-दूसरे से सटकर चलना;

a bloody ~ पराजय; **a ~ for sth** किसी वस्तु को पसंद करने की वजह से उसे जल्दी ढूंढ निकालने में माहिर हो.; **a ~ to light candles with** शराब पीने से लाल हुई नाक; **as plain as the ~ on one's face** आसानी से दिखने वाला; **bite/ snap sb's ~ off** किसी को करारा जवाब दे.; **count/ tell ~s** उपस्थित लोगों को गिनना, समर्थकों की संख्या गिनना; **bring/ hold/ keep/ put one's ~ to the grindstone** अपने को काम से सांस न लेने दे.; **by a ~** बहुत कम अंतर से; **cut off one's ~ to spite sb's face** किसी को सबक सिखाने की सनक में अपना नुकसान कर लेना; **dog's ~** बीयर और जिन का कॉकटेल; **follow one's ~** नाक की सीध में चले जाना; **get up a person's ~** तंग क., परेशान क., नाक में दम क.; **have a ~ round** सब जगह सूंघते घूमना यानी गुप्तचरी क.; **he that has a great ~ thinks everybody is speaking of it** चोर की दाढ़ी में तिनका; **hit it on the ~** तीर निशाने पर लगना; **keep one's ~ clean** अपने आप को साफ-पाक बचाकर निकालना; **keep one's ~ out of sth** दूसरों के मामलों में टांग न अड़ाना; **keep one's ~ to the grindstone** लंबे समय तक बिना रुके कड़ी मेहनत क.; **lead by the ~** वश में रखना, नुकेल पकड़कर चलाना; **look down one's ~ at sb/ sth** किसी की या किसी चीज की उपेक्षा या अवहेलना क.; **make/ pull a long ~ at** किसी को लंबी नाक दिखाना; **make sb's ~ swell** किसी में भीषण जलन या ईर्ष्या पैदा कर दे.; **measure ~s** नाक से नाक टकराना; **not see beyond** or **further than the end of one's ~** अदूरदर्शी होना; **on the ~** ठीक-ठाक, सही समय पर; **pay through the ~** बहुत बड़ी कीमत देने के लिए विवश हो; **poke/ stick your ~ into sth** टांग अड़ाना, दखल दे.; **put one's ~ in** प्रकट हो.; **put sb's ~ out of joint** किसी का खेल बिगाड़ना; **rub sb's ~ in it** किसी को अपमानसूचक ढंग से गलती बताना; **spite one's ~** गुस्से में अपना ही नुकसान कर ले.; **thumb one's ~ at sth/ sb** यह जताना कि आप नियमों का पालन करने में विश्वास नहीं रखते; **turn your ~ up at sth** उपेक्षापूर्वक मुंह फेर लेना, किसी चीज को पसंद न क.; **turn up one's ~** नाक चढ़ाना या सिकोड़ना; **under one's ~** नाक के नीचे, आंख के सामने; **utter through ~** नकियाना, नाक में बोलना; **win by a ~** बहुत कम अंतर से जीतना; **with one's ~ in the air** अहंकारपूर्वक पेश आना; **with ~ well down** बहुत जल्दी-जल्दी; **with one's ~ in the air** अभिमानपूर्वक

nosh /नौश/*US* नाःश/ *sl., v., pt.* **~ed**, *pp* **~ing** नाश्ता या जलपान क.;

n. नाश्ता, भोजन

nosocomial /नौसअकोमिअल/ *US* नाःसअ-/ *adj.* अस्पताल में होने वाले संक्रमण आदि से संबंधित

nosode /नोसोड/ *n., alternative med.* एक होमिओपैथेक दवाई

nosogra\phy /नौसौग्र\फि/ नाःसाःग्र\फि/ *n.* नाक की बीमारियों का विवरण;

dw/lw: **~pher** /~फः/ *n.* नाक की बीमारियों का विश्लेषण करने वाला; **~phic** /~फिक/ *adj.* नाक की बीमारियों के विवरण से संबंधित

nosolo\gy /नौसौ\लजि/ नाःसाः\लजि/ *n., med.* रोगों का वर्गीकरण करने वाली विज्ञान की एक शाखा, नाक रोग-विज्ञान;

dw/lw: **~gical** /~लौजिकल/ *US* ~लाःजिकल/ *adj.* नाक रोग-विज्ञान संबंधी; **~gist** /~लजिस्ट/ *n.* नाक रोग-विज्ञान विशेषज्ञ

nosopo(i)etic /नोजोपॉयटिक/ *adj., med.* रोगकारक

nostal\gia /नौस्टै\ल्जिआ/ *US* नाःस्टै\ल्जिआ/ *n.* 1 किसी पुरानी घटना या बात की याद में रह-रहकर गोते लगाने की क्रिया 2 गृहातुरता, घर की याद;

dw/lw: **~gic** /~ल्जिक/ *adj.* 1 किसी पुरानी घटना या याद के बारे में सोचकर खुश या दुखी होना 2 गृह-विरह, (गृह) विरही, विरही

nostology /नौस्टौलजि/ *US* नाःस्टाःलजि/*n., med.* (***syn.*** geriatrics) वृद्धत्व शास्त्र, जरा विज्ञान

nostomania /नौस्टअमेनिआ/ *US* नाःस्टअमेनिआ/ *n., med.* अपने पुराने घर या चिर-परिचित स्थानों पर जाने की तीव्र इच्छा

nostopathy /नौस्टॉपथि/ नाःस्टॉपथि/ *n., med.* अपने पुराने घर या चिर-परिचित स्थानों से भय की बीमारी

nostos /नौस्तोस/ *US* नाःस्तोस/ *n., Gr.* वापसी या वापसी यात्रा की वर्णन-कविता

Nostradamus /नौसट्रअडेमस/ *US* नाःसट्रअडेमस/*n.* भविष्यवक्ता, फ्रांसीसी ज्योतिषी

nostril /नौस्ट्रिल/ *US* नाःस्ट्रिल/ *n.* नासिका, नास द्वार, नथुना, नासारंध्र, नासाछिद्र;

p&i: **man whose breath is in his ~** जीवित व्यक्ति; **stink in sb's ~s** किसी में घृणा पैदा क.

nostrum /नौस्ट्रअम/ *US* नाःस्ट्रअम/ *n.* 1 नीम हकीम की दवा या उपचार 2 (***syn.*** panacea) तथाकथित राम-बाण, गुप्त औषधि 3 सामाजिक जीवन का कौशल

nosy /नोजि/ (*also* **nosey**) *adj.,* **nosier**, **nosiest** (***syn.*** inquisitive) लोगों के व्यक्तिगत जीवन की बातों को सूंघने वाला, ताक-झांक करने वाला: ~ neighbours;

dw/lw: **nosily** *adv.* कुछ सूंघते हुए, गुप्त सूचना पाने की कोशिश करते हुए; **nosiness** *n.* लोगों के व्यक्तिगत जीवन की बातों को सूंघने की प्रवृत्ति;

collocations: **Nosy Parker** लोगों के व्यक्तिगत जीवन की बातों को सूंघनेवाला व्यक्ति, ताक-झांक करने वाला;

not /नौट/ *US* नाःट/ *adv.* 1 नकारात्मक बात कहने या विचार प्रकट करने के लिए प्रयुक्त, नहीं, न: I do ~ know; she is ~ wrong; certainly/ hopefully ~; I think that is ~ correct 2 नकारात्मक वाक्यांश में पहले कही गई बात के विपरीत अर्थ व्यक्त

करने के लिए प्रयुक्त, नहीं (शायद): he might be late, but I hope ~; It is just a drizzle, ~ a torrential rain (यह मात्र बूंदाबांदी है, मूसलाधार वर्षा नहीं); looks a lot like Brad Pitt … **not** he 3 आश्चर्य जताने के लिए प्रयुक्त: **Didn't** you know?! (क्या तुम्हें नहीं मालूम?!) 4 मुश्किल से: with his face ~ two inches from mine … (उसका चेहरा मेरे चेहरे से मुश्किल से दो इंच भी दूर न होते हुए ...) 5 किसी सूरत में नहीं, बिल्कुल नहीं: ~ at all (बिल्कुल नहीं);

dw/lw: **~-being** *n., philos.* अस्तित्वहीनता, अविद्यमानता; **~-out** *adj., adv., cricket* 1 बल्लेबाज अभी खेल रहा है 2 नाबाद; ***collocations:*** **~ proven** *Scots law* (*also* **~ proven verdict** = **innocent**) वैकल्पिक निर्णय, जब आरोपी को नाकाफी सबूतों के आधार पर बरी कर दिया जाता है;

p&i: **~ a bit/ of it** जरा भी नहीं; **~ a dog's chance** रत्ती-भर भी उम्मीद नहीं, जरा भी आशा नहीं; **~ a leg to stand** बिल्कुल बेकार; **~ all there** सभी कुछ ठीक नहीं, (दिमाग में) कोई पेंच ढीला है; **~ a patch on** कोई भी मुकाबला नहीं; **~ a penny to bless himself with** (पास में) फूटी कौड़ी तक न हो.; **~ as black as painted** इतना बुरा भी नहीं जितना दिखाया जाता है; **~ a shirt to one's name** ठन-ठन गोपाल, कौड़ी-कौड़ी को मोहताज; **~ a shot in the locker** फूटी कौड़ी तक पास न हो.; **~ a whimper of sound** किसी ने चूं भी नहीं की; **~ a sound** जरा भी आवाज नहीं; **~ at all** बिल्कुल नहीं; **~ be on speaking terms with sb** किसी से बोलचाल बंद हो.; **~ born yesterday** दूध पीता बच्चा नहीं, कोई कल का छोकरा नहीं; **~ but/ ~ but that** यद्यपि, ऐसा नहीं कि...; **~ but what** यद्यपि, फिर भी; **~ by a long shot** बिल्कुल भी नहीं; **~ do a hands turn** कोई काम न क.; **~ every man's money** सबके बलबूते की बात नहीं; **~ fit to hold a candle** कहां राजा भोज कहां गंगू तेली हो.; **~ for all the world** किसी कीमत पर भी नहीं; **~ for Jospeh** किसी कीमत पर भी नहीं, बिल्कुल नहीं; **~ for love or money** किसी कीमत पर मिलने वाला; **~ give a toss** बिल्कुल भी परवाह न क.; **~ have a penny to one's name** पास में एक पैसा न हो.; **~ hide candle under bushel** उदाहरण बनना; **~ inconsiderable** काफी सारा; **~ infrequently** अक्सर; **~ in lucky** किस्मत में न हो.; **~ in one's beat** क्षेत्र में नहीं, अधिकार में नहीं; **~ in the least** जरा भी नहीं; **~ in the same street with** कोई तुलना न हो.; **~ just ...** केवल इतना ही नहीं; **~ know one from Adam** शक्ल तक न पहचानना; **~ near big enough** बहुत अधिक छोटा या कम; **~ on** 1 ऐसा नहीं हो सकता 2 सामाजिक या नैतिक तौर पर ऐसा मान्य नहीं; **~ once nor twice** एक बार नहीं, दो बार नहीं, अक्सर; **~ only … but also** न केवल ... बल्कि: ~ only he is intelligent, but diligent also; **~ on your life** किसी भी सूरते हाल में नहीं; **~ on your Nelly** बिल्कुल नहीं; **~ sb's scene** किसी की मनपसंद चीज या काम न हो.; **~ so** ऐसा नहीं; **~ that …** ऐसा नहीं कि...: ~ that I care (ऐसा नहीं कि मैं कोई परवाह करता हूं); **~ that I know of** 1 जितना कि मुझे मालूम है 2 ऐसा नहीं कि मैं जानता हूं; **~ that that proves anything** ऐसा नहीं कि इससे कुछ सिद्ध होता है; **~ the word for it** यह शब्द इस बात के लिए नाकाफी या अनुपयुक्त है; **~ to be sneezed at** दुत्कारने लायक नहीं; **~ to care a brass farthing = ~ to care a fig for = ~ to care a rap = ~ to care two hoots** रत्ती-भर भी परवाह न क.; **~ to come too much** अरुचिकर/ बेमेल/ मामूली हो.; **~ to darken one's door** मनहूस शक्ल न दिखाना; **~ to do a hand's turn** हाथ तक न हिलाना; **~ to earn salt to one's porridge** फूटी कौड़ी न कमाना; **~ to get a word in edgeways** मुंह तक न खोल पाना; **~ to halloo/ whistle until one is out of the wood** समय से पहले विजय की खुशियां मनाना उचित नहीं; **~ to have a bean** पास में फूटी कौड़ी भी न हो.; **~ to have a word to throw at a dog** मुंह पर उदासी छाई हो.; **~ to know B from a battledore = ~ to know B from a bull's foot** काला अक्षर भैंस बराबर हो.; **~ to know chalk from cheese** किसी बात के बारे में पूर्णतया अनभिज्ञ हो.; **~ to let the grass grow under one's feet** काम में ढील न दे.; **~ to lift or stir a finger** तिनका तक न तोड़ना; **~ to look one's age** उम्र में कम दिखना; **~ to make head or tail of** कुछ भी पल्ले न पड़ना; **~ to mince matters/ one's words** लाग-लपेट न रखना, साफ-साफ कहना; **~ to put too fine an edge on/ upon it** साफ-साफ कहना, दो टूक बात क.; **~ to see the wood for the trees** बाल की खाल उतारते-उतारते असली मुद्दे से भटक जा.; **~ to speak of …** (उसकी) तो बात ही क्या करें; **~ to throw the baby out with the bath water** कूड़े-करकट के साथ काम की चीज को न फेंकना; **~ to turn a hair** बिल्कुल शांत रहना; **~ to wait** प्रतीक्षा न क.: I started early so as ~ to miss the train; **~ without reason** अकारण नहीं; **~ worry to leave** छोड़ने पर खुश हो.; **~ worth a needle = ~ worth a rap** किसी भी काम का नहीं, बिल्कुल बेकार;

if ~ यदि ऐसा नहीं तो; **one cannot but wonder** हैरान हुए बिना नहीं रहा जा सकता; **or ~** या नहीं; **probably ~** शायद नहीं; **that is ~ to be thought of** इसके बारे में तो सोचना भी नहीं चाहिए; **we cannot but hope he is right** हम यही आशा कर सकते हैं कि वह सही है

nota bene /नोटाबेने, नोटअबीनि / (*abbr.* **NB/ nb**) *n.* ध्यान दें! ठीक से संज्ञान लें!

nota\bility /नोटअबिलिटि/ (*also* **notableness**) *n.* 1 प्रसिद्धि 2 लब्धप्रतिष्ठ व्यक्ति;

dw/lw: **nota\ble** /नोटअबल/ *adj.* 1 ध्यान देने लायक: a tower ~ble for its height 2 (***syn.*** striking) उल्लेखनीय, विशिष्ट: ~ble achievement; ~ble event 3 असाधारण: ~ble painter 4 महत्त्वपूर्ण: ~ble speaker 5 प्रसिद्ध: ~ble for sth; ~ble for his wit (हाजिर-जवाबी के लिए मशहूर); **nota\bly** /नोटअबलि/ *adv.* 1 (***syn.*** especially) खासकर, विशेषकर: several writers came, ~bly a young Indian writer 2 (***syn.*** remarkably) अत्यधिक: not a ~bly successful project

notandum /नोटैंडम/ *n., pl.* **notenda** *Lat.* 1 टिप्पणी 2 नोट, मेमो, सूचना 3 विवरण 4 स्मरण-पत्र

notaphi\ly /नोटैफिलि/ *n.* बैंक के सिक्के (नोट), चैक आदि का संग्रह करने का शौक (hobby);

dw/lw: **~list** /नोटैफिलिस्ट/ *n.* सिक्के, चैक आदि का संग्रह करने का शौकीन आदमी

nota\rial /नोटअरिअल/ *adj.* नोटरी-संबंधी, लेख्य: **~rial** attestation (नोटरी द्वारा प्रमाणीकरण); **~rial** act (नोटरी द्वारा प्रमाणित दस्तावेज); **~rial** seal (नोटरी की मोहर);

dw/lw: **nota\rize** /नोटअराइज/ *v., pt.* ~rized, *pp* notarizing नोटरी द्वारा प्रमाणित किया जा.; **nota\ry** /नोटरी/ *n., pl.* ~ries (*in full* public ~ry) नोटरी, लेख्य प्रमाणक: ~ry public; **nota\rially** *adv.* नोटरी के दृष्टिकोण से, नोटरी अनुसार; **~ryship** *n.* नोटरी का काम

nota\te /नोटेट/ *v., pt.* **~ted**, *pp* **notating** संगीत के नोट लिखना;

dw/lw: **nota\tion** /नोटेशन/ *n.* 1 गणित और संगीत जैसे विषयों में प्रयुक्त होने वाले चिह्न: decimal ~tion 2 मात्राओं, संख्याओं, संगीत-स्वरों, गतियों आदि का संकेतों या प्रतीकों से प्रतिनिधित्व 3 संकेत-समूह 4 संकेत-पद्धति 5 टिप्पणी 6 संकेतन क्रिया, अंकन: musical ~tion (स्वरांकन, स्वरलिपि)

not-being *see above under* **not: *dw/lw***

notch /नौच/ *US* नाःच/ *n., pl.* **~es** 1 एक छोटा V-आकार का खांचा या खाली जगह 2 निशान, चिह्न 3 खोंच, खांच, खांचा, तंग दरार, सुराख, कटाव, खुदाई, गढ़ा, गर्त 4 दांता, चाबी के दांत 5 तुलना

करने का काल्पनिक बिंदु, मापदंड 6 तंग घाटी 7 *US* स्तर: the top ~ (उच्चतम कोटि); the lowest ~; prices are at the lowest ~; up to the last ~; rise a ~ or two in the estimation of the nations (अपनी अंतर्राष्ट्रीय प्रतिष्ठा को थोड़ा ऊंचा उठाना);
adj. उच्च कोटि का: top ~ scientists;
***v.**, pt.* **~ed**, *pp* **~ing**, *s/he/ it* **notches** 1 खांचा डालना या काटना: ~ sth down on a stick 2 निशान लगाना 3 दांते बनाना: ~ a tally 4 दागकर निशान लगाना;
dw/lw: **notch\ed** /नौचट/ *US* नाःचट/ *adj.* दांतेदार, खांचेदार: ~ed wheel (दांतेदार पहिया या चक्र); **notch\y** /नौचि/ *US* नाःचि/ *adj., degr.* ~ier, ~iest 1 खांचेदार, दांतेदार 2 हस्त-चालित गिअर-बॉक्स जो ठीक काम न कर रहा हो;
p&i: **~ down/ ~ into** (थोड़ा-सा काटकर ठीक क.); **~ off** (टुकड़ा काटकर अलग क.); **~ sth up** 1 स्कोर दर्ज क. 2 उपलब्धि प्राप्त क.; **this is out of all** ~ यह कहीं सटीक या फिट नहीं बैठता; **~ up** 1 खांचा डालना 2 प्राप्त कर लेना, जीत लेना

note /नोट/ *n.* 1 (music) स्वर, स्वरचिह्न, धुन, गीत: ~ of praise (प्रशंसाजनक गीत) 2 (***syn.*** air) लक्षण, गुण: a ~ of sadness in the voice 3 बोली, कलरव (of birds): the lark's merry **~s**; a cuckoo gave ~ six times; the raven's ~ (कौवे की कांय-कांय) 4 (***syn.*** sign) चिह्न: ~ of interrogation/ of exclamation/ ~ of admiration 5 संकेत, सूचना (***syn.*** signal): consignment ~ (माल या खेप के बारे में सूचना); ~ of warning 6 पर्दा (key of piano etc..) 7 (***syn.*** stigma) लांछन, कलंक: set a ~ of infamy on sb/ sth 8 (***syn.*** distinction) प्रतिष्ठा, ख्याति: women of ~; critic of ~; man of ~ 9 (***syn.*** attention) ध्यान, तवज्जो: buildings worthy of ~; take ~ of sth; nothing of ~ 10 (***syn.*** brief accusatory statement) नोट, मेमो, विवरण 11 नोट रुक्का (~ of hand): promissory ~ (रुक्का, वचन-पत्र); collateral ~ (वचन-पत्रित हुंडी) 12 संक्षिप्त लिखित सूचना या संदेश: diplomatic ~ 13 (*often* **~s**) याद रखने के लिए संक्षिप्त लिखित टिप्पणी, विवरण, सार: lecture with **~s**; speak without a ~; take **~s** of a lecture; make **~s** for an article; critical **~s**; explanatory ~; bibliographical ~; marginal **~s** 14 पृष्ठ के निचले भाग में लिखी हुई व्याख्यात्मक टिप्पणी: foot~ (पाद-टिप्पणी); end ~ (समापक टिप्पणी) 15 पत्र (letter): a ~ of thanks (धन्यवाद-पत्र); a ~ of invitation; exchange of **~s** 16 (***syn.*** record, *also* records) विवरण: **~s** of a journey 17 (***syn.*** annotation) टिप्पणी 18 (बैंक) नोट: bank**note** 19 भाव, आभास: a ~ of panic in sb's voice (किसी की आवाज में घबराहट का आभास); a ~ of sadness/ impatience; strike the right ~; sound/ strike a false ~ 20 *UK* (*US* **bill**) पैसों का नोट: treasury **~s**; **~s** in circulation; credit ~ 21 आदान-प्रदान: compare **~s** (विचारों का आदान-प्रदान);
v.**, pt.* **~d**, *pp* **noting** 1 की ओर ध्यान दे., ध्यान में आना 2 देख लेना, नजर पड़ना 3 (syn.*** jot down) कुछ लिखकर दर्ज करना: **~e** the comments in the margin of the manuscript 4 नोट कर लेना, लिख लेना: ~ the content of a letter 5 नोट बनाना 6 की व्याख्या क. 7 उल्लेख क., टिप्पणी क.: I must ~ that... 8 संगीत के स्वर लिखना 9 पाठ पर या उसके बारे में टिप्पणी लिखना;
dw/lw: **~book** /नोटबुक/ *n.* 1 लिखने की पुस्तिका, टिप्पणी-पुस्तिका, छोटी कॉपी 2 छोटा कंप्यूटर; **~broker** *n.* व्यापारिक दस्तावेजों का क्रय-विक्रय करने वाला; **~card** *n.* 1 छोटा लैटरहेड, पत्र लिखने का विशेष कागज 2 भाषण आदि देने के लिए टिप्पणियां लिखने का कार्ड 3 शोध-कार्ड; **~case** *n.* बटुआ; **~d** /नोटिड/ *adj.* मशहूर, जाना-माना, नामी, प्रसिद्ध: ~d actress; ~d throughout the world; ~d for courage; **~dly** *adv.* काफी मात्रा में, ध्यान देने लायक; **~less** *adj.* अजान, अंजान, बेपहचान: a ~less poet; **~let** *n.* छोटा लैटरहेड, पत्र लिखने का विशेष कागज; **~pad (computer)** *n.* छोटा चल कंप्यूटर; **~paper** *n.* (हरा) कागज़ जिसपर सरकारी टिप्पणियां या प्रस्ताव लिखे जाते हैं; **~worthily** /नोटवःदिलि/ *adv.* ध्यान देने योग्य ढंग से क.: increase ~worthily; **~worthiness** *n.* ध्यान खींचने की योग्यता; **noteworthy** /नोटवःदि/ *adj.* ध्यान देने योग्य, विचारणीय, स्मरणीय: ~worthy for beauty; ~worthy for height;
collocations: **of** ~ महत्त्वपूर्ण, नामी, प्रतिष्ठित: sb/ sth of ~ (ध्यान देने योग्य);
p&i: **~ a protest** विरोध जताना; **~ down/ forth/ out** संकेतित क.; **~ down sth** याद रखने के लिए लिखकर दर्ज करना; **a ~ of hand** हस्त-लिखित हलफनामा; **change one's note** दूसरे सुर में गाने लगना, अपना विचार बदल लेना; **compare ~s** आपस में विचार-विमर्श या विचारों का आदान-प्रदान क.; **make a mental** ~ मन ही मन स्मृति में दर्ज कर लेना; **sound a ~ of warning/ caution** चेतावनी दे.; **strike a false** ~ 1 संगीत आदि में गलत स्वर दे. 2 अनुचित बात कहना; **strike the right/ wrong** ~ उचित/ अनुचित बात कहना, माहौल के माफिक/ गैर-माफिक बात क.; **take ~ (of sth)** किसी बात पर ध्यान दे. या उसका संज्ञान ले.

'nother /नदः/ *aaj.* = **another**: now that's a whole ~ question

nothing /नथिंग/ *n.* 1 गौण वस्तु: the little **~s** of life; sweet/ soft **~s** 2 कम महत्त्व की वस्तु या बात, नगण्य या खोखली बात: dropped to ~ (शून्य या नगण्य वस्तु बन जा.) 3 शून्य (0): the score was three ~ 4 किसी चीज के वजूद का अभाव, अनस्तित्व: fade away into ~; she is ~ to him (1 वह उसकी कोई नहीं 2 वह उसके लिए कोई मायने नहीं रखती) 5 समस्याविहीनता 6 अल्प मात्रा, छोटी-सी चीज 7 निम्न स्थिति;
indefinite pron. कुछ नहीं: ~ pleases him; he had ~ to say; it was all to ~; there is ~ in these rumours; it has ~ to do with me; he has ~ of his father in him; he is ~ of a scholar; ~ more to be said; he has ~ to say for himself; ~ could stop him;
adv. बिल्कुल नहीं, जरा भी नहीं, कदापि नहीं, कुछ नहीं: there is ~ like doing things at once (तुरंत काम कर डालने से बेहतर कुछ नहीं); they were ~ less than hard core criminals (वे मंजे हुए अपराधी होने के सिवा और कुछ नहीं); I am ~ if not critical (मुझे आलोचक होने के सिवा और कुछ नहीं आता); he makes ~ of walking 20 miles (बीस मील चलना उसके लिए कोई बड़ी बात नहीं);
dw/lw: **nothingarian** /नथिंगेरिअन/ *n.* 1 नास्तिक 2 निहीलिस्ट, जो हर बात को नकारता है; **nothingism** /नथिंगिज्म/ *n.* किसी भी बात में विश्वास न करने की नीति; **nothingness** /नथिंगनेस/ *n.* 1 शून्य अवस्था, शून्यता 2 अनस्तित्व, गैरवजूदगी 3 असारता, खोखलापन, मूल्यहीनता 4 नगण्यता, व्यर्थता 5 ऐसी अवस्था जिसमें किसी भी बात का कोई महत्त्व न हो;
p&i: **~ but/ ~ else than** केवल, मात्र: ~ but force/ ~ else than force (ताकत के प्रयोग के सिवा और कोई चारा नहीं); **~ but trouble** मुसीबत के सिवाय और कुछ नहीं, मुसीबत ही मुसीबत; **~ comes of/ from** ~ हर चीज के लिए कोई-न-कोई कारण होता है, शून्य से शून्य ही मिल सकता है; **~ could be further from the truth** इससे ज्यादा सच्चाई से परे और कोई बात नहीं हो सकती; **~ doing** बिल्कुल नहीं, कदापि नहीं; **~ dries sooner than tears** आंसुओं के सूखते देर नहीं लगती; **~ for it but to own up** मान लेने के सिवा और कोई चारा नहीं; **~ for** ~ मुफ्त में कुछ नहीं मिलता; **~ great is easy** कोई भी महान कार्य आसान नहीं होता; **~ if not** मूलतः, यदि यह नहीं तो कुछ नहीं; **~ if not keen** यदि वह नहीं चाहता, तो कोई बात नहीं बनेगी; **~ is certain but the unforeseen** अदृश्य ही अवश्यंभावी है; **~ is impossible to a willing heart** जहां चाह, वहां राह; **~ is politically right which is morally wrong** जो नैतिक दृष्टि से गलत है वह राजनीतिक दृष्टि से ठीक नहीं हो सकता; **~ is**

stolen without hands चोरों के बिना चोरी नहीं हो सकती; **~ is the matter** कुछ भी नहीं हुआ; **~ is to be got without pains = no pains, no gains** बिना दुःख-दर्द सहे कुछ नहीं मिलता; **~ less than** इससे कम कुछ नहीं; **~ like** इससे बेहतर कुछ नहीं; **~ like ...** वैसी कोई बात ही नहीं; **~ like good enough** बहुत अच्छा होने से और अच्छी कोई बात नहीं हो सकती; **~ like leather** हर कुम्हारी अपने घड़ों को सराहती है; **~ like sb/ sth** उस जैसा या उस चीज जैसा कोई या कुछ नहीं; **~ like so/ as good** इतना अच्छा कुछ नहीं; **~ lo(a)th** सहर्ष, खुशी-खुशी; **~ much** ज्यादा कुछ नहीं, कोई खास बात नहीं; **~ near so** विशिष्टता के कहीं आस-पास भी नहीं; **~ new under the sun** कोई नई बात नहीं; **~ of the kind/ of the sort** ऐसा कुछ नहीं; **~ on earth** सारी खुदाई में कुछ भी इतना भयंकर नहीं; **~ out of the common** कोई खास बात नहीं; **~ seek, ~ find** बिना प्रयास किए कुछ नहीं मिलता, बिना रोए मां भी दूध नहीं देती; **~ short of** से कम कुछ नहीं; **~ short of/ less than sth** से कम कुछ भी नहीं: ~ short of/ nothing less than an unqualified apology (बिना शर्त माफी के सिवाय और कुछ नहीं चलेगा); **~ (is) so bad but it might have been worse** खराब है, पर इससे भी बदतर हो सकता था; **~ (is) so good but it might have been better** अच्छा है, पर इससे भी बेहतर हो सकता था; **~ stings like the truth** सच्चाई कड़वी होती है; **~ succeeds like success** कामयाबी सिर चढ़कर बोलती है; **~ that is violent is permanent** हिंसक क्रिया या कार्य चिरस्थायी नहीं हो सकते; **~ tickles that pinches not** सुख-दुःख दोनों साथ-साथ चलते हैं; **~ to choose between** जैसा नागनाथ वैसा सांपनाथ; **~ to it/ in it** इसमें कुछ भी नहीं; **~ to make a song about** कोई ऐसी बात नहीं कि बवाल मचाया जाए; **~ to say for oneself** अपने बचाव में कुछ कहने को न हो.; **~ to speak of** बिल्कुल बेकार, सराहने को कुछ भी नहीं; **~ worse than a familiar enemy** परिचित शत्रु से बुरा कोई नहीं; **~ to write home about** कोई विशेष बात नहीं, सामान्य चीज या कार्य है; **~ under the sun** दुनिया की कोई भी चीज या बात नहीं ...; **~ venture, ~ have/ win** बिना खतरा उठाए कुछ नहीं मिलता; **~ very much** ज्यादा कुछ नहीं;

a mere ~ बिल्कुल खोखली बात; **a propos of ~** बिना किसी कारण; **be ~ if not sth** कम से कम; **be ~ the worse for sth** जरा भी नुकसान न उठाना; **be ~ to sth** किसी बात के लिए कोई महत्त्व न हो.; **by doing ~ we learn to do ill = empty mind is devil's workshop** खाली दिमाग शैतान का घर; **civility costs ~** विनम्रता पर लगता कुछ नहीं पर इससे मिलता है बहुत कुछ; **come to ~** निष्फल (सिद्ध) होना; **count for ~** कोई मायने न हो., कोई महत्त्व न हो.; **dance on ~** फांसी के तख्ते पर मर जा.; **for ~** 1 व्यर्थ ही, अकारण, बेकार में, व्यर्थ में 2 बिना किसी कीमत या फीस के: tell sb sth for ~ (किसी बात को किसी को यों ही (बिना पैसे लिए) बता दे.); **go for ~** बेकार हो जा.; **good for ~** बिल्कुल बेकार; **have ~ on earth** कुछ भी न हो.; **have ~ on sb/ sth** 1 किसी के या किसी चीज के बारे में कुछ पता (कोई सूचना) न हो. 2 किसी के मुकाबले में कुछ न हो.: he has ~ on his brother (अपने भाई के मुकाबले वह कुछ भी नहीं); **have ~ to do with sb/ sth** किसी से या किसी चीज से कोई लेना-देना न होना; **have ~ to show for it** से बढ़कर या के मुकाबले में कुछ भी नहीं; **he has ~ in him** बेकार या बिल्कुल साधारण व्यक्ति; **he that knows ~, doubts ~** जितना ज्यादा ज्ञान उतने ज्यादा प्रश्न (संदेह); **he thinks ~ of a lie** वह बिना आंख झपके झूठ बोल सकता है; **in ~ flat** पल भर में, पलक झपकते ही; **it is ~** कोई बात नहीं; **it is ~ like it used to be** अब पहले जैसा कुछ नहीं; **it was ~** धन्यवाद के उत्तर में प्रयुक्त विनम्र अभिव्यक्ति, धन्यवाद करने के लिए कुछ नहीं; **learning is ~ to genius** विद्वत्ता प्रतिभा के सामने कुछ भी नहीं; **leave ~ to chance** संयोग भरोसे कुछ न छोड़ना; **less than ~** बिल्कुल गया-गुजरा; **like ~ on earth** भयंकर, डरावना, भीषण; **little or ~/ next to ~** कुछ भी नहीं; **make ~ (of)** कुछ समझ न आना; **make ~ of sb/ sth** or **make ~ of** तुच्छ समझना, नगण्य समझना; **mean ~ to sb/ sth** 1 किसी या किसी बात के लिए कुछ महत्त्व न रखना 2 किसी की समझ से परे हो.; **next to ~** लगभग शून्य, करीब-करीब न के बराबर; **no ~** बिल्कुल कुछ भी नहीं; **pass into ~ness** भुला दिया जा.; **say ~ of sth** किसी बात के बारे में कुछ न कहना, जिक्र न क.; **soft/ sweet ~s** स्नेहपूर्ण शब्द; **stop at ~** कुछ करने से न चूकना, किसी भी हद तक जाने के लिए तैयार हो.; **thank you for ~!** जितना भी किया है उसी के लिए धन्यवाद; **that is ~ to him** इससे उसे कोई फर्क नहीं पड़ता या यह उसके लिए कोई मायने नहीं रखता; **the little ~s of life** जिंदगी की छिटपुट बातें; **there was ~ for it but to submit** हथियार डालने के सिवा और कोई चारा न था; **there is little or ~ the matter with him** उसके साथ कुछ नहीं हुआ; **there is ~ in/ to it** इसमें कुछ नहीं; **think ~ of sth** किसी बात के बारे में कुछ न सोचना: think ~ of it (इसके बारे में कुछ न सोचना); **to ~** शून्य तक पहुंच जा., कुछ भी न रहना; **to say ~ of** के बारे में तो बात ही क्या करना

no-thoroughfare *see above under* **no:** ***collocations***

notice /नोटिस/ *v., pt.* **~d**, *pp* **noticing** 1 (***syn.*** note, detect, witness) देखना: I didn't ~ you 2 (***syn.*** perceive) देख लेना, संज्ञान में आना 3 (***syn.*** observe) उल्लेख या टिप्पणी क.: ~ sb's usefulness 4 किसी को पहचानने के संकेत दे. 5 किसी पर पूरा ध्यान दे. या उसे ध्यान से सुनना: he was too proud to ~ me 6 किसी को चेतावनी या कानूनी सूचना आदि भेजना या दे.: striking workers to be soon "noticed" by the factory owners;
n. 1 (लिखित) सूचना: formal ~; will continue until further ~; without further ~ (बिना और सूचना दिए); ~ to quit (नौकरी छोड़ने की सूचना); at short ~ *UK* (*US* on short ~ (कम समय की सूचना मिलने पर) 2 चेतावनी: get a month's ~; serve ~ (किसी को उसके विरुद्ध कोई कार्रवाई करने की धमकी दे.); hand over/ give in one's ~ of resignation 3 सूचना पत्र, नोटिस: ~ of appeal; this is to give ~/ ~ is hereby given (यह सूचना दी जाती है कि...) 4 टिप्पणी, आलोचना: the play had favourable **~s** 5 ध्यान, संज्ञान: come to sb's ~; bring/ call sth to sb's ~; take ~; take no ~ of her; meet with public ~; avoid ~; come into ~/ fall under sb's ~ (किसी की नजर पड़ जा.); escape sb's ~; take ~ of; take ~ that (ध्यान दीजिए कि...) 6 सूचना पट पर लगाकर की जानेवाली घोषणा: publish a marriage ~; death ~;
dw/lw: **notice\able** /नोटिसअ\बल/ *adj.* 1 स्पष्ट दिखाई देने वाला: ~able difference; ~able scar 2 सुस्पष्ट; **~ably** /~बलि/ *adv.* स्पष्ट रूप से; **~board** *UK* (*US* **bulletin board**) *n.* सूचना-पट;
p&i: **~ to quit** छोड़ने की सूचना या चेतावनी;
at a moment's ~ = at a short ~ बिना किसी पूर्व सूचना के, तुरंत, आनन-फानन में; **beneath sb's ~** जो ध्यान देने योग्य न हो, साधारण, मामूली; **bring sth to sb's ~** किसी के संज्ञान में लाना; **come into ~** अपनी और ध्यान आकर्षित क., के संज्ञान में आना; **give ~** सूचित क., चेतावनी दे.; **sit up and take ~** कान खड़े हो., अचानक किसी बात में रुचि पैदा हो जा.; **take ~** छोटे बच्चे द्वारा पहचानना शुरू करने की अवस्था से संबंधित

noti\fiable /नोटिफायबल/ *adj.* सूचनीय, जिसे घोषित किया जा सके;
dw/lw: **~fied** /नोटिफाइड/ *adj.* अधिसूचित; **notification** /नोटिफिकेशन/ *n.* 1 अधिसूचना 2 विज्ञप्ति 3 घोषणा 4 विज्ञापन; **notify** /नोटिफाइ/ *v., pt.* ~fied, *pp* ~fying, *s/he/ it* ~fies 1 (***syn.*** inform) सूचित क., सूचना दे.: ~fy sb of a decision; he was notified that he must depart at once; ~fy sb of sth (किसी को सूचित क. या चेतावनी दे.) 2 लिखित घोषणा

निकालना: the Election Commission notified the schedule of parliamentary elections 3 घोषित क. 4 प्रकट क.: ~fy to the police of the loss of a mobile phone 5 पंजीकृत क.: ~fy a birth

notion /नोशन/ *n.* 1 धारणा, समझ, बोध, परिकल्पना: have no ~ of democracy/ of discipline 2 विश्वास, सिद्धांत, विचार, भाव: a head full of silly **~s**; form a true/ wrong ~ (of) 3 मत, राय: the common ~ 4 चाह, इच्छा, झुकाव: I have no ~ of going yet 5 अभिप्राय, उद्देश्य 6 बिसाती की दुकान, बिसातबाना, बिसातखाना: *US* **~s** department 7 चतुराई से बनाया हुआ जुगाड़, आविष्कार, उपकरण: machines for flying in the air and other wonderful **~s**;

dw/lw: **notional** /नोशनल/ *adj.* 1 अमूर्त, अप्रयोगमूलक, खयाली, मन या कल्पना की उड़ान से पैदा होनेवाला, काल्पनिक 2 *gramm.* अर्थपूर्ण (शब्द): ~ category 3 वैचारिक, सैद्धांतिक, मीमांसात्मक; **~ally** /नोशनलि/ *adv.* काल्पनिक रूप से, विचार के आधार पर, सैद्धांतिक रूप से; **~s** /नोशन्स/ *n. US* सीने-पिरोने की छोटी-मोटी चीजें, बिसाती का सामान यानी सूई-धागे, डोरियां आदि

notitia /नोटिशिआ/ *n., pl.* **notitiae** /नोटिशिई/ *Lat.* सूचीपत्र, फेहरिस्त

noto\riety /नोटअरायटि/ (*also* **notoriousness**) *n.* 1 कुख्याति, बदनामी: bring sth/ sb into ~ 2 बदनामी के कारण होनेवाला नाम;

dw/lw: **noto\rious** /नोटॉरिअस/ *adj.* 1 बदनाम, कुख्यात, नंबरी: ~rious malefactor (कुप्रसिद्ध, दुष्ट आदमी); ~rious criminal; ~rious extortionist (कुख्यात फिरौती लेनेवाला); ~rious for atrocities 3 बदनामी के कारण बना नामी: the ~rious case of daredevilry; the courage and efficiency of Spartan troops were ~rious; **~riously** /नोटॉरिअसलि/ *adv.* कुख्यात रूप में

not-out *see above under* **not:** ***dw/lw***

not proven *see above under* **not:** ***collocations***

no-trump *see above under* **no:** ***dw/lw***

Notts. *abbr. English County* 'Nottinghamshire' का संक्षेप

notwithstanding /नौटविदस्टैंडिंग/ *prep.* 1 के बावजूद: ~ all I could say; they travelled ~ the storm; these blemishes ~, the book contains much that is well worth reading 2 के होते हुए भी, इस सब के बावजूद: he went ~ our remonstrances (एतराज); he persisted, threats ~; this ~ his accent betrayed him;

conj. 1 यद्यपि 2 (***syn.*** however) के बावजूद: ~ that I enjoyed myself, I am glad to be back;

adv. 1 तब भी, तो भी: whatever you say, I will go ~ 2 (***syn.*** nevertheless) फिर भी, तिसपर भी: they will do it ~ 3 तथापि, जो भी हो: it will happen ~

noughat /नूगाः/ नूगट/ *n.* चाशनी और मूंगफली से बनी चबाने में सख्त व चिपचिपी मिठाई

nought /नॉट/ *n.* 1 *UK* शून्य 2 (*US* **naught**) कुछ भी नहीं, सिफर, जीरो (zero);

adj. बेकार: set sth at ~ (1 कोई भाव न दे., सिफर समझना 2 तुच्छ समझना 3 बिल्कुल पसंद न क., की उपेक्षा क.);

collocations: **~s and crosses** (*US* **tick-tack-toe**) दो बच्चों के बीच खेला जाने वाला एक खेल;

p&i: **bring to ~** सब गुड़ गोबर कर दे., सब खत्म कर दे.; **come/ go to ~** सब खत्म (शून्य) हो जा.; **for ~** बेकार में

the Noughties /नॉटीज/ 2000 से 2009 तक के वर्ष

noume\non /नूमिनौन/ *US* नूमिनाःन/ *n., pl.* **~na** सहज ज्ञान से अनुभूत वस्तु, अज्ञात पदार्थ या वस्तु, प्रकृति तत्त्व;

dw/lw: **noumenal** /नूमिनल/ *adj.* तात्त्विक, प्राकृतिक तत्त्व संबंधी

noun /नाउन/ (*also* **~ substantive**) *n., gramm.* संज्ञा;

collocations: **~ of agency** कर्तृवाची संज्ञा; **~ phrase** संज्ञा की भूमिका में शब्द या शब्द-समूह (phrase);

abstract ~ भाववाचक संज्ञा; **common ~** जातिवाचक संज्ञा; **countable ~** गिनतीवाचक संज्ञा; **mass/ collective (uncountable) ~** समूहवाचक संज्ञा; **proper ~** व्यक्तिवाचक संज्ञा

nourish /नरिश/ *v., pt.* **~ed**, *pp* **~ing** 1 पोषण करना: ~ sb on/ with sth 2 खिलाना, पोषित क.: ~ the soil; ~ one's mind/ soul; ~ with too much learning/ knowledge 3 बढ़ाना, विकसित क.: milk, eggs and meat ~ the bodies of fast-growing children; be well **~ed**; be ill **~ed** 4 प्रोत्साहन दे.: ~ hope; ~ ambition 5 भड़काना, उकसाना: ~ hatred; ~ vice 6 आपूर्ति क.: ~ a drive (अभियान की आपूर्ति क.);

dw/lw: **~ing** /नरिशिंग/ *adj.* पुष्टिकर, पोषक: ~ing food/ ~ing meal; **nourish\ment** /नरिशमंट/ *n.* 1 पोषण 2 भरण-पोषण 3 भरण-पोषण की क्रिया 4 आहार, पोषाहार: supply ~ment; take ~ment

nous /नाउस/ *n.* (***syn.*** common sense) सामान्य बुद्धि, बुद्धिमानी, सूझ-बूझ

nouveau riche /नूःवो रीश/ *n.,* **nouveaux riches** /नूवो रीश/ 1 नवधनाढ्य, नया-नया रईस 2 नया-नया नवाब, कल का नवाब

nouveaute /नूःवोटे/ *n., Fr.* नई वस्तु, पुस्तक आदि

nouvelle cuisine /नूवेल क्विजीन/ *n.* खाना बनाने की एक आधिनिक शैली जिसमें ताजी सब्जियों, गोश्त आदि की प्रचुरता होती है और खाने को आकर्षक ढंग से परोसा जाता है

nouvelle vague /न्यूवेल वाःग/ *n.* 1 (***syn.*** wave, trend, phase) नयी प्रवृत्ति 2 1950-60 के दशक में फ्रांसीसी सिनेमा में एक चलन जिसमें कथानक की बजाए कैमरा की कलाबाजी को काफी छूट दी गई थी 3 जैज (jazz) संगीत में एक शैली जिसमें स्थापित शैलियों से छेड़छाड़ की जाती है

Nov. *abbr.* 'November' का संक्षेप

nova /नोवअ/ *n., pl.* **novas/ novae** /नोवीः/ *astron.* नवतारा, मद्धम रोशनी का ऐसा तारा जो अकस्मात् तेज प्रकाश से प्रज्वलित हो जाता है और फिर से मद्धम हो जाता है

novation /नोवेशन/ *n.* 1 *law* नवीनीकरण 2 ऋण का स्थानांतरण 3 नवाचार, नवप्रयोग

novel[1] /नौवल/ *US* नाःवल/ *n.* 1 उपन्यास: a short ~; purpose ~; ~ with a message 2 (**the novel**) उपन्यास की विधा

novel[2] /नौवल/ *US* नाःवल/ *adj.* नया: ~ idea 2 अभिनव, नवीन, नूतन: ~ forms of government 3 अनूठा, अपूर्व, अद्भुत, विलक्षण, असाधारण: ~ in language;

dw/lw: **~ese** /नौवअलीज/ *n. derog.* भद्दी उपन्यास-शैली; **novel\ette** /नौवअलेट/ *n.* उपन्यासिका, लघु उपन्यास; **~ettish** /नौवअलेटिश/ *adj.* सस्ता रोमानी, सड़कछाप रोमानी; **novel\ist** /नौवलिस्ट/ *US* नाःवलिस्ट/ *n.* उपन्यासकार; **~istic** /नौवअलिस्टिक/ *adj.* औपन्यासिक; **~ize** /नौवअलाइज/ *v., pt.* ~ized, *pp* novelizing उपन्यास के रूप में प्रस्तुत क., उपन्यास का रूप दे.: ~ize a film; ~ize a biography; ~ize history

novella /नअवेला/ *n., pl.* **~s** उपन्यासिका, दीर्घ-कथा या छोटा उपन्यास

novellae /नोवेलीः/ *n., [pl.], Lat., law* विधि-संहिता में नवीनतम जुड़ाव

novelty /नौवल्टि/ *US* नाःवल्टि/*n., pl.* **novelties** 1 नवीनता, अनूठापन: the charm of ~ 2 अनहोनी बात 3 एक छोटा-सा सड़क-छाप खिलौना 4 विलक्षणता, अनूठापन 5 अपूर्व बात, घटना या वस्तु 6 अभिनव परिवर्तन 7 दुकान के बिसाती विभाग में नई-नई अनूठी वस्तुएं: ~ counter (नई बिसाती वस्तुओं का विक्रय स्थान या मेज);

adj. अलग, अनूठा, विलक्षण: a ~ pen

November /नोवेंबः/ (*abbr.* **Nov.**) *n.* साल का ग्यारहवां महीना, नवंबर: ~ days (नवंबर के महीने के सुहावने दिन)

novena /नोवीःना/ *n.* नवाह, नौरोजी, रोमन कैथौलिक चर्च के तहत नौ दिन तक चलने वाला विशिष्ट अनुष्ठान या धर्मक्रिया

novenary /नवीनरि/ *n.* नौ, नौ जने

novennial /नोवेनिअल/ *adj.* नववर्षीय, नौ वर्ष में एक बार होने वाला

novercal /नोवेःकल/ *adj.* सौतेला, वैमात्रीय

novice /नौविस/ *US* नाःविस/ *n.* 1 अनाड़ी, नौसिखिया: be a ~ in/ at/ sth 2 नवदीक्षित, नवशिष्य, नवशिष्या: computer software for **~s** 3 *horse-racing* ऐसा घोड़ा जिसने वर्तमान दौड़ से पहले कभी कोई दौड़ न जीती हो 4 ऐसा प्रतियोगी, जिसने अभी तक मान्यता-प्राप्त पुरस्कार न जीता हो;

collocations: **~ crew** नौसिखिया चालक-दल; **~ master** नवशिष्य-गुरु; **~ mistress** नवशिष्या-गुरुआनी; **~ pilot** नौसिखिया विमानचालक

novitiate/ noviciate /नोविशिएट/ *n.* 1 दीक्षाकाल, नौसिखिया काल: go through one's ~ 2 नवदीक्षितों का शिक्षागृह, नवशिष्यालय 3 नवशिष्यकाल 4 नवशिष्यत्व: pass one's ~

novity /नोविटि/ *n.* नवीनता

novole\scence /नोवअलेसंस/ *n.* 1 नवीनतम फैशन 2 संशयवाद, अति आलोचनात्मक रवैया;

dw/lw: **novole\scent** /नोवलेसंट/ *adj.* 1 नवीनतम फैशन करने वाला 2 संशयवादी, अति आलोचनावादी

now /नाउ/ *adv.* 1 अब, इस समय: we are studying ~; any day/ minute/ time, etc. ~; by ~ (अब तक) 2 तत्काल, तुरंत: we must start ~ 3 अब तक: have ~ been teaching for 20 years; he will have arrived by ~ 4 तब (in narrative): he ~ has changed from law to business studies 5 अभी 6 कभी कुछ, कभी कुछ: ~ wet, ~ fine (कभी वर्षा, तो कभी सुहावनी धूप); ~ crying, ~ laughing! (कभी खुशी, कभी गम!) 7 इन हालात में, अब: I wanted to lend you some money, but ~ I can't 8 वार्तालाप में चेतावनी, आदेश, डांट-फटकार, सांत्वना आदि व्यक्त करने के लिए प्रयुक्त: **Now**, this is what happened! (अब देखो क्या हुआ!); ~ don't nag! (अब किच-किच मत करो!); ~ then, what's all this? (तो, अब बताओ, यह सब क्या है?);

n. वर्तमान काल: read the future in the ~;

conj. (*also* **~ that**) क्योंकि अंततः, क्योंकि इस समय, अब जब: **now that** everybody has come, we can leave;

pron. अब, इस समय: as of ~ (इस समय तो);

p&i: **~ and again** कभी-कभी, कभी-कभार; **~ and then** कभी-कभी, जब-तब; **~ it chanced that ...** ऐसा हुआ कि ...; **~ for** और अब ...; **now for some fun!** अब चलो थोड़ा मजा करें; **now, now!** सांत्वना देने के लिए प्रयुक्त: लो! अब यह क्या हुआ?; **now, now, don't cry!** बस, अब मत रो!; **now, now, don't make a noise, please!** अब देखो, शोर न करो!; **now...now** कभी कुछ, कभी कुछ (*see above under* **now**:6); **~ or never** या तो अब, या फिर कभी नहीं; **~'s the time** अब समय/ वक्त आ गया है; **~ that** अब जब ...; **~ then!** अच्छा तो अब जल्दी करो!;

(every) ~ and then/ again यदा-कदा, बार-बार; **for ~** अभी के लिए तो, कुछ समय के लिए तो; **from ~ on** अब से, अब के बाद; **just ~** अभी-अभी

nowadays /नाउअडेज/ *adv.* आजकल: honesty is scarce ~; the poets of ~ (आजकल के कवि)

noway/ noways/ nowise /नोवे/ नोवेज/ नोवाइज/ *adv.* किसी हालत में भी नहीं, कदापि नहीं, बिल्कुल नहीं

Nowell/ Nowel *see above under* **Noel/ Noël**

nowhere /नोवेअः/ *adv.* कहीं नहीं: was ~ to be found; they have ~ to go; this will take you ~; this is ~ near so good as that (यह कहीं भी यानी किसी भी प्रकार से उतना अच्छा नहीं जितना कि वह);

n. जगह, जो कहीं है ही नहीं: from or out of ~; a man in uniform came out of ~; in the middle of ~ (निर्जन स्थान पर, अलग-थलग जगह पर, शहर-गांव से कहीं दूर);

p&i: **~ near** दूर से भी कहीं, आसपास भी नहीं, किसी भी सूरत में नहीं; **~ near fast enough** तेज होने से कहीं कोसों दूर; **~ to be found/ seen** कहीं न मिलना या दिखना;

get ~ लक्ष्य के कहीं आसपास न पहुंच पाना; **get one ~** आगे न बढ़ पाना, पूर्णतया असफल हो., कहीं का न रह जाना

nowhither /नोविदः/ *adv.* कहीं भी नहीं, किधर भी नहीं

no-win *see above under* **no: *dw/lw***

nowise *see above under* **noway/ noways/ nowise**

now-now *adv.* 1 जल्दी ही, बस अभी: I will be there ~ 2 थोड़ी देर पहले: he left ~

nowt /नाउट/ *n., colloq. or dialect.* (***syn.*** nothing) कुछ नहीं, शून्य

noxious /नौक्शिअस/ *US* नाःक्शिअस/ *adj.* 1 विषैला: ~ plants; ~ to vegetable and animal life; ~ fumes (विषैला धुआं या भाप) 2 हानिकारक: ~ climate; ~ space 3 अनिष्टकर: ~ fallacies;

dw/lw: **noxious\ness** *n.* 1 विषैलापन 2 अनिष्टता, अशिष्टता

nozzle /नौजल/ *US* नाःजल/ *n.* 1 टोंटी, नोजल, चंचु 2 (***syn.*** snout) थुथना, थूथन

NP/ np *abbr.* 1 'new paragraph', 'Notary Public', *gramm.* 'noun phrase' की प्रथमाक्षरी 2 'New Providence, Bahamas' का अंतर्राष्ट्रीय वाहन रजिस्ट्रेशन कोड (IVR)

Np *symbol, chem.* **'neptunium'** का चिह्न

NPA *abbr.* 'Newspaper Publishers' Association' की प्रथमाक्षरी

NPFA *abbr.* 'National Playing Fields Association' की प्रथमाक्षरी

nr. *abbr.* 'near' का संक्षेप

NRA *abbr., US* 'National Rifle Association' की प्रथमाक्षरी

NRI *abbr.* 'Non Resident Indian' की प्रथमाक्षरी (प्रवासी भारतीय)

NRV *abbr.* 'net realizable value' की प्रथमाक्षरी

NS *abbr.* 'new series', *said of dates* 'New Style', *Canadian province* 'Nova Scotia', 'Nuclear Ship' की प्रथमाक्षरी

ns *abbr.* 'nano-second/s', 'new series', 'not specified', (*also* ***n/s***) 'non-smoker' की प्रथमाक्षरी

NSAID *abbr.* 'Nonsteroidal anti-inflammatory drug' की प्रथमाक्षरी

NSB *abbr.* 'National Savings Bank' की प्रथमाक्षरी

NSC *abbr.* 'National Safety Council', *US* 'National Security Council' की प्रथमाक्षरी

NSPCC *abbr.* 'National Society for the Prevention of Cruelty to Children' की प्रथमाक्षरी

NST *abbr.* 'Newfoundland Standard Time' की प्रथमाक्षरी

NTPC *abbr.* 'National Thermal Power Corporation *of India*' की प्रथमाक्षरी

NSU *abbr.* 'non-specific urethritis' की प्रथमाक्षरी

NSW *abbr. Austral. state* 'New South Wales' की प्रथमाक्षरी

NT *abbr.* 'National Trust', 'New Testament', *Austral. state* 'Northern Territory', *cards* 'no-trumps' की प्रथमाक्षरी

n't /अंट/ 'not' का छोटा रूप (नहीं)

Nth *abbr.* 'North' का संक्षेप

nth /एन्थ/ *ordinal number, adj.* 1 किसी क्रम में अनिश्चित क्रम या स्थिति का द्योतक 2 कितने गुणा या कितनी बार आदि अभिव्यक्तियों का द्योतक: the ~ degree

NTP/ ntp *abbr.* 'normal temperature and pressure' की प्रथमाक्षरी
NTS *abbr.* 'National Trust for Scotland' की प्रथमाक्षरी
NTSC *abbr., US* 'National Television System Committee' की प्रथमाक्षरी
nt wt *abbr.* 'net weight' का संक्षेप
NU *abbr.* 'name unknown' की प्रथमाक्षरी
nu /न्यूः/ *n.* यूनानी लिपि का तेरहवां अक्षर
NUAAW *abbr.* 'National Union of Agricultural and Allied Workers' की प्रथमाक्षरी
nuance /न्यूआंस/ *US* नूआंस/ *n.* 1 अंतर 2 रंग, रंगत, अर्थ और अभिव्यक्ति में बहुत बारीक फर्क, सूक्ष्म भेद: a subtle ~ (बहुत बारीक फर्क) 3 अर्थ छटा, अर्थच्छाया, छायार्थ
(the) nub /नब/ *n.* 1 मामले का सर्वाधिक महत्त्वपूर्ण आयाम या पक्ष 2 टुकड़ा 3 सार, निचोड़: ~ of the matter 4 ढेला 5 गुमड़ा 6 गांठ 7 *sl.* गर्दन
nubi\le /न्यूबाइल/ नूबाइल/ *adj.* 1 युवती संबंधी 2 विवाह योग्य (लड़की) 3 यौन के अर्थ में आकर्षक, परिपक्व व बालिग;
dw/lw: **nubi\lity** /न्युबाइलिटि/ *n.* 1 लड़की की युवा या विवाह योग्य अवस्था, यौवन, जोबन (*Hr.*) 2 यौन परिपक्वता 3 यौन आकर्षण
nubilous /न्यूबिलस/ *adj.* 1 बादलों से घिरा 2 धुंधला 3 अस्पष्ट
nuc. *abbr.* 'nuclear' का संक्षेप
nucha /न्यूका/ *n., pl.* **nuchae** /न्यूकी/ *anat.* (गर्दन की) गुद्दी
nuciferous /न्युसिफअरस/ *adj.* गिरीदार फल देने वाला (पेड़ या पौधा)
nucivorous /न्युसिवरस/ *adj.* गिरीदार फल खाने वाला
nuclear /न्यूक्लि\अः/ *US* नूक्लि\अः/ *adj.* 1 नाभिक, आणविक, परमाणु: destroy ~ stockpiles (परमाणु हथियारों के भंडारों को नष्ट क.) 2 नाभिक 3 केंद्रक, केंद्रीय 4 गिरीदार;
dw/lw: **~-free** *adj.* ऐसा क्षेत्र जहां परमाणु गतिविधि और कचरा हर रूप में प्रतिबंधित हो; **~ize**/ **~ise** /~अराइज/ *v., pt.* ~ized, *pp* ~izing परमाणु हथियार बनाना और उनसे लैस हो.;
collocations: ~ **age** परमाणु युग; ~ **aircraft** परमाणु हथियार वाहक विमान; ~ **attack** परमाणु-बम का आक्रमण; ~ **cell division** नाभिक कोशिका विभाजन; ~ **chemistry** परमाणु रसायन विज्ञान; ~ **component** परमाणु भाग; ~ **conflict** परमाणु युद्ध; ~ **debris** नाभिक कचरा; ~ **disarmament** परमाणु निशस्त्रीकरण; ~ **device** परमाणु उपकरण; ~ **energy** नाभिक ऊर्जा; ~ **exchange** युद्ध में रत दोनों पक्षों द्वारा परमाणु हथियारों का प्रयोग; ~ **explosion** परमाणु विस्फोट; ~ **fallout** रेडियो-धर्मीत वर्षा; ~ **family** एकल परिवार, माता-पिता और उनके बच्चों का परिवार, छोटा परिवार; ~ **fire** परमाणु हथियारों का प्रयोग; ~ **fission** नाभिक विखंडन; ~ **fuel** नाभिक ईंधन; ~ **fusion** ताप- नाभिक प्रतिक्रिया जिसमें दो अणु मिलकर अपार ऊर्जा पैदा करते हैं, जिसका अनियंत्रित रूप हाइड्रोजन बम का आधार बना; ~ **knockout** विध्वंसक परमाणु हमला; ~ **magnetic resonance** (*abbr.* **NMR**) परमाणु नाभि द्वारा किसी निश्चित फ्रिक्वेंसी पर इलेक्ट्रो-चुंबकीय विकिरण का सोखना; ~ **mass** परमाणु नाभिक अणु का द्रव्य मान; ~ **medicine** रेडियो-एक्टिव आइसोटोपों का प्रयोग करके बीमारियों का पता लगाना, इलाज करना व अध्ययन क.; ~ **membrane** नाभिक कोशिका झिल्ली; ~ **missile** परमाणु मिसाइल; ~ **munitions** परमाणु बारूद; ~ **power** परमाणु ऊर्जा; ~ **physics** नाभिक भौतिकी; ~ **reactor** अणु शक्ति से विद्युत उत्पन्न करने वाला यंत्र-संयंत्र, परमाणु रिएक्टर; ~ **slugging match** परमाणु युद्ध; ~ **tests** परमाणु हथियारों के विस्फोट द्वारा उनका परीक्षण; ~ **turbojet** परमाणु थर्मो रिऐक्टर इंजन; ~ **umbrella** परमाणु सुरक्षा छाता; ~ **war**/ **warfare** परमाणु युद्ध; ~ **warhead** परमाणु हथियार चालक मिसाइल आदि; ~ **waste** परमाणु कचरा; ~ **weapon** आणविक अस्त्र, परमाणु बम, परमाणु हथियार; ~ **winter** अणु युद्ध के परिणाम स्वरूप प्रकाश, ताप या विकास-प्रक्रियाओं का लोप;
p&i: ~ **deterrent** परमाणु सुरक्षा या निवारण (डर)
nuclease /न्यूक्लिएज/ *n.* ऐसे एन्जाइम जो नुक्लिक अम्ल के नुक्लिओटाइडों की कड़ी (chain) को तोड़ने में सहायक होते हैं
nuclea\te /न्यूक्लिए\ट/ *US* नूक्लिए\ट/ *adj.* गिरी-युक्त;
dw/lw: **~te** *v., pt.* ~ted, *pp* ~ting 1 गिरी बनाना 2 गिरी के चारों ओर एकत्र हो जाना; **~ted** /~टिड/ *adj.* नाभिक, केंद्रीय;
nucleation /~शन/ *n.* 1 गिरी बनने की क्रिया 2 कृत्रिम वर्षा करवाने की क्रिया
nuclei /न्यूकलिआइ/ *US* नूकलिआइ/*pl.* of **nucleus**
nucleolar /न्यूक्लीअलः/ *US* न्यूक्लीअलः/ *adj.* अणुनाभिकः ~ substance
nucleole /न्यूक्लिओल/ *US* नूक्लिओल/ *n.* अणुनाभिक, केंद्रिका
nucleonic /न्यूक्लिओनिक/ *US* नूक्लिओनिक/ *adj.* अणुनाभिक: ~ warfare;
dw/lw: **nucleonics** /न्यूक्लिअनिक्स/ नूक्लिअनिक्स/ *n., [sing.]* न्यूक्लिऑनिकी, रेडियो धर्मिता और नाभिक ऊर्जा के उपयोगों के अध्ययन विज्ञान
nucleus /न्यूक्लिअस/ *US* नूक्लिअस/*n., pl.* **nuclei** /न्यूक्लिआइ/ *US* नूक्लिआइ/ 1 अणु का केंद्रीय भाग, नाभिक: ~ of a comet 2 संगठन का केंद्रीय भाग: the ~ of a community; ~ of an organization 3 कोशिका का केंद्र 4 कण: ~ of crystal 5 गिरी (फल की)
nud\dle /नडल/ *v., pt.* **~dled**, *pp* **~dling** दबाना, निचोड़ना
nude /न्यूड/ *US* नूड/ *adj.* 1 (***syn.*** naked) नंगा: ~ swimmers 2 नग्न (शरीर): paint ~ figures; be caught ~ 3 शून्य 4 अनावृत: ~ fact 5 प्रतिफलहीन 6 *law* वैधानिक नियमों से अरक्षित, अवैध 7 चिंतन-मनन-शून्य, खोखली: ~ statement; ~ pact 8 त्वचा के रंग का: ~ stockings;
n. 1 नग्नमूर्ति, नग्नचित्र: studies from the ~ 2 नग्न व्यक्ति: in the ~ (नग्न); bathe in the ~;
dw/lw: **nude\ness** *n.* नग्नता
nud\ge /नज/ *v., pt.* **~ged**, *pp* **~ging** 1 कुछ याद दिलाने या ध्यान आकर्षित करने के लिए आहिस्ता से कोहनी मारना: **~ge** sb about sth 2 टहोका (दे.) 3 इशारे से किसी विचार की ओर मोड़ना 4 धीरे-धीरे आगे बढ़ना: the driver **~ged** forward out of the side street;
n. कोहनी का हल्का-सा धक्का, इशारा; give sb a **~ge**;
p&i: **~ge ~ge**, **wink** or **a ~ge and a wink** अनकहे (इशारों से) किसी रहस्यमय बात के बारे में बताना
nudie /न्यूडि/ *adj.* ऐसी फिल्में, फिल्म शो और पत्रिकायें जो नग्नतावाद को बढ़ावा देते हैं: **nudies** (नग्नतावाद को बढ़ावा देने वाली फिल्में या पत्रिकाएं)
nud\ism /न्यूडिजम/ *US* नूडिजम/ *n., colloq.* नग्नवाद: practice **~ism**;
dw/lw: **~ist** /न्यूडिस्ट/ *US* नूडिस्ट/ *n.* नग्नता को मानने वाला, नग्नतावादी व्यक्ति, नागा साधु: ~ist colony; **nudity** /न्यूडिटि/ *US* नूडिटि/*n.* नग्नता
nuée ardente /न्यूए आःदैंत/ *n., pl.* **nuées ardentes** /न्यूए आःदैंत/ चारों ओर फैल जानेवाले ज्वालामुखी की लावा से उठे गैस और राख के बादल
nuffin /नफिन/ (*also* **nuffink**) *pron.* (***syn.*** nothing) कुछ नहीं
nuga\cious /न्यूगेशिअस/ *US* नूगेशिअस/ *adj.* बेकार, तुच्छ;
dw/lw: **nuga\city** /न्यूगेसिटि/ *US* नूगेसिटि/*n.* तुच्छता, सारहीनता, बकवास; **nuga\tory** /न्यूगेटरि/ नूगेटरि/ *adj.* 1 (***syn.*** worthless) तुच्छ, नगण्य, क्षुद्र 2 निरर्थक, व्यर्थ, बेकार 3 *law* अमान्य, रद्दी, प्रभावरहित: ~tory consideration (व्यर्थ जवाबी संतुष्टि); **~toriness** /न्यूगेटरिनेस/ *n.* क्षुद्रता, व्यर्थता, निरर्थकता
nugae /न्यूगी/ *US* नूगी/ *n.* महत्त्वहीन या नगण्य विषय

nugget /नगिट/ *n.* 1 (***syn.*** snippet) छोटा-सी उपयोगी वस्तु: **~s** of wisdom (बुद्धिमत्ता के मोती) 2 ढेला (सोने का), पिंड;
dw/lw: **nugget\y** /नगिटि/ *adj.* 1 उपयोगी चीजों या बातों से भरा या उनसे भंडारित 2 स्थूलकाय व्यक्ति, मोटा आदमी;
p&i: **~ of information** उपयोगी सूचना

nugifying /नजिफाइंग/ *adj.* निरर्थक, व्यर्थ, बेकार

nuisance /न्यूसंस/ नूसंस/ *n.* 1 परेशानी या कष्ट देने वाली वस्तु, प्राणी या परिस्थिति: ~ of a man; flies and mosquitoes are a ~; what a ~!; what a ~ that child is! 2 कंटक, उपद्रव, घिनौनी बात: make a ~ of oneself 3 *law* जनता या व्यक्ति के लिए हानिकारक वस्तु या बात जो कानूनी तौर पर अवैध है: commit no ~!; constitute a ~; remove a ~;
collocations: **~ raid/ operation** 1 परेशान करने वाला छापा; **~ tax** व्यर्थ का कर; **~ value** हानिकारकता-सूचक मात्रा;
p&i: **make a ~ of oneself** सिरदर्द या परेशानी का कारण बन जा.

NUJ *abbr.* 'National Union of Journalists' की प्रथमाक्षरी

nuke /न्यूक/ *v., pt.* **~d**, *pp* **nuking** *sl.* परमाणु हथियारों से आक्रमण क.;
n. परमाणु बम

null /नल/ *adj.* 1 अमान्य, अवैध, रद्द: ballot-papers ~ and void (अमान्य मत-दस्तावेज) 2 तुच्छ 3 बेकार 4 नगण्य, निष्प्रभाव, निष्फल 5 अकृत और शून्य, बातिल: the effect is thus ~;
dw/lw: **null\ification** /नलिफिकेशन/ *n.* 1 अवैधीकरण 2 व्यर्थ बनाने की क्रिया 3 शून्यन, शून्यकरण 4 निष्क्रियता: ~ification candidate; **nullifidian** /नलिफिडिअन/ *n.* 1 नास्तिक व्यक्ति 2 (***syn.*** sceptic) संशयवादी व्यक्ति; **~ifidian** *adj.* 1 नास्तिक 2 संशयवादी; **nullify** /नलिफाइ/ *v., pt.* ~ified, *pp* ~ifying *s/he/ it* ~ifies 1 रद्द करना 2 (***syn.*** invalidate) अवैध घोषित क., खारिज करना 3 (***syn.*** negate) व्यर्थ या निष्प्रभावी बना दे., निष्क्रिय बनाना: the bad weather ~ified whatever advantages we'd had; **nullity** /नलिटि/ (*also* **~ness**) *n., pl.* ~ities 1 नगण्यता, अकृति 2 शून्यता: shrink to a ~ity (सिकुड़कर शून्य हो जा.) 3 निष्क्रियता, निरस्तीकरण, रद्दगी: ~ity of marriage; the court declared the deed a ~ity; ~ity suit;
collocations: **~ and void** निरस्त, रद्द; **~ character** *comput.* रिक्त संप्रतीक; **~ cycle** शून्य चक्र; **~ hypothesis** एक विचार कि दो समूहों द्वारा किए जाने वाले समान प्रयोग के समान परिणाम निकलेंगे; **~ string** रिक्त रज्जु;
p&i: **declared ~** अमान्य और अवैध घोषित; **the election was ~ed** चुनाव परिणाम निरस्त कर दिया गया

nullipara /नलिपरा/ *n., pl.* **nulliparae** /नलिपरी/, *med.* अप्रसू, अप्रसवा, जिस औरत ने बच्चा न जन्मा हो

nullo flight चालक रहित (e.g., Drone) लड़ाकू विमान की उड़ान

NUM *abbr.* 'National Union of Mineworkers' की प्रथमाक्षरी

Num./ Numb. *abbr. Book of the Bible* 'Numbers/ Book of Numbers' का संक्षेप

num. *abbr.* 'number', 'numeral' का संक्षेप

numb /नम/ *v., pt.* **~ed**, *pp* **~ing** 1 सुन्न कर दे.: chafe **~ed** feet (सुन्न पांव की मालिश क.) 2 (**syn.** stun) सदमे के कारण सुन्न हो जाना या क.; **~ed** with grief 3 जड़वत/ स्तब्ध हो जाना या क: **~ed** with terror;
n. ठिठुराहट, ठिठुरन, सुन्नता, जड़ता;
adj., *degr.* **~er**, **~est** 1 जड़ीभूत, जड़वत्, स्तब्ध 2 सुन्न: fingers ~ with cold 3 सदमे के कारण सुन्न: grow ~;
dw/lw: **~-fish** *n.* विद्युत-शंकुश; **~ing** *adj.* सुन्न होने या करने वाला (अनुभव); **~ly** /नमलि/ *adv.* 1 स्तब्ध/ सुन्न होकर 2 जड़वत्; **numb\ness** /नमनेस/ *n.* 1 सुन्नता 2 स्तब्धता 3 जड़वतता 4 अचेतना; **~-skull/ numskull** /नमस्कल/ *n., colloq.* मूढ़ या मूर्ख आदमी;
p&i: **~ hand** बेढब आदमी

number /नंबः/ *n.* 1 संख्या, गिनती: twenty in ~; a large ~ of people; a limited ~ of cars 2 संख्याओं को दर्शाने वाले चिह्न: 1, 2, 3 … I, II, III … आदि चिह्न 3 अंक 4 परीक्षा में अंक, नंबर 5 कुल संख्या, कुल योग 6 क्रमांक 7 किसी प्रणाली में संख्याएं: telephone **~s**; take the driver's ~; registration ~; reference ~; code/ key/ ring ~ 8 समूह, टोली: he is not one of our ~ (वह हमारे समूह का नहीं) 9 भीड़, संख्या में बहुत सारे: overwhelmed by sheer weight of **~s**; quite a ~ of people; out of/ without/ beyond ~ (अनगिनत); a ~ of books are missing from the library; **~s** of people came to see the exhibition 10 किसी व्यक्ति, पशु, पक्षी या गाड़ी आदि को नाम के स्थान पर दिया गया नंबर: prisoner **No.** 262; **Number 3** is racing ahead (तीन नंबर धावक (घोड़ा) आगे निकल रहा है) 11 पत्रिका आदि की अंक संख्या: vol. II, **No.** 2 (खंड II, अंक 2); the current ~ of a magazine; back **~s** (पिछले अंक) 12 *gramm.* वचन (एकवचन, द्विवचन, त्रिवचन, बहुवचन) 13 संगीत की लय, धुन, गीत: the latest ~ of Rehman 14 पद्य, स्वरसमूह 15 संख्यात्मक शक्ति: win by force of **~s**; in superior **~s**; be overpowered by **~s**; yield to **~s**;
v., *pt.* **~ed**, *pp* **~ing** 1 क्रम संख्या या वरीयता अनुसार लगाना: Julius Caesar is **~ed** among the greatest captains of all ages 2 गिनती/ संख्या होना: a crowd **~ing** about 5000; we **~ed** twenty in all; they ~ ten (उनकी संख्या दस है) 3 उम्र का हो.: he **~s** fourscore years (वह अस्सी वर्ष का है) 4 अंक लगाना, संख्या दे. 5 में गिनना, कइयों में से एक हो.: this painting is **~ed** among the treasures of the gallery;
dw/lw: **number\-cruncher** /नंबः-क्रंचः/ *n.* 1 ऐसा कंप्यूटर जो बहुत बड़ी संख्या में गणनात्मक क्रियायें कर सकता है 2 ऐसा व्यक्ति जो बहुत बड़ी संख्या में गणनात्मक क्रियायें कर सकता है 3 ऐसा व्यक्ति जो बहुत बड़ी संख्या में गणनात्मक क्रियायें अपने दिमाग में रखता है; **~-crunching** *n.* बहुत बड़ी संख्या में गणना करने की क्रिया; **number\ed** /नंबःड/ *adj.* क्रमांकित, अंकित, संख्यांकित; **~ hammer** संख्या लगानेवाला उपकरण; **~ing** /नंबरिंग/ *n.* अंकन, क्रमांकन, संख्यांकन, संख्यांक देने की क्रिया; **~less** /नंबःलेस/ *adj.* (***syn.*** innumerable) असंख्य, अगणित, अनगिनत, बेशुमार;
collocations: **~ed account** बैंक खाता नंबर; **~ in a scale** वायु-वेग प्रतीकांक; **~ machine/ stamp** संख्या लगाने की मशीन; **~ of dimension** लंबाई-चौड़ाई आदि का प्रतीकांक (indicator); **~ one/ No. 1** पहले नंबर का, सर्वोत्तम: ~ one boy; ~ one (नंबर एक व्यक्ति); **~ plate/ ~-plate/** *UK* (*US* **license plate**) वाहन की नंबर पट्टी, लाइसंस संख्या पट्ट; **~s game/ ~s pool/ ~ racket** *US* वैध रूप से खेला जानेवाला जुआ; **Number Ten** 1 ब्रितानवी प्रधानमंत्री का घर: 10 Downing Street, London 2 *Ind.* दस नंबरी (बदमाश); **~ theory** गणित की एक शाखा जिसके तहत धनात्मक संख्याओं के बीच संबंध और उनके गुणों का अमूर्त या गूढ़ अध्ययन किया जाता है; **~ two** किसी संस्था या संगठन में अध्यक्ष का डिप्टी या उपाध्यक्ष; **alternate ~** वैकल्पिक संख्या; **artificial ~s** लौगरिद्म की संख्याएं; **binary ~** युग्मक (जोड़ी की) संख्याएं; **Book of Numbers** गणना-ग्रंथ; **cardinal ~** गणन संख्या; **gloss ~** कपड़े की चमक का चिह्नांक; **intact/ whole ~** पूर्ण संख्या; **international ~** अंतर्राष्ट्रीय संख्या; **ordinal ~** क्रमांक संख्या; **phone ~** फोन नंबर; **plural ~** बहुवचन; **Roman ~s** रोमन लिपि के संख्या चिह्न; **scale ~** वजन के पैमाने का प्रतीकांक; **serial ~** क्रमांक, क्रम संख्या; **singular ~** एकवचन; **solubility ~** घुलनशीलता प्रतीकांक; **special ~** विशेषांक: Independence ~ of "The Tribune"; **telephone ~** टेलीफोन नंबर;

p&i: **~ among/ in/ with sth** शामिल करना या किसी तरह से परिभाषित क.: I ~ her among my friends (मैं उसे अपने दोस्तों में गिनता हूं); **~ one** एक नंबर का, सर्वोत्तम, श्रेष्ठ;
a back ~ 1 (पत्रिका आदि का) पिछला अंक 2 पिछड़ा हुआ या दकियानूसी व्यक्ति; **a hot ~** शानदार चीज; **a ~ of** अनेक, कई; **any ~ of sth** बहुत सारे या बहुत बड़ी मात्रा में; **a sly ~** बड़ा चालू आदमी है; **by ~s** बारी-बारी से (नंबरों की गिनती से बुलाते हुए); **feel oneself a back ~** अपने को पिछड़ा हुआ अनुभव क.; **get sb's ~** *colloq.* किसी को पूरी तरह समझ लेना, उसका पूरा आकलन कर लेना; **have sb's ~ on it** दाने-दाने पर लिखा है खानेवाले का नाम (हर गोली पर लिखा है निशाने का नाम); **have skill in ~s** अंक-गणित में तेज हो.; **in round ~s** लगभग; **lose the ~ of one's mess** मर जा.; **not of our ~** हम में से नहीं; **sb's ~ goes/ is up** किसी का खेल खत्म या उसका अंतिम समय आ गया; **sb's days are ~ed** किसी के दिन पूरे हो चुके हैं, वह चंद दिनों का मेहमान है; **sb's opposite ~** किसी दूसरे संगठन में किसी के तुलनीय पद पर आसीन व्यक्ति; **take care of/ look after ~ one** अपने खुद का ध्यान रखना; **there is a safety in ~s** खतरे की संभावना होने पर अकेले पड़ना ठीक नहीं, बल्कि किसी समूह में शामिल होना बेहतर होता है; **this hat is a smart ~** यह टोप कमाल की चीज है

numen /न्यूमेन/ *n., pl.* **numina** /न्यूमिना/ *mythol.* प्रधान देवी

numera\ble /न्यूमरअ\बल/ *US* नूमरअ\बल/ *adj.* गणनेय, जिन्हें गिना जा सके;
dw/lw: **numera\bility** /~बिलिटि/ *n.* गणनीयता; **numera\bly** /~बलि/ *adv.* गणनेय रूप से, संख्या के रूप में

numera\cy /न्यूमअ\रेसि/ नूमअ\रेसि/ *n.* प्रारंभिक गणित का अच्छा ज्ञान: standard of literacy and ~cy;
dw/lw: **numera\te** /~रेट/ *adj.* गणित में शिक्षित: be literate and ~te

numeral /न्यूमरल/ *US* नूमरल/ *n.* 1 संख्या दर्शाने वाले चिन्ह: 1, 2, 3... या I, II, III आदि 2 अंक, आंकड़ा, संख्यांक: Arabic/ Roman **~s** 3 *gramm.* संख्या-वाचक विशेषण, संख्या पद, संख्याद्योतक शब्द;
adj. 1 संख्यात्मक 2 संख्यावाचक: ~ adjectives; ~ letter रोमन अक्षर

numera\ry /न्यूमअरे\रि/ *US* नूमअरे\रि/ *adj.* अंक संबंधी, आंकिक, संख्यात्मक;
dw/lw: **numera\te** /~ट/ *v., pt.* **~ted,** *pp* **~ting** गिनती क.; **~tion** /~शन/ *n.* 1 गणना, गणन, गिनने की क्रिया 2 संख्यांकन 3 परिकलन 4 संख्या लेखन, गणना-प्रणाली: decimal ~tion; **~tor** /~टः/ *n.* 1 अंश (भिन्नों में रेखा के ऊपर का अंक), लव 2 गणक 3 अंकित्र

numeric\/ ~al /न्यूमेरिक\/ ~ल/ *US* नूमेरिक\/ ~ल/*adj.* 1 राशि या संख्या संबंधी: the **~al** force of an army; **~al** superiority 2 संख्यांकिक, संख्यात्मक: **~al** data; in **~al** order 3 संख्या-वाचक, संख्या-विषयक;
dw/lw: **~ally** *adv.* संख्यात्मक रूप में: expressed ~ally;
collocations: **~al analysis** सन्निकट गणना के तरीकों (methods of approximation) और उनके औचित्य का अध्ययन; **~al control/ computer ~al control** (*abbr.* **NC/ CNC**) कंप्यूटर में संग्रहीत संख्यात्मक सूचनाओं द्वारा यंत्रों-संयंत्रों का स्वचालित-नियंत्रण; **~al key** कंप्यूटर के की-बोर्ड में अलग से बने सांख्यिक बटन; **~al keypad** कंप्यूटर के की-बोर्ड में अलग से बना सांख्यिक पैड जिसे कंप्यूटर में सूचनाओं को भरने के लिए प्रयोग किया जाता है; **~ order** संख्यात्मक क्रम

numerology /न्यूमअरौलजि/ *US* नूमअराःलजि/*n.* 1 अंकार्थविज्ञान, अंकविद्या, संख्या विज्ञान 2 संख्या-सगुनौती, संख्या-ज्योतिष

numero uno /नूमरो ऊनो/ *n., colloq.* नंबर वन, पहले नंबर का, सर्वोत्तम

numerous /न्यूमअरस\/ *US* नूमअरस *adj.* 1 असंख्य, बहुत-से: ~ visitors/ books/ letters/ misprints; ~ gifts 2 बहुसंख्यक: ~ family/ army/ class
dw/lw: **~ly** /~लि/ *adv.* 1 बड़ी संख्या में 2 अनेक रूपों में

numerous clausus /न्यूमरस क्लाउसस/ *Lat.* प्रतिशतात्मक मानक

numina *pl.,* **'numen'** का बहुवचन (*also see* **'numen)**

numinous /न्यूमिनस/ *US* नूमिनस/ *adj.* दैवी, दिव्य, ईश्वरीय, चमत्कारी

numisma\tic /न्यूमिज्मैटि\क/ *US* नूमिज्मैटि\क/ *adj.* 1 मुद्रा-विषयक 2 पदकों, सिक्कों और मुद्राओं के संग्रह के अध्ययन से संबंधित;
dw/lw: **~tist** /न्यूमिज्मअटिस्ट/ *US* नूः-/*n.* मुद्राशास्त्री, मुद्रा-सिक्कों और पदकों के संग्रह का अध्येता; **numisma\tics** /~क्स/ *n.* = **numisma\tology** (*see below*)

numisma\tology /न्यूमिज्मअटौलजि/ *US* नूमिज्मअटाःलजि/ *n.* मुद्रा-सिक्कों और पदकों के संग्रहण का अध्ययन, मुद्राशास्त्र, सिक्का-शास्त्र; न्यूमिज्मअटौलजिस्ट/

num\mary/ nummulary /नमरि/ नम्युलअरि/ *adj.* मुद्रा-, मुद्रा-विषयक;
dw/lw: **~mular** /नम्युलअर/ *n.* मुद्राकार

numskull/ numbskull *see above under* **numb:** ***dw/lw***

nun /नन/ *n.* साध्वी, ईसाई नन, भिक्षुणी, मठवासिनी, धर्मसंघिनी;
dw/lw: **~nery** *see below under separate entry*;
collocations: **nun's cloth/ nun's veiling** महीन ऊनी कपड़ा

nunc dimittis /नंक डिमिटिस/ *n., Lat., Christ.* 1 रोमन कैथौलिक सभा में सिम्योन का गीत: sing one's ~ 2 जाने की अनुमति: receive one's ~

nunciature /नंशिएचः/ *n.* पोप के राजदूत का कार्यालय, वैटिकन का राजदूत

nuncio /नंसिओ/ *n., pl.* **~s** धर्मदूत, पोप का राजदूत: a papal ~

nuncle /नंकल/ *n., (mainly Br.)* चाचा, मामा

nuncheon /नंशिअन/ *n.* दोपहर का नाश्ता: take a ~

nuncupa\te /नन्क्युपे\ट/ *v., pt.* **~ted,** *pp* **~ting** 1 मौखिक रूप से प्रकट क. या घोषित क. 2 मौखिक रूप से वसीयत क.;
dw/lw: **nuncupa\tive** /~टिव/ *adj.* मौखिक या अलिखित वसीयत से संबंधित: ~tive will

nunnation /ननेशन/ *n.* नकार-संयोजन

nunnery /ननरि/ *n.* ईसाई भिक्षुणी निवास, ननघर, संन्यासिनियों का मठ

NUPE *abbr., hist.,* now part of **UNISON** 'National Union of Public Employees' की प्रथमाक्षरी

nuphar /न्यूफाः/ *n.* कुमुद

nuptial /नपशिअल/ *adj.* 1 वैवाहिक, विवाह-संबंधी: ~ feast; ~ contract; ~ day 2 पशुओं के जोड़े जाने से संबंधित;
dw/lw: **~s** /नपशिअलज/ *n. [pl.]* विवाह, विवाहोत्सव

NUR *abbr. hist.* 'National Union of Railwaymen' की प्रथमाक्षरी

nurl *see above under* **knurl**

nurse /नःस/ *n., pl.* **~s** 1 आया, दाई, धाय, धात्री: at ~ (आया के सुपुर्द) 2 अस्पताल में नर्स, सिस्टर, परिचारिका: male ~ 3 पोषक (working ant, bee etc. that tends the young in the colony) 5 संरक्षक: the ~ of souls;
v., pt. **~d,** *pp* **nursing** 1 सेवा-शुश्रूषा क. 2 उपचार क., चिकित्सा क., इलाज क., देखभाल करना: ~ back to health; ~ a horse 3 *US* (***syn.*** suckle) दूध पिलाना, स्तनपान कराना: ~ one's child 4 छाती से लगाना, दुलारना: ~ to sleep 5 पालन-पोषण क. 6 आराम करके बीमारी का उपचार करना: was **nursing** a cold at home; ~ an injured leg; ~ one's knees 7 (***syn.*** harbour) किसी के बारे में देर तक सोचना, रंजिश

आदि पाले रखना: ~ a deep hatred for sb; ~ a grievance 8 सावधानी, किफायत या सतर्कतापूर्वक काम में लाना, चलाना या उपयोग क. 9 किसी क्षेत्र या उसके वासियों की देखभाल क.: ~ the constituency; ~ one's public; ~ an estate 10 संरक्षण प्रदान क.: ~ the arts;

dw/lw: **~-child** *n.* किसी अन्य द्वारा पोषित बच्चा; **~-dietician** *n.* संतुलित भोजन मुहैया कराने वाली नर्स; **~maid/ nursery maid** *n.* नर्स, आया, धाय; **~-mother** *n.* दत्तक मां; **~-tree** *n.* दूसरे को छांव या रक्षा देने वाला पेड़;

collocations: ~ **practitioner** डॉक्टर द्वारा किए जाने वाले कई कार्य करनेवाली नर्स;

dry ~ बिना अपना दूध पिलाए बच्चे की देखभाल करनेवाली धाय; **wet** ~ अपना दूध पिलाकर बच्चे की देखभाल करने वाली नर्स; **male** ~ पुरुष परिचारक;

p&i: **at** ~ के हाथों में, के सहारे या भरोसे; **put to ~/ put out to** ~ 1 बच्चे को देखभाल के लिए नर्स को सौंपना 2 जमीन-जायदाद को देखभाल के लिए किसी को सौंपना

nursehound *n.* (***syn.*** dogfish) एक यूरोपीय मछली

nurseling *see below* **nursling**

nursery /नःसरि/ *n., pl.* **nurseries** 1 शिशु के सोने या खेलने का कमरा, बालकक्ष, बालबाड़ी: day ~; night ~ 2 पौधों की वाटिका यानी जहां नए पौधे उगाए और बेचे जाते हैं: ~ transplant 3 नर्सरी, नौरंगा, केड़वारी जखीरा 4 नर्सरी स्कूल, शिक्षण-संस्था: ~ rhymes; ~ language 5 ऐसा स्थान जहां हर तरह के संवर्धन को बढ़ावा दिया जाता है: ~ of/ for artists;

dw/lw: **~-bed** *n.* रोपण-क्यारी; **~-garden** *n.* पौध-वाटिका; **~-governess** *n.* शिशुशाला की धाय; **~man** *n.* पौध-वाटिका में माली, पौधकर्मी; **~-pond** *n.* मछली संवर्धन तालाब; **nursery\-word** *n.* बाल शब्द;

collocations: ~ **cannon** *billiards* बिलिअर्ड्ज के खेल में प्रयुक्त शब्द; ~ **nurse** दिन के नर्सरी स्कूल धाय; ~ **rhyme** बालगीत; ~ **school** छोटे बच्चों का स्कूल; ~ **slopes** *skiing* नौसिखुआ स्की करने वालों के लिए आसान-सी ढलान; ~ **stakes** *horse-racing* मात्र दो वर्ष की आयु के घोड़ों की दौड़

nursing /नःसिंग/ *n.* 1 नर्स की नौकरी या व्यवसाय: go in for ~ 2 उपचर्या, उपचार: frequent ~;

adj. नर्स के व्यवसाय या कार्य से संबंधित: ~ personnel/ staff; ~ centre; ~ time; ~ babies and bottle babies (स्तनपान करने वाला शिशु या बोतल से दूध पीनेवाला बच्चा);

dw/lw: **~-father** *n.* पालक पिता; **~-mother** *n.* धाय, स्तनपान करानेवाली मां;

collocations: ~ **chair** बिना बाजुओं की कुर्सी जिस पर बैठकर बच्चे को स्तनपान कराना सुविधाजनक होता है; ~ **home** 1 जहां वृद्ध लोगों या रोगियों की देखभाल की जाती है 2 गैरसरकारी छोटा अस्पताल 3 उपचर्या-गृह; ~ **officer** नर्सिंग-सेवा का प्रशासन अधिकारी

nursling /नःसलिंग/ *n.* 1 दुधमुंहा या छोटा बच्चा 2 देखभाल के लिए नर्स को सौंपा हुआ बच्चा, पोष्य बालक (बालिका) 3 लाड़ला, लाड़ली

nurture /नःचः/ *v., pt.* **~d**, *pp* **nurturing** 1 पालन पोषण करना: delicately **~d** girl 2 (***syn.*** foster) प्रोत्साहन दे. 3 भावना, धारणाएं, योजना, साहित्यिक विचारों आदि को विकसित क. 4 लिखाना-पढ़ाना, शिक्षा दे. 5 प्रशिक्षित क.;

n. 1 पालन-पोषण 2 प्रोत्साहन 3 शिक्षण, प्रशिक्षण: ~ is stronger than nature 4 विकसित करने की क्रिया: ~ of the mind 5 आहार, पोषाहार

NUS *abbr.* 'National Union of Seamen' की प्रथमाक्षरी

NSUI *abbr.* 'National Students' Union of India' की प्रथमाक्षरी

NUT *abbr.* 'National Union of Teachers' की प्रथमाक्षरी

nut /नट/ *n.* 1 मेवा 2 ढिबरी जिसमें पेंच कसा जाता है: ~-bolt; cap ~ 3 काष्ठफल, गिरीदार फल: hazel~ (पहाड़ी बादाम), wal~ (अखरोट) 4 भुनी मूंगफली: shelled **~s** 5 गिरी, गरी 6 कठिन समस्या, कठिनाई 7 *colloq.* सिर: you get this in your ~! (अपने भेजे में बैठा लो!) 8 (*also* **nutter**) पागल, दीवाना, बावला 9 (**nuts**) किसी के या किसी चीज के पीछे दीवाना या पागल: a cricket **~s/ nutter** (क्रिकेट का दीवाना) 10 धनुष की कमान को कसने के लिए एक उपकरण 11 छोटा-सा ढेला या टुकड़ा: a ~ of butter 12 एक मिठाई, छोटा-सा बिस्कुट या केक: ginger ~ 13 (**nuts**) *colloq.* पोते (testicles);

v., *pt.* **~ted**, *pp* **~ting** 1 मूंफलियों आदि को टोहकर एकत्रित क.: go **~ting** 2 सिर से हल्के-से धकेलना;

dw/lw: **~-brown** *adj.* बादामी; **nut-case** *sl.* पागल, सनकी; **~cracker** *n.* सरौता; **~-gall** *n.* माजूफल; **~-grass** *n.* मोथा, नागर मोथा; **nut\hatch** *n.* कठफोड़ा; **~hook** *n.* लग्गा, लग्गी; **~-house** *n. sl.* पागलखाना; **~meg** *n.* जायफल, जातिफल; **nut\shell** *n.* सूखे फलों (बादाम आदि) का कड़ा छिलका; **~ter** *n.* पागल, दीवाना, बावला; **nuts** /नट्स/ *adj.* थोड़ा पागल, बावला, दीवाना: everyone seems ~s about cricket; she was **~s** about the boy next door; go ~s about/ on sb/ sth (किसी व्यक्ति या किसी चीज के बारे में दीवाना होना); **~ting** /नटिंग/ *n.* काष्ठफलों को एकत्र करने की क्रिया; **~-tree** *n.* काष्ठफल या गिरीदार फल देने वाला पेड़; **nut\ty** /नटि/ *adj., degr.* ~tier, ~ties 1 पगला, बावला 2 मेवे से संबंधित: sth ~ty;

collocations: ~ **college/ factory/ farm/ hatch** = **nuthouse** पागलखाना; ~ **oil** काष्ठफलों या गिरीदार फलों से निकाला जाने वाला तेल; ~ **runner** पेंच घुमाने वाला; **~s and bolts** किसी कार्य के व्यावहारिक पहलू, सामान्य बातें, छोटी-छोटी बुनियादी बातें या विवरण;

a hard/ tough ~ to crack 1 टेढ़ी खीर, कठिन काम 2 कठिन या बेढब व्यक्ति; **a prodigiously talented** ~ प्रतिभाशाली पर असंतुलित व्यक्ति;

p&i: **~s and bolts** आवश्यक व्यावहारिक चीजें या विवरण; **~s to you** बहुत बढ़िया! शानदार!; ~ **out sth** कोई युक्ति निकालना; **a hard ~ to crack** जटिल व्यक्ति जिससे निपटना काफी कठिन हो; **be a ~ at sth** बढ़िया तरीके से काम क. या खेलना; **be (dead) ~s on** किसी चीज या कार्य में माहिर हो.; **be off one's** ~ पगला जा.; **be ~s to sb** किसी को कोई बहुत पसंद हो.; **do one's** ~ *colloq.* आग-बबूला हो., बहुत नाराज हो.; **drive sb ~s** किसी को पागल कर दे.; **for ~s** बिल्कुल नहीं: not for ~s (बिल्कुल नहीं, किसी भी हालत में नहीं); she cannot sing for ~s; **he who would eat the ~ must first crack the shell** पानी पीना है तो कुआं खोदना पड़ेगा; **in a ~shell** संक्षेप में: the whole thing lies in a ~shell (सब कुछ इतना ही सरल है जैसे कि दो दूनी चार); **lie in a ~shell** 1 स्पष्ट व सरल हो. 2 आसानी से समझ में आने योग्य हो.; **off one's** ~ *colloq.* पागल; **time to leave our ~s aside** जवानी की दीवानगी छोड़कर अब थोड़ा सयाना होना पड़ेगा; **work one's** ~ दिमाग लड़ाना, युक्ति निकालना

nutant /न्युटंट/ *US* नूटंट/ *adj., bot.* झुका हुआ, निलंबी, लंबित

nutation /न्यूटेशन/ *US* नूटेशन/ *n.* 1 झुकाई, नवाई (हां कहने या इशारा करने के लिए सिर-हिलाई) 2 (***syn.*** side-to-side movement) विदोलन, अक्षविचलन (धरती के अक्ष की एक तरफ से दूसरी तरफ झूल) 3 शिखाचक्रण

nutraceutical /न्यूट्रअसूटिकल/ *US* नू-/ *n.* = **functional food** कामकाजी भोजन

nutria /न्यूट्रिआ/ *US* नूट्रिआ/ *n.* 1 दक्षिणी अमेरिका में मिलनेवाला चूहानुमा जलचर 2 इस जीव की फर

nutriant /न्यूट्रिअंट/ नूट्रिअंट/ *n.* पोषण प्रक्रियाओं को प्रभावित करनेवाली दवाई

nutrient /न्यूट्रिअंट/ *US* नूट्रिअंट/ *n.* पोषक/ पौष्टिक तत्व: ~ value (पौष्टिकता)

nutriment /न्यूट्रिमंट/ *US* नूट्रिमंट/ *n.* 1 पोषण, भरण-पोषण, भरण-पोषण की क्रिया 2 आहार, पोषाहार: provide ~;
dw/lw: **~al** /न्यूट्रिमंटल/ *adj.* आहार संबंधी

nutri\tion /न्यूट्रिशन/ *US* नूट्रिशन/ *n.* 1 पोषण 2 शरीर की आहार संबंधी आवश्यकताओं का अध्ययन: science of **~tion** 3 आहार;
dw/lw: **nutri\tional** /~शनल/ *adj.* पोषण संबंधी, पौष्टिक: ~tional deficiency; ~tional therapy; **~tionist** /~शनिस्ट/ *n.* पोषण या पौष्टिक आहार का विशेषज्ञ; **nutri\tious** /~शिअस/ *adj.* 1 पौष्टिक 2 भरण-पोषणदायक; **~tive** /~टिव/ *adj.* 1 पौष्टिक 2 पोषण-संबंधी: ~tive value; **~tive** *n.* पोषक पदार्थ

nutshell *see above under* **nut:** ***dw/lw***

nux vomica /नक्स वौमिक/ कुचला, भारत का एक पेड़ के बीज और उससे बनने वाली दवाई

nuzzle /नजल/ *v., pt.* **~d**, *pp* **nuzzling** 1 सूंघना, सूंघ-सूंघकर आगे ले जा. (कुत्तों द्वारा) 2 नाक से रगड़ना या धकेलना: the dog came nuzzling at my calves (पिंडलियां); ~ against sb's shoulder 3 नाक डालना या छूना, नाक लगाना या घुसेड़ना, थुथियाना: ~ into the mud;
p&i: **~ up to/ against/ together/ with sb** किसी के साथ आराम से या सटकर लेट जाना, लिपट जाना

NV *abbr.* 1 'new version' की प्रथमाक्षरी 2 *US state* '**Nevada**' का संक्षेप

NVALA/ NVLA *abbr.* 'National Viewers' and Listeners' Association' की प्रथमाक्षरी

nvd *abbr.* 'no value declared' की प्रथमाक्षरी

NVQ *abbr.* 'National Vocational Qualification' की प्रथमाक्षरी

NW *abbr.* 'north-west/ north-westerners' की प्रथमाक्षरी

NWT *abbr., Canadian territory* 'Northwest Territories' की प्रथमाक्षरी

NY *abbr., US state* 'New York' की प्रथमाक्षरी

NYC *abbr.* 'New York City' की प्रथमाक्षरी

nyctalopia /निक्टअलोपिआ/ (*also* **night-blindness**) *n., pathol.* 1 रतौंधी 2 दिवांधता

nyctophobia /निक्टअफोबिया/ *n., pathol.* निशाभीति, अंधकार भीति

nylon /नाइलौन/ *US* नाइलाःन/*n.* कृत्रिम रेशा (रस्सी और कपड़े बनाने के लिए प्रयुक्त)

nymph /निंफ/ *n.* 1 यूनान एवं रोम की प्राचीन कथाओं में वर्णित सुंदरी या देवी जो पेड़ों, नदियों या झीलों में रहती है: river ~; Sea ~; ocean ~; grotto/ mountain ~ 2 *poetic* परी, सुंदरी;
dw/lw: **~al/ ~ean** /निंफल/ निंफिअन/ *adj.* यूनानी पौराणिक परी संबंधी

nymphalid /निंफअलिड/ *n.* परी-तितली

nymphet /निंफिट/ निंफेट/ *n.* सुंदर कामाकर्षक युवती, किशोरी

nympho /निंफो/ *n., pl.* **~s** कामोन्मादी सुंदरी

nympho\lepsy /निंफअलेप्सि/ *n.* 1 मोहजाल 2 भावोन्माद, कामोन्माद 3 आकर्षण;
dw/lw: **~lept** /निंफअलेप्ट/ *n.* भावोन्मादी, मोहजाल में फंसा हुआ, कामोन्मादी; **~mania** /निंफअमेनिआ/ *n., med.* स्त्रियों का कामोन्माद, अदम्य कामेच्छा; **~maniac** /निफअमेनिऐक/ *n.* कामोन्मादिनी, अति काम दीवानी, मदमस्त औरत

nymphosis /निंफअसिस/ *n.* सुंदर लड़की का उद्भव एवं विकास

NYOS *abbr.* 'National Youth Orchestra of Scotland' की प्रथमाक्षरी

nystagmus /निस्टैग्मस/ *n., pl.* **~es**, *pathol.* चक्षुदोलन, आंख का कभी-कभी अपने आप बाएं-दाएं चलन;
dw/lw: **nystagmic/ nystagmoid** /निस्टैग्मिक/ निस्टैग्मॉयड/ *adj.* चक्षुदोलन संबंधी

nystatin /निस्टअटिन/ *n.* एक फफूंदीरोधक व एंटिबायोटिक एजंट

Nyungar /न्यंगः/ *n.* दक्षिण-पश्चिमी आस्ट्रेलिया के आदिवासियों की लुप्त हो चुकी भाषा

NZ *abbr.* (*also* **N.Z.**) 'New Zealand' की प्रथमाक्षरी (न्यूजीलैंड)

O o

O o /ओ/ *n., pl.* **Oes, Os, O's** or **o's** 1 अंग्रेजी वर्णमाला का पंद्रहवां अक्षर 2 '**O**' आकार: form one's mouth into an **O** 3 *telephone sl.* शून्य

O *abbr.* 'old', 'ocean', 'octavo', 'ordinary' (*in* '**O**' *level* or '**O**' *grade*) का प्रथमाक्षर

O *symbol* '**oxygen**', रक्त वर्ग '**O**' (**ABO** *blood group*) का चिह्न

o' *short form* '**of**' का छोटा रूप: 7 **o**'clock

-o *suffix, sl., colloq., forming nouns, signifying:* **shorter form of a word** (शब्द के छोटे रूप का द्योतक): agro⟶ agriculture

oaf /ओफ/ *n., pl.* **oafs**/ *rarely* **oaves** 1 बेढब आदमी 2 विकृत या जड़बुद्धि बच्चा 3 मूर्ख, उल्लू (आदमी);
dw/lw: **oaf\ish** /ओफिश/ *adj.* मूर्ख, भोला; **~ishly** *adv.* उल्लुओं की तरह; **~ishness** *n.* मूर्खता, उल्लूपन

oak /ओक/ *n.* 1 बलूत या उसकी लकड़ी, बांजू, वंजुल: made of ~; change mahogany for ~ 2 बलूत की सख्त व मजबूत लकड़ी 3 भारी ऊंचा दरवाजा 4 माला में पिरोये हुए बलूत के पत्ते;
dw/lw: **~-apple**/ **~-gall** *n.* माजू, माजूफल, वंजुस्फोट, वंजुफल; **~-bark** *n.* बलूत की छाल; **~ed** *adj.* बलूत के ढोलों में रखने के कारण धुंए-से स्वादवाली (मदिरा); **oak\en** /ओकन/ *adj.* बलूती लकड़ी से बना; **~ery** /ओकरि/ (**~wood**) *n.* बलूतों का झुंड; **~toad** *n.* वांज भेक;
p&i: **~s may fall when reeds stand the storm** मुसीबत में बड़े-बड़े दिग्गज ढह जाते हैं, पर नन्ही-सी जान उसे झेल जाती है;
every ~ has been an acorn = great/ tall ~s from little acorns grow छोटे-से अंकुर से ही विशाल पेड़ बनता है;
sport one's ~ अवांछित आगंतुकों के लिए दरवाजे बंद रखना;

(the) Oaks /ओक्स/ *n., [sing.]* ऐपसम (Epsom) में तीन साल के बछेरों की वार्षिक दौड़

oakum /ओकम/ *n.* मूंज का रेशा, पुराना सन (पटसन)

O & M *abbr.* 'organization and method(s)' की प्रथमाक्षरी

OAP *abbr., UK* 'old age pensioner' की प्रथमाक्षरी

oar /ओः/ *n.* 1 चप्पू, डांड 2 चप्पू चलाने वाला या चलाने वाली 3 चप्पूनुमा कोई चीज;
***v.*, ~ed, ~ing** 1 चप्पू चलाना: ~ one's way (चप्पू चलाकर पार क.) 2 नाव खेना: ~ one's arms or hands (हाथों से चप्पूओं की तरह खेना);
dw/lw: **oar\ed** /ओःड/ *adj.* चप्पूयुक्त, चप्पूदार; **~-fish** *n.* अरित्र मीन, ओर मछली; **~less** *adj.* बिना चप्पू के; **~-lock** *n.* चप्पू-कांटों का जोड़ा; **~sman**/ **~swoman** /ओःजमन/ ओःजवुमन *n.* मल्लाह/ मल्लाहिन, नाविक/ नाविका, खेवैया, खेवटिया; **~smanship** *n.* नाव खेने में माहरत या हुनर; **~-shaped** *adj.* अरित्र रूप; **oary** /ओःअरि/ *adj.* 1 चप्पूनुमा 2 चप्पूओंवाला;
p&i: **chained to the** ~ कठिन काम के बोझ तले दबा हुआ; **have an ~ in every man's boat** (***syn.*** interfere) हमेशा दूसरों के मामलों में टांग अड़ाना; **have/ ply/ pull/ take/ tug the labouring** ~ अपने ऊपर सबसे मुश्किल काम का बोझ लेना; **lie/ rest on one's ~s** 1 चप्पूओं के हत्थों पर सिर रखकर आराम क., सुस्ताना 2 चप्पूओं को सुखाना; **pull a good** ~ अच्छी तरह किश्ती खेना; **stick/ put one's ~ in** दूसरों के मामलों में बेकार में टांग अड़ाना; **toss ~s** स्वागत में चप्पू हिलाना

OAS *abbr.* 'Organization of American States' की प्रथमाक्षरी

oasis /ओएसिस/ *n., pl.* **oases** /ओएसीज/ 1 मरूद्यान, मरुद्वीप, नखलिस्तान 2 (***syn.*** haven) गहमा-गहमी के बीच एक शांत व एकांतमय स्थल

oast /ओस्ट/ (*also* **oast-house**) *n.* भट्ठी, बीयर आदि बनाने में प्रयुक्त बेल या उसके फूलों (hops) को सुखाने के लिए भट्ठी

oat/ ~s /ओट/ ओट्स/ *n., [pl.]* जई, एक प्रकार का अनाज, जुंदरी: ~ grass (जई जैसे पौधे जिन्हें पशु-चारे के रूप में प्रयोग करते हैं);
dw/lw: **~-cake** *n.* जई से बना बिस्कुट; **oat\en** /ओटन/ *adj.* 1 जई या जई-चूर्ण से बना हुआ 2 जई के तने से बना; **~meal** *n.* जुंदरी या जई से बना खाद्य पदार्थ, जई का दलिया, जई-चूर्ण; **~-smut** *n.* जई कंड; **~-stem** *n.* ओट बाजा;
p&i: **be off one's ~s** *colloq.* भूख नहीं हो., खाने की इच्छा न हो., तबीयत ठीक न हो.; **feel one's ~s** 1 प्रसन्नता अनुभव क. 2 अपनी करामात दिखाना 3 अहंकारी हो जा.; **get/ have one's ~s** *sl.* संभोग क.; **smell one's ~s** लक्ष्य प्राप्ति के लिए अंतिम दम लगाना; **sow one's ~s (or wild ~s)** जवानी में खूब खाना-पीना, रंग-रलियां मनाना

oath /ओथ/ *n., pl.* **~s** 1 शपथ, वचन: false ~; break an ~ 2 सौगंध, कसम: judicial ~ 3 अपशब्द, दुर्वचन, गाली;
dw/lw: **~-bound** *adj.* वचनबद्ध; **~-breaking** *n.* शपथभंजन; **~-taking** *n.* शपथग्रहण;
collocations: **~ breaker** शपथ भंजक; **~ of allegiance** निष्ठा-शपथ; **~ of office** पदग्रहण शपथ; **~-taking ceremony/ ~ rite** शपथग्रहण समारोह;
judicial ~ न्यायालय में दी जानेवाली शपथ; **left-handed ~** ऐसा वायदा जिसे पूरा न करना हो; **under ~** शपथ-बद्ध;
p&i: **administer ~** शपथ दे. या दिलाना; **deny on ~** सौगंध खाकर इंकार क.; **make/ take/ swear/ (an) ~** शपथ लेना, वचन दे.; **my ~** *Austral & NZ sl.* हां, अवश्य, बेशक; **on (one's) ~** शपथ-बद्ध हो.; **put sb on ~** किसी को शपथ दिलाना; **take ~** शपथ लेना या खाना

OAU *abbr.* 'Organization of African Unity' की प्रथमाक्षरी

OB *abbr.* 'old boy', 'outside broadcast' की प्रथमाक्षरी

ob., *abbr.*, '**obiit**' /ओबीट/ अबीट/ *Lat.* का संक्षेप (कब्र की पट्टी पर लेख: वह मर गया (गयी) है); '**obiter**' *Lat.* का संक्षेप (*also see below* **obiter** *under separate entry*)

Obad *abbr. Book of the Bible* 'Obadiah' का संक्षेप (ओबेद का ग्रंथ)

obbligato/ obligato /औब्लिगाःतो/ *US* आःब्लिगाःतो/ *n. pl.* ~/ **obbligatii** /ओब्लिगाती/ 1 *music* संगत 2 अनिवार्य हिस्सा

OBC *abbr. Ind.* 'Other Backward Classes' की प्रथमाक्षरी

obcordate /औब्कॉःडेट/ *US* आःब्कॉःडेट/ *adj.* हृदयाकार और नुकीले सिरे से जुड़ा

obdura\cy /औब्डुरे\सि/ *Us* आःब्डुरे\सि/ *n.* ढिठाई, हठ, कठोरता, जिद;
dw/lw: **obdura\te** /~ट/ *adj.* 1 (***syn.*** stubborn) ढीठ, हठी 2 कठोर (हृदय), निष्ठुर, पाषाणहृदय: the ~te conscience of the old sinner 3 जिद्दी 4 दुराग्रही 5 पश्चातापहीन;
dw/lw: **~tely** /~लि/ *adv.* ढिठाई से, हठपूर्वक; **~tion** /औब्डुरेशन/ *n.* ढिठाई, हठ, जिद, कठोरता

OBE *abbr., Officer of the* 'Order of the British Empire' की प्रथमाक्षरी

obeah /ओबिअ/ *n., pl.* obis/ obeahs 1 जादू-टोना: ~-man (ओझा) 2 ताबीज, तालिसमान

obedi\ence /अबीडि\अंस/ *n.* 1 आज्ञापालन: demand **~ence** 2 आज्ञाकारिता: passive **~ence**; show **~ence** 3 हुक्मबरदारी 4 अनुसरण;
dw/lw: **obedi\ent** /~अंट/ *adj.* 1 आज्ञाकारी, आज्ञापरायण: ~ent child 2 हुक्मबरदार: your ~ent servant; **~entiary** /~एंशिअरि/ *n.* मठ का अधीनस्थ अधिकारी; **~ently** /~अंटलि/ *adv.* आज्ञाकारितापूर्वक: yours ~ently;
p&i: **~ence alone gives the right to command** आदेश पालन ही आदेश देने का अधिकार देता है

obei\sance /ओबेसंस/ *US* ओबीसंस/ *n.* 1 प्रणति, नमन, अभिवादन, प्रणाम: make a low **~sance** 2 आदर-सत्कार, सम्मान: do/ pay **~sance** to sb;
dw/lw: **obei\sant** /ओबेसंट/ *adj.* नमन करने वाला, अभिवादक, अभिवादन करने वाला, आदर-सत्कार या सम्मान जताने वाला
obelisk /औबअलिस्क/ *US* आःबअलिस्क/ *n.* पत्थर का स्तंभ, सूच्याकार, संकेत-चिह्न, स्तंभ-चिह्न, शिलास्तंभ: put up an ~
obelus /औबअलस/ *US* आःबअलस/ *n., pl.* **obeli** /आःबअलाइ/ *print.* कटारनुमा संदिग्ध स्थल सूचक चिह्न (†) जिसे छपाई की प्रक्रिया में प्रयोग करते हैं
obe\se /ओबीःस/ *adj.* बहुत मोटा, स्थूल;
dw/lw: **obe\seness** /ओबीःसनेस/ *n.* मोटापा, स्थूलता; **obe\sity** /ओबीःसिटि/ *n.* मोटापा, स्थूलता, मेदुरता
obex /ओबेक्स/ *n.* बाधा
obey /अबे/ ओबे/ *v., pt.* **~ed**, *pp* **~ing**/ ***anton.*** disobey/ कहना मानना, आज्ञा पालन क.: ~ orders; ~ one's superiors; listen and ~!; ~ the law; ~ the rule (नियम का पालन क.); ~ an impulse (सहज अंतःप्रेरणा के अनुसार चलना);
dw/lw: **obey\ingly** /अबेइंगलि/ *adv.* आज्ञा अनुसार
obfusca\te /औबफस्के\ट/ *US* आःबफस्के\ट/ *v., pt.* **~ted**, *pp* **~ting** 1 (***syn.*** obscure) किसी बात को इतना मुश्किल बना दे. कि किसी को समझ में न आए 2 अति गूढ़ बनाकर मन में भ्रांति पैदा कर दे. 3 उलझा दे. 4 धुंधला कर दे.;
dw/lw: **obfusca\tory** /~टरि/ *adj.* अति गूढ़ व भ्रांतिकारी, दुरूह; **~tion** /~शन/ *n.* 1 अस्पष्टता, गूढ़ता 2 भ्रांति, उलझन, धुंधलापन 3 अंधेरा, आच्छादन
ob-gyn /ओबीजीवायन/ *n.* 1 शिशु जीवन (obstetrics) व स्त्री रोगों (gynaecology) से संबंधित चिकित्सा-विज्ञान 2 इस चिकित्सा प्रणाली में प्रशिक्षित डाक्टर
obi/ obeah *see above under* **'obeah'**
obi-man/ obi-woman 1 जादू-टोना करने वाला/ वाली 2 जादू-टोना करने वाले का अनुयायी
obiter /औबिटः/ *US* आःबिटः/ *adv., Lat.* यों ही, चलते-चलते;
collocations: ~ **dictum** /औबिटः डिक्टम/ *Lat., law* 1 अदालत में कार्रवाई के चलते न्यायाधीश द्वारा की जाने वाली टिप्पणी, जो अंतिम निर्णय पर आवश्यक रूप से लागू नहीं होती 2 बात-बात में, यों ही चलते-चलते की जाने वाली टिप्पणी
obituary /ओबिचुअरि\/ *n., pl.* **obituaries** किसी की मृत्यु के बारे में समाचार पत्र में प्रकाशित शोक लेख, निधन-सूचना, स्मृतिलेख;
dw/lw: **~notice** *n.* मृत्यु-सूचना; **obituarial** /~अल/ *adj.* मृत्यु संबंधी
object /औब्जे\क्ट, औब्जि\क्ट / *US* आःब्जे\क्ट, आःब्जि\क्ट / *n.* 1 वस्तु, पदार्थ, चीज, पिंड या व्यक्ति, जिन्हें ज्ञानेंद्रियों (स्पर्श आदि) से अनुभव किया जा सकता है: distant ~; minute ~ (छोटी-सी चीज) 2 उद्देश्य, लक्ष्य, ध्येय: achieve/ attain/ gain/ secure one's ~ 3 निशाना, लक्ष्य 4 किसी कार्य का विषय: an ~ of thought; an ~ for consideration 5 पात्र, भाजन (व्यक्ति या वस्तु): the ~ of sb's affections/ desire, etc.; an ~ of pity/ of contempt/ of admiration 6 किसी विचित्रता के कारण बना उपहास का निशाना या पात्र 7 *philos.* वस्तु, पदार्थ, पिंड या व्यक्ति जिन्हें छूकर अनुभव किया जा सकता है (*also see below under* **objective**:6) 8 *gramm.* कर्म: direct ~/ indirect ~;
v. /अब्जेक्ट/, *pt.* **~ed**, *pp* **~ing** 1 आपत्ति/ एतराज क.: ~ in strong language 2 (***syn.*** protest) विरोध क.: ~ to smoking 3 नापसंद क.: I ~ very much to a very hot summer 4 वस्तुबोध कराना;
dw/lw: **~code** *n.* अभिलक्ष्य कूट; **~-end** *n.* बिंब-सिरा; **~ion** *see below under separate entry*; **~less** /अब्जेक्टलेस/ *adj.* 1 निरुद्देश्य, उद्देश्यहीन 2 बिना विषय, पात्र या ध्येय के; **object\or** /~क्टः/ *n.* आपत्तिकर्ता, उज्रदार, एतराज करनेवाला, विरोधी: conscientious ~or (अंतरात्मा की आवाज पर सेना में अनिवार्य भर्ती आदि का विरोध करने वाला); **~-teaching** *n.* प्रत्यक्ष वस्तुओं, प्रक्रियाओं आदि की ओर लक्षित शिक्षण या पढ़ाने की क्रिया;
collocations: ~ **ball** बिलिअर्ड जैसे खेल में वह गेंद जिस पर खिलाड़ी निशाना साध रहा है; ~ **field** बिंब-क्षेत्र; ~ **finder** माइक्रोस्कोप में एक उपकरण जो माइक्रोस्कोप में चढ़ी स्लाइड में किसी वस्तु आदि को ढूंढने में मदद करता है; ~ **glass** (*also* **objective**) टेलिस्कोप या माइक्रोस्कोप का शीशा; ~ **language** (*also* ~ **code**) 1 अभिलक्ष्य भाषा 2 ऐसी भाषा जो किसी दूसरी भाषा द्वारा परिभाषित होती है 3 किसी दूसरी भाषा द्वारा वर्णित भाषा (meta-language – a language about or based on another language) 4 *philos.* स्वतंत्र अर्थ वाले शब्दों से बनी भाषा 5 *comput.* वह भाषा जिसमें लेखक ने अपने प्रोग्राम का अनुवाद किया हो; ~ **lesson** व्यावहारिक उदाहरण, प्रदर्शन: ~ lesson to sb; ~ **library** अभिलक्ष्य कर्मादेश-संग्रह; ~ **module** अभिलक्ष्य प्रतिरूपक; ~ **of the exercise** किसी कार्य, विचार या विचार-विमर्श का मुख्य बिंदु या लक्ष्य; ~ **programme** अभिलक्ष्य कर्मादेश;
p&i: **distance no** ~ दूरी कोई समस्या नहीं; **expense, money, etc.. is no** ~ खर्चों या पैसा कोई समस्या नहीं: travel first class as expense is no ~; money/ time – no ~
objecti\fication/ objecti\vation /अब्जेक्टिफिकेशन/ औब्जेक्टिवेशन/ *US* -/ आःब्जेक्टिवेशन *n.* 1 वस्तुकरण, विषयीकरण, पदार्थीकरण, इंद्रियग्राही या इंद्रियगोचर बनाने की क्रिया 2 लोगों को भोग या उपयोग की वस्तु बनाने की क्रिया;
dw/lw: **objecti\fy/ objecti\vate** *v., pt.* ~fied/ ~vated, *pp* ~fying/ ~vating, *s/he/ it* ~fies/ ~vates 1 इंद्रियगोचर बनाना 2 विषय बनाना 3 विषयीकरण, वस्तुकरण या पदार्थीकरण क.
objection /अब्जे\क्शन/ *n.* 1 (*often* ~ **against/ to sth**) आपत्ति, एतराज, उज्र: take an ~ to sth; raise no ~; ~ overruled; ~ sustained (एतराज स्वीकार); utter/ lodge a strong ~ against 2 विरोध: without ~; there is no ~ to sb's leaving at once 3 नापसंदगी: feel an ~ to doing sth; he has a strong ~ to getting up early;
dw/lw: **objection\able** /~क्शनेबल/ *adj.* आपत्तिजनक: ~able smell; ~able plan; ~able behaviour; **~ably** *adv.* आपत्तिजनक ढंग से
objectival /अब्जेक्टिवल/ *adj.* 1 लक्ष्य आदि से संबंधित 2 लक्ष्य जैसा
objective /अब्जेक्टि\व/ *n.* 1 (***syn.*** goal) लक्ष्य, उद्देश्य: military **~s**; I don't see his ~ 2 निशाना, विषय 3 वास्तविकता, वास्तविक यथार्थ यानी वस्तु, पदार्थ, चीज, पिंड, व्यक्ति आदि से बनी वास्तविकता, ऐसी वास्तविकता तब भी मौजूद रहती है जब व्यक्ति का मन या ज्ञानेन्द्रियां उनका आभास न कर सकें यानी देख, सुन, स्पर्श आदि से अनुभव न कर सकें (objective view of the world as opposed to metaphysical one according to which, broadly stating, if one does not see or feel an object, that object does not exist – if I don't see it, it doesn't exist) 4 कर्म कारक 5 *optics* लेंस के समीपतम वस्तु आदि;
adj. 1 जो मात्र किसी के व्यक्तिगत अनुभवों या भावों या आभासों की उपज न होकर वास्तव में मौजूद हो: ~ fact; ~ evidence 2 *philos.* (***anton.*** subjective) व्यक्ति निरपेक्ष, मन निरपेक्ष 3 वस्तु-निष्ठ, वास्तविक, वस्तुगत, विषयपरक 4 (***syn.*** unbiased; ***anton.*** subjective) तटस्थ, निष्पक्ष: ~ opinion 5 कर्मवाचक: ~ case;
dw/lw: **objective\ly** /~वलि/ *adv.* 1 यथार्थतः, यथार्थ में, वस्तुतः 2 निष्पक्ष भाव से, वस्तुगत दृष्टि से, निष्पक्ष दृष्टि से: consider sth ~ly; **~ness** /~वनेस/ *n.* 1 व्यक्ति-निरपेक्षता, मन-निरपेक्षता 2 वस्तु-निष्ठता, वास्तविकता 3 (***anton.*** subjectivity)

तटस्थता, निष्पक्षता;
collocations: **~ test** 1 ऐसी परीक्षा या टेस्ट जिसमें व्यक्तिगत विचारों, भावों, अर्थ-विवेचना आदि के लिए कोई स्थान न हो 2 टेस्ट जिसमें दिए किसी भी प्रश्न का मात्र एक उत्तर हो सकता है

objectivism /अब्जेक्टिविज्म/ *n.* 1 विषयनिष्ठ वस्तुओं या बातों पर बल देने की प्रवृत्ति 2 *philos.* इस बात में विश्वास कि बहुत सारी वस्तुएं या क्रियायें यथार्थ में मौजूद रहती हैं, यद्यपि मानव ज्ञान और चेतना में वे इंद्रियगोचर नहीं हुई हैं यानी उन्हें देखा, पहचाना या अनुभव नहीं किया गया है 3 यथार्थवाद, विषयनिष्ठवाद 4 वस्तुनिष्ठता 5 वास्तविकतावाद

objectivist /अब्जेक्टिविस्ट/ *n., adj.* जो व्यक्ति इस बात में विश्वास करता है कि बहुत सारी वस्तुएं या क्रियायें यथार्थ में मौजूद रहती हैं, यद्यपि मानव ज्ञान और चेतना में वे इंद्रियगोचर नहीं हुई हैं यानी उन्हें देखा, पहचाना, सूंघा या अनुभव आदि नहीं किया गया है;
dw/lw: **~ic** *adj.* यथार्थवादी, विषयनिष्ठवादी, वस्तुनिष्ठ

objectivity/ objectiveness /ऑब्जेक्टिविटि/ ऑब्जेक्टिवनेस/ *n.* 1 वस्तु-निष्ठता, वास्तविकता, वस्तुगतता 2 विषयपरकता 3 तटस्थता, निष्पक्षता

objectivize/ objectivise /अब्जेक्टिवाइज/ *v., pt.* **~d**, *pp* **objectivizing**, *s/he/ it* **~s** 1 किसी बात या प्रक्रिया को एक निश्चित वस्तु के रूप में प्रस्तुत क. 2 किसी बात को उचित रूप में प्रस्तुत क. 3 वस्तु-निष्ठ, वास्तविक, निष्पक्ष, वस्तुगत, विषयपरक या तटस्थ बनाना

objector /अब्जेक्टः/ *n.* एतराज करने वाला;
collocations: **conscientious ~** सिद्धांत रूप से अनिवार्य सैनिक भरती का विरोध करने वाला व्यक्ति

objet /ऑब्जे/ *n., pl.* **~s** /ऑब्जे/ 1 ऐसी कलात्मक वस्तु जिसे आभूषण के रूप में प्रदर्शित किया गया हो 2 कलात्मक सजावटी वस्तु;
collocations: **~ d'art** /ऑब्जेडाः/ *n., pl.* ~s d'art एक छोटी-सी कलाकृति, कलावस्तु; **~ trouvé** /ऑब्जे त्रूवे/ *n., pl.* ~s trouvés /ऑब्जे त्रूवे/ मिली वस्तु

objicient /औब्जिशिअंट/ *US* आःब्जिशिअंट/ *n.* एतराज करने वाला, विरोधी व्यक्ति

objurga\te /औब्जःगे\ट/ *v., pt.* **~ted**, *pp* **~ting** (***syn.*** reproach, reprimand, scold, rebuke) भर्त्सना क., डांटना-डपटना, फटकारना, डांटना, डपटना;
dw/lw: **~tion** /~शन/ *n.* भर्त्सना, डांट-डपट, डांट, झिड़की, फटकार; **~tive/ ~gatory** /~टरि/ *adj.* भर्त्सनात्मक

obl. *abbr.* 'oblique', 'oblong' का संक्षेप

oblast /ओब्लस्त्च/ (*Russian* **область**) *n., pl.* **~s/ óblasti (области)** /ओब्लस्त्ची/ (रूसी में) प्रांत, प्रशासनिक जिला

obla\te /औब्ले\ट/ *US* आःब्ले\ट/ *adj.* 1 समर्पित, निवेदित 2 गोलाकार 3 (flattened at poles) चपटा, लघु-अक्षी, लघ्वक्षी;
n. 1 भिक्षु जीवन को समर्पित व्यक्ति, संन्यासी 2 धार्मिक व्यक्ति;
dw/lw: **obla\tion** /~शन/ *n., Christ.* 1 समर्पण, उत्सर्ग 2 दान, बलि, चढ़ावा, बलि-भेंट, नैवेद्य; **~tional** /~शनल/ *n.* बलि-संबंधी; **obla\tory** /~टरि/ *adj.* चढ़ावा, दान या आहुति संबंधी, समर्पणात्मक

obliga\te /औब्लिगे\ट/ *US* आःब्लिगे\ट/ *v., pt.* **~ted**, *pp* **~ting** 1 वचनबद्ध क. 2 नैतिक कर्त्तव्य से बाध्य क. 3 आभारी बनाना, अनुगृहीत क., अहसान तले लाना;
adj. 1 अविकल्पी, बाध्य, विवश 2 अनिवार्य;
dw/lw: **~ted** /~टिड/ *adj.* अनिवार्य, जरूरी: ~ted service/ ~ted status (अनिवार्य सैनिक सेवा); **obliga\tion** /~शन/ *n.* 1 कर्त्तव्य, दायित्व: contractual/ treaty ~tions 2 अनिवार्यता, बाध्यता, बंधन, आभार, (नैतिक) बाध्यता: ~tion of conscience 3 आभार: be under sb's ~tion (किसी के अहसान तले होना, अनुगृहीत हो.) 4 प्रतिज्ञा, वचन, वचनबद्धता, इकरार: discharge/ repay an ~tion 5 अनुबंध-पत्र, इकरारनामा: assume/ undertake ~tions; cancel an ~tion; **obliga\tory** /अब्लिगअ\टरि/ *US* अब्लिगअ\टॉरि/ *adj.* 1 अनिवार्य, आवश्यक, अवश्यकरणीय: ~tory attendance 2 *law* अनिवार्य, बाध्यकार, लाजिमी: ~tory jurisdiction; be/ render ~tory (बाध्यकार हो. या क.); **~torily** /~टरिलि/ *adv.* अनिवार्य रूप से, अवश्य ही
collocations: **feast of ~tion** आदेश-पर्व

obli\ge /अब्लाइ\ज/ *v., pt.* **~ged**, *pp* **~ging** 1 अनुगृहीत क.: **~ge** sb with sth 2 बाध्य क., विवश क.: the law **~ges** parents to send their children to school; we are **~ged** to remind you 3 आभारी बनाना, उपकृत क., एहसान क., अनुग्रह क.: thank you, I'm **~ged** to you;
dw/lw: **~ged** /~ज्ड/ *adj.* 1 कृतज्ञ, अनुगृहीत, अहसानमंद, आभारी: feel ~ged to do sth 2 बाध्य, विवश; **obli\gee** /~जी/ *n.* 1 आभार्य, अनुगृहीत व्यक्ति; **~ging** /~जिंग/ *adj.* 1 (***syn.*** helpful) सदा मदद करने को तैयार: ~ging neighbours 2 कृपालु, उपकारी, अनुग्राहक 3 भद्र, शालीन: he is a very ~ging person; **~gingly** /~जिंगलि/ *adv.* 1 एहसान के तौर पर 2 कृपापूर्वक, अनुगृहीत करते हुए; **~gingness** /~जिंगनेस/ *n.* अनुगृहीत करने का गुण, कृपालुता, शालीनता; **obli\gor** /औब्लिगॉः/ *US* आःब्लिगॉः/ *n. law* 1 आभारी, अनुगृहीत व्यक्ति 2 वचनबद्ध व्यक्ति, बौंड से बद्ध 3 (***syn.*** debtor, obligee) ऋणी

oblique /अब्लीक/ (*abbr.* **obl.**) *adj.* 1 आड़ा, टेढ़ा, तिरछा, वक्र 2 कुटिल, तिर्यक: ~ glance; ~ septum (तिर्यक पट) 3 अप्रत्यक्ष, परोक्ष: ~ reference; ~ system (तिर्यक प्रणाली) 4 (***syn.*** ambivalent) द्व्यर्थक: ~ motion (तिर्यक स्वर) 5 (***syn.*** roundabout, underhand) अस्पष्ट, टालमटोल वाला: ~ methods 6 *math.* तिर्यक 7 *geom.* असम, विषम (900 से ज्यादा और 1800 से कम कोण) 8 ढलवां 9 *gramm.* विकारी (कर्ता और संबोधन कारकों को छोड़कर अन्य कारकों से संबंधित) 10 असाक्षात (***syn.*** indirect /speech/): ~ oration/ narration; ~ moods (परोक्षार्थ);
n. 1 टेढ़ी रेखा (a solidus '/' *or* slash) 2 संभावित वायु-फोटो
v., *pt.* **~d**, *pp* **obliquing** तिरछे चलना, तिरछा होना;
dw/lw: **~ly** /अब्लीक्लि/ *adv.* 1 तिरछे/ टेढ़े या/ कुटिल ढंग से 2 परोक्ष रूप में; **~ness/ obliquity** /अब्लीकनेस/ अब्लिक्विटि/ *n.* 1 तिरछापन 2 तिर्यकता: ~ness of mind 3 विपथगमन, वक्रता: ~ness of conduct 4 अप्रत्यक्षता, परोक्षता 5 द्व्यर्थकता, वक्रोक्ति, अस्पष्टता: ~ness of judgment

obliques /अब्लीक्स/ *n.* तिर्यक, तिर्यक फोटो

obliquitous /अब्लीक्विटस/ *adj.* मानसिक व नैतिक रूप से विपथगामी

obliquus /ओब्लीक्वस/ *adj.* (***syn.*** slanting, awry) तिर्यक, ढलवां

oblitera\te /अब्लिटअ\रेट/ *v., pt.* **~ted**, *pp* **~ting** 1 नामोनिशान मिटा दे.: time has **~ted** many monuments of former greatness; **~te** sb's footprints/ tracks; all feelings of hatred had long been **~ted** 2 मिटाना, काटना: **~te** one's signature 3 उन्मूलन क.;
dw/lw: **~tive** /~रेटिव/ *adj.* विनाशकारी; **oblitera\tion** /~रेशन/ *n.* 1 विनाश, उन्मूलन 2 घिसने से विलोप, लोपन 3 विरूपण (of stamps मोहरों की घिसाई) 4 नामोनिशान का विलोप, भुला दिए जाने की क्रिया, विस्मृति;
collocations: **~rator stamp** विरूपक मोहर, मिटानेवाली मोहर

oblivion /अब्लिविअन/ *n.* 1 (***syn.*** obscurity) गुमनामी, अप्रसिद्धि 2 उपेक्षा 3 बेखबरी, बेखुदी 4 विस्मृति, विस्मरण: fall/ sink into ~ 5 भुलक्कड़पन 6 (***syn.*** amnesty) क्षमा, क्षमादान;
p&i: **fall into ~** भुला दिया जा.

oblivious /अब्लिविअस\/ *adj.* (*usually* **~ of/ to sth**) 1 बेखबर, बेसुध, बेखुद: ~ of one's duties/ of the consequences 2 भुलक्कड़, भूल जाने वाला, विस्मरणशील;
dw/lw: **~ness** /~नेस/ *n.* भुलक्कड़पन, बेसुधी, बेखुदी

obliviscence /अब्लिविसंस/ *n.* भुलक्कड़पन, बेसुधी की अवस्था
oblong /औब्लौंग/ *US* आःब्लॉंग/ (*abbr.* **obl.**) *adj.* 1 आयताकार, अंडाकार 2 जिसकी चौड़ाई लंबाई से ज्यादा हो, लंबोतरा;
n. non-techn. इस तरह के आयताकार, दीर्घायात, आयताकृति
obloquious /औब्लोक्विअस/ *US* आःब्लोक्विअस/ *adj.* अपमानजनक, शर्मनाक
obloquy /औब्लअ\क्वि/ *US* आःब्लअ\क्वि/ *n., pl.* **obloquies** 1 निंदा, बुराई, कटु आलोचना 2 अपशब्द, गाली, दोष: heap ~ upon sb 3 बदनामी, कलंक;
dw/lw: **obloquial** /~क्विअल/ *adj.* बदनामी भरा, निंदनीय
obmute\scence /औब्म्युटे\संस/ *US* औब्म्युटे\संस/ *n.* (*syn.* persistent silence) अटल मौन, मूकता;
dw/lw: **obmutescent** /~संट/ *adj.* दृढ़तापूर्वक चुप, मूक
obnoxious /अब्नौक्शिअस\/ *US* अब्नाःक्शिअस\/ *adj.* 1 घिनौना, अधम 2 (*syn.* offensive) आपत्तिजनक: ~ habit/ smell 3 घिनौने काम के लिए जिम्मेवार;
dw/lw: **~ly** /~लि/ *adv.* घिनौने ढंग से; **~ness** /~नेस/ *n.* घिनौनापन
obnubila\te /औबन्यूबिले\ट/ *US* आःबन्यूबिले\ट/ *v., pt.* **~ted**, *pp* **~ting** 1 आंखों में अंधेरा छा जा., धूमिल हो जा. 2 बादलों से घिर जा.;
dw/lw: **obnubila\tion** /~शन/ *n.* धूमिलता, अंधकार
o.b.o. 'or best offer' की प्रथमाक्षरी (इंटरनेट विज्ञापनों में प्रयुक्त)
oboe /ओबो/ *n., pl.* **~s** शहनाई, नफीरी;
dw/lw: **oboist** /ओबोइस्ट/ *n.* शहनाईवादक, नफीरी बजाने वाला
oboe d'amore /ओबोडैमॉरे/ *n., pl.* **oboes d'amore/ oboi d' amore** /ओबॉयडैमॉरे/ एक पुरानी तरह की शहनाई
obroga\te /औब्रअगेट/ *US* आःब्रअगेट/ *v., pt.* **~ted**, *pp* **~ting** (*syn.* annul/ alter) नया कानून लाकर पुराने कानून को रद्द कर दे.
obscene /अब्सीन\/ *adj., degr.* **~r**, **~est** 1 अश्लील 2 भद्दा, घिनौना 3 *Br. law* घिनौनी और अश्लील (पुस्तक आदि): ~ language; ~ pictures 4 (*syn.* outrageous) बेहद ज्यादा: earn an ~ amount of money;
dw/lw: **~ly** /~लि/ *US* ~लि/ *adv.* अश्लीलतापूर्वक: behave ~ly; **~ness** /~नेस/ *n.* अश्लीलता, घिनौनापन
obscenity /अब्सेनिटि/ *n.,* **obscenities** 1 अश्लीलता 2 भद्दी गालियां, अपशब्द या घिनौना काम
obscuran\tism /औब्स्क्युरैंटिजम/ *US* आःब्स्क्यु\रैंटिजम/ *n.* रूढ़िवाद, पुराणपंथ, दकियानूसीपन, पोंगापंथी;
dw/lw: **~tist/ obscurant**/ ~रैंटिस्ट/ ~रंट/ *n.* दकियानूसी, पुराणपंथी, रूढ़िवादी व्यक्ति; **~tist** *adj.* रूढ़िवादी
obscuration /अब्स्क्युरेशन/ *n.* 1 कांतिहरण, तेजक्षय 2 धलापन, आच्छादन, तम-आच्छादन 3 प्रच्छादन 4 धुंधलका, अंधेरा, अन्धकार
obscu\re /अःबस्क्यु\अः/ *adj.* 1 अंधेरा, अंधकारमय: ~ corner 2 अस्पष्ट: ~ sound; ~ feelings; ~ motives; ~ pulse 3 (*syn.* dim) धुंधला, धूमिल, फीका: ~ glass 4 अस्पष्ट, अल्पदृश्य, छिपा हुआ: many deeds of bravery remain ~ 5 दुर्बोध, दुरूह, गूढ़: ~ style; ~ explanation 6 (*syn.* dismal) निरानंद, निराशाजनक 7 अनजान, अज्ञात (not well-known): an ~ book of a forgotten author 8 गुप्त 9 (*syn.* lowly) दीन-हीन: ~ people from the JJ colony;
v., pt. **~d**, *pp.* **~ring**, *s/he/ it* **~res** 1 छिपाना, बाधित क.: the moon was **~d** by the clouds 2 जान-बूझकर उलझाना: his testimony **~d** the issue 3 धुंधला: windows **~d** by curtains 4 अस्पष्ट या दुर्बोध कर दे.: ~ the meaning of the word 5 (*syn.* overshadow) ढांकना, ढकना: his fame was **~d** by that of his great son 6 *phon.* किसी स्वर को केंद्रित व क्षीण स्थिति से उच्चरित क.;
dw/lw: **~ly** /~अःलि/ *adv.* अस्पष्ट रूप से
obscurity /अबस्क्युअःरिटि/ *n., pl.* **obscurities** 1 अप्रसिद्धि, गुमनामी, विस्मृति, अनामता, प्रच्छन्नता: live in ~; sink/ lapse into ~; spring up/ rise/ emerge from ~ 2 धुंधलापन, अंधकार 3 गूढ़ता, दुर्बोधता, अबोधता: the ~ of the style 4 अस्पष्टता, अल्पदृश्यता 5 कठिनाई
obsecra\te /औब्सिक्रे\ट/ *US* आःब्सिक्रे\ट/ *v., pt.* **~ted**, *pp* **~ting** (*syn.* beseech, supplicate) विनती क., याचना क., मांगना;
dw/lw: **obsecra\tion** /~शन/ *n.* प्रार्थना, याचना, अनुनय-विनय
obsequent /औब्सिक्वेंट/ *US* आःब्सिक्वेंट/ *adj. geol.* मूल ढलान के विपरीत बहने वाली (नदी की धारा आदि), प्रत्यनुवर्ती: ~ stream; ~ river
obse\quial /औब्सि\क्विअल/ *US* आःब्सि\क्विअल/ *adj.* अंतिम संस्कार संबंधी;
dw/lw: **~quies** /~क्विज/ *n., [pl.]* अंतिम संस्कार, अंत्येष्टि, दफन
obsequious /अब्सीःक्विअस\/ *adj.* 1 (*syn.* servile) चापलूसीपूर्ण, चाटुकारितापूर्ण: most ~ politeness 2 खुशामदी 3 जीहुजूरिया;
dw/lw: **~ly** /~लि/ *adv.* बड़ी खुशामद से; **~ness** /~नेस/ *n.* चापलूसी, चाटुकारिता
observable /अब्जःवअबल/ *adj.* 1 पालनीय: ~ holiday; forms ~ in social communication 2 (*syn.* perceptible) दृष्टिगोचर, दृश्य, इंद्रियगोचर: any ~ object 3 दर्शनीय, द्रष्टव्य, देखने लायक, नयनसुखदायी: we met with nothing ~
observance /अबजःवंस/ *n.* 1 नियमों, समझौतों, रीति-रिवाजों आदि का पालन: ~ of a treaty 2 रिवाज या प्रथाओं का पालन करने की क्रिया: the ~ of birthdays 3 रीति-रिवाजों के क्रिया-कर्म: maintain the customary **~s**
observant /अबजःवंट/ *adj.* 1 (*syn.* sharp-eyed) चौकस, सतर्क, सावधान: ~ child 2 (*syn.* perceptive) प्रतिबोधी, परिदर्शक 3 पालन करने वाला: ~ of customs 4 लागू करने वाला;
dw/lw: **~ly** /अबजःवंटलि/ *adv.* ध्यानपूर्वक, सतर्कतापूर्वक
observation /औब्जःवे\शन/ *US* आःब्जःवे\शन/ *n.* 1 अवलोकन, प्रेक्षण: ~ of natural phenomena; **~s** on the habits of ants 2 निरीक्षण, परीक्षण, जांच: he was sent to the hospital for ~; ~ data 3 देख-रेख, निगरानी: keep the patient under ~ 4 (*syn.* remark, comment) टिप्पणी, उक्ति, कथन: make an ~ on sth; he didn't make a single ~ during the whole dinner 5 अनुभूति, निगाह, दृष्टि, प्रेक्षण, ध्यान: escape ~; a man of keen ~ 6 नियमों आदि का पालन: ~ of laws 7 आसपास के क्षेत्र का अवलोकन, प्रेक्षण व अध्ययन: ~ area; ~ camp; ~ flight; ~ mission; ~ point; ~ patrol; ~ satellite; ~ station;
dw/lw: **~al** *adj.* निरीक्षण, प्रेक्षण, देख-रेख, निगरानी, अध्ययन आदि से संबंधित: ~al-balloon;
collocations: ~ **car** रेल में बड़े-बड़े शीशे की खिड़कियों वाला डिब्बा जिसमें से सैलानी गुजरते दृश्यों को अच्छी तरह देख सकते हैं; ~ **circuit** प्रेक्षण परिपथ; ~ **error** प्रेक्षण अशुद्धि; ~ **figures** प्रेक्षणांक; ~ **post** चौकी, प्रेक्षण-चौकी; ~ **tube** प्रेक्षण नली
observa\tory /अब्जवअ\टरि/ *US* ~टॉरि/ *n., pl.* **~tories** वेधशाला: ~ work
observe /अब्जःव/ *v., pt.* **~d**, *pp* **observing** 1 देखना: he **~d** that it had suddenly grown colder; it was **~d** that he often misbehaved with girls 2 ध्यान से देखना: I didn't ~ the colour of his eyes 3 (*syn.* monitor) व्यवहार, आदतों, लक्षणों, प्रतिक्रियाओं आदि का प्रेक्षण व अध्ययन क.: ~ the habits of ants/ the behaviour of birds 4 कहना, टिप्पणी क.: allow me to ~; I have very little to ~ on what has

been said 5 प्रथाओं, नियमों या विधान का पालन क.: ~ rules and regulations 6 मानना, मनाना, पूरा क.: ~ laws/ rites/ ceremonies; ~ anniversaries/ birthdays 7 के अनुसार चलना: ~ the time (समय का पालन क.) 8 बनाए रखना (keep up): ~ good manners/ the nicest decorum; ~ discipline;
dw/lw: **~d** *adj.* 1 प्रेक्षित, अवलोकित 2 पालित; **~d** *n.* प्रेक्षण, अवलोकन व अध्ययन की वस्तु या विषय: the ~d of all observers; **~r** /अब्जःवः/ *n.* 1 निरीक्षक, अनुवीक्षक: an ~r of the stars 2 दर्शक: patient ~r of nature 3 प्रेक्षक, पर्यवेक्षक: a UN ~r (संयुक्त राष्ट्र संघ का पर्यवेक्षक) 4 पालन करने वाला: an ~r of one's promises;
p&i: **~ on/ ~upon** के बारे में टिप्पणी क.; **the ~d of all ~rs** (Shakespeare) आकर्षण या ध्यान का केंद्र

obsess /अब्से\स/ *v., pt.* **~ed**, *pp* **~ing** 1 (***syn.*** haunt) दिमाग पर छाया र., ग्रस्त हो.: be **~ed** by cricket 2 अभिभूत हो. 3 संतप्त हो., मनोग्रस्त हो.: the idea that he might lose his position **~ed** him; **~ed** by a demon;
dw/lw: **~ed** /~स्ट/ *adj.* 1 अभिभूत 2 मनोग्रस्त, संतप्त: be **~ed** by/ with sb/ sth (का भूत सवार हो); **obsess\ion** /~शन/ *n.* 1 धुन, मनोग्रस्तता 2 सम्मोह, सनक 3 वहम, प्रेतबाधा 4 झोंक, जोश, आवेश 5 मनोग्रस्ति, मनोग्रंथि, सनक: it became an ~ion with him; **~ional** /~शनल/ *adj.* वहमी, मनोग्रस्त; **~ive** /~सिव/ *adj.* 1 खब्ती, वहमी, सनकी 2 मनोग्रस्त; **obsess\ive** *n.* सनकी, वहमी, मनोग्रस्त व्यक्ति; **~ively** /~सिवलि/ *adv.* खब्ती, वहमी या सनकी की तरह; **~ness** /~सिवनेस/ *n.* धुन, मनोग्रस्तता, सनक, वहम, झोंक;
collocations: **~-compulsive disorder** *psychol.* एक मानसिक रोग जिसके तहत इंसान किसी वस्तु, बात, विचार या व्यक्ति आदि के बारे में सोच-सोचकर मनोग्रस्त हो जाता है और उस पर तनावग्रस्त करने वाली बात या विचार का भूत इस तरह सवार रहता है कि वह सुध-बुध खो बैठता है

obsidian /औब्सिडीअन, अब्सिडीअन/ *US* आःब्सिडीअन, -/ *n., geol.* लावा के एकदम ठंडा होने से बना काला.चमकीला कांच, लावा कांच, आग्नेय कांच

obsole\sce /औब्सअले\स/ *US* आःब्सअले\स/ *v., pt.* **~sced**, *pp.* **~scing** किसी चीज, बात या विचार आदि का पुराना पड़ जाना और उसका चलन बंद हो जाना;
dw/lw: **obsole\scence** /~संस/ *n.* लोप, लोपोन्मुखता, अप्रचलन; **obsole\scent** /~संट/ *adj.* 1 लुप्त, लुप्तप्राय, पुराना: ~scent opinions 2 मृतप्राय: ~scent words

obsolete /औब्सअलीट\/ *US* आःब्सअलीट\/ *adj.* 1 अप्रचलित, लुप्त, जिसका अस्तित्व समाप्त हो चुका हो: ~ words/ textbook/ customs 2 (***syn.*** out of date) पुराना, पुराने फैशन का 3 शरीर के ऐसे अंग, जिन्होंने काम करना बंद कर दिया हो या जो अभी विकसित न हुए हों;
dw/lw: **~ly** /~लि/ *adv.* पुराने तरीके से; **~ness** /~नेस/ *n.* समाप्ति, पुरानापन, लोप

obstacle /औब्सटअकल/ *US* आःब्सटअकल/ *n.* 1 अवरोध, बाधा: this is no ~; throw **~s** in sb's way; remove ~; overcome/ surmount **~s** 2 (***syn.*** hindrance) विघ्न, अडंगा, रुकावट, अड़चन 3 विषम परिस्थिति 4 जटिल समस्या;
collocations: **~-clearing detachment** बाधा हटानेवाला दल; **~ course** बाधाओं पर विजय पाने का प्रशिक्षण क्षेत्र; **~-crossing ability** बाधा पार करने में सक्षमता; **~ race** सबाध या अवरोध दौड़, बाधा दौड़;
p&i: **throw ~s in sb's way** किसी के काम में अड़ंगा लगाना

obstet\ric/ ~cal /औब्स्टेट्रि\क/ ~ट्रिकल/ *US* आःब्स्टेट्रि\क/ -/ *adj.* प्रासविक, प्रसूति या प्रसव संबंधी;
dw/lw: **~rically** /~कलि/ *adv.* प्रसूति के दृष्टिकोण से; **~rician** /औब्स्टअट्रिशिअन/ *n.* प्रसूति-विशेषज्ञ, प्रसव-विज्ञानी; **obstet\rics** /~क्स/ अब्स्टेट्रिक्स/ *n.* प्रसव-विज्ञान, प्रसूति-विज्ञान, प्रासविकी, धात्री-विद्या

obstina\cy /औब्स्टि\नसि/ *US* आःब्स्टि\नसि/ *n., pl.* **obstinacies** 1 हठ, जिद, जिद्दीपन, हठधर्मी: mulish **~cy** (टट्टू-सा अड़ियलपन) 2 दुराग्रह 3 दुःसाध्यता;
dw/lw: **obstina\te** /~नअट/ *adj.* 1 (***syn.*** stubborn) अड़ियल, हठी, जिद्दी: ~te as a mule 2 राग्रही 3 दुःसाध्य, असाध्य, जिसका इलाज न हो सके: ~te sleeplessness 4 कठोर: ~te resistance; **~ly** /~नअटलि/ *adv.* 1 हठपूर्वक, जिद्दीपन से: persist ~ly; refuse ~ly 2 दुराग्रहपूर्वक

obsti\pant /ऑब्स्टि\पंट/ *adj.* स्तंभक, काबिज;
dw/lw: **obsti\pation** /~पेशन/ *n.* अतिकोष्ठबद्धता, भयंकर कब्ज

obstreperous /अब्स्ट्रेपरस\/ *adj.* 1 ऊधमी, उपद्रवी, उत्पाती 2 विद्रोही 3 बेकाबू: he was becoming remarkably ~ when thwarted 4 कोलाहलपूर्ण, शोर मचानेवाला;
dw/lw: **obstreperous\ly** /~लि/ *adv.* ऊधम, उपद्रव या उत्पात से; **~ness** /~नेस/ *n.* उत्पातता

obstruct /अब्स्ट्र\क्ट/ *v., pt.* **~ed**, *pp* **~ing** 1 रोकना, बाधित क.: ~ the traffic 2 अड़ंगा लगाना, अटकाना, टांग अड़ाना, रोड़ा अटकाना 3 अवरुद्ध क. 4 विघ्न डालना, व्यवधान डालना: ~ a person in the discharge of his duties 5 दृश्य को ढककर या बाधित करके अदृश्य बनाना: ~ a view 6 ध्वनि को अस्पष्ट क.: ~ a sound;
dw/lw: **~ed** /~क्टिड/ *adj.* बाधित, अवरुद्ध; **obstruct\ion** /~क्शन/ *n.* 1 (***syn.*** blockage) बाधा, रुकावट, अड़चन, अड़ंगा 2 प्रतिरोध, विरोध 3 अवरोध, विघ्न, व्यवधान: policy of ~ion; ~ion in the pipe; **~ive** /~क्टिव/ *adj.* अवरोधकारी, बाधक, व्यवधानिक, अवरोधक, विघ्नकारी, प्रतिरोधात्मक; **~ively** /~क्टिवलि/ *adv.* विघ्नकारी या अवरोधक ढंग से; **~ionism** /~क्शनिज्म/ *n.* अड़ंगेबाजी, अड़ंगा-लगाओ-नीति, प्रतिरोध-नीति, रास्ता-रोको नीति; **~ionist** /~क्शनिस्ट/ *n.* अवरोधी, अड़ंगेबाज, विघ्नकारी, बाधक, प्रतिरोधवादी व्यक्ति; **~or** /~क्टः/ *n.* विघ्नकारी, बाधित करने वाला, अवरोधक, बाधक व्यक्ति, विघ्नकर्ता

obstruent /औब्स्ट्रुअंट/ *US* आःब्स्ट्रुअंट/ *adj., med.* 1 अवरोधक, बाधक 2 *phon.* शोर-शराबे वाली, ध्वनिवाचक (व्यंजन)

obtain /अब्टे\न/ *v., pt.* **~ed**, *pp* **~ing** 1 प्राप्त क., पाना: ~ experience; ~ knowledge through years of hard study; ~ information 2 हस्तगत क., हथियाना लेना: ~ a position/ what one wants 3 (***syn.*** apply) प्रचलित हो., लागू हो.: the custom still **~s** in some districts; these views no longer ~;
dw/lw: **~able** /~नअबल/ *adj.* (***syn.*** available) प्राप्य, सुलभ; **~ed** /अब्टेंड/ *adj.* प्राप्त, लब्ध; **~ment** /~नमंट/ *n.* प्राप्ति

obtru\de /अःब्ट्रू\ड/ *v., pt.* **~ded**, *pp* **~ding** 1 अपने विचारों या अपने आप को किसी पर थोपना, लादना: **~de** one's opinions upon others; **~de** sth/ sb on/ upon sb 2 जबरदस्ती क., अनुचित दखल दे.: **~de** oneself 3 धकेलना 4 बाहर निकालना 5 घुस आना या जाना, बलात् प्रवेश क. 6 सड़कछाप या भद्दे तरीके से नाम चमकाना;
dw/lw: **~der** /~डः/ *n.* दस्तंदाज, जबरदस्ती घुसनेवाला, घुसपैठिया; **obtru\sion** /~जन/ *n.* दस्तंदाजी, थोपने की क्रिया, बलात् प्रवेश, घुसपैठ: ~sion of one's views; **obtru\sive** /~सिव/ *adj.* 1 (***syn.*** protruding) बाहर निकला हुआ: a sharp ~sive edge 2 दिखावा करने वाला 3 बाधा खड़ी करने वाला, टांग अड़ाने वाला 4 हठी, ढीठ 5 दुःसाहसी, धृष्ट; **~sively** /~सिवलि/ *adv.* ढीठतापूर्क, धृष्टतापूर्वक; **~siveness** /~सिवनेस/ *n.* ढीठता, धृष्टता, लीचड़पन

obtrunca\te /अब्ट्रंके\ट/ *v., pt.* **~ted**, *pp* **~ting** 1 (***syn.*** decapitate) सिर काटना 2 फुनगी काटना, फुनगियाना (a tree)

obtrusive *see above under* **obtrude:** ***dw/lw***
obtund /अब्टंड/ *v., pt.* **~ed**, *pp* **~ing** निस्तेज या कुंठित कर दे.: the sense of smell is **~ed;**
dw/lw: **obtund\ent** /अब्टंडंट/ *n.* शांत करने वाली दवा
obtura\te /औब्ट्युअरे\ट/ *US* आःब्ट्युअरे\ट/ *v., pt.* **~ted**, *pp* **~ting** छिद्र बंद क., अवरुद्ध क.;
dw/lw: **obtura\tion** *n.* छिद्र अवरोधन, छिद्र अवरोध; **~tor** *n.* अवरोधक
obtuse /अब्ट्यूस\/ *adj.* 1 मूर्ख, मंदबुद्धि: ~ mind; an ~ person 2 भोथरा, कुंद, कुंठित 3 ऐसा कोण जो 900 से अधिक और 1800 से कम हो: ~-angled triangle 4 (***syn.*** dull) मंद: ~ pain 5 *bot.* कुंठाग्र;
dw/lw: **obtuse\ly** /~लि/ *adv.* 1 कुंठित ढंग से 2 मंद-मंद; **~ness/ obtusity** /~नेस/ अब्ट्यूसिटि/ *n.* 1 मूर्खता, बुद्धि-शैथल्य 2 भोथरापन, कुंठा
obumbrate /अबम्ब्रेट/ *adj.* छिपा हुआ, ढका हुआ
obverse /औब्वःस/ *US* आःब्वःस/ *n.* 1 (***syn.*** head) सिक्के का सामने का पहलू 2 प्रतिवस्तु, पूरक 3 विपर्याय, मुख, चेहरा, चित्त 4 सीधा कपड़ा 5 (***syn.*** logic) प्रतिवर्तित वाक्य, प्रतिवृत्त 6 अग्रभाग, पुरोभाग 7 (***syn.*** counterpart) दूसरा पहलू, दूसरा पक्ष, प्रतिपक्ष; ***adj.*** 1 सामने का, विलोम, प्रतिपक्षी 2 अभिमुख, प्रतिमुख, परिपूरक; **~ly** /औब्वःसलि/ *adv.* सामने की तरफ से, प्रतिपक्ष से; **obversion** /~शन/ *n.* प्रतिवर्तन
obvert /ऑब्वःट/ *v., pt.* **~ed**, *pp* **~ing** प्रतिवर्तित क.
obvia\te /औब्विए\ट/ *US* आःब्विए\ट/ *v., pt.* **~ted**, *pp* **~ting** 1 परे क., दूर हटाना, भगाना: **~te** danger 2 निराकरण या निवारण क.: **~te** a difficulty (हटाना) 3 अनावश्यक बनाना: **~te** a necessity;
dw/lw: **~tion** /~शन/ *n.* 1 निराकरण, छुटकारा 2 निरस्तीकरण
obvious /औब्विअस\/ *US* आःब्विअस\/ *adj.* 1 जो आसानी से समझ में आ जाए: an ~ meaning/ intention 2 स्पष्ट, सुस्पष्ट: for an ~ reason; an ~ remark 3 प्रत्यक्ष, प्रकट: the joke was coarse and ~; his correctness of speech/ politeness was perhaps a little ~;
n. (**the obvious**) स्पष्ट बात या वस्तु;
dw/lw: **obvious\ly** /~लि/ *adv.* 1 साफ है कि: ~ly he has not recognized me 2 स्पष्ट ढंग से; **~ness** /~नेस/ *n.* स्पष्टता, प्रत्यक्षता
OC *abbr.* 'Officer Commanding', 'Officer-in-Charge', (Officer of the) 'Order of Canada', *philately* 'original cover' की प्रथमाक्षरी
oc *abbr.* 'only child' की प्रथमाक्षरी
o/c *abbr.* 'overcharge' की प्रथमाक्षरी
ocarina /औकअरीःना/ *US* आःकअरीःना/ *n.,* **~s** मशकबीन की तरह का वाद्य
OCCAM/ occam *n., comput.* कंप्यूटर के सॉफ्टवेयर की भाषा
occasion /अकेजन/ *n.* 1 अवसर: met on three **~s**; on all **~s** 2 त्योहार जैसा कोई अवसर: on the ~ of birth day; this festive ~; this is quite an ~ 3 सुयोग: it's not the ~ for laughter/ rejoicing 4 कारण: have no ~ to be sad; have no ~ to be angry/ to laugh/ to cry 5 संभावना, मौका: profit by the ~ 6 समय, सामयिक हेतु: choose one's ~; I haven't had ~ to attend to it;
v., *pt.* **~ed**, *pp* **~ing** 1 का कारण बनना: ~ a riot 2 उत्पन्न क., पैदा क.: ~ for sb great anxiety;
p&i: **an ~ lost cannot be redeemed** कमान से निकला तीर और जबान से निकला शब्द वापस नहीं आ सकते; **be equal to the** ~ स्थिति पर पूर्ण नियंत्रण हो., अवसर अनुसार खरा उतरना; **on occasion(s)** कभी-कभी; **rise to the** ~ अवसर अनुसार खरा उतरना; **take** ~ अवसर का फायदा उठाना या उसका सही उपयोग क.

occasional /अकेजन\ल/ *adj.* 1 कभी-कभार होन वाला, विरला: she pays me an ~ visit; ~ bouts of pain; ~ verses; ~ speaker 2 जो नियमित न हो: ~ reader in the library; that sort of thing is quite ~, it's not the rule 3 प्रसंगाश्रयी, संयोगवश होने वाला;
dw/lw: **occasional\ly** /~लि/ *adv.* कभी-कभी, यदा-कदा, समय-समय पर, कभी-कभार: I go to the movies ~ly; **~ism** /~लिज्म/ *n. philos.* संयोगवाद, Cartesian दर्शन जिसके अनुसार आत्मा और पदार्थ में स्पष्ट रूप से होने वाला पारस्परिक आदान-प्रदान भगवान की मर्जी से होता है और वह एक दूसरे में होने वाले विशेष परिवर्तनों का कारण होता है; **~ist** /~लिस्ट/ *n.* उपर्युक्त कार्टेजिअनी धारणा का अनुयायी;
collocations: **~ bourne** अनियमित नदिया; **~ break** अनियमित अवकाश, अंतराल; **~ table** फुटकर कामों के लिए प्रयोग की जानेवाली चल साइड-टेबल
Occident /औक्सिडंट/ *US* आःक्सिडंट/ (*also* **the Occident**) *n.* 1 युरोप और अमेरिका के देश, पश्चिमी देश 2 (*also* **occident**) *poetic* आकाश (क्षितिज) का वह भाग जहां सूर्य अस्त होता है;
dw/lw: **occident\al** /औक्सिडें\टल/ *US* आःक्सिडें\टल/ (*also* **Occident\al**) *adj.* पश्चिम का, पश्चिम से संबंधित, पश्चिमी: ~al civilization/ habits/ climate; (*usually*) **occident\al** *n.* 1 पश्चिम का निवासी 2 पश्चिमी व्यक्ति; **~list** /~टअलिस्ट/ *n.* पाश्चात्य मूल्यों का अनुयायी; **~alism** /~टअलिजम/ *n.* पाश्चात्यवाद, पाश्चात्य सभ्यता; **~alize/ ~alise** /~टअलाइज/ *v,. pt.* ~alized *pp.* ~alizing पश्चिमी बनाना, पाश्चात्यकरण क.; **~ally** /~टलि/ *adv.* पाश्चात्य मूल्यों के अनुसार
occipital /औक्सिपिटल/ *US* आःक्सिपिटल/ *adj., anat.* सिर के पीछे के अंग से संबंधित, पश्च-कपाल: ~ artery/ bone (अनुकपाल-अस्थि, पश्च-कपाल-अस्थि); ~ fracture;
dw/lw: **occiput** /औक्सिपट/ आःक्सिपट/ *n. anat.* अनुकपाल, पश्च-कपाल
Occitan / औक्सिटअन/ *US* आःक्सिटैन/ *n.* दक्षिणी फ्रांस की पारंपरिक भाषा
occlu\de /अक्लू\ड/ *v., pt.* **~d**, *pp* **occluding** 1 किसी छेद को अवरुद्ध या बंद क.: **~de** pores 2 किसी चीज को अंदर से बाहर जाने या बाहर से अंदर जाने से रोकना: sink ships to **~de** the harbour 3 आंख को बंद करने के लिए ढकना 4 गैस आदि को सोखना 5 रक्त-वाहिका से खून बहना बंद क. 6 *dentistry* ऊपर के दांतों को निचले दांतों पर टिकाकर बंद क.: his teeth do not **~de** properly 7 *metereol.* बंद वायुमंडलीय क्षेत्र बनाना;
dw/lw: **~ded** /~डिड/ *adj.* अवरुद्ध, संरोधित, अधिधारित; **occlu\dent** /~डंट/ *n., adj.* अवरोधक; **occlu\der** /~डः/ *n. ophthalmol.* आंख ढकने या बंद करने का उपकरण;
collocations: **~ded front** (*also* **occlusion**) *n.* वायुमंडलीय दबाव (गर्त) का अंतिम चरण जब सर्द सीमाग्र गर्म सीमाग्र से आगे निकल कर जमीन से गर्म हवा को ऊपर उठा देता है
occlu\sion /अक्लू\जन/ *n.* 1 किसी छिद्र का संरोधन या अवरोधन 2 संरोध, अवरोध 3 ऊपरी और निचले दांतों का मिलन और बीच के फासले की समाप्ति 4 वायुमंडलीय सीमाग्रों का मिलन और उनके बीच की खाई को पाटने की क्रिया 5 *phon.* व्यंजनों को उच्चरित करते समय श्वास नली या छिद्र का बंद होना, स्पर्शता;
dw/lw: **occlu\sive** /~सिव/ *adj.* 1 संरोधक 2 अधिधारक 3 *phon.* श्वास छिद्र के अवरोध या स्पर्श से पैदा होनेवाली ध्वनि; **occlu\sor** /~सः/ *n.* संवारक
(the) occult / औक\ल्ट, अक\ल्ट/ *US* आःकल्ट, -/ *n.* 1 तंत्र-मंत्र, जादू-टोना, तांत्रिक विद्या 2 गूढ़, रहस्यमय व अनहोनी प्रक्रियाओं में विश्वास व उनका पालन;
adj. 1 (***syn.*** supernatural) रहस्यमय, गूढ़, अनहोनी: ~ sciences (ज्योतिष विद्या, गुप्तविद्या, तंत्र-मंत्र) 2 गुप्त, गोपनीय: ~ qualities; ~ minerals 3 मात्र प्रेषक, स्वयं और कुछ विशेष गिने-चुने लोगों को समझ आने वाला 4 जो सामान्य समझ से परे हो;

v., pt. **~ed**, *pp* **~ing** 1 छिपाना, प्रच्छादित क. 2 रहस्यमय ढंग से काम क. 3 एक ग्रह द्वारा दूसरे को प्रच्छादित क.;

dw/lw: **occult\ation** /~ल्टेशन/ *n.* 1 *astron.* अपगूहन, एक ग्रह द्वारा दूसरे का प्रच्छादन, तारा प्रच्छादन ग्रहण 2 तिरोभाव 3 लोप: his fame was already emerging from the ~ation of changing fashion; **~ed** /~ल्टिड/ *adj.* गुप्त, छिपा हुआ; **~ism** /~ल्टिजम/ *n.* 1 जादू-टोना, तंत्र-मंत्र, गुप्तविद्या आदि में लिप्तता 2 तंत्र-मंत्रवाद 3 तंत्र विद्या; **~ist** /~ल्टिस्ट/ *n.* तांत्रिक, अभिचार करने वाला; **~ly** /~ल्टलि/ *adv.* 1 गुप्त रूप से ***2*** रहस्यमय ढंग से; **~ness** /~ल्टनेस/ *n.* 1 रहस्यमयता, चमत्कारिता 2 गुप्तता, गूढ़ता, अज्ञेयता;

collocations: **Occulting light** प्रच्छादित करनेवाला प्रकाश

occupance /औक्युपंस/ *US* आःक्युपंस/ *n.* अधिनिवासन, कब्जा

occu\pancy /औक्यु\पंसि/ *US* आःक्यु\पंसि/*n.,* **~pancies** 1 अधिकार 2 दखल, कब्जा: **~pancy** right (भोगाधिकार); **~pancy** tenant (दखीलकार, दखलकार) 3 कब्जे का काल 4 कुल क्षेत्र और कब्जे वाले क्षेत्र (covered area) का अनुपात 5 कब्जा लेने की क्रिया 6 विदेशी क्षेत्र पर कब्जा;

dw/lw: **occu\pant** /~पंट/ *n.* 1 रहने वाला, काबिज, दखलदार: the ~pant of the room 2 अधिभोक्ता, दखलकार 3 जिसने कब्जे की बदौलत स्वामित्व अधिकार पा लिया हो 4 पदाधिकारी (of office)

occupa\tion /औक्युपेशन\/ आःक्युपेशन\/ *n.* 1 व्यवसाय, नौकरी, धंधा, पेशा, रोजगार, उप-जीविका: men out of **~tion**; **~tion** suited to one's abilities; **~tion** of position 2 अधिकार, आधिपत्य, दखल: American **~tion** of Iraq; areas under **~tion** 3 समय बिताने के लिए किया जाने वाला काम: painting water-colours is his favourite **~tion** 4 किसी क्षेत्र पर कब्जा: **~tion** of a town/ of a country by the enemy; military **~tion**; army of **~tion** (कब्जा करने वाली सेना) 5 थोड़े समय के लिए रहनेवाला हथियारबंद कब्जा या नियंत्रण: the terrorists' **~tion** of the school;

dw/lw: **occupa\tional** /~ल/ *adj.* व्यवसाय-संबंधी, व्यावसायिक, पेशेवर: ~tional pension; **~tionally** /~लि/ *adv.* पेशे के लिहाज से;

collocations: **~tional disease** पेशे से जुड़ी या उसके कारण पैदा होने वाली बीमारी; **~tional exposure** व्यावसायिक प्रभावन; **~tional hazard** व्यावसायिक जोखिम; **~tional psychology** व्यावसायिक मानसिकता; **~tional therapy** रोगी को किसी रोचक एवं रचनात्मक काम में लगाकर किया जाने वाला इलाज; **~tional therapist** रोगी को किसी रोचक एवं रचनात्मक काम में लगाकर इलाज करने वाला डॉक्टर; **~tional therapy** रोगी को रोचक व रचनात्मक काम में लगाकर किया जानेवाला उपचार

occupied /औक्युपाइड/ *US* आःक्युपाइड/ *adj.* 1 किसी के इस्तेमाल में: ~ area; ~ rooms in the hotel 2 (***syn.*** busy) व्यस्त: she cannot come today as she is ~ 3 अधिकृत, कब्जे में, नियंत्रण में: live in areas ~ by an enemy

occupier /औक्युपायः/ आःक्युपायः/*n. UK* 1 काबिज, दखलकार 2 पदाधिकारी 3 रहने वाला

occu\py /औक्यु\पाइ/ आःक्यु\पाइ/ *v., pt.* **~pied**, *pp* **~pying**, *s/he/ it* **~pies** 1 समय या जगह ले लेना: school **~pies** all my time 2 कमरे आदि में काबिज हो.: **~py** a house/ room/ a cottage; **~py** a seat 3 कब्जा क., अधिकार में लेना, अधिकृत क.: **~py** a country/ a town/ enemy territory 4 (***syn.*** hold) पद आदि पर विराजमान हो.: **~pies** an important position in the Ministry 5 दखल क., अधिभोग क. (by tenure) 6 (***syn.*** dwell) में निवास क., रहना 7 जगह लेना, घेरना, छेंकना: the playground **~pies** three blocks 8 (***syn.*** employ) काम में लगाना 9 किसी काम में व्यस्त होकर समय बिताना: **~pied** the journey with reading a book; **~py** oneself; workmen were **~pied** in pulling down the house 10 से त्रस्त या ग्रस्त हो: many cares and anxieties **~pied** his mind

occur /अकः/ *v., pt.* **~red**, *pp* **~ring** 1 घटित हो., हो.: this must not ~ again 2 पाया जाना, वजूद में हो.: black sheep ~ in all families 3 सूझना: it **~red** to me that it might rain today;

dw/lw: **occur\rence** /अकरंस/ *n.* 1 घटना: an everyday ~rence; an ~rence of no importance 2 उपस्थिति या प्राप्ति स्थान, होने की क्रिया: of frequent ~rence; the ~rence of thunder in winter is comparatively rare; **~rent** /अकरंट/ *adj.* घटने वाला या घटने वाली (किस्सा या बात)

OCD *abbr.* 'obsessive compulsive disorder' की प्रथमाक्षरी

ocean /ओशन/ *n.* 1 महासागर 2 पांच महासागरों (अटलांटिक महासागर, हिंदमहासागर, भूमध्य महासागर, प्रशांत महासागर, अंटार्कटिक महासागर आदि) में से एक 3 समुद्र 4 (**the oceans**) बहुत बड़ी मात्रा या संख्या में: **~s** of wine; **~s** of time/ money, ~ of opportunities;

adj. समुद्री, सागरीय: ~ coal; ~ bed (समुद्री तल); ~ monster (समुद्री दानव); ~ liner (समुद्री यात्री जहाज);

dw/lw: **~arium** *see below under separate entry*; **~-front** *n.* समुद्र-तट पर स्थित: ~-front hotel; **~-going** *adj.* 1 समुद्र के आर-पार चलने वाले (जहाज आदि) 2 समुद्र यात्रा के लिए चुस्त-दुरुस्त: ~-going submarine; **Oceania** *see below under separate entry*; **ocean\ophilous** /ओशिऐ\नोफिलस/ *adj.* सागररागी, सागर-प्रेमी; **ocean\ic** /~निक/ *adj.* 1 समुद्री, महासागरीय: ~ic birds/ fish 2 विशाल; **~icity** /~निसिटि/ *n. meteorol.* जलवायु में समुद्रीय या महासागरीय पुट, समुद्रीयता; **ocean\odromy** /~नौड्रमि/ *US* ~नाःड्रमि/ *n.* समुद्रगामिता; **ocean\ography** /~नौग्रफि/ *US* /-नाः-/ *n.* समुद्र-विज्ञान; **~ographer** /~नौग्रफः/ *US* /-नाःग्रफः/ *n.* समुद्र-विशेषज्ञ; **~ographic/ ~ographical** /~नौग्रफिक/ ~नौग्रफिकल/ *US* /-नाः-/ *adj.* समुद्र-वैज्ञानिक (अध्ययन);

collocations: **~ lane** जहाज का निर्धारित मार्ग, पोत मार्ग; **~ network** महासागरीय मार्ग जाल; **~ trench** समुद्र तल में एक लंबा गहरा छेद

ocean\ology /ओशनौलजि/ *US* /-नाः-/ *n.* समुद्र-विज्ञान;

dw/lw: **~ological** /ओशनअलौजिकल/ *US* ओशअनअलाःजिकल/ *adj.* समुद्र-विज्ञान से संबंधित; **~ologist** /ओशअनौलजिस्ट/ *n.* समुद्र-विज्ञानी; **~-spanning** /ओशन-स्पैनिंग/ *adj.* अंतर्महाद्वीपीय: ~-spanning rocket; **~-wide** /ओशन-वाइड/ *adj.* महासागर-सा विशाल;

oceanarium /ओशएनेरिअम/ *n., pl.* **~s**/ **oceanaria** 1 नमकीन पानी का एक बहुत बड़ा मछली घर 2 एक बड़ा-सा मछली ताल जहां मछलियां दर्शनार्थ व अध्ययनार्थ रखी जाती हैं 3 समुद्र में बंध लगाकर अलग किया हुआ हिस्सा, जिसमें नाना प्रकार के समुद्री जीव पाले जाते हैं

Oceania /ओशिआनिआ/ ओशिWनिआ/ *n.* पोलिनेशिया (Polynesia), माइक्रोनेशिया (Micronesia), मेलानेशिया (Melanesia) (कभी-कभी आस्ट्रेलिया और मले आर्कीपिलागो /Malay Archipelago/) आदि से मिलकर बना ओशिएनिया नामक क्षेत्र-समूह;

dw/lw: **Oceanian** /ओशिऐनिअन/ *adj.* 1 ओशिएनिया (**Oceania**) से संबंधित 2 ओशिएनिया का निवासी

ocella\tion /औसि\लेशन/ *US* आःसि\लेशन/ *n.* नेत्रांकन;

dw/lw: **ocella\r** /~लः/ *adj.* नेत्रक; **ocella\te** /~ट/ *adj.* 1 नेत्रांकित 2 नेत्र-सा 3 धब्बेदार

ocellus /ओसेलस/ *n., pl.* **ocelli** /ओसिलाइ/ नेत्रक, सरल आंख

ocelot /औसअलौट/ *US* आःसअआःट/ *n.* तेंदुए की जाति का एक जानवर

och *excl.* ओह!

oche /औकि/ *US* आःकि/ (also **hockey**/ **hockey line**) *n.,* *pl.* **~s** *darts* ऐसी रेखा जिसके पीछे खड़ा होकर खिलाड़ी गेंद फेंकता है

ochlocra\cy /औक्लौ\क्रसि/ *US* आक्लआः\क्रसि/ *n., pl.* **~cies** 1 भीड़-तंत्र, भीड़ का राज, जनता-तंत्र 2 ऐसा राज्य जहां जनता का बोल-बाला हो;
dw/lw: **ochlocra\t** /~क्रअट/ *n.* जनता-तंत्रवादी व्यक्ति; **~tic/ ~tical** /~क्रअटिक/ ~ल/ *adj.* जनता-तंत्रवादी

ochlopho\bia /औक्लोफो\बिआ/ *US* आःक्लोफो\बिआ/ *n.* जनता-भीति, जनता का भय;
dw/lw: **ochlopho\biac** /~बिऐक/ *n.* जन-आक्रोश से त्रस्त व्यक्ति; **ochlopho\bic** /~बिक/ *adj.* जन-आक्रोश ग्रस्त या जन-आक्रोश से त्रस्त

ochone /अखोन, औखोन/ *excl.* ओह (oho!)

ochre /ओकः/ (*also US* **ocher**) *n., pl.* **~s** गेरू, गैरिक, रामरज मिट्टी;
v. pt. **ochred/ ochered, ochring/ ochering** गेरू लगाना;
dw/lw: **ochraceous/ ochreous/ ochrous/ ochry** /ओक्रेशिअस/ ओक्रिअस /ओक्रस/ ओक्रि/ *adj.* गेरुमय, गेरू से भरा हुआ

ochrea/ ocrea /औकरि\आ/ *US* आःकरि\आ/*n., pl.* **ochreae** /~आइ/ तने के इर्द-गिर्द जोड़े गए पत्तों का आवरण

-ock /-अक/ *suffix. forming nouns, indicating:* **a diminutive** (किसी चीज का छोटा रूप): hillock

ocker /औकः/ *n., Austral. sl.* (*often* **Ocker**) 1 गंवार और बेढंगा ऑस्ट्रेलियाई व्यक्ति 2 लड़ाका या झगड़ालू ऑस्ट्रेलियाई आदमी

o'clock /अक्लौक/ *US* अक्लाःक/ *adv.* **four/ five ... o'clock** चार/ पांच ... बजे;
p&i: **find whar o'clock it is** वस्तु-स्थिति का पता चलना; **like one o'clock** तुरंत, जल्दी-जल्दी, सिर पर पैर रखकर

OCR *abbr. comput.* 'optical character recognition reader/ reading' की प्रथमाक्षरी

Oct. *abbr.* 'October' का संक्षेप

oct. *abbr.* 'octavo' का संक्षेप

octachord /औक्टअकौःड/ *US* आःक्टअकाःड/ *adj., music* अठतारा, अष्टस्वरग्राम

octad /औक्टैड/ *US* आःक्टैड/ *n.* 1 अष्टक 2 आठ वस्तुओं आदि का समूह, सेट या कड़ी

octagon /औक्टअ\गन/ *US* आःक्टअ\गन/ *n.* अष्टभुज, आठ भुजाओं और कोणों से बना एक सम रेखाचित्र या आरेख;
dw/lw: **octagonal** /~गनल/ *adj.* अष्टभुजाकार, अष्टभुजीय

octahed\ron/ octohed\ron /औक्टअ\हीड्रन/ *US* आःक्टअ\हीड्रन/ *n., pl.* **octahedra/ octahedrons** अष्टफलक, अष्टफलकीय सम आरेख;
dw/lw: **~ral** /~हेडरल/ *adj.* अष्टफलकीय

octal /औक्टल/ *US* आःक्टल/ *adj. math., comput.* 1 अष्टाधारी, अंक आठ पर आधारित: ~ system (अष्टाधारी प्रणाली) 2 संख्या प्रणाली जिसका आधार 8 और अंक 0 से 7 होते हैं 3 अष्टाधारी अंक

octameter /औक्टैमिटः/ *US* आःक्टैमिटः/ *n., poetry* अष्टपद पंक्ति

octane /औक्टेन/ *US* आःक्टेन/ *n.* औक्टेन नाम का रंगविहीन तरल (formula: **C8H18**), जिसे पैट्रोल में विलायक के रूप में प्रयुक्त करते हैं;
collocations: **~ number and ~ rating/ value** पैट्रोल की गुणवत्ता स्थापित करने की प्रणाली

octangular /औक्टैंग्युलः/ *US* आःक्टैंग्युलः/ *adj.* अष्टकोणीय

octant/ octantal /औकटंट/ औकटंटल/ *US* आःकटंट/ आःकटंटल/ *n., adj. math.* अष्टांशक, अष्टक, वृत्त की परिधि का आठवां भाग

octarchy /औक्टाःकि/ *US* आःक्टाःकि/ *n.* आठ लोगों के समूह द्वारा सत्ता-चालन

octastyle /औक्टअस्टाइल/ *US* आःक्टअस्टाइल/ *n.* अष्टस्तंभ

octavalent /औक्टअवेलंट/ *US* आःक्टअवेलंट/ *adj.* अष्टसंयोजी

octave /औक्टिव, औक्टेव/ *US* आःक्टिव, आःक्टेव/ *n., music* 1 आठ पर आधारित कड़ी 2 अष्टक सरगम, सप्तकः ~ note (अष्टम स्वर) 3 आठवां दिन, आठ दिन (of eight days) 4 अष्टमी 5 *prosody* अष्टपदी, चतुर्दशी कविता (sonnet) की प्रथम आठ पंक्तियां 6 *fencing* आठ बचाव वारों में से आठवां वार

octavo /औक्टेवो/ *US* आःक्टेवो/ *n., pl.* **~s** *print., publishing* अठपेजी फर्मा

octennial /औक्टेनिअल/ *US* आःक्टेनिअल/ *adj.* अष्टवर्षीय, हर आठवें वर्ष होने वाला;
dw/lw: **octennially** /औक्टेनिअलि/ *US* आःक्टेनिअलि/ *adj.* हर आठवें वर्ष

octet/ octette /औक्टेट/ *US* आःक्टेट/ *n.* 1 आठ लोगों या वस्तुओं का समूह 2 आठ संगीतकारों की टोली 3 *prosody, poetry* अष्टपदी, चतुर्दशी कविता (sonnet) की प्रथम आठ पंक्तियां 4 *nuclear phys.* आठ इलेक्ट्रोनों का समूह

octillion /औक्टिलिअन/ *US* आःक्टिलिअन/ *n., cardinal number* 1 ब्रिटेन और जर्मनी में: 10^{48} 2 उत्तरी अमेरिका और फ्रांस में: 10^{27}

octingentenary /औक्टिन्जेंटीनरि/ *US* आःक्टिन्जेंटीनरि/ *n.* अष्टशताब्दी

octo- / octa- *comb. form signifying*: **eight** (आठ, 8 दर्शाने वाला पूर्वप्रत्यय या उपसर्ग)

October /औक्टोबः/*US* आःक्टोबः/ (*abbr.,* **Oct.**) *n.* अक्तूबर

octocente\nary /औक्टोसेंटी\नरि/ *US* आःक्टोसेंटी\नरि/ *n.* अष्टशताब्दी;
dw/lw: **~nnial** /~निअल/ *adj.* अष्टशताब्दीय

octodecimo /औक्टोडेसिमो/ *US* आःक्टोडेसिमो/ *n.* अठारहपेजी फर्मा

octogenarian /औक्टोजनेअरिअन/ आःक्टोजनेअरिअन/*n.* 80 से 90 वर्ष का व्यक्ति;
adj. 80 से 90 वर्षीय, अशीति-वर्षीय

octogynous/ octagynous /औक्टौजिनस/ *us* आःक्टाःजिनस/*adj. bot.* अष्ट-गर्भकेसरीय

octolocular /औक्टोलोकुलः/ *US* आःक्टोलोकुलः/ *adj.* अष्टकोष्ठिका

octonal/ octonary /औक्टअनल/ औक्टअनरि/ *US* आःक्टअनल/ आःक्टअनरि/ *adj.* अष्टक

octonian /औक्टअनिअन/ *US* आःक्टअनिअन/ *adj.* अष्टैकक

octopod /औक्टअपौड/ *US* आःक्टअपाःड/ *n, adj.* अष्टपाद

octopus /औक्टअ\पस/ *US* आःक्टअ\पस/ *n., pl.* **~es** आठ पैरों वाला जल-जीव, अष्टभुज;
collocations: **~trousers** (*US* **octopus** pants) ऐसी पैंट जिससे कई पट्टियां लटकती रहती हैं

octopush /औक्टअपुश/ *n., pl.* **~es** जल-हॉकी

octoroon/ octaroon /औक्टअरून/ *US* आःक्टअरून/ *n.* ऐसा व्यक्ति जिसके पूर्वजों में से कोई एक अफ्रीकी या कैरिबियन मूल का रहा हो

octo\syllabic /औक्टो\सिलैबिक/ *US* आःक्टो-/ *adj.* आठ शब्दांशोंवाला, अष्टाक्षरी;
dw/lw: **~syllable** /औक्टोसिलैबल/ *US* आःक्टोसिलैबल/ *n.* अष्टशब्दांश, अष्टाक्षर

octozoic /औक्टअजोइक/ *US* आःक्टअजोइक/ *adj.* अष्ट बीजाणुज

octroi /औक्ट्रवाः/ *US* आःक्ट्र\वाः/ *n.,* **octrois** /~वाःज/, *Fr.* चुंगी;
collocations: **~ barrier** चुंगी नाका; **~ post** चुंगी चौकी

octuple /औक्ट्यूपल/ *US* आःक्ट्यूपल/ *adj.* अठगुना, अष्टगुण, अष्टविध;
v., pt. **~d,** *pp.* **octupling** आठ से गुणा क. या आठ गुणा बनाना

octuplet /औक्ट्यूप्लअट/ *US* आःक्ट्यूप्लअट/ *n., music* 1 छः

स्वरों के समय आठ स्वरों को बजाना 2 एक बार में जन्मे आठ बच्चों में से एक

octupole /औक्ट्यूपल/ *US* आःक्ट्यूपल/ *n.* अष्टध्रुव

ocu\lar /औक्यु\लः/ *US* आःक्यु\लः/ *adj.* 1 नेत्र-संबंधी, नैत्र 2 नेत्राकार, चाक्षुष 3 प्रत्यक्ष, दृश्य: ~ demonstration/ proof/ testimony;

n. नेत्रिका, नेत्र, आंख;

dw/lw: **ocu\late/ ocu\lated** /~लट/ ~लेटिड/ *adj.* नेत्राकार, आंख की तरह गोल; **~ist** /औक्युलरिस्ट/ *n.* नेत्र विशेषज्ञ, नेत्र-चिकित्सक, कृत्रिम आंखें बनाने वाला, नेत्रकार

oculo- /औक्यूलो/ *US* आःक्यूलो/ *comb. form, signifying:* **the eye or vision** (नजर, नेत्र या नेत्र-दृष्टि): **oculo**motor

oculomotor /औक्युलोमोटः/ *US* आः-/ *adj.* आंख को इधर-उधर चलाने वाली मोटर, अक्षिप्रेरक: **~motor** nerve (अक्षिप्रेरक तंत्रिका)

oculus /औक्यु\लस/ *US* आःक्यु\लस/ *n. pl.* **oculi** /~लाइ/, *arch.* गोल खिड़की

OD *abbr.* 'officer of the day', (*also* **O/D**) 'on demand', 'overdrawn', 'ordnance datum' की प्रथमाक्षरी

OD *abbr., sl.* 'overdose' का संक्षेप (नशीली दवा का अत्यधिक मात्रा में सेवन);

v. pt. **OD'd** (नशीली दवा अत्यधिक मात्रा में सेवन करता था), *pp* **OD'ing** (नशीली दवा अत्यधिक मात्रा में सेवन कर रहा है), *s/he/it* **OD's** (नशीली दवा अत्यधिक मात्रा में सेवन करता या करती है)

ODA *abbr.* 'Overseas Development Administration' की प्रथमाक्षरी

odalisque /ओडअलिस्क/ *n. hist.* (***syn.*** concubine) तुर्की के सुल्तान की दासी या उसके हरम में रखैल

odd /औड/ *US* आःड/ *adj., degr.* **~er, ~est** 1 अजीब, विचित्र, अनोखा, अनूठा, निराला, विलक्षण: an ~ face; ~ manners; ~ way of speaking; that's very ~ 2 लगभग, से अधिक: thirty ~ kids; thirty years ~; fifty and some ~ miles 3 (***anton.*** even) विषम सांख्यिक, *math.* विषम, जो दो से विभाजित न हो: cars with ~ numbers allowed on ~ dates 4 अलग-थलग जगह पर 5 (***syn.*** surplus) शेष, अतिरिक्त, जो सेट बनने से बच गया 6 (***syn.*** unpaired) जोड़े से मेल न खाने वाला, अयुग्म, वियुग्म, इकला, इकल्ला, अकेला: ~ socks (बेमेल मोजे); the box was full of ~ gloves 7 (***syn.*** occasional) कभी-कभी होनेवाला, अनियमित;

dw/lw: **oddball** /~बाःल/ *n., originally US, colloq.* अजीब और सनकी व्यक्ति; **~ball** *adj.* (***syn.*** bizarre) गड़बड़, विचित्र, बेतुका, अजीब; **~-come-short** *n.* बचा हुआ टुकड़ा, फुटकर सामान; **odd-come-shortly** *adv.* निकटतम दिन पर: one of these ~-come-shortlies (जल्दी ही, आनेवाले किसी दिन); **~-even** *adj., n.* विषम-सम, दो बातों में से एक का भी न हो, जैसे न दिन, न रात (मध्य-रात्रि); **~-fellow** *n.* गुप्त संगटन का सदस्य; **~ish** /औडिश/ *US* आःडिश/ *adj.* विचित्र-सा, अजीब-सा; **odd-looing** *adj.* विचत्र; **~ly** /औडलि/ *adv.* 1 (***syn.*** strangely) अजीबो-गरीब ढंग से 2 विचित्र बात है कि: ~ly he refused to stay; **~-man** *n.* 1 पीर, बावर्ची, भिस्ती, खर 2 निर्णायक पंच 3 निर्णायक मतवाला व्यक्ति; **odd-man-out** *n.* किसी समूह या स्थान पर बेमेल व्यक्ति; **oddments** /औडमंटस/ *n.* 1 (***syn.*** bits and pieces) छिटपुट, फुटकर सामान 2 (***syn.*** remnants) बची-खुची वस्तुएं: ~ments of fabrics (कपड़े के थान के बचे-खुचे टुकड़े) 3 *printing* पुस्तक के मुख्य भाग से बचे हुए हिस्से; **~ness** /औडनेस/ *n.* विचित्रता; **~s** *see below under separate entry*;

collocations: **~ even** ~ विषम-सम-विषम; **~ job** (*usually* **~ jobs**) अनियमित काम, कभी-कभी मिलने वाला काम; **~ jobber/ ~-job man** अनियमित या कभी-कभी मिलनेवाला काम करने वाला; **~ lot** *stock exchange* सौ से कम शेयर; **~ lotter** सौ से कम शेयरों का धंधा करने वाला; **~ man/ lad/ hand** कभी-कभार मिलने वाला काम करने वाला; **~ man/ one out** बेमेल व्यक्ति;

p&i: **~ enough** ... काफी विचित्र बात है कि ...; **~s and ends** सभी प्रकार की छोटी-मोटी चीजें;

against heavy ~s भीषण कठिनाइयों का सामना करते हुए; **at ~s** से मतभेद या झगड़ा हो.; **at ~ moments/ hours/ times** 1 फुर्सत के समय 2 कभी-कभार; **by long ~s** हर हिसाब से, बहुत ज्यादा; **make no ~s** अधिक अंतर नहीं; **over the ~** जरूरत से ज्यादा, बहुत ज्यादा; **short ~s** कभी बड़ी संभावना; **shout the ~s** शेखी बघारना; **the ~s are that** संभावना यह है कि ...; **what's the ~s?** क्या फर्क पड़ता है?

oddity /औडिटि/ *US* आःडिटि/ *n., pl.* **oddities** 1 अनोखापन: the ~ of his dress and manner 2 विचित्र व्यक्ति या वस्तु या बात: look a regular ~ 3 विचित्रता: all people have their **oddities** 4 विचित्र लोग: I had all sorts of **oddities** visiting me (मेरे पास तरह-तरह के विचित्र लोग आते रहते हैं)

odds /औड्ज/ *US* आःड्ज/ *n., [pl.]* (*sometimes treated as singular*) 1 गुंजाइश, अंतर: win the election by considerable ~; it makes no ~ 2 संयोगानुपात 3 अनुपात में दिखाई जानेवालीं संभावनाएं: the ~ are 10 to 1 against 4 संभावित परिणाम: long ~ (असमान संभावनाएं) 5 होने की संभावना: the ~ are he'll be late again 6 (***syn.*** advantage) बढ़त, श्रेष्ठता: the ~ are in our favour; the ~ are against us 7 (***syn.*** conflict) मतभेद: be at ~ with sb/ sth 8 बाधा, कठिनाई, समस्याएं: secure a victory against all ~;

dw/lw: **~-on** *adj.* 1 जीतने का मौका 2 घुड़दौड़ में किसी घोड़े के जीतने की प्रबल संभावना 3 संभावित विजेता;

p&i: **~ and ends** बची-खुची चीजें, फुटकर सामान, छिट-पुट चीजें; **~ and ends of thoughts** विचारों की अलग-अलग कड़ियां; **~ and ends found lying around the attic** अटारी में नाना प्रकार का कचरा पड़ा पाया गया; **~ and sods** *colloq.* फुटकर लोग या वस्तुएं; **~ are that** संभावना है कि ..., हो सकता है कि...;

against all/ heavy ~ सभी बाधाओं के बावजूद; **by all ~** सभी अर्थों में, कहीं ज्यादा, निश्चय ही, बेशक; **be at ~ with sth** किसी चीज से मेल न खाना; **be at ~ with sb over/ on sth** किसी से किसी मामले के बारे में मतभेद हो.; **give/ lay ~** अपने लिए फायदेमंद शर्तों पर बाजी लगाना; **give/ receive by long ~** अपने लिए अलाभकारी शर्तों पर बाजी लगाना; **make no ~** कोई फर्क नहीं पडता; **make no ~ even** फर्क मिटाना; offer **~ of 2 to 1** दो-एक के अनुपात की बाजी दे.; **over the ~** अपेक्षा से अधिक पैसा; **shout the ~** शेखी बघारना, बहुत बोलना; **take ~** बाजी स्वीकार कर लेना; **the ~ are against sb** स्थिति का किसी के विरुद्ध हो.; **what's the ~?** इससे क्या फर्क पड़ता है? इसका कोई महत्त्व नहीं

ode /ओड/ *n.* 1 किसी व्यक्ति विशेष या विचार को समर्पित लंबी कविता: **"Ode to Freedom"** (Alexander Pushkin) 2 *originally* गाया जानेवाला समर्पण-गीत

odeum /ओडिअम/ *n.* संगीतशाला, नाट्यशाला

odious /ओडिअस\ *adj.* 1 अत्यंत अप्रिय: ~ smell/ sight 2 घिनौना: ~ lies 3 घृणास्पद: ~ names 4 (***syn.*** horrible) कुत्सित, निंदनीय: become ~;

dw/lw: **odious\ly** /~लि/ *adv.* घिनौने ढंग से; **~ness** /~नेस/ *n.* घिनौनापन

odissi /ओडिसि/ *n.* ओडिसी (नृत्य)

odium /ओडिअम/ *n.* 1 घृणा, द्वेष 2 किसी व्यक्ति या वस्तु की व्यापक नापसंदगी 3 घिनौनापन 4 कलंक, लांछन: bring ~ on/ expose to ~

odograph /ओडौग्राफ/ *US* ओडाःग्राफ/ *n.* पथलेखी

odometer/ hodometer /औडौमिटः/ ओडौमिटः/ *US* आःडाःमिटः/ ओडाःमिटः/ (*also* milometer/ speedometer) *n.* पथमापी, दूरीमापी, चक्करमापी;
dw/lw: **~y** /ओडौमिटरि/ *US* ओडाःमिटरि/ *n.* पथमापन, दूरीमापन

-odon /-ओडॉन/ *suffix, forming nouns, indicating:* (in the names of animals) **some characteristic of teeth** (दांत से संबंधित): chaet**odon**, mast**odon**

-odont /-औडौंट/ -आःडांट/ *suffix, forming adjectives and nouns, indicating:* **some characteristic of teeth** (दांत से संबंधित): bunodont, thecodont

odont\algia/ ~algy /ओडौंटैल्जि\आ/ औडौंटैल्जि\/ *US* ओडांटैल्जि\आ/ आःडांटैल्जि\/ *n.* दंत-शूल, दांत दर्द;
dw/lw: **odont\algic** /~क/ *adj.* दांत दर्द संबंधी
adj. दांत दर्द से संबंधित

odonto\-/ odont- /ओडौंटो\-/*US* ओडांटो\-/ *comb. form, denoting:* **tooth/ teeth** (दांत): odontoblast;
dw/lw: **~blast** /~ब्लास्ट/ *n.* दंत प्रसू, दंत-कोशिकाप्रसू; **odonto\geny** /ओडौंटौजनि/ *US* ओडांटाःजनि/ *n.* दंत जनन और उसका विकास; **~id** /ओडौंटौयड/ *adj., zool., anat.* 1 दांत जैसा 2 दंताभ; **~id** *n.* दांत जैसी संरचना: ~id process/ odontoid peg *anat.* (गर्दन से निकलनेवाली दांत जैसी हड्डी); **odonto\logy** /ओडौंटौ\लजि/ *US* ओडांटाः\लजि/ *n.,* दंत-विज्ञान; **~logist** /~लअजिस्ट/ *n.* दंत-विशेषज्ञ

odor *US spelling of* **odour**

odoriferous /ओडअरिफरस\/ (*also* **odorant/odorate**) *adj.* महकदार, सुगंधमय, सुगंधित, खुशबूदार, सुवासित;
dw/lw: **odoriferous\ly** /~लि/ *adv.* सुगंधपूर्वक; **~ness** /~नेस/ *n.* सुगंधता

odorous /ओडअरस/ *adj.* 1 गंधमय, सुगंधमय, खुशबूदार 2 *colloq..* दुर्गंधपूर्ण: ~ gases;
dw/lw: **~ess** *n.* गंधता, सुगंधता; **odorously** *adv.* सुगंधता से भरकर

odour *UK* (*US* **odor**) /ओडः/ *n.* 1 तेज गंध 2 शरीर की दुर्गंध 3 गंध, बू, बासः ~ test 4 महक, सुगंध, सुरभिः ~ of flowers/ perfume; faint ~ (हल्की-सी महक) 5 ख्याति, नाम, साख 6 पुटः there is an ~ of trickery in the business; no ~ of dishonesty attached to it;
dw/lw: **~less** *adj.* गंधहीन;
collocations: **~ of sanctity** 1 संतता-आभामंडल 2 पुनीतता का पुट 3 पाखंडपूर्ण शैली;
p&i: **be in good ~ with sb** किसी का कृपापात्र हो.; **in bad ~ with sb** किसी से खराब संबंध होना; **the ~ of sanctity** प्रभा मंडल

odyssey /औडि\सि/ *US* आःडअ\सि/ *n., pl.* **~s** 1 लंबी साहसपूर्ण यात्रा या यात्रावली 2 यात्रा-आधारित कहानी: he told us his ~ 3 परिवर्तन और विकास की एक लंबी यात्रा 4 होमर (Homer) द्वारा रचित यूनानी महाकाव्य **"Odyssey"**;
dw/lw: **Odyssean** /~सिअन/ *adj.* 1 यूनानी महाकाव्य **"Odyssey"** से संबंधित 2 एक साहसिक यात्रा जैसा

OE *abbr.* 'Old English' की प्रथमाक्षरी

oe *symbol* oersted का चिह्न

OECD *abbr.* 'Organization for Economic Cooperation and Development' की प्रथमाक्षरी

Oecology /इकौलजि/ *US* इकाःलजि/ *n.* परिस्थितिकी, वातावरण, वायुमंडल

oecumeni\c/ ~cal /इक्युमेनिक/ ~ल/ *adj.* 1 सार्वभौम, अखिल वैश्विक 2 एकता-विषयक, एकता-प्रवर्तक, एकता-वर्धक;
dw/lw: **oecumeni\anism** /इक्युमेनिअनिज्म/ *n.* सार्वभौमिकता, एकता-वर्धन; **oecumeni\city** /इक्युमेनिसिटि/ *n.* सार्वभौमिकता, एकता-वर्धन

the OED *abbr.* 'Oxford English Dictionary' की प्रथमाक्षरी

oedema/ edema /इडीमा/ *n., pl.* **oedemata** /इडीमअटअ/ **~s** नसों की सूजन, शोथ;
dw/lw: **oedematose** /इडीमटोस/ *n.* 1 शरीर के ऊतकों के छेदों या गढ़ों में अत्यधिक पानी का संग्रहण जिससे सभी या स्थानीय अंगों में सूजन पैदा हो जाती है 2 ऊतकों में पानी इकट्ठा होने के कारण पौधों में सूजन; **oedematous** /इडीमटस/ *adj.* जलशोथ संबंधी

Oedipal/ oedipal/ oedipean /ईडिपल/ ईडिपिअन/ *adj.* यूनानी शब्द **'Oidipous'** (शाब्दिक अर्थ: सूजे पांव वाला), जो जानेमाने यूनानी राजा थेबेस (Thebes), जिसने गलती से अपने पिता को मार दिया और बाद में अपनी मां से शादी कर ली, से संबंधित

Oedipus /ईडिपस/ *n. Gr. mythol.* 1 ईडिपस का मिथक 2 पहेलियां बूझने में माहिर

Oedipus complex *n., psychoanal.* 1 मातृरति, मातृ-मनोग्रंथि 2 मां के प्रति बेटे का दबा हुआ प्रेम, जो, फ्रॉयड (Freud) के अनुसार, बाद में बेटे और बाप के बीच पारस्परिक स्पर्धा का कारण बन जाता है 3 पिता के प्रति बेटी का दबा हुआ प्रेम जो, फ्रॉयड (Freud) के अनुसार, बाद में बेटी और मां के बीच पारस्परिक स्पर्धा का कारण बन जाता है

OEEC *abbr. hist.* 'Organization for European Economic Cooperation' की प्रथमाक्षरी (यूरोपीय संगठन जिसे 1961 में भंग करके **OECD** बना दिया गया)

oeno- /ईनो, ईनौ/ *US* -, ईनाः/ (*also US* **eno-**; *also* written **oino-** /ऑइनो/) *comb. form denoting*: **wine** (मदिरा);
dw/lw: **oeno\logie/ ~logy** /ईनौ\लजि/ *US* ईनाः\लजि/ *n.* मदिरा विज्ञान; **~logist** /~लजिस्ट/ *n.* मदिरा-विज्ञानी; **~logical** /ईनअलौजिकल/ *US* ईनअलाःजिकल/ *adj.* मदिरा विज्ञान संबंधी; **~philic** /ईनअफिलिक/ *adj.* मदिरा प्रेम से संबंधित या मदिरा की जानकारी से जुड़ा हुआ; **~phile** /ईनअफाइल/ *n.* मदिरा प्रेमी, मदिरा का जानकार

o'er *prep., adv. poetic/ old use of* **'over'**

Oerlikon/ oerlikon /अःलिकौन/ *US* अःलिकाःन/ *n.* बंदूक और उसकी फिटिंग, विशेषकर हवाई जहाज मारक तोप

oersted /अःस्टेड/ अःस्टिड/ *n.* (*symbol* **Oe**) चुंबकीय क्षेत्र की शक्ति-मापक इकाई

oes /ओज/ *pl.* अक्षर **'O'** का बहुवचन

oesopha\geal /ईसअफैजिअल/ *adj.* ग्रसिका-, ग्रासनली संबंधी;
dw/lw: **oesopha\gitis** /ईसअफजाइटिस/ *n.* भोजन-नलिका का शोथ

oesopha\gus/ *US* **esophagus** /ईसौफअ\गस/ *US* ईसाःफअ\गस/ *n., pl.* **~gi** /~गाइ/ *anat.* (***syn.*** gullet) ग्रसिका, ग्रासनली, भोजन-नलिका या नली (जो गले से पेट तक जाती है (मानवों में यह नली लगभग 23 सेंटीमीटर होती है)

oestradiol/ *US* **estradiol** /ईस्ट्रअडाइऔल/ *US* ईस्ट्रअडाइआःल/ *n., biochem.* 1 स्त्रियों में अत्यधिक महत्त्वपूर्ण हार्मोन जो उनमें दूसरे यौन अंगों के विकास और प्रजनन अंगों के काम करने में अहम भूमिका निभाता है 2 इस हार्मोन के सिंथेटिक रूप को छाती के कैंसर तथा मासिक धर्म विकारों के इलाज में प्रयुक्त करते हैं

oestrogen *UK* (*US* **estrogen**) /ईस्ट्रअजन/ *US* एस्ट्रअजन/ *n. biochem.* 1 औरत के अंडाशय में उत्पन्न होने वाला एक हार्मोन जो औरतों में दूसरे यौन अंगों के विकास और प्रजनन अंगों के काम करने में अहम भूमिका निभाता है 2 *med.* इस हार्मोन का सिंथेटिक रूप

oestrum/ oestrus/ estrus /ईस्ट्रम/ ईस्ट्रस/ *n. zool., physiol.* 1 नियमित गर्भकाल, जो मानवों के अतिरिक्त अन्य मादाओं में भी होता है 2 (***syn.*** fly) गोमक्षिका 3 (***syn.*** stimulus) उद्दीपन 4 उन्माद (frenzy, passion) 5 मदकाल, मदचक्र, कामोन्माद, स्त्रीमद;
collocations: **oestrous cycle** मदकाल, मदचक्र *compare also* **'menstrual cycle'**

oeuvre /अःवः/ *n.* 1 किसी लेखक या कलाकार की समस्त कृतियां 2 कृति 3 कृतित्व

OF *abbr.* 'Old French' की प्रथमाक्षरी

of /अव/ *prep.* 1 संबंधवाचक 'का/ की/ के': people ~ Delhi, poems ~ Tagore; a friend ~ mine/ ~ his/ ~ yours; it's no business ~ yours 2 तौल की मात्रा: a kilo ~ apples 3 (तारीख के संबंध में): 15th ~ August 4 की (मात्रा): a glass ~ juice 5 से बना हुआ: built ~ bricks 6 जैसा: a heart **of** gold 7 कारण, वजह: die ~ hunger/ starvation/ wounds 8 का (स्थान): an area ~ marsh 9 समय की लंबाई: within an hour ~ his return 10 आयु: a girl ~ ten 11 से वंचित हो.: robbed ~ the gold watch 12 के बारे में: tales ~ Rome; think **of** the children 13 का हिस्सा (में से): most ~ the story; one ~ them; most/ many/ some ~ us; there is sth ~ good in every man; the bravest ~ the brave; the holiest ~ holies; a man ~ a thousand 14 गुण का धनी: a man ~ talent/ ability; a man ~ genius 15 से बना: a family ~ eight; a box ~ ivory; made ~ wood; a house ~ cards; a collection ~ pictures; a bunch ~ keys 16 विशेषज्ञता का धनी: Doctor ~ Medicine; Master ~ Arts 17 दूरी: within a mile ~ the station;

p&i: **~ a kind** एक प्रकार का; **~ a large nature** उदारमना; **~ a night** एक रात में; **~ a piece** समान, मेल खानेवला; **~ a sort/ of sorts** घटिया; **~ age** वयस्क, प्रौढ़; **~ all arms** हर प्रकार की सैनिक टुकड़ियां; **~ blackest/ deepest dye** परले दर्जे का, छटा हुआ; **~ great article** अति महत्त्वपूर्ण; **~ high stamp** उच्च चरित्र या स्तर का; **~ no avail** बेकार; **~ one mind** एक मत का, सहमत; **~ strong mind** अति तर्कशील व्यक्ति; **~ the common stamp** सामान्य; **~ warrant** अनुमत, आवश्यक, तर्कसंगत;

be sick of endless delays अंतहीन विलंब से तंग आ जाना; **come of a good family** अच्छे परिवार से संबंध रखना; **full of** भरा हुआ; **of course** 1 बेशक, अवश्य 2 निःसंदेह; **of course, not** बेशक, नहीं; **of one's own accord/ volition** अपनी मर्जी से; **twenty of twelve** *US* बारह बजने में बीस मिनट

ofay /ओफे/ *n., pl.* **~s** *US Black sl.* श्वेत रंग का व्यक्ति, गोरा

off /औफ/ *US* आःफ, ऑफ *adv.* 1 से दूर, हटकर: go ~ sth/ somebody; I must be ~; fall ~; slip ~ 2 किसी चीज के किसी हिस्से का दूर हो.: break ~; bite ~ a piece 3 कपड़ा उतारना: take one's coat/ glasses ~ 4 दूर: far ~; ~ in the distance he saw a light 5 के पास: a side street ~ the main road 6 से दूर (समय): X'mas is a week ~ 7 अलग: the handle came ~ 8 रद्द होने की अवस्था में: the match was rained ~; the deal is ~ 9 समाप्ति की ओर: finish the work ~ 10 आकस्मिक बंद होने की क्रिया: drink ~; break ~ work; cut ~ supplies; break ~ with sb 11 उपकरण बंद क.: turn the radio ~; turn ~ the gas 12 ऊंघ में: nodded ~ 13 में से (समय आदि निकालना): take an hour ~ the writing schedule 14 से अलग दिशा में: turn ~ into a side street 15 अच्छी या बुरी (माली हालत): well ~; badly ~ 16 कम हो.: the profits fell ~; the pain passed ~;

adj. 1 बंद: the radio was ~ 2 दूरवाला: ~ the point (अप्रासंगिक, मुद्दे से परे) 3 क्रिकेट में एक क्षेत्र-रक्षण स्थिति: ~ side 4 दायां, दाईं (ओर का): the ~ horse; the ~ side of the road 5 गौण, दोयम दर्जे का: ~ street; ~ issue; ~ grade 6 खराब, बिगड़ा हुआ: the milk was ~ 7 रद्द: the meeting is ~ 8 छुट्टी का (दिन): an ~ day 9 सामान्य स्तर से परे: ~ one's form;

prep. 1 से परे, से दूर: lift it ~ the shelf; take the pan ~ the stove; fall ~ the ladder; get ~ the table; keep ~ the grass! ten miles ~ the island 2 से अलग: go ~ him 3 के पास: a side street ~ the main road 4 की ओर: turn ~ into a side street 5 से दूर हटना, से परहेज: ~ one's food; be ~ the tablets; he is ~ his feed 6 सामान्य स्तर से परे, खराब: ~ one's form 7 किसी देश, स्थान या बंदरगाह आदि से परे: ~ the coast of Spain 8 रेस्त्रां आदि के मेनु (menu) से हटाया जाना: non-veg. is ~ 9 से कम 10 के सहारे: they lived ~ tourists 11 किसी से: borrow/ buy sth ~ sb 12 काम आदि से परे: ~ duty 13 के साथ: *naut.* ~ the wind (हवा की दिशा में);

n. (*usually* **the** ~) 1 शुरुआत: ready for ~ 2 क्रिकेट में गेंदबाज के बायीं ओर का क्षेत्र-रक्षण 3 अवकाश: in one's ~ (फुर्सत के समय में);

v., pt. **~ed**, *pp* **~ing** 1 बंद क.: ~ the negotiations 2 बुझाना 3 जहाज या किश्ती का किनारे से दूर हटकर खुले समुद्र में जा. 4 उल्टे पांव जा.: ~ it (फौरन दफा हो जा!);

dw/lw: **~-air** *adj.* जिसे प्रसारित न किया जा रहा हो; **~-analysis** *adj.* विश्लेषण से बाहर; **~-balance** *adj., adv.* संतुलनरहित, असंतुलित; **~beat** *adj., colloq. music* (***syn.*** unconventional) रूढ़िमुक्त, रूढ़िविरोधी, विलक्षण, अपूर्व; **~-break/ ~-spin** *n. cricket* क्रिकेट में फेंकी जाने वाली एक प्रकार की गेंद; **~-Broadway** *n., adj.* 1950 के दशक में प्रचलित धारणा जिसके अनुसार ब्रॉडवे के प्रथागत (व्यापारिक मूल्यों पर आधारित) रंगमंच से हटकर ब्रॉडवे से बाहर नए प्रयोग किए गए जिसमें व्यापारवाद को बढ़ावा नहीं दिया गया; **~-cast** *adj.* परित्यक्त, ठुकराया हुआ; **~-cast** *n.* परित्यक्त व्यक्ति; **~-centre** *adj.* जो पूरी तरह केंद्र में (केंद्रित) न हो, विकेंद्रित; **~-chance** *n.* अल्प-संभावना: *UK* on the ~-chance; **~-channel** *adj.* चैनेल-बाह्य; **~colour** *adj.* कुछ-कुछ अस्वस्थ, बुझा-बुझा-सा, अपवर्ण, अनुचित, भद्दा, फीका; **~cut** *n.* 1 लकड़ी के मुख्य भाग से बचा टुकड़ा, छीलन 2 कपड़े के थान या कागज के पन्ने से बचा टुकड़ा, कतरन; **~-day** *n.* छुट्टी का दिन; **~-grade** *adj.* दोयम दर्जे का; **~hand** /ऑफहैंड/ *adj.* 1 अभद्र, तात्कालिक, बिना तैयारी का 2 रूखा, लापरवाह: an ~hand manner; **~hand/ ~handed** *adv.* बिना विचार किए, बिना तैयारी के, तुरंत, तत्काल; **~handedness** *n.* रूखापन, लापरवाही; **~-hour** *adj.* अवकाश के समय का, अंतराल-कालीन; **~-key** *adv.* 1 बेमेल, बेतुका 2 (संगीत में): गलत सुर-ताल बटन, बेसुरा, बेसुरे ढंग का: the band was ~-key 3 अनुपयुक्त: he sensed something ~-key about the fire; **~lap** *n.* अव्याप्ति; **~let** /ऑफलिट/ *n.* जल-प्रवाही नाली या नहर; **~-licence** *UK* (*US* **liquor store**) *n.* शराब की लाइसेंसशुदा दुकान; **~-limits** *adj., milit.* पहुंच से बाहर, प्रवेश निषेध: ~-limits section (वर्जित क्षेत्र); **~-limits** *adv.* वर्जित क्षेत्र में; **~line** (*also* **~-line**) *adj., adv., comput.* 1 जब कोई इंटरनेट लाइन पर न हो 2 इंटरनेट से न जुड़े कंप्यूटर से संबंधित 3 कंप्यूटर के अतिरिक्त उपकरण (जैसे प्रिंटर, मॉडेम (modem) आदि) का मुख्य प्रोसेसर (processor) से न जुड़ा होने से संबंधित; **~load** *v., pt.* ~loaded, *pp* ~loading 1 लदी गाड़ी को खाली क. 2 गाड़ी से सामान उतारना 3 किसी अप्रिय वस्तु (किसी और को देकर) से छुटकारा पाना; **~-peak** *adj.* कम मांग या उपयोग के समय का: ~-peak supply (कम मांग के समय की जानेवाली आपूर्ति); ~-peak travel (कम भीड़ के समय की जाने वाली यात्रा); **~-piste** *adj.* नियमित रास्ते से अलग पहली बार नई बर्फ पर की जाने वाली (स्कीइंग) से संबंधित; **~-position** *n.* किसी यंत्र की बंद अवस्था; **~-print** *n.* किसी पुस्तक या पत्रिका में प्रकाशित लेख की अलग से छपी प्रति; **~-putting** *adj., colloq.* 1 *Br.* अस्तव्यस्त करने वाला 2 (***syn.*** disconcerting) विचलित कर देने वाला (कार्य) या कर देनेवाली (हरकत) 3 अप्रिय, घृणास्पद; **~-road** *adj.* बंद या न चलने वाली (गाड़ी आदि); **~-roader** *n.* 1 बंद वाहन 2 ऊबड़-खाबड़ स्थान पर चलने में सक्षम (गाड़ी); **~-roading** *n.* ऊबड़-खाबड़ स्थान पर गाड़ी चलाने की क्रिया: ~-roading vehicle; **~-sales** *n.* मदिरा की किसी अन्य स्थान पर पिए जाने के लिए बिक्री; **~scourings** /औःफ्स्काउरिंग्ज/ *n., [pl.]* कूड़ा-करकट; **~screen** *n.* कैमरे के बाहर का यानी वास्तविक जीवन: ~screen voice (फिल्म से बाहर की आवाजें);

~screen violence (छिपाकर रखी जानेवालीं हिंसात्मक घटनाएं); **~-season** *n.* मंदी का समय, बेमौसम; **~-season** *adv.* मंदी के दिनों में, बेमौसम में, असमय; **~-season** *adj.* बेमौसम की: ~-season reductions (बेमौसम के समय मूल्य में कटौती); **offset** *see below under separate entry*; **~shoot** *n.* शाखा, प्रशाखा: an ~shoot of the great house; **~shore** /अफशौः/ *adj. adv.* 1 किनारे से दूर, समुद्र तट से दूर 2 विदेश में: an ~shore bank or bank account (दूसरे देश में बैंक या बैंक खाता); ~shore breeze; ~shore fishery; ~shore islands; ~shore patrol; ~shore purchases; ~shore industries (दूसरे देश या देशों में स्थापित उद्योग); **~-shoring** *n.* किसी कंपनी द्वारा दूसरे देश में श्रमिक मुहैया कराने का कार्य; **~side** (*also US* **~sides**) *adj., adv. football* 1 ऑफसाइड (फुटबॉल आदि में गेंद और गोल के बीच अनुचित स्थान पर स्थित) 2 गाड़ी आदि के बायीं ओर (भारत, ब्रिटेन आदि में दाहिनी ओर) सड़क के मध्य के समीपतम स्थान, परला सिरा; **~sider** *n.* 1 (*Austral.*, ***syn.*** assistant) सहायक, सहयोगी 2 (***syn.*** deputy) प्रतिनिधि, किसी व्यक्ति या किसी धारणा या विचार का समर्थक; **~-spin** *see also under* **off-break** क्रिकेट में एक विशेष ढंग से फेंकी जाने वाली गेंद; **~spring** /ऑफस्प्रिंग/ *n., pl.* ~spring 1 संतान, संतति 2 पशुओं की संतान 3 उपज (produce) 4 परिणाम, फल: the law of nations is the ~spring of modern times; **~stage** /ऑफस्टेज/ *adj., adv., theat.* नेपथ्य में (घटने वाला), स्टेज से परे होनेवाला; **~-stream** *adj.* बंद औद्योगिक इकाई; **~-street** *adj., adv.* मुख्य गली से परे (होनेवाला); **~-take** *n.* 1 कुल खरीद 2 निकास-नली; **off\-the-cuff** /ऑफ-द-कफ/ *adj.* बिना सोचे समझे: an ~-the-cuff remark (बिना सोचे समझे कही गई बात या कथन); **off\-the-peg** *adj.* पहनने के लिए तैयार कपड़े, रेडिमेड पोशाक; **off\~-the-record** /औफ-द-रेकःड/ *adj.* अनौपचारिक रूप से, किसी तरह से भी बिना रिकॉर्ड में दर्ज किए; **~-the-shoulder** *adj.* कंधे दिखाने के लिए बनी औरतों की पोशाक; **off\-the-wall** *adj. sl.*, (***syn.*** crazy) सनकी, उन्मुक्त, विचित्र; **~-time** *n.* 1 अवकाश 2 व्यावसायिक मंदी का दौर; **off\ward** *adv.* खुले सागर की ओर; **off\-white** *adj.* हल्का सफेद, श्वेताभ, फीका सफेद, मटमैला सफेद;

collocations: **~ colour** बीमार, अस्वस्थ: feel ~ colour; ~ colour joke (फीका-सा मजाक); ~ colour reputation (फीकी पड़ी साख); **~ day** छुट्टी का दिन; **~ duty** छुट्टी पर, खाली, कार्यमुक्त; **~ parking** मुख्य गली से परे गाड़ी खड़ी करने का स्थान; **~ year(s)** *US* जिस वर्ष या जिन वर्षों में चुनाव नहीं होते;

p&i: **~ and on** कभी-कभी; **~ his beat** पकड़/ पहुंच/ दायरे से बाहर; **~ one's face** थोड़ा-सा पागल; **~ one's feed** भूख का न हो.; **~ one's nut** पागल, हिला हुआ; **~ one's rocker** आपे से बाहर, थोड़ा हिला हुआ; **~ one's head** 1 आपे से बाहर 2 पगलाया हुआ; **~ one's own bat** अपने बलबूते पर; **~ the cuff** बिना तैयारी के; **~ the mark** निशाने से परे; **~ the rail** अस्त-व्यस्त; **~ the reel** निरंतर, बिना रुके; **~ with** तुरंत चले जा.;

a bit ~ *colloq.* 1 थोड़ा अस्वस्थ, कुछ-कुछ बीमार, अस्वस्थ-जैसा 2 कष्टप्रद 3 गलत व्यवहार; **be ~** दूर हटना, चले जा; **be ~!** दफा हो जाओ!; **hands ~!** दूर हटो!; **he is neither ~ nor on** वह ढुलमुल है; **~ with you!** दफा हो जाओ!; **it is ~ to Kashmir with you!** अच्छा तो आप कश्मीर जा रहे हैं!

offal /औफ्ल/ *US* आःफ्ल, ऑफ्ल/ *n.* 1 गोश्त का वह हिस्सा जो खाने के लिए अनुपयुक्त हो 2 रद्दी चीज 3 (***syn.*** rubbish) कूड़ा-करकट 4 छीछड़े (of meat) 5 (***syn.*** carrion) सड़ा-गला मांस; ***adj.*** घटिया

offence *UK* (*US* **offense**) /अफेंस/ *n.* 1 ठेस, भावनात्मक आघात: cause ~ 2 (***syn.*** crime) अपराध, दोष: commit an ~; criminal ~; military ~ 3 दुर्व्यवहार, अपमान, तिरस्कार: give ~ to sb 4 (***syn.*** umbrage) अप्रसन्नता, खीझ, नाराजगी, नाराजी: take ~ at sth 5 (खेल में) धावा: criss-cross ~ (8-नुमा आकार में धावा) 6 (/ऑफेंस/ ***syn.*** attack) 6.1 सैनिक आक्रमण: weapon of ~; the most effective defence is ~ 6.2 खेल में आक्रमण, धावा 7 (***syn.*** stumbling-block) ठोकर, बाधा 8 उल्लंघन, अपमान: an ~ against good manners/ decency;

p&i: **mean no ~** ठेस पहुंचाने की कोई मंशा न हो.

offend /अफेंड/ *v., pt.* **~ed**, *pp* **~ing** 1 ठेस पहुंचाना, पर आघात करना 2 नाराज क, अप्रसन्न क., खिझाना, अपमान क. 3 बुरा लगना: be **~ed** at/ by sb's words/ remarks/ behaviour 4 (*usually* **~ against sb/ sth**) 4.1 किसी या किसी बात के विरुद्ध अपराध क.: ~ sb's sense of justice 4.2 रीति-रिवाज के विरुद्ध जा.: ~ against custom/ the law/ good manners 5 भंग क., तोड़ना, उल्लंघन क.;

dw/lw: **~ed** *adj.* नाराज, रूठा हुआ, रुष्ट; **~er** /अफेंडः/ *n.* अपराधी, पापी, मुजरिम first ~er; juvenile ~er; old/ second/ subsequent ~er; ~er by accident; **~ing** /अफेंडिंग/ *adj.* 1 अपराध या अपमान करने वाला 2 अपराधी: habitually ~ing driver

offense /अफेंस/ *n.* **'offence'** की अमेरिकी वर्तनी

offensive /अफेंसिव/ *adj.* (***anton.*** inoffensive) गुस्सा दिलाने वाली बात, अप्रिय: ~ language 2 (***syn.*** repugnant, obnoxious) वीभत्स, घृणास्पद, घृणाजनक: ~ remark/ conduct 3 (***syn.*** stinking) बदबूदार: an ~ smell 4 अपमानजनक, आपत्तिजनक, अपमानकारी 5 (***syn.*** aggressive) आक्रामक, आक्रमणात्मक: ~ war/ strategy/ tactics/ weapons; ~ blow; ~ riposte (पीछे हटते समय जवाबी हमला); ~ reconnaissance (आक्रामक खोजबीन या गुप्तचरी); ~ weapons (आक्रामक हथियार);

n. 1 आक्रमण, चढ़ाई: be/ go on the ~ (आक्रामक रुख अपनाना) 2 हमला, समाक्रमण 3 हमलावर 4 अभियान, आंदोलन: peace ~ (शांति के लिए तेज अभियान);

dw/lw: **~-defensive** *n.* सक्रिय रक्षण; **offensive\ly** /~लि/ *adv.* अपमान करते हुए; **~ness** /~नेस/ *n.* आक्रामकता

offer /औफः/ *US* आःफः, ऑफः/*v., pt.* **~ed**, *pp* **~ing** 1 *formal* प्रस्तावित क., प्रस्तुत क., पेश क., सामने रखना: ~ assistance/ help/ a bribe; ~ an apology/ advice/ opinion; ~ sth for consideration/ for discussion 2 मुहैया कराना: a location **~ing** the best view 3 दाम या मोल लगाना: ~ him 4 lac for the car; ~ a certain sum for a house 5 देना: a job **~ing** a huge salary 6 (*also* **~ sth up**) चढ़ाना, अर्पित क., देना: ~ homage; ~ congratulations 7 (***syn.*** attempt) की चेष्टा क. 8 विरोध क.: ~ resistance 9 स्वीकृति दे., मान जा. 10 प्रस्तुत होना, उपस्थित होना, आ जाना, मिल जा.: take the first opportunity that **~s** 11 सुझाव दे. 12 बेचने के लिए प्रस्तावित क.: ~ a house for sale;

n. 1 प्रस्ताव: an ~ of marriage; make/ take/ accept/ refuse an ~ 2 अर्पित या प्रस्तावित पैसा, भेंट, निवेद: an ~ of rupees 50000 3 दामों का खास प्रस्ताव: on ~ 3.1 दामों का प्रस्ताव 3.2 प्रस्तावित सामान: goods/ on ~ (बिक्री के लिए सामान);

dw/lw: **~er/ ~or** प्रस्तावक, प्रस्ताव रखनेवाला; **~ing** /औफरिंग/ *US* आःफरिंग, ऑफरिंग/ *n.* 1 अर्पित वस्तु, बलि 2 चढ़ावा, चढ़त, दान: burnt ~ing (होम, आहुति); votive ~ing (मन्नत का चढ़ावा) 3 भेंट, उपहार: a small ~ing for sb's birthday 4 प्रस्ताव रखने की क्रिया: a peace ~ing; **offer\ings** *n., pl.* 1 चर्च को दान की देनदारी 2 चढ़ावा 3 भेंट;

p&i: **~ battle** लड़ाई करने का मौका दे.; **~ one's hand** 1 दोस्ती का हाथ बढ़ाना 2 शादी का प्रस्ताव क.; **~ one's hand in marriage** शादी का प्रस्ताव रखना; **~ sth up** सहर्ष कोई चीज दे.;

have sth to offer किसी के लिए कोई वस्तु विद्यमान हो.; **on ~** 1 जिसे खरीदा-बेचा जा सके 2 कम दाम पर बेचने का प्रस्ताव;

under ~ घर आदि खरीदने वाले द्वारा प्रस्तावित दाम

offertory /औफअ:टरि/ *US* आ:फअ:टरि/ *n., pl.* **offertories** 1 चर्च में चढ़त, अर्पित की जाने वाली वस्तुएं, चढ़ावा, अर्पण 2 प्रार्थना, दान 3 चर्च को रोटी और मदिरा की भेंट;
collocations: ~ **box** दानपात्र, दानपेटी

office /औफिस/ *US* आ:फिस, ऑफिस/ *n.* 1 दफ्तर, ऑफिस, कार्यालय: editorial ~; work at an ~; be in an ~; the chairman's ~ is to the left; the ~ of host; consular ~ (दूतावास में वाणिज्य या वीजा कार्यालय) 2 विभाग: Home Office (गृह मंत्रालय); an ~ under Government; judicial ~ 3 महत्त्वपूर्ण पद: run for the ~ of American President 4 कार्य, कर्त्तव्य, कार्यभार (duty): be in ~; come/ get into ~; take/ enter upon ~; hold ~ 5 सेवा, उपकार, कृपा: thanks to sb's good offices; ill ~ (सेवा के नाम पर कुसेवा) 6 *Christ.* अनुष्ठान, उपासना 7 (***syn.*** breviary) आह्निका, आह्निक प्रार्थना, कैथोलिक गिरजा की प्रार्थना-संग्रह पुस्तिका 8 कार्यकाल: hold ~/ in ~ for five years (पद या सरकार का कार्यकाल – 5 वर्ष) 9 **usual ~s** *euphemistic, sl.* शौचालय;
dw/lw: **~-bearer**/ **~-holder** *n.* पदाधिकारी; **~-copy** *n.* पत्र की दफ्तरी प्रतिलिपि; **~-goer** *n.* कार्यालय कर्मी, दफ्तरी बाबू; **~-in-charge** *n.* कार्यालय प्रभारी; **~-seeker** *n.* पद पाने का इच्छुक उम्मीदवार;
collocations: ~ **assistant** कार्यालय सहायक, क्लर्क; ~ **block** बहुमंजिला कार्यालय भवन; ~ **boy** दफ्तर का नौकर, चपरासी; ~ **building** (*also UK* **office block**) बहुमंजिला कार्यालय भवन; ~ **hours** *[pl.]* दफ्तर में काम का समय, कार्यालय का दैनिक कार्यकाल; ~ **work** दफ्तर का काम;
box ~ फिल्मों का बिक्री-कार्यालय; **post** ~ डाक घर; **registration** ~/ **registry** ~ जायदाद-पंजीकरण कार्यालय; **the Oval Office** अमेरिकी प्रेजिडेंट का दफ्तर;
p&i: **give the** ~ इशारा क.; **take** ~ पद ग्रहण क.; **the Circumlocution Office** दफ्तरशाही की भूलभुलैया; **the dead letter** ~ पोस्ट-बॉक्स के पतेवाले पत्रों का दफ्तर; **through sb's good offices** किसी की मदद या कृपा की बदौलत

officer /औफिस:/ *US* आ:फिस:, ऑफिस:/ *n.* 1 सैनिक अधिकारी: **~'s** day; ~ of the guard; ~ of the deck 2 सरकारी अधिकारी 3 पुलिस अधिकारी: police ~ 4 अधिकारी, अफसर: customs ~; ~ of the court 5 पदाधिकारी: conference ~;
v., *pt.* **~ed**, *pp* **~ing** 1 सेना के लिए अफसर दे. 2 किसी संगठन के अफसर के रूप में काम क.;
dw/lw: **~-in-charge** *n.* प्रभारी अधिकारी, भारवाहक अधिकारी;
collocations: ~ **of the day** (*abbr.* **OD**) सैनिक कैंप में किसी एक दिन का प्रभारी अफसर; **~'s call** कमांडर के साथ सैनिक अफसरों की मीटिंग;
consular ~ वाणिज्यदूतीय अफसर; **first** ~ वरिष्ठ अफसर; **mercantile marine ~s** व्यापारिक नौसैनिक अफसर; **probation** ~ परिवीक्षा अधिकारी, परख काल अधिकारी;
p&i: **a returning** ~ चुनाव अधिकारी

official /अफिशिअ\ल/ *adj.* 1 शासकीय, सरकारी, राजकीय: ~ duties; for ~ use only; ~ source; ~ reply 2 पद-संबंधी: ~ position; in ~ capacity 3 औपचारिक: ~ statement; ~ manner/ style 4 आधिकारिक: ~ representative; ~ drugs;
n. पदाधिकारी, अधिकारी: municipal **~s**; railway **~s**;
dw/lw: **official\dom** /~लडम/ *n.* 1 अधिकारी गण, अधिकारी वर्ग 2 अफसरशाही, नौकरशाही; **official\ese** /~लीज/ *n.* दफ्तर की पेचीली तथा बड़े-बड़े जुमलों वाली जटिल भाषा, दफ्तरी भाषा, अफसरशाही की भाषा; **~ism** /~लिज्म/ *n.* 1 दफ्तरी काम और विवरण के प्रति अतिशय समर्पण 2 आधिकारिक पद; **~ly** /~लि/ *adv.* आधिकारिक रूप से, सरकारी तौर पर, औपचारिक रूप से;
collocations: ~ **dinners** औपचारिक भोज; ~ **language** राजकीय (कामकाजी या दफ्तरी) भाषा; ~ **member** सरकारी सदस्य; ~ **receiver** दिवालिया कंपनी का अदालत द्वारा नियुक्त प्रभारी; ~ **report** आधिकारिक रपट या विवरण; ~ **residence** पदावास; ~ **secret** औपचारिक (सरकारी) भेद,; ~ **secret act** सरकारी गोपनीयता कानून; ~ **title** पदनाम

officiant/ **officiator** /अफिशिअंट/ अफिशिएट:/ *n.* पुरोहित, अनुष्ठाता

officiary /अफिशिअरि/ *adj.* पदीय (उपाधि आदि);
n. 1 बाबू 2 बाबू-गण, पदाधिकारी

officia\te /अफिशिए\ट/ *v., pt.* **~ted**, *pp* **~ting** 1 आधिकारिक रूप से कार्य क., कार्यवहन क.: **~te** as a host/ at a dinner party 2 स्थानापन्न होना, किसी के स्थान पर अस्थायी रूप से काम क.: **~te** as chairman 3 धार्मिक अनुष्ठान संपन्न कराना; **officia\tion** /~शन/ *n.* धार्मिक अनुष्ठान की संपन्नता; **officia\ting** /~टिंग/ *adj.* किसी के स्थान पर अस्थायी रूप से काम करने वाला

officinal /औफिसाइनल, औफिसिनल/ *US* आ:फिसाइनल, आ:फिसिनल/ *adj.* 1 अधिकृत औषधि के रूप में बिकने वाला नशीला पदार्थ 2 औषधि में प्रयुक्त

officious /अफिशअस\/ *adj.* 1 हुक्म चलाने वाला, हुक्मचलाऊ 2 दस्तंदाज, दखलंदाज, टांग-अड़ाऊ;
dw/lw: **~ly** /~लि/ *adv.* नकारात्मक ढंग से टांग-अड़ाते हुए; **~ness** /~नेस/ *n.* दस्तंदाजी, दखलंदाजी, हुकुमचलाऊ रुख, नकारात्मक अफसरशाहीपन

offing /औफिंग/ *US* आ:फिंग, ऑफिंग / *n. naut.* 1 दृष्ट क्षितिज 2 समुद्री छोर से क्षितिज तक दृश्य समुद्र;
collocations: **a quarrel in the** ~ जल्द होने वाला झगड़ा; **be in the** ~ 1 किनारे से दूर का दृश्य 2 समुद्र के बीच में 3 जल्द होनेवाला, निकट भविष्य में होनेवाला; **gain/ get/ take an** ~ अवसर पाना; **keep a good** ~ किनारे के पास आए बिना दृष्टिगोचर रहना; **make an** ~ अवसर दे.

offish /औफिश\/ *US* आ:फिश\/ *adj., colloq.* उदासीन-सा, विरक्त, गैर-मिलनसार;
dw/lw: **~ly** /~लि/ *adv.* विरक्त भाव से; **~ness** /~नेस/ *n.* 1 विरक्ति, उदासीनता 2 गैर-मिलनसारिता

offset /औफसेट/ *US* आ:फसेट, ऑफसेट/ *v., pt.* **offset**, *pp* **offsetting** 1 बराबर हो जा. 2 प्रभाव का प्रतितुलन या प्रतिकार क.: price-rise ~ the raise in salary; ~ the loss; ~ the illegalities 3 (***syn.*** neutralize) व्यर्थ कर दे., बराबर क., निरस्त क. 4 (***syn.*** compensate) क्षतिपूर्ति क. 5 (***syn.*** branch) (शाखा के रूप में) निकलना 6 *print.* औफसेट छपाई करना (स्याही से बिंब को रबड़ के रोलर पर डालकर उसे कागज पर छापना);
n. 1 प्रतितुलन या प्रतिकार 2 (***syn.*** neutralization) लाभ की नुकसान द्वारा की जाने वाली बराबरी 3 (***syn.*** compensation) क्षतिपूर्ति 4 (***syn.*** branch) शाखा 5 *print.* (स्याही) से बिंब को छपाई की प्लेट पर डालकार उसकी कागज पर छपाई, औफसेट मुद्रण: ~ printing 6 सर्वे लाइन से समकोण पर मापी जानेवाली छोटी-सी दरी 7 बिजली के करंट या वोल्टेज में होने वाले उतार-चढ़ाव का निरस्तीकरण: as an ~ against electrical fluctuation;
collocations: ~ **lithography** फोटोग्राफी तरीके से बिंब या पाठ को छपाई-प्लेट पर डालकर और फिर उसे रबड़ ('कंबल') के बेलन पर डालकर कागज आदि पर छपाई

OFGAS/ **Of gas** *abbr., in the UK* 'Office of Gas Supply' की प्रथमाक्षरी

OFLOT/ **Oflot** *abbr., in the UK* 'Office of the National Lottery' की प्रथमाक्षरी

OFS *abbr., a state in South Africa* 'Orange Free State' की प्रथमाक्षरी

OFSTED *abbr., Br.* 'Office of Standards in Education'

की प्रथमाक्षरी

OFT *abbr.* 'Office of Fair Trading' की प्रथमाक्षरी

oft /औफ्ट/ *US* ऑफ्ट/ *adv. poetic* आजकल मात्र संयुक्त शब्दों में प्रयुक्त: **~times = oftentimes** (बार-बार)

Oft- /औफ्ट\-/ *comb. form, denoting adjectives;*
dw/lw: **oft\-repeated** /औफ्ट-रिपीटिड/ *US* ऑफ्ट-रिपीटिड/ (*also* **oft-spoken**) *adj.* घिसा-पिटा, प्रायः; **oft\-recurring** /औफ्ट-रेकरिंग/ *US* ऑफ्ट--/ *adj.* प्रायः होनेवाला

OFTEL/ Oftel *abbr., Br.* 'Office of Telecommunications Industry' की प्रथमाक्षरी

often /औफन/ औफ्टन/ *US* आःफन/ आःफटन, ऑफ्न/ ऑफ्टन/ *adv.* 1 (***syn.*** commonly) अक्सर 2 (***syn.*** frequently) प्रायः, बहुधा;
dw/lw: **often-times/ oft-times** *adv., archaic, lit.* प्रायः, बहुत बार
p&i: **~ and ~/ as ~ as not** स्वभावतः, बहुधा, बहुत बार; **ever so ~** कभी-कभी; **more ~ than not** अक्सर, प्रायः, अधिकांश अवसरों पर

OFWAT/ Ofwat *abbr.* 'Office of Water Services' का संक्षेप

ogam/ ogham /औगम/ आःगम/ *n.* (*also* **Ogam/ Ogham**) 1 बीस अक्षरों की प्राचीन ब्रितानवी व आयरलैंडी वर्णमाला 2 इस वर्णमाला में पाए जाने वाले शिलालेख

ogdoad /औग्दोऐड/ *US* आःग्दोऐड/ *adj.* अष्ट, अष्टक

ogee /ओजि/ *n., pl.* **~s**; *arch.* 1 **S**-आकार की रेखा या वक्र 2 **S**-आकार का सांचा

oggin /औगिन/ *US* आःगिन/ *n., naut., sl.* समुद्र

ogive /ओजाइव/ *n. arch.* तोरण, रॉकेट आदि का नुकीला मुंह;
dw/lw: **ogive\d/ ogival** /ओजाइव्ड/ओजाइवल/ *adj.* तोरण-आकार का

ogle /ओगल/ *n.* 1 चितवन, कटाक्ष 2 भ्रूविलास 3 लंपटतापूर्ण नजर;
v., pt. **~d**, *pp* **ogling** 1 (***syn.*** amorously, lustfully) प्रेम पूर्वक देखना 2 चितवना करना, कनखियों से देखना 3 आंखें लड़ाना;
dw/lw: **ogling** /ओगलिंग/ *n.* (***syn.*** amorous, lustful) रसिक नजर

O-grade/ Ordinary grade *n.* साधारण दर्जे का परीक्षांक

-ography /-औग्रफि/ -आःग्रफि/ *suffix.* आरेखन, आलेखन: ocean**ography** (सागर-आलेखन); biblio**graphy** (ग्रंथसूची)

ogre /ओगः/ *n., pl.* **~s** (परी कथाओं में): राक्षस, नरभक्षी दानव, मनुजाद, नरपिशाच;
dw/lw: **ogre\s/ ogress** /ओग्रेस/ *n., pl.* **~es** राक्षसी; **ogreish/ ogrish** /ओगरिश/ *adj.* राक्षसी, दानवी, राक्षस जैसा

Ogygian /औजिजिअन/ *US* आःजिजिअन/ *adj., mythol.* प्रागैतिहासिक: ~ deluge (औजिजिअन की बाढ़)

OH *abbr., US state* 'Ohio' का संक्षेप

oh /ओ/ *excl.* 1 ओह! 2 जोर देने के लिए प्रयुक्त शब्द 3 (*also* **O** *poetic or religious*) ओ!, हे!: **O** God! हे भगवन!

OHG *abbr.* 'Old High German' की प्रथमाक्षरी

ohm /ओम/ *n.* विद्युत प्रतिरोध (resistance) की इकाई, ओम;
dw/lw: **~age** /ओमिज/ *n.* ओमता; **ohmic** /ओमिक/ *adj.* ओमी; **~meter** *n.* ओममापी

OHMS *abbr.* 'On Her (or His) Majesty's Service' की प्रथमाक्षरी

oho /ओहो/ *excl..* 1 ओहो!, ओह!, अरे! (surprise) 2 आहा!, ओहो!, अहा! (exultation)

OHP *abbr.* 'Overhead projector' की प्रथमाक्षरी

Oh-so *excl.* अत्यधिक: sb's ~ ordinary life

OHT *abbr.* 'overhead transparency' की प्रथमाक्षरी

oik /ऑइक/ *n.* बदतमीज व मूढ़

oil /ऑइल/ *n.* 1 (***syn.*** petroleum) तेल (जमीन से निकला हुआ), पेट्रोलियम 2 चिकना तरल: engine ~ 3 वनस्पति तेल: ~ of almonds; fatty/ fixed **~s**; refined ~; ~ film (तेल की पतली सतह) 4 बालों आदि का तेल 5 (*often* **oils**) तेल आधारित पेंट 6 (**oils**) तैल खाल, तैल खाल की पोशाक 7 *Austral. & NZ, sl.* समाचार, खबर;
adj. 1 तेल का: ~ pipelines; ~ slick 2 तैल;
v., pt. **~ed**, *pp* **~ing** 1 तेल दे., डालना, लगाना या भरना 2 घूस दे. 3 (*Br. Eng.* **butter up**) चापलूसी क., लल्लोचप्पो क., मक्खन लगाना, मस्काबाजी क.;
dw/lw: **~baring** *n.* तेलधर; **~base** *n.* तेलाधार; **~bath** *n.* तेलकुंडी; **~-bearing** *adj.* तेलवाला (क्षेत्र), तेलयुक्त (भूभाग); **~-belt** *n.* तेलयुक्त भूभाग; **~-burner** *n.* तेल-फुहारा; **~cake** *n.* खली, खल: ~cake mill; **~can** *n.* कुप्पी, तेल का डिब्बा; **~cloth** *n.* मोमजामा, लिनोलियम; **~-carrier** *n.* तेल-टैंकर; **~-cup** *n.* तेलदानी; **~ed** (*also* **oily**) *adj.* 1 तेल लगा या चिकना 2 चिपचिपा 3 तेल युक्त, तैलाक्त 4 *sl.* नशे में धुत्त: he was well ~ed last night; **~er** /ऑइलः/ *n.* तेल बनाने या बेचने वाला, तेली; **~-engine** *n.* तेल-इंजन; **~field** *n.* तैलक्षेत्र, तेलयुक्त भू-भाग; **~-fired** *adj.* केंद्रीय तापन (central heating) क्रिया आदि जिसमें ईंधन के रूप में तेल प्रयुक्त होता है; **~-fuel** *n.* तेल-ईंधन; **~-gauge** *n.* तेल स्तर मापक **~-gear** *n.* हाइड्रो-गिअर; **~iness** /ऑइलिनेस/ *n.* 1 चिकनाहट, चिपचिपाहट 2 तेलहापन, चिकनापन 3 चापलूसी; **~ing** *n.* तेल या ग्रीज लगाने की क्रिया: ~ing chart; **~-lamp** *n.* तेल-दिया; **~man** *n.* (*also* **~ worker**) तेलविक्रेता, तेल का धंधा करने वाला; **~-mill** *n.* कोल्हू; **~-paper** *n.* तेलिया कागज; **~-press** *n.* कोल्हू; **~proof** *n.* तेल-सह; **~-sand** *n.* तेलयुक्त-रेत; **~seed** *n.* तिलहन; **~s** /ऑइल्ज/ *n.* तैलरंग; **~skin** *n.* (*often* **~skins**) मोमजामा; **~stone** *n.* तेलवाली सिल्ली; **oil\y** /ऑइलि/ *adj., degr.*, ~ier, ~iest 1 चिकना 2 (***syn.*** oillike) तेलिया 3 तेलहा (containing oil) 4 (***syn.*** greasy) तैल-युक्त 5 चिकना-चुपड़ा (of words) 6 (***syn.*** sycophant, obsequious) चाटुकार, चापलूस, चापलूसीपूर्ण: ~y speech 7 चिपचिपा;
collocations: **~ crusher** कोल्हू; **~ colour** तैलरंग; **~ gland** पक्षियों में तेल छोड़नेवाली एक ग्रंथि; **~ length** तैलानुपात; **~ paint** तेल-चित्रण; **~ painting** तैलचित्र; **~ palm** पश्चिमी अफ्रीकी ताड़ का पेड़ जिसके गूदे से तेल निकाला जाता है; **~ pan** *mech.* मोटर इंजन आदि में हौदी या बंद प्याला-सा (तेल-बरतन); **~ pipeline** तेलवाहक पाइप लाइन; **~ platform** समुद्र में तेल निकालने के लिए बना बड़ा-सा प्लैटफार्म; **~ refinery** तेल-शोधक कारखाना; **~ rig** जमीन से तेल निकालनेवाला यंत्र; **~ sand** तेल-युक्त रेत; **oilseed rape** तोड़िया (सरसों जैसा) पौधा जिसके बीज से रेपसीड नामक तेल निकालते हैं; **~ shale** *geol.* तेल-युक्त चट्टान; **~ spill** जहाज से तेल का रिसाव; **~ tank** तेल टंकी; **~ tanker** तेल-पोत; **~ well** तेलकूप; **~ worker** तेल के धंधे में लगा आदमी; **~ slick** तेल का रिसाव, (पानी पर तैरती हुई) तेल की परत;
crude ~ कच्चा तेल, **olive ~** जैतूनी तेल;
p&i: **~ a lock/ door-hinges** तालों या दरवाजों के कब्जों में तेल दे.; **~ and vinegar** पूर्णतः बेमेल, परस्पर पूर्णतः विरोधी; **~ a palm/ sb's fist/ hand** घूस या रिश्वत दे.; **~ of birch/ hazel, holly/ hickory/ strap ~** कोड़ों की मार; **~ one's tongue** चापलूसी क.; **~/ grease the wheels** कार्य को ठीक-ठाक चलाने या उसमें तेजी लाने के लिए कुछ क.; **~ of baston** ठुकाई, धुनाई, मार-पीट; **~ of fool** चापलूसी, मक्खन लगाना; **~ of palms** रिश्वत;
banana ~ बकवास; **burn the midnight ~** देर रात तक काम क.; **check sb's ~** किसी की गाड़ी में पेट्रोल चैक क.; **dinkum ~** सोलह आने सच; **pour/ throw/ add ~ on the flames/ on the fire** आग में घी डालना, फसाद भड़काना; **pour ~ on troubled waters** आग में घी डालना; **smell of ~** खून-पसीने की मेहनत की बू आना; **strike ~** छप्पर फाड़कर धन

मिलना, अचानक धनी हो जा.
oily *see above under:* **oil:** ***dw/lw***
oink /ऑइंक/ *n.* सुअर की आवाज;
v., pt. **~ed**, *pp* **~ing** सुअर द्वारा आवाज निकालना या चीखना
ointment /ऑइंटमंट/ *n.* (***syn.*** cream) मलहम, विलेप, मरहम, उबटन;
p&i: **a fly in the ~** जो बने-बनाए काम को बिगाड़ दे, कबाब में हड्डी
OJ *abbr.* 'orange juice' की प्रथमाक्षरी
OK *abbr.* 'Oklahoma' का संक्षेप
OK/ okay *adj., colloq.,* originally *US* ठीक-ठाक, अच्छा: an **ok(ay)** song (ठीक-ठाक गाना);
excl. 1 'ठीक है!' कहने के लिए प्रयुक्त क., समर्थन क. 2 अच्छा!: **OK!** I'll do it (ठीक है, मैं इसे कर दूंगा);
n. *pl.* **OKs/ okays** मंजूरी, अनुमोदन, सहमति: receive/ give an ~;
v., *pt.* **OK'd/ OK'ed/ okayed**, *pp* **OKing/ okaying** 1 मंजूर क., स्वीकृति दे.: the plan has been duly **~'d/ okayed** 2 सहमत हो.
okapi /ओकापि/ *n., pl.* **okapis/ okapi** जिराफ का एक मात्र जीवित संबंधी, जिसकी गर्दन थोड़ी छोटी होती है
okay (*see above under* **OK**)
oke /ओक/ *adv.* पुरुष या लड़का
okey-doke/ okey-dokey *adv./ adj.* ठीक-ठाक
excl., *colloq.* ठीक-ठाक, ठीक है!
okra /ओक्रा/ औक्रा/ (*also* **gumbo**, **ladies' finger**) *n., pl.* **~s** भिंडी, भिंडी की सब्जी
old /ओल्ड/ *adj., degr.* **~er/ elder**, **~est/ eldest** 1 बूढ़ा, वृद्ध, बुड्ढा 2 घिसा-पिटा, जर्जर, पुराना, फटा-पुराना: ~ shoes; ~ rags 3 (**the** ~) बढ़ी हुई आयु का 4 बूढ़ा-सा: ~ face/ voice/ gait; look ~ 5 पुराण-पंथी: ~ customs/ traditions 6 पुराने जमाने या पिछले युग का: the ~ laws of our ancestors 7 प्राचीन, पुरातन 8 काफी पहले का: our ~ literature; Old English/ French 9 भूतपूर्व, पुराना: an ~ Oxford man; ~ soldier 10 अनुभवी: ~ campaigner; an ~ hand at the work/ at the game 11 उम्र का: a baby three months ~ 12 पुराना जाना-पहचाना: the ~ familiar faces 13 पक्की, बहुत समय से जड़ें जमाए हुए: ~ habits 14 मंजा हुआ, पक्का: ~ bachelor; ~ in crime/ in vice/ in cunning; 15 अच्छा, भला: good ~ John; my dear ~ fellow 16 बीते अच्छे दिनों का, भले-चंगे पुराने समय का: have a fine/ a good/ a high/ a rare ~ time; any ~ thing will do 17 पुराना और नया एक साथ: ~ and young alike are cricket fans nowadays; of ~ (पुराने जमाने का); in the days of ~ (पुराने जमाने के दिनों में); our fathers of ~;
dw/lw: **olde** 'old' की प्राचीन वर्तनी जिसे आजकल विज्ञापनों आदि में प्राचीनता का पुट देने के लिए प्रयोग किया जाता है; **old\en** /ओल्डन/ *adj.* बीता जमाना: in the ~en days/ in ~en times (पुराने जमाने में); **old\-established** *adj.* जो बहुत समय पहले से वजूद में था; **old\-fangled/ ~-fashioned** *adj.* (***syn.*** dated) पुराने फैशन का, पुरानी चाल-ढाल का, पुराने ढंग का, दकियानूसी; **~-fashionedness** *n.* दकियानूसीपन; **old\ie** /ओल्डि/ *n., pl.* ~ies *colloq.* पुराना गाना, सिनेमा, व्यक्ति आदि; **~ish** *adj.* थोड़ा-सा पागल, काफी पुराना, बूढ़ा-सा, पुराना-सा; **~ness** *n.* बुढ़ापा, प्राचीनता, पुरानापन, पुरातनता; **~-settled** *adj.* पूर्वावासित; **~-stager/ old-timer** /ओल्ड-स्टेगः/ *n.* अनुभवी व्यक्ति; **old\ster** /ओल्डस्टः/ *n., colloq.* बुड्ढा, बूढ़ा, बूढ़ा व्यक्ति; **~-style** *adj.* 1 पुरानी शैली: ~-style propaganda (पुराने तरह का प्रचार) 2 पुरानी शैली में छपाई 3 पुरानी पड़ी शैली या बात; **~-time** /ओल्ड-टाइम/ *adj.* पुरातन, प्राचीन काल का, पुराणपंथी: ~-time customs; **old-timer** *n.* (***syn.*** veteran) 1 पुराना जानकार 2 दकियानूसी व्यक्ति, पुराणपंथी; **~-world** *adj.* प्राचीन, पुरातन: ~-world courtesy (पुरातनपंथी शिष्टाचार);
collocations: **~ age** बुढ़ापा, वृद्धावस्था; **~-age pension** बुढ़ापे की पेंशन; **~-age pensioner** पेंशन पाने वाला, पेंशन धारक; **~-age security** 65 वर्ष की आयु के लोगों को सरकार द्वारा दी जाने वाली नियमित आय; **(the) Old Bailey** ब्रिटेन में लंदन-स्थित केंद्रीय मुख्य फौजदारी अदालत (**Central Criminal Court**); **(the) Old Bill** पुलिस; **~ bird** सावधान या सतर्क व्यक्ति; **~ been** *Br., colloq.* किसी को बुलाने की स्नेहपूर्ण अभिव्यक्ति; **~ boy** 1 किसी विद्यालय का पुराना छात्र 2 बूढ़ा व्यक्ति; **~ boy network** *Br.* किसी विद्यालय के पुराने छात्रों का संपर्क-तंत्र; **~-clothes shop** फटे-पुराने कपड़ों की दुकान; **~ dear** *sl.* वृद्ध औरत; **Old English** (*see also above under* '**Anglo-Saxon**') 1150 से पहले की अंग्रेजी भाषा; **Old English sheepdog** ब्रिटेन में कुत्ते की एक प्रजाति; **olde worlde** /ओल्डी वॉःल्डी/ दकियानूसी;; **~ flame** *colloq..* पुराना प्रेमी या प्रेमिका; **~ girl** *Br. colloq.* 1 स्कूल की पुरानी छात्रा 2 अधेड़ उम्र की औरत 3 किसी लड़की या औरत को स्नेहपूर्ण ढंग से पुकारने का तरीका; **Old Glory** *US colloq.* अमेरिकी ध्वज का उपनाम; **~ gold** पुराने सोने की तरह फीका सुनहरी रंग; **(the) ~ guard** पुराणपंथियों या कट्टरवादियों का संगठन या समूह; **Old High German** (*abbr.* **OHG**) आठवीं सदी में प्रचलित साहित्यिक या लिखित जर्मन का प्राचीनतम रूप; **~ lady** *sl.* मां या पत्नी; **~ master** *art.* नवजागरण काल (Renaissance) से लेकर 1800 सदी तक का कोई एक चित्रकार; **~ moon** अमावस से एक सप्ताह पहले का चंद्रमा; **Old Norse** (*abbr.* **ON**) सातवीं सदी से 1350 तक के काल की पुरानी जर्मन भाषा और उससे निकलीं स्कैंडिनेवियायी (स्विडन, नार्वे, आइस्लैंड और डेन्मार्क आदि देशों की) भाषायें; **Old Persian** वर्तमान ईरान में 1000 ईसवीपूर्व प्रचलित फारसी भाषा; **~ rose** 1 संकर प्रजाति के गुलाब से पहले की गुलाब की कोई भी प्रजाति 2 गहरा गुलाबी रंग; **~ school** दकियानूसी, परंपरावादी; **~ school tie** 1 किसी स्कूल की अपनी विशिष्ट टाई (tie) 2 ऐसे स्कूल की संस्कृति या मूल्य आदि 3 बाद के जीवन में एक स्कूल के पुराने छात्रों के बीच एक दूसरे मदद करने की प्रथा; **~ style** पुरानी शैली; **~ woman** *sl.* 1 किसी की पत्नी या मां 2 डरपोक और झक्की आदमी;
p&i: **~ bat** मूर्ख व खब्ती बुड्ढ़ऊ; **~ bean/ egg/ fruit/ top** पुराना-पापी (दोस्त); **~ bees yield no honey** बूढ़ा बैल बेकार हो जाता है; **~ birds are not to be caught with chaff** पुराना खिलाड़ी आसानी से मार नहीं खाता; **~ boat/ crate/ relic/ tub/ wreck** पुरानी टूटी-फूटी ...; **~ bones** बूढ़ा व्यक्ति; **~ cock/ fellow** यार, दोस्त; **old cock crows so crows the young** बच्चे अच्छाइयां-बुराइयां बड़ों से ही सीखते हैं; **~ debts better than ~ sores** पुराना घाव टीसता रहता है; **~ dogs will not learn new tricks** बूढ़े तोते नहीं पढ़ते; **~ enough to be sb's father/ mother** अपनी बेटी की उम्र का व्यक्ति; **~ enough to know better** कोई दूध पीता बच्चा नहीं कि उसे पता न हो; **~ foggy/ fogey** दकियानूसी, पुराणपंथी; **~ habits die hard** रस्सी जल गई पर बल नहीं गया, कुत्ते की दुम कभी सीधी नहीं होती, पुरानी आदतें जल्दी नहीं छूटतीं; **~ hand** *colloq.* 1 अनुभवी व्यक्ति 2 पुराना कैदी; **~ hat** *colloq..* जाना-माना व्यक्ति; **~ head on young shoulders** उम्र कम किंतु बहुत बुद्धिमान; **~ is gold** पुरानी बातें, पुरानी चीजें अच्छी होती हैं; **~ lag** *Br. sl.* मंजा हुआ पेशावर अपराधी; **~ log** जेल का पंछी; **~ love will not be forgotten** पुराना प्यार और पुराना घाव हमेशा टीसता है; **~ maid** 1 ऐसी कुंआरी स्त्री जिसकी जवानी ढल चुकी हो और वह शादी न करनेवाली हो 2 झक्की बूढ़ा या बुढ़िया; **~ man/ boy/ chap** 1 पिता, पति या नियोजक 2 बुड्ढा, बूढ़ा 3 एक आदमी द्वारा अपनी उम्र के दूसरे आदमी को बुलाने का स्नेहपूर्ण तरीका 4 किसी संगठन का मुखिया: ~ man of a merchant ship (व्यापारिक नौसैनिक जहाज का कैप्टन); **~ man in a house is**

a good sign घर में एक बूढ़ा हो तो बड़ा भरोसा रहता है; ~ **man's beard** लंबी जटा (तंतुओं) वाला पौधा; ~ **man/ servant** पुराना-भला व्यक्ति/ नौकर; ~ **men are twice children** बचपन और पचपन में कोई अंतर नहीं होता; ~ **Nick/ Harry/ Gentleman/ adversary/ enemy/ gooseberry** *euphemism* मानव जाति का दुश्मन, शैतान; ~ **order changeth yielding place to new** नई पीढ़ी पुरानी का स्थान लेती है, परिवर्तन कुदरत की नेमत है; ~ **salt/ whale** अनुभवी मल्लाह; ~ **sins make new shame** पुराने किए को सोच कर आदमी दुखी होता है; ~ **soldier** 1 मंजा हुआ आदमी 2 खाली बोतल 3 सिगरेट का बचा आखिरी टुकड़ा; ~ **soldiers never die** सिपाही का सिपाहीपन कभी नहीं मरता है; ~ **stager** किसी क्षेत्र में घाट-घाट का पानी पीने वाला; ~ **wive's tale** बे सिर-पैर की या उल्टी-सीधी बातें, दादी-नानी के किस्से; ~ **wives were good maidens** न वह राम न वह अयोध्या; ~ **woman** झंझटी, भीरु, डरपोक; ~ **world** प्राचीन या पुरानी दुनिया; ~ **world charm** पुराने दिनों का सौंदर्य व आकर्षण;

an ~ friend/ enemy, etc. पुराना दोस्त/ दुश्मन आदि; **an ~ head on young shoulders** छोटी उम्र में कुशल खिलाड़ी; **an ~ stick in the mud** लकीर का फकीर; **any ~ how** अस्त-व्यस्त, लापरवाही से; **as ~ as the hills** *colloq..* बहुत पुराना, प्राचीन; **for old times' sake** पुराने दिनों की खातिर (की याद में); (usually) **high** ~ बल देने के लिए प्रयोग होता है; **little** ~ *colloq..* वही लंगोटिया यार; **men of** ~ बहुत पुराने जमाने के शानदार लोग; **never too ~ to learn** सीखने के लिए कोई बूढ़ा नहीं होता; **of** ~ बीते दिन, बहुत पहले; **one of the ~ school** पुराणपंथी व्यक्ति जो पुराने व घिसे-पिटे तरीके से काम करना पसंद करता है; **one's ~ Dutch/ woman** पत्नी, बुढ़िया; **rare** ~ बहुत पुराना, जो अब नहीं मिलता; **rare ~ time** वह लाजवाब गुजरा जमाना; **the ~ Adam** मानव स्वभाव के पाप; **(the) ~ country** मातृभूमि (विशेषकर प्रवासियों के संबंध में); **the ~ gentleman** शैतान, प्रेत; **the ~ guard** पुरानी पीढ़ी, परंपरावादी, दकियानूसी लोग; **the Old man of the Sea** चिपकू व्यक्ति; **the good/ bad ~ days** अच्छे-बुरे पुराने दिन; **the same ~ story** वही पुरानी रामकहानी, वही पुराना बहाना; **the Old Testament** बाइबल का पहला भाग जो ईसा के जन्म के पूर्व की घटनाओं पर आधारित है; **the Old World** यूरोप, अफ्रीका और एशिया

olé /ओले/ *Spanish , excl.*, hallo! हैलो!
n. 'ओले-ओले' की पुकार

oleaceous /ओलिएशिअस/ *adj. bot.* जैतून जैसी झाड़ियों के परिवार से संबंधित;

oleaceae /ओलिएशिई/ *n.* जैतून जैसी झाड़ियों का परिवार

oleaginous /ओलिऐजिनस/ *adj.* तेलयुक्त, तेल से चिकना बना हुआ;
dw/w: **~ness** /ओलिऐजिनसनेस/ *n.* चिकनाहट, चिपचिपाहट

oleander /ओलिऐंडः/ (*also* **rosebay**) *n.* एक प्रकार की जहरीली फूलदार झाड़ी, कनेर

olearia /ओलिएरिआ/ *n., pl.* **~s** 1 एक आस्ट्रेलियायी सदाबहार झाड़ी 2 डेजी का पौधा

oleaster /ओलिऐस्टः/ *n.* असली जंगली जैतून

oleate /ओलिएट/ *n., chem.* ओलेइक एसिड (oleic acid) का एस्टर (ester) या नमक

olecranon /ओलिक्रेनन/ *n.* कर्पूर

olefiant /ओलिफाइअंट/ *adj.* तेल बनानेवाला: ~ gas

oleic /ओलीइक/ *adj.* तेल का: ~ acid

oleiferous /ओलिफेरस/ *adj.* तेल देनेवाले (बीज आदि)

oleo /ओलिओ/ *n., pl.* **~s** 'oleograph' का संक्षेप

oleo- /ओलिओ/ *comb. form, denoting*: **oil** (तेल द्योतक उपसर्ग या पूर्व प्रत्यय)

oleograph /ओलिओग्राफ/ *n., hist.* तैल चित्र की नकल करते हुए किया जानेवाला रंगीन शिलामुद्रण

oleomargarine /ओलिओमर्गरीन/ *n.* जमे मक्खन जैसा वनस्पति तेल

oleophilic /ओलिओफिलिक/ *adj.* 1 तेल में रुचि 2 पानी की बजाए तेल से गीला किया हुआ

oleraceous /ओलअरेशिअस/ *adj.* 1 एक प्रकार की सब्जी से संबंधित 2 सब्जियों से निकाले हुए तेल संबंधी

olericulture /ओलेरअकल्चः/ *n.* सब्जी पालन, सब्जी-कृषि

O level (*also* **ordinary level**) इंग्लैंड और वेल्ज (Wales) में 'A' स्तर से नीचे की परीक्षा जिसे आम तौर पर 16 वर्षीय छात्र देते थे और इसे 1988 में GSCE में परिवर्तित कर दिया गया

olfaction /औल्फैक्शन/ *US* आःल्फैक्शन/ *n.* घ्राण शक्ति, घ्राण, सूंघ

olfactory /औल्फैक्टरी/ *US* आः-, ओल्फैक्टरी / *adj.* घ्राण-संबंधी, घ्राण- या घ्राणेंद्रिय-विषयक, सूंघने से संबंधित;
n. (*usually* **olfactories**) घ्राणशक्ति, गंध-ग्रहण शक्ति

olfactronics /औल्फैक्ट्रौनिक्स/ *US* आःल्फैक्ट्राःनिक्स/ *n., [sing.]* इलेक्ट्रोनिकी उपकरणों द्वारा गंधों की पहचान, उनका विश्लेषण और मापन की क्रिया

olibanum /औलिबनम/ *US* आःलिबनम/ *n.* पेड़ों से मिलने वाला एक सुगंधित गोंद

olid /औलिड/ *US* आःलिड/ *adj.* बदबूदार

oligarch /औलिगाःक/ आःलिगाःक/ *n.* थोड़े-से धनी लोगों की चंडाल-चौकड़ी का सदस्य;
dw/lw: **~ic/ ~ical** /~किक/ ~किकल/ *adj.* अल्पतंत्रीय, गिने-चुने धनी लोगों की चंडाल-चौकड़ी से संबंधित; **oligarch\y** /~कि/ *n., pl.* oligarchies 1 थोड़े-से धनी लोगों की चंडाल-चौकड़ी, गुटतंत्र 2 उक्त गुट के लोग 3 वह देश जहां ऐसी चंडाल-चौकड़ी का शासन हो

oligo- /औलिगौ-/ आःलिगौ-/ *comb. form denoting*: **a few** (अल्प, कम);
dw/lw: **oligo\-andrus** /~ऐंडरस/ *adj.* अल्पपुंकेसरी; **~dactylous** /~डैक्टाइलस/ *adj.* अल्पांगुलीय; **~dynamic** /~डायनमिक/ *adj.* अल्पसक्रिय; **~haline** /~हलाइन/ *adj.* 0.5 से 3.0 इकाई प्रति हजार नमकीनता वाले पानी से संबंधित; **~pod** /~पौड/ *US* ~पौड/ *n.* अल्पपाद; **~poly** /~पलि/ *n. pl.* ~polies *econ.* ऐसी स्थिति जब किसी माल या सेवा बेचने वालों की संख्या बहुत कम (आपूर्ति कम और मांग ज्यादा) होने के कारण थोड़ी-सी कंपनियां पूरे मार्केट को अपने कब्जे में लेने में कामयाब हो जाती हैं; **~psony** /~प्सनि/ *n. pl.* ~psonies *econ.* ऐसी स्थिति जब किसी माल या सेवा को खरीदने वालों की संख्या बहुत कम (आपूर्ति ज्यादा और मांग कम) हो; **~psonistic** /~प्सऑनिस्टिक/ *adj.* उपर्युक्त स्थिति से संबंधित; **~trophic** /~ट्रौफिक/ *US* ~ट्राःफिक/ *adj. ecol.* ऐसी झील जिसके किनारे बहुत कम हरियाली वाली सीधी खड़ी चट्टानों से बने हो

Oligocene /औलिगोसीन/ *US* आःलिगोसीन/ *n. geol.* तृतीय महाकल्प का तीसरा युग

oliguria /औलिग्युअरिआ/ *US* आःलिगुरिआ/ *n.* अल्पमूत्रता

olio /ओलिओ/ *n., pl.* **olios** *cookery* 1 तेज, गाढ़ा पुर्तगाली या स्पेनी सूप 2 कई सब्जियां आदि से बना व्यंजन, पंचमेल व्यंजन 3 विविध रंगारंग कार्यक्रम (variety show): an ~ of all ages and all countries

olitory /औलिटरि/ *US* आःलिटरि/ *adj.* शाक-सब्जी संबंधी;
n. फल और सब्जियों का बगीचा

olivaceous /औलिवेशिअस/ *US* आःलिवेशिअस/ *adj.* जैतूनी हरा

olivary /औलिवरि/ *US* आःलिवरि/ *adj.* जैतून-जैसा, जैतून-नुमा: ~ body (वर्तुलिका)

olive /औलिव/ *US* आःलिव/ *n.* 1 जैतून 2 (*also* ~ **green**) जैतूनी हरा रंग;
adj. जैतूनी: ~ oil;
dw/lw: **~green** *adj.* जैतूनी हरा; **olive-drab** *as adj.* हल्का भूरा जैतूनी हरा;
collocations: ~ **branch** शांति का प्रतीक (जैतून की डाली),

शांति-प्रतीक, संधि-प्रस्तावः hold out the ~-branch (शांति-संकेत दे., सुलह या संधि का प्रस्ताव रखना); ~ **drab** हल्का भूरा जैतूनी हरा रंग; ~ **oil** जैतून का तेल;

Mount of Olives जैतूनी-पहाड़; **wild** ~ जंगली जैतून

olivet /औलिवेट/ *US* आःलिवेट/ *n.* कृत्रिम मोती

olla /औला/ *n. pl.* **~s** 1 पकाने का बर्तन 2 'olla podrida' का संक्षेप;

collocations: **olla podrida** /औल्यापौड्रीडा/ *pl.* **~s** 1 सब्जियों और गोश्त को सीझने से बना एक स्पेनी व्यंजन 2 फुटकर संग्रह

ology /औलअजि/ *US* आःलअजि/ *n., pl.* **ologies** *jocular* ज्ञान-विज्ञान की शाखा

-ology /-औलअजि/ *suffix* किसी विषय का वैज्ञानिक अध्ययनः psychology

Olympiad /अलिंपिऐड/ *n.* (प्राचीन यूनान में): 1 समय बीतने का मानदंड के रूप में एक ओलंपीय खेल-त्योहार से दूसरे खेल-त्योहार तक का चार वर्षों का अंतराल 2 ओलंपीय खेलों का आयोजन 3 किसी क्षेत्र या विषय में नियमित अंतर्राष्ट्रीय प्रतियोगितायें, शतरंज ओलिंपियाड आदि

Olympian /अलिंपिअन/ ओलिंपिअन/ *adj.* 1 *Gr. mythol.* ओलिंपस पर्वत (**Mount Olympus**) और उसके निवासी देवी-देवताओं से संबंधित 2 प्राचीन ओलिंपिया और उसके निवासियों से संबंधित 3 प्रभावशाली, तेजस्वी, प्रतापी 4 शानदार 5 (***syn.*** condescending) कृपाडंबरी 6 (***syn.*** exalted) महान;

n. 1 *Gr. mythol.* यूनान के बारह देवी-देवताओं, जो ओलिंपस पर्वत (Mount Olympus) पर रहते थे, में से कोई एक 2 ओलिंपिक खेलों का प्रतियोगी, ओलिंपिक खिलाड़ी 3 प्राचीन यूनान में ओलिंपस घाटी का निवासी 4 देवता-आदमी, देवनुमा व्यक्ति

Olympic /अलिंपिक/ *adj.* ओलिंपिक खेल संबंधी;

collocations: **the Olympic Games** (*also* **the Olympics**) आधुनिक ओलिंपिक खेल

OM *abbr. Member of the* 'Order of Merit' की प्रथमाक्षरी

-oma, *pl.* **–omas**/ **-omata** *suffix, forming nouns, denoting*: **a tumour, etc..** (फोड़ा आदि): carcinoma (कर्कट-रोग)

omadhaun /औमादाःन/ *n.* बुद्धू, महामूर्ख

omasum /ओमेसम/ *n., pl.* **omasa** *zool.* जुगाली करने वाले पशु का तृतीय अमाशय

ombré /औंबरे/ *US* आंबरे/ (*US* **omber** /आंबः/) *adj.* ऐसे कपड़े से संबंधित जिसके रंग दूसरे रंगों के साथ मिलता रहता है

n. ऐसा कपड़ा जिसका रंग दूसरे रंगों के साथ मिलता रहता है

ombro /औंबौ/ *n.* वर्षा;

dw/lw: **~genous** /~जिनस/ *adj.* वर्षाजात; **~meter** /~मिटः/ *n.* वर्षामापी; **~phobe** /~फोब/ *n.* वर्षाभीरु व्यक्ति

ombuds\man /औंबुड्जमअन/ *US* आं-/ *n., pl.* **~men** लोकपाल, लोकायुक्त

-ome /ओम/ *suffix, forming nouns, denoting*: **a mass** (द्रव्यमान): biome, rhizome

omega /ओमिगा/ *US* ओमेगा/ *n.* 1 यूनानी वर्णमाला का चौबीसवां और अंतिम वर्ण 2 कड़ी का अंतिम भाग 3 समापन;

p&i: **alpha and** ~ आदि और अंत

omelette /औमलअट/ (*also US* **omelette** /आःमलअट/) *n.* आमलेट, अंडे से बना एक व्यंजनः savoury ~;

p&i: **make an ~ without breaking eggs** आसानी से कोई काम कर लेना; **one can't make an ~ without breaking eggs** बिना प्रयत्न किए वांछित फल नहीं मिल सकता, अच्छी दाढ़ी उगाने के लिए शुरू में बिना दाढ़ी बनाए (unshaven) रहना पड़ता है

omen /ओमन/ *n.* 1 शकुन, सगुनः be of good/ or ill ~ 2 शुभ/ अशुभ लक्षणः an ~ of success 3 *sing.* (***syn.*** portent) पूर्वाभास, पूर्व बोध;

v., pt. **~ed**, *pp* **~ing** 1 पूर्व-सूचना दे. 2 का शकुन होना 3 किसी काम के होने के बारे में शुभ/ अशुभ लक्षण हो. 4 पूर्वाभास या पूर्व बोध हो.;

dw/lw: **~ed** *adj.* शुभ/ अशुभ लक्षणवाला; **ill-~ed** *adj.* अशुभ लक्षण वाला

omentum /ओमेंटम/ *n., pl.* **omenta** वपा, उदर का अस्तर जो आंत की नली को अन्य अंगों से जोड़ता है

omertá /ओमेःता/ *n.* 1 माफिया की गोपनीयता की शपथ 2 आपराधिक गतिविधियों के बारे में पुलिस को सूचना देने वाले के लिए माफिया द्वारा प्रयुक्त शर्मनाक कूट शब्द

omicron /औमाइक्रौन/ *US* आमअक्राःन/ *n.* यूनानी वर्णमाला का पंद्रहवां वर्ण (O, o)

ominous /औमिनस\/ *US* आःमिनस\/ *adj.* 1 धमकीभरा, खतरनाकः ~ gesture 2 अशुभ, अनिष्ट-सूचकः ~ silence 3 (***syn.*** foreboding) शकुनात्मक;

dw/lw: **ominous\ly** /~लि/ *adv.* अनिष्ट ढंग से; **~ness** /~नेस/ *n.* अनिष्टता

omissible /ओमिसिबल/ *adj.* त्याज्य, जिसे छोड़ा जा सकेः ~ detail

omission /ओमिशन/ अमिशन/ *n.* 1 भूल, चूक, छूट, त्रुटिः be guilty of ~ 2 (***syn.*** non-implementation) अकरण, अनाचरण 3 विलोप, लोप, लुप्ति, त्याग (leaving out): find an ~

omissive /ओमिसिव/ *adj.* 1 अकरणात्मक 2 विलोपनात्मक 3 (***syn.*** careless) असावधान 4 भूल-चूक करने वाला

omit /ओमिट/ अमिट/ *v.* **~ting** *pt.* **~ted** 1 (***syn.*** leaving out) छोड़नाः ~ details; **~ted** or left unsaid 2 चूक जा.: ~ to do sth (कुछ करने से चूक जा.);

dw/lw: **~ted** *adj.* (करने से) छोड़ा हुआ

ommateum /औमअटिअम/ *US* आःमअटिअम/ *n., pl.* **ommatea** /औमटिअ/ *entomol.* (कीटों की) कई अंशों से बनी आंख (compound eye)

ommatidium /औमअटिडिअम/ *US* आः-/ *n., pl.* **ommatidia** /औमअटिडिआ/ *US* आः-/ *entomol.* नेत्रांशक

omni- /औम्नि\-/ *US* आःम्नि\-/ *comb. form, signifying*: 1 **every** or **everywhere** (प्रत्येक या प्रत्येक जगह) 2 (***syn.*** multi-) (बहु-), सर्व-

dw/lw: **~bus** /~बस/ *n. pl.* ~es 1 बस, औमनिबस 2 सर्वसंग्रह रचनावली; **~bus** *adj.* 1 विविध, नानाविध, बहुप्रयोजनः ~bus edition; ~bus bill/ clause/ proposal; ~bus resolution; ~bus train; ~bus programme (बहुप्रयोजन कार्यक्रम) 2 समग्रः ~bus test (समग्र परीक्षा); ~bus book/ ~bus volume (समग्र पुस्तक); **~competent** /~कॉंपिटंट/ *adj.* सर्व-सक्षम; **~directional** /~डिरेक्शनल/ *adj.* सर्वदिशिक, सर्वदिशात्मक; **~directionality** /~डिरेक्शनअलिटि/ *n.* सर्वदिशिकता; **~directionally** *adv.* सर्वदिशिक रूप से; **omni\farious** /~फेरिअस/ *adj.* नानारूपी, बहुविधः ~farious knowledge; **~fariously** *adv.* नाना रूप से; **~fariousness** /~फेरिअसनेस/ *n.* बहुविधता, विविधता; **omni\fic/ omni\ficent** /~फिक/ ~फिसंट/ *adj.* सर्वस्रष्टा; **~ficence** /~फिसंस/ *n.* सर्वसृष्टि; **~form** *adj.* बहुरूपी; **~formity** *n.* बहुरूपता; **omni\genous** /~जिनस/ *adj.* बहुरूपी, सर्वरूपी, विविध; **~potence** /~पटंस/ *n.* सर्वसक्षमता, सर्वशक्तिमत्ता, सर्वकार्यक्षमता, सर्वशक्तिमानता; **omni\potent** /~पअटंट/ *adj.* सर्वशक्तिमान, सर्वसमर्थ, सर्वकार्यक्षम, सर्वसक्षम; **~potent** *n.* (*also* **the Omni\potent**) सर्वशक्तिमान परमात्मा; **~presence** /~प्रेजंस/ *n.* सर्वव्यापकता, सर्वव्याप्तिः the ~presence of casualties; **~present** /~प्रेजंट/ *adj.* सर्वव्यापक, सर्वव्यापी, विभु; **~range** /~रेंज/ *n.* सर्वदिशीयकता, सर्व-दूरी; **omni\science** /~सिअंस/ *n.* सर्वज्ञता; **omni\scient** /~सिअंट/ *adj.* सर्वज्ञः he was as ~scient as the scholarship and science of his day permitted; **~vore** /~वॉः/ *n.* सर्वभक्षी या सर्वपाठी व्यक्ति; **omni\vorous** /~निवरस/ *adj.* 1 सर्वभक्षी, सर्वभक्षक: ~vorous animal 2 सर्वाहारी: ~vorous curiosity 3 सर्वपाठी: an ~vorous reader of fiction; **~vorousness** /~वरसनेस/ *n.* सब-कुछ खाने-पीने का गुण, सर्वभक्षण, सर्वपाठकता

omnium /औम्निअम/ *US* आःम्निअम/ *n. stock exchange* भिन्न-भिन्न शेयरों, जिनके लिये उधार दिया जाता है, की कुल कीमत; ***p&i:*** **~ gatherum** घालमेल, भानुमती का पिटारा

omnium gatherum /औम्निअम गैदरम/ *US* आः- -/ *n., pl.* **omnium-gatherums**/ **omnium-gathera** *colloq.* विविधता-बॉक्स, घाल-मेल, भानुमती का पिटारा: such an ~ as the inhabitants of a new settlement

omophagous /ओमौफअगस/ *US* ओमाःफअगस/ *adj.* कच्चा मांस खाने वाला

omoplate /ऑमॉप्लैट/ *n.* स्कंधास्थि

omphalos /औम्फअलौस/ *US* आःम्फअलाःस/ *n.* 1 उभार 2 (***syn.*** centre) केंद्रीय बिंदु 3 *med.* नाभि, सुंडी (*Hr.*)

ON *abbr.* 'Old Norse' की प्रथमाक्षरी

on /औन/ *US* आःन, ऑन/ *prep.* 1 पर (को छूता हुआ): a chair ~ the floor 2 (किसी स्थान) पर: ~ Parliament Street 3 कार्य का स्वरूप: ~ leave; ~ duty 4 के स्पर्श से: cut oneself ~ a knife; dry one's hands ~ a towel 5 किसी विषय पर: ~ the problem of unemployment 6 पर (के बीच में): a picture ~ page twenty 7 के समय, को दौरान: ~ holidays; ~ the day of my arrival; ~ a dark night 8 के माध्यम से, पर: ~ the phone; ~ TV 9 समय या घटना के बाद, हो जाने पर: ~ his return 10 यातायात के साधन, के अंदर: ~ train 11 से, के द्वारा, के बल पर (काम हो.): radio runs ~ batteries; live ~ bread and milk 12 दवाई आदि के सेवन पर होना: ~ antibiotics; ~ tranquillizers 13 समिति आदि की सदस्यता सूची में: ~ a committee/ panel, etc.. 14 (किसी) के पास: have the passport ~ one; got no money ~ me; a pistol was found ~ him 15 के जिम्मे: meal is ~ me 16 के बारे में: a book ~ Shakespeare; a lecture ~ history 17 वाद्य पर: a tune ~ the piano 18 कपड़े आदि पहने या न पहने होना: have no clothes ~ 19 के बीच में, की लपेट में: ~ a journey; ~ fire 20 की ओर marched ~/ to the town; the window opens ~/ to the street 21 के अधिकार से: ~ good authority 22 एक के बाद एक, लगातार: failure ~ failure; mile ~ mile; loss ~ loss 23 किसी की कीमत पर: treatment ~ the National Health 24 के समीप, पर: a house ~ the shore 25 ज्यों ही, तुरंत (होने पर): shoot ~ sight 26 के आधार पर: arrested ~ the suspicion of being a terrorist 27 के परिणाम-स्वरूप: satisfaction ~ being nominated for the award 28 के ऊपर काम: work ~ sth;

adv. 1 निरंतर, बराबर: go ~ reading 2 पहना हुआ: have no clothes ~; have one's hat/ shoes ~; have one's spectacles ~ 3 चालू, जारी, काम जारी: light ~; show is ~; keep ~ about sth; put the radio ~; go **~!** (जारी रखो!); the game is ~; breakfast is ~ from eight to ten 4 आगे, समय व स्थान की ओर: go ~ home; later ~; time glides ~ 5 बीच-बीच में, यदा कदा, यदा-कदा: ~ and off (*also* off and ~) 6 स्थान या समय के समीप: it is getting ~ for six o'clock 7 स्थान या समय में जारी: further ~; from now/ that day ~ 8 ऊपर की ओर (चढ़ना, बढ़ना): the price is three rupees ~ since yesterday 9 क्रिकेट के खेल में एक स्थिति या दिशा में: ~ drive 10 के ऊपर, ढके हुए: the lid is ~ 11 काम पर तैनात: ~ duty 12 वाहन आदि पर सवार: get ~ a bus; hurry ~ to the plane;

adj. 1 काम में, रेडियो प्रसारण आदि में व्यस्त: you are ~ in two minutes 2 जारी, चालू: which films are ~ this week? 3 संभव, असंभव, मान्य, अमान्य: that just isn't ~ 4 पीछे पड़ा हुआ: be always ~ sb for making him work harder 5 वर्तमान में चलनेवाला: the programme is live ~ 6 पास का, इधर का, उरला (*Hr.*): *in cricket:* ~ drive (गेंदबाज की दायीं ओर का) 7 संपर्क में: ~ line/ ~line account 8 तत्काल चालू-बंद: ~/ off 9 लगातार: ~ and ~ movement 10 बिल्कुल ठीक समय पर: ~ time train;

dw/lw: **~-air** *adj.* रेडियो या टेलीविजन पर प्रसारित: solve the technical problem of ~-air radio broadcast; **~-board** *adj.* डेक संबंधी; **~-coming** *n.* 1 (***syn.*** approaching) निकट आने की क्रिया: the ~-coming of winter 2 पहुंच, आगमन; **~-coming** *adj.* 1 निकट पहुंचने वाला: the ~-coming tide 2 भावी, आगामी (in time): the ~-coming generations; ~-coming visit 3 सामने से आने वाला: ~-coming traffic; blinded by the light of the ~-coming car; **~cost** *n. often* ~costs किसी कार्य को चलाने के लिए दिन-प्रतिदिन का खर्चा (overhead expenditure); **~-drive** *n., cricket* गेंद पर औनसाइड प्रहार; **on-duty** *adj.* काम-काजी: on-duty wear (कामकाजी वर्दी); **~-field** *adj.* खेल के मैदान में होने वाला: ~field medical aid; **~going** *adj.* चालू, जारी रहने वाला: an ~going process; **~going** *n.* 1 व्यवहार 2 होने या घटने की क्रिया 3 (**~goings**) कार्रवाई, कार्यवाही; **~-licence** *n.* शराब की दुकान पर पीने के साथ बेचने का लाइसेंस; **~line** *adj., comput.* कंप्यूटर से जुड़ा हुआ, इंटरनेट-चालित: ~line shopping; ~line banking; **~line** *adv.* इंटरनेट पर: work online; **~looker** *see below under separate entry*; **~-off** *adj.* बिजली, रेडियो, टीवी, कंप्यूटर आदि का बंद या चालू करने का बटन; **~-position** *n.* किसी यंत्र को चालू करने वाले बटन की स्थिति; **~ramp** /औनरैंप/ *US* आःनरैंप/ *n.* बड़ी सड़क से मिलाने वाली सड़क; **on\rush** *n.* 1 बड़े जोर या वेग से होने वाली बढ़त 2 रेला, झोंका: the ~rush of tears 3 वेगमय प्रवाह, तेज बहाव (of water); **~screen** *adj., adv.* 1 टीवी स्क्रीन पर दिखाए जा रहे कार्यक्रम से संबंधित 2 चित्र-पटीय; **~set** *n.* 1 आक्रमण: by sudden ~set 2 प्रारंभ: the ~set of sth 3 फूट पड़ने की क्रिया: the ~set of a disease; ~set of wind; **~shore** *adj.* 1 तटोन्मुख (हवा) 2 समुद्र तट पर होने वाला; **~shore** *adv.* 1 तट की ओर 2 धरती पर, तटवर्ती; **~side** *adj., adv., football, rugby etc..* खिलाड़ी का उस स्थान पर होना जहां गेंद वैध रूप से हो सकती है; **~-site** (*also* **on\-the-spot**) *adj.* कार्य-स्थल पर होने वाला: ~-site control (कार्य-स्थलीय नियंत्रण); **~-stage** *adj., adv.* मंच पर होने वाला अभिनय जिसे दर्शक देख सकते हैं; **~stead** /औनस्टेड/ *n.* खेत पर कोठी व छोटे-मोटे अन्य घर; **onward** (*also* **~wards**) *adv.* 1 आगे 2 से शुरू होकर अब तक: move ~ward; Monday ~ward 3 आगे की ओर; **~ward** *adj.* अग्रसर, आगे बढ़नेवाला: ~ward march/ movement/ progress;

collocations: **~-board system** अंतरिक्ष-यान की डेक-नियंत्रण प्रणाली; **~-call mission** जंगी खतरा होने पर लड़ाकू जहाज द्वारा भरी जाने वाली उड़ान;

p&i: **on account of** के कारण; **~ a lay** हिस्सेदारी पर (नौकरी आदि); **~ all fours** 1 घुटनों के बल 2 हू-ब-हू, वैसा ही; **~ all hands** चारों ओर, सभी जगह; **~ an average** औसतन; **~ and ~** लगतार, बिना रुके; **~ an even keel** 1 संतुलित व नियमित ढर्रे पर 2 जहाज आदी का बिन डगमगाये चलना; **~ a small scale** छोटे पैमाने पर; **~ a spare** मौज-मस्ती का दौर; **~ at someone** आलोचना करने या धिक्कारने को तुला हुआ; **~ a war footing** युद्ध स्तर पर, पूरी ताकत से; **~ a wild-goose chase** मूर्खतापूर्ण व बेकार की कोशिश; **~ behalf of the whole group** सारे समूह की ओर से; **~ board** पर सवार; **~ brink of grave** कब्र में पांव लटकाए हुए; **~ call** कार्य करने को तैयार; **~ fire** किसी चीज या स्थान को आग लगी होना; **~ foot** पैदल; **~ good**

friendly terms अच्छे दोस्ताना रिश्ते हो.; **on heat** पशु का मदमस्ती में हो.; ~ **high aloft** स्वर्ग में; ~ **liking** पसंद करने पर; ~ **my word of honour** मेरा वादा रहा; ~ **one's day** जवानी या अन्य किसी चरण के शिखर पर; ~ **one's legs** बोलने आदि के लिए खड़ा हो.; ~ **one's knees** घुटनों पर हो., हार मानना; ~ **one's uppers** पैसे से हाथ तंग हो.; ~ **pains of death** मृत्यु दंड का खतरा मोल लेते हुए; ~ **principle** सिद्धांततः; ~ **purpose** जान-बूझकर; ~ **sale** बिकाऊ है; ~ **second thought** हर पहलू पर पुनर्विचार करने के बाद; ~ **Shank's mare/ nag/ pony** पैदल; ~ **short commons** भोजन का कम पड़ना; ~ **speaking terms** बोल-चाल हो.; ~ **strike** हड़ताल पर; ~ **tap** परोसने के लिए तैयार; ~ **tenterhooks** चिंतित व परेशान; ~ **terms** बराबर की शर्तों पर; ~ **that score** जहां तक इस प्रश्न का संबंध है; ~ **the air** रेडियो पर परसारण की प्रकिया में; ~ **the alert** सतर्क हो.; ~ **the ball** के बारे में सचेत हो. और कार्रवाई करने के लिए तैयार हो.; ~ **the bow hand** निशाने से कहीं दूर; ~ **the brain** लगातार सोचते रहना; ~ **brink of** की कगार पर; ~ **the cards** संभव, होने को हो.; ~ **the carpet** 1 चर्चा की प्रक्रिया में 2 फटकार पड़ना; ~ **the chance** संभावना और आशा के मद्दे नजर; **on the cheap** सस्ते में; ~ **the condition that** इस शर्त पर कि ...; ~ **the country** इसके ऐन विपरीत; ~ **the credit side** जमा खाते में; ~ **the debit side** नकारात्मक या घाटे के खाते में; ~ **the dole** सरकारी गुजारा भत्ते पर; ~ **the dot of three** ऐन तीन बजे; ~ **the edge of one's seat** सीट के किनारे पर (हो.); ~ **the face of it** दिखने में तो; ~ **the go** काम में सक्रिय हो.; ~ **the grounds of** के आधार पर; ~ **the heels of** के पीछे-पीछे; ~ **the high ropes** अति प्रसन्चित्त व प्रफुल्ल मुद्रा में हो.; ~ **the hoof** जीवित; ~ **the hop** रंगे हाथों पकड़ना; **on the house** पेय मुफ्त; **on the instant** तुरंत; ~ **the job** काम में लगा हो.; ~ **the knees of gods** भाग्य के सहारे हो.; ~ **the last legs** विनाश की कगार पर; ~ **the latch** (दरवाजा) सांकल से बंद हो.; ~ **the level** ईमानदारी से बात करें तो; ~ **the look out for** की तलाश में हो.; ~ **the long side** जरूरत से ज्यादा लंबा हो.; ~ **the loose** बेलगाम हो.; ~ **the make** अंधाधुंध अपने को आगे बढ़ाने में लगा हो.; ~ **the market** बेचने के लिए उपलब्ध हो.; ~ **the mend** सुधरने की प्रक्रिया में हो.; ~ **the move** चलता हुआ; ~ **the nail** मौके पर, तुरंत; ~ **the nod** स्वीकृति के लिए रखा हो.; ~ **the other hand** दूसरी तरफ...; ~ **the other side** नदी के उस पार; ~ **the part of** की तरफ से; ~ **the point of** की कगार पर; ~ **the prowl** शिकार पर निकला हो.; ~ **the quiet** चुपके-चुपके; ~ **the rack** भीषण, पीड़ा, चिंता या दबाव तले हो.; ~ **the rampage** तोड़-फोड़ में लगा हो.; ~ **the rebound** घनिष्ठ संबंध टूटने पर उदासी और अवसाद की गिरफ्त में हो.; ~ **the right side of** से कम; ~ **the right tack** सही रास्ते पर हो.; ~ **the rise** बढ़त की ओर अग्रसर हो.; ~ **the road** रास्ते में, के पथ पर; ~ **the rope** पराजय की कगार पर; ~ **the run** भगोड़ा हो.; ~ **the scale of** के पैमाने पर; ~ **the scent of** के सुराग पाकर पीछा क.; ~ **the score of** के आधार पर; ~ **the shelf** तुरंत खरीद ले.; **on the short side** जरूरत से ज्यादा छोटा; **on the side** चोरी छिपे दूसरा काम भी क.; ~ **the skew** टेढ़ा, तिरछा; ~ **the sly** चुपके-चुपके; ~ **the spot** तुरंत, मौके पर ही; ~ **the spur of the moment** तत्काल, बिना तैयारी के; ~ **the square** ईमानदारी से; ~ **the stocks** तैयार किए जाने की प्रक्रिया में हो.; ~ **the strength** की सूची में, की संख्या में; ~ **the strength of** के बलबूते पर; ~ **the stroke** ठीक समय पर; ~ **the stroke of five** ठीक पांच बजे; ~ **the tapis** विचाराधीन; ~ **the tight side** जरूरत से ज्यादा कसा हुआ; ~ **the tip of one's tongue** कहने को हो.; ~ **the turn** खराब होने को हो.; ~ **the verge** की कगार पर; ~ **the wane** पतन की ओर अग्रसर, घटाव की ओर; ~ **the way** रास्ते में; ~ **the windy side** हवा की दिशा में; ~ **the wings of the wind** बहुत तेज रफ्तार से; ~ **the wrong side of** से ज्यादा; ~ **the wrong track** गलत रास्ते पर, गलत अनुमान पर आधारित; ~ **this side of the grave** इसी जीवन में, दुनिया में; ~ **this wise** इस तरह; ~ **tick** उधार पर; ~ **time/ on the minute** बिल्कुल ठीक समय पर; ~ **tiptoe** उत्तेजना से भरकर; ~ **to** किसी स्थान पर; ~ **top of everything else** (इस) सबसे ऊपर; ~ **trust** विश्वास के आधार पर, उधार पर; ~ **your marks** अपने स्थान पर दौड़ने आदि के लिए तैयार हो.;

and so ~ इत्यादि; **arrested** ~ **suspicion** किसी शक के आधार पर गिरफ्तार किया गया; **be a little bit** ~ थोड़ा पिए हो.; **be/ go/ keep** ~ **about sth** लगातार उबाऊ ढंग से चपर-चपर करते रहना; **be/ go/ keep** ~ **at sb to do sth** किसी से कुछ करवाने के लिए पीछे पड़े रहना; **be** ~ **about sth** 1 किसी मामले के बारे में बात क. 2 कुछ अर्थ हो.; **be** ~ **for sth** किसी बात के लिए तैयार हो.; **be** ~ **it** किसी काम या बात के लिए तैयार हो.; **be** ~ **to sb at once** किसी को तुरंत भांप जा.; **congratulate sb** ~ **sth** किसी को किसी बात के लिए बधाई दे.; **don't take it out** ~ **me, it's not my fault** मुझ पर भड़ास न निकालो, मेरा कोई दोष नहीं; **drop in** ~ **sb** किसी के यहां अचानक आ जाना; **get** ~ **to sb/ sth** किसी के संपर्क में होना; **have sth** ~ **sb** किसी के विरुद्ध कुछ मसाला हो.; **hire sb** ~ **the spot/** ~ **the instant** किसी को कार्य-स्थल पर नौकरी पर रख लेना; **interest** ~ **one's capital** पूंजी (मूलधन) पर ब्याज; **it was based** ~ **a fact/ on hearsay** यह सब तथ्य या सुनी-सुनाई बात पर आधारित था; **keep your hair** ~**!** आराम से, घबराइए नहीं!; **live** ~ **one's parents** माता-पिता के सहारे जीना; **not to be** ~ **speaking terms with sb** किसी के साथ बोल-चाल न हो.; **pity** ~ **sb** किसी पर दया क.; **put money** ~ **a horse** किसी घोड़े पर बाजी लगाना; **put sb** ~ **the spot** किसी के लिए परेशानी पैदा क.; **rely/ count** ~ **sb/ sth** किसी पर भरोसा क. या किसी से किसी बात की आशा रखना; **shoot** ~ **sight** देखते ही गोली मारना; **the joke's** ~ **him** मजाक का निशाना वही है; **the police are** ~ **to him** पुलिस को उसका कुछ सुराग मिल गया; **this is** ~ **me** इसके पैसा मैं दूंगा; **turn one's back** ~ **sb** किसी की ओर से मुंह फेर लेना; **what are you** ~**?** तुम किस चीज का नशा कर रहे हो जो ऐसी बेसिर-पैर की बातें कर रहे हो?

-on *comb. form denoting*: *phys.* **elementary particle** (आदि कण): neutr**on**; *chem.* **a molecular unit** (आणविक इकाई): cod**on**

onager /औनेजः/ औनेगः/ *n.* गोरखर, मध्य एशिया में पाया जानेवाला एक जंगली गधा

onanism /ओनअनिजम/ *n.* 1 अपूर्ण मैथुन 2 (*syn.* masturbation) हस्तमैथुन

ONC *abbr.* 'Ordinary National Certificate' की प्रथमाक्षरी

once /वंस/ *adv.* 1 एक बार, किसी समय: I shall do this only ~ 2 एक अवसर पर: they came ~ 3 पहले कभी: lived in London ~; there ~ lived an old man 4 एक बार (फिर): ~ again 5 सब एक साथ, तुरंत: all at ~ 6 कभी भी, किसी भी समय: if ~ you are late... 7 एक बार भी नहीं: hasn't ~ visited 8 एक पीढ़ी का रिश्ता छोड़कर: a cousin ~ removed 9 कभी न कभी: I shall go there ~;

conj. जब कभी, जब एक बार, जैसे ही, ज्यों ही: ~ you have finished, you may go out;

n. एक बार या एक अवसर: just this ~;

adj. भूतपूर्व, पुराना: my ~ friend;

dw/lw: **~-over** *n. colloq.* सरसरी नजर से किया गया निरीक्षण, सरसरी नजर से आकलन; **oncer** /वंसः/ *n. colloq.* 1 जो किसी काम को केवल एक बार करता है 2 जो मात्र एक बार होता है 3 *Austral.* मात्र एक बार का सांसद;

p&i: ~ **again/ more** एक बार फिर; ~ **and again** बार-बार;

~ **and for all** हमेशा के लिए; ~ **a thief, always a thief** एक बार चोर तो हमेशा चोर; ~ **and for all** अब की बार बस आखिरी बार; ~ **a whore, always a whore** एक बार पतुरिया हमेशा पतुरिया; ~ **bitten, twice shy** दूध का जला छाछ को भी फूंक मार-मारकर पीता है; ~ **errand** किसी विशेष कार्य हेतु, न कि किसी और काम के लिए; ~ **in a blue moon** कभी-कभार; ~ **in a way** कभी-कभी, कभी-कभार; **(every)** ~ **in a while** कभी-कभार; ~ **more/ again** एक बार फिर, अपवाद के रूप में; ~ **or twice** एक-दो बार; ~ **too often** जरूरत से ज्यादा बार कोई गलत काम क.; ~ **upon a time** बहुत समय पहले की बात है; **all at** ~ 1 अचानक 2 (***syn.*** simultaneously) सब एक साथ; **for** ~ यदि और कभी नहीं तो केवल इस बार, कम से कम एक बार तो; **for this** ~ केवल इस बार, अपवाद के रूप में; **give sb or sth the ~-over** 1 किसी का उड़ती नजर से आकलन क. 2 किसी चीज या स्थान को जल्दी से साफ क.; **going ~, going twice, sold** एक, दो, तीन और बिक गई; **just for ~/ just this ~** केवल एक बार; **my ~ friend** मेरा पुराना मित्र; **not** ~ एक बार भी नहीं, कभी नहीं

onchocerciasis /औंकोसेःकायसिस/ (*also* **river blindness**) *n. pathol.* एशिया और अमेरिका के उष्ण कटिबंध क्षेत्रों में होने वाली बीमारी जो एक प्रकार के मच्छर जैसे कीट द्वारा काटने से होती है और इस बीमारी में चमड़ी के नीचे ग्रंथियां या अंधापन भी हो जाता है

onco- /औंको/ *US* आंको/ *comb. form, signifying*: **swelling,** *esp.* **tumours** (सूजन, विशेषकर फोड़े);
dw/lw: **onco\gene** /औंकोजीन/ *US* आंकोजीन/ *n., genetics* एक ऐसा जीन जो स्वस्थ कोशिका को कैंसरयुक्त बना देता है; **~genesis** /औंकोजेनिसिस/ *US* आंकोजेनिसिस/*n.* कैंसरयुक्त फोड़ों की वृद्धि; **~genic** /औंकोजेनिक *US* आंकोजेनिक/ *adj.* 1 कैंसरयुक्त फोड़ों की वृद्धि से संबंधित 2 फोड़ों को पैदा करने वाली; **~logy** /आंकाःलजि/ *n.* फोड़ा अध्ययन विज्ञान, कैंसर-विज्ञान

oncoming *see above under* **on:** ***dw/lw***

OND *abbr.* 'Ordinary National Diploma' की प्रथमाक्षरी

on dit /ऑंडीः/ *n., Fr.* अफवाह, गप्प: merely an ~

one /वन/ *n., the cardinal number* 1 एक: back to square ~; ~, two, three … 2 इक्का (card, domino) 3 एक द्योतक चिह्न (*symbol*): (1) या (I) 4 एक वर्ष की आयु: the age of ~; the baby is only ~ 5 साइज, पोशाक की पैमाइश: size ~ 6 आधी रात या दोपहर बारह बजे के बाद का पहला घंटा, एक बजे: came at ~ (at **1** p.m./ **1** a.m.); the train is due at ~ twenty five 7 अंक: scored ~ 8 कहानी या चुटकुला आदि: heard the ~ about dancing policeman 9 शराब का पैग: ~ for the road 10 दबंग या शानदार आदमी: he is quite a ~ 11 एक-एक करके: by **~s** and twos; goods that are sold in **~s** and twos;
adj. 1 कोई एक विशेष: love ~ man 2 एक ही, अकेला, एकाकी, एक मात्र: he is ~ teacher who can handle him; ~ and only; that's the ~ thing I needed 3 सहमत, एकमत: of ~ mind; have ~ opinion; with ~ accord 4 कई इकाइयां मिलकर एक बनी हुई, सामंजस्य में: they spoke with ~ voice; they sang with ~ voice; he is made ~ with nature 5 अद्वितीय: ~ big fellow 6 किसी का या किसी वस्तु विशेष का अनिश्चित उदाहरण: must visit you ~ day 7 पहला: page ~ 8 कुल जोड़ में एक 9 अकेले-अकेले, अकेले ही: no ~ man can do it 10 एक ही तरह के: Pyara Singh, Prem Singh one and the same thing;
pron. 1 पहले संदर्भ में आए व्यक्ति या वस्तु के लिए प्रयुक्त: buy the blue ~ 2 हर एक, कोई भी: ~ can't do better than that; ~ has to do **~'s** best; ~ never knows what may happen; ~ day I shall do it (एक दिन (किसी न किसी दिन) मैं इसे करूंगा) 3 *formal, facetious* मैं: ~ doesn't like to pry (मैं ताक-झांक करना पसंद नहीं करता);
dw/lw: **~-act** *adj.* एकांकी: ~-act play (एकांकी नाटक); **~-armed** *adj.* एकबाहु: one-armed bandit (एकबाजूवाला डाकू या लुटेरा); **~-body** *adj.* एकपिंडी; **~-colour** *adj.* एकरंग, इकरंगा; **~-crop** *adj.* एकसस्य, एकफसली; **~-dimensional** *adj.* एकविमितीय, एक-आयामी; **~-eyed** *adj.* काना: better ~-eyed than stone-blind (अंधे से तो काना भला); **~-fold** *adj.* एकहरा, इकहरा; **~-handed** *adj.* एक हाथ से: ~-handed catch; catch ~-handed (एक हाथ से पकड़ना); **~-horse** *adj. colloq.* 1 एक घोड़े के साथ 2 छोटा-सा, गरीब और महत्त्वहीन: a ~-horse town (छोटा-सा, गरीब और नगण्य नगर); ~-horse race (ऐसा मुकाबला जिसमें किसी घोड़े विशेष का पहले से जीतना तय हो); **~-inch** *adj.* इकइंची; **one-legged** *adj.* इकटंगा; **~-liner** *n., colloq.* एक वाक्य में कही गई कोई सटीक या मजाकिया बात; **~-man/ ~-woman/ ~-person** *adj.* एक व्यक्ति द्वारा किया जाने वाला: a ~-man show (एक व्यक्ति का बोलबाला); ~-man band (एक व्यक्ति की सशक्त मौजूदगी वाला बैंड-बाजा); **~ness** /वननेस/ *n.* 1 एक होने का भाव, एकाकीपन 2 एकता 3 ऐक्य, एकत्व 4 अभिन्नता; **~-night-stand** *n.* एक रात का सहवास; **~-off** *adj., colloq., mainly Br.* एक बार होने वाला (कार्य), वह कार्य जो केवल एक बार हुआ हो, एकमुश्त: a ~-off payment; **~-off** *n.* एक ही बार होने वाली घटना या कार्य; **~-on-~ = ~-to-~** *n. adv. US* दो लोगों के बीच (आमने-सामने), सीधे; **~-piece** *adj.* अलग-अलग भागों की बजाए कपड़े के एक ही टुकड़े से बनी (पूरी सूटनुमा पोशाक): ~-piece swim suit; **~-point** *adj.* एकबिंदु का, एकमात्र; **~r** *n.* 1 विरला व्यक्ति या वस्तु आदि: be a ~r at sth 2 जोर का वार या धक्का 3 घिनौनी झूठ: tell a ~r (घिनौनी झूठ बोलना); **onerous** *see below under separate entry*; **oneself** *see below under separate entry*; **~-shot** *adj.* = **~-off** *see above*; **~-sided** *adj.* 1 (***syn.*** biased) एकतरफा: ~-sided agreement; ~-sided argument 2 असमान 3 पक्षपातपूर्ण; **~-sidedly** *adv.* एकतरफा ढंग से, पक्षपातपूर्वक; **~-sidedness** *n.* पक्षपात, तरफदारी; **~-size-fits-all** *adj.* बहुत सारी परिस्थितियों में उपयुक्त; **~-stage** *adj.* एक चरण का: ~-stage missile; **~-star** *adj.* 1 एक-सितारा पद से संबंधित: ~-star general 2 गुणवत्ता या स्तर से संबंधित: ~-star hotel; **~-step** *n.* अमेरिका में नृत्य व संगीत का एक रूप; **~-stop** *adj.* ऐसी दुकान या सेवा जहां एक ही स्थान पर बहुत सारी सुविधायें दी जाती हैं: ~-stop advisory service; ~-stop house-purchase service; **~-storied** /वन-स्टोरीड/ *adj.* एकमंजिला, एक-तल्ला (मकान आदि); **~-time** *adj.* भूतपूर्व, पहले का: a ~-time friend/ minister; **~-to-~ = ~-on-~** *adj.* 1 केवल दो लोगों के बीच, आमने-सामने: a ~to~ meeting; ~-to-~ teaching 2 हू-ब-हू समान: ~to~ correspondence between words and deeds; **~-touch** *adj.* फुटबॉल के खेल में पहली ठोकर से लेकर गेंद पर काबू रखने की स्थिति से संबंधित; **~-track** *adj.* एक-पथीय; **~-two** *n., colloq. boxing* मुक्केबाजी में एक हाथ के मुक्के के बाद तुरंत दूसरे हाथ से लगाया जाने वाला मुक्का; **~-up** *adj., colloq.* आगे बढ़ा या निकला हुआ, नहले पर दहला; **~-upmanship** *n.* नहले पर दहला मारने की नीति या प्रवृत्ति; **~-way** *adj.* 1 इकतरफा, एक तरफा, एकमार्गी: ~-way street; one-way sign 2 *US* = single (एकतरफा) 3 एक दिशा में काम करने वाला, इकतरफा: ~-way relationship; **one-woman** *adj.* एक ही औरत द्वारा चालित या नियंत्रित;
collocations: ~ **another** 1 एक दूसरे के लिए 2 एक दूसरे को; **~-armed bandit** फल मशीन (fruit machine); **~-man band** गली-मोहल्ले में बजाने वाला संगीतकार जो एक साथ कई प्रकार के बाजे बजा सकता है; **~-parent family** माता या पिता में से कोई एक और उसके बच्चों से बना परिवार; **~-track mind** 1 एक समय पर एक ही विषय पर सोच सकने वाला व्यक्ति एक बात या मामले के सिवा कुछ और सोच या कर न पाने वाला व्यक्ति; ~-

way ticket *US* (*UK* **single)** इकतरफा टिकट, मात्र एक तरफ की यात्रा का टिकट;
p&i: **~ after another** एक के बाद दूसरा; **~ and all** सभी, प्रत्येक; **~ and none is all** ~ कमाई का एक लाख भी कई लाख होता है; **~ and only** एक मात्र; **~ and the same thing** एक समान, एक ही बात; **~ another** एक दूसरे को; **~ at a time** एक समय पर एक व्यक्ति आदि; **~ beats the bush and another catches/ takes the bird** लड़े फौज, नाम सरदार का, परिश्रम कोई करे फल कोई लूटे; **~, but a lion** शेर तो एक ही काफी है; **~, but that ~ a lion** एक हो पर शेर हो; **~ by ~/ ~ after ~** एक-एक करके, एक के बाद एक; **~ can go a long way after one is weary** हारकर भी लड़ाई जीत सकता है; **~ can lead a horse to the water but cannot make him drink** जहां नहीं चाह वहां नहीं राह; **~ cannot do a foolish thing once in one's life, but one must hear of a hundred times** दूसरों की गलतियों से सीख लेनी चाहिए; **~ cannot see the wood for the trees** पत्तियां गिनते हैं पऱ पेड़ दिखायी नहीं देते; **~ day** एक दिन; **~ down to sb** किसी से एक अंक पीछे; **~ flash** शादी के बंधन में बंध गए; **~ foe is too many, and a hundred friends too few** जितने कम दुश्मन और जितने ज्यादा दोस्त उतना ही अच्छा; **~ fool makes many** बेवकफों की कमी नहीं, एक ढूंढ़ों हजार मिलते हैं; **~ fool praises another** गधे गधे की तारीफ करते हैं; **~for his head** सिर पर चोट या वार; **~ good turn deserves another** भले को भला; **~-horse town** एक छोटी-सी नगरी जहां देखने के लिए कोई रमणीय स्थान या खास रोचक चीजें न हों; **~ ill weed mars a whole pot of pottage** एक मछली सारे तालाब को गंदा कर देती है; **~ in a thousand** हजारों में एक, विरला; **~ lie calls for many** एक झूठ के पीछे सैकड़ों झूठ बोलने पड़ते हैं; **~ love expels another** एक म्यान में दो तलवारें नहीं समा सकतीं; **~ man is worth hundred and a hundred is not worth** ~ शेर तो एक ही काफी है, इक्को सवा लख दे बराबर; **~ man no man** अकेला चना भाड़ नहीं फोड़ सकता; **~ man's loss is another man's gain** एक का घाटा दूसरे का लाभ; **~ man's meat is another man's poison** किसान चाहे वर्षा कुम्हार चाहे सूखा; **~ may ride a free horse to death** मुफ्त में स्वर्ग नहीं पहुंचा जा सकता; **~ nail drives out another** लोहे का लोहा काटता है; **~ of their number** उन्हीं जैसा, उन्हीं का; **~ of these days** किसी दिन; **~ of these days is none of these days** किसी दिन का मतलब है कभी नहीं; **~ on God's side, is a majority** नेक काम की सदा जीत होती है; **~ or two** एक-दो, थोड़े-से; **~ over the eight** पिए हुआ, नशे में; **~ potter envies another** एक कुत्ता दूसरे को गुर्राता है; **~ scabbed sheep will mar a whole flock** एक मछली सारे तालाब को गंदा कर देती है; **~'s cup of tea** बस की बात; **~'s fingers are all thumbs** अनाड़ी होना; **~ sows the seed another reaps the corn** बोए कोई काटे कोई; **~'s opposite number** किसी दूसरे संगठन में किसी के तुलनात्मक पद पर आसीन व्यक्ति; **~'s own flesh and blood** अपना ही खून, सगे-संबंधी; **~'s right hand man** मुख्य सहायक, दाहिना हाथ; **~'s second self** जिगरी दोस्त, दाहिना हाथ; **~'s social equals** समान सामाजिक वर्ग के लोग; **~ swallos does not make a summer** अकेला चना भाड़ नहीं फोड़ता; **~ thief knows best how to catch another** चोर-चोर मौसेरे भाई; **~ thorn of experience is worth a whole wilderness of warning** आप बीती जगबीती से कहीं ज्यादा सिखाती है; **~ today is worth two tomorrows** नौ नकद न तेरह उधार; **~ too many** बहुत ज्यादा; **~ to one** 1 अकेले में, आमने-सामने 2 बराबर का; **~ up on sb/ sth** किसी से या किसी वस्तु से दो चंदे बढ़कर हो.; **~ up to sb** किसी की एक अंक से बढ़त; **~ with a beard** (वह) दाढ़ीवाला आदमी; **a hot one** मसालेदार बात; **all in** ~ सब मिलकर, एक साथ कई भूमिकाओं में; **all ~ to sb** किसी के लिए एक ही बात है, उसे कोई फर्क नहीं पड़ता: it's all ~ to me; **as ~** सहमत, सब एक मत; **at ~ end of the street and at the other** सड़क के दोनों सिरों पर; **at ~ with nature** प्रकृति के रंग में रंगा हुआ; **be (a) one for doing sth** ऐसा व्यक्ति (होना) जिसे कोई बात या कार्य पसंद है या जो किसी कार्य को करने में कुशल है; **be at ~ in thinking that ...** एक जैसी समझ होना कि ...; **be at ~ with sb/ sth** पूर्णतया सहमत, पूर्णतया किसी मत या कार्य में हिस्सेदार; **become ~** दंपत्ति हो जाना; **be not ~ to refuse** इन्कार करनेवालों में से न हो.; **be ~ up on sb** किसी से दो चंदे बढ़कर हो.; **by ~s and twos** एक-एक, दो-दो करके, थोड़ा-थोड़ा करके; **by ~self** अकेले ही, एकाकी में; **for ~** जहां तक मेरा सवाल है: I for ~ don't agree (जहां तक मेरा सवाल है तो मैं सहमत नहीं); **for ~ thing** एक कारण तो यह है कि...; **get sth in ~** किसी बात को तुरंत समझ लेना या उसका अनुमान लगा ले.; **go number ~** स्वयं, खुद-ब-खुद; **go ~ better than sb/ sth** (*syn.* outdo) किसी से या पहले से बेहतर क.; **in the year ~** बहुत समय पहले; **it's all ~ to me** मुझे कोई फर्क नहीं पड़ता; **just one of those things** होता है, ऐसा तो होता ही रहता है (इसे सहन करना पड़ेगा); **like ~ o'clock** जल्दी-जल्दी, सक्रिय रूप से; **look after/ take care of number ~** अपने या अपने हितों के बारे में न भूलना; **new laws and old ~s** नए और पुराने कानून; **remain for ever ~** सदा अपनी अस्मिता बनाकर रखना; **the last but ~** अंतिम से पहले वाला; **the little ~s and the great ~s** छोटे और बड़े सब लोग; **the ~ and only** अनूठा, निराला; **when you've seen, heard, etc.. one, you've seen, heard, etc.. them all** हाथी के पांव में सबका पांव; **with ~ accord** एक मत से, सहमति से

oneiric/ oniric /ओनइरिक/ ओनिरिक/ *adj.* स्वप्नों में या रोमांचक ढंग से कल्पना की उड़ान भरने से संबंधित;
dw/lw: **oneirocritic** /ओनायरोक्रिटिक/ *n.* स्वप्न-सगुनिया, स्वप्नविचारी या आलोचक; **oneiromancy** /ओनायरोमंसि/ स्वप्न-सगुनौती, स्वप्नशास्त्र

onerous /ओनअरस\/ *US* आःनअरस\/ *adj.* 1 (*syn.* taxing, burdensome) दूभर, भारी, दुर्वह, दुःसहः an ~ task (कठिन काम) 2 *law* फायदे अधिक भारी वैधानिक जिम्मेवारी के साथ;
dw/lw: **onerous\ly** /~लि/ *adv.* मुश्किल से, कठिनतापूर्वक; **~ness**/~नेस/ *n.* दुःसह्यता, कठिनाई

oneself (*also* **one's self**) *pron.* स्वयं, अपने आप, खुद: not able to help ~; one hasn't been there ~;
p&i: **(all) to ~** मात्र अपने तक, गोपनीय, गुप्त; **by ~** अकेले ही, मात्र अपने द्वारा; **be ~** 1 शारीरिक व मानसिक रूप से सामान्य हालत में हो. 2 अपने आप जैसा स्वाभाविक हो.: one needs space to be ~; **come to ~** 1 होश में आना 2 अपने विचारों को सुनियोजित करने की हालत में हो जा. 3 सहज ढंग से चिंतन-मनन करने की अवस्था में आ जा.; **do sth for ~** अपने लिए कुछ क.; **excuse ~** क्षमा मांगना; **keep ~ to ~** मिलनसार न हो.; **not feeling ~ after an operation** ऑप्रेशन के बाद मैं अपने आपको पहले जैसा महसूस नहीं कर रहा; **see ~ as others see one** अपने आप को दूसरों के नजरिये से देखना

one-two *see above under* **one:** ***dw/lw***

-one *comb. form, signifying*: *chem.* **certain compounds** (मिश्रण): acetone

onfall /औनफॉल/ *US* आःनफॉल/ *n.* आक्रमण, हमला, चढ़ाई, धावा

onflow /औनफ्लो/ आःनफ्लो/ *v. pt.* **~ed**, *pp* **~ing** बहते जाना; ***n.*** आगे को बहाव, बहते जाने की क्रिया

ONGC *abbr.* 'Oil and Natural Gas Commission' की प्रथमाक्षरी

onion /अनयन/ *n.* 1 प्याज, पलांडु 2 (*Hr.*) गठा 3 प्याज की गिरी 4 छोटे हरे प्याज के पत्ते;

***dw/lw:* ~-eyed** *adj.* आंसूभरी आंखोंवाला; **~-like** *adj.* प्याज जैसी सूरत या स्वाद वाला; **~-skin** *n.* प्याज का छिलका, चिकना कागज; **~y** /अनयनि/ *adj.* पलांडु, प्याजी यानी प्याज के गुणोंवाला;
***collocations:* ~ dome** *arch.* प्याज की शक्ल का गुंबद वाला भवन, विशेषकर बैजंटियन (Byzantine) और रूस के प्रावास्लाव चर्च (Orthodox Church) के भवन; **~ salad** प्याज का सलाद; **~-skin paper** लिखने के लिए बहुत पतला कागज; **~ soup** प्याज का शोरबा;
good ~ बढ़िया लड़का;
***p&i:* be off one's ~** दिमाग खराब हो., मानसिक रूप से असंतुलित हो.; **know one's ~s** *colloq.* अच्छा जानकार होना, अनुभवी होना; **weep over/ with an ~** घड़ियाली आंसू बहाना

oniric *see above under* **oneiric**

onlooker /औनलुकः/ *US* आःनलुकः/*n.* (***syn.*** bystander) दर्शक, तमाशाई: the ~lookers supported their favourite teams enthusiastically;
***p&i:* the ~s see more than players** दर्शक को अदाकार से ज्यादा दिखता है

only /ओन्लि/ *adv.* 1 केवल, मात्र, सिर्फ, ही: admission for members ~ 2 मात्र इसलिए कि ..., केवल यदि: children could come ~ if accompanied by an adult 3 सर्वोत्तम: flying is not the ~ way to travel 4 अभी-अभी, मात्र, बस: ~ a minute ago 5 से अधिक कुछ नहीं, केवल मात्र: we could ~ guess about the problem 6 से अधिक नहीं: it took ~ a few minutes took 7 से पहले नहीं: ~ then she realised the gravity of the situation;
adj. 1 एक मात्र: the ~ book on the subject 2 सर्वाधिक उपयुक्त, अद्वितीय: the ~ man for the position 3 इकलौता, इकलौती: the ~ son, the ~ daughter;
conj. 1 क्योंकि, किंतु 2 परंतु, बल्कि; **not ~ ... (but) also** न केवल, ... बल्कि; **~ to** मात्र कुछ करने के लिए: I arrived ~ to find that he had already left 3 पर बात यह है कि ...: he makes good resolutions ~ that he never keeps them; he does well ~ that he is nervous at the start;
***collocations:* ~ child** इकलौता बच्चा;
***p&i:* ~ joking** मजाक में कहा जा रहा है; **~ just** अभी-अभी; **~ pretty Fanny's way** जो जैसे करना चाहिए वैसे ही क.; **~ skin and bone** बहुत दुबला-पतला, मात्र अस्थि-पंजर; **~ that** को छोड़कर; **~ too…** अत्यधिक; **~ too glad** बहुत ही खुश; **be ~ just in time** मुश्किल से आखिरी समय पर पहुंचना; **if ~** मात्र यदि; **it's ~ too true** खेद की बात है कि यह सच है; **the ~ thing is** बात केवल यह है कि ...

o.n.o *abbr.* 'or near offer'; 'or nearest offer' की प्रथमाक्षरी

on-off *see above under* **on: *dw/lw***

onomastic /औनअमैस्टि\क/ *US* आःनअमैस्टि\क/ *adj.* नाम-, नामिक, नामविषयक;
***dw/lw:* ~on** /~कौन/ *n. ling.* नाम-कोश; **~s** /~क्स/ (*also* **onomatology** /औनअमटौलजि/ *US* आःनअमटाःलजि) *n., [sing.] ling.* नाम-विज्ञान, नामिकी, नामों, उपनामों के इतिहास, विकास, भौगोलिक प्रसार आदि का वैज्ञानिक अध्ययन

onomato\poeia /औनअमै\टअपीआ/ *US* आःनोमै\टोपीआ/ (**~poesis** /~टोपीइसिस/) *n.* 1 ध्वनि के आधार पर वस्तु का नाम रखने की क्रिया, ध्वनि-अनुकरण 2 अनुरणनात्मक शब्द, अनुकरणात्मक शब्द;
***dw/lw:* onomato\poeic** /~टोपीइक/ *adj.* अनुकरणात्मक, अनुरणनात्मक, अनुकरणमूलक; **~poeically** /~टोपीइकलि/ *adv.* अनुकरणात्मक ढंग से; **onomato\logist** /औनअमटौलजिस्ट/ *US* आः-/ *n.* अनुकरणमूलक

onomatop/ onomatope /औनअमैटौप/ *US* आःनअमैटोप/ *n.* ध्वनि-अनुकारक (नक्काल) शब्द

onramp *see above under* **on: *dw/lw***

onrush *see above under* **on: *dw/lw***

onscreen *see above under* **on: *dw/lw***

onset *see above under* **on: *dw/lw***

onshore *see above under* **on: *dw/lw***

onside *see above under* **on: *dw/lw***

on-site *see above under* **on: *dw/lw***

onslaught /औनस्लॉट/ *US* आःनस्लॉट, ऑनस्लॉट/ *n.* 1 भीषण आक्रमण, चढ़ाई, जबरदस्त मार-काट: make an ~ 2 धावा

on-stage *see above under* **on: *dw/lw***

onstead *see above under* **on: *dw/lw***

on-stream/ onstream *see above under* **on: *dw/lw***

Ont. *abbr. Canadian province* '**Ontario**' का संक्षेप

onto (*also* **on to**) *prep.* 1 पर/ में (किसी वस्तु में): throw stones ~ the track; he jumped ~ a bus 2 दूसरे विषय पर बात करने का संकेत 3 *math.* आच्छादक: hold/ grip, etc.. ~ sth 4 की ओर: the window opens out onto the sea;
***p&i:* be ~ sb/ sth** किसी के या किसी चीज के बारे में शक हो.

onto- /औंटअ-/ औंटौ-/ *US* आंटअ-/ आंटाः-/ *comb. form, signifying*: **being**, **existence** (वजूद, अस्तित्व);
***dw/lw:* ~genesis** /औंटौ\जेनिसिस/ *US* आंटाः\जेनिसिस/ (*also* **~geny** /~जिनि/) *n., boil.* किसी जीव के विकास का इतिहास, जीवों के विकास के इतिहास का अध्ययन विज्ञान; **~genic** /~जेनिक/ *adj.* किसी जीव के विकास के इतिहास से संबंधित; **~logy** /औंटौलजि/ *n., philos.* 1 तत्त्व-विज्ञान, तत्त्व-दर्शन, तत्त्व-मीमांसा 2 व्यक्तिवृत्त, व्यष्टि विकास, अस्तित्व के चरित्र एवं सार का अध्ययन करने वाला विज्ञान; **onto\logical** /औंटअलौजिकल/ *US* आंटअलाःजिकल/ *adj.* सात्त्विक, सत्तामूलक, तत्त्वमीमांसामूलक, अस्तित्व संबंधी;
***collocations:* ~ theories/ speculations** अस्तित्ववाद-संबंधित सिद्धांत या अटकलें; **~logical argument** प्रत्ययाश्रित तर्क, तत्त्वमीमांसामूलक दलील

onus /ओनस/ *n., pl.* **~es** 1 जिम्मेदारी, दायित्व, कर्त्तव्य: ~ on sb to prove sth 2 भार: ~ probandi (सिद्ध करने का बोझ, दायित्व)

onward *see above under* **on: *dw/lw***

onychophorous /ओनिकौफअरस/ *adj.* नखी

onymous /औनिमस/ *US* आःनिमस/ *adj.* (***anton.*** anonymous /अनौनिमस/) सनाम, जिसका नाम हो

onyx /औनिक्स/ *US* आःनिक्स/ *n. geol.* सुलेमानी (पत्थर), एक रंग-बिरंगा पत्थर

o/ o *abbr.* 'offers over' की प्रथमाक्षरी

-oo/ oö- /ओअ/ ओऔ/ *comb. form, denoting*: **egg** or **ovum** (अंडा, अंडाणु, डिंब)

oocyte /ओअसाइट/ *n.* युग्मक-पुटी, ऐसा कोशाणु जो अंडाणु को जन्म देता है, डिंबाणुजनक कोशिका, अंडक;
***collocations:* primary ~s** मूल अंडक; **secondary ~s** सहायक अंडक

oodles /ऊडल्ज/ *n., [pl.], colloq.* (***syn.*** loads) बहुत बड़ी मात्रा, ढेरों: ~ of money

oof /ऊफ/ *n. sl.* पैसा, धन: ~-bird (अत्यंत धनी व्यक्ति)

oogamous /ओऔ\गमस/ *US* ओआः\गमस/ *adj.* विषमयुग्मकी, कम संख्या के जीवित चल (motile) पुरुष युग्मकों द्वारा बहुत अधिक संख्या में जीवित अचल (non-motile) स्त्री युग्मकों को गर्भित करनेवाली (क्रिया);
***dw/lw:* ~gamy** /~गमि/ *n.* विषमयुग्मन, कम संख्या के जीवित चल (motile) पुरुष युग्मकों द्वारा बहुत अधिक संख्या में अचल (non-motile) स्त्री युग्मकों को गर्भित करने की क्रिया

oogenesis /ओअजेनअसिस/ *n.* 1 अंडजनन, डिंबजन 2 पशुओं के अंडाशय में अंडाणु का प्रजनन व विकास

oogonium /ओअगोनिअम/ *n.* अंड-धानी, डिंबाणुप्रसुजन,
ooh /ऊः/ *excl. n.* हर्ष, आश्चर्य, उत्तेजना या दर्द की अभिव्यक्ति; *v., pt.* **oohed**, *pp* **oohing** हर्ष, आश्चर्य, उत्तेजना या दर्द जताना
oolite /ओअलाइट/ *n.* अंडकाश्म, डिंबाश्म, मछली के अंडे जैसे लगने वाले द्रव्यमानों से बना अवसादी शैल
oology /ओऔलअजि/ *US* ओआःलअजि/ *n.* पक्षी-अंडक संग्रह विज्ञान, डिंब-विज्ञान
oompah /ऊम्पाह/ *n. colloq.* पीतल के विशाल बैंड द्वारा जनित गहन ध्वनि
oomph /ऊम्फ/ *n., colloq.* 1 ओजस्विता, ऊर्जा, जोश, जीवंतता 2 शक्ति 3 व्यक्तिगत आकर्षण, विशेषकर यौन आकर्षण
oophorectomy /ओफअरेक्टमि/ *n., surg.* एक या दोनों अंडाशयों या डिंबाशयों को हटाने की शल्य क्रिया
oophoritis /ओअफअराइटिस/ *n., pathol.* अंडाशयों की सूजन
ooplasm /ओअप्लैज्म/ *n.* अंडक द्रव्य, डिंब द्रव्य
oops /ऊप्स/ *excl.* विस्मयादिबोधक या क्षमा मांगने की मुद्रा में उच्चरित
oosperm /ओअस्पःम/ *n.* निषिक्तांड
oosphere /ओअस्फिअः/ *n.* अंडकगोल
oospore /ओअस्पॉः/ *n. biol.* गर्भित अंडाणु
ooze /ऊज/ *v., pt.* **~d**, *pp* **oozing** 1 रिसकर बाहर नि.: blood **~s** from an injury 2 (***syn.*** exude) प्रकट हो.: ~ style (उच्च शैली का झलकना); **~ed** charm; rumours began to ~ out 3 बनना: ~ sweat 4 गायब हो., कम हो.: his courage **~d** away 5 चूना, टपकना: boots **~d** with water;
n. 1 रिसाव 2 (***syn.*** soft mud) पंक, सिंधुपंक, मृदुपंक, गाद 2 (bog) दलदल: ~ of oblivion 3 (***syn.*** oozing) निस्यंदन, स्राव, चूने की क्रिया 4 नदियों या झीलों के तल में जमने वाली परत;
dw/lw: **oozy** /ऊजि/ *adj., degr.* oozier, ooziest 1 निस्यंदी, स्रावी, रिसने वाला, चूने वाला 2 (***syn.*** muddy) पंकिल 3 (***syn.*** slimy) दलदला, कीचड़भरा
OP *abbr. milit.* 'observation post'/ 'observation point', *theat.* 'opposite prompt', '*Ordo Praedicatorum*' *Lat.* (Order of Preachers) की प्रथमाक्षरी
op *n., colloq.* 'operation' का संक्षेप (1 शल्य क्रिया 2 सेना की कार्रवाई)
Op. (*also* **op.**) *abbr.* 'opus' का संक्षेप
opa\cate /ओपेकेट/ *v., pt.* **~cated**, *pp* **~cating** अपारदर्शी बनाना;
dw/lw: **opa\cify** /ओपैसिफाइ/ *v., pt.* ~cified, *pp* ~cifying शीशे को अपारदर्शी क.; **opa\city** /ओपैसिटि/ *n.* 1 (***anton.*** transparency) अपारदर्शिता, अपार्यता 2 अर्थ की अतिशय गूढ़ता, दुरूहता 3 फुल्ली, फूली (of eye)
opah /ओपा/ (*also* **kingfish/ moonfish**) *n.* चमकीले रंग की एक बड़ी मछली
opal /ओपल/ *n. geol.* दूधिया पत्थर: ~ glass
opale\scence /ओपअलेसंस/ *n.* दूधियापन, रंग-परिवर्तन, रंगदीप्ति;
dw/lw: **opale\scent** /ओपअलेसंट/ *adj.* दूधिया पत्थर की तरह रंग बदलने वाला, सतरंगा, दूधिया, दुग्धिल
opalesque /ओपअलेस्क/ *adj.*= **opalescent** *see above under* **opalescence**
opaline /ओपअलीःन/ (*also* **opalescent**) *adj.* दूधिया पत्थर की तरह रंग बदलने वाला, सतरंगा, दूधिया, दुग्धिल;
n. 1 दूधिया, अर्ध-अपारदर्शी शीशा 2 (किसी अन्य रंग का) अपारदर्शी शीशा
opaque /ओपेक/ *adj., pl., degr.,* **~r**, **~st** 1 (***syn.*** impenetrable, ***anton.*** transparent) अपारदर्शी 2 (***syn.*** obtuse) गूढ़, दुरूह, कठिनाई से समझ में आने वाला: too ~ to understand 3 (***syn.*** dull) निष्प्रभ, मूढ़, मिट्टी का माधो 4 मंदबुद्धि;
n. अपारदर्शी माध्यम;
v. *pt.* **~d**, *pp* **opaquing** किसी वस्तु को अपारदर्शी बनाना;
dw/lw: **opaque\ly** /~लि/ *adv.* अपारदर्शी ढंग से; **~ness** /~नेस/ *n.* अपारदर्शिता
Op Art *n.* (*in full* **Optical Art**) एक आधुनिकतावादी (modern) कला शैली, जिसके तहत चित्र में गतिशीलता का भ्रम होता है
op. cit. /औप सिट/ *abbr., Latin* 'opere citato' का संक्षेप (ऊपर उद्धृत पुस्तक या शोध-पर्चे में), *see below under separate entry* **opere citato**
OPEC *abbr.* 'Organization of Petroleum Exporting Countries' की प्रथमाक्षरी
op-ed /औप-एड/ *US* (*UK* **editorial**) *adj.* लेखक या संपादक का अग्रणी आलेख: an **op-ed** article/ page (संपादकीय लेख या पृष्ठ)
open /ओपन/ *adj.* 1 खुला, अनावृत, फैला हुआ: an ~ newspaper 2 खुली (दुकान): the shop/ the exhibition is now ~ 3 खुली (फाइल कंप्यूटर में) 4 खुला, अबाधित (दृश्य आदि): an ~ view 5 खुली (छत) वाली: an ~ motor-car/ carriage 6 अरक्षित, बिना ढका हुआ: an ~ wound; an ~ fracture; ~ sore; an ~ drain/ sewer 7 (***syn.*** frank) निष्कपट, पारदर्शी: an ~ book; an ~ person, ~ and above board 8 अनिर्णीत, विचाराधीन, अनिश्चित: an ~ question 9 खाली 10 (***syn.*** permitting) अदुराग्रही, सुझावों, दलीलों आदि को स्वीकार करने को तैयार: ~ to persuasion/ conviction; be ~ to an offer; ~ to doubt etc.. 11 विरला (of ranks, formation) 12 विवृत (of vowel) 13 मुक्त (of syllable) 14 संघर्षी 15 चालू: keep one's account ~ at a bank 16 अप्रतिबद्ध, विशाल, खुला, फैला हुआ: the ~ sea (खुला सागर, मैदान) 17 जो बंद न हो, खुला, खुली: throw the door ~ 18 खुला (शरीर का अंग): with ~ eyes/ mouth 19 बिना ढका, खुला (बर्तन) 20 खुला (लिफाफा आदि) यानी जो बंद, सीलबंद न हो या जिसे गोंद से चिपकाकर बंद न किया गया हो: tear a letter ~ 21 जो जम जाने से बंद न हुआ हो: an ~ port/ harbour 22 पाले और कोहरे आदि से मुक्त (मौसम) 23 फुटबॉल आदि में खुला (खिलाड़ी) यानी जिसे प्रतिपक्ष ने घेरा (cover) न किया हो 24 अरक्षित: ~ goal 25 छिद्रदार, ढीला (कपड़ा) 26 असीम, अंतहीन (infinite) 27 (***syn.*** public) सर्व-ज्ञात 28 (***syn.*** flexible) (बातचीत आदि के लिए) खुला 29 (***syn.*** exposed, vulnerable) अरक्षित, कमजोर स्थिति में: leave sb ~ to abuse or attack; ~ to infection; ~ to temptation; ~ to injuries; lay oneself ~ to attack 30 सबके लिए खुला या खुली प्रतियोगिता: ~ house; the British ~; ~ competition/ championship 31 (***syn.*** uncontrolled, free) बिना किसी रुकावटों, प्रतिबंधों या बंधनों के: ~ market; ~ society 32 (***syn.*** unbiased) खुला (मन), निष्पक्ष: an ~ mind 33 (***syn.*** liberal) उदार मना, जो संकीर्ण न हो 34 (***syn.*** availability) संभावना, अवसर 35 (***syn.*** unprohibited) जो वर्जित न हो, आने-जाने के लिए खुला, अप्रतिबंधित (स्थान): ~ country/ field; an ~ town 36 अव्यस्त, यातायात से मुक्त: an ~ road 37 खोला हुआ, खुली: with ~ wings 38 प्रतिबंध-मुक्त: ~ season 39 (***syn.*** limitless, free) निर्बाध, खुले दरवाजों वाला: a career ~ to talent; ~ to the public; with ~ doors 40 (***syn.*** unused) अप्रयुक्त, बचे हुए: ~ chances;
v., *pt.* **~ed**, *pp* **~ing** 1 (दरवाजा आदि) खोल दे.: ~ a door/ a gate/ a window; ~ one's eyes 2 खुलना, की ओर खुलना: doors ~ into/ onto the sea 3 बोतल, लिफाफा आदि खोलना 4 छाता आदि खोलना 5 दुकान, बैंक आदि खोलना, खुलना: ~ a shop for the day; the school **~s** at ten 6 कंप्यूटर की फाइल आदि खोलना 7 उद्घाटन क. 8 सड़क आदि खोलना 9 प्रकट क.: ~ out/ up; ~ up sth to sb 10 की चर्चा चलाना: **~ed** his talk with a joke; ~ discussions; ~ bidding (बोली शुरू क.) 11 उदार बनाना, बाधाएं व गैर-जरूरी प्रतिबंध या वर्जन हटाना: ~ a

road, blockade 12 छेद या नली आदि की रुकावट हटाना: ~ a blockage in the artery 13 बैंक आदि खोलना या प्रारंभ क.: ~ a new hospital; ~ a new park/ museum 14 बैंक में खाता खोलना: ~ an account 15 गोली चलाना शुरू क.: ~ fire; ~ 16 अप्रतिबद्ध या बिना किसी दुराग्रह के हो.: have an ~ mind 17 गाड़ी आदि की रफ्तार बढ़ाना: ~ out 18 पक्षी द्वारा पंख खोलना, फैलाना 19 क्रिकेट आदि में बल्लेबाजों द्वारा पारी की शुरुआत क. 20 अदालत या कांफ्रेंस आदि में शुरुआती टिप्पणियां क. 21 ताश आदि के खेल में पत्ते खोलना 22 फूल आदि का खिलना: the buds are **~ing** in the sun (धूप में कलियां खिल रही हैं) 23 आंखें खोलना 24 शरीर के किसी अंग को खोलना: ~ one's mouth; ~ one's arms;

n. 1 खुली प्रतियोगिता: the British **Open** 2 जगजाहिर होने की स्थिति, भंडाफोड़, राज का खुलासा: sth out into the ~; come into the ~ (जगजाहिर हो.) 3 खुला स्थान: in the ~ (खुले स्थान पर);

dw/lw: **~able** *adj.* खुलने वाला, जिसे खोला और बंद किया जा सके; **~-air** *adj.* आसमान के नीचे, खुले में: ~-air life; ~-air meeting; **~-armed** *adj.* हार्दिक, हार्दिकतापूर्ण; **open\-and-shut** *adj.* 1 सीधा-सीधा 2 साफ, स्पष्ट: ~-and-shut case (बिल्कुल साफ मामला); **~-cast** (*also* **~-pit**) *adj.* खुली खदान का (खुदाई कार्य); **~-door-policy** *n.* निर्बाध नीति, बंधन-मुक्त नीति; **~-eared** *adj.* चौकन्ना, सतर्क; **open\-ended** *adj.* 1 असीम, कभी न खत्म होने वाली 2 निरंतर जारी रह सकने वाला; **~er** *n.* 1 खोलने वाला: bottle/ can/ tin, etc. ~er (बोतल, डिब्बे आदि खोलने का उपकरण) 2 उद्घाटक, शुरुआती: for ~ers = for starters (शुरुआती दौर में) 3 क्रिकेट आदि में पारी की शुरुआत करने वाला बल्लेबाज 4 आंखें खोलने वाला: eye-~er; **~-eyed** *adv.* खुली आंखों से; **~-eyed** *adj.* 1 चौकस, चौकन्ना 2 सतर्क, सावधान; **~-faced** *adj.* खुले माथे वाला; **~-handed** *adj.* उदार, मुक्तहस्त; **~-handedly** *adv.* उदारतापूर्वक, मुक्तहस्त होकर; **open\-hearted** /ओपन-हाःटिड/ *adj.* 1 दयालु, कृपालु, उदार-हृदय 2 निष्कपट: ~-hearted confession; **~-heartedness** *n.* उदार-हृदयता, निष्कपटता; **~ing** *see below under separate entry*; **open-jaw** *adj.* हवाई यात्रा आदि का टिकट जो किसी एक स्थान पर आने और किसी दूसरे स्थान से जाने की अनुमति देता है; **~ly** *adv.* प्रकट रूप से, खुल्लम-खुल्ला, खुले आम, खुल कर, निःसंकोच: speak ~ly; do sth ~ly; **open\-minded** *adj.* मुक्त विचार वाला, उदारमति, उदारमना; **~-mindedly** *adv.* खुले मन से; **~-mindedness** *n.* उदार-चित्तता; **~-mouthed** *adj.* 1 लोभी, लालची 2 चकित, हक्का बक्का 3 मुंह बाये 4 (***syn.*** ravenous) खाऊ; **~-mouthedness** *n.* स्पष्टवादिता, खुलापन, उदारता; **~-necked** *adj.* (*also* **~-neck**) बिना टाई (tie) और ऊपरी बटन खुला छोड़कर पहने जानेवाले कमीज से संबंधित; **~ness** *n.* 1 खुलापन 2 ईमानदारी, स्पष्टवादिता 3 उदार-चित्तता, उदार-हृदयता; **~-pit** *adj.* = **~-cast** *see above*; **~-plan** *adj.* ऐसा कमरा जहां ज्यादा दीवारें न हों; **~-toe**/ **~-toed** *adj.* खुले अंगूठेवाली (चप्पल); **~-top**/ **~-topped** *adj.* खुली छत की कार;

collocations: **~ access** खुली पहुंच, बिना किसी रुकावट के मिलने या कागजात आदि देखने का अवसर; **(the) ~ air** मकान से बाहर, खुला मैदान, खुली हवा में; **~ bar** दावत आदि में मुफ्त मयखाना; **~ cast** विवृत खान, किसी खनिज के ऊपर की मिट्टी आदि को खोदकर की जाने वाली खनन; **~ casting** विवृत खनन; **~ chain** बिना जुड़ने वाले सिरों वाली लड़ी या खुला चक्र; **~ cheque** असीम राशि का चैक; **~ character** खुले स्वभाव वाला; **~ circuit** बिजली का सर्कट जिसमें कोई विघ्न पड़ गया है और उसमें विद्युत प्रवाह रुक गया है; **~ cluster** *astron.* सैंकड़ों या हजारों नए सितारों का समूह जो यहां-वहां बिखरे पड़े हैं; **~ contact** खुला संपर्क; **~ countenance** खुला (उदार) चेहरा; **~ court** सबके लिए खुला न्यायालय; **~ day** *UK* (*also* **~ house**) जिस दिन कहीं बेरोक-टोक आया-जाया जा सके; **~ door policy** खुलेपन की नीति, मुक्त-द्वार नीति; **~ feelings** खुला रुख या रवैया; **~ guilt** साफ दिखने वाला अपराध; **~-hearth process** *metallurgy* इस्पात बनाने का अभी तक चला आ रहा खुली भट्टी का तरीका; **~-heart surgery** ओपन हार्ट सर्जरी, छाती को चीरकर या खोलकर दिल की शल्य-क्रिया करने की क्रिया; **~ hostility**/ **rivalry** जगजाहिर वैर, होड़ या प्रतिस्पर्धा; **~ house** 1 आगंतुकों को हर समय मिलने की नीति 2 अतिथि-सत्कार के लिए प्रसिद्ध; **~ing time** खुलने का समय, प्रारंभ समय; **~ learning** स्वतंत्र व थोड़े समय के लिए अध्ययन सत्र में जाने पर आधारित शिक्षा; **~ letter** खुला पत्र, आम पत्र; **~ line** ऐसी संचार प्रणाली जिसके तहत संवाद को दूसरों द्वारा सुना और रिकॉर्ड किया जा सकता है; **~ line** *adj.* रेडियो, टेलीविजन आदि पर वर्तमान में चलने वाले कार्यक्रम जिसमें श्रोता या दर्शक सीधे भाग ले सकते हैं; **~ market** खुला बाजार, मुक्त बाजार, जहां क्रेता और विक्रेता खुला मुकाबला कर सकते हैं; **~ marriage and open relationship** बिना औपचारिक रूप से शादी किए पुरुष व स्त्री के बीच सहवास का रिश्ता; **~ mike** क्लब में ऐसा अवसर जब कोई भी माइक लेकर बोल, गा या चुटकले आदि सुना सकता है; **~ pack** अलग्न बर्फ पुंज; **~ pit mining** खुला खनन; **~ problem/ issue/ question** खुला प्रश्न, मुद्दा; **~ prison** (*also* **minimum security prison**) एक अपेक्षाकृत ज्यादा आजादी वाली जेल या कैद घर; **~ ray** विवृत अर्द्धरेखा; **~ relationship** *see above under* **open marriage**; **~ rock** पारगम्य शैल; **~ sand** सरंध्र बालू; **~ sandwich** ब्रेड की स्लाइस से ढके बिना या एक स्लाइस का सैंडविच; **~ season** साल के दौरान बीच में ऐसा समय जब जानवरों का शिकार करने और उनका क्रय-विक्रय करने की खुली छूट होती है; **~ secret** जगजाहिर बात, किसी से न छिपी बात; **~ sesame** किसी पहुंच से बाहर वस्तु तक पहुंचने का आसान रास्ता या तरीका, अचूक मंत्र, रामबाण; **~ set** *maths.* ऐसा सेट जो उन सीमाओं से बाहर हो जाता है जो उसे परिभाषित या सीमित करती हैं; **~ shop** ऐसी कंपनी या व्यापारिक संगठन जो अपने कर्मचारियों को किसी मजदूर यूनियन से जुड़ने के लिए बाध्य नहीं करता; **~ source** कंप्यूटर का ऐसा मूल प्रोग्राम (source code) जो सबको खुले तौर पर मुहैया कराया जाता है; **~ stage** सभागार की ऊंचाई पर बनी स्टेज; **~ syllable** स्वर में समाप्त होने वाला सिलेबल (शब्दांश); **~ university** खुला विश्वविद्यालय, मुक्त विश्वविद्यालय **~ verdict** मृत्यु को खून, आत्महत्या आदि के रूप में परिभाषित न करने वाला फैसला, यानी ऐसा फैसला जिसमें मृत्यु का कारण स्पष्ट नहीं किया गया हो; **~ wire** (बिजली आदि का) खुला (uninsulated) तार, नग्न तार; **~ work** जालीदार काम; **~ working** खुला खनन;

a man of an ~ disposition उदार-चित्त आदमी; **an ~ book** खुली किताब, जग जाहिर; **an ~ quarrel/ scandal** सर्व-विदित झगड़ा या पचड़ा; **an ~ secret** सर्वविदित या जग जाहिर बात;

p&i: **~ and shut** बिल्कुल स्पष्ट, सीधा और सरल; **~ confession is good for soul** गलती को मानना अच्छी बात है; **~ confession, ~ penance** गलती को मानना गलती की सज़ा पाना है; **~ country/ society** वैचारिक स्वतंत्रता का देश या समाज; **~ doors tempt even the saints** खुले दरवाजे एक संत को भी चोर बना देते हैं; **~ face** मासूम, भोला-भाला चेहरा; **~ heart** मुक्त-ह्यदयता, साफदिली, उदार मन; **~ new prospects** संभावनाएं/ भविष्य बनाना; **~ one's eyes** 1 अपनी आंखों से पट्टी उतारना 2 हैरान हो.; **~ one's heart/ mind to sb** किसी के सामने अपना दिल खोलकर रख दे.; **~ one's mouth** हक्का बक्का हो जा.; **~ out** 1 (नक्शा आदि) खोलना 2 आकार में बड़ा हो जाना; **~ out to sb** किसी के सामने खुलकर बातें बताना; **~ question** ऐसा प्रश्न जिस पर अभी तक अधिकृत रूप से निर्णय न हुआ हो; **~ (sth) up** नए अवसर बनाना, नई शुरुआत क; **~ the ball** श्रीगणेश क.; **~ the debate/ a public meeting/**

bidding आम बहस, सभा या बोली शुरू क; ~ **the door** रास्ता खोल दे.; ~ **the eyes of sb** किसी की आंखें खोल दे., किसी की आंखों पर से पट्टी हटाना; ~ **the floodgates** किसी नकारात्मक कार्य के बड़े पैमाने पर घटित होने की राह डाल दे. ~ **the range** दूरी या चांद-मारी क्षेत्र बढ़ाना; ~ **to discussion**/ ~ **to suggestion/s, etc.** बहस, सुझाव आदि के लिए तैयार; ~ **to dispute** 1 जिस पर एतराज हो सकता है 2 दावा या प्रति दावा के लिए खुला; ~ **up** 1 खुलकर बातें क. 2 लिफाफा आदि खोलना; ~ **up the throttle** इंजन को और तेजी से चलाना; ~ **verdict** अपराध का होना माना जाना पर अपराधी न पहचाना जाना; ~ **weather** साफ यानी बादल रहित मौसम;

an ~ hand मुक्तहस्त, दरियादिल; **be an ~ book**/ ~ **as the day** पूर्णतः पारदर्शी हो; **be ~ with sb** किसी के साथ खुलकर बातचीत क.; **be frank and ~ about sth** किसी बात के बारे में पूरी तरह पारदर्शी हो.; **come into the** ~ खुलकर सामने आना; **have/ keep an ~ mind** खुला रुख रखना, बिना दुराग्रह के हो.; **in the ~ air** बाहर, खुले मैदान में; **keep one's eyes/ ears** ~ सतर्क या चौकन्ना रहना या क.; **keep one's mouth** ~ लालची हो.; **leave oneself ~ to abuse/ criticism, etc.** अपने को दुरुपयोग/ आलोचना आदि से सुरक्षित न रखना.; **my heart ~s to your words** आपके शब्दों का मैं दिल से स्वागत करता हूं; **new vistas ~ed before them** उनके सामने नए रास्ते खुल गए; **receive/ welcome sb with ~ arms** किसी का खुले मन या गर्मजोशी से स्वागत क.; **the mind of youth ~s with each new experience** युवकों का अंतर्मन प्रत्येक नए अनुभव के साथ खुलता जाता है; **with one's eyes (eye)** ~ सतर्कतापूर्वक; **with ~ hands** खुले दिल से

opening /ओपनिंग/ *n.* 1 छेद, रास्ता, विवर: an ~ in a wall/ in a fence 2 (***syn.*** vacancy) रिक्त स्थान: the first ~ we get we'll call you 3 अवसर: the ~ of a career; an ~ for trade; give an ~ to bring up the subject 4 उद्घाटन समारोह: two dress rehearsals before the ~ 5 खुली जगह 6 शुरूआत, प्रारंभिक चाल: English ~ (शतरंज में एक चाल) 7 वन-अवकाश, घने वन के बीच में खुली खाली जगह 8 फूल आदि के खिलने की शुरुआत 9 पोशाक के पहनने व उतारने का मुंह;

adj. 1 शुरुआती, प्रारंभिक: the ~ lines of a poem; ~ balance (आद्य-शेष, प्रारंभिक रोकड़) 2 (***anton.*** closing) उद्घाटक: ~ day of an exhibition; ~ address/ speech; the ~ night; ~ ceremony (उद्घाटन-समारोह);

collocations: ~ **hours** दफ्तर, दुकान आदि का खुले रहने यानी काम करने का समय; ~ **night** नाटक, फिल्म आदि के प्रदर्शन की पहली शाम; ~ **time** (***anton.*** Closing time) पब व मयखाने आदि का खुलने का समय; ~ **up** 1 क्रय-विक्रय की प्रणाली में मुक्तता 2 नई सड़क आदि को खोलने की तैयारी या प्रक्रिया

open-jaw *adj.* ऐसा विमान टिकट जिसके तहत एक स्थान पर पहुंचा जा सकता है और किसी दूसरे स्थान से वापसी हो सकती है

openly *see above under* **open: *dw/lw***

opera /औपरा/ *US* आःपरा/ *n., pl.* **~s** ऐसा नाटक जिसमें शब्दों और वाक्यों को गा कर सुनाया जाता है, गीति-नाट्य, गेय नाटक, संगीतक: be fond of the ~;

dw/lw: **~-seria** /औपरा-सिअरिआ/ *n., pl.* ~s-seria सतरहवीं और अठारहवीं सदियों का गंभीर गीति-नाट्य; **opera\tic** /औपैरटिक/ *US* आःपैरटिक/ *adj.* गीति-नाट्य-संबंधी, गीति-नाट्यीय: ~tic singer/ performance/ music;

collocations: ~ **buffa** /औपरा बूफ/ (*esp. Italian*) *pl.* operas buffa इटली में अठारहवीं सदी में विकसित अनौपचारिक रूप और अगंभीर विषयों पर आधारित हास्य गीति-नाटिका; ~ **comique** /औपरा कौमिक/ *pl.* opéras comique (*esp. French*) मूलतः हास्यरस प्रधान फ्रांसीसी गीति-नाट्य, गीति-प्रहसन; ~ **glass** नाट्य-दूरबीन; ~ **hat** पुरुषों का पिचक जाने वाला टोप; ~ **house** गीति-नाट्यशाला; ~ **pumps** *US* ऊंची एड़ी वाले और खुली उंगलियों वाले औरतों के जूते; ~ **slippers** *US* पुरुषों की घरेलू चप्पलें; ***p&i:*** **horse** ~ चरवाहों की पश्चिमी फिल्म; **soap** ~ दिन में प्रसारित की जाने वाली बहुभागी भावुकता-प्रधान टेलिविजन या रेडियो फिल्म (विशेषकर गृहणियों के लिए)

opera\ble /औपअरअबल/ *US* आःप-/ *adj.* 1 आपरेशन-योग्य 2 करणीय, व्यवहार्य, शल्यकरणीय;

dw/lw: **~bility** /औपअरअबिलिटि/ *US* आःप-/*n.* 1 आपरेशन-योग्यता 2 व्यावहार्यता, शल्यकरणीयता

operand /औपअरैंड/ *US* आःप-/ *n., math., logic* संकार्य, ऐसी संख्या जिस पर कोई गणितीय क्रिया (operation) किया जाता है

operant /औपअरंट/ *US* आःप-/ *formal or techn., adj.* 1 चालू 2 सक्रिय 3 कारगर;

n. चालक

opera\te /औपअरे\ट/ *US* आःपअरे\ट/ *v., pt.* **~ted**, *pp* **~ting** 1 चलाना (व्यवसाय): **~te** a factory 2 चलाना (मशीन): **~te** a machine 3 (*usually* **~te on sb**) शल्य-चिकित्सा क., ऑपरेशन क.: **~te** on the brain 4 संपादित क. 5 (***syn.*** accomplish) संपन्न क., पूरा क., उत्पन्न क. 6 सैनिक कार्रवाई क.: the army **~ted** over a wide area 7 चालू होना, चलना, काम क., क्रियाशील होना, लागू होना: his mind always **~ted** slowly 8 (*usually* **~te on sth**) असर क.: different drugs **~te** on different bodily organs 9 प्रभाव में आना, काम क.: this law **~tes** to our advantage;

dw/lw: **~ted** *adj.* चलाया जाने वाला: remotely ~ted

operating /औपअरेटिंग/ *US* आःपअरेटिंग/ *adj.* 1 चालकः ~ personnel; ~ handle; ~ lever; ~ mechanism 2 शल्य-कारक: ~ knife; ~ surgeon 3 वर्तमान, चालू: ~ maintenance 4 चलाने का, चालू रखने का: ~ costs (चलाने या चालू रखने की लागत); ~ characteristic 5 लागू, चालू: ~ speed 6 कार्यरत: ~ troops; ~ staff (परिचालक अमला, काम करनेवाले कर्मचारी);

collocations: ~ **room** *US* (*UK* ~ **theatre**) ऑपरेशन का कमरा, शल्य-क्रिया कक्ष; ~ **system** *comput.* (*abbr.* **OS**) कंप्यूटर चलाने का एक सॉफ्टवेयर प्रणाली जो कंप्यूटर में होने वाली सभी संक्रियाओं को नियंत्रित करती है; ~ **table** शल्य-क्रिया मेज

operation /औपरेशन/ *US* आःपरेशन/ *n.* 1 चीर-फाड़, शल्य क्रिया, ऑपरेशन: abdominal ~; stomach ~; major ~; perform an ~ for sth; undergo an ~ 2 व्यवसाय, व्यापार 3 सामरिक गतिविधि, सैनिक कार्यवाही: ~ order; **~s** map/ ~ area (कार्रवाई-क्षेत्र, संग्राम क्षेत्र) 4 प्रचालन, चालन, संचालन: ~ time 5 कार्य, कार्य-कलाप, काम, क्रिया, प्रक्रिया: ~ of breathing/ of thinking 6 कार्य-विधि या प्रणाली: ~ manual (परिचालन-नियम पुस्तिका, निर्देशिका) 7 (***syn.*** in force) सक्रियता, चालन-स्थिति, चालू या लागू होने की अवस्था: the factory is not yet in ~; come/ go/ into ~; the rule goes into ~ with immediate effect; in ~ 8 प्रभाव: the ~ of a drug 9 कार्यवाही, कार्रवाई, क्रिया-कलाप, चालें: engaged in some mysterious **~s** 10 योजना 11 जमा, घटाव आदि गणितीय क्रियायें 12 कंप्यूटर के एक आदेश द्वारा परिभाषित क्रियावली 13 आर्थिक सौदा या कदम: **~s** on the stock exchange;

collocations: ~ **code** कंप्यूटर प्रणाली में किसी कार्य से संबंधित मशीन कोड (~ code) में लिखे निर्देश;

p&i: **be in** ~ चालू हो., जारी हो.

operational /औपरे\शनल/ *US* आःपरे\शनल/ *adj.* 1 चालू, व्यवहार्य: ~ data 2 प्रचालन संबंधी: ~ clearance 3 *milit.* सामरिक या सैनिक कार्यवाही से संबंधित: ~ defence; ~ formation; ~ message; ~ task; ~ teamwork (लड़ाई में पारस्परिक तालमेल); ~ fatigue (लंबी खिंचने वाली सैनिक कार्रवाइयों से होने वाली थकान); ~ missile (सक्रिय सामरिक रौकेट) 4 कोई भी काम करने में तत्परता से संबंधित 5 *philos.* कार्यवाद (*see blow under* **operationalism**) से संबंधित 6 *math.* गणितीय क्रियाओं से संबंधित;

dw/lw: **~ly** *adv.* चालू होने के हिसाब से, काम करने के दृष्टिकोण से; **~ism/ operationism** *n., philos.* वैज्ञानिक धारणाओं को उन्हें सिद्ध या असिद्ध करने वाली कार्यों या क्रियाओं के आधार पर आंकना;
collocations: **~ research/ operations research** (*abbr.* **OR**) व्यापार और उद्योग में समस्याओं का विश्लेषण ताकि और अधिक चुस्त-दुरुस्त और बेहतर तरीके से काम किया जा सके

operative /औपरअ\टिव/ *US* आःपरअ\टिव/ *adj.* 1 प्रभावी, कारगर, कार्यकर, कार्योत्पादक: ~ condition 2 कार्यकारी, क्रियात्मक, क्रियाकारी: ~ force; ~ motive 3 चालू, लागू, जारी: become ~ 4 सक्रिय (of person) 5 (***syn.*** practical) व्यवहारिक, सर्वाधिक महत्त्वपूर्ण: 'must' is an ~ word in the sentence; ~ part 6 शल्य क्रिया से संबंधित: ~ treatment;
n. 1 *US* सरकारी गुप्तचर 2 *N. Amer., esp. US* गैर-सरकारी गुप्तचर 3 कुशल कारीगर या कर्मी: cotton **~s** 4 दस्तकार;
dw/lw: **~ly** *adj.* व्यावहारिक रूप से; **~ness** *n.* प्रभावशीलता, क्रियात्मकता

operatize /औपरअटाइज/ *US* आःपरअटाइज/ *v., pt.* **~d**, *pp* **operatizing** संगीत-नाटिका (opera) लिखना

operator /औपअरेटः/ *US* आःपअरेटः/ *n.* 1 परिचालक, (दूरभाष आदि) चलाने वाला व्यक्ति, मशीनमैन: **~'s** position (परिचालक का पद) 2 प्रभावी पदार्थ: strong ~ 3 (टूर) परिचालक: a tour ~ 4 *math.* शल्यचिकित्सक 5 संकारक 6 सट्टेबाज: big-time ~

opercu\lum /ओपःक्युलम/ *n., pl.* **~la** 1 प्रच्छद 2 क्लोमच्छद (of fishes) 3 *bot.* पिधानक;
dw/lw: **~lar** /ओपःक्युलः/ *adj.* प्रच्छदी; **~late** *adj.* प्रच्छदी

opere citato (*also* **op. cit.**) /*Lat.* ओपेरे कितातो/ *Eng.* ओपअरि साइतेतो or ओपअरि सितैतो/ *Lat.* पूर्वोक्त रचना में, उक्त ग्रंथ में

opera\tta /औपअ\रेटा/ *US* आःपअ\-/ *n., pl.* **~s** छोटा संगीत-नाटक, गीत-नाटिका;
dw/lw: **~ttist** *n.* छोटे संगीत-नाटक का रचनाकार

operose /औपअरोस/ *US* आःपअरोस/ *adj.* 1 श्रमसाध्य 2 परिश्रमी, मेहनती

ophi\cephalous /औफि\सेफअलस/*US* आःफि\-/ *adj.* सर्पशीर्ष;
dw/lw: **~cleide** /~क्लेड/ *n.* तूमड़ी, तुमड़ी

ophi\dian /औफि\डिअन/ *US* आःफि\डिअन/ *adj.* 1 सर्प-प्रजातीय 2 सर्पिल;
dw/lw: **~olatry** /~औलअट्रि/ ओफिऔलअट्रि/ *US* ~आःलअट्रि/ ओफिऔआःलअट्रि/ *n.* सर्पपूजा; **~ology** /~औलजि/ *US* ~आःलजि/ *n.* सर्पविज्ञान

ophite /औफाइट/ *US* आःफाइट/ *n.* अहिरश्म, सर्पीला स्फटिक

ophio- (before a vowel) **ophi-**, *comb. form, signifying*: **snake** (सांप)

ophthal\mia /औफ्थै\लिमआ/ *US* आःफ्थै\लिमआ/ (*also* **ophthalmitis**) *n., pathol.* नेत्रप्रदाह, नेत्रशोथ (विशेषकर कजंक्टिवाइटिस);
dw/lw: **~mic** /~ल्मिक/ *adj.* नेत्र-संबंधी: ~mic disease; **~mic-optician** /~ल्मिक-औप्टीशिअन/ *US* ~ल्मिक-आःप्टीशिअन (*also* **optometrist**) *n.* = optician आंखों की जांच करने में सक्षम चश्मा-निर्माता व विक्रेता

ophthalmo\- /औफ्थअल्मो-/ औफ्थअल्मौ-/ *comb. form, signifying*: **eye** (नेत्र);
dw/lw: **~logist** /औफ्थैल्मौलअ\जिस्ट/ *US* आःफ्थैल्माः\लअजिस्ट/ *n.* नेत्र-चिकित्सा विज्ञानी, नेत्रचिकित्सक;

ophthalmo\logy /औफ्थैल्मॉ\लजि/ *US* आःफ्थैल्माः\लजि/ *n. med.* नेत्रविज्ञान, नैत्रिकी, नेत्र-चिकित्सा विज्ञान; **~logical** / औफ्थैल्मअलौजिकल/ *adj.* नेत्र-चिकित्सा संबंधी; **~scope** /~स्कोप/ *n.* आंखों की जांच करने का उपकरण, आंख के भीतरी हिस्से की जांच करने का उपकरण, नेत्रांतर्दर्शी, दृष्टिपटलदर्शी

opia\te /ओपिअट/ *adj.* निद्राकारी, निद्राकारी औषध, स्वापक;
v., pt. **~ted**, *pp* **~ting** मंद कर दे., अफीम देकर सुला दे.;
n. पीड़ाहर या स्वापक (सुला देने वाली) यानी निद्राकारी अफीम मिश्रित दवा

opi\ne /ओपाइन/ *v., pt.* **~ned**, *pp* **~ning** *formal* राय व्यक्त क. या दे., अपना विचार रखना: I **~ne** that ... (मेरा विचार है कि ...)

opinion /अपिनयन/ *n.* 1 धारणा, विचार, राय, मत: public ~; act up to one's **~s** 2 मूल्यांकन, राय, मत: have high ~ of sb; have no ~ of sb/ sth 3 (*usually* ~ **on** or **about sth**) दृष्टिकोण, राय, मत: have no settled **~s** 4 विशेषज्ञ का व्यावसायिक मत या निष्कर्ष: advisory ~; have the best ~ 5 *law* फैसला, न्यायिक मत या निष्कर्ष: dissenting ~;
dw/lw: **opinion\ated** /अपिनिअनेटिड/ *adj.* अड़ियल, हठधर्मी, हठीला, दुराग्रही, मताग्रही; **~atedly** /अपिनिअनेटिडलि/ *adv.* मताग्रही तरीके से; **~atedness** /अपिनिअनेटिडनेस/ *n.* दुराग्रह, मताग्रहीपन; **~ative** /अपिनिअनेटिव/ *adj.* 1 (***syn.*** doctrinal) सैद्धांतिक, विचारधारावादी 2 हठधर्मी;
collocations: **~ poll** जनमत;
golden ~s प्रशंसाजनक मत; **horseback** ~ *US* अविचारित मत, जल्दी-जल्दी निकाला हुआ निष्कर्ष; **medical** ~ डॉक्टर या विशेषज्ञ की राय; **public** ~ जनमत, जनता की राय;
p&i: **~s differ** अलग-अलग मत हैं;
a matter of ~ सबका अपना-अपना मत होता है; **be of the ~ that** इस विचार का होना कि; **golden ~s** (Shakespeare) प्रशंसापूर्ण मत; **have a high/ low ~ of** or **about sb/ sth** किसी के या किसी बात के बारे में अच्छा-बुरा मत रखना; **have no ~ of sb** किसी के बारे में कोई मत (आकलन) न हो.; **in one's ~** किसी के विचार में; **the bar of public** ~ जनमत का पैमाना या मानदंड;

opium /ओपिअम/ *n.* 1 अफीम 2 अहिफेन 3 ऐसा पदार्थ जो आदमी पर आराम देने, शांत करने और सुलाने का असर करता है;
dw/lw: **~-eater/ ~-smoker** *n.* अफीमची, पोस्ती, अफीम का सेवन करने वाला;
collocations: **~ plant/ ~ poppy** पोस्ता; **~ den/ ~ joint** चंडूखाना, अफीमचियों का अड्डा;
p&i: **religion is the opium of the people/ masses** (K. Marx) धर्म लोगों पर अफीम का काम करता है

opossum /अपौसम/ *US* अपाःसम/ *n., pl.* **~s/ opossum** अमेरिका में पेड़ों पर रहने वाला मोटी फर वाला जानवर

opp *abbr.* 'opposed', 'opposite' का संक्षेप

oppidan /औपिडन/ *US* आःपिडन/ *n.* नगर निवासी, शहरी

oppila\te /औपिले\ट/ *US* आःपिले\ट/ *v., pt.* **~ted**, *pp* **~ting** अवरुद्ध क.;
dw/lw: **oppila\tion** /~शन/ *n. med.* कब्ज

opponent /अपोनंट/ *n.* 1 प्रतिद्वंद्वी, विपक्षी 2 (***syn.*** adversary) विरोधी, प्रतिपक्षी;
adj. 1 सम्मुख, प्रतिमुख, अभिमुख 2 प्रतिकूल, विरोधी: ~ to our thoughts 3 दूसरी तरफ वाला: the ~ bank;
dw/lw: **opponency** /अपोनंसि/ *n.* विरोध, प्रतिकूलता

opportu\ne /औपःच्यू\न/ *US* आःपःटू\न/ *adj.* 1 उपयुक्त, संगत, अनुकूल, मुनासिब: **~ne** remark; **~ne** act 2 अवसरोचित, समयोचित, समयानुकूल: an **~ne** moment/ time; **~ne** rain;
dw/lw: **~nely** /~नलि/ *adv.* उपयुक्त ढंग से, यथावसर; **~ness** /~ननेस/ *n.* समयौचित्य, उपयुक्तता; **opportu\nism** /~निज्म/ *n.* अवसर से लाभ उठाने की प्रवृत्ति, अवसरवाद, अवसरवादिता, मौकापरस्ती; **opportu\nist** /~निस्ट/ *n.* समयानुवर्ती, जमानासाज, अवसरवादी, मौकापरस्त व्यक्ति; **~nistic** /~निस्टिक/ *adj.* 1 समयानुवर्ती, जमानासाजी, अवसरवादी, मौकापरस्त 2 *pathol.* ऐसे संक्रमण से संबंधित जो उन लोगों को होता है जिनकी बीमार रहने के कारण रोग-सह क्षमता कमजोर हो गई हो

opportuni\ty /औपःच्यूनिटि/*US* आःपःटूनिटि/ *n., pl.* **~ties** 1 (***syn.*** chance) अवसर, मौका, सुयोग: afford/ make an **~ty**;

have no/ little/ no any **~ty** for doing/ to do sth 2 अनुकूल परिस्थिति: **~ty** target;

collocations: **~ty cost** *econ.* किसी वस्तु या माल को खरीदने की असली कीमत; **~ty shop** (*also* charity shop) दान के सामान की दुकान;

golden ~ty सुनहरा अवसर; **window of ~ty** कुछ करने के लिए अनुकूल हालात;

p&i: **~ty makes the thief = open doors tempt even the saints; ~ty seldom knocks twice at any man's door** सुअवसर बार-बार नहीं आते;

a golden ~ty स्वर्ण अवसर, सुअवसर; **lose an ~ty/ let the ~ty slip** मौका हाथ से जाने दे., अवसर गंवाना; **~ty makes the thief = open doors tempt even a saint** खुले दरवाजे संतों को भी चोर बना देते हैं; **seize one's ~ty** मौके के दोनों हाथों से थाम लेना; **take the ~ty to do sth** कुछ करने के अवसर को प्रयोग में लाना

opposable /अपोजअबल/ *adj.* विरोध करने योग्य, प्रतिरोध्य, दमनीय

oppo\se /अपोज/ *v., pt.* **~sed**, *pp* **~sing** 1 विरोध क., विरोध में होना, मुखालफत क.: **~se** a scheme; **~se** a bill in Parliament; **~se** the resolution 2 एतराज क.: it is the duty of an opposition to **~se** 3 का सामना क., मुकाबला क.: **~se** the enemy with determination 4 वार के बराबर के वार से मुकाबला क.: **~se** one's rival with counter-measures; **~se** force with reason 5 तुलना क.: **~se** one's will against another's;

dw/lw: **~sed** /अपोजड/ *adj.* 1 विरोधी 2 प्रतिद्वंद्वी 3 भिन्न;

p&i: **as ~sed to** के मुकाबले में, से अलग; **be ~sed to sth** विरुद्ध हो.

opposing /अपोजिंग/ *adj.* 1 प्रतिद्वंद्वी, प्रतियोगी, प्रतिपक्षी: ~ teams/ players, etc. 2 विरोधी: ~ military alignments; ~ party 3 *law* प्रतिपक्षी, प्रतिवादी 4 विपरीत: ~ reaction; hold ~ opinions/ ideas/ beliefs, etc.

opposite /औपअ\जिट, ~सिट/ *US* आःपअ\जअट/ (*abbr.* **opp.**) *adj.* 1 उधरवाला, परला (*Hr.*), दूसरा, सामनेवाला 2 विपरीत 3 विरुद्ध 4 *gramm.* विपरीतार्थक, विलोमार्थक 5 प्रतिकूल, उल्टा, प्रतिमुख: ~ sides of the coin 6 बिल्कुल भिन्न: ~ poles 7 जोड़ी का दूसरा पक्ष: ~ sex;

n. 1 उल्टी तरफ, प्रतिपक्ष: direct ~; quite/ just the ~; black and white are **~s** 3 फिल्मों आदि में किसी के विपरीत भूमिका करने वाला व्यक्ति;

adv., prep. 1 विरोध में 2 *UK* आमने-सामने: we sat ~ each other 3 के सामने, के प्रतिमुख: the house ~ mine 4 उल्टी तरफ: the ~ way/ direction 5 के समानांतर 6 के मुकाबले में: play ~ 7 के नाम में: the cheque was made ~/ in my name;

dw/lw: **opposite\ly** *adv.* इसके विपरीत; **~ness** *n.* विपरीतता, प्रतिकूलता;

collocations: **~ number** समानांतर अंक; **the ~ genders** पुल्लिंग-स्त्रीलिंग; **the ~ sex** पुरुष और स्त्री;

p&i: **~ sides of the coin** सिक्के के दो पहलू; **~ to sb/ sth** किसी के या किसी बात के विरुद्ध (होना);

as ~ to के मुकाबले में, से भिन्न; **live ~** आमने-सामने रहना; **sb's ~ number** किसी दूसरे संगठन में काम करने वाला समानांतर (प्रतिद्वंद्वी) कर्मी या व्यक्ति

opposition /औपअजि\शन/ *US* आःपअ\जिशन/ *n.* 1 विरोध, प्रतिरोध, एतराज: meet with ~; offer ~ 2 प्रतिकूलता 3 वैर, शत्रुता: they found themselves in ~ to each other 4 (*usually* **the Opposition**) विपक्षी या विरोधी दल, विपक्ष: be in ~; benches for the ~; party of the ~ 5 भेद, भिन्नता 6 विपरीतता, विलोमता: ~ between good and evil; the poetry full of **~s** and contrasts 7 *astrn.* वियुति, विलोम स्थिति 8 मात्रात्मक अंतर 9 *logic* समान कर्ता और विधेय (predicate) वाले दो तर्कों के बीच गुणात्मक व परिमाणात्मक अंतर;

p&i: **in ~ to sb/ sth** किसी के या किसी बात के विपरीत

oppress /अप्रेस/ *v., pt.* **~ed**, *pp* **~ing** 1 दबाना 2 सताना, उत्पीड़ित क., उत्पीड़न क., पर अत्याचार क., जुल्म ढाना, क्रूर व्यवहार क: ~ the weak 3 दुखी क. या हो., भार डालना: be **~ed** with grief/ anxiety 4 दमन या दलन क. 5 पददलित क., कुचलना, रौंदना 6 संतप्त क. या हो.: feel **~ed** with the heat;

dw/lw: **~ed** /अप्रेस्ड/ *adj.* प्रताड़ित, दमित, दलित, उत्पीड़ित; **~ion** /अप्रेशन/ *n.* 1 अत्याचार, दमन, उत्पीड़न, जुल्म: victims of ~ion; under the ~ion (of) 2 उदासी, क्लांति: a feeling of ~; **~or** /अप्रेसः/ *n.* उत्पीड़क, अत्याचारी;

p&i: **~ion maketh a wise man mad** समझदार व्यक्ति अत्याचार को बर्दाश्त नहीं कर पाता

oppressive /अप्रेसिव\/ *adj.* 1 अत्याचारी, दमनकारी, क्रूर, निष्ठुर, जुल्मी: ~ rule 2 उत्पीड़ित करने वाला, उत्पीड़क 3 निर्मम 4 भारी, कष्टकर, असह्य: ~ system of taxation 5 (***syn.*** depressing) विषादजनक, अवसादक, अवसादी: ~ feeling of guilt 6 (***syn.*** stifling) दमघोंटू, उमसदार, उमसभरा: ~ weather; ~ heat;

dw/w: **~ly** /~लि/ *adv.* दमनकारी ढंग से; **~ness** /~नेस/ *n.* 1 क्रूरता, निष्ठुरता, निर्ममता 2 उत्पीड़न, दमनकारिता

opprobrious /अप्रोब्रिअस/ *adj.* 1 अपमानजनक, निंदासूचक, गालीसूचक: ~ words/ language 2 निंदाभरा, निंदनीय, हेय, अभद्र: ~ conduct/ behaviour 3 बदतमीज, बेहूदा (person);

dw/lw: **~ly** /~लि/ *adv.* अभद्रतापूर्वक, बदतमीजी से; **~ness** /~नेस/ *n.* अभद्रता, बदतमीजी, बेहूदगी

opprobrium /अप्रोब्रिअम/ *n., pl.* **opprobria** 1 निंदा 2 बदनामी, अपकीर्ति, अपयश, कलंक, अपमान

oppugn /अप्यून/ *v. pt.* **~ed**, *pp.* **~ing** आपत्ति क., एतराज क., खंडन क., विरोध क.;

dw/lw: **oppugn\ance** /अपग्नंस/ *n.* आपत्ति, विरोध, एतराज; **~ant** /अपग्नंट/ *n.* (***syn.*** contrary) विरोधी, प्रतिकूल; **oppugn\ation** /अपग्नेशन/ *n.* खंडन, विरोध; **~er** /अप्यूनः/ *n.* खंडन करने वाला, विरोधी, एतराज करने वाला

op shop = opportunity shop *see above under* **opportunity:*collocations***

opsimath /औप्सि\मैथ/ *US* आःप्सि\मैथ/ *n.* जिसे देर से शिक्षा मिलती है, चिरग्राही;

dw/lw: **~y** /~मथि/ *n.* देर से मिली शिक्षा, चिरगृहीत ज्ञान

opt /औप्ट/ *US* आःप्ट/ *v., pt.* **~ed**, *pp* **~ing** 1 चुनना, चुनाव क.: ~ for a particular candidate 2 चयन क., पसंद क. 3 (**~ for sth/ to do sth**) कुछ करने का फैसला या चुनाव क.;

p&i: **~ in** किसी चीज को चुनना, उसमें भाग लेना; **~ out** 1 किसी चीज या बात को न चुनना या उसमें भाग न लेना, उससे बाहर या अलग हो जा. 2 प्रतियोगिता आदि में भाग लेना; **~ for sth/ ~ to do sth** किसी चीज को चुनना/ कुछ करने का फैसला क.

optative /ऑप्टअटिव/ *n. gramm.* क्रिया का इच्छाबोधक रूप, इच्छाद्योतक;

adj. कामनासूचक

Optic /औप्टिक/ *US* आःप्टिक/ (*also* **optic**) *tradem. adj.* आंख या दृष्टि-संबंधी;

n. *jocular* आंख, दृक्;

collocations: **~ nerve** *n., anat.* 1 आंख के रेटिना से दिमाग के चाक्षुष केंद्र को सूचना भेजने वाला तंतु 2 दृक्-तंत्रिका;

p&i: **~ lobe** दृष्टि स्रोत के रूप में दिमाग का मध्य भाग

optical /औप्टिक्ल/ *US* आःप्टिक्ल/ *adj.* 1 दृष्टि-संबंधी, चाक्षुष 2 प्रकाश-, प्रकाशीय 3 दृष्टि वृद्धि के लिए प्रयुक्त लेंसों से संबंधित 4 *comput.* सूचना को पढ़ने या भंडारित करने के लिए प्रकाश के प्रयोग से संबंधित;

collocations: **~ axis** प्रकाशिक अक्ष; **~ brightener** कपड़े के भड़कीलेपन को बढ़ाने वाला पदार्थ; **~ character reader/**

~ **character reading** (*abbr.* **OCR**) प्रकाश-संवेदनशील उपकरण द्वारा प्रकाशीय पठन के माध्यम से सूचनाओं को सीधे कंप्यूटर में डालने की क्रिया; ~ **character recognition** (*abbr.* **OCR**)/ *comput.* कंप्यूटर में लगा फोटोइलेक्ट्रिक उपकरण जिसकी मदद से छपे हुए पाठ की फोटो लेकर और उसकी पहचान करके दर्ज किया जाता है; ~ **exposure** प्रकाशीय दर्शन; ~ **fibre** *telecomm.* वर्तमान काल में संचार साधनों में प्रयुक्त होने वाला शीशे का लचकदार तंतु; ~ **range** सीधी दृश्यता दूरी; ~ **illusion** दृष्टि भ्रम; ~ **instrument** प्रकाशीय यंत्र; ~ **reader** प्रकाशी पठित्र; ~ **scanner** क्रमवीक्षक

optician /औप्टिशिअन/ आःप्टिअशन/ *n.* (*also* **dispensing** ~; **ophthalmic** ~/ **optometrist**) 1 चश्मा निर्माता, चश्माकार, चश्मा बेचने वाला, चश्माफरोश 2 *UK* आंख की जांच करने वाला विशेषज्ञ;
dw/lw: **optician's** *pl.* चश्माफरोश की दुकान

optics /औप्टिक्स/ *US* आःप्टिक्स/ *n., [sing.], phys.* प्रकाश-विज्ञान, प्रकाशिकी

optimal /औप्टिम\ल/ *US* आःप्टिम\ल/ *adj.* इष्टतम/ वांछित (परिणाम);
dw/lw: **optimal\ly** /~लि/ *adv.* वांछित ढंग से; **optimal\ization** /~लाइजेशन/ *n.* = **optimization** (*see below under* **optimism:*dw/lw***) कार्य-प्रक्रिया को अधिकतम कारगर या इष्टतम बनाने की क्रिया

opti\mism /औप्टिमिजम/ *US* आःप्टिमिजम/ *n.* 1 आशावाद, आशावादिता 2 *philos.* सर्वशुभवाद 3 श्रेष्ठवाद;
dw/lw: **~mist** /औप्टि\मिस्ट/ आःप्टि\मिस्ट/ *n.* आशावादी, इष्टतम; **~mistic** /~मिस्टिक/ *adj.* 1 इष्टतम, वांछित 2 आशावादी, आशान्वित, आशा-पूर्ण: an ~mistic view of things; **~mistically** /~मिस्टिकलि/ *adv.* आशापूर्वक, आशावादी होकर, आशावादी ढंग से; **~mize**/ **~mise** /~माइज/ *v., pt.* ~mized, *pp* ~mizing 1 आशावादी होना 2 किसी कार्य या बात को बेहतर से बेहतर बनाना 3 अवसर का अधिक से अधिक लाभ उठाना या उससे श्रेष्ठतम फल पाना 4 उत्तम योजना व कार्यविधि अपनाकर अधिकतम परिणाम पाना 5 *comput.* कंप्यूटर सिस्टम से अधिकतम व बेहतर परिणाम पाने के लिए उसमें उपयुक्त फेरबदल क.; **~mization** /~माइजशन/ *n.* श्रेष्ठीकरण, इष्टतमीकरण: ~mization theory

optimum /औप्टिमम/ *US* आःप्टिमम/ *adj.* इष्टतम, अनुकूलतम, इष्टतम, आदर्श, श्रेष्ठतम, सर्वोत्तम;
n., *pl.* **optimums**/ **optima** अनुकूलतम वातावरण, परिस्थिति, बात या प्रक्रिया: ~ mixture

option /औप्शन\/ *US* आःप्शन\/*n.* 1 चयनाधिकार: ~ of domicile 2 विकल्प, चारा: none of the **~s** is satisfactory 3 चयन, चुनाव 4 पसंद 5 चुनाव का अधिकार 6 रास्ता 7 *commerce* किसी समय या अवधि विशेष में खरीदने और बेचने का एकाधिकार; ***v.*** *pt.* **~ed**, *pp.* **~ing** *mainly US* 1 किसी विकल्प के तहत खरीदना या बेचना 2 किसी विकल्प को पाना या दे.;
dw/lw: **~al** /~ल/ *adj.* 1 वैकल्पिक 2 ऐच्छिक: ~al subjects; ~al provision; purely ~al contributions 3 चयनाधिकार वाला: ~al equipment; ~al extra (एक ऐसा अतिरिक्त उपकरण जिसे खरीदना या लगवाना ग्राहक के चयनाधिकार पर निर्भर करता है); **~ally** /~लि/ *adv.* वैकल्पिक रूप से, चयनाधिकार से;
collocations: **call** ~ सट्टा बाजार में तेजी; **double** ~ नजराना; **put** ~ मंदी; **soft** ~ आसान रास्ता या विकल्प, सुगम विकल्प;
p&i: **have no** ~ किसी कार्य को करने के सिवा और कोई चारा न हो.; **keep/ leave one's ~s open** अपने रास्ते खुले रखना; **local** ~ किसी चीज की ब्रिकी पर स्थानीय लोगों द्वारा नियंत्रण

optoelectronic /औप्टौ\इलेक्ट्रोनिक/ *US* आःप्टाः\-/ *adj.* दृष्टि-इलेक्ट्रॉनिकी

optomet\er /औप्टौ\मिटः/ *US* आःप्टाः\मिटः/ *n. ophthalmol.* दृष्टिमापी;
dw/lw: **~rist** /~मिस्टरिस्ट/ *n.* दृष्टि-परीक्षक; **~metry** /~मिटरि/ *n. ophthalmol.* दृष्टि-मिति, दृष्टि-दोषों का परीक्षण, दृष्टि-परीक्षण

optophone /औपटअ\फोन/ *US* आःपटअ\फोन/ *n.* आलोकभाष, छपे अक्षरों या शब्दों को ध्वनित करके दृष्टिहीन व्यक्ति की पाठ को समझने में मदद करनेवाला उपकरण जो

opulence /औप्युलंस/ आःप्युलंस/ *n.* 1 बहुतायत, प्राचुर्य, आधिक्य 2 दौलत, समृद्धि, संपन्नता, धन-संपत्ति

opulent /औप्युलंट\/ आःप्युलंट\/ *adj.* 1 प्रचुर, ऐशो-आराम में विपुल 2 धनी, अति समृद्ध: ~ banker 3 अत्यधिक, भरपूर: ~ feast 4 प्रचुर मात्रा या संख्या में, सघन: ~ vegetation; ~ hair;
dw/lw: **~ly** /~लि/ *adv.* बहुतायत में, प्रचुर मात्रा में

opuntia /औपंशिआ/ आःपंशिआ/ *n., pl.* **~s** नागफनी, कैक्टस

opus /ओपस/ (*abbr.* **op**) *n., pl.* **opuses**/ **opera** 1 मुख्य रचना, प्रधान रचना, महत् कृति 2 संगीतमय रचना;
dw/lw: **opuscule** /ओप्सक्यूल, औप्सक्यूल, अप्सक्यूल/ *US* आःप्सक्यूल, -/ *n.* लघु संगीत या साहित्यिक रचना;
collocations: ~ **magnum** विराट साहित्यिक रचना

OR *abbr.* 1 'operational research', *milit.* 'other ranks' की प्रथमाक्षरी 2 *US state* 'Oregon' (*also* **Oreg/ Ore**) का संक्षेप

or /ऑर/ अर/ *conj.* 1 विकल्प द्योतक **या**, अथवा, व: **या** यह ... **या** वह: red ~ white; one ~ two; he came without luggage ~ money 2 प्रश्नात्मक: will you come ~ not? will you be there ~ not? 3 यदि नहीं, तो; अन्यथा: give it to me ~ else… (इसे मुझे देदो, अन्यथा ...) 4 समानार्थक या समीपार्थक शब्दों का प्रयोग: a student ~ a collegian 5 समानार्थक या समीपार्थक कार्य: he either writes ~ reads 6 वाक्य के दूसरे भाग में बात बदलने के लिए प्रयुक्त 7 कारण बताने के लिए प्रयुक्त 8 परस्पर जुड़े संयोजकों (conjunctions) में प्रयुक्त: either ... ~: either he sings ~ keeps mum; either everything ~ nothing; **~ ...** ~ (या ... या); whether ... ~: one doesn't know whether ~ not he will come (पता नहीं वह आयेगा या नहीं); ~ so (लगभग); he had been there two hours ~ so (वह वहां लगभग दो घंटे था); he is twenty ~ so; I expect to stay in Moscow a day ~ so;
p&i: **~ else** अन्यथा, नहीं तो: put your coat on ~ else you'll catch cold; **~ rather** बल्कि: she is laughing or rather she is smiling; **~ so** लगभग: stay for a day or so; **one ~ two** एक-दो, बहुत कम

or *n. heraldry* स्वर्ण (रंग), स्वर्ण, सोना

-or *suffix, forming nouns, denoting*: **a person** or **thing that performs an action** (किसी कार्य का कर्ता): act**or**, elevat**or**

Oracle /औरअकल/ *tradem.*, एक स्वतंत्र 'teletext' सेवा

oracle /औरअकल/ *US* आःरअकल, ऑरअकल/ *n. in ancient Rome or Greece* 1 ऐसा पवित्र स्थान जहां भगवान उपदेश देते थे या भविष्यवाणी करते थे 2 देववाणी का माध्यम यानी आप्त पुरुष, दिव्य वक्ता, जिसके माध्यम से भगवान उपदेश देते थे 3 आप्त वचन, गूढ़ वेदवाक्य, जिसे oracle यानी आप्त पुरुष सरल भाषा में जनसाधारण को समझाता था 4 देववाणी, दिव्यवाणी, भविष्यवाणी 5 विवेकशील व्यक्ति, भविष्यद्रष्टा, पैगंबर 6 विवेकशील व्यक्ति द्वारा उच्चरित वेदवाक्य: his words were received as an ~ 7 मार्ग-दर्शक वस्तु, सलाहकार: he called the watch and compass his only **~s**;
p&i: **work the** ~ 1 गुप्त चालें चलना 2 साम, दाम, दंड, भेद आदि द्वारा अभीष्ट सिद्ध क. 3 पैसा उगाहना, वसूल क., धन एकत्रित क.

oracular /औरअक्युलः/ *US* आःरअक्युलः/ *adj.* 1 आकाशवाणी या देववाणी संबंधी: oracular tongue 2 रहस्यमय, गूढ़, द्विअर्थक 3 विवेकपूर्ण 4 देववाणी-सदृश, प्रामाणिक, भविष्य-सूचक, पैगंबरी: whatever he said or wrote was considered as oracular by his disciples

oracy /ऑःरअसि/ *n.* 1 वाग्मिता, वाक्क्षमता 2 मौखिक रूप से (बोलकर) विचार अभिव्यक्त करने की क्षमता

ora et labora /ऑरा एट लैबॉराः/ *Lat.* काम करना और पूजा क.

oragious /औरेजेस/ *US* आःरेजेस/ *adj.* तूफानी, झंझामय

oral /ऑःरल/ *adj.* 1 मौखिक, जबानी: ~ examination; ~ tradition; ~ translation; ~ instruction/ method 2 मुख से लिया या खाया-पिया जानेवाला: ~ contraceptive (मुंह से ली जानेवाली गर्भरोधक दवाई) 3 मुख, मुखी, मुखवर्ती (in the mouth);

dw/lw: **~ly** /ऑरलि/ *adv.* 1 मौखिक रूप में: do an exercise ~ly; deliver a message ~ly 2 मुंह से;

collocations: **~ cavity** मुख-विवर; **~ examination** मौखिक परीक्षा; **~ evidence** मौखिक साक्ष्य; **~ history** 1 लोगों से साक्षात्कार, बातचीत आदि करके ऐतिहासिक तथ्य एकत्र क. 2 लोक साहित्य के मौखिक गीत, कहानियों आदि से ऐतिहासिक तथ्यों या घटनाओं का संग्रहण; **~ rehydration therapy** (*abbr.* **ORT**) पेचिश आदि के कारण शरीर में हुई द्रव या तरल पदार्थों की कमी को मुंह से तरल पेय पीकर पूरा करने की क्रिया; **~ school** गूंगा-बधिर पाठशाला; **~ sex** मुंह से की जानेवाली यौन प्रक्रियायें

orange /औरिं\ज/ *US* आःरिं\ज/ ऑरिं\ज/ *n.* 1 नारंगी, संतरा, मुसम्मी: mandarin ~; squeeze/ suck the ~ 2 संतरे का रस 3 खट्टा 4 संतरे आदि का पेड़ 5 नारंगी या जोगिया रंग;

adj. 1 नारंगी (रंग का): ~ ribbon 2 संतरे के जायके वाला: ~ squash;

dw/lw: **~ade** /~जेड/ *n.* संतरे या नारंगी का पेय या शरबत; **~-bloom/ ~-blossom/ ~flower** *n.* 1 नारंगी के श्वेत फूल 2 संतरों पर फूल आने की क्रिया; **~-coloured** *adj.* नारंगी रंग का; **~-girl** *n.* संतरे बेचने वाली लड़की; **~-grove** *n.* संतरों की झुरमुट; **~-jelly** ***n.*** संतरों की जेली; **~man** *n.* प्रोटेस्टंट चर्च के संगठन 'Orange Order' का सदस्य; **~-marmalade** *n.* चीनी लगाकर सुखाई हुई संतरे की फाड़; **~-peel** *n.* संतरे या नारंगी का छिलका; **~ry** /~जरि/ *n., pl.* orangeries संतरों का बाग, नारंगी-वाटिका; **~-shaped** *adj.* संतरे के आकार का; **~-squash** *n.* 1 संतरे का शरबत 2 इस शरबत का गिलास या प्याला; **~-squeezer** *n.* नारंगी-निचोड़; **~-tawny** *n.* पीला-भूरा रंग; **~-tawny** *adj.* पीले-भूरे यानी नारंगी रंग का; **~-tip** *n.* केसरिया धब्बेवाली तितली; **~-tree** *n.* नारंगी; **orangish** *adj.* नारंगी-सा;

collocations: **~ book** कृषि मंत्रालय के कार्य के बारे में रिपोर्ट; **~ flower water** संतरे के फूलों से निकला सुगंधित द्रव; **~ lily** लाल नरगिसी फूल; **~ juice** संतरे का रस; **~ melon** एक प्रकार का खरबूजा; **~ pekoe** भारत और श्रीलंका में मिलने वाली छोटे-छोटे पत्तों से बनी अव्वल दर्जे की काली चाय; **~ squash** संतरे का शर्बत; **~ stick** संतरे की लकड़ी से बनी पतली छड़ी जिसे नाखूनों को सजाने के लिए प्रयोग किया जाता है;

p&i: **~s and lemons** बच्चों के गीत या खेल का नाम; **a squeezed/ sucked ~** 1 पूर्णतः प्रयुक्त वस्तु 2 जिस आदमी की अब और जरूरत न रही हो; **squeeze an ~** पूर्णतः निचोड़ना या प्रयुक्त क.

orangeade *see above under* **orange: *dw/lw***

orangery *see above under* **orange: *dw/lw***

orang-outang /ऑःरैंगूटैन/ औरैंगूटैन/ *US* औरैंगअटैन *n.* ओरंग उटान, ओरंगोटंग, वृक्षों पर रहने वाले बंदर जैसे बड़े-बड़े जीव

ora\te /ऑरे\ट/ *v., pt.* **~ted**, *pp* **~ting** *jocular/ facetious, derog.* 1 भाषण या व्याख्यान दे., भाषण-बाजी क. 2 लंबा-सा शब्दाडंबरी या शब्द-बोझिल भाषण झाड़ना;

n. 1 भाषण या व्याख्यान 2 कथन: direct **~te**/ speech (प्रत्यक्ष कथन); indirect **~te**/ speech (अप्रत्यक्ष कथन);

dw/lw: **ora\tion** /~शन/ *n.* 1 सार्वजनिक भाषण: deliver an ~tion 2 लंबा शब्दबोझिल भाषण, व्याख्यान, वक्तृता 3 (***syn.*** prayer) निवेदन, प्रार्थना; **~tor** /औरअटः/ *US* आःरअटः, ऑरअटः/ *n.* 1 भाषणकर्ता, वक्ता, वाग्मी: hear/ listen to an ~tor 2 सार्वजनिक वकतृता द्वारा लोगों को प्रभावित करने में सफल व्यक्ति: talented/ born/ distinguished ~tor; **~torical** /औरअटौरिकल/ *US* आःरअटाःरिकल/ *adj.* 1 वकतृता या वाग्मिता से संबंधित 2 भाषण-कला-संबंधी, भाषणबाजी से संबंधित: ~torical skill/ gift; ~torical essay; **~torize** /ऑरअटराइज/ *v., pt.* ~torized, *pp* ~torizting भाषण-बाजी क.: ~torize for hours; **~tory** /औरअटरि/ *US* आःरअटरि, ऑरअटरि/ *n., pl.* ~tories 1 (***syn.*** rhetoric) वक्तृत्व-कला, भाषण-कला, वाक्पटुता, वाग्मिता: ancient ~tory; be famous for one's ~tory 2 शब्दाडंबरी भाषा शैली: subtleties of ~tory 3 चर्च में निजी प्रार्थना के लिए छोटा-सा स्थान

oratorio /औरअटॉरिओ/ *US* आःरअटॉरिओ/ ऑरअटॉःरिओ/ *n., pl.* **~s** बाइबल व अन्य धार्मिक विषयों पर आधारित संगीत रचना

orb /ऑःब/ *n.* 1 (***syn.*** sphere) गोलाकार पिंड, मंडल, खगोलीय गोला 2 आंख, आंख का कोया 3 सितारा, सूर्य, पृथ्वीमंडल 4 वृत्त: the centre/ the radius of an ~ 5 महाशक्ति, राजशाही ताम-झाम 6 प्रभाव-क्षेत्र, घेरा 7 जन-समूह, बहु-सांख्यिक जनता: quite an ~ of acquaintances/ of witnesses;

v., *pt.* **~ed**, *pp* **~ing** 1 घेर लेना 2 गोल बनना या बनाना;

dw/lw: **~icular** /ऑःबिक्युलः/ *adj.* 1 गोलाकार, मंडलाकार, वर्तुल: ~icular leaves; ~icular granite 2 संपूर्ण, पूरा: the household ruin was full and ~icular (परिवार पूरी तरह बर्बाद हो गया); **~iculate** /ऑःबिक्युलअट/ *adj., bot., zool., poetic* गोलाकार, वृत्ताकार

orbit /ऑःबिट/ *n.* 1 अंतरिक्षीय पिंड परिक्रमा-पथ, कक्ष, कक्षा: the ~ of the earth/ of the moon/ of a planet; be in ~; place in/ put in ~; go into ~; geo-~ (भू-कक्षा) 2 (***syn.*** eye-socket) नेत्र-कोटर, नेत्र-गुहा 3 कार्यक्षेत्र: this is within the ~ of the Ministry 4 *phys.* अणु के नाभिक केंद्र के इर्दगिर्द परमाणु का परिक्रमा कक्ष 5 प्रभाव-क्षेत्र, वातावरण: be outside the ~ of modernity 6 *anatom.* मेरुदंडी जीवों की खोपड़ी;

v., *pt.* **~ed**, *pp* **~ing** 1 अंतरिक्ष में ग्रह की कक्ष या कक्षा में चक्कर लगाना, परिक्रमा क. 2 विमान द्वारा किसी स्थान पर चक्कर लगाना 3 कक्ष में प्रवेश क. 4 अंतरिक्ष यान को कक्ष में डालना या भेजना: Russia and America have **~ed** several space ships;

dw/lw: **orbital** /ऑःबिटल/ *adj.* 1 कक्षा-संबंधी, कक्षीय: ~al revolution; ~al flight; ~al station; ~al compartment; ~al transfer 2 नेत्रगुहा-; **~al** *n.* कक्षा, मुद्रिका-पथ; **~er** /ऑःबिटः/ *n.* उपग्रह: lunar ~er;

p&i: **go into ~** 1 अंतरिक्ष में किसी ग्रह के कक्ष में प्रवेश क. 2 बड़ी सफलता पाना

orc /ऑःक/ *n.* 1 भिन्न-भिन्न प्रकार की व्हेल मछली 2 समुद्र दैत्य, राक्षस, नरभक्षी दानव, मनुजाद, नरपिशाच

Orcadian /ऑर्केडिअन/ *n.* औरक्नी द्वीपों (स्कॉटलैंड के उत्तर-पूर्व में) का निवासी

orchard /ऑचःड/ *n.* फलों का बाग, फलोद्यान, फल-वाटिका;

dw/lw: **~ist** *n.* फलोद्यानी

orchestic /ऑःकेस्टिक/ *adj.* नृत्य से संबंधित;

dw/lw: **~s** *n.* नृत्य-कला

orchestra /ऑकिस्ट्रा/ *n., pl.* **~s** 1 वादक-दल, वाद्य-मंडली, वाद्य-वृंद: string ~ 2 वृंदवाद्य;

dw/lw: **~l** /ऑकेस्ट्रल/ *adj.* वादकवृंदीय: ~l performance; to the ~l accompaniment (वादकवृंदीय संगति में); **~list** /ऑकेस्ट्रलिस्ट/ *n.* वादकवृंद का सदस्य;

collocations: **~ pit** वादक-स्थान यानी जहां वादक-मंडली बैठती है; **the ~ stalls** थिएटर में आगे का स्टाल या बैठने के स्थान

orchestra\te /ऑःकिस्ट्रे\ट/ *v., pt.* **~ted**, *pp* **~ting** 1 (***syn.*** stage-manage) जोड़तोड़ से कुछ प्राप्त क. 2 वाद्यवृंद के लिए संगीत रचना;

dw/lw: **orchestra\tion** /ऑःकिस्ट्रेशन/ *n.* 1 वाद्यवृंदकरण 2 किसी कार्य या योजना को जोड़तोड़ से पूरा करने का तरीका 3

जोड़तोड़ से काम निकालने की क्रिया; **orchestrator** *n.* 1 वाद्यवृंदकार 2 जोड़तोड़ से काम निकालने वाला

orchid /ऑःकिड/ *n.* एक प्रकार का पुष्प, ऑर्किड;

dw/lw: **~aceae** /ऑःकिडेशि/ *n.* फूलदार पौधों के बड़े समूहों में से एक; **~aceous** /ऑःकिडेशिअस/ (*also* **~eous** /ऑःकिडिअस/) *adj.* 1 उपर्युक्त फूलदार पौधों से संबंधित 2 दिखावापूर्ण, दिखावटी *3* जान-बूझकर बनाया हुआ

orchil/ orchilla /ऑःचिल/ ऑःचिला/ (*also* **archil**) *n.* लाल या बैंगनी रंग

orchitis /ऑःकाइटिस/ *n.* अंडशोथ

orchotomy /ऑःकॉटमि/ *n.* बधियाकरण

ordain /ऑःडेन/ *v., pt.* **~ed**, *pp* **~ing** *1* (ईसाई धर्म में) पादरी बनाना, पुरोहित बनाना, अभिषेक दे.: be **~ed** a priest 2 निश्चय क. 3 विधान या भाग्य में बदा हो.: **~ed** by fate 4 कानून द्वारा आदेश दे. या कानून बनाना, फरमान निकालना: what the laws ~;

dw/lw: **~er** /ऑडेनः/ *n.* अभिषेककर्ता; **~ment** /ऑडेनमंट/ *n.* अभिषेक (ईसाई धर्म में पादरी बनाने की क्रिया)

ordeal /ऑःडील/ *n.* 1 कठिन, कटु या दुखद अनुभव: pass through a terrible ~ 2 *hist.* दिव्य परीक्षा, सत्यपरीक्षा: trial by ~ 3 दैवी परीक्षा, अग्निपरीक्षा, कठिन परीक्षा: ~ by fire; ~ by water

order /ऑःडः/ *n.* 1 (***syn.*** sequence) क्रमांक, क्रम-व्यवस्था, क्रम-बद्धता, क्रमानुगतता, सिलसिलेवार चलन या पालन: the ~ of seasons: in the ~ of merit; alphabetical/ chronological ~; not in the right/ regular ~; without ~ 2 नियंत्रण, अनुशासन, सुव्यव्यस्था 3 सुस्थिति, दशा, हालत, मानसिक स्थिति: good/ bad ~ 4 आर्डर, आदेश, हुक्म: on ~ (के आदेश से); standing ~ (स्थायी आदेश); strict ~; by ~; issue/ execute an ~; ~ nisi (अदालत का अंतरिम आदेश) 5 सप्लाई आदि की मांग, आपूर्ति आदेश: large/ considerable/ small ~; repeat ~ 6 आदेशानुसार मुहैया कराया जाने वाला सामान: on ~; cancel an ~; made to ~ (आदेशानुसार बनाया हुआ); fresh ~ 7 फरमाइश 8 सामाजिक शांति, सामंजस्य व व्यवस्था, नियमों व कानून का पालन, अपराध-मुक्ति: keep ~; maintain/ preserve/ restore/ establish peace and ~ 9 आर्थिक व सामाजिक ताना-बाना आदि: a new world ~; social ~; overthrow/ ruin the old ~ 10 यंत्र के ठीक-ठाक होने की अवस्था, अच्छी-बुरी हालत: in working ~; out of ~ (खराब, बिगड़ा हुआ); in ~ (ठीक, सही, चालू हालत में); get out of ~ (बिगड़ जा.); put/ set in ~ (ठीक क.) 11 सामाजिक वर्ग या श्रेणी प्रणाली: the lower **~s**; all **~s** and degrees of men 12 दर्जा, कोटि, गुणवत्ता का स्तर: of the highest ~; of the first ~; talent of another ~ 13 *commerce* भुगतान के लिए दिया जाने वाला लिखित आदेश, चैक, हुंडी: ~ payable at sight (प्रस्तुति पर भुगतान); ~ payable to the account of Mr ...; deliver goods upon/ by ~ (माल चैक की प्रस्तुति पर दे.) 14 सभाओं या प्रतियोगिताओं आदि में कार्य-विधि, कार्य-क्रम: call the meeting to ~; rise to a point of ~; motion is not in ~/ is out of ~ 15 धार्मिक संप्रदाय या शाखा, धार्मिक संगठन, (धर्म) संघ: religious ~; Orange Order 16 जीवन-शैली या ढांचा: the ~ of her goings-on 17 गुप्त संगठन, ऐसे संगठन द्वारा दिए जानेवाले सम्मान का मैडल या रिबन (फीता) 18 सैनिक पंक्ति-बद्धता: battle ~; marching ~ 19 पंक्ति, कतार: ~ on ~ of sculptured figures (मूर्तियों की कतारों की कतारें) 20 आज्ञा, अनुमति: admission by ~ (प्रवेश अनुमति पत्र के आधार पर) 21 *math.* (***syn.*** degree) घात 22 सम्मान, पुरस्कार: ~ of Merit;

v., pt. **~ed**, *pp* **~ing** 1 (***syn.*** direct) निर्देश दे.: he was **~ed** home 2 खाने आदि का आदेश दे. (रेस्त्रां, होटल आदि में): ~ dinner 3 क्रमांक में लगाना, क्रम से रखना 4 सजाना, व्यवस्थित क., सुव्यवस्थित क.: ~ one's affairs/ household 5 (***syn.*** command) आदेश दे.: ~ troops to advance/ ~ to retreat; ~ the regiment to Syria 6 हुक्म चलाना: ~ sb around 7 (***syn.*** instruct) दवाई आदि लिखना, उपचार के लिए निर्देश दे.: be **~ed** to stay in bed 8 नई पोशाक आदि का आदेश दे.: ~ a new suit 9 पुरोहिती का विधान क.;

Excl.: **Order! Order!** व्यवस्था बनाए रखिए!;

dw/lw: **~book** *n.* आदेश पुस्तिका, मांग भेजने की पुस्तिका; **~ed** /ऑःडःड/ *adj.* 1 (***syn.*** orderly) क्रमबद्ध, सुव्यवस्थित 2 नियमित, क्रमित, आदेशित, मंगाया हुआ; **~form** *n.* मांग-पत्र, प्रेषणादेश-पत्र; **~ing** /ऑःडरिंग/ *n.* 1 (*syn.* arrangement) व्यवस्था, व्यवस्थित करने की क्रिया: ~ing of complex data 2 स्थान का बंटवारा 3 आदेश; **~less** *adj.* अस्त-व्यस्त, अव्यवस्थित, बिखरा हुआ; **~liness** /ऑःडःलिनेस/ *n.* सुव्यवस्था या क्रमबद्धता; **orderly** *see below under separate entry*; **~word** *n.* गुप्त कोड, पास-वर्ड;

collocations: **~ of battle** लड़ाई शुरू होने से पहले सैनिकों या लड़ाकू जहाज के नाविकों की मोर्चों पर तैनाती; **~ of business** कार्य की क्रम-व्यवस्था, कार्य-विधि; **~ of magnitude** *math.* आकार व मात्रा के अनुसार स्तरों की व्यवस्था; **~ of marriage** चर्च आदि में विवाह रस्म की कार्य-विधि या प्रणाली; **~ paper** संसद आदि के कार्यक्रम के दस्तावेज; **economic/ political/ social ~** आर्थिक/ राजनीतिक/ सामाजिक व्यवस्था या प्रणाली; **law and ~** कानून व्यवस्था; **mail ~/ postal** ~ डाक से भेजा जाने वाला आपूर्ति आदेश; **out of** ~ अक्रमित, अव्यवस्थित, खराब, बिगड़ा हुआ, नियमविरुद्ध, अनुपयुक्त, अनुचित; **to** ~ आदेश अनुसार: made to ~ (आदेशानुसार बनाया हुआ); **under ~s from** किसी के आदेश पर;

p&i: **~ of the day** बड़े स्तर पर व्याप्त हो.; **~ sb about/ around** किसी पर हुक्म चलाना; **~ sb off** खिलाड़ी को हुक्म देकर बाहर निकाल दे.;

a large ~ बड़ा काम, कठिन कार्य; **a point of** ~ कार्य-विधि के बारे में एतराज; **apple-pie** ~ बिल्कुल बढ़िया या आदर्श व्यवस्था; **a tall/ large** ~ *colloq.* कठिन कार्य, कठिन लक्ष्य; **by** ~ आदेशानुसार; **call to** ~ मीटिंग आदि को औपचारिक रूप से शुरू क.; **change/ invert the natural** ~ प्राकृतिक व्यवस्था को बदलना या उसको उलटना; **give sb his marching ~s** किसी को बर्खास्त क.; **in** ~ ठीक क्रम में, अच्छी हालत में, नियमानुसार, उचित, उपयुक्त; **in ~ of merit** योग्यता-क्रमानुसार; **in short** ~ तुरंत, शीघ्र ही; **in ~ that** ताकि; **in ~ to** के उद्देश्य से; **in ~ to do/ for sth** कुछ करने के लिए; **of the first** ~ उच्च स्तर का, उत्तम; **on** ~ आदेश अनुसार तैयार किया हुआ; **on the ~ of...** (लगभग); **rise to** ~ सभा की कार्रवाई विधि के बारे में एतराज करने के लिए खड़ा हो.; **short** ~ आनन-फानन में बनाई हुई गर्म-गर्म व्यंजन; **standing** ~ सदा लागू निर्देश; **stand upon ~ of one's going** प्रस्थान टालना या उसमें देर क.; **take** ~ पादरी बनना; **take ~s from sb** किसी का हुक्म मानना; **the ~ of the day** *n.* 1 आज की सभा, संसद आदि का निर्धारित कार्यक्रम 2 वर्तमान में जो चीज या बात फैशन या चलन में हो;

orderly /ऑडःलि/ *adj.* 1 (***syn.*** tidy) सुव्यवस्थित, साफ-सुथरा: ~ room; ~ march; in an ~ manner 2 सुनियोजित, नियमित: ~ retirement; ~ plan/ course 3 शांत, अनुशासित, सुशील: ~ child 4 सही तरीके से काम करने वाला, व्यवस्थित: ~ man;

adv. शांतिपूर्वक, विधि-पूर्वक, विधिवत्, सही तरीके से;

n., pl. **orderlies** अर्दली;

dw/lw: **orderly-bin** *n.* कूड़ादान

ordinal /ऑःडिनल/ *adj.* क्रमसूचक, वर्गीय;

n. 1 (*also* **~ number**) क्रमसंख्या, क्रमसूचक या क्रमवाचक संख्या, क्रमवाचक विशेषण (first, second, third etc.) 2 अभिषेक ग्रंथ, आशीर्वाद पुस्तिका 3 धर्मविधि-पुस्तक

ordinance /ऑडिनंस/ *n., law, US* 1 अध्यादेश, अधिनियम:

issue/ enact an ~ 2 प्रथा, रिवाज 3 धर्म विधि, अनुष्ठान: the blessed ~ (यूखरिस्त)

ordinand /ऑःडिनैंड/ *n.* चर्च का पदाधिकारी बनने के लिए प्रशिक्षण पानेवाला व्यक्ति, अभिषेक्य

ordinant /ऑःडिनंट/ *n.* 1 अभिषेक्ता, अभिषेककर्ता 2 चर्च का नया पदाधिकारी 3 सुव्यवस्थापक, नियंत्रक, ठीक करने वाला

ordinarily /ऑडअनअरिलि/ *adv.* 1 (***syn.*** normally) आम तौर पर, सामान्यतः: I breakfast ~ at 8 a.m. 2 (***syn.*** usually) साधारणतया, साधारणतः ~, he gets up at 6 a.m.; more than ~

ordinary /ऑडनरि/ *US* ऑर्अनरि/ *adj.* 1 सामान्य, साधारण, मामूली, आम: ~ people; ~ life; one's ~ habits; greater than ~; ~ man 2 (***syn.*** plain) सपाट, अरुचिकर: an ~ kind of a person 3 प्रथागत, रिवाजी: ~ occupation; the words seemed stale and ~ 4 स्वाभाविक, प्रकृत 5 पदेन (ex-officio) 6 *comm.* सांझे (शेयर)

n., pl., **ordinaries** 1 स्थानीय धर्माध्यक्ष 2 सामान्य प्रार्थनाएं 3 *law* न्यायालय का स्थायी सदस्य 4 कुल-चिह्नात्मक हथियार;

dw/lw: **ordinariness** *n.* मामूलीपन, सामान्यता;

collocations: **Ordinary grade** *see under* **O-grade**; **Ordinary level** *see under* **O-level**; **~ seaman** (*abbr.* **OS**) ब्रिटेन की शाही नौसेना में निम्नतम रैंक का नौसैनिक; **~ share** कंपनी के शेयरों की पूंजी की एक निश्चित इकाई;

p&i: **in ordinary** नियमित, प्रथागत सेवा में; **in the ~ way** प्रायः, अक्सर; **out of the ~** असाधारण, भिन्न प्रकार का

ordinate /ऑःडिनअट/ *n.* कोटि, भुजमान, कोटि-अंक

ordination /ऑःडिनेशन/ *n.* 1 पुरोहित या पादरी बनने का अनुष्ठान 2 अभिषेक, पुरोहिताभिषेक 3 विधान, विधायन 4 (***syn.*** arranging) विन्यसन, वर्गीकरण

ordinee /ऑःडिनी/ *n.* नव-अभिषिक्त उपयाजक

ordnance /ऑःडनंस/ *n.* 1 युद्ध सामग्री, विशेषतः अस्त्र-शस्त्र और गोला-बारूद: a piece of ~; ~ stores/ depot 2 (***syn.*** artillery) बड़ी तोपें, तोपखाना 3 आयुध-विभाग;

collocations: **~ datum** (*abbr.* **OD**) ब्रिटेन के रक्षा पर्यवेक्षण (survey) का मानक समुद्र-स्तर यानी भू-सर्वेक्षण के लिए माध्य-सागर तल; **~ factory** युद्ध-सामग्री निर्माण-शाला; **Ordnance Survey** ब्रितानिया और आयरलैंड के पर्यवेक्षण विभाग द्वारा तैयार किए जाने वाले मानचित्र

ordonnance /ऑःडनंस/ *n. Fr.* = **ordinance** 1 *law* अध्यादेश 2 मंत्री-मंडल द्वारा पारित विधान, नियम (statute, regulations) आदि 3 (***syn.*** proper disposition/ arrangement of parts/ elements) विन्यास, साहित्यिक कृति आदि के भागों का उचित क्रम विधान

Ordovician /औःडअविशिअन/ *adj. geol.* पुराजीवी युग के दूसरे काल का द्योतक: ~ period

ordure /ऑःड्युअः/ *US* ऑःजः/ *n.* 1 (***syn.*** faeces) मैला, मल, टट्टी, विष्ठा 2 गोबर 3 गंदगी, कूड़ा-कर्कट 4 (***syn.*** foul language) गाली, अपशब्द 5 (***syn.*** manure) खाद 6 कोई भी गंदी, भद्दी या अश्लील वस्तु;

dw/lw: **~rous** /औःड्युरस/ *adj.* 1 मैला, मल-मूत्र संबंधी 2 गंदा

ore /ऑः/ *n., geol.* 1 कच्ची धातु, खनिज पदार्थ, अयस्क: iron ~; rich in ~s; ~ mineral; ~ mining; ~ separation 2 *poet.* कीमती धातु

Oread /ऑःरिऐड/ *n.* पर्वत-परी, पर्वत-देवी

orectic /ऑरेक्टिक/ *adj.* 1 खाने-पीने की इच्छावर्धक 2 भूख-वर्धक

oregano /औरिगाःनो/ *US* अरेगअनो/ *n., pl.* **~s** भूमध्यसागर क्षेत्र (Mediterranean) की एक खुशबूदार झाड़ी

ore rotundo /ओरे रोतुंदो/ *Lat.* (with full round voice) उच्च स्वर में

orexis /ऑरेक्सिस/ ओरेक्सिस/ *n.* 1 भूख, बुभुक्षा 2 भोजन की इच्छा 3 भाव-क्रिया पक्ष;

dw/lw: **orectic** /ऑरेक्टिक/ *adj.* भूख बढ़ाने वाला, बुभुक्षावर्धक

.org /डॉट ऑःग/ *Internet abbr.,* इंटरनेट पते में प्रयुक्त होने वाले '.organization' का संक्षेप

organ /ऑःगन/ *n.* 1 अंग: **~s** of speech; ~ of digestion; ~ of generation; nasal ~ 2 (***syn.*** pipe organ) वाद्यराज, ऑर्गन, वाद्य यंत्र जिसे फूंक कर बजाया जाता है: grind a street ~ (साधारण बाजा बजाना) 3 *euphemistic or humorous* मनुष्य का लिंग, अवयव, इंद्रिय 4 साधन 5 (***syn.*** periodical) प्रचार-माध्यम, मुखपत्र: governmental **~s**; newspapers are the **~s** of public opinion 6 आवाज, ध्वनि: a magnificent ~;

dw/lw: **~-grinder** *n.* पैसे मांगने के लिए गली में ऑर्गन बजाने वाला; **~ist** /ऑःगनिस्ट/ *n.* ऑर्गन बजाने वाला; **~-loft** *n.* चर्च में आर्गन दीर्घा

organdie/ organdy /ऑःगंडि/ *n.* आरगंजा, महीन मलमल

organic /ऑःगैनि\क/ *adj.* 1 बिना रासायनिक खादों, कीटनाशक दवाइयों आदि के प्रयोग के पैदा किए हुए उत्पादों से संबंधित 2 (***anton.*** inorganic) कार्बनयुक्त तत्वों तथा जीवों के अध्ययन शास्त्र (organic chemistry) संबंधी 3 जैविक: ~ changes 4 जैव (of living organisms): ~ nature 5 (***syn.*** systematic) आंगिक, ऐंद्रिय (of organs) 6 सावयव, सेंद्रिय, जैव (having organs) 7 सुघटित, संघटित, सुव्यवस्थित: ~ whole/ unity 8 सहज, स्वभावगत: ~ indolence (स्वभावगत सुस्ती) 9 (***syn.*** fundamental) मौलिक, मूलभूत: ~ law 10 शारीरिक: ~ disease (कायिक रोग); ~ sensation;

dw/lw: **~ally** /~कलि/ *adv.* जैविक रूप में, आंगिक रूप में; **~ism** /~सिज्म/ *n.* अवयववाद, अंगवाद; **~s** /~क्स/ *n.* जैव शास्त्र;

collocations: **~ act** किसी क्षेत्र को प्रदेश में बदलने का विधान; **~ assignment** सरकारी (gazetted) पद; **~ architecture** आसपास के दृश्यों से जुड़ा भवन निर्माण शिल्प; **~ chemistry** कार्बनयुक्त यौगिक अध्ययन रसायन शास्त्र; **~ compound** कार्बनयुक्त यौगिक; **~ farming** बिना रासायनिक खादों, दवाइयों आदि के प्रयोग के होने वाला कृषि उत्पाद; **~ fertilizer** जैविक खाद

organism /ऑःगअनिजम/ *n.* 1 जनन-सक्षम जीव 2 अवयव, अंग, संघटित शरीर-रचना 3 परस्पर आधारित भिन्न-भिन्न अवयवों से बना तंत्र: the social ~;

dw/lw: **~mal/ ~ic** /ऑःगअनिजमल/ ऑःगअनिजमिक/ *adj.* जीव संबंधी

organist *see above under* **organ: *dw/lw***

organizable /ऑःगअनाइजबल/ *adj.* संघटनीय, संयोजनीय

organi\zation (*also UK* **-sation**) /ऑःगअनाइजेशन\/ *n.* 1 संस्था, संस्थान: United Nations **Organisation/ U. N. O.** 2 संगठन: mass **~zation** 3 व्यवस्थापन, संस्थागत निर्माण: the **~zation** of a new government 4 (***syn.*** planning) योजनाबद्ध प्रबंध, व्यवस्था 5 पदाधिकारी, अधिकारी-गण, आयोजक-तंत्र, प्रबंधक, प्रबंध-समिति 6 (***syn.*** structure) संरचना: complex **~zation**; delicate **~zation** 7 *milit.* दल, बल;

dw/lw: **~zational** /~ल/ *adj.* संगठनात्मक; ~zational maintenance; **~zationally** /~लि/ *adv.* संगठन अनुसार;

collocations: **~ chart** (*also* **organogram**) किसी संगठन, विशेषकर व्यापारिक संगठन का संरचनात्मक लेखाचित्र

organi\ze (*also UK* **-ise**) /ऑःगअनाइ\ज/ *v., pt.* **~zed**, *pp* **~zing** 1 व्यवस्थित क.: **~ze** the books into a neat pile 2 प्रबंध क.: **~zed** the tickets 3 आयोजित क., का आयोजन क.: **~ze** an expedition; **~ze** a demonstration 4 संघटित या संगठित क., संगठन बनाना या स्थापित क.: **~ze** a union, etc. 5 संघबद्ध क. या हो. (of people);

dw/lw: **~zed** /~जड/ (*also UK* **-ised**) *adj.* 1 सुव्यवस्थित (व्यक्ति या पदार्थ): ~zed matter 2 संगठित, संघटित: ~zed labour; an ~zed body 3 साजो-सामान से सज्जित: ~zed position (हथियारों आदि से लैस चौकी); **~zer** /~जः/ (*also UK* **-iser**) *n.* 1 आयोजन करने वाला, आयोजक, प्रबंधक 2 संगठनकर्ता: first-rate ~zer

organo\gen /ऑःगैनौजेन/ *US* ऑःगैनाःजेन/ *n.* जैवतत्त्व;
dw/lw: **~genesis** /ऑःगअनोजेनअसिस/ ऑःगैनोजेनिसिस/ *n.* अंग-विकास; **~graphy** /ऑःगअनॉग्रफि/ *n.* अंगवर्णन; **~logy** /ऑःगअनौलजि/ *n.* अंगविज्ञान; **~therapy** /ऑःगअनोथेरअपि/ *n.* जैव-तत्त्व-चिकित्सा

organogram/ organigram *see above under* **organization chart**

organon/ organum /ऑःगअनॉन/ ऑःगअनम/ *n.* ज्ञान-साधन, तर्क-शास्त्र

organza /ऑःगैंजा/ *n.* शरीर पर कसकर आने वाली (stiff) पोशाक का रेशमी या कृत्रिम कपड़ा

orgasm /ऑःगै\जम/ *n.* 1 यौन आनंद की पराकाष्ठा, संभोग का चरम क्षण, रति आनंद, रतिक्षण 2 उन्माद, प्रबल उत्तेजना 3 कामोत्ताप, मदन-लहरी;
v. pt. **~ed**, *pp.* **~ing** यौन आनंद की पराकाष्ठा को अनुभव क.;
dw/lw: **orgasm\ic/ orgastic** /~मिक/ ~स्टिक/ *adj.* रति आनंद की पराकाष्ठा से संबंधित; **orgasmically/ orgastically** /~मिकलि/ ~स्टिकलि/ *adv.* यौन आनंद की पराकाष्ठा की दृष्टि से

orgeat /ऑःजिऐट/ *n,* बादाम-शरबत

orgiastic /ऑःजिऐस्टिक/ *adj.* रति-समागम के रूप में होने वाला, व्यभिचारपूर्ण, उच्छृंखल

orgy /ऑःजि/ *n., pl.* **orgies** 1 ऐसी पार्टी जिसमें शराब और नशीली दवाइयों आदि के प्रयोग के कारण बहुत ज्यादा शोरगुल, खाना-पीना आदि अनियंत्रित ढंग से होता है या जिसमें हुल्लड़बाजी, चुम्मा-चुम्मी, मौज-मस्ती और यौन-आनंद बेरोक-टोक चलता है: a regular ~ of parties and concerts 2 (*syn.* rev/ revelry/ party) मद्यपान-उत्सव, विलासोत्सव, रंगरलियां 3 व्यभिचारिता, लंपटता: an ~ of sth (घोर कुकृत्य) 4 अतिरेक, ज्यादती, आधिक्य (excess): an ~ of shopping; an ~ of work 5 *Gr. & Roman hist.* (*usually* **orgies**) रंग-रलियों से संबंधित देवी-देवताओं (Dionysus या Bacchus etc.) की पूजा करते हुए गुप्त क्रिया-कर्म जिनमें खूब खाना-पीना और नाच और रति क्रियायें होती हैं

oribi /औरिबि/ *US* आःरिबि/ *n., pl.* **oribi/ oribis** हिरण के रंग का एक छोटा-सा हिरनौटा

oriel /ऑःरिअल/ *n.* 1 बहुभुजाकार बंद खिड़की वाला एक छोटा-सा कमरा, झरोखा, गवाक्ष 2 (**bay window**, *also* **~ window**) बहुभुजाकार बंद खिड़की

orient /ऑरिअंट/ ऑरिएंट/ *adj.* पूर्वी, प्राच्य, चमकदार;
v., pt. **~ed**, *pp* **~ing** 1 नए वातावरण या स्थान से परिचित कराना या हो.: ~ oneself 2 दिशा-निर्देश दे. या पाना 3 पूर्व की ओर अभिमुख क./ हो जाना 4 परिस्थिति या वातावरण के अनुकूल ढालना या ढल जाना 5 अनुस्थापन क. 6 पूर्वोन्मुख दिशा में रख दे.;
n. (**the Orient**) 1 पूर्व, पूरब, प्राची, पूर्वी एशिया के देश, जिन्हें पश्चिमी संस्कृति से भिन्न समझा जाता है 2 पूर्व के देश (≠ **the Occident**) 3 *poetic* आकाश (क्षितिज), सूर्योदय स्थान 4 चमक, दमक, आभा, मोती की निर्मल द्युति 5 चमकदार मोती;
dw/lw: **~ed** *see below under separate entry*

oriental /ऑरिअं\टल/ ऑरिएं\टल/ (*also* **Oriental** ≠ **Occidental**) *adj.* 1 ओरिअंट यानी पूर्व से संबंधित: ~ countries/ languages 2 पूर्वी एशिया के देशों से संबंधित 3 पूर्वी, प्राच्य, पूरबी: ~ civilization 4 चमकदार, भड़कीला, कीमती: ~ amethyst; ~ emerald/ ruby (पुखराज, पन्ना/ असली माणिक्य);
dw/lw: **orientalist** /~टअलिस्ट/ *n.* प्राच्यविद्, प्राच्यवेत्ता; **orientalism** /~टअलिज्म/ *n.* प्राच्य देशों की भाषा तथा संस्कृति, प्राच्यविद्या, पूर्वदेशीयता; **~ize** /~टअलाइज/ *v., pt.* ~ized, *pp* ~izing पूर्वी या प्राच्य बना लेना या बनना;
collocations: **~ alabaster** एक प्रकार का सुलेमानी संगमरमर; **~ turquoise** फिरोजा

orienta\te /ऑरिअंटे\ट/ *v., pt.* **~ted**, *pp* **~ting** = **orient** 1 पूर्व की ओर अभिमुख होना 2 वातावरण के अनुकूल ढालना या ढलना;
dw/lw: **~ted** /~टिड/ (UK/ *US* **oriented**) *adj.* पूर्व संबंधी, पूर्व-परक; **~tion** /~शन/ *n.* 1 परिस्थिति के अनुसार व्यक्ति के रुख, रवैये, झुकाव मान्यताओं आदि का निर्धारण 2 (*syn.* orienting) दिग्विन्यास, पूर्वाभिमुखीकरण 3 (*syn.* adjustment/ conditioning) नई स्थिति या परिस्थितियों के अनुसार अनुकूलन: imperfect ~ 4 नए स्थान या स्थिति के बारे में सूचनाएं, सलाह, प्रशिक्षण देने के लिए सभा या व्याख्यान-माला: ~tion course

oriented /ऑरिअंटिड/ ऑरिएंटिड/ (*also UK* **orientated**) *adj.* 1 पूर्व संबंधी 2 पूर्व-परक 3 की ओर उन्मुख 4 की ओर झुका हुआ या मन बनाए हुआ: career-**~**

orienteer /ऑरिअंटिअ\र/ *n.* एक ऐसी प्रतियोगिता का प्रतियोगी जो नक्शे को देखकर अपना रास्ता तय करते हुए और खेतों, वनों, पर्वतों-पहाड़ियों के बीच से पैदल या स्की (ski) पर दौड़ते हुए अपनी मंजिल तक पहुंचता है;
v., pt. **~ed**, *pp.* **~ing** उपर्युक्त ढंग से प्रतियोगिता में भाग लेना;
dw/lw: **~ing** /~रिंग/ *n.* एक ऐसी प्रतियोगिता जिसमें प्रतियोगी नक्शे को देखकर अपना रास्ता तय करते हुए और खेतों, वनों, पर्वतों-पहाड़ियों के बीच से पैदल या स्की पर दौड़ते हुए अपनी मंजिल तक पहुंचते हैं

orifi\ce /औरिफि\स/ *US* ऑरिफि\स, आःरिफि\स/ *n.* 1 छेद, छिद्र, रंध्र, सूराख: nasal **~ce** the **~ce** of a wound 2 मुंह, मुख: the **~ce** of a volcano; the **~ce** of a mine;
dw/lw: **~cial** /~शिअल/ *adj.* छिद्र, रंध्र आदि से संबंधित

oriflamme /औरिफ्लैम/ *US* आःरिफ्लैम/ *n. hist.* 1789 की क्रांति से पहले फ्रांस का लाल रेशमी कपड़े से बना और कई पट्टियों में बटा शाही ध्वज, केतु या रणपताका

orig. *abbr.* 'origin', 'original', 'originally' का संक्षेप

origami /औरिगाःमि/ *US* आःरिगाःमि/*n.* कागज को मोड़कर सुंदर, सजावटी वस्तुएं व आकृतियां बनाने की जापानी कला

origanum /औरिगनम/ *US* आःरिगनम/ *n.* एक सुगंधित बूटी

origin /औरिजिन/ *US* आःरिजिन, ऑरिजिन/ *n.* 1 आरंभ, स्रोत: the ~ of species 2 जन्म-स्रोत, उद्गम 3 उत्पत्ति, उद्भव, मूल: the ~ of a word/ of a custom 4 *comm.* माल का उद्गम स्थान: office of ~ 5 (*usually* **origins**) कुल, वंश: obscure/ unknown/ noble/ divine ~s; of humble **~s** 6 कारण: the ~ of a quarrel 7 *math.* मूल बिंदु 8 *anat.* मांसपेशी या दिमाग के तंतु आदि का मूलबंध

original /अरिजअ\नल/ अरिजि\नल/ *adj.* 1 प्राचीनतम, प्रारंभिक, आरंभिक, आद्य, प्रथम: the ~ edition; ~ home; the ~ laws of a country; Stephenson's ~ locomotive (स्टीवेन्सन का पहला रेल इंजन); the ~ plan was afterwards changed 2 मूल: ~ copy 3 मूलभूत: the ~ picture; the ~ document/ text 4 अपूर्व, नूतन, नवीन, नया, कल्पनाशील, मौलिक (विचारक, शोधक): ~ thought; ~ remark; ~ writer/ composer; ~ mind 5 (*syn.* eccentric) विचित्र, सनकी, झक्की: an ~ man; ~ behaviour;
n. 1 मूल रूप, मूल प्रति: take a copy from the ~; read Shakespeare in the ~ 2 (*syn.* archetype) मूल, मूल आदर्श 3 (*syn.* eccentric) विचित्र, सनकी, झक्की व्यक्ति: the man is a real ~; he was looked upon as an ~;
dw/lw: **~ity** /~नैलिटि/ *n.* (**~ities**) 1 मौलिकता: doubt a picture's ~ity 2 रचनात्मकता: a man/ a mind of great ~ity; a writer/ a painter of great ~ity 3 नवीनता, नयापन, ताजगी: the ~ity of Leonardo da Vinci 4 अनूठापन: a work of no ~ity; plenty of ~ity in the idea; **~ly** /~नलि/ *adv.* 1 शुरू में,

मूलत: I was ~ly hired to another job 2 उद्गम के आधार पर: my father came from India ~ly 3 मौलिक ढंग से;
***collocations:* ~ sin** *Christ.* 1 मानव जाति का स्वभावतः पापी होने की धारणा, क्योंकि इसकी उत्पत्ति प्रभु की अवहेलना करते हुए आदम (Adam) और हौवा (Eve) द्वारा किए गए आदि-पाप यानी उनके प्रथम मिलन की बदौलत हुई 2 जन्मजात बुरा होने की प्रवृत्ति;
origina\te /अरिजिने\ट/ *v., pt.* **~ted**, *pp* **~ting** 1 प्रारंभ या आरंभ होना या क.: **~te** a new style in dancing; **~te** new/ fresh ideas or methods, etc. 2 उत्पन्न या उद्भूत होना: **~te** a literary/ political movement 3 पैदा हो. या क.: the quarrel **~ted** in a misunderstanding;
***dw/lw:* ~ting** /~टिंग/ *adj.* प्रारंभिक, जहां से कुछ शुरू होता है: ~ting station; **origina\tion** /~शन/ *n.* 1 आरंभ, प्रारंभ करने की क्रिया 2 प्रवर्तन, उत्पत्ति, उद्भव; **~tive** /~टिव/ *adj.* 1 जिसमें पैदा करने की क्षमता हो 2 रचनाशील, सृजनशील; **origina\tor** /~टः/ *n.* 1 प्रारंभकर्ता, प्रवर्तक 2 जन्मदाता, उत्पादक, आविष्कारक 3 रचनाकार, स्रष्टा
orinasal /ऑःरिनेजल/ *adj.* मुख-नासिक: ~ vowel
oriole /ऑरिओल/ *n.* रंग-बिरंगा गायक पक्षी, पीलक यानी सुनहरा पीला पक्षी: golden ~ (पीलक); black-headed ~ (पिरोला, जर्दक)
orismology /ऑरिज्मॉलजि/ *n.* पारिभाषिक शब्दावली व्याख्या
Orion /ओरायन/ अरायन/ *n., astron.* मृगशिरा नक्षत्र, आरायन
orison /औरिजन/ औरिसन/ *US* आःरिजन, आःरिसन/ *n., archaic, lit.* प्रार्थना, स्तुति
Oriya *n.* उड़िया भाषा, उड़िया भाषी व्यक्ति, उड़िसावासी
orlop /ऑःलौप/ *US* ऑःलाःप/ (*also* **~ deck**) *n. naut.,* जहाज का निम्नतम डेक (deck)
ormer /ऑःमः/ *n.* घोंघा
ormolu /ऑःमअलू/ *n. pl.* **ormolus** तांबे, रांगे (टिन) और सीसे की मिश्रित धातु, नकली सोना
ornament /ऑःनअमंट/ (*usually* **~s**) *n.* 1 सजावट का सामान: add sth by way of ~ 2 अलंकार, अलंकरण (***syn.*** embellishment), सजावट: rich in ~ 3 (**~s**) आभूषण, गहना: magnificent ~ 4 विभूषण, श्रृंगार: ~ for a room 5 दिखावा, आडंबर, तड़क-भड़क;
***v., pt.* ~ed**, *pp* **~ing** सजाना, अलंकृत क., विभूषित क.: ~ a dress with lace;
***dw/lw:* ornament\al** /~मेंटल/ *adj.* 1 सजावटी, शोभा बढ़ाने वाला, शोभाकारी: ~al style; ~al plants 2 अलंकारी, आलंकारिक: ~al art 3 आभूषण के रूप में (मौजूद); **~alism** /~मेंटअलिज्म/ *n.* श्रृंगारवाद; **~alist** /~मेंटअलिस्ट/ *n.* श्रृंगारवादी; **~ally** /~मेंटलि/ *adv.* आलंकारिक रूप से, श्रृंगार या सजावट के रूप में; **ornament\ation** /~मेंटअशन/ *n.* 1 आभूषणीकरण, सजावट 2 अलंकरण, अलंकार; **~er**/ **~ist** /~मेंटः/ ~मेंटिस्ट/ *n.* आभूषण या सजावट का सामान बनाने वाला
ornate /ऑनेट/ *adj., degr.* **~r**, **~st** सुसज्जित, सजा-धजा, अलंकृत;
***dw/lw:* ~ly** /~लि/ *adv.* अलंकृत रूप में; **~ness** /~नेस/ *n.* अलंकरण, रूप-सज्जा, शोभा
orne\ry /ऑःनअरि/ *adj. N. Amer. dialect or colloq.* 1 बेढब, अड़ियल 2 चिड़चिड़ा 3 कमीना 4 घिनौना;
***dw/lw:* ~iness** /~नेस/ *n.* घिनौनापन, कमीनापन, चिड़चिड़ापन
ornithischian /ऑःनिथिस्कि\अन/ *adj., plaeontol.* **ornithiscia** /~आ/ शाकाहारी श्रेणी का डायनोसौर
ornithic /ऑःनिथिक/ *adj.* पक्षी-, खग-, वैहग, वैहंग
ornitho- /ऑःनिथौ\-/ *comb. form, signifying:* **bird** (पक्षी);
***dw/lw:* ~logical** /ऑःनिथअलौजिकल/ *adj.* पक्षी-विज्ञान संबंधी; **~logist** /ऑःनिथौलजिस्ट/ *US* ऑःनिथाःलजिस्ट/ *n.* पक्षी-विज्ञानी, पक्षी-विशेषज्ञ; **logy** /ऑःनिथौलजि/ *US* ऑःनिथाःलजि/*n.* पक्षी-विज्ञान **~mancy** /ऑःनिथौमैंसि/ *US* ऑःनिथाःमैंसि/ *n.* खग-सगुनौती, पक्षी की उड़ान पर आधारित ज्योतिष
ornitho\sis /ऑःनिथो\सिस/ *n., pl.* **~ses** /~सीज/ *pathol.* पक्षियों की एक संक्रामक बीमारी जिससे मानव निमोनिया के रूप में संक्रमित हो सकते हैं
ornithopter /ऑःनअथौप्टः/ ऑःनअथाःप्टः/*n.* वायु से भारी व पंखों से उड़ने वाला विमान
orogene\sis /औरौजेनिसिस/ *US* ऑराःजेनिसिस/ (*also* **~ny**) *n., pl.* **~ses** पर्वतोत्पत्ति
oroge\ny /औरौजनि/ *US* ऑराःजनि/ (*also* **~nesis**) *n., pl.,* **orogenies** *geol.* पर्वतों की उत्पत्ति की प्रक्रिया, पर्वतोत्पत्ति
orogra\phy /औरौ\ग्रफि/ ऑरौ\ग्रफि/ *US* आःरॉ\ग्रफि/ ऑराः\ग्रफि/ *n.* पर्वतीय भूगोल का वैज्ञानिक अध्ययन;
***dw/lw:* ~phic**/ **~phical** /~ग्रैफिक/ ~ग्रैफिकल/ *adj.* 1 पर्वतीय भूगोल से संबंधित 2 पर्वतों का वर्षा आदि पर पड़ने वाले प्रभाव का सूचक
oroide /ऑरोयड/ *n.* सोने जैसी तांबे, निकल या टिन (रांगा) से बनी मिश्र धातु
orology /औरौल\जि, ऑरौलजि, अरौलजि / *US* आःराःल\जि, ऑराःल\जि, अराःल\जि / *n.* (***syn.*** orography) पर्वत-विज्ञान, पार्वतिकी;
***dw/lw:* ~gist** /~जिस्ट/ *n.* पर्वत-विज्ञानी
oropha\rynx /ऑरोफैरिं\क्स/ *n., pl.* **~rynges**/ **oropharynxes** /ऑरोफरिंजीज/ ~क्सीज/ *anat.* ग्रसनी का वह भाग जो कोमल तालु और कंठच्छेद (घंटी-ढक्कन) के बीच स्थित है
orotund /औरोटंड/ औरअटंड/ *US* आःरोटंड/ आःरअटंड/ *adj.* 1 गूंजती हुई, दमदार (आवाज) 2 शब्दाडंबरपूर्ण /bombastic/ (भाषण) 3 उदात्त, ऊंचा;
***dw/lw:* ~ity** /औरोटंडिटि/ औरोटंडिटि/ *n.* 1 आवाज की दमदारी, स्पष्टता 2 शब्दाडंबर, उदात्तता
orphan /ऑःफन/ *n.* अनाथ, यतीम;
***v., pt.* ~ed**, *pp* **~ing** अनाथ बनाना या बनना: be ~ed;
adj. अनाथ या यतीम संबंधी: ~ child
dw/lw:* orphan\age** /ऑःफअनिज/ *n.* 1 अनाथालय, अनाथाश्रम, यतीमखाना 2 (syn.*** orphanhood) अनाथत्व; **~-asylum** *n.* अनाथाश्रम; **orphan\cy** /ऑःफंसि/ (*also* **~hood**) *n.* अनाथत्व, अनाथता; **~ed** /ऑःफंड/ *adj.* अनाथ बनाया या बना हुआ
Orphean /ऑःफिअन/ *adj.* 1 यूनानी पौराणिक संगीतकार व कवि तथा पौराणिक रहस्यों का विवेचक ऑरफियुस (Orpheus), जो अपने संगीत से निर्जीव चीजों में जान फूंक देता था, से संबंधित: ~ lyre 2 (***syn.*** melodious) श्रुतिमधुर, मोहक: ~ strains (मनमोहक तारें) 3 (***syn.*** mysterious) रहस्यमय;
dw/lw:* Orphic** /ऑःफिक/ *adj.* 1 यूनानी पौराणिक रहस्य विवेचक ऑरफियुस के दार्शनिक रहस्यों से संबंधित: Orphic song 2 (syn.*** mysterious, esoteric) रहस्यमय, जो केवल चंदेक लोगों (कहने वाले और चुनिंदा श्रोताओं) को समझ आए: Orphic mysteries 3 ऑरफियुस के संगीत-सा मनमोहक; **Orphic** *n.* (*often* **Orphics**) 1 ऑरफियुसी गीत या भजन 2 ऑरफियुसी दार्शनिक विचारधारा के अनुयायी; **Orphism** /ऑःफिज्म/ *n.* 1 ऑरफियुसी दार्शनिक विचारधारा का धार्मिक तंत्र 2 *art* 1910 से 1914 के बीच पनपी कलात्मक लहर क्यूबीज्म (Cubism) से निकला आधुनिकतावादी आंदोलन जो रंगों की समरसता पर आधारित था; **Orphist** /ऑःफीस्ट/ *n.* कला के क्षेत्र में ऑरफियुसी विचारधारा का अनुयायी
orphrey /ऑःफ्रि/ *n., pl.* **~s** यज्ञ या धार्मिक अनुष्ठानों पर धर्माधिकारियों द्वारा पहने जाने वाले परिधान की सुनहरी किनारी
orpiment /ऑःपिमंट/ *n.* एक पीला खनिज, हरताल
orrery /औरअरि/ आःरअरि/ *n., pl.* **orreries** कृत्रिम सौर-मंडल, सौर-मंडल का नमूना
orris /औरिस/ आःरिस/ *n.* 1 सुनहरे या रुपहले धागों की जाली 2

सुनहरी धागों से सिलाई 3 (*also* **orris-root**) वासमूल, केवड़े का मूल 4 वासमूल या केवड़े का सुगंधित चूर्ण

ORT *abbr.* 'oral rehydration therapy' की प्रथमाक्षरी

ort /ऑःट/ *n.* चारे की बची जूठन;

p&i: **make ~s of** सही आकलन न क.

ortanique /ऑःतअनीक/ *n.* वेस्ट-इंडीज में उगने वाला संतरे की जाति का एक पेड़

ortho- /ऑःथो\/ *comb. form, signifying:* 1 **straight**, **upright** (सीधा) 2 **at right angles** (समकोण पर) 3 **correct**, **right** (सही) 4 **names of salts** (लवणों के नाम); ***dw/lw:*** **~cephaly** /~सअफलि/ *n., anat.* सिर की लंबाई; **~chromatic** /~क्रअमैटिक/ *adj., [sing.] photog.,* चित्रों (फोटोग्राफों) में रंगों की समरसता; **~dontics** /ऑःथअडौंटिक्स/ *n. [sing.], dentistry* दंताकृति-विज्ञान; **~dontist** /ऑःथअडौंटिस्ट/ *n.* दंताकृति-विशेषज्ञ; **orthodox** *see below under separate entry*

ortho\dox /ऑःथअडौ\क्स/ *US* ऑःथअडाः\क्स/ *adj.* 1 रूढ़िवादी (चर्च संबंधी): **Orthodox** Church /Russian **правосла́вная це́рковь**/ (प्राच्य चर्च, पूर्वी ऑर्थोडॉक्स चर्च) 2 (***syn.*** correct) अक्षरशः सही यानी लकीर का फकीर 3 शास्त्रसम्मत, यथार्थ, प्रामाणिक 4 (***syn.*** traditional) परंपरागत, परंपरानिष्ठ: **~dox** greeting 5 सनातन, सनातनी, रूढ़िवादी, दकियानूसी: **~dox** opinions/ views;

dw/lw: **ortho\doxy** /~क्सि/ *n.* रूढ़िवादिता, अति परंपरानिष्ठता; **~epy** /ऑःथोअपि/ ऑःथोएपि/ *n., ling.* 1 उच्चारण विज्ञान 2 मानक उच्चारण; **~gamy** /ऑःथोगमि/ *n.* सहज संबंध; **~genesis** /ऑःथो\जिनेसिस/ *n.* प्रभु-नियत विकास; **~genetic** *adj.* प्रभु-नियत विकास से संबंधित; **~gonal** /ऑःथौगनल/ *adj.* 1 (***syn.*** perpendicular) लंबकोणीय, लांबिक 2 स्वतंत्र (data); **~graphic**/ **~graphical** /ऑःथअग्रैफिक/ ~ल/ *adj.* 1 वर्तनी-विषयक, शुद्ध 2 लंबकोणीय (of projection); **~graphically** *adv.* वर्तनी के लिहाज से; **~graphist** /~ग्रफिस्ट/ *n.* वर्तनी विशेषज्ञ; **~graphy** /ऑःथौ\ग्रफि/ *n., pl.* **~graphies** 1 वर्तनी प्रणाली, वर्णविन्यास, हिज्जे, शुद्ध वर्तनी 2 *gramm.* वर्णविचार; **~grapher**/ **~graphist** /~ग्रफः/ ~ग्रफिस्ट/ *n.* वर्तनी विशेषज्ञ; **~logy** /ऑःथौलजि/ *n.* शुद्ध साहित्यिक भाषा का विज्ञान; **~paedic** *UK* (*US* **orthopedic**) /ऑःथअपीडिक/ *adj.* अस्थि-चिकित्सा विज्ञान संबंधी; **~paedics**/ *US* **~pedics** /ऑःथअपीडिक्स/ *n. [sing.]* अस्थि-चिकित्सा विज्ञान, अस्थि-सुधार विज्ञान; **~paedist** /ऑःथअपीडिस्ट/ *n.* अस्थि-चिकित्सक; **~praxy** /ऑःथअप्रैक्सि/ *n.* न्यायशीलता, अति-औचित्य, इस बात में विश्वास कि सही कार्य उतना ही महत्त्वपूर्ण है जितना कि धार्मिक आस्था; **~pteran** /औःथॉप्टअरेन/ *n.* ऋजुपंखी (कॉकरोच जैसा कीट); **~ptics** /ऑःथौप्टिक्स/ *n., [sing.], med.* बिना शल्य क्रिया के, विशेषकर नेत्र मांसपेशियों यानी भेंगेपन आदि की, व्यायाम विधि से चिकित्सा-विज्ञान; **~rhombic** /ऑःथोरॉम्बिक/ *adj. crystallogy* क्रिस्टलों से संबंधित, समचतुर्भुजी; **~socopic** /ऑःथअस्कौपिक/ *US* ऑःथअस्काःपिक/ *adj.* यथार्थचित्री, समतल क्षेत्र दृश्य या सही दृष्टि संबंधी; **~sis** /ऑःथोसिस/ *n., pl.* ~ses /ऑःथोसीज/ *med.* एक बाहरी उपकरण जो शरीर के अंगों में विकार को ठीक करने और रीढ़ या मेरुदंड तथा अन्य अंगों के चलन में सुधार लाने में मदद करता है; **~tics** /ऑःथौटिक्स/ *n., [sing.], med.* बाहरी उपकरणों के उपयोग द्वारा कमजोर हुए जोड़ों और मांसपेशियों को पुनर्जीवित करने की क्रिया; **orthotropic**/ **~tropous** /ऑःथोट्रॉपिक/ ऑःथोट्रॉपस/ *adj.* ऋजु, ऊर्धवमुखी

ortolan /ऑःटअलअन/ (*also* ~ **bunting**) *n.* 1 पीठकंठ, यूरोप, एशिया और उत्तरी अफ्रीका में पाया जाने वाला पथरचिरटा पक्षी, जिसे स्वादिष्ट मांसाहारी व्यंजन बनाने में प्रयुक्त करते हैं 2 इसी तरह के दूसरे पक्षी

Orwellian /ऑःवेलिअन/ *adj.* 1 अंग्रेज लेखक जॉर्ज और्वेल (George Orwell, 1903-1950, असली नाम ऐरिक ब्लेअर, Eric Blair) से या उसकी लेखन शैली से संबंधित 2 उसके उपन्यासों (*Animal Farm, Nineteen Eighty Four* आदि) में अमानवीय तानाशाह समाज के चित्रण से संबंधित

-ory *suffix, forming nouns, denoting:* **a place** or **object etc. for a specified activity** (किसी कार्य विशेष के लिए कोई पिंड या स्थान)

-ory *suffix, forming adjectives and nouns:* **related to/ involving the action of the verb** (क्रिया का कार्य द्योतक): deposit**ory**, reposit**ory**, signat**ory**

oryx /औरिक्स\/ *US* आःरि\क्स, ऑरि\क्स/ *n., pl.* **~es** /~क्सीज/ or **oryx** हिरण

OS *abbr.* 'Old style', 'operating system', 'ordinary seaman', 'Ordnance Survey', 'outsize' की प्रथमाक्षरी

Os *symbol., chem.* रासायनिक तत्व '**osmium**' का चिह्न

os /आस/ *n., pl.* **ossa** /आसा/, *anat., zool.* हड्डी (केवल हड्डियों के लातीनी नामों में प्रयुक्त)

os /आस/ *n., pl.* **ora** /ऑरा, औरा/, *anat., zool.* मुंह या मुंह जैसा छिद्र (प्रारंभ में केवल लातीनी नामों में प्रयुक्त)

Oscar /औस्कः/ *US* आःस्कः/ (*also* **Academy Award**) *n., tradem.* 1 अमेरिकी फिल्म जगत का श्रेष्ठतम पुरस्कार 2 *commun.* नाटो (**NATO**) के संचार संदेशों में '**Oscar**' शब्द '**O**' अक्षर के द्योतक के रूप में प्रयुक्त

Oscar/ **oscar** *n. Austral & NZ sl.* नकदी, पैसा

OSCE *abbr.* 'Organization for Security and Cooperation in Europe' की प्रथमाक्षरी

oscilla\te /औसिले\ट/ *US* आःसिले\ट/ *v., pt.* **~ted**, *pp* **~ting** 1 डोलना, दोलन क., एक तरफ से दूसरी तरफ झूलना या झुलाना 2 (***syn.*** vibrate) कंपित होना 3 (***syn.*** fluctuate) घटना-बढ़ना 4 (***syn.*** waiver) विचारों, मतों, धारणाओं को लेकर आगा-पीछा क., हिचकिचाना, ढुलमुल हो.: **~te** between two opinions 5 प्रदोलित क., डुलाना 6 (***syn.*** fluctuate) बिजली की धारा का कम-ज्यादा हो. 7 दो बिंदुओं के बीच आना-जाना: **~te** between the kitchen and the dining-room; **~te** between Oxford and London 8 (***syn.*** swing) मिजाज का बार-बार बदलना;

dw/lw: **oscilla\ting** *adj.* 1 दोलायमान, दोलनी 2 ढुलमुल: ~ting character 3 कंपनशील: ~ting magnetic needle; **oscilla\tion** /~शन/ *n.* 1 दोलन, अनिश्चय 2 (***syn.*** fluctuation, variation) घटाव-बढ़ाव, घट-बढ़, उतार-चढ़ाव: ~tion in prices; ~tion frequency; ~tion period 3 (***syn.*** waivering, mood-swings) आगा-पीछा, दुविधा, अनिश्चय, ढुलमुलपन, मिज़ाज में उतारचढ़ाव 4 (***syn.*** vibration) कंपन, कंपनशीलता 5 घुमाव-फिराव, झूलन: ~tion of the balance wheel; **~tor** /~टः/ *n.* 1 दोलक 2 *electr.* एक इलेक्ट्रोनी उपकरण जो किसी आवृत्ति (frequency) विशेष की AC विद्युत धारा बनाता है और जो रेडियो या टीवी के लिए उच्च आवृत्ति तरंगें (High-Frequency Radio Waves) बनाने के लिए प्रयोग होता है: ~tor tube 3 दोलित्र, कंपित्र; **oscilla\tory** /~टरि/ *adj.* दोलनी, दोलन- दोलायमान: ~tory motion; ~tory circuit

oscillo\gram /असिलअग्रैम/ *n.* दोलनलेख;

dw/lw: **~graph** /असिलअग्राःफ/ *n.* दोलन-लेखी; **~scope** /असिलअस्कोप/ (*also* **cathode-ray ~scope**, *abbr.* **CRO**) *n.* दोलन-दर्शी, एक ऐसा उपकरण या उसका कोई भाग जो द्रुत गति से बदलने वाले मात्रा-प्रतिमानों (विद्युत धारा आदि) को मापता है और बदलते विद्युत संकेतों को फ्लोरोसेंट प्रकाश स्क्रीन पर दिखाता है

oscine /औसाइन/ *US* आःसाइन/ *adj., ornithol.* गायक पक्षियों से संबंधित;

dw/lw: **oscinine** = **oscine**; **Oscines** गायक पक्षी

osci\tancy/ **~tation** /ऑसि\टसि/ ~टेशन/ *n.* 1 (***syn.*** drowsiness) ऊंघ, उनींदापन, निद्रालुता, निद्रालुपन, तंद्रा 2 (***syn.***

sluggishness) ढीला-ढालापन, शैथिल्य, शिथिलता ***3*** (***syn.*** yawning) जंभाई, जूंभा 4 मूढ़ता, मूर्खता;
dw/lw: **~tant** /ऑसिटंट/ *adj.* 1 निद्रालु, उनींदा, ऊंघ का शिकार ***2*** शिथिल ***3*** लापरवाह ***4*** मूढ़, मूर्ख

oscular /औस्क्युलः/ *US* आःस्क्युलः/ *adj.* 1 मुख-संबंधी, चुंबन-संबंधी 2 मुख सदृश छेदों से संबंधित

oscula\te /औस्क्युले\ट/ *US* आःस्क्युले\ट/ *v., pt.* **~ted**, *pp* **~ting** 1 चूमना, चुंबन लेना या दे. 2 स्पर्श क., एक वक्र रेखा द्वारा बिना आरपार हुए दूसरी वक्र रेखा को छूना;
dw/lw: **oscula\tion** /~शन/ *n.* चुंबन-शुंबन, स्पर्श, आश्लेषण; **oscula\tory** /~टरि/ *adj.* 1 चूमनेवाला 2 स्पर्शी 3 आश्लेषी 4 बिना आर-पार हुए दूसरी वक्र रेखा को छूने वाली; **oscula\nt** /ऑस्क्युलंट/ *adj.* (***syn.*** intermediate) आश्लेषी, मध्यवर्ती

oscule /ऑस्क्युल/ *n.* छोटा-सा मुख, मुख-विविर

osculum /ऑस्क्युलम/ *n., pl.* **oscula**, *Lat.* 1 चुंबन 2 मुख सदृश छेद

-ose *comb. form, forming adjectives, denoting:* **having a particular quality** (गुण): verbose (शब्द-बोझिल)

-ose *chem., comb. form, denoting:* **a carbohydrate** (कार्बोहाइड्रेट)

osier /ओजिअः/ ओजः/ *n.* 1 विलो (willow) के पेड़ की प्रजाति 2 इस पेड़ की लचकीली टहनियां जिससे टोकरियां बनाई जाती हैं 3 खपाची, खपची, बेंत: ~ goods (बुनी हुई टोकरियां आदि)

-osis /-ओसिस/ *suffix, pl.* **–oses**: hypn**osis** (सम्मोहन); metamorph**osis** (आंतरिक परिवर्तन, पूर्ण रूप परिवर्तन)

osmidrosis /औज्मिड्रोसिस/ *US* आःज्मिड्रोसिस/ *n.* बदबूदार पसीना

osmium /औज्मिअम/ *US* आःज्मिअम *n., chem. symbol* **Os** ओसमियम नामक तत्त्व

osmoregulation /औज्मोरेग्युलेशन/ *US* आःज्मोरेग्युलेशन/ *n., biol.* 1 ऐसी प्रक्रिया जिसके तहत किसी भी जीव में पानी और लवणों का गाढ़ापन नियमित स्तर पर रखा जाता है, जिससे ऑस्मोसिस को रोका जा सकता है

osmose /औज्मोस/ *US* आःज्मोज/ *v., pt.* **~d**, *pp* **osmosing** ऑस्मोसिस की प्रक्रिया से गुजरना

osmo\sis /औज्मोसिस *US* आःज्मोसिस/ *n., chem.* 1 पतले द्रव का छिद्रिल झिल्ली या जाली में से निकल कर दूसरे ज्यादा गाढे द्रव में जा मिलने पर दोनों द्रवों के गाढेपन के एक समान होनेपर पतले द्रव के बहाव में थमाव, विसारण: reverse ~ /**RO**/ 2 परासरण (रसाकर्षण) 3 विचारों और ज्ञान को आत्मसात करने की सहज प्रक्रिया;
dw/lw: **~tic** /औज्मौटिक/ आःज्माःटिक/ *n., chem* परासरणी: ~tic pressure (ऐसा दबाव जो ज्यादा पतले द्रव को छिद्रिल जाली में से होकर गाढ़े द्रव की ओर बहने से रोकता है)

osmund /औज्मंड/ *US* आःज्मंड/ *n.* उच्च कोटि का लोहा

osnaburg /औज्नअबःग/ *US* आःज्नअबःग/ *n.* बोरी का मोटा धागा

osp *abbr.* 'obiit sine pro'e', *Lat.* का संक्षेप: 'died without an issue, i.e. without any known children' (बेऔलाद मृत्यु को प्राप्त हुआ)

osprey /औस्प्रि/ औस्प्रे/ *US* आःस्प्रि/ आःस्प्रे/ *n., pl.* **~s** 1 जलपक्षी, मछारंग, मछलीमार 2 औरतों के टोप में लगाया जाने वाला पक्षी का पंख

ossa *pl. of* **os** हड्डियां, *also, see above under* **os**

osseous /औसिअस/ *US* आःसिअस/ *adj.* अस्थिमय, हड्डियों वाला, हड्डियों से बना

ossia /औसीःअ/ *US* आःसीःअ/ *conj., music* या ज्यादा आसान विकल्प के रूप में, या, अथवा

ossianic /औसिऐनिक/ *US* आःसिऐनिक/*adj.* 1 औसिआन (Ossian, a poet of Gaelic language) की शैली में 2 शब्दाडंबरी

ossicle /औसिकल/ *US* आःसिकल/ *n., anat., zool.* अस्थिका

ossi\fication /औसि\फिकेशन/ *US* आःसि\फिकेशन/ *n.* 1 कठोर बनने की क्रिया, कठोरीकरण 2 अस्थिकरण, हड्डी बनने की क्रिया;
dw/lw: **~fy** /~फाइ/ *v., pt.* ~fied, *pp* ~fying 1 अस्थिमय क. 2 कठोर हो जा., अस्थि में परिणत क. या हो.

ossifrage /औसिफ्रेज/ *US* आःसिफ्रेज/ *n.* 1 एक दुर्लभ किस्म का गिद्ध 2 एक बड़ा मछली-भक्षक जलपक्षी

ossuary /औस्युअरि/ *US* आःस्युअरि/ *n., pl.* **ossuaries** अस्थिपात्र

oste *see below under* **osteo**

osteal /औस्टिअल/ *US* आःस्टिअल/ *adj., med., etc.* 1 हड्डी जैसी या हड्डी से बनी 2 आघात-वाद्य में हड्डी की तरह की ध्वनि निकालने वाली

osteitis /औस्टिआइटिस/ *US* आःस्टिआइटिस/ *n., pathol.* अस्थिशोथ

ostensi\ble /औस्टेंसि\बल/ *US* आःस्टेंसि\बल/ *adj.* 1 (***syn.*** apparent) ऊपर से दिखने वाला, बाहरी, ऊपरी, प्रकट, दृश्यमान, प्रत्यक्ष 2 दिखावटी 3 तथाकथित;
dw/lw: **~bly** /~बलि/ *adv.* स्पष्टतः, लगता है, शायद, प्रकट रूप से, ऊपर-ऊपर से देखने में

osten\sion /औस्टें\शन/ *US* आःस्टें\शन/ *n.* प्रदर्शन;
dw/lw: **~sive** /~सिव/ *adj., logic* प्रत्यक्ष, सीधे या प्रत्यक्ष रूप में दिखाने वाला, प्रदर्शनात्मक, दिखावटी; **~sively** /~सिवलि/ *adv.* सीधे या प्रत्यक्ष रूप में दिखते या दिखाते हुए; **~siveness** /~सिवनेस/ *n.* नुमाइशीपन, दिखावा; **~sory** /~सरि/ *adj.* प्रदर्शिका

ostenta\tion /औस्टेंटे\शन/ *US* आःस्टेंटे\शन/ *n.* 1 दिखावा 2 तड़क-भड़क, आडंबर 3 ठाठ-बाट;
dw/lw: **~tious** /~शिअस/ *adj.* 1 (***syn.*** showy) दिखावापूर्ण: an ~tious skyscraper 2 आडंबरपूर्ण, आडंबरी: ~tious merriment; ~tious public charities 3 दिखावटी, भड़कीला: ~tious jewelry; **~tiously** /~शिअसलि/ *adv.* आडंबरपूर्ण ढंग से, दिखावटी अंदाज में; **~tiousness** /~शिअसनेस/ *n.* दिखावटीपन, आडंबरपूर्णता

osteo- /औस्टिओ\-/ *US* आःस्टिओ\-/ *comb. form, signifying:* **bone** or **bones** (हड्डी या हड्डियां);
dw/lw: **~arthritis** /~आःथराइटिस/ *n. pathol.* गठिया, संधिशोथ; **~arthritic** /~आःथराइटिक/ *adj.* गठिया या संधिशोथ संबंधी; **~arthrosis** /~आःथ्रोसिस/ *n. pathol.* गठिया, संधिशोथ; **~blast** /~ब्लास्ट/ *n., zool.* अस्थि बनाने वाली कोशिका, अस्थिकोरक; **~clast** /~क्लास्ट/ *n., zool.* अस्थि शोषक कोशिका, अस्थिभंजक कोशिका; **~clastoma** /~क्लैस्टोमा/ *n, .pl.* ~clastomas/ ~clastomata, *pathol.* अस्थि शोषक कोशिका में बना फोड़ा; **~colla** /~कॉला/ *n.* अस्थि-संयोजक; **~derm** /~डःम/ *n.* अस्थिल चर्म; **~graphy** *n.* अस्थिवर्णन शास्त्र; **~id** /औस्टिओ\इड/ *US* आःस्टिओ\इड/ *n.* अस्थिकल्प;

osteo\genesis /औस्टिओ\जेनिसिस -/ *US* आःस्टिओ\जेनिसिस / *n.* अस्थिजनन;
dw/lw: **~genetic**/ **~genic** /~जेनिटिक/ ~जेनिक/ *adj.* अस्थिजनक

osteo\logy / औस्टिऔ\लजि/ *US* आःस्टिआः\लजि/ *n., pl.* अस्थि-विज्ञान;
dw/lw: **~logical** /औस्टिओलौजिकल/ *US* आःस्टिओलौजिकल/ *adj.* अस्थि-विज्ञान संबंधी; **~logically** औस्टिओलौजिकलि/ *US* आःस्टिओलौजिकलि/ *adv.* अस्थि-विज्ञान की दृष्टि से; **~logist** /~लजिस्ट/ *n.* अस्थि-विज्ञानी; **~ma** /~मा/ *n., pl.* ~mata/ ~mas *pathol.* हड्डी का कैंसरहीन फोड़ा; **~malacia** /~मैलेशिआ/ *n., pathol.* अस्थिमृदुलता, विटामिन D की कमी के कारण कैल्सियम लवणों के न होने से हड्डियों में आई कोमलता या भंगुरता; **~malacic**/ **~malacial** /~मैलेशिक/ ~मैलेशिअल/ *adj.* अस्थि मृदुलता से संबंधित; **~myelitis**

/~मायलाइटिस/ *n., pathol.* मज्जास्थिशोथ; **~path** /~पैथ/ *n.* टूटी हड्डी बैठाने वाला, अस्थि-चिकित्सक; **~pathic** /~पैथिक/ *adj.* टूटी हड्डी बैठाने का विज्ञान संबंधी; **~pathically** /~पैथिकलि/ *adv.* अस्थि-चिकित्सा विज्ञान की दृष्टि से; **~pathy** /~पैथि/ *n., med.* अस्थि-चिकित्सा, टूटी हड्डी बैठाने की विशेषज्ञता या हुनर; **~plasty** /~प्लैस्टि/ *n., med.* हड्डियों की प्लास्टिक शल्य क्रिया, हड्डी रोपण, अस्थि संधान; **~plastic** /~प्लैस्टिक/ *adj.* हड्डियों की प्लास्टिक शल्य क्रिया से संबंधित; **~porosis** /~पअरोसिस/ (*also* **brittle bone disease**) *n.* शरीर में कैल्सियम की कमी हो जाने पर हड्डियां के कमजोर और भंगुर होने की बीमारी, अस्थि-भंगुरता; **~porotic** /~पअरोटिक/ *adj.* अस्थि-भंगुर; **~sarcoma** /~सःकोमा/ *n., pl.* **~sarcomas**/ **~sarcomata** *pathol.* अस्थि शोषक कोशिका में बना कैंसरयुक्त फोड़ा; **~tomy** /~टमि/ *n.* अस्थिभंजन, अस्थिछेदन, अस्थिविच्छेदन, अस्थिछेदन

ostiary /औस्टि\अरि/ *US* आःस्टिरि/ (*also* **doorkeeper, porter**) *n.* द्वारपाल, दरबान

ostinato /औस्टिनाःटो/ *US* आःस्टिनाःटो/ *adj., pl.* **ostinati**/ **~s**, *music,* 1 गीत में बार-बार दोहराई जाने वाली पंक्तियां, टेक 2 मंद स्वर, संगीत में निम्नतम स्वर

ostiole /औस्टिओल/ *US* आःस्टिओल/*n.* आस्यक, मुख, रंध्रक

ostler /औस्लः/ *US* आःस्लः/ *n., hist.* सराय में घोड़ों की देखभाल करने वाला, तबेलची, साईस

Ostmark /औस्टमाःक/ *US* आःस्टमाःक/ *n. hist.* भूतपूर्व जर्मन गणतांत्रिक रिपब्लिक (GDR) का सिक्का

ostoclerosis /औस्टअक्लेरोसिस/ *US* आःस्टअक्लेरोसिस/ *n.* कर्णकाठिन्य

Ostopolitik /औस्तअपौलिटीक/ *US* आःस्तअपाःलिटीक/ *n., hist.* 1960 के दशक में पश्चिमी जर्मनी द्वारा शुरू की गई पूर्वी योरोप के समाजवादी देशों के साथ सामान्य कूटनीतिक और व्यापारिक संबंध स्थापित करने की नीति

ostracism /औस्ट्रअसिज्म/ *US* आःस्ट्रअसिज्म, ऑस्ट्रअसिज्म/*n.* 1 जाति-बहिष्कार, हुक्का-पानी बंद: suffer social ~ 2 निर्वासन, देश या नगर निष्कासन

ostracize (*also UK* **ostracise**) /औस्ट्रअसाइज/ *US* आःस्ट्रअसाइज/ *v., pt.* **~d**, *pp* **ostracizing** 1 (***syn.*** shun) बहिष्कृत क., हुक्का-पानी बंद क.: be **~d** for intercast marriage 2 यूनान के नगर एथिन्ज (Athens) तथा अन्य प्राचीन यूनानी नगरों में प्रचलित प्रथा जिसके तहत जनता के खुले बहुमत से किसी को नगर से किसी निश्चित समय के लिए निर्वासित किया जाता था

ostreophagous /औस्ट्रिओअफगस/ *US* आःस्ट्रिओअफगस/ (*also* **oyster eater**) *adj.* सीपी भक्षी, शुक्ति भक्षी

ostrich /औस्ट्रिच/ *US* आःस्ट्रिच/ *n., pl.* **~es**/ **ostrich** 1 शुतुरमुर्ग: have the digestion of an ~ 2 जो कटु सत्य का सामना करने में असमर्थ हो (एक गलत धारणा के अनुसार खतरे से बचने के लिए शुतुरमुर्ग अपनी चोंच रेत में दबा लेता है);

dw/lw: **~-like** *adj., adv.* शुतुरमुर्ग जैसी नीति वाला यानी कटु सत्य का सामना करने में असमर्थ (व्यक्ति);

collocations: **~ belief** (a metaphysical view of life) खतरे से बचने के लिए शुतुरमुर्ग अपनी चोंच रेत में दबा लेता है, शायद यह सोचते हुए कि यदि वह नहीं देखता तो खतरा है ही नहीं

Ostrogoth /औस्ट्रअगौथ/ *US* आःस्ट्रअगाःथ/ *n., hist.* पूर्व के गोथ (members of an East Germanic people) जिन्होंने पांचवीं व छठी सदियों में इटली पर अपना प्रभुत्व कायम कर लिया था

OT *abbr., Bible* 'Old Testament', 'occupational therapy' की प्रथमाक्षरी

otalgia /ओटैल्जिआ/ (*also* **otalgy**) *n., med.* कर्णशूल, कान का दर्द (earache)

OTC *abbr.* 'Officers' Training Corps', *stock exchange* 'over the counter' की प्रथमाक्षरी

OTE *abbr.* 'on target earnings' की प्रथमाक्षरी

other /अदः/ *adj., determiner* 1 अन्य, दूसरा (पहले के बाद), दूसरा (जोड़ी का दूसरा पहलू): the ~ eye; the ~ half 2 और, बाकी, अन्य सभी, पहलेवालों से भिन्न: ~ people; gifts ~ than flowers 3 फिर कभी का, किसी दूसरे समय का 4 भिन्न, दूसरा: some ~ time; in ~ circumstances; none ~ than the general 5 अतिरिक्त, और: need to buy one ~ thing 6 विपरीत, उल्टी: the ~ side of the world 7 *gramm.* और भी, और दूसरे;

pron. 1 दूसरा व्यक्ति या वस्तु 2 (**others**) दूसरे व्यक्ति या वस्तुएं 3 (**others**) आगे, अतिरिक्त, के सिवा और या अन्य: I would like to meet some **~s** 4 (the **~s**) समूह, बाकी बचे हुए लोग या वस्तुएं: with the **~s**;

n. 1 दूसरा पहलू, अलग: his significant ~; see some **~s** 2 *lit. theory* (*often* **Other**) पहले व्यक्ति का विरोधी पक्ष: woman is the ~ of man (औरत आदमी की विरोधात्मक हस्ती है);

adv. (*usually* **~ than**) के सिवा: couldn't do other than hurry home; if you think **~ than** logically it's nobody's fault;

dw/lw: **~-directed** *adj., psychol.* जिस पर दूसरों जैसा होने की सनक सवार हो; **~gates** *adv.* दूसरी तरह से; **~ness** /अदःनेस/ *n.* अन्यत्व, भिन्नता, अलगपन; **~s** /अदःज/ *pron., [pl.]* और लोग; **other\whence** *adv.* किसी और स्थान से; **~where(s)** *adv.* दूसरे स्थान पर; **~-world** *n.* 1 परलोक 2 आध्यात्मिक संसार; **~-worldly** *adj.* 1 पारलौकिक 2 आत्मा या अध्यात्म-संबंधी;

collocations: **other ranks** *pl.,* (*abbr.* **OR**) कमिशन्ड अफसरों के अतिरिक्त अन्य सैनिक; **the ~ side** परलोक;

p&i: **~ fish to fry** दूसरे काम करने हैं; **~ half** पत्नी, अर्द्धांगिनी; **~ than** के सिवा; **~ than that** सिवाय इसके: ~ than that there's no news; **~ things being equal** बाकी सभी पहलू यदि बराबर हों तो...;

each ~ एक-दूसरे को; **every ~** हर दूसरा; **every ~ day/ week, etc.** एक दिन या एक सप्ताह छोड़ कर; **in ~ words** दूसरे शब्दों में कहा जाए तो; **somewhere or ~** कहीं न कहीं; **on the ~ hand** दूसरी और, इसके विपरीत बात यह है कि ...; **the ~ side/ end (of sth)** दूसरी ओर, दूसरा पहलू; **the ~ day/ week, etc.** कुछ दिन पहले, हाल में; **the ~ woman** प्रेमिका, रखैल; **the ~ world** परलोक

otherwise /अदःवाइज/ *adv.* 1 अन्यथा: the rent is high, but ~ the house is satisfactory 2 दूसरे ढंग से, अन्य प्रकार से: this must be done quite ~ 4 अन्य बातों में, दूसरी दृष्टि से: the merits or ~ of the plan;

conj. 1 अन्यथा: he is good but ~ not very bright; might ~ have been late 2 से अलग तरह से: couldn't act ~ than as he did;

adj. कुछ और, अलग, भिन्न: their ~ friends (उनके तथाकथित दोस्त); the truth is ~ (सच्चाई कुछ और ही है)

other-worldly *see above under* **other: *dw/lw***

otic /ओटिक/ *adj., med., anat.* कान संबंधी

otio\se /ओटिओस/ *adj.* 1 नकारा, बेकार, निठल्ला, निकम्मा, निष्क्रिय 2 (***syn.*** indolent) अकर्मण्य, आलसी 3 (***syn.*** ineffective) निष्प्रभावी, निष्फल: **~se** remarks 4 व्यर्थ, निरर्थक (शब्द, पंक्तियां आदि): **~se** lines in a play;

dw/lw: **otio\sity**/ **~seness** /~ऑसिटि/ ~ऑसनेस/ *n.* 1 व्यर्थता, नकारापन 2 निरर्थकता 3 निष्प्रभावता

otitis /ओटाइटिस/ *n., pathol.* कर्णशोथ, कान की सूजन

otium cum dignitate /ओशिअम कम डिग्निटाटि/ *Lat.* काबिले आराम, शांति और सुख के लायक, सुख-चैन का पात्र

oto- *comb. form, signifying:* **the ear** (कान);

dw/lw: **~cyst** /ओटोसिस्ट/ *n.* श्रवण-पुटी; **~lith** /ओटअलिथ/ *n., zool.* भीतरी कान में पाए जानेवाले चूनेदार कण;

oto\logy /ओटौ\लजि/ *US* ओटा:\लजि/ *n.* कर्णविज्ञान, कान की बीमारियों से संबंधित विज्ञान; **~logical** /ओटअलौजिकल/ *US* ओटअला:जिकल/ *adj.* कान की बीमारियों के विज्ञान से संबंधित; **~logist** /~लजिस्ट/ *n.* कान की बीमारियों का विशेषज्ञ; **~laryngology**/ **~rhinolaryngology** /~लैरिंगौलजि/ ~राइनॉलैरिंगौलजि/ *US* -गा:-/ *n.* कान, नाक और गले की चिकित्सा-विज्ञान; **~scope** /ओटअस्कोप/ *n.* कर्णदर्शी, बाहरी कान को जांचने-परखनेवाला उपकरण, कर्णदर्शी

OTT *abbr. sl.* 'over the top' की प्रथमाक्षरी

otter /ऑट:/ *n., pl.* **otters/ otter** 1 ऊदबिलाव 2 ऊदबिलाव की फर 3 (*also* ~ **board**) मछली पकड़ने का एक बोर्ड;

collocations: ~ **hound** एक बड़ा खुरदरे बालों वाला कुत्ता जिसे पहले ऊदबिलाव का शिकार करने के लिए प्रयोग करते थे

Ottoman/ /ऑटअमन/ *n.* **~s** तुर्क: **Ottoman** Empire (तुर्की का औटोमन साम्राज्य) 2 (**ottoman**) **~s** तुर्क संदूक-सोफा या संदूक-दीवान

OU *abbr.,* 'Open University', 'Oxford University', Osmania University' की प्रथमाक्षरी

oubliette /ऊब्लिएट/ *n., Fr., hist.* तहखाना, धरती के नीचे ऊपर को खुलने वाली एक छेदवाली गुप्त कालकोठरी

ouch /आउच/ *excl.* आकस्मिक कष्ट या अकस्मात् लगे धक्के या सदमे के कारण निकला उच्छवास

ought/ **~ to** /ऑट/ *modal v., auxiliary* 1 कर्त्तव्य या जिम्मेवारी: I ~ to help her (मुझे उसकी मदद करने चाहिए/ थी) 2 औचित्य: she ~ to see a doctor; ~ to do sth (कुछ करना चाहिये); he ~ not have done such a thing (उसे ऐसा नहीं करना चाहिए था) 3 संभावना या अपेक्षा: ~ to be/ to do sth 4 कमी या असफलता: he ~ to be here soon; I ~ to have told you (मुझे आपको बता देना चाहिए था) 5 प्रबल इच्छा, चाह, आवश्यकता: you really ~ to read this book

oughtn't /ऑटंट/ 'ought not' का छोटा रूप (नहीं करना चाहिये था)

Ouija /वीजअ/ *n.* प्रश्न फलक: ~ board (वर्णमाला के अक्षरों के साथ बोर्ड)

ounce /आउंस/ (*abbr.* **OZ**) *n.* 1 वजन नापने की एक इकाई (= 28.35 ग्राम) 2 द्रवों के औंस के बराबर 3 थोड़ा-सा: he hasn't got an ~ of common sense 4 (***syn.*** snow leopard) साह, हिम तेंदुआ;

p&i: **an ~ of discretion is worth a pound of wit** ढेर सारी हाजिरजवाबी से तो थोड़ा-सा विवेक भला; **an ~ of practice is worth a pound of theory** ढेर सारी सिद्धांतात्मक लफ्फाजी से तो थोड़ा-सा काम भला, कथनी से करनी भली; **every ~ of sth** जितना ज्यादा हो सके; **not have an ~ of truth** रत्ती भर भी सच्चाई नहीं

our /आउ:/ आ:(र)/ *determiner* हमारा/ हमारी/ हमारे: **Our** Tendulkar; **Our** Mary Kom;

adj. हमारा/ हमारी/ हमारे: **our** children; **our** planet;

p&i: **~ first and last love is self-love** हमारा पहला और अंतिम प्रेम आत्म-प्रेम (स्वार्थ) है; **~ last garment is made without pockets** कफन में जेब नहीं होती

Our Lady *n. RC Church* **the Virgin Mary** (मां मरियम)

ours /आउअ:ज/ आउअर्ज/ आ:ज, आ:र्ज/ *pron.* हमारा/ हमारी/ हमारे: they're ~; don't stay at their house, stay at ~; it is not ~ to blame him (हम उसे दोष देने वाले कोई नहीं होते); ~ are better (हमारे वाले बेहतर हैं);

collocations: **of ours** हमारा: a friend **of ours** (हमारा एक दोस्त)

ourself /आउअ:सेल्फ/ आउअर्सेल्फ/ आ:सेल्फ, आ:र्सेल्फ/आउ:सेल्फ/ *pron., archaic* पुराने जमाने में राजा-महाराजाओं द्वारा प्रयुक्त: touches us ~

ourselves /आउ:सेल्व्ज/ आ:सेल्व्ज/ *US* आ:रसेल्व्ज/ *pron., pl. of* 'ourself' 1 हमें अपने आप, स्वयं, खुद: help ~ to tea (अपने आप चाय लेना) 2 हमने अपने आप: (all) by ~ (हमने अपने आप, बिना किसी और की मदद के) 3 बिना दूसरों के साथ मिल-बांटे, अपने आप: (all) to ~ (सिर्फ अपने लिए) 4 हम स्वयं, हम आप जैसे: we are not ~ (हम अपने जैसे सहज नहीं) 5 स्वयं, अकेले: went by ~;

p&i: **all to** ~ सब कुछ हमारे (अपने) लिए; **did all by** ~ सब कुछ (अपने आप) अकेले किया

-ous *suffix, forming adjectives, signifying:* **quality** (गुण): marvel**ous** (शानदार), venom**ous** (जहरीला, जहर भरा)

oust /आउस्ट/ *v., pt.* **~ed**, *pp* **~ing** 1 निकाल बाहर क.: ~ a man from office 2 (***syn.*** eject, evict) बेदखल क. 3 (***syn.*** expel) निकाल दे. 4 हटा दे., हटाना: drive out of use; quantity should not ~ quality 5 (***syn.*** deprive of) से वंचित क.: ~ sb from the good graces of another;

dw/lw: **~er** /आउस्ट:/ *n. law* बेदखली; **oustee** /आउस्टी/ *n. law* बेदखल (व्यक्ति), निकाला हुआ व्यक्ति; **~-le-main** /आउस्टलिमेन/ *n., Fr.* 1 सामंत के कब्जे से संपत्ति छुड़वाकर जनता को देने की क्रिया 2 नाबालिग के बालिग हो जाने पर संपत्ति का अधिकार सौंपने की क्रिया

out /आउट/ *adv.* 1 बाहर (out of station): came to see but you were ~; we shall soon be ~ at sea; he rushed ~; go ~ for a walk; ~ you go! (बाहर निकल जाओ!, दफा हो जाओ!) 2 बाहर (कमरे के): Go ~ into the lawns; crowds were ~ in the streets; be locked ~ 3 (टीम आदि) से बाहर: leave sb ~ of the team 4 बुझ जाने वाली आग या मोमबत्ती आदि के बारे में: the candle is ~ 5 समाप्त, खत्म: the day is ~; the milk has run ~ 6 प्रकाशित (नई फिल्म या पुस्तक आदि): the novel will be ~ soon 7 जो फैशन में न हो: ~ of fashion 8 जो गिनती में न हो: ~ of reckoning 9 क्रिकेट आदि के खेल में खिलाड़ी की बल्लेबाजी का अंत, खेल से बाहर: bowled ~ 10 दिखाई दे. 11 जिसका होना मुमकिन न हो, असंभव: the proposal is ~ 12 अलग दिखने वाला: his height makes him stand ~ in a crowd; the mountains stood ~ against the skyline 13 खाली 14 हड़ताल पर: called the miners ~ 15 प्रयत्नशील: be ~ to do sth 16.1 बहुत ज्यादा अंतर से 16.2 मंजा हुआ: ~ and away 17 ऊंची आवाज में: cry ~ 18 सावधान: Watch ~! 19 केंद्र से अलग-अलग दिशाओं में जाना, बंटना: share ~ the sweets; hand/ deal/ books ~ 20 जो वस्तु वजूद में न हो: be ~ of sth 21 में से, से परे, से, के कारण, का (बना): made ~ of 22 सत्ता आदि से बाहर: voted them ~ of office 23 पूरे फैलाव में: spread the blanket ~ 24 खुले में हो., प्रकट हो.: the secret is ~; the moon's ~ 25 विस्थापित: have a tooth ~ 26 बेहोशी में: pass ~ in the heat (गर्मी से बेहोश हो जा.) 27 घर से बाहर: he is dining ~ this evening 28 बेरोजगार: be ~ of work 29 पचड़े से बाहर: stay ~ of trouble 30 के कारण: she did it ~ of spite;

adj. 1 बाहरी: ~ parts 2 अंतिम सिरे का: ~ edge 3 बड़े साइज का: a dress of an ~ size 4 खेल से बाहर 5 अपने शहर आदि से बाहर होनेवाला: an ~ match 6 जो सही या सटीक न हो, बिगड़ा हुआ 7 बुझा हुआ 8 छुट्टी का, खाली: a day ~;

prep, *colloq., US* से बाहर: ~ of the car; he looked ~ of the window;

excl. समाप्त (रेडियो प्रोग्राम आदि): over and **~!**;

n. 1 बाहर (का रास्ता), बचने का तरीका, समस्या का हल: a way-~ 2 बाहर: the ins and the **~s** 3 अपदस्थ दल: ~ of power (party) 4 लोप, समाप्ति: ~ of print;

v., *pt.* **~ed**, *pp* **~ing** 1 बाहर निकलना या निकालना 2 बुझाना 3 बॉक्सिंग आदि में नॉक-आउट क. 4 क्रिकेट आदि में बल्लेबाज

को बाहर क.: he was **~ed** by the opponents 5 भेद खोल दे. या खुल जा.: secret was ~; he ~ed the story;
p&i: **~ and about** बीमारी आदि के बाद घर से बाहर सक्रिय होने की स्थिति में हो जा.; **~ and away** बहुत ज्यादा अंतर (से); **~ and ~** 1 पूरी तरह से 2 बेशक; **~ and outer** बेजोड़, पहले दर्जे का; **~ at elbow** मैले-कुचैले कपड़ों में, फटेहाल; **~ at heels** फटेहाल; **~ at knees** घुटनों पर फटी हुई पैंट आदि; **~ for** की तलाश में; **~ for the court** बेहोश या पस्त हाल; **~ for scalps** खून का प्यासा; **~-Herod Herod** शैतान का चाचा हो.; **~ loud** ऊंचा बोलकर; **~ of all nick** गिनती में न हो.; **~ of anger** गुस्से से; **~ of beat** पकड़ से बाहर; **~ of bounds** प्रवेश वर्जित; **~ of breath** हांफने वाला; **~ of cash** पैसे खत्म हो जा.; **~ of character** अनुचित; **~ of commission** बिगडा हुआ या बिगड़ी हुई हो.; **~ of context** असंगत, बेमेल, किसी प्रसंग में अनुचित; **~ of course** अनुचित; **~ of cry** 1 बेहद 2 बेशक, निस्संदेह; **~ of countenance** लज्जित, घबराया हुआ, परेशान; **~ of curiosity** जिज्ञासा के मारे; **~ of danger** खतरे से बाहर; **~ of date** 1 जिसकी अवधि खत्म हो गई हो 2 जो अब पुराना पड़ चुका हो; **~ of debt ~ of danger** कर्ज से छुटकारा खतरे से छुटकारा है; **~ of drawing** अनुचित ढंग से चित्रित किया हुआ; **~ of earshot** सुनाई पड़ने (की.दूरी) से परे हो.; **~ of favour** बेपसंद हो जा.; **~ of focus** धुंधला; **~ of gear** अव्यवस्थित, ठीक स्थिति में न हो.; **~ of God's blessing into the warm sun** आसमान से गिरा खजूर पर अटका, कड़ाही से उछला आग में गिरा; **~ of hand** 1 तुरंत 2 नियंत्रण से बाहर 3 बिना सोचे समझे; **~ of harness** अभ्यास न रहना; **~ of heart** निराश, हताश; **~ of hours** काम के घंटों से पहले या बाद में; **~ of humour** नाराज हो.; **~ of it** 1 किसी समूह में अवांछित 2 *sl.* अधिक पीने या नशीली दवा लेने के कारण ठीक ढंग से व्यवहार करने में असमर्थ; **~ of joint** उखड़ा हुआ, अस्त-व्यस्त; **~ of line** असहमत, औरों से अलग; **~ of measure** बहुत हद तक, अत्यधिक; **~ of mind** पागल, सनकी; **out of one's depth** 1 तैरना न जानने वाले व्यक्ति का जरूरत से ज्यादा गहरे पानी में हो. 2 ऐसी स्थिति में होना जब व्यक्ति उस स्थिति से निपटने में सक्षम न हो; **~ of one's element** हताश, निराश व अप्रसन्न; **~ of one's head** स्वतः, तत्काल, अपने आप निकल जा.; **~ of one's mind** पागल, झल्लाया हुआ; **~ of one's senses** जिसका दिमाग खराब हो गया हो; **~ of one's wits** बदहवास, आपे से बहार; **~ of order** बिगड़ा हुआ; **~ of patience with** सहन न कर पाना, धैर्य खोना; **~ of phase** लय में न हो.; **~ of place** 1 अनुचित 2 सही स्थान पर न हो.; **~ of pocket** पैसे की कमी हो.; **~ of position** सही स्थान या स्थिति में न हो.; **~ of practice** अभ्यास न होना; **~ of print** छपी पुस्तक की सभी प्रतियां बिक जा.; **~ of question** सवाल ही नहीं उठता, नामुमकिन; **~ of reach** पहुंच से बाहर; **~ of reaction** प्रतिक्रिया के कारण; **~ of season = off season** अधिकतम प्रयोग के समय से बाहर; **~ of sight** आंख ओझल; **~ of sight out of mind** आंख ओझल पहाड़ ओझल; **~ of sorts** उखड़ा-उखड़ा, उदास; **~ of spirits** 1 उखड़ा-उखड़ा, परेशान 2 हताश, निराश; **~ of square** बेमेल, असंगत; **~ of step** बेमेल, बेकदम, जो दूसरों के साथ कदम से कदम मिलाकर न चल रहा हो; **~ of sth** किसी चीज के अंदर से बाहर निकलना; **~ of temper** उखड़ा-उखड़ा, चिड़चिड़ा; **~ of the blue** अचानक, अकस्मात्; **~ of the common** अनूठा, निराला, अद्भुत; **~ of the frying pan into fire** आसमान से गिरा खजूर पर अटका; **~ of the ordinary** अद्भुत, अनूठा, निराला; **~ of the picture** प्रसंग से बाहर, असंगत; **~ of the road** or **out of one's road** रास्ते से अलग, अड़न का हटना; **~ of the running = ~ of reckoning** जिसके जीतने की कम संभावना हो; **~ of the tail of one's eye** कनखियों से देखते हुए; **~ of the top drawer** उच्च वर्ग से; **~ of the way** पहुंचने में कठिन, मुख्य रास्ते से हटकर काफी दूर; **~ of the wood(s)** खतरे से बाहर; **~ of thin air** अचानक कहीं से प्रकट हो जा.; **~ of this world** अद्भुत, अनुपम; **~ of time** समय से पहले या बाद में; **~ of touch** संपर्क में न हो.; **~ of true** जो सीधी न हो; **~ of tune** जो सुर में न हो, बेसुरा; **~ of use** जो प्रयोग में न हो; **~ of warrant** जिसकी अनुमति न हो; **~ of work** बेकार; **~ to ~** सारे का सारा, अंदर-बाहर सब मिलाकर; **~ upon** शर्मसार क.; **~ with it** 1 बोलना, कहना, भेद खोल दे. 2 किसी के साथ मैत्रीपूर्ण रवैया न हो.; **~ with/ her, etc..!** वह यहां से दफा हो जाए!;
a mile ~ of town शहर से एक मील दूर; **at ~s/** *US* **on the ~s with sb** किसी के साथ खराब या तनावपूर्ण संबंध हो.; **be all ~ for sth** कुछ करने के लिए पूरी तरह आमादा हो.; **be ~ and about** बाहर निकलकर थोड़ा टहलना; **be ~ for compliments** प्रशंसाजनक शब्द सुनने के लिए आतुर हो.; **be ~ for sth** *colloq.* कुछ करने पर तुला (आमादा) होना; **be ~ from under** कठिन स्थिति से बाहर निकलना; **be ~ in one's calculations** आकलन या गिनती में गलत हो.; **be ~ of it** में शामिल न हो.; **be ~ to make a record** रिकॉर्ड बनाने पर तुला हो.; **be worn ~** 1 थककर चूर हो जा. 2 पूर्णतः फटकर खत्म हो जा.; **bring ~ the meaning of the word** किसी शब्द का अर्थ निकालना; **cross ~ a word** शब्द को काट दे.; **ins and ~s** 1 चप्पा-चप्पा, पूरी तरह से, आर-पार; **hear sb ~** किसी को भली भांति सुनना; **let the word slip ~ before one thinks** अच्छी तरह सोचने से पहले ही शब्द मुंह से निकलने दे.; **made ~ of wood** लकड़ी का बना हुआ; **murder will ~** खून का भेद खुल जाएगा; **put/ hold one's hand ~** अपना हाथ बढ़ाना; **sb's hand is ~** आदत छूट गई; **smooth sth ~** किसी चीज को बराबर क.; **the fire is ~** आग बुझ गई; **the eruption is ~** ज्वालामुखी आदि का मुंह बंद हो.; **the last act was terribly drawn ~** अंतिम अंक बहुत लंबा खिंच गया; **tired ~** थक गया; **truth will ~** सच्चाई अवश्य प्रकट होगी; **two ~ of four cats** चार में से दो बिल्लियां; **war broke ~** युद्ध छिड़ गया; **write ~ a check** चैक लिखकर दे.

out- *prefix., denoting:* 1 **surpassing of the specified action** (से ज्यादा या बेहतर कार्य): **out**run; **out**manoeuvre (मात दे दे.) 2 **external**; **separate**; **from outside** (बाहरी, अलग, बाहर से): **out**patient; **out**house 3 **away from inside** (अंदर से दूर): **out**put; **out**pouring 4 **going away** or **out of, out**ward (से बाहर जा.): **out**door;
dw/w: **out\age** /आउटिज/ *n.* 1 माल का लाने-लेजाने व भंडारण में होने वाला नुकसान 2 एक स्थान से दूसरे तक पहंचाने में बिजली का नुकसान 3 बिजली न रहने का समय 4 मशीन बंद रहने की अवधि; **~-and-~/ ~ and away** *adv.* (***syn.*** complete) पक्का, मंजा हुआ, पूरा: a scoundrel ~-and-~; **~-and-~/ ~ and away** *adj.* 1 पूरी तरह से: ~-and-~ fool or villain 2 पूरा, व्यापक, विराट: ~-and-~ war; **~-and-outer** *n.* 1 अपनी तरह का अकेला व्यक्ति 2 अतिवादी, उग्रवादी व्यक्ति: the moderates and the ~-and-outers; an ~-and-outer in everything 3 परले दर्जे का कमीना; **~-and-outer** *adj.* शानदार: ~-and-outer goal-keeper; **~-babble** *v., pt.* ~-babbled, *pp* ~babbling बक दे.; **~back** (*also* **the ~back**) *n.* (***syn.*** God forsaken place) (आस्ट्रेलिया का) दूर-दराज का निर्जन भूभाग; **~balance** *v., pt.* ~balanced, *pp* ~balancing (अपेक्षाकृत) भारी होना, से ज्यादा महत्त्वपूर्ण या बढ़ कर होना; **outbid** *v., pt.* ~bade/ ~bid, *pt. p.* ~bidden/ ~bid, *pp* ~bidding बढ़ कर बोली दे., से ज्यादा बोली लगाना, से बढ़कर होना, मात दे.; **~blowing** *adj.* बहिर्गामी; **~bluster** /आउटब्लस्टः/ *v., pt.* ~blustered, *pt. pp* ~blustering जोर-जबरदस्ती से कुछ ले.; **~board** *adj.* 1 नाव पर लगा (इंजन): ~board motor/ ~board engine 2 बाहरी इंजन वाली (नाव) 3 समुद्री जहाज या वायुयान की साइड में लगा हुआ.; **outbound** *adj.* (***anton***. inbound) अपने शहर से बाहर जाने

वाली (उड़ानें या जहाज), निर्गामी; **~born** *adj.* बहिर्जात

out\-box /आउट\बॉक्स/ (*also* **~box ≠ inbox**) *n.* 1 कंप्यूटर में वह स्थान जहां ई-मेल से भेजे गए संदेश रखे जाते हैं 2 *US* (*UK* **~-tray ≠ in-tray**) किसी अधिकारी की मेज पर रखी वह तश्तरी (tray) जिसमें अधिकारी द्वारा निपटाई हुई डाक रखी जाती है

out\brag /आउट\ब्रैग/ *v., pt.* ~bragged, *pp* ~bragging शेखी बघारने में मात दे.;

dw/lw: **~brave** *v., pt.* ~braved, *pp* ~braving मुकाबले में पछाड़ दे.; **~brazen** *v., pt.* ~brazened, *pp* ~brazening बेशर्मी में पछाड़ दे.; **~break** *n.* 1 सहसा होने वाला प्रकोप: a volcanic ~break 2 प्रकोप आदि का प्रादुर्भाव (जन्म) 3 विद्रोह का विस्फोट: ~break of hostilities; produce an ~break; **~breeding** /~ब्रीडिंग/ *n., genetics* विजाति-प्रजनन, बहिर्प्रजनन, दो आपस में असंबद्ध या दूर से संबद्ध प्राणियों के बीच संगम के फलस्वरूप प्रजनन; **~building** *n.* 1 उपभवन, उपगृह 2 मुख्य भवन से असंबद्ध इमारतें जैसे पशुओं का बाड़ा, घुड़साल या गैरज आदि; **out\burst** /~बःस्ट/ *n.* 1 किसी व्यक्ति में अकस्मात् हुआ गुस्से का विस्फोट, भड़ास: an ~burst of anger or indignation 2 महामारी आदि का आकस्मिक हुआ प्रकोप 3 लहर, भावात्मक विस्फोट: an ~burst of tears 4 ठहाके के फूट पड़ने की क्रिया; **outcast** /आउटकास्ट/ *US* आउटकैस्ट/ *n.* 1 दोस्तों या समाज द्वारा बहिष्कृत, परित्यक्त, तिरस्कृत व्यक्ति 2 निर्वासित आदमी; **~cast** *adj.* 1 बहिष्कृत, परित्यक्त, तिरस्कृत 2 निर्वासित 3 आवासहीन;

outcaste /आउट\कास्ट/ *n.* 1 जाति-बहिष्कृत व्यक्ति 2 वह व्यक्ति जिसकी कोई जाति न हो, जातिच्युत, अछूत, चांडाल;

adj. जातिच्युत, अछूत;

v., *pt.* **~d**, *pp* **outcasting** 1 जाति या बिरादरी से निकालना: his wife's family **~d** him 2 चांडाल हो.

out\class /आउट\-क्लैस/ आउट\क्लास/ *v., pt.* ~classed, *pp* ~classing 1 आसानी से परास्त कर दे., पछाड़ दे., मात दे. 2 क्लास यानी गुणात्मक रूप से बहुत बेहतर हो जाना;

dw/lw: **~come** *n.* 1 परिणाम, नतीजा: the ~come of an election 2 निष्कर्ष; **~crop** /~क्रौप/ *US* ~क्राःप/ (*also US* **~cropping**) *n.* 1 उभरी हुई चट्टान 2 दृश्यांश, अंशदर्शन: ~crop coal 3 (*syn.* appearance, occurrence) घटना; **~cross** /~क्रॉस/ (*also* **~ing**) *n.* बहिःसंकर, बहिःसंकरण, भिन्न-भिन्न प्रजातियों का संकरण; **~cry** *n.* कड़े विरोध में चीख-पुकार, चिल्लाहट, हो-हल्ला, शोरगुल; **~dated** *adj.* पुराना, जिसका समय निकल गया हो; **~datedness** *n.* पुरानापन, पिछड़ापन; **~distance** *v., pt.* ~distanced, *pp* ~distancing (***syn.*** ~strip) (दूसरों से) बहुत आगे निकल जा., (दूसरों को) बहुत पीछे छोड़ दे.; **~do** *v., pt.* ~did, *pt. p.* ~done, *pp* ~doing *s/he/ it* ~does 1 से आगे निकल जा., से बढ़ कर होना 2 (***syn.*** beat) हरा दे.

out\door /आउट\डॉः/ *US* आउट\डोः/ *adj.* 1 घर से बाहर होने वाला 2 बाहरी, बाह्य, बहिर्द्वारी 3 खुले में रहने, काम करने या खेलकूद को पसंद करने वाला: lead an ~ life;

n. खुली जगह: the great **~doors** (शहर से बाहर खुला स्थल);

dw/lw: **~doors** /आउटडोःज/ (*also* **out-of-doors**) *adv.* खुले में: it is cold ~doors; all ~doors *US* (सारी दुनिया, सब कुछ);

collocations: **~door dress** बाहर जाने की पोशाक; **~door games** खुले में होने वाले खेल; **~door patient** बहिरंग रोगी; **~door pick-up** स्टुडियो से बाहर से किया जाने वाला रेडियो कार्यक्रम; **~door relief** बेघर-बार लोगों की मदद; **~door speaking** संसद से बाहर भाषण या बयान; **~door theatre** खुली रंगशाला

outer /आउटः/ *adj.* 1 बाहरी: ~ coverings; ~ skin 2 केंद्र से दूर: the ~ suburbs; ~ ring-road 3 (***syn.*** physical) शारीरिक 4 (***syn.*** objectively) यथार्थ में;

n. *archery* 1 निशाने के गिर्द बने गोल चक्रों में से सबसे बाहरी चक्र (ring) 2 बाहरी चक्र में लगा निशाना 3 स्टेडियम आदि का बिना ढका (बाहरी) चक्र;

dw/lw: **~most/ outmost** *adj.* 1 केंद्र से दूरतम 2 किनारे के समीपतम 3 सब से बाहर का, बाह्यतम: the ~most row; **~wear** *n.* घर से बाहर जाने के लिए कपड़ों के ऊपर पहने जाने वाले कपड़े (स्वेटर, जैकेट, ओवरकोट आदि)

collocations: **~ bar** *law* कनिष्ठ अधिवक्ता जो अदालत में बार (bar) के बाहर काम करते हैं; **~ ear** *anat.* कान के बाहर से कान के ड्रम को आवाज भेजने वाला अंग; **~ space** धरती के वायुमंडल से बाहर का अंतरिक्ष, अंतरिक्ष;

p&i: **on the ~** *Austral., NZ* परित्यक्त, तिरस्कृत, बुरे हाल में छोड़े हुए लोग

out\face /आउट\फेस/ *v., pt.* ~faced, *pp* ~facing 1 डटकर सामना क. 2 इस प्रकार घूरकर देखना कि सामने वाला व्यक्ति बगलें झांकने लगे;

dw/lw: **~fall** *n.* 1 दहाना, मुहाना 2 बाहर जाती हुई नाली या नाला; **~field** *n.* 1 बाह्यक्षेत्र, खेत, सीवान 2 क्रिकेट में विकटों से दूर का मैदान; **~fielder** *n., cricket* विकिटों से दूर खड़ा क्षेत्र-रक्षक, खेल के मैदान में बाहर की ओर खड़ा खिलाड़ी; **~fight** *v., pt.* ~fought, *pt. p.* ~fought, *pp* ~fighting लड़ाई में जीतना, बेहतर लड़ाई क.

outfit /आउट\फिट/ *n.* 1 साजो-सामान: camping ~ 2 सज्जा, विशिष्ट प्रयोजन हेतु परिधान: military ~; bridal ~ 3 एक साथ काम करने कर्मियों का संगठन: a small but influential ~ 4 उपकरण: carpenter's ~ 5 इकाई (unit): a publishing ~ 6 कारखाना: a manufacturing ~;

v., *pt.* **~ted**, *pp* **~ting** 1 किसी के लिए विशेष प्रकार की पोशाक आदि बनाना 2 *US* विशिष्ट प्रयोजन हेतु उपकरण लगाना: the rocket is **~ted** with a container 3 सज्जित क.;

dw/lw: **~ter** /~फिटः/ *n.* 1 परिधान बनाने वाला 2 बजाज, कपड़े व सुई-धागों आदि का छोटा व्यापारी: a gentleman's ~ter (पुरुष का सज्जा-सामान);

collocations: **mental ~** बुद्धि, दिमाग, भेजा

out\flank /आउट\फ्लैंक/ *v., pt.* ~flanked, *pp* ~flanking, *milit.* 1 (शत्रु की सेना के) पार्श्व को घेर लेना 2 आकस्मिक हमले आदि की बदौलत प्रतिपक्ष से अपेक्षाकृत बेहतर स्थिति में हो जाना 3 बाजू से होकर जाना 4 पीछे से हमला क. 5 व्यर्थ कर दे., में बाधा डालना 6 (***syn.*** ~manoeuvre) मात दे.;

dw/lw: **~fling** /~फ्लिंग/ *n.* करारा जवाब, ताना; **~flow** *n.* 1 बहिर्प्रवाह, बहिर्गमन: the ~flow of gold from the country 2 (***anton.*** inflow) बाहर बह जाने वाला द्रव: stop the ~flow of a stream; **~flowing** *n.* बाहर बहाव; **~flow** *v., pt.* ~flowed *pp* ~flowing बहकर आगे निकल जा.; **~flush** /आउटफ्लश/ *n.* आकस्मिक गर्मी; **~fox** *v., pt.* ~foxed, *pp* ~foxing 1 धोखाधड़ी से आगे निकल जाना 2 चकमा दे.; **~gate** *n.* ***1*** बहिर्गमन ***2*** बाहर की ओर बहाव

out\go /आउट\गो/ *n.* 1 बाहर जाने की क्रिया 2 बाहर जाने वाला धन आदि 3 खर्चा, लागत;

v. *archaic, pt.* **~went**, *pt. p.* **~gone**, *pp* **~going** 1 आगे निकलना 2 पीछे छोड़ना 3 पद आदि त्यागकर जाना;

dw/lw: **~goer** *n.* बाहर जाने वाला: separate ways for ~goers and incomers; **~going** /~गोइंग/ (**≠ incoming**) *adj.* 1 (***syn.*** sociable) मिलनसार 2 जो हाल में पदनिवृत्त हुआ हो 3 निर्गामी, दूसरी जगह जाने वाला: the ~going president (सेवानिवृत्त अध्येक्ष); **~going** *n.* 1 पद-त्याग, सेवानिवृत्ति 2 बहिर्गमन; **~goings** /~गोइंग्ज/ *n., [pl.]* 1 *UK* (***syn.*** expenditure) खर्चा 2 बहिर्गमन 3 (***syn.*** out-lay) लागत, व्यय; **~group** *n.* समाज में निर्गुट व्यक्ति

outgrow /आउट\ग्रो/ *v. pt.* **outgrew**, *pt. p.* **~n**, *pp* **~ing** 1 इतना बढ़ जा. कि पहले बने कपड़े छोटे पड़ जाएं: ~ one's clothes;

my family has **~n** our house 2 अपेक्षाकृत बहुत तेजी से बढ़ना (नौकरी आदि में) 3 से अधिक बढ़ जाना: Tom has **~n** his elder brother 4 बचपन के खेल आदि के लिए उम्र में बड़ा हो. 5 किसी लत या सनक का छूट जा.: ~ passion for rock music;

dw/lw: **~n** /~ग्रोन/ *adj.* अपेक्षाकृत वृद्ध, से अधिक बढा हुआ; **~th** /~ग्रोथ/ *n.* 1 जो किसी अन्य वस्तु से बाहर निकला हो 2 *bot.* उद्वृद्धि 3 विकास 4 स्वाभाविक परिणाम 5 (*syn.* by-product) किसी अन्य वस्तु या प्रक्रिया से हुई उत्पत्ति 6 (*syn.* excrescence) (अनावश्यक) वृद्धि 7 (*syn.* result) परिणाम, विकास: the riot was an ~th of racial antagonism;

p&i: **~ shyness** शर्मीलापन से बाहर आना; **~ one's strength** बहुत तेजी से बढ़ना (स्वास्थ्य के लिए हानिकारक)

out\guess /आउट\गेस/ *v. pt.* **~guessed**, *pp* **~guessing** सही अनुमान लगाना;

dw/lw: **~gun** *v. pt.*~ ~gunned, *pp* ~~gunning 1 अधिक सैन्य क्षमता की बदौलत हराना 2 गोलीबारी में अधिक कुशल होना 3 किसी को किसी कार्य में मात दे.; **~house** *n.* 1 उपभवन, उपगृह 2 मुख्य भवन से अलग छोटी-छोटी इमारतें: पशुओं का बाड़ा, गोदाम, गैरज आदि; **~housing** *n.* 1 (***syn.*** excursion) सैर-सपाटा, भ्रमण, विहार: an ~housing at the seaside; go for an ~housing 2 किसी की समलैंगिकता को जगजाहिर करने का काम (पात्रों की सहमति के बिना); **~jockey** /~जॉकि/ *v., pt.* ~jockeyed, *pp* ~jockeying चकमा दे.; **~jump** *v., pt.* ~jumped, *pp* ~jumping कूदने में पछाड़ना, कूद में सबसे आगे निकल जाना; **~lander** *n.* विदेशी व्यक्ति, अजनबी आदमी; **out\landish** /~लैंडिश/ *adj.* 1 फूहड़, गंवारू, देहाती: ~landish dress 2 (***syn.*** bizarre) अनोखा, विचित्र; **~landishness** *n.* विचित्रता, गंवारूपन; **~landishly** *adv.* विचित्र ढंग से, फूहड़ तरीके से; **~last** *v., pt.* ~lasted, *pp* ~lasting 1 से अधिक समय तक टिकना या जीवित रहना 2 से ज्यादा समय तक टिके रहना: ~last a competitor in a race; **~law** /~लॉः/ *v., pt.* ~lawed, *pp* ~lawing 1 (*syn.* ban) अवैध घोषित क., गैरकानूनी करार दे. 2 कानूनी सुरक्षा से बाहर क. 3 भगोड़ा हो. या घोषित क. 4 कानूनी रूप से प्रतिबंध लगाना; **~law** *n.* 1 भगोड़ा, विधिबहिष्कृत, विधिबाह्य 2 (*syn.* bandit) लुटेरा, डाकू 3 (*syn.* exilee) निर्वासित; **out\lawry** /~लॉरि/ *n.* 1 विधि-विद्रोह (defiance of the law) 2 विधिबहिष्कार 3 अवैधीकरण 4 समाज से बहिष्कार; **~lay** /~ले/ *n.* नियोजित व्यय, खर्च या लागत: enormous ~lay on/ for armaments; **~lay** *v., pt.* ~laid, *pp* ~laying व्यय या लागत तय क.; **~let** *n.* 1 कंपनी की दुकान: retail ~let 2 *US* सस्ती दुकान, निकास, बाजार 3 अभिव्यक्ति का माध्यम: an ~let for one's energies; an ~let for one's emotion 4 द्रव या गैस आदि का बाहर निकलने का रास्ता: an ~let for water 5 बिजली के उपकरण को बिजली से जोड़ने के लिए दीवार आदि में लगे सॉकेट आदि; **out\lier** /~लायः/ *n.* 1 बहिर्वासी, अपने काम के स्थान से बाहर रहने वाला 2 मूल वस्तु या संगठन से अलग होकर दूर पड़ा हुआ टुकड़ा आदि 3 *geol.* बहिःशायी, मूल चट्टान से अलग होकर दूर पड़ा हुआ टुकड़ा

outline /आउटलाइन/ *v., pt.* **~d**, *pp* **outlining** 1 रूपरेखा बनाना, रूपरेखा प्रस्तुत क. 2 खाका खींचना: ~ France on the map with a red pencil 3 सारांश दे.: ~ every chapter; ~ a scheme 4 किसी के नैन-नक्श का रेखाचित्र बनाना: be **~d** against the light;

n. 1 (***syn.*** sketch) रूपरेखा: an ~ of the plot (कहानी या उपन्यास आदि की रूप रेखा) 2 रेखाचित्र: the **~s** of the sky-scrapers 3 सारांश, रूपरेखा: an ~ of European history; an ~ of a composition/ of a lecture/ of a book; a brief ~ of a speech; in ~ 4 खाका: draw the ~ of the building from memory 5 मसौदा: ~-map

out\live /आउट\लिव/ *v., pt.* ~lived, *pp* ~living 1 अपेक्षा से अधिक लंबी उम्र पाना 2 से अधिक समय तक जीवित रहना या टिकना: ~live one's friends/ one's contemporaries/ one's century 3 बीमारी या विपदा आदि के कुप्रभाव को झेलते हुए बच जाना: ~live a disgrace/ a scandal 4 उपयोगिता खत्म हो जा.: the old computer has ~lived its usefulness

outlook /आउटलुक/ *n.* 1 (***syn.*** prospect) आशा, संभावना: ~ for foreign trade; an encouraging political ~ 2 दृष्टिकोण: world ~; a narrow ~ on life 3 (***syn.*** watching) प्रतिरक्षण, चौकसी, पहरा चौकी: be on the ~; view sth from a distant/ near ~ 4 किसी स्थान विशेष से दिखनेवाला दृश्य: a pleasant ~ over mountains

out\lying /आउट\लाइंग/ *adj.* 1 दूरस्थ, दूर 2 पास के क्षेत्र से बाहर स्थित, बहिर्वर्ती: ~lying villages;

dw/lw: **~man** *v., pt.* ~-manned, *pp* ~manning 1 संख्या में लोगों का ज्यादा हो. 2 ज्यादा दिलेर व सहनशील हो.; **outmanoeuvre** *UK* (*US* **~maneuver**) /आउटमनूवः/ *v., pt.* ~manoeuvred, *pp* ~manoeuvring तिकड़म से पछाड़ दे., मात दे.; **~march** *v., pt.* ~marched, *pp* ~marching किसी से आगे निकल जाना, से श्रेष्ठतर होना; **outmatch** *v., pt.* ~matched, *pp* ~matching (प्रतियोगी) से आगे निकल जाना, को पछाड़ दे.; **outmoded** /~मोडिड/ *adj.* पुराना, पुराने फैशन का; **~most** *adj.* बाह्यतम, दूरतम; **~ness** /~नेस/ *n.* बाह्यता; **outnumber** *v., pt.* ~numbered, *pp* ~numbering संख्या में अपेक्षाकृत अधिक हो., से ज्यादा संख्या में हो.

out of /आउट अव/ *prep.* 1 वस्तुओं या व्यक्तियों के बीच से 2 किसी वस्तु के अंदर से: jump ~ bed 3 से बना हुआ 4 के कारण: ~ anger 5 में से: the words were hardly ~ my mouth when ... 6 किसी संगठन आदि में से (निकला हुआ) 7 से बाहर: ~ danger; be ~ the country; exercises done ~ class; get a good dinner ~ a house;

collocations: **~ breath** हांफने की हालत; **~ danger** खतरे से बाहर; **~ hand** हाथ से निकला हुआ, गंवाया हुआ; **~ hearing** सुनाई पड़ने की दूरी से बाहर; **~ gear** बंद किया हुआ, बिगड़ा हुआ; **~ round** विचित्र; **~ one's mind** पगलाया हुआ; **~ order** 1 बिगड़ा हुआ, खराब 2 अनुचित; **~ place** अनुचित; **~ patience** आपे से बाहर; **~ sight** आंख ओझल; **~ shape** बिगड़ी हुई शक्ल या रूप-रंग; **~ spite** रंजिश के कारण, बदले की भावना से; **~ step** बेमेल; **~ tune** बेसुरा; **~ work** बेकार;

p&i: **be ~ fashion** बेफैशन हो.; **be ~ it** से कुछ लेना-देना न हो.; **get money ~ sb** किसी से पैसे निकलवाना; **he is ~ money** उसके पास पैसे नहीं बचे; **it is ~ the question** सवाल ही नहीं उठता; **nine chances ~ ten** दस में से नौ अवसर; **quote ~ Shakespeare** शेक्सपीयर में से उद्धृत क.; **talk/ argue sb ~ sth** किसी को कुछ न करने के लिए मना लेना; **the ~ world** बाहरी दुनिया; **three days ~ every week** हर सप्ताह में तीन दिन; **times ~ number** अनेक बार

out\-of-balance /आउट\-अव-बैलंस/ *adj.* असंतुलित;

dw/lw: **~-of-bounds** /~-अव-बाउंड्ज/ *adj.* किसी की पहुंच से परे, किसी के लिए वर्जित; **~-of-court** *adj.* न्यायालय के बाहर किया जाने वाला फैसला (समझौता), पारस्परिक फैसला; **~-of-date** *adj. see below under* ***collocations***; **~-of-door** *adv.* घर से बाहर, खुले में; **~-of-print** *adj.* जिस पुस्तक आदि का संस्करण खत्म हो गया हो: ~-of-print books; **~-of-state** *adj.* प्रदेश से बाहर का; **~-of-step** *adj.* बेमेल; **~-of-the-way** *adj.* 1 रास्ते से हटकर 2 असाधारण, अनोखा, निराला: ~-of-the-way arguments (विचित्र दलील) 3 एकांतमय; **~-of-town** *adj.* शहर से बाहर, किसी दूसरे स्थान पर; **~-of-true** *adj.* जो सही तरह से स्थापित न हो; **out\-of-tune** *adj.* बेसुरा; **~-of-the-world** *adj.* = ~of-the ordinary अद्भुत, निराला, शानदार; **~-of-work** *adj.* बेकार; **~pace** /~पेस/ *v., pt.* ~paced, *pp* ~pacing (*syn.* ~strip) दूसरों से जल्दी चलना, चलने में पीछे छोड़ना; **~pass** *v., pt.* ~passed, *pp* ~passing हद पार क.; **out\patient** /~पेशंट/

n. बिना भर्ती हुए इलाज कराने वाला रोगी, बाहरी रोगी: ~patient department; ~patient treatment; **~perform** /~पःफॉम/ *v., pt.* ~performed, *pp* ~performing औरों से अधिक अच्छे परिणाम लाना; **~placement** /~प्लेसमंट/ *n.* किसी संस्था से निकाले गए बेकार हुए कर्मियों की कहीं और नौकरी देने का कार्य; **~play** *v., pt.* ~played, *pp* ~playing पछाड़ दे., खेल में हरा दे.; **~point** *v., pt.* ~pointed, *pp* ~pointing अंकों के आधार पर हरा दे.; **~port** /आउटपोःट/ *n.* निर्गम प्रद्वार, मुख्य बंदरगाह से बाहर पत्तन, बाहरी बंदरगाह; **~post** *n.* 1 सीमा-चौकी, नाका: ~post line; ~post line of resistance; ~post support (पहरा बल) 2 दूरवर्ती स्थान, दूरस्थ बस्ती या डेरा 3 छोर; **~pour** /~पॉः/ *v., pt.* ~poured, *pp* ~pouring 1 बाहर बहा या निकाल दे. 2 मन की भावुकतापूर्ण बात कह दे.; **~pouring** /~पॉरिंग/ *n.* भावोद्गार, उद्गार, (*usually* **~pourings**) भावनाओं या उद्गारों की सशक्त अभिव्यक्ति या बेरोकटोक प्रवाह: the ~pourings of the heart (मन के उद्गार)

output /आउटपुट/ *n.* 1 उत्पाद: the ~ of a mine/ of a factory; the literary ~ of the year; industrial ~; per head/ per capita ~; gross agricultural ~ 2 किसी विद्युत उपकरण द्वारा उत्पादित (ऊर्जा) 3 *comput.* कंप्यूटर के मुख्य ड्राइव (C, D, E आदि) से डिस्क या अन्य आउटपुट उपकरणों जैसे प्रिंटर आदि को स्थानांतरण, कंप्यूटर से प्राप्त सूचना या आंकड़े 4 *comput.* निर्गत: ~ text;

v., *pt.* **~put**/ **~putted**, *pt. p.* **~put**/ **outputted**, *pp* **~putting** 1 सूचना या ऊर्जा आदि का उत्पादन क. 2 कंप्यूटर के मुख्य ड्राइव (C, D, E आदि) से डिस्क या अन्य आउटपुट उपकरणों जैसे प्रिंटर आदि को स्थानांतरित क.;

collocations: **~ device** *comput.* ऐसा उपकरण जिसमें कंप्यूटर से सूचनायें, पाठ या आंकड़े (data) स्थानांतरित किए जा सकते हैं जहां से वे उपभोक्ता को मुहैया हो जाते हैं; **~ capacitance** निर्गम-धारिता, ऊर्जा या सूचना (data) की संग्रहण क्षमता

outra\ge /आउट\रेज/ *n.* 1 (***syn.*** atrocity) अत्याचार और हिंसा का घिनौना काम: an act of **~ge** 2 घोर अनैतिक व घिनौना काम: **~ges** and assassinations 3 आघात, चोट, घोर अपमान या ठेस: an **~ge** on/ upon humanity; **~ge** on/ upon justice 4 काले कारनामों के कारण पैदा हुआ भयंकर क्रोध और आक्रोश;

v., *pt.* **~ged**, *pp* **~ging** 1 ठेस पहुंचाना, भावनाओं को आहत क. 2 उल्लंघन क.: **~ge** all decency 3 घोर अपमान क.: **~ge** one's sense of justice; **~ge** public opinion 4 बलात्कार क.: **~ge** sb's modesty;

dw/lw: **outra\geous** /~रेजिअस/ *adj.* 1 (***syn.*** scandalous) घिनौना, बेहूदा, निर्लज्ज, घृणित 2 आहत करने वाला, अपमानजनक: ~geous epithets; ~geous behaviour 3 नृशंस, कठोर, अन्यायपूर्ण, अत्याचारपूर्ण: ~geous treatment 4 उग्र, प्रचंड, घोर: ~geous cruelty; **~geously** /~रेजिअसलि/ *adv.* घिनौने तरीके से; **~geousness** /~रेजिअसनेस/ *n.* घिनौनापन, बेहूदगी, निर्लज्जता, नृशंसता

out\ran /आउट\रैन/ **'outrun'** का भूतकालिक रूप;

dw/lw: **~rank** /~रैंक/ *v., pt.* ~ranked, *pp* ~ranking पद में किसी से ऊंचा हो जाना; **~reach** *v., pt.* ~reached, *pp* ~reaching से ऊपर पहुंचना, हद पार क.; **~ride** /~राइड/ *v., pt.* ~rode, *pp* ~riding 1 घुडसवारी, मोटसाइकल सवारी आदि में किसी को मात दे. 2 जहाज द्वारा तूफान आदि को सफलतापूर्वक झेलना; **~rider** *n.* धावकों या अन्य किसी काफिले के साथ चलने वाला घोड़े या मोटर साइकिल पर सवार रक्षक; **out\rigger** /~रिगः/ *n., naut.* 1 उलंडी 2 नौका, जहाज आदि के दोनों तरफ लगे संतुलन बनाए रखने वालीं संरचनाएं 3 मकान का ढांचा, चौखट 4 चप्पू का खूंटा 5 खूंटेदार नाव

outré /ऊट्रे/ *adj., Fr.* 1 अनुचित: ~ conduct 2 अजीब, विचित्र: ~ dress 3 आघात पहुंचाने वाला; **~ness** /ऊट्रेनेस/ *n.* विचित्रता, सनकीपन, ठेस

outright /आउटराइट/ *adj.* 1 पूर्ण, पूरा का पूरा: ~ rogue 2 सीधा, साफ: the ~ winner 3 खुल्लम-खुल्ला: hearty/ ~ manner 4 पक्का, शत-प्रतिशत: an ~ fool 5 साफ, सुस्पष्ट: ~ disapproval; give an ~ denial 6 सोद्देश्य;

adv. 1 पूरी तरह से, पूर्णतया 2 एकदम, सीधे: ask ~ (सीधे पूछना) 3 तुरंत, एकदम, तत्काल: killed ~; buy land ~ 4 सीधे, साफ-साफ, स्पष्ट रूप से: tell a person ~ what one thinks of him; laugh ~; speak one's opinion ~

out\rival /आउट\राइवल/ *v., pt.* ~rivalled, *pp* ~rivalling 1 (प्रतिस्पर्धी को) हरा दे., पराजित क., मात दे दे. 2 से श्रेष्ठतर होना: ~rival the stars in brilliance;

dw/lw: **~root** *v., pt.* ~rooted, *pp* ~rooting जड़ से उखाड़ दे., उन्मूलन क.; **~run** /~रन/ *v., pt.* ~ran, *pt. p.* ~run, *pp* ~running 1 दौड़कर आगे निकल जा.: ~ran his ability (अपनी क्षमता से ज्यादा भागा) 2 (***syn.*** ~strip) से तेज दौड़ना, को पीछे छोड़ दे.: ~run one's competitors; ~ran one's ambition 3 दौड़ कर भाग निकलना 4 सीमा पार क., से आगे बढ़ जाना: take care lest your expenses ~ran your income; **~score** /~स्कोः/ *v., pt.* ~scored, *pp* ~scoring खेल में दूसरे प्रतियोगी से ज्यादा अंक बनाना या प्राप्त क.: they ~scored their opponent by 20 points; **~sell** *v., pt.* ~sold, *pp* ~selling अपेक्षाकृत अधिक माल बेचना, अन्य माल से अधिक बिकना; **~set** *n.* 1 आरंभ: at the ~set 2 प्रस्थान, रवानगी: a good ~set is half the way/ the voyage = well begun is half done; **out\shine** *v., pt.* ~shone, *pp* ~shining 1 अधिक प्रसिद्ध हो. 2 से बढ़ कर या श्रेष्ठतर होना 3 मात दे. 4 से अधिक चमकना

outside /आउट\साइड/ (*also US* **~ of**) *prep.* 1 के बाहर: it is ~ his duties; ~ sb's circle of friends; that is ~ the question 2 बाहर, बाहर की ओर, बाहरी तरफ 3 सीमा से बाहर: ~ the city limits; be known far ~ one's own country 4 के सिवा: ~ their work they know nothing; I don't trust anyone ~ of you;

n. 1 (***syn.*** exterior; ***anton.*** inside) बाहरी तरफ, ऊपरी फलक: the ~ of the house was painted a light yellow 2 बाहरी शक्ल या रूप: his ~ is rough, but he is good at heart 3 बाहरी दुनिया: from the ~ 4 सड़क के बीच के समीपतम स्थान: overtake on the ~;

adv. 1 बाहर, खुले में: it was cool ~ 2 बाहर से: the house was painted green ~ 3 बाहर की ओर, बाहर: let's go ~ 4 की सीमा से बाहर 5 *sl.* जेल में;

adj. 1 (***syn.*** external) घर आदि से बाहर का, बाहरी, ऊपरी: ~ edge; ~ repairs; ~ work 2 संगठन, नौकरी आदि से न जुड़ा हुआ, पराया, बेगाना: ~ interference; ~ interests 3 दूरस्थ, सबसे दूर 4 *US* नगण्य: ~ chance 5 बाहरी (दुनिया): the ~ world 6 नियमित पाठ या कक्षा से बाहर का 7 (***syn.*** maximum) अधिकतम: ~ price; at the ~ (ज्यादा से ज्यादा);

dw/lw: **~r** /~साइडः/ *n.* 1 पराया या बेगाना आदमी: he has lived here for 20 years but is still regarded as an ~r 2 कमजोर प्रतियोगी: a rank ~r got selected;

collocations: **the ~** 1 बाहरी हिस्सा, ऊपरी सतह 2 सीमा 3 पैदलपथ (pavement) का सड़क से लगता किनारा; **the ~ broadcast** (*abbr.* **OB**) स्टुडियो से बाहर रिकॉर्ड या फिल्माए गए कार्यक्रम का प्रसारण; **~ left and ~ right** *Br. football* मैदान के बीच से बायीं या दायीं तरफ का दूरतम स्थान या खिलाड़ी; **~ line** बाहर से जुड़ने की टेलीफोन आदि की लाइन; **the ~ chance** किसी के बचने या जीतने आदि की कम उम्मीद; **the ~ in** उल्टा (कमीज, मोजा);

p&i: **~ chance** बहुत कम संभावना; **at the very ~** ज्यादा से ज्यादा: he did it in ten minutes at the ~ (उसने इसे ज्यादा से ज्यादा दस मिनट में पूरा कर लिया); **get the ~ of sth** *sl.* खा-पी लेना

outsize /आउट\साइज/ (*also* **~sized**, *abbr.* OS) *adj.* जरूरत से ज्यादा बड़ा, बड़े आकार का;

dw/lw: **(the) ~skirts** /~स्कःट्स/ *n., [pl.]* 1 नगर का बाहरी हिस्सा: camp on the ~skirts of a city 2 नगरोपरांत 3 उपकंठ (of village): a very thinly settled ~skirts 4 कगार, किनारा: the ~skirts of consciousness (चेतना के कगार पर या से बाहर, मुश्किल से होश में); **~sleep** *v. pt.* ~slept, *pt. p.* ~slept, *pp.* ~sleeping गंवा दे.: ~sleep an opportunity (जो सोवत है, सो खोवत है); **~smart** *v. pt.* ~smarted, *pp.* ~smarting (***syn.*** ~wit) किसी को चतुराई से मात दे दे.; **~source** /~सॉःस/ *v. pt.* ~sourced, *pp.* ~sourcing किसी कार्य को संगठन, संस्था या देश से बाहर करवाना; **~sourcing** *n.* कार्य को संगठन, संस्था या देश से बाहर करवाने की नीति या चलन; **~span** /~स्पैन/ *v. pt.* ~spanned, *pp.* ~spanning 1 *South Africa* (बैलगाड़ी आदि का) जूआ खोलना, जूआ उतारना 2 यात्रा भंग क. या रोकना; **~span** *n.* रुकने का या ठहराव स्थान; **~spoken** /~स्पोकन/ *adj.* 1 (*syn.* blunt) स्पष्टवादी, खरा-खरा या खड़तल बोलने वाला, खरी-खरी सुनाने वाला: he is an ~spoken man 2 साफ और स्पष्ट (मत): ~spoken criticism; ~spoken comments; **~spokenly** *adv.* साफ-साफ; **~spokenness** *n.* स्पष्टवादिता, स्पष्टमतता; **~spread** /~स्प्रेड/ *v. pt.* ~spread, *pp.* ~spreading फैलना, खींचकर फैलाना; **~spread** *adj.* पूरा फैलाया हुआ: ~spread arms/ wings; **~standing** /~स्टैंडिंग/ *adj.* 1 (*syn.* prominent) सर्वश्रेष्ठ, सर्वोत्तम, विशिष्ट, उत्कृष्ट: ~standing discoveries/ inventions 2 बकाया रकम: ~standing dues; ~standing debts/ liabilities 3 बाहर निकला हुआ: ~standing masses of mountains 4 अलग खड़ा; **~standingly** /~स्टैंडिंगलि/ *adv.* (***syn.*** remarkably) उत्कृष्ट ढंग से; **~stare** /~स्टेः/ *v. pt.* ~stared, *pp.* ~staring घूरने में दूसरे को मात दे दे.; **~station** *n.* 1 बाहर, दूसरा नगर या स्थान 2 बाहरी चक, बाहरी शाखा; **~stay** /~स्टे/ *v., pt.* ~stayed, *pp* ~staying अपेक्षाकृत ज्यादा समय ठहर जा., निर्धारित समय से ज्यादा ठहरना: ~stay one's welcome (किसी की मेहमाननवाजी का दुरुपयोग क.); **~step** *v., pt.* ~stepped, *pp* ~stepping हद पार क.; **out\stretch** /~स्ट्रेच/ *v., pt.* ~stretched, *pp* ~stretching 1 फैलना या बढ़ाना 2 हाथ मिलाने आदि के लिए हाथ बढ़ाना; **~stretched** /~स्ट्रेच्ट/ *adj.* बढ़ाया हुआ, फैलाया हुआ, खींच कर ताना हुआ: the ~stretched hand; with ~stretched arms; lie ~stretched; **~strip** /~स्ट्रिप/ *v., pt.* ~stripped, *pp* ~stripping 1 (*syn.* surpass) अपेक्षा से ज्यादा आगे बढ़ जा. 2 से आगे निकल जाना 3 किसी को या किसी चीज को पीछे छोड़ दे.; **out\swinger** /~स्वींगः/ *n. cricket* क्रिकेट में अंदर से घूमते हुए बाहर जानेवाली गेंद

outta /आउटः/ (*also* **outa**) 'out of' का संक्षेप

out\-take /आउटटेक/ *v., pt.* ~took, *pt. p.* ~taken, *pp* ~taking, *cinema, TV* फिल्म या गाने की अंतिम रूप से तैयार प्रति से किसी हिस्से को किसी कारणवश निकाल दे.;

dw/lw: **~-talk** *v., pt.* ~-talked, *pp* ~-talking 1 दूसरे से बेहतर ढंग से बात क. 2 दूसरे को एक भी शब्द न बोलने दे.; **~-throw** /~थ्रो/ *v., pt.* ~-threw, *pt. p.* ~-thrown, *pp* ~-throwing 1 तख्ता-पलट क. 2 जरूरत से ज्यादा दूर फेंकना; **~-throw** *n.* 1 तख्ता-पलट 2 जरूरत से ज्यादा फेंकी जाने वाली कोई वस्तु; **~thrust** /~थ्रस्ट/ *adj.* विस्तारित, विस्तार, बाहर निकला हुआ; **~thrust** *v., pt.* ~thrusted, *pp* ~thrusting धकियाकर बाहर कर दे., धक्का देकर आगे बढ़ना; **~-to-~** *n.* एक जैसा माप (साइज); **~tray** *n.* (*syn.* ~box; *anton.* intray) किसी की मेज पर बाहर जाने वाली डाक के लिए रखी जाने वाली ट्रे; **outturn** /आउटःन/ *n. see above under* **output** *n.*; **~vote** *v., pt.* ~voted, *pp* ~voting (*syn.* vote sb/ sth down) बहुत अधिक मतों से हरा दे., चुनाव में पराजित क.

outward /आउटवःड\/ *adj.* 1 (***anton.*** inward) बाहरी, बाह्य: ~ form/ appearance 2 ऊपरी, सतही: ~ appearances; ~ things; a feverish ~ display of energy 3 बहिर्गामी, जावक: ~ flight/ journey, etc.; ~ flow of money;

n. बाहर, बाहरी रूप, दृश्य जगत;

adv. (*also UK* **~s**) बाहर की ओर, बाहर जानेवाली;

dw/lw: **~-bound** *adj.* बाहर जाने वाली (रेलगाड़ी आदि); **~s** *adv./* **~ly** /~ज/ /~लि/ *adv.* (*anton.* inwardly) ऊपर से, बाह्य रूप में, बाह्यत:, बाहर की ओर, ऊपर से देखने में: ~ly he's very pleasant; **~ness** /~नेस/ *n.* बाह्यता, दृश्य;

collocations: **the ~ man** शरीर, नश्वर शरीर

out\wash /आउट\वाश/ *n.* हिमानी धौल;

dw/lw: **~wear** /~वेअः/ *n.* ऊपर पहनने के कपड़े; **~wear** *v., pt.* ~wore, *pt. p.* ~worn, *pp* ~wearing 1 (कपड़े को) पहन-पहनकर फटा-पुराना कर दे. 2 पहनने में दूसरे कपड़े से ज्यादा चल जाना: this cloth will ~wear that one 3 किसी चीज के टिकाऊपन और पक्केपन को खत्म कर दे. 4 किसी समस्या पर समय के साथ काबू पा लेना: ~wore the patience of opponent; **out\weigh** /~वे/ *v., pt.* ~weighed, *pp* ~weighing 1 दूसरे से ज्यादा भारी हो. 2 दूसरे से अधिक महत्त्वपूर्ण या प्रभावशाली होना; **out\wit** /~विट/ *v., pt.* ~witted, *pp* ~witting (*syn.* ~smart) चतुराई से मात दे., चालाकी से मात कर दे.; **~with** /~विद/ *prep., mainly Scots* बाहर, से आगे, दूर; **~work** *v., pt.* ~worked, *pp* ~working (अपेक्षाकृत) अच्छा काम क., किसी से बेहतर व अधिक काम क.; **~work** *n.* (*usually* **~works**) 1 सेना के मोर्चे से बाहर रक्षात्मक काम 2 किसी कंपनी, कारखाने या दुकान आदि के लिए घर से किया जानेवाला काम; **~worker** *n.* घर से काम करने वाला कर्मी; **out\worn** /~वोःन/ *adj.* 1 जीर्ण-शीर्ण, घिसा-पिटा: ~worn quotations 2 (*syn.* obsolete) घिसा-पिटा विचार, धारणा या विश्वास आदि: ~worn habits;

collocations: **~-of-body experience** सीधे अनुभव से, आंखों देखा अनुभव, आपबीती के आधार पर; **~ of date** *adj.* पुराना, दिनातीत, अनद्यतन, जिसकी अवधि समाप्त हो चुकी है;

ouzel /ousel /ऊजेल/ (*also* **water ouzel/ ring ouzel**) *n.* यूरोप का एक जलपक्षी

ouzo /ऊजो/ *n., pl.* **ouzos** यूनानी शराब

ova /ओव/ *n. pl.* **'ovum'** का बहुवचन

oval /ओवल/ *adj.* अंडाकार;

n. 1 अंडे के आकार की वस्तु 2 अंडवक्र;

dw/lw: **oval\ity/ ~ness** /ओवलिटि/ ओवलनेस/ *n.* अंडाकारिता;

collocations: **the Oval** लंदन में ओवल क्रिकेट मैदान; **the Oval Office** अमेरिका के राष्ट्रपति का कार्यालय; **~ window** (*also* **fenestra ovalis**) *anat.* भीतरी व मध्यम कानों के बीच झिल्ली से ढका छिद्र

ovar\ian /ओवेरिअन/ *adj.* अंडाशय-, अंडाशयी, डिंबाशयी;

dw/lw: **ovar\iectomy** /ओवेरिएक्टमि/ (*also* **ovar\iotomy** /ओवेरिऑटमि/) *n.* बच्चेदानी को शल्य क्रिया से निकालने की प्रक्रिया, अंडाशय-उच्छेदन; **ovar\itis** /ओवअराइटिस/ *n., pathol.* डिंबग्रंथि-शोथ, अंडाशय-शोथ; **ovar\y** /ओवरि/ *n., pl.* **ovaries** अंडाशय, डिंबाशय, डिंबग्रंथि, बच्चेदानी

ovate /ओवेट/ *adj.* अंडाकार

ovation /ओवेशन/ *n. hist.* 1 देर तक होनेवाली करतल ध्वनि, जय-जयकार, शाबाशी 2 उत्साहपूर्ण स्वागत

oven /अवन/ *n.* 1 तंदूर, चूल्हा 2 छोटी-सी भट्ठी;

dw/lw: **oven\proof** *adj.* ऐसे बर्तन (प्लेटें, प्याले आदि) जिन्हें बिजली के अवन यानी चूल्हे में रखना सुरक्षित हो; **~-ready** *adj.* पहले से बना खाना जो अवन में गर्म करके खाने के लिए तैयार हो; **~ware** *n.* अवन में रखकर गर्म करने के लिए सुरक्षित बर्तन;

collocations: **~ glove** हथेलियों को आंच से बचाने के लिए

दस्ताने

over /ओवः/ *adv.* 1 से ऊपर, से ज्यादा: go ~ budget 2 के ऊपर से जा., कूदना या चढना: walk/ jump/ climb, etc. ~ 3 दूसरी तरफ, बाहर की ओर निकल जाना: the kettle boiled ~; the pot was full and the soup was boiling ~; turn sth ~ (दूसरी तरफ सरकाना) 4 के ऊपर (से ढकना): paper the cracks ~ (दरारों (तरेड़ों) को कागज लगाकर ढक दे.) 5 के ऊपर (गिरना), नीचे की ओर: knock him ~; stoop ~ to lace one's shoes (तस्मे बांधने के लिए नीचे की ओर झुकना) 6 एक व्यक्ति, तरफ या हालत से दूसरे व्यक्ति या हालत की ओर: win them 7 के दौरान: ~ a cup of tea; read sometime ~ the weekend 8 बचा हुआ: left ~ 9 के ऊपर से: fly ~ from England 10 आदि से अंत तक: read the letter ~ 11 फिर से, दोबारा दोहराना, अच्छी तरह से क.: do it twice ~; do sth ~; (all) ~ again; they searched the town ~ 12 समाप्त: the lesson/ the concert/ game is ~ 13 नियंत्रण: control ~ sb's temper 14 जरूरत से ज्यादा: he is ~ polite 15 पूर्णतया, फिर से: think sth ~; think it ~ thoroughly 16 किसी समय तक: hold the payment ~ until March;

prep. 1 के ऊपर: the roof ~ one's head; fog hung ~ the city 2 ऊंचे पद आदि पर 3 एक तरफ से दूसरी तरफ: fly ~ the sea; a bridge ~ a river; go ~ the bridge; travel ~ Europe; all the world ~ 4 के ऊपर (ढकना): flapped ~ his eyes; his hat was pulled low ~ his eyes; he drew the blanket ~ him 5 के ऊपर से नीचे: fall ~ the edge 6 शुरू से अंत तक, गहराई से: read ~ that page again; go ~ the details 7 के समय, के दौरान: sometimes ~ the week end 8 के बाद तक: stay ~ the Monday night 9 से ज्यादा: ~ a year ago 10 के बारे में: argue ~ … 11 दूसरा काम करते समय: chat about it ~ a cup of coffee; he fell asleep ~ his work 12 में व्यस्त होकर: spend a day ~ the preparations 13 से उबरना: be ~ the accident; get ~ difficulties 14 के माध्यम से, पर; hear about it ~ the radio 15 के पार: a city ~ the border; ~ the wall 16 के ऊपर: bend/ lean ~ sb/ sth 17 के ऊपर से: he ran his eyes ~ the letter 18 समय की अवधि के दौरान: ~ a long term of years 19 से ज्यादा: ~ a mile 20 से बेहतर: superiority ~ sb 21 किसी पर: depression crept ~ him 22 से ऊपर, से बाहर: it is ~ my head (यह मेरी समझ से बाहर है);

n. क्रिकेट में बल्लेबाज को फेंकी जानेवाली छः (6) गेंदें: a maiden ~;

adj. 1 उच्चतर, ऊपर का, ऊपरी 2 बाहर का, बाहरी 3 अधिक (मात्रा में): ~ weight 4 अतिरिक्त: ~ and above;

p&i: **~ and above** के अतिरिक्त; **~ and ~ again** बार-बार; **~ against sth** के मुकाबले में, की तुलना में: set truth ~ against falsehood; **~flow with** भूरी भरकर छलकना; **~ God's forbade** खुदा न करे; **~ head and ears** पूरी तरह से डूबा हुआ (कर्जे आदि में); **~play one's hand** अति क., हद पार क.; **~ shoot the mark** हद से बढ़ जा., बढ़ा-चढ़ कर क.; **~ seas** विदेश में; **~ sb's dead body** कदापि नहीं; **~ the heads of**; **~ the hump** मुसीबत से निकल जा.; **~ there** यूरोप में; **~ the top** (*abbr.* **OTT**) *colloq.* अधिक, बढ़ाया-चढ़ाया हुआ;

all ~ 1 पूर्ण रूप 2 सब जगह 3 समाप्त, खत्म; **all ~ again** फिर से दोबारा; **be all ~ sb** किसी के साथ प्यार से नखरे क.; **be/ get ~ sth** उबर जा.; **be head ~ ears in love** सिर से एड़ी तक प्यार में डूबा हो.; **get sth ~ (and be done) with** जितनी जल्दी हो सके काम खत्म कर दे.; **hand sth ~ to sb** किसी को कुछ सौंपना; **it is all ~ with him** उसके साथ सब कुछ खत्म; **it is you all ~** यह सारा आपका खेल लगता है, इस सब पर आपकी छाप है; **please turn ~** कृपया पन्ना पलटिए!; **roll/ turn, etc.. (sth) ~** पलटना (पन्ने आदि); **sth ~ in one's mind** किसी बात पर गहन सोच-विचार क.; **stumble ~ sth** अचानक किसी चीज से टकरा जा.

over\- /ओवः\-/ *prefix, denoting:* 1 **excessive** (अत्यधिक): **over**confident 2 **in higher position** (ज्यादा ऊंचे पद पर): **over**lord 3 **position** or **movement above** (ऊपर को गति): **over**hang 4 **outer** (बाहर का): **over**coat 5 **movement downwards** (नीचे को गति): **over**turn 6 **completely** (पूरी तरह): **over**whelm;

dw/lw: **~abound** /~अबाउंड/ *v., pt.* ~-abounded, *pp* ~-abounding अत्यधिक मात्रा में पाया जाना, प्रचुर मात्रा होना; **over\abundance** /~अबंडंस/ *n.* अतिरेक, ज्यादती, अतिप्रचुरता; **~abundant** /~अबंडंट/ *adj.* अतिबहुल, बहुत अधिक, अतिप्रचुर; **~achieve** *v., pt.* ~achieved, *pp* ~achieving अनुमान से अधिक हासिल कर लेना; **~achiever** *n.* अनुमान से अधिक हासिल करने वाला; **~act** *v., pt.* ~acted, *pp* ~acting ओवर-एक्टिंग क., अस्वाभाविक, असहज या दिखावापूर्ण अभिनय क.; **~active** *adj.* अतिसक्रिय, अत्यधिक सक्रिय, जरूरत से ज्यादा सक्रिय; **~-age** *adj.* 1 अधिकायु, अति वृद्ध 2 किसी बात या काम के लिए निर्धारित सीमा से ज्यादा उम्र का; **~all** /~ऑल/ *adj.* 1 कुल, पूरा, समस्त, समग्र: the ~all total; the ~all length; ~all scoring; ~all efficiency; quite good, overall! (कुल मिलाकर काफी अच्छा है!) 2 (*syn.* comprehensive) व्यापक, समावेशी: ~all planning; the ~all Latin-American picture; ~all project 3 एक छोर से दूसरे तक: ~all dimensions; **~all** *adv.* 1 कुल मिलाकर, समस्त, समग्र 2 व्यापक; **~alls** /~ऑल्ज/ *n.* 1 *Br.* कपड़ों के ऊपर पहने जाने वाला गाउननुमा चोगा 2 *UK* (*US* **~alls = coverall**) कारीगरों आदि द्वारा पहने जाने वाला एक पीस (piece) का पैंट-कमीजनुमा वस्त्र 3 *US* (*UK* **dungarees**) डुंगरी पैंट जो छाती तक आती है; **~ambitious** /~ऐंबिशस/ *adj.* अति-महत्त्वाकांक्षी; **~-anxiety** /ओवरऐंग्जाइटि/ *n.* अतिचिंता; **~anxious** /~ऐंक्शिअस/ *adj.* अतिचिंतित, अतिव्यग्र; **over\arch** /~आःच/ *v., pt.* ~arched, *pp* ~arching 1 (किसी वस्तु के ऊपर) मेहराब या तोरण) बनाना: trees ~arched the road 2 बहुत सारे विषयों, प्रभावित लोगों या क्षेत्रों के हितों से संबंधित: a body ~arching many fields or people; **~arching** *adj.* 1 के ऊपर से तोरण बनाने वाली 2 ऐसी बात या कार्य जो बहुत सारे लोगों पर लागू होती है: the ~arching importance of the peace process; **~arm** *adj.* बांह को कंधे से ऊंचा उठाकर फेंकी जाने वाली (क्रिकेट में गेंद); **over\awe** /~आः/ *v., pt.* ~awed, *pp* ~awing आतंकित क. या हो., धमकाना, किसी पर रोब जमाना या किसी के रोब तले दब जाना; **~balance** *v., pt.* ~balanced, *pp* ~balancing 1 असंतुलित होना, डगमगा जा. या गिर पड़ना 2 असंतुलित कर दे., डगमगा दे. 3 से अधिक महत्त्व रखना 4 से अधिक हो.: the gains ~balanced the losses; **~balance** *n.* 1 अतिभार 2 आधिक्य, अतिरेक; **~bear** /~बेअः/ *v., pt.* ~bore, *pt. p.* ~borne, *pp* ~bearing 1 दबाना 2 वशीभूत कर लेना, दबा दे. 3 पर भारी पड़ना; **over\bearing** /~बेअरिंग/ *adj.* 1 रोब झाड़ने वाला, रोबीला 2 निरंकुश 3 बदतमीज, उद्धत 4 दबंग; **~bearingly** *adv.* दबंगता से, बदतमीजी से; **~bid** *v., pt.* ~bade, *pt. p.* ~bidden, *pp* ~bidding बढ़कर बोली दे.; **~bid** *n.* ऊंची बोली, (मूल्य) से ज्यादा की बोली; **~blow** /~ब्लो/ *v., pt.* ~blew, *pt. p.* ~blown, *pp* ~blowing जरूरत से ज्यादा बढ़ा-चढ़ाकर पेश क.: ~blow a story; **~blown** /~ब्लोन/ *adj.* 1 अत्यधिक फूला हुआ 2 आडंबरपूर्ण 3 बढ़ा-चढ़ा कर दिखाया हुआ: the tale becomes ~blown and thin 4 जरूरत से ज्यादा प्रयत्न किया जाने वाला 5 पूरा खिलकर मुझाने वाला: an ~blown beauty; ~blown body (पूरा डील-डौल); **~board** *adv.* नाव या जहाज पर से पानी में: fall ~board; go ~board (आवश्यकता से अधिक सक्रिय, प्रयत्नशील या उत्साहित हो.); throw/cast sth or sb ~board (से छुटकारा पाना, छोड़ दे.); **~bold** *adj.* अतिशय बहादुर, उतावला, अति आतुर, जल्दबाज; **~book** *v., pt.* ~booked, *pp* ~booking जितने स्थान (seats) उपलब्ध हों उनसे अधिक लोगों को आरक्षण दे.; **~bridge** *n.* ऊपरी पुल, उपरिसेतु, उपरला पुल; **~brim** /~ब्रिम/ *v., pt.* ~brimmed, *pp* ~brimming छलकना; **~build** *v., pt.* ~built, *pp* ~building जरूरत से ज्यादा इमारतें बनवाना या बनाना; **~burden** /~बःडन/ *v., pt.* ~burdened, *pp* ~burdening 1 अपेक्षाकृत अधिक भार लाद दे., क्षमता से अधिक लादना, लाद-फांद दे. 2 किसी पर काम का अधिक बोझ डालना 3 किसी को अत्यधिक चिंताग्रस्त क.; **~burden** *n.* अतिशय चिंता का भार, अत्यधिक बोझ; **~burdened** /~बःडंड/ *adj.* 1 लदा-फंदा 2 वाहन की क्षमता व मंजूरशुदा लादन सीमा से अधिक लदाई 3 अत्यधिक चिंताग्रस्त, चिंताओं के बोझ तले दबा हुआ; **~burdening** *n.* चिंता आदि का क्षमता से अधिक भार पड़ने की अवस्था; **~busy** *adj.* 1 अति व्यस्त, अत्यधिक व्यस्त 2 (***syn.*** officious) दस्तंदाज; **~buy** *v., pt.* ~bought, *pt. p.* ~bought, *pp* ~buying बहुत ज्यादा मात्रा में खरीद लेना, अतिक्रय क.; **~call** /~कॉल/ *v., pt.* ~called, *pp* ~calling 1 जरूरत से ऊंची बोली लगाना 2 ताश में ब्रिज के खेल में अधिक हाथ बोलना; **~call** *n.* ऊंची बोली, ताश में ऊंचा हाथ; **~came** *pt.,* '**overcome**' का भूतकालिक रूप; **~capacity** /~कअपैसिटि/ *n.* निर्धारित क्षमता अनुसार उत्पाद करने में अक्षमता; **~capitalize** /~कैपिटलाइज/ *v., pt.* ~capitalized, *pp* ~capitalizing 1 व्यापार में जरूरत से ज्यादा या अत्यधिक पूंजी लगाना 2 संपत्ति का दाम असली कीमत से अधिक आंकना; **~careful** *adj.* अति सतर्क, अत्यधिक सावधान; **~cast** *adj.* 1 बादलों से अत्यधिक घिरा हुआ (आकाश), आच्छन्न, मेघाच्छन्न 2 उदासी भरा या विषादमय (माहौल); **~cautious** /~कॉःशिअस/ *adj.* अति-सावधान, बहुत अधिक चौकन्ना, अत्यधिक सतर्क; **~charge** *v., pt.* ~charged, *pp* ~charging 1 वास्तविक मूल्य से अधिक दाम वसूल क.: ~charge purchasers 2 अधिक भरना: ~charge one's memory; ~charge a lecture with facts 3 बैटरी आदि को जरूरत से ज्यादा चार्ज क. (भरना); **~charge** *n.* 1 वास्तविक मूल्य से अधिक दाम की वसूली 2 जरूरत से ज्यादा चार्ज; **~cloud** /~क्लाउड/ *v., pt.* ~clouded, *pp* ~clouding 1 आच्छादित क. या हो., धुंधला कर दे. या हो: ~cloud sb's early life; his clear understanding got ~clouded 2 उदास या विषण्ण कर दे.; **~coat** *n.* एक गर्म या पानी-सह लंबा कोट, ओवरकोट; **~-colour** 1 ज्यादा रंग दे. 2 अतिरंजना क.; **~come** *v., pt.* ~came, *pt. p.* ~come, *pp* ~coming 1 अभिभूत या वशीभूत क., पराभूत क., काबू क.: ~come one's enemies; ~come bad habits; ~come temptations 2 पार क., पराजित क., काबू पाना: ~came his problems 3 उद्वेग आदि पर काबू पाना या उसके काबू में आना: be ~come by excitement/ fear/ sadness, etc. 4 पराभूत हो.: be ~come with grief; ~come by hunger; she was ~come by the heat 5 धुंए आदि से रुंध जा.: be ~come by smoke/ fumes, etc.; **~concern** /~कन्सःन/ *n.* अतिशय चिंता; **over\confident** /~कौन्फिडंट/ *adj.* अतिविश्वासी, अतिविश्वस्त, दुःसाहसी; **~confidence** *n.* अतिशय विश्वास, अतिविश्वास, दुःसासहस; **~cooked** *adj.* जरूरत से ज्यादा पकाया हुआ; **~cooling** *n.* अतिशीतन, जरूरत से ज्यादा ठंडा करने की क्रिया; **~coupling** /~कपलिंग/ *n.* अति युग्मन, अधियुग्मन; **~credulity** /~क्रअज्यूलिटि/ *n.* अति-आशुविश्वास; **over\-credulous** /~क्रअज्यूलस/ *adj.* अति-आशुविश्वासी; **~critical** *adj.* छिद्रान्वेषी, बाल की खाल उतारनेवाला; **~crowd**/~क्राउड/ *v., pt.* ~crowded, *pp* ~crowding भीड़ लगा दे., ज्यादा भर दे., बहुत बड़ी संख्या में आना: ~crowd a bus; **~crowding** *n.* अतिसंकुलता, भीड़भाड़, भीड़-भड़क्कम; **~crowded** /~क्राउडिड/ *adj.* भीड़ से भरा हुआ: ~crowded theatres; live in ~crowded conditions; **~-curious** /~क्यूअरिअस/ *adj.* अति उत्सुक; **~-develop** /~डिवअलप/ *v., pt.* ~-developed, *pp* ~-developing अधिक 1 विकास क. 2 ज्यादा पक जा या पका दे.; **~do** *v., pt.* ~did, *pt. p.* ~done, *pp* ~-doing 1 जरूरत से ज्यादा क. अति क.: ~do one's part in a play; ~do quotations 2 थका दे. 3 अत्यधिक काम क.; **~done** *adj.* ज्यादा पकाया हुआ; **over\dose** /~डोज/ *n.* दवाई की जरूरत से बड़ी खुराक; **~draft** /~ड्राफ्ट/ *n.* बैंक के खाते में जमा राशि से अधिक रकम निकालने की क्रिया; **~draw** /~ड्रॉः/ *v., pt.* ~drew, *pt. p.* ~drawn, *pp* ~drawing 1 (बैंक खाते में) जमा से अधिक धन निकालना, ओवरड्राफ्ट क. 2 अतिरंजना क., ज्यादा रुपया निकालना: ~draw an account 3 चित्रकारी में अति क.; **~drawn** /~ड्रॉःन/ *adj.* खाते में से जमा राशि से अधिक निकाली हुई रकम; **~dress** *v., pt.* ~dressed, *pp* ~dressing किसी अवसर विशेष के लिए जरूरत से ज्यादा सजना-संवरना, बनना-ठनना, भड़कीले कपड़े पहनना; **~dress** *n.* ऊपरी पोशाक; **~dressed** *adj.* जरूरत से ज्यादा सजा-धजा, बना-ठना; **~drive** /~ड्राइव/ *n.* तेज गति में प्रयुक्त किया जानेवाला गियर, थकावट; **~drive** *v., pt.* ~drove, *pt. p.* ~driven, *pp* ~driving 1 गेंद को ऊपर उठाते हुए बहुत तेजी से मारना 2 बहुत तेज चलाना; **~dub** /~डब/ *v., pt.* ~dubbed, , *pp* ~dubbing पहले से रिकॉर्ड की हुई ध्वनि के ऊपर रिकॉर्ड क.; **~due** /~ड्यू/ *adj.* 1 अपेक्षा से अधिक विलंबित: the train/ the ship is ~due; *achhe din* (improvements) are long ~due 2 कालातीत, जिसकी अवधि बीत गई हो, समय से पीछे, पुराना 3 जो अवधि बीतने पर भी चुकाया न गया हो, अतिदेय 4 अत्यधिक: ~due sturdiness 5 जरूरत से ज्यादा पका हुआ; **~eager** /~ईगः/ *adj.* अति-उत्सुक; **~eat** /~ईट/ *v., pt.* ~ate, *pt. p.* ~eaten *pp* ~eating 1 अत्यधिक या जरूरत से ज्यादा खाना 2 ठूसना; **~educated** /~एजुकेटिड/ *adj.* अतिशिक्षित, किसी काम या नौकरी आदि के लिए जरूरत से ज्यादा शिक्षित; **~-egg**: ~-egg the pudding जरूरत से ज्यादा फेर-बदल कर दे.; **~emphasis** /~ऐंफअसिस/ *n.* जरूरत से ज्यादा जोर, बल या बलाघात; **over\estimate** /~एस्टिमेट/ *v., pt.* ~estimated, *pp* ~estimating 1 (***anton.*** underestimate) जरूरत से ज्यादा बड़ा या छोटा समझना 2 (वास्तविकता से) अधिक कूतना या समझना: not to ~estimate one's abilities 3 अनावश्यक महत्त्व दे.; **~estimation** *n.* वास्तविकता से बढ़कर किया हुआ आकलन; **~excited** /~इक्साइटिड/ *adj.* अति-उत्तेजित; **~exert** /~इक्जःट/ *v., pt.* ~exerted, *pp* ~exerting अतिशय परिश्रम क. या ताकत लगना, अपने ऊपर जरूरत से ज्यादा बोझ डालना; **~expose** /~इक्स्पोज/ *v., pt.* ~exposed, *pp* ~exposing 1 अधिक देर तक खुले में रखना 2 किसी बात या घटना को जरूरत से ज्यादा प्रचार के केंद्र में लाना, अतिशय प्रचार क., अति-उद्भासित क. 3 फोटोग्राफ आदि को जरूरत से ज्यादा प्रकाश दे. 4 जरूरत से ज्यादा जोखिम उठाना; **~-exposure** /~इक्स्पोजः/ 1 अति-उद्भासन 2 अतिशय प्रचार 3 फोटो आदि पर जरूरत से ज्यादा प्रकाश डालने की क्रिया 4 अतिशय जोखिम उठाने या खतरा मोल लेने की क्रिया; **~extend** /~इक्स्टेंड/ (***syn.*** ~stretch) *v., pt.* ~extended, *pp* ~extending शक्ति या सामर्थ्य अधिक परिश्रम क. या व्यय क.; **~-fatigue** /~फटीग/ *n.* अतिश्रांति, अत्यधिक थकावट; **~feed** *v., pt.* ~fed, *pt. p.* ~fed, *pp* ~feeding 1 बहुत अधिक खिलाना 2 ठूंसना 3 फुलाकर कुप्पा बनाना; **~-fed** /~फेड/ *adj.* जिसे बहुत अधिक खिलाया गया हो या खिलाकर मोटा-ताजा बनाया गया हो; **~fill** *v., pt.* ~filled, *pp* ~filling खूब भरना, ठूंस लेना; **~fish** /~फिश/ *v., pt.* ~fished, *pp* ~fishing किसी स्थान पर बेहद ज्यादा मछली पकड़ना; **~-fishing** /~फिशिंग/ *n.* किसी स्थान पर बेहद ज्यादा मछली पकड़ने के कारण मछली की घटी पैदावार या उत्पादन; **~flow** *v., pt.* ~flowed, *pp* ~flowing 1 किसी बर्तन का ज्यादा भर जाने के कारण छलकना 2 उमड़ना, तालाब, नहर, नदी या अन्य जल-स्रोतों का लबालब भर जाने की वजह से किनारों के ऊपर से बहने लगना: the river ~flowed its banks; the crowds ~flowed the barriers 3 मानवीय आवनाओं आदि से लबालब भरा होने के कारण उमड़ने लगना, भावनाओं का अतिरेक हो.: ~flow with confidence/

happiness/ love, etc..; ~flow with gratitude; ~flow with kindness; **~flow** *n.* 1 छलक 2 उमड़ाव: ~flow of audience 3 बाढ़, बहाव 4 अतिरेक 5 आधिक्य: an ~flow of population; **~fly** *v., pt.* ~flew, *pt. p.* ~flown, *pp* ~ing (किसी स्थान के) ऊपर से उड़ना; **~fulfill** *v., pt.* ~fulfilled, *pp* ~fullfilling निर्धारित सीमा से अधिक पूरा क., जरूरत से ज्यादा कर दे.; **~full** *adj.* जरूरत से ज्यादा भरा हुआ, लबालब भरा हुआ; **~garment** *n.* ऊपरी पोशाक; **~generalize** /~जेनरलाइज/ *v., pt.* ~generalized, *pp* ~generalizing 1 ज्यादा अस्पष्ट बनाना 2 व्यापक रूप से सामान्यकरण क.; **~govern** /~गवन/ *v., pt.* ~governed, *pp* ~governing अनावश्यक नियमों को थोंपकर शासन क., शासन का अत्यधिक केंद्रीयकरण क.; **over\graze** *v., pt.* ~grazed, *pp* ~grazing अतिशय चराकर चरागाह आदि को खराब क.; **~ground** /~ग्राउंड/ *adj.* 1 जमीन के ऊपर का 2 वैध रूप से काम करने वाला

over\grow /ओवः\ग्रो/ *v., pt.* ~grew, *pt. p.* ~grown, *pp* ~ing 1 बहुत अधिक बढ़ जा., के ऊपर फैल जाना: the garden is ~grown with weeds 2 पहननेवाले का कपड़ों आदि के माप से बड़ा हो जा.: ~grow one's clothes;

***dw/lw:* ~grown** /~ग्रोन/ *adj.* 1 अधिक बढ़ा हुआ, अतिवृद्ध 2 जिसे किन्हीं और पौधों या लताओं आदि ने बढ़कर ऊपर से ढक लिया हो: ~grown hedge; ~grown alley; **~growth** /~ग्रोथ/ *n.* अतिवृद्धि: weakness due to ~growth; an ~ of weeds;

***p&i:* ~grow one's strength** 1 बहुत ज्यादा लंबा हो जा. 2 स्वास्थ्य के लिए हानिकर होने के बावजूद बहुत तेजी से लंबा हो.

over\hand /ओवः\हैंड/ *adv. & adj.* हाथ को कंधे से ऊपर ले जाकर फेंकी जाने वाली (गेंद आदि);

***dw/lw:* ~hang** *v., pt.* ~hung, *pt. p.* ~hung, *pp* ~ing 1 बाहर लटका होना: the hedge ~hangs several feet; ~hung with creepers 2 धमकी दे.: danger ~hangs us; **~hang** *n.* 1 पत्थर या छत का बाहर लटकता हुआ हिस्सा 2 लटकन की लंबाई-चौड़ाई 3 आवश्यकता से अधिक वस्तु; **over\hung** *pt. p., adj.* बाहर लटका हुआ; **~haste** /~हेस्ट/ *n.* हड़बड़ाहट, हड़बड़ी, उतावलापन; **~hasty** /~हेस्टि/ *adj.* उतावला; **over\haul** /~हॉल/ *v., pt.* ~hauled, *pp* ~hauling 1 उपकरण या वस्तु की समग्र मरम्मत क. 2 पूरी डॉक्टरी जांच क.: be ~hauled by a doctor 3 किसी कार्य की पूरी जांच-परख क.: ~haul the state of a business/ of accounts 4 घर आदि की समग्र मरम्मत क. 5 आगे निकल जाना: ~haul a vessel/ competitor; **~haul** *n.* 1 पूरी मरम्मत 2 समग्र जांच;

over\head /ओवः\हेड/ *adj., adv.* 1 सिर के ऊपर होने वाला: ~head fire (सिर के ऊपर से की जानेवाली गोलीबारी); ~head irrigation 2 उपरला, ऊपरी: ~head charges/ costs/ expenses 3 अतिरिक्त 4 शिरोपरि (of shooting) ऊर्ध्व व्योमस्थ, आसमान में, हवा में लटकनेवाला: ~head throw; ~head conveyor; ~head transmission; ~head railway; the stars ~head; **~head** (*UK* **~heads**; *US* **~head**) *n., [pl.]* 1 व्यवसाय आदि चलाने के लिए किया जानेवाला रोजमर्रा का खर्च 2 बंधा खर्चा यानी बिजली, पानी, किराया आदि का लगातार होनेवाला व्यय;

***collos.:* ~head projector** (*abbr.* **OHP**) वक्ता की मेज पर रखा और उसके सिर के ऊपर से यानी पर्दे पर चित्र दिखानेवाला उपकरण; **~head personnel** रक्षा विभाग के प्रशासनिक कर्मचारी

over\hear /ओवः\हिअः/ *v., pt.* ~heard, *pp* ~hearing 1 कानों में बात पड़ना 2 संयोग से या छिप कर सुनना 3 कनसुई करना;

dw/lw:* ~heat** *v. pt.* ~heated, *pp* ~heating 1 जरूरत से ज्यादा गर्म हो. या क. 2 आर्थिक स्थिति को अत्यधिक आशावादी होकर देखना और बढ़ा-चढ़ाकर देखने के कारण मुद्रा-स्फीति को बढ़ावा दे.; **~heated** *adj.* उत्तेजनापूर्ण (बहस आदि); **over\indulge** /~इंडल्ज/ *v. pt.* ~-indulged, *pp* ~-indulging में अधिक आसक्त होना, में बह जाना, का अति सेवन क.; **~-indulgence** *n.*1 अति सेवन, अत्यासक्ति 2 अतिशय लाड-प्यार से आनेवाला बिगड़ाव 3 अतिभोग; **~-indulgent** *adj.* 1 अतिकृपालु, अतिशय लाड-प्यार से बिगाड़नेवाला 2 अतिकृपा का दुरुपयोग करने वाला 33 अतिभोगी; **~inflated** /~इन्फ्लेटिड/ *adj.* 1 बढ़ाया-चढ़ाया हुआ (दाम आदि) 2 पहले से बढ़ा-चढ़ाकर बेहतर आदि दिखाया हुआ 3 (गुबारा आदि) बहुत अधिक हवा से भरकर फुलाया हुआ; **~issue** /~इस्यू/ *n.* अतिप्रचालन; **~issue** *v. pt.* ~issued, *pp* ~issuing अनुमत संख्या से ज्यादा निकालना: ~issue the bank note; **~joyed** /~जॉइड/ *adj.* (syn.*** extremely delighted) आवश्यकता से ज्यादा खुश, आनंद-विभोर: be ~joyed at one's success; **~kill** *n.* 1 जरूरत से ज्यादा किया हुआ काम 2 आवश्यकता से अधिक किए गए प्रयत्न: ~kill capability; **~kill** *v, pt.* ~killed, *pp* ~killing जरूरत से ज्यादा प्रयास क.; **~labour** *v. pt.* ~laboured, *pp* ~labouring 1 और अधिक विस्तार क. 2 (***syn.*** overwork) पर आवश्यकता से अधिक काम करवाना या क.; **over\laden** /~लेडन/ *adj.* अतिभारित, क्षमता से अधिक लदा हुआ; **~laid** /~लेड/ *adj.* से ढका हुआ, से भरा हुआ, अतिभारित; **~land** *adv.* स्थल मार्ग से: travel ~land; **~land** *adj.* स्थल मार्गी: ~land journey; ~land route; **over\lap** /~लैप/ *v. pt.* ~lapped, *pp* ~lapping 1 एक ही काम का दो बार किया जा. 2 दो बातों का एक जैसा हो.: the treatment in these two books largely ~lsaps 3 ढक ले., अतिछादित क.; **~lapping** /~लैपिंग/ *n.* अंशच्छादन, अतिव्याप्ति, अतिव्यापन, परस्पर व्यापन; **~lapping** *adj.* परस्परच्छादी, परस्परव्यापी, अतिव्यापी, एक दूसरे को दोहरानेवाले या ढकनेवाले; **~lay** /~ले/ *v., pt.* ~laid, *pp* ~laying (**~lay one thing with another**) 1 एक के ऊपर दूसरी वस्तु फैलाना, पर बिछाना, ढकना, आच्छादित क. 2 किसी चीज पर दूसरी वस्तु डालकर उसे ढक दे.; **~lay** *n.* 1 एक चीज के ऊपर फैलाई हुई दूसरी चीज 2 नक्शे आदि पर ऊपर से लगाया हुआ पारदर्शी कागज या आवरण 3 *comput.* पाठ के किसी भाग या पूरे पाठ (text) को किसी दूसरे पाठ से ढकने की क्रिया, उपरिशायी; **~leaf** /~लीफ/ *adv.* पन्ने के दूसरा फलक: see ~leaf; **~lie** /~लाइ/ *v. pt.* ~lay, *pp* ~lying 1 के ऊपर गिरना या लेटना 2 ऊपर गिरकर किसी छोटे जीव को कुचल दे.; **~leap** /~लीप/ *v. pt.* ~leapt, *pp* ~leaping 1 (***syn.*** omit) लांघ जाना 2 छोड़ दे.: ~leap oneself (1 अपनी शक्ति या क्षमता वास्तविकता से अधिक आंकना 2 अति प्रयास क.); **~live** *v. pt.* ~lived, *pp* ~living 1 किसी से ज्यादा लंबा जीवन जीना 2 लंबा जीवन जीना: ~live oneself; **~load** *v. pt.* ~loaded, *pp* ~loading 1 निर्धारित क्षमता से अधिक लादना 2 जरूरत से ज्यादा काम दे. 3 क्षमता से अधिक बोझ डालना या रखना; **~load** *n.* क्षमता से अधिक भार या लदान; **~long** *adj.* जरूरत से अधिक लंबा, अतिदीर्घ;

over\look /ओवः\लुक/ *v. pt.* **~ed**, *pp* **~ing** 1 ऊपर से देखना: **~s** park; a view **~ing** the town; the window **~s** the street 2 उपेक्षित क., की उपेक्षा क., अनदेखा या अनदेखी क., देखी-अनदेखी क.: his services have been **~ed** for years 3 ध्यान में न आना: ~ a printer's error 4 पर ध्यान न दे., जाने दे., छोड़ दे.: ~ a passage in a letter; ~ sb while sending out invitations 5 विचार में न लिया जा.: ~ arguments brought against one's views 6 माफ क.: I'll ~ it this time/ but don't let it happen again 7 (***syn.*** superintend) निरीक्षण क.: ~ men at work/ work at an office 8 (***syn.*** bewitch) नजर लगाना, सम्मोहित क.;

n. 1 *mainly US* ऐसा ऊंचा स्थान जहां से उसके सामने बिखरा दृश्य पूरा दिखाई देता है 2 चूक, गलती से छूटी कोई बात या विवरण

over\lord /ओवः\लॉःड/ *n.* अधिपति, अधिराज: feudal ~s; **~lord** *v. pt.* ~lorded, *pp* ~lording हुक्म चलाना, राज क.;

dw/lw:* over\ly** /~लि/ *adv.* (syn.*** excessively) अत्यधिक, जरूरत से ज्यादा; **~lying** /~लाइंग/ *adv.* उपरिशायी, अपेक्षाकृत ज्यादा ऊंचे स्थान पर स्थित या बिखरा हुआ (खेत या मैदान);

~man *v. pt.* ~manned, *pp* ~manning किसी काम के लिए जरूरत से ज्यादा आदमियों की भर्ती कर लेना; **~manned** *adj.* (*syn.* ~staffed; *anton.* understaffed) जहां जरूरत से ज्यादा कर्मचारी हों; **~-many** /~मेनि/ *adj., adv.* अत्यधिक; **~master** /~मासटः/ ओवःमैस्टः/ *v. pt.* ~mastered, *pp* ~mastering 1 जीत लेना, पराजित क., पर पूरी तरह विजय पाना: be ~mastered by love/ by hate 2 पर काबू पाना: ~master sb's will; **~mastering** *adj.* ***1*** काबू पाने में सक्षम ***2*** वशीभूत करने वाला: ~mastering passion; **~match** (*mainly US*) *v., pt.* ~matched, *pp* ~matching 1 के ऊपर भारी पड़ना, मात कर दे., से ज्यादा शक्तिशाली होना 2 मुकाबले में कहीं ज्यादा शक्तिशाली प्रतियोगी खड़ा क.; **~match** *n.* 1 ज्यादा शक्तिशाली प्रतियोगी 2 ऐसा मुकाबला जिसमें एक प्रतियोगी दूसरे से कहीं ज्यादा बलशाली हो; **~-measure** /~मेजः/ *n.* उचित स् अधिक परिमाण, घाल, घलुआ; **~much** (*also* **~ly much**) *adj., adv.* जरूरत से अधिक, अत्यधिक: not to worry ~much about sth; **~modest** *adj.* जरूरत से ज्यादा विनम्र; **~nice** *adj.* बहुत अधिक नाजुक, जिसे प्रसन्न करना नामुमकिन हो, दुष्तोषणीय; **over\night** *adj.* 1 रात भर के लिए, रात को, रात भर की: stay ~night; ~night journey 2 पूर्वसंध्या: make preparations ~night 3 अचानक: he rose to international fame almost ~night; success came ~night; the weather has changed ~night; **~night** *adj.* 1 रात में होनेवाली 2 रात भर के लिए: ~night stay (रात्रिवास); ~night bag/ ~night case (एक रात कहीं ठहरने के लिए प्रतिदिन प्रयुक्त होनेवाली छोटीमोटी वस्तुएं रखने का छोटा-सा बैग) 3 अचानक, एक रात में: an ~night success 4 रात में प्रयोग करने का; **~optimistic** /~औप्टिमिस्टिक/ *adj.* 1 अति आशावादी 2 जो आशानुसार न हो; **~paid** *adj.* (*anton.* underpaid) अतिदत्त, वैध भुगतान से अधिक अदायगी; **~pass** *US* (*UK* **flyover)** *n.* 1 ऊंचाई पर बना पुल, जिससे वाहन बेरोकटोक ऊपर ही ऊपर जा सकते हैं 2 उपरिपार्क; **~pay** *v., pt.* ~paid, *pp* ~paying बहुत ऊंची तनख्वाह दे., सही राशि से अधिक दे.; **~payment** *n.* वैध राशि से अधिक भुगतान; **over\pitched** /~पिचड/ *adj.* ***1*** क्रिकेट में बल्लेबाज के लगभग गले तक ऊपर उठती हुई (गेंद) ***2*** तेज और ऊपर उठती हुई; **~play** *v., pt.* ~played, *pp* ~playing 1 (*anton.* underplay) किसी बात के महत्त्व को बढ़ा-चढ़ाकर दिखाना: ~play one's hand 2 अति-अभिनय क. 3 किसी भावना को नाटकीय ढंग से दर्शाना: ~play the achievements; **~plus** /~प्लस/ *n.* आधिक्य, बाहुल्य, बचत; **~plus** *adj.* अतिरिक्त; **~populated** /~पॉप्युलेटिड/ *adj.* अधिक जनसंख्या-वाला; **~power**/~पाउअः/ *v., pt.* ~powered, *pp* ~powering 1 ज्यादा ताकत से काबू क. 2 पराजित क.: ~power the enemy 3 बेबस कर दे.: the heat ~powered him; be ~powered by grief; **~powering** /~पाउअरिंग/ *adj.* 1 वशीभूत करने वाली, काबू करने वाला: ~powering grief 2 जिसकी सम्मोहन शक्ति आदि के सामने टिका रहना असंभव हो: ~powering beauty; **~priced** /~प्राइस्ट/ *adj.* ज्यादा महंगा, असली कीमत से ज्यादा दाम का; **~print** *v., pt.* ~printed, *pp* ~printing अतिमुद्रण क., जरूरत से ज्यादा छापना; **~print** *n.* अति मुद्रण, आवश्यकता से अधिक प्रतियों की छपाई; **~production** *n.* अति-उत्पादन, आवश्यकता से अधिक उत्पादन; **~qualified** *adj.* किसी नौकरी या कार्य के लिए आवश्यक योग्यता से अधिक योग्य व अनुभवी; **~ran** /~रैन/ *pt.,* **'overrun'** का भूतकालिक रूप; **~rate** /~रेट/ *v., pt.* ~rated, *pp* ~rating 1 अनावश्यक महत्त्व या भाव दे. 2 अत्यधिक मूल्य लगाना 3 अधिक मूल्यांकन क.: ~rate one's abilities/ one's capacities 4 *rowing* अपने प्रतिद्वंद्वी से ज्यादा रफ्तार से नौका खेना; **~rated** /~रेटिड/ *adj.* अत्यधिक मूल्य वाला (माल आदि): ~rated book; **~reach** *v., pt.* ~reached, *pp* ~reaching 1 क्षमता आदि से. ज्यादा आकलन के कारण असफल दो.: ~reach oneself 2 धोखे/ चालाकी से दबा दे. 3 अतिशय चालाकी के कारण हार जाना: he has never ~reached himself; **over\react** /~रिऐक्ट/ *v. pt.* ~reacted, *pp* ~reacting जरूरत से ज्यादा भावुक होकर प्रतिक्रिया जताना; **~reaction** *n.* अनावश्यक रूप से भावुक होकर दिखाई गई प्रतिक्रिया; **~-refine** /~रिफाइन/ *v. pt.* ~-refined, *pp* ~-refining अनावश्यक रूप से अधिक परिष्कृत क.; **~ride** /~राइड/ *v., pt.* ~rode, *pt. p.* ~ridden, *pp* ~riding 1 कुचल दे., दमन क. 2 औरों से ज्यादा महत्त्वपूर्ण हो. 3 किसी क्षेत्र को घोड़े पर सवार होकर पार क. 4 पर रोब जमाना, अभिभूत क. 5 अवहेलना या उपेक्षित क.: ~ride sb's authority 6 (***syn.*** ~rule) प्रत्यादेश दे., पहले के आदेश या कथन को निरस्त या रद्द (nullify) करके नया आदेश दे. 7 ठुकराना, अस्वीकृत क.: ~ride sb's claims 8 किसी स्वचालित कार्य को अपने हाथ में लेकर पूरा क. 9 अपने अधिकार या अधिकार-क्षेत्र का अतिक्रमण क.: ~ride one's commission (अपने अधिकारों का लंघन क.); **~riding** /~राइडिंग/ *adj.* 1 औरों से ज्यादा महत्त्वपूर्ण 2 अभिभावी 3 मुख्य, सर्वोपरि; **~ripe** /~राइप/ *adj.* अत्यधिक पका हुआ: ~ripe wood; **over\rule** /~रूल/ *v., pt.* ~ruled, *pp* ~ruling 1 (***syn.*** ~ride) निरस्त या रद्द कर दे., अस्वीकृत क., ठुकरा दे.: ~rule a claim/ an objection; ~rule a decision 2 के विरुद्ध व्यवस्था या निर्णय क. 3 के ऊपर भारी पड़ना: his greed ~ruled his caution; **~ruled** *adj.* प्रत्यादिष्ट, रद्द किया हुआ; **~ruling** /~रूलिंग/ *n.* निरस्तीकरण, प्रति-आदेश, के उल्टा हुक्म, प्रतिव्यवस्था

over\run /ओवःरन/ *v., pt.* ~ran, *pt. p.* ~run *pp* ~running 1 नष्ट क., उजाड़ना: the flooded river ~ran the valley 2 फैल जा., से भर जा.: ~run with weeds; ~run with rabbits/ with mice 3 *UK* अवधि से अधिक समय तक चालू रहना: the talk ~ran by ten minutes 4 (***syn.*** ravage) किसी देश पर हमला करके उस पर कब्जा क., उसे रौंद डालना या लूटना: enemy troops ~ran the country 5 द्रव से भरे बर्तन का छलकना 6 (छपाई में) लाइन या पृष्ठ खत्म होने पर अगली लाइन या पृष्ठ पर जाना 7 क्षमता या उचित सीमा से अधिक काम करके अपने आप को थकाना: ~run oneself;

n. 1 रौंद डालने, उजाड़ने आदि की क्रिया 2 निश्चित समय को पार करने की मात्रा 3 उत्पाद में निश्चित सीमा से अधिकता 4 अनुमान से ज्यादा खर्चा आदि: cost ~run;

collocations: **~run brake** 1 ट्रेलर गाड़ी में लगा ब्रेक जो ट्रेलर को खींचनेवाली गाड़ी की रफ्तार से अधिक नहीं होने देता 2 ट्रेलर में लगी ब्रेक जो ट्रेलर की रफ्तार खींचनेवाली गाड़ी की रफ्तार से ज्यादा तेज नहीं होने देती; **~running clutch** क्लच हटने पर खुली रफ्तार;

p&i: **~run the scent** सुराग या अता-पता खो दे.

over\-scrupulous /ओवः\-स्क्रूप्युलस/ *adj.* 1 अत्यधिक धर्मभीरु या सावधान 2 बाल की खाल उतारने की हद तक सिद्धांतवादी;

dw/lw: **over\seas** /~सीज/ *adj.* दूसरे देश का, विदेशी, विदेश में, समुद्रपार का/ की/ के: an ~seas posting; ~seas trade; ~seas service; **~seas** *adv.* बाहर, विदेश में: working ~seas; **~seas** *n.* विदेश: a visitor from ~seas; **~see** *v., pt.* ~saw, *pt. p.* ~seen, *pp* ~seeing 1 पर नजर रखना: ~see work 2 का निरीक्षण क.; **~seer** /~सिअः/ *n.* 1 निरीक्षक, सर्वेक्षक, सुपरवाइजर 2 (***syn.*** junior engineer, *abbr.* JE) कनिष्ठ इंजीनियर; **~sell** *v., pt.* ~sold, *pp* ~selling 1 उपलब्ध माल से अधिक की बिक्री के ऑर्डर ले लेना 2 माल की बढ़ा-चढ़ाकर प्रशंसा क.; **over\sensitive** /~सेंसिटिव/ *adj.* अति संवेदनशील; **~sensitiveness** *n.* अति संवेदनशीलता; **~set** *v., pt.* ~set, *pt. p.* ~set, *pp* ~setting 1 व्यवस्था भंग क.: ~set the government 2 उलटना: ~set a boat 3 बिगाड़ना: ~set one's plans; **~sew** /ओवःसो/ *v., pt.* ~sewed, *pt. p.* ~sewed/ ~sewn, *pp* ~sewing कपड़े के किनारे के पार सीना; **~sexed** /~सेक्स्ड/ *adj.* कामांध; **over\shadow** /~शैडो/ *v., pt.* ~shadowed, *pp* ~shadowing 1 एक बात द्वारा दूसरी पर छा जा. 2 एक बात की तुलना में दूसरी को कम महत्त्व दे. 3 धुंधला कर दे.: the tree ~shadowed the window 4 नीचा दिखाना, निष्प्रभ कर

दे., से बढ़कर होना, कहीं अधिक महत्त्व रखना: ~shadow a festivity; **~shoe** *n.* जूते के ऊपर पहना जानेवाला बड़ा जूता: ~shoe in the mud/ in water; **~shoot** *v., pt.* ~shot, *pp* ~shooting 1 निशाना चूक जा. 2 पार कर जाना: ~shoot the mark 3 वायुयान द्वारा पट्टन पट्टी (landing strip) से आगे निकल जाना; **~shoot** *n.* 1 निशाना चूकने की क्रिया 2 निशाना चूकने की दूरी या अंतर; **~shot** /~शॉट/ *adj.* 1 ऊपर से पानी पड़ने पर घूमनेवाला (पहिया) 2 ऊपरवाला जबड़ा नीचेवाले से आगे निकला हुआ; **over\sight** /~साइट/ *n.* 1 निरीक्षण, देख-रेख: be under the ~sight of; have the ~sight of children 2 भूल-चूक, चूक, भूल, गलती 3 असावधानी 4 दृष्टिदोष, दृष्टिभ्रम: mistake by ~sight; **~simplify** /~सिंप्लिफाइ/ *v., pt.* ~simplified, *pp* ~simplifying 1 कुछ ज्यादा ही सरल बना दे.: ~simplify matters 2 विकृत कर दे.; **~size** /~साइज/ (*also* **~sized**) *adj.* 1 असाधारण लंबाई-चौड़ाईवाला 2 बहुत बड़ा, अधिक बड़ा: ~size classes; **~size** *n.* बहुत बड़ा माप या आकार; **~slaugh** /~स्लॉ/ *n.* 1 (***syn.*** exemption) (दूसरे कार्य के बदले) कार्यमुक्ति 2 रेत की दीवार, बालुकारोध; **over\slaugh** *v., pt.* ~slaughed, *pp* ~slaughing 1 (*syn.* exempt) से मुक्त क.) 2 (***syn.*** pass over) की उपेक्षा क. 3 (*syn.* hinder) रोकना; **~sleep** *v., pt.* ~slept, *pp* ~sleeping 1 देर तक सोते रहना, नींद से उठने की निर्धारित अवधि को पार क. 2 अवसर गंवा दे.; **over\soul** /~सोल/ *n.* परमात्मा; **~-sold** *pt. tense of the verb* **'~sell'** क्षमता से अधिका बेचा हुआ; **~-solicitous** /~सलिसिटस/ *adj.* 1 जरूरत से ज्यादा विनयशील 2 दूसरों के बारे में अति चिंतित; **~sow** /~सो/ *v., pt.* ~sowed, *pt. p.* ~sowed, *pp* ~sowing 1 दोबारा बोना 2 अतिरिक्त बिजाई क. 3 जरूरत से ज्यादा बीज डाल देना; **~spend** *v., pt.* ~spent, *pt. p.* ~spent, *pp* ~spending 1 पहले से निर्धारित राशि से ज्यादा खर्च क., बजट को पार कर जाना: ~spend oneself 2 बहुत अधिक (सामर्थ्य से ज्यादा) खर्च क.: ~spend one's income; **~spend** *n.* 1 अधिक खर्चा 2 ज्यादा खर्च की जानेवाली रकम; **over\spill** /~स्पिल/ *n.* 1 छलका हुआ (पानी आदि) 2 भीड़-भाड़वाले या जीर्ण-शीर्ण शहरी क्षेत्र को छोड़कर कहीं और जा बसने वाले लोग (छलकी हुई आबादी), अतिक्रमी लोग; **~spread** /~स्प्रेड/ *v., pt.* ~spread, *pp* ~spreading के ऊपर पर फैल जाना; **~staffed** /~स्टाफ्ड/ *adj.* (*anton.* understaffed) जरूरत से ज्यादा कर्मी होना; **~state** *v., pt.* ~stated, *pp* ~stating (*anton.* understated; *syn.* exaggerate) बढ़ा-चढ़ा कर कहना, अतिरंजना क.: ~state one's case; **~statement** *n.* (*anton.* understatedment) अत्युक्ति, अतिरंजना, अतिशयोक्ति, अत्यशयोक्ति पूर्ण कथन; **~stay** *v., pt.* ~stayed, *pp* ~staying अपेक्षाकृत अधिक समय ठहरना: ~ one's welcome (मेहमाननवाजी का दुरुपयोग क.); **~steer** /~स्टिअः/ *v., pt.* ~steered, *pp* ~steering 1 (गाड़ी को) कुछ ज्यादा ही घुमा दे. 2 गाड़ी का स्टीअरिंग व्हील के घुमाव से ज्यादा घूम जाना; **over\step** *v., pt.* ~stepped, *pp* ~stepping 1 हद पार क.: ~step one's authority 2 निशाने से परे जा.: ~step the mark 3 शालीनता व सौंदर्य की हद पार क.: ~step the modesty of nature; **~stepping** *n.* उल्लंघन, सीमा-लंघन: ~stepping of the time limit; **~stock** /~स्टॉक/ *v., pt.* ~stocked, *pp* ~stocking (किसी चीज को) जरूरत से ज्यादा या वैध मात्रा से ज्यादा संचय क.: ~stock a shop/ a market; **~strain** /~स्ट्रेन/ *v., pt.* ~strained, *pp* ~straining 1 अत्यधिक परिश्रम क., अत्यधिक बल लगाना 2 हद से ज्यादा काम लेना या बोझ डालना: ~strain one's strength 3 अत्यधिक थकाना: ~strain oneself 4 जरूरत से ज्यादा लंबा खिंचना या खींचना: this argument is greatly ~strained; **over\strain** *n.* अतिशय बोझ; **~stress** *v., pt.* ~stressed, *pp* ~stressing 1 अत्यधिक बोझ डालना 2 जरूरत से ज्यादा लंबा खींचना: ~stress a point; **~strict** /~स्ट्रिक्ट/ *adj.* अत्यंत कठोर, बहुत कड़ा, बहुत सख्त; **over\strung** /~स्ट्रंग/ *adj.* 1 अतिव्यग्र, अतिक्षुब्ध, अति उद्विग्न 2 जगह कम रखने के लिए पिआनो की तारों को विशेष तरीके से दोहरा क.; **~stuffed** /~स्टाफ्ड/ *adj.* (बिस्तरे के गद्दे की तरह) भरा-भरा, ज्यादा भरा हुआ; **~subscribe** /~सब्स्क्राइब/ *v., pt.* ~subscribed, *pp* ~subscribing संभावित आपूर्ति की हद से ज्यादा खरीदना या लेना: the new loan has been ~subscribed; **~subscription** /~सब्स्क्रिपशन/ *n.* आपूर्ति से ज्यादा खरीददारी; **over\subscribed** /~सब्स्क्राइब्ड/ *adj.* अधिप्रदत्त, आपूर्ति की संभावना या क्षमता से ज्यादा की खरीद का ऑर्डर दिया हुआ; **~-supply** *n.* अति-आपूर्ति;

overt /ओवःट\/ *adj.* प्रत्यक्ष, खुला, जनता के संज्ञान में: ~ act *law* (आपराधिक मंशा से किया गया कोई काम);
dw/lw: **~ly** /~लि/ *adv.* प्रत्यक्ष रूप से, खुल्लम-खुल्ला, सबके सामने, बिना किसी पर्दे के

over\take /ओवः\टेक/ *v., pt.* ~took, *pt. p.* ~taken, *pp* ~taking 1 (*syn.* ~strip) दूसरों से आगे निकल जा. 2 दूसरी गाड़ियों से आगे निकल जा.: ~take another car 3 आकस्मिक घटनाओं से घिर जा.: be ~taken by bad weather/ a storm; disaster ~took them; be ~taken by/ with/ fear/ by/ surprise; **~task** /~टास्क/ *v., pt.* ~tasked, *pp* ~tasking पर अधिक बोझ डालना; **~tax** *v., pt.* ~taxed, *pp* ~taxing 1 भारी कर लगाना 2 कर का भारी बोझ लाद दे.: the country is ~taxed 3 किसी पर भारी बोझ डालना: ~tax sb's patience/ sb's strength/ sb's capacities; **over\-the-counter** /~दिकाउंटः/ *adj.* डॉक्टरी नुस्खे से मिलनेवाली दवाइयां: ~-the-counter medicines; ~-the-counter drugs

over\throw /ओवःथ्रो/ *v., pt.* **~threw**, *pt. p.* **~thrown**, *pp* **~throwing**, he/ she/ it **~throws** 1 तख्ता पलट दे., उलट दे., गिरा दे.: **~throw** a government 2 पराजित क. 3 समाप्त कर दे.: traditional beliefs which science may **~throw** 4 क्रिकेट में क्षेत्र-रक्षक (fielder) द्वारा गेंद को विकटों के ऊपर से दूर फेंकना जिसके कारण बल्लेबाज भाग कर अतिरिक्त रन बना सकते हैं;
n. 1 तख्ता पलट 2 विध्वंस, विनाश, समाप्ति 3 क्रिकेट में क्षेत्र-रक्षक द्वारा गेंद को विकटों से दूर फेंकने की क्रिया

over\time /ओवः\टाइम/ *n.* 1 दफ्तरों आदि में निर्धारित समय से ज्यादा देर तक किया जाने वाला काम: pay extra for ~time 2 अतिसमय; **~time** *adj.* समयोपरि, कार्यालय समय के ऊपर किया जानेवाला (काम); **~time** *adv.* निर्धारित समय के बाद तक: work ~time; **~time** *v., pt.* ~timed, *pp* ~timing फोटो नेगेटिव को जरूरत से ज्यादा देर तक प्रकाश दे.;
dw/lw: **~tire** /~टायः/ *v., pt.* ~tired, *pp* ~tiring अत्यधिक थका दे.; **~tone** /~टोन/ (*often* **~s**) *n., [pl.]* 1 गूढ़ अर्थ, अति सूक्ष्म संकेत या अर्थ: political ~tones 2 अधिस्वर जो संगीत की ध्वनि के स्वरमाधुर्य को बढ़ाता है; **~took** /~टुक/ *pt.*,'~take' का भूतकालिक रूप; **~top** /~टॉप/ *v., pt.* ~topped, *pp* ~topping 1 (ऊंचाई में) बढ़कर होना 2 आगे निकल जा. 3 से बेहतर या बढ़िया हो.; **~trump** /~ट्रंप/ *v., pt.* ~trumped, *pp* ~trumping 1 ताश के खेल में (अपेक्षाकृत बढ़कर) तुरुप चलना 2 किसी की चाल से बढ़कर चाल चलना

overture /ओवःचुअः/ *US* ओवःचर ओवःचुर/ *n., music* 1 गीती-नाट्य या बैले (ballet) के लिए लिखा हुआ प्रारंभिक संगीत 2 पूर्वरंग, मुख्य ऑपेरा, बैले आदि के शुरू होने से पहले छोटी-सी संगीतमय प्रस्तावना 3 (*usually* **~s**) संधि प्रस्ताव: peace **~s** 3 प्रेम-पहल: make **~s** to a person; a very forward girl who is not afraid to make **~s** 4 पेशकश, प्रस्ताव: make **~s** for a trade agreement;
p&i: **an ~ to dinner** मुख्य भोजन से पहले टूंगने के लिए दिए जानेवाले स्नैक (snacks)

over\turn /ओवः\टःन/ *v., pt.* ~turned, *pp* ~turning 1 पलट दे., उलट दे.: ~turn a conviction/ ruling/ verdict, etc.. 2 उल्टा करके रखना 3 उलट जा.: the boat ~turned 4 पराजित क.: ~turn a theory;
dw/lw: **~use** /~यूज/ *v., pt.* ~used, *pp* ~using 1 बहुत अधिक काम में लाना, जरूरत से ज्यादा इस्तेमाल क., अति-उपयोग

क. 2 दुरुपयोग क.; **~valuation** /~वैल्युएशन/ *n.* अतिमूल्यांकन; **~value** /~वैल्यु/ *n.* अति मूल्य; **~value** *v., pt.* ~valued, *pp* ~valuing बहुत बढ़ा-चढ़ाकर मूल्य आंकना या लगाना, अतिमूल्यांकन क.; **~view** /~व्यू/ *n.* सिंहावलोकन, सारांश; **~wash** *n.* अवक्षेप, अधिक देर तक खंगालने की क्रिया; **over\weening** /~वीनिंग/ *adj.* 1 अहंकारी, जिसका दिमाग सातवें आसमान पर हो 2 अत्यधिक: ~weening pride/ conceit 3 (***syn.*** arrogant) अक्खड़, उद्धत 4 घमंडी, अभिमानी 5 अतिवादी (of opinions); **~weeningly** *adv.* अहंकारी तरीके से; **~weeningness** *n.* 1 अहंकार, उद्धतता, अक्खड़पन; **~weigh** /~वे/ *v., pt.* ~weighed, *pp.* ~weighing ज्यादा वजन हो.; **~weight** /~वेट/ *adj.* बहुत ज्यादा वजनी, बहुत मोटा, अतिभार; **~weight** *n.* 1 अतिरिक्त वज़न 2 अनुमति से अधिक वज़न 3 बहुत वजन वाला व्यक्ति; **over\whelm** /~वेल्म/ *v., pt.* ~whelmed, *pp* ~whelming 1 अभिभूत कर ले. या हो.: ~whelmed with offers of help 2 भाव विह्वल क., पराभूत करना या हावी हो जा.: be ~whelmed by grief; his kindness quite ~whelmed me 3 नीचे दबा दे., पराजित क., हरा दे., कुचल दे.: ~whelmed with work; the enemy were ~whelmed by superior forces 4 तहस-नहस हो.: the village was ~whelmed when the floods came; **~whelming** /~वेल्मिंग/ *adj.* 1 अत्यधिक: ~whelming wealth; ~whelming happiness 2 जबरदस्त: ~whelming disaster 3 दुर्दमनीय, अदम्य 4 भारी 5 प्रबल, जोरदार: ~whelming majority; **~whelmingly** /~वेल्मिंग्लि/ *adv.* जोरदार ढंग से, भारी बहुमत से; **~wind** /~वाइंड/ *v., pt.* **~wound** /~वाउंड/, *pp* **~winding** 1 (घड़ी आदि में) अधिक चाबी भरना 2 ज्यादा कूकना; **~work** *n.* 1 अतिश्रम, अत्यधिक परिश्रम 2 अतिरिक्त श्रम, थकाकर चूर कर देने वाला काम; **~work** *v., pt.* ~worked, *pp* ~working 1 अधिक काम क. 2 ज्यादा काम लेना 3 थका दे.: ~work oneself 4 अत्यधिक परिश्रम क. 5 किसी तल को सजाना; **~worked** /~वःक्ड/ *adj.* ज्यादा काम से थका हुआ: a ~worked horse; **~write** /~राइट/ *v., pt.* ~wrote, *pt. p.* ~written, *pp* ~writing 1 अत्यधिक लिखना, ज्यादा लिखना 2 लिखे पर लिखना, के ऊपर लिखना 3 जरूरत से ज्यादा विवरण लिखना, बहुत लंबा लेख आदि लिखना 4 *comput.* वर्तमान सूचना या पाठ के ऊपर नई सूचना या पाठ लिखना जिसके कारण पुराना पाठ या सूचनाएं खत्म हो जाती हैं; **over\wrought** /~रॉःट/ *adj.* 1 अति-उद्विग्न, अति-उत्तेजित, अति विह्वल, व्यग्र 2 अतिश्रांत, अतिक्लांत 3 अतिविस्तृत, लंबा-चौड़ा 4 जरूरत से ज्यादा विवरणवाला 5 अलंकृत, अति अलंकृत; **over\zealous** /~जेलस/ *adj.* 1 अति-उत्साही 2 जरूरत से ज्यादा ईर्ष्या करने वाला

ovi\- /ओवि\/ *comb. form, signifying:* **egg or ovum** (अंडा);
dw/lw: **~duct** /~डक्ट/ *n., anat.* डिंबवाहिनी; **~ducal/ ~ductal** /~ड्यूकल/ ~डूकल/ /~डक्टल/ *adj.* डिंबवाहिनी से संबंधित; **~form** /~फॉःम/ *adj.* अंडाकार; **ovi\gerous** /~जरस/ अंडवाही; **ovi\parous** /~पअरस/ *adj.* अंडे देने वाली, अंडप्रजनक; **~parity** /~पअरिटि/ *n.* अंडे देने की अवस्था; **~positor** /~पॉजिटः/ *n.* मादा कीटों और कुछ मछलियों में अंडे देने वाला अंग; **ovi\sac** /~सैक/ *n.* अंडपुटिका

ovine /ओवाइन/ *adj.* भेड़ का, भेड़ जैसा

ovo- = **ovi-** *see above*

ovoid /ओवाःइड/ *adj., mainly zool. & bot.* अंडाकार, अंडाभ

ovolo /ओवअलो/ *n., pl.* **ovoli** /ओवअलाइ/, *archit.* 1 उत्तरोष्ठ 2 ऐसा ढांचा जिसका गोलाकार किसी वृत्त के एक चौथाई भाग के बराबर होता है

ovoviviparous /ओवोविविपरस/ *adj. zool.* ऐसे कीटों, मछलियों और रेंगनेवाले जीवों (सांप आदि) से संबंधित जिनकी मादा अंडे अपने शरीर के भीतर ही देती है

ovula\te /औव्युलेट/ *v., pt.* **~ted**, *pp* **~ting** *physiol.* मादा द्वारा अंड़ाणु या डिंब उत्पन्न क., अंडाशय से अण्डाणु उत्सर्जित क.;
dw/lw: **ovula\tion** /~शन/ *n.* अंडोत्सर्ग, डिंबोत्सर्ग; **~r** /औव्युलः/ *adj.* बीजांडी

ovule /औव्यूल/ *n.* 1 डिंब, अंडाणु 2 बीजांड

ovum /ओवम/ *n., pl.* **ova** डिंब, अंडाणु

owe /ओ/ *v., pt.* **~d**, *pp* **owing** 1 देनदार हो. (पैसे का), ऋणी हो.: he still **~s** for what he bought last summer; ~ sb an apology/ favour/ drink, etc. 2 (***syn.*** beholden to) आभारी या कृतज्ञ होना: ~ you my best thanks 3 (*often* ~ **sth to sb** or **sth**) सफलता आदि के लिए किसी बात या व्यक्ति को श्रेय दे.: **~s** her promotion to her hard work; **~s** his success to luck more than to capacity; I ~ it to you that I am still alive 4 किसी के विरुद्ध रंजिश पालना: he **~d** ill will; ~ sb a grudge 5 स्पष्टीकरण, क्षमायाचना आदि का देय हो.: ~ you an explanation 6 किसी से जुड़ा हो. या किसी के प्रति वफादार हो हो.: ~ allegiance/ loyalty/ obedience to sb;
p&i: **~ someone a grudge** किसी के प्रति रंजिश हो.

owing /ओइंग/ *adj.* 1 देनदार, ऋणी: he paid all that he was ~ 2 देय, बाकी 3 आरोप्य;
p&i: **~ to** *prep.* (***syn.*** because of) की वजह से, के कारण, की बदौलत: there is a scarcity of fruit ~ to the rain

owl /आउ\ल/ *n.* 1 उल्लू, मुआ, घुग्घू 2 रात को जागने वाला व्यक्ति 3 आडंबरपूर्ण व्यक्ति 3 मूर्ख आदमी;
v., *pt.* **~d**, *pp* **owling** उल्लू की तरह आचरण क.;
dw/lw: **~er** /~लः/ *n.* इंग्लैंड से ऊन की तस्करी करने वाला; **~ery** /~लरि/ *n.* ***1*** उल्लूघर, उलूकवास ***2*** मूर्खता, अहंकार; **~et** /~लेट/ *n.* उल्लू का बच्चा; **~-eyed** *adj.* उल्लू जैसी आंखो वाला; **owl\-light** *n.* झुटपुटा, धुंधलका; **owl\ing** /~लिंग/ *n.* इंग्लैंड से ऊन की तस्करी; **~ish** *adj.* उल्लू की तरह का, उल्लू जैसा; **~ishly** *adv.* उल्लू की तरह से;
collocations: **~ car** रात्रि ट्रैम, रात्रि टैक्सी;
barn ~ करैल, रुस्तक;
p&i; **~ thinks all her young one's beauties** अपना नींगर पराया ढींगर; **as blind as an** ~ अंधी मुर्गी, नजर से बहुत कमजोर; **(as) grave as an** ~ अवसादपूर्ण; **(as) solemn as an** ~ अल्लू-सा बुद्धिमान!; **as stupid as an** ~ उल्लू-सा बुद्धू; **be such a silly** ~ उल्लू-सा बुद्धू हो; **carry/ send ~s to Athens** उल्टे बांस बरेली को; **fly with the** ~ रात को मौज-मस्ती क.; **night** ~ रात को मौज-मस्ती करने वाला व्यक्ति; **the ~ thinks her own fairest** हर आदमी को अपनी ही चीज सुंदर/ अच्छी लगती है;

own /ओन/ *adj., pron.*, determiner 1 स्वयं का/ की/ के: my ~ sister; do sth with one's ~ hands 2 अपना, निजी, खुद का/ की/ के: one's ~ house/ idea; see sth with one's ~ eyes; this work/ this book is entirely his ~ 3 अपना सगा: my ~ father 4 प्रिय, संबंधी: my ~ one; hold one's ~ (अपना आत्म-सम्मान बनाए रखना);
v., *pt.* **~ed**, *pp* **~ing** 1 किसी चीज या जायदाद का मालिक हो 2 किसी बात का होना स्वीकार क., मानना 3 अपनाना, अपना बनाना 4 अपराध कबूल क.;
dw/lw: **~-brand** (*also* **~-label**/ *UK & US* **store-brand**) *adj.* किसी कंपनी के मार्के का, अपना मार्का या छाप; **~er** /ओनः/ *n.* स्वामी, मालिक: joint ~er; the ~er of a house/ of lost property; **~erless** /ओनःलेस/ *adj.* जिसका कोई मालिक न हो, स्वामित्वहीन, स्वामीहीन: ~erless dog (*Hr.* रमता कुत्ता); **~er-occupied/ ~er-occupier** *n.* मालिक के कब्जे में, स्वयं मालिक द्वारा काबिज होने की स्थिति; **~ership** /ओनःशिप/ *n.* स्वामित्व, मालिकाना हक: joint ~ership सांझी मिल्कियत, साझा मालिकाना हक;
collocations: **~ goal** 1 प्रतियोगी के हित में अपने गोल में गोल क. 2 किसी कार्य का कर्ता के अहित में हो जाना;

p&i: **~ed up too many weaknesses** अपनी बहुत सारी कमजोरियां कबूल क.; **~er's risk/ all on one's ~ risk** जोखिम – धनी सिर; **~ one's faults** अपनी कमियां मानना; **~ the force of an argument** किसी दलील की सटीकता मानना; **~ to being wrong** अपनी गलती मानना; **~ to sth** कुछ कबूल क., मानना; **~ up to sth** 1 (***syn.*** confess) अपने किसी अपराध या गलती को कबूलना 2 स्वीकार क., मानना; **(all) on one's ~** 1.अकेले-अकेले 2 अपने आप; **behave/ act as if you ~ the place/ think you ~ the place** ऐसे बर्ताव करना मानो स्वयं मालिक हो; **be one's ~ man/ master** खुद अपना मालिक हो., अपनी मर्जी का मालिक हो.; **come into one's ~** 1 अपनी सहज अवस्था या रूप में आ जा. 2 अपने अधिकारों का मालिक हो जा. 3 अपनी प्रतिभा, योग्यता और क्षमता का सिक्का जमाना 4 उचित सम्मान पाना; **get one's ~ back (on sb)** *UK* बदला ले., ईंट का जवाब पत्थर से मिलना; **hold one's ~ against sb/ sth** अकेले ही डटकर सामना क., जमे रहना, डटा रहना; **of one's ~** खुद से, स्वयं ही, अपनी मर्जी से; **on one's ~** अपने आप, अपनी मर्जी से, अकेला-अकेले

owt /अउट/ *pron. dialect,* (***syn.*** anything) कुछ, कोई चीज: I didn't sy ~

ox /औक्स\/ *US* आःक्स\/ *n., pl.* **oxen** बैल, गाड़ी आदि खींचने वाला बैल;

dw/lw: **~blood** /~ब्लड/ *n. also as adj.* गहरा लाल-भूरा रंग (का); **~bow** /औक्सबो/ *US* आःक्सबो/ *n.* 1 बैल के जूए या जुए से बनी सख्त गर्दन (collar) कॉलर 2 नदी में लगभग गोलाकार मोड़ 3 (*also* **~bow lake**) नदी के गोलाकार मोड़ के बीच बनी झील; **~en** /औक्सन/ *US* आःक्सन/ *pl.*, **'ox'** का बहुवचन; **~-eyed** *adj.* बैल या गाय-सी बड़ी-बड़ी आंखों वाला, विशालाक्ष;

p&i: **~ on one's tongue** चुप, मौन, रिश्वत देकर मुंह बंद क.; **as strong as an ~** बिल्कुल सही-सलामत; **the black ~** 1 बुढ़ापा 2 दुर्भाग्य, विपदा; **the black ~ has trodden on his foot** वह दुर्भाग्य का शिकार हो गया; **you cannot flay the same ~ twice** नदी में एक स्थान पर वही पानी नहीं पिया जा सकता

oxalis /औक्सैलिस/ *US* आःक्सैलिस/ *n.* एक फूलदार पौधा

Oxbridge /औक्सब्रिज/ *US* आःक्सब्रिज/ *n.* 1 ऑक्सफोर्ड और कैंब्रिज विश्वविद्यालयों से मिलकर बनी एक विश्वविद्यालयीय शख्सीयत 2 ऑक्सफोर्ड और कैंब्रिज विश्वविद्यालय – उच्च मध्यम वर्ग की शिक्षा के आदर्श

oxeye daisy *see above under* **marguerite**

OXFAM *abbr.* 'Oxford Committee for Famine Relief' की प्रथमाक्षरी

Oxford /औक्सफःड/ *US* आःक्सफःड/ *adj.* (*also* **the city of Oxford** or **Oxford University**; *abbr.* **OU**) ऑक्सफोर्ड विश्वविद्यालय और ऑक्सफोर्ड नगर से संबंधित;

dw/lw: **~ian** /औक्सफॉर्डिअन/ *US* आःक्सफॉर्डिअन/ *adj.* ऑक्सफोर्ड विश्वविद्यालय से संबंधित;

collocations: **Oxford bags** बैगी पैंट; **Oxford blue** 1 गहरा नीला रंग 2 जिसे ऑक्सफोर्ड विश्वविद्यालय द्वारा ब्ल्यू कलर का सम्मान दिया गया हो; **oxford cloth** (*also* **oxford**) सूत और सिंथेटिक धागों से बना कपड़ा (जिससे पुरुषों के कमीज बनाए जाते हैं) **~ man** ऑक्सफोर्ड विश्वविद्यालय का पूर्व छात्र; **Oxford movement** इंग्लैंड में चर्च के नियम के पुनरुज्जीवन का आंदोलन (*also see below under* **Tractarianism**); **oxford shoe** (*also* **oxfords**) छोटी एड़ीवाला तस्मोंवाला जूता

oxi\dant /औक्सि\डंट/ *US* आःक्सि\डंट/ *n.* एक ऐसा पदार्थ जो दूसरे पदार्थ को ऑक्सिजन से मिलाता है;

dw/lw: **~dase** /~डेज/ *n., biochem.* ऐसे ऐंजाइम जो पौधों और जीवों की कोशिकाओं में ऑक्सिकरण में मदद करते हैं; **~dation** /~डेशन/ *n.* ऑक्सिकरण, उपचयन; **~dation-reduction** *see* **Redox Reacton**; **~dative** /~डेटिव/ *adj.* उपचायक, ऑक्सीकर; **~de** /औक्साइड/ *n.* औक्साइड; **~dize/ ~dise/** /~डाइज/ *v., pt.* ~dized, *pp* ~dizing = **~date** / ~डेट/ *v., pt.* ~dating, *pp* ~dating 1 ऑक्सीकरण क. 2 जंग लगना; **~dizer** /~डाइजः/ *n.* आक्सिकारक; **~dizing-agent** *n., chem.* आक्सिकारक एजंट

oxlip /औक्सलिप/ *US* आःक्सलिप/ *n.* प्रिमरोज श्रेणी का फूल

Oxon /औक्सौन/ *US* आःक्साःन/ *abbr.* 1 'Oxfordshire' का संक्षेप 2 ऑक्सफोर्ड विश्वविद्यालय में बिशप के हस्ताक्षर में प्रयुक्त 3 ऑक्सफोर्ड विश्वविद्यालय की डिग्री में प्रयुक्त संक्षेप: Alison Butler MA (Oxon);

dw/lw: **Oxonian** /औक्सौनिअन/ *US* आःक्साःनिअन/ *adj.* ऑक्सफोर्ड विश्वविद्यालय या ऑक्सफोर्ड नगर (जहां ऑक्सफोर्ड विश्वविद्यालय स्थित है) से संबंधित

oxter /औक्सटः/ *US* आःक्सटः/ *n., Scots, Irish & N. Eng. dialect* कांख, बगल

ox-tongue /औक्सटंग/ *US* आःक्सटंग/ *n.* 1 बैल की जीभ 2 डेजी परिवार का एक फूल

oxy- *comb. form, signifying:* 1 **sharp, acute** (तेज, तीव्र) 2 **oxy**gen;

dw/lw: **oxydactyl** /औक्सिडैक्टिल/ *US* आःक्सिडैक्टिल/ *n.* शितांगुलि

oxy\gen /औक्सि\जन/ *US* आःक्सि\जन/ *n.* ऑक्सिजन: **~gen** welding;

dw/lw: **~genous** /~जनस/ *adj.* ऑक्सीजनयुक्त; **~genate** /~जअनेट/ *v., pt.* ~genated, *pp* ~genating ऑक्सीजन से मिश्रित क., **~genation** /~जअनेशन/ *n. physiol.* ऑक्सीजनीकरण; **~genator** /~जअनेटः/ *n.* ऑक्सीजन की आपूर्ति करने वाला उपकरण; **~genise** /~जअनाइज/ *v. pt.* ~genized, *pp.* ~genizing = **~genate** *see above*;

collocations: **~gen bar** ऐसा स्थान जहां शुद्ध ऑक्सिजन पाने के लिए पैसा देना पड़ता है; **~gen debt** *physiol.* 1 ऐसी शारीरिक अवस्था जब मांसपेशी कोशिकाओं आदि को ऑक्सीजन की बहुत आवश्यकता होती है पर उसकी आपूर्ति कम होती है 2 ऑक्सीजन की इस कमी को पूरा करने के लिए जितनी ऑक्सीजन चाहिए उसकी मात्रा; **~gen mask** ऐसे स्थानों पर जहां ऑक्सीजन की कमी होती है, अतिरिक्त ऑक्सीजन की आपूर्ति का मुखौटा; **~gen tent** *med.* रोगी को ऑक्सीजन की पूरी आपूर्ति करने के लिए उसके बिस्तरे के इर्द-गिर्द बनाया जानेवाला तंबुनुमा उपकरण

oxyhaemoglobin /औक्सिहीमोग्लोबिन/ *US* आःक्सिहीमोग्लोबिन/ *n.* ऑक्सिहीमोग्लोबिन, ऑक्सिजन मिश्रित हीमोग्लोबिन

oxymoron /औक्सिमॉःरौ\न/ *US* आक्सिमॉःराः\न/ *n.* परस्पर विरोधार्थक आलंकारिक शब्द जिन्हें विरोधाभास पर बल देने के लिए प्रयोग किया जाता है (terribly beautiful);

dw/lw: **~ic** /~निक/ *adj.* परस्पर विरोधार्थक शब्दों के आलंकारिक प्रयोग से संबंधित

oxyntic /औक्सिंटिक/ *US* आःक्सिंटिक/ *adj.* अम्लजन

oxyphilic /औक्सिफिलक/ *US* आःक्सिफिलक/ *adj.* अम्ल,रागी

oxytocic /औक्सिटोसिक/ आःक्सिटोसिक/ *med., n., adj.* प्रसव पीड़ा को बढ़ाकर प्रसव क्रिया को जल्दी पूरा करने में सहायक दवाई

oxytocin /औक्सिटोसिन/ *US* आःक्सिटोसिन/ *n., med.* प्रसव के बाद मां के स्तनों में दूध उतारने में सहायक दवा

oxytone /औक्सिटोन/ *US* आःक्सिटोन/ *adj. mainly Gr. gramm.* 1 ऐसे शब्द जिनमें बलाघात शब्द के अंतिम शब्दांश (syllable) पर होता है 2 अंत्योदात्त शब्द

oyster /ऑइस्टः/ *n.* खाद्य-शुक्ति, कस्तूरा, घोंगा मछली, सीपी मछली;

v. *pt.* **~ed**, *pp.* **~ing** शुक्तियों को पकड़ना और एकत्रित क.;

dw/lw: **~-bank/ ~-bed** *n.* समुद्र तट जहां शुक्तियां पैदा होती हैं और फलती-फूलती हैं, शुक्ति तट; **~-bed** *n.* शुक्ति तल; **~catcher** *n.* समुद्र किनारे पाया जाने वाला पक्षी जिसका आहार समुद्री जीव (कस्तूरा को छोड़कर) होते हैं; **~-mushroom** *n.*

गली-सड़ी लकड़ी पर पैदा होने वाली खाने योग्य खुमी; **~-plant** *n.* समुद्रतटीय बालू या कंकड़ों के विश्राम स्थल (beach) पर उगने वाला नीले फूलों वाला पौधा जिसका स्वाद शुक्ति जैसा ही होता है; **~-shell** *n.* सीपी; **~-woman/ wife** *n.* घोंगा मछली बेचने वाली औरत; **~y** /ऑइस्ट्रि/ *adj.* 1 घोंघा मछली से भरा 2 घोंघा मछली जैसा;

p&i: **close/ dumb as an ~** गूंगे की तरह चुप्पा; **shut up like an ~** बिल्कुल चुप हो जा.; **the world is one's ~** जो चाहो, मिलेगा/ आप जहां चाहो जा सकते हो और जो मन में आए कर सकते हो

oz /औज/ *US* आःज/ *abbr.,* 'ounce' का संक्षेप

Oz/ **Ozzie** /औज/ औजि/ *US* आःज/ आःजि/ *originally Austral sl., adj.* (***syn.*** Aussie) आस्ट्रेलियायी;

n., *pl.* **Ozzes**/ **Ozzies** 1 आस्ट्रेलिया 2 आस्ट्रेलियायी नागरिक

Ozalid /औजअलिड/ *US* आःजअलिड/ *n. print., trademark* 1 रसायनों द्वारा तैयार किए हुए कागज पर लिखित पाठ की बहुसंख्यक प्रतियां बनाने का तरीका 2 इस तरीके से बनाई हुई बहुसंख्यक प्रतियां

ozo\ne /ओजोन/ *n.* 1 ओजोन नाम की तीव्र दुर्गंधपूर्ण गैस 2 समुद्र के पास मिलनेवाली शुद्ध ताजी हवा

dw/lw: **~ne-friendly** *adj.* ओजोन गैस के अनुकूल, यानी जो ओजोन की परत (~ne layer) को नुकसान नहीं पहुंचाएगा; **~nie** /ओजःनि/ *adj.* ओजोनी; **~nization** /ओजअनिजेशन/ *n.* ओजोनीकरण यानी ओजोन बनाने की क्रिया; **~nise**/ **~nize** /ओजअनाइज/ *v. pt.* ~nized, *pp.* ~nizing ओजोनीकरण क., ओजोन बनाना; **~nized** *adj.* ओजोनीकृत, ओजोनित, ओजोन में परिवर्तित; **~nizer** *n.* ओजोनित्र; **~nopauze** /ओजोनोपाःज/ *n.* ओजोन-मडंल-सीमा; **~nosphere** /ओजोनअस्फिअः/ *n.* ओजोन-मंडल;

collocations: **~ne layer**/ **~nosphere** /ओजोनअस्फिअः/ *n.* धरती से कोई 15-30 किलोमीटर ऊपर वायुमंडल में एक परत जिसमें ओजोन बनती है जो सूर्य से निकलने वाली जीवों के लिए हानिकारक पराबैंगनी विकिरण (ultraviolet radiation) को धरती पर पहुंचने से रोकती है

Ozzie *see above under* **Oz**

P p

P p /पी/ *n., pl.* **Ps, P's/ p's** अंग्रेजी वर्णमाला का सोलहवां वर्ण;
p&i: **mind one's p's and q's** परिस्थिति अनुसार उचित और शालीन रूप से व्यवहार क.; **know one's P's and Q's** दूसरों के मामलों में टांग न अड़ाना, अपने काम से काम रखना

P *abbr.,* 1 *street sign* 'Parking' का प्रथमाक्षर 2 पुर्तगाल का अंतर्राष्ट्रीय वाहन पंजीकरण कोड (*IVR*)

P *abbr.,* 1 *chess* 'pawn', 'power' का प्रथमाक्षर 2 *chem., symb.* 'phosphorous' का चिह्न

p *abbr.* 'page', 'penny', 'pence' का प्रथमाक्षर

PA 1 *abbr.,* 'personal assistant', 'Press Association' 'Public Address' *system*, 'Publishers Association' की प्रथमाक्षरी 2 Panama का अंतर्राष्ट्रीय वाहन पंजीकरण कोड (*IVR*)

Pa *abbr.* 'pascal' का संक्षेप

pa *n., pl.* pas बच्चे द्वारा अपने पापा को बुलाने का स्नेहपूर्ण रूप

p.a. *abbr.* 'per annum' की प्रथमाक्षरी (प्रतिवर्ष, वार्षिक)

pabulum /पैब्युलम/ *n.* 1 खुराक, भोजन, आहार 2 मानसिक आहार: mental ~; ~ for reflection 3 चारा, ईंधन

PABX *abbr. telecomm.* 'private/ public automatic branch exchange' की प्रथमाक्षरी

paca /पाःका/ पैका/ *n., pl.* **~s** 1 एक बड़ा-सा चूहा 2 गिलहरी जैसा रात्रि जीव

pacable /पेकअबल/ *adj.* विनम्र, दयावान

pace¹ /पेस/ *n., pl.* **~s** 1 गति, रफ्तार: varying ~; go at a good ~ 2 (*syn.* step) एक कदम, कदमचाल, पग 3 एक कदम की दूरी 4 प्रगति 5 वेग, चाल: at a slow ~; put on ~ (गति तेज क.); can't stand the ~ (मैं इस रफ्तार से नहीं चल सकता) 6 घुड़चाल 7 घुड़चाल की शैली;
v., pt. **~d**, *pp* **pacing** 1 कदमचाल क., टहलना: began to ~ the floor 2 एक रफ्तार से चलना;
dw/lw: **pace\maker** /पेसमेकः/ *n., physiol., med.* हृदय की धड़कन को नियमित करने वाला एक उपकरण; **~man** *n.* = **~ bowler** तेज गेंदबाज; **~r** /पेसः/ *n.* 1 कदमबाज 2 गति मापक्रम; **pace\setter** /पेससेटः/ *n.* आदर्श-स्थापक, मानक-स्थापक, उदाहरण; **~-work** *n.* दौड़ की रफ्तार से किया जाने वाला काम; **pacy** /पेसि/ *adj., degr.* pacier, paciest 1 तेज 2 जीवंत; **slow-~d** *adj.* धीमे चलने वाला, धीमी गति का;
collocations: **~ bowler** *cricket* तेज गेंदबाज; **~ counter** वेग-मापी;
p&i: **~ about/ up and down, etc.** इधर-उधर, ऊपर-नीचे टहलना; **~ ahead** तेजी से आगे बढ़ना; **~ oneself** चाल साधना, कदम से मापना, गति निर्धारित क., किसी मंजिल पर पहुंचने के लिए अपनी रफ्तार तय क.; **~ sth out** दूरी को कदमों से मापना;
at a blistering/ brisk/ leisurely, etc. ~ ताबड़तोड़/ तेज चाल से/ चहलकदमी करते हुए चलना; **at a snail's** ~ कछुए की चाल से; **at one's own** ~ अपनी चाल से; **go/ hit the** ~ 1 सरपट दौड़ना 2 अपनी जिंदगी मौज-मस्ती में फूंकना; **go the** ~ तूफानी जिंदगी जीना; **go through/ show one's ~s** किसी काम में अपनी दक्षता दिखाना; **hold a hot** ~ तेज गति से चलना; **keep ~ with sb/ sth** किसी से या किसी चीज की गति से कदम मिलाकर चलना; **keep ~ with the times** समय के साथ चलना; **off the** ~ दौड़ आदि के मुकाबलों में पीछे छूट जा.; **put sb through his ~s** किसी की तैयारी या चुस्ती-दुरुस्ती परखना; **put sb through their ~/ try sb's ~s** किसी की कार्य में दक्षता की परीक्षा लेना, किसी के गुण-अवगुण परखना; **quicken/ slow one's** ~ चाल तेज या धीमी क.; **set the** ~ दूसरों से आगे होने की बदौलत उनके लिए उदाहरण पेश क., गति निर्धारित क.; **show one's ~s** अपनी दक्षता दिखाना; **the ~ of sth** किसी चीज की रफ्तार

pace² /पाःके/ पाःचे/ पेसि/ *prep., from Lat.* असहमति जताने के लिए किसी व्यक्ति के नाम से पहले प्रयुक्त: the evidence, ~ Professor Smith (although Professor Smith disagrees), that …

pachinko /पअचिन्को/ *n.* जापान के पसंदीदा पिनबाल खेल का एक रूप

pachisi /पचीसी/ *n.* बोर्ड पर खेला जाने वाला लूडो जैसा एक भारतीय खेल

pachuco /पचूको/ *n., US* गुंडा, लुटेरा

pachy- /पैकि-/ *adj.* स्थूल, दृढ़, सघन;
dw/lw: **~cladous** *adj.* स्थूलशाखी

pachyderm /पैकिडःम/ *n., zool.* 1 दृढ़त्वचीय या मोटी-चमड़ी वाला जीव 2 हाथी 3 (*syn.* thick-skinned) असंवेदनशील व्यक्ति

Pacific /पअसिफिक/ (*also* **the Pacific, Pacific Ocean**) *n.,* एशिया, आस्ट्रेलिया और उत्तरी-दक्षिणी अमेरिका के बीच स्थित प्रशांत महासागर;
collocations: **Pacific Standard Time** (*abbr.* **PST**) अमेरिका के प्रशांत महासागर तटीय क्षेत्र का मानक समय

paci\fic /पअसि\फिक/ *adj.* 1 शांतिप्रिय, शांतिपूर्ण 2 शांत, प्रशांत;
dw/lw: **~ficator** /~केटः/ *n.* शांति-स्थापक, शामक; **~ficatory** /~केटरि/ *adj.* शांतिकर; **paci\fication** /पैसिफिकेशन/ *n.* शांतकरण, शांतिस्थापन, शांति; **~fier** /पैसिफायः/ *n. US* (*UK* **dummy**) *n.* शिशु-चूसनी, बच्चों को शांत करने वाली चूसनी; **paci\fism** /पैसिफिज्म/ *n., politics* शांतिवाद, युद्धविरोध; **~fist** /पैसिफिस्ट/ *n.* शांतिवादी या शांतिप्रिय/ व्यक्ति; **paci\fy** /पैसिफाइ/ *v., pt.* ~fied, *pp* ~fying, *s/he/ it* **~fies** 1 शांत क., संतुष्ट क.: ~fy resentment 2 विरोध मिटाना, शांति स्थापित क.

pack /पैक/ *v., pt.* **~ed**, *pp* **~ing** 1 सामान बांधना 2 ठूंसना 3 बक्से या डिब्बे आदि में बंद क.: ice was **~ed** 4 भीड़ लगाना, जमघट हो. 5 खचाखच या ठसाठस भरना: the room is **~ed**; people were **~ed** like sardines 6 *US* बंदूक अपने साथ रखना: ~ a gun 7 पशुओं द्वारा झुंड में एकत्रित होना 8 भोजन आदि को बांधना 9 लपेटना: ~ a leaking joint 10 घूंसा लगाना: ~ a punch 11 पूरा भरा हो.: the book is **~ed** with facts; a passage **~ed** with meaning 12 कमेटी आदि में चाटुकार लोगों को भर लेना: ~ the jury/ committee with pliable persons 13 तूफान आदि का किसी रफ्तार से चलना: a storm **~ing** 100 kph swept across the southern parts of the country;
n. 1 गठरी, पोटली, गट्ठर 2 छोटा पैकेट: ~ needle (सूजा, सुआ) 3 *US* छोटा बैग जो पीठ पर ले जाते हैं (rucksack): a back ~ 4 गिरोह 5 (जानवरों का) झुंड: a ~ of wolves; a ~ of hounds 6 टोली, समूह: a ~ of idiots; ~ of schoolboys; moneyed ~ 7 (*also US* **deck**) ताश की गड्डी: ~ of cards 8 किसी विशेष उद्देश्य से बनाए जाने वाले पैकेट: party-**~s**; family-~ 9 उपचार के लिए बनाया हुआ विशेष पैकेट: a first-aid ~; face ~; mud ~; ice ~ 10 खराब बातों या वस्तुओं का पुलिंदा: a ~ of lies 11 बोझ, भार;
dw/lw: **~ed** /पैक्ट/ (*also UK* **~ed out**, *syn.* crowded) *adj.* खचाखच भरा हुआ: ~ed assembly; **pack\er** /पैकः/ *n.* बंडल, पैकेट आदि बांधने वाला; **~horse** *n.* बिक्री के सामान को ढोनेवाला लद्दू घोड़ा; **~ing** *see below under separate entry*; **~-load** *n.* उतना भार जितना लद्दू जानवर खींच सकता है; **~man** *n.* फेरीवाला; **~-mule** *n.* लद्दू टट्टू; **~-rat** *n.* उत्तरी अमेरिका के पश्चिमी भाग में पाया जाने वाला चूहा; **pack\-sack** *n.* (*syn.* rucksack) पीठ का बैग; **~-saddle** *n.* खुर्जी; **~-staff** *n.* फेरी वाले का डंडा; **~-thread** *n.* = **~-twine** सुतली; **~-train** *n.* भारवाही काफिला, लद्दू जानवरों का झुंड; **pack\way** *n.* संकरा रास्ता;
collocations: **~ animal** लद्दू या भारवाही पशु; **~ drill** सैनिकों से दंड के रूप में कराई जानेवाली ड्रिल यानी पूरे असले के

साथ तेज गति से आगे-पीछे चलना; **~ed ice** प्रवाही हिमपुंज यानी समुद्र के बहुत बड़े क्षेत्र में तैरती हुई बर्फ के बड़े-बड़े टुकड़े, जिन्हें तेज हवा के झोंकों ने इकट्ठा कर दिया हो; **~ed lunch** डिब्बाबंद खाना, सैंडविच आदि से बना घर से स्कूल या दफ्तर आदि में साथ लाया हुआ भोजन; **~ed sand** जमा हुआ रेत; **~ out** खचाखच भरा हुआ; **~ track** पशु मार्ग; **~ thread** सुतली, डोरी;

p&i: **~ a big/ powerful/ real/ punch** जोर का घूंसा मारना; **~ a jury** जूरी (न्यायिक पंचायत) में अपने आदमी भरना; **~ and peal** से लेना-देना या सरोकार रखना; **~ away** लपेटने पर छोटा हो जा.; **~ed like potato sacks = ~ed like sardines** भूसे की तरह भरा हुआ, खचाखच भरा हुआ; **~ of wolves** भेड़ियों का झुंड, चंडाल चौकड़ी; **~ sth in** 1 पहले से भरे स्थान को और भरना या ठूंसना 2 कुछ ही समय में बहुत काम कर ले. 3 कोई काम छोड़ दे.: ~ed in her job; **~ into sth** कहीं घुसकर ठसाठस भर दे; **~ it in** 1 बढ़त का फायदा उठाना 2 हार मानना; **~ sb off** किसी को हड़बड़ाहट में दूर भेज दे.; **~ on all sail** पाल पोत को पूरी रफ्तार से चलाना; **~ one's bags** किसी को या किसी स्थान को हमेशा के लिए छोड़ दे.; **~ sb in** दर्शकों आदि को आकर्षित क.; **~ sb/ sth into sth** 1 सीमित समय में बहुत सारे कार्यक्रम आदि क. 2 सीमित स्थान पर बहुत सारे लोगों को भरना; **~ sth away** सामान को बक्सों आदि में डालना; **~ sth out** किसी स्थान को पूरा भरने के लिए कार्यक्रम को अदाकारों, सिने अभिनेताओं आदि से भरना; **~ (sth) up** किसी चीज को डिब्बों आदि में भरना; **~ up** 1 काम खत्म होने पर सामान इकट्ठा करके रखना 2 नौकरी अचानक छोड़ दे.; **~ up one's awls and be gone** बिस्तरा-बोरिया बांधकर चले जा.

package /पैकिज/ *n.* 1 बंडल 2 (*syn.* **~ deal**) कई चीजों का इकट्ठा सौदा, एक मुश्त सौदा: ~ deal 3 *US* डिब्बा 4 पारस, पेटी, गठरी, पोटली 5 *compute.* (***syn.*** software ~) परस्पर संबंधित कंप्यूटर प्रोग्रामों का सैट;

adj. एक मुश्त: ~ deal;

v., *pt.* **~d**, *pp* **packaging** 1 कायदे से बांधना, लपेटना 2 आकर्षक तरीके से लपेटना या पैक क.;

dw/lw: **packager** /पैकजः/ *n.* पैकिंग करने वाली कंपनी; **packaging** /पैकिजिंग/ *n.* 1 बंडल आदि बांधने का काम 2 बांधने की सामग्री;

collocations: **~ advertising** पेटी या पोटली पर बना इश्तिहार; **~ animal** लद्दू टट्टू, बैल आदि; **~ deal** एक मुश्त सौदा (या समझौता); **~ disarmament plan** बहु-आयामी निशस्त्रीकरण योजना; **~ holiday** *UK* (*UK/US* **~ tour**) पैकेज टूर, कई स्थानों और कई तरह के कार्यक्रमों से भरा एक मुश्त यात्रा प्रोग्राम; **~ machine** पेटी बंद करने की मशीन; **~ pass** पेटियों या डिब्बों को कारखाने से बाहर ले जाने की अनुमति; **~ proposal** बहु-आयामी प्रस्ताव; **~ store** *US* शराब की दुकान; **~ unit** पेटी बंद करने वाली इकाई;

original ~ कारखाने में बंधी पेटियां

packet /पैकिट/ *n. UK* (*US* **pack**) 1 पैकेट: ~ of cigarettes/ of letters 2 पुलिंदा: a ~ of rumours 3 पोटली, गठरी, बंडल 4 ढेरों पैसा: nice fat ~; cost a ~ (इस पर ढेरों पैसा लगा) 5 (***syn.*** sachet) पैकेट 6 समूह, टोली, मंडली: a ~ of friends 7 *comput.* सूचना-संग्रह 8 किसी विशेष उद्देश्य के लिए दस्तावेजों का सेट 9 *defence* गोली, गोला: stop/ catch a ~ (गोली लगने से घायल हो. या मर जा.);

dw/lw: **~-boat** *n.* डाक-नाव, डाक-जहाज;

collocations: **~ switching** *telecomm.* (***syn.*** packetising) डिजिटल रूप से गुप्त आंकड़ों को छोटी-छोटी इकाइयों में बांटकर संचार माध्यमों से भेजना और वांछित मंजिल पर उन्हें फिर सेटों में एकत्रित क.

p&i: **a ~ from Paris** *Austral. sl.* बच्चा, शिशु; **catch a ~** *milit. sl.* घायल होना या मारा जा.; **sell sb a ~** किसी को ठगना

packing /पैकिंग/ *n.* 1 सामान की बंधाई 2 बांधने या लपेटने के लिए सामग्री या कागज आदि 3 (***syn.*** filling) भराई;

dw/lw: **~-needle** *n.* सूआ, सूआ; **~-sheet** *n.* डिब्बे-बंदी का सामान;

collocations: **~ case/ ~ box** सामान बांधने का बक्सा, पैकिंग पेटी; **~ density** संकुलन सघनता अंक; **~ house** *US* डिब्बेबंद खाने का कारखाना; **~ paper** बांधने का कागज; **~ press** पैकिंग-दाब-यंत्र;

p&i: **send sb ~** किसी की छुट्टी कर दे. या उसे नौकरी आदि से निकाल दे., किसी का पत्ता काट दे.

pact /पैक्ट/ *n.* समझौता, संधि: non-aggression ~; ~ of peace; security ~;

p&i: **a ~ between sb and sb** किन्हीं दो पक्षों के बीच समझौता; **a ~ with sb** किसी से समझौता; **have/ make/ sign a ~** समझौता या संधि क./ संधि आदि पर हस्ताक्षर क.

pacy *see above under:* **pace: *dw/lw***

pad /पैड/ *n.* 1 (*also US* **tablet**) लिखने के कागज का पैड: note~; stationery ~ 2 नर्म चीज से भरा गद्दा, गद्दी 3 कवलिका (घाव पर पट्टी के नीचे) 4 चाल (of harness) 5 क्रिकेट आदि के खिलाड़ी द्वारा पांव आदि पर बांधा जाने वाला गद्दीदार पैड (leg guard) 6 रॉकेट आदि छोड़ने का प्लेटफार्म 7 बिल्ली आदि के पंजे में गद्दीदार अंग 8 *US* तैरता हुआ (कमल का) पत्ता 9 *sl.* निवास, रहने का स्थान 10 बिस्तरा 11 मोहर की पैड 12 पंजे के चिह्न 13 कार का नंबर;

v., *pt.* **~ded**, *pp* **~ding** 1 आहिस्ता-आहिस्ता टहलना 2 नर्म चीज से भरना 3 गद्दीदार तह लगाना, गद्दीदार बनाना: ~ the shoulders 4 लेख, पुस्तक आदि को व्यर्थ का विस्तार दे.: ~ a book; ~ an expense account (खर्चे के हिसाब को बढ़ा-चढ़ाकर दिखाना) 5 पैदल चलना 6 जानवर की पैड़ (*Hr.*, foot-prints) पर चलना;

dw/lw: **~ded** *adj.* ***1*** फूला या फुलाया हुआ ***2*** बढ़ा-चढ़ाकर दिखाया हुआ: ~ded bills; **~der** /पैडः/ *n.* स्थूल समंजक, पैडर; **pad\ding** /पैडिंग/ *n.* 1 सिरहाना आदि को भरने की नर्म सामग्री (रूई, फोम, पंख आदि) 2 भराई, भरान, पैड 3 लेख में भरे या जोड़े गए अनाप-शनाप अंश

ink-~/ stamp~ *n.* मोहर लगाने की पैड; **writing-~** *n.* लिखने के कागजों की गड्डी;

collocations: **~ded cell** पागलखाने में गद्दीदार (दीवारोंवाली) कोठरी;

p&i: **~ sth out** 1 किसी लेख में कुछ अनाप-शनाप जोड़कर उसका आकार बढ़ाना 2 पोशाक आदि में मुलायम सामग्री की गद्दी या अस्तर लगाना; **~ the hoof** पैदल चलना;

a ~ in the straw आने वाला छिपा खतरा; **be ~ded with flesh** अति स्थूलकाय हो.; **be on the ~** *US sl.* रिश्वत लेना; **gentleman of the ~** लूटेरा, बटमार

paddle /पैड्ल/ *n.* 1 छोटा चप्पू, क्षेपणी: double/ twisted ~ 2 बेलचा (spade-like) 3 (***syn.*** stick) डंडा 4 आग पर रखे द्रव को हिलाने के लिए चप्पूनुमा डोई या कड़छी: ~ mixer 5 *UK* (*US* **wade**) कम गहरे पानी में चहलकदमी 6 टेबल टेनिस बैट;

v., *pt.* **~d**, *pp* **paddling** 1 चप्पू चलाकर नाव खेना 2 (**wade**) कम गहरे पानी में चलना: ducks **~d** in the pond 3 *US* पानी में छप-छप करके तैरना 4 खाली पैर चलाना 5 ठुमकना 6 बच्चे को गद्दीदार डंडे से हल्के-से मारकर सज़ा दे.;

dw/lw: **~-boat** *n.* पांव-पैडल चालित नाव;

collocations: **~ steamer/ boat** चप्पूदार जहाज या नाव जिसका चप्पू भाप से चलता है; **~ wheel** एक बड़ा इंजन चालित चक्र जो मुड़ते समय जहाज को चलाता है; **paddling pool** बच्चों द्वारा छप-छप करके तैरने के लिए उथला तरण ताल;

p&i: **~ along** नाव से जा.; **~ one's own canoe** स्वावलंबी होना;

go for a ~ in the sea समुद्र में थोड़ी देर किश्ती चलाना

paddock /पैडौक/ *US* पैडाःक/*n.* 1 एक चौड़ा-सा बंद मैदान या खेत जहां घोड़ों को रखा जाता है 2 *horse racing* घुड़-दौड़ ट्रैक के पास एक छोटा-सा बाड़ा जहां घोड़ों पर काठी आदि डाली जाती है और उन्हें दौड़ से पहले थोड़ा घुमाया-फिराया जाता है

paddy /पैडि/ *n., pl.* **paddies** 1 *Br.* आयरलैंडवासी के लिए उपहासजनक शब्द 2 *colloq.* (***syn.*** temper) क्रोध, गुस्सा, क्रोधावेश 3 (*also* ~ **field**) धान या धान का खेत 4 धान की खड़ी फसल 4 भूसी समेत चावल के दाने;

collocations: ~ **bird** धान पक्षी; ~ **machine** चावल निकालने की मशीन; ~ **wagon** कैदियों को लाने-लेजाने के लिए पुलिस की गाड़ी; **parched** ~ खील;

p&i: **be in a** ~ क्रोध से लाल-पीला हो.; **come the** ~ **over** धोखा दे., रहस्यमय बनाना; **put sb in a** ~ किसी को गुस्सा दिलाना

padlock /पैडलौक/ *US* पैडलाःक/ *n.* लटकन ताला: ~ law (ताला-बंदी कानून);

v. *pt.* **~ed**, *pp.* **~ing** लटकन ताले से दरवाजे, अल्मारी आदि को बंद क.

padre /पाद्रे/ पाद्रि/ *n.* पादरी (स्पेनी)

padsaw /पैड्सॉ/ *n.* छोटी आरी

paean /पीअन/ (*US* **pean**) *n.* 1 स्तुति 2 विजयगान, स्तुतिगान, स्तोत्र, धन्यवाद गीत

paederast/ pederast\ /पेडअरा\स्ट /पेडअरै\स्ट/ *n.* लौंडेबाज

dw/lw: **paederasty/ pederasty** /~स्टि/ *n.* लौंडेबाजी

paedeutics /पिड्युटिक्स/ (*also* **paedogogy**) *n.* शिक्षण प्रक्रियाओं का वैज्ञानिक अध्ययन

paediatric /पीडिऐटरिक/ *adj.* बाल रोगियों से संबद्ध;

dw/lw: **paediatrician/ pediatrician** /पीडिअट्रिशिअन/ *n.* बच्चों का डॉक्टर; **paediatrics/ pediatrics** /पीडिऐटरिक्स/ *n.* बाल-रोग चिकित्सा विज्ञान

paedo-/ pedo- *comb. form, denoting:* **a child** or **children** (शिशु);

dw/lw: **~baptism/ pedobaptism** /पीडोबैप्टिज्म/ *n.* बाल-बपतिस्मा; **~genesis/ pedogenesis** /पीडोजेनिसिस/ *n.* डिंबजनन;

paedology/ pedology /पीडौलजि/ *US* पीडाःलजि/ *n., med.* बाल-विज्ञान, शिशुओं के शारीरिक व मनोवैज्ञानिक पहलुओं का अध्ययन विज्ञान;

dw/lw: **~logist** /पीडौलजिस्ट/ *US* पीडाःलजिस्ट/ *n.* बाल-विज्ञानी

paedo\morphism/ pedo\morphism /पीडोमॉःफिज्म/ *n., biol.* बड़ी उम्र में भी युवा शारीरिक गुणों की मौजूदगी;

dw/lw: **~morphic** /पीडोमॉःफिक/ *adj.* अधेड़ उम्र में युवा शारीरिक गुणों वाला

paedo\phile/ pedophile /पीडोफाइल/ *n.* बच्चों से यौन संबंध बनानेवाला, बच्चों से लौंडेबाजी करने वाला;

dw/lw: **paedophilia/ pedophilia** /पीडअफीलिआ/ *n.* बच्चों के प्रति यौन-आकर्षण, बच्चों के साथ यौन-क्रिया

paella /पायेला/ *n., pl.* **paellas**, *cookery* स्पेनी पुलाव

pagan /पेगन/ *adj.* 1 म्लेच्छ, विधर्मी, मूर्तिपूजक 2 गैर-ईसाई, गैरयहूदी, गैरमुसलमान 3 काफिर 4 मूर्तिपूजक 5 नास्तिक;

n. म्लेच्छ आदमी;

dw/lw: **pagan\ism** /पेगअनिजम/ *n.* विधर्म, मूर्तिपूजा, काफिराना, नास्तिकता; **~ize/ ~ise** /पेगअनाइज/ *v. pt.* ~ized, *pp.* paganizing विधर्मी (म्लेच्छ) बनना या बनाना

page /पेज/ *n., hist.* (*abbr.* **p/ pg/ pa**), *pl.* **pp** 1 पृष्ठ, पन्ना, पृष्ठ संख्या: ~ by ~ (पृष्ठ-दर-पृष्ठ); end ~ 2 (*also* **web** ~) इंटरनेट पृष्ठ जिसे इंटरनेट पर पढ़ा जा सकता है या उसे छापा जा सकता है 3 किसी की जीवनी का एक पृष्ठ 4 (***syn.*** page boy) परिचर, पेज, बाल-सेवक 5 कंप्यूटर स्क्रीन पर दिखाया जाने वाला सूचनाओं का एक अंश 6 साहित्य के इतिहास में एक महत्त्वपूर्ण घटना 7 *US* अमेरिकी कांग्रेस के सदस्य के सहायक के रूप में काम करने वाला छात्र या छात्रा;

v., *pt.* **~d**, *pp* **paging** 1 ऊंचा बोलकर बुलाना: Mr. Smith was **~d** in the dining-room of the hotel 2 पेजर (उपकरण) पर संदेश भेजना;

dw/lw: **~-one/ ~-oner** 1 प्रथम पृष्ठ पर छपने वाला लेख 2 सनसनी 3 मशहूर हस्ती; **page\-boy** *n.* 1 विवाह संस्कार के समय दूल्हे की सेवा में रत या उसके पीछे चलने वाला बालक 2 होटल आदि में बाल-सेवक 3 औरतों की एक विशेष बाल-शैली; **page\r** /पेजः/ *n.* (*also* **beeper, bleep**) *n., telecomm.* अस्पताल आदि स्थानों पर प्रयुक्त होने वाला संदेश भेजने-पाने का एक उपकरण; **~-turner** *n.* ऐसी दिलचस्प पुस्तक जिसे पढ़ने के लिए पाठक धड़ाधड़ पृष्ठ पलटना चाहेगा;

collocations: ~ **description language** *compute.* (*abbr.* **PDL**) प्रोग्राम भाषा जो छपे पृष्ठ की रचना को दर्शाती है और जो अनुकूलित प्रिंटर (compatible printer) द्वारा समझी और छापी जा सकती है; ~ **proof** 1 अशुद्धि-शोधन के बाद छपने के लिए दिया जाने वाला पृष्ठ 2 छपाई में पृष्ठाकार प्रूफ; ~ **locking** *compute.* पृष्ठ तालकन; ~ **table** पृष्ठ सारणी; **~-three girl** 1 कुछ टैब्लॉयड समाचार पत्रों के पृष्ठ तीन पर छपने वाली फिल्मी अभिनेत्रियों, मॉडल लड़कियों या अन्य सामाजिक तितलियों के रंग-बिरंगे चित्र 2 ऐसी लड़कियां जिनके चित्र उनके बारे में चट-पटी गपशप के साथ पृष्ठ तीन पर छपते हैं;

p&i: **write a new** ~ **in the history** इतिहास में एक नया पृष्ठ जोड़ना

pageant /पैजंट/ *n.* 1 झांकी 2 शानदार प्रदर्शन, समारोह में दृश्य (झांकी) प्रदर्शन (series of tableaux or dramatic scenes) 3 आडंबर, धूमधाम (empty show) 4 लड़कियों के सौंदर्य-प्रदर्शन का मुकाबला;

dw/lw: **pageantry** /पैजंट्रि/ *n.* 1 झांकियों की यात्रा या जुलूस, शोभायात्रा 2 धूमधाम 3 आडंबर, धूमधाम, तमाशा 4 लड़कियों के सौंदर्य-प्रदर्शन

paginal /पैजिनल/ *adj.* पृष्ठविषयक, पृष्ठ-दर-पृष्ठ: **~nal** reprint

pagina\te /पैजिने\ट/ *v., pt.* **~ted**, *pp* **~ting** पृष्ठांकन क., पृष्ठ संख्या डालना, पृष्ठांकित क.;

dw/lw: **pagina\nation** /~शन/ *n.* पृष्ठों पर क्रमांक या संख्या डालने की क्रिया, पृष्ठांकन; **paging** /पेजिंग/ *n.* पृष्ठन, पृष्ठ डालने की क्रिया; *pp of* '**page**' का वर्तमान कालिक कृदंत

pagoda /पगोडा/ *n., pl.* **~s** बौद्ध मंदिर, स्तूप, पगोडा;

dw/lw: **~-tree** *n.* गुलचीन;

p&i: **shake the ~-tree** (भारत में) जल्दी-जल्दी संपत्ति जोड़ ले.

pahoehoe /पहोइहोइ/ *n., pl.* **~s** (***syn.*** volcano ash) लहरिया व चमकदार सतहवाला जमा हुआ कठोर लावा

paid /पेड/ *adj.* 1 *pt.*, '**pay**' का भूतकालिक रूप 2 दत्त, प्रदत्त, अदा किया हुआ: ~ money 3 भुगतान किया हुआ, शोधित, चुकाया हुआ: ~ bill 4 दत्तशुल्क, दत्त-मूल्य: ~ on articles 5 सवैतनिक छुट्टी: ~ leave 6 वैतनिक, वेतनभोगी: ~ person;

adj. दत्तशुल्क: ~ adviser; ~ bill;

dw/lw: **~-up** /पेड-अप/ *adj.* 1 चुकता, प्रदत्त, अदा की हुई: ~-up capital; fully ~-up member (जिस सदस्य ने सदस्यता की पूरी रकम अदा कर दी हो) 2 किसी का या किसी बात का प्रबल समर्थक: a fully ~-up environmentalist;

p&i: **put** ~ **to sth** सफलता की संभावना को खत्म कर दे.

pail /पेल/ *n., pl.* **~s** बाल्टी, डोल: a ~ of milk;

dw/lw: **pail\ful** *n., pl.* **~fuls** बाल्टी-भर द्रव

paillasse /पैलयैस/ *n.* पुआल भरा गद्दा

paillette /पैल्येट/ *n.* चमकी, सितारा

pain /पेन/ *n.* 1 दर्द, पीड़ा, तकलीफ: burning/ poignant/ dull ~; feel some ~; a ~ in the ear 2 दुख, क्लेश, मानसिक वेदना या व्यथा: be at **~s** over sth 3 प्रसव पीड़ा या वेदना, कष्ट 4 खेद,

मनस्ताप: it gives me much ~ 5 *derog, colloq.* परेशान करने वाला व्यक्ति 6 परिश्रम, मेहनत: spared no **~s** to hide his irritation;

v., pt.* ~ed,** *pp* **~ing** 1 (syn.*** hurt) दुख दे, दुखदायी हो.: it **~s** me to see him 2 ठेस पहुंचाना 3 पीड़ादायक हो., दर्द पैदा क.: my arm **~s** me 4 कष्ट पहुंचाना;

dw/lw: **pain\ed** *adj.* दुखी, पीड़ित, व्यथित: ~ expression; **~ful** *adj.* 1 (***syn.*** sore) दुखकर, दुखदायी: ~ful tooth; ~ful treatment; a ~ful finger 2 (***syn.*** excruciating) दुख पहुंचाने वाला, दुखद, दुखकर, कष्टकर: ~ful necessity; long and ~ful trip; ~ful duty; ~ful progress 3 (***syn.*** burning) दर्दनाक, दर्दीला (full of pain): a ~ful injury; **~fulness** *n.* कष्टपूर्णता, पीड़ादायकता; **~fully** *adv.* 1 कष्टकारी ढंग से: ~fully clear/ obvious, etc. 2 पीड़ा के साथ: he moves ~fully; he smiled ~fully 3 दुख देने वाली स्पष्टता; **~killer** *n.* पीड़ाहर (दवा), वेदनाहर; **~less** *adj.* 1 बिना दर्द के 2 जो दर्द न पहुंचाए, पीड़ाहीन, अकष्टकर, पीड़ाशून्य; **~lessly** *adv.* बिना दर्द पहुंचाए, बिना किसी पीड़ा के; **~lessness** *n.* पीड़ाहीनता; **pains** /पेन्ज/ *n., pl.* प्रयास, कोशिश, कष्ट, दुख;

collocations: **~ barrier** किसी कार्य को करने में कष्ट की चरम सीमा; **excruciating/ severe/ sharp/ unbearable ~** घोर/ तेज/ असह्य दर्द; **for one's ~s** किए गए प्रयास या प्रयत्नों का फल; **in ~** कष्ट में, बेहद पीड़ा में; **under ~ of fear** भय की यंत्रणा के कारण; **under ~ of death** मृत्यु के खतरे के कारण;

p&i: **~ in the neck/ ~ in the arse** निरंतर परेशानी का स्रोत, अति घिनौना व्यक्ति; **~ is forgotten where gain follows** दुधारू गाय की दो लात भली; **~s and penalties** सजा, दंड; **be a fool for one's ~s/ have one's labour for one's ~s** व्यर्थ प्रयास क.; **be at ~s to do sth/ take ~s to do sth** किसी कार्य को ठीक ढंग से करने के लिए कष्ट उठाना या अत्यधिक सावधानी बरतने का प्रयास क.; **ease/ inflict/ relieve/ suffer ~** पीड़ा हरना/ देना/ दूर क./ पाना; **idle folk take the most ~s** सुस्त लोग दिखावा करते हैं कि उन्हें सबसे ज्यादा कष्ट है; **no ~, no gain** बिना कष्ट उठाए, सुख नहीं मिलता; **on ~ of felony** कत्ल के दोष के कारण; **on ~ of sth** दंड की संभावना या भय के खतरे के कारण; **put out of ~** बीमार जानवर को मारकर पीड़ा से मुक्ति दिलाना; **save one's ~s** अपनी शक्ति बचाकर रखना; **take ~s/ go to ~s** किसी कार्य को ठीक ढंग से करने के लिए प्रयास क., परिश्रम क., कष्ट उठाना; **under the ~s and penalties of the law** कानूनी सजा के डर के कारण

painstaking /पेन्जटेकिंग/ *adj.* 1 परिश्रमी, मेहनती, मन लगाकर काम करने वाला 2 श्रमसाध्य, श्रमसाधित (of works): ~ job 3 (***syn.*** thorough) बहुत ध्यान या सावधानी से किया हुआ: ~ work; ~ about keeping records;

dw/lw: **~ly** *adv.* बहुत ध्यान से

paint /पेंट/ *n.* 1 पुताई का तरल रंग 2 रोगन 3 रंगलेप, प्रलेप: wet/ fresh **~!** (सावधान! पेंट गीला है) 4 सौंदर्य-प्रसाधन (make-up) का लेप: have too much ~ on; a box of **~s**;

v., pt.* ~ed,** *pp* **~ing** 1 रोगन क., रंगना: ~ a door green 2 रंग भरना: ~ in bright colours 3 (syn.*** portray) चित्र बनाना, चित्रित क.: ~ a portrait in oils (तैल-चित्र बनाना); ~ from nature; ~ scenery for a play; ~ sth black (विषादमय चित्रण क.);

dw/lw: **~ball** *n.* एक सामरिक खेल; **~-box** *n.* रंगों का बक्सा; **~brush** /पेंटब्रश/ *n.* रंग लगाने वाली कूंची, पेंटिंग ब्रश; **~-drier** *n.* पेंट (लेप) शुष्कक; **~ed** *adj.* 1 चित्रित 2 रंगा हुआ, रंगों भरा 3 (***syn.*** variegated) रंग-बिरंगा: ~ed birds 4 (***syn.*** artificial) दिखावटी, कृत्रिम, बनावटी, नकली, झूठा: ~ed expression; ~ed beauty; **~er** /पेंटः/ *n.* 1 रंग-रोगन या पुताई करने वाला, रंगसाज 2 चित्रकार, रंगचित्रक, चितेरा; **~erly** /पेंटःलि/ *adj.* 1 कलात्मक 2 कलाकारों-सा; **~ing** /पेंटिंग/ *n.* 1 चित्रकार द्वारा बनाया हुआ चित्र, रंग-चित्र 2 चित्र बनाने का काम 3 चित्रण: a vivid ~ing of his impressions 4 रंगसाजी, रंगाई; **paint\-stipper** *n.* पुराने पेंट को हटाने वाला द्रव; **~-work** *n.* दीवारों, दरवाजों आदि पर पेंट की परत; **~y** /पेंटि/ *adj., degr.* ~ier, ~iest 1 रंग की गंध, रंग-रोगन जैसा: ~y smell 2 रंग-रोगन से पुता हुआ 3 अत्यधिक भड़कीले रंगों या मेक-अप आदि से पुती हुई: ~y picture;

collocations: **~ed lady** एक रंग-बिरंगी तितली (औरत); **~er's colic** सीसे का जहर;

p&i: **~ a grim /gloomy/ rosy, etc. picture of sb/ sth** किसी की या किसी वस्तु का अंधकारमय या सुखद आदि चित्र खींचना; **~ in** किसी चीज को चित्र में दिखाना; **~ one with his warts** किसी का सही-सही चित्रण क.; **~ out** ऊपर से रंग भरना; **~ over sth** किसी चित्र को रंग की एक और परत से ढकना; **~ sth in rosy colours** आशावादी रंगों में रंगना या चित्रित क., सब्ज बाग चित्रित क.; **~ the lily** व्यर्थ के काम में समय गंवाना; **~ the town red** खूब मौज-मस्ती क., खूब जश्न मनाना, शराब पीकर हुड़दंग मचाना;

cut the ~er संबंध तोड़ लेना; **he is not so black as he is ~ed** वह इतना विषादमय या बुरा नहीं जितना कि उसे चित्रित किया गया है; **so poor he's licking ~ off the fence** वह बिल्कुल भिखारी बन गया; **take sb's ~ off** लगभग बर्बाद कर दे.

pair /पेअः/ *n.* 1 जोड़ा, जोड़ी, दो समान वस्तुओं, जीवों, प्राणियों आदि का समूह: one of the earrings of the ~ 2 दो भागों, अंगों या वस्तुओं की जोड़ी: a ~ of eyes/ hands/ feet; ~ of wheels 3 दो अवयवों या भागों से बना हुआ अंग या बनी हुई वस्तु आदि, जोड़ीदार, जोड़ी, युगल, युग्म: a ~ of trousers; a ~ of scissors/ compasses/ spectacles/ scales; a ~ of shoes 4 दो जनों से बना युगल, दंपति 5 संगम में रत दो जानवर 6 जुए में जुते दो बैल, घोड़े आदि: a carriage and a ~; coach and a ~ 7 नाव खिवाई में एक चिह्न: 2+ or 2- ;

***v., pt.* ~ed,** *pp* **~ing** 1 जोड़ी बनाना, जोड़े बनाना 2 जोड़ना 3 जुड़ जाना, जोड़ा बनना: ~ off with the lively girl/ boy;

dw/lw: **~ed** *adj.* युग्मित, युगलित; **~ing** *n.* युग्मन, युगलन, मिलान; **~-oar** *n.* दो चप्पुओं का जोड़ा; **~-royal/ prial** *n. cards* ताश के खेल में एक ही दर्जे के तीन पत्तों की चाल; **pairs** *pl. n.* ताश के खेल में एक विशेष प्रकार की चाल; **pairwise** *adv.* जोड़ों में;

collocations: **~ bond** *zool.* पुरुष और स्त्री या नर और मादा के बीच अटूट बंध; **~ bonding** *n.* पुरुष और स्त्री या नर और मादा के बीच अटूट संबंधों की स्थापना; **~ing season/ time** युग्मन (mating) काल, संगम-ऋतु;

p&i: **~ing of colours** *milit.* सैनिक टुकड़ी द्वारा राष्ट्रीय व रेजिमंट के ध्वजों की जोड़ी को साथ लेकर चलना; **~ sb off with sb** मिलाना, जोड़ी बैठाना; **~ up** जोड़ी बनाना;

a nice ~ of shoes काफी दिलचस्प बात है; **a ~ of hands** कार्यरत व्यक्ति; **I have only a ~ of hands** मैं एक समय पर केवल एक ही काम कर सकता हूं; **in ~s** जोड़ों में; **pigeon ~** परिवार में बेटे और बेटी का जोड़ा; **show a clean ~ of heels** नौ दो ग्यारह हो.; **that's another ~ of shoes** यह तो बिल्कुल अलग बात हुई; **they make a ~** एक ही थाली के चट्टे-बट्टे

paisa *n., pl.* paise पैसा

paisano /पाइजानो/ *n., pl.* **~s** *US* 1 हमवतन, एक ही देश या स्थान के लोग 2 यार, दोस्त

paisley /पेजलि/ *adj.* मुलायम ऊन का बना हुआ: ~ pyjamas (मुलायम ऊन के पट्टीदार कपड़े से बना पायजामा); a ~ tie;

n. मुलायम, पट्टीदार ऊन: ~ pattern

pajamas /पजामाज/ (*US* **pyjamas**) *n., [pl.]* पजामा, पायजामा

PAK *abbr.* पाकिस्तान का अंतर्राष्ट्रीय वाहन पंजीकरण कोड (IVR)

pakeha /पाकिहा/ *adj.* (NZ) गोरा, फिरंगी, यूरोपीय

Paki /पाकी/ *n., pl.* **Pakis** *offensive, Br. sl.* 1 पाकिस्तानी 2 भारतीय उपमहाद्वीप का कोई भी निवासी;

dw/lw: **Paki\-bashing** *Br. sl. n.* ब्रिटेन में पाकिस्तानियों के साथ अपमानजनक व्यवहार; **~-basher** *n.* ब्रिटेन में पाकिस्तानियों के साथ अपमानजनक व्यवहार करने वाला

Pakistan /पाकिस्तान/ *n.* पाकिस्तान, 1947 में भारत के विभाजन के फलस्वरूप बना एक स्वतंत्र देश;
dw/lw: **Pakistani** *adj.* पाकिस्तानी; **Pakistani** *n., pl.* **~s** पाकिस्तानी नागरिक

PAL *abbr.* 'Phase Alternating Line' की प्रथमाक्षरी

pal /पैल/ *n., colloq.* यार, दोस्त, साथी;
v. *pt.* **~led** *pp.* **~ling** दोस्त बनना, यारी क.: ~ up with sb;
dw/lw: **~liness** /पैलिनेस/ *n.* मित्रता, दोस्ती, याराना, दोस्ताना; **pally** /पैलि/ *adj.* दोस्ताना बर्ताव करने वाला, मित्रतापूर्ण;
p&i: **~ around with sb** किसी याराना या दोस्ती क.; **~ up with sb** (*US* **buddy up to/ with sb**) किसी का दोस्त बन जा.

palace /पैलस/ *n.* 1 राजमहल, राजभवन 2 प्रासाद, भवन, महल 3 (**the ~**) महल में रहने वाले लोग;
collocations: **~ car** ऐशो-आरामदायक शानदार रेल डिब्बा; **~ revolution** (**~ coup**) शाही तख्ता पलट

paladin /पैलअडिन/ *n., hist.* 1 योद्धा, शूरवीर, सामंत 2 (***syn.*** knight errant) घुमंतू शूरवीर

palae\-/ palae\o- /पैलिओ\-/ *prefix., comb. form, denoting*: **old** (पुराना, पुरा); **ancient** (प्राचीन);
dw/lw: **palaeo\-anthropology** /~ऐंथ्रअपौलअजि/ *US*~ऐंथ्रअपाःलजि/ *n.* अस्थि-पंजरों का अध्ययन करने वाला मानवशास्त्र; **~-biology** /~बायौलजि/ *US* ~बायाःलजि/ *n.* पुरा-मानव-जैविकी; **~-botany** /~बौटअनि/ *US* ~बाःटअनि/ *n.* पुरावनस्पति विज्ञान; **~-cene** /~सीन/ *adj., geol.* तृतीय महाकल्प युग, जब रेंगने वाले जीव लगभग खत्म हो चुके थे और स्तनपायी प्राणियों ने उनका स्थान ले लिया था; **~-climatology** /~क्लाइमटौलजि/ *US* ~क्लाइमटाःलजि/ *n.* पुराजलवायु विज्ञान; **~-ecology** /~इकौलजि/ *US*~इकाःलजि/ *n.* पुरापारिस्थितिक अध्ययन विज्ञान; **~-graphy** /~ग्रैफि/ *n.* पुरालिपि, पुरालिपि-शास्त्र; **~-lith** /~लिथ/ *n.* पुराप्रस्तर उपकरण; **~-lithic** /पैलिअलिथिक/ *adj.* पुरापाषाण, पूर्वपाषण, पुराप्रस्तर (युगीन): ~-olithic art (पूर्वपाषण या पुराप्रस्तर (युगीन) कला, 30,000 वर्ष पहले की प्राचीनतम कला); **palaeo\logy** /पैलिऔलजि/ *US* पैलिआःलजि/ *n.* पुरातत्त्व अध्ययन विज्ञान; **palae\ontography** /पैलिऔंटौग्रअफि/ *US* -आंटाः-/ *n.* जीवाश्म-वर्णन; **palae\ontological** /पैलिऔंटअलौजिकल/ *US* -आंटअलाजिकल/ *adj.* जीवाश्म, जीवाश्मीय; **palae\ontology** /पैलिऔंटौलजि/ *US* /पैलिआंटाःलजि/ *n., geol.* जीवाश्म-विज्ञान, जीवाश्मिकी, अस्थिपंजरों की व्याख्या द्वारा लुप्त जीवन के भिन्न-भिन्न रूपों की रचना, उनका प्रसार, वातावरण तथा विकास प्रक्रिया का अध्ययन; **~-ontologist** /पैलिऔंटौलजिस्ट/ *US* पैलिआंटाःलजिस्ट/ *n.* जीवाश्म-विज्ञानी; **~-species** /पैलिऑस्पीशीज/ *n.* पुराजाति; **~siberian** /~साइबेरिअन/ *adj.* पुरा-साइबेरियाई; **~zoic** /~जोइक/ *adj., geol.* पुराजीवी; **~zoology** /~जूऔलजि/ *US* ~जूआःलजि/ *n.* जीवाश्मप्राणि-विज्ञान

palaestra /पलेस्ट्रा/ *n.* अखाड़ा, मल्लशाला, व्यायामशाला

palais /पैले/ *n.* नाच भवन, नाचघर;
collocations: **~ de danse** /पैले द डाःस/ *n. pl.* **palais de danse** /पैले/ पैलेज द डाःस/ रंगशाला, नृत्य प्रासाद

palamino *see below under* **palomino**

palanquin/ palankeen /पैलन्कीन/ *n., hist.* पालकी, डोली

palata\ble /पैलअटअबल/ *adj.* 1 खाने लायक, स्वादिष्ट: fresh and **~ble** food 2 रुचिकर: this counsel was by no means **~ble**;
dw/lw: **palata\bility** /पैलअटअबिलिटि/ *n.* स्वादिष्टता, रोचकता

palatal /पैलअटल/ *adj.* 1 तालु-संबंधी, तालव्य 2 *phon.* किसी ध्वनि के तालु से स्पर्श करते हुए उच्चारण संबंधी;
n. 1 तालु 2 भिन्न-भिन्न मदिराओं को पहचानने की क्षमता 3 स्वाद की पहचान, स्वाद, स्वाद की अनुभूति 4 झुकाव, प्रवृत्ति;
dw/lw: **palatal\ization** /पैलअटअलाइजेशन/ *n.* तालव्यीकरण; **~ize** /पैलअटअलाइज/ *v., pt* ~ized, *pp* ~zing तालव्य बनाना

palate /पैलट/ *n.* 1 तालु: hard/ soft ~ 2 स्वाद की पहचान, स्वाद, स्वाद की अनुभूति: have a delicate ~; depraved ~ (विकृत स्वाद) 3 भिन्न-भिन्न प्रकार की मदराओं (wines) का स्वाद पहचानने की क्षमता 4 रुचि, अभिरुचि, झुकाव, प्रवृत्ति: have no ~ for broad humour (अश्लील उपहास में रुचि न हो.)

palatial /पलेशिअल/ *adj.* 1 राजसी, शाही 2 (***syn.*** splendid) विशाल व भव्य, आलीशान

palatinate /पअलैटिनेट/ *n.* साम्राज्य में एक स्वतंत्र प्रदेश, रियासत, जागीर

palatine /पैलअटाइन/ *adj.* 1 रोम में पैलाटीन पर्वत से संबंधित 2 इस पर्वत पर रोमन शहंशाहों के महल से जुड़ा हुआ 3 शाही अधिकारों या ठाठ-बाट वाला 4 सामंत 5 तालव, तालु-: ~ arch/ tonsil

palato\-alveolar /पैलअटो-ऐल्विअलः/ *adj., phon.* तालु-वर्त्सर्य, ऐसी ध्वनि जो जीभ की नोक द्वारा ऊपरी दांतों को छूने तथा जीभ के मध्य भाग द्वारा ऊपर उठकर तालु को छूने से पैदा होती है;
dw/lw: **~-dental** *adj.* तालु-दंत्य; **~gram** *n.* तालु-आलेख; **~graph** *n.* तालु-लेखी

palaver /पअलावः/ *n.* 1 (***syn.*** parley) वार्ता, सलाह-मशवरा, बातचीत 2 गपशप, बकवाद, चिकनी-चुपड़ी बातें 3 चापलूसी, लल्लो-चप्पो 4 लंबा, उबाऊ, जटिल एवं व्यर्थ प्रयास, बतंगड़, बकवास: what a ~! 5 (***syn.*** cajolery) फुसलाहट 6 (***syn.*** fuss) झमेला, झिकझिक;
v. *pt.* **~ed**, *pp.* **~ing** 1 चिकनी-चुपड़ी बातें क.: ~ sb into sth; I won't be **~ed** out of my right 2 चापलूसी क.: ~ the high and mighty 3 गप्पें हांकना, बकवास क.

palazzo /पअलैत्सो/ *n. pl.* **palazzi** /पअलैट्सी/ 1 एक इतालवी महल जिसे अब संग्रहालय में बदल दिया गया है 2 इस शैली में बना कोई घर

palazzos /पैलैत्सोज/ *n., [pl.]* (**palazzo pants**) औरतों की खुली, सीधी मोहरी वाली ढीली-ढाली पैंट

pale /पेल/ *adj., degr.* **~r**, **~st** 1 पीला, विवर्ण: grow/ become ~; ~ blue; ~ red; ~ green 2 बीमारी के कारण फीका हुआ पीला रंग: ~ face; deadly/ ghostly ~ 3 फीका, मंद, धुंधला 4 निस्तेज, निष्प्रभ: turn ~ with fright 5 हल्का, फीका: by the ~ light of the moon; ~ sunlight
v., *pt.* **~d**, *pp* **paling** पीला, फीका या धुंधला पड़ जाना या कर दे.: my story **~s** beside yours; illness had **~d** him;
n. 1 (***syn.*** stakes) खूंटा, खूंटानुमा छोटा-सा खंबा 2 (***syn.*** fence) बाड़ा, घेरा 3 सूर्य का हल्का-हल्का प्रकाश;
dw/lw: **~face** *n., derog.* गोरा व्यक्ति (अमेरिकी आदिवासियों द्वारा गोरे उपनिवेशिकों के लिए उपेक्षासूचक शब्द); **~-faced** *adj.* गोरे या फीके चेहरे वाला; **~ly** /पेललि/ *adv.* फीके या नीरस ढंग से; **~ness** /पेलनेस/ *n.* पीलापन, जर्दी, फीकापन; **palish** /पेलिश/ *adj.* पीला-सा, पीला, पीताभ;
collocations: **~ ale** हल्के रंग की बीयर; **~ buck** /~buck पूर्वी अफ्रीका में पाया जाने वाला एक प्रकार का हिरण;
p&i: **~ as death as = ~ as a ghost as** मुर्दे-सा जर्द; **~ beside/ next to sth = ~ in/ by comparison with sth** की तुलना में नगण्य वस्तु में बदल जा. = **~ into insignificance** नगण्य वस्तु या घटना में बदल जाना;
inside the ~ हद के भीतर; **beyond the ~** अशालीनता, बदतमीजी, अभद्र व्यवहार; **place sb beyond the ~** किसी का बहिष्कार कर दे.

palea /पेलिअ/ *n.* अंतःपुष्पकवच, शल्लिका

paleo\grapher; **paleographic**; **paleography**; **paleolithic**; **paleontology** *see above under* **palaeo-**

Palestine /पैलिस्टाइन/ *n.* प्राचीन व आधुनिक फिलस्तीन, जो पूर्वी भूमध्य सागर के तट पर स्थित है;
n. फिलस्तीनी नागरिक;
dw/lw: **Palestinian** /पैलिस्टिनिअन/ *adj.* फिलस्तीनी

paletot /पैल्तो/ पैलितो/ (*Russian* **пальто**) *n.* ओवरकोट, लबादा

palette /पैलअट/ *n.* 1 चित्रकार का रंगदान, रंग-पट्टिका 2 चित्रकार द्वारा प्रयुक्त रंगों के बाहुल्य का विस्तार: broadened his ~ in later years

palfrey /पॉःल्फ्री/ *n.* औरतों के लिए सवारी-घोड़ा, टट्टू

Pali /पाली/ *n.* पाली भाषा

pali(l)logy /पलिलजि/ *n.* बल देने के लिए पुनरुक्ति के प्रयोग की तकनीक

palimony /पैलिमनि/ *n. colloq.* बिना शादी किए एक साथ रहने वाले दंपत्तियों में से किसी एक को अदालती हुक्म से दिया जाने वाला तलाक भत्ता

palimpsest /पैलिम्प्सेस्ट/ *n.* 1 प्राचीन पार्चमेंट कागज, चर्मपत्र जिसे उस पर पहले लिखे पाठ को मिटाकर बार-बार प्रयुक्त किया जा सकता है

palindro\me /पैलिनड्रो\म/ *n.* 1 आगे तथा पीछे से एक समान पढ़ा जाने वाला शब्द या पद 2 वे शब्द या पद जो उल्टे-सीधे एक समान हों: **madam**, **Dalda** 3 विलोमपद, विलोमकाव्य;
dw/lw: **~mic** /~मिक/ *adj.* विलोमाक्षरी, चित्र काव्यात्मक; **~mist** /~मिस्ट/ *n.* विलोम पद बनाने वाला लेखक

paling /पेलिंग/ *n.* 1 नुकीले डंडोंवाली बाड़ या उसके ऊपर को उठते नुकीले डंडे, नुकीला खूंटा (*see above under* **pale**) 2 बाड़, घेरा 3 घेराबंदी

palingenesis /पैलिन्जेनिसिस/ *n.* 1 (***syn.*** rebirth) पुनर्जन्म 2 *biol.* पुनर्भवन 3 (***syn.*** metamorphosis) कायांतरण

palinode /पैलिनोड/ *n.* 1 अपने शब्दों या दृष्टिकोण का त्याग 2 प्रत्याख्यान

palisade /पैलिसेड/ *n.* सीधी गड़ी लकड़ी की नुकीले फानों की ऊंची बाड़, घेरा

palish *see above under* **pale:** ***dw/lw***

pall /पॉल/ *v., pt.* **~ed**, *pp* **~ing** 1 उबाऊ हो., नीरस या अरुचिकर हो जाना 2 छका दे., अति तृप्त कर दे.: the pastimes **~ed** on him 3 अरुचि उत्पन्न क.: fear of **~ing** sb's appetite;
n. 1 ताबूत का आवरण, चादर: cast a ~ over sth (शोकाकुल चादर उढ़ाना) 2 ताबूत 3 पिधानिका (of chalice) 4 *fig.* छाया, पर्दा, बादल-नुमा आवरण: a ~ of dust/ smoke/ gloom, etc. (धूल/ धुएं/ विषाद के बादल);
dw/lw: **pall\bearer** /पाःलबेअरः/ *n.* 1 ताबूत या अर्थी उठाने वाला या शव-यात्रा में उसके साथ चलने वाला 2 ताबूत उठाने वाला; **~ed** /पॉल्ड/ *adj.* 1 कमजोर, जिसका तत्त्व उड़ गया हो, स्वादहीन: ~ed beer 2 नीरस 3 अति तृप्त: ~ed appetite (खाने के प्रति पैदा हुई अरुचि)

palladium /पलेडिअम/ *n., chem. symbol.* **Pd** प्लाटिनम सदृश मुलायम सुनहरी-श्वेत धातु तत्त्व

pallet /पैलिट/ पैलअट/ *n.* 1 मुलायम रुई/ पयाल का गद्दा 2 गुदड़ी 3 उठौआ चारपाई 4 ट्रक आदि पर चढ़ाने के लिए उठौआ चबूतरा: ~ truck; ~ conveyor 5 बड़ी ट्रे, तृणशय्या, सांथरी 6 कुम्हार की मिट्टी मिलाने और मिट्टी के बर्तनों को आकार देने की थापी (wooden tool) 7 (***syn.*** palette) रंग-पट्टिका 8 *bookbinding* जिल्द पर सुनहरे अक्षर आदि छापने का ठप्पा

pallial /पैलिअल/ *n.* प्रावारः ~ line (प्रावार रेखा); ~ muscle (प्रावार मांस पेशी)

palliasse /पैलिऐस/ *n.* (***syn.*** pallet) पयाल या फूस से भरा गद्दा

pallia\te /पैलिए\ट/ *v., pt.* **~ted**, *pp* **~ting** 1 दर्द आदि को हल्का कर दे., उपशमन क. 2 कम क. 3 अपराध की गंभीरता कम करवाने के लिए (झूठी) सफाई दे.: these considerations do **~te** his conduct;
dw/lw: **pallia\tion** /~शन/ *n.* 1 पीड़ाहरण, घटाव, कमी (of pain) 2 लघुकरण 3 औचित्यकरण: in ~tion of

palliative /पैलिऐटिव/ *adj.* उपशामक, पीड़ा आदि कम करने वाला 2 लघुकारक 3 औचित्यकारक;
n. 1 उपशामक दवा आदि, पीड़ाहर दवाई 2 उपशामक कार्रवाई

pallid /पैलिड/ *adj., degr.* **~er**, **~est** 1 पीला, जर्द 2 विवर्ण, फीका 3 ऊर्जाहीन, निस्तेज 4 आत्म-विश्वासहीन, फीका

palliness *see above under* **pal:** ***dw/lw***

pallium /पैलिअम/ *n., pl.* **pallia**/ **~s**, *relig.* 1 *anat.* प्रावार 2 पैलियम, ऊनी अंबरिका (of Pope and archbishops)

pallor /पैलः/ *n.* पीलापन, जर्दी, पांडुरिमा, फीकापन: the ~ of death

pally *see above under* **pal:** ***dw/lw***

palm /पाम/ *n.* 1 हथेली, करतल 2 फलक 3 बालिश्त, बित्ता 4 ताड़, ताल, खजूर, मरी: ~-tree, toddy ~ 5 विजय, सर्वोच्चता पुरस्कार: ~ branch; ~-leaf 6 **Palmtop** *trademark* हथेली पर रखा जा सकने वाला छोटा-सा कंप्यूटर;
***v.**, pt.* **~ed**, *pp* **~ing** 1 हथेली में कुछ छिपाना 2 ठगना, धोखा दे.: he boasted that he ~ed right and left (वह डींग मार रहा था कि उसने खूब धोखा-धड़ी की);
dw/lw: **palm\aceous** /पामेशिअस/ *adj.* ताड़ या खजूर के परिवार का; **~ar** /पैल्मः/ *adj.* करतल-, हथेली से संबंधित; **palm\ary** /पैल्मरि/ *adj.* विजयी, सर्वश्रेष्ठ; **~-cat**/ **civet** *n.* मुसंग, ताड़ गंधमार्जार; **~etto** /पैल्मेटो/ *n., pl.* ~s/ ~es खजूर का छोटा-सा पेड़; **~house** *n.* खजूर व अन्य पेड़ों के लिए शीशे का घर; **Palm~Sunday** ईस्टर से पहले का इतवार; **palmtop** /पाःमटौप/ *n.* हथेली पर रखा जा सकने वाला छोटा-सा कंप्यूटर; **~y** /पाःमि/ *adj., pl.* ~ier, ~iest 1 ताड़ के वृक्षों से भरा 2 फलता-फूलता हुआ, समृद्ध: ~y days (1 "अच्छे दिन", सुख समृद्धि के दिन 2 विजय भाव से भरे दिन);
collocations: **~ court** होटल में खजूर के पेड़ों से सजा एक बड़ा कमरा जहां एक छोटा-सा ऑर्केस्टरा धीमा-धीमा संगीत बजा रहा होता है जिसके तले दोपहर बाद का नाश्ता किया जाता है; **~ fiber** ताड़, रेशा; **~ grove** ताड़ उपवन; **~ leaf** ताड़पत्र, ताडपत्र; **~ oil** 1 खजूर का तेल 2 घूस; **~ sugar** (***syn.*** jaggery) खजूर की चीनी; **~ tree** खजूर का पेड़; **~ wine** ताड़ी;
p&i: **~ days** अच्छे दिन; **~ off thing on person** धोखे से किसी चीज को चलाना या भेड़ना; **~ sb off** किसी को गलत सूचना देकर ठगना; **~ off the ~** विजयी होना; **~ sth off as sth** किसी वस्तु की झूठी तारीफ कर के किसी को बेचना; **~ sth off on sb** किसी के मत्थे मढ़ना, किसी को कोई चीज धोखे से दे दे., बेकार हो चुकी किसी चीज को किसी को दे.;
bear the ~ विजय प्राप्त क.; **cross/ grease/ oil/ tickle sb's ~** किसी को घूस देना; **cross sb's ~ with silver** भविष्य बतानेवाले को पैसे दे.; **give the ~ to sb** किसी के सिर विजय का सेहरा बांधना; **have an itching ~** लालची हो.; **have sb in the ~ of one's hand** किसी को अपनी मुट्ठी (वश) में रखना; **yield the ~ to sb** किसी से पराजय स्वीकार क.

palmaceous; **~ar**; **~ary** *see above under* **palm:** ***dw/lw***

palmate/ **palmated** /पैल्मेट/ पैल्मेटिड/ *adj.* 1 हाथ के आकार का 2 (***syn.*** palmiped) जालपाद

palmer /पाःमः/ पैल्मः/ *n.* तीर्थ-यात्री, विशेषतः जो यात्रा कर चुका हो

palmette /पैल्मेट/ *n.* ताल चित्र, तालपत्रालंकार, तालपत्र अलंकरण

palmipede /पैल्मिपीड/ *n.* जालपाद

palmist /पामिस्ट/ *n.* 1 ज्योतिषी 2 हस्त-रेखा पंडित, सामुद्रिक शास्त्री, कर-सामुद्रिक

palmistry /पामिस्ट्री/ (*also* **chiromancy**) *n.* हस्तरेखा विज्ञान, सामुद्रिक विद्या, करसामुद्रिक, हस्तरेखा-शास्त्र

palmy *see above under* **palm:** ***dw/lw***

palmyra /पैल्मायरा/ *n., pl.* **~s** पनई ताड़, पंखिया खजूर

palolo /पलोलो/ *n.* प्रवाल भित्ति या मूंगा चट्टान में मिलने वाला एक खाने योग्य समुद्री जीव

palomino/ palamino /पैलअमीनो/ *n., pl.* **~s/ ~s** अरब प्रजाति का सुनहरी घोड़ा जिसके अयाल और पूंछ सफेद होते हैं, स्वर्ण अश्व, पैलोमिनो

palooka /पलूका/ *n., pl.* **~s** *US sl.* एक मूर्ख और बेढब आदमी, विशेषकर खेलों में

palp/ palpus /पैल्प/ पैल्पस/ *n., pl.* **palps/ palpi** /पैल्पाइ/ कीटों का स्पर्शक अंग, स्पर्शिनी

palpa\bility /पैल्पअ\बिलिटि/ *n.* सुस्पष्टता, इंद्रियगोचरता, स्पर्शग्राह्यता;

dw/lw: **palpa\ble** /~बल/ *adj.* 1 साफ दिखाई देने वाला, स्पर्शग्राह्य, स्पर्शगोचर 2 (***syn.*** perceptible) इंद्रियगोचर: ~ble difference; ~ble darkness; **~bly** /पैल्पअबलि/ *adv.* सुस्पष्टतः

palpa\te /पैल्पे\ट/ ***v.,*** *pt.* **~ted**, *pp* **~ting** *med.* 1 छूना, स्पर्श क., छूकर देखना 2 टोहकर देखना, टोहना, टटोलना 3 शरीर के किसी अंग को छूकर या दबाकर बीमारी का पता लगाना;

dw/lw: **~tion** /~शन/ *n.* 1 स्पर्शपरीक्षा 2 टोहने की क्रिया, टोह, टटोल

palpe\bra /पैल्पिब्रा/ *n.* पलक, नेत्रच्छद;

dw/lw: **~bral** /पैल्पिब्रल/ *adj.* नेत्रच्छद या पलकों से संबंधित

palpita\te /पैल्पिटे\ट/ *v., pt.* **~ted**, *pp* **~ting** 1 धड़कना: his articles **~te** with actuality (उसके लेखों में जीवन धड़कता है) 2 धक-धक क.;

dw/lw: **~ting** /~टिंग/ *adj.* धड़कता हुआ, जीवंत: ~ting haze (कंपायमान धूमिलता); ~ting interest; **palpita\tion** /~शन/ *n.* धड़कन, धकधक, धड़क, धक-धकी, स्पंदन, अतिस्पंदन; **~tions** *n., pl.* दिल की तेज धड़कन

palpus /पैल्पस/ *see above under* **palp**

palsied /पाःल्जीड/ *adj.* लकवे से पीड़ित, अधांगी, संस्तंभित

palstave /पॉःल्स्टेव/ (*also* **palstaff**) *n.* कुल्हाड़ी या छेनी की एक प्रकार

pal\sy /पॉःल्जि/ *n., pl.* **~sies** लकवा, पक्षाघात, फालिज, अंगघात, संस्तंभ;

v., *pt.* **~sied**, *pp* **~sing** स्तंभित क., अंगघात क.;

dw/lw: **~sy/ ~sy-walsy** /पैल्जि/ पैल्जि-वैल्जि/ *adj. colloq.* अत्यंत घनिष्ठ, जरूरत से ज्यादा दोस्ताना जताने वाला

palter /पॉःल्टः/ पॉल्टः/ *v., pt.* **~ed**, *pp* **~ing** 1 छल-कपट क.: ~ with one's honour; ~ with facts 2 मोल-भाव क. 3 (***syn.*** equivocate) ढुलमुल क., टालमटोल क.: ~ commonplaces (सड़कछाप बातें क.)

paltriness /पॉःल्ट्रिनेस/ *n.* अल्पता, नगण्यता;

paltry /पॉल्ट्रि/ पॉःल्ट्रि/ *adj., degr.* **paltrier**, **paltriest** 1 (***syn.*** meagre) बहुत कम: a ~ sum 2 (***syn.*** insultingly inadequate) क्षुद्र 3 (***syn.*** insignificant) तुच्छ, नगण्य: ~ excuses 4 (***syn.*** worthless) रद्दी, निकृष्ट: ~ fellow

paludal /पल्यूडल/ पैल्युडल/ *adj.* 1 कच्छीय, दलदली 2 मलेरिया से संबंधित

paludism /पैल्युडीज्म/ *n.* मलेरिया, जूड़ी

palustris /पैल्यूस्ट्रिस/ *adj.* कच्छीय

paly /पैलि/ *adj.* लंबाकार रेखाओं द्वारा विभाजित

palynology /पैलिनौलअजि/ *US* पैलिनाःलअजि/ *n.* बीजाणुओं एवं पराग कणों का अध्ययन-शास्त्र

pam. *abbr.* 'pamphlet' का संक्षेप

pam /पैम/ *n. cards* चिड़ी का गुलाम

pampas /पैंपस/ *n.* दक्षिण अमेरिका के विशाल वृक्षहीन मैदान, पंपास, वृक्षहीन मैदान: ~ grass (बहुत बड़ी सदाबहार दक्षिणी अमेरिकी घास)

pamper /पैंपः/ *v., pt.* **~ed**, *pp* **~ing** लाड़-प्यार से बिगाड़ना: be petted and **~ed** from one's childhood;

dw/lw: **~er** *n.* बिगाड़ने वाला;

p&i: **~ one's vanity** अपने अहंकार या अहंमन्यता को हवा दे.

pamphlet /पैंफ्लट/ *n.* (*abbr.* **pam**) प्रचार हेतु प्रकाशित पुस्तिका या चौपन्ना;

dw/lw: **pamphlet\eer** /पैंफ्लटिअः/ *n.* लिखाड़ी: the pungent pen of the ~eer; **~eering** /पैम्फ्लिटिअरिंग/ *n.* पेंफ्लेटबाजी, इश्तिहारबाजी

pan /पैन/ *n.* 1 एक प्रकार का बर्तन, तवा, कड़ाही 2 पलड़ा, तराजू का पल्ला (of scales) 3 *geog.* पटल: a ~ of coals; ~ digger (खोदकर सोना ढूंढने वाला) 4 (***syn.*** betel leaf) पान 5 चेहरा: dead ~;

v., *pt.* **~ned**, *pp* **~ning** 1 (***syn.*** slate) कड़ी आलोचना क. या हो.: get **~ned** in the newspapers 2 कैमरा आदि का चलते-फिरते पिंड (object) के पीछे घूमना 3 सोना निकालने के लिए छोटे-छोटे पत्थरों को थाली या परांत आदि में धोना;

often **~ out** 1 होना, घटना, रंग ला.: it **~ned** out differently from what I had figured 2 आगे विकसित हो.: the business did not **~ out** 3 खत्म हो.;

dw/lw: **dust~** *n.* धूलदान; **bed~** *n.* रोगी द्वारा बिस्तरे में प्रयोग किया जानेवाला मूत्र पैन; **~ful** /पैनफुल/ *n., pl.* **~fuls** पैननुमा बर्तन की ग्रहण क्षमता;

p&i: **~ for gold** नदिया में सोना ढूंढना; **~ out** होना, घटना; **a dead ~** पत्थर-सा चेहरा; **go down the ~; leap/ fall out of the ~ into the fire** आसमान से गिरा, खजूर पर अटका; **shut one's ~** चुप हो जा.

pan- *comb. form, denoting:* **entire** (समग्र, सर्व-, अखिल): **pan**orama; **pan**-Africanism; **Pan**Am *abbr.* of **pan**-American *adj.* अखिल अमेरिकी; **pan**-Arab/ **pan**-Arabic *adj.* अखिल अरब

panace /पैनसि/ *n., folklore* जादुई घास

panacea /पैनअसीआ/ *n., pl.* **~s** 1 सर्वरोग उपचार, रामबाण, सर्वरोगहर 2 सभी समस्याओं का हल

panache /पनैश, पैनैश/ *US* पनाःश/ *n.* 1 (***syn.*** flair) तड़कीला-भड़कीलापन, शान, शेखी, दिखावा 2 प्रभावपूर्ण या ठाठ-बाटपूर्ण शैली 3 कलगी

panada /पनाडा/ *n., pl.* **~s** *cookery* 1 ब्रैड को उबाल कर, उसमें दूध मिलाकर बनाया जाने वाला व्यंजन 2 ब्रैड के टुकड़ों या आटे से बना गाढ़ा घोल

PanAm *abbr.* **'Pan-American World Airways Incorporated'** का संक्षेप

panama/ panama hat /पैनअमा/ *n., pl.* **~s** इक्वाडोर, पनामा जैसे मध्य अमेरिकी देशों में खजूर जैसे पेड़ों के पत्तों से बना हैट, टोपी

Panama /पैनअमा/*n.* एक मध्य अमेरिकी देश, पनामा;

dw/lw: **Panamanian** /पैनअमेनिअन/ *adj.* 1 पनामा से संबंधित, पनामा वासी

panatella /पैनअटेला/ (*US* **panatela**) *n., pl.* **~s** एक पतला लंबा सिगार

pancake /पैनकेक/ *n.* एक प्रकार का चपटा केक, मालपूआ, चिल्ला;

collocations: **~ ice** ध्रुवीय क्षेत्र में सर्दी शुरू होने से पहले बनीं बर्फ की पतली पट्टियां; **~ landing** किसी वायुयान द्वारा बिना पहिए खोले पेट के बल उतरने की क्रिया; **~ make-up** केक की शक्ल की रूप-सज्जा सामग्री जिसे लगाने से पहले गीला किया जाता है

panchax /पैंचैक्स/ *n., pl.* **~es** अफ्रीका और दक्षिण-पूर्वी एशिया में मिलने वाली भड़कीले रंग की मछली

panchromatic /पैन्क्रोमैटिक/ *adj., photog.* पैनक्रोमैटिक, सर्ववर्णी

panclimax /पैनक्लाइमक्स/ *n.* सर्व चरम

pancrea\s /पैंक्रिअस/ *n., anat.* पाचक ग्रंथि, आमाशय, अग्न्याशय, लबलबा;

dw/lw: **~tic** /पैंक्रिअटिक/ *adj.* अग्न्याशय-संबंधी, अग्न्याशयी, पाचक गंथि से सबंधित: ~tic juice (अग्न्याशय से निकलने वाले पाचक ऐन्जाइम का लघ्वान्त्रग्र में उदर से आनेवाले अम्ली द्रव से मिश्रण); **pancrea\tin** /पैन्क्रिएटिन/ *n., biochem.* 1 अग्न्याशय से निकलने वाले पाचक ऐन्जाइम का उदर से आनेवाले अम्ली द्रव से मिश्रण 2 पाचक क्रिया में मदद करने के लिए एक औषध; **~titis** /पैंक्रिअटाइटिस/ *n.* पाचक ग्रंथि शोथ

panda /पैंडा/ (*also* giant ~) *n., pl.* **~s** पैंडा, पांडा , चीन में पाया जाने वाला काले-सफेद रंग का एक बड़ा-सा जानवर;
collocations: **~ car** एक छोटी-सी पुलिस कार

pandanus /पैंडेनस/ *n.* केवड़ा

pandean /पैंडिअन/ *adj.* यूनान की चराहगाहों का देवता, जिसके धड़ व मुख आदि पुरुष जैसे होते थे और पांव तथा सिर बकरी जैसे: ~ pipe (पांडा की मुरली या बांसुरी)

pandects /पैंडेक्टस/ *n.* विधि-संग्रह, विधि-संहिता

pandemic /पैंडेमिक/ *adj., med.* दूर-दूर तक फैला हुआ (रोग), देशव्यापी, महाद्वीप व्यापी आदि;
n. देशांतरगामी महामारी या विश्वमारी

pandemo\nium /पैंडअमोनिअम/ *n.* 1 ऊधम, उत्पात, हुल्लड़ 2 कोलाहल, हो-हल्ला: turn the place into a **~nium**; **~nium** again reigned in the class;
dw/lw: **pandemo\nic** /पैंडअमोनिक/ *adj.* उधमी, हो-हुल्लड़ी/ कोलाहलपूर्ण, शोर-शराबे वाला

pander /पैंडः/ *v., pt.* **~ed**, *pp* **~ing** 1 कुटनाई या दलाली क. 2 भड़ुआगिरी क. 3 के अनुसार ढालना या ढलना: ~ to the public taste; ~ to sb/ sth (किसी की गलत इच्छाओं को पूरा क.);
n. 1 दलाल, भड़ुआ, कुटना 2 पाप में सहायक;
p&i: **~ to** किसी को चापलूसी से खुश क.

p. and h. (*also* **p. & h.**) 'postage and handling' का संक्षेप

P & O *abbr.* 'Peninsular and Oriental Steamship Navigation Company' की प्रथमाक्षरी

Pandora /पैंडॉरा/ *n.* पैंडोरा, यूनानी पुराणों के अनुसार 'पैंडोरा' पहली यूनानी स्त्री थी जिसे जिउस (Zeus) ने एक बंद बक्सा यह कहते हुए भेंट में दिया कि उसे कभी न खोलना। पर बक्से को खोल दिया गया जिस में से नाना प्रकार की बुराइयां निकलकर दुनिया में फैल गई। तिस पर भी उस बक्से की तली पर स्थित मात्र 'आशा' बच गई;
collocations: **~'s box** आफत का पिटारा

p. and p. (*also* **p & p**) *abbr.* 'postage and packing' का संक्षेप

pandu\rate/ ~riform /पैंड्युरिट/ पैंड्युरिफॉःम/ वायलिन रूपी

pane /पेन/ *n.* 1 शीशा, कांच 2 (कांच) फलक 3 उपखंड, खाना 4 पल्ले या चौखट में जड़ा शीशा: window ~

panegy\ric /पैनअजिरिक/ *n.* प्रशस्ति, विरुदावली, स्तुतिगान, गुण-प्रशस्ति, गुणगाथा, गुणगान, गुणकीर्तन, चाटुकारिता-गान;
dw/lw: **panegy\rical** /पैनअजिरिकल/ *adj.* प्रशंसात्मक, चाटुकारितापूर्ण; **~rize** /पैनअजिराइज/ *v., pt.* ~rized, *pp* ~rizing प्रशंसा क.; **~rist** /पैनअजिरिस्ट/ *n.* विरुदावली का गान करने वाला, चाटुकार प्रशंसक

panel /पैनल/ *n.* 1 कपड़े की फलक 2 किसी विशेष कार्य (परीक्षण, निरीक्षण, चयन आदि) हेतु गठित व्यक्तियों का विशेष दल: ~ of judges/ experts 3 किसी कार्यालय में वह पटल जिसमें नियंत्रक उपकरण लगे होते हैं: control ~ 4 किवाड़ आदि के पल्ले, दिल्ला, दिलहा 5 गद्दी (of saddle) 6 (***syn.*** section) खंड, भाग 7 तालिका, नामिका, चयनक, नामसूची: ~ of names; be on the ~ 8 सौर ऊर्जा को संग्रहित करने के पैनल: solar ~, ~ heating;
adj. किसी विषय विशेष के लिए विशेषज्ञों आदि का मंडल, पैनल: ~ discussion (सामूहिक विचार-विमर्श); ~ meeting; ~ session;
***v.**, pt.* **~led**, *pp* **~ling**/ *US* **paneling, paneled** दिल्ला या पल्ला लगाना, सूची में नाम लिखना;
dw/lw: **~-beating** *n.* धातु की किसी चादर में पड़े गड्ढों को हटाने की क्रिया; **~-beater** *n.* धातु की किसी चादर के गड्ढे हटाने वाला; **~led** /पैनल्ड/ *adj.* दिलहेदार, पल्ले लगा; **panel\ling** *UK* (*US* **paneling**) /पैनलिंग/ *n.* 1 दीवार आदि पर लगाने के लिए फलक, पल्ले 2 दिलहे बनाने की लकड़ी 3 दिलहाबंदी; **panel\ist** *UK* (*US* **panelist**) *n.* किसी विशेष कार्य के लिए गठित या नियुक्त विशेष समूह या मंडल का सदस्य;
collocations: **~ heating** फर्श, दीवार, छत आदि में लगे पल्लों (panels) से घर या कमरे में गर्मी का बिखराव या फैलाव; **~ pin** प्लाई की चादरों और तख्तों आदि को उनके आधार पर लगाने की पिन (छोटी-सी कील); **~ saw** नाजुक लकड़ी को सही कोण आदि पर काटने के लिए अति नाज़ुक आरी; **~ van** (*also* **~ truck**) ऐसा ट्रक या वैन जिसके बंद डिब्बे में न तो खिड़कियां हों, न यात्रियों के बैठने के स्थान

panettone /पैनअटोने/ *n., pl.* **panettoni** /पैनअटोनी/ एक प्रकार का मसालेदार केक

pan-European *adj.* अखिल यूरोपीय, सर्व-यूरोपीय

pan-fry *v., pt.* **~-fried**, *pp* **~-frying** कड़ाही में तलना

panful *see above under* **pan: *dw/lw***

pang /पैंग/ *n.* 1 टीस, वेदना, व्यथा, पीड़ा: a ~ of guilt; the **~s** of death 2 कसक, हूक: the **~s** of hunger

Pangaea/ Pangea /पैनजिआ/ *n., geol.* लगभग 20 करोड़ वर्ष पहले वर्तमान सार्वभौम का प्रतिनिधित्व करने वाले द्वीप का काल्पनिक नाम जो बाद में लौरेशिया (Laurasia) और गोंडवानालैंड (Gondwanaland) में बंट गया और आगे चलकर वर्तमान महाद्वीपों में

pan-galactic *adj.* सर्व-मंदाकिनीय

pangamy /पैनगअमि/ *n.* यदृच्छा संगमन, असीमित संगमन (मैथुन)

pangolin /पैंगोलिन/ (*also* **scaly anteater**) *n.* चींटीखोर, साल

pangram /पैनग्रैम/ *n.* वर्णमाला के सभी अक्षरों को समाहित करने वाला वाक्य या पद, जैसे अंग्रेजी में: **a quick brown fox jumps over the white lazy dog**;
dw/lw: **~matist** /पैनग्रैमअटिस्ट/ *n.* ऐसे वाक्य या पद बनाने वाला

panhandle /पैनहैंड्ल/ *v., pt.* **~d**, *pp* **panhandling** *US* गली-गली भीख मांगते फिरना: he didn't ask for money but **~d** for favours;
n. 1 कड़ाही आदि का हत्था 2 क्षेत्र के किसी लंबे पतले हिस्से का मुख्य भाग में मिलन 3 भिखमंगापन: work a ~ on sb (किसी से मांगना);
dw/lw: **panhandle\r** /पैनहैंडलः/ *n. US* 1 हर समय दूसरों से कुछ मांगने वाला 2 भिखमंगा, भिखारी;
collocations: **~ town** सीमावर्ती नगर

panhelleni\c /पैनहअलेनिक/ पैनहअलिनिक/ *adj.* अखिल यूनानी;
dw/lw: **Panhellenism** *n.* अखिलयूनानवाद; **Panhellenist** *n.* अखिलयूनानवादी

panic /पैनिक/ *n.* 1 घबराहट, तहलका: create a **~**; they fled in a ~ 2 संत्रास 3 आतंक, भगदड़: ~ on the Stock Exchange; throw a crowd into a ~;
adj. घबराहटपूर्ण: in ~ fear/ terror (घबराहटपूर्ण डर या आतंक);
***v.**, pt.* **panicked**, *pp* **panicking** 1 घबराना: she **~ked** ... then she pulled herself together 2 त्रस्त क. या हो जाना;
dw/lw: **~-buy** *v., pt.* ~-bought, *pp* ~-buying घबराहट में या आतंकित होकर कोई चीज खरीदना; **~-equipment** *n.* आपात उपकरण; **~ky** /पैनिकि/ (*also* **hysterical**) *adj.* घबराया हुआ, आतंकित; **~-monger** *n.* आतंक फैलाने वाला; **~-stricken**/ **~-struck** *adj.* संत्रस्त, आतंकित;
collocations: **~ attack** आतंकित होकर किया जाने वाला हमला; **~ bolt** बटन-चालित दरवाजा खोलने का उपकरण; **~ button** सुरक्षा उपकरण-चालक बटन;

absolute/ blind ~ पूरी तरह से बिना सोचे-समझे फैला आतंक; *p&i:* ~ about/ over sth किसी बात को लेकर तहलका मचना; ~ breaks out आतंक फैल जाता है, भगदड़ मच जाती है; ~ sb into doing sth घबराहट पैदा करके किसी से कोई काम करवाना; be in a ~ आतंकित हो.; do sth in ~ कोई काम घबराहट के मारे क.; press/ push the ~ button घबराहट के मारे कोई काम क.

panicky *see above under* **paic:** *dw/lw*

panicle /पैनिकल/ *n.* शाखाओं में बंटा एक फूल वाला पौधा, पुष्पगुच्छ;
dw/lw: **~d/ paniculate/ paniculated** *adj.* शाखाओं में बंटा हुआ, पुष्प-गुच्छ

Panislam *n.* सर्व-इस्लाम;
dw/lw: **~ism** /पैनइज्लामिज्म/ *n.* सर्व-इस्लामवाद; **~ic/ pan-Islamic** *adj.* सर्व-इस्लामवादी

panjandrum /पैन्जैंडरम/ *n. humorous* 1 रोब-दाबवाला व्यक्ति, लाटसाहब 2 (***syn.*** pompous official) दफ्तरशाह

panmixis /पैनमिक्सिस/ *n. zool.* सार्वमिश्रण

pannage /पैनिज/ *n.* सूअरों की चराई या चरागाह

panne /पैन/ *n.* वेल्वेटनुमा कपड़ा

pannier /पेनिअः/ *n.* झाबा, पिटारा, खोंचा, टोकरा

pannikin /पैनिकिन/ *n.* 1 धातु का कटोरा, प्याला 2 एक छोटा तवानुमा पैन या तश्तरी;
p&i: **be off one's ~** दिमाग खराब हो जा., पागल हो जा.

panning /पैनिंग/ 1 *pp,* **'pan'** का वर्तमानकालिक कृदंत 2 *n., adj.* अभिनमन, पछोरना

pannose /पैनोज/ *adj, bot.* नमदे जैसा

pannus /पैनस/ *n., pl.* **~es** *pathol.* गठिया वाले जोड़ों पर ऊतकों की बनी नई परत

panocha /पनोचा/ *n.* बिना रासायनिक तरीके से साफ की हुई मैक्सिको की चीनी (jaggery)

panophobia /पैनोफोबिआ/ (*compare* **pantophobia**) *n.* सर्वभीति, सर्वतःभीति, निराधार भीति

panoplied /पैनअप्लिड/ *adj.* सकवच, पूर्णतः हथियारों से लैस

panop\ly /पैनअ\प्लि/ *n., pl.* **panoplies** 1 उत्कृष्ट संग्रह 2 तनुत्राण, जिरह बख्तर 3 कवच आदि का पूरा सैट, सर्वांग कवच 4 सुरक्षा: be armed with the **~ly** of popular rights 5 तड़क-भड़क, शान, शोभा: pomp and **~ly**; stars in their golden **~ly**; the full **~ly** of a society wedding;
***v.**, pt.* **~lied**, *pp* **~lying** 1 सुरक्षा कवच आदि दे. 2 सजाना: the train was **~lied** with flags

panophthalmitis /पैनौफ्थाल्माइटिस/ *n.* सर्वनेत्रशोथ

panoptic/ panoptical /पैनौप्टिक/ पैनौप्टिकल/ *US* पैनाःप्टिक/ पैनाःप्टिकल/ *adj.* सर्व-समाहित, सर्वदिग्दृश्यी, सभी पहलुओं पर दृष्टि डालने वाला

panora\ma /पैनअरामा/ *n., pl.*~**mas** 1 (***syn.*** vista) किसी विस्तृत क्षेत्र का परिदृश्य 2 दृश्यपटल, चित्रावली 3 (***syn.*** view) सर्वदिग्दृश्य, परिदृश्य 4 सिंहावलोकन: adventures of my life passed in a rapid **~ma** before me 5 आंखों के सामने दूर तक फैला दृश्य: the **~ma** represented a view of Moscow;
dw/lw: **panora\mic** /पैनअरैमिक/ *adj.* विशाल, विशालदर्शी, सर्वदिग्दृश्यी;
collocations: **~mic camera** विशालदर्शी कैमरा; **~mic sight** विशाल दृश्य, सर्वदिग्दृश्य, परिदृश्य

panpharmacon /पैनफाःमअकौन/ *US* पैनफाःमअकाःन/ *n.* (***syn.*** panacea) रामबाण, सर्वरोग औषध

panpipe /पैन्पाइप/ (*also* **syrinx**) *n., pl.* **~s, Pan pipes/ Pan's pipes** बांसुरियों के समूह से बना बाजा

panpsychism /पैनसाइकिजम/ पैनसिकिजम/ *n.* सर्वात्मावाद, सर्वचित्तवाद

pan-Slavic/ pan-Slav /पैन-स्लाविक/ पैन-स्लाव/ *adj.* सर्व-स्लावजातीय

pan-Slavism /पैन-स्लाविज्म/ *n.* सर्व-स्लाववाद

pansophy /पैनसफि/ *n.* 1 ज्ञान की सार्वभौमिकता या सार्वभौमिक ज्ञान 2 सर्वैश्विक ज्ञान का दावा, सर्वज्ञता 3 विश्वकोशीय रचना

pansper\matism/ pansper\mism /पैनस्पः\मैटिज्म/ पैनस्पः\मिज्म/ *n.* इस बात में विश्वास कि दूसरे ग्रहों से उल्काओं द्वारा लाए गए जर्मों के माध्यम से ब्रह्मांड में जीवन फैला है या फैल सकता है;
dw/lw: **~matist/ ~mist** /~मैटिस्ट/ ~मिस्ट/ *n.* उपर्युक्त सिद्धांत में विश्वास करने वाला

pansy /पैंजि/ *n., pl.* **pansies** 1 चमकीले बैंगनी रंग का एक फूल 2 नीललोहित रंग 3 *offensive* स्त्रैण युवक, लौंडेबाज;
adj. स्त्रैण, पौरुषहीन, जनाना, स्त्रियों जैसी शक्ल वाला: Indian stage and screen voices are often so ~

pant /पैंट/ *v., pt.* **~ed**, *pp* **~ing** 1 सांस फूलना, हांफना: ~ for breath/ for air 2 धड़कना: her name makes my heart ~ 3 (***syn.*** puff) फूंक-फूंक कर निकालना: he **~ed** like a chased deer 4 हांफते-हांफते कुछ कहना: she **~ed** for her voice;
dw/lw: **~er** *n.* 1 हांफने वाला व्यक्ति 2 *sl.* दिल; **~ing** *n.* हांफा-हांफी, फूंक; **~ing** *adj.* हांफने वाला; **~ingly** *adv.* हांफते हुए;
p&i: **~ing for a drink** कुछ पीने की ललक होना;
be ~ing for sb किसी के लिए तड़फना, आहें भरना; **be ~ing for sth** किसी चीज के लिए लालायित होना, किसी चीज के लिए मरे जा.

pantaloons /पैंटाअलून्ज/ *n., [pl.]* पैंट, पतलून

pantechnicon /पैंटेक्निकन/ *n.* 1 (***syn.*** removal van) फर्नीचर लाने-लेजाने वाली बड़ी-सी गाड़ी 2 फर्नीचर स्टोर

panthe\ism /पैंथिइ\ज्म/ *n.* 1 सर्वेश्वरवाद, अनेक देवी-देवताओं की पूजा में विश्वास 2 (*compare* **panpsychism**) भौतिक वस्तुओं व शक्तियों में परमात्मा के बसे होने में विश्वास;
dw/lw: **~istic/ ~istical** /~स्टिक/ ~स्टिकल/ *adj.* सर्वेश्वरवादात्मक; **~ist** /पैंथिइस्ट/ *n.* सर्वेश्वरवादी

pantheon /पैंथिअन/ *n.* 1 किसी जाति या कौम विशेष के देवगण: the ancient Greek ~ 2 जानी-मानी हस्तियां 3 सर्वधर्म देवालय, देवमंदिर, देवकुल 4 ऐसा भवन या स्मारक जिसमें किसी राष्ट्र की महान विभूतियां दफनाई गई हैं या उनके स्मारक चिह्न बने हैं

panther /पैंथः/ (*N. Amer.* **puma**) *n.* तेंदुआ: American ~;
dw/lw: **~ess** /पैंथरिस/ *n.* मादा तेंदुआ या तेंदुई; **~ine/ ~ish** /पैंथराइन/ पैंथरिश/ *adj.* तेंदुए-जैसा;
p&i: **(as) lithe as a ~** चीते की तरह फुर्तीला

panties /पैंटिज/ *US* (*UK* **knickers**) *n., [pl.]* जांघिया (स्त्रियों या बच्चों के लिए)

panti\le /पैंटाइल/ *n., building* ढलवां छत की खपरैली ईंटें, खपड़ा, जालीदार;
dw/lw: **~led** *adj.* खपरैल की; **~ling** *n.* खपरैल की ढलवां छत

panting /पैंटिंग/ *n.* समुद्री जहाज के अगले भाग में कंपन;
adj. कंपनशील: ~ tension

pantiso\cracy /पैंटिसौ\क्रसि/ *n.* सर्वतंत्र;
dw/lw: **~crat** /~क्रअट/ *n.* सर्वतंत्रवादी; **~cratic** /~क्रअटिक/ *adj.* सर्वतंत्रात्मक

panto /पैंटो/ *n., pl.* **pantos**, *colloq.* 'pantomime' का छोटा रूप

panto- *comb. form, denoting:* **all/ entire** (सभी या सारा): **panto**graph;
dw/lw: **~base** /पैंटअबेस/ *adj.* समान, सर्वव्यापी, हर प्रकार के क्षेत्र या भूमि पर उतर सकने वाला या उड़ान भर सकने वाला (विमान): ~base aircraft; **~graph** /पैंटअग्राःफ/ *n.* 1 समान-मापलिख ढांचा या यंत्र 2 समानमापी विद्युतग्राही ढांचा, जो मुख्य विद्युत लाइन से रेल इंजन आदि को बिजली पहुंचाता है;

panto\logy /पैंटॉलजि/ *n.* विज्ञान की सभी शाखाओं का विधिवत् अध्ययन;

dw/lw: **~mime** *see below under separate entry*; **~phagy** /पैंटॉफजि/ *n.* सर्वभक्षण; **~phagist** /पैंटॉफजिस्ट/ *n.* सर्वभक्षी: **~pragmatic** /पैंटअप्रैगमैटिक/ *adj.* हर काम में टांग अड़ाने वाला, सर्वहस्तक्षेपक; **~pragmatic** *n.* दस्तंदाज; **~scopic** /पैंटअस्कॉपिक/ *adj.* सर्वेक्ष, सर्वचित्र, विशाल-दर्शी; **~thenic** /पैंटअथेनिक/ *adj.* हर और से

panto\mime /पैंटअ\माइम/ *n.* 1 मूक-अभिनय, मूक-नाट्य, चित्राभिनय 2 क्रिसमस के समय बच्चों के मनोरंजन के लिए किए जानेवाले मूक नाटक: **~mime** drama 3 संकेतों के माध्यम से संचार या संवाद: express oneself in **~mime**; as he could not speak a word of French he conveyed his sentiments into **~mime** 4 घालमेल, अव्यवस्था, तमाशा: what a **~mime**!;
v., *pt.* **~mimed**, *pp* **~miming** संकेतों के माध्यम से कुछ कहना या बताना: **~mime** drinking milk;
dw/lw: **panto\mimic** /~मिमिक/ *adj.* मूक-अभिनय संबंधी; **panto\mimist** /~मिमिस्ट/ *n.* मूकाभिनेता

pantry /पैंट्रि/ *n., pl.* **pantries** 1 (***syn.*** larder) भंडार घर, रसोई-भंडार 2 भोजन या खाद्य कक्ष 3 कंटीन, चाय-पान घर;
dw/lw: **~boy** *n.* कंटीन सेवी; **~man** /पैंट्रिमन/ *n.* रसोइया, खानसामा या उसका सहायक

pants /पेंट्स/ *n. [pl.]* 1 *US* (*UK/ US* **trousers**) पैंट 2 *UK* (*US* **underpants**) जांघिया, कच्छा;
adj. *sl.* (***syn.*** rubbish) घटिया, रद्दी: the new album is total ~;
collocations: ~ **suit**/ ~ **suit** *US* (*UK* **trouser suit**) *n.* महिलाओं के लिए एक ही कपड़े से बना हुआ जैकिट और पैंट
p&i: **a kick in the** ~ चूतड़ों पर ठोकर; **be caught with one's ~ down** *colloq.* रंगे हाथों पकड़े जाना; **by the seat of one's** ~ सहज बोध या वृत्ति से; **scare/ bore etc. the ~ off sb** *sl.* किसी को डरा या उबा दे.; **wear the** ~ *N. Amer.., colloq.* घर में मुखिया हो.

panty /पैंटि/ *n.* औरतों का जांघिया;
dw/lw: **~hose** /पैंटिहोज/ *US* (*UK* **tights**) *n. [pl.]* महिलाओं की पतले कपड़े से बनी पैरों से लेकर कमर तक कसकर बैठनेवाली चुस्त पोशाक; **~waist** /पैंटिवेस्ट/ *n.* जनाना आदमी;
collocations: ~ **girdle** औरतों के जांघिए को कसकर थामे रखने के लिए पेटी; ~ **hose** *see above under* **~hose**

panzer /पैन्त्सः/ *n., pl.* **~s** 1 बक्तर, कवच, टैंक 2 शस्त्र-सज्जित, टैंकों से लैस सेना

pap /पैप/ *n.* 1 दलिया, खिचड़ी आदि: a ~ of breadcrumbs and milk 2 (***syn.*** paste) लेई 3 (***syn.*** potato mash etc.) सानी 4 (***syn.*** pulp) गूदा

papa /पापा/ *n., pl.* **~s** 1 पिता के लिए संबोधन 2 *communications* **'NATO'** के संदेशों में **'Papa'** अक्षर **'P'** के लिए प्रयुक्त;
dw/lw: **~cy** /पेपअसि/ *n., pl.* **~cies** 1 (**the ~cy**) पोप का पद, शासन-तंत्र एवं कार्यकाल 2 परमधर्माध्यक्ष पद; **~l** /पेपल/ *adj.* पोप-संबंधी: ~l cross (त्रिबाहु क्रॉस); **~lism** /पेपअलिज्म/ *n.* रोमन कैथोलिक चर्च के अध्यक्ष के रूप में पोप की स्थिति, उसके अधिकार व सत्ता; **~list** /पेपअलिस्ट/ *n.* पोप व पोप-सत्ता का समर्थक

papain /पपेन/ *n.* पपीते के रस में एक पाचक ऐन्जाइम जिसे गोश्त को मुलायम करने के लिए डाला जाता है

Papanicolaou smear /पैपनीःकअलो स्मिअः/ (*also* **Papanicolaou test**, *abbr.* **pp**) *n.* कैंसर या कैंसर से पहले की अवस्था में कैंसर रोगाणुओं की जांच के लिए किया जाने वाला परीक्षण

paparazzo /पैपअरैत्सो/ *n., pl.* **paparazzi** /पैपअरैत्सि/ नामी लोगों की सनसनीखेज तस्वीरें अखबारों को बेचने वाले फोटोग्राफर

papaverine /पअपेवरीःन/ *n., med.* मांस पेशियों का कसाव कम करने वाली अफीमी दवा

papaw/ pawpaw /पअपॉः/ (*also* **papaya** /पपाया/) *n.* पपीता

paper /पेपः/ *n.* 1 कागज: brown/ ruled ~ 2 कागज का पन्ना: blank ~; commit to ~/ put pen to ~ (कागज पर लिखना) 3 (***syn.*** news ~) अखबार: Sunday ~ 4 (**the newspapers**, ***syn.*** media) संचार माध्यम 5 *UK* प्रश्नपत्र, परीक्षा-पत्र, उत्तर-पत्र: question ~: English ~; correct examination **~s**; term ~ 6 लेख, निबंध 7 शोध लेख: read/ present one's ~; working ~ 8 (***syn.*** documents) दस्तावेज: confidential **~s** on an army operation 9 (**personal papers**) कागज-पत्र, व्यक्तिगत कागजात, प्रत्यय-पत्र, प्रमाणपत्र: officer's **~s** 10 (***syn.*** epistolary documents) पत्र-व्यवहार आदि के संग्रहीत कागजात, कागज-पत्र, पत्रजात 11 *sl., stock exchange* स्टॉक और शेयर: ~ is as good as ready money 12 पैकेट: one ~ of flour (आटे का एक पैकट) 13 दीवारों पर चिपकाने का कागज: wall ~;
adj. 1 कागजी, कागज जैसा: ~ tape (कागजी फीता या टेप) 2 अखबारी: ~ war/ warfare 3 घटिया: ~ ship (घटिया सामान से बना जहाज) 4 जो असली न हो, नकली: ~ tiger;
v., *pt.* **~ed**, *pp* **~ing** 1 दीवार को कागज से सजाना: ~ the hall 2 किसी वस्तु को कागज से ढकना 3 कागज की आपूर्ति क. 4 कागज लगाकर लीप-पोती क., समस्या को छिपाना: ~ over the cracks in the team;
dw/lw: **~-back** *n.* 1 गैर-सख्त या मोटे कागज की जिल्द: original ~-back; **~-backed** *adj.* कागजी जिल्द वाला: ~-backed editions are cheaper; **~-bound** *adj.* कागजी जिल्द वाला; **paper\-faced** *adv.* पतले-सूखे चेहरे वाला; **~-folder** *n.* कागज रखने का फोल्डर; **~ing** *n.* किसी चीज को कागज से ढकने की क्रिया; **~knife** *n.* कागज-तराश, कागज काटने का चाकू; **~less** *adj.* कागज के प्रयोग के बिना किए जाने वाले लिखाई-पढ़ाई के कार्य से संबंधित: ~less office work; **~-pusher** *n.* गौण कागजी काम करने वाला व्यक्ति; **~thin** *adj.* बहुत पतली व नाजुक; **~-weight** *n.* मेज आदि पर रखे कागजों को उड़ने से रोकने के लिए उनके ऊपर रखा जाने वाला कांच का बना सुंदर ठोस गोला, दाब; **~y** *adj.* कागज जैसा पतला व सूखा;
collocations: ~ **back** बिना मोटी जिल्द की (पुस्तक आदि); ~ **boy/ girl** अखबार देने वाला लड़का या देने वाली लड़की; ~ **chase** खेतों, जंगलों आदि में से होकर दौड़ (cross-country race), जिसमें प्रतियोगी अपना रास्ता पहले से कहीं-कहीं रखे कागजों को देखकर तय करता है; ~ **clip** कागजों को इकट्ठा रखने की क्लिप (कुत्ता, *Hr.*); ~ **coal** पत्रक कोयला; ~ **currency** कागजी पैसा, कागजी नोट या मुद्रा; ~ **cutter** = **guillotine** कागज कर्तन यंत्र; ~ **fabric** कागज जैसा वस्त्र; ~ **hanger** दीवारी-कागज; ~ **mill** कागज बनाने का कारखाना; ~ **money** (***syn.*** notes) कागजी मुद्रा; ~ **particulars** कागजी ब्योरा; ~ **plate** कार्डबोर्ड या गत्ते की प्लेट; ~ **profits** मात्र काल्पनिक लाभ, जैसे जिस घर में रहते हैं उसकी बढ़ी हुई कीमत; ~ **pulp** लुगदी, लुगदा; ~ **round** घरों में अखबार बांटने का कार्य; ~ **shop** समाचार पत्रों की दुकान; ~ **stainer** निर्धन लेखक; ~ **tape** कागजी फीता; ~ **tiger** कागजी शेर, मिट्टी का शेर, जो देखने में डरावना हो परंतु कुछ करने में असमर्थ; ~ **towel** मोटा कागज जिससे हाथ सुखाए जाते हैं; ~ **trail** दस्तावेजी सुराग; ~ **yarn** कागज सूत्र; **blotting** ~ स्याहीचूस कागज; **carbon** ~ प्रतिलिपियां बनाने का कागज; **maths** ~ गणित का परीक्षा पर्चा; **toilet** ~ टायलेट में गुदा साफ करने का कागज; **the papers** कागजात; **white** ~ तथ्यों पर आधारित सूचना लेख;
p&i: ~ **over sth/ ~ over the cracks in sth** 1 कमी, दोष, मतभेद आदि पर पर्दा डालना 2 दीवार में दरारों को कागज से ढकना; **a Black Paper** सरकार के काले कारनामों का कच्चा चिट्ठा; **not worth the ~ it is written on** एक दमड़ी भी कीमत नहीं; **on ~ the plans were good** कागज पर सिद्धांत रूप में तो योजनाएं अच्छी थीं; **peddle one's ~s** *US sl.* दूसरों के मामलों में टांग न

अड़ाना; **put one's ideas down on** ~ अपने विचार कागज पर लिखना

Papiamento /पैपिअमंटो/ *n.* डच ऐंटाइल्ज में बोली जाने वाली भाषा

papier-mâche/ paper-mâche /पेपः-मशे/ *n.* 1 लुगदी, गत्ता 2 लुगदी या गत्ते से बना सामान

papilionaceous /पपिलिअनेशिअस/ *adj.* मटर सदृश

papilla /पपिला/ *n., pl.* **papillae** /पपिली/ *anat., biol.* शरीर के किसी अंग से चूची की तरह बाहर निकला हुआ या उभरा हुआ मांसल अंश, मस्सा, अंकुरक;

dw/lw: **~ry/ ~te/ ~ted/ papilliferous/ papilliform** *adj.* चूची की तरह उभरे हुए अंग जैसा

papillifoma *n.* बढ़ा हुआ मस्सा

papist /पेपिस्ट/ *n., offensive* रोमन कैथोलिक व्यक्ति, पोप-समर्थक;

dw/lw: **papism/ papistry** /पेपिज्म/ पेपिस्ट्रि/ (*also* popery) *n., often offensive* पोपवाद

papoose /पैपूस/ *n.* 1 उत्तरी अमेरिका के रेड इंडियन माता-पिता का बच्चा 2 छोटे बच्चों की पीठ पर रखकर ढोया जाने के लिए झोला

pappus /पैप्स/ *n., pl.* **pappi** /पैपाइ/ or **~es** रोमगुच्छ

pappy /पैपि/ *n.,* **pappies**, *US colloq.* पिता, पापा

paprika /पअप्रिका/ पैप्रीका/ *n.* पीसी हुई लाल मिर्च, लाल मिर्च की बुकनी

pap test = **pap smear** *see above under* **Papanicolaou smear**

papula/ papule /पैप्यूला/ पैप्यूःल/ *n.,* **populae** /पैप्युली/ **papules** फुंसी या मुंहासा

papyraceous /पैपअरेशियस/ *adj.* कागजी

papyrology /पैपिरौलजि/ *n.* पांडुलिपि विज्ञान

papyrus /पअपायरस/ *n.,* **papyri** /पअपायराइ/ or **papyruses** 1 एक प्रकार का सरकंडा 2 प्राचीन मिश्रवासियों द्वारा प्रयुक्त सरकंडे से बना कागज 3 ऐसे कागज पर लिखी प्राचीन पांडुलिपि

par /पाः/ *n.* 1 सामान्य स्तर: his reflexes were slightly under ~ 2 अंकित मूल्य 3 समता, बराबरी 4 औसत 5 ~ **value** *commerce* (*also* ~ **of exchange**) 5.1 किसी कंपनी के शेयर का मौलिक स्थापित मूल्य 5.2 मुद्रा विनिमय दर;

p&i: **above/ below** ~ स्तर से ऊपर या नीचे; **at** ~ के समान, के सम मूल्य पर, की बराबरी पर; **be on a ~ with sb/ sth** किसी व्यक्ति या वस्तु के समान हो.; **not up to** ~ 1 सामान्य स्तर या औसत से कम 2 थोड़ी खराब तबीयत: feel above/ below/ under ~ (अच्छा या खराब लगना); **be ~ for the course** *colloq.* (*also* **the norm**) 1 आशानुरूप या अपेक्षित स्तर 2 ऐसा तो होना ही था; **not up to** ~ *colloq.* अपेक्षित स्तर का न हो.; **on a ~ with sth or sb** किसी के साथ समान स्तर का; **up to** ~ (***syn.*** up to the scratch) उतना अच्छा या उस स्तर का जितना होना चाहिए

par. (*also* **para.**) *abbr.* 'para', 'paragraph', 'parallel', 'parish' का संक्षेप

para /पैरा/ *n.* = 'paratrooper' (संक्षेप)

para- *comb. form, denoting:* 1 **alongside** (के साथ-साथ) 2 **beside** (इसके अतिरिक्त); **side-by-side** (साथ-साथ में): **para**thyroid 3 **beyond** (के पार): **para**psychology 4 **resembling** (से मिलता-जुलता): **para**military 5 **auxiliary** (सहायक): **para**medical 6 **abnormal** (असामान्य): **para**esthesia

para- *comb. form, denoting:* **protection/ defence** (सुरक्षा, रक्षा): **para**chute; **para**troopers

para *n.* 1 अनुच्छेद 2 लेखा-परीक्षक के एतराज का पैरा

parabio\sis /पैरअबायोसिस/ *n.* संयुक्त जीवन;

dw/lw: **~tic** /पैरअबायोटिक/ *adj.* संयुक्त-जीवी

parable /पैरअबल/ *n.* यथार्थवादी नीतिकथा, शिक्षाप्रद कथा, दृष्टांत

parable\psis /पैरअब्लेपसिस/ *n.* दृष्टिभ्रम, चूक;

dw/lw: **~ptic** /~प्टिक/ *n.* दृष्टिभ्रमयुक्त, भ्रामक

para\bola /पअरैबला/ *n., pl.* **~s**, *geom.* परवलय, वक्र;

dw/lw: **~boloid** /पअरैबलौइड/ *adj.* परवलयज

parabole /पअराबलि/ *n. rhetoric* (***syn.*** similitude) उपमा, दृष्टांत

para\bolic/ ~bolical /पैरअबौलिक/ ~ल/ *adj.* 1 परवलयिक 2 (***syn.*** allegorical) नीतिकथात्मक, लाक्षणिक;

dw/lw: **para\bolically** /पैरअबौलिकलि/ *adv.* नीतिकथात्मक या लाक्षणिक रूप में; **~bolize** /पअरैबलाइज/ *v., pt.* ~bolized, *pp* ~bolizing 1 नीतिकथात्मक या लाक्षणिक ढंग से बात क. 2 परवलयिक रूप दे.

parabrake /पैराब्रेक/ *n.* उतरते जहाज की गति कम करने के लिए उसके पीछे खुला छाता, हवाई ब्रेक छाता

paracarpium /पैरैकारपिअम/ *n.* परांडप

paracentesis /पैरअसेंटीःसिस/ *n. surg.* पारवेधन, शरीरी के किसी भाग को सिरंज आदि से भेदकर उस में से गैस या पानी निकालने की क्रिया

paracetamol /पैरअसीटअमौल/ *n.* सिरदर्द या बुखार आदि की दवाई

parachorda /पैरकॉःड/ *n., zool.* पार्श्वरज्जु

parachronism /पैरैक्रअनिजम/ *n.* 1 कालदोष, विगत काल भ्रम, तिथिभ्रम, विशेषकर वास्तविक तिथि के बाद में होने की क्रिया 2 सतत भूल

parachu\te /पैरअशूट/ *n.* पैराशूट, हवाई छाता: **~te** jump/ leap; ***v.***, *pt.* **~ted**, *pp* **~ting** पैराशूट खोलकर कूदना: instruments were **~ted** to earth;

dw/lw: **~tist** /पैरशूटिस्ट/ (*also* **~te-jumper**) *n.* हवाई छाते से विमान आदि से कूदकर उतरने वाला सैनिक, छाता-सैनिक;

paraclase /पैरअक्लाज/ *n., geol.* भ्रंश

Paraclete /पैरअक्लीट/ *n., Christianity* एक सान्त्वनादाता या धैर्यदाता के रूप में पवित्र प्रेत, समर्थक

paracme /पअरैकमि/ *n.* 1 पराकाष्ठा के बाद अधोगति की अवस्था 2 *med.* बीमारी के लक्षणों के शांत होने की अवस्था

parade /परेड/ *n.* 1 परेड, सेना-प्रदर्शन, कवायद 2 सैनिकों द्वारा निरीक्षण लाइन में खड़ा होने या कूच करने की क्रिया 3 स्व-प्रदर्शन: make a ~ of one's generosity (अपनी उदारता को एक प्रदर्शन में बदल दे.); make a ~ of one's accomplishments/ of one's knowledge/ of one's skill/ of one's virtue 4 नुमाइश: beauty ~; mannequin ~ (फैशन परेड); be on ~ 5 बाजार में दुकानों की कतार 6 (**the Parade**) दुकानों की कतार का नाम 7 (***syn.*** procession) जुलूस, जलूस

v., *pt.* **~d**, *pp* **parading** 1 प्रदर्शनी लगाना या नुमाइश पर रखना 2 जुलूस निकालना: ~ the streets; ~ down/ through sth 3 सैनिकों द्वारा कतार में खड़ा हो. या कूच क.: ~ under arms 4 सैनिकों की कतार या परेड का निरीक्षण क.: ~ troops 5 स्व-प्रदर्शन क.: ~ one's learning/ one's skill; ~ around/ up and down, etc. (प्रदर्शन क., शान बघारना, प्रदर्शन करने के लिए इठलाकर चलना);

dw/lw: **~-ground** (*also* ~ **ground**) *n.* परेड ग्राउंड

paradigm /पैरअडाइम/ *n., gramm.* 1 प्रतिमान, आदर्श, उदाहरण, पैमाना 2 धारणात्मक प्रतिमान या ढांचा 3 *gramm.* शब्दों का उदाहरणात्मक या मानक रूप, रूपावली, शब्द रूपांतरण;

dw/lw: **paradigm\atic/ ~atical** /पैरडिमैटिक/ ~ल/ *adj.* उदाहरणात्मक, मानक; **~atically** /पैरडिमैटिकलि/ *adv.* उदाहरण के रूप में;

collocations: ~ **shift** कार्यविधि या सोच में बड़ा बदलाव

paradisaic/ paradisaical/ paradisal/ paradisiac /पैरअडिसेइक/ पैरअडिजायकल/ पैरअडाइसल/ पैरअडिजिऐक/ *adj.* 1 स्वर्ग से संबंधित या स्वर्ग जैसा, स्वर्गतुल्य 2 स्वर्गोपम 3 दिव्य 4 जन्नती

paradise /पैरअडाइस/ *n.* 1 (***syn.*** heaven) स्वर्ग, वैकुंठ, परलोक 2 स्वर्ग-समान लोक: an earthly ~ 3 आनंदधाम: the joys of ~ 4 (***syn.*** bliss) आनंदमय अवस्था;
dw/lw: **paradisial** /पैरडाइसिअल/ *adj.* स्वर्गतुल्य; **paradisiacal = paradisial**;
collocations: **~ apple** स्वर्ग सेब; **~ fish** एक बहुत रंगबिरंगी चीनी मछली; **the Yankee ~** फ्रांस का शहर पेरिस;
p&i: **a fool's ~** काल्पनिक स्थिति; **live in a fool's ~** मुगालते में र., गलतफहमी का शिकार हो.

paradoctor /पैरअडॉक्टर/ *n.* ऐसा डॉक्टर जो दूर-दराज के रोगियों तक पैराशूट से पहुंचता है

paradox /पैरअडॉ\क्स/ *US* पैरअडा:\क्स/ *n., pl.* **~es** 1 आश्चर्य 2 विरोधाभास, अंतर्विरोध 3 विचित्रोक्ति, विरोधोक्ति यानी ऐसी उक्ति या वाक्यांश जो अपने आपको काटते हों, उदाहरणतः: More haste, less speed; War is Peace; Freedom is Slavery; Ignorance is Strength/ bliss;
dw/lw: **~ical** /~क्सिकल/. *adj.* विरोधाभासी, आश्चर्यजनक, विरोधाभास-प्रेमी; **~icaly** /~क्सिकलि/ *adv.* आश्चर्य की बात है; **paradox\ology** /~क्सॉलजि/ *n.* विचित्रोक्तियों से भरा भाषण या भाषा; **paradoxy** /~क्सि/ *n.* विरोधाभाषिता, विरोधोक्ति, विचित्रोक्ति;
collocations: **~ical sleep** *techn.* = REM (rapid eye movement) आंख का तेजी से इधर-उधर घूमना

paradoxure /पैरअडॉक्स्युअः/ *n.* मलेशिया आदि स्थानों में पाई जाने वाली एक बिल्ली; मुसंग, ताड़, गंधमार्जार (palm cat/ palm civet)

paradrop /पैरअड्रॉप/ *n.* पैराशूट से डाला गया सामान

paraesthesia/ **paresthesia** /पैरिस्थीःजिआ/ (*also* **pins and needles**) *n. pathol.* शरीर के किसी अंग की नस का किसी तरह दबकर 'सो जाने' से होनेवाली विचित्र अनुभूति, सनसनाहट

paraffin /पैरअफिन/ *UK* (*US* **kerosene**) *n.* 1 मोम 2 (*also* **~ oil**) तेल (मिट्टी आदि का तेल;
dw/lw: **~y** /पैरअफिनि/ *adj.* पैराफिन जैसा या पैराफिन की गंधवाला;
collocations: **~ wax** *chem.* मोम; **liquid ~/ ~ oil** *chem.* मिट्टी का तेल

paragenesis/ **paragenesia** /पैरअजेनिसिस/ पैरअजनीजिआ/ *n., geol* किसी चट्टान में खनिजों के विकसित होने का क्रम

paragli\ding /पैरअग्लाइडिंग/ *n.* ऐसा खेल जिसमें कोई छोटा-सा यान प्रतियोगी को यंत्रचालित पैराशूट में कहीं छोड़ देता है और वहां से वह हवा में तैरता हुआ लक्षित स्थान पर उतरता है;
dw/lw: **~der** /पैरअग्लाइडः/ *n.* उपर्युक्त खेल में भाग लेने वाला

paragnosis /पैरअग्नोसिस/ *n.* सदोष प्रत्यक्ष ज्ञान

paragoge /पैरअगोजि/ *n.* शब्द के अंत में ध्वनि या ध्वनियों के समूह का जोड़ या अक्षर योग, अंत्ययोग, उदाहरणतः: among ⟶ among**st**;
dw/lw: **~gogic** /पैरअगोजिक/ *adj.* अंत्य-योगात्मक

paragon /पैरअगन/ *n.* 1 आदर्श प्रतिमान: a ~ of beauty/ of virtue 2 मूर्तिमान आदर्श: a ~ of a wife; the jewels are ~ without flaw

paragraph /पैरअग्राःफ/ *n.* 1 अनुच्छेद, पैरा: begin a new/ a fresh ~ 2 *law* धारा, कंडिका, दफा 3 *print.* निर्देशक (*also* **paragraph** mark) अनुच्छेद निर्देशक 4 लेखा-परीक्षक का एतराज या आपत्ति 5 समाचार-पत्र आदि में एक संक्षिप्त रिपोर्ट: ~ writer; next day there was a ~ in the Delhi papers 6 संगीत की एक इकाई;
v. pt. **~ed**, *pp* **~ing** 1 अनुच्छेद बनाना या लिखना 2 समाचार-पत्र में संक्षिप्त ब्योरा या पैरा लिखना: a much **~ed** young actress; the article was badly **~ed**

paragram /पैरअग्रैम/ *n.* (***syn.*** pun, a play on words) वर्ण-श्लेश क्रीड़ा

paragraphia /पैरग्रैफिआ/ *n., med.* लेखन-विकार, दिमागी दोष के कारण लिखते समय वर्ण या शब्द छोड़ दे. या अधिक लिख जा. या एक शब्द के स्थान पर दूसरा लिखने की विकार

Paraguayan /पैराग्वायन/ *n.* पैराग्वायवासी;
adj. पैराग्वाय से संबंधित

parainfluenza virus *n.* ऐसा वाइरस जो रोगियों में फ्लू (जुकाम) जैसे लक्षण पैदा करता है, विशेषकर बच्चों में

parakeet/ **parrakeet** /पैरअकीट/ *n.* 1 लंबी पूंछ वाला छोटा तोता, टुइयां 2 ढेलहरा 3 हीरामन तोता 4 मदना, गौर तोता 5 बातूनी आदमी 6 भड़कीले कपड़े पहने हुई औरत: a young woman, a sort of ~ in a bright blue dress

paralalia /पैरअलेलिआ/ *n. med.,* वाक् विक्षोभ, एक प्रकार की बीमारी जिसके कारण वांछित शब्दों या ध्वनि के स्थान पर दूसरे शब्द या ध्वनि उच्चरित हो जाते हैं

paralanguage /पैरअलैंग्वेज/ *n.* उच्चरित भाषा के अलावा अभिव्यक्ति के अन्य साधन या भाषा, जैसे लहजा, अंदाज, संकेत, शारीरिक अंगों का चलन – भाव-भंगिमाओं का चलन, चेहरे के हाव-भावों या मुद्रा में बदलाव

paraleipsis/ **paralipsis** /पैरअलिप्सिस/ पैरअलाइप्सिस/ *n., pl.* **paraleipses**/ **paralipses** /पैरलिप्सीज/ पैरलाइप्सीज/ *n., rhet.* वक्तृता कला की एक विधि जिसके तहत जिस विषय की ओर वक्ता विशेष ध्यान खींचना चाहता है उसकी उपेक्षा करने का दिखावा-सा करता है, उदाहरणतः: I shall not mention his magnanimity (indeed, the speaker intends to underline the lack of magnanimity on sb's part)

paralegal /पैरअलीगल/ *n.* वकील का प्रशिक्षित सहायक

paralexia /पैरअलेक्सिआ/ *n.* पठन विकार

paralinguistics /पैरअलिंग्विस्टिक्स/ *n.* उच्चरित भाषा के सिवा अनुच्चरित भाषा यानी अभिव्यक्ति के अन्य साधनों या भाषा (जैसे लहजा, अंदाज, संकेत, शारीरिक अंगों का चलन – भाव-भंगिमाओं का चलन, चेहरे के हाव-भाव या मुद्रा में बदलाव /somatic language/) का वैज्ञानिक अध्ययन;
dw/lw: **paralinguistic** *adj.* अनुच्चरित भाषा से संबंधित

parallactic/ **parallactical** /पैरअलैक्टिक/ ~ल/ *adj.* दिग्भेद करने वाली, दिशात्मक अंतर करने वाला, लंबनिक

parallax /पैरअलैक्स/ *n., pl.* **~es** *phys.* विभिन्न कोणों से किसी वस्तु को देखने पर दिखाई देने वाला दिशांतर, दिशांतर आभास, दिग्भेद, लंबन

parallel /पैरअले\ल/ *adj.* 1 समांतर, समानांतर: ~ lines; ~ flow 2 (***syn.*** equivalent) समरूप, समान, सदृश, तुल्य, समकक्ष: ~ case; ~ instance 3 एक साथ होने वाले काम: negotiations ran ~ with hostilities;
n. 1 समानता, सादृश्य: reckon a ~; draw a ~ between two things 2 प्रतिरूप जोड़ 3 अक्षांश: ~ of latitude 4 (***syn.*** comparison) तुलना: a brilliant film without (a) ~;
adv. समानांतर रूप से: the road runs ~ to the canal;
v., pt. **~led**, *pp* **~ling** 1 समानांतर होना या क.: the street **~s** the railroad 2 तुलना क.: I cannot ~ these facts 3 (***syn.*** equal) के बराबर होना, की बराबरी क.: it cannot be **~led**;
dw/lw: **~epiped** /~लेपिपेड/ *adj.* समानांतर षट्फलक; **~ism** /~लिज्म/ *n.* 1 समानांतरता 2 सटीक अनुरूपता, सादृश्य, अनुरूपता, समानांतरवाद; **~ogram** /~लअग्रैम/ *n., geom.* समानांतर चतुर्भुज; **~wise** *adv.* समानांतर काम करते हुए;
collocations: **~ access** *phys.* समानांतर पहुंच, युगपत अभिगम; **~ addition** *comput.* कंप्यूटर द्वारा एक साथ कई सरवरों (server) के प्रयोग से जोड़, युगपत संकलन; **~ bars** *gymnastics, pl.,* व्यायाम करने के लिए दो समानांतर डंडों से बना ढांचा; **~ circuit** समानांतर विद्युत परिपथ; **~ feed** *electron.* समानांतर भरण; **~ imports** उत्पाद कंपनी की अनुमति के बिना; **~ motion** *engin.* समानांतर गति; **~ port** एक समय पर कई प्रकार की सूचनाएं प्राप्त करने या भेजने में सक्षम पोर्ट; ~

processing *comput.* किसी एक कार्य (operation) में एक साथ कई प्रोसेसरों का प्रयोग; ~ **ruler** एक दूसरे के समानांतर दो फुटे (ruler); ~ **slalom** स्कीइंग की समानांतर दौड़; ~ **transmission** समानांतर संचारण;
p&i: ~ **lines never meet** नदी के किनारे कभी नहीं मिलते; ~ **to sth** के समानांतर;
a road ~ to the Rajpath राजपथ के समानांतर सड़क; **in ~** पार्श्वबद्ध; **in ~ with sb/ sth** किसी के या किसी बात के साथ-साथ; **on a ~ with sth** के समान; **without ~** बेजोड़

paralo\gia /पैरैलोगिआ/ *n.* गलत तर्क;
dw/lw: **~gism** /पैरलअगिज्म/ *n.* 1 तर्क आभास 2 हेतु आभास 3 मन ही मन निकाला जानेवाला गलत निष्कर्ष

the Paralympic Games (*also* **Paralympics**) /पैरअलिम्पिक्स/ *n., [pl.]* मुख्य धारा के ओलंपिक खेलों के समानांतर विकलांगों के लिए आयोजित ओलंपिक खेल

Paralympian /पैरअलिम्पिअन/ *adj.* विकलांगों के लिए आयोजित ओलंपिक खेलों का प्रतियोगी या उनसे संबंधित कोई बात;
n. विकलांगों के लिए आयोजित ओलंपिक खेल

paraly\se *UK* (*US* **paralyze**) /पैरअ\लाइज/ *v., pt.* **~sed**, *pp* **~sing** 1 लकवा मार जा. 2 किसी काम का रुक जा.: **~se** sb's efforts 3 स्तंभित या गतिहीन क.: the neo-liberalism **~sed** Indian economy 4 ठप्प क., निकम्मा बना दे.;
dw/lw: **~sed** *UK* (*US* **paralyzed**) /~लाइजड/ *adj.* 1 लकवाग्रस्त 2 डर के मारे बोल या चल न पाकर स्तंभित होने वाला 3 ठप्प; **~sing** /~लाइजिंग/ *adj.* स्तंभित या गतिहीन करने वाला: it is ~ing in its effect

paralysis /पैरैलअसिस/ *n., pl.* **paralyses** 1 लकवा, पक्षाघात, अंगघात, संस्तंभ: stricken with ~; infantile ~ (शिशु-अंगघात, बाल-पक्षाघात) 2 काम करने में असमर्थता: the Iraqi army was then in a state of ~ 3 *fig.* गतिहीनता

paralytic /पैरअलिटिक/ *adj.* लकवे से पीड़ित या ग्रस्त;
n. 1 लकवे से पीड़ित व्यक्ति, लकवारोगी, अंगघाती, अर्धांगरोगी, पंगु 2 शक्तिहीन, अशक्त 3 पक्षाघातात्मक

paralyze /पैरलाइज/ *US* **'paralyse'** की अमेरिकी वर्तनी

paramagnetic /पैरअमैग्नेटिक/ *adj.* अनुचुंबकीय, समचुंबक, चुंबक के छोरों से आकर्षित किए जाने योग्य;
dw/lw: ~ **amplifier** *n.* प्राचलीय प्रवर्धक; ~ **material** *n.* अनुचुंबकीय पदार्थ; ~ **resonance** *n.* अनुचुंबकीय अनुनाद या गूंज; **paramagnetics** /पैरमैग्नेटिक्स/ *n.* अनुचुंबकत्व विज्ञान

paramatta/ parramatta /पैरअमैट्टा/ *n., pl.* **~s**/ **~s** मैरीनो ऊन जैसा बुना हुआ ऊनी-सूती-रेशमी कपड़ा

paramecium /पैरअमीःसिअम/ *n.* एक-कोशिका जल जीव

paramedic /पैरअअमेडिक/ *n.* 1 चिकित्सा प्रक्रियाओं में विशेषकर प्रशिक्षित कर्मी जिनका काम चिकित्सा व्यवसायियों (डॉक्टरों आदि) की मदद करना होता 2 *esp. US* विशेषकर प्रशिक्षित कर्मी जिनका काम उन चिकित्सा व्यवसायियों (डॉक्टरों आदि) की मदद करना होता है जो दूर-दराज के इलाकों में पैराशूट से रोगियों की मदद करने के लिए जाते हैं

paramedical *adj., med.* मुख्य धारा के चिकित्सा कार्यक्रमों के साथ-साथ चलने वाली अन्य चिकित्सा गतिविधियां जैसे फीजिओथेरपि, व्यावसायिक रोगोपचार आदि

para\meter /पैरैअमीटः/ *n.* 1 (*often* **~meters**) पैरामीटर, निर्धारित सीमा: work within certain **~meters** 2 विशेषता, विशिष्टता: program **~meters** 3 प्रतिमान, मानक प्रतिमान
dw/lw: **parametric/ ~metrical** /पैरमेटरिक/ ~ल/ *adj.* प्राचलिक, प्रतिमानिक, मानक प्रतिमान संबंधी

paramilita\ries /पैरअमिलिटरीज/ *n., [pl.]* सेना की तरह प्रशिक्षित व संगठित सेना-सहायक संगठन;
dw/lw: **~ry** /पैरअमिलिटरि/ *adj.* अर्ध-सैनिक सेना-सहायक बल: ~ry formation (सैनिक बल)

paramnesia /पैरैम्नीःजिआ/ *n.* 1 स्मृति विकार जिसके कारण रोगी शब्द तो याद रख सकता है पर उनके अर्थों में उल्ट-फेर कर देता है 2 रोगी की ऐसी अवस्था जब उसे विश्वास होता है कि वह ऐसे हालात या घटनायें याद कर सकता है जो अभी घटी भी नहीं 3 कल्पना और यथार्थ में उलट-फेर होने की अवस्था

paramo /पैरअमो/ *n.* उच्च पठार

paramorph /पैअरअमॉःफ/ *n.* परारूप, परकायांतरण

para\mount /पैरअमाउंट/ *adj.* 1 शिखरतम: of **~mount** interest 2 सबसे अधिक महत्त्वपूर्ण: of **~mount** importance; **~mount** necessity 3 परम, सर्वोपरि: **~mount** power 4 सर्वोच्च, सर्वोपरि: **~mount** with him;
n. अधीश्वर, अधिराज;
dw/lw: **para\mountcy/ paramouncy** /पैरमाउंट्सि/ पैरैमाउंसि/ *n.* प्रभुता, परम सत्ता या शक्ति, सर्वोच्चता, सर्वश्रेष्ठता

paramour /पैरअमॉः/ पैरअमुअः/ *n.* 1 प्रेमी या प्रेमिका 2 यार या रखैल 3 जार, जारिणी 4 उपपति, उपपत्नी

paranoia/ paranoea /पैरअनॉया/ *n., pl.* **~s**, *psychol.* 1 व्यामोह, एक विरला मानसिक विकार जब रोगी को यह भ्रम होता है कि उसकी विशेष क्षमता व मेधा के कारण दूसरे लोग उसके पीछे पड़े हैं, उसे खत्म करने पर तुले हैं 2 शक्की मिजाज, झक्कीपन व अपने को दूसरों से अलग रखने की सनक इस भ्रांति या रोग के कारण ही पैदा होती है

paranoid /पैरअनॉयड/ (*also less frequent* **paranoiac** /पैरअनॉइक/ पैरअनॉइऐक/) *adj.* व्यामोहाभ, भ्रांति रोग से पीड़ित या भ्रांति रोगग्रस्त;
n. भ्रांति रोग से पीड़ित व्यक्ति

paranormal /पैरअनॉःमल/ *n.* (***syn.*** the supernatural) बातें, प्रक्रियायें या घटनाएं आदि जो सामान्य ज्ञान, वैज्ञानिक स्पष्टीकरण व नियमों से परे (वश से बाहर) हों: the ~ (अभूतपूर्व या सामान्य ज्ञान से परे की घटना);
adj. (***syn.*** supernatural) सामान्य ज्ञान, वैज्ञानिक स्पष्टीकरण व नियमों से परे (वश से बाहर)

paranym /पैरअनिम/ *n.* 1 जो शब्द किसी दूसरे शब्द का लगभग समानार्थक हो पर पूर्णतः पर्यायवाची (synonym) न हो 2 लगभग समानार्थक शब्द जिसमें पर्यायवाची का कोई न कोई सूक्ष्म या गूढ़ आयाम (connotational aspect) छूट जाता है: **liberty** for **freedom**

parapenting /पैरअपेंटिग/ *n.* 1 हैंग-ग्लाइडिंग या पैराशूटिंग के बीच का या इन दोनों का मिश्रित खेल 2 इस खेल में खिलाड़ी किसी पहाड़ की चोटी आदि से पैराशूट से छलांग लगाकर उड़ता है और निश्चित स्थान पर उतरता है

parapet /पैरअपिट/ पैरअपअट/ *n.* 1 पुल, बालकोनी, छत आदि की मुंडेर 2 मोर्चे पर रेतभरी बोरियों से बनी रक्षाभित्ति 3 मुंडेरा, पाराकार

paraph /पैरैफ/ *n.* हस्ताक्षर के अंत में या उसके नीचे खींची जानेवाली लकीर-सी, लपेट

paraphernalia /पैरअफःनेलिआ/ *n., [pl., sometimes sing.]* 1 किसी कार्य से जुड़ा अनेक प्रकार का असला, लवाजमा, तामझाम, उदाहरणतः: the ~ of justice; the judge, the jury and the lawyers, etc. 2 साज-सामान, उपकरण व सहायक सामग्री 3 औरत के निजी उपयोग की सामग्री

para\phrase /पैरअ\फ्रेज/ *v., pt.* **~phrased**, *pp* **~phrasing** किसी शब्द या शब्द-समूह के अर्थ या विचार को दूसरे शब्दों में व्यक्त क., भावानुवाद क., व्याख्या क., पदान्वय क.;
n. किसी शब्द या शब्द-समूह के अर्थ की दूसरे शब्दों में अभिव्यक्ति, भावानुवाद, अन्वयांतर;
dw/lw: **~phrast** /पैरअफ्रैस्ट/ *n.* दूसरे शब्दों में अभिव्यक्ति करने वाला; **~phrastic** /~फ्रैस्टिक/ *adj.* व्याख्यात्मक, भावानुवादात्मक

paraphraxia /पैरअ फ्राक्सिआ/ (*also* **paraphraxis**) *n.* चेष्टा अशक्तता

paraphysis /पैरैफिसिस/ *n., pl.* **paraphyses** /पैरैफिसीज/ सहसूत्र

paraple\gia /पैरअ\प्लीजिआ/ *n. med.* कमर से निचले हिस्से का लकवा, अधरांगघात;
dw/lw: **~gic** /~प्लीजिक/ *adj.* 1 लकवे से संबद्ध 2 अधरांगघात से पीड़ित 3 अधरांगघात जैसे लक्षणों वाला; **~gic** *n.* अधरांगघात से पीड़ित व्यक्ति

paraprofessional /पैरअप्रॉफेशनल/ *n.* व्यावसायिक विशेषज्ञ (डॉक्टर, इंजिनियर आदि) का प्रशिक्षित सहायक

parapsycholo\gy /पैरअसाइकौ\लजि/ *US* पैरअसाइकाः\लजि/ *n.* 1 परा-मनोविज्ञान यानी स्थान व समय में दूरस्थ बातों घटनाओं, प्रक्रियाओं आदि के बारे में ज्ञान, परोक्ष-दर्शन, अतींद्रिय दृष्टि, मनोवैज्ञानिक अध्ययन आदि;
dw/lw: **~gist** /~लअजिस्ट/ *n.* स्थान व समय में दूरस्थ बातों, घटनाओं, प्रक्रियाओं आदि के बारे में ज्ञान, परोक्ष-दर्शन, अतींद्रिय दृष्टि आदि का मनोविशेषज्ञ

paraquat /पैरअक्वौट/ *US* पैरअक्वाःट/ *n., trademark* खरपतवार को खत्म करने के लिए प्रयुक्त पीले रंग का एक बहुत तेज जहरीला पदार्थ जिससे चर्म रोग हो सकता है और यदि यह पदार्थ पेट में चला जाए तो जिगर और गुर्दे खत्म हो सकते हैं

pararthria /पअराःथ्रिआ/ *n.* असंबद्ध उच्चारण

parasailing /पैरअसेलिंग/ *n.* पैराग्लाइडिंग की तरह का खेल जिसमें जल-स्की (water ski) और एक विशेष प्रकार का पैरा-छाता (parachute) पहने प्रतियोगी को मोटरबोट द्वारा हवा में धकेला जाता है

parascending /पैरअसेंडिग/ *n.* पैराग्लाइडिंग की तरह का खेल जिसमें प्रतियोगी को मोटरगाड़ी द्वारा हवा में उछाला जाता है और उड़ान के बाद उसे एक विशेष पैराशूट से नीचे उतारा जाता है

parasceve /पैरअसीव/ *n.* तैयारी का दिन, उपक्रम-दिवस, गुड फ्राईडे

parascience /पैरअसाइंस/ *n.* वर्तमान विज्ञान व ज्ञानशास्त्र/ ज्ञान-मीमांसा (epistemology) की पहुंच से परे बातों व प्रतिक्रियाओं का अध्ययन

paraselene /पैरअसिलीनी/ (*also* **mock moon**) *n., pl.* **paraselenae** /पैरअसिलीनी/ चंद्रमा के प्रभामंडल में एक अत्यधिक चमकदार बिंदु, चंद्रमा का आभास, चंद्राभास

parasexual /पैरअसैक्शुअल/ *adj.* परालैंगिक

parasimbiosis /पैरअसिंबायोसिस/ *n.* फफूंदी और काई का सहजीवन

parasi\te /पैरअसाइ\ट/ *n.* 1 परजीवी 2 दूसरों पर निर्भर, पराश्रयी;
dw/lw: **~tic**/ **~tical** /~टिक/ ~टिकल/ *adj.* परजीवी, पराश्रित: ~tical element (पराश्रयी अंग या अवयव); ~tical oscillation (अवांछित दोलन या झूल); ~tical suppressor (अवांछित दोलनरोधक); **~ticide** /~टिसाइड/ *n.* परजीवीनाशी; **~tism** /~टिजम/ *n.* परजीविता, पराश्रितता; **~tization** /~टाइजेशन/ *n.* परजीवीकरण; **~tize** /~टाइज/ *v., pt.* ~ tized, *pp* ~tizing कीड़े लग जा., कीड़ों द्वारा खाया जा.; **parasi\tology** /~टौलजि/ *US* ~टाःलजि/ *n., zool.* परजीवी-विज्ञान; **~tologist** /~टौलअजिस्ट/ *US* ~टाःलजिस्ट/ *n.* परजीवी-विज्ञानी

parasol /पैरअसौल/ *US* पैरअसाःल, पैरअसॉल/ *n.* छोटा छाता, स्त्रियों की छोटी छतरी, आतपत्र;
collocations: **~ mushroom** एक लंबी छत्रीनुमा खाने योग्य खुमी

parastatal /पैरअस्टेटल/ *adj.* अर्ध-सरकारी (संगठन आदि)

parasuicide /पैरअसुइसाइड/ *n.* जानबूझकर ली जाने वाली दवाई की अतिशय खुराक मानो लेनेवाला व्यक्ति आत्महत्या करना चाहता हो या उसका नाटक कर रहा हो

parasympathetic /पैरअसिंपेथेटिक/ *adj.* सहानुकंपी;
collocations: **~ nervous system** *zool.* स्वचालित स्नायुतंत्र का एक भाग जो दिल की धड़कन को कम करता है, पाचनक्रिया को बढ़ाता है, रक्त वाहिका को खोलता है और सामान्य तौर से ऊर्जा को बचाकर रखता है

parasynapsis /पैरअसिनैप्सिस/ *n.* पाश्र्वसंयोग

parasynthesis /पैरअसिंथिसिस/ *n.* परासंकलन, द्विविध संश्लेषण, अनुयोग

parataxis /पैरअटैक्सिस/ *n.* (***anton.*** hypotaxis) असंबद्ध या असंग वाक्य-विन्यास, संयोजकहीन विन्यास

parathormone /पैरअथॉःमोन/ *n., physiol.* पैराथाइरॉयड हार्मोन

parathyroid /पैरअथाइरॉइड/ *n., anat., med.* परावटु, पैराथाइरॉयड, उप-अवटुग्रंथि: ~ gland

paratrooper /पैरअट्रूपः/ *n.* छाताधारी सैनिक;
dw/lw: **paratroops** /पैरट्रूप्स/ *n., pl.,* छाताधारी सैनिकों की टुकड़ी

paratype /पैरअटाइप/ *n., biol., geol.* अपरप्रारूप

paratyphoid /पैरअटाइफॉइड/ *n., med.* एक प्रकार का आंत्रज्वर, परा-आंत्रज्वर

paravail /पैरअवेल/ *adj.* निकृष्ट, निम्नतम, नगण्य

paravane /पैरअवेन/ *n.* टॉर्पीडो जैसा उपकरण जो जहाज के आगे से बारूदी सुरंगें (mines) हटाने का काम करता है

par avion /पाः ऐविओं/ *adv., Fr.* हवाई डाक से (पत्रों को हवाई डाक से भेजना)

parawalker /पैरअवॉकः/ *n.* अधरांगघातग्रस्त लोगों द्वारा पहना जानेवाला धातु का ढांचा जो उनकी चलने में मदद करता है

Parazoa /पैरअजोअ/ *n., [pl.],* पशुओं और जीवों का श्रेणीकरण

par(t)boil /पाःबॉइल/ *v., pt.* **~ed**, *pp* **~ing** 1 किसी व्यंजन को अधपका करने के लिए हल्का उबाल दे., उसनाना: **~ed** rice (भुजिया चावल, उसना चावल, सेला) 2 खून-पसीना बहाना: workers get 100 rupees a day for **~ing** themselves in scorching heat

parbreak /पाःब्रेक/ *n.* उल्टी, कै, वमन

parbuckle /पाःबकल/ *n.* डोल-फंदा

(the) Parcae /पाःसाइ/ *n., [pl.], mythol.* रोम की तीन किस्मतें (three Roman Fates)

parcel /पाःसल/ *n.* 1 (***syn.*** package) पार्सल, पैकेट, पोटली, गठरी, बंडल: brown-paper ~; make/ do up a ~ 2 डाक आदि से भेजे जाने वाले सामान की पोटली: get a ~ from one's parents; ~ post; **~(s)** delivery 3 (भूमि)खंड 4 गिरोह: a ~ of scoundrels 5 समूह, टोली: be lectured by a ~ of young girls 6 राशि 7 राशि, ढेर, पुलिंदा: a ~ of lies 8 बिक्री के माल की खेप;
***v.**, pt.* **~led**, *pp* **~ling** 1 बांट दे. 2 खंडों में विभाजित क.: ~ sth out 3 पार्सल बनाना: ~ sth up (पार्सल में लपेटना);
adj. 1 पार्सल का: ~ post 2 पार्सल बनाने के लिए: ~ ware; ~ paper;
adv. अंशतः, अंशों में;
dw/lw: **~bomb** *n.* पार्सल से भेजा जाने वाला बम; **~gilt** *n.* आंशिक स्वर्ण-रंजित, थोड़ा-थोड़ा सोने का पानी चढ़ा हुआ; **parcel\ling** /पाःसलिंग/ *n.* खंडों में विभाजन; **~wise** *adv.* थोड़ा-थोड़ा करके;
p&i: **~ sth out** हिस्सों में बांटना;
by ~ पार्सल से; **drop a ~** घुड़-दौड़ की बाजी हार जा.; **part and ~** अभिन्न अंग; **win a ~** घुड़-दौड़ की बाजी जीत जा.

parce\nary /पाःसिनरि/ *n. law* समांशिता, सांझी वसीयत;
dw/lw: **parce\ner** /पाःसिनः/ *n.* समांशी, वसीयत में बराबर का हिस्सेदार

parch /पाःच/ *v, pt.* **~ed**, *pp* **~ing**, *s/he/ it* **~es** 1 सुखा दे. या सूख जा.: grass **~ed** by the sun 2 भूनना: ~ corn/ peas 3 झुलसाना, झुलसना 4 बुरी तरह सुखा दे.: lips **~ed** with fever 5 प्यास लगाना, प्यासा बना दे.: food that **~es** the mouth; be **~ed** with thirst;
dw/lw: **~ed** /पाःचड/ *adj., colloq.* 1 सुखाया या सूखा हुआ: ~ed lips 2 भुना हुआ: ~ed corn; **~ing** /पाःचिंग/ *adj.* सुखाने या झुलसाने वाली: ~ing westerly wind

parchment /पाःचमंट/ (*also* **vegetable ~**) *n.* 1 पारदर्शी चर्मपत्र, चमड़ा-कागज 2 चर्म-पत्र पर लिखी पांडुलिपि 3 पारदर्शी चर्म-पत्र से मिलता-जुलता कागज जिसे गंधक अम्ल (sulphuric acid) में डुबोकर मजबूत और पारदर्शी किया जाता है: ~ paper

parclo\se /पाःक्लोज/ *v, pt.* **~sed**, *pp* **~sing** घेरना, बाड़ लगाना; ***n.*** चार-दीवारी, काष्ठ पट

par-cook /पाःकुक/ *v, pt.* **~-ed**, *pp* **~-ing** हल्का-सा उबालना: the chicken was **~-ed** and cooled

pard /पाःड/ *n.* तेंदुआ

pardner /पाःडनः/ *n., US sl.* (*in place of* 'partner') दोस्त या भागीदार

pardon /पाःडन/ *excl.* (*also US* **Pardon me**!) 1 ठीक से न सुन पाने पर फिर से दोहराने के लिए कहने के लिए प्रयुक्त: **Pardon** me, where is ... 2 सविनय मांग 3 क्षमा मांगने के लिए प्रयुक्त: ~ for the delay!; **Pardon** her for interrupting!;
n. (***syn.*** forgiveness) माफी, क्षमा: general ~; grant a ~; the right of ~; receive (the President's) ~; I beg your ~ (माफ कीजिए!)
v.*, pt.* **~ed**, *pp* **~ing** 1 (***syn.*** excuse) माफ क. 2 सविनय मांगना 3 (***syn.*** apologise) क्षमा मांगना, क्षमा क.: ~ my contradicting you; ~ sb an offence;
dw/lw: **~able** /पाःडनअबल/ *adj.* (***syn.*** excusable) क्षमा योग्य, क्षम्य: ~able error/ lie; **~er** /पाःडनः/ *n.* 1 क्षमाकर्ता, क्षमाशील 2 *hist.* वह व्यक्ति जिसे पोप से लोगों को क्षमा-दान करने का अधिकार मिला होता था और ऐसे लाइसंस को प्राप्त करने वाला आदमी पाप करनेवालों को उनके पापों से मुक्ति को बेचता था;
p&i: **I beg your** ~ मुझे माफ कीजिए!

pare /पेअः/ *v., pt.* **~d**, *pp* **paring** 1 (**~ sth away**) खाल या ऊपरी परत आदि उतारना: ~ and burn (घास की ऊपरी परत छीलकर जलाना) 2 छिलका उतारना, छीलना: ~ apples/ potatoes 3 (नाखून) कतरना, काटना, छांटना: ~ nails 4 (**~ sth down;** *syn.* reduce) धीरे-धीरे कम क., घटाना: ~ down wages/ salary; ~ and prune expenses;
p&i: **~ to/ beyond the quick** किसी की दुखती रग पर हाथ रखना; **~ sb's claws** किसी के खूनी पंजे को काट डालना

paregoric /पैरअगौरिक/ *US* पैरअगाःरिक/ *n.* पीड़ानाशक दवा; ***adj.*** राहतदायक, सुखदायक, पीड़ाहर

parencephalon /पअरेनसेफअलौन/ *US* -लाःन/ *n., anat.* परामस्तिष्क, दिमाग के पिछले हिस्से का मुख्य भाग जो मुख्यतः गतिशीलता को नियंत्रित करता है

parenchyma /परेनकिमा/ *n., pl.* **~ta**, *bot, zool.,* मृदु ऊतक, पतली झिल्ली और सामान्य कोशिकाओं से बना ऊतक जो आवरण ऊतक का काम करता है

parent /पेअरंट/ *n., v. pt.* **~ed**, *pp* **~ing** 1 माता या पिता बनना 2 बच्चे को गोद ले. 3 माता-पिता की तरह बच्चे की देखरेख या लालन-पालन क.;
n. 1 माता या पिता 2 उद्गम, मूल, स्रोत: ~ material; ~ plant; ~ ship 3 जानवर या पेड़-पौधे जिनकी औलाद हो 4 किसी भी चीज का मूल कारण: the ~ of evil;
dw/lw: **parentage** *see below under separate entry*; **~al** /पअरेंटल/ *adj.* 1 माता-पिता संबंधी: ~al authority; ~al rights 2 पैतृक, जनकीय, पितृसुलभ, माता-पिता से संबंधित 3 पूर्वजों की पीढ़ी जिससे बाद में आनेवाली पीढ़ियां जन्म लेती हैं; **~hood** /पेरंटहुड/ *n.* 1 मातृ-पितृत्व 2 माता-पिता की जिम्मेवारी; **~-cell** *n.* जनक कोशिका; **~ing** /पेरंटिंग/ *n.* 1 माता-पिता की भूमिका 2 माता-पिता द्वारा बच्चों का लालन-पालन; **parent\icide** /पेरंटिसाइड/ *n.* माता-पिता की हत्या; **~less** /पेरंटलेस/ *adj.* बिना माता-पिता का (बच्चा), अनाथ; **~s-in-law** *n.* सास-ससुर;
collocations: **~ aircraft** परमाणु हथियार वाहक विमान; **~ atom** जनक परमाणु; **~ company**/ **~ body** एक बड़ी कंपनी या संगठन जिसकी कई और छोटी-छोटी कंपनियां हों, मूल कंपनी; **~ language** मूल भाषा; **~ particles** मूल कण; **~ river** मूल नदी; **~ state** मूल राज्य; **~-teacher association** मात-पिता एवं अध्यापक संघ

parent\age /पेरंटिज/ *n.* 1 (***syn.*** ~-hood) जनक या जननी होने का भाव, मातृत्व-पितृत्व 2 बाप-दादा आदि पूर्वज: of humble ~ 3 (***syn.*** lineage) वंश, वंशानुक्रम, कुल-वंशावली 4 जन्म, पैदाइश 5 पूर्वजों और माता-पिता से मिलने वाले नाम-काम और गुण

parenteral /पेरेंटअरल/ *adj., med.* 1 आंत्रेतर, जो आंत्र से संबंधित न हो 2 पोषण-नाल के रास्ते से दवाई का न दिए जाने से संबंधित

parenthe\sis /परेंथअसिस/ (*also UK* **brackets**) *n., pl.* **~ses** /परेंथअसीज/, 1 लघु कोष्ठक, बंधनी '()' 2 वाक्य में शब्द या शब्द समूह यानी वाक्यांश या वाक्य का कोष्ठक '()' में बंद करके स्पष्टीकरण आदि के रूप में दिया जाना 3 विषय से भटकाव, निक्षिप्त पद 4 (***syn.*** interval) अंतराल;
dw/lw: **~size**/ **~sise** /परेंथअसाइज/ *v., pt.* ~sized, *pp* ~sizing कोष्ठक में रखना; **~tic** /पैरंथेटिक/ (*also* **~tical**) *adj.* 1 अतिरिक्त सूचना जिसे कोष्ठक में रखा जाता है, कोष्ठकीय, कोष्ठक से संबंधित 2 निक्षिप्त, सन्निविष्ट;
p&i: **~tic glance** उड़ती नजर; **have one's nose in ~sis** किसी के मजाकों का शिकार बनना; **iron ~sis** जेल, कारावास; **thin ~tic legs** पतली टेढ़ी टांगें;

parenthood *see above under* **parent: *dw/lw***

parenting *see above under* **parent: *dw/lw***

parentis = **in loco parentis** /इन लोको पअरंटिस/ माता-पिता के स्थान पर या उनकी भूमिका में

parergon /पैरअःगॉन/ *n.* 1 मुख्य काम के अलावा जाने वाले काम से होने वाली कमाई, उपजीविका 2 जरूररत से ज्यादा सजावट या आभूषण

paresis /पैरिसिस/ *n., med.* आंशिक पक्षाघात, मांस पेशियों का घात जिससे इंद्रिय अनुभूतियों पर प्रभाव नहीं पड़ता;
dw/lw: **paretic** /पअरेटिक/ *adj.* आंशिक पक्षाघात से संबंधित

paresthesia /पैरेस्थीजिआ/ the *US spelling of* **paraesthesia** (*see above*) संवेदनशीलता का आंशिक लोप

Pareu/ **pareo** /पैरेऊ/ पैरेओ/ *n., pl.* **pareus**/ **pareu** पोलिनेशिया (Polynesia) में पुरुष व स्त्री द्वारा पहने जाने वाला लुंगीनुमा (wrap-around) स्कर्ट

par excellence /पाःरएक्सेलांस/ *adv.* 1 मुख्यतः 2 सर्वोत्तम, सर्वोत्कृष्ट, श्रेष्ठ, उत्कृष्ट, बहुत बढ़िया: Oxford is a university city ~

parfait /पाःफे/ *n.* एक क्रीम, फल व अंडों की जमी हुई मिठाई

parget /पाःजिट/ *n.* 1 फर्श पर लगा हुआ पलस्तर 2 प्रलेप 3 फर्श पर लगा श्रृंगारिक पलस्तर

parhelic circle /पाःहीलिक/ *n., meteorol.* क्षितिज के समानांतर एक अति प्रदीप्त पट्टी

parheli\on /पाःहीलि\अन/ *n., pl.* **parhelia** /पाःहीलिअ/ *meteorol.* सूर्याभास, मिथ्या सूर्य, क्षितिज के समानांतर प्रदीप्त पट्टी पर एक अति चमकदार बिंदु;
dw/lw: **~ac**/ **~acal** /~ऐक/ ~ऐकल/ *adj.* सूर्याभासी, चमकदार बिंदु-सा

pariah /पअराइआ/ *n.* 1 समाज से बहिष्कृत 2 अछूत, चांडाल;
collocations: **~ dog** लावारिस, आवारा कुत्ता

parietal /पराइअटल/ *adj., Fr., med., anat., US* 1 भित्तीय, शरीर के खोखले अंग के चारों ओर बनी भित्ति, खोपड़ी आदि से संबंधित, पार्श्विक: ~ bones (भित्ति-अस्थियां); ~ lobe भित्ति-पालि 2 *bot.* भित्ति-लग्न, भित्तीय 3 विश्वविद्यालयीय: ~ committee

pari-mutuel /पैरिम्यूःचुअल/ *n., Fr.* 1 आपसी मिलीभगत से तय की हुई जुए की शर्तें, जिसके तहत बाजी लगाने वालों को बाजी की राशि का एक हिस्सा मिलता है 2 स्व-चालित पण यंत्र

paring /पेअरिंग/ *n.* 1, *present partic.* of '**pare**' 1 छिलका, छीलन, छंटाई 2 कतरन, काटने का: ~ knife

pari passu /पैरीः पैसुः/ *adv., Lat., usually law* 1 साथ-साथ और बराबर-बराबर: stock-raising goes ~ with agriculture (पशु-पालन खेती के साथ-साथ चलता है) 2 सम गति से, समरूप 3 सम अनुपात अनुसार

paripinnate /पैरिपिनट/ पैरिपिनेट/ *adj. bot.* शिखर के बिना आखिरी पत्ते वाला, सम-सांख्यिक पत्तों वाला

Paris /पेरिस/ *n.,* फ्रांस की राजधानी पेरिस 2 पेरिस के बारे में यूनानी मिथक;
dw/lw: **Parisian** /पअरिजिअन/ *adj.* 1 पेरिस (फ्रांस की राजधानी नगर) संबंधी 2 पेरिस में जन्मा या रहने वाला;
collocations: **Paris green** एक कीटनाशक रंग (हरा); **Paris plaster** 1 चूने का पाउडर 2 शरीर के किसी अंग पर चढ़ाया जाने वाला प्लास्टर

parish /पैरिश/ *n., pl.* **~es** (*abbr.* **par.**), पल्ली, पंचायत क्षेत्र, स्थानीय प्रशासन की न्यूनतम इकाई: the full support of the local ~ (स्थानीय पंचायत का पूरा समर्थन);
dw/lw: **parishional** /पैरिशनल/ *n.* क्षेत्रवादी; **~ioner** /परिशनः/ *n.* पल्लीवासी, पादरी;
collocations: **~ church** पल्ली चर्च; **~ clerk** किसी चर्च को चलाने वाला बाबू; **~ council** पल्ली पंचायत; **~ doctor** पल्ली डॉक्टर; **~ lantern** पल्ली का आसमानी लालटेन यानी चंद्रमा; **~ priest** पल्ली पादरी; **~ pump** क्षेत्रवादी स्वार्थपूर्ण हित; **~-pump politics** संकीर्ण हितों पर आधारित क्षेत्रवादी राजनीति; **~-pump politicians** संकीर्ण हितों पर आधारित क्षेत्रवादी राजनीति करनेवाले राजनेता; **~ register** किसी चर्च में होने वाली शादियों, बापतिस्मों आदि की सूचनाएं दर्ज करने के लिए रजिस्टर;
p&i: **go/ be on the ~** गरीबी आधारित सहायता पाना

Parisian /पअरिजिअन/ *see above under* **Paris: *dw/lw***

Parisienne /पअरिजिएन/ *n.* पेरिस (नगर) की महिला निवासी

parison /पैरिजन/ *n.* कांच का ढेला (किसी बर्तन आदि के रूप में ढलने से पहले)

parisyllabic /पैरिसिलेबिक/ *adj.* सम-शब्दांशिक, सम-संख्या-शब्दांशिक

parity /पैरिटि/ *n., pl.,* **parities** 1 बराबरी, समता, समानता: the ~ of years; a call for ~ 2 (***syn.*** similarity) संपूर्ण सादृश्य, तुल्यता, तुलनात्मकता, अनुरूपता, साम्य: by ~ of reasoning 3 सममूल्यता, समार्हता: on ~ basis 4 तुल्य मुद्रा राशि (equivalence of currencies): ~ of exchange (मुद्रा विनिमय में समानता) 5 बायें या दायें हाथ के तंत्रों में समानता;
collocations: **~ bit** समता द्विअंक; **~ check** *comput.* द्वि अंक आंकड़ों की जाने वाली परख ताकि सम या विषम राशियों में सममूल्यता बनी रहे

park /पाःक/ *n.* 1 पार्क, उद्यान, उपवन, बाग 2 प्राकृतिक अरण्य: deer ~; wildlife ~, amusement ~, theme ~ 3 बड़ी देहाती जागीर में चरागाह या वनांचलिक कोना 4 गाड़ी खड़ा करने का स्थान, गाड़ी-स्थान: car ~, **~ing** place 5 किसी क्षेत्र या व्यवसाय विशेष के लोगों के कार्यालय भवन और घर: science ~, industrial ~;
v., *pt.* **~ed**, *pp* **~ing** 1 वाहन खड़ा करके जा. 2 रख दे., छोड़ जा.: ~ one's hat in the hall; the children were **~ed** in schoolyard 3 बैठ जा., तशरीफ रखना, जम जा.: he **~ed** behind a desk; ~ oneself (कहीं तशरीफ रखना) ~ one's body in a bed;
dw/lw: **~ade** /पाःकेड/ *n.* कार खड़ी करने की गैरज; **~-and-ride *v.,*** *pt.* ~-and-rode, *pp* ~-and-riding बड़े शहरों में गाड़ी को मैट्रो या बड़े बस अड्डे आदि के पास खड़ी करके आगे मैट्रो या बस आदि से यात्रा क.; **~ie** /पाःकि/ *n., pl.* **~ies** *colloq.* गाड़ी पार्किंग स्थान का रख वाला; **~ing** /पाःकिंग/ *n.* गाड़ी को कहीं पर खड़ा करने की क्रिया: no ~ing (here); **~ing-brake** *n.* गाड़ी के खड़े रहने के समय लगाई जाने वाली ब्रेक; **~ing-place** *n.* गाड़ी को खड़ा करने का स्थान; **~land** /पाःकलैंड/ *n.* चरागाह या वनांचल; **~way** *n., N. Amer.* घसीले मैदानों के बीच में से जनसाधारण के लिए बना एक चौड़ा रास्ता;
collocations: **~ keeper** *n.* पार्क की रखवाली करने वाला आदमी; **~ meter** वाहन खड़ा करने का समय और शुल्क मापक; **~ing bay** *see under* **bay**; **~ing lot** *US* (*UK* **car ~**) अस्थायी रूप से वाहन खड़ा करने की जगह; **~ing ticket** अवैध रूप से वाहन खड़ा करने का जुर्माना टिकट;
p&i: **~ on sb** किसी के गले पड़ना, चिपक जा.

parkinsonism /पाःकिनसनिज्म/ (**Parkinson's disease** /पाःकिन्सन्ज डिसीज/) *n., med.* 1 बुढ़ापे में होने वाली एक असाध्य बीमारी जो डोपमाइन (**dopamine**) बनाने वाले दिमाग की कोशिकाओं के विकृत होने या घटने के कारण पैदा होती है। इस रोग के मुख्य लक्षण हैं हाथों आदि में कंपन, झूलन, फूला हुआ चेहरा, झुकी कमर व धीमी लड़खड़ाती चाल आदि 2 कांपा, कंपन, झूलन रोग

Parkinson's law *n.* यह नियम कि कार्य अपनी पूर्ति के लिए आवश्यक समय भरने मात्र जितना फैलता है

parky /पाःकि/ *adj., degr.* **~ier, ~iest** *UK colloq.* कुछ-कुछ ठंडा, सर्द (weather)

parlance /पाःलंस/ *n.* 1 बोल-चाल, बात-चीत का ढंग, कहने का अंदाज 2 भाषा: in common ~ (बोल-चाल की भाषा में); in legal ~ (कानूनी भाषा में) 3 भाषा शैली: newspaper/ military ~ 4 बोली: in vulgar ~

parlando /पाःलैंडो/ *adj. music,* संगीत का एक अंश, जिसे गायक को बोलकर बताना चाहिए;
n., pl. **~s** संगीतांश के बोलने के अंदाज में प्रस्तुति

parlay /पाःले/ *v., pt.* **~ed**, *pp* **~ing** *US* 1 जुए में फिर से बाजी लगाना 2 दाम बढ़ाना 3 बढ़ाना, बड़ा क.: he **~ed** his small shop into a chain 4 लाभकारी ढंग से प्रयोग क.: he **~ed** his small voice into fame

parley /पाःलि/ *n., pl.* **~s** 1 संधि वार्ता: beat/ sound a ~ (संधि वार्ता की इच्छा जताने के लिए नगाड़ा बजाना) 2 प्रतिद्वंद्वी के साथ शांति स्थापित करने हेतु मुलाकात: hold a ~/ be in ~;
v., *pt.* **~ed**, *pp* **~ing** 1 संधि वार्ता क. 2 विचार-विमर्श क.: ~ with an enemy;
p&i: **~ into** और अधिक सफलता पाने के लिए पैसे का जुगाड़ लगाना

parleyvoo /पाःलि वू/ *n., facetious* 1 फ्रांसीसी में बोलना 2 बक-बक क.

parliament /पाःलिअमंट/ *n.* 1 संसद: ~ house; meeting of ~; have a seat in ~ 2 भारत में लोक सभा व राज्य सभा के दोनों सदन: before ~ assembled;
dw/lw: **~arian** /पाःलिअमेंटेअरिअन/ *n.* संसद सदस्य, सांसद; **~arianism/ ~arism** /पाःलिअमंटेरिअनिज्म/ पाःलिअमंटेअरिज्म/ *n.* संसदीय प्रणाली, संसदवाद, संसदवाद की नीति; **parliament\ary** /पाःलिअमेंटरि/ *adj.* संसदीय: an old ~ary hand; ~ary language; ~ary privilege (संसद में किसी के विरुद्ध बेबाकी से बोलने का अधिकार)

parlour *UK* (*US* **parlor**) /पाःलः/ *n.* 1 किसी वस्तु-विशेष या कार्य का विक्रय स्थल: ice-cream ~; beauty ~; hairdresser's ~ 2 बाहरी बैठक, बाहरी बैठकखाना: ~ arts/ tricks (उच्च समाज की पैंतरेबाजी हुनर);
dw/lw: **~-jump** *v., pt.* ~-jumped, *pp* ~-jumping खिड़की से घुसकर घर में चोरी क.; **~-snake** *n.* लंपट पुरुष;
collocations: **~ caucus** संसदीय पार्टी ग्रुप की गुप्त सभा; **~ game** घर की बैठक में खेला जानेवाला खेल

parlous /पाःलअस/ *adj., archaic/ facetious* 1 (***syn.*** perilous) भयंकर, भयावह 2 नाजुक, कठिन: ~ times; a ~ journey

Parmesan /पाःमेजन/ (**Parmesan cheese**) *n.* मलाई उतारे हुए दूध से बना सूखा और सख्त इतालवी पनीर

Parna\ssian /पाःनेसिअन/ *n., Gr. mythol., fig.* कवि;
adj. काव्यात्मक;
dw/lw: **~ssus** /पाःनैसस/ *n.* काव्य

paroccipital /पैरॉक्सिपिटल/ *adj., anat.* अनुकपाल अस्थि के निकट स्थित

parochial /पअरोकिअल/ *adj. derog.* 1 प्रांतवादी, क्षेत्रवादी 2 स्थानीय 3 संकुचित, संकीर्ण, सीमित, संकीर्ण-मना, अनुदार;
***dw/lw:* ~ism/ ~ity** /पअरोकिअलिज्म/ पअरोकिअलिटि/ *n.* संकीर्णता, अनुदारता, प्रांतीयता, संकीर्ण क्षेत्रवाद; **~ly** /पअरोकिअलि/ *adv.* संकीर्ण क्षेत्रवादी दृष्टिकोण से
paro\de /पैरोड/ *n., Gr.* यूनानी त्रासदी में प्रथम समूह-गान;
***v., pt.* ~ded**, *pp* **~ding** 1 पैरोडी क. 2 साहित्यिक रचना आदि की हास्यजनक नकल क.;
***dw/lw:* ~dic/ ~dical** *adj.* विडंबना-कृति संबंधी; **~dist** /पैरअडिस्ट/ *n.* साहित्यिक रचना की हास्यपरक नकल करने वाला, पैरोडीकार; **~dy** /पैरअडि/ *n., pl.* **~dies** 1 हास्यपरक नकल, पैरोडी 2 विडंबना-कृति, विद्रूपिका 3 नकल 4 विडंबना: a ~ of justice
paroecious /पअरीशिअस/ *adj.* एकशाखाशयी
parol /पैरल/ *n.* 1 मौखिक रूप: by ~ (मौखिक रूप से) 2 मौखिक गवाही 3 रक्षा-पक्ष का कथन या भाषण;
adj. मौखिक: ~ acceptance; ~ evidence; ~ arrest (मौखिक आदेश पर की जानेवाली गिरफ्तारी)
paroemia /परीमिआ/ *n.* कहावत, लोकोक्ति;
***dw/lw:* paroemiology** *n.* कहावत या लोकोक्ति शास्त्र
parole /परोल/ *n.* 1 वचन, वायदा 2 कैदी की जेल से अच्छे व्यवहार के वायदे पर रिहाई: released on ~ 3 सप्रतिबद्धता या प्रतिज्ञाबद्धता पर कारा मुक्ति: prisoner on ~ 4 *defence* गुप्त सांकेतिक शब्द: break/ forfeit/ one's military ~ 5 *ling.* लोगों की दिन-प्रतिदिन की बोल-चाल की भाषा या बोली;
***v. pt.* ~d**, *pp* **paroling** कैदी को पैरोल या वचनबद्धता पर छोड़ना;
***dw/lw:* ~e** /परोली/ *n., pl.* **~es**, पैरोल पर छोड़ा हुआ कैदी
paromology /पैरअमॉलजि/ *n., rhet.* अपनी दलील को पुख्ता करने के लिए वक्ता द्वारा प्रतिपक्ष को दी जाने वाली आंशिक छूट
paronomasia /पैरअनअमेजिआ/ *n., pl.* **paronomasia** शब्द-क्रीड़ा, शब्दों के साथ खेल, जैसे श्लेष (pun on words)
parony\m /पैरअनिम/ *n.* समधातु या समोच्चरित शब्द;
dw/lw:* ~mous** /पैरअनिमस/ *adj.* 1 (syn.*** cognate) समधातु 2 समोच्चरित; **~my** /पैरअनिमि/ *n.* यमक, समोच्चरितता, समान उच्चारण
paroquet *see above under* **parakeet**
parostosis /पैरअस्टोसिस/ *n.* हड्डी की गलत बनावट
parotid /पअरौटिड/ पअरोटिड/ *adj., anat., med.* कान के निकट स्थित: ~ gland (कर्णमूल ग्रंथि)
parotitis /पअरोटाइटिस/ *n.* कनपेड़ा
parousia /पअरूजिआ/ पअराउजिआ/ *n., theol.* (ईसा मसीह का) पुनरागमन, जिसका ईसाई विचारधारा में अर्थ है कि सभी मानवों के लिए प्रभु का निर्णय होगा और सभी मृत पुनर्जीवित हो जाएंगे
paroxysm /पैरअक्सिजम/ *n.* 1 (***syn.*** fit) भावावेश का आकस्मिक दौरा 2.आकस्मिक आवेग या आवेश 3 अचानक उठे बलगम, ऐंठन, मरोड़ आदि के कारण मिरगी जैसा दौरा;
***dw/lw:* ~al** /पैरअक्सिजमल/ *adj.* 1 दौरे के साथ होने वाला 2 ऐंठन या मरोड़भरा 3 आवेगी
paroxytone /पअरॉक्सिटोन/ *adj., Gr., ling.* 1 उपान्त्याघाती 2 अंतिम से पहले वाले शब्दांश पर बलाघात वाला
parpen/ perpend /पाःपअन/ पःपंड/ *n.* दीवार में लगा एक ऐसा पत्थर जिसे दोनों तरफ से देखा जा सकता है
parquet /पाःके/ पाःकि/ *n.* काठ का फर्श, लकड़ी का फर्श, (सजावटी लकड़ी का) फर्श: ~-flooring; ~-work;
***dw/lw:* ~ry** /पाःकअट्रि/ *n.* लकड़ी की पट्टियों की फर्श में जड़ाई का काम
parr /पाः(र)/ *n., pl.* **parr/ parrs** पार, दो वर्ष की सॉमन (मृदुपक्षा) मछली
parrhesia /परीसिआ/ *n.* भाषणशूरता, वाक्प्रगल्भता
parrakeet *see* **parakeet**
Parramatta *see above under* **paramatta**
parri\cidal /पैरिसाइडल/ *adj.* पितृघातक, पिता या निकट संबंधी की हत्या से संबंधित;
***dw/lw:* parri\cide** /पैरिसाइड/ *n.* 1 माता या पिता की हत्या, पितृहत्या, पितृघात 2 माता या पिता का हत्यारा, मातृहंता या पितृहंता, पितृघातक 3 देशद्रोह, राजद्रोह 4 देशद्रोही, राजद्रोही
parrot /पैरअट/ *n.* 1 तोता, शुक: ~ cage 2 अंधानुकरण करने वाला;
***v., pt.* ~ed**, *pp* **~ing** 1 अंधानुकरण क., नकल क. रटना: ~ the rank and file actors;
***dw/lw:* ~-fashion** *adv.* तोता-रटंत ढंग से, बिना सोचे-समझे कंठस्थ करते हुए: learn the tables ~-fashion; **parrotry** /पैरअट्रि/ *n.* तोते-सी रट, तोता-रटंत, अंधानुकरण, नकलचीपन;
***collocations:* ~ fish** तोते जैसी चोंचवाली एक रंगबिरंगी मछली
parry /पैरी/ *v., pt.* **parried**, *pp* **~ing** 1 (***syn.*** deflect) (तलवार आदि का वार) बचा जा. 2 टाल दे., किनारा क., से बचना: he always **parries** disagreeable affairs 3 (***syn.*** fend off) चतुराई से सवाल का जवाब टाल जा.: ~ a question 4 टाल-मटोल क.;
***n., pl.* parries** 1 वार को टालकर किया जाने वाला बचाव 2 परिहार, निवारण, रोक 3 टाल-मटोल
par\se /पाःज/ *US* पार्स/ *v., pt.* **~sed**, *pp* **~sing** *gramm.* 1 शब्द या पद का परिचय दे., पद व्याख्या क. 2 *computational ling.* वाक्य या पाठ को वाक्यांशों में बांटकर उनकी व्याकरणता का अध्ययन क. 3 *comput.* प्रविष्टि चिह्नों का कंप्यूटर भाषा के रूप में अध्ययन क.;
***dw/lw:* ~ser** /पाःजः/ *n., comput.* ऐसा कंप्यूटर प्रोग्राम जो पद व्याख्या करता है; **par\sing** /पाःजिंग/ *n.* पद-परिचय, पद व्याख्या
parsec /पाःसेक/ *n., astron.* अंतरिक्ष मापन की इकाई (यदि किसी सितारे का पैरालैक्स (parallax) एक सेकंड हो और जब उसे एक दूसरे से उतनी दूर स्थित दो बिंदुओं से देखा जाएगा जितना कि पृथ्वी से सूर्य तक की दूरी, तो अंतरिक्ष मापन की इकाई की दूरी (**parsec**) 3.26 प्रकाश वर्षों या 3.09x1013 किलोमीटर के बराबर होगी)
Parsee/ parsi /पारसी/ *n., pl.* **~s/ parsis** पारसी, प्राचीन जोरास्ट्रिअन (Zoroastrians) के वंशज, जो 8वीं सदी में शासकों द्वारा ढाए गए जुल्मों से बचने के लिए ईरान से भागकर बंबई में आ बसे
parsi\monious /पाःसि\मोनिअस/ *adj.* 1 मितव्ययी, किफायती, अल्पव्ययी 2 (***syn.*** stingy) कंजूस, कृपण 3 (***syn.*** meagre) अल्प, अपर्याप्त: **~monious** fare (अति अल्प भोजन);
dw/lw:* parsi\moniously** /~मोनिअसलि/ *adv.* कंजूसी से, किफायत से; **parsi\mony** /~मनि/ *n.* 1 मितव्ययिता किफायत, मितव्यय: the law of ~mony *logic* (शब्द-अल्पता का नियम, दलील के प्रयोग में किफायत का नियम) 2 अल्प-भाषिता, शब्द-अल्पता: exercise ~mony of phrase 3 (syn.*** stinginess, meaness) कंजूसी, कृपणता
parsing *see above under* **parse: *dw/lw***
parsley /पाःसलि/ *n., pl.* **~s** अजवायन, अजमोद: cow ~
parsnip /पाःसनिप/ *n.* सफेद या पीली-सी गाजर
parson /पाःसन/ *n.* पल्ली-पुरोहित, पादरी;
***dw/lw:* ~age** /पाःसअनिज/ *n.* पुरोहित या पादरी का निवास;
***p&i:* ~'s/ pope's nose** *colloq.* मुर्गे के पुट्ठे का मांसल टुकड़ा; **fine/ fair/ soft words butter no ~s** भूखे भजन न होए गोपाला
part /पाःट/ *n.* 1 हिस्सा, अंश, भाग: the best/ better ~ of sth; the funny ~ of sth 2 मशीन का पुर्जा: vehicle spare **~s** 3 टुकड़ा, खंड: **~s** of a book; Dickens's works were published in **~s** 4 तत्त्व: in the proportion of five **~s** of cement and two of sand 5 भाग, अवयव: **~s** of speech 6 (***syn.*** role) भूमिका, शब्द, कदम, अंग-चालन: have/ play a ~ in the film; he was excellent in the ~ of Hamlet 7 *US*

(*UK* **~ing**) बालों में मांग 8 शरीर का अंग: **~s** of body 9 कर्त्तव्य, काम, हिस्सा: do one's ~ in sth; it is a ~ of his functions; it is no ~ of parents 10 काम, हिस्सा: for my ~ 11 प्रदेश, क्षेत्र, इलाका: foreign **~s** 12 अशेषभाजक, अंश *maths.*: five **~s** of the whole; one ~ in a million 13 पक्ष: sb's ~ 14 (**~s**) आयाम, पहलू: man of many **~s** 15 सदस्य: play as ~ of Indian team;

adv. आधा, अंशत: in ~ (अंशत:); ~ owner of the farm;

v., pt. **~ed**, *pp* **~ing** 1 विभक्त क., बांटना: ~ the booty (लूट के माल के हिस्से क.) 2 जुदा हो., बिछुड़ना: let us ~ friends 3 दो जनों या लड़ने वालों को अलग क.: ~ fighters 4 मांग काढ़ना: ~ one's hair in the middle/ at the side 5 टूट जाना, फट पड़ना, टुकड़े-टुकड़े हो जा.: the clouds **~ed** 6 दो या अधिक भागों या दिशाओं में बांटना: the island **~s** the river into two branches; a smile **~ed** her lips 7 भूखंड से अलग क.: a strait **~s** the island from the mainland 8 अंतर क., भेद देखना: ~ error from crime 9 से अलग हो., हाथ से निकलने दे.: ~ with money;

dw/lw: **~ed** /पा:टिड/ *adj.* 1 विभक्त 2 अलग किया हुआ, पृथक 3 फटा हुआ 4 विभाजित 5 तने से लेकर सिरे तक विभाजित (पत्ता आदि) 6 मांग-पड़ा, मांग-पड़ी: ~ed hair; better ~ed 7 अलग-अलग: ~ed lips; **~ible** /पा:टिबल/ *adj.* विभाज्य, भाज्य: the father's land was ~ible among his children; **~ly** /पा:टलि/ *adv.* 1 कुछ हद तक: he is ~ly right 2 अंशत:: ~ly-closed door 3 कुछ अंशों में: ~ly in writing and ~ly in print; **~-owner** *n.* सहभागी, अंशभागी, अंश-स्वामी; **~-time** *n.* आंशिक काल: be on ~-time; **~-time** *adj., adv.* अंशकालिक, आंशिककालीन: ~-time worker; ~-time student; ~-time teacher; ~-time army; **~-timer** *n.* आंशिक कालीन कर्मचारी, दिन में थोड़े समय के लिए काम करने वाला; **~-way** *adv.* आंशिक रूप से;

collocations: **~ and parcel of** का अनिवार्य अंग; **~ exchange** पुराने सामान को अदायगी के एक हिस्से के रूप में देकर सामान की खरीद; **~ of speech** शब्द भेद, भाषा के अवयव; **~ payment** आंशिक अदायगी; **~ singing** ऐसा गान समारोह जिसमें कई समरस गीत गाए जाते हैं (singing in harmonized parts); **~ song** समरस गान (harmonized parts) के हिस्से के रूप में गाया जानेवाला गीत;

foreign ~s विदेशी क्षेत्र; **privy ~s** गुप्तांग; **vehicle spare ~s** गाड़ी के कल-पुर्जे; **~ way** आधा रास्ता; **~ing of ways** साथियों के अलग-अलग हो जाने की क्रिया

p&i: **~ brass rags with sb** किसी के साथ दोस्ती खत्म क.; **~ company with** से अलग हो.; **~ from/ with sb** ~ किसी बात या किसी से अलग होना; **~ off** टुकड़ा काटना; **~ of the furniture** ऐसा व्यक्ति जिसके सब आदि हो गए हों; **~ with sth/ be ~ed from sth** किसी चीज को दे दे., अर्पित क., त्याग दे., छोड़ दे., से अलग हो.;

a fool and his money are soon ~ed मूर्ख व्यक्ति के पास पैसा देर तक नहीं टिकता; **a man of many ~s** बहु-आयामी व्यक्ति; **a thinking ~** मूक भूमिका; **discretion is the better ~ of valour** सावधानी समझदारी का लक्षण है; **do one's ~** अपनी भूमिका निभाना, अपना फर्ज अदा क.; **for my ~** मेरी तरफ से, जहां तक मेरा सवाल है; **for the most ~** अधिकांशत:, ज्यादातर, प्राय:; **go ~ way towards** किसी ओर आधा रास्ता तय क.; **have neither ~ nor lot in sth** किसी बात या घटना से कोई लेना-देना न हो.; **in all this imagination played a large ~** इस सब में कल्पना ने एक अहम भूमिका अदा की; **in bad ~** नाराजगी के साथ; **in good ~** सकारात्मक रवैया; **in great/ large ~** बहुत बड़े हिस्से में; **in ~** थोड़ा, कुछ हद तक; **in the proportion of five ~s cement to two of sand** = 5:2 के अनुपात में सीमेंट रेत का मिश्रण; **I want no ~ in it** मैं इसमें कोई हिस्सा नहीं लेना चाहता; **look/ dress the ~** के लिए उपयुक्त लगना; **look the ~ of** का हिस्सा लगना; **on the one ~ ..., on the other ~ ...** एक तरफ तो ..., दूसरी तरफ ...; **on the part of sb** किसी के लिए या किसी का, किसी द्वारा; **play a ~** भूमिका निभाना, चाल चलना; **take ~ in the action** किसी कार्यवाही में हिस्सा ले.; **take sb's ~** किसी का पक्ष लेना; **take sth in bad ~** किसी पर नाराज हो जा.; **take sth in good ~** किसी बात का बुरा न मानना; **take the ~ of** का पक्ष लेना; **the better/ best/ greater ~ of sth** किसी चीज या कार्य का बेहतर/ श्रेष्ठतम/ बड़ा हिस्सा; **till death do us ~** जब तक मौत हमें अलग नहीं कर देती; **walk through one's ~** खराब अभिनय क., घास काटना

partake /पा:टेक/ *v., pt.* **partook**, *pt. p.* **partaken**, *pp* **partaking** 1 सम्मिलित/ शरीक होना, शिरकत क., भागीदार होना, साझीदार होना: they **partook** of our triumph 2 खाना या पीना: ~ of some food/ a meal 3 में कोई विशेषता या गुण होना: The poems ~ of romantic streaks; his theory **~s** of charlatanism;

dw/lw: **partake\r** *n.* 1 भागी, हिस्सेदार 2 सीरी 3 साझेदार, भागीदार: whole-hearted ~ of our grief

parterre /पा:तेअ:/ *n., Fr.* 1 फूलों की क्यारी: ~ gardening 2 थियेटर में गैलरी के नीचे अलग बॉक्स

parthenic /पा:थेनिक/ *adj.* 1 कुंआरी, कुंआरा 2 अक्षत, अस्पृष्ट

parthenogenesis /पा:थअनोजेनअसिस/ *n., biol.* कई कीटों व पौधों में: अनिषेक-जनन, अनिषेक-फलन, बिना नर के गर्भधारण

Parthian /पा:थिअन/ *n.* उस प्राचीन कौम का सदस्य जिसने ईस्वी से पहले की तीसरी सदी से लेकर 224AD तक यूफ्रेटस नदी (Euphrates River) से सिंधु घाटी तक राज किया था;

collocations: **Parthian shot/ shaft/ arrow** विदाई के समय कहा जाने वाला कटु-वचन

parti /पा:टि/ *n., Fr.* लाभकारी वर-वधू

partial /पा:शिअल/ *adj.* 1 अधूरा, आंशिक, अपूर्ण: ~ success; ~ eclipse; ~ fraction *math.* (अपूर्ण भिन्न); ~ nuclear test ban; ~ sowing (कदम-दर-कदम बीजाई) 2 खंडित 3 (**~ to sth**, ***anton.*** impartial) पक्षपातपूर्ण (पसंद, निर्णय): ~ opinion/ witness 4 (***syn.*** biased) दुराग्रहपूर्ण, के पक्ष में झुकाववाला: be ~ to sausage;

n., *acoustics* असल में सुनाई पड़नेवाली ध्वनि: ~ tone;

***dw/lw*:** **partial\ity** /पा:शिऐलिटी/ *n.* 1 पक्षपात, तरफदारी 2 चाहत, बेहद पसंदगी, ललक: a ~ity for the bottle 3 दुराग्रह, पक्षपात; **~ly** /पा:शिअलि/ *adv.* आधा, अध(पका), अंशत:, आंशिक रूप से

participant/ participator /पा:टिसिपंट/ पा:टिसिपेट:/ *n.* 1 भाग लेने वाला 2 भागीदार, हिस्सेदार, साझेदार: the chief **~s** of the pact

participa\te /पा:टिसिपे\ट/ *v., pt.* **~ted**, *pp* **~ting** 1 (**~te in sth**) भाग ले., सम्मिलित या शामिल होना 2 भागीदार या साझेदार होना: **~te** in the profits;

dw/lw: **~ting-insurance** *n.* ऐसा बीमा जो बीमाधारी को कंपनी के लाभ में हिस्सेदार बनाता है; **participa\tion** /~शन/ *n.* भागीदारी, शिरकत, सहयोग, हिस्सेदारी, सहभागिता: ~tion in the crime; **~tor** /~ट:/ *n.* भागीदार, शामिल होनेवाला; **participa\tory** /~टरि/ *adj., gramm.* भागीदारी या साझेदारी पर आधारित, सहभागीय

participial /पा:टिसीपिअल/ *adj.* कृदंतीय: ~ noun (क्रियार्थक संज्ञा)

participle /पा:टिसिपल/ *n., gramm.* 1 कृदंत 2 क्रियार्थक विशेषण या क्रिया-विशेषण: past ~ (*short: pt. p.*) (भूतकालिक कृदंत); present ~ (*pp*) वर्तमानकालिक कृदंत: conjunctive ~ (पूर्व-कालिक कृदंत); imperfect ~ (अपूर्ण कृदंत)

particle /पा:टिक्ल/ *n.* 1 कण, जर्रा: a ~ of dust 2 (छोटा-सा)

अंश, हिस्सा 3 लेश मात्र, थोड़ा-सा भी: not a ~ of love; not a ~ of truth; not a ~ of doubt 4 *gramm.* निपात, शब्द का अपरिवर्तनीय भाग (affix, prefix, suffix etc.), जैसे un-, de-, -fy, -ly etc. 5 अपरिवर्तनीय शब्द: preposition, conjunction, interjection;

collocations: ~ **physics** *[sing.]* भौतिकी की एक शाखा जो तात्त्विक कणों यानी पदार्थ के मूलभूत अवयवों का अध्ययन करती है

parti-coloured/ particoloured /पाःटिकलःड/ *adj.* 1 बहुरंगा, रंगबिरंगा 2 चितकबरा, दुरंगा 3 बहु-आयामी: ~ learning; ~ thoughts

particu\lar /पःटीक्यु\लः/ पःटीक्यलः/ *adj.* 1 (***syn.*** specific) विशेष, एक, अलग (वस्तु, व्यक्ति): like the ~ design; a ~ case; at this ~ time 2 खास (बात), सामान्य से भिन्न, विशिष्ट, विशेष, अद्वितीय: took ~ care; do sth in a ~ way; for no ~ reason; have a ~ dislike for sb; it is of no ~ importance; my own ~ sentiment 3 *logic* अंशव्यापी 4 (***syn.*** detailed) विस्तृत 5 (***syn.*** fussy) तुनकमिजाज, सख्त: ~ about the ironing; be ~ about one's dress 6 सावधान: be ~ in one's speech 7 *law* सीमित: ~ estate (संपत्ति पर सीमित अधिकार);

n. 1 विशेष घटना, बात, उदाहरण या स्थिति: ~ intention 2 (**~s**; ***syn.*** details) व्यक्तिगत ब्योरा, विवरण, तफसील: give/ all the **~s** of oneself; took down her **~s**; **~s** of the proposal; go into **~s**; without entering into **~s** 3 विशिष्टता, विशेष गुण: a glass of one's ~ 4 अंतरंग मित्र;

dw/lw: **~larness** /~लःनेस/ *n.* विशिष्टता, विशेष गुण; **~larism** /पःटिक्युलरिज्म/ 1 अनन्यता 2 एक व्यक्ति, विषय, बात आदि पर एकाग्रता, एकनिष्ठता, अनुदारता, पक्षपात 3 *political* विशेषाधिकारवाद 4 *theol.* विशिष्ट-मुक्तिवाद, व्यक्ति-केंद्रित मुक्तिवाद; **particu\larity** /~लैरिटि/ *n.* 1 विशिष्टता, विशेषता, खासियत: that does not alter the ~ity of the fact 2 तफसील की गहराई, विस्तार 3 (*often* **~larities**) एक उदाहरण, न्यूनतम विवरण, गुण 4 सावधानी, सतर्कता; **~larization** /~लराइजेशन/ *n.* विशिष्टीकरण; **~ize** /~लराइज/ *v., pt.* ~larized, *pp* ~larizing 1 विवरण या ब्योरा दे. 2 विस्तारपूर्वक या विस्तार से कहना, एक-एक करके बताना, अलग-अलग उल्लेख क.: we had no time to ~larize 3 किसी वस्तु विशेष या गुण विशेष पर ध्यान केंद्रित क.: certain persons I do not wish to ~larize; **~larly** /~लःलि/ *adv.* 1 अत्यधिक 2 विशेष रूप से: not ~larly difficult 3 अलग-अलग से, व्यक्तिगत रूप से: generally and ~larly 4 विस्तार से: the facts must be considered more ~larly; **~lars** /~लःज/ *n. [pl.]* 1 विवरण, ब्योरा, तफसील 2 निजी ब्योरा;

p&i: **a London ~lar** लंदन का घना कोहरा; **descend to ~lars** मामले की गहराई में जा.; **in ~lar/ ~larly** विशेष रूप से, ब्योरेवार; **ride one's ~lar** अपने प्रिय विषय, बात, दलील आदि पर आना

particulate /पाःटिक्युलेट/ *adj.* कणाकार, कणों (particles) के रूप में, से संबंधित;

n. (~s) कणों (particles) के रूप में पदार्थ

partim /पेरटिम/ *Lat.* अंशतः, आंशिक रूप से

parting /पाटिंग/ *n.* 1 विदाई, जुदाई: at ~; the bitterness of ~ 2 *UK* (*US* **part**) बालों में मांग: a middle ~; ~ in the middle 3 विभाजन, पृथक्करण, अलगाव: a ~ of the ways;

adj. 1 विदाई का, जुदाई की: ~ glance/ words, etc.; a ~ comment; ~ visit/ kiss; ~ directions; 2 विभाजक: ~ line 3 जाने वाला: ~ day (खत्म होनेवाला); ~ cup (दो हत्थों वाला प्याला जिस में से विदा होने वाले एक साथ पीते हैं);

p&i: ~ **shot** अंतिम ठेस पहुंचाने वाली टिप्पणी; **a/ the ~ of ways** दो पक्षों के अलग हो जाने की अवस्था

parti pris /पाःटि प्रीः/ *Fr.* दुराग्रह, पहले से तैयार दलील या निष्कर्ष

partisan /पाःटिजैन\/ *US* पाःटिजन\/ *adj.* 1 (***syn.*** one-sided) कट्टर, अंधभक्त: ~ malice/ malevolence; act in a ~ spirit 2 गुरिल्ला: ~ party (गुरिल्ला टुकड़ी); ~ war (गुरिल्ला युद्ध);

n. 1 (***syn.*** follower) कट्टर समर्थक, तरफदार, हिमायती: ~ of the reform; **Partisans** of peace 2 कठमुल्ला 3 गुरिल्ला, सशस्त्र संघर्ष-रत दल का सदस्य 4 देशभक्त सैनिक;

dw/lw: **~ship** /~शिप/ *n.* 1 घोर समर्थन, अंधभक्ति: ~ship of the party/ side 2 पक्षपात

partita /पाःतीःता/ *n., music pl.* **partite** /पाःतीःते/ 1 वाद्य संगीत की एक विधि 2 (*pl.* **partitas**) वाद्य-आधारित नृत्य

partite /पाःटाइट/ *adj. compounds* 1 हिस्सों या पक्षों में बंटा: tri~ (त्रि-पक्षीय); bi~ (द्विपक्षीय)

partition /पाःटिशन/ *n.* 1 बंटवारा: the ~ of property 2 बांटने वाला पर्दा, दीवार आदि: a ~ of a bag; every sound was heard through the thin ~ 3 आड़ 4 विभाजन (division): the ~ of sovereignty; ~ of India; Partition Treaty (विभाजन संधि) 5 (***syn.*** separation) पृथक्करण, अलगाव: a thin ~ separated his good humour from his anger 6 (***syn.*** section) भाग, हिस्सा, विभाग 7 (***syn.*** compartment) कक्ष, खाना 8 व्यवधान (that which separates): ~ wall;

***v.**, pt.* **~ed**, *pp* **~ing** 1 विभक्त क., बंटवारा क., बांट दे.: she **~ed** out her books; ~ an inheritance 2 (*also* **~ sth off)** बांटकर अलग-अलग क. 3 आड़ या व्यवधान खड़ा क.;

dw/lw: **~ed** /पाःटिशन्ड/ *adj.* विभाजित;

collocations: **~ wall** कमरे आदि को दो या अधिक भागों में विभाजन करने वाली दीवार, विभाजक दीवार;

p&i: **~ sth off** कमरे के किसी भाग को दीवार आदि बनाकर अलग कर दे.

partitive /पाःटिटिव/ *adj., gramm.* 1 विभाजक: ~ genitive 2 अंशबोधक, अंशार्थी: in the phrase: a spoonful of sugar 'spoonful' अंशबोधक शब्द है 3 निजी, व्यक्तिगत: ~ judgement;

n. अंशबोधक शब्द

partly *see above under* **part: *dw/lw***

partner /पाःटनः/ *n.* 1 साथी, संगी, पति, पत्नी: life ~ 2 साथी (खेल में), नाच आदि में जोड़ीदार: go **~s** 3 भागीदार, हिस्सेदार (व्यापार में): secret/ sleeping/ dormant ~; silent ~ 4 गठबंधन में मित्र (देश): a trade ~ 5 साझेदार, साझी, भागी, भागीदार: a ~ in crime;

***v.**, pt.* **~ed**, *pp* **~ing** 1 नाच, खेल आदि में जोड़ीदार बनना या बनाना: he was **~ed** with Mary 2 साझेदार बनना या बनाना;

dw/lw: **~ship** /पाटनःशिप/ *n.* 1 साझेदारी, सहभागिता, भागीदारी: limited ~ship 2 सांझा कारोबार, कंपनी: deed of ~ship; obtain the ~ship's permission; ~ship profits 3 संग, सह-जीवन, सहवास;

collocations: **Partnership for Peace** (*abbr.* **PFP**) शांति के लिए भागीदारी; **public-private ~ship** सरकारी और निजी संगठनों में भागीदारी या सहयोग

partook /पाःटुक/ *pt.*, **'partake'** का भूतकालिक रूप

partridge /पाःट्रिज/ *n., pl.* **partridge/ partridges** तीतर या चकोर: black ~ (काला तीतर);

p&i: **(as) plump as the ~** मोटा, स्थूलकाय

parturiency /पाःचुरिअंसि/ *n.* सर्जन पीड़ा

parturient /पाःचुरिअंट/ *adj., med.* 1 प्रसवी, प्रसविनी 2 आसन्न-प्रसव 3 प्रसव- 4 प्रसवकालीन 5 सर्जनशील, सृजनात्मक: a really ~ mind

parturition /पाःचुरिशन/ *n.* प्रसूति, प्रसवन

part-way *see above under* **under: *dw/lw***

partwork /पाःटवःक/ *n.* किसी पुस्तक की प्रकाशन माला का एक भाग

party /पाःटि/ *n., pl.* **parties** 1 प्रीति-भोज, पार्टी, दावत: the ~ was very stiff and formal 2 पार्टी, दल (राजनीतिक): the

Green **Party**, the Labour **Party**, toe the ~ line 3 जत्था, टोली, मंडली: search ~; rescue ~; working ~ 4 *law* पक्ष, पक्षकार (वादी, प्रतिवादी): third ~ insurance; no third ~ involved; both **parties** signed the agreement 5 समूह, टोली, गिरोह: moonshine ~ (रात की चांदनी में मौज-मस्ती करनेवालों की टोली) 6 काफिला: the president and his ~ 7 हिस्सा, सहभागी: be/ become a ~ to a crime; shall never be a ~ to any such thing;

***v.**, pt.* **partied**, *pp* **~ing** 1 दावत क. 2 दावत में भाग लेना 3 खाना-पीना, खुशी मनाना: we **partied** all night;

dw/lw: **~-goer** *n.* दावतों में सहर्ष जानेवाला व्यक्ति; **~ism** *n.* पार्टीवाद, दलगत प्रतिबद्धता; **~-man** *n.* किसी दल विशेष का वफादार आदमी; **~-size** *n.* दावत के लिए खाने की मात्रा; **party-pooper** *n.* दावत का मजा किरकिरा करने वाला, कबाब में हड्डी; ***collocations:*** **~ dress/ frock** प्रीति-भोज का परिधान; **~ convention** राजनीतिक दल की सभा; **~ bummer** दावतों के चक्कर काटने वाला; **~ favors** (*also* **favors**) बच्चों की दावत में बच्चों को दिए जाने वाले छोटे-छोटे उपहार; **~ line** दलगत-नीति; **~-liner** *n.* दलगत-नीति को माननेवाला; **~ piece** दावतों में दिखाया जाने वाला खेल या तमाशा; **~ politics** दलगत-नीतियां, दलबंदी; **~ spirit** दल-भावना, दलगत भावना; **~ system** राजनीतिक दल प्रथा, दल-प्रणाली; **~ wall** साझी दीवार, मध्य-भित्ति;

adverse ~ प्रतिपक्ष; **a rich old** ~ धनी बुढ़ऊ; **cold-meat** ~ शव-यात्रा; **competent** ~ आधिकारिक पक्ष, समूह या कंपनी; **the parties concerned/ interested** किसी कार्य से संबंधित पक्ष; **neck-tie** ~ किसी को पीट-पीटकर मार देने का काम;

p&i: **~ to sth** किसी कार्य में भागीदार हो.; **~ whip** संसद में किसी दल का अपने सदस्यों के लिए आदेश;

a hen ~ औरतों की दावत; **a spoiler** ~ चुनाव में किसी के मत काटने वाला दल; **a stag** ~ पुरुषों की दावत; **be a ~ to sth** किसी करतूत में भागीदार हो; **crash a** ~ दावत में बिन बुलाए मेहमान हो.

parumbilical /पैरंबिलिकल/ *adj.* नाभि-समीप

par value *n., finance, stock exchange* शेयर खरीदते समय शेयर सर्टिफिकेट पर लिखी हुई कीमत, साफ दिखनेवाले दाम

parvanimity /पाःवनिमिटि/ *n.* 1 छुटपन, सीमितता, संकीर्णता 2 छिछोरापन, क्षुद्रता

parvenu/ parvenue /पाःवअन्यु/ *US* पाःवअनु/ *n., pl.* **~s/ ~s**, *Fr., derog.* 1 नौबढ़ 2 नया रईस, नवधनाढ्य, कल का नवाब 3 गंवार रईस 4 अभी-अभी धनी बना असभ्य व्यक्ति;

adj. अश्लील: there was nothing ~ in the lad

parvipotent /पाःविपअटंट/ *adj.* कमजोर, अशक्त

parvis/ parvise /पाःविस/ पाःवीस/ *n.* 1 प्रांगण 2 (***syn.*** portico) अलिंद

parviscient /पाःविशिअंट/ *adj.* अल्पज्ञ, अल्पज्ञानी

parvovirus /पाःवोवाइरस/ *n.* एक छोटे-से DNA वाहक वर्ग के रोगाणुओं में से कोई एक जो कुत्तों व अन्य प्राणियों में बीमारियां फैलाता है

pas /पा/ *n., pl.* **pas** 1 नृत्य, विशेषकर बैले (ballet) नृत्य में भरा हुआ एक डग 2 कदम, थिरक, ठुमक, नाच 3 (***syn.*** precedence) प्रथमता, अग्रता, पूर्वता: dispute the ~;

p&i: **give/ yield the** ~ किसी को प्राथमिकता दे.; **take the ~ of sb** किसी के मुकाबले में पलड़ा भारी हो.

PASCAL /पैस्कल/ *n., comput.* उच्च स्तर की कंप्यूटर प्रोग्राम लेखन भाषा जिसे 1960 के दशक में ईजाद किया गया और जो वर्तमान में भी सामान्य कंप्यूटर प्रोग्रामों में प्रयुक्त होती है

pascal /पैस्कल/ *n.* (*abbr.* **Pa**) वायुमंडलीय दबाव मापक इकाई (एक न्यूटन शक्ति प्रति वर्ग मीटर)

pasch /पास्क/ (*also in Russian* **пácxa**) *n.* 1 पास्खा, ईस्टर, पुनरुत्थान-पर्व 2 यहूदियों का त्योहार '**passover**';

dw/lw: **~al** /पैस्कल/ *adj.* 1 पास्खा-विषयक 2 ईसाइयों के त्योहार ईस्टर संबंधी: ~-al egg 3 यहूदियों के त्योहार '**passover**' से संबंधित

pasear /पाःसअआः/ *n., Fr.* सैर, भ्रमण, चहलकदमी;

***v.**, pt.* **~ed**, *pp* **~ing** सैर क., चहलकदमी क.: ~ a little;

dw/lw: **paseo** /पासेओ/ *n.* सैर: she took a ~ in the garden

pas de bourree /पाः दअ बुअरे/ *n., pl.* **pas de bourree** *ballet* बैले नृत्य में एक मुद्रा, यानी जब एक के पीछे दूसरा पांव रखा जाता है

pas de chat /पाः दअ शाः/ *n.,* **pas de chat**, *ballet* बैले नृत्य में भरी जाने वाली एक विशेष छलांग

pas de deux /पाः डे डअ/ *n. pl.* **pas de deux** दो नर्तकों के लिए नृत्य अनुक्रम

paseo *see above under* **pasear: *dw/lw***

pash /पैश/ *n., pl.* **~es**, *sl., short form of* '**passion**' का छोटा रूप, अनुराग, उमंग, काम वासना;

p&i: **have a ~ for sb** किसी के पीछे दीवाना हो.

pasha /पाशा/ *n., pl.* **~s**, *hist.* तुर्की में एक बड़ा अधिकारी, पाशा

Pashto, Pushto/ Pushtu /पश्तो/ पुश्तो /पुश्तु/ *n.* अफ़गानिस्तान की राष्ट्रीय भाषाओं में से एक, पुश्तो

pasigraphy /पसिग्रफि/ *n.* विश्वलिपि, सर्वग्राह्य लिपि

paso doble /पैसो दोबले/ *n., pl.* **paso dobles/ pasos dobles** 1 आदमी और बैल के मल्ल युद्ध की धुन 2 एक आधुनिक तेज यानी द्विचरण नृत्य

pasqueflower /पाःस्कफ्लाउअः/ *n.* एक प्रकार का फूल

pasquil, pasquinade /पैस्क्विल/ पैस्क्विनेड/ *n.* निंदा-लेख

pass /पास/ *v., pt.* **~ed**, *pp* **~ing** 1 पास से निकलना, के सामने से गुजरना: **~ed** by her on the road; the road **~es** southward; ~ by in silence 2 (***syn.*** cross) पार क., पार जाना: ~ to the other bank of the river; he has **~ed** sixteen; ~ the thread through the eye of a needle 3 फैल जाना: a smile **~ed** over her lips 4 (***syn.*** skip, miss, omit) चूक जा., आगे बढ़ जा., छोड़ दे.: ~ the target; we may ~ these details 5 आगे दे., पास क.: ~ the buck (*see also below* '***p&i***') 6 फैलना, प्रचलित होना: it has **~ed** into a proverb (यह बात तो अब कहावत बनकर फैल गई) 7 (समय या अवस्था आदि का) बीतना, गुजरना, निकल जा., चला जा.: the euphoria **~ed** (आनंद, उल्लास और जोश चला गया); the years **~ed** rapidly; the anger soon **~ed**; all things must ~ 8 मृत्यु हो जा.: ~ from life 9 पास क. या हो., पास या उत्तीर्ण हो.: ~ the tests/ the entrance examination 10 समाप्त हो जाना, चला जाने दे.: let it ~ 11 अवस्था का बदलना: ~ from the childhood to the adolescence; a substance **~es** from the solid to the liquid state 12 स्वीकृत, पारित या मंजूर होना या क.: ~ a resolution; the bill was **~ed** by the Parliament; ~ an item of expenditure 13 बाधा पार क.: ~ the censor; ~ the customs 14 घटित हो.: sth **~ed** between the two of them 15 निर्णय क., फैसला दे.: ~ sentence upon sb 16 उपेक्षा क., ध्यान न दे., परवाह न क.: his remark **~ed** unheeded 17 (***syn.*** undergo) भोगना, सहना, अनुभव क., झेलना 18 आगे दे.: ~ over sth 19 (***syn.*** overstep) अतिक्रमण क., से परे हटते जा.: ~ from a course/ principle (अपने रास्ते या सिद्धांत से परे चला जा.) 20 (***syn.*** move) चलाना, ले चलना, आगे बढ़ाना, प्रचलित क., चलाना, फैलाना: arrested for **~ing** forged notes 21 समय बिताना: ~ the time; ~ the spring in the south 22 (***syn.*** move over) आगे बढ़ना: ~ to the next item on the agenda 23 हॉकी, फुटबॉल आदि की गेंद को अपने साथी खिलाड़ी को दे. 24 मृत्योपरांत उत्तराधिकार में किसी के पास चले जा. 25 किसी राशि की सीमा पार कर जा.: the unemployment has **~ed** several million mark 26 मंद पड़ जा.: the tide has ~ed 27 उत्तर न जानना: let the quiz master's question ~ 28 समझ, विश्वास

आदि से परे हो.: it **~es** all belief that he could do such a thing 29 मल-त्याग आदि क.: ~ the stool, ~ urine;
n.**, pl.* **~es** 1 उत्तीर्णता, परीक्षा आदि में सफलता: a bare ~ in examination 2 अनुमति पत्र, पास, पारक, पारपत्र, आधिकारिक आज्ञा-पत्र, पास: a ~ for the Republic Day Parade; boarding ~ 3 खेल में एक-दूसरे को दिया जाने वाला पास या गेंद: Spaniards gave brilliant **~es** to each other 4 दर्रों, पहाड़ों आदि के बीच से रास्ता, अगम्य स्थान के बीच से रास्ता: Khyber **Pass**; mountain ~; a ~ through the wood; a narrow ~ with low houses 5 रास्ता, चाबी: find the ~ to sb's heart 6 हालत, दशा, मुकाम, अवस्था: came to a sorry ~; come/ be brought to such a ~; be at a critical ~; bring things to a desperate ~; things have come to a strange/ pretty ~ 7 एक अवस्था से दूसरी में परिवर्तन: ~ of heat; a sudden ~ (आकस्मिक मृत्यु) 8 (syn.*** thrust) वार, प्रहार: make a ~ at sb (1 किसी के विरुद्ध प्रहार क. 2 औरत या लड़की पर डोरे डालना) 9 (***syn.*** sleight of hand) हस्तलाघव, हाथ की सफाई: perform a ~ 10 उड़ान: the helicopter made several **~s** over the village 11 चरण: in the first ~ all problems are to be identified;
dw/lw: **~book** /पासबुक/ *US* पैसबुक/ *n.* बैंक-लेखा पुस्तिका, पासबुक; **~-degree** *n.* परीक्षा में उत्तीर्ण होने के बाद मिलनेवाली डिग्री; **~ed** *adj.* जो परीक्षा या निरीक्षण में सफल हो गया है; **~-fail** *adj. US* स्कूल में उत्तीरणांकों की प्रणाली से संबंधित; **passing** *see below under separate entry*; **~key** *n.* 1 ताली, कुंजी 2 मास्टर कुंजी, सर्व कुंजी, निजी कुंजी; **~-man** *n.* साधारण अंक लेकर उत्तीर्ण होने वाला छात्र; **~-out** *n.* 1 खरीदे हुए सामान को घर-घर जाकर सौंपने की क्रिया 2 किसी संस्था से पास होकर निकला हुआ व्यक्ति; **~over** *n.* यहूदियों के निश्र से बच निकलने की याद में यहूदियों द्वारा मनाया जाने वाला पर्व; **~port** *see below under separate entry*; **~-ticket** *n.* अनुमति-पत्र; **~way** *n.* निकलने का रास्ता; **~-woman** *n.* साधारण अंकों के साथ उत्तीर्ण होने वाली छात्रा; **password** *see below under separate entry*;
collocations: ~ **mark** औसत अंक, साधारण दर्जे के अंक: she got a bare ~ mark; ~ **law** दक्षिणी अफ्रीका में पहले जब अफ्रीकी मूल के लोगों को गोरे-प्रधान क्षेत्रों में जाने के लिए आज्ञा-पत्र (permission pass) लेना पड़ता था;
a/ free ~ निःशुल्क अनुमति पत्र; **a soldier on a** ~ थोड़े समय के अवकाश पर सिपाही; **criss-cross ~es** (फुटबॉल, हॉकी आदि में) आर-पार, टेढ़-मेढ़े पास;
p&i: **~ an opinion on/ upon sth** किसी समस्या के बारे में बिन मांगे अपनी राय बताना; **~ a hurdle** बाधा पार क.; **~ a remark** ताना कसना; **~ a law/ motion, etc.** कानून आदि पारित क.; **~ as sth/ sb, ~ as/for sb/ sth** वास्तविकता से भिन्न दिखाई पड़ना, किसी जैसा दिखाई दे., से शक्ल में मिलना; **~ away** 1 मर जाना 2 गायब हो जा.; **~ a vote of thanks to someone** किसी के लिए धन्यवाद का प्रस्ताव पारित क.; **~ by the name of ...** के नाम से जाना जा.; **~ current** 1 कोई दाम हो. 2 साधारण या आम तौर पर मान्य हो. 3 अफवाह के रूप में फैलना; **~ down** उत्तराधिकार में मिलना या दे., हस्तांतरित होना या क., सौंपना: ~ down/ pass sth down to sb; **~ events in review** घटनाओं का सिंहावलोकन क.; **~ for** का जैसा लगना; **~ in** प्रस्तुत क., जमा क.; **~ in the checks** मर जा.; **~ into sth** में समाहित हो जा., शामिल कर लिया जाना; **~ judgment** किसी के व्यवहार आदि के बारे में कोई राय दे.; **~ muster** अच्छे स्तर का होना मान लिया जा.; **~ off** 1 समाप्त हो जाना 2 सफल हो.: the lecture ~ed off well 3 के रूप में जताना, वास्तविकता से भिन्न दिखाई पड़ना: he ~ed himself off as a scientist; ~ sth/ sb off as sth/sb 4 नकली चीज को असली बताकर ठगना: ~ sth off to a novice; **~ on** 1 आगे बढ़ाना 2 को आगे दे.: ~ sth on (1 किसी की बात को आगे बताना 2 किसी को कुछ आगे दे. 3 किसी और को छूत की बीमारी लगा दे.) 3 दूसरे विषय पर आ जा.; **~ one's comprehension** समझ से परे हो.; **~ one's promise/ pledge/ word of honour** वचन या वादा पूरा क.; **~ one's word for sb/ sth** किसी का जिम्मा ले.; **~ out** 1 मर जा. 2 गायब हो जा. 3 मिलिटरी अकेडमी या विश्वविद्यालय आदि से पास होकर निकलना: ~ out from National Defence Academy (NDA) 4 बांटना 5 *US* पीकर धुत्त हो जा. 6 बेहोश हो जा.; **~ over** 1 पार क. 2 की दूसरी तरफ पहुंचाना 3 ध्यान न दे., उपेक्षा क. 4 हस्तांतरित क. 5 सरसरी नजर डालना: ~ one's eye/ glance over the article (लेख को सरसरी नजर से देखना); **~ over sth** की उपेक्षा क.; **~ round** 1 आगे देते जाना 2 (**~ sth around/ round)** सबको बांटना, फैलाना: ~ sth round; **~ sb/ sth by** किसी पर बिना कोई प्रभाव डाले गुजर जा.; **~ sentence** सजा सुनाना; **~ sentence upon** किसी को सजा सुनाना; **~ sth up** उपेक्षा क., अवसर जाने दे.; **~ the baby = ~ the bag** किसी के मत्थे मढ़ दे.; **~ the bottle of smoke** छलावे में भागीदार हो.; **~ the buck** जिम्मेवारी टालना या किसी और पर डालना; **~ the hat around** कई लोगों से पैसा एकत्रित क.; **~ the pikes** खतरों में से गुजरना; **~ the Rubicon** निर्णयात्मक कदम उठाना, आर या पार का फैसला क.; **~ the sponge over** गुस्सा थूक दे.; **~ the time of day** दुआ-सलाम की रस्म निभाना; **~ through** 1 के बीच से गुजरना: blood ~es through our veins; ~ through troubled time; a bullet ~ed through his shoulder 2 के बीच से गुजारना: ~ a comb through one's hair 3 बाहर से देश आदि के अंदर ला., की तस्करी क. 4 परीक्षा आदि में सफल (पास) हो.; **~ time** समय काटना; **~ troops in review** सैनिक टुकड़ियों का निरीक्षण क.; **~ up** अस्वीकार कर दे., ठुकरा दे., गंवा दे.; **~ urine/ water** पेशाब क.;
come to such a ~/ come to a pretty ~ मुश्किल या जटिल स्थिति में आ फंसना; **gain/ hold/ keep the ~** अपने लक्ष्य की रक्षा क.; **hold the ~** अपनी रक्षा क.; **it ~es belief/ comprehension** यह विश्वास या समझ से परे है.; **let sth ~** बात को जाने दे.; **made a ~ at a gorgeous woman** किसी सुंदर औरत पर डोरे डालना या उसे कामुक संकेत दे.; **spoilt men seldom make ~es at girls with glasses** बिगड़े लोग ऐनक-चढ़ी लड़कियों पर डोरे नहीं डालते; **no food has ~ed my lips since the morning** सवेरे से मेरे मुंह में खाने का एक दाना भी नहीं गया; **not to let it ~ one's lips** इसके बारे में एक शब्द न कहना; **sell the ~** अपने समर्थकों या अपने लक्ष्य के साथ गद्दारी क.; **the trick will not ~** चालाकी नहीं चलेगी

pass. *abbr. gramm.* **'passive'** का संक्षेप

passability /पाःसअबिलिटि/ *n.* 1 गम्यता, पारणीयता 2 उपयुक्तता

passable /पाःसअबल/ *adj.* 1 (***anton.*** impassable) गम्य, जाने लायक, पारणीय: the river is ~ for boats; ~ ground 2 (***syn.*** satisfactory) अच्छा-खासा, संतोषजनक 3 खरा (coin): this coin is no longer a ~ thing 4 कामचलाऊ: a ~ knowledge of French 5 (***syn.*** adequate) उपयुक्त: she classified all people as **~s** and undesirables 6 यातायात के योग्य
adv. अत्यंत: she is ~ good-looking;
dw/lw: **~ably** /पाःसअबलि/ *adv.* 1 जाने या पार किए जाने योग्य 2 (***syn.*** reasonably) ठीक-ठाक, किसी प्रकार से, जैसे-तैसे

passacaglia /पैसेकाःल्या/ *n., pl.* **~s** *music* एक धीमा शालीन स्पेनी नृत्य

passade /पैसेड/ पाःसेड/ *n., dressage* ट्रेनिंग ग्राउंड में घोड़े का इधर-उधर चलाने (सधाने) का अभ्यास

passage /पैसिज/ (*also* **~way** /पैसिजवे/) *n.* 1 (***syn.*** corridor) दो स्थानों को मिलाने वाला रास्ता, गलियारा: an obscure ~ 2 पारगमन: these mountains have few **~s** 3 देशांतरण, स्थानांतरण: a bird of ~ 4 (***syn.*** crossing) पारण, अवतरण: the ~ of the shuttle 5 समुद्री या हवाई यात्रा: ***Passage to***

India (Foster); rough ~; book/ pay/ take one's ~; free ~ 6 रास्ता, मार्ग पथ: a ~ through a thicket; no ~ this way! 7 व्यतिक्रम, एक अवस्था से दूसरी में जाने की प्रक्रिया: the ~ of bodies from the solid to the liquid state 8 प्रवेश एवं पारगमन अनुमति, मार्ग अधिकार, गुजरने का अधिकार: right of ~; he was refused ~ 9 *law* स्वीकृति, संसद आदि द्वारा विधेयक को पारित करने की क्रिया: the ~ of the Women's Reservation bill will not be easy 10 पारगमन या यात्रा मूल्य 11 (***syn.*** excerpts,) परिच्छेद, लेखांश, उद्धरण, अनुच्छेद (in a book): his paper contains brilliant **~s**; a collection of **~s** from the best English writers 12 परिवर्तन 13 (***syn.*** transition) विषयांतरण 14 (***syn.*** negotiation) वार्ता, पत्र-व्यवहार, लेन-देन 15 (***syn.*** fight) हाथापाई, मुठभेड़: have stormy **~s** with sb; the most interesting part of the debate was the ~ of arms between the Prime Minister and the backbenchers 16 बीत जाने की क्रिया, समय की रफ्तार: the ~ of time 17 समय का प्रकरण: a ~ of gloom 18 गलियारे आदि से गुजरने वाले: the street lay empty of ~s 19 पित्ताशय या पित्त वाहिनी 20 शरीर के किसी अंग में आर-पार की नली या छेद: nasal **~s** blocked;

v., *pt.* **~d**, *pp* **passaging** 1 एक और मुड़ना या जा. 2 किनारे लगना 3 घोड़े को एक ओर चलाना या हटाना 4 में से गुजरना 5 यात्रा क. 6 बीत जा.;

dw/lw: **~-money** *n.* मार्गव्यय, पाथेय, भाड़ा, किराया; **~-way** *n.* गलियारा;

collocations: ~ **of arms** 1 सशस्त्र संघर्ष, हथियारों का कौशलपूर्ण कार्य 2 शाब्दिक मुठभेड या टकराव; ~ **grave** *archaeol*. भूमिगत कब्र जो ऊपर तक एक छोटे रास्ते से जुड़ी हो; ~ **course** सामान्य पाठ्यक्रम, पासकोर्स (Hons. से अलग); ~ **door** स्टेज से सभागार में जाने वाला मुख्य रास्ता; **~s of confidence** (प्यार आदि में) आपसी इकबाल;

bird of ~ (*also* **migratory birds**) 1 घुमंतू पक्षी 2 यायावर, रमता आदमी;

p&i: ~ **of arms** दो पक्षों में नोंक-झोंक हो.;

a ~ at arms शाब्दिक टकराव; **a street that has no ~ out** अंधी या बंद गली; **have a rough** ~ कठिनाई में फंसा हो.; **right of** ~ मार्गाधिकार; **the respiratory ~s** शरीर के अंदर सांस लेने की संकरी नलियां

passata /पअसाता/ *n., pl.* **~s** एक इतालवी चटनी (sauce)

passé /पैस्से/ पास्से/ *adj., Fr.* 1 (***syn.*** outmoded) प्रचलन से बाहर 2 दकियानूसी 3 अतीतवादी 4 पुराना, पुरानी चाल का, पुराण-पंथी;

n. अतीत यौवन, अतीत वैभव

passment/ passament/ passement /पैसमंट/ *n.* गोटा-पट्टी, सजावट, अलंकरण

passenger /पैसिंजः/ *n.* 1 यात्री, मुसाफिर 2 *derog.* जो सांझे काम या प्रोजेक्ट में अपने हिस्से का काम पूरा न करता हो यानी किसी दल या मंडली का कामचोर सदस्य;

dw/lw: **~ferry** *n.* यात्री नौका; **~-pigeon** *n.* घुमंतू कबूतर;

collocations: ~ **boat** यात्री नौका; ~ **car** यात्री कार; ~ **fare** यात्रा भाड़ा; ~ **hopping** यात्रियों को थोड़ी-थोड़ी दूरी तक लाना-ले जाना; ~ **ship** यात्री जहाज; ~ **seat** ड्राइवर के साथवाली सीट; ~ **traffic** यातायात; ~ **train** सवारी गाड़ी;

foot ~ पैदल यात्री; **inside/ outside** ~ बस में सीट पर या बस के ऊपर बैठने वाला यात्री

passe-partout /पाःस-पाःटू/ पैस-पाःटू/ *n.* 1 जो सब जगह कारगर हो, मास्टर कुंजी, सर्वकुंजी 2 चित्र (फोटो) को कार्ड बोर्ड में लगाकर रखने का स्टैंड 3 एक सरल-सा चित्र-घोड़ी (picture stand)

passer-by /पासः-बाइ/ *n., pl.* **~s-by** पास से गुजरने वाला राही, बटोही, पथिक, राहगीर

passerine /पैसेराइन/ *adj., orinthol.,* चिड़ियों की एक बड़ी श्रेणी से संबंधित

pas seul /पाःसल/ *n., pl.* **pas seul** एक व्यक्ति का नृत्य

passibility /पैसिबिलिटि/ *n.* दुःखाधीनता, यंत्रणाशीलता

passible /पैसिबल/ *adj.* सहनीय (दुख-दर्द), यंत्रणाशील, संवेदनशील

passim /पैसिम/ *adv.* 1 किसी पुस्तक या लेख पर टिप्पणी में यह दिखाने के लिए प्रयुक्त कोई नाम, विषय या शब्द कई स्थानों पर मिलता है 2 अनेक स्थलों पर 3 यत्र-तत्र, सर्वत्र

passing /पासिंग/ *US* पैसिंग/ *adj.* 1 गौण विषय के रूप में होने वाला: ~ reference to sth 2 (***syn.*** momentary, brief) अल्पकालिक, क्षणिक, क्षणभंगुर, अस्थायी: a ~ glance 3 परिवर्तनशील 4 जाने वाला, गुजरने वाला, पार करने वाला 5 (***syn.*** casual) चलते-चलते कहा जाने वाला, आकस्मिक: ~ greeting; ~ remark 6 (***syn.*** cursory) सरसरी: ~ glance 7 परीक्षा आदि पास करने वाला;

n. 1 समय का बहाव या परिवर्तन: the ~ of time/ years 2 पारगमन 3 यातायात के साधनों का पारगमन या गुजरने की क्रिया: ~ of trains 4 परिवर्तन, हस्तांतरण: ~ the baton 5 कानून बनाने की क्रिया, स्वीकृति: ~ of law/ resolution; ~ of budget;

dw/lw: **~-bell** *n.* शोकसूचक घंटा, मरण-घंटा; **~-by** *n.* उपेक्षा;

collocations: ~ **bay** आमने-सामने के यातायात के लिए चौड़ा रास्ता; ~ **lane** = **outside lane** 1 सड़क के बीच में आमने-सामने से आने-जाने वाली गाड़ियों के बीच का स्थान या गलियारा 2 *US* धीमे चलने वाली गाड़ियों के लिए सड़क के किनारे का (सड़क के बीच से दूरतम) गलियारा; ~ **note** *music* संगीत के स्वर में किसी अबलाघातित स्थान पर बेसुरापन; ~ **of property** संपत्ति-संक्रमण या हस्तांतरण; ~ **out parade** मिलिटरी अकेडमी आदि के किसी कोर्स का समापन-समारोह; ~ **shot** *tennis* टेनिस में एक ऐसा शॉट जो प्रतिद्वंद्वी की पहुंच से बाहर होते हुए उसके पास से गुजर जाए; ~ **shower** उड़ती-उड़ती बौछार; ~ **track** दो रास्तों को अलग करने वाली पटरी; ~ **unit** बदलावी सैनिक टुकड़ी;

p&i: **a** ~ **fancy** क्षणिक आकर्षण; **in passing** (***syn.*** casually) बातों-बातों में, यों ही, चलते-चलते

the Passion *n.* 1 ईसा मसीह की व्यथा एवं मृत्यु 2 बाईबल में इस घटना का वर्णन 3 इस घटना की संगीतबद्धता

passion /पैशन/ *n.* 1 (***syn.*** sufferings of Christ) बलिदान, दुःखभोग 2 उत्साह, उमंग, धुन, सनक, शौक: a ~ for bikes; pictures are his sole ~ 3 दीवानगी, भावावेग, अनुराग: ~ for sb; tender ~; conceive a ~ for sb; his style lacks ~ 4 (***syn.*** intense emotion) मनोभाव, मनोविकार, आवेश, आवेग, मनोवेग, भावावेश, भावातिरेक, दौरा: fly into a ~; be in a ~ of grief; indulgence of the **~s** (मनोवेग या भावावेश की मनमानी) 5 (***syn.*** fury, rage) क्रोध, प्रकोप, क्षोभ: ~ made his face turn white; she burst into a ~ of weeping 6 (***syn.*** lust) कामुकता, कामवासना, उत्कट प्रेम 7 (***syn.*** evil inclination) कुप्रवृत्ति, व्यसन, दुर्वासना;

dw/lw: **~less** /पैशनलेस/ *adj.* 1 निरावेश, निरावेग 2 अकामुक, अनुरागविहीन 3 (***syn.*** cool) जो आसानी से आवेग में न आए;

collocations: ~ **flower** भड़कीले फूलोंवाली लता; ~ **fruit** ईसा की व्यथा-द्योतक कांटों या कीलों के मुकट जैसे फूलों वाले पेड़ के फल; ~ **pit** खुले आसमान तले सिनेमा हाल; ~ **ration** *US* यार, दोस्त; ~ **play** ईसा की व्यथा-कथा से ओत-प्रोत धार्मिक नाटक, दुखभोग-नाटक; **Passion Sunday** *Christ.* दुःखभोग-रविवार;

p&i: ~ **will master you, if you do not master your** ~ भावनाओं का गुलाम बनने से बचना चाहिए

Passiontide *n., Christ.* दुःखभोग-काल, ईस्टर से दो सप्ताह पहले का समय

passional /पैशनल/ *adj.* किसी ईसाई शहीद की व्यथा व बलिदान से संबंधित;

n. संतों और शहीदों की व्यथा-कथा ग्रंथ, शहीद-नामा

passionate /पैशनेट/ *adj.* 1 भाव-विह्वल, भावप्रवण: declare one's ~ attachment to sb 2 (***syn.*** emotional) भावुक, भावपूर्ण: forgive my ~ language 3 (***syn.*** irascible, wrathful) क्रोधी, गुस्सैल, क्रोधपूर्ण, आवेशपूर्ण: men of ~ temper 4 (***syn.*** impassioned) भावपूर्ण, जोशपूर्ण, जोशभरा, उत्साही: ~ nature (जोशीला स्वभाव) 5 (***syn.*** vehement) तीव्र, उत्कट, प्रचंड, उग्र: ~ defender of civil rights; join the ~ clapping 6 (***syn.*** lustful) कामुक, वासनामय, कामोत्तेजित, कामातुर;

dw/lw: **~ly** /~लि/ *adv.* उत्साहपूर्वक, जोश से, कामुकतापूर्वक; **~ness** /~नेस/ *n.* भाव-विह्वलता, कामुकता, दीवानगी

passi\ve /पैसिव/ *adj.* 1 निष्क्रिय, सुस्त, निश्चेष्ट, अकर्मण्य: remain **~ve** 2 आज्ञाकारी, दब्बू, दबैल, वश्य: **~ve** obedience; **~ve** resistance 3 *commerce* बेब्याजी, ब्याजहीन: **~ve** balance; **~ve** bonds; **~ve** debt 4 सहनशील 5 (**the ~ve,** *also* **the ~ve voice**) *gramm.* 5.1 कर्मवाच्य, निर्वाच्यता, भाववाच्य: **~ve** voice 5.2 कर्मप्रधान, कर्मणि, कर्मवाचक (क्रिया या वाक्य): a **~ve** verb or sentence;

dw/lw: **~vely** /~नेस/ *adv.* निष्क्रिय ढंग से; **~veness/ ~vity** /~नेस/ पैसिविटि/ *n.* 1 निष्क्रियता, निश्चेष्टता, अकर्मण्यता, अक्रियता 2 दब्बूपन; **~vism** / पैसिविज़म/ *n.* दब्बूपन, अक्रियता, निष्क्रियता; **~vize** *v., pt.* ~vized, *pp* ~vizing क्रिया को कर्मवाचक या भाववाचक रूप दे.;

collocations: **~ve immunity** *med.* अल्पकालिक संक्रमण अवरोध जिसे या तो कृत्रिम ढंग से यानी एंटिबायोटिक आदि देकर पैदा किया जाता, या सहज ढंग जैसे बच्चों में मां के दूध में पैदा हो जाता है; **~ve resistance** अहिंसक विरोध, जैसे शांतिपूर्ण प्रदर्शन; सत्याग्रह; **~ve smoking** सिगरेट पीने वाले के पास बैठे व्यक्ति द्वारा सिगरेट आदि के धुएं को बिना धूम्रपान किए अपने अंदर लेना

Passover /पासओवः/ *n.* मिश्र से सुरक्षित बच निकलने के उपलक्ष्य में मार्च या अप्रैल के महीने में मनाया जाने वाला यहूदियों का त्योहार

passover *n.* दर्रा: we stopped at the foot of the ~

passport /पाःसपॉःट/ *US* पैसपॉःट/ *n.* 1 पासपोर्ट, पारपत्र 2 (***syn.*** key) ऐसा गुणया कुंजी जिसकी बदौलत कोई व्यक्ति विशेष अधिकार (privilege) या विशेष अवसर प्राप्त कर सकता है: a ~ to success; a degree may not be a ~ to a good job.; his ~ is his wit and grace;

collocations: **diplomatic/ service ~** कूटनीतिज्ञों या नौकरी-पेशा लोगों का पासपोर्ट

password /पासवःड/ (*also* **pass word**) *n., comput., milit.* 1 कंप्यूटर में ई-मेल पते व इंटरनेट बैंक कार्यों आदि में प्रयोग किया जाने वाला गुप्त कूट शब्द, संकेत शब्द 2 सैनिक संकेत-शब्द, पहचान-शब्द: enter/ put in one's ~; a secret ~; forget a ~; change a ~

past /पास्ट/ *US* पैस्ट/ *adj.* 1 गत, विगत पिछला: the ~ year 2 भूत, भूतपूर्व, पूर्व अतीतकालीन: ~ presidents 3 (***syn.*** bygone) भूत यानी बीता या गुजरा (समय): in ages ~ and gone 4 पुराना, बीता हुआ: ~ history 5 *gramm.* भूतकालिक: ~ participle [भूतकालिक कृदंत (विशेषण)] 6 गुजरा हआ, बीता हुआ, जिसे पार कर लिया गया है: he is ~ his prime; went ~ it/ ~ one's best/ prime *colloq.* (जिसका सर्वोत्तम काल बीत चुका है);

n. 1 (**the** ~) अतीत, अतीत काल, विगत समय: sb's ~ may be quite uninteresting; we cannot change the ~; it is a thing of the ~ 2 विगत या बीता हुआ जीवन: we know nothing of his ~ 3 (**the past tense**) भूतकाल;

prep. 1 पहले जमाने में 2 भूतकाल में 3 (*also* **after**) के बाद: ~ midnight; half ~ seven (साढ़े सात बजे); five ~ four (चार बजकर पांच मिनट) 4 (दूरी या स्थान) के आगे (बाद में): the one ~ the school (जो स्कूल से आगे या बाद में है) 5 के पार: ~ the boundary 6 के परे, से हटकर: ~ the mark 7 (संख्या या मात्रा) से अधिक: he is ~ forty 8 निर्धारित समय से ज्यादा की/ का/ के: medicine is ~ expiry date; ~ one's bedtime 9 असाध्य, लाइलाज: a malady ~ cure 10 असहनीय: ~ bearing/ endurance; the pain was ~ bearing 11 (समझ, विश्वास, अवस्था) से परे, अविश्वसनीय: ~ belief: what he did was ~ comprehension (उसकी करतूत समझ से परे है); ~ all understanding; be ~ (all) danger;

adv. 1 पहले, आगे 2 (*also* **by**) से होकर, के सामने से, के पार: just ~ the school; watched me go ~ (उसने मुझे पास से गुजरते देखा); the crowd swept ~ 3 से आगे;

dw/lw: **~master** *see below under separate entry*;

p&i: **~ cannot be recalled** गया वक्त फिर हाथ नहीं आता; **~ it** कुछ करने लायक न रहना;

a man with a ~ वह आदमी जो पहले काफी बदनाम रहा है; **a thing of the ~** बीते समय की बात, पुराने फैशन की चीज; **be ~ oneself** आपे से बाहर हो.; **be ~ playing with dolls** गुड़ियों से खेलने की उम्र न रहना; **live in the ~** गुजरे जमाने की यादों में जीना; **put sth ~ sb (to do sth)** *colloq.* वह कुछ भी करने में समर्थ; **rake up the ~** गड़े मुर्दे उखाड़ना

pasta /पैस्ता/ *US* पास्ता/ *n., pl.* **~s** पास्ता, इटली का एक व्यंजन

paste /पेस्ट/ *n.* 1 चिपकाने वाला घोल, लेप, लेई: wallpaper ~; scissors and ~/ cut and ~ 2 टमाटर आदि का लेप: salmon ~ 3 कोई भी चटनीनुमा पेस्ट: almond ~; dental/ tooth ~ 4 पदार्थ: nail ~; ~ colours; he is of different ~;

v., pt. **~d**, *pp* **pasting** 1 चिपकाना: ~ with sth; the screen was **~d** with prints 2 *comput., word processing* शब्द, शब्द समूह, अनुच्छेद या पाठ को कहीं से काटकर दूसरी जगह चिपकाना: cut and ~ thesis 3 सैंडविच आदि पर चटनी लगाना 4 *colloq.* किसी को बुरी तरह पीटना: ~ sb up;

dw/lw: **~-board** *n.* 1 कागज के पन्नों को परस्पर चिपकाकर बनाई हुई दफ्ती या गत्ता 2 काल्पनिक लोक, क्षण-भंगुरता: the world of ~-board; the ~-board triumph; **~r** /पेस्टः/ *n.* चिपकने-वाला, चिप्पी; **~-up** (*also* **~ sth up**) *n., pl.* **~-ups** कोई पाठ या चित्र जिन्हें बोर्ड पर चढ़ाकर प्रतिलिपि या फोटो बनाई जाती है

pastel /पैस्टल/ *adj.* 1 हल्का पीला आदि रंग 2 मुलायम रंगीन चाक 3 रंगीन पेंसिल 4 पैस्टल से बनाया हुआ चित्र

pastern /पैस्टःन/ *n.* (घोड़े का) टखना, गमची, गामचा

pasteurization /पाःस्टअराइजेशन/ *US* पैस्टरिजेशन/ *n.* (दूध आदि का) कीटाणुविहीनीकरण, पास्तुरीकरण, निष्कीटन

pasteuri\ze/ pasteur\ise /पाःस्चअराइ\ज/ *US* पैस्चअराइज/ *v., pt.* **~zed**, *pp* **~zing** कीटाणुविहीन क., निष्कीटन क.;

dw/lw: **~zer** /~जः/ *n.* कीटाणुविहीन दूध आदि को तैयार करने का उपकरण

pasticcio/ pastiche /पाःस्टीचो/ पैस्टीश/ *n.* 1 खिचड़ी, मिश्रगीत, मिश्रित रचना, जोड़-जाड़ कर बनाई हुई रचना 2 कई शैलियों के मिश्रण से बनी रचना 3 कई लोगों की रचनाओं या शैलियों की नकल से बनी रचना

pastille /पैस्टिल/ *US* पैस्टील/ *n.* 1 चूसने की टिकिया, चूष: fruit ~; throat ~ 2 कमरे को खुशबूदार बनाने के लिए धूपबत्ती/ अगरबत्ती

pastime /पास्टाइम/ *n.* (***syn.*** hobby) समय बिताने के लिए किया जानेवाला काम, शौकिया काम, मनबहलाव, आमोद-प्रमोद

pasting /पेस्टिंग/ *n.* 1 लेप लगाने या चिपकाने की क्रिया, चिपकाई 2 चिपकाने का कागज 3 *colloq.* फटकार 4 घोर पिटाई: he gave me a regular ~

pastis /पैस्टीःस/ *n., pl.*~**es** सौंफ के जायके वाली शराब

pastmaster /पास्टमास्टः/ *n.* 1 (***syn.*** expert) खूब माहिर: he was a ~ in eloquence (वह भाषणबाजी में माहिर था) 2 खिलाड़ी, तिकड़मी

pastor /पाःस्टः/ *n.* पादरी, पल्ली-पुरोहित, पुरोहित, (धर्म) गुरु

pastoral /पाःस्टअ\रल/ *US* पैस्टअ\रल/ *adj.* 1 ग्राम्य जीवन या

प्रकृति के सौंदर्य का वर्णन करने वाली (कविता या गीत): a ~ song; ~ poetry (ग्वालगीत) 2 पादरी या उसके काम से संबंधित: a teacher's ~ role; ~ letter (धर्मपत्र); ~ theology (व्यवहार-धर्मविज्ञान); ~ care (धार्मिक गुरुओं द्वारा शिक्षा-दीक्षा) 3 चरागाह संबंधी, पशुचारणिक, चरागाही, चरवाहे का, ग्वाल-संबंधी, पशुचारी: ~ farming पशु-पालन 4 ग्राम्य, ग्रामीण;

dw/lw: **~e** /~राःल/ *n., pl.* **~i** /~राःलि/ *music* ग्राम्य जीवन या प्रकृति के सौंदर्य पर आधारित संगीत रचना; **~ism** /~रलिज्म/ *n., anthropol.* 1 ग्राम्य शैली, ग्राम्यता, ग्रामीणता 2 पशुपालन आदि पर आधारित ग्राम्य जीवन शैली; **~list** /~रअलिस्ट/ *n.* 1 ग्राम्य जीवन पर कविताएं रचने या चित्र बनानेवाला 2 चरवाहा, पाळी, पशुपालक; **~lize** /~रअलाइज/ *v., pt.* ~lized, *pp*~lizing 1 ग्राम्य जीवन का दृश्य बनाना 2 ग्राम्य गीत लिखना

pastorate /पाःस्टअरिट/ *n.* 1 पुरोहित-वास 2 पुरोहित का कार्यकाल, पुरोहिताई, पुरोहित-वर्ग

pastrami /पअस्त्रामि/ *n. pl.* **~s** स्मोक्ड तथा अच्छी तरह सीजन किया हुआ (सिझाया हुआ) गोश्त

pastry /पेस्ट्रि/ *n.,* **pastries** 1 पेस्ट्री 2 एक मिष्ठान, पिष्ठान्न

pasturable /पास्ट्युरअबल/ पैस्ट्युरेबल/ *adj.* चरने योग्य (चरागाह)

pasturage /पास्चअरिज/ *n.* 1 चरागाह, चरी 2 चराने की क्रिया, चराई 3 पशु चराने का धंधा 4 (***syn.*** grazing) चराई 5 (***syn.*** fodder) घास, चारा

pastu\re /पास्च\:/ *US* पैस्च\र/ (*also* **~reland**) *n.* चरागाह, पशुचर, गोचर-भूमि, गऊ-चरांद (*Hr.*) चरी: common **~re**;

v., *pt.* **~red,** *pp* **~ring** (***syn.*** graze) पशु चराना;

dw/lw: **~rable** /~रअवल/ *adj.* चराने योग्य; **~ral** /~रल/ *adj.* चरागाह की; **~reland** (*also* **pasturage**) *n.* चरागाह, पशुचर, गोचर-भूमि; **~reless** *adj.* बिना चरागाह के;

collocations: **~re farming** चारागाह-कृषि; **~res of heaven** स्वर्ग के खजाने; **new ~res** नए स्थान

pasty /पैस्टि/ पाःस्टि/ *n., pl.* **pasties** गुझिया, कचौड़ी, समोसा;

adj., *degr.* **pastier, pastiest** 1 गुझिया जैसा 2 चिपचिपा, लेईदार 3 (***syn.*** pallid) पीला, फीका, बीमार-सा: I feel ~; a ~ face/ complexion 4 नकली, जाली;

dw/lw: **pastiness** /पास्टिनेस/ *n.* पीलापन; **~faced** *adj.* पीली और फीकी सूरत वाला

pat /पैट/ *v., pt.* **~ted,** *pp* **patting** 1 थपथपाना, थपकी दे., थपकना: ~ sb on the back 2 शाबाशी दे. 3 किसी चीज को हल्के-से पीटकर ठीक क.: ~ it into shape; she **~ted** her hair in order;

adv. ठीक ही, तुरंत (फट-से कह दे.), मानो कि खोई चीज कंठस्थ हो: ~ came the answer;

n. 1 शाबाशी: a ~ on the back 2 थपकी 3 (***syn.*** lump) डला, टिकिया;

adj. तेज, फौरन: have or know sth off ~; stood ~ (मजबूती से जमा या डटा हुआ);

p&i: **~ hand** ताश के अच्छे पत्ते; **~ sb on the back** किसी को शाबाशी दे., किसी की पीठ थपथपाना; **~ some on the back** पीठ थपथपाना;

come ~ निशाने पर लगना; **he had his excuse ~** उसका जवाब एकदम तैयार था; **know sth off ~ = know sth down ~** किसी बात को बहुत अच्छी तरह जानना; **stand ~** अपने फैसले पर डटे र.

pat. *abbr.* 'patent', 'patented' का संक्षेप

pat-a-cake *n.* बच्चों के गीत की शुरुआत

patch /पैच/ *n.* 1 भूखंड, भूमि आदि का टुकड़ा, खंड, चप्पा: ~ of land; **~es** of ice; a cabbage ~ (बंद गोभी की क्यारी) 2 पैबंद, थिगली, टांकी, चकती 3 पैबंद (आंख पर) 4 (***syn.*** dressing) मरहम-पट्टी, फाहा 5 धब्बा: a ~ of sunlight on the floor; a ~ of moisture 6 चित्ती (of colour): a purple ~ 7 (***syn.*** pad) कवलिका 8 समय का छोटा-सा अंतराल, दौर: a bad/ rough ~, go through/ strike a bad ~ (कठिन दौर से गुजरना) 9 सज्जा, सजावट: these **~es** are the very height of the fashion 10 टुकड़ों में: this letter was written by **~es**; the book is good in **~es** 11 *comput.* गलती को ठीक करने के लिए कंप्यूटर के निर्देशों का समुच्चय (set);

v. **~ed,** *pp* **~ing** 1 पैबंद लगाना 2 (***syn.*** mend) थिगली लगाना, मरम्मत क., जोड़ना: ~ up the leaking pipe, ~ sth together 3 निपटाना, तय क., सुलह क.: ~ up with sb 4 धब्बेदार बनना, धब्बों से ढक जा.: his face was **~ed** and mottled;

dw/lw: **~board** /पैचबोःड/ *n.* टेलीफोन या बिजली परिपथ पटल (circuit board); **~box** *n.* संदूक; **~ed** *adj.* जिसमें टांकी (पैबंद) लगी हो: ~ed trousers; **~ing** /पैचिंग/ *n.* टांकी, पैबंद: ~ings and darnings; **~ily/ ~iness** *see below under separate entry* (patchy); **~pocket** *n.* किसी पोशाक के बाहर से टांकी हुई जेब: a collarless coat with two ~-pockets; **~up** *n., pl.* ~-ups 1 अस्थायी मरम्मत 2 सुलह, समझौता; **patchwork** *see below under separate entry*; **patchy** *see below under separate entry*;

collocations: **~ test** ऐलर्जी का पता लगाने के लिए शरीर की चमड़ी पर भिन्न-भिन्न रंगों में कुछ ऐलर्जी-वर्धक दवाइयां या तत्त्व डालकर किया जाने वाला टेस्ट;

p&i: **~ ab/ sth up** झगड़ा निपटाना, सुलह करना या कराना; **~ sth together** जल्दी-जल्दी जोड़कर (जुगाड़कर) कोई उपकरण या वस्तु तैयार क.; **~ through** टेलीफोन जुगाड़ू कनैक्शन दे.;

a kind of ~up policy विरोधाभासों पर पर्दा डालने की नीति; **a purple ~** सर्वोत्तम हिस्सा; **not a ~ on sth** (*also* **not be a ~ on sb/ sth**) के मुकाबले में कुछ भी न हो.: a fine young man but not a ~ on his father

patchouli /पअचूलि/ पैचुलि/ *n., pl.* **~s/ patchoulies** दक्षिणी-पूर्वी एशियायी देशों में मिलने वाले पौधे से प्राप्त होने वाला इत्र (perfume)

patchwork /पैचवःक/ *n.* 1 टुकड़े जोड़ कर बनाई हुई वस्तु, चप्पेदार: his book is a clever ~ 2 गुदड़ी, जोड़जाड़, कच्चा काम: a ~ of sth 3 धब्बेदार सतह, बहुरंगा विशाल क्षेत्र: a ~ of fields 4 घालमेल, गड़बड़: crazy ~ (टुकड़ों-चिथड़ों से बनी वस्तु);

adj. 1 टुकड़ों-टुकड़ों के जोड़ से बना हुआ: ~ quilt 2 रंग-बिरंगा (क्षेत्र);

dw/lw: **~y** /पैचवःकि/ *adj.* टुकड़ैल, टुकड़ों से बना;

collocations: **~ intellect** उखड़ी-उखड़ी-सी बुद्धि; **~ poets** नकल करनेवाले या जोड़-जाड़कर लिखनेवाले कवि; **silk ~ counterpane** रेशमी टुकड़ों से बनी बिस्तरे की चादर;

p&i: **a rupture is not preferable to a ~ peace** दरार से तो छोटी-मोटी पुलिया भली

patch\y /पैचि/ *adj., pl.* **~ier, ~iest** 1 टुकड़ों से बना हुआ: **~y** book 2 असम, विषम, अनियमित: he lived a **~y** life 3 जो कुछ ही जगहों पर हो: the dogs have stopped searching as the scent was **~y** 4 पैबंददार: **~y** shirt 5 विषम, जो समरस या एक जैसा न हो, कहीं अच्छा तो कहीं खराब: gave a **~y** performance; ~; **~y** knowledge of Russian 6 उखड़ा हुआ, चिड़चिड़ा: he is a bit **~y** 7 ऊबड़-खाबड़: the land here is **~y**; **~y** grass;

dw/lw: **~ily** *adv.* विषम ढंग से; **~iness** *n.* विषमता, ऊबड़-खाबड़पन

pate /पैट/ *n., old use, facetious,* गंजी खोपड़ी: his bald ~

pâté /पैटे/ *n.* एक चटनी जिसे ब्रेड आदि पर लगाया या लेपा जा सकता है

patella /पटेला/ *n., pl.* **patellae/ patellas** /पटेली/ पटेलास/ *anat., archaeol.* 1 चपनी, पलिया 2 घुटने की चपनी, जानु-फलक, जान्विका, जानुका

paten /पेटन/ *n.* 1 तश्तरी, थालिका, रकाबी 2 एक गोलाकारी थाली

जिसमें यूकारेस्ट (Eucharist) के त्योहार को मनाने लिए ब्रेड रखी जाती है

patency /पेटंसि/ *n.* 1 स्पष्टता, प्राकट्य 2 (***syn.*** openness) अनवरुद्धता

patent /पेटंट/ *n.* 1 पेटंट अधिकार: ~ office; ~ law; grant a ~ 2 एकस्व अधिकार, एकस्व: the ~ runs out; a ~ for an invention;

v., *pt.* **~ed**, *pp* **~ing** 1 पेटेंट कराना 2 एकस्व (अधिकार) प्राप्त क. 3 मौलिक हो.: a style **~ed** by Conrad 4 *US* सरकारी जमीन पर एकस्व अधिकार पाना;

adj. 1 स्पष्ट: ~ fact; ~ crime; a ~ violation of the law (कानून का स्पष्ट यानी खुल्लम-खुल्ला उल्लंघन) 2 एकस्व या पेटंट अधिकार प्राप्त: ~ medicine; ~ food/ goods; ~ device 3 मौलिक, व्यक्ति-विशिष्ट: have a ~ way of doing sth 4 खुला, पहुंच के भीतर: a verandah ~ to the sun 5 जग-जाहिर, सब की पहुंच के भीतर;

dw/lw: **~able** *adj.* पेटंट कराने योग्य; **~ee** /पेटंटी/ *n., pl.* **~ees**, पेटंटधारी, एकस्वी, पेटंट का मालिक; **~ly** *adv.* (***syn.*** clearly) स्पष्टतः: ~ly obvious (पूरी तरह से स्पष्ट); **~or** /पेटंटर/ *n.* पेटंट करवाने वाला, एकस्व अधिकार देने वाला अधिकारी; **~-right** *n.* एकस्व अधिकार; **~-rolls** *n., pl.* **~rolls** *pl.* एक वर्ष में दिए जाने वाले पेटंटों का रजिस्टर, पेटंट प्रमाण-पत्र रजिस्टर;

collocations: **~ agent** एकस्व मध्यस्थ या दलाल, जो पेटंट दिलवाने में मदद करता है; **~ flour** उच्च श्रेणी का महीन आटा; **~ fuel** ब्रिकेट ईधन; **~ leather** चमकदार चमड़ा, वार्निश किया हुआ चमड़ा; **~ leather shoes** चमकदार जूते; **Patent Office** पेटंट देने वाला कार्यालय; **~ right** किसी वस्तु या पुस्तक आदि पर एकस्व अधिकार;

p&i: **a ~ lie/ nonsense** सफेद झूठ/ कोरी बकवास;

pater /पेटः/ *n. old use, school sl.* पिता, जनक

paterfamilias /पेटःफअमिलिऐस/ *n., pl.* **patresfamilias**, कुलपिता, परिवार का मुखिया

paternal /पटःन\ल/ *adj.* 1 पिता समान: he kissed her on the forehead with ~ gentleness 2 पैतृक, जनकोचित: ~ instincts (पैतृक सहज-बोध); ~ grandmother (दादी); ~ grandfather (दादा);

dw/lw: **~ism** /~लिज्म/ *n.* 1 पितृत्ववाद, पैतृक शासनवाद, पैतृकवाद, पितृ-सत्तावाद 2 पितृवृत्ति, पितृतुल्य व्यवहार, पिता जैसी देख-भाल; **~istic** /~लिस्टिक/ *adj.* पितृ-सत्तावादी, पितृतुल्य; **~istically** /~लिस्टिकलि/ *adv.* पितृ-सत्तावाद या पितृत्ववाद के दृष्टिकोण से; **~ly** /पटःनलि/ *adv.* पितृवत्

paternity /पअटःनटि/ *n.* 1 पितृत्व 2 पिता का बच्चों के साथ नाता 3 (***syn.*** authorship) कर्तृत्व 4 उद्गम, मूल स्रोत: many historical proverbs have a doubtful ~;

collocations: **~ leave** पिता बनने के समय मिलने वाला अवकाश; **~ suit** बच्चे की मां की ओर से किसी पुरुष पर किया गया उसके बच्चे का जैविक पिता (biological father) होने का दावा

paternoster /पैटःनौसटः/ *n., Christ.* 1 प्रभु-प्रार्थना 2 जादुई शाप: Black/ White **Paternoster** 3 उबाऊ कहानी 4 जप-माला

Paterson's curse *n., Austral.* यूरोपीय मूल की कोई भी जड़ी-बूटी जो वर्तमान में आस्ट्रेलिया जैसे देशों में स्थानीय पौधा बन गई है पर जो पशुओं में घातक बीमारी फैलने का स्रोत हो सकती है

path /पाथ/ (*also* **pathway**) *n., pl.* **~s** 1 (***syn.*** track) रास्ता, राह, पथ, मार्ग: the ~ to the town 2 सड़क, पगडंडी, पथिका, रूट, पर्यटन मार्ग: a ~ through the woods 3 दिशा: hurricane ~; ~ of storms 4 धावन-पथ 5 रक्त वाहिनी 6 कार्य-प्रणाली, शैली 7 प्रक्षेप-पथ, ग्रह-कक्ष, अंतरिक्ष यान का उड़ान मार्ग: the ~ of Mars; take-off ~ 8 नीति, रुख: the ~ to ruin 9 *comput.* कंप्यूटर ड्राइव, डिस्क, फोल्डर आदि में किसी फाइल का स्थान;

dw/lw: **~-breaker** *n.* नई खोज करने वाला; **~finder** *n.* 1 नया रास्ता खोजने वाला, पथ-अन्वेषक 2 (***syn.*** pioneer) अग्रगामी, पुरोगामी; **~less** *adj.* निर्मार्ग; **~way** *n.* 1 पथ, मार्ग: a ~way to knowledge 2 रास्ता, पगडंडी, पथिका;

collocations: **take-off ~** उड़ान भरने का पथ; **the beaten ~** घिसा-पिटा रास्ता; **the ~ of glory** गौरव पथ; **the ~ to prosperity** खुशहाली का रास्ता;

p&i: **~ strewn with roses** बहुत आसान व सुंदर रास्ता; **be in sb's ~** किसी के रास्ते में रोड़ा बनना; **beat a ~** रास्ता बनाना; **beat a ~ to sb's door** किसी के यहां बहुत अधिक आना-जाना; **cross sb's ~** किसी का अचानक रास्ते में मिल जा.; **enter/ take the ~** का रास्ता पकड़ना; **enter upon the ~ of sth** किसी रास्ते पर चल पड़ना; **every ~ has a puddle** कोई भी रास्ता आसान नहीं होता; **follow the ~ of duty** कर्त्तव्य की राह पर चलना; **go/ follow in sb's ~** किसी के पद-चिह्नों पर चलना; **stand in sb's ~** किसी के रास्ते का रोड़ा हो.; **stray from the narrow ~** संकरी पथिका से भटक जा.; **take the same ~** उसी रास्ते पर चलना; **the primrose ~** मौज-मस्ती का रास्ता

-path *comb. form, forming nouns, denoting:* **a sufferer from a particular disorder** (किसी रोग से ग्रस्त): psycho**path** (मनोरोगी); osteo**path** (हड्डियों के रोग से पीड़ित)

Pathan /पठान/ *n.* पठान

pathematic /पैथिमैटिक/ *adj.* भावुक: ~ part of human nature

pathetic /पअथेटिक/ *adj.* 1 (***syn.*** feeble) अपर्याप्त, नाकाफी, कम: a ~ attempt 2 (***syn.*** pitiful) दयनीय, करुणामय, करुणाजनक: child's ~ sobs; ~ sight; ~ creature; ~ fate 3 (***syn.*** emotional) भावुक, भावावेशी, भावुकतावादी, भावनात्मक: in a ~ voice;

dw/lw: **~ally** /पथेटिकलि/ *adv.* दयनीय ढंग से; **~s** /पथेटिक्स/ *n.* भाव-विश्लेषण, भाव-अध्ययन;

collocations: **~ fallacy** 1 साहित्य और कला में पशु-पक्षी आदि जीवों और पौधों का सभी मानवीय भावनाओं के वाहक के रूप में चित्रण 2 भावाभास, संवेदन-आरोप

pathfinder *see above under* **path: *dw/lw***

-pathic *comb. form, denoting adjectives corresponding to* **~pathy:** homoeopathic, psychopathic

patho- *comb. form denoting:* **disease/ disorder** (रोग, विकार): pathology;

dw/lw: **~gen** /पैथोजेन/ *n., pathol.* रोगजनक, रोगाणु, बीमारी फैलाने वाला; **patho\genesis/ patho\geny** /पैथोजेनिसिस/ पैथोजेनि/ *n.* शरीर या कोशिकाओं में रोग-जनन, रोग की पैदाइश और फैलाव; **~genic/ ~genetic** /पैथोजीनिक/ पैथोजेनिटिक/ *adj.* रोगजनक, व्याधिकारक, रोगमूलक, रोगोत्पादक, विकृतिजनक, रोगाणु संबंधी

pathol./ path. *abbr.* 'pathology', 'pathologist' का संक्षेप

patho\logical /पैथअलौजिकल/ *US* पैथअलाःजिकल/ *adj.* 1 व्याधि-विज्ञान संबंधी: **~logical** discovery/ question 2 रोगात्मक: **~logical** depression 3 अविवेकपूर्ण, कट्टरवादी, जिसे नियंत्रित न किया जा सके: **~logical** behaviour/ hatred

pathologist /पअथौलजि/ *US* पअथाःलजि/*n.* व्याधि-विज्ञानी, रोग-निदान विज्ञानी;

pathology /पअथौलजि/ *US* पअथाःलजि/ *n., pl.* **~logies** 1 व्याधि-विज्ञान, रोग-पहचान विज्ञान, रोग-निदान विज्ञान, विकृतिविज्ञान, निदान शास्त्र 2 अविवेकशीलता, कट्टरता, अंध-घृणावाद

pathos /पेथौस/ *US* पेथाःस/ *n., [sing.]* 1 कारुण्य, करुणाभाव, कारुणिकता: affected ~ 2 किसी स्थिति या माध्यम यानी कलाकृति, साहित्यिक रचना आदि की इंसान में करुणाभाव जगाने की विशेषता या गुण: the tale of their sufferings was told with a ~ which drew tears from everybody

pathway *see above under* **path:** ***dw/lw***
-pathy *comb. forming nouns, denoting:* 1 **disease** or **disorder** (रोग, विकार, उपचार-विधि): psycho**pathy**, homoeo**pathy** 2 **feelings**, **sentiments** (भावनाएं): tele**pathy** (दूर बोध, दूर-संवेदनशीलता)
patience /पेशंस/ *n.* 1 धैर्य, धीरता, धीरज, तितिक्षा: exercise ~ (धैर्य बरतना); have/ run out of ~; lose (one's) ~; test/ try sb's ~; put sb out of ~ 2 सहनशीलता, सहिष्णुता: ~ on a monument (धैर्य या सहिष्णुता की साक्षात् मूर्ति) 3 (***syn.*** perseverance) दृढ़ता, दृढ़संकल्पता, अटलता, अध्यवसाय, तपस्वी जैसी सहनशक्ति 4 (*also US* **solitaire**) ताश का एक खेल जिसे एक ही आदमी खेल सकता है: play ~;
p&i: **~ is a plaster for all sores** धैर्य हर मर्ज की दवा है; **~ with sb/ sth** किसी के साथ या किसी के मामले में धैर्यशील हो.; **angelic ~** बहुत अधिक धैर्य; **enough to try the ~ of a saint** इतना जटिल कि संतों के धैर्य की भी परीक्षा ले ले; **have no ~ with** बर्दाश्त न कर सकना; **Have ~!** धैर्य रखो; **out of ~ with** से ऊब जा., तंग आ जा.; **the ~ of Job** तपस्वी जैसी सहनशक्ति, सहिष्णुता, अपार सहनशक्ति;
patient /पेशंट/ *adj.* 1 धैर्यशील, धैर्यवान: be ~ with/ towards sth 2 सहनशील: she was ~ with her aunt's infirmities; be ~ in adversity (मुसीबत में धैर्यशील हो.); Be ~! (धैर्य रखो! अधीर मत बनो!) 3 (***syn.*** perseverant) अध्यवसायी दृढ़, अटल: years of ~ labour 4 सहिष्णु, झेलने में समर्थ: plants ~ of cold 5 मतभेदों के प्रति उदार और सहनशील: facts are ~ of various interpretations;
n. 1 मरीज, रोगी, बीमार व्यक्ति 2 घायल: ~ strength (अस्पताल में मरीजों या घायलों की संख्या) 3 चोट या रोग का निशाना;
dw/lw: **~ly** /पेशंटलि/ *adv.* धैर्यपूर्वक: bear the pain ~ly (पीड़ा को धैर्य के साथ झेलना);
p&i: **as ~ an ox** धरती की तरह धैर्यवान
patina /पैटिना/ *n., pl.* **~s** 1 ऑक्सीकरण के कारण तांबे या कांस्य पर जमने वाली नीले-हरे रंग की परत, हरिमा 2 काई या मोर्चा 3 लंबे समय तक पॉलिश करने या प्रयोग के कारण लकड़ी पर आने वाली चमक 4 किसी चीज में उम्र के साथ आने वाली महीन चमक, छदिमा;
dw/lw: **~ted** /पैटिनटिड/ *adj.* काई लगा, मोर्चा लगा, हरिमायुक्त; **~tion** /पैटिनशन/ *n.* 1 धातु या लकड़ी पर चमकदार परत 2 तांबे या कांस्य पर ऑक्सीकरण के कारण नीले-हरे रंग की पपड़ी जमने की क्रिया
patio /पैटिओ/ *n., pl.* **~s** भीतरी आंगन में चबूतरा
patisserie /पटिसअरि/ *n., pl.* **~s** 1 उत्तम पेस्ट्री और केक की दुकान 2 (**patisseries**) केक
Pat Malone: on one's Pat Malone *Austral. &NZ* अकेला, जब साथ में कोई न हो
patois /पैटवा:/ *Fr., n., pl.* **patois** स्थानीय बोली
patootie /पअटूटि/ *n. US sl.* प्रेमिका, लड़की: a batch of pretty-panned **~s** (सुंदर लड़कियों की टोली)
pat. pend *abbr.* 'patent pending' का संक्षेप
patresfamilias /पेटरिजफमिलिअस/ *n., pl.* of **paterfamilias** परिवार के मुखिया या पिता, कुल पिता
patri- /पैटरि/ *prefix., comb. form, denoting:* 1 **father/s** (पिता): **patri**cide 2 **man/ men** (पुरुष या पुरुष गण)
patrial /पेटरिअल/ पैटरिअल/ *n.* 1 ब्रितानवी नागरिक 2 भूतपूर्व ब्रितानवी उपनिवेशों के नागरिक जिन्हें (1981 तक) ब्रिटेन में रहने का अधिकार था
patriarch /पेट्रिआ:\क/ *n.* 1 कुलपिता, मुखिया या सरदार 2 बुज़ुर्ग 3 परिवार या कबीले के मुखिया 4 यूनान, रूस आदि के चर्च में शिखरतम धर्माधिकारी यानी बिशप 5 कैथोलिक चर्च साम्राज्य का मुखिया, पोप 6 समाज में पिता समान बड़ा-बूढ़ा व्यक्ति;
dw/lw: **~al** /~कल/ *adj.* 1 कुलपिता द्वारा शासित, पितृसत्तात्मक, पितृतंत्रीय: his long/ white ~al beard 2 पुरुषतंत्रीय, पुरुष प्रधान 3 पैतृक; **~ate** /~किट/ *n.* चर्च में शिखरतम धर्माधिकारी यानी बिशप का कार्यालय; **~y** /~कि/ *n., pl.* **~ies** 1 पुरुष प्रधान परिवार का शासन-तंत्र, पितृतंत्र 2 समाज में पुरुष-प्रधानता;
collocations: **~al cross** दो समतल डंडों से बना क्रॉस; **~al society** पुरुष प्रधान समाज
patrici\an /पट्रिशिअन/ *n., hist.* 1 प्राचीन रोम के अभिजात वर्ग का सदस्य 2 मध्यकालीन यूरोप के किसी देश, प्रांत या नगर के अभिजात वर्ग का सदस्य 3 (***anton.*** plebeian) अभिजात व्यक्ति;
adj. (***syn.*** aristocratic) अभिजात, कुलीन: old **~an** houses;
dw/lw: **~ate** /पट्रिशिएट/ *n.* अभिजात वर्ग, कुलीनता, कुलीन-वर्ग
patrici\de /पैटरिसाइड/ *n.* 1 पितृ हत्या 2 पिता का हत्यारा, पितृहंता;
dw/lw: **~dal** *adj.* पितृ हत्या संबंधी, पितृ हत्या में लिप्त
patrilineal/ patrilinear /पैट्रिलीनिअ\ल/ पैट्रिलीनिअः/ *adj., anthrop.* पितृवंशीय, पैतृक, पुश्तैनी, बपौती का
patrilocal /पैट्रिलोकल/ *adj.* पितृ स्थानिक
patrimo\ny /पैट्रिमनि/ *n., pl.* **~nies** 1 (***syn.*** inheritance) पैतृक संपत्ति, बपौती, विरासत, दाय 2 (***syn.*** endowment) धर्मदाय 3 (***syn.***heritage) देश की कलात्मक धरोहर, विरासत या संपदा;
dw/lw: **~nial** /पैट्रिमनिअल/ *adj.* पैतृक; **~nially** /पैट्रिमनिअलि/ *adv.* बपौती या विरासत के रूप में
patriot /पेट्रि\अट/ पैट्रि\अट/ *n.* देशभक्त;
dw/lw: **~ic** /~औटिक/ *US* ~आ:टिक/ *adj.* देशभक्तिपूर्ण: ~ic feelings; **~ically** /~औटिकलि/ *US* ~आ:टिकलि/ *adv.* देशभक्ति के भाव से: he acted ~ically
patriotism /पैट्रिअटिजम/ *n.* देशभक्ति;
p&i: **~ is the last refuge of a scoundrel** देश-प्रेम बदमाशों की अंतिम शरण या आखिरी हथियार है
patristic /पअट्रिस्टिक/ *adj.* ईसाई चर्च के पिता तंत्र से संबंधित
patrol /पअट्रोल/ *n.* 1 गश्त: on ~ (गश्ती ड्यूटी पर); ~ duty; ~ bomber; ~ craft; ~ car 2 गश्ती सिपाही आदि: ~ leader;
v., *pt.* **~ed/ ~led**, *pp* **~ing/ ~ling** गश्त लगाना;
dw/lw: **~ler** *n.* गश्त लगाने वाला; **~ling** *n.* गश्त; **~man/ ~woman** *n. N. Amer.* गश्ती सिपाही
patron /पेट्रन/ *n.* 1 संरक्षक: a ~ of the arts 2 आर्थिक संरक्षक 3 (***syn.*** customer) नियमित ग्राहक, थियेटर प्रेमी 4 (***syn.*** supporter) समर्थक, हिमायती;
dw/lw: **patronage** *see below under separate entry*; **~al** *adj.* संरक्षात्मक; **~ess** /पेट्रअनेस/ *n.* संरक्षिका **~izing** /पैट्रनाइजिंग/ पेट्रनाइजिंग/ *adj.* कृपालु, संरक्षणात्मक, कृपालुता के दंभ से ग्रस्त; **~ izingly** /पैट्रनाइजिंगलि/ *adv.* संरक्षात्मक दंभ से भरकर;
collocations: **~ saint** संरक्षक संत
patronage /पैट्रअनिज/ *n., old use* 1 संरक्षण: extend one's ~ to sb; a little savour of ~ in sb's hospitality (किसी के अतिथि सत्कार में संरक्षणात्मक कृपालुता की बू) 2 प्राश्रय: confer one's ~ upon an undertaking 3 नियमित ग्राहकता 4 ग्राहकों का समूह, ग्राहक-वृंद 5 सामाजिक पदों व विशेष अधिकारों के वितरण का अधिकार: the abuse of the ~
patroni\ze/ ~ise /पैट्रनाइ\ज/ *v., pt.* **~zed**, *pp* **~zing** 1 कृपालुता के दंभपूर्ण रवैये से दूसरे को नीचा दिखाना: don't want to be **~zed** 2 पर कृपा क. 3 नियमित ग्राहक हो.: chop-houses (ढाबा); **~zed** by the clerk and the apprentice 4 संरक्षण दे. 5 प्रोत्साहन या सहायता दे.;
dw/lw: **~zingly** /पैट्रनाइजिंगलि/ *adv.* दंभपूर्ण कृपालुता दिखाते हुए
patronymic /पैट्रअनिमिक/ *n.* पिता के नाम से निकला हुआ
patroon /पटून/ *n.* जागीरदार, सामंत
patsy /पैट्सि/ *n., pl.* **patsies**, *sl. mainly N. Amer.* 1 कायर,

तुच्छ या कमजोर व्यक्ति 2 कमजोर खिलाड़ी 3 सीधा-सादा व्यक्ति: I do not pretend I am some kind of a ~ 4 बलि का बकरा; ***p&i:* play sb for a** ~ किसी का उल्लू बनाना

patten /पैटन/ *n. hist.* 1 खड़ाऊं 2 लकड़ी के ऊंचे सोल वाला ऊंचा जूता जिसे कीचड़ आदि में पहना जा सकता है

patter /पैटः/ *n.* 1 खटखट, पटपट, टपटप: the ~ of little feet; the ~ of hoofs 2 (***syn.*** jargon) *sl.* खास बोली: Gipsy ~; thieves' ~ 3 बड़बड़ाहट 4 पड़पड़ाहट, तड़तड़ाहट: the leaves kept up a ~ on the window-panes;
***v.**, pt.* **~ed**, *pp* **~ing** 1 टपटप या खटखट क. 2 रटना 3 बड़बड़ाना, चपर-चपर क., चटर-चटर बोलना, जल्दी-जल्दी बोलना 4 पट-पट क., पटपटाना, तड़तड़ाना 5 छींटों से भिगो दे.;
***p&i:* run on ~s** लगातार चपर-चपर क.; **stand sb's** ~ किसी की चपर-चपर सहन क.; **they ~ French more or less** वे जैसे-तैसे फ्रांसीसी बोल लेते हैं; **the ~ of tiny feet** बच्चा, बच्चे

pattern /पैटःन/ *n.* 1 नियमित क्रम: weather ~ 2 (***syn.*** sample) पैटर्न, नमूना, बानगी, ऐसा नमूना जिसके अनुरूप कुछ बनाया जा सके, प्रतिकृति: **~s** for pottery; made to ~; take a ~ of a dress 3 (***syn.*** ideal) आदर्श: she is a ~ of all the virtues 4 प्रतिमान, प्रतिरूप: of a standard ~; set the ~ for others 5 (***syn.*** design) उदाहरण, बनावट, ढांचा: the ~ of the carpet 6 जीवन शैली: a behaviour ~ 7 सज्जा-चित्र;
***v.**, pt.* **~ed**, *pp* **~ing** 1 गढ़ना 2 बनाना: ~ a dress on/ upon/ after a Parisian model 3 अनुकरण क.: ~ sth on another thing 4 सजाना 5 नियोजित क;
***dw/lw:* ~-designer** *n.* पोशाक के नमूने बनाने वाला; **~ed** *adj.* डिजायनदार कपड़ा; **~ing** *n.* 1 निश्चित ढर्रे की स्थापना आकृतियों की सज्जा या बनावट; **~-maker** *n.* नमूनाकार, नमूनासाज, नमूने ढालने वाला; **~-painting** किसी नमूने के अनुरूप बना चित्र;
collocations: ~ **bombing** सामूहिक बमबारी; ~ **race** घुड़दौड़ जिसकी हर श्रेणी में सभी प्रकार के घोड़े भाग ले सकते हैं

patty /पैटी/ *n., pl.* **patties**, छोटी गुजिया

patulous /पैट्यूलस/ *adj.* 1 विस्तृत, खुला, प्रसारी: the cave had a very large ~ opening 2 वृक्ष की भांति फैला हुआ

pauciloquent /पॉसिलअक्वंट/ *adj.* मितभाषी, कम शब्द कहने वाला

paucity /पॉःसिटि/ *n., pl.* **paucities** 1 कमी, अभाव: ~ of evidence 2 अल्पता: ~ of information 3 अल्पसंख्यता

Pauline /पॉलाइन/ *adj.* संत पॉल से संबंधित

paulo-post-future *n., gramm.* 1 कर्मवाच्य भविष्य काल 2 संपूर्ण भविष्य काल 3 *facetious* निकट भविष्य

paunch /पॉंच/ *n., pl.* **~es** 1 (***syn.*** potbelly) तोंद: a young man with a ~ 2 जुगाली करनेवाले पशु का प्रथम आमाशय;
***dw/lw:* ~iness** *n.* स्थूलता, तोंदिलता; **~y** /पॉंचि/ *adj., degr.* ~ier, ~iest तोंदू, तोंदल, तोंदीला, तोंद वाला;
***p&i:* fat ~es have lean pates** भरा पेट नहीं सीखता

pauper /पॉःपः/ *n.* कंगाल, अकिंचन;
***dw/lw:* ~ism** /पॉःपअरिज्म/ *n.* कंगाली, अकिंचनता; **~ize/ ~ise** *v., pt.* ~ized, *pp* ~izing कंगाल बना दे.; **~ization** *n.* कंगालीकरण

pause /पॉज/ *v., pt.* **~d**, *pp* **pausing** 1 रुकना (थोड़े समय के लिए): **~d** before answering; he **~d** upon the word 2 हिचकना: he **~d** not knowing what to do 3 ठहर जा., रुक जा.: mountaineers **~d** upon the summit for a while; he **~d** at the door 4 कंप्यूटर की किसी क्रिया को कुछ समय के लिए रोक दे.;
n. *music* 1 रुकावट, ठहराव: general ~ 2 संगीत के किसी कार्यक्रम में विराम: make a ~ 3 (***syn.*** hesitation) हिचकिचाहट: no scruples gave him ~ (आत्मा की आवाज भी उसे रोक न पाई); at ~ (दुविधा में) 4 (***syn.*** prosody) यति;
***dw/lw:* ~less** *adj.* निरंतर, अविराम; **~r** *n.* रोकने वाला; **pausing** *n.* ठहराव, रुकाव; **pausing** *adj.* रुकने वाला, रुक-रुककर चलने वाला;
collocations: ~ **button** रोकने वाला या थामने वाला बटन;
***p&i:* give sb ~ = give sb ~ for thought** किसी को असमंजस या दुविधा में डाल दे.

pavan/ pavane /पैवन/ पअवाःन/ *n.* 16-17वीं सदी का धीमा, गंभीर और शालीन इतालवी या स्पेनी नृत्य

pave /पेव/ *v., pt.* **~d**, *pp* **paving** 1 किसी सतह को ठोस वस्तु डालकर पक्का क., खड़ंजा डालना 2 से भरना, बीच में लगाना: a path **~d** with moss (काई भरा रास्ता); **~d** with flowers 3 रास्ता बनाना: ~ the way;
n. काई की भराई: New Orleans with its **~s** and trottoirs;
***dw/lw:* pavé** /पैवे/ *n., Fr.* 1 खड़ंजे में काईवाली गली 2 हीरों की पच्चीकारी; **~d** /पेवड/ *adj.* खड़ंजा भरी: ~d road/ street; **paving** *see below under separate entry*;
***p&i:* ~ the way for fame** प्रसिद्धि के लिए मार्ग प्रशस्त क.; **~ the way for sth/ sb** किसी का या किसी बात के लिए रास्ता तैयार क. या मार्ग प्रशस्त क.;
one lie ~s the way for another एक झूठ को छिपाने के लिए सौ झूठ बोलने पड़ते हैं; **the road to hell is ~d with good intensions** नर्क का रास्ता भी प्रायः नेक इरादों से बनता है

pavement /पेवमंट/ *n.* 1 सड़क किनारे-किनारे पैदल पथ: on the ~ 2 खड़ंजा, फर्श 3 कुट्टिम 4 गच 5 (***syn.*** footway/ sidewalk) पटरी;
***dw/lw:* ~-breaker** *n.* पत्थर तोड़ने वाला; **~-pusher** *n.* सड़क पर माल बेचने वाला;
collocations: ~ **artist** (*US* **sidewalk artist**) पथ-चितेरा, पटरी-चित्रकार, पटरी पर बैठकर राह चलते लोगों से पैसे लेकर चित्र बनाने वाला चित्रकार; ~ **light** पटरी के साथ लगी शीशे की खिड़की से आने वाली रोशनी
crazy ~ पत्थर के टेढ़े-मेढ़े टुकड़ों से बनी बगीचे की पगडंडी;
***p&i:* hit the** ~ काम से निकाल दिया जा.; **on the** ~ सड़क पर, बेघर; **push the** ~ सड़क पर माल बेचना

pavilion /पविलिअन/ *n.* 1 प्रदर्शनी मंडप 2 खिलाडियों के लिए प्रतीक्षा स्थल 3 *US* सुंदर, सुसज्जित अस्थायी इमारतों का समूह (summer house) 4 सुसज्जित अस्थायी मनोरंजन घर 5 एक बड़ा-सा तंबू: the royal ~; the blue ~ of heaven 6 (***syn.*** auricle) कर्ण, कान;
***v.**, pt.* **~ed**, *pp* **~ing** 1 ढकना 2 छिप जा.: the moon **~ed** in dark clouds 3 मंडप बनाना

paving /पेविंग/ *n.* 1 पटरी 2 पटरी पर बिछी हुई ईंटें, पत्थर आदि, खड़ंजा: ~ brick; ~ stone = flagstone; ~-tile

pavis /पैविस/ *n.* बड़ी ढाल

pavlova /पावलवा/ *n. pl.* **~s** भोजनोपरांत का एक ठंडा मिष्टान्न या मिष्ठान

Pavlovian /पावलोविअन/ *adj., psychol., physiol.* रूसी मनोविज्ञानी पावलोव के शारीरिक प्रतिक्रियायों के बारे में सिद्धांतों से संबंधित

pavonine /पैवअनाइन/ *adj.* 1 मोर का, मयूर जैसा 2 इंद्र-धनुषी, रंग-बिरंगा 3 (***syn.*** iridescent) सतरंग

paw /पॉ/ *n.* 1 पंजा 2 हाथ का पंजा 3 चंगुल, शिकंजा;
v.**, pt.* **~ed**, *pp* **~ing** 1 पंजा मारना 2 टाप मारना, टापना, कूदना: the horses ~ and neigh 3 (*also* ~ **at sth**; ***syn. scrape) पंजा मारना, पंजे से कुरेदना 4 छूकर खोजना: a hand **~ing** about the door for the handle 5 मसलना;
***p&i:* ~s off !** हाथ दूर!;
don't ~ at me! मुझे न छूना; **make a cat's ~ of sb** किसी को अपना गुलाम बना ले.; **put out your ~!** हाथ आगे बढ़ाओ!

pawl /पाःल/ *n., engin.* गरारी का कुत्ता, पुर्जा

pawn /पॉन/ *n.* 1 शतरंज के खेल में प्यादा, पैदल: passed/ single/ double ~ 2 कठपुतली (व्यक्ति): men were **~s** in his hands

3 आधि, गिरवी वस्तु, ओल (~ed article): at/ in ~ (गिरवी पर); give in ~ (गिरवी रखना) 4 (***syn.*** hostage) ओल, बंधक व्यक्ति 5 रेहन, बंधक;
***v.**, pt.* **~ed**, *pp* **~ing** 1 रेहन या गिरवी रखना 2 जिम्मा लेना, वचन-बद्ध हो.: ~ one's word; ~ one's life/ one's honour; ~ one's life for sb; the ~ to give the country freedom and enlightenment (देश को आजादी और जागृति देने की वचन-बद्धता) 3 दूसरों के जिम्मे देनदारी छोड़कर गायब हो जा.: he **~ed** them off on me;
dw/lw: **~broker** /पॉःनब्रोकः/ *n.* साहूकार, सूदखोर, महाजन, आधि-व्यवसायी; **~broking** /पॉःनब्रोकिंग/ *n.* गिरवी का काम, महाजनी, साहूकारी; **~ed** *adj.* गिरवी रखी (वस्तु); **~ee** /पॉःनी/ *n.* = **~broker** रेहनदार, गिरवीदार, आधिग्राही, सूदखोर; **~er** /पॉःनः/ *n.* आधिकर्ता, गिरवी रखने वाला; **~-ticket** *n.* गिरवी रखी वस्तु की रसीद;
collocations: **~ shop** महाजनी कोठी या दुकान

pawpaw *see under* **papaw, papaya**

paw-paw /पॉ-पॉ/ *adj.* अश्लील: all ~ words are omitted

pax /पैक्स/ *n., pl.* **paxes**, *formal church use* युकारिस्ट (Eucharist) त्योहार के समय किया जाने वाला नमस्कार, शांति-चुंबन: a great ~ of mine; be good ~;
excl., dated, colloq. शांति, शांति!;
collocations: **pax vobiscum** /पैक्स वौबिस्क्म/ *Lat.* तुम्हें शांति मिले!

pay /पे/ *v., pt.* **paid**, *pp* **~ing**, *s/he/ it* **~s** 1 दाम या पैसे दे., चुकाना, अदा क.: ~ ready money/ cash down; ~ in kind; ~ by/ in instalments; **paid** 1200 rupees for the book; ~ for service 2 ऋण आदि चुकता क.: ~ one's debt 3 भुगतान क.: ~ dividends; ~ duty (सीमा-शुल्क चुकाना); ~ on account; ~ on delivery; ~ on demand; carriage **paid** by the sender; ~ one's passage (अपना आने-जाने का खर्च या भाड़ा दे.) 4 मजदूरी दे.: ~ wages 5 लाभप्रद हो., से लाभ होना, लाभकर होना: businesses that don't ~; it **~s** one to be polite; dishonesty doesn't ~; this work does not ~ 6 (*also* **~ for sth**) भोगना, दंड के रूप में कीमत चुकाना, बदला दे.: he **paid** for his foolishness with his life; ~ dearly for one's crimes 7 क्षतिपूर्ति क.: nothing can ~ him for his sufferings 8 किसी के यहां जा.: **paid** her a visit in the hospital 9 किसी के लिए प्रशंसाजनक बात कहना: ~ sb a compliment 10 ध्यान दे.: ~ attention/ heed 11 पीटना, कोड़ों से मारना: the rascal **~s** his wife 12 *naut.* अलकतरा चढ़ाना;
n. 1 तनख्वाह, वेतन: base ~/ basic ~; overdue ~; leave with ~; draw one's ~; take-home ~; ~ boost 2 मजदूरी, पारिश्रमिक: rate of ~; good/ excellent ~ 3 भुगतान, शोधन, अदायगी;
dw/lw: **~able** /पेयबल/ *adj.* 1 देय (पैसा): ~able up to 30th Sept. 2 प्रस्तुत किए जाने पर देय, शोध्य, दर्शनदेय, देख लेने पर देय: ~able at sight 3 आदेश-देय, वाहक-देय, चैक आदि ले जाने वाले व्यक्ति को देय: ~able to order 4 (***syn.*** profitable) लाभकर: on a ~able basis; **~-and-display** *adj.* कार पार्क करते समय पास लगी मशीन से मिलने वाला टिकट; **~-as-you-earn** (*abbr.* **'PAYE'**) जैसे कमाओ, वैसे चुकाओ; **~-as-you-go** *v.* इस हाथ देना, उस हाथ लेना; **~-as-you-view** = **~-per-view** टीवी आदि पर प्रति शो के हिसाब से भुगतान करके देखा जाने वाला कार्यक्रम; **~-bed** *n.* देय बिस्तरा: additional ~-beds should be provided in the hospitals; **~-box/ ~-desk/ ~-office** *n.* नकद-भुगतान खिड़की, भुगतान-कार्यालय; **~-day** *n.* वेतन दिवस; **~ee** /पेई/ *n., pl.* ~ees पाने वाला, जिसे भुगतान किया जाए, प्रापक; **~er** /पेअः/ *n.* दाता, भुगतानकर्ता, देने वाला; **~-hop** *n.* सशुल्क उड़ान; **~-hospital** *n.* देय अस्पताल; **~ing** /पेइंग/ *adj.* 1 लाभकर, लाभदायक, लाभकारी: it was a very ~ing business 2 शुल्कदायी, सशुल्क: ~ing guest; **~ing** *n.* रंग-रोगन करने की क्रिया: ~ing of a ship; **~load** *n.* 1 माल वाहक गाड़ी के वजन का वह हिस्सा जिसकी एवज में पैसा मिलता है 2 अंतरिक्ष यान का चालन उपकरण कक्ष 3 मिसाइल में भरे बारूद की मात्रा और उसकी विस्फोटक शक्ति 4 वायुयान के यात्री व माल वाहन क्षमता; **~master** /पेमास्टः/ *US* पेमैस्टः/ *n.* 1 वेतनदाता, वेतनाधिकारी 2 देवाल; **~ment** *see below under a separate entry*; **~-off** *n., pl.* **~-offs** 1 लाभ 2 कर्मचारियों को किया जाने वाला भुगतान, अदायगी 3 निपटारा, शोधन 4 बदला 5 निष्कर्ष, अंतिम निपटारा 6 (***syn.*** bribe) घूस, रिश्वत; **~-order** *n.* देयादेश, अदायगी-आदेश; **~-pegging** /पे-पैगिंग/ *n.* वेतन-वृद्धि पर रोक; **~-per-view** *see above under* **pay-as-you-view**; **~phone** *n.* पब या रेस्त्रां आदि में लगा पैसे देकर किया जाने वाला स्वचालित टेलीफोन; **~-pause** *n.* स्वचालित टेलीफोन सेवा में अस्थायी ठहराव; **~-roll** *n.* 1 वेतन-चिट्ठा, वेतन-रजिस्टर 2 वेतन के रूप में दी जाने वाली कुल राशि: be off the ~-roll (नौकरी से निकाल दिया जा.); ~-roll reduction (वेतन-कर्मियों की संख्या में कमी); **~-scale** *n.* वेतन-मान; **~-slip** *n.* वेतन-पर्ची, जिसमें कुल वेतन, काटे गए कर (taxes) आदि की तफसील रहती है; **~-sheet** (*also* **~-roll**) *n.* वेतन-चिट्ठा, वेतन-सूची-पत्र; **~-toilet** *n.* सशुल्क आम शौचालय;
collocations: **~ bill** वेतन पत्र; **~ book** वेतन पुस्तिका; **~ channel** पैसा देकर देखा जाने वाला टी वी चैनल; **~ check** *US* वेतन का चैक, वेतन; **~ day/ ~ date** वेतन दिवस/ वेतन तिथि; **~ dirt/ ~ gravel** बहुत पैसा दिलाने वाला गंदगी की सफाई का काम: hit the ~ dirt (अचानक काफी पैसे कमाने की स्थिति में हो जा.); **~ freeze** वेतन-वृद्धि पर रोक; **~ giving** दान-कार्य के लिए मालिक द्वारा मासिक वेतन में से काटी जाने वाली रकम; **~ load** वेतन भार; **~ packet/ ~ envelope** वेतन पैकेट, ऐसा लिफाफा जिसमें वेतन की राशि रखी हो; **~ policy** वेतनमान नीति; **~ rise** वेतन वृद्धि; **~ ticket machine** गाड़ी खड़ी करने का शुल्क मापक मशीन (parking meter); **~ TV/ pay television** (*also* **subscription TV**) केबल या सैटेलाइट कंपनी को पैसे देकर देखा जाने वाला टीवी;
p&i: **~ a compliment to sb/ ~ sb a compliment** किसी की तारीफ में कोई बात कहना; **~ a call on sb/ ~ sb a visit** किसी के यहां हो आना; **~ attention/ heed to sth** किसी बात पर ध्यान दे.; **~ away** पैसा दे दे.; **~ back** 1 पैसे वापस क. 2 बदला ले.; **~ court to a girl** किसी लड़की के साथ प्रेम प्रकरण चलाना; **~ dearly for one's whistle** अपनी सनक के लिए भारी कीमत चुकाना; **~ dividends** बहुत लाभ दे.; **~ down** एकमुश्त नकद भुगतान क.; **~ (down) on the nail** तुरंत पैसे दे.; **~ for** 1 दाम चुकाना 2 के कारण दंड भोगना: ~ for it dearly; **~ for a dead horse** किसी बेकार वस्तु के लिए कीमत चुकाना; **~ for itself** किसी चीज द्वारा उतना फायदा किया जा. जितना उस पर खर्च हुआ है; **~ heed to** की ओर ध्यान दे.; **~ home** जवाबी हमला क.; **~ in** बैंक के चालू खाते में पैसे डालना; **~ its way** आरम्भिक आर्थिक योजना के लिए अदायगी क.; **~ lip-service** दिखावे की हमदर्दी जताना; **~ off** 1 अंतिम वेतन देकर कर्मी को नौकरी से निकाल दे. 2 अच्छा परिणाम मिलना, लाभ पाना 3 पूरी रकम चुकता कर दे., पूरा ऋण चुकाना 4 *US* मार दे., बदला ले.; **~ off old scores** बदला लेना; **~ on** नकद पैसा दे.; **~ one's addresses to sb** किसी के साथ प्रेमाचार क., किसी पर डोरे डालना; **~ one's respect/ homage to sb** किसी के प्रति आदर या श्रद्धांजलि का इजहार क.; **~ one's shot** अपना हिस्सा चुकाना, अपने हिस्से का खर्चा दे.; **~ one's way** 1 अपनी आमदनी अनुसार गुजारा क. 2 अपना गुजारा चला लेना 3 अपने खर्चे और ऋण का भुगतान क.; **~ out** 1 पूरा पैसा दे दे. 2 अपना हिस्सा दे. 3 बदला ले. 4 ढीला करना (a rope); **~ over** 1 चुकता कर दे. 2 कीमत से ज्यादा पैसे दे दे.; **~ one's respects to sb** किसी के प्रति सम्मान प्रकट क.; **~ person out** दंड/ सज़ा दे.; ~

sb back in his own coin/ ~ **sb's own the coin** बदला लेना, ईंट का जवाब पत्थर से दे., जैसे को तैसा क.; ~ **sb/ sth a visit** किसी के पास भेंट करने जा.; ~ **sb off** पूरी अदायगी करके किसी की महत्ता खत्म क.; ~ **scot and lot** पाई-पाई चुकता कर दे.; ~ **size** भारी कीमत चुकाना; ~ **sth back** ऋण का पैसा चुकाना, भुगतान क.; ~ **sth down** तुरंत नकद अदायगी क.; ~ **sth in** पैसा बैंक खाते में डालना; ~ **sth off** ऋण आदि की पूरी अदायगी कर दे., भुगतान चुकता क.; ~ **sth out** 1 बिल, ऋण आदि का भुगतान क. 2 रस्सी को आहिस्ता-आहिस्ता अपने हाथ से छोड़ते हुए ढीला क.; ~ **the Cain** सजा भुगतना; ~ **the debt of nature** मर जाना; ~ **the devil**/ ~ **the penalty** किसी बात के लिए सजा भुगतना; ~ **the piper** किसी कार्यक्रम का पूरा खर्चा उठाने के एवज में उस पर पूर्ण अधिकार पाना; ~ **tribute to sb/ sth** सार्वजनिक रूप से किसी के या किसी बात के प्रति आदर प्रकट क.; ~ **through the nose** बहुत अधिक कीमत देनी पड़ना; ~ **up** 1 अनिच्छापूर्वक सारा भुगतान कर दे., न चाहते हुए पूरी रकम का भुगतान कर दे. 2 समय पर भुगतान क.; ~ **with fine speeches** लफ्फाजी के सहारे बच निकलना; ~ **with the roll of the drum** पैसा हड़प जा., पैसा मार ले.; ~ **your footing** अपना खर्चा खुद दे.;

as the ~ so the work जैसे दाम वैसा काम; **be off sb's ~roll** किसी की नौकरी से हटाया जा.; **he who ~s the piper call the tune** जो पैसे दे वही काम ले; **in the ~ of sb** किसी का भाड़े का टट्टू हो.; **no ~, no play** दाम नहीं तो काम नहीं; **put paid to sth/ sb** *colloq.* खत्म कर दे., किसी का काम तमाम कर दे.; **the deuce/ the devil/ hell to ~** विपदा, घोर समस्या; **what's to ~?** बात क्या है?; **who breaks, ~s** जो करता है, सो भरता है; **you pays your money and you takes your choice** चुनने लायक दो-तीन चीजों में बहुत कम फर्क है

payable *see above under* **pay:** ***dw/lw***

payment /पेमंट/ *n.* 1 भुगतान, शोधन, अदायगी: ~ by/ in instalments; ~ in kind; monthly ~; progress ~ (किश्तों में भुगतान); promise of ~; terms of ~ (भुगतान की शर्तें); defer ~ (अदायगी टालना); enforce ~ (अदायगी लागू क.); stop/ suspend ~; withhold ~ (अदायगी रोक ले.) 2 भुगतान राशि: ~ of costs; monthly **~s** 3 (चुकाया हुआ) रुपया 4 (***syn.*** reward) पुरस्कार: ~ for services 5 (***syn.*** punishment): दंड, डंड took his ~ stoically (दंड को आत्म-संयम या विरक्ति भाव से लिया);

collocations: **balance of ~s** भुगतान-संतुलन, भुगतान-अंतर; **down** ~ नकद अदायगी

payola /पेओला/ *n., pl.* **~s** 1 (***syn.*** bribery) घूस या रिश्वत की देनदारी की प्रक्रिया 2 माल की बिक्री को बढ़ावा (promotion) दिलवाने के लिए संचार माध्यमों के कर्मियों को दी जाने वाली घूस 3 ब्लैकमेल से प्राप्त किया जाने वाला पैसा

pays *n.* फ्रांस में प्रदेश या लघु प्रांत जिसके निवास कुछ साझे कार्यक्रमों से जुड़े होते हैं

paysage /पेजाःज/ *n.* (***syn.*** landscape) भू-दृश्य, प्राकृतिक दृश्य; ***dw/lw:*** **paysagist** /पेजाजिस्ट/ *n.* प्राकृतिक दृश्यों का पेंटर (कलाकार)

Pb *symbol, chem.* **lead** (सीसा) का चिह्न

PBS *abbr., telecomm.* 'Public Broadcasting Service' की प्रथमाक्षरी

PBX *abbr., telecomm.* 'private branch exchange' की प्रथमाक्षरी

PC *abbr.* 'personal computer', *UK* 'police constable', 'politically correct', 'Parliamentary Committee' की प्रथमाक्षरी

p.c. *abbr.,* 'per cent', 'post card', 'personal computer' की प्रथमाक्षरी

PCB *abbr., comput.* 'printed circuit board' की प्रथमाक्षरी

PC card *abbr.* 'plastic card' with 'printed circuit' का संक्षेप (जिसे कंप्यूटर में डालकर भिन्न-भिन्न उपकरणों के साथ काम में लाया जा सकता है)

pcm *abbr.* 'per calendar month' की प्रथमाक्षरी

PCN *abbr.* 'personal communications network' की प्रथमाक्षरी

PCP *abbr., trademark* 'phencyclidine' का संक्षेप

PC Plod *abbr.* ब्रिटेन में कनिष्ठ पुलिस अधिकारी के लिए प्रयुक्त

pct. *abbr., N. Amer.* 'per cent' (प्रतिशत) का संक्षेप

pd. *abbr.,* **'paid'** का संक्षेप, (*also* **PD**) 'potential difference' की प्रथमाक्षरी

Pd *symbol, chem.* palladium का चिह्न

PDA *abbr.* 'personal digital assistant' की प्रथमाक्षरी

Pde *abbr.* 'Parade' का संक्षेप

PDF *abbr.* 'portable document format' की प्रथमाक्षरी (मात्र पढ़ने या प्रिंट करने योग्य कंप्यूटर पाठ)

PDL *abbr. comput.* 'page description language' की प्रथमाक्षरी

PDQ (*also* **p.d.q.**) *abbr., colloq.* 'pretty damn *or* pretty damned quick' की प्रथमाक्षरी

PDSA *abbr.* 'People's Dispensary for Sick Animals' की प्रथमाक्षरी

PDT *abbr.* 'Pacific Daylight Time' की प्रथमाक्षरी

PE (*US* **P.E.**) *abbr.* 1 'physical education', *phys.* 'potential energy' की प्रथमाक्षरी 2 पेरू (**Peru**) के अंतर्राष्ट्रीय वाहन पंजीकरण कोड (IVR)

pea /पी/ *n., pl.* **~s** 1 मटर, मटर का दाना 2 मटर का पौधा;

dw/lw: **~-brain** *adj.* मंदबुद्धि; **~-fowl** *n.* मयूर, मोर; **~hen** *n.* मोरनी, मयूरी; **~shooter** *n.* फोंफी, फुकनी, मटर के दानों को छर्रों के रूप में प्रयुक्त करने वाली खिलौना-बंदूक; **~-souper** *n., colloq.* बहुत घना कोहरा;

collocations: ~ **crab** मटर केकड़ा; ~ **green** मटर-सा हरा; ~ **jacket** मोटी ऊन का बना नाविक का ओवर-कोट; ~ **soup** मटर का गाढ़ा शोरबा (सूप); ~ **time** *US*: **the last of** ~ अंतिम चरण, किसी चीज का अंत: ~ time is past (काम तमाम);

green ~s हरी मटर; **pigeon** ~ तूबरी, अरहर; **split ~s** बिना छिलके के या दो-फाड़ की हुई मटर;

p&i: **as like as two ~s** बिल्कुल एक समान; **shell ~s** मटर का छिलका उतारना

peace /पीस/ *n.* 1 शांति (राजनीतिक): lasting/ stable ~ 2 (***syn.*** treaty) संधि, सुलह, समझौता: ~ with honour; ~ at any price; ~ was signed between the two countries; breach of the ~ 3 शांत वातावरण: ~ in the home 4 शोर-शराबा, दंगे-फसाद, अफरा-तफरी से मुक्त माहौल: ~ and quietness 5 मन की शांति: ~ of mind;

dw/lw: **~able** /पीसिएबल/ *adj.* 1 शांत 2 शांतिप्रिय 3 शांतिपूर्ण, शांतिमय; **~-breaker** *n.* शांति-भंजक, शांति भंग करने वाला; **~-camp** *n.* शांति शिविर; **~ful** *see below under separate entry*; **~keeping** *adj.* शांति बनाए रखने वाला: ~keeping force (शांति सेना); the UN sent a ~keeping force to Syria in 2012; **~keeper** *n.* शांति बनाये रखने वाला: UN ~keepers; **~-lover** *n.* शांति-प्रेमी व्यक्ति; **~-loving** *adj.* शांति-प्रेमी; **~maker** *n.* शांति स्थापक, शांति स्थापित करने वाला, संधिकर्ता, सुलहकार, शांति-निर्माता; **~-monger** *n.* शांति-योद्धा; **~-movement** *n.* शांति-आंदोलन; **~nik** *n.* सिद्धांततः युद्ध विरोधी व्यक्ति जो लड़ाई में भाग लेने से कर देता है; **~-offering** *n.* शांतिदान, शांति-उपहार; **~time** /पीसटाइम/ *n.* शांति काल: ~-time training; ~-time treaty;

collocations: ~ **activist** शांति के लिए सक्रिय कार्यकर्ता; ~ **campaign** शांति अभियान; ~ **conference** शांति-सम्मेलन; ~ **Corps** शांति सेना; ~ **dividend** निःशस्त्रीकरण की बदौलत

शांतिपूर्वक विकास के लिए बचा धन; ~ **footing** शांतिपूर्ण समय; ~ **force** शांति-सेना; ~ **negotiation/s** शांतिवार्ता; ~ **of mind** मन की शांति; ~ **pipe** आदिवासी अमेरिकियों के बीच साथ बैठ कर चिलम या हुक्का पीने की क्रिया जिसका अर्थ होता है सुलह; ~ **process** शांति-प्रक्रिया; ~ **sign 'V'** के आकार का शांति प्रतीक या चिह्न; ~ **studies** *pl., education* शांति की समस्याओं का अध्ययन; ~ **symbol** शांति का प्रतीक; ~ **talks** शांति-वार्ता;
a ~ agreement/ initiative/ treaty शांति समझौता/ शांति के लिए पहल/ शांति-संधि; **Justice of the ~** शांति के लिए सक्रिय न्यायाधीश; **the ~ process** शांति प्रक्रिया;
p&i: **~ of mind** मन की शांति; **~ with honour** सम्मानजनक शांति;
at ~ शांति-प्राप्त, शांत, जो युद्धरत न हो; **better a lean peace than a fat victory** युद्ध से शांति भली; **breach of the ~** शांति भंजन; **bring about/ establish/ restore ~** शांति लाना/ स्थापित क./ शांति बहाल क.; **give sb no ~** किसी को शांति से न रहने दे.; **hold one's ~** शांत रहना; **if you want ~, be prepared for war** शांति चाहते हो तो युद्ध के लिए तैयार रहो; **in ~** शांत वातावरण में, शांत; **keep the ~** *law* शांति बनाए रखना; **leave sb in ~** किसी की शांति भंग न क., किसी को तंग न क.; **make ~** सुलह क.; **make one's ~ with sb** किसी की बात मानकर सुलह कर लेना; **may he rest in ~!** भगवान उसकी आत्मा को शांति दे!; **swear the ~ against sb** अदालत में शपथ लेकर बयान देना कि दूसरे पक्ष से तुम्हें खतरा है

peaceful /पीसफुल/ *adj.* 1 शांतिमय: a ~ settlement of the dispute 2 शांत, शांतिपूर्ण: ~ evening 3 शांतिप्रिय 4 बेफिक्र, चिंतामुक्त;
dw/lw: **~ly** /पीसफुलि/ *adv.* शांतिपूर्वक: they slept ~ly; **~ness** *n.* 1 शांति, बेफिक्री, चिंतामुक्ति 2 शांतिप्रियता;
p&i: **~ coexistence** शांतिपूर्ण सहअस्तित्व

peach /पीच/ *n., pl.* **~es** 1 आड़ू, सतालू, शफतालू 2 आड़ू-सा रंग, अति पीला 3 एक सुंदर युवती, रूपसी: *colloq.* the girl was a ~ 4 उत्तम: a ~ of a day! a ~ of a car! 5 आड़ू की ब्रांडी: take a glass of ~;
adj. आड़ू के रंग का: ~ (coloured) blouse;
v., pt. **~ed**, *pp* **~ing** 1 चुगलखोरी क.: ~ against/ upon/ sb 2 बक दे.: all this has come out without my **~ing** a word;
dw/lw: **~-bloom** *n.* आड़ू-सी लाली: ~-bloom of health on her cheeks; **~-blossom** *n.* आड़ू के फूल; **~-blow** *n.* 1 बैंगनी-गुलाबी रंग 2 चीनी मिट्टी के बर्तनों पर इस रंग की चमक; **~-blow** *adj.* बैंगनी-गुलाबी रंग का: ~-blow vase; **~-colour** *n.* आड़ू-सा रंग; **~-coloured** *adj.* आड़ू-से रंग का; **~y** /पीचि/ *adj., degr.* ~ier, ~iest 1 आड़ू के रंग या स्वाद का 2 शानदार, बढ़िया: it was a ~y time for me 3 दिल-दहलानेवाला: ~y murder;
p&i: **~ on sb** *colloq.* जुर्म में किसी भागीदार की मुखबिरी क.; **come out without sb's ~ing a word** किसी द्वारा न बकने के बावजूद प्रकट हो जा.

peacock /पीकौक/ *n., pl.* **peacock/ ~s** 1 मोर, मयूर 2 *derog.* घमंडी छैला, बांका आदमी;
dw/lw: **~-blue** *n.* मोर -सा हरा-नीला रंग; **~-blue** *adj.* मोर-से हरे-नीले रंग का: a ~-blue dress; **~-eye** *n.* मोर के पंखों पर बहु-रंगा सुंदर धब्बा; **~-flower** *n.* कृष्णचूड़; **~ery** /पीकौकरि/ *n.* अकड़, दंभ, घमंड, अहंकार, शेखी; **~ish/ ~-like** *adj.* मोर जैसा; **~ish/ ~y** /पीकौकिश/ पीकौकि/ *adj.* अकड़बाज, दंभी, घमंडी, अहंकारी, शेखीबाज; **~-stone** *n.* मयूर-मणि; **~-throne** *n.* तख्त-ए-ताऊस;
collocations: **~ butterfly** लाल-भूरे रंग की तितली; **~ feather** मोर पंख; **~ ore** तांबे का खनिज;
p&i: **~ in his pride** ध्वज आदि पर नाचते मोर का चित्र; **(as) gaudy as a ~** भड़कीले कपड़े पहनकर बना-ठना हो.; **play the ~** अकड़ दिखाना, दंभ भरना; **proud as a ~** मोर-सा दंभी

peafowl *see above under* **pea:** ***dw/lw***

peahen *see above under* **pea:** ***dw/lw***

peak /पीक/ *n.* 1 चोटी, शिखर 2 शिखर (पहाड़ का नुकीला शिखर), शीर्ष 3 चरम-सीमा, पराकाष्ठा: the traffic reaches its peak at around 7 p.m.; the ~ of the demand for power 4 टोपी का बाहर निकलता या ऊपर उठता भाग: **~ed** cap 5 सफलता की पराकाष्ठा: his ~ was his mid-thirties; at the ~ of one's glory 6 नुकीली दाढ़ी 7 *naut.* पाल का ऊपरी बाहरी कोना;
adj. शिखरतम, चोटी का: electricity consumed at ~ hours; ~ month/ ~ year
v., pt. **~ed**, *pp* **~ing** 1 चरम बिंदु या चरम-सीमा पर पहुंचकर नीचे की ओर गमन क. 2 और अधिक तेज क.: heighten and ~ contradictions (विरोधाभासों को और बढ़ाना और तेज क.) 3 कुम्हलाना 4 नीचे की ओर झुकना;
dw/lw: **~ed** *adj.* 1 पीतवर्ण तथा रुग्ण 2 (***syn.*** sickly) दुबला-पतला, मरियल: grey and ~ed face (मटमैला व मरियल चेहरा) 3 निम्न संयुक्त शब्दों में: three-~ed (तीनमुंही चोटी वाला); twin-~ed (***syn.*** pointed, दोमुंही चोटियोंवाला नुकीला); **~ed-faced** *adj.* मरियल चेहरे वाली; **~iness** /पीकिनेस/ *n.* क्षीणता, रुग्णता, शिखर का नुकीलापन; **~-peak** /पीक-पीक/ *n.* अधिकतम नुकीलापन; **~y** /पीकि/ *adj., degr.,* ~ier, ~iest 1 चोटी का 2 तेज धार के (नुकीले) शिखर वाला: a ~y summit (नुकीली चोटी); ~y nose 3 क्षीणकाय, मरियल, पीला, फीका दिखने वाला, रुग्ण;
collocations: **~ condition** फलों आदि के अत्यधिक पक जाने की अवस्था; **~ hour** यातायात की भीड़ का शिखरतम समय; **~ load** शिखरतम भार, बिजली आदि की आपूर्ति पर अधिकतम मांग का समय; **~ periods** अधिकतम खपत का समय, व्यस्ततम काल; **~ power** अधिकतम बिजली; **~ range** अधिकतम दूरी; **~ value** शिखर मान; **~ viewing time** अधिकतम दर्शकों द्वारा टीवी देखने का समय;
p&i: **~ and pine** अत्यधिक कमजोर पड़ना; **~ load** बिजली आदि की आपूर्ति पर अधिकतम भार; **~ the flukes** सो जाना

peal /पील/ *n.* 1 घंटे या घंटियों की टनटन, टनटनाहट: the bells ring in ~ 2 घंटे-घंटियां 3 झनझनाहट, घनघनाहट, घंटानाद 4 गरजन, गड़गड़ाहट: ~ of thunder; **~s** of laughter (ठहाके, अट्टहास);
v., *pt.* **~ed**, *pp* **~ing** 1 जोर-जोर से घंटे-घड़ियाल बजाना, टनटनाना: ~ bells 2 गड़गड़ाना: a loud clap of thunder **~ed** (अट्टहास में फूट पड़ना);
p&i: **~ of thunder** जोर की गरजना

peanut /पीनट/ *n., pl.* **~s** *colloq.* 1 मूंगफली, चीनिया बादाम 2 (**~s**) अल्प, बहुत कम, थोड़ी-सी (राशि): he is working for **~s**;
collocations: **~ butter** मूंगफली से बनाया हुआ मक्खन; **~ politics** घटिया सड़कछाप राजनीति; **~ politician** घटिया सड़कछाप नेता; **~ roaster** *US colloq.* छोटा-सा वाष्पी जहाज

pear /पेअः/ *n.* 1 नाशपाती का पेड़ 2 नाशपाती का फल;
dw/lw: **~main** *n.* सेब की एक किस्म; **~-shaped** *adj.* 1 नाशपाती के आकार का 2 मृदुल, गूंजती (आवाज); **~-tree** *n.* नाशपाती का पेड़;
collocations: **~ drop** 1 नाशपाती जैसी एक मिठाई 2 (***syn.*** pendant) नाशपाती के आकार का हार;
p&i: **go ~-shaped** *UK* योजना आदि बेकार हो जा.; **shaking the ~-tree** प्रेजिडेंट आदि के पद पर जीत के बाद भिन्न-भिन्न पदों पर नियुक्तियां यानी विजय के फलों का बंटवारा

pearl /पःल/ *n., pl.* **~s** 1 मोती, मुक्ता 2 नकली मुक्ता, मोती: cultured **~s** 3 (**~s**) मोतियों का हार: she was wearing her **~s** 4 उत्तम व्यक्ति या वस्तु: he is the very ~ of courtesy 5 मोती जैसी कोई वस्तु 6 मोतियों-सी कीमती वस्तु;
adj. 1 खसखसी, मोतिया (colour) 2 रंग और आकार में मोती-

सा: ~ teeth 3 मोती-जड़ित;

v. *pt.* **~ed** *pt.* **~ing** 1 मोतियों या मोतियों जैसी चीज से अलंकृत क.: **~ed** with dew 2 जौ आदि के छोटे-छोटे मोतियों जैसे दाने बनाना 3 मोतियों जैसे दानों का माल बनाना 4 मोती ढूंढना 5 मोतियों-सी बूंदों से ढक जाना: perspiration **~ed** his brow; the dawn **~ed** the sky 6 मोतिया-से रंगों में रंगना;

dw/lw: **~-ash** *n.* मुक्ता-क्षार; **~-barley** *n.* जौ के मोतीनुमा दाने, बीयर बनाने के लिए, जौ के मोती-से दाने; **~-button** *n.* मोतिया बटन; **~-coloured** *adj.* मोतिया रंग का; **~-diver** *n.* 1 मरजीवा 2 मोती ढूंढने वाला गोताखोर 3 *US* बर्तन धोने वाली मशीन; **~-edged** *adj.* मोती-सी धार या दांतों वाला; **~ed** /पःलड/ *adj.* 1 मोतियों का 2 मुक्तालंकृत 3 मुक्ताकार 4 मोतिया, मुक्ताभ; **~er** /पःलः/ = **~-fisher** *n.* 1 मोती ढूंढने वाला, मोतिया-सीप पकड़ने वाला व्यक्ति 2 मोती ढूंढने या पकड़ने वाली नौका; **~-fishery** *n.* मोतिया-सीप पकड़ने का काम; **~-grey** (*also US* **pearl-gray**) *adj.* पीला-सा, नीला-सा, मुक्ताधूसर; **~ies** /पःलिज/ *pl., n.* 1 मोतियों के बटन 2 मोतियों के बटनोंवाली पोशाक; **~iness** /पःलिनेस/ *n.* मोतियों जैसे गुण; **~ing** /पःलिंग/ *n.* कपड़े पर कसीदाकारी से बनाई जाने वाली दानेदार जाली; **~ized/ ~ised** /पःलाइज्ड/ *adj.* पॉलिश से बना मोतिया रूप का.; **~-millet** *n.* बाजरा; **~-mussel** *n.* मुक्ता-सीपी; **~-oyster** *n.* मुक्ता-शुक्ति, सीप; **~scent** *adj.* ओसीला; **~-shell** *n.* सीपी; **~-stone** *n.* मोतिया चमक; **~ware** /पःलवेअः/ *n.* मोतिया बर्तन; **~-white** *n.* श्वेत मोतिया चूरा; **pearly** *see below under separate entry;*

collocations: **~ barley** जौ की गूरी, मोतिया जौ; **~ disease** मोतिया क्षयरोग; **~ oyster** मोती देने वाला घोंघा; **~s of wisdom** बुद्धिमत्तापूर्ण शब्द या विचार; **~ spar** *geol.* क्रिस्टल कार्बोनेट खनिज जिस पर मोती जैसी दमक होती है; **mother of ~s** मोती की सीप;

p&i: **a ~ of great price** बहुत ही कीमती हीरा; **cast/ throw ~s before a swine** भैंस के आगे बीन बजाना; **he who would search for ~s must dive below** मोती मिलें गहरे पानी पैठ; **wear one's ~s** अपना मोतियों का हार पहनना

pearly /पःलि/ *adj., degr.* **~ier**, **~iest** 1 मोतियों से सज्जित, मुक्ताजड़ित 2 मोती-सा, मोतिया: teeth of ~ whiteness 3 मुक्ता का, मुक्ता-जैसा, मुक्तोपम, मुक्तामय: ~ seas (मोतियों भरे समुद्र) 4 मोतिया रंग का: a dress of ~ grey 5 मोतियों-सा सुंदर, स्पष्ट, शुद्ध, उत्तम: she is ~ throughout;

collocations: **(the) Pearly Gates** *[pl.] colloq.* स्वर्ग का द्वार; **~ king** and **~ queen** लंदन में एक मुकाबले में सर्वश्रेष्ठ मोतिया बटन की पोशाक पहनने वाला जोड़ा; **~ nautilus** मोती पैदा करने वाला समुद्री घोंघा

pearmain *see above under* **pear: *dw/lw***

peart /पेःट/ *adj., colloq.* 1 प्रसन्न, भला-चंगा 2 चुस्त, फुरतीला 3 गुस्ताख

peasant /पअजंट/ *n.* किसान, खेतिहार, कृषक;

adj. 1 (***syn.*** rustic, lout) देहाती, गंवार: ~ woman; ~ labour; ~ proprietor (भूमि-धारी);

dw/lw: **~ry** /पअजंट्रि/ *n.* किसान वर्ग, कृषक समुदाय, कृषि-वर्ग

pease /पीज/ *n., pl.* **pease/ peason** मटर या मटर की बेल;

collocations: **~ pudding** मटर का हलवा

peat /पीट/ *n.* 1 पांस, सड़ी-गली घास-पात 2 सड़े घास-पात का कटा हुआ गट्ठर, भरोटा (*Hr.*) 3 सड़ी-गली या सूखी घास-पात से ढका दलदली बीढ़ 4 क्षेत्र जहां से सड़ी-गली या सूखी घास-पात निकाली जाती है;

dw/lw: **~-coal** *n.* पांस का कोयला; **~-compost-block** *n.* सड़ी-गली घास-पात के खाद के भार या क्यारी; **~y** /पीटि/ *adj., pl.* ~ier, ~iest सड़ी-गली घास-पात वाली (जमीन);

collocations: **~ bog** सड़ी-गली घास-पात की दलदल; **~ culture** सड़ी-गली घास-पात वाली जमीन (बीढ़) पर कृषि-कार्य; **~ land** सड़ी-गली घास-पात वाली भूमि; **~ moss** (*also* **spahagnum**) सड़ी-गली घास-पात की काई

peau de soje /पो ड स्वाः/ *n.* बहुत महीन रेशमी या रेयोन का कपड़ा

peavey/ peavy /पीवि/ *n., pl.* **peaveys/ peavies** लकड़हारे का औजार

pebble /पेब्ल/ *n., pl.* **~s** 1 कंकड़, गुटिका, बटिया, रोड़े 2 (***syn.*** quartz) स्फटिक;

v., *pt.* **~d**, *pp.* **pebbling** 1 रोड़ियों से ढकना 2 चमड़े पर रोड़ीनुमा खुरदरी सतह बनाना;

dw/lw: **~d** /पेब्लड/ *adj.* कंकड़भरा; **~dash** *n.* बाहरी दीवारों पर किए जाने वाले पलस्तर के लिए कंकड़ भरा घोल; **~-leather** *n.* कंकड़नुमा खुरदरी सतह वाला चमड़ा; **pebbly** /पअब्लि/ *adj., degr.* pebblier, pebbliest 1 गिट्टीदार, रोड़ियों वाला, कंकड़ीला 2 (***syn.*** uneven) रोड़ेदार;

collocations: **~ pavement** रोड़ीदार पैदलपथ; **~ powder** मोटा कंकड़ीला चूरा;

p&i: **~ on the beach** आम आदमी; **not the only ~ on the beach** और बहुत सारे हैं उस जैसे

PEC/ pec *abbr.* 'photoelectric cell' की प्रथमाक्षरी

pecan /पीकन/ पिकैन/ *n.* 1 (*also* **~ tree**) एक फलीदार पेड़ 2 (*also* **~ nut**) एक कार की खाद्य फली

pecca\ble /पेकअ\बल/ *adj., formal/ lit.* पापोन्मुख, पापाधीन, पापक्षम, पापवश;

dw/lw: **~bility** /पेकअबिलिटि/ *n.* पापोन्मुखता, पापवशता, पाप-प्रवणता

peccadillo /पेकअडिलो/ *n.,* **~s/ ~es** 1 छोटा-मोटा पाप 2 छोटे-मोटे कुकर्म

pecancy /पेकंसि/ *n.* पापोन्मुखता, पापात्मकता, पाप

peccant /पेकंट/ *adj.* 1 नियम भंजक 2 पापी, दोषी, पापमय 3 दूषित, रोगकारक, विकार-ग्रस्त, विकृत: ~ tooth 4 विकृत: the ~ string (music)

peccary /पेकरि/ *n., pl.* **peccaries** सुअर की जाति का या सुअर जैसा एक दक्षिणी अमेरिकी जानवर

peccavi /पेकाःवीः/ *Lat.*: **cry** ~ अपना दोष स्वीकार क.

peck /पेक/ (*also* **~ at**) *v., pt.* **~ed**, *pp* **~ing** 1 (*also* **~ at sth**) चोंच मारना: ~ at the bark of the tree; birds **~ed** at the grapes; **~ed** his finger 2 जल्दी-जल्दी खाना: ~ a bit (थोड़ा-सा टूंग (खा) ले.) 3 (***syn.*** pick up) चुगना 4 (***syn.*** carp at) दोष निकालना, नुक्ताचीनी क. 5 (***syn.*** nag) तंग क., दोष निकालना 6 चोंच से छेद क. 7 गाल को हल्के-से चूमना: **~ed** her on the cheek 8 पत्थर मारना 9 तेजी से आगे दौड़ पड़ना: the horse **~ed** and stumbled;

n. 1 हल्का-सा चुंबन: give sb a ~ 2 चंचु-प्रहार 3 फल आदि में चोंच का निशान: a bird ~ 4 खाना: the ~ was served at once;

dw/lw: **~er** *n.* 1 चोंच 2 कठफोड़ा: wood-~er 3 (***syn.*** pick) गैंती 4 हौसला, हिम्मत: keep one's ~er up (हिम्मत बांधे रखना) 5 *N. Amer. crude sl.* लिंग 6 पेटू; **~ish** /पेकिश/ *adj.* 1 *colloq. UK* अत्यधिक भूखा: feeling a bit ~ish 2 *US colloq.* जिससे खीझ पैदा होती हो: feel/ be ~ish; **~ishness** *n.* खीझ;

collocations: **~ of troubles** मुसीबतों का पुलिंदा; **~ing order** 1 पक्षियों के बीच ऐसा कायदा जब बड़ा पक्षी छोटे को चोंच मार सकता है पर नीचे वाला नहीं 2 सामाजिक ऊंच-नीच का तानाबाना जिसमें ऊपर वालों के पास विशेष अधिकार होते हैं, पर नीचे वालों के पास नहीं 3 स्तर: nobody is at the top of ~ing order in cricket today;

p&i: **~ and perch** खाना और रहना; **~ and tipple/ booze** खाना-पीना; **~ at** चोंच मारना, चीरना, गाली दे.; **~ the ice off** बर्फ झाड़ना;

be off one's ~ भूख का खराब हो जा. या भूख मिट जा.; **eat a ~ of salt with sb** किसी व्यक्ति की ठोक बजाकर पर्ख क.; **keep one's ~er up** कठिनाइयों के बावजूद मनोबल बुलंद रखना; **put**

sb's ~er up किसी को आपे से बहार क.; **there has been many a ~ of salt eaten since** तब से बहुत कुछ बदल गया

pecten /पेक्टिन/ *n., pl.* **pectines** /पेक्टिनीज/ *or* **pectens** /पेकटिन्ज/ *anat., zool.* कंकतांग, पक्षी या रेंगनेवाले जीव की आंख में कंघानुमा संरचना

pectinate/ pectinated /पेक्टिनेट/ ~टिड/ *adj., biol.* कंकताकार, कंघाकार

pectoral /पअक्टरल/ *adj.* 1 छाती-संबंधी, वक्ष-संबंधी 2 छाती वस्त्र या अस्त्र, अंसीय 3 दिली, हार्दिक, तहे दिल से निकला हुआ; *n.* 1 (*syn.* breast-plate) उरस्त्राण, कवच, ढाल 2 फेफड़े की दवा 3 वक्ष मांसपेशी: ~ muscles 4 वक्ष आभूषण;
collocations: **~ arch** अंस-चाप; **~ cross** बिशप आदि द्वारा पहना जाने वाला वक्ष-क्रूस; **~ fin** अंस-पंख; **~ girdle** अंस-मेखला

pectoriloquy /पेक्टअरिलअक्वि/ *n., med.* फेफड़ों में से बोलने की आवाज या फुसफसाहट सुनने की क्रिया

pecula\te /पेक्युलेट/ *v., pt.* **~ted**, *pp* **~ting** गबन क., हेराफेरी क.;
dw/lw: **~tion** /~शन/ *n.* गबन, हेराफेरी; **~lator** /~टः/ *n.* गबनकर्ता

peculiar /पिक्यूलिअः/ *adj.* 1 (*syn.* characteristic) किसी की निजी विशेषता संबंधी, निजी, व्यक्तिगत: ~ to sb/ sth; that gait is ~ to him; my own ~ property; for my own ~ reasons 2 (*syn.* odd, funny) अजीब, विचित्र: their own ~ methods; well, that's ~! (अच्छा यह तो विचित्र बात है!); he has ~ ways; be ~ in one's dress 3 (**~ to sb/ sth**, *syn.* characteristic) विशिष्ट: habits ~ to cats; privileges ~ to military 4 असाधारण, विलक्षण, निराला, अनूठा, अनोखा: of ~ interest; he is a little ~; **Peculiar** People (विलक्षण लोग);
dw/lw: **peculiar\ity** /~ऐरअटि/ *n., pl.* ~ities 1 विशिष्टता: it is a ~ity of Asia 2 विचित्रता: ~ity of sb's nature 3 विशेषता, विलक्षणता, अनूठापन: the ~ity of his fate; **~ize/ ~ise** /~अराइज/ *v., pt.* ~ized, *pp.* ~izing 1 अलग-अलग क. 2 श्रेणियों में बांटना 3 विशिष्टता दर्शाना: this ~izes the Latin original; **~ly** /~अःलि/ *adv.* 1 विशिष्ट ढंग से: this idea does not belong ~ly to him 2 अनूठे तरीके से: he acted ~ly in this case 3 विशेष रूप से, व्यक्तिगत रूप से, असाधारण ढंग से: he was ~ly prepared;
p&i: **peculiar to** ऐसा उसके स्वभाव में है

peculium /पिक्यूलिअम/ *n.* निजी संपत्ति

pecuniary /पिक्यूनिअरि/ *adj.* 1 आर्थिक: ~ affairs; ~ aid; ~ loss 2 धन-संबंधी: ~ claim/ demand; ~ property; ~ penalty;
p&i: **~ loss** पैसे का नुकसान

pecunious /पिक्यूनिअस/ *adj.* धनी, पैसे वाला

-ped/ -pede *comb. form, forming nouns, denoting:* **foot** (पांव, पाद); **quadruped** (चतुष्पद); **millipede** (बहुपाद)

pedago\gic/ ~al (*also* **paedago\gic/ ~al**) /पैडअगौजिक/ ~जिकल/ *US* पैडअगाःजिक/ ~जिकल/ *adj.* शिक्षाशास्त्र-संबंधी, शिक्षाशास्त्रीय, शैक्षणिक;
dw/lw: **~gically** /~जिकलि/ *adv.* शिक्षाशास्त्र अनुसार; **~gics** /~जिक्स/ (= pedagogy) *n.* शिक्षाशास्त्र; **~gue** /पैडअगौग/ *US* पैडअगाःग/ *n., pl.* ~gues *old derog. use* शिक्षक, विशेषकर सख्त और बाल की खाल उतारने वाला अध्यापक (pedant); **~guism** /~गिजम/ *n.* शैक्षिक कार्य-कलाप; **pedago\gy/ paedagogy** /पैडअगौजि/ *US* पैडअगाःजि/ *n.* शिक्षा-शास्त्र, अध्यापन-कला, अध्यापन विज्ञान

pedal /पअडल/ *n.* 1 पैडल, वाहन या किसी उपकरण को पैर द्वारा चलाने के लिए पायदान: damper/ loud/ forte ~; soft/ piano ~; sostenuto ~ (मध्यम पैडल) 2 *geom.* पदिक;
adj. 1 पैर का, पाद-: ~ bike; ~ brake 2 पदिक;
v., *pt.* **~led**, *pp* **~ling** (*US* **pedaled**, **pedaling**) (पैडल से) चलाना;
dw/lw: **~ling** /पअडलिंग/ *n.* पैडल चलाने की क्रिया; **~-pushers** *pl., n.* औरतों की घुटनों तक आने वाली निक्कर;
collocations: **~ bin** रसोई में रखी जाने वाली पैडल-लगी कूड़े की टोकरी; **~ point** (*also* **organ point**) *music* संगीत में पिआनो आदि के पैडल को दबाने से पैदा होने वाले विशेष स्वर; **~ steel guitar** पैडल लगी इलेक्ट्रिक गिटार;
p&i: **soft ~ sth** किसी मुद्दे पर मजबूती की बजाए ढुल-मुल क., टाल दे., कम महत्त्व दे.

-pedal *comb. form, forming adjectives, indicating:* **foot** (पांव, पैदल): **bi~** द्विपदीय

pedalo /पेडअलो/ *n., pl.* **~s** झीलों आदि मनोरंजन स्थलों पर प्रयोग की जाने वाली पैडल-बोट

pedant /पअडंट/ *n., derog.* 1 छोटी-छोटी बातों को लेकर मीन-मेख निकालने वाला 2 कोरा पंडित 3 दंभी अध्यापक, विद्याडंबरी 4 पंडितवादी, पांडित्य-प्रदर्शक;
dw/lw: **~ic** /पिडैंटिक/ *adj.* पंडिताऊ; **~ically** /पिडैंटिकलि/ *adv.* पांडित्यपूर्वक, पंडिताऊपन झाड़ते हुए; **~ry** /पअडंट्रि/ *n.* 1 पांडित्य-प्रदर्शन, विद्याडंबर 2 अतिशय तथा अनावश्यक कागजी कार्रवाई

pedate /पडेट/ *adj.* 1 पंजाकार, पैदल 2 पौधे का विशेष प्रकार से चिरा हुआ पत्ता

peddle /पअड्ल/ *v., pt.* **~d**, *pp* **peddling** 1 अवैध दवाई बेचना 2 फेरी लगाना, घूम-घूमकर बेचना: ~ wares from village to village 3 समय गंवाना: ~ away one's time; ~ scandals (अफवाहें फैलाना) 4 (*syn.* trifle) छोटी-मोटी चीजें बेचना: ~ away on trifles 5 छोटी-छोटी चीजें क. या उन्हीं में व्यस्त रहना 6 सतही तरीके से कोई काम क.: ~ with literature 7 लोगों द्वारा स्वीकार करवाने की मंशा से कोई विचार या कहानी फैलाना;
dw/lw: **~r** *US spelling of* '**pedlar**' 1 फेरी वाला 2 पैरोकार: a dope ~ (अवैध रूप से डोप यानी नशीली दवाई बेचने वाला); **peddling** /पअडलिंग/ *n.* 1 परचून व्यापार, छोटी-मोटी चीजों का व्यापार 2 ओछी बातें करने का काम या क्रिया; **peddling** *adj.* 1 फेरी वाला 2 (*syn.* trifler) मक्खी मारने वाला 3 (*syn.* petty) तुच्छ: peddling details (बेकार की तफसील); peddling dilettantism (क्षुद्र नीम-हकीमी);
p&i: **~ one's papers** *US* दूसरों के मामलों में टांग न अड़ाना: I told him to go and ~ his papers (मैंने उसे चले जाने और अपने काम से काम रखने को कहा)

peddling *see above under* **peddle: *dw/lw***

pede\rast /पअडअरैस्त/ (*also* **paede\rast**; *Russian* **педерáст**) *n.,* लौंडेबाज;
dw/lw: **~rasty** /~स्ति/ (*Russian* **педерáстия**) *n.* लौंडेबाजी

pedestal /पैडिस्टल/ *n.* 1 आधार, पीठिका: put a vase on its ~ 2 आसन: put/set sb on a high ~;
adj. आधार या पीठिका का/ के/ की: ~ base; ~ bearing; ~ mounting;
collocations: **~ desk** कई खानों वाली डेस्क;
p&i: **put/ place sb on a ~** किसी को इतना पसंद करना कि उसके दोषों को भी नजर अंदाज कर दे.

pedestrian /पअडेस्ट्रिअन/ *n.* 1 पैदल यात्री 2 प्यादा, पादचारी;
adj. 1 पैदल: ~ crossing/ crosswalk/ ~ walkway (पैदल पार पथ); ~ tour 2 (*syn.* unimaginative) सड़कछाप, नीरस: a ~ rendering of *Swan Lake*; verse of ~ order; ~ muse (फीका प्रेरणा स्रोत);
dw/lw: **~ism** /पअडेस्ट्रिअनिजम/ *n.* 1 पादचार 2 नीरसता, सड़कछापपन: ~ism of style; **~ize/ ~ise** /पअडेस्ट्रिअनाइज/ *v., pt.* ~ized, *pp* ~zing 1 वाहनों के आने-जाने की मनाहीवाला बाजार बनाना; **~zation** /पअडेस्ट्रिअनाइजेशन/ *n.* वाहनों के

आने-जाने की मनाही द्वारा पैदल पथिकों के बाजार का निर्माण; ***collocations:*** ~ **control** पांवों द्वारा नियंत्रण या चालन; ~ **crossing** (*also* **cross walk**) पैदल पारपथ चौराहा; ~ **island** पैदल पथिकों के लिए सुरक्षित स्थान; ~ **precinct** (*also* ~ **mall**) ऐसा बाजार जहां वाहनों को आने-जाने की इजाजत नहीं होती; ~ **statue** खड़े आदमी का बुत;

p&i: ~ **precinct** फुटपाथ का बाजार

pedetentous /पेडिटेंटस/ *adj.* चौकस, चौकन्ना, सतर्क

pediatric (*also* **paediatric**) /पीःडिऐट्रिक/ *adj.* शिशु-चिकित्सा से संबंधित;

dw/lw: **~ian** /पीडिअट्रिशिअन/ *n.* 1 *UK* **'paediatrician'** की अमेरिकी वर्तनी 2 बच्चों का डॉक्टर, शिशु (रोग) चिकित्सक; **~s** /पीडिऐट्रिक्स/ (*also UK* **paediatrics**) *n.* बाल चिकित्सा-शास्त्र, बालचिकित्सा, कौमारभृत्य

pedicab /पअडिकैब/ *n.* ट्राइमोटरसाइकल जिसमें पिछले पहिए के समानांतर एक छोटी गाड़ी लगी रहती है

pedicell/ pedicle /पेडिसेल/ पेडिक्ल/ *n.* पुष्पवृंत, वृंतक;

pedicellate /पेडिसेलेट/ *adj.* सवृंत

pedi\cular/ ~culous /पेडिक्यु\लः/ ~लस/ *adj.* जूं का, जूं-भरा

pediculosis /पेडिक्युलोसिस/ *n., med.* जूओं से भरा होने की अवस्था

pedicure /पेडिक्युअः/ *US* पेडिक्युर/ *n.* 1 पैरों की देखभाल, साज-संवार, पैरों के नाखून काटने तथा उन पर पालिश करने की क्रिया 2 पादचिकित्सक 3 पादचिकित्सा 4 नखप्रसाधन, नख-सज्जा

pedigree /पेडिग्री/ *n., pl.* **~s** 1 वंशावली 2 वंशावली, वंशवृक्ष, वंश, कुल, खानदान: both words have the same ~ 3 नस्ल (पशु संबंधी): ~ cattle; ~ farm; ~ seed;

dw/lw: **~d** *adj.* 1 ज्ञात वंशावली का, नस्लदार; ऊंची नस्ल के माता-पिता वाला (पशु, कुत्ते आदि): ~d horse 2 उच्च वंशावली का: the old ~d population (पुराना अभिजात वर्ग); ~d-monger; **~d** *n.* 1 वंशावली संस्थापक 2 वंशावली पेड़ों को बेचने वाला

pedimanous /पिडिमनस/ *adj.* पांव जैसे हाथों वाला, हाथ-पांवों वाला

pediment /पेडिमंट/ *n.* 1 (मकान के अग्रभाग के ऊपर की) त्रिकोणिका 2 *geol.* हल्के-से ढलती सतह;

dw/lw: **~al** *adj.* 1 त्रिकोणिक 2 आसन या पीठिका पर खुदे हुए: ~al letters 3 शीर्षस्थ, लंबाकार: ~al head-dress

pedlar (*US* **peddlar**) /पेडलः/ *n.* 1 फेरी वाला, पैकार 2 अफवाहें फैलाने वाला आदमी 3 अनाड़ी कर्मी: he was a perfect ~ in science;

dw/lw: **~y** /पेडलरि/ *n.* 1 परचून व्यापार 2 (***syn.*** trade in kind) माल के बदले माल का व्यापार 3 सड़क पर बेचा जाने वाला माल 4 फटे-पुराने चीथड़े या चीजें;

collocations: **~'s French** चोरों की बोली

pedo\- (*UK* **paedo\-**) /पिडो-/ *comb. form, denoting:* **soil** (मिट्टी, मृदा);

dw/lw: **~genesis** /पिडौजेनिसिस/ *US* पिडाःजेनिसिस/ *n., geol.* मिट्टी बनने की क्रिया; **pedological** /पिडअलौजिकल/ *US* -लाःजि-/ *adj., geol.* मिट्टी बनने की क्रिया से संबंधित; **~logy** /पिडौलजि/ *US* पिडाःलजि/ *n.* मृदाविज्ञान, मिट्टी विज्ञान; **~logist** /पिडौलअजिस्ट/ *US* पिडाःलअजिस्ट/ *n.* मृदाविज्ञानी, मिट्टी-विज्ञानी; **~meter** /पिडौमिटः/ *US* पिडाःमिटः/ *n.* कदमों की गिनती करके तय की गई दूरी बताने वाला यंत्र, पदगणित्र; **pedotheque** /पीडअथेक/ *n.* मिट्टी की किस्मों के नमूनों का भंडारण या संग्रह करने का कार्य

pedophile, pedophilia *see above under* **paedophile, paedophilia**

pedregal /पेडरेगल/ *n. US* 1 पथरीली भूमि का टुकड़ा 2 बर्फीला खेत, ऐसा स्थान जहां चारों ओर बर्फ ही बर्फ हो

peduncle /पिडंकल/ *n., bot.* 1 एक छोटी-सी फूल वाली डंठल 2 पुष्पवृंत, वृंत, वृंतक, डंठल

pedunculated /पिडंक्युलेटिड/ *adj.* पादित, पीठिका पर टिका हुआ: ~ flap *med.* (पीठिका पर टिका हुआ लत्ता)

pee /पी/ *v., pt.* **~d**, *pp* **peeing** (***syn.*** urinate) मूतना, पेशाब क.;

n. पेशाब

peek /पीक/ *v., pt.* **~ed**, *pp* **~ing** (**~ at sth**) 1 लुक-छिपकर देखना 2 (***syn.*** peep) एक झलक पाना, झांकना: we **~ed** at the price;

n. झांकी, झलक: have/ take a ~; give a quick ~ at the girl;

p&i: ~ **at** किसी ओर झांकना; ~ **out** बाहर झांकना; **~ing order** सम्मान पटिका में क्रम

peel /पील/ *v., pt.* **~ed**, *pp* **~ing** 1 छीलना: ~ an orange 2 छिलना, झड़ना: ~ away/ off 3 अलग हो जाना: the vehicle **~ed** off from others 4 निर्वस्त्र हो जाना: she **~ed** off her dress 5 (*also* **~ sth away/ off**, ***syn.*** strip off) बाहरी परत को अलग क.: the paint is **~ing** (off) 6 दीवार आदि की ऊपरी सतह का उतर जा. (flake off in patches): the upper layer of wall **~ed** off 7 धूप से झुलस जाने के कारण खाल का उतरना या झड़ना: he got sun-burnt and his face **~ed**;

n. 1 छिलका: candied ~ 2 (***syn.*** shovel) बेलचा;

dw/lw: **~ed** /पील्ड/ *adj.* 1 छिला हुआ 2 घिसा-पिटा 3 बिना घास-पात के 4 कंगाल, भिखारी: scattered and ~ed (नंग-धड़ंग और फटेहाल); **peel\er** /पीलः/ *n.* 1 छीलने वाला: potato ~er 2 पुलिसिया 3 स्ट्रिप्टीज (striptease) करने वाली यानी सारे कपड़े उतार देने वाली लड़की 4 जीवंत और ऊर्जावान व्यक्ति: his teacher was a ~er 5 *US sl.* दूर से दिखने वाली: a rare ~er of a girl (अति सुंदर लड़की); the gale was what sailors call a ~er (जैसा कि नाविक कहते हैं तूफान अच्छा-खासा था) 6 *US* (***syn.*** cow-boy) अमेरिकी चरवाह; **~ing** *n.* 1 खाल, छाल 2 खाल की छिलाई: ~ing of the tree; **~ings** /पीलिंग्ज/ *n., [pl.]* छिलके, खाल आदि; **~ing** *adj.* छीलनेवाली: ~ing machine;

p&i: **~ed and wasted remnants** बहुत खराब झूठन; **~ sth off** 1 सैनिकों आदि की लाइन से बाहर निकलना 2 उतारना; **~ out** जल्दी से चले जा; **keep one's eyes ~ed** चौकन्ना रहना

peen/ pein /पीन/ *n.* (मारतौल या हथौड़े का) उल्टा सिरा, हथौड़े की अहरन पर पड़ने वाली तरफ का उल्टा फलक;

v., *pt.* **~ed**, *pp.* **~ing** हथौड़े के उल्टे सिरे से काम क.

peep /पीप/ *v., pt.* **~ed**, *pp* **~ing** 1 (**~ at sb/ sth** or **~ out**) झांकना, ताकना-झांकना: ~ at/ through/ out, etc. 2 किसी व्यक्ति या किसी चीज पर या बाहर झांकना: we must not ~ and eavesdrop (हमें किसी को लुक-छिप कर देखना या सुनना नहीं चाहिए); the moon **~ed** out; the stars were beginning to ~ 3 झलकना: his doctrines ~ out in his essays 4 (**~ out**) थोड़ा-सा दिखाई पड़ना: when the plants begin to ~ out 5 (***syn.*** chirp) चीं-चीं क., चहकना;

n. 1 झलक: have/ take a ~ at the letter 2 झांकी 3 ताक-झांक: a ~ into sth 4 चीं: nobody has heard a ~ from you (किसी ने तुम्हारी तरफ से चीं भी न सुनी);

dw/lw: **~er** /पीपः/ *n.* ताक-झांक करने वाला: ~ers and eavesdroppers; **~s**; /पीपःज/ *n., [pl.], old use, colloq.* आंखें: his stupid ~s; **~hole** *n.* छेद, मोखा, झरोखा, गवाक्ष, निरीक्षण-छिद्र; **~show** /पीपशो/ *n.* 1 सैरबीन 2 *US* नग्न लड़कियों द्वारा किया जानेवाला स्ट्रिप्टीज (striptease) तमाशा;

collocations: ~ **horn** बजने वाला सींग; **Peeping Tom** 1 ढूंढने वाला रेडियो उपकरण 2 (***syn.*** voyeur) कपड़े उतारते व्यक्ति को चोरी-छिपे देखने वाला 3 ताक-झांक करने वाला, चोरी-छिपे देखने वाला, झंकवैया;

p&i: **at ~ of day/ dawn** दिन निकलते ही; **don't let me hear another ~ out of you** अब के बाद मुझे तुम्हारी चीं भी सुनाई नहीं पड़नी चाहिए; **go without a ~** फौरन चले जाओ!,

पलक भी न झपकना!; **not another ~ out of you** तुम अब चीं भी नहीं करोगे; **the ~ of dawn** भोर की लालिमा

peer /पिअः/ *n.* 1 समकक्षी समूह, एक उम्र और एक ही स्तर के अन्य समकालीन लोग: be judged/ tried by one's **~s** 2 जोड़ा: without ~ 3 जोड़ी या मुकाबले का समकालीन व्यक्ति: you will not find his ~ 4 समकालीन साथी 5 *UK* अभिजात वर्ग का व्यक्ति, अभिजात 6 ब्रितानवी संसद में 'House of Lords' का सदस्य जिसे 'Life Peer' या 'Life Peeress' कहा जाता है 7 (**spiritual ~**) बिशप, आर्कबिशप या 'temporal peer' ('House of Lords' के सब सदस्य);

adj. समकालीन, हमउम्र: ~ group;

***v.**, pt.* **~ed**, *pp* **~ing** 1 (**~ at sth** or **sb**) 1 गौर से देखना: ~ into sb's face 2 आंखें थोड़ा भींचकर ऐसे देखना मानो देखने में थोड़ी कठिनाई हो: he **~ed** into the room 3 (*sometimes* ~ **out**) *lit.* थोड़ा बाहर निकलकर ताकना: a vast white cloud, through which the sun **~ed** 4 बराबर होना;

dw/lw:* ~age** /पिअरिज/ *n.* 1 अभिजात वर्ग 2 पियर की उपाधि: confer/ grant a ~age on/ to sb; to raise sb to the ~age; his name was in the ~age (उसका नाम पिअरों की सूची या पुस्तिका में था); **~ess** /पिअरस/ *n., pl.* ~esses 1 अभिजात स्त्री: ~ess in her own right 2 अभिजात वर्ग के पुरुष की पत्नी; **~less** /पिअरलेस/ *adj.* (syn.*** unsurpassed) अद्वितीय, लाजवाब, बेजोड़; **~lessly** /पिअरलेसलि/ *adv.* लाजवाब या बेजोड़ ढंग से; **~-to-~** *comput.* एक-दूसरे के सरवर (server) के रूप में काम करने वाले कंप्यूटर;

***collocations:* ~ group** एक ही उम्र या शैक्षिक स्तर के समकालीन लोगों का समूह; **~ of the realm** अभिजात वर्ग का सदस्य जो हाउस ऑव लॉर्डज का सदस्य होता है; **~ pressure** एक ही उम्र या शैक्षिक स्तर के समकालीन लोगों का दबाव; **a spiritual ~** आध्यात्मिक गुरु; **a temporal ~** ब्रिटेन में लॉर्डों के सदन 'House of Lords' का सदस्य;

***p&i:* ~ at/ into/ through, etc.** बारीकी या गौर से दे.; **~ at sth/ sb** किसी को या किसी चीज को बहुत ध्यान से देखना; **~ out** थोड़ा बाहर निकलकर ताकना-झांकना

pee\ve /पीव/ *v., pt.* **~ved**, *pp* **~ving** चिढ़ना या चिढ़ाना: that **~ves** me considerably (इससे मुझे बहुत चिढ़ होती है);

n. चिढ़ने या चिढ़ाने वाली बात, चिढ़: have a **~ve** on sb; my pet **~ve**;

***dw/lw* ~ved** /पीव्ड/ *adj.* 1 नाखुश, चिढ़ा हुआ: you seem ~ved this morning 2 रूठा हुआ, रुष्ट; **pee\vish** /पीविश/ *adj.* चिड़चिड़ा, तुनकमिजाज: his state of health makes him fretful and ~vish; ~vish child; with a ~vish whine; ~vish expression (चिड़चिड़ी मुद्रा); **~vishly** /पीविशलि/ *adv.* रुष्ट ढंग से; **~vishness** /पीविशनेस/ *n.* चिड़चिड़ापन

peewit /पीविट/ and **pewit** /प्यूइट/ *n.* (***syn.*** lapwing) टिटहरी

peg /पेग/ *n.* 1 खूंटी: coat/ hat ~ 2 (*also* **clothes ~**; **clothes pin**) *UK* दीवार में लगी खूंटी (रस्सी बांधने या कपड़े टांगने के लिए) 3 खूंटा (तंबू गाड़ने के लिए): tent ~ (तंबू का खूंटा) 4 *colloq.* कृत्रिम टांग 5 (***syn.*** tuning ~) सितार आदि वाद्यों पर लगी तारों को कसने की खूंटियां 6 आधार बिंदु (a point of reference) 7 शराब का पैग: king's ~ (शैंपेन के साथ कोन्याक); drink by the ~;

v.**, pt.* **~ged**, *pp* **~ging** 1 (syn.*** stabilize) कीमत स्थिर रखना, स्थिर रखना: ~ the market 2 परिश्रम करते रहना: ~ away at a task; we **~ged** along year by year 3 खूंटी गाड़ना या लगाना 4 खूंटी या खूंटे से बांधना, जकड़ना, जड़ना 5 फेंककर मारना: she **~ged** a stone at me 6 खूंटे को नोक से गाड़ना 7 पैंट आदि की मोहरी बांधना: cyclists often ~ their pants 8 *US colloq.* दौड़ना: down the street he **~ged** like a madman 9 पहचानना: ~ sb (किसी की असलियत पहचान ले); ~ a trickster (ठग की ठगी पहचान लेना);

***dw/lw:* ~ged** *adj.* 1 से बांधा हुआ 2 स्टॉक मार्केट, विनिमय दर या दाम कृत्रिम तरीके से स्थिर बनाए हुए; **~ging** *n.* 1 खूंटे-खूंटियां 2 खूंटों या खूंटियों से बंधाई 3 स्टॉक मार्केट या विनिमय दर की स्थिरता: ~ging of prices; **~ging-awl** *n.* मोची का सूआ; **~-house** *n.* शराब-घर, मय-खाना; **~-tankard** *n.* बड़ा-सा बीयर-मग; **~-top** /पेगटोप/ *n.* कीलदार लट्टू;

***collocations:* ~ board** खूंटियां लगाने का तख्ता; **~ leg** *colloq.* 1 कृत्रिम टांग 2 कृत्रिम टांग वाला व्यक्ति; **~-top skirt** ऊपर चौड़ा और नीचे तंग स्कर्ट; **~-top whiskers** तंग गलमुच्छा;

***p&i:* ~ at** किसी स्तर पर बना कर रखना; **~ away (on)** कठिन लक्ष्य प्राप्त करने के लिए लगातार काम क.; **~ back/ ~ sth back** प्रतिद्वंद्वी को जीतने न देना; **~ down** खूंटी या खूंटे से बांध दे.; **~ sth out** 1 सीमांकन क., चिह्न लगाना 2 मैदान आदि पर चिह्न लगाना; **~ out** *sl* 1 थककर चूर हो जा. 2 मर जाना 3 दिवालिया हो जा.;

a ~ to hang a thing/ ~ an idea on 1 कुछ बताने या स्पष्ट करने के लिए अनुकूल अवसर या विचार, आधार, बहाना 2 सफाई, दोष-मुक्ति; **a ~ to hang a grievance on** ठेस पहुंचाने का कारण या बहाना; **be a ~ too high for sb** किसी की पहुंच से बाहर हो.; **bring sb down a ~** किसी को उसकी औकात दिखाना; **buy/ clothes off the ~/ off the rack** सिलीसिलाई या तैयारशुदा पोशाक खरीदना; **be on the ~** दंडित हो.; **come down a ~** आवाज जरा धीमी क.; **he is a ~ too high for me in his notions** उसके विचार मेरे सिर के ऊपर से निकल जाते हैं (मेरी समझ से बाहर हैं); **move/ start/ stir a ~** काम करने लगना; **not to move a ~** कुछ करने के लिए उंगली तक न उठाना; **one condition without which I won't stir a ~** एक शर्त है जिसके बिना मैं टस से मस न हूंगा; **put a man on the ~** किसी को कैद में डालना; **raise sb a ~ higher** किसी को सामाजिक सीढ़ी पर एक पग ऊपर चढ़ा दे.; **round ~ in a square hole/ a square ~ in a round hole** 1 टाट में मलमल का बखिया 2 बेमेल व्यक्ति 3 स्थिति के प्रतिकूल विचार, बात या कार्य; **take/ bring/ let sb down a ~ or two** किसी को उसकी असली हैसियत बता दे., घमंड तोड़ दे., नीचा दिखाना, किसी की हवा निकालना, किरकिरी क.

pegmatite /पेगमअटाइट/ *n., geol.* अबरक युक्त चट्टान

PEI *abbr.* 'Prince Edward Island' की प्रथमाक्षरी

peignoir /पेनवाः/ *n., Fr.* औरतों का हल्का गाउन

pein *see above under* **peen**

peirastic /पिरैस्टिक/ *adj.* (***syn.*** experimental, tentative) प्रयोगात्मक, आजमाइशी, अंतरिम

pejora\tion /पिजौरअशन/ *n.* अर्थापकर्ष, अवमान;

dw/lw:* ~tive** /~टिव/ *adj.* 1 (syn.*** derogatory) अवमानसूचक: ~tive names 2 अपकर्षार्थी 3 निंदात्मक; **~tively** /~टिवलि/ *adv.* अवमानपूर्वक

peke /पीक/ *n.* छोटा कुत्ता

Pekingese/ Pekinese /पीःकिंगीःज/ पीःकिनीःज/ *n., pl.* **Pekinese** 1 (***syn.*** lapdog) छोटा कुत्ता 2 पेकिंगवासी 3 मेंडरिन या चीनी भाषा

pekoe /पीको/ पेको/ *n., pl.* **~s** उत्तम व सुगंधित काली चाय

pelage /पेलिज/ *n.* पशु की चमड़ी, बाल, रोएं, लोम आवरण, लोमचर्म आदि

Pelagianism /पिलेजिअनिज्म/ *n.* कृपानिरपेक्षतावाद, इस बात में विश्वास कि मूल पाप (आदम और हौवा के मिलन का) इतना बड़ा न था और इंसान अपने अच्छे कर्मों व आचरण द्वारा संसार में अपना पापमुक्त मार्ग प्रशस्त कर सकता है

pelagic /पिलैजिक/ *adj., techn.* समुद्री, वेलापवर्ती, तट से दूर रहने वाले

pelargonium /पेलअःगोनिअम/ *n.* वार्षिक या सदाबहार बूटदार पौधा

pelf /पेल्फ/ *n., derog.* धन, पैसा, आर्थिक लाभ

pelham /पेलम/ *n.* घोड़े की लगाम में लगी धातु की पत्ती

pelican /पेलिकन/ *n., pl.,* **pelican/ pelicans** जलपक्षी, जल सिंह, हवासिल;
collocations: ~ **crossing** पैदल पथिक द्वारा चालित ट्रैफिक लाइट;
p&i: ~ **in her piety** अपने बच्चों को सब कुछ दे. या खून पिलाना

pelisse /पेलीस/ *n., hist.* औरतों द्वारा पहने जाने वाला रेशमी-मखमली लबादा

pelite /पीलाइट/ *n., geol.* मिट्टी या गारे से बनी चट्टान

pellagra /पलैग्रा/ *n., med.* निकोटीनिक या अमीनो एसिड की कमी के कारण होने वाला एक रोग जो चर्म रोग, पेचिश, उल्टियां और मानसिक विकृतियां पैदा करता है;
dw/lw: **pellagrin** *n.* उपर्युक्त विकारों से ग्रस्त व्यक्ति

pellet /पअलिट/ *n.* 1 छर्रा, (बंदूक की) गोली, गोली, गुटिका: cork ~**s** from a pop-gun 2 गुलेल (of stone or earth): ~ bow (गुलेल);
v. pt. **~ed**, *pp.* **~ing** 1 गुलेल चलाना 2 गुलेल की गोलियां बनाना

pellicle /पेलिकल/ *n.* झिल्ली, तनुत्वक

pellitory /पेलिटिर/ *n., pl.,* **pellitories** एक चुभने वाला पौधा: ~ of the wall (बिच्छू बूटी प्रजाति का एक पौधा)

pell-mell /पअल-मैल/ *adv.* 1 (***syn.*** (in haste) हड़बड़ाते हुए, हड़बड़ाकर, हड़बड़ी में सीधे: the dogs rushed ~ upon the rabbits 2 उल्टे-पुल्टे ढंग से, बेतरतीबी से;
n. गड़बड़, अस्त-व्यस्तता;
adj. गड्डमड्ड, अस्त-व्यस्त, तितर-बितर: a ~ classification; ~ attack

pellucid /पलूसि\ड/ *adj.* 1 (***syn.*** transparent) सुस्पष्ट, बिल्कुल साफ, पारदर्शी: ~ ice 2 स्वच्छ 3 सुबोध: his style was ~;
dw/lw: **~ity** /~डिटि/ (*also* **~ness**) *n.* सुस्पष्टता, पारदर्शिता, स्वच्छता, सुबोधता; **~ly** /~डलि/ *adv.* पारदर्शी, स्वच्छ तथा सुबोध तरीके से

pelmet /पअल्मिट/ *n.* खिड़की के शिखर पर पर्दों की छड़ आदि को ढकने के लिए लकड़ी या कपड़े की पट्टी, पेलमेट

pelorus /पेलॉरस/ *n., pl.* **~es** ऐसी कुतुबनुमा (compass) जिससे दिशाकोण या दिक्मान लिया जा सकता है

pelotherapy /पअलोथअरपि/ *n.* गारा के प्रयोग (स्नान) से की जाने वाली चिकित्सा विधि

peloton /पलअटौन/ *n.* साइकल दौड़ में सबसे अगला दल

pelt /पेल्ट/ *n.* 1 मृत पशु की बालों सहित खाल 2 जीवित पशु का दाम 3 (***syn.*** throw) फेंक, क्षेपण 4 (***syn.*** blow) जोरदार प्रहार 5 रफ्तार, गति, झपट 6 वर्षा या ओलों की पट-पट (of rain) 7 गुस्से का विस्फोट;
v., *pt.* **~ed**, *pp* **~ing** 1 फेंकना, फेंक कर मारना: the boy was **~ed** with snowballs 2 की बौछार हो.: the rain was **~ing** down 3 की बौछार क. (assail with): he was **~ed** with questions; he was **~ed** with stone**s** (उस पर पत्थरों की बौछार की गई) 4 प्रहार या चोट क.: the ironsmith was **~ing** away at hot iron 5 झपटना, तुरंत भाग खड़ा हो.: the children **~ed** away;
dw/lw: **~ed** /पेल्टिड/ *adj.* 1 घिसा-पिटा, फटा-पुराना 2 जिसकी छाल या खाल उतर गई हो: ~ed oak; **pelt\er** /पेल्टः/ *n.* 1 मूसलाधार वर्षा 2 गुस्से का विस्फोट: get into a ~er (क्रोध में फूट पड़ना) 3 तेज घोड़ा; **~er** *v., pt.* ~ered, *pp* ~ering तेजी से आगे बढ़ना, तुरंत भाग खड़ा हो., झपटना: they ~ed towards the river as fast as they could go; **~ing** /पेल्टिंग/ *adj.* 1 घोर, प्रचंड 2 मूसलाधार: ~ing rain;
p&i: ~ **down** मूसलाधार वर्षा हो.;
at/ in full ~/ tilt पूरे जोर से, पूरी रफ्तार से; **in one's** ~ बिल्कुल नंगा

peltate /पेल्टेट/ *adj.* ढालाकार, छत्रिकाकार

peltry /पेल्ट्रि/ *n., pl.* **peltries** फरों का संग्रह

pelvic /पेल्विक/ *adj.* श्रोणीय, श्रौणि-. कूल्हे से संबंधित
collocations: ~ **girdle**/ ~ **arch** *zool.* श्रोणीय पेटी; ~ **inflammatory disease** औरतों में ऊपरी जनन अंगों का शोथ

pelvis /पेल्विस/ *n., pl.* **~es/ pelves** श्रोणी, कमर के नीचे का वह हिस्सा जिससे पैरों की हड्डियां जुड़ती हैं, श्रोणि-क्षेत्र, कूल्हा

pemmican/ pemican /पअमिकन/ *n.* 1 अमेरिकी आदिवासियों का व्यंजन, रोटी 2 संक्षेप में अभिव्यक्त विचार, लेख: ~ style

pemphigus /पअम्फिगस/ *n.* जलपीटिका, बुलबुला

PEN *abbr.* 'International Association of Poets, Playwrights, Editors, Essayists, and Novelists' की प्रथमाक्षरी

pen /पेन\/ पअन\/ *n.* 1 कलम, पेन: ballpoint ~, fountain pen 2 साहित्यिक श्रम: live by one's ~ 3 साहित्यिक शैली 4 साहित्यकार: fluent ~ 5 बूरदार पंख 6 पशुओं का बाड़ा: ~ sb/ sth in/ up (बाड़े में बंद क.) 7 पनडुब्बियों को बमों से सुरक्षित खड़ा करने का स्थान: ~ for the accommodation of submarines 8 बांध 9 हवालात: put sb in the ~ 10 चरागाह, बागान 11 *US sl.* कारागार, जेल 12 हंसिनी (a female swan);
v., *pt.* **~ned**, *pp* **~ning** 1 लिखना (साहित्यिक रचनाएं आदि): he never could ~ a line; ~ a letter 2 बंद क.: ~ oneself up in one's room; house in which one feels **~ned** up 3 पशुओं को बाड़े में हांकना 4 बांध बनाना;
dw/lw: **~-and-ink** *n.* 1 लिखने की सामग्री 2 कलम और स्याही से बनाया हुआ चित्र 3 लेखन-कार्य; **~-and-ink** ***adj.*** कलम और स्याही का: ~-and-ink drawing; ~-and-ink conversation (लिखित संवाद); ~-and-ink war (लेखन युद्ध, साहित्यिक युद्ध); **~-case** *n.* कलम-दान; **~-craft** *n.* लेखनकला; **~-drive** *n.* कंप्यूटर की सामग्री, सूचनाएं, आंकड़े आदि दर्ज करके सुरक्षित रखने का उपकरण; **~-driver** *n.* क्लर्क, किरानी; **~-feather** *n.* पक्षी का बूरदार पंख; **~fold** /~फोल्ड/ *n.* पशुओं का बाड़ा; **~-friend** *n.* पत्र-मित्र; **~-holder** /~होल्डः/ ~-होल्डर/ *n.* कलम दान; **~-juice** *n.* स्याही; **~-knife** *n.* कलम तराश, कलमनुमा जेबी चाकू; **~-light** /~-लाइट/ *n.* जेबी पेंसिलनुमा टॉर्च (बैटरी); **~man** *n.* 1 कुशल हस्तलेखक 2 लेखक, सुलेखक, लेखक; **~manship** *n.* लेखन, लेखन शैली, लिपि, हस्तलेखन कला; **~-name** *n.* (साहित्यिक) उपनाम, तखल्लुस; **~-pusher** *n.* कलमघसीट; **~ned** *adj.* लिखित; **~ner** /~र/ *n.* 1 लिपिक, लेखक, दस्तावेज बनाने वाला: ~ners of the address 2 पेन केस; **~ning** /पेनिंग/ *present partic. of* **'pen'**; **~-picture** *n.* पेन या कलम से बनाया हुआ चित्र; **~-plume** *n.* = **~-feather**; **~-pal** /~पाल/ *n.* लेखनी मित्र, पत्र मित्र, कलम-दोस्त; **~-point** *n.* पेन के निब की नोक; **~-pusher** /पेनपुशअः/ *n.* लिपिक, क्लर्क, कलमघसीटिया, घटिया लेखक या पत्रकार; **~-pushing** *n.* कलम घसीटने या ताबड़तोड़ लिखने का काम;
collocations: ~ **drive** पेननुमा कंप्यूटर मेमोरी ड्राइव जिसमें पाठ या सूचनायें बचाकर संग्रहीत रखी जा सकती हैं; ~ **picture** शब्दचित्र; ~ **tray** कलम दान; **play** ~ खेल बाड़ा;
p&i: **~-and-ink** लिखने की सामग्री; ~ **and ink are wit's plough** पढ़ना-लिखना बुद्धिमानों की निशानी होती है;
dip one's ~ in gall कटु आलोचनात्मक ढ़ंग से लिखना; **draw one's ~ against sb** किसी के विरुद्ध लेख लिखना; **drive a ~ for living** गुजारा करने के लिए लिखना; **push a ~** दफ्तर का बाबू हो.; **put ~ to paper** लिखना शुरू क.; **recognize sb's ~** किसी के लेखन का लोहा मानना; **set ~ to paper/ take ~ in hand** लिखना शुरू क.; **slip of the ~** लिखने में हुई भूल; **talk like a ~-gun** बकबक क., बतियाना; **the ~ is mightier than the sword** कलम तलवार से भी ज्यादा शक्तिशाली है, लेखन में बड़ी शक्ति है; **wield a caustic ~** अति दक्ष लेखक हो.; **with a scratch of the ~** कलम की एक ही

घसीट के साथ

Pen *abbr.* 'Peninsula' का संक्षेप

penal /पीनल/ *adj.* 1 दंड संबंधी, दंडविषयक, दांडक 2 (***syn.*** punitive) दंडात्मक, दंडरूप, दांडिक: ~ battalion; ~ military code; ~ colony 3 (***syn.*** punishable) दंडनीय: ~ act 4 (***syn.*** very severe) कठोर;
n. कारावास की अवधि: get a ~; he got five years ~;
collocations: **~ code** दंड-संहिता; **~ law** दंड विधि; **~ servitude** कठोर श्रम-कारावास; **~ settlement** दंडितों की बस्ती

penali\ze (*also UK* **-se**) /पीनअलाइज/ *v., pt.* **~zed**, *pp* **~zing** 1 दंडित क. 2 कानून/ नियम तोड़ने के लिए दंडित क. 3 दंड दे., दंडनीय बनाना: middle income groups are **~zed** by the new laws; the law **~zes** the employment of children;
dw/lw: **~zation** /पीनअलाइजेशन/ *n.* दंडीकरण

penalty /पेनल्टि/ *n., pl.* **penalties** 1 सजा, दंड: maximum/ minimum ~; death ~ 2 खेल के संदर्भ में सजा, पेनल्टी: the match was decided on **penalties**; misconduct ~ 3 पीड़ा, वेदना, दुख, कष्ट: ~ paid due to the loss of job; pay the ~ for being famous; pay the ~ of one's foolishness 4 दंड, शास्ति 5 (***syn.*** fine) अर्थ-दंड, जुर्माना: ~ for non-performance of contract; subject to ~;
dw/lw: **penalties** *football* फुटबॉल आदि में सजा-ठोकर;
collocations: **~ area** फुटबॉल आदि के खेल में दंड-क्षेत्र; **~ bench** *ice- hockey* खेल के मैदान के समीप कोई निश्चित जगह जहां सजा-याफ्ता खिलाड़ी बैठ सकता है; **~ box** 1 *football* दंड-क्षेत्र 2 *ice-hockey* = **~ bench**; **~ corner** पेनल्टी कॉर्नर; **~ goal** पेनल्टी सीधी ठोकर से किया गया गोल; **~ kick** पेनल्टी ठोकर, सजा के रूप में दी गई ठोकर; **~ shoot-out** निर्धारित खेल समय की समाप्ति पर फुटबॉल आदि के खेल के बराबरी पर छूटने की स्थिति में निश्चित संख्या की सीधी ठोकर से गोल करके मैच का फैसला करने की विधि; **~ spot** *football, hockey* गोल के सामने एक निश्चित स्थान जहां से पेनल्टी ठोकर मारी जाती है; **~ stroke** पेनल्टी स्ट्रोक; **~ shot line** पेनल्टी प्रहार की पंक्ति;
a heavy/ severe/ stiff ~ भारी/ कड़ी सजा; **death ~** मृत्यु दंड;
p&i: **~ for (doing) sth** कुछ करने की सजा;
face a ~ सजा झेलना; **I paid the ~ for my error** मैंने मेरी अपनी भूल की सजा पाई; **swear on ~ of death** मृत्यु-दंड के लिए तैयार रहने की शपथ; **under/ on ~ of sth** किसी बात के बारे में सजा

penance /पेनंस/ *n.* 1 प्रायश्चित: do/ perform ~ for sth 2 तपस्या, तप: do sth as a ~ 3 शोधन कार्य (of confession): sacrament of ~ (पाप-स्वीकार-क्रिया-कर्म)

pen-and-ink *see above under* **pen:** ***dw/lw***

penang lawyer दंडित करने की छड़ी

penannular /पेनैन्युलः/ *adj. techn.* वलयाकार-प्रायः, संपूर्ण वृत्त के रूप में

Penates /पिनेटीज/ *n.* कुल-देवता

pence /पेंस/ *n., [pl.]* 'British penny' का बहुवचन, पेंस

-pence *comb. form, denoting:* **a number of pennies** (कई पैन्नियां)

penchant /पांशॉं/ *US* पेन्शेंट/ *n., Fr.* पसंद, झुकाव, अभिरुचि, शौक: a ~ for sth; a ~ for childish pranks (बचकानी शरारतों का अत्यधिक शौक)

pencil /पेंसल/ *n.* 1 पेंसिल: mark sth with a ~ 2 तूलिका, कूंची 3 *geom.* कूर्चिका 4 *optics* एक बिंदु पर एकत्रित होनेवाली या एक बिंदु से बिखरनेवाली किरणावली: ~ of flame 5 पेंसिलनुमा वस्तु: an eyebrow ~ 6 तंग किरणपुंज: a ~ of light 7 चित्रकार या लेखक की शैली: have a bold/ delicate ~; his characters are drawn with a strong ~ 8 शीशा काटनेवाली पेंसिल 9 किसी उपकरण का लिखनेवाला भाग;
v., *pt.* **~led**, *pp* **~ling** *or US* **~ed**, **~ing** 1 लिखना: ~ down one's ideas; ~ sth/ sb in (किसी बात को पेंसिल से नोट क.) 2 अंकित क. 3 चित्रित क. 4 प्रतिबिंबित या चित्रित हो.: the pyramids **~led** their fantastic outlines against the sky;
adj. पेंसिल का/ के/ की;
dw/lw: **~-arm** *n.* परकार की भुजा; **~led** *adj.* सही-सही चित्रित किया हुआ: ~led eyebrow; **~ler** *n.* बुकमेकर का सहायक; **~ling/ ~ing** /पेंसिलिंग/ *n.* 1 पेंसिल से चित्रण, रेखाचित्र आदि बनाने की कला 2 पेंसिल से अंकित चिह्न 3 महीन रेखाएं 4 ईंटों के जोड़ों को सफेद पेंट से चिह्नित करने की क्रिया; **~-pusher** *n.* 1 = **~pusher** 2 नौकरशाह, लेखक, चित्रकार; **~-sharpener** *n.* पेंसिलतराश;
collocations: **~ lead** पेंसिल का सीसा; **~ drawing** पेंसिल से बनाया हुआ चित्र; **~ skirt** तंग सीधा स्कर्ट; **~ torch** पेंसिलनुमा टॉर्च;
an eyebrow ~ भौंहें संवारने की तूलिका; **a ~ of light** प्रकाश पुंज; **written in ~** पेंसिल से लिखा हुआ;
p&i: **~ in** किसी काम का विवरण लिखना; **~ sth** or **sb in** डायरी आदि में नोट क.: I'll ~ you for 3 o' clock;

pend /पेंड/ *v., pt.* **~ed**, *pp* **~ing** विचाराधीन होना

pendant/ *sometimes* **pendent** /पेंडंट/ *n.* 1 गले की माला से लटकने वाला एक आभूषण 2 लटकन 3 लटकनेवाली वस्तुएं (ear-ring, ceiling fan/ light etc.) 4 किसी कार्य या लेख आदि के साथ लगाया हुआ चित्र या जोड़ी हुई कविता आदि 5 जुगनू;
adj. 1 लटकने वाला, लटकाया हुआ, हिलता-डोलता हुआ 2 भवन आदि की दीवार से बाहर निकलकर लटकने वाला 3 उलझन में फंसा हुआ 4 फैसला करने में असमर्थ, लंबित

pend\ency /पेंडंसि/ *n.* 1 लंबन 2 अनिर्णय, अनिश्चय, विचाराधीनता;
dw/lw: **~ent** /पेंडंट/ *adj.* 1 लटकता हुआ: ~ent boughs (लटकती शाखाएं) 2 लटकौआ: a ~ent tower; a ~ent cliff/ rock 3 अनिर्णीत, विचाराधीन, लंबित: ~ent dispute; the condition is ~ent (स्थिति अभी साफ नहीं) 4 लंबित, लटकने वाला; **~entives** /पेंडेंटिवज/ *n., archit.* संरचना के ऊपर बना अर्द्धाकार त्रिकोण

pendente lite /पेंडेंटि लाइटि/ *law* जब तक मुकदमा चल रहा है, मुकदमा जारी रहने तक, अनिश्चित या अनिर्णयात्मक रूप से

pending /पेंडिंग/ *adj.* 1 विचाराधीन, जिस पर अभी फैसला होना है: negotiations ~ between two countries 2 (***syn.*** imminent) जल्दी होने वाला: ~ patent; the treaty was still ~ 3 अनिर्णीत, लंबित: a suit was then ~; ~ bills 4 जिस पर अभी कार्य लंबित है: held in prison ~ trial (मुकदमा के दौरान हवालात में बंद रखा गया);
prep. 1 के दौरान, के समय: ~ these negotiations 2 तक: ~ his arrival

pendragon /पेंड्रैगन/ *n.* अधिराज (अंग्रेज और वेल्ज (Wales) के सामंतों की पदवी)

pendula\te /पेंड्युलेट/ *v., pt.* **~ted**, *pp* **~ting** 1 झूलना 2 झिझकना 3 *fig.* आगे-पीछा क., टालमटोल क.

penduline /पेंड्युलाइन/ *adj.* निलंबी, लंबित

pendulous /पेंड्युलस\/ *adj.* 1 लटकता या झूलता हुआ: ~ nests 2 झुका हुआ 3 (***syn.*** oscillating) लोल, बाएं-दाएं झूलता हुआ 4 उलझन में;
dw/lw: **~ly** /~लि/ *adv.* लटकते हुए, झिझकते हुए; **~ness** /~नेस/ *n.* 1 लटकन, झूल 2 झिझक, उलझन

pendu\lum /पेंजअ\लम/ पेंजु\लम/ *n., pl.* **~s** *phys.* 1 पेंडुलम, लोलक 2 दीवार घड़ी की झूलने वाली लोलक: **~lum** table;
dw/lw: **~lar** /~लः/ *adj.* पेंडुलम जैसा, लोलक;
p&i: **play ~lum** ढुलमुल हो.; **swing like a ~lum** बार-बार पाला बदलना; **the ~lum swung** स्थिति बदल गई है

peneplain /पीःनअप्लेन/ *n., geog.* भूस्खलन या भूघर्षण से लगभग समतल बनी मैदानी भूमि, समप्राय भूमि

penes /पिनीज/ *pl.* of **penis** (लिंग)

penetra\bility /पेनिट्रअबिलिटि/ *n.* घुसने की सीमा या क्षमता;

dw/lw: **~ble** /पेनिट्रअबल/ *adj.* 1 प्रवेश्य 2 भेद्य: ~ble ear 3 वेधनीय: ~ble mystery 4 छेदनीय 5 दर्शनीय: the highest ~ble point of the bay

penetralia /पेनिट्रेलिआ/ *n.* 1 अंतर्गृह: the ~ of the harem 2 रहस्य

pene\trant /पेनिट्रंट/ (*also* **~trating/ ~trative**) *adj., lit./ tech.* 1 भेदक, वेधी 2 जो अंदर घुस सकता है 3 मर्मज्ञ, सूक्ष्म, कुशाग्र (of mind);

***n.**, chem.* ऐसा पदार्थ जो किसी चीज का सतही तनाव कम करके उसकी तरल-चूषण शक्ति बढ़ा देता है

penetra\te /पेनिट्रेट/ *v., pt.* **~ted**, *pp*~**ting** 1 (*also* **~te into sth**) कठिनाई से अंदर घुसना या घुसाना: the water **~ted** to the interior 2 किसी क्रिया, वस्तु, संगठन आदि को भेदकर घुस जा.: **~te** enemy lines; **~te** the silence 3 (***syn.*** pierce) छेदना, बेधना, वेधन क.: darkness which the eye/ the sight/ cannot **~te** 4 अंदर घुसकर राजनीतिक, आर्थिक रूप से प्रभावित क.: **~te** into a country/ organization/ market, etc. 5 (***syn.*** permeate) में व्याप्त हो जाना, भर दे., अनुप्राणित क.: he was **~ted** with awe 6 (***syn.*** grasp) मर्म या रहस्य समझ में आना: the travellers **~ted** into the secrets of nature; a book **~ted** with the atmosphere of the times 7 गुप्त वेश, चाल या छलावा को पार क. यानी समझ जाना.: the news didn't **~te** at first;

dw/lw: **~ting** /~टिंग/ *adj.* 1 बुद्धिमत्तापूर्ण 2 आर्त (ध्वनि, पुकार) 3 शक्तिशाली, तीव्र, तेज: a ~ting gaze/ look/ stare, etc.; ~ting smell; ~ting mind; ~ting eye; ~ting wind; ~ting cry; ~ting wound; ~ting force; **~tingly** /~टिंगलि/ *adv.* गहराई से, भीतर तक जाते हुए; **~tion** /~शन/ *n.* 1 भेदन, धंसाव, पैठ, प्रवेश, व्यापन 2 प्रभाव की गहराई 3 मानसिक कुशाग्रता, प्रांजलता: person of ~tion 4 (***syn.*** insight) विचक्षणता, विवेक: ~tion of judg(e)ment 5 घुसपैठ: peaceful ~tion 6 टेलिस्कोप की पारण शक्ति 7 भेदन शक्ति: ~tion of a bullet; **~tive** /पेनअट्रअटिव/ *adj.* 1 भेदक 2 प्रांजल, विचक्षण: ~tive understanding 3 मानसिक कुशाग्रतापूर्ण: ~tive wisdom; **~tively** /पेनअट्रअटिवलि/ *adv.* गहराई से, भीतर तक जाते हुए; **~tiveness** /पेनअट्रअटिवनेस/ *n.* पैनापन, गहराई तक पैठने की क्षमता; **~tor** /पेनिट्रेटः/ *n.* 1 भेदक: a ~tor into human mind 2 हवाई घुसपैठ करने वाला

penfold *see above under* **pen: *dw/lw***

penguin /पेंग्विन/ *n.* पेंग्विन, उड़ने में अक्षम पर तैरने में सक्षम जल पक्षी;

dw/lw: **~ery** /पेंग्विनरि/ *n., pl.* ~eries पेंग्विनों का बाड़ा या ऐसा स्थान जहां वे अंडे देती हैं, फलती-फूलती हैं

penicillate /पेनिसिलेट/ *adj., biol.* गुच्छेदार, रोएंदार, झाड़ीनुमा

penicillin /पेनिसिलिन/ *n.* पेंसिलिन, एक प्रकार की ऐंटिबायोटिक दवाई

penile /पीःनाइल/ *adj. anat.* लिंग से संबंधित या लिंग जैसा

penillion /पेनिलिअन/ *pl. of* **pennill**, *see below under* **pennill**

peninsula /पनिनस्युला/ *n., pl.* **~s** प्रायद्वीप;

dw/lw: **~r** /पनिनस्युलः/ *adj.* प्रायद्वीपीय

penis /पीनिस/ *n., pl.* **penises/ penes** /पीनीःज/ नर जीव का लिंग, पुरुषेंद्रिय लिंग, शिश्न;

collocations: **~ envy** *psychoanal.* फ्रॉयड (Freud) की अवधारणा, जिसके अनुसार स्त्री अपनी अवचेतना (subconscious) में पुरुष के (लिंगीय) गुण पाने को आतुर होती है

penitence /पेनिटंस/ *n.* 1 पश्चात्ताप, पछतावा 2 परिताप, अनुताप

penitent /पेनिटंट/ *adj.* पश्चात्ताप करने वाला, पश्चात्तापी , अनुतापी;

dw/lw: **~form** *n.* चर्च में पश्चात्ताप करने वाले लोगों के लिए बैंच

peniten\tial /पेनिटेंशिअल/ *adj.* पश्चात्तापी, पश्चात्तापीय, पश्चात्ताप-संबंधी: ~tial psalms *RC Church* चर्च गीत या भजन; **~tially** /पेनिटेंशिअलि/ *adv.* पश्चात्ताप करने की मुद्रा में

peniten\tiary /पेनिटेंशिअरि/ *n., pl.* **~tiaries** 1 *US* अमेरिका की जेल, कारागार 2 *RC Church* (***syn.*** reformatory) सुधारालय, सुधारघर: ~tiary fund 3 धर्मदंडविभाग, धर्मदंडाधिकारी

penna /पना/ *n., pl.* **pennae** /पनी/ *ornithol.* पर, पंख, देहपिच्छ

pen name *see above under* **'pen'**

pennant /पेनंट/ *n., naut.* 1 पताका, झंडी 2 (*also* **pennon**) तिकोनी पताका जिसे जहाज पर पहचान और संकेतन के लिए प्रयोग किया जाता है

pennate /पेनेट/ *adj., biol.* पंखवाला, पंख की तरह का

penniform /पेनिफॉःम/ *adj.* पक्षाकार, पिच्छरूप

penniless /पेनिलस/ *adj.* 1 निर्धन, कंगाल 2 धनहीन: leave sb ~;

dw/lw: **~ness** *n.* निर्धनता, धनहीनता, अकिंचनता, कंगाली

pennill *n., pl.* **penillion**, *Welsh* वेल्ज (केल्टिक भाषा) की कविता का एक रूप

pennon /पेनन/ *n., hist.* नाविक पताका, (त्रिभुजाकार) पताका, झंडी

penny /पेनि/ *n., pl.* **pence** or **pennies** 1 ब्रिटेन का लघुतम सिक्का (= पाउंड का सौवां भाग (1/100 हिस्सा) 2 लघुतम अमेरिकी सिक्का = डॉलर का सौवां भाग (1/100 हिस्सा) 3 बहुत कम पैसा: won't cost a ~ (एक कौड़ी भी नहीं लगेगी) 4 (**pennies**) पैसा, बहुत कम पैसा: saving his **pennies** 5 संयुक्त शब्दों में: इस सिक्के का मूल्य: a five-~ piece (पांच-पैनी का सिक्का);

dw/lw: **~-a-line** *adj.* घटिया लेखन, घास-काटने वाला लेखन; **~-a-liner** *n.* घटिया लेखक, घसियारा लेखक; **~-bank** *n.* छोटी बचत का बैंक; **~-father** *n.* कंजूस-मक्खीचूस; **penny-halfpenny/ penny-ha'penny** *n.* दशमलवीय सिक्के से पहले का डेढ़ पेंस; **~-in-the-slot** *adj.* सिक्कों से चालित (मशीन); **~-piece** *n., old, use* पेनी; **~-pincher** *n.* सूम, कंजूस-मक्खीचूस; **~-pinching** *adj., derog.* कंजूसी, कंजूसी का काम; **~royal** /पेनिरॉयल/ *n.* औषधीय पुदीना; **~-trumpet** *n.* तुरही, अपने मुंह मियां मिट्ठू; **~weight** *n.* भार-तौलन की एक इकाई; **~-wise** *n.* छोटी-मोटी चीजों में कंजूसी करने वाला; **~-wit** *n.* तेज-बुद्धि, स्वतः शिक्षित व्यक्ति; **~wort** *n.* एक पौधा; **~worth** *n.* 1 बहुत थोड़ा, अल्प मात्रा: buy a ~worth of bread 2 लेशमात्र: not a ~worth of food in the house; not a ~worth of grudging 3 सौदा: a good ~worth; get one's ~worth (जो मिलना चाहिए मिल जा.);

collocations: **~ farthing** *Br.* पुरानी किस्म की साइकिल जिसका अगला पहिया बड़ा होता था; **~ share/ ~ stock** *stock exchange* दशमलवीय सिक्के से पहले का डेढ़ पेंस; **~weight job** गहनों की चोरी; **~ whistle** छोटी सीटी;

a pretty ~ *ironic* बहुत बड़ी रकम; **every ~** सारा पैसा; **in ~ numbers** *colloq.* छोटी-छोटी संख्याओं में; **pennies from heaven** अचानक मिला धन;

p&i: **~ blood/ dreadful** *colloq.* घटिया सनसनीखेज उपन्यास; **~ plain and two pence colour** दमड़ी की बुढ़िया टका सिर मुंडाई, तीन का टट्टू तेरह की जीन, तीन की मुर्गी तेरह जबर कराई; **~ saved is a ~ earned** बचाया सो कमाया; **~ wisdom** छोटी-छोटी बातों में किफायत; **~ wise, pound foolish** अशरफियां लुटें, कोयले पर मुहर, गंवार गन्ना न दे भेली दे; **a bad ~** खोटा सिक्का; **a ~ for your thoughts!** किस सोच में पड़ गए?; **a ~ soul never came to two pence** तुच्छ व्यक्ति कभी सफल नहीं होगा; **come back again like a bad ~** खोटे सिक्के की तरह मालिक के पास वापस लौट आना; **cost a pretty ~** ढेरों पैसा लगना; **earn an honest ~** ईमानदारी की कमाई क.; **every ~** सारा पैसा; **get one's ~worth** पैसा वसूल

हो.; **in for a ~, in for a pound** ओखली में सर दिया तो मूसलों का क्या डर, काम हाथ में लिया है तो पूरा करना ही चाहिए; **look after the pence and the pounds will look after themselves** बूंद-बूंद से घड़ा भरता है; **look twice at every ~** कंजूस हो.; **make a pretty ~** अच्छा पैसा कमा ले.; **neglect the odd pence** बेतहाशा पैसा उड़ाना; **not a ~ the worse** बिना किसी नुकसान के; **not a ~ to bless oneself with/ not a ~ to one's name** पास में फूटी कौड़ी भी न हो.; **no ~, no paternoster** मुफ्त में कुछ नहीं मिलता; **not a ~ the wiser** जरा भी सीख नहीं ली; **put in one's ~worth/ two cents' worth** बिन पूछे अपनी राय दे.; **spend a ~** *euphemistic, colloq.* मूतना, पेशाब क.; **take care of the pence/ and the pounds will take care of themselves/ a ~ saved is a ~ gained** बचाया सो कमाया; **that must have cost a pretty ~** बहुत पैसा लगा होगा; **the ~('s) dropped** समझ में आ गया; **the ~ drops** आखिर किसी की समझ में आ ही गया; **turn an honest ~** *colloq.* ईमानदारी से रोजी-रोटी कमाना, ईमानदारी से पैसा कमाना; **the ~ dropped** *colloq.* आखिरकार बात समझ आ ही गई; **turn up like a bad ~** अवांछनीय व्यक्ति का अचानक आ जाना; **two a ~, ten a ~ = a dime a dozen** बड़ी मात्रा में पर कौड़ी दाम का

penolo\gical /पीनअलौजिकल/ *US* पीनअलाःजिकल/ *adj.* दंडशास्त्रीय;
dw/lw: **~gist** /पीनौलजिस्ट/ *US* पीनाःलजिस्ट/ *n.* दंडशास्त्री;

penolo\gy /पीनौलजि/ *US* पीनाःलजि/ *n.* दंडशास्त्र, दंडविज्ञान, अपराध और दंड का वैज्ञानिक अध्ययन, काराशास्त्र

pen-pal *see above under* **pen:** ***dw/lw***

penpusher *and* **pen-pushing** *see above under* **pen:** ***dw/lw***

penseroso /पेन्सअरोजो/ *adj.* 1 चिंतनशील, विचारशील 2 विषादग्रस्त, खिन्न, उदास

pensile /पेन्साइ\ल/ *adj.* लटकता हुआ, लंबमान;
dw/lw: **~ness/ pensility** /~लनेस/ ~लिटि/ *n.* लटकन, झूल

pension /पेंशन/ *n.* 1 पेंशन, सेवा-निवृत्ति वेतन या भत्ता, निवृत्तिका, अनुवृत्ति: retire on a ~; grant a ~ to sb 2 परिदान 3 *Fr.* महाद्वीपीय यूरोप (continental Europe) में बोर्डिंग-हाउस 4 भविष्य में दी जाने वाली सेवाओं के लिए घूस के रूप में दी जाने वाली राशि;
v., *pt.* **~ed**, *pp* **~ing** 1 *UK* सेवा-निवृत्त क. 2 पेंशन निर्धारित क.;
dw/lw: **~able** /पेन्शनअबल/ *adj.* पेंशन-योग्य, सेवा-निवृत्ति वेतन योग्य; **~age** पेंशन-योग्य आयु; **~disability** पेंशन पाने योग्य विकलांगता; **pension\ary** *see below under* **pensionary**; **pension\er** *n.* पेंशन-भोगी; **~less** *adj.* जिसे पेंशन न मिलती हो;
collocations: **a ~ fund/ plan/ scheme** सेवा-निवृत्ति वेतन निधि/ पेंशन योजना; **a state/ private ~** सरकारी या निजी क्षेत्र की पेन्शन; **old-age ~** वृद्ध-अवस्था पेन्शन;
p&i: **~ sb off** किसी को सेवा-निवृत्त क.; **get/ be on/ receive a ~** पेंशन-भोगी हो.

pensionary /पेन्शनरि/ *n., pl.* **~aries** 1 पेंशनी, पेन्शन-भोगी, सेवा-निवृत्ति वेतन पाने वाला 2 सरकारी नेता;
adj. 1 पेन्शन संबंधी 2 लालची, स्वार्थी, बिकाऊ: ~ clergy/ politicians;
collocations: **~ clergy** स्वार्थी पादरी गण; **old-age ~** वृद्ध-अवस्था पेंशन-भोगी

pensive /पेंसिव\/ *adj.* 1 चिंतनशील, ध्यानमग्न, विचारमग्न 2 उदास, विषादग्रस्त, विषण्ण: ~ eyes 3 गंभीर मुद्रा में;
dw/lw: **~ly** /~लि/ *adv.* चिंतन-मनन की मुद्रा में; **~ness** /~नेस/ *n.* 1 ध्यानमग्नता, विचारमग्नता 2 उदासी, विषाद, खिन्नता

penstock /पेनस्टॉक/ *n.* 1 जलकपाट (a sluice) 2 पन बिजली घर 3 वाल्व-चालित जल कपाट

pensum /पेन्सम/ *n.*, 1 काम, *US* स्कूल का काम 2 पाठ्यक्रम

pent /पेंट/ *adj.* 1 जिसे बंद करके रखा हो 2 रुद्ध;
n. 1 पेंटहाउस 2 सायबान, छज्जा 3 जलाशय;
collocations: **~ roof** ढालू छत

penta- *comb. form, denoting:* **five** (पांच): pentatonic;
dw/lw: **~chord** /पेंटअकॉःड/ *n.* पंचतारा; **~cle** /पेंटअकल/ *n.* 1 पंचकोणीय तारा, पंचतारा 2 रहस्यमय प्रेतात्मा से बचाने वाला पंचकोना तारे-सा ताबीज; **~ct** /पेंटैक्ट/ *adj.* पंचदिशिक; **~d** /पेंटैड/ *n.* 1 पांच का समूह 2 पंचवर्ष, पांच वर्ष का काल, पंचक 3 पंचाब्द 4 *chem.* पंचसंयोजक; **~dactyl** /पेंटअडैक्टिल/ *n. zool* पंचअंगीय जानवर; **~gon** /पेंटअगन/ *n.* पंचभुज; **~gonal** /पेंटअगनल/ *adj.* पंचभुजीय;
the Pentagon /दि पेंटअगन/ *n. US* अमेरिका का सेना भवन, अमेरिकी रक्षा-मंत्रालय का भवन

penta\gram /पेंटअग्राम/ पेंटअग्रैम/ *n.* पंचकोना तारा, पंचकोण तारक;
dw/lw: **~gular** /पेंटैंग्युलः/ *adj.* पंच कोणीय; **~hedron** /पेंटअहेडरन/ *n., pl.* ~hedrons/ ~hedra पंचफलक; **~merous** /पेंटैमरस/ *adj., bot.* पंचतयी, पांच पंखुड़ियों वाला; **~merism** /पेंटैमरिजम/ *n.* पंचवर्गीयता; **~meter** /पेंटैमिटः/ *n., poetry* पांच चरणों वाली कविता, पंचचरण; **~midine** /पेंटैमिडीःन/ *n., pharmacol.* एक औषधि जिसे पहले उष्णकटिबंधी (tropical) बीमारियों के इलाज के लिए प्रयोग किया जाता था पर आजकल इसे एड्ज (AIDS) के इलाज में उपयोगी पाया गया है; **~ngle** /पेंटैंगल/ *n.* पंचकोण; **~rchy** /पेंटाःकि/ *n.* पंचशासन; **Pentastich** /पेंटअस्टिक/ (*also* **Pentateuch** /पेंटअट्यूक/) *n.* पंचपुस्तिका, ओल्ड टेस्टामेंट के प्रथम पांच ग्रंथ (Genesis, Exodus, Leviticus, Numbers, Deuteronomy); **~syllable** /पेंटअसिलअबल/ *n.* पंच-शब्दांश; **~thlon** /पेंटैथलन/ *n. usually* modern ~thlon ओलंपिक खेलों में ऐथलेटिक्स के पांच मुकाबलों का समूह; **~tonic** /पेंटअटौनिक/ *adj., music* पंचतान आधारित संगीत; **~valent/ quinquevalent** /पेंटैवेलंट/ क्विनक्वअवेलंट/ *adj., chem.* पंचसंयोजक, रासायनिक तत्त्व का परमाणु जिसकी कर्षण शक्ति पांच हो

Pentecost /पेंटअकौस्ट/ *US* पेंटअकाःस्ट/ *n., Christ.* 1 पेंतकोस्त 2 व्हिट संडे यानी ईस्टर के बाद सातवें रविवार का त्योहार जब ईसा के पट्ट शिष्यों को पवित्र आत्माओं का दान मिला था, पंचाशती

penthouse /पेंटहाउस/ (*also* **~ suite**) *n., pl.* **~es** /पेंटहाउजिज/ सायबान, ऊंचे घरों की छत पर बने कमरे

pentimento /पेंटिमेंटो/ *n., pl.* **pentimenti** कलाकार के किसी चित्र में से निकाला हुआ चित्र जो बाद में फिर से दिखने लग जाता है

pentobarbi\tone/ *US* **~tal** /पेंटअबाःबिटोन/ पेंटअबाःबिटल/ *n., pharmacol.* एक निद्राजनक या सम्मोहन दवा

pentoxide /पेंटौक्साइड/ *n.* ऐसा योग जिसमें ऑक्सिजन के पांच अणु किसी दूसरे तत्व से जुड़े होते हैं

pent-roof *see above under* **pent:** ***dw/lw***

pent-up /पेंटअप/ *adj.* दबी हुई भावनायें, जो बहुत देर से दबी रहने के विस्फोटक हो जाती हैं: ~ feelings (दबी हुई भावनाएं);
collocations: **~ up** रोका या दबाया हुआ; **~ up emotion** दबी या दबाई हुई भावनाएं; **~ up force** दबी या दबाई हुई शक्ति; **~ up prisoner** कैदी

penult/ penultima /पेनल्ट/ पेनल्टीमा/ *n.* शब्द के अंतिम शब्दांश से पहले का शब्दांश

penultimate /पअनल्टिमअट/ *adj.* (***syn.*** last but one) उपांत, अंतिम से पूर्व का, उपांतिम, उपांत्यः ~ chapter/ day/ date

penumbra /पेनंब्रा/ *n.* **penumbrae** /पेनंबरि/ or **penumbras** उपच्छाया; **penumbral/ penumbrous** /पेनंबरल/ पेनंबरस/ *adj.* 1 घनी काली केंद्रीय छाया के चारों ओर बिखरी हल्की उपच्छाया 2 *astron.* सूर्य के धब्बे के चारों ओर ज्यादा चमकदार क्षेत्र

penurious /पअन्युअरिअस/ पिनूरिअस/ *adj.* 1 (***syn.*** destitute) निर्धन, बहुत गरीब, दरिद्र: ~ family 2 कंजूस

penury /पेन्यरि/ *n., pl.* **penuries** 1 (***syn.*** poverty) बेहद गरीबी, निर्धनता, दरिद्रता, कंगाली: live in ~ 2 (***syn.*** scarcity) कमी, अभाव: ~ of foodstuffs 3 *fig.* कमजोरी, कमी: the ~ of the language; the ~ of the ideas

peon /पीअन/ *n.* 1 चपरासी, सेवक, कार्यालय सहायक, पत्रवाह 2 खेत मजदूर (in Latin. America): ~ labour 3 ऋण चुकाने तक नौकर, बंधुआ नौकर;

dw/lw: **~age** /पीअनिज/ (*also* **peonism** /पीःअनिजम/) *n.* 1 चपरासीगीरी 2 ऋण चुकाने तक साहूकार की नौकरी-चाकरी, बंधुआ मजदूरी 3 मजबूरी की नौकरी

peony/ paeony /पीअनि/ *n., pl.* **peonies/ paeonies** 1 एक प्रकार का फूलदार पौधा 2 इस पौधे के फूल

people /पीपल/ *n., [pl.]* 1 लोग: young/ old ~; common ~; we don't see many ~ here; most ~ 2 (**the people**) आम जनता, जनसाधारण: the ~ at large; government of/ for/ by the ~; a man of the ~; ~**'s**-power, ~**'s** car; ~-oriented; the ~ of Delhi; be of the ~ (जनसाधारण से निकलना) 3 (***syn.*** nation) राष्ट्र, किसी देश की जनता, राष्ट्र के लोग: the French ~; English-speaking **~s** 4 (***syn.*** subjects) प्रजा: an employer and his ~; the priest and his ~; the king and his ~ 5 (**the people**) मतदाता 6 (**peoples**) जाति, प्रजाति, नस्ल: a warlike ~; society ~ (ऊंचे लोग) 7 वादी की भूमिका में सरकार: appear for/ on behalf of the ~ 8 सगे-संबंधी, किसी के अपने लोग, विशेषकर माता-पिता, दादा-दादी आदि: spend the holidays with one's ~ 9 विशेष समुदाय या व्यवसाय के लोग: business ~ 10 मित्र गण, दोस्त, मेहमान: have ~ to dinner;

v., *pt.* **~d**, *pp* **peopling** 1 आबाद क., बसाना, बसना: human beings who ~ our planet 2 जनसंख्या का बढ़ना: the town has **~d** very fast; the world had **~d** quite fast 3 किसी क्षेत्र में रहना, आबाद हो.: be **~d** by/ with sb;

dw/lw: **~d** /पीपलड/ *adj.* 1 बसा हुआ: densely/ thinly ~d 2 (लोगों, पक्षियों आदि से) भरा हुआ: woods ~d with birds; ~d landscape; town ~d with memories (भूतकाल की यादों वाला नगर); **peoples** *n. [pl.] colloq.* किसी के माता-पिता व सगे-संबंधी; **~ing** /पीपलिंग/ *n.* बसाने या बसने की क्रिया;

collocations: **~ carrier/ ~ mover** *UK* (*US* **minivan**) वैन, ऐसी गाड़ी जिसमें अधिक लोग बैठ सकते हैं; **~ person** जनप्रिय तथा जन प्रेमी व्यक्ति; **~'s democracy** जनतंत्र, जन सत्ता; **~'s front** जन मोर्चा; **~-in-law** पत्नी या पति के संबंधी; **~ of high life** ऊंचे लोग; **~'s right** जनता के अधिकार;

the feathered ~ (पंखोंवाले) पक्षी; **the little/ the good** ~ जल परियां; **the woolly** ~ भेड़ें;

p&i: **~ at large** आम जनता;

go to the ~ चुनाव करवाना; **of all** ~ 1 विशेषकर कोई व्यक्ति यानी औरों के साथ किसी एक व्यक्ति विशेष के होने पर आश्चर्य व्यक्त करने के लिए प्रयुक्त: you, of all people, should know that 2 विचित्र बात है कि..., आशा के प्रतिकूल: chose me, of all ~, as spokesman; **people's voice is God's voice** जनता की आवाज भगवान की आवाज होती है, जबान-ए-खल्क-नक्कारा खुदा

Peoria /पिऑरिआ/ *n.* अमेरिका का इलिनोइस (Illinois) प्रांत का एक छोटा-सा नगर जहां के लोगों का मत अमेरिका के लोगों का प्रतिनिधि मत माना जाता है

PEP *abbr.* 'personal equity plan' की प्रथमाक्षरी

pep /पेप/ *n., colloq.* 1 जोश, ओज: put some ~ into sb 2 उत्साह 3 जीवंतता, प्रेरणा: full of ~ 4 ऊर्जा: he has not enough ~ to go; that took all the ~ out of him;

v., *pt.* **~ped**, *pp* **~ping** 1 जोश दिलाना: ~ up sb 2 उत्साह बढ़ाना, उत्साहित क. या हो.: be **~ped** up at the idea 3 (***syn.*** liven up) जीवंत बनाना, प्रेरणा दे. 4 (*always* **pep sb/ sth up**) ऊर्जा भरना, जोश से भरना: the actors **~ped** up the play;

adj. उत्साहवर्धक, प्रेरणादायक, हिम्मत बढ़ाने वाला;

dw/lw: **~ful** *adj.* 1 जीवंत, जोशीला: ~ful boy 2 ऊर्जावान; **~piness** *n.* जोश, जीवंतता, उत्साह: add ~piness to dancing; **~py** /पेपि/ *adj., degr.* ~pier, ~piest 1 जोश भरने वाली 2 जोशीला, उत्साहित, जीवंत: ~py scene 3 उत्साहवर्धक;

collocations: **~ pill** एक ऊर्जावर्धक व हर्षवर्धक औषध; **~ rally/ ~ talk** छोटी-सी उत्साहवर्धक बातचीत, हौसला अफजाई;

p&i: **~ped out** थक के चूर, अशक्त, बेहाल: I am tired and ~ped out; **this dress will ~ up your wardrobe** यह पोशाक आपके वस्त्र-भंडार में नई जान डाल देगी

peperomia /पेपअरोमिआ/ *n., pl.* **~s** (sub-tropic) सब-ट्रॉपिकी पौधों की असंख्य प्रजातियों में से एक विशेष वंश या वर्ग

pepino /पेपीःनो/ *n., pl.* **~s** बैंगनी धारियों वाला एक पीला फल

peplum /पेपलम/ *n., pl.* **peplums/ pepla** एक छोटी स्कर्टनुमा पोशाक जो किसी ऊपरी पोशाक या जैकिट के कमर से जुड़ जाती है

pepo /पीःपो/ *n., pl.* **~s** 1 बहुत सारे बीजों वाली बैरी (berry) 2 तरबूज या खरबूजे के परिवार का फल

pepper /पेपः/ *n.* 1 काली या लाल मिर्च का पौधा: hot/ red ~ 2 पिसी हुई काली या लाल मिर्च 3 मिर्च का अचार 4 (**capsicum, sweet pepper**) एक प्रकार के मिर्च की सब्जी या सलाद, शिमला मिर्च 5 तीक्ष्णता, तीखापन, चरपराहट: there is ~ in the book 6 चिड़चिड़ापन, तुनकमिजाजी, तीखापन: I grew ~ due to the maltreatment meted out to me; show ~ at the match;

v., *pt.* **~ed**, *pp* **~ing** 1 मिर्च डालना, मिर्च भरना: ~ sth with sth 2 छिड़कना, धब्बों से भरा हो.: a face **~ed** with freckles; page **~ed** with blots 3 छिटपुट रूप में भरना, छिटकना: text **~ed** with errors 4 के ऊपर फेंकना या डालना: the speaker was **~ed** with questions 5 तीर की तरह वार क.: he **~ed** away at the pheasants 6 तंग क., जान निकाल दे.: he **~ed** us with Latin; he will ~ me (वह मेरी जान खा जाएगा);

dw/lw: **~-and-salt** (*also* **salt-and-~**) *n.* 1 काले टिक्कों या धब्बों वाला कपड़ा 2 काले-सफेद बालों वाला; **~box/ ~-pot** *n.* 1 मिर्चदानी 2 अति तुनक-मिजाज, चिड़चिड़ा व्यक्ति: she is a regular ~-pot; **~-corn** *n.* 1 मिर्च का दाना 2 सुखाई हुई मिर्च 3 मामूली किराया 4 नाचीज, तुच्छ या नगण्य वस्तु: ~corn aims (घटिया इरादे); **~ed** *adj.* 1 मिर्च से छिड़का हुआ 2 धब्बेदार: ~ed tail 3 तुनक-मिजाज, चिड़चिड़ा, कटु: ~ed tongue; ~ed remark; **~iness** *n.* 1 चिड़चिड़ापन 2 मिर्चीलापन 3 तीखापन, चरपरापन; **~mill** *n.* मिर्च कूटने का उपकरण; **~mint** *n.* पुदीने का तेल/ रस; **~mint-drop** *n.* पुदीने की मीठी गोली, पिपरमिंट; **~-pot = ~-box**; **~-upper** *n. US colloq.* 1 मिजाज को उछाल देनेवाली चीज: ~-upper bath salts; coffee is a marvellous ~-upper 2 मिजाज ठीक करने वाला, हिम्मत बंधाने वाला व्यक्ति: orchestra and the ~-uppers (आर्केस्ट्रा और गायक); radio ~-uppers (उत्साहवर्धक टीकाकार); the ~-uppers (सैनिकों का मनोबल बढ़ानेवाले कर्मी); **~wort** *n.* हालिम, चंसुर; **~y** /पेपरि/ *adj.* 1 तीखा, चरपरा, तीता 2 उग्र, जोशीला, प्रचंड 3 तेज-मिजाज, चिड़चिड़ा 4 *fig.* कटु, जला-कटा: ~y words; ~y satire; a ~y narrow-minded man;

collocations: **~corn rent** बहुत कम किराया; **~grass/ ~ mint** पुदीने का तेल/ रस, मसाला; **~mint cream** पुदीने के रस की क्रीम;

tailed ~ कबाब-चीनी; **long** ~ पहाड़ी पीपल;

p&i: **~ one well** खूब पीटना, कचूमर निकालना; **~ sth with** मिर्च-मसाला लगाना

pepperoni/ peperoni /पेपरोनि/ *n., pl.* **pepperonies/ pepperonis** मांस की सख्त सलामी

peppiness and **peppy** *see above under* **pep: *dw/lw***

pepsin /पेप्सिन/ *n.* पेप्सिन पाचक रस

peptic /पेप्टिक/ *adj.* 1 पाचक, पाचन संबंधी 2 पेट संबंधी: ~ ulcer

(पेट का फोड़ा) 3 पाचक रस संबंधी

peptide /पेपटाइड/ *n., biochem.* ऐसा मौलिक्यूल जिसमें अमीनो एसिडों की कड़ी बहुत छोटी होती है

per /पः/ *prep., Lat.* 1 प्रति, हर, फी: ~ mile 2 में से प्रत्येक: two ~ thousand 3 द्वारा, से (by): ~ steamer; ~ post; ~ carrier 4 किसी वस्तु में से कोई भाग हर एक के लिए: five ~ hundred; spend a certain sum ~ head ~ year 5 प्रत्येक में: hundred kilometre ~ hour;

collocations: **per accidens** संयोग से; ~ **annum** (*abbr.* **p. a.** or **per an.**) वार्षिक, सालाना; ~ **bearer** दस्ती; ~ **capita** प्रति व्यक्ति: income ~ capita; GDP ~ capita; ~ **cent** प्रतिशत, फीसदी, प्रति सैंकड़ा; ~ **contra** प्रति पक्षी, दूसरी तरफ; ~ **diem** /पःडीम/ *adv., Lat.* प्रतिदिन का: ~ rate; ~ costs; ~ **diem** दैनिक भत्ता: work for a measly ~ (बहुत कम भत्ते के लिए काम क.); ~ **fas et aut/ nefas** सच्च या झूठ, किसी भी तरीके से; ~ **head** प्रति व्यक्ति; ~ **impossible** असंभव रूप से; ~ **mensem** प्रति मास; ~ **saltum** एक छलांग में, एकदम, तुरंत; ~ **se** अपने आप में, स्वभावतः, वास्तविक रूप से, स्वतः; ~ **unit** प्रति इकाई;

p&i: ~ **ardua ad astra** तारों के अथक व ढालू मार्ग (वायु सेना का आदर्श /motto/);

as ~ के अनुसार: as ~ rules; **as** ~ **instructions** निर्देशों के अनुसार; **as** ~ **usual** सामान्यतः, जैसे कि प्रायः होता है

per- *prefix, denoting:* 1 *chem.* **the highest state of oxidation**: **per**oxide 2 in words of Latin origin (लातीनी मूल के शब्दों में): through, beyond, thoroughly, utterly (के द्वारा, के परे, पूर्णतः, बुरी तरह से)

peradventure /पःअडवेंचः/ *adv., archaic* 1 शायद 2 संयोगवश 3 अनिश्चय वश

perambula\te /परैम्ब्युले\ट/ *v., pt.* **~ted**, *pp* **~ting** 1 टहलना, चहलकदमी क., भ्रमण क.: **~te** the garden 2 निरीक्षण आदि करने के लिए चारों ओर चक्कर लगाना 3 बच्चे को प्रैम (pram) में घुमाना: **~te** the babies;

dw/lw: **~lator** /~टः/ *n. formal* बच्चा-गाड़ी, बाबा-गाड़ी; **~latory** /~टरि/ *adj.* भ्रमणशील; **~tion** /~शन/ *n.* 1 बच्चों की टहलाने की गाड़ी में चहलकदमी: daily ~tions 2 निरीक्षण आदि करने के लिए चारों ओर का चक्कर: ~tion of the forest 3 जिस स्थान का निरीक्षण किया जा रहा है: a ~tion of twenty thousand acres;

per annum *see above under* **per: *collocations***

per capita *see above under* **per: *collocations***

percale /पःकेल/ *n.* सूती या पोलिएस्टर का कपड़ा

perceivable /पःसीवअबल/ *adj.* दिखाई देने या समझ में आने वाला, बोधगम्य, इंद्रियगोचर

perceive /पःसीव/ *v., pt.* **~d**, *pp.* **perceiving** 1 (***syn.*** see) देखना: **~d** a change; they **~d** some light in the distance 2 समझना, समझ लेना: how one **~s** one's role; everybody soon **~d** that he was a poor teacher 3 अनुभव क., अनुभूति हो., बोध हो.: ~ the futility of the attempt; **~d** a change (परिवर्तन की अनुभूति हुई) 4 महसूस क., मालूम हो.: no smell could be **~d**;

collocations: **~d noise decibel** (*abbr.* **PNdB**) फ्रिक्वंसी वजन पर आधारित शोर-मापन की इकाई जो विमानों के शोर को मापने के लिए प्रयुक्त होती है

per cent /पःसेंट/ (*symbol* **%**) *adj., adv.* 1 प्रतिशत, सैंकड़ा: sales are 20 ~ down; 15 ~ increase 2 सौ के पैमाने पर: 80 ~ certain;

n. 1 (*also* **percent**) प्रतिशत या अनुपात 2 (*also* **percents**) *US, facetious, school sl.* परीक्षांक 3 संयुक्त शब्दों में: ब्याज आदि की दर: invest in four-**percents** 4 प्रत्येक यानी 100 पर एक भाग: half a ~;

v., pt. **~ed**, *pp.* **percenting** प्रतिशत में अंक देना: he was not **~ed** (उसे कोई अंक नहीं दिया गया)

percent\age /पःसेंटिज/ *n.* 1 प्रतिशत दर, प्रतिशतता, सैंकड़ेवारी 2 भाग, हिस्सा: a large **~age** of students fail; a high/ large/ small **~age**; the **~age** of metal in the ore; a small **~age** of people came 3 *colloq.* दलाली, आढ़त: what **~age** do you take? 4 लाभ, फायदा;

collocations: **~age composition** प्रतिशत में संरचना; **~age error** तुलनात्मक त्रुटि या भूल-चूक;

p&i: **~age bull** रिश्वतखोर पुलसिया

percentile /पःसेंटाइल/ *n., statistics* प्रतिशत: the 90th ~ is the value below which the 90% of the scores lie;

collocations: ~ **rank** प्रतिशत के अनुसार स्थान या क्रमांक

percents /पःसेंट्स/ *n., [pl] US school sl.* परीक्षांक: no cramming for ~

percept /पःसेप्ट/ *n., psychol.* 1 ज्ञानेंद्रियों द्वारा अनुभूतित जीव, प्राणी, वस्तु क्रिया या प्रक्रिया 2 अनुभूति का मानसिक निष्कर्ष 3 अनुभूति, ज्ञान, बोध;

dw/lw: **~ive** /~प्टिव/ *adj.* 1 बोधक्षम: ~ive organs 2 ग्रहणशील 3 अनुभूतिक्षम: your mother's ~ive faculties are extraordinary; **~ively** /~प्टिवलि/ *adv.* अनुभूतिक्षमता से, बोधक्षमतापूर्वक; **~ivity**/ **~iveness** /~प्टिविटि/ ~प्टिवनेस/ *n.* ग्रहणशीलता, अनुभूतिक्षमता; **~ual** /~प्चुअल/ *adj.* बोध्य, प्रात्यक्षिक, बोधात्मक

perceptibility /पःसेप्टिबिलिटी/ *n.* 1 इंद्रियगोचरता 2 बोधगम्यता, प्रतीति, प्रत्यक्षता: the ~ of objects below the water

perceptible /पःसेप्टिबल/ *adj.* 1 (***anton.*** imperceptible) बोधगम्य 2 (***syn.*** noticeable) दिखने वाला, प्रत्यक्ष, इंद्रियगोचर: ~ difference; ~ to the eye 3 अनुभूतित: ~ smell of coffee

perception /पःसेप्शन/ *n.* 1 जीव, प्राणी, वस्तु, क्रिया, प्रक्रिया की ज्ञानेंद्रियों द्वारा की जाने वाली अनुभूति: colour ~ 2 (***syn.*** insight) प्रत्यक्ष ज्ञान, बोध, समझ, अनुभूति: ~ of necessity 3 अनुभूति शक्ति या क्षमता: a film bristling with sharp **~s**; well-intentioned people lacking in keen ~ 4 जीव, प्राणी वस्तु, क्रिया या प्रक्रिया की व्यक्ति द्वारा की जानेवाली व्याख्या (interpretation): lyrical **~s** of friendship and love;

dw/lw: **perceptive**; **perceptivity**; **perceptiveness**; **perceptual** *see above under* **percept:*dw/lw***;

collocations: **organs of** ~ दर्शनेंद्रिय, श्रवनेंद्रिय, घ्राणेंद्रिय, रसनेंदिय और स्पर्शेंद्रिय आदि पांचों ज्ञानेंद्रियां;

the ~ **of profits** लाभ का संग्रहण

perch /पःच/ *v., pt.* **~ed**, *pp* **~ing**, *s/he/ it* **~es** 1 डाली पर बैठना, टिकना, खड़ा हो. 2 अस्थायी रूप से बैठना या रखना: ~ on the arm of a chair; ~ one's hat on the side of one's head 3 ऊंची जगह पर रखना, वहां बैठना या स्थित हो.: town **~ed** on a hill;

n., pl. **~es** 1 अस्थायी विराम स्थल, बसेरा (of birds): take one's ~ (अपने बसेरे में बैठना) 2 (***syn.*** rod) डाली, डंडा 3 (***syn.*** position) टिकान 4 ऊंचा पद या अनुकूल स्थिति, सुविधाजनक स्थान 5 (***syn.*** pole) स्तंभ 6 ताजे पानी की एक मछली;

dw/lw: **~ed** *adj.* बैठा हुआ, टिका हुआ;

p&i: ~ **on/ in, etc.** किनारे आदि पर बैठना; ~ **on/ in/ above, etc.** किसी स्थान पर बैठा या स्थित हो.;

come off your ~! नखरे छोड़ो!; **hop the** ~ 1 हार जा. 2 मर जा.; **knock a person of his** ~ पछाड़ना, हराना, डिगाना, विचलित क.; **throw/ turn over the** ~ नष्ट कर दे.

perchance /पःचांस/ *US* पःचैंस/ *adv., old use* 1 संयोगवश, संयोग से 2 शायद: sleeps, ~ to dream (Shakespeare; सो जाना., या शायद सपने देखना)

percipi\ence /पःसिपि\अंस/ *n., pl.* **percipience** (***syn.*** perceptiveness) बोध, ज्ञान, संवेदनशीलता;

dw/lw: **percipi\ent** /~अंट/ *adj.* 1 परिग्राहक 2 ग्रहणशील 3 (***syn.*** perceptive) अत्यधिक संवेदनशील 4 दूरदर्शन सक्षम (who can see telepathically); **~ ently** /~अंटलि/ *adv.* (***syn.*** perceptively) संवेदनशीलता की बदौलत दूर की बातों को देखते हुए

percoid /पःकॉइड/ *adj.* पर्च मछली जैसा

percola\te /पःकले\ट/ *v., pt.* **~ted**, *pp* **~ting** 1 महीन छलनी या कपड़े से छनना या छानना 2 (*also* **~te through**) धीरे-धीरे रिसना, बहना या फैलना: water **~tes** through the sand 3 चूना, रिसना 4 सूचना का धीरे-धीरे जनता तक पहुंचना या उसके बीच फैलना: new theories **~te** very slowly; the idea **~ted** into his head (विचार समझ में आ गया);

dw/lw: **percola\tion** /~शन/ *n.* 1 छनाई: ~tion filter 2 रिसन, रिसाव 3 स्रवण 4 कॉफी को पर्कोलेटर में उबालना; **~tor** /पःकअलेटः/ *n.* कॉफी बनाने का यंत्र, जिसमें से रिस-रिसकर कॉफी नीचे रखे बर्तन में गिरती है

percursory /पःकःसरि/ *adj.* 1 सरसरी, उड़ती-उड़ती 2 सतही;

p&i: **in a ~ manner** जल्दी-जल्दी में, कूदते-फांदते

percuss /पःकस/ *v., pt.* **~ed**, *pp.* **~ing**, *s/he/ it* **~es** *med.* रोग का पता लगाने के लिए शरीर के किसी अंग को थपथपाना

percuss\ion /पःकस\न/ *n.* 1 आघात या कंपन से निकले स्वर 2 ऐसे संगीत के अनुसार बने वाद्य, ढोलक, तबला, मृदंग आदि 3 आघात, समाघात 4 *med.* (***syn.*** Auscultation Technique) थपथपाहट, थपक 5 (***syn.*** impact) संघात, टकराहट;

dw/lw: **~ional** *adj.* संघाती; **~ion-drill** *n.* खुदाई (bore) करने वाला यानी कुंआ खोदने वाला उपकरण; **~ive** *adj.* संघाती; **~ionist** *n.* ढोलक, तबला, मृदंग आदि वाद्य बजाने वाला; **~or** /पःकसः/ *n.* (*also* **plexor**) रोग का पता लगाने के लिए शरीर के अंगों पर थपथपाहट करने वाला यंत्र;

collocations: **~ion cap** दागने वाली टोपी, विस्फोटक पदार्थों से भरा बक्सा जो आघात करने पर फट पड़ता है; **~ion hammer** (*also* **~or/ plexor**) रोग का पता लगाने के लिए शरीर के अंगों पर थपथपाहट करने वाला यंत्र; **~ion instrument** आघात-तालवाद्य

percutaneous /पःक्यूटेनिअस/ *adj.* त्वचा-, त्वचीय, त्वचा-प्रवेशी, त्वचा के नीचे जाकर दवाई आदि लगाना या डालना

per diem *see above under* **per: *collocations***

perdition /पःडिशन/ *n.* 1 मृत्यु के बाद मिलने वाला अंतहीन दंड 2 नरक 3 पूर्ण विनाश 4 सत्यानाश, सर्वनाश

perdu(e) /पःड्यू/ *n.* 1 जोखिमभरी या खतरनाक चौकी, खतरनाक स्थान 2 बहादुर सिपाही

adj. छिपा हुआ;

adv. घात में: lie ~

perdurable /पःड्युअरअबल/ *adj.* 1 स्थायी, पूर्ण रूप से टिकाऊ 2 अविनाशी 3 (***syn.*** lasting) टिकाऊ

peregrina\te /पेरअग्रिने\ट/ *v., pt.* **~ted**, *pp.* **~ting** 1 यात्रा क., समुद्री यात्रा क. 2 घूमते रहना: ~te the street 3 विदेश के चक्कर काटते रहना 4 किसी स्थान के आर-पार यात्रा क.;

dw/lw: **peregrina\tion** /~शन/ *n.* विदेश यात्रा: a book about sb's ~tion; **~tor** /~टः/ *n.* पर्यटक, यात्री

peregrine /पेरिग्रि\न/ *n.* 1 विदेशी व्यक्ति, घुमंतू व्यक्ति, परदेशी 2 (*also* **~ne falcon**) बाज पक्षी, बहरी

adj. प्राचीन रोम में रहनेवाला विदेशी;

dw/lw: **peregri\nity** /~निटि/ *n.* 1 (***syn.*** foreignness) विदेशीयता 2 प्रवासीपन 3 छोटी-सी विदेश-यात्रा

Pereira /पअरेरा/ (*also* **~ bark**) *n., pl.* **~s** ब्राजील का एक पेड़

perempto\ry /पअरेंपट\रि/ *adj.* 1 तत्काल आज्ञापालन की अपेक्षा करते हुए दिया जाने वाला आदेश आदि: **~ry** order; the orders are **~ry** 2 अहंकारी व अधीर (tone or manner) 3 (***syn.*** conclusive) अंतिम, (***syn.*** compulsory) अनिवार्य, लाजमी: **~ry** writ (न्यायाधीश का अंतिम आदेश) 4 (***syn.*** absolute, allowing no denial or discussion) अलंघनीय, अनतिक्रमणीय, जिसे लागू करना लाजमी हो: **~ry** summons 5 कट्टरवादी, मताग्रही, जड़सूत्रवादी 6 (***syn.*** domineering) रोबदार, दबानेवाला: in a **~ry** tone;

dw/lw: **~rily** /~रिलि/ *adv.* रोब झाड़ते हुए; **~riness** /~रिनेस/ *n.* 1 अनिवार्यता 2 तानाशाही 3 हठधर्मी

perennial /परेनिअ\ल/ *adj.* 1 स्थायी: ~ supply of water 2 चिरस्थायी: ~ hunger 3 बारहमासी, सदानीर 4 सदाबहार: ~ youth;

n. 1 सदाबहार पौधा या पेड़ 2 अमर रचना, कालजयी कृति: the **~s** of poetry;

dw/lw: **~ity** /~लिटि/ *n.* सदाबहार, चिरस्थायित्व, अमरत्व; **~ly** /~लि/ *adv.* चिरस्थायी ढंग से, हमेशा, स्थायी ढंग से

perennis /पअरेनिस/ *adj.* बहुवर्षी

perepod /पिरिपॉड/ *n.* चलपद

perestroika /पिरिस्त्रोइका/ *n.* 1 पुनर्निर्माण 2 मिखाईल गर्बाछियोव द्वारा 1980 के दशक में सोवियत ढांचे का पुनर्निर्माण करने के लिए चलाया गया अभियान

perfect /पःफिक्ट/ पःफेक्ट/ *adj.* 1 (***syn.*** flawless) दोषरहित: ~ person; ~ specimen; a ~ place for our picnic 2 सटीक, उत्तम: ~ reproduction/ imitation 3 पूर्ण, संपूर्ण (complete in all respects): ~ copy; ~ nonsense; ~ stranger 4 *colloq.* (***syn.*** ideal) अनिंद्य, श्रेष्ठ: ~ pitch *music* (संगीत का एक स्वर) 5 असली, शानदार: ~ bliss; ~ day! 6 *gramm.* पूर्णकालिक, भूतकालिक 7 (***syn.*** skilled) निपुण, दक्ष 8 (***syn.*** complete) पूरा, समुचित: have a ~ knowledge of sth 9 संपूर्ण, एक ही फूल में androecium और gynaecium एक साथ मौजूद होने की स्थिति से संबंधित;

n. *gramm.* क्रिया का संपूर्णकालिक रूप;

v., *pt.* **~ed**, *pp.* **~ing** 1 उत्तम/ श्रेष्ठ/ दोषरहित बनाना, परिष्कृत क.: ~ an invention/ plan; ~ one's Russian; ~ oneself in some art 2 संपूर्णता दे., पूरा क.: the project was **~ed** in March; जोड़

dw/lw: **~ible** /पःफेक्टिबल/ *adj.* जिसे परिपूर्ण या त्रुटिहीन बनाया जा सके; **~ibility** /पःफेक्टिबिलिटि/ *n.* परिपूर्णता, त्रुटिहीनता; **~ing** *n.* 1 दोषमुक्त बनाने की क्रिया 2 संपूर्णता; **perfect\ive** /पफेक्टिव/ *adj.* पूर्णकालिक; **~ly** /पःफेक्टलि/ *adv.* 1 बिल्कुल पूरी तरह से: a ~ly reasonable reaction; be ~ly satisfied; the dress fits ~ly 2 सही रूप से: ~ly well; **~ness** /पःफेक्टनेस/ *n. gramm.* 1 संपूर्णता 2 दोषमुक्तता 3 संपूर्ण काल;

collocations: **~ cadence** *music* एक संगीत स्वर; **~ fifth** *music* एक संगीत स्वर; **~ fourth** *music* एक संगीत स्वर; **~ gas** = **ideal gas**; **~ insect** *entomol.* कीट की संपूर्ण रूप से विकसित अवस्था; **~ interval** *music* एक संगीत स्वर; **~ number** *math.* ऐसी संख्या जो उसके गुणनखंडों के जोड़ के बराबर हो; **~ pitch** बिना संगीत वाद्य के संगीत की किसी धुन को दोषमुक्त बजाना; **~ storm** कई अनिष्ट बातों के एक साथ होने से खड़ा होने वाला बवाल; **~ tense** पूर्ण काल;

future ~ tense पूर्ण भविष्य काल; **past ~ tense** पूर्ण भूत काल; **present ~ tense** पूर्ण वर्तमान काल;

perfecta /परफेक्टा/ *n., pl.* **~s** घुड़दौड़ में एक बाजी

perfection /पःफेक्श\न/ *n.* 1 (***syn.*** flawlessness) दोषमुक्तता: the meal was ~ 2 परिपूर्णता, पूर्णता: ~ of detail 3 आदर्शीकरण: the path of ~ 4 पूर्णता की पराकाष्ठा: done to ~ 5 पूरी परिपक्वता 6 परिष्कृतता, श्रेष्ठता, गुण: have many **~s**; new graces/ new **~s**; the ~ of kindness;

dw/lw: **~ism** /~निजम/ *n.* 1 पूर्णतावाद, संपूर्णता की प्राप्यता में विश्वास पर आधारित सिद्धांत 2 आदर्शवादिता की पराकाष्ठा; **~ist** /~निस्ट/ *n.* आदर्शवादी, पूर्णतावादी, दोषमुक्ततावादी

p&i: **to ~** श्रेष्ठतम ढंग से: he sang to ~

perfective /पःफेक्टिव/ *adj.* 1 पूर्वकालिकः ~ aspect 2 संपूर्णता परिचायक
perfecto /पःफेक्टो/ *n.* एक प्रकार का सिगार
perfervid /पःफःविड\/ *adj., poetic* जोशीला, ओजस्वी, प्रबल, उत्कट
perfidious /पःफिडिअस/ *adj.* 1 (***syn.*** treacherous) विश्वासघातीः a ~ man 2 बेवफा, धोखेबाज 3 कपटपूर्णः ~ dealing
dw/lw: **~ly** /~लि/ *adv.* धोखे से; **~ness**/ **perfidy** /~नेस/ पःफिडि/ *n.* (***syn.*** treachery) विश्वासघातः an act/ of ~ness/ perfidy
perfidy /पःफिडी/ *n. see above under* **perfidious: *dw/lw***
perfluorocarbon /पःफ्लुअरोकाःबन/ *n., chem.* एक रसायन जिसमें हाइड्रोजन का स्थान फ्लोरिन ने ले लिया है
perfoliate /पःफोलिअट/ *adj., bot.* स्तंभवेष्टी
perfora\te /पःफअरे\ट/ *v., pt.* **~ted**, *pp.* **~ting** 1 छेद बनाना, छेदना, छिद्रित क.: **~te** the paper 2 पैठना, घुसना, पार क.: the bore **~ted** into the rock 3 शरीर के अंदर किसी फोड़े का फटना; ***adj.*** छेददार, सछिद्र, छिद्रिल, छिद्री, छिद्रित;
dw/lw: **~ted** /~टिड/ *adj.* 1 छिदा हुआ 2 छिद्रित; **perfora\tion** /~शन/ *n.* 1 छेदन, छिद्रणः ~tion hole 2 यंत्र द्वारा किया हुआ, छिद्र, वेधनः ~tions are made by boring; **~tor** (**~ting machine**) छेदक, छिद्रक, वेधनी, छिद्रण यंत्र, छेदा मशीन
perforce /पःफोःस/ *adv., mainly old* 1 आवश्यकता अनुसारः by ~ he will lecture to-morrow 2 (***syn.*** willy-nilly) चाहे-अनचाहे 3 (***syn.*** unavoidably, inevitably) अटलनीय रूप से, बलात्, मजबूरन
perform /पःफॉम/ *v., pt.* **~ed**, *pp* **~ing** 1 अभिनय क.: ~ well/ badly, etc. 2 (***syn.*** carry out) पूरा क., पालन क.: ~ a task; ~ an operation 3 समाप्त क., संपन्न क.: ~ an experiment 4 निष्पादित क., अनुष्ठान क. 5 करतब, कौतुक या तमाशा दिखाना (of animals): ~ a conjuring trick 6 कार्य क. या सेवा मुहैया करवाना 7 गाना, नृत्य क., दर्शकों का मनोरंजन क.: ~ on the flute 8 भूमिका अदा क.: he **~ed** the part of Hamlet 9 साक्षात्कार, परीक्षा, टैस्ट आदि में अच्छे परिणाम दिखानाः ~ well in interviews 10 वस्तु, शेयरों, मुद्राओं आदि की अच्छी ब्रिक्री हो.;
dw/lw: **~able** *adj.* जिसे पूरा किया जा सके, जिसे अभिनीत किया जा सके; **~ed** *adj.* अनुष्ठित, पूरा किया हुआ; **~er** *n.* 1 अभिनेता, कलाकार 2 कर्ता, निष्पादक; **~ing** /पःफॉमिंग/ *adj.* 1 अभिनय करने वाला 2 कलाबाजी आदि करने वाला 3 अभिनय कला, वाद्य-वादन आदि से संबंधितः the ~ing arts 4 सधाए हुएः ~ing circle dogs
performance /पःफॉमंस/ *n.* 1 प्रदर्शन (कला का), अभिनयः give/ put on a ~; ~ arts (बहु-आयामी कला) 2 उपलब्धि, सफलताः a brilliant/ virtuoso/ wonderful ~ 3 पालन, अनुपालन, निष्पादनः the ~ of one's duty 4 अनुष्ठान (of ceremony) 5 (***syn.*** entertainment) तमाशाः first ~; farewell ~; musical ~; the conjurer's ~ kept the children spell-bound 6 (***syn.*** deed) काम, कार्यः in the ~ of a task/ of an experiment 7 (***syn.*** action) क्रिया, निष्पत्ति, परिणामः pleasant ~ as a teacher; put up a good ~; an excellent ~; ~ test; ~ report;
dw/lw: **performer** /पःफॉमः/ *n.* 1 पूरा करने वालाः a fit performer of our enterprise 2 वादकः he is an admirable performer on the violin; **performing** *adj.* 1 जिसे गाया बजाया जा रहा है 2 खेल-करतब दिखाने वालाः performing monkeys;
collocations: **performing arts** अभिनय कला, वाद्य-वादन आदि
perfu\me /पःफ्यूम\/ *n.* 1 (***syn.*** scent) इतर, इत्र, सुगंधित द्रव्य, अतरः a bottle of **~me** 2 सुगंधः the **~me** of her sanctity; ***v.***, *pt.* **~med**, *pp* **~ming** इतर लगाना, सुवासित क.;
dw/lw: **~med** *adj.* इत्र युक्त; **~meless** *adj.* गंध रहित; **~mer** /पःफ्यूमअः/ *n.* अत्तार, गंधी, गांधी, इत्रफरोश (seller), इत्रसाज (maker); **perfu\mery** /~रि/ *n., pl.* **~meries** 1 सुगंधशाला 2 इत्रसाजी, गंधी का व्यवसाय 3 सभी प्रकार के इत्र
perfuncto\ry /पःफंकटरि\/ *adj.* 1 बेपरवाही से किया हुआ: a **~ry** piece of work 2 उबाऊ, नीरस, अरोचकः **~ry** lecturer 3 लापरवाह, असावधान, अन्यमनस्क, उत्साहहीनः **~ry** person 4 (***syn.*** mechanical) यांत्रिकः in a **~ry** manner 5 (***syn.*** superficial) सरसरी, सतहीः **~ry** inspection; **~ry** inquiry 6 औपचारिक;
dw/lw: **~rily** /~लि/ *adv.* बेपरवाही से, यंत्रवत्; **perfuncto\riness** /~नेस/ *n.* लापरवाही
perfuse /पःफ्यूज/ ***v.***, *pt.* **~d**, *pp* **perfusing** 1 छिड़कना, उड़ेलनाः **~d** with water 2 परिप्लुत क. 3 से भर दे, से सराबोर क.: ~ with radiance/ with colour; ~ with grace
perfusion /पफ्यूजन/ *n.* 1 किसी द्रव का ऊतकों या किसी अंग में से प्रवाह 2 *med.* किसी ऊतक या अंग में द्रव का चढ़ाव 3 छिड़काव
pergameneous /पःगअमीनिअस/ *adj.* 1 चर्म संबंधी 2 त्वचीयः ~ skin (झुर्रियों वाली पीली त्वचा)
pergola /पःगअला/ *n., pl.* **~s** बेल चढ़ाने के लिए बनाया गया ठाठ, परगोला, मंडवा, लतामंडप
perh *abbr.* 'perhaps' का संक्षेप
perhaps /पःहैप्स/ *adv.* 1 (***syn.*** maybe)/ शायद 2 कदाचित्, संभवतः
per head *see above under* **per: *collocations***
perhumid /पःह्युमिड/ *adj.* अति आर्द्र, बहुत गीला
peri /पिअरि/ *n.* 1 परी 2 सुंदरी
peri- /पेरि/ *prefix, denoting:* 1 **around** (के पास, के चारों ओर): **peri**scope 2 **near** (के ऐन पहले, के पास): **peri**natal
perianth /पेरिऐंथ/ *n., bot.* परिदल-पुंज, फूल का बाहरी भाग
periapt /पेरिऐप्ट/ *n.* ताबीज
periastron /पेरिऐस्ट्रौन/ *US* पेरिऐस्ट्राःन/ *n., astron.* पूंछल तारे की उस तारे से अत्यधिक निकटता जिसके चारों ओर वह घूम रहा है
peribolos /पेरीबलस/ *n.* अहाता, हद, सीमाभित्ति
pericarditis /पेरिकाःडाइटिस/ *n., pathol.* हृदयावरण या हृदय-झिल्ली का शोथ
pericardium /पेरिकाःडिअम/ *n., pl.* **pericardia** हृदयावरण, हृदय-झिल्ली, हृदय के चारों ओर बनी रेशों वाले ऊतकों की थैली
pericarp /पेरिकाःप/ *n., bot.* फलभित्ति, फलावरण, परिस्तर;
dw/lw: **~ial** /पेरिकाःपिअल/ *adj.* फलभित्ति वाला, फलावरणीय
pericentral /पेरिसेंट्रल/ *adj.* केंद्र के चारों ओर स्थित
perichondrium /पेरिकौंड्रिअम/ *US* पेरिकांड्रिअम/ *n., pl.* **perichondria** *anat.* 1 पर्युपास्थि, कुरकुरी 2 कुरकुरी के चारों ओर रेशोंवाली झिल्ली
periclase /पेरिक्लेज/ पेरिक्लेस/ *n., chem.* मेगनेजियम ऑक्साइड
periclinal /पेरिक्लाइनल/ *adj.* 1 *geol.* ऊपर से नीचे सभी दिशाओं में लुढ़कते जाने वाला 2 परिनत, बाहरी सतह के समानांतर
pericope /पेरिकपि/ *n.* पेरिच्छेद, अंश
pericranium /पेरिक्रेनिअम/ *n., pl.* **pericrania** *anat.* 1 कपालावरण 2 खोपड़ी को ढकने वाली झिल्ली 3 खोपड़ी या दिमाग
pericycle /पेरिसाइकल/ *n.* परिरंभ
periderm /पेरिडःम/ *n.* परित्वक, बाह्य वल्क
peridot /पेरिडौट/ *n.* जैतूनी रंग, जैतून-हरित रंग;
dw/lw: **~ic** /पेरिडौटिक/ *n.* जैतून-हरित
peridotite /पेरिडोटाइट/ *n., geol.* एक मोटे दानों वाली चट्टान
periegesis /पेरिजीसिस/ *n.* भ्रमण वर्णन, यात्रा वर्णन
perigee /पेरिजीः/ *n., pl.* **~s**, *astron.* चंद्रमा के कक्ष में धरती के समीपतम बिंदु
perigenous /पेरिजेनस/ *adj.* परिजात

periglacial /पेरिग्लेसिअल/ पेरिग्लेशल/ *adj.* ग्लेशियर क्षेत्र से संबंधित

perigynous /पेरिजिनस/ *adj.* परिजायांगी

perihelion /परिहीलिअन/ *n., pl.* **perihelia** *astron.* किसी ग्रह के कक्ष में सूर्य के समीपतम बिंदु

perihepatic /परिहेपैटिक/ *adj., anat.* जिगर के चारों ओर

perihepatitis /परिहेपअटाइटिस/ *n., pathol.* जिगर के आवरण का शोथ

perikaryon /पेरिकैरिऔन/ *US* पेरिकैरिआ:न/ *n.,* **perikarya** /परिकैरिआ/ स्नायु कोशिका (nerve cell) का भाग जिसमें केंद्रक (nucleus) स्थित है

peril /पेरल/ पेरिल/ *n.* 1 भारी खतरा: the ~ of nuclear war 2 आपदा, संकट: **~s** clause (आपदा धारा) 3 बाधा, खतरा: ~s of sea;
v., *pt.* **~ed**, *pp* **periling** खतरे में डालना: it might ~ the safety of the vessel;
dw/lw: **~ous** /पेरअलस/ *adj.* 1 (***syn.*** hazardous) अत्यधिक खतरनाक: ~ous ascent (खतरनाक चढ़ाई) 2 जोखिम-भरा: in a ~ous predicament; **~ously** /पेरअलसलि/ *adv.* खतरनाक ढंग से; **~ousness** /पेरअलसनेस/ *n.* खतरा, जोखिमभरी स्थिति;
p&i: **at one's** ~ जोखिम उठाते हुए: in ~ of one's life

perilune /पेरिलून/ *n., astron.* अंतरिक्ष यान के कक्ष में सूर्य के समीपतम बिंदु

perimet\er /परिमिटः/ *n.* घेरा, परिधि, परिमाप;
adj. परिधि से संबंधित: **~er** fence (परिधि का घेरा);
dw/lw: **perimet\ry** *n.* दृष्टि-परिमिति; **~ric**/ **~rical** *adj.* परिधि संबंधी

perimorph /पेरिमॉःफ/ *n.* पररूप, परिखनिज

perimysium /पेरिमिजिअम/ *n., anat.* मांसपेशियों को एक साथ जोड़नेवाला ऊतक

perin(a)eum /पेरिनीअम/ *n.* मूलाधार

perinatal /पेरिनेटल/ *adj., med.* गर्भ के सातवें महीने से प्रसव के एक महीने बाद तक के समय से संबंधित

perinephrium /परिनेफ्रिअम/ *n., anat.* गुर्दे के चारों ओर चर्बीदार ऊतक

perinephritis /परिनअफ्राइटिस/ *n., pathol.* गुर्दे का शोथ

perineum /परिनिअम/ *n., pl.* **perinea** /परिनिआ/ *anat.* गुदा और अंडकोश या योनि के बीच का भाग, मूलाधार

perineurium /परिन्युअरिअम/ *n.* परितंत्रिका

period /पीरिअड/ *n.* 1 समयावधि, मुद्दत, मियाद, कालावधि (definite portion of time): lasting for a ~ of three months; within the agreed ~; fixed ~ 2 स्कूल या कॉलेज में अध्यापक का पढ़ाने का पीरियड (घंटा) 3 मासिक धर्म (स्त्रियों के संबंध में) 4 *US* (*UK* **full stop**) पूर्णबिंदु, पूर्ण विराम (.): put a ~ to sth 5 युग, काल (era): the ~ of the Revolution; ~ of change; catchwords of the ~ (किसी युग के सर्वाधिक प्रचलित शब्द); the girl of the ~; sentiments of the ~ 6 विशेष समय या काल: at this ~ of the year; ~ of rest; trial ~ 7 अवस्था, चरण: **~s** of a disease 8 परिक्रमण-काल (of a planet) 9 आवर्त-काल (periodic time) 10 कालांक (time constant) 11 (***syn.*** end) समाप्ति 12 (***syn.*** sentence) पूर्ण वाक्य 13 *geom.* आवर्तनांक 14 *arith.* आवर्तक 15 *geol.* भूरचना काल 16 ऐतिहासिक या घटना-क्रम काल: ~ play/ novel; ~ film (ऐतिहासिक नाटक/ उपन्यास/ फिल्म);
adj. किसी ऐतिहासिक युग की शैली में: ~ costume (विशेष युग की पोशाक); ~ furniture (युगीन शैली का फर्नीचर);
adv. = full stop: the concrete answer is no, **~!**
collocations: **~ of grace** छूट की अवधि; **~ piece** युगीन कलाकृति;
glacial ~ हिमानी युग

periodic /पिअरिऔडि\क/ *US* पिअरिआःडि\क/ *adj.* 1 नियतकालिक, आवर्ती, मियादी, आवर्तक: ~ system/ law; ~ fever 2 आवधिक 3 *astron.* परिक्रमणिक;
dw/lw: **~al** /~ल/ *n.* नियमित अवधि से प्रकाशित होने वाली पत्रिका आदि: monthly ~al; **~al** *adj.* 1 पत्रिकाओं से संबंधित 2 नियतकालिक; **~ally** /~लि/ *adv.* समय-समय पर;
periodicity /~सिटि/ *n.* आवर्तन, आवृत्ति समय;
collocations: **~ function** *math.* आवर्त फंक्शन; **~ law** आवर्त नियम; **~ sentence** *rhet.* पूर्ण वाक्य; **~ table** आवर्त सारणी; **~ time** (of planet) परिक्रमण-काल

periodont\al /पेरिओडौंटल/ *adj., anat.* दांत के इर्दगिर्द के ऊतकों से संबंधित;
dw/lw: **~ics** /पेरिओडौंटिक्स/ (*also* **~ology** /पेरिओडौंटअलजि/) *n., [sing.]* दांत के इर्दगिर्द के रोगों का अध्ययन विज्ञान; **~ist** /पेरिओडौंटिस्ट/ *n.* दांत के इर्दगिर्द के रोगों का विशेषज्ञ; **~itis** /पेरिओडौंटाइटिस/ *n., pathol.* (***syn.*** pyorrhoea, *US* pyorrhea) दांत का रोग

periosteum /पेरिऔस्टिअम/ *US* पेरिआःस्टिअम/ *n., pl.* **periostea** /पेरिऔस्टिआ/ *US* पेरिआःस्टिआ/ *anat.* 1 परि-अस्थिक, पर्यस्थिकला 2 हड्डियों पर एक सख्त रेशेदार झिल्ली जो हड्डियों के पोषण के लिए आवश्यक है और उसके नष्ट होने से हड्डियों की टूटन मुश्किल से ठीक होती है

peripatetic /पेरिपअटेटिक/ *adj.* 1 भ्रमणशील, परिभ्रामी 2 कई स्कूलों में काम करने वाला अध्यापक जिसे इन स्कूलों के बीच आना-जाना पड़ता है 3 (*also* **Peripatetic**) यूनानी दार्शनिक अरस्तू (Aristotle) की दार्शनिक शाखा जिसके तहत घूमते रहने के साथ-साथ व्याख्यान देने का चलन था: ~ gentlemen

peripeteia/ **peripetia** /पेरिपअटाइआ/ पेरिपअटीःआ/ *n., pl.* **~s** (नाटक में): 1 भाग्य में आकस्मिक परिवर्तन 2 जीवन यात्रा में यकायक बदलाव

peripheral /परिफरल/ *adj.* 1 कम महत्त्व वाला 2 परिधीय, बाह्य: ~ nerves; ~ speed 3 (**~ to sth**) किसी विषय के लिए गौण 4 दृष्टि क्षेत्र का बाहरी भाग;
n. *comput.* (input-output device, *also* ~ **device**) सूचनाओं, आंकड़ों, पाठ आदि को कंप्यूटर में रखने या उससे बाहर किसी यंत्र में संग्रहीत करने का उपकरण;
dw/lw: **~ly** /परिफरअलि/ *adv.* बाहर-बाहर, परिधि पर

periphery /परिफरि/ *n., pl.* **peripheries** 1 परिधि, परिरेखा 2 बाह्य सतह (surface) 3 (***syn.*** environs) परिसर, चारों ओर का क्षेत्र

periphra\sis /परिफ्रअ\सिस/ *n., pl.* **periphrases** /परिफ्रअसीज/ 1 (***syn.*** circumlocution) बात करने का गोल-मोल ढंग 2 गोल-मोल बात, घुमा-फिरा कर कही गई बात, वाग्जाल, वाक्प्रपंच 3 रूपक, रूपक-कथा 4 अन्योक्ति;
dw/lw: **periphra\stic** /पेरिफ्रैस्टिक/ *adj.* 1 घुमा-फिरा कर बात कहने के तरीके से संबंधित, रूपात्मक 2 अन्योक्तिपरक 3 *gramm.* वर्णनात्मक; **~stically** /पेरिफ्रैस्टिकलि/ *adv.* अन्योक्तिपूर्वक;

perique /पअरीक/ *n.* अमेरिका के प्रांत लूइजियाना का अति जायकेदार तंबाकू

perisco\pe /पेरिस्कोप/ *n., optics.* 1 परिवीक्षण-यंत्र, पेरिस्कोप, परिदर्शी 2 आंखों के स्तर से ऊपर स्थित वस्तु को देखने के लिए प्रयुक्त एक यंत्र;
dw/lw: **~pic** /पेरिस्कोपिक/ *n.* परिदर्शीय

perish /पेरिश/ *v., pt.* **~ed**, *pp* **~ing**, *s/he/ it* **~es** 1 मरना: ~ with hunger/ with thirst; ~ from starvation/ from cold 2 नष्ट हो जा.: ~ by the sword; their songs have **~ed** 3 नष्ट क.: frost **~es** vegetation; ~ the man! (भगवान करे वह बर्बाद हो जाए!); ~ the thought! (भला करे!);
dw/lw: **~ability** /पेरिशअबिलिटि/ *n.* जल्दी खराब होने या न होने की विशेषता, नश्वरता; **~able** /पेरिशअबल/ *adj.* 1 जल्दी खराब होने वाला (पदार्थ): ~able material 2 बिगड़ने वाला 3

(*syn.* transitory) नश्वर, नाशवान, विनाशी: immortal and ~able (शाश्वत एवं नश्वर) 4 विकृत होने वाला (गलने-सड़ने वाला) पदार्थ; **~ables** /पेरिशअबल्ज/ *n., [pl.]* जल्दी सड़-गल जाने वाले पदार्थ: ~ables like fish and flowers; **~ed** (पेरिश्ड) *adj.* 1 जो गल सड़ गया हो, नष्ट, विलुप्त: my feet are ~ed 2 थका-मांदा, अशक्त 3 दुखाकुल, संतप्त: she looked regularly ~ed and sulky 4 सर्दी से बेहाल; **~er** *n., old, colloq.* 1 शरारती बच्चा या अन्य कोई दुखदायी व्यक्ति 2 अतिवादी व्यक्ति 3 सर्दी: do a ~er (सर्दी से मर जा.) 4 विचित्र व्यक्ति: those ~ers didn't know anything about Shakespeare; **~ing** /पेरिशिंग/ *adj., colloq.* 1 (*syn.* freezing) गलन उत्पन्न करने वाला, गलाऊ 2 नश्वर, लुप्त हो जानेवाला 3 कंबख्त 4 भयंकर, डरावना, भयावह: ~ing cold

perisperm /परिस्पःम/ *n., bot.* बीज में पौष्टिक ऊतक, परभ्रूणपोष

perissodactyl /पअरिसोडैक्टिल/ *n., zool.* कोई भी खुरदार जानवर जैसे घोड़ा

perissology /पअरिसोलजि/ *n.* शब्दाडंबर, शब्द प्रपंच, वाचालता, शब्द बाहुल्य

perissosyllabic /पअरिसोसिलअबिक/ *adj.* अतिरिक्त शब्दांशयुक्त

peristalith /पअरिस्टअलिथ/ *n.* पत्थर का चक्र

peristalsis /पेरिस्टैल्सिस/ *n., pl., physiol.* **peristalses** /पेरिस्टैल्सीज/ मांसपेशियों का आकुंचन, लहरी गति (wavelike movement of intestines caused by the contraction and relaxation of muscles), क्रमाकुंचन;

dw/lw: **peristaltic** /पेरिस्टैल्टिक/ *adj.* क्रमाकुंचक, लहरी गति वाला

peristome /पेरिस्टोम/ *n.* 1 परितुंड, परितुंडिका 2 *zool.* परिमुख, मुंह के चारों ओर का क्षेत्र

peristyle /पेरिस्टाइल/ *n., archit.* भवन के इर्दगिर्द स्तंभों की पंक्ति, स्तंभ-पंक्ति, स्तंभावली

peritoneum /पेरिटअनीअम/ *n., pl.* **peritonea** /पेरिटअनीःआ/ or **~s** *anat.* आंतों की झिल्ली, पेट-झिल्ली, उदरावरण

peritonitis /पेरिटअनाइटिस/ *n., pathol.* आंतों की झिल्ली की सूजन, पर्युदर्या-शोथ, पेट-झिल्लीशोथ

periwig /पेरिविग/ *n.* बालों की टोपी, विग;

dw/lw: **~ged** /पेरिविगड/ *adj.* 17वीं-18वीं सदियों में पुरुष का विग यानी कृत्रिम बाल

periwinkle /पेरिविंकल/ *n.* 1 एक फूलदार पौधा, सदाबहार पौधा 2 (*syn.* snail) घोंघा: edible/ common ~ (खाद्य/ सामान्य घोंघा)

perju\re /पःजः/ *v. pt.* **~red**, *pp.* **~ring** 1 (*now always* **~re oneself**) 1 कचहरी में शपथ लेकर झूठी गवाही दे., मिथ्या साक्ष्य दे. 2 अदालत में दी गई शपथ तोड़ने का दोषी होना;

dw/lw: **~rer** /पःजरः/ *n.* झूठी गवाही देने वाला, मिथ्या साक्षी, कूट साक्षी, मिथ्याशपथकारी; **~red** /पःजःड/ *adj.* मिथ्याशपथकारी: ~red witness; **~ry** /पःजरि/ *n., pl.* ~ries 1 झूठी गवाही, मिथ्या शपथ, कूट साक्ष्य, शपथ-भंग: commit ~ry; **~rious** /पःजूरिअस/ *adj.* झूठी गवाही देने वाला

perk /पःक/ *n.* नौकरी के साथ जुड़ी हुई सुविधाएं जैसे कार आदि

v., pt. **~ed**, *pp* **~ing** (*always* **~ up**/ **~ sb up**) 1 (***syn.*** brighten) और ज्यादा जीवंत और प्रसन्नचित्त बनना या बनाना 2 बनना-ठनना, अकड़ना, इतराना: she **~s** herself up daintily 3 (*always* **~ up**) किसी पशु द्वारा कान उठाना: the horse **~ed** up its head; ~ up one's ears (कान खड़े हो., चौकन्ना हो जा.) 4 कॉफी का टपकना 5 पैंट (pant) या ऐप्रन (apron) आदि से जेबों का बाहर निकलकर लहराना: smart pockets ~ out from the apron;

adj. अति-आत्मविश्वासी, अहंकारी: a ~ bearing (अहंकारी मुद्रा);

dw/lw: **~ily** *adv.* फुर्ती से, जीवंततापूर्वक; **~iness** *n.* फुर्ती, जीवंतता; **~y** /पःकि/ *adj., pl.* ~ier, ~iest 1 प्रफुल्ल, जीवंत 2 उद्धत, अकड़बाज, बदमाश: ~y little nose 3 (***syn.*** brisk) फुर्तीला 4 (***syn.*** smart) बांका: ~y little miss

perlite/ pearlite /पःलाइट/ *n., geol.* 1 ज्वालामुखी का शीशा, मुक्ताभ 2 इस्पात का अंग

perlocution /पःलक्यूशन/ *n., philos.* मनाने, सहमत करने के लिए दिया जाने वाला भाषण, पर बिना अपेक्षित परिणाम के;

dw/lw: **~ary** /पःलक्यूशनरि/ *adj.* मनाने या सहमत करने वाला (भाषण)

perlustra\te /पःलस्ट्रे\ट/ ***v., pt.*** **~ted**, *pp* **~ting** निरीक्षण क.: the curators of the National Museum **~te** the museum once a year

perm /पःम/ *colloq. n.* रासायनिक तत्त्वों के प्रयोग से बनाया जाने वाला बालों का घुंघरालापन: have a ~;

v., pt. **~ed**, *pp* **~ing** रासायनिक तकनीक से बालों को घुंघराला बनाना

permaculture /पःमाकल्चः/ *n., ecol.* पर्यावरण सहायक खेती-बाड़ी

permafrost /पःमाफ्रॉस्ट/ *n., geol.* सदा बर्फ जमी धरती, स्थायी तुषार भूमि

permalloy /पःमैलॉइ/ *n.* लोहे और निकल की मिश्र धातु जिनमें तांबे जैसे तत्त्व भी मिले रहते हैं

perma\nence/ ~nency /पःमअनंस/ पःमअनंसि/ *n., pl.* **~nencies** 1 स्थायित्व: **~nence** of feelings; **~nence** of a treaty 2 स्थायी नौकरी: a temporary job, not a ~nence 3 टिकाऊपन: **~nence** of vision 4 स्थायी वस्तु: **~nence** of a book;

dw/lw: **~nent** /पःमअनंट/ *adj.* 1 स्थायी 2 चिरटिकाऊ: ~nent grassland 3 पक्का: ~nent colour 4 स्थायी (नौकरी): ~nent job; **~nently** /पःमनंटलि/ *adv.* स्थायी तौर पर;

collocations: **~nent depot** एक स्थान पर बना चिरस्थायी भंडारण-स्थान; **~nent magnet** *phys.* चुंबक बनाने वाली वस्तु के हट जाने के बाद भी चुंबकीय गुण रखने वाला चुंबक; **~nent resident card** स्थायी आवास कार्ड; **~nent tooth** *anat.* दूध के दांत टूटने के बाद आने वाला दांत; **~nent way** रेलवे लाइन, लोहे की रेल, लकड़ी-पत्थर से बना रेल मार्ग; **~nent post** स्थायी पद; **~nent repair** चालू मरम्मत; **~nent site** स्थायी स्थान; **~nent wave** बालों का चिरस्थायी घुंघरालापन

permangana\te /पःमैंगअनेट/ *n.* ऑक्सिकारक व विरंजक तत्व के रूप में काम करने वाला पदार्थ

permansive /पःमैंसिव/ *n.,* ***ling.*** स्थायी, स्थिर: ~ aspect

permea\bility /पःमिअबिलिटी/ *n.* व्याप्ति, परिगम्यता: magnetic **~bility**;

dw/lw: **~ble** /~अबल/ *adj.* 1 परिगम्य 2 पारगम्य, प्रवेश्य, भेद्य, व्याप्त 3 चुंबकशील; **~nce** /~अंस/ *n., elec. engin.* 1 के अंदर घुसने या रिसकर अंदर आने की क्रिया 2 चुंबकीय परिपथ की अस्वीकृति की बदौलत बना जवाबी तत्त्व; **~te** /~एट/ *v., pt.* ~ted, *pp* ~ting 1 (*also* **~te through sth**) अंदर घुस जा.: water **~tes** everywhere 2 में व्याप्त हो जाना, फैल जा.: the soil was **~ted** with water

per mensum *see above under* **per: *collocs***

permissi\bility /पःमिसिबिलिटि/ *n.* अनुमति देने के योग्य होने की स्थिति, अनुज्ञेयता;

dw/lw: **~ble** /पःमिसिबल/ *adj.* 1 स्वीकार्य, मान्य: such conduct is not ~ble 2 अनुज्ञेय: would it be ~ble to say that ...?; it was not legally ~ble 3 अनुमोदित, अनुमत: ~ble dose (अनुमत खुराक)

permission /पःमिशन/ *n.* 1 अनुमति, अनुज्ञा, इजाजत: give sb ~ to do sth 2 आज्ञा: it was done with his ~ 3 सहमति, स्वीकृति: with your kind ~; written ~ to reside 4 अधिकार-रोपण

permissive /पःमिसिव/ *adj.* 1 खुला, सहिष्णु, उदार: ~ parents; ~ environment 2 अनुमतिबोधक, अनुज्ञापरक: these laws are

~ rather than mandatory 3 (***syn.*** allowed) अनुमत: ~ waste (किराए पर ली गई वस्तु की खराब होने की अनुमत सीमा) 4 उदाहरणीय, मानक, आदर्श: ~ standard 5 (***syn.*** optional) वैकल्पिक: ~ provision 6 निर्बंध, (यौन संबंधों के बारे में) उन्मुक्त; ***dw/lw:*** **~ly** /~लि/ *adv.* स्वीकार्य रूप से; **~ness** /~नेस/ *n.* खुली छूट;
collocations: **~ society** दुनिया के कई देशों में 1960 व 1970 के दशकों में पनपे (यौन संबंधों आदि के बारे में) उन्मुक्त समाज

permit /पःमिट/ *v., pt.* **~ted**, *pp* **~ting** 1 अनुमति दे.: the court **~ted** him access to his children; be **~ted** to sit for an examination 2 कुछ करने की अनुमति हो.: smoking is not **~ted** here 3 (*also* **~ of sth**) मौका या अवसर देना, करने दे.: an outrage that **~s** of no excuses; matters that ~ of no delay; his health would not ~ of his staying there 4 संभावना हो. या पैदा क.: these words hardly ~ doubt;
n. (***syn.*** licence) अनुमति-पत्र, अनुज्ञा-पत्र, अनुमति: a fishing ~ (मछली पकड़ने का अनुमति-पत्र); official ~; loading/ discharging ~ (लदाई-उतराई की अनुमति);
dw/lw: **~ted** *adj.* 1 जिसे अनुमति मिली हो 2 अनुमत, अनुज्ञात, अनुज्ञप्त: ~ted hours

permutable /पःम्युटअबल/ *adj.* 1 जिसका क्रम-परिवर्तन हो सके, क्रम-परिवर्तनीय 2 आपस में अदला-बदली करने योग्य

permutation /पःम्युटेशन/ *n., math.* 1 वस्तुओं या संख्याओं को एक साथ मिलाने के भिन्न-भिन्न प्रकार के सेटों में से कोई एक सेट, क्रम-परिवर्तन 2 फुटबॉल के समूहों में से कोई एक निश्चित सेट 3 क्रमचय, प्रस्तार 4 क्रम परिवर्तन: ~ of stress (बलाघात का स्थानांतरण)

permu\te/ permuta\te /पःम्यूट/ पःम्युटेट/ (*also shortened* to **perm.**) *v., pt.* **~ted**, *pp* **~ting** 1 वस्तुओं को भिन्न-भिन्न क्रमों में लगाना, विशेषकर बढ़ते क्रम में 2 क्रम-परिवर्तन क.

pernancy /पःनंसि/ *n.* 1 कब्जा प्राप्ति 2 किराया आदि की प्राप्ति

pernicious /पःनिशिअस\/ *adj.* 1 घातक, हानिकर, विनाशक: ~ habits 2 घिनौना: ~ principles 3 तेज, चालू;
dw/lw: **perniciously** /~लि/ *adv.* घातक या हानिकारक तरीके से; **~ness** /~नेस/ *n.* घातकता, हानिकारकता, विनाशकता;
collocations: **~ anaemia** /~ अनीमिया/ *med.* भोजन में विटामिन B12 की कमी के कारण पैदा होने वाला अनीमिया (रक्त विवर्णता)

pernicke\ty /पःनिकटि\/ *adj.* 1 तुनकमिजाज, छोटी-छोटी बातों को लेकर बाल की खाल उतारने वाला, झक्की, सनकी, दुष्तोषणीय: **~ty** about one's food; a **~ty** stickler for trifles 2 (snobbish) नकचढ़ा 3 जटिल, टेढ़ा, कठिन 4 सावधानी से करने योग्य: **~ty** work 5 नाजुक: **~ty** job;
dw/lw: **~tiness** /~नेस/ *n.* झक्कीपन, बाल की खाल उतारने की प्रवृत्ति, दुष्तोषणीयता, तुनकमिजाजी

pernoctation /पःनॉक्टेशन/ *n.* जागरण, रात्रि-पहरा

Pernod /पःनो/ *n.* सौंफ के जायके वाली फ्रांसीसी शराब

peroneal /पेरअनिअल/ *adj., anat.* बहिर्जंघिका से संबंधित: ~ bone

perora\te /पेरअरेट/ *v., pt.* **~te**, *pp* **~ting** 1 लंबा-चौड़ा भाषण दे.: **~te** for hours 2 अंत में भाषण का सारांश दे. 3 चिकनी-चुपड़ी बातें क.: he **~ted** benevolences;
dw/lw: **perora\tion** /पेरअरेशन/ *n.* 1 उपसंहार 2 लंबा-चौड़ा भाषण 3 भाषण के अंत में दिया गया सारांश

perpendicular /पःपंडिक्युलः/ *adj.* 1 लंबवत्, लंब, खड़ा: ~ staircase 2 (*also* **~ to sth**) किसी चीज पर खड़ा होकर सीधा कोण बनाना 3 सीधी खड़ी (चट्टान) 4 सीधी कटु बात करने वाला: a stiff ~ old maid; ~ in attitude 5 खड़ा होकर, खड़े-खड़े: ~ drinking at the bar; every seat, including the ~ accommodation, was occupied;
n. 1 लंबवत् रेखा: draw a ~ to a line/ let fall a ~ upon a line 2 खड़ी रेखा को बनाने वाला यंत्र;
dw/lw: **~ity** /पःपंडिक्युलैरिटि/ *n.* लंबता; **~ly** *adj.* लंबतः, अनुलंब

perpetra\te /पःपअट्रेट/ *v., pt.* **~ted**, *pp* **~ting** 1 अपराध क.: **~te** a crime/ a blunder 2 अपराध का दोषी हो. 3 *facetious* बनाना, रचना: **~te** a pun/ a verse;
dw/lw: **~tion** /पःपअट्रेशन/ *n.* 1 अपराध करने का काम 2 किया हुआ गलत काम, अपराध 3 facetious रचना, कृति: whimsical ~tions of architects; **~tor** /पःपअट्रेटः/ *n.* 1 अपराधी 2 कर्ता, करने वाला

perpetual /पःपेचुअल/ *adj.* 1 अंतहीन, स्थायी, शाश्वत: in ~ bliss; ~ snows; ~ damnation (अंतहीन कष्ट या यंत्रणा) 2 चिरस्थायी, अनंत, सतत, नित्य: ~ quarrels, ~ questions 3 (***syn.*** continuous) निरंतर, अविच्छिन्न, अविरल: the ~ ebb and flow of the tide (ज्वार का निरंतर उतराव एवं चढ़ाव); ~ chatter (कभी न थमनेवाली बक-बक);
dw/lw: **perpetual\ly** /पःपेचुअलि/ *adv.* 1 सदा, स्थायी, अनंतकाल तक 2 (***syn.*** incessantly) निरंतर, लगातार;
collocations: **~ annuity** स्थायी वार्षिकी; **~ calendar** 1 किसी भी तिथि का दिन बताने वाला पंचांग 2 कई सालों तक प्रयोग में आने वाला पंचांग; **~ check** शतरंज में ऐसी स्थिति जब एक खिलाड़ी के बादशाह को दूसरे खिलाड़ी द्वारा लगातार बांधकर रखा हो जिसके कारण दूसरा खिलाड़ी बाजी को बराबरी पर खत्म करवा सकता है; **~ day** सतत दिन; **~ imprisonment** आजीवन कारावास; **~ motion** *phys.* एक काल्पनिक यंत्र जो बाह्य ऊर्जा के बिना सदा चलता रहता है; **~ night** अंतहीन रात्रि (रात); **~ nagging** अंतहीन सिर-खपाई, बड़बड़ाहट; **damask** ~ सदाबहार गुलाब

perpetua\te /पःपेचुएट/ *v., pt.* **~ted**, *pp* **~ting** 1 कायम रखना, स्थायी बनाना 2 अमर कर दे.: **~te** a species (किसी नस्ल को चिरस्थायी बना दे.); **~te** the memory; **~te** one's name;
dw/lw: **~tion** /पःपेचुएशन/ *n.* 1 स्थायीकरण 2 स्थायित्व, शाश्वतता 3 अमरत्व

perpetuity /पःपिट्यूइटि/ *US* पःपिटूइटि/ *n., pl.* **perpetuities** 1 निरंतरता 2 (***syn.*** for ever) अनंतकाल, दीर्घकाल: in/ to/ for ~ (हमेशा के लिए) 3 स्थायी अधिकार: acquire a right in ~

perplex /पःप्लेक्स/ *v., pt.* **~ed**, *pp.* **~ing**, *s/he/it* **~es** 1 (***syn.*** puzzle, baffle) हैरान/ किंकर्तव्यविमूढ़ क.: contradictory accounts only ~ people 2 क्षुब्ध क., घबराहट पैदा क.: ~ a person; ~ sb's mind 3 उलझाना, पेचीदा बनाना, जटिल कर दे.: ~ an issue; the translator **~ed** the passage; narrow streets ~ that portion of the city;
dw/lw: **~ed** /~क्सड/ *adj.* 1 हैरान, किंकर्तव्यविमूढ़ 2 क्षुब्ध, परेशान, व्याकुल: a troubled and ~ed mind 3 हतबुद्धि: feel/ be ~ed 4 जटिल, उलझा हुआ, पेचीदा: ~ed question; **~edly** /~क्सिडलि/ *adv.* हैरान या परेशान होकर: he looked ~edly at everybody; **~ing** /~क्सिंग/ *adj.* 1 हैरान करने वाला 2 जटिल, पेचीदा: ~ing questions; **~ingly** /~क्सिंगलि/ *adv.* हैरानी में डालते हुए; **perplex\ity** /~क्सिटि/ *n., pl.* ~ities 1 हतप्रभता: be in ~ity 2 क्षोभ, घबराहट 3 (***syn.*** cnfusion) समस्या, उलझन, परेशानी, असमंजस, गड़बड़ी 4 जटिलता, उलझाव: the dense ~ity of dwarf palm and creepers

per pro *short of* '**per procuration**' का छोटा रूप (हक मुख्तारी)

perquisite /पःक्विजिट/ *n.* 1 (*also* **perk**) पद के साथ मिलने वाली सुविधाएं (कार, मकान आदि), अतिरिक्त आय: salaries and **~s**; the **~s** of wastage and leakage (विक्रेताओं/ salesmen/ आदि की रद्दी या छोटी-मोटी चोरी से होनेवाली आय) 2 कई परिस्थितियों में मिलने वाला ईनाम (tip) 3 अधिकार स्वरूप मिलने वाली वस्तु: the pillage of a place taken by storm was regarded as the ~ of a soldiers (लड़ाई द्वारा कब्जे में लिए गए

नगर को लूटना सिपाहियों का हक मान जाता था)

perquisition /पःक्विजिशन/ *n.* तलाशी: the papers found during the ~

perron /पेरन/ *n.* 1 दरवाजे से के अंदर बना चबूतरा-सा 2 चबूतरे तक चढ़ने वाली सीढ़ियां

perry /पेरि/ *n., pl.* **perries** नाशपाती के रस से बनी एक शराब

pers. *abbr.* 'person', 'personal' का संक्षेप

perscrutation /पःस्क्रुटेशन/ *adj.* (***syn.*** a careful invstigation) गहन अध्ययन या शोध

perse /पःस/ *adj.* गहरा-नीला;
n. 1 गहरा नीला रंग 2 इस रंग का कपड़ा

per se /पःसे/ *adv.* अपने आप में (से), निहित रूप से: not valuable ~ (अपने आप में कीमती नहीं)

persecu\te /पःसिक्यूट/ *v., pt.* **~ted**, *pp* **~ting** 1 अत्याचार क. 2 (***syn.*** a harass) निरंतर तंग क., सताना: **~te** with requests; he **~ted** us with questions 3 उत्पीड़ित क.: **~te** progressive leaders 4 धार्मिक आधार पर मार दे.: the church **~tes** opinions;
dw/lw: **persecu\tion** /पःसिक्यूशन/ *n.* 1 उत्पीड़न: the ~tion of Jews and communists under Nazism 2 अत्याचार: suffer cruel ~tions 3 सताने की क्रिया: the ~tion by flies and gnats 4 मांगों आदि की बार-बार प्रस्तुति द्वारा तंग करने की क्रिया: their ~tion is well-meant; **~cutor** /~टः/ *n.* अत्याचारी, उत्पीड़क; **~cutory** /~टरि/ *adj.* उत्पीड़न संबंधी: ~cutory delusion (उत्पीड़न भ्रांति);
collocations: **~tion complex/ mania** /मेनिआ/ *psychol.* एक मानसिक विकार जिसके तहत रोगी को लगता है कि उसका पीछा किया जा रहा है या उसके विरुद्ध षड्यंत्र रचा जा रहा है; **~tion fancier** ऐसे विकार से संतप्त व्यक्ति

perseity /पसेइटि/ *n.* स्वतंत्र अस्तित्व

perseve\rance /पःसिवि\अरंस/ *n.* अटलता, अडिगता, दृढ़संकल्पता: unabated **~rance**; **~rance** which hardened into obstinacy;
dw/lw: **perseve\rant** /~अरंट/ *adj.* 1 अध्यवसायी 2 दृढ़संकल्प: ~rant zeal; **perseve\re** /~अः/ *v., pt.* ~red, *pp* ~ring 1 (*also* **~re in/ with sth**) किसी बात या कार्य पर अडिग रहना 2 निरंतर प्रयास क.: ~re in one's studies; ~re in/ with one's work; **~ring** /~अरिंग/ *adj.* अडिग, अटल, सतत परिश्रमी; **~ringly** /~अरिंगलि/ *adv.* सतत परिश्रम करते हुए

Persian /पःशन/ *adj.* फारस का (आधुनिक ईरान का), फारसी;
n. 1 पुरानी फारसी 2 (*also* **Farsi**) फारसी;
dw/lw: **~wheel** *n.* रहंट, रहट;
collocations: **~ blinds** बाह्य शटर (shutters) जो चल या घूमने वाले (rolling) ढांचे की तरह काम करता है; **~ carpet/ rug** फारस की हाथ से बुनी ऊनी या रेशमी दरियां; **~ cat** लंबे बालों वाली बिल्ली; **~ lamb** 1 भेड़ के बच्चे की बढ़िया किस्म की फर (खाल) 2 भेड़ जिससे उपर्युक्त फर मिलता है

persienne /पःसिएन/ *n.* 1 पूर्व का सफेद या नीला महीन कपड़ा 2 छींट वाला मलमल;
dw/lw: **~s** /पःसिएन्ज/ *n., [pl.]* 1 बाह्य शटर (shutters) जो घूमने वाले ढांचे की तरह काम करता है 2 फारसी पर्दा, झिलमिली

persiflage /पःसिफ्लाःज/ *n.* ठिठोली, हंसी-मजाक, हंसी-ठिठोली;
dw/lw: **persifleur** /पःसिफ्लेअः/ *n.* दिल्लगीबाज, गप्पी

persimmon /पःसिमअन/ *n.* 1 तेंदू 2 (*also* **date plum**) गर्म क्षेत्रों में उगने वाला एक ऊंचा लंबा पेड़, खजूर

persist /पसिस्ट/ *v., pt.* **~ed**, *pp* **~ing** 1 (*also* **~ in/ with sth**) डटे र., अडिग र.: ~ in working at one's experiment 2 (***syn.*** endure) हठ क., अड़े रहना, दृढ़ रहना, सहन करते जा. 3 करते रहना 4 आग्रह क.: ~ in one's statement/ in talking 5 जारी रहना (rain etc.): the tendency still **~s** 6 वजूद में रहना: childish traits which ~ in adults

persistence/ persistency /पःसिस्टंस/ पःसिस्टंसि/ *n.* 1 जिद, हठ 2 दुराग्रह 3 दृढ़ता: ~ and courage are wonderful qualities 4 आग्रह 5 स्थायित्व: the ~ of a number of crestaceous types 6 टिकाऊपन, निरंतरता: ~ of an impression/ of vision;
p&i: **~ of vision** *physiol.* दृश्य के हटने के बाद पुतली पर थोड़ी देर तक उसके बिंब का बने रहना

persistent /पसिस्टंट/ *adj.* 1 खत्म न होने वाला: ~ rain 2 हठी, जिद्दी 3 (***syn.*** unrelenting) दृढ़, अटल, आग्रही: be ~ in one's intentions 4 (***syn.*** enduring) चिरस्थायी: ~ questions 5 (***syn.*** continued) निरंतर, लगातार, सतत: ~ thought; ~ demand;
dw/lw: **~ly** /पःसिस्टंटलि/ *adv.* लगातार;
collocations: **~ cruelty** निरंतर चलने वाली क्रूरता; **~ vegetative state** (*abbr.* PVS) *med.* गहन निद्रालु अवस्था जिसमें रोगी की दिमागी सक्रियता समाप्त हो जाती है और उसे कृत्रिम ढंग से जीवित रखा जाता है

persnickety /पःस्निकिटि/ *n.* (***syn.*** snobbish) नकचढ़ा (*see also above* **pernickety**)

person /पःसन/ *n., pl.* people, **~s** 1 व्यक्ति: a very important ~; he was a pleasant ~; a young woman of an agreeable ~ (सुंदर औरत) 2 मानव, इन्सान: a pale thin ~ of a man 3 शरीर: sth hidden on sb's ~ 4 *gramm.* उत्तम पुरुष/ स्त्री (first ~), मध्यम पुरुष/ स्त्री (second ~), अन्य पुरुष/ स्त्री (third ~) 5 (**Person**) *Christ.* परमात्मा के निम्न तीन रूपों में से कोई एक: पिता (Father), पुत्र (Son) और पवित्र आत्मा (Holy Spirit) जिनसे मिलकर त्रिरूप (Trinity) बनता है 6 लिंग भेद को मिटाने के लिए निम्न प्रयोगों में: chair~; spokes~ 7 कहानी, उपन्यास, फिल्म आदि का पात्र: in the ~ of (की भूमिका में) 8 *law* आधिकारिक व्यक्ति; composite/ simple international **~s** (मिले-जुले/ साधारण अंतर्राष्ट्रीय लोग) 9 स्वतंत्र व्यक्तित्व: independent ~;
dw/lw: **person\able** /पःसनअबल/ *adj.* सुंदर, रूपवान, रूपवती: be a ~ble man; **~ableness** *n.* सौंदर्य, आकर्षण; **~ably** *adv.* सुंदर ढंग से; **~to~** *adj.* 1 दो जनों के बीच होने वाला 2 टेलीफोन ऑप्रेटर के माध्यम से की जाने वाली टेलीफोनी बातचीत: a ~to~ call;
collocations: **displaced** ~ शरणार्थी; **legal ~/ artificial** ~ कानूनी उत्तराधिकारी; **natural** ~ खून के रिश्ते से उत्तराधिकारी; **public/ private juridical ~s** जनसाधारण/ निजी/ कानूनन व्यक्ति; **stateless** ~ राष्ट्रविहीन लोग;
p&i: **~s of name** नामी-गिरामी लोग;
a ~ does not like to be treated like that कोई नहीं चाहेगा कि उसके साथ ऐसा व्यवहार किया जाए; **be no respecter of ~s** पद, पदवी या सामाजिक स्थिति की परवाह न करने वाला; **he has a fine** ~ वह अच्छा कद्दावर व्यक्ति है; **he was attracted not by her ~ but by her mind** उसे उसके रंग-रूप से नहीं, बल्कि उसके मन की और आकर्षित हुआ था; **in** ~ स्वयं, खुद; **no less a ~ than** बहुत बड़ी हस्ती; **not a single** ~ कोई भी नहीं; **offences against the** ~ मानव जाति के विरुद्ध अपराध; **some** ~ or **~s unknown** अनजान व्यक्ति या अनजाने लोग

persona /पःसोना/ *n., pl.* **personae** /पःसोनी/ or **~s**, *Lat.* 1 साहित्यिक कृतियों में पात्र 2 जंग (Jung) के मानसिक विज्ञान में व्यक्ति के दो चेहरे: एक दुनिया को दिखाने के लिए और दूसरा छिपा हुआ 3 स्वरूप;
collocations: **~ grata** /पःसोना ग्राःटा/ *pl.* **personae gratae** /पःसोनी ग्राःटी/ स्वीकार्य व्यक्ति, वांछित व्यक्ति, कूटनीतिज्ञ के रूप में स्वीकार्य व्यक्ति; **~ non grata** /पःसोना नौन ग्राःटा/ किसी विशेष समूह या समाज में अस्वीकार्य व्यक्ति, अवांछित व्यक्ति

personage /पःसअनिज/ *n.* 1 महत्त्वपूर्ण व्यक्ति, जाना माना व सम्माननीय व्यक्ति, श्रेष्ठ व्यक्ति: a royal ~; he soon became a

~; helpful ~ 2 नाटक का चरित्र या पात्र: the most interesting ~ in the story

personal /पःसअ\नल/ *adj.* 1 व्यक्तिगत, वैयक्तिक, निजी: ~ effects (निजी वस्तुएं); ~ opinion; have ~ knowledge of sth 2 व्यक्तिगत: ~ attention 3 *gramm.* पुरुषवाचक/ स्त्रीवाचक: ~ pronoun 4 निजी, स्वयं की: a ~ triumph; ~ accidents insurance; it suits his ~ convenience; ~ weapon (निजी हथियार) 5 व्यक्तिगत (जीवन): details of sb's ~ life; ~ needs 6 शारीरिक: ~ hygiene; ~ charm/ beauty (शारीरिक आकर्षण या सौंदर्य) 7 व्यक्ति विशेष का, के, की: ~ action/ plea; ~ rights; articles for ~ use; ~ chattel/ chattels (निजी चल संपत्ति) 8 किसी पर वैयक्तिक रूप से प्रभाव डालने वाला: ~ remarks/ abuse; become ~; this is ~ to myself (यह मेरी निजी बात है); don't be ~! (किसी के निजी जीवन को बीच में मत लाओ!); let us avoid being ~;

dw/lw:* personal\ia** /~नेलिआ/ *n.* 1 किसी के व्यक्तिगत जीवन के बारे में चटपटी बातें, वृत्तांत आदि 2 किसी व्यक्ति विशेष से संबंधित बातें या टिप्पणियां: his speech contained some superfluous ~ia; she received these ~ia cheerfully 3 निजी वस्तुएं; **~ism** /~नलिजम/ *n.* व्यक्तिवाद; **~ity** *see below under separate entry*; **~ization** /~नलाइजशन/ *n.* 1 साक्षात् मूर्तिकरण 2 विचार का अवतारण, व्यक्तिकरण, व्यक्तिगत स्वरूप देने की क्रिया; **~ize** /~नलाइज/ *v., pt.* ~ized, *pp* ~izing 1 किसी व्यक्ति विशेष से जोड़ना, व्यक्तिगत बना लेना 2 किसी व्यक्ति विशेष की निजी वस्तु हो. या बनाना 3 मुद्दे की बजाय व्यक्ति (विशेष) या व्यक्तित्व पर संवाद केंद्रित क. 4 (syn.*** personify) साक्षात् मूर्ति हो.; **~ized** (*also UK* **~ised**) /~नलाइज्ड/ *adj.* किसी व्यक्ति विशेष के लिए खासकर बनाया हुआ; **~ly** /~नलि/ *adv.* 1 (***syn.*** individually) व्यक्तिगत रूप से: that belongs to me ~ly; he must answer for the damage ~ly 2 स्वयं, खुद: ~ly, I differ from you; he must answer for this damage ~ly; ~ly, I am willing to do it 3 किसी व्यक्ति के विचार में: ~ly, I don't like it 4 निजी रूप में, अपने ऊपर: take a remark ~ly; **~s** *n., [pl.]* 1 व्यक्तिगत वस्तुएं: distribute one's ~s among the poor 2 निजी जीवन के सनसनीखेज वृत्तांत 3 व्यक्ति विशेष से संबंधित कथन या टिप्पणी: go into the ~s 4 पुरुष/ स्त्रीवाचक सर्वनाम;

***collocations:* ~ action** व्यक्तिगत चोट या क्षति की पूर्ति के लिए दावा; **~ ad** रोमांचक या यौन साथी ढूंढने के लिए समाचार पत्रों आदि में निजी इश्तिहार; **~ allowance** = **~ exemption** आयकर की निम्नतम आयकर सीमा से नीचे की आय; **~ assistant** (*abbr.* **PA**) निजी सहायक; **~ column** समाचार-पत्र आदि में निजी स्तंभ; **~ computer** (*abbr.* **PC**) निजी कंप्यूटर; **~ digital assistant** = **PDA** (*also* **handheld PC**) व्यक्तिगत सूचना यंत्र; **~ effects** निजी सौंदर्य सामग्री; **~ disorder** मानसिक विकार; **~ equation** व्यक्तिगत रिश्ते-नाते; **~ equity plan** (*abbr.* **PEP**) *Br. finance* व्यक्तिगत शेयर योजना; **~ identification number** (*abbr.* **PIN**) व्यक्तिगत पहचान नंबर; **~ exemption** *see above under* **~ allowance**; **~ information manager** (*abbr.* **PIM**) एक कंप्यूटर प्रोग्राम जिसमें व्यक्तिगत सूचनाएं दर्ज की जा सकती हों; **~ injury** किसी की नेकनामी की धूमिलता; **~ organizer** व्यक्तिगत कंप्यूटर जिसमें डायरी, पते आदि होते हैं; **~ pronoun** पुरुष/ स्त्रीवाचक सर्वनाम; **~ property** निजी संपत्ति; **~ shopper** किसी का निजी खरीदारी सहायक; **~ space** बैठे या खड़े व्यक्ति के सीधे नीचे का स्थान; **~ stereo** एक छोटा चल संगीत स्टीरियो (earphone); **~ sin** स्वकृत पाप; **~ space** व्यक्तिगत स्थान; **~ trainer** व्यक्तिगत प्रशिक्षक

personal\ity /पःसनैलिटि/ *n., pl.* **~ities** 1 व्यक्तित्व: strong **~ity**; lacking in **~ity** 2 व्यक्तित्व की विशिष्टता: Homer's very **~ity** is surrounded with darkness 3 (***syn.*** celebrity) प्रसिद्ध व्यक्ति, महानुभाव, जानीमानी हस्ती 4 (***syn.*** character) व्यक्ति का चरित्रबल: lots of **~ity** 5 एक व्यक्ति के स्वभाव की मानसिक, भावनात्मक व अन्य विशेषतायें 6 (**personalities**) अपमानजनक व्यक्तिगत टिप्पणी: indulge in **personalities** 7 आधिकारिक व्यक्ति: *law* international **~ity**; action in **~ity** (निजी दावा);

***collocations:* ~ity cult** व्यक्तिपूजा; **~ity disorder** गंभीर मानसिक विकार;

a bubbly/ forceful/ outgoing/ warm ~tiy एक चंचल, ऊर्जाभरा, खुला व सहृय व्यक्ति या व्यक्तित्व

persona non grata *see under* **persona: *collocs.***

persona\te /पःसअने\ट/ *v., pt.* **~ted**, *pp* **~ting** 1 *law* छद्म रूप धारण क. (विशेषकर अपराध करने की मंशा से), प्रतिरूपण क. 2 किसी पात्र का अभिनय क., किरदार निभाना: he magnificently **~ted** Othello; the actor's first duty is to represent the personage, to **~te** 3 साक्षात् रूप हो.: she **~ted** humility;

***dw/lw:* ~tion** /~शन/ *n.* 1 अभिनय 2 छद्म रूप धारण करने की क्रिया 3 साक्षात् मूर्ति: the very ~tion of kindness; **~tor** /~टः/ *n.* 1 अभिनेता 2 छद्मवेशी 3 साक्षात् मूर्ति

personification /पःसौनिफिकेशन/ *US* पःसाःनिफिकेशन/ *n.* 1 (***syn.*** epitome) साक्षात् मूर्तिकरण: ~ of the phenomena of nature 2 साक्षात् मूर्ति: she is the ~ of virtue (शुचिता या नैतिकता की साक्षात् मूर्ति) 3 *art, lit.* किसी विचार या गुण का एक प्राणी के रूप में चित्रण, मानवीकरण: the ~ of winter in Pushkin's poem 4 व्यक्ति के किसी गुण या क्रिया का साक्षात् रूप: sb being the ~ of patience

personified *see below under* **personify: *dw/lw***

personi\fy /पःसौनि\फाइ/ *US* पःसाःनि\फाइ/ *v., pt.* **~fied**, *pp* **~fying**, *s/he/ it* **~fies** 1 विचार, गुण या प्राकृतिक क्रियाओं का मानवीकरण क.: poets **~fy** the sun and moon, etc. 2 (***syn.*** typify) साक्षात् रूप दे., हू-ब-हू वैसा ही हो. 3 अपने जीवन या व्यवहार में उतारना, प्रतिमूर्त बनना 4 का आदर्श प्रस्तुत क.: in this man the age was **~fied** 5 साक्षात् मूर्ति हो.: she's patience **~fied** (वह धैर्य की साक्षात् मूर्ति है);

***dw/lw:* ~fied** /~फाइड/ *adj.* मानवीकृत (वस्तु या प्रक्रिया); **~fier** /~फाइअः/ *n.* साक्षात् मूर्ति बनने वाला या लगने वाला

personnel /पःसअनेल/ *n. [pl.]* 1 कर्मचारी समूह, कर्मचारीगण: the ~ of the hospital 2 *defence* कार्य-कर्ता, कर्मी 3 *defence* सीधा लक्ष्य: ~ audit (वित्त निरीक्षण); ~ management; ~ bomb (टुकड़े-टुकड़े होने वाला बम);

n., [sing.] (***syn.*** human resources) कर्मचारियों की भर्ती आदि करने वाला विभाग: ~ manager;

adj. कर्मचारियों से संबंधित;

***collocations:* ~ carrier** सैनिक वाहक गोलीसह वाहन; **~ department** कर्मचारियों के मामलों से संबंधित विभाग; **~ officer** कर्मचारियों के मामलों से संबंधित अफसर

perspecti\ve /पःसपेक्टि\व/ *n.* 1 परिप्रेक्ष्य, संदर्भ, परिदृश्य, दृश्य: put/ get sth into **~ve**; when seen through the **~ve** of years; look through the wrong end of the **~ve** 2 त्रि-आयामी चित्रण: picture out of **~ve**; in **~ve** 3 (***syn.*** viewpoint) दृष्टिकोण, रुख, रवैया: linear **~ve**; historical **~ve** 4 सापेक्ष महत्त्व: see a thing in a new **~ve** 5 संभावनाएं, आशाएं: we have a long **~ve** of happy days before us 6 संतुलित आकलन क्षमता: see a matter in **~ve**; lose all sense of **~ve** 7 दूर (स्थित) दृश्य: a **~ve** of the whole mountain peak;

adj. त्रि-आयामी: **~ve** drawing (त्रि-आयामी चित्रण); **~ve** glass (त्रि-आयामी शीशा);

***dw/lw:* perspecti\vism** /~विजम/ *n., philos.* 1 यह सिद्धांत कि वस्तुओं को किसी समय विशेष में व्यक्तिगत दृष्टिकोण से ही जाना जा सकता है 2 साहित्य और कला में व्यक्तिगत दृष्टिकोण को प्रबलता

या महत्त्व देने की प्रवृत्ति

Per-spex /पःस्पेक्स/ *n.* (*US* **Plexi glas**) शीशे के स्थान पर प्रयुक्त एक मजबूत मोटा पारदर्शक पदार्थ

perspicacious /पःस्पिकेशिअस/ *adj.* स्पष्ट या कुशाग्र बुद्धि, सयाना, समझदार: he is very ~;
dw/lw: **~ly** /~लि/ *adv.* समझदारी से; **~ness** /~नेस/ *n.* बुद्धि कुशाग्रता, समझदारी, विवेकशीलता

perspicacity /पःस्पिकैसिटि/ *n.* 1 विचक्षणता 2 मानसिक कुशाग्रता 3 गहराई में जाकर समझने की शक्ति: ~ in selecting assistants

perspicuity /पःस्पिक्यूटि/ (*also* **perspicuousness**) *n.* 1 बुद्धि कुशाग्रता 2 स्पष्टता

perspicuous /पःस्पिक्युअस/ *adj.* 1 स्पष्ट, प्रांजल, साफ: the ~ construction of the paragraph 2 सरल: be perfectly clear and ~

perspira\tion /पःस्पअरेशन/ *n.* 1 पसीना आने की क्रिया 2 पसीना, स्वेद, स्वेदन: streaming with **~tion**; beads of **~tion**;
dw/lw: **perspira\tory** /~टरि/ *adj.* स्वेदक, पसीने का

perspi\re /पःस्पाइअः/ *v., pt.* **~red**, *pp* **~ring** 1 पसीना छूटना, पसीना आना: my feet do not **~re**; he **~red** profusely 2 पसीना बहाना

perstringe /पःस्टिंज/ *v., pt.* **~d**, *pp* **perstringing** निंदा क., आलोचना क.

persua\de /पःस्वे\ड/ *v., pt.* **~ded**, *pp* **~ding** 1 (*also* **~de sb to do sth**), समझाकर राजी क., मनाना, सम्मत क.: **~de** sb not to go somewhere 2 (*often* **~de sb of sth**; ***syn.*** convince) कायल क., विश्वास उत्पन्न क., स्वीकार कराना: he **~ded** me of the truth of his statement; be **~ded** of sth; be **~ded** of sb's honesty;
dw/lw: **~ble** /~बल/ *adj.* जिसके बारे में विश्वास उत्पन्न किया जा सके; **~der** /~डः/ *n.* मनाने वाला, समझाने वाला; **~sion** /पःस्वे\जन/ *n.* 1 मनाने और समझाने-बुझाने की क्रिया: by force or ~sion; the art of ~sion 2 (***syn.*** conviction) मत, धारणा, दृढ़ विश्वास: it is my ~sion that he is right; it is my private ~sion 3 (***syn.*** religion) धर्म, संप्रदाय: people of all ~sions; they are of the same ~sion 4 *facetious* कुल, लिंग, नस्ल: the male ~sion; a man of French ~sion; **~sive** /पःस्वे\सिव/ *adj.* 1 राजी करने वाला: ~sive speech 2 समझा-बुझा लेने वाला, विश्वासोत्पादक: ~sive advocate; **~ly** /~सिवलि/ *adv.* समझा-बुझाकर; **~ness** /~सिवनेस/ *n.* राजी करने या समझाने-बुझाने की क्षमता

persuasion *see above under* **persuade: *dw/lw***

persuasive *see above under* **persuade: *dw/lw***

PERT *abbr.* 'programme evaluation and review technique' की प्रथमाक्षरी

pert /पःट/ *adj., degr.* **~er**, **~est** 1 (***syn.*** impudent) ढीठ, उद्धत, धृष्ट: ~ answer 2 तड़कीली-भड़कीली (पोशाक): ~ little hat;
dw/lw: **~ly** /पःटलि/ *adv.* 1 चतुराई से 2 धृष्टतापूर्वक, ढिठाई से; **~ness** /पःटनेस/ *n.* 1 चतुराई, चपलता 2 धृष्टता, ढिठाई, गुस्ताखी;
p&i: **~ as a sparrow** गौरैया जैसा उद्धत, कौवे-सा ढीठ

pertain /पःटेन/ *v., pt.* **~ed**, *pp* **~ing** (*often* **~ to sb/ sth**) 1 से संबंध रखना या होना: ~ to sb's office; duties that ~ to motherhood 2 के अनुकूल या उपयुक्त होना, के लिए उचित होना: it does not ~ to a gentleman 3 किसी चीज का होना: skills **~ing** to the job;
p&i: **~ing to** से संबंध रखने वाला: historical documents ~ing to that period; the infirmities ~ing to old age; subjects ~ing to literature

Pertex /पःटेक्स/ *n.* कपड़ा, यंत्र, शिविरों के तंबू आदि बनाने में प्रयुक्त होने वाली हल्की सामग्री (light material)

pertinacious /पःटिनेशिअस/ *adj.* 1 निश्चयबद्ध, दृढ़संकल्प, सुदृढ़, अटल 2 अड़ियल, हठी 3 दुराग्रही: ~ bigotry (धर्मांधता) 4 दुर्दम्य: ~ fever
dw/lw: **~ly** *adv.* दृढ़तापूर्वक; **~ness/ pertinacity** /~शिअसनेस/ ~सिटि/ *n.* 1 निश्चयबद्धता, दृढ़संकल्पता: the siege was carried on with indefatigable pertinacity 2 अड़ियलपन 3 दुर्दम्यता

perti\nence/ ~nency /पःटिनंस/ पःटिनंसि/ *n.* प्रासंगिकता, संगति: the **~nence** of his remark; it is of no **~nence** to us;
dw/lw: **perti\nent** /~नंट/ *adj.* (*also* **~ to sb/ sth**; ***syn.*** relevant) उपयुक्त, प्रासंगिक, संगत: ~nent remark; say sth ~nent; books ~nent to the question; questions ~nent to the matter in hand; **~nently** /~नंटलि/ *adv.* प्रासंगिक रूप से

perturb /पःटःब/ *v., pt.* **~ed**, *pp* **~ing** 1 (***syn.*** alarm) क्षुब्ध क., व्याकुल या व्यग्र क. 2 अस्त-व्यस्त क. 3 परेशान या उद्विग्न क.: sb's imagination **~ed** by the story;
dw/lw: **~ation** /पःटःबेशन/ *n.* 1 उद्विग्नता: ~ation of mind 2 घबराहट, व्याकुलता, क्षोभ, बेचैनी (mental): show no ~ation 3 *astron.* अस्त-व्यस्तता, विचलन, गड़बड़; **~ative** /पःटःबेटिव/ *n.* अस्त-व्यस्तकारी, उद्वेलक; **~ed** /पःटःबड/ *adj.* (***anton.*** un~) परेशान, क्षुब्ध, अशांत; **~edly** /पःटःबडलि/ *adv.* अशांत ढंग से; **~ing** /पःटःबिंग/ *adj.* क्षोभकारी

pertussis /पःटअसिस/ *n., med.* कुकुरखांसी, कुकास

peruke /परूक/ पेरूक/ *n.* 17वीं-18वीं सदियों में न्यायधीशों आदि द्वारा पहना जाने वाला कृत्रिम घुंघराले व चोटीदार बालों की शैली का विग (wig)

per unit प्रति इकाई

per\usal /पअरूजल/ *n.* 1 अध्ययन, अनुशीलन: give sth a careful **~usal** 2 पठन, अवलोकन: be deep in the **~usal** of a document 3 ध्यान से किया जाने वाला निरीक्षण;
dw/lw: **~use** /पअरूज/ *v., pt.* ~used, *pp* ~using 1 अध्ययन क.: ~use a book 2 (ध्यान से) पढ़ना 3 (***syn.*** study) अनुशीलन क., पाठ पर चिंतन-मनन क. 4 ध्यान से निरीक्षण या देखा-देखी क.: ~used his person, his dress and his countenance

Peru /पेरू/ *n.* पेरू (एक लातीनी अमेरिकी देश);
n. पेरू का नागरिक;
dw/lw: **~vian** /पअरुविअन/ *adj.* पेरू से संबंधित: ~vian bark (कुनीन के पेड़ की छाल)

perv /पःव/ *n., sl.* 1 विकृतकामी 2 विकृत कामदृष्टि;
v. (*also* **perve**) *pt.* **~ed**, *pp* **~ing** 1 विकृतकामी-जैसा आचरण या व्यवहार क. 2 *Austral.* कामातुरता से देखना

perva\de /पःवे\ड/ *v., pt.* **~ded**, *pp* **~ding** 1 फैल जा. 2 रस-बस जा.: a cave **~ded** by cold water clear as crystal 3 में व्याप्त होना: optimism that **~deds** the book;
dw/lw: **~sion** /~जन/ *n.* रचाव-बसाव, रिसाव, व्याप्ति, फैलाव; **perva\sive** /~सिव/ *adj.* रिस कर अंदर रच जाने वाली, फैलने वाली, व्यापक: ~sive perfume; **~sively** /~सिवलि/ *adv.* रिसकर फैलते हुए; **perva\siveness** /~सिवनेस/ *n.* व्याप्ति, रिसाव, व्याप्त होने का गुण;
p&i: **~ding all space** सर्वव्यापी

perverse /पःवःस/ *adj., degr.* **~r**, **~st** 1 (***syn.*** stubborn) अड़ियल, जो गलत रास्ता न छोड़ता हो दुराग्रही, जिद्दी: blind and ~ incredulity 2 (***syn.*** perverted) विकृत, भ्रष्ट: ~ fancy 3 (***syn.*** wicked) दुष्ट, घिनौना 4 *law* तर्क विरुद्ध: ~ proportions 5 (***syn.*** intractable) उद्दंड, धृष्ट: ~ person;
dw/lw: **~ly** /~लि/ *adv.* विकृत ढंग से; **~ness** /~नेस/ *n.* 1 विकृति, विकार, बिगड़ाव 2 दुष्टता

perver\sion /पःवःशन/ *n.* 1 विकृति: **~sion** of the truth; **~sion** of history 2 विकृत रूप (न्याय का): **~sion** of justice

3 बिगड़ाव: **~sion** of spelling 4 विकार, विकृति: **~sion** of the appetite; **~sion** of the organs of digestion 5 काम-विकृति: sexual ~;

dw/lw: **perver\sity** /पःवःसिटि/ (*also***~sion**) *n.* 1 विकृतता: ~sity of Roman morals 2 दुष्टता 3 दुराग्रह, उद्दंडता, धृष्टता: fate's ~sity; **~sive** /पःवःसिव/ *adj.* विकृत प्रवृत्ति का, विकृत या भ्रष्ट कर देने वाला, अनिष्टकर, हानिकर: ~sive speech

pervert /पःवःट/ *n.* 1 पथभ्रष्ट आदमी 2 विकृत रति-क्रियाओं में लिप्त व्यक्ति 3 विकृत-कामी;

v., *pt.* **~ed**, *pp* **~ing** 1 पथभ्रष्ट क., गुमराह क., विकृत क.: ~ the course of justice 2 तोड़-मरोड़कर शक्ल-सूरत बिगाड़ दे.: the symmetry was **~ed** 3 किसी से बुरा काम या व्यवहार करवाना, भ्रष्ट क., चारित्रिक पतन क.: ~ minds 4 शब्दों के अर्थ आदि को विकृत क.: **~ed** the meaning of my article;

dw/lw: **~ed** /पःवःटिड/ *adj.* 1 भ्रष्ट: ~ed age 2 विकृत: ~ed intellect; ~ed notions; **~ible** /पःवःटिबल/ *adj.* जिसे भ्रष्ट किया जा सके;

p&i: **~ the course of justice** न्याय को कुत्सित क.

pervicacious /पःविकेशिअस/ *adj.* 1 अड़ियल 2 अवज्ञाकारी

pervious /पःविअस/ *adj.* 1 भेद्य, पारगम्य: ~ points 2 प्रवेश्य 3 (***anton.*** impervious) प्रभावनीय, बोधगम्य, उदारचेता (of persons): his mind is ~ to reason; heart ~ to love

peseta /पअसेता/ *n.* स्पेनी मुद्रा

pesky /पेस्कि/ *adj., degr.* **peskier**, **peskiest** *N. Amer. colloq.* 1 सताने वाला, कष्टप्रद: ~ little creature; ~ insects 2 अरुचिकर, अप्रिय: what ~ weather!; ~ bad work

peso /पेसो/ *n., pl.* **~s** कई केंद्रीय दक्षिणी अमेरिकी देशों की मुद्रा

pessary /पेसरि/ *n., pl.* **pessaries** गर्भ-निरोधक छल्ला, पेसरी, पिधा

pessi\mism /पेसिमिजम/ *n.* निराशावाद;

dw/lw: **pessi\mist** /पेसिमिस्ट/ *n.* हताशावादी व्यक्ति; **~mistic** *adj.* निराशावादी; **~mistically** *adv.* निराशापूर्वक

pest /पेस्ट/ *n.* 1 खेती-नाशक कीड़ा 2 नाक में दम करने वाला व्यक्ति 3 (***syn.*** nuisance) कंटक, बला: that man is a regular ~! 4 (***syn.*** vermin) पीड़क जंतु, नाशक जीव: mosquitoes and similar **~s**;

p&i: **~s of society = ~ of the people** समाज के परजीवी व दुष्ट लोग; **~ upon/ on you!** तुम्हें कोढ़ लग जाए!

pester /पेस्टः/ *v., pt.* **~ed**, *pp* **~ing** 1 (***syn.*** badger) परेशान क.: be **~ed** with flies 2 सताना, कष्ट दे.: ~ sb with requests; ~ sb to death 3 पीड़क जंतुओं से भरा हो.: forest **~ed** with adders (विषैला सांप);

dw/lw: **pester\er** /पेस्टरः/ *n.* परेशान करने वाला; **~ing** /पेस्टरिंग/ *adj.* तंग करने वाला; **~ingly** *adv.* तंग करते हुए;

collocations: **~ power** बार-बार अपनी बात दोहराकर माता-पिता से अपनी मांग मनवाने की बच्चों की शक्ति

pesticide /पेस्टिसाइड/ *n.* कीटनाशक दवाई, जीव-मारक

pestiferous /पेस्टिफअरस/ *adj.* 1 संक्रामक, छुतहा, रोग-पीड़क: poor ~ creatures 2 दुखदायी, कष्टप्रद 3 घातक, खतरनाक: ~ hordes of gamblers; ~ fellow 4 हानिकर: ~ air/ climate; ~ exhalations (उच्छवसन, बाहर निकलने वाली गैसें आदि)

pesti\lence /पेस्टिलंस/ *n.* 1 महामारी, जनपदमारी 2 अनिष्ट, अनर्थ;

dw/lw: **pesti\lent** /पेस्टिलंट/ *adj.* 1 दुखदायी, कष्टप्रद 2 घातक, खतरनाक: ~lent tongue; ~lent activity 3 हानिकर, नुक्सानदेह: ~lent vapours 4 महामारी फैलाने वाला 5 अनैतिक; **~lential** /पेस्टिलेंशिअल/ *adj.* 1 क्रुद्ध करने वाला: ~lential smell 2 कष्टकर: ~lential disease; ~lential tumours 3 हानिकर: ~lential doctrine

pestle /पेसल/ *n.* मूसल, मूसली;

v., *pt.* **~d**, *pp* **pestling** कूटना;

collocations: **~ and mortar** हावन-दस्ता

pesto /पेस्टो/ *n., pl.* **~s** एक इतालवी सॉस

pestology /पेस्टौलजि/ *US* पेस्टाःलजि/ *n.* नाशिकृमि-विज्ञान, हानिकर कृमि विज्ञान

PET *abbr., med.* 'positron emission tomography' की प्रथमाक्षरी, (**PET scanning** दिमाग की स्कैनिंग)

pet /पेट्/ *n.* 1 पालतू जानवर 2 प्रेमपात्र 3 दुलारा व्यक्ति: he is his mother's ~ 4 कृपापात्र: the teacher's ~ 5 (***syn.*** ill-humour) खीझ, झुंझलाहट, चिड़चिड़ापन: be in a ~; get into a ~/ take the ~ (चिड़चिड़ा मिजाज हो.);

adj. 1 प्रिय, दुलारा, लाड़ला: a ~ lamb; ~ bird; ~ students 2 (***syn.*** favourite) पसंदीदा: ~ subject/ theory;

v., *pt.* **~ted**, *pp* **~ting** 1 दुलारना, दुलार से थपथपाना, प्यार से सहलाना 2 प्रेमाचार क. 3 (***syn.*** sulk) झुंझलाना, खीझना;

dw/lw: **~-day** *n.* ऋतु के विपरीत शानदार दिन; **~-name/ ~ name** *n.* प्यार का नाम, दुलार-नाम; **~-name** *v., pt.* ~named, *pp* ~-naming दुलार-नाम दे.: public men are often ~named by Indian papers;

collocations: **~ aversion/ ~ hate** (*US* **~ peeve**) नापसंद चीज या काम; **~s' corner** घरेलू या पालतू जानवरों का कोना

p&i: **sb's ~ hate = sb's ~ peeve** ऐसी चीज जिसे कोई बिल्कुल पसंद न करता हो;

cannot ~ a child without making mischief ज्यादा लाड़-प्यार से बच्चा बिगड़ सकता है

peta- /पेटा-/ *comb. form* (**symbol P**) *denoting*: **thousand million 1015**: petajoule; petametre

petal /पेटल/ *n.* 1 पंखुड़ी, पंखुरी, पंखुड़ी, दल 2 प्रिय जन के लिए संबोधन;

dw/lw: **~led** /पेटल्ड/ *adj.* पंखुड़ीदार

petard /पेटाःड/ *n., hist.* पटाका, दीवार में छेद करने के लिए छोटा बम;

p&i: **hoist with one's own ~** जो दूसरों के लिए खाई खोदता है, खुद उसमें गिरता है

petary /पीटरि/ *n.* दलदल

peter /पीटः/ *v., pt.* **~ed**, *pp* **~ing** (*also* **~ out**) 1 सूख जा. 2 खत्म हो जा. 3 धीरे-धीरे बिखर जा.;

p&i: **~ out** बिखर जाना; **~ that!** बस अब हो गया! बंद करो!

Peter /पीटः/ *n.* 1 पीटर नाम का देवदूत 2 अति प्रचलित ईसाई नाम;

dw/lw: **~-biter** *n.* यात्रियों के सामान का चोर; **~-claimer** *n.* रेल-चोर; **~-hunting** *n.* रेलों में चोरी; **~-pence/ ~-penny** *n.* पोप के खजाने के लिए अपनी मर्जी से दिया जाने वाला दान;

collocations: **~ Funk** *US sl.* सट्टेबाज की खबर; **~ Grievous** नखरेबाज बालक; **~ Pan** युवा-सा अनाड़ी आदमी; **~ Pan collar** अलग होने वाला गोल कॉलर; **~'s needle** सूई का छेद; **~ Pipeclay** नाविक का दिल; **the Peter principle** *facetious* ऐसा विश्वास कि लोग अपनी योग्यता की बजाए अयोग्यता की बदौलत आगे बढ़ते हैं;

p&i: **pass/ go through St. ~** ऐसी सजा पाना कि दिन में तारे दिखने लगें; **rob ~ to pay Paul** किसी एक का भला करने के लिए दूसरे का बुरा क.; **tickle the ~** खजाना लूटना

petersham /पीटःशम/ *n.* 1 कमर की पेटी (बैंड) को मजबूत करने के लिए रेशमी रस्सियां 2 एक बड़ा-सा ग्रेट कोट

pethidine /पेथिडीन/ (*also* **meperidine**) *n.* प्रसव के समय ली जाने वाली हल्की नशीली दवा

petiolate /पेटिओलेट/ *n.* सवृंत

petiole /पेटिओल/ *n.* पत्ती का डंठल, पर्णवृंत, वृंत

petit /पअटीट/*Fr.* पअटी/ *adj.* छोटी पर आकर्षक, क्षुद्र;

collocations: **~ bourgeois** /पेटिबुअज्वा/ (*also* **petty bourgeois**) निम्न मध्यमवर्गीय व्यक्ति, जो पूंजीवादी मूल्यों में विश्वास रखता है; **~ four** /पेटि फुअः/ पेटि फॉः/ *pl.* **petits fours** छोटा मीठा बिस्कुट जिसमें ऊपर से आइसिंग (icing) लगी होती है; **~ jury** /पेटि ज्युरी/ (*also* **petty jury**) *English law* बारह

सदस्यों की ज्युरी (jury); ~ **mal** /पेटि मैल/ *med.* मिर्गी (epilepsy) का हल्का रूप; ~ **point** /पेटि पॉइंट/ 1 कशीदाकारी में एक टांका 2 टांके का प्रयोग करके की जाने वाली कशीदाकारी

petite /पअटीट/ *adj.* 1 चुनमुनिया 2 छोटी-सी, सुंदर-सी: a ~ blonde;
collocations: ~ **piece** छोटा-सा एकांकी नाटक; ~ **sizes** लड़कियों के बहुत छोटे माप की (पोशाकें)

petite bourgeoisie /पअटीट बुःज्वाजीः/ (*also* **petty bourgeoisie**) *n.,* निम्न मध्यवर्ग

petitio /पिटिशिओ/ *n., Lat.* पेटिशन, अपील, दावा, अर्जी, याचना;
collocations: **petitio principii** /पिटिशिओ प्रिंसिपिआइ/ *logic* भ्रांति, जो अप्रमाणित निष्कर्ष पर आधारित यानी झूठे तर्क से पैदा होती है

petition /पटिशन/ *v., pt.* **~ed**, *pp* **~ing** (*also* **~ sb for/ against sth**) 1 किसी के पास किसी के लिए या किसी बात के लिए याचना दायर क.: ~ for sth; ~ the court for sth; ~ in bankruptcy (दिवालियापन के लिए अर्जी दे.); ~ for mercy/ reprieve 2 किसी के विरुद्ध याचना दायर क. 3 किसी के सम्मुख मांग रखना;
n. 1 (***syn.*** appeal) याचना, प्रार्थना, आवेदन: a ~ against/ (calling) for sth (किसी बात के विरुद्ध या किसी बात के लिए अर्जी) 2 अर्जी, निवेदनपत्र 3 मांग 4 *law* उच्चतर अदालत में किसी फैसले के विरुद्ध अपील, कानूनी कार्रवाई के लिए प्रार्थना;
dw/lw: **~ary** /पटिश्नरि/ *adj.* याचिका-संबंधी, निवेदनात्मक; **~ee** /पटिश्नी/ *n.* 1 जिसके विरुद्ध दावा किया गया है 2 प्रतिवादी; **petition\er** *n.* 1 याचिका दाखिल करने वाला, याचिकादाता, याची, वादी 2 आवेदक, प्रार्थी, अर्जीदार
p&i: **grant a** ~ याचिका मंजूर क.; **launch/ sign a** ~ अपील दाखिल क./ हस्ताक्षर क. आदि

petits pois /पेटि प्वाः/ *n., [pl.]* छोटी हरी मटर

pet-name/ pet name *see above under* **pet: *dw/lw***

petrel /पेटरल/ *n.* समुद्र के ऊपर दूर तक उड़ान भरने में सक्षम एक जलपक्षी, समुद्रकाक: *Stormy **Petrel*** (a poem by Maxim Gorky)

petrifaction/ petrification /पेट्रिफैक्शन/ पेट्रिफिकेशन/ *n., geol.* पथरीकरण, अश्मीकरण, अश्मीभवन, पाषाणीकरण;
collocations: **mental** ~ मानसिक जड़ता

petrified /पेट्रिफाइड/ *adj.* 1 (***syn.*** terrified) हक्का बक्का (डर से): ~ with horror 2 अश्मीभूत, अश्मीकृत 3 (***syn.*** numb) सन्न;
collocations: ~ **coldness** बर्फ-सा ठंडा यानी बिल्कुल शांत; ~ **language** प्राचीन (मृत) भाषा; ~ **obduracy** कठोर अड़ियलपन; ~ **remains** पत्थर बनी हड्डियां

petri\fy /पेट्रिफाइ/ *v., pt.* **~fied**, *pp* **~fying**, *s/he/it* **~fies** 1 वनस्पति के अवशेषों का समय के साथ जमकर पत्थर हो जा. 2 कठोर बनना 3 डर से स्तब्ध हो जा. या क., हक्का बक्का हो जा. या क.: his look **~fied** the girl; be **~fied** with grief/ with horror 4 अश्मीभूत हो जाना, अश्मीकृत क. 5 (***syn.*** harden) पथराना 6 (***syn.*** benumb) सन्न हो जाना: he **~fied** the whole neighbourhood by his playing 7 लकीर का फकीर बन जा. या बनाना, जड़वत् हो. या क.: **~fy** a doctrine into an outward formula or into an orthodoxy

petro-1 /पेटरो-/ *comb. form, denoting:* **stone** (शैल, पत्थर);
dw/lw: **~chemical** *n.* शैलरसायन; **~genic** *adj.* शैलीय; **~glyph** *n.* (***syn.*** rock-carving) चट्टान या पत्थर पर मिलनेवाली प्राग-ऐतिहासिक नक्काशी, संगतराशी, उत्कीर्णन; **~grapher** *n.* शैल-वेत्ता; **~graphy** *n.* शैलवर्णन

petro-2 *comb. form, denoting:* **petroleum**: ~chemical; ~chemistry;
dw/lw: **~currency/ ~dollar** /पेट्रडॉलः/ *n.* पेट्रोल बेचने या निर्यात से मिलने वाली मुद्रा या अर्जित धन की इकाई

petrol /पेट्रल/ *UK* (*US* **gas**) *n.* पेट्रोल: ~ consumption (कार आदि में पैरोल की खपत); ~ tank;
dw/lw: **~blue** *adj.* गहरा हरा नीला; **petrol\ogy** /पेट्रौलजि/ *US* /पेट्राःलजि/ *n., geol.* शैलविज्ञान, शैलिकी, पेट्रोल विज्ञान; **~ogist** /पेट्रौलअजिस्ट/ *US* पेट्राःलअजिस्ट/ *n.* शैल विज्ञानी
collocations: ~ **bomb** पेट्रोल बम; ~ **capacity** गाड़ी के पैरोल टंकी की धारण-क्षमता; ~ **carrier** पैरोल वाहक जहाज आदि, टैंकर; ~ **engine** पेट्रोल इंजन; ~ **pipe** पेट्रोल की नाली या पाइप; ~ **pump**/ ~ **filling station**/ ~ **station** (*US* **gas station**) *n.* पेट्रोल स्टेशन/ पंप;
p&i: **draw** ~ गाड़ी में पेट्रोल भरना

petrolatum /पेट्रअलेटम/ (*also* **petroleum jelly**) *n.* पैराफिन पर आधारित पेट्रोलियम, जिसे यंत्रों को चिकनाहट देने के लिए प्रयोग किया जाता है

petroleum /पट्रोलिअम/ *n.* 1 पेट्रोलियम 2 खनिज तेल, भूतेल: crude ~ (कच्चा तेल);
collocations: ~ **geology** पेट्रोलियम का भूविज्ञान; ~ **jelly** *see above under* **petrolatum**; ~ **ship** पेट्रोल वाहक जहाज आदि, टैंकर; ~ **wax** पैराफिन वैक्स

petrology *see above under* **petrol-2: *dw/lw***

petrous /पेटरस/ *adj.* पथरीला

petsai cabbage /पेत्साई कैबिज/ *n.* चीनी बंदगोभी

petted 1 *pt. tense, pt. p. of* **pet** 2 लाड़-प्यार से बिगड़ा हुआ: ~ child

petticoat /पेटिकोट/ *n., hist.* 1 पेटीकोट, साड़ियों के नीचे पहना जाने वाला वस्त्र, साया 2 लहंगा, घाघरा, झगा (of children): I have known him since he was in **~s**;
collocations: ~ **government** जनाना सरकार, स्त्री-प्रधान शासन, स्त्री-राज्य; ~ **influence** औरतों का प्रभाव;
p&i: **be always after a ~/ run after every** ~ औरतों के पीछे भागना, लंपटतापूर्ण व्यवहार क.; **I have known him since he was in ~s** मैं उसे बचपन से जानता हूं

pettifog /पेटिफौग/ *US* पेटिफाःग, पेटिफॉग/ *v., pt.* **~ged**, *pp* **~ging** 1 (वकील द्वारा) तिकड़म का सहारा लेना, वाक्छल क., ओछे स्तर की वकालत क.: they accepted the decision and did not ~ 2 (***syn.*** quibble) कानून छांटना, बाल की खाल उतारना, मीन-मेख निकालना;
dw/lw: **~ger** /~गः/ *n.* वाक्छल या तिकड़म से काम लेने वाला वकील, बेइमान/ चालबाज/ टटपुंजिया वकील; **~gery** /~गरि/ *n.* वकील की तिकड़म, कानूनी छल, वाक्छल; **~ging** /~गिंग/ *n.* 1 अदालती तिकड़म, टटपुंजिया वकालत, झांसा-पट्टी, चालबाजी: lose one's fortune in suits and ~gings 2 (***syn.*** petty) तुच्छ तिकड़मबाजी

pettish /पेटिश/ *adj.* 1 क्रोधी, बदमिजाज: ~ girl 2 चिड़चिड़ा, तुनकमिजाज: ~ speech;
dw/lw: **~ly** /पेटिशलि/ *adv.* छुटपन से; **~ness** /पेटिशनेस/ *n.* छुटपन, बदमिजाजी

pet\ty /पेटि/ *adj., degr.* **~tier**, **~tiest** 1 छोटा, नगण्य, तुच्छ, क्षुद्र: **~ty** reforms; **~ty** offences; **~ty** farmer; **~ty** jury (बारह सदस्यीय यानी छोटी जूरी) 2 संकीर्ण विचारों वाला 3 (***syn.*** trivial) छोटा-मोटा: **~ty** cash (खुदरा रोकड़); **~ty** expenses; **~ty** repairs (छोटी-मोटी मरम्मत) 4 (***syn.*** mean) नीच, संकीर्ण (मना): **~ty** annoyances 5 (***syn.*** subordinate) गौण, छोटा, अवर, अधीनस्थ: **~ty** officer (नौसेना में नॉन-कमीशनड अफसर);
dw/lw: **~tily** /पेटिलि/ *adv.* छुटपन से, तुच्छतापूर्वक; **~tiness** /पेटिनेस/ *n.* छुटपन, तुच्छता

petty bourgeois *see above under* **petit bourgeois**; **petty bourgeoisie** *see above under* **petit bourgeoisie**

petu\lance/ ~lancy /पअच्युलंस/ पअच्युलंसि/ *n.* 1 बदमिजाजी, चिड़चिड़ापन: excite sb's **~lance** 2 बदमिजाजी: outburst of **~lance** 3 अधीरता: **~lance** of youth 4 कामुकता, लंपटता;

dw/lw: **petu\lant** /पअच्युलंट/ *adj.* 1 चिड़चिड़ा, बदमिजाज: ~lant gesture; ~lant wit (ओछी हाजिर-जवाबी) 2 धृष्ट 3 लंपट, व्यभिचारी; **~ly** /पेट्युलंटलि/ *adv.* चिड़चिड़े ढंग से

petunia /पिट्यूनिआ/ *n.* सफेद, नारंगी, बैंगनी और लाल फूलों वाला बगीचे का पौधा

pew /प्यू/ *n.* 1 चर्च में लंबा बैंच, मंच, आसन 2 *colloq.* सीट: take a ~;

p&i: **as is the ~ so is the pulpit** यथा राजा, तथा प्रजा; **in the right church but in the wrong pew** वैसे तो ठीक, पर पूर्णतः सही भी नहीं

pewit /पीविट/ *n.* टिटहरी

pewter /प्यूटः/ *n.* जस्ते और सीसे से बनी मिश्र धातु

PF *abbr.* 'Patriotic Front', 'Procurator Fiscal', 'provident fund' की प्रथमाक्षरी

Pf *abbr.* 'pfennig', 'pfennigs' का संक्षेप

pfennig /फेनिग/ पफेनिग/ *n., pl.* **~s**/ **~e**, *Ger.* ज़र्मन मुद्रा की एक इकाई

PFP *abbr.* 'Partnership for Peace' की प्रथमाक्षरी

PG *abbr. as film classification* 'parental guidance', 'paying guest', 'post-graduate' की प्रथमाक्षरी

pg *abbr.* 'page' का संक्षेप

PGCE *abbr.* 'Post-Graduate Certificate in Education' की प्रथमाक्षरी

pH/ **pH value** *n., chem.* सापेक्षिक अम्लता या क्षारीयता की माप इकाई

Phaedra complex /फीड्रा कॉम्पलेक्स/ *n., psychol.* सौतेली मां और उसके बेटे के बीच जटिल संबंध

phaeton /फेटन/ *n.* घोड़ागाड़ी, फिटन

-phage /फेज/ *comb. form, forming nouns, denoting*: **sth that eats or consumes the specified things** (किसी विशेष चीज को खाने या काटने वाला जीव): bacterio**phage**

phago- /फैगो/ *comb. form, denoting*: **feeding, eating or destroying** (खाना खाने/ खिलाने या नष्ट करने की क्रिया): **phago**cytic;

dw/lw: **~cyte** /फैगोसाइट/ *n.* भक्षक-कोशिका, भक्षकाणु; **~cytosis** /फैगोसाइटोसिस/ *n., biol.* एक ऐसी प्रक्रिया जिसके तहत विशेष प्रकार की कोशिकाएं बैक्टीरिया को खाकर हज्म कर लेती हैं

-phagous /फअगस/ *comb. form* **forming adjectives** (विशेषण बनाने वाला)

phalange /फैलैंज/ *n., anat.* अंगुल्यास्थि, अंगुलास्थि;

dw/lw: **phalangist** /फैलैंजिस्ट/ *n.* स्पेनी फासीवादी व्यक्ति

phalanger /फअलैंजः/ (*also* **possum**) *n.* आस्ट्रेलिया आदि देशों में पेड़ों पर रहने वाला धानी जानवर

phalanx /फैलैंक्स/ *n., pl.* **phalanxes/ phalanges** 1 सटकर खड़े होने वाला जनसमूह 2 संघटित लोग, दल 3 *milit.* फलेंक्स, सैन्य व्यूह 4 जत्था

phalarope /फैलअरोप/ *n.* एक जल पक्षी जिसकी मादा नर से प्रेमाचार करती है, नर अंडों को सेता है और चूजों की देखभाल करता है

phallic /फैलिक/ *adj.* 1 लिंग-संबंधी, लैंगिक: ~ cult (लिंग पूजा) 2 *psychoanal.* बालक के विकास में ऐसी अवस्था जब उसका ध्यान लैंगिक अंगों के विकास पर केंद्रित होता है;

dw/lw: **~ism** /फैलिसिजम/ *n.* लिंग-उपासना, लिंगपूजा; **~ist** /फैलिसिस्ट/ *n.* लिंग-पूजक

phallo\centric /फैलोसेंट्रिक/ *adj.* 1 लिंग केंद्रित 2 पुरुष प्रधानता का द्योतक;

dw/lw: **~centrism** /फैलोसेंट्रिजम/ *n.* लिंग-प्रधानतावाद, पुरुष-प्रधानतावाद

phallus /फैलस/ *n., pl.* **phalluses/ phalli** 1 पुरुष का लिंग, शिश्न 2 खड़े लिंग का चिह्न, जो पुरुष प्रजनन क्षमता व शक्ति का द्योतक है

phantasm /फैंटैजम/ (*also* **~a (~ata)**) *n.* 1 (***syn.*** illusion) माया, मायाजाल 2 मिथ्याभास, छायाभास, प्रेत-दर्शन 3 मोहभ्रम, मृग-मरीचिका, छायाभास 4 प्रेतदर्शन 5 मानसिक या काल्पनिक प्रतिबिंब;

dw/lw: **~al** /फैंटैज्मल/ *adj.* मायिक या मायावी, मायामय, काल्पनिक: ~al imaginations; **~ic** /फैंटैज्मिक/ *adj.* मायिक या मायावी

phantasmagoria /फैंटैज्मगॉ\रिआ/ *n., pl.* **~rias** मायाजाल, सपने में वास्तविक व मायावी बिंबों के एक दूसरे के बाद आने-जाने की क्रिया;

dw/lw: **~ric**/ **~rical** /~रिक/ ~रिकल/ *adj.* मायाजाल से संबंधित

phantasy /फैंटसि/ *n., pl.* **phantasies**, 'fantansy' की पुरानी वर्तनी

phantom /फैंटम/ *n.* 1 (***syn.*** ghost, spectre) प्रेत, भूत, छायाभास: pale **~s** 2 काल्पनिक, आभासी, मायिक (attributive) वस्तु या क्रिया: the ~ of watery surface 3 मायावी बिंब या दिग्दर्शन: ~ target; ~ drawing 4 नाम मात्र का (जाली) संगठन या उसका अग्रणी: ~ ship; ~ leader;

adj. बैताल, मायावी;

collocations: **~ limb** *med.* अंग में काटे जाने की अनुभूति; **~ pregnancy** (*also* **pseudocyesis**) *med.* छद्म या काल्पनिक गर्भ यानी मात्र दिखने में गर्भ, पर वास्तविकता में ऐसा कुछ न होने की स्थिति

phantoscope /फैंटअस्कोप/ *n.* क्लाइडोस्कोप की एक प्रकार

phar./ **pharm.** *abbr.* 'pharmaceutical', 'pharmacopoeia', 'pharmacy' का संक्षेप

Pharaoh /फेअरो/ *n.* मिस्र के सम्राटों की उपाधि, फराऊन, फेरो

pharisaic/ **pharisaical** /फैरिसेइक/ फैरिसेइकल/ *adj.* पाखंडपूर्ण: ~ respectability

Pharisee /फैरिसीः/ *n., pl.* **~s** 1 फरीसी यानी प्राचीन, यहूदियों की एक कट्टरवादी शाखा जो दिन-प्रतिदिन के जीवन में दिखावापूर्ण कर्मकांड पर अत्यधिक बल देती है 2 धर्म की आत्मा की बजाए बाहरी दिखावे पर बल देने वाला 3 पाखंडी, दोमुंहा;

dw/lw: **Pharisaic**/ **pharisaic** /फैरिसेइक/ *n.* पाखंडपूर्ण, छलपूर्ण, दोमुंही; **pharisaism** /फैरिसेइजम/ *n.* दोमुंहापन, पाखंड

pharma\ceutic/ **~ceutical** /फाःमअ\स्यूटिकल/ *adj.* दवा बनाने से संबंधित, औषधीय, औषध-भेषजीय;

dw/lw: **pharma\ceuticals** /फाःमअ\स्यूटिकल्ज/ *n., [pl.]* दवाइयां, औषध-निर्माण-विज्ञान, भेषजिकी; **pharma\ceutics** /~स्ट्यूटिक्स/ *n.* भेषज विज्ञान; **~cist** /~सिस्ट/ *n.* औषधि-निर्माता एवं विक्रेता, भेषजज्ञ; **~cological** /~कौलअजिकल/ *US* ~काःलअजिकल/ *adj.* औषध विज्ञानीय; **~cologist** *US* ~काःलअजिस्ट/ *US*~कौलअजिस्ट/ *n.* औषध विज्ञानी; **pharma\cology** /फाःमअ\कौलजि/ *US* फाःमअ\काःलजि/ *n.* भेषज-विज्ञान, औषध विज्ञान, औषधशास्त्र; **pharma\copoeia** /~कअपीआ/ (*also US* **~copeia** /~कअपीआ/) *n., pl.* **~copoeias**/**~copeias** *med.* भेषजी या औषध निर्माण (-विज्ञान) संबंधी पुस्तक जिसमें औषधियों की सूची, उनके निर्माण व प्रयोग करने की विधि, गुण, अवगुण व उनके सेवन से संभावित दुष्परिणामों आदि के बारे में सूचनाएं रहती हैं

pharmacy /फाःमअसि/ *n., pl.* ~cies 1 दवाई की दुकान 2 अस्पताल में डिस्पेंसरी 3 दवा व रसायनों को मिश्रित करने संबंधी विज्ञान

pharos /फेरॉस/ *n.* प्रकाशगृह, जलदीप, प्रकाशस्तंभ, दीपस्तंभ

pharyn\gal/ **~geal** /फरिंगल/ फरिंजिअल/ फैरिंजिअल/ *adj., anat., med.* ग्रसनीय, ग्रसनी, गले के क्षेत्र से संबंधित;

dw/lw: **~gitis** /फैरिंजाइटिस/ *n.* गले की झिल्ली की सूजन, ग्रसनीशोथ; **~gology** /फैरिंगौलजि/ फैरिंजौलजि/ *n. med.* ग्रसनी और इसके रोगों का अध्ययन

pharynx /फैरिंक्स/ *n., pl.* **~xes/ pharynges** /फैरिंक्सीज/ फैरिंजीज/ 1 ग्रसनी, ग्रासनली, ग्रसिका 2 गला, हलक
phat /फैट/ *adj.* बहुत बढ़िया
phase /फेज/ *n.* 1 चरण, अवस्था, दशा, स्थिति: **~s** of an illness; enter upon a new ~; the youthful ~; a ~ of history 2 (***syn.*** aspect) पहलू, पक्ष: the most attractive ~ of her character 3 *astron., chem.* चंद्रमा आदि नक्षत्रों के भिन्न-भिन्न प्रकाशमय रूप: full ~ 4 कोणांक (of function);
***v.**, pt.* **~d**, *pp* **phasing** 1 भिन्न-भिन्न चरणों की योजना बनाना: ~ new methods 2 भिन्न-भिन्न चरणों पर अमल क., चरणों में क.;
dw/lw: **~angle** *n.* कलाकोण; **~converter** *n.* चरण परिवर्तित करने वाला यंत्र; **~d** /फेजड/ *adj.* 1 क्रमबद्ध, चरणों में, एक-एक चरण करके: ~d disarmament 2 धीरे-धीरे; **~-out** *n.* चरणों में हटाना, या बाहर क.: the Govt. is bent on phasing out subsidies on agriculture; **~r** /फेजर/ *n.* अवस्था-विस्थापक, अवस्था-समंजक, चरणबद्ध करने वाला;
collocations: ~ **coincidence** अवस्था-संपात; ~ **constant** अवस्था-नियतांक; ~ **corrector** अवस्था संशोधक; ~ **detector** अवस्था संसूचक; ~ **difference** अवस्था अंतर; ~ **discriminator** अवस्था-प्रतीपक; ~ **lag** अवस्था अंतर; ~ **line** पहुंचने पर नियंत्रित करने की लाइन; ~ **shifter** अवस्था-विस्थापन जाल; ~ **velocity** अवस्था-वेग;
p&i: **~ sth in** धीरे-धीरे शुरू क.; **~ sth out** धीरे-धीरे खत्म क.; **a passing ~** अस्थायी काल; **a ~ of sth** किसी चीज की अवस्था; **enter/ go through a ~** किसी अवस्था में पदार्पण क. या उसका अनुभव क.; **in/ out of phase** अवस्थाओं का एक साथ होना/ न होना
phatic communion *n., ling.* बोली जाने वाली भाषा जिसे सामाजिक कारणों से प्रयोग में लाया जाता है, जैसे: hello, isn't it a nice day?
PhD (*also* **Ph.D.**) *abbr.* 'philosophiae doctor', (*also see* **DPH**) 'Doctor of philosophy' का संक्षेप (**PhD** /पीएचडी/ *n.* पीएचडी डिग्री)
pheasant /फेजंट/ *n., pl.* **~s**/ ~ तीतर, चेड़, चकोर या उनका मांस: golden ~;
dw/lw: **~ry** /फेजंटरि/ *n.* पक्षी-बाड़ा;
collocations: **crow ~** महोख
phellem /फेलम/ *n., bot.* कॉर्क (cork) के लिए तकनीकी शब्द
phencyclidine /फेन्साइक्लिडीन/ (*also* **angel dust**) *n., chem.*, (*abbr.* **PCP**) पीड़ाहर दवा
phenetics /फेनेटिक्स/ *n., [sing.] biol.* अंगों की समानताओं या असमानताओं के आधार पर वर्गीकरण
phenix /फिनिक्स/ *n. see below under* **phoenix**
pheno- /फीनो-/ *chem, comb. form, forming nouns, denoting*: **visible** (दिखने वाला): **pheno**type
phenobarbitone/ **phenobarbital** *n.* एक निद्रावर्धक व नशीली दवा जिसे अनिद्रा आदि की बीमारी को ठीक करने के लिए प्रयोग किया जाता है
phenol /फीनौल/ *US* फीनाःल/ *n., chem.* एक विषैला रासायन जिसे पानी में मिलाकर जीवाणुनाशक (antiseptic, disinfectant) के रूप में कारबोलिक एसिड के नाम से प्रयुक्त किया जाता
phenolic resins *n., [pl.] chem.* फिनॉल और ऐल्डिहाइड (aldihyde) को मिलाकर बनाए गए प्लास्टिक
phenolo\gy /फिनौलजि/ *US* फिनौलजि/ *n.* ऋतुजैविकी, ऋतुजैविकीचर्या विज्ञान यानी जलवायु व मौसम की घटनाएं और उनसे प्रभावित होनेवाले पौधों व जीवों का अध्ययन;
dw/lw: **~gical** /फिनअलौजिकल/ फिनअलाःजिकल/ *adj.* ऋतुजैविकी संबंधी; **~gist** /फिनौलजिस्ट/ *US* फिनाःलजिस्ट/ *n.* ऋतुजैविकीविज्ञ
phenomenal /फिनौमअन\ल/ *US* फिनाःमअन\ल/ *adj.* 1 असाधारण, अद्भुत, अपूर्व, चामत्कारिक 2 दृश्यमान, प्रतीयमान, तथ्यविषयक 3 प्रासंगिक;
dw/lw: **~ism** /~लिज्म/ *n. philos.* 1 एक सिद्धांत जिसके अनुसार मानवीय ज्ञान इंद्रियगोचर तथ्यों व प्रक्रियाओं (phenomena) के संग्रहण तक सीमित होता है यानी जो इंद्रियगोचर नहीं उसे हम नहीं जान सकते 2 गोचरवाद, नाम-रूप-वाद, दृश्यप्रपंच; **~ly** /~लि/ *adv.* 1 इंद्रियगोचर तथ्यों के अनुसार 2 (***syn.*** extraordinarily) अद्भुत ढंग से, अत्यधिक प्रभावी ढंग से
phenomenolo\gy /फिनौमिनौ\लजि/ *US* फिनाःमिनाः\लजि/ *n.* 1 प्रक्रियाओं को देखने और वर्णित करने का अध्ययन 2 ऐडमुंड हसर्ल (Edmund Husserl 1859-1938) का दर्शन जिसके अनुसार साहित्यिक व कला कृतियों के विश्लेषण में रचनाकार के व्यक्तिगत अनुभव व अनुभूति ही ध्यान के केंद्र में होने चाहिएं;
dw/lw: **~gist** /~लजिस्ट/ *n.* हसर्लवादी, व्यक्तिगत अनुभववादी विद्वान
phenomenon /फिनौमअनन/ *US* फिनाःमअनन/ *n., pl.* **phenomena** 1 *philos.* कोई भी इंद्रियगोचर घटना, क्रिया, प्रक्रिया, तथ्य, प्रपंच, होनी-अनहोनी आदि: common ~ 2 (***syn.*** appearance) आभास, शक्ल 3 वैज्ञानिक रूप से वर्णनीय प्रक्रियाएं: atmospheric ~ 4 जीवन की विशेषता, सामाजिक अस्तित्व या प्रक्रिया: stress as a work-related ~ 5 अद्भुत घटना, अनूठा व्यक्ति, चामत्कारिक बालक (child prodigy): infant ~
phenotype /फीनोटाइप/ *n., genetics* 1 किसी जीव की देखी जा सकने वाली विशेषताएं 2 लक्षणसमष्टि, व्यक्त या दृश्य रूप 3 ऐसे व्यक्तियों का समूह जिनकी एक जैसी विशेषताएं हों
phenyl /फीनाइल/ *n.* फिनाइल (C6H5)
phew (*also* **whew**) /फ्यू/ *excl.* खुशी या गम का इजहार करने के लिए कहा जाता है
phial /फायल/ (*also* **vial**) *n.* (दवाई आदि के लिए) छोटी-सी शीशी
Phi Beta Kappa /फाइ बीःटा कैपा/ *US* 1 अमेरिका में 1776 में स्थापित विश्वविद्यालयों व कालेजों में काम करने वाली एक अवैतनिक संस्था जिसके सदस्यों को ऊंचा शैक्षणिक सम्मान मिला होता है 2 इस संस्था का सदस्य;
collocations: **Phi Bete** /फाइ बीट/ *US, sl.* 'Phi Beta Kappa' वाला
Phil. *abbr.* 'Philadelphia', 'Philippians', 'philosophy' का संक्षेप
philander /फिलैंडः/ *v., pt.* **~ed**, *pp* **~ing** (***syn.*** womanise) पुरुष द्वारा कई औरतों से इश्क लड़ाना, लंपटपना क.;
dw/lw: **~er** *n.* (***syn.*** womaniser) इश्कबाज, लंपट पुरुष;
p&i: **~ with the Muse** प्रेरणा स्रोत के साथ अठखेलियां क. (कविताएं आदि समर्पित क.)
philan\thrope/ **~thropist** /फिलैंथ्रोप/ फिलैंथ्रअपिस्ट/ *n.* दानवीर, मानव-प्रेमी, लोकोपकारक: a man of letters, philosopher and **~thropist**;
dw/lw: **~thropic** /फिलैंथ्रौपिक/ *adj.* परोपकारी, लोकोपकारी, लोकहितैषी; **~thropically** /फिलैंथ्रौपिकलि/ *adv.* परमार्थ की भावना से; **~thropy** /फिलैंथ्रअपि/ *n.* परोपकार, लोकोपकार
philate\lic /फिलअटेलिक/ *adj.* डाक टिकटों के संग्रहण व अध्ययन संबंधी: **~lic** society;
dw/lw: **~list** /फिलैटेलिस्ट/ *n.* टिकट-संग्राहक, टिकट-संग्रही; **~ly** /फिलैटअलि/ *n.* टिकट-संग्रह, टिकट-संग्रहण तथा अध्ययन
-phile /-फाइल/ *comb. form, forming nouns, denoting:* **fondness**, **attraction** (पसंदगी): Franco**phile** (फ्रांसप्रेमी)
Philem. *abbr.* 'Philemon' का संक्षेप (बाइबल की एक पुस्तिका)
philharmonic /फिलाःमौनिक/ फिल्हाःमौनिक/ *US* फिलाःमाःनिक/ फिल्हाःमाःनिक/ *adj.* 1 संगीत प्रेमी 2 संगीत-मंडलियों व ऑर्केस्ट्राओं के नाम का पहला भाग: ~ society
philhellene /फिल्हेलीन/ (*also* **philhellenist** /फिल्हेलीनिस्ट/) *n.* यूनान-प्रेमी, यूनान-समर्थक
-philia /फीलिआ/ *combining form forming nouns denoting*: 1 **abnormal functioning** (असामान्य क्रिया):

haemo**philia** 2 **abnormal liking or love of the specified thing** (असामान्य पसंद या प्रेम): pedo**phillia**
Philibeg /फिलिबेग/ *n.* स्कॉटलैंड के पहाड़-निवासी पुरुषों का स्कर्टनुमा घाघरा
philippic /फिलिपिक/ *n.* (***syn.*** denunciation) भर्त्सना भाषण, घृणा भाषण: ~ oration
philisti\ne /फिलिस्टाइन/ फिल्स्टीन/ *n.* 1 जिसकी कला, साहित्य संगीत आदि गंभीर विषयों में कोई रुचि न हो 2 सतही (superficial) व उपभोक्तावादी 3 सबसे बड़ा दुश्मन: fall among **~nes** (1 दुश्मन के हाथों पड़ जा. 2 दो विरोधी पक्षों की अदला-बदली के सौदे में फंस जाने वाला 3 कठिन स्थिति में फंसा हुआ) व्यक्ति;
adj. खोखला, छिछोरा, उपभोक्तावाद से संबंधित
dw/lw: **~nism** /फिलिस्टिनिजम/ *n.* खोखलापन, छिछोरापन, उपभोक्तावाद
phillis /फिलिस/ *n.* 1 ग्वालिन, गोपी 2 प्रेम-दीवानी 3 रेस्त्रां आदि में स्त्री बेहरा 4 साकी: ~ at the bar
phillumenist /फिलूमिनिस्ट/ *n.* दियासलाई की डिबियों की चिप्पियों (labels) का संग्रह करने वाला
philo- /फिलो/ *comb. form denoting:* **fondness or liking** (पसंद, प्रेम)
philobiblic /फिलोबिब्लिक/ *adj.* पुस्तक-प्रेमी
philogynist /फिलॉजिनिस्ट/ *n.* अपनी पत्नी से प्रेम करने वाला
philolo\gical /फिलअलौजिकल/ *US* फिलअलाःजिकल/ *adj.* भाषाशास्त्रीय;
dw/lw: **~gist** /फिलौलअ\जिस्ट/ *US* फिलाःलअ\जिस्ट/*n.* भाषाविज्ञानी, भाषाशास्त्री, साहित्य-शास्त्री; ~ **philolo\gy** /फिलौलजि/ *US* फिलाःलजि/ *n.* 1 भाषा के इतिहास व विकास का अध्ययन 2 भाषाओं का तुलनात्मक अध्ययन 3 भाषाविज्ञान, भाषाशास्त्र 4 साहित्यिक रचनाओं का अध्ययन
Philomel/ Philomela /फिलअमेल/ फिलोमीला/ *n.* बुलबुल: **~'s** pity-pleading strain (बुलबुल का हृदय-विदारक गायन)
philometrist /फिलॉमिटरिस्ट/ *n.* डाक लिफाफों का संग्रह-कर्ता
philo\sopher /फिलौसअ\फः/ *US* फिलाःसअ\फः/ *n.* दार्शनिक, तत्त्वज्ञ, तत्त्व-मीमांसक;
dw/lw: **~sophaster** /~फास्टः/ *n.* ढोंगी दार्शनिक; **~sophism** /~फिज्म/ *n.* छद्मदर्शन, तथाकथित दर्शन: shallow ~sophism; **~sophic/ ~sophical** /फिलसौफिक/ फिलसौफिकल/ *US* फिलसाःफिक/ फिलसाःफिकल/ *adj.* 1 दार्शनिक 2 दार्शनिक (अंदाज): be ~sophical about one's problems; ~sophical magazine 3 तात्त्विक, स्थितिप्रज्ञ, स्थिरबुद्धि; **~sophically** /फिलसौफिक्लि/ *US* /फिलसाःफिक्लि/ *adv.* दार्शनिक अंदाज में;
collocations: **~sopher's stone** *hist.* पारस पत्थर, पारसमणि; **~sophical pitch** दार्शनिक सुर;
p&i: **the philosophers have only interpreted the world in various ways, the point, however, is to change it** दार्शनिकों ने संसार की केवल नाना प्रकार से व्याख्या की है, परंतु असल बात तो दुनिया को बदलने की है
philosophi\ze/ philosophise /फिलौसअफाइज/ *US* फिलाःसअफाइज/ *v., pt.* **~zed**, *pp* **~zing** 1 दार्शनिकों की तरह व्यवहार या व्याख्या क. 2 तत्त्वज्ञान की बातें क. 3 दार्शनिक रूप से प्रस्तुत क.
philoso\phy /फिलौसफि/ *US* फिलाःसफि/ *n., pl.* **~phies** 1 दर्शनशास्त्र 2 तत्त्व-ज्ञान 3 दार्शनिक दृष्टिकोण: one's **~phy** of life 4 मानसिक शांति व संतुलन
philter/ philtre /फिल्टः/ *n.* 1 जादुई वशीकरण-पेय: ~ hearts 2 (***syn.*** aphrodisiac) मोहनी, मोहन-रस
phishing /फिशिंग/ *n.* इंटरनेट बैंकिंग में किसी दूसरे का पासवर्ड (password) चुराकर उसके खाते में से पैसे निकालना या चुराना
phiz/ phizog /फिज/ फिजौग/ *US* -/ फिजाःग/*n., sl. mainly Br.* चेहरा: what a furious ~ he has! (कितना डरावना थोबड़ा है उसका!)
phlebitis /फ्लिबाइटिस/ *n., pl.* रक्त-स्नायुओं की सूजन, शिराशोथ
phlebotom\y /फ्लअबौटमि/ *US* फ्लअबाःटमि/ *n., pl.* **~ies**, *surg.* 1 खून निकालने की (पुरानी) प्रक्रिया, शिराशल्यक्रिया, शिराच्छेदन 2 नस में शल्य क्रिया से छेद करके जमा हुआ खून निकालना
phlegm /फ्लेम/ *n.* कफ, बलगम, श्लेष्मा;
dw/lw: **~y** /फ्लेमि/ *adj.* कफपूर्ण, श्लेष्मीय
phlegmasia /फ्लेगमेजिआ/ *n.* प्रदाह, जलन
phlegmatic /फ्लेगमैटिक/ *adj.* 1 शिथिल, ढीला-ढाला 2 भावशून्य, निरुत्साह (***syn.*** apathetic) 3 (***syn.*** calm) निरुद्वेग, अति शांत, स्थिरबुद्धि: in a ~ manner;
dw/lw: **~ally** /~लि/ *adv.* ढीले-ढाले तरीके से; **phlegmy** /फ्लेग्मि/ *adj.* कफपूर्ण, श्लेषमीय
phlogistic /फ्लौजिस्टिक/ *US* फ्लाःजिस्टिक/ *adj.* 1 प्रदाहक, प्रदाहात्मक 2 शोथकर
phlyctaena/ phlyctena /फ्लिक्टीना/ *n., med.* छोटा-सा छाला
-phobe /-फोब/ *suff., comb. form, forming nouns denoting:* **frightened** (डरा हुआ): Russo**phobe**; Anglo**phobe**; xeno**phobe**
phobia /फोबिआ/ *n., pl.* **~s** भय, डर, भीति, दुर्भीति
-phobia *comb. form, forming nouns, denoting:* **obsessive fear** (अत्यधिक भय): claustro**phobia** (बंद स्थान का डर); hydro**phobia** (पानी का डर)
phobic /फोबिक/ *adj.* 1 भय से संबंधित 2 भय ग्रस्त
-phobic /फोबिक/ *comb. form, forming adjectives derived from the noun* **phobia** (**'phobia'** से बनने वाले विशेषण)
Phoebe /फीबि/ *n. Gr. mythol.* 1 फेबा 2 चंद्रमा
phoebe /फीःबि/ *n. N. Amer.* मक्खियां पकड़ने वाला
phoenix /फीनिक्स/ *n., pl.* **~es** 1 ऐसा कल्पित पक्षी जो स्वयं जलकर मर जाता है और उसी राख से पुनः पैदा हो जाता है, अमर पक्षी 2 अद्वितीय व्यक्ति: he was justly called the ~ of his age 3 अति सुंदर व्यक्ति;
p&i: **rise like a Phoenix from the ashes** अमर पक्षी की तरह विनाश के मुंह से निकल आना
phoenixism /फीनिक्सिजम/ *n. stock exchange* दिवालिया कंपनी के आधार पर नई कंपनी बनाने की क्रिया
phon /फौन/ *US* फाःन/ *n., acoustics* ध्वनि-मापन इकाई
phon- *see below under* **phono-**
phona\te /फोनेट/ *v. pt.* **~ted**, *pp* **~ting** ध्वनि उच्चरित क.;
dw/lw: **~tion** /फोनेशन/ *n.* ध्वनियों के उच्चारण की क्रिया
phonautograph /फोनॉटअग्राःफ/ *n.* ध्वनि-लेखी
phone /फोन/ (*also* **telephone**) *n.* 1 दूरभाष, टेलीफोन: on the ~; get sb on the ~; call sb on the ~ 2 दूरभाष (उपकरण): speak to sb over the ~ 3 *phon.* ध्वनि, स्वन;
v., *pt.* **~d**, *pp* **phoning** (*also* **~ sb up**) टेलीफोन पर बात क.: ~ up for sb;
dw/lw: **~-in** *UK* (*US* **call-in**) *n.* फोन द्वारा रेडियो या टीवी के चालू कार्यक्रम के बीच में अपनी बात रखने की क्रिया;
collocations: **~ book** 1 नोट-बुक जिसमें लोगों के फोन नंबर लिखे जाते हैं 2 टेलीफोन डायरेक्टरी; **~ box** *UK* (*US* **~ booth**) टेलीफोन बूथ; **~ call** 1 टेलीफोन की घंटी 2 टेलीफोन पर होने वाली बात; **~ card** फोन कार्ड; **cellular ~** सेल फोन; **~ number** फोन नंबर; **~ tapping** गुप्तचर संगठन आदि द्वारा गुप्त तरीके से किसी का टेलीफोन सुनने की क्रिया;
mobile ~ चल फोन; **pay ~** भुगतान (पैसे देकर किया जाने वाला) फोन;
p&i: **be on the ~** 1 फोन पर व्यस्त हो. 2 घर में टेलीफोन क्नेकशन का हो.
-phone *comb. form, representing nouns and adjectives:* **related to sound** (ध्वनि से संबंधित): telephone;

microphone; saxophone

phone\me /फोनीःम/ *n., ling.* 1 किसी भी भाषा के शब्द का सबसे छोटा अंश जिसका कुछ अर्थ होता है और जिसकी बदौलत एक शब्द की दूसरे से अलग पहचान बनती है 2 स्वनिम, ध्वनिग्राम;
dw/lw: **~mic**/ **~mical** /फअनीमिक/ ~ल/ *adj.* स्वनिम से संबंधित; **~mics** /फअनीमिक्स/ *n. [sing.]* 1 स्वनिम का अध्ययन 2 किसी भाषा के स्वनिमों की संरचना

phone phreaking *see below under* **phreaking**

phone\tic /फअनेटिक/ फोनेटिक/ *adj.* उच्चारण-विधान संबंधी, स्वनिक, ध्वनि संबंधी;
dw/lw: **~ticism** /फोनेटिसिजम/ *n.* 1 लिखने का ध्वनि-आधारित सिद्धांत 2 (***syn.*** transcription recording) ध्वनि-आधारित लेखन; **~tics** *see below under separate entry*; **~tist**/ **~tician** /फोनेटिस्ट/ फोनेटिशिअन/ *n.* स्वर-विज्ञानी; **~tically** /फोनेटिकलि/ *adv.* उच्चारण की दृष्टि से;
collocations: **~tic alphabet** (*also* **NATO Alphabet**) 1 उच्चारण आधारित वर्णमाला (e.g., IPA) 2 ध्वनि-संचार माध्यमों में वर्णमाला के अक्षरों का कूट शब्दों को दर्शाने के लिए प्रयोग, उदाहरणतः *Delta* for *D*; *Echo* for *E*, etc.; **~tic combination** स्वर संधि; **~tic spelling** ध्वन्यात्मक वर्तनी

phonetics /फोनेटिक्स/ फअनेटिक्स/ *n.* उच्चारण-विज्ञान, स्वरविज्ञान, स्वानिकी

phoney *UK* (*US* **phony**) /फोनि/ *adj., degr.* **phonier**, **phoniest**, *US sl.* 1 (***syn.*** fake) झूठा, नकली, बनावटी, कपोल-कल्पित 2 (***syn.*** counterfeit) जाली, खोटा, नकली: ~ imitation;
***n.**, pl.* **phoneys**/ **phonies** 1 बनावटी व्यक्ति: all **~s** got weeded out, only the true friends remained 2 नकली वस्तु: the shop is full of Chinese **~s**;
***v.**, pt.* **~ied**, *pp* **~ing**, *US, colloq.* 1 छलना 2 तोड़ना-मरोड़ना: ~ sb's words;
dw/lw: **phoneyness**/ **phoniness** *n.* छलावा, कृत्रिमता, कपटी रूप; ***collocations:*** ऐसी स्थिति जब दो पक्ष घोषित रूप से एक-दूसरे के विरुद्ध युद्ध-रत हैं पर वास्तव में लड़ नहीं रहे हैं

phonic /फौनि\क/ *US* फाःनि\क/ *adj.* 1 ध्वनिक, ध्वनियों से संबंधित 2 *education* उच्चारण शैली /phonic method/ से संबंधित;
dw/lw: **~ally** /~कलि/ *adv.* 1 उच्चारण शैली के अनुसार 2 ध्वनि की दृष्टि से

phonics /फौनिक्स/ *US* फाःनिक्स/ (*also* **phonic method**) *n., [sing.]* पठन क्रिया या पढ़ाने में प्रयुक्त पद्धति जिसके तहत अलग-अलग वर्ण चिह्नों और उनकी ध्वनियों के बीच संबंध पर विशेष बल दिया जाता है

phoniness /फोनिनेस/ *see above under* **phoney: *dw/lw***

phono- /फोनो/ *comb. form, denoting:* **sound**/ **voice** (ध्वनि); **phono**logy; **phono**graph
dw/lw: **~gram** /फोनअग्रैम/ *n.* फोन-तार, ध्वनिसंकेत; **~graph** /फोनअग्राःफ/ *US* फोनअग्रैफ/ *n.* 1 फोनोग्राफ, ध्वनि-लेख 2 *N. Amer., old use* रिकॉर्ड-प्लेयर; **~graphy** /फोनौग्रअफि/ *US* फोनाःग्रअफि/ *n.* ध्वनिलेखन; **~lite** *see below under separate entry*;

phono\logy /फअनौलजि/ *n., pl.* **~logies** 1 स्वरविज्ञान, स्वनिमविज्ञान, ध्वानिकी, स्वानिकी 2 किसी भाषा की उच्चरित ध्वनियों का अध्ययन;
dw/lw: **~logical** /फोनअलौजिकल/ *US* फोनअलाःजिकल/ *adj.* स्वरविज्ञान संबंधी; **~logist** /फअनौलअजिस्ट/ *n.* स्वरविज्ञानी; **~meter** /फोनॉमिटः/ *n.* ध्वनिमापी; **~type** /फोनोटाइप/ *n.* ध्वनिमुद्रण

phonolite /फोनअलाइट/ (*also* **clinkstone**) *n.* बढ़िया दानेदार चट्टान जो हथौड़े आदि की चोट तले बजने लगती है

phonozenograph /फोनोजीःनअग्राःफ/ *n.* ध्वनि पकड़ने वाला उपकरण

phony *see above under* **phoney**

phooey /फूइ/ *interj., excl., colloq.* ऊंह!

-phore /फोः/ *comb. form, denoting:* **a carrier** (वाहक): semaphore; chromato**phore**

phosphate /फौस्फेट/ *US* फाःस्फेट/ *n., chem.* फास्फोरिक अम्ल का लवण जिसे सफाई के रसायनों (detergents) और खाद बनाने में प्रयोग करते हैं

phosphor /फौस्फः/ *US* फाःस्फः/ *n., chem.* 1 ऐसा रसायन जिसमे फास्फोरेसंस (phosphorescence) होता है और उसे टेलीविजन पर्दों (screen) और बिजली की ट्यूबों आदि में लगाते हैं 2 *poet.* (***syn.*** Venus) प्रभात तारा;
dw/lw: **~ic** /फौस्फौरिक/ *adj.* फास्फोर्स का; **~us** /फौस्फअरस/ *n., chem.* (**symbol P**) फास्फोरस

phosphore\sce /फौस्फअरे\स/ *US* फाःस्फअरे\स/ *v., pt.* **~sced**, pp. **~scing** टिमटिमाना;
dw/lw: **~scence** /~संस/ *n.* टिमटिमाहट, स्फुर-दीप्ति; **~scent** /फौस्फअरेसंट/ *adj.* (रात में) टिमटिमाने वाला, स्फुर-दीप्त

phot /फोट, फौट/ *US* -, फाःट/ *n.* चमक नापने की इकाई

phot. *abbr.* 'photographic', 'photography' का संक्षेप

photic /फोटिक/ *adj.* 1 प्रकाश से संबंधित 2 समुद्र में प्रकाश के प्रवेश की गहराई: ~ zone;
dw/lw: **photic\s** /फोटिक्स/ (*also* **optics**) *n.* 1 प्रकाश विज्ञान 2 प्रकाशीय यंत्र के क्षेत्र में आविष्कार

photo /फोटो/ *n., pl.* **photos** *colloq.* फोटो;
***v.**, pt.* **~ed**, *pp* **~ing**, *s/he/it* **~es** फोटो लेना, कैमरे से चित्र उतारना: we were **~ed** full-length;
dw/lw: **~cathode** *n.* प्रकाशीय कैथोड; **~chemistry** *n.* प्रकाश-रसायन विज्ञान; **~chromy** *n.* रंगीन फोटोग्राफी; **~composition** *see under* **filmsetting**; **~conductive** *adj.* प्रकाश-चालकीय;

photo\copier /फोटोकौपि\अः/ *US* फोटोकाःपि\अः/ *n.* फोटोकॉपी बनाने वाली मशीन;
dw/lw: **~copy** /फोटोकौपि / *US* फोटोकाःपि / *n., pl.* **~copies** फोटो प्रति; **~copy** *v., pt.* ~copied, *pp* ~coping, *s/he/it* **~copies** फोटो प्रतियां बनाना; **~degradable** /फोटोडिग्रअडेबल/ *adj.* प्रकाश अल्ट्रावायलेट के प्रभाव से नष्ट होने वाला; **~electric** *adj.* प्रकाश वैद्युत; **~electric-cell** *n.* (*abbr.* **PEC** or **pec**) प्रकाश वैद्युत सेल; **~electric-effect** *n., phys.* प्रकाश के प्रभाव से कुछ अर्ध-धातुओं की सतहों से इलेक्ट्रॉनों का उत्सर्जन (emission); **~electricity** *n.* प्रकाश विद्युत; **~emissive** *adj.* प्रकाश-इलेक्ट्रॉन-उत्सर्जक; **~engraving** *n.* प्रकाश के प्रभाव तले छपाई की प्लेटों पर अक्षरों एवं चित्रों की नक्काशी; **~fit** *n., trademark* फोटोग्राफों के प्रयोग द्वारा अपराधियों आदि की तस्वीर का निर्माण; **~flash** *n.* फ्लैश बल्ब; **~genic** /फोटअजेनिक/ *adj.* फोटो में सुंदर दिखने वाला, प्रकाशजनक; **~gram** *n.* किसी वस्तु को फोटोग्राफिक कागज पर रखकर उसमें से प्रकाश गुजार कर बनाई जाने वाली फोटो; **~grammetry** /फोटोग्रैमअटरि/ *n.* फोटोग्राफीय रिकॉर्डों का प्रयोग करके दूरियों का मापन

photo\graph /फोटोग्राफ / *US* फोटोग्रैफ/ *n.* कैमरा से खींची गई फोटो, छायाचित्र; **~graph** *v., pt.* ~graphed, *pp* ~graphing फोटो ले.;
dw/lw: **~grapher** /फोटौग्रअफः / *US* फोटाःग्रअफर/ *n.* फोटो खींचने वाला, छायाचित्रकार, छविकार; **~graphic** /फोटअग्रैफिक/ *adj.* फोटो संबंधी; **~graphically** /फोटअग्रैफिकलि/ *adv.* फोटोग्राफी द्वारा; **~graphy** /फअटौग्रफि/ *US* फअटाःग्रफि/ *n.* छाया-चित्रण, फोटोग्राफी; **~gravure** /फोटोग्रअव्युअः/ *n.* डिजाइन को धातु की प्लेट पर रखकर फोटो बनाकर किया जाने वाला उत्कीरण; **~journalism** *n.* समाचारों को फोटो या चित्रों आदि के माध्यम से पुख्ता करने पर आधारित

पत्रकारिता; **~lithography** /फोटोलिथौग्रफि/ *US* फोटोलिथाःग्रफि/*n.* फोटोग्राफी से बनाई प्लेट से छपाई की क्रिया; **~luminescence** /~ल्युमअनेसंस/ *n., phys.* दिखने वाले प्रकाश द्वारा पैदा की गई चमक; **~lysis** /फोटौलिसिस/ *US* फोटाःलिसिस/ *n., chem.* रासायनिक बंधन का प्रकाश और अल्ट्रा-वायलेट विकिरण द्वारा तोड़ने की क्रिया; **~meter** *n.* प्रकाशमापी; **~metry** /फोटौमिट्रि/ *US* फोटाःमिट्रि/ *n., phys.* प्रकाश और उसके प्रवाह का मापन; **~micrograph** /फोटोमाइक्रअग्राफ/ *US* -ग्रैफ/ *n., phys.* माइक्रोस्कोप से देखकर ली जाने वाली तस्वीर; **~micrography** /फोटोमाइक्रअग्राफि/ *US* -ग्रैफि/ *n.* माइक्रोस्कोप से देखकर तस्वीर लेने की क्रिया; **~montage** /फोटोमौंटाःज/ *US* फोटोमांटाःज/ *n.* कई फोटोग्राफों को जोड़कर बनाई गई तस्वीर; **~multiplier** *n., phys.* प्रकाश-इलेक्ट्रॉन-संवर्द्धक, प्रकाश की अत्यधिक कमजोर शक्ति को पहचानने वाला उपकरण;

dw/lw: **photo-finish** मुकाबले का बहुत नजदीकी परिणाम

photon /फोटौन/ *US* फोटाःन/ *n.* विद्युत-चुंबकीय ऊर्जा मापन इकाई

photo\novel /फोटोनौवल/ *US* फोटोनाःवल/ *n.* ऐसा उपन्यास जिसमें कहानी चित्रों के माध्यम से बताई जाती है;

dw/lw: **~periodism** /फोटोपिरिअडिज्म/ *n., biol.* जीवों में दिन की लंबाई में वृद्धि आदि परिवर्तनों की शारीरिक एवं व्यावहारिक प्रतिक्रिया, जैसे फूलों का खिलना या घुमंतू पक्षियों का आना-जाना; **~phobia** *n., med.* 1 प्रकाशभीति 2 प्रकाश से डरना या उसको सहन न करना जो कई रोगों जैसे माइग्रेन, खसरा आदि होने का लक्षण हो सकता है; **~realism** *n.* (*compare:* **naturalism**) फोटो की तरह हू-ब-हू चित्रण पर आधारित यथार्थवाद; **~receptor** *n., biol.* कोशिकाएं या उनका समूह जो प्रकाश के प्रति संवेदनशील होते हैं; **~scribe** *n.* फोटो चित्रण; **~sensitive** *adj.* प्रकाश-सुग्राही, प्रकाश-संवेदनशील; **~sphere** *n., astron.* 1 प्रकाश-मंडल 2 सूर्य की बाह्य सतह जहां से प्रकाश निकलता है 3 किसी भी नक्षत्र की दिखने वाली सतह; **~stat** /फोटोस्टैट/ *n.* 1 फोटोस्टैट 2 फोटोस्टैट कॉपी; **~survey** *n.* फोटो सर्वेक्षण; **~synthesis** *n.* प्रकाश-संश्लेषण, प्रकाश ऊर्जा या प्रकाश के प्रयोग से कार्बनडाइ-ऑक्साइड और पानी से कार्बोहाइड्रेटों का निर्माण; **~synthetic** *adj.* प्रकाश संश्लेषण से संबंधित; **~taxis** *n., biol.* कोशिकाओं की प्रकाश की ओर या प्रकाश से दूर गति; **~therapy** *n.* प्रकाश-चिकित्सा; **~transistor** *n.* प्रकाश ट्रांजिस्टर; **~tropism** /फोटोट्रौपिज्म/ *US* फोटोट्राःपिज्म/ *n., bot.* प्रकाश के प्रभाव के कारण पौधे की जड़ों या टहनियों में वृद्धि; **~type** *n.* प्रकाशमुद्रण; **~typesetter** *n., print.* टाइप की हुई सामग्री का प्रकाश के प्रभाव तले फिल्म या कागज पर चित्रण करने की मशीन; **~typesetting** *n.* टाइप की हुई सामग्री का प्रकाश के प्रभाव तले फिल्म या कागज पर चित्रण; **~voltaic** *adj.* प्रकाश वोल्टीय: ~voltaic cell *see* solar cell;

collocations: **~ booth** स्वतः फोटो खींचने के लिए बना कक्ष; **~ call** किसी महानुभाव द्वारा फोटोग्राफरों को फोटो लेने का विशेष रूप से दिया गया अवसर; **~ finish** ऐसी दौड़ जिसमें जीतने वाले का अंतर फोटो से ही लग सकता है, कड़ा मुकाबला; **~graphic memory** हू-ब-हू याद रखने की क्षमता; **~ opportunity** किसी महानुभाव द्वारा फोटोग्राफरों के लिए फोटो लेने का विशेष रूप से दिया गया अवसर; **~ shoot** भविष्य में उपयोग के लिए जानीमानी हस्तियों या घटनाओं की फोटो खींचने की क्रिया

phrasal /फ्रेजल/ *adj.* पदबंध संबंधी

collocations: **~ verb** मूल क्रिया और पूर्वसर्ग या क्रिया-विशेषण के जोड़ से बना पदबंध जिसमें अलग-अलग शब्दों का स्वतंत्र अर्थ नहीं होता

phra\se /फ्रेज/ *n. gramm.* 1 *gramm.* पदबंध 2 *gramm.* वाक्यांश 3 (***syn.*** expression) मुहावरा, सूक्ति: as the **~se** goes; graceful **~ses** 4 (***syn.*** style) अभिव्यक्ति: in simple **~ses**; felicity of **~se**; adverbial/ prepositional **~se** 5 (**~ses**) थोथी बातें 6 भाषा शैली;

***v.**, pt.* **~sed**, *pp* **~sing** 1 शब्दों, मुहावरों, सूक्तियों आदि में व्यक्त या अभिव्यक्त क.: I shouldn't **~se** it quite like that 2 विशेषताएं बताना: difficult to **~se** sb 3 संगीत बजाते वक्त शाब्दिक अभिव्यक्ति दे.;

dw/lw: **~se-book** *n.* 1 व्यावहारिक वाक्यों का द्वि-भाषी शब्दकोश 2 विदेश में सैलानियों या अन्य यात्रियों द्वारा प्रयोग की जाने वाली दिन-प्रतिदिन के शब्दों व वाक्यों की द्वि-भाषी पुस्तिका; **~se-monger** *n.* लफ्फाज, थोथे जुमले बोलनेवाला; **~se-mongering** *n.* लफ्फाजी करने की लत; **~se-mongering** *adj.* लफ्फाजी: ~se-mongering statement; ~se-mongering men; **~seogram** /फ्रेजिअग्रैम/ *n.* वाक्य संकेत, कई शब्दों को दिखाने के लिए एक संकेत; **~sing** /फ्रेजिंग/ *n.* भाषण या अन्य पाठ की शब्दावली: the ~sing of a document; **~sy** /फ्रेजि/ *adj.* शब्दाडंबरपूर्ण, खोखले मुहावरों से ओतप्रोत

phra\seology /फ्रेजिऔलजि/ ङए फ्रेजिआःलजि/ *n., pl.* phraseseologies 1 वाक्य रचना और शब्द चयन शैली 2 किसी पेशे या विषय की भाषा, शब्दों के प्रयोग तथा विन्यास का ढंग, पद विन्यास: legal ~seology; in modern ~seology; he has a ~seology of his own;

dw/lw: **~seological** /फ्रेजिअलौजिकल/ *US* फ्रेजिअलाःजिकल/ *adj.* वाक्य रचना और शब्द चयन शैली संबंधी: ~seological combination

phreaking (*also* **phone ~**) /फ्रीकिंग/ *n., colloq.* टेलीफोन के साथ छेड़-छाड़ करके मुफ्त में फोन करने की विधि;

dw/lw: **phreaker** /फ्रीकः/ *n.* उपर्युक्त ढंग से फोन करने वाला

phreatic /फ्रिऐटिक/ *adj., geol.* 1 भूमिगत जल 2 पानी के कुओं, झरनों या पानी से भरी चट्टानों आदि से संबंधित 3 भूमिगत गैसों, जो ज्वालामुखी के विस्फोटों आदि में भूमिका अदा करती हैं, से संबंधित;

collocations: **~ decline** भूमिगत जल में घटाव; **~ explosion** भूमिगत विस्फोट

phrenetic /फ्रिनेटिक/ *adj.* 1 उन्मत्त: ~ fervour; ~ and delirious (भावोन्मत्त व बेहोश) 2 अन्यमनस्क 3 ऊर्जाशील 4 कट्टर: ~ fundamentalists

phrenic /फ्रेनिक/ *adj., anat.* मद्यच्छद-, तंतुपट से संबंधी

phrenology /फ्रअनौलजि/ *US* फ्रअनाःलजि/ *n.* 1 भूतकाल में खोपड़ी देखकर व्यक्ति के चारित्रिक गुण बताने का चलन 2 कपाल-विद्या, कपाल-विज्ञान, मस्तिष्क-विज्ञान, निटिल विज्ञान

phrensy/ **phrenzy** /फ्रेंजि/ (*see also* **frenzy**) *n.* उन्मत्तता, उन्माद, पागलपन

phrontistery /फ्रौंटिस्टअरि/ *US* फ्रांटिस्टअरि/ *n.* चिंतन-कक्ष, चिंतन-मनन स्थल

phthisic /थाइसिक/ *adj.* क्षयरोग-पीड़ित

phthisis /थाइसिस/ फ्थाइसिस/ ताइसिज/ *n., pl.* **phthises** /थाइसीःज/, *pathol.* क्षयकारी रोग, विशेषकर क्षयरोग

phut /फट/ *n., colloq.* 1 फटने की आवाज, फट: the electric lamp went ~; the engine went ~ 2 चौपट होने की क्रिया: the business went ~; go ~ (चौपट हो जा.)

phycology /फाइकौलजि/ *US* फाइकाःलजि/ *n.* शैवाल विज्ञान

phylactery /फिलैक्टरि/ *n., pl.* **phylacteries** 1 यहूदी पुरुषों द्वारा प्रार्थना के समय बाएं बाजू और माथे पर बांधा जाने वाला तावीज 2 (***syn.*** charm or amulet) तावीज, तालिसमान 3 याद दिलाने वाला ताबीज

phylaxiology /फिलैक्सिऔलजि/ *US* फिलैक्सिआःलजि/ *n.* रोग-रोध क्षमता (immunity) या संक्रमणता विज्ञान

phyletic /फाइलेटिक/ *adj., biol.* 1 जीवों की समान विकासशील प्रजातीयता से संबंधित 2 संघी 3 जातीय, आनुवंशिक;

dw/lw: **phylum** /फाइलम/ *n. pl.* **phyla** *biol., zool.* 1 पौधों, पशुओं आदि के मूल समूहों में से कोई एक, प्रजाति, संघ 2 समान शारीरिक संरचना वाले जीवों की श्रेणी 3 समान दिखने वाली भाषाओं का वर्ग

phyllite /फिलाइट/ *n., geol.* महीन दानेदार चट्टान

phylloclade /फिलोक्लेड/ *n., bot.* पत्ते की शक्ल व कार्योंवाली चपटी शाखा

phyllomania /फिलोमेनिआ/ *n., bot.* फूल या फल न लगने की सूरत में बहुत घने पत्तों आदि की भरमार

phylloquinone /फिलोक्विनोन/ *n., biochem.* विटामिन K1 जो घुलनशील चर्बी के रूप में खून के थक्के न बनने देने में सहायक होता है

phyllotax\is/ ~y /फिलअटैक्सिस/ फिलअटैक्सि/ *n., pl.* **~es/ ~ies** पर्णविन्यास, तने पर पत्तों का बिखराव

phylogenesis/ phylogeny /फाइलोजेनिसिस/ फाइलोजनि/ *n., biol.* जातिवृत्त, किसी नस्ल के विकास में आने वाले परिवर्तनों का क्रम

phylum *see above under* **phyletic: *dw/lw***

phys. *abbr.* 'physician', 'physics', 'physiology' का संक्षेप

physic /फिजिक/ *n.* 1 (***syn.*** purge) जुलाब की औषधि या दवा: give sb a dose of ~ 2 औषध, दवा 3 इलाज, उपचार, बीमारी के इलाज की कला, चिकित्सा विज्ञान;

***v.**, pt.* **~ked**, *pp* **~king** दवा की खुराक पिलाना

physical /फिजिकल/ *adj.* 1 शरीर संबंधी, शारीरिक: ~ strength; ~ impossibility 2 वस्तुगत, इंद्रियगोचर, भौतिक: ~ world; ~ body; ~ obstacle 3 प्राकृतिक या भौतिक विज्ञान संबंधी: ~ properties; ~ geography 4 कायिक, आंगिक: ~ development;

n. (*US* ~ **examination**; *UK* medical examination) शारीरिक निरीक्षण या परीक्षण;

dw/lw: **~ity** /फिजिकैलिटि/ *n.* 1 शारीरिक गुण 2 शारीरिक मुद्दों को लेकर अति ग्रस्तता 3 इंद्रियगोचरता, भौतिकता; **~ly** /फिजिकलि/ *adv.* 1 शारीरिक रूप से 2 प्राकृतिक नियमों के अनुसार;

collocations: ~ **anthropology** भौतिक-नृविज्ञान; ~ **block** भौतिक खंडक; ~ **chemistry** भौतिक रसायन शास्त्र; ~ **culture**/ ~ **exercise** व्यायाम, कसरत; ~ **education** शारीरिक-शिक्षा; ~ **features** शारीरिक नैन-नक्श; ~ **fitness** शारीरिक स्वस्थता; ~ **force** भौतिक बल; ~ **geology** भौतिक भूविज्ञान; ~ **jerks** व्यायाम; ~ **law** भौतिक नियम; ~ **record** भौतिक अभिलेख; ~ **sciences** निर्जीव पदार्थों के विज्ञान (astronomy, physics, geology etc.), भौतिक विज्ञान; ~ **strength** शारीरिक शक्ति; ~ **therapist** *see separate entry*; ~ **training** (*abbr.* **PT.**) शारीरिक प्रशिक्षण; ~ **therapy** *US see under a separate entry*; ~ **verification** प्रत्यक्ष (या वस्तुगत) सत्यापन (निरीक्षण);

a ~ impossibility पूर्ण या इंद्रियगोचर असंभावना; **the ~ world** भौतिक जगत

physicalism /फिजिक्लिज्म/ *n., philos.* एक सिद्धांत जिसके तहत संसार की सभी प्रक्रियाओं को काल और स्थान के आधार पर समझा जा सकता है और सभी कथनों का विश्लेषण किया जा सकता है या वे देखी-परखी जा सकने वाली बातें होती हैं

physician /फिजिशिअन/ *n.* 1 औषधि से इलाज करने वाला चिकित्सक (शल्य-चिकित्सक से भिन्न), वैद्य 2 रक्षक, चिकित्सक: time must be her ~ (time is the best healer);

p&i: **~'s faults are covered with earth** चिकित्सक की गलतियां मरने वाले के साथ मिट्टी तले दब जाती हैं; **~s kill more than they cure** वैद्य राहत कम और मौत ज्यादा देते हैं

physicism /फिजिसिज्म/ *n.* अध्यात्मवाद की बजाए भौतिकवाद व शारीरिकता में विश्वास

physicist /फिजिसिस्ट/ *n., pl.* **~s** भौतिकशास्त्री, भौतिक-विज्ञानी

physics /फिजिक्स/ *n.* भौतिकशास्त्र, भौतिकी, भौतिक विज्ञान

physio /फिजिओ/ *n., pl.* **~s** *colloq. UK* 'physiotherapy' *or* 'physiotherapist' का संक्षेप (शारीरिक व्यायाम के माध्यम से उपचार करने वाला)

physio- /फिजिओ-/ फिजिऔ-/ *comb. form, denoting:* **physical** or **physio**logical (*see below*);

dw/lw: **~gnomic**/ **~gnomical** /फिजिअनौमिक/ फिजिअनौमिकल/ *US* फिजिअनाःमिक/ -नाःमिकल/ *adj.* आकृति विज्ञान संबंधी; **~graphy** /फिजिऔग्रफि/ *n.* भू-आकृति-विज्ञान, भू-खगोल; **~gnomist** /फिजिऔनअमिस्ट/ *US* फिजिआःनअमिस्ट/ *n.* आकृति-विशेषज्ञ; **~gnomy** /फिजिऔनअमि/ *US* फिजिआःनअमि/ *n., pl.* ~gnomies चेहरे की बनावट, नैन-नक्श, शक्ल-सूरत, आकृति: the political ~gnomy of the new parliament;

physio\logy /फिजिऔ\लजि/ *US* फिजिआः\लजि/ *n., biol.* शरीर/ देह विज्ञान, क्रिया विज्ञान, दैहिकी, शरीरवृत्ति;

dw/lw: **~logic**/ **~logical** /फिजिअलौजिक/ फिजिअलौजिकल/ *US* -लौजिक/ -लौजिकल/ *adj.* शरीर विज्ञान संबंधी, शारीरिक, दैहिक; **~logically** /फिजिअलौजिकलि/ *US* -लौजिकलि/ *adv.* शारीरिक रूप से; **~logist** /~लअजिस्ट/ *n.* देह-विज्ञानी

physio\therapy /फिजिओथेरअपि/ (*also US* **physical therapy**) *n., med.* व्यायाम, मालिश, ताप आदि से की जाने वाली शारीरिक चिकित्सा, शारीरिक चिकित्सा-प्रक्रिया, भौतिक चिकित्सा;

dw/lw: **~therapist** /फिजिओथरअपिस्ट/ (*also US* **physical therapist**) *n.* व्यायाम, मालिश, ताप आदि से शारीरिक चिकित्सा करने वाला;

physique /फिजीक/ *n.* (***syn.*** build) डील-डौल, शरीर का गठन, शरीर-गठन: a powerful ~

phyto\chemical /फाइटोकैमिकल/ *n.* वनस्पति रासायन संबंधी;

dw/lw: **~chemistry** /~कैमिस्ट्री/ *n.* वानस्पतिक रासायनिकी; **~genesis**/ **~geny** /~जेनिसिस/ ~जिनि/ *n.* पाद विकास, वनस्पति विकास विज्ञान; **~graphy** /~ग्रअफि/ *n.* वनस्पति-वर्णन

phyto\pathology /फाइटोपअथौ\लजि/ *US* फाइटोपअथाःऑलजि/ *n., bot.* वनस्पति रोग विज्ञान;

dw/lw: **~pathologist** /~लजिस्ट/ *n.* वनस्पति रोग विज्ञानी; **~plankton** /~प्लेंकटन/ *n., bot.* वनस्पति प्लवक, पानी पर तैरने वाली वनस्पति या जीव

PI *abbr.* 1 'Philippines' का अंतर्राष्ट्रीय वाहन पंजीकरण कोड (IVR) 2 'Private Investigator' की प्रथमाक्षरी

pi /पाइ/ *Br. sl. n., pl.* **pis** 1 यूनानी भाषा का सोलहवां अक्षर (π) 2 *math.* प्रतीक 'π' = 22/7; 3 घाल-मेल, गड्ड-मड्ड 4 पवित्र, धार्मिक और पवित्रतावादी व्यक्ति 5 धर्म-ध्वज (पाखंडी);

adj. *Br. sl.* 1 'pious' का छोटा रूप (पवित्र);

***v.**, pt.* **~ed**, *pp* **~ing** घाल-मेल क., गड्ड-मड्ड क.

piacevole /पिअचेवौले/ *US* पिअचेवाःले/ *adv., music, Italian* सुरुचिकर व नटखट तरीके से;

adj. (***syn.*** playful) रुचिकर व नटखट

piacle /पाइऐकल/ *n.* महापाप का प्रायश्चित;

dw/lw: **piacular** /पाइऐक्युलः/ *adj.* 1 पापहर, पाप धोने वाला: piacular offering 2 प्रायश्चित्तकारी 3 (***syn.*** sinful) पापी, दुष्ट, जिसे प्रायश्चित्त करना चाहिए

piaf\fe /पिऐफ/ *v., pt.* **~fed**, *pp* **~fing** *dressage* घोड़े द्वारा हल्की दुल्की चाल से चला जाना;

dw/lw: **~fer** /पिऐफः/ *n., dressage* घोड़े की हल्की दुल्की चाल

pia mater /पाय-मेटः/ *n., pl.* **piae matres** /पीः मेटरीज/ *anat.* मृदुतानिका, दिमाग और मेरुदंड की आवरण-झिल्ली

pianissimo /पिअनिसिमो/ *adv., music, Italian* अत्यंत मंद स्वर में, अत्यंत धीमा (धीमे);

adj. अत्यंत धीमा;

***n.**, pl.* **~s** अत्यंत मंद स्वर का संगीत

pianist /पीअनिस्ट/ *n.* पियानो बजाने वाला

piano /पिऐनो/ पिआनो/ (*also* ~ **forte**) *n., pl.* **~s** पियानो, महावाद्य: grand ~ (महावाद्य); upright/ cabinet ~;

adv. /प्यानो/ (***anton.*** forte) धीमे से (बजाना या गाना);

adj. धीमा;

dw/lw: **~organ** *n.* पियानो का एक सरल रूप; **~forte**

/पिअनोफॉःटि/ *n.* **piano** का पुराना रूप; **~-player** *n.* पियानोवादक;
collocations: **~ accordion** *see under* **accordion**; **piano stool** पियानो स्टूल, पियानो बजाने के लिए बैठने का स्टूल; **~ nobile** /प्यानो नोबिले/ **piani nobili** /प्यानि नोबिलि/, *Italian, archit.* घर की पहली मंजिल

piassava/ piassaba /पिअसाःवा/ पिअसाःबा/ *n., pl.* **~s/ ~s,** *Portuguese* 1 खजूर की सन से बना झाड़ 2 झाड़ू के मोटे तिनके

piazza /पिऐत्सा/ *n., pl.* **~s,** *Italian* 1 इटली में चौराहा, चौक 2 *mainly Br.* छायादार पगडंडी 3 *US* बरामदा

pic *n., pl.* **~s/ pix** *colloq.* फोटोग्राफ, चित्र

pica /पाइका/ *n., pl.* **~s,** *Lat.* 1 *med.* चाक, मिट्टी आदि खाने की असाधारण भूख 2 *print.* '12 प्वांइट' का टाइप

picador /पिकअडॉर/ *n., bullfighting* (***syn.*** toreador) सांड लड़ाने वाला व्यक्ति जो अपने भाले से सांड को कमजोर कर देता है

picaresque /पिकअरेस्क/ *adj., Spanish* किसी (भले) बदमाश के जीवन की घटनाओं और कार्यकलापों पर आधारित उपन्यास: ~ novel

picaroon /पिकअरून/ *n., old use, Spanish* 1 बदमाश, ठग 2 (***syn.*** pirate) जल दस्यु;
v., *pt.* **~ed,** *pp* **~ing** 1 झूठ, ठगी, छल-कपट के सहारे जीवन-यापन क. 2 जल दस्युओं द्वारा समुद्री जहाज पर डाका डालना

picayune /पिकअयून/ *n., US colloq.* 1 बेकार की चीज 2 दमड़ी जैसा सिक्का जिसकी कोई खास कीमत न हो 3 छुटपन, बकवास;
adj. छोटा-मोटा, छोटी-मोटी, महत्त्वहीन

piccalilli /पिकअलिलि/ *n., pl.* **~s** सरसों के तेल में बना अचार

piccanin /पिकअनिन/ *n., offensive* अश्वेत अफ्रीकी मूल का बच्चा

piccaninn\y/ pickaninn\y /पिकअनिनी/ *n., pl.* **~ies** *offensive, N. Amer., esp. US* हब्शी बालक, बच्चा

piccolo /पिकअलो/ *n., pl.* **~s,** *Italian* एक छोटी-सी आर-पार की बांसुरी

piccy /पिकि/ *n., pl.* **piccies** /पिकीज/ *colloq.* फोटो या चित्र

pichurim /पिचुरिम/ (*also* **pichurim bean**) *n., Portuguese* 1 एक दक्षिणी अमेरिकी पेड़ 2 इसकी सुगंधित गुठली

pick /पिक/ *v., pt.* **~ed,** *pp* **~ing** 1 तोड़ना, चुनना (फल, फूल) 2 उठाना: ~ rags; ~ grain; **~ed** a crumb off the carpet 3 (***syn.*** dig) खोदना 4 खुरचना, नाक आदि कुरेदना: ~ one's teeth/ nose 5 (***syn.*** scratch) किसी चीज में से कुरेद कर बची हुई काम की चीज निकालना: ~ a bone clean 6 (***syn.*** pierce) छेदना: ~ a hole; ~ the face of a rock 7 (***syn.*** cull) तोड़ना, बीनना 8 (***syn.*** peck) चुगना, चोंच मारना: a few sheep **~ed** the wretched herbage; merely ~ at one's food with a fork 9 चुनना, चुनाव क.: ~ the best; ~ the most deserving candidate 10 (***syn.*** choose) छांटना 11 ताला तोड़कर खोलना: ~ a lock 12 जेब काटना: ~ sb's pocket; ~ sb's purse 13 उधेड़ना: ~ a dress to pieces 14 किसी से लड़ाई करवाना या किसी से लड़ना: ~ a quarrel 15 इकट्ठा क. 16 में से निकालना: ~ a thorn out of one's finger 17 मौका ढूंढना: ~ an occasion 18 खाना: we'll ~ a dinner 19 भयंकर आलोचना क.: ~ to pieces/ apart; they will ~ you to pieces among themselves 20 तार वाद्य बजाना: he could ~ the banjo in a way no one had ever heard it **~ed** before 21 दूसरों के विचारों को चुराकर उन्हें अपने विचार बनाकर प्रस्तुत क.: ~ sb's brains;
n. 1 गैंती, खोदनी, कुदाली 2 चयन, संकलन 3 सर्वोत्कृष्ट लोग या वस्तुएं, श्रेष्ठतम हिस्सा, सर्वश्रेष्ठ व्यक्ति: the ~ of the bunch/ basket 4 किसी की पसंद: take one's ~ 5 तोड़, चुनाई, एकत्रण, संग्रहण: the first ~ of strawberries is off 6 (toothpick, etc.) कुरेदकर बाहर निकालने के लिए बनी चीज;
dw/lw: **~-a-back** (*see also* **piggyback**) *adv.* पीठ पर: carry sb ~a-back; **~-and mix** *adj.* कहीं की ईंट, कहीं का रोड़ा इकट्ठा करके कुछ बनाना; **pickaninny** *see* **piccaninny**; **~axe/ ~ax** /पिकैक्स/ *n.* गैंती; **~ed** /पिक्ड/ *adj.* चुना हुआ, चुनिंदा: ~ed team; ~ed cotton; **~er** /पिकः/ *n.* 1 छोटी-मोटी चीजें उठाकर इकट्ठा करने वाला आदमी, चोर, उठाईगीर, उचक्का: ~ers and stealers (छोटी-मोटी चोरी करनेवाले) 2 उठाने वाला एक यंत्र; **pickpocket, pick-up** *and other words see below under separate entries*; **~y** /पिकि/ *adj., pl.* ~ier, ~iest *colloq.* खाने के मामले में नकचढ़ा; **~-your-own** *adj.* 1 अपने आप सब्जियां या फल आदि चुनकर खरीदनेवाला 2 इस तरह से बेचा जाने वाला माल;
collocations: **~ time** फसल उठाने का समय;
p&i: **~ a bone with sb** हिसाब चुकता क., बदला लेना; **~ a fight/ a quarrel/ an argument** झगड़ा क.; **~ a hole in sth** मीन-मेख निकालना; **~ a lock** ताला तोड़ना; **~ and choose** मनमर्जी का, किसी की व्यक्तिगत पसंद; **~ and steal** छोटी-मोटी चोरी क.; **~ at** तंग क., चिढ़ाना, आलोचना क.; **~ at sth** 1 चुगना, थोड़ा-सा खाना 2 कुरेदना, अपने नाखूनों से खुजली क.; **~ for sb** किसी को कोई अन्य व्यक्ति समझना; **~ holes in sth** किसी चीज में कमियां निकालना; **~ in** इकट्ठा क., ले लेना; **~ off** फल, पत्ते आदि तोड़ना; **~ of the basket** सर्वश्रेष्ठ, चुनिंदा; **~ of the bunch** सर्वश्रेष्ठ; **~ on sb** 1 बदतमीज ढंग से चिढ़ाना 2 अनुचित ढंग से आलोचना क. 3 डराना धमकाना 4 किसी को अप्रिय काम करने के लिए चुनना; **~ on sth** किसी चीज को कमियां निकालने के लिए चुनना; **~ one's way/ steps across/ along/ among/ over/ through sth (a muddy road)** किसी (कीचड़ भरे) रास्ते पर संभलकर चलना, फूंक-फूंककर कदम रखना; **~ one's words** बोलते समय सही शब्द चुनना; **~ out** 1 खींचकर बाहर निकालना 2 चुनना 3 छांटकर चुन ले.; **~ purse** बटुआ चोर; **~ sb off** 1 गोली से निशाना बांधकर मारना 2 विरोध क., कदम-दर-कदम मुकाबला क.; **~ sb out** 1 किसी को चुनना, चयन क. 2 किसी को पहचानना; **~ sb's brains** किसी दूसरे के विचारों को अपने बनाकर प्रयोग क., दूसरे के विचार चुराना.; **~ sb up** 1 गिरफ्तार क. 2 रास्ते में प्रतीक्षा कर रहे व्यक्ति को ले लेना, लिफ्ट दे. 3 *colloq.* किसी को घर चलने के लिए फुसलाना; **~ sb/ sth to pieces** कटु आलोचना क.; **~ sth off** किसी चीज, जैसे पेड़ आदि से छाल आदि हटाना, पेड़-पौधों से सूखे पत्ते हटाना; **~ sth out** 1 संगीत की किसी धुन को अनमने-से बजाना 2 किसी चीज पर निशान लगाना ताकि बाद में उसे किसी झुंड में आसानी से पहचाना जा सके; **~ sth over = ~ through sth** चीजों को बारी-बारी परखकर छांटना; **~ sth up** 1 किसी चीज को जमीन आदि से उठाना 2 आदत, हुनर व भाषा आदि थोड़े-से समय में सीख ले. 3 किसी चीज पर नजर पड़ना या उसका आभास होना 4 किसी चीज को यों ही या अचानक पाना: ~ up a bargain 5 किसी चीज को जाकर ले आना 6 *telecomm.* कोई सिग्नल (संकेत) या प्रोग्राम आदि पकड़ना 7 अपना तर्क सिद्ध करने के लिए इतिहास की बात का सहारा ले. 8 *colloq.* बिल का भुगतान करने को राजी होना 9 बीमारी लग जा.; **~ sb up on sth** किसी की किसी बात में कमियां बताना; **~ to pieces** परखचे उड़ाना, बखिया उधेड़ना, धज्जियां उड़ाना; **~ up** 1 उठाना 2 गिरने के बाद उठना 3 रफ्तार बढ़ाना 4 स्थिति में सुधार हो.: she ~ed up after seeing you 5 वृद्धि हो., व्यापार में प्रगति हो: sales have ~ed up now; **~ up bone with sb** किसी मामले को लेकर झगड़ना; **~ up flesh** थोड़ा मोटा हो जा., वजन बढ़ा ले; **~ up holes** आलोचना क.; **~ up one's crumbs** स्वास्थ्य लाभ क.; **~ up one's spirit/ courage** हिम्मत और हौसला बढ़ जा.; **~ up speed** 1 रफ्तार पकड़ना 2 हवा का बढ़ना; **~ up the bill, tab, etc.** किसी चीज के लिए भुगतान क.; **~ up the momentum** रफ्तार पकड़ना; **~ up the pieces** दुर्घटना आदि के बाद धीरे-धीरे अपने को या स्थिति को संभालकर सामान्य बनाना; **~ up the threads of a relationship** रिश्तों के सूत्र को फिर से बांधना; **~ up where**

one left off जहां छोड़ा था वहां से शुरू क.; ~ **your way over** सावधानी से चलना;
judg(e)ment slowly ~s his sober way सही समझ इतनी आसानी से नहीं आती; **they are not to be ~ed up everyday** ऐसा हर दिन नहीं होता

pickerel /पिकअरल/ *n.* ताजे पानी की एक छोटी मछली

picker-upper *n.* गाड़ी में लिफ्ट लेने या देने वाला

pickery /पिकरि/ *n.* चोरी, उठाईगीरी

picket /पिकिट/ (*also* ~ **line**) *n.* 1 धरना: be on ~; go on ~; ~ duty 2 (*syn.* stake) खूंटा 3 *milit.* सैनिक टुकड़ी;
v., pt. **~ed**, *pp* **~ing** 1 धरना दे., घेरा डालना: ~ a factory 2 खूंटा या फाना गाड़ना 3 फानों की बाड़ लगाना 4 सैनिक टुकड़ी द्वारा पहरा दे.;
dw/lw: **~ed** *adj.* जिसके विरुद्ध धरना दिया जा रहा है; **~ing** /पिकिटिंग/ *n.* धरना देने की क्रिया;
collocations: ~ **fence** *US* नुकीले फानों से बना घेरा या बाड़; ~ **fort** *hist.* लकड़ी का किला; ~ **line** धरना देने वालों की कतार या समूह

pick\ily /पिकिलि/ *adv.* नखरे करते हुए;
dw/lw: **~iness** /पिकिनेस/ *n.* नाज-नखरा, नकचढ़ापन; **~ing** /पिकिंग/ *n.* 1 चयन; **~ing** /पिकिंग्ज/ *n., [pl.] colloq.* 1 बचे-खुचे टुकड़े, रद्दी माल, बची-खुची चीजें: ~ings after a feast (झूठन) 2 लूट का हिस्सा: ~ings and stealings 3 आसानी से मिलने वाला लाभ: rich ~ings 4 ऊपर की आमदनी

pick\le /पिक्ल/ *n., pl.* **~es** 1 अचार 2 *US* सब्जी का अचार 3 अचार का तेल 4 *colloq.* गड़बड़, उलझन, दुविधा: got herself in a terrible **~le**; I could see no way out of the **~le** I was in 5 *colloq.* शरारती बच्चा 6 थोड़ी-सी मात्रा: **~le** tea and sugar (थोड़ी-सी चाय...) 7 अनाज: barley **~le**;
v., pt. **~led**, *pp* **~ling** 1 अचार बनाना या डालना, अचार में रखना 2 *chem.* सिरके में डालना, अम्ल-मार्जन क.;
dw/lw: **~led** /पिकल्ड/ *adj.* 1 अचार के रूप में रखा हुआ: ~led cabbage; ~led onions 2 *colloq.* नशे में चूर; **~le-herring** *n.* जोकर, विदूषक, मसखरा; **~ler** /पिकलः/ *n.* 1 अचार का जार या बर्तन 2 अचार की माफिक सब्जियां 3 अचार बनाने वाला;
p&i: **~le a rod for one's own back** खुद अपने लिए खाई खोदना; **~le one's nose with drink** पीकर धुत्त हो जा.;
have a rod/ a stick in ~le पीटने के लिए कोड़ा तैयार रखना; **his money is now in ~le** उसका पैसा अब बंद पड़ा है; **in a fine ~le** अस्त-व्यस्त; **this will promptly ~le her college chances** इससे कॉलेज में उसका काम खटाई में पड़ जाएगा

pick\lock /पिकलॉक/ *n.* 1 ताले खोलने का उपकरण 2 ताले तोड़ने वाला व्यक्ति;
dw/lw: **~-me-up** *n.* 1 स्फूर्तिदायक पेय 2 कोई भी स्फूर्तिदायक वस्तु; ~ **'n'-mix** *n.* 1 मिश्रित मिठाई या अन्य वस्तु 2 किसी की पसंद के अनुसार चुनी हुई वस्तुएं

pickpocket /पिकपौकिट/ *US* पिकपाःकिट/*n.* जेबकतरा, पाकेटमार, गिरहकट

pick-up (*also* ~ **truck**) *n., pl.* **~s** 1 *US* माल ढोने की खुली गाड़ी, ट्रक, लॉरी 2 (*syn.* transducer) ध्वनिग्रह 3 *colloq.* चलती-फिरती जान-पहचान, यों ही मिलजाने वाला: the uneasy feeling of being just a ~ 4 सड़क के किनारे बस-अड्डा 5 गाड़ी में माल या यात्री 6 अनुकूल अवसर, खोज: a real ~ for sb 7 सुधार: a steady ~ in quality 8 जल्दी-जल्दी खाया जानेवाला खाना: a ~ dinner;

pic\ky *see above under* **pick: *dw/lw***

pick-your-own *see above under* **pick: *dw/lw***

picnic /पिकनिक/ *n.* 1 बाहर खुले स्थान पर मनाए जाने वाली रंग-रलियां 2 पिकनिक, मौज-मस्ती, वन भोज, वन विहार: hold a ~ in the forest;
v., pt. **~ked**, *pp* **~king** पिकनिक पर जाना: ~ on the grass;
dw/lw: **~ker** /पिक्निकः/ *n.* सैर-सपाटे पर जानेवाला, मौज-मस्ती मनानेवाला; **~-spot** *n.* पिकनिक-स्थल;
p&i: ~ **apple** अनार;
be no ~ आसान काम न हो.; **life is not a** ~ जिंदगी फूलों की सेज नहीं

picornavirus /पिकॉःनअवायरस/ *n., biol.* पौधों को होने वाली एक वायरल बीमारी

picot /पीःको/ *n.* 1 पीको 2 बुनाई में एक शृंगारिक टांका 3 *embroidery* एक ऊपर उठी हुई गांठ

picotee /पिकअटी/ *n., pl.* **~s** कार्नेशन की एक प्रकार

Pict /पिक्ट/ *n.* प्राचीन उत्तरी ब्रितानवी जनता का सदस्य;
dw/lw: **~ish** /पिक्टिश/ *adj.* उपर्युक्त पिक्ट (Pict) लोगों से संबंधित

pictograph/ pictogram /पिक्टअग्राफ/ ~ग्रैम/ *n.* चित्रलेख, चित्रलिपि;
dw/lw: **~ic** /पिक्टअग्रैफिक/ *adj.* चित्रलेखीय; **~y** /पिक्टौग्रअफि/ चित्रलेखन, चित्रलिपि

pictorial /पिक्टॉरिअल/ *adj.* 1 सचित्र, चित्रमय, चित्रात्मक: ~ art 2 चित्रोपम: ~ description 3 (*syn.* vivid) सजीव, जीवंत, जीता-जागता: ~ phrase;
n. सचित्र पत्रिका;
dw/lw: **~ly** /पिक्टॉरिअलि/ *adv.* सचित्र ढंग से;
collocations: ~ **calling** चित्रकार की भूमिका

picture /पिक्चः/ *n.* 1 तस्वीर, चित्र: it looks well in the ~; she showed a ~ of her son 2 वस्तु स्थिति की तस्वीर या बिंब: a gloomy financial ~ 3 (*syn.* portrait) किसी का रूप-चित्र: paint a ~ 4 फिल्म 5 (**the ~s**) *colloq.* सिनेमा: go to the **~s** every Sunday; take one's friend to theatres and **~s** 6 (*syn.* description) शब्द चित्र, रूप चित्र, वर्णन: a ~ of poverty of slum-dwellers 7 दृश्य, मानसिक चित्र, काल्पनिक चित्र: a clear ~ of harvesting 8 समानता: be a ~ of one's mother 9 साक्षात् मूर्ति: was the ~ of happiness; looks a ~ (सौंदर्य की साक्षात् मूर्ति लगती है) 10 टीवी स्क्रीन पर दिखने वाला बिंब: we get a good ~;
v., pt. **~d**, *pp* **picturing** 1 कल्पना में तस्वीर देखना, कल्पना क.: ~ sb lying on the sea-shore; ~ to oneself; ~ to yourself my predicament! (मेरी बेहाली की कल्पना तो करो!); difficult to ~ sb as a family man 2 चित्र या चित्रों में दिखाना: ~ flora on the canvas 3 चित्रित क., प्रतिबिंबित क. 4 वर्णन क.: ~ sb very vividly 5 का चित्र प्रस्तुत क.;
dw/lw: **~-book** *n.* बच्चों की चित्रित पुस्तिका; **~-dealer** *n.* चित्रों का व्यापारी; **~-details** *n. [pl.]* चित्र-विवरण; **~d** *adj.* 1 चित्रित: ~d ceiling 2 चित्रों से सजाया हुआ या सजाई हुई; **~-frame** *n.* चित्र का चौखटा; **~-goer** *n.* सिनेमा दर्शक; **~-making** *n.* चित्र बनाने की क्रिया; **~-show** *n.* चित्रों की प्रदर्शनी; **~-size** *n.* फोटो, चित्र या फिल्म की लंबाई-चौड़ाई; **~-theatre** *n.* सिनेमा हाल;
collocations: ~ **brightness** चित्र-स्पष्टता; ~ **card** चित्रकार्ड, चित्रपत्रक; ~ **contrast** चित्रण में अंतर का बिंब; **~d ceiling** चित्रों से सजाई हुई छत; ~ **element** चित्र अल्पांश; ~ **gallery** चित्रशाला; ~ **house** सिनेमाघर, छविगृह; ~ **messaging** फोन पर चित्र भेजने की क्रिया; ~ **postcard** = ~ **card**; ~ **rail** पतली लकड़ी के छत से नीचे तक के चित्र-फ्रेम; ~ **restorer** तस्वीरों की पुनर्स्थापना करने वाला; ~ **signal** चित्र सिग्नल; ~ **writing** चित्रित लिखाई; ~ **window** एक शीशे से बनी बड़ी-सी झांकी;
p&i: **be in the** ~ के बारे में जानकारी रखना; **be out of the** ~ 1 अनुपस्थित रहना 2 समानता न हो.; **bring sb into the** ~ किसी का जिक्र या उल्लेख क.; **come into the** ~ भूमिका अदा करना शुरू क., में शामिल हो.; **draw a** ~ चित्र बनाना; **get the**

~ *colloq.* किसी चीज को समझना; **go out of the ~** गायब हो जा.; **in the ~** किसी विषय के बारे में जानकारी रखना; **just ~ that table in our drawing!** इस मेज के हमारी बैठक में होने की कल्पना कीजिए!; **keep out of the ~** किसी मामले से दूर रहना; **paint a bleak/ rosy, etc. ~ of sth** किसी चीज की अति मनहूस या रोमांचक तस्वीर खींचना; **pass from the ~** मंच से लुप्त हो जा.; **put/ keep sb in the ~** किसी को किसी मामले के बारे में अवगत रखना, किसी को स्थिति के बारे में सूचना देते र.; **the devil's ~s** ताश के पत्ते;

picturesque /पिक्चरेस्क/ *adj.* 1 (***syn.*** charming) रमणीय, सुरम्य, नयनाभिराम: ~ cottage 2 (***syn.*** quaint) अनोखा, विलक्षण: ~ gardening 3 सरस, सजीव: ~ account 4 जीवंत, रंगीन: a very ~ scene;
dw/lw: **~ly** /~लि/ *adv.* सुंदर व सजीव ढंग से; **~ness** /~नेस/ *n.* रमणीयता, सरसता, जीवंतता, रंगीनी

picturi\ze /पिक्चराइज/ *v., pt.* **~zed**, *pp* **~zing** फिल्म बनाना, फिल्मांकन क., का चल-चित्र बनाना: **~zation** of Tolstoy's "Anna Karenina"

PID *abbr.* 'pelvic inflammatory disease' की प्रथमाक्षरी

pidd\le /पिडल/ *v., pt.* **~led**, *pp* **~ling** *colloq.* 1 पेशाब क. 2 समय गंवाना या नष्ट क.: **~le** about/ around 3 लापरवाही से काम क. 4 थोड़ा-बहुत टूंगना, बेदिली से खाना: **~le** a little on the strawberry cake;
dw/lw: **~ler** *n.* पेशाब करने वाला

piddling /पिडलिंग/ *adj.* तुच्छ, ओछा: ~ excuses (बेकार के बहाने); ~ concerns (तुच्छ सरोकार); he has no time for such ~ work

pidgin /पिडजिन/ *n.* 1 खिचड़ी भाषा, मिश्रित 2 (*also* **pigeon**) *colloq.* किसी का अपना मामला, कारोबार या कंपनी;
collocations: **~ English** अंग्रेजी और स्थानीय भाषा का मिश्रण

pi-dog (*also* **pariah dog**) एशिया में एक आवारा जंगली-सा कुत्ता

pie /पाइ/ *n.* 1 एक प्रकार का स्वादिष्ट मीठा व्यंजन 2 कचौरी, कचौड़ी: potato ~ 3 (***syn.*** jumble) घालमेल, खिचड़ी 4 (***syn.*** magpie) मुटरी 5 *print.* घालमेल करने वाला छपाई अक्षर 5 घालमेल या ऊपरी आमदनी का स्रोत;
p&i: **~ in the sky** 1 जिसके भविष्य में होने की आशा की जाती हो 2 असंभव बात;
a piece/ slice/ share of the ~ पैसे, लाभ आदि में हिस्सा; **apple/ meat ~** सेब या गोश्त का मिश्रित व्यंजन; **(as) good as ~** अति उत्तम; **a shepherd's ~** आलू की सब्जी; **cut a ~** किसी मामले में दखल दे.; **easy as ~** बहुत आसान; **have a finger in the ~** में फंसा हो.; **have a finger in every ~** हर बात में टांग-अड़ाई क.

piebald/ pied /पाइबॉल्ड/ पाइड/ *adj.* चितकबरा, विशेषकर सफेद और काला, अबलक: ~ mule; hills ~ with snow; a ~ style of composition;
n. चितकबरा जानवर: these pups are **~s**

piece /पीस/ *n.* 1 टुकड़ा, खंड: a ~ of paper; in **~s** (टुकड़ों में, टुकड़े-टुकड़े); buy a ~ of land; break sth (in) to **~s**; fall/ go to **~s**; his clothes are coming/ falling to **~s** 2 किसी पूरी चीज का एक हिस्सा, भाग, अंश: a ~ of the road is now under repair 3 किसी यंत्र का हिस्सा: a jigsaw ~; take a machine to **~s** 4 किसी पूरी रचना का एक अंग: a ~ out of the book 5 किसी सेट में एक वस्तु, जातिवाचक संज्ञा द्वारा दर्शित समूह का सदस्य या हिस्सा: in a ~ of clothing; a 3-piece suit; of one ~ 6 वस्तु: a ~ of furniture; a ~ of gold/ of silver 7 नमूना या उदाहरण: a ~ of nonsense; a ~ of extravagance; a ~ of injustice 8 संगीत, कला या ड्रामे आदि की रचना: a ~ of poetry; a ~ of art; a splendid ~ of work 9 समाचार पत्र में छपने वाला लेख 10 (***syn.*** coin) सिक्का: a ~ of money 11 (***syn.*** action, work) कार्य, काम: this translation is a lousy ~ of work 12 मोहरा (chess): pawns and **~s** 13 थान (of cloth): ~ of muslin/ of calico 14 (***syn.*** rifle) तोप, बंदूक: ~ of ordnance 15 *derog., offensive sl.* मेहरारू, औरत 16 *Scots.* सैंडविच, बिस्कुट आदि 17 नग: there is one ~ missing; per ~/ by the ~ (एक-एक नग के हिसाब से) 18 समस्या, झगड़े की जड़: he will fight the ~ out with you;
v., pt. **~d**, *pp* **piecing** 1 जोड़ना 2 से जुड़ जाना: he has **~d** himself to the stronger side 3 सारी तफसील को मिलाकर कहानी को समझना 4 मरम्मत क.: she was **piecing** the skirt with a patch of black silk;
dw/lw: **piece-de-resistance** /पिएस-दअ-रेजिस्टांस/ *pl.* pieces-de-resistance, *Fr.* 1 भोजन का मुख्य व्यंजन 2 प्रमुख मद/ चीज 3 सर्वोत्तम दर्शनीय स्थान; **~-goods** *n.* नगों वाला (गिनती में) माल; **piece-justificative** /प्येस जस्टिफिकअटिव/ *Fr.* दस्तावेजी प्रमाण; **~meal/ ~wise** *adj., adv.* थोड़ा-थोड़ा या एक-एक करके, खंडशः; **~-payment** *n.* दिहाड़ी या नग-दर-नग भुगतान; **~-production** *n.* नग-दर-नग उत्पाद; **~-rate** *n.* 1 वस्तु-दर-वस्तु भाव 2 दिहाड़ी-दर या नगों के हिसाब से दर; **~work** *n.* खुदरा काम, उजरती काम; **~worker** *n.* उजरती कारीगर;
collocations: **a ~ of cake** केक का टुकड़ा; **a ~ of eight** *pl.* ~s of eight पुराना स्पेनी सोने का सिक्का; **~ of piss** *coarse sl.* बहुत आसान; **a ~ of work** 1 पूरा किया हुआ काम, उत्पाद: a magnificent ~ of work 2 *colloq.* कोई व्यक्ति: a nasty ~ of work;
a bossy ~ रोब झाड़ने वाला व्यक्ति;
p&i: **~ by ~** एक-एक करके; **~ down** पोशाक के ऊपर कुछ जोड़ना; **~ in** और मजबूत क.: ~ in the troops; **~ off** 1 शामिल होने के लिए पैसे की किश्त दे. 2 पैसे उधार दे.; **~ on** 1 जोड़ना 2 के साथ जुड़ना; **~ out** कमी पूरी क.; **~ sth together** जोड़-जोड़ कर सूचना एकत्रित क.; **~ sth/ things together** चीजों को जोड़कर एक पूरी या बड़ी चीज बनाना; **~ sth up** किसी पोशाक में टांकियां लगाना; **~ together** जोड़ना; **~ up** मरम्मत क., टांकी लगाना;
all in one ~ पूरी तरह सकुशल, बिना किसी नुकसान के; **all of a ~** सब एक ही थैली के चट्टे-बट्टे; **all to ~s** थका-मांदा; **a ~ of work** कठिन काम; **be a ~ of cake** सरल, बाएं हाथ का खेल; **be torn in ~s** भयंकर दुविधा में हो.; **bit sb to ~s** किसी को झेंप का शिकार बना दे.; **break to ~s** खंड-खंड होना, टुकड़े-टुकड़े होना; **come to (all) ~s** बिखर जा., नष्ट हो जा.; **fall to ~s** *colloq.* भावुकता या आवेश में आकर आपे से बाहर हो.; **give sb a ~ of one's mind** किसी को खरी-खरी सुनाना, अच्छी तरह डांटना-फटकारना; **go/ come to ~** (collapse emotionally) 1 टुकड़े-टुकड़े हो जाना 2 भीतर से टूट जाना 3 दिल टूट जाना, हृदय विदीर्ण होना; **go/ say one's ~** विचार-विमर्श में अपनी भूमिका अदा क.; **in ~s** भिन्न-भिन्न भागों या टुकड़ों में बंटा हुआ; **know sth all to ~s** अच्छी तरह जानना; **make a nice ~ of jack** अच्छा-खासा पैसा कमा ले.; **of a ~** एक ही वस्तु के भाग या टुकड़े; **of a ~ with sth** किसी वस्तु के साथ मेल खाने वाला; **pick up the ~s** गिर-गिरकर सवार हो.; **tear/ pick/ pull sth to ~s** धज्जियां उड़ा दे.; **the army at once fell in ~s** सेना आनन-फानन में टुकड़े-टुकड़े हो गई; **the harness and the horse were all of a ~** सब के सब, एक ही (थैली के चट्टे-बट्टे) थे; **things are going to ~s** सब-कुछ बर्बाद हो रहा है

piecrust /पाइक्रस्ट/ *n.* केक की ऊपरी सतह;
p&i: **promises are like ~, made to be broken** वायदे तो खाली वायदे हैं, वायदों का क्या

pied /पाइड/ *adj.* रंग-बिरंगा, चितकबरा;
dw/lw: **~mont** /पीडमंट/ *n.* (***syn.*** foot-hill) गिरिपद, पहाड़ का शुरुआती क्षेत्र; **~mont** *adj.* गिरिपदीय; **pied-a-terre**

/प्येडैः-टेअः/ *n., pl.* ~s-à-terre शहर के बीच में दूसरा घर जिसे कभी-कभी प्रयोग में लाया जाता है

pie-eyed /पाइ-आइड/ *adj., colloq.* नशे में चूर

pieman /पाइमन/ *n.* समोसानुमा व्यंजन बनाने या बेचनेवाला

pie-graph map वृत्तारेख मानचित्र

pier /पिअः/ *n.* 1 जेट्टी, पोत घाट 2 (***syn.*** pillar) पाया, खूंटा 3 बंगसार, पोतघाट (in harbour) 4 (***syn.*** column) खम्भा, स्तंभ;
dw/lw: **~age** /पिअरिज/ *n.* घाट-शुल्क

pier\ce /पिअःस/ *v., pt.* **~ced**, *pp* **~cing** 1 भेदना, भोंकना, चुभोना, छेद क., वेधन क.: have one's ears **~ced**; **~ce** a hole 2 चीरकर घुसना: a thorn **~ced** his finger 3 पार क., पैठना: **~ce** into/ through the enemy's lines 4 मर्माहत क.: **~ce** to death; **~ce** sb to the heart 5 मर्म या रहस्य समझना: **~ce** the mysteries of nature; fail to **~ce** the cause;
dw/lw: **~cer** *n.* वेधनी; **~cing** /पिअःसिंग/ *adj.* 1 भेदक, तेज 2 (***syn.*** shrill) प्रचंड, पैनी: ~cing cry; ~cing dart (पैना तीर); ~cing shell; ~cing shriek; ~cing black eyes; ~cing wit/ intelligence (पैनी हाजिर-जवाबी, कुशाग्र बुद्धि); **~cing** *n.* कान, नाक आदि में किया जाने वाला छिद्र; **~cingly** /पिअःसिंगलि/ *adv.* प्रचंड रूप से, चीरता हुआ;
p&i: **~ce out** 1 में से घुसकर आर-पार निकल जा. 2 घास या अंकुरों द्वारा धरती की ऊपरी सतह को चीरकर बाहर निकल आना 3 बाहर निकलना; **~ce the air with one's cries** अपनी ऊंची और प्रचंड चीखों से हवा को चीर दे.; **~ce through** में से चीरकर निकलना; **~cing to the quick** बहुत ठेस पहुंचाने वाला

Pierrot /पीअरो/ *n., Fr.* विदूषक, भांड, जोकर

piet /पायट/ *n.* 1 *zoo* नीलकंठ, मैना की जाति की एक चिड़िया, मुटरी 2 (***syn.*** gossip, a talkative person) गप्पी, बकबकिया, बकवादी

pieta /पीएटाः/ *n., pl.* **~s** 1 यीशु के शव पर रुदन करते हुए देवदूत, धर्म प्रचारक और पवित्र स्त्रियों की प्रतिमा 2 देव-माता का रुदन

piet\ism /पायटिज्म/ *n.* 1 पवित्र भाव 2 पवित्र भावनाएं 3 धर्मनिष्ठा का दिखावा, पाखंड;
dw/lw: **~ist** /पायटिस्ट/ *n.* भक्ति का दिखावा करने वाला व्यक्ति; **~istic** /पायटिस्टिक/ *adj.* भक्तिवादी; **~y** /पायटि/ *n.* 1 (***anton.*** impiety) धर्मपरायणता, धर्मनिष्ठा, धार्मिकता 2 पवित्रता 3 कर्त्तव्य-परायणता, श्रद्धा, निष्ठा (to superiors): in ~y to sb (के प्रति श्रद्धा-व निष्ठा के भाव से) 4 धर्मनिष्ठा का दिखावा;
p&i: **exercises of ~** धार्मिक चाल-चलन

piezo\electric /पाइजोइलेक्ट्रिक/ *adj.* दाबविद्युती, दाबवैद्युत;
dw/lw: **~chemistry** *n.* उच्च-दबाव रासायनिकी; **~electricity** *n.* दाबविद्युत; **~meter** /पाइजोमिटः/ *n.* दाबमापी

piff\le /पिफ्ल/ *n. colloq.* बकबक, बकवाद, बकवास, कूड़ा-कर्कट: talk **~le**; he would talk a lot of **~le**;
v., *pt.* **~led**, *pp* **~ling** अनापशनाप बकना, बकवास क.;
dw/lw: **~ler** /पिफ्लः/ *n.* बकवादी, बातूनी; **~ling** /पिफ्लिंग/ *adj.* 1 तुच्छ, नगण्य: ~ling offence; busy oneself with ~ling jobs 2 निरर्थक, बकवास

pig /पिग/ *n.* 1 सूअर, सूअरी, शूकर 2 व्यक्ति के लिए एक गाली 3 एक लालची, बदजबान, क्रूर व्यक्ति: be a greedy ~; don't be a **~!**; he is an obstinate ~ 4 पेटू 5 मैला-कुचैला, बदहाल: he is a regular little ~ 6 पिंड (of metal) 7 मुखबिर, भड़काऊ, आग-लगाऊ आदमी;
v. *pt.* **~ged**, *pp* **~ging** 1 सूअरी का ब्याना 2 लालची की तरह ठूंस-ठूंस कर खाना;
dw/lw: **~-bed** *n.* सूअर-बाड़ा; **~boat** *n. sl.* पनडुब्बी; **~gery** /पिग्रि/ *n., pl.* piggeries 1 सूअर-बाड़ा, खोबार 2 सुअरपन, कमीनापन, लालच; **~gish** /पिगिश/ *adj., derog.* 1 जिद्दी, हठी 2 लालची, पेटू 3 कमीना, नीच 4 स्वार्थी; **~giness** /पिगिनेस/ *n.* जिद्दीपन, हठ; **~gy/ piggie** /पिगी/ *adj., degr.* ~ier, ~iest 1 सूअर-जैसा 2 सुअर का बच्चा; **~gy** *n., pl.* ~gies सूअर का बच्चा; **~headed** *adj.* (***syn.*** obstinate) मूर्खतापूर्ण, जिद्दी, अड़ियल; **~ignorant** अनपढ़, महामूर्ख; **~-in-the-middle/ piggy-in-the-middle** *n.* 1 एक खेल जिसमें दो व्यक्तियों के बीच तीसरा व्यक्ति खड़ा होकर पहले दोनों द्वारा एक दूसरे को फेंकी गई गेंद को पकड़ता है 2 दो लड़ने वालों के बीच फंसा व्यक्ति; **~let** *n.* सूअर का बच्चा; **~ling** *n.* घेंटा, घेंटुला; **~pen** *n.* सूअर-बाड़ा; **~skin** *n.* सूअर की खाल; **~sticking** *n.* जंगली सूअरों का शिकार; **~sty** /पिगस्टाइ/ (*also US* **~pen**) *n.* सूअरबाड़ा; **~swill** *n.* सूअरों के लिए रसोई में से बचा-खुचा खाना; **~tail** *n.* सिर के पीछे सूअर-से बालों जैसी चोटी, तंबाकू की बटिया;
collocations: **~ breeding** सूअर-पालन; **~gy bank** गुल्लक; **~ iron** *metallurgy* कच्चा लोहा, ढलवां लोहा; **~ Island** न्यूजीलैंड; **~'s whisper** सूअर की घुर-घुर;
guinea ~ 1 बिसचूहिया की जाति का एक जीव 2 बलि का बकरा;
p&i: **~ in clover** 1 फूहड़, बेसलीका 2 *US* सभी से नाखुश; **~ it** 1 लालची होकर खाना 2 गंदे ढंग से रहना; **~s might fly but they are unlikely birds** *colloq.* 1 बिल्कुल असंभव या अनहोनी बात 2 सूर्य पश्चिम से निकल सकता है, पर …; **~ out on sth** बहुत ज्यादा खाना; **~s grunt about everything and nothing** भैंस के लिए सब बराबर; **~s and whistles** छोटी-मोटी चीजें; **~ together** तंग जगह पर किसी तरह दबकर गुजारा क.
a guinea ~ बलि का बकरा; **a ~ in a poke** बंद पिटारा; **a ~ of my own sow** मेरी अपनी करनी का फल; **bleed like a ~** बहुत खून बहना; **buy a ~ in a poke** बिना देखे-समझे कुछ खरीदना; **carry ~s to market** कुछ करने का प्रयास क.; **go to ~s and whistles** बरबाद हो जाना, दिवालिया पिट जा.; **happy as a ~ in muck** बहुत खुश; **in less than a ~'s whisper** एक पल में, तुरंत; **in a ~'s eye** एकदम नहीं; **make a ~ of oneself** *colloq.* सूअरों की तरह ठूंस-ठूंस कर खाना; **make a ~'s ear of sth** *colloq.* गड़बड़ घोटाला कर देना; **pull the wrong ~ by the tail** गलत मुखबरी का शिकार हो.; **snore like a ~ in the sun** ऊंचे-ऊंचे खर्राटे भरना

pigeon /पिजन/ *n., sl.* 1 कबूतर, कपोत 2 (green-~) हारिल 3 (***syn.*** tumbler) गिरहबाज 4 *sl.* मूर्ख, मिट्टी का माधो (*also* **stool ~** *sl.* a simpleton);
v., *pt.* **~ed**, *pp* **~ing** 1 दराज आदि के खाने में रखना 2 (***syn.*** shelve) ताक में रखना, टाल दे. या रद्द कर दे. 3 (***syn.*** classify) क्रम से रखना, वर्गीकरण क.;
dw/lw: **~-breasted/ ~-chested** *adj.* 1 तंग छाती वाला 2 कबूतर जैसी छाती वाला; **~-fancier** *n.* कबूतरबाज, बहरी, शिकरा; **~-hearted** *adj.* डरपोक; **~-hawk** *n.* छोटा-सा बाज; **~ry** /पिजनरि/ *n., pl.* ~ries (*also* **~-house**) कबूतर दरबा; **~-pea** *n.* अरहर, तुवर, तूर; **~-service/ ~-post** *n.* कबूतरों द्वारा पत्र वहन, डाक सेवा; **~-toed** *adj.* अंगूठों को अंदर की ओर मोड़कर चलने वाला;
collocations: **~ English = Pidgin English** अंग्रेजी और स्थानीय भाषा का मिश्रण; **~'s milk** अनहोनी बात: he was sent to buy ~'s milk (उसे बुद्धू बना दिया गया);
p&i: **pluck a ~** गंवार या सीधे-सादे आदमी को ठग या लूट लेना; **sb's ~** किसी की समस्या या सरोकार: it's my ~ (यह मेरा मामला है); **shoot at a ~ and kill a crow** कहीं पर निगाहें, कहीं पर निशाना; **that's his ~** यह तो उसकी समस्या है

pigeonhole /पिजनहोल/ *n.* 1 चिट्ठियां रखने का खाना 2 मन का खाना, स्मृति-खाना, यादों का झरोखा 3 छोटा-सा कमरा: little **~s** of bedrooms;
v., *pt.* **~d**, *pp* **pigeonholing** 1 चीजों को खानों में रखना 2 तरतीब से रखना, श्रेणीबद्ध क.: be incapable of arranging one's thoughts in orderly **~s** 3 किसी पर कोई लेबल मढ़ दे. या उसे किसी वर्ग में डाल दे. 4 किसी बात को भविष्य में विचार-विमर्श करने के लिए अलग रख दे.

piggyback/ pickaback /पिगिबैक/ (*also* **piggyback ride**) *n.* किसी की पीठ पर सवारी (बच्चे द्वारा पिता की पीठ पर सवारी);
adj. 1 किसी की पीठ पर सवार 2 एक के ऊपर सवार दूसरी गाड़ी 3 दिल का कृत्रिम या दूसरों का दिल लगाने की क्रिया में मूल और नया दिल एक-दसरे के ऊपर सवार;
adv. किसी की पीठ पर सवार होकर

pigment /पिगमंट/ *n.* रंग द्रव्य, वर्णक, रंजक;
v. *pt.* ~ **ed**, *pp* **~ing** रंग करना, रंगना;
dw/lw: **~ary** *adj.* रंगमय; **~ation** /पिगमंटेशन/ *n.* रंजन, रंजकता, वर्णकता; **~ed** *adj.* रंजित;
collocations: **~ printing** रंगीन छपाई

pigm\y /पिगमि/ (*also see* **pygmy**) *n., pl.* **~ies** 1 छोटे कद के अफ्रीकी लोगों के समूह का सदस्य 2 बौना 3 किसी क्षेत्र में महत्त्वहीन व्यक्ति

pignora\te /पिग्नअरेट/ ***v.***, *pt.* **~ted**, *pp* **~ting** गिरवी रखना, गिरवी लेना;
dw/lw: **~tion** /~शन/ *n.* गिरवी का माल

pignut /पिगनट/ *n.* मूंगफली

pigtail /पिगटेल/ *n.* छोटी-सी चुटिया: school-girls in ~;
collocations: **~ professor** मीन-मेख निकालने वाला प्रोफेसर

pika /पाइका/ (*also* **cony**) *n., pl.* **~s** रंगदुनी

pike /पाइक/ *n., pl.* **pike**, *hist.* 1 (***syn.*** weapon) एक प्रकार की मछली 2 (***syn.*** spike) बरछा, भाला 3 नोक, मेख, कील 4 (*also* **turnpike**; ***syn.*** toll-gate) चुंगी-फाटक 5 इंग्लैंड में नुकीली पहाड़ी 6 *US* मुख्य सड़क;
adj. (*also* **~ed**), *diving, gymnastics* जिमनेस्टिक्स और तैराकी में एक विशेष मुद्रा में झुका हुआ (जिमनास्ट या तैराक);
dw/lw: **~staff** *n.* (***syn.*** stake) लकड़ी की नुकीली, चपटी बल्ली; **~man** *n.* भालाबरदार, गैंती, बरछैत; **~r** /~र/ *n.* तुच्छ या नगण्य व आवारा आदमी;
p&i: **~ out** मुकर जा.; **~ on sb** किसी की अपेक्षा अनुसार मदद या समर्थन न क.;
as plain as a ~staff बिल्कुल स्पष्ट; **as stiff as a ~staff** डंडा-सा सख्त, अति कठोर; **call a ~staff a ~staff** चोर को चोर कहना, साफ-साफ कह दे.; **come down the** ~ हो., घटना, वजूद में आना

pilaster /पिलैस्टः/ *n.* आयताकार खंभा, भित्ति-स्तंभ

pilchard /पिलचःड/ *n.* एक छोटी सी खाने योग्य मछली

pile /पाइल/ *n., pl.* **~s** 1 ढेर, चट्टा: a ~ of logs 2 (~/ **~s**, ***syn.*** heap) अंबार, ढेरों: a ~ of books; a ~ of trouble 3 (***syn.*** haemorrhoids) बवासीर, अर्श 4 (***syn.*** pyre) चिता: funeral ~ 5 (***syn.*** support) लकड़ी का लट्ठा, पत्थर या कंक्रीट का स्तंभ: bridge ~; built on **~s**; drive in a ~ 6 (***syn.*** stake) खूंटा, बल्ली 7 बड़ी-सी धनराशि, ढेर सारा पैसा: made a ~ on the horses; make one's ~ 8 बहुत बड़ा भवन: it was a large ~ of brickwork 9 राशि, पुंज 10 बैटरी: dry ~ 11 दरी, गलीचे आदि पर धागों का ऊपर उठा मुलायम गुच्छा 12 रोम, रेशा, बाल, बालों आदि का मुलायम गुच्छा;
v., *pt.* **~d**, *pp* **piling** 1 ढेर/ अंबार लगाना: ~ up/ ~ sth up 2 जमा क. या हो जाना: ~ logs on each other; ~ coal on a fire 3 खूंटा गाड़ना 4 किसी के पीछे दौड़ पड़ना: **~d** after sb;
dw/lw: **~-building** *n.* स्तंभ आधारित भवन; **~-cap** *n.* नाभिक रिऐक्टर का शिखर; **~driver** *n.* 1 जबरदस्त ठोकर या वार 2 भारी खंभे गाड़ने की मशीन; **~-up** *n.* दुर्घटना के परिणाम स्वरूप कारों के एक दूसरे के ऊपर चढ़ जाने के कारण लगा अंबार; **~work** *n.* लट्ठों या बल्लियों का काम;
p&i: **~ in** कहीं इकट्ठा हो जा.; **~ in/ out** अस्त-व्यस्त तरीके से अंदर आना/ बाहर निकलना.; **~ it on** *colloq.* बड़ा-चढ़ा कर कहना या प्रस्तुत क.: don't ~ it on; **~-it-on-thick** बढ़ा-चढ़ाकर तारीफ क.; **~ on** 1 पर टूट पड़ना: ~ on the train 2 भीड़ का ऊपर चढ़ आना; **~ on the agony** अति दयनीय बनाना; **~ sth on** काम, फाइलें आदि इकट्ठे करते जा.; **~ up** 1 जमा क. या हो.: money was piling up 2 संख्या या मात्रा में बढ़ाना: ~ up expenses; ~ up arms 3 बढ़ना, संख्या या मात्रा में बढ़ना, ढेर लगना 4 पोत का तट पर आना या उससे टकराना; **make a ~** बहुत सारा धन कमा ले.

pileate/ pileated /पाइलिएट/ पाइलिएटिड/ *adj.* टोपीनुमा, टोपी आकार का

pileum /पाइलिअम/ *n., pl.* **pilea** *ornithol.* पक्षी के सिर की छत्रिका, शिखर

pileus /पाइलिअस/ *n., pl.* **pilei** /पाइले/ पाइलिआइ/ खुमी या कुकरमुत्ता का टोपीनुमा छत्र या शिखर

pilfer /पिल्फः/ *v., pt.* **~ed**, *pp* **~ing** छोटी-मोटी चोरी क.;
dw/lw: **~age/ ~ing** /पिल्फरिज/ पिल्फरिंग/ *n.* छोटी-मोटी चोरी, उचक्कागीरी, उठाईगीरी; **~er** /पिल्फरः/ *n.* उचक्का, उठाईगीर, चोर

pilgrim /पिलग्रिम/ *n.* 1 तीर्थ यात्री 2 यात्री;
adj. 1 तीर्थयात्रा से संबंधित: ~ staff 2 तीर्थ यात्री जैसा: ~ spirit;
dw/lw: **~age** /पिलग्रिमिज/ *n.* तीर्थयात्रा: ~age of her old mother to Haridwar; **~age** *v., pt.* ~aged, *pp* ~aging 1 तीर्थयात्रा पर जा. 2 भ्रमण क.; **~ize** /पिलग्रिमाइज/ *v., pt.* ~ized, *pp* ~izing तीर्थसेवी हो.: be ~ized to Rome;
collocations: **Pilgrim Fathers** 1620 में Mayflower जहाज में अमेरिका पहुंचकर मेसाचुसेट्स (Massachusetts) में बस जाने वाले अंग्रेज उपनिवेशक

piliferous /पाइलिफरस/ (*also* **piligerous** /पाइलिजअरस/) *adj.* रोमधर, रोमिल, रोमी

piliform /पाइलिफॉःम/ *adj.* रोमाकार, केशाकार, बाल जैसा

Pilipino /पिलअपीनो/ *n.* फिलिपीन या फिलिपाइन की राष्ट्रीय भाषा

pill /पिल/ *n.* 1 गोली (दवाई), टिकिया: take a ~ 2 (**the pill**) गर्भ निरोधक दवा 3 किसी पर थोपा जाने वाला अप्रिय आदमी या चीज, छर्रा, कानखाऊ: he was the worst-looking ~ 4 सजा, कारावास की अवधि 5 बीलिअर्ड का खेल: a game of **~s** 6 *US & Canadian sl.* सिगरेट: those **~s** you smoke are terrible 7 नशीली गोलियां 8 सुकूनदेह गोलियां;
v. *pt.* ~ **ed**, *pp* **~ing** 1 गोली खिलाना 2 के विरुद्ध मत डालना 3 परीक्षा में फेल क.: many candidates were **~ed** 4 *sl.* थोथी बातें क.;
dw/lw: **~-bag** *n. US* चिकित्सक, डॉक्टर; **~box** *n.* 1 गोलियों की डिबिया 2 कवच-कोठरी, खुफिया तहखाना; **~-pedler** *n., US sl.* चिकित्सक, दवा-फरोश;
p&i: **~ and poll** लूटना;
a bitter ~ कड़वा घूंट; **a ~ to cure an earthquake** हास्यजनक कदम या पहल; **apothecaries would not sugar their ~s unless they were bitter** कड़वी बातों की भी कड़वाहट कम करनी चाहिए; **be on the ~** नियमित रूप से गर्भ निरोधक दवा लेना; **gild/ sugar/ sweeten/ sugar-coat the ~** किसी कटु बात को मीठा बनाकर कहना; **swallow the ~** कड़वी घूंट पीना

pilla\ge /पिलिज/ *v., pt.* **~ged**, *pp* **~ging** (***syn.*** plunder) लूट-पाट क.;
n. 1 लूट-पाट 2 (***syn.*** booty) लूट का माल 3 लूट, लूटमार;
dw/lw: **~ger** /पिलिजः/ *n.* लुटेरा

pillar /पिलः/ *n.* 1 (***syn.*** column) खंभा, खंबा, स्तंभ 2 मजबूत नैतिक सहारा: **~s** of society 3 कोई भी स्तंभनुमा क्रिया या वस्तु: a ~ of fire/ of smoke 4 शक्ति-स्रोत आदि: ~ of strength 5 किसी प्रणाली का मूल या मुख्य विशेषता: the central ~ of sb's theory;
dw/lw: **~-box** *n.* 1 *milit.* कंक्रीट की छोटी-सी कोठरी, कवच-कोठरी 2 एक पक्की कोठरी जिसमें सैनिक पहरा देते हैं और अपनी बंदूकें रखते हैं 3 एक छोटा गोल शिखर वाला हैट; **~-box-red** *n.* अति चमकदार लाल रंग; **~ed** *adj.* स्तंभ-आधारित;
p&i: **~s of society** समाज के कर्णधार; **be driven/**

pushed, etc. from ~ to post दर-दर की ठोकरें खाना; **Hercule's Pillars** मजबूत चट्टान

pillion /पिलिअन/ *n.* स्कूटर, मोटर साइकिल, घोड़े आदि पर ड्राइवर या सवार के पीछे वाली सीट;

adv. पिछली सीट पर बैठकर: ride a ~;

dw/lw: **~-rider** *n.* मोटर साइकिल आदि के चालक के पीछे बैठने वाली सवारी; **~-riding** *n.* मोटर साइकिल आदि के चालक के पीछे बैठकर की जाने वाली सवारी

pillock /पिलक/ *n., Br. sl.* महामूर्ख व्यक्ति

pillo\ry /पिलरि/ *n., pl.* **~ries**, *hist.* दंडित करने के लिए अपराधी के गर्दन और हाथों को काठ के तख्ते में डालकर रखने का ढांचा, टिकठी: be in the **~ry**; put/ set/ fasten sb in the **~ry**;

***v.**, pt.* **~ried**, *pp* **~rying**, *s/he/it* **~ries** किसी को काठ के ढांचे में जकड़ना;

p&i: **nail to the ~ry** सरे आम बेइज्जत क., बाजार के बीच से गधे पर बिठाकर जुलूस निकालना

pillow /पिलो/ *n.* 1 तकिया 2 अन्य तकियानुमा वस्तु;

***v.**, pt.* **~ed**, *pp* **~ing** 1 तकिया पर सिर रखकर आराम क., तकिया लगाना 2 किसी पर या किसी चीज का तकिये की तरह सहारा ले. या किसी चीज द्वारा तकिये का काम क.: ~ one's head on one's hand; his arm **~ed** her head;

dw/lw: **~-slip/ ~-case** *n.* तकिये का गिलाफ, खोल; **~y** /पिलोवि/ *adj.* तकिया से संबंधित, तकियानुमा;

collocations: **~ lace** तकिये जैसे कुशन पर बॉबिन से लगाए गये लेस; **~ talk** गुप्त बात-चीत (यौन-क्रिया के बीच)

p&i: **~ slip** सिरहाने का गिलाफ;

be blanketed and ~ed किसी की अच्छी तरह देख-भाल हो.; **take counsel of/ consult with one's ~** रात भर सोच-विचारकर सवेरे फैसला क., सवेरा रात से ज्यादा समझदार होता है

pillpopper/ pillhead /पिलपॉपः/ पिलहेड/ *n., sl.* आदतन नशीली दवा लेने वाला व्यक्ति

pilose/ pilous /पाइलोस/ पाइलस/ *adj., biol.* रोयेंदार, बालदार, लोमश, मृदुलोमी

pilot /पायलट/ *n.* 1 विमान चालक: ~ on alert/ alert ~ (ड्यूटी पायलट) 2 (***syn.*** steersman) कर्णधार, कनहार, कर्णिक, पोत चालक: coasting ~; dock ~ 3 (***syn.*** guide) मार्गदर्शी: travel without a ~ 4 किसी उपकरण को नियंत्रित करने वाला यंत्र 5 प्रारंभिक (परीक्षण) योजना या वस्तु: ~ lot (परीक्षण खेप); on a ~ basis (परीक्षणार्थ); a ~ scheme for limited disarmament;

***v.**, pt.* **~ed**, *pp* **~ing** 1 विमान उड़ाना 2 अगवाई क., संचालन क.: ~ a bill 3 पथप्रदर्शन क., मार्ग दिखाना: ~ one's way; he **~ed** us to the caves 4 किसी परियोजना के आरंभ में परीक्षण के रूप में प्रयोग क.;

adj. 1 पथप्रदर्शक 2 (***syn.*** experimental/ trial) प्रायोगिक, प्रारंभिक;

dw/lw: **~age** /पायलटिज/ *n.* 1 विमान चालन 2 विमान चलाने का पारिश्रमिक 3 संचालन, नियंत्रण, कनहारी; **~-balloon** *n.* परीक्षण या पथप्रदर्शक गुब्बारा; **~-boat** *n.* कनहार जहाज/ नौका; **~-direction-indicator** *n.* पथ-दिशा संकेतक; **~ing** *n.* विमान-चालन; **~-lamp** *n.* संकेत दीपक; **~less** *adj.* चालक रहित: ~less bomber; **~-navigator** *n.* नौ-विमान चालक;

collocations: **~ car** पायलट गाड़ी, मार्गदर्शी गाड़ी; **~ fish** जहाजों के साथ चलने वाली एक मछली; **~ flag/ ~ jack** जिस जहाज को चालक की आवश्यकता होती है उसके सामने के डेक पर फहराई जाने वाली पताका; **~ house** स्टेअरिंग गिअर के ऊपर के पुल पर लगी छत; **~ jacket** मोटे ऊन का बना नाविक का ओवरकोट; **~ light** गैस के चूल्हे में लगी एक छोटी-सी स्थायी गैस की लपट जो मुख्य बर्नरों को चालू करती है; **~ officer** वायु सेना में कनिष्ठ अफसर का पद; **~ plant** प्रायोगिक संयंत्र; **~ project** प्रारम्भिक परियोजना; **~ scheme** प्रारंभिक परीक्षण योजना, अग्रगामी योजना;

p&i: **a sky ~** *sl.* पोप; **drop the ~** विश्वसनीय सलाहकार को हटा दे.

Pils /पिल्ज/ (*also* **Pilsner**) *n.* बीयर की एक प्रकार जो शुरुआत में चेक गणतंत्र (Czech Republic) में बनती थी

pilule /पिल्यूल/ *n.* गोली, गुटिका, वटिका, बटिया;

dw/lw: **pilular** *adj.* गोलीनुमा

PIM *abbr.* Personal Information Manager की प्रथमाक्षरी

pimento /पिमेंटो/ (*also* **allspice**) *n., pl.* **~s** 1 एक छोटा सदाबहार पेड़ जो मुख्यतः जमायका (Jamaica) में उगाया जाता है 2 इस पेड़ के कच्चे सुखाए हुए बेर 3 मीठी मिर्च

pi-meson /पाइमीजॉन/ (*also* **pion**) *n., phys.* नाभिक ऊर्जा का स्रोत जो प्रोटोनों और न्युट्रॉनों को बांधकर रखता है

pimiento /पिमिएंटो/ *n., pl.* **~s** 1 मीठी मिर्च का पौधा जो उष्ण कटिबंध (tropical) अमेरिका में उगाया जाता है 2 इस पौधे का फल यानी मीठी मिर्च (शिमला मिर्च) जिसे कच्चे रूप में सलाद में मिलाया जाता है

pimp /पिंप/ *n.* वेश्याघर का दलाल, भंडुआ, भड़ुआ, दलाल, कुटना

***v.**, pt.* **~ed**, *pp* **~ing** 1 वेश्या की कुटनाई या दलाली क. 2 कमीने ढंग से पेश आना.;

dw/lw: **~ing** /पिंपिंग/ *n.* कुटनाई; **~ing** *adj.* 1 (***syn.*** mean) तुच्छ: this ~ing patch of two acres 2 (*syn.* sickly) कमजोर, रुग्ण: the child was small and ~ing;

p&i: **~ on** 1 मुखबरी क. 2 शिकायत क.

pimpernel /पिंपःनेल/ *n.* 1 एक छोटा फैला हुआ पौधा 2 जोंकमारी

pimp\le /पिंप्ल/ *n.* पिंपल, मुंहासा, मुहांसा, फुंसी, पिटिका;

dw/lw: **~led** *adj.* मुहांसों से भरा; **~ly** /पिंप्लि/ *adj., degr.* ~lier, ~liest मुंहासों से भरा

PIN (*also* **PIN** number) *abbr.* 'personal identification number', 'Postal Index Number' की प्रथमाक्षरी

pin /पिन/ *n.* 1 पिन (धातु, लकड़ी या प्लास्टिक का, आलपीन): hatpin; safety ~; a rolling-pin; **~'s** head; drawing ~, **~s** and needles (सोया हुआ अंग) 2 (***syn.*** peg) खूंटी, कील, मेख 3 (***syn.*** trifle) तिनका 4 बिजली के प्लग में लगी पिन 5 (**pins**) *colloq.* टांगें: shaky/ quick on his **~s** 6 बॉउलिंग पिन: ten-~ bowling 7 बैज, बिल्ला: friendship ~ 9 बीयर आदि का कैन या डिब्बा: a ~ of beer;

v.**, pt.* **~ned**, *pp* **~ning** 1 (*also* **~ sth together, back up**) पिन क./ लगाना, पिन लगाकर जोड़ना: ~ the paper to the board; ~ papers together 2 किसी चीज में छोटा-सा छेद करना: ~ holes in metal plates 3 *chess* शतरंज की एक विशेष चाल चलना 4 (syn.*** pierce) चुभोना, छेदना 5 जकड़ दे., जकड़ना: ~ clothes to a line 6 का ठीक-ठीक पता लगाना 7 ठीक जगह पर बम गिराना (bomb with precision) 8 का सूक्ष्म निरूपण क. (designate precisely) 9 दबा दे., भींचकर मार दे.: he was **~ned** down by a fallen beam; ~ sb up against the wall 10 जोर से जकड़ना या पकड़ना पिनों से नोटिस लगाने का बोर्ड: ~ sb by the throat;

collocations: **~ feather** पक्षी के चूजे के नए निकलते हुए पंख; **~-hole aperture** छोटा-सा छेद; **~ money** औरत का जेब खर्च; **~s and needles** शरीर के किसी अंग में अस्थायी रूप से रक्त न पहुंचने के बाद फिर से रक्त प्रवाह चालू होने से उस अंग में होने वाली सनसनाहट, परेशानी, दर्द; **~ tuck** किसी पोशाक में पतली-सी चुनट;

p&i: **~ all one's hopes on sb/ sth** किसी पर या किसी बात पर आशा या भरोसा क.; **~ down** 1 सार पकड़ लेना 2 ढूंढ़ निकालना; **~ faith upon** किसी पर या किसी बात पर भरोसा कर लेना, ब्रह्मवाक्य मान लेना; **~ faith upon another man's sleeve** अपना जीवन किसी के भरोसे छोड़ दे.; **~ one's faith on sb** किसी पर भरोसा क.; **~ on one's sleeves** अपना पिट्ठू बनाना; **~ out** आटा गूंधना; **~ sb down** किसी से वचन ले लेना, हां करवा लेना; **~ sb (down) to do sth** किसी को कुछ करने

के लिए मजबूर क.; **~ sb down/ ~ sb to/ against/ under, etc.** 1 चित क., पटकना 2 किसी का मुंह खुलवाना 3 गिराकर जकड़ लेना: ~ned the escaping thief down on the ground; **~ sb's money** किसी का पैसा छीनना; **~ sth down** किसी चीज को पहचानना या परिभाषित क.; **~ sth on sb** दोष आदि किसी के सिर मढ़ना; **~ sth up** दीवार पर पिन से लगाना; **~ up** गली या सड़क पर संगीत स्वर बेचना;

a ~ a day is a groat a year बूंद-बूंद से घड़ा भरता है; **(as) clean as a (new) ~** बिल्कुल साफ; **be down a ~** 1 चिड़चिड़ा मिजाज हो. 2 बीमार हो.; **be on ~s and needles** अति कष्टदायक स्थिति में हो.; **for two ~s** *colloq.* समझदारी का काम न होते हुए भी उसे खुशी से (क.); **have ~s and needles in one's foot** पांव के सो जाने के बाद उठते समय उसमें होने वाली सनसनाहट; **he that will steal a ~, will steal a pound** छोटी हो या बड़ी, चोरी तो चोरी ही होती है; **keep in the ~** पीने से परहेज क.; **knock sb off his ~s** किसी को झकझोर दे.; **let loose a ~** बहुत पीने लगना; **look for/ find a ~'s head in a cartload of hay** मूर्खतापूर्ण काम क.; **not a ~ to choose between them** चोर-चोर मौसेरे भाइयों या सांपनाथ और नागनाथ में से चुनने को कुछ नहीं हो सकता; **not to care a ~** जरा भी परवाह न क.; **not worth a ~** कौड़ी के दाम भी नहीं; **on ~s and needles** जब कोई अंग सो गया हो; **one could hear a ~ drop** पूरी चुप्पी या नीरवता हो.; **put in the ~** पीना छोड़ देना; **quick on one's ~s** तेज चाल से चलने वाला; **stick ~s into sb** 1 किसी को खूब उकसाना 2 किसी को खूब चिढ़ाना; **the cattle were ~ned** डांगरों (पशुओं) को हांककर बाड़े में पहुंचा दिया गया; **weak on his ~s** लड़खड़ाता हुआ व्यक्ति

pina colada/ piña colada /पीनअकलाःडा/ पीन्यकलाःडा/ *n., pl.* **~s** अनानास का रस, रम और नारियल के पानी से बना पेय (cock-tail)

pinafore /पिनअफॉः/ *UK* (*US* **jumper**) *n.* (*also* **pinafore dress**) 1 बच्चों का एप्रन जैसा वस्त्र: I knew her when she was in **~s** 2 *fig.* बच्चा, शिशु: the **~s** were gone to bed

pin\ball *n.* एक खेल;

dw/lw: **~board** *n.* पिनों से नोटिस लगाने के लिए मुलायम गत्ते का बोर्ड

pince-nez /पैंस-ने/ पिंस-ने/ *n., [pl.]* एक प्रकार का चश्मा जिसमें कमानी नहीं होती और वह नाक पर टिका रहता है

pincers /पिंसःज/ *n.* 1 चिमटी या संडासी 2 सूंड़ जैसा नुकीला अंग (केंकड़े आदि का);

collocations: **~s movement** *milit.* सेना द्वारा दो तरफ से आगे बढ़ते हुए अपने निशाने को शिकंजे में लेना

pinch /पिंच/ *v., pt.* **~ed**, *pp* **~ing**, *s/he/ it* **~es** 1 चुटकी काटना, चिकोटी काटना: ~ sb's nose 2 किसी अंग को दर्द करते हुए दबाना: he was **~ed** between the train and the platform 3 किसी पर सर्दी-गर्मी, भूख आदि का दुष्प्रभाव पड़ना या कष्ट पहुंचना: be **~ed** with cold; the flowers were a little **~ed** by the westerly winds 4 नए जूतों द्वारा पांवों को काटा जा. 5 *colloq.* छोटी-मोटी चीज चुराना: my watch has been **~ed** 6 प्रतिबंधों, वस्तुओं के अभाव के कारण तकलीफ या कष्ट पहुंचना 7 (***syn.*** economise) बचत क.: ~ and scrape to get by (थोड़ी-बहुत बचत करके किसी तरह गुजारा क.) 8 कम हो. या क.: I'm **~ed** for time 9 (***syn.*** squeeze) निचोड़ना, कुछ ऐंठ लेना: ~ sth out of/ from sb 10 *colloq.* किसी को गिरफ्तार क.: make a ~;

n. *pl.* **~es** 1 चिकोटी, च्यूंडी (*Hr.*) 2 चुटकी भर, थोड़ा-सा: a ~ of snuff 3 तकलीफ, कष्ट, कठिनाई, विपत्ति आदि का समय 4 जूते की चुभन, तकलीफ: he could not stand the ~ of his tight shoes any longer; ~ of poverty; ~ of hunger;

dw/lw: **~beck** *n.* 1 सस्ते आभूषणों में प्रयोग की जाने वाली सोने जैसी तांबे और जिंक (zinc) की मिश्रित धातु; **~beck** *adj.* 1 नकली: ~beck hero 2 बनावटी: ~beck manners 3 घटिया: this story is ~beck; **~-belly** *n.* खाना कम खाकर बचत करने वाला व्यक्ति; **~cock** *n.* चुटकी; **~ed** *adj.* 1 निचुड़ा हुआ: ~ed features 2 पिचका हुआ (मुंह): ~ed with hunger 3 सर्दी, गर्मी या अन्य किसी तकलीफ के कारण पीला या थका हुआ चेहरा 4 चोटिल: ~ed finger 5 तंग, बेहाल, काटकर छोटा किया हुआ: they lived in ~ed circumstances; **~-faced** *adj.* सिकुड़े हुए मुंहवाला; **~-hit** *v., pt.* ~-hit, *pp* ~-hitting 1 बेसबॉल आदि खेल में अचानक किसी के स्थान पर बल्लेबाजी क. 2 आपात स्थिति में किसी की जगह काम क.; **~penny** *n.* कंजूस, कृपण;

collocations: **~ effect** संकुचन प्रभाव; **narrow/ close ~** बाल-बाल बचाव;

p&i: **~ in/ ~ on/ ~ upon** 1 कम क., छोटा क. 2 कम अंतर से हार-जीत वाली: the race will be a ~ in/ ~ on/ ~upon (इस बार दौड़-मुकाबला काफी कड़ा होगा); **~ pennies** कम से कम खर्च करने की कोशिश क.; **~ sth off/ out/ back** पौधे की टहनियों और पत्तों आदि को काटना-छांटना (छांगना *Hr.*);

at a ~ *colloq. UK* (*US* **in a ~**) 1 यदि हालात बहुत बिगड़ जाते हैं तो 2 यदि ऐसा करना निहायत जरूरी हो, ज्यादा से ज्यादा (at the most); **feel the ~** *colloq.* पैसे की कमी की वजह से परेशानी झेलना; **if it comes to the ~** यदि मुश्किल होगी, तो...; **it was a close ~** बाल-बाल बच गए; **not to give a ~ of snuff for sth** किसी चीज का फूटी कौड़ी (दाम) भी न दे.; **only the wearer knows where the shoe ~es** कब्र का हाल तो मुर्दा जानता है या जाके पैर न फटी बिवाई सो क्या जाने पीर पराई; **take sth with a ~ of salt** किसी बात पर विश्वास न क.; **the very ~ of the argument** तर्क का असली सार; **to the ~** यदि मुश्किल होगी, तो...

pin\code *n.* पिनकोड;

dw/lw: **~cushion** *n.* पिनगद्दी, पिनकुशन; **~-drop-silence** *n.* पूर्ण नीरवता, शांति;

pi\ne /पाइन/ *n.* (*also* **~ne tree**) 1 चीड़, देवदार, देवदारु 2 (*also* **~newood**) चीड़ या देवदार की लकड़ी;

v., *pt.* **~ned**, *pp* **~ning** 1 (*also* **~ne for sb/ sth**) किसी या किसी चीज के लिए तड़पना या आहें भरना: he is **~ning** for home 2 (*also* **~ne away**) दुख-दर्द से मुरझाना, क्षय हो जाना: **~ne** with grief 3 लालायित होना, ललकना: **~ne** with hunger 4 सुखाना: use timber after **~ning**;

adj. देवदार से संबंधित: **~ne** table; **~ne** fragrance; **~ne** land;

dw/lw: **~neapple** /पाइनेप्ल/ *n.* अनन्नास, अनानास; **~ne-barren** *n.* देवदार या चीड़ के पेड़ों से भरी रेतीली घाटी; **~ne-knot** *n.* देवदार की टहनियों का गुच्छा; **~newood** *n.* = **pine**;

collocations: **~ne cone** देवदारु-फल, चीड़ या देवदार का शंकु; **~ne marten** एक जंगली जीवभक्षी जानवर; **~ne needle** देवदार के नुकीले पत्ते; **~ne nut/ ~ne kernel** देवदार का तेल देने वाला बीज या गुठली; **~ne tar/ wood tar** पाइन तारकोल; **~ne wood** 1 देवदार या चीड़ की लकड़ी 2 देवदार या चीड़ का काठ या इमारती लकड़ी

Chicago ~neapple छोटे-छोटे बालोंवाली हेयरकट;

p&i: **~ne away** किसी की याद में तड़प-तड़पकर सूखकर कांटा हो जा.; **~ne for sb/ sth** *see under* **pine: *v.*** 1; **~ne in with an ivy leaf** असफल होने पर किसी काम में रमकर मन को सांत्वना दे.; **be a ~ne-knot for endurance** बेजोड़ सहिष्णु व्यक्ति हो.

pin\-feather *n.* पक्षांकुर;

dw/lw: **~fold** *n.* कांजी हाउस, पशुघर

ping /पिंग/ *v., pt.* **~ed**, *pp* **~ing** घंटी की आवाज हो., टनटनाहट हो.;

n. पटाखा, टनटनाहट;

dw/lw: **~pong** *n.* पिंगपोंग, टेबल-टेनिस

pinger /पिंगः/ *n.* प्रेशर कुकर आदि की सीटी

pingo /पिंगो/ *n., pl.* **~s**/ **~es** 1 (***syn.*** iceberg) बर्फ की एक बहुत बड़ी चट्टान 2 बर्फ की इस चट्टान के पिघलने से बनी झील

ping-pong (*trademark in US*) *see above under* **ping: *dw/lw***

pinguid /पिंग्विड/ *adj.* 1 चर्बीदार, चर्बीला: ~ complacency (गहन आत्म-संतुष्टि, आत्म-संतोष) 2 (***syn.*** fertile) उपजाऊ

pin\head *n.* 1 पिन का माथा या सिर 2 मूर्ख व्यक्ति;
***dw/lw:* ~headed** /पिनहेडिड/ *adj.* घोर मूर्ख: ~headed stupidity (घोर मूर्खता); **~hole** *n.* सूई-सा छोटा छेद;
***collocations:* ~hole camera** एक साधारण कैमरा जिसमें लेंस के स्थान पर एक छोटा-सा छिद्र होता है

pinion /पिनिअन/ *n.* 1 डैना, पंख, पक्ष 2 दांतेदार चक्र, गरारी 3 *mech.* गरारी 4 पक्षांत;
***v., pt.* ~ed, *pp* ~ing** 1 पक्षी के पर बांध या काट दे. 2 जकड़ दे., बांध दे.: **~ed** against a wall; ~ sb with strong ropes 3 बेड़ियां डालना 4 मुश्कें कसना या बांधना (bind arms)

pineal /पाइनिअल/ *adj.* शंकु रूप

pink /पिंक/ *adj.* 1 गुलाबी: sb's cheeks **~ed** with happy colour 2 नर्म वामपंथी;
n. 1 गुलाबी रंग 2 चरमोत्कर्ष, पराकाष्ठा, शिखर: in the ~ of health; the ~ of courtesy/ politeness 3 एक नर्म वामपंथी व्यक्ति 4 वाहन-चालन लाइसेंस: he has lost his ~ (उसने अपना लाइसेंस गंवा दिया);
v., pt.* ~ed, *pp* ~ing** 1 संवारना, अलंकृत क.: the dress was **~ed** at the edges 2 कपड़ा काटना 3 (syn.*** prick) चुभोना: ~ one's adversary in the arm 4 पिस्टन बॉक्स के गड़बड़ाने के कारण इंजन द्वारा खड़खड़ किया जा. (vehicle-knock) 5 बॉक्सिंग आदि में जबरदस्त घूंसे जमाना: he was **~ed** all over;
dw/lw:* ~-collar** *adj.* मुख्यतः औरतों द्वारा किए जाने वाले कम पारिश्रमिक वाले (मेहनताने वाले) काम से संबंधित; **~ed** *adj.* 1 छिद्रित 2 घायल 3 जिसने अपने शरीर पर बहुत सारे टैटूज बनवा लिए हों; **~ed-eye** *n.* 1 कंजंक्टिवाइटिस (conjunctivitis) नामक आंखों का रोग 2 घोडों का फ्लू (flu); **~-eyed** *adj.* 1 लाली रोग से ग्रस्त आंखों वाला 2 छोटी आंखों वाला; **~ie** *n., pl.* ~ies (*also* **~y**; ***syn. little finger) कनिष्ठिका, छोटी या कानी उंगली; **~ing** *n.* 1 गुलाबीपन 2 नर्म वामपंथी व्यक्ति 3 मोटर में थपकी; **~ing** *adj.* 1 दांतेदार: ~ing iron (दांते निकालने वाला उपकरण); ~ing shears (कपड़ा काटने की दांतेदार कैंची); **~ish** *adj.* हल्का गुलाबी; **~ness** *n.* 1 गुलाबीपन 2 गुलाबी-सा रंग: restore ~ness to the cheeks; **~o** /पिंको/ *n., pl.* ~s *colloq.* एक अधमना-सा नर्म समाजवादी; **~y** *n.* (*see above under* **~ie**);
***collocations:* ~ elephant** (*usually* **~ elephants**) नशे में दिखाई पड़ने वाले तारे; **~ eye** एक प्रकार का नेत्र रोग, कंजंक्टिवाइटिस (conjunctivitis); **~ gin** गुलाबी रंग की जिन (एक शराब); **~ pound** *n.* ब्रितानिया के समलिंगी लोगों की सामूहिक आर्थिक शक्ति; **~ saucer** 1 लाल रंग से भरा डिब्बा 2 लाल रंग; **~ slip** *US* नौकरी से निकाल दिए जाने का सूचना-पत्र; **~ tea** मौज-मस्ती करनेवालों की टोली, जिसमें बहुत सारी लड़कियां हों; **~ triangle** समलैंगिकों का गुलाबी कपड़े का त्रिकोणीय निशान;
the ~ and paragon सर्वोत्तम आदर्श या पैमाना; **the ~ limit** अनुमत सीमा;
***p&i:* ~ in** (रंग का) फीका पड़ना;
be too fond of ~ing things हर चीज अच्छी हालत में हो जाने की कल्पना करना, अच्छे दिन आने के थोथे सपने देखना पसंद क.; **in the ~ of health** *colloq.* बहुत अच्छा स्वास्थ्य हो.; **the ~ of perfection** उत्तमता की पराकाष्ठा; **the story is a bit** ~ कहानी अत्यंत संदेहजनक है

pin-money *n.* जेब-खर्च, महंगी वस्तुओं पर खर्च करने के लिए अतिरिक्त कमाया हुआ पैसा

pinna /पिना/ *n., pl.* **~e** *anat.* 1 (***syn.*** auricle) बाह्य कर्ण, कर्णपाली 2 *bot.* पिच्छक 3 (***syn.*** feather) पक्ष, पर

pinnace /पिनअस/ *n.* जहाज की छोटी नाव, जहाजी नौका

pinnacle /पिनअकल/ *n.* 1 चट्टानी शिखर, चोटी 2 कलश, कंगूरा, (***syn.*** turret) छत के शिखर पर एक पतला-सा भाला 3 उपलब्धियों का चरमोत्कर्ष, पराकाष्ठा: the ~ of her success; on the highest ~ of fame/ glory;
***v.* *pt.* ~d,** *pp* **pinnacling** 1 किसी बात का शिखर या पराकाष्ठा होना: it **~s** all 2 शिखर पर बैठाना: success **~d** him 3 किसी काम या वस्तु का शिखर बनाना;
***dw/lw:* ~d** *adj.* कलशमंडित, शिखर पर, पराकाष्ठा पर;
***p&i:* ~ of sth** सफलता का शिखर

pinnate /पिनेट/ पिनिट/ *adj., bot.* 1 पंख-जैसा, पक्षाकार 2 (पौधा) जिसके डंठलों की दोनों ओर पत्ते हों

pinnatiped /पिनैटिपेड/ *adj., zool.* पिच्छ-फलक पांव वाले पक्षी से संबंधित

pinniped /पिनिपेड/ *adj., zool.* युक्तांगुलि

pinnule /पिन्यूल/ *n., bot.* 1 पिच्छिका 2 भुजपक्ष

PIN number *see above under* **pin**

pinny /पिनी/ (*also see above* **pinafore**) *n.* बच्चों की पोशाक के ऊपर का आवरण यानी बच्चों का ऐप्रन जैसा वस्त्र

pinochle/ pinocle /पिनॉकअल/ पीनॉकल/ *n.* ताश का एक खेल

pinole /पीःनोले/ *n.* भारतीय मक्की के आटे का एक व्यंजन

pin\-point *n.* 1 सूच्यग्र, सूई की नोक: her pupils became like ~-points 2 थोड़ा-सा, नगण्य मात्रा: little ~-point of time; ~-point flame (छोटा-सा दीया) 3 सही दिशा-निशान: ~-point bombing 4 अलग-अलग वस्तुओं की हवाई फोटो;
***dw/lw:* ~point** *v., pt.* ~-pointed, *pp* ~-pointing 1 सही मुद्दे पर लक्षित हो. या क.: ~-point military bases on the map; ~-point one's attention upon sb 2 किसी बात पर बल दे.: the article ~-points the quality of the film;

pin\prick /पिन्प्रिक/ *n.* 1 पिन की चुभन, चुभकी, मामूली कष्ट: not to cause the pain of a ~prick 2 सताने/ चिढ़ाने/ तंग करने की क्रिया, खिझाने वाली या चिढ़ाने वाली बात: be easily irritated by ~pricks; a policy of ~pricks (सतत तंग करने की नीति); he is invulnerable to ~pricks (छिट-पुट चुभन यानी कष्ट की वह परवाह नहीं करता);
v., pt. **~-pricked**, *pp* **~-pricking** 1 चुभना, चुभोना: she badly ~-pricked her finger 2 कष्ट दे., सूई की चुभन-सी टीस पहुंचाना;
***dw/lw:* ~-stripe** /पिन-स्ट्राइप/ *n.* कपड़े पर महीन धारियां: ~-stripe suit

pint /पाइंट\/ *n.* 1 (*abbr.,* **pt.**) द्रव नापने का मापदंड - ब्रिटेन में 0.568 लीटर और अमेरिका में 0.473 लीटर 2 *UK* बीयर का एक माप: make a ~ measure hold a quart (अनहोनी बात करने की कोशिश क.);
***dw/lw:* ~size**/ **~sized** /~-साइज/ ~-साइजड/ *adj., humorous* बहुत छोटा या नगण्य (आदमी);
***collocations:* ~ pot** एक पाइंट बीयर के लिए हत्थेवाला मग

pinta /पिंटा/ *n., pl.* **~s** 1 एक संक्रामक बैक्टिरियायी त्वचा रोग जिसमें त्वचा का रंग बिगड़ जाता है 2 **pinta** /पाइंटा/ *n., colloq.* एक पाइंट (pint) दूध

pintail /पिनटेल/ *n.* बत्तख की एक नस्ल जिसकी गर्दन पतली और पूंछ नोकदार होती है;

pintle /पिंटल/ *n.* 1 कीली 2 (***syn.*** plunger) पलंजर या इंजन ऑयल के इंजेक्शन वॉल्व की सूई जो दबाव तले खुलती है और स्प्रिंग से बंद होती है

pinto /पिंटो/ *n.* चितकबरा घोड़ा;
adj. (***syn.*** piebald) चितकबरा: ~ pony (चितकबरा टट्टू)

pin tuck *see above under* **pin: *collocs.***

pin-up *n.* 1 दीवार पर बड़ा करके लगाया जाने वाला चित्र (अधिकतर महिला फिल्म सितारों का): ~-up girl 2 जिसके चित्र दीवार पर

लगाए गये हों;

dw/lw:* ~wheel** *n.* 1 (syn.*** Catherine wheel) चक्रीदार पटाखा 2 *N. Amer.* (***syn.*** windmill) एक खिलौना पवनचक्की

piny /पाइनी/ *adj., degr.* **pinier**, **piniest** देवदार के पेड़ों से भरा: ~ smell; ~ hills

Pinyin /पिनजिन/ *n.* रोमन वर्णों में चीनी अक्षरों को लिखने की पद्धति या वर्ण उच्चारण-आधारित प्रणाली में चीनी वर्णमाला

pioneer /पायनिअः\/ *n.* 1 अग्रगामी, अगुआ, अग्रणी, अग्रसर, पुरोगामी: ~ settlers (पहली बार बाहर से आकर बसने वाले लोग) 2 पथ प्रदर्शक, सफर मैना 3 (***syn.*** trail-blazer) नई खोज करने वाला, नवीनता लाने वाला व्यक्ति;

***v.**, pt.* **~ed**, *pp* **~ing** 1 अग्रगामी हो. 2 पथ प्रदर्शक का काम क. 3 मार्ग प्रशस्त क., रास्ता तैयार क.: ~ the way for future research 4 नवीनतावादी हो. 5 नई तकनीक ईजाद और विकसित क.;

***dw/lw:* ~dom** /~डम/ *n.* अग्रगम्यता, अग्रणीयता, अग्रसरता, पुरोगम्यता: the age of ~dom; **~ing** /पायनिअरिंग/ *n.* 1 ललित कृतियां 2 नई तोड़ (नवजोतित भूमि); **~ing** *adj.* 1 अग्रगामी: ~ing work 2 पथ प्रदर्शक

pious /पायस\/ *adj.* 1 (***anton.*** impious) पवित्र, पुण्य: ~ perjury/ fraud 2 (***syn.*** devout) धर्मनिष्ठ;

***dw/lw:* ~ly** /~लि/ *adv.* धर्म निष्ठापूर्वक; **~ness** /~नेस/ *n.* 1 धर्मपरायणता, धर्मशीलता 2 पवित्रता, पावनता

pip /पिप/ *n., pl.* **~s** 1 सेब जैसे फलों के छोटे-छोटे बीज 2 (***syn.*** spot) ताश के पत्ते पर बिंद, बुंदकी 3 फूल (of officer), *milit.* ब्रितानवी सेना की वर्दी पर एक सितारा: got his second ~ last month; be senior by one ~ 4 रेडियो पर ऊंचा सिग्नल 5 (**the ~s**) बीबीसी के कार्यक्रम के आरंभ में छोटी-छोटी सीटियां 6 *old use* मुर्गियों और दूसरे पक्षियों को होनेवाली बीमारी 7 बद-मिज़ाज, चिड़चिड़ापन, विषाद: give sb the ~ 8 बीमारी, अवसाद: have the ~;

***v.**, pt.* **~ped**, *pp* **~ping** 1 *UK* अंतिम क्षणों में कम अंतर से हराना 2 परीक्षा में अनुत्तीर्ण कर दे.: he was **~ped** 3 कोई दोष निकालकर अस्वीकृत कर दे.: be **~ped** for active service (किसी को सक्रिय सेवा के अयोग्य ठहरा दे.) 4 चीं-चीं क.;

***dw/lw:* ~less** /पिपलेस/ *adj.* बीज रहित; **~py** /पिपि/ *adj.* बीज वाला;

***p&i:* ~ at the post** *colloq.* 1 खेल के अंतिम क्षणों में बहुत कम अंतर से पछाड़ना 2 चुनावों में हरा दे.; **~ out** मर जा.;

give sb the ~ किसी को चिढ़ाना; **have (got) the ~** बदमिजाज हो., तबियत खराब हो.; **it's a ~** शानदार किस्म की वस्तु या व्यक्ति

pipe /पाइप/ *n.* 1 पाईप, नली, नल, नलिका 2 तंबाकू पीने वाला चिलम, पाइप (smoking): light/ smoke a ~; puff at/ suck one's ~ 3 (***syn.*** flute) बंसी, मुरली, बांसुरी, वेणु 4 (***syn.*** wheezing) भिनभिनाहट, गुंजार: the thin ~ of gnats (मच्छरों की तेज महीन आवाज) 5 (***syn.*** casket) पीपा 6 बोली (call of bird) 7 (***syn.*** voice) स्वर, आवाज: have a fine ~ 8 (***syn.*** bagpipes) मश्कबीन 9 श्वास-नली: sth wrong with my **~s**;

v.**, pt.* **~d**, *pp* **piping** 1 पाइप (नली या नाली) द्वारा ला. या आपूर्ति क. 2 बांसुरी बजाना: ~ a song 3 (syn.*** whistle) सीटी बजाना: ~ all hands on deck (सीटी बजाकर सब को डेक (deck) पर बुलाना) 4 (***syn.*** whizz) सनसनाना: the bullets were **piping** all around us 5 (***syn.*** chirp) चहकना (of bird) 6 चिंघाड़ना (utter in a shrill voice): ~ out a hurrah; she has been **piping** all the way 7 चीं-चीं क. 8 गोट लगाना (on a dress) 9 (*also* **~ sb/ sth in**) मश्कबीन आदि पर संगीत बजाकर किसी का स्वागत क. 10 कंप्यूटर में एक प्रोग्राम के आउटपुट (output) को दूसरे प्रोग्राम के इनपुट (input) में भेजना 11 पाइप या चिलम पीना: they never stopped except to ~;

***dw/lw:* ~clay** *n.* तंबाकू की पाइप बनाने में प्रयोग की जाने वाली चिकनी मिट्टी; **~-cleaner** *n.* तंबाकू की पाइप को साफ करने वाला तारनुमा उपकरण; **~d** *adj.* पाइप या नाली से आनेवाला: ~d water (नलके या टोंटी से आने वाला पानी); **~-drain** *n.* नाली, नाला; **~-dreamer** *n.* थोथे सपने देखने वाला; **~-fitter** *n.* नाली बनाने वाला कारीगर; **~ful** *n., pl.* ~fuls पाइप-भर; **~-layer** *n.* नाली बिछाने वाला कारीगर; **~-laying** *n.* नाली बिछाने का काम; **~line** *n.* 1 धरती के नीचे बिछाई जाने वाली नालियों की लाइन, पाइपलाइन 2 नल-तंत्र: lay a ~-line; **~r** /पाइपः/ *n.* मश्कबीन बजाने वाला, बांसुरीवादक; **~s** *n.* मश्कबीन; **~stone** *n.* अमेरिकी आदिवासियों द्वारा चिलम बनाने में इस्तेमाल किया जाने वाला लाल पत्थर; **~work** *n., mining* नाली के रूप में खनिज पदार्थ की कतार;

***collocations:* ~ course** आसान विषय; **~ dreams** थोथे सपने, कोरी कल्पना; **~d music** सार्वजनिक स्थानों, जैसे रेस्तरां, शॉपिंग मॉलों, बड़े-बड़े बाजारों आदि, में पहले से रिकॉड किया हुआ संगीत बजाने का यंत्र-तंत्र; **~ fitting** नाली लगाने का काम; **~ joint** पाइपों का जोड़; **~-line milker** दूध दोहने का नालीदार उपकरण; **~ rack** तंबाकू पाइपों को रखने का रैक; **~r's news** पुरानी (बासी) खबर;

***p&i*: ~ away** चलने का संकेत दे.; **~ down** 1 शांत रहना 2 काम से हटाना 3 हठ कम क. 4 शोर बंद क.; **~ one'a eyes** जार-जार रोना; **~ up** अचानक बजाने, गाने या बोलने लगना, चहकना;

a ~ bursts/ leaks पाइप फट जाती है या चूती है; **a ~ leads/ runs from/ to sth, etc.** पाइप कहीं से कहीं को बहकर जाती है; **be in the ~line** शीघ्र होने वाला: reforms to the system are in the ~line; **he who pays the ~r calls the tune** जिसका खाना उसी का बजाना या पैसा जिसका अधिकार उसका; **hit the ~** *US, sl.* अफीम पीना; **in ~ order** आदर्श क्रम में; **in the ~line** होने वाला, घटने वाला; **it's a ~!** यह सब बकवास है; **no longer ~, no longer dance** मतलब की दोस्ती; **pay the ~r** भारी खर्च बर्दाश्त क., खर्चा उठाना; **put sb's ~ out** किसी की राह में रोड़े अटकाना, किसी के रंग में भंग क.; **put that in your ~ and smoke it** *colloq.* भाड़ में जाए! ऐसी बला तुम्हें ही मुबारक!; **set up one's ~s** चीखना-चिल्लाना, चिंघाड़ना; **smoke the ~ of peace** शांति की पाइप पीना; **the ~-clay observance of the regulations** नियमों का नाम मात्र (दिखावे) के लिए पालन; **through a ~/ exhaust ~** गंदी हवा बाहर फेंकने वाली पाइप में से

pipefish /पाइपफिश/ *n.* समुद्री घोड़े परिवार की एक मछली

pipette /पीपेट/ *n.* नलिका;

***v.**, pt.* **~d**, *pp* **pipetting** नलिका से मापना या खाली क.

piping /पाइपिंग/ *n.* 1 नल की लाइन की लंबाई 2 वेणु वादन 3 (***syn.*** shrill sound) सीटी, तेज सरसराहट: the frosty **~s** of the breeze 4 नल-तंत्र 5 गोट (of dress);

adj. 1 भिनभिनाहटपूर्ण 2 फटी (आवाज), चीं-चीं: a thin ~ voice 3 सरसराहटपूर्ण 4 झुलसता हुआ: ~ hot; the day was ~ hot; a pie ~ hot out of the oven 5 बिल्कुल नया, ताजा बना हुआ: ~ hot from the university; the book came out ~ hot;

***collocations:* ~ hot** खदबदाता हुआ, गर्मागर्म

pipistrelle /पिपिस्ट्रेल/ *n.* यूरोप का सबसे छोटा और सबसे अधिक पाया जाने वाला चमगादड़

pipit /पिपिट/ *n.* गाने वाली चिड़िया, चचरी, तूलिका;

***collocations:* paddy field ~** रुगैल

pipkin /पिप्किन/ *n.* मटकी

pippin /पिपिन/ *n.* एक प्रकार का सेब, पिपिन

pipsqueak /पिप्स्क्वीक/ *n., derog. colloq.* 1 हेय व्यक्ति या वस्तु 2 तुच्छ, तिरस्करणीय प्राणी या वस्तु: a ~ of a vessel

pipy /पाइपि/ *adj.* 1 चिलम या पाइप बनाने योग्य: ~ clay 2 तेज, कर्कश, तीक्ष्ण: a ~ little voice

piquancy /पीकंसि/ *n.* 1 चटपटापन, चरपरापन, तीक्ष्णता, प्रखरता:

impart ~ to the food 2 मनोरंजकता

piquant /पीकंट/ पीकांट/ *adj.* 1 चटपटा, मसालेदार, चरपरा: ~ sauce 2 मजेदार 3 दिलचस्प, मनोरंजक: her ~ profile 4 उत्तेजक, रहस्यमय: ~ remark 5 उद्दीपक, चटकीला

pique /पीक/ *n.* 1 चिढ़, खीज, खीझ, दुख: feeling of ~; in a fit of ~ 2 मनोमालिन्य, नाराजगी: take a ~ against sb; I felt a perceptible ~;
v., *pt.* **~d**, *pp* **piquing** 1 किसी के आत्म-सम्मान को ठेस पहुंचाना, किसी को चिढ़ाना, खिझाना: ~ sb's vanity; he's **~d** about sth 2 जिज्ञासा बढ़ाना: ~ sb's curiosity 3 उत्तेजित क., जगाना 4 प्रेरित क. 5 पर गौरव क.: ~ himself on his good taste; ~ oneself on/ upon;
dw/lw: **~d** *adj.* 1 आहत 2 नाराज, चिढ़ा हुआ;
p&i: **~ sb's interest** किसी की उत्सुकता जगाना

piqué /पीःके/ *n., Fr.* कॉर्डरोय (corduroy) जैसा डोरीदार कपड़ा

piquet /पिकेट/ पिके/ *n.* 32 पत्तों वाला ताश का एक खेल

pira\cy /पायरअसि/ *n., pl.* **~cies** 1 समुद्री डकैती, जलदस्युता 2 साहित्यिक चोरी 3 संगीत, फिल्म आदि की कृतियों की नकली प्रतियों का अवैध धंधा

piranha/ pirana /पिराःना/ पिरान्या/ *n.* ताजे पानी की एक दक्षिणी अमेरिकी मछली

pira\te /पाइरअट/ *n.* 1 समुद्री दस्यु, डाकू 2 दस्यु जहाज 3 नकली सामान बेचने वाला 4 साहित्यिक चोर 5 संगीत, फिल्म आदि की रचनाओं की नकली प्रतियां बेचने वाला 6 चित्तचोर, घुमंतू प्रेम-प्रपंची: **~te** of hearts; be on the **~te** (प्रेम-प्रपंच के चक्कर में);
v., *pt.* **~ted**, *pp* **~ting** 1 संगीत, फिल्म आदि की रचनाओं की नकली प्रतियां बेचना 2 साहित्यिक चोरी क.;
adj. अवैध, चुराई हुई: a **~te** CD/ DVD;
dw/lw: **piratic/ piratical** /पाइरैटिक/ पाइरैटिकल/ *adj.* 1 जलदस्यु का, जलदस्युवत् 2 चोरी का, अवैध: piratic edition

piri-piri /पिरी-पिरी/ *n.* लाल मिर्च की चटपटी चटनी या सॉस;
adj. पिरी-पिरी का: ~ chicken

piri-piri /पिअरी-पिअरी/ *n.* New Zealand में एक चुभने वाला खरपतवार जिसे जड़ी-बूटी और चाय के रूप में प्रयोग किया जाता है

piroue\tte /पिरुअट/ *n.* नाच में पंजे या एड़ी के बल लगाया जाने वाला चक्कर: perform a ~;
v., *pt.* **~tted**, *pp* **~tting** पंजे या एड़ी के बल घूम जा.

pirozhki/ piroshky /पिरोशकी/ (*Russian* **пирожки**) *n., [pl.]* छोटा नमकीन या हल्का मीठा मालपुआ

pis aller /पीज ऐले/ *Fr.* अंतिम हथियार के रूप में प्रयोग, अतिवादी साधन: as a ~

pisca\ry /पिस्कअ\री/ *n.* बेगाने पानी में मछली पकड़ने का अधिकार, मीन क्षेत्र: common of **~ry**;
dw/lw: **~torial/ ~tory** /~टॉरिअल/ ~टरि/ *adj.* 1 मछली पकड़ने या मछुआरों से संबंधित 2 मछली-संबंधी, मत्स्य

Piscatory ring रोम के पोप की अंगूठी

Piscean /पाइसिअन/ *adj.* 1 मीन राशि-संबंधी 2 मीन राशि में जन्मा

Pisces /पाइसीज/ पिस्सीज/ *n.* मीन राशि

pisci /पिसि/ *comb. form, denoting*: **fish or fishes** (मीन, मछली)

pisciculture /पिसिकल्चः/ *n.* मछलीपालन, मत्स्यपालन

piscina /पिसीःना/ पीसाइना/ *n., pl.* **~e** /पिसीनी/, **~s** कुंड, स्नान-कुंड

piscine /पिसाइन/ पाइसिन/ *adj.* मछली से संबंधित, मत्स्य, मात्स्य

piscivorous /पिसिवरस/ *adj.* मत्स्याहारी, मछली-भक्षक

pisé /पीःजे/ *n., Fr.* गोंदा, कच्ची ईंट: ~ wall

pish /पिश/ *interj., excl.* छीछी! थूथू!

pisiform /पिसिफॉःम/ *adj.* मटरनुमा;
collocations: **~ bone** गोलकास्थि, वर्तुलिकास्थि, मटरनुमा हड्डी

pismire /पिस्माइः/ *n.* 1 चींटी 2 गंदी चीज! तुच्छ!

piss /पिस/ *v., pt.* **~ed**, *pp* **~ing** 1 *coarse sl.* (***syn.*** urinate) पेशाब क., मूतना 2 पेशाब में खून आदि आना 3 अपने पेशाब से कुछ गीला क.: ~ the bed 4 (*also* **~ down**) बहुत भारी वर्षा हो.: it **~ed** down yesterday;
n., *pl.* **~es** 1 (***syn.*** urine) पेशाब, मूत्र 2 पेशाब करने की क्रिया;
dw/lw: **~ed** *adj.* 1 *Brit coarse sl.* नशे में धुत्त 2 *N. Amer.* (*often* ~ed at sb/ sth; ~ed off) किसी से या किसी बात से बहुत नाराज; **~er** *n., coarse sl.* 1 मूतने वाला 2 खीझ दिलाने वाला व्यक्ति: what a ~er! 3 पेशाब घर 4 पुरुष का लिंग: pull sb's ~er (किसी का मजाक उड़ाना या टांग खिंचाई क.); **~-head** *n.* बेवड़ा, पियक्कड़; **pissoir** /पिसवाः/ *US* पीसवार/ *n., Fr.* स्क्रीन या दीवार की ओट वाला पेशाब घर; **~-poor** *adj., sl.* 1 भयंकर, घिनौना, घटिया 2 अति निर्धन; **~-pot** *n.* = chamber pot; **~-take** *sl. n.* छद्म रचना, उपहास या पैरोडी द्वारा उड़ाई जाने वाली खिल्ली; **~-taking** *n.* छद्म रचना (पैरोडी) द्वारा किया जानेवाला उपहास या मखौल; **~-taking** *adj.* पैरोडी द्वारा खिल्ली उड़ानेवाला; **~-taker** *n.* (पैरोडी) करके चिढ़ाने वाला; **~-up** *n., sl.* 1 (***syn.*** booze-up) शराब से धुत्त करने वाली पार्टी 2 गड़बड़, बुरी तरह बिगड़ी हुई स्थिति;
collocations: **~ artist** 1 (***syn.*** alcoholic) पियक्कड़ 2 शेखीबाज या बातूनी पर मूर्ख; **~ed off** बहुत नाराज; **~ taker** (पैरोडी) करके चिढ़ाने वाला;
p&i: **~ down** मूसलाधार वर्षा होना; **~ not against the wind** चांद पर थूका वापस अपने मुंह पर पड़ता है; **~ sb about/ around** गड़बड़ मचाना, समय बर्बाद क.; **~ sb off** किसी को चिढ़ाना; **~ yourself (laughing)** जोर-जोर से हंसना; **don't ~ down my back and tell me it's raining** झूठ मत बोलो! धोखाधड़ी मत करो!; **Piss off!** दफा हो जाओ!; **~ sb off** खिजाना, खिझाना, चिढ़ाना: he really ~es me off; **take the ~ out of sb** (***syn.*** deride) *UK* किसी की हंसी उड़ाना, उपहास क.

pistachio /पिस्तैशिओ/ पिस्ताशिओ/ *n., pl.* **~s** 1 पिस्ता का पेड़ 2 पिस्ता की गिरी;
collocations: **~ green** पिस्ते के रंग का, पिस्तई हरा

piste /पीस्ट/ *n.* स्की (ski) करने की ढलान

pistil /पिस्टिल/ *n.* फूल का बीजोत्पादक मादा हिस्सा, स्त्री केसर, गर्भ केसर;
dw/lw: **~late** *adj.* स्त्रीकेसरी: ~late hemp (भांग का मादा पौधा); ~late parent

pistol /पिस्टल/ *n., hist.* पिस्तौल, तमंचा: put a ~ to sb's head; hold/ put a ~ to sb's head;
dw/lw: **~-whip** *v., pt.* ~-whipped, *pp* ~-whipping पिस्तौल से पीटना;
collocations: **~ grip** पिस्तौल के हत्थे जैसा हत्था; **~-grip camera** पिस्तौल के हत्थे जैसा या हत्थे वाला कैमरा;
p&i: **a pocket ~** शराब की जेबी बोतल; **hold a ~ to sb's head** जबरदस्ती कुछ करवाने के लिए पिस्तौल किसी के सिर से लगाना

piston /पिस्टन/ *n.* 1 *engin.* पिस्टन, पेट्रोल या डीजल आदि के इंजन के सिलेंडर में ऊपर-नीचे चलने वाला एक उपकरण 2 पीतल के हवाई वाद्य में एक ऊपर-नीचे होने वाला वाल्व;
dw/lw: **~-engine** *n.* पिस्टन इंजन; **~-head** *n.* पिस्टन का सिर; **~-pin** *n.* पिस्टन पिन; **~-stroke** *n.* पिस्टन के ऊपर-नीचे जाने का एक चक्र;
collocations: **~ ring** *engin.* धातु का एक छल्ला जो पिस्टन और उसके सिलेंडर के बीच हवा रोधन का काम करता है; **~ rod** *engin* कार आदि में पिस्टन की गति को पहियों तक पहुंचाने वाली छड़

pit /पिट/ *n.* 1 गड्ढा, गढ़ा: a surface marked by raindrop **~s** 2 गर्त्त: air ~; the yawning ~ 3 (***syn.*** pitfall) कूटावपात, चोरगढा, फंदा 4 (**the ~;** ***syn.*** hell) *old use* नर्क: the ~ of hell, the bottomless ~ 5 *US* (*UK* stone) गुठली 6 (*also US* **~ mine**) कोयले की खान 7 **the ~s** *UK* (*US* **the ~**) जहां रेस कारें दौड़ के दौरान पेट्रोल के लिए रुकती हैं 8 लड़ने वाले जानवरों का पिंजरा (सर्कस आदि में) 9 रंगशाला की दर्शक दीर्घा व उसमें बैठे दर्शक 10 रंगशाला में संगीत मंडली का स्थान 11 छाती की हड्डी के नीचे गड्ढा: a queer feeling in the ~ of the stomach 12 चेचक के गड्ढे: a few **~s** of small-pox 13 (**the ~s**) *sl.* बहुत बुरी स्थिति या व्यक्ति: be the **~s** (खराब हालत);

v., *pt.* **~ted**, *pp* **~ting** 1 बचाकर रखने के लिए गड्ढे में रखना या दबाना: ~ potatoes 2 गड्ढा बनाना 3 लड़ाना, मुकाबले में खड़ा क.: ~ one boxer/ wrestler against another 4 फल में से गुठली निकालना 5 छेद बनाकर निशान लगाना: its surface is **~ted** with craters 6 चेचक आदि के गड्ढे बनना: face was **~ted** with smallpox;

dw/lw: **~ted** *adj.* 1 गड्ढेदार 2 (***syn.*** pockmarked) चेचकरू;

collocations: **~ bull terrier** एक बड़ा कुत्ता; **~ canal** गर्तनलिका; **~ cavity** गर्तगुहा; **~ disease** गर्तरोग; **~ of stomach** *anat.* पेट का गड्ढा; **~ pony** *hist.* खान से कोयला ढोने वाला टट्टू; **~ viper** एक उत्तरी अमेरिकी सांप;

(power of) ~ and gallows पुराने जमाने में स्कॉटलैंड में जमींदार का अपने दास को डुबोने या फांसी पर लटकाने का अधिकार; **wheat ~** गेहूं का सट्टा बाजार;

p&i: **~ oneself against heavy odds** मुसीबत में फंस जा.; **~ sb/ sth against sb/ sth** किसी के मुकाबले में खड़ा क.;

a bottomless ~ बेकार का काम; **be the ~s** किसी बात या चीज का सबसे घटिया उदाहरण हो.; **dig a ~ for sb** किसी को गिराने के लिए गड्ढा खोदना; **in the ~ of your/ the stomach** दिल की गहराइयों में

pit-a-pat /पिट-अ-पैट/ *n.* थपथप, तड़तड़, धकधक, धकधकी;

adv. 1 थपथपाते हुए, थपथप करते हुए 2 तड़तड़ाते हुए: rain falling ~ 3 धक-धक: ~ heart; go ~ (उसका दिल धक-धक करने लगा) 4 टप-टप: the ~ of horses hoofs;

v., *pt.* **pit-a-patted**, *pp* **pit-a-patting** 1 धकधकना 2 धड़कना 3 थपथपाना, थपथप क. 4 टप-टप क.;

p&i: **his feet went pit-a-pat with joy** खुशी के मारे उसके पांव लड़खड़ाने लगे

pitch /पिच/ *v.*, *pt.* **~ed**, *pp* **~ing** 1 के सहारे खड़ा क., गाड़ना: ~ a ladder against a wall 2 *US* किसी को कुछ करने के लिए मनाना 3 *cricket* गेंद को पटका दे.: ~ a ball 4 डामर लगाना या पोतना 5 (***syn.*** set up) सजाकर रखना 6 पड़ाव डालना, डेरा डालना: a village **~ed** on a hill; ~ one's tent (कहीं पर बस जा.) 7 (***syn.*** fix) बैठाना, स्थिर क., ठीक क. 8 (***syn.*** throw) फेंकना: ~ hay 9 *music* स्वर या सुर बांधना: the tune is **~ed**; ~ a tune higher/ lower 10 (धड़ाम से) गिरना या गिराना: ~ on one's head 11 डूबना-उतराना, नीचे जाना-ऊपर आना (of a ship) 12 (***syn.*** plunge forward) झपटना, लपकना, कूद पड़ना 13 भाषण आदि में आवाज का स्तर चुनना: his voice was **~ed** too low for this audience; the conversation was **~ed** in a minor key; ~ a story in a sentimental strain; these songs are **~ed** too high/ too low for me; ~ one's voice correctly 14 बेचने के लिए सबके सामने रखना: a large consignment of goods/ of grain was **~ed** yesterday 15 निर्धारित क., बढ़ाना, चढ़ाना: ~ an estimate too low; she was **~ing** her hopes too high 16 बढ़ा-चढ़ाकर बताना 17 सौदा तय क., सौदे के लिए प्रस्तुत क.: ~ the company's newest products;

n., *pl.* **~es** 1 क्रिकेट की पिच या विकटों के बीच बनी पट्टी जिस पर गेंद फेंकी जाती है: a ~ for spinners 2 गेंद को पटका देने की या पिच करने की शैली 3 किसी क्रिया की प्रखरता का स्तर, ध्वनि या आवाज का स्तर, स्वर मान: absolute ~ (आवाज का उच्चतम स्तर); relative ~; a deafening ~ 4 बेसबॉल में गेंद की बल्लेबाज की तरफ फेंक 5 राजी करने की शैली 6 (***syn.*** material) डामर, अलकतरा 7 *music* तारत्व, तारता, स्वर, सुर: the ~ of a voice 8 ऊंच-निचान, उतराव-चढ़ाव (of ship): roll and ~ of a vessel 9 (***syn.*** throw) फेंक, क्षेपण 10 (***syn.*** slope) ढाल, ढलान, आनति, अक्ष नति 11 *mech.* अंतराल, दूरी, पेच दूरी, चूड़ी-अंतराल, सूत्रांतर 12 (***syn.*** stage) अवस्था, ऊंचाई, पराकाष्ठा 13 (***syn.*** place) पड़ाव;

collocations: **~ accent** सुराघात; **~ and putt** गोल्फ खेलने का छोटा-सा मैदान; **~ed battle** 1 घोर लड़ाई, घमासान युद्ध, जोरदार भिड़ंत 2 दो पक्षों के बीच पहले से निश्चित स्थान पर होने वाली लड़ाई; **~ed circle** एक काल्पनिक वृत्त जिसके अनुसार चूड़ी-अंतराल मापा जाता है; **~ed roof** नीचे ढलती हुई दो स्तरों से बनी छत; **~ invasion** दर्शकों की भीड़ द्वारा क्रिकेट आदि की पिच पर घुस आने की क्रिया;

a deafening ~ बहरा कर देने वाला शोर; **a ~ of cheese** पनीर की खेप; **the ~ of light** प्रकाश की तीव्रता;

p&i: **~ a party** *US* पार्टी क.; **~ a story/ line** किसी को मनगढ़ंत किस्सा सुनाना या झूठा किस्सा गढ़ना; **~ a tent** तंबू गाड़ना, शिविर लगाना; **~ a yarn/ ~ a fork** झूठे किस्से गढ़ना; **~ for** किसी सौदे के लिए मनाना; **~ forward/ into, etc.** झटका खाने की वजह से किसी तरफ मुड़ जाना; **~ in** किसी कार्य को जोर-शोर से करने लगना; **~ into** खाने आदि पर टूट पड़ना; **~ into one** 1 किसी की कटु आलोचना क., खूब लताड़ना 2 मरम्मत क.; **~ into sth** किसी कार्य को जोर शोर से करना शुरू क.; **~ in with sb/ sth** किसी कार्य में योगदान क.; **~ sth in** किसी कार्य की मदद में कोई धन राशि दे.; **~ it strong** बहुत बढ़ा-चढ़ाकर बताना; **~ on/ upon** डांटना-फटकारना; **~ one's tent** कहीं पर बस जा., डट जा.; **~ over** पल्ट जा., औंधा पड़ना; **~ sb over the bar** किसी को वकील के पद से हटा दे.; **~ up** (***syn.*** turn up) कहीं पर अचानक (देर से या बिना सूचना के) आ धमकना;

at the ~ of one's voice ऊंची से ऊंची आवाज में; **be ~ed off one's horse** 1 घोड़े की काठी से उतार फेंका जाना 2 घोर उलझन में डालना; **black/ dark as ~** कोयला-सा काला; **fall to a low ~** आवाज की तीव्रता अत्यंत कम हो जाना; **fly a ~** बहुत ऊंचे उड़ने लगना; **he flies ~ above common mischief** यह महज एक शरारत नहीं; **he that touches ~ shall be defiled** कोयलों की दलाली में मुंह काला; **houses with roofs of steep ~** तीव्र ढलवां छत वाले घर; **I think I get the ~** मुझे लगता है कि मैं समझ गया हूं कि मुझे क्या करना है; **it was a fine ~** यह एक अच्छी फेंक (throw) थी; **make ~ for sb/ make a ~ to sb** किसी चीज को प्राप्त करने के लिए कृत-संकल्प हो. या किसी को किसी बात के लिए राजी क.; **play ~ and toss with sth** किसी चीज के प्रति लापरवाही से पेश आना; **queer sb's ~** किसी के काम या योजना को बिगाड़ना; **reached such a ~ of excitement** उत्तेजना इस हद तक पहुंच गई कि...; **the highest ~ of excellence** श्रेष्ठता की पराकाष्ठा; **the ~ of a voice** आवाज का उच्चतम स्तर; **touch ~** किसी संदेहास्पद व्यक्ति से पाला पड़ना; **two ~es were made in the town for members of Parliament to speak** सांसदों के बोलने के लिए नगर में दो मंच बनाए गए थे; **what's the ~?** बात क्या है?

pitch\-and-toss *n.* सिक्के फेंकने का एक खेल: this is one of the **~-and-toss** points of his speech;

dw/lw: **~-black** (*also* **~-dark**) *adj.* घुप अंधेरा; **~blende** *n.* वह मिट्टी जिसमें से यूरेनियम निकलता है; **~darkness** *n.* घोर अंधकार; **~ed** /पिचट/ *adj.* 1 (***syn.*** sloping) ढलवां, झुकी हुई 2 उच्च: high **~ed** voice

pitcher /पिचः/ *n.* 1 बॉल फेंकने वाला (बेसबॉल में) 2 *US* घड़ा, सुराही;

dw/lw: **~ful** /पिचअःफुल/ *n.*, *pl.* **~fuls** घड़ा-भर; **~-plant**

n. घटपर्णी, ऐसे पौधे जिन पर हानिकारक कीटाणु चिपटते हैं पर बारिश होने पर इनके मुड़े हुए पत्ते पानी को रोक लेते हैं जिससे इन पर चिपटे हुए कीटाणु डूब कर मर जाते हैं;
***p&i:* ~s have ears** दीवारों के भी कान होते हैं; **~ went once too often to the well** काठ की हंडिया बार-बार नहीं चढ़ती; **little ~s have big ears** बच्चों को बड़ों की बाते सुनना अच्छा लगता है

pitch\fork *n.* जेली, जंदरा, पांचा (agricultural implements);
***dw/lw:* ~ing** *n.* 1 पथरीली नींव से बना ढांचा 2 फेंक, प्रक्षेपण 3 जहाज की डोलन; **~ level** *n.* सुर-स्तर; **~man** *n.* फेरी वाला; **~-out** *n.* अमेरिकी फुटबाल में गेंद की इधर-उधर फेंक; **~-pine** *n.* चीड़; **~-pipe** *n.* एक छोटी पाइप जिसे बजाकर आवाज का स्तर घटाते-बढ़ाते हैं; **~y** /पिचि/ *adj.* 1 डामरदार 2 चिपचिपा, रालदार, लिस लिसा 3 काला, काली 4 कोयला-सा 5 पाजी, नीच 6 अंधेरी: ~y night; it was ~y dark

piteous /पिट अस\/ *adj.* 1 दयनीय 2 करुण: a ~ state 3 दिल को दहलाने वाली, हृदय विदारक: ~ groan 4 मर्म-स्पर्शी, मार्मिक 5 कारुणिक: cry so ~;
***dw/lw:* ~ly** /~लि/ *adv.* 1 करुणाजनक ढंग से 2 मार्मिकतापूर्वक; **~ness** /~नेस/ *n.* 1 करुणा 2 मार्मिकता

pitfall /पिटफॉल/ *n.* 1 किसी कार्य में संभावित गलती: **~s** of the law 2 चोरगड्ढा, गढकूप, कूटावपात, फंदा, खतरा: the article avoids the usual **~s**

pith /पिथ/ *n.* 1 गूदा, मज्जा 2 मुख्य तत्त्व, सार: get the ~ and marrow out of a book 3 सारांश 4 (***syn.*** vigour) शक्ति, जोर, दबाव, बल: the ~ and marrow of the country (देश की मुख्य शक्तियां); full of ~; enterprises of great ~ and moment (Shakespeare) 5 पैनापन;
***v.**, pt.* **~ed**, *pp* **~ing** 1 किसी पौधे से गूदा उतारना 2 पशुओं को मारना;
***dw/lw:* ~ily** /पिथिलि/ *adv.* बलपूर्वक, पैने ढंग से: speak/ write ~ily; **~iness** /पिथिनेस/ *n.* स्पष्टता, पैनापन; **~less** /पिथलेस/ *adj.* भोथरा, कुंद, बिना किसी बल के; **~y** *see below under separate entry* **pithy**;
***collocations:* ~ helmet** धूप से बचने के लिए पौधे के पत्तों आदि से बनाया हुआ टोप;
***p&i:* the ~ and marrow of sth** किसी चीज का सार

pithead /पिथहैड/ *n.* खान के कूपक का दरवाजा

Pithecanthropus /पिथिकैंथ्रअपस/ पिथिकैंथ्रोपस/ *n.* जावा (1891-2) में मिला मानव अस्थि-पंजर का जीवाश्म

pithily *see above under* **pith:** ***dw/lw***

pith\y /पिथि/ *adj., degr.* **~ier**, **~iest** 1 गूदेदार 2 अर्थगर्भित, सारगर्भित: a plain/ short **~y** lecture 3 जोरदार, ओजस्वी: his ~y agreeable manner of speaking 4 पैना, पैनी: a sharp **~y** glance

pitiable /पिटिअबल/ *adj.* 1 दयनीय, करुणाजनक: ~ condition; ~ minority 2 (***syn.*** contemptible) अति कम, बहुत नाकाफी, हास्यास्पद

pitiful /पिटिफुल\/ *adj.* 1 (***syn.*** pathetic) दयनीय: a ~ attempt; a ~ account of sth 2 (***syn.*** poor) हेय: his clothes were in a ~ state 3 करुणाजनक: ~ sight; a copy of ~ verses 4 दयालु: be ~ to sb 5 तुच्छ, घोर, हास्यास्पद: he talks ~ trash;
***dw/lw:* ~ly** /~लि/ *adv.* करुणाजनक ढंग से; **~ness** /~नेस/ *n.* दयालुता

pitiless /पिटिलेस/ *adj.* 1 (***syn.*** callous) दयाहीन 2 (***syn.*** relentless) निर्दय, कठोर, प्रचंड; **~ly** /~लि/ *adv.* निर्दयतापूर्वक

pitman /पिटमन/ *n.* कोयले की खान का मजदूर, कोयला खनिक

piton /पीटौन/ *n., mountaineering* पहाड़ी की चोटी पर चढ़ाई करते समय प्रयोग की जाने वाली धातु की कीली जिसे चट्टान में गाड़ा जाता है

pitstop *n., motor sport* कार दौड़ में पेट्रोल डलवाने के लिए लिया गया विराम

pitta /पिटअ/ *n., pl.* **~s** नौरंग, एक प्रकार की अंडाकार अरबी रोटी

pittance /पिटंस/ *n.* 1 छोटी-सी रकम: earn a scanty ~ 2 अल्प मात्रा: ~ of instruction 3 अल्प वेतन, कौड़ी के दाम: works for a ~

pitted /पिटिड/ *adj.* 1 गड्ढों वाला: her ~ face 2 (फल) जिसकी गुठलियां या बीज निकाल दिए गए हों 3 जंग लगने से बना छेदों भरा: an iron roof ~ with holes 4 *past tense of* **pit**

pitter-patter /पिटः-पैटः/ *n.* पटपट की आवाज: a ~ of rain;
adv. पट पट की आवाज करते हुए;
***v.**, pt.* **~ed**, *pp* **~ing** पट पट की आवाज क.

pituita/ pituite /पिच्युइटा/ पिच्यूआइट/ *n.* बलगम

pituitar\y /पिच्युइटरि/ *n., pl.* **~ies** श्लेष्मा ग्रंथि, पीयूष, पीयूषिका;
***adj.* ~y body/ ~y gland** *physiol.* दिमाग का उपांग, पीयूष-ग्रंथि

pituitous /पिच्यूइटस/ *adj., med.* (***syn.*** mucous) बलगम जैसा, बलगम बनाने वाला

pit\y /पिटि/ *n., pl.* **~ies** 1 दया भाव, करुणा, तरस: for **~y's** sake! (भगवान के लिए!..); move sb to **~y** 2 अनुकंपा, कृपा 3 सहानुभूति: do sth out of **~y** for sb 4 (***syn.*** shame) खेदजनक या शर्मनाक बात है!: what a **~y**!;
***v.**, pt.* **~ied** *pp* **~ying**, *s/he/ it* **~ies** दया क., सहानुभूति रखना, तरस खाना: **~y** sb;
dw/lw:* ~ying** *adj.* 1 दयावान 2 दया भाव दर्शाने वाला 3 (syn.*** condescending) तिरस्कारपूर्ण ढंग से दया भाव दिखलाने वाला; **~yingly** *adv.* (***syn.*** condescendingly) दया भाव दिखाते हुए; **self-~y** *n.* अपने आप पर आने वाली दया;
***p&i:* ~y for sb** किसी पर दया आना; **~y is akin to love** तरस आना प्रेम का रूप है; **~y distress is but human, to relieve it is God like** दुख-दर्द पर तरस आना मानवीय बात है और दुख-दर्द निवारण ईश्वरीय है;
feel ~y दया आना; **for ~y's sake** भगवान के लिए...; **have/ take ~y on sb** किसी पर दया क.; **more's the ~y** *colloq.* दुर्भाग्यवश; **take ~y on sb** किसी पर दया आना

pity\riasis /पिटिरायसिस/ *n., med., pathol.* शल्करोग;
***dw/lw:* ~roid** *adj.* शल्क रोग सदृश, शल्क रोगाभास संबंधी

piu /प्यू/ *Ital., adv., music, in compounds*: ~ allegro (और तेज, और जल्दी); ~ lento (थोड़ा धीरे, और धीमे)

piupiu /पीऊपीऊ/ *n., pl.* **~s** माओरी पुरुषों और महिलाओं द्वारा उत्सव के समय नाच करने के लिए पहने जाने वाला स्कर्ट

pivot /पिवअ\ट/ *n.* 1 केंद्र बिंदु: the ~ of economic life 2 सबसे महत्त्वपूर्ण हिस्सा, वह महत्त्वपूर्ण शक्ति या व्यक्ति जिस पर बाकी सब बातें या लोग निर्भर करते हैं: ~ force 3 चूल, कीली, धुरी, धुराग्र, कीलक 4 एक पैर पर खड़े होकर व्यायाम करते हुए अपने शरीर को चुस्त-दुरुस्त करने का अभ्यास: ~ foot 5 वह सिपाही या उसका स्थान जहां से सेना की लाइन शुरू होती है;
***v.**, pt.* **~ed**, *pp* **~ing** 1 पर निर्भर रहना या होना: the entire question **~s** upon that island 2 केंद्र बिंदु होना 3 चूल पर चढ़ाना 4 (*often* **~ on sth**) (चूल) पर घूमना: ~ on one's heel;
***dw/lw:* ~al** /पिअवटल/ *adj.* 1 धुरी के रूप में काम करने वाला 2 मूलभूत, प्रधान, महत्त्वपूर्ण, निर्णायक: ~al figure; play a ~al role 3 कीलकीय, धुराग्रीय 4 जिसके ऊपर सब कुछ निर्भर करता हो: play a ~al role; **~ed** *adj.* कीलकित, धुरी पर चढ़ा हुआ; **~ing** *n.* यंत्र में धुरी का काम; **~-joint** *n.* धुराग्र संधि; **~ly** *adv.* निर्णायक रूप से; **~-man** *n.* शीर्षस्थ सैनिक, प्रधान या केंद्रस्थ व्यक्ति;
***collocations:* ~ bridge** *civil eng.* एक झूलता हुआ पुल जो बीच में लगी धुरी पर घूमता है, धुराग्र पुल;
p&i:* ~ on sth** (syn.*** hinge on) किसी बात पर आधारित;
a ~tal moment in history इतिहास में एक महत्त्वपूर्ण अवसर

pix /पिक्स/ (*also* **pyx**) *n., pl.* **~es** *Christ.* 1 पवित्र जल का पात्र

2 शाही टकसाल, जहां बनाए जा रहे सिक्कों के नमूने रखे जाते हैं 3

pix, *pl.* of **pic** फोटोग्राफ

pixel /पिक्सअल/ *n., compt.* कंप्यूटर या टीवी स्क्रीन पर आने वाला लघुत्तम छाया चित्र (dot /. / = बिंदु);

dw/lw: **~ate/ ~late** *v. pt.* ~ated, *pp* ~ating 1 किसी बिंब को बिंदुओं (pixels) में बांटना 2 टीवी स्क्रीन पर किसी की पहचान छिपाने के लिए बिंब को बड़े-बड़े बिंदुओं के छोटे-से समुच्चय के रूप में दिखाना

pixila\ted/ pixilla\ted /पिक्सिले\टिड/ *adj., mainly US* 1 आधा पागल, पगलैट 2 *sl.* नशे में धुत्त 3 हक्का बक्का;

dw/lw: **~tion** /~शन/ *n.* 1 पागलपन 2 मानवीय या पशुओं के चित्रों को स्क्रीन पर जीवंत बनाने की एक पद्धति

pixy\ pixie /पिक्सि/ *n., pl.* **~s** *mythol.* शैतान जादुई परी;

collocations: **~ hood** बच्चे की ठोड़ी के नीचे बांधा जाने वाला एक नोकदार हुड

pizz\a /पीत्सा/ *n., pl.* **~as** पीत्सा, एक प्रकार का इतालवी व्यंजन;

dw/lw: **~eria** /पीत्सअरिया/ *n., pl.* **~s** (*also* **~a parlor**) पित्सा का रेस्त्रां

pizzazz/ pazzazz/ pizazz/ pazazz /पिजैज/ पअजैज/ *n. colloq.* (*syn.* flair) शक्ति, ऊर्जा, स्फूर्ति, बहादुरी और जीवंतता का समावेश

pizzicato /पित्सिकाटो/ *adj.* अंगुलिवादित;

adv. उंगलियों से झंकृत करते हुए;

n. झंकार, अंगुलि वादन

pizzle /पिजल/ *n.* लिंग, शिश्न, पशु-लिंग

pk *abbr.,* 'park' का संक्षेप (पार्क), 'peak' का संक्षेप (शिखर, चोटी)

PL *abbr.* 'Poland' पोलैंड के अंतर्राष्ट्रीय वाहन पंजीकरण कोड (*IVR*)

pl. *abbr.* 'place' का संक्षेप (गलियों के नामों में प्रयुक्त)

pl. *abbr.* 'plural', 'plate', *milit.* 'platoon' का संक्षेप

placa\ble /प्लैकअ\बल/ *adj.* 1 क्षमाशील: they are **~ble** people 2 आसानी से मान जाने वाला 3 आसानी से प्रसन्न हो जाने वाला: though irritable he was **~ble**;

dw/lw: **~bility/ ~bleness** /~बिलिटि/ ~बलनेस/ *n.* 1 क्षमाशीलता: endure with ~bility 2 आसानी से मान जाने का गुण या अवगुण

placard /प्लैकाःड/ *n.* 1 विरोध प्रदर्शन करने वालों के हाथों में थामी जाने वाली मोटे गत्ते या कागज की पट्टी जिस पर विरोध-नारे लिखे होते हैं 2 पोस्टर, प्लैकार्ड, इश्तिहार, पर्चा, भित्तिपत्रक: flaring posters and **~s**;

v. pt. **~ed**, *pp* **~ing** 1 इश्तिहार, विज्ञापन या भित्ति-पत्रक लगाना 2 विज्ञापन के लिए इश्तिहारों का प्रयोग क.: bills were **~ed** on the walls; ~ a sale

placa\te /प्लअके\ट/ *v., pt.* **~ted**, *pp* **~ting** 1 (*syn.* pacify) शांत क., नाराजगी दूर क.: **~te** sb's anger 2 प्रसादित क., तुष्ट क. 3 अनुकूल बना लेना, राजी क.;

dw/lw: **~tory** /~टरि/ (*also* **placative** /~टिव) *adj.* शांत करने वाला, प्रसादक: ~tory smile/ remark/ gesture

place /प्लेस/ *n.* 1 (*syn.* location, site) स्थान, जगह, क्षेत्र, अंचल, जिला, गांव, नगर आदि: it is a quiet ~; move from ~ to ~; what ~ do you come from? 2 (*syn.* square) चौक: the market ~ 3 (*syn.* street) गली: Connaught ~ 4 कर्म क्षेत्र: ~ of worship 5 निवास (स्थान): a ~ of residence; has a ~ in New Hampshire 6 नौकरी: he has got a ~ in the Custom House; out of a ~ (बेकार, बिना नौकरी के) 7 (*syn.* position) स्थिति, पद: know one's ~; intrigue in high **~s** (उच्च पदों पर आसीन समाज में तिकड़में); the ~ of President 8 किसी का घर 9 कुछ करने का मौका, भूमिका: fear should have no ~ in one's heart; a ~ in the Oxford boat 10 कुछ विशेष प्रयोगों (compounds) में: birth ~; work ~, hiding ~ 11 (*syn.* seats) मेज आदि पर बैठने का स्थान: keep four **~s** 12 (*syn.* seat) विमान, रेलगाड़ी, बस आदि में बैठने का स्थान: change **~s** with sb 13 किसी के व्यक्तित्व में कोई विशेष स्थान: a sore ~ (दुखती रग); a bad/ a raw/ a tender ~ 14 निर्धारित या सामान्य स्थान: put a book back in its ~ 15 किसी प्रक्रिया में एक बिंदु: in a conversation a good ~ to stop; lose one's ~ in the book (पढ़ी जा रही पुस्तक में पृष्ठ या पंक्ति भूल जाना) 16 परिणाम में तुलनात्मक स्थान: finished in first ~; lose one's ~ in the queue; take a third ~ 17 (*syn.* vacancy) रिक्त स्थान: no ~ in the university 18 (*syn.* duty, job) काम, कार्य, कर्त्तव्य: not sb's ~ to point out boss's shortcomings; it is not my ~ to correct his errors 19 (*syn.* use) उपयोग, लाभ: cynics say that there is no ~ for honesty in modern times 20 किसी संख्या में दशमलव अंक का स्थान: ~ of decimal in a series 21 पुस्तक आदि में पढ़ते-पढ़ते पहुंचा गया स्थान: put sth to mark the ~; find one's ~; I've lost my ~ 22 मान-सम्मान का स्थान, मान्यता: his name has taken its ~/ has found a ~ in history;

v., pt. **~d**, *pp* **placing** 1 किसी वस्तु को कहीं रखना: ~ a cake in the oven 2 नौकरी दिलाना: ~ sb with a company 3 घर, प्रकाशक आदि पाना 4 (*syn.* arrange) सजाकर रखना 5 लगाना 6 पहचानना: ~ a familiar voice; I know his face but I cannot ~ him; ~ sb's particular peculiarities of pronunciation 7 प्रतियोगियों के परिणाम स्थान निर्धारित क.: was **~d** third 8 किसी विशेष स्थिति में रखना: ~ sb in a good situation 9 प्रस्तुत क.: ~ sb/ sth at sb's service (किसी को या किसी चीज को किसी की सेवा में सुपुर्द क.); ~ a child under sb's care (बच्चे को किसी की देखभाल में रखना); ~ a matter in sb's hands (मामले को किसी के हवाले क.); ~ oneself under sb's orders (अपने आप को किसी के हुक्म के मातहत क.); ~ under the command of 10 क्रय आदेश दे.: ~ an order to buy sth; ~ an advertisement 11 *comm.* शेयर के खरीददारों को ढूंढना या शेयर बेचना 12 उधार दिलाना 13 कोई विशेष स्थान देना, मान्यता दे.: as a poet I ~ him among the first;

dw/lw: **placebo** *see below under separate entry*; **~d** *adj.* विजयी (पहले, दूसरे या तीसरे स्थान पर आकर); **~holder** *n.* 1 (किसी स्थान से) लुप्त पाठ का चिह्न 2 *ling.* वाक्य में अर्थहीन शब्द का प्रयोग: in the sentence: 'There are many things there', 'There' is a ~holder; **~man** *n. colloq.* सरकार आदि द्वारा मनोनीत सदस्य जो सरकार के पक्ष को रख ता है; **~ment** *n.* 1 नियुक्ति 2 तैनाती 3 व्यक्ति या वस्तु का स्थान 4 रखने की क्रिया, स्थापना: the ~ment of the loan; **~-name** *n.* शहर, गांव, पहाड़ या झील आदि का नाम; **~r** *n., mining* बाहरी सतह पर सोने का जमाव जिसे धोकर उतारा जा सकता है; **~-seeker** *n.* नौकरी ढूंढने वाला या ढूंढनेवाली; **~-setting** *n.* एक व्यक्ति के लिए छुरी-कांटे, चम्मच आदि की (मेज पर) सजावट;

collocations: **~ card** मेज पर सीट का नंबर; **~ kick** *rugby* गेंद को जमीन पर रखकर लगाई जाने वाली ठोकर; **~ mat** मेज की मैट; **~ment test** नौकरी के लिए परीक्षा; **~ of arms** (हथियारों का) अड्डा; **~ of occurrence** घटना स्थल; **~ of work** नौकरी करने का स्थान;

decimal ~ दशमलव बिंदु का स्थान;

p&i: **~ a manuscript** पुरानी पांडुलिपि के लेखन का समय, लेखक का नाम आदि स्थापित क.; **~ a seal to a document** दस्तावेज पर मोहर लगना; **~ conditions for the admission** प्रवेश के लिए कुछ शर्तें रखना; **~ confidence in/ reliance upon sb** किसी पर विश्वास या भरोसा क.; **~ emphasis/ importance, etc. on sth** बल या महत्ता दे.; **~ in reserve** संचित या बचाकर रखना; **~ in the sun** दुनिया में कोई स्थान; **~ no restrictions on sth** किसी बात पर कोई प्रतिबंध न लगाना;

~ **one's hand in lion's mouth** शेर के मुंह में हाथ डालना; **all over the ~ = all over the shop = all over the lot** 1 अस्त-व्यस्त 2 यत्र, तत्र, सर्वत्र यानी इधर-उधर सब जगह; **any old ~** कोई भी जगह; **be ~d** 1 मुकाबले में कोई स्थान पाना 2 कुछ करने की स्थिति में हो.: he is better ~d to help her 3 समय हो.: how are you ~d this evening? 4 जिंदगी में किसी मुकाम पर हो.: he is well ~d in life; **be awkwardly ~d** शर्मनाक स्थिति में फंसना; **be in ~** अपनी जगह पर हो.; **change/ swap ~s with sb** किसी के साथ स्थान की अदला-बदली क.; **explain to sb how one was ~d** किसी के सामने अपनी स्थिति स्पष्ट क.; **fall/ slot into ~** सभी बातों का स्पष्ट हो जा.; **give ~ to sb** or **sth** को स्थान दे.; **go ~s** *US* 1 सफल हो. 2 भिन्न-भिन्न स्थानों की यात्रा क.; **have a soft ~/ corner in one's heart for sb** किसी के प्रति मन में थोड़ा स्नेह हो.; **have/ take pride of ~** गौरवमय स्थान पाना; **in high ~s** ऊंचे लोगों के बीच; **in ~** 1 अपनी उचित या सही जगह पर, संगत, उपयुक्त: be very much in ~ as a journalist 2 लागू हो.; **in ~ of sth** के स्थान पर, की बजाए; **in the first ~** सबसे पहले तो...; **in the second ~** दूसरी बात यह है कि; **in ~s** इधर-उधर, यहां-वहां; **in your ~ if I were there** आपकी जगह यदि मैं होता, तो...; **it took ~ ten years ago** यह दस साल पहले हुआ था; **keep a ~ warm for sb** अस्थाई रूप से किसी के स्थान पर काम क.; **keep one's ~** अपनी औकात में रहना; **keep sb in his** (proper) **~** किसी को अपने पर आश्रित रखना; **know one's ~** अपनी औकात जानना; **lose one's ~** पाठ पढ़ते समय पृष्ठ या पंक्ति भूल जा.; **lose the ~** आपे से बाहर हो., गुस्सा क.; **make the ~ too hot for sb** किसी के लिए कहीं काम करना या रहना असहनीय बना दे.; **one's last resting ~** कब्र; **one's ~ in the sun** सूरज तले किसी का स्थान; **out of ~** बेठिकाने, असहज, असंगत, अनुचित, अनुपयुक्त: remark out of ~; look sadly out of ~; **put sb in their ~** किसी को उसकी औकात बताना; **some ~** कहीं न कहीं पर; **take ~** घटित होना; **take one's ~** अपना स्थान ग्रहण क.; **take the ~ of sb** or **sth** किसी का स्थान लेना; **the darkest ~ is under the candlestick** दीपक तले अंधेरा; **the ~ is too hot for sb** किसी के लिए बहुत कठिन हो.; **there is no ~ like home** जो सुख छज्जू दे चबारे, ओह बलख न बुखारे, अपने घर जैसा कोई और स्थान नहीं हो सकता

placebo /प्लअसीःबो/ *n., pl.* **~s** *med.* नाममात्र की औषधि, दिखावे की दवा, सादी पुड़िया, छद्म-औषध, छद्म-दवा;
p&i: **sing (a) ~** जी-हजूरी क., तलवे चाटना; **the ~ effect** छद्म-दवा लेने के बाद बेहतर महसूस करने का दिखावा

placenta /प्लअसेंटा/ *n., pl.* **~s**/ **~e**, *usually* **the ~** 1 (***syn.*** afterbirth) प्रसव के बाद औरत या मादा पशु के शरीर से निकलने वाला पदार्थ जो बच्चे को पिलाने के लिए आवश्यक होता है 2 गर्भनाल, खेड़ी, पुइन, अपरा 3 बीजांडासन;
dw/lw: **~l** *adj.* गर्भनाल का

placer /प्लैसः/ *n. see above under* **place:** ***dw/lw***

placet /प्लेसेट/ प्लैकेट/ *n., Lat.* 1 सकारात्मक मत: the report was rejected by 40 **non-~s** to 39 **~s** 2 प्रबंधन समिति में स्वीकृति 3 *hist.* राजा को धार्मिक आदेश आदि जारी करने की अनुमति

placid /प्लैसिड/ *adj.* 1 (***syn.*** tranquil) शांत, शांतमना, सौम्य 2 (***syn.*** high-spirited) आसानी से उत्तेजित न होने वाला (व्यक्ति या जानवर);
dw/lw: **~-faced** *adj.* शांतमना, शांतचित्त; **~ity** /प्लसिडिटी/ *n.* सौम्यता, शांति; **~ly** *adv.* शांत ढंग या मन से; **~ness** *n.* सौम्यता, शांति

placing /प्लेसिंग/ *n.* 1 रखाव-जमाव: an agreeable ~ of statue 2 स्थान: ~ the serve (टेनिस में सर्विस को किसी स्थान पर गिराने का कार्य)

placket /प्लैकिट/ *n., [pl.] dressmaking* 1 छाती बंद, पिछली तरफ खुलने वाला स्कर्ट, ऐप्रन 2 जेब: ~-hole

placoderm /प्लैकोडःम/ *adj.* हड्डियों वाली पट्टियों से ढकी हुई मछली

plafond /प्लअफान/ *n., Fr.* अलंकृत या चित्रों से सजी हुई (भीतरी) छत

plagal /प्लेगल/ *adj. music* एक प्रकार का संगीत

plage /प्लाझ/ *n., Fr.* (***syn.*** beach, *Russian* **пляж**) समुद्रतट, बेलांचल, बीच

plagiarism /प्लेजअरिज्म/ *n.* 1 किसी पुस्तक या लेख में किसी दूसरे की रचना या लेख के अंशों या विचारों की चोरी 2 साहित्यिक चोरी: suspect of ~ 3 भावहरण

plagiari\ze (*also UK* **-ise**) /प्लेजअराइज/ *v., pt.* **~zed**, *pp* **~zing** 1 किसी की रचना या किसी के लेख के अंशों या विचारों की चोरी क. 2 साहित्य, कला और संगीत आदि की रचनाओं या रचनांशों की चोरी क.

plagiarist /प्लेजअरिस्ट/ *n.* 1 साहित्य, कला, संगीत की रचनाओं का चोर 2 भावहारी

plagiostome /प्लेजिओस्टोम/ *n., zool.* शार्क जैसी मछली

plague /प्लेग\/ *n., med.* 1 प्लेग 2 (***syn.*** bubonic) ताऊन 3 (***syn.*** epidemic) महामारी: avoid sth like the ~ 4 (***syn.*** calamity) विपत्ति, आपदा: a ~ of sth 5 परेशानी का स्रोत: mosquitoes are the ~ of our life here;
v., *pt.* **~d**, *pp* **plaguing** 1 बीमारी लग जा.: **~d** by headaches 2 (***syn.*** trouble) तंग क., कष्ट दे. 3 (***syn.*** hound) सताना, विपत्ति में डालना;
dw/lw: **~-bill** *n.* प्लेग से मरने वालों की संख्या; **~some** /~सम/ *adj. colloq.* कष्टदायक, विपत्तिजनक; **~-rat** *n.* प्लेग-ग्रस्त चूहा; **~-spot** *n.* कष्टदायक या आविपत्तिजनक स्रोत (स्थान): there are many ~-spots on his book; ~-spot of sin;
p&i: **(a) ~ on it!** इसका सर्वनाश हो जाए!; **avoid sb like a ~** किसी से बुरी तरह कटना या कतराना

plaice /प्लेस/ *n. pl.* **plaice** एक प्रकार की मछली

plaid /प्लैड/ *n.* 1 *US* एक प्रकार का कपड़ा, पट्टू 2 स्कॉटलैंड की एक पोशाक जिसमें ऊन की भारी पट्टी लगी रहती है: **~ed** trousers

Plaid Cymru /प्लेड कमरि/ *n.* वेल्स (Wales) की एक अतिराष्ट्रवादी पार्टी

plain /प्लेन/ *adj.* 1 (***syn.*** simple) साधारण: ~ food 2 खालिस, सिर्फ: ~ selfishness; ~ water 3 समतल, सपाट, चौरस (level): ~ ground 4 (***syn.*** open, stark) खुला, अबाधित: ~ view/ sight 5 (***syn.*** easy) सरल: the meaning is quite ~; ~ text 6 सुबोधगम्य (easy to understand): ~ writing; explain sth in ~ and precise terms 7 (***syn.*** clear, unequivocal) सुस्पष्ट, साफ: it is your ~ duty; in ~ English; ~ as the day/ as daylight/ as a pikestaff/ as the nose on your face 8 (***syn.*** unembellished, bald) सादा, सीधा-सादा, सरल, अनलंकृत: not Dr. or Professor, just ~ Mr.; ~ style; ~ dive; ~ drawing 9 असुंदर, कुरूप: ~ face 10 निष्कपट: ~ dealing; स्पष्टवादी: ~-spoken: ~ statement; ~ answer 11 एक ही रंग का, बिना किसी पैटर्न का: ~ dress/ furniture; ~ silk/ velvet 12 (***syn.*** frank, open) पारदर्शी, स्पष्टवादी: be ~ with sb 13 (***syn.*** smooth) आसान, बिना कठिनाई के: it will be all ~ sailing; these things are never ~ sailing 13 सामान्य, साधारण: no special skills for this job, just ~ common sense;
n. 1 समतल जमीन, मैदान, भूमि: in the open ~; the Great **Plains** 2 सीधी-सादी बुनाई;
adv. 1 बिल्कुल, निरा: ~ stupid/ wrong, etc. (निरा बेवकूफ/ गलत) 2 स्पष्टतया, साफ-साफ;
dw/lw: **~chant** /प्लेन्चांट/ प्लेन्चैंट/ *n.* = **plainsong** एक चर्च सरल (बिना धुन का) गीत; **~-dealer** *n.* स्पष्टवादी व पारदर्शी व्यक्ति; **~-dealing** *n.* व्यवहार में स्पष्टवादिता, पारदर्शिता,

निष्कपटता; **~-hearted** *adj.* निष्कपट व सीधे-सादे दिल का; **~ly** *adv.* 1 सरल और स्पष्ट रूप से 2 पारदर्शी तरीके से; **~ness** *n.* 1 सरलता, स्पष्टता 2 पारदर्शिता, स्पष्टवादिता 3 निष्कपटता; **~-song** *see above under* **~-chant**; **~-speaking** *n.* स्पष्टवादिता; **~sman** *n.* मैदानी क्षेत्र का निवासी;

collocations: **~ chocolate** बिना दूध की काली चॉकलेट; **~clothes man** 1 (साधारण कपड़ों में यानी बेवर्दी) जासूस 2 बिना वर्दी के पुलिसिया; **~ flour** शुद्ध आटा; **~ Jane** *derog colloq.*; *pl.* **~ Janes** साधारण लड़की या औरत; **~ language** सीधी-सादी या सरल भाषा, अनलंकृत भाषा; **~ sailing** 1 अबाधित प्रगति 2 *naut.* बिना किसी बाधा वाले समुद्र में जहाज की यात्रा; **~ spoken** स्पष्टवादी; **~ text** मानक कोड में (unformatted) संचित आंकड़े जिन्हें एक कंप्यूटर से दूसरे में स्थानांतरित किया जा सकता है; **~ water** सादा पानी;

p&i: **~ as a pikestaff** बिल्कुल साफ दिखने वाला; **~ living and high thinking** सादा जीवन उच्च विचार; **~ sailing/ Clear sailing** आसान राह;

a ~ person सीधा-सादा व सपाट व्यक्ति; **in ~ clothes/ ~-clothed** छद्म वेश में, बेवर्दी या साधारण पोशाक में

plaint /प्लेंट/ *n.* 1 *law* अर्जी, वादपत्र, अर्जी-दावा 2 *poetic* (***syn.*** sad cry) दर्द भरी आवाज, दर्द भरी कहानी

plaintiff /प्लेनटिफ/ *n. law* (***syn.*** complainant) वादी, मुद्दई, मुकदमा करने वाला, दावा करने वाला: given for the ~ (वादी के हक में फैसला); ~ in cross (प्रतिवादी); find for the ~ (वादी के हक में फैसला दे.)

plaintive /प्लेनटिव/ *adj.* 1 दुखभरा, दर्द भरी, दुखपूर्ण, विषादपूर्ण: a ~ cry 2 (***syn.*** mournful) उदासीभरी;

dw/lw: **~ly** /~लि/ *adv.* दर्द भरे स्वर में; **~ness** /~नेस/ *n.* विषाद

plait /प्लैट/ *UK* (*US* **braid**) *v., pt.* **~ed**, *pp* **~ing** 1 चोटी (बालों की) या वेणी बनाना, चुनना 2 (***syn.*** intertwine) गूंथना;

n. 1 चोटी, वेणी, चुनन, चुनट: girls with long **~s** 2 शिकन, सिलवट: she smoothed down the **~s** of her apron 3 (***syn.*** wrinkle) झुर्री 4 परत, झिल्ली: ~ of onions

plan /प्लैन/ *n., usually* **~s** 1 योजना, आयोजना, परियोजना: counter ~ (जवाबी योजना); upset one's ~ 2 नक्शा, मानचित्र: sketch ~ 3 (***syn.*** outline) रेखाचित्र, खाका, रूपरेखा: draw a ~ 4 (***syn.*** programme) कार्यक्रम: have no fixed **~s**; what are your **~s** for today? 5 (***syn.*** method) कार्यप्रणाली, तरीका: working ~ 6 (***syn.*** arrangement) विन्यास, व्यवस्था: street ~; floor ~ 7 मंशा, कार्य करने की योजना: everything went according to ~;

v., *pt.* **~ned**, *pp* **~ning** 1 योजना बनाना: ~ for sth (*also* ~ **on sth**); ~ a piece of work 2 नक्शा/ मानचित्र बनाना 3 मंशा रखना, इरादा क., सोचना 4 तैयारी क.: ~ everything ahead 5 कार्यक्रम बनाना: ~ out one's time;

dw/lw: **~ned** *adj.* आयोजित, योजनाबद्ध, नियोजित; **~ner** *n.* आयोजक, योजनाकार; **~ning** *see below under* **planning**;

collocations: **Plan A** अपेक्षा अनुसार कार्य होने की स्थिति के लिए योजना; **Plan B** पहली योजना के विफल होने की स्थिति में वैकल्पिक योजना; **~ned economy** योजनाबद्ध आर्थिक प्रणाली; **~ning commission** योजना-आयोग;

p&i: **~ on doing sth** कुछ करने का कार्यक्रम बनाना; **~ sth out** तैयारी क., योजना बनाना; **~ to do sth** कुछ करने की योजना; **not ~ on/ for sth** का प्रावधान न क., किसी बात से विस्मित या हक्का बक्का हो जाना; **the American ~** भोजन के साथ होटल का कमरा; **the European ~** होटल में केवल नाश्ते के साथ कमरा

planar /प्लेनः/ *n.* सम-तल

planchet /प्लाःन्चिट/ *n.* मुद्रा बनाने की चक्रिका

planchette /प्लैनशेट/ प्लांशेट/ *n.* प्लैंचेट, हृदयकार तख्ता

plane /प्लेन/ *n.* 1 (***syn.*** airplane) हवाई जहाज, विमान, वायुयान: go by ~; fly a ~ 2 रंदा: **planing**-machine (लकड़ी या धातु को रंदा लगाने वाला यंत्र) 3 *tech., math.* समतल 4 (*also* **~ tree**) चिनार का पेड़ 5 (***syn.*** level, standard) स्तर: on a higher intellectual ~ (उच्चतर बौद्धिक स्तर पर); a high ~ of intelligence; they are on the same ~; two political **~s** 6 ढलान, ढाल;

v., *pt.* **~d**, *pp* **planing** 1 (*also* **~ sth down**) रंदे से समतल क. 2 रंदना, चिकनाना, रंदा फेरना: ~ away/ ~ down/ ~ off 3 बराबर कर दे., चौरस बनाना 4 (***syn.*** glide) विसर्पण क. 5 मंडराना: an eagle planing on widespread motionless wings;

adj. समतल, सपाट;

dw/lw: **~r** *n.* 1 रंदा करने वाला 2 रंदा; **~load** *n.* विमान की यात्री लेजाने-लाने की क्षमता; **~ness** *n.* समतलता; **~-table** *n.* चित्रण फलक; **planing-machine** *n.* रंदा (मशीन);

collocations: **~ angle** *geom.* समतल कोण; **~ geometry** = **planimetry** समतल रेखा-गणित; **~ polarization** समतल ध्रुवीकरण; **~ sailing** *naut.* समतल जल यात्रा, धरती को समतल मानकर जहाज की स्थिति का आकलन क.; **~ surveying** क्षेत्र-चित्रण; **~ wave** समतल तरंग;

p&i: **~ down** जहाज द्वारा नीचे उतरना; **~ sth off/ away** रंदे से किसी चीज को किसी तल या सतह से हटाना;

a ~ gets in/ lands/ takes off विमान हवाई अड्डे में प्रवेश करता है/ नीचे उतरता है/ उड़ान भरता है; **board/ catch/ get on/ get off a ~** विमान में बैठना/ विमान पकड़ना/ विमान में चढ़ना/ विमान से उतरना; **by ~** विमान से; **on a ~** विमान में

planet /प्लैनिट/ *n.* 1 सूर्य के गिर्द घूमने वाले नौ (Mercury, Venus, Earth, Mars, Jupiter, Saturn, Uranus, Neptune and Pluto) ग्रहों में से कोई एक ग्रह 2 (*also* **major ~**) नौ ग्रहों में से एक जो सूर्य के गिर्द घूमता है 3 (*also* **secondary ~**) स्पुतनिक यानी उपग्रह 4 *astrol.* उपर्युक्त नौ ग्रहों के नाम पर जोडियाक चिह्न (राशियां);

dw/lw: **~arium** /प्लैनिटेअरिअम/ *n., pl.* ~ariums/ ~aria कृत्रिम तारामंडल, कृत्रिम नभोमंडल; **~ary** /प्लैनिटअरि/ *adj., astron.* 1 ग्रह-संबंधी: ~ary system 2 भूमंडलीय, ग्रहीय, कक्ष में घूमने वाला; **~-stricken**/ **~-struck** *adj. astrol.* ग्रहग्रस्त, अभिशापित 2 आतंकित 3 सांसारिक 4 डांवांडोल, भूला-बिसरा); **~oid** /प्लैनटॉइड/ *n., astron.* क्षुद्र ग्रह, ग्रहिका (Minor Planet);

p&i: **be born under a lucky/ an unlucky ~** भाग्यशाली या अभाग्यशाली राशि में पैदा हो.

planetolo\gy /प्लैनिटौलजि/ *US* प्लैनिटाःलजि/ *n., astron.* ग्रहों, उपग्रहों और अंतर-ग्रहीय आदि प्रक्रियाओं का वैज्ञानिक अध्ययन;

dw/lw: **~gist** /प्लैनिटौलअजिस्ट/ *US* प्लैनिटाःलअजिस्ट/ *n.* ग्रह विज्ञानी

plangen\cy /प्लैंजंसि/ *n.* गहरी, गूंजने वाली, शोक-संतप्त आवाज या ध्वनि;

dw/lw: **~t** /प्लैंजंट/ *adj.* (***syn.*** plaintive) घनघोर, गहरी, शोक-संतप्त

planimeter /प्लनिमिटः/ *n., engin.* विषम तल का क्षेत्र मापने वाला उपकरण

planish /प्लैनिश/ *v., pt.* **~ed**, *pp* **~ing** 1 चपटा कर दे. 2 परिमार्जित क. 3 धातु की प्लेटों को पॉलिश क.

planisphere /प्लैनिस्फिअः/ *n.* समतल पर दिखाया गया क्षेत्र

plank /प्लैंक/ *n.* 1 तख्ता, फलक, पटड़ा 2 राजनीतिक नीतियों पर आधारित मोर्चा या मंच 3 घोषणा-पत्र 4 सहारा, समर्थन: this is our only ~;

v., *pt.* **~ed**, *pp* **~ing** 1 तख्तों आदि से ढकना 2 रखना: ~ it on the highest shelf 3 *US* पैसा दे.: he **~ed** down a cool thousand 4 मोर्चा या मंच बनाना 5 मंच का घोषणा-पत्र बनाना 6 तख्त पर सोना 7 चुरा लेना;

dw/lw: **~-bed** *n.* तख्तों का बिस्तरा; **~ed** *adj.* तख्तों से बना;

~er *n.* मिट्टी को सख्त बनाने वाला; ~-**floor** *n.* फलक-फर्श, तख्तों का फर्श; ~**ing** *n.* तख्त लगाकर फर्श आदि बनाने की क्रिया; ***collocations:*** ~ **road** फलक सड़क;
p&i: ~ **sth down** *colloq.* किसी चीज को धड़ाम से पटकना; **walk the** ~ 1 समुद्री लुटेरों द्वारा जहाज के कर्मियों की आंखों पर पट्टी बांधकर उन्हें डेक के किनारे से समुद्र में धकेलना 2 मौत के मुंह में जाना 3 *US* नौकरी से निकाल दिया जाना

plankton\ /प्लैंक्टन/ *n.* समुद्र में तैरने वाले अति सूक्ष्म जीव जो बहाव के साथ चलते रहते हैं, प्लवक;
dw/lw: ~**ology** /प्लैंक्टनौलजि/ *US* प्लैंक्टनाःलजि/*n.* प्लवक-विज्ञान; ~**onic** /प्लैंक्टौनिक/ *US* प्लैंक्टाःनिक/ *adj.* अति सूक्ष्म समुद्री जीवों से संबंधित

planning /प्लैनिंग/ *n.* 1 योजना बनाने की प्रक्रिया: long-term ~ 2 आयोजन 3 नियोजन 4 नियोजित एवं नियंत्रित करने का कार्य;
collocations: ~ **commission** योजना आयोग; ~ **outlay** योजना व्यय का प्रावधान; ~ **permission** *Br.* भवन निर्माण, उसमें बदलाव और उसके उपयोग के चरित्र में बदलाव के लिए स्थानीय प्रशासन से ली जाने वाली अनुमति;
family ~ परिवार नियोजन

plano- /प्लेनो-/ प्लैनो-/ *combining form, signifying:* **flatness or planeness** (चपटापन या समतलता);
dw/lw: ~-**concave** /प्लेनोकॉन्केव/ *n.* समतलावतल; ~-**convex** *n.* समतलोत्तल

planographic printing *n.* चपटी या समतल सतह से फोटो छपाई करने का तरीका

plant /प्लांट/ *n.* 1 पौधा, वनस्पति, जड़ी-बूटी: farming ~ 2 प्लांट, फैक्टरी, कारखाना 3 संयंत्र 4 किसी संगठन में चोरी-छिपे घुसाया गया गुप्तचर या दलाल: intellectual ~; put up a ~ on sb 5 धोखा-धड़ी, ठगी, छल: regular ~;
v.**, pt.* ~**ed**, *pp* ~**ing** 1 बीज बोना या लगाना 2 (*often* ~ **sth out**) पौधा या पेड़ लगाना: ~ a tree 3 गुप्तचर बैठाना 4 बम आदि रखना, लगाना: ~ mines 5 संदेह आदि पैदा क. 6 वार क.: the blow was well ~**ed**; ~ one's fist on sb's nose 7 विचार आदि रोपना, बैठाना: ~**ed** an idea in the minds of one's pupils 8 (syn.*** settle) बसाना, कालोनी बसाना 9 किसी चीज को मजबूती से स्थापित क.: at last he ~**ed** his foot on dry ground; they ~**ed** themselves in some safe nook 10 ठगना, छलना: ~ sth on sb (धोखे से घटिया माल देकर ठगना);
adj. पौधे का/ की/ के: ~ population (पौधों की संख्या);
dw/lw: ~**age** *n.* वनस्पति; ~**ed** *adj.* रोपा या लगाया हुआ (पौधा); ~**er** *n.* 1 बागान-मालिक 2 बीज बोने का यंत्र 3 गमला, रोपक 4 *Austral.* घुड़-चोर 5 उपनिवेशक बागान-मालिक; ~**ing** *n.* पेड़-पौधे लगाने की क्रिया; ~**sman**/ ~**woman** *n.* माली या मालिन;
collocations: ~-**breeding station** पौध-रोपण वाटिका; ~ **ecology** पर्यावरण, वानस्पतिक परिस्थिति; ~ **kingdom** वनस्पति जगत; ~ **louse** हरी मक्खी; ~ **pathology** वनस्पति रोग निदान विज्ञान; ~ **pot** गमला; ~ **surgeon** वनस्पति चिकित्सक; ~ **warfare** दुश्मन के रोपित खेतों या बागानों का विनाश;
p&i: ~ **a bomb** बम रखना; ~ **a bullet in a target** निशाने पर गोली मारना; ~ **a sentry before a door** दरवाजे पर पहरेदार रखना; ~ **it home** 1 वार क. 2 वाद-विवाद में लाजवाब दलील दे.; ~ **on** 1 चोरी-छिपे रख दे. 2 धोखे से घटिया माल दे.; ~ **one's wife** पत्नी को छोड़ दे.; ~ **out** बीजों या पौधों को रोपना; ~ **spies about sb** किसी के यहां ढेर सारे गुप्तचर तैनात कर दे.; ~ **spies somewhere** किसी स्थान पर गुप्तचर लगाना; ~ **sth in/ next/ on, etc.** कहीं रखना या बैठाना;
be on a ~ ठगा जा.; **the hothouse** ~ छुई-मुई, आसान हालात में पलने-फूलने वाला व्यक्ति

plantago /प्लैंटेगो/ *n.* (***syn.*** ovata) इसबगोल, ईसपगोल

plantain /प्लैंटिन/ *n.* केले की तरह का पौधा, केला

plantar /प्लैंटः/ *adj., anat.* पांव के तलवे का, पाद-तल, पीतल

plantation /प्लांटेशन/ *n.* 1 बाग, बागान, रोप स्थली, बग़ीचा 2 उगाया हुआ वृक्ष-समूह: a conifer ~; vast ~**s** of trees 3 पौधे या वृक्ष रोपण क्रिया 4 बागान का क्षेत्र: sugar ~;
collocations: ~ **agriculture** रोपण कृषि; ~ **farming** रोपण खेती; ~ **village** बागबानी गांव; **the** ~ **of trades** दस्तकारी उद्योग की स्थापना;
p&i: **send to the** ~**s** किसी को काला पानी की सजा दे.

plantigrade /प्लैंटिग्रेड/ *zool., adj.* पादतलचारी

plaque /प्लाक/ प्लैक/ *n., Fr.* 1 स्मृति-पट्टिका: memorial ~ 2 दांतों पर जमने वाली पीली परत, फलक, पटिया 3 शरीर का सूजा हुआ अंग 4 चपटी जड़ाऊ पिन: a ~ of diamonds and emeralds;
dw/lw: **plaquette** /प्लैकेट/ *n.* पट्टिका

plash /प्लैश/ *v., pt.* ~**ed**, *pp* ~**ing** 1 (***syn.*** splash) छपछपाना, उछालना, छिड़कना: ~ through water/ mud 2 (***syn.*** interweave) गूंथना;
n. 1 छपछपाहट: the ~ of oars; the ~ of waves against a jetty 2 (***syn.*** puddle) डबरी 3 दलदल 4 प्रकाश पुंज: like ~**es** of sunlight;
dw/lw: ~**y** /प्लैशि/ *adj.* 1 डबरीदार 2 छपछपाहट करने वाला 3 (***syn.*** boggy) दलदला: ~y roads 4 ऊंची छपछपाहट: ~y waterfalls

plasm /प्लैज्म/ *n., biol., in compounds and as combining form:* **cytoplasm** (जीव-द्रव्य): germ plasm

plasma /प्लैज्मा/ *n., pl.* ~**s**, *physiol.* 1 रक्त का रंगहीन तरल भाग जिसमें रक्त कोशिकाएं तैरती रहती हैं, प्लाविका, प्लाज्मा 2 (***syn.*** quartz) हरा बिलौर 3 *phys.* बहुत ऊंचे तापमान तक गर्म की हुई गैस जब इसके अणु या परमाणु स्वतंत्र इलेक्ट्रोनों (electrons) और आयोनों (ions) में विभक्त हो जाते हैं;
dw/lw: ~**pheresis** /प्लैज्माफेरअसिस/ प्लैज्माफरीःसिस/ *n., med.* रक्त से मात्र प्लाज्मा अलग करके रक्त कोशिकाओं को रक्तदान कर्ता को लौटाने की क्रिया;
collocations: ~ **membrane** (*also* **cell membrane**) कोशिका के चारों ओर बनी पतली झिल्ली; ~ **physics** प्लाज्मा भौतिकी; ~ **screen** विशेष प्रकार की गैस के संकुचन (compression) द्वारा शब्दों या चित्रों को बहुत स्पष्ट दिखाने वाला स्क्रीन; ~ **TV** प्लाज्मा स्कीन (~ screen) वाला टीवी

plasmolyse /प्लैज्मअलाइज/ *n.* द्रव्य संकुचन

plaster /प्लाःस्टः/ *n.* 1 पलस्तर: put a ~ on a house 2 *UK* (*US* **Band-Aid** *trademark*; *also* **sticking-**~) घाव पर चिपकाई जाने वाली पट्टी, प्लास्टर: a ~ for all sores (हर मर्ज की दवा);
***v.**, pt.* ~**ed**, *pp* ~**ing** 1 पलस्तर क. 2 पलस्तर या अन्य किसी चीज से ढकना: a candy ~**ed** the bitter medicine; she was ~**ed** with diamonds 3 (*often* ~ **sth with sth**) दीवार पर पलस्तर आदि लगाना: walls ~**ed** with advertisements 4 (*usually* ~ **sth with/ on sth** *colloq.*) पोतना, पोत दे., क्रीम आदि लगाना: ~ down one's hair 5 चापलूसी क.: he ~**ed** them with praise 6 कटुता को दबाना: ~ a quarrel (किसी तरह से समझौता क. या करवाना);
dw/lw: ~-**bandage** *n.* पलस्तर-पट्टी; ~**board** *n.* दीवारों को भरने के लिए सख्त पलस्तर सामग्री; ~**ed** *adj.* 1 पलस्तर से ढका हुआ 2 *colloq.* पीकर धुत्त; ~**er** /प्लाःस्टरर/ *n.* पलस्तर करने वाला, पलस्तर की कलात्मक वस्तुएं बनाने वाला; ~**ing** *n.* पलस्तर, पुताई, लिपाई; ~**work** *n.* पलस्तर करने का काम; ~**y** /प्लाःस्टरि/ *adj.* 1 प्लास्टर जैसा 2 पलस्तरदार, पलस्तरी, कलईदार;
collocations: ~ **cast** 1 मूर्ति के ऊपर पैरिस-प्लास्टर (खड़िया मिट्टी) और पानी का गाढ़ा घोल डालकर बनाई जाने वाली प्रति 2 चोटिल अंग पर चढ़ाया जाने वाला प्लास्टर; ~ **of Paris** मूर्तियां बनाने की खड़िया मिट्टी, गच; ~ **saint** दोमुंहा या कपटी संत;
p&i: **be in** ~ *UK* (*US* **be in a cast**) हड्डी जोड़ने के लिए

प्लास्टर की पट्टी में हो.

plastic /प्लैस्टिक/ प्लास्टिक/ *n.* 1 प्लास्टिक 2 *colloq.* क्रेडिट कार्ड आदि: pay with ~ 3 परतदार: laminated ~;

adj. 1 प्लास्टिक से बना हुआ: ~ material; ~ table-cloth 2 सुनम्य, जिसे आसानी से मोड़कर किसी बर्तन आदि का आकार दिया जा सके: ~ clay 3 जिसे आसानी से प्रभावित किया जा सके: ~ mind 4 नम्र, आज्ञाकारी (person): ~ nature 5 कृत्रिम, खोखला 6 क्रेडिट कार्ड आधारित 7 *arts* प्रतिमा विधायक, रूपंकर: ~ images; ~ art; a great ~ artist 8 प्लास्टिक शल्य-चिकित्सा से संबंधित: ~ operation;

dw/lw: **~ity** /प्लैस्टिसिटि/ प्लाःस्टिसिटि/ *n.* 1 लचीलापन, लचक, सुनम्यता 2 चित्र में त्रिफलकी (three-dimensional) दिखने का गुण; **~ize** /प्लैस्टिसाइज/ *v., pt.* ~ized, *pp* ~izing 1 प्लास्टिक बनना या बनाना 2 लचकदार बनाना या बनना; **~izer/ ~iser** /प्लैस्टिसाइजः/ *n., chem.* एक जैविक यौगिक जिसे कठोर पौलिमर में डालकर लचकदार प्लास्टिक बनाया जाता है; **~s** /प्लैस्टिक्स/ *n., [sing.]* प्लास्टिक सामग्री का वैज्ञानिक अध्ययन या प्लास्टिक की सामग्री का औद्योगिक उत्पादन;

collocations: ~ **arts** *pl.* 1 (***syn.*** three-dimensional arts) त्रिफलकी मूर्तियां बनाने की कला 2 त्रिफलकी दिखने वाली कला; ~ **bomb** प्लास्टिक के विस्फोटकों से बना बम; ~ **bullet** पुलिस द्वारा प्रदर्शनकारियों आदि पर चलाई जाने वाले सिलेंडरनुमा प्लास्टिक की अघातक गोलियां; ~ **explosive** पुटी जैसा लगने वाला विस्फोटक पदार्थ; ~ **surgeon** प्लास्टिक शल्य कर्म करने वाला डॉक्टर; ~ **surgery** (*also* **cosmetic surgery**) 1 शल्य चिकित्सा की एक शाखा जिसके तहत शरीर के विकृत ऊतकों और अंगों की मरम्मत करके उन्हें फिर से बनाया जाता है 2 किसी लुप्त अंग के स्थान पर नया अंग लगाने की क्रिया 3 सुंदर बनने के लिए प्लास्टिक शल्य कर्म; ~ **wrap** *US* (*UK* **clingfilm**) पारदर्शी प्लास्टिक जिसमें लपेटकर खाना आदि रखा जा सकता है

Plasticine /प्लैस्टिसीन/ प्लाःस्टिसीन/ *n., trademark* बच्चों द्वारा प्रयोग में लाई जाने वाली खिलौनों के मॉडल बनाने की सामग्री

plastid /प्लैस्टिड/ *n., bot.* एक झिल्लीदार संरचना

plastique /प्लैस्टीःक/ *n.* नृत्य में सौम्य मुद्राएं और गतिशीलता

plastron /प्लैस्ट्रन/ *n.* 1 (***syn.*** fencing) उरस्त्राण 2 अधरवर्म (of tortoise) 3 कछुए के खोल का उदरीय भाग;

dw/lw: **plastral** *adj.* अधरवर्मी

platan/ platane /प्लैटन/ *n.* चिनार

plat du jour /प्लाः डूः जुअः/ (*also* **dish of the day**) *n.* रेस्त्रां में व्यंजन-सूची (menu) में दिन-विशेष का मुख्य व्यंजन

plate /प्लेट/ *n.* 1 प्लेट, तश्तरी, थाली: dinner ~; soup ~ 2 प्लेट भर, प्लेट में परोसे जाने वाले व्यंजन की मात्रा: a ~ of soup/ meat 3 धातु, शीशे या दूसरे किसी कठोर पदार्थ का समतल टुकड़ा: a ~ an inch thick 4 जहाज या रेलगाड़ी आदि पर धातु की परत: the steel **~s** of a ship 5 पट्टिका, पट्ट: name-~ (नाम पट्टिका) brass ~; letter ~; engrave a ~ 6 चद्दर, पत्तर (thin) 7 रकाबी, सोने-चांदी के बर्तन 8 *in compound words:* side-~ (छोटी प्लेट) 9 छपाई की प्लेट: book-~ 10 सोने चांदी के बर्तनों में से कोई एक चीज: gold/ silver ~ (सोने-चांदी की पुताई/ पत्तर वाली प्लेट) 11 (*also* **plating**) धातु की किसी प्लेट आदि पर सोने या चांदी आदि की पुताई 12 *photog.* शीशे का टुकड़ा जिस पर चित्र लेने के लिए हल्की परत चढ़ी होती है 13 शीशे की प्लेट से बना चित्र 14 नकली दांतों की कठोर प्लास्टिक की आधार प्लेट 15 (*also* ~ **tectonics**) *geol.* धरती की सतह को बनाने वाले भाग 16 *anat.* हड्डी या सींग का एक पतला चपटा टुकड़ा 17 *baseball* पांच कोनों वाली एक सफेद पट्टी 18 (*also anat.* **~s of meat**) *rhyming sl.* पांव 19 *building* एक समस्तर लकड़ी 20 (*also* **collection** ~) एक चपटा बर्तन जिसमें इकट्ठी की हुई राशि चर्च को दी जाती है;

v., *pt.* **~d**, *pp* **plating** 1 परत चढ़ाना 2 मुलम्मा चढ़ाना, चद्दर लगाना 3 किसी चीज को धातु की प्लेटों या परतों से ढकना;

dw/lw: **~d** *adj.* 1 पट्टित 2 परत चढ़ा हुआ; **~r** *n.* 1 परत चढ़ाने में प्रयुक्त धातु 2 परत चढ़ाने वाला 3 *horse-racing* गौण घुड़दौड़ में भाग लेने वाला घोड़ा; **~ful** (*usually* **~fuls**) *n., pl.* ~fuls प्लेट-भर; **~-glass** *adj.* 1 प्लेट शीशे से बना हुआ 2 बड़ी-बड़ी प्लेट शीशेवाली खिड़कियों वाला; **~layer** *n.* रेल लाइन आदि को बनाने वाला या मरम्मत करने वाला;

collocations: ~ **glass** एक उच्च गुणवत्ता वाला शीशा जिसे पॉलिश लगाकर देखने वाले शीशे (दर्पण) बनाने में प्रयुक्त किया जाता है; ~ **printing** पट्टिका मुद्रण; ~ **rack** धोने के बाद प्लेटें या तश्तरियां रखने का खाना; ~ **rail** रेल-लाइन में लगनेवाली चपटी पट्टी; **~s and dishes** 1 पत्नी 2 चुंबन; ~ **tectonics** *[sing.] geol.* एक भू-विज्ञानी सिद्धांत जिसके तहत धरती की परत ठोस चट्टानों की बड़ी-बड़ी प्लेटों से बनी है जो एक दूसरे की ओर खिंचाव और सरकन continental drift के लिए जिम्मेवार है; **L-~/ license** ~ गाड़ी चलाना सीखते समय गाड़ी पर लगाई जाने **'L'** अक्षर वाली पट्टी;

number ~ गाड़ी के नंबर को दर्शाने वाली पट्टी;

p&i: **hand/ give sb sth on a** ~ *colloq.* किसी को बिना प्रयास किए इनाम दे.; **have one's ~ up** डॉक्टर द्वारा अपने घर पर कारोबार चलाना; **have too much on one's** ~ अत्यधिक व्यस्त हो.; **on a** ~ महत्ता से इतराता हुआ

plateau /प्लैटो/ *n., pl. UK* **~x** /प्लैटो/ *US* **~s** /प्लैटोज/ 1 पठार 2 स्थिर (आर्थिक) स्थिति: the production rate in India reached a ~ in 2013;

v., *pt.* **~ed**, *pp* **~ing** (*sometimes* ~ **out**) एक स्तर पर पहुंचकर स्थिर हो जा., बराबर हो जाना

pla(t)ten /प्लैटन/ *n.* 1 छपाई प्लेट 2 टाइपराइटर का रोलर

platelet /प्लेटअलिट/ *n., physiol.* बिंबाणु, एक छोटी चक्राकार कोशिका के टुकड़े जो रक्त स्राव होने से पहले रक्त गांठ बनने के लिए जिम्मेवार होती है

plater *see above under* **plate: *dw/lw***

plateresque /प्लैटअरेस्क/ *adj.* अति भड़कीला-तड़कीला

platform /प्लैटफॉःम/ *n.* 1 ऊंचा उठा हुआ (खड़ा होने आदि का) स्थान, प्लेटफॉर्म: traffic-policeman's raised ~; the launching ~ 2 प्लेटफॉर्म (रेलगाड़ी का): ~ ticket 3 (***syn.*** rostrum) जनता को संबोधन करने के लिए ऊंचा मंच: the declaration could be made from the ~; have a good ~ manner 4 मंच, माध्यम, मोर्चा: common ~ 5 घोषणापत्र, चुनाव आदि का मुद्दा 6 समुद्र में तेल आदि खोजने या निकालने के लिए बनाया हुआ ऊंचा समतल तख्तनुमा स्थान: oil ~; production ~ 7 बसों में चढ़ने-उतरने का पटरा 8 जूते का मोटा तला जो 1970 के दशक में प्रचलित था: ~ shoes;

v., *pt.* **~ed**, *pp* **~ing** 1 ऊपर उठाना 2 प्लेटफॉर्म या अन्य किसी वस्तु पर रखना: ~ one's chin on one's palm 3 मंच से संबोधन क.;

collocations: ~ **game** कंप्यूटर खेल जिसमें हर समय उच्चतर स्तर पर चढ़ना होता है;

p&i: **quit the** ~ आम घोषणाओं से परहेज क.

plating /प्लेटिंग/ *n.* धातु की परत, चादर

platinic /प्लैटिनिक/ *adj., chem.* प्लैटिनियम नामक तत्व

platinous /प्लैटिनस/ *adj. chem.* प्लैटिनमयुक्त पदार्थ

platinum /प्लैटिनम/ *n.* (*symbol* **Pt.**) प्लैटिनम, सफेद धातु;

dw/lw: **~-blonde/ ~-blond** *adj.* चांदी-से रुपहले (बाल);

collocations: ~ **black** *chem.* काले चूर्ण के रूप में प्लैटिनम; ~ **disc** 1 ब्रिटेन में: ऐसी एल्बम (album) जिसकी तीन लाख (300,000) से ज्यादा प्रतियां बिक चुकी हों 2 अमेरिका में एल्बम या सीडी (CD) जिसकी छह लाख (600,000) प्रतियां बिक चुकी हों;

p&i: **go** ~ *colloq.* प्लैटिनम डिस्क (disc) की उपर्युक्त संख्या में प्रतियां बिकने पर कलाकार को प्लैटिनम की डिस्क की प्रति भेंट में मिलना

platitu\de /प्लैटिट्यू\ड/ *n.* 1 घिसी-पिटी बात 2 खोखली बात,

सामान्य उक्ति 3 (***syn.*** dullness) नीरसता;

dw/lw: **~dinous** /~डिनस/ *adj.* 1 घिसा-पिटा 2 खोखला 3 निस्सार; **~dinarian** /~डिनेअरिअन/ *n.* खोखली या घिसी-पिटी बात करने वाला

Plato /प्लेटो/ *n.* यूनानी दार्शनिक प्लेटो, अफलातून;

dw/lw: **~nic** /प्लअटौनिक/ *adj.* 1 यूनानी दार्शनिक प्लेटो से संबंधित, अफलातूनी 2 (*usually* **platonic**) आध्यात्मिक, निष्काम 3 (***syn.*** spiritual, not sensual) दो व्यक्तियों के बीच यौनाधारित होने की बजाए आध्यात्मिक या निष्काम प्रेम: ~nic love 3 बातें ज्यादा, काम कम करने वाला, गपोड़शंख 4 (***syn.*** impractical) अव्यावहारिक: ~nic philosophers; **~nism** /प्लेटनिज्म/ *n.* 1 प्लेटो के दर्शन के सिद्धांत, अफलातूनवाद 2 शरीर और आत्मा में पृथक्कता; **~nist** /प्लेटनिस्ट/ *n.* 1 अफलातूनवादी 2 यौनाधारित प्रेम की बजाए आध्यात्मिक या निष्काम प्रेम का समर्थक

platoon /प्लअटून/ *n. milit.* 1 पलटन, प्लाटून: a ~ of police; ~ headquarters 2 एक साथ काम करने वाला जनसमूह: a ~ of people of our age

platter /प्लैटः/ *n.* 1 थाली, कठौती: lick the ~ clean 2 *N. Amer. colloq.* (***syn.*** record) संगीत का तवा;

p&i: **hand/ present sth on a silver** ~ आसानी से सौंप दे.

platy /प्लैटि/ *combining form, signifying:* **flat or broad** (सपाट चपटा, पट्टकित): **platy**dactyl

platypus /प्लैटिपस/ (*also* **duck-billed** ~) *n., pl.* **~es** बतख की तरह का एक पक्षी, प्लैटीपस

platyrrhine /प्लैटिराइन/ *zool. adj.* 1 चौड़ी नाक वाला (व्यक्ति) 2 चौड़ी नाक वाला दक्षिणी अमेरिकी (बंदर)

plaudit /प्लॉडिट/ *n.* (*usually* **~s**) 1 वाहवाही, करतल-ध्वनि, शाबाशी: noisy **~s** 2 प्रशंसा

plausi\bility /प्लॉजिबिलिटि/ (*also* **~bleness**) *n.* 1 विश्वसनीयता: there is little **~bility** in her explanation; the **~bility** of the excuse 2 सत्यता;

dw/lw: **~ble** /प्लॉजिबल/ *adj.* 1 विश्वसनीय: it's quite a ~ble reason; a ~ble excuse 2 सत्याभासी, ईमानदार 3 मधुरभाषी; **~bly** /प्लॉजिबलि/ *adv.* 1 संभवतः 2 विश्वसनीयतापूर्वक

play /प्ले/ *v., pt.* **~ed**, *pp* **~ing** 1 बच्चों द्वारा (आंगन आदि में) खेलना, विहार क., क्रीड़ा क., खेल-खेल में मजे क., अठखेलियां क.: my daughter **~s** by herself for hours; the wind **~ed** in her hair 2 (*also* ~/ ~ **at sth**) कोई खेल (foot-ball, hockey etc.) खेलना: ~ a game of tennis 3 ठिठोली क., हंसी-मजाक क., दिल्लगी क., इतराना: smile **~ed** on her lips 4 (*also* ~ **against sb**) खेल-प्रतियोगिता में किसी के विरुद्ध खेलना: St. Stephen **~ed** Hindu last week; ~ for championship 5 किसी को टीम में खिलाना या शामिल क.: ~ Ishant as a pacer 6 सहयोग क.: refuse to ~ 7 शॉट खेलना, गेंद को बल्ले आदि से मारना 8 (***syn.*** trifle) खिलवाड़ क., खेलना: be merely **~ing** at business 9 (***syn.*** gamble) सट्टा लगाना या खेलना, बाजी लगाना, जूआ खेलना: **~ing** the market; ~ for money 10 (***syn.*** wield) चलाना, घुमाना: ~ record-player 11 *angling* मछली द्वारा छूट जाने के लिए संघर्ष करते-करते अपने को थका लेना 12 बर्ताव क., आचरण क.: ~ it cool 13 खिलौनों से खेलना 14 वाद्य या बाजा बजाना या उसका बजना: ~ the piano/ the violin/ the flute/ the guitar; the piano **~s** well 15 संगीत बजाना या उसका बजना: **~s** jazz on the saxophone; ~ a piece; just then the music began to ~ 16 (*usually* ~ **in sth**) नाटक आदि में भूमिका अदा क., अभिनय क.: **~ed** Gandhi in the school play 17 होने का नाटक क. या स्वांग भरना: ~ the dumb blonde; ~ the fool/ the idiot 18 की भूमिका निभाना, के रूप में कार्य क.: ~ host to the delegates 19 किसी संगीत मंडली द्वारा किसी नगर विशेष में शो क.: Indian Ocean **~ed** in Mumbai last year 20 रेडियो आदि चलाना 21 रेडियो आदि द्वारा कोई संगीत बजाया जा. 22 फव्वारे आदि का चलना: the fountains ~ on Sunday 23 *cards* तुरुप चलना: ~ the seven of club (चिड़ी की सत्ती चलना); ~ white/ black (शतरंज में सफेद या काली गिट्टियों से चाल चलना) 24 शरारतें क.: ~ a prank on sb 25 चालें चलना, तिकड़म क.: ~ politics; ~ upon sb's credulity;

n. 1 खेल, क्रीड़ा, खेल-कूद: children at ~ 2 खेल या गेम: rain stopped the ~; win a match by good ~ 3 (***syn.*** drama) नाटक, तमाशा: the ~ is being put on at the Shankarlal Concert Hall; the **~s** of Shakespeare 4 (***syn.*** trifling, tinkering) छेड़छाड़: make ~ with one's stick 5 (***syn.*** gambling) जूआ (बाजी): high ~; the ~ runs high (बड़े पैमाने पर जूए का खेल चल रहा है) 6 (***syn.*** jest) विनोद, हंसी-मजाक, दिल्लगी: answer part in earnest and part in ~ (कुछ गंभीरता से और कुछ मजाक में जवाब दे.) 7 (***syn.*** acting) अभिनय 8 (***syn.*** activity) जीवंतता, गतिविधि: iridescent ~ of colours; child full of ~ 9 (***syn.*** scope) गुंजाइश 10 ढीलापन, ढील-ढाल 11 दोलन: too much ~ in the steering 12 (***syn.*** manoeuvre) चाल, (बच्चों का) खेल 13 बर्ताव, व्यवहार: fair or foul ~ 14 मजाक: said in ~ 15 पूरा अवसर: give full ~ to the imagination/ one's fancy; give the rope more ~**!** (और खुली छूट दो!); in full ~ (पूरे जोर-शोर से चालू); the usual bustle was in full ~ 16 खिलवाड़, अठखेलियां: ~ of sunrays on water 17 उमड़ाव, उफान ~ of emotions; the ~ of expression in sb's face 18 प्रयोग, लागू होने की क्रिया: bring all one's tact into ~; come into ~; bring/ call into ~ (लागू क.); bring the guns into ~ (तोपों को दाग दे.) 19 शतरंज में चाल: it's your ~;

dw/lw: **~able** /प्लेअबल/ *adj.* (***anton.*** unplayable) खेलने योग्य; **~act** *v., pt.* ~acted, *pp* ~acting अपनी वास्तविक भावनाओं और मंशा को छिपाते हुए कपटपूर्ण ढंग से काम क.; **~-acting** *n.* दिखावापूर्ण व्यवहार, प्रपंच; **~-actor** *n.* नट; **~back** *n.* 1 पार्श्व गायन 2 फिर से बजाने की क्रिया; **~back** *n.* पहले से रिकॉर्ड किए हुए संगीत को बजाने की क्रिया; **~back-singer** *n.* पार्श्व गायक; **~bill** *n.* 1 नाटक का विज्ञापन 2 नाटक का कार्यक्रम; **~boy** *n.* अनेक औरतों से संबंध रखने वाला मस्त-मौला आदमी, लंपट; **~-by-~** *adj.* तफसील में, एक-एक करके; **~er** *n.* 1 खिलाड़ी 2 वादक 3 (***syn.*** actor) अभिनेता 4 (***syn.*** gambler) जुआरी; **~fellow/ ~mate** *n.* सखा, बाल-मित्र, लंगोटिया यार; **~ful/ ~some** *adj.* दिल्लगी करने वाला, चंचल, विनोदशील, मजाकिया, जिंदादिल, आनंदित, प्रसन्न; **~fulness** *n.* चंचलता; **~fully** *adv.* चंचलतापूर्वक; **~goer** *n.* प्रायः नाटक देखने के लिए रंगशाला जाने वाला, नाटकों का शौकीन; **~ground** *n.* खेलने का मैदान या स्थान; **~group** *n.* शिशुसदन; **~house** *n., old* रंगशाला, नाट्यशाला; **~ing** *adj.* खेलने का, की, के: ~ing card (ताश); **~-let** *n.* छोटा नाटक, नाटिका; **~list** *n.* किसी एक दिन रेडियो पर बजाए जाने वाली सीडीयों (CD's), रिकॉर्डों आदि की सूची; **~off** *n.* खेल के बराबरी पर खत्म होने पर जीत-हार का फैसला करने के लिए अतिरिक्त समय में होने वाला खेल; **~pen** *n.* छोटे बच्चों के खेलने की जगह; **~role** *n.* भूमिका; **~room** *n.* बच्चों के खेलने का कमरा; **~school** *n.* दो से पांच वर्ष की आयु के बच्चों के लिए स्कूल; **~Station** *n.* trademark टीवी पर खेल खेलने की मशीन; **~thing** *n.* खिलौने की तरह प्रयुक्त होनेवाला व्यक्ति; **~time** *n.* UK खेलने का समय; **~wright** *n.* नाटककार;

collocations: **~-back singer** पार्श्व गायक; **~ed out** 1 थका-मांदा, थककर चूर, पूर्णतः शक्तिहीन 2 समाप्त, पुराना; **~er piano** (*also* **pianola**) स्वतः चालित यानी piano roll की मदद से चलनेवाला पियानो; **~ing field** खेल का मैदान; **~ of words** शब्दों का खेल; **~ on words** (*also* **pun**) 1 शब्दों से खिलवाड़ 2 शब्दों के साथ खेल 3 यमक 4 श्लेष;

actual ~ अंकों (points) की गिनती के साथ खेल; **cassette**

~**er**, **CD ~er** कैसेट या सीडी बजाने वाला उपकरण; **guitar ~er** गिटार बजाने वाला आदमी; **loose ~** बिना अंकों (points) की गिनती का खेल; **record ~er** कैसेट, सीडी, रिकॉड बजाने वाला यंत्र;

p&i: **~ about/ around** गैरजिम्मेदाराना या लापरवाही से बर्ताव क.; **~ about/ around with sb** किसी के प्रति गैरजिम्मेदाराना ढंग से पेश आना; **~ about/ around with sth** किसी चीज के साथ छेड़छाड़ क., खिलवाड़ क.; **~ a dirty trick on sb** किसी के साथ घिनौनी चाल चलना या धोखा क.; **~ a double game** दोमुंही चाल चलना, कपटपूर्ण बर्ताव क., हाथ में माला दिल में भाला रखना, बगल में छुरी, मुंह में राम-राम क.; **~ good knife and fork** पेट भरकर खाना; **~ a joke/ trick on sb** किसी के साथ मजाक या चालाकी क.; **~ along with sb** किसी को थोड़े समय के लिए खुश रखना या उसके साथ सहयोग क.; **~ a part in sth** किसी बात में भूमिका निभाना; **~ at** 1 खेलना 2 भाग लेना 3 का बहाना क. 4 बेमन हो.; **~ at cross-purposes** एक-दूसरे विरुद्ध काम क.; **~ at sth** 1 कुछ होने का नाटक क. 2 छुटपन दिखाना, अगंभीर तरीके से पेश आना, गलत काम क.; **~ a waiting game** उचित अवसर आने तक टालमटोल क., मौके की ताक में रहना; **~ away** 1 जूए में हार जा. 2 अपने आप को बर्बाद कर लेना; **~ ball with sb** किसी के साथ सहयोग क.; **~ bo-peep** राजनीति या बहस में पाला बदलते र.; **~ both ends against the middle** अपना उल्लू सीधा करने के लिए दो विरोधियों को एक दूसरे से लड़वाना; **~ cat and mouse** 1 किसी के साथ मनमानी क. 2 चूहे-बिल्ली का खेल खेलना; **~ down** अहमियत या गांभीर्य कम क.; **~ ducks and drakes** पानी की तरह पैसा बहाना; **~ fair** नियमानुसार खेलना, ईमानदारी से काम क.; **~ false** धोखा दे.; **~ fast and loose** 1 गैरजिम्मेदाराना ढंग से या लापरवाही से काम क. 2 बहकी-बहकी बातें क.; **~ first fiddle** समूह में मुखिया हो.; **~ for love** बिना बाजी लगाए खेलना; **~ for one's own hand** अपना उल्लू सीधा क.; **~ for safety** खतरा मोल न लेना; **~ for time** अच्छे हालात आने की आशा में समय काटना; **~ foul** बेईमानी क.; **~ful as a kitten** हिरनौटे-सा चंचल; **~ hard to get** अपनी स्थिति मजबूत करने की मंशा से सहयोग न करने या किसी बात में रुचि न होने का दिखावा क.; **~ havoc/ hell/ the devil/ the mischief** 1 भ्रम पैदा क. 2 विनाश क., तहस-नहस क.; **~ hooky** स्कूल जाने से बचना; **~ in** खेल में वापसी क.; **~ into a person's hands/ ~ into the hands of sb** किसी के हाथों खेलना; **~ it** *colloq.* स्थिति को योजना अनुसार संभालना या ढालना; **~ it by ear** योजना को अवसर अनुसार ढालना; **~ it cool** शांत रहना, शांति से काम लेना, रुखाई दिखाना; **~ it low on sb** किसी के साथ नीचतापूर्ण व्यवहार क.; **~ (it) safe** सावधानी से काम ले., कोई खतरा मोल न ले.; **~ it slowly** धीरे-धीरे आगे बढ़ना; **~ jackal to sb** किसी के लिए घिनौना कार्य क.; **~ merry hell with sb or sth** किसी को तहस-नहस कर दे.; **~ off** 1 मुकाबले के बराबरी पर होने पर फिर से खेलना 2 किसी को या किसी वस्तु को कोई और आदमी या अन्य वस्तु जतलाना 3 एक दूसरे से भिड़वाना 4 तमाशा दिखाना 5 किसी को बुद्धू बनाना; **~ one person (A) off against another (B)** लोगों को एक-दूसरे से लड़ाना-भिड़ाना; **~ one's cards badly** खराब चालें चलना; **~ one's cards close to one's chest** अपने पत्ते न खोलना, छिपकर काम क.; **~ one's cards well** 1 अपनी चालें चतुराई से चलना 2 अवसर का पूरा लाभ उठाना; **~ oneself out** कमजोर होने के कारण बेकार हो जा.; **~ one's last trump** आखिरी दांव चलना; **~ on sth** किसी की कमियां, डर आदि का फायदा उठाना, ब्लैकमेल क.; **~ on words** (*syn.* pun) अनेकार्थी आदि शब्दों के प्रयोग से नए-नए अर्थ निकालना, श्लेष बनाना; **~out** 1 अपने आप समाप्त या लुप्त हो जा. 2 नाटक को अंत तक खेलना 3 रस्सी आदि को सुलझाना; **~ over/ across sth** प्रकाश का टिमटिमाना और चेहरे की मुद्रा का बार-बार बदलना; **~ possum** बेहोश/ सुप्त (सोया हुआ) या हालात से अनभिज्ञ होने का दिखावा क.; **Play rex** शाही तबीयत का हो.; **~ round sth** अपनी कल्पना को खुली छूट दे.; **~ sb along** किसी को अपने फायदे के लिए फंसाना; **~ false** किसी को दगा दे.; **~ sb on** किसी को ठगना; **~ second fiddle to** 1 किसी का हुक्म बजाना 2 मातहत हो.; **~ someone false** (किसी को) दगा दे., धोखा दे.; **~-spell** खेलने का समय; **~ sth back** फिल्म या रिकॉर्ड बनाने के तुरंत बाद उसे चलाकर देखना, दोबारा सुनना; **~ sth on sb** किसी का मजाक उड़ाना; **~ sth out** नाटक में वास्तविक जीवन जैसा प्रकरण दिखाना; **~ sth up** (*syn.* overplay) खूब बढ़ा-चढ़ा कर दिखाना; **~ the ape** नकल क.; **~ the ball, not the man** गेंद से खेल खेलना, न कि आदमी से मारपीट क.; **~ the devil/ the deuce** हानि पहुंचाना, बर्बाद कर डालना; **~ the field** एक व्यक्ति या बात पर ध्यान केंद्रित करने की बजाय अपनी रुचियों या प्रयासों को दूर-दूर तक फैलाकर अस्त-व्यस्त कर दे.; **~ the fool** 1 मूर्खतापूर्ण काम क. 2 मूर्ख होने का नाटक क.; **~ the game** निष्पक्ष व्यवहार क., ईमानदारी से काम क.; **~ the giddy goat/ ox** ऊल-जलूल हरकतें क.; **~ the Jack** ऊल-जलूल हरकतें क.; **~ the man** दिलेरी से काम क.; **~ the old Harry** हर समय उठा-पटक क. या कमीनी हरकतें क.; **~ the wag** स्कूल-दफ्तर से चंपत हो जा.; **~ the wanton** लंपटतापूर्ण व्यवहार क.; **~ truant** बिना छुट्टी के गैरहाजिर रहना; **~ up** *colloq.* 1 असहयोग क. 2 *colloq.* दर्द हो.: his stomach is ~ing up again 3 *colloq.* मशीन का बार-बार बिगड़ना 4 मुकाबला जीतने की अधिक से अधिक कोशिश क.; **~ up to sb** किसी की तारीफ करके उसके करीब आना, चापलूसी क.; **~ with edged tools** खतरों से खेलना; **~ with fire** आग से खेलना, खतरों से खेलना; **~ with sth** 1 किसी विचार या योजना पर चिंतन-मनन क. 2 सोचते समय किसी वस्तु से छेड़छाड़ करते र.; **~ with fire** आग से खेलना; **~ with oneself** *colloq.* हस्त-मैथुन क.; **~ with sb** 1 बच्चों द्वारा मनोरंजन में समय बिताना 2 *colloq.* किसी का नुकसान करते हुए मजाक क.; **~-world** नाटक आदि में काल्पनिक संसार;

a level ~ing field ऐसा कार्य या अवसर जहां सबको बराबर का मौका मिले; **allow free ~ to sth** किसी को पूरा मौका दे.; **all work and no ~ makes Jack a dull boy** बिना मनोरंजन के बस काम ही काम आदमी को कुंद कर देता है; **a ~thing of fortune** भाग्य के हाथों में खिलौना; **as good as a ~** बहुत +रोचक; **at ~** आनंद लेना, क्रीड़ा क., खेल में लगे हो.; **bring sth into ~** किसी चीज को चालू क.; **child's ~** बायें हाथ का खेल; **come into ~** चालू हो.; **fair ~** निष्पक्ष या न्यायपूर्ण व्यवहार; **foul ~** घिनौना काम; **gallery ~** घटिया लोकप्रियता के लिए प्रयास; **have money, time, etc. to ~ with** कुछ करने के लिए ढेरों पैसा और समय हो.; **hold sb in ~** किसी को बहुत ज्यादा काम तले दबाना; **if my memory does not ~ me false** यदि मेरी याददाश्त मुझे धोखा न दे तो...; **in/ out of ~** गेंद का पाले से बाहर या पाले के अंदर हो.; **in ~** हंसी या मजाक में; **keep/ hold sb in ~** 1 किसी को काम में व्यस्त रखना 2 खेल में विरोधी पक्ष को सांस न लेने दे.; **make a ~ for sth** किसी का ध्यान खींचने की कोशिश क.; **make great ~ of sth** किसी बात की अहमियत पर बल दे., अपने बड़प्पन पर नाज करने का दिखावा क.; **make ~ with sth** किसी चीज का पूरा फायदा उठाना; **not sure how to ~ it** पता नहीं क्या होगा; **out of mere ~** मात्र मजाक में; **turn about is fair ~** सभी को ईमानदारी से बारी-बारी; **what is sb ~ing at** क्रुद्ध होकर पूछना कि किसी की असली मंशा क्या है

playa /प्लाया/ *n., pl.* **~s** घाटी जो भारी वर्षा के फलस्वरूप उथली झील में परिवर्तित हो जाती है और गर्मियों में सूख जाती है

player *see above under* **play:** ***dw/lw***

playwright *see above under* **play:** ***dw/lw***

plaza /प्लाजा/ *n., pl.* **~s** *US* 1 (विशेषकर स्पेनी शहर में) चौक, मैदान, खुली जगह 2 *N. Amer.* बाजार, दुकानों का समूह

plc/ PLC *abbr.*, 'Public Limited Company' की प्रथमाक्षरी

plea /प्ली/ *n.* 1 *law* प्रतिवादी की दलील, तर्क, सफाई: defendant's ~ 2 (***syn.*** request) निवेदन, अनुनय-विनय: put in a ~ 3 (***syn.*** Pretext, excuse) बहाना, हीला: on the ~ of (के बहाने): refused the invitation on the ~ of a headache 4 (***syn.*** apology) क्षमा-याचना: ~ for mercy 5 (***syn.*** pleading) कथन, अभिवचन 6 अपराध की स्वीकारोक्ति: ~ of guilty;

collocations: ~ **bargaining** *law esp. US* जुर्म कबूल करने या सरकारी गवाह बनने पर अदालत द्वारा अपराधी के प्रति नर्मी बरतना; ~ **to the jurisdiction** न्यायालय के अधिकार क्षेत्र के विरुद्ध याचना;

a desperate/ emotional/ impassioned ~ घोर निराशा भरा/ भावुक/ जोश से ओतप्रोत तर्क; **a ~ for sth** किसी बात के लिए निवेदन; **a ~ from sb** किसी की तरफ से निवेदन;

p&i: **cop a** ~ अपराध स्वीकार क.; **issue/ make/ reject a** ~ निवेदन क./ निवेदन को ठुकराना

pleach /प्लीच/ *v., pt.* **~ed**, *pp* **~ing** (टहनियों का) गुंथना

plead /प्लीड/ *v., pt.* **~ed**/ *US* **pled**, *pp* **~ing** 1 किसी की तरफ से अपील क. या सफाई दे.: ~ sb's case/ cause 2 (*usually* ~ **with sb for sth**) किसी से किसी चीज के लिए बल देकर निवेदन क. 3 दिखावा क.: ~ ignorance 4 (***syn.*** argue) वकालत क., बहस क., पैरवी क. 5 (***syn.*** supplicate) चिरौरी क.: ~ for mercy 6 सफाई में अपराध कबूल क. या न क.: ~ guilty/ not guilty; ~ one's good faith (अपनी ईमानदारी सिद्ध क.);

dw/lw: **~able** /प्लीडअबल/ *adj.* जो याचना के काबिल हो; **~er** *n.* 1 अधिवक्ता, वकील 2 नेक काम का हिमायती: the ~er of a good cause; **~ing** /प्लीडिंग/ *n.* 1 वकालत 2 नेक काम का समर्थन: the ~ing of love; **~ing** *adj.* याचनाकारी: ~ing tone; **~ingly** /प्लीडिंगलि/ *adv.* अति विनम्रतापूर्वक; **~ings** /प्लीडिंग्ज/ *n.* 1 दलील, तर्क 2 निवेदन, प्रार्थना;

p&i: ~ **insanity** *law* पागलपन की अवस्था के कारण जवाबदेही से मुक्ति के लिए याचना क.; ~ **with sb to change his mind** किसी को अपना मन बदलने के लिए मनाना

pleasance /प्लेजंस/ *n.* विहार भूमि, क्रीड़ा-वन

pleasant /प्लेजंट/ *adj., degr.* **~er, ~est** 1 सुहावना: it is a ~ day for walking 2 प्रिय, रमणीय, मनोहर 3 सुखकर, सुखद, प्रीतिकर: ~ breeze/ perfume/ society 4 मैत्रीपूर्ण, स्नेहपूर्ण: make oneself/ be ~ to sb; he is a very ~ man;

dw/lw: **~ly** *adv.* सुप्रिय ढंग से, सुहावने तरीके से; **~ry** /प्लेजंटरि/ *n., pl.* ~ries 1 सुहावनी बात 2 हंसी-दिल्लगी: an inexhaustible subject of ~ry 3 चुटकुला: silly ~ry; **~ness** *n.* सुहावनापन, रमणीयता, सुप्रियता, स्नेहपूर्णता

plea\se /प्लीज/ *excl.* विनम्र निवेदन, कृपया;

v., pt. **~sed**, *pp* **~sing** 1 खुश क., रिझाना, आनंद दे.: it is difficult to **~se** everybody 2 अच्छा लगना: if it should **~se** you, do join us; music that **~ses** the ear 3 कुछ करने की मंशा हो., जो मन में आए क.: do as you **~se**/ do what you **~se**; do as one **~ses**; let him say what he **~ses** 4 खुशी-खुशी क.: be **~sed** to do sth; be **~sed** to accept these flowers 5 खुश हो.: he is easily **~sed**; play the piano to **~se** oneself 6 पसंद आना: nothing **~ses** him 7 कृपया, कृपा करके: **~se** do not interrupt!;

dw/lw: **~sed** /प्लीजड/ *adj.* (*esp.* ~ed about/ with sb/ sth) खुश, प्रसन्न 2 आनंदित: a ~sed smile 3 कुछ करने को इच्छुक, सहर्ष करने को तैयार: always ~sed to help; **~sing** *adj.* प्यारा, प्रीतिकर, रमणीय, रोचक: a very ~sing result; ~sing memory; ~sing view; **~sing** *n.* रिझाई, खुशामद: the art of ~sing; **~singly** *adv.* प्रीतिकर ढंग से;

p&i: **~se oneself** जो मन में आए क.; **~sed to meet you** आप से मिलकर बहुत खुशी हुई!, संतुष्ट, प्रसन्न; **~sed with oneself** *derog.* जो कुछ है किया उस पर बहुत गर्वित, आत्मतुष्ट, आत्मसंतुष्ट; **~se the fates** यदि सब-कुछ ठीक-ठाक रहा तो; **~se the pigs** होनी को होने दे.;

as ~sed as Punch अत्यधिक प्रसन्न; **as you ~se** बिल्कुल; **for from ~sed/ none too ~sed** बिल्कुल प्रसन्न नहीं, नाराज; **he who ~sed everybody died before he was born** हर किसी को प्रसन्न नहीं किया जा सकता; **if you ~se!** कृपया; **only too ~sed to do** कुछ भी सहर्ष करने को तैयार; **Please!** हां, बेशक!

pleasurable /प्लेजरअबल/ *adj.* (***syn.*** enjoyable) सुखद, सुखदायक, आनंददायक

pleasure /प्लेज़:/ *n.* 1 खुशी, सुख, आनंद: take ~ in one's surroundings; with great ~; take/ find/ derive ~ in (doing sth); it will be a ~ to me; it gave me great ~ to ... 2 आनंददायक वस्तु, प्रीतिकर व्यक्ति आदि: ~ of sb's company; do me the ~ of dining with me; not to have the ~ of knowing sb 3 इच्छा, मंशा, पसंद, शौक: at (sb's) ~; without consulting my ~ 4 मजा, सुकून: combine business with ~; take one's ~; a place with no opportunities for ~ 5 विलास, भोग-विलास (of senses): ~ and pain; life of ~/ life given up to ~;

v. pt. **~d**, *pp* **pleasuring** 1 किसी को सुख या संतुष्टि दे. 2 किसी को आनंद या मजा दे.: I'll do anything to ~ you 3 (*usually* ~ **in sth**) आनंद पाना या लेना: how can anyone ~ in such a music?;

dw/lw: **~-boat/ ~-car** *n.* मौज-मस्ती करने की नाव/ कार; **~-ground** आनंद-विहार स्थली; **pleasuring** *n.* मौज-मस्ती, आनंद-विलास; **pleasurist** *n.* मौज-मस्ती या आनंद-विलास करने वाला; **~-loving/ ~-seeking** *adj.* विलासी, विलासप्रिय, लंपट; **~-resort** *n.* मौज-मस्ती करने का स्थान, आनंद विहार; **~-seeker** *n.* मौज-मस्ती प्रेमी, विलासी, विलासप्रिय व्यक्ति;

collocations: ~ **resort** आनंदस्थली, सैरगाह, विहारस्थल, विहारस्थली;

man of ~ अनेक औरतों से संबंध रखने वाला मस्त-मौला, लंपट;

p&i: **a ~ boat** मौज-मस्ती के लिए नौका; **a ~ trip** मौज-मस्ती के लिए सैर-सपाटा; **at** ~ फुर्सत से; **at one's** ~ जैसी किसी की मर्जी; **derive/ express/ give** ~ आनंद ले./ व्यक्त क./ दे.; **enormous/ great/ perverse/ pure/ sheer** ~ अत्यधिक/ बहुत ज्यादा/ विकृत/ असली आनंद; **"I am so glad to meet you"** – आपसे मिलकर बड़ी खुशी हुई; **"The ~ is (all) mine"** - मुझे भी; **it's a ~!/ my ~!** धन्यवाद के जवाब में: - शुक्रिया, धन्यवाद की कोई बात नहीं; **no ~ without pain** हवन करते हाथ जले; **the ~ is (all) mine** मुझे बहुत खुशी हुई

pleat /प्लीट/ *n.* चुनट, चुनन: permanent ~;

v., pt. **~ed**, *pp* **~ing** चुनट डालना;

dw/lw: **~ed** *adj.* चुनटदार: a ~ed skirt (चुनटदार स्कर्ट)

pleb /प्लेब/ *n., pl.* **~s** भद्दी व अश्लील पसंदवाला व्यक्ति, जनसाधारण

plebe /प्लीब/ *n. US* अमेरिका के सैनिक कॉलेज का प्रथम वर्ष का छात्र

plebeian /प्लअबिअन/ *adj.* 1 प्राचीन रोम में आम जनता से संबंधित 2 साधारण, निम्नवर्गीय, अकुलीन 3 (***syn.***vulgar) गंवारू, अशिष्ट;

n. 1 प्राचीन रोम में साधारण वर्ग का सदस्य 2 आम आदमी, साधारण जन, गंवार लोग

plebisci\te /प्लेबिसिट/ प्लेबिसाइट/ *n.* (***syn.*** refrendum) जनमत-संग्रह, जनमत: hold a **~te**;

dw/lw: **~tary** /प्लेबिसिट्रि/ *adj.* जनमत-संग्रह संबंधी

plectrum /प्लेक्ट्रम/ *n., pl.* **~s/ plectra** गिटार बजाने में प्रयुक्त मिजराब

pled /प्लेड/ *US pt.* of **'plead'**

pled\ge /प्लेज/ *n., pl.* **~ges** 1 शपथ, कसम: under (the) **~ge** of secrecy; make secret **~ges**; temperance/ total abstinence **~ge** (शराब न पीने की कसम) 2 बंधक, रेहन, धरोहर: put in **~ge**; take one's watch out of **~ge** 3 (***syn.*** Promise, commitment) प्रतिज्ञा, वचन, प्रण: a **~ge** of fidelity/ friendship; in defiance of the most solemn **~ges**; keep one's **~ge** 4 प्रतीक: a ring as a **~ge** of love 5 दोस्ती के सबूत के रूप में उठाया गया जाम: name the **~ge** (जाम उठाना);
v.*, pt.* **~ged**, *pp* **~ging** 1 (***syn.*** swear) कसम खाना, शपथ ले.: they **~ged** themselves to save their comrades 2 वायदा क., वचन दे.: **~ge** one's word/ one's honour 3 प्रतिज्ञा क. 4 गिरवी रखना 5 किसी के सम्मान में जाम उठाना;
dw/lw: **~geable** *adj.* जिसे गिरवी रखा जा सके; **~ged** *adj.* प्रतिभूत, जो गिरवी रखा गया है; **~gee** /प्लेजी/ *n.* रेहनदार, गिरवीदार, बंधकग्राही, महाजन, साहूकार; **~ger** *n.* रेहनकर्ता, गिरवीकर्ता;
collocations: **Pledge of Allegiance** अमेरिकी नागरिकों द्वारा अपने राष्ट्रीय ध्वज के सामने अपने दाहिने हाथ को अपने सीने पर रखकर ली जाने वाली राष्ट्र के प्रति समर्पण की शपथ;
p&i: **a ~ge on sth** किसी चीज के नाम से शपथ ले.; **break/ fulfill/ make a ~ge** वायदा तोड़ना/ पूरा क./ करना, दे.; **take/ sign the ~ge** शराब न पीने की शपथ ले. या सौगंध खाना

pledget /प्लेजिट/ *n.* फाहा, पुराने सन की रस्सी;

Pleiad /प्लीअड/ *n., pl.* **Pleiades/ Pleiads** /प्लायडिज/ प्लायड्ज/ *Gr. mythol.* सात प्रतिभाशाली लोगों या अनोखी वस्तुओं का समूह: the celebrated ~ of French poets

plein air /प्लेन एअः/ *adj. art hist.* बाहरी, खुला, खुली हवा और प्रकाश का सुंदर चित्रण

pleirs /प्लाइअःज/ *n.* जंबूरा

Pleistocene /प्लीस्टोसीन/ *adj., geol.* आधुनिक मानव के विकास का नवीनतम काल, प्लाइस्टोसीन

pleitropy /प्लाइट्रपि/ *n.* बहुप्रभाविता

plenary /प्लीनरि/ *adj.* 1 पूरा, संपूर्ण: ~ powers (पूर्ण अधिकार) 2 जिसमें सभी सदस्य उपस्थित हों, भरा, पूरा: ~ meeting/ assembly;
collocations: **~ remission/ indulgence** चर्च द्वारा पश्चात्ताप करने वाले पापी को उसके पापों से पूर्ण मुक्ति; **~ session** ऐसा सत्र जिसमें भाग लेनेवाले सभी लोग उपस्थित हों

plenilune /प्लेनिल्यून/ *n., poetic* पूर्ण चंद्रमा

plenipotentia\ry /प्लेनिपटेंशिरि/ (*also* **plenipotent**) *n., pl.* **~ries** पूर्ण अधिकार-संपन्न व्यक्ति या दूत: the undersigned **~ries** (निम्न हस्ताक्षरित प्रतिनिधि);
adj. पूर्णाधिकार-प्राप्त: envoy extraordinary and **~ry**; **~ry** powers

plenish /प्लेनिश/ *v., pt.* **~ed**, *pp* **~ing** घर को सभी आवश्यक वस्तुओं से सुसज्जित क.

plenitude /प्लेनिटयूड/ *n.* 1 (***syn.*** abundance) बहुतायत, प्रचुरता, प्राचुर्य, बाहुल्य: in the ~ of one's power (अपनी शक्ति के शिखर पर) 2 (***syn.*** completeness) पूर्णता, संपूर्णता

plenteous /प्लेंटिअस\/ *adj., lit.* प्रचुर, विपुल: a land ~ of waters and woods;
dw/lw: **~ly** /~लि/ *adv.* प्रचुरता में; **~ness** /~नेस/ *n.* प्रचुरता, विपुलता, बाहुल्य

plentiful /प्लेंटिफु\ल/ *adj.* बहुत ज्यादा: examples are ~; a table ~ but plain (प्रचुर पर सादा खाना);
dw/lw: **~ly** /~लि/ *adv.* अधिक मात्रा में; **~ness** *n.* बहुतायत, प्रचुरता, प्राचुर्य, बाहुल्य

plenty /प्लेंटि/ *n.* 1 (*often* **~ of sth**) बहुतायत: land of ~; year of ~ 2 प्रचुरता, प्रचुर मात्रा: live in peace and ~; have ~ to live upon; he has ~ of everything; have ~ of time 3 बहुत सारी: a ~ of things to be done;
adj. 1 प्रचुर, विपुल, बहुत, बहुत सारी: there are ~ English books here 2 जितना चाहो, उतना;
pron. 1 काफी, जरूरत से ज्यादा: that should be ~ wide enough 2 बहुत सारा, बहुत सारे: I'm sure ~ would agree with me
adv.*, colloq.* पूरी तरह से, काफी मात्रा में: ~ large enough;
p&i: **~ big/ large/ wide, etc.** काफी बड़ा/ चौड़ा आदि; **~ is no plague** बहुतायत कोई बुरी बात नहीं; **~ makes dainty** अमीरी से नजाकत आ ही जाती है; **~ of folk would agree** बहुत सारे लोग सहमत होंगे;
a ~ of smoke काफी धुआं; **arrive in ~ of time** काफी समय पहले आ जाना; **in ~** प्रचुर मात्रा में; **in times of ~** सुख-समृद्धि के समय

plenum /प्लीनम/ *n., pl.* **~s/ plena** पूर्ण सभा, संपूर्ण अधिवेशन, सभी सदस्यों की उपस्थिति वाली सभा;
collocations: **~ chamber** पूर्णतः वायु-रुद्ध कमरा, जिसमें दबाई हुई (compressed) गैस रखी जाती है; **~ system/ ~ ventilation** *building, archit.* वायु शीतन (air-conditioning) की ऐसी प्रणाली जिसमें अंदर की हवा का दबाव बाहरी हवा के दबाव से ज्यादा ऊंचा होता है

pleomorphism /प्लीःओमॉःफिज्म/ *n., biol.* 1 जीवों के जीवन कालों की भिन्न-भिन्न अवस्थाओं के चक्र (cycle) में दो या अधिक संरचनाओं का हो. 2 *genet.* एक मानवीय संरचना में कई रूप हो., जैसे रक्त श्रेणियां (blood groups) 3 *chem.* एक रासायनिक पदार्थ का दो या दो से ज्यादा क्रिस्टल रूपों में होना जैसे हीरा (diamond) और ग्रेफाइट (graphite)

pleona\sm /प्लीअनै\ज्म/ *n., gramm., rhetoric* 1 फालतू शब्दों का प्रयोग, पुनरुक्ति दोष, शब्दबाहुल्य, पुनरुक्ति 2 फालतू शब्द या पद;
dw/lw: **~stic** /~स्टिक/ *adj.* शब्दबहुल, पुनरुक्तिपूर्ण; **~stically** /~स्टिकलि/ *n.* शब्दबाहुल्यतापूर्वक, फालतू शब्दों का प्रयोग करते हुए

pleonexia /प्लीःअनेक्सिआ/ *n.* 1 लालच 2 कंजूसी

plerophory /प्लीरौफअरि/ *US* प्लीराःफअरि/ (*also* **plerophoria** /प्लीरअफॉःरिआ/) *n.* पूर्ण विश्वास

plesiosaur /प्लीःसिओसॉः/ *n.* जुरासिक काल में रेंगने वाला जीव-समूह

plethora /प्लेथअरा/ *n., pl.* **~s** 1 (***syn.*** excess) आधिक्य, प्रचुरता, बाहुल्य: a ~ of words 2 *med.* रक्तोद्रेक, अति-रक्तप्रवाह;
dw/lw: **plethoric** /प्लेथॉरिक/ *adj.* 1 अति प्रचुर, अत्यधिक 2 रक्तबहुल, अतिरिक्त-प्रवाही;
p&i: **a ~ of sth** किसी चीज की अति प्रचुरता

pleura /प्लुअरा/ *n., pl.* **~e** /प्लूअरि/ फेफड़ों और छाती के गड्डों को ढकने वाली दोहरी झिल्ली, फुफ्फुसावरण

pleurisy /प्लुअरिसि/ (*also* **pleuritis**) *n., pathol., med.* फेफड़े की झिल्ली की सूजन, प्लुरिसि, फुफ्फुसावरण-शोथ, उरोग्रह

pleura-pneumonia /प्लुअरअनिमोनिया/ *n.* पशुओं के फेफड़ों की बीमारी

plexiform /प्लेक्सिफॉःम/ *adj.* जालरूप, जटिल

Plexiglass /प्लेक्सिग्लाःस/ *US* प्लेक्सिग्लैस/ *n., US trademark* एक कठोर पारदर्शी प्लास्टिक

plexor/ plessor /प्लेक्सः/ प्लेसः/ (*also* **percussion hammer**, **percussor**) *n., med.* शरीर के किसी अंग की प्रतिक्रिया परखने के लिए प्रयुक्त आघाती हथौड़ी

plexus /प्लेक्सस/ *n., pl.* **~/ ~es** *anat.* 1 तंतुजाल, स्नायु जाल, धमनियों का जाल, नाड़ीजाल, जालिका 2 जाल, जालरचना, चक्र: solar ~

pliability/ pliableness/ pliancy /प्लायबिलिटी/ प्लायबलनेस/ प्लायंसि/ *n.* 1 लचीलापन 2 झुकने की अतिशय प्रवृत्ति

pliable /प्लायबल/ *adj.* 1 लचीला, सुनम्य 2 जिसे प्रभावित किया

जा सके, दब्बू: ~ character 3 नमनशील, आज्ञाकारी, वश्य: a ~ VC

plian\t /प्लायं\ट/ *adj.* 1 (***syn.*** flexible) लचीला 2 दब्बू 3 नमनशील;

dw/lw: **~tly** /~ट\/ *adv.* 1 लचीले अंदाज में 2 दब्बू ढंग से; **~cy** /~सि/ *n.* 1 लचीलापन 2 दब्बूपन 3 नमनशीलता: ~cy of mind

plica /प्लाइका/ *n.* वलन, पुटक

plica\te /प्लाइके\ट/ *adj.* 1 वालित, वेष्टित 2 (***syn.*** pleated) चुननदार;

dw/lw: **~tion** /~शन/ *n.* चुननदार बनने की क्रिया

plie /प्लीःए/ *n., ballet* बैले प्लाइबि में एक मुद्रा

plier /प्लायः/ कई परतों को जोड़कर बनाया हुआ

pliers /प्लायःज/ *n., [pl.]* 1 प्लास: round-nose ~ 2 चिमटी, चिमटा

plight /प्लाइट/ *n.* 1 दशा: in none too good a ~; not in the best ~ and order; be in a sorry/ sad ~ 2 दुर्दशा: what a ~ you are in! 3 (pledge) प्रतिज्ञा, वचनबद्धता, वादा: give one's ~ 4 चुनन, शिकन;

***v.**, pt.* **~ed**, *pp* **~ing** 1 प्रतिज्ञा क., वचन दे.: ~ one's faith 2 सगाई क., वाग्दान दे.: his daughter was **~ed** to a judge 3 चुनन डालना, तग लगाना;

dw/lw: **~ed** *adj.* 1 वचनबद्ध: ~ed faith (वफादारी की प्रतिज्ञा) 2 जिनकी मंगनी या सगाई हो चुकी हो: ~ed lovers 3 चुननदार;

p&i: **~ one's troth** 1 वचन दे दे. 2 सगाई कर ले.

plimosoll/ plimsole /प्लिमसअल/ (*also* **gym shoe, pump**) *n., old* कपड़े का जूता

Plimsoll line/ Plimsoll mark *n.* समुद्री जहाज की बाहरी दीवार पर बनाई हुई रेखाएं जो अलग-अलग तरह के मौसम में जहाज के पानी चढ़ने के अनुमत (permissible) स्तरों को दर्शाती हैं

plinth /प्लिंथ/ *n., archit.* 1 स्तंभों का आयताकार आधार 2 स्मारक मूर्ति आदि का आधार

Pliocene/ Pleiocene /प्लाइओसीन/ *adj. geol.* आधुनिक मानव के विकास के काल से संबंधित, नवीनतम, प्लाइओसीन

plissé /प्लीःसे/ प्लिसे/ *adj.* सिलवटदार कपड़ा

PLO *abbr.* 'Palestine Liberation Organization' की प्रथमाक्षरी

plod /प्लौ\ड/ *US* प्लाः\ड/ *v., pt.* **~ded**, *pp* **~ding** 1 भारी-भारी कदम रखते हुए धीरे-धीरे चलना 2 (***syn.*** trudge) पांव घसीटना: ~ on/ ~ along 3 (***syn.*** Toil, slog) धीरे-धीरे या सही तरीके से नीरस काम करते जाना: he **~ded** away at Sanskrit grammar;

dw/lw: **~der** /~डः/ *n.* 1 परिश्रमी व्यक्ति 2 कोल्हू का बैल; **~ding** /~डिंग/ *adj.* परिश्रमी; **~dingly** /~डिंगलि/ *adv.* धीरे-धीरे, भारी भरकम पांव रखते हुए;

p&i: **~ along/ on/ through, etc.** घिसटना, धीरे-धीरे चलते जा.

-ploitation *comb. form*, denoting use of different tricks in media: sex**ploitation** (यौन शोषण); blax**ploitation** (अफ्रीकी मूल के अश्वेत लोगों का शोषण)

plonk /प्लौंक/ *US* प्लांक/ *v., pt.* **~ed**, *pp* **~ing** झटके से जमीन पर पटकना: ~ oneself down (धम्म से बैठना);

n. 1 किसी चीज को जमीन पर पटकने की आवाज 2 देशी शराब;

adv. **landed ~ beside her** उसके पास धड़ाम से आन गिरा

dw/lw: **~er** /प्लौंकः/ *US* प्लांकः/ *n., colloq.* 1 कोई भी लंबी (खिंचती) चीज या कार्य, विशेषकर दीर्घ चुंबन 2 *sl.* मूर्ख आदमी, बुद्धू 3 पुरुष का लिंग 4 घटिया वाइन

p&i: *UK* **~ sth down/ in/ on, etc.** पर डालना, पटकना

plop /प्लौप/ *US* प्लाःप/ *n.* गड़प, छपछप, छपाका, छपक्का;

***v.**, pt.* **~ped**, *pp* **~ping** *US* ~ (**sth**) down/ onto, etc. धम्म की आवाज करते हुए गिरना या गिराना: ~ a dish down;

adv. धम्म की आवाज करते हुए: fall ~; the cork came out ~

plosion /प्लोजन/ *n., phon.* 1 स्फोट, स्फोटन 2 स्फोटक व्यंजन

plosive /प्लोसिव/ प्लोजिव/ *n., phon.* 1 मुंह में से हवा के झोंके के आकस्मिक निकास के कारण पैदा होने वाली व्यंजन ध्वनि 2 स्पर्श;

adj. 1 स्पर्श-, स्पर्शात्मक 2 मुंह में से हवा के झोंके के आकस्मिक निकास के कारण पैदा होने वाली व्यंजन ध्वनियुक्त

plot /प्लौ\ट/ *US* प्लाः\ट/ *n.* 1 कथानक: unravelling of the ~; subordinate ~ 2 (***syn.*** conspiracy) षड्यंत्र, कुचक्र: lay/ hatch/ a ~; discover/ reveal/ disclose a ~ 3 जमीन का टुकड़ा, भूखंड (of land): grass ~; potato ~ 4 (***syn.*** map) नक्शा, आलेख;

v.**, pt.* **~ted**, *pp* **~ting** 1 (syn.*** conspire) षड्यंत्र रचना: ~ treason; ~ an enemy's ruin; what mischief are you **~ting** between you? 2 नक्शा बनाना, (स्थिति) अंकित क. 3 *math.* आलेखित क. 4 (***syn.*** plan) योजना तैयार क. 5 कथानक रचना: ~ out;

dw/lw: **~less** *adj.* 1 कथानकविहीन 2 भूखंडविहीन 3 निष्कपट; **~ter** /~टः/ *n.* 1 (***syn.*** conspirator) षड्यंत्रकारी 2 कंप्यूटर में अंकित करने वाला उपकरण; **~ting** *n.* 1 योजना की तैयारी 2 टेबल में आंकड़ों की भराई 3 नक्शे की खिंचाई; **~ting** *adj.* नक्शे आदि से संबंधित: ~ting scale (चित्रण का पैमाना);

collocations: **~ting paper** आलेखन पत्र; **~ting room** *defence* लंबी दूरी की चौकी

plotosus /प्लअटोसस/ *n.* कंटकार

(the) Plough /प्लाउ/ (*also* **the Big Dipper**) *n., astron.* 1 सप्तर्षि 2 हल के आकार का अति दीप्त तारामंडल

plough *UK* (*US* **plow**) /प्लाउ/ *n.* 1 हल, लांगल, बैलों द्वारा खींचा जाने वाला एक कृषि उपकरण: land under the ~ (जुती हुई जमीन); drive the ~ (हल चलाना); 100 acres of ~ 2 जुताई करने का यंत्र, हल 3 हलनुमा औजार 4 *sl.* परीक्षा में अनुत्तीर्णता: take a ~ (परीक्षा में फेल हो जा. या क.)

***v.**, pt.* **~ed**, *pp* **~ing** 1 (*also* **~ sth up**) हल जोतना, हल चलाना, जुतना: this land **~s** hard 2 हल की तरह लकीरें (खूड, *Hr.*) डालना: jealousy and pride **~ed** furrows across her brow 3 आगे बढ़ना: ~ one's way; the river **~ed** a course for itself down the valley; come **~ing** through the snow 4 *Br., colloq., University sl.* परीक्षार्थी को परीक्षा में अनुत्तीर्ण क., फेल क. 5 परीक्षा में फेल हो.;

dw/lw: **~able** /प्लाउबल/ *adj.* जोतने योग्य, कृष्य; **~-draught** *n.* सूखी जमीन की जुताई में पैदा होने वाली कठिनाई; **~ing** /प्लाउइंग/ *n.* जुताई; **~land** *n.* जोत भूमि, कृष्य भूमि; **~man** (*also* **plowman**) *n.* हाळी (*Hr.*), हलधर, हलवाहा, किसान; **plough-pan** *n.* 1 जमीन की सख्त परत 2 जुताई की लकीर, खूड (*Hr.*); **~share** /प्लाउशेअः/ (*also* **share**) *n.* जमीन को चीरने वाली हल की फाळी (*Hr.*); **~-tail** *n.* हल का हत्था: at the ~tail (हल के पीछे);

collocations: **~man's lunch** पब (pub) आदि में परोसा जाने वाला ठंडा खाना जिसमें पनीर अचार और कभी-कभी गोश्त के टुकड़े होते हैं; **~man's spikenard** एक यूरोपीय व दक्षिणी अफ्रीकी पौधा; **Plough Monday** *Br.* प्रभु प्रकाश (Epiphany) त्योहार से अगला सोमवार;

p&i: **~ a lonely furrow** अपने दोस्तों से कटकर अकेले अपनी डफली बजाना, 'एकला' चलना; **~ around** संभावनाओं की पड़ताल क.; **~ back** कमाए हुए लाभ को वापस धंधे में ड़ालना; **~ into** *US* जोर-शोर से काम शुरू क.; **~ into sth** सामने खड़ी गाड़ी से तेजी से टकरा जा.: ~ed into the back of the lorry; **~ on** धीमी प्रगति के बावजूद काम करते र.; **~ out** हल चलाकर खर-पतवार निकालना; **~ sth back** व्यापार से होने वाले लाभ को फिर से कारोबार में लगाना; **~ sth in** फसल काटने के बाद उपज की बची हुई जड़ों आदि को हल चलाकर जमीन में मिलाना; **~ the sands/ the air** व्यर्थ प्रयास क.; **~ through sth** 1 मुश्किल से निकलना 2 चीर कर बीच से निकल जाना: a bullet ~ed through his thigh (गोली उसकी जांघ को चीरती हुई निकल गई)

3 *colloq.* धीमी गति से प्रगति क.: ~ through a book; ~ **under** हल चलाना; ~ **up** हल चलाकर भूमि की परत उलटना; ~ **with another's heifer** दूसरों के विचारों/ युक्तियों की चोरी क.;

follow the ~ खेती क.; **put one's hand to the** ~ काम शुरू क.

plover /प्लवः/ *n.* 1 एक जलपक्षी 2 बटान 3 बड़ा बटान: black-billed ~ 4 छोटा बटान: golden ~ 5 जीरा, मेखा (little ringed) 6 उटेरन: swollen ~

plow /प्लाउ/ *n. US* 'plough' की अमेरिकी वर्तनी, हल;

p&i: ~ **write** हल बनाने और मरम्मत करने वाला मिस्त्री

ploy /प्लॉइ/ *n., pl.* ~**s** 1 (***syn,*** manoeuvre) धूर्त चाल 2 शौकिया किया जाने वाला काम;

p&i: **a** ~ **backfires/ works** चाल उल्टी पड़ जाती है या सफल हो जाती है; **a clever/ cunning/ cynical/ deliberate** ~ एक चतुर/ चालाकीपूर्ण/ सनकी/ जानी-बूझी चाल; **a** ~ **by sb** किसी की चाल; **use a** ~ धूर्त चाल चलना

PLP *abbr.* 'Parliamentary Labour Party' की प्रथमाक्षरी

PLR *abbr.* 'public lending right' की प्रथमाक्षरी

pls *abbr.,* please' का संक्षेप (कृपया)

pluck /प्लक/ *v., pt.* ~**ed**, *pp* ~**ing** 1 (*often* ~ **sth out**) किसी को या किसी वस्तु को खींचकर बाहर निकालना 2 पकाने से पहले किसी पक्षी के पंख खींचकर निकालना: ~ a fowl/ a goose; ~ at one's hair (अपने बाल खींचना) 3 किसी वाद्य की तारें खींचकर या दबाकर बजाना: ~ a guitar 4 फल या फूल तोड़ना: ~ a rose 5 बाल निकालकर भौंहों को संवारना: ~ one's eyebrows 6 (*usually* ~/ ~ **at sth**) खींचकर तोड़ना 7 (***syn.*** snatch) छीनना, खसोटना: ~**ed** from the jaws of death (मौत के मुंह से छीनना) 8 (***syn.*** pull out) नोचना, नकियाना, उखाड़ना 9 (***syn.*** twang) वीणा आदि को झंकृत क. 10 अनुत्तीर्ण कर दे. (in examination) 11 (***syn.*** plunder) ठगना, शोषण क., लूटना;

n. 1 (***syn.*** jerk) झटका: give a ~ at sth; she gave my sleeve a ~ 2 कलेजी, दिल, गुर्दा (of animals) 3 (***syn.*** courage) हिम्मत, साहस, कलेजा, जीवट: have plenty of ~; his ~ failed him (उसकी हिम्मत ने उसका साथ नहीं दिया);

dw/lw: ~**ed** *adj.* 1 फेल, अनुत्तीर्ण: be ~ed (परीक्षा में फेल कर दिया जा.) 2 तोड़ा हुआ: ~ed rose 3 बाल आदि तोड़कर संवारा हुआ: ~ed eyebrows; ~**ing** *n.* तुड़ाई, तुड़वाई; ~**ing** *adj.* तोड़ने वाली: ~ing machine;

p&i: ~ **a bank** बैंक लूटना; ~ **a pigeon** ठगना, चूना लगाना; ~ **at someone's heart strings** अपना दुःख या अपनी उदासी आदि बताकर सहानुभूति पाने की कोशिश क.; ~ **(at) sb's sleeve/** ~ **sb by the sleeve** किसी को आस्तीन से खींचना; ~**ed pigeon** ठगा हुआ, लुटा हुआ; ~ **up courage** हिम्मत जुटाना, इरादे को पक्का क.; ~ **out of the air** बिना सोचे-समझे जवाब दे.; ~ **up (one's) heart** हिम्मत जुटाना

pluck\y /प्लकि/ *adj., degr.* ~**ier**, ~**iest** *colloq.* 1 हिम्मती, साहसी, दिलेर, बहादुर 2 उत्पाती, शरारती: ~**y** little fellow;

dw/lw: ~**ily** *adv.* हिम्मत से; ~**iness** *n.* बहादुरी

plug /प्लग/ *n.* 1 बिजली का प्लग: electro-magnetic ~ 2 (***syn.*** stopper) डाट 3 ठेंठी (in the ear) 4 बट्टी (of tobacco) 5 *loosely* बिजली का सॉकेट: switch it off at the ~ 6 *colloq.* टीवी पर दिया जाने वाला प्रचार-इश्तिहार 7 मोटर-साइकिल, कार आदि में इंजन को चालू करने का प्लग: spark ~ 8 (*also* **volcanic** ~) ज्वालामुखी का ठोस लावा 9 *US* मरियल घोड़ी या टट्टू: sorry-looking ~;

v., *pt.* ~**ged**, *pp* ~**ging** 1 (*often* ~ **sth up**) कमी पूरी क.: ~ a gaplan allocation 2 नई किताब, फिल्म आदि के बारे में विज्ञापन हेतु बातें क. 3 छेद बंद क., दीवार आदि में लकड़ी की डाट लगाना: ~ a hole; the leak in the pipe was ~**ged** 4 (***syn.*** promote) टीवी पर किसी वस्तु या प्रोग्राम का बार-बार प्रचार क.: be ~**ged** with pictures 5 *sl.* किसी को बंदूक से मारना 6 किसी की योजना या काम खराब क.: ~ sb's game 7 प्रहार या वार क.: ~ in the eye 8 नौका खेना: we ~**ged** for all we were worth (हमने पूरा जोर लगाकर खेया);

dw/lw: ~-**and-play** *adj.* कंप्यूटर को लगाते ही चालू करने का प्रावधान; ~**board** *n.* प्लग-पटल; ~-**chain** *n.* बाथ रूम में जंजीर-लगी डाट; ~**ged** *adj.* 1 डाट लगाकर बंद किया हुआ 2 खोटा सिक्का; ~**ger** *n.* डाट; ~**ging** मुंहबंदी; ~**hole** (*also US* **drain**) *n.* छेद जहां से पानी निकलता है; ~-**in** (*also* **plugin**) *n.* छोटा कंप्यूटर जो बड़े कंप्यूटर की मदद करता है; ~-**switch** *n.* द्विशाखी प्लग; ~-**ugly** *n., pl.* ~-**uglies** *US sl.* 1 गुंडा, बदमाश 2 बहुत भद्दा आदमी;

collocations: ~ **school** *sl.* बिना बताए स्कूल से छुट्टी क.; **ear** ~**s** ठेंठी; **spark** ~ चिंगारी से इंजन को चालू करने वाला प्लग;

p&i: ~ **along** *colloq.* धीरे-धीरे प्रगति क., घिसटना; ~ **away** सारी शक्ति लगाकर कोई मुश्किल काम करते जा.; ~ **in** द्विशाखी प्लग लगाना; ~ **sth in** बिजली के उपकरण को प्लग में लगाना; ~ **sth into sth** बिजली के दो उपकरणों को जोड़ना;

go down the ~**hole** = **god down the drain** बर्बाद हो जा.; **pull the** ~ बंद क.; **pull the** ~ **on sth/ sb** 1 समर्थन देना बंद क. 2 किसी को आर्थिक मदद आदि बंद करके तबाह कर दे.

plum /प्लम/ *n.* 1 आलूबुखारा, आलूचा: dried ~**s** 2 आलूबुखारा की झाड़ी या पेड़: ~-**tree**; shake the ~-**tree** 3 कुछ यौगिक (compound) शब्दों के साथ: ~ **pudding**;

adj. 1 *colloq.* बहुत कीमती (वस्तु या अवसर): a ~ job 2 आलूबुखारा के रंग का;

v., *pt.* ~**med**, *pp* ~**ming** *sl.* ठगना, छलना;

collocations: **black** ~ जामुन; **peneala** ~ पनियाला;

p&i: ~ **job** अच्छे पैसे वाली आसान-सी नौकरी; **he is waiting for the** ~**s to fall into his mouth** अंगूरों का अपने आप मुंह में गिरने की इंतजार में हो.; **pick the** ~**s out of** मलाई-मलाई सिर्फ अपने लिए

plumage /प्लूमिज/ *n.* 1 पक्षी के शरीर को ढकने वाले पंख 2 पंखावरण, पक्षति: winter/ summer ~;

p&i: **in full** ~ पूरी तरह सजा-धजा या बना-ठना

plumb /प्लम/ *n.* 1 साहुल (of mason): off ~/ out of ~ (अलंबाकार) 2 (***syn.*** depthmeter) साहुल, पनसाल;

adj. 1 सीधा, लंब: keep sth ~ (किसी चीज को सीधा लटकते हुए या लंबाकार रखना या लटकाना) 2 ठीक, सही;

adv. 1 सीधे, साहुल में, ठीक-ठाक: drop ~ to the sea bed 2 *colloq.* बिल्कुल सही: ~ in the middle; hit ~ centre 3 *N. Amer., esp. US colloq.* पूरी तरह से: the guy is ~ crazy; ~ pleasant;

v., *pt.* ~**ed**, *pp* ~**ing** 1 (***syn.*** fathom) गहराई नापना, थाह लेना 2 साहुल से लंब नापना या उसे सीधा (लंबाकार) लटकाना 3 (*usually* ~ **sth in**) पानी आपूर्ति लाइन या गंदे पानी की लाइन से जोड़ना 4 रहस्य समझ लेना: ~ the depths of mystery 5 सीसा लगाना;

dw/lw: ~-**line** *n.* साहुल-सूत्र; ~-**rule** *n.* साहुल-पट्टी;

collocations: ~ **bob** साहुल;

p&i: ~ **nonsense** कोरी बकवास; ~ **the depths of sth** सबसे खराब स्थिति को झेलना: ~ed the depths of misery; ~ the depth of shame (गहन बेशर्मी झेलना); ~ **sth in** *see verb meaning No. 3;*

get the ~ **out of here!** फौरन दफा हो जाओ यहां से! **keep sth** ~ किसी चीज को लंबाकार स्थिति में रखना; **pay sb's tickets** ~ **through** किसी की यात्रा का पूरा का पूरा भाड़ा चुकाना

plumbago /प्लंबेगो/ *n., pl.* ~**s** *chem.* 1 ग्रेफाइट 2 भूमध्य सागर क्षेत्र में पाया जाने वाला एक पौधा 3 प्लंबेगो, लिखिज

plumbeous /प्लंबिअस/ *adj.* सीसे का, सीसामय
plumber /प्लमः/ *n.* 1 प्लंबर 2 पानी की आपूर्ति आदि के उपकरणों का रख-रखाव करने वाला 3 नलकार, नलसाज;
dw/lw: **~y/ plumbing** *n.* नलकारी, नलसाजी
plumbing /प्लमिंग/ *n.* 1 इमारतों में पानी आपूर्ति जाल: install new ~ 2 पानी की नालियों का जाल बिछाने का काम 3 प्लंबर का काम 4 *facetious* मानव का पेशाब तंत्र 5 समुद्र की गहराई नापने का काम 6 वेल्डिंग का काम 7 सीसे से संबंधित काम 8 तौल में पासंग
plumbism /प्लंबिजम/ *n., pathol.* सीसे से होने वाली विषाक्तता
plumbum /प्लंबम/ *n.* सीसा, सीस, सीसक
plu\me /प्लूम/ *n.* 1 पक्षी का अतिसुंदर पंख: gorgeous **~mes** 2 ऐसे कई पंखों को जोड़कर पहना जाने वाला आभूषण 3 हवा में उठता हुआ धुआं: a **~me** of dust/ smoke, etc.; a curling **~me** of hair 4 अपने को स्वयं दी जाने वाली शाबाशी;
***v.**, pt.* **~med**, *pp* **~ming** 1 पक्षी द्वारा अपने पंख छोड़ना 2 पंखों के साथ सजाना, पिच्छक लगाना 3 (*usually* **~me oneself on sth**) अपनी पीठ खुद थप-थपाना, अपने मुंह मियां मिट्ठू;
dw/lw: **~med** /प्लूम्ड/ *adj.* पंखों से सज्जित;
p&i: **~me oneself on sth** दूसरे के पंख पहनकर इतराना, शेखी बघारना;
in borrowed ~mes मोर के पंखों में कौवा, भेड़ की खाल में भेड़िया
plummet /प्लमिट/ *v., pt.* **~ed**, *pp* **~ing** 1 तीव्रता से गिरना 2 साहुल-सूत्र का सीधे गिरना 3 अचानक घटना या कम हो.: the prices **~ed**;
n. 1 साहुल 2 बोझ: ~ of cares
plum\my /प्लमि/ *adj., degr.* **~mier**, **~miest** 1 *colloq.* अच्छी, मनपसंद (नौकरी) 2 *derog.* रुंधे गले से निकलने वाली आवाज, रसीली आवाज: **~my** voice 3 आलूबुखारों से जैसा
plum\ose/ ~y /प्लूमोस/ प्लूमि/ *adj., degr.* **plumier, plumiest** 1 पंखदार 2 पक्षाकार, पंख जैसा
plump /प्लंप/ *adj., degr.* **~er**, **~est** 1 मोटा: ~ fowl 2 बड़ा-सा 3 (***syn.*** chubby) गोल-मटोल: ~ shoulders; ~ little hands 4 खरा, सुस्पष्ट: not of ~ opinion about sb 5 (***syn.*** blunt) रूखा, लठमार, सीधी बात कहने वाला: ~ denial 6 ठसा-ठस भरा हुआ: the book is ~ with examples and citations;
adv. 1 धड़ाम से: she found herself ~ on the ground 2 अचानक, एकाएक 3 स्पष्ट शब्दों में, साफ-साफ, सीधे-सीधे: say sth ~ and plain; Refuse ~!; answer with a ~ 'no' 4 एकमुश्त: paying up in full/ in one ~ sum;
n. 1 धड़ाम से गिरने की आवाज: fall with a ~; the stone fell and gave a mighty ~ 2 मूसलाधार वर्षा: drenchy **~s**;
v.**, pt.* **~ed**, *pp* **~ing** 1 गिराना: he **~ed** himself down on the grass 2 गिर जाना, धड़ाम से गिरना या बैठना: ~ into one's seat 3 (syn.*** collide) टकराना: ~ into bitter cold weather 4 (***syn.*** rush) पिल पड़ना, झपटना: ~ for a candidate 5 (***syn.*** throw down) पटक दे.: ~ down the money and walk out 6 (***syn.*** fatten) मोटा क.: ~ fowls for sale 7 (*often* **~ sth up**) सिरहाने आदि को भरना, फुलाना (***syn.*** fill out): ~ up the pillows;
dw/lw: **~er** /प्लंपः/ *n.* 1 गिरने की क्रिया 2 किसी एक उम्मीदवार के लिए मतदान: will give him ~ers 3 गालों को फुलाने वाली गोली; **~ing** /प्लंपिंग/ *adj.* बहुत बड़ी: ~ing majority; **~ness** /प्लंपनेस/ *n.* मोटापा;
p&i: **~ down/ ~ sth down** धड़ाम से नीचे गिरना या गिराना;
~ for sth/ sb 1 किसी को या किसी चीज को चुनना या उसको मत दे. 2 सोच-विचार करने के बाद किसी के हक में फैसला क.; **~ for a course of action** किसी कार्य या नीति का समर्थन क.;
~ into pretty connection बड़े लोगों से जान-पहचान हो जा.;
~ out a remark बिना सोचे-समझे कुछ बक दे.;
as ~ as a partridge गोल-मटोल; **fell ~ into the water** धड़ाम से पानी में गिर गया; **you must ~ the question square** तुम्हें सीधे सवाल पूछना चाहिए
plumule /प्लूम्यूल/ *n. bot.* 1 अंकुर 2 चूजे के सबसे निचले पंख
plumy *adj. see above under* **plume**
plunder /प्लंडः/ *v., pt.* **~ed**, *pp* **~ing** चोरी क., लूटना
n. 1 लूट 2 (***syn.*** robbery, loot) लूटमार, लूटपाट, डकैती;
dw/lw: **~age** *n.* 1 (***syn.*** embezzlement) लूटपाट 2 गबन; **~bund** *n. US colloq.* 1 गबन करने वालों का राजनीतिक गिरोह, बिकाऊ नेता; **~er** *n.* लुटेरा, चोर
plunge /प्लंज/ *v., pt.* **~d**, *pp* **plunging** 1 गोता लगाना, अपने आप को सिर के बल पानी में गिराना: ~ deeply 2 तीव्रता से गिरना: ~ down/ into, etc. 3 तापमान आदि का तीव्रता से गिरना 4 (*usually* ~ in/ ~ into sth) अपने आप को काम आदि में डुबोना, कूद पड़ना, मग्न हो जाना, फंस जाना, उलझ जाना: ~ into a description (लंबे-चौड़े वर्णन में उलझ जा.); ~ into an argument/ discussion 5 डुबोना, डूबना, में डालना, डलना: ~ a thermometer into water; ~ one's hands into one's pockets; the submarine was slowly **plunging** 6 झपटना, लपकना, की ओर तीव्रता से बढ़ना: they **~d** forth upon the square 7 घुसेड़ना, घुस जा.: ~ a dagger into sb's heart 8 (***syn.*** pitch) अचानक समुद्र की ओर ढालू हो जाना: the path **~d** to the sea (पगडंडी समुद्र की ओर तीव्रता से ढल गई) 9 धकेलना: ~ a country into war 10 किसी स्थिति में डालना या फंसाना: the power failure **~d** the town into darkness; ~ into despair; ~ **s**b into despair/ grief; ~ one's family into poverty 11 जूआ खेलना या बेतहाशा पैसे उड़ाने के कारण ऋण में फंस जा.: ~ deeply into debt;
n. 1 दाम आदि में तीव्र गिरावट 2 आकस्मिक फैसला: take a ~ 3 (***syn.*** dip) गोता, डुबकी 4 झपट, कूद, छलांग;
dw/lw: **~bath** *n.* गहरा तरणताल या स्नान-घर; **~ing** *n.* डुबकी, में छलांग; **~pool** *n.* सौना स्नान (sauna bath) के बाद कूदने के लिए गहरा तरणताल; **~r** *n.* 1 गोताखोर 2 बेपरवाह जुआरी 3 *mech.* मूसल, मज्जक, बंद पाइपों को साफ करने का एक उपकरण: ~r-pump 4 घुड़सवार 5 *US* नौका;
p&i: **~ sth into sth** घुसाना, ठूंसना; **~ sb/ sth into sth** डुबोना; **~ into sth** काम आदि में डूबना;
a ~ in sth किसी काम में छलांग; **a stock market ~** सट्टा बाजार में तीव्र गिरावट; **take the ~** *colloq.* जोखिम-भरा कदम उठाना
plunk /प्लंक/ *v., pt.* **~ed**, *pp* **~ing** 1 बैंजो आदि की तारें बजाना, (वाद्य की तारों को) छेड़ना, झंकृत क.: ~ the banjo 2 (*often* **~ sth down**) अचानक गिरा दे., धड़ाम से गिरना 3 आघात क.;
n. झंकार, धड़ाम;
p&i: **~ down** पैसे का भुगतान क.
(the) pluperfect /प्लूपःफिक्ट/ (*also* **the past perfect**) *n.* पूर्ण भूतकाल, परोक्ष भूत
plunger /प्लंजः/ *n. see above under* **plunge:** ***dw/lw***
plural /प्लुअरल/ *n., gramm., short form* '***pl.***', बहुवचन;
adj. 1 अनेक, बहु(ल), अनेक संख्यक: ~ vote; ~ population; ~ society 2 *gramm.* बहुवचन: ~ noun;
dw/lw: **~ism** /प्लुअरलि\जम/ *n.* 1 भिन्न-भिन्न मतों, विचारों, विचारधाराओं की विविधता वाला समाज या देश 2 अनेकतावाद, बहुलवाद 3 अनेकवृत्तिभोग, सहअस्तित्ववाद; **~ist** (*also* **~istic** /~स्टिक/) *adj.* अनेकतावादी, द्वैतवाद संबंधी, अनेकवादी, अनेकवृत्तिभोगी, सहअस्तित्ववादी; **~ity** /प्लुअरैलिटि/ (*also* **~ism**) *n., pl.* **~ities** 1 बहुवचनत्व 2 अनेकत्व, बहुलता: a ~ity of beliefs 3 विविधता, विभिन्नता 4 बहुसंख्यता 5 (***syn.*** multitude) बाहुल्य 6 बहुमत: the decision taken by a ~ of votes 7 सहअस्तित्ववाद;
collocations: **~ livings = ~ism = ~ity**;

plurali\ze/ plurali\se /प्लुअरलाइज/ *v., pt.* **~zed**, *pp* **~zing** 1 बहुवचनीय रूप दे. 2 विविधता लाना 3 एक साथ कई पदों पर आसीन हो.;
dw/lw: **~zation** /प्लुअरलाइजेशन/ *n.* विविधीकरण
plurilingual /प्लुअरिलिंगवल/ *adj.* बहुभाषिक
plus /प्लस/ *prep., math.* 1 जोड़कर 2 और, मिलाकर: the debt ~ the interest 3 के अतिरिक्त: salary ~ bonus 4 जमा: 5+7=12; 5 दो या दो से अधिक बातों का जुड़ाव या मेल: hard work ~ intelligence can work wonders;
adj. 1 (***syn.*** positive) धनात्मक (चिह्न +): the + sign 2 फायदेमंद, सार्थक: a ~ factor 3 गणितीय हिसाब में शून्य से ऊपर: temperature is + ten 4 निश्चित ग्रेड से ऊपर: **A+** 5 अतिरिक्त: + sale
adv. से ऊपर, से अधिक: 50+, 90+, etc;
n. *pl.* **~es** 1 (*also* **+ sign**) + धन चिह्न 2 धन-राशि 3 कुछ अच्छी बात या फायदा: the free transport is a definite ~ 4 वेतन में बढ़ोतरी 5 *defence* आर-पार उड़ान: ~ round;
conj., *colloq.* और साथ ही, के अलावा: that's a difficult exercise to do, ~ I'm not well today;
collocations: **~-fours** *n., [pl.]* 1 एक तरह की निक्कर जो घुटनों से नीचे तक आती है 2 गोल्फ खेलने वालों की पाजामी, बिरजिस; **~ or minus** = **~-minus** थोड़ा-बहुत ऊपर-नीचे
plush /प्लश/ *adj., degr.* **~er**, **~est** 1 मखमली 2 (***syn.*** luxurious) विलासितापूर्ण: ~ hotel/ club;
n., *pl.* **~es** मखमल;
dw/lw: **~y** /प्लशि/ *adj., degr.* **~ier**, **~iest** *colloq.* मखमली, ऐशो-आरामपूर्ण, कीमती, उच्च शैली का
Pluto /प्लूटो/ *n.* प्लूटो ग्रह
pluto\cracy /प्लूटौक्रसि/ *US* प्लूटाःक्रसि/ (*also* **plutarchy** /प्लुटाःकि/) *n., pl.* **~cracies** 1 धनिकतंत्र, धनिकवर्ग 2 धनिक वर्ग की सरकार 3 धनिक वर्ग द्वारा शासित देश;
dw/lw: **~crat** /प्लूटअक्रैट/ *n.* 1 धनिक वर्ग का सदस्य 2 धनाढ्य, धनिक, धनकुबेर; **~cratic** /प्लूटअक्रैटिक/ *adj.* धनिकतंत्रीय; **~latry** *n.* धनपूजा
plutonic /प्लूटौनिक/ *US* प्लूटाःनिक/ *adj., geol.* मोटी दानेदार चट्टान संबंधी, वितलीय
plutonium /प्लूःटोनिअम/ *n., chem.*, (*abbr.* **Pu**) प्लूटोनियम, एक अति विषाक्त रेडियोधर्मी धातु तत्त्व
Plutus /प्लूटस/ धन का देवता, कुबेर
pluvi\al /प्लूविअल/ *adj.* 1 वर्षा-संबंधी, बरसाती, वर्षा का 2 लंबे समय तक चलने वाली वर्षा वाला 3 बहुवृष्टीय, वृष्टि-जन्य;
dw/lw: **~ometer** /प्लूविऑमिटः/ *n.* वर्षामापी; **~ous** /प्लूविअस/ *adj.* वर्षा का, वृष्टिमय
ply /प्लाइ/ *v., pt.* **plied**, *pp* **plying**, *s/he/it* **plies** 1 (*often* **~ between one place and another**) नियमित रूप से दो स्थानों के बीच आना-जाना या वाहन चलाना: ~ across/ between, etc.; ships **~ing** between Srilanka and India 2 (*usually* **~ sb with sth**) नियमित रूप से देते रहना 3 किसी से निरंतर कुछ मांगते रहना: **plied** them with drinks 4 तंग करते रहना: **~ing** sb with questions 5 *lit.* कोई धंधा क.: ~ one's trade (व्यापार क.) 6 *lit.* औजारों को प्रयोग में ला., इस्तेमाल क., काम में ला.;
n., *pl.* **plies** 1 धागे, रस्सी या लकड़ी की मोटाई जिसे उसमें बनी धारियों या परतों की संख्या से मापा जाता है 2 (*in compound words, often as* ***adj.***) लकड़ी आदि की परतों की संख्या बताने वाला: four-~ wood 3 धारी या परत 4 झुकाव, प्रवृत्ति: the ~ of the mind/ of the character;
collocations: **Plymouth Brethern** इंग्लैंड में 1830 में शुरू किया हुआ एक कट्टरवादी प्रोटेस्टंट ग्रुप (Protestant Group)
p&i: **~ a good knife and fork** छुरी कांटे से अच्छी तरह काम क. यानी खूब अच्छी तरह खाना खाना; **~ for hire** भाड़े पर चलाना; **~ one's trade** अपना धंधा चलाना; **~ sb with sth** 1 किसी को कुछ देते रहना 2 किसी से सवाल पूछते रहना या लगातार प्रश्न पूछकर तंग क.; **~ the bottle** शराब पीना; **~ the needle** सिलाई क.; **~ with arguments** तर्क-वितर्क द्वारा तंग क.; **~ with questions (petitions)** प्रश्नों, प्रार्थनाओं के अंबार लगा दे.; **~ the seas** समुद्री यात्राएं क.
plywood /प्लाइवुड/ *n.* परतदार लकड़ी, परती लकड़ी, प्लाईवुड
P.M./ PM/ p.m./ pm/ 'post meridiem' की प्रथमाक्षरी (अपराह्न, दोपहर बाद) 'post mortem' की प्रथमाक्षरी
PM *n. abbr.*, 'Prime Minister', 'Postmaster', 'Past Master', 'Paymaster' की प्रथमाक्षरी
pm *symbol. chem.* 'promethium' का चिह्न
PMG *abbr.* 'Postmaster-General' की प्रथमाक्षरी
PMS *abbr.* 'premenstrual syndrome' की प्रथमाक्षरी
PMT *abbr.* 'premenstrual tension' की प्रथमाक्षरी
PNdB *abbr.* 'perceived noise decibel' की प्रथमाक्षरी
pneuma /न्यूमा/ *n., Gr.* 1 प्राणवायु 2 (***syn.*** Holy Spirit) पवित्र आत्मा
pneumatic /न्यूमैटि\क/ *US* नूमैटि\क/ *adj.* 1 वायु और गैसों से संबंधित 2 दबी हुई (compressed) हवा से फूला हुआ: ~ tyre; ~ boat 3 वातिल, वायवीय, वायुचलित, दबी हुई (compressed) हवा से चालित: ~ tools;
dw/lw: **~ally** /~कलि/ *adv.* वातिलता अनुसार; **~s** /~क्स/ *n.* 1 गैस-यांत्रिकी, न्युमैटिक्स 2 आत्मा-शास्त्र, प्राणात्म मीमांसा;
collocations: **~ drill** (*also* **jackhammr**) सड़क की कठोर सतह को तोड़ने का दबी हुई वायु से चालित हथौड़ा; **~ trough** गैस-द्रोणिका
pneumato\logy /न्यूमअटौलजि/ *US* नूमअटाःलजि/ *n.* 1 प्रेत या आत्मा शास्त्र, आत्मा-विज्ञान, प्राणात्म मीमांसा 2 गैस यांत्रिकी;
dw/lw: **~lytic** /न्यूमअटॉलाइटिक/ *adj.* वाष्पखनिजीय; **~phore** /न्यूमअटॉफोः/ *n.* 1 श्वसनमूल 2 *zool.* वाष्पपुटिका
pneumo\coniosis/ ~noconiosis /न्यूमोकोनिओसिस/ न्यूमोनोकोनिओसिस/ *US* नूमोकोनिओसिस/ नूमोनोकोनिओसिस/ *n., pathol.* फेफड़ों में खनिज व धातु की धूल आदि जमने से होने वाला रोग, फुफ्फुसधूलिमयता
pneumonia /न्युमोःनिआ/ *n., pathol.* निमोनिया, फेफड़ों के सूजने की बीमारी, फुप्फुस(प्र)दाह, फुप्फुस-शोथ, फुप्फुसार्त्ति
pneumothorax /न्यूमोथौरैक्स/ *US* नूमोथौरैक्स/ *n.* वातावक्ष, वातिलवक्ष
PNG *abbr.* **IVR** 'Papua New Guinea' पपुआ न्यु गिनी का अंतर्राष्ट्रीय वाहन पंजीकरण कोड (**IVR**)
PO *abbr.* 'Personnel Officer', 'Petty officer' की प्रथमाक्षरी
po *chem.* '**polonium**' का चिह्न
po /पो/ *n., pl,* **~s**, *colloq.* '**chamber-pot**' यानी कमरे में रखा जाने वाला पेशाब-पात्र
po/ p.o. *abbr.* 'post office', 'postal order' की प्रथमाक्षरी
poa /पोआ/ *n., pl.* **~s** चरागाहों में उगने वाली एक घास
poach /पोच/ *v., pt.* **~ed**, *pp* **~ing**, *s/he/ it* **~es** 1 उबलते पानी में पकाना, मछली को उबलते दूध आदि में पकाना 2 गैरकानूनी शिकार क.: go **~ing** hares 3 दूसरी कंपनी के कर्मचारियों को अपने यहां आने के लिए झांसा दे.: ~ in other people's business 4 (***syn.*** steal) चोरी क., चुरा कर ले जाना 5 (*usually* **~ on sth**; ***syn.*** trespass) अनधिकार प्रवेश क., अतिक्रमण क. 6 रौंदना (trample the ground): the cattle have **~ed** the meadow 7 धंसना (sink in the ground);
dw/lw: **~er** *n.* अवैध शिकारी, शिकार-चोर: an old ~er makes the best keeper (चोर को कोतवाल बनाने से चोरी कम होती है); **~ing** *n.* शिकार चोरी; **~y** /पोचि/ *n.* 1 गीली (मिट्टी) 2 दलदली;
p&i: **~er turned game-keeper** चोर ही कोतवाल बन गया; **an old ~er makes the best keeper** पुराने चोर से बेहतर रखवाला नहीं हो सकता

PO box *abbr.* 'Post Office Box' की प्रथमाक्षरी
pochade /पौशाःड/ *n., art.* प्रारंभिक तैल दृश्य चित्र
pochard /पौचःड/ *n.* 1 यूरोप और उत्तरी अमेरिका की गोता लगानेवाली बत्तख, बुड़ार, डूबा 2 लालसर
poacher *see above under* **poach: *dw/lw***
pochoir /पौश्वा/ *n., print., publishing, Fr.* छपे हुए चित्र पर हाथ से की जाने वाली स्टेंसिल चित्रकारी
pock /पौक/ *US* पाःक/ *n.* दाना, छाला, फुंसी, दाग;
dw/lw: **~ed = ~-marked** *adj.* चेचकरू; **~-hole** *n.* चेचक का दाग; **~mark** *n.* फुंसी या चेचक का दाग; **~y** /पॉकि/ (*also* **~pitted**) *adj.* चेचकरू, चेचक के दागों वाला;
collocations: **~ nook** 1 बोरी की तह 2 आर्थिक स्थिति, साधन: not to be able to live on one's ~ nook
pocket /पौकिट/ *US* पाःकिट/ *n.* 1 जेब: deep ~; put one's hand in one's ~ 2 पॉकिटनुमा थैली 3 *as adj. & in compound words* जेब के साइज और आकार का: ~-book, ~-size 4 (***syn.*** patches) जमीन या किसी प्रक्रिया के छोटे-छोटे टुकड़े: **~s** of unemployment 5 जेब या पास में पूंजी: beyond my ~ 6 कोष, निधि 7 (***syn.*** bag) थैली, थैला 8 *geol.* (***syn.*** cavity) संचयिका, पत्थर में खनिज से भरी कोटरिका, कोशिका, पुटिका 9 वायुमंडलीय या हवाई गर्त, गड्ढा, विवर: air-~ 10 बिलियर्ड की थैली (billiard) 10 पुस्तक का आवरण;
v., pt. **~ed**, *pp* **~ing** 1 अपनी जेब में डालना 2 *colloq.* चुराना, चोरी से अपनी जेब में रखना, हथियाना: he **~ed** the cash when he was alone in the office 3 (***syn,*** swallow) पी जाना, (चुपचाप) सहना, छिपा लेना: ~ your pride and ask him for a loan; ~ an insult/ affront; ~ a rebuff 4 घेर लेना (hem in) 5 बिलियर्ड की गेंद को थैली में डालना;
adj. जेबी, लघु, छोटा: ~ dictionary;
dw/lw: **~book** *n. US* 1 बटुआ 2 *US* औरतों का छोटा बैग 3 नोट-बुक 4 जेब में आ सकने वाली किताब, गुटका; **~-eyed** *adj.* जिसकी आंखों तले गड्ढे हों; **~ful** *n., pl.* ~fuls जेब की भराई, जेबभर; **~-handkerchief** *n.* रूमाल; **~knife** *n., pl.* ~knives छोटा जेबी चाकू; **~-money** *see below under* ***collocations***; **~-picking** *n.* जेब-कटाई; **~-size**/ **~-sized** *adj.* जेब जितना छोटा-बड़ा; **~y** *adj.* 1 दमघोंटू: the atmosphere of the house was ~y 2 खनिज पदार्थ की छुटपुट परतों वाला;
air-~ *n.* हवाई गर्त;
collocations: **~ borough** *hist.* ब्रिटेन में 1832 के सुधार कानून से पहले एक परिवार या एक आदमी का बंधुआ चुनाव क्षेत्र; **~ edition** गुटका; **~ of resistance** छुटपुट विरोध क्षेत्र; **~ expenses** जेब खर्च; **~ money** जेब खर्च के लिए पैसा; **~ veto** अमेरिकी प्रेजिडेंट द्वारा किसी कानून की परोक्ष अस्वीकृति (मंजूरी में देरी);
p&i: **~ an inult/ affront/ injury** चुपचाप अपमान सह ले.; **an empty** ~ खाली जेब, तंग हाथ; **be in sb's** ~ किसी की जेब में हो. यानी किसी पर पूर्णतः आश्रित या किसी के प्रभाव तले हो.; **be/ live in each other's ~s** एक-दूसरे के बहुत निकट हो., एक दूसरे पर आश्रित दो अंतरंग मित्र हो.; **be out of** ~ जेब खाली हो., खस्ता हाल हो.; **deep ~s of rural need** गांव की बेहद आर्थिक जरूरतें; **dip into one's** ~ जेब खाली क., पैसा बहाना; **empty ~s** बिल्कुल कंगाल; **have sb in one's** ~ किसी का किसी की जेब में हो.; **hit sb's ~s** पैसा देने की स्थिति में हो.; **in/ out of sb's** ~ सौदे में फायदा या नुकसान हो.; **keep hands in ~s** आवारा घूमना; **line one's ~s** जेब गर्म क., बेईमानी या रिश्वत से पैसा कमाना; **out of ~-expenses** मालिक द्वारा दिए गये पैसे में से; **pick a person's** ~ किसी की जेब काटना; **put one's hand in one's** ~ पैसा देने के लिए तत्पर हो.; **put one's pride in one's** ~ अपमान पी जा.; **sit in sb's ~ all evening** सारी शाम किसी से सटकर बैठे र.; **suffer in one's** ~ आर्थिक नुकसान उठाना; **the empty ~s** खाली जेबों वाले लोग, गरीब लोग
pockmark *see above under* **pock: *dw/lw***
poco /पोको/ *music, adv., adj., Italian* थोड़ा-सा: ~ adagio
pococurante /पोकोक्युरैंटि/ *adj.* बेपरवाह, निरीह, उदासीन;
dw/lw: **~curantism** /पोकोक्युरैंटिजम/ *n.* बेपरवाही, उदासीनता
poculiform /पौक्युलिफॉम/ *adj., biol.* प्याले के आकार का
pod /पौड/ *US* पाःड/ *n.* 1 फली: a pea ~ 2 छींबी, शिंब 3 कोष, कोया 4 *aeronautics* विमान या अंतरिक्ष यान में अलग होने वाला एक बक्सा;
v., pt. **~ded**, *pp* **~ding** 1 छीलना, मटर आदि के दाने निकालना 2 पौधे द्वारा फली पैदा क.
-pod/ -pode *combining form, denoting:* **number of feet** (पाद संख्या)
podagra /पअडैग्रा/ *n., pathol.* (पैर का) गठिया
podcast /पौडकास्ट/ *US* पाःडकास्ट/ *n.* कंप्यूटर उपकरण
podg\y/ pudg\y /पौजि/ पजि/ *US* पाःजि/ पजि/ *adj., degr.* **~ier**, **~iest** *derog.* गोल-मटोल, छोटा-मोटा
podia\trist /पअडाय\ट्रिस्ट/ *US* (*UK* **chiropodist**) *n.* पैरों का डॉक्टर, पादरोग विज्ञानी;
dw/lw: **~try** /~ट्रि/ *n., mainly N. Amer.* पादरोग विज्ञान
podium /पोडिअम/ *n., pl.* **~s/ podia** 1 (***syn.*** rostrum) मंच, चबूतरा, चौकी 2 (***syn.*** pedestal) पीठिका 3 *zool.* पादक
podophyllum /पौडअफिलःम/ *US* पाःडअफिलःम/ *n.* पितपापड़ा, लघुपत्र
podzol/ podsol /पौडजौल/ पौडसौल/ *US* पाःडजाःल/ पाःडसाःल/ *n., soil science* राख-मिट्टी
poem /पोइम/ *n.* 1 कविता, काव्यात्मक रचना: read/ recite/ write a ~ 2 प्रेरणादायक सौंदर्य का स्रोत, दृश्य या वस्तु: their lives are a ~
poenology /पिनौलजि/ *US* पिनाःलजि/ *n.* अपराध और दंड प्रणाली का अध्ययन
poesy /पोअजि/ *n., pl.* **poesies**, *old use* काव्य, काव्य रचना, पद्य
poet /पोइट/ *n.* कवि, पद्यकार;
dw/lw: **~aster** /पोइटैस्टः/ *n.* तुक्कड़, तुकबंद, छोटा-मोटा कवि; **~ess** /पोइटस/ *n.* कवयित्री;
collocations: **~ laureate** सम्मानित कवि;
p&i: **lake ~s** छायावादी या प्रकृतिवादी कवि
poetic/ ~al /पोएटिक/ पोएटिकल/ *adj.* 1 काव्यात्मक: ~ talent/ genius; ~ style; **~al** play 2 कविता संबंधी 3 शालीनता, सौंदर्य या प्रेरणा स्रोत से जन्म लेने वाली कविता या लेखन संबंधी: **~al** form; **~al** works/ compositions; **~al** fancies (कवितामय कल्पनाशील उड़ानें) 4 कवि का, कविसुलभ: **~al** person 5 काव्यमय, काव्योचित 6 (***syn.*** lyrical) छंदोबद्ध, पद्यात्मक (in verse) 7 कल्पना प्रधान;
dw/lw: **~ally** *adv.* काव्य अनुसार; **~alize** *v., pt.* ~alized, *pp* ~alizing *or* ~icise *v., pt.* ~cised, *pp* ~cising कविता लिखना, कवितामय बनाना, पद्यात्मक रूप दे.;
collocations: **~ diction** काव्य-पदावली, काव्यमयता; **~ justice** उचित न्याय, कवि-कल्पित या आदर्श न्याय: it was a ~ justice when a pickpocket's pocket was picked; **~ licence** काव्यात्मक स्वतंत्रता में अतिवाद या अतिशयता; **~ love** उदात्त प्रेम;
p&i: **~ licence** कवि को नियम से हटकर लिखने की अनुमति
poetics /पोएटिक्स/ *n.* 1 काव्य शास्त्र 2 काव्य-रचना की कला
poeticule /पोएटिक्यूल/ *n.* तुक्कड़, क्षुद्र कवि, तुकबंद
poet\ry /पोयट्रि/ *n., pl.* **~ries** 1 (***syn.*** verse) काव्य, पद्य, कविता 2 काव्यकला 3 काव्यात्मकता, कविताई 4 भावना, सौंदर्य, शालीनता आदि काव्यात्मक गुण: a **~ry** in her smile;

dw/lw: **~ry-book** *n.* काव्य-ग्रंथ

pofaced /पोफेस्ड/ *adj., derog., colloq.* 1 जिसके चेहरे पर नाराजगी और गंभीरता छाई हो 2 संगदिल, संकीर्ण-मना

pogo /पोगो/ *v., pt.* **~ed**, *pp* **~ing** 1 पोगो छड़ी पर कूदना 2 पोगो छड़ी पर नाचना;

n., *pl.* **~s** पोगो नृत्य;

collocations: **~ stick** कमानीदार बल्ली जिस पर हाथ से पकड़ने की छड़ और पायदान होते हैं जिन पर खड़ा होकर आदमी उछल-कूद या नाच कर सकता है

pogróm /पोग्रोम/ (*Russian* **погрóм**) *n.* किसी जाति के लोगों का योजनाबद्ध संहार, जनसंहार, सामूहिक हत्या

poig\nant /पॉइन्यंट/ पॉइनंट/ *adj.* 1 मार्मिक, मर्मस्पर्शी, हृदयविदारक: a **~nant** reminder; **~nant** sorrow; **~nant** tears 2 पैना, भेदक: **~nant** retort; **~nant** wit 3 उग्र (of smell): **~nant** perfume 4 चरपरा, तिक्त (taste): **~nant** sauce 5 (***syn.*** stinging) तीक्ष्ण, कटु: **~nant** hunger;

dw/lw: **~nancy** /पॉइन्यंसि/ *n.* 1 मार्मिकता, हृदयविदारकता 2 उग्रता, प्रचंडता 3 तीक्ष्णता, कटुता 4 पैनापन 5 तिक्तता, चरपरापन; **~nantly** /पॉइन्यंटलि/ *adv.* 1 मर्मस्पर्शी ढंग से 2 पैने व तीक्ष्ण ढंग से 3 उग्रतापूर्वक, प्रचंडतापूर्वक

poikilothermi\c /पॉइकिलोथःमिक/ *adj., zool.* अपने वायुमंडल के तापमान के साथ बदलते तापमान वाला (जीव);

Dw/lw: **~cally** *adv.* 1 सोच-समझकर 2 बिना किसी आवेग के, ठंडे दिमाग से

point /पॉइंट/ *n.* 1 विचार: make one's ~ 2 मुद्दा: have a ~; to the ~ (मुद्दे के अनुसार, मुद्दे पर) 3 सूआ, सूई की नोक 4 स्थान: a look-out ~ 5 समय, क्षण, पल, समय बिंदु (of time): lost cool at that ~ 6 (***syn.*** aim) लक्ष्य, उद्देश्य: the ~ of the procedure; no ~ in changing sb's mind 7 खेल में अंक: carry/ gain one's ~; score **~s** off sb 8 अंश (तापमान) 9 दिग्बिंदु, दिशा-बिंदु, चिह्न: ~ of compass 10 *elec.* सौकेट या बिजली का प्वांइट 11 (***syn.*** dot) दशमलव बिंदु (.), बिंदु: decimal ~ 12 बात, सूत्र, प्रश्न, प्रसंग, सवाल, वाद विषय, वाद-हेतु: ~ of discussion 13 (**the ~**; ***syn.*** argument) असली बात, सार वस्तु, सार, सारांश, सारगर्भित बात, तर्क या तर्कसंगत दलील, मर्म, गूढ़ार्थ, रहस्य: the main ~ 14 (***syn.*** characteristic) विशेषता, गुण: she hides her good **~s** out of modesty 15 (***syn.*** juncture) परिस्थिति, संकटकाल: lost courage when it came to the ~ 16 (***syn.*** apex) चोटी, शिखर: the highest ~ of splendour 17 (***syn.*** cape) अंतरीप 18 (***syn.*** hint) निर्देश, संकेत 19 *milit.* अग्रदल, हरावल, सेनामुख टुकड़ी, सेनादल 20 (***syn.*** full stop) पूर्णविराम बिंदु 21 कांटा (*pl.*, a switch on railway track for changing the track) 22 प्रक्रिया की अवस्था: boiling/ freezing/ melting ~ 23 *cricket* ऑफ साइड फील्डिंग स्थान 24 अक्षर का आकार;

v., *pt.* **~ed**, *pp* **~ing** 1 इंगित करते हुए बताना 2 किसी की ओर बंदूक आदि का मुंह क.: ~ a gun at sb 3 किसी की ओर मुंह मोड़ना या क. 4 (***syn.*** show) दिखलाना, निर्दिष्ट क., इशारा क., निर्देश क., ध्यान दिलाना, संकेत क., बताना: just ~ me to the book 5 बिंदु लगाना, संकेत क.: a weather vane **~ing** south 6 (***syn.*** sharpen) नुकीला बनाना, पैना या तेज क. 7 बल या सार्थकता प्रदान क. 8 (***syn.*** aim) निशाना बांधना, लक्ष्य क. 9 (*usually* ~ to sth/ sb) किसी को या किसी चीज को दर्शाना: it **~s** to only one way out 10 *masonry* चिनाई में दरारों को सीमेंट या गारे से भरना, टीपना;

dw/lw: **~-and-click** *adj. comput.* कंप्यूटर के माउस का तीर रखकर बटन दबाने वाला; **~-and-click** *adj.* ऐसे कैमरे से संबंधित जिसे मात्र निशाना बांधकर बटन दबाने की आवश्यकता होती है; **~-blank** *adj., adv.* 1 सीधे, साफ-साफ: to refuse ~-blank (साफ मना क.) 2 बहुत नजदीक से: at ~-blank range (नजदीकी फासले से); **~ed** *adj.* 1 (***syn.*** sharp) नुकीला, नोकदार: ~ed nose 2 (***syn.*** incisive) सारगर्भित, तत्त्वपूर्ण, मार्मिक, मर्मस्पर्शी: ~ed wit 3 सुस्पष्ट: ~ed regard 4 ठीक, सही 5 तीखी, तीखा, ऊंची (आवाज), आलोचनात्मक: ~ed retort; **~edly** *adv.* 1 लक्ष्य करके, संकेत करते हुए: ~edly ignore a question 2 अत्यधिक पैने तरीके से; **~edness** *n.* नुकीलापन, पैनापन; **~er** *n.* 1 निर्देशक, संकेतक 2 (***syn.*** needle) सूई, सुई 3 (***syn.*** rod) डंड, निर्देश-डंड 4 (***syn.*** hint) संकेत, इशारा 5 शिकारी कुत्ता; **~ilism** *see below under separate entry*; **~ing** /पॉइंटिंग/ *n.* 1 *masonry* टीप, टीपटाप, टीपकारी 2 निर्देशन, निर्देश, इशारा 3 (***syn.*** punctuation mark) विराम-चिह्न; **~less** *adj.* बेमतलब, बेकार का, उद्देश्यहीन: ~less remark; **~lessly** *adv.* बेकार में, व्यर्थ में; **~-policeman** *n.* किसी कार्य-स्थल पर तैनात पुलिस या ट्रैफिक अधिकारी; **~-to-~** *adv.* 1 एक स्थान से दूसरे स्थान तक खुले खेतों के बीच से, सीधी (घुड़-दौड़): ~-to-~ race 2 स्पष्ट रूप से; **~y** /पुआंटि/ *adj.* (***syn.*** pointed) नुकीला;

collocations: **~ duty** (***syn.*** beat) पुलिस या ट्रैफिक अधिकारी का थाना या कार्य-स्थल; **~ guard** खेल दल की आक्रामक टुकडी की अगुवाई करने वाला खिलाड़ी; **~ man** जोखिम भरे काम में अगवाई करने वाला व्यक्ति; **~ of honour** 1 कर्त्तव्य-निष्ठा, स्वाभिमान या स्व-सम्मान हेतु किया जानेवाला कार्य 2 प्राचीन काल में अपमान का बदला; **~ of order** नियम-आपत्ति, सभा के चलाने की विधि के औचित्य पर प्रश्न; **~ of refrence** पथ-प्रदर्शक बिंदु, ऐसा बिंदु जो औचित्य का मानदंड हो; **~-of sale** बिक्री स्थान: ~-of-sale staff (*abbr.* **POS**) बिक्री स्थान पर तैनात कर्मी; **~ of use** किसी वस्तु या सेवा का उपयोग स्थान; **~ of view** 1 दृष्टिकोण, नजरिया (सोचने या देखने का तरीका) 2 विचारधारा: from sb's ~ of view (किसी के दृष्टिकोण से); from a political/ financial, etc. ~ of view;

a fuelling ~ पैट्रोल भरने का स्थान; **at gun** ~ बंदूक की नोक पर, डरा-धमकाकर; **breaking** ~ टूटने की कगार; **focal** ~ ध्यान-केंद्रीकरण बिंदु; **moot** ~ बहस का मुद्दा; **power-~ presentation** एक विशेष उपकरण की मदद से पर्चे आदि की प्रस्तुति; **starting** ~ शुरू करने का बिंदु; **(a) turning** ~ मोड़; **vantage** ~ अनुकूल परिस्थिति;

p&i: **~ at issue** बहस का मुद्दा; **~ for** ~ यथाक्रम, ब्यौरेबार; **~ing stock** मजे का निशाना; **~ off** दशमलव बिंदु लगाकर अलग क.; **(the) ~ of no return** पीछे हटने की असंभावना की स्थिति; **~ sb/ sth out** दिखाना या किसी की ओर ध्यान खींचना; **~ sth out** बताना, किसी की ओर इशारा क.; **~ sth up** बल देकर दिखाना या कहना; **~ taken** किसी के व्यक्तिगत दृष्टिकोण संज्ञान में लेना; **~ to/ towards sth** किसी चीज की ओर इशारा क.;

a case in ~ वर्तमान समस्या से संबंधित मुद्दा; **a ~ of honour** सम्मान की बात; **a ~ of order** मीटिंग चलाने की विधि के बारे में आपत्ति; **armed at all ~s** हथियारों से पूरी तरह लैस; **be at/ on the ~ of doing sth** कुछ करने की कगार पर हो.; **beat sb on ~s** अंकों के आधार पर हराना; **beside the** ~ अप्रासंगिक, असंगत; **carry/ gain one's** ~ अपने विचार के साथ दूसरों को सहमत कर ले.; **come/ get to the** ~ सीधे मुद्दे पर आना; **from ~ to** ~ एक के बाद दूसरी बात पर; **give ~s to sb** किसी को पहले से ही कुछ अंक दे.; **in ~ of fact** असल में, सच में; **in ~ of sth** जहां तक इस बात का सवाल है...; **keep to the** ~ मुद्दे पर बात क.; **make a** ~ दलील दे.; **make a ~ of doing sth** कुछ करने के लिए कमर कस ले.; **one's strong** ~ किसी का सशक्त पहलू; **on the ~ of doing sth** करने को हो., करने की कगार पर हो.; **put sth on ~s** किसी वस्तु या माल को राशन कार्ड पर बेचना; **score ~s off sb** चतुरतापूर्वक दलील देकर अपना मत मनवा ले.; **strain a** ~ नियमों का सख्ती से पालन न क.; **stretch a** ~ 1 अपवाद करवाना, रिआयत करवाना 2 खींच-तान क.; **to the** ~ प्रासंगिक, संगत, उपयुक्त, ऐन मुद्दे से संबंधित; **to the ~ of** इस हद तक कि...: be brave to the ~ of recklessness (दुस्साहस की हद तक बहादुरी दिखाना); **up to a** ~ कुछ हद तक

pointed *see above under* **point:** ***dw/lw***

pointedly *see above under* **point:** ***dw/lw***

pointer *see above under* **point:** ***dw/lw***

point\illism /पॉइंटिलि\जम/ पवांटिलि\जम/ (*also* **Divisionism**) *n., art.* बिंदु-चित्रण, शुद्ध रंग में छोटे-छोटे बिंदु बनाकर चित्र बनाने की पद्धति, जो फ्रांस में उन्नीसवीं सदी के अंतिम भाग में पनपी थी;

dw/lw: **~illist** /~स्ट/ *n.* बिंदु-चित्रकार

pointing *see above under* **point:** ***dw/lw***

pointless *see above under* **point:** ***dw/lw***

poise /पॉइज/ *n., pl.* **~s** 1 संतुलन, स्थिरता: lose/ recover one's ~ 2 धैर्य, आत्मविश्वास, शांत मुद्रा: a man of ~ 3 मुद्रा की शालीनता: one could tell she had ~ from the way she walked onto the stage 4 (***syn.***indecision) असमंजस, दुविधा, अनिर्णय: hang at ~ 5 *phys.* (***syn.***viscosity) श्यानता या विस्कासिता मापने की इकाई जो 10-1 के बराबर होती है;

v., pt. **~d**, *pp* **poising** 1 (***syn.***balance) संतुलित रखना: ~ a basket on one's head 2 सधा हुआ रखना, संभालना (a weapon) 3 लटकना, लटकाना, झूलना (be suspended): he **~d** himself on his toes 5 मंडराना, झुकाना (***syn.*** hover): his head is **~d** very much forward 6 तैयार होना, संभावित: she was **~d** to take over as leader;

dw/lw: **~d** /पॉइजड/ *adj.* 1 संतुलित, शांत 2 उन्मुख 3 कुछ करने को तैयार

poison /पॉइजन/ *n.* 1 जहर, विष: snake's ~ 2 विषाक्त प्रभाव: a ~ spreading through society 3 कोई भी विनाशक या भ्रष्ट प्रभाव: power is a ~, rulers could save themselves by empowering people 4 *colloq., chem.* उत्प्रेरक (catalyst) का प्रभाव कम करने वाला पदार्थ 5 (in a nuclear reactor) एक ऐसा पदार्थ जो न्युट्रोनों को आत्मसात करके प्रक्रिया को धीमा कर देता है;

v., *pt.* **~ed**, *pp* **~ing** 1 जहर/ विष देकर मार दे. 2 विषाक्त या दूषित कर दे.: rivers **~ed** by effluents 3 मन में जहर घोलना: ~ sb's mind 4 (*usually* ~ one person against another) किसी पर प्रभाव डालकर उसे किसी के विरुद्ध कर दे. 5 किसी को या किसी अच्छी बात को बड़े घिनौने ढंग से नुकसान पहुंचाना या उसे खराब कर दे.: the society **~ed** by fundamentalism (कट्टरता के जहर से विषाक्त समाज); jealousy **~ed** their relationship 6 छूत लगा दे., संक्रमित क. 7 अन्य जहर मिलाकर किसी रासायनिक या नाभिक प्रक्रिया को बंद क. या रोकना;

dw/lw: **~-bearing** *adj.* जहरीला, विषाक्त; **~ed** *adj.* विषाक्त; **~er** विषघातक, विषदायी; **~-fang** *n.* विषदंत; **~-gas** *n.* जहरीली गैस; **~-gland** *n.* विषग्रंथि; **~ing** *n.* 1 विषायण, विषाक्तन 2 विषाक्तता, जहरीला हो जाने की क्रिया: food ~ing; **~oak** *n.* एक उत्तरी अमेरिकी पेड़ जिसके किसी भी भाग को स्पर्श करने से आदमी को चकत्ते हो जाते हैं; **~ous** *adj.* 1 विषैला, जहरीला, विषमय, विषाक्त: ~ous tongue; a ~ous fellow 2 भ्रष्ट करने वाला: ~ous influence 3 जहर भरा या भरी: ~ous dose; a ~ous snake; **~ously** *adv.* जहरीले तरीके से; **~-sumac** *n.* विषधानी;

collocations: **~ gas** जहरीली गैस; **~ ivy** एक उत्तरी अमेरिकी लकड़ीनुमा बेल या झाड़ी जिसके किसी भी भाग को स्पर्श करने से आदमी को दानेदार खुजली हो जाती है, बिच्छू बूटी; **~ mask** विष-रोधक मुखौटा; **~-pen letter** बेहद दुखदायी गुमनाम पत्र; **~ pill** *colloq., business* 1 किसी कंपनी का दूसरी बड़ी कंपनी द्वारा हड़प लिए जाने से बचने के लिए छोटी कंपनी द्वारा लिए जाने वाले किसी दूसरे संगठन में मिलन जैसे कटु कदम 2 किसी पंजीकृत कंपनी की नियमावली में ऐसी धारा जो कंपनी के हड़प लिए जाने को आकर्षक नहीं रहने देता;

p&i: **~ sb ears** किसी के जहन को विषाक्त क.; **a ~ pen** दुर्भावनापूर्ण लेखन; **hate like** ~ गहन नफरत क.; **what's your ~?** आपको क्या पीना पसंद है?

poisoning /पॉयजनिंग/ *see above under* **poison:** ***dw/lw***

poisonous /पॉयजनस/ *adj. see above under* **poison:** ***dw/lw***

poke /पोक/ *v., pt.* **~d**, *pp* **poking** 1 (*often* **~ at sth**) चुभोना, कोंचना, गाड़ना, घुसेड़ना, घोंपना: ~ at the hole with a stick 2 (***syn.*** push) ढकेलना, धकियाना, धक्का मारना, ठेलना: ~ sb in the ribs with their elbow 3 (***syn.*** stir up) कुरेदना, जलती आग को छड़ी आदि से उलटना-पलटना: ~ the fire 4 (***syn.*** meddle) दखल दे., हस्तक्षेप क., दस्तंदाजी क. 5 (*esp.* **~ about/ around**) टोहना, ढूंढना, किसी कचरे या अस्त-व्यस्त सामान में हाथ डालकर ढूंढना 6 (***syn.*** pry) ताक-झांक क.: ~ into every corner 7 खोदना, छेद क.: ~ a hole in sth; ~ a hole in a drum 8 सिर आदि को दरवाजे या खिड़की से बाहर निकालना: ~ one's head round 9 एकांत या नीरस जीवन बीताना;

n. 1 हल्का धक्का 2 हल्की थपथपाहट 3 चुभन 4 टोह 5 हस्ताक्षेप;

dw/lw: **~-bonnet** *n.* औरतों का एक विशेष प्रकार का हैट; **~-pudding** *n.* एक प्रकार का हलवा;

p&i: **~ about/ around** इधर-उधर ढूंढते फिरना; **~ and pry** ताक-झाक क.; **~ at sth** किसी चीज में कोई नुकीली चीज घुसेड़ना; **~ away** दूर धकेलना; **~ and pry** दूसरों के मामलों को सूंघते फिरना; **~ fun at sb** (***syn.*** ridicule) किसी का मजाक उड़ाना; **~ into every corner** हर जगह ढूंढना; **~ nose into sb's affairs** किसी के मामले में टांग अड़ाना; **~ off** बंजारों की तरह घूमते रहना; **~ out** बाहर निकालना: ~ one's head out of the window; **~/ stick your nose into sth** किसी के काम में टांग अड़ाना या दखल दे.; **~ (sth) round/ out/ through, etc.** घुसाना, अंदर डालना; **~ up** 1 अपने आपको बंद कर लेना 2 किसी अनजान जगह पर नीरस जीवन बिताते हुए मर जा.: he ~ed himself up in a dull town;

have ~ around *see meaning*: *v.*, No. 5; **old man was ~d terribly** बूढ़ा व्यक्ति बुरी तरह झुका हुआ था

poker /पोकः/ *n.* 1 ताश का एक खेल 2 भट्टी में जलती आग का कोयला आदि ठीक करने के लिए लोहे की छड़ 3 सीधा, लंबा छड़ जैसा आदमी 4 बना-ठना छैला-बांका 5 डरावना दृश्य या वस्तु;

dw/lw: **~-face** *n.* भावशून्य मुद्रा, अबोधगम्य चेहरा; **~-faced** *adj.* भावशून्य मुद्रावाला; **~ish** *adj.* 1 बना-ठना छैला-बांका 2 *US* भयंकर, भयावह; **~-painting/ ~-work** *n.* वृक्ष, खाल आदि पर जलाकर दागा जाने वाला चित्रण; **~-picture** *n.* वृक्ष, खाल आदि पर जलाकर दागा हुआ चित्र;

p&i: **as stiff as** ~ मरुस्थल में खजूर के पेड़ की तरह तनकर खड़ा हुआ (व्यक्ति); **by the holy ~!** गंगा-मैया की कसम! राम-राम!; **Old Poker** पिशाच, दैत्य, राक्षस

poky (*also* **pokey**) /पोकि/ *adj.* 1 (***syn.*** confined, cramped) छोटा घुटनभरा कमरा: a ~ hole of a place 2 *US* बहुत शिथिल, ढीला-ढाला 3 (***syn.*** petty) तुच्छ: ~ little house 4 (***syn.*** dowdy) फूहड़, भद्दा

polar /पोलः/ *adj.* 1 उत्तरी या दक्षिणी ध्रुवीय क्षेत्र संबंधी, ध्रुवीय, ध्रुवी 2 वैद्युत या चुंबकीय ध्रुवों वाला 3 जिसमें ध्रुवता हो 4 एक-दूसरे से बिल्कुल भिन्न, नितांत विपरीत या उल्टा: ~ opposites;

dw/lw: **~imeter** *n.* ध्रुवणमापी; **~iscope** *n.* ध्रुवणदर्शी; **~izable** /पोलअराइजअबल/ *adj.* ध्रुवणीय;

collocations: **~ axis** ध्रुवीय अक्ष; **~ bear** भालू जो उत्तरी ध्रुव यानी आर्कटिक (Arctic) क्षेत्र में पाया जाता है; **~ circle** ध्रुवीय वृत्त, ध्रुव चक्र (बर्फ का); **~ front** ध्रुवीय ठंडी हवाएं, ध्रुवीय अग्र; **~ hare** ध्रुवीय खरगोश; **~ lights** उत्तरी ध्रुव की टिमटिमाहट; **~ region** ध्रुव देश; **~ region (magnetic field)** चुंबकीय क्षेत्र

Polaris /पोलाःरिस/ पोलैरिस/ (*also* **Pole-Star**) *n.* 1 ध्रुवतारा 2 (*in full* **Polaris missile**) अमेरिका की पनडुब्बी से छोड़े जाने वाली एक बैलिस्टिक मिसाइल

polarit\y /पअलैरिटि/ *n., pl.* **~ies** 1 ध्रुवता, ध्रुवत्व: magnetic

~y 2 दो विभिन्न गुणों या प्रवृत्तियों का प्रादुर्भाव (birth): negative **~y** 3 भिन्न-भिन्न दिशाओं में विकसित होने की प्रवृत्ति: the political **~ies** of left and right

polarization /पोलअरिजेशन/ पोलअराइजेशन/ *n.* 1 दो ध्रुवों के बनने या उनमें बंटने की क्रिया, ध्रुवण, ध्रुवीकरण 2 वैद्युत क्षेत्र द्वारा किया जाने वाला परमाणु के धनात्मक व ऋणात्मक आवेशों का अलगाव

polari\ze/ polari\se /पोलअराइ\ज/ *v., pt.* **~zed**, *pp* **~zing** 1 वैद्युत या चुंबकीय ध्रुवीकरण क. 2 ध्रुवित क. या होना, ध्रुवण क. 3 लोगों का विचारों, मतों, सम्प्रदायों आदि के आधार पर बांटना या बंटना: **~ze** people into Right and Left camps; the campaign tended to **~ze** people on communal lines;
dw/lw: **~zer** /पोलअराइजः/ *n.* ध्रुवक, ध्रुवीयक

Polroid /पोलअरॉइड/ *n. tradem.* प्लास्टिक की सामग्री जो धूप के चश्मों में चम-चमाहट को कम करती है;
collocations: **~ camera** कैमरा जिसमें से तुरंत तैयार फोटो निकलती है

polder /पोल्डः/ *n.* 1 कछार, खादर 2 समुद्र, नदी या झील आदि से बचाया हुआ समुद्र से निम्नतर स्थल, जैसे हालैंड

Pole /पोल/ *n.* पोलैंड का नागरिक या निवासी

pole /पोल/ *n.* 1 डंडा, बल्ला, लट्ठा, लग्गी, लग्गा, लग्घा, खंभा: electric ~ 2 बम, फड (of vehicle) 3 (***syn.*** end) छोर 4 *astron.* ध्रुव, मेरु (of earth), ब्रह्मांड के दो सिरे (the North/ South Pole) यानी धरती के अक्ष के दोनों सिरे: unlike **~s** (दो ध्रुवों की तरह एक दूसरे से दूर) 5 चुंबकीय सिरे: magnetic ~;
v., pt. **~d**, *pp* **poling** 1 बल्ली या खंबे गाड़ना 2 खूंटे गाड़ना 3 जहाज या नौका को चप्पुओं से धकेलना;
dw/lw: **~-horse** *n.* असली नस्ल का घोड़ा; **~-mast** *n.* लकड़ी के एक टुकड़े से बना खंभा; **~-star** *n.* ध्रुव तारा; **~-vault** *n.* लग्गा-कूद; **~-vaulter** *n.* लग्गा-कूदने वाला; **~-vaulting** *n.* लग्गा-कूदने की क्रिया; **~-ward(s)** *adv.* ध्रुव की ओर;
collocations: **~ dancing** कल्ब आदि में आदमी या औरत द्वारा एक डंडे के इर्द-गिर्द किया जाने वाला कामुक नृत्य; **~ position** *motor sport* 1 कार दौड़ का शुरुआती स्थान 2 किसी प्रतियोगिता के आरंभ में सहायक बिंदु; **~ star** ध्रुवतारा; **~ vault/ ~ jump** लंबे डंडे के सहारे ऊंची कूद, पोल वॉल्ट;
p&i: **~s apart** जमीन-आसमान का फर्क; **be ~s apart** एक-दूसरे से बिल्कुल भिन्न या कोसों दूर हो.; **from ~/ post to pillar** दर-दर की ठोकरें खाना; **law is like an electric ~, which cannot be jumped over, but it can be by-passed** कानून एक खंभे की तरह है जिसके ऊपर से तो नहीं कूदा जा सकता, पर उसके पास से होकर गुजरा जा सकता है; **under bare's ~** 1 बेपाल का जहाज 2 नंग-धड़ंग; **up the ~** मुसीबत में; **with bare ~s** बिना पाल का जहाज

pole\axe/ pole-\axe /पोलऐक्स/ *n.* फरसा, कुठार, परशु;
v., pt. **~axed**, *pp* **~axing** फरसे से किसी जानवर को मारना

polecat /पोलकैट/ *n.* 1 गंधमार्जार 2 (***syn.*** skunk) कमीना, नीच, पाजी 3 वेश्या

polemic /पअलेमि\क/ *n.* 1 (*also* **~s**) वाद-विवाद, शास्त्रार्थ 2 अतिशय विवादास्पद भाषण 3 विवादास्पद ढंग से बहस करने वाला व्यक्ति;
adj. 1 विवादास्पद, खंडनात्मक 2 (***syn.*** argumentative) विवादी, विवादप्रिय: ~ bitterness;
dw/lw: **~al** *adj.* अति खंडनात्मक; **~ally** *adv.* विवादास्पद ढंग से; **~ist** /~सिस्ट/ *n.* 1 विवाद या बहस करने वाला व्यक्ति 2 विवादास्पद लेख या पुस्तक का लेखक; **~s** /~क्स/ *n., [sing.]* विवाद-कला, खंडन-मंडन, मंडल-कमंडल, वाद-विवाद, शास्त्रार्थ

polenta /पौलेंटा/ *n., pl.* **~s** 1 एक इतालवी व्यंजन 2 पकाई हुई (cooked) मक्की का दलिया

poli\ce /पअलीःस/ *n., [pl.]* 1 पुलिस, आरक्षक, आरक्षक बल: military/ railway/ detective **~ce** 2 सुरक्षा 3 पुलिस बल: over 200 **~ce** were on duty at the demonstration; **~ce** post; **~ce** offences; **~ce** power;
v., pt. **~ced**, *pp* **~cing** 1 निगरानी रखना, चौकसी बरतना: **~ce** the seas 2 सुरक्षा प्रदान क. 3 कानून व्यवस्था बनाए रखना 4 आरक्षण क.;
dw/lw: **~ced** *adj.* पुलिस रक्षित; **~ceman/ ~cewoman** *n., pl.* ~cemen or ~cewomen पुलिस का सिपाही, पुलिसिया; **~cing** *n.* पुलिस द्वारा की जाने वाली निगरानी;
collocations: **~ce arrest/ questioning** पुलिस द्वारा गिरफ्तारी या पूछताछ; **~ce constable** पुलिस कौंस्टेबल; **~ce department** पुलिस विभाग; **~ce dog** पुलिसिया कुत्ता; **~ce force** पुलिस बल; **~ce guard** पुलिस रक्षक; **~ce officer** पुलिस अफसर; **~ce state** पुलिस राज; **~ce station** पुलिस स्टेशन, थाना;
kitchen ~ce रसोईघर के लिए पोशाक;
p&i: **~ce the seas** समुद्री तटों की रक्षा क.; **call the ~ce** पुलिस बुलाना; **report sb/ sth to the ~ce** किसी के या किसी बात के विरुद्ध पुलिस में रिपोर्ट लिखवाना; **the ~ce are on his track** पुलिस उसका सुराग ढूंढ रही है

policy /पौलिसि/ *US* पाःलिसि/ *n., pl.* **policies** 1 नीति, कार्य-योजना, सिद्धांत: ~ to charge for service; long-range ~; for reasons of ~ 2 आचार-व्यवहार नीति: honesty is the best ~; their ~ is to satisfy the customers 3 बीमापत्र, पॉलिसी 4 (***syn.*** statecraft) कूटनीति: home/ internal/ domestic ~ 5 (***syn.*** craftiness) चालाकी: big stick ~ (दंडित करने पर आधारित नीति);
dw/lw: **~holder** *n.* पॉलिसीधारक, बीमाधारी; **~maker** *n.* नीति-निर्धारक, नीति-निर्माता, नीति-विधायक;
collocations: **~ unit** *politics* नीति निर्धारण विभाग;
p&i: **~ of brinkmanship/ brink-of-war ~** 'युद्ध करो! युद्ध करो!' की नीति; **~ of neutrality** गुट-निरपेक्ष नीति; **~ of pin-pricks** बार-बार तंग करने की नीति;
adopt/ formulate/ implement/ pursue a ~ नीति अपनाना/ बनाना/ लागू क./ पर चलना; **a ~ on sth** किसी मुद्दे के बारे में नीति; **a ~ of (doing) sth** कार्य नीति; **carrot and stick ~** 'लालच या लठ' नीति; **company ~** कंपनी की नीति; **floating ~** परिवर्तनशील पॉलिसी; **foreign ~** विदेश नीति; **give-and-take ~** 'थोड़ा आप चलें, थोड़ा हम चलें' की नीति; **kid-glove ~** नर्म नीति; **live and let live ~** 'जियो और जीने दो' की नीति; **long-range ~** दूरागामी नीति; **open ~** उदार नीति; **ostrich ~** कटु सचाई की अनदेखी करने की नीति; **position of strength ~** 'शक्ति सिर चढ़कर बोले' की नीति; **scorched(-) earth ~** सेना द्वारा पीछे हटते समय अपने पीछे आग लगा कर सब कुछ नष्ट करने की नीति; **the ~ of pin pricks** तंग करने की नीति; **the open-door ~** उदार नीति; **wait and watch ~** 'प्रतीक्षा करो और देखो' की नीति

poling /पोलिंग/ *n.* 1 बल्लियां, खंभों या स्तंभों का समूह 2 बिजली के खंभों की लाइन

polio /पोलिओ/ *n.* पोलियो

poliomyelitis /पोलिओमायलाइटिस/ *n., pathol.* शिशु-लकवा, बच्चों का पोलियो

polis /पलिस/ *n., Gr.* 1 यूनानी नगर-राज्य 2 नगर: metropolis (राजधानी)

Polish /पोलिश/ *adj.* 1 पोलैंड का नागरिक या निवासी 2 पोलंड की भाषा

polish /पौलिश/ *US* पाःलिश/ *n., pl.* **~es** 1 पॉलिश करने की सामग्री: boot ~ 2 पौलिश करने की क्रिया 3 (***syn.*** lustre) चमक, पॉलिश: table with a high ~ 4 (***syn.*** refinement) परिष्कार: he lacks ~; a writer of great ~;
v., pt. **~ed**, *pp* **~ing**, *s/he/ it* **~es** 1 चमकाना: ~ glass (शीशे को चमकाना) 2 पॉलिश क. या हो.: ~ the furniture;

mahogany **~es** beautifully 3 बेहतर बनाना, परिष्कृत क., संवारना: ~ the pronunciation;

dw/lw: **~ed** *adj.* 1 (***syn.*** gleaming) चमकदार 2 पॉलिशदार 3 (***syn.*** elegant) परिष्कृत, परिमार्जित: ~ed manners; ~ed performance; **~er** *n.* 1 पॉलिश करने वाला, पॉलिशवाला 2 चमकानेवाली मशीन; **~ing** *n.* चमकाने या पॉलिश करने की क्रिया; **~ing-paste** *n.* पॉलिश क्रीम; **~ing-powder** *n.* पॉलिश-चूरा;

p&i: **~ off sth/ ~ sth off** 1 जल्दी से काम पूरा कर लेना 2 खत्म क. 3 मार डालना: ~ed off by frosty cold (उसे पाले ने निगल लिया); **~ up sth/ ~ sth up** 1 पॉलिश करके चमका दे. 2 किसी हुनर को बेहतर बनाना

politburo /पॉलिटब्यूरो/ *n., pl.* **~s** 1 (*in full* **political bureau**) साम्यवादी दल की उच्चतम राजनीतिक व नीति-निर्धारक समिति, पोलिटब्यूरो

polite /पअलाइट/ *adj., degr.* **~r**, **~st** 1 (***syn.*** courteous) विनम्र, शिष्ट, भद्र, संवेदनशील: do the ~ (विनम्रतापूर्वक व्यवहार क.) 2 शिष्टाचारी, परिष्कृत: picking one's nose in public is not ~;

dw/lw: **~ly** *adv.* विनम्रतापूर्वक; **~ness** *n.* विनम्रता, शिष्टता, भद्रता;

collocations: **~ company** सुसंस्कृत संगति; **~ learning** पारंपरिक शिक्षा; **~ letters/ literature** ललित साहित्य;

p&i: **do the ~** विनम्रतापूर्वक पेश आना

politesse /पौलिटेस/ *US* पाःलिटेस/ *n., Fr.* औपचारिक या दिखावापूर्ण विनम्रता

politic /पौलिटिक/ *US* पाःलिटिक/ *adj.* 1 सयाना, नीतिकुशल, चतुर: ~ move 2 चालाक, धूर्त: ~ move 3 (***syn.*** judicious) सुविवेचित, सुविचारित, नीतिसम्मत: ~ speech;

v., (*also* **politick**) *pt.* **~ked**, *pp* **~king** 1 *derog.* भद्दी राजनीति क. 2 राजनीतिक सौदे-बाजी क.

dw/lw: **~s** *see below under separate entry*

politi\cal /पअलिटि\कल/ *adj.* 1 राजनीतिक: ~ life/ arena 2 राजनीति या सरकार के मामलों से संबंधित 3 राजनीति में सक्रिय 4 राजनीतिक सत्ता पाने और रखने संबंधी 5 राजनीतिक मानचित्र से संबंधित;

dw/lw: **~cization/ ~cisation** /~कलाइजेशन/ ~टिसाइजेशन/ *n.* राजनीतिकरण; **~cally** *adv.* राजनीतिक रूप से: ~cally correct;

collocations: **~cal allegiance** राजनीतिक निष्ठा; **~cal alliance** राजनीतिक गठबंधन; **~cal appointments** राजनीतिक नियुक्तियां; **~cal asylum** राजनीतिक शरण; **~cal bargaining** राजनीतिक सौदेबाजी; **~cal correctness** राजनीतिक दृष्टि से सही होने की नीति; **~cal crisis** राजनीतिक संकट; **~cal decision** राजनीतिक निर्णय; **~cal end** राजनीतिक उद्देश्य; **~cal economy** राजनीतिक अर्थशास्त्र; **~cal executive** सरकार का मुखिया; **~cal geography** राजनीतिक भूगोल; **~cal group** राजनीतिक गुट; **~cal hierarchy** राजनीतिक श्रेणी-बद्धता, राजनीतिक मठाधीशी; **~cal party** राजनीतिक दल; **~cal prisoner** राजनीतिक बंदी; **~cal question** राजनीतिक मुद्दा; **~cal rights** राजनीतिक अधिकार; **~cal science** राजनीति-विज्ञान; **~cal set-up** राजनीतिक व्यवस्था; **~cal system** राजनीतिक प्रणाली;

p&i: **~cal power grows out of the barrel of a gun** राजनैतिक सत्ता बंदूक की नली से निकलती है;

a ~cal joint राजनीतिक बहस का अड्डा; **a ~cal thinks of the next election, a statesman of the next generation** नेता आगामी चुनाव की सोचता है तथा राजमर्मज्ञ अगली पीढ़ी की

politician /पौलिटिशिअन/ *US* पाःलिटिशिअन/ *n.* 1 राजनीति में सक्रिय व्यक्ति, राजनीतिज्ञ, राजनयिक, राजतंत्रविद: consummate ~ (मंजा हुआ राजनीतिक खिलाड़ी) 2 राजनीतिक षड्यंत्र करने वाला;

p&i: **a machine ~** पार्टी मशीन का नेता; **a peanut ~** छुट-भैया नेता

politici\ze (*also UK* –**se**) /पलिटिसाइज़/ *v., pt.* **~zed**, *pp* **~zing** 1 किसी व्यक्ति या विषय को राजनीतिक रंग दे., राजनीति का रंग चढ़ाना 2 राजनीति क. 3 राजनीति की चर्चा चलाना, राजनीतिक बनाना

politick *see above under* **politic**

politico /पअलिटिको/ *n., pl.* **~s** राजनीतिक छुटभैया

politico- *comb. form, forming adjectives, denoting:* **political/ politics** (राजनीतिक/ राजनीति)

politics /पौलअटिक्स/ *US* पाःलिटिक्स/ *n., [sing.]* 1 राजनीति: entered ~ during JP movment; go into ~ 2 राजनीतिक व्यवसाय या धंधा 3 *[sing./ pl.]* राजनीतिक गतिविधियां, राजनीतिक उठा-पटक, षड्यंत्र 4 (*pl.*) राजसत्ता हथियाने की चालें या षड्यंत्र 5 किसी की राजनीतिक सहानुभूति, सिद्धांत या विचारधारा;

collocations: **a matter of high ~** ऊंची राजनीति का खेल; **arm chair ~** सोफे पर बैठकर यानी बिना जनता के बीच गए की जानेवाली राजनीति; **domestic/ international/ local ~** घरेलू/ अंतर्राष्ट्रीय/ स्थानीय राजनीति; **engaged in ~** राजनीति में लिप्त; **lunar ~** अव्यावहारिक राजनीति; **office ~** दफ्तर में बैठकर की जानेवाली राजनीति; **party ~** दलगत राजनीति; **sb's politics** किसी की राजनीति या सिद्धांत-बद्धता; **the ~ of newspaper** समाचार पत्र की नीति; **ward ~** तुच्छ स्तर की राजनीति;

p&i: **~ is war without bloodshed, war is ~ with bloodshed** राजनीति रक्तहीन युद्ध है और युद्ध रक्तरंजित राजनीति; **~ makes strange bedfellows** राजनीति में अजीबोगरीब लोग एक साथ मिल जाते है;

enter/ go into/ be involved in ~ राजनीति में आना/ में लिप्त हो.; **lunar ~** सपनों की राजनीति; **peanut ~** छुट-भैयों की राजनीति; **play ~** राजनीतिक खिलवाड़ क.; **power ~** राजनैतिक सत्ता; **talk ~** राजनीतिक बातें क.

polity /पौलिटि/ *US* पाःलिटि/ *n., pl.* **polities** 1 शासन या चर्च आदि की प्रबंधन प्रणाली 2 राजनीतिक दृष्टि से संघटित समाज, राज्य 3 राज्यतंत्र राजशासन, राज्य-व्यवस्था

polka /पौल्का/ *US* पोल्का/ *n., pl.* **~s** एक बोहेमियायी युगल नृत्य

polka dot /पौल्का-डौट/ *US* पोल्का-डाःट/ (*also* **~ bikini**) *n.* कपड़े पर छोटे बिंदुओं से बना डिजाइन, छींट

poll /पोल/ (*also* **opinion ~**) *n., pl.***~s** 1 (**the ~s**) मतदान, जनमत, चुनाव: declare the ~; go to the **~s**; exclusion of women from the ~ 2 मतसंख्या: heavy ~ 3 (***syn.*** ballot) मतगणना (counting of votes): be at the head of the ~ 4 जनमत संग्रह: public-opinion ~ 5 (***syn.*** head) सिर, मुंड, चांद 6 (***syn.*** blunt end) कुंदा;

v., *pt.* **~ed**, *pp* **~ing** 1 चुनाव या जनमत-संग्रह कराना 2 मतदान क., मत प्राप्त क.: the constituency was **~ed** to the last man 3 चुनाव में मत प्राप्त क. 4 जनता के मतों का पंजीकरण क. 5 पशु के सींग काटना 6 (***syn.*** prune) पेड़ आदि को कतरना, छांटना, छांगना;

adj. शृंगहीन (सींगों के बिना);

dw/lw: **~er** /पोलः/ *n.* 1 मतदाता 2 मतदान बूथ पर मतदाताओं को रजिस्टर करने वाला 3 पेड़ छांगने वाला; **polling** *see below under separate entry*; **~ster** /पॉल्स्टः/ *n.* 1 जनमत सर्वेक्षक 2 मतदान-विशेषज्ञ;

collocations: **~ tax** मथौट, व्यक्ति-कर; **exit ~s** मतदान के बाद का सर्वेक्षण; **gallop ~** (***syn.*** survey) मतदान-पूर्व सर्वेक्षण;

p&i: **a ~ indicates/ reveals/ shows/ suggests sth** जनमत दर्शाता है/ दिखाता है/ सुझाता है कि...; **carry out/ conduct a ~** चुनाव कराना; **peel and ~** लूटना

pollan /पौलन/ *US* पाःलन/ *n., pl.* **pollan**/ **~s** आयरलैंड की झीलों में मिलने वाली सफेद मछली

pollard /पौलःड/ *US* पाःलःड/ *n.* 1 छांगा (*Hr.*) हुआ पेड़ 2 सींग कटा पशु;

v., pt. **~ed**, *pp* **~ing** 1 (***syn.*** prune) पेड़ को छांगना 2 शाखाविहीन या सींगविहीन कर दे.

pollen /पौलन/ *US* पाःलन/ *n.* पराग;

dw/lw: **~disease**/ **~fever** *n.* (***syn.*** hay fever) परागज ज्वर;

collocations: **~ count** पराग की मात्रा; **~ sac** परागदानी; **~ tube** *bot.* परागधानी

poller *see above under* **poll:** ***dw/lw***

pollex /पौलेक्स/ *US* पाःलेक्स/ *n.* बड़ी उंगली, हस्तांगुष्ठ

pollicitation /पलिसिटेशन/ *n.* 1 वादा 2 जमानत

pollina\te /पौलिने\ट/ *US* पाःलिने\ट/ *v., pt.* **~ted**, *pp* **~ting** परागण क., सींचना;

dw/lw: **~tor** /~टः/ *n.* परागद, परागणकर्ता; **~tion** /~शन/ *n.* परागण

polling /पोलिंग/ *n.* मतदान, मतगणना, क्रमवर्ण;

dw/lw: **~-booth** *n.* मतदान-कोष्ठक;

collocations: **~ day** *UK* (*US* **election day**) *n.* मतदान दिवस; **~ list** मतदाता क्रमवर्ण-सूची; **~ station** *UK* (*US* **~ place**) मतदान केंद्र

pollster *see above under* **poll:** ***dw/lw***

pollu\te /पल्यू\ट/ पलू\ट/ *v., pt.* **~ed**, *pp* **~ing** 1 प्रदूषित क.: **~te** water/ air 2 (***syn.*** defile) दूषित क., कलुषित क. 3 (***syn.*** dirty) गंदला क., मैला क. 4 भ्रष्ट क. (sb's mind);

dw/lw: **~tant** /~टंट/ *n.* प्रदूषक तत्व; **~ted** /~टिड/ *adj.* प्रदूषित; **~tion** /~शन/ *n.* 1 प्रदूषण, कालुष्य 2 गंदगी 3 (***syn.*** effusioseminis) वीर्यपात

Pollux /पॉलक्स/ *n., Gr. mythol.* द्वितीय मिथुन

pollyanna /पौलिऐना/ *US* पाःलि-/ *n.* सदा खुश रहने वाला व्यक्ति, पक्का आशावादी

polo /पोलो/ *n.* पोलो का खेल, चौगान;

collocations: **~ ground** पोलो मैदान; **~ shirt** पुरुष की बुनी हुई खेल की कमीज; **~ neck** *UK* (*US* **turtleneck**) ऊंचे गले का गोल कॉलर, गोल कॉलर वाला गला

polonium /पअलोनियम/ *n., chem.* (*abbr.* **Po**) एक विरली धातु का तत्त्व जिसमें से आलफा (alpha) कण निकलते हैं

polony /पलॉनि/ *n., pl.* **polonies** आधे पके गोश्त से बना एक सूखा गुलमा (susage)

poltergeist /पोल्टःगाइस्ट/ *n.* उत्पात करने वाली प्रेतात्मा, भूत

poltroon /पौल्ट्रून\/ *US* पाःल्ट्रून\/ *n., lit., old use, Fr.* घिनौना कायर व्यक्ति;

dw/lw: **~ery** /~रि/ *n.* घिनौनी कायरता, भीरुता

poly /पौलि/ *US* पाःलि/ *n., pl.* **polies**, *informal* पॉलिटैक्निक कॉलेज

poly- /पौलि\-/ *US* पाःलि\-/ *pref., comb. form, denoting:* **many** (बहुत, अनेक)

dw/lw: **~androus** /~ऐंड्रस/ *adj.* 1 जिसके कई पति हों 2 बहुपतिका, अनेकपतिका 3 बहुपुंकेसरी; **~andry** /~ऐंड्रि/ *n., anthropol.* बहुपति प्रथा, बहुपतित्व, बहुपति-प्रथा, बहुपुंकेसरता; **~archy** /~आःकि/ (**~archy** ≠ **monarchy**) *n., pl.* **~archies**, *politics* बहुतंत्र, अनेक लोगों की सत्ता; **~atomic** *adj.* दो से अधिक परमाणुओं (atoms) वाला अणु (molecule); **~basic** /~बेसिक/ *adj., chem* बहुक्षारकी (अम्ल); **~carbonate** *n., chem.* एक मजबूत थर्मोप्लास्टिकी सामग्री जिससे हेल्मेट आदि बनाए जाते हैं; **~carpic**/ **~carpous** /~काःपिक/ ~काःपस/ *adj., bot* एक ऐसा फलदार पौधा जो लगातार कई बार फल देता है; **~centrism** *n., politics* जब देश में सत्ता के अनेक केंद्र हों; **~chrome**/ **~chromatic** /~क्रोम/ ~क्रोमैटिक/ *adj.* रंग-बिरंगा; **~chromy** /पौलिक्रमि/ *n.* बहुवर्णता; **~clinic** /~क्लिनिक/ *n.* ऐसा अस्पताल जिसमें सभी रोगों का निदान और चिकित्सा होती है; **~cyclic** /~साइक्लिक/ *adj.* बहुचक्रीय; **~cycly** /~साइक्लि/ *n.* बहुचक्रीयता; **~dactyl** /~डैक्टिल/ (*also* **polydactylous** /~डैक्टिलस/) *adj.* जिस आदमी के सामान्य संख्या से अधिक उंगलियां व अंगूठे हों; **~ester** /~एस्टः/ *n.* पॉलिएस्टर, कपड़ा बनाने का कृत्रिम तंतु; **~ethylene** /~एथिलीन/ *n., chem.* पौलिएथिलीन; **~gamic** /पअलिगैमिक/ *adj.* बहुविवाही, बहुपत्नीक; **~gamist** /पअलिगअमिस्ट/ *n.* एक से अधिक पत्नियों वाला पुरुष, बहुपत्नीक, बहुविवाहवादी; **~gamous** /पअलिगअमस/ *adj.* 1 बहुपत्नी-प्रथा-संबंधी 2 बहुपत्नीक, बहुविवाही 3 सर्वलिंगी, बहुलिंगी; **~gamy** /पअलिगअमि/ *n.* बहुपत्नी/ बहुपति प्रथा, बहुविवाह-प्रथा; **~gene** /पौलिजीन/ *n., genet.* शरीरवर्धन की कई प्रक्रियाओं (जैसे ऊंचाई आदि) का संचालन करने वाला जीन (gene); **~genesis** /~जिनेसिस/ *n.* बहुजन्यता, बहुमूलजता, बहुजन्मता; **~genous** /~जिनस/ *adj.* बहुविध, बहुजनक; **~glot** /~ग्लौट/ *adj.* (***syn.*** multilingual) 1 बहुभाषी 2 एक ही रचना के कई संस्करणों का संग्रह, अनेक भाषाओं में लिखित रचना; **~glottal** /पौलिग्लौटल/ *US* पाःलिग्लाःटल/ *adj.* बहुरूपी; **~gon** /पौलिगौन/ *US* पाःलिगाःन/ *n., geom.* पांच या अधिक भुजाओं वाली आकृति, बहुभुज; **~gonal** /पौलिगौनल/ *US* पाःलिगाःनल/ *adj.* पंचभुजीय: ~gonal masonry; **~graph** /~ग्राफ/ *n., med.* 1 (***syn.*** lie detector) झूठ पकड़ने वाला उपकरण 2 ऐसा उपकरण जो एक समय में कई क्रियाओं को नियंत्रित करता है, जैसे नब्ज-दर, रक्तचाप, त्वचासंचारण दर आदि; **~gynist** /पअलिजिनिस्ट/ *n.* बहुपत्नीक; **~gyny** /पअलिजिनि/ *n.* बहुपत्नीत्व, बहुपत्नी-प्रथा; **~hedral** /~हीडरल/ *adj.* बहुफलकीय, बहुतलीय; **~hedron** /~हीड्रन/ *n., pl.* **~hedrons**/ **~hedra** /पौलिहीड्रा/ पांच से अधिक पक्षों वाला पदार्थ, बहुफलक; **Polyhymnia** *n.* गीतिकाव्य की अधिष्ठातृ देवी, सरस्वती; **~math** /~मैथ/ *n.* महापंडित, बहुश्रुत, अनेक विषयों का विद्वान; **~mer** /~मः/ *n.* बहुलक; **~meric** /~मेरिक/ *adj.* बहुलक; **~merism** *n.* बहुलकता; **~mor\phic** /~मॉःफिक/ (*also* **~morphous** /~मॉःफस) *adj.* बहुरूपी; **~morphism** /~मॉःफिजम/ *n., biol.* बहुरूपता; **~neuritis** /~न्युराइटिस/ *n., pathol.* एक साथ कई स्नायुओं का शोथ; **~nomial** /~नोमिअल/ *math. n.* बहुपद; **~nominal** /~नोमिनल/ *adj.* बहुपदी; **~onymous** /~ऑनिमस/ *adj.* बहुनामी; **polyp** *see below under separate entry*; **~phase** /~फेज/ *n.* बहुकलीयता; **polyphagia** *see below under separate entry*; **~phone** /~फोन/ *n.* बहुध्वनिक अक्षर; **~phonic** /पौलिफौनिक/ *US* पाःलिफाःनिक/*adj.* कई स्वरों वाला, बहुस्वरीय; **~phony** /पलिफअनि/ *n., pl.* **~phonies** स्वर-संगति, बहुस्वरता, विविधस्वरता; **~ploid** /~प्लॉइड/ *genetics adj.* बहुगुणित; **~pod** /पौलिपौड/ *US* पाःलिपाःड/ *adj.* बहुपाद; **~semantic** /~सिमैंटिक/ *adj.* अनेकार्थी, विविधार्थी; **~semy** /पअलिसिमि/ *n., ling.* अनेकार्थकता, बहु-अर्थकता, विविधार्थकता, पर्यायवाचकता; **~semous** /पअलिसीमस/ *adj.* अनेकार्थक, पर्यायवाचक, विविधार्थी; **~styrene** /~स्टाइरीःन/ *UK* (*US* **Styrofoam**) *n.* हल्का मुलायम प्लास्टिक जिसमें वस्तुएं लपेटी जा सकती हैं, पालिस्ट्रीन; **~syllabic** /~सिलैबिक/ *adj., ling.* बहु-शब्दांशिक; **~syllable** /~सिलअबल/ *n., ling.* तीन या अधिक शब्दांशों वाला शब्द; **~syndeton** /~सिंडिटन/ *n., ling.* समुच्चयबोधक-आवृत्ति; **~technic** /~टेकनिक/ *n.* विविध विषयों में तकनीकी शिक्षा देने वाला उच्च शिक्षा संस्थान; **~technical** /~टेकनिकल/ *adj.* बहुशिल्पीय; **~theism** /~थीःइजम/ *n.* बहुदेववाद; **~theist** /~थीःइस्ट/ *n.* बहुदेववादी; **~theistic** /~थीइस्टिक/ *adj.* बहुदेववादी; **~thene** /~थीन/ *n. UK* (*US* **polyethylene** /पौलिएथिलीन/) *n.* पौलिथीन; **~tomy** /पौलिट\मि/ *n.* बहुभाजन; **~tomous** /~टमस/ *adj.* बहुभाजक;

~tonic /~टोनिक/ *adj.* बहुसुरात्मक; **~topic** /पौलिटॉपिक/ *adj.* बहुस्थली; **~tropic** /पौलिट्रौपिक/ *US* पाःलिट्राःपिक/ *adj.* बहुदैशिक, अनेकप्रभावी, अनेकानुवर्ती; **~uria** /~यूरिआ/ *n.* बहुमूत्र, बहुमूत्रण; **~valent** /~वअलंट/ *adj.* बहुसंयोजक; **~voltine** /~वोल्टाइन/ *n.* अनेकप्रज;

collocations: **~synthetic language** भाषा, जिसमें कई छोटे-छोटे अंशों से बने लंबे-लंबे शब्द प्रयुक्त होते हैं

Polynesia /पौलिनीजिया/ *US* पाःलिनीजिया/ *n.* आस्ट्रेलिया के पूर्व में स्थित प्रशांत महासागरीय द्वीप-समूह

polyp /पौलिप/ *US* पाःलिप/ *n.* पोलिप, नाक आदि में होने वाला मसा

polypha\gia /पौलि\फेजिया/ *US* पाःलि\फेजिया/ *n., pathol.* अतिशय-भक्षण का विकार, विविध-भक्षण;

dw/lw: **~gous** /~फगस/ *adj.* विविधभक्षी, अतिशय भक्षी; **~gy** /~फगि/ *n.* विविधभक्षण

polyphony *see above under* **poly-: *dw/lw***

polysemy, **polystyrene**, **polysyllable**, **polytechnic**, **polytheism**, **polythene**, **polyvalent** *see above under* **poly: *dw/lw***

polyvinyl chloride *n., chem.* (*abbr.* **PVC**) आग-सह, रसायन-सह थर्मोप्लास्टिक पदार्थ जिसे नालियों, फर्श की दरियों, बिजली की तारों के आवरण आदि बनाने के लिए प्रयोग किया जाता है

pomace /पमिस/ *n.* 1 साइडर (cider) बनाने के लिए कूटे हुए सेब 2 कोई भी गूदे और गुठलीदार फल 3 फलमेष

pomade /पौमाःड/ पौमेड/ *US* पाःमाःड/ पाःमेड/ *n.* केशलेप, अंगराग, बालों की क्रीम आदि;

v., pt. **~ded**, *pp* **~ding** केशलेप लगाना

pomander /पमैंडः/ *US* पोमैंडः/ *n.* 1 कई सुगंधित पदार्थों से बनी गोली जो पहले दुर्गंध या संक्रमण से बचने के लिए प्रयोग की जाती थी 2 गोल इत्रदान, फुलेलदानी, गुलाबदानी, कमरे या कपड़ों में सुगंध भरने के लिए सुगंधित फूलों से भरा गोल बर्तन

pome /पोम/ *n.* बीजूफल, सेबनुमा फल

pomegranate /पौमिग्रैनिट/ *US* पाःमिग्रैनिट *n.* अनार: ~ tree

pomelo /पौमअलो/ *US* पाःमअलो/ (*also* **pummelo**) *n., pl.* **~s** 1 (***syn.*** shaddock) चकोतरा 2 (***syn.*** grapefruit) छोटा चकोतरा

Pomeranian /पौमअरेनिअन/ *US* पाःमअरेनिअन/ *n.* 1 पॉमिरेनिआ वासी 2 छोटे कद तथा लंबे बालों वाले कुत्तों की एक प्रजाति

pomfret /पौम्फ्रिट/ *US* पाःम्फ्रिट/ (*also* **pomfret cake**) *n.* 1 एक चक्रीनुमा मिठाई 2 सरंगा (मछली)

pomiculture /पोमिकल्चः/ *n.* फल-कृषि

pommel /पौमल/ *US* पाःमल/ *n.* 1 घोड़े की काठी का ऊपर उठा हुआ अगला भाग, हरना 2 (तलवार की मुठिया की) गांठ, घुंडी (of sword);

v., pt. **~led**, *pp* **~ling** घूंसे लगाना, मुकियाना, मारना

pomm\y /पौमि/ *US* पाःमि/ *n., pl.* **~ies** *Austral. & NZ, derog.* (*also* संक्षिप्त रूप **pom)** अंग्रेज;

adj. सड़ांधभरा: **~y** scumbag (सड़ांधभरा अंग्रेज)

pomology /पोमौलजि/ *US* पोमाःलजि/ *n.* फलकृषि विज्ञान

pomp /पौंप/ *US* पां\प/ *n.* 1 तड़क-भड़क, धूमधाम, शान, प्रताप 2 दिखावा, आडंबर 3 ठाठ-बाट, सज-धज: ~ and pageantry 3 समारोहिक श्रृंगार;

dw/lw: **~osity** /पौंपौसिटि/ *US* पांपाःसिटि/ *n., pl.* **~osities** 1 दिखावापूर्ण शैली 2 आडंबर, दिखावा, शब्दाडंबर 3 (***syn.*** self-importance) अहंमन्यता, आत्म-प्रदर्शन 4 आडंबरप्रियता; **~ous** /पौंपस/ *US* पांपस/ *adj.* 1 (***syn.*** pretentious) अपने आप को महत्त्वपूर्ण समझने वाला 2 आडंबरपूर्ण, आडंबरी: he's a ~ ass 3 दिखावापूर्ण; **~ously** /पौंपसलि/ *US* पांपसलि/ *adv.* आडंबरपूर्ण ढंग से, दिखावा करते हुए; **~ousness** /पौंपसनेस/ *US* पांपसनेस/ *adv.* शान-शौकत, आडंबरपूर्णता, आत्माभिमान;

p&i: **~ and circumstance** ठाठ-बाट, शानो-शौकत

pompadour /पौंपअडुअः/ *US* पांपअडुअर/ *n., hist.* एक विशेष केश-सज्जा, बाल संवारने का एक ढंग जिसमें बाल माथे से आगे छत्ते की तरह निकले रहते हैं

pompier ladder /पॉम्पिअः लैडः/ आग बुझाने के लिए सीढ़ी

pompom /पौम-पौम/ *US* पाःम-पाःम/ (*also* **pompon**) *n.* 1 एक प्रकार का फूल 2 ऊन के धागे का गोला

pom-pom *n.* तेजी से गोली चलाने वाली एक ऑटोमैटिक विमान भेदक बंदूक या तोप

pomposity *see above under* **pomp: *dw/lw***

pompous; **pompously** *see above under* **pomp: *dw/lw***

pon\ce /पौंस/ *US* पांस/ *offensive sl. n.* 1 (***syn.*** pimp) भड़ुआ, कोठे का दलाल 2 औरतों-सा स्वभाव वाला आदमी, जनाना आदमी;

v., *pt.* **~ced**, *pp* **~cing** 1 (*usually* **~ce about/ around**) स्त्रैण ढंग से व्यवहार क. 2 गड़बड़-घोटाला क.;

p&i: **~ce about/ around** आवारागर्दी क.

poncey /पौंसि/*US* पांसि/ (*also* **poncy**) प्रभावशाली होने का मूर्खतापूर्वक दिखावा करने वाला

poncho /पौंचो/ *US* पांचो/ *n., pl.* **~s** दक्षिणी अमेरिकी चोगा, एक बड़ा-सा तिकोना कपड़ा जिसके बीच में पहनने के लिए बड़ा-सा मुंह बना होता है

pond /पौंड/ *US* पांड/ *n.* 1 ताल, तालाब, सरोवर 2 तलैया, पोखर 3 कुंड, जोहड़ 4 *N. Amer. sl.* (*usually* **the ~**) समुद्र, विशेषकर अटलांटिक महासागर;

dw/lw: **~age** *n.* तालाब का जलाशय; **~-fish** *n.* तालाब की मछली; **~-fish-culture** *n.* तालाब में मछली पालन; **~-lily** *n.* कुमुदिनी, जलनलिनी; **~-snail** *n.* ताल-घोंघा/ शंबुक, कटुआ; **~-weed** *n.* सेवार

ponder /पौंडः/ *US* पांडः/ *v., pt.* **~ed**, *pp* **~ing** (*often* **~ on/ over sth**) 1 विचार क.: ~ a question; **~ing** on his unhappy lot 2 चिंतन-मनन क.: sit and ~;

dw/lw: **~able** /पौंडरअ\बल/ *US* पांडरअ\बल *adj.* 1 विचारणीय, सोचने योग्य 2 जिसका मूल्यांकन किया जा सके 3 (***syn.*** appreciable) अनुभवगम्य; **~ation** /~रेशन/ *n.* 1 तोलन, भार 2 महत्त्व 3 सोच-विचार; **~ous** /~रस/ *adj.* 1 अत्यधिक गंभीर, अत्यधिक औपचारिक व आडंबरपूर्ण 2 (***syn.*** tedious, laboured) शिथिल, नीरस 3 (***syn.*** bulky) भारी-भरकम, विशालकाय: ~ axe; ~ figure/ building 4 (***syn.*** difficult) श्रमसाध्य; **~ously** /~रसलि/ *adv.* अत्यधिक औपचारिक तरीके से, आडंबरपूर्वक, नीरस ढंग से; **~ousness** /~रसनेस/ *n.* 1 गांभीर्य 2 नीरसता 3 औपचारिकता, आडंबरपूर्णता

pondok/ pondokkie /पौंडौक/ पौंडौकि/ *US* पांडाःक/ पांडाःकि/*n.* जीर्ण-शीर्ण झुग्गी

pondy /पौंडि/ *US* पांडि/ *n., sl.* अश्लील साहित्य

pone /पोन/ (*also* **corn ~**) *n. US* 1 मक्के की रोटी 2 *cards* पोन/ ताश के खेल में पत्ते बांटने वाले से अगला खिलाड़ी

pong /पौंग/ *US* पांग/ *n.* 1 बदबू, दुर्गंध 2 *US, Austral.* चीनवासियों के लिए अपशब्द;

v., *pt.* **~ed**, *pp* **~ing** दुर्गंध आना

dw/lw: **~y** /पौंगि/ *US* पांगि/ *adj., degr.* ~ier, ~iest सड़ांधभरा

pongee /पौंजी/ *US* पांजी/ *n.* 1 महीन रेशमी कपड़ा 2 महीन सूती कपड़ा

pongo /पौंगो/ *US* पांगो/ *n., pl.* **~s** वानर की एक नस्ल

poniard /पौन्यःड/ *US* पाःन्यःड/ *n.* कटार, खंजर;

v., *pt.* **~ed**, *pp* **~ing** खंजर मारना या घोंपना

pontage /पौंटिज/ *US* पांटिज/ *n.* पुल पर से गुजरने का शुल्क

pontiff/ pontifix /पौंटिफ/ पौंटिफिक्स/ *US* पांटिफ/ पांटिफिक्स/ *n.* 1 धर्माचार्य 2 पोप की उपाधि या पद 3 धर्मगुरु, धर्माध्यक्ष: soverign ~;

collocations: **supreme** ~ परमधर्माध्यक्ष, उच्चाधिकारी

pontifical /पौंटिफिकल/ *US* पांटिफिकल/ *adj.* 1 धर्माध्यक्षीय 2 आडंबरपूर्ण, पूर्वाग्रही 3 लकीर का फकीर जैसा;

dw/lw: **~s** *n., [pl.]* पोप या बिशप की सामारोहिक पोशाक

pontifica\te /पौंटिफिके\ट/ *US* पांटिफिके\ट/ *v., pt.* **~ted**, *pp* **~ting** 1 धर्माचार्य की तरह आडंबरपूर्ण व दिखावापूर्ण ढंग से बोलना 2 धर्माध्यक्ष का कार्यकलाप क. 3 (*syn.* dogmatize) कट्टरवादी सिद्धांतवादिता निभाना;

n. (धर्माध्यक्ष, परमधर्माध्यक्ष की) पदावधि, शासनकाल, धर्माध्यक्ष का पद

pont-levis /पौंट-लेविस/ *US* पांट-लेविस/ *n., Fr.* उठाऊ पुल

pontoon-bridge /पौंटून-ब्रिज/ *US* पांटून--/ *n.* खाली ढोलों का पुल, नौका-सेतु

pony /पोनि/ *n., pl.* **ponies** 1 टट्टू, याबू: hill ~ 2 टांगन 3 *US sl.* परीक्षा में नकल करने की पर्ची 4 *sl.* एक छोटा गिलास: ~ of brandy;

adj. छोटा: ~ edition (छोटा संस्करण);

dw/lw: **~-tail** /पोनिटेल/ *n.* बालों को घोड़े की दुम की तरह पीछे बांधने की शैली; **~-trekking** *n.* टट्टू की सवारी

pooch /पूच/ *n., pl.* **~es** *colloq.* एक प्रकार का कुत्ता

poodle /पूडल/ *n.* 1 घुंघराले लंबे बालों वाला कुत्ता 2 *derog.* चापलूस चाकर या नौकर;

collocations: ~ **cut** औरतों की छोटे-छोटे बालों की कटाई

poof/ poofter /पूफ/ पूफ:/ *n., offensive sl.* पुरुष समलिंगकामी

pooh /पू/ *excl., interj., colloq.,* छी!, उंह!

pooh-pooh /पू-पू/ *v., pt.* **pooh-poohed**, *pp* **pooh-poohing** 1 तिरस्कार क.: ~ signs of danger (खतरे के निशान की अनदेखी क.) 2 घिन क. 3 ठुकरा दे.;

collocations: **~-pooh theory** आवेगवाद

pooka /पूका/ *n., pl.* **~s** आयरलैंड के लोक साहित्य में एक ऐसा चामत्कारिक या जादुई पात्र जो जानवर की शक्ल धारण करके वनों और दलदली क्षेत्रों में घूमता है

pool /पूल/ *n.* 1 तरणताल: indoor ~ 2 उथला तालाब, जोहड़ 3 (*syn.* puddle) किसी द्रव का छोटा-सा गड्ढा, पोखरा, डबरी: **~s** of blood 4 बिलिअर्ड जैसा खेल 5 नदी या किसी धारा का गहरा भाग 6 लोगों द्वारा किसी वस्तु या सेवा का सांझा उपयोग: car ~; diving ~ 7 *geol.* कुंड 8 (*syn.* total) कुल धन राशि: ~ of foreign exchange 9 *commer.* उद्योगपतियों द्वारा स्पर्धा खत्म करने और कीमतें बढ़ाने की मंशा से बनाया जाने वाला एक गुट या गिरोह 10 खेल प्रतियोगिताओं में टीमों के अलग-अलग खेमे 11 समूह: a ~ of brilliant scientists/ of trained actors;

v., pt. **~ed**, *pp* **~ing** 1 किसी वस्तु का मिलजुल कर प्रयोग क.: ~ cars 2 साधनों को एकत्रित क.: ~ interests; ~ resources; ~ foreign exchange 3 मिलाना, इकट्ठा क.: ~ the results;

dw/lw: **~ing** *n.* एकत्रीकरण, एकीकरण; **~room** *n.* 1 पूल 'pool' का खेल खेलने का स्थान 2 जुआ-घर; **~side** *n.* तरणताल के आस-पास की जगह;

the ~s /पूल्ज/ *n., [pl.]* ब्रिटेन में सट्टेबाजी का खेल जिसमें जुआरी मैचों पर शर्त लगाकर पैसा कमाते हैं: football ~s;

p&i: **dirty** ~ कमीनापन, छलावा, ठगी

poop /पूप/ *n.* 1 जलयान का पिछला भाग, दुंबाल: ~ deck 2 पिछाड़ी 3 गूह, मल;

v., pt. **~ed**, *pp* **~ing** 1 समुद्र की तरंगों का जहाज से टकराना 2 पिछवाड़े से तरंग का आना 3 थककर चूर हो जाना 4 (*also* **~ sb out**) किसी को थकाकर चूर कर दे.: the swimming **~ed** me out; he found himself completely **~ed** 5 (*usually* **~ out**) थककर मुकाबले आदि से बाहर हो जाना 6 गोली चलाना: the guns were **~ing** away like mad 7 (*syn.* defecate) शौचालय जाना;

dw/lw: **~ed** *adj.* थका हुआ, श्रांत

poop-scoop/ pooper-scooper *n., colloq.* कुत्ते के मल आदि की सफाई करने वाला उपकरण

poor /पुअ:/ *US* पॉ:र, पुर *adj.* 1 गरीब, दरिद्र, निर्धन, कंगाल, अकिंचन: ~ as a church mouse 2 खराब, बुरा: ~ speaker/ player; in ~ condition 3 अक्षम: my ~ retirement 4 (*syn.* unfortunate) अभागा, बेचारा, दीन-हीन: ~ fellow 5 (**~ in sth**; *syn.* scanty) अपर्याप्त, अल्प, थोड़ा, कम: a country ~ in minerals; a ~ attendance; to the best of sb's ~ abilities; ~ crop; ~ supply 6 (*syn.* mediocre) घटिया, निकृष्ट: goods of ~ quality 7 तुच्छ, घृणित, क्षुद्र, नीच 8 (*syn.* contemptible) खराब: have a ~ opinion of sb; ~ sort of conduct 9 दुर्बल, कमजोर (not strong): ~ eyesight; be ~ at mathematics; ~ health 10 (*syn.* emaciated) दुबला-पतला 11 अनुपजाऊ;

n. (**the** ~), *pl.* गरीब जनता;

dw/lw: **~-box** *n.* दान-पात्र, दान-पेटिका; **~-house** *n.* दरिद्रालय, दीन-निवास, दरिद्र-निवास, अनाथालय; **~ly** *adv.* 1 खराब ढंग से: he spoke very **~ly** 2 खराब ढंग से: ~ly clad; ~ly furnished room 3 अल्प मात्रा में: ~ly lighted streets 4 ज्यों-त्यों, किसी तरह से 5 गरीबी में: live ~ly; **~ly** *adj. UK* बीमार, कमजोर; **~ness** *n.* 1 गरीबी, दीनता, दरिद्रता 2 कमी, अभाव: ~ness of supply 3 अक्षमता 4 कमजोरी, अनुपजाऊ चरित्र: ~ness of the soil; **~-mouth** *v., pt.* ~-mouthed, *pp* ~-mouthing 1 अपनी गरीबी का रोना रोना; **~-spirited** *adj.* हौसला-पस्त, खस्ता-हाल;

collocations: ~ **law** *hist.* गरीबों के समर्थन में कानून; ~ **man** गरीब आदमी; ~ **relation** घटिया, महत्त्वहीन व सफल वस्तु या व्यक्ति जिसे वाजिब आदर नहीं मिलता; ~ **white** (~ **white trash**) *n., derog.* अमेरिका या दक्षिणी अफ्रीका में काले वर्ण के लोगों के बीच रहने वाले दरिद्र गोरे लोग;

p&i: ~ **as a church mouse** अति दरिद्र; ~ **as Job** जोगी-सा गरीब; ~ **man's...** *derog.* गरीब आदमी के लिए (चावल, चीनी आदि): this is only lumpfish, ~ man's caviar; ~ **beggar/devil/ soul** बेचारा;

be ~ in sth किसी विषय आदि में कमजोर हो.; **it's a ~ heart that never rejoices** संगदिल आदमी कभी आनंद नहीं लेता; **the new ~** जो थोड़े दिन पहले गरीब बने हों; **the ~er the church purer the church** जो जितना ही धनी होता है वह उतना ही दुष्ट होता है; **the ~ man pays for all** दूसरों का बोझ गरीबों पर ही पड़ता हैं; **think ~ of** किसी व्यक्ति या चीज के बारे में खराब आकलन हो.

pootle /पूटल *n.* बिना किसी जल्दी के यानी आराम से भ्रमण क.

pop /पौप/ *US* पा:प/ *v., pt.* **~ped**, *pp* **~ping** 1 तड़कना, फटफटना, फटना: The balloon **~ped** and landed at my feet 2 (*syn.* fire, shoot) दागना 3 पटकना, लापरवाही से रखना: just ~ it in the oven 4 (*syn.* move suddenly) आ पड़ना, घुस आना, लपकना: ~ next door for a second 5 (*esp.* **~ out/ up**) उछलकर बाहर जाना या निकलना: his eyes **~ped** with amazement 6 अचानक विचार आदि का आना 7 *comput.* कंप्यूटर स्क्रीन पर मेन्यु आदि का प्रकट हो. 8 विमान में कानों का फटने को हो. 9 *drug-taking, sl.* नशीली दवा या उसका इंजेक्शन ले.;

n. (*also* **~ music**) 1 आधुनिक लोकप्रिय संगीत: ~ tunes/ songs 2 फटने की आवाज, धमाका: the ~ of a cork 3 (*also US* **soda**) *colloq. esp., N. Amer.* मीठा अल्कोहल रहित पेय (सोडा) 4 *informal, esp., N. Amer.* पिता के लिए स्नेहपूर्ण संबोधन 5 बड़ी उमर के लोगों के लिए संबोधन;

adv. धमाके या फटने की आवाज के साथ: the cork went ~;

adj. short of the word **popular** (लोकप्रिय): ~ tunes; ~ songs;

dw/lw: **~corn** (*also* **popping corn**) *n.* मक्की के भुने दानों की खील, मक्का फुल्ली; **~-eyed** /पॉप-आइड/ *adj.* हक्का बक्का या घबराया हुआ; **~gun** /पॉपगन/ *n.* बच्चों के खेलने की बंदूक;

~**over** *n.* अंडे, दूध और आटे से बना एक व्यंजन; ~**-shop** *n.* गिरवी की दुकान; ~**-socks** *n. [pl.]* घुटनों तक आने वाले मोजे; ~**-song** *n.* लोकप्रिय गीत; ~**-up** /पौप-अप/ *n.*1 ऐसी पुस्तक जिसमें पृष्ठ खोलने पर अचानक तस्वीर बाहर निकल आती है 2 ब्रेड सेंकने का टोस्टर जिसमें से तैयार होने पर ब्रेड उछलकर बाहर निकल आती है 3 कंप्यूटर में मेन्यु प्रतीकों (menu icon) की अचानक प्रकट होने की क्रिया;

collocations: ~ **art** लोक कला; ~ **music** लोकप्रिय संगीत; ~ **poetry** लोक काव्य; ~ **psychology** लोक मानसिकता; ~ **quiz** विद्यार्थियों को बिना पूर्व सूचना के लिया जाने वाला टेस्ट; ~ **toaster** ऐसा ब्रेड भूनने वाला यंत्र जिससे पक जाने पर ब्रेड स्वतः उछलकर बाहर आ जाती है

p&i: ~ **down** 1 लिख लेना: ~ down one's ideas 2 रेखाचित्र बनाना 3 जल्दी से जाकर आ जाना: ~ down to the country (देहात में जाकर आना); ~ **goes the weasel** लो, नाच शुरू हो गया; ~ **in** 1 जल्दी से ठूंसना 2 अचानक आ टपकना; ~ **off** *colloq.* 1 अचानक उठकर चले जाना 2 अचानक मर जाना 3 सो जा.; ~ **off a rabbit** खरगोश पर गोली चलाना; ~ **on** जल्दी से कपड़े पहनना; ~ **one's clogs** मर जा.; ~ **one's head out of a window** एक झटके में अपने सिर को खिड़की के बाहर निकालना और अंदर कर लेना; ~ **out/ over, etc.** थोड़े समय के लिए अंदर-बाहर आना-जाना; ~ **out/ up** 1 अचानक बाहर आना 2 बुझाना; ~ **sth in/ into/ on, etc.** किसी चीज को जल्दी से कहीं रखना; ~ **the question** *humorous, colloq.* शादी करने का प्रस्ताव रखना; ~ **up** अचानक उठ खड़े हो.;

go ~ अचानक मर जाना

pop *abbr.* 'population', 'popular', 'popularly' का संक्षेप

popcorn *see above under* **pop:** ***dw/lw***

Pope /पोप/ *n.* 1 (*often* **pope**) पोप, ईसाई (कैथोलिक) धर्मगुरु 2 संत-पिता, पोप, परमधर्माध्यक्ष 3 पुरोहित;

dw/lw: ~**dom** /पोपडम/ *n.* पोप का पद या अधिकार; ~**ry** /पोपअरि/ *n. offensive* पोपवाद, कैथोलिकवाद

pope's nose पक्षी का चर्बीदार अंग

popinjay /पॉपिंजे/ *n., old use, derog.* दंभी व्यक्ति, अहंकारी, घमंडी व्यक्ति

popish /पोपिश/ *adj., offensive* कैथोलिकवाद से संबंधित

poplar /पौपलः/ *US* पाःपलः/ *n.* एक ऊंचा पेड़

poplin /पौप्लिन/ *US* पाःप्लिन/ *n.* पापलिन, मजबूत सूती कपड़ा

poppa /पौपा/ *US* पाःपा/ *n.* बच्चों द्वारा प्रयुक्त पिता के लिए शब्द

popliteal /पौपलिटिअल/ *US* पाःपलिटिअल/ *adj., anat.* जानुपश्च, जांघ

poppadum/ poppadom/ pappadom /पौपअडम/ *US* पाःपअडम/ *n.* पापड़ (एक भारतीय स्नैक)

popper /पौपः/ *US* पाःपः/ *n. UK* (*US* **snap**) 1 कपड़े टांगने के लिए धातु या प्लास्टिक की चिमटी 2 *esp., N. Amer.* पॉपकॉर्न भूनने का बर्तन

poppet /पौपिट/ *US* पाःपिट/ *n.* 1 किसी प्रिय व्यक्ति के लिए प्रयुक्त स्नेहपूर्ण शब्द 2 वाहन इंजनों में एक पुर्जा 3 जहाज चालू करने के लिए लकड़ी की बल्ली

popping-crease *n.* क्रिकेट में विकटों के पास की रेखा जिनके बीच दौड़ कर रन बनाए जाते हैं

popp\le /पौपल/ *US* पाःपल/ *v., pt.* ~**led**, *pp* ~**ling** 1 उबलते पानी या समुद्र के पानी के बुलबुले या लहरें उठना 2 (*often* ~**le along**) लहराते हुए बहना;

n. लहरता हुआ बहाव

pop poetry *see above under* **pop:** ***collocs.***

poppy /पौपि/ *US* पाःपि/ *n., pl.* **poppies** 1 खसखस, पोस्ते का पौधा जिससे अफीम बनती है 2 पोस्ता, पोस्त (white) 3 भड़भड़वा: prickly ~ 4 लालपोस्त: corn ~;

collocations: ~ **seed** खसखस, पोस्ते का दाना

poppycock /पौपिकॉक/ *US* पाःपिकॉक/ *n., colloq.* बकवास

popsy /पौप्सि/ *US* पाःप्सि/ *n., pl.* **popsies**, *colloq.* किसी युवती या महिला के लिए स्नेहपूर्ण शब्द

populace /पौप्युलस/ *US* पाःप्युलस/*n.* 1 जनता 2 जनसाधारण 3 आम लोग

popular /पौप्यु\लः/ *US* पाःप्यु\लः/ *adj.* 1 लोकप्रिय, सर्वप्रिय, जनप्रिय : a pastime still ~ with the young; ~ lectures; ~ hero/ singer; he is ~ in society 2 आम जनता का, जन-साधारण का : a ~ misconception (जनसाधारण में फैली एक भ्रांति); ~ tumult (जन-असंतोष व आक्रोश) 3 (***syn.*** common) सामान्य, लोकसुलभ, लोकगत, (लोक) प्रचलित : a ~ history of science; ~ etymology (जन व्युत्पत्ति विज्ञान); ~ error; ~ aphorism (आम सूक्ति) 4 (***syn.*** public) सार्वजनिक, आम : by ~ demand; ~ election 5 सस्ता, लोकसुलभ (of prices): at ~ prices;

dw/lw: ~**ity** /~लैरिटि/ *n.* लोकप्रियता: gain ~ity; actor's ~ity; win ~ity; enjoy ~ity; growing/ increasing ~ity; ~**ize** (*also UK* **-ise**) /~लराइज/ *v., pt.* ~ized, *pp* ~izing 1 लोकप्रिय बनाना, प्रचार क.: ize new principles 2 सामान्य भाषा में स्पष्ट क. या प्रतिपादित क.: ~ize suffrage (मताधिकार का जनतंत्रीकरण क.); ~**ization** /~लराइजेशन/ *n.* लोकप्रिय बनाने की प्रक्रिया; ~**ly** /पौप्युलःलि/ *adv.* आम जनता में चलन अनुसार: ~ly called/ known; ~ly written; ~ly accepted, etc.;

collocations: ~ **front/ people's front** जन मोर्चा; ~ **government** लोक-शासन; ~ **literature** लोक-साहित्य; ~ **taste** लोकरुचि

popula\te /पौप्युले\ट/ *US* पाःप्युले\ट/ *v., pt.* ~**ted**, *pp* ~**ting** 1 (***syn.*** inhabit) बसना, आबाद हो.: be ~**ted** with (से आबाद हो.) 2 बसाना : ~**te** a new country;

dw/lw: ~**tion** /~शन/ *n.* 1 जनसंख्या: ~tion growth; the declining elephant ~tion; increase/ fall in ~tion 2 आबादी, बाशिंदे: India has a ~tion of approximately 1300 million, etc.;

collocations: ~**tion accretion** जनसंख्या में वृद्धि; ~**tion explosion** जनसंख्या में विस्फोट, जनसंख्या में आकस्मिक वृद्धि; ~**tion mobility** जनसंख्या की गतिशीलता; ~**tion projection** जनसंख्या पूर्वानुमान;

civil ~**tion** जनसंख्या; **indigenous** ~**tion** मूल आबादी; **the business** ~**tion** व्यापारी तबका

popul\ism /पौप्यु\लिजम/ *US* पाःप्यु\लिजम/ *n.* आम आदमी के कल्याण की नीति;

dw/lw: ~**ist** /~लिस्ट/ *n.* 1 लोकवादी, जन समर्थक 2 जनसाधारण की समस्याओं का अध्येता व समर्थक; ~**ous** /~लस/ *adj.* घनी आबादीवाला: ~ous districts

pop-up *see above under* **pop:** ***dw/lw:***

porbeagle /पॉःबीगल/ *n.* एक भारी-भरकम अहानिकर शार्क मछली

porcelain /पॉःसलिन/ *n.* चीनी मिट्टी के बर्तन;

adj. चीनी मिट्टी का : a ~ dish;

dw/lw: ~**-clay** *n.* चीनी मिट्टी के बर्तन बनाने की मिट्टी

porch /पॉःच/ *n., pl.* ~**es** 1 ड्योढ़ी, द्वारमंडप 2 *N. Amer.* बरामदा

porcine /पॉःसाइन/ *adj.* सुअर का, सुअर-जैसा, शूकरीय

porcupine /पॉःक्युपाइन/ *n.* साही (जंतु) : ~ fish (साही मछली)

po\re /पोः/ *n., pl.* ~**res** 1 छिद्र, त्वचा में रंध्र 2 रोमकूप, लोमकूप (of skin);

v., *pt.* ~**red**, *pp* ~**ring** 1 (***syn.*** examine) गहन एकाग्रता के साथ अध्ययन क.: ~**re** over sth 2 (***syn.*** muse) चिंतन क., मनन क. : ~**re** at/ upon a problem 3 ध्यान से देखना;

dw/lw: ~**rosity** /पॉरौसिटि/ *US* पॉराःसिटि/ *n., pl.* ~**rosities** सरंध्रता, छिद्रिलता, सूक्ष्मरंध्रता; ~**rous** /पोरस/ *adj.* छिद्रित, छेदों से भरा, सरंध्र, सूक्ष्मरंध्र;

p&i: ~**re one's eyes out** गहन अध्ययन के कारण आंखों को थका लेना; ~**rous plot** चूने वाला बर्तन;

at/ in every ~re सारा का सारा, सिर से लेकर पांवों तक
pork /पॉ:क/ *n.* सुअर का गोश्त;
dw/lw: **~er** *n.* मोटा-ताजा सुअर; **~ling** *n.* घेंटा; **~y** /पॉ:कि/ *adj., degr.* ~ier, ~iest 1 सुअर जैसा 2 *colloq.* मोटा
porkey /पॉ:कि/ *adj. US* बहुत बुरा, दुष्ट
porn/ porno /पॉ:न/पॉ:नो/ *colloq. n.* अश्लील चित्र, फोटो आदि
pornograph\er /पॉ:नौग्रैफअ:/ *US* पॉ:ना:\ग्रैफअ:/ *n.* अश्लील लेखक, अश्लील चित्रकार;
dw/lw: **~y** /~ग्रफि/ (*also* **porn**) *n.* अश्लील साहित्य, अश्लील चित्र, फोटो आदि; **~ic** /पॉ:नअग्रैफिक/ *adj.* अश्लील; **~ically** /पॉ:नअग्रैफिकलि/ *adv.* अश्लील ढंग से
porosity *see above under* **pore:** ***dw/lw***
porous *see above under* **pore:** ***dw/lw***
porpoise /पॉ:पअस/ *n.* 1 बिना चोंच की व्हेल मछली 2 सूंस, शिंशुक, चुल्लकी
porosis /पॉरोसिस/ *n.* टूटी हड्डी को जोड़ने में अस्थि विरचन, किणन
porridge /पौरिज/ *US* पा:रिज, पॉरिज/ *n.* 1 (***syn.*** *US* oat meal) दलिया 2 *Br., sl.* कैद;
p&i: **do** ~ कैद काटना; **keep one's breath to cool one's** ~ अपना दम-खम बुरे समय के लिए बचाकर रखना
porringer /पौरिंजः/ *US* पा:रिंजः/ *n.* सूप या दलिये के लिए हत्थेवाला प्याला
port /पॉ:ट/ *n.* 1 बंदरगाह, पत्तन 2 बंदरगाह नगर 3 एक प्रकार की मदिरा 4 जहाज का बायां बाजू 5 ईधन द्वार 6 मूका, जहाज में माल चढ़ाने का छोटा-सा दरवाजा : ~ hole 7 *now mainly Scots* तोरण (gateway) 8 जीभी (of bit) 9 (***syn.*** deportment) आचरण, चाल-ढाल, भाव-भंगिमा, रंग-ढंग, मुद्रा : proud ~ (इतराने वाली मुद्रा) 10 (***syn.*** purport) अभिप्राय 11 *comput.* सहायक उपकरण को कंप्यूटर से जोड़ने के लिए सॉकेट 12 हवाई-अड्डा 13 बाजे की धुन;
adj. बायां, डाबा;
v., *pt.* **~ed**, *pp* **~ing** 1 बायें मुड़ना या मोड़ना 2 बंदूक को शरीर पर तिरछे थामना (arms);
dw/lw: **~-charges/ ~-dues** *n. [pl.]* बंदरगाह का शुल्क, पत्तन-प्रभार, पत्तन-देय; **~-charge** *n.* बंदरगाह में ढुलाई-शुल्क; **~-duty** *n.* बंदरगाह शुल्क; **~-hole** *n.* जहाज का छोटा-सा दरवाजा या खिड़की; **~-side** *n.* बायां डेक; **~-trust** *n.* बंदरगाह-प्रबंधन;
collocations: ~ **authority** पत्तन-निकाय, बंदरगाह प्रबंधन; ~ **of arrival/ ~ of call** मंजिल की बंदरगाह; ~ **of departure** प्रस्थान बंदरगाह; ~ **of distress** आपात स्थिति में रुकने की बंदरगाह; ~ **facilities** बंदरगाह में मिलने वाली सुविधायें; ~ **of loading/ discharge** माल-लदाई की बंदरगाह; ~ **of entry** सीमा शुल्क अधिकारियों से लैस प्रवेश बंदरगाह;
commercial ~ व्यापारिक बंदरगाह; **naval** ~ नौसेना की बंदरगाह;
p&i: ~ **after stormy seas** मुसीबतें झेलने के बाद रुकने का ठिकाना;
any ~ in a storm मुसीबत के समय जैसी भी शरण या सहारा मिल जाए वही अच्छा; **touch at a** ~ लंबी यात्रा के समय जहाजों द्वारा बीच में किसी बंदरगाह पर रुकना
porta\ble /पॉ:टअ\बल/ *adj.* 1 जिसे शरीर के किसी भाग पर रखकर ले जाया जा सके, सुवाह्य: **~ble** bridge/ lamp; **~ble** house भिन्न-भिन्न भागों को जोड़कर तुरंत बनाया जा सकने वाला घर 2 *comput.* कंप्यूटर प्रोग्राम, जिसे कई कंप्यूटरों में लगाया जा सके;
dw/lw: **~bility** /~बिलिटि/ *n.* 1 शरीर पर रखकर लेने-लेजाने की संभावना या क्षमता 2 *comput.* किसी कंप्यूटर प्रोग्राम की कई प्रोग्रामों में प्रयुक्त होने में उपयुक्तता; **~ge** /पो:टिज/ *n.* 1 नावों से ढुलाई, नाव-ढुलाई 2 ढुलाई-शुल्क 3 जहाजों या जहाज के उपकरणों को नदी मार्ग से एक स्थान से दूसरे स्थान तक लाने-लेजाने की क्रिया; **~ge** *v., pt.* ~ged, *pp* ~ging जहाजों या जहाज के उपकरणों को नदी मार्ग से एक स्थान से दूसरे स्थान तक लाना-लेजाना

Portakabin /पॉ:टअकैबिन/ *n., tradem.* चल कार्यालय
portal /पो:टल/ *n.* 1 बड़ा द्वार, मुख्य द्वार 2 चंदोवा, लघु द्वार 3 वेबसाइट जिससे इंटरनेट से संपर्क किया जाता है;
collocations: ~ **crane** बड़ी क्रेन; ~ **vein** निर्वाहिका शिरा, यकृत शिरा
porta\mento /पॉ:टअमेंटो/ *n., pl.* **~menti** *music* सितार आदि पर एक सुर से दूसरे में फिसलते रहने की क्रिया
portance /पॉ:टंस/ *n.* 1 मुद्रा, शैली 2 व्यवहार
portative /पॉ:टअटिव/ *adj.* उठाने या थामे रखने वाली : ~ force of magnet
portcullis /पो:टकलिस/ *n., hist.* खिसकौआ या उठाऊ फाटक, चल द्वार
portend /पॉ:टेंड/ *v., pt.* **~ed**, *pp* **~ing** 1 (***syn.*** foreshdow) पूर्वाभास होना 2 संकेत होना 3 पूर्वाभास या पूर्वसूचना दे.
portent /पॉ:टेंट/ *n.* 1 पूर्वसूचना या चेतावनी : **~s** of war/ storm 2 (***syn.*** omen) शकुन/ अपशकुन 3 चमत्कार, विलक्षण बात : **~s** of computer science;
dw/lw: **~ous** /पॉ:टेंटस/ *adj.* 1 पूर्वसूचना या चेतावनी देने वाला, पूर्वसूचक 2 धमकी भरा, खतरनाक, डरावना: ~ous events; ~ous silence (डरावना सन्नाटा) 3 गंभीर, औपचारिक, दिखावापूर्ण: in a ~ous manner 4 अद्भुत, चमत्कारी: ~ous abilities; of ~ous size; **~ously** /पो:टेंटसलि/ *adv.* चामत्कारिक ढंग से; **~ousness** /पो:टेंटसनेस/ *n.* विलक्षणता, चमत्कारिता
porter /पॉ:टः/ *n.* 1 (***syn.*** doorman) द्वारपाल, दरबान 2 चौकीदार 3 भारिक, पल्लेदार, कुली;
dw/lw: **~age** /पॉ:टरिज/ *n.* भारिक या कुली की मजदूरी; **~house** *n.* (*in full* **~house steak**) गोश्त का पसंदीदा टुकड़ा
portfire /पॉ:टफायः/ *n.* रसबत्ती, अग्निवाहक उपकरण
portfolio /पॉ:टफोलिओ/ *n., pl.* **~s** 1 कागज-पत्र रखने के लिए चमड़े या प्लास्टिक का बैग या फाइल, पत्राधान, पोर्टफोलियो 2 मंत्री का विभाग : minister without ~ 3 संस्था के शेयरों की सूची
porthole /पो:टहोल/ *n.* 1 जलपोत में बनी गोल खिड़की, मूका 2 डेक-प्रकाशक
portico /पॉ:टिको/ *n., pl.* **~s/ ~es** *archit.* द्वारमंडप, पोर्टिको, ड्योढ़ी
portière /पॉर्टीएअर/ *n.* दरवाजे का मोटा पर्दा
portion /पॉ:शन/ *n.* 1 हिस्सा, भाग : divided the cake into six **~s**; the larger ~ of the population; sell in **~s** 2 (***syn.*** share) भागीदारी, अंश 3 परोसे जानेवाले भोजन की मात्रा, खुराक (a helping): a ~ of pudding 4 *law* (***syn.*** dowry) दहेज, दायजा : receive four lac rupees for a ~ 5 *lit.* (***syn.*** fate) भाग्य, किस्मत : our ~ in life 6 *law* माता-पिता या संरक्षकों द्वारा बच्चे के पालन-पोषण, शिक्षा आदि के लिए छोड़ा गया धन : our ~ in life;
v., *pt.* **~ed**, *pp* **~ing** 1 भागों में विभाजित क. : ~ sth out 2 बांट दे. : ~ out land/ property 3 धन प्रदान क., दहेज दे. : ~ a daughter;
collocations: **~less daughters** संपत्ति में भागीदारी से वंचित पुत्रियां
portly /पो:टलि/ *adj., degr.* **portlier, portliest** बहुत मोटा, स्थूलकाय : ~ walk
portmanteau /पॉ:टमैंटो/ *n., pl.* **~s/ ~x** /पो:टमैंटोज/ चमड़े का दो बराबर भागों में खुलने वाला सूटकेस;
adj. दो या अधिक एक जैसी वस्तुओं को मिलाने वाला;
collocations: ~ **word** मिश्रित शब्द, ऐसा शब्द जो दो शब्दों के अंशों को जोड़कर बनाया गया हो, जैसे **motor + hotel → motel**
portrait /पॉ:ट्रेट/ *n.* 1 किसी व्यक्ति का चित्र : **self-~**; sit for one's ~ 2 प्रतिकृति, रूपचित्र : a ~ of sb/ sth; fulllength ~; half-length ~; moral ~ 3 (***syn.*** depiction) शब्दचित्र: a ~ of country life;

adj. print. छपाई में जब पृष्ठ की लंबाई चौड़ाई से ज्यादा हो;
dw/lw: **~-bust** *n.* धड़ और चेहरे का चित्र; **~-gallery** *n.* चित्र-दीर्घा; **~-ist** /पॉःट्रेटिस्ट/ *n.* चित्रकार; **~-painting** *n.* रूप-चित्रण; **~ure** /पॉःट्रअचः/ *n.* 1 चित्रकला 2 चित्रण 3 चित्र

portray /पॉःट्रे/ *v., pt.* **~ed**, *pp* **~ing** 1 चित्रण क., चित्रित क. 2 (***syn.*** depict) का वर्णन क. 3 (***syn.*** play) का अभिनय क., भूमिका अदा क. 4 (***syn.*** represent) के रूप में प्रस्तुत क.;
dw/lw: **~al** /~अल/ *n.* 1 चित्रण, चित्रांकन, निरूपण 2 चित्र, वर्णन 3 अभिनय 4 पर्तिनिधित्व; **~er/ ~ist** /~अः/ ~इस्ट/ *n.* चित्रकार, चितेरा

portress /पॉःटरिस/ *n.* द्वारपालिन

Portuguese /पॉःचुगीःज/ *adj.* 1 पुर्तगाल से संबंधित 2 (**the Portuguese**) पुर्तगाली नागरिक या निवासी 3 पुर्तगाली भाषा

Portuguese man-of-war *n.* उष्णकटिबंध समुद्रों में पाया जाने वाला एक डरावना जीव

port-wine stain/ port-wine mark *n.* तिल

POS *abbr., comer.* 'point of sale' की प्रथमाक्षरी

pose /पोज/ *v., pt.* **~d**, *pp* **posing** 1 विशिष्ट मुद्रा धारण क., चित्र के लिए खड़े या बैठे रहना: ~ for a portrait 2 (*usually* **~ as sb/ sth**) किसी अन्य व्यक्ति का बनावटी रूप, भाव-भंगिमा या मुद्रा धारण क.: ~ as a hero 3 प्रस्तुत क., के सामने रखना, मुद्दा आदि उठाना, चर्चा चलाना, प्रश्न पूछना: ~ an argument/ a claim 4 (***syn.*** pretend) का ढोंग रचना, दिखावा क.: she should not ~ so much but be more natural 5 समस्या या खतरा खड़ा क.: ~ a danger/ problem/ threat, etc. 6 परेशानी में डालना, किंकर्तव्यविमूढ़ क.: the question of rising prices has **~d** the government enormously;
n. 1 विशिष्ट मुद्रा : a relaxed ~ 2 दिखावा, छल-कपट, आडंबर : his punk style is just a ~; his piety is a mere ~ 3 भाव-भंगिमा 4 (***syn.*** attitude) रुख : adopt a dignified ~;
dw/lw: **~r** /पोजः/ *n.* 1 ढोंगी, आडंबरी, पाखंडी 2 (***syn.*** puzzler) कठिन प्रश्न या पहेली, समस्या 3 (***syn.*** poseur) मुद्रा धारण करने वाला;
p&i: **~ a question** सवाल पूछना; **~ as sb** किसी और का रूप धारण क., ढोंग क.; **strike a ~** प्रतापी या प्रभावशाली मुद्रा धारण क.

posey /पोजि/ *adj.* लोगों पर मूर्खतापूर्वक प्रभाव जमाने की कोशिश करने वाला

posh /पौश/ *adj., degr,* **~er, ~est** *colloq.* 1 (***syn.*** elegant) शानदार और कीमती 2 (***syn.*** stylish) उच्चस्तरीय (फैशन) 2 उच्चवर्गीय;
v., pt. **~ed**, *pp* **~ing** (*always* **~ sth up**) उच्चस्तरीय बनाना : ~ up oneself (अच्छी तरह बनना-ठनना);
adv. शानदार ढंग से: talk ~

posit /पौजिट/ *US* पॉजिट/ *v., pt.* **~ed**, *pp* **~ing** 1 तथ्य प्रस्तुत क. 2 (***syn.*** postulate) किसी तथ्य को आधार मानकर आगे दलील दे. 3 रख दे.;
***n.**, philos.* किसी आधार बिंदु के इर्द-गिर्द बनाई हुई दलील

position /पअजिशन/ *n.* 1 मुद्रा, बैठने या खड़े होने का ढंग : an upright ~; lie in an uncomfortable ~; crouched ~; standing/ prone/ kneeling ~ 2 स्थिति: be placed in a false/ in an awkward/ in a ridiculous ~; from the ~ of strength (ज्यादा शक्तिशाली होने के दृष्टिकोण से) 3 (***syn.*** condition) अवस्था: initial ~ 4 (***syn.*** attitude) रुख, विचारधारा और दृष्टिकोण : sb's ~ on euthanasia 5 स्तर, श्रेणी, कोटि, प्रतिष्ठा : wealth and ~; a high ~ in society; people of ~ 6 (***syn.*** rank) प्रतियोगिता में दर्जा : placed in fourth ~; in first/ second/ third, etc. ~ 7 (***syn.*** site) स्थल, स्थान, अवस्थान : a fine ~ overlooking the sea 8 (***syn.*** affirmation) कथन 9 (***syn.*** placing) स्थापना : was out of ~ 10 (***syn.*** post) पद : high ~ in a bank 11 फुटबॉल आदि में कोई स्थान विशेष;
***v.**, pt.* **~ed**, *pp* **~ing** किसी स्थान या पद पर स्थापित क. या हो.;
dw/lw: **~al** /पअजिशनल/ *adj.* 1 स्थिति-संबंधी, स्थितिपरक, स्थितीय 2 स्थितिसूचक 3 स्थानाश्रित 4 दृष्टिकोणीय; **~-finder** *n., naut.* 1 दिशा-निर्धारक, दिक्सूचक, दिक्-दर्शक 2 स्थिति का पता लगाने वाला; **~ing** *n.* 1 खिलाड़ियों की अपने-अपने स्थान पर खड़ा करने की क्रिया 2 किसी उपकरण के उचित स्थान पर लगाने की क्रिया 3 स्थान का चुनाव;
collocations: **~ paper** वस्तु-स्थैतिक वृत्तांत पर्चा; **~ ratio** स्थिति अनुपात;
p&i: **be in a ~ to do sth** कुछ कर सकने की स्थिति में हो.; **be in ~** सही स्थान पर हो.; **not in a ~ to help** मदद करने की स्थिति में न हो.; **place sb in a false/ ridiculous/ awkward ~** किसी को झूठी या शर्मनाक स्थिति में फसाना; **take (up) the ~ that** किसी मामले में कोई दृष्टिकोण अपनाना

positive /पौजिटिव/ *US* पाःजिटिव/ *adj.* 1 सकारात्मक, सहिक, सकारी, स्वीकारात्मक 2 आशावादी : feeling more ~; ~ reaction to a suggestion; a ~ sort of man 3 (***syn.*** conclusive) निश्चित, पक्का, दृढ़निश्चयी : be ~ 4 सुस्पष्ट, साफ : ~ directions 5 रोग की मौजूदगी दर्शाने वाला : test ~ for TB 6 धनात्मक संख्या (गणित) 7 *elec.* वैद्युतीय धनात्मक (आवेश या चार्ज) : ~ charge 8 (***syn.*** constructive) रचनात्मक : ~ suggestion; ~ criticism 9 (***syn.*** real, absolute) वास्तविक : a ~ scandal (पक्का बखेड़ा); he is a ~ nuisance 10 (***syn.*** definite) निश्चयात्मक, सुनिश्चित : ~ proof of guilt; the idea of beauty is not ~ 11 (***syn.*** convinced) आश्वस्त : ~ about sb 12 *gramm.* अस्तिवाचक, सामान्य 13 *phot.* पोजिटिव, सहिक 14 (***syn.*** imposed) आरोपित, ठहराया हुआ, विधिकृत, राजकृत 15 (***syn.*** artificial) कृत्रिम 16 (***syn.*** conventional) औपचारिक 17 प्रभावयुक्त, लागू (of reaction) : ~ law 18 तथ्य-आधारित या तथ्यात्मक : ~ philosophy;
dw/lw: **~ly** *adv.* 1 सकारात्मक रूप से 2 निश्चय ही, अवश्य; **~ness** *n.* सुनिश्चितता, सकारात्मकता;
collocations: **~ discrimination** समाज के पिछड़े वर्ग के लोगों की मदद करने के लिए उनके पक्ष में सकारात्मक पक्षधरता; **~ feedback** *engin., biol.* ऐसा परिणाम जो किसी तंत्र के उत्पाद को उस तंत्र में किये जाने वाले निवेश से अधिक दर्शाता है; **~ heliotropism** पौधे के तने और पत्तों की सूर्य की ओर झुकने की प्रवृत्ति; **~ hydrotropism** तने की जड़ों की आर्द्रता की ओर (+ **hydrotropism**) बढ़ने की प्रवृत्ति; **~ reinforcement** *psychol.* रुचिकर पुरस्कार आदि देकर किसी क्रिया को जान लेने के प्रयास को प्रोत्साहन दिया जाना; **~ pressure** वायुमंडलीय दबाव से अधिक दबाव; **~ science** प्रत्यक्ष-विज्ञान; **~ sign** धन-चिह्न (+); **~ term** भाव-पद; **~ vetting** उच्च पद के लिए चुने जा रहे व्यक्ति के संबंधों और सहानुभूतियों की जांच-पड़ताल;
p&i: **~ laws** पारित कानून

positi\vism /पौजिटिविजम/ *US* पाःजिटिविजम/ *n.* 1 दर्शन की एक धारा जिसके अनुसार ज्ञान मात्र उन वस्तुओं, प्रक्रियाओं और तथ्यों को जानकर प्राप्त किया जा सकता है जिन्हें प्रत्यक्ष रूप से देखा जा सकता है 2 प्रत्यक्षवाद, तथ्यवाद 3 (***syn.*** positivity) निश्चयात्मकता;
dw/lw: **~vist** *n.* प्रत्यक्षवादी एवं तथ्यवादी व्यक्ति

positron /पौजिट्रौन/ *US* पाःजिट्राःन/ *n.* धनाणु, पॉजिट्रॉन, एक प्रतिकण जिसका घनत्व इलेक्ट्रॉन जितना होता है पर इसका आवेश उसके उल्टा होता है

posology /पअसौलजि/ *US* पअसाःलजि/ *n.* मात्रा (dose) विज्ञान, औषध-मात्रिकी, औषध विज्ञान की एक शाखा जो दी जाने वाली औषधियों की खुराक की मात्रा निर्धारित करती है

poss *abbr.* 'possible' *as colloq. adj.*; 'possibly' *as adv.*; *gramm.* 'possessive' का संक्षेप

posse /पौसि/ *US* पाःसि/ *n.* 1 *N. Amer., hist.* स्थानीय शासन

(sheriff) की सहायतार्थ घुड़सवार टुकड़ी 2 समान लोगों का समूह 3 अवैध दवाओं की तस्करी में लिप्त युवाओं की टोली

possess /पअजे\स/ *v., pt.* **~ed**, *pp* **~ing** 1 के पास हो., रखना : she **~es** a quick mind 2 (***syn.*** own) का स्वामी या मालिक हो. : ~ property/ wealth 3 पर कब्जा हो., अधिकार में हो. 4 से संपन्न हो., से युक्त हो. : ~ good qualities; be **~ed** of sth; he was **~ed** of good health 5 (***syn.*** know) पर अधिकार हो., जानना : ~ Greek poetry 6 (***syn.*** dominate) पर हावी हो., नियंत्रण में हो. : ~ oneself/ one's soul in patience 7 प्रेरित, संचालित हो. : be **~ed** by/ with a passion *or* be ~ed by/ with a mania *or* an idea 8 (***syn.*** affect) इंसान के जहन पर प्रेतात्मा आदि का छा जाना या उनसे ग्रस्त होकर उन से संचालित हो. : **~ed** by an evil spirit; be **~ed** with rage;

dw/lw: **~ed** /~सड/ *adj.* (*also* ~ed of sth) 1 अधिकृत: ~ed of great wealth 2 आविष्ट, ग्रस्त (by evil spirit) : screaming like a man ~ed (प्रेतात्मा से ग्रस्त आदमी की तरह चिल्लाना); **~or** /~सः/ *n.* 1 स्वामी, मालिक, जिसका कब्जा हो, कब्जेदार, दखलकार 2 भोक्ता 3 धारक 4 प्रेतात्मा आदि; **~ory** *adj.* कब्जे संबंधी: ~ory title (कब्जा-हक); ~ory spirit (हथियाने या कब्जे में लेने की प्रवृत्ति); ~ory lord (मालिक-स्वामी); ~ory action (कब्जा लेने के लिए दावा या कदम);

p&i: **like all ~ed** मानो प्रेत के शिकजे में हो; **like a man/ woman ~ed** भूत-प्रेत ग्रस्त व्यक्ति की तरह

possession /पअजे\शन/ *n., pl.* **~s** 1 कब्जा, स्वामित्व : took ~ of the goods; sb charged with ~ of firearms; naked ~ (वास्तविक कब्जा); writ of ~ (कब्जा लेने का दावा); take ~ of sth 2 (***syn.*** property, belongings) अधिकारगत प्राप्त वस्तु, संपत्ति, जायदाद : come into ~ of a fortune; his personal **~s**; a man of great **~s** 3 स्वत्व, आधिपत्य, अधिकार : be in ~ of sth 4 (***syn.*** occupancy) भोग, इस्तेमाल 5 (***syn.*** territory) अधिकृत या अधीन क्षेत्र : territorial **~s** 6 भूतबाधा, आवेश (by spirit) 7 छाए रहना, से ग्रस्त रहना : old ideas still keep ~ of them 8 स्व-नियंत्रण, अपने आप पर काबू : in this crisis his ~ was admirable;

p&i: **~ is nine tenths of the law** कब्जा सच्चा मुकदमा झूठा, कब्जा सशक्त कानूनी हथियार है;

be in ~ of sth कोई वस्तु किसी के पास हो.; **fall into ~ of sth** अचानक किसी के हाथों कुछ लग जा.; **foreign ~s** विदेशी संपत्ति; **material/ personal ~s** भौतिक या व्यक्तिगत वस्तुएं; **sb's prized/ most treasured ~s** किसी की अत्यधिक कीमती या जी-जान लगाकर संभालकर रखी जाने वाली वस्तुएं; **take ~ of sb** कोई दृष्टिकोण अपनाना

possessive /पअजेसिव/ *adj.* 1 एकाधिकार प्रेमी : ~ about sth; ~ rights 2 एकाधिकार-उन्मादी, जो अपने पति या पत्नी या बच्चों आदि पर अपना एकाधिकार मानता हो और उसके अधिकार में आने वालों को कोई निजी स्वतंत्रता प्राप्त न हो : a ~ husband; ~ instinct 3 *gramm.* संबंधवाचक, संबंध कारक से संबंधित 4 स्वत्वबोधक, स्वत्वात्मक : ~ case; ~ pronoun;

n., *gramm.* 1 संबंध कारक 2 संबंध कारक में प्रयुक्त शब्द;

dw/lw: **~ness** *n.* एकाधिकार-उन्माद, एकाधिकार प्रेम

collocations: **~ case** संबंध कारक;

possessor *see above under* **possess: *dw/lw***

posset /पौसिट/ *US* पाःसिट/ *n.* काढ़ा (दूध, मदिरा, मसाले आदि का गर्म मिश्रण जिसका पहले खांसी आदि के इलाज के लिए प्रयोग करते थे)

possibili\ty /पौसअबिलिटि/ *US* पाःसअबिलिटि/ *n., pl.* **~ties** 1 संभावना : **~ty** of success/ of failure; within the range of **~ty** 2 विकल्प 3 (**~ties**) क्षमता: have definite **~ties**; there are great **~ties** in this scheme;

collocations: **consider/ discuss/ raise/ rule out a ~ty** संभावना पर बहस क./ संभावित मुद्दे को उठाना/ संभावना को नकारना;

p&i: **~ty of doing sth** कुछ करने की संभावना;

a distinct/ real/ strong ~ty एक स्पष्ट/ वास्तविक/ जोरदार संभावना

possi\ble /पौसि\बल/ *US* पाःसि\बल/ *adj.* 1 संभव, जिसे प्राप्त करने की संभावना हो: it is not **~ble** to see the patient to-day 2 संभावित: rain is **~ble** to-day; a **~ble** answer 3 नौकरी आदि के लिए उम्मीदवार 4 सहनीय;

dw/lw: **~bly** /~बलि/ *adv.* 1 शायद : he may ~bly recover 2 संभवतः : the story is true, ~bly 3 क्षमता अनुसार संभव : do all that can ~bly be done; I cannot ~bly do it; as soon as I ~bly can;

p&i: **as early as ~ble** जितना जल्दी हो सके; **as far as ~ble** जहां तक संभव हो; **a ~ble target** संभावित लक्ष्य; **as much/ quickly/ soon, etc. as ~ble** जितनी जल्दी हो सके; **if ~ble** यदि संभव हो तो; **not a ~ble person** ऐसा व्यक्ति जिसे सहन करना मुश्किल हो; **the best/ cheapest/ worst, etc. ~ble** सबसे अच्छा/ सस्ता/ खराब जो संभव हो; **the limits of the ~ble** संभावना की सीमा; **the ~ble outcome** संभावित परिणाम; **total ~ble** 1 कुल अंक 2 संभावित उम्मीदवार

possum /पौसम/ *US* पाःसम/ *n.* कंगारू की जाति का एक पशु;

p&i: **(as) happy as a ~ up a gum-tree** *Austral.* अत्यधिक प्रसन्न; **play ~** किसी को गुमराह करने के लिए मृत होने का ढोंग क.

post /पोस्ट/ *UK* (*US* **mail**) *n.* 1 डाक 2 पत्र, पार्सल आदि : catch the next ~; by registered ~ 3 किसी संगठन में नौकरी का पद : a teaching ~; key ~ 4 खंभा, खूंटा 5 सुरक्षा चौकी : keep a vigil at the mountain ~ 6 दौड़ की शुरुआत या समाप्ति दिखाने के लिए डंडे पर लगी झंडी : the starting or winning ~ 7 फुटबॉल आदि के मैदान में लगी गोल की बल्लियां 8 दूरस्थ स्थान पर बस्ती, दफ्तर, चौकी: military ~; a sentry at his ~ 9 रात में सैनिकों को क्वाटरों में लौटने का बिगुल 10 व्यापार चौकी : trading ~;

v., *pt.* **~ed**, *pp* **~ing** 1 शीघ्रता से यात्रा क., जल्दी सफर क. 2 *book-keeping* खतियाना, खाते में चढ़ाना 3 डाक से भेजना या पत्र-पेटी में पत्र डालना : ~ a letter to a friend 4 वेबसाइट में संदेश छोड़ना : ~ (up) an advertisement; ~ a ship as missing/ as overdue (जहाज को गुमशुदा घोषित क.) 5 खंभे आदि पर सूचना पत्र लगाना या टांगना 6 प्रकाशित सूची में से किसी के नाम की घोषणा क. 7 (*usually* **~ sb to, at/ in/ somewhere**) किसी को कार्य स्थान पर तैनात या नियुक्त क. : he was **~ed** abroad 8 किसी को नवीनतम सूचनाएं या समाचार देकर स्थिति से अवगत क. या रखना : while I was away, he kept me **~ed** with the latest news; ***adv***. जल्दी-जल्दी : he ran ~ for the doctor (वह डॉक्टर को बुलाने के लिए सरपट दौड़कर गया);

dw/lw: **~age**, **~al** *see below under separate entry*; **~-bag** *n.* 1 डाक-थैला 2 रेडियो, टीवी, पत्रिकाओं आदि द्वारा प्राप्त किये जाने वाले पत्र; **~-box** *UK* (*US* **mailbox**) *n.* डाक-बक्सा, पत्र-पेटी; **~bus** *n.* डाक वितरण बस; **~card** *n.* पोस्टकार्ड; **~-chaise** *n.* डाक-घोड़ागाड़ी; **~code** (*also* **~al code**) *n. UK* पोस्टकोड, पिन नंबर; **~-communion** *n.* प्रसाद-प्रार्थना; **~-free** *adj.* डाकभार-मुक्त; **~horse** *n. hist.* डाक ले-जाने के लिए घोड़ा; **~house** *n. hist.* पुराने जमाने में डाक घोड़ों को रखने के लिए सराय; **~illion** /पोस्टिलिअन/ *n., hist.* डाक-घोड़े के साथ चलने वाला घुड़सवार; **~man** *UK* (*US* **mailman/ letter carrier**; **postie**) *n., pl.* ~men डाकिया: ~man's knock; **~mark** *n.* डाक भेजने की तिथि, समय और स्थान दर्शाने वाली मोहर; **~master** *n.* डाकपाल, पोस्टमास्टर; **~-town** *n.* डाकनगर;

collocations: **~ and telegraph** डाक-तार विभाग;

~man's knock बच्चों का एक खेल जिसमें काल्पनिक पत्र देने के एवज चुंबन दिया जाता है; **~ office** (*also* **Post Office**, *abbr.* **PO**) 1 डाकघर, डाकखाना 2 डाक-विभाग; **Postmaster General** देश का प्रमुख डाक अधिकारी;
by return of ~ वापसी डाक से; **~ fix notation** *comput.* अनुलग्न संकेतक; **~ order traversal** पश्चक्रमी पथक्रमण;
p&i: **~ a notice/ sign, etc.** सूचना/ संकेत आदि चिपकाना; **"post no bills!"** - इश्तिहार लगाना वर्जित है!;
Beat sb on the ~ किसी से बहुत कम अंतर से जीतना; **be ~ed missing** गुमशुदा घोषित कर दिया जाना; **be ~ed to London, etc.** लंदन आदि में नियुक्ति हो.; **between you and me and the ~** हम दोनों के बीच में (गुप्त); **deaf as a ~** खंभा-सा बहरा; **from ~ to pillar/ from pillar to ~** दर-दर की ठोकरें खाना; **Job's ~** नारद मुनी; **keep sb ~ed** किसी को समय-समय पर स्थिति से अवगत कराते रहना; **left at the ~** मुकाबले में सबसे से फिसड्डी; **on the right/ wrong side of the ~** सही या गलत रास्ते पर हो.

post- *pref., denoting:* 1 **after** (के बाद), -उत्तर, उत्तर- (in time): ~war, ~date 2 **behind** (के पीछे), पश्च-, पश्चीय, -पश्ची (in space): ~nasal

postage /पोस्टिज/ *n.* डाक खर्च, डाक-भार, डाक-व्यय, डाक-शुल्क;
collocations: **~ and packing** (*US* **shipping and handling**) किसी कंपनी को डाक भेजने के लिए दिया जाने वाला पैसा; **~ due** देय डाक-भार, बैरंग; **~ free** डाक-शुल्क से मुक्त; **~ meter** = franking machine; **~ stamp** डाक टिकट, डाक मुद्रांक

postal /पोस्टल/ *adj.* 1 डाक संबंधी: ~ rate; ~ car;
collocations: **~ code** = ~code; **~ note** *US* पांच डालर तक का मनीआर्डर; **~ order** *UK* (*US* **money order**) पैसे भेजने का निर्देश, मनीआर्डर; **~ service** 1 डाक सेवा 2 डाक द्वारा: ~ vote; ~ card; **~ union** डाक सेवा संघ;
the ~ service डाक घर;
p&i: **go ~** बहुत नाराज हो जा.

post\bag /पोस्ट\बैग/ (*also* **mailbag**) *n.* किसी विषय पर किसी संगठन या हस्ती को मिलने वाली तमाम डाक;
dw/lw: **~box** (*also* **letter box/ mailbox**) पत्र-पेटी; **~-consumer waste** अखबार की रद्दी और अन्य घरेलू कचरा; **~card** *n.* पोस्टकार्ड; **~code** (*also* **postal code**/ *US* **zip code**) = ~ code डाक की पहुंच में शीघ्रता लाने के लिए प्रयुक्त पते का क्षेत्र अंक; **~coital** /~कॉइटल/ *adj.* यौन-क्रिया के बाद होने वाला; **~-date** *n.* (***anton.*** pre-date) उत्तर-दिनांक; **~date** *v., pt.* ~dated, *pp* postdating 1 उत्तर दिनांकित क., आगे आने वाली (बाद की) तिथि डालना, भविष्य की तिथि डालना: ~-dated 2 किसी घटना की तिथि को पहले से और पीछे दिखाना 3 उक्त तिथि के बाद हो.; **~-diluvian** *adj.* महाप्रलय के बाद घटने वाला; **~doctoral** *adj.* पीएचडी (PhD) की डिग्री उपरांत मिलने वाली वृत्ति (fellowship) या किए जाने वाले शोध आदि से संबंधित; **~-entry** *n.* 1 सूची में अतिरिक्त वस्तुओं का बाद का प्रवेश 2 प्रतियोगिता में अतिरिक्त प्रतियोगियों की प्रविष्टि 3 पश्चप्रविष्ट

poster /पोस्टः/ *n.* 1 पोस्टर, इश्तिहार, विज्ञापन 2 प्रज्ञापक 3 (***syn.*** placard) बड़ा छपा हुआ चित्र 4 वैबसाइट के संदेश पटल (message board) पर संदेश दर्ज करने वाला व्यक्ति;
v., *pt.* **~ed**, *pp* **~ing** 1 इश्तिहार या पोस्टर चिपकाना 2 इश्तिहार के माध्यम से प्रचार अभियान चलाना: Modi's campaign was well **~ed**;
collocations: **~ art** उन्नीसवीं सदी के उत्तरार्द्ध से प्रचलित कला के रूप में इश्तिहार; **~ child/ ~ boy/ girl** 1 किसी रोग से ग्रस्त बच्चे की मदद के लिए छपा इश्तिहार 2 लोकप्रिय अभिनेताओं आदि जिनके चित्र बड़े-बड़े कागजों पर छापकर दीवारों आदि पर चिपकाए जाते हैं 3 किसी गुण, विशेषता या गतिविधि का प्रतिनिधि : sb as ~ child of demagogury; **~ paint/ ~ colour** पानी आधारित चित्रण

poste restante /पोस्ट रेस्टांट/ *n.* 1 प्राप्तकर्ता द्वारा स्वयं डाकघर से डाक प्राप्त करने के लिए निर्देश पत्र 2 ऐसी डाक के लिए डाक विभाग

posterior /पौस्टिअरि\अः/ *US* पाःस्टिरि\अः/ *adj.* (***anton.*** anterior) 1 किसी चीज या व्यक्ति के पीछे का, पश्च, पिछला 2 के बाद वाला 3 उत्तरकालीन 4 (***syn.*** subsequent) परवर्ती, उत्तर: ~ events;
n., (*also pl.*) नितंब, चूतड़;
dw/lw: **~ity** /~अरिटि/ *n.* उत्तरकालीनता, परवर्तिता, पश्चता;
p&i: **a posteriori** /एपौस्टेरिऑराइ/ आपॉस्टेरिऑरि/ अनुभवसापेक्ष, पहले घटी बात के बारे में निर्णय लेते समय ज्ञान, प्रमाण या अनुभव का प्रयोग

posterity /पौस्टेरअटि/ *US* पाःस्टेरअटि/ *n.* 1 भावी पीढियां, भावी संतान : this discovery will go down to ~ 2 संतति, वंशज

postern /पोस्टःन/ *n.* 1 किले का पिछला दरवाजा, पश्चद्वार 2 निकलने का रास्ता 3 (***syn.*** tunnel) सुरंग 4 निजी दरवाजा;
adj. पश्च, पिछला, गौण, निजी

post\-exilic /पोस्ट\-एक्जीलिक/ *adj.* निर्वासनोत्तर, यहूदियों के बेबीलोन में निर्वासन (597-538 b.c.) के बाद का;
dw/lw: **~-factum** /~-फैक्टम/ *adj.* घटनोत्तर, कार्योत्तर; **~-fix** *n.* प्रत्यय; **~-free** *adj.* निशुल्क डाक से; **~-glacial** /~-ग्लेशअल/ *adj.* हिमयुगोत्तर, हिम युग के बाद का; **~graduate** (*US* **graduate/ ~grad**) *n.* स्नातकोत्तर, स्नातकोत्तर डिग्री-प्राप्त व्यक्ति; **~-haste** *adv.* बहुत जल्दी, शीघ्रतापूर्वक; **~hoc** *adj.* पहले होने वाली घटना का कारण बनने से संबंधित: a ~hoc examination;

post\humous /पौस्ट्युमस\/ *US* पाःस्चअमस\/ *adj.* 1 मरणोपरांत, मरणोत्तर: ~humous fame/ reputation 2 मरणोपरांत प्रकाशित पुस्तक: ~humous edition; **~humously** /~लि/ *US* पाःस्चअमसलि/ *adv.* मरणोपरांत : published ~humously; born ~humously (जो पिता की मृत्यु के बाद पैदा हुआ हो)

postiche /पौस्टीःश/ *US* पाःस्टीःश/ *adj.* 1 नकली, कृत्रिम 2 (***syn.*** superfluous) अनावश्यक, फालतू;
n. 1 जोड़ा हुआ अंश 2 कृत्रिम वेणी (coil of false hair)

postil /पौस्टिल/ *US* पाःस्टिल/ *n.* हाशिए की टिप्पणी, पार्श्व टिप्पणी, व्याख्या

post\impressionism/ Post-Impressionism *n., art* 1880 में पनपने वाली एक कलात्मक व साहित्यिक शैली (का अनुचित नाम) जो उससे पहले चल रही छापवाद या प्रभाववाद (**impressionism**) की धारा के विरुद्ध था
dw/lw: **~-industrial** *adj.* ऐसे समाज या देश से संबंधित जो भारी उद्योगों (इस्पात, भारी यंत्रों का उत्पाद आदि) पर आश्रित न रहा हो;
collocations: **~-industrial society** आर्थिक और तकनीकी रूप से एक अति विकसित समाज जिसे औद्योगीकरण के समय में प्रचलित व्यापक उत्पादन और सघन श्रम आधारित शैली की आवश्यकता नहीं रहती

Post-it *n., tradem.* (*in full* **Post-it note**) एक चिपकाया जाने वाला स्मरण-पत्रक (memo note) जिस पर कुछ लिख कर वांछित स्थान पर चिपकाया जा सकता है

posting /पोस्टिंग/ *n. UK* 1 किसी स्थान पर नियुक्ति व तैनाती 2 खतियानी (accounts), खाता में चढ़ाए जाने की क्रिया 3 डाक 4 इंटरनेट पर भेजा जाने वाला संदेश

post\liminary /पोस्ट\लिमिनरि/ *adj.* अगला, इसके बाद का (text);
dw/lw: **~lude** /~ल्यूड/ ~लूड/ *n.* गीत की अंतिम कड़ी; **postman** *see above under* **post:** ***dw/lw***; **post\meridian** /~मअरिडिअन/ *adj.* 1 अपराह्न के समय होने वाला, दोपहर वाला 2 दोपहर बाद से संबंधित; **~ meridiem** /~मअरिडिअम/ *n.*, (*abbr.* **p.m./ pm /P.M./ PM**) दोपहर बाद का समय; **post\-modern** /~मॉडःन/ *adj.* उत्तर-

आधुनिकतावादी; **post\-modernism** /~मॉडःनिजम/ *n.* उत्तर-आधुनिकतावाद; **~-modernist** /~मॉडःनिस्ट/ *adj.* उत्तर-आधुनिकतावादी; **~-modernist** *n.* उत्तर-आधुनिकतावादी व्यक्ति; **~modifier** /~मौडिफायः/ *US*/~माःडिफायः/ *n.* विशेषण, क्रिया विशेषण आदि शब्द जो किसी शब्द के बाद प्रयुक्त होकर उसके अर्थ में जुड़ाव या बदलाव करते हैं; **~-mortem** /~मॉःटम/ (*in full* **postmortem examination**) *n.* (*abbr.* **p. m.**), *Lat.* 1 (***syn.*** autopsy) शव-परीक्षा, पोस्टमार्टम 2 किसी घटना की गहन समीक्षा; **post\-mortem** *adj.* मरणोत्तर; **~nasal** /~नेजल/ *adj., mainly, med.* नाक के पीछे स्थित; **post\natal** /~नेटल/ *adj.* जन्मोत्तर, प्रसव उपरांत; **post\nuptial** /~नप्शल/ *adj.* विवाहोत्तर विवाह के बाद का; **~-obit** /~ऑबिट/ *adj., law* 1 मरणोत्तर प्रभावी, मृत्यु के बाद लागू होने वाला 2 उत्तराधिकार में मिलने वाली संपत्ति या धन में से साहूकार को ऋण लौटाने का वायदा-पत्रक आदि; **~-operative** /~अप्रेटिव/ *adj.* शल्य-क्रिया के बाद का; **~-paid** *adj.* पूर्व-अदायगीवाली (डाक, सेवा, टेलीफोन आदि): a ~-paid letter/ mobile; **post office** *see above under:* ***post:collocs.***; **~-partum** /~पाःटम/ (*also* **~-natal**) *adj., med.* प्रसवोत्तर, प्रसव के बाद का;

collocations: **~natal depression** (*also* **baby blues**) *psychol.* प्रसव के बाद बच्चे की मां को होने वाला हल्का अवसाद; **~-partum depression** = **~-natal depression** प्रसवोपरांत अवसाद

postpone /पोस्टपोन/ पअस्पोन/ *v., pt.* **~d**, *pp* **postponing** 1 (***syn.*** defer, put off) स्थगित क., मुल्तवी क.: ~ a conference; ~ payment 2 आगे बढ़ाना 3 ठंडे बस्ते में डालना, ताक में रखना;

dw/lw: **~ment** /पोस्टपोनमंट/ *n.* स्थगन, मुल्तवी, विलंबन : ~ment of payment

postposition /पोस्टपजिशन/ *n., gramm.* परसर्ग, अनुसर्ग, संबंधवाचक प्रत्यय

postpositive /पोस्टपजिटिव/ *adj., gramm.* प्रत्ययित, परसर्गी

postprandial /पोस्टप्रैंडिअल/ *adj. facetious* भोजनोपरांत : ~ nap

post-truth /पोस्ट-ट्रुथ/ *adj.* 1 झूठे-सच से संबंधित 2 सच से परे 3 ऐसी परिस्थितियों से संबंधित जब सार्वजनिक समझ अकाट्य तथ्यों पर आधारित न होकर भावनात्मक या आस्थाजन्य प्रचार से प्रभावित होती है, जैसे आजकल राष्ट्रवाद या देशभक्ति को लेकर किया जा रहा है, ऐसी स्थिति में सत्य की बजाए भ्रामकता का बोलबाला हो जाता है

postscenium /पोस्टसीनिअम/ *n.* रंगमंच का पिछला भाग

postscript /पोस्टस्क्रिप्ट/ (*abbr.* **'PS'**) *n.* पुनश्च, पश्च लेख, बाद में लिखा हुआ पाठ

post-structural\ism /पोस्टस्ट्रक्चर\लिजम/ *n.* उत्तर-संरचनावाद;

dw/lw: **~ist** /~लिस्ट/ *n., adj.* उत्तर-संरचनावादी

post-sync /पोस्टसिंक/ (*also* **~synch**) *v., pt.* **~ed**, *pp* **~ing** फिल्म बनाने के बाद उसमें आवाज भरना

post-traumatic stress disorder (*abbr.* **PTSD**)/ **post-traumatic stress syndrome** (*abbr.* **PTSS**)/, *med., psychol.* आघात उपरांत तनाव एवं विषाद के लक्षण

postulant /पौस्ट्युलंट/ *US* पाःस्ट्युलंट/ *n.* दीक्षार्थी, प्रार्थी, प्रवेशार्थी

postula\te /पौस्ट्यूले\ट/ *US* पाःस्चअले\ट/ *v., pt.* **~ted**, *pp* **~ting** 1 विचार-विमर्श के आधार के रूप में सिद्धांतः रखना 2 (***syn.*** posit) स्वतःसिद्ध मानकर चलना, मान लेना 3 मांग या दावा क.: **~te** for certain conditions 4 *church, law* उच्चतर पदाधिकारी की स्वीकृति की अपेक्षा करते हुए किसी को किसी पद पर मनोनीत क.;

n. 1 धारणा या सिद्धांत की स्वतःसिद्धता या तत्त्व 2 मांग, शर्त;

dw/lw: **~tion** /~शन/ *n.* 1 अभिधारणा, पूर्वधारणा 2 शर्त, मांग

posture /पौस्चः/ *US* पाःस्चः/ *n.* 1 खड़े या बैठे व्यक्ति की मुद्रा, भाव-भंगिमा, आसन, संस्थिति: in a sitting/ in a reclining ~ 2 स्थिति : the present ~ of affairs 3 मनःस्थिति: in moody ~ 4 किसी विषय या मुद्दे पर कोई दृष्टिकोण, रुख, रवैया;

v., *pt.* **~d**, *pp* **posturing** 1 विशेष मुद्रा या भाव-भंगिमा में बैठना, आसन लगाना 2 किसी मुद्दे पर कोई रुख अपनाना 3 दिखावे के लिए कोई मुद्रा धारण क.;

dw/lw: **~-maker** *n.* जिम्नास्टिक्स प्रशिक्षक, कलाबाज, नट; **postural** *adj.* आडंबरपूर्ण मुद्रा संबंधी; **posture\r** /~रः/ *n.* 1 नट, ग-विन्यासविद् 2 आडंबरपूर्ण मुद्रा धारण करने वाला

post-velar /पोस्ट-वीलः/ *adj.* पश्चकंठ्य

postviral syndrome /पोस्ट-वाइरल सिंडरम/ (*abbr.* **PVS**; *also* **postviral fatigue syndrome**) वआइरल संक्रमण के बाद होने वाली भयंकर थकान या टूटन के लक्षण

postwar /पोस्टवॉः/ *adj.* युद्ध के बाद का, युद्धोत्तर

posy /पोजि/ *n., pl.* **posies** पुष्पगुच्छ, गुलदस्ता

pot /पौट/ *US* पाःट/ *n.* 1 बर्तन: **~s** and pans 2 बर्तन भर मात्रा: a ~ of tea 3 बर्तन (घड़ा, हंडिया, हांडी): a cooking ~; a ~ of soup; ~ roasting 4 जुए के खेल में इकट्ठी हुई बाजियों का पुलिंदा 5 एक बेमना (अंधा) शॉट : take a ~-shot at sth 6 गमला : ~ cultivation 7 *colloq.* (**~s**) बहुत ज्यादा पैसा 8 *colloq.* खेल के क्षेत्र में कप या ट्रॉफी 9 तोंद: ~belly 10 भांग, चरस, गांजा (*also see* **cannabis**) 11 बड़ी तोप (व्यक्ति) : big ~ 12 बीमार व्यक्ति के पास रखा जाने वाला मूत्र-पात्र : chamber-~;

v., *pt.* **~ted**, *pp* **~ting** 1 पात्र में (परिरक्षित) रखना 2 प्राप्त क., जीतना 3 पिलाना (billiards) 4 गमले में पौधा लगाना 5 पक्षियों पर अंधाधुंध गोलियां चलाना 6 निशानेबाजी का मुकाबला जीतना;

dw/lw: **~able** /पोटअबल/ *adj.* पीने-योग्य, पेय; **~-bellied** /पौट-बेलिड/ *adj.* तोंदल (*see also below under the separate entry* **potbelly**); **~boiler** /पौटबॉयलः/ *n.* 1 (***syn.*** a hack, hack-work) अर्थ का अनर्थ, गड़बड़ काम 2 अर्थ का अनर्थ करने वाला, काम करने में घास काटने वाला 3 पैसा कमाने के लिए लिखी जाने वाली रचना (*see also below under the separate entry* **~-boiler**); **~boy/ ~man** *n.* शराब के ढाबे में काम करने वाला लड़का या आदमी; **~companion** *n.* हमबोतल; **~ful** *n. pl.* ~fuls बर्तन-भर मात्रा; **~head** *n.* 1 मूर्ख आदमी 2 नशाखोर व्यक्ति, नशेड़ी, चरसी; **~-herb** *n.* साग, बूटी; **~-hole** *n.* जल-गर्त्तिका, सड़क में गड्ढा: a road full of ~holes; **~-holing** *n.* 1 (***syn.*** caving) गुफाओं में चढ़ने या टहलने की क्रिया 2 समय बिताने के लिए एक खेल; **~-hook** *n.* कुंडा, खूंटी; **~-house/ ~-shop** *n.* शराब-ढाबा; **~-hunter** *n.* 1 पैसे के लिए शिकार करने वाला 2 मात्र ईनाम पाने के लिए प्रतियोगिता में भाग लेने वाला; **~latch** *n.* अमेरिकी आदिवासियों का एक उत्सव; **~luck** *n.* दाल-रोटी, जो मिले वही खाने की मजबूरी: come and have/ take ~-luck (सभी मेहमानों द्वारा लाया हुआ खाना जिसे सब मिलकर खाते हैं); **~-luck** *adj.* जो मिले सो उतना: ~-luck supper; **~pourri** /पोपुरी/ (*see below under separate entry*); **~-roast** *n.* रिझा हुआ गोश्त (*also see below under* ***collocs.***); **~shot** *n.* अंधा निशाना, यों ही बाएं-दाएं लगाया जाने वाला निशाना, यों ही की जाने वाली कोशिश; **~shred** *n., archaeol* मिट्टी के टूटे बर्तन का टुकड़ा, ठीकरा; **~stone** *n.* छीयापत्थर; **~tage** /पोटाःज/ पॉटिज/ *n., Fr,* गाढ़ा सूप, शोरबा; **~ted** *adj.* 1 (***syn.*** preserved) परिरक्षित 2 गमले में लगाया हुआ (*also see the separate entry given below under* **potted**); **~ter** *see the separate entry given below under* **potter**; **~valiant** *adj.* नशाबहादुर, नशेड़ी; **~-valour** *n.* पीने के बाद आई बहादुरी; **~walloper** *n.* 1 रसोईघर में सहायक कर्मी 2 व्हेल मछली के शिकारी जहाज के रसोईघर में रसोइया;

collocations: **~ liquor** ऐसा तरल जिसमें, गोश्त, मछली व सब्जियां आदि पकाई गई हैं; **~ plant** गमले में उगने वाला पौधा; **~ roast** *cookery* गोश्त का टुकड़ा जिसे बंद बर्तन में सिझाया जाता

है;

p&i: ~ **valour** जोश-ए-जाम;

a little ~ is soon hot थोथा चना बाजे घना; **a watched ~ is long in boiling** जरूरत से ज्यादा चौकीदारी से चोरी नहीं रुकती; **a watched ~ never boils** प्रतीक्षा की घड़ियां लंबी होती हैं; **be in the melting(-) ~** आमूल-चूल परिवर्तन हो.; **go into the melting(-)~** किसी चीज या प्राणाली, प्रक्रिया आदि में आमूल-चूल परिवर्तन हो.; **go to ~** बर्बाद हो जाना, दिवालिया हो जा.; **hot ~** सिझाया हुआ गोश्त; **(if you) touch ~, (you must) touch penny** मुफ्त में कुछ नहीं मिलता; **keep the ~ boiling** *colloq.*/ **make the ~ boiling** गुजारे के लिए कुछ कमाना; **make the ~ boil** जल्दी-जल्दी या जुगाड़ से कुछ तैयार कर लेना; **melting ~** किसी काम के होने की प्रक्रिया; **the ~ calls the kettle black** छाज तो बोले छलनी क्यों बोले जिसमें बहत्तर सौ छेद; **the ~ goes so often/ long to the well that it is broken at last** काम भी करो, ऊपर से डांट भी खाओ!

potamic /पटैमिक/ *adj.* नद्य

potash /पौटऐश/ *US* पाःटऐश/ *n., pl.* **~es** पोटाश

potassium /पटेसियम/ *n., chem.* (*symbol* K) रुपहली श्वेत धातु का तत्त्व

potassium permanganate *n., chem.* कीटाणु-नाशक लाल दवाई

potation /पोटेशन/ *n., formal/ humorous* 1 मद्यपान, मदिरापान, पीने का दौर: deep ~ 2 नशाखोरी 3 पेय, मद्य 4 पीने की क्रिया, पान 5 (***syn.*** draught) घूंट, चुस्की 6 (***syn.*** liquor) मदिरा, शराब : deep **~s** (पीने का गहन दौर)

potato /पटेटो/ *n., pl.* **~es** आलू : mashed **~es**;

dw/lw: **~-box**/ **~-trap** *n.* मुंह: shut-up your ~-trap! (बकवास बंद करो!); **~-bug**/ **~-beetle** *n.* आलू पर लगने वाला एक कीट; **~-digger**/ **~-lifter** *n.* खोदकर आलू निकालने वाला; **~-picker** *n.* जमीन से आलू निकालने वाला यंत्र; **~-planter** *n.* आलू लगाने वाला यंत्र; **~-pulper** *n.* आलू छीलने का उपकरण; **~-sorter** *n.* आलू को छांटने वाला उपकरण;

collocations: ~ **blight** *bot.* आलू की एक बीमारी; ~ **chip** *US* (*UK* **crisp**) आलू के भुने टुकड़े (चिप्स); ~ **masher** आलू को गूंथने वाला एक यंत्र; ~ **seed** आलू का बीज; **sweet ~** शकरकंद;

p&i: **~es and point** बस ले-देकर आलू-पानी ही सारा खाना है, बिल्कुल कम खाना, गरीबों की दाल-रोटी; **quite the ~** ऐन वही जो चाहिए; **small ~es** 1 छोटे-मोटे लोग 2 बेकार की बातें

pot-au-feu /पौटोफः/ *n.* एक फ्रांसीसी व्यंजन

potbelly /पौट\बेलि/ *US* पाःट\बेलि/ (*also* **pot**) *n., pl.* **potbellies** *colloq.* तोंद. तोंद वाला;

dw/lw: **~-bellied** /~बेलिड/ *adj.* तोंदिल

potboiler /पॉटबॉइलः/ *US* पाःटबॉइलः/ *n., derog.* 1 सिर्फ जल्दी-जल्दी पैसा कमाने के लिए लिखी की गई रचना 2 (***syn.*** hack-work) नगण्य कृति, क्षुद्रकृति

potbound *adj.* गमले का पौधा

poteen /पअटीन/ पअचीन/ *n., Irish* अवैध व्हिस्की

potency /पोटंसि/ *n. pl.* **potencies** 1 शक्ति, पुंसत्व, काम-सक्षमता, सामर्थ्य 2 प्रभावशीलता : the ~ of an argument; the ~ of a drug 3 विकास की क्षमता, अंतःशक्ति

potent /पोटंट/ *adj.* 1 सशक्त, तेज: ~ drink 2 प्रभावी, प्रभावशाली: ~ reason 3 पुंसत्व युक्त, काम-सक्षम (पुरुष), प्रजननक्षम, मैथुन-समर्थ (sexually) 4 शक्तिशाली, प्रबल, प्रतापी, पराक्रमी: ~ prince 5 (***syn.*** cogent) अकाट्य, युक्तियुक्त: ~ argument 6 (***syn.*** effective) प्रभावशील, तेज : ~ drug; ~ remedy

potentate /पोटंटेट/ *n., esp. hist./ lit.* शक्तिशाली राजा, अधिपति, शासक

potential /पअटेंशि\अल/ *adj.* 1 (***syn.*** possibile) संभावित, संभाव्य, संभव, शक्यः a ~ customer; ~ danger 2 (***syn.*** latent) अंतर्निहित, प्रच्छन्न, गर्भित: ~ energy (अंतर्निहित ऊर्जा) 3 *gramm.* विध्यर्थक : ~ mood;

n. 1 सामर्थ्य 2 अंतःशक्ति 3 (***syn.*** possibility) संभावनाएं : fulfill one's ~ 4 विधिलिंग, लिंग (~ mood) 5 *electr.* विभव : ~ difference;

dw/lw: **potential\ity** /~ऐलिटि/ *n.* 1 अंतर्निहित शक्ति, सामर्थ्य, विभव : ~ity for success 2 (***syn.*** possibility) संभावना, संभाव्यता : a situation full of potentialities 3 क्षमता, प्रभावशीलता; **~ly** /~ऐलि/ *adv.* संभवतः;

collocations: **~ energy** स्थितिज ऊर्जा;

p&i: **~ for sth/ for doing sth** कुछ होने या करने की संभावनाएं;

achieve/ fulfill/ reach/ realize one's (full) ~ अपनी संभावनाओं को पूरा क.; **have enormous/ great, etc. ~** अपार/ बहुत अधिक सामर्थ्य होना; **see** or **spot sb's/ sth's ~** किसी की या किसी बात की संभावनाओं को भांप ले.

potentia\te /पटेंशिए\ट/ *v., pt.* **~ted**, *pp* **~ting** 1 शक्तिशाली या तीव्र बनाना 2 संभव बनाना;

dw/lw: **~tion** /~शन/ *n.* तीव्रीकरण

potentilla /पोटअनटिला/ *n., pl.* **~s** गुलाब कुल का एक पौधा

potentiometer /पटेंशिऔमिटः/ *n., phys.* विभवमापी

pother /पौदः/ *US* पाःदः/ *n.* 1 होहल्ला, उपद्रव, ऊधम, उत्पात, हलचल : all this ~ about nothing (बेकार का हो-हल्ला) 2 दम-घोंटू धूल और धुएं के बादल, धूल-धूसर 3 घबराहट, परेशानी;

v., pt. **~ed**, *pp* **~ing** 1 किसी को परेशान क., हैरान क. 2 घबराहट पैदा क. 3 उपद्रव या हलचल मचाना (make a fuss) 4 घबरा जाना

pot-hole; **pot-holing** *see above under* **pot:** ***dw/lw***

potion /पोशन/ *n.* 1 काढ़ा 2 घूंट, चुस्की : sleeping ~ 3 जादुई पुड़िया की खुराक : love/ magic ~

pot-pourri /पो-पुरीः/ *n., pl.* **~s** 1 सूखी सुगंधित फूल-पंखड़ियों का मिश्रण जिसे बर्तन में डालकर कमरे आदि में रखा जाता है 2 बेमेल संग्रह 3 स्वर-संगम 4 गुलकंद 5 *lit.* साहित्यिक संचयन

pottage *see above under* **pot:** ***dw/lw***

potted /पौटिड/ *US* पाःटिड/ *adj.* 1 गमले में उगाया हुआ : a ~ begonia 2 जार आदि में अचार आदि बनाकर रखा हुआ : ~ meat 3 संक्षिप्त : ~ history/ version, etc. of sth (इतिहास का छोटा और सरल संस्करण);

collocations: ~ **plant** (*also UK* **pot plant**) गमले में रोपित पौधा

potter /पौटः/ *US* पाःटः/ *n.* कुम्हार, कुंभकार, कुलाल : **~'s** field *Bible* (कुम्हार का खेत);

v., pt. **~ed**, *pp* **~ing** 1 (*usually* ~ **about**) 1 समय गंवाना, इधर-उधर फिरना, व्यर्थ घूमना, आवारागर्दी क. : ~ away one's time 2 (*usually* ~ **about/ along**) धीरे-धीरे आगे बढ़ना;

dw/lw: **~y** /पौटरि/ *US* पाःटरि/ *n.* 1 मिट्टी के बर्तन, भांडकर्म, मृण्पात्र: ~y trade 2 मिट्टी के बर्तन बनाने की प्रक्रिया 3 स्थान जहां मिट्टी के बर्तन बनाए या बेचे जाते हैं 4 मिट्टी के बर्तन बनाने का हुनर व कला;

collocations: **~'s earth/ clay** कुम्हरौटी या चिकनी मिट्टी; **~'s kiln** आवां, घड़ों की भट्टी; **~'s wheel** (कुम्हार का) चाक;

p&i: **a ~ praises his pot** पूत आपनो सब कहं प्यारो

pottery *see above under* **potter:** ***dw/lw***

potting-shed *n.* 1 गमलों में बीज उगाकर रखने का स्थान 2 बगीचे के औजार रखने का स्थान

Pott's disease *n., pathol.* क्षय रोग से पैदा होने वाली पीठ की कमजोरी

pott\y /पौटि/ *US* पाःटि/*n., pl.* **~ies** 1 *colloq.* छोटे बच्चों के टट्टी-पेशाब करने का पात्र, शौच-पात्र, कमोड, टट्टीदान: **~y** chair 2 *colloq.* पागल, दीवाना (आदमी);

adj.**, degr.* **~ier**, **~iest** 1 मूर्खतापूर्ण 2 (syn.*** trivial) तुच्छ, नगण्य 3 (***syn.*** crazy) *UK* पागल, बेवकूफ, सनकी 4 आसान, सरल: **~y** questions;

dw/lw: **~y-train** *v., pt.* ~y-trained, *pp* ~y-training शिशु को शौचपात्र का प्रयोग करना सिखाना; **~y-trained** *adj.* बड़ा शिशु जो नैपियों (हग-पोतड़े या छोटे-छोटे तौलियों) आदि का प्रयोग नहीं करता;

p&i: **~y about sb/ sth** किसी को बहुत पसंद क.

pouch /पाउच/ *n., pl.* **~es** 1 बटुआ, छोटी थैली, जेब: a tobacco ~ 2 *zool.* थैली जिसमें कंगारू जैसे जानवर का बच्चा रहता है, धानी 3 छोटा ताला-बंद डाक बैग 4 (आंखों तले) थैलीनुमा गड्ढे: **~es** under the eyes;

v.**, pt.* **~ed**, *pp* **~ing** 1 थैली या बटुआ (जेब) में रखना 2 (syn.*** swallow) निगलना 3 किसी चीज पर कब्जा क.;

dw/lw: **~ed** /पाउचड/ *adj.* जेब या छोटी-सी थैली वाला; **~y** /पाउचि/ *adj.* थैलीनुमा

poudrette /पुड्रेट/ *n.* विष्ठाचूर्ण

pouffe/ pouf /पूफ/ *n.* 1 मोटी गद्दी 2 औरतों के जूड़े में लगाने की गद्दी

poulard /पूलाःड/ *n.* खाने के लिए मुटियाई गई मुर्गी

poult /पोल्ट/ *n.* 1 मुर्गी का बच्चा, चूजा 2 कुक्कुट, मुर्गा, मुर्गी;

dw/lw: **~erer** /पोल्टरः/ *n.* मुर्गीपालक; **~-house** *n.* मुर्गीखाना; **~ry** /पोल्ट्रि/ *n.* 1 मुर्गी, बतख आदि का फार्म 2 मुर्गी, बतख आदि का मांस; **~ry-farming/ breeding** *n.* मुर्गी-पालन

poultice /पोल्टिस/ *n., med.* उपनाह, फोड़े पर लगाई जाने वाली एक गर्म दवाई जिसे लगाने से फोड़ा जल्दी फट जाता है

pounce /पाउंस/ *v., pt.* **~d**, *pp* **pouncing** 1 झपट्टा मारना : a cat ready to ~ 2 किसी पर या किसी बात पर टूट पड़ना: ~ upon an omission 3 (***syn.*** beat) पीटना, मुकियाना 4 चंगुल मारना (of birds): a hawk **~d** on/ at a chicken 5 झांवां रगड़ कर चिकनाना 6 एकदम से अंदर घुस आना : ~ into the room;

n. 1 चंगुल, पंजा 2 (***syn.*** swoop) झपट्टा, झपट : make a ~ 3 लिखने के लिए सतह तैयार करने का एक महीन चूरा 4 छिद्रों में से छनकर रेखाचित्र बनाने के लिए चूरा;

p&i: **~ on sth/ sb** टूट पड़ना; **on the ~** टूट पडने को तैयार

pound /पाउंड/ *n.* 1 (*also* **~ sterling** *symbol* **£**) *UK* पाउंड, ब्रिटेन की मुद्रा: **~s**/ shillings and pence 2 (*abbr.* **lb**) पौंड (वजन) = 453.6 ग्राम 3 (***syn.*** enclosure) बाड़ा, घेरा 4 (***syn.*** pinfold) अवैध पशुओं के लिए कांजी-हाउस, पशु-शाला 5 अवैध रूप से खड़ी की गई गाड़ियों को उठाकर खड़ा करने का बाड़ा 6 (***syn.*** blow) प्रहार, आघात 7 (***syn.*** thud) धमाका 8 जेल;

v.**, pt.* **~ed**, *pp* **~ing** 1 (*often* **~ on/ at sth**; ***syn. hammer) धाड़-धाड़ पीटना: **~ing** on the door 2 दिल का जोर से धड़कना 3 कूटना, कूटकर रोड़े के छोटे-छोटे टुकड़े क.: ~ stones; ~ sugar; ~ the pavement 4 (***syn.*** pummel) मुकियाना, (तड़ातड़) मारना : **~ed** him senseless; ~ sb's ear 5 (***syn.*** fire) गोलीबारी क., बमबारी क. 6 धमा-चौकड़ी मचाना 7 (***syn.*** impound) कांजी-हाउस में बंद क. 8 धम्म धम्म करके चलना : ~ along the road 9 बहुत अधिक काम क. : ~ the books (जबानी याद क.);

dw/lw: **~age** /~डिज/ *n.* 1 पौंड-भार 2 (***syn.*** commission) प्रति पौंड के हिसाब से दी जाने वाली आढ़त 3 (***syn.*** enclosure) घेरा, घेराबंदी 4 पशुओं आदि के कांजी-हाउस में बंदीकरण-शुल्क; **~er** *n. in compound words, denoting:* 1 ~ **weight** (पौंड भार) 2 निश्चित पौंड भार के गोले दागने वाली तोप पाउंड वजन की; **~-foolish** /पाउंड-फूलिश/ *n.* धन-उजाडू (*see also below under **p&i***); **~ing** 1 छोटे-छोटे टुकड़ों में तुड़ाई, कुटाई 2 पिटाई 3 बमों, ओलों आदि की वर्षा;

collocations: **~ cake** एक-एक पौंड फल, आटा, मक्खन, चीनी आदि से बना केक, इन पदार्थों से बना कोई भी केक; **~ sign** पाउंड का चिह्न (**£**); **~ sterling = pound (money)** पौंड (**£**);

p&i: **~ along/ down/ up, etc.** डग-डग करके चलना; **~ away on the same line as before** पहले की तरह वही रट लगाए रखना, (पहले की तरह) लकीर का फकीर बने रहना; **~s, shillings and pence** पैसा, धन;

a ~ in the purse is worth two in books नौ नकद न तेरह उधार; **a ~s-shillings-and-pence point of view** व्यापारी-सूदखोर का दृष्टिकोण; **have/ get/ want, etc. sb's ~ of flesh** (from Shakespeare's *The Merchant of Venice*) किसी सौदे में सूदखोर द्वारा हर हालत में अपना निश्चित लाभ या ब्याज लिया जा.; **in for a penny, in for a ~** यदि काम में हाथ डाल ही लिया है तो, उसे पूरा मन लगाकर क., जहां सेर, वहां सवा सेर; **penny-wise and ~-foolish** अशर्फियां लुटें और कोयलों पर मोहर; **take care of the pence and the ~s will take care of themselves** एक पैसा बचाओ, रुपया पाओ

poundage *see above under* **pound: *dw/lw***

pounder *see above under* **pound: *dw/lw***

pounding *see above under* **pound: *dw/lw***

pour /पॉः/ *v., pt.* **~ed**, *pp* **~ing** 1 द्रव डालना : ~ water into a pail 2 उंडेलना, प्रवाहित क., बहना, बह पड़ना 3 (*also* **~ in/ out**) बड़ी मात्रा में बहना या बाहर निकालना: the sweat **~ed** off him 4 किसी विशेष प्रकार से बाहर निकलना : doesn't ~ very well 5 (*also* **~ sth out**) उंडेलकर पैग बनाना: ~ (out) sb a drink 6 (*also UK* **~ down**) बेबाक बहना : tears **~ed** down her cheeks 7 मूसलाधार वर्षा हो.: rain is **~ing** 8 (*usually* **~ in** or **out**) बड़ी संख्या में किसी का आना-जाना: crowds **~ed** in 9 (*usually* **~ in** or **out**) चंदा, पत्रों आदि का बड़ी मात्रा में आना: letters **~ed** in from all quarters; ~ gifts upon sb 10 धातु आदि को ढालकर किसी सांचे आदि में ढालना;

n. 1 बहाव 2 मूसलाधार वर्षा 3 कुटाई, पिटाई 4 ढलाई(of metal);

dw/lw: **~er** *n.* डालने वाला; **~ing** /पॉःरिंग/ *n.* 1 भराई-निकासी 2 धातु की ढलाई 3 कंकरीट मिश्रण की बिछाई; **~ing** *adj.* 1 मूसलाधार 2 बांटकर या थोड़ा-थोड़ा दिया जाने वाला 3 ढालकर सांचों में डाला जाने वाला : ~ing ladle (ढाली हुई सुराही, घड़ा);

p&i: **~ cold water on sth** निरुत्साह क.; **~ forth** 1 अलग क., प्रकाश, गर्मी आदि छोड़ना 2 शब्दों की धुआंधार बारिश क.; **~ forth arrows** लगातार तीर चलाना; **~ in** भारी मात्रा या संख्या में आना या हो.; **~ing wet** मूसलाधार वर्षा हो.; **~ into/ out/ from, etc.** 1 बहुत अधिक मात्रा में बहना 2 लोगों का बड़ी संख्या में अंदर आना/ से बाहर निकलना; **~ money down the drain** पैसा बर्बाद क.; **~ not water on a drowned mouse** मरे को और नहीं मारना चाहिए; **~ on the coal** *US* गाड़ी आदि की रफ्तार बढ़ाना; **~ oil on fire** आग में घी डालना; **~ sth out** अपने मन की बात कह दे. : ~ out one's woes; **~ scorn on sth** किसी या किसी बात के प्रति नफरत का जहर उगलना; **~ sth into sth** 1 किसी द्रव को किसी बर्तन में डालना 2 किसी योजना या कंपनी आदि में पैसा लगाना : ~ all one's money into some scheme 3 तंग पोशाक को मुश्किल से पहन पाना; **~ sth out** सब कुछ उगल दे., सब कुछ कह डालना : ~ out one's feelings; ~ out one's woes; **~ water into a sieve** असंभव काम क. (छलनी में पानी ढोना);

imprecations ~ed from his lips उसके मुंह से श्रापों (अपशब्दों) की झड़ी लगी थी; **it never rains but it ~s** 1 मुसीबत कभी अकेले नहीं आती 2 बारिश नहीं मूसलाधार वर्षा होती है; **words ~ed from her lips/ pen** उसके अधरों या कलम से शब्दों की बारिश हो रही थी

pourboire /पुरबवार/ *n. Fr.* बख्शीश

pourparler /पुरपारले/ *n., Fr.* आरंभिक वार्ता, प्रारंभिक मंत्रणा

poussin /पुसां/ *n., Fr.* खाने के लिए पाला जाने वाला 4-6 महीने का चूजा

pout /पाउट/ *v., pt.* **~ed**, *pp* **~ing** मुंह फुलाना, थुथाना, खीझना;

***n.**, pl.* **pout/ ~s** 1 खीझ 2 दुखी मुद्रा 3 एक मछली;

dw/lw: **~er** /पाउटः/ *n.* अप्रसन्न, खीझा हुआ व्यक्ति

poutine /पूतिन/ *n.* भुने आलू (French fries) पर पिघला पनीर डला व्यंजन

poverty /पौवःटि/ *US* पाःवःटि/ *n.* 1 गरीबी, निर्धनता, दरिद्रता : ~ is no sin 2 कमी, अभाव 3 अपूर्णता, दोष, कमी: ***Poverty** of Philosophy* (K. Marx); ~ of imagination 4 (***syn.*** deficiency) अयोग्यता, घटियापन 5 अनुर्वरता (of soil) : ~ of the land 6 (***syn.*** smallness) अल्पता 7 घटिया गुणवत्ता;
dw/lw: **~-stricken** /~स्ट्रिकन/ (*also* **~-struck**) *adj.* अत्यधिक गरीब, अभावग्रस्त, अकिंचन;
collocations: **abject/ extreme** ~ बहुत बुरी गरीबी; **alleviate/ tackle** ~ गरीबी को कम क., गुर्बत में राहत दे.; ~ **line** गरीबी रेखा; ~ **of ideas** विचारों की कंगाली; ~ **trap** गरीबी का फंदा या जाल;
p&i: ~ **breeds strife** गरीबी के कारण सामाजिक संघर्ष होते हैं; ~ **is not a shame but being ashamed of it is** गरीबी शर्मिंदगी की बात नहीं, पर इसके कारण शर्मिंदा अनुभव करना शर्म की बात है; ~ **is the mother of all arts** अभाव कला को जन्म देता है, अभाव नये आविष्कारों का जनक होता है;
die in ~/ live in ~ गुर्बत में जीना/ मरना; **living below the ~ line** गरीबी रेखा से नीचे का जीवन; **when ~ comes in at the door, love flies out of the window** गरीबी में प्रेम दम तोड़ देता है;

POW *abbr.* 'prisoner of war' की प्रथमाक्षरी (युद्धबंदी)

pow /पो/ *excl.* धमाके की आवाज की नकल

powder /पाउड/ *n.* 1 चूरा, पाउडर, चूर्ण : talcum ~ 2 (*also* **face** ~) त्वचा रक्षक अति महीन चूरा, पाउडर 3 चूर्ण के रूप में दवाई की खुराक 4 (***syn.*** gun power) बारूद;
v., pt. **~ed**, *pp* **~ing** 1 चूर्ण या पाउडर लगाना 2 (***syn.*** pulverize) चूर्ण पीसना, चूरना, चूरा बनाना, चूर्ण क.;
dw/lw: **~ed** *adj.* चूरे के रूप में, चूरा किया हुआ: ~ed milk/ eggs; ~ed sugar; **~y** /~रि/ *adj.* ~ier, ~iest 1 चूरे जैसा, पाउडर-जैसा, भुरभुरा: ~y snow 2 पाउडर-पुता 3 चूर्णी, चूर्णमय 4 (***syn.*** dusty) धूल-धूसरित;
collocations: ~ **blue** एक नाजुक पीला-नीला रंग; ~ **keg** बारूद के पाउडर का थैला, बारूद का ढेर; ~ **magazine** बारूदखाना; ~ **monkey** *hist.* 1 लड़ाई के जहाजों पर तोप के बारूद को तोपचियों को देने वाला लड़का; ~ **puff** पाउडर लगाने की मलमल की एक छोटी-सी गोल गद्दी; ~ **room** बारूदखाना; ~ **snow** महीन बर्फ;
p&i: ~ **one's nose** *euphemistic* 1 औरत द्वारा शौचालय जा. 2 कोकेन (cocaine) सूंघना;
food for ~ तोपों के शिकार लोग; **hope for the best, be prepared for the worst, one should keep one's (gun) ~ dry** अच्छा होने की आशा रखो, बुरे से बुरा होने के लिए तैयार रहो, व्यक्ति को संघर्ष के लिए सदा तैयार रहना चाहिए; **no ~ behind the ball** कमजोर गेंद (क्रिकेट आदि में); **not worth ~ and shot** इतना महत्त्वपूर्ण नहीं कि इस पर ऊर्जा, प्रयास या समय आदि नष्ट किए जाएं; **put more ~ in it** (खेल का समर्थक चिल्लाता है) और जोर से मारो!; **sit on a ~keg** बारूद के ढेर पर बैठा हो.; **smell** ~ लड़ाई का अनुभव पाना; **take a** ~ *sl.* चंपत हो जा.; **the smell of** ~ युद्ध का अहसास

power /पाउअः/ *n.* 1 शक्ति, बल 2 राजनीतिक शक्ति, सत्ता, नियंत्रण : political ~; a party in ~ 3 *electr.* बिजली, विद्युत-शक्ति, ऊर्जा, विद्युत: nuclear ~ 4 शक्तिशाली राष्ट्र, शक्तिशाली देश, महाशक्ति (country) : super ~ 5 अधिकार, जिम्मेवारी, विशेष अधिकार : the ~ of arrest 6 क्षमता, सक्षमता, सामर्थ्य 7 अधिकार-पत्र (legal authority) : the ~ of the law 8 दूसरों पर अधिकार एवं प्रभाव (moral authority): be in sb's ~ 9 *math.* घात 10 (***syn,*** effort) प्रयास 11 प्रभावशाली व्यक्ति (person) 12 पारंपरिक मध्य-युगीन देवताओं के क्रम (Seraph, Cherub, Throne, Dominion, Virtue, Principality, Archangel, Angel) में छटवां देवता 13 सैन्य शक्ति : sea ~; air ~ 14 शारीरिक शक्ति एवं हुनर : ~ of speech 15 अत्यधिक मात्रा : the rest did her a ~ of good 16 लेंस की पावर 17 बल, आघात या प्रहार की शक्ति : the ~ of a blow;
adj. विद्युत-चालित, यांत्रिक, वैद्युत : ~ tools;
v., pt. **~ed**, *pp* **~ing** 1 ऊर्जा की आपूर्ति क. 2 ऊर्जा से चलाना : wind-**~ed** 3 किसी चीज को बड़े जोर से चलाना;
dw/lw: **~boat racing/ ~boating** *n.* विद्युत चालित नौका विहार; **~-cable** *n.* बिजली का तार; **~-dive** *v., pt.* ~-dived, *pp* ~-diving विमान द्वारा अचानक डुबकी लगाना; **~-driven** *adj.* वैद्युत शक्ति से चालित; **~ful** *see below under separate entry*; **~house** *n.* बिजली-घर; **~-landing** *n.* मोटर के साथ काम करते हुए पौधों का रोपण; **~less** *adj.* शक्तिहीन, अशक्त, लाचार, विवश, मजबूर; **~lifting** *n.* तीन तरह का भारोत्तोलन; **~loom** *n.* पावरलूम, बिजलीकर्घा; **~-mad** *adj.* सत्ता के नशे में चूर, सत्ता-दीवाना; **~-per-litre** /लिटर/ *adj.* इंजन की एक लीटर ईधन से चलने की क्षमता; **~-politics** *n.* सत्ता के लिए उठा-पटक की राजनीति; **~-saw** *n.* विद्युत चालित आरा; **~-shovel** *n.* विद्युत चालित कुदाल; **~-unit** *n.* वैद्युत इकाई; **~-up** *n.* मशीन का चालू होने का पल कंप्यूटरी खेलों में कोई बढ़त;
wind-~ed *adj.* पवन विद्युत चालित;
collocations: ~ **amplifier** ऊर्जा प्रवर्धक; ~ **attenuation** ऊर्जा क्षीणन; ~ **base** शक्ति का आधार; ~ **block** शक्तिशाली राष्ट्रों या अन्य शक्तियों का खेमा; ~ **brake** विद्युत चालित ब्रेक; ~ **breakfast/** ~ **lunch** एक उच्च-स्तरीय व्यापारिक नाश्ता या दोपहर का खाना; ~ **broker** सत्ता का दलाल; ~ **circuit** ऊर्जा या विद्युत परिपथ; ~ **conversion** ऊर्जा-परिवर्तन; ~ **cut** (*also US* ~ **outage** विद्युत कटौती, बिजली-कटौती; ~ **dive** विमान द्वारा आकस्मिक डुबकी; ~ **dressing** व्यापार-व्यवसायिकों द्वारा पहने जाने वाली गंभीर पोशाक जो उनके मातहतों को उनके गंभीर पद का आभास कराती है; ~ **factor** ऊर्जा गुणांक; ~ **fall** विद्युत भंग; ~ **generation** विद्युत उत्पादन; ~ **level** विद्युत स्तर; ~ **line** विद्युत आपूर्ति लाइन; ~ **loss** विद्युत ह्रास; ~ **nap** अपनी ऊर्जा को तरोताजा करने के लिए दिन में ली जाने वाली नींद की झपकी; ~ **of appointment** नियोजन-अधिकार; ~ **of attestation** प्रमाणित करने का अधिकार; ~ **of attorney** मुख्तारनामा; ~ **off** इंजन बंद; ~ **of people** जन-सत्ता; ~ **of pit and gallows** काल-कोठरी; ~ **of the attorney** मुख्तारनामा, मुख्तारी अधिकार; ~ **of the keys** विमोचन-अधिकार; ~ **of substitution** किसी के स्थान पर किसी और को मुख्तारी देने का अधिकार; ~ **on** इंजन या बिजली चालू; ~ **outage** /पाउअः आउटिज/ (*UK/ US* ~ **cut**) बिजली की कटौती; ~ **pack** स्रोत ऊर्जा व ऊर्जा की वांछित मात्रा में तालमेल करने वाला यंत्र; ~ **parking** गाड़ियों को स्वचालित या यांत्रिक ढंग से खड़ा करने वाला उपकरण; ~ **plant** बिजली-संयंत्र; ~ **play** सत्ता का खेल; ~ **point** विद्युत चालित उपकरण से पर्चे आदि की प्रस्तुति; ~ **politics** सत्ता के लिए उठा-पटक आधारित राजनीति; ~ **reactor** परमाणु विद्युत रिऐक्टर; ~ **sharing** *politics* सत्ता में हिस्सेदारी; ~ **station** (*also US* ~ **plant**) बिजली घर; ~ **steering/** ~-**assisted steering** ऊर्जा चालित कार स्टीयरिंग; ~ **supply** विद्युत आपूर्ति; ~ **take-off** विद्युत-चालित उड़ान की भराई; ~ **tool** विद्युत चालित औजार; ~ **transformer** विद्युत ट्रांसफॉर्मर; ~ **tube** विद्युत नलिका; ~ **user** नवीनतम व द्रुतगतिक कंप्यूटर सामग्री का उपभोक्ता; ~ **walking** तेज चाल; ~ **yoga** शरीर को अत्यधिक व्यायाम कराने वाला योग;
absolute/ supreme ~ एकेश्वर/ अपारशक्ति; **hydraulic** ~ पन बिजली; **large ~s** काफी ज्यादा अधिकार; **leading ~s** मुख्य महाशक्तियां; **lifting/ motive** ~ चालन शक्ति; **maritime** ~ नौसैनिक शक्ति; **occupying** ~ कब्जे का अधिकार; **the Great Powers** महा-शक्तियां; **treaty-making** ~ संधि करने का अधिकार;

p&i: ~ **corrupts and absolute ~ corrupts absolutely** सत्ता स्वभावतः भ्रष्ट करती है और निरंकुश सत्ता तो पूर्णतः भ्रष्ट कर देती है; ~ **of life and death** जीवन-मरण दान शक्ति; ~ **of movement/ of thought** चलने-फिरने या चिंतन-मनन की शक्ति; ~ **of the keys** रोम में पोप की सत्ता; ~ **politics** सत्ता की राजनीति; ~**s are failing** शारीरिक शक्तियां क्षीण हो रही हैं; ~ **sth up** शक्ति वर्धन क.;

balance of ~ शक्ति संतुलन, सत्ता संतुलन; **be beyond/ out of sb's** ~ किसी के अधिकार क्षेत्र या सक्षमता से बाहर की बात हो, किसी के अधिकार से बाहर/ ऊपर/ परे हो.; **by (all) the ~s!** हे अपार सत्ताधारी!; **come to** ~ सत्ता में आना; **delegation of ~s** अधिकारों का स्थानांतरण, अपने कुछ अधिकार किसी दूसरे को सौंपने की क्रिया; **do all/ sth/ everything in one's** ~ जितना हो सके क.; **green** ~ अमेरिकी डालर की सत्ता; **in** ~ सत्ता में; **more ~ to your elbow!** आपकी सफलता की कामना करता हूं!; **put sth/ sb out of** ~ किसी को सत्ताच्युत क.; **seize** ~ सत्ता हथियाना; **take** ~ सत्ता पाना; **the ~ behind the scenes** सत्ता के पीछे अदृश्य हाथ; **the ~ behind the throne** राज गद्दी के पीछे सत्ता का दृश्य हाथ; **the ~s of darkness/ of evil** अंधकार या बुराई की शक्तियां; **the ~s that be** सत्ता-आसीन लोग, दुनिया के ताकतवर लोग

powerful /पाउअःफुल/ *adj.* 1 शक्तिशाली, प्रभावशाली, प्रतापी : ~ country 2 शारीरिक रूप से बलिष्ठ : ~ hand 3 जोरदार : ~ blow 4 तेज, असरदार, प्रभावी : ~ drug 5 अकाट्य, जबरदस्त : ~ argument; ~ speech 6 अत्यधिक : he was ~ tired;

dw/lw: **~fulness** *n.* 1 शक्ति, प्रभाव, प्रताप 2 तेजी, असर, प्रभाव 3 अकाट्यता; **~fully** *adv.* सशक्त रूप से

powwow /पाउ-वाउ/ *n.* 1 अमेरिका के आदिवासियों की जनसभा या सम्मेलन 2 (***syn.*** conference) सभा, सम्मेलन, वार्ता 3 (***syn.*** man) अमेरिकी आदिवासियों का ओझा;

v., *pt.* **~ed**, *pp* **~ing** 1 अमेरिका के आदिवासियों द्वारा जनसभा या सम्मेलन क. 2 जादू क. 3 बातचीत क., विचार-विमर्श क.

pox /पौक्स/ *n., pl.* **~es** *med.* (*often in compound words*) अक्सर शब्द संयोजनों में: chicken**pox**, small**pox** etc.

pox\y /पॉक्सि/ *adj., degr.* **~ier**, **~iest** *Br. colloq.* बेकार, घटिया, रद्दी

pozidriv /पॉजिड्राइव/ *n., tradem.* एक प्रकार का पेचकस

pp *abbr.* 1 'pages' का संक्षेप 2, 'parish priest', 'past president' की प्रथमाक्षरी

pp *abbr.* 'per procurationem (per pro)', *music* 'pianissimo' का संक्षेप

P&P *UK abbr.*, 'postage and packing' की प्रथमाक्षरी

PPARC *abbr. philos.* 'Practical Physics and Astronomy Research Council' की प्रथमाक्षरी

PPE *abbr.* 'Philosophy, Politics and Economics' (a course at Oxford university) की प्रथमाक्षरी

Ppi *abbr.* 'pixels per inch' की प्रथमाक्षरी

ppm *abbr.* 'parts per million' की प्रथमाक्षरी

PPO *abbr.* 'preferred-provider organisation' की प्रथमाक्षरी

PPS *abbr.* 'Parliamentary Private Secretary', (*also* pps) 'Post scriptum' *Lat.* की प्रथमाक्षरी

PPV *abbr.* 'pay per view' की प्रथमाक्षरी

PR *abbr.* 'proportional representation', 'public relations', 'Puerto Rico' की प्रथमाक्षरी

Pr symbol *chem.* praseodymium का चिह्न

practica\bility /प्रैक्टिकअबिलअटि/ (*also* **~bleness**) *n.* व्यवहार्यता, साध्यता;

dw/lw: **~ble** /प्रैक्टिकेबल/ *adj.* 1 (***syn.*** feasible) व्यवहार्य, साध्य : ~ble scheme/ plan; ~ble aim 2 (***syn.*** usable) उपयोगी : ~ble tool; **~bly** *adv.* व्यावहारिक ढंग से

practical /प्रैक्टिकल/ *adj.* 1 वास्तविक, यथार्थ : a ~ walkover (लगभग वास्तविक जीत) 2 (***anton.*** impractical) व्यावहारिक : ~ acquaintance with a language 3 जिसे करना संभव हो 4 व्यवहारकुशल, चतुर : not a very ~ young man; the ~ ruler of the country; ~ mind 5 कुशल (हाथ का काम करने में): good/ ~ housewife 6 (≠ *or* ***anton.*** theoretical) प्रयोगात्मक, प्रायोगिक: put her knowledge to ~ use; the ~ application of a theory 7 (***syn.*** useful) उपयोगी 8 (***syn.*** workable) व्यवहार्य: ~ politics 9 (***syn.*** working) सक्रिय, क्रियात्मक : have ~ control;

n. प्रायोगिकी : chemistry **~s**;

dw/lw: **~ity** /प्रैक्टिकैलिटि/ *n., pl.* **~ities** 1 व्यावहारिकता, संभावना 2 (**~ities**) तथ्य और हालात; **~ly** /प्रैक्टिकलि/ *adv.* 1 लगभग: he was ~ly ruined 2 सही और व्यावहारिक रूप से: know a language ~ly 3 व्यावहारिक दृष्टि से : look at a question ~ly 4 वास्तव में, असल में, लगभग: he knew ~ly nothing;

collocations: ~ **chemistry** प्रायोगिक रसायन विज्ञान; ~ **dress** आरामदेह पोशाक; ~ **experience** व्यावहारिक अनुभव; ~ **joke** शरारतपूर्ण मजाक; ~ **joker** शरारती आदमी; ~ **measures** व्यावहारिक कदम; ~ **mind** व्यावहारिक मन; ~ **nurse** अनुभव के बलबूते पर कुशल बनी नर्स; ~ **politician** व्यवहारकुशल राजनीतिक नेता; ~ **question** व्यावहारिक प्रश्न;

p&i: **for all ~ purposes** असल में, वास्तव में, लगभग

practice /प्रैक्टिस/ *n.* 1 क्रियान्वयन : put ideas into ~ 2 अभ्यास, रियाज : be in/ out of ~; do one's ~ at the piano; ~ ammunition (सैनिक अभ्यास के लिए बारूद) 3 (***syn.*** procedure) व्यवहार शैली पद्धति, प्रक्रिया : international ~ 4 (***syn.*** profession) व्यवसाय, पेशा: ~ of a doctor/ lawyer etc.; he has a large ~; ~ of trade 5 (***syn.*** habitual action) आदतन आचरण या व्यवहार : ~ of going to bed early 6 (***syn.*** custom) प्रथा, दस्तूर, रिवाज : established diplomatic ~ 7 *math.* व्यावहारिक गणित 8 (***syn.*** conduct) आचरण, कार्य, प्रयोग, व्यवहार, काम (doing) : theory without ~ is useless; in ~ (व्यवहार में) 8 प्रक्रियाएं, कार्य-कलाप: corrupt **~s**;

v.= **practise**: ~ piano everyday; ~ a dance; ~ medicine;

collocations: **artful ~s** कपटपूर्ण चालें; **discreditable ~s** कुख्यात प्रथाएं; ~ **dummy** ट्रेनिंग के लिए प्रयुक्त कारतूस; ~ **ground** अभ्यास करने का मैदान;

p&i: ~ **makes a man perfect** करत-करत अभ्यास के जड़मति होत सुजान;

in ~ वास्तव में, असलियत में, चलन में, व्यवहार में; **be out of** ~ अभ्यास छूट जा.; **make a ~ of sth** किसी कार्य को करना आदत-सी बना लेना; **put sth into** ~ अमल में लाना; **sharp** ~ भ्रष्ट काम, कुकर्म, दुष्टतापूर्ण कार्य

practise /प्रैक्टिस/ *v., pt.* **~d**, *pp* **practising** 1 (***syn.*** train) दोहराना, अभ्यास क.: ~ athletics 2 डॉक्टरी/ वकालत आदि का व्यवसाय क., का कारोबार क. : ~ law; ~ medicine/ painting 3 प्रथा अनुसार कार्य क.: tribes that ~ bigamy 4 रियाज क.: ~ violin 5 कार्यान्वित क., के अनुसार चलना या आचरण क. 6 की साधना क., की आदत डालना : ~ self-control; ~ virtue 7 किसी के विरुद्ध कोई गलत काम क.: ~ a cruel deception on sb;

dw/lw: **~d** *UK* (*US* **~ced**) *adj.* (*often* **~d at sth**) व्यवहारकुशल, अभ्यस्त, सधा हुआ, अनुभवी: ~sed orator; **practising** *UK* (*US* **practicing**) /प्रैक्टिसिंग/ *adj.* किसी पेशे में व्यस्त: a practising lawyer; a practicing Hindu/ Sikh/ Christian/ Catholic/ Jew/ Muslim, etc.; **practising** *n.* अभ्यास: practising of the cricket bowling;

p&i: ~ **what you preach** कथनी और करनी में अंतर नहीं होना चाहिए

practiti\oner /प्रैक्टिशनः/ (*also* **~cian**) *n.* 1 व्यवसायी: general ~ 2 कार्य-कुशल, व्यवहारकुशल व्यक्ति
prädikat /प्रेडिकैट/ *n.* जर्मनी में मदिरा को दिया जाने वाला विशिष्टता पदक
praedial/ predial /प्रीडिअल/ *adj.* भू-संबंधी, भूमि से प्राप्त
praenomen /प्रीनोमन/ *n.* किसी का पहला या निजी नाम
praesidium = presidium
praetorian /प्रीःटॉरिअन/ **guard** *Roman history* सम्राट का अंगरक्षक
praetorium /प्रिटॉःरिअम/ *n.* राजभवन
pragmatic /प्रैग्मैटिक/ *adj.* 1 (***syn.*** realistic) अति व्यवहारशील, यथार्थवादी 2 (***syn.*** busy) व्यस्त 3 (***syn.*** meddlesome) दस्तंदाज 4 *philos.* (***syn.*** practical) सिद्धांत आदि को दरकिनार करके व्यावहारिक परिणाम निकालने पर तुला हुआ, व्यावहारिक 5 राजकाजी, प्रशासनिक (of state);
dw/lw: **pragmatics** /प्रैग्मैटिक्स/ *n., [sing.]* भाषा शास्त्र की एक शाखा जिसके तहत, लोगों द्वारा प्रयुक्त शब्दों के पीछे कारणों का अध्ययन किया जाता है;
collocations: **~ sanction** राजकीय अध्यादेश
pragmatism /प्रैग्मैटिजम/ *n.* 1 व्यवहारशीलता, यथार्थवादिता 2 (***syn.*** officiousness) दस्तंदाजी, दखलंदाजी 3 तथ्यात्मकता, तथ्याकता, व्यावहारिकता (matter-of-fact approach) 4 *philos.* दर्शन में एक विचारधारा जिसके तहत धारणाओं की सच्चाई की स्थापना उनकी व्यावहारिक उपयोगिता के आधार पर की जानी चाहिए 5 परिणामवाद, उपयोगितावाद
pragmatist /प्रैग्मैटिस्ट/ *n.* व्यवहारशील, यथार्थवादी, परिणामवादी
prairie /प्रेअरि/ *n.* (***syn.*** steppe) उत्तरी अमेरिका और कैनेडा में वृक्षरहित घास का मैदान, शाद्वल क्षेत्र, प्रशाद्वल, स्तेप;
collocations: ~ **dog** उत्तरी अमेरिकी शाद्वल क्षेत्र में जमीन में बिल बनाकर रहने वाला गिलहरी परिवार का एक जानवर; ~ **oyster** अंडा मिली एक शराब जिसकी एक घूंट में पिया जाने वाला एक पैग गत रात में अधिक शराब पीने से होने वाली खराब तबीयत (hang-over) को ठीक कर देता है;
praise /प्रेज/ *v., pt.* **~d**, *pp* **praising** 1 (***syn.*** compliment) तारीफ क., प्रशंसा क., सराहना 2 (***syn.*** laud) भगवान का शुक्र क., स्तुति क.;
n. 1 प्रशंसा, तारीफ, सराहना, बड़ाई 2 गुणगान, स्तुति;
dw/lw: **~ful** *adj.* प्रशंसापूर्ण, प्रशंसात्मक; **~worthy** *adj.* (***syn.*** commendable) प्रशंसनीय, सराहनीय, श्लाघ्य, स्तुत्य; **~worthiness** *n.* प्रशंसनीयता, श्लाघ्यता;
p&i: **~ is not pudding** खाली प्रशंसा से पेट नहीं भरता; **~ sb to skies** प्रशंसा के पुल बांधना;
be full of ~ for sth किसी बात की प्रशंसा के पुल बांधना; **be lavish in sb's ~(s)** किसी की तारीफ के पुल बांध दे.; **beyond ~** प्रशंसा से परे हो.; **deserve/ earn ~** प्रशंसा के काबिल हो.; **have nothing but ~ for sb/ sth** किसी या किसी बात का भारी प्रशंसक हो.; **in ~ of sth** किसी बात की प्रशंसा में; **lavish ~s on sb** प्रशंसा के पुल बांधना; **sing one's own ~s** अपने मुंह मियां मिट्ठू बनना; **sing sb's/ sth's ~s** किसी की या किसी बात की बेहद प्रशंसा क.
Prakrit /प्राकृत/ *n.* प्राकृत भाषा
pram /प्रैम/ (*also* **baby carriage**) *n. UK* शिशु-गाड़ी
prance /प्रांस/ *v., pt.* **~d**, *pp* **prancing** 1 इठलाना, इतराना, अकड़ कर या ऐंठ कर चलना 2 घोड़े द्वारा पिछले पैरों पर खड़ा हो जाना 3 नाचना, कूदना-फांदना 4 घोड़े को कुदाना;
n. 1 उछल-कूद (of horse) 2 (***syn.*** jumping) कूद-फांद, उछल-कूद 3 (***syn.*** strutting) इठलाहट, इतराहट 4 अकड़, ऐंठ, घमंड
prandial /प्रैंडिअल/ *adj. often facetious* दोपहर या रात्रि भोज से संबंधित : ~ invitation
prang /प्रैंग/ *n.* 1 गाड़ियों के टकराने से होने वाली दुर्घटना 2 हवाई जहाजों की हवा में टक्कर 3 हवाई हमला;
v., pt. **~ed**, *pp* **~ing** *colloq.* दुर्घटना में गाड़ी को नुकसान पहुंचना 2 हवाई हमले से नष्ट क.
prank /प्रैंक/ *n.* 1 मजाक, चुहल/ शरारत 2 (***syn.*** trick) नटखटी 3 कलोल, क्रीड़ा-कौतुक, आमोद-प्रमोद 4 उछल-कूद;
v., pt. **~ed**, *pp* **~ing** 1 किसी के साथ मजाक क., चुहल/ शरारत क. 2 बनना-ठनना, तड़क-भड़क दिखाना 3 (***syn.*** adorn) संवारना, सजाना;
dw/lw: **~ish** *adj.* चुहल-भरा; **~ster** /प्रैंक्स्टः/ *n.* चुहलबाज, शरारती व्यक्ति;
p&i: **play ~s on sb** किसी के साथ शरारत क.; **~ oneself out with fine clothes** 1 बनना-ठनना, तड़क-भड़क दिखाना 2 किसी की आंखों में धूल झोंकना
praseodymium /प्रेजिओडिमिअम/ *n., chem.* एक धात्वीय तत्त्व (चिह्न **Pr**)
prat /प्रैट/ *n. UK offensive* 1 मूर्ख, बेकार आदमी 2 चूतड़;
dw/lw: **~fall** /प्रैटफॉःल/ *n., US, sl., theat.* 1 चूतड़ के बल गिरने की क्रिया 2 अपमानजनक भूल या त्रुटि
pra\te /प्रेट/ *v., pt.* **~ted**, *pp* **~ting** बकबक क., गप्पें हांकना : **~te** the news all over the town;
dw/lw: **~ter** *n.* बकवादी, बातूनी आदमी; **~tingly** *adv.* बकबक करते हुए
pratincole /प्रैटिंकोल/ *n.* धोबैचा (एक पक्षी)
pratique /प्रैटिक/ *n., Fr., naut.* 1 (***syn.*** quarantine) मिलने-जुलने पर लगी रोक से मुक्ति का आदेश 2 समुद्र तट से संवाद की अनुमति
pratt\le /प्रैटल/ *v., pt.* **~led**, *pp* **~ling** बच्चों की तरह बोलना, बला-बला क., बकबक क.;
n. बचकाना बलाबला;
dw/lw: **~ler** *n.* बला-बला या बक-बक करने वाला
pravity /प्रैविटि/ *n.* 1 घटियापन, बुराई 2 दुष्टता, चरित्रहीनता 3 खराब गुणवत्ता, कमी
prawn /प्रॉन/ *n.* झींगा (मछली);
collocations: **~ canning** झींगा की डिब्बा-बंदी; **~ cracker** झींगा का एक चीनी व्यंजन; **~ fishing** झींगा पकड़ने की क्रिया
praxis /प्रैक्सिस/ *n., pl.* **praxes** /प्रैक्सीज/ 1 सिद्धांत झाड़ने की बजाए उसके कार्यान्वयन पर बल, आचरण 2 व्याकरण के अभ्यास उदाहरण 3 रस्म-रिवाज, प्रथा, रीति 4 दस्तूर, चलन
pray /प्रे/ *v., pt.* **~ed**, *pp* **~ing** 1 प्रार्थना क. : stop, I ~ you!; ~, come in! (कृपया अंदर आ जाइए!) 2 (*often* **~ for sth/ sb**) याचना क. : he **~ed** that he might be forgiven 3 मन्नत मांगना 4 क्षमा-याचना क.: ~ for pardon;
dw/lw: **~er** /प्रेअः/ *n.* 1 प्रार्थना : say one's **~er**; common **~er** 2 भगवान से अनुनय, याचना 3 विनती, निवेदन : his **~er** was granted 4 आशा, चाह और याचना: he did it at my **~er** 5 सफलता की संभावना: he hasn't got a **~er**;
dw/lw: **~ful** *adj.* 1 (***syn.*** devout) भक्त, प्रार्थनाशील 2 प्रार्थनामय: with ~ful eyes; **~fully** *adv.* प्रार्थनापूर्वक; **~fulness** *n.* याचनाशीलता; **~less** *adj.* नास्तिक, प्रार्थनाहीन; **~-wheel** *n., Buddhism* प्रार्थनाचक्र;
collocations: ~ **book** प्रार्थना-पुस्तक, प्रार्थनासंग्रह; ~ **carpet**/ ~ **mat**/ ~ **rug** मुसल्ला, जानमाज; ~ **meeting** प्रार्थना-सभा;
p&i: **~ be seated** कृपया बैठ जाइए!; **~ false** धोखा दे.; **~ in aid** (law) सहायता मांगना; **~ without one's beads** झूठी आशाएं बांधना; **not have ~er (of doing sth)** किसी कार्य में सफल होने की कोई संभावना न हो.
praying /प्रेइंग/ *n.* 1 पूजा 2 प्रार्थना : ~ mantis (बद्धहस्त (हथजोड़) कीड़ा, मैंटिस);
p&i: **be past ~ for** असाध्य रूप से बीमार, लाइलाज, जिसके बचने की कोई उम्मीद न हो
PRB *abbr. hist.* 'Pre-Raphaelite Brotherhood' की

प्रथमाक्षरी
pre- /प्रि-/ *prefix., denoting*: 1 **before** (से पहले, पूर्ववर्ती, पूर्व) : **pre**war 2 **before in position** (स्थान से पहले) : **pre**molar 3 **before or higher in importance** (महत्ता में ऊपर, परम-) : **pre**-eminent
preach /प्रीच/ *v., pt.* **~ed**, *pp* **~ing** 1 धार्मिक क्रिया-कर्म के तहत प्रवचन दे., उपदेश दे., भगवान के बारे में शिक्षा दे. : ~ a long sermon 2 (***syn.*** expound) का प्रतिपादन क. 3 (*often* **~ at sb**) प्रचार क., शिक्षा दे.: practise what you ~; ~ peace;
dw/lw: **~er** /प्रीचः/ *n.* 1 धर्मोपदेशक, उपदेशक, प्रचारक 2 सीख, प्रवचन, उपदेश; **~ing** *adj.* उपदेशक: ~ing friar (उपदेशक साधु); ~ing-house; **~y** /प्रीचि/ *adj.* ~ier, ~iest *colloq.* उपदेशात्मक, नैतिक;
p&i: ~ **down** संवाद में दूसरे आदमी को बोलने न दे., किसी पर दोष मढ़ना; **~ing with a view** चर्च में पादरी आदि का पद पाने के लिए दिखावापूर्ण पूजा-प्रार्थना क.; ~ **up** तारीफ के पुल बांधना; **(as) certain as ~ing** बिल्कुल पक्का, स्पष्ट;
preadmonish /प्रीअडमॉनिश/ *v., pt.* **~ed**, *pp* **~ing** पहले से चेतावनी दे.
pre-adole\scent /प्रीअडोलअसंट/ *adj.* 1 किशोरावस्था से पहले का 2 बालक, बालिका;
dw/lw: **~scence** /प्रीअडोलअसंस/ *n.* बालपन, किशोरावस्था से पहले की उम्र
preamble /प्रीऐंबल/ *n.* 1 आमुख, प्रस्तावना, भूमिका 2 (***syn.*** preliminary) उपक्रम, तैयारी;
v., pt. **~d**, *pp* **preambling** प्रस्तावना लिखना
preamplifier /प्रीऐंपलिफायः/ *n.* (*also colloq.* **preamp**) पूर्व प्रवर्धक
prearm /प्रीआःम/ *v., pt.* **~ed**, *pp* **~ing** पहले से शस्त्र-सज्जित होना
prearran\ge /प्रीअरेंज/ *v., pt.* **~ged**, *pp* **~ging** पहले से तैयारी करके रखना, पूर्वायोजित क.;
dw/lw: **~ged** *adj.* पूर्वव्यवस्थित, पूर्वायोजित; **~gement** *n.* पहले से की हुई तैयारी, पूर्वायोजना, पूर्वव्यवस्था
prebend /प्रेबंड/ *n.* 1 पुरोहित की वृत्ति, पादरी का वजीफा या वेतन 2 वृत्ति के एवज में पुरोहित को दी जाने वाली भूमि;
dw/lw: **~ary** /प्रेबंडरि/ *n.* वृत्ति-भोगी
precalcula\te /प्रीकैल्क्युलेट/ *v., pt.* **~ted**, *pp* **~ting** पहले से आकलन करके रखना, पूर्वाकलन क.;
dw/lw: **~tion** *n.* पूर्वाकलन
pre-Cambrian /प्रीकैंब्रिअन/ *geol., adj.* **the pre-Cambrian** जीवन विकास का प्राचीनतम काल जब प्राणी जीवन के पहले लक्षण प्रकट हुए थे
precancel /प्रीकैंसल/ *v., pt.* **~led**, *pp* **~ling** डाक-टिकटों आदि को उपयोग से पहले रद्द कर दे. या काट दे.
precancerous /प्रीकैंसअरस/ *adj.* कैंसरपूर्व अवस्था
precarious /प्रिकेअरिअस/ *adj.* 1 बुरी, नाजुक : be in a ~ situation; a ~ state of health 2 खतरनाक, असुरक्षित : ~ life; ~ foothold 3 (***syn.*** uncertain) अनिश्चित, अस्थिर, भाग्याधीन : make a ~ living 4 (***syn.*** unstable) 5 पराधीन, अन्याधीन (at another's pleasure) 6 (***syn.*** unfounded) निराधार, (***syn.*** doubtful) संदिग्ध : ~ argument/ assumption;
dw/lw: **~ly** /प्रीकेअरिअसलि/ *adv.* नाजुक या खतरनाक तरीके से: live ~ly; **~ness** /प्रीकेअरिअसनेस/ *n.* नाजुकता, अनिश्चितता, अस्थिरता
precast /प्रीःकास्ट/ *adj.* कंकरीट के पहले से बनाए हुए (ब्लॉक)
precative /प्रेकेटिव/ (*also* **precatory**) *adj.* 1 (***syn.*** precatory) प्रार्थनात्मक, याजनात्मक 2 *gramm.* इच्छार्थक : ~ mood
precaution /प्रिकॉःश\न/ *n.* 1 सावधानी, एहतियात : take **~s** against fire 2 पूर्वोपाय : she took an umbrella as a ~ 3 सतर्कता;
dw/lw: **~ary** /~नरि/ *adj.* एहतियाती, सावधानीपूर्ण: ~ary measures/ steps; **precautious** /प्रिकॉशिअस/ *adj.* सावधान, चौकस;
collocations: **a safety** ~ सुरक्षा सतर्कता; **a sensible/ wise** ~ समझदारीपूर्ण एहतियात;
p&i: **a ~ against fire** आग के खिलाफ सतर्कता; **as a ~** सावधानी के रूप में; **take adequate/ extra/ necessary, etc. ~s** काफी/ अतिरिक्त/ आवश्यक सावधानी बरतना
prece\de /प्रिसीःड/ *v., pt.* **~ded**, *pp* **~ding** 1 किसी के पहले हो./ आना: the calm that **~des** a storm (तूफान से पहले की शांति); the lecture was **~ded** by high tea; the conference was **~ded** by a reception 2 श्रेष्ठ, उत्तम या वरियतर होना 3 आगे-आगे चलना 4 प्रारंभ में या भूमिका स्वरूप कहना या लिखना : the book is **~ded** by a short biography of the author; **~de** a lecture with a few words;
dw/lw: **~ding** /प्रिसीःडिंग/ *adj.* पूर्व, पूर्ववर्ती, पूर्वगामी, पूर्वगत: the ~ding article/ chapter;
prece\dence /प्रेसिडंस/ प्रिसिडंस/ *n.* 1 पूर्ववर्तिता, अग्रगामिता (***syn.*** priority): safety takes **~dence** over everything else 2 श्रेष्ठता (***syn.*** pre-eminence) 3 वरीयता, अग्रसरता : the order of **~dence**/ rules for **~dence** 4 (***syn.*** order) अग्रता-क्रम : in order of **~dence** 5 अग्रता, अन्य बातों से ज्यादा महत्त्वपूर्ण : financial matters take **~dence** of other matters; take/ have **~dence** of sb;
dw/lw: **~dent** /प्रेसिडंट/ *n.* 1 पूर्वोदाहरण, पहले की मिसाल, उदाहरणीय कार्य: set a ~dent; invoke a ~dent; without ~dent 2 प्रथा; **~dent** *adj.* पूर्ववर्ती: ~dent events/ chapter
preceding *see above under* **precede: *dw/lw***
precentor /प्रिसेंटः/ *n., relig.* मंडली का प्रधान गायक, अग्रगायक
precept /प्रीःसेप्ट/ *n.* 1 नीतिवचन, उपदेश, सीख : teach by example rather than by ~ 2 आज्ञापत्र 3 (***syn.*** rule) नियम 4 (***syn.*** direction) निर्देश 5 *law* हुक्मनामा, आदेश;
dw/lw: **~ive** /प्रिसेप्टिव/ *adj.* 1 अनुदेशक 2 उपदेशात्मक 3 (***syn.*** didactic) शिक्षाप्रद; **~or/ preceptress** (*fem.*) /प्रिसेप्टः/ प्रिसेप्ट्रिस/ *n.* गुरु/ गुरुआनी, उपदेशक, उपदेशिका; **~orial** /प्रीःसेप्टॉरिअल/ *adj.* उपदेशात्मक; **~orship** /प्रीःसेप्टःशिप/ *n.* उपदेशक का पद
precession /प्रिसेशन/ *n.* 1 (***syn.*** precedence) अग्रगमन, पूर्वगामिता, अग्रगामिता 2 अयन : ~ of the equinoxes (विषुव या महाविषुव का अयन); planetary ~;
dw/lw: **~al** *adj.* अग्रगामी, पूर्वगामी
precinct /प्रीसिंक्ट/ *n., pl.* **~s** 1 (***syn.*** enclosure) अहाता, चर्च के चारों तरफ का स्थान : the cathedral ~ 2 (*also* **~s**) पड़ोस, परिवेश 3 (***syn.*** boundary) हद, सीमा : a pedestrian/ shopping ~ 4 (***syn.*** district) क्षेत्र, इलाका, जनपद : within the city **~s** 5 *US* पुलिस का क्षेत्रीय कार्यालय
preciosi\ty /प्रेशिऔसिटि/ *n., pl.* **~ties** 1 अतिशय हुमूल्यता या कीमतीपन 2 सुसंस्कृतता 3 कृत्रिम सुकुमारिता, दिखावटी, नाजुक-मिजाजी
precious /प्रेशिअस/ *adj.* 1 बहुमूल्य, मूल्यवान, कीमती : ~ stones; ~ recollections 2 दुर्लभ : ~ metals 3 अमूल्य, अनमोल : his devotion is very ~ to me 4 कृत्रिम, अतिसुकुमार, नाजुकमिजाज (affected language, accent etc.) 5 (***syn.*** dear) प्रिय, परमप्रिय : my ~ darling 6 *colloq., ironic* हक्का बक्का, अस्त-व्यस्त : make a ~ mess of things 7 (***syn.*** substantial) बहुत अधिक, काफी : do not be in such a ~ hurry!; ~ few (बहुत कम); ~ good (बहुत अच्छा) : take ~ good care of sth;
dw/lw: **~ly** *adv.* कृत्रिम तरीके से; **~ness** *n.* 1 सुकुमारता, नाजुक मिजाजी 2 बहुमूल्यता 3 अतिशिष्टता 4 दुर्लभता 5 कृत्रिमता;

collocations: ~ **knowledge** दुर्लभ ज्ञान; ~ **little hope** बहुत थोड़ी उम्मीद; ~ **metal** दुर्लभ या अनमोल धातु; ~ **stone** रत्न, मणि, हीरे-जवाहरात; ~ **time** कीमती समय;

p&i: ~ **few/ little** *colloq.* बहुत कम; **and a ~ lot you'd care** जैसे कि तुम बहुत परवाह करते हो; **it is ~ cold** काफी सर्दी है; **there is ~ little hope** बहुत कम उम्मीद है

precipice /प्रेसिपिस/ *n.* 1 खतरनाक मुकाम, संकट, जोखिम 2 कगार, खंदक, खड़ी चट्टान का मुंह 3 खड़ी चट्टान, दरद, प्रपात;

p&i: **stand on the brink of a** ~ विनाश की कगार पर हो.

precipitan\ce/ ~ cy /प्रिसिपिटंस/ प्रिसिपिटंसि/ *n.* उतावलापन, हड़बड़ी, हड़बड़ाहट : judge with **~ce** (हड़बड़ी में निर्णय दे.);

adj. 1 उतावला, हड़बड़िया 2 आकस्मिक 3 *chem.* ठंडा करने वाला पदार्थ, बादलों का द्रवीकरण करवानेवाला 4 तेजी से नीचे गिरनेवाला

precipita\te /प्रिसिपिटेट/ प्रअसिपिटेट/ *v., pt.* **~ted**, *pp* **~ting** 1 कुछ क. या करवाना : **~te** a country into war 2 औंधे मुंह गिरना या गिराना, तेजी से गिरना या गिरा दे. : **~te** oneself 3 (***syn.*** hurry) हड़बड़ाना, जल्दी मचाना 4 (***syn.*** bring about) प्रेरित क., उत्पन्न क. : **~te** crisis 5 *chem.* ठंडा क. 6 *meteorol.* वाष्पों का द्रवीकरण होकर वर्षा या बर्फ के रूप में गिरना, घनीभूत हो कर गिरना (of vapour);

adj. उतावला, हड़बड़िया : **~te** person; **~te** movement; **~te** flight 2 अविचारित, अंधाधुंध (of actions) : **~te** action 3 प्रपाती, प्रवाही;

n. अवक्षेप, वर्षा, हिमपात, बर्फ;

dw/lw: **~ted** *adj.* घनीभूत, द्रवित अवक्षिप्त, अवक्षेपित

precipitation /प्रिसिपिटेशन/ प्रेसिपिटेशन/ *n.* 1 उतावलापन, हड़बड़ाहट, व्यग्रता: act with ~ 2 *meteorol.* वृष्टि, वर्षण, वर्षा, हिमपात 3 अधःपतन, पतन, घटना: this led to his own ~

precipitous /प्रिसिपिटस\/ *adj.* 1 (***syn.*** sheer) प्रवण, खतरनाक ढंग से खड़ी, तीक्ष्ण (चट्टान आदि) : ~ cliffs; ~ descent 2 (***syn.*** hasty) व्यग्र, हड़बड़ी वाला, नाटकीय 3 (***syn.*** abrupt) तेजी से गिरने वाला, प्रपाती;

dw/lw: **~ness** /~नेस/ *n.* 1 हड़बड़ाहट 2 नाटकीयता 3 प्रवणता, तीव्रता

précis /प्रेसी/ *n., pl.* **precis** 1 (***syn.*** summary) संक्षेप, किसी लेख का संक्षिप्त रूप: ~ articles 2 सार;

v. *pt.* **précised** /प्रेसीड/, *pp.* **précising** /प्रेसींग/, *s/he/it* **precises** /प्रेसीज/ किसी लेख का सार बनाना;

dw/lw: **~-writing** *n.* सार-लेखन

precise /प्रिसाइज\/ प्रिसाइस\/ *adj., degr.* **~r**, **~st** 1 (***syn.*** accurate) सही, यथार्थ, परिशुद्ध: at this ~ moment (एकदम इसी वक्त) 2 (***syn.*** exact) यथातथ्य, सूक्ष्म: ~ timing; ~ meaning; ~ definition 3 (***syn.*** definite) सुनिश्चित, सुस्पष्ट, असंदिग्ध: ~ instructions; ~ rules of conduct 4 (***syn.*** strict, metuculous) सख्त, नियमनिष्ठ: ~ about doing one's duty 5 (***syn.*** punctilious) तकल्लुफ-मिजाज 6 (***syn.*** fastidious) दुष्तोषणीय, तुनक-मिजाज;

dw/lw: **~ly** /~लि/ *adv.* 1 ठीक, बिल्कुल सही: began at eight o'clock ~ly 2 ठीक-ठीक, हूबहू, सुनिश्चित ढंग से, साफ-साफ: tell ~ly what one wants; **~ness** /~नेस/ *n.* सहीपन, सटीकता : expressed with ~ness;

p&i: **more ~ly** यदि और सही तरीके से कहा जाए तो ...; to **(more) be ~** ... एकदम सही (और सही) कहा जाए तो ...

precision /प्रिसिजन/ *n.* 1 नियमनिष्ठता 2 (***syn.*** accuracy) सटीकता : ~ of expression 3 परिशुद्धता, यथार्थता, सही रूप, सूक्ष्मता, परिशुद्धि, सुस्पष्टता : mathematical ~; ~ in calculation 4 सही निशाना : ~ adjustment;

collocations: **~-approach radar** *aeronautics* (*abbr.* **PAR**) ऐसा रडार जो उड़कर आ रहे यान की सही स्थिति बता सकता है; **~ bombing** सही निशाने पर बमबारी; **~ instrument** सूक्ष्म रूप से परिशुद्ध औजार; **~ timing** सही समय

pre-cited /प्री-साइटिड/ *adj.* उपरोक्त, उपर्युक्त, ऊपर उद्धृत

preclassical /प्रीक्लैसिकल/ *adj.* पूर्वपरंपरावादी, पूर्वश्रेण्यकालीन

preclimax /प्रीक्लाइमक्स/ *n.* प्राक्चरम

preclinical /प्रीक्लिनिकल/ *adj., med.* 1 किसी रोग की प्रारंभिक अवस्था 2 चिकित्सा प्रशिक्षण की सैद्धांतिक शिक्षण अवस्था

preclu\de /प्रिक्लूड/ *v., pt.* **~ded**, *pp* **~ding** 1 असंभव कर दे. या बना दे., होने न दे., रोकना, प्रतिबाधित क., बाधा डालना : be **~ded** from performing one's duty 2 निवारण क. : **~de** all doubt 3 (*often* **~de sb from sth**) किसी की गतिशीलता या उसका विकास बाधित क. 4 हटाना, दूर क., बाहर क. : **~de** any chance of failure; be **~ded** from an opportunity;

dw/lw: **~ded** /~ड/ *adj.* प्रतिबाधित, हटाया हुआ; **~sion** /~जन/ *n.* निवारण, प्रतिषेध, बाधा, बाहर रखने की क्रिया; **~sive** /~सिव/ *adj.* निवारक, प्रतिषेधक, बाधक, बाहर रखनेवाला: ~sive of improvement (सुधार को बाधित करने वाला)

precocious /प्रिकोशिअस\/ *adj.* 1 अकाल-प्रौढ़, उम्र के लिहाज से ज़्यादा समझदार: ~ child; ~ talent 2 अकालपरिपक्व (of plants) 3 (***syn.*** pre-mature) कच्चा, अधूरा, अकालिक : ~ maturity;

dw/lw: **~ly** /~लि/ *adv.* 1 अकाल-प्रौढ़तापूर्वक; **~ness** /~नेस/ (*also* **precocity** /प्रिकॉसिटी/) *n.* 1 अकाल-प्रौढ़ता, अकाल-परिपक्वता 2 अधूरापन, अपूर्णता

precocity *see above under* **precocious:** ***dw/lw***

precogniti\on /प्रीकौग्निशन/ *n.* भावी घटनाओं को जान लेने की क्षमता, पूर्वज्ञान, भविष्य दर्शन, पूर्वदर्शन;

dw/lw: **~tive** /प्रिकौग्नेटिव/ *adj.* पूर्वज्ञानी

pre-Columbian /प्रीकलंबिअन/ *adj.* कोलंबस से पहले का

precomputed /प्रीकंप्यूःटिड/ *adj.* पहले से गिना हुआ, जिसे पहले से हिसाब में लगा लिया गया हो

preconcei\ve /प्रीकन्सीव/ *v., pt.* **~ved**, *pp* **~ving** पहले से धारणा बनाकर रखना, पूर्वकल्पना क.;

dw/lw: **~ved** /प्रीकन्सीवड/ *adj.* पूर्वनिर्धारित, पूर्व-कल्पित : ~ved notion (पूर्वनिर्धारित विचार)

preconception /प्रीकन्सेप्शन/ *n.* *often* **~s** 1 पूर्वधारणा, पूर्वकल्पना 2 (*often* **~s**) पूर्वग्रह, पूर्वाग्रह : free oneself from all **~s**

preconcert /प्रीकन्सःट/ *v. pt.* **~ed**, *pp* **~ing** पहले से तय कर ले.;

dw/lw: **~ed** /~टिड/ *adj.* 1 पूर्व-सहमत, पूर्वनिर्धारित 2 पहले से समझौते में शामिल किया हुआ : ~ed plan

precondition /प्रीःकंडिशन/ *n.* (***syn.*** prerequisite) पूर्व शर्त, अनिवार्य शर्त;

v., *pt.* **~ed**, *pp* **~ing** 1 किसी को किसी विशेष तरीके से व्यवहार करने के लिए पहले से प्रशिक्षित क., अनुकूलित क. 2 पूर्व-सहमत बनाना

preconi\ze/ preconi\se /प्रीकनाइज/ *v. pt.* **~zed**, *pp* **~zing** 1 किसी बात की आम घोषणा क. 2 किसी को खुले आम बुलाना 3 *RC Church* बिशप के चुनाव की घोषणा क.

preconscious /प्रीकौशिअस/ *adj.* पूर्वचेतन, चैतन्यपूर्व

pre-cooked /प्राकुक्ट/ *adj.* पहले से अधपके रूप में तैयार किया हुआ

precurs\or /प्रीकःसः/ *n.* 1 (***syn.*** forerunner) पूर्वगामी व्यक्ति, वस्तु या घटना आदि 2 अग्रदूत, पुरोगामी;

dw/lw: **~ory/ ~ive** /प्रीकःसरि/ प्रीकःसिव/ *adj.* 1 पूर्वगामी, पूर्ववर्ती 2 अग्रगामी 3 (***syn.*** preliminary) प्रारम्भिक: ~ory remark; ~ory symptoms of fever

pre-cut /प्रीकट/ *adj.* पहले से काटकर तैयार किया हुआ

predacious /प्रिडेशिअस/ *adj.* जीवभक्षी, आखेट जीवी

preda\te[1] /प्रीडेट/ *v., pt.* **~ted**, *pp* **~ting** 1 (***syn.*** antedate; ***anton.*** post-date) पूर्वदिनांकित क., पूर्वतिथि दे., पीछे की

तारीख डालना 2 से पहले घटित होना;
dw/lw: **~ted** /प्रीडेटिड/ *adj.* पूर्वदिनांकित
preda\te² एक जानवर द्वारा दूसरे जानवर का शिकार करना और उसे खाना 4 शिकार क.;
preda\tion /प्रिडेशन/ *n.* अपना वजूद बनाए रखने के लिए दूसरे जानवर को मारकर खाने की क्रिया;
dw/lw: **~tor** /प्रेडे\टः/ *n.* 1 जीवभक्षी जानवर, परभक्षी 2 जीवभक्षी व्यक्ति; **~torily** /~टअरिलि/ *adv.* जीवभक्षी की तरह; **~toriness** /~टअरिनेस/ *n.* जीवभक्षण; **~tory** /~टअरि/ *adj.* 1 लुटेरा 2 जीवभक्षी 3 अपने स्वार्थ के लिए दूसरों की कमजोरी या भलमनसाहत का क्रूरतापूर्वक शोषण क. : ~tory war;
collocations: **~tory bands** लुटेरों के झुंड; **~tory instinct** दरिंदों जैसी सहज प्रवृत्ति; **~tory nature** दरिंदों-सा स्वभाव; **~tory pricing** दूसरी कंपनियों को मात देने के लिए किसी कंपनी द्वारा अपने माल को बहुत कम दामों बेचने की विनाशकारी नीति
predawn /प्रीडॉःन/ *n.* भोर से कुछ पहले का समय;
adj. भोर से कुछ पहले समय से संबंधित
predecea\se /प्रीडिसीस/ *v., pt.* **~sed**, *pp* **~sing** किसी से पहले मर जाना
predecessor /प्रीःडिसेसः/ *n.* 1 पूर्ववर्ती अधिकारी, घटना या वस्तु : my ~ in office; my present car is far superior to its ~ 2 किसी उत्पाद का पूर्वस्वरूप या शक्ल 3 पूर्वज
predella /प्रीडेला/ *n., pl.* **~s** *art.* वेदी-मंच, वेदीपीठ
predestinarian /प्रीडेस्टिनेअरिअ\न/ *n.* पूर्वनियतिवादी;
dw/lw: **~ism** /~निज़म/ *n.* पूर्वनियतिवाद
predestina\te /प्रीडेस्टिने\ट/ *v., pt.* **~ted**, *pp* **~ting** पहले से ही निश्चित या नियत क.;
adj. 1 पूर्वनिश्चित 2 किस्मत में बदा हुआ, नियत;
dw/lw: **~tion** /~शन/ *n.* 1 प्रारब्ध, नियति 2 नियतिवाद 3 पूर्वनियति 4 (***syn.*** fatalism) भाग्यवाद, दैववाद
predesti\ne /प्रीडेस्टिन/ *v., pt.* **~ned**, *pp* **~ning** 1 पहले से नियत हो. 2 भाग्य में बदा होना;
dw/lw: **~ned** /प्रीडेस्टिंड/ *adj.* भाग्य में पहले से बदा हुआ, पूर्वनियत
predetermi\ne /प्रीडिटः\मिन/ *v., pt.* **~ned**, *pp* **~ning** पहले से निश्चय कर लेना, पूर्वनिश्चय क., पूर्वनिर्धारित क.: **~ne** the cost of a building;
dw/lw: **~nable** /~मिनेबल/ *adj.* जो पहले से निश्चित हो सके; **~nate** /~मिटनेट/ *adj.* पूर्वनिश्चित, पूर्वनिर्धारित; **~nation** /~मिनेशन/ *n.* पूर्वनिश्चय, पूर्वनिर्धारण; **~ned** /~मिंड/ *adj.* पूर्वनिश्चित, पूर्वनिर्धारित : make a safe landing in a ~ned area; ~ned motion-time; **~ner** /~मिनः/ *n., gramm.* संज्ञा के बारे में अतिरिक्त जानकारी देने वाला शब्द जो **'determiner'** से पहले प्रयुक्त होता है
predial /प्रीडिअल/ *adj.* 1 (***syn.*** agrarian) भूमि संबंधी 2 (***syn.*** rural) देहाती, ग्रामीण 3 (***syn.*** landed /estate/) अचल (संपत्ति) 4 कृषि संबंधी: ~ larceny (किसी दूसरे की फसल की जबरदस्ती कटाई, लूट);
collocations: ~ **relationship** कृषि मजदूर और जमींदार के बीच रिश्ता; ~ **serf** भूदास (किसान); ~ **servitude** जमींदार की दासता; ~ **tithe** फसल के रूप में लगान का भुगतान
predicable /प्रेडिकअबल/ *adj.* 1 विधान करने योग्य, विधेय, प्रतिपाद्य 2 स्थापनीय
predicament /प्रिडिकअमंट/ *n.* 1 विकट या जटिल स्थिति: be in an awkward ~ 2 (***syn.*** quandary) दशा, दुर्दशा, दुर्गति: face a ~; be in a terrible ~ 3 *logic* श्रेणी, वर्ग
predicant /प्रेडिकंट/ *n.* 1 उपदेशक, प्रचारक 2 जिसे उपदेश देने का शौक हो;
adj. उपदेश रत, प्रचार रत
predica\te /प्रेडिकअ\ट/ *n.* 1 विधेय 2 वाक्य में कर्ता के बारे में सूचना देने वाले शब्द 3 निर्धारक 4 *logic* किसी कार्य के कर्ता के गुण और लक्षण संबंधी कथन;
v., *pt.* **~ted**, *pp* **~ting** 1 जोरदार ढंग से कहना 2 मानना या दावा स्वीकार क. : grass **~tes** greenness 3 *logic* (***syn.*** assert) कार्य के कर्ता के गुण के रूप में बताना या कहना 4 (*usually* **~te on/ upon sth**) किसी विचार की जीवंतता किसी अन्य बात के सही होने पर निर्भर क. : their success was **~ted** on the number of supporters they had; the plan is **~ted** on the assumption that...;
dw/lw: **~tion** /~शन/ *n.* कथन, गुणारोपण; **~tive** /प्रिडिकअटिव/ *adj., gramm.* विधेयात्मक; **~tively** /प्रिडिकअटिवलि/ *adv., gramm.* विधेयात्मक ढंग से; **~tory** /~टरि/ *adj.* उपदेशक, उपदेशात्मक
collocations: **~te calculus** एक ऐसी रेखांकन विधि जिसके द्वारा किसी सरल प्रस्ताव की तार्किक संरचना दर्शायी जा सकती है
predict /प्रिडि\क्ट/ *v., pt.* **~ed**, *pp* **~ing** (forecast) भविष्यवाणी क. : ~ the future;
dw/lw: **~ability** /~क्टअबिलिटि/ *n.* पूर्वानुमेयता, पूर्वसूचनीयता, जिसके होने की संभावना के बारे में पहले से अनुमान लगाया जा सकता है; **~able** /~क्टअबल/ *adj.* पूर्वानुमेय, पूर्वसूचनीय, जिसके बारे में भविष्यवाणी की जा सके.; **~ably** /~क्टअबलि/ *adv.* जैसी कि उम्मीद थी, जैसा कि अनुमान था; **~ed** /~क्टिड/ *adj.* पूर्व-अनुमानित; **~ion** /~क्शन/ *n.* भविष्यवाणी, पूर्वानुमान: make a ~ion; an accurate /gloomy ~ion; **~ive** /~क्टिव/ *adj.* पूर्व-अनुमानित: ~ive texting (जब संदेश भेजते समय मोबाइल फोन अपने आप शब्द सुझाता है); **~or** /~क्टिः/ *n.* पूर्व संकेत या सूचना देने वाला: cholesterol level not a strong ~or of heart disease
predigest /प्रिडाइजेस्ट/ *v., pt.* **~ed**, *pp* **~ing** 1 किसी खाद्य पदार्थ को पचाने योग्य बनाना 2 किसी वस्तु को प्रयोग के लिए सरलतम रूप में तैयार क. : ~ a book for school children;
dw/lw: **~ed** *adj.* प्रयोग के लिए आसान बनाने के लिए सरल रूप में तैयार किया हुआ
predikant /प्रेडिकंट/ *n., Holland* हॉलैंड के प्रोटेस्टंट चर्च का पादरी
predilection /प्रीःडिलेक्शन/ *n.* 1 (***syn.*** liking) विशेष पसंद, पूर्वाभिरूचि, झुकाव, अनुराग: have natural ~ for sth 2 (***syn.*** preference) पूर्वाभिरूचि आधारित पक्षधरता
predispo\se /प्रीःडिस्पोज/ *v., pt.* **~sed**, *pp* **~sing** 1 पहले से झुकाव या प्रवृत्ति होना, झुकाना: **~se** sb in favour of doing sth 2 पूर्ववृत्ति होना 3 पहले ही से प्रवृत्त या प्रवण क.: clear handwriting will **~se** an examiner in sb's favour 4 पहले ही से व्यवस्था या प्रबंध क., तैयार क.;
dw/lw: **~sed** /प्रीःडिसपोजड/ *adj.* पहले ही से प्रवृत्त या प्रवण: be ~sed to sth; **~sition** /प्रीःडिसपजिशन/ *n.* पूर्व प्रवृत्ति, झुकाव, पूर्ववृत्ति, पूर्वानुकूलता : ~sition to arthritis
prednisone /प्रेड्निजोन/ *n., pharm.* एक प्रकार का स्टिरॉयड
predomi\nance /प्रिडौमि\नंस/ *n.* 1 आधिपत्य 2 प्रधानता, प्रबलता 3 सर्वाधिकता, आधिक्य;
dw/lw: **~nant** /~नंट/ *adj.* 1 प्रधान, मुख्य: ~nant feature of character 2 जिसका आधिपत्य हो: ~nant partner 3 प्रबल, प्रमुख: ~nant winds/ colours 4 सर्वाधिक प्रभावशील: the tower is ~nant over every other object; forest in which pine-trees are ~nant;
dw/lw: **~nantly** /~नंटलि/ *adv.* मुख्य रूप से
predomina\te /प्रिडौमिनेट/ *v., pt.* **~ted**, *pp* **~ting** 1 अधिक प्रखर या महत्त्वपूर्ण हो.: the tall elms **~ted** over the tiny white-washed church 2 पर आधिपत्य या प्रभुत्व हो. 3 से प्रबल या श्रेष्ठतर हो. 4 सर्वाधिक हो.
pre-eclampsia /प्रिइक्लैंप्सिआ/ *n.* गर्भवती औरतों में उच्च रक्तचाप का विकार जो उपचार के अभाव में खतरनाक साबित हो सकता है

pre-election *n.* चुनाव-पूर्व: ~-election promises
preemie /प्रीमि/ *n.* समय से पहले (premature) पैदा होने वाला बच्चा
pre-eminence /प्री-एमिनेंस/ *n.* श्रेष्ठता, उत्कर्षता, अग्रता
pre-emi\nent /प्री-एमि\नंट/ *adj.* (***syn.*** outstanding) अति उत्कृष्ट, सर्वश्रेष्ठ, सर्वोत्तम;
dw/lw: **~nence** /~नंस/ *n.* उत्कृष्टता, सर्वश्रेष्ठता; **~nent** /~नंट/ *adj.* उत्कृष्ट, सर्वश्रेष्ठ; **~nently** /~नंटलि/ *adv.* उत्कृष्ट रूप में, अत्यधिक स्पष्ट रूप से
pre-empt /प्रि-एम्प्ट/ *v., pt.* **~ed**, *pp* **~ing** 1 किसी (अनचाहे) कार्य को होने से पहले ही निरस्त कर दे. 2 दूसरों से पहले (प्राप्त) कर लेना : ~ a seat 3 पहले अधिकृत क. : ~ an idea;
dw/lw: **~ion** /प्रि-एम्पशन/ *n.* 1 अग्रक्रय, दूसरों से पहले खरीद, पूर्वक्रय 2 हकशफा 3 पूर्वक्रय-अधिकार 4 कब्जा: ~ion right; **~ive** /प्रि-एम्प्टिव/ *adj.* 1 किसी (अनचाहे) कार्य को होने से पहले ही रोक देने वाला 2 *milit.* शत्रु के हथियारों का प्रयोग में लाए जाने से पहले ही नष्ट करने वाला: ~ive strike/ attack
preen /प्रीन/ *v., pt.* **~ed**, *pp* **~ing** 1 पक्षियों द्वारा अपने परों को चोंच से साफ किया जाना, संवारना 2 प्रसाधन क. 3 बन-ठनकर इतराना : ~ oneself on sth (किसी बात के लिए अपनी ही पीठ थप-थपाना);
p&i: **~ yourself on sth** अपनी पीठ थपथपाना
pre-exist /प्री-इग्जिस्ट/ *v., pt.* **~ed**, *pp* **~ing** पहले से अस्तित्व में होना;
dw/lw: **~ence** /प्री-इग्जिस्टंस/ *n.* पूर्व-अस्तित्व, प्राग्भाव, पूर्वभाव; **~ent** *adj.* जिसका पहले से अस्तित्व रहा हो, पूर्ववर्ती; **~ing** *adj.* जो पहले से अस्तित्व में हो
pref. *abbr.* 'preface', 'preference', 'preferred' का संक्षेप
prefab /प्रीफैब/ *n.* पूर्वनिर्मित भवन, विशेषकर आवासीय भवन
prefabrica\te /प्रीफैब्रिके\ट/ *v., pt.* **~ted**, *pp* **~ting** पहले से निर्मित कर लेना, पूर्वनिर्मित क.;
dw/lw: **~ted** /~टिड/ *adj.* पूर्वरचित, पूर्वनिर्मित: a ~ted building; **~tion** /~शन/ *n.* पूर्वरचना, पूर्वनिर्माण
prefa\ce /प्रअफिस/ प्रेफअस/ *n.* 1 प्रस्तावना, भूमिका, आमुख, प्राक्कथन 2 (***syn.*** prelude) पूर्वरंग 3 अवतरणिका (of Mass);
v., pt. **~ced**, *pp* **~cing** प्रस्तावना (भूमिका) लिखना या लगाना, (से) प्रारंभ होना या क., भूमिकास्वरूप कहना या लिखना: **~ce** a book by/ with a life of the author
prefatory /प्रेफअटरि/ *adj.* 1 प्रस्तावना-संबंधी 2 भूमिका के रूप में 3 प्रारंभिक : ~ remarks
prefect /प्रीफेक्ट/ *n.* 1 प्रधान छात्र 2 कई देशों (France, Italy, Japan, etc.) में स्थानीय प्रशासक 3 अधिपति, प्रधान;
dw/lw: **~oral/ ~orial** /प्रीफअक्टॉरल/ प्रीफअक्टॉरिअल/ *adj.* = **prefatory** (*see above*); **~ure** /प्रीफेक्चः/ *n.* 1 प्रशासक का कार्यालय या पद 2 प्रांत, राज्य;
collocations: **~ apostolic** उपधर्माध्यक्ष
prefer /प्रिफः/ ***v.***, *pt.* **~red**, *pp* **~ring** 1 किसी की या किसी वस्तु की तुलना में अधिक पसंद क.: ~ tea to coffee; they **~red** to die rather than surrender 2 वरीयता दे., तरजीह दे. 3 (***syn.*** promote) किसी को दूसरों से पहले पदोन्नति दे. 4 *law* (***syn.*** charge-sheet) दोषारोपण पत्र न्यायालय में प्रस्तुत क., पेश क. : ~ a charge against sb; ~ a request/ a complaint;
dw/lw: **~able** /प्रेफअरअबल/ *adj.* 1 वरीय 2 बेहतर, श्रेयतर, ज्यादा पसंदीदा: ~able scheme 3 अधिमान्य; **~ably** /प्रेफअरअबलि/ *adv.* किसी की पसंद अनुसार: I would ~ably go there; **~ence** /प्रेफरंस/ *n.* 1 तुलनात्मक पसंद, वरीयता, प्राथमिकता : what is your ~ence?; give ~ence to sb 2 अभिरुचि, तरजीह: give sth the ~ence over sth 3 *law* (***syn.*** prior claim) पूर्वाधिकार: ~ence shares/ stock/~ence bond/ debenture 4 में से चुनाव 5 रियायती सीमा-शुल्क; **~ential** /प्रेफरेंशिअल/ *adj.* 1 औरों से ज्यादा चहेता 2 तुलनात्मक संदर्भ में अधिक मान्य या पसंदीदा: ~ential treatment; ~ential claim (वरीयता-मान्य दावा) 3 रियायती (शुल्क दर): ~ential tariff (रियायती दर); ~ential duties (रियायती सीमा-शुल्क); ~ential transportation rates 4 विशेषाधिकार आधारित: ~ential shareholders; **~ment** /प्रिफःमंट/ *n.* (***syn.*** promotion) चहेते उम्मीदवारों की पदोन्नति; **~red** /प्रिफःड/ *adj.* 1 वरीय 2 पसंदीदा 3 पसंद किया हुआ, चुना हुआ: ~red share; ~red dividend;
collocations: **~ence voting** तुलनात्मक पसंद के क्रम अनुसार मतदान;
p&i: **fraudulent ~ence** दूसरे साहूकारों की उपेक्षा करते हुए केवल एक को ऋण राशि पाने का अधिकार दे.;
prefiguration /प्रीफिग्रेशन/ *n.* 1 पूर्वचित्रण, पूर्वकल्पना, पूर्व-निर्देशन 2 (***syn.*** prototype) आदिरूप
prefigu\re /प्रीफिगः/ *v., pt.* **~red**, *pp* **~ring** 1 पहले से अपने जहन में चित्रण कर रखना : he was not at all a fat man as I had **~red** him 2 पूर्वकल्पना क., का आदिरूप होना 3 नाम से पहले पद, पदवी, उपाधि आदि जोड़ना: Dr./ Prof. Amin, etc.
prefix /प्रीःफिक्स/ *n., pl.* **~es** *gramm.* उपसर्ग, पूर्वप्रत्यय;
v., *pt.* **~ed**, *pp* **~ing** 1 उपसर्ग लगाना, प्रारंभ में प्रत्यय लगाना 2 किसी बात के आरंभ में कुछ जोड़ना : in English we generally ~ the definite article to the names of rivers 3 पुस्तक आदि को नाम दे. : ~ a book;
dw/lw: **~ture** = **~fixion** *n., gramm.* उपसर्ग, पूर्वयोजन, पूर्व-जोड़
pre-flight *adj.* /प्रीफ्लाइट/ *adj.* विमान द्वारा उड़ान भरने से पहले का: ~ checks
preform /प्रीफॉःम/ *v., pt.* **~ed**, *pp* **~ing** पूर्वगठित क.;
dw/lw: **~ation** *n.* पूर्वगठन, पूर्वनिर्माण; **~ative** *adj.* पूर्वरचनात्मक
preggers /प्रेगःज/ *adj., colloq.* (*not before noun*) गर्भवती
pre-glacial /प्रीःग्लेशिअल/ *adj.* हिमकाल से पहले का
pregnable /प्रेग्नअबल/ *adj.* भेद्य, विजेय (≠ or ***anton.*** **im~** अभेद्य)
pregnan\cy /प्रेग्नंसि/ *n., pl.* **~cies** 1 गर्भावस्था, गर्भकाल 2 उर्वरता (of soil) 3 विदग्धता, प्रतिभा (of mind) 4 अर्थपूर्णता, अर्थ-गौरव, महत्त्वपूर्णता 5 फलपूर्णता
pregnant /प्रेग्नंट/ *adj.* 1 गर्भवती, सगर्भा, गर्भिणी 2 गाभिन, *Hr.* ग्याभण, गर्भिणी (of animals): ~ cow; ~ mare 3 (***syn.*** inventive) विदग्ध, मौलिक, प्रतिभाशाली: ~ mind/ wit 4 (***syn.*** intriguing) अर्थपूर्ण, अर्थ-गर्भित, सारगर्भित, रहस्यमय: words ~ with deep meaning; a speech weighty and ~ 5 (***syn.*** abounding) से भरपूर, परिपूर्ण, भरा-पूरा: events ~ with dangerous consequences 6 (***syn.*** fruitful) फलोत्पादक, उर्वर : ~ fields;
p&i: **a ~ pause/ silence** सागर्भित विराम/ चुप्पी या मौन; **negative ~** अपने में स्वीकारोक्ति समाहित करने वाला नकारात्मक उत्तर
preheat /प्रीहीट/ *v., pt.* **~ed**, *pp* **~ing** चूल्हे, भट्टी आदि को प्रयोग करने से पहले से थोड़ा गर्म क.;
dw/lw: **~ing** /प्रीहीटिंग/ *n.* प्रयोग करने से पहले गर्म करने की क्रिया
prehensile /प्रिहेंसाइल/ प्रिहेंसिल/ *adj.* 1 घरेलू पशुओं के अंग (जिसे पकड़ा जा सके, जैसे पूंछ) से संबंधित 2 परिग्राही : ~ fingers (कसकर पकड़ने में सक्षम उंगलियां) 3 बोध-सक्षम, मेधावी 4 लोभी, लालची;
dw/lw: **~sility** /प्रिहेंसिलिटि/ *n.* 1 पकड़ 2 बोध्यता; **~sion** /प्रिहेन्शन/ *n.* 1 परिग्रहण, पकड़ 2 मानसिक पकड़, बोध
prehistoric/ prehistorical /प्रीहिस्टॉरिक/ *adj.* 1 प्रागैतिहासिक : ~ port 2 घिसा-पिटा : ~ joke
prehistory /प्रीहिस्टरी/ *n.* लिखित इतिहास से पूर्व का इतिहास, प्राग्-इतिहास

prehuman /प्रीःह्यूःमन/ *adj.* मानवपूर्व
pre-ignition /प्रीःइग्निशन/ *n.* पूर्वप्रज्वलन, समय से पहले ज्वलन : ~ chamber
preinduction /प्रीःइंडक्शन/ *adj. defence* अनिवार्य सैनिक भर्ती से पहले का
prejud\ge /प्रीःजज/ *v., pt.* **~ged**, *pp* **~ging** पहले से आकलन/ निर्णय कर लेना, पूर्वनिर्णय क. : **~ge** a question;
dw/lw: **~gement** *n.* पूर्व-निर्णय, पूर्व-मूल्यांकन
prejudi\ce /प्रेजुडि\स/ *n.* 1 दुराग्रह, पूर्वग्रह, पूर्वधारणा : without **~ce**; have a **~ce** against sth 2 द्वेष: be steeped in **~ce** 3 पक्षपात : **~ce** in favour of sb 4 (***syn.*** bias) प्रतिकूल प्रभाव : a poor interview may **~ce** one's chances of success 5 *law* (***syn.*** harm) हानि, क्षति : without **~ce** to one's parental rights;
v., *pt.* **~ced**, *pp* **~cing** 1 किसी को पूर्वग्रही बना दे. या विषाक्त क. : **~ce** sb against sb 2 हानि, क्षति पहुंचाना 3 पूर्वग्रह उत्पन्न क. : **~ce** sb in favour of sb 4 प्रतिकूल प्रभाव डालना: **~ce** one's chances of success;
dw/lw: **~ced** /~सड/ *adj.* पूर्वग्रही, पूर्व-विषाक्त; **~cial** /~शिअल/ *adj.* 1 कुभाव या पूर्वग्रह उत्पन्न करने वाला 2 (***syn.*** damaging) क्षतिकारक, हानिकर: ~cial to national security 3 प्रतिकूल, विपरीत : ~cial to sb's interest; **~cially** /~शिअलि/ *adv.* प्रतिकूलतः;
p&i: **~ce is the child of ignorance** अज्ञान ही पूर्वाग्रह का जनक होता है
preknowledge /प्रीनॉलिज/ *n.* पूर्वज्ञान
prela\cy /प्रेलअसि/ *n., pl.* **~cies** 1 धर्माधिकारी का पद 2 धर्माधिकारीगण 3 चर्च का धर्माधिकारियों द्वारा प्रशासन;
dw/lw: **~te** /प्रेलअट/ *n., Christ.* धर्माधिकारी
prelapsarian /प्रीलैप्सेरिअन/ *adj.* 1 भोला-भाला अल्हड़ 2 "The Fall" (आदम और हौवा का ईश्वरादेश के विरुद्ध मिलन) के समय से पहले का
prelect /प्रिलेक्ट/ व्याख्यान दे. : ~ to an audience on sth;
dw/lw: **~ion** /प्रिलेक्शन/ *n.* व्याख्यान; **~or** /प्रिलेक्टः/ *n.* प्राध्यापक
prelibation /प्रिलाइबेशन/ *n.* 1 पूर्वास्वादन, पूर्वाभास 2 पहले लाभ का चढ़ावा
prelim /प्रीलिम/ *n., short of* 'preliminary', *colloq. print.* 1 स्कूल में दाखिले से पहले ली जाने वाली परीक्षा 2 विश्वविद्यालय की पहली परीक्षा 3 संघीय सेवाओं के लिए प्रथम चरण की परीक्षाएं 4 पुस्तक का शीर्षक पृष्ठ, आरंभिक पृष्ठ
prelimina\ry /प्रिलिमिनरि/ *n., pl.* **~ries** 1 (*usually* **~ries**; ***syn.*** initial) प्रारंभिक व्यवस्था या कार्य, तैयारी 2 पूर्वांग, पूर्वांग सामग्री, प्रारंभिक उपक्रम : had no time for the usual **~ries** 3 प्रारंभिक या प्रवेश परीक्षा 4 (पुस्तक की छपाई में) प्रारंभिक पृष्ठ;
adj. प्राथमिक, प्रारंभिक, आरंभिक, अग्रिम, प्रस्ताविक : **~ry** remarks; **~ry** examination; **~ry** rounds 2 पूर्व : **~ry** notice; payable without **~ry** advice *commer.* (बिना पूर्व सूचना के देय)
preload /प्रिलोड/ ***v.***, *pt.* **~ed**, *pp* **~ing** 1 (***syn.*** pre-install) पहले से भरकर रखना;
n. पूर्व भराई
prelu\de /प्रेल्यूड/ *n., music* 1 बड़ी संगीत रचना से पहले बजाई जानेवाली भूमिका के रूप में छोटी रचना, आरंभिका, प्रारंभिक प्रस्तुति, आलाप, पूर्वालाप, प्रवेशक, पूर्वरंग, प्रस्तावना, मंगलाचरण : a **~de** to sth 2 संगीत या कविता का नाम 3 से पहले की घटना : *esp.* a **~de** to sth (महत्त्वपूर्ण घटना से पहले होने वाली छिट-पुट घटना);
v., *pt.* **~ded**, *pp* **~ding** 1 भूमिका या समा बांधना : he **~ded** with some banal remarks (उसने घिसे-पिटे कथनों से भूमिका बांधी) 2 से आरंभ होना या क., प्रस्तावना क. 3 सूचित क. 4 पूर्वाभास दे.;
dw/lw: **prelusive** /प्रिल्यूसिव/ (*alos* **prelusory**) *adj.* प्रारंभिक, प्रस्ताविक, भूमिकात्मक
premarital /प्रीमैरिटल/ *adj.* विवाह-पूर्व: ~ sex
prematu\re /प्रेमअचअः/ *US* प्रीमअच्युअर/ *adj., med.* 1 समय से पहले, समयपूर्व, अकालिक: **~re** senility (अकाल सनकीपन); **~re** birth/ labour; **~re** death; **~re** explosion (निर्धारित समय से पहले होने वाला विस्फोट) 2 अकाल, असामयिक, समयपूर्व, कालपूर्व: **~re** fall of snow; **~re** frosts 3 (***syn.*** overhasty) अविचारित, अधूरा, कच्चा, जल्दबाजी में किया हुआ: **~re** decision;
dw/lw: **~rely** /प्रेमच्युअरलि/ *adv.* समय से पहले, असमय; **~reness** /प्रीमच्युअःनेस/ (*also* **~rity** *n.*) *n.* अकालिकता, समयपूर्वता, असामयिकता
premaxilla /प्रीमैक्सिला/ *n.* अग्रजंभिका;
dw/lw: **~ry** /प्रीमैक्सिलरि/ *adj.* अग्रजंभिकीय
premed /प्रीःमेड/ *colloq. n.* 1 इलाज से पहले दी जाने वाली दवाई 2 मेडिकल कोर्स में दाखिले से पहले की जाने वाली पढ़ाई 3 इसी कोर्स का विद्यार्थी;
dw/lw: **~ical** /प्रीःमेडिकल/ *adj.* पूर्व-आयुर्वेदीय; **~icate** *v., pt.* ~icated, *pp* ~icating रोगी को दवाई दे.; **~ication** (*also* **premed**) *n., med.* शल्य क्रम (operation) से पहले रोगी को दी जाने वाली दवाई
premedita\te /प्रीमेडिटेट/ *v., pt.* **~ted**, *pp* **~ting** 1 पूर्वमनन क., पहले से विचार क. 2 पहले से योजना बनाकर तैयार क. : all his words are **~ted**;
dw/lw: **~ted** /~टिड/ *adj.* पूर्वविचारित, पूर्वनियोजित : ~ted murder; **~tedly** /~टिडलि/ *adv.* सोच-विचार कर, ठंडे दिमाग से; **~tion** /~शन/ *n.* 1 पूर्वमनन, पूर्वचिंतन, पूर्वविमर्श 2 पहले से तैयार की गई चाल: with **~tion** (जानबूझकर); **~tive** /~टिव/ *adj.* सुविचारित, पूर्व-विचारित
premenstrual /प्रीमेंस्ट्रुअल/ *adj.* रजोधर्मपूर्व, मासिकधर्मपूर्व;
collocations: **~ tension** (*abbr.* **PMT**) = **~ syndrome** (**PMS**) रजोधर्मपूर्व तनाव
premier /प्रेमिअः/ *US* प्रिमिर/ *n.* 1 सर्वोपरि व्यक्ति 2 प्रधानमंत्री 3 आस्ट्रेलिया, कैनेडा में प्रांत का मुख्यमंत्री;
adj. 1 श्रेष्ठतम, प्रधान, प्रमुख, सर्वप्रथम 2 *Br.* इंग्लैड और वेल्ज में फुटबॉल प्रतियोगिता के दो भाग 3 सर्वप्रथम या सर्वपुरातनः ~ place;
dw/lw: **~ship** /प्रेमिअःशिप/ *n.* 1 प्रधानमंत्री का पद 2 (*also* **the Premiership**) इंग्लैड और वेल्ज आदि में फुटबॉल प्रतियोगिता की उच्चतम श्रेणी
première /प्रेमिएअः/ (*also* **first night**) *n.* 1 नाटक, फिल्म आदि का प्रथम प्रदर्शन, सर्वप्रथम प्रदर्शन 2 मुख्य अभिनेत्री या नृत्यांगना;
v., *pt.* **~d**, *pp* **premièring** 1 नाटक, फिल्म आदि का प्रथम प्रदर्शन क. : his symphony was **~d** in Boston
premiership *see above under* **premier: *dw/lw***
premillennialism /प्रीमिलेनिअलिजम/ *n.* ईसा मसीह के द्वितीय आगमन सहस्राब्दी (millennium) से पहले होने में विश्वास
premise /प्रेमिस/ *n.* 1 (*also* **premiss**, *pl.* **~s**) सत्य-तार्किक आधार 2 *logic* आधार-वाक्य : major/ minor ~ (मुख्य या गौण आधार-वाक्य) 3 *pl.* (**~s**), *law* आदिखंड 4 (**~s**), *house and grounds* अहाता, भवन, (गृह)-परिसर : university **~s**; consular/ diplomatic **~s**;
premise /प्रेमिस/ प्रिमाइज/ ***v.***, *pt.* **~d**, *pp* **premising** 1 से प्रारंभ क. 2 भूमिका स्वरूप कहना या लिखना : ~ a book with a few general remarks 3 आधार-वाक्य के रूप में कहना 4 उपचार-क्रिया शुरू क.
premium /प्रीमिअम/ *n.* 1 बीमे की किश्त 2 मानक मूल्य से अधिक (black market price) ली जाने वाली रकम : put a ~ on sth;

the shares are selling at a ~ 3 (***syn.*** prize) पुरस्कार 4 प्रीमियम, वेतन में बढ़ोतरी 5 (***syn.*** bonus) लाभांश : ~ (bonus) system;
adj. औरों से बेहतर, श्रेष्ठतम : ~ quality; ~ fuel;
p&i: **~ offer** विशेष रूप से आकर्षक मूल्य;
be at a ~ मांग अधिक, आपूर्ति कम, जिसकी बहुत ज्यादा मांग हो; **place/ put/ set a ~ on sth** 1 विशेष महत्त्व दे., मूल्यवान समझना 2 मानक मूल्य से अधिक मूल्य (black market price) लगाना

premolar /प्रीमोलः/ *n.* दाढ़ों के आगे के दांत, अग्रचर्वणक

premonish /प्रीमॉनिश/ *v., pt.* **~ed**, *pp* **~ing** पहले से चेतावनी दे.

premoni\tion /प्रीःमनिशन/ प्रेमनिशन/ *n.* 1 पूर्वाभास, पूर्वसूचना, पूर्व चेतावनी : ~ of coming winter 2 (***syn.*** foreboding) पूर्वबोध : ~ of failure;
dw/lw: **~tory** /प्रीमौनिटरी/ *adj.* पूर्वबोधी, अग्रबोधी, पूर्वसूचक : ~tory symptom

prenatal /प्रीनेटल/ *US* (*UK* **antenatal**) *adj.* जन्मपूर्व, प्रसवपूर्व : ~ care; ~ infection

prenuptial agreement पति-पत्नी के बीच धन और संपत्ति के बारे में शादी से पहले किया जाने वाला करार या समझौता

preoccupation /प्रीऔक्युपेशन/ *n.* 1 कार्य व्यस्तता, निमग्नता तन्मयता, ध्यानमग्नता, तल्लीनता 2 (***syn.*** absorption) के बारे में चिंता-मग्नता 3 मुख्य काम, सर्वोपरि व्यवसाय : my greatest ~ 4 (***syn.*** pre-occupancy) पूर्वाधिकार 5 (***syn.*** bias) पूर्वग्रह, पक्षपात

preoccupied /प्रिऔक्युपाइड/ *adj.* 1 पूर्वव्यस्त, पूर्वाधिकृत 2 (*often* **~ by/ with sth**) में विचारमग्न, चिंतित 3 ध्यानमग्न, तल्लीन

preoccu\py /प्रिऔक्युपाइ/ *v., pt.* **~pied**, *pp* **~pying** 1 किसी बात के बारे में अधिक सोचना या चिंतित हो. : the future of his son had **preoccupied** him greatly of late 2 अत्यधिक तल्लीन करना या हो., तन्मय हो. 3 दूसरों से पहले कब्जा कर ले.

preoption /प्रीऑप्शन/ *n.* पूर्व विकल्प, पहली पसंद, सबसे पहले चुनने का अधिकार

preor\dain /प्रीऑः\डेन/ *v., pt.* **~ed**, *pp* **~ing** पूर्वनिर्धारण क.;
dw/lw: **~dained** /~डेंड/ *adj.* (***syn.*** predestined) भाग्य में पहले से बदा हुआ, पूर्वनियत; **~dination** /~डिनेशन/ *n.* पूर्व निर्धारण

preowned /प्रिओंड/ *adj.* पहले से किसी की मिल्कियत में

prep *n.*, 'preparatory' 1 का छोटा रूप 2 पाठ की तैयारी 3 प्रारंभिक स्कूल;
adj. प्रारंभिक स्तर का : ~ school;
v., pt. **~ped**, *pp* **~ping** 1 स्कूल या कॉलेज में प्रवेश के लिए तैयारी क. 2 शल्य कर्म के लिए रोगी को तैयार क.

prep. *abbr. gramm.* 'preposition' का संक्षेप

prepack /प्रीपैक/ (*also* **prepackage** /प्रीपैकिज/) *v., pt.* **~ed**, *pp* **~ing** पहले से पैकट बनाकर रखना, पहले से तैयार भोजन के पैकेट बनाना;
dw/lw: **prepacked** *adj.* पहले से पैकटों में तैयार : ~ goods

prepaid /प्रीपेड/ *adj.* पूर्वभुगतान वाला, पूर्वदत्त : ~ expenses; ~ SIM card

prepara\tion /प्रेपअरेशन/ 1 आयोजन, तैयारी, उपक्रम : make **~tions** for the journey; a new edition is in active **~tion** 2 सज्जा (fitting out) 3 *med.* संपाक, दवाई: **~tion** of drugs; **~tion** plant 4 *mainly Br.* स्कूल में दिया हुआ घर का काम (homework);
dw/lw: **~tions** *n., [pl.]* तैयारियां : ~tions are underway; make ~tions; final/ last-minute ~tions; **~tive** /प्रिपैरअटिव/ *adj.* 1 प्रारंभिक 2 (प्रारंभिक) तैयारी संबंधी; **~tory** /प्रिपैरअटरि/ *adj.* तैयारी के रूप में किया जाने वाला, प्रारंभिक: ~tory work; ~tory measures; ~tory stage; ~tory to leaving;
collocations: **~tory committee** तैयारी समिति; **~tory meeting** तैयारी सभा; **~tory school** (*also* **prep school**) पूर्व प्राथमिक विद्यालय; **~tory stage** पूर्व तैयारी की अवस्था

prepa\re /प्रिपेअः\/ *v., pt.* **~red**, *pp* **~ring** 1 तैयारी क., तैयार क. : **~re** a lecture 2 बनाना : **~re** land for sowing 2 खाना आदि बनाना : **~re** a dinner; **~re** a medicine/ a drink/ a mixture 3 अपने आप को मानसिक रूप से तैयार क. : **~re** for the worst; **~re** oneself to meet one's friends 4 किसी को प्रशिक्षण या शिक्षण देकर तैयार क. : **~re** a boy for an examination; **~re** for action/ for battle;
dw/lw: **~red** /~ड/ *adj.* 1 (*usually* **~re for sth**) 1 तैयार, निर्मित, तैयारशुदा : ~red chalk 2 उद्यत, तत्पर: be ~red to admit; be ~red to buy these goods; **~redness** /~डनेस/ *n.* 1 तैयारी: everything was in the state of ~redness 2 तत्परता;
p&i: **~re oneself for bad news** (किसी बुरे समाचार के लिए) तैयार र. या हो.; **be ~red to do sth** कुछ करने के लिए तैयार र.; **~re the ground for sth** किसी कार्य या बात के लिए आधार तैयार क.;
hope for the best, be ~red for the worst, one must keep one's gun powder dry श्रेष्ठतम की आशा रखो, दुष्टतम के लिए तैयार रहो, इंसान को सदा हर स्थिति के लिए तैयार रहना चाहिए

prepay /प्रीपे/ *v., pt.* **prepaid**, *pp* **~ing** पूर्वभुगतान/ अग्रिम भुगतान क.;
dw/lw: **prepaid** (= **prepay**) *adj.* पूर्वदत्त : a prepaid envelope (पूर्वदत्त लिफाफा); **~able** /प्रीपेयबल/ *adj.* जिसकी पहले से अदायगी संभव हो; **~ment** /प्रीपेमंट/ *n.* पूर्व-अदायगी, पूर्वशोधन : ~ment of charges

prepense /प्रिपेंस/ *adj., law* 1 पूर्वचिंतित 2 पूर्वविमर्शित 3 पूर्वविचारित : of malice ~ (पूर्वविचारित दुष्ट मंशा से);
v., pt. **~d**, *pp* **prepensing** विचार क., सोचना

preplan /प्रीप्लैन/ *v., pt.* **~ned**, *pp* **~ning** पहले से योजना बनाना;
dw/lw: **~ned** /प्रिप्लैंड/ *adj.* पूर्वयोजनाबद्ध, पूर्वयोजित; **~ning** /प्रिप्लैनिंग/ *n.* पूर्वयोजना

preponder\ance /प्रिपौंडअ\रंस/ *n.* 1 गुरुता (in weight) 2 प्रबलता, प्राबल्य (in force) 3 (***syn.*** predominance) प्रधानता, प्राधान्य (in influence) 4 आधिक्य, बाहुल्य, प्रचुरता (in quantity) 5 प्रचलन (in occurrence) : a **~ance** of force;
dw/lw: **~ant** /~रंट/ *adj.* 1 गुरुतर 2 बलशाली : ~ant position 3 प्रभावी, प्रधान: ~ant influence 4 प्रचुर 5 अधिक प्रचलित; **~antly** /~रंटलि/ *adv.* प्रबल रूप से, अधिकतर; **~ate** /~रेट/ *v., pt.* ~ated, *pp* ~ating 1 (*often* ~ate over sth) आर्थिक रूप से शक्तिशाली या प्रभावी होना: neither side ~ates 2 अधिक मात्रा में होना 3 प्रबलतर हो.: ~ate in the voting 4 चलन में ज्यादा हो.

prepone /प्रीपोन/ *v., pt.* **~d**, *pp* **preponing** मीटिंग या अन्य किसी कार्य को निर्धारित समय से पहले कर ले.

preposition /प्रेपअजिशन/ *n., gramm.* पूर्वसर्ग;
dw/lw: **~al** /प्रेपअजिशनल/ *adj.* पूर्वसर्गीय, पूर्वसर्गिक : ~al case

prepositive /प्रिपौजिटिव/ *adj., gramm.* पूर्वसर्ग के रूप में प्रयुक्त, पूर्वसर्गात्मक

prepossess /प्रीपअजेस/ *v., pt.* **~ed**, *pp* **~ing** 1 मन मोहना : his talk **~ed** me still more in his favour 2 प्रभावित क., प्रभाव डालना 3 किसी को सम्मोहित करके जीतना: she was **~ed** by the young man's appearance and manners 4 किसी पर जादू-सा प्रभाव डालना: be **~ed** with an ill opinion of sb;
dw/lw: **~ed** /प्रीपअजेसड/ *adj.* 1 प्रभावित 2 सम्मोहित; **~ing**

/प्रीपअजेसिंग/ *adj.* आकर्षक, रमणीय, मनोहर, चित्ताकर्षक: ~ing manners; ~ing face; **~ion** /प्रीपअजेशन/ *n.* 1 पूर्वग्रह, पूर्वधारणा 2 पक्षपात, पूर्वझुकाव

preposterous /प्रिपौस्टअरस\/ *adj.* 1 हास्यास्पद, अनर्गल, तर्कहीन 2 (***syn.*** absurd) असंगत, निरर्थक, घोर, घिनौना: ~ idea 3 भद्दा, भोंडा: ~ claim 4 उल्टा करके रखा हुआ;

dw/lw: **~ly** /~लि/ *adv.* हास्यास्पद रूप में, असंगत या घिनौने तरीके से

pre\potency /प्रिपो\टंसि/ *n.* 1 प्रबलता 2 प्रगुणता;

dw/lw: **~potent** /~टंट/ *adj.* प्रबल, प्रगुण, अतिक्षम, सक्षम

prepp\y /प्रेपि/ *adj.* **~ier**, **~iest** *informal, esp. N. Amer.* महंगे निजी स्कूल में पढ़ा और उसके चाल-चलन में ढला हुआ;

n., pl. **~ies** महंगे निजी स्कूल में पढ़ा और उसके चाल-चलन में ढला व्यक्ति

pre-prandial /प्रीप्रैंडिअल/ *adj., facetious* खाने से पहले का: a ~ drink

preprimary /प्रीप्राइमरी/ *adj.* पूर्व-प्राथमिक

preprint /प्रीप्रिंट/ *n.* अंतिम छपाई से पहले का छपा नमूना

preprocessor /प्रीप्रोसेसः/ *n.* पूर्व संसाधित्र, पहले से तैयार करने वाला

preproduction *n.* निर्माण से पहले की अवस्था : selection for the role at the ~ stage

prep school 1 स्कूल में प्रवेश से पहले की पाठशाला 2 *UK* ब्रिटेन में 8 से 13 के बीच की उम्र वाले बच्चों के लिए प्राइवेट स्कूल 3 अमेरिका में प्राइवेट विद्यालय जो विद्यार्थियों को कॉलिज में प्रवेश के लिए तैयार करता है

prepublication /प्रीपब्लिकेशन/ *n.* प्रकाशन पूर्व

prepuce /प्रीःप्यूस/ (*also* **foreskin**) *n., anat.* 1 शिश्नाग्र चर्म, शिश्न-मुंडछद, खलड़ी 2 भग-शिश्न चर्म (foreskin of clitoris) 3 गिलाफ, घूंघट

pre-qualifying *adj.* किसी परीक्षा या प्रतियोगिता में शामिल करने की अंतिम परीक्षा से पहले की परीक्षा आदि से संबंधित

prequel /प्रीक्वअल/ *n.* पूर्वकथा, पूर्ववृत्त

Pre-Raphaelite *n.,* (*abbr.* **PRB**) उन्नीसवीं सदी के ब्रितानवी कलाकारों का समूह जो फाइल (Raphael) से पहले के समय यानी चौदहवीं और पंद्रहवीं शताब्दियों के इतालवी कलाकारों की तरह सहज रूपों को ईमानदारी से अपनाने का पक्षधर था

prerecord /प्रीरिकॉःड/ *v., pt.* **~ed**, *pp* **~ing** प्रसारण के पूर्व रिकार्ड क.

prerequisite /प्रीरिक्विजिट/ *n.* 1 आवश्यक पूर्वापेक्षित बातें 2 पूर्वापेक्षा;

adj. पूर्वापेक्षित

prerogative /प्रिरौगअटिव/ *n.* 1 परमाधिकार, विशिष्ट अधिकार 2 (***syn.*** privilege) पदेन प्राप्त विशेष अधिकार, प्राधिकार 3 (***syn.*** advantage) लाभ;

adj. विशेष अधिकार प्राप्त, प्राधिकारपूर्ण : ~ right

Pres *abbr.* 'President' का संक्षेप

pres *abbr.* 'present' का संक्षेप

presa\ge /प्रेसिज/*US* प्रिसेज *n.* 1 शकुन, लक्षण 2 पूर्वाभास, पूर्वबोध : a **~ge** of coming disaster 3 (***syn.*** omen) शकुन: an evil **~ge**;

v., *pt.* **~ged**, *pp* **~ging** 1 शकुन होना 2 भविष्यवाणी क. : **~ge** that everything will end badly 3 पूर्वसूचना दे.: the dark clouds **~ged** a storm 4 पूर्वबोध होना;

dw/lw: **~geful** *adj.* पूर्वसूचक, पूर्वलक्षक, पूर्वबोधक: ~geful signs; ~geful of good/ of evil

presbyopia /प्रेज्बिओपिआ/ *n., opthalmol.* दूरदृष्टि-दोष, जरा-दूरदृष्टि;

dw/lw: **presbyopic** /प्रेज्बिओपिक/ *adj.* दूरदृष्टि-दोषित

presbyter /प्रेज्बिटः/ *n., Christ.* 1 पादरी-अध्यापक 2 (***syn.*** elder) धर्मवृद्ध, वयोवृद्ध 3 पुरोहित;

dw/lw: **~y** /प्रेज्बिटरि/ *n.* पुरोहिताश्रम, पादरी निवास

Presbyterian /प्रेज्बिटिअरिअन/ *adj.* एक विशेष प्रकार के ईसाई चर्च के पादरी से संबंधित

pre-school /प्री-स्कूल/ (*also* **nursery school**) *adj.* स्कूल पूर्व;

n. पांच साल से कम उम्र वाले बच्चों की पाठशाला

prescien\ce /प्रेसिअंस/ *n.* 1 पूर्वज्ञान, पूर्वबोध : **~ce** of a genius 2 दूरदर्शिता (foresight);

dw/lw: **~t** /प्रेसिअंट/ *adj.* पूर्वज्ञानी, पूर्वज्ञान रखने में सक्षम : ~t of the future; **prescious** /प्रेशिअस/ *adj.* (***syn.*** prescient) पूर्वज्ञानी, पूर्वद्रष्टा, दूरदर्शी

prescind /प्रिसिंड/ *v., pt.* **~ed**, *pp* **~ing** 1 किसी बात का संज्ञान न ले. या स पर विचार न क., से ध्यान हटना 2 काट दे, अलग क.;

dw/lw: **prescission** /प्रिसिशन/ *n.* काटकर हटाने की क्रिया, कर्तन, पृथक्करण

prescri\be /प्रिस्क्राइब/ *v., pt.* **~bed**, *pp* **~bing** 1 नुस्खा लिखना: **~be** a medicine for flu 2 स्कूलों आदि के लिए पाठ्यक्रम निर्धारित क. 3 निर्धारित क., आदेश देना: **~be** regular hours of study 4 (***syn.*** stipulate) कार्य, शर्तें, दंड आदि नियत क.: **~be** to sb what he or she should do 5 *law* चिरभोग के आधार पर दावा क., अधिकार का दावा क.: the law **~bes**;

dw/lw: **~ber** /प्रिस्क्राइबः/ *n.* 1 नियत या निर्धारित करने वाला, प्रदेष्टा 2 नुस्खा देने वाला, औषध निर्धारक

prescript /प्रीस्क्रिप्ट/ *n.* 1 नुस्खा, दवाई 2 आदेश, अध्यादेश 3 *law* नियम, निर्देश या सिद्धांत;

dw/lw: **~ible** /प्रीस्क्रिप्टिबल/ *adj.* 1 साध्य (of illness) 2 *law* चिरभोगजन्य; **~ion** /प्रिस्क्रिप्शन/ *n.* 1 नुस्खा, दवाई: on ~ion *UK* (*US* by ~ion) (डॉक्टर के नुस्खे के आधार पर); make up a ~ion (नुस्खे के अनुसार दवाई बनाना) 2 किसी का दृष्टि-दोष दूर करने के लिए चश्माफरोश के लिए निर्देश: ~ion sunglasses 3 *philos.* नैतिक मूल्यों द्वारा सुझाए गए दंडों का सिद्धांत 4 निर्धारण, आदेश 5 *law* चिरभोग, अतिभोग, भोगाधिकार: acquisitive/ positive ~ion (चिरभोग के अधिकार की प्राप्ति); **~ive** /प्रिस्क्रिप्टिव/ *adj.* 1 आधिकारिक नियम-निर्धारक: ~ive documents 2 रूढ़िगत, पारंपरिक 3 आदेशात्मक 4 *law* चिरभोगज, चिरभोगजन्य : ~ive right (चिरभोगज अधिकार) 5 चिरकालिक, पुराना, रूढ़िगत 6 *gramm.* (***anton.*** descriptive) निर्देशात्मक, आदर्शी;

p&i: **negative ~ion** चिरभोग के अधिकार से वंचन

preseason /प्रीसीजन/ *adj.* खेल प्रतियोगिताओं के मौसम से पहले का : ~ work

presence /प्रेजंस/ *n.* 1 उपस्थितित, विद्यमानता, हाजिरी, मौजूदगी : say sth in sb's ~; the ~ of strangers 2 पुलिस बल आदि की तैनाती, मौजूदगी 3 किसी व्यक्ति की संगति या समीपता, सान्निध्य : sb's ~ is requested; be summoned to sb's ~ 4 शारीरिक डील-डौल का रोब, व्यक्तित्व, शक्ल-सूरत, सुंदरता : people with ~; a young man of handsome ~; a man of noble ~; he has no ~; his ~ is against him 5 दबदबा, प्रभाव, मौजूदगी : maintain a military ~ 6 की सम्मुखता, उपस्थिति, चुनौती : be calm in the ~ of danger;

dw/lw: **~-chamber**/ **~-room** *n.* दीवान-खाना, श्रीमंडप;

p&i: **~ of mind** 1 सुध-बुध, होश-हवास, हाजिर-जवाबी 2 होशियारी, चौकसी, हाजिर-जवाबी;

in sb's ~ की उपस्थिति में; **make your ~ felt** अपना महत्त्व जतलाना; **saving your** ~ मुझे अफसोस है कि यह बात मुझे आपकी मौजूदगी में कहनी पड़ रही है; **the ~ of sb/ sth** किसी की मौजूदगी

present /प्रेजंट/ *adj.* 1 विद्यमान, हाजिर, मौजूद : be ~ at a meeting/ at a lecture 2 वर्तमान, मौजूदा : the ~ situation; ~ price; in the ~ circumstances; no excuse in the ~ case 3 प्रस्तुत, अभी जो चर्चा का विषय है (under reference now) :

the ~ subject; on receipt of the ~ letter 4 *gramm.* वर्तमान काल से संबंधित : ~ tense 5 वर्तमान में मौजूद, दर्शनीय या दृश्य;
n. 1 *gramm.* वर्तमान काल (व्याकरण) : the ~ tense 2 वर्तमान समय : until/ up to the ~; there's no time like the ~ (वर्तमान समय सबसे उपयुक्त है) 3 भेंट, उपहार : a ~ for/ from sb; a birthday/ wedding ~, Christmas ~; make/ give a ~ of sth to sb;
v., *pt.* **~ed**, *pp* **~ing** 1 प्रदान क. : ~ a collection of stamps to sb; ~ the prizes 2 व्यवस्थित करके प्रस्तुत क. : ~ one's work neatly 3 (***syn.*** introduce) मुलाकात, भेंट या परिचय करवाना, मिलवाना : allow me to ~ Mr. John to you 4 पेश हो., प्रस्तुत हो.: ~ oneself; ~ oneself for an examination/ for trial 5 प्रस्तुत क., सामने रखना, पेश क.: ~ a petition; ~ documents; ~ one's apologies 6 *law* अदालत में दावा आदि पेश क.: ~ a case for discussion; ~ an evidence 7 दिखाना, प्रदर्शित क., वर्णित क. : the poor fellow **~ed** a wretched appearance; the case **~s** several vulnerable points 8 देना, प्रदान क.: **~ed** them with gold medals 9 का अभिनय क. 10 अवसर दे. : ~ an opportunity 11 (***syn.*** pose) मुसीबत ब.: ~ a danger/ threat/ problem, etc.; shouldn't ~ any problem; the question **~s** great difficulties 12 *UK* (*US* **host**; ***syn.*** show) रेडियो या टीवी शो प्रस्तुत क., मंचन क. 13 किसी से मदद मांगने के लिए प्रार्थना क. 14 विचार आना : a thought **~ed** itself 15 भुगतान के लिए चैक आदि प्रस्तुत क. 16 प्रशंसापूर्ण बात कहना, तारीफ क. : ~ one's compliments 17 बंदूक को सैल्युट आदि देने के लिए विशेष प्रकार से साधते हुए तानना : ~ arms; ~ a guard of honour 18 *med.* 18.1 बीमारी के लक्षण दर्शाते हुए डॉक्टर को बताना 18.2 बीमारी के लक्षण दिखना 19 *obstetrics* प्रसव के समय बच्चे के सिर का पहले निकलने की स्थिति में हो.;
dw/lw: **~able** /प्रिजेंटअबल/ *adj.* 1 प्रस्तुत्य, प्रस्तुत करने योग्य: ~able play 2 सामने आने योग्य, ठीकठाक दिखने लायक, संतोषजनक: look ~able; ~able dress 3 भेंट करने योग्य: ~able gift 4 प्रदेय: ~able claim; **~ability** /प्रिजेंटअबिलिटि/ *n.* प्रस्तुत्यता, उपयुक्त रूप; **~ably** /प्रिजेंटअबलि/ *adv.* सज-संवरकर या सजा-संवारकर, ठीक-ठाक ढंग से: quite ~ably dressed; **~ation** /प्रेजंटेशन/ *n.* 1 प्रस्तुति: the ~ation of a welcome address 2 प्रस्तुतीकरण: ~ation of report 3 उपहार-भेंट, पुरस्कार-वितरण 4 नाटक आदि का प्रदर्शन या अभिनय 5 समर्पण, प्रदान, भेंट, उपहार: make a ~ation 6 *obstetrics* प्रसव पूर्व बच्चे की बाहर निकलने की स्थिति 7 *law* उपस्थापन, प्रस्तुति: ~ation for payment; on ~ation (भुगतान मांग की प्रस्तुति पर) 8 (***syn.*** setting forth) निरूपण, प्रतिपादन 9 (***syn.*** image) प्रतिकृति, प्रतिरूप 10 पर्चे/ रिपोर्ट आदि की प्रस्तुति; **~ational ~ation** /प्रेजंटेशनल/ *adj.* प्रस्तुतीकरण संबंधी; **~ative** *adj.* (***syn.*** perceptive) छविपूर्ण, छवि-चित्रित: the ~ative power of a poet; **~-day** *adj.* आजकल का/ की/ के, वर्तमान: ~-day languages; **~ee** /प्रेजंटी/ *n.* 1 (***syn.*** recommended) प्रस्तावित व्यक्ति 2 (***syn.*** donee) आदाता, पुरस्कृत व्यक्ति; **~eeism** /प्रेजंटीइजम/ *n.* अनुबंध में निर्धारित कार्य-समय से ज्यादा देर तक काम पर रहने का चलन; **~er** /प्रिजेंटः/ *UK* (*US* **host**) *n., broadcasting* 1 प्रस्तुतकर्ता 2 भाषण देने वाला या पर्चा पढ़ने वाला व्यक्ति 3 पुरस्कार वितरित करने वाला व्यक्ति; **presentiment** *see below under separate entry*; **~ive** /प्रेजंटिव/ *adj.* अवबोधक, भावबोधक; **~ly** *see below under separate entry*;
collocations: **(the) ~ day** संसार की वर्तमान स्थिति; ~ **participle** *gramm.* वर्तमानकालिक कृदंत ('-ing' के साथ); **(the) ~ perfect** *gramm.* पूर्ण वर्तमान; ~ **tense** (*also* **the present**) वर्तमान काल;
p&i: ~ **arms** सलामी देने के लिए रॉइफल को अपने सामने सीधा खड़ा करके तानना; ~ **a bold front** बुलंद-हौसला दिखाना; ~ **company excepted/ excluded** जो मौजूद हैं उनकी बात (आलोचना) नहीं हो रही; ~ **oneself** स्वयं हाजिर हो.; ~ **with a fait accompli** जैसा हो चुका है उसी से सामना करवाना (यानी जो हो चुका सो हो चुका, उसके बारे में कुछ नहीं किया जा सकता); **all ~ and correct** *milit.* सब कुछ ठीक-ठाक है, सब कुछ आपकी आंखों के सामने है; **all ~ and accounted for** सब लोग प्रस्तुत हैं और सब चीजें विद्यमान हैं; **at** ~ संप्रति, अब, इस समय; **be ~ to one's mind/ in one's recollection** याद रहने वाला, जिसे भुलाया न जा सके; **for the** ~ अभी के लिए; **know all men by these ~s** एतद् द्वारा सबको सूचित किया जाता है कि...; **live in the** ~ वर्तमान में जीना; **these ~s** यह दस्तावेज; **wrap up a** ~ उपहार बांधना

presentient /प्रिसेंशिअंट/ *n.* 1 पूर्वज्ञानी 2 *adj.* पहले से अनुभव करने वाला: be ~ of sth

presentiment /प्रिजेंटिमंट/ *n.* (***syn.*** foreboding) किसी घटना का पूर्वज्ञान, पूर्वाभास, पूर्वबोध : ~ of danger/ disaster

present\ly /प्रेजंटलि/ *adv.* 1 (***syn.*** currently) अभी, आजकल, संप्रति, अब, इस समय 2 (***syn.*** shortly) शीघ्र ही, थोड़ी देर में 3 अभी-अभी, तुरंत;
dw/lw: **~ment** /प्रिजेंटमंट/ *n.* 1 प्रस्तुतीकरण (act of presenting) 2 वर्णन 3 *law* वस्तुगत विवरण, बयान 4 (***syn.*** image) प्रतिकृति, चित्र 5 प्रदर्शन (theatrical representation) 5 प्रस्तुति 6 भुगतान के लिए नोट आदि की प्रस्तुति 7 प्रस्तुति शैली

preservable /प्रिजःवअबल/ *adj.* परिरक्ष्य, बचाकर रखने योग्य

preservation /प्रेजःवेश\न/ *n.* 1 बचाव, रख-रखाव: ~ of ancient buildings; ~ of ancient manuscripts 2 हिफाजत, सुरक्षा: ~ of health; ~ order 3 (***syn.*** conservation) आचार, जैम आदि बनाकर लंबे समय तक बचाकर रखने की क्रिया 4 वन-रक्षण 5 जंगरोधी परत आदि चढ़ाकर किसी वस्तु का रक्षण;
dw/lw: **~ist** /~निस्ट/ *n.* पर्यावरण या ऐतिहासिक धरोहरों का आरक्षक

preservative /प्रिजःवअटिव/ *n.* 1 खाद्य पदार्थों का परिरक्षक रसायन: ~ substance 2 परिरक्षक, परिरक्षी 3 संरक्षक, रक्षक 4 निरोध

preser\ve /प्रिजःव/ *v., pt.* **~ved**, *pp* **~ving** 1 सुरक्षित रखना 2 सड़ने-गलने से बचाना (food etc.), परिरक्षण क. 3 बनाए रखना: **~ve** silence, **~ve** peace; **~ve** discipline 4 (***syn.*** maintain) रख-रखाव क.: **~ve** monuments; **~ve** old customs 5 अचार, जैम आदि बनाकर रखना 6 खतरे से बचाकर या सुरक्षित रखना : **~ve** one's eyesight 7 भंडारण क., संग्रह क. : she **~ves** all pins which she picks up;
n. *UK* (*US* **~ves**) 1 मुरब्बा, जैम, अचार 2 विशिष्ट क्षेत्र : politics is no more a male **~ve** 3 *US* (***syn.*** sanctuary) वन्य परिरक्षित क्षेत्र, सुरक्षित स्थान या क्षेत्र : game **~ve**;
dw/lw: **~ved** /प्रिजःवड/ *adj.* 1 अचार आदि के रूप में बचाकर रखा हुआ: ~ved fruit 2 परिरक्षित, बचाकर रखा हुआ स्वास्थ्य आदि: well ~ved old man; **~ver** /प्रिजःवः/ *n.* 1 बचाने वाला 2 सुरक्षाकर्मी 3 अभयारण्य क्षेत्र का रख वाला 4 अचार आदि बनाने में प्रयुक्त रिरक्षक पदार्थ;
p&i: **poach on sb's ~ves** किसी के व्यक्तिगत जीवन में दखलंदाजी क.;

preset /प्रीःसेट/ *v., pt.* **preset**, *pt. p.* **preset**, *pp* **~ting** 1 उपकरण आदि का पहले से मिलान क., ठीक क., लगाना या बैठाना 2 पूर्व-स्थापित क. : ~ time, ~ channel; ~ guidance (पूर्वस्थापित निर्देशन);
adj. 1 पहले से मिलान किया हुआ (उपकरण) 2 पहले से ठीक किया हुआ, लगाया या बैठाया हुआ 3 पूर्व-स्थापित

preshrink /प्रीश्रिंक/ *v., pt.* **preshrunk**, *pt. p.* **preshrunk**, *pp* **~ing** पूर्वसंकुचित क., नए कपड़े या पोशाक को पहले से धोकर सिकुड़न खत्म क.

presi\de /प्रिज़ाइड/ *v., pt.* **~ded**, *pp* **~ding** (*often* **~de at/ over sth**) 1 अध्यक्षता क., सभापति होना, संचालन क., प्रधान होना : **~de** at/ over a meeting 2 पर छाया हो. : his statue **~des** over the park;
p&i: **~de over sth** अध्यक्षता क.

presiden\cy /प्रेज़िडंसि/ *n., pl.* **~cies** 1 (**the ~cy**) राष्ट्रपति के पद की अवधि/ कार्यकाल या पद 2 राष्ट्रपतित्व, सभापतित्व, अध्यक्षता

president /प्रेज़िडंट/ *n.* 1 (*often* **President**) राष्ट्रपति 2 किसी कंपनी का अध्यक्ष, प्रधान 3 अध्यक्ष, सभापति : honorary ~; ~ of the jury 4 *US* विश्वविद्यालय का कुलपति;
dw/lw: **~-elect** *n.* अभी-अभी चुना हुआ प्रधान या राष्ट्रपति; **~ial** /प्रेज़िडेंशिअल/ *adj.* 1 राष्ट्रपति-संबंधी: ~ial electors 2 राष्ट्र-अध्यक्षीय: ~ial government; ~ial powers; ~ial year; **~ship** /प्रेज़िडंटशिप/ *n.* 1 अध्यक्षता, प्रधानता 2 राष्ट्रपतित्व

presiding /प्रिज़ाइडिंग/ *adj.* 1 पीठासीन: ~ officer 2 अधिष्ठाता

presidio /प्रेज़िडिओ/ *n. Amer.* 1 किला, दुर्ग 2 सैनिक नगर

presidium/ praesidium /प्रिसिडिअम/ *n., pl.* **presidiums/ presidia** /प्रिसिडिआ/ प्रधान परिषद, प्रिसीडियम : the ~ of the Supreme Soviet of the former USSR

presigni\fy /प्रीःसिगनिफाइ/ *v., pt.* **~fied**, *pp* **~fying** पूर्व-सूचित क.

press /प्रेस/ *v., pt.* **~ed**, *pp* **~ing** 1 दबाना : ~ the bell; ~ the button 2 (*often* **~ against/ on/ down on sth**) किसी उपकरण को दबाकर चलाना या तेज क. : ~ down on the accelerator 3 दबाकर निचोड़ना : ~ a lemon 4 किसी का हाथ आदि दबाना : ~ sb's hands; ~ a kiss on sb's lips 5 किसी पर कुछ करने के लिए दबाव डालना : the judge **~ed** the witness to answer the question; ~ for an international treaty 6 तंग हो., दबाव तले हो. : hard **~ed**; he is **~ed** for time; time **~es** (समय का दबाव पड़ रहा है) 7 (***syn.*** insist) अनुरोध क., आग्रह क., पर बल दे., को महत्त्व दे., बाध्य क. : ~ one's claim; ~ for rent; ~ the point; ~ one's opinion on sb 8 (***syn.*** force) धकेलना : ~ the enemy hard 9 (***syn.*** urge on) प्रोत्साहित क., प्रेरित क. 10 आगे बढ़ते जाना : ~ forward 11 (***syn.*** crowd) घेर लेना, भीड़ लगाना : the mob **~ed** us pretty hard 12 इस्तरी क.: ~ clothes 13 *law* किसी पर दोषारोपण क. : ~ the charges in the court 14 गले आदि लगाना : ~ sb to one's breast 15 दबाकर बांधना : ~ hay (घास को दबाकर गट्ठे बनाना) 16 दबाकर मोहर आदि लगाना : ~ a stamp on a document;
n., pl. **~es** 1 (***syn.*** pressure) दबाव : give sth a slight ~ 2 व्यस्तता, हड़बड़ी: ~ of work; the ~ of modern life 3 भीड़-भाड़, भीड़-भड़क्का, धक्कम-धक्का (***syn.*** throng) : the boy was lost in the ~ 4 *mech.* संपीड़क: hydraulic/ stamping ~ 5 मुद्रण-यंत्र, मुद्रणालय, छापाखाना, छपाई मशीन (printing press) : the work is ready to go to ~; as we go to ~ 6 (***syn.*** cupboard) अल्मारी 7 (**the ~**) अखबार, समाचार-पत्र, प्रचार माध्यम : got a poor ~ (उसकी अखबारों में काफी मिट्टी पलीद हुई); daily ~; yellow/ gutter ~ (घटिया सड़क-छाप पत्र-पत्रिकाएं); ~ advertising campaign 8 इस्तरी 9 प्रकाशन गृह : Oxford University **Press**;
dw/lw: **~-button** *n.* दबाया जानेवाला बटन: ~-button war (गोला-बारूद के बटन दबाने से चलने वाला युद्ध); **~ed** *adj.* 1 दबाव में, तंग-हाथ: be ~ed for time/ money 2 दबाव तले समतल किया हुआ 3 इस्तरी की हुई (पोशाक): neatly ~ed trousers; **~er** *n.* इस्तरी, इस्तरी करने वाला; **~-gallery** *n.* पत्रकार-दीर्घा;
collocations: **~ agent/ agency** समाचार-पत्र-एजंट/ एजंसी; **~ baron** बड़े समाचार-पत्र समूह का स्वामी; **~ box** पत्रकारों के बैठने का स्थान, पत्रकार-कक्ष; **~-button personalities** स्वचालित यंत्र यानी रोबोट (robot) जैसे व्यक्तित्व, जो विज्ञान, तकनीकी और व्यापार के क्षेत्रों में ज्यादा पाए जाते हैं; **~ conference/ news conference** पत्रकार-सम्मेलन; **~ copy** मुद्रण-प्रति; **~ corps** पत्रकार-मंडली; **~ correspondent** पत्रकार; **~ cutting/ ~ clipping** समाचार पत्र में से काटी हुई खबर; **~ gallery** पत्रकार-दीर्घा; **~ material** प्रकाशन-सामग्री; **~ officer** प्रेस अधिकारी; **~ proof**, *print.* छपने से पहले अंतिम भूल-सुधार हेतु पाठ; **~ release** प्रेस-विज्ञप्ति; **~ review** पत्र-पत्रिका में छपने वाली टिप्पणियां, समीक्षा; **~ stud** एक विशेष प्रकार का बटन;
good/ bad ~ अखबारों में सुप्रचार या दुष्प्रचार;
p&i: **~ a case/ claim** दावा मनवाने के लिए जोर डालना; **~ ahead** आगे बढ़ना; **~ back** पीछे धकेलना; **~ charges** आरोपों को अदालत में पेश क.; **~ down** दबाना; **~ for sth** किसी बात को मनवाने के लिए जोर दे.; **~ forward** आगे बढ़ना; **~ money** प्रारंभिक न्यूनतम राशि; **~ of sail** वाहन क्षमता; **~ on** जल्दी क., सक्रिय रूप से काम जारी रखना; **~ one's opinion on sb** अपना विचार किसी पर थोपना; **~ out** निचोड़ना; **~ sth home** दृढ़तापूर्वक दलीलें देकर किसी स्थिति से अधिकतम फायदा उठाना; **~ sth/ sb into service** किसी चीज या व्यक्ति को किसी काम में लगा दे.; **~ sth on sb** किसी चीज को किसी पर थोपना; **~ the button** सारे घोड़े दौड़ा दे.; **~ the flesh** किसी बड़ी हस्ती द्वारा लोगों से हाथ मिलाना; **~ up** दबाना;
be ~ed for time समय की कमी हो.; **be hard ~ed for money** पैसे की तंगी हो., हाथ तंग हो.; **debts ~ed heavily on the people** जनता पर ऋण का भारी बोझ था; **go to ~** समाचार पत्रों में खबर या बयान छपवाना; **have a good ~** समाचार-पत्रों में सकारात्मक टिप्पणियां या समीक्षा मिलना; **in the ~** छपाई में हो.; **stop ~ = breaking news** ताजा खबर; **the gutter ~** अश्लील या घटिया प्रचार माध्यम; **the reptile ~** बिकाऊ प्रचार माध्यम;

pressgang /प्रेस्गैंग/ *n.* सेना में भर्ती होने के लिए विवश करने वाला दल;
v., pt. **~ed**, *pp* **~ing** 1 सेना में भर्ती होने के लिए विवश करना 2 किसी को कुछ करने के लिए विवश क.

pressie/ prezzie /प्रेज़ि/ *n., colloq.* उपहार

pressing /प्रेसिंग/ *adj.* 1 (***syn.*** urgent) निहायत जरूरी, अत्यावश्यक : ~ing engagements; ~ing needs 2 (***syn.*** serious) भारी, घोर, जोरदार 3 (***syn.*** insistent) आग्रही, दुराग्रही, हठीला: ~ing payments; ~ing order; ~ing invitation; **~ing** *n.* अनुरोध, आग्रह दबाव;
dw/lw: **~man/ ~woman** *n.* पत्रकार; **~-mark** *n.* पुस्तक-संख्या; **~-proof** *n.* मुद्रित पाठ में भूल-सुधार का काम; **~-release** *n.* प्रकाशनार्थ विज्ञप्ति; **~-review** *n.* समाचार समीक्षा; **~room** *n.* समाचार-कक्ष, समाचारालय; **~-up** *n. UK* (*US* **push-up**) *n.* शारीरिक व्यायाम; **~-work** *n.* मुद्रण

pressu\re /प्रेशः/ *n.* 1 दबाव, दबाव की क्रिया : do sth under **~re**; work under **~re** 2 दबाव का तनाव : face/ feel **~re**; the **~es** of family life 3 पानी या गैस का दबाव 4 धक्का देने का दबाव 5 दाब, चाप (physical) 6 *fig.* दबाव, प्रभाव, रोब, आतंक : under the **~re** of the world public opinion 7 (***syn.*** affliction) क्लेश, कष्ट, कठिनाई, विपत्ति : financial **~re** 8 (***syn.*** urgency) अत्यावश्यकता;
v., pt. **~red**, *pp* **~ring** (*also* **~rize/ -rise**) 1 दबाव डालना 2 विवश क.;
dw/lw: **~reparalysis** /प्रेशःपअरैलिसिस/ *n.* दिमाग के पिछले भाग के दबने से होने वाला लकवा; **~retest** /प्रेशःटेस्ट/ *n.* दबाव तले परखना; **~retight** /प्रेशःटाइट/ *adj.* वायुरोधित (बंद);
collocations: **~re cabin** वायुरोधक केबिन; **~re cooker** वाष्पीय कुकर, प्रेशर कुकर, दाब-कुकर; **~re gauge** *phys.* दाबमापी, दाबमापक; **~ group** प्रभावी दल, दबाव-गुट; **~re**

mine दबाव खान; **~re point** शरीर का ऐसा अंग जहां दबाव डालकर पीड़ा कम की जा सकती है; **~ suit** विमान आदि में कम वायु दबाव से बचाने के लिए हवा से भरा सूट
blood ~re रक्त चाप;
p&i: **bring ~re to bear upon sb** किसी पर दबाव डालना; **be under/ come under ~re** दबाव तले आना; **peer ~re** हमउम्र या समान-स्तरीय समूह का दबाव; **put ~re on sb** किसी पर दबाव डालना; **work at high ~re** पूरी शक्ति लगाकर ऊर्जाशीलता के साथ द्रुत गति से काम क.; **work at low ~re** धीमी गति व ढीले-ढाले तरीके से काम क.;

pressuri\ze *UK* (*also* **-se**) /प्रेशअराइज/ *v., pt.* **~zed**, *pp* **~zing** 1 दबाव डालकर अनुचित काम करवाना 2 वायु का एक-सा दबाव बनाए रखना;
dw/lw: **~zed** (*also UK* **~sed**) *adj.* दाबानुकूलित;
collocations: **~zed water reactor** (*abbr.* **PWR**) नाभिक रिऐक्टर जो ठंडा करने के लिए भारी पानी की बजाए सामान्य पानी को बहुत बड़े दबाव तले प्रयोग करता है; ***p&i:*** **~ze/ pressure sb into doing sth** किसी पर कुछ करने के लिए दबाव डालना

prestidigita\tion /प्रेस्टिडिजिटेशन/ *n.* हाथ की सफाई, इंद्रजाल, जादूगरी, बाजीगरी;
dw/lw: **~tor** /प्रेस्टिडिजिटेटः/ *n.* ऐंद्रजालिक, मायावी

presti\ge /प्रेस्टीज/ *n.* 1 (***syn.*** status) प्रतिष्ठा, इज्जत, गौरव : a job with ~ 2 चकाचौंध;
adj. 1 प्रतिष्ठापूर्ण, गौरवमय 2 (***syn.*** luxury) ऐशो-आरामपूर्ण;
dw/lw: **~gious** /प्रेस्टिजिअस/ *adj.* प्रतिष्ठापूर्ण : ~gious university

presto /प्रेस्टो/ *music adv.* जल्दी-जल्दी, द्रुतगति से;
n., *pl.* **~s** द्रुतगति से बजाया जाने वाला संगीत

pre-stressed *adj.* पहले से बनी तार लगी कंक्रीट संरचना (slabs)

presuma\ble /प्रिज्यूमअ\बल/ *adj.* संभावनीय, आनुमानिक, संभावित: **~ble** success/ failure;
dw/lw: **~bly** /~बलि/ *adv.* संभवतः, अनुमानतः, शायदः he knows, ~bly, what is best for him; ~bly he will come

presu\me /प्रिज्यू\म/ *v., pt.* **~med**, *pp* **~ming** 1 मानकर चलना, अनुमान कर ले. : **~me** the decision to be final 2 (***syn.*** venture) का साहस क. : may I **~me** to advise you? 3 धृष्टता क. : he **~med** to compare himself with you; you are **~ming** 4 (***syn.*** assume) मान लेना, का प्रमाण होना : I **~me** from your speech that you are a foreigner;
dw/lw: **~med** /प्रिज्यूमड/ *adj.* अनुमानितः the ~med author; the ~med total loss; **~medly** /प्रिज्यूमडलि/ *adv.* अनुमानतः; **~ing** /प्रिज्यूमिंग/ *adj.* 1 अनुमान करने वाला, स्वीकर्ता 2 अक्खड़, धृष्ट;
p&i: **~me on/ ~me upon** 1 धृष्टता क. 2 पर भरोसा क. : ~me on/ upon sb/ sth 3 किसी की दोस्ती का अनुचित ढंग से लाभ उठाना, का दुरुपयोग क.; **~me to do sth** धृष्टता क.;
be ~med dead/ innocent, etc. मृत/ निर्दोष आदि मान लिया जाना; **~me not to advise the experts** विशेषज्ञों को सलाह देने की धृष्टता न क.

presumption /प्रिजंप्शन/ *n.* 1 (***syn.*** assumption) परिकल्पना, अनुमान, धारणा : the ~ was that her first husband was dead; this was a mere ~; ~ of innocence; irrefutable ~ 2 (***syn.*** effrontery) दंभ, धृष्टता, ढिठाई, दुःसाहस: pardon my ~ 3 (***syn.*** arrogance) अक्खड़पन, अहंकार 4 (***syn.*** false hope) दुराशा 5 अनुमान का आधार

presumptive /प्रिजंप्टिव/ *adj.* 1 (***syn.*** inferred) अनुमानित, कल्पितः ~ diagnosis 2 संभावित, संभाव्य : ~ evidence;
***collocations*:** **~ mood** *gramm.* संदेहार्थ क्रियाभाव

presumptuous /प्रिजंप्चुअस\/ *adj.* दंभी, ढीठ, धृष्ट, गुस्ताख, अक्खड़;
dw/lw: **~ly** /~लि/ *adv.* धृष्ट तरीके से; **~ness** /~नेस/ *n.* दंभ, धृष्टता

presuppo\se /प्रीसपो\ज/ *v., pt.* **~sed**, *pp* **~sing** 1 (***syn.*** assume) पहले से मान ले.: **~se** that sb knows the principal facts of the case 2 (***syn.*** presume) सही होना मान ले. 3 के वजूद के लिए आवश्यक होना: an effect **~ses** a cause 4 (***syn.*** require) की अपेक्षा रखना;
dw/lw: **~sed** /~जड/ *adj.* पूर्वकल्पित; **~sition** /~जिशन/ *n.* (***syn.*** assumption) पूर्वमान्यता, पूर्वकल्पना, पूर्वधारणा

pre-tax *adj.* टैक्स कटने से पहले का : pre-tax profit/ losses/ income

pre-teach *v., pt.* **pre-taught**, **pre-teaching** विद्यार्थियों को परीक्षा या टेस्ट से पहले नए शब्द आदि पढ़ाना

pre-teen /प्रीटीन/ *n.* नौ से बारह वर्ष की उम्र के लड़के-लड़कियां : the ~ years

pretence/ *US* **pretense** /प्रीटेंस/ प्रिटेंस/ *n.* 1 बहाना, हीला, बहानेबाजी : won their support under false **~s**; that's only a ~ 2 ढोंग, दिखावा, प्रदर्शन, स्वांग : abandoned all ~ of fair play 3 (***syn.*** claim) दावा: make no ~ to expert knowledge 4 (***syn.*** deceit) छल, कपट : his illness was all a ~;
p&i: **by false ~s** धोखेबाजी से, झूठे बहाने बनाकर

pretend /प्रिटेंड/ *v., pt.* **~ed**, *pp* **~ing** 1 ढोंग क. : **~ed** ignorance 2 दावा क. : he **~s** to her hand; ~ to a right/ to a title/ to the throne 3 (***syn.*** feign) का बहाना क., बनना : ~ to be asleep 4 नाटक क. : **~ed** not to know 5 का स्वांग भरना, का ढोंग रचना: ~ friendship towards sb 6 अभियोग लगाना, मिथ्यारोपण क. 7 जोखिम उठाना 8 महत्त्वाकांक्षी हो.;
dw/lw: **~ant** /प्रिटेंडंट/ *n.* 1 ढोंगी 2 चाहने वाला 3 दावा करने वाला; **~ed** /प्रिटेंडिड/ *adj.* 1 नकली, बनावटी: a ~ed cave 2 (***syn.*** false) मिथ्या, झूठा: ~ed neutrality 3 (***syn.*** alleged) तथाकथितः ~ed loyalty; **~er** *n.* /प्रिटेंडः/ किसी बात के लिए झूठा दावा करने वाला, मिथ्या दावेदार 2 ढोंगी 3 (***syn.*** deceiver) कपटी, धोखेबाज;
p&i: **~ to sth** 1 किसी हुनर में माहिर होने का झूठा दावा क. 2 *hist.* राजगद्दी आदि पर झूठा दावा क.

pretense /प्रिटेंस/ *n. US* 'pretence' की अमेरिकी वर्तनी, *see above*

pretension /प्रिटेन्शन/ *n.* 1 (***syn.*** claim) दावा, झूठा दावा: had no **~s** to elegance 3 (***syn.*** pretext) बहाना 4 महत्त्वाकांक्षा: have **~s** to literary taste 5 मिथ्याभिमान 6 (***syn.*** pretentiousness) आडंबर, आत्मप्रदर्शन: man of no ~ **(s)**

pretentious /प्रिटेंशिअस\/ *adj.* 1 आडंबरपूर्ण, आडंबरी, ढोंगी : ~ manner; speak in a ~ language and accent 2 महत्त्वाकांक्षी, मिथ्याभिमानी : ~ style;
dw/lw: **~ly** /~लि/ *adv.* ढोंगी तरीके से; **~ness** /~नेस/ *n.* 1 ढोंग, आडंबर 2 महत्त्वाकांक्षा

preter- /प्रीटः/ *prefix* अति-, सुपर-; -विरोधी
dw/lw: **~human** *n.* 1 अतिमानव, सुपरमानव 2 मानव-विरोधी

preterite /प्रेटअरिट/ (*also* **preterit**) *n., gramm.* 1 क्रिया का भूतकालिक रूप 2 भूतकालिक क्रिया;
adj. भूतकालिक

preterition /प्रीटअरिशन/ *n.* 1 अनाचरण 2 चूक 3 विलोपन 4 विस्मरण 5 लापरवाही

preterm /प्रीटःम/ *adj., adv.* सामान्य गर्भकाल से पहले पैदा होने वाला

preter\mission /प्रिटःमि\शन/ *n.* 1 विलोपन, चूक, उपेक्षा : **~mission** of duty 2 अंतराल : without **~mission**;
dw/lw: **~mit** /~ट/ *v., pt.* ~mitted, *pp* ~mitting 1 बीच में छोड़ दे.: ~mit a course of studies 2 नहीं क. 3 उपेक्षा क., पर ध्यान न दे.

preternatural /प्रिटःनैचअर\ल/ *adj.* 1 असाधारण, असामान्य 2 अलौकिक, अप्राकृतिक;
dw/lw: **~ly** /~लि/ *adv.* असाधारण तरीके से

pretest /प्रीटेस्ट/ *v., pt.* **~ed**, *pp* **~ing** कुछ सीखना शुरू करने से पहले सीखने की क्षमता का आकलन क.

pretext /प्रीटेक्स्ट/ *n.* 1 बहाना: a ~ for delay 2 व्याज, हीला : under the ~ of

pre\tone /प्रीटोन/ *n.* बलाघातपूर्व ध्वनि;
dw/lw: **~tonic** *adj.* (***syn.*** pre-stressed) बलाघातपूर्व

pretti\fy /प्रिटिफाइ/ *v., pt.* **~fied**, *pp* **~fying** (बाहर से) आकर्षक बनाना, अलंकृत क., संवारना;
dw/lw: **~ly** /प्रिटिलि/ *adv.* मनोहर ढंग से, अच्छी तरह से, आकर्षक ढंग से: dress ~ly; blush ~ly; ask ~ly; **~ness** /प्रिटिनेस/ *n.* कमनीयता, चारूता, मनोहरता, रमणीयता, बांकपन

pretty /प्रिटि/ *adv.* 1 काफी : ~ much; you had better do it ~ quick (अच्छा होगा कि आप इस काम को जल्दी पूरा करें) 2 बहुत कुछ, पर्याप्त मात्रा में, काफी हद तक: ~ much/ well; feel ~ well; be ~ well tired of the whole business; the two towns are ~ much alike;
adj. 1 सुंदर, अतिसुंदर, कमनीय, चारु : (as) ~ as a painting 2 (***syn.*** foppish) रमणीय, मनोहर: ~ garden/ view 3 *ironic* चमकीला-दमकीला, बना-ठना, बांका-तिरछा 4 सुमधुर: ~ voice; ~ song 5 साफ-सुथरा, शालीन, दक्ष 6 अधिक, काफी : a ~ mess (काफी गड़बड़); a ~ sum; he made a ~ pot of money (उसने ढेरों पैसा कमाया);
n. 1 शोभनीय वस्तु 2 दिखावटी वस्तु 3 सुंदर व्यक्ति 4 बहुत सारा धन: I'd give a ~ to know that secret;
p&i: **~ much/ well** *colloq.* खूब-सारा; **~ nearly** (*also* **~ near**) काफी हद तक, लगभग; **pretty-pretty** *adj., derog colloq.* जरूरत से ज्यादा मीठी-मीठी या चिकनी-चुपड़ी; **~ spoken** मीठी-मीठी या चिकनी-चुपड़ी बातें करने वाला; **~ warm** नीम गर्म: taking bath with ~ warm water; **~ well** अच्छी तरह; **~ well all the family** लगभग सारा परिवार;
a ~ kettle of fish गड़बड़झाला, अंधेरखाता; **a ~ kick up** धमा-चौकड़ी, मोटी रकम; **a ~ pass** (*esp.* **come to/ reach a ~ pass**) भंयकर स्थिति में आ फंसना; **a ~ penny** ढेरों पैसा, मोटी रकम; **a ~ solution** अच्छा-खासा समाधान; **(as) ~ as a picture** बहुत सुंदर; **not just a ~ face** केवल शक्ल-सूरत से अच्छा नहीं, बल्कि गुणवान हो; **not a ~ sight** भद्दा नजारा; **sitting ~** अच्छी स्थिति में हो.

pretzel /प्रेट्सल/ *n.* एक क्रिस्प, नमकीन जर्मन बिस्कुट

prevail /प्रिवेल/ *v., pt.* **~ed**, *pp* **~ing** 1 पर असर हो., अभिभूत कर ले. 2 व्याप्त या प्रचलित हो. 3 (*often* **~ over/ against sb/ sth**; ***syn.*** succeed, triumph) अभिभावी होना, सफल होना : common sense **~ed**; hope that truth will ~ 4 (***syn.*** predominate) प्रबल होना, सर्वाधिक होना: westerly wind **~ed** in our parts (हमारे यहां पछवा (*Hr.*) हवा का ही रुख रहता था) 5 प्रचलित होना, चालू होना (be current) : the theory **~s** that ...;
dw/lw: **~ing** /प्रिवेलिंग/ *adj.* 1 प्रचलित, व्याप्त: ~ing prices 2 (***syn.*** predominant) प्रबल, प्रधान, अभिभावी, हावी: ~ing opinion 3 प्रभावोत्पादक: ~ing wind (प्रायः रहने वाला हवा का रुख);
p&i: **~ on/ upon sb to do sth** किसी को कुछ करने के लिए राजी कर ले., मना ले..; **~ on/ upon sb/ sth** (किसी को) राजी या सम्मत कर ले.

prevalen\t /प्रेवलंट/ *adj.* 1 (***syn.*** current) प्रचलित, चालू 2 (***syn.*** common, widespread) व्याप्त;
dw/lw: **~tly** /प्रेवलंटलि/ *adv.* व्यापक तरीके से; **~ce** /प्रेवलंस/ (*also* **prevalency** /प्रेवलंसि/) *n.* 1 प्रचलन 2 व्यापकता 3 व्यापक फैलाव: the ~ce of rumours

prevarica\te /प्रिवैरिके\ट/ *v., pt.* **~ted**, *pp* **~ting** 1 झूठ बोलना, वाक् छल क., छल-कपट क. 2 मिथ्या आचरण क. 3 (***syn.*** beat about the bush) गोल-मोल बात कहना, घुमा-फिरा कर बात क., टाल-मटोल क. : come to the point, don't **~te**!;
dw/lw: **~tion** /~शन/ *n.* 1 वाक्छल 2 टाल-मटोल: a man, utterly incapable of ~tion (ऐसा व्यक्ति जो टालम-टोल बिल्कुल नहीं कर सकता); **~tor** /~टः/ *n.* टाल-मटोलिया, छलिया

prevenient /प्रीवीनिअंट/ *adj.* 1 पूर्ववर्ती 2 प्रत्याशी

provenance /प्रौवअनंस/ *n.* 1 उद्भव स्थान, जन्म-स्थान

prevent /प्रिवेंट/ *v., pt.* **~ed**, *pp* **~ing** 1 बचाना 2 रोकना, रुकावट या बाधा डालना, नहीं होने दे.;
dw/lw: **~able/ ~ible** /प्रिवें\टअबल/ प्रिवेंटिबल/ *adj.* जिसे रोका जा सके, रोके जाने योग्य, निवार्य; **~ion** /~शन/ *n.* रोक-थाम, निवारण, रोक, रोग-निरोध: ~ion of crime; ~ion of accidents; **~ive** /~टिव/ (preventative) *adj.* 1 निरोधक, रोकने वाला, रोधात्मक, निरोधी: ~ive maintenance 2 रोगों से बचाने वाली, निवारक: ~ive medicine 3 अपराध की रोकथाम करने वाला: ~ive detention; ~ive officer (सीमा-शुल्क सतर्कता अधिकारी) 4 सतर्कताजन्य: ~ive measures;
p&i: **~ion of crime** अपराधों की रोक-थाम; **~ion is better than cure = an ounce of ~ion is better than pound of cure** रोग की रोक-थाम उपचार से बेहतर होती है

prevernal /प्रीवअःनल/ *adj.* 1 वसंतपूर्व 2 वसंत से पहले खिल जाने वाला (फूल)

preview /प्रीःव्यूः/ *n.* 1 किसी नाटक या फिल्म का अग्रप्रदर्शन, पूर्वदर्शन 2 (***syn*** trailer) झलक 3 समाचार पत्रों आदि में समीक्षा;
v., *pt.* **~ed**, *pp* **~ing** अग्रप्रदर्शन क.

previous /प्रीविअस\/ *adj.* 1 पहले का, पीछे का : a ~ occasion 2 पूर्ववर्ती, पूर्व, पिछला : the ~ chairman; on the ~ page 3 (*usually* **~ to sth**) से पहले : ~ to his marriage; ~ to my departure;
dw/lw: **~ly** /~लि/ *adv.* पहले, पूर्व, पहले से: ~ly cultivated land;
collocations: **~ question** संसद में बहस समाप्त कर मतदान करने का सुझाव; **MA Previous Examination** एमए प्रथम वर्ष की परीक्षा

previ\se /प्रीवाइज/ *v., pt.* **~sed**, *pp* **~sing** 1 भविष्यवाणी क. 2 चेतावनी दे.;
dw/lw: **~sion** /प्रीविजन/ *n.* दूरदर्शिता, भविष्य का ज्ञान, पूर्वज्ञान : ~sion of danger

pre-war /प्रीवाः/ *adj.* युद्ध से पहले होनेवाला, युद्धपूर्व: ~ levels of industrial production

pre-wash *n.* धुलाई की मशीन में डालने से पहले कपड़ों की हल्की-सी सफाई

prexy /प्रेक्सि/ *n., US sl.* विश्वविद्यालय का प्रेजिडेंट, वाइस-चांसलर या महाविद्यालय का प्रिंसीपल

prey /प्रे/ *n.*.1 शिकार, आखेट, अहेर 2 लूट का माल, लूटपाट, शिकार का निशाना : easy ~ for muggers (लुटेरों का आसान शिकार) 3 (*usually* **a ~ to sth**) आसानी से बीमार पड़ जाने वाला व्यक्ति;
v., *pt.* **~ed**, *pp* **~ing** 1 शिकार क.: cats ~ upon mice 2 (***syn.*** rob) लूटना, क्षीण या नष्ट कर दे.: the village was **~ed** upon by plunderers 3 (*now esp.* **~ on/ upon sth**) किसी जानवर द्वारा किसी दूसरे जानवर का शिकार क. 4 किसी गुंडे द्वारा अपने निशानों को आतंकित क. 5 किसी की सनक या वहम की बुरी तरह गिरफ्त में आना 6 किसी की कमजोरी का अनुचित लाभ उठाना : ~ on sb's anxieties; ~ upon the credulous 7 सताना, सताया जाना : remorse **~ed** upon his mind 8 दूसरों की कीमत पर जीना: live by **~ing** on one's relatives;
p&i: **~ on sth** शिकार करके खाना; **~ on/ upon sb** कमजोर व्यक्तियों को परेशान क., किसी की कमजोरी का अनुचित लाभ उठाना;

become a ~ to sth घिनौनी चाल आदि का शिकार हो गया; **bird of ~** शिकार करने वाला (शिकारी) पक्षी; **fall ~ to sth** किसी बात का शिकार बनना; **in search of ~** शिकार ढूंढना

pria\pic /प्रायैपिक/ *adj., med.* 1 पुरुष लिंग से संबंधित 2 पुरुष की यौन क्रियाओं से संबंधित 3 सदा खड़े रहने वाले लिंग के साथ;
dw/lw: **priapism** /प्रायैपिज्म/ *n., med.* 1 लिंग का लगातार असामान्य ढंग से खड़े होने का विकार 2 (***syn.*** prurient behaviour) अनैतिकता, लंपटता

pribble-prabble /प्रिबल-प्रैबल/ *n., colloq.* 1 कहा-सुनी 2 कोरी बकवास

pri\ce /प्राइस/ *n.* 1 दाम, मूल्य, भाव, बोली : retail/ wholesale **~ce**; **~ces** have advanced/ receded/ fallen; the goods are **~ced** too high 2 कीमत या कुर्बानी: the **~ce** of celebrity; at the **~ce** of 3 घूस की राशि 4 जूए की बाजी 5 वेतन 6 इनाम की राशि 7 (***syn.*** preciousness) मूल्यवानता: beyond **~ce**;
***v.**, pt.* **~ced**, *pp* **~cing** 1 दाम या मूल्य लगाना 2 मूल्य निर्धारित क. 3 कीमत दे;
dw/lw: **~ce-control** *n.* मूल्य-नियंत्रण; **~ce-cutting** *n.* दामों में कटौती; **~ced** /प्राइस्ट/ *adj.* कीमत वाला: low-~ced; high-~ced; **~ce-fixing** *n., comm.* मूल्य निर्धारण; **~celess** *adj.* 1 अमूल्य: ~celess services to the country 2 अनमोल, कीमती 3 (***syn.*** absurd) बेढंगा, मूर्ख: ~celess fellow; **~ce-list** *n.* मूल्य-सूची; **~ce-slashing/ ~ce-cutting** *n.* दामों में कटौती; **~ce-tag** (*also* **~ce ticket**) *n.* मूल्य-पर्ची; **~ce-war** *n.* मूल्य-स्पर्धा; **~cey** (*also US* **pricy**) /प्राइसि/ *adj., degr.* ~cier, ~ciest *colloq.* महंगा; **~cing** *n.* मूल्य-निर्धारण;
collocations: **~ce fluctuation** कीमतों में उतार-चढ़ाव; **~ce index** कीमतों का सूचकांक; **~ce movement** मूल्य परिवर्तन; **~ce tag** कीमत की पर्ची या चेपी; **~ce variation** मूल्य-भेद; **~ce war** माल के दाम घटाकर बेचने के कारण होने वाली स्पर्धा; **cash ~ce** नकद दाम; **cost ~ce** उत्पाद मूल्य; **ceiling ~ce** अधिकतम दाम; **purchase/ buying ~ce** क्रय दाम; **market ~ce** चालू दाम; **marked ~ce** दिखाया जाने वाला या प्रदर्शित मूल्य;
p&i: **~ces fall** कीमतों में गिरावट; **~ce oneself/ sth out of the market** अत्यधिक ऊंचे दामों के कारण कुछ न बेच पाना; **~ces have touched rock bottom** भाव या दाम निम्नतम स्तर पहुंच गए;
above/ beyond/ without ~ce अमूल्य, बेशकीमती; **a knock-down ~ce** निम्नतम दाम; **an average/ exorbitant/ high/ low/ reasonable ~ce** औसत/ बहुत ज्यादा/ ऊंचे/ कम/ उचित दाम; **an upset ~ce** नीलामी में पहले से तय किया हुआ प्रारंभिक निम्नतम दाम; **a ~ce on sb's head** किसी को पकड़ने या मारने के लिए रखा गया इनाम; **at a ~ce** कीमत चुका कर, कुर्बानी देकर; **at any ~ce** किसी भी कीमत पर; **beyond ~ce** अत्यधिक कीमती; **charge/ pay ~ces** कीमत लेना या देना; **everyone has their ~ce** हर कोई खरीदा जा सकता है; **filling at the ~ce** कम दाम पर पेट भर (खाना); **not at any ~** किसी कीमत पर भी नहीं; **pay a heavy ~ce for sth** किसी चीज के लिए भारी कीमत चुकाना, बड़ी कुर्बानी दे.; **place a ~ce on sb's head** किसी (अपराधी) के सर पर इनाम रखना या पुलिस द्वारा किसी बड़े अपराधी के बारे में सूचना देने के लिए इनाम की घोषणा क.; **put a ~ce on sth** किसी कीमती वस्तु का दाम रखना; **the ~ce of liberty is eternal vigilance** सतर्कता आजादी का असली पहरेदार है; **what ~ce?** क्या दाम है?

prick /प्रिक/ *v., pt.* **~ed**, *pp* **~ing** 1 चुभोना 2 चुभना: the thorns of roses ~ badly 3 छेद क., छेदना: a nail **~ed** the tyre 4 (***syn.*** painsting) दुखाना, सालना: feel one's eyes **~ing** 5 प्रेरित क., प्रोत्साहित क. 6 (*also* **~ up**) कुत्ते, घोड़े आदि को चिह्न दागना, चिह्नित क. 7 दुख दे.: his conscience must be **~ing** him;
n. 1 छेद 2 चुभन 3 छेदन 4 कसक, टीस, साल : **~s** of conscience (आत्मा की टीस) 5 (***syn.*** goad) अंकुश 6 मूर्ख आदमी;
dw/lw: **~eared** /प्रिक-ईअःड/ *adj.* ऊर्ध्वकर्ण, कान-छिदा; **~er** /प्रिकः/ *n.* छेद करने का यंत्र, वेधनी, चुभनी; **~-hedge** *n.* कांटेदार बाड़; **~ing** /प्रिकिंग/ *n.* छेद करने या चुभोने की क्रिया; **~-me-dainty** *n.* (*syn.* snob) नकचढ़ा व्यक्ति; **~-song** *n.* लिखित संगीत; **~-the-louse** *n.* दर्जी;
p&i: **~ a bubble** साबुन के बुलबुलों को पिन आदि चुभोकर फोड़ना; **~ in/ ~ off/ ~ out** कांटेदार बाड़ लगाना; **~ sb's conscience** किसी की आत्मा को टीस हो.; **~ up** नुकीली नोक का हवा में झूलना; **~ up one's ears** कान खड़े क., चौकन्ना हो.; **kick against the ~** व्यर्थ विरोध या प्रतिरोध क.

prick\le /प्रिक्ल/ *n.* 1 कांटा, कंटक 2 तीक्ष्णवर्ध 3 चुभन, चुभन की झुनझुनाहट या सरसराहट;
***v.**, pt.* **~led**, *pp* **~ling** चुभन हो., चुभाना, चुभोना, गोदना;
dw/lw: **~liness** /प्रिक्लिनेस/ *n.* 1 चुभन, चिड़चिड़ापन 2 झुनझुनाहट; **~ly** /प्रिक्लि/ *adj., degr.* ~lier, ~liest 1 कंटीला 2 (***syn.*** touchy) चिड़चिड़ा, कठिन 3 (***syn.*** thorny) कांटेदार, कंटकित 4 चुभने वाला 5 झुनझुनी पैदा करने वाला; **~ly** /प्रिकलि/ *adj.* 1 चुभनदार: a ~ly sensation (चुभनदार सनसनाहट, सरसराहट); ~ly nettle (चुभनदार बिच्छू-बूटी) 2 कांटेदार;
collocations: **~ly heat** (*also techn. equiv.* **miliaria** /मिलिऐअरिआ/) पित्ती, पित्त, गर्मी दाना, अम्होरी; अम्भौरी; **~ly pear** नागफनी, एक फल;

pricy /प्रिसि/ *adj.* **'pricey'** की वैकल्पिक वर्तनी, महंगा

pri\de /प्राइड/ *n.* 1 गर्व, गौरव : feel **~de** in sth 2 आत्म-सम्मान 3 स्वाभिमान, आत्म-गौरव : his **~de** would not allow him to accept any reward 4 (***syn.*** conceit) अभिमान, अहंकार, घमंड, आत्माभिमान 5 (***syn.*** elite) सर्वोत्कृष्ट (वर्ग, अंश, वस्तु) : the **~de** of the collection; **~de** of Haryana 6 (***syn.*** prime) *poetic* यौवन, उत्कर्ष : in the **~de** of youth; in the full **~de** of harvest; February was in its **~de** 7 सफलता पर हर्ष एवं संतोष : this car is my **~de** and joy 8 शेरों का एक साथ रहनेवाला समूह;
***v.**, pt.* **~ded**, *pp* **~ding** 1 (*always* **~de oneself on sth**) किसी बात के लिए अपनी पीठ थप-थपाना, गर्वित हो.: **~de** oneself on one's youthful figure; **~de** oneself in sth 2 उच्च स्तर बनाए रखने पर गर्वित हो. 3 इतराना;
dw/lw: **~deful** /प्राइडफुल/ *adj.* गर्वित, अभिमानी, घमंडी, गर्वीला; **~deless** /प्राइडलेस/ *adj.* गौरव रहित;
collocations: **~de of the morning** कोहरा, धुंध, तूफान; **~de of place** गौरवमय स्थान, बाज की उड़ान का सर्वोच्च स्थान; **false ~de** झूठी शान; **great ~de** अपार गर्व;
p&i: **~de apes humility** विनम्रता घमंड या दंभ से ऊपर है; **~de feels no cold/ frost/ pain** दर्प या दंभ व्यक्ति को अंधा बना देता है; **~de goes before a fall** घमंड का अंत बुरा; **~de of place** बुलंद ऊंचाई; **~de oneself on** पर गर्व क.; **~de oneself on sth/ doing sth** किसी कार्य या किसी बात पर गर्वित हो.; **~de will have a fall** घमंड अवश्य चकनाचूर होगा; **a sense/ source of ~de** गर्व का अहसास या स्रोत; **have/ take ~de of place** सबसे गौरवमय स्थान ग्रहण क.; **in the ~de of one's heart** किसी बात के लिए हृदय में पुलकित होते हुए; **put one's ~de in one's pocket** अपमान सहना; **sb's ~de and joy** किसी को सुख और आनंद देने वाला; **sb's ~de at/ in sth** किसी का किसी बात पर गर्व; **swallow one's ~de** अपमान का घूंट पी जा.; **take ~de / take a ~de in sth/ sb** किसी बात या किसी पर गर्वित होना; **the ~de of the morning** प्रभातकालीन धुंध या वर्षा; **wound sb's ~de** किसी के स्वाभिमान को ठेस पहुंचाना;

pridian /प्रिडिअन/ *adj.* पिछले या बीते कल का

prie-dieu /प्रि-ड्यू/ प्रीड्यू/ *n., pl.* **prie-dieux/ prie-dieus**, *Fr.* छोटी प्रार्थना डेस्क, पीठिका

prier /प्राइअः/ *n.* ताक-झांक करने वाला, झंकवैया

priest /प्रीस्ट/ *n.* पुजारी, पादरी, याजक, पुरोहित;

dw/lw: **~craft** *n.* पुरोहितों का कार्य-व्यापार तथा रंग-ढंग, पुजारी-प्रपंच, पुरोहित-प्रपंच, पुरोहिती खेमेबाजी; **~ess** /प्रीस्टेस/ *n.* पुजारिन; **~hood** /प्रीस्टहुड/ *n.* पुरोहिताई, पौरोहित्य, पुरोहितों का वर्ग; **~ly** /प्रीस्टलि/ *adj.* पुजारी जैसा, पुरोहितीय, याजकीय, पुरोहिती; **~-ridden** /प्रीस्टरिडन/ *adj.* पुरोहिताधीन;

collocations: **~'s hole** *hist.* धार्मिक यातनाओं के दौर में पादरी के छिपने की जगह;

p&i: **like ~, like people** यथा राजा, तथा प्रजा

prig /प्रिग/ *n.* 1 सही होने का दंभपूर्ण रुख 2 दंभी व्यक्ति, खुद-परस्त, स्वयंसिद्धि के लिए परोपदेशक;

dw/lw: **~gery** /प्रिगरि/ *n.* दंभ, आत्म-अतिसंतोष; **~gish** /प्रिगिश/ *adj.* 1 आत्म-अतिसंतुष्ट, आत्माभिमानी 2 अति नियम-निष्ठ

prim /प्रिम/ *adj., degr.* **~mer, ~mest** 1 (***syn.*** demure) अत्यधिक औपचारिक, विनम्र, ठीक-ठाक, साफ-सुथरा 2 रीतिनिष्ठ, रीति-विपरीत बात को नापसंद करने वाला, तुनकमिजाज, दंभी 3 तकल्लुफ-मिजाजी 4 औपचारिक, रूखी: ~ smile;

dw/lw: **~ly** /प्रिमलि/ *adv.* औपचारिक और रूखे ढंग से; **~ness** /प्रिमनेस/ *n.* औपचारिकता, रूखापन;

p&i: **~ and proper** औपचारिक ढंग से बना-ठना; **~ one's lips** अपने होठों को ढंग से दबाना

prima /प्रीमा/ *n.* प्रथम, प्रधान;

collocations: **~ ballerina** प्रधान बैले नृत्यांगना; **~ donna** /प्रीमा डोन्ना/ *pl.* prima donnas 1 किसी संगीत-नाटिका की मुख्य गायिका 2 प्रधान गायिका

primacy /प्राइमःसि/ *n., pl.* **primacies** 1 प्रमुखता, श्रेष्ठता, आधिपत्य 2 प्रधान पुरोहित पद

primaeval /प्राइमीवल/ (*also US* **primeval**) *adj.* 1 धरती के प्रारंभ से संबंधित 2 आदिकालीन, आदिम, आदियुगीन 3 अल्हड़, गंवार 4 सहज प्रवृत्ति का

prima facie /प्राइमा फेशि/ *adv. law* 1 पहली नजर में, सरसरी नजर में 2 प्रत्यक्षतः;

adj. प्रथमदृष्टया, प्रत्यक्ष

primage /प्राइमिज/ *n.* अतिरिक्त भाड़ा

primal /प्राइमल/ *adj.* 1 आदिम, आद्य : ~ instincts (सहज प्रवृत्ति) 2 मौलिक, मूल संबंधित 3 मुख्य : ~ councillors

primarily /प्राइमअरिलि/ *adv.* 1 प्रमुखतः, मूलतः 2 (***syn.*** principally) मुख्यतः, मुख्यतया, प्रधानतः 3 पहले तो 4 आरंभ में, आदि में

primary /प्राइमरि/ *adj.* 1 (***syn.*** earliest) प्रारंभिक, प्रथम, पहला : ~ sources of information 2 आद्य, आदिम, आदि 3 (***syn.*** original) मूल, मूलभूत, मौलिक, बुनियादी : ~ policy 4 (***syn.*** chief) प्रधान, मुख्य : a matter of ~ importance 5 (***syn.*** elementary) प्राथमिक, प्रारंभिक, प्राइमरी;

n., pl. **primaries** *US* अमेरिका में किसी पार्टी द्वारा अपने राष्ट्रपति का उम्मीदवार चुनने की प्रथम निर्वाचन क्रिया : preference ~ (दल विशेष का उम्मीदवार चुनने के लिए अमेरिका में प्रथम चरण /primary/ के चुनाव में मतदान);

collocations: **~ accent/ stress** *ling.* मुख्य बलाघात जो शब्दांश के बलाघातित अंश से बनता है; **~ cell/ ~ battery** *phys.* (*also* **voltaic cell**) दोबारा न चार्ज होने वाली बैटरी जो विद्युतधारा को रासायनिक क्रियाओं से पैदा करती है; **~ colour** *UK* (*US* **primary color**) मूल रंग जैसे लाल, नीला और पीला जिन्हें मिलाकर दूसरे रंग बनाए जा सकते हैं; **~ current** मुख्य विद्युत धारा; **~ education** प्राथमिक शिक्षा; **~ election** *see above under noun*; **~ emissive** प्राथमिक उत्सर्जन; **~ health care** प्रथम डाक्टरी उपचार; **~ industry** उद्योगों को कच्चा माल मुहैया करवाने वाले उद्योग, जैसे खेती-बाड़ी, खनिज उद्योग आदि; **~ key** प्राथमिक कुंजी; **~ meaning** मूल अर्थ; **~ memory** प्राथमिक स्मृति; **~ school** (*also US* **elementary school**) प्राथमिक विद्यालय जहां 5 से 11 साल की उम्र के बच्चे पढ़ते हैं; **~ necessities** जरूरत की मुख्य चीजें; **~ planet** ग्रह; **~ sexual characteristics** *pl.* यौन संबंधी आयाम जो जन्म से लेकर जीवन के अंत तक बने रहते हैं; **~ source** (≠ secondary source) मूल शोध स्रोत; **~ suffix** कृत्प्रत्यय; **~ target** मुख्य निशाना; **~ word** मुख्य शब्द;

open ~ सार्वजनिक प्राथमिक चुनाव; **preference ~** *see above under* ***n.***; **run-off ~** प्रारंभिक चुनावों का दूसरा दौर

primate /प्राइमेट/ *n.* 1 प्रथम श्रेणी के दिमाग और हाथ-पांवों वाले जीव 2 पादरी 3 धर्माध्यक्ष 4 (***syn.*** animal) नर-वानर, प्राइमेट;

dw/lw: **~s** *n.* (*pr.*) नर-वानर समूह; **~-city** *n.* प्रमुख नगर

prime /प्राइम/ *adj.* 1 मुख्य, महत्त्वपूर्ण : ~ advantage; of ~ importance; the ~ factor 2 उत्कृष्ट : in ~ condition 3 (***syn.*** fundamental) मूल, आदि- प्रथम, पहला, आदिम, आद्य, आरंभिक (in time) 4 (***syn.*** chief) प्रधान, मुख्य : the ~ cause; the ~ postulate of his theory 5 (***syn.*** first-rate) बढ़िया, उत्तम : ~ sites on the high street 6 (***syn.*** of numbers) अभाज्य, रूढ़ 7 अत्यधिक प्रतिनिधि चरित्र वाली: a ~ example;

n. 1 (***syn.*** spring) वसंत, बहार, जीवन का वसंतकाल, यौवन, चढ़ती जवानी : the ~ of the year; cut down in her ~ 2 (***syn.*** beginning) प्रारंभ 3 (***syn.*** best stage) उत्कर्ष, पूर्णोत्कर्ष, पूर्णता 4 (***syn.*** best part) सर्वोत्तम अंश 5 (***syn.*** dawn) प्रातःकाल, उषाकाल, प्रभात 6 (***syn.*** prayer) प्रभाती 7 (***syn.*** number) अभाज्य संख्या;

v., pt. **~d**, *pp* **priming** 1 (***syn.*** brief) पूरी सूचना देकर तैयार क. : the president had been well **~d** before the debate 2 *mech.* पनियाना (of a boiler) 3 अस्तर चढ़ाना 4 प्राइमर लगाना (cover with a first coat of painting) 5 सिखा दे., पहले से वांछित सूचनाएं देकर तैयार क. : the witness had been **~d** by a lawyer 6 रंजक लगाना या डालना, बारूद भरना (a firearm) 7 किसी को खिला-पिलाकर खुश क. यानी घूस दे. : well **~d** with beer 8 सक्रिय बनाना;

dw/lw: **~r** /प्राइमः/ *n.* 1 प्रवेशिका, प्राथमिक पाठ्य पुस्तक, कायदा 2 प्राथमिक रंगलेप/ पेंट 3 रंजकी (of firearm); **priming** /प्राइमिंग/ *n.* 1 (***syn.*** gunpowder) रंजक 2 (***syn.*** undercoat) अस्तर 3 (***syn.*** of pump) उपक्रामण: priming cock;

collocations: **~ cause** मुख्य कारण; **~ coating** पेंट की प्रारंभिक परत; **~ cost** (*also* **first cost**) मूल लागत; **~ entry** प्रारंभिक सीमा-शुल्क; **~ matter** आदि-द्रव्य; **~ meridian** *geog.* 1 आदि-रेखांश या मूल याम्योत्तर 2 मानचित्र पर शून्य को दर्शाने वाला रेखांश (meridian); **~ minister** प्रधानमंत्री; **~ mover** आदि-प्रवर्तक, किसी चीज को गतिशील बनाने में मुख्य बल; **~ number** अभाज्य संख्या; **~ rate/ ~ lending rate** अपने सर्वोत्तम ग्राहकों के लिए ऋण ब्याज दर; **~ time** चरमोत्कर्षी समय यानी जब सर्वाधिक दर्शक या श्रोता किसी कार्यक्रम को टीवी या रेडियो पर देखते या सुनते हैं;

p&i: **~ the pump** हिम्मत बढ़ाना; **in the ~ of life** भरी जवानी में; **past one's ~** जिसका बुलंदी का समय बीत चुका हो, चुका हुआ (व्यक्ति);

primer *see above under* **prime:** ***dw/lw***

primeval /प्राइमीवल/ (*also* **primaeval**) *adj.* 1 आदिम, आदियुगीन, आदिकालीन 2 प्राकृतिक, जिसे मानव ने अभी न रौंदा हो: ~ forest

primigravida /प्रीमिग्रैविदा/ *n., pl.* **primigravidae/ ~s** पहली बार होने वाली गर्भावस्था

priming primer *see above under* **prime:** ***dw/lw***

primipara /प्राइमिपरा/ *n., pl.* **~ae** /प्राइमिपरि/ पहले बच्चे को जन्म देने वाली महिला, प्रथम प्रसूता स्त्री;

dw/lw: **~ous** /प्राइमिपरस/ *adj.* प्रथमप्रसवा, प्रथम प्रसविनी

primitive /प्रिमिटिव/ *adj.* 1 (***syn.*** ancient) आदिमकालीन, पुरातन, आदिकालीन, प्राचीन : ~ type of art 2 (***syn.*** crude) अनगढ़, कच्चा : ~ road 3 (***syn.*** uncivilized) अधम स्तर की, अपरिष्कृत, असभ्य : ~ habits 4 आदिम, आद्य, आदि- 5 (***syn.*** old-fashioned) पुराना 6 (***syn.*** basic) मूल;
n. 1 आदि मानव 2 नवजागरण काल (renaissance) से पहले का चित्रकार, नवजागरण काल (renaissance) से पहले की कृति 3 बच्चे की तरह सरल शैली में चित्र बनाने वाला चित्रकार 4 *math.* पूर्वग 5 *gramm.* धातु, मूल;
dw/lw: **~ly** /~लि/ *adv.* अनगढ़ तरीके से; **~ness** /~नेस/ *n.* पुरातनता, अनगढ़ता; **primitivism** /प्रिमिटिविजम/ *n., art* आदिमवाद, पुरातनवाद;
collocations: **~ accumulation** प्रारंभिक बचत; **~ culture** आदिमकालीन या आदिम संस्कृति; **~ road** कच्ची सड़क; **~ soil** अनजुती भूमि; **~ tools** अनगढ़ आदि औजार; **~ type of art** अपरिष्कृत कला

primitivism *see above under* **primitive: *dw/lw***

primo /प्रीमो/ *n.* 1 (***syn.*** music) प्रमुख अंश 2 पियानो में बायीं तरफ के ऊपर का भाग

primo\genitor /प्राइमजेनिटः/ *n.* 1 आदि पुरुष 2 पूर्वज;
dw/lw: **~geniture** *n.* 1 ज्येष्ठता 2 ज्येष्ठ संतान अधिकार प्रणाली, ज्येष्ठ पुत्र या पुत्री का उत्तराधिकार प्रणाली

primordial /प्राइमॉःडिअल/ *adj.* 1 (***syn.*** primeval) प्रारंभिक, सर्वप्रथम होने वाला, मौलिक : ~ life; ~ condition of man 2 आदिकालीन, आदिम : ~ matter 3 (***syn.*** basic) प्राथमिक, मूल या सहज भावनाओं या इच्छाओं से संबंधित : ~ impulses 4 आद्य;
dw/lw: **~ity** /प्राइमॉःडिअलिटि/ *n.* आदिकालीनता, आद्यता, मूलभूतता; **~ly** /प्राइमॉःडिअलि/ *adv.* आदिम या प्रारंभिक ढंग से; **~dium** /प्राइमॉःडिअम/ *n., pl.* **~dia** /प्राइमॉःडिआ/ आद्यक, आद्य अंग, शुरुआत, प्रारंभ, मूल
collocations: **~ soup** पुरातन जैविक या वानस्पतिक स्रोतों से बनने वाला शोरबा

primp /प्रिम्प/ *v., pt.* **~ed**, *pp* **~ing** भड़कीले वस्त्र पहनना, सजना-संवरना, बनना-ठनना;
adj. बांका-छैला, बना-ठना, सजा-संवरा

primrose /प्रिमरोज/ *n.* 1 पीले रंग के फूलों वाला जंगली गुलाब 2 (*in full* **~ yellow**) फीका पीला रंग;
collocations: **~ path** सुख-चैन और ऐशो-आराम की जिंदगी जो बाद में हानिकर सिद्ध हो सकती है; **a ~ dress** हल्के पीले रंग की पोशाक

primum mobile /प्रीमम मौबिलि/ प्राइमम मोबिलि/ *Lat.* 1 किसी कार्रवाई का मुख्य प्रोत्साहक कारण 2 संसार के बाह्यतम समकेंद्रित क्षेत्र जो 24 घंटे में अपना चक्र पूरा करता है

primus /प्राइमस/ *adj., Lat.* 1 प्रथम: ~ inter pares = first among the equals (बराबर लोगों या वस्तुओं में सर्वप्रथम) 2 वरिष्ठ: Kennedy ~ (वरिष्ठ कैनेडी);
n. (*also* **Primus stove**) *tradem.* एक चल शिविर चूल्हा

prince /प्रिंस/ *n.* 1 राजकुमार : live like a ~ 2 छोटे देश का राजा : Hamlet without the **Prince** of Denmark 3 राजकुमार जो गद्दी पर काबिज न हो : as happy as a ~ 4 किसी वर्ग का अगुआ : the ~ of highwaymen; the ~ of poets; merchant ~; the ~ of swindlers/ rogues (बदमाशों या ठगों का सरगना);
dw/lw: **~ling** /प्रिंसलिंग/ (*also* **~let**) *n.* रावत, छोटा राजकुमार; **~ly** /प्रिंसलि/ *adj.* 1 राजसी 2 (***syn.*** liberal) उदार 3 (***syn.*** magnificent) शानदार, प्रतापी; **~dom** /प्रिंसडम/ *n.* 1 रियासत, राज्य 2 राजकुमार का पद; **~ss** /प्रिंसेस/ *n., pl.* ~sses 1 राजकुमारी 2 राजकुमार की पत्नी; **~ss** Royal, *pl.* ~sses Royal *UK* राजा की ज्येष्ठतम पुत्री को दी जाने वाली उपाधि;
collocations: **~ Charming** पुराने जमाने में युवतियों का आदर्श पुरुष; **~ Consort** *pl.* ~s Consort रानी के पति की उपाधि, रानीपति, राजकुंवर; **~ of Darkness** शैतान; **~ of Peace** ईसाइयों के मत अनुसार ईसा मसीह; **~ of Wales** *UK* शाही परिवार में ज्येष्ठतम पुत्र को दी जाने वाली उपाधि; **~ly sum** प्रचुर मात्रा में पैसा; **~ regent** *pl.* ~s regent अक्षम राजा या रानी के प्रतिनिधि के रूप में राज करने वाला व्यक्ति;
p&i: **Prince of the Church** कार्डिनल;

princeps /प्रिंसेप्स/ *n., Lat.* प्रथम, प्रथम संस्करण से संबंधित : edition ~

princess *see above under* **prince: *dw/lw***

principal /प्रिंसपल/ *adj.* 1 प्रथम 2 प्रमुख, मुख्य, प्रधान : ~ towns/ rivers; ~ axis (मुख्य धुरी) 3 मूल;
n. 1 प्रधानाचार्य, प्राचार्य, प्रिंसिपल (of college/ school) 2 अध्यक्ष, प्रधान 3 नायक, नेता 4 (***syn.*** chief) मुखिया, मालिक, स्वामी 5 (***syn.*** capital sum) मूल, मूलधन: ~ and interest 6 (***syn.*** rafter) धरन, शहतीर 7 मुख्य अपराधी 8 मुख्य प्रतिनिधि 9 मुख्य गायक;
dw/lw: **~ity** /प्रिंसपैलिटि/ *n., pl.* **~ities** 1 रियासत, राज्य, प्रदेश, जागीर 2 (***syn.*** Wales) (*UK* **the Principality**) वेल्ज; **~ly** *adv.* मुख्यतया, मुख्यतः;
collocations: **~ boy** नाटक में मुख्य पुरुष पात्र की भूमिका करने वाली अभिनेत्री; **~ challenge** स्पष्ट दिखने वाले पक्षपातपूर्ण रवैये के कारण ज्युरी के सदस्य की बर्खास्तगी; **~ clause** मुख्य वाक्यांश; **~ parts of the verb** *pl. gramm.* क्रिया के मुख्य रूप; **~ reserves** सामान्य रिजर्व सेना

principali\ty /प्रिंसपैलिटि/ *n., pl.* **~ties** 1 रियासत, राज्य, प्रदेश, जागीर 2 (***syn.*** Wales) (*UK* **the Principality**) वेल्ज

principa\te /प्रिंसिपेट/ *n.* 1 रियासत 2 प्राचीन रोम साम्राज्य में एक काल जिसमें प्रजातंत्र के कुछ अंश मिलते हैं

principium /प्रिंसिपिअम/ *n., pl., Lat.* 1 (***syn.*** principle) सिद्धांत 2 (*pl.*) आधार, नींव

principle /प्रिंसपल/ *n.* 1 सामान्य वैज्ञानिक सिद्धांत : **~s** of biology; ~ of universal gravitation 2 आधारभूत सिद्धांत : ~ of action and reaction 3 मूल स्रोत, मूलतत्त्व, सारतत्त्व, आधारभूत कारण (ultimate source) : vital ~ 4 (***syn.*** rule) नियम : unanimity ~/ ~ of unanimity 5 (***syn.*** integrity) ईमानदारी, सत्यनिष्ठा, न्यायनिष्ठा, नैतिक सिद्धांत : woman of ~ 6 तकनीक की मानकता;
dw/lw: **~d** *adj.* सिद्धांतों पर आधारित, सिद्धांतवादी, चरित्रवान;
collocations: **~ of contradictions** परस्पर विरोध का सिद्धांत; **first ~s** ;
p&i: **~ of contradiction** विरोधाभासी तर्क का सिद्धांत; **~ of excluded middle** या तो अच्छा होना या बुरा, बीच में कोई स्थान नहीं ; **~ of sufficient reason** 'किसी बात के होने का कोई तो कारण होगा' का सिद्धांत; **a guiding ~** पथ प्रदर्शक सिद्धांत; **a matter of ~** सिद्धांत की बात; **approve the scheme in ~ subject to certain adjustments** योजना को सिद्धांत रूप में स्वीकार क. बशर्ते उसमें कुछ सुधार किये जाएं; **be against sb's ~s** किसी के सिद्धांतों के विरुद्ध हो.; **in ~** सिद्धांत रूप में; **on ~** सिद्धांततः; **stick to one's ~s** अपने सिद्धांतों पर अड़े रहना

prink /प्रिंक/ *v., pt.* **~ed**, *pp* **~ing** सजना-संवरना : ~ oneself up

print /प्रिंट/ *v., pt.* **~ed**, *pp* **~ing** 1 छापना, मुद्रित क., मुद्रांकन क. 2 प्रकाशित क. 3 छपाई के अक्षरों में लिखना 4 कपड़े या कागज पर छापना 5 (***syn.*** stamp) छाप या मोहर लगाना 6 (***syn.*** imprint) अंकित क. या हो. : the mark of a foot was **~ed** on the sand;
n. 1 छपाई, मुद्रित सामग्री, प्रति : small ~ 2 अक्षर, संख्या: in small ~ 3 तस्वीर/ फोटो की प्रति : set of **~s** 4 छाप के नमूने 5 (***syn.*** imprint) छाप, छापा 6 (***syn.*** stamp) छापा, ठप्पा 7 (***syn.*** cloth) छींट 8 (*also* **finger-~**) हाथ के निशान, पंजे का

निशान 9 निशान, चिह्न;

***dw/lw:* ~able** /प्रिंटअबल/ *adj.* छापने या प्रकाशित करने योग्य, मुद्रणीय; **~ed** /प्रिंटिड/ *adj.* 1 छपी/ मुद्रित सामग्री: ~ed as manuscript; ~ed matter; ~ed proof 2 छींट का कपड़ा; **~-maker** *n.* चित्रकार, डिजायनर; **~-out** *n.* 1 कंप्यूटर द्वारा छापा हुआ पर्चा 2 पत्रिका आदि में छपे लेख के पृष्ठों की प्रतिलिपियां; **~works** *n. sing/ pl.* कपड़े की छपाई का कारखाना;

paw-~ *n.* पंजे का निशान;

***collocations:* ~ dress** छींट का कपड़ा; **~ed circuit** *electr.* मुद्रित-परिपथ; **~ed circuit board** *abbr.* (**PCB**) मुद्रित-परिपथ पटल; **~ order** मुद्रण-आदेश; **~ preview** छापने से पहले के पाठ का दृश्य; **~ run** छापी गई प्रतियों की संख्या;

a blue ~ प्रारंभिक योजना या परियोजना;

***p&i:* ~er's devil** छपाई की भूल, मुद्रण-दोष; **~ on the memory** स्मृति पटल पर निशान; **~ sth out** कंप्यूटर से प्रति निकालना;

get into print प्रकाशित हो., छपना; **in ~** प्रकाशित, प्राप्य, उपलब्ध; **out of ~** अप्राप्य, अनुपलब्ध; **rush into ~** जल्दबाजी में कुछ प्रकाशित करवाने के लिए दे दे.; **sorrow ~ed upon sb's face** किसी के चेहरे पर दिखने वाले उदासी के निशान; **the ~ed word/ page** छपा शब्द या पृष्ठ

printer /प्रिंटः/ *n.* 1 छापने वाला व्यक्ति : **~'s** copy 2 प्रिंटर, मुद्रण-यंत्र, मुद्रक, छपाई मशीन : **~'s** ink (छपाई स्याही); spill **~'s** ink;

***p&i:* make a ~'s pie of nothing** गड़बड़ घोटाला कर दे.

printing /प्रिंटिंग/ *n.* (मशीन के द्वारा) छपाई;

***collocations:* ~ house** मुद्रणगृह, छपाई घर; **~ press** मुद्रणालय, छपाईखाना

prior /प्राइअः/ *adj.* 1 पूर्व, पहले का, पूर्ववर्ती : ~ obligation (पहले का यानी पुराना वायदा) 2 ज्यादा जरूरी, अधिक महत्त्वपूर्ण : ~ claim 3 अनुभव-निरपेक्ष;

n. *Christ.* मठाधिकारी, मठ-उपाध्यक्ष;

***p&i:* ~ to sth** किसी बात से पहले : ~ to his appointment; ~ to her marriage she was a teacher; ~ to departure

prioriti\ze (*also UK* **–\se**) /प्राइऔरअटाइज़/ *v., pt.* **~zed**, *pp* **~zing** 1 प्राथमिकता अनुसार लगाना 2 प्राथमिकता क्रम के आधार पर ऊपरी स्थान पर रखना;

***dw/lw:* ~zation** *n.* प्राथमिकता क्रमानुसार लगाने की क्रिया

priority /प्राइऔरअटि/ *n., pl.* **priorities** 1 प्राथमिकता, प्रथमता : first ~ 2 पूर्वता, पूर्ववर्तिता (in time) : ~ of work 3 (***syn.*** precedence) वरीयता, अग्रता, महत्त्व: take ~ over all other other programmes 4 अधिकार : creditor by ~ *law* (जिसे पहले पाने का अधिकार हो);

***collocations:* ~ message** आवश्यक; **~ printing** उच्च प्राथमिकता वाली छपाई; संदेश; **~ right** वरीयता/ अग्रता का अधिकार; **~ target** प्राथमिकता क्रम में लक्ष्य;

***p&i:* establish an order of ~** प्राथमिकता का क्रम निर्धारित क.; **give ~ to sth** वरीयता/ अग्रता/ महत्त्व दे.; **have/ take ~ (over sth)** किसी बात के ऊपर प्राथमिकता पाना; **high ~ measures** उच्च प्राथमिकतावाले कदम; **in order of ~** प्राथमिकता अनुसार, क्रमानुसार; **of high ~** ऊंची प्राथमिकतावाला; **on a ~ basis** प्राथमिकता के आधार पर; **rules of ~** प्राथमिकता के नियम

priory /प्राइअरि/ *n., pl.* **priories** *Christ.* छोटा-सा ईसाई मठ

prisage *n.* (पोत में) मद्यकर अधिकार, मद्य शुल्क ग्रहण

Priscianist /प्रिशिअनिस्ट/ *n.* व्याकरणवेत्ता, व्याकरणज्ञ, वैयाकरण

prise /प्राइज/ (*US* **prize**, *also* **pry**) *v., pt.* **~d**, *pp* **~ing** किसी चीज को दूसरी चीज या व्यक्ति से जोर लगाकर अलग क.: **~d** open the lid;

***p&i* ~d the truth out of her** बड़ी मुश्किल से उससे सच्चाई निकलवाई; **~ sth apart/ off/ open, etc.** जोर लगा कर खोलना; **~ sth from** किसी चीज को किसी अन्य चीज से अलग होने के लिए बाध्य क.; **~ sth out** किसी को किसी व्यक्ति या वस्तु के बारे में सूचना देने के लिए बाध्य क.;

prism /प्रिजअम/ *n.* 1 *geom.* प्रिज्म, समपार्श्व 2 *optics* प्रिज्म, समक्षेत्र 3 (***syn.*** spectrum) स्पेक्ट्रम, वर्णक्रम, रंगावली;

***dw/lw:* ~atic** /प्रिज्मैटिक/ *adj.* समपार्श्वीय, प्रिज्मी, सामक्षेत्रिक : a ~atic compass

prison /प्रिजअन/ *n.* 1 (***syn.*** jail) जेल, जेलखाना: ~-bars (जेल की सींखचें) 2 कैदखाना, कारागार, बंदीगृह : put into ~; be sent to ~; break out of ~ (जेल तोड़कर भाग जा.) 3 कैद : ~-bird (बार-बार जेल जाने वाला आदमी);

***dw/lw:* ~er** *n.* 1 कैदी 2 बंदी: ~ers of war; ~er of love; be a ~er to one's chair; **~-breaking** *n.* जेल तोड़कर भागना; **~-house** *n.* कैदखाना, कारागार; **~-ship** *n.* तैरता हुआ जेलखाना; **~-van** *n.* कैदियों की गाड़ी; **~-yard** *n.* जेल अहाता;

***collocations:* ~ camp** बंदी-शिविर; **~er of conscience** अंतरात्मा का बंदी; **~er of state** राजबंदी; **~ visitor** जेल में कैदियों की मदद करने के लिए आने वाला व्यक्ति;

a ~ sentence कैद की सजा; **political ~er** राजनीतिक बंदी;

***p&i:* a ~er to one's chair** कुर्सी पर आश्रित दिव्यांगी व्यक्ति; **a ~er to one's room** कमरे में बंद शैय्याग्रस्त बीमार व्यक्ति; **be released from ~** जेल से छोड़ा जाना; **cast into ~** जेल या कैद में डालना; **go to/ be sent to ~** जेल जाना या भेजा जाना; **in/ out of ~** जेल से छूटना या जेल में आना; **take/ hold sb ~er** किसी को बंदी बनाना; **take no ~ers** किसी कार्य को पूरी तरह से खत्म क.

priss\y /प्रिसी/ *adj., degr.* **~ier**, **~iest** (***syn.*** prudish) नकचढ़ा;

***dw/lw:* ~iness** *n.* नकचढ़ापन

pristine /प्रिस्टीःन/ *adj.* 1 (***syn.*** unspoiled) ताजा, साफ-सुथरा, जिसे अभी तक किसी ने रौंद कर खराब न किया हो : ~ beauty 2 मौलिक, आद्य, आदिम, आदिकालीन 3 (***syn.*** ancient) पुरातन, प्राचीन, पूर्वकालीन 4 (***syn.*** former) पूर्व, भूतपूर्व

prittle-prattle /प्रिटल-प्रैटल/ *n.* बकबक

prius /प्राइअस/ *n.* प्रारंभिक, अग्रिम

privacy /प्रिवअसि/ *US* प्राइवअसि/ *n.* 1 एकांत, निजी या व्यक्तिगत जीवन, एकांतवास: live in absolute ~ 2 (***syn.*** secrecy) गोपनीयता, छिपाव : tell sb in strict ~ 3 अलगाव, अलग कोना : in the ~ of one's thoughts

private /प्राइवअट/ *adj.* 1 निजी, अपना, अपनी : ~ property 2 व्यक्तिगत : ~ engagement 3 (***syn.*** personal) वैयक्तिक, निजी, खास : ~ life; this is for your ~ ear; ~ correspondence 4 (***syn.*** not public) गैरसरकारी, अराजकीय, अशासकीय, असार्वजनिक: ~ business 5 (***syn.*** secluded) ऐकांतिक, एकांतमय : ~ life; ~ view; we are quite ~ here 6 (***syn.*** ordinary) साधारण : a ~ citizen 7 (***syn.*** secret) गुप्त : ~ eye 8 गोपनीय : ~ and confidential 9 आपसी (of agreement) 10 आमने-सामने, एक के साथ एक (tutor teacing one student);

***n.**, pl.* **~s** *colloq.* 1 निम्न रैंक का या साधारण सैनिक 2 (**~s = private parts**) गुप्तांग;

***dw/lw:* privateer** /प्राइवअटिअः/ *n., hist.* 1 निजी युद्धपोत 2 (*also* **~ersman**) उक्त पोत का कप्तान; **privatization** /प्राइवअटाइजेशन/ *n.* निजीकरण; **privatize** (*also UK* **privatise; denationalise**) /प्राइवअटाइज/ *v., pt.* ~privatized, *pp* privatizing निजीकरण क.; **~ly** /~लि/ *adv.* 1 अकेले में 2 एकांत में 3 गुप्त रूप से 4 व्यक्तिगत रूप से;

***collocations:* ~ bill** निजी विधेयक; **~ (limited) company** निजी (जिसके शेयर न बेचे जाते हों) कंपनी; **~ detective/ ~ investigator/ ~ eye** निजी/ गैर सरकारी गुप्तचर; **~ enterprise** निजी कारोबार; **~, first class** अमेरिकी सेना में निम्न रैंक का सैनिक; **~ hotel** निजी होटल; **~ information** गुप्त

सूचना; ~ **law** जनसाधारण और उसकी संपत्ति आदि के बारे में कानून; ~ **letter** निजी पत्र; ~ **life** व्यक्तिगत जीवन; ~ **means**/ ~ **income** निजी आमदनी के साधन/ व्यक्तिगत आय; ~ **meeting** गुप्त सभा; ~ **member** विधान सभा या संसद का सदस्य जो न तो मंत्री हो और न सत्ता पक्ष का सदस्य; ~ **member's bill** *Br., India, etc. politics* प्राइवेट सदस्य द्वारा प्रस्तुत गैर सरकारी विधेयक; ~ **patient** सरकारी स्वास्थ्य प्रणाली से बाहर का रोगी; ~ **practice** निजी प्रैक्टिस (धंधा); ~ **pay bed** अस्पताल में निजी भुगतान वाला बिस्तरा; ~ **school** (*also* **independent school**) गैर सरकारी स्कूल; ~ **secretary** निजी सचिव; **(the)** ~ **sector** गैर सरकारी क्षेत्र, निजी या गैर-सरकारी उद्यम; ~ **soldier** निम्न रैंक का सैनिक; ~ **wrong** वैयक्तिक अपराध;

p&i: ~ **eye** निजी गुप्तचर; ~ **wrong** किसी व्यक्ति के व्यक्तिगत अधिकारों का उल्लंघन, किसी व्यक्ति को निजी रूप में पहुंचाई जाने वाली ठेस या हानि;

for sb's ~ **ear** किसी की निजी (गुप्त) सूचनार्थ; **for sb's** ~ **use** किसी के निजी इस्तेमाल के लिए; **in** ~ 1 गुप्त ढंग से, अकेले में 2 अपनों के बीच 3 चुपके-चुपके; **in** ~ **clothes** गैरवर्दी पोशाक में; **in one's** ~ **capacity** अपनी निजी हैसियत से; **keep it** ~**!** इसे हम दोनों के बीच (गुप्त) ही रखो!; **sb's** ~ **life** किसी की व्यक्तिगत जिंदगी

privation /प्राइवेशन/ *n.* 1 जीवन की आवश्यकताओं या सुख-सुविधाओं का अभाव: ~ of light 2 (***syn.*** hardship) वंचन, तंगी, कठिनाई, कष्ट: suffer many ~**s**

privative /प्रिवैटिव/ प्रिवअटिव/ *adj.* 1 अभावात्मक 2 वंचित करने वाला, अपहारक 3 *gramm.* अभाववाचक, नकारात्मक;

collocations: ~ **term** वैकल्पिक पद

privet /प्रिवट/ *n.* बाड़ लगाने में प्रयुक्त होने वाली एक झाड़ी

privile\ge /प्रिविलि\ज/ *n.* 1 चुनिंदा लोगों को दिए जाने वाले विशेषाधिकार व सुविधाएं 2 धनाढ्य वर्ग को प्राप्त विशेष सुविधाएं 3 सौभाग्य;

v.*, pt.* ~**ged**, *pp* ~**ging** 1 विशेषाधिकार प्रदान क. 2 विशेष सुविधा दे. 3 (*usually* ~**ge sb from sth**) रियायत या छूट दे. 4 (*usually* ~**ge sb to do sth**; **be honoured**) किसी को विशेष अवसर दे. या मिलना;

dw/lw: ~**ged** /प्रिवलिजड/ *adj.* विशेष अधिकार प्राप्त, प्राधिकृत, विशेषाधिकृत, विशेष अधिकार प्राप्त, विशेष सुविधा-प्राप्त: ~ged classes 2 रियायती 3 (***syn.*** confudential) कानूनी रूप से गोपनीय;

collocations: ~**ged claim** ऋण तुरंत वापस मांगने का अधिकार; ~**ged communication** विशेषाधिकार संसूचना; ~**ed deed** स्व-हस्ताक्षरित दस्तावेज, जिस पर गवाहों के हस्ताक्षरों की जरूरत नहीं होती; ~**ed information** कानूनी रूप से गोपनीय सूचना; ~**ged share** विशेष शेयर; ~**ge motion** विशेषाधिकार प्रस्ताव;

breach of ~**ge** अधिकार-हनन; **diplomatic** ~**ges** कूटनीतिज्ञों के विशेषाधिकार

privily /प्रिविलि/ *adv.* 1 निजी रूप से 2 गुप्त रूप से

privity /प्रिविटि/ *n., pl.* **privities** 1 (*usually* ~ **to sth**) गुप्त जानकारी रखने की स्थिति: he was suspected of ~ to the plot; with/ without the ~ of sb (किसी की जानकारी के साथ या उसके बिना) 2 रिश्ते, संबंधों का सांझापन 3 *law* वैध ठेका, पट्टा आदि जैसे संबंध : ~ of contract

privy /प्रिवि/ *adj.* 1 (*usually* ~ **to sth**) गुप्त योजनाओं या घटनाओं के बारे में जानकारी रखने वाला : ~ to the design 2 निजी, गुप्त, छिपा हुआ : ~ chamber 3 निजी, व्यक्तिगत : ~ purses 4 भागीदार : ~ to the contract;

n.*, pl.* **privies** 1 शौचघर, शौचगृह, शौचगर्त 2 *law* संसर्गी, संबंधी;

collocations: ~ **chamber** राजा का गुप्त निवास; **Privy Council** राजा या रानी की निजी या गुप्त सलाहकार समिति; ~ **purse** राजभत्ता, निजी वृत्ति; ~ **seal** राजमुद्रा; ~ **rooms** गुप्त आरामगाह; ~ **parts** गुप्तांग;

p&i: ~ **to sth** हमराज, राजदार; ~ **to the contract** समझौते में भागीदार;

in ~ = in private निजी रूप से, गुप्त रूप में

prize /प्राइज़/ *n.* 1 ईनाम, पुरस्कार : be awarded/ win a ~; ~ competition; ~ essay 2 (***syn.*** ship) युद्ध में विजित पोत 3 (***syn.*** loot) समुद्री लूट, लूट का माल : booby ~; become (a) ~ of sb 4 चाहत की वस्तुएं, नेमत : the great ~**s** of life (जीवन की महान नेमतें);

adj. 1 पुरस्कृत : ~ money 2 (***syn.*** first class) उत्कृष्ट : a ~ bull;

v.*, pt.* ~**d**, *pp* **prizing** 1 (***syn.*** treasure) महत्त्व दे., सम्मान क., इज्जत क. : ~ the affection of friends; ~ liberty more then life 2 (***syn.*** seize) जीत लेना 3 (***syn.*** force open) तोड़ना, खोल दे.;

dw/lw: ~-**court** *n.* समुद्री लूट न्यायालय; ~**fight** *n.* ईनाम के लिए मुकाबला; ~-**fighter** *n.* व्यावसायिक मुक्केबाज; ~**fighting**/ ~**ring** *n.* व्यावसायिक मुक्केबाजी; ~-**money** *n.* पुरस्कार राशि; ~-**winning** *adj.* ईनाम जीतने वाला;

collocations: **a** ~ **for sth** किसी बात के लिए पुरस्कार; ~ **distribution** पुरस्कार वितरण; **first/ second/ the runner's-up** ~ प्रथम/ दूसरे स्थान का पुरस्कार; **the top** ~ शिखरतम पुरस्कार;

p&i: **a booby** ~ मुकाबले में सबसे फिसडी प्रतियोगी को दिया जाने वाला हास्यजनक इनाम; **a consolation** ~ सांत्वना पुरस्कार; **a** ~ **fool** *ironic* महामूर्ख; **sb's** ~ **possession** किसी का कीमती तोहफा; **see what a** ~**!** देखो तो मुझे कैसा ईनाम मिला!

PRO *abbr.* 'Public Records Office', 'Public Relations Officer' की प्रथमाक्षरी

pro /प्रो/ *n.* 1 पेशेवर खिलाड़ी आदि 2 समर्थक, अनुकूल तर्क, सकारात्मक मत (समर्थन में) : the ~**s** and cons (सकारात्मक व नकारात्मक पहलू, पक्ष और विपक्ष) : weigh/ consider all the pros and cons;

adj. 1 अनुकूल 2 व्यावसायिक;

prep. के पक्ष में: pro environment;

adv.*, colloq.* पक्ष में : he would argue ~;

dw/lw: **pro-and-con** *v., pt.* pro-and-coned, *pp* pro-and-coning किसी बात के सकारात्मक व नकारात्मक पहलू या पक्ष और विपक्ष तोलना: they wasted a precious minute in pro-and-conning

pro- /प्रो-/ *pref., denoting:* 1 **in favor of** (समर्थन में) : **pro-**European 2 **in place of** (किसी के स्थान पर तदर्थ रूप से काम करने वाला): **pro-**vice-chancellor 3 ***before*** (पहले या के सामने) : probosis

proa /प्रोअ/ *n.* डोंगा, पाल नौका

proactive /प्रोऐक्टिव/ *adj.* आगे बढ़कर काम करने वाला

pro-am *adj.* व्यावसायिक व शौकिया खिलाड़ियों को शामिल करने वाला

pro and con *see above under* **pro: *dw/lw***

prob *see below under* **problem: *dw/lw***

probability /प्रौबबिलिटि/ *n., pl.* **probabilities** 1 (***syn.*** likelihood) संभावना, संभाव्यता, संभाविता : every ~ of success 2 सत्य होने की संभावना : reports devoid of all ~;

collocations: ~ **theory** *math* संभाव्यता का सिद्धांत

p&i: **in all** ~ पूरी संभावना है कि, संभव है कि ...

probabi\liorism /प्रौबअबिलि\रिजम/ *n.* अधिसम्भाव्यवाद;

dw/lw: ~**lism** /प्रौबअलिजम/ *n., philos.* संभाव्यवाद; ~**listic** /प्रौबअलिस्टिक/ *adj.* संभावना आधारित

proba\ble /प्रौबअबल/ *adj.* 1 संभावित : **~ble** results 2 संभाव्य, संभवनीय : success is possible but hardly **~ble**; a hardly **~ble** story;
dw/lw: **~bly** /प्रौबअबलि/ *adv.* शायद, संभवतः, हो सकता है : it will ~bly rain today
proband /प्रोबैंड/ *n.* (*also* **propositus**) वंशानुगत (genetic) अध्ययन के केंद्र के रूप में परिवार का पहला सदस्य
probang /प्रोबैंग/ *n., surg.* एक विशेष प्रकार का शल्य औजार
proba\te /प्रोबेट/ *n., law* वसीयतनामे का प्रमाण-पत्र पाने की क्रिया: **~te** court (वसीयतनामे संबंधी अदालत); **~te** duty (वसीयतनामा-शुल्क) 2 वसीयतनामे की प्रमाणित प्रति 3 इच्छापत्र 4 प्रमाण;
v., pt. **~ted**, *pp* **~ting** *US* वसीयतनामा प्रमाणित क.;
dw/lw: **~tive** /प्रोबअटिव/ *adj.* प्रमाणक
probation /प्रअबेशन/ *n.* 1 परिवीक्षा-अवधि, परख-अवधि : on ~ for six months 2 परिवीक्षा, परख, परीक्षण, परीक्षा : pass a ~ 3 नवशिष्यकाल 4 सदाचरण रूप मुक्ति या रिहाई;
dw/lw: **~ary** /प्रोबेशनरि/ *adj.* 1 परखनीय, परिवीक्ष्य 2 परीवीक्षाधीन, परखाधीन : ~ary sentence (परखनीय कैद) 3 परखाधीन व्यक्तियों का 4 नवशिष्यकाल संबंधी; **~er** /प्रोबेशनः/ *n.* 1 जिसकी परिवीक्षा या नवशिष्यकाल चालू हो, परिवीक्षार्थी, परखार्थी 2 परिवीक्षाधीन, पारीक्षणिक 3 जो व्यक्ति नवशिष्यकाल या प्रशिक्षण काल की अवस्था में है;
collocations: **on ~** परिवीक्षणाधीन, नवशिष्यकाल में हो.; **~ officer** परिवीक्षा अधिकारी
pro\be /प्रोब/ *v., pt.* **~bed**, *pp* **~bing** 1 (*often* **~be into sth**) ध्यान से जांचना, परखना, जांच-पड़ताल क. : **~be** deep into the matter; **~be** sb's intentions 2 गहराई नापना;
n. 1 सर्वांगीण जांच, परख, परीक्षण 2 शलाका, लंबी पतली धातु की छड़ या सूआनुमा शलाका जिससे डॉक्टर घाव आदि देखते-परखते हैं 3 जांच, तहकीकात 4 (*also* **space ~e**) अंतरिक्ष खोज;
adj. अन्वेषी : **~be** space-craft;
dw/lw: **~bing** /प्रोबिंग/ *adj.* खोजी, अन्वेषी;
collocations: **~be microphone** अन्वेषी माइक्रोफोन; **~be tube** खोज नली
probiotics /प्रोबायौटिक्स/ *n., [sing.] alternative med.* शरीर में मौजूद लाभकारी व हानिकारक जीवाणुओं को ध्यान में रखकर की जाने वाली चिकित्सा
probity /प्रोबिटि/ *n.* सत्यनिष्ठा, ईमानदारी
problem /प्रौब्लम/ *n.* 1 समस्या : ~ with the software; drink ~ (शराब की लत की समस्या); **~s** of common interest 2 प्रश्न, सवाल 3 *math.* प्रश्न, सवाल 4 पेचीदा व्यक्ति या कार्य;
adj. 1 समस्याजनक : ~ person 2 कठिन, जटिल : ~ question 3 समस्या-प्रधान : ~ novel (समस्या-प्रधान उपन्यास);
dw/lw: **prob** *colloq.* **'problem'** का छोटा रूप (समस्या) : ok, no **~s**, I'll do it; **~ (al)ist** /प्रौब्लअमलिस्ट/ *n.* जो समस्या या सवाल बनाता है और उसका समाधान बताता है; **~-solving** *n.* समस्याओं का समाधान निकालने की क्रिया;
collocations: **~ child** बिगड़ा हुआ बालक; **~ oriented** समस्यामूलक; **~ page** समाचार पत्र आदि में पाठक-समस्या पृष्ठ; **unemployment ~** बेरोजगारी की समस्या;
p&i: **a major/ serious ~** एक बड़ी/ गंभीर समस्या; **a ~ arises** प्रश्न उठता है कि ...; **cause/ pose a ~** समस्या पैदा क./ हो.; **face/ tackle a ~** समस्या से जूझना/ समस्या का समाधान क.; **have a ~ with sth/ sb** किसी या किसी चीज के साथ समस्या हो.; **it is a ~ how to make both ends meet** दो वक्त की रोटी का जुगाड़ करना एक समस्या है; **It's/ no ~ = not a ~ =** no issues 1 कोई बात या समस्या नहीं : found our way, no ~ 2 धन्यवाद के जवाब में प्रयुक्त शब्द, कोई बात नहीं; **that's not my ~** इसका मुझसे कोई लेना-देना नहीं, सरोकार नहीं; **that's his/ her/ their/ your ~** व्यक्ति को अपनी समस्याएं स्वयं सुलझानी चाहिएं; **what's your ~** समस्या या बात क्या है?
problematic /प्रौब्लअमैटि\क/ *adj.* 1 समस्याजनक, जटिल : a ~ question 2 (***syn.*** doubtful) संदिग्ध, संदेहास्पद : ~ inscription in unknown characters 3 कठिन, समस्यामूलक 4 अनिश्चित्मक;
dw/lw: **~al** /~कल/ *adj.* समस्याजनक, जटिल; **~ally** /~कलि/ *adv.* समस्या के आधार पर
pro bono /प्रो बोनो/ *adj., Lat., US law* 1 गरीब ग्राहक के मुकदमे की मुफ्त पैरवी करने वाले वकील से संबंधित 2 निःशुल्क (पैरवी आदि)
pro bono publico /प्रोबोनो पुब्लिको/ *Lat.* जनता की भलाई के लिए
proboscis /प्रोबौसिस/ *n., pl.* **~es**/ **proboscides** /प्रोबौसिडीःज/ 1 सूंड, शुंडिका 2 (कुछ कीटाणुओं का नली जैसा) लंबा मुंह 3 *facetious* आदमी की चोंच जैसी लंबी नाक
procathedral /प्रोकैथिडरल/ *n.* अस्थायी चर्च-समूह
procedural /प्रअसीःजरल/ *adj.* कार्यविधिक, प्रणाली संबंधित;
dw/lw: **~ly** /प्रअसीःजरलि/ *adv.* कार्यविधि के हिसाब से
procedure /प्रअसीःजः/ *n.* 1 कार्यविधि : follow a ~ 2 प्रक्रिया : a ~ for (doing) sth 3 कार्यप्रणाली : correct/ proper/ standard ~ 4 (***syn.*** conduct) व्यवहार 5 उठाए गए कदम;
collocations: **civil ~** दीवानी कानून विधि; **criminal ~** आपराधिक कानून विधि
proceed /प्रअसीःड/ *v., pt.* **~ed**, *pp* **~ing** 1 (*often* **~ with sth**) जारी रखना या रहना, वस्तु या बात आदि का आगे बढ़ना : the story **~s** as follows... 2 (***syn.*** go on) आगे बढ़ना, अग्रसर होना : ~ along the road 3 काम करने लगना, कदम उठाना: **~ed** to question her 4 मुकदमा चलाना : ~ against sb 5 से पैदा या उत्पन्न होना, से निकलना : fear **~s** from ignorance 6 चलना : the trial is **~ing** 7 एक स्तर से दूसरे तक पहुंचना : ~ from one class to another;
p&i: **~ against sb** किसी के विरुद्ध दावा क.; **~ along/ down etc.** आगे बढ़ते जाना, जारी रखना; **~ from sth** से पैदा हो.; **~ to do sth** कोई काम शुरू क. या उसके लिए कदम उठाना
proceeding /प्रअसीःडिंग/ *n.* 1 कार्यवाही, कार्रवाई 2 (***syn.*** advance) प्रगति 3 विवरण, कार्यविवरण 4 व्यवहार : a strange ~ on his part 5 कानूनी कार्रवाई : take/ institute/ legal **~s** against sb
proceedings /प्रसीडिंग्ज/ *n., [pl.]* 1 कार्यवाही, कार्रवाई : daily ~ 2 गतिविधियां 3 कार्यविवरण, विवरण 4 मुकदमा, अदालती कार्रवाई: ~ in civil cases (दीवानी मुकदमा); legal ~; summary ~; divorce ~; stay ~
proceeds /प्रोसीःड्ज/ *n., [pl.]* बिक्री या चंदे से प्राप्त धन, प्राप्ति : gross/ net ~
process /प्रोसेस/ *n., pl.* **~es** 1 क्रिया : a slow ~; in ~ of construction 2 प्रक्रिया: ~ of development/ evolution 3 (***syn.*** method) कार्यविधि, प्रणाली, परिपाटी, क्रिया-पद्धति 4 प्राकृतिक परिवर्तन या प्रक्रिया, समय का चलन : the aging ~; natural ~; the ~ of water becoming ice; changes are in ~; in ~ of time 5 *law* वाद, मुकदमा, कार्यवाही 6 प्रगति, गति 7 (***syn.*** summons) सम्मन, आदेशिका : ~-server (अदालत का हरकारा) 8 (***syn.*** operation) *phys.* प्रक्रम;
v., pt. **~ed**, *pp* **~ing** 1 खाद्य पदार्थों को रासायनिक तरीके से तैयार करके देर तक बचाकर रखना 2 किसी वस्तु को तैयार क., संसाधित क. : ~ leather 3 विश्लेषण क. 4 प्रार्थना पत्र या अन्य किसी मामले को जांच-पड़ताल करके तैयार क. 5 *comput.* कंप्यूटर कार्य चलाना 6 अदालती कार्रवाई क. 7 तैयार करना या बनाना शुरू क. 8 कृषि उत्पादों को तैयार यानी संसाधित क.;
dw/lw: **~ed** /प्रोसेसड/ *adj.* तैयार किया हुआ, संसाधित: ~ed food; ~ed milk; ~ed film; **~ing** *n.* 1 कार्य करने की प्रक्रिया 2 वस्तु तैयार करने की क्रिया, संसाधन: ~ing equipment; ~ing

industry 3 तकनीक 4 आंकड़ों आदि का विश्लेषण: ~ing data;
~or /प्रोसेसः/ *n.* 1 कंप्यूटर का नियंत्रक या कार्यकारी हिस्सा: word ~or 2 संसाधक, संसाधित्र, माल तैयार करने वाला यंत्र food ~or;
collocations: **central processing unit** (*abbr.* **CPC**) संपूर्ण कंप्यूटर की नियंत्रक इकाई या भाग;
word processor कंप्यूटर का एक कार्य जिसके तहत दस्तावेज की रचना, बनावट, छपाई आदि नियंत्रित होते हैं;
p&i: **be in the ~ of sth** कुछ करने की प्रक्रिया में हो.; **in the** ~ प्रक्रिया में

procession /प्रअसेशन/ *n.* 1 जलूस 2 शोभायात्रा : funeral ~ 3 प्रसरण (of Holy Spirit) 4 लंबी कतार : ~ of motor-cycles/ boats;
n. *Christ.* 1 प्रार्थना पुस्तक 2 प्रसरण भजन
v., pt. **~ed,** *pp* **~ing** जलूस में भाग लेना : ~ a town (शहर भर में जलूस निकालना);
dw/lw: **~al** /प्रअसेशनल/ (*also* **~ary**) *adj.* 1 शोभायात्रा-संबंधी 2 जलूस संबंधी; **~ist** /प्रअसेशनिस्ट/ *n.* शोभा-यात्रा या जलूस में भाग लेने वाला

processor /प्रअसेसः/ *n.* 1 तैयार या संसाधित करने वाला उपकरण, संसाधित्र 2 कंप्यूटर में आंकड़ों या सूचनाओं का विश्लेषण या संसाधन करने वाला उपकरण

pro-choice /प्रो-चुआइस/ *adj.* औरतों द्वारा गर्भपात करवाने के अधिकार का समर्थक

prochain /प्रोशेन/ *adj., Fr., law:* **~ ami** नाबालिगों का अभिभावक

prochronism /प्रोक्रौनिजम/ *n.* घटना के समय को उसके असली समय से पहले का तिथित करने या बताने की क्रिया

proclaim /प्रअक्लेम/ *v., pt.* **~ed,** *pp* **~ing** 1 (***syn.*** declare) एलान क. : ~ peace 2 सार्वजनिक घोषणा क., मुनादी क. 3 घोषित क. : ~ sb an outlaw; be a **~ed** offender 4 किसी या किसी वस्तु का असली चरित्र दर्शाना : his accent **~ed** him to be a foreigner 5 आपातकाल घोषित क.: the whole country is **~ed**;
dw/lw: **~ed** /प्रअक्लेमड/ *adj.* सर्व-घोषित; **~er** /प्रअक्लेमः/ *n.* घोषणा करने वाला;
p&i: **~ from housetops** डंके की चोट पर घोषित **क.**

proclama\tion /प्रौक्लअमेशन/ *n.* 1 राष्ट्रीय महत्त्व का एलान: **~tion** of martial law 2 सार्वजनिक घोषणा 3 उद्घोषणा, मुनादी 4 घोषणा-पत्र;
dw/lw: **~tory** /प्रअक्लैमअटरि/ *adj.* घोषणा-संबंधी

proclimax /प्रोक्लाइमैक्स/ *n., bot.* चरमाभास

proclitic /प्रोक्लिटिक/ *adj., gramm.* अगले शब्द से जुड़कर एक शब्दांश (syllable) बनाने वाला/ ध्वनि पैदा करने वाला (शब्द), अग्राश्रयी, बलाघात-रहित (शब्द)

proclivity /प्रअक्लिविटी/ *n., pl.* **proclivities** 1 स्वाभाविक प्रवृत्ति: ~ to idleness 2 (***syn.*** propensity) रुझान, झुकाव: sexual ~ 3 आदत: a ~ to lie

procommunal /प्रोकम्युनल/ *adj.* सांप्रदायिक

proconsul /प्रोकॉन्सल/ *n., Roman hist.* 1 राज्यपाल, प्रांतपति 2 उप-वाणिज्य-दूत;
dw/lw: **~ar** *adj.* उपवाणिज्य दूत संबंधी

procrastina\te /प्रोक्रैस्टिने\ट/ *v., pt.* **~ted,** *pp* **~ting** 1 टालना 2 विलंब क., देर लगाना : he **~tes** in every emergency 3 टालकर आगे बढ़ाना, स्थगित क.;
dw/lw: **~tion** /~शन/ *n.* 1 टाल-मटोल 2 दीर्घसूत्रता 3 विलंबन, स्थगन, विलंब, देर; **~tor** /~टः/ *n.* दीर्घसूत्री, विलंबी, टाल-मटोलिया; **~tory** /~टरि/ *adj.* विलंबकारी;
p&i: **~tion is the thief of time** टाल-मटोल करना समय की चोरी है

procreant /प्रोक्रिअंट/ *adj.* 1 संतति प्रजनक 2 उत्पादक

procrea\te /प्रोक्रिए\ट/ *v., pt.* **~ted** *pp* **~ting** पैदा क., प्रजनन क., उत्पन्न क.: **~te** children; **~te** offsprings;
dw/lw: **~tion** /~शन/ *n.* प्रजनन, उत्पादन, उत्पत्ति; **~tive** /~टिव/ *adj.* प्रजनन-सक्षम, प्रजननशील, प्रजनक, उत्पादक; **~tor** /~टः/ *adj.* जनक, पैदा करने वाला

Procrustean /प्रोक्रस्टिअन/ *adj., myth.* क्रूर तरीकों से कानून को लागू करके गधे-घोड़ों को बराबर करने वाला: ~ methods

proctolo\gy /प्रौक्टौलजि/ *US* प्राःक्टाःलजि/ *n.* गुदा-चिकित्सा विज्ञान;
dw/lw: **~gist** /प्रौक्टौलजिस्ट/ *n.* गुदा-चिकित्सा विज्ञानी

proctor /प्रौक्टः/ *US* प्राःक्टः/ *n., university* 1 प्रौक्टर, अनुशासन अधिकारी 2 अनुशासक 3 कुलानुशासक;
dw/lw: **~ial** /प्रौक्टौरिअल/ *US* प्राःक्टाःरिअल/ *adj.* प्रॉक्टर संबंधी: ~ial duties; **~ship** *n.* प्रौक्टर का पद

procumbent /प्रोकंबंट/ *adj.* 1 जमीन पर बिछकर बढ़ने वाली 2 *tech.* आगे को झुकने वाले 3 पेट के बल लेटने वाले

procurable /प्रोक्युरअबल/ *adj.* 1 प्राप्य 2 विक्रय योग्य, जिसे खरीदा या प्राप्त किया जा सके : here goods are ~ at lower prices

procura\tion /प्रौक्युरे\शन/ *n.* 1 प्राप्ति 2 दलाली : **~tion** fee; **~tion** money 3 मुख्तारी अधिकार : by **~tion;**
dw/lw: **~tor** /प्रौक्युरे\टः/ *n.* 1 (***syn.*** agent) मुख्तार 2 *in the Roman empire:* आर्थिक एजंट, राज्यपाल (administrator in a province); **~cy/ ~torship** /प्रौक्युरअसि/ प्रौक्युरअटःशिप/ *n.* मुख्तारी की जिम्मेवारी या काम;
p&i: **~tor fiscal** सरकारी वकील;

procu\re /प्रक्युअः/ *v., pt.* **~red,** *pp* **~ring** 1 प्राप्त क. : **~re** wealth; this book is very difficult to **~re** 2 वेश्याओं की दलाली क., कुटनाना, कुटनापा क.;
dw/lw: **~rable** /प्रअक्युरअबल/ *adj.* प्राप्य; **~rer** /प्रअक्युअः/ *n.* 1 प्राप्त करने या कराने वाला 2 (औरतों का) दलाल 3 कुटना, दलाल, भड़ुआ; **~ress** /प्रअक्युअरेस/ *n.* कुटनी; **~rement** *n.* 1 प्राप्ति: the ~rement of a loan 2 खरीद: the ~rement of wheat 3 मुख्तारी 4 प्रबंध

prod /प्रौड/ *US* प्राःड/ *n.* 1 (***syn.*** goad) धक्का 2 (***syn.*** dig) तेज नोक, खोदनी : he gave him a ~ in the ribs 4 **Prod/ Proddie** प्रोटेस्टंट ईसाई के लिए अपमानजनक शब्द;
v., pt. **~ded,** *pp* **~ding** 1 कोंचना, खोदना 2 धकियाना: ~ with a bayonet 3 (***syn.*** poke) उंगली गड़ाना: ~ sb in the ribs with one's finger 4 उकसाना, प्रोत्साहित क., प्रेरित क.: ~ a lazy student 5 (***syn.*** irritate) तंग क., छेड़ना;
dw/lw: **~ding** /प्रौडिंग/ *US* प्राःडिंग/ *n.* प्रोत्साहन

prodelision /प्रोडिलिजन/ *n., ling.* आद्यस्वरलोप

prodigal /प्रौडि\गल/ *US* प्राःडि\गल/*adj.* 1 (***syn.*** extravagant) अपव्ययी, फिजूलखर्च, खर्चीला: a ~ spender; ~ expenditure 2 (*often* **~ of sth**) मुक्तहस्त, उदार 3 प्रचुर, विपुल: a ~ of benefactions/ of favours;
n. 1 अपव्ययी व्यक्ति 2 (*also* **~ son**) भूला-भटका बेटा;
dw/lw: **~ity** /~गअलिटि/ *n.* 1 अपव्ययिता, फिजूलखर्ची: ruined by his ~ity 2 उदारता: ~ity of nature 3 विपुलता, प्रचुरता, बाहुल्य; **~ize** *v., pt.* ~ized, *pp* ~izing फुजूलखर्ची क.; **~ly** /~गलि/ *adv.* मुक्तहस्त होकर, उदारतापूर्वक;
p&i: **~ son** सुबह का भूला हुआ शाम को घर लौटने वाला व्यक्ति

prodigious /प्रअडिजिअस/ *adj.* 1 (***syn.*** colossal, gigantic) बड़ा, बृहदाकार, अति विशाल : ~ sum of money; ~ building 2 आश्चर्यजनक, अनोखा, अपूर्व 3 असाधारण, अस्वाभाविक, असामान्य : of ~ shape;
dw/lw: **~ly** /प्रअडिजिअसलि/ *adv.* असाधारण ढंग से

prodigy /प्रौडिजि/ *US* प्राःडिजि/ *n., pl.* **prodigies** 1 चमत्कार, कौतुक : **prodigies** of nature/ of valour 3 असाधारण या अद्भुत वस्तु, व्यक्ति : ~ violinist 4 विलक्षण, प्रतिभा-संपन्न बालक : infant ~

prodrome /प्रोड्रोम\/ *n.* 1 रोग के पूर्वलक्षण 2 प्रस्तावना 3 प्रारंभिक भाग
dw/lw: **~al** /प्रअड्रोमअल/ *n.* 1 प्रारंभिक 2 भूमिका के रूप में

produ\ce /प्रअड्यूस/ *v., pt.* **~ced**, *pp* **~cing** 1 उगाना, उत्पादन क. : **~ce** rice 2 (*syn.* manufacture) बनाना, तैयार क. : **~ce** woollen goods 3 उत्पन्न क., पैदा क. : **~ce** an athlete; **~ce** an heir to the throne 4 पेश क. : **~ce** proofs 5 दुर्गंध आदि निकालना 6 फिल्म आदि का निर्माण क. : **~ce** films 7 (*syn.* compose) रचना : **~ce** a book 8 (*syn.* exhibit) दिखलाना, प्रस्तुत क., पेश क. : **~ce** one's passport; **~ce** proof 9 (*syn.* stage) का अभिनय क., प्रस्तुत क., मंचन क. : **~ce** Shakespearian plays 10 (*syn.* extend) बढ़ाना 11 लोगों में प्रतिक्रिया या प्रभाव पैदा क. : their efforts **~ced** no results;
n. 1 पैदावार, उपज : agricultural **~ce** 2 माल, उत्पादन : **~ce** of factories 3 उत्पाद (thing **~ced**) : home **~ce**; surplus **~ce** 4 परिणाम 5 फल : raw **~ce**;
dw/lw: **~ced** /~सड/ *adj.* 1 उत्पादित, उत्पन्न 2 प्रस्तुत; **~cer** /~सः/ *n.* 1 पैदा करने वाला 2 निर्माता 3 उत्पादक 4 प्रस्तुतकर्ता, सूत्रधार; **~cer-gas** *n.* गैस पैदा करने वाला जेनेरेटर; **~cible** /~सिबल/ *adj.* उत्पाद्य, प्रस्तुत्य
collocations: **~cer's goods** उत्पादक का माल, उत्पाद; **~cer's stock** तैयारशुदा माल बनाने के लिए कच्चे माल का भंडार

product /प्रौडक्ट/ *US* प्राःडक्ट/ *n.* 1 (*syn.* produce) उपज, उत्पाद, पैदावार : farm **~s**; **~s** of sb's labour 2 (*syn.* commodity, goods, merchandise, wares) माल, वस्तु 3 गुणनफल 4 परिणाम : ~ of much thought; his book is the ~ of several years of research;
dw/lw: **by-~** *n.* गौण उत्पाद; **end-~** *n.* अंतिम उत्पाद;
collocations: **finished ~s** तैयारशुदा माल; **gross national** ~ सकल घरेलू उत्पाद; **metabolic** ~ पदार्थों के मिश्रण का फल; **net national** ~ शुद्ध घरेलू उत्पाद, शुद्ध लाभ; **radioactive** ~ रेडियोधर्मी उत्पाद;
p&i: **~ of sth** किसी बात का नतीजा या फल

production /प्रअडक्शन/ *n.* 1 निर्माण : the new car model goes into ~ next year 2 उत्पादन : ~ of commodities; ~ on the line (थोक उत्पाद); mass/ manufacturing ~; mode of ~; process of ~; ~ unit 3 प्रस्तुति : a new ~ of "Hamlet" 4 फिल्म निर्माण: film ~ in India is on a huge scale 5 उपज, उत्पादन 6 रचना : a ~ of genius 7 प्रस्तुति, प्रदर्शन 8 (*syn.* prolongation) प्रवर्धन;
collocations: **~ and consumption** उत्पाद और मांग; **~/ assembly line** उत्पाद की कड़ी; **~ control** उत्पादन नियंत्रण; **~ department** उत्पादन विभाग; **~ engineering** उत्पादन यांत्रिकी; **~ manager** उत्पादन प्रबंधक; **~ number** फिल्म, संगीत नाटिका आदि में एक विशेष दृश्य जिसमें बुत सारे लोग गाते-बजाते हैं; **~ on the line** थोक उत्पादन; **~ planning** उत्पादन योजना निर्माण; **~ relations** उत्पादक शक्तियों के बीच संबंध; **~ script** फिल्म का संवाद-लेख; **~ still** कार्य-स्थिति की फोटो; **~ unit** निर्माण इकाई;
cost of ~ उत्पादन की कीमत या लागत; **mass** ~ थोक निर्माण; **means of** ~ उत्पादन के साधन; **process of** ~ उत्पादन प्रक्रिया; **weekly/ monthly** ~ साप्ताहिक/ मासिक उत्पाद;
p&i: **~ is falling off** उत्पादन गिर रहा है

productive /प्रअडक्टिव/ *adj.* 1 रचनात्मक, सक्रिय 2 (*syn.* fertile) उपजाऊ जमीन, उपजाऊ, उर्वर 3 उत्पादक, उत्पादी, उत्पादनकारी : ~ mine; ~ pool (मिट्टी के तेल का संस्तर, परत) 4 *fig.* (*syn.* fruitful) उपयोगी, सफल, फलोत्पादक 5 (*usually* **~ of sth**) परिणाम देने वाला: ~ of ideas; ~ suffix;
dw/lw: **~ly** /प्रअडक्टिवलि/ *adv.* अच्छे परिणामों के साथ; **~ness** /प्रअडक्टिवनेस/ *n.* उत्पादकता, रचनात्मकता, फलोत्पादकता;
collocations: **~ capacity** उत्पादन क्षमता; **~ capital** उत्पादन पूंजी; **~ forces** उत्पादक शक्तियां; **~ imagination** उत्पादनशील कल्पना; **~ labour** उत्पादक श्रम; **~ placement** माल या निर्मित वस्तु का इश्तिहार के रूप में प्रयोग; **~ suffix** उत्पादक प्रत्यय; **~ writer** काफी ज्यादा लिखने वाला लेखक

productivity /प्रौडक्टिवटि/ *US* प्राःडक्टिवटि/ *n.* 1 उत्पादन-क्षमता 2 उत्पादकता : ~ of labour; ~ wages 3 उर्वरता, उपजाऊपन : land in full ~

proem /प्रोएम/ *n.* संक्षिप्त भूमिका, प्रस्तावना, आमुख, प्राक्कथन

prof /प्रॉफ/ *n., colloq.* 'Professor' का संक्षेप

Prof. *abbr.* 'Professor' का संक्षेप

profa\ne /प्रअफेन/ *adj.* 1 अपवित्र, अवमानकारी 2 (*syn.* secular) लौकिक, सांसारिक, धर्मनिरपेक्ष : **~ne** art 3 (*syn.* uninitiated) अदीक्षित 4 (*syn.* unhallowed) अपवित्र 5 (*syn.* impious) विधर्मी, अधर्मी : **~ne** rites 6 अश्लील, ईश-निंदापूर्ण : **~ne** words/ language;
v., pt. **~ned**, *pp* **~ning** 1 पवित्र वस्तु, स्थान आदि के प्रति अनादरपूर्वक पेश आना 2 पावन स्थान आदि को अपवित्र क.;
dw/lw: **~nation** /प्रौफअनेशन/ *n.* अपवित्रीकरण: ~nation of a temple; **~nely** /प्रअफेनलि/ *adv.* अपवित्र ढंग से, अपमानजनक ढंग से; **~nity** /प्रअफैनिटि/ *n., pl.* ~nities 1 अवमानना, अपमान 2 अपवित्रता 3 (*syn.* language) निंदनीय भाषा, गाली utter ~nities (गालियां दे.)

profascist /प्रोफैसिस्ट/ *adj.* फासीवाद समर्थक

profess /प्रअफेस/ *v., pt.* **~ed**, *pp* **~ing** 1 उपदेश दे. 2 घोषणा क. 3 प्रकट क., दिखाना, प्रदर्शित क. : ~ one's dislike for long speeches 4 (*syn.* declare) किसी बात के प्रति प्रतिबद्धता खुले आम स्वीकारना, बताना, घोषित क. 5 (*syn.* claim) दावा क. : ~ ignorance; ~ to be an expert 6 का प्रदर्शन क. 7 (*syn.* pretend) का अभिनय क., का दिखावा क. : they ~ extreme regret 8 पर विश्वास प्रकट क. 9 स्वीकार क., मानना 10 दीक्षा लेना, व्रत लेना (in religious order) 11 किसी विषय पर लेक्चर दे., प्रोफेसर का कार्य क.: ~ law/ medicine/ history etc.;
dw/lw: **~ed** /प्रअफेस्ट/ प्रअफेस्ड/ *adj.* 1 ज्ञापित, आत्मघोषित : ~ed infidel (घोषित बेवफा) 2 माना हुआ: ~ed enemy of reforms 3 प्रतिज्ञाबद्ध, धार्मिक-व्रतदीक्षित, व्रतधारी 4 (*syn.* pretended) झूठा दावा करने वाला : ~ed excuse 5 (*syn.* pretended) तथाकथित: ~ed friend; **~edly** /प्रअफेसडलि/ *adv.* 1 खुले आम 2 प्रकट रूप से : ~edly ignorant on the subject 3 खुल्लमखुल्ला : ~edly stated;
p&i: **~ oneself** मान ले., कबूल कर ले.;
it is ~edly stated खुल्लमखुल्ला कहा गया है; **he is ~edly ignorant on the subject** इस विषय पर वह माना हुआ अज्ञानी है

profession /प्रअफेश\न/ *n.* 1 व्यवसाय, पेशा, धंधा : a doctor by ~; the legal ~ 2 घोषणा, प्रदर्शन : insincere **~s** 3 (*syn.* avowal) अंगीकार, स्वीकारोक्ति, स्वीकरण: a ~ of loyalty/ friendship 4 व्रतधारण, व्रतदीक्षा (in religious order) 5 पेशे या व्यवसाय के लोग : the ~ as a whole condemned him;
n. 1 प्रशिक्षित व्यावसायिक व्यक्ति 2 व्यावसायिकता 3 पेशेवर खिलाड़ी या संगीतज्ञ, व्यवसायी 4 किसी तरफ झुकाव रखने वाला व्यक्ति 5 पैसा लेकर काम करने वाला व्यक्ति 6 (*also* **pro**) अनुभवी व हुनरमंद व्यक्ति;
dw/lw: **~al** /~नल/ *adj.* 1 (**anton.** amateur) व्यावसायिक, पेशेवर (खिलाड़ी या संगीतज्ञ): a ~al golfer 2 (*syn.* competent) व्यावसायिक रूप से प्रशिक्षित: a very ~al job 3 पूर्णरूपेण प्रतिबद्ध: ~al revolutionary 4 पैसा लेकर काम करने वाला; **~alism** /~नलिजम/ *n.* 1 व्यावसायिकता, व्यावसायिक गुण 2 कुशलता, दक्षता एवं योग्यता 3 पेशेवर खिलाड़ियों को खिलाने का चलन; **~alize** /~नलाइज/ *v., pt.* ~alized, *pp* ~alizing व्यावसायिक रूप दे.; **~ally** /~नलि/ *adv.* 1 व्यावसायिक रूप से

2 दक्षतापूर्वक, योग्यतापूर्वक 3 पेशेवर व्यक्तियों की तरह;
collocations: **~al advice** व्यावसायिक सलाह; **~al skills** व्यावसायिक हुनर; **~ and amateur cricketers** पेशेवर एवं शौकिया क्रिकेट खिलाड़ी; **~ etiquette** व्यावसायिक तमीज; **~ forces** सेना; **~ politician** पेशेवर राजनेता;
the ~ classes मुक्त पेशा करने वाले लोग, बुद्धिजीवी लोग (वकील, डॉक्टर, आर्किटेक्ट, अध्यापक आदि);
p&i: **the learned professions** धार्मिक शिक्षा (theology), विधि शास्त्र (law), औषध विज्ञान (medicine);

professor /प्रअफेसः/ *n.* 1 (*also* **full professor**) विश्वविद्यालय में उच्चतम पद या स्तर का प्राध्यापक, आचार्य, प्रोफेसर 2 *US* विश्वविद्यालय का अध्यापक 3 विश्वविद्यालय या कॉलेज का अध्यापक 4 *colloq.* किसी हुनर में अति दक्ष व्यक्ति : '~ of boxing';
dw/lw: **~ial** /प्रौफेसॉरिअल/ *US* प्राःफेसॉरिअल/ *adj.* प्रोफेसर का या प्रोफेसर जैसा: ~ial duties; ~ial manner; **~iate** /प्रौफेसॉरिअट/ *US* प्राःफेसॉरिअट/ *n.* प्रोफेसरगण, प्रोफेसरों का समूह; **~ship** /प्रअफेसःशिप/ *n.* प्राध्यापक का पद, प्राध्यापकता, प्रोफेसरी

proffer /प्रौफः/ प्राःफः/ *v., pt.* **~ed**, *pp* **~ing** 1 देना, अर्पित क. : ~ peace; ~ one's services/ help/ friendship 2 प्रस्तुत क. : ~ compliments
n. 1 अर्पण, प्रस्ताव : **~s** of peace 2 समर्थन, भेंट 3 मूर्खतापूर्ण कार्य

profi\ciency /प्रअफिशिअंसि/ *n.* प्रवीणता, निपुणता, दक्षता, योग्यता, महारत, अनुभव: acquire ~ in music;
adj. 1 निपुण, दक्ष : **~ciency** person in driving 2 प्रशिक्षित : technically **~ciency** pianist;
dw/lw: **~cient** /प्रफिशिअंट/ *n.* निपुण या दक्ष व्यक्ति, विशेषज्ञ: ~cient in the arts; **~ciently** /प्रफिशिअंटलि/ *adv.* निपुणता से, दक्षतापूर्वक

profile /प्रोफाइल/ *n.* 1 संक्षिप्त चरित्र चित्रण 2 पार्श्वचित्र, पार्श्व, पार्श्विका, पार्श्वदृश्य, पार्श्वगत चित्र, एकचश्म : have a fine profile; drawn in profile 3 (***syn.*** outline) चारित्रिक रूपरेखा, जीवन की रूपरेखा, जीवन रेखाचित्र : a biographical ~ 4 आड़ी काट (transverse section) 5 स्तर, सक्रियता : keep high ~; keep a low ~;
***v.**, pt.* **~d**, *pp* **profiling** 1 व्यक्ति के चरित्र या कार्यकलापों का वर्णन क. 2 पार्श्व चित्र बनाना 3 एकचश्म खड़ा हो.;
dw/lw: **profiling** *n.* चारित्रिक रूपरेखा, पार्श्विका आदि बनाने का कार्य; **~r** *n.* चारित्रिक रूपरेखा, पार्श्विका आदि बनानेवाला व्यक्ति;
p&i: **a ~ of sb/ sth** किसी का या किसी चीज की रूपरेखा या जीवन रेखाचित्र; **build up/ create a ~** रूप चित्र बनाना; **in ~** एकचश्म दृश्य

profit /प्रौफि\ट/ *US* प्राःफि\ट/ *n.* 1 (***anton.*** loss) लाभ, मुनाफा, नफा, फायदा : gross/ net ~; derive a ~; produce/ yield a ~ 2 (***syn.*** well being) हित, कल्याण : with ~ to one's health;
***v.**, pt.* **~ed**, *pp* **~ing** लाभ/ मुनाफा कमाना, लाभदायक या हितकर होना, लाभ पहुंचाना : ~ by a transaction;
dw/lw: **~ability** /~टअबिलिटि/ (*also* **~ableness**) *n.* लाभदायकता; **~able** /~टअबल/ *adj.* 1 लाभदायक 2 (***syn.*** rewarding) फायदेमंद 3 लाभकारी; **~ably** /~टअबलि/ *adv.* लाभकारी ढंग से; **~eer** /~टिअः/ *n.* मुनाफाखोर; **~eer** *v., pt.* ~eered, *pp* ~eering मुनाफाखोरी क.; **~eering** /~टिअरिंग/ *n.* मुनाफाखोरी; **~less** /~टलेस/ *adj.* अलाभकर, अलाभकारी; **~-sharing** *n., business* लाभ बांटकर लेने की क्रिया;
collocations: **~ and loss** (*in full* **~ and loss account**) *book-keeping* लाभ-हानि, लाभालाभ; **~ margin** *commer.* लाभ की गुंजाइश;
an annual/ healthy/ large/ small ~ वार्षिक/ अच्छा-खासा/ बड़ा/ कम लाभ; **gross ~** सकल लाभ; **net ~** शुद्ध लाभ;
p&i: **~ by sb's experience** किसी के अनुभव से लाभान्वित हो.; **~ from sth** से लाभान्वित हो.; **~s fall/ rise** लाभ घटता-बढ़ता रहता है;
boost/ increase ~s लाभ में वृद्धि क.; **it ~ed him nothing** इससे उसे कोई फायदा नहीं हुआ; **make a ~** लाभ कमाना; **read to one's ~** पढ़कर लाभान्वित हो.

profiteer *n. see under* **profit:** ***dw/lw***

profligacy /प्रौफ्लिगेसि/ *US* प्राःफ्लिगेसि/ *n.* 1 अपव्यय 2 अनाचार, लंपटता, लांपट्य, दुश्चरित्रता, चरित्रहीनता

profligate /प्रौफ्लि\गअट/ *US* प्राःफ्लि\गअट/ *adj.* 1 (***syn.*** wasteful) अनाप-शनाप खर्च करने वाला, अपव्ययी, उड़ाऊ, फिजूलखर्च 2 लंपट, अनाचारी, दुश्चरित्र, चरित्रहीन;
dw/lw: **~ly** /~गिटलि/ *adv.* अनाप-शनाप ढंग से

profluent /प्रोफ्लुअंट/ *adj.* प्रवाही, जोर की धारा से बहने वाला

proforma /प्रोफॉःमा/ *adj.* प्रपत्र के अनुरूप होने वाला : ~ account; ~ bill;
n. 1 (*also* **~ invoice**) बीजक 2 निदर्शन-पत्र, प्रोफोर्मा

profound /प्रअफाउंड\/ *adj., degr.* **~er**, **~est** 1 अत्यंत गहरा, अथाह : ~ intelligence/ learning/ meaning 2 गंभीर : ~ sigh; ~ silence 3 हार्दिक : ~ sympathy/ respect/ contempt 4 प्रभूत, प्रकांड, पारंगत : ~ minds 5 (***syn.*** abstruse) गूढ़, दुर्बोध, गहन : ~ questions about life 6 गहरी : ~ sleep; the ~ depths of the ocean 7 व्यापक, दूरगामी : ~ changes; it contains ~ meaning;
dw/lw: **~ly** /~लि/ *adv.* 1 गंभीरता से, अत्यधिक: be ~ly grateful/ moved; regret ~ly 2 *medical* पूर्णतः: ~ly deaf; **~ness** /~नेस/ *n.* 1 गंभीरता 2 गहराई 3 गहनता, प्रगाढ़ता, अगाधता, प्रकांडता: doubt the ~ness of sb's knowledge 4 गूढ़ता 5 हार्दिकता 6 प्रभुता, पूर्णता;
collocations: **~ depths of ocean** सागर की अथाह गहराई; **~ ignorance** गहन अनभिज्ञता; **~ interest** गहन रुचि; **~ rest** पूर्ण आराम, विराम; **~ indifference** पूर्ण उदासीनता;
p&i: **~ sigh** गहरी सांस; **make a ~ bow** खूब झुककर प्रणाम क.; **make a ~ curtsy** गहन आदर दिखाना

profundity /प्रअफंडिटि/ (*also* **profoundness**) *n.* 1 गंभीरता, हार्दिकता, प्रभुता, पूर्णता, प्रकांडता : doubt the ~ of sb's knowledge 2 गहराई, गाम्भीर्य : ~ of feeling/ thought 3 (***syn.*** abyss) अगाध गर्त्त

profuse /प्रअफ्यूस/ *adj.* 1 उदार, मुक्तहस्त : ~ in promises; ~ in compliments 2 (***syn.*** prodigal) उड़ाऊ 3 (***syn.*** abundant) प्रचुर, बहुल, विपुल, अत्यधिक : ~ apologies; ~ bleeding;
dw/lw: **~ly** /प्रअफ्यूसलि/ *adv.* प्रचुरता में: the bush blossoms all too ~ly; bleed ~ly;
collocations: **~ hand** मुक्त हस्त, अति उदार; **~ hospitality** उदार अतिथि सत्कार; **~ praise** अत्यधिक प्रशंसा

profusion /प्रफ्यूजन/ (*also* **profuseness**) *n.* 1 (***syn.*** abundance) प्रचुरता, प्राचुर्य, आधिक्य, बहुतायत : a ~ of gifts; flower in ~ 2 उदारता 3 अपव्यय

progeni\tive /प्रोजेनि\टिव/ *adj.* प्रजनक, नयी पीढ़ी पैदा कर सकने वाला;
dw/lw: **~tor** /~टः/ *n.* 1 (***syn.*** ancestor) (प्र)जनक, पूर्वज, प्रजननकर्ता, प्रतिष्ठापक 2 पूर्वपुरुष, पुरखा 3 किसी आंदोलन का जनक 4 स्रोत; **~torial** /~टॉरिअल/ *adj.* पूर्वजीय; **~tress/ ~trex** /~टरिस/ ~टरिक्स/ *n.* पूर्वजा, (प्र)जननी, वंश की जननी: a worthy ~tress/ ~trex of a long line of women novelists; **~ture** /प्रोजेनिचः/ *n.* प्रजनन

progen\y /प्रौजनि/ *US* प्राःजनि/ *n., pl.* **~ies** 1 संतति, संतान 2 शिष्य-(गण) 3 (***syn.*** outcome) परिणाम, निष्कर्ष

progesterone /प्रजेस्टअरोन/ *n.* स्त्री को गर्मधारण अवस्था के लिए

तैयार करने वाला हार्मोन

prognathous /प्रॉग्नअथस/ *adj.* जिसका जबड़ा बाहर निकला हो, उद्गतहनु

prognosis /प्रौग्नोसिस/ *US* प्राःग्नोसिस/ *n., pl.* **prognoses** /प्रौग्नोसीःज/ *US* प्राःग्नोसीज/ 1 रोग की अग्र सूचना 2 वैज्ञानिक भविष्यवाणी 3 पूर्वानुमान

prognos\tic /प्रौग्नौस्टि\क/ *US* प्राःग्नाःस्टि\क/*n.* 1 शकुन, भविष्यवाणी : events have caught up with his **~tic** 2 (***syn.*** forecast) पूर्वानुमान, पूर्वसूचना : **~tic** of success 3 *med.* पूर्वलक्षण; ***dw/ lw:*** **prognos\tication** /~केशन/ *US* प्राःग्नाःस्टिकश/*n.*

adj. पूर्वानुमानिक, पूर्वसूचक, अग्रसूचक : symptoms **~tic** of fatal result

prognostica\te /प्रौग्नौस्टि\केट/ *US* प्राःग्नाःस्टि\केट/ *v., pt.* **~ted**, *pp* **~ting** 1 भविष्यवाणी क., पहले से बताना, सूचित क., इंगित क. : a wind that **~tes** rains 2 पूर्वानुमान क. 3 पहले से जताना, का लक्षण होना, का पूर्वाभास होना;

dw/lw: **~tion** /~केशन/ *n.* 1 पूर्वानुमान 2 भविष्यवाणी : ~tion of war 3 पूर्वाभास: gloomy ~tions; **~tive** /~केटिव/ *adj.* पूर्वसूचक, पूर्वानुमानिक; **~tor** /~टः/ *n.* ऋतुपूर्वानुमाता, भविष्यवक्ता; **prognostics** /~क्स/ *n.* मौसम पूर्वानुमानिकी, ऋतुपूर्वानुमानिकी, मौसम का हाल

program /प्रोग्रैम/ *n.* 1 कंप्यूटर का प्रोग्राम: install the ~ into the computer 2 *US* 'programme' की अमेरिकी वर्तनी;

***v.**, pt.* **~med**/ *US* **~ed**, *pp* **~ming**/ *US* **~ing** 1 कंप्यूटर में निर्देश यानी प्रोग्राम डालना 2 प्रोग्राम बनाना, प्रोग्राम में शामिल क.;

dw/lw: **~mable** /प्रोग्रैमअबल/ *adj.* जिसका कंप्यूटर प्रोग्राम बनाया जा सके

program\me *UK* (*US* **program**) /प्रोग्रैम/ *n.* 1 रेडियो, टीवी, सांस्कृतिक कार्यक्रम: the **~me** was a huge success 2 कार्यक्रम, योजना, प्रोग्राम : study **~me**; long term **~me** 3 थियेटर कार्यक्रम या कार्यक्रम पुस्तिका : theatre **~me** 4 क्रमादेश 5 *comput.* (*usually* **program**) कार्य या ऑपरेशन करने के लिए किसी प्रोग्राम भाषा में लिखे कंप्यूटर को दिए जाने वाले निर्देश 7 किसी संगठन की भावी कार्य योजना : party **~me**; all-embracing/ expanded **~me** 8 दिनचर्या : sb's daily **~me**;

v.**, pt.* **~med**, *pp* **~ming** 1 कार्यक्रम बनाना 2 कार्यक्रम में शामिल क. 3 ऑपरेशन करने के लिए कंप्यूटर को तैयार क. 4 कंप्यूटर के लिए प्रोग्राम बनाना : **~me** sth on a computer 5 किसी मशीन को किसी निश्चित समय पर काम शुरू करने के लिए सेट क. 6 (syn.*** train) किसी यंत्र या व्यक्ति को एक विशेष प्रकार से व्यवहार करने के लिए प्रशिक्षित क.;

dw/lw: **~mer** /प्रोग्रैमः/ *n.* जो कार्यक्रम बनाता है, क्रमादेशक; **~ming** /प्रोग्रैमिंग/ *n.* कंप्यूटर कार्यक्रम लिखने की प्रक्रिया;

collocations: **~me documentation** क्रमादेश लेखन; **~med learning** *educ.* कंप्यूटर आधारित एक विशेष शिक्षण प्रणाली; **~me evaluation and review technique** (*abbr.* **PERT**) किसी बड़ी परियोजना को लागू करने का कार्यक्रम बनाने, नियंत्रण रखने, प्रगति का आकलन करने, संभावित लागत आदि को परखने की प्रणाली; **~me music** पहले से प्रोग्राम किया हुआ संगीत; **~ming language** *comput.* कंप्यूटर प्रोग्राम भाषा

progress /प्रोग्रेस/ *US* प्राःग्रेस/ *n.* 1 प्रगति, उन्नति, तरक्की : age of ~; ~ in the study of Russian; halt/ impede/ make/ monitor ~; ~ chart 2 किसी कार्य का चलन या आगे बढ़ने की प्रक्रिया : follow the ~ of the trial; be in ~ 3 मंजिल की ओर गमन : make slow ~ to destination 4 (***syn.*** advance) अग्रगति : the ~ of the army was checked by fog; rapid/ real/ significant/ slow/ steady ~ ahead by the army 5 विकास : ~ of science and technology;

***v.**, pt.* **~ed**, *pp* **~ing** 1 उन्नति क., प्रगति क. : the country is **~ing** at snail's pace 2 आगे बढ़ना, विकास क., विकसित क. या हो. 3 प्रोत्साहित क. 4 सुधरना, ठीक हो.: health is **~ing** slowly 5 जल्दी से आगे बढ़ाना 6 समय या दूरी में आगे बढ़ना : as the day **~ed**, it become hotter;

collocations: **~ chaser** प्रगति अनुवीक्षक; **~ man** प्रगति-वीक्षक;

p&i: **~ on/ toward sth** की ओर आगे बढ़ना; **be in ~** वर्तमान में चालू हो.

progression /प्रअग्रेशन/ *n.* 1 अग्रगति, सुधार : a snail's mode of ~ 2 अनुक्रम, सिलसिला : ~ of incidents in a play 3 (***syn.*** progress) प्रगति 4 (***syn.*** sequence) अनुक्रम, घटनाओं का क्रम 5 (***syn.*** music) स्वरक्रम, स्वरानुक्रम, आरोह-अवरोह 6 *astron.* अग्रगमन 7 *math.* श्रेणी, अनुक्रम : arithmetic/ geometric ~;

dw/lw: **~al** /प्रअग्रेशनल/ *adj.* प्रगतिविषयक, प्रगत्यात्मक; **~ist** /प्रअग्रेशनिस्ट/ *n.* प्रगतिवादी

progressive /प्रअग्रेसि\व/ *adj.* 1 (***anton.*** retrogressive) प्रगतिशील, प्रगतिवादी: ~ policy; ~ people 2 (***syn.*** gradual) क्रमिक रूप से बढ़ता हुआ, क्रमिक, अनुक्रमिक, उत्तरोत्तर : ~ advance 3 प्रगामी, पुरोगामी (making progress) 4 (***syn.*** increasing) वर्धमान 5 *gramm.* सप्रवाह 6 *math.* श्रेणिक 7 (***syn.*** expenditure) आरोही : ~ taxation; ~ wages; ~ paralysis; by ~ stages; ~ assembly *techn.* (अनवरत जोड़); ~ form (जारी रूप);

dw/lw: **~ly** /~वलि/ *adv.* धीरे-धीरे, उत्तरोत्तर; **~ness** /~वनेस/ *n.* प्रगतिशीलता; **progressivism** /~विजम/ *n.* प्रगतिवाद, प्रगतिशीलता; **progressivist** /~विस्ट/ *n.* प्रगतिवादी व्यक्ति; **progressivist** *adj.* प्रगतिवादी

collocations: **~ education** प्रगतिशील शिक्षा; **~ scanning** अनुक्रमिक क्रमवीक्षण; **~ wave** प्रगामी तरंग

prohibit /प्रअहिबि\ट/ *v., pt.* **~ed**, *pp* **~ing** 1 (***syn.*** forbid) निषिद्ध क., मना क.: smoking is strictly **~ed** 2 (***syn.*** prevent) रोकना: ~ from coming 3 (***syn.*** debar) वर्जित क.: the law **~s** people from selling drugs;

dw/lw: **~ed** /~टिड/ *adj.* 1 वर्ज़ित, अवैध: ~ed goods 2 वर्जित (क्षेत्र): ~ed zone; **~ion** /~शन/ *n.* 1 निषेध, मनाही, बंदी, प्रतिषेध 2 मद्य-निषेध (of liquor) 3 निषेधाज्ञा 4 (***syn.*** writ) प्रतिषेध-लेख; **~ionist** /~शनिस्ट/ *n.* मद्यनिषेधवादी, प्रतिषेधवादी व्यक्ति; **~ive** /~टिव/ *adj.* 1 निरोधात्मक, निषेधक 2 निरुत्साही: ~ive duty 2 (***syn.*** prohibitory, exorbitant) अत्यधिक ऊंचे (दाम), प्रतिषेधक: ~ive cost 3 *gramm.* निषेधात्मक, निषेधवाचक; **~ively** /प्रहिबिटिवलि/ *adv.* 1 निषेधात्मक रूप से 2 बहुत ज्यादा: ~ively cotly crop insurance; **~iveness** /~टिवनेस/ *n.* निषेधात्मकता; **~ory** /~टरि/ *adj.* 1 निषेधात्मक: ~ory law 2 निरुत्साही

project /प्रौजेक्ट/ *n.* 1 प्रायोजना, परियोजना, निर्माण योजना 2 शोध प्रस्ताव 3 उत्तरदायित्व;

adj. परियोजना से संबंधित : ~ map;

v.**, pt.* **~ed**, *pp* **~ing** 1 परियोजना बनाना 2 किसी विशेष मुद्रा या रूप में अपने को दिखाना : ~ an air of confidence 3 प्रस्ताव या योजना प्रस्तुत क. : ~ the rebuilding of the theatre; ~ a new plan of campaign 4 प्रकाश द्वारा चित्र या फिल्म दिखाना : ~ a diagram on the screen 5 चित्रित क. : his form **~ed** against the sky 6 (syn.*** throw) फेंकना 7 अपने व्यक्तित्व के बल पर श्रोताओं पर अच्छा प्रभाव डालना 8 (***syn.*** protrude) प्रक्षेपण क., बाहर निकला हुआ या बहिर्विष्ट होना : the upper story **~s** over the street 9 (***syn.*** forecast) आंकड़ों और तथ्यों के आधार पर भविष्यवाणी क. : ~ growth rate 10 अपने को किसी नई या भिन्न स्थिति में कल्पित क. : let us ~ our thoughts forward a few centuries 11 अपनी भावनाओं को दूसरों पर रोपित क.;

p&i: **~ sth on to sb** अपने को गलत ढंग से किसी दूसरे जैसा दिखाना

project\ile /प्रअजे\क्टाइल/ प्रजेक्टिल/ *adj.* प्रक्षेप्य, प्रक्षेपक; ***n.*** प्रक्षेप्यास्त्र, अस्त्र;
dw/lw: **~ing** /~क्टिंग/ *adj.* 1 प्रक्षेपी 2 (*syn.* sticking out, protruding) बहिर्विष्ट; **~ing** *n.* बहिर्वेशन; **~ion** /~क्शन/ *n.* 1 परियोजना: the ~ion of a new canal 2 प्रक्षेपण, फेंकने या दूर दागने की क्रिया 3 बहिर्वेशन, किसी भाग या अंग के बाहर निकले होने की स्थिति 4 छायाचित्रण: ~ion screen; ~ion booth/room; **~ionist** /~क्शनिस्ट/ *n.* (सिनेमा हाल आदि में) प्रौजेक्टर चलाने वाला, फिल्में आदि दिखाने वाला; **~ive** /~क्टिव/ *adj.* प्रक्षेपीय; **~or** /~क्टः/ *n.* पर्दे पर फिल्म दिखाने वाला प्रोजेक्टर, प्रक्षेपक, प्रक्षेपित्र

prokaryote/ procaryote /प्रोकैरिऔट/ *n., boil* जीवाणु

prolap\se /प्रोलैप्स/ (*also* **prolapsus** /प्रोलैप्सअस/) *n., pathol.* अंग के अपने स्थान से खिसकने की क्रिया, भ्रंश, अंग भ्रंश, स्थान भ्रंश;
v., *pt.* **~sed**, *pp* **~sing** (अंग का अपने स्थान से) खिसक या हट-बढ़ जा.

prolate /प्रोलेट/ *adj., geom.* 1 दीर्घाक्ष 2 (***syn.*** extended) विस्तृत 3 *fig.* व्यापक

prolative /प्रोलेटिव/ *adj.* सहार्थी, विधेय-विस्तारी, सहसूचक

prole /प्रोल/ *n., adj., short of* 'proletariat' सर्वहारा (अपमानजनक शब्द)

prolego/menon /प्रोलिगौमिनन/ *US* प्रोलिगाःमिनन/ *n., pl.* **~mena** /प्रोलिगौमिना/ साहित्यिक व आलोचनात्मक रचनाओं का प्राक्कथन, पूर्वपीठिका

prolepsis /प्रोलेप्सिस/ *n., pl.* **prolepses** /प्रोलेप्सीःज/ 1 पूर्वप्रयोग, पूर्वाभासी परिवर्द्धन 2 वाद-विवाद संबंधी एक तरीका जिसके अनुसार वक्ता दूसरों द्वारा उठाए जा सकने वाले इतराजों या दलीलों को उनसे पहले ही अपने वक्तव्य में रख देता है 3 भाषण कला संबंधी एक चाल जिसमें भविष्य में होने वाली किसी बात को ऐसा दिखाया जाता है मानो वह वर्तमान में घटित हो चुकी हो

proleptic /प्रोलेप्टिक/ *adj., ling.* 1 पूर्वकथनात्मक : ~ phrase 2 *med.* समय से पहले हो जाने वाला

proletarian /प्रोलटेअरिअन/ *adj.* श्रमजीवी या सर्वहारा संबंधी

proletariat /प्रोलअटेअरिअट/ *n.* 1 श्रमजीवी वर्ग, मजदूर वर्ग 2 सर्वहारा वर्ग यानी मार्क्सवादी विचारधारा के अनुसार ऐसा वर्ग जो मात्र अपने श्रम को बेचकर अपना जीवन यापन करता है, उसके पास अपनी पूंजी नहीं होती यानी उसके पास अपनी जंजीरों को छोड़कर खोने को कुछ नहीं होता : the black-coated ~ 3 *in ancient Rome:* जनता का निम्नतम वर्ग

proli\cide /प्रोलिसाइड/ *n.* अपत्यघात;
dw/lw: **~cidal** /प्रोलिसाइडल/ *adj.* अपत्यघातक

pro-life *adj.* ऐसे लोग या संगठन जो गर्भपात, करुणा मृत्यु (euthanasia) या मानव भ्रूणों पर प्रयोगों का विरोध करते हैं

prolifera\te /प्रअलिफअरे\ट/ *v., pt.* **~ted**, *pp* **~ting** 1 (multiply) तेजी से संख्या में बढ़ना या बढ़ाना 2 प्रचुर मात्रा में उत्पन्न होना या क.;
dw/lw: **~tion** /~शन/ *n.* 1 बहुप्रजनन, प्रचुर मात्रा में प्रजनन 2 नाभिक अस्त्रों का प्रसार : ~tion of nuclear weapons

proliferous /प्रअलिफअरस/ *adj.* 1 बहुप्रजनक, बहुप्रज, बहुप्रसव, बहुप्रसावी 2 प्रचुर मात्रा में प्रजनन करने वाला 3 बहुत ज्यादा फैलने वाला

prolific /प्रअलिफि\क/ *adj.* 1 बहुप्रजनक : a ~ year for apple 2 प्रजावती, बहुप्रज, बहुप्रसव 3 (***syn.*** fertile) उर्वर, बहुफलदायक 4 *fig.* बहुसर्जक, बहुकृतिक: a ~ writer 5 (***syn.*** abounding) से भरपूर: ~ period in great poets;
dw/lw: **~acy** /~कअसि/ *n.* बहुप्रजता; **~ally** /~कलि/ *n.* प्रचुर मात्रा में; **~ation** /~केशन/ *n.* (बहु)-प्रजनन; **~ity** /~सिटि/ (*also* **~ness** /~कनेस/) *n.* 1 बहुप्रजता 2 उर्वरता 3 बहुसर्जन 4 प्रचुरता

proline *n., biochem.* प्रोटीनों में मिलने वाला अमीनो अम्ल (amino acid)

prolix /प्रोलिक्स/ *adj.* 1 बोझिल, शब्दाडंबरी 2 लंबा-चौड़ा, उबाऊ, नीरस : ~ speech 3 अति विस्तृत 4 बहुशब्दीय : ~ writer (person);
dw/lw: **~ity** /प्रोलिक्सिटि/ *n.* अति-विस्तार, बहुशब्दीयता, बहुशब्दीय बोझिलता

prolocutor /प्रोलौक्युटः/ *n.* 1 अध्यक्ष 2 (***syn.*** spokesman) प्रवक्ता

PROLOG /प्रोलौग/ *n., comput.* कंप्यूटर की उच्च स्तरीय भाषा (logic programming language) जिसे कृत्रिम बुद्धि के संबंध में प्रयोग में लाया जाता है

prologue /प्रोलौग/ *US* प्रोलॉग, प्रोलाःग/ *n., theat.* 1 नाटक के आरंभ में श्रोतागणों को दिया जाने वाला भूमिका भाषण 2 इस भाषण को देने वाला अभिनेता 3 पुस्तक के आरंभ में आमुख, प्रस्तावना 4 (***syn.*** prelude) पूर्वरंग, प्रारंभिक कार्य: in the ~ of life

prolong /प्रोलौं\ग/ *US* प्रोलॉग, प्रोलां\ग/ *v., pt.* **~ed**, *pp* **~ing** 1 (***syn.*** extend) बढ़ाना, लंबा या दीर्घ क. (in time or space) : ~ a line/ a road; ~ one's life; ~ a visit 2 जारी रखना (in time) 3 *phon.* दीर्घ क.;
dw/lw: **~ation** /~गेशन/ *n.* 1 दीर्घीकरण, प्रवर्द्धन 2 समय में वृद्धि: indefinite ~ation of truce talks; **~ed** /प्रअलौंग्ड/ *US* प्रअलॉग्ड, प्रअलांग्ड/ *adj.* दीर्घीकृत, प्रवर्द्धित, दीर्घ, लंबा खिचा हुआ

prolus\ion /प्रलूजन/ *n.* 1 प्रारंभिक कार्य या प्रदर्शन, प्रारंभिक निबंध 2 पूर्वरंग, पूर्व शक्ति परीक्षण 3 पूर्ण पूर्वाभ्यास 4 प्रयोगात्मक रचना;
dw/lw: **~ory** /प्रलूसरि/ *adj.* प्रारम्भिक, प्रयोगात्मक

PROM *abbr. comput.* 'programmable read only memory' की प्रथमाक्षरी

prom /प्रौम/ *US* प्राःम/ *n. colloq.* 1 *short of* **promenade** भ्रमण पथ, तोरण पथ 2 *US* विद्यालय के आखिरी साल में संगीत-नृत्य कार्यक्रम: the senior ~

promena\de /प्रौमअ\नाड/ *US* प्राःमअ\नेड/ *n.* 1 (*also* **prom**) समुद्र के किनारे ईंट जड़ित भ्रमण पथ 2 चहलकदमी, विचरण 3 (***syn.*** avenue) विहारस्थल, विचरणस्थल;
v., *pt.* **~ded**, *pp* **~ding** 1 विचरण क. 2 टहलना, घूमना 3 गलियों में चहलकदमी क. : **~de** in the streets 4 किसी को ताजी हवा में घुमाने के लिए ले जाना : **~de** the deck (जहाज के डेक पर टहलना);
collocations: **~de concert** *US* विद्यालय के आखिरी साल में संगीत-नृत्य कार्यक्रम; **~de deck** विहार डेक

Promethean /प्रमीथिअन/ *adj., Gr. mythol.* 1 साहसी और अति दक्ष (यूनानी पुराणों में प्रमीथिअस /Prometheus/ नाम के उस पात्र से संबंधित जिसने देवताओं से आग चुराकर मानव को दी थी) : ~ fire 2 नई बातें निकालने वाला

promethium /प्रअमीथिअम/ *n., chem.* (*abbr.* **Pm**) प्रोमीथिअम नामक एक रासायनिक तत्त्व

prominence /प्रौमिनंस/ *US* प्राःमिनंस/ *n.* 1 प्रमुखता, महत्त्व: great ~ has been given by most newspapers to the President's speech 2 (***syn.*** excellence) उत्कृष्टता, विशिष्टता, प्राधान्य: a person of considerable ~ 3 (***syn.*** a projection) प्रक्षेप, ऊंचा स्थान: a ~ in the middle of a plane

prominent /प्रौमिनंट\/ *US* प्राःमिनंट\/*adj.* 1 विशिष्ट, प्रसिद्ध : hold a ~ position 2 स्पष्ट दिखाई देने वाला : ~ building; the most ~ peak in a range 3 प्रमुख, मुख्य, लब्धप्रतिष्ठ: town's ~ singers 4 (***syn.*** projecting) उदग्र, बाहर निकला हुआ : ~ teeth; with ~ eyes;
dw/lw: **~ly** /~लि/ *adv.* प्रमुखता से

promis\cuity /प्रौमिस्क्यूअटि/ *US* प्राःमिस्क्यूअटि/ (*also* **~cuousness** /प्रौमिस्क्यूअसनेस/) *n.* 1 (***syn.*** medley) लंपटता, घाल-मेल, गड्ड-मड्ड, मिश्रण 2 प्रकीर्णता 3 स्वच्छंद संभोग

promiscuous /प्रअमिस्क्युअस/ *adj.* 1 लंपट, स्वच्छंदचारी, अविवेकी 2 (***syn.*** jumbled) गड्डमड्ड : ~ crowd/ ~ mass 3

(***syn.*** mixed) मिश्रित, प्रकीर्ण 4 (***syn.*** indiscriminate) अंधाधुंध 5 (***syn.*** sexually indiscriminate) स्वच्छंद-संभोगी, असंयमी;
dw/lw: **~ly** /प्रअमिस्क्युअसलि/ *adv.* 1 लंपटतापूर्वक 2 अविवेकपूर्वक 3 गड्डमड्ड तरीके से: read continually, but ~ly; **~ness** *see above under* **promiscuity**

promi\se /प्रौमि\स/ *US* प्राःमि\स/ *v., pt.* **~sed**, *pp* **~sing** 1 किसी को कुछ देने का वायदा क.: **~sed** him a treat 2 वचन दे., प्रतिज्ञा क.: he always **~ses** readily 3 (***syn.*** betroth) वाग्दान क., सगाई क. 4 आशा दिलाना या दे.: clouds that **~se** rain 5 (***syn.*** assure) विश्वास दिलाना: **~se** assistance 6 कुछ करने वाला-सा दिखना;
n. 1 वायदा, वादा, वचन : give parole **~se** (मौखिक वायदा क.); carry out **~se** 2 आश्वासन : break one's **~se**/ go back on one's **~se**; a **~se** to help/ of help 3 प्रतिज्ञा : breach of **~se** 4 (***syn.*** potential) आशा, प्रत्याशा, संभावना : a youth of great **~se**; give/ show **~se**; the crops are full of **~se** 5 लक्षण : **~se** of spring in the air;
dw/lw: **~sed** /~ज्ड/ *adj.* प्रतिज्ञात, प्रतिश्रुत : ~sed land (1 कनान देश, नंदन वन 2 स्वर्ग 3 कोई भी स्थान जहां दूध-दही की नदियां बहती हों); **~sed** *n.* जिसे वचन दिया गया है, प्रतिज्ञाता; **~ser**/ **~sor** /~सः/ *n.* वचनदाता, प्रतिज्ञाता, प्रतिज्ञाकर्ता; **~sing** /~सिंग/ *adj.* 1 होनहार 2 आशाजनक 3 होनहार, उदीयमान (person): a ~sing start;
collocations: **piecrust ~se** खोखला वायदा, थोथा वचन, झूठा भरोसा;
p&i: **~se is the debt** वायदा किया तो कर्जदार बन गए; **~se little but do more** वायदा कम, काम ज्यादा; **~ses are like pie crust, made to be broken** वायदा तो तोड़ने के लिए ही होता है; **~ sb the earth/ moon/ world** किसी को चांद-तारे तोड़कर लाने का वादा क.; **~se to be sth** कुछ बनने के संभावना दिखाना; **~se well/ badly** आशा या निराशा के कारण बताना; **give parole ~se** मौखिक वायदा क.; **he who ~ses mountains, performs mole-hills** थोथा चना बाजे घना; **I can ~ you** उत्साह बढ़ने या चेतावनी देने के लिए प्रयुक्त; **keep/ break a ~se** वचन तोड़ना/ निभाना; **of great ~se** अत्यधिक होनहार; **show ~se** होनहार दिखना

promissory /प्रौमिसअरि/ *US* प्राःमिसअरि/ *adj.* सप्रतिज्ञ, वचनात्मक;
collocations: **~ note**, *finance* ऋण वचन-पत्र, प्रामिसरी नोट, प्रोनोट, रुक्का

promo /प्रोमो/ *n., pl.* **~s** *colloq.* 1 विज्ञापन 2 (***syn.*** publicity) प्रचार 3 ट्रेलर (TV)

promonto\ry /प्रौमंटरि/ *US* प्राःमंटरि/ (*also* **headland**) *n., pl.* **~ies** समुद्र में घुस जाने वाला पहाड़ी समुद्री तट

promo\te /प्रमोट/ *v., pt.* **~ted**, *pp* **~ting** 1 प्रोत्साहित क., किसी अच्छे कार्य को आगे बढ़ाने में योगदान दे. : **~te** peace; **~te** international understanding 2 प्रचार-प्रसार क. : **~te** the new film 3 पदोन्नति/ तरक्की क., (आगे) बढ़ाना : **~te** to professorship 4 बेहतर बनाना : exercises **~te** health 5 समर्थन क., बढ़ावा दे.: **~te** a scheme/ a bill in Parliament 6 कंपनी आदि बनाना : **~te** an undertaking/ company 7 *educ.* अगली श्रेणी में चढ़ाना: **~te** a student to the next class;
dw/lw: **~ed** /प्रमोटिड/ *adj.* जिसे तरक्की दी गई हो; **~er** /प्रमोटः/ *adj.* प्रोत्साहक, समर्थक, वर्धक, प्रवर्तक, संवर्धक

promotion /प्रमोशन/ *n.* 1 पदोन्नति: ~ by merit; be on one's ~ 2 किसी नई चीज या फिल्म आदि का प्रचार-प्रसार : ~ man; ~ of the new novel 3 प्रोत्साहन, समर्थन: centres for the ~ of awareness/ tolerance 4 संस्थापन : expenses of ~ 5 कक्षा में उत्तीर्णता;
dw/lw: **~al** /प्रमोश्रल/ *adj.* प्रचार हेतु, प्रचारी-प्रसारी (सामग्री)

promotive /प्रमोटिव/ *adj.* प्रोत्साहक, समर्थक, प्रवर्तक

prompt /प्रौम्प्ट/ *US* प्राःम्प्ट/ *v., pt.* **~ed**, *pp* **~ing** 1 प्रेरित क. : a feeling **~ed** by love of man 2 (***syn.*** provoke) किसी बात से उत्तेजित हो., उकसावे में आना: what **~ed** you to do it? 3 मंच-पार्श्व से अभिनेता या अभिनेत्री की संवाद बोलने में सहायता क., जताना, सुझाना 4 प्रोत्साहन दे. 5 किसी को याद दिलाना 6 किसी की प्रतिक्रिया लेना;
adj., *degr.* **~er**, **~est** 1 तत्काल, शीघ्र, अचिर: ~ decisions; give a ~ answer 2 तात्कालिक: ~ action 3 आनन-फानन में होनेवाला, तुरंत तैयार: ~ payment 4 तत्पर, उद्यत, मुस्तैद, तैयार: ~ in carrying out the orders;
adv. 1 तुरंत 2 अविलंब: the meeting will begin ~ 3 तत्काल 4 (***syn.*** promptly) झटपट, झट;
n., *theat.* 1 अनुबोधनकर्ता, अनुबोधक 2 प्रेरक, प्रोत्साहक, अनुबोधक : want a ~ 3 ऋण वापस करने की अवधि : at a ~ of four months 4 *comput.* कंप्यूटर की कार्य तत्परता जताने वाला चिह्न: '>';
dw/lw: **~-book**/ **~-copy** *n.* पुस्तक जिसमें कलाकारों को पीछे से बताए जाने वाले संवाद लिखे रहते हैं; **~-box** *n.* पीछे से संवाद बताने का बूथ; **~ed** *adj.* से प्रेरित: ~ed by sheer romanticism; **~er** /प्रौम्प्टः/ *US* प्राःम्प्टः/ *n.* अनुबोधक, पीछे से संवाद बतानेवाला; **~itude** /प्रौम्प्टिच्यूड/ *US* प्राःम्प्टिच्यूड/ *n.* तत्परता, मुस्तैदी, शीघ्रता, सत्वरता: with the utmost ~itude; **~ly** /प्रौम्प्टलि/ *US* प्राःम्प्टलि/ *adv.* 1 तुरंत, फौरन, अविलंब 2 (***syn.*** punctually) ठीक समय पर 3 के तुरंत बाद; **~ness** /प्रौम्प्टनेस/ *US* प्राःम्प्टनेस/ *n.* तत्परता, शीघ्रता, सत्वरता; **~-side** /प्रौम्प्टिसाइड/ *US* प्राःम्प्टिसाइड/ *n., theat.* मंच पर अभिनेता से बायीं तरफ

promulga\te /प्रौमल्गे\ट/ *US* प्राःमल्गे\ट/*v., pt.* **~ted**, *pp* **~ting** 1 घोषणा द्वारा कोई नियम लागू क. : **~te** a decree 2 प्रख्यापित क. 3 जारी क., लागू क., प्रवर्तित क. 4 फैलाना, प्रचारित-प्रसारित क. : **~te** new theory;
dw/lw: **~tion** /~शन/ *n.* 1 घोषणा, प्रख्यापन, प्रवर्तन, प्रकाशन 3 प्रचार,प्रसार; **~tor** /~टः/ *n.* घोषणा करने वाला, लागू करने वाला

pron. *abbr. gramm.* 'pronoun' का संक्षेप

prona\te /प्रोने\ट/ *v., pt.* **~ted**, *pp* **~ting** अधोवर्तित क.;
dw/lw: **~tion** /~शन/ *n.* अधोवर्तन, अवतानन; **~tor** /~टः/ *n., anat.* अवतानन्नी

prone /प्रोन/ *adj.* 1 (*often* **~ to sth**) उन्मुख, प्रवण, प्रवृत्त, की ओर झुकाव वाला : accident/ injury ~ (दुर्घटना आदि को प्रवृत्त, प्रवण); ~ to hasty decisions 2 (***syn.*** bowed) अधोमुख, औंधा, औंधेमुंह, प्रणत, अधोवृत्त, अधस्तन : lie ~; fall ~ 3 (***syn.*** sloping) ढलती हुई/ ढलता हुआ/ ढलते हुए, अधोगामी : ~ years 4 की ओर झुकाव रखनेवाली : ~ to weeping;
dw/lw: **~ness** /प्रोननेस/ *n.* उन्मुखता, प्रवणता, प्रवृत्ति;
p&i: **~ to** की ओर रुझान वाला;

proneur /प्रोनः/ *n., Fr.* प्रशंसक

prong /प्रौंग\/ *US* प्रांग\/ प्रॉग\/*n.* 1 कोई भी नुकीली वस्तु 2 कांटे का सिरा, शूल 3 भुजा (of fork);
v., pt. **~ed**, *pp* **~ing** 1 किसी व्यक्ति या चीज में नुकीली वस्तु घोंपना 2 किसी चीज को कांटे या त्रांगली आदि से उठाना या उसे मिलाना-जुलाना;
dw/lw: **~ed** /~ड/ *adj.* 1 कई नुकीले सिरों वाला 2 शाखदार, बहुभुज: multi-pronged attack 3 कांटेदार; **~horn**/ **~buck** *N. Amer.* बारहसिंघा जैसा जानवर

pronominal /प्रोनौमिनल/ *US* प्रोनाःमिनल/ *adj., gramm.* सार्वनामिक, सर्वनामजात, सर्वनाम जैसा

pronoun /प्रोनाउन/ *n.* सर्वनाम : personal/ interrogative/ relative pronoun

pronoun\ce /प्रनाउं\स/ *v., pt.* **~ced**, *pp* **~cing** 1 उच्चारण क., उच्चारित क. : a difficult word to **~ce** 2 सुनाना, बोलना : **~ce**

a curse upon sb 3 घोषित क., बता दे. : **~ce** sb dead; **~ce** sth a success 4 फैसला दे., निर्णय दे. : **~ce** a judgement 5 (*usually* **~ce on sth**) अपना मत प्रकट क.;
dw/lw: **~ceable** /~सिएबल/ *adj.* उच्चारणीय, उच्चारण-योग्य; **~ced** /~स्ट/ *adj.* 1 (***syn.*** definite) एकदम स्पष्ट: a ~ced limp; ~ced Indian accent 2 (***syn.*** decided) सुदृढ़, सुनिश्चित; **~cedly** /~सडलि/ *adv.* बिल्कुल स्पष्ट रूप से; **~cement** /~स्मंट/ *n.* 1 उच्चारण 2 ज्ञापन 3 सार्वजनिक उद्घोषणा, घोषणा: a ~cement of the President 4 (***syn.*** decision) निर्णय 5 (***syn.*** statement) कथन, मत: ~cements of critics; **~cing** /~सिंग/ *adj., n.* उच्चारण करने वाला: ~cing dictionary उच्चारण कोश;
p&i: **~ for/ agains sb** अदालत में किसी के विरुद्ध फैसला दे.; **~ on/ upon sth** किसी बात या मामले पर अपन मत दे.

pronto /प्रौंटो/ *US* प्रांटो/ *adv., colloq.* जल्दी से, तुरंत

pronucleus /प्रोन्यूक्लिस/ *n.* पूर्वकेंद्र, प्राक्केंद्र

pronunciamento /प्रनंसिअमेंटो/ *n., Spanish* 1 तख्ता पलटने के लिए आह्वान 2 घोषणा पत्र, उद्घोषणा 3 तख्ता पल्टा

pronunciation /प्रअननसिएशन/ *n.* 1 उच्चारण: sb's faulty ~ 2 उच्चरित करने की क्रिया या विधि 3 सही उच्चारण: variant **~s** of different words 4 (***syn.*** transcription) उच्चारण चिह्न

proof /प्रूफ/ *n.* 1 सबूत, प्रमाण : have/ provide ~; burden of ~ 2 *law* साक्षी, गवाही, सबूत : conclusive/ positive/ scientific ~ 3 सिद्धि : as a ~ of his esteem and confidence 4 (***syn.*** test) परीक्षण, जांच, परख : ~ of sth; stand the ~ 5 *print.* प्रूफ, भूल-सुधार पत्र : ~ in sheets 6 परखनली (test tube) 7 शराब में अल्कोहल की मात्रा मापने का मापदंड 8 अभेद्यता, अछेददता;
adj. 1 अभेद्य : leak-~ 2 बाहरी विनाशक प्रभाव रोकने में सक्षम : ~ against storms;
v., *pt.* **~ed**, *pp* **~ing** 1 परखना 2 अभेद्य कर दे. : ~ cloth 3 बाहरी विनाशक प्रभाव रोकने में सक्षम बनाना : be **~ed** against temptations 4 छपने वाले पाठ की अशुद्धियां ठीक क. : ~ read;
suffix 'रोधक' या 'सह' का अर्थ देने वाला प्रत्यय : fire-~; water-~
dw/lw: **~read** /प्रूफरीड/ *v., pt.* ~read, *pt. p.* ~read, *pp* ~reading 1 लिखित पाठ का भूल-सुधार क. 2 पढ़ना;
collocations: **~ reader** छपने वाले पाठ की अशुद्धियां ठीक करने वाला, प्रूफ-शोधक; **~ reading** छपने वाले पाठ की अशुद्धियां ठीक करने की क्रिया; **~ spirit** 1 प्रमाण स्पिरिट 2 शराब और पानी का मानक मिश्रण यानी वजन के आधार पर 49.28% या 57.1% घनत्व के हिसाब से;
p&i: **the ~ of the pudding is in the eating** किसी चीज की अच्छाई-बुराई उसे प्रयोग करने पर पता चलती है

prop /प्रौप/ *US* प्रा:प/ *v., pt.* **~ped**, *pp* **~ping** 1 (*often* **~ sth up**) टेकना, टेक के रूप में काम क. : he was sitting up in bed **~ped** up with pillows 2 थामना, सहारा दे. : ~ up a roof with timbers 3 (*usually* **~ against sth**) के सहारे लगाना : ~ a ladder against a wall 4 (***syn.*** shore up) सहारा दे., उत्साह वर्धन क. : ~ up sb's morale;
n. 1 ऐसा व्यक्ति या वस्तु जिसपर व्यक्ति दुख-सुख में सहारे के लिए निर्भर करता है : the ~ and stay of the home 2 टेक, थूनी : a clothes ~ 3 अवलंब, सहारा : ~ sth against/ on, etc. 4 आश्रय

prop. *abbr.* 'proper', 'properly', 'property', 'proposition', 'proprietor', 'propeller' का संक्षेप

propaedeutic /प्रोपीड्यूटिक/ *adj.* प्रारंभिक;
n. प्रवेशिका;
dw/lw: **~s** *n.* प्रारम्भिक कोर्स

propa\ganda /प्रौपअगैंडा/ *US* प्रा:पअगैंडा/ *n.* 1 प्रचार-प्रसार : war **~ganda** 2 प्रचार-प्रसार साहित्य 3 धर्मप्रचार;
dw/lw: **~gandist** /~डिस्ट/ *n.* प्रचारक; **~gandist** *adj.* प्रचार-प्रसारी: ~gandist organisation; **~gandize/ ~gandise** /~डाइज/ *v., pt.* ~gandized, *pp* ~gandizing प्रचार क.

propaga\te /प्रौपअगे\ट/ *US* प्रा:पअगे\ट/ *v., pt.* **~ted**, *pp* **~ting** 1 प्रसारित क., प्रचार क., फैलाना, प्रचारित क. 2 फैलाना, फैलना: **~te** infection; **~te** rumours 3 पीढ़ी-दर-पीढ़ी आगे दे. : **~te** family traits 4 (raise, breed) उपजाना, विकसित क. : **~te** a new breed of cattle; **~te** a new variety of plant;
dw/lw: **~tion** /~शन/ *n.* 1 प्रसारण, प्रचार: ~tion of ideas 2 प्रजनन, फैलाव : vegetative ~tion 3 प्रेषण 4 संचरण (of light etc.): ~tion constant (संचरण नियतांक) 5 प्रवर्धन (of vegetation); **~tor** /~ट:/ *n.* 1 प्रचारक, प्रसारक 2 प्रजनक: ~tor of slanders 3 पौधे उगाने का बक्सानुमा गमला

propane /प्रोपेन/ *n., chem.* खाना पकाने आदि में प्रयोग होने वाली गंध रहित ज्वलनशील गैस

propel /प्रअपेल/ *v., pt.* **~led**, *pp* **~ling** 1 *mech.* नोदन क. : ~ by steam 2 ठेलना, ढकेलना, धकेलना 3 फेंकना, मारना 4 *fig.* आगे बढ़ाना 5 प्रेरणा दे., प्रेरित क. : ~ sb into/ to sth 6 उकसाना, बढ़ावा दे., ठेलना : **~led** by greed and ambition

propellant/ ~lent /प्रअपेलंट/ *n.* 1 नोदक, प्रणोदी 2 चालक शक्ति 3 रॉकेट ईंधन ("**work-horse**") : ~ *sl.* बड़े पैमाने पर प्रयुक्त मिश्रित ईंधन : ~ hybrid 4 फेंका जाने वाला विस्फोटक पदार्थ, विस्फोटक चालक शक्ति;
adj. 1 प्रणोदक, चालक : ~ power 2 विस्फोटक चालक

propell\er /प्रअपेल:/ *n.* 1 (पोत या वायुयान का) नोदक 2 चालक या धकेलने वाला यंत्र 3 पंखानुमा उपकरण जिसके घूमने से पैदा होने वाली शक्ति यान को आगे धकेलती है;
dw/lw: **~ing** /प्रअपेलिंग/ *adj.* चालक, धकेलने वाला, खींचने वाला: ~ing engine; ~ing plant; ~ing cartridge

propensi\ty /प्रअपेंसटि/ *n., pl.* **~ies** 1 प्रवृत्ति या झुकाव : a **~ty** to drink too much; **~ty** for gambling 2 प्रवणता : **~ty** to exaggerate

proper /प्रौप:/ *US* प्रा:प:/ *adj.* 1 (***anton.*** improper) उचित, सही, समीचीन : I think it is ~ for me to warn you 2 उपयुक्त, समुचित, यथोचित : at the ~ time 3 (***syn.*** exact) ठीक, यथातथ्य : do as you think ~ 4 (***syn.*** decent) (*usually* **~ to sth**) मर्यादित, सामाजिक तौर से मान्य, सम्माननीय, सम्मानजनक : the form of address ~ to his rank 5 (***syn.*** peculiar, own) विशिष्ट, निजी, अपना : in its ~ place 6 (***syn.*** real) वास्तविक : enter the city ~ 7 *gramm.* व्यक्तिवाचक: ~ noun 8 *colloq.* पक्का, बिल्कुल : a ~ idiot; be in ~;
adv. ठीक से : can't even speak ~
dw/lw: **~ly** /प्रौप:लि/ *US* प्रा:प:लि/ *adv.* 1 (***anton.*** improperly) सही तरीके से: speak English ~ly; ~ly dressed 2 सही नैतिक रूप से 3 वास्तव में;
collocations: **~ fraction** एक से कम मूल्य की भिन्न जिसमें अंश हर से ज्यादा हो; **~ motion** *astron.* किसी स्थिर तारे की सूर्य के गिर्द गति; **~ noun/ ~ name** *gramm.* व्यक्तिवाचक संज्ञा या नाम

propertied /प्रौपअ:टीड/ *US* प्रा:पअ:टीड/ *adj.* संपत्तिशाली, धनी: the ~ classes

proper\ty /प्रौप:टि/ *US* प्रा:प:टि/ *n., pl.* **~ties** 1 संपत्ति, जायदाद : private **~ty** 2 (***syn.*** ownership) स्वामित्व, स्वत्व, अधिकार, मालिकाना हक, मिल्कियत 3 भूमि या भू-संपत्ति: **~ty** developer 4 (***syn.*** attribute) गुण, गुणधर्म, विशेषता, खासियत, लक्षण: the medicinal/ healing **~ties** of wild plants; chemical **~ties** 5 उपयुक्तता, योग्यता 6 *theat.* रंगमंच का साज-सामान;
dw/lw: **~tyless** *adj.* संपत्तिविहीन; **~ty-man/ ~ty-mistress/ ~ty-master** *n. theat.* मंच-सज्जा का इंचार्ज; **~ty-manager** *n. theat.* मंच-सज्जा सामग्री अधिकारी; **~ty-room** *n.* रूप-सज्जा सामान कक्ष;
collocations: **~ty centre** संपत्ति केंद्र; **~ty department** संपत्ति विभाग; **~ty ladder** छोटी संपत्ति को बेचकर बड़ा घर आदि

खरीदकर आगे बढ़ने का सिलसिला; **~ty prices** संपत्ति दाम; **~ty rights** संपत्ति का मालिकाना हक; **~ty sale** संपत्ति विक्रय; **~ty tax** संपत्ति कर;
freehold ~ty पूरे मालिकाना हक वाली संपत्ति; **immovable ~ty** अचल संपत्ति; **landed ~ty** भू-संपत्ति; **leasehold ~ty** पट्टे पर ली हुई संपत्ति; **lost ~ty** खोई हुई संपत्ति या वस्तुएं; **movable ~ty** चल, जंगम या अस्थावर संपत्ति;
p&i: **a hot ~ty** *US* शानदार उम्मीदवार; **the news is a common ~ty** इस बात का सबको पता है

propfan *n.* (*in full* **propeller fan**) वायुयान आदि का पंखानुमा उपकरण

prop forward *n.* विमान को आगे धकेलने या चलाने वाला पंखानुमा उपकरण

prophecy /प्रौफअसि, प्रौफिसि/ *US* प्राःफअसि/ *n., pl.* **~cies** 1 भविष्यवाणी, भविष्यवाणी में उक्त बात 2 दैव-इच्छा की व्याख्या 3 भविष्यवाणी करने की क्षमता : the gift of **~cy**

prophe\sy /प्रौफअसाइ/ *US* प्राःफअसाइ/*v., pt.* **~sied**, *pp* **~sying**, *s/he/it* **~sies** 1 भविष्यवाणी क., पहले से बता दे.: **~sy** disaster 2 दैव-इच्छा की व्याख्या क.

prophet /प्रौफि\ट/ *US* प्राःफि\ट/ *n.* 1 (**the Prophet**) पैगंबर (मुहम्मद), नबी 2 भविष्यवक्ता : a ~ of doom; **~s** of a storm 3 दैव-इच्छा की व्याख्या करने वाला 4 बाइबल के Old Testament का लेखक 5 किसी आंदोलन का मुख्य प्रवक्ता;
dw/lw: **propheteer** /~टिअः/ *n., sl.* भविष्यवाणी करनेवाला व्यावसायिक, धोखेबाज भविष्यवक्ता; **~ess** /~टेस/ *n., pl.* **~es** नबिया, भविष्यवक्त्री; **~ic** /प्रअफेटिक/ *adj.* 1 पैगंबरी 2 (***syn.*** predictive) भविष्यसूचक: ~ic dream 3 (***syn.*** predicted) पूर्वकथित; **~ically** /प्रअफेटिकलि/ *adv.* भविष्यवक्ता की तरह;
p&i: **~ of doom** विनाश का भविष्यवक्ता; **a ~ is not without honour, save in his own country** घर का जोगी जोगड़ा, आन गांव का सिद्ध

prophy\lactic /प्रौफि\लैक्टिक/ *US* प्राःफि\लैक्टिक/ *adj.* 1 रोग-निरोधी: ~ treatment 2 दुर्घटना-रोधक;
n. 1 रोग को टालने के लिए ली जाने वाली दवाई 2 सावधानी के रूप में उठाया जाने वाला कदम;
dw/lw: **~laxis** /~लैक्सिस/ *n., pl.* **~es** 1 सावधानी के रूप में उठाया जाने वाला कदम 2 रोगनिरोधन

propinquity /प्रअपिनक्विटि/ *n.* 1 (***syn.*** proximity) समीपता, नजदीकी : in close ~ to the house 2 सामीप्य, निकटता (in time, space) 3 (***syn.*** similarity) सादृश्य, समानता : ~ of ideas 4 (***syn.*** kinship) रिश्ता, नाता : degree of ~ (संबंध या नाते की समीपता)

propitiable /प्रपिशिएबल/ *adj.* आसानी से शांत हो जाने वाला

propitia\te /प्रअपिशिए\ट/ *v., pt.* **~ted**, *pp* **~ting** 1 क्रुद्ध व्यक्ति या देवता को शांत क., राजी क., मना लेना, संतुष्ट क. : **~te** the gods 2 अनुकूल बना लेना 3 क्षमादान/ दयादान/ आशीर्वाद पाना;
dw/lw: **~tion** /~शन/ *n.* 1 प्रशमन, शांति-स्थापना 2 प्रायश्चित; **~tory** /प्रपिशिअटरि/ *adj.* 1 शांत करने वाला: a ~tory gesture 2 प्रायश्चित करने वाला : ~tory sacrifice

propitious /प्रअपिशअस/ *adj.* 1 शुभ या अनुकूल : ~ weather; ~ moment (शुभ घड़ी) 2 कृपालु, दयालु, उदार, प्रसन्न (of person) : ~ mood; ~ smile 3 (***syn.*** favourable) (*often* ~ **for/ to sth**) सहायक, हितकर 4 (***syn.*** auspicious) शुभ, मांगलिक : ~ moment;
dw/lw: **~ly** /प्रअपिशअसलि/ *adv.* अनुकूल रूप से, उदारतापूर्वक

propolis /प्रौपलिस/ *US* प्राःपलिस/ (*also* **bee glue/ hive dross**) *n.* मधुमक्खी-छत्ता की गोंद

proponent /प्रअपोनंट/ *n.* 1 समर्थक, प्रस्तावक 2 नए सिद्धांत का प्रतिपादक;
adj. 1 प्रस्ताव रखने वाला 2 किसी सिद्धांत को प्रस्तुत करने वाला 3 राजनीति या राजनीतिक कदमों का समर्थक

proportion /प्रपॉःशन/ *n., pl.* **~s** 1 अंश, भाग : a large ~ of the population 2 (***syn.*** ratio) समानुपात, अनुपात : in a ~ of two parts to one; out of ~; payment in ~ to work done; imports in ~ to exports 3 (***syn.*** comparison) साम्य, सादृश्य, सामंजस्य : in ~ to (के अनुपात में) 4 (***syn.*** dimension) परिमाण, आयाम, सही अनुपात : have an eye for ~ 5 (**~s**) आकार, विस्तार : a ship of majestic **~s**; a large **~s** of earth's surface;
***v.**, pt.* **~ed**, *pp* **~ing** 1 अनुपात ठीक क. 2 अंशों में विभाजन क. 3 के अनुसार निर्धारित क. 4 (*usually* **~ one thing to another**) समानुपातन क. : ~ expenditure to income (खर्च को आय के अनुपात अनुसार ढालना); ~ the penalty to the quantum of crime
dw/lw: **~able** /प्रपॉःशनअबल/ *adj.* 1 संतुलित होने योग्य 2 जिसे अनुपात में बांटा जा सके; **~ed** /प्रअपॉःशन्ड/ *adj.* आनुपातिक, समानुपातिक, के अनुपात में: the punishment was fully ~ed to the offence 2 संतुलित रूप में समानुपातिक : tall and well ~ed;
p&i: **a garden of large ~s** बड़े आकार का बाग; **blow/ get sth out of ~** राई का पहाड़ बनाना, तिल का ताड़ बनाना; **in ~ to sth** के अनुपात में; **lose all sense of ~** संतुलन खो बैठना

proportional /प्रअपॉशनल/ *adj.* 1 समानुपातिक, आनुपातिक : directly ~; inversely ~ 2 (***syn.*** relative) सापेक्ष : ~ limit (आनुपातिक सीमा) 3 सही अनुपात में : ~ representation (*abbr.* **PR**) समानुपातिक प्रतिनिधित्व;
dw/lw: **~ist** /प्रअपॉशनलिस्ट/ *n.* समानुपातवादी व्यक्ति; **~ly** /प्रअपॉःशनलि/ *adv.* के अनुपात में, समानुपात में;
collocations: **~ representation** आनुपातिक निर्वाचन पद्धति

proportiona\te /प्रअपॉःशनअट\/ *adj.* 1 समानुपातिक : returns **~te** to one's efforts 2 (**~te to sth**) सही अनुपात में होने वाला;
***v.**, pt.* **~ted**, *pp* **~ting** अनुपात को ठीक क. या सही अनुपात बैठाना : **~te** the punishment to the crime;
dw/lw: **~tely** /~लि/ *adv.* अनुपात अनुसार, यथानुपात

proposal /प्रपोजल/ *n.* 1 प्रस्ताव : peace ~; alternative ~ 2 विवाह प्रस्ताव: accept/ decline a ~ (of marriage); make a ~

propose /प्रअपोज/ *v., pt.* **~d**, *pp* **proposing** 1 प्रस्ताव रखना या प्रस्तावित क. : ~ a motion; ~ a scheme 2 सुझाव दे. 3 इरादा रखना या होना : don't ~ to sell 4 विचार क. 5 (***syn.*** intend) ठान लेना : ~ to leave 6 (*often* **~ to sb**) किसी से विवाह करने का प्रस्ताव क. : he **~d** to her and she accepted 7 किसी के नाम पर जाम (toast) उठाना : ~ a toast 8 उम्मीदवारी प्रस्तावित क. : ~ sb as a candidate for…;
dw/lw: **~d** /प्रअपोजड/ *adj.* प्रस्तावित; **~r** /प्रअपोजः/ *n.* प्रस्तावक
p&i: **~ a toast to sb./ ~ sb's health** किसी के लिए जाम उठाना; **~ to do sth** कुछ करने का प्रस्ताव रखना; **man ~es, god disposes** भगवान की मर्जी

proposition /प्रौपजिशन/ *US* प्राःपजिशन/ *n.* 1 प्रस्ताव : his ~ was not accepted 2 राय, मत : a clear ~ 3 प्रतिज्ञप्ति, तर्क-वाक्य 4 *math.* साध्य 5 (***syn.*** problem, matter) समस्या: an awkward ~ 6 *US* विचारार्थ विषय : ~ under consideration 7 योजना : not a paying ~ 8 व्यक्ति जिसके साथ कोई कार्य किया जा रहा है : a tough ~ to deal with;
v. pt. **~ed**, *pp* **~ing** *euphemistic, colloq.* किसी को संभोग का प्रस्ताव क.;
dw/lw: **~al** /प्रौपअजिशनल/ *adj.* साध्यात्मक, प्रस्तावात्मक, प्रतिज्ञात्मक

propound /प्रअपाउंड/ *v., pt.* **~ed**, *pp* **~ing** 1 (***syn.*** propose, out forward) किसी योजना या तर्क को विचारार्थ प्रस्तुत क. : ~

a question/ plan/ a hypothesis 2 प्रतिपादित क., नया सिद्धांत प्रस्तुत क. : ~ a new theory/ principle 3 वसीयत को प्रमाणन के लिए प्रस्तुत क.

propranolol /प्रोप्रैनअलौल/ *US* प्रोप्रैनअलाःल/ *n., med.* '**beta blocker**' जिसे असामान्य हृदय गति, ऊंचे रक्तचाप व आधासीसी (migraine) आदि बीमारियों का इलाज करने के लिए प्रयुक्त किया जाता है

proprieta\ry /प्रअप्रायटरि/ *adj.* 1 मालिकाना 2 स्वाम्य, स्वामित्व संबंधी : **~ry** right; **~ry** article 2 किसी ब्रांड की औषधि : **~ry** name/ tradename; **~ry** medicline (पेटंटशुदा औषधि);
n., *pl.* **~ies** 1 मालिकों का समूह 2 मालिकाना हक, मिल्कियत, स्वामित्व 3 (*esp. Austral., NZ & S. Afr.* /*abbr.* **Pty**/) निजी (कंपनी) 4 (*UK equiv.* **Ltd**) निजी (कंपनी)

proprietor /प्रअप्रायटः/ (*also* **proprietress**) *n.* मालिक, मालकिन, स्वामी, स्वामिनी : landed ~;
dw/lw: **~ial** /प्रअप्रायटॉरिअल/ *adj.* मालिकाना, स्वामीय: ~ial rights; **~ship** /प्रअप्रायटःशिप/ *n.* स्वामित्व, मिल्कियत, मालिकाना हक

proprie\ty /प्रअप्रायटि/ *n., pl.* **~ies** 1 (*also* **~ies**) औचित्य, मर्यादा : **~ty** of style; observe the **~ties** 2 (***syn.*** fitness; ***anton.*** impropriety) उपयुक्तता, औचित्य: **~ty** of the terms being used 3 (**~ties**; etiquette) शिष्टाचार के नियम : observe the ~offend the **~ties**; marriage of **~ty**

proprioceptor /प्रोप्रिअसेप्टर/ *n., physiol.* स्वस्थितिवाहक कोष्ठिकाओं का समूह जो शरीर का संतुलन, सही मुद्रा और मांशपेशियों के चालन में मदद करता है

props /प्रॉप्स/ *n., [sing.], theat.*; *short of* 'property man'/ 'property mistress' का संक्षेप, नाट्यशाला में पोशाकों व अन्य सामान का इंचार्ज

propulsion /प्रअपल्शन/ *n.* 1 गति को आगे बढ़ाने की क्रिया 2 किसी वस्तु को गतिशील बनाने के लिए उस पर लगाया जाने वाला बल या दबाव : ~ charge (रॉकेट को चलाने के लिए बारूद का बल); ~ stage 3 नोदक, प्रणोदन : jet ~ 4 प्रेरणा : a ~ to write

propulsive /प्रपल्सिव/ *adj.* 1 नोदक, नोदी 2 आगे बढ़ाने वाला : ~ effort; ~ force

propylaeum/ propylon /प्रौपि\लिअम/ प्रौपि\लौन/ *US* प्राःपि\लिअम/ प्राःपि\लाःन/ *n., pl.* **propylaea/ propyla/ propylons** /~लिअ/ ~ला/ ~लौनज/ प्राचीन निर्माण शिल्प के अनुसार मंदिर आदि के सम्मुख अति विशाल द्वार-मंडप

pro rata /प्रोराःटा/ *adv., Lat.* यथानुपात, किसी दर के अनुसार;
adj. आनुपातिक

prora\te /प्रोःरेट/ *n.* (*also US*) अनुपातिक हिस्सा;
v., *pt.* **~ted**, *pp* **~ting** अनुपात में बांटना, निर्धारित क.

pro-rector /प्रोरेक्टः/ *n.* प्रो-वाइसचांसलर, समकुलपति

prorogation /प्रोरोगेशन/ *n.* 1 सत्रावसान 2 स्थगन : ~ of a lease

prorogu\e /प्रोरोग/ प्रअरोग/ *v., pt.* **~ed**, *pp* **~ing** सत्रावसान क., स्थगित क.

prosaic /प्रअजेइक/ *US* प्रोजेइक/ *adj.* 1 शुष्क, उबाऊ: ~ speaker 2 (***syn.*** unimaginative) कल्पनाविहीन 3 (***syn.*** mundane) नीरस, फीका, इतिवृत्तात्मक: ~ details of everyday life;
dw/lw: **~ally** /प्रोजेइकलि/ *adv.* नीरस ढंग से; **~ism** /प्रोजेइजम/ *n.* नीरसता, गद्य का-सा फीकापन; **~ist** /प्रोजेइसिस्ट/ *n.* गद्यकार, नीरस व्यक्ति

pros and cons किसी विचार या कार्य के पक्ष और विपक्ष की बातें या दलीलें (*see also above under* **pro**)

proscenium /प्रोसीःनिअम/ प्रअसीःनिअम/ *n., pl.* **~s**/ **proscenia** /प्रोसीःनिआ/ 1 रंगमंच का अग्रभाग, अग्रमंच 2 (*also* **~ arch**) रंगपीठ चाप, आगा, सामना

proscri\be /प्रअस्क्राइब/ *v., pt.* **~bed**, *pp* **~bing** 1 निषिद्ध क. 2 निंदा क. या दोषी ठहराना 3 अवैध या विधि-बाह्य घोषित क., गैरकानूनी करार दे., गैरकानूनी ठहराना 4 मनाही क. : **~be** fat from a diet 5 (***syn.*** banish) निर्वासित क. 6 (***syn.*** ban) वर्जित क. : **~be** sb from society

proscript /प्रोस्क्रिप्ट/ *n.* देश से निकाला हुआ व्यक्ति, निर्वासित व्यक्ति;
dw/lw: **~ion** /प्रोस्क्रिप्शन/ *n.* निषेध, अस्वीकरण, निर्वासन; **~ive** /प्रोस्क्रिप्टिव/ *adj.* निषेधात्मक: ~ive measures

pro\se /प्रोज/ *n.* 1 गद्य, गद्य रचना : **~se** poem; **~se** poetry 2 नीरस और फीका भाषण या बहस : delivered a long **~se** 3 नीरस व्यक्ति आदि : what a **~se** you are! 4 नीरसता, फीकापन : the **~se** of everyday life;
adj. गद्यात्मक, नीरस : **~se** speech;
v., *pt.* **~sed**, *pp* **~sing** 1 गद्य लिखना, गद्यरूप दे. 2 उबाऊ ढंग से लिखना या बोलना : he **~sed** me to death 3 गप्पें हांकना, पीठ पीछे चुगली क.
dw/lw: **~se-poem** *n.* गद्य में लिखी कविता; **~ser/ ~se-writer** *n.* गद्य-लेखक; **~sily** *adv.* नीरस ढंग से; **~siness** *n.* नीरसता, फीकापन

prosector /प्रोसेक्टः/ *n.* विच्छेदक

prosecutable /प्रौसिक्यूटअबल/ *adj.* जिस पर अभियोग लगाया जा सके, अभियोज्य

prosecu\te /प्रौसिक्यू\ट/ *US* प्राःसिक्यू\ट/ *v., pt.* **~ted**, *pp* **~ting** 1 पर मुकदमा चलाना : **~te** a company; **~te** a claim 2 चलाना, आगे बढ़ाना, पूरा क. 3 (***syn.*** engage in) किसी कार्य में लगे रहना, जारी रखना : **~te** trade/ business; **~te** practice of the law;
dw/lw: **~tion** /~शन/ *n.* 1 अभियोजन-पक्ष: appear for the ~tion; witness for the ~tion 2 मुकदमा, अभियोजन, इस्तगासा: malicious ~tion 3 अभियोगपक्ष वकील 4 (***syn.*** pursuing) परिचालन, चालन, निष्पादन: the ~tion of the inquiry; the ~tion of research/ studies; ~tion of one's studies; **~tor** /~टः/ *n.* 1 अभियोक्ता: public ~tor 2 अभियोगी 3 अभियोजक; **~trix** /~ट्रिक्स/ *n.* महिला-अभियोक्ता, अभियोजिका;
collocations: **~ting attorney** सरकारी वकील, सरकारी मुकदमा करने वाला अधिकारी;
p&i: **~te studies** पढ़ाई क. या जारी रखना;

prosecutor, **prosecutrix** *see above under* **prosecute: *dw/lw***

prosely\te /प्रौसअ\लाइट/ *US* प्राःसअला\इट/ *n.* 1 नवदीक्षित, धर्मांतरित 2 नया-नया मुल्ला, अत्यधिक सक्रिय धर्मपालक 3 यहूदीवाद में परिवर्तित;
dw/lw: **~tism** /~लिटिज्म/ *n.* 1 नवदीक्षा, धर्मांतरण 2 धर्मप्रचार 3 (***syn.*** conversion) धर्मपरिवर्तन 4 शुद्धि; **~tize** /~लअटाइज/ *v., pt.* ~tized *pp* ~tizing 1 नवदीक्षित क., धर्मांतरण कराना, धर्मांतरित क. 2 शिष्य बनाना

proseminary /प्रोसेमिनरि/ *n.* प्राथमिक स्कूल से पहले की पाठशाला

prosencephalon /प्रौसेनसेफअलौन/ *US* प्राःसेनसेफअलाःन/ *n.* अग्रमस्तिष्क

prosenchyma /प्रौसेनकिमा/ *US* प्राःसेनकिमा/*n.* दीर्घोतक, दीर्घ ऊतक

prosi\fy /प्रोजिफाइ/ *v., pt.* **~fied**, *pp* **~fying** 1 गद्य के रूप में प्रस्तुत क., गद्यरूप दे., गद्य लिखना 2 नीरस या फीका बना दे.

prosit /प्रोसिट/ प्रोजिट/ *Lat.* (Cheers!) आपकी सेहत के लिए यह जाम!

prosod\ic/ ~ical /प्रोसौडि\क/ ~कल/ *US* प्रोसाःडि\क/ ~कल/ *adj.* छंदशास्त्रीय, छंद-विषयक;
dw/lw: **~ically** /~कलि/ *adv.* छंदशास्त्रीय दृष्टि से; **~ist** /~स्ट/ *n.* छंद-शास्त्री;

proso\dy /प्रौसअडि/ *US* प्राःसअडि/ (*also* **~dics**) *n.* 1 छंदशास्त्र, पिंगल 2 स्वनगुण

prospect /प्रौसपेक्ट/ *US* प्राःसपेक्ट/ *n., pl.* **~s** 1 संभावना : a ~ of success 2 लक्षण, भविष्य 3 (*pl.* **~s**) अवसर, तरक्की, आसार : a job with **~s**; a man with no **~s** 4 चुनने योग्य उम्मीदवार : a doubtful ~ for Saturday's match 5 (***syn.*** view) दृश्य, परिदृश्य, खुली सड़क या दृश्य (*in Russian*): Nevsky **Prospect** (रूस के शहर सेंट पीटर्जबर्ग की मुख्य सड़क); a beautiful ~ to the south 6 प्रत्याशा, संभावना: face the ~ of sth 7 (***syn.*** client) संभावित ग्राहक 8 (***syn.*** mining) पूर्वेक्षण-स्थल, कच्ची धातु की संभावित खान : ~ hole 9 ऐसी खान का उत्पाद;

v., *pt.* **~ed**, *pp* **~ing** 1 पूर्वेक्षण क., अध्ययन क. : he liked to ~ curious foreign dishes 2 खोजना : ~ for gold 3 अच्छी संभावनाएं हो. या रखना : the mine **~s** well; you can get that book and ~ it

dw/lw: **~or** /प्रअसपेक्टः/ *US* प्राःसपेक्टः/ *n.* पूर्वेक्षक, तेल, गैस, सोने व अन्य खनिजों की खोज करने वाला;

p&i: **have nothing in ~** कोई संभावना न होना; **in ~** शीघ्र होने वाला; **sb's ~s** किसी की सफलता की संभावनाएं

prospective /प्रअसपेक्टिव/ *adj.* 1 अग्रदर्शी 2 (***syn.*** expected) प्रत्याशित 3 भावी: ~ advantages 4 भविष्यप्रभावी (applying to the future) 5 भविष्यसापेक्ष, संभावित, होने वाला : ~ buyers/ employers etc.; my ~ son-in-law

prospector *see above under* **prospect: *dw/lw***

prospectus /प्रस्पेक्टस/ *n., pl.* **~es** 1 विवरण-पत्रिका: college ~ 2 किसी कार्य की भावी योजना

prosper /प्रौस्पः/ *US* प्राःस्पः/ *v., pt.* **~ed**, *pp* **~ing** 1 (***syn.*** thrive) समृद्ध होना, खुशहाल होना, फलना-फूलना, पनपना: a child's health **~s** at the sea shore 2 उन्नति क. 3 सफल होना: the business **~s**;

dw/lw: **prosper\ity** /प्रौस्पेरिटि/ *US* प्राःस्पेरिटि/*n.* 1 खुशहाली, समृद्धि 2 (***syn.*** affluence) वैभव, संपन्नता 3 उन्नति: ~ity of a company 4 सफलता; **~ous** /प्रौस्पअरस\/ *US* प्राःस्पअरस\/ *adj.* 1 (***syn.*** affluent) समृद्ध, संपन्न, खुशहाल: a ~ous country 2 अनुकूल: ~ous weather; ~ous wind 3 (***syn.*** favourable) हितकर, शुभ: ~ous moment 4 सफल: ~ous voyage; **~ously** /~लि/ *adv.* सफलतापूर्वक;

p&i: **~ity is only an instrument to be used not a deity to be worshipped** सपन्नता एक साधन है न कि मंदिर की मूर्ति; **~ity makes friends and adversity tries them** खुशहाली में दोस्त बनते हैं और मुसीबत में उनकी पहचान होती है

prostate /प्रौस्टेट/ *US* प्राःस्टेट/ *n.* (*also* **prostate gland**) प्रौस्टेट ग्रंथि, अष्ठीला ग्रंथि, पुरःस्थ ग्रंथि

prosthe\sis /प्रौस्थीःसिस/ *US* प्राःस्थीःसिस/ *n., pl.* **prostheses** /प्रौस्थिसीःज/ *US* प्राःस्थिसीःज/ 1 *med.* अभावपूर्ति, कृत्रिम अंग, कृत्रिमांग 2 *gramm.* (*also* **prosthesis**) अग्रागम, आदि-स्वरागम;

dw/lw: **~tics** /प्रौस्थेटिक्स/ *US* प्राःस्थेटिक्स/ *n., [sing.]* कृत्रिम अंगों से संबंधित शल्य विज्ञान की एक शाखा

prostitu\te /प्रौस्टिट्यू\ट/ *US* प्राःस्टिटू\ट/ *n.* वेश्या, रंडी: male **~te**; political **~te**;

v., *pt.* **~ted**, *pp* **~ting** 1 वेश्यावृत्ति क. 2 (***syn.*** misuse) बेचना, दुरुपयोग क. 3 नीच काम में लगाना;

dw/lw: **~tion** /~शन/ *n.* 1 वेश्यावृत्ति, वेश्याकर्म, रंडीबाजी, व्यभिचार 2 दुरुपयोग : political ~tion

prostra\te /प्रौस्ट्रे\ट/ *US* प्राःस्ट्रे\ट/ *adj.* 1 साष्टांग प्रणत 2 दंडवत् पड़ा हुआ 3 थका-मांदा, थका हारा 4 (***syn.*** overcome) बेचारा, अवसन्न, पराजित : **~te** with fatigue 5 *bot.* शयान, भूशायी 6 गिराया हुआ 7 निपातित;

v., *pt.* **~ted**, *pp* **~ting** 1 गिरा दे.: the storm **~ted** many trees 2 पराजित क., धराशायी क. 3 निस्सहाय या निर्बल कर दे. 4 साष्टांग लेटना.;

dw/lw: **~tion** /~शन/ *n.* 1 साष्टांग या दंडवत् प्रणाम 2 (***syn.*** defeat) पराजय, पराभव 3 (***syn.*** exhaustion) श्रांति, क्लांति, थकावट 4 (***syn.*** dejection) अवसन्नता, विषाद, ग्लानि: ~tion of mind and spirit 5 गिरावट, मंदी: the general ~tion of business;

p&i: **~ted with** से शोक-संतप्त हो.; **~te oneself** साष्टांग प्रणाम क.; **~te oneself before rank and wealth** बड़े लोगों और धन के सामने लमलेट हो. यानी अपने को झुकाना; **~te oneself before someone** किसी के सामने लमलेट हो.;

pro\sy /प्रोजि/ *adj., degr.* **~sier**, **~siest** 1 गद्यात्मक: **~sy** author 2 नीरस, शुष्क: **~sy** life

prosyllogism /प्रअसिलअजिज्म/ *n.* पूर्वन्याय-वाक्य, पूर्वहेत्वाभास

protactinium /प्रोटैक्टिनिअम/ *n.* (*symbol* **Pa**) एक अति रेडियो-धर्मित सफेद तत्त्व

protagonist /प्रोटैगनिस्ट/ *n.* 1 रचना का प्रमुख पात्र या नायक 2 कहानी का केंद्र पात्र 3 (***syn.*** leader) नेता 4 (***syn.*** champion) समर्थक, संघर्ष करने वाला

pro tanto /प्रो टैंटो/ *Lat.* (accordingly) के अनुसार, अनुपातिक रूप में

prótasis /प्रौटअ\सिस/ *US* प्राःटअ\सिस/ *n., pl.* **protases** /~सीःज/ *gramm.* 1 नाटक का प्रथम भाग जिसमें पात्रों का परिचय दिया जाता है और कथानक का सारांश दिया जाता है, पूर्वरंग 2 प्रथम या प्रारंभिक उपवाक्य 3 हेतुवाक्य, उदाहरणतः 'If Winter comes, can Spring be far behind?' वाक्य में 'If Winter comes' हेतुवाक्य (**prótasis**) है

protea /प्रोटिअ/ *n., pl.* **~s** दक्षिणी अफ्रीका में मिलने वाली एक छोटी झाड़ी

protean /प्रोटिअन/ *adj.* 1 लगातार बदलने वाला, परिवर्तनशील 2 नाटक में कई भूमिकाएं निभानेवाला कलाकार

protease /प्रोटिएस/ *n., biochem.* प्रोटीनों के टूटने में मदद करने वाला ऐनजाइम

protect /प्रअटे\क्ट/ *v., pt.* **~ed**, *pp* **~ing** 1 बचाना, रक्षा क., सुरक्षित रखना : ~ one's eyes from the sun; ~ iron from corrosion; ~ one's own interests 2 संरक्षण क. 3 संभावित नुकसान के विरुद्ध बीमा करवाना 4 घरेलू उत्पाद को सुरक्षित रखने के लिए आयात पर कर (import duty) लगाना;

dw/lw: **~ant** /प्रअटैक्टंट/ *n.* रक्षक; **~ed** /~क्टिड/ *adj.* (सं)रक्षित, सुरक्षित : ~ed state; **~ing** /~क्टिंग/ *adj.* संरक्षी, संरक्षक: ~ing state

protection /प्रअटेक्शन/ *n.* 1 बचाव, रक्षा : labour ~; under the ~ of the law 2 (सं)रक्षा, सुरक्षा : the ~ of the country; diplomatic/ legal ~ 3 आवरण 4 संरक्षण: ~ to a young author; ~ of home industries 5 संरक्षण के एवज में दुकानदारों से अवैध फिरौती लेने की क्रिया 6 (*also* ~ **money**) अवैध संरक्षण के लिए लिया-दिया जाने वाला धन 7 सुरक्षा पत्र : writ of ~ (सुरक्षा पत्र);

dw/lw: **~ism** /प्रटेक्शिअनिज्म/ *n.* 1 संरक्षणवाद, संरक्षण की नीति 2 घरेलू उत्पाद को सुरक्षित रखने के लिए आयात पर कर लगाने की नीति; **~ist** /प्रटेक्शनिस्ट/ *n.* संरक्षणवादी;

collocations: **~ forest** संरक्षित वन, अभयारण्य; **~ of game** शिकार पर प्रतिबंध; **~ of patent** पेटेंट की सुरक्षा;

diplomatic/ legal ~ कूटनीतिज्ञों की सुरक्षा;

p&i: **live under the ~ of sb** किसी के संरक्षण में रहना

protective /प्रअटेक्टिव/ *adj.* 1 संरक्षात्मक 2 बचाने वाला : ~ clothing/ dressing/ armour 3 बाह्य प्रभाव से बचाने वाला : ~ colouring/ paint/ glasses/ mask; ~ vaccination 4 सुरक्षात्मक : ~ custody (जिसके जीवन को खतरा हो उसकी रक्षा के लिए उसे बंदीगृह में रखने का कार्य); ~ measures 5 सुरक्षा प्रदान करने वाला;

dw/lw: **~ly** *adv.* सुरक्षात्मक ढंग से
protector/ protectress /प्रअटेक्टः/ प्रटेक्ट्रिस/ *n.* 1 संरक्षक/ संरक्षिका 2 (*syn.* regent) रीजेंट, प्रतिशासक;
dw/lw: **~ate** /प्रअटेक्टअरेट/ (*also* **~ship**) *n.* 1 प्रतिशासक का कार्यालय या शासन 2 संरक्षित राज्य : ~ate treaty 3 राजनीतिक संरक्षण; **~y** /प्रअटेक्टरि/ *n.* सुरक्षा
protégé /प्रौतअ\जे/ *US* प्रोतअ\जे/ *n., pl.* **~s/ ~es** /प्रौतअजेज/ प्रौतअजे/ 1 चेला, पिट्ठू, चमचा 2 आश्रित 3 रक्षित;
dw/lw: **protégée** /प्रोतअजे/ *n.* आश्रिता, रक्षिता
protein /प्रोटीन/ *n.* प्रोटीन
pro tem /प्रो टेम/ *adv.* (*syn.* temporary) थोड़े समय के लिए, अंतरिम
pro tempore /प्रो टेंपॅरि/ *adv., adj., Lat.* 1 अभी के लिए, कुछ समय के लिए 2 अस्थायी रूप में: act as consul ~; President ~ of the *US* Senate
Proterozoic /प्रोटअरोजो\इक/ प्रौटअरोजोइक/ *US* -/ प्राःटअरोजोइक/*adj., geol.* प्राजीव (कल्प), उस प्राचीनतम काल से संबंधित, जब मानव जीवन शुरू हुआ था
protervity /प्रोटःविटि/ *n.* (*syn.* petulence) चिड़चिड़ापन, दुष्टता, लंपटता
protest /प्रोटेस्ट/ *n.* 1 आपत्ति, एतराज 2 विरोध, विरोध प्रदर्शन : ~ march; act of ~ 3 प्रत्याख्यान, प्रतिवाद, असहमति: in ~ against 4 *commer.* लिखित नकार पत्र : lodge/ make a ~;
adj. 1 विरोध से संबंधित: a ~ march 2 नकार या नकारात्मक 3 विरोधी
v., pt. **~ed**, *pp* **~ing** 1 आपत्ति या एतराज क. 2 प्रतिवाद क. : ~ against a proposal/ a measure 3 दृढ़तापूर्वक कहना : ~ one's innocence 4 (*syn.* state) प्रतिज्ञापित क. 5 *commer.* अस्वीकार क. 6 विरोध प्रदर्शन क. : hold/ stage a ~;
dw/lw: **~er/ ~or** *n.* 1 विरोध जताने वाला, प्रतिवाद करने वाला, विरोधी, अस्वीकर्ता 2 (*syn.* demonstrator) विरोधी प्रदर्शनकारी;
p&i: **~ (about/ against/ at sth)** आपत्ति क.;
a ~ against/ over sth किसी बात का विरोध; **a ~ by/ from sb** किसी के द्वारा विरोध; **do sth as a ~** विरोध के रूप में कुछ क.; **under ~** विरोध जताते हुए, विरोध करते हुए
Protestant /प्रौटिस्टंट/ *US* प्राःटिस्टंट/ *adj.* प्रोटेस्टेंट, प्रोटेस्टेंटवाद
protestation /प्रौटअस्टेशन/ *US* प्राःटअस्टेशन/ *n.* 1 औपचारिक घोषणा या स्वीकृति: a ~ of loyalty/ of innocence; with solemn **~s** of friendship 2 दृढ़ कथन, दृढ़ोक्ति 3 प्रतिवाद, खंडन 4 विरोध, एतराज
prothala\mion/ ~mium /प्रोथअलेमिअन/ *n.* विवाहगीत
prothallus /प्रौथैलस/ *n., pl.* **prothalli** /प्रौथैलीः/ पौधे के ऊतकों में छोटा-सा क्षेत्र जहां प्रजनन क्रिया होती है
prothe\sis /प्रौथीः\सिस/ *US* प्राःथीः\सिस/*n., pl.* **~ses** /~सीःज/ 1 अग्रागम, पूर्वागम 2 आदिवर्णागम, आदिस्वरागम;
dw/lw: **~tic** /प्रअथेटिक/ *adj.* अग्रागमी, पूर्वागमी
prothrombin /प्रोथ्रौम्बिन/ *US* प्रोथ्राःम्बिन/ *n., biochem.* रक्त में थक्का बनानेवाला तत्त्व
prothorax /प्रोथोःरैक्स/ *n.* अग्रवक्ष
protist /प्रोटिस्ट/ *n., biol.* प्रजीव, जीवाणुओं के समूह का सदस्य;
dw/lw: **~a** *n.* आद्यजीव
proto- /प्रोटो/ *prefix, comb. form, denoting*: 1 **first, earliest in time** (अद्य-आदि, आदिमतम) : **proto**type 2 **first of a series** (लड़ी में पहली कड़ी, प्रथम)
protobiont /प्रोटोबिअंट/ *n.* आदिजीव
protocol /प्रोटअकौल/ *US* प्रोटअकाःल/ *n.* 1 राजनयिक आचार-संहिता 2 उचित, औपचारिक, कूटनीतिक शिष्टाचार व प्रक्रिया : diplomatic ~ 2 (*syn.* ceremonial) नयाचार 3 (*syn.* draft) प्रथम रूपरेखा या लेख : draw up a ~ 4 (*syn.* original draft) मूलप्रति 5 (*syn.* statement) विज्ञप्ति : ~ about signing an agreement 6 *N. Amer. esp. US* वैज्ञानिक प्रयोग की योजना या कार्यविधि
protodont /प्रोटोदंत/ *n.* कूटदंत
proto\genic /प्रोटॉजिनिक/ *adj.* आदिजातीय;
dw/lw: **~martyr** /प्रोटोमाःटः/ *n.* आदि-हुतात्मा; **~notary** /प्रोटोनोटरि/ *n.* कई देशों में उच्च न्यायालय का मुख्य सचिव; **~plast** /प्रोटोप्लैस्ट/ *n.* 1 आदिरूप 2 *biol.* जीवद्रव्यक 3 (*syn.* creator) स्रष्टा; **~pod** /प्रोटअपौड/ *n.* आद्यपाद; **~troch** *n.* आदि चक्र, आदि चक्री; **~zoic** /प्रोटोजोइक/ *n. adj.* आदिजीवी
Proto-Indo-European *n.* प्राचीन भाषा जिस पर इंडो-यरोपियायी परिवार की भाषायें आधारित हैं (*see also* **Indo-European**)
proton /प्रोटौन/ *US* प्रोटाःन/ *n., phys.* प्रोटॉन
protoplasm /प्रोटोप्लैज्म/ *n.* जीवद्रव्य, प्रोटोप्लाज्म;
dw/lw: **~al/ ~atic** *adj.* जीवद्रव्यीय
prototy\pe /प्रोटोटाइप/ प्रोटअटाइप/ *n.* 1 प्रारूप 2 मूलस्वरूप, आदि प्ररूप 3 (*syn.* model) आदर्श;
dw/lw: **~pal/ ~pic/ ~pical** *adj.* मूलस्वरूपी
protozoan /प्रोटअजोअन/ *n., pl.* **protozoa** /प्रोटअजोअ/ प्रजीवाणु-समूह
protract /प्रअट्रै\क्ट/ *v., pt.* **~ed**, *pp* **~ing** 1 लंबा क., लंबा खींचना : ~ a visit/ a debate/ negotiations 2 धीरे-धीरे आगे बढ़ाना 3 योजना की रूपरेखा बनाना 4 तानकर बड़ा क.;
dw/lw: **~ed** /~क्टिड/ *adj.* लंबा खिंचा हुआ, दीर्घकालिक, लंबा, विलंबित: ~ed negotiations; ~ed war; ~ed defence; **~tedly** *adv.* लंबे समय तक; **~ile** /~क्टाइल/ *adj.* 1 जिसे खींचा या ताना जा सके 2 वर्धनीय, प्रसरणीय; **~ion** /~क्शन/ *n.* 1 प्रवर्धन, दीर्घीकरण: ~ion of a debate 2 रूप-रेखा चित्र, प्रारूप 3 (*syn.* drawing) मानचित्र 4 खींच-तान से होनेवाला बढ़ाव, दीर्घीकरण 5 धीमाकरण
protractor /प्रअट्रैक्टः/ *n.* 1 चांदा, कोणमापक, प्रोट्रैक्टर (instrument) 2 अपाकुंचक: ~ muscle
protreptic /प्रोट्रेप्टिक/ *adj.* 1 (*syn.* diadectic) नैतिक शिक्षा देने वाला 2 उपदेशात्मक
protru\de /प्रअटूड/ *v., pt.* **~ded**, *pp* **~ding** 1 उभरना, बाहर निकला हुआ हो. : his eyes **~ded** 2 बाहर निकालना, बढ़ाना : **~de** one's tongue 3 थोपना, लादना: **~de** one's opinion 4 धकेलना 5 अनाधिकार प्रवेश क.;
dw/lw: **~ding** *adj. tech.* थोड़ा बाहर निकलता हुआ: ~ding lips; ~ding forehead; ~ding belly; **~sible** /प्रअटूसिबल/ *adj.* बहिःक्षेप्य, बहिःसारी, जो बाहर निकल सके; **~sile** /प्रअटूःसाइल/ *adj.* जो बाहर निकल सके; **~sion** /प्रअटूजन/ *n.* 1 उभार, बाहर निकला हुआ भाग: ~sion of the eye balls 2 निस्सारण, बहिःक्षेपण; **~sive** /प्रटूसिव/ *adj.* 1 बाहर निकला हुआ, उभरा हुआ: ~sive jaw 2 (*syn.* propulsive) नोदक, धकेलने वाला, प्रेरक 3 (*syn.* obtrusive) दुःसाहसी, दुराग्रही, धृष्ट
protube\rance /प्रअट्यूबअरंस/ *n.* 1 उभार, उभाड़, गुमटा: a **~rance** on his forehead 2 बाहर निकला हुआ भाग: cancerous **~rance** 3 (*syn.* swelling) प्रक्षेप, प्रवर्ध, उत्सेध, प्रोद्वर्ध, सूजन;
dw/lw: **~rant** /प्रअट्यूबअरंट/ *adj.* 1 (*syn.* bulging) उभारदार, बाहर निकला हुआ: ~rant eyes 2 महत्त्वपूर्ण : ~rant facts
proud /प्राउड\/ *adj., degr.* **~er, ~est** 1 गौरवान्वित, गर्वित : a ~ day; be ~ to call sb one's friend 2 स्वाभिमानी : be too ~ to complain 3 (*syn.* arrogant) अहंकारी, घमंडी, अभिमानी, गर्वीला, उद्धत, अक्खड़ : ~ politician; ~ look 4 (*often* **~ of sb/ sth**) गर्वित, संतुष्ट, प्रसन्न : the ~ father; be ~ of one's country 5 (*syn.* splendid) शानदार, प्रतापी, वैभवशाली : a ~ sight; it was a ~ day for our school when we won the cup 6 सुंदर, लंबा-छरहरा, प्रभावशाली: the top edge standing ~ (सीधा खड़ा ऊपरी किनारा गर्व से इतराता हुआ); the

sunflowers stood tall and proud, stretching to the sun; ***dw/lw:* ~flesh** *n.* बदगोश्त; **~-hearted** *adj.* घमंडी, अभिमानी; **~ling** /~लिंग/ *adj.* घमंडी; **~ly** /~लि/ *adv.* अभिमानपूर्वक; **~ness** *n.* गर्व, घमंड; **~-pied** *adj.* शानदार ढंग से विविध व रंगारंग; **~-stomached** /~-स्टअमकड/ *adj.* घमंडी; ***p&i*: ~ waters** उछलता, तरंगित होता पानी;

as ~ as a Lucifer रावण-सा घमंडी; **as ~ as a peacock** मोर की तरह इतराने वाला; **as ~as a Punch** अपने आप पर गर्वित; **as ~ as pig with two tails** बहुत इतराया हुआ; **be ~ of** पर गौरव या अभिमान (conceit) क.; **do oneself ~** अपने को गौरवान्वित क.; **do sb ~** किसी को गौरवान्वित क.

Prov. *abbr.* 'Provence', 'Proverbs', 'Provost' का संक्षेप

provable/ proveable /प्रूवअबल/ प्रूविअबल/ *adj.* जिसे साबित किया जा सके, साध्य, प्रमाण्य

pro\ve /प्रूव/ *v., pt.* **~ved**, *pt. p.* **~ven**, *pp* **~ving** 1 प्रमाणित क., सिद्ध क., प्रमाण दे., साबित क. : it is yet to be **~ved**; **~ve** sb's guilt/ innocence; **~ve** one's identity 2 (***syn.*** test) परखना, परीक्षण क., (**~der**) जांचना : this he said to **~ve** her (उसने ऐसा उसे परखने के लिए कहा); **~ve** a new weapon 3 निकलना, सिद्ध हो जाना, प्रमाणित होना (turn out to be) : the operation **~ved** fatal (शल्य-क्रिया घातक सिद्ध हुई); be **~ved** innocent; be **~ved** false 4 दक्षता, योग्यता, क्षमता आदि सिद्ध हो. : **~ved** himself reliable; he **~ved** himself to be a coward 5 वसीयत की प्रमाणिकता सिद्ध क. : **~ve** a will 6 (***syn.*** rise, swell) सेंकने पर रोटी का फूलना;

***dw/lw:* ~ven** /प्रोवन/ प्रूवन/ *past participle of the verb* **prove**; **~ven** *adj.* प्रमाणित, सिद्ध: an opportunity for a person of ~ven ability; **~ving** *see below under separate entry*;

***p&i*: ~ve himself a coward** उसने अपने आप को डरपोक सिद्ध कर दिया; **~ve oneself** अपने आप को कुछ साबित क.; **~ve sb's honesty** किसी की ईमानदारी सिद्ध क.; **~ve sth to be sth** किसी का कुछ होना सिद्ध क.; **~ve the extreme depths of poverty and sorrow** अत्यधिक निर्धनता और यातना झेलना; **~ve up** *US* सरकारी जमीन को प्राप्त करने का प्रथम अधिकार सिद्ध क.; **~ve up to the hilt** कसौटी पर खरा उतरना; **the exception that ~ves a rule** अपवाद से नियम सिद्ध होता है

provenance/ provenience /प्रौवअ\नंस/ प्रौवअ\निअंस/ *US* प्राःवअ\नंस/ प्राःवअ\निअंस/*n.* उद्गम स्रोत या स्थान : the date and ~ of the manuscripts

provender /प्रौविंडः/ *US* प्राःविंडः/ *n.* 1 चारा, चरी, ज्वार, भुसा, तूड़ी 2 (*now usually facetious* **food**) खाद्य पदार्थ, भोजन

proverb /प्रौवः\ब/ *US* प्राःवः\ब/ *n.* 1 कहावत, लोकोक्ति : pass into a ~ (कहावत बनना); book of **~s** (सूक्ति-ग्रंथ) 2 साक्षात् मूर्ति : he is a ~ for ignorance;

dw/lw:* ~ial** /प्रवःबिअल/ *adj.* 1 कहावती: ~ial style 2 लोकोक्तीय: ~ial wisdom 3 लोकप्रसिद्ध: ~ial Delhi fog 4 (syn.*** famous or notorious) विख्यात या कुख्यात: turned up like the ~ial bad penny; his meanness was ~ial; **~ially** /प्रवःबिअलि/ *adv.* 1 लोकोक्ति की तरह 2 जग-जाहिर, स्पष्ट रूप से: he is ~ially stupid;

***p&i:* be a ~ and a byword** लोकोक्ति और कहावत दोनों हो., यानी पूरी तरह से अच्छा या बुरा हो; **pass into a ~** कहावत बन जा.; **to a ~** अत्यधिक, बेहद: he is ingnorant to a ~

Proverbs *n., [sing.]* बाइबल की पुस्तक

proviant /प्रौविअंट/ *US* प्राःविअंट/ *n.* खाद्य सामग्री, (सेना के लिए) रसद

pro-vice-chancellor *n.* समकुलपति

provi\de /प्रअवाइ\ड/ *v., pt.* **~ded**, *pp* **~ding** 1 उपलब्ध कराना 2 अवसर देना : **~de** enjoyment; **~de** an opportunity 3 का प्रबन्ध क. : **~de** conditions for peaceful co-existence 4 (***syn.*** supply) मुहैया क., संभरण क.: **~de** military aid; **~de** meals 5 (***syn.*** gather) जुटाना 6 की तैयारी क. : **~de** against inflationary economy 7 पहले से (रक्षा का) प्रबन्ध क. : **~de** against a surprise attack (prepare) 8 (***syn.*** stipulate) *mainly law* प्रावधान क., शर्त रखना : the contract **~des** for payment in cash 9 (***syn.*** maintain) भरण-पोषण क.;

dw/lw:* ~der** *n.* उपलब्ध करने वाला : universal ~der; lions' ~er (1 गीदड़ के लिए कहावत 2 घोर चापलूस); **~ded** that *or* **providing that** ... *conj.* 1 (syn.*** if) यदि 2 बशर्ते, इस शर्त पर कि... : you can come in ~ded you don't smoke; you may remain, ~ded you keep silent; the dog will never bite you ~ded you let it alone; **~ded** *adj.* 1 मुहैया किया हुआ 2 सज्जित, तैयार : ~ded for all evetualities 3 पहले से योजित, अग्रसोचित : ~ded by the articles of the association; **~ing** *adj.* मुहैया कराने वाला;

***p&i:* ~de against/ for sth** 1 किसी अनहोनी के लिए कुछ तैयार करके रखना 2 के विरुद्ध या के लिए कुछ करने का प्रावधान क.; **~de against a rainy day** मुसीबत के समय के लिए बचाकर रखना; **~de for an eventuality** किसी अनहोनी के लिए बचाकर रखना; **~de for sb/ sth** के लिए प्रावधान क.; **~de for sb** किसी को जीविका के साधन दे.

Providence /प्रौविडंस/ *US* प्राःविडंस/ *n., pl.* **Providence** 1 ईश्वर, विधाता, परमात्मा 2 (परमात्मा का) विधान

providence /प्रौविडंस *US* प्राःविडंस// *n.* 1 (***syn.*** fate) किस्मत, भाग्य, इंसान को नुकसान आदि से बचाने वाली रहस्यमय शक्ति, विधान 2 पूर्वप्रबंध, दूरदर्शिता, दरदृष्टि, समझदारी 3 ईश्वरीय संरक्षण, ईश्वर की कृपा 4 (***syn.*** thrift) मितव्यय;

***p&i:* fly in the face of ~** विधान के विरुद्ध चलना

provident /प्रौविडंट/ *US* प्राःविडंट/ *adj.* 1 भावी आवश्यकताओं की पूर्ति करने वाला 2 (***syn.*** prudent) दूरदर्शितापूर्ण, अग्रसोची : ~ and subtle statesman (दूरदर्शी और अति चतुर राजनेता) 3 मितव्ययी, अल्पव्ययी, किफायती : squirrels are ~; he is ~ of money;

dw/lw:* ~ial** /प्रौविडेंशिअ\ल/ *US* प्राःविडेंशिअ\ल/ *adj.* 1 दैवकृत, ईश्वर की कृपा से होने वाला 2 (syn.*** lucky) शुभ : ~ial escape 3 (***syn.*** opportune, timely) समयोचित 4 सौभाग्यपूर्ण; **~ially** /~लि/ *adv.* सौभाग्यवश;

***collocations:* ~ fund** भविष्य निधि

provider *see above under* **provide: *dw/lw***

providing *see above under* **provide: *dw/lw***

province /प्रौविंस/ *US* प्राःविंस/*n., pl.* **~s** 1 प्रांत, प्रदेश 2 कार्यक्षेत्र 3 अधिकार क्षेत्र : fall in sb's ~ 4 (***syn.*** field) क्षेत्र : the ~ of philology/ history 5 (**the provinces**) राजधानी को छोड़कर देश के अन्य क्षेत्र, देश का वह हिस्सा जो ज्यादा विकसित न हुआ हो, आंचलिक प्रदेश;

***collocations:* the Provinces** *US* कैनेडा

provincial /प्रअविंशिअ\ल/ *adj.* 1 प्रांतीय : ~ bank; ~ superior (प्रांताधिकारी) 2 देश के उस हिस्से से संबंधित जो ज्यादा विकसित न हुआ हो या राजधानी के सिवा अन्य क्षेत्रों से संबंधित, आंचलिक : a ~ accent 3 (***syn.*** rustic) देहाती 4 (***syn.*** narrowminded) संकीर्ण (मना), अनुदार : ~ attitudes/ outlook;

***dw/lw:* ~ism** /~लिज्म/ *n.* 1 प्रांतीयता, प्रादेशिकता 2 प्रांतवाद, संकीर्णता 3 प्रांतीय, प्रादेशिक या स्थानीय प्रयोग; **~ist** /~लिस्ट/ *n.* संकीर्णमना, तंगदिल; **provincial\ity** /~लिटि/ *n.* 1 आंचलिकता 2 संकीर्णता: the ~ity of sb's thought; **~ize/ ~ise** /~लाइज/ *v., pt.* ~ized, *pp* ~izing गंवार या संकीर्ण बनाना

proving /प्रूविंग/ *n.*1 *law* प्रमाणन 2 परख;

adj. परखने का, की, के: ~ ground;

***dw/lw:* ~-ground** *n.* ऐसा क्षेत्र जहां वैज्ञानिक सिद्धांतों और

कार्यों की परख होती है

provirus /प्रोवायरस/ *n., biol.* ऐसा वायरस जो प्राप्त करने वाली कोशिका के DNA में मिल जाता है

provision /प्रविजन/ *n., pl.* **~s** 1 आपूर्ति 2 पूर्वप्रबंध, पूर्वव्यवस्था, तैयारी 3 (**~s**) रसद, खाद्य सामग्री, पंसारी का सामान: the ~ of necessaries 4 (***syn.*** stock) संभार, भंडार, ढेर, संग्रह: make ~ for the future; make ~ for a journey 5 पूर्वोपाय, पूर्वयोजना: ~ against air attack 6 (***syn.*** precaution) निवेश 7 (***syn.*** clause) *law* धारा, प्रावधान: ~ of law; **~s** of treaty;
v.*, pt.* **~ed**, *pp* **~ing** सामान या रसद पहुंचाना, एकत्र क.;
dw/lw: **~er** /प्रअविजनः/ *n.* आपूर्ति करने वाला;
collocations: ~ **action** पूर्वोपाय; ~ **merchant** खाद्य सामग्री सौदागर; ~ **shop** खाद्य सामग्री दुकान; **Provisions of Oxford** 1258 ईस्वी में बने प्रावधान जिन्हें इंग्लैंड का प्रथम लिखित संविधान माना जाता है;
p&i **make ~ for sth** बंदोबस्त/ उपाय क.

provisional /प्रअविजनल/ *adj.* 1 (***syn.*** temporary) अस्थायी : ~ filling (दांत की अस्थायी भराई) 2 (***syn.*** interim) अंतर्कालीन, अंतरिम : ~ capital 3 कच्चा : ~ allowance 4 कामचलाऊ : ~ arrangements;
dw/lw: **~ly** /प्रअविजनलि/ *adv.* अस्थायी रूप से;
collocations: **~ government** अंतरिम सरकार; **~ licence** अस्थायी लाइसेंस; **~ receipt** कच्ची रसीद

proviso /प्रअवाइजो/ *n., pl.* **~s** (***syn.*** condition, provision) शर्त, प्रावधान : with a ~ that or provided that (बशर्ते);
dw/lw: **~r** /प्रअवाइजः/ *n.* 1 आपूर्ति करने वाला 2 व्यापारी 3 खजांची; **~ry** /प्रअवाइजरि/ *adj.* 1 सशर्त 2 अस्थायी प्रबंधन का

provocateur /प्रवौकअटर/ *US* प्रवाःकअटर/ *n.* = **agent provocateur** /आर्जां प्रवौकअटर/ दुरुत्साहक, आग लगाकर तमाशा देखने वाला आदमी

provocation /प्रौवअकेशन/ *US* प्राःवअकेशन/ *n.* 1 भड़काने वाली बात, छेड़खानी, छेड़-छाड़: be angry at the slightest ~ 2 उत्तेजना : acts of ~ 3 उद्दीपन, चिढ़ : act under ~

provoca\tive /प्रअवौकअ\टिव/ *US* प्रअवाःकअ\टिव (*also* **provocatory** /~टरि/) *adj.* 1 भड़काऊ, उत्तेजक : **~tive** behaviour, **~tive** laughter 2 प्रेरक, उद्दीपक : **~tive** argument; **~tive** mirth (प्रेरक आनंद);
dw/lw: **~tively** /~टिवलि/ *adv.* उत्तेजक या भड़काऊ ढंग से

provo\ke /प्रअवो\क/ *v., pt.* **~ked**, *pp* **~king** 1 उत्तेजित क. 2 भड़काना, उकसाना, उभाड़ना 3 जानबूझ कर आग लगाना : **~ke** riot 3 (***syn.*** irritate, goad) चिढ़ाना, गुस्सा दिलाना : **~ke** sb to fury 4 (उत्तेजना आदि) पैदा क. : **~ked** a storm of protest; **~ke** laughter/ anger/ indignation/ doubt; **~ke** mirth;
dw/lw: **~king** /~किंग/ *adj.* चिढ़ाने वाला, चिढ़ाऊ, उत्तेजक, कष्टप्रद: ~king behavior; ~king noises; **~kingly** /~किंगलि/ *adv.* उत्तेजनापूर्वक;
p&i: **~ke beyond endurance** सहनशक्ति की हद से बढ़कर भड़काना; **~ke sb to recite his poems** किसी को उसकी कविताएं पढ़ने के लिए उकसाना
enough to ~ke a saint संत को भी उकसाने के लिए काफी

provost /प्रौवअस्ट/ *US* प्रोवोस्ट/ *n.* 1 कई विश्वविद्यालय, कॉलेज आदि का कार्यकारी अधिकारी 2 बड़े चर्च में वरिष्ठ धर्माचार्य 3 विश्वविद्यालय में स्नातकोत्तर छात्रावास का मुख्याधिकारी;
collocations: **~ marshal** सैनिक पुलिस का मुख्य अधीक्षक; **~ prison** युद्ध कारागार अधीक्षक

prow /प्राउ/ *n.* पोत का बाहर की ओर निकला हुआ भाग, पोताग्र

prowess /प्राउएस/ *n.* 1 (***syn.*** skill) कुशलता, प्रवीणता, कौशल : ~ in debate 2 पराक्रम, वीरता, बहादुरी

prowl /प्राउल/ *v., pt.* **~ed**, *pp* **~ing** 1 शिकार को चुपके-चुपके खोजना : wolves ~ the forest 2 अशांत होकर चलना, ढूंढते फिरना 3 विचरना : he loved to ~ about the streets;
n. शिकार या लूट के माल की तलाश;
dw/lw: **~er** /प्राउलः/ *n.* शिकारी जानवर, गीदड़-गश्त;
p&i: **~ the lines** विरोधी पक्ष पर बेतहाशा हमले क.; **be on the ~** शिकार को दबे पांव खोजते फिरना

prox. *abbr.* 'proximo' का संक्षेप, *see below as a separate entry*

proxemics /प्रौक्सीमिक्स/ *US* प्राःक्सीमिक्स/ *n., [sing.]* आपस में मिलने-जुलने के समय लोगों द्वारा एक-दूसरे से दूरी रखने के व्यवहार का सामाजिक अध्ययन

Proxima Centauri /प्रौक्सिमा सेंटॉराइ/ *US* प्राःक्सिमा सेंटॉराइ/ *n., astron.* सूर्य के समीपतम (4.24 प्रकाश वर्ष की दूरी पर) स्थित तारा

proximal /प्रौक्सिमल/ *US* प्राःक्सिमल/ *adj., biol.* शरीर के केंद्र के समीपस्थ, निकटस्थ

proximate /प्रौक्सि\मिट/ प्रौक्सि\मअट/ *US* प्राःक्सि\मिट/ प्राःक्सिम\अट/ *adj.* 1 समय, स्थान या क्रम में सन्निकट, समीपस्थ, निकटवर्ती : ~ successor 2 अगला, आगामी (in time): on Thursday ~ 3 प्रत्यक्ष, सीधा (cause etc.) : the ~ cause 4 लगभग : sb's ~ arrival time; ~ analysis;
p&i: **~ cause** निकटतम या सीधा कारण;

proxime accessit /प्रौक्सिमे ऐकसेसिट/ *US* प्राःक्सिमे ऐकसेसिट/*Lat.* परीक्षा या मुकाबले में दूसरे स्थान पर आने वाले व्यक्ति के लिए प्रयुक्त

proximi\ty /प्रौक्सिमटि/ *US* प्राःक्सिमटि/ *n., pl.* **~ties** 1 काल और स्थान में निकटता, समीपताः in **~ty** to the station 2 सामीप्य, सान्निध्य, सन्निकटता: **~ty** of blood

proximo /प्रौक्सिमो/ *US* प्राःक्सिमो *adv.* (*abbr.* '**prox**'), *Lat.* अगले मास, आगामी मास में: on the 3d ~ (आगामी मास की तीन तारीख को)

prox\y /प्रौक्सि/ *US* प्राःक्सि/ *n., pl.* **~ies** 1 (***syn.*** person) किसी का प्रतिनिधि, प्रतिनिधि मुख्तार 2 (***syn.*** agency, authority) प्रतिनिधि संगठन, मुख्तारी : by **~y** (मुख्तारनामे पर); vote by ~ 3 (***syn.*** document) प्रतिपत्र : appear by ~;
p&i: **a ~y vote** मुख्तारनामे से दिया जाने वाला मत; **marriage by ~y** मुख्तारनामे पर की जाने वाली शादी; **stand/ be ~y for sb** किसी का मुख्तार या प्रतिनिधि हो.

Prozac /प्रोजैक/ *n. tradem.* अवसाद प्रतिरोधी दवाई

PRS *abbr.* 'Performing Rights Society', 'President of the Royal Society' की प्रथमाक्षरी

pru\de /प्रूड/ *n.* 1 शिष्टाचार या भाषा की बारीकियों का अत्यधिक ध्यान रखने का दिखावा करने वाला व्यक्ति 2 छद्म-लज्जालु व्यक्ति;
dw/lw: **pru\dery** /प्रूडअरि/ *n.* 1 अति-शालीनता, छद्मशिष्टाचार 2 छद्मलज्जा 3 छद्म विनम्रता; **~dish** /प्रूडिश/ *adj.* छद्म-शर्मीला, छद्म-विनम्र, ढोंगी, शिष्टाचारी, कपटलज्जालु; **~dishness** /प्रूडिशनेस/ *n.* छद्म-लज्जा, दिखावापूर्ण लज्जा, आडंबरपूर्ण शिष्टाचार

pru\dence /प्रूःडेंस/ *n.* 1 सयानापन, बुद्धिमानी, समझदारी 2 विवेक, विवेकशीलता 3 दूरदर्शिता 4 दुनियादारी, सावधानी;
dw/lw: **~dent** /प्रूडंट/ *adj.* 1 सयाना, विवेकशील: the ~dent use of resources 2 बुद्धिमान, समझदार: ~dent use of human resources 3 (***syn.*** person) विवेकी, दूर्दर्शी, सावधानः ~dent housekeeper; **~dently** /प्रूडंटलि/ *adv.* समझदारी से, विवेकपूर्वक

prudential /प्रूडेंशिअ\ल/ *adj.* 1 विवेकपूर्ण : ~ motives 2 विवेकी 3 (***syn.*** discretionary) विवेकाधीन : *US* ~ committee;
dw/lw: **~ly** /~लि/ *adv.* विवेकपूर्वक, दूरदर्शिता से, बुद्धिमानी से, सावधानी से

prudery *see above under* **prude: *dw/lw***

pruinose /प्रूइनोस/ *adj.* तुषार जैसे दानेदार पदार्थ से ढका (पौधा)

pru\ne /प्रून/ *v., pt.* **~ned**, *pp* **~ning** 1 काटना-छांटना 2 (पेड़

आदि को) छांगना (*Hr.*) 3 किसी लेख या रचना में से फालतू सामग्री को हटाना: **~ne** down an essay 4 खर्चा कम क. : **~ne** away costs;

n. 1 काट-छांट 2 छंगाई 3 एक प्रकार का फल, (सूखा) आलूचा, आलूबुखारा 4 भोला-भाला आदमी, मूर्ख व्यक्ति;

dw/lw: **~ned** *adj., colloq.* पीकर धुत्त; **~ning** *n.* 1 काट-छांट, छंगाई 2 छंटाई, छांट 3 कतर-ब्योंत; **~ning-knife** *n.* कैंचा; **~ning-shears** *n.* (*pl.*) दस्ती कैंची

collocations: **~ne scissors** काट-छांट के लिए कैंची; **~ning hook** काट-छांट करने के लिए लंबे हत्थे वाली दरांती;

p&i: **~nes and prisms** बोलने का बनावटी ढंग; **~ne one's plumage** पंख साफ क., बनना-ठनना

prunella /प्रूःनेला/ *n.* मजबूत रेशमी और ऊनी कपड़ा जिसे पहले पादरियों के चोगे और औरतों की पोशाक बनाने के लिए प्रयुक्त करते थे

prurien\ce/ ~cy /प्रुरिअंस/ प्रुरिअंसि/ *n.* कामुकता;

dw/lw: **~t** /प्रुअरिअंट/ *adj.* कामुक, लंपट, विषयासक्त

pruri\ginous /प्रुरिजिनस/ *adj.* खुजीला, खुजली वाला;

dw/lw: **~go/ ~tus** /प्रुराइगो/ प्रुराइटस/ *n., med.* खाज खुजली, खाज, कंडू

Prussian /प्रशिअन/ *hist., adj.* जर्मनी के प्रशिया (Prussia) नामक प्रांत संबंधी;

n. प्रशिया का नागरिक या निवासी;

collocations: **~ blue** गहरा नीला रंग

pr\y /प्राइ/ *v., pt.* **~ied**, *pp* **~ying**, *s/he/it* **~ies** 1 (*also* **~y into sth**) ताक-झांक क., झांकना : **~y** into every corner 2 दूसरों के मामलों में ताक-झांक क. : **~y** into sb's secrets 3 दूसरों की निजी जिंदगी में दखल दे. : **~y** into other people's affairs 4 उघाड़ दे., खोलना : **~y** the lid off/ apart/ loose/ open, etc. 5 खुफिया सूचना निकालना

n., *pl.* **pries** 1 ताक-झांक 2 (***syn.*** person) झंकवैया

dw/lw: **~ying** /प्राइंग/ *adj.* ताक-झांक करने वाला : ~ying eyes

Ps *abbr.* 'psalm' का संक्षेप

PS *abbr.* 'post script' की प्रथमाक्षरी

PSA *abbr. Brit* 'Property Services Agency' की प्रथमाक्षरी

psalm /साम/ *n.* बाइबल का भजन, स्तोत्र;

dw/lw: **~ist** /साःमिस्ट/ *n.* भजन-लेखक, स्तोत्रकार; **~odist** /सैमअडिस्ट/ *n.* भजन-गायक; **~ody** /सैमअडि/ *n., pl.* ~odies भजन गायन, भजनों का संग्रह

psalter /साःलटः/ *n.* भजनावली, भजन-संग्रह, भजन संहिता, स्तोत्र संहिता

psaltry /सॉःलटरि/ *n., pl.* **~ies** सारंगी (एक तार बाजा)

p's and q's /पीज-ऐन-क्यूज/ *n.* शालीनता, भद्रता, शिष्टता: watch/ mind one's **p's and q's**

PSAT *abbr., US* 'Preliminary Scholastic Aptitude Test' की प्रथमाक्षरी

PSBR *abbr., econ.* 'public sector borrowing requirement' की प्रथमाक्षरी

psepholo\gy /सिफौलअजि/ *US* सिफाःलअजि/ *n.* 1 जनमत विश्लेषण 2 चुनाव-विश्लेषण 3 आंकड़ों के आधार पर चुनाव और मतदान के रुझानों का अध्ययन;

dw/lw: **~gical** /सिफौलजिकल/ *adj.* चुनाव विश्लेषण संबंधी; **~gist** /सिफौलअजिस्ट/ *n.* जनमत या चुनाव-विश्लेषण विशेषज्ञ

pseud /स्यूड/ सूड/ *n., Br., colloq.* आडंबरपूर्ण या कपटी व्यक्ति, छद्म बुद्धिजीवी

pseudo /स्यूडो/ सूडो/ *adj., colloq.* 1 आडंबरी, छलावापूर्ण, कपटी 2 नकली, कूट, छद्म, मिथ्या 3 कृत्रिम, आभासी;

pseudo- /स्यूडो-/ *pref., comb. form, meaning:* 1 **not genuine, false or pretended** (नकली, मिथ्या या बनावटी);

dw/lw: **~carp** *n.* आभासी, फलिका; **~cyesis** /स्यूडोसायीसिस/ *n., med.* छद्म गर्भ; **~-form** *n.* आभासी रूप, छद्मरूप; **~graph** *n.* जाली ग्रंथ; **~-metal** *n.* छद्मधातु; **~morph** /स्यूडोमॉःफ/ *n.* कूट-रूप, छद्म-रूप; **pseudonym** *see below under separate entry*; **~podium** /स्यूडोपोडिअम/ *n., pl.* pseudopodia पादाभ, कूटपाद, छद्म पैर (टांग); **~scope** /स्यूडोस्कोप/ *n.* विपरीतदर्शी; **~volcanic** /स्यूडोवल्कैनिक/ *adj.* छद्म ज्वालामुखी विस्फोट संबंधी : ~ eruption

pseudology /स्यूडौलजि/ *US* स्यूडाःलजि/ *n.* मिथ्याशास्त्र, मिथ्याविज्ञान, मिथ्या-भाषण की कला

pseudo\nym /स्यूडअनिम/ *n.* छद्मनाम, कूट-नाम, कृतक-नाम;

dw/lw: **~nymous** /स्यूडनिमस/ *adj.* छद्मनामी, कूटनामी

pshaw /शाः/ *interj.* छी-छी!

PSHE *abbr., Br.* 'Personal, social and health education' की प्रथमाक्षरी

psi /प्साई/ *n.* यूनानी भाषा की वर्णमाला का तेइसवां (23वां) अक्षर (ψ)

p.s.i. *abbr.* 'Pounds per square inch' की प्रथमाक्षरी

psilanthropism /साइलैंथ्रअपिज्म/ *n.* मानवमात्रवाद

psittac\ine /सिटअसाइन/ *adj.* तोते से संबंधित;

dw/lw: **~ism** /सिटअसिज्म/ *n.* तोतारटंत; **~osis** /सिटकोसिस/ *n.* तोता रोग जिससे मानवों में निमोनिया हो सकता है

psora /सॉरा/ *n.* खाज, खुजली

psoriasis /सरायसिस/ *n., pathol.* चकत्ते पड़ने का रोग

PST *abbr.* 'public service vehicle' की प्रथमाक्षरी

PSV *abbr.* 'Pacific Standard Time' की प्रथमाक्षरी

psych /साइक/ *v., pt.* **~ed**, *pp* **~ing** 1 किसी को मानसिक रूप से विचलित क. 2 मानसिक विश्लेषण क.;

p&i: **~ oneself up** किसी चुनौती के लिए मानसिक रूप से तैयार हो.; **~ sb out** किसी का आत्मविश्वास विचलित क.

psyche /साइकि/ *n., pl.* **~s** *pathol.* 1 मानसिकता 2 आत्मा 3 मन, चित्त, मानस

psychedelia /साइकिडीलिया/ *n., [pl.]* नशीली दवाई के प्रभाव तले कृत रंग-बिरंगी वस्तुओं जैसे बत्तियों, पोस्टरों, चित्रों आदि का समूह

psychedelic /साइकिडेलिक/ *adj.* 1 नशीली दवाई जो यथार्थ को अलग रोशनी में दिखाती है : had a ~ vision 2 रंग-बिरंगी वस्तुओं से संबंधित: ~ art

psychia\trist /साइकायअट्रिस्ट/ *n.* मनोरोग चिकित्सक;

dw/lw: **~tric** /साइकिऐट्रिक/ *adj.* मनोरोग चिकित्सा संबंधी, मनोविकृति-संबंधी; **~trics** /साइकिऐट्रिक्स/ *n.* मनोरोग चिकित्सा विज्ञान, मनोविकृति-विज्ञान, मनोरोगविज्ञान; **~try** /साइकायट्रि/ *n.* मनोरोग चिकित्सा विज्ञान, मनोविकृति विज्ञान, मनोरोगविज्ञान

psychic /साइकिक/ (*also* **psychical** /साइकिकल/) *adj.* 1 आत्मिक, मानसिक : ~ treatment 2 अतींद्रिय, अतिभौतिक: ~ blindness/ deafness 3 (***syn.*** paranormal) अतींद्रियसंवेदी: susceptible to ~ influence

psychism /साइकिज्म/ *n.* 1 मनोवाद, आत्मवाद 2 (***syn.*** animism) सर्वात्मवाद

psycho /साइको/ *n., pl.* **~s** थोड़ा पागल, पगलैट

psycho- *comb. form, denoting:* **the mind and its workings** (मन, मानसिक, मानसिकता)

psychoactive /साइकोऐक्टिव/ (*also* **psychotropic**) *adj.* दिमाग और व्यवहार पर प्रभाव डालने वाली (दवा)

psychoanaly\se/ psychoanaly\ze /साइकोऐनअलाइज/ *v., pt.* **~sed**, *pp* **~sing** मानसिक विश्लेषण क.;

dw/lw: **~sis** /साइकोअनैलसिस/ *n.* मनोविश्लेषण

psychoana\lyst /साइकोऐनअलिस्ट/ *n.* मनोविश्लेषक;

dw/lw: **~lytic** /साइकोऐनअलिटिक/ *adj.* मनोविश्लेषण संबंधी, मनोवैश्लेषिक; **~lytic-criticism** *n.* साहित्यिक आलोचना को मानसिकता-आधारित क. यानी मानना कि पाठ की रचना में लेखक

के अचेत मन की महत्त्वपूर्ण भूमिका होती है

psychobabble /साइकोबैबल/ *n., colloq., psychol.* मनोवैज्ञानिक पारिभाषिक शब्दों से लदकर बोझिल होने के कारण बना भाषा का दुरूह रूप

psychodrama /साइकोड्रामा/ *n., psychol.* मानसिक रोगी के सम्मुख जीवन के जीवंत रूप को प्रस्तुत करके उसे उसकी स्थिति और समस्याओं को नए प्रकाश में दिखाने की तकनीक

psychodynamics /साइकोडायनैमिक्स/ *n., [sing.] psychol.* मानसिक एवं भावनात्मक शक्तियों, उनके भूतकालीन स्रोतों व अनुभवों और उनके प्रभावों का वैज्ञानिक अध्ययन

psychogen\esis /साइकोजिनेसिस/ *n.* मन के उद्भव व विकास का अध्ययन;
dw/lw: **~ic** /साइकोजेनिक/ *adj.* मनोजन्य

psychokinesis /साइकोकिनेसिस/ *n.* वस्तुओं में मानसिक शक्ति द्वारा पैदा की जाने वाली गतिशीलता

psycholinguistics /साइकोलिंग्विस्टिक्स/ *n., [sing.]* भाषा के विकास तथा भाषा और मानसिक प्रक्रियाओं के बीच संबंध का मनोवैज्ञानिक अध्ययन

psychological /साइकअलौजिकल/ *US* साइकअलाःजिकल/ *adj.* 1 मनोवैज्ञानिक : ~ research 2 मनोविज्ञानी: ~ drama; ~ films/ novels;
collocations: **~ moment** किसी उद्देश्य विशेष को पूरा करने का सर्वोत्तम पल या घड़ी; **~ warfare** युद्ध काल में प्रचार माध्यमों द्वारा शत्रु के मनोबल को तोड़ने के लिए चलाया जाने वाला मनोवैज्ञानिक युद्ध अभियान

psychologist /साइकौलअजिस्ट/ *US* साइकाःलअजिस्ट/ *n.* मनोविज्ञानी

psychology /साइकौलअजि/ *US* साइकाःलअजि/ *n.* 1 मानवों और जानवरों के मन और व्यवहार का वैज्ञानिक अध्ययन, मनोविज्ञान 2 किसी का मानसिक रवैया और व्यवहार, मनोवृत्ति (attitude), मानसिकता 3 मनोवैज्ञानिक संरचना, मानसिकता

psychometrics /साइकअमेट्रिक्स/ *n., [sing.] psychol.* मनोविज्ञान की शाखा जिसके तहत बुद्धि, व्यक्तित्व, मनःस्थितियों आदि मानसिक विशेषताओं का मापन व अध्ययन किया जाता है

psychopath /साइकअपैथ/ *n., tech.* मनोरोगी, पागल;
dw/lw: **~ic** साइकअपैथिक/ *adj.* मनोरोगीय: ~ic personality (मनोरोग ग्रस्त व्यक्ति); **~ically** /साइकअपैथिकलि/ *adv.* मनोरोग ग्रस्तता के दृष्टिकोण से

psychopathology /साइकोपअथौलजि/ *US* साइकोपअथाःलजि *n., med.* 1 मनोविकारों या मनोरोग का वैज्ञानिक अध्ययन 2 मनोरोग के लक्षणों का अध्ययन

psychopathy /साइकौपअथि/ *US* साइकाःपअथि/ *n., psychol.* 1 मनोरोग, मनो-विकृति 2 एक मनोविकार जिसके कारण रोगी सामाजिक और रिश्ते-नाते नहीं बना सकता, और वह प्रशासनात्मक तंत्र को एक सामाजिक गुंडे की तरह ठुकराता है

psychosexual /साइकोसैक्सुअल/ *adj.* यौन प्रक्रियाओं के मानसिक पहलुओं और अन्य यौन कल्पनाओं से संबंधित

psychosis /साइकोसिस/ *n., pl.* **psychoses** /साइकोसीःज/ 1 मनोविक्षिप्ति 2 *pl.* मनोविकृति, मनोविकार, मनोरोग : war ~

psychosocial /साइकोसोशल/ *adj.* मानसिक व सामाजिक

psychosomatic /साइकोसमैटिक/ *adj., med.* मनो-दैहिक, मनोकायिक, मनःशारीरिक

psychosurgery /साइकोसःजरि/ *n.* मनोविकार का इलाज करने के लिए की जाने वाली दिमाग की शल्य क्रिया

psychothera\py /साइकोथेरअ\पि/ (*also* **~peutics** /~प्युटिक्स) *n.* मनोचिकित्सा, मानसिक प्रक्रियाओं को संबोधित करते हुए बिना दवाइयों के की जाने वाली चिकित्सा;
dw/lw: **~pist** /~पिस्ट/ *n.* बिना दवाइयों के मानसिक रोगों का इलाज करने वाला चिकित्सक, मनोचिकित्सक

psychotic /साइकौटिक/ *US* साइकाःटिक/ *adj.* मनोविकृति, मनोविकार व मनोरोग संबंधी

PT. *abbr.* 'physical training' की प्रथमाक्षरी

pt *abbr.* 1 'Port' का संक्षेप 2 *symbol, chem.* 'platinum' का प्रतीक

pt *abbr.* 'part', 'pint', 'point' का संक्षेप

PTA *abbr.* 'Parent-Teacher Association' की प्रथमाक्षरी

Pte *abbr.* 'Private' का संक्षेप

-ptera *comb. form, forming plural nouns, denoting:* **organisms** (जीव)

ptero /टेरो/ *n., bot.* पक्ष, पंख;
dw/lw: **~carpus** *n.* पक्षफली; **~pod** *n.* पक्षपाद

pterodactyl /टेरअडैक्टिल/ *n.* उड़ने वाला सांप, पक्षी-सर्प

pterosaur /टेरोसॉः/ *n.* उड़ने वाले सांपों के परिवार का कोई भी जीव

PTFE *abbr.* 'polytetrafluoroethylene' का संक्षेप

ptisan /टिजैन/ *n.* पथ्य पेय (जौ का)

PTO /पीटीओ/ *UK abbr.* 'please turn over' की प्रथमाक्षरी

ptomaine /टोमेन/ *n.* खाद्य पदार्थ व शवों आदि के सड़ने से पैदा होने वाला जहर

pty *abbr.* 'proprietary' का संक्षेप

Pu *symbol, chem.* 'plutonium' का प्रतीक

pub /पब/ *colloq. n.* (**a public house**) मदिरालय, बीयरालय;
***v.**, pt.* **~bed**, *pp* **~bing** *colloq.* बीयरालय जाना;
collocations: **~ crawl** किसी अवसर विशेष पर एक के बाद एक कई बीयरालयों में जाने और बीयर पीने की प्रथा

pube /प्यूब/ *n.* झांट काबाल

puberal /प्यूबअरल/ *adj.* तरुणाई या यौवन से संबंधित

puberty /प्यूबअःटि/ *n.* तरुणाई, यौवनारंभ, तारुण्य, वयःसंधि

puberulent /प्यूबेरुलंट/ *adj.* अल्परोमिल, सूक्ष्मरोमिल, कम बालों वाला

pubes /प्यूबीःज/ *n., pl.* **pubes** *anat.* 1 (***syn.*** hair) गुह्यांग बाल, पशम, झांट 2 (***syn.*** region) जघन;
dw/lw: **pubescence** /प्युबअसंस/ *n.* 1 यौवनारंभ 2 रोम; **pubescent** /प्युबअसंट/ *adj.* तरुण, रोमिल

pubic /प्यूबिक/ *adj.* पेडू के नीचे के भाग से संबद्ध, जघन-

pubic hair /प्यूबिकहेअः/ *n.* गुप्तांगों के पास उगने वाले बाल, झांट

pubis /प्यूबिस\/ *n., pl.* **pubes** *anat.* जघनास्थि

public /पब्लिक/ *adj.* 1 (***syn.*** official) सरकारी, शासकीय, राजकीय, राज्य : ~ enemy 2 (***syn.*** manifest, open) सर्वविदित, प्रकट, खुला 3 अधिकृत या जन-सुलभ, लोकहितार्थ (सेवाएं) : ~ parks/ toilets/ transport, etc. 4 सार्वजनिक, खुले आम : a ~ announcement/ appearance/ statement, etc. 5 (***anton.*** private) सामूहिक, समुदायिक 6 सार्वजनिक विधियुक्त;
n. 1 जनता, आम लोग, जनसाधारण, सर्वसाधारण, लोक : the ~ are not admitted 2 जनमत : the reading/ theatrical ~ 3 सार्वजनिक स्थान, मदिरालय, शराबखाना, सराय;
dw/lw: **~ly** /~लि/ *adv.* खुले आम, सार्वजनिक रूप से; **~-minded** /~-माइंडिड/ *adj.* जन-हितैषी (व्यक्ति);
collocations: **~ access** 1 जन साधारण की पहुंच के भीतर 2 अमेरिका आदि देशों में लोगों का टीवी, रेडियो आदि का प्रयोग करने का अधिकार; **~ accommodations** जनसाधारण के लिए आवास; **~ act** सार्वजनिक कानून; **~ address** जन-संबोधन; **~ address system** (*abbr.* **PA system/ PA**) (*also UK* **tannoy**) माइक्रोफोन, जन-संबोधन उपकरण; **~ affairs** जनसाधारण के सामाजिक, आर्थिक, राजनीतिक, व्यापार आदि के प्रश्न; **~ at large** जनसाधारण; **~ bar** मदिरालय, मधुशाला; **~ bill** सार्वजनिक विधेयक; **~ body** लोक-निकाय; **~ carrier** भाड़े के ट्रक आदि, सार्वजनिक वाहन, लोक-वाहन; **~ company/ ~ limited company** सरकारी कंपनी; **~ conveniences** सार्वजनिक शौचालय आदि; **~ cooperation** जन-सहयोग; **~ debt** राष्ट्र-ऋण, सरकारी ऋण; **~ defender** जन रक्षक; **~ demand** सार्वजनिक मांग; **~ domain** आम जनता के बीच (का क्षेत्र); **~ enemy** जन-शत्रु; **~ eye** जनता की नजर; **~ facilities** जन सुविधाएं; **~ figure** नेता; **~ funds** सार्वजनिक पैसा; ~

good लोक हित; ~ **health** लोक-स्वास्थ्य; ~ **health inspector** जन-स्वास्थ्य निरीक्षक; ~ **holiday/s** सार्वजनिक छुट्टी; ~ **house** = **pub** मधुशाला; ~ **housing** जनसाधारण के लिए सरकारी घर; ~ **image** सार्वजनिक छवि; ~ **image peny** जन-साधारण का मत; ~ **international law** अंतर्राष्ट्रीय कानून; ~ **knowledge** सर्व विदित; ~ **lands** सरकारी भूमि; ~ **law** आम कानून; ~ **lecture** आम भाषण; ~ **lending right** (*abbr.* **PLR**) पुस्तकालयों से पुस्तकों के पढ़ने के लिए लिये जाने पर लेखकीय शुल्क; ~ **library** सार्वजनिक पुस्तकालय; ~ **life** लोक-जीवन; ~ **lighting** गलियों की रोशनी; ~ **meeting** आम जनसभा; ~ **morality** जन-नैतिकता; ~ **notary** आम विधि अधिकारी; ~ **notice** सार्वजनिक सूचना; ~ **notification** सार्वजनिक अधिसूचना; ~ **nuisance** आम जनता के लिए परेशानी; ~ **office** लोक-पद; ~ **opinion** लोकमत, जनमत; ~ **order** सार्वजनिक व्यवस्था; ~ **ownership** जन-स्वामित्व, लोक-स्वामित्व; ~ **peace** लोक-शांति; ~ **prosecutor** लोक अभियोजक; ~ **protest** जन-विरोध; ~ **purse** जनता का पैसा (बटुआ); ~ **relations** (*abbr.*, **PR**) जन संपर्क; ~ **relations officer** जन संपर्क अधिकारी; ~ **revenue** लोक-आय; ~ **safety** जन-सुरक्षा; ~ **sale** आम बिक्री; ~ **school** (*US* **private school**) *UK* 1 निजी संस्थाओं या व्यक्तियों द्वारा चलाए जाने वाले विद्यालय जिनमें विद्यार्थियों से बड़ी मात्रा में फीस ली जाती है 2 (*UK* **state school**) अमेरिका में निःशुल्क विद्यालय; ~ **sector** सरकारी (उद्योग) क्षेत्र; ~ **securities** सरकारी बौंड; ~ **sentiment** जन-भावना; ~ **servant** लोक-सेवक; ~ **spending** लोक व्यय; ~ **service** लोकसेवा; ~ **service commission** लोक सेवा आयोग; ~ **spirited** लोक हितैषी, जन हितैषी; ~ **transport** सार्वजनिक परिवहन; ~ **trial** खुला मुकदमा; ~ **trustee** जन मुख्तारी संपत्ति निकाय का सदस्य; ~ **utility** गैस, पानी व बिजली आदि की आपूर्ति करने वाली कंपनी; ~ **warehouse** आम गोदाम; ~ **works (department)** लोकनिर्माण (विभाग);

a ~ inquiry आम जांच-पड़ताल; **general ~** आम जनता;

p&i: ~ **funds/ services/ spending, etc.** सार्वजनिक धन/ सेवायें/ व्यय आदि;

apply to the ~ जनता से मुखातिब हो.; **be in the ~ line** शराब के ढाबे आदि चलाना; **go ~** जगजाहिर क.; **in ~** खुले आम, सरे आम, प्रकट रूप से; **in the ~ eye** सरे आम, जनता की नजर में; **it's too ~ here** यहां निजी गुफ्तगू के लिए कोई स्थान नहीं; **make one's views ~/ make sth ~** अपने विचार सर्व विदित क./ जग जाहिर क.; **mustn't disappoint my ~** मुझे अपनी जनता को निराश नहीं करना चाहिए; **the concert going ~** संगीत कार्यक्रम में जाने वाली जनता; **the ~ is the best judge** जनता सर्वोत्तम न्यायाधीश; **the ~ are not admitted** जनसाधारण के लिए प्रवेश निषेध; **under ~ ownership** जन मिल्कियत के तहत

publican /पब्लिकन/ *n.* 1 मदिरालय का मालिक, सुरा-गृह का स्वामी 2 (***syn.*** innkeeper) भठियारा 3 कर-समाहर्ता 4 *hist.* नाकेदार, इजारेदार

publication /पब्लिकेशन/ *n.* 1 प्रकाशन : the ~ of a report; read a book on first ~; ~ date 2 प्रकाशन-गृह, प्रकाशक

publicist /पब्लिसिस्ट/ *n.* 1 प्रचारक 2 अंतर्राष्ट्रीय विधिवेत्ता 3 पत्रकार

publicity /पब्लिसिटि/ *n.* 1 प्रचार : ~ bureau 2 प्रसिद्धि, ख्याति : give a novel wide ~; seek ~; shun/ avoid ~ (स्व-प्रचार से बचना);

collocations: ~ **agent** प्रचार अभिकर्ता; ~ **hound** प्रसिद्धि पाने को सदा अति आतुर व्यक्ति; ~ **man** जन-संपर्क अधिकारी; ~ **medium** प्रचार-माध्यम; ~ **officer** प्रचार-अधिकारी; **wide ~** व्यापक प्रचार;

p&i: ~ **about/ for sth** किसी बात के बारे में या के लिए प्रचार; ~ **campaign/ stunt** प्रचार अभियान या तमाशा; ~ **surrounding sth** किसी बात के बारे में प्रचार;

adverse/ bad/ good/ negative ~ विरोधी/ बुरा/ अच्छा/ नकारात्मक प्रचार; **get/ receive/ seek ~** प्रसिद्धि पाना/ प्रसिद्धि के पीछे भागना

publici\ze (*also UK* **-se**) /पब्लिसाइज/ *v., pt.* **~zed**, *pp* **~zing** प्रचार क., विज्ञापन दे.

publicly /पब्लिक्लि/ *adv. see above under* **public:** ***dw/lw***

publish /पब्लिश/ *v., pt.* **~ed**, *pp* **~ing** 1 प्रकाशित क. : ~ an article; ~ sb's will 2 प्रकाशित हो. 3 घोषित क., प्रचार क. : ~ an edict (अध्यादेश या फरमान जारी क.); ~ a book;

dw/lw: **~able** /पब्लिशअबल/ *adj.* प्रकाश्य; **~er** /पब्लिशः/ *n.* प्रकाशक: ~er's note; **~ers/ ~er's house** प्रकाशन-गृह; **~ing** *n.* प्रकाशन;

collocations: **~ing industry/ trade** प्रकाशन उद्योग या व्यापार; **~ing house/ office/ firm** प्रकाशन-गृह/ कार्यालय/ कंपनी; **~ing market** प्रकाशन बाजार

pub quiz *n.* बीयरालयों (beer bars) में किया जाने वाला मुकाबला

puce /प्यूस/ *adj.* बैंगनी, भूरा;

n. बैंगनी रंग, भूरा रंग

puck /पक/ *n.* 1 रबर की गेंद जिससे बर्फ पर हॉकी खेली जाती है 2 इस गेंद पर प्रहार 3 *folklore* शरारती प्रेतात्मा, बेताल;

dw/lw: **puckish** /पकिश/ *adj.* शरारती, नटखट

pucker /पकः/ *n.* 1 झुर्री, शिकन : ~ up one's brows 2 सिकुड़न 3 सिलवट;

v., *pt.* **~ed**, *pp* **~ing** 1 झुर्रियां पड़ना 2 सिकुड़न पड़ना, बल पड़ना 3 सिकुड़ना : the cloth **~s** in washing; this cloth **~s** in bleaching 4 झुर्री, सिकुड़न या शिकन डालना : she **~ed (up)** her mouth;

dw/lw: **~ed** /पकःड/ *adj.* 1 झुर्रियों से भरा: face all **~ed** up 2 सिकुड़न-पड़ा; **~ing** /पकरिंग/ *n.* सिकुड़न, सिकुड़ने की क्रिया

puckish /पकिश/ *adj.* (***syn.*** mischievous) दूसरों की खिल्ली उड़ाकर मजा लेने वाला

pudding /पुडिंग/ *n. UK* 1 (***syn.*** afters) ब्रितानिया में रात्रि-भोज के अंत में परोसी जाने वाली मिठाई, पुडिंग 2 अमेरिका में दूध, चीनी, अंडे आदि का मीठा व्यंजन 3 भारत में: हलवा;

dw/lw: **~-faced** *adj.* गोलगप्पे से मुंह वाला; **~-headed** *adj.* मूर्ख, गोबर गणेश;

collocations: ~ **bag** पुडिंग उबालने का थैला; ~ **face** गोलगप्पा-सा मुंह; ~ **head** मूर्ख व्यक्ति; ~ **heart** कायर; ~ **house** पेट; ~ **time** दोपहर के भोजन का समय: here he comes in ~ time to resolve the question;

black ~ काला हलवा; **hasty ~** आटे का उबाला हुआ मिष्ठान; **rice ~** खीर;

p&i: **more praise than ~** खाली धन्यवाद करने से काम नहीं बन जाता

pudd\le /पडअल/ *n.* 1 बरसाती पोखरा, गड्ढा 2 डबरी, डबरा 3 (*also* **~le clay**) गारा, कीचड़, पगार;

v., *pt.* **~led**, *pp* **~ling** 1 (***syn.*** wallow) (कीचड़ में) लोटना 2 (***syn.*** bemire) गंदला क., घंघोलना 3 मिट्टी या गारा बनाना 4 गारा लगाकर किसी चीज को जल रोधक बनाना 5 *agric.* गीली जुताई क. 6 कच्चे लोहे को पिटवां लोहे में बदलना;

dw/lw: **~led** *adj.* मटमैला, कीचड़ से लथपथ : ~led streams (मटमैली जलधारा);

p&i: **~le about/ ~le in** कीचड़ में लथ-पथ हो.; **~led brain** भूसा-भरा दिमाग;

be in a pretty ~le अच्छी-खासी परेशानी में हो.

puddling /पडलिंग/ *n.* 1 कच्चे लोहे को भट्टी में पिघलाकर पिटवां लोहा बनाने की क्रिया : ~ furnace (संलोड़न-भट्टी, पलटनी भट्टी) 2 आलोड़न, संलोड़न 3 गीली जुताई

puden\cy /प्यूडंसि/ *n.* सलज्जता, शील-संकोच, शालीनता;

***dw/lw:* ~t** /प्यूडंट/ *adj.* सलज्ज, शील-संकोची, शर्मीला
pudenda /प्युडेंडा/ *n., [pl.]* (*rarely sing.* **pudendum**) स्त्री के बाह्य गुप्तांग
pudgy/ pudsy /पड्जि /पड्सि/ *adj.* = **podgy** गोल-मटोल, स्थूल : ~ hands
pueblo /प्वेबलो/ *n., pl.* **~s**, *Sp.* दक्षइ अमेरिका में गांव, बस्ती
puerile /प्युअराइल/ *US* प्युरअल/ *adj.* 1 (***syn.*** childish) बचकाना, बच्चों जैसा: ask ~ questions; ~ and half educated mind (बचकाना व अधपढ़ा दिमाग) 2 तुच्छ, मूर्ख;
***dw/lw:* puerility/ puerilism** /प्युअरअलिटी/ प्युअरअलिज्म/ *n.* 1 बचकानापन 2 बचकानी हरकत 3 *law* किशोरावस्था 4 ओछापन, तुच्छता
puerperal /प्युअःपिरल/ *adj.* 1 प्रसव-संबंधी, प्रासूतिक 2 बच्चे को जन्म देने वाली महिला से संबंधित : ~ period (प्रसूति-उपरांत काल);
collocations: ~ **fever** प्रसूति-ज्वर; ~ **mania** प्रसूति विक्षिप्तता, प्रसवोन्माद
puerperium /प्युअःपिअरिम/ *n., med.* बच्चे के जन्म के बाद जननी के गर्भाशय का सामान्य होने का काल (लगभग 6 महीने)
Puerto Rico /पवःटअ रीको/ पुअःतअ रीको/ *n.* दक्षिणी अमेरिका का एक द्वीप देश;
***dw/lw:* Puerto Rican** *adj.* पोर्टोरिको के नागरिक
puff /पफ/ *v., pt.* **~ed**, *pp* **~ing** 1 हांफना : **~ing** up the hill; ~ and pant; he was frightfully **~ing** after the run 2 सिगरेट पीकर धुआं उड़ाना 3 फूंकना, झोंकें लगना : the air from the sea came **~ing** in our faces 4 फूंक-फूंक कर निकालना 5 (***syn.*** inflate) (*also* ~ **out**/ **up**) फुलाना : **~ed** out its feathers 6 कश या दम लगाना : take a ~; ~ at a pipe 7 (***syn.*** swell) फूलना 8 अति-प्रशंसा क. 9 (*often* ~ **along**) रेलगाड़ी या नौका का धुआं छोड़ते हुए जाना : **~s** of a railway engine 10 (***syn.*** gasp) हांफना 11 (*often* ~ **sb out** किसी को हांफते हुए छोड़ना;
n. 1 धुआं : **~s** of smoke 2 धुएं का कश, लच्छा (of smoke or vapour) 3 फूंक 4 (***syn.*** gust, gush) झोंका, झकोरा : ~ of air from the sea 5 (***syn.*** gasping) सांस का फुलाव : quite out of ~ 6 (***syn.*** swelling) सूजन, उभार 7 (***syn.*** ~ **piece**) अति-प्रशंसा : give a good ~ to a book 8 गदिया : powder ~;
***dw/lw:* ~box** *n.* रुई वाली पॉउडर की डिबिया; **~ed** /पफड/ *adj.* फूला हुआ; **~ed-out** *adj.* बेदम, हांफने वाला; **~ed-up** *adj., colloq.* घमंडी : ~ed-up by one's success; **~er** /पफः/ *n.* 1 धुआं छोड़ने वाला 2 फूंक मारने वाला 3 रेल का इंजन 4 नीलामी के समय बोली चढ़ाने के लिए उपस्थित भाड़े का बोलीबाज; **~ery** /पफरि/ *n.* विज्ञापन, अति-प्रशंसा; **~in** *n.* एक प्रकार की समुद्री चिड़िया, बगुला; **~iness** *n.* 1 मोटापा, स्थूलता 2 सूजन; **~ing** *n.* फूलन, सूजन; **~-paste** *n.* 1 नमकीन आटे का स्वादिष्ट व्यंजन 2 हवाबाज व्यक्ति; **puff-puff** *n.* बच्चों का इंजन; **~-shouldered** *adj.* कंधों के नीचे फूले हुए पैड वाली कमीज;
collocations: ~ **adder** अफ्रीकी सांप; ~ **ball** 1 कुकुरमुत्ता, फुल्ल कंदुक, गगन-धूलि 2 बरसाती फफूंदी; **~ed paddy** लाजा : ~ed rice (मुरमुरा);
p&i: ~ **and blow** = ~ **and pant** हांफना; ~ **away** एक तरफ उड़ा कर ले जाना: the wind ~ away the seeds; ~ **away at a cigar** सिगार के कश ले.; **~ed up** दंभी, नकचढ़ा; ~ **out one's cheeks** गालें फुलाना; ~ **up**/ ~ **sth up** धुएं के छल्लों का ऊपर उड़ाना; ~ **sth out** फूंकना, सांस फुलाना; ~ **up with pride** गर्व से फूलकर कुप्पा हो.;
be quite ~ed out up to the climb चढ़ाई खत्म होने तक बुरी तरह हांफने लगना; **the sails ~ed up** पाल चढ़ गये
puf\fy /पफि/ *adj., degr.* **~fier, ~fiest** 1 सूजा या फूला हुआ : **~fy** face 2 झोंकेदार: **~fy** floor-length skirt 3 (***syn.*** panting) हांफने वाला 4 (**puffed** up) घमंडी: **~fy** style 5 मोटा
pug /पग/ *n.* 1 छोटे कद का कुत्ता 2 (***syn.*** clay) गारा 3 (***syn.*** trail) खोज 4 मुक्केबाज;
v.**, pt.* **~ged**, *pp* **~ging** 1 गारा सानना, पगारना, गारा लगाना 2 (syn.*** track) खोज पर चलना;
***dw/lw:* ~faced** *adj.* बंदर की शक्ल का; **~gy** /पगि/ *adj.* चिपटा; **~mark** *n.* जानवर का पदचिह्न; **~-mill** *n.* गारा-चक्की; **~nose** *n.* मोटी नाक, चिपटी नाक; **~nosed** *adj.* चिपटी नाक वाला
pugging /पगिंग/ *n., building* गारा, लकड़ी का चूरा आदि जिसे आवाज की गूंज कम करने के लिए फर्श के नीचे डाला जाता है
pugi\lism /प्यूःजिलिजम/ *n.* मुक्केबाजी;
***dw/lw:* ~list** /प्यूःजिलिस्ट/ *n.* पेशेवर मुक्केबाज, घूंसेबाज
pugnaci\ous /पग्नेशिअस\/ *n.* 1 (***syn.*** bellicose) आक्रामक, लड़ाकू, झगड़ालू : in **~ous** spirits 2 युद्धप्रिय, लड़ाका, युयुत्सु 3 (***syn.*** quarrelsome) कलहप्रिय;
***dw/lw:* ~ously** /~सलि/ *adv.* आक्रामक ढंग से; **~ty** /पग्नैसिटि/ *n.* 1 आक्रामकता, लड़ाकूपन 2 झगड़ालूपन, युयुत्सा 3 कलहप्रियता;
puisne /प्यूःनि/ *adj., law* 1 कनिष्ठ, अवर: ~ judge 2 (***syn.*** later) उत्तरवर्ती
puissance /प्वीसैंस/ प्युअसंस/ *n., show-jumping* 1 घोड़ों की ऊंचा कूदने की प्रतियोगिता 2 *mainly poetic* (***syn.*** power, force, might) बल, शक्ति, रोब-दाब
puissant /पुइसंट/ प्युअसंट/ *adj., poetic* बलशाली, शक्तिशाली
puke /प्यूक/ (*also* ~ **up**) *v., pt.* **~d**, *pp* **puking** उल्टी क., कै क., वमन क.;
n. उल्टी, कै, वमन
pukka /पक्का/ *adj., colloq., I. E.* 1 बढ़िया स्तर का 2 ऊंची श्रेणी का 3 श्रेष्ठ नस्ल का 4 असली 5 कट्टर
pulao /पुलाव/ *n. I. E.*, पुलाव
pulchritude /पल्क्रिच्यूड/ पल्क्रिट्यूड/ *n., lit./ formal, US* चेहरे की सुंदरता, शोभा, लावण्य, सौंदर्य
pule /प्यूःल/ *v., pt.* **~d**, *pp* **puling** पिनपिनाना, चिल्लाना, पेपं-पें क., चिल्लपों मचाना;
***dw/lw:* ~r** /प्यूःलः/ *n.* पिनपिनाने वाला, चिड़चिड़ा; **puling** *n.* पिनपिनाहट; **puling** *adj.* पिनपिना, चिड़चिड़ा; **pulingly** *adv.* पिनपिनाते हुए; **puly** /प्यूलि/ *adj.* पिनपिनाने वाला, चिड़चिड़ा
pull /पुल/ *v., pt.* **~ed**, *pp* **~ing** 1 खींचना : the horse was **~ing** the cart; ~ the door open 2 उखाड़ना : ~ out: ~ sb's hair 3 (*often* ~ **sth out/ up**) बाहर निकालना : ~ **(out)** a cork/ a tooth; ~ one's hair out 3 तोड़ना : the old building was **~ed** down 4 (***syn.*** tear) फाड़ना : the picture was **~ed** down from the album; the label was **~ed** off the box 5 (***syn.*** sprain) मुरकना, मुरकाना, मरोड़ना, मोच आना : ~ a muscle 6 (*often* ~ **sth on sb**) किसी पर बंदूक या पिस्तौल तानना : ~ a gun/ knife, etc. on sb 7 (*often* ~ **away/ off**; ***syn.*** row) नाव को किसी दिशा विशेष में खेना : **~ed** ashore; **~ed** off from the shore 8 (***syn.*** rein in) रोकना : better to ~ **in**, or the essay will never end 9 चुस्की या घूंट लेना 10 (*usually* ~ **at/ on sth**; ***syn.*** smoke) कश लगाना 11 से आगे बढ़ना, आगे निकल जाना : ~ ahead of/ away from sb 12 छापना, छप जाना (a proof) 13 पर्दे खींचना : ~ down blinds 14 गाड़ी को किसी खराबी के कारण एक तरफ लगाना : **~ed** the car aside 15 इंजन या गाड़ी द्वारा किसी चीज को खींचना 16 आकर्षित क., यौन भागीदार को चुनना 17 टोपी आदि को खींचकर कानों पर लाना: **~ed** the night cap over his ears 18 गिरफ्तार हो जा. : get **~ed**; ~ a gambling house (जुआ-घर में छापा मारकर गिरफ्तारी क.) 19 टुकड़े-टुकड़े क. : he **~ed** his opponent's arguments to shreds 20 ध्यान आकर्षित क. : advertisement that **~s** customers 21 समर्थन क. : he

always **~s** for the poor and weak 22 अपराध क.: ~ a crime 23 सफल हो. : **~ed** combat missions successfully; **~ed** an O+ in English Literature 24 किसी को ठगना : ~ a trick (a fast one) on sb 25 रद्द क., इश्तिहार दिखाना बंद क. ; ***n.*** 1 खिंचाव, खींच 2 (***syn.*** act) खिंचाई, कर्षण 3 खींच, आकर्षण 4 झटका 5 (***syn.*** drink) चुस्की, घूंट 6 (***syn.*** smoke) कश 7 (***syn.*** rowing) खेवाई 8 (***syn.*** effort) परिश्रम 9 (***syn.*** handle) दस्ता, रस्सी 10 प्रभाव, दबाव: has some **pull** with the VC 11 पहाड़ आदि पर चढ़ाई 12 मोच 13 छपाई में पहला प्रूफ;

dw/lw: **~-back** *n.* 1 बाधा, रुकावट 2 कीमतों में गिरावट का समय 3 सैनिकों आदि को पीछे हटाने की क्रिया; **~-down** *adj.* 1 कंप्यूटर का छिपा हुआ मेन्यु (menu) जिसे कर्सर (cursor) से खींचकर खोला जा सकता है 2 मुड़ने वाली कुर्सी आदि : a ~-down bed; **~er** /पुलः/ *n.* 1 खिवैया 2 *US* अच्छा पैसा कमाने वाला नाटक-शो 3 अच्छा आकर्षण केंद्र 4 मेख या कीलें निकालने वाला हथौड़ीनुमा औजार 5 खींचने वाला व्यक्ति 6 खींचने वाला घोड़ा; **~-in** *n.* ड्राइवरों का ढाबा; **~er-in** *n. US* सड़क पर सामान बेचने वाला; **~ing** *n.* हाथ से खींचे जाने या खेने की क्रिया; **Pullman** *n.* बहुत आरामदेह सीटों वाली गाड़ी, रेलगाड़ी आदि; **~-off** *n., N. Amer.* सड़क के किनारे गाड़ियां खड़ी करने का स्थान; **~-on** *n.* जल्दी से पहना जाने वाला कपड़ा; **~-out** *n.* 1 पत्रिका का अलग संदर्भ भाग जिसे बाहर निकालकर रखा जा सकता है 2 सैनिकों को मोर्चे आदि से पीछे हटाने की क्रिया; **~over** (*also* **sweater**) *n.* स्वेटर; **~-through** *n.* बंदूक आदि की सफाई; **~-up** (*also* **chin-up**) *n.* 1 (वाहन चालकों का) थोड़ी देर का ठहराव 2 (***syn.*** chin-up) अपने सिर को ऊंचे डंडे तक ऊपर उठाने का व्यायाम 3 ब्रेक की खिंचाई;

collocations: ~ **date** = sell-by-date दवाई आदि को किसी विशेष तिथि तक बेचने का निर्देश; **~ed bread** सुखाई हुई ब्रेड; **~ed figs** सुखाए हुए अंजीर; **~ing power** (*also* **drawing power**) आकर्षण शक्ति; ~ **seat of the desk** डेस्क की मुड़वां सीट; ~ **tab** = ring pull;

p&i: ~ **a boner** *US* मुसीबत में आ फंसना; ~ **about** 1 विकृत क. 2 फूहड़ तरीके से पेश आना 3 इधर-उधर डोलना; ~ **a fast one on sb** चालाकी से ठगना; ~ **a face/ faces** मुंह बनाना; ~ **a good oar** बढ़िया खिवैया या माझी हो.; ~ **ahead of sb/ sth** किसी से या किसी चीज से आगे निकल जा.; ~ **a long face** मुंहलटकाना, उदास हो.; ~ **a lone oar** अकेले काम क.; ~ **apart** धज्जियां उड़ा देना; ~ **a punch** मुक्के को हल्के से मारना; ~ **a raw one** *US* अश्लील चुटकला सुनाना; ~ **at sth** किसी चीज को खींचना; ~ **away** 1 चालू हो. (गाड़ी का) 2 किसी से दूर हो; ~ **back** 1 बाधा डालना, देर हो जा. 2 (***syn.*** withdraw) पीछे हटना 3 पीछे की तिथि डालना; ~ **caps/ wigs** झगड़ना, हाथापाई क.; ~ **devil** ~ **baker** चोर से कहे चोरी कर साह से कहे जागता रह; ~ **dirty tricks on sb** किसी के साथ धोखा क.; ~ **down** (***syn.*** demolish) 1 ढहाना, गिराना, ध्वस्त क. 2 नीचा दिखाना 3 स्वास्थ्य में गिरावट आना; ~ **down sb's pride** किसी के स्वाभिमान को ठेस पहुंचाना; ~ **foot/** ~ **it** सिर पर पैर रखकर दौड़ जा.; ~ **for** के लिए कार्य क.; ~ **in** गाड़ी आदि का अंदर आकर रुकना; ~ **in one's horns** किसी चीज के प्रति जोश या मांग कम हो.; ~ **in/ into sth** किसी एक दिशा में जा. या खींचना (गाड़ी का); ~ **leather** काठी में बैठे रहने की कोशिश क., कुछ पकड़कर रखना; ~ **no punches** घोर आलोचना क.; ~ **off** 1 चलना शुरू क. (गाड़ी का) 2 प्रतियोगिता आदि में जीतना 3 सफलतापूर्वक पूरा क.; ~ **off one's coat** अपना कोट उतारना; ~ **off one's hat** टोप उतारकर सलाम क.; ~ **on/ at sth** लंबा कश लगाना; ~ **oneself together** अपने को संभालना, हिम्मत जुटाना; ~ **one's freight** *US* जल्दी से गायब हो जा.; ~ **on one's stockings/ gloves** जल्दी से लंबी जुराबें या दस्ताने पहनना; ~ **one's punches** घूंसों को थोड़ा हल्के से मारना, दिखावे के लिए मारना; ~ **one's rank on** ओहदे का रौब झाड़ना, धौंस जमाना; ~ **one's slacks/ socks up** पूरा जोर लगाना; ~ **oneself together** अपनी शक्ति बटोरना; ~ **one's weight** अच्छा खिवैया हो.; ~ **one's wits together** सोच-समझ कर और अक्ल से काम ले.; ~ **out all the stops** सारे घोड़े दौड़ा देना, पूरा जोर लगा दे., बेतहाशा टूट पड़ना; ~ **out of the fire** डूबती नाव संभालना, हारी बाजी जीत लेना; ~ **over** गाड़ी का सड़क के बाजू में खड़ा हो.; ~ **round** 1 बीमारी से ठीक हो. 2 इलाज क.; ~ **through** 1 बच जाना 2 इलाज क. 3 बचाना; ~ **sb/ sth apart** दो लोगों/ चीजों को अलग क.; ~ **sb by the ear/ nose** डांट-डपट क., कान खींचना; ~ **sb in** किसी को गिरफ्तार क.; ~ **sb's leg** किसी का मजाक उड़ाना; ~ **sb's leg** किसी की टांग-खिंचाई क. (मजाक उड़ाना); **sb's teeth** किसी को निहत्था कर दे.; ~ **sb together** स्फूर्त क.; ~ **sb up** खिंचाई क., डांटना-डपटना; ~ **sb up short** 1 अपने आप पर नियंत्रण रखना 2 किसी को हक्का बक्का कर दे.; ~ **some punches (punch)** कुछ घूंसे लगाना; ~ **sth apart** 1 किसी वस्तु को टुकड़े-टुकड़े कर तोड़ना 2 किसी रचना आदि को आलोचना कर ध्वस्त क., धज्जियां उड़ाना; ~ **sth back** पीछे हटाना; ~ **sth down** 1 तोड़ना, गिराना, ढहाना 2 नीचा दिखाना 3 (***syn.*** reduce) घटाना; ~ **sth in** बहुत पैसा बनाना~ **sth in/ down** ढेर सारे पैसे कमाना;; ~ **sth off** 1 कुछ करने के लिए गाड़ी को सड़क के एक किनारे पर खड़ा क. 2 कुछ कर पाने में सफल हो.; ~ **sth/ a rabbit out of the hat** अचानक कहीं से कोई समाधान निकाल लेना; ~ **sth to bits** धज्जियां उड़ा दे.; ~ **strings/** ~ **wires** किसी पर अनुचित प्रभाव या दबाव डालकर कोई काम करवाना, गुप्त चाल चलना; ~ **the devil by the tail** मुसीबत में हो.; ~ **the long bow** लंबी छोड़ना, बहुत बड़ी गप्प या झूठ हांकना; ~ **the other one** किसी की बात की परवाह न करते (तिरस्कृत होकर भी) आगे बढ़ना; ~ **the other one it's got bells on** किसी की अभी बताई हुई बात का विश्वास न क.; ~ **the plug on sb/ sth** किसी की योजना, परियोजना आदि का काम तमाम कर दे., रोक देना, रोक लगा देना; ~ **the rug (out) from under sb's feet** किसी के पांव तले से सीढ़ी खिसकाना; ~ **through/ round one's illness** बीमारी आदि को पार क.; ~ **the wires** कठपुतली की तरह नचाना; ~ **the wool over sb's eyes** किसी की आंखों पर पर्दा डालकर धोखा दे.; ~ **through somehow** किसी तरह कठिनाई पार क.; ~ **together** मिलकर काम क.; ~ **yourself together** उत्तेजना को काबू करके शांत भाव से काम क.; ~ **up** 1 गाड़ी को रोकना या उसका रुकना 2 (घोड़े की) बाग या लगाम खींचना 3 डांटना-फटकारना; ~ **up a chair** किसी के पास कुर्सी खींच कर बैठना; ~ **up by the roots** जड़ से उखाड़ दे.; ~ **up one's socks** प्रहार करने के लिए तैयार हो.; ~ **up on/ sth** के बराबर आ जाना; ~ **up stakes** 1 किसी स्थान को छोड़ने की तैयारी क. 2 रफू चक्कर हो जा.; ~ **your head/ scone/ skull** पूरा जोर लगा देना; ~ **your socks up** अपने काम, व्यवहार आदि में सुधार लाना; ~ **your weight** काम में पूरा जोर लगाना, पूरा सहयोग दे.;

a cup of tea will ~ you together चाय का एक कप तुम्हारी नैया पार लगा देगा; **a long ~, a strong ~, and a ~ all together** सामूहिक प्रयास

pullet /पुलिट/ *n.* एक साल से कम उम्र का चूजा

pulley /पुलि/ *n., pl.* **~s** पुली, घिरनी, चर्खी, कप्पी, गड़ारी, गरारी

pullorum /पलोःरम/ *n.* पेचिश, सफेद दस्त

pullula\te /पल्युले\ट/ *v., pt.* **~ted**, *pp* **~ting** 1 अंकुरित होना, फूटना, फैल जा. 2 बहुतायत में होना 3 (***syn.*** teem) अत्यधिक संख्या या मात्रा में उमड़ना: a **~ting** mass of people 4 खमीर बनकर उमड़ना;

dw/lw: **~tion** /~शन/ *n., biol.* खमीर कोशिकाओं की तरह वानस्पतिक खमीरीकरण से पैदा होने की क्रिया

pulmo\nary /पल्मअ\नरि/ *adj.* 1 फेफड़े का, फेफड़े संबंधी : **~nary** valve 2 फुप्फुस, फुप्फुसीय;

dw/lw: **~nate** /~नेट/ (*also* **~niferous** /~निफेअरिअस/) *adj.* फुप्फुसश्वासी; **~nic** /पल्मॉनिक/ *adj.* फुप्फुसरोगी : ~nic fever;
collocations: **~nary emphysema** *pathol.* (***syn.*** wheezing) फेफड़े के ग्रसित होने के कारण सांस के फुलाव और हांफने की आवाज; **~nary tuberculosis** फेफड़े का क्षयरोग; **~nary vein** *anat.* आक्सीजन युक्त रक्त को फेफड़ों से हृदय तक पहुंचाने वाली वाहिका

pulp /पल्प/ *n.* 1 लुगदी 2 (***syn.*** flesh) गूदा 3 (*also* **of teeth**) मज्जा, लुगदा, लुगदी 4 अयस्क-पंक (of ore);
adj. घटिया (साहित्य): ~ fiction;
v., pt. **~ed,** *pp* **~ing** 1 गूदा निकालना 2 पीटकर किसी चीज का भुर्ता बना दे.: beat sb to a ~ 3 गुदगुदा हो जाना 4 पिलपिला हो जाना (swell with juice);
dw/lw: **~ous**/ **~y** /पल्पस/ पल्पि/ *adj.* 1 गूदेदार: the ~y substance of the peach 2 (***syn.*** soft) गुदगुदा: become ~y 3 (***syn.*** succulent) रसदार, पिलपिला 4 (***syn.*** fleshy) मांसल, गूदेदार 5 (***syn.*** flabby) ढीला, श्लथ, पिलपिला

pulpit /पल्पिट/ *n.* 1 (चर्च का) मंच, प्रवचन-मंच: occupy the ~ (पढ़ाना) 2 (*usually* **the** ~) पादरीगण: the message from the ~; ~ eloquence 3 (***syn.*** the press) विचार व्यक्त करने का मंच;
dw/lw: **~eer** /पल्पिटिअः/ *n.* उपदेशक

pulque /पल्के/ *n.* मैक्सिको की एक शराब;
dw/lw: **~ria** /पल्क्विअरिआ/ *n.* मैक्सिको का शराब-घर

pulsar /पल्साः/ *n., astron.* वैद्युत-चुंबकीय विकीर्णता का स्रोत (तारा)

pulsa\te /पल्से\ट/ *v., pt.* **~ted,** *pp* **~ting** 1 कांपना, सिहरना, फड़कना, स्पंदित हो. 2 (***syn.*** throb) धड़कना 3 (***syn.*** vibrate) कंपित होना 4 (***syn.*** buzz) उत्तेजना या चहल-पहल से भरा हो.: the streets were ~ting with life;
dw/lw: **~tile** /पल्सअटाइल/ *adj.* कांपता हुआ, धड़कता हुआ, स्पंदनकारी; **~ting** /पल्सेटिंग/ *adj.* स्पंदित, स्पंदमान: ~ting current; **~tion** /पल्सेशन/ *n.* स्पंदन, सिहरन, धड़कन, फड़कन, कंपन; **~tor** /पल्सेटः/ *n.* स्पंदक यंत्र, स्पंदक; **~tory** /पल्सअटरी/ *adj.* स्पंदमान, स्पंदन करता हुआ, धड़कता-फड़कता हुआ, स्पंदन भरा;
collocations: **~ting star** स्पंदमान सितारा

pul\se /पल्स/ *n.* 1 नाड़ी का स्पंदन, नब्ज, नाड़ी-स्पंदन दर : irregular **~se**; feel sb's **~se** (1 किसी की नब्ज देखना 2 कुछ जानने की कोशिश क.) 2 (***syn.*** feelings) उत्साह, उमंग, जोश, मनोभाव, भावनाएं : stir sb's **~ses** (किसी की भावनाएं भड़काना) 3 (***syn.*** ~se rate) विद्युत-धारा (current) या रेडियो-तरंगों (waves) में उतार-चढ़ाव की दर (tele-communication) : **~se** waves 4 किसी व्यस्त स्थान का हल्का शोर-शराबा 5 मजा या उत्तेजना 6 (***syn.*** rhythm, beat) संगीत में जोरदार नियमित ताल : sound ~ses 7 (**~ses**) दालें, दाल, दलहन : the rates of **~se** have rocketed sky high;
v., pt. **~sed,** *pp* **~sing** 1 (***syn.*** throb) धड़कना, स्पंदन हो. 2 (***syn.*** beat) ध्वनि की ताल में उतार-चढ़ाव हो. 3 (***syn.*** buzz) भावनाओं से ओत-प्रोत हो.;
dw/lw: **~seless** *adj.* निस्पंद, बिना धड़कन की नब्ज; **~se-rate** *n.* 1 नब्ज (धड़कन) दर 2 विद्युत-धारा (current) या रेडियो-तरंगों (waves) में उतार-चढाव की दर; **~se-wave** *n.* नाड़ी तरंग; **~sy** /पल्सि/ *n.* स्पंदित्र;
collocations: **~se amplitude** स्पंद आयाम; **~se code modulation** *telecomm.* तरंगों के उतार-चढ़ाव को कूट चिह्नों के रूप में प्रयोग करने की तकनीक; **~se duration** स्पंदन अवधि; **~se generation** स्पंदन जनित्र; **~se height** तरंगों के उतार की उच्चता; **~se jet** स्पंदन करने वाला वायुयान इंजन; **~se modulation** स्पंदन का उतार-चढ़ाव; **~se train** स्पंदन अनुक्रम; **~simeter** /पल्सिमिटः/ (*also* **~someter**) नाड़ी-मापी

pultaceous /पल्टेशिअस/ *adj.* 1 गुदगुदा 2 नर्म-नर्म 3 नीम-तरल, दलिया जैसा

pulver /पल्वः/ ***v.,*** *pt.* **~ed,** *pp* **~ing** चूरा बनाना, पीसना;
dw/lw: **~izable**/ **~iable** /पल्वराइजअबल/ पल्वरेबल/ *adj.* जिसका चूरा किया जा सके, पीसने योग्य;
dw/lw: **~escent** /पल्वरेसंट/ *adj.* धूल-सा, चूर्णनुमा; **~ization** /पल्वराइजेशन/ *n.* पेषण, चूर्णन

pulveri\ze /पल्वअराइ\ज/ *v., pt.* **~zed,** *pp* **~zing** 1 (***syn.*** crush) पीसना, महीन पीसना, पेषण क., पाउडर या चूरा बना दे. 2 कुचल डालना : **~ze** a rebellion 3 चूरचूर क. 4 चूरचूर हो जाना : buildings were **~zed** by a tornado 5 (***syn.*** demolish, subvert) धराशायी क., विनष्ट क., धूल में मिलाना, धूल चटाना, धज्जियां उड़ाना: **~ze** an argument; **~ze** an opponent;
dw/lw: **~zed** *adj.* पिसा हुआ, चूर्णित, क्षोदित; **~zer** *n.* 1 (सं)पेषक, चक्की, पेषणी 2 यूडिक्लोन आदि का फव्वारा

pulverulent /पल्वेरुलंट/ *adj.* 1 भुरभुरा 2 (***syn.*** powdery) चूर्णमय, चूर्णवत 3 (***syn.*** dusty) धूल-धूसरित

pulvil /पल्विल/ *n.* सुगंधित पाउडर, नसवार;
dw/lw: **~ised** /पल्विलिज्ड/ *adj.* सुगंधित पाउडर युक्त

pulvinate /पल्विनेट/ *adj., bot.* 1 तकियानुमा, फूला हुआ 2 बाहर निकला हुआ

puma /प्यूमा/ (*also* **cougar/ mountain lion/ panther**) *n., pl.* **~s** बाघ

pumi\ce /पमिस/ *n.* (*also* **~ce stone**) झांवां, झामक;
v. pt. **~ced,** *pp* **~cing** झांवां पत्थर से पॉलिश क. या रगड़ना

pummel /पमल/ *v., pt.* **~led,** *pp* **~ling** मुक्के या घूंसे मारना, मुकियाना

pump /पंप/ *n.* 1 हवा, द्रव आदि भरने का पंप : a fuel/ gas/ petrol ~; bicycle ~ 2 नलका : a water ~ 3 दमकल 4 पिचकारी 5 हल्का नृत्य जूता;
v., pt. **~ed,** *pp* **~ing** 1 द्रव या गैस को बाहर निकालना, (पानी) निकालना, खाली क. 2 पंप क. : the heart **~s** blood through the arteries 3 (*usually* **~ sth up**) टायर आदि में हवा भरना 4 द्रव भरना 5 भेद लेना, पेट की बात निकालना : no use **~ing** her, she is empty of all news 6 किसी पर गोलियों की बौछार क. : **~ed** bullets into him 7 किसी प्रोजेक्ट में पैसा लगाना 8 थकाकर चूर कर दे.;
dw/lw: **~-action** *adj.* ऊपर-नीचे दबाने से चलने वाला : a ~-action spray; **~-barrel** *n.* पंप का सिलेंडर; **~-dredge** /पंप-ड्रज/ *n.* खोदी मिट्टी को चूसकर निकालने वाला पंप; **~er** /पंपः/ *n.* 1 पंप चालक 2 तेल कुआं; **~-handle** *n.* पंप का हत्था; **~-house** *n.* पंप स्टेशन; **~-priming** *n.* 1 पंप भराई 2 *US* उद्योग आदि को बढ़ावा देने के लिए केंद्रीय सरकार द्वारा निवेश या मदद; **~-room** *n.* 1 पंप कक्ष 2 खनिज पानी पीने का स्थान; **~-well** *n.* पंप से चलने वाला कुआं, ट्यूब वेल;
collocations: **~ iron** *colloq.* भार उत्तोलन (weight lifting) क.; **~ing set** पंपिंग सेट;
p&i: **~ bullets into** किसी को गोलियों से छलनी कर देना; **~ out** ऊर्जा और जीवंतता खोना : after the race he was all ~ed out; **~ sb full of sth** किसी को मादक पदार्थों आदि से सराबोर क.; **~ sb up** किसी को जीवंत बनाना; **~ sth into sb** किसी के भेजे में कुछ डालना; **~ sth into sth** किसी योजना आदि में कुछ (पैसा आदि) लगाना; **~ sth out** किसी चीज को बाहर निकालना; **~ sth up** 1 टायर आदि में हवा भरना 2 किसी चीज की मात्रा, मूल्य, घनत्व आदि बढ़ना; **~ up a tyre** टायर में हवा भरना

pumpernickel /पंपःनिकल/ *n.* जर्मनी आदि देशों में खाई जानेवाली काली मोटे दाने की जई की ब्रेड

pumpkin /पंपकिन/ *n.* 1 कद्दू, लौकी 2 मूर्ख आदमी 3 *US* महत्त्वपूर्ण व्यक्ति (बड़ी तोप);
dw/lw: **~-fish**/ **~-seed** *n.* कद्दू या लौकी का बीज; **~-head** *n.* मूर्ख आदमी;

collocations: ~ **gourd** कुम्हड़ा, काशीफल; **field** ~ सफेद कद्दू;

p&i: **some ~s** बड़ी तोप, कोई तथाकथित विशिष्ट व्यक्ति

pun /पन/ (*also* **play on words**) *n.* 1 श्लेष, अलंकार, यमक 2 शब्दों का खेल, शब्द क्रीड़ा 3 शब्दों के खेल से बना मजाक;

v., pt. **~ned**, *pp* **~ning** 1 श्लेष (यमक) क. 2 श्लेष बनाना 3 (*syn.* pound) कूटना

punch /पंच/ *v., pt.* **~ed**, *pp* **~ing** 1 मुक्के से प्रहार क.: deliver/ land/ swing/ throw a ~ 2 छेदना, छेदित क. : ~ a hole in sth 3 छापा लगाना 4 कोंचना, खोदना 5 *esp. US and Austral.* लाठी से हांकना 6 ठोकर मारना : the player **~ed** the ball into the net; ~ a pillow into shape 7 कंप्यूटर, टेलीफोन, आदि को चलाने के लिए बटन दबाना ;

n., pl. **~es** 1 (*syn.* blow) मुक्का, घूंसा, वार, प्रहार 2 कई प्रकार की शराबों को मिलाकर बनाया हुआ एक पेय 3 छेदन यंत्र, छेदक, वेधनी, छापा 4 छिद्रण, वेधन 5 भाषण या लेख में पैनापन;

dw/lw: **~-bag** (*also* **~ing bag**) *n.* 1 मुक्केबाजी का अभ्यास करने का बैग : ~ing-bag 2 जिसका शारीरिक या भावनात्मक शोषण किया गया हो; **~ball** *n.* 1 मुक्केबाजी का अभ्यास करने की गेंद 2 *US* बॉस्केट बॉल आदि; **~bowl** *n.* पंच बनाने के लिए एक बड़ा-सा प्याला; **~card** *n.* (*also* **~ed card**) *comput.* ऐसा कार्ड जिसमें पहले कंप्यूटर के लिए सूचनाएं पंक्तियों और बिंदुओं में लिखी जाती थीं; **~-drunk** (*also* **slap happy**) 1 मुक्कों की मार से स्तंभित या सिर पर लगातार मुक्कों की बौछार के कारण लड़खड़ाता हुआ मुक्केबाज 2 अत्यधिक काम करने या किसी अन्य तनाव के कारण स्पष्ट रूप से सोचने में अक्षम व्यक्ति; **~eon** /पंचिअन/ *n.* 1 छुरा, ठप्पा लगाने या छेद करने का औजार, गुटका 2 पीपा, थून; **~er** *n.* छेद करने वाला; **~ily** *adv.* जोरदार ढंग से; **~iness** /पंचिनेस/ *n.* पैनापन; **~line** (*also* **tag line**) *n.* मजाक या मजाकिया कहानी के अंतिम सार शब्द; **~-up** /पंचअप/ *n.* 1 (*syn.* brawl) हाथापाई 2 मुक्के का प्रहार; **~y** /पंचि/ *adj., degr.* ~ier, ~iest (गीत, भाषण आदि के बारे में) जोरदार, अति प्रभावशाली;

collocations: **~ing bag** *see above under* **~-bag**;

p&i: **~ in/ out** *US* काम पर आना-जाना;

aim a ~ at sb किसी को प्रहार का निशाना बनाना; **as pleased/ proud as ~** बहुत प्रसन्न; **a team with a terrific ~** जबरदस्त प्रहार करने में सक्षम टीम; **not pull any ~es = pull no ~es** साफ साफ कहना, स्पष्ट रूप से कहना, वार को थामकर न रखना, धुआंधार आलोचना क.; **this book has a ~** इस पुस्तक में कुछ दम है; **a cartoon without ~** दंशहीन व्यंग-चित्र; **pack a ~** *colloq.* जबरदस्त प्रहार करने में सफल हो.; **pleased as Punch** बहुत प्रसन्न; **pull one's ~es** नूरा कुश्ती की तरह दिखावापूर्ण प्रहार क.

punchy *see above under* **punch:** ***dw/lw***

puncta\te /पंक्टे\ट/ *adj.* 1 बिंदीदार, धब्बेदार, चित्तीदार : **~te** rash 2 बिंदुकत;

dw/lw: **~tion** *n.* 1 बिंदु, बिंदुरेखा (dot /./) 2 बिंदुगर्त 3 बिंदु-अंकन 4 संधि पूर्व वार्ता; **~tor** /~टः/ *n.* संधि पूर्व वार्ताकार

punctilio /पंक्टिलिओ/ *n.* 1 छोटी-मोटी औपचारिकताओं का पालन : stand upon **~s** 2 औपचारिकता 3 अनावश्यक औपचारिकता या बारीकी

punctilious /पंक्टिलिअस\/ *adj.* 1 अत्यौपचारिक, अनावश्यक रूप से औपचारिक : ~ hostess 2 मीनमेख निकालने वाला 3 पाखंडी;

dw/lw: **~ly** /~लि/ *adv.* अत्यौपचारिकतापूर्वक; **~ness** /~नेस/ *n.* अत्यौपचारिकता

punctual /पंक्चुअल/ *adj.* 1 यथासमय, समय पर (on time) : ~ payment 2 समयनिष्ठ, समय का पाबंद : be ~ in doing one's duties 3 शिष्टाचार-प्रिय;

dw/lw: **~ity** /पंक्चुऐलिटि/ *n.* समयनिष्ठता, समयनिष्ठा, समय की पाबंदी; **~ly** /पंक्चुअलि/ *adv.* ठीक समय पर, यथासमय;

p&i: **~ity is the politeness of kings** समय का पाबंद होना राजाओं-महाराजाओं की विनम्रता है!

punctua\te /पंक्चुए\ट/ *v., pt.* **~ted**, *pp* **~ting** 1 विराम चिह्न लगाना 2 (*syn.* interrupt) बार-बार बीच में रोकना या टोकना: bursts of applause **~ted** his speech 3 (*syn.* emphasize) पर बल दे.: each word was **~ted** by a blow 4 बीच में काट दे. या बाधित हो. : his career was **~ted** by his illness;

dw/blw: **~tion** /~शन/ *n.* 1 विराम चिह्न प्रणाली: ~tion marks 2 चिह्नांकन, विरामादि-विधान, विरामचिह्न-विधान; **~tive** /~टिव/ *adj.* विराम आदि चिह्नों से संबंधित: ~tive system;

collocations: **~tion mark** विराम चिह्न

punctum /पंक्टम/ *n.* चिहन, बिंदु, धब्बा, बिंदुनुमा गड्ढा

punctu\re /पंक्चः/ *n.* 1 छोटा छेद 2 छेदन, वेधन, चोभ 3 (*syn.* hole) छिद्र, छेद, पंक्चर, साइकिल, मोटरसाइकिल, कार आदि की ट्यूब या टायर में छेद, पंचर;

v., pt. **~red**, *pp* **~ring** 1 छेद क. या हो. 2 चुभना या चुभोना 3 समाप्त क., बाधित क.: **~re** a scheme 4 (*syn.* tattoo) गोदना, लगाना 5 किसी के गर्व को ठेस पहुंचाना;

dw/lw: **~red** *adj.* छिद्रित, वेधित

pun\gency /पंजंसि/ *n.* 1 तिक्तता, तीतापन : harsh ~ of the cigarettes 2 तीक्ष्णता, तीखापन, प्रखरता, व्यंग्यात्मकता : the ~ of an aphorism (सूक्ति की तीक्ष्णता);

dw/lw: **~gent** /पंजंट/ *adj.* 1 तीता, तीखा: ~gent sauce/ gas/ smoke/ cigarette 2 कटु, तीक्ष्ण, व्यंग्यात्मक: ~gent wit/ sarcasm/ epigram 3 तीव्र, पैना, प्रखर : Delhi, a city of ~gent contrasts;

dw/lw: **~gently** /पंजंटलि/ *adv.* तीखेपन से, कटुतापूर्वक

Punic /प्यूनिक/ *adj. hist.* 1 प्राचीन कार्थेजी : ~ wars 2 *lit.* (*syn.* treacherous, perfidious) दगाबाज, धोखेबाज;

collocations: **~ faith** 1 विश्वासघात 2 धोखेबाजी, दगाबाजी, गद्दारी

punish /पनिश/ *v., pt.* **~ed**, *pp* **~ing**, *s/he/it* **~es** 1 दंड दे., सजा दे. : the boy is **~ed** for disobedience 2 किसी अपराध के लिए दुख पाना 3 *colloq.* किसी के प्रति कटुतापूर्वक पेश आना 4 विरोधी को बुरी तरह लताड़ना : his opponent **~ed** him severely in boxing 5 *colloq.* ज्यादा मात्रा में खाना या पीना;

dw/lw: **~able** /पनिशअबल/ *adj.* दंडनीय; **~ed** /पनिशड/ *adj.* दंडित; **~er** /पनिशः/ *n.* 1 दंडित करने वाला 2 *sl.* मजबूत मुक्कों वाला मुक्केबाज: they are both active ~ers, and a good battle is expected; **~ing** /पनिशिंग/ *adj.* कष्टदायक; **~ing** *n.* दण्ड देने की क्रिया, दंड

punishment /पनिशमंट/ *n.* 1 सजा, दंड : capital ~ (प्राणदंड); summary ~ (सेना में अनुशासन की अवहेलना के लिए दी जाने वाली सजा); receive ~ 2 ताजीर;

collocations: **an appropriate/ harsh/ severe ~** यथोचित/ कठोर/ सख्त सजा; **corporal ~** शारीरिक दंड;

p&i: **be a glutton for ~** अक्सर सजा पाने का आदी हो.; **be brought to ~ for one's crimes** किसी को उसके अपराधों के लिए सजा दे.; **deserve/ escape/ impose/ inflict ~** दंड के योग्य हो./ सजा से बच कर निकल जा./ दंड को थोपना; **receive ~** दंड पाना

punitive /प्यूनिटिव/ *adj.* दंडात्मक, दांडिक, ताजीरी : ~ expedition (सजा देने के लिए अभियान-दस्ता);

dw/lw: **~ly** /प्यूनिटिवलि/ *adv.* दंड के रूप से

punk /पंक/ *n.* (*also* **~ rock**) 1 संगीत और फैशन में एक शोर-शराबे वाली व अति विचित्र शैली जो 1970 के दशक में प्रचलित थी : ~ rock 2 पंक शैली को अपनाने वाला 3 (*syn.* hoodlum, lout) गुंडा 4 सड़ी लकड़ी 5 (*syn.* fungus) खुमी, भुकड़ी 6 अललबछेड़ा, अनुभवहीन व्यक्ति, अनाड़ी 7 बकवास : talk a lot of ~;

adj. 1 *US* बेकार या बुरा (युवक) 2 रद्दी, निकम्मा (person or thing) : his new plays are all ~ 3 (***syn.*** nonsense) निरर्थक, बकवास : have an absolutely ~ evening

punner /पनः/ *n.* 1 = **punster** 2 दुरमुस या धुरमुस, मिट्टी दबाने का औजार

punnet /पनिट/ *n.* (फल रखने की) छोटी टोकरी, डलिया

punster /पनस्टः/ *n.* श्लेष के प्रयोग में सिद्धहस्त, श्लेषवादी व्यक्ति

punt /पंट/ *n.* 1 डोंगी 2 फुटबॉल में जोरदार ठोकर 3 आयरलैंड की मुद्रा की इकाई;

v., *pt.* **~ed**, *pp* **~ing** 1 डोंगी खेना, बांस से डोंगी चलाना 2 खेल में जोरदार ठोकर मारना 3 (***syn.*** gamble) जुआ खेलना, बाजी लगाना;

dw/lw: **~er** /पंटः/ *n.* 1 *UK* जुआ खेलने वाला 2 घुड़दौड़ में बाजी लगाने वाला 3 (***syn.*** customer) किसी माल का उपभोक्ता या ग्राहक;

p&i: **punto reverso** उल्टे हाथ का (back-handed) वार या मार

pun\y /प्यूनि/ *adj., degr.* **~ier**, **~iest** 1 ठिगना, पिद्दा, अदना : ~**y** little fellow 2 (***syn.*** feeble) मरियल-सा 3 गौण : **~y** opinion 4 फीका, प्रभावहीन: **~y** efforts

pup /पप/ *n.* पिल्ला;

v., *pt.* **~ped**, *pp* **~ping** कुत्तिया, बिल्ली आदि का ब्याना, बच्चे दे.;

p&i: **be sold** ~ *colloq.* ठगा जा.; **in** ~ कुतिया का गाभिन हो.; **sell sb a** ~ बेचते समय किसी की आंखों में धूल झोंकना

pupa /प्यूपा/ *n., pl.* **~e**/ **~s** प्यूपा, कोश, कोष;

dw/lw: **~l** /प्यूपल/ *adj.* प्यूपा संबंधी: ~l stage; **~te** /प्यूपेट/ *v., pt.* ~ted, *pp* ~ting कोषावस्था प्राप्त क.; **~tion** /प्युपेशन/ *n.* कोषावस्था में पहुंचने की क्रिया

pupil /प्यूपल/ *n.* 1 शिष्य: ~ teacher 2 किसी विशेषज्ञ का शिष्य 3 आंख की पुतली, कनीनिका (of eye);

dw/lw: **~lage** /प्यूपिलिज/ (*also* **pupilage**) *n.* 1 शिष्यत्व 2 अवयस्कता (minority of age): child in ~lage; an industry in ~lage; **~lary** /प्यूपिलरि/ *adj.* शिष्यात्मक

puppet /पपिट/ *n.* 1 कठपुतली : ~ show 2 आश्रित व्यक्ति या संगठन, किसी के हाथ का खिलौना : ~ government;

dw/lw: **~eer** /पपिटिअः/ *n.* पुतली नचाने वाला, पुतली वाला; **~ry** /पपिटरि/ *n.* कठपुतली का खेल; **~-theatre** *n.* कठपुतली रंगशाला;

collocations: **~ play** कठपुतली नाटक; **~ show** कठपुतलियों का तमाशा; **~ state** किसी दूसरे देश के इशारों पर नाचने वाला देश

puppy /पपि/ *n., pl.* **puppies** 1 कुत्ते का पिल्ला 2 मूर्ख युवक 3 अपने मुंह मियां-मिट्ठू बना छैला;

dw/lw: **~ism** *n.* ठाठ-बाट, तड़क-भड़क;

collocations: **~ fat** बच्चों का अस्थायी मोटापा; **~ love** (*also* **calf love**) किशोरों के बीच में प्रेम या एक किशोर का किसी बड़े के प्रति प्रेम; **~ tent** दो व्यक्तियों के लिए एक छोटा टेंट

purblind /पःब्लाइंड/ *adj.* 1 जिसे बहुत कम या नहीं के बराबर दिखाई पड़ता हो, चुंधा: ~ policy (तड़क-भड़क आधारित नीति) 2 मंदबुद्धि

purchasable /पःचेजअबल/ *adj.* क्रय करने योग्य, क्रेय

purcha\se /पःचेज/ *v., pt.* **~sed**, *pp* **~sing** 1 खरीदना, क्रय क., मोल लेना 2 प्राप्त क. 3 उठाना;

n. 1 खरीदारी : **~se** on credit 2 सौदा : **~se** and sale 3 क्रय, खरीद 4 (***syn.*** acquisition) प्राप्ति, उपलब्धि : recent **~se**; this book is a recent **~se** of mine 5 (***syn.*** income) आय: at ten years' **~se** 6 आधार-बिंदु : a safe **~se** for my foot; **~se** on term 7 पकड़: a **~se** on the slippery rock;

dw/lw: **~sed** /पःचेजड/ *adj.* क्रीत, खरीदा हुआ; **~ser** /पःचेजः/ *n.* क्रेता, खरीदार; **~sing** *n.* 1 खरीदारी 2 क्रय-शक्ति; **~sing** *adj.* खरीद का, क्रय: ~sing price;

collocations: **~se department** क्रय विभाग; **~se money** खरीदारी के लिए पैसा; **~se power** क्रय-शक्ति, खरीदने की क्षमता; **~se price** क्रय मूल्य; **~se/ sales tax** क्रय-विक्रय-कर;

p&i: **~se freedom with blood** बड़ी कुर्बानी देकर स्वतंत्रता पाना;

a safe ~se for sb's foot किसी के लिए मजबूत सहारा; **his life is not an hour's ~se** वह एक घंटा भी नहीं बचने वाला; **leave sb to his ~se** किसी को उसके हाल पर छोड़ दे.

pure /प्युअः/ *adj., degr.* **~r**, **~st** 1 (***anton.*** impure) शुद्ध, अमिश्रित, खालिस : ~ Englishman; ~ alcohol; be a ~ surgeon 2 पूर्णतया : ~ white; ~ prejudice 3 निर्मल, विमल : ~ air; his taste was severe and ~ 4 स्पष्ट, सुस्वर (of sound): ~ tone 5 निरा, निरी, बिल्कुल : ~ lunacy (निरा पागलपन); it's ~ and simple laziness 6 (***syn.*** perfect) पूर्ण : speak French ~ 7 (***syn.*** blameless) निष्पाप, पवित्र, निर्दोष : ~ in mind and body 8 सैद्धांतिक (pure ≠ applied) 9 शुद्ध : ~ mathematics/ physics, etc. 10 ईमानदार, निष्ठावान : ~ upright character 11 असंकर, शुद्ध, खालिस : ~ breed;

dw/lw: **~-blooded**/ **~-bred** /प्युअः-ब्लःडिड/ प्युअः-ब्रैड/ *adj.* शुद्ध या अमिश्रित खून वाला, खालिस नस्ल का, असंकर; **~ly** /प्युअःलि/ *adv.* सिर्फ, केवल: ~ly accidental; ~ly formal; **~-minded** /प्युअःमाइंडिड/ *adj.* पवित्र-मना; **~ness** /प्युअःनेस/ *n.* मन की पवित्रता, शुद्धता, शुचिता;

p&i: **~ and simple** साफ-साफ; **~ gold does not fear the flame** सांच को आंच नहीं प्यारे; **~ imagination** कोरी कपोल-कल्पना; **~ nonsense** कोरी बकवास; **~ waste of time** पूर्णतः समय की बर्बादी;

do sth out of ~ necessity मात्र जरूरत के मारे क.; **with the ~ all things are ~** शुद्ध मन, प्रबुद्ध मन

purée /प्युअरे/ *n., Fr.* शोरबा, गूदेदार व्यंजन

purfle /पःफल/ *n.* गोटा, श्रृंगारिक किनारी

purga\tion /पःगेशन/ 1 शुद्धीकरण 2 (***syn.*** purging) विरेचन, अंदर की सफाई 3 अपराध आदि से मुक्ति;

adj. शोधक;

dw/lw: **~tive** /पःगअटिव/ *adj.* विरेचक, शोधक, दोष विमोचक: ~tive evidence; ~tive punishment; ~tive enema; **~tory** /पःगअटरि/ *n., pl.* **~tories** 1 ईसाई धर्म में एक ऐसा अति अप्रिय स्थान जहां आत्मा पापमोचन होकर स्वर्ग में प्रवेश करती है 2 *humorous, colloq.* कोई भी दर्दनाक बात: sitting through a concert was ~tory to me; the return trip was absolute ~tory 3 नरक 4 शोधन-स्थान;

collocations: **~tive way** शोधन मार्ग;

p&i: **put sb to his ~tion** किसी को यातना देकर कुछ मनवाना;

pur\ge /पःज/ *v., pt.* **~ged**, *pp* **~ging** 1 *med.* पेट साफ क., जुलाब ले. 2 आत्मा शुद्ध क., साफ क. 3 नेता लोगों को रास नहीं आने वाले तत्त्वों का संगठन से निकाला जाना 4 (***syn.*** exculpate) निर्दोष सिद्ध क. या ठहराना 5 (***syn.*** remove) पश्चात्ताप के माध्यम से पाप मिटाना या धो डालना : be **~ged** of/ from/ sin;

n. 1 शुद्धि, परिष्करण, शुद्धिकरण, परिष्करण, अंदरूनी सफाई 2 *med.* रेचन, जुलाब;

p&i: **~ge away**/ **~ge off**/ **~ge out** (पाप आदि को) धो डालना;

loyalty ~ge राजनीतिक रूप से गैर भरोसेमंद लोगों को किसी संगठन से निकालने की क्रिया, शक के घेरे में आए लोगों की 'सफाई';

purifi\cation /प्युअरिफिके\शन/ *n.* शुद्धीकरण, शोधन;

dw/lw: **~cator** /~टः/ *n.* मार्जनिका, शुद्धिकारक; **~catory** /~टरि/ *adj.* शोधक, शुद्धिकर; **~er** /प्युरिफायरः/ *adj.* शोधक, शुद्धि करने वाला

purif\y /प्युअरिफाइ/ *v., pt.* **~fied**, *pp* **~fying**, *s/he/it* **~fies** 1 शुद्ध क. 2 शोधित क., शोधन क.: **~y** the heart 3 अवांछित

तत्त्वों को बाहर निकालना: **~y** a language; **~y** air

Purim /पुअरिम/ *n., Judaism* पुरीम, वसंतोत्सव (पहली मार्च के इर्द-गिर्द)

purism /प्युअरिजम/ *n.* शुद्धतावाद, शुद्धिवाद

purist /प्युअरिस्ट/ *n.* शुद्धतावादी, शुद्धिवादी

puritan /प्युअरि\टन/ *n., pl.* **Puritan** *hist.* 1 सोलहवीं और सतरहवीं शताब्दियों में इंग्लैंड और अमेरिका में प्रोटेस्टंट मतावलंबियों द्वारा चलाया गया अभियान जिसके तहत चर्च को पूजा के क्रियाक्रम व तंत्र-मंत्र आदि से स्वतंत्र कराना था 2 उपर्युक्त प्रोटेस्टंट संगठन का सदस्य 3 कठोर नियमनिष्ठ, धर्मनिष्ठ व्यक्ति 4 शुद्धाचारवादी, अतिनैतिकतावादी व्यक्ति;

adj. शुद्धाचारवादियों (**Puritanists**) का समर्थक;

dw/lw: **~ical** /~टैनिकल/ *adj.* 1 अतिशुद्धाचारवादी: ~ical behavior 2 कठोर नैतिकतावादी: ~ical circles; **~ism** /~टअनिजम/ *n.* प्यूरिटनवाद, कठोर नैतिकतावाद, अतिशुद्धाचारवाद

purity /प्युअरिटि/ *n.* 1 शुद्धता : ~ of tone; he spoke a French of great ~ 2 (***syn.*** chasteness, innocence) शुचिता : ~ of one's intent (किसी की मंशा की शुचिता) 2 निष्कलंकता, निष्कपटता 3 मिलावटरहितता

purl /पःल/ *n. knitting* 1 उल्टा फंदा, सोने (चांदी) का तार 2 (*also* **pearl**) कढ़ाईदार किनारी 3 (***syn.*** sound) कल-कल : a ~ of water;

v., *pt.* **~ed**, *pp* **~ing** 1 कलकल क. 2 भंवर (whirlpool) बनना

purler /पःलः/ *n.* 1 धड़ाम से गिरने की आवाज 2 सिर के बल गिरने की क्रिया : come a ~

purlieu /पःल्यू/ *n., pl.* **~s** 1 संलग्न क्षेत्र 2 सीमा, सीमांत 3 (***syn.*** outskirts) बाह्यांचल, वनांचल 4 (*usually* **~s** /पःल्यूज/) किसी का प्रिय एकांत स्थान

purlin /पःलिन/ *n., building* 1 बीम 2 शहतीर, बत्ता

purloin /पःलॉइन/ *v., pt.* **~ed**, *pp* **~ing** चुराना, हड़पना;

dw/lw: **~er** *n.* छोटा-मोटा चोर, उचक्का, उठाईगीर

purp\le /पःपल/ *adj.* 1 बैंगनी, बैंजनी 2 जामुनी, जामुनी रंग 3 नीललोहित, गहरा लाल, नीलारुण : become **~le** with rage 4 शाही : **~le** tyrant 5 खूनी, खून से लथपथ : sb's **~le** spear 6 शानदार, बढ़िया, आनंदमय : one may not have too many **~le** moments in one's life;

n. (**the purple**) उच्च पद, सत्ता : be raised to the **~le**; be born/ cradled in (the) **~le**;

v., *pt.* **~led**, *pp* **~ling** 1 बैंगनी कर दे. या हो जाना 2 गहरा लाल या नीलारुण हो.;

dw/lw: **~le-red** *n.* गहरा लाल या नीलारुण; **~lish** *adj.* बैंगनी-सा;

collocations: **~le emperor** बड़ी तितली; **~le heart** 1 अमेरिका में पाया जाने वाला एक वृक्ष और उसकी लकड़ी 2 *colloq.* दिल के आकार की एक शक्तिवर्धक गोली; **~le patch** 1 किसी रचना में अत्यधिक आलंकारिक पद 2 जीवन में सौभाग्यशाली या आनंदमय पल या घड़ी: ~le moment in sb's life; **~le sunset** नीलारुण सूर्यास्त; **~le tyrant** भयंकर जुल्मी व्यक्ति;

p&i: **~le patch** 1 किसी रचना में अति सुंदर या अतिशय श्रृंगारिक अनुच्छेद 2 किसी के लिए बुलंदी का दौर; **~le with rage** गुस्से से लाल-पीला;

born in the ~le राजवंश में उत्पन्न, बड़े परिवार में उत्पन्न, अभिजात; **marry into the ~le** राजघराने की औलाद से शादी क.;

purport /पःपॉःट/ *v., pt.* **~ed**, *pp* **~ing** 1 (***syn.*** profess) अर्थ दे. या दर्शाना : a letter that **~s** express public opinion 2 आभास मिलना या आशय हो. : the speech **~s** speaker's early resignation 3 दावा क., का दावा हो. : a manuscript that **~s** to be written by Tolstoy;

n. 1 आशय, अर्थ, तात्पर्य : the ~ of a document 2 (***syn.*** purpose) अभिप्राय, उद्देश्य;

dw/lw: **~ed** *adj.* जिसका दावा किया गया हो, सही होने के दावे के साथ; **~edly** (***syn.*** as if) मानो, जैसे कि

purpose /पःपअस/ *n.* 1 उद्देश्य, लक्ष्य, प्रयोजन : a clear/ good/ primary/ practical/ useful ~; achieve one's ~ 2 (***syn.*** determination) संकल्प, इरादा: defeat/ fulfil/ serve a ~; pursue a ~ steadily 3 लक्ष्य, सोद्देश्यता : a novel with a ~; wanting in ~ 4 धूर्त या पूर्व निश्चित चाल या मंशा : of set ~ 5 (**~s**) अर्थ (में), मायने: for tax **~s** gifts may or may not be income;

v., *pt.* **~d**, *pp* **purposing** 1 लक्ष्य रखना : be **~d** 2 मंशा हो. : ~ a further attempt;

dw/lw: **~-built** *adj. UK* किसी खास काम के लिए बनाई हुई (इमारत आदि); **~ful** *adj.* 1 अर्थगर्भित, अर्थपूर्ण, सारगर्भित: ~ful narrative 2 सोद्देश्यता; **~fully** /पःपअसफुलि/ *adv.* सार्थक रूप से; **~less** *adj.* (***syn.*** meaningless) अर्थहीन, उद्देश्यहीन, निरुद्देश्य, बेकार; **~ly** /पःपअसलि/ *adv.* 1 (***syn.*** deliberately) जानबूझकर, इरादतन 2 सप्रयोजन, प्रयोजन से: come ~ly to see sb;

collocations: **~ novel** सोद्देश्य उपन्यास; **charitable ~** पुण्यार्थ; **cross ~s** परस्पर विरोधी उद्देश्य;

p&i: **answer/ serve sb's ~** किसी व्यक्ति या काम के लिए उपयुक्त हो.; **at cross ~s** पारस्परिक विरोध हो.; **beside the ~** बिना किसी लक्ष्य के; **be weak of ~** कमजोर इच्छा-शक्ति वाला हो.; **on ~** जानबूझकर; **to the ~** संगत, प्रासंगिक; **the ~ of sth** किसी बात का उद्देश्य; **to** or **for all intents/ intent and ~s** वास्तव में, लगभग पूर्णतया; **to good ~** सफलतापूर्वक; **to little/ no ~** बेकार में, व्यर्थ; **that serves no ~** यह किसी काम का नहीं; **to some ~** कुछ फायदे के लिए

purposive /पःपसिव/ *adj.* (***syn.*** purposeful) सप्रयोजन, सोद्देश्य : ~ action

purpura /पःप्युरा/ *n.* रक्तपित्त, रक्तचित्तता

purr /पः/ *v., pt.* **~ed**, *pp* **~ing** 1 (बिल्ली द्वारा) घुर घुर की आवाज का निकाला जाना 2 धीरे धीरे बात क. 3 कार से ठीक-ठाक आवाज निकलना 4 घुरघुराना;

n. घुरघुर, घुरघुराहट

pur\se /पःस/ *n.* 1 *UK* बटुआ 2 *US* (*UK* **handbag**) बटुआ, पर्स, हाथ थैला : a long/ fat/ heavy **~se**; open one's **~se** 3 रुपया : make (up) a **~se** (पैसा एकत्रित क.); win a **~se** in the race 4 (***syn.*** sum) भेंट-थैली : give/ put up a **~se** 5 सरकारी या जनता का पैसा, खजाना : the public **~se**;

v., *pt.* **~sed**, *pp* **~sing** 1 गुस्से में होंठ बंद क. 2 मुंह आदि सिकोड़ना, त्योरियां चढ़ाना : **~se** (up) one's mouth 3 होंठ आदि दबाना : **~se** one's lips;

dw/lw: **~se-bearer** *n.* 1 खजानची 2 (***syn.*** marsupial) धानी-प्राणी; **~seful** *adj.* भरा बटुआ; **~se-net** *n.* खर्की-जाल, ग्रंथिजात; **~se-pride** *n.* धनमद, धन-उन्माद; **~se-proud** *adj.* धन-उन्मादी; **~ser** /पःसः/ *n.* समुद्री जहाज का खजांची, पर्सर, पोतनीस; **~se-seine** /पःसेन/ *n.* बटुए की डोरी; **~se-taking** *n.* लूट, चोरी;

collocations: **~se-snatching/ taking** बटुआमारी; **(the) ~se strings** बटुए का नियंत्रण : hold/ control the ~se strings; **~ses under the eyes** आंखों के नीचे गड्ढे; **Fortunatus ~se** असीम धन; **privy ~se** निजी कोश, निजी राशि, निजी थैली; **public ~se** राष्ट्र निधि;

p&i: **a beggar's ~se is bottomless** भिखारी को जितना दो उसके लिए उतना कम; **a light ~se makes a heavy heart** भूखे भजन न होय गोपाला; **an empty ~se** ठन-ठन गोपाल, जेब खाली हो.; **a silk ~se out of a sow's ear** कोयले से सोना बनाना; **a slender/ lean/ light ~se** ठन-ठन गोपाल (कम पैसे वाला); **big well-lined ~se** पैसों से ठसाठस भरा बटुआ; **ease**

sb of his ~se किसी का बटुआ खाली करवाना, ठग लेना; **give a ~se** धन-राशि के साथ पुरस्कार; **have a common ~se** मिलकर खर्चा उठाना; **little and often fill the ~se** बूंद-बूंद से सागर बनता है; **long/ fat/ heavy ~se** काफी पैसे वाला; **loosen the ~se strings** (दिल खोलकर पैसा खर्च क.); **make (up) a ~se** धन एकत्रित क.; **open one's ~se** पैसे को उड़ाना; **tighten the ~se strings** खर्चे पर नियंत्रण लगाना

purslane /पःस्लिन/ *n.* लुनिया, लोनिया, कुलफा;
dw/lw: **horse-~** *n.* पुनर्नवा, गदह-पूरना

pursu\able /पःसूएबल/ *adj.* अनुसरणीय, जारी रखने योग्य, पीछा करने योग्य

pursu\ance /पःस्यूअंस/ *n.* 1 (कार्य या योजना को) लागू करने की क्रिया, कार्यान्वयन, अनुवर्तन: in **~ance** of the plans 2 अनुसरण, पालन 3 (***syn.*** execution) निष्पादन: in **~ance** of one's duties;
dw/lw: **~ant** *adj.* 1 अनुसारी, अनुवर्ती 2 *quasi-adv.* के अनुसार, के बाद, को जारी रखते हुए : ~ant to the rules; ~ant to sb's request; ~ant to the earlier letter

pur\sue /पःस्यू/ परसू/ *v., pt.* **~sued**, *pp* **~suing** 1 पीछे लगना 2 पीछा क., शिकार क. 3 (***syn.*** persecute) सताना या सताया जा. : he is **~sued** by remorse; ill luck **~sued** him till his death 4 (***syn.*** seek) की खोज में रहना, के पीछे भागना: **~sue** pleasure 5 (***syn.*** carry on) जारी रखना, करते रहना, किसी विषय की पढाई आदि क. : **~sue** one's studies; **~sue** science/ art 6 (***syn.*** follow) का पालन क., को लागू क., जारी रखना : **~sue** the policy of peace; he **~sued**, "We must act" (उसने जारी रखा, "हमें अवश्य कार्रवाई करनी चाहिए") 7 (***syn.*** go on, follow up) आगे बढ़ना 8 किसी काम को करवाने के लिए पीछे लगे रहना : **~sue** a matter 9 का पीछा क. : **~sue** a runaway/ a purse-snatcher;
dw/lw: **~suer** /पःस्यूअः/ *n.* 1 पीछा करने वाला, पीछे लगने या पड़ने वाला 2 सताने वाला, उत्पीड़क 3 खोजने वाला, प्राप्त करने वाला : ~suer of knowledge 4 (***syn.*** plaintiff) वादी, मुद्दई

pursuit /पःस्यूट/ *US* परसूट/ *n.* 1 किसी काम के पीछे पड़े रहने की क्रिया 2 व्यक्ति का पीछा करने की क्रिया, पीछा : in ~ of the enemy 3 खोज : in ~ of happiness/ knowledge/ wealth/ profit/ pleasure/, etc. 4 पेशा, धंधा, व्यवसाय, कारोबार, कामकाज आदि को चलाने की क्रिया : ~ of one's business/ profession;
adj. पीछा करने वाला : ~ aircraft;
dw/lw: **~s** *n., [pl.]* (***syn.*** hobby, pastime) शौक, शौकिया काम: hunting/ outdoor/ leisure is one of his favourite **~s**; daily **~s**;
collocations: **~ aircraft** पीछा करने वाला (लड़ाकू) विमान;
p&i: **~s grow into habits** निरंतर किए जाने वाले काम आदत बन जाते हैं; **in ~ of game** शिकार की तलाश में

pursuivant /पःसुवंट/ पःसिवंट/ पःस्विवंट/ *n., heraldry, hist.* 1 *College of Arms* का अफसर 2 *archaic* अनुचर

pursy /पःसि/ *adj.* 1 (***syn.*** short-winded) हंफैल, कोताहदम, दमचढ़ा 2 मोटा, स्थूल-काय 3 (***syn.*** puckered) झुर्रियों-भरा, सिकुड़ा हुआ : ~ mouth 4 (***syn.*** rich) धनी 5 (***syn.*** purse-proud) धन गर्वित

puru\lence /प्युअरअ\लंस/ *n.* सपूयता, पूय, पीप;
dw/lw: **~lent** /~लंट/ *med. etc., adj.* 1 मवाद-भरा, पीपदार 2 जिसमें से मवाद निकल रहा हो ~lent discharge

purvey /पअःवे\/ *v., pt.* **~ed**, *pp* **~ing** 1 पूर्ति क., प्रबंध क., जुटाना 2 (सामान या रसद) सैनिकों तक पहुंचाना या मुहैया कराना;
dw/lw: **~ance** /~अंस/ *n.* 1 खाद्य-सामग्री प्रबंध 2 (***syn.*** provisions) रसद, खाद्य सामग्री 3 (***syn.*** supply) आपूर्ति: the ~ance of supplies for an army; **~or** /~अः/ *n.* 1 जो कुछ बेचता है या देता है, पूर्तिकर्ता 2 खाद्य-सामग्री प्रबंधक 3 (***syn.*** supplier) रसद-प्रबंधक

purview /पःव्यू/ *n. formal/ techn.* 1 कार्यक्षेत्र, अधिकार क्षेत्र : outside the ~ of; within the ~ of 2 दृष्टिक्षेत्र, दृष्टिकोण 3 (***syn.*** range) सीमा, क्षेत्र 4 (***syn.*** main part) मुख्यांश 5 (***syn.*** scope) विस्तार 6 (***syn.*** intention) प्रयोजन, अभिप्राय, उद्देश्य

pus /पस/ *n.* मवाद, पीप, पीब

push /पुश/ *v. pt.* **~ed**, *pp* **~ing**, *s/he/it* **~es** 1 (***syn.*** shove) धकेलना, ढकेलना, धक्का दे. 2 (*often* **~ through/ in/ past, etc.**) धक्का देकर आगे बढ़ जा. : ~ one's way; ~ sb out of the way 3 (often **~ sb into/ to do sth**; ***syn.*** pressurise) किसी पर कुछ करवाने के लिए दबाव डालना : **~ed** me into agreeing; ~ to do sth 4 ठेलना, खिसकाना (a cart) 5 आगे बढ़ाना : ~ one's luck 6 आगे निकालना, रफ्तार तेज क. : ~ the vessel 7 (***syn.*** thrust in) डाल दे., लगाना, घुसाना, घुसेड़ना : ~ cork into a bottle 8 (***syn.*** impel) प्रोत्साहित क., प्रेरित क., उकसाना : ~ a big scientific breakthrough 9 दलील आदि को आगे बढ़ाना : ~ the argument one step further 10 परिश्रम क., जोर लगाना : ~ oneself 11 ऊपर उठाना : ~ one's advantages 12 (***syn.*** extend) फैलाना, विस्तार दे. : ~ the war into the enemy's territory 13 (***syn.*** promote) का प्रचार क., बढ़ावा दे.: ~ the new product 14 बटन/ बंदूक आदि का घोड़ा आदि दबाना : ~ the button15 सेना को जल्दी से आगे बढ़ाना या सेना का आगे बढना: the army **~ed** towards the border 16 (***syn.*** pedal) अवैध पदार्थ बेचना;
n., pl. **~es** 1 दाब, ठेला, धक्का : the ~ of crowd 2 (***syn.*** thrust) प्रहार, वार 3 (***syn.*** effort) धुआंधार प्रयास : big scientific ~ for solar energy 4 *milit.* अभियान, चढ़ाई 5 (***syn.*** pressure) दबाव : inner ~ 6 (***syn.*** energy) उत्साह, ऊर्जस्विता : man of great ~ and go; man of enough ~ to succeed 7 निर्णयात्मक घड़ी या पल : at a ~; when it came to the ~ I began faltering 8 चंडाल चौकड़ी या दबाव-चौकड़ी: ~ group/ coterie 9 प्रोत्साहन, प्रेरणादायक धक्का: need a little ~ to succeed 9 सिफारिश, अवैध समर्थन: political ~;
dw/lw: **~-bike** *n.* ठेला-साइकिल; **~-button** *n.* दाब-बटन: a ~-button phone; **~-button** *adj.* स्वचालित या दाबचालित: ~-button motor; a ~-button personality (robot); **~-cart** *n.* ठेला-गाड़ी; **~-chair** *UK* (*US* **stroller**; *also* **buggy/ Baby Buggy**) *n.* प्रैम, छोटे बच्चों को घुमाने वाली गाड़ी; **~ed** /पुश्ट/ *adj. UK* 1 जिसे कुछ करने में कठिनाई हो, दबाव में: be hard ~ed to finish the work in time 2 अभावग्रस्त: be ~ed for sth; ~ed for money 3 अति व्यस्त : ~ed for time; **~er** *n.* 1 जो मादक पदार्थ बेचता है 2 धक्का-मुक्की करके आगे निकलने वाला; **~ful** *adj.* 1 सक्रिय 2 पहल करने में दक्ष 3 ऊर्जाशील; **~ing** *adj.* 1 उत्साही, उद्यमी 2 (***syn.*** officious) दस्तंदाज, दखल देने वाला 3 उच्चाकांक्षी 4 धक्का देने वाला: ~ing jack; ~ing locomotive; **~off** *n.* धक्का: ~off with both poles; **~-over** *n. colloq.* 1 अशक्त या कमजोर प्रतिद्वंद्वी 2 कान का कच्चा: ~-over for flattery 3 सरल समस्या 4 (***syn.*** maniac) पागलों की तरह पीछे पड़ने वाला; **~-pin** *n.* 1 दफ्तरी पिन 2 बच्चों का एक खेल; **~-start** *v., pt.* ~started, *pp* ~starting धक्का देने से चलना; **~-start** *adj.* धक्का देने से चलने वाली (गाड़ी); **~-up** *US* (*UK* **press-up**) *n.* दंड पिलाई; **~y** *adj., degr.* ~ier, ~iest 1 जरूरत से ज्यादा जोर देकर काम करवाने वाला या कुछ बेचने वाला 2 अपने आप को ताबड़तोड़ आगे बढ़ाने वाला;
collocations: **~ and pull** (**~es and pulls**) दबाव; **~ back chair** ढलवीं/ ढालू कुर्सी; **~ boat** धकेलने से चलने वाली नौका; **~ down** विमान की नीचे की ओर उड़ान; **~ hoe** हाथ से चलने वाला फावड़ा या कुदाल, कसी (*Hr.*); **~ technology** इंटरनेट के प्रयोगकर्ताओं को विशेष प्रकार की सूचनाएं प्राप्त करने में मदद करने वाली सेवा;
p&i: **~ about** 1 फैलाना, दूर-दूर तक प्रसिद्ध क. 2 पुस्तक आदि

का विमोचन क. 3 दिशा बदलना 4 चिंतित क., घबराहट पैदा क.: be very ~ed about the death of a friend; **~ across** *sl.* मार डालना; **~ against/ at/ on sth** धक्का देकर दूर क.; **~ ahead/ forward** आगे बढ़ते रहना; **~ along** आगे बढ़ते जाना, किसी स्थान से चले जाना : I must ~ along now; **~ a pen** 1 मुंशी का काम क. 2 लेखन या पत्रकारिता क.; **~ aside** धक्का देकर दूर क., परवाह न क. : ~ aside all obstacles; **~ away** धक्का देकर दूर हटाना : he ~ed her away angrily; **~ back** पीछे धकेलना : the police ~ed back the crowd; **~ down** गिराना; **~ed me into agreeing** मुझ पर राजी होने के लिए दबाव डाला गया; **~ for sth** किसी बात के लिए जोर दे.; **~ forth** 1 अंकुर निकलना, खिल जाना : ~ forth flowers 2 में लगाना, जोर लगाना : ~ forth all one's energies; ~ forth all one's eloquence 3 पुस्तक आदि निकालना : ~ forth a new book; **~ forward** तेजी से आगे बढ़ना : ~ forward to the attack; **~ in** 1 किनारे के पास आना 2 कहीं अपना रास्ता बना लेना; **~ off** टालना, चले जा.; **~ off the mat** कुश्ती में मैट से नीचे चले जाना; **~ on** 1 काम में लगे रहना, काम को आगे बढ़ाते रहना 2 यात्रा जारी रखना; **~ oneself forward** दूसरों को अपने बारे सोचने या संज्ञान लेने पर मजबूर क.; **~ one's way** अपना रास्ता बनाना; **~ one's fortune** अपना कैरियर आगे बढ़ाना; **~ oneself** अपने आप को विवश क.; **~ out** बाहर निकलना : the cape ~es out into the sea; **~ out of** बाहर निकालना; **~ over** धक्का देकर गिरा देना; **~ sb around/ about** *colloq.* 1 किसी को धमकाना, धौंस दिखाना 2 किसी के साथ बुरी तरह से पेश आना 3 हुक्म चलाना, आदेश दे.; **~ sb's face in** किसी के मुंह पर थप्पड़ मारना; **~ sb/ sth over** धक्का देकर गिराना; **~ sth/ sb aside** परवाह न क., किसी को तरजीह न दे.; **~ sth through** 1 किसी सुझाव या विचार को विधानसभा आदि द्वारा मनवाना 2 आगे बढ़ना: they ~ed through the narrow lane; **~ sth up** 1 किसी वस्तु का दाम बढ़ाना 2 किसी चीज को ऊपर धकेलना : he ~ed up his cap; **~ through** पूरा क., पारित करवाना; **~ together** जोड़ना; **~ to the wall** दबाव डालकर एक कोने में लगाना, दबाव डालकर बेबस कर दे.; **~ up daisies** मरा हुआ या कब्र में हो.; **~ upon** धोखा दे., बुद्धू बनाना : not to be ~ed upon by sb;
at a ~ 1 अत्यधिक कठिन घड़ी में 2 अत्यधिक जरूरत पड़ने पर; **be ~ed for sth** *colloq.* समय, पैसे आदि की कमी हो.; **be ~ing** *colloq.* उम्र विशेष का हो जाना : she is ~ing 30; he is ~ing fifty; **get the ~** *colloq.* नौकरी से छुट्टी हो.; **give a person the ~** 1 निकाल बाहर क., विदा क. 2 प्रणय प्रपंच समाप्त क..; **give sb a ~** किसी को प्रोत्साहन या संरक्षण दे.; **give sb the ~** *UK* 1 किसी की नौकरी आदि से छुट्टी कर दे. 2 किसी को कुछ करने के लिए प्रेरित क.; **if/ when ~ comes to shove** जब कुछ और करने का चारा न बचा हो; **make a ~** पूरा जोर लगाकर प्रयास क.; **until it comes to the ~** निर्णायक घड़ी आने तक

Pushto/ Pushtu /पुश्तु/ *n.* पुश्तू भाषा

pusillani\mity /प्यूसिलैनि\मिटि/ *n.* कायरता, भीरुता, कातरता;
dw/lw:* ~ly** /~मसलि/ *adv.* कायरतापूर्वक; **~mous** /~मस/ *adj.* (syn.*** cowardly) कायर, डरपोक, भीरु, कातर

puss /पुस/ *n.* 1 बिल्ली, बिलौटा 2 चचंल लड़की : sly ~;
***p&i:* ~ in the corner** बच्चों का एक खेल

pussy /पुसि/ (*also* **~ cat**) *n., pl.* **pussies** 1 बिल्ली 2 (***syn.*** hare) खरगोश, खरहा 3 औरत के गुप्तांग;
***dw/lw:* ~-cat** *n.* 1 बिल्ली या बिलौटा 2 प्रिय व्यक्ति; **~foot** *v., pt.* ~footed, *pp* ~footing 1 दबे पांव चलना 2 दूसरों को ठेस पहुंचाने वाली बात कहने से टलना 3 किसी बात से अपने को बंधने न दे. 4 निर्णय करने में टाल-मटोल क.;
***collocations:* ~ willow** नम्रा, वेद, विलो;
***p&i:* ~foot about or around** डांवांडोल हो.

pustule /पस्च्यूल, पस्चूल/ *n.* 1 मवाद भरी फुंसी 2 स्फोट (on plants)

put /पुट/ *v., pt.* **put**, *pt./ pt. p.* **put** *pp* **~ting** 1 रखना, रख दे. : ~ some money in one's purse; ~ a handkerchief to one's nose 2 डालना, रखना : ~ sth down/ in/ on, etc.; ~ books on a shelf; ~ some water in a jug; ~ sugar in(to) tea 3 (***syn.*** fit) लगाना, जोड़ना : ~ a lock on the door 4 प्रश्न करना, प्रस्तुत क., पेश क. (a question etc..) : ~ it to sb that plan was not right 5 (***syn.*** express) व्यक्त क. : ~ forth a point of view 6 (***syn.*** throw) फेंकना 7 कराना, बाध्य क. 8 मारना : ~ a ball 9 किसी को किसी स्थिति में लाना : ~ him at ease 10 लिखना : don't know what to ~; that's **~ting** it mildly 11 कर (tax) आदि लगाना : ~ a tax on luxuries 12 दोष आदि लगाना : ~ a blame on sb 13 किसी को किसी कार्य आदि में लगाना 14 अनुवाद क. : ~ sth into French 15 पैसा आदि निवेश क. : ~ some money into the bank 16 वर्गीकरण क., व्यवस्थित क., की तुलना में किसी एक बात, वस्तु या व्यक्ति पर बल दे. : ~ accuracy before speed; ~ Keats above Byron as a poet 17 एक दिशा विशेष में जहाज का जाना : ~ to sea 18 बच्चे आदि को सुलाना : ~ a child to bed;
***dw/lw:* ~-and-call** *n.* उभय-विकल्प; **~-down** *n.* दुत्कार, तिरस्कार, डांट, फटकार; **~-off** *n.* टालमटोल; **~-on** *adj.* भ्रामक, कृत्रिम, बनावटी या, दिखावटी लहजा या शैली; **~-on** *n.* चालाकी या धोखाधड़ी; **put-put** *v. pt.* put-~ted, *pp* put-~ting पुरानी गाड़ी या दुपहिया स्कूटर आदि चलाना, फट-फटिया चलाना; **put-put** *n.* फट-फट की आवाज करने वाली या फटफटिया गाड़ी; **~-up** *adj., sl.* 1 (कपटपूर्वक) पूर्वायोजित, छल-योजित: ~-up affair 2 षड्यंत्र द्वारा रचित 3 नीलामी में न्यूतम दाम वाला: ~-up price; **~-upon** *adj.* दयालुता या मदद करने की प्रवृत्ति के कारण दुष्टतापूर्ण व्यवहार का शिकार;
***collocations:* ~-up job/ affair** ढोंग, नाटक, छलावापूर्ण मामला; **~-up price** नीलामी में पहले से तयशुदा कम से कम दाम, निम्नतम बोली;
***p&i:* ~ a bold face on** हिम्मत से काम लेना; **~ about** मोड़ना, फैलाना, तंग क. : ~ about *naut.* (जहाज का मुड़ना या रास्ता बदलना); **~ a cheat upon** धोखा देना, ठगना; **~ across sth to sb/ ~ sth across** विचार आदि किसी के सामने प्रस्तुत क.; **~ a dog out of its misery** तड़पते कुत्ते को मार दे.; **~ a finger on the right spot** भेद खोल दे., मर्म पर उंगली रखना; **~ a good face on it** ऐसे दिखाना मानो कुछ भी नहीं हुआ; **put a girdle round the earth** विश्व यात्रा क, भ्रमण क.; **~ all one's eggs in one basket** एक ही टोकरी में सभी अंडे रखना यानी मात्र एक ही विकल्प चुनना; **~ a nail in sb's coffin** किसी को मौत की ओर धकेलना; **~ an end to free lunches** दोपहर की मुफ्त दावतों को खत्म क.; **~ another man's child in your bosom, and he will creep out of your elbow** पराया अपना नहीं हो सकता; **~ a person through his facings** कसौटी पर कसना; **~ aside sth** 1 बचाकर रखना 2 समस्याओं को टाल दे.; **~ a spoke in sb's wheel** किसी के काम में रोड़े अटकाना; **~ a stitch** घाव को सी देना; **~ a stool in the sun, when one knave rises another comes** दुनिया में उल्लुओं की कमी नहीं, एक ढूंढो हजार मिलते हैं; **~ away sth** 1 निर्धारित स्थान पर वापिस रख दे. 2 भविष्य के लिए बचाकर रखना; **~ a word** सिफारिश क.; **~ back the clock** उल्टी दिशा में जाना, उल्टी गंगा बहाना; **~ by** बचा रखना, टालना; **~ down** विमान द्वारा नीचे उतरना; **~ down roots** जड़े जमाना; **~ down sth to sth** *UK* किसी गलती या कठिनाई को किसी हालात या कारण के मत्थे मढ़ना; **~ for** कुछ पाने के लिए प्रयास क.; **~ forth** 1 निकलना, फूटना 2 (शक्ति) लगाना 3 प्रकाशित क. 4 प्रस्तुत क.; **~ heads together** मिलकर सोचना; **~ in** *naut.* बंदरगाह में प्रवेश क.; **~ in a caveat** अंदेशा होने के कारण अदालत आदि में पहले से अपनी दलील दाखिल कर दे.; **~ in a false position** भ्रामक स्थिति में डालना; **~ in a good word**

for sb किसी के लिए प्रशंसा के दो शब्द कहना; ~ **in an appearance** थोड़ी देर के लिए शक्ल दिखलाना; ~ **in cold storage** की उपेक्षा क., को ठंडे बस्ते में डालना, स्थगित क.; ~ **in for a job** = ~ **in for sth** नौकरी के लिए प्रार्थना-पत्र भेजना; ~ **in hand** शुरू क.; ~ **in mind** = ~ **in remembrance**; याद दिलाना; ~ **oneself in sb's place** किसी अन्य की स्थिति में होने की कल्पना क.; **put on frills** तोप होने का दंभ भरना, नकचढ़ा बनना, हेकड़ी में आना; ~ **one's hands in one's pockets** दूसरों को फैसला करने दे., किसी काम या जिम्मेवारी से पल्ला झाड़ना; ~ **one's hand into one's pocket** खुले हाथों खर्च क.; ~ **in one's oar/** ~ **one's oar into sb's boat** दूसरों के काम में टांग अड़ाना; ~ **in one's two cents worth** अपनी राय दे.; ~ **in to the touch** परखना, आजमाना, कसौटी पर कसना; ~ **in the wrong** गलत सिद्ध क.; ~ **it about** कइयों के साथ यौन संबंध हो.; ~ **it across sb** 1 किसी को ठगना या धोखा दे. 2 किसी को समझाना; ~ **it on** 1 बनना, नाटक क., ड्रामेबाजी क. 2 दुख-दर्द के भाव को बढ़ा-चढ़ाकर दिखलाना; ~ **it to sb that ...** किसी बात के विरुद्ध किसी की दलील देने की क्षमता को परखने के लिए सुझाव रखना; ~ **it up to sb** किसी अन्य के सिर जिम्मेवारी मढ़ना; ~ **new life into sb/ sth** किसी में या किसी काम में नया जीवन फूंकना; ~ **new wine in old bottle** पुराने सिद्धांत/ तौर-तरीके/ व्यवस्था आदि को नए आवरण में परोसना; ~ **off the scent** सुराग मिटा दे.; ~ **off till Doomsday** प्रलय तक टाल दे.; **(don't)** ~ **off until tomorrow what you can do today** कल करे सो आज कर, आज करे सो अब; ~ **on airs and graces** बनना, नाटक क., स्टाइल मारना, तोप होने का दंभ भरना; ~ **on all sail** सभी पाल तान लेना, तैयार होने के लिए सभी कदम उठाना; ~ **on an act** बनना या नाटक क.; ~ **on dog** शान बघारना; ~ **one in the way of a good bargain** किसी को अच्छा सौदा करने का अवसर दे.; ~ **one on's mettle** बढ़िया परिणाम लाने के लिए किसी का उत्साह बढ़ाना; ~ **one over on sb** *colloq.* किसी के ऊपर चालाकी से कोई मत थोपना, धोखा दे., बुद्धू बनाना; ~ **one's back into sth** किसी काम में जी-जान लगा देना; ~ **one's best foot forward** अपने बेहतरीन/ पूरे रंग में सामने आना; ~ **one's case** अपनी बात पेश क.; ~ **oneself across/ over (to sb)** अपने विचार किसी को सफलतापूर्वक समझा दे. या बता दे.; ~ **oneself in someone's shoes** किसी और की स्थिति में अपने को रखना; ~ **oneself out for sb** किसी के लिए कुछ खास क.; ~ **one's finger in the fire** जलती आग में हाथ डालना; ~ **one's finger on sb** किसी की पहचान कर लेना, किसी को खोज निकालना; ~ **one's foot down** अडिग हो जाना, डट जा.; ~ **one's foot in/ into it** फंस जा.; ~ **one's foot on the neck of someone** किसी की छाती पर सवार हो.; ~ **one's hand to sth/ to the plough** कोई काम शुरू क.; ~ **one's heads together** मिल-बैठकर सलाह-मशविरा क.; ~ **one's house in order** अपनी समस्याओं को सुलझाना, अपने मामलों को निपटाना; ~ **one's mind/ brain to** or **on a problem** किसी समस्या पर अपना पूरा ध्यान केंद्रित क.; ~ **one's money on wrong horse** गलत दांव लगाना; ~ **one's name to** समर्थन क.; ~ **one's nose out of joint** किसी को गिराकर खुद किसी की नजर में ऊपर चढ़ जाना; ~ **one's pipe out** दूसरे सुर में गाने लगना; ~ **one's pride in one's pocket** अपने मान-अपमान का ख्याल न क.; ~ **one's shirt on/ upon** सब कुछ दाव/ दांव पर लगा देना; ~ **one's shoulder to the wheel** किसी काम को करने में जोर-शोर से जुट जा.; ~ **oneself up for sth** किसी को या स्वयं को उम्मीदवार के रूप में प्रस्तुत क.; ~ **one to shame** नीचा दिखाना; ~ **on the dog** शान बघारना, तड़ी मारना; ~ **on the foil** समस्याओं पर काबू पाना; ~ **on the map** गिनती में लाना; ~ **on the market** बेचने के लिए प्रस्तुत क.; ~ **on the scent** कुत्ते को शिकार की सुराग (*Hr.* पैड़ों) पर लगा दे., किसी को सही रास्ता बताना; ~ **on the screw** पैसा वसूलने के लिए धीरे-धीरे दबाव बढ़ाना; ~ **on the spot** हत्या के लिए निशाने पर रखना; ~ **out of sight** आंखों से दूर क., आंख ओझल क.; ~ **out of the way** रास्ते से हटाना; ~ **out one's feelers/ a feeler** समझौते के लिए अपनी इच्छा का संकेत देना; ~ **out one's tongue** मुंह चिढ़ाना; ~ **out the red carpet for sb** किसी का हार्दिक या शानदार स्वागत क.; ~ **paid to** 1 समाप्त क. 2 नष्ट कर दे.; ~ **pen to paper** लिखने लगना; ~ **person out of the way** गुप्त रूप से मार डालना; ~ **person through his paces** ठोंक-बजा कर देखना; ~ **person to his trumps** किसी को आखिरी हथियार काम में लाने के लिए मजबूर कर दे.; ~ **right** 1 ठीक क., मरम्मत क. 2 भटकाव से निकालकर सही रास्ते पर लाना; ~ **saddle on right horse** असली दोषी को पकड़ना; ~ **sb at his ease** किसी को आराम से खड़ा क., किसी को तनावपूर्ण स्थिति से निकालना; ~ **sb/ sth at sth** किसी की या किसी चीज की उम्र, वजन आदि का अनुमान लगाना; ~ **sb away** किसी को जेल या पागलखाने भिजवा दे. ; ~ **sb down** 1 किसी को दूसरों के सामने मूर्ख दिखाना, किसी को डांटना या झिड़कना 2 किसी का नाम सूची में लिखना; ~ **sb down as sth** किसी का किसी रूप में आकलन क.; ~ **sb down for sth** 1 किसी के बारे में अनुमान से निष्कर्ष निकालना 2 भाग लेने वालों को सूची में शामिल क.; ~ **sb forward** 1 प्रस्तुत क. 2 किसी का नाम उम्मीदवार के रूप में प्रस्तावित क.; **~sb in** किसी को या किसी दल को सत्ता में लाना; **~sb in a mood/ position, etc.** किसी को अच्छी या बुरी मनःस्थिति में डालना; ~ **sb in charge/ at the head of sth** किसी को किसी संस्था का मुखिया बनाना; ~ **sb/ sth in sth** किसी को या किसी चीज को सूची में डालना; ~ **sb in mind of sb** किसी को किसी के बारे में याद दिलाना; ~ **sb in the wrong** किसी के सिर दोष मढ़ना; ~ **sb in the picture** किसी को किसी बात के बारे में सूचना दे.; ~ **sb off (sb/ sth)** 1 किसी के साथ मुलाकात टालना 2 किसी की एकाग्रता भंग क. 3 किसी को किसी चीज या व्यक्ति के प्रति निरुत्साह या उचाट क. 4 किसी में किसी के प्रति अविश्वास पैदा क. 5 किसी को गाड़ी आदि से उतारने के लिए रुकना; ~ **sb off his guard** किसी की सावधानी भंग क.; ~ **sb off his stride** किसी के काम की रफ्तार बिगाड़ दे.; ~ **sb on** टेलीफोन पर किसी को किसी से मिलाना; ~ **sb on his guard** किसी को सतर्क क.; ~ **sb on his honour** किसी को वचनबद्ध करवाना; ~ **sb on the spot** मुश्किल सवाल पूछ कर किसी को परेशान क.; ~ **sb on to** किसी का ध्यान किसी की ओर खींचना, किसी को ध्यान देने के लिए मजबूर क.; ~ **sb on to sb** पुलिस आदि को किसी के बारे में सूचना दे.; ~ **sb on to sth** किसी को कोई अच्छी चीज खाने या पीने की सलाह दे.; ~ **sb out** 1 (***syn.*** inconvenience) परेशान क., सताना, कष्ट दे. 2 नाराज क.: be ~ out (नाराज हो.) 3 क्रिकेट में किसी को ऑउट क.; ~ **sb out of countenance** किसी को शर्मिंदा क., पानी-पानी क.; ~ **sb over** 1 (ferry across) पार उतारना, पहुंचाना 2 (postpone) आगे बढ़ाना, टालना 3 (***syn.*** convey) सफलतापूर्वक व्यक्त क. या अभिनय क., लोकप्रिय बनाना; ~ **sb's back up** किसी को आपे से बाहर क.; ~ **sb's monkey up** गुस्सा दिलाना; ~ **sb's nose out of joint** किसी की राह में रोड़ा बनना; ~ **sb to his trumps** किसी को हद पार करने पर मजबूर क.; ~ **sb through** किसी का टेलीफोन नंबर मिलाना; ~ **sb through it** किसी को किसी कटु अनुभव में से गुजरने के लिए विवश क.; ~ **sb/ sth under sb's care** किसी को या किसी वस्तु को किसी के संरक्षण (देखरेख) में छोड़ना; ~ **sb up** 1 किसी को अपने साथ ठहराना 2 किसी को उम्मीदवार बनाना; ~ **sb up to sth** *colloq.* किसी को कुछ अवैध काम करने के लिए मजबूर क. या फुसलाना; ~ **sb wise to sth** किसी को किसी बात के बारे में अवगत कराना; ~ **someone out of his misery** किसी को मुसीबत से निकालना; ~ **sb right straight** 1 किसी की गलती ठीक क. 2 गलतफहमी दूर क.; ~ **sb**

to the sword मौत के घाट उतारना, कत्ल क.; **~ some salt on his tail** पकड़ ले., फांस ले.; **~ spoke in sb's wheel/ grit in the machine** किसी के काम में अड़ंगा लगाना; **~ spurs** घोड़े को एड़ लगाना, जल्दी करवाना; **~ sth about** लोगों या घटनाओं के बारे ढेर सारी छद्म बातें बताना; **~ sth above sth = put sth before sth** *see below*; **~ sth aside** (***syn.*** disregard) 1 किसी की भावना या मत की पूर्णतः अनदेखी कर दे. 2 किसी चीज को बुरे दिनों के लिए बचाकर रख लेना; **~ sth at sth** *colloq.* किसी परियोजना आदि का अनुमानित व्यय तय क.; **~ sth away** 1 वापस उसके स्थान पर रख दे. 2 (***syn.*** postpone) किसी बात को बाद के समय के लिए रख छोड़ना, स्थगित कर दे. 3 बहुत खाना-पीना; **~ sth back** 1 निर्धारित स्थान पर वापिस रख दे. 2 मीटिंग आदि टालना; **~ sth before/ above sth** किसी चीज को किसी अन्य चीज से ज्यादा महत्त्वपूर्ण समझना; **~ sth behind you** किसी अप्रिय बात को भूल जा.; **~ sth by = ~ sth aside** *see above* (2) किसी उद्देश्य के लिए पैसे बचाकर रखना; **~ sth down** 1 किसी चीज को मेज आदि में रखना 2 *UK* टेलीफोन रिसीवर को वापिस उसके स्थान पर रखना 3 किसी चीज को लिखकर नोट कर लेना 4 मकान आदि की खरीद के लिए अग्रिम राशि (ब्याना) दे. 5 (***syn.*** crush) विद्रोह आदि को कुचल देना, रौंदना: ~ down a rebellion 6 (***syn.*** euthanasia) किसी दर्द से संतप्त जानवर या व्यक्ति को उसके दुख-दर्द से मुक्ति दिलाने के लिए मारना 7 बच्चे को सुला दे. 8 (***syn.*** table) किसी मामले को सभा या संसद में विचार-विमर्श के लिए प्रस्तुत क.; **~ sth down to sth** (***syn.*** attribute) किसी परिणाम को किसी चीज के मत्थे मढ़ना या उसे उसका श्रेय दे.; **~ sth forward** 1 विचार-विमर्श के लिए प्रस्तुत क., पेश क. 2 प्रतिपादित क. 3 (***syn.*** prepone) किसी कार्य को समय से पहले कर लेना 3 घड़ी की सुइयों को पहले के समय की ओर सरकाना; **~ sth in** 1 फर्नीचर या यंत्र आदि को उपयोग के लिए लगाना 2 किसी बात या आयाम को कहानी में डालना 3 अपनी बात कहने के लिए किसी को बोलते समय बीच में टोकना 4 आधिकारिक रूप से दावा पेश क. 5 (**~ sth into sth**) किसी कार्य में प्रयास, मेहनत या समय आदि लगाना 6 (*also* **~ sth into sth**) किसी कार्य में पैसा लगाना; **~ in (at ...)/ ~ into** नौका व नाविकों द्वारा बंदरगाह में प्रवेश क.; **~ sth in/ into sth/ into doing sth** 1 कुछ लगवाना 2 किसी समस्या का हल करते हुए या कुछ करने के लिए समय आदि दे. 3 दावा प्रस्तुत क.; **~ in for sth** आधिकारिक रूप से दावा पेश क.; **~ oneself/ sb/ sth in for sth** अपने आप को या किसी अन्य को प्रतियोगी बनाना; **~ sth into sth** 1 किसी वस्तु की विशेषता में इजाफा क. 2 **= put sth in** (5, 6); **~ sth off** 1 (***syn.*** postpone) टालना, स्थगित क., देर क., निकाल दे. 2 बिजली आदि बंद क.; **~ sth on** 1 (***anton.*** take off) कुछ पहनना 2 किसी उपकरण को चालू क. 3 नाटक प्रस्तुत क. 4 गाना आदि लगाना 5 किसी को धोखा देने के लिए छद्म रूप या लहजा आदि धारण क. 6 आरोपित क. 7 श्रेय दे. 8 (***syn.*** ~ on weight) *UK* मोटा हो. 9 घुड़दौड़ पर बाजी लगाना; **~ sth on sth** 1 किसी चीज की कीमत में कर आदि जोड़ना 2 किसी चीज पर जुए की बाजी लगाना; **~ sth out** 1 बिजली बंद क. 2 आग आदि लगने पर बचाने के लिए बुलाना (distress call) 3 घर से कचरा आदि बाहर निकालकर रखना 4 अपराधी आदि के बारे में इश्तिहार आदि में छापना या रेडियो आदि पर सूचना दे. 5 (***syn.*** dislocate) शरीर के किसी हड्डी आदि का उतर जा. 6 सब को दिखने वाली स्थिति में कुछ रखना 7 बिक्री के लिए उत्पादन क. 8 आंकड़ों, अनुमान आदि को अस्त-व्यस्त कर दे.; **~ sth over** विचार प्रस्तुत क.; **~ sth over on sb** किसी को धोखा दे.; **~ sth right** सुधारना या मरम्मत क.; **~ sth right with sb** किसी की नजरों में किसी बात को सही ठहराना; **~ sth through** 1 किसी कार्य को पूरा क. 2 सौदा पक्का करवाना 3 टेलीफोन से संपर्क करवाना; **~ sth to sb** 1 किसी को कोई सुझाव दे. 2 किसी से कोई सवाल पूछना; **~ sth together** 1 कई चीजों को मिलाकर कुछ चालू क. 2 अलग-अलग विचारों को मिलाकर योजना बनाना; **~ sth to the proof/ to the touch** किसी चीज की परख क., निरीक्षण क.; **~ sth to vote** मतदान के लिए सदन के सामने रखना; **~ sth towards sth** किसी चीज की कीमत के एक हिस्से को ब्याने आदि के रूप में दे.; **~ sth up** 1 बनाना, किसी चीज को बांधकर लगाना 2 दाम बढ़ाना 3 योजना प्रस्तुत क. 4 बेचने के लिए घर प्रस्तुत क. 5 परियोजना के लिए धन दे. 6 विरोध क.; **~ the axe in the helve** गुत्थी सुलझाना, समस्या का समाधान क.; **~ the bee/ the bite on** पैसे उधार मांगना; **~ the blame on sb** किसी पर इल्जाम लगाना; **~ the cart before the horse** उल्टा काम क., उल्टी गंगा बहाना; **~ the change on** चकमा दे., चालाकी क.; **~ the dead wood on** के ऊपर बढ़त पाना; **~ the finger in the eye** रोना; **~ the finger on sb** पुलिस के पास किसी की मुखबरी क.; **~ the finishing touches to sth** किसी कार्य को अंतिम छोटे-मोटे काम (finishing touch) करके पूरा क.; **~ the kibosh on sth** अंततः किसी बात को होने से रोकना; **~ the last hand to** किसी काम को पूरा क.; **~ the law on sb** किसी पर मुकदमा क.; **~ the lid on** अप्रिय बात/ घटना/ प्रसंग को खत्म क./ पर धूल डालना; **~ the millers eye out** दूध/ दाल आदि में खूब पानी मिलाकर असली तत्त्व को गौण बनाना; **~ the poor man's penny, and rich man's shilling** गरीब का धेला और अमीर का अधन्ना; **~ the screw on someone/ sb** किसी पर कुछ करने के लिए जरूरत से ज्यादा दबाव डालना; **~ the wind up sb** किसी को भयभीत कर दे.; **~ the-squeak in** मुखबिर बन जा.; **~ things in perspective** किसी स्थिति को निष्पक्ष ढंग से दिखाना; **~ through the mill** (साक्षात्कार आदि में) खूब परेशान क.; **~ to a stand** आगे बढ़ने से रोकना; **~ to death** मार डालना, प्राण दंड दे.; **~ to flight** खदेड़ दे.; **~ together** (कुल) मिलाकर; **~ to hard** कठिनाई में डालना; **~ to it** दबाव डालना, परेशान क.; **~ to rights/ set to rights** व्यवस्थित क.; **~ to rout** छक्के छुड़ाना, रौंद डालना; **~ to sea** समुद्री यात्रा शुरू क.; **~ to silence** निरुत्तर कर दे.; **~ to the blush** लज्जित/ शर्मिंदा कर दे.; **~ to the hammer** नीलाम क.; **~ to the proof** परखना, जांचना; **~ to the sword** युद्ध में किसी को मारना; **~ to use** उपयोग में लाना; **~ to the worse (worst)** नीचा दिखाना, पराजित क.; **~ two and two together** मन ही मन में मिलान क., निष्कर्ष निकालना; **~ up** 1 रात के लिए ठहरना 2 दिखाना, प्रदर्शित क. 3 पेश क. 4 परिरक्षण क. 5 बनवाना 6 देना 7 उठाना, लगाना, बढ़ाना 8 अभिनय क.; **~ up a bad show** काम खराब क.; **~ up a tent** (यात्रा के दौरान) शिविर लगाना; **~ up a yarn** झूठमूठ की कहानी गढ़ना; **~ up for sth** उम्मीदवार बनाना; **~ upon point**; **~ upon sb** किसी के सौहार्द का अनुचित लाभ उठाना; **~ up or shut up** या तो करके दिखाओ या फिर चुप रहो; **~ up sth** 1 किसी मुकाबले में कौशल, दृढ़ निश्चय आदि का प्रदर्शन क. 2 विचार-विमर्श के लिए कोई विचार रखना; **~ up the shutters** बात या मामले को खत्म क.; **~ up to** 1 भड़काना 2 उपयुक्त सूचनाएं मुहैया करवाना; **~ up with sb/ sth** (***syn.*** tolerate) सहन क., बुरे व्यवहार को सह ले., बरदाश्त क.; **~ your hand no further than your sleeve will reach** जितनी चादर देखो उतने पांव पसारो!;
be hard ~ to it कठिन स्थिति में आ फंसना; **not to ~ it past sb (to do sth)** मान लेना कि कोई व्यक्ति विशेष कुछ भी (अपराध आदि) कर सकता है; **not to ~ too fine a point upon it** बात को सरल ढंग से कहना चाहिए; **she ~ it on so thick that we didn't believe a word** उसने इतनी बढ़ा-चढ़ाकर बातें कीं कि हमें उसकी एक बात पर भी विश्वास नहीं हुआ; **stay ~** *US* डटे रहना; **let's ~ the lid on it!** बस अब खत्म करो!; **to put it mildly** नर्म शब्दों में कहें तो ...; **would not ~ it past sb** किसी को कुछ करने लायक समझना

putamen /प्यूःटअमन/ *n.* (***syn.*** fruit stone) फल की गुठली

putative /प्यूःटअटिव/ *adj.* 1 काल्पनिक, छद्म : ~ marriage 2 समझा जाने वाला, अनुमानित 3 माना हुआ, नाम से प्रसिद्ध

Putonghua /पुटुन्हवाः/ *n.* चीन की आधिकारिक भाषा मैंडरिन /Mandarin/ की बीजिंग बोली पर आधारित बोली
putre\faction /प्यूट्रिफैक्शन/ *n.* 1 सड़न, सड़ान, सड़ाव 2 पूयन, पूति 3 (*syn.* corruption) प्रदोष, भ्रष्टता
dw/lw: **~factive** /प्यूट्रिफैक्टिव/ *adj.* 1 पूयकारी 2 (*syn.* putrid) सड़ियल
putre\fy /प्यूट्रिफाइ/ *v., pt.* **~fied**, *pp* **~fying**, *it* **~fies** सड़ना, पूयित होना
putre\scence /प्यूःट्रेसंस/ *n.* सड़न, गलन, पूति, सड़ने की क्रिया;
dw/lw: **~scent** /प्यूःट्रेसंट/ *adj.* सड़ियल, गला-सड़ा, पूतिमान : ~scent smell
putrid /प्यूःट्रिड/ *adj.* 1 (*syn.* foul) सड़ा हुआ, दुर्गंधपूर्ण, सड़ियल : ~ weather 2 पूतिगंधित, बदबूदार 3 (*syn.* depraved) प्रदुष्ट, भ्रष्ट;
dw/lw: **~ity** /प्यूःट्रिडिटि/ *n.* पूति, सड़ांध, सड़न;
collocations: **~ fever** टायफाइड, आंत्र-ज्वर
putrilage /प्यूट्रिलिज/ *n.* गलने-सड़ने से पैदा हुई वस्तु
putsch /पुच/ *n., pl.* **~es** विद्रोह, तख्ता पलट
putt /पट/ *v., pt.* **~ed**, *pp* **~ing** गोल्फ में छेद के करीब आने पर गेंद को हल्के से छेद में धकेलना
putter /पटः/ *n., golf* 1 गोल्फ की छड़ी 2 गोल्फ खिलाड़ी;
v., pt. **~ed**, *pp* **~ing** 1 ऐसे ही घूमना : ~ about the room 2 शिथिल तरीके से धीरे-धीरे चलना : a slow train that **~ed** along on a narrow-gauge track 3 बेकार की बातों में समय गंवाना;
p&i: **~er on** भड़काने वाला
putting /पटिंग/ *n.* गोल्फ की गेंद को छेद में डालने की क्रिया : ~ green (गोल्फ क्षेत्र)
puttee /पुटि/ पटि/ *n., pl.* **~s** टखने से घुटने तक बांधी जानेवाली पट्टी, पट्टी
putto /पुटो/ *n., pl.* **putti** नवजागरण (renaissance) या बारोक (Baroque) साहित्य में नन्हे नंगे बच्चे (cherub) का आदर्श चित्रण
putt\y /पुटि/ (*also* **glaziers' ~y**) *n., pl.* **~ies** 1 पुटीन, पदार्थ, जिससे दरज या दरार भरी जाती है 2 दीवार की पुताई करते समय दरारों या गड्ढों को भरने वाला सीमेंटनुमा पदार्थ 3 प्रारंभ में मुलायम व लचकदार पदार्थ जिसे छेद आदि बंद करने पर लगाया जाता है और वह सूखकर सख्त व मजबूत बन जाता है;
v. pt. **~ied**, *pp* **~ying**, *s/he/it* **~ies** पुटीन से दरारें व छेद आदि भरना;
p&i: **be ~y in sb's hands** किसी के हाथ में कठपुतली हो.
putz /पट्स/ *v. pt.* **~ed**, *pp* **~ing** आवारा घूमना, बेकार में समय गंवाना;
n. मूर्ख आदमी
puzz\le /पजल/ *n.* 1 पहेली : resolve/ solve a **~le** 2 उलझन, परेशानी, दुविधा : be in a **~le** 3 (*syn.* problem) जटिल समस्या : the **~le** of sth 4 जटिल पहेली या कार्य : toy **~le** (एक खेल);
v., pt. **~led**, *pp* **~ling** 1 उलझन में डालना : **~le** sb with a question 2 परेशानी में डालना : **~le** one's brains to find the answer 3 हक्का बक्का क.;
dw/lw: **~led** /पजलड/ *adj.* परेशान, भ्रांत, किंकर्तव्यविमूढ़; **~ler** (*also* **poser**) *n.* 1 जटिल समस्या, भयंकर उलझन 2 पहेलियां बुझाने में माहिर; **~le-headed/ ~le-pated** *adj.* उलझन में फंसा, भ्रांत; **~ling** *adj.* उलझन पैदा करने वाला, उलझाने वाला : a ~ling matter; **~le-lock** *n.* गुप्त लीवर या गुप्त नंबर वाला ताला; **~lement** /पजलमंट/ *n.* उलझन, परेशानी;
collocations: **cross-word ~le** शब्दों पर आधारित पहेली; **pictorial ~le** चित्रों पर आधारित पहेली; **Chinese ~le** चीनी पहेली;
p&i: **~le about/ over sth** किसी समस्या के बारे में परेशान हो., पर गंभीर विचार क.; **~le one's brains/ head to find an answer** समाधान ढूंढने के लिए माथापच्ची क.; **~le out** 1 पहेली बूझाना 2 रहस्य या भेद खोलना 3 कूट अर्थ का पता लगाना : ~le out the meaning (अर्थ निकालना); **~le out a mystery** रहस्य जानने के लिए माथापच्ची क.; **a jig-saw ~le**;
PVC *abbr.* 'polyvinyl chloride', 'Pro-Vice-Chancellor' की प्रथमाक्षरी
p.w. *abbr.* 'per week' की प्रथमाक्षरी
PWA/ PWAs *abbr.* 'people with Aids' की प्रथमाक्षरी
PX *abbr.* 'post exchange' की प्रथमाक्षरी
PY *abbr.* **Paraguay** के अंतर्राष्ट्रीय वाहन पंजीकरण कोड (IVR)
pyaemia /पाइईमिया/ *n., pathol.* रक्तपूयता
pye-dog (*also* **pariah dog**) *n.* रमता कुत्ता
pyg\my /पिग्मि/ (*also see* **pig\my**) *n., pl.* **~ies** 1 बौना आदमी 2 गौण व्यक्ति : an intellectual **~y**;
adj. 1 ठिगना, बौना: **~my** hippopotamus 2 गौण;
dw/lw: **~maean/ ~mean** /पिग्मीअन/ *adj.* ठिगना, बौना
collocs. **~my shrew** ठिगना, छछूंदर
pyjamas *UK* (*US* **pajamas**) /पजामा/ *n., [pl.]* पायजामा, पजामा
pyknic /पिक्निक/ *adj. anthropol.* मानव की एक ऐसी नस्ल जिसमें व्यक्ति ठिगना, नाटा, तोंदिल पेट, छोटे-छोटे हाथ-पांव वाला दिखता है
pylon /पाइलअन/ *n.* 1 ऊंचा खंभानुमा ढांचा जिस पर बिजली की तार लगाते हैं, तोरण 2 विमानों के लिए पथ-प्रदर्शक बुर्ज 3 आलंकारिक द्वार
pylorus /पाइलॉःरस/ *n., pl.* **pylori** *anat.* जठरनिर्गम
pyol /प्योल/ *n.* ऊंचा चबूतरा (raised platform)
pyorrhoea /पाइअरिआ/ पायरिआ/ *esp. US* **pyorrhea** *n.* पाइरिया, शीताद, दंताज, परिदर, पूयस्राव
pyracantha /पायरअकैंथा/ *n., pl.* **~s** मसूढ़ों से मवाद निकलने की बीमारी
pyramid /पिरअमिड/ *n.* पिरामिड, पिरामिडाकार वस्तु;
dw/lw: **~al/ ~ic/ ~ical** /पिरअमिडल/ पिरअमिडिक/ पिरअमिडिकल/ *adj.* 1 पिरामिडी आकार का : ~al tract 2 विशाल, विराट : ~al ignorance;
collocations: **~ selling** *marketing* उत्पादक द्वारा माल थोक में पहले व्यापारी को, पहले व्यापारी द्वारा दूसरे को, दूसरे द्वारा तीसरे व्यापारी को बेचने की पद्धति
pyre /पायः/ *n.* लकड़ी की चिता
pyrene /पाइरीन/ *n.* सेब आदि का बीज, गुठली
Pyrenean /पिरैनिअन/ (*also* **mountain dog**) *n.* कुत्ते की एक नस्ल
pyrethrum root /पाइरीःथ्रम रूट/ *n.* अकरकरा
pyretic /पायरेटिक/ *adj.* 1 ज्वर-संबंधी 2 बुखार लाने वाला, ज्वरकारी 3 ज्वरोत्पादक
Pyrex /पायरेक्स/ *n., tradem.* एक ताप रोधक शीशा जिससे प्रयोगशाला और रसोईघर के उपकरण बनाए जाते हैं
pyrexia /पायरेक्सिआ/ *n., pl.* **~s** *med.* ज्वर
pyrite /पाइराइट/ (*also* **iron ~s/ fool's gold**) *n.* गंधक खनिज, पाइराइट, माक्षिक: magnetic **~s**
pyro- /पाइरो/ *prefix, comb. form, forming nouns and adjectives, denoting*: 1 **fire**; **heat**; **fever** (अग्नि, ताप, ज्वर) 2 *chem.* **an acid** (अम्ल)
pyroclast /पायरअक्लास्ट/ *n.* ज्वालामुखी विस्फोट के समय निकला चट्टान का टुकड़ा
pyrogen /पायरअजन/ *n.* ज्वर-स्रोत, ऊष्मा-स्रोत;
dw/lw: **~etic/ ~ic** /पायरोजिनेटिक/ पायरोजेनिक/ *adj.* 1 तापोत्पादक, ऊष्मोत्पादक, ज्वरोत्पादक 2 (*syn.* igneous) अग्निजात
pyrography /पायरॉग्रअफि/ *n.* पेड़ों या लकड़ी पर आग से दागकर चित्र आदि बनाने की कला या क्रिया
pyrolat\ry /पायरॉलअट्रि/ *n.* अग्निपूजा;
dw/lw: **~er/ ~or** /पायरॉलअटः/ *n.* अग्निपूजक

pyrolysis /पाइअरॉलसिस/ *n., chem.* ताप-अपघटन

pyromancy /पायरअमंसि/ *n.* अग्नि के आधार पर भविष्य बताने की कला, अग्नि-ज्योतिष

pyromania /पायरोमेनिआ/ *n., psychol.* आग लगाने का उन्माद, दहनोन्माद;
dw/lw: **~c** /पायरोमेनिऐक/ *n.* दहनोन्मादी

pyro\meter /पाइअरौमिटः/ *n. phys.* उत्तापमापी, तापमापी, एक प्रकार का थर्मामीटर;
dw/lw: **~metry** *n.* उत्तापमिति

pyrophobia /पायरफोबिअ/ *n.* अग्नि-भीति, आग का डर

pyrophoric /पाइअरोफॉरिक/ (*also* **pyrophorus** /पायरॉफअरस/) *adj.* स्वतःज्वलनशील

pyrosis /पायरोसिस/ *n.* हृद्-दाह, पेट का फोड़ा

pyrotechnic /पायरोटेक्निक/ *adj.* चमत्कारपूर्ण : ~ pistol;
dw/lw: **~technist** *n.* आतिशबाज; **~technics** *n., [sing.]* 1 आतिशबाजी (हुनर) 2 चौंधियाने वाला या चमत्कारिक प्रदर्शन 3 चमत्कारिक भाषण-कला, बुद्धि-प्रखरता, दक्षता, कलाविज्ञता

pyrrhic victory /पिरिक विक्टअरि/ *n.* बहुत बड़ी कीमत देकर पाई गई विजय, बहुत महंगी जीत

Pythagoras's theorem /पाइथैगअरअसिज थ्योरम/ *n., math.* पिथागोरस का सिद्धांत

python /पाइथअन/ *n.* अजगर;
dw/lw: **~ess** /पाइथअनेस/ *n.* डाइन, जादूगरनी, टोनहाइ; **~ic** /पाइथौनिक/ *adj.* 1 अजगर का 2 विशालकाय 3 (***syn.*** prophetic) भविष्य सूचक, भविष्यवाची

Pythonesque /पाइथअनेस्क/ *adj.* (***syn.*** bizarre and surreal) विचित्र, रहस्यमय

pyx /पिक्स/ *n., pl. , pl.* **~es** 1 संदूक, डिब्बा, संदूकची 2 ईसाई धर्म में पवित्र रोटी (consecrated bread of the Eucharist) के लिए प्रसाद पेटिका 3 ब्रितानवी टकसाल में सिक्कों के नमूने रखने के लिए तिजोरीनुमा पेटिका: the trial of the ~

pyxidium /पिक्सीडिअ/ *n. pl.* **pyxidia** शीर्ष स्फोटी, एक सूखा फल जिसकी ऊपर की टोपी उतर जाने पर बीज अपने आप निकल आते हैं

pyxis /पिक्सिस/ *n.* 1 *astron.* एक मद्धम दक्षिणी तारामंडल 2 कुतुबनुमा, नौ दिक्सूचक 3 *pl.* **pixides** प्राचीन रोम वासियों व यूनानियों द्वारा प्रयुक्त दवाई की गोलियां रखने की पेटिका

Q q

Q q /क्यू/ *n., pl.* **Qs**, **Q's**, **qs**, **q's** अंग्रेजी वर्णमाला का सतरहवां अक्षर

Q *abbr.* 1 'quality', 'quantity', *print.* 'quarto', 'Quebec', 'Queen' or 'Queen's', *Australian state* 'Queensland', 'question' का प्रथमाक्षर 2 'Qatar' का अंतर्राष्ट्रीय पंजीकरण अक्षर (*IVR*)

Q *phys.,* 'heat', *cards, chess* 'queen' का चिह्न (symbol)

q or **q.** *abbr.* 'quart', 'quarter', 'query', 'quintal' का प्रथमाक्षर

q *abbr.* 'queen', 'question' का प्रथमाक्षर

Qantas/ **QANTAS** /क्वौंटअस/ *abbr., the Australian international airline* 'Queensland and Northern Territory Aerial Service' की प्रथमाक्षरी या परिवर्णी शब्द (acronym)

QARANC *abbr.* 'Queen Alexandra's Royal Army Nursing Corps' की प्रथमाक्षरी

QARNNS *abbr.* 'Queen Alexandra's Royal Naval Nursing Service' की प्रथमाक्षरी

QB *abbr.* 'Queen's Bench' की प्रथमाक्षरी

QC *abbr. law* 'Queen's Counsel', 'Quality control' की प्रथमाक्षरी

QED *abbr.* 'quod erat demonstrandum' /क्वौड एरैट डेमंस्ट्रैंडम/ *Lat.* की प्रथमाक्षरी (यही वह बात थी जिसे सिद्ध करना था, ज्यामितीय परिमेय के निष्कर्ष रूप में प्रयुक्त)

QE *abbr.* 'Queen Elizabeth the Second' की प्रथमाक्षरी

Q-fever *n.* **Q** ज्वर, टायफाइड जैसा ज्वर

Qld *abbr.,* 'Queensland' का संक्षेप

QM *abbr.* 'quartermaster' की प्रथमाक्षरी

QMG *abbr.* 'Quartermaster-General' की प्रथमाक्षरी

QMS *abbr.* 'Quartermaster-Sergeant' की प्रथमाक्षरी

qouz *geog.* कोज, बालू-डिब्बा

QPM *abbr., Br.* 'the Queen's Police Medal' की प्रथमाक्षरी

QPR *abbr. Br.* 'Queen's Park Rangers' की प्रथमाक्षरी

qq *abbr. print.* 'quartos' का संक्षेप

qqv *abbr.* 'quae vide'*Lat.* का संक्षेप, कई संदर्भों के मिलान के लिए प्रयुक्त

qr *abbr.* 'quarter(s)' का संक्षेप

q-ship q पोत, छद्म युद्ध पोत, भेदिया पोत

QSO *abbr.* 'quasi-stellar object' की प्रथमाक्षरी

qt *abbr.,* 'quart', 'quantity' का संक्षेप

q trap *engin.* **q** फंदा

qt. *abbr.,* 'quartz' का संक्षेप (क्वार्ज)

qto *abbr. print.* 'quarto' का संक्षेप

qty *abbr.* 'quantity' का संक्षेप

Qu. *abbr.* 'Queen', 'question' का संक्षेप

qu *abbr.,* 'quadrangle', 'quadruplet', 'quadrophony' का संक्षेप

qua /क्वे/ क्वा/ *prep.* 1 क्योंकि 2 की भूमिका में 3 की हैसियत से, के नाते, के रूप में : he spoke as a private citizen and not ~ judge

quack /क्वैक/ *n.* 1 बतख की आवाज (क्वैं-कवैं), कां-कां 2 ऊंची आवाज में बकबक 3 नीम हकीम, कठवैद: ~ methods; ~ medicine; ~ doctor 4 अधज्ञानी;
v., pt. **~ed**, *pp* **~ing** 1 बतख द्वारा क्वैं-कवैं क. 2 कां-कां क., टर्राना 3 कठवैदी क. 4 (***syn.*** boast) शेखी मारना;
dw/lw: **~er** /क्वैकः/ *n.* कठबैद, नीमहकीम; **~ery** /क्वैकरि/ *n., pl.* ~eries नीमहकीमी, कठवैदी; **~ish** /क्वैकिश/ *adj.* नीमहकीमी, कठबैद-सा, शेखीबाज

quad /क्वौड/ *US* क्वाःड/ *n.* 1 ***quad*** (*in full* **~ruplet**) *n.* चतुष्क 2 **quad** (*in full* **quadrangle**) *n.* चतुष्कोण 3 वर्ग-कोष्ठिका 4 *print.* (*in full* **quadrat**) छपाई में अक्षरों का एक आकार

quadrable /क्वौड्रअबल/ *US* क्वाःड्रअबल/ *adj.* वर्ग्य, क्षेत्रफलीय

quadragenarian /क्वौड्रअजिनेरिअन/ *US* क्वाःड्रअ-/ (*also* **quadragenarious** /क्वौड्रअजिनेरिअस/ *US* क्वाःड्रअ-/) *n.* चालीस से उनचास वर्ष का व्यक्ति;
adj. चालीस से उनचास वर्ष का, चालीस-वर्षीय

Quadragesima /क्वौड्रअजेसि\मा/ *US* क्वाःड्रअजेसि\मा/ *n.* 1 चालीसा 2 ईसाई पंचांग में चालीसा (Lent) का पहला रविवार;
dw/lw: **~l** /~मल/ *adj.* 1 चालीसा (Lent) से संबंधित 2 चालीस दिन का (व्रत)

quadrang\le /क्वौडरैंगल/ *US* क्वाःड-/ *n., geom.* 1 वर्ग 2 आयताकार 3 आयताकार प्रांगण, चौक, अजिर (of building);
dw/lw: **quadr\angular** /क्वौडरैं\ग्युलः/ ~ग्यअलः/ *adj.* चतुष्कोणीय, चतुर्भुजीय;
collocations: **~angle axiom** चतुष्कोणी स्वतः-स्पष्ट तथ्य

quadrant /क्वौड\रंट/ *US* क्वाःड\रंट/ *n.* 1 (वृत्त का) चतुर्थांश (चौथा अंश), चरण, पाद 2 समकोणीय यंत्र 3 गिटार;
dw/lw: **~al** /~रैंटल/ *adj.* वृत्तपादीय, वृत्त-चतुर्थांशीय; **~-iron** *n.* चौथपत्ती

quadraphonic/ **quadrophonic** /क्वौड्रअफौनिक/ *US* क्वाःड्रअफाःनिक/ *adj.* चार लॉउड स्पीकरों से निकलने वाली ध्वनि को रिकार्ड करने वाला और उसे प्रसारित करने वाला (यंत्र)

quadrat /क्वौड्रैट/ क्वौड्रअट/ *US* क्वाःड्रैट/ क्वाःड्रअट/ *n.* चतुष्कोणक, क्वाड

quadra\te /क्वौड्रेट/ *US* क्वाःड्रेट/ *adj.* 1 चतुष्कोण, चौकोर, चौकोना 2 *zool.* हनुसंधिका: **~teligament** (चतुर्स्रस्नायु);
n. चतुष्कोण, वर्ग;
v., *pt.* **~ted**, *pp* **~ting** 1 वर्गीकरण क., वर्गमाप निकालना 2 सापेक्ष क., मिलान क.: **~te** with/ to facts (तथ्यों के साथ मिलान क.)

quadratic /क्वौड्रै\टिक/ *US* क्वाःड्रै\टिक/ *adj.* वर्गाकार, द्विघातीय;
n. (*in full* **~ equation**) 1 द्विघाती समीकरण 2 वर्ग-समीकरण 3 चतुष्कोण, वर्ग 4 द्विघाती, द्विघात;
dw/lw: **~s** /~टिक्स/ *n.* ऐल्जेब्रा (algebra) की एक शाखा;
collocations: **~ cast function** द्विघात लागत फलन; **~ interpolation** द्विघात अंतर्वेशन

quadrature /क्वौड्रअचः/ *US* क्वाःड्रअचः/ *n., math.* 1 वृत्त का वर्गीकरण : ~ of the circle 2 किसी भी क्षेत्र के वर्गीकरण या वर्गों में विभाजन की क्रिया 3 *astron.* धरती, चंद्रमा और सूर्य की एक विशेष स्थिति जिसके तहत दो ग्रह एक दूसरे से 90^0 के कोण पर होते हैं

quadravalent *see below under* **tetravalent**

quadrel /क्वौड्रेल/ *US* क्वाःड्रेल/ *n.* वर्गाकार ईंट

quadrella /क्वौड्रेला/ *US* क्वाःड्रेला/ *n. Austral. betting* घुड़दौड़ में जूआ (बाजी)

quadrennial /क्वौड्रेनिअल/ *US* क्वाःड्रेनिअल/ *adj.* 1 चतुर्वर्षीय, चतुर्वार्षिक : ~ period 2 चार वर्ष में एक बार होने वाला: ~ elections/ Olympic games;
dw/lw: **~ly** /क्वौड्रेनिअलि/ *adv.* चार वर्ष में एक बार

quadricentennial /क्वौड्रिसेंटेनिअल/ *US* क्वाःड्रिसेंटेनिअल/ *n.* चतुःसहस्राब्दी, चार सौवीं वर्षगांठ

quadri- /क्वौड्रि/ *US* क्वाःड्रि/ *comb. form, denoting*: **four** (चार)

quadric /क्वौड्रिक/ *US* क्वाःड्रिक/ *adj., math* द्विघात, द्विघाती;
n. द्विघाती वक्र/ तल

quadriceps /क्वौड्रिसेप्स/ *US* क्वाःड्रिसेप्स/ *n., pl.* **quadricepses**/ **quadriceps** चतुःशिरस्क, टांग की चार सिरों वाली मांसपेशी

quadriciliated /क्वौड्रिसिलिएटिड/ *US* क्वाःड्रिसिलिएटिड/ *adj.* चतुष्पक्ष्माभिक
quadridentate /क्वौड्रिडेंटेट/ *US* क्वाःड्रिडेंटेट/ *adj.* चतुर्दंत
quadriferious /क्वौड्रिफेरिअस/ *US* क्वाःड्रिफेरिअस/ *adj.* चतुष्पंक्तिक
quadrifid /क्वौड्रिफिड/ *US* क्वाःड्रिफिड/ *adj., bot.* चार भागों वाला पौधा
quadrifilar /क्वौड्रिफिलः/ *US* क्वाःड्रिफिलः/ *adj.* चतुष्तंतुक
quadri\lateral /क्वौड्रि\लैटअरल/ *US* क्वाःड्रि\लैटअरल/ *n., geom.* चतुर्भुज;
dw/lw: **~lingual** /~लिंगुअल/ *adj.* 1 चतुर्भाषीय, चतुर्भाषिक 2 चतुर्भाषी (person); **~nomial** /~नोमिअल/ *adj., math.* चतुष्पदी; **~partite** /~पाːटाइट/ *adj., biol.* 1 चार भागों से बना (जीव या पौधा) 2 *archit.* चार भागों वाला (कमरा) 3 चतुर्पक्षीय: ~partite treaty; ~partite talks; **~syllabic** /~सिलअबिक/ *adj.* चतुःशब्दांशीय; **~syllable** *n.* चतुःशब्दांश; **~valent** *n.* चतुः-संयोजक
quadriliteral /क्वाड्रिलिटेरल/ *adj.* चतुःशब्दांशीय
quadrille /क्वौड्रिल/ *US* क्वाःअड्रिल/ *n.* 1 चार युगलों द्वारा किया जाने वाला वर्गाकार नृत्य 2 इस नृत्य का संगीत
quadrillion /क्वौड्रिलिअन/ *US* क्वाःड्रिलियन/ *n., pl.* **quadrillion/ ~s** 1 अमेरिका इकाई (1) के बाद पंद्रह शून्य (1000000000000000), *also in N. Amer.* सेपटिलियन (Septillion = 10^{15}) 2 ब्रिटेन में इकाई (1) के बाद 24 शून्य (10^{24})
quadrilocular /क्वौड्रिलोकुलः/ *US* क्वाःड्रिलोकुलः/ चतुष्कक्षीय, चार कमरों का
quadrinomial *see above under* **quadrilateral: *dw/lw***
quadripartite *see above under* **quadrilateral: *dw/lw***
quadripleg\ia /क्वौड्रिप्ली\जिआ/ *US* क्वाःड्रिप्ली\जिआ/ *n., pathol.* दोनों बाहों और टांगों का लकवा;
dw/lw: **~ic** /~जिक/ *adj.* दोनों बाहों और टांगों का
quadrivium /क्वौड्रिविअम/ *US* क्वाःड्रिविअम/ *n., hist.* मध्ययुगीन विश्वविद्यालय में चार विषयों (अंक गणित /arithmetic/, ज्यामिति यानी रेखागणित/ geometry/, खगोलिकी /astronomy/ और संगीत /music/) का पाठ्यक्रम
quadroon /क्वौड्रून/ *US* क्वाःड्रून/ *n.* 1 वर्णसंकर 2 एक चौथाई अफ्रीकी मूल का अश्वेत व्यक्ति
quadrumanous /क्वौड्रूमअनस/ *US* क्वाःड्रूमअनस/ *adj., zool.* वानर, जिसके पांव हाथों का काम कर सकते हैं
quadruped /क्वौड्रु\पेड/ *US* क्वाःड्रु\पेड/ *n.* चौपाया, चतुष्पाद;
dw/lw: **~al** /~पींःडल/ *adj.* चतुष्पादीय
quadrup\le /क्वौड्रूपल/ *US* क्वाःड्रूपल/ *adj.* 1 चौगुना, चतुर्गुण, चौहरा: make **~le** restitution (चौगुनी राशि की हानिपूर्ति क.); **~le** of/ to (चौगुना बड़ा) 2 चतुष्क 3 चतुरंगीय: **~le** time (चार-ताल का);
v., pt. **~led**, *pp* **~ling** चौगुना क. या हो.: the number of the natives **~led** that of the immigrants;
n. चौगुना संख्या : 100 is the **~le** of 25
quadruplet /क्वौड्रुप्लअट/ *US* क्वाःड्रूप्लअट/ *n.* 1 एक साथ जन्मे हुए चार बच्चों में से कोई एक 2 *music* चार-ताल का समूह
quadruplica\te /क्वौड्रूप्लि\कअट/ *US* क्वाःड्रूप्लि\कअट/ *adj.* चार समान प्रतियां : in **~te** (चार प्रतियों में);
v., pt. **~ted**, *pp* **~ting** चार प्रतियां तैयार क.;
dw/lw: **~tion** /~केशन/ *n.* चार समान प्रतियों का निर्माण
quaere /क्विअरि/ *Lat.* क्या यह सही है?: he is going home, ~? (वह घर जा रहा है, क्या यह सही है?)
quaff /क्वौफ/ *US* क्वैफ/ *n.* लंबी घूंट;
v., pt. **~ed**, *pp* **~ing** 1 लंबी घूंट भरना, एक बार में पी जाना: ~ a glass of beer off 2 बहुत अधिक पीना: ~ oneself into insensibility (बेहोश हो जाने तक पीना)
quag /क्वैग/ *n.* दलदल, दलदला स्थान;
dw/lw: **~gy** /क्वैगि/ *adj.* दलदला; **~giness** /क्वैगिनेस/ *n.* दलदलापन
quagga /क्वैगा/ *n., pl.* **~s** अफ्रीका का एक पीले-भूरे रंग का जैब्रा
quagmire /क्वैगमायः, क्वौगमायः/ *US* क्वैगमायः, क्वाःगमायः/*n.* 1 जटिल एवं भद्दी स्थिति 2 दलदल
quail /क्वेल/ *n., pl.* **quail/ ~s** 1 तीतर के परिवार का एक पक्षी, बटेर 2 लवा: button ~ 3 कोकनी लवा: painted bush ~ 4 छोटा लवा, डिबरी: little bustard bush ~;
v., pt. **~ed**, *pp* **~ing** 1 भय से सिहर जा., सहम जा.: ~ in the face of danger 2 दुबकना 3 हिम्मत हारना, मंद पड़ जाना: his eyes **~ed** before her glance; his heart/ courage **~ed** 4 घबरा जाना: ~ in the face of danger
quaint /क्वेंट\/ *adj., degr.* **~er**, **~est** 1 आकर्षक पर विचित्र: ~ manners; the man of ~ humour; she wears ~ dresses 2 पुराने ढंग का: ~ house/ furniture 3 अनोखा, अनूठा, निराला: ~ way of speaking; ~ walking;
dw/lw: **~ly** /~लि/ *adv.* विचित्र ढंग से; **~ness** /~नेस/ *n.* अनोखापन, विचित्रता
qua\ke /क्वेक/ *n.* 1 *US* 'earthquake' का संक्षेप 2 भूचाल, भूकंप 3 कंपन;
v., pt. **~ked**, *pp* **~king** 1 (***syn.*** shiver, tremble) डर से कांपना, सिहरना: **~ke** with fear 2 भूचाल के झटकों आदि से भवनों का थर्राना, कंपायमान हो.: building **~ked** under a strong **~ke**; the earth **~ked**; the mountain **~ked** under our feet;
dw/lw: **~king** /क्वेकिंग/ *adj.* कांपने वाला, थर्राने वाला; **~kingly** /क्वेकिंगलि/ *adv.* थर-थर कांपते हुए; **~ky** /क्वेकि/ *adj., degr.* ~kier, ~kiest कंपनशील;
collocations: **~king ash** कंपित, कंपायमान; **~king grass** कंपी घास;
p&i: **~ke in one's boots** थर-थर कांपना
qualification /क्वौलिफिकेशन/ *US* क्वाःलिफिकेशन/ *n. UK* 1 विश्वविद्यालय की डिग्री के आधार पर योग्यता: an academic/ basic/ formal/ recognised ~ 2 योग्यता-साक्षी प्रमाण पत्र: receive a doctor's (PhD) ~ 3 हुनर, कौशल, अनुभव : a ~ in sth 4 योग्यता पूर्ति की क्रिया 5 (***syn.*** condition) प्रतियोगिता में भाग लेने के लिए योग्यता, शर्त gain/ get/ have/ need a ~ 6 (***syn.*** proviso, modification) पहले कही बात के अतिरिक्त सूचना देने वाला कथन, हेर-फेर, ना-नुक्कर: accept sb's statement without ~ (बिना किसी ना-नुक्कर के किसी का कथन स्वीकारना); assert sth without any ~ 7 उपाधि (PhD degree, etc.)
qualifica\tive /क्वौलिफिकअ\टिव/ *US* क्वाःलिफिकअ\टिव/ *adj.* 1 गुणवाचक 2 *gramm.* गुणवाचक (शब्द या वाक्यांश)
qualifi\cator क्वौलिफिकेटः/ *US* क्वाःलिफिकेटः/ *n.* न्यायालय के लिए कानूनी कागजात तैयार करने वाला;
dw/lw: **~catory** *see below under* **qualifying**
qualified /क्वौलि\फाइड/ *US* क्वाःलि\फाइड *adj.* 1 (***syn.*** fit) आवश्यक योग्यता प्राप्त, योग्य: ~ for a post/ for an office/ for one's position 2 (***syn.*** limited) सीमित, सापेक्ष: give sth a ~ approval: take a word in a ~ sense; ~ majority 3 सोपाधि, योग्यता-प्राप्त (having a degree): fully ~ doctor;
collocations: **~ praise** or **remark** सशर्त, सीमित प्रशंसा या टिप्पणी
qualifier /क्वौलिफा\यः/ *US* क्वाःलिफा\यः/ *n.* 1 मुख्य प्रतियोगिता या खेल में भाग लेने की शर्त को पूरा करने वाली प्रतियोगिता 2 प्रतियोगिता में भाग लेने के लिए उत्तीर्ण खिलाड़ी या टीम
quali\fy /क्वौलि\फाइ/ *US* क्वाःलि\फाइ/ *v., pt.* **~fied**, *pp* **~fying**, *s/he/it* **~fies** 1 योग्य या उपयुक्त हो., अपेक्षित योग्यता की शर्तें पूरी क.: **~fy** oneself for a post 2 (*usually* **~y as**

sth) किसी व्यवसाय (डॉक्टरी आदि) के लिए योग्यता प्राप्त क.: **~fy** as an engineer 3 प्रतियोगिता में भाग लेने की शर्त पूरी क.: **~fy** for entry into the Commonwealth games; **~fy** for the final 4 (***syn.*** modify) पहले कही बात के दायरे, महत्त्व या अर्थ को सीमित क. या बदलना, में हेर-फेर क., परिवर्तित कर दे.: **~fy** the severity of one's statement; **~fy** an opinion 5 (***syn.*** describe) बता दे., मान लेना, की संज्ञा दे. 6 (***syn.*** moderate) कम या हल्का कर दे. 7 (*often* **~fy sb for sth**) किसी को प्रशिक्षण देकर किसी कार्य के योग्य बनाना: **~fy** officers/ nurses 8 *gramm.* वाक्य में किसी शब्द की विशेषता प्रकट क.: adjectives **~fy** nouns;

dw/lw: **~fiable** /~फायबल/ *adj.* जिसे योग्य समझा जा सके; **~ficatory** /~फिकेटरि/ *adj.* 1 विशेषता दर्शाने वाला 2 सीमित करने वाला;

collocations: **~fying round** किसी प्रतियोगिता का आरंभिक दौर जिसमें कई प्रतियोगी मुकाबले से बाहर हो जाते हैं और बाकी बचे खिलाड़ी अगले दौर के प्रतियोगी बन जाते हैं;

p&i: **~fy as** किसी विशेषज्ञ या प्रशिक्षित व्यक्ति के रूप में तैयार हो. या बनना

qualitative /क्वौलिटअ\टिव\/ क्वौलिटे\टिव/ *adj.* 1 गुणात्मक 2 विशेषतावाचक 3 गुणवाचक;

dw/lw: **~ly** /~टिवलि/ *adv.* गुणात्मक रूप से;

collocations: **~ analysis** *chem.* किसी पदार्थ के भिन्न-भिन्न तत्त्वों की पहचान और उनका अध्ययन

quality /क्वौलअटि/ क्वाःलअटि/ *n., pl.* **qualities** 1 गुण, विशेषता : aim at ~ rather than quantity 2 स्वभाव : be distinguished by noble **qualities** 3 लक्षण 4 कोटि, दर्जा : goods of high ~ 5 स्वरूप, रूप, प्रकार : act in (the) ~ of an agent 6 (***syn.*** skill) योग्यता, क्षमता, गुण : possess healing **qualities** 7 (***syn.*** excellence) उत्कृष्टता, श्रेष्ठता : articles of high ~ 8 (***syn.*** phonetics) ध्वनि की विशेषता, स्थान-भेद : ~ of a voice;

adj. अति उत्कृष्ट : ~ newspaper; ~ education;

collocations: **~ assurance** गुणवत्ता के स्तर को बरकरार रखने की क्रिया; **~ consciousness** गुणवत्ता के प्रति सजगता; **~ control** (*abbr.* **QC**) गुणवत्ता-नियंत्रण; **~ controller** गुणवत्ता-नियंत्रक; **~ newspaper** उच्च कोटि का समाचार पत्र; **~ time** किसी दूसरे को समर्पित समय;

p&i: **be present in (the) ~ of a friend** मित्र के रूप में उपस्थित रहना

qualm /क्वॉःम/ *US* क्वॉःम/ *n.* 1 संदेह, संशय, आकांक्षा 2 संदेह की भावना 3 (***syn.*** nausea) मिचली, मतली: **~s** of sea sickness 3 (***syn.*** scruple) पाप-शंका: **~s** of conscience; **~s** of penitence (पश्चात्ताप का दौरा); violent **~s** of economy (आर्थिक मंदी आदि का भयंकर दौर);

dw/lw: **~ish** /~मिश/ *adj.* 1 वमनेच्छु, आशंकित: be/ feel ~ish 2 ग्लानिपूर्ण: ~ish sight 3 अशांत, उखड़ा हुआ : ~ish feelings; feel ~ish

quanda\ry /क्वौंडरि/ *US* क्वांडरि/ *n., pl.* **~ries** 1 (*usually* **in a ~y about, over sth**) असमंजस, उलझन : be in a **~ry** 2 (***syn.*** dilemma) दुविधा, धर्मसंकट, उभय-संकट : be put in a **~ry**

quango /क्वैंगो/ *n., pl.* **~s** अर्द्ध-सरकारी संस्था

quant /क्वौंट/ *US* क्वांट/ *n.* लग्गा, लग्गी, चप्पू

v., pt. **~ed**, *pp* **~ing** लग्गा, लग्गी या चप्पू से नाव चलाना

quanta *see below under* **quantum**

quantal /क्वौंटल/ *adj.* क्वांटमी, समग्र

quantic /क्वौंटिक/ *US* क्वांटिक/*adj., math.* समघाती

quantification /क्वौंटिफिकेशन/ *US* क्वांटिफिकेशन/ *n.* परिमाणन, मात्रा का माप : ~ of the predicate

quantifier /क्वौंटिफायः/ *n.* परिमाणवाचक सर्वनाम, (***syn.*** determiner) परिमाणवाचक विशेषण

quanti\fy /क्वौंटिफाइ/ *US* क्वांटिफाइ/ *v., pt.* **~fied**, *pp* **~fying** 1 मात्रा का पता लगाना, संख्या निर्धारित क. 2 परिमाण बताना या निर्धारित क. 3 *logic* परिमाणवाचक विशेषण (all, some, etc.) लगाकर मात्रा दर्शाना

quantitative /क्वौंटिटअटिव\/ *US* क्वांटिटेटिव\/ *adj.* 1 मात्रात्मक : ~ analysis 2 जिसे मापा या गिना जा सके, जिसे अनुमानित किया जा सके 3 परिमाणात्मक: ~ reaction 4 परिमाणवाचक, मात्रावाचक;

dw/lw: **~ly** /~लि/ *adv.* मात्रा अनुसार, परिमाण के आधार पर

quantity /क्वौंटिटि/ *US* क्वांटिटि/ *n., pl.* **quantities** (*abbr.* **Q, qt/ qty**) 1 राशि, मात्रा, ढेर, परिमाण: a huge/ large/ small/ sufficient/ vast ~; the determination of ~ of things; prefer quality to ~ 2 माप (लंबाई-चौड़ाई) : ~ of a line; क्षेत्रफल : ~ of a surface; spatial ~ (क्षेत्र की लंबाई-चौड़ाई) 3 *math.* राशि : known ~; unknown ~ 4 *phon.* दीर्घता, ध्वनि की दीर्घता : ~ of a vowel 5 *music* स्वर की दीर्घता 6 *prosody* स्वर या अक्षर-समूह की दीर्घता-लघुता;

dw/lw: **~mark** *n., phon.* स्वर की दीर्घता-लघुता द्योतक चिह्न;

collocations: **~ surveyor** भवन निर्माण आदि के लिए आवश्यक सामग्री की मात्रा का अनुमान लगाने वाला विशेषज्ञ , मात्रा निरीक्षक; **~ production** बड़ी मात्रा में उत्पादन;

a tiny ~ = a negligible ~ थोड़ी-सी या नगण्य मात्रा; **an unknown ~** 1 अज्ञात मात्रा 2 (***syn.*** dark horse) अनजान व्यक्ति, छुपा रुस्तम; **buy in ~** बड़ी मात्रा में खरीदना; **in ~/ in quantities** बड़ी मात्रा में; **quantities of food** भोजन की मात्रा

quantum /क्वौंटम/ *US* क्वांटम/ *n., pl.* **quanta** 1 मात्रा या राशि 2 भाग, हिस्सा 3 *phys.* क्वांट: ~ of energy 4 प्रमात्रा;

adj. क्वांटम संबंधी: ~ effect;

collocations: **~ absorption** क्वांटम गणित्र; **~ electrodynamics** क्वांट वैद्युत गतिकी; **~ jump/ leap** क्वांटम उछाल, स्तर में बहुत अधिक उछाल या प्रगति; **~ mechanics** क्वांटम यांत्रिकी; **~ physics** क्वांटम भौतिकी; **~ theory** क्वांटम सिद्धांत; **light ~** प्रकाश का क्वांट

quantum meruit /क्वौंटम मेरुइट/ *US* क्वांटम -/ *Lat.* जितना पाने का अधिकार है

quantum sufficit /क्वौंटम सुफिकिट/ *US* क्वांमटम -/ *Lat.* उतना जितना काफी हो, काफी

quaquaversal /क्वाःक्वअवःसल/ क्वेक्वअवःसल/ *adj., geol.* गुबंदनुमा बहुदिशासूचक (सभी ओर झुका हुआ)

quarantine /क्वौरंटीन/ *US* क्वाःरंटीन/ क्वॉरंटीन/*n.* बीमारी के संक्रमण को रोकने के लिए प्राणियों या जीवों का अलगाव, संगरोधन : keep in ~; put sb under ~;

v. pt. **~d**, *pp* **quarantining** बीमारी के संक्रमण को रोकने के लिए प्राणियों और पौधों आदि को किसी अलग, बंद स्थान पर रखना;

collcations: **~ flag** पीला झंडा; **~ inspection station** संक्रमण निरीक्षण चौकी; **~ weeds** एक जगह से दूसरी जगह फैलने वाले खर-पतवार

quark /क्वाःक/ *n., phys.* अल्पतम कण, प्राथमिक कण, क्वार्क

quarrel /क्वौरल\/ *US* क्वाःर\ल/ क्वॉःर\ल/ *n.* 1 झगड़ा, कलह, विवाद, लड़ाई : a ~ with sb; a ~ between sb and sb 2 मत-भेद का कारण, झगड़े की जड़ : a ~ about/ over sth 3 दोस्ती में दरार;

v., pt. UK **~led**/ *US* **quarreled**, *pp UK* **~ling**/ *US* **quarreling** 1 झगड़ा क., झगड़ना : ~ with sb 2 (***syn.*** find fault) दोष निकालना 3 (*usually* **~ with sb/ sth**) में अनबन हो जाना (fall out with sb) 4 असहमत हो.;

dw/lw: **~ler** /~लः/ *n.* झगड़ालू; **~ling** /~लिंग/ *adj.* 1 झगड़ा करने वाले : ~ling factions 2 बदतमीज; **~some** /~लसम/ *adj.* (***syn.*** argumentative) झगड़ालू, लड़ाकू, कलहप्रिय;

~**someness** *n.* झगड़ालूपन;
p&i: ~ **of lovers is the renewal of love** प्रेमियों के बीच कहा-सुनी से प्रेम तरोताजा हो जाता है; ~**ing dogs come halting home** झगड़ालू व्यक्ति देर से घर लौटता है; ~ **over** किसी बात को लेकर झगड़ना; ~**some dogs get dirty coats** झगड़ालू कुत्ते की अयाल गंदी होती है, कोयलों की दलाली में मुंह काला; ~ **with one's bread and butter** अपनी रोजी-रोटी का लात मारना; ~ **with one's own shadow** अपनी ही छाया को भूत समझना, तुनुकमिजाज हो., नाक पर मक्खी न बैठने दे.; **a bad work man ~s with his tools** नाच न जाने आंगन टेढ़ा; **be at** ~ के बीच अनबन हो.; **find ~ in a straw** छिद्रान्वेषी हो., बाल की खाल उतारना; **fight another person's** ~ किसी की निर्दोषता सिद्ध करने में मदद क.; **have a ~/ have no** ~ के साथ मतभेद हो. या न हो.; **make/ patch up a** ~ समझौता कर ले.; **pick up a ~ with sb** किसी के साथ झगड़ा कर ले.; **take up another's** ~ 1 झगड़े में किसी का साथ देना 2 झगड़ा निपटाना

quar\ry /क्वौ\रि/ *US* क्वा:\रि/ क्वॉ\रि/ *n., pl.* ~**ries** 1 खदान, खान 2 सूचना का स्रोत: ~**ry** for citations 3 (***syn.*** prey) शिकार, अहेर, सावज 4 जिसका पीछा किया जा रहा हो;
v., *pt.* ~**ried**, *pp* ~**rying** 1 खान से कोयला, पत्थर आदि (खोदकर) निकालना, खोदना: ~**ry** marble 2 सूचना या जानकारी निकालना : ~**ry** in old manuscripts 3 किसी स्रोत से खोजकर सामग्री निकालना : ~**ry** treasures from old books 4 शिकार क., शिकार पर टूट पड़ना;
dw/lw: **quarrier** /~रिअ:/ *n.* खदान-मजदूर, खनिक, कोहकन; ~**ring** /~रिंग/ *n.* उत्खनन; ~**ryman** *n.* खनन मजदूर;
collocations: ~**ry tile** बिना चमकाई हुई (बिना ग्लेज की हुई) टाइल

quart /क्वॉ:ट/ (*abbr.*, **q**/ **qt**) *n.* चौथाई गैलन = 1.14 लीटर (ब्रितानिया में); 0.95 लीटर (अमेरिका में);
p&i: **get/ put a ~ into pint pot** अनहोनी या असंभव काम करने की मूर्खता क.

quartan /क्वा:टन/ *adj.* हर चौथे दिन होने वाला (बुखार), चौथिया, चतुर्थक;
collocations: ~ **fever** चौथिया बुखार

quarter /क्वॉ:टर/ *n.* (*also US* **fourth**, *abbr.* **q**/ **qr**) 1 चतुर्थांश (1/4) : a ~ of an hour 2 पंद्रह मिनिट का समय: ~ to three; ~ past three; divide sth into ~**s**; a ~ to/ of one 3 तिमाही, साल का चतुर्थांश : pay for sth at the end of each ~; a whole ~**'s** pay 4 *US* विश्वविद्यालय में तिमाही का सत्र 5 त्रिमास, त्रैमास्य: midsummer ~ 6 खेल का चतुर्थांश 7 (***syn.*** region) क्षेत्र, प्रदेश 8 कैनेडा या अमेरिका में 25 सेंट का सिक्का 9 (***syn.*** span) बित्ता 10 (***syn.*** direction) दिशा 11 मोहल्ला, मुहल्ला, बस्ती (of city): the Spanish ~; industrial ~ of the city 12 *naut.* किलमी (of ship) 13 *pl.* निवास (स्थान), आवास: rent for a ~ 14 (***syn.*** mercy) दया, क्षमादान : give the enemy some ~; ask for ~; receive ~ 15 रुख, रवैया, बर्ताव, स्वागत: give sb fair ~; meet ill ~ from sb 16 पुट्ठा: hind**quarters** of an animal 17 (*also* ~**s**) जनता का एक भाग : no sympathy from those ~; from every ~ 18 (~**s**) सैनिकों का आवास: married ~**s**;
v., *pt.* ~**ed**, *pp* ~**ing** 1 (चार भागों में) विभक्त क. 2 चार टुकड़े क.: ~ an apple/ an orange 3 (फौज को) टिकाना, ठहराना : ~ the troops in cantonment area 4 *hist.* फांसी के बाद गद्दार के शरीर को चार भागों में काटना 5 शिकारी कुत्ते द्वारा बार-बार शिकार क्षेत्र में खोजना 6 रहना, ठहरना, निवास क. : ~ in the cantonment area; ~ oneself on/ with sb;
dw/lw: ~**age** /क्वॉट:रिज/ *n.* 1 त्रैमासिक चंदा, भत्ता, भुगतान या पेंशन 2 टिकान, ठहराव, निवास; ~**back** /क्वॉट:बैक/ *v., pt.* ~backed, *pp* ~backing 1 नेतृत्त्व प्रदान क. 2 योजना बनाना; ~-**back** *n., US football* फुटबॉल में रक्षक खिलाड़ी; ~**binding** *n.* एक प्रकार की जिल्द; ~**bound** *adj.* एक विशेष प्रकार की जिल्द, जिसमें मात्र पीठिका (spine of a book) पर चमड़ा लगा होता है, सज्जित; ~-**day** *n.* त्रिमास का प्रथम दिवस; ~-**deck** *n.* किलमी डेक; ~**ed** *adj.* 1 चार भागों में बांटा हुआ 2 टिकाया/ ठहराया हुआ, आवासित; ~-**final** *n.* सेमी फाइनल के पूर्व का मैच; ~-**ill** *n.* गठिया-गोली; ~**inch** *n.* चौथाई-इंच; ~**ing** /क्वॉ:टरिंग/ *n.* (*usually* ~**s**) 1 चार भागों में विभाजन 2 *milit.* निवास, आवास; ~**light** *n.* कार में शीशे की छोटी खिड़की; ~**ly** /क्वॉ:ट:लि/ *adj.* त्रैमासिक (पत्रिका, बिजली-पानी का बिल आदि), तिमाही; ~**ly** *adv.* प्रति त्रिमास, हर चौथे महीने; ~**ly** *n., pl.* **quarterlies** तिमाही प्रकाशन; ~**master** *n.* 1 सेना का रसद-अधिकारी, सैन्यवास-प्रबंधक 2 कर्णपाल; ~-**miler** *n.* एक चौथाई मील धावक; ~**s** /क्वॉट:ज/ *n.*, [pl.] 1 निवास/ आवास स्थान (फौज का), क्वाटर, अपार्टमेंट: summer/ winter ~**s**; change one's ~**s** 2 सैनिक बैरक: live in close ~**s** 3 *naut.* युद्ध सारणी अनुसार स्थान; ~**sessions** *n., [pl.]* त्रैमासिक न्यायालय; ~**staff** *n.* लोहे के सिरे वाला डंडा;
collocations: ~ **cycle** चतुर्थांश चक्र; ~ **day** *Br.* त्रिमास के आरंभ व अंत का क्रमशः प्रथम एवं अंतिम दिन; **Quarter Horse** छोटी दूरी तक बहुत तेज दौड़ने वाले घोड़े की नस्ल; ~ **note** *N. Amer., music* चौथा स्वर;
the fifth ~ मरे जानवर की खाल और चर्बी;
p&i: **at** ~ युद्ध सारणी अनुसार; **at close** ~ एकदम निकट, पास; **beat up sb's** ~ किसी के यहां यों ही हो आना, बिना तकल्लुफ के मिल आना, किसी के यहां बिना बुलाए चले जा.; **come to close** ~ 1 आमने-सामने टकराना 2 मुक्के-लातों से लड़ाई क.; **cry** ~ दया की भीख मांगना; **from a good** ~ भरोसेमंद स्रोत से; **from all ~s** सभी ओर से; **give no** ~ कोई दया न क., कोई रियायत न दे.; **give sb fair** ~ अच्छी तरह मिलना, अच्छा व्यवहार या स्वागत क.; **have a bad ~ of an hour** दुर्भाग्यपूर्ण दौर, घड़ियां या बहुत बुरे क्षण झेलना; **in the highest ~s** सत्ता के उच्चतम गलियारों में; **keep a good~** अच्छी तरह निगरानी रखना; **not a ~ so/ as good** बिल्कुल भी अच्छा नहीं; **meet ill ~ from sb** किसी से अच्छा व्यवहार न मिलना; **sound off** ~ क्वाटरों में वापस लौटने का बिगुल; **take up one's ~ with sb's** किसी के साथ एक-ही निवास में रहना

quarterly *see above under* **quarter: *dw/lw***

quartern /क्वॉ:ट:न/ *n.* चतुर्थांश;
dw/lw: ~**ary** /क्वॉ:ट:नरि/ *adj.* चतुष्क

quarters *see above under* **quarter: *dw/lw***

quartet/ quartette /क्वॉ:टेट/ *n., music* 1 चार गायकों का समूह, चौका, चतुष्क, चतुष्टय 2 चतुर्वाद्य

quartic /क्वॉ:टिक/ *adj., math* चतुर्घाती

quartile /क्वॉ:टाइल/ *n., astron.* चतुर्थक, दो खगोलीय पिंड जो एक-दूसरे से 90^0 के कोण पर हों

quarto /क्वॉ:टो/ *n., pl.* ~**s** (*abbr.* **Q**, **qto** *pl.* **qq**) चौ-पृष्ठीय आकार, चौ-पृष्ठीय आकार की पुस्तक;
adj.) चौ-पृष्ठीय : ~ book

quartz /क्वॉ:ट्स/ *n., pl.* ~**es** स्फटिक, बिल्लौर, कांचमणि;
dw/lw: **quartzite** /क्वॉ:ट्जाइट/ *n., geol.* स्फटिक के दानों वाली चट्टान; **quartziferous** /क्वॉ:ट्जिफअरस/ *adj.* स्फटिकमय; **quartzoid** /क्वॉ:ट्जॉइड/ *adj.* स्फटिकाय;
collocations: ~ **clock**/ ~ **watch** स्फटिक क्रिस्टिल वाली घड़ी; ~ **crystal** स्फटिक क्रिस्टिल; ~ **fibre** स्फटिक तंतु; ~ **glass** स्फटिक कांच

quasar /क्वेजा:/ क्वेसा:/ *n., astron* धरती के तारामंडल से बाहर स्थित एक अति प्रकाशमान सितारे जैसा प्रकाश स्रोत

quash /क्वौश/ *US* क्वा:श/ *v., pt.* ~**ed**, *pp* ~**ing** 1 (***syn.*** overturn) रद्द या निरस्त कर दे.: ~ a judgement 2 (***syn.*** Annul) खंडित क., रद्द या खारिज क. : ~ charges against sb

3 (***syn.*** suppress) दबा या कुचल दे., मिटा दे., दबाना : ~ a person; ~ row (झगड़ा मिटाना)

quasi /क्वेजाइ/ क्वाजि/ *adv.* 1 जैसा कि कहते हैं, जैसे कहा जाता है 2 यानी, मानो, गोया कि 3 लगने वाली, मानो मौजूद है : ~ humour

quasi- /क्वेजाइ/ क्वेसाइ/ क्वाजि/ *pref., comb. form, denoting*: 1 **to some extent** (कुछ हद तक) 2 **virtually** (लगभग, के समान, के जैसा): a ~-official role;

dw/lw: **~-contract** /क्वाजि-कॉटरैक्ट/ *n., law* संविदा-कल्प; **~-judicial** *adj.* नीम-न्यायिक; **~-stellar-object** *n.* (**QSO**) खगोलीय पिंड जो कई तरह के पिडों जैसा हो सकता है (जैसे **quásar**);

collocations: **~-religious ideas** धार्मिक विचारों जैसे

quassia /क्वौशिअ/ *US* क्वाःशिअ/ *n., pl.* **~s** दक्षिण अमेरिकी या वेस्टइंडियन पेड़ जिसकी कड़वी लकड़ी और छाल को टॉनिक के रूप में पीते हैं

quatercentenary /क्वैटःसें\टीनरि/ *US* ~टःसेंटेनरि/ *n.* चारसौवीं वर्षगांठ, चतुशती

quaternary /क्वअटःनअरि/ क्वौअटःनेरि/ *US* -/ क्वीःअटःनेरि/ *adj.* 1 क्रम में चौथा, किसी कड़ी में चौथा, चतुर्थ 2 चतुर्थयुगीन, चार युगों वाला, चार भागों वाला 3 **Quaternary** *geol.* आधुनिक युग (चतुर्थ महाकल्प) से संबंधित;

n. 1 (***syn.*** four) चौका, चतुष्क 2 चतुर्थ महाकल्प (आधुनिक युग);

quaternion /क्वअटःनिअन/ *n.* 1 चार चीजों का समूह 2 चौका, चार 3 चतुष्क;

adj. *gramm.*, चार भागों से बना हुआ

quatorzain /क्वाटोःजेन/ *adj.* चतुर्दशपदी

quatorze /कअटॉःज/ *n., cards* ताश के खेल में चार इक्कों, बादशाहों, रानियों या गुलामों का समूह

quatrain /क्वौट्रेन/ *US* क्वॉःट्रेन/ *n., poet.* चार चरणों का पद्य, चतुष्पदी, चार पंक्तियों का छंद

quatrefoil /कैटःफॉइल/ *n.* चौपतिया

quattrocen\to /क्वैट्रोचेंटो/ *n.* इटली में नवजागरण काल में कला व साहित्य के क्षेत्र में पनपी धारा;

dw/lw: **~tist** /क्वैट्रोचेंटिस्ट/ *n.* क्वैट्रोचेंटिस्ट काल का लेखक, चित्रकार, मूर्तिकार

quaver /क्वेवः/ *v., pt.* **~ed**, *pp* **~ing** 1 कांपना/ कंपाना, थरथराना, लरजना 2 कांपती हुई आवाज में बोलना या गाना 3 गिटकिरी भरना, स्वर कंपाना;

n. 1 कांपती हुई आवाज 2 स्वर-कंपन, गिटकिरी 3 अर्धपादस्वर, आठवां स्वर;

dw/lw: **~er** /क्वेवरः/ *n.* 1 (आवाज आदि को) कंपाने वाला, स्वरकंपक 2 संगीत में आठवां स्वर; **~ing** /क्वेवरिंग/ *adj.* कांपती हुई, कंपायमान; **~ingly** /क्वेवरिंगलि/ *adv.* कांपती आवाज में; **~y** /कवेवरि/ *adj.* कंपनशील, कंपायमान

quay /की/ *n.* घाट, बंदरगाह में जहाजों पर माल उतारने तथा लादने का गोदी (मंच), (जहाजी) घाट 2 घाट के आस-पास का क्षेत्र;

dw/lw: **~age** /कीइज/ *n.* घाट-शुल्क; **~side** /कीसाइड/ *n.* 1 जहाज का घाट से लगने वाला स्थान

Que *abbr.* 'Canadian province Quebec' की प्रथमाक्षरी

quean /क्वीन/ *n.* 1 अशिष्ट स्त्री, वेश्या 2 स्कॉटलैंड में युवती या स्त्री

queasily /क्वीजिलि/ *adv.* तुनुकमिजाजी से

quea\sy /क्वीजि/ *adj., degr.* **~sier**, **~siest** 1 वमनकारी, मितली लाने वाला: **~sy** mixture 2 (***syn.*** delicate) नाजुक, कमजोर: **~sy** stomach 3(***syn.*** nauseous, nauseated) वमनेच्छु, जिसे उल्टी आने वाली है या आ रही है: he feels **~sy** 4 (***syn.*** scrupulous) पाप-शंकालु, धर्मभीरु: have a **~sy** conscience 5 (***syn.*** fastidious) दुष्तोषणीय, तुनुकमिजाज: a **~sy** person 6 (***syn.*** nervous, worried) थोड़ा घबराया हुआ, चिंतित;

dw/lw: **~siness** *n.* दुष्तोषणीयता, तुनुकमिजाजी

Quebec /कबेक/ क्वअबेक/ *n., commun.* नाटो (NATO) संदेशों में अक्षर '**Q**' का द्योतक

Quebecker/ **Quebecer** /क्वबेकः/ क्विबेकः/ कबेकः/ **Quebecois** /केबेक्वा/ *n., pl.* **Quebecois** पूर्वी कैनेडा के प्रांत क्वबेक का नागरिक या निवासी

Quechua /केच्वा/ *n., pl.* **Quechua**/ **~s** 1 दक्षिण अमेरिका के इन्कास (Incas) लोग जो पेरू, बोलिविया के कुछ भागों, चीली, कोलंबिया और इक्वेडोर में रहते हैं 2 इस प्रजाति का सदस्य 3 इनकी भाषा

queen /क्वीन/ *n.* 1 (*usually* **the Queen**) साम्राज्ञी: **Queen** Elizabeth 2 (*usually* **the Queen consort**) रानी, राजा की पत्नी 3 (ताश की) बेगम 4 रानी-मक्खी 5 *chess* वजीर 6 सर्वश्रेष्ठ स्त्री, स्थान या वस्तु: ~ of people's hearts; ~ of European cities 7 स्त्रैण पुरुष, समलिंगी 8 (*usually* **the Queen**) *Br.* ब्रितानिया में औरत का गद्दी पर आसीन होने की सूरत में राष्ट्रीय गान: Remember when the **Queen** was played in cinemas?;

v. *pt.* **~ed**, *pp* **~ing** 1 *chess* प्यादे की चाल चलकर उसे वजीर बनाने के लिए प्रतियोगी के पटल पर ले जाना 2 किसी औरत को रानी बनाना;

dw/lw: **~bee** *n.* रानी-मक्खी; **~dom** *n.* सम्राज्ञित्व; **~hood** *n.* सम्राज्ञित्व ; **~like** *adj.* रानी जैसा; **~liness** *n.* सम्राज्ञित्व ; **~ly** *adj., degr.* ~lier, ~liest रानियों जैसा, रानी-जैसा, रानीवत्, रानी-सदृश; **~ship** *n.* सम्राज्ञी का पद व राजकाल; **~-size**/ **~-sized** *adj.* सामान्य लंबाई-चौड़ाई से बड़ा बिस्तरा, लेकिन राजा के बिस्तरे (king-size) से छोटा; **Queenslander** *n.* क्वीन्जलैंड का नागरिक या निवासी;

collocations: **Queen of the Adriatic** अड्रिऐटिक समुद्र की रानी इटली का वेनिस (Venus) नगर; **Queen Anne** *denoting* अठारहवीं सदी के आरंभ में प्रचलित अंग्रेजी निर्माण शिल्प की शैली; **~ ant**/ **bee** ; **~ apple** सेब की एक नस्ल; **~ cage** रानी की डोली; **~ caging** रानी मक्खी का बैठना; **~ cell** रानी मक्खी का घर; **~ consort** पटरानी; **~ dowager** मृत राजा की पत्नी, विधवा रानी; **~ mother** राजमाता; **~ of beauty** सौंदर्य की रानी; **Queen of glory**/ **of grace**/ **of Paradise**/ **of women** मां-मरियम; **~ of (all) hearts**/ **of (all) society** दिलों की रानी; **~ of hearts** 1 दिलों की रानी 2 हुकम की रानी; **Queen of heaven**/ **of the night of tides** रात की रानी, चंद्रमा; **Queen of love** = **Venus** प्रेम की देवी, रति; **~ of puddings** ब्रेड के टुकड़ों, अंडे, दूध, जैम आदि से बना मिष्ठान; **Queen of the May**/ **May Queen** मई दिवस के त्योहार पर एक युवती जिसे त्योहार की रानी चुना जाता है; **~ of seas** समुद्रों की रानी; **Queensberry Rules** 1 आधुनिक मुक्केबाजी के नियम 2 *colloq.* किसी झगड़े में शिष्ट एवं शालीन व्यवहार; **Queen's colours** सम्राज्ञी की पताका; **Queen's English**/ **King's English** लिखित या मौखिक अंग्रेजी का मानक रूप; **Queen's evidence**/ **King's evidence** *Br. law* सरकारी गवाह; **Queen's Speech**/ **King's Speech** ब्रितानिया की संसद के नए सत्र में सम्राज्ञी या सम्राट द्वारा दिया जाने वाला भाषण; **the Virgin Queen** एलिजाबेथ I का उपनाम; **~'s weather** बिन बादल का आसमान;

p&i: **Queen Anne is dead** सर्वविदित बात कहना; **~ it** *colloq.* औरत द्वारा अत्यधिक रोब से पेश आना;

in the reign of ~ Dick कभी-भी नहीं; **the rose, ~ of flowers** फूलों का राजा गुलाब

queer /क्विअः/ *adj., degr.* **~er**, **~est** 1 *sl.* समलैंगिक 2 (***syn.*** odd) विचित्र, अजीब: ~ story/ look/ remark/ dress; ~ way of talking; speak a ~ language 3 संदिग्ध: a ~ sort of fellow 4 (***syn.*** eccentric) थोड़ा-सा पागल, सनकी: become/ go ~ 5 (***syn.*** ill) कमजोर व अस्वस्थ: look ~; feel a little ~;

n. समलैंगिक व्यक्ति;

v., *pt.* **~ed**, *pp* **~ing** बिगाड़ना, रंग में भंग डालना;

dw/lw: **~-bashing** *n.* समलैंगिक व्यक्ति की पिटाई; **~-basher**

n. समलैंगिक व्यक्ति को पीटने वाला; **~ish** /क्विअरिश/ *adj.* विचित्र-सा; **~ly** /क्विअ:लि/ *adv.* विचित्र ढंग से; **~ness** /क्विअ:नेस/ (*also* **~ity**) *n.* विचित्रता, सनक, पागलपन;

collocations: **~ bird** विचित्र व्यक्ति; **~ character** विचित्र व्यक्ति; **~ fish** दकियानूसी व्यक्ति; **~ street** ; **~ transaction** विचित्र सौदा;

p&i: **~ in the head** सनकी; **~ oneself with sb** किसी के सामने अपने आप को अप्रिय स्थिति में डालना; **~ sb's pitch/ ~ the pitch for sb** *colloq.* किसी की योजनाओं में बाधा डालना, किसी के रंग में भंग डालना, बना-बनाया खेल बिगाड़ना;

a ~ beggar/ card/ cove/ duck विचित्र व्यक्ति; **be on the ~** बेईमान हो.; **in the** ; **be ~ in the head** विचित्र या सनकी हो.; **in Queer Street** *Br., sl.* 1 ऋणी या आर्थिक मुसीबत में हो. 2 मुसीबत में; **shove the ~** धोखे से नकली पैसे दे देना

quell /क्वेल/ *v., pt.* **~ed**, *pp* **~ing**, *s/he/it* **~s** 1 कुचल या दबा दे., दमन क., रौंदना 2 (***syn.*** calm) दर्द को कम क. या दबाना, शमन क. : ~ pain; ~ one's passions 3 पूरा इलाज क. 4 डर आदि दूर क. : ~ sb's fears;

dw/lw: **~er** /क्वेल:/ *n.* शामक, शमनकर्ता, दबाने वाला

quench /क्वें\च/ *v., pt.* **~ed**, *pp* **~ing** 1 (***syn.*** slake, satisfy, allay) प्यास बुझाना: ~ one's thirst 2 (***syn.*** extinguish) आग बुझाना : ~ a fire 3 (***syn.*** stifle) दमन क., दबाना 4 शांत क., शमित क., कम क., दबाना : ~ one's desires/ passions 5 (***syn.*** cool) ठंडा क. 6 बत्तियां बुझाना: ~ a light/ candle 7 (***syn.*** temper) किसी पदार्थ को पकाना या पक्का क.: ~ steel;

dw/lw: **~able** /~चअबल/ *adj.* जिसकी प्यास बुझाई जा सके; **~ed** /~चड/ *adj.* शमित, शांत; **~er** /~च:/ *n.* बुझाने वाला, शांत करने वाला; **~less** /~लेस/ *adj.* जिसे कभी तृप्त न किया जा सके;

collocations: **~ing circuit** शमन परिपथ; **~ voltage** शामक वोल्टेज

quenelle /कनेल/ *n., cookery, Fr.* कोफ्ता

querimon\ious /क्वेरिमोनिअस/ *adj.* शिकायती, शक्की;

dw/lw: **~y** /क्वेरिमोनि/ *n.* शिकायत

querist /क्विअरिस्ट/ *n.* प्रश्नकर्ता, सवाल पूछने वाला

quern /क्व:न/ *n., pl.* **~s** हथ-चक्की, जांता : ~-stone (चक्की का पत्थर)

querulous /क्वेरुलस\/ क्वेरअलस\/ *adj.* 1 (***syn.*** grumbling/ whining) झींखने वाला, चिड़चिड़ा 2 (***syn.*** peevish) शिकायती, पिनपिनाने वाला, तुनकमिजाज; ~ person; ~ by nature;

dw/lw: **~ly** /~लि/ *adv.* पिनपिनाते हुए

que\ry /क्विअरि/ *US* क्विरि/ *n., pl.* **~ries** 1 सवाल, प्रश्न, प्रश्नचिह्न : raise a ~ 2 एतराज 3 पूछताछ, जांच-पड़ताल 4 कुछ पूछने के लिए निवेदन 5 शंका, संदेह : have a **~ry** about sb's sincerity; **~ry**, where are we to find the funds? (प्रश्न है कि हम धन कहां से लाएंगे?);

v., pt. **~ried**, *pp* **~rying**, *s/he/it* **~ries** 1 शंका क., संदेह प्रकट क. : **~ry** as to whether it is wise; **~ry** a statement 2 पूछताछ क. : **~ry** sb about sth 3 प्रश्नचिह्न (question mark) : **~ry** the items of sth (पूछना कि माजरा क्या है) 4 *US* अपराधी समझे जाने वाले व्यक्ति से पूछताछ क.;

collocations: **~ry language** पृच्छा भाषा; **~ry mark** प्रश्न चिह्न

quest /क्वेस्ट/ *n.* 1 खोज, तलाश : in ~ of sth 2 अन्वेषण 3 दिलचस्प वस्तुओं की खोज, टोह : in ~ of adventure 4 खोज का विषय या लक्ष्य : be/ go in ~ of a person/ a thing 4 पूछताछ क.;

v.**, pt.* **~ed**, *pp* **~ing** 1 (*usually* **~ after/ for sth**) 1 खोज में लगे हो. 2 (syn.*** seek sth) ढूंढ़ते फिरना : ~ for sth 3 कुत्ते द्वारा शिकार ढूंढ़ा जाना;

dw/lw: **~er/ ~or** /क्वेस्ट:/ *n.* खोजने वाला; **~ing** /क्वेस्टिंग/ *n.* खोजने की क्रिया; **~ing** *adj.* खोजने वाला

question /क्वेस्च\न/ *n.* 1 लिखित या मौखिक प्रश्न, सवाल : ask/ pose/ raise a ~; ask me no ~; bombard sb with **~s**; fire **~s** at sb; an awkward/ fundamental/ hypothetical ~; direct/ indirect/ oblique ~ 2 प्रश्न वाचक वाक्य: compound/ alternative double ~ (*gramm.* वैकल्पिक प्रश्न) 3 शंका, संदेह: raise **~s** about sb's loyalty; ~ arises 4 समस्या, मामला, मुद्दा : the Syrian ~; complicate/ entangle a ~ (किसी मुद्दे को उलझाना); an unsettle ~; an open ~; ticklish ~; 5 (***syn.*** subject) विषय, बहस का मुद्दा: shy away from a ~; speak to the ~ (मुद्दे पर बोलना) 7 परीक्षा आदि में समाधान के लिए दिया जाने वाला प्रश्न: ~ paper; difficult ~ 8 जांच पड़ताल का मुद्दा 9 सरोकार, चिंता या कठिनाई का विषय : a ~ of safety; economic/ social **~s**;

v., pt. **~ed**, *pp* **~ing** 1 पूछताछ क. 2 प्रश्न पूछना 3 संदेहास्पद समझना : ~ sb's right to sth 4 संदेह प्रकट क. : ~ a decision; ~ sb's honesty5 आपत्ति क., विरोध क., प्रश्न उठाना, बहस क. : ~ the truth of his story; ~ with sb (झगड़ना, बहस क.);

dw/lw: **~able** *see below under separate entry*; **~ary** /~नरि/ *adj.* 1 प्रश्नात्मक 2 प्रश्नवाचक; **~ary** *n.* प्रश्न-पत्रक; **~er** /~न:/ *n.* प्रश्नकर्ता; **~ing** /~निंग/ *n.* 1 प्रश्न पूछने की क्रिया 2 किसी अपराध के सिलसिले में पूछताछ; **~ing** *adj.* 1 प्रश्नकर्ता 2 उत्सुक या जिज्ञासु: ~ing looks; **~ingly** /~निंगलि/ *adv.* जिज्ञासापूर्वक; **~ist** /~निस्ट/ *n.* प्रश्नकर्ता; **~less** *adj.* असंदिग्ध; **~naire** /~नेअ:/ *US*/~नेर/ *n., pl.* **~s** प्रश्नावली, प्रश्नमाला: complete/ fill in a ~naire; draw up a ~naire; **~-paper** *n.* प्रश्नपत्र;

collocations: **~ hour/ ~ time** प्रश्न काल; **~ mark** प्रश्न चिह्न (**?**); **~ mark** 1 प्रश्नवाचक चिह्न 2 संदेह, शंका; **~ master/ (quizmaster)** पहेली प्रतियोगिता में प्रश्न-कर्ता; **~ of privileges** विधान सभा या संसद के सदनों व इनके सदस्यों के अधिकारों का प्रश्न; **~ of the day/ a burning ~** (आज का) ज्वलंत मुद्दा; **~ tag** (*also* **tag ~**) मुख्य वाक्य के बाद अक्सर श्रोता की सहमति जानने के लिए किया जाने वाला प्रश्न: 'isn't it?' (ठीक है न?); **~ time/ ~ hour** संसद-सत्र काल में सांसदों द्वारा पूछे जाने वाले प्रश्नों के लिए निर्धारित समय;

a burning ~ ज्वलंत प्रश्न; **economic/ social ~** आर्थिक व सामाजिक मुद्दा;

p&i: **~ a witness** गवाह से पूछताछ क.;

an open ~ अनिर्धारित मुद्दा, ऐसा प्रश्न जिस पर बहस अभी जारी हो यानी जिसका अभी पूर्ण समाधान न हुआ हो ; **answer the ~** पूरा जोर लगा देना; **a ~ arose between them** उनके बीच मतभेद खड़ा हो गया; **a million dollar ~** बहुत अहम सवाल; **ask the ~** 1 घोड़े को पूरी ताकत से दौड़ाना 2 घोड़े को पूरी ताकत से दौड़ने के लिए मजबूर क.; **ask no ~s and you will be told no lies** सवाल नहीं पूछोगे, तो झूठ नहीं सुनना पड़ेगा; **be foreign to the ~** मुद्दे से अनभिज्ञ हो.; **be only/ simply/ just a question of time** बस थोड़े समय की बात है; **be out of the ~** सवाल ही पैदा नहीं होता, असंभव; **beyond ~** बिना किसी संदेह के; **brighten a ~** मुद्दे को थोड़ा स्पष्ट क.; **bring/ throw/ call sth into ~** किसी बात या मुद्दे को शंका के घेरे में लाना; **bring up a ~** सवाल उठाना; **call sb in ~** किसी से पूछताछ क.; **come into ~** शंका या बहस के घेरे में आना; **cross ~s and crooked answers** 1 प्रश्नोत्तरी का खेल 2 पूछे गए प्रश्न का उत्तर देने से टलना; **deviate/ depart/ digress from a ~** मुद्दे से भटक जाना; **fire ~s at sb** किसी पर प्रश्नों की बौछार क.; **have nothing to do with the ~** किसी मुद्दे या प्रश्न से किसी का कुछ लेना-देना न हो.; **in ~** 1 जो अभी घट रहा है : was away at the time in ~ 2 संदेह के घेरे में, विवादास्पद: her ability is not in ~; **it is a ~ of time** बस कुछ ही समय की बात है; **loaded ~** कूट सार भरा प्रश्न; **make no ~ of the news**

समाचार को शक का मुद्दा न बनाओ, इसमें संदेह की गुंजाइश नहीं; **no ~ of that** ऐसा होने का सवाल ही नहीं उठता; **no ~ of sth happening/ sb doing sth** किसी बात के होने या किसी द्वारा कुछ किए जाने का प्रश्न ही नहीं उठता; **out of/ past/ without** ~ निस्संदेह; **out of the ~** सवाल ही पैदा नहीं होता, बिल्कुल असंभव; **pop the ~** एकदम से प्रश्न क.; **put to ~** पर विचार-विमर्श या बहस क.; **rhetorical ~** तर्क-वितर्क में ऐसा प्रश्न जिसका उत्तर नहीं देना होता; **sb/ sth in ~** बहस के केंद्र का विषय या व्यक्ति; **shy away from a ~** प्रश्न का जवाब देने से कतराना; **that is not the ~** मुद्दा यह नहीं है...; **the ~ of the day** ज्वलंत प्रश्न; **the $ 64 ~** *US* मुकाबले की किसी प्रश्नावली का कठिनतम या जटिलतम प्रश्न; **the whole ~ reduces itself to the following** सारा मुद्दा निम्न प्रकार से बनता है; **there is no ~ about that** उसका तो प्रश्न ही नहीं उठता; **touch upon a ~** किसी मुद्दे पर प्रकाश डालना

questiona\ble /क्वेश्चनअबल/ *adj.* 1 (***syn.*** suspect) शंकास्पद, शंकनीय, संदिग्ध, संदेहास्पद: **~ble** statement 2 (***syn.*** dishonest) संदेहप्रद, कपटपूर्ण, बेईमानीपूर्ण: **~ble** conduct 3 (***syn.*** objectionable) अनुचित, आपत्तिजनक: **~ble** respectability 4 (***syn.*** debatable) विवाद्य: ~ conclusions/ findings;

dw/lw: **~bly** *adv.* संदेहात्मक रूप से

questioning *see above under* **question: *dw/lw***

questionnaire *see above under* **question: *dw/lw***

quetzal /केट्साल/ *n., pl.* **~s** 1 केन्द्रीय व दक्षिण अमेरिका का रंग-बिरंगा पक्षी 2 *pl.* **~es** /केट्सालेस/ ग्वाटेमाला की मुद्रा

queue /क्यू/ *n.* 1 *Br.* (*US* **line**) कतार, पंक्ति, तांता : form/ be in/ join a ~; ~ on/ ~ up for a bus; stand in a ~ 2 *comput.* कंप्यूटर द्वारा तैयार किए गए प्रोग्रामों, आंकड़ों, सूचनाओं आदि की क्रमिक सूची 3 (***syn.*** pigtail) बालों की चोटी, वेणी;

***v.*, (~ up)** *UK/ US* **line up**), *pt.* **~d**, *pp* **queuing** 1 कतार बनाकर खड़ा हो. : ~ up for a tram 2 *comput.* कंप्यूटर पर भिन्न-भिन्न कार्यों को करने के लिए उन्हें कतार या क्रम में रखना;

dw/lw: **~-jump** *v., pt.* ~jumped, *pp* ~jumping *Br.* कतार तोड़कर आगे बढ़ना; **~ing-up** *n.* कतार में खड़े होने की क्रिया; **~-jumper** *n.* कतार तोड़ने वाला; **~-jumping** *n.* कतार तोड़ने का कार्य; **~-jumping** *adj.* कतार तोड़ने वाला : ~-jumping politicians;

p&i: **~ up for sth/ for doing sth/ to do sth** कुछ करने के लिए कतार बनाना;

jump the ~ कतार तोड़कर आगे खड़ा हो जा.

quib\ble /क्विबल/ *v., pt.* **~bled**, *pp* **~bling** 1 छोटी-छोटी बातों पर झगड़ना : **~ble** about/ over sth; **~ble** with sb 2 टाल-मटोल क. : **~bled** about his share of the bill 3 बाल की खाल उतारना;

n. **(quibble)**1 (***syn.*** pun) श्लेष 2 वाक्छल, वितंडा 3 शिकायत, नुक्ताचीनी 4 टाल-मटोल;

dw/lw: **~bling** /क्विब्लिंग/ *n.* वाक्छल, वितंडा, नुक्ताचीनी; **~bling** *adj.* नुक्ताचीनी करने वाला: ~bling money-lender; **~blingly** *adv.* बाल की खाल उतारते हुए; **~bler** /क्विबलः/ *n.* 1 वाक्छली 2 वितंडी, वितंडक, वैतंडिक 3 बाल की खाल उतारने वाला

quiche /कीश/ *n.* क्रीम और अंडे से बनी पेस्ट्री में पनीर, सब्जी या मांस भरकर बनाया जाने वाला एक व्यंजन

quick /क्विक/ *adj., degr.* **~er**, **~est** 1 तेज, फुर्तीला : ~ journey/ walk; ~ glance; ~ of foot (तेज चाल से चलने वाला) 2 द्रुतगामी, शीघ्रगामी, त्वरित : ~ growth/ movement; ~ pulse; ~ succession of events; a too ~ ascent/ descent (द्रुतगामी चढ़ाई या उतराई) 3 शीघ्र होने वाला या करने वाला : be ~ in one's decisions 4 तत्काल, अचिर, आशु 5 संक्षिप्त 6 सरसरी (नजर) 7 चतुर, सजीव, जीवंत : ~ workman 8 गुस्सैल: ~ with excitement 9 (***syn.*** sensitive) संवेदनशील 10 उत्सुक, उद्यत, तत्पर;

n. 1 **(the ~)** नाखूनों के नीचे अति संवेदनशील मांस 2 मर्म-स्थल, भावुकतापूर्ण स्थान, दुखती रग : her words cut him to the ~ 3 (*usually* **the ~**) जीवित लोग : the ~ and the dead (जीवित एवं मृत लोग);

adv. जल्दी (से), झटपट, तुरंत : please come ~!;

dw/lw: **~-acting** *adj.* द्रुतप्रभावी, दुतकर्मी; **~bread** *n.* सादे आटे से बनी रोटी; **~break** *n.* आकस्मिक अंतराल; **~-drying** *n.* आशु/ तेज शुष्कन; **~-eared** *adj.* तीक्ष्णकर्ण; **~eyed/ ~sighted** *adj.* तीक्ष्णदृष्टि; **~fire** *n.* त्वरित गोलीबारी; **~-freeze** *v., pt.* ~-froze, *pt. p.* ~-frozen, *pp* ~freezing 1 जल्दी से जम जा. 2 मुलायम फल को जल्दी से ठंडा क.; **~ie** *adj.* जल्दी में किया या बनाया हुआ; **~ie** *n., colloq.* (*also* **a ~ one**) जल्दी से किया जाने वाला काम; **~lime** *n.* अनबूझा चूना, बरी का चूना, अलीचूना; **~ly** /क्विक्लि/ *adv.* शीघ्र, जल्दी, झटपट, फुर्ती से; **~ness** /क्विकनेस/ *n.* 1 तेजी, फुर्ती 2 सजीवता, जीवंतता 3 बुद्धि-प्रखरता 4 तुनुकमिजाजी; **~-response** *adj.* फौरी जवाब, त्वरित उत्तर; **~sand** (*also* **~ ground**) *n.* चोर-रेत, चोर-बालू (जो पांव रखते ही फिसल जाए), बलुआ दल-दल, बलुई दलदल, बालू-पंक; **~set** *n.* पौधे की कलम जो जल्दी उग आती है; **~setting** *n., adj.* आशुदृढ़न, तुरंत जमाव; **~-sighted** *adj.* तेज दृष्टिवाला, प्रखर-चक्षु; **~sightedness** *n.* तेज दृष्ट्यता, प्रखर-चक्षुता; **~silver** *n.* पारद, पारा; **~step** *n.* 1 दो जनों का तेज आधुनिक नृत्य 2 इस नृत्य के लिए संगीत; **~ start** जल्दी होने वाली शुरुआत; **~-tempered** *adj.* चिड़चिड़ा, तुनुकमिजाज, क्रोधी, तुनकना; **~thorn** *n.* पैने कांटे वाला पेड़; **~-witted** /क्विक-विटिड/ *adj.* हाजिर-जवाब; **~-wittedness** *n.* हाजिर-जवाबी;

collocations: **~ assets** *accounting* तुरंत पैसे में बदली जा सकने वाली संपत्ति; **~-change artist** जल्दी-जल्दी कपड़े बदल लेने वाला कलाकार; **~ fix** तुरंत आराम देने वाली (दवाई); **~ march** *milit.* तेज चाल; **~ mind/ wit** प्रखर बुद्धि; **~ of foot** तेज, अति गतिशील, द्रुतगामी; **~ one** जल्दी से पिया जाने वाला पैग; **~ remembrance** अच्छी यादगार; **~ resentment** बहुत अधिक क्रोध; **~ return** जल्द वापसी, द्रुत फल; **~ sand** समुद्र किनारे अचानक धंस जाने वाला खतरनाक क्षेत्र; **~ test** जल्दी-जल्दी की जाने वाली परख; **~ thrust** तेज प्रहार; **~ time** *bridge* तेज मार्च, मिलाकर चले जाने वाले कदम; **~ trick** ताश के खेल में चाल(बाजी); **~ turn** आकस्मिक मोड़; **~ understanding** जल्दी समझ लेने की क्षमता;

p&i: **~ at sth/ at doing sth** काम करने में तेज हो.; **~ in** तैयार; **~ off the mark** तुरंत की जाने वाली कार्यवाही; **~ on the draw** 1 समझने में तेज 2 कुछ करने में तेज; **~ to ear** अच्छी तरह सुन लेने वाला; **~ to learn** जल्दी सीख जाने वाला; **~ to take offence** जल्दी बुरा मानने वाला; **~ with child** गर्भवती; **a man of ~ observation** तेज दृष्टि या अवलोकन क्षमता वाला व्यक्ति; **as ~ as lightning/ as flash** बिजली की कौंध-सा तेज; **be ~ at meat, ~ at work** जो तेजी से खाता है व तेजी से काम करता है; **be ~ off the mark** तुरंत कार्रवाई क.; **be ~ on the draw** 1 फौरन अपनी प्रतिक्रिया दे. 2 खोल से पिस्तौल निकालकर तान ले.; **be ~ with life down to one's finger tips** अत्यंत जीवंत हो.; **cut one's finger-nail to the ~** नाखून के कच्चे मांस तक काट देना; **cut sb to the ~** किसी के मर्म या दुखती रग पर हाथ रखना, किसी को ठेस पहुंचाना; **have a ~ one/ drink** जल्दी से जाम पी ले.; **have ~siver in one's veins** अत्यधिक जीवंत, गर्मजोशी से भरा व गतिशील व्यक्ति हो.; **not very ~** अक्षम, अयोग्य, अपविकसित; **sting/ touch/ wound/ cut one's finger-nail to the ~** दुखती रग पर हाथ रखना; **the ~ and the dead** जीवित एवं मृत; **the ~ of the matter** मुद्दे का निचोड़; **to the ~** खून निकलने तक;

quicken /क्विकन/ *v., pt.* **~ed**, *pp* **~ing** तेज हो. या क., चाल

बढ़ाना : her heart **~ed** as she saw him; ~ one's pace; his pulse is **~ing** 2 (***syn.*** animate) जान फूंकना, जोश दिलाना, उत्तेजित क. : ~ sb's interest in sth 3 जीवंत या सजीव क. या हो जाना : ~ sb's imagination 4 गर्भ में बच्चे की स्पष्ट गति हो. या मां द्वारा स्पष्ट अनुभव किया जा. : **~ing** with child;
n. स्पंदन, गति, चाल;
dw/lw: **~er** *n.* त्वरक, उत्तेजक, गति वर्धक; **~ing** *adj.* संचेतक, उत्तेजक

quid /क्विड/ *n., pl.* quid 1 फंकी, तंबाकू की गोली 2 *UK* ब्रितानिया की मुद्रा, पाउंड 3 वास्तविकता, सार;
v.*, pt.* **~ded**, *pp* **~ding** 1 (तंबाकू आदि) चबाना 2 चबाने वाला गोंद (gum) चबाना;
collocations: **quid pro quo** /क्विड प्रो क्वो/ *pl.* **~s**, *Lat.* 1(***syn.*** compensation) प्रतिकर, मुआवजा, हरजाना, क्षतिपूर्ति 2 बदले में दी हुई वस्तु, प्रतिदान 3 भूल 4 (***syn.*** substitute) एवजी, क्षतिपूर्ति 5 (***syn.*** tit for tat) प्रतिकार, बदला;
p&i: **~'s in** 1 अपेक्षा से अधिक पैसा बचा हो. 2 फायदा उठाने में सक्षम 3 समृद्ध, लाभदायक पद;
not the full ~ *Austral & NZ* मंद बुद्धि;

quiddity /क्विडिटि/ *n., pl.* **quiddities** 1 वास्तविक तत्त्व, सार 2 (***syn.*** quibble) वितंडा, बारीकबीनी, नुक्ताचीनी, छिद्रान्वेषण, बाल की खाल

quidd\le /क्विडल/ *v., pt.* **~led**, *pp* **~ling** व्यर्थ समय गंवाना;
n. तुनुकमिजाज या क्रोधी व्यक्ति

quidnunc /क्विड्नंक/ 1 कुतूहली 2 (***syn.*** busybody) सदा सवाल पूछने वाला: अब क्या? 3 अफवाहें फैलाने वाला, चुगलखोर 4 (***syn.*** gossip-monger) गप्पी, गपोड़िया

quid pro quo /क्विड प्रो क्वो/ *Lat. see above under* **quid: *collocations***

quiescence/ quiescency /क्विएस\स/ ~सि/ *n.* 1 (***syn.*** dormancy) निष्क्रियता, सुप्तता, शांति 2 *gramm.* अनुच्चरण, व्यंजन का उच्चारण न किए जाने की स्थिति

quiescent /क्विएसंट/ *adj.* 1 (***syn.*** dormant) निष्क्रिय 2 सुप्त, निश्चल, शांत 3 (***syn.*** latent) अव्यक्त, अप्रकट 4 *phon.* अनुच्चरित (consonant)

quiet /क्वायट/ *adj., degr.* **~er, ~est** 1 शांत, मौन, निश्चल : seem ~ 2 शांत, निस्तब्ध, नीरव : ~ river 3 सौम्य : ~ mind; ~ conscience; ~ manners 4 (***syn.*** motionless) निश्चेष्ट, स्थिर 5 (***syn.*** noiseless) बिना तामझाम के, बिना शोर-शराबे के : ~ wedding 6 (***syn.*** silent) गुमसुम, सीधा-सादा : a ~ man 7 (***syn.*** unostentatious) सादा, आडंबरहीन : ~ tones of beige 8 मंद 9 (***syn.*** secret) गुप्त, बिना शोर-शराबे के : ~ movements 10 मन ही मन : took a ~ satisfaction in his downfall 11 गूढ़, अति सूक्ष्म 12 शांतिमय : a ~ read 13 मंदा : ~ market;
n. 1 (***syn.*** calm, peace) शांति, अमन : ~ after the war; live in peace and ~ 2 चैन, सुकून : the ~ of the mind 3 (***syn.*** silence) नीरवता, निस्तब्धता : in the ~ of the night 4 आडंबरहीनता 5 गहन शांति, गहमागहमी से मुक्ति;
v. *pt.* **~ed**, *pp* **~ing** 1 (*usually* **~ down**) किसी चीज को शांत क. : ~ a clamour/ tumult; told the class to ~ down 2 शांत हो जाना : the pulse **~ed** down;
dw/lw: **~en** /क्वायटन/ *UK* (*US* **quiet**) *v., pt.* ~ened, *pp* ~ening (*also* **~ down**) 1 चुप क. या कराना 2 शांत हो. 3 संदेह दूर क.; **~ly** /क्वायट्लि/ *adv.* 1 शांतिपूर्वक, शांति से 2 धीमी आवाज में, चुपचाप; **~ness** /क्वायटनेस/ *n.* शांति, निश्चलता, नीरवता; **~ude** /क्वाइट्यूड/ *n.* नीरवता, मौन, निस्तब्धता, मन की शांति;
collocations: **~ corner** शांत स्थान;
p&i: **a ~ conscience sleeps in thunder** ईमानदार व्यक्ति चैन से सोता है; **as ~ as a lamb** मेमने-सा निरीह; **as ~ as a mouse** चूहे की तरह चुप; **keep ~** शांत रहना; **keep ~ about sth/ keep sth ~** गुप्त रखना या रहना; **on the ~** चुपके-चुपके

quie\tism /क्वायटिजम/ *n.* 1 नैष्कर्म्यता 2 चैन, मानसिक चैन 3 (**Quietism**) सतरहवीं शताब्दी में कैथोलिक धर्म (Catholicism) में पनपने वाली एक जीवन शैली व चिंतन जिसके तहत जीवन के प्रति नैष्कर्म्यताजन्य चिंतनशील रुख, आत्म-त्याग, भलाई एवं बुराई के प्रति उदासीनता, पीड़ा-वेदना से विमुखता और परमात्मा के सम्मुख सर्व-निवृत्तिवाद आदि पहलुओं पर बल दिया जाता था 4 संन्यास, हिमालय-गमनवाद, संसार-त्याग;
dw/lw: **~tic** /क्वायटिक/ *adj.* सर्व-निवृत्तिवादी; **~tist** /क्वायटिस्ट/ *adj.* निवृत्तिवादी; **~tist** *n.,* निवृत्तिवादी या नैष्कर्म्यतावादी व्यक्ति

quietly *see above under* **quiet: *dw/lw***

quietus /क्वाइईटस/ क्वीएटस/ *n.* 1 मोक्ष, मुक्ति, निर्वाण, जीवन-मरण से मुक्ति : get one's ~ 2 आत्म-हत्या: make one's ~ 3 कर्ज से छुटकारा, ऋणमुक्ति 4 कर्त्तव्य-वहन से मुक्ति 5 सुकून, शांति, चैन

quiff /क्विफ/ *n.* अलक, लट;
v.*, pt.* **~ed**, *pp* **~ing** (*also* **~ up**) बालों की लट बनाना

quill /क्विल/ *n.* 1 (***syn.*** ~ feather) पक्षी का सख्त पंख 2 पंख की डंडी का निचला भाग 3 (*in full* **~ pen**) पंख की कलम : carry a good ~ (अच्छा हस्तलेख हो.) 4 साही का कांटा 5 पिच्छाक्ष, पंखपिच्छ, पक्ष-नाड़ी : ~ feather 6 (***syn.*** porcupine's spine) कांटा 7 (***syn.*** bobbin) फिर्की 8 बांस आदि की थोथी डंडी जिससे बंसी या बांसुरी बनती है 9 मिजराब (plectrum for plucking the strings of a musical instrument), सितार आदि की तारों को दबाने या झंकरित करने के लिए उंगलियों पर पहने जाने वाली मिजराब;
v. pt. **~ed**, *pp* **~ing** 1 फिरकी पर धागा लपेटना 2 सिलाई करके जोड़ना;
dw/lw: **~driver** *n.* कलम घसीट

quilt /क्लिष्ट/ *n.* रजाई, लिहाफ, दुबलाई;
v. *pt.* **~ed**, *pp* **~ing** 1 रजाई की सिलाई क. 2 किसी चीज में गद्दियां सीना 3 भिन्न-भिन्न स्रोतों से सामग्री लेकर साहित्यिक रचना बनाना;
dw/lw: **~er** /क्विल्टः/ *n.* रजाई की सिलाई करने वाला; **~ed** /क्विल्टिड/ *adj.* रजाई के रूप में सिला हुआ; **~ing** *n.* सोने के लिए गद्दा;
collocations: **~ing bee/ ~ing party** *mainly N. Amer.* रजाई सीने के बहाने किसी के घर एकत्र होकर की जाने वाली गपशप या मौज-मस्ती;
a crazy ~ 1 टुकड़ों-टुकड़ों से बनी विचित्र रजाई 2 विचित्र रजाई-सी कोई चीज

quim /क्विम/ *n., sl.* स्त्री जननांग (woman's genitals)

quin *n., colloq. short of* **'quintuplet'** (*see below*)

quina /कीना/ *n.* कुनीन के पेड़ की छाल

quinary /क्विनरि/ *n., pl.* **quinaries** 1 पांच की संख्या से संबंधित: ~ number 2 पांच पर आधारित सांख्यिक पद्धति 3 पांच गुना 4 पांच वस्तुओं के समूह से बनी वस्तु, पंजा, पंचक 5 किसी कड़ी में पांचवीं वस्तु

quince /क्विंस/ *n.* 1 गुलाब परिवार का एक छोटा-सा पौधा 2 इस पेड़ का फल 3 बीही वृक्ष या झाड़ी : Bengal ~ (एक बेल)

quincenten\ary /क्विन्सेंटीनरि/ *n.* पांचसौवीं सालगिरह, पंचशती;
dw/lw: **~nial** *adj.* पंचशताब्दीय, पंचशतीय, पांच-सौवीं

quincunx /क्विन्कंक्स/ *n., pl.* **~es** पंचवृक्ष, शतरंज में एक चाल

quindecagon /क्विन्डेकअगन/ *n.* पंचदशभुज, पंदरहभुजीय

quindene /क्विन्डीन/ *n.* चर्च के त्योहार के बाद चौदहवां दिन

quingentenary /क्विन्जेंटीनरि/ (= **quincentenary**) *n.* पंचशती

quinidine /क्विनअडायन/ *n., med.* सिन्कोना के पेड़ की छाल से बनी एक औषध जो हृद्-धड़कन को ठीक करने के लिए प्रयोग की जाती है

quinine /क्विनीन/ *US* क्वाइनाइन/ *n.* कुनीन, मलेरिया की दवाई

quinism /क्विनिज्म/ *n.* कुनीन को अत्यधिक मात्रा में लेने से सिर में होनेवाली चकराहट, बहरापन, दृष्टिलोप आदि

quinquagenarian /क्विन्क्वअजीनेअरिअन/ *n.* पंचदशर्षीय (पचास से उनसठ के बीच की उम्र का व्यक्ति);
adj. पंचदश वर्षीय, पचासवर्षीय

quinquagesima /क्विन्क्वअजेसिमा/ *n.* (*in full* ~ **Sunday**) पचासा, चालीसा के आरंभ से पहले का रविवार

quinquangular /क्विनक्वैंग्युलः/ *n.* पंचकोण

quinquennial /क्विन्क्वेनिअल/ *adj.* 1 पंचवर्षीय, पंचवार्षिक 2 पांच वर्ष में एक बार होने वाला, पांच वर्ष तक चलने वाला
n. पंचवार्षिकता

quinquennium /क्विन्क्वेनिअम/ *n., pl.* **quinquennia** पंचाब्द, पांच वर्ष का समय, पंचवार्षिकता

quinque\partite /क्विन्क्वअपाःटाइट/ *adj.* पंचपक्षीय;
dw/lw: **~reme** /क्विनक्विरीःम/ *n.* पंचचप्पू

quinquevalent /क्विन्क्विअवेलंट/ *adj., chem.* (*also* **pentavalent**) रासायनिक तत्त्व का परमाणु जिसकी संयोजकता या कर्षणशक्ति पांच होती है

quinsy /क्विंजी/ *n., pathol.* 1 गले की सूजन, कंठप्रदाह, गलांकुर 2 टांसिलशोथ

quinta /किंटअ/ (*Russian* **дача** /दाछा/) *n., pl.* **~s** स्पेन और पुर्तगाल में देहात का बंगला (summer cottage)

quintal /क्विंटल/ *n.* क्विंटल (100 किलोग्राम)

quintan /क्विंटन/ *adj., pathol.* चौथिया, हर चौथे दिन चढ़ने वाला बुखार

quint\essence /क्विंटेसंस/ *n.* 1 (*usually* **~esssence of sth**) किसी वस्तु का हूबहू स्वरूप 2 सार तत्व, सार, निचोड़, सारांश 3 प्राचीन मध्य-युगीन दर्शन में पांचवां तत्त्व (अग्नि, जल, वायु, धरती के अतिरिक्त);
dw/lw: **~essential** /क्विंटइसेंशिअल/ *adj.* सर्वोत्कृष्ट, सर्वाधिक महत्त्वपूर्ण; **~essentially** /क्विंटइसेंशिअलि/ *adv.* सर्वाधिक महत्त्वपूर्ण ढंग से

quintet/ quintette /क्विंटेट/ *n.* 1 पंचक, पंजा 2 पांच गायकों का दल 3 पांच गायकों के लिए संगीत 4 पांच का समूह

quintillion /क्विंटिलिअन/ *n., pl.* **~s** (*also N. Amer.* **nonillion**) 1 *Br.* 1000000000000000000000000000000 = 10^{30} 2 *N. Amer. & France* 1000000000000000000 = 10^{18}

quintuple /क्विंट्युपल/ *adj.* 1 पंचगुना, पंचगुण 2 पांच भागों या वस्तुओं से बना;
n. 1 पांचगुना संख्या या मात्रा 2 पांच का समूह या कड़ी
v., *pt.* **~d**, *pp* **quintupling** पंचगुणित क., पंचगुना क.

quintuplet /क्विंट्युप्लअट/ *n.* 1(***syn.*** *Br.* **quin**; *US* **quint**) एक साथ जन्मे पांच बच्चों में से कोई एक, पंचक 2 (***syn.*** set) पांच एक समान वस्तुओं का समूह

quintuplica\te /क्विंट्यूप्लिकअट/ *adj.* 1 पांच एक समान भागों वाला 2 पांच प्रतियों में से एक 3 पंचगुना, पंचगुण, पंचहरा;
v., *pt.* **~ted**, *pp* **~ting** पांच एक समान प्रतियां बनाना, पंचगुणन क.;
collocations: **in ~te** पांच प्रतियों में

quip /क्विप/ *v., pt.* **~ped**, *pp* **~ping** 1 प्रत्युत्तर दे. 2 चुटकुला छोड़ना 3 ताना देते हुए जवाब दे.;
n. 1 (***syn.*** witticism) चुटकुला 2 (***syn.*** taunt) ताना 3 बुद्धिमत्तापूर्ण बात, अनोखी बात 4 शब्दों का खेल 5 टालमटोल

quire /क्वायः/ *n.* (कागज का) दस्ता: in **~s** (खुला कागज, बिना बंधा या बिना नत्थी किया कागज)

quirk /क्वःक/ *n.* 1 विचित्र आदत 2 (***syn.*** peculiarity) विशिष्टता 3 (***syn.*** mannerism) व्यवहार-वैचित्र्य 4 घटनाओं में विचित्र मोड़ : ~ of fate (भाग्य का खेल);
v. *pt.* **~ed**, *pp* **~ing** 1 शब्दों से खेलना, शब्द-क्रीड़ा क. 2 शब्दों को तोड़-मरोड़कर नए-नए विस्मयकारी अर्थ पैदा क. 3 श्लेष या यमक बनाना;
dw/lw: **~ish** /क्वःकिश/ *adj.* विचित्र-सा; **~iness** /क्वःकिनेस/ *n.* विचित्रता; **~y** /क्वःकि/ *adj., degr.* ~ier, ~iest विचित्र;
p&i: **by some ~ of fate** किस्मत के खेल से

quirt /क्वःट/ *n.* कोड़ा, चाबुक;
v. *pt.* **~ed**, *pp* **~ing** चाबुक मारना, कोड़ों से पीटना

quis\le /क्विज्ल/ *v., pt.* **~led**, *pp* **~ling** 1 देशद्रोह क. 2 शत्रुपोशी हो.

quisling /क्विज्लिंग/ *n.* 1 विदेशी शासकों का पिट्ठू 2 देशद्रोही, जयचंद 3 शत्रुपोषी

quit /क्विट/ *v., pt.* **quit**, *pt. p* **quit**, *pp* **quitting** 1 छोड़ना, छोड़कर चले जा. 2 छोड़ दे, खाली क. 3 त्यागपत्र दे.: ~ one's post 4 *N. Amer. esp. US, colloq.* किसी कार्य को बंद क. या उसे करना छोड़ दे. 5 किरायेदार द्वारा मकान छोड़ दिया जा.: receive notice to ~ 6 व्यवहार क. : ~ herself well 7 किसी बात या आदत से मुक्त हो.: ~ smoking 8 कंप्यूटर पर किए जा रहे किसी कार्य (operation) को बंद क.;
adj. (*usually* **~ of sth**) 1 किसी बात से मुक्त : get ~ of one's debts; get ~ of an uneasy fear/ of the trouble 2 विमुक्त : be well ~ of sb 3 रिहा 4 बोझ-मुक्त: get ~ of one's debts;
dw/lw: **~-claim** *n.* दस्तबरदारी, अध्यर्थ-त्याग, नौकरी छोड़ने का दस्तावेज; **~notice** *n.* छोड़ देने की सूचना; **~rate** *n.* त्याग-दर; **~rent** *n.* लगान;
collocations: **~ one's self** व्यवहार क. ; **~ scores** बराबर के अंक;
p&i: **~ cost** खर्चा उठाना; **~ love with hate** प्यार के बदले घृणा देना; **~ not certainly for hope** आशा पर निर्भर रहने की बजाए कुछ करके दिखाना चाहिए; **~ one's self** व्यवहार क.; **~ the ranks** सेना की सक्रिय सेवा से बाहर हो जा.; **~ scene** चल बसना, मर जा.;
be ~s *colloq.* हिसाब बराबर हो.

quitch /क्विट्च/ *n., pl.* **~es** (*in full* ~ **grass**) दूब

quite /क्वाइट/ *adv.* 1 काफी, बहुत कुछ : ~ exceptional 2 (***syn.*** entirely) बिल्कुल: I'm ~ alone; for ~ another reason 3 (***syn.*** completely, absolutely) पूर्णतया, नितांत, पूर्णरूपेण : I ~ understand; up to ~ a recent time 4 (***syn.*** truly) सचमुच, निश्चय ही : be ~ mistaken; it's ~ the thing (यह बहुत ही आश्चर्यजनक बात है) 5 (*also* **~ so**) मैं सहमत हूं, मैं आप की बात को समझता हूं 6 काफी (ज्यादा) : ~ a long time; it was ~ a journey;
p&i: **~ a bit/ a few/ a lot, etc.** काफी/ बहुत सारे/ अनेक/ बहुत ज्यादा आदि; **~ another/ other matter** or **thing** एकदम अलग बात, सबसे हट कर, कुछ और ही बात; **~ a sth** काफी बढ़िया या विचित्र वस्तु; **~ so** बिल्कुल ऐसा ही, जैसा आप ने कहा बिल्कुल वैसा ही; **~ some** काफी ज्यादा मात्रा या संख्या में : he might be here for ~ some time; **~ some time** काफी समय से; **~ sth** विशिष्ट (विशेष) वस्तु, खास चीज: this flat is ~ sth;
not ~ पूरी तरह से नहीं; **not ~ the thing to do** यह ऐसा काम नहीं जिसे करना चाहिए

quits /क्विटस/ *adj., colloq.* बराबर: call it **~s** (बराबरी पर छूटना, हिसाब चुकता क.);
p&i: **be ~ with sb** किसी के साथ हिसाब चुकता कर लेना; **cry ~** हिसाब चुकता कर सुलह कर लेना, ले-देकर बराबर हो जा.

quittance /क्विटंस/ 1 ऋण से मुक्ति, छुटकारा 2 भरपाई 3 (***syn.*** receipt) ऋण मुक्ति रसीद 4 (***syn.*** repayment) ऋणवापसी 5 (***syn.*** recompense) प्रतिफल, पारिश्रमिक, इनाम 6 (***syn.*** reprisal) प्रतिकार, प्रतिशोध

quitter /क्विटः/ *n.* 1 जो आसानी से पद छोड़ देता है या त्याग पत्र दे देता है 2 कामचोर 3 कायर

quiver /क्विवः/ *v., pt.* **~ed**, *pp* **~ing** 1 (*often* **~ with sth**) कांपना : her voice **~ed** with trepidation 2 (***syn.*** tremble)

थरथराना : ~ with fear 3 लहराना : the snowdrops **~ed** in the wind 4 लरजना, झपकना : not a ~ of eyelid (पलकें भी न झपकना) 5 फड़फड़ाना (पंख);

n. 1 तरकश, तूणीर, तरकस, भाथा : arrows in the ~ 2 कंपन, स्पंदन, थरथराट: ~ of excitement; ~ in the voice;

dw/lw: **~ed** /क्विवःड/ *adj.* तरकश या तूणीर लगा; **~ful** *n.* 1 तरकश या तूणीर में तीरों की भरण-क्षमता 2 *facetiously* बड़ा परिवार; **~ing** /क्विवरिंग/ *adj.* कंपनशील; **~ing** *n.* कंपन, स्पंदन; **~ingly** /क्विवरिंगलि/ *adv.* कांपते हुए, थरथराते हुए;

p&i: **a ~ full of children** बच्चों का बड़ा-सा झुंड; **have an arrow left in one's** ~ भविष्य के लिए कुछ बचा कर रखना

qui vive /की वीव/ *n., Fr.* (*usually* **be on the qui vive**) 1 सतर्क या चौकन्ना रहना 2 कार्रवाई करने के लिए तैयार रहना

Quixote /क्विकसौट/ *US* क्विकसाःट/ *n.* 1 स्पेनी लेखक सेरवांतेस (Cervantes) के प्रसिद्ध उपन्यास दोन *क्विकसौट* (***Don Quixote***) का मुख्य पात्र 2 विचित्र व्यक्ति 3 स्वप्नद्रष्टा, रोमांचक स्वप्नदर्शी व्यक्ति

quixot\ic /क्विकसौटिक/ *US* क्विकसाःटिक/ *adj.* 1 (***syn.*** chivalrous) अति उदार 2 भोलेपन की हद तक आदर्शवादी, अव्यावहारिक, रोमांचक स्वप्नदर्शी;

dw/lw: **~ically** /क्विकसौटिकलि/ *adv.* अति उदारतापूर्वक; **~ism**/ **~ry** /क्विकसौटिजम/ क्विकसौटरि/ *n.* 1 अति आदर्शवादिता, अव्यावहारिकता, स्वप्न दृष्टि, विचित्रता 2 क्विकसौटिकता;

collocations: **~ic idea**/ **project** अव्यवहारिक, विचित्र व मूर्खतापूर्ण विचार या योजना

quiz /क्विज/ *n., pl.* **~zes** 1 (*also* ~ **show**) 1 *US* प्रश्नोत्तरी से सामान्य-ज्ञान की परख: ~ programme/ show 2 सामान्य-ज्ञान परखने के लिए प्रश्न, कूट-प्रश्न 3 पूछताछ, प्रश्नोत्तरी से जांच, सवाल-जवाब 4 (***syn.*** questionnaire) सामान्य या विशेषज्ञता आधारित ज्ञान परखने के लिए प्रश्नावली, प्रश्नोत्तर परीक्षा 5 (***syn.*** hoax) शरारत 6 (***syn.*** ridicule) दिल्लगी, उपहास;

v., *pt.* **~zed**, *pp* **~zing** 1 प्रश्न क. 2 पूछताछ क.: police quizzed the accused for several hours 3 परीक्षा लेना, परखना 4 हंसी उड़ाना, परिहास क.;

dw/lw: **~master** *n.* 1 प्रश्नोत्तरी का कार्यक्रम चलाने वाला 2 प्रश्नोत्तरी के लिए प्रश्नावली तैयार करने वाला; **~zer** /क्विजः/ *n.* 1 प्रश्नोत्तरी चलाने वाला 2 उपहासक, खिल्ली उड़ाने वाला; **~zery** /क्विजरि/ *n.* उपहासास्पदता, हास्यास्पदता, दिल्लगी; **~zical** /क्विजिकल/ *adj.* 1 प्रश्नात्मक 2 (***syn.*** comical) उपहासास्पद, हास्यास्पद 3 बेढंगा 4 (***syn.*** bantering) दिल्लगीबाज 5 (***syn.*** questioning) प्रश्नात्मक; **~zicality** /क्विजिकैलिटि/ *n.* प्रश्नात्मकता, उपहासास्पदता, हास्यास्पदता; **~zically** /क्विजिकलि/ *adv.* 1 प्रश्नात्मक ढंग से 2 उपहासपूर्वक

quoad /क्वॉआड/ *prep., Lat.* 1 के विषय में, के संबंध में 2 जहां तक किसी बात का संबंध है;

p&i: **~ hoc** /क्वॉआड होक/ *Lat.* यहां तक तो ...; **~ omnia** /क्वॉआड ओमनिआ/*Lat.* सब बातों के बारे में

quod[1] /क्वौड/ *US* क्वाःड/ *Lat.* यही: **quod erat demonstrandum = quod erat faciendum (Q.E.F)** यही सिद्ध करने था;

quod[2] /क्वौड/ *US* क्वाःड/ *n., Br. sl.,* जेल;

v., *pt.* **~ded**, *pp* **~ding** जेल में डालना;

dw/lw: **~cove** /क्वौड-कोव/ *US* क्वाःड-कोव/ *n.* जेलर, कारागार-अधिकारी

quodlibet /कवौड्लिबेट/ *US* कवाःड्लिबेट/ *n., hist.* 1 धर्म विद्या या दर्शन के तर्क-वितर्क का विषय या समस्या 2 धर्म विद्या और दर्शन पर विद्वत्तापूर्ण तर्क-वितर्क

quoin /कॉइन/ क्वॉइन/ *n.* 1 मकान का बाहरी कोना, कोनिया 2 कोने (की नींव) का पत्थर 3 फाने जैसा टुकड़ा;

v. *pt.* **~ed**, *pp* **~ing** फाना लगाकर किसी चीज को उठाना या सुरक्षित क.

quoit /कॉइट/ क्वॉइट/ *n.* 1 प्लास्टिक या रबड़ का बड़ा छल्ला, चकती 2 खूंटी पर छल्ले फेंकने का एक खेल;

v., *pt.* **~ed**, *pp* **~ing** 1 छल्ले फेंकना 2 छल्ले फेंकने का खेल खेलना

quondam /क्वौंडैम/ *US* क्वांडैम/ *adj., Lat.* भूतपूर्व, पहले का : ~ friend

quorate /क्वॉरैट/ *adj., Br.* ऐसी मीटिंग से संबंधित जिसमें सदस्यों की निर्धारित अल्पतम संख्या (quorum) मौजूद हो

quorum /क्वॉःरम/ *n.* मीटिंग के लिए निर्धारित अल्पतम संख्या की मौजूदगी, कोरम : the ~ is complete, the meeting is in order

quot. *abbr.* 'quotation' का संक्षिप्त रूप

quota /क्वोटा/ *n., pl.* **~s** 1 कोटा : reserved ~ 2 यथांश, नियतांश, निर्धारित अंश : inspection ~; export ~

quota\bility /क्वोटअबिलिटि/ *n.* उद्धरणीयता, उद्धृत करने के योग्य;

dw/lw: **~ble** /क्वोटअबल/ *adj.* उद्धरणीय, प्रमाण योग्य; **~tive** /क्वोटअटिव/ *adj.* उद्धरणात्मक, उद्धरणशील

quotation /क्वोटेशन/ *n.* 1 उद्धरण, अवतरण : a ~ form Shakespeare; ~ of the day 2 कोई काम करने के लिए ठेकेदार आदि द्वारा दिया जाने वाला दर या मूल्य का प्रस्ताव या प्रस्ताव मूल्य, निविदा : invite **~s** for building a school? 3 (***syn.*** estimate) अनुमान 4 सट्टा बाजार (goods and stocks) में बोली;

collocations: **~ marks** 1 उद्धरण चिह्न (" ") या (' ') 2 निवेदित भाव, दर, निविदा

quo\te /क्वोट/ *v., pt.* **~ted**, *pp* **~ting** 1 लेख, पुस्तक या शोध-पर्चे आदि में दलील को पुख्ता या सिद्ध करने के लिए किसी के शब्द, कथन या पद उद्धरित क. : **~te** form Shakespeare; **~te** an instance 2 उद्धरण दे. 3 आंकड़े उद्धरित क. 4 ठेकेदार आदि द्वारा मूल्य का प्रस्ताव (निविदा) दिया जाना: **~te** prices 5 प्रमाण दे. 6 सट्टा बाजार में बोली लगाना: yeterday the dollar was **~ted** at 66 rupees 7 (*usually* **~te sth at sth**) घुड़दौड़ में बाजी लगाना 8 उद्धरित शब्दों के शुरू व अंत में उद्धरण चिह्न ("...") लगाना 9 को उल्लेखित क.: **~te** sb about sth;

n. 1 उद्धरण 2 शब्दशः उल्लेख 3 अनुमानित मूल्य 4 उद्धरण चिह्न (" ")/ (' '): put sb's word in **~tes**;

p&i: **quote ... unquote** किसी लेख या पर्चे आदि को पढ़ते समय पाठक द्वारा उद्धरण के आरंभ और अंत को दर्शाने के लिए प्रयुक्त : the report says **~te** "The failure was deliberate but non-duplicitous." **unquote**

quotes /क्वोट्स/ *n., [pl.] short for* 'quotation marks' का संक्षिप्त रूप

quoth /क्वोथ/ *old use v., pt.* **~ed**, *pp* **~ing** (उसने) कहा : **"Alas!" quoth he**

quotidian /क्वौटिडिअन, क्वोटिडिअन/ *US* क्वोटिडिअन/ *adj.* 1 दैनिक, प्रतिदिन होने वाला (मलेरिया) : a ~ fever 2 साधारण, मामूली, घिसा-पिटा : ~ thought;

n. (*in full* **~ fever**) प्रतिदिन होने वाला (मलेरिया) ज्वर

quotient /क्वोशिअंट/ *n.* भागफल, लब्धि : electoral ~

quotition /क्वोटीशन/ *n.* भाग, विभाजन

quo warranto /क्वो वॉरैंटो/ अधिकार-पृच्छा

the Qur'an/ Quran/ quran /कोरान/ कुरान/ *n.* (*also see* **'Koran'**) मुसलमानों की धार्मिक पुस्तक

qwerty/ QWERTY /क्वःटि/ *adj.* अंग्रेजी भाषा का टाइप राइटर, कंप्यूटर की-बोर्ड में अक्षरों का सामान्य क्रम (शिखर की पंक्ति में: **qwerty**)

qy *abbr.*, 'query' का संक्षेप

R r

R r /आः/ *n., pl.* **Rs, R's, rs, r's** अंग्रेजी वर्णमाला का अठारहवां अक्षर;
collocations: **the 'r' months** सितंबर से अप्रैल तक के /from **September** to **April**/ महीने यानी जिनमें **'r'** ध्वनि आती है; **the three R's** (**r**eading, /w**r**iting, /a**r**ithmetic, इन तीनों शब्दों के उच्चारण में पहली ध्वनि **'r'** /अक्षर/ द्वारा चिह्नित होती है) पढ़ाई, लिखाई और गणित का प्रारंभिक ज्ञान
R *abbr.*, ईमेल (e-mail) और पाठ (text) संदेशों (SMS) में प्रयुक्त 'are' का संक्षेप
R *abbr.*, 'Radius', 'Railway', 'rand', *phys.* 'resistance', 'Regiment', 'Regina' (*Latin*), 'Rex' (*Latin*), 'River', 'Röntgen', 'Royal', 'rupee' का प्रथमाक्षर
r or **r.** *abbr.*, 'right', 'recto', 'run/s', 'radius' का प्रथमाक्षरी
RA *abbr.* 'Rear Admiral', 'Royal Academician', 'Royal Academy', 'Royal Artillery' की प्रथमाक्षरी
RA *abbr.* 'Republic of Argentina' अर्जेन्टीना का अंतर्राष्ट्रीय वाहन पंजीकरण कोड (**IVR**)
RAAF *abbr.* 'Royal Australian Air Force' की प्रथमाक्षरी
R & D *abbr.* 'Research and Development की प्रथमाक्षरी
rabbet /रैबिट/ *n.* चूल, लकड़ी के किनारे-किनारे बना खांचा;
v., pt. **~ed**, *pp* **~ing** 1 चूल बैठाना 2 लकड़ी में खांचा बनाना 3 खांचे में लगाकर लकड़ी के टुकड़ों को जोड़ना
rabbi /रैबाइ/ *n., pl.* **~s** 1 यहूदी धर्म गुरु 2 यहूदी कानून विद्;
dw/lw: **~nate** /रअबिनेट/ *n.* 1 यहूदी धर्मगुरू रैबाइ का पद या काल, रैबाइगीरी 2 रैबाइयों का समूह, वर्ग या सभा; **Rabbinic** /रअबिनिक/ *n., ling.* आधुनिक (modern) हिब्र्यु भाषा; **~nic/ ~nical** /रअबिनिक/ रअबिनिकल/ *adj.* यहूदी धर्मगुरु, यहूदी विचारों, यहूदी विधान, हिब्र्यु भाषा आदि से संबंधित
rabbit /रैबिट\/ *n.* 1 खरगोश, शशक, खरहा 2 खरगोश का गोश्त 3 खरगोश का फर 4 *Br., colloq.* खेल प्रतियोगिता में खराब प्रदर्शन करने वाला अनाड़ी खिलाड़ी 5 डरपोक व्यक्ति;
v., pt. **~ed**, *pp* **~ing** 1 खरगोश का शिकार क. 2 (*usually* **rabbit on/ away**) *derog.* (***syn.*** chatter) बकबक क., अनर्गल प्रलाप क., गप्प हांकना;
dw/lw: **~-breeder** /~-ब्रीडः/ *n.* खरगोश पालने वाला; **~-burrow** /~-ब्रो/ *n.* खरगोश का बिल; **~err** /रैबिटः/ *n.* खरगोश का शिकार करने वाला व्यक्ति या जानवर; **~-hearted** *adj.* डरपोक आदमी; **~-hole** /~-होल/ *n.* खरगोश का बिल; **~-hutch** /~-हच/ *n.* छोटे खरगोशों के लिए पिंजरा; **~-punch** /~-पंच/ *n., boxing* गर्दन पर वार; **~ry** /रैबिट्रि/ *n. pl.* **~ries** 1 खरगोशों से भरा स्थान 2 खरगोश जैसा; **~warren** /~-वॉरिन/ (*also* **warren**) *n.* खरगोश बाड़ा;
p&i: **~ on** लगातार बकबक क.;
as ~s in a warren ठसाठस भरा हुआ; **breed like ~** जल्दी-जल्दी बड़ी संख्या में बढ़ते जा.; **produce the ~ out of the hat** आश्चर्यजनक काम क.; **scared as a ~** डर के मारे सिट्टी-पिट्टी गायब
rabb\le /रैबल\/ *n.* 1 (***syn.*** mob) भीड़-भाड़, भीड़-भड़क्कम: a **~le** of children 2 भरमार, ढेर: a **~le** of books; a **~le** of all ages; a **~le** of doubts (संदेहों का अंबार) 2 (**the ~le,** ***syn.*** the masses) निम्नवर्ग, कुली-कबाड़ी 3 *metallurgy* पिघले लोहे को हिलाने की छड़;
n. छड़, कलछी, कड़छी;
v., pt. **~led**, *pp* **~ling** 1 *metallurgy* पिघले लोहे को छड़ के साथ हिलाना या मिलाना 2 मिलाप क. 3 हिलना-डुलना 4 घास काटने जैसा काम क., अच्छी तरह काम न क.;
dw/lw: **~ler** /रैबलः/ *n.* छड़ से पिघले लोहे को हिलाने वाला; **~lement** /~मंट/ *n.* 1 भीड़-भाड़ 2 शोर-शराबे वाला व्यवहार, कोलाहल 2 हंगामा, उथला-पुथली, बेतरतीबी; **~le-rouser** /~-राउजः/ *n.* जनसाधारण की भावनाओं को उभाड़ने वाला व्यक्ति, भीड़ भड़काने वाला; **~le-rousing** /~-राउजिंग/ *n.* भीड़ भड़काने या उत्पात मचाने का काम
Rabelaisian /रैबलेजिअन/ *n.* 1 फ्रांस के हास्यकार लेखक फ्रांक्वॉ रैबले (François Rabelais, 1494-1553) का अनुयायी या विद्यार्थी 2 हंसोड़ 3 मजाकिया 4 मुंहफट 5 अश्लील, यौन क्रियाओं व मानव-शरीर का धृष्टतापूर्वक वर्णन करने वाला व्यक्ति;
adj. रेबले की शैली जैसा;
dw/lw: **Rabelaisianism** /रैबअलेजिअनिज्म/ *n.* रेबलेवाद
rabi /रबी/ *n., I.E.* भारत और पाकिस्तान जैसे देशों में वसंत के अंत में या गर्मियों (April) के शुरू में कटने वाली फसल
rabid /रैबिड/ रेबिड/ *adj.* 1 (***syn.*** raging) घोर, उग्र: ~ hatred 2 (***syn.*** frenzied) प्रचंड: ~ pedant 3 (***syn.*** fanatical) कट्टर, मतांध: ~ reactionary 4 जल आतंक-संबंधी 5 रेबी (rabies) ग्रस्त (पागल/ हड़क्याया *Hr.*) कुत्ता;
dw/lw: **~ dog** पागल या हड़क्याया (*Hr.*) कुत्ता, अलर्क; **~ity/ ~ness** /रैबिडिटि/ रैबिडनेस/ *n.* उग्रता, कट्टरता, पागलपन, प्रचंडता; **~ly** /रैबिडलि/ *adv.* मतांध होकर, कट्टरतापूर्वक
rabies /रेबीःज/ रेबिज/ (*also* **hydrophobia**) *n.* 1 जल आतंक, पानी का डर 2 कुत्ते आदि के काटने से होने वाला घातक रोग, अलर्क रोग
RAC *abbr.* 'Royal Armoured Corps' की प्रथमाक्षरी
raccoon/ racoon /रकून/ *n., pl.* **~s/ raccoon** 1 एक अमेरिकी रात्रिचर पशु, रैकून 2 रैकून का फर 3 *Himalayan* वाह
race /रेस/ *n.* 1 कारों, घुड़सवारों, धावकों आदि का दौड़ मुकाबला, दौड़-प्रतियोगिता, दौड़-स्पर्धा: cross-country ~; endurance ~ (सहन-शक्ति या दम-खम /stamina/ परीक्षण दौड़); point-to-point ~ 2 (the **~s**) घुड़-दौड़ का मुकाबला : a day at the **~s** 3 होड़ : the arms ~ 4 निर्धारित प्रतियोगिता पथ : circuit ~ 5 प्रवाह, तेज धारा (current), नाला (channel) 6 पनचक्की या अन्य मिलों में पानी का प्रवाह 7 बॉल-बियरिंग आदि के घूमने के लिए खांचा 8 सूर्य के प्रकाश आदि का निर्धारित पथ 9 सत्ता प्राप्त करने की दौड़ : a ~ for power 10 (***syn.*** tribe, breed) जाति, प्रजाति, नस्ल, जन-जाति : the human ~; present ~ of poets; without distinction as to ~ (बिना जातीय भेदभाव के); the four-footed ~ (जानवर, पशु); the feathered ~ (पक्षी); produce a new ~ of potatoes 11 (***syn.*** family) वंश, वंशावली, मूल : of noble ~ 12 (***syn.*** course of life) जीवन यात्रा : his ~ is nearly run 13 (अदरक की) जड़, मूल, कंद;
v., pt. **~d**, *pp* **racing** 1 दौड़ में हिस्सा ले., दौड़ना, दौड़ लगाना: ~ one's bicycle against a motor-car 2 दौड़ मुकाबला क. 3 सरपट दौड़ना: ~ down the street 4 तेजी से लिखना: their pens **~d** over the paper 5 तेजी से गाड़ी चलाना 6 घोड़े से दौड़ लगवाना 7 इंजन या विमान के पंखे आदि का बहुत तेज चलना 8 (*usually* **~ about/ along/ around**) इधर-उधर दौड़ना या आगे बढ़ते जाना;
adj. 1 जातीय, नस्ली, नस्लवादी: ~ riots; ~ prejudice; the ~ issue/ problem/ question;
dw/lw: **~card** *n.* घुड़दौड़ सारणी; **~course** *n.* घुड़दौड़ पथ; **~-day/ ~meeting** *n.* घुड़दौड़ का दिन; **~goer** *n.* 1 घुड़दौड़ दर्शक, घुड़दौड़ में बाजी लगाने वाला 2 प्रजातीय गोष्ठियों में भाग लेने वाला; **~horse** *n.* घुड़दौड़ का घोड़ा; **racing** /रेसिंग/ *n.* घुड़दौड़ या कार-दौड़, दौड़-प्रतियोगिता; **racing** *adj.* घुड़दौड़ या कार-दौड़ से संबंधित; **~ing-mate** *n.* दौड़ प्रतियोगिता साथी; **~mose** /रेसमोस/ *adj.* 1 अंगूरों के गुच्छे जैसा 2 असीमाक्ष; **~r** /रेसः/ *n.* दौड़ाक, धावक; **~-track** *n.* = **~course** दौड़पथ, धावन-पथ, चौगान; **~-way** *n.* 1 नाला, भूमिगत तार (cable) लगाने की खाई 2 = **~-track**; **racy** *adj.* 1 विशिष्ट, खास, बढ़िया, उच्च कोटि का 2 सजीव, जीवंत, जोशीला, ओजस्वी 3 चरपरा, तीखा 4 मजेदार;
collocations: **~ car** = racing car; **~ card** जातीय चाल: play the ~ card in elections; **~ hatred** जातीय घृणा; **~**

meeting एक दिन में एक ही घुड़-दौड़ पथ पर होने वालीं कई घुड़दौड़ें; ~ **relations** *[pl.]* अंतर्जातीय संबंध; ~ **riot** नस्ली दंगा, जातीय दंगा; ~ **suicide** जन्म दर में कृत्रिम घटाव के कारण पूरी नस्ल का लोप;

rat ~ कारोबार में गर्दन-काट होड़; **the human ~** मानव जाति;

p&i: ~ **about** घर या शहर आदि में इधर-उधर दौड़ना; ~ **against time/ the clock** समय की किल्लत होने पर भी कार्य पूरा करने का प्रयास; ~ **along/ down/ over, etc.** तेज भागना; ~ **away** घुड़-दौड़ की बाजी में संपत्ति हार जा.;

drop out of/ lose/ win a ~ दौड़ मुकाबले से बाहर हो. / दौड़ मुकाबले में हारना/ जीतना; **in a ~** मुकाबले में शामिल; **one's ~ is run** जीवन लीला पूरी हुई; **play the ~ card** जातिवाद या नस्लवाद का दुरुपयोग करते हुए चाल चलना; **slow and steady wins the ~** सहज पके सो मीठा हए; **true to ~** असली प्रजाति का; **the ~ issue** जातिवाद की समस्या

raceme /रअसीम/ रेसीःम/ रैसीःम/ *n.* गुच्छा, असीमाक्ष

rachis/ rhachis /रेकिस/ *n., pl.* **~es/ rachides** /रेकिडीःज/ 1 *anat.* मेरुदंड, रीढ़ की हड्डी 2 *ornith.* पिच्छाक्ष 3 *bot.* पाक्ष;

rachis\chisis/ ~tics /रअकिसकिसिस/ रकिटिक्स/ *n., med.* सूखा (रोग);

dw/lw: **rachitic** /रअकिटिक/ *adj.* सूखा रोग संबंधी; **rachitis** /रअकाइटिस/ *n., med.* (***syn.*** rickets) सूखा, सुखंडी

Rachmanism /रैकमअनिजम/ *n.* झुग्गी-झोंपड़ियों में रहने वालों का भूमालिक द्वारा शोषण

racial /रेशिअल/ *adj.* प्रजाति संबंधी, जातीय, जातिगत, प्रजातीय;

dw/lw: **~ism** *n.* /रेशिअलिज्म/ (*also* **racism**) *n.* जातिवाद, प्रजातिवाद, नस्लवाद; **~ist** /रेशिअलिस्ट/ (*also* **racist**) *n.* जातिवादी, प्रजातिवादी व्यक्ति; **~ly** /रेशिअलि/ *adv.* प्रजाति के आधार पर;

collocations: ~ **discrimination** जातीय भेदभाव, रंगभेद, जाति भेद; ~ **minorities** जातीय अल्पसंख्यक; ~ **prejudice** जातीय दुराग्रह या भेद-भाव; ~ **profiling** पुलिस आदि बलों में व्यापित दुराग्रह कि अपराध अक्सर जाति या नस्ल के आधार पर किए जाते हैं ;

racing *see above under* **race: *dw/lw***

raci\sm /रेसिजम/ (*also* **racialism**) *n.* 1 जातिवाद, नस्लवाद 2 नस्लवादी घृणा 3 किसी प्रजाति का दूसरी प्रजातियों से बेहतर होने में विश्वास, फासीवाद 4 फासीवादी विचारों के कारण किया जाने वाला भेदभाव, नस्लवादी भेद-भाव;

dw/lw: **~st** /रेसिस्ट/ (*also* **racialist**) *n.* ऐसा व्यक्ति जो सोचता है कि दूसरी नस्लें उसकी अपनी नस्ल से घटिया या बदतर हैं, नस्लवादी व्यक्ति; **~st** *adj.* घोर नस्लवादी;

p&i: **a form of ~sm** नस्लवाद का एक रूप; **combat/ encounter/ face/ tackle ~sm** नस्लवाद का मुकाबला क./ नस्लवाद का शिकार हो./ नस्लवाद को झेलना या उससे दो-दो हाथ क.

rack /रैक/ *n.* 1 वस्तुओं का भंडारण करने के लिए टांड़, ढांचा, फ्रेम 2 (***syn.*** destruction) तबाही, विनाश 3 चारादान, चरही, चारा-दलान, गमैण (for fodder, *Hr.*,) 4 घोड़ी (for clothes) 5 (***syn.*** toothed bar) दंतुरंड, दांतेदार पट्टी, गियर 6 (**the ~** *hist.*) शिकंजा (instrument of torture) 7 उत्पीड़क-यंत्र, शरीर को शिकंजे द्वारा तानकर (stretching) दी जाने वाली यातना या यंत्रणा (torture) का स्रोत: put sb on the ~ 8 यातना, पीड़ा, यंत्रणा 9 (***syn.*** arrack) ताड़ी 10 रहवाल (horse gait) 11 जोड़ का गोश्त;

v., pt. **~ed**, *pp* **~ing** 1 शिकंजे में फंसाना 2 यातना या यंत्रणा दे.: be **~ed** with/ by/ jealousy/ by remorse 3 झकझोरना, मरोड़ना (shake violently) 4 (***syn.*** oppress) शोषण क.: ~ tenants 5 रहवाल चलना (of horse) 6 (*also* **~ sth off**) तलछट से बीयर (beer) या मदिरा खींचना या निखारकर निकालना (draw off); किसी चीज की गहराई से कोई अच्छी चीज निकालना: ~ one's memory;

dw/lw: **~abones** /रैकैबोनज/ *n.* बहुत पतला व्यक्ति या पशु, विशेषकर घोड़ा, अस्थि-पिंजर; **~-and pinion** *n.* चक्रदार गति को सीधी रफ्तार में बदलने वाला उपकरण, दंतुर दंड-चक्र; **~ed/ wracked** *adj.* यातना से त्रस्त, संतप्त: be ~ed with guilt; **~ing** /रैकिंग/ *adj.* 1 भयंकर पीड़ादायक, असह्य: ~ing toothache 2 दांतेदार: ~ing rail (दांतेदार पटरी); **~-rent** *n.* निष्ठुर लगान, कमरतोड़ किराया; **~-up** *v., pt.* ~ed-up, *pp* ~ing-up सफल होना, तक पहुंचना, पाना; **~-wheel** *n.* दांतेदार पहिया;

collocations: ~ **and manger** फिजूल खर्ची; ~ **railway** दांतेदार पटरी पर चलने वाली पहाड़ी रेल; ~ **rate** होटल के कमरे का मानक किराया;

p&i: ~ **one's brain/ brains** सिर खपाना, बहुत सोचना, माथापच्ची या मगजपच्ची क.; ~ **up sth** 1 कारोबार में लाभ या हानि हाथ लगना 2 प्रतियोगिता में अंक पाना; ~ **with fire** भयंकर गोलीबारी का शिकार बनाना;

be ~ed with guilt पीड़ा या अपराध बोध से त्रस्त हो.; **be ~ed with pain** घोर कष्ट में हो.; **be on the ~** भयंकर यंत्रणा झेलना; **body ~ed with pain** शरीर पीड़ा से सिहर उठा; **come up to the ~** अपने किए का फल पाना; **go to ~ and ruin** बर्बाद हो.; **keep sb on the ~** किसी को यंत्रणा में तड़फने दे.; **off the ~ = of the peg** किसी मानक या औसत नाप का बना हो.; **on the ~** (in distress) विपत्ति में, विपदाग्रस्त; (under strain) कष्ट में, दबाव में; **put sth on the ~** किसी चीज की अग्नि-परीक्षा लेना; **set one's faculties on the ~** जी-जान से कोशिश क.; **~ up sth** सफल हो., बड़ी मात्रा में कुछ पाना

racket /रैकिट/ *n.* (*also* **racquet**) 1 बैडमिंटन या टेनिस आदि खेल का रैकिट 2 (***syn.*** fraudulent means) ठगी, धोखाधड़ी, मक्कारी, दगाबाजी 3 *colloq.* (***syn.*** din) शोरगुल, शोर-शराबा, कोलाहल, हो-हल्ला गुलगपाड़ा, हुल्लड़: make a ~; kick up a ~ 4 (***syn.*** revelry) रंगरलियां, आमोद-प्रमोद 5 बर्फ पर चलने के लिए जूते 6 *sl.* नौकरी या व्यवसाय;

v. pt. **~ed**, *pp* **~ing** 1 धोखा-धड़ी का धंधा क. 2 होहल्ला क. 3 आमोद-प्रमोद क.;

dw/lw: **~eer** /रैकअटिअः/ *n.* धोखेबाज या मक्कार व्यापारी, ठग, घोटालेबाज व्यक्ति; **~eering** /रैकअटिअरिंग/ *n.* धोखाधड़ी, घोटाला, झांसापट्टी: political ~eering; **~-press** *n.* बैडमिंटन की रैकेट की जाली को ढीला होने से बचाने का ढांचा; **~-tail** *n., orinthol.* 1 रैकेट की तरह का पंख 2 दक्षिणी अमेरिका का एक गाने वाला पक्षी; **~y** /रैकअटि/ *adj.* 1 कोलाहलपूर्ण, शोर-शराबे वाला 2 लंपट, रंगीला : lead a ~y life;

collocations: ~ **abuse** टेनिस में रैकेट फेंकने या उसे अनुचित ढंग से इस्तेमाल करने संबंधी नियम-उल्लंघन (foul);

p&i: **be on the ~** लंपट जीवन जीना; **kick up a ~** बखेड़ा खड़ा क.; **stand the ~** 1 जुर्माने आदि का पैसा देना 2 परख का तनाव या तूफान की मार आदि झेलना: I am getting too old to stand the ~

racon /*US* रेकाःन/ *n.,* (*originally US* **a radar beacon**) रेडार का संकेतक प्रकाश

raconteur /रैकौंटः/ *US* रैकांटः/ *n.* कुशल और प्रमोदशील चुटकुले-बाज या कथाकार

racoon /रअकून/ *Himalayan* वाह: ~ collar (वाह की फर का कॉलर)

racquet *see above under* **racket**

racquetball /रैकिटबॉल/ *n., originally & mainly N. Amer.* रैकेट और रबड़ की गेंद से बंद जगह पर खेले जाने वाला एक खेल

ra\cy /रेसि/ *adj., degr.* **~cier, ~ciest** 1 सजीव, जीवंत: a **~cy** story 2 रोचक 3 अश्लील-सी 4 (***syn.*** excellent) विशिष्ट, बढ़िया 5 (***syn.*** pungent) तीखा, चरपरा, चटपटा: **~cy** flavour;

dw/lw: **~cily** /रेसिलि/ *adv.* जीवंत ढंग से, रोचक तरीके से; **~ciness** *n.* 1 जीवंतता 2 विशिष्टता 3 रोचकता 4 चटपटापन;

p&i: **~cy of the soil** 1 सीधा-सादा व्यक्ति, जिससे अभी भी

धरती की सुगंध आती हो 2 चटपटी, रसीली, रंगीली भाषा

rad /रैड/ *adj. US sl.* बहुत बढ़िया

***n.**, pl.* **rad/ ~s** विकिरणता (radiation) का प्रभाव नापने की इकाई

rad *abbr.* 'radian','radical' का संक्षेप

rad. *abbr.* 'radix' का संक्षेप

RADA *abbr.* 'Royal Academy of Dramatic Art' की प्रथमाक्षरी

radar /रेडाः/ *n., originally US* 1 रेडार, ऐसा घूमता हुआ यंत्र जिससे रेडियो तरंगों को हवा में भेजकर दूर-स्थित विमान आदि का पता लगाया जा सकता है: sound ~ 2 रेडार से दूर-स्थित विमानों आदि का पता लगाने की प्रणाली;

adj. 1 रेडियो-स्थिति टोही 2 रेडार-चालक संबंधी 3 रेडियो स्थैतिक छिपाव प्रतिरोधक;

collocations: **~ astronomy** *astron.* रेडियो सिगनल का सूर्य के ग्रह तंत्र की दूरी और सतह को नापने और ग्रहों की घूमने की गति को मापने के लिए प्रयोग; **~ barrier** रेडियो संकेतों द्वारा स्थिति स्थापना (location) की सीमा; **~ beacon** एक स्थिर रेडियो ट्रांसमीटर जिसके संकेत विमान को अपनी स्थिति और दिशा को सुनिश्चित करने में मदद करते हैंx; **~ beam** रेडियो स्थिति स्थापना से भेजा जाने वाला किरण पुंज; **~ deception** 1 रेडियो संकेतों द्वारा स्थिति स्थापना में अक्रिय बाधाएं 2 रेडियो संकेतों द्वारा स्थिति स्थापना से बचने के लिए आवरण; **~ gun** वाहनों की गति नापने का बंदूक के आकार का यंत्र; **~ homing** 1 रेडियो स्थिति स्थापना स्टेशन की मदद से निशाना साधने की क्रिया 2 रेडियो स्थिति स्थापक यंत्र द्वारा स्वतः स्थिति की स्थापना; **~ immunity** रेडियो संकेतों से बचाव; **~ operator** रेडियो स्थिति स्थापक यंत्र का चालक; **~ picket** रेडियो-टोही पहरा; **~ protection** रेडियो द्वारा स्थिति स्थापना से सुरक्षा; **~ silence** रेडियो स्थिति स्थापक स्टेशनों के कार्य पर रोक; **~ station** रेडार स्टेशन; **~ transmitter** रेडियो स्थिति स्थापना प्रेषक यंत्र; **~ trap** निर्धारित सीमा से अधिक रफ्तार से चलने वाली गाड़ियों को पकड़ने वाला यंत्र; **~ warning** रेडार द्वारा किसी विमान आदि की स्थिति के बारे में चेतावनी;

p&i: **on/ off the ~ screen** किसी मुद्दे पर लोगों का ध्यान केंद्रित हो. या न हो.

RADC *abbr.* 'Royal Army Dental Corps' की प्रथमाक्षरी

radd\le /रैडल/ *v., pt.* **~led**, *pp* **~ling** 1 लाल गेरू से (मुंह) रंगना या चुपड़ना 2 खुरदरा रंग लगाना;

dw/lw: **~le** *n.* लाल गेरू; **~led** /रैडल्ड/ *adj.* (***syn.*** worn) अति लंपट जीवन शैली के कारण बना थका-मांदा चेहरा: a ~led old man

radial /रेडिअल/ *adj.* 1 किसी वृत्त के केंद्र से बिखरने वाली रेखाएं 2 वृत्त केंद्र बिंदु से संबंधित 3 वृत्त केंद्र बिंदु की ओर जाने वाला 4 *anat.* नाभि से संबंधित;

dw/lw: **~-ply-tyre** *n.* कपड़े के धागों वाला टायर;

collocations: **~ engine** केंद्र से बिखरने वाली किरणों की तरह रखे हुए सिलेंडरों वाला इंजन

radian /रेडिअन/ *n.* त्रिज्या-कोण, रेडियन

radi\ance/ ~ancy /रेडिअंस/ रेडिअंसि/ *n.* 1 *astron.* उल्का-विकीर्णक 2 (***syn.*** optics) विकिरण-बिंदु 3 कांति, चमक, दीप्ति: **~ance** of glory 4 श्रेष्ठता, उत्कृष्टता: in full **~ance** of beauty;

dw/lw: **~ant** /रेडिअंट/ *adj.* 1 (***syn.*** radiating) विकिरक, विकिरणी 2 (***syn.*** radiated) विकिरित, विकिरण 3 *fig.* प्रफुल्ल, उल्लसित, आशावादी: ~ant with joy 4 (***syn.*** bright) कांतिमय: ~ant morning; ~ant intelligence; **~ant** *n.* प्रकाश एवं ताप का स्रोत;

collocations: **~ant energy** विकिरत वैद्युत-चुंबकीय ऊर्जा; **~ant heat** विकिरत ताप; **~ant point** विकिरत बिंदु

radia\te /रेडिए\ट/ *v., pt.* **~ted**, *pp* **~ting** 1 प्रकाश, ताप और वैद्युत-चुंबकीय विकिरणता द्वारा किरणों को भेजना, फैलाना या फैलना: the heat that **~tes** from the sun 2 प्रकाश, ताप आदि की विकिरणता का किरणों या किरण-पुंज के रूप में निकलना 3 चेहरे से दीप्ति, आनंद, प्रफुल्लता आदि का प्रसार हो.: **~te** vitality; he **~tes** health; her eyes **~ted** love and joy; an orator that **~tes** 4 एक स्रोत से निकलकर भिन्न-भिन्न दिशाओं में रेखाओं की तरह फैलना: six avenues **~te** from the square 5 प्रसारित क.;

adj. किरणमय, किरणों की तरह बिखरने वाला;

dw/lw: **~tive** /~टिव/ *adj.* विकिरणी, विकिरणशील; **~ted** *adj.* विकिरित; **~ting** *adj.* विकिरणकारी

radiation /रेडिएशन/ *n.* 1 विकिरणन, रेडियो-धर्मित विकिरणन: administer ~; expose to ~; atomic ~ 2 चमकने-दमकने की क्रिया 3 ताप व प्रकाश की ऊर्जा का प्रसारण: microwave/ nuclear/ solar ~ 4 दीप्ति, आनंद, प्रफुल्लता 5 विकिरणीय स्थिति, किरणों की तरह एक बिंदु से निकलकर बिखराव;

collocations: **~ chemistry** रेडियो-धर्मिता की रासायनिकी; **~ damage** रेडियो-धर्मी विकिरणन से होनेवाला नुकसान; **~ dosimeter/ meter/ detection instrument** रेडियो-धर्मिता मात्रा-मापक/ रेडियो-धर्मिता मीटर/ रेडियो-धर्मिता पहचान उपकरण; **~ dose/ dosage** रेडियो-धर्मिता की मात्रा या खुराक; **~ intensity/ strength** रेडियो-धर्मिता की गहनता या तीव्रता; **~ resistance** रेडियो-धर्मिता अवरोध; **~ safety level** रेडियो-धर्मिता सुरक्षा-स्तर; **~ sickness** अत्यधिक या कम विकिरणता के कारण होने वाले शारीरिक विकार जिसके पेचिश, उल्टियों का आना, बालों का गिरना, आंतरिक रक्त-स्राव, गर्भधारण करने में असमर्थता, कैंसर का अत्यधिक खतरा, शिशुओं में अपंगता आदि परिणाम हो सकते हैं; **~ tolerance** रेडियो-धर्मिता सहन-शक्ति

radiator /रेडिएटः/ *n.* 1 विकिरणक, रेडिएटर 2 गर्म पानी या तेल को नालियों (tubes) में से प्रवाहित करके कमरे को गर्म करने का उपकरण 3 कार के इंजन को ठंडा करनेवाला उपकरण;

collocations: **~ of sound** 1 ध्वनि का स्रोत 2 ध्वनि प्रसारक, लाउडस्पीकर

radical /रैडिकल/ *adj.* 1 आमूल, मूलभूत, आधारभूत: ~ principle; ~ error 2 आमूलचूल, संपूर्ण: ~ changes 3 मूलभूत सामाजिक और राजनीतिक परिवर्तन में विश्वास करने से संबंधित: ~ views 4 (***syn.*** extremist) अतिवादी: free ~ 5 *gramm.* धातु-संबंधी, धात्री: ~ languages 6 (***syn.*** basic) आधारजन्य 7 *bot.* मूलज, मौलिक 8 *math.* मूल-संबंधी 9 *surg.* रोग की जड़ को मिटानेवाली शल्य चिकित्सा से संबंधित: ~ surgery 10 बढ़िया, शानदार, पूर्णतः आधुनिक;

n. 1 मूल, जड़, आधार 2 (***syn.*** fundamentals) मूलभूत सिद्धांत, मूल तत्त्व 3 *chem.* मूलक 4 *gramm.* धातु 5 *math.* कर्णी 6 कर्णी-चिह्न (√): ~ sign 7 मूलभूत सामाजिक और राजनीतिक परिवर्तन में विश्वास करने वाला व्यक्ति;

dw/lw: **~ism/ ~ity** /~कअलिजम/ ~कअलिटि/ *n.* अतिवादी सिद्धांत, उग्रवाद, अतिवाद, आमूल परिवर्तनवाद; **~isation/ ~ization** /~कलाइज/ *n.* अतिवादिकरण; **~ize** /~कलाइज/ *v., pt.* ~ized, *pp* ~izing आमूल परिवर्तनवादी बनाना या बनना; **~ly** /~कलि/ *adv.* 1 मूलतः: ~ly mistaken 2 मूलभूत तरीके से

radices *pl.,* 'radix' का बहुवचन

radicle /रेडिकल/ *n.* 1 पौधे के भ्रूण का वह भाग जो जड़ बन जाता है, अंकुर-मूल 2 छोटी-सी जड़, मूलक 3 *anat.* जड़नुमा तंत्रिका

radio /रेडिओ/ *n., pl.* **~s** 1 रेडियो, आकाशवाणी: work in ~ 2 **(the ~)** आकाशवाणी के कार्यक्रम 3 विद्युत लहरों द्वारा ध्वनि-प्रेषण तथा ध्वनि-ग्रहण प्रणाली: send a message by ~ 4 विद्युत लहरों द्वारा ध्वनि-प्रेषण तथा ध्वनि-ग्रहण करने वाला यंत्र 5 विद्युत लहरों द्वारा भेजा जाने वाला संदेश;

adj. 1 रेडियो संबंधी: ~ announcer; ~ play; ~ channel 2 रेडियो द्वारा प्रसारित: ~ deception 3 रेडियो द्वारा नियंत्रित;

***v.**, pt.* **~ed**, *pp* **~ing**, *s/he/it* **~s** 1 रेडियो द्वारा संदेश भेजना 2 रेडियो द्वारा प्रसारित क. 3 रेडियो-टेलिग्राम भेजना;

collocations: **~ facility** रेडियो प्रचार साधन; ~

intelligence/ ~ **intercept**/ ~ **monitoring** रेडियो-गुप्तचरी, शत्रु के रेडियो प्रसारणों को बीच में पकड़ने का कार्य; ~ **jamming** रेडियो संचार का अवरोध; ~ **procedure** रेडियो संचार माध्यम

radio- /रेडिओ\-/ *comb. form, denoting:* 1 **radio-broadcasting** (रेडियो या रेडियो-प्रसारण) 2 **radio-activity** (रेडियो-धर्मिता) 3 **rays** or **radiation** (किरणें या विकिरणन);
dw/lw: **radioactive** *see below under separate entry*; **~activity** *n.* रेडियो धर्मिता, विघटनाभिकता; **~broadcast** *n.* रेडियो प्रसारण; **~carbon** *n.* रेडियो कार्बन: ~carbon dating (रेडियो कार्बन विधि से तिथि की स्थापना); **~-chemistry** *n., chem.* रेडियो (विघटनाभिक) रासायनिकी; **~-compass** *n.* रेडियो दिक्दर्शक; **~-contamination** *n.* विघटनाभिक या रेडियोधर्मिक प्रदूषण; **~-controlled** *adj.* रेडियो नियंत्रित; **~detector** *n.* रेडियो-टोही; **~diagnosis** *n.* रेडियो तरंगों द्वारा निदान; **~element** *n.* रेडियो तत्त्व; **~genetics** *n.* रेडियो धर्मिता आधारित उत्पत्ति विज्ञान, विघटनाभिक विज्ञान; **~genic** *adj.* रेडियोधर्मिता द्वारा उत्पन्न, विघटनज; **~goniometer** *n.* रेडियोकोणमापी; **~gram** *n.* रेडियो ग्राम, ऐक्स-रे की फिल्म; **~-gramophone** *n.* रेडियो ग्रामोफोन; **~graph** *n.* रेडियोग्राफ, ऐक्स-रे चित्रण, ऐक्स-रे की फिल्म; **~grapher** *n.* रेडियोग्राफर, ऐक्स-रे चित्रक, ऐक्स-रे फिल्म विशेषज्ञ; **~graphy** *n.* रेडियोग्राफी, विकिरण-चित्रण, एक्स-रे-चित्रण; **~location** *n.* रेडियो संकेतों द्वारा स्थिति की स्थापना;

radio\logy /रेडिऔ\लजि/ *US* /रेडिआः\लजि/ *n.* विकिरण-चिकित्सा, विकिरण-चिकित्सा-विज्ञान, एक्स-रे-विज्ञान;
dw/lw: **~logical** /रेडिअलौजिकळ/ *US* /रेडिअलाःजिकल/ *adj.* 1 रेडियो संबंधी 2 ऐक्स-रे संबंधी: ~logical apparatus (विकिरणन-चिकित्सा यंत्र); **~logist** /~लजिस्ट/ *n.* 1 विकिरणन-चिकित्सक 2 एक्स-रे-विज्ञानी 3 विकिरणन ऊर्जा का विशेषज्ञ; **~lucent** /रेडिओलूःसंट/ *adj., phys.* ऐक्स-रे किरणों की अर्ध-पार्यता; **~man** *n.* रेडियो तकनीक जानकार; **~metallography** /रेडिओमेटअलॉग्रफि/ *n.* धातुओं का ऐक्स-रे-करण; **~meteorography** /रेडिओ-मीःटअरअग्रफि/ *n.* रेडियो ऋतु लेखांकन; **~meter** *n.* विकिरणतामापी; **~metry** *n.* विकिरणतामापन; **~movies** *n., [pl.]* दूरदर्शन चित्र, फिल्मों का दूरदर्शन पर प्रसारण; **~nics** /~निक्स/ / *n., [sing.]* रेडियो इलेक्ट्रॉनिकी; **~-operator-gunner** *n.* रेडियो निशानेबाज; **~nuclide** /रेडिओ-न्यूःक्लाइड/ *n.* रेडियो धर्मिक तत्त्व या परमाणु; **~opaque** /रेडिओ-ऑपेक/ *n.* रेडियो विकिरणता के लिए अपार्य; **~pacity** /रेडिओऑपेसिटि/ *n.* ऐक्स-रे की किरणों के लिए अपारणीयता या अपार्यता; **~-pager** *n.* (***syn.*** receiver) एक छोटा-सा रेडियो ग्राहक; **~phare** /रेडिओफेअः/ *n.* रेडियो प्रकाश स्तंभ; **~phone** *n.* रेडियो फोन; **~photo** *n.* रेडियो फोटो; **~photography** *n.* रेडियो फोटोग्राफी; **~scopy** *n.* ऐक्स-रे द्वारा शरीर के आंतरिक अंगों का चित्रण; **~sensitive** *adj.* विकिरणता के प्रति संवेदनशील; **~technics** *n., [sing.]* रेडियो विकिरण तकनीकों का अध्ययन; **~telegram** *n.* रेडियोग्राम, रेडियो-तार; **~-telegraph** *n.* रेडियो तारघर; **~-telegraphy** *n.* रेडियो तार-संचार; **~-telephone** *n.* रेडियो टेलीफोन; **~-therapeutics** /रेडिओथेरअप्युटिकस/ *n., [sing.]* रेडियो चिकित्सा विज्ञान; **~-therapy** /रेडिओथेरअपि/ *n.* रेडियो चिकित्सा; **~thermy** /रेडिओथेर्मि/ *n.* रेडियो या ऐक्स-रे किरणों के ताप द्वारा चिकित्सा; **~traffic** *n.* रेडियो प्रसारण का आदान-प्रदान; **~trician** /रेडिओट्रिशिअन/ *n.* रेडियो तकनीक का जानकार; **~vision** *n.* दूरदर्शन; **~wave** *n., phys.* रेडियो तरंग;
collocations: ~ **altimeter** रेडियो ऊंचाई मापक; ~ **aerial** रेडियो ऐंटीना; ~ **astronomy** रेडार द्वारा खगोलीय पिंडों का अध्ययन; ~ **beacon** रेडियो विकिरणिक दिशा सूचक उपकरण, रेडियो-दिक्दर्शक; ~ **beam** रेडियो विकिरण: ~ beam transmitting station; ~ **bearing** 1 दिगंश 2 (***syn.*** bearing) दिशा कोण; ~ **brain** 1 कंप्यूटर 2 रेडियो विकिरणित स्थिति स्थापना उपकरण; ~ **cabin** रेडियो कक्ष; ~ **call** रेडियो संकेत, रेडियो संदेश; ~ **communication** रेडियो संचार; ~ **compass** रेडियो दिक्दर्शक; ~ **contact** रेडियो संबंध; ~ **direction finding** रेडियो दिशा खोज; ~ **engineering** रेडियो इंजनीयरिंग (यांत्रिकी); ~ **galaxy** ऐसा तारामंडल जो बहुत तेज अंतरिक्ष रेडियो तरंगों का स्रोत है; ~ **frequency** वैद्युत-चुंबकीय तरंगों की आवृत्ति जो रेडियो और दूरदर्शन प्रसारण में प्रयुक्त होती है; ~ **handset** चल रेडियो प्रसारण; ~ **homing beacon** /-बीकन/ चल रेडियो संकेतक; ~ **house** रेडियो-घर; ~ **immunoassay** /इम्यूनअएसे/ रेडियोलेबल प्रदार्थों का प्रयोग करके रोग-प्रतिकारक प्रतिजनों की पहचान और उनका मात्राकरण (खुराक बनाने की क्रिया); ~ **locator** रेडियो संकेत स्थिति स्थापक यंत्र; ~ **log** रेडियो संचार रजिस्टर; ~ **microphone** रेडियो माइक्रोफोन; ~ **net** रेडियो जाल; ~ **network** रेडियो संबंध तंत्र; ~ **operator** रेडियो चालक; ~ **pictures** रेडियो चित्र; ~ **play** रेडियो-नाटक, रेडियो-रूपक; ~ **receiver** रेडियो रिसीवर; ~ **resistant** रेडियो स्थिति स्थापक किरण निरोधक; ~ **set** रेडियो सेट; ~ **sign** रेडियो संकेत, रेडियो संदेश; ~ **spectrum** रेडियो तरंग की व्यापकता; ~ **star** रेडियो स्टार; ~ **station** आकाशवाणी केन्द्र, रेडियो स्टेशन; ~ **transmitter** रेडियो-प्रेषित्र; ~ **touch** (= radio communication) रेडियो संचार; ~ **tower** रेडियो बुर्ज; ~ **waves** तरंगें

radioactive /रेडिओऐक्टिव/ *adj.* रेडियोधर्मी, विघटनाभिक: highly ~ area (सक्रिय रेडियोधर्मी क्षेत्र);
dw/lw: **~-contaminated** *adj.* रेडियो धर्मितता से प्रदूषित;
collocations: ~ **contaminant** रेडियो धर्मी प्रदूषक; ~ **decay** *phys.* विघटनाभिकता का फौरी विनाश जिसके फल-स्वरूप आल्फा-कण (alpha particles), बीटा-कण (beta particles) व गामा-किरणें (gamma rays) पैदा होती हैं; ~ **waste** रेडियोधर्मी कचरा

radish /रैडिश/ *n.* मूली

radium /रेडियम/ *n.* रेडियम नामक तत्त्व;
collocations: ~ **bomb** रेडियम बम; ~ **emanation** रेडियम प्रसर्जन; ~ **therapy** रेडियम चिकित्सा

radius /रेडिअस/ *n., pl.* **~es**/ **radii** /रेडिआइ/ 1 वृत के केंद्र से वृत की घेरे तक की सीधी रेखा 2 इस रेखा की लंबाई, त्रिज्या, व्यासार्थ 3 (***syn.*** spoke) त्रिज्या की तरह बनी कोई वस्तु जैसे पहिए का आरा या आरी 4 बहिःप्रकोष्ठिका (of forearm) 5 केंद्र बिंदु के चारों ओर का घेरा, परास: the four-mile ~ 6 सक्रियता क्षेत्र: ~ of free delivery; ~ of action; within the ~ of experience/ of knowledge; the ~ of one's capacity;
collocations: ~ **vector** *pl.* radii vectores /रेडिआइ वेक्टॉरीःज/ वृत्त के स्थिर केंद्र बिंदु व वृत्त परिधि के अस्थिर बिंदुओं को मिलाने वाली सीधी रेखा

radix /रेडिक्स/ *n., pl.* **radices** /रेडिसीःज/ 1 स्रोत, मूलांक, आधार 2 जड़ (of plant)

radome /रेडोम/ *n.* माइक्रोवेव रेडार का सुरक्षात्मक आवरण

radwaste /रेडवेस्ट/ *n., esp., US* रेडियो धर्मी कचरा

RACE *abbr.* 'Royal Army Educational Corps' की प्रथमाक्षरी

RAeS *abbr.* 'Royal Aeronautic Society' की प्रथमाक्षरी

RAF *abbr.* 'Rapid Action Force' की प्रथमाक्षरी (त्वरित कार्रवाई दल); 'Royal Air Force' की प्रथमाक्षरी

rafale /रैफैल/ *n.* तोप से धुआंधार गोला-बारी की बौछार

Rafferty's rules /रैफअटिज रूल्ज/ *Austal. & NZ* नियमों का पूर्ण अभाव (no rules at all)

raff /रैफ/ *n.* समाज के घिनौने तत्त्व (नाली के कीड़े)

raffia/ **raphia** /रैफिअ/ *n.* रैफिया, नारियल का रेशा

raffish /रैफिश\/ *adj.* 1 घिनौना, बदनाम, अप्रतिष्ठित 2 मैला-कुचैला 3 अश्लील 4 (***syn.*** dissipated) दुर्व्यसनी;
dw/lw: **~ly** /~लि/ *adv.* भद्दे तरीके से; **~ness** /~नेस/ *n.*

घिनौनापन, अश्लीलता

raff\le /रैफल/ *n.* 1 लॉटरी: **~le** tickets 2 (*syn.* rubbish) कूड़ा, कचरा

***v.**, pt.* **~led**, *pp* **~ling** (*also* **~le sth off**) लॉटरी द्वारा पुरस्कार दे.

raft /राफ्ट/ *n.* 1 पानी पर तैराकर भेजने के लिए लकड़ियों या शहतीरों का गट्ठा, बेड़ा, तरापा 2 रबड़ या प्लास्टिक की नाव: an inflatable ~ 3 किसी चीज की बहुत बड़ी संख्या या मात्रा: a whole ~ of new initiatives 4 पानी में तैरती समतल-सी बर्फ या पौधे-पत्तियां;

***v.** pt.* **~ed**, *pp* **~ing** 1 माल को गट्ठे बनाकर नदी आदि में तैराकर भेजना 2 बेड़े से यात्रा क. या बेड़े से भेजना 3 गट्ठा बनाना 4 बर्फ का ढेर बनना;

dw/lw: **~-bridge** *n.* गट्ठों का पुल, बेड़ेदार पुल; **~ing** *n.* बेड़ा खेना, गट्ठे पर बैठकर तैरना; **~sman** *n.* खेवैया, गट्ठे को चलाने वाला व्यक्ति; **~wood** *n.* गट्ठे में बंधी लकड़ी;

collocations: **a ~ of data** ढेर सारे आंकड़े, आंकड़ों का अंबार; **a ~ of sth/ sb** 1 किसी चीज की भरमार 2 अनेक लोगों का समूह, भीड़-भाड़

rafter /राःफ्टः/ *n.* शहतीर, धरन, कड़ी;

***v.** pt.* **~ed**, *pp* **~ing** शहतीर आदि लगाना

rag /रैग/ *n.* 1 चिथड़ा 2 फटी-पुरानी चीज 3 (*usually* **rags**) फटे-पुराने कपड़े: dressed in **~s**; he hasn't a ~ to his back (उसके पास तन ढकने के लिए एक चिथड़ा भी नहीं) 4 पोशाक: glad **~s** (त्योहार पर पहने जाने वाली रंग-बिरंगी पोशाक) 5 *facetious* फटी-सी पताका, रूमाल या पोशाक 6 *derog., colloq.* अखबार: the local ~ 7 कॉलेज आदि के विद्यार्थियों द्वारा पैसा उगाहने के लिए खेले जाने वाले तरह-तरह के रंगा-रंग कार्यक्रम 8 पत्थर या सीमेंट का खुरदरा और सख्त फर्श 9 एक बड़ी खुरदरी स्लैब;

v.**, pt.* **~ged**, *pp* **~ging** *esp., Br.* 1 चिथड़े-चिथड़े कर दे. 2 चिथड़े-चिथड़े हो जा. 3 (syn.*** scold) डांटना 4 (***syn.*** tease) सताना, तंग क., चिढ़ाना: ~ juniors in a college;

dw/lw: **~abash** /रैगअबैश/ *n. colloq.* फटे-पुराने या चिथड़े-से कपड़े पहने हुआ व्यक्ति, भिखारी-सा आदमी; **~amuffin** /रैगअमफिन/ (*also* **~gamuffin**) *n. colloq.* 1 फटे-पुराने चिथड़े पहने हुआ व्यक्ति, गूदड़साई, गुदड़िया 2 लावारिस बच्चा; **~-and-bone-man** *n.* फटे-पुराने कपड़े व अन्य सामान संग्रह करने और बेचने वाला व्यक्ति; **~-baby/ ~-doll** *n.* फटे-पुराने चिथड़ों की गुड़िया; **~-bag** *n., colloq.* 1 चिथड़ों व टुकड़ों को भरने के लिए थैला या बोरी 2 उलझी-सुलझी चीजों का ढेर 3 मैला-कुचैला आदमी; **~bolt** *n.* कांटेदार चिटकनी; **~-book** *n.* कपड़े पर छपी बच्चों की किताब; **~ged**; **~gedly ~gedness** *see below under separate entry* **ragged**; **~gery** /रैगरि/ *n.* फटे-पुराने चिथड़े, समाज के निम्न-वर्ग के लोग; **~ging** /रैगिंग/ *n.* 1 यातना, यंत्रणा, कष्ट, संतप्तता 2 कॉलेज आदि में वरिष्ठ छात्रों द्वारा कनिष्ठ छात्रों को सताने, तंग करने, चिढ़ाने (teasing) की घिनौनी प्रथा; **~gy** /रैगि/ *adj.* फटे-पुराने चिथड़ों वाला; **~lan** *see below under separate entry*; **~man/ ~-picker** *n.* गुदड़िया, कबाड़िया; **~-merchant** *n.* कबाड़ी-व्यापारी; **~-money** *derog.* कागजी नोट; **~-rolling** *n.* कपड़े को मोड़कर घर को सजाने की तकनीक; **~s** /रैग्ज/ *n., [pl.]* फटे-पुराने कपड़े; **~tag/ ~tag and bobtail** समाज के निम्न-वर्ग के लोग, जन-साधारण, तुच्छ लोग; **~time** *n.* जैज /jazz/ संगीत की एक विधा; **~wort/ ~weed** *n.* खुरदरी खर-पतवार; **~-wheel** *n.* गरारी, दांतेदार पहिया;

collocations: **~ rug** कपड़ों के टुकड़ों से बनी कालीन; **~ged school** गरीब बच्चों के लिए दान-आधारित स्कूल;

glad ~s उत्सव के लिए सुंदरतम पोशाक; **the ~ trade** *colloq.* पोशाक बनाने और बेचने का धंधा;

p&i: **~ over** झगड़ना, गाली-गलौज क.; **~s-to-riches story** रंक से राजा बनने की कहानी;

a ~ of smoke धुएं का ऊपर उठता बबूला-सा, धुएं का बादल; **be like a red ~ to a bull** किसी के लिए अत्यंत अप्रिय बात, दृश्य या वस्तु हो.; **cram on every ~** *naut., sl.* सभी पाल चढ़ाना, पूरा दम-खम लगाकर काम क.; **do sb to a ~** किसी के टुकड़े-टुकड़े कर दे.; **feel like a ~** बुरी तरह से टूट जाना या थककर चूर हो जा.; **from ~s to riches** रंक से राजा; **flying ~s of cloud** बादलों के उड़ते हुए छोटे-छोटे टुकड़े; **get one's ~ out** आपे से बाहर हो.; **he has still a few ~s of decency** उसमें अभी भी कुछ अंतरात्मा की आवाज बची है; **in ~s** फटे-पुराने कपड़ों में; **limp as a ~** थका-मांदा; **lose one's ~** *sl.* गुस्से में आपे से बाहर हो जाना; **not a ~ of evidence** लेश मात्र भी सबूत नहीं; **not to have a ~ to one's back** तन ढकने को एक चिथड़ा भी न हो.; **reduce sb to a ~** पूर्णतः बर्बाद कर दे.; **run sb ~ged** किसी से बहुत सारा काम करवाकर उसे थका देना; **say sth for a ~** किसी को आपे से बाहर करने के लिए कुछ कहना; **tear sth to ~** टुकड़े-टुकड़े कर दे.

ra\ge /रेज/ *n.* 1 गुस्सा, आक्रोश, रोष, भावावेश, क्रोधोन्माद, क्रोधांधता: road **~ge**; be in a **~ge** with sb; kill a man in a **~ge**; burst into a **~ge** of tears; in the **~ge** of battle 2 (***syn.*** fit) प्रकोप की पराकाष्ठा, तूफानी चरित्र, दौरा: **~ge** of wind/ sea/ disease/ battle; the **~ge** of the waves of a fire 3 भावावेश: a **~ge** of grief 4 उमंग, उत्कंठा (passion, intense desire): have a **~ge** for hunting/ for pleasure; a **~ge** to live 5 *colloq.* (*syn.* fashion, craze) सर्वव्यापक अस्थायी धुन, लग्न, भेड़-चाल: here are some bags that are all the **~ge** 5 *Austral. NZ, colloq.* रंगारंग पार्टी;

***v.**, pt.* **~ged**, *pp* **~ging** 1 प्रचंड रूप में चलते रहना: the storm is still **raging** 2 क्रोध से लाल-पीला हो., क्षुब्ध या प्रचंड होना: **~ge** at/ against/ sb or sth 3 का प्रकोप होना, का दौरा पड़ना 4 हवा, समुद्र आदि द्वारा तूफानी रूप लेना: the sea **~ged** and roared 5 *Austral. & NZ* कहीं बाहर यानी रेस्त्रां आदि में जाकर रंग-रलियां मनाना;

dw/lw: **~geful** *adj.* क्रोध से आग-बबूला, आपे से बाहर; **~ging** /रेजिंग/ *adj.* 1 उफनता हुआ या उफान लेता हुआ: ~ging sea; ~ging tempest 2 शिखरतम: be in ~ging temper; ~ging thirst; ~ging fever; **~ging** *n.* गरजन, उफान: ~ging of sea, ~ging of fire; **~gingly** *adv.* उफनते हुए;

p&i: **~ge against fate** 1 किस्मत को पानी पी-पीकर कोसना 2 आग-बबूला हो.; **~ge oneself out** गुस्से के दौरे के बाद शांत हो जाना;

a ~ge for fame [for pleasure] प्रसिद्धि या मौज-मस्ती की धुन; **all the ~ge** *colloq.* पूरे फैशन में; **be all the ~ge** लोकप्रिय और पूरे फैशन में हो.; **be in a ~ge** आग-बबूला हो.; **blind with ~ge** क्रोध से अंधा हो.; **mad with ~ge** क्रोध से पागल हो.; **put sb into a ~ge** किसी को घोर गुस्सा दिलाना; **the ~ge of passion** भावावेश, उत्तेजना की पराकाष्ठा

ragga /रैगा/ (*also* **ragamuffin**) रैप (rap) संगीत की नाच धुनों से प्रभावित एक रूप

ragged /रैगिड/ *adj.* 1 (***syn.*** frayed) जीर्ण-शीर्ण, फटा-पुराना, उधड़ा हुआ 2 फटे-पुराने कपड़ों वाला: a ~ urchin 3 फटीचर (of person), फटे-पुराने कपड़े पहने हुआ: in ~ clothes 4 खुरदरा, भोथरा: ~ knife blade; ~ cliffs/ rocks 5(***syn.*** shabby) अपरिष्कृत, अशालीन, मैला-कुचैला 6 (***syn.*** uneven) खुरदरा, विषम, ऊबड़-खाबड़ (शैली): a ~ sentence; a work done in a ~ fashion 7 (***syn.*** shrill) फटी-फटी-सी, (***syn.*** strident) कर्कश, फटी-फटी, कर्णभेदी: ~ voice 8 (***syn.*** shaggy) उलझा हुआ 9 *bot.* शीर्ण;

dw/lw: **~gedly** /~लि/ *adv.* भद्दे ढंग से: ~edly dressed; **~ness** /~नेस/ *n.* खुरदरापन, विषमता, जीर्णशीर्णता, भौंडापन; **~y** /रैगिडि/ *adj.* खुरदरा, मैला-कुचैला, फटेहाल;

collocations: **~ beauty** बिना चिकनी-चुपड़ी बने (अल्हड़) सुंदर लड़की; **~ robin** एक जंगली फूल; **~ school** *hist.* 19वीं

सदी में अनाथ बच्चों के लिए एक स्कूल; **a ~ edge** खंदक (विनाश) की कगार
raglan /रैगलअन/ *adj.* टांकीदार: ~lan coat or sweater
ragout /रैगू/ *n.* रागू, सब्जी के साथ पकाया हुआ गोश्त, मसालेदार गोश्त
rah-rah *interj.,n., v. US* जयकार (क.)
rah-rah skirt अक्सर हौसला-अफजाई करने वाले नर्तकों द्वारा पहना जाने वाला छोटा चुनटदार स्कर्ट,
rai *n.* अल्जीरिया का एक लोक संगीत व नृत्य जिसमें स्पेनी फ्लेमेंको व पश्चिमी डिस्को धुनें मिली रहती हैं
raid /रेड/ *n.* 1 धावा: a dawn ~ 2 हवाई हमला, आकस्मिक हमला: an air ~ 3 चढ़ाई, लड़ाई 4 छापा: a ~ on a gaming-house (जूआ-घर पर छापा) 5 डकैती, जबरदस्ती घर के अंदर घुसकर की जाने वाली लूट-मार: a ~ on a bank 6 (*stock exchange*) शेयरों को गिराने के लिए किसी दलाल समूह द्वारा जानबूझकर की जाने वाली बिकवाली: ~ the market;
v., pt. **~ed**, *pp* **~ing** 1 आकस्मिक हमला क. 2 छापा मारना: carry out a ~ 3 (***syn.*** plunder, ransack, loot) डाका डालना, जबरदस्ती घर के अंदर घुसकर लूट-मार क.: ~ into; ~ into sth 4 (*stock exchange*) शेयरों को गिराने के लिए किसी दलाल समूह द्वारा जानबूझकर बिक्री किया जा.: ~ the market;
dw/lw: **~er** /रेडः/ *n.* 1 धावा बोलने वाला, छापा मारने वाला, छापामार 2 डाकू, लुटेरा; **~ing** *n.* छापामारी; **~ing** *adj.* छापा मारने से संबंधित: a ~ing party
rail /रेल/ *n. UK* 1 (***syn.*** bar) छड़, दंड 2 कपड़े आदि टांगने के लिए दीवार पर लगा डंडा या छड़: a curtain ~ 3 (***syn.*** railing) सीढ़ियों आदि की रेलिंग 4 रेलगाड़ी: go by ~; ~ junction; ~ terminal 5 (***syn.*** railway line) रेल की पटरी, लाइन: ~ mileage 6 (**the ~s**; (***syn.*** railing) बाड़ा, घेरा, जंगला 7 (***syn.*** bird) जलकुक्कुटी;
v., pt. **~ed**, *pp* **~ing** 1 पटरियां बनाना 2 (*usually* **~ sth in/ off**) घेरा डालना या बाड़ लगाना 3 (*usually* **~ at/ against sth** or **sb**) शिकायत या घोर आलोचना क.;
dw/lw: **~age** /रेलिज/ *n.* 1 रेल गाड़ी द्वारा सामान की ढुलाई 2 रेल-ढुलाई शुल्क; **~-car** *n.* रेल-ट्रॉली; **~card** *n.* विद्यार्थियों आदि के लिए रियायती टिकट कार्ड; **~er** /रेलः/ *n.* रेल कर्मचारी; **~-fence** *n.* लकड़ी का बाड़ा; **~-gauge** *n.* पटरी की चौड़ाई; **~head** *n.* रेलपथ का आखिरी सिरा, रेल-सिरा, टर्मिनल; **~ing** /रेलिंग/ *n.* 1 सीढ़ियों आदि की रेलिंग 2 बाड़ा, घेरा, जंगला: an iron ~ing 3 (*often* **~s**) लोहे की छड़ों की सजावटी बाड़ 4 गालियों की बौछार; **~lery** *see below under separate entry*; **~man** (*also* **railwayman**) *n.*; **~road/ ~track** *n.* रेलवे, रेल, रेलमार्ग; **~-roko** *n., I.E.* रेलरोको (agitation), रेल-रोको अभियान; **~s** /रेल्ज/ *n.* रेलपथ, पटरी; **~-splitter** *n.* लट्ठे चीरने वाला;
collocations: **~ tongue** 1 हाजिर-जवाब आदमी, मसखरा, मजाकिया, लतीफेबाज, लफ्फाज, जुमलेबाज 2 धनुष-तीर की नोक;
p&i: **~ at/ against sb** किसी पर गालियों की बौछार कर दे.; **go off the ~s** 1 पटरी से उतर जा. 2 सही रास्ते से विमुख हो जा. 3 पागल हो जा.; **keep on the ~s** शिष्टाचार का उल्लंघन न क.; **off the ~s** अव्यवस्थित, अस्त-व्यस्त, तितर-बितर, भटका हुआ; **ride on a ~** *US* कालिख पोंछकर और पंखों से ढककर शहर से बाहर क.; **thin as a ~** तिनके-सा पतला
raille\ry /रेलरि/ *n., pl.* **~ries** 1 हंसी-मजाक 2 ठिठोली, फब्ती 3 चुहलबाजी, दिल्लगी 4 परिहास
railroad /रेलरोड/ *n., N. Amer., esp.* 1 रेलवे-लाइन, रेल की पटरी: ~ station; ~ rates (रेल-ढुलाई भाड़ा) 2 (*stock exchange*) रेलवे के शेयर;
v., pt. **~ed**, *pp* **~ing** *colloq.* 1 रेल से माल को ढोना 2 रेल से यात्रा क. 3 रेलवे-लाइन बिछाना 4 रेलवे में काम क. 5 अपना विचार किसी पर थोपना: he **~ed** the motion through the committee;
dw/lw: **~ing** *n.* 1 रेल यात्रा 2 रेल से माल की ढुलाई;
collocations: **~road crossing** रेल लाइन पार पथ, रेल फाटक;
p&i: **~ to an insane asylum** किसी को पागलखाने में भर्ती क.
railway /रेलवे/ (*abbr.* **rly**) *n.* (*also US* **railroad**) 1 रेल लाइन, पटरी: ~ bridge/ train/ company/ system/ shares 2 (**the railway/s**; (*also US* **the railroad/s**) 1 रेल विभाग/ मंत्रालय: work in **~s** 2 रेल, रेलमार्ग: send by ~;
collocations: **~ accident** रेल दुर्घटना; **~ board** रेलवे प्रबंधक बोर्ड; **~ carriage** रेल के साथ जुड़ी गाड़ी; **~ crossing** रेल फाटक; **~ engine** रेल इंजन; **~ junction** कई रेल लाइनों का मिलन स्थान; **~ man** रेलवे कर्मचारी; **~ novel** हल्के-फुल्के स्वाद के लिए उपन्यास; **~ protection force** रेल सुरक्षा बल; **~ receipt** बिल्टी; **~ recruitment board** रेलवे भर्ती-बोर्ड; **~ route** रेलगाड़ी का रास्ता; **~ Service Commission** रेलवे सेवा आयोग; **~ sleeper** रेलवे शयन कक्ष; **~ station** रेलवे स्टेशन; **~ terminal** रेल-लाइन का अंतिम स्टेशन; **~ tie** *US* (*UK* **sleeper)** लकड़ी जिसके ऊपर पटरी बिछाई जाती है; **~ travel** रेल यात्रा; **~ time table** रेल समय सारणी; **underground ~** भूगत रेलवे-लाइन
raiment /रेमंट/ *n., archaic, poetic* कपड़े, परिधान, पोशाक
rain /रेन/ *n.* 1 बरसात, बारिश: ~ falls 2 वर्षा, वृष्टि: heavy/ pouring/ pelting/ torrential ~ (मूसलाधार वर्षा) 3 (**rains**) बरसात का मौसम 4 वर्षा की तरह किसी अन्य वस्तु की बारिश, झड़ी या बौछार: a ~ of bullets; acid ~; ~ of sparks (चिंगारियों की बौछार); ~ of melody;
v., pt. **~ed**, *pp* **~ing** 1 बरसना: it **~s** 2 बौछार या भरमार क.: ~ down shells on the enemy 3 बरसाना: ~ blows/ praises/ kisses/ compliments upon sb 4 बहाना या छोड़ना: her eyes ~ tears;
dw/lw: **~band** *n.* वर्षा-पट्टी; **~bird** *n.* वर्षा का पूर्व संकेत देनेवाला पक्षी; **~-cap** *n.* वर्षासह टोपी; **~-cloud** *n.* वर्षा भरे बादल; **~coat** *n.* बरसाती, बरसाती कोट; **~-date** *n.* वर्षा तिथि; **~-doctor** *see* **rain-maker**; **~drop** *n.* वर्षा की बूंद; **~fall** *n.* वर्षा की मात्रा; **~forest** *n.* वर्षा-प्रचुर वन; **~-glass** *n.* बैरोमीटर; **~-head** *n.* वर्षा की मात्रा; **~iness** /रेनिनेस/ *n.* वर्षा की बारंबारिकता, प्रचुरता; **~less** *adj.* वर्षा-रहित, सूखा; **~-maker** (*also* **~ doctor**) *n.* 1 वर्षा की पूर्व सूचना देने वाला 2 *sl.* ऐसा अफसर जो अपने मातहतों को अत्यधिक आय दिलाता है; **~-making** *n.* बादलों में रासायनिक पदार्थों को बरसाकर वर्षा करवाने की क्रिया; **~-map** *n.* वर्षा की मात्रा का नक्शा; **~mark/ ~-pit** *n.* बूंदों का निशान; **~-pipe** *n.* पतनाला या वर्षा के पानी की नाली; **~proof/ ~-tight** *adj.* वर्षासह; **~-tree** *n.* एक दक्षिणी अमेरिकी पेड़ जिसके नीचे एक विशेष प्रकार के रस की बारिश होती रहती है; **~-storm** *n.* झंझावात, वर्षा को साथ आने वाला तूफान; **~-wash** *n.* बारिश द्वारा धोए जाने की क्रिया; **~water** *n.* बरसाती पानी; **~-wear** *n.* वर्षासह पोशाक, रेनकोट और रबड़ के जूते आदि; **~-worm** *n.* केंचुआ; **rainy** *see below under separate entry*;
collocations: **~ check** *n., mainly N. Amer. US* खराब मौसम की वजह से रद्द होने वाले कार्यक्रम के बाद में काम आने वाला टिकट; **~ crop/ ~-fed crop** वर्षा से उगने वाली फसल; **~ dance** अमेरिकी आदिवासियों द्वारा वर्षा करवाने के लिए किया जाने वाला नृत्य; **~ drop** वर्षा की बूंद; **~ gauge** वर्षामापी उपकरण; **~ shadow** *meteorol.* वर्षा लाने वाली हवा के विपरीत स्थित पहाड़ी की तरफ (hilly side) जहां वर्षा कम होती है; **~ shower** वर्षा की बौछार;
p&i: **~ cats and dogs/** *US* **~ pitchforks/ the ~ comes down in torrents/ be pouring with ~** *colloq.*

मूसलाधार वर्षा हो.; ~ **down compliments on sb** किसी पर प्रशंसात्मक कथनों की बौछार क.; **~ed down/ upon** पैराशूट से सैनिकों को कहीं पर उतारना; ~ **in** भीग जाना; ~ **or sunshine** हर हाल में; ~ **out** 1 वर्षा का खत्म हो.: it has ~ed itself out (बारिश खत्म हो गई) 2 वर्षा के कारण खेल आदि का न हो पाना: the match has been ~ed out;
a drop of ~ बारिश की एक बूंद; **after ~ comes fair weather** बुरे दिनों के बाद अच्छे दिन आ जाते हैं; **be ~ed off** *UK* (*US* **be ~ed out**) बारिश की वजह से खेल का न हो पाना; **come ~ or shine** चाहे जो भी हो, चाहे आंधी हो या तूफान भयंकर ...; **get out of the** ~ मुसीबत से बच निकलना; **give sb a ~ check** प्रीति-भोज को किसी दूसरे दिन के लिए टाल दे.; **in the** ~ बारिश में; **right as** ~ *colloq.* बिल्कुल ठीक-ठाक; **small ~ lays great dust** थोड़ी-सी बूंदाबांदी से धूल बैठ जाती है; **take a ~ check/ take a ~ check on sth** *colloq. originally N. Amer.* निमंत्रण आदि को बाद के समय के लिए स्वीकार करने का वायदा क.: I'll take a ~ check on that dinner

rainbow /रेनबो/ *n.* 1 इंद्र धनुष: all the colours of the ~ 2 चमकीले-दमकीले रंगों का संग्रह;
adj. इंद्र धनुष जैसे रंगों वाला: ~-coloured;
dw/lw: **~-like/ ~y** /रेनबोवि/ *adj.* इंद्र धनुष जैसा;
collocations: ~ **coalition** भिन्न-भिन्न विचारधाराओं वाले दलों का गठबंधन; ~ **nation** बहु-सांस्कृतीय, बहुजातीय दक्षिणी अफ्रीका के लिए प्रयुक्त; ~ **trout** उत्तरी अमेरिका और यूरोप में पाई जाने वाली एक रंग-बिरंगी मछली;
p&i: **chase ~s** असंभव लक्ष्य या मृग-मरीचिका का पीछा क.

rai\ny /रेनि/ *adj., degr.* **~nier**, **~niest** बरसात का, बरसाती, वर्षा वाला;
collocations: **~ny season** बरसात, वर्षा ऋतु, वर्षाकाल;
p&i: **~ny day** विपदा या संकट की घड़ी: save for a ~ny day

raise /रेज/ *v., pt.* **~d**, *pp* **raising** 1 ऊंचा क., उठाकर सीधा खड़ा क.: ~ the blind/ the window; ~ anchor (लंगर उठाना); ~ sb from one's knees; he **~d** himself; ~ sb at midnight; ~ difficulties 2 कीमत आदि बढ़ाना: ~ prices; ~ taxes/ rent/ rate; ~ a subscription (किसी पत्रिका का चंदा बढ़ाना); ~ one's voice 3 सुधारना: ~ the soul; ~ the educational standards 4 जुटाना, चंदा आदि इकट्ठा क. 5 (***syn.*** construct) बनाना, निर्माण क., बनवाना 6 (***syn.*** rouse, provoke) भड़काना, उत्तेजित क.: ~ a protest; ~ a cry 7 उन्नत क., ऊपर उठाना: ~ to the post of professor 8 उत्पन्न क.: ~ a laugh; ~ an alarm; ~ memories (यादें ताजा क.) 9 (***syn.*** broach) प्रस्तुत क., (प्रश्न) उठाना: ~ an objection; ~ a claim/ a demand 10 वसूल क., चंदा आदि उगाहना: ~ money for charity 11 एकत्र क., संगठित क.: ~ an army; ~ sb to defend/ the defence of sth 12 (***syn.*** end) समाप्त क., घेराबंदी या नाकेबंदी उठाना: ~ the siege; ~ an embargo/ a quarantine; ~ blockade/ ban/ embargo 13 (***syn.*** breed) पालना 14 उगाना : ~ vegetables 15 (***syn.*** bring up) पालन-पोषण क., पढ़ाना-लिखाना, शिक्षा दे.: ~ a family or young 16 (***syn.*** resurrect) पुनर्जीवित क.: according to Christianity God **~d** Jesus from the dead 17 रेडियो से संपर्क बनाना 18 ताश के खेल में बाजी की कीमत बढ़ाना: ~ another one thousand rupees 19 संख्या का वर्गफल निकालना: 4 **~d** to the power of 4 is = 64 (4x4x4);
n. *US* (*UK* **rise**) 1 बढ़ोतरी 2 वेतन-वृद्धि: ask for a ~; he got a ~ 3 उन्नति 4 विकास 5 ऊंचा उठने की क्रिया;
dw/lw: **raisable/ raiseable** *adj.* उठाने योग्य, जिसे उठाया जा सके; **~d** /रेजड/ *adj.* 1 उत्थित, उभरी हुई 2 ऊपर उठा हुआ: ~d beach; **~r** /रेजः/ *n.* 1 भार ऊपर उठाने वाला यंत्र, क्रेन 2 संयुक्त शब्दों में: cattle-~r (पशुपालक); **raising** /रेजिंग/ *n.* उत्पाद, उत्पादन: silk raising; **raising** *adj.* उठाने वाली: raising force;
collocations: **~d curve** उभरी हुई वक्र रेखा;
p&i: ~ **a big smoke** खतरे की घंटी बजाना; ~ **a cloud of dust** धूल के बादल उठाना; ~ **a hand at sb/ sth** मारना, किसी पर हाथ उठाना; ~ **a laugh** हंसाना; ~ **an eyebrow/ one's eyebrow** आश्चर्यचकित हो.; ~ **a person's spirits** उत्साहित क., साहस दिलाना, नया उत्साह भरना; ~ **a sieze** घेराबंदी हटाना; ~ **a stink** आलोचना करके बखेड़ा खड़ा क.; ~ **Cain/ the roof/ hell/ rumpus/ the devil** *colloq.* 1 बहुत शोर क. 2 बहुत क्रुद्ध हो. 3 बखेड़ा खड़ा क.; ~ **from the dead** पुनर्जीवित क.; ~ **from the ranks** (सेना में) सिपाही से अफसर बनाना; ~ **its ugly head** मुसीबत आदि का फिर से आ जा.; ~ **money on sth** किसी चीज को बेचकर या गिरवी रख कर पैसा एकत्रित क.; ~ **one's eye-brows** नाक-भौं सिकोड़ना; ~ **one's feathers** पंख फड़फड़ाना; ~ **one's glass to sb/ sth** किसी के लिए जाम उठाना; ~ **one's hair** से रोंगटे खड़े हो.; ~ **one's hand against/ to sb** किसी पर हाथ उठाना; ~ **one's hat** टोप उतारकर सलाम क.; ~ **pistol** पिस्तौल तानना; ~ **sb's daner** आग-बबूला क.; ~ **sb's suspicion** किसी में शक पैदा क.; ~ **sb's spirits** किसी का हौसला बढ़ाना; ~ **sth to sb/ sth** किसी का या किसी चीज का स्मारक बनाना; ~ **the hell/ the devil/** *colloq.* बखेड़ा खड़ा क., उपद्रव क., तूफान मचाना, गड़बड़ी फैलाना; ~ **the roof** बावेला खड़ा क.; ~ **the waves** तरंगें खड़ी क.; ~ **the wind** किसी भी तरह से आवश्यक धन जुटाना; ~ **up enemies** दुश्मन बनाना;
enough to ~ one's hair रोंगटे खड़ा करने के लिए काफी; **not to ~ a finger to help sb** किसी की जरा भी मदद न क.; **sb's cries could ~ the dead** किसी की चीत्कार मृत व्यक्तियों को भी जिंदा कर सकती थी

raisin /रेजिन/ *n.* किशमिश

raison d'ét /रेजौंडेट/ *n., Fr., often ironical* सरकार की सोच

raison d'ètre /रेजौंडेःट्रअ/ *n., pl.* **raisons d'etre** *Fr.* किसी या किसी वस्तु के अस्तित्व का युक्तियुक्त उद्देश्य या औचित्य

raisonneur /रेजअनः/ रेजौंनः/ रेजॉनः/ *n., pl.* **~s**, *Fr.* 1 किसी उपन्यास या नाटक आदि में लेखक के दृष्टिकोण का वाहक पात्र 2 दार्शनिक

the Raj 1947 से पहले भारत में अंग्रेजों का शासन

ra\ke /रेक/ *n.* 1 पांचा, त्रांगली, जेळी (*Hr.*) 2 रेल के जुड़े हुए डिब्बे 3 ऐयाश, लंपट या दुराचारी व्यक्ति 4 *theat.* मंच का झुकाव, झुकाव की मात्रा 5 विमान के पंखों और धड़ के बीच का कोण 6 (***syn.*** inclination) ढाल, झुकाव, अवनमन, नति 7 सीकिया पहलवान, सीकिया घोड़ा;
v., *pt.* **~ked**, *pp* **~king** 1 (*usually* **~ke things up/ together**) पांचा से घास, पत्ते आदि इकट्ठा क. 2 (*often* **~ke through/ among sth**) छानना, खंगालना, छानबीन क.: **~ke** through the old magazines for facts; the police **~ked** the district for the criminals 3 (***syn.*** scrape) खुरचना, परतें कुरेदना: **~ke** one's memory; **~ke** one's skin with nails 4 (***syn.*** incline) झुकना, झुकाना 5 (***syn.*** pursue) पीछा क. 6 (***syn.*** fire) पर गोली चलाना, पर गोलाबारी क. 7 एकत्रित क.: **~ke** recruits 8 (*usually* **~ke sth over**) पांचा आदि से साफ या समतल क.: **~ke** smooth/ **~ke** level/ **~ke** clean/ **~ke** a path/ a flower bed;
dw/lw: **~ke-comb** *n.* कंघी; **~ked** ढलान पर रखा हुआ: ~ked seating; **~ke-hell** *n.* लंपट; **~ke-off** *n.* 1 दलाली 2 घूस, रिश्वत; **ra\kery** *n.* लंपटता; **~ke-off** *n.* रिश्वत के रूप में दिया जाने वाला अनुचित लाभ का हिस्सा, दलाली; **ra\kish** *adj.* 1 (***syn.*** dissolute) लंपट, दुराचारी, दुर्व्यसनी 2 (***syn.*** jaunty) इतराता-बलखाता हुआ, छैला-बांका: a rakish young man; **rakishness** *n.* लंपटता, दुराचार;
p&i: **~ke away** खुरचकर निकालना; **~ke down/ ~ke in/**

~ke off 1 कटौती/ बट्टा/ पांचा आदि से पैसा बटोरना 2 जमा क., बहुत सारा पैसा बनाना, पैसा इकट्ठा क.; **~ke in** आसानी से बहुत सारा पैसा कमा लेना; **~ke over** गड़े मुर्दे उखाड़ना; **~ke out** कोयला आदि निकालना; **~ke together** इकट्ठा करके गट्ठे या भरोटे में बांधना; **~ke up** 1 घास आदि को टटोलना: ~ke up hay 2 अंगीठी में छड़ से कोयले को हिलाना, छड़ आदि से हिलाना-मिलाना: ~ke up the fire 3 खोदकर निकालना, पुरानी यादें कुरेदना, खुरचना: ~ke up old memories 4 गड़े मुर्दे उखाड़ना 5 ढूंढ निकलना: ~ke up an old charge against sb; ~ke up some old scandals;

as thin/ lean as a ~ke तिनके की तरह पतला (आदमी)

raki/ rakee /राकी/ *n.* (सौंफ की) एक सुगंधित शराब (रकिया)

râle/ rale /राःल/ *n., pathol.* फेफड़ों में द्रव की घुड़घुड़ाहट

rallentando /रैलेंटैंडो/ *n., pl.* **~s**/ **rallentandi** /रैलेंटैंडीः/ *music,* (*also* **ritartendo**, *abbr.* **rit**) उत्तरोत्तर मंद गति;

adj., adv. (*abbr.* **rall**) उत्तरोत्तर मंद-मंद, उत्तरोत्तर धीरे-धीरे

ral\ly /रैलि/ *n., pl.* **~ies** 1 विशाल जनसभा, जमघट: hold/ organize/ stage a **~y**; a mass **~y** 2 कार रैली: at a car **~y** 3 स्वास्थ्यलाभ 4 *tennis* दोनों खिलाड़ियों के बीच दो सर्विसों के बीच लंबा खिंचा खेल 5 खेल या स्टॉक-मार्किट में पहले-सी मजबूत स्थिति में वापसी;

v.**, pt.* **~lied**, *pp* **~lying**, *s/he/it* **~lies** 1 एकजुट हो., एक होकर खड़े हो जाना: **~ly** to sb's opinion 2 पराजय के बाद पुनः उठकर अपने को संभालना, संभल जाना: **~ly** one's wits 3 एकत्र क. या हो जाना: he **~lied** his party 4 जुट जाना, जुटाना: **~ly** one's strength 5 सहायता करने आना, किसी के समर्थन में आगे आना: **~ly** to one's friend; **~ly** around/ round (sb); the party **~lied** round him 6 समेटना 7 (syn.*** revive) जगाना, में प्राण फूंकना: **~ly** one's spirits 8 प्रकृतिस्थ हो जाना 9 (***syn.*** recover) स्वास्थ्यलाभ क.: **~ly** from an illness; the patient made a good **~ly** to-day 10 (***syn.*** banter) उपहास क., हंसी उड़ाना: no one dared **~ly** him on his weakness 11 शेयर दरों का गिरने के बाद फिर ऊपर उठना: the market **~lied** towards the close;

dw/lw: **~lycross** /रैलिक्रॉस/ *n.* पक्की सड़कों और ऊबड़-खाबड़ रास्तों की मिली-जुली कार-दौड़; **~lying** *n.* पक्की सड़कों पर लंबी कार-दौड़; **~lyist** *n.* कार-दौड़ आदि में भाग लेने वाला व्यक्ति; **~lying-cry** *n.* किसी नेक उद्देश्य के लिए लोगों को आकर्षित करने के लिए दिया जाने वाला नारा, हुंकार; **~lying-point** *n.* 1 रैली या सभा करने का स्थान 2 ऐसा विषय या प्रश्न जिसके इर्दगिर्द पुनः एकजुट हुआ जा सके, एकजुटता का बिंदु;

collocations: **beauty ~ly** सौंदर्य प्रतियोगिता

RAM *abbr., comput.* 'random access memory' की प्रथमाक्षरी (कंप्यूटर का वह हिस्सा जहां सूचनाएं भंडारित रहती हैं और उन तक बिना किसी क्रम के पहुंचा जा सकता है)

ram /रैम/ *v., pt.* **~med**, *pp* **~ming** 1 कूट-कूट कर भरना या ठूस-ठूसकर पहनना: ~ sth into sb; ~ down; ~ one's hat down on one's head 2 (***syn.*** cram) ठूसना, ठूंसना: ~ one's clothes into a bag 3 टकराना, भिड़ जा., टक्कर मारना: ~ the car into the wall; ~ against/ ~ at;

n. 1 मेढ़ा, मेष, भेड़ा 2 *astrol.* मेष राशि 3 भित्ति-पातक (battering-~), दुरमुस, थापी, मूसल (of wood);

p&i: **~ against/ ~ at/ ~ into/ ~ on** किसी चीज को जोर से टक्कर मारना; **~ ahead** आगे बढ़ना; **~ a little Latin into sb's head** किसी के भेजे में थोड़ी-बहुत लातीनी भाषा डालना, लातीनी सिखाना ; **~ a little sense into sb** किसी में थोड़ी-बहुत सामान्य समझ डालना; **~ an argument home to sb** किसी को बल देकर विश्वास दिलाना, किसी के सम्मुख दलील का औचित्य सिद्ध क.; **~ one's way through the hedge** हरे-भरे वन के बीच से निकलना; **~ sth down sb's throat** *colloq.* किसी बात को बार-बार दोहराकर किसी पर जबरदस्ती थोपना; **~ sth home** किसी विचार को बलपूर्वक किसी के भेजे में डालना; **~ with** भरना, ठूसना

r.a.m *abbr.* 'relative atomic mass' की प्रथमाक्षरी

Ramadan/ Ramazan /रैमदान/ रमादान/ रमजान/ *n.* मुसलमानों का रोजे रखने का महीना, रमजान

ramb\le /रैम्बअल/ *v., pt.* **~led**, *pp* **~ling** 1 विचरण करते हुए जिधर मन करे उधर जाना 2 खेतों-खलिहानों में देर तक घूमना, मटरगश्ती क. 3 (*also* **~le on**) देर तक बकबक क., ऊटपटांग बातें क., बेसिरपैर की बातें क., प्रलाप क. 4 मन और विचारों का विचरना 5 पेड़-पौधे का जंगली तरह से उगना व पनपना;

n. 1 देर तक की जाने वाली सैर, भ्रमण 2 बड़-बड़, बुदबुदाहट, अनापशनाप 3 हल्का-फुल्का लेख;

dw/lw: **~ler** *n.* आवारा, घुमक्कड़;

p&i: **~le along/ through, etc./ ~le through streets/ over the country** गलियों-गलियारों या खेत-खलिहानों में टहलते फिरना;

a ~le among books पुस्तकों की टोह

rambling /रैम्बलिंग/ *n.* 1 खेत-खलिहानों की सैर 2 लंबा, असंबद्ध भाषण;

adj. 1 (***syn.*** wandering) घूमने-फिरने वाला, बंजारा, भ्रमणकारी 2 (***syn.*** incoherent) असंबद्ध, बेसिरपैर का: a ~ speech; ~ remarks 3 (***syn.*** sprawling) बड़ी, फैली हुई (इमारत): large ~ castle 4 *bot.* खुली तरह से फैलने वाला: a ~ rose 5 निर्दिष्ट दिशा या पथ से भटका हुआ;

dw/lw: **~ly** *adv.* 1 घूमते-घामते हुए, टहलते-फिरते हुए 2 असंबद्ध रूप से

Rambo /रैंबो/ *n.* एक शक्तिशाली व उग्र व्यक्ति

rambunctious /रैम्बंक्शिअस\/ (*also* **rambustious**) *adj., US* 1 तुनकमिजाज 2 उपद्रवी, ऊधमी, प्रचंड 3 तीव्र 4 प्रचुर 5 (***syn.*** unruly) उच्छृंखल, उद्दंड;

dw/lw: **~ly** /~लि/ *adv.* उद्दंडतापूर्वक, प्रचंडतापूर्वक

RAMC *abbr.* 'Royal Army Medical Corps' की प्रथमाक्षरी

rame /रेम/ *n.* 1 शाखा, उपनदी 2 शाखा-प्रशाखाएं

ramekin/ ramequin/ ramakin /रैमअकिन/ *n.* 1 तवा 2 थाली 3 परोसा हुआ भोजन

ramification /रैमिफिकेशन/ *n., pl.* **~s** 1 प्रशाखन, शाखा-विस्तार, शाखा-प्रशाखाएं: **~s** of a road 2 शाखानुमा संरचना: **~s** of a river 3 किसी कार्य का उलझाव, फैलाव, विस्तार, तामझाम: **~s** of a plot (षड्यंत्र के तार) 4 (**~s**, ***syn.*** complications) भयंकर परिणाम: **~s** of an action; widespread social **~s**

ramified /रैमिफाइड/ *adj.* बहुशाखी: ~ system

rami\fy /रैमिफाइ/ *v., pt.* **~fied**, *pp* **~fying**, *s/he/it* **~fies** 1 शाखाएं निकलना या फूटना 2 शाखाओं में विभक्त होना: road began to **~fy** 3 शाखाओं में फैल जाना, फैलना: dissent began to **~fy**

Ramism /रेमिजम/ *n.* रेमसवाद यानी फ्रांसीसी शिक्षाविद् व दार्शनिक पेटरस रेमस (Petrus Ramus, killed in 1572) की वाक्-विद्या (rhetorics), तर्क-शास्त्र (logic), शिक्षा-शास्त्र (pedagogy) आदि पर आधारित और अरस्तु के दर्शन (Aristotelianism) के विरोधी सिद्धांतों का समुच्चय;

dw/lw: **Ramist** /रेमिस्ट/ *n.* रेमसवादी, पेटरस रेमस का अनुयायी

ram-jam /रैम-जैम/ *adv.* ठसा-ठस भरा हुआ

ramjet /रैमजेट/ *n., aeronautics* (*in full* **~ engine**) 1 एक विशेष प्रकार का विमान इंजन 2 इस इंजन से चालित विमान या प्रक्षेपण

rammed /रैम्ड/ *adj.* कूट-कूटकर बनाया हुआ: ~ concrete; ~ walling;

rammish /रैमिश/ *adj.* 1 बदबूदार, दुर्गंधपूर्ण 2 गला-सड़ा

rammy /रैमि/ *adj.* मेढ़ा जैसा;

n. उपद्रव, मारपीट, हंगामा, हुल्लड़

ramose /रेमोस/ *adj.* बहुशाखीय, भिन्न-भिन्न शाखाओं वाला

ramp /रैम्प/ *n.* 1 दो तलों को जोड़ने वाली ढलान 2 *US* (*UK* **slip road**) जहाज में प्रवेश करने या उससे निकलने के लिए ढलवां पथ 3 ढाल, रपटा, ढलान 4 विमान का खड़े होने का स्थान 5 घोर क्रोध 6 *sl.* झांसा, ठगी, धोखाधड़ी;
v., pt. **~ed**, *pp* **~ing** 1 ढलवां पथ बनाना 2 एक स्तर से दूसरे तक ढलान बनाना 3 (*often* **~ around/ about**) क्रोधित होकर इधर-उधर कूदना-फांदना, गरजना (in a rage) 4 पिछले पैरों पर खड़ा होना 5 *commer.* (*usually* **~ up**) बेईमानी से पैसा कमाने के लिए शेयरों की कीमतें उछालना, ऐंठना;
dw/lw: **~ing** /रैम्पिंग/ *n.* बेईमानी से पैसा कमाने के लिए शेयरों की कीमतों में कृत्रिम रूप से लाया जाने वाला उछाल;
p&i: **~ sth up** किसी चीज की मात्रा या संख्या बढ़ाना

rampa\ge /रैम्पेज/ *v., pt.* **~ged**, *pp* **~ging** 1(***syn.*** run amok) उत्पात मचाना, तहस-नहस क.: the elephants went **~ging** around the entire fair 2 क्रोध से पागल हो.;
n. 1 (*mainly* **on the ~ge**) उत्पात, ऊधम 2 तहस-नहस 3 क्रोधोन्माद, क्रोधावेश;
dw/lw: **~geous** /रैम्पेजिअस/ *adj.* उत्पाती, ऊधमी; **~geousness** /रैम्पेजिअसनेस/ *n.* उत्पातता, ऊधमता; **~ging** *n.* उत्पात, तहस-नहस; **~ging** *adj.* उत्पाती, शरारती: ~ging rioters;
p&i: **be on the ~** आपे से बाहर होकर ऊधम मचाना, तोड़-फोड़ क.

rampancy /रैम्पंसि/ *n.* 1 बेतहाशा उत्पात, उग्रता 2 ऊधम, हंगामा 3 क्रोधोन्माद

rampant /रैम्पंट/ *adj.* 1 बेतहाशा बढ़ा या फैला हुआ: famine is ~ in the land 2 उत्पाती 3 ऊधमी, उद्दंड 4 उच्छृंखल, अनियंत्रित, काबू से बाहर 5 उग्र, प्रचंड (violent) रूप से क्रुद्ध: ~ at the delay 6 प्रबल रूप से जड़ जमाए या फैलाए हुआ: crime is ~; superstition/ ignorance was ~ 7 अत्यधिक फैलने वाला (of plants): ~ growth 7 *heraldry* अलफ, पिछले पैरों पर खड़ा हुआ: lion ~;
dw/lw: **~ly** *adv.*1 अनियंत्रित रूप से 2 प्रबल रूप से, जोरों से 3 बेतहाशा

rampart /रैम्पाःट/ *n.* 1 किले के चारों ओर बनी रक्षार्थ दीवार, परकोटा, प्राकार, फसील 2 जबरदस्त सहारा;
v.*, pt.* **~ed**, *pp* **~ing** परकोटा या रक्षार्थ चार-दीवारी बनाना

ramper /रैम्पः/ *n., sl.* 1 ठग 2 धोखेबाज

rampion /रैम्पिअन/ *n.* एक घड़ियालनुमा फूल जिसकी जड़ को सलाद के रूप में खाया जाता है

ram-raid/ ram-raiding *n.* किसी दुकान के सामने के दरवाजे या खिड़की को भारी गाड़ी से तोड़कर की जाने वाली लूटपाट

ramrod /रैमरौड/ *US* रैमराःड/ *n.* 1 बंदूक की नाली साफ करने का गज 2 (***syn.*** martinet) कठोर व्यक्ति 3 गज, सुंबा 4 *US* लड़ाकू विमानों की छत्र-छाया में हवाई बमबारी;
adj. कठोर

ramshackle /रैमशैकल/ *adj.* 1 (***syn.*** tumbledown), टूटा-फूटा: ~ vehicle; ~ house 2 (***syn.*** rickety) जीर्ण-शीर्ण, जर्जर: ~ empire

ramsons /रैम्सन/ (*also* **ramson**) *n., [sing.]* जंगली लहसुन

ramus /रेमस/ *n., pl.* **rami** /रेमी/ किसी नस की शाखा, प्रशाखा, चिबुक-शाखा;
dw/lw: **ramal/ rameous/ ramous**/रेमल/ रेमिअस/ रेमिअस/ रेमस/ **adj.** शाखा से संबंधित; **ramate/ ramose** *adj.* शाखायित, टहनीदार

ramstam /रैम्स्टैम/ *adj., colloq.* 1 अक्खड़ 2 मेढ़े की तरह अड़ियल

RAN *abbr.* 'Royal Australian Navy' की प्रथमाक्षरी

ran /रैन/ *pt.,* 'run' का भूतकालिक रूप

ranch /रांच/*US* रैंच/ *n., esp. N. Amer. and Austral.* 1 एक बहुत बड़ी चरागाह: a cattle/ sheep ~ 2 बहुत बड़ा फार्म, बड़ा चक, रांच 3 किसी विशेष फसल को उगाने वाला बड़ा चक (फार्म);
v. *pt.* **~ed**, *pp* **~ing**, *s/he/it* **~es** 1 रांच का मालिक होना, उस पर काम क. या उसका प्रबंध क. 2 रांच पर पशुपालन क. 3 जमीन को रांच के रूप में प्रयोग क.;
dw/lw: **~er** /रांचः/ *US* रैंचः/ n. 1 फार्म का मालिक 2 पशुपालक 3 चरवाह, काउ-बुआए, पशुपालक, पाळी (*Hr.*); **~ero** /रांचेरो/ *n.* फार्म पशु-कर्मी; **~ing** *n.* रांच चलाने का कार्य;
collocations: **~ house** फार्म या रांच निवास

rancid /रैनसि\ड/ *adj.* 1 बासी, खराब, खट्टा, बिसायंध 2 दुर्गंधपूर्ण, विकृत-गंधी;
dw/lw: **~ity/ ~ness** /~डिटि/ /~डनेस/ *n.* बासीपन, विकृत-गंधिता, सड़ांध

rancorous /रैंकअरस\/ *adj.* 1 विद्वेषपूर्ण 2 गुस्सैल 3 बदला लेने वाला;
dw/lw: **~ly** /~लि/ *adv.* विद्वेषपूर्वक

rancour/ *US* **rancor** /रैंकः/ *n.* (***syn.*** bitterness) द्वेष, विद्वेष, कटुता;
p&i: **~ sticks long by the ribs** कटुता दिल में घर कर लेती है

rand /रैंड/ *n., pl.* **~/ ~s** (*abbr.* **R**) 1 रैंड (दक्षिणी अफ्रीका की मुद्रा) 2 पाताबा, पायताबा 3 किनारा, हाशिया 4 तटीय या घाटी की उच्चभूमि

R & B *abbr.* 'Rhythm and Blues' की प्रथमाक्षरी

R & D *abbr.,* 'Research and Development' की प्रथमाक्षरी

randan /रैंडैन/ *n.* 1 रंगरेली 2 (***syn.*** rowdy behaviour) शोरगुल, गुलपाड़ा, ऊधम 3 तीन व्यक्तियों द्वारा चलाई जाने वाली नौका

randem /रैंडेम/ *n.* तिबग्घी, तीन घोड़ों से खींची जाने वाली बग्घी

random /रैंडम/ *adj.* 1 (***syn.*** haphazard) बेतरतीब: ~ paving 2 बिना योजना के होने वाला 3 (***syn.*** purposeless) निरुद्देश्य: ~ shot;
n. बेतरतीबी: chosen at ~; shoot at ~; hit out at ~;
dw/lw: **~ize/ ~ise** /रैंडमाइज/ *v. pt.* ~ized, *pp* ~izing बेतरतीब रखना; **~ly/ ~wise** /रैंडमलि/ *adv.* बिना किसी तरतीब के; **~ness** /रैंडमनेस/ *n.* बेतरतीबी, निरुद्देश्यता; **~wise** /रैंडमवाइज/ *adv.* = **~ly**;
collocations: **~ access**, *comput.* कंप्यूटर के स्मृति पटल पर किसी सूचना तक बेतरतीब या बिना किसी विशेष क्रम के पहुंच; **~ access memory** (*short* **RAM**) *comput.* कंप्यूटर में किसी सूचना तक बिना किसी क्रम के पहुंचने के लिए स्मृति पटल; **~ choice** आकस्मिक या बेतरतीब चयन; **~ operation** आकस्मिक कार्य; **~ reading** बेतरतीब पठन; **~ remark** आकस्मिक कथन;
p&i: **at ~** संयोगजन्य, इतफाकिया; **speak at ~** बेतरतीब तरीके से बोलना

R & R *abbr., originally US colloq.* 'rest and recreation' की प्रथमाक्षरी (आराम और मौज-मस्ती)

ran\dy /रैंडि/ (*also* **randie**) *adj., degr.* **~dier**, **~diest** *colloq.* 1 कामुक, कामातुर: feel ~ 2 (***syn.*** boisterous) ऊधमी 3 (***syn.*** restive) अशांत, बेचैन 4 मुंहफट, मुंहजोर;
n. चंडी, कर्कशा, फूहड़ औरत

rang /रैंग/ *pt.* 'ring' का भूतकालिक रूप

range /रेंज/ *n.* 1 विभिन्नता, विविधता, बहुविस्तार: ~ of commodities/ of items; a narrow ~ of choice; ~ of activity; price ~; frequency ~ 2 वर्ग, विस्तार: the thorniest question in the whole ~ of politics; his reading is of very wide ~; full ~ of sizes 3 प्रभावक्षेत्र, कर्मक्षेत्र: a wide ~ of interests; Latin is out of my ~ 4 पर्वतमाला, पर्वतश्रेणी: a ~ of mountains; a fine ~ of cliffs 5 चांदमारी: shooting/ firing ~ 6 पंक्ति (***syn.*** row): the tree is in ~ with the house 7 (***syn.*** series) माला, श्रेणी 8 (***syn.*** class) श्रेणी, वर्ग, प्रकार 9 (***syn.*** direction) सीध, पंक्ति 10 (***syn.*** area) क्षेत्र, क्षेत्र सीमा: ~

of vision; aural ~; a vast ~ of knowledge 11 *N. Amer.* (**the ~**) विशाल चरागाह: a wide ~ of meadows 12 (***syn.*** scope) पहुंच 13 परिसर 14 दूरी, परास, प्रास, मार, मारक दूरी (maximum distance, e.g., of a shooting): ~ of visibility; ~ of magnification 15 (***syn.*** fireplace) अंगीठी, चूल्हा 16 संगीत की लघुता एवं दीर्घता में अंतर: the ~ of a voice/ of a musical instrument 17 पैमाना: ~ of temperature 18 सीमा: most students are in 18-21 age ~; cooking on top of the ~;

v., *pt.* **~d**, *pp* **ranging** 1 (***syn.*** arrange) व्यवस्थित क., क्रमबद्ध क., पंक्तिबद्ध क.: they **~d** themselves along the kerb 2 (***syn.*** systematize) वर्गीकृत क.: books that ~ well with one another; ~ plants/ animals/ according to genus and species 3 (***syn.*** place) रखना 4 (***syn.*** identify with) अपने को किसी वर्ग से मिलाना: she **~ed** herself with their friends 5 के विरुद्ध हो.: be **~d** against sb/ sth 6 (***syn.*** aim at) सीध बांधना, परासना, निशाना साधना: ~ a gun on a particular object 6 (***syn.*** extend) फैल जाना: the mountains ~ north and south 7 (***syn.*** be found) पाया जाना 8 (*usually* ~ **over/ through sth**; ***syn.*** rove, roam) अबाधित रूप से भ्रमण क., विचरना: ~ the whole world over; his thoughts **~d** over past/ present and future; ~ (along) the coast 9 (***syn.*** reach) तक पहुंच हो.: his studies ~ over many languages 10 (***syn.*** equal) के बराबर हो. 11 दो सीमाओं के बीच घटना-बढ़ना: petrol prices **~d** between 65/- and 70/- per litre;

dw/lw: **~-card** *n.* पथ संकेतक कार्ड; **~-finder** *n.* परासमापक, दूरीमापक; **~r** /रेंजः/ *n.* 1 *US* वनपाल, वन रक्षक 2 **Ranger (guide)** ब्रिटेन में गाइड एसोसिएशन की 14 से19 वर्षीय सदस्या 3 **Ranger** *US* शत्रु-क्षेत्र में ताबड़-तोड़ हमले करने में प्रशिक्षित सिपाही 4 घुमंतू व्यक्ति, बंजारा 5 *US* घुड़-पुलिस; **~-table** *n.* गोलीबारी की सारणी; **~tte** /रेंजेट/ *n.* गैस या बिजली का चूल्हा;

collocations: **kitchen ~/ gas ~** गैस चूल्हा उपकरण सेट;

p&i: **~ ahead** पहली पंक्ति में चलना; **~ by** किसी से या किसी वाहन से आगे निकलना; **~ down** निशाने की दूरी कम क.; **~ far and wide (in a speech)** भाषण में विषय से दूर हटकर बात क.; **~ forests/ hills** वनों, पहाड़ों आदि में विचरण क.; **~ in** निशाना बांधकर गोली चलाना; **~ oneself** का पक्ष लेना; **~ one's eyes round sth** अपनी नजर को किसी चीज के इर्दगिर्द घुमाना; **~over/ through** चप्पा-चप्पा छान मारना; **~ through the woods in search of food** खाना ढूंढते हुए वन में चक्कर लगाना; **~ up** निशाने की दूरी बढ़ाना;

at close ~ बिल्कुल कम दूरी से, सटाकर; **at long ~** लंबी दूरी से; **be ~ed against** के विरोध में खड़ा हो.; **give a free ~ to one's fancy** अपनी कल्पना को खुली उड़ान भरने दे.; **his fancy ~d over many subjects** सपने में वह एक विषय से दूसरे पर छलांगे लगाता रहा

ranger *see above under* range: ***dw/lw***

ranging /रेंजिंग/ *n.* 1 दूरी मापन, मारक-क्षेत्र की सीमा मापन 2 वर्गीकरण 3 चांदमारी की दूरी;

adj. दूरी का, चांदमारी की दूरी की: ~ fire; ~ device;

collocations: **ranging fancy** (inconsistent affection) अस्थिर प्रेम

rang\y /रेंजि/ *adj., degr.* **~ier**, **~iest** 1 लंबी टांगों वाला, लमटंगा, छरहरा 2 *US* लंबा-चौड़ा, विशाल, फैला हुआ

rank /रैंक/ *n.* 1 सेना में पद: the ~ of admiral/ captain/ general, etc.; advance in ~ (पदोन्नति हो.); pride of ~ (पद से होने वाला अहंकार) 2 (***syn.*** queue) पंक्ति 3 (***syn.*** order) क्रम, व्यवस्था 4 (***syn.*** class) श्रेणी, वर्ग, दर्जा, कोटि 5 (**~s**) समूह, कतार: the **~s** of the unemployed 6 (***syn.*** position) पद, पदवी: ~ has its privileges 7 (***syn.*** eminence) प्रतिष्ठा 8 (**the ~s**) सामान्य सैनिक: be commissioned from the **~s** 8.1 सैनिकों की पंक्ति: break the **~s**, join the **~s** (पंक्तिबद्ध खड़ा हो.) 8.2 सैनिक-सेवा: join the **~s** 9 *Br.* टैक्सी अड्डा: taxi ~ 10 जनसाधारण: reduce to the **~s**; rise from the **~s**; ~ and file;

v., *pt.* **~ed**, *pp* **~ing** 1 पदानुसार पंक्तिबद्ध हो. 2 किसी प्रतियोगिता, कला या समाज में वरीयता दे. या पाना: ~ sb as a great essayist; ~ Dante above Shakespeare; ~ among the first; ~ third 3 पंक्तिबद्ध क. 4 (***syn.*** classify) वर्गीकृत क., श्रेणीबद्ध क.: ~ books on a shelf 5 आयु में बड़ा या पद में ऊंचा होना: ~ sb in age; a colonel **~s** a major 6 स्थान पाना: ~ below the average 7 (***syn.*** equal) के बराबर होना;

adj. 1 शानदार, भव्य 2 घना, सघन, अत्यधिक फैलने वाला (of plants): the roses are growing ~; ~ with weeds 3 अति उर्वर (of soil): ~ earth 4.1 (***syn.*** foul-smelling) सड़ांधभरा, बदबूदार, सड़ी हुई: grow ~; lanes and alleys ~ with filth; ~ fish 5 भद्दा, गंवारू, अश्लील 6 पक्का, नितांत, पूर्णतः, कोरा, बिल्कुल, अत्यधिक: ~ disobedience; ~ beginner 7 तीव्र, तीखा, तेज: ~ poison 8 घिनौना, दुष्ट, कमीना: ~ treason/ traitor;

dw/lw: **~er** /रैंकः/ *n.* 1 सामान्य सैनिक 2 कमीशन प्राप्त सेनाधिकारी; **~ing** /रैंकिंग/ *adj.* उच्च पदस्थ: ~ing member; ~ing representatives; a ~ing place in the economic structure (देश की आर्थिक स्थिति में महत्त्वपूर्ण स्थान); **~ing** *n.* 1 स्थिति 2 क्रमिक स्थान: achieve a ~ing 3 प्रतियोगिता में प्राप्त किया जाने वाला स्थान 4 किसी खेल में दुनिया भर के खिलड़ियों की क्रमांकता: Jokovich at present has the first ~ing in tennis;

collocations: **~ correlation** समूह में क्रमबद्ध दो या अधिक सदस्यों या वस्तुओं के बीच पारस्परिक संबंध; **~ injustice** घोर अन्याय; **~ lie** कोरा झूठ; **~ malice** पूर्ण दुराग्रह; **~ nonsense** बिल्कुल बकवास; **~ outsider** पूर्णतः बाहर वाला; **~ pedantry** बाल की खाल उतारने की घोर प्रवृत्ति; **~ swindler** पक्का ठग;

p&i: **~ among the best** सर्वश्रेष्ठ लोगों आदि में गिना जाना; **break ~** पंक्ति तोड़ना; **break ~s** एकता भंग क.; **close ~s** एकता बनाए रहना; **keep ~** पंक्ति में रहना; **pull ~** निम्न पद के अफसरों के प्रति ऐंठ या बदतमीजी से पेश आना, पद का फायदा उठाना; **rise from the ~s** 1 (सेना में) सामान्य सैनिक द्वारा कमीशन प्राप्त किया जा. 2 जनसाधारण से निकलकर आगे बढ़ना; **the ~ and file** सामान्य सैनिक, सामान्य जन, आम आदमी; **the ~ and fashion** (high society) फैशनपरस्त उच्च वर्ग

rank\le /रैंकल/ *v., pt.* **~led**, *pp* **~ling** 1 क्रोध भावना व कटुता पैदा क.: his refusal still **~les** 2 रड़कना, खटकना, चुभना: **~le** in the heart/ in the mind 3 (***syn.*** fester) पीब से भर आना: the wound still **~les**;

dw/lw: **~ling** /रैंकलिंग/ *n.* 1 अपमान जिसे भुलाया ना जा सके 2 मवाद की भराई, शोथ; **~ling** *adj.* 1 कटु, संतप्त करने वाला: ~ling injustice 2 सताने वाला 3 मवाद भरा

ransack /रैनसैक/ *v., pt.* **~ed**, *pp* **~ing** 1 (***syn.*** turn upside down) चीजों की उठा-पटक करते हुए तलाशी ले., घर आदि को छान डालना: they have **~ed** the room to find the letter 2 लूट-पाट क.: ~ a city 3 जांच-पड़ताल क. 4 टटोलना: ~ one's conscience; ~ one's memory for forgotten things; ~ one's brain;

dw/lw: **~er** *n.* लूट-पाट करने वाला

ransom /रैनसम/ *n.* 1 फिरौती, घिरौती 2 (*usually* **a king's ~**) निष्क्रयण, निष्कृति-धन, मुक्ति-धन, छुड़ाई, छुटकारा (money) 3 (***syn.*** redemption) उद्धार 4 अत्यधिक कीमत, विपुल धन राशि;

v., *pt.* **~ed**, *pp* **~ing** 1 निष्क्रिय क. 2 (फिरौती देकर) छुड़ाना, मुक्त करवाना: ~ sb at a heavy price 3 (***syn.*** atone for)

प्रायश्चित्त क. 4 (***syn.*** redeem) उद्धार क.;
dw/lw: **~able** /रैनसमअबल/ *adj.* जिसका उद्धार किया जा सके; **~ed** /रैनसमड/ *adj.* निष्क्रीत; **~er** /रैनसमः/ *n.* 1 मुक्त करवाने वाला 2 उद्धार करने वाला;
p&i: **a king's** ~ ढेरों धन; **hold sb to** ~ 1 फिरौती के लिए किसी को बंदी बनाकर रखना 2 कोई काम करवाने के लिए किसी के लिए असह्य स्थिति पैदा क.

rant /रैंट/ *v., pt.* **~ed**, *pp* **~ing** 1 प्रलाप क.: he **~ed** at the boy, who paid no attention 2 ऊंचा-ऊंचा बोलकर गला फाड़ना: ~ out; ~ out a speech 3 दिखावापूर्ण शैली में बोलना, लंबी-चौड़ी हांकना: ~ a scene;
n. 1 दिखावापूर्ण एवं ऊंची आवाज में भाषण 2 शब्दाडंबर: the passage is pure ~ 3 क्रोध भरा प्रलाप, तीव्र फटकार: a ~ against sth 4 थोथी निंदा;
dw/lw: **~er** /रैंटः/ *n.* बातूनी आदमी; **~ings** /रैंटिंग/ *n.* थोथा प्रलाप, चीख-चिल्लाहट; **~ingly** /रैंटिंगलि/ *adv.* 1 प्रलाप करते हुए 2 आडंबरपूर्ण शैली में;
p&i: **~ and rave** नाराजगी जताने के लिए चिल्लाकर शिकायत क.

RAOC *abbr. Brit* 'Royal Army Ordnance Corps' की प्रथमाक्षरी

rap /रैप/ *n.* 1 (***syn.*** noise) खटखट, ठक-ठक: there was a ~ on the window 2 *sl.* दोष या दंड 3 संगीतमय शब्द जिन्हें गाने की बजाए बोला जाता है 4 रैप संगीत 5 *colloq.* संवाद या बातचीत 6 (***syn.*** a whit, a jot) लव-लेश 7 हल्की थपथपाहट: a ~ on/ across/ over the knuckles;
v., pt. **~ped**, *pp* **~ping** 1 ठकठक क., खटखटाना, ठकठकाना: the chairman **~ped** the table; ~ at a door 2 रैप गाना 3 (*usually* **~ sth out**) डांटना, फटकारना, आलोचना क. 4 फूट पड़ना, कह डालना 5 ठकठक करके कोई संदेश दे. 6 हल्के-से मारना, थपथपाना: ~ sb's knuckles/ sb's fingers 7 चपत या ठोकर मारना;
dw/lw: **~per** /रैपः/ *n.* 1 ठकठक करने वाला 2 रैप संगीत में गीत के बोल बोलने वाला गायक;
p&i: **~ and rend** पकड़कर लूटना; **~ on the knuckles** हल्की-फुल्की डांट, फटकार, आलोचना; **~ out oaths** गालियां दे.; **~ out one's words** रुक-रुक के बोलना;
beat the ~ दंड से बच निकलना; **it isn't worth a** ~ कौड़ी के दाम भी नहीं; **not care a** ~ जरा-भी परवाह न क.; **take the** ~ दूसरे का दंड भोगना; **without a** ~ जेब में फूटी कौड़ी न हो.

rapa\cious /रअपेशिअस\/ *adj.* 1 (***syn.*** grasping) लोभी, लोलुप, लालची 2 (***syn.*** voracious) पेटू 3 (***syn.*** plunderer) लुटेरा: **~cious** invaders 4 हिंसक, खूंखार (of animals);
dw/lw: **~ciously** /~लि/ *adv.* लोभवश; **~ciousness/ ~city** /~नेस/ रअपेसिटि/ *n.* 1 लोभ, लोलुपता 2 पेटूपन

rape /रेप/ *v., pt.* **~d**, *pp* **raping** 1 बलात्कार क. 2 किसी सुंदर (प्राकृतिक) स्थान को रौंदना 3 अपहरण क., लूटना;
n. 1 बलात्कार: commit a ~ 2 सुंदर स्थान को रौंदने की क्रिया: ~ of forest 3 (***syn.*** looting) लूट 4 (***syn.*** kidnapping) अपहरण 5 (***syn.*** rape seed) एक तेल देने वाला बीज और उसका पौधा, तोरिया 6 रस निकालने के बाद बचा अंगूर का गूदा;
dw/lw: **~-cake** *n.* रेप के बीजों की खल; **~-oil** *n.* रेप (तोरिया का) तेल; **~-seed** *n.* तोरिया का बीज; **rapist** /रेपिस्ट/ *n.* बलात्कार करने वाला, बलात्कारी

rapid /रैपिड/ *adj.* 1 तीव्रगामी, तेज, द्रुत, द्रुतगामी, शीघ्रगामी: ~ movement/ growth; ~ gait; ~ worker; ~ thinker 2 (***syn.*** prompt) शीघ्र, तत्काल, तुरंत: ~ flow; ~ return; ~ consumption; ~ analysis 3 सीधा खड़ा हुआ: ~ descent/ ascent (सीधी खड़ी चढ़ाई-उतराई); there was a ~ raise in the highway;
n. (*usually* **~s**) नदी की द्रुत गति का स्थान, क्षिप्रिका;
dw/lw: **~ity/ ~ness** /रैपिडिटि/ रैपिडनेस/ *n.* तेजी, द्रुत गति, तेज गति, शीघ्रता, तीव्रता; **~ly** /रैपिडलि/ *adv.* तीव्रता से, तेजी से;
collocations: **~ action force** द्रुत गति से काम करने वाला बल; **~ eye movement** (*abbr.* **REM**) *physiol.* REM SLEEP के दौरान बंद पलकों के पीछे आंखों का तेजी से बाएं-दाएं चलन; **~ fire** 1 द्रुत गोलीबारी 2 द्रुत गति से प्रश्नों आदि की बौछार; **~ transit** नगर में द्रुत गति का परिवहन (मेट्रो आदि)

rapids /रैपिड्ज/ *n., [pl.] see above under* **rapid: *n.***

rapier /रेपिअः/ *n.* भाला, बर्छा, खांडा, नीमचा;
dw/lw: **~-thrust** *n.* भाला-घुसेड़न;
collocations: **~ glance** चीरकर जाने वाली नजर

rapine /रैपाइन/ रैपिन/ *n.* 1 संपत्ति पर जबरदस्ती कब्जा 2 लूट-खसोट, लूटमार, लूट-पाट 3 दरिंदगी, शिकार: beasts of ~;

rappee /रैपी/ *n.* तटिया सुंघनी

rapper *see above under* **rap: *dw/lw***

rapport /रैपॉः/ *n.* 1 मेलजोल 2 आपसी समझ 3 घनिष्ठता, सौहार्द;
p&i: **en/ in** ~ 1 किसी बात के संबंध में 2 सहमति से 3 आपसी समझ के चलते

rapporteur /रैपॉटर/ *n., Fr.* रिपोर्ट प्रस्तुत करने वाला

rapprochement /रैप्रौशमॉं/ रैप्रोशमॉं/ *US* रैप्रोशमां, रैप्राःश्मॉं/ *n., Fr.* सुलह-सफाई, मेल-मिलाप, पुनर्मेल

rapscallion /रैप्स्कैलिअन/ *n.* 1 ठग 2 गुंडा, बदमाश, आवारा

rapt /रैप्ट/ *adj.* 1 तन्मय, मग्न, तल्लीन: listen with ~ attention 2 मुग्धकर, मनोहर 3 (***syn.*** enraptured) सम्मोहित, आनंद-विभोर, भाव-विभोर: a ~ look 4 किसी कार्य में पूर्णतः डूबा हुआ: ~ in contemplation; ~ in a book; ~ in some task 5 अपहरित, मृत्यु द्वारा अपहरित: ~ up into heaven (ऊपर वाला जिंदा ही उठा ले गया)

raptor /रैप्टः/ *n., ornithol.* शिकारी पक्षी;
dw/lw: **~ial** /रैप्टॉःरिअल/ *adj.* 1 हिंसक 2 शिकारभक्षी: ~ial bird (शिकारी पक्षी)

raptu\re /रैप्चः/ *n.* 1 (***syn.*** delight) आनंद, हर्ष, खुशी: be in/ go into **~res** 2 (**~res**) हर्षोन्माद, हर्षातिरेक: was in **~res** about the concert 3 भाव समाधि;
v., pt. **~red**, *pp* **~ring** आनंद, हर्षित व उल्लसित हो.
dw/lw: **~red/ ~rous** /रैप्चअःड/ रैप्चअरस/ *adj.* 1 हर्षोन्मत्त, प्रहर्षित: ~rous applause 2 (***syn.*** ecstatic) आनंदविभोर, हर्ष विह्वल: ~rous girl

rara avis /रेअरअ एविस/ *Lat.* 1 विरला, अद्वितीय व दुर्लभ व्यक्ति, पक्षी आदि 2 अनहोनी बात

ra-ra skirt /रेअरअ स्कःट/ *n.* बहुत छोटा व चुनटदार स्कर्ट

rare /रेअः/ *adj.* 1 विरला: a few ~ trees here and there; ~ object; a ~ occurrence 2 असामान्य, असाधारण: ~ courage; it is a ~ thing for him to do that 3 दुष्प्राप्य, दुर्लभ: ~ postage stamps/ books/ metals/ gems 4 (***syn.*** excellent) श्रेष्ठ, बढ़िया, शानदार: ~ talent; ~ scholar; a person of ~ charm 5 *colloq.* अतिशय, कठोर: you gave me a ~ fright 6 ऊंचे स्थानों (पहाड़ों आदि) की बहुत हल्की हवा: ~ atmosphere 7 अधपका गोश्त: ~ eggs;
adv. 1 कभी नहीं, कभी-कभी 2 विरले ही, अपवाद रूप में 3 शानदार (ढंग से): a ~ fine view;
dw/lw: **~faction** /रेअरिफैक्शन/ *n.* 1 विरलन, विरलीकरण, विरलता 2 असघनता, असघनताकरण; **~factive** /रेअरिफैक्टिव/ *adj.* विरलक; **~fied** /रेअरिफाइड/ *adj.* 1 विरलित, कम आक्सीजन वाली (हवा) 2 परिष्कृत, बहुत कम लोगों द्वारा अनभूत या समझ में आनेवाली: ~fied realm of poetry 3 उदात्त, उच्च: promoted to ~fied rank (ऊंचे पद पर पदोन्नति); **~fy** /रेअरिफाइ/ *v., pt.* ~fied, *pp* ~fying, *s/he/it* ~fies विरला क., असघन बनाना या बनना; **~ly** /रेअःलि/ *adv.* 1 कभी-कभार: see sb very ~ly 2 बिरले ही: ~ly honest; **~ness** /रेअःनेस/ *n.* 1 अद्वितीयता, असाधारणता, असामान्यता 2 दुर्लभता;

collocations: **~ atmosphere** असघन वायुमंडल; **~ bird** *colloq.* अद्वितीय व असाधारण व्यक्ति; **~ earths/ ~-earth element**, *chem.* दुर्लभ मिट्टियां, दुर्लभ मिट्टी तत्त्व; **~ gas = noble gas** अहानिकारक गैस

raree-show /रेअरीशो/ *n.* 1 कठपुतली का खेल 2 सैरबीन

rarely *see above under* **rare:** ***dw/lw***

raring /रेअरिंग/ *adj.* (***syn.*** enthusiastic, *mainly* **~ to go**) उत्साही, उत्सुक, तत्पर: be ~ to do sth; ~ to fly;

p&i: **~ to go** कोई कार्य शुरू करने के लिए अति उत्सुक

rarity /रेअरअटि/ *n., pl.* **rarities** 1 विरलता: here a fine day is a ~ 2 (***syn.*** scarcity) दुर्लभता, दुष्प्राप्यता 3 (***syn.*** excellence) उत्कृष्टता 4 (***syn.*** miracle) कौतुक, चमत्कार: museum full of **rarities** 5 असघनता, छिदरापन (*Hr.*)

RAS *abbr.* 'Royal Astronomical Society' की प्रथमाक्षरी

rascal /रास्कल/*US* रैस्कल/ *n.* 1 बदमाश 2 बेईमान व्यक्ति, दुर्जन, धूर्त, कमीना आदमी 3 नटखट बालक, शैतान बच्चा;

dw/lw: **~dom** /रास्कलडम/ *n.* 1 अपराधी जगत 2 कमीनापन, घिनौनापन: a piece of ~dom; **~ity** /रास्कैलिटि/ *n.* धूर्तता, दुष्टता, घिनौनापन; **~-like** *adj.* बदमाशों जैसा; **~ly** *adj.* बदमाश की तरह का: ~ly trick; **~ly** /रास्कलि/ *adv.* बदमाश की भांति

rash /रैश/ *n.* 1 चकत्ते, ददोरा 2 (***syn.*** spate) दुर्घटनाओं आदि का तांता: a ~ of burglaries;

adj. 1 जल्दबाज, उतावला, अंधाधुंध: ~ act 2 अविवेकी, अविचारी: ~ judgment 3 दुस्साहसी: ~ statement 4 (***syn.*** impulsive) अविवेचित: ~ words; ~ promise;

dw/lw: **~ly** /रैशलि/ *adv.* अंधाधुंध तरीके से, असावधानी से; **~ness** /रैशनेस/ *n.* अविवेक, उतावलापन, जल्दबाजी, दुस्साहस

rasher /रैशः/ *n. UK* सुअर के मांस का पतला टुकड़ा (slice): a ~ of bacon

rasp /रास्प/ *US* रैस्प/ *n., colloq.* 1 (***syn.*** file) मोटी रेती, सोहान 2 करड़करड़ करने वाली कठोर आवाज, कर्कश ध्वनि;

v., *pt.* **~ed**, *pp* **~ing** 1 रेती से रगड़ना 2 चिढ़कर बोलना: ~ the nerves (चिढ़ पैदा क.) 3 (***syn.*** croak) कर्कश ध्वनि क. 4 (***syn.*** grate) किर-किराना 5 (***syn.*** irritate) अखरना, खलना;

dw/lw: **~er** /रास्पः/ *US* रैस्पः/ *n.* किर-किर करने वाला आदमी या वस्तु; **~ing** /रास्पिंग/ *US* रैस्पिंग/ *adj.* किर-किर करने वाला; **~ingly** /रास्पिंगलि/ *US* रैस्पिंगलि/*adv.* किर-किर करते हुए; **~y** /रास्पि/ *US* रैस्पि/ *adj.* किर-किर करने वाला;

p&i: **~ out an insult** 1 अपमान क. 2 कानों पर कर्कश ध्वनि क.; **~ sb's feelings** किसी की भावनाओं को ठेस पहुंचाना

raspber\ry /राजबअरि/ *US* रैजबेरि/ *n., pl.* **~ries** 1 मकोय, रसभरी 2 होंठों के बीच से हवा निकालते हुए निंदा या घृणा जताने की ध्वनि 3 *sl.* इन्कार या डांट-फटकार: get the **~ry** (फटकार दिया जा.); blow a **~ry** (डांटना-फटकारना);

adj. 1 रसभरी के लाल रंग जैसा 2 रसभरी से बना हुआ

raster Image processor *comput.* एक उपकरण या सॉफ्टवेअर का अंश जो पाठ को मुद्रणीय (छपाई योग्य) रूप दे सकता है

raster\ze/ ~se /रैस्टअराइज/ (*also* **rip**) *v., pt.* **~ed**, *pp* **~ing** बिंबात्मक पाठ को मुद्रणीय रूप देना

rat /रैट/ *n.* 1 चूहा, मूषक: extermination of **~s** 2 दुष्ट व्यक्ति 3 (***syn.*** politics) दल-बदलू, आयाराम-गयाराम 4 (***syn.*** worker) हड़ताल-भेदी, हड़ताल-तोड़क;

v. *pt.* **~ted**, *pp* **~ting** 1 चूहों का शिकार करना या उनका पीछा क. 2 (*usually* **~ on sb**) *colloq.* किसी के साथ बेवफाई करते हुए छोड़ दे. 3 हड़ताल-भेदी हो.;

dw/lw: **~bag** *see below under separate entry*; **~-bite** *n.* चूहे का दंश; **~-catcher** *n.* चूहेमार, मूषकनाशक, मूषनाशक; **~-face** *n.* चालाक आदमी; **~-firm** *n.* हड़तालभेदी मजदूरों से काम लेने वाली कंपनी; **~fink** /रैटफिंक/ *n., derog., sl., esp. N. Amer.* घटिया, कमीना, दुष्ट, घिनौना आदमी; **~pack** *n., sl.* 1 गुंडों का झुंड 2 अखबारों के फोटोग्राफरों का दल; **~-poison** *n.* चूहे मारने का जहर; **~proof** *adj.* मूषकरोधक; **~-~** *n.* दरवाजा खटखटाने की आवाज, खटखट (*also see below under separate entry:* **~-a-trat-tat**); **~s** *excl.* क्रुद्ध होने पर प्रयुक्त; **~sbane** /रैट्सबेन/ *n.* चूहे मारने का जहर; **~snake** *n.* धामिन; **~-tail** *n.* चूहा-पुच्छ; **~ter** /रैटः/ *n.* बिल्ली, कुत्ता या दूसरा कोई चूहे पकड़ने वाला जानवर; **~ting** /रैटिंग/ *n.* 1 चूहे पकड़ने की क्रिया, चूहे मारने का अभियान 2 गद्दारी: ~ting over to the enemy; **~ty** /रैटि/ *adj., degr.* rat**tier**, rat**tiest** 1 चूहों से ग्रस्त 2 (***syn.*** grumpy, irritable) क्रुद्ध 3 (***syn.*** shabby) फटेहल; **~-trap** *n.* चूहेदान, चूहेदानी, मूसदानी;

collocations: **(the) ~ race** *n.* 1 होड़ा-होड़ी, चढ़ा-ऊपरी, उठापठक 2 सफलता, धन व व्यापार के लिए बहुत तेज व कभी न खत्म होने वाली होड़; **~ run** (***syn.*** service lane) मुख्य मार्ग के समानांतर छोटी सेवा-सड़क

p&i: **~ on one's debts** ऋण वापस करने से इन्कार क.; **~ on sb** किसी के बारे में मुखबरी क.; **~ on sth** (***syn.*** renege) वादखिलाफी क., वायदे न निभाना; **~s desert/ forsake/ leave a sinking ship** डूबते जहाज से चूहे भाग जाते हैं, मुसीबत में विरले साथ देते हैं;

die like a ~ in a hole कुत्ते की मौत मरना; **give sb ~s** किसी को डांटना, फटकार लगाना; **go ~ting** चूहों का शिकार करने निकलना; **have ~s in the attic** पागल हो., थोड़ा हिला हो.; **have (got) the ~s** बदमिजाज हो., मिजाज खराब हो.; **like a ~ in a hole** सभी द्वारा तिरस्कृत होने पर पूरी तरह से अकेला पड़ा हुआ; **like a ~ in a trap** फंदे में फंसे चूहे की तरह; **smell a ~** दाल में कुछ काला होने का संदेह हो.; **wet like a drowned ~** पूर्णतया भीगा हुआ

rata /राटा/ = **pro rata** /प्रो राटा/ *Lat.* = proportionate आनुपातिक, उपयोगित मात्रा या किए गए कार्य के अनुपात में आकलन क.

ratable/ rateable /रेटअबल/ *adj.* 1 (***syn.*** taxable) कर-योग्य, कर लगाने योग्य 2 (***syn.*** proportional) आनुपातिक 3 (***syn.*** estimable) आकलनीय

ratal /रेटल/ *n.* कर-योग्य मूल्य

ratarsed /रैटाःस्ट/ *adj., sl.* नशे में बुरी तरह धुत्त

rat-a-tat-tat /रैट-अ-टैट-टैट/ *n.* दरवाजा खटखटाने की आवाज, खटखट

rataplan /रैटअप्लैन/ *n.* ढमढम, ढनक;

v., *pt.* **~ned**, *pp* **~ning** ढमढम क., ढोल बजाना

ratatouille /रैटअटूइ/ *n., Fr.* एक दक्षिण फांसीसी व्यंजन

ratbag /रैटबैग/ *n., sl.* कमीना और घिनौना व्यक्ति, मनहूस आदमी

ratchet /रैचिट/ *n.* दांतेदार पहिया जो एक दिशा में घूमता है, गरारी: ~-wheel

rate /रेट/ *n.* 1 (***syn.*** price) दर, भाव, मूल्य: the ~ of pay for the job 2 (***syn.*** proportion) अनुपात 3 विनिमय दर: exchange ~; dollar/ rupee ~ 4 ब्याज दर: interest ~; at an easy ~ 5 गति, रफ्तार, दर: birth ~; a high suicide ~; ~ of growth (विकास दर) 6 (***syn.*** class) श्रेणी, कोटि, स्तर: second-~; this fruit/ this orchestra is quite second ~ 7 उपकर: tax ~ 8 शुल्क: harbour **~s**;

v., *pt.* **~d**, *pp* **rating** 1 खूबी या काबिलीयत आंकना, मूल्यांकन क.: ~ the university number two in the world; ~ sb's merits high; ~ one profession above another in usefulness; ~ a student first 2 मूल्य निर्धारित क.: ~ fame at its true value 3 (*usually* **~ as sth**; ***syn.*** rank) किसी श्रेणी में रखना या हो.: it **~s** as the best book on the subject; he **~s** the best 4 दर नियत क. 5 डांटना, डपटना, फटकारना, झिड़कना 6 (***syn.*** merit) मानना, आदर क., के योग्य मानना: I ~ him among my friends;

dw/lw: **~eable** *see* **ratable**; **~-capping** *n.* कर-सीमांकन, मूल्य-सीमांकन; **~-circular** *n.* रघौती; **~-cap** *v. pt.* ~-

capped, *pp* ~-capping अधिकतम कर सीमा निर्धारित; **~d** /रेटिड/ *adj.* 1 नाम-मात्र का 2 प्रोजेक्ट के अनुसार निर्धारित: ~d capacity; ~d input/ output; ~d height; **~-list** *n.* मूल्य-सूची, दर-सूची; **~-payer** *n., Br.* करदाता; **~payer** *n., Br.* करदाता; **~r** /रेटः/ *n.* कर का आकलन करने वाला; **~s** *n., [pl.]* (*in full* **business ~s**) संपत्ति की मूल्यांकित कर दर; **~up** *n.* 1 बीमा के बोनस में बढ़ोतरी 2 *naut.* पदोन्नति;

collocations: **~ of exchange** विनिमय दर; **~ of reaction**, *chem.* प्रतिक्रिया गति या दर; **pulse ~** नब्ज की गति दर;

p&i: **~ as a national resource** राष्ट्रीय स्रोत के रूप में माना जाना; **~ of discount** छूट की दर; **~ of duty** सीमा-शुल्क आदि की दर; **~ of flow** बहाव की मात्रा या गति; **~ of production** उत्पाद दर; **~ of surplus value** अतिरिक्त कीमत दर; **~ per cent** प्रतिशत दर; **~ of speed per minute** प्रति मिनट रफ्तार; **~s and taxes** स्थानीय उगाही और सरकारी कर; **~ sb/ sth high** किसी को या किसी चीज को ऊंचा आंकना;

at all ~s हर कीमत पर; **at a low ~** निम्न दर पर; **at an easy ~** 1 आसानी से 2 आसान दर पर; **at any ~** 1 हर हाल में, जो भी हो 2 बहरहाल, कम से कम; **at this/ that ~** ऐसी/ वैसी सूरतेहाल में; **failure ~** असफलता की दर; **first-/ second-/ third-rate** पहले/ दूसरे/ तीसरे दर्जे का; **he is ~d the best in his field** उसे उस के क्षेत्र में सर्वोत्तम माना जाता है; **improved in manners at any ~** चाहे जो हो, उसकी तमीज में सुधार हुआ है; **live at a high ~** खूब ऐशो-आराम से रहना; **not at any ~** किसी सूरते हाल में भी नहीं; **the ~s of wages per week** प्रति सप्ताह मजदूरी दर; **unemployment increases at a fearful ~** बेरोजगारी बेतहाशा बढ़ रही है

ratfink *see above under* **rat:** ***dw/lw***

rather /रादः/ *US* रैदः/ *adv.* 1 (***syn.*** somewhat) कुछ-कुछ, कुछ हद तक, थोड़ा-सा: it's ~ good; he felt ~ tired; I ~ like it; ~ dull/ interesting/ dark/ lengthy 2 से ज्यादा, की बजाय, मेरा बस चले तो, दरअसल (rather than): it is ~ good than bad; derived ~ from imagination than reason; I would ~ stay here than going home; he resigned ~ than stifle his conscience; I would ~ be poor than get money by dishonest methods; the colour seems green ~ than blue 3 (***syn.*** on the contrary) उल्टे: soft water ~ than hard; I would ~ go; he would ~ die than comply 4 (***syn.*** more accurately) ठीक कहा जाए तो: my parents, or ~ my mother and stepfather; I am ~ inclined to agree with you; late last night or ~ early this morning 5 बल्कि: you ~ than I should go; I would much ~ not go 6 *excl.* हां, बिल्कुल, बेशक, निश्चय ही: would you like a chocolate? **Rather!** ~ a lot; the performance was ~ a failure; she is ~ good-looking 7 की बजाए या को छोड़कर कोई भी चीज, व्यक्ति... आदि: anything ~ than ...

raticide /रैटिसाइड/ *n.* चूहे मारने की दवाई

rati\fication /रैटिफिकेशन/ *n.* 1 स्वीकृति, पुष्टि: subject to **~fication**; partial **~fication** 2 समर्थन: conditional **~fication**;

dw/lw: **~fied** /रैटिफाइड/ *adj.* पुष्ट, स्वीकृत, समर्थित; **~fier** /रैटिफायः/ *n.* स्वीकृत करने वाला

ratif\y /रैटिफाइ/ *v., pt.* **~ied**, *pp* **~ying**, *s/he/it* **~ies** 1 औपचारिक रूप से पुष्टि क., पुष्ट क. 2 स्वीकृति दे. 3 समर्थन क., अनुमोदित क.

rating /रेटिंग/ *n.* 1 श्रेणी, कोटि, वरीयता: ~ of merit; priority ~ 2 (**the ~s**) किसी की हैसियत का मूल्य निर्धारण: give sb/ sth a ~; have a credit ~ 3 (***syn.*** tax evaluation) कर-निर्धारण, निर्धारित मूल्य या कर: tax ~ 4 रेडियो या दूरदर्शन के किसी कार्यक्रम के श्रोताओं या दर्शकों की संख्या व गुणवत्ता: audience ~ 5 किसी की सर्वप्रियता का स्तर: a high/ low ~; sb's/ sth's ~ drops/ falls/ improves/ increases 6 (***syn.*** reprimand) डांट-फटकार: give sb a ~ 7 *Br.* नाविक, मल्लाह

ratio /रेशिओ/ *n., pl.* **~s** 1 एक वर्ग की दो वस्तुओं या व्यक्तियों के बीच अनुपात: the population contains a very high ~ of young people 2 एक संख्या के दूसरी में विभक्तिकरण का फल, भागफल 3 राशन;

p&i: **in direct ~** सीधे अनुपात में; **in inverse ~** प्रतिलोम अनुपात में

ratiocinate /रैटिऔसिने\ट/ *US* रेशिओसिने\ट/ *v., pt.* **~ted**, *pp* **~ting** 1 तर्क-आधारित चिंतन-मनन क. 2 किसी बात या काम का सही बहाना या कारण ढूंढना;

dw/lw: **~tion** /~शन/ *n.* सही सोच, तर्क, तर्कण, तर्कणा, तर्क शक्ति; **~tive** /~टिव/ *adj.* तर्कपूर्ण, तर्कजन्य

ration /रैशन/ *n., pl.* **~s** 1 युद्ध आदि के दौरान भोजन, कपड़ों, पेट्रोल आदि की प्रति व्यक्ति निर्धारित मात्रा 2 (***syn.*** rations) सेना आदि में प्रति व्यक्ति दैनिक भत्ता, भोजन आदि की मात्रा: ~ by weight 3 भोजन आदि की नियत मात्रा, राशन 4 रसद, खाद्य पदार्थ;

***v.**, pt.* **~ed**, *pp* **~ing** 1 नियत मात्रा में खाद्यान्न दे. 2 राशन दे.: the army is well **~ed** 3 (*often* **~ sth out**) राशनिंग लागू क.: ~ (out) bread; milk was **~ed**;

dw/lw: **~ed** /रैशंड/ *adj.* जिसे राशन में दिया जाता हो; **~ing** /रैशनिंग/ *n.* राशनिंग, नियंत्रित वितरण, नियंत्रण;

collocations: **~ book** राशन-पुस्तिका; **~ card/ book** राशन-कार्ड; **~ certificate** खाद्य-पदार्थों का राशन प्रमाण-पत्र; **~ing officer** राशन अधिकारी; **iron/ emergency ~** भंडारित मात्रा का अनिवार्य न्यूनतम स्तर;

p&i: **be on short ~s** खाने को बहुत कम सामग्री हो.

rational /रैशनल/ *adj.* 1 (***syn.*** sensible, moderate) समझदार, बुद्धिमान, विवेकपूर्ण 2 तर्कमूलक, बुद्धिसंगत: ~ method; ~ explanation 3 (***syn.*** reasonable) विवेकी, विवेकसंपन्न, बुद्धिसंपन्न: man is a ~ creature/ ~ being; ~ theology; ~ faculty (तर्कपूर्ण चिंतन व व्यवहार की क्षमता); ~ powers 4 (***anton.*** irrational) युक्तियुक्त, युक्तिमूलक, यौक्तिक (based on reason): ~ argument; ~ conduct 5 *math.* परिमेय: ~ horizon 6 सामान्य: the patient is completely ~;

dw/lw: **~ism** /रैशनअलिजम/ *n., philos.* बुद्धिवाद, तर्कवाद (≠ mysticism/ tantrism), इस बात में विश्वास कि कोई भी व्यवहार या मत भावनाओं या मतांधता की बजाए तर्क पर आधारित होना चाहिए यानी उसे तर्कसंगत होना चाहिए; **~ist** /रैशनलिस्ट/ *n.* बुद्धिवादी या वैज्ञानिक तर्कवादी व्यक्ति; **~istic** /रैशनलिस्टिक/ *adj.* तर्कवादी; **~ity** /रैशअनैलिटि/ *n.* तर्कमूलकता, तर्कसंगतता. युक्तियुक्तता, बुद्धिसंगतता; **~ly** /रैशनलि/ *adv.* तर्कसंगत ढंग से;

collocations: **~ number** ऐसी संख्या जो दो पूर्णांकों के अनुपात के रूप में अभिव्यक्त हो सके

rationale /रैशिअनाःल/ *US* रैशअनैःल/ *n.* 1 तर्कसंगत आधार, तर्क-मूलाधार, तर्काधार: the ~ of the decision 2 औचित्य 3 (***syn.*** fundamental reason) मूल कारण: **~ behind the introduction of four-year undergraduate program (FYUP)** 4 (***syn.*** reasoned exposition/ statement of reasons) कारण विवरण 5 मुख्य हेतु: ~ of law

rationalization /रैश्नअलाइजेशन/ *n.* 1 तर्क-सम्मतिकरण, तर्क-संगतिकरण2 युक्तियुक्त या बुद्धिसंगत व्याख्या 3 *math.* परिमेयकरण 4 वैज्ञानिक तर्कमूलकता आधारित पुनर्मूल्यांकन

rationali\ze (*also UK* **~se**) रैश्नलाइज/ *v., pt.* **~zed**, *pp* **~zing** 1 अपने व्यवहार या रुख को समझदारी, सुविचारित तर्कों पर आधारित क., तर्कसंगत बनाना 2 बुद्धिसंगत बनाना: **~ze** a prejudice 3 वैज्ञानिक या बुद्धिसंगत व्याख्या प्रस्तुत क. 4 वैज्ञानिक तर्कमूलकता के आधार पर पुनर्मूल्यांकित, व्यवस्थित या पुनर्गठित क. 5 *math* परिमेय बनाना

ratline /रैटलिन/ *n.* मस्तूल पर लगी रस्सी-सीढ़ी, पैर-रस्सी सीढ़ी

rattan/ ratan /रैटन/ *n.* बेंत

ratten /रैटन/ *v., pt.* **~ed**, *pp* **~ing** (***syn.*** sabotage) तोड़-फोड़ क., भीतरघात क.

rattle /रैटल/ *v., pt.* **~d**, *pp* **rattling** 1 खनखनाना, खड़खड़ाना: the wind **~d** the windows; sb **~d** at the door; he **~d** the handle 2 खड़खड़ करते हुए चलना: the train **~d** past; we **~d** along the road at a great rate 3 (***syn.*** unnerve) मानसिक रूप से हिला दे., डरा दे.: get **~d** (हिल जा.); the team were **~d** by their opponents' tactics 4 उकसाना, उत्तेजित क.: the interruptions **~d** him in his throat 5 *colloq.* ~ on बकबक क., बड़बड़ाना;

n., *colloq.* 1 झुनझुना 2 खड़खड़ाहट, खनखन: the ~ of hail on the roof 3 सोने के समय के खर्राटे 4 शोरगुल, गुल-गपाड़ा, हो-हल्ला 5 बकवास, बकबक;

dw/lw: **~bag** *n.* झुनझुना; **~-brain/ ~-pate/ ~-head** *n.* 1 बुद्धू, बद-दिमाग2 मूर्ख व खोखला आदमी; **~r** /रैटलः/ (*also* **rattlesnake**) *n.* 1 अमेरिका का जहरीला सांप जिसकी पूंछ खड़खड़ाती है 2 खनखन करने वाली वस्तु, कमाल की वस्तु; **~trap** /रैटलट्रैप/ *n., colloq.* 1 बड़बड़िया, गपोड़शंख, गप्पी, बकवादी 2 पुरानी, टूटी-फूटी व छकड़ा गाड़ी, रद्दी चीज: ~trap motor-car 3 जर्जर, खंडहर;

alarm-~ *n.* जहाज पर मुसीबत का संकेत;

collocations: **sabre rattling** आक्रामक रुख अपनाने (तलवार भांजने) की क्रिया;

p&i: **~ a bill through the House** विधेयक को सदन में जल्दी-जल्दी पास करवा ले.; **~ away** खड़खड़ाहट के साथ फेंक दे.; **~ by** शोर करते हुए पास से गुजर जाना; **~ down** खड़खड़ाहट के साथ गिर जाना: the crockery came rattling down; **~ off one's lesson** एक सांस में पाठ दोहरा दे.; **~ on** बिना रुके बकबक करते जा.; **~ out** खड़खड़ाते हुए ढह जा.; **~ sth off** तेजी से लिखना या बोलना; **~ the sabre** लड़ाई की धमकी देना; **~ up** 1 झकझोरना, हिलाना-डुलाना 2 खड़खड़ करते हुए उठाना या खड़ा क.: the anchor was ~d up in a minute;

the little girl ~d on/ away/ along merrily छोटी-सी लड़की हंसती-खेलती आगे बढ़ती गई

rattling /रैटलिंग/ *colloq. old use adv./ adj.* 1 चतुर या चतुराई से: a ~ good fellow 2 अति सुंदर, उत्कृष्ट, लाजवाब 3 जोरदार, तेज, तीव्र;

n. 1 खड़खड़ाहट 2 कनस्तरों में बचे द्रव की सफाई

ratty *see above under* **rat:** ***dw/lw***

raucous /रॉकस/ *adj.* 1 कर्कश, कर्णकटु 2 (***syn.*** hoarse) फटा, भग्नस्वर;

dw/lw: **~ly** /रॉकसलि/ *adv.* भग्नस्वर में; **~ness** *n.* कर्कशता, कर्णकटुता

raunc\hy /रॉचि/ *adj., degr.* **~hier**, **~hiest** *colloq.* 1 भोंडा, भद्दा, लंपट 2 (***syn.*** coarse) गंदा, अश्लील 3 (***syn.*** boisterous) उग्र, प्रचंड 4 (***syn.*** sexy, sexually provocative), कामुक, कामोत्तेजक;

dw/lw: **~hily** /रॉचिलि/ *adv.* 1 उग्रतापूर्वक 2 लंपटतापूर्वक; **~hiness** *n.* लंपटता, भोंडापन

raucity /रॉसिटि/ *n.* 1 कर्कशता 2 आवाज की फटफटाहट

rava\ge /रैविज/ *v., pt.* **~ged**, *pp* **~ging** 1 (***syn.*** devastate) तहस-नहस क., नष्ट क., उजाड़ना, विध्वंस क.: **~ge** a country 2 बिगाड़ना, विकृत क.: a face **~ged** by grief and despair;

n. 1 विनाश, विध्वंस 2 विकृति: withstand the **~ges** of time 3 (**~ges**) बर्बादी, विकृतियां, विकार: the **~ges** of disease/ war, etc.;

dw/lw: **~ger** /रैविजः/ *n.* विध्वंसक, लुटेरा; **~ges** /रैविजज/ *n.* *[pl.]* विनाश, तहस-नहस

ra\ve /रेव/ *v., pt.* **~ved**, *pp* **~ving** 1 प्रलाप क.: **~ve** against one's fate; **~ve** about/ of one's misfortune 2 (***syn.*** talk incoherently) बेसिरपैर की बातें क., बेहोशी या गुस्से में बड़बड़ाना: **~ve** in fever 3 (*usually* **~ve about/ over sth**) भावुकतापूर्वक बातें क. 4 अत्यधिक क्रोध क.: be **~ving** with anger/ with fury; **~ve** oneself hoarse 5 (***syn.*** roar) गरजना, प्रचंड हो.: the sea **~ves** against the cliffs; **~ve** and storm; the wind **~ves** through the mountains; the storm **~ved** itself out (तूफान गड़गड़ाता हुआ खत्म हो गया) 6 अत्यधिक प्रशंसा क.: **~ve** about sb's beauty;

n. 1 मदिरा एवं मादक पदार्थों के सेवन के साथ किए जाने वाले नाच-नृत्य और मौज-मस्ती 2 प्रलाप 3 अति प्रशंसा 4 गरजन, गरजना, गड़गड़ाहट;

adj. *colloq.* 1 अत्यधिक जोशीला, उमंगित-तरंगित 2 अतिशय प्रशंसाजनक: **~ve** reviews;

dw/lw: **raver** *see below under separate entry*; **~ve-up** *n., colloq.* रंगा-रंग मौज-मस्ती वाली पार्टी;

p&i: **~ve at** आपे से बाहर होकर चीखना-चिल्लाना; **~ve and rant** क्रुद्ध हो., गुस्से से चिल्लाना

ravel /रैवल/ *v., pt.* **~led**, *pp* **~ling** 1 उलझाना 2 उलझना 3 उधड़ जाना, उधड़ना 4 स्पष्ट क., गुत्थी खोलना या उलझाना: ~ sth out (सुलझाना, उधेड़ना);

n. गुत्थी, उलझन

ravelin /रैव्लिन/ *n., fortification* परिकूट

raven /रेवन/ *n.* काला कौआ;

v., *pt.* **~ed**, *pp* **~ing** 1 भकोसना 2 भुक्खड़ या पेटू होना: ~ on/ upon sth 3 लूटना-खसोटना 4 शिकार खोजते फिरना (prowl), उत्कंठित हो.: ~ for sth 5 निगल जा.;

adj. चमकदार नीले-काले रंग का: ~ locks (काले चमकीले बालों का लच्छा); ~ darkness (चमकीला कालापन);

dw/lw: **~-haired** *adj.* काले चमकीले बालों वाला; **~ing** /रैवनिंग/ *adj.* बहुत भूखा; **ravenous** *see below under separate entry*

ravenous /रैवनस\/ *adj.* 1 (***syn.*** starving) क्षुधातुर बहुत भूखा, क्षुधातुर: he is ~ 2 लोभी, लालायित: ~ for praise 3 (***syn.*** gluttonous) भुक्खड़, क्षुधालु 4 तीव्र, बहुत ज्यादा (of hunger. eagerness): ~ appetite;

dw/lw: **~ly** /~लि/ *adv.* भूख से छटपटाते हुए; **~ness** /~नेस/ *n.* क्षुधातुरता, लोभ

raver /रेवः/ *adj.* 1 रेस्त्रां आदि में जाकर रंग-रलियां मनाने वाला 2 विलासी, भोगी, उच्छृंखल 3 प्रलापी, बकबकिया 4 पगला, पगली

ravin /रैविन/ *n.* 1 (***syn.*** loot) लूटपाट, लूट 2 (***syn.*** prey) शिकार: beast of ~

ravine /रवीन/ *n.* (***syn.*** gorge) खड्ड, दर्रा: a ~ (गहरी संकरी घाटी)

raving /रेविंग/ *adj./ adv.* 1 (***syn.*** frenzied) उन्मत्त, पागल: ~ mad; media are ~ wolves 2 बड़बड़ाता हुआ, प्रलापी: ~ lunatic 3 अत्यधिक: ~ beauty;

n. (*usually* **ravings**) 1 उन्मत्तता 2 प्रलाप, बेसिरपैर की बात: **~s** of a madman;

p&i: **~/ stark mad/ bonkers** अति उन्मत्त, बिल्कुल पागल

ravioli /रैविओली/ *n., [pl.]* एक प्रकार का इतालवी समोसा

ravish /रैविश/ *v., pt.* **~ed**, *pp* **~ing** 1 (***syn.*** enrapture) आनंद-विभोर कर दे., सम्मोहित क., हर्षोन्मत्त क.: **~ed** by sweet music 2 प्रफुल्लित क. 3 हर ले जाना, दुनिया से उठा लिया जाना: **~ed** from the world by death 4 (***syn.*** rape) बलात्कार क.;

dw/lw: **~er** /रैविशः/ *n.* बलात्कारी; **~ing** /रैविशिंग/ *adj.* (***syn.*** gorgeous) मनमोहक, अति सुंदर, सम्मोहक: ~ing beauty; **~ingly** /रैविशिंगलि/ *adv.* अति मनमोहक तरीके से; **~ment** /रैविशमैंट/ *n.* 1 अपहरण 2 बलात्कार 3 लूटपाट 4 आनंद-अतिरेक

raw /रॉ/ *adj.* 1 कच्चा, बिना तैयार किया हुआ: ~ material/ produce (कच्चा माल); ~ silk; ~ hide (कच्चा चमड़ा); ~

cotton; ~ yarn; ~ rice; ~ ore; ~ sugar 2 (***syn.*** stripped of skin) छिला हुआ: ~ fish/ potatoes/ apples 3 ठंडा (of weather): a ~ foggy morning 4 (***syn.*** undiluted) खालिस, शुद्ध: ~ whisky (शुद्ध, बिना पानी या सोडा आदि मिलाए): he took it ~; ~ milk; ~ water 5 (***syn.*** crude) अनगढ़, अपरिष्कृत: a ~ hand; he is still somewhat ~ to his work 6 (***syn.*** harsh) कठोर, सख्त, कड़ा 7 (***syn.*** unfair) अन्यायपूर्ण, अनुचित: he received a ~ deal/ ~ treatment 8 अविश्लेषित, अपरिष्कृत: ~ data 9 कच्चा या हरा (घाव): ~ from rubbing; ~ patches on sb's feet 10 नंगा, बिना कपड़े पहने: walk around ~; swim in the ~ 11 शक्तिशाली, नैसर्गिक, जिसे तराशा न गया हो: songs full of ~ emotions; ~ talent 12 (***syn.*** naturalistic) अति सहज, अनगढ़ विवरण से भरा हुआ, अनतराशा: ~ description of hostel life;

n. 1 हरा घाव 2 *fig.* मर्मस्थल: touch sb on the ~;

v., *pt.* **~ed**, *pp* **~ing** 1 (मरे जानवर की) खाल उतारना 2 घोड़े की पीठ पर खरहा चलाना;

dw/lw: **~-boned** *adj.* दुबला-पतला, मरियल; **~hide** *n.* खाल, कच्चा चमड़ा; **~ish** /रॉःइश/ *adj.* अधकचरा; **~ness** /रॉःनेस/ *n.* 1 कच्चा घाव 2 अन्यायपूर्णता 3 अनगढ़पन 4 नंगापन;

collocations: **~ material** कच्चा माल; **~ wound** कच्चा या हरा घाव;

p&i: **~ head and bloody bones style** खतरे का निशान (दो हड्डियों के बीच खोपड़ी) यानी डरावनी शैली; **~ deal/ treatment** *colloq.* बुरा बर्ताव, रूखा व्यवहार, अनुचित या अन्यायपूर्ण व्यवहार;

a ~ lad/ youth अनगढ़ युवक; **catch/ rub/~ touch in the ~** किसी की दुखती रग पर हाथ रखना; **in ~ condition** अनगढ़ अवस्था; **in the ~** 1 सहज रूप में, प्राकृतिक रूप में 2 अनगढ़, अपरिपक्व 3 नग्न, निरावरण; **present life in the ~** जीवन को नग्न रूप में चित्रित क.; **pull a ~ one** अभद्र चुटकुला सुनाना; **swim in the ~** नंगा नहाना

ray /रे/ *n.* 1 किरण, रश्मि, अंशु 3 झलक, प्रभा, आभा, दमक 3 ऋषभ 4 (***syn.*** spoke) अर, आरा 5 (***syn.*** fish) मछली का मेरुदंड, शंकुश 6 रेडियोधर्मी कणों का संकरा किरण पुंज 7 विकरण, केंद्र बिंदु से फैलने वाली रेखाएं, किरणें या अन्य कोई वस्तु 8 (***syn.*** glimmer) हल्की-सी चमक या दमक: a ~ of hope

v., *pt.* **~ed**, *pp* **~ing** (*also* **~ out/ ~ forth**) 1 विकिरण होना 2 फैलना, फैलाना 3 प्रसारित क. 4 प्रसारित क. या हो. 5 चमकना, झलकना;

dw/lw: **~-gun** *n.* विनाशकारी किरणें छोड़ने वाली बंदूक; **~less** *adj.* 1 अंधेरा 2 (***syn.*** gloomy) निरानंद; **X-ray** *n.* ऐक्स-रे;

p&i: **a ~ of hope/ comfort**, **etc.** = **a ~ of sunshine** आशा की किरण; **catch/ get/ grab some ~s** सूर्य-स्नान करने के लिए थोड़ी देर धूप में बैठना या लेटना

Raynaud's disease, *med.* सर्दी लगने या मानसिक तनाव के कारण शरीर की उंगलियों, अंगूठों, नाक आदि अंगों का फीका पड़ जाना जो नसों में ऐंठन या जकड़ के कारण होता है

rayon /रेऔन/ *US* रेआःन/ *n.* 1 रेयॉन, कृत्रिम रेशम 2 प्रकाश किरण

ra\ze /रेज/ *v.*, *pt.* **~zed**, *pp* **~zing** 1 (*usually* **~ze sth to the ground**) पूरी तरह ध्वस्त क., पूरी तरह ढाना 2 (***syn.*** erase) मिटाना, काटना;

p&i: **~ze a person's name from memory** किसी व्यक्ति का नाम स्मृति से मिटा दे., किसी को पूरी तरह भुला दे.; **~ze out a word** शब्द मिटाना; **~ze to the ground** मटियामेट या मलियामेट कर दे.;

a city ~zed by an earthquake भूकंप द्वारा ध्वस्त किया गया शहर

razoo /राःज़ू/ *n.*, *pl.* **~s** *Austral & NZ colloq., with negatives*: **don't have a brass ~** मेरे पास फूटी कौड़ी भी नहीं

razor /रेजः/ *n.* उस्तरा, छुरा, क्षुर;

dw/lw: **~bill** *n.* एक समुद्री पक्षी; **~-blade** *n.* 1 पत्ती 2 उस्तरे की पत्ती 3 ब्लेड; **~-edge** *n.* उस्तरे की धार; **~-edged** *adj.* अति तीक्ष्ण, पैनी धार वाला; **~-grinder** *n.* उस्तरा पैना करने वाला उपकरण; **~-sharp** अत्यधिक तेज (धार) 2 अति बुद्धिमान: a ~-sharp mind;

collocations: **~ edge** 1 तेज धार 2 बहुत नाजुक स्थिति: on the ~'s edge 3 खंदक की कगार: on the ~ edge of sth; **~ shell** (*also* **razor clam**) मछली की एक प्रकार; **~ wire** कांटेदार तार;

p&i: **be on the ~-edge** भयंकर खतरे या विनाश की क़गार पर हो.; **keep on the ~ edge of sth** हद के भीतर रहना

razz /रैज/ *v.*, *pt.* **~ed**, *pp* **~ing** खिल्ली उड़ाना, हंसी उड़ाना, चिढ़ाना

razzia /रैजिआ/ *n.*, *Arab.* छापा, हमला

razzle /रैजअल/ *n.*, *sl.* (*often* **on the ~**) रंगारंग व मौज-मस्ती भरी पार्टी: be out on the ~ for the night;

p&i: **be/ go (out) on the ~** खूब खाते-पीते और नाच करते हुए रंग-रलियां मनाना

razzle-dazzle /रैजअल-डैजअल/ (*also* **razamatazz** /रैज्मअटैज/ *or* **razzmatazz**) *n.*, *sl.* 1 ध्यान आकर्षण करने के लिए किया जाने वाला होहल्ला: ~/ **razzmatazz** of political campaign 2 रंगरलियां, मौज-मस्ती 3 (***syn.*** hustle-bustle) धक्कम-धक्का, चहल-पहल

razzmatazz /रैजमअटैज/ *n.*, *sl.* 1 हाथ की सफाई 2 घिसी-पिटी या सड़क छाप बात;

adj., *sl.* शानदार, तड़कीला-भड़कीला: a ~ New year bash

Rb *symbol, chem.* रुबिडियम (rubidium) का प्रतीक

RC *abbr.*, 'Roman Catholic', 'Red Cross' की प्रथमाक्षरी, 'Republic of China (Taiwan)' ताइवान (चीन से अलग हुआ एक टापू देश) गणतंत्र का अंतर्राष्ट्रीय वाहन पंजीकरण कोड (**IVR**)

RCA *abbr.* 'Radio Corporation of America', 'Royal College of Art', ' Royal Canadian Academy' की प्रथमाक्षरी, 'Republic Centafricaine' (French)/ Central African Republic' का अंतर्राष्ट्रीय वाहन पंजीकरण कोड (**IVR**)

RCAF *abbr.* 'Royal Canadian Air Force' की प्रथमाक्षरी

RCB *abbr.* 'Republic of Congo' का अंतर्राष्ट्रीय वाहन पंजीकरण कोड (**IVR**)

RCH *abbr.* 'Republic of Chile' का अंतर्राष्ट्रीय वाहन पंजीकरण कोड (**IVR**)

RCM *abbr.* 'Royal College of Music' की प्रथमाक्षरी

RCOG *abbr.* 'Royal College of Obstetricians and Gynaecologists' की प्रथमाक्षरी

RCP *abbr.* 'Royal College of Physicians' की प्रथमाक्षरी

RCR *abbr.* 'Royal College of Radiologists' की प्रथमाक्षरी

RCS *abbr.* 'Royal College of Science', 'Royal College of Surgeons', 'Royal Corps of Signals' की प्रथमाक्षरी

RCT *abbr.* 'Royal Corps of Transport' की प्रथमाक्षरी

RCVS *abbr.* 'Royal College of Veterinary Surgeons' की प्रथमाक्षरी

Rd *abbr.* 'road' का संक्षेप

RD *abbr.* 'Rural Dean' की प्रथमाक्षरी

RDA *abbr.* 'recommended daily (or dietary) allowance' की प्रथमाक्षरी

RDF *abbr.* 'refuse-derived fuel' की प्रथमाक्षरी

RE *abbr.* 'religious education' की प्रथमाक्षरी

Re *symbol, chem.* **rhenium** (रेनियम) का चिह्न

re *prefix, denoting:* 1 **motion backwards** or **away** (पीछे की ओर गति): ~cede 2 **again** (पुनश्च): ~read, ~write;

re /री/ *prep.* /*short* **of regarding**/ के विषय में, के मामले में, के

संबंध में: **re** your letter of 25th; **re** your letter of the 3d instant; I want to speak to you **re** your behaviour

reabsorption /रीअब्जॉःप्शन/ *n.* पुनर्शोषण

reach /रीच/ *v., pt.* **~ed,** *pp* **~ing,** *s/he/it* **~es** 1 पहुंचना: the news **~ed** me late; not a sound **~ed** our ears; your letter/ report never **~ed** me 2 (*usually* ~ **across**) कुछ लेने के लिए हाथ बढ़ाना: ~ one's hand across the table 3 (***syn.*** extend) फैलना, बढ़ना: a hand **~ed** out 4 देना, भेजना, पहुंचाना: ~ me that CD 5 स्पर्श या प्राप्त क.: ~ a book/ down from the top shelf 6 (***syn.*** affect) प्रभावित क.: किसी पर प्रभाव डालना: men who cannot be **~ed** by reason; he saw that he had not **~ed** her at all; how is his conscience to be **~ed**? 7 पाने का प्रयास क., पाने के लिए किसी चीज की ओर बढ़ना : sunflowers ~ out towards the sun; ~ for the bread/ for one's hat/ for a footstool 8 संपर्क बनाना या टेलीफोन आदि पर बात क.: couldn't ~ her 9 समय की अवधि में किसी लक्ष्य को पूरा कर ले. 10 (***syn.*** arive at) निश्चय या निष्कर्ष पर पहुंचना: ~ a decision/ conclusion/ agreement, etc. 11 किसी बिंदु, स्थान तक या किसी तक पहुंचना: this ladder won't ~ the window; telecast that **~ed** 800 million people; ~ the summit of the mountain; we shall ~ the town by night 12 स्तर या आयु की किसी अवस्था तक पहुंचना: ~ a stage/ a phase; ~ adolescence/ middle age/ old age/ the age of fifty 13 फैला/ फैली हो.: their land **~es** as far as the river; empire that ~es from ... 14 तक (में से गुजरकर) पहुंचना: the light of the sun does not ~ the bottom of the ocean; the hour hand has **~ed** two (घड़ी की घंटों वाली सूई दो तक पहुंच गई यानी दो बज गए) 15 लक्ष्य प्राप्त क.: ~ a goal, ~ the object of one's desires, ~ success early in life 16 कुल राशि के किसी स्तर तक पहुंचना: losses **~ed** a considerable figure; the sum total **~es** a thousand rupees 17 पर लागू हो.: the law does not ~ such cases 18 निशाने पर लगना या निशाने तक पहुंचना: ~ the target;

n. 1 पहुंच: out of ~; within easy ~ of the station; beyond sb's ~; ~ of crane; the ~ of eye/ of sight; the ~ of sound; out of ~ of danger 2 (***syn.*** stretch) विस्तार, प्रसारण, खंड: the ~ of a gun (बंदूक की मारक दूरी) 3 हाथ की लंबाई तक की पहुंच: within ~ of one's hand 4 आसानी से तय की जा सकने वाली दूरी: within ~ of Delhi 5 पहुंचने की क्रिया: make a ~ for sth 6 प्रभाव या सत्ता क्षेत्र 7 स्तर, कोटि, गलियारा: the upper **~es** of government 8 दूर-दराज का (केंद्र से दूर) क्षेत्र:the outer/ further reaches of space;

dw/lw: **~able** /रीचअबल/ *adj.* (स्थान) जिस तक पहुंचा जा सके, पहुंच-योग्य, गम्य, प्राप्य: ~able by bus; **~less** *adj.* पहुंच के बाहर, अगम्य, अप्राप्य, अलभ्य; **~-me-down** *n.* (***syn.*** ready-made) पुरानी या तैयार शुदा पोशाक: ~-me-down tailor; ~-me-down *clothes*;

p&i: **~ a conclusion** निष्कर्ष पर पहुंचना; **~ a dead end** आगे जाना संभव न हो.; **~ after fame** प्रसिद्धि के पीछे दौड़ना; **~ at** पकड़ ले. या पकड़ पाना; **~ back** पीछे हटना; **~ back over many years** बीते दिनों की बातें याद क.; **~ for** के लिए कोशिश क.; **~ for the stars** कठिन चीज पाने की कोशिश क.;**~ out to sb** किसी को सद्भावनापूर्ण रुख दिखलाना; **~ the limit** हद तक पहुंचना; **~ up** ऊपर उठाना;

be within the ~ of sth किसी चीज का पहुंच के भीतर हो., प्राप्य होना; **make a ~ for sb** किसी की तरफ कोई पहल क.; **out of ~ of the guns** तोपों की मारक क्षमता से बाहर; **subtleties are beyond my** ~ बारीक सूक्ष्मतायें मेरी समझ से बाहर हैं; **within** ~ पहुंच के भीतर;

react /रिऐक्ट/ *v., pt.* **~ed,** *pp* **~ing** 1 (*mainly* **~ to sth/ sb**) किसी क्रिया या कार्य के प्रति प्रतिक्रिया जाहिर क.: children ~ to kind treatment; not to ~ at all 2 व्यवहार क. 3 प्रभाव या असर क.: the applause **~ed** upon the orator; ~ upon each other 4 (*usually* **~ against sth**) किसी बात को नापसंद करते हुए प्रतिक्रिया क.: ~ against opposition; ~ against environment 5 किसी बात के ऐन उल्टा काम क.: ~ against sth 6 *phys.* विपरीत दिशा में बराबर की शक्ति लगाना 7 ऐलर्जी आदि के कारण (त्वचा आदि पर) प्रतिक्रिया हो. 8 उत्पन्न क., सक्रिय क. 9 *milit.* जवाबी आक्रमण क. 10 पुनः अभिनय क. (re-act) 11 रासायनिक प्रतिक्रिया हो. (action-reaction) 12 *stock exchange* शेयरों के मूल्यों का पहले ऊपर चढ़ने के बाद एकदम से नीचे आना;

dw/lw: **~ance** /रिऐक्टंस/ ***n.,*** *elec.* प्रतिघात; **~ant** /रिऐक्टंट/ *adj.* अभिकारक; **~ing** /रिऐक्टिंग/ *adj.* प्रतिक्रिया करने वाला: ~ing power;

p&i: **~ against** किसी के विरुद्ध प्रतिक्रिया दिखाना; **~ to** किसी प्रकार के व्यवहार आदि को लेकर प्रतिक्रिया क.

reaction /रिऐक्शन/ *n.* 1 प्रतिक्रिया: the ~ of eye to light; the healthy ~ following a cold bath; ~ rate/ velocity (प्रतिक्रिया की गति); an adverse/ an angry/ an immediate/ an initial/ an instinctive/ a negative/ a rapid ~; an artist's ~ to beauty 2 जवाबी हमला, जवाबी क्रिया: a ~ to/ towards sth; international ~ 3 (***syn.*** retrogression) प्रतिगमन: the idea was popular at first but then a ~ set in; gauge/ produce/ provoke a ~ 4 (**~s**) *UK* अप्रत्याशित या अनहोनी बात होने पर सहज प्रतिक्रिया क्षमता: quick **~s** while driving 5 विपरीत प्रतिक्रिया: the ~ of the rumours on public opinion 6 कुछ खाने या अन्य शारीरिक क्रिया की वजह से होने वाली प्रतिक्रिया (allergic reaction): the healthy ~ following a cold bath; ~ of sensibility 7 रासायनिक प्रतिक्रिया: nuclear ~ (नाभिक प्रतिक्रिया) 8 प्रतिरोध, प्रतिक्रिया: forces of ~ (प्रतिक्रियावादी शक्तियां);

dw/lw: **~ist** /रिऐक्शनिस्ट/ *n.* प्रतिक्रियात्मक, प्रतिक्रियावादी; **~less** *adj.* प्रतिक्रियाविहीन; **~lessness** *n.* प्रतिक्रियाविहीनता;

collocations: **~ brake** नाभिक ब्रेक; **~ engine** नाभिक इंजन; **~ propulsion** नाभिक गति; **~ time** प्रतिक्रिया समय; **action and reaction** क्रिया-प्रतिक्रिया; **chain** ~ एक कड़ी में एक के बाद एक होने वाली प्रतिक्रियाएं

reaction\ary/ ~ist /रिऐक्शनरि/ रिऐक्शनटिस्ट/ *adj.* प्रतिक्रियावादी;

n. **~ary/ ~ist**, *pl.* **~aries/ ~ists** प्रतिक्रियावादी/ प्रतिगामी या दकियानूसी व्यक्ति

reactiva\te /रीऐक्टिवेट/ *v., pt.* **~ted,** *pp* **~ting** दोबारा सक्रिय क.;

dw/lw: **~tion** *n.* पुनर्सक्रियकरण, पुनरुत्प्रेरण: ~tion process (पुनर्सक्रियकरण की प्रक्रिया)

reactive /रीऐक्टिव/ *adj.* 1 प्रतिक्रियक, प्रतिक्रियात्मक 2 प्रतिक्रिय, प्रतिक्रियाशील, प्रतिघातक

reactivity /रीऐक्टिविटि/ *n.* पुनरुत्प्रेरण, प्रतिक्रियक क्षमता, प्रतिक्रिया-क्षमता

reactor /रिऐक्टः/ (*also* **nuclear** ~) *n.* 1 नाभिक ऊर्जा उत्पन्न करने वाला संयंत्र, रिऐक्टर 2 प्रतिकर्मी, प्रतिकारी 3 *elec.* प्रतिबाधक

read /रीड/ *v., pt.* **read** /रेड/, *pt. p.* **read** /रेड/, *pp* **~ing** 1 पढ़ना, बांचना: cannot ~ the book without glasses; speaks Punjabi but cannot ~ it; ~ a letter/ Shakespeare; ~ sth out of/ from a book; I have read of it 2 अध्ययन क.: ~ English at a university; he is **~ing** for his examination 3 पढ़ कर बोलते समय होंठों के चलन से समझना: do you ~ me? ~ sb's lips 4 पढ़कर समझना, ताड़ लेना, भांपना: ~ a map 5 (***syn.*** discover by reading) पढ़कर ज्ञान या सूचना प्राप्त क.: ~ the election results in the newspaper; ~ that he has resigned 6 आनंद प्राप्त करने के लिए साहित्यिक रचनाएं पढ़ना: he doesn't ~ much 7 का अर्थ लगाना या निकालना, समझ सकना: ~ it as criticism; ~ a piece of music; the first letter on the coin is so rubbed that one cannot ~ it; ~ into a sentence what is not there (वाक्य का वह अर्थ निकालना जो उसमें नहीं) 8 (***syn.*** interpret) भेद समझना या बताना: ~ hieroglyphs/ shorthand; my silence is not to be **read** as consent 9 लेक्चर, पर्चा आदि पढ़ना या प्रस्तुत क.: ~ a lecture; ~ a report to the meeting 10 बिना देखे चिह्नों को पढ़ना: ~ Braille 11 संसद में किसी विधेयक का कई बार पठन किया जा.: the bill was **read** the first/ the second/ the third time 12 पाठ का पठन हो.: the letter **~s** as follows...; the paragraph **~s** to the effect that all men are equal 13 पठनीय हो.: an essay which **~s** well 14 के स्थान पर पढ़ना, एक शब्द आदि की बजाए दूसरा शब्द आदि समझना: for 'two' ~ 'three' 15 पढ़ते-पढ़ते कोई काम करना या करवाना: she ~ the child to sleep 16 (***syn.*** ~ sb's mind/ thoughts) किसी के मन की बात भांप लेना 17 किसी मापक यंत्र द्वारा कोई संख्या या शब्द दिखाना: the barometer **~s** 'fair'; the thermometer **~s** 1000 C 18 *comput.* कंप्यूटर द्वारा सीडी (CD) आदि पढ़ा जा.;

n. 1 पठन: time for a long ~ 2 पठनीयता: a good ~ 3 पाठ, पढ़ाई: take a quick ~ at a book;

adj. **read** /रेड/ 1 जिसने व्यापक साहित्य का पठन किया हो, खूब पढ़ा-लिखा: be well/ deeply/ slightly/ little ~ 2 ज्ञानी, माहिर: be widely ~ in medicine 3 पढ़ा हुआ मान लिया जाने वाला (पाठ): hear a **read** speech; we'll take this as ~ 4 पठित, पढ़ी जाने वाली (पुस्तक): the most ~ of all books;

dw/lw: **~ability** /रीडअबिलिटि/ *n.* 1 पठनीयता, सुपाठ्यता, रोचकता 2 पठन-योग्यता; **~able** /रीडअबल/ *adj.* 1 रोचक, पठनीय: a highly ~able book 2 (***syn.*** legible) सुवाच्य, सुपाठ्य, पठनीय, वाचनीय: ~able handwriting; **~ableness** /रीडअबलनेस/ *n.* सुपाठ्यता, पठनीयता; **~er, ~ership** *see below under separate entry*; **~-in** *n., comput.* कंप्यूटर या कंप्यूटर डिस्क (disc) में आंकड़ों या सूचनाओं की प्रविष्टी 2 सामूहिक पठन; **reading** *see below under separate entry*; **~-only memory** (*abbr.* **ROM**), *comput.* मात्र पढ़ने के लिए रखे जाने वाले पाठ के लिए स्मृति पटल; **~-out** *n., comput.* कंप्यूटर स्क्रीन पर सूचना का प्रदर्शन; **~-through** *n.* किसी नाटक के शब्दों को नाटक मंडली द्वारा नाटक के मंचन से पहले सामूहिक पठन;

lip-~ *n.* बोलकर पढ़ते समय होंठों के चलन से वक्ता को समझने की क्रिया;

p&i: **~ aloud** बोल-बोलकर पढ़ना; **~ an omen** शगुन का अर्थ निकालना; **~ a person's character in his face** किसी के चेहरे से व्यक्ति का चरित्र पढ़ ले.; **~ back** लिखित पाठ को दोहराना; **~ between the lines** पाठ को बारीकी से पढ़कर गूढ़ या छिपा अर्थ निकालना; **~ dreams** सपनों के अर्थ निकालना; **~ for the law** कानून की पढ़ाई क.; **~ futurity/ the future** भविष्य की कोख में छिपी संभावनाओं को आंकना; **~ in** किसी उपकरण के आंकड़ों को नोट क.; **~ law/ physics** कानून या भौतिकी का अध्ययन क.; **~ men's hearts/ men's thoughts** किसी के मन की बात या विचार भांपना; **~ off** ऊंचा बोलकर पढ़ना; **~ on** पढ़ना जारी रखना; **~ oneself hoarse** पढ़कर बोलते-बोलते गला बैठा लेना; **~ oneself into a language** बार-बार पठन कर किसी भाषा पर महारत पाना; **~ out** बोल-बोलकर पढ़ना; **~ out the agenda** सभा के विषय क्रम को घोषित क.; **~ over/ through** अशुद्धियां दूर करने के लिए किसी पाठ को आदि से अंत तक ध्यानपूर्वक पढ़ना; **~ sb a lesson/ a lecture** किसी को उपदेश या भाषण दे.; **~ sb like a book** किसी के विचारों या संवेदनाओं को पुस्तक की तरह पढ़ लेना; **~ sb's fortune/ hand/ palm** किसी के भाग्य की रेखाएं पढ़ना; **~ sb's mind** किसी के मन की बात भांप लेना; **~ sb the Riot Act** किसी को सख्ती से कह देना कि वह अपने दुर्व्यवहार से बाज आए; **~ Shakespeare** शेक्सपीयर की रचनाएं पढ़ना; **~ sth back** किसी दस्तावेज का औचित्य जानने के लिए उसे दसरों के सामने बोल-बोलकर पढ़ना; **~ sth off from sth** किसी दस्तावेज से, जैसे से बाज आए डेटाबेस (data base) से कुछ सूचनाएं निकालना; **~ sth into sth** किसी पाठ में कुछ अन्य अर्थ ढूंढ निकालना; **~ sth in/ out** *comput.* कंप्यूटर में अतिरिक्त स्मृति पटलों से यानी पेनड्राइव आदि से मुख्य स्मृति पटल में आंकड़ों को स्थानांतरित क. या इसके उल्टे क.; **~ sth out** बोलकर पढ़ना; **~ sth over/ through** ध्यान से पढ़ना (प्रूफ आदि को); **~ sth over and over again** किसी चीज को बार-बार पढ़ना; **~ the signs of the times** समय के संकेतों को भांपना; **~ the sky** सितारों को देखकर किसी का भविष्य बताना; **~ to oneself** मन-ही-मन पढ़ना; **~ through** आरंभ से अंत तक पढ़ डालना: he ~ the letter through six times; **~ up** विशेष अध्ययन क.; **~ up for examinations** परीक्षा की तैयारी क.; **~ up on sth** पुस्तकें पढ़कर किसी विषय का अध्ययन क.;

clause that may be ~ in several ways ऐसी धारा जिसके कई अर्थ निकल सकते हैं; **enjoy a good ~** सुपाठ्य पाठ का मजा ले.; **he does not ~ or write** उसे पढ़ना-लिखना नहीं आता, वह अनपढ़ है; **his face doesn't ~ off** उसके चेहरे से कुछ अता-पता नहीं मिलता; **take a quick ~ at a book** पुस्तक को जल्दी से पढ़ ले.; **take sth as ~** किसी पाठ को पहले ही पढ़ा हुआ मान लेना; **the book ~s like a translation** पुस्तक अनूदित रचना की तरह लगती है; **the document ~s as follows** दस्तावेज निम्न प्रकार से पढ़ा जा सकता है; **the minutes were taken as read** /रेड/ मीटिंग की कार्रवाई के रिकॉड को पठित मान लिया गया; **the sentence ~s oddly** यह वाक्य पढ़ने में विचित्र लगता है; **we sometimes ~ our own thoughts into a poet's words** पाठक कभी-कभी कवि के शब्दों में अपने विचारों की अभिव्यक्ति देखता है; **~ more than what was intended** किसी के शब्दों का बढ़ाचढ़ा कर अर्थ निकालना; **well/ widely ~** जिसने काफी सारा साहित्य पढ़ा हो

readdress /रीऐअड्रेस/ *v., pt.* **~ed**, *pp* **~ing** (पत्र पर) पता बदलना, पत्र पर पुराना पता काट कर नया पता लिखना

reader /रीडः/ *n.* 1 पाठक, वाचक: the child is a poor ~ 2 (***syn.*** reciter) वाचक 3 रीडर (Reader in a university), प्रोफेसर और प्राध्यापक के बीच का पद, भारत में कई विश्वविद्यालयों में ऐसोशिएट प्रोफेसर (Associate Professor) 4 (***syn.*** court) पेशकार 5 (***syn.*** book) पाठ्य-पुस्तक, पाठमाला, रीडर: German ~ 6 प्रूफ-संशोधक (proof ~) प्रकाशन से पहले पाठ में भूलें या गलतियां सुधारने वाला व्यक्ति 7 प्रकाशक के लिए पांडुलिपियां पढ़ने वाला 8 *comput.* माइक्रोफिल्म की वृहत् छवि दिखाने वाला यंत्र 9 कागजात को पढ़ने वाला यंत्र या व्यक्ति;

dw/lw: **~postman** *n.* वाचक डाकिया; **~ship** *n.* 1 रीडरशिप, पाठक-संख्या, पाठकों की संख्या: the paper has a ~ship of several thousand; achieve a wide ~ship 2 विश्वविद्यालय में रीडर का पद;

collocations: **~'s slip** पाठक की मांग-पर्ची; **first ~** स्कूल की पढ़ाई में पहली पुस्तिका;

p&i: **~ identification** पाठक द्वारा अपनी पहचान साहित्यिक पात्र से मिलाने की क्रिया; **they got ~s out on him** पुलिस ने उसके बारे में इश्तिहार चिपका दिए हैं

readily /रेडिलि/ *adv.* 1 आसानी से: it can ~ be understood that ... 2 (***syn.*** easily) सुगमता से, सहज ही: she is not ~ moved to tears 3 तत्परतापूर्वक: consent ~ 4 (***syn.*** willingly) खुशी से, स्वेच्छया, सहर्ष 5 (***syn.*** quickly) तुरंत, जल्दी, जल्द, शीघ्र

readiness /रेडिनेस/ *n.* 1 तत्परता 2 तैयारी, मुस्तैदी: have everything in ~ 3 सूझबूझ, हाजिरजवाबी: ~ of wit; ~ of mind 4 काम करने में तेजी, सजीवता: ~ of speech (बोलने की कला या शऊर)

reading /रीडिंग/ *n.* 1 पठन, पाठ, पाठन, वाचन: a book that makes good/ dull ~ 2 पाठ समारोह: a poetry ~ 3 (***syn.*** study) अध्ययन: teach ~ and writing 4 पठन-सामग्री, पुस्तक: **~s** from Shakespeare; ~ matter; ~ list 5 *Br., Ind.* संसद में विधेयक के पारित होने से पहले किए जाने वाले तीन पाठ: the first reading second and third ~; the bill was rejected at the second ~ 6 (***syn.*** learning) विद्वत्ता: a man of wide ~ 7 पाठांतर (of a text): one of the many disputed **~s** in the Bible; various **~s** 8 पाठ्यांक (of instruments) 9 (***syn.*** interpretation) व्याख्या, निर्वचन, आकलन: her reading of the situation; one's ~ of the political/ of the military situation; sb's ~ of the poem; sb's ~ of his character 10 मीटर आदि द्वारा अंकित संख्या, रीडिंग: meter-~; zero ~; take **~s**;

adj. पढ़ाकू, पढ़ने वाला: Russians are ~ people; the ~ public; ~ age;

dw/lw: **~-book** *n.* वाचन अभ्यास पुस्तिका; **~-lamp** *n.* पढ़ने का लैंप; **~-machine** *n., comput.* कागजात पढ़ने वाला यंत्र; **~-out** *n., comput.* कंप्यूटर के मुख्य स्मृति-पटल से अन्य पटलों, जैसे पैन-ड्राइव आदि पर प्रतियां बनाने का काम; **~-stand** *n.* पठन-पटल;

collocations: ~ **list** पाठन-सामग्री सूची; ~ **machine** वाचन-यंत्र; ~ **man** बहुत पढ़ने वाला व्यक्ति; ~ **room** वाचनालय; **read-write memory** *comput.* ऐसा स्मृति-पटल जिस पर लिखने और पढ़ने की दोनों क्रियाएं की जा सकती है;

the first ~ विधेयक का प्रथम पठन

readjust /रीअडजस्ट/ *v., pt.* **~ed**, *pp* **~ing** 1 पुनःसमायोजित क.: ~ dispositions 2 इधर-उधर सरका कर ठीक बैठाना: ~ one's dress 3 रूपांतर, रद्दोबदल या परिवर्तन क. 4 वाद्यों की फिर से ट्यूनिंग (tuning) क. 5 अपने आप को स्थिति अनुसार ढालना: ~ oneself to civil life;

dw/lw: **~ment** /~मंट/ *n.* 1 पुनःसमायोजन, पुनःसमंजन 2 रूपांतर, रद्दोबदल, परिवर्तन: some ~ must be made in the accounts

readmission /रीअडमिशन/ *n.* पुनर्प्रवेश, पुनर्प्रवेशन

readmit /रीअडमिट/ *v., pt.* **~ted**, *pp* **~ting** पुनर्प्रवेश क./ कराना

ready /रेडि/ *adj., degr.* **readier**, **readiest** 1 तैयार: be ready to do sth; be ~ to go anywhere/ to risk one's life 2 कोई काम करने के लिए तैयार: be a ~ speaker 3 (***syn.*** willing) तत्पर, मुस्तैद, उद्यत: always ~ to help 4 (***syn.*** prompt) तत्काल, तुरंत. झट, फौरी: always ~ to find faults with others; he is too ~ to suspect; have a ~ tongue; he gave a ~ assent 5 (***syn.*** convenient) सुविधाजनक: ~ cooked meals 6 (***syn.*** available) सुलभ: a ~ source of income 7 पककर तैयार: a plant just ~ to flower; a flower just ~ to bloom 8 की कगार पर: ~ to die with hunger (भुखमरी से मरने की कगार पर); ~ to collapse any moment 8 दक्ष, निपुण, तैयार: she is not very efficient, but she is ~ (वह अधिक दक्ष नहीं, पर वह प्रयास करना चाहती है) 9 शारीरिक रूप से जरूरतमंद या तैयार: after a long race ~ for taking rest 10 हाजिरजवाब: have a great charm and a ~ wit;

adv. 1 तैयार: the boxes are ~ packed; pack everything ~ 2 शीघ्रता से, फौरन, सबसे पहले: the child that answers **readiest**;

n., pl. **readies** *colloq.* 1 तैयार माल, वस्तु 2 प्रयोग के लिए तैयार अवस्था: have the gun at the ~ 3 आसानी से उपलब्ध पैसा;

v., *pt.* **readied**, *pp* **readying**, *s/he/it* **readies** 1 तैयार क., बनाना: ~ oneself for a challenge 2 तैयार हो., बनना 3 जमीन तैयार क. 4 जुताई क.

dw/lw: **~-built** *adj.* पहले से तैयार भागों से बना (घर); **~-cut** *adj.* लकड़ी का बना-बनाया (घर); **~-made** 1 पहले से तैयार-शुदा (व्यंजन): ~-made pastry 2 सिला-सिलाया; तैयार-शुदा 3 पहले से बना हुआ या वजूद में: marry sb and take on a ~-made family; **~-meal** *n.* बना-बनाया भोजन; **~-mixed** *adj.* पहले से मिलाई हुई या मिलाया हुआ पदार्थ जो प्रयोग करने के लिए तैयार है: ~-mixed concrete; **~-to-serve** *adj.* पका-पकाया (खाना); **~-to-wear** *adj.* बना-बनाया, सिला-सिलाया; तैयार-शुदा **~-witted** *adj.* हाजिर-जवाब;

collocations: ~ **assets** नकदी दिलाने योग्य संपत्ति; **~-cooked foods** पककर तैयार भोजन; ~ **for** इच्छुक; ~ **for use** उपयोग के लिए तैयार; **~-made excuse** पहले से तैयार बहाना; ~ **market** किसी वस्तु के लिए (बाजार में) बहुत बड़ी मांग; **~-mix** तैयार-शुदा (कंक्रीट आदि); ~ **money/ cash** नकदी, नकद रुपया; ~ **opinions** बने-बनाए मत, घिसे-पिटे विचार या राय; ~ **pen** लिखने को सदा तैयार; ~ **phrases** घिसे-पिटे मुहावरे; ~ **reserve** उपलब्ध बचे भंडार; ~ **reckoner** अनुगणक, परिकलित्र, भिन्न गणन या परिकलन प्रक्रियाओं के लिए तैयार-शुदा पहाड़ा-पुस्तिका, गणन-फलक; ~ **signal** तैयारी का संकेत; **~-to-go weapon** गोलीबारी करने को तैयार बंदूक आदि; ~ **up** नकदी भुगतान क.; ~ **wit** हाजिर-जवाबी;

rough and ~ बिल्कुल तैयार;

p&i: ~ **a horse** सर्वोत्तम परिणाम पाना; ~ **for the fray** लड़ने के लिए तैयार; ~ **in** पहले से तैयार किया हुआ;

at the ~ एकदम तैयार, एकदम प्रस्तुत; **have sth at the** ~ तैयार हालत में; **make** ~ तैयार क.; **meet (with) a** ~ **market/ sale** जल्दी-जल्दी बिक जा.; **ready, steady, go** = **ready, get set, go!** दौड़ शुरू करने के लिए प्रयुक्त

reaffirm /रीअफःम/ *v., pt.* **~ed**, *pp* **~ing** पुष्टि क., पुनः पुष्ट क.

reafforest /रीअफौरअस्ट/ *v. pt.* **~ed**, *pp* **~ing** पुनर्वनरोपण क., फिर से जंगल लगाना;

dw/lw: **reafforestation** /रीअफौरअस्टेशन/ *n.* पुनर्वनरोपण

reagency /रीएजंसि/ *n.* अभिकर्मकता

reagent /रीएजंट/ *n.* 1 रासायनिक क्रिया में भाग लेने वाला कोई भी रसायन 2 रासायनिक क्रियाओं में प्रयुक्त होने वाला सामान्य प्रयोगशाला रसायन, रीएजेंट

real[1] /रिअल/ *adj.* 1 असली, जो कल्पना की उपज न हो: ~ oasis, not a mirage; ~ life; a ~ nuisance/ nonsense; ~ image; these things are ~ and no fancies 2 वास्तविक: the ~ reason 3 (***syn.*** sincere) सच्चा, सच्ची: man's ~ character/ motives; ~ friend 4 (***syn.*** genuine) जो नकली या बनावटी न हो, सही, असली, प्रामाणिक: ~ leather; he is a ~ man; ~ beauty; the ~ thing; ~ silk/ coffee; ~ gold/ diamond; feel ~ sympathy; he has a ~ interest in art; she is such a ~ person 5 बहुत बड़ा, महत्त्वपूर्ण व गंभीर: a ~ problem; constitute a ~ danger; ~ action; ~ security 6 *law* स्थावर या अचल संपत्ति से संबंधित: ~ estate; ~ property 7 वास्तविक आय से संबंधित: value in ~ terms; ~ value; ~ wages; ~ assets; ~ money (नकद राशि, प्रचलित मुद्रा) 8 *math.* वास्तविक संख्याओं से संबंधित: ~ number 9 बिल्कुल, असली: a ~ idiot;

adv. *US* असल में, बहुत: a ~ nice person; be ~ sorry;

dw/lw: **~ia** /रेआलिआ/ रिएलिआ/ *n.* कक्षा में पढ़ाने के लिए प्रयुक्त की जाने वाली सामान्य वस्तुएं; **~-life** *adj.* जीवन में सहज रूप व वास्तविक ढंग से होने वाला; **~ity**, **~ly** *see below under separate entry*; **~ness** /रिअलनेस/ *n.* 1 सहजता, प्राकृतिकता 2 वास्तविकता 3 प्रामाणिकता; **~politik** /रेआःलपौलिटिक/ *US* रेआःलपोलिटीक/ *n.* सिद्धांतों या नैतिक मूल्यों की बजाए घोर व्यावहारिकता पर आधारित राजनीति; **~tor/ Realtor** /रिअल्टः/ *US* (*UK* **estate agent**) *n.* दलाल, भूसंपत्ति-दलाल; **~-world** *n.* निष्ठुर दुनिया: one should live in ~-world and not in a make-believe fantasy; students should learn to deal with ~-world outside their class-rooms; **real\ty** /रिअल्टि/ *n., law* भूसंपत्ति, जमीन-जायदाद;

collocations: ~ **ale** ऐसी बीयर जिसे तैयार करने के बाद लकड़ी के ढोलनुमा पीपों (casks) में भरकर रखा जाता है; ~ **estate** जमीन-जायदाद, भूसंपत्ति; ~ **estate agent** US (UK **estate agent**) जमीन-जायदाद या भूसंपत्ति दलाल; ~ **life** सहज जीवन, वास्तविक जीवन; ~ **number** वास्तविक संख्या; ~ **property** *also* ~ **estate**/ **realty** भूसंपत्ति, जमीन-जायदाद, अचल या स्थावर संपत्ति; ~ **tennis** (*also* **royal tennis**) टेनिस का प्रारंभिक रूप जब इसे बंद चार-दीवारी के भीतर खेला जाता था; **the real thing** असली वस्तु (न कि नकली); ~ **time** *comput.* किसी घटना या कार्य के होने का कंप्यूटर द्वारा विश्लेषित समय: ~-time processing

p&i: **a ~ fine day** कितना सुंदर दिन है!; **for ~** *sl.* वास्तव में, गंभीरता से; **get ~!** *originally N. Amer. sl., usually excl.* सच्चाई की आंखों में झांककर देखो!; **it wouldn't happen in ~ life** असली जीवन में ऐसा नहीं हो सकता; **I was ~ glad** मैं बहुत प्रसन्न हुआ; **it's ~ sweet!** यह तो सचमुच में बहुत प्यारा है!; **keep it ~** सहज एवं सच्चा व्यवहार क.; **the ~ McCoy** प्रामाणिक लेख, न कि नकली; **the ~** असली (genuine) चीज

real² /रिआःल/ *n., pl.* **~s/ reales**, *hist.* एक छोटा स्पेनी या स्पेनी-अमेरिकी चांदी का सिक्का

realgar /रिऐल्गः/ *n.* मैनसिल, मनःशिल या मनःशिला नामक खनिज

realign /रीअलाइन/ *v., pt.* **~ed**, *pp* **~ing** 1 पुनः पंक्तिबद्ध या क्रमबद्ध होना या क. 2 पुनः दल बनाना, नया गुट (या दल) बनाना (politics) 3 (के) पक्ष में फिर खड़ा होना 4 किसी वस्तु या उपकरण आदि को दोबारा जोड़कर बनाना 5 फिर से सीध मिलाना;

dw/lw: **~ment** /रीअलाइनमंट/ *n.* 1 राजनीतिक अदला-बदली या हेरा-फेरी 2 किसी वस्तु या उपकरण आदि को दोबारा जोड़कर बनाने की क्रिया 3 पुनः पंक्तिबंधन

realism /रीअलिजअम/ *n.* 1 यथार्थवाद, यथार्थता, यथार्थ चित्रण 2 यथार्थवादिता 3 *phil.* यह सिद्धांत कि मानव मन द्वारा अनुभूत न किए जाने के बावजूद सभी सांसारिक वस्तुएं, प्राणी-जगत आदि विद्यमान हैं

realist /रीअलि\स्ट/ *n.* 1 यथार्थवादी 2 यथार्थवादी (लेखक, चित्रकार, कलाकार);

dw/lw: **~ic** /~स्टिक/ *adj.* 1 यथार्थवादी: ~ic novel; ~ic description/ drawing 2 सच्चाई के करीब, वस्तु-स्थितिवादी 3 (***anton.*** unrealistic) व्यावहारिक, व्यवहार-कुशल, संभव-असंभव की सीमा को जानने वाला: ~ic attitude; let's be ~ic! 4 (***syn.*** feasible, viable) संभव, प्राप्य: ~ic target/ goal; **~ically** /~स्टिकलि/ *adv.* 1 यथार्थ रूप से, यथातथ्य, वास्तविक रूप से: a ~ically drawn picture 2 व्यावहारिक ढंग से: ~ically, no hope of his succeeding 3 संभावनाओं पर आधारित होकर: amount of work that can ~ically done in a day

reali\ty /रिऐलअटि/ *n., pl.* **~ties** 1 वास्तविकता, असलियत, हकीकत 2 यथार्थता, वस्तु स्थिति 3 सच्चाई, सत्यता: the **~ty/ ~ties** of sth (किसी चीज का कटु सत्य, कड़वी सच्चाई) 4 सत्ता 5 तत्त्व;

collocations: **~ty check** अपेक्षित यथार्थ की बजाए वास्तविक यथार्थ; **~ty TV** दूरदर्शन का कार्यक्रम जिसमें लोगों द्वारा जिए जा रहे हू-ब-हू जीवन को मनोरंजन के रूप में दर्शाया जाता है; **belief in the ~ty of miracles** चमत्कारिक वास्तविकता में विश्वास;

p&i: **become a ~ty** सच्चाई बन जा., वजूद में आ जा.; **in ~ty** असल में; **objective ~ty** वस्तु-स्थैतिक वास्तविकता; **reproduced with startling ~ty** आश्चर्यजनक यथार्थता के साथ बनाया हुआ; **the grim realities of war** युद्ध की मनहूस वास्तविकता; **the ~ty of our experience** हमारे अनुभव की सच्चाई

realizable /रीअलाइजअबल/ *adj.* 1 (***syn.*** achievable) जिसे पूरा किया जा सके, प्राप्य 2 जो समझ में आ सके, बोध-गम्य 3 जिसे बेचा जा सके, जिससे मूल्य वसूला जा सके

realization (*also UK* **-isation**) /रीअलाइजेशन/ *n.* 1 (***syn.*** awareness) बोध, अनुभूति: have a true ~ of danger 2 उगाही, वसूली, प्रापण: ~ of goods; ~ of a price 3 (***syn.*** achievement) उपलब्धि, सिद्धि, प्राप्ति: the ~ of one's hopes/ of one's dreams 4 कार्यान्वयन

realize (*also UK* **-se**) /रीअलाइज/ *v., pt.* **~d**, *pp* **realising** 1 अनुभूत या महसूस हो., स्पष्ट अनुभव हो., बोध या अनुभूति हो., पूर्ण रूप से समझ में आना: ~ the danger; ~ one's error; **~d** that one was wrong; ~ the full extent of one's loss; ~ the difficulties 2 कार्यान्वित क., चरितार्थ क., कार्य में परिणत क., कर दिखाना, साकार कर दे.: ~ one's ambitions; ~ a plan; our hopes were **~d**; ~ an ambition/ dream/ goal, etc. 3 (***syn.*** collect) वसूल क., उगाहना: ~ a profit 4 (***syn.*** convert into money) रुपये में परिवर्तित क. या रुपया कमाना: **~d** 100 lac rupees on the sale of the house 5 में बिकना (be sold out): the goods are difficult/ easy to ~ 6 (***syn.*** obtain) प्राप्त क.: ~ a fortune 7 किसी बात, विचार या कार्य को वास्तविक या वास्तविक जैसा बना दे.: the stage designs have been miraculously **~d** 8 कहानी को फिल्म का रूप दे.: ~ the story on film; these details helped us to ~ the scene

real-life *see above under* **real:** ***dw/lw***

realloca\te /रीऐलअके\ट/ *v., pt.* **~ted**, *pp* **~ting** पुनः आवंटन क.;

dw/lw: **~tion** /~शन/ *n.* पुनरावंटन

really /रीअलि/ *adv.* 1 वस्तुतः 2 असल में: things that ~ exist; sixty is not ~ old; what does ~ think about sth 3 सच में, सचमुच में: **~ going to meet the film star** 4 वास्तव में: a ~ gripping story; a ~ lovely day 5 विशेषण या क्रिया विशेषण पर बल देन के लिए प्रयुक्त: a ~ interesting book; be ~ sorry for sth 6 नकारात्मक वाक्यों में सकारात्मकता को कम करने के लिए प्रयुक्त: it doesn't ~ matter; it doen't ~ count 7 प्रश्नवाचक व नकारात्मक वाक्यों में नकारात्मक उत्तर पाने के लिए प्रयुक्त: did you ~ like the film? not ~ 8 किसी कथन में रुचि या उसके बारे में आश्चर्य जताना: he is going to China. Oh, ~! 9 किसी के किसी कार्य पर नाराजगी जताना: ~ he could have informed us about his not coming to the meeting;

p&i: **really?** वाकई? सचमुच?; **~ and truly, you must not say such things** सच में, आपको ऐसी बातें नहीं कहनी चाहिए;
it was ~ my fault सच में, गलती मेरी थी

realm /रेल्म/ *n.* 1 क्षेत्र: the ~ of heaven/ of the dead/ of nature 2 (***syn.*** kingdom) राज्य, रियासत: the laws of the ~; *law* persons who are out of the ~ (देश से बाहर रहने वाले लोग) 3 रुचि का क्षेत्र: the ~ of fancy 4 कार्य क्षेत्र, विशेषज्ञता क्षेत्र: the ~ of science/ of poetry 5 *zool.* परिमंडल;

p&i: **beyond/ within the ~s of possibility** संभाव्य/ असंभाव्य, जो हो या नहीं हो सकता

realpolitik *see above under* **real:** ***dw/lw***

realty, realtor *see above under* **real:** ***dw/lw***

real time *see above under* **real:** ***collocs.***

real-world *see above under* **real:** ***dw/lw***

ream /रीम/ *n.* 1 (*abbr.* **rm**), *printing* रीम, कागज के 480 (a **short ream**), 500 (a **long ream**) या 516 (a **printer's ream**) पन्नों (sheets) का पैकेट 2 *colloq.* ढेर सारा कागज: wrote **~s**; **~s** of verses/ of mediocre plays;

v., pt. **~ed**, *pp* **~ing** 1 रीमर से साफ क. 2 खोलना 3 किसी चीज का छेद बढ़ाना या चौड़ा क. 4 किसी को ठगना;

dw/lw: **~er** /रीमः/ *n.* 1 रीमर, छिद्रवर्धक, परिछिद्रक 2 पेचकश; **~s** /रीम्स/ *n., [pl.]* ढ़ेरों लिखे हुए कागज;
p&i: **~ sb out** किसी की उनके गलत काम के लिए घोर आलोचना क.

reanima\te /रीऐनिमेट/ *v., pt.* **~ted**, *pp* **~ting** 1 पुनर्जीवित क., में फिर से प्राण डालना 2 अनुप्राणित क.;
dw/lw: **~tion** /~शन/ *n.* अनुप्राणन, पुनर्जीवन

reap /रीप/ *v. pt.* **~ed**, *pp* **~ing** 1 लुनना, फसल उठाना: ~ a splendid harvest of corn 2 (***syn.*** harvest) फसल उठाकर खेत साफ क.: ~ a field 3 (***syn.*** obtain) प्राप्त क.: ~ the benefits/ profits/ rewards; ~ laurels/ a whirlwind 4 लाभ या नुकसान उठाना: ~ glory/ everlasting dishonour;
dw/lw: **~er** /रीपअः/ *n.*1 लुनेरा 2 फसल काटने वाला 3 (***syn.*** machine) फसल काटने वाली मशीन; **~er-binder** *n.* फसल काटकर पूली बनाने वाला यंत्र; **~ing** /रीपिंग/ *n.* लुनाई, लवनी, कटनी, कटाई; **~ing-hook** *n.* दरांती; **~er-thresher** *n.* अनाज और भूसा निकालने वाला यंत्र;
collocations: **~ing time** फसल उठाने का समय; **the ~er/ the grim ~er** मौत;
p&i: **~ a harvest of trouble** आ बैल मुझे मार!, विपदा में फंस जा.; **~ as one has sown** 1 जैसा बोओगे, वैसा काटोगे 2 जैसा करना, वैसा भरना 3 बोए पेड़ बबूल के आम कहां से होए; **~ the consequences of one's folly** अपने मूर्खतापूर्ण कार्य का फल पाना; **~ the harvest** किसी कार्य का फल पाना; **~ the whirlwind** जैसा बोया वैसा काटना; **~ where one has not sown** जहां कुछ बोया नहीं वहां कुछ भी नहीं काटा जा सकता, बिना किए कुछ नहीं होता (nothing comes out of nothing); **the great/ grim ~er** मृत्यु

reappear /रीअपि\अः/ *v., pt.* **~ed**, *pp* **~ing** 1 पुनः प्रकट हो., फिर दिखायी दे., फिर उपस्थित होना 2 परीक्षा में पुनः बैठना;
dw/lw: **~ance** /~अरंस/ *n.* 1 पुनः प्रकट होने की क्रिया 2 परीक्षा में पुनः बैठने की क्रिया

reapply /रीऐप्लाइ/ *v., pt.* **reapplied**, *pp* **reapplying** पुनरावेदन क.

reappoint /रीअपॉइंट/ *v., pt.* **~ed**, *pp* **~ing** पुनःनियुक्त क.;
dw/lw: **~ment** /रीअपॉइंटमंट/ *n.* पुनर्नियुक्ति

reapportion /रिअपॉःशन/ *n.* पुनःअनुभाजन क.

reapprai\sal /रिअप्रेजल/ *n.* (reassessment) पुनर्मूल्यन, पुनर्मूल्यांकन;
dw/lw: **~se** /रीअप्रेज/ *v., pt.* **~sed**, *pp* **~sing** पुनर्मूल्यांकन क.

rear /रिअः/ *n.* 1 पिछाड़ी, पृष्ठभाग, पीछा 2 पिछवाड़ा (of a house): the ~ (पिछला भाग, पिछवाड़ा) 3 शत्रु से दूरतम हिस्सा (about the army or a naval ship): in the ~ 4 *colloq.* (***syn.*** bottom, *also* **rear end**) चूतड़;
adj. 1 पीछे या पिछवाड़े में स्थित 2 पिछला, पश्च: a ~ window/ wheel; ~ view;
v., *pt.* **~ed**, *pp* **~ing** (***syn.*** bring up)1 पालन-पोषण क., पढ़ाना-लिखाना 2 पशु-पक्षी का पालन क.: ~ poultry/ pigs; the hen **~s** her brood 3 (***syn.*** grow) फसलें उगाना 4 (***syn.*** build) बनाना, निर्माण क., बनवाना 5 आसपास के भवनों के मुकाबले में ऊंचे-ऊंचे भवन खड़ा क. या किसी प्रक्रिया का अपने आप खड़े हो.: the mountains **~ed** their crests into the clouds 6 (*also* **~ up**) घोड़े का पिछले पैरों पर खड़ा हो. 7 सिर उठाना: terrorism **~ed** its ugly head 8 आवाज ऊपर उठाना: ~ one's voice 9 खड़ा क.: ~ a mast/ a pillar;
dw/lw: **~-admiral** /रिअः\-ऐडमअरल/ *n.* सह-नौसेनाध्यक्ष; **~-end** *v., pt.* **~ed**, *pp* **~ing** किसी कार के पीछे टकराना; **~-guard** /~गाःड/ *n.* (***anton.*** van-guard) सेना के पृष्ठ भाग का रक्षक दस्ता, चंदावल दस्ता, चंडावल; **~ing** *n.* 1 बच्चे का पालन-पोषण 2 पशु-पक्षी पालन; **~most** /~मोस्ट/ *adj.* दूरतम: ~most section of the aircraft; **~most** *n.* सबसे पिछला, पश्चतम; **~ward** /~वःड/ *adj., adv.* पीछे की ओर, पीछे; **~wards** *adv.* पीछे की ओर;
collocations: **~ area** सेना का पिछवाड़ा; **~ armament** सेना के पृष्ठ भाग को हथियारों से लैस करने का कार्य; **~ boundary** पिछवाड़े की सीमा; **~ control** पृष्ठ भाग का नियंत्रक उपकरण; **~guard action** पृष्ठरक्षक-युद्ध; **~ lamp/ ~ light** गाड़ी की पिछली रोशनी; **~ party** सेना के पृष्ठ भाग का रक्षक दस्ता; **~ position** सेना का पृष्ठ रक्षात्मक भाग; **~ sight** पिस्टल का निशाना; **~-view mirror** कार के पीछे के दृश्य देखने का शीशा; **~-wheel drive** मोटरगाड़ी में एक प्रणाली जिसमें गाड़ी की चालक-शक्ति पिछले पहियों को मिलती है;
p&i: **~s its head/ ugly head** दिखाई पड़ना; **~ sb/ sth on sth** किसी को या किसी प्राणी का किसी प्रकार के भोजन से भरण-पोषण क.; **~ up** घोड़े आदि द्वारा पिछले पांव पर खड़ा हो.; **~ up oneself** 1 अंगड़ाई ले. 2 आपे से बाहर हो.;
bring up the ~ जलूस आदि में सबसे पीछे हो.; **bring up/ close the ~** जलूस बंद क.; **front and ~** पीछे और आगे से; **hang on the ~** पद-चिह्नों पर चलना; **take in the ~** सेना के पिछवाड़े से आक्रमण क. **to the ~, march!** उल्टा मार्च कर!

rearm /रीःआःम/ *v., pt.* **~ed**, *pp* **~ing** पुनर्शस्त्रीकरण क.;
dw/lw: **~ament** /रीआःमअमंट/ *n.* पुनर्शस्त्रीकरण

rearmost *see above under* **rear: *dw/lw***

rearran\ge /रीअरेंज/ *v., pt.* **~ged**, *pp* **~ging** 1 दुबारा क्रम से लगाना, पुनर्व्यवस्थापन क. 2 मीटिंग/ सभा का समय बदलना;
dw/lw: **~gement** /रीअरेंजमंट/ *n.* पुनर्विन्यास

reason /रीजन/ *n.* 1 कारण, आधार: a compelling/ good/ obvious/ simple ~; the ~ for sth; the reason why sth happens; the ~ why I dislike him is ...; all the more ~ for my going/ all the more ~ why I should go (मेरे जाने का और भी बड़ा कार); there is every ~ to suspect him; I have good ~ to fear that ... 2 स्पष्टीकरण: give/ yield/ render ~ 3 विवेक, मननशीलता, विवेकशीलता, बुद्धिमत्ता, विचार या मत बनाने की शक्ति, निष्कर्ष निकालने की क्षमता: pure ~; his ~ failed him utterly; only man has ~; bereft of ~; he will not listen to ~ 3 किसी कार्य या घटना का हेतु, उद्देश्य, तर्क, दलील: have/ give/ understand a ~; the ~ of eclipses; with ~; not without ~; he complains with ~; prove with **~s** 4 (***syn.*** sanity) विवेक, मन का संतुलन: lose one's ~ 5 (***syn.*** sensible conduct) समझदारी, बुद्धिमत्तापूर्ण व्यवहार या कदम: there is ~ in what you say; within ~; bring sb to ~; the price is out of all ~ 6 औचित्य, संभाव्यता, व्यवहार्यता: get sb listen to ~; be open to ~ 7 (***syn.*** premise) आधार-वाक्य: it stands to ~ (समझ आता है कि ..., तर्कसंगत बात है कि); it is but ~ that I should rejoice; it stands to ~ that... (समझ में आता है कि ...); as ~ was (जैसा समय में आया);

v., *pt.* **~ed**, *pp* **~ing** 1 सही ढंग से सोचना, सोच-विचार क.: ~ about/ of/ on/ upon a subject; ~ what is to be done 2 (***syn.*** argue) तर्क दे., तर्क-वितर्क क.: ~ with sb; ~ from the premises (के दृष्टिकोण से तर्क दे.); ~ from past experience; you must ~ your case a bit more; we must ~ from what is probable; we **~ed** with him for an hour 3 समझाना-बुझाना: ~ sb into obedience/ into accepting a proposal; ~ sb out of sth/ out of doing sth; ~ sb out of his fears; ~ a fear away; bring to ~ (समझाना) 4 (***syn.*** figure out) विचार या मत बनाने, निष्कर्ष निकालने आदि के लिए मन की मननशीलता, विवेकशीलता, बुद्धिमत्तापूर्णता का प्रयोग क.: the ability to ~ makes man different from animals 5 मन का संतुलन या समझदारी बनाए रखना;
dw/lw: **~ability/ ~ableness** *n.* औचित्य, तर्कसंगति,

तार्किकता; **~able** *see below under a separate entry*; **~ably** /रीजनेबलि/ *adv.* 1 समझदारी से, विवेकपूर्वक 2 काफी, काफी हद तक: ~ably good/ successful/ well, etc. 3 ठीक-ठाक, काफी: ~ably priced; ~ably good; **~ed** /रीजन्ड/ *adj.* सुविचारित, तर्कसम्मत: ~ed exposition; ~ed refusal; ~ed article/ statement; **~er** *n.* तार्किक, विचारक; **~ing** /रीजनिंग/ *n.* 1 तर्क, दलील 2 विवेक: power of ~; there is no ~ with him; **~less** /रीजनलेस/ *adj.* 1 तर्कहीन 2 विचारहीन, अविवेकी 3 (***syn.*** senseless) अविवेचित 4 निरर्थक;

p&i: ~ **away** तर्कशील ढंग से गलत सिद्ध क.; ~ **binds all** हर किसी को तर्क सम्मत होना चाहिए; ~ **down** विवेकपूर्ण दलीलों से अस्वीकारना; ~ **governs the wise and cudgels the fools** तर्क बुद्धिमान क लिए मार्ग-दर्शक और मूर्ख के लिए डंडे का काम करता है; ~ **of state** सरकारी दलील या समझ; ~ **out** हल निकालने के लिए विवेकपूर्वक सोच-विचार क.;

be willing to do anything in ~ जितना संभव हो, करने के लिए तैयार हो.; **by** ~ **of** के कारण से; **by** ~ **of .../ for the** ~ **that ...** के कारण कि ...; **for ~s best known to oneself** ऐसे कारणों के आधार पर जो मात्र कर्ता को मालूम हों, बिना किसी ज्ञात कारण के; **everything in** ~ सब कुछ सही है; **for no other** ~ **than that I forgot** कारण मात्र यही था कि मैं भूल गया; **in/ within** ~ सही है, न्यायपरक बात है; **listen to** ~ विवेक की बात सुनना; **open to** ~ विवेक की बात सुनता है; **out of all** ~ हद से बाहर, किसी तरह से भी सही नहीं माना जा सकता; **theirs not to** ~ **why** (Tennyson) उनका काम सवाल पूछना नहीं; **the** ~ **of the poor weigh not** गरीब की बात कौन सुनता है!; **without rhyme or** ~ (बिना किसी कारण के); **with good** ~ तर्कशील दलीलों के साथ, गंभीर स्पष्टीकरण देते हुए; गंभीर कारण बताते हुए

reasonable /रीजनेबल/ *adj.* 1 (***syn.*** amenable to reason) समझदारीपूर्ण, विवेकशील, न्यायोचित: take a ~ view of sth; ~ claim/ demand; ~ solution; the ~ wishes of the whole people 2 पर्याप्त, काफी: there is a ~ chance of success 3 (***syn.*** fair) सस्ता, कम (दाम): a ~ price; ~ rent 4 बुद्धि संपन्न 5 संतुलित, उपयुक्त, ठीक: one must (try to) be ~ 6 (***syn.*** moderate) उचित, यथोचित: ~ in one's desires; on ~ terms; ~ conditions 7 युक्तिसंगत, तर्कसंगत, युक्तियुक्त (according to reason): ~ being (ठीक-ठाक व्यक्ति); ~ suspicions; ~ excuse

reasonably *see above under* **reason: *dw/lw***

reasoned *see above under* **reason: *dw/lw***

reasoning *see above under* **reason: *dw/lw***

reasonless *see above under* **reason: *dw/lw***

reassert /रीअसःट/ *v., pt.* **~ed**, *pp* **~ing** 1 अपना दबदबा फिर से कायम क.: ~ one's position 2 फिर से प्रभावी हो जा.: his good sense **~ed** again 3 किसी बात के सत्य होने के बारे में फिर जोर देकर कहना: **~ed** India's commitment to peace

reassess /रीअसेस/ *v., pt.* **~ed**, *pp* **~ing** (***syn.*** reappraise) पुनः अवलोकन क.

reassign /रीअसाइन/ *v., pt.* **~ed**, *pp* **~ing** 1 किसी को भिन्न कार्य, पद या अवसर दे.: after his resignation he has been **~ed** a different position 2 किसी चीज या पद आदि को किसी अन्य व्यक्ति को देना: the scholar was **~ed** to another professor

reassu\re /रीअशुअः\/ रीअश्यॉः\/ *US* रीअश्युर\/ *v., pt.* **~red**, *pp* **~ring** (***syn.*** set sb's mind at rest) किसी को आश्वस्त क., विश्वास दिलाना: **~re** the public; feel **~red**;

dw/lw: **~rance** /-रंस/ *n.* दोबारा दिया हुआ आश्वासन; **~red** /~ड/ रिअश्योःड/ *adj.* पुनः आश्वस्त: feel **~red**; **~ring** /~रिंग/ *adj.* आश्वस्त करने वाला/ वाली: ~ing news; **~ringly** /~रिंगलि/ *adv.* आश्वस्त करने के अंदाज में

reattack /रीअटैक/ *v., pt.* **~ed**, *pp* **~ing** पुनः आक्रमण क.

reattain /रीअटेन/ *v., pt.* **~ed**, *pp* **~ing** पुनः प्राप्त क.

réau *abbr.* 'Réaumur's thermometric का संक्षेप

Réaumur /रेओम्युअः/ *adj.* पानी का जमाव बिंदु 00 और क्वथनांक 800 वाले थर्मामीटर से संबंधित

reast/ **reest**/ reist /रीस्ट/ *v., pt.* **~ed**, *pp* **~ing** दुर्गंधित हो., बासी हो.;

dw/lw: **~y** /रीस्टि/ *n.* दुर्गंधित, बदबूदार

reave /रीव/ (*also* **reive**) *v., pt.* **reft**, *pp* **reaving** 1 अपहरित क., छीन लेना: ~ cattle 2 से वंचित क. या हो.: ~ of life/ of rest; trees **reft** of their leaves 3 लूटना, लूटकर खाली कर दे.: ~ the country;

dw/lw: **~r** /रीवः/ *n.* लुटेरा, अपहरणकर्ता

reawaken /रीअवेकन/ *v., pt.* **~ed**, *pp* **~ing** (***syn.*** rekindle) पुरानी भावना, याद आदि को पुनर्जाग्रत क.

re-bar /रीःबाः/ *n.* कंक्रीट (concrete) लगी इस्पात की छड़

rebarbative /रीःबाःबअटिव/ *adj., lit.* 1 घिनौना 2 घृणित

reba\te /रीःबेट/ *n.* 1 छूट, कटौती: deferred/ freight **~te** 2 (***syn.*** discount) बट्टा, रियायत: grant a **~te** 3 (rabbet) पैताम, खांचा;

v., pt. **~ted**, *pp* **~ting** 1 छूट या रियायत दे., कटौती दे. 2 कुंठित क. 3 प्रहार आदि को कमजोर क.;

dw/lw: **~table**/ **~teable** /रीःबेटअबल/ *adj.* छूट या रियायत की सीमा में

rebel /रेबल/ *n.* विद्रोही, बागी;

adj. विद्रोही, बागी, बगावत करने वाला: ~ army

rebel /रिबेल/ *v., pt.* **~led**, *pp* **~ling**/ *US pt.* **~ed**, *pp* **~ing** 1 (*often* ~ **against sth**) बगावत क.: the troops **~led**; the tribes **~led** against their oppressors; ~ against an old custom 2 उच्छृंखल, उद्धत हो. 3 से घृणा क.: ~ against one's fate 4 (***syn.*** abhor) में घृणा उत्पन्न होना या क.: such treatment would make anybody ~;

dw/lw: **~lion** /रिबेलिअन/ *n.* 1 (***syn.*** uprising) बगावत, विद्रोह: launch/ lead/ quash/ stage a ~lion; a ~lion by sb; armed ~lion; in ~lion; rise in ~lion 2 सत्ता का विरोध: a ~lion against sb/ sth 3 दकियानूसी प्रथाओं का विरोध: ~lion against conservatism; **~lious** /रिबेलिअस/ *adj.* 1 (***syn.*** defiant) उच्छृंखल, उद्धत, अक्खड़: ~lious temperament 2 बेकाबू: ~lious meetings 3 विद्रोही, विद्रोहात्मक: ~lious troops; ~lious speeches 4 दुर्दमनीय, दुर्जेय, दुर्दम; **~liously** /रिबेलिअसलि/ *adv.* अक्खड़ या विद्रोहात्मक अंदाज में

rebind /रीःबाइंड/ *v., pt.* **rebound**, *pp* **~ing** दुबारा जिल्द लगाना या चढ़ाना

rebirth /रीबःथ/ *n.* 1 पुनर्जन्म, जन्मांतर 2 (***syn.*** revival) पुनर्जन्म, पुनर्जीवन 3 किसी के जीवन में गहन आध्यात्मिक परिवर्तन;

v., *pt.* **~ed**, *pp* **~ing** पुनर्जन्म की मानसिक थेरपि (psychotherapy) क.;

dw/lw: **~thing** /रीबःदिंग/ *n.* पुनर्जन्म की मानसिक थेरपि (psychotherapy) जिसके तहत व्यक्ति को जन्म लेने का अनुभव कराया जाता है ताकि तथाकथित पिछले जन्म के कारण होने वाले तनावों से मुक्ति मिल सके

reboot /रीःबूःट/ *v., pt.* **~ed**, *pp* **~ing** *comput.* कंप्यूटर के अटक जाने पर या हंग (hung) हो जाने पर उसकी बिजली आपूर्ति बंद करने के बाद फिर से शुरू क.

reborn /रीःबॉःन/ *adj.* 1 पुनर्जात 2 पुनर्जन्मित

rebound /रीबाउंड/ *v., pt.* **~ed**, *pp* **~ing** 1 फेंकी हुई वस्तु का टकराकर वापस आ जा.: the ball **~ed** from his racket into the net 2 (***syn.*** upwards) उछलना या में उछाल आना: his spirits **~ed**; his heart **~ed** with hope 3 (*also* **rebound on/ upon sb**, ***syn.*** backfire) कर्ता पर उसके कदम का उल्टा असर आ पड़ना: the ill he did, **~ed** upon him 4 प्रतिघात क.,

प्रतिक्रिया क. या हो 5 (***syn.*** bounce back) फिर से उछाल आना: the prices have rebound again

n. 1 उछाल: be on the ~ (किसी आघात के बाद सुधरने की राह पर हो.); be on the ~ after the failure of the first love-affair 2 प्रतिघात, प्रतिक्षेप: hit a ball on the ~; take a catch on the ~ 3 प्रतिक्रिया, प्रतिक्षेप: marry sb on the ~ (पहला प्रेम-प्रपंच खत्म होने पर तुरंत किसी दूसरे के साथ विवाह कर ले.);

p&i: **catch sth on the** ~ पहले प्रेम में दिल टूटने पर झटपट किसी से शादी कर लेना

rebrand /रीब्रैंड/ *v., pt.* **~ed**, *pp* **~ing** किसी कंपनी, संगठन या कंपनी के किसी माल की नाम आदि बदलकर छवि बदलना: the British Labour Party rebranded itself as New Labour in 1990's

rebuff /रिबफ/ *v., pt.* **~ed**, *pp* **~ing** 1 रूखा या कठोर जवाब दे., दो टूक जवाब दे. 2 झिड़कना, रोकना, निरोध क.;

n. 1 (***syn.*** rejection) रूखा या कठोर जवाब, दो टूक जवाब, अस्वीकृति 2 (***syn.*** snub) तिरस्कार, उपेक्षा 3 हार, पराजय: meet with/ suffer a ~

rebuild /रीबिल्ड/ *v., pt.* **rebuilt**, *pt. p.* **rebuilt**, *pp* **~ing** 1 पुनर्निर्माण क. 2 किसी स्थिति के खराब हो जाने के बाद उसे फिर से ठीक क.

rebukable /रीब्यूकअबल/ *adj.* फटकारने योग्य/ लायक, निंदनीय

rebuke /रिब्यूक/ *v., pt.* **~d**, *pp* **rebuking** 1 (***syn.*** reprimand) डांटना, फटकारना, डपटना, ताड़ना: ~ sb for sth 2 ताने दे., उल्हाणा (*Hr.*) दे., निंदा क.: ~ sb's presumption (किसी को उसके अहंकार के लिए फटकारना);

n. डांट, फटकार, प्रताड़ना, ताना: without ~; administer a ~;

dw/lw: **rebukingly** *adv.* डांटते-डपटते हुए;

p&i: **without** ~ बेदाग, बेदोष

rebus /रीःबस/ *n., pl.* **~es** शब्द-पहेली, चित्र-पहेली, चित्र-बुझौवल

rebut /रिबट/ *v., pt.* **~ted**, *pp* **~ting** 1 (***syn.*** refute) खंडन क., काट दे. 2 अस्वीकरना: ~ sb's offer;

dw/lw: **~tal/ ~ment** /रिबटल/ ~मंट/ *n.* खंडन, काट; **~ter** /रिबटः/ *n.* 1 खंडन या काट करने वाला 2 *law* प्रतिवादी

rec *abbr., colloq.* 'recreation' का छोटा रूप

recalci\trance /रिकैल्सि\ट्रंस/ *n.* 1 अवज्ञा 2 अड़ियलपन, जिद्द, हठ 3 उद्धतता, अक्खड़पन;

dw/lw: **~trant** /~ट्रंट/ *n.* अक्खड़, दुर्दांत, उद्दंड, उजड्ड व्यक्ति; **~trant** *adj.* अड़ियल, अवज्ञाकारी, उद्धत; **~trate** /~ट्रेट/ *v., pt.* ~trated, *pp* ~trating हठपूर्वक विरोध क., हुक्म मानने से इन्कार क., अवज्ञा क.; **~tration** /~ट्रेशन/ *n.* विरोध, अवज्ञा

recalcula\te /रीकैल्क्युले\ट/ *v., pt.* **~ted**, *pp* **~ting** फिर से गिनती क., पुनर्गणना क.

recale\sce /रीःकअलेस/ *v., pt.* **~sced**, *pp* **~scing** पुनरुद्दीप्त हो., फिर से दमकने वाली गर्म अवस्था दिखलाना;

dw/lw: **~scence** /रीःकअलेसंस/ *n.* पुनरुद्दीपन, लाल गर्म लोहे की ठंडे होने की प्रक्रिया में किसी अवस्था पर पहुंचकर फिर से दमकने की क्रिया; **~scent** /रीःकअलेसंट/ *adj.* पुनरुद्दीप्त, फिर से दमकने वाला

recall /रिकॉःल/ *v., pt.* **~ed**, *pp* **~ing** 1 (***syn.*** recollect) याद क., स्मरण क.: ~ the words of a song/ what was said/ old faces; ~ to mind/ to one's memory; legends that ~ the past; let me ~ a case within my own recent experience; ~ old quarrels from the past 2 याद दिलाना: ~ sb's mind/ attention to a subject 3 याद आना 4 (***syn.*** evoke) भूत काल के किसी व्यक्ति, वस्तु या घटना के समान होने के कारण याद दिलाना: the poem ~ Bachhan's *Madhushala* 5 (***syn.*** remind) किसी को उसकी जिम्मेवारी की याद दिलाना: ~ sb's mind/ attention to a subject; ~ sb to a sense of his responsibilities and duties; ~ a promise 6 वापस बुलाना: ~ from an exile; ~ the ambassador from abroad; an order to ~ all officials from leave 7 (***syn.*** withdraw, take back) वापस लेना: ~ from circulation 8 (annul) रद्द क., निरस्त क.: ~ an order/ judgement 9 *US* चुने हुए सदस्य की सदस्यता खत्म क. 10 कंपनी द्वारा दोषपूर्ण माल या वस्तु को वापस लिया जा.: the car company has **~ed** all the defective cars;

n. 1 नियुक्ति आदि का निरस्तीकरण, सदस्यता आदि से बर्खास्तगी: ~ of an MP 2 खेल की टीम आदि में वापसी: ~ of Nehra to Indian cricket team after a long gap of time 3 रद्दगी: ~ of an order;

collocations: **beyond/ past** ~ 1 असुधार्य 2 अस्मरणीय; **decision past** ~ फैसले की रद्दगी से परे होने की अवस्था; **letters of** ~ वापसी के पत्र; **total** ~ पूर्ण रद्दगी या निरस्तीकरण;

p&i: **~ sb from his dreams** किसी को सपनों की उड़ान से वापस धरती पर उतारना;

give an actor a ~ किसी अभिनेता को दुबारा बुलाना; **give sb up as beyond** ~ पुर्णतः मृत या विलुप्त समझकर छोड़ दे.; **lost beyond** ~ हमेशा के लिए बर्बाद; **sound the** ~ वापसी का संकेत दे.

recant /रिकैंट/ *v., pt.* **~ed**, *pp* **~ing** 1 मत त्याग क. 2 धार्मिक या राजनैतिक विचारों से मुंह फेरने की आम घोषणा क. 3 कथन या घोषणा को वापस ले लेना 4 से मुकर जा.: ~ a promise; ~ a design;

dw/lw: **~ation** /रीःकैंटेशन/ *n.* 1 मत-त्याग 2 से मुकरने की क्रिया; **~er** /रीःकैंटः/ *n.* 1 मत त्यागने या मुकर जाने वाला 2 भटकाव का रास्ता छोड़ने वाला

recap /रीःकैप/ *colloq. v., pt.* **~ped**, *pp* **~ping**/ *US* **~ing**, *pt.* **~ed** 1 **recapitulate** का छोटा रूप 2 संक्षेप या सार रूप में दोहराना या याद क.;

n. पुनरावृत्ति

recapitula\te /रीःकअपिचुले\ट/ *v., pt.* **~ted**, *pp* **~ting** 1 सार रूप में फिर से कहना, संक्षेप में दोहराना 2 सार प्रस्तुत क., पुनः याद क.;

dw/lw: **~tion** /~शन/ (*also* **recap**) *n.* 1 सार-कथन 2 सार-संक्षेप 3 *biol.* भ्रूण के विकास की अवस्थाओं में पुनरावृत्ति 4 यह अवधारणा कि व्यक्तिगत विकास (ontogeny) विकासमान इतिहास (phylogeny) को दोहराता है; **~tive** /~टिव/ *adj.* = **~tory** /~टअरि/ *adj.* आवृत्ति, आवृत्तिमूलक

recaptu\re /रीःकैप्चः/ *v., pt.* **~red**, *pp* **~ring** 1 दोबारा कब्जा क. 2 फिर से पाना 3 दोबारा बंदी बनाना या हथियाना 4 पुनः प्राप्त क., पुनः अधिकार में ले. 5 याद क., पुनः अनुभव क.: **~re** the atmosphere of 1968 Paris;

n. पुनःप्राप्ति

recast /रीःकाःस्ट/ *US* रीःकैस्ट/ *v., pt.* **recast**, *pt. p.* **recast**, *pp* **~ing** 1 फिर से ढालना, नया रूप दे. 2 फिर से बनाना, लिखना आदि: ~ a book 3 सुधारना, संशोधित रूप दे. 4 पात्र बदल दे., नई भूमिका निर्धारित क.: ~ the actors in a play, film, etc.

recce /रेकि/ रेक्सि/ *n.* (*also* **recco**, *pl.* **recces/ reccos**) = **reconnaissance** 1 किसी स्थान की जांच-पड़ताल या उससे जान-पहचान: do quick ~ of a place 2 टोह, खोज;

v., pt. **recced** /रेकिड/, *pp* **reccing** /रेकिंग/ टोहना, राह-थाह लेना या अता-पता ढूंढना

recede/ re-cede /रिसीड/ *v., pt.* **~d**, *pp* **receding** 1 किसी चीज को पिछले मालिक को दे देना 2 पीछे हटना: ~ a few paces; ~ into the background; ~ from view; the ship **~s** from the shore; flood waters have **~d** 3 (***syn.*** diminish) कम हो., घटना: prices have **~d**; the cliff **~s** abruptly from its base upwards; his power/ his influence seems to have **~d** 4 माथे पर बालों का कम हो.: a man with **receding** hairline 5 धूमिल पड़ जा.: memories of childhood have **~d** 6 (***syn.*** withdraw) से मुकर जाना: ~ from an opinion/ from a promise 7 (***syn.*** slope) पीछे की ओर झुका हुआ होना: a chin **receding** backwards towards the neck;

dw/lw: **receding** /रिसीडिंग/ *adj.* पश्चप्रवण, पीछे को हटती हुई

receipt /रिसीट/ *n.* (*abbr.* **recpt**/ **rcpt**) 1 रसीद: ~ for a sum; place of ~ 2 आय: monthly **~s** rose steadily this year; **~s** and expenditure/ expenses; total **~s**; **~s** tax (कुल आय पर कर) 3 पावती, प्राप्ति: acknowledge ~ of the money; be in ~ of sb's letter 4 (***syn.*** recipe, prescription) नुस्खा: the newest ~ for avoiding calumny 5 वसूली;

***v.**, pt.* **~ed**, *pp* **~ing** 1 रसीद लिखना या देना 2 *mainly N. Amer.* किसी बिल का भुगतान चुकता हुआ दिखाना: ~ a bill;

dw/lw: **~-clerk** *n.* आवती या पावती लिपिक; **~s** /रिसीट्स/ *US* (*UK* **takings**) *n., [pl.]* कमाई की राशि: net/ gross **~s**

receivability/ **receivableness** /रिसीवअ\बिलअटि/ ~बलनेस/ *n.* स्वीकार्यता, मान्यता के योग्य

receivable /रिसीवअबल/ *adj.* 1 प्राप्य, ग्राह्य: bills ~ 2 (***syn.*** acceptable) स्वीकार्य, वैध: hearsay evidence is not ~

receive /रिसीव/ *v., pt.* **~d**, *pp* **receiving** 1 पाना, प्राप्त क., ग्रहण क.: ~ money/ books; ~ a good education; ~ a call; ~ orders to march 2 (***syn.*** take) लेना: ~ one's salary; ~ payment 3 (***syn.*** accept/ recognize) किसी विचार, सिद्धांत आदि को सही स्वीकार क., अंगीकार क.: ~ sth as a prophecy; beliefs and customs which are **~d** by the whole world 4 आने वाले का स्वागत क., अगवानी क.: be **~d** in the vestibule; ~ sb with open arms; be cordially **~d**; ~ a hearty welcome 5 मेहमाननवाजी क.: ~ the guests at the dining table 6 (***syn.*** undergo) झेलना, भोगना: ~ a severe beating 7 चोट आदि लगना: ~ injuries; ~ a mortal wound/ a blow on the head 8 (***syn.*** bear) बोझ लेना या सहना: arch **~s** weight of roof 9 (***syn.*** encounter) का सामना क.: ~ an assault 10 आने दे., प्रवेश करने दे., कोई पद या सदस्यता आदि धारण करने देना: be **~d** into the priesthood; be **~d** into the church 11 पर ध्यान देना, सोच-विचार का विषय बनना: ~ a proposal/ a petition; sb's letter will ~ immediate attention 12 सूचना पाना: ~ word of their arrival; ~ a news about sth 13 सम्मान पाना: ~ the Bharat Ratna 14 प्रशंसा पाना, वाह-वाही लूटना या आलोचना का शिकार हो.: ~ much acclaim, the film was not well **~d**; the proposal was well **~d**; the news was **~d** with horror; the speaker was **~d** coldly/ with shouts of derision/ with tumultuous applause 15 रेडियो आदि के संकेत पाना या पकड़ना: ~ a radio station 16 छाप या चिह्न पाना: ~ an impression/ a stamp/ a mark 17 आगंतुकों से मिलना: she **~s** on Tuesdays; ~ a deputation; the President **~d** the new ambassador 18 किसी को शपथ दिलाना: ~ sb's oath 19 किसी को महसूस हो.: ~ the impression that ... 20 समाहित कर लेना, धारण क्षमता हो.: the vessel is large enough to ~ 50 kg 21 चोरी के माल के लेना या खरीदना 22 टेनिस आदि के खेल में सर्विस का सामना क.;

dw/lw: **~d** /रिसीवड/ *adj.* 1 मानक: the ~d version; the ~d text/ canonized text 2 सर्वमान्य: the ~d view is that he is a nice person;

collocations: **as ~d** जैसी प्राप्त हुई, उसी हालत में; **Received Pronunciation** (*abbr.* **RP**) 1 मानक उच्चारण 2 मुख्य रूप से दक्षिणी-पूर्वी इंग्लैंड के शिक्षित लोगों की अंग्रेजी जिसे सर्वाधिक मानक अंग्रेजी माना जाता है; **Received Standard English**/ **Received English** 1 शिक्षित लोगों द्वारा बोली जाने वाली मानक अंग्रेजी 2 अंग्रेजी का ऑक्सफोर्ड उच्चारण;

p&i: **~ with open arms** गर्मजोशी से मिलना

receiver /रिसीवः/ *n.* 1 टेलीफोन-रिसीवर, चोंगा (of telephone) 2 रेडियो या टीवी का ग्राहक यंत्र 3 पाने वाला, प्रापक, लेने वाला, गाही, आदाता, रिसीवर 4 थांगी, चोर-हटिया (of stolen goods): the ~ is as bad as the thief 5 कर वसूलने वाला अधिकारी 6 (*in full* official receiver) आदाता, अदालत द्वारा नियुक्त मुकदमेबाज या दिवालिया व्यक्ति की संपत्ति या धंधा संभालने वाला अधिकारी 7 *chem.* आसवन (distillation) से प्राप्त द्रव को रखने वाला बर्तन;

dw/lw: **~-general** *n.* मुख्य कर-अधिकारी; **~ship** /रिसीवःशिप/ *n.* (*usually* **in ~ship**) 1 आदाता यानी दिवालिये आदि के व्यापार के नियंत्रक की स्थिति या पद 2 आदाता या रिसीवर का कार्यालय;

p&i: **no ~, no thief** चोरी के माल का खरीदार न होगा तो चोरी भी न होगी; **~ is as bad as the thief** चोर-हटिया और चोर मौसेरे भाई

receiving /रिसीविंग/ *n.* आदान, ग्रहण, प्राप्त करने की क्रिया;

adj. ग्राही: ~ end *radio* (ग्राही सिरा या तरफ);

dw/lw: **~-house** *n.* 1 डिपो 2 डाक-घर; **~-line** *n.* किसी अति विशिष्ट व्यक्ति (VIP) का स्वागत करने वालों की कतार; **~-set** *n.* रेडियो या टेलीविजन; **~-station** *n.* ग्राही स्टेशन या केंद्र;

p&i: **be on/ at the receiving end of sth** आलोचना, निंदा आदि का पात्र हो.

recency /रीसंसि/ *n.* आधुनिकता, नूतनता, नवीनता, नयापन, ताजापन

recension /रिसेनशन/ *n.* 1 पाठ का आलोचनात्मक संशोधन, समीक्षात्मक संशोधन 2 इस तरह का संशोधित पाठ: text has come down to us in various **~s**

recent /रीःसंट/ *adj.* 1 हाल का, जो थोड़ी देर पहले हुआ हो: theirs was a ~ acquaintance; ~ events; ~ news 2 अभिनव, नूतन, नया, ताजा: all this is quite ~ 3 (***syn.*** new) आधुनिक युग का: it happened within ~ memory 4 (***syn.*** modern) अर्वाचीन (history);

dw/lw: **~ly** /रीःसंटलि/ *adv.* 1 हाल ही में: as ~ly as yesterday; until quite ~ly 2 नए-नए: they are ~ly married; **~ness** /रीःसंटनेस/ *n.* नवीनता, नवता, अभिनवता, नूतनता, नयापन

recept /रिसेप्ट/ *n.* 1 मानसिक चित्र 2 मानस चित्र 3 *phys.* प्रत्यक्ष आवृत्ति प्रतिमा

receptacle /रिसेप्टअकल/ *n.* 1 आधान, पात्र 2 *bot.* पौधों के तने का ऊपरी भाग जहां फूल लगते हैं 3 निधान, धानी 4 पुष्प धर

reception /रिसेप्शन/ *n.* 1 स्वागत कक्ष: wait at ~ 2 स्वागत समारोह, प्रीति भोज, दावत, मेहमाननवाजी, आदर-सत्कार: state ~; hold a ~ 3 स्वागत: the ~ of a new ambassador by the President; ~ camp 4 (***syn.*** receiving) प्राप्ति : ~ of deposits 5 ग्रहण (taking in): ~ of evidence by a court of law 6 (***syn.*** entrance) प्रवेश 7 (***syn.*** auditive) अभिग्रहण, श्रवण, पकड़: poor radio ~ due to the weather 8 (***syn.*** acceptance) स्वीकृति: ~ of new ideas/ of new impressions 9 प्रशंसा, वाह-वाही 10 आलोचना 11 आगंतुकों से मिलने में दिखाई जाने वाली संवेदनशीलता, सौहार्द, स्नेहपूर्णता, आलोचनात्मकता, रूखापन, कटुता आदि: warm ~; give sb a kind/ a courteous/ an unfriendly/ a cold ~; meet with a hostile ~; his ~ was frigid; get/ be given/ receive a good, etc. ~; a cool/ chilly/ frosty/ hostile ~; a great/ warm ~; a lukewarm/ rapturous/ mixed ~ 12 बोध, इंद्रियगोचरता, महसूस होने की क्रिया 13 ग्राह्यता, समाहितता: ~ capacity;

dw/lw: **~ist** /रिसेप्शनिस्ट/ *n.* स्वागतकर्ता, स्वागती, अभ्यर्थी, स्वागतिक; **~-room** *n.* स्वागत-कक्ष;

collocations: **~ centre** भिन्न-भिन्न आपदाओं से पीड़ित लोगों से मिलने का केंद्र; **~ class** स्कूल में नए बच्चों से मिलने के लिए कक्षा; **~ committee** स्वागत-समिति; **~ office** स्वागत कार्यालय; **~ order** किसी व्यक्ति को पागलखाने में भेजने का आदेश

receptive /रिसेप्टिव/ *adj.* 1 ग्रहणशील: ~ of beauty 2 *mech.* संग्राहक, ग्राही 3 (***syn.*** responsive) संवेदनशील: ~ mind; be ~ to everything new;
***dw/lw:* ~ly** /~लि/ *adv.* संवेदनशील ढंग से; **~ness** /~नेस/ (*also* **receptivity**/रिसेप्टिविटि/) *n.* ग्रहणशीलता, अभिग्राहिता, संवेदनशीलता; **receptor** /रिसेप्टः/ *n.* 1 शरीर का गर्मी, सर्दी आदि बाह्य प्रभावों के प्रति संवेदनशील (अंग या रग) 2 भावुक, सहृदय 3 अभिग्राही, ग्राही

recess /रिसेस/ रीःसेस/ *n.* 1 *US* मध्यावकाश, अल्पावकाश, विश्रांति (*UK* **break**): noon/ little ~; the conference is in ~ 2 छुट्टी: parliamentary ~; summer ~ 3 (***syn.*** niche, alcove) आळा (*Hr.*), ताक, छेद: ~ hole; a ~ for books 4 (***syn.*** cavity) गड्ढा, कोटरिका 5 दीवार में अर्ध-गोलाकार कोना-सा: dining ~ 6 (***syn.*** cave) गुफा, गुहा, दरी: mountain ~ 7 (***syn.*** secluded place) एकांत स्थान, विविक्त: गुप्त या आंखों से ओझल स्थान: subterranean **~es** 8 गहन अंधेरे में डूबा स्थान: stare into the dark **~es** of the room; the doubt was still lurking in the deepest ~es of his mind;
***v.**, pt.* **~ed**, *pp* **~ing**, *s/he/it* **~es** 1 किसी चीज को आळे आदि में रखना 2 दीवार में आळा आदि बनाना: ~ a wall 3 अदालत, स्कूल आदि का अल्पावकाश पर जाना: ~ for deliberation 4 थोड़ा पीछे हटाना: ~ a hedge from the line of the road;
***p&i:* in the innermost ~es of one's heart** दिल की गहराइयों में

recession /रिसेशन/ *n.* 1 व्यापारिक मंदी: economic ~; business ~ 2 शिथिलता, गिरावट: material ~ 3 अपगमन, पीछे हटने की क्रिया: the ~ of the sea from the coast-line level 4 इन्कार, मुकरने की क्रिया: ~ from a contract 5 पादरियों और भजन-मंडली का प्रार्थना सभा के बाद चर्च से गमन 6 भूमि या संपत्ति का पुराने मालिक को दोबारा सौंपने की क्रिया;
***dw/lw:* ~al** /रिसेशनल/ *adj.* चर्च में समाप्ति-भजन; **~ary** /रिसेशनरि/ *adj.* 1 व्यापारिक मंदी से संबंधित: ~ tendencies

recessive /रिसेसिव/ *adj.* 1 पीछे हटने की प्रवृत्ति वाला, अपगामी: ~ character 2 (वंशानुगत गुण) अप्रभावी, मंदगामी 3 पश्चगामी 4 *biol.* अप्रबल, अप्रभावी;
***dw/lw:* ~ly** /~लि/ *adv.* अप्रबल, निष्प्रभावी ढंग से; **~ness** /~नेस/ *n.* 1 अप्रभाविता, मंदगम्यता 2 पश्चगम्यता 3 *biol.* अप्रबलता, निष्प्रभाविता

recharge /रीचाःज/ *v., pt.* **~d**, *pp* **recharging** बैटरी को पुनः चार्ज क.;
***dw/lw:* ~able** /रीचाःजिअबल/ *adj.* जिसे पुनः चार्ज किया जा सके;
***p&i:* ~ one's batteries** आराम करके अपनी ऊर्जा एवं स्फूर्ति पुनः प्राप्त क.

rechauffe /रेशोफे/ *n., Fr.* 1 हल्का-सा गर्म किया हुआ व्यंजन 2 पुरानी रचना का संशोधित रूप

recherché /रअशेअःशे/ *adj., Fr.* 1 जिसको केवल विशेषज्ञ जानते हों 2 क्लिष्ट-कल्पित, लोगों पर धाक जमाने के लिए आडंबरपूर्ण ढंग से परिष्कृत 3 असाधारण (uncommon), मोहक, उत्कृष्ट. अन्यस्थानिक: ~ taste 4 (***syn.*** choice) सावधानी से चुना हुआ, चुनिंदा, बढ़िया, शानदार: ~ dinners

rechipping /रिचिपिंग/ *n.* चोरी किए हुए मोबाइल फोन आदि का पहचाने जाने से बचने के लिए चिप बदलने की क्रिया

rechoose /रिचूज/ *v., pt.* **rechose**, *pt. p.* **rechosen** *pp* **rechoosing** दुबारा चुनना

recidi\vism /रिसिडिवि\ज्म/ *n.* अपराध-वृत्ति, अपराधशीलता, पाप-व्यसन: **~vism** in mental patients;
***dw/lw:* ~vist** /~स्ट/ *n.* स्वभाव से अपराधी, अपराधशील, अपराध-व्यसनी, पाप-व्यसनी

recipe /रेसअपि/ *n., pl.* **~s** 1 पाकविधि 2 (***syn.*** formula) नुस्खा: be a ~ for disaster/ trouble/ success, etc. (तबाही/ कष्ट/ सफलता आदि का नुस्खा); a ~ for happiness

recipient /रिसिपिअंट/ *n.* प्राप्तकर्ता, पाने वाला, प्रापक: ~ of Padama award;
adj. 1 प्रापी, पाने वाला 2 (***syn.*** receptive) ग्रहणशील;
***dw/lw:* recipience/ recipiency** /रिसिपिअंस/ रिसिपिअंसि/ *n.* प्राप्यता, ग्रहणशीलता

reciprocal /रिसिप्रअ\कल/ *adj.* 1 पारस्परिक, आपसी, अन्योन्य: ~ affection; ~ understanding; on ~ basis 2 वापसी (done in return): ~ concessions; ~ reference; ~ contact 3 *math.* व्युत्क्रम 4 (***syn.*** corresponding, similar) सदृश: a treaty providing ~ privileges; ~ contract 5 *gramm.* पारस्परिक, अन्योन्य: loving one another is a ~ process;
***dw/lw:* ~ity** /~कैलिटि/ *n.* पारस्परिकता, अन्योन्यता; **~ly** /~कलि/ *adv.* आपस में;
***collocations:* ~ verb** दो या अधिक जनों के बीच पनपने वाले पारस्परिक प्रभाव द्योतक क्रिया: John and Liz **kissed** (here 'kissed' is the **~ verb**)

reciproca\te /रिसिप्रअके\ट/ *v., pt.* **~ted**, *pp* **~ting** 1 की पहल के प्रति संवेदनशील प्रतिक्रिया देना: **~te** sb's feelings; **~te** love; **~te** hostility 2 परस्पर आदान-प्रदान क., लेना-देना: **~te** favours; **~te** with an offer of money 3 बदले में दे. 3 सदृश या बराबर होना (be similar): every attack he **~ted** with a blow 4 *mech.* यंत्र द्वारा आगे-पीछे सीधी रेखा में चलना: a **~ting** action;
***dw/lw:* ~ting** /~टिंग/ *adj.* 1 आगे-पीछे चलने वाला: ~ting lever; ~ting engine 2 पश्चाग्र; **~tion** /~शन/ *n.* 1 आदान-प्रदान 2 प्रतिदान, प्रतिकार 3 (math.) व्युत्क्रमण 4 जवाबी कार्रवाई; **~tive** /~टिव/ *adj.* पारस्परिक

reciprocity /रेसिप्रौसिटि/ *US* रेसिप्राःसिटि/ *n.* 1 आदान-प्रदान, विनिमय 2 परस्परता, पारस्परिकता, अन्योन्यता

recision /रिसिजन/ *n.* (***syn.*** annulling, rescinding, cancelling) निरस्तीकरण, रद्दगी

recital /रिसाइट\ल/ *n.* 1 विवरण, वृत्तांत 2 उद्धरणी, पाठ, वाचन, प्रपठन (account): a poetry ~; a ~ of sb's grievances;
***dw/lw:* recitalist** /~लिस्ट/ *n.* पाठ करने वाला, वाचक

recitation /रेसिटेशन/ *n.* 1 पढ़ने की क्रिया, पठन, कविता-पाठ, सस्वर पाठ: poetry ~ 2 विवरण: ~ of week's events 3 उद्धरणी

recitative /रेसिटटीव/ *n.* मौखिक संगीत की एक प्रकार, सस्वर पाठ

reci\te /रिसाइट/ *v., pt.* **~ted**, *pp* **~ting** 1 कविता आदि सुनाना, कविता पाठ क. 2 सस्वर पाठ क. 3 विवरण दे., वर्णन क. 4 (***syn.*** enumerate) एक-एक करके या विस्तार से बताना: **~te** one's grievances;
***dw/lw:* ~table** /रिसाइटेबल/ *adj.* कविता पाठ करने या विस्तार से वर्णित करने योग्य; **reci\tation** /रेसिटेशन/ *n.* 1 कविता पाठ 2 विवरण या वर्णन; **~ter** /रिसाइटः/ *n.* कविता-पाठ करने वाला

reck /रेक/ *v., pt.* **~ed**, *pp* **~ing** 1 ध्यान दे. 2 परवाह क.: ~ little of hardship; he **~ed** not of the danger

reckless /रेकलअस/ *adj.* 1 (***syn.*** rash) लापरवाह, असावधान, उतावला: ~ driving 2 अविचारी: ~ ruler 3 अंधाधुंध, अविवेचित (of acts): ~ step; ~ spending 4 (***syn.*** overbold) बेपरवाह, दुस्साहसी: ~ of danger, ~ of hostility;
***dw/lw:* ~ly** /~लि/ *adv.* लापरवाही/ असावधानी से; **~ness** /~नेस/ *n.* 1 लापरवाही 2 उद्दंडता 3 दुस्साहस 4 उतावलापन;
***p&i:* ~ youth makes rueful age** जवानी की रंग-रलियां बुढ़ापे के रंग में भंग

reckon /रेकन/ *v., pt.* **~ed**, *pp* **~ing** 1 (*often* **~ sth up**) गिनती क., गिनना: ~ up the cost; learn to read, write and ~ 2 मानना, समझना: ~ him among my friends 3 (***syn.*** judge) माना जाना, परखने पर पाया जाना: be **~ed** a world authority; be **~ed** (as) a clever person/ one of the best generals/ a great writer 4 पर भरोसा रखना: ~ on sb/ sth; ~ on sb's support; not **~ing** on sb; ~ with certainty on sth 5 (*usually* ~ **that...**) मानना कि ...: this will be enough, I ~; they had not **~ed** on finding me here;

dw/lw: **~er** /रेकनः/ *n.* 1 गणक 2 पहाड़ा-पुस्तिका, गणक-तालिका; **~ing** *see below under separate entry*;

p&i: ~ **for** गिनती में ले.; ~ **in** हिसाब में गिनना; **~ing from to-day** आज से शुरू करना; ~ **off** में से घटाना, से कम क.; ~ **out** गिनना, दोबारा गिनना; ~ **on his doing it** इस बात पर भरोसा करना कि वह इसे कर देगा; ~ **on sth/ doing sth** की अपेक्षा क., किसी बात पर भरोसा क., मानना या कुछ करने में विश्वास हो.; ~ **over** पूरा भुगतान कर दे., हिसाब बराबर कर दे.; ~ **sb as an enemy** किसी को दुश्मन मानना; ~ **sb wise/ prosperous, beyond redemption** किसी को समझदार/ समृद्ध/ बचाया न जा सकने वाला मानना; ~ **that sth will happen** यह मानना कि कुछ होकर रहेगा; ~ **to sixty** साठ वर्ष का हो.; ~ **up** मूल्यांकन क.; ~ **up one's debts/ money due** अपना ऋण और प्राप्य पैसा का हिसाब लगाना; ~ **with** का ध्यान रखना, का हिसाब चुकाना, हिसाब-किताब साफ क.; ~ **with a traitor** गद्दार के साथ हिसाब चुकता कर दे.; ~/ **count without one's host** हिसाब में भारी चूक कर दे.; **reckon with sb/ sth** किसी मुश्किल व्यक्ति या वस्तु को समझकर उससे निपटना;

a force to be reckoned with लोहा मानने के योग्य शक्ति; **he is a doughty opponent and one to be ~ed with** वह दिलेर विरोधी है, जिसका लोहा मानना ही पड़ेगी; **I ~ he is forty** मेरा अनुमान है कि वह 40 वर्ष का होगा; **not to ~ on sb** किसी पर भरोसा/ विश्वास न क.; **sb/ sth to be ~ed with** कोई मानने योग्य व्यक्ति, बात या वस्तु; **you will ~ with him at the end of the year** आप उसके साथ साल के अंत तक हिसाब चुकता कर देंगे

reckoning /रेकिंग/ *n.* 1 गिनती, गणना, संगणना: be good at ~ 2 (***syn.*** guess) अनुमान: by my ~; by my ~, we must be about eight miles from the town 3 हिसाब, बिल 4 (***syn.*** settlement of account) हिसाब-किताब चुकता करने का काम, लेखा-जोखा 5 ऋण का भुगतान 6 दुख-दर्द या शिकायतों का निपटारा 7 (***syn.*** nautical) स्थिति-निर्धारण, स्थिति;

p&i: **a day of** ~ कयामत का दिन; **be out in/ out of/ one's** ~ 1 हिसाब में गलती क. 2 अपेक्षाओं पर खरा न उतरना 3 रास्ते से भटक जा.; **dead** ~ समुद्री जहाज य विमान की स्थिति का अनुमान आधारित आकलन; **Dutch** ~ मयखाने में ग्राहक द्वारा गलत बिल का विरोध जताने पर मालिक द्वारा बिल का बढ़ा दिया जा.; **even ~ makes long friends** हिसाब से दोस्ती में दरार नहीं पड़ती; **make no ~ of sth** 1 किसी बात को गिनती में न लेना 2 किसी बात को बिल्कुल महत्त्व न दे.; **pay the** ~ बिल अदा क.; **short ~s make good friends** दोस्ती में हिसाब-किताब साफ रखना उसे मजबूत करता है; **to the best of my** ~ जितना कि मैं आकलन कर सकता हूं या अनुमान लगा सकता हूं; **you are far/ sadly out in your** ~ आप भयंकर भूल कर रहे हैं

reclaim /रिक्ले\म/ *v., pt.* **~ed**, *pp* **~ing** 1 किसी चीज को पुनः प्राप्त क. 2 दलदला भूमि आदि को दोबारा कृषि योग्य बनाना 3 (***syn.*** rescue) सन्मार्ग पर लाना, उद्धार क., सुधारना: ~ a criminal/ a drunkard; ~ a sinner/ a fallen man or woman; ~ sb from vice/ from sin; ~ sb to a sense of duty 4 वापस लेना या प्राप्त क.: ~ lost property 5 गलती या भूल सुधारना: ~ an error 6 कचरे से खरा माल या मैटिरियल निकालकर लाभकारी उपयोग योग्य बनाना 7 नई भूमि कृषि योग्य (नई तोड़) बनाना 8 शिकार का पीछा कर रहे शिकारी कुत्ते को वापस बुलाना;

n. 1 सुधार, उद्धार: it is past/ beyond ~ 2 वापसी;

dw/lw: **~able** /~मअबल/ *adj.* 1 प्राप्त करने योग्य 2 सुधार्य, जिसे सुधारा जा सके; **~ed** /~म्ड/ *adj.* 1 जो सुधर गया हो: ~ed drunkard; ~ed woman 2 कृष्यकृत 3 जिसे सुधारा गया हो: ~ed wool; ~ed material; **~less** /~लेस/ *adj.* जिसे पुनर्जीवित या पुनर्जीवंत न किया जा सके; **reclaimant/ reclaimer** *n.* /~मंट/ ~मः/ *n.* 1 वापस लेने वाला 2 पुनर्जीवंत करने वाला 3 दलदला भूमि आदि को दोबारा कृषि योग्य बनाने वाला;

collocations: **past** ~ असुधार्य

reclamation /रेक्लअमेशन/ *n.* 1 पुनः प्राप्त करने की क्रिया 2 सुधार, उद्धार 3 दलदला भूमि आदि को दोबारा कृषि योग्य बनाने की क्रिया 4 नई (तोड़) भूमि को कृष्यकृत बनाने का कार्य 5 सिंचाई कार्य: ~ dam (सिंचाई बांध)

réclame /रेक्लाःम/ *n., Fr.* 1 विज्ञापन 2 विज्ञापित करने का कार्य 3 किसी चीज या बात के बारे में शोर-शराबा 4 स्व-विज्ञापन

reclina\te /रेक्लिने\ट/ *adj.* (पौधे पर लगे पत्ते के बारे में) अवनत, मुड़ा हुआ

recli\ne /रिक्लाइन/ *v., pt.* **~ned**, *pp* **~ning** 1 पीठ या बगल के बल टेक लगाकर लेटना: **~ne** on a couch; **~ne** at ease; they lay **~ned** upon the grass; **~ne** one's head on the pillow 2 आराम कुर्सी का ढलकना 3 का सहारा लेना, पर निर्भर रहना 4 पर भरोसा रखना: **~ne** too much on doubtful supporters 5 किसी वस्तु को पीछे मोड़ना या लिटाना, टिका दे.;

dw/lw: **~nable** /रिक्लाइनअबल/ *adj.* जो झुक सके; **~ing** /रिक्लाइनिंग/ *adj.* झुकने वाली, मुड़कर इकट्ठा होने वाली; **~ner** /रिक्लाइनः/ *n.* भिन्न-भिन्न कोणों पर झुकने वाली कुर्सी आदि: ~ning chair

reclu\se /रिक्लूःस/ *n.* 1 एकांतवासी, संन्यासी 2 दीन-दुनिया से कटकर या अलग-थलग होकर अकेला रहने वाला व्यक्ति;

adj. एकांतवासी, अलग-थलग रहने वाला: **~se** philosophers;

dw/lw: **~sion** /रिक्लूःजन/ *n.* एकांतवास, अलगता-थलगता; **~sive** /रिक्लूःसिव/ *adj.* एकांतवादी, वैराग्यवादी

recogni\tion /रेकगनि\शन/ *n.* 1 पहचानने की क्रिया: escape ~; ~ and identification system 2 अभिज्ञान, संज्ञान: ~ of danger 3 स्वीकृति, स्वीकरण: ~ of woman as equal citizen; ~ for sth 4 मान्यता: diplomatic ~; extend ~ to a state 5 सम्मान, कदरदानी: meet with ~ from the public; in ~ of one's services; general ~; achieve/ deserve/ gain ~ 6 केंद्रित ध्यान (attention), पहचान: he received no ~; ~ of belligerency; he gave me a smile of ~; ~ of a speaker by the chair; ~ lights (पहचान रोशनी);

dw/lw: **~tive** /~टिव/ *adj.* मान्यता सूचक; **~ tory** /~टरि/ *adj.* स्वीकृति सूचक, पहचान या शिनाख्त का (दस्तावेज)

p&i: **alter/ change/ get transformed beyond** or **past** ~ इतना बदल जाना कि पहचान में न आ सके

recogni\zable (also *UK* **-sable)** /रेकअगनाइजअबल/ *adj.* 1 सम्मान, कदरदानी जिसे पहचाना जा सके 2 स्वीकार्य 3 मान्य 4 अभिज्ञेय, संज्ञेय;

dw/lw: **~zance/ ~sance** /रिकौग्निजंस/ *n.* 1 मुचलका, जमानत 2 मुचलका या जमानत का पैसा

recogni\ze (also *UK* **-se**) /रेकगनाइज/ *v., pt.* **~zed**, *pp* **~zing** 1 पहचानना: **~ze** an old acquaintance/ a tune/ a face; one **~zes** the truth when one sees it; **~ze** sb in the street 2 (***syn.*** acknowledge) स्वीकार क.: **~ze** one's mistakes; **~ze** the omens of defeat; **~ze** a natural child (विवाह से बाहर पैदा हुए बच्चे को अपना बच्चा स्वीकारना) 3 मान्यता दे., मानना: **~ze** the authority of the court; **~ze** one's duty/ one's position; **~ze** a new country/ a new government 4 का आदर क., कदर क.: **~zed** sb's courage by giving her/ him a medal; **~ze** services/ devotion/ loyalty; sb's talent was at last **~zed** 5 वैधता स्वीकार क.: they **~zed** him/ he was **~zed** as the lawful heir;

dw/lw: **~zed** /रेकअगनाइजड/ *adj.* 1 मान्यता-प्राप्त, मान्य, स्वीकृत, सम्मानित 2 वैध 3 अधिकार-संपन्न; **~zee** /रिकॉगनिजीः/ *n., law* जिसकी जमानत दी जाती है; **~zor** /रिकॉगनिजॉः/ *n.*

जमानत देने वाला

recoil /रिकॉइल/ *v., pt.* **~ed**, *pp* **~ing** 1 (*syn.* flinch) पीछे हटना: ~ at/ from sth (किसी चीज से डरकर पीछे कूद जा.) 2 (*syn.* flinch) दुबकना, सहमकर ठिठक जा.: she **~ed** in horror 3 (*syn.* falter, shrink) झिझकना, ठिठकना, घृणा या डर के मारे सिकुड़ जा.: the pen **~s** from describing these atrocities 4 पीछे धक्का दे., प्रतिक्षेप क. (rebounding of gun, etc.): a gun may ~ 5 करने वाले पर उल्टा आ पड़ना, उल्टे लेने के देने पड़ जा.: one's own folly may ~ on oneself; our acts ~ upon ourselves; his meanness **~ed** upon his own head;

n. 1 (*syn.* disgust) घृणा, जुगुप्सा 2 रिकॉयल, प्रतिक्षेप, धक्का, झटका;

dw/lw: **~less** *adj.* पीछे न धकेलने वाला: ~less gun/ rifle

recollect /रेकले\क्ट/ *v., pt.* **~ed**, *pp* **~ing** 1 याद क., स्मरण क.: ~ the days of one's childhood; I don't ~ you 2 (*syn.* concentrate) चित्त एकाग्र क., एकचित्त हो., मन लगाना 3 (*usually* ~ **oneself**) संभल जाना, होश या आपे में आ जाना, प्रकृतिस्थ, ठीक या शांत हो जाना, फिर से साहस बटोरना (regain one's composure): she **~ed** herself and tried to smile; he **~ed** himself in time 4 (**re-collect** /रीःकअलेक्ट/) इकट्ठा करके फिर से जोड़ना: **~ed** what was scattered or dispersed 5 अपने विचार, हिम्मत आदि को संभालना, संतुलित हो.: ~ one's thoughts/ one's spirits; ~ one's courage;

dw/lw: **~ed** /~क्टिड/ *adj.* **recollect** संतुलित, शांत, आत्मलीन, एकाग्रचित्त; **~ive** *adj.* याद या स्मृति से संबंधित, स्मरणात्मक: ~ive memory (अच्छी स्मरण-शक्ति); **~ion** /रेकअलेक्शन/ *n.* 1 (*syn.* memory) याद, स्मरण-शक्ति: within my ~ion 2 (*syn.* memory) स्मृति 3 (*syn.* reminiscence) यादें, संस्मृतियां: ~ions of youth/ of childhood 4 जिस बात को याद किया जा रहा है: it is outside my ~ion; events too trivial for ~ion;

p&i: **to the best of sb's** ~ जितना किसी को याद है

recolo\nize/ ~nise /रीकॉलअनाइज/ *pt.* **~nized**, *pp* **~nizing** पुनः उपनिवेश बनाना

recolour /रीकलः/ *v., pt.* **~ed**, *pp* **~ing** दोबारा रंगना

recombinant DNA /रीःकौंबिनंट डीएनए/ *n., biol.* भिन्न-भिन्न जीवों के डीएनओ को मिलाकर बनाया जाने वाला जीन (gene) पदार्थ

recombination /रीकौंबिअनेशन/ *US* रीकांबिअनेशन/ *n., genetics* भिन्न-भिन्न जीवों के डीएनए को मिलाकर नए जीन वाला (genetic) पदार्थ बनाने की क्रिया

recommence /रीःकमेंस/ *v., pt.* **~d**, *pp* **recommencing** पुनः आरंभ क., पुनरारंभ क., नई शुरुआत क.;

dw/lw: **~ment** /रीकअमेंसमंट/ *n.* पुनरारंभ

recommend /रेकअमेंड/ *v., pt.* **~ed**, *pp* **~ing** 1 (*syn.* commend) सिफारिश क., अनुशंसा क.: ~ a good school; ~ a candidate for a post; ~ for promotion 2 अपने आप को स्वीकार्य या अनुशंसनीय बनाना: an applicant with very little to ~ himself; his diligence **~s** him 3 राय दे., सलाह दे.: I have been **~ed** to say nothing at the present 4 सौंपना, सौंप दे.: I ~ him to your care; ~ sb to sb's friend; ~ one's spirit/ soul to God (अपने आपको यानी अपनी आत्मा को भगवान के हवाले क.) 5 के पक्ष में बोलना, परामर्श दे.: the hotel is to be **~ed** for its cooking; the jury **~ed** the prisoner to mercy;

dw/lw: **~able** /~अबल/ *adj.* अनुशंसनीय, प्रशंसनीय; **~atory** /रेकअमेंडअटरि/ *adj.* सिफारिशी, अनुशंसात्मक: ~atory letter; **~ed** /रेकअमेंडिड/ *adj.* अनुशंसित, संस्तुत; **~er** *n.* अनुशंसक

recommendation /रेकअमेंडेशन/ *n.* 1 राय, परामर्श, सलाह, सुझाव, सिफारिश: the **~s** of the commission; accept/ follow/ implement/ make a ~ 2 अनुशंसा, संस्तुति: the ~ of sb; a ~ for/ on sth 3 (*syn.* testimonial) सिफारिशी पत्र: provisional/ final ~; letter of ~; ~ to mercy 4 अनुशंसनीय व्यक्ति या वस्तु

recommit /रेकॉमिट/ *v., pt.* **~ted**, *pp* **~ting** 1 दोबारा गिरफ्तार क.: ~ to prison; ~ to court 2 वापस क.

recompense /रेकंपेंस/ *n.* 1 पारिश्रमिक 2 क्षतिपूर्ति, भरपाई, हरजाना 3 इनाम, पुरस्कार 4 न्यायपरक बदला, दंड;

v., pt. **~d**, *pp* **recompensing** 1 (*syn.* compensate) क्षतिपूर्ति या भरपाई क., हरजाना दे.: be **~d** for losses/ for damages 2 पारिश्रमिक दे.: ~ a person for his services/ his trouble 3 न्यायपरक बदला ले., दंड दे.: ~ sb for his misdeeds

recompose /रिकंपोज/ *v., pt.* **~d**, *pp* **recomposing** अपने आपको फिर से संतुलित क., हिम्मत बटोरना: ~ oneself

reconcilable /रेकन्साइलअबल/ *adj.* समाधेय, संगत

reconci\le /रेकन्साइल/ *v., pt.* **~led** *pp* **~ling** 1 राजी हो जा. या क. 2 संगति बैठाना, सामंजस्य स्थापित क.: **~le** one person with another/ one person and another; **~le** two opposite arguments/ two points of view; **~le** duty and pleasure; **~le** contraries 3 आपस में समझौता या मेल क., झगड़ा मिटाना या निपटाना: **~le** quarrels/ disagreements; **~le** a dispute/ differences; be **~led** with sb 4 पुनर्मेल कराना, मेल-मिलाप कराना 5 (*syn.* settle) का समाधान क., निपटारा क. 6 अनुकूल बना लेना: **~le** one thing with another 7 संतुष्ट हो.: be **~led** to sth/ **~le** oneself to sth; **~le** oneself to mediocrity rampant all around; **~le** oneself to sth; **~le** sb to/ with sth 8 (*syn.* resign to) समझौता कर ले.: **~le** oneself to one's fate;

dw/lw: **~lability** /रेकन्साइलअबिलअटि/ *n.* मेल-मिलाप, समझौता, सामंजस्य होने की संभावना; **~lement** *n.* 1 मेल-मिलाप 2 सामंजस्य 3 समझौता; **~ler** /रेकन्साइलः/ *n.* मेल-मिलाप या समझौता कराने वाला, सामंजस्य बिठाने वाला; **~liation** /रेकंसिलिएशन/ *n.* 1 पुनर्मेल, मेल-मिलाप, समझौता 2 समन्वय, संराधन, सामंजस्य, संगति: ~liation between the theory and practice of life 3 = **~lement**; **~latory** /रेकंसिलिएटरि/ रेकन्साइलेटरि/ *adj.* मेल कराने वाला, समझौता कराने वाला, संराधनपरक;

p&i: **a ~led friend is a double enemy** दोस्तों के दिलों में आई दरार कभी नहीं पाटी जा सकती

recondite /रेकअंडाइट/ रिकौंडाइट/ *US* रेकअंडाइट/ रिकांडाइट/ *adj.* 1 (विषय) दुर्बोध्य, गूढ़ 2 (*syn.* concealed, obscure) छिपा हुआ, गुप्त 3 गहन, गूढ़ व दुर्बोध्य ज्ञान से संबंधित;

dw/lw: **~ness** /रिकौंडइटनेस/ *n.* गूढ़ता, दुर्बोधता

recondition /रीकंडिशन/ *v., pt.* **~ed**, *pp* **~ing** (*syn.* overhaul) मशीन आदि की मरम्मत करके (उसे) नया बना दे., दुरुस्त क.: bought a **~ed** washing machine

reconfigure /रीकन्फिगः/ *v., pt.* **~d**, *pp* **reconfiguring** कंप्यूटर या उसके प्रोग्राम आदि की कार्य-प्रणाली में फेर-बदल क.

reconfirm /रीकनफःम/ *v., pt.* **~ed**, *pp* **~ing** पूर्व-निर्धारित बात को दोबारा परखकर पुख्ता क.

reconnaissance /रिकौनिसंस/ *US* रिकाःनिसंस/ *n.* 1 सैनिक क्षेत्र में मोर्चेबंदी आदि का गहन सर्वेक्षण, रेकी (recce), टोह: aerial ~; map/ ground ~; lunar ~; make a ~ before opening negotiations;

collocations: ~ **agency** टोही एजंसी; ~ **aircraft** टोही विमान; ~ **space vehicle** अंतरिक्ष खोज वाहन; ~ **photography** टोही फोटोग्राफी; ~ **report** गहन सर्वेक्षण की रिपोर्ट;

p&i: ~ **in force** जबरदस्त धावा बोलकर शत्रु की स्थिति जानना

reconnect /रीकने\क्ट/ *n. v., pt.* **~ed**, *pp* **~ing** 1 पुनः संपर्क स्थापित क. 2 दोबारा जोड़ना या जुड़ना;

dw/lw: **~ion** /~क्शन/ *n.* पुनर्संपर्क, पुनर्योजन

reconnoi\tre (*US* **reconnoi\ter**) /रेकअनॉइ\टः/ *US* रीकअनॉइ\टः/ *v., pt.* **~d/ ~ed**, *pp* **reconnoitering/ ~ing** गहन सर्वेक्षण क., टोह लगाना: ~ the ground;
dw/lw: **~terer** /~टरः/ *n.* टोही विमान आदि
reconquer /रीःकौंकः/ *US* रीःकांकः/ *v., pt.* **~ed**, *pp* **~ing** पुनः विजय पाना, दोबारा जीत लेना
reconsider /रीःकंसि\डः/ *v., pt.* **~ed**, *pp* **~ing** पुनर्विचार क.;
dw/lw: **~ation** /रीकंसिडरेशन/ *n.* पुनर्विचार
reconstitu\te /रीकौंस्टिट्यू\ट/ *US* रीकांस्टिटू\ट/ *v., pt.* **~ted**, *pp* **~ting** पुनर्गठन क.;
dw/lw: **~ted** /~टिड/ *adj.* पुनर्गठित; **~tion** /~शन/ *n.* पुनर्गठन
reconstruct /रीकंस्ट्र\क्ट/ *v., pt.* **~ed**, *pp* **~ing** 1 पुनर्निर्माण क. 2 फिर से बनाना 3 पुनर्रचना क.: ~ the facts 4 घटना को क्रमानुसार बनाना या उसका क्रमिक खाका बनाना: ~ a crime;
dw/lw: **~ion** /~क्शन/ *n.* 1 पुनर्निर्माण: educational **~ion** 2 पुनर्रचना 3 पुनःकल्पन 4 लुप्त वस्तु की प्रतिलिपि या प्रतिरूप; **~ive/ ~ional** /~क्टिव/ ~क्शनल/ *adj.* 1 पुनर्रचना से संबंधित 2 क्षतिग्रस्त शारीरिक अंग का पुनर्निर्माण
reconvene /रीकन्वीन / *v., pt.* **~d**, *pp* **reconvening** एक अंतराल के बाद संसद या अन्य सामान्य संगठन की दोबारा मीटिंग बुलाना
record /रेकॉःड/ *US* रेकःर्ड *n.* 1 तथ्यों, कथनों, घटनाओं या सूचनाओं की औपचारिक लिखित रपट (report), प्रलेख, लिखित प्रमाण (recorded evidence) 2 किसी व्यक्ति या संगठन की गतिविधियों, अच्छे-बुरे कामों या उपलब्धियों का ब्यौरा, लेखा-जोखा: have a good ~/ track ~; ~ of attendances; on/ upon/ in ~; enter on the **~s**; ~ of evidence; have a good ~; criminal ~; he has a police ~; his ~ is against him; make a ~ of sth; a ~ of a conversation; it is on ~ that ... 3 कीर्तिमान, कीर्तिमान का अभिलेख: world ~; achieve a ~ 4 रेकॉर्ड, तवा: gramophone ~; sound ~ 5 (***syn.*** memorial) स्मारक: the **~s** of the past; the **~s** of mediaeval life in the British Museum 6 आलेख, चूड़ी 7 (**~s**) वृत्त, इतिहास, सूचनाओं, तथ्यों का लंबे समय के दौरान संग्रहीत विवरण, हिसाब, लेखा-जोखा, अभिलेख (recorded facts, history, account) 8 (*also* **case history**) किसी विशेष समस्या या प्रश्न पर आधारित किसी काल के दौरान सूचनाओं, तथ्यों आदि का विवरण: dental **~s** 9 किसी व्यक्ति, संगठन, कंपनी आदि के इतिहास, उपलब्धियों आदि का विवरण 10 *comput.* डेटा-बेस (data-base) में कोई अकेली फाइल या डेटा (data) इकाई 11 घटनाओं, अपराधों का पंजीकरण, विवरण: ~ of road accidents; crime ~ 12 (***syn.*** minutes) मीटिंग, सभाओं आदि की कार्रवाई का ब्यौरा: stenographic ~ 13 *law* गवाही, प्रमाण: bear ~ to;
***v.**, pt.* **~ed**, *pp* **~ing** 1 लिखना, दर्ज क., अंकित क., लिपिबद्ध क., टीपना: ~ one's thoughts in a diary; ~ the time; ~ a day's events; ~ a speech 2 उपकरण द्वारा स्वतः दर्ज किया जा.: seismograph **~s** earth-quakes 3 गीत, चित्र आदि दर्ज क., उनकी फिल्म, सीडी (CD) आदि बनाकर रखना: a **~ed** concert 4 किसी घटना को अभिलिखित क., अमर बनाना: this stone ~s a famous battle 5 किसी घटना के बारे में औपचारिक या कानूनी कथन आदि दर्ज क.: the hospital **~ed** the patient as brought dead 6 थर्मामीटर आदि मापक उपकरणों पर कोई कड़ा दर्ज हो.: the thermometer **~ed** the temperature of 450 7 पक्षी द्वारा चहचहाया जा., गाया जा.;
adj. 1 सर्वोत्तम, सर्वोच्च, सर्वाधिक: ~ audience; a ~ number of applications 2 अद्वितीय, अतुलनीय, अलंघनीय: ~ pace/ height/ output/ crop;
dw/lw: **~-book** *n.* अभिलेखा पुस्तक; **~-breaking** *adj.* कीर्तिमान-भंजक; **~-breaking** *n.* कीर्तिमान-भंजन; **~-clerk** *n.* अभिलेख लिपिक (clerk); **~ed** *adj.* अभिलिखित, अभिलेखबद्ध; **~er** /रिकॉःडः/ *n.* 1 उपकरण जिसमें गीत या तस्वीरें आदि दर्ज की जाती हैं: cassette/ tape ~er 2 ऊंचाई-निचाई मापक: altitude ~er 3 अभिलेखी, अंकित्र, रिकॉर्डर 4 रिकॉर्ड दर्ज करने वाला 5 एक प्रकार का बाजा; **~ing** *n.* 1 अभिलेखन 2 ध्वनि-आलेखन, रिकॉर्डिंग: collection of ~ings 3 ऊंचाई-निचाई या अन्य किसी प्रचालन को दर्ज करने की क्रिया: ~ing of altitude; **~ist** /रिकॉःडिस्ट/ *n.* ध्वनि-आलेखक एवं चालक; **~-keeper** *n.* अभिलेखपाल; **~-player** *n.* रिकॉर्ड-प्लेयर, रिकॉर्ड (तवे) बजानेवाला यंत्र; **~-room/ ~-department** *n.* अभिलेख लय;
collocations: **~ed delivery** ऐसी डाक जिसका भेजने, पाने आदि का समय दर्ज किया जाता है; **~ holder** सर्वश्रेष्ठ कीर्तिमान दर्ज करवाने वाला; **~ label** रिकॉर्ड बनाने या बेचने वाली कंपनी; **~ of service/ a ~ of sth** सेवा काल का विवरण/ किसी बात का ब्यौरा; **~ player** यंत्र जिस पर रिकॉर्ड किया हुआ संगीत बजाया जाता है;
criminal ~ आपराधिक ब्यौरा; **just for the** ~ 1 मात्र लिखित रूप से दर्ज करवाने के लिए 2 कथन पर ध्यान आकर्षित करने के लिए;
p&i: **~s indicate/ reveal/ show sth** लिखित ब्यौरा किसी बात की ओर इशारा करते हैं, किसी बात का पर्दाफाश करता है/ कुछ दिखाता है;
a matter of ~ यह बात पहले ही रिकार्ड में (सर्वविदित) है; **bear ~ to** तथ्यों की पुष्टि क.; **bear ~ to sb's good character** किसी के अच्छे चरित्र की पुष्टि क.; **beat the** ~ किसी का रिकार्ड तोड़ना; **be on** ~ कोई बात सर्वविदित हो.; **go on** ~ सार्वजनिक रूप से घोषित क.; **keep the ~ straight** तथ्यों आदि का विवरण ठीक-ठाक रखना, कोई तरोड़-मरोड़ न होने दे.; **keep to the** ~ *law* मुद्दे तक सीमित रहना; **off the** ~ बिना जगजाहिर किए, गुप्त रूप से; **on (the)** ~ लिखित में या लेखे में दर्ज करते हुए; **place/ put oneself on** ~ अपनी बात औपचारिक रूप से दर्ज करवाना या जगजाहिर क.; **place/ go/sth on** ~ औपचारिक रूप से दर्ज करवाना या जगजाहिर क; **speak off the** ~ अनौपचारिक रूप से कहना; **set/ put the ~ straight** सही बात बताकर किसी गलतफहमी को दूर क.; **the hottest/ the coldest day on record** अब तक के दर्ज विवरणों में सबसे गर्म या ठंडा दिन; **travel out of the** ~ बेमतलब की बातें क., मुद्दे पर बात न करके दाएं-बाएं की हांकना
recount /रिकाउंट/ *n.* 1 विवरण, पुनर्गणना: ~ of votes 2 दोबारा की जाने वाली गिनती;
***v.**, pt.* **~ed**, *pp* **~ing** पुनर्गणना क.
recoup /रिकूप/ *v., pt.* **~ed**, *pp* **~ing** 1 क्षतिपूर्ति क., घाटा पूरा क.: ~ sb for loss/ for damage 2 की पूर्ति क.: ~ the initial investment 3 प्राप्त क., पैदा क.: ~ oneself 4 वापस क., हरजाना दे. 5 काटना, घटाना, देय राशि में से कुछ रकम रख लेना;
dw/lw **~ment** /रिकूपमंट/ *n.* 1 क्षतिपूर्ति, प्राप्ति 2 क्षतिपूरक या हानिपूरक कटौती; ***p&i:*** **~ one's losses** अपनी क्षति पूर्ति क.
recourse /रिकॉःस/ *n.* (*esp.* **have ~ to sb** or **sth**) 1 अत्यधिक आवश्यकता पड़ने पर शरण या सहायता के लिए याचना 2 सहायता या रक्षा के लिए सहारा, आश्रय, समाधान: without ~ to surgery 3 चारा, उपचार, विकल्प: his one ~ was the law 4 *commer.* वसूली अधिकार यानी, बिल (bill) के कबूल न होने पर पैसा मांगने का अधिकार
recover /रिकवः/ *v., pt.* **~ed**, *pp* **~ing** 1 चंगा या अच्छा हो जा., स्वस्थ हो जा.: ~ slowly after a long illness; ~ from a fall; ~ from a stumble; ~ to life 2 स्थिति में सुधार हो.: the economy **~ed** slightly last year 3 किसी क्षतिग्रस्त अंग को पुनः प्राप्त क. 4 दोबारा पाना: ~ a country/ territory/ a conquered town; ~ lost ground 5 कचरे आदि में से कोई कीमती वस्तु पाना 6 वसूल क., पाना, क्षतिपूर्ति क., की कसर निकालना: ~ one's fallen fortunes; ~ one's losses; ~ from the effects of a war; ~ lost time 7 बरामद क.: ~ stolen property/ a lost umbrella 8 (***syn.*** reclaim) उद्धार क. 9

(*syn.* regain composure) होश या आपे में आना, संतुलित, शांत या प्रकृतिस्थ (सहज) हो जाना, संभल जाना: ~ oneself; ~ one's senses; ~ one's peace of mind/ one's courage; ~ one's self-possession; ~ one's balance; ~ consciousness; he could not ~ from his astonishment 10 किसी स्थान पर लौट आना: **~ed** the shore with difficulty 11 हरजाना या भरपाई ले.: ~ damages against sb; ~ damages for false imprisonment;

p&i: **~ one's legs** गिरकर संभलना; **~ from** सदमें से उबरना, बीमारी से ठीक हो.

re-cover/ recover *v., pt.* **~ed**, *pp* **~ing** फिर से ढकना, नया आवरण लगाना या चढ़ाना

recoverable /रिकवरअबल/ *adj.* 1 जिसे वसूलना संभव हो: ~ losses 2 वसूली-योग्य 3 भूमिगत स्रोतों से प्राप्य: ~ oil reserves

recovery /रिकवरि/ *n., pl.* **recoveries** 1 स्वास्थ्य लाभ: make a ~ from a fall/ from a stumble; a full/ miraculous/ slow/ speedy ~ 2 पूर्वस्थिति की पुनर्स्थापना: ~ of lost influence; economic ~ 3 पुनः प्राप्ति, वसूली, बरामदगी: ~ of stolen property; ~ of damages; action for ~ of property; make a ~; ~ in kind (माल के रूप में वसूली) 4 पुनर्लाभ;

adj. पुनःप्रापक: ~ station; ~ vehicle (खराब हुई या दुर्घटनाग्रस्त गाड़ी को वापस लानेवाली गाड़ी);

collocations: **~ room** स्वास्थ्य लाभ कक्ष;

p&i: **be on the way to ~** हालत में सुधार हो.; **past ~** 1 जो ठीक न हो सके 2 जिसे वसूला न जा सके: the loss is past ~

recpt *abbr.* '**receipt**' का संक्षेप (*see also above under* **receipt**)

recreant /रेक्रिअंट/ *n.* (*syn.* cowardly) कायर, अवसरवादी और गद्दार व्यक्ति

recrea\te/ re-crea\te /रीक्रिए\ट/ *v., pt.* **~ted**, *pp* **~ting** 1 पुनः सृष्ट या उत्पन्न क., पुनःसृजित क., दोबारा पैदा क. 2 मन बहलाना, मनोरंजन क.: ~ oneself 3 तरोताजा कर दे., प्राण फूंकना, फिर से जीवंत बनाना;

dw/lw: **~tion** /~शन/ *n.* 1 (*syn.* Hobby, timepass) शौक 2 मनोविनोद, मनोरंजन, मन-बहलाव: a few moments of ~tion; innocent ~tion 3 विश्राम, विहार: ~tion facilities; ~tion ground 4 **~tion** /रीःक्रिएशन/ 4.1 दोबारा बनाने की क्रिया 4.2 नई रचना या कृति; **~tional** /रेक्रिएशनल/ *adj.* 1 शौकिया 2 मनोरंजनात्मक, मनोरंजक; **~tive** /रेक्रिएटिव/ *adj.* मनोरंजक;

collocations: **~tional vehicle** (*abbr.* **RV**) = **camper**; **~ ground** खेल का मैदान; **~ room** (*informal* **rec room**) 1 स्कूल, अस्पताल आदि स्थानों पर विश्राम कक्ष 2 निजी घरों में खेल व मनोरंजन कक्ष

recrimina\te /रिक्रिमिने\ट/ *v., pt.* **~ted**, *pp* **~ting** 1 दोष लगाने वाले पर दोष लगाना, प्रत्यारोप क. 2 एक दूसरे पर आरोप या इल्जाम लगाना;

dw/lw: **~tion** /~शन/ *n.* आरोप-प्रत्यारोप, आपसी इल्जाम, प्रत्यभियोग; **~tory**/ **~native** /~टरि/ ~टिव/ *adj.* प्रत्यारोप संबंधी, प्रत्यारोपी, प्रत्यभियोग

rec room *informal form of* **recreation room**

recross /रीक्रॉस/ *v., pt.* **~ed**, *pp* **~ing** दोबारा पार क.

re-cross examination *law* विरोधी पक्ष के गवाह से दोबारा पूछताछ

recru\desce /रीक्रूडे\स/ *v., pt.* **~ desced**, *pp* **~descing** (*syn.* recur) महामारी आदि का दोबारा भड़क उठना या फैल जा., पुनः प्रकोप होना;

dw/lw: **~descent** /~संट/ *adj.* पुनःप्रकोपी: ~descent discontent; **~descence** /~संस/ *n.* महामारी आदि का दोबारा फैलाव, पुनः प्रकोप

recruit /रिक्रूट/ *v., pt.* **~ed**, *pp* **~ing** *milit.* 1 सेना में भर्ती क. 2 (*syn.* replenish) नई भर्ती करके सेना को और मजबूत क., सबल क.: ~ an organization from the people 3 किसी संगठन में नए सदस्य भर्ती क.: ~ one's numbers 4 (*syn.* recover) स्वास्थ्य लाभ क.: ~ oneself with a glass of milk; go to the country to ~;

n. 1 सेना का नया-नया भर्ती किया हुआ सिपाही, रंगरूट: a new ~ 2 संगठन या सोसाइटी का नया-नया भर्ती किया हुआ सदस्य: make many **~s** for a party;

dw/lw: **~al** /रिक्रूटल/ *n.* स्वास्थ्यलाभ; **~er** /रिक्रूटः/ *n.* भर्ती करने वाला; **~ing** *adj.* भर्ती करने वाला: ~ing officer; **~ment** /रिक्रूटमंट/ *n.* भर्ती, नियोजन; **~ing-office** *n.* भरती-दफ्तर;

collocations: **a new ~** अनाड़ी, नया-नया खिलाड़ी

Rect. *abbr.* 'Rector', 'Rectory' का संक्षेप

rect-/ recti-, *pref., denoting:* **right** (समकोण)', '**straight** (खड़ा)

rectal /रेक्टल/ *adj., anat.* गुदा-संबंधी, मलाशयी

rectangle /रेक्टैंगल/ *n.* आयत, समकोण;

dw/lw: **rectangular** /रेक्टैंग्युलः/ *adj.* आयताकार, समकोणीय, आयतीय, समकोणिक; **rectangularity** /रेक्टैंग्युलअरिटि/ *n.* समकोणीयता

recti *pl. of* **rectus**

recti\fiable /रेक्टिफाय\बल/ *adj.* संशोधनीय, परिशोधनीय, जिसे संशोधित किया जा सके;

dw/lw: **~fication** /रेक्टिफिकेशन/ *n.* 1 (*syn.* amending) संशोधन, सुधार: ~ficaton of errors; ~fication of an injustice 2 *chem.* परिशोधन 3 (*syn.* adjustment) समंजन 4 *elec.* दिष्टकरण 5 *math.* चापकलन; **~fied** /रेक्टिफाइड/ *adj.* (सं)शोधित, परिशोधित, समंजित, दिष्टकृत; **~fier** /रेक्टिफायः/ *n.* 1 परिशोधक 2 *chem.* आसवन क्रिया (distillation) में गर्म वाष्प को द्रव में परिवर्तित करने वाला उपकरण 3 *elec.* दिष्ट धारा (direct current) को प्रत्यावर्ती धारा (alternating current) में बदलने वाला उपकरण

recti\fy /रेक्टिफाइ/ *v., pt.* **~fied**, *pp* **~fying** 1 (*syn.* correct) सुधारना, दुरुस्त क., संशोधन क., ठीक कर दे.: **~fy** an error/ an omission; **~fy** sb 2 परिशोधन क. 3 समंजित क.

rectilinear/ rectilineal /रेक्टिलिनिअः/ रेक्टिलिनिअःल/ *adj.* 1 ऋजुरेखीय, सरलरेखीय 2 (*syn.* vertical) लंबाकार, खड़ा 3 सरल रेखाओं से घिरा हुआ

rection /रेक्शन/ *n.* नियंत्रण

rectitu\de /रेक्टिट्यू\ड/ *US*/रेक्टिटू\ड/ *n.* 1 (*syn.* uprightness) ईमानदारी, सदाचार, शिष्टाचार 2 (correctness) औचित्य;

dw/w: **~dinous** /~डिनस/ *adj.* 1 ईमानदार 2 उचित

recto /रेक्टो/ *n., pl.* **~s** (*abbr.* **ro**) 1 (***anton.*** verso) खुली पुस्तक का दाहिना पृष्ठ 2 कागज के पन्ने का पहला (सामने का) फलक (front side)

recto- /रेक्टो/ *comb. form, denoting:* **rectum** (गुदा)

rector /रेक्टः/ *n.* 1 पल्ली पुरोहित, पादरी 2 (कई यूरोपीय देशों के विश्वविद्यालयों में) कुलपति, अधिष्ठाता 3 कई विश्वविद्यालयों (e. g., JNU) में समकुलपति 4 प्राचार्य;

dw/lw: **~ate** /रेक्टअरेट/ *n.* कुलपति का कार्यालय; **~ial** /रेक्टॉरिअल/ *adj.* कुलपति से संबंधित; **~ship** /रेक्टःशिप/ *n.* कुलपति या समकुलपति का पद-भार; **~y** /रेक्टरि/ *n.* पल्ली पुरोहित का निवास;

collocations: **Rector Magnifus** किसी जर्मन विश्वविद्यालय का कुलपति

rectrix /रेक्ट्रिक्स/ *n., pl.* **rectrices** /रेक्ट्रिसीःज/ दिशा-निर्देशक पंख, शासिका, पक्षी पंख जिसकी मदद से उड़ान की दिशा तय करते हैं

rectum /रेक्टम/ *n., pl.* **rectums/ recta** गुदा, मलाशय

rectus /रेक्टस/ *n., pl.* **recti**, *anat.* ऋजुपेशी, रेक्टस

recum\bent /रिकम्बं\ट/ *adj.* 1 (*syn.* reclining) लेटा हुआ, शयान 2 निष्क्रिय;

***dw/lw:* ~bence**/ **~bency** /~स/ ~सि/ *n.* लेटे होने की स्थिति; **~bently** /~टलि/ *adv.* लेटे-लेटे

recupera\te /रिकूपअरेट/ रिक्यूपअरेट/ *v., pt.* **~ted**, *pp* **~ting** 1 (***syn.*** recover) स्वास्थ्य-लाभ क., भला-चंगा हो. 2 (***syn.*** recoup) पुनः प्राप्त क., दोबारा प्राप्त क.;

dw/lw:* ~ble** /~रअबल/ *adj.* 1 (syn.*** rcover) भला-चंगा होने में सक्षम 2 जिसे पुनः प्राप्त किया जा सके; **~tion** /~रेशन/ *n.* स्वास्थ्य-लाभ का समय, पुनः प्राप्ति, वसूली, प्रति प्राप्ति; **~tive** /~रेटिव/ *adj.* 1 स्वास्थ्यवर्धक, बलवर्धक 2 पौष्टिक

recur /रिकः/ *v., pt.* **~red**, *pp* **~ring** 1 दोबारा घटित हो., पुनरावृत्ति हो.: this difficulty is bound to ~ 2 के पास बार-बार आना, लौट आना: ~ to past experiences; ~ to the memory 3 छोटे-छोटे अंतराल के बाद हो.: a problem which **~s** periodically 4 विचार आदि का मन में बार-बार आना 5 का सहारा या आश्रय लेना (~ to): ~ to an expedient;

dw/lw:* ~rence** /रिकरंस/ *n.* 1 दोबारा या बार-बार होने की क्रिया 2 आवर्तन, आवृत्ति, पुनरावृत्ति: the ~rence of the same follies; prevent the ~rence of sth 3 (syn.*** recourse) आश्रय; **~rent** /रिकरंट/ *adj.* आवर्तक, आवर्ती, पुनरावर्तक, पुनरावर्ती: ~rent dislocation; ~rent expenses; **~ring** /रिकःरिंग/ (*also* **~rent**) *adj.* आवर्ती, बर-बार होने वाला: ~ring decimal (दशमलव (बिंदु)

recur\sion /रिकःशन/ *n.* 1 वापस लौटने की क्रिया 2 प्रत्यावर्तन;

***dw/lw:* ~sive** *adj.* प्रत्यावर्तक, बार-बार प्रयुक्त होने वाली: ~sive definition/ function; ~sive function theory

recurvate /रीकःवेट/ *adj.* प्रतिवर्ती

recur\ve /रिकःव/ *v., pt.* **~ved**, *pp* **~ving** पीछे की ओर झुकना;

***dw/lw:* ~ved** /रीकःवड/ *adj.* पीछे/ अंदर की ओर मुड़े हुए (सींग)

recu\sance /रेक्यूजंस/ (*also* **~sancy** /~जंसि/) *n. hist.* तिरस्कार, निराकरण, ठुकराने का कार्य

recu\sant /रेक्युजंट/ *US* रेक्यूजंट/ *adj.* 1 बागी, विद्रोही 2 विरोधी 3 असंतुष्ट;

***dw/ lw:* ~sation** /रेक्यूजेशन/ *n.* न्यायालय में न्यायाधीश का किसी कारणवश अपनी खंड-पीठ (bench) से त्यागपत्र; **~se** /रेक्युज/ *v., pt.* ~sed, *pp* ~sing 1 न्यायालय में न्यायाधीश द्वारा अपने आप किसी मुकदमे से अलग हो. 2 ठुकराना, न मानना

recyc\le /रीःसाइक्ल/ *v., pt.* **~led**, *pp* **~ling** 1 पुनः चक्रित क. 2 दोबारा प्रयोग में लाना;

***dw/lw:* ~lable** /~क्लअबल/ *adj.* जिसे पुनः प्रयोग में लाया जा सके; **~led** /~क्लड/ *adj.* 1 पुनः-चक्रित 2 पुनः-प्रयोगित; **~ling** /~क्लिंग/ *n.* पुनः-चक्रण, पुनः-प्रयोग

red /रेड/ *adj., degr.* **~der, ~dest** 1 लाल, सुर्ख, अरुण, रक्तिम, शोणित, लोहित, लोही 2 (***syn.*** bloody) रक्तरंजित 3 (***syn.*** revolutionary) क्रांतिकारी 4 साम्यवादी 5 खून के रंग का;

n. 1 क्रांतिकारी व्यक्ति, साम्यवादी 2 लाल रंग, रक्तवर्ण 3 लाल बाल 4 लाल बत्ती 5 खून का रंग 6 क्रोध के मारे लाल हुआ चेहरा: go ~ *UK* (*US* **turn** ~; क्रोध या लाज से चेहरा लाल हो.);

***dw/lw:* ~-blooded** /रेड-ब्लडिड/ *adj.* मरदाना, पौरुषयुक्त, तेजस्वी: a ~-blooded male; **~bloodedness** *n.* 1 पौरुष, मरदानगी 2 उत्तेजकता; **~breast** /रेडब्रेस्ट/ *n.* (bird) रॉबिन पक्षी, लाल छाती वाला पक्षी; **~brick** /रेडब्रिक/ *n.* नया विश्वविद्यालय; **~cap** *n.* 1 लाल टोपी वाला सैनिक पुलिस का सिपाही 2 *N. Amer.* कुली; **~currant** *n.* खाने योग्य लाल बेरी (berry); **~den** /रेडन/ *v., pt.* ~dened, *pp* ~dening लाल क. या हो.: ~den with shame; ~den with rage; **~dish** /रेडिश/ *adj.* कुछ-कुछ लाल, ललछौहां, आरक्त, रक्तिम, रक्ताभ; **~dy** *adj.* थोड़ा-थोड़ा लाल; **~-eye** *n.* 1 (flight) /रेड-आइ/ *n.*1 (*also* **red-eye flight**) 1 ऐसी हवाई यात्रा जिसमें रात भर नींद न आई हो 2 फ्लैश कैमरे से फोटो लेने के दौर के फल स्वरूप आंखों के लाल होने की क्रिया; **~-faced** *adj.* शर्म और गुस्से के फलस्वरूप लाल-पीला हुए चेहरे से संबंधित; **~-handed** *adv.* रंगे हाथ (हाथों): catch sb ~-handed (किसी को रंगे हाथ पकड़ना); take/ catch/ be taken/ be caught ~-handed; **~head** *n.* लाल बालों वाला व्यक्ति: blondes, brunettes and ~heads (सुनहरे बालों वाली, काले बालों वाली और लाल-बालों वाली औरतें); **~headed** *adj.* लाल बालों वाला; **~-hot** /रेडहॉट/ *adj.* 1 तपकर लाल हुआ (लोहा आदि), रक्त तप्त 2 उत्तेजित, अति क्षुब्ध: ~-hot anger 3 नवीनतम, एकदम ताजा; **~-legged** *adj.* ललटंगा; **~letter** /रेडलेटः/ *adj.* चिरस्मरणीय, शुभ, महत्त्वपूर्ण, सुखद: ~-letter day; **~-lining** *n.* बदनाम लोगों को ऋण न देने की प्रथा; **~ly** /रेडलि/ *adv.* लाल-सा, लाल रंग में: shine ~ly; TV camera looks at you ~ly; **~neck** *n., US derog.* 1 एक उजड्ड, गंवार दकियानूसी अमेरिकी नागरिक 2 एक गरीब श्वेत मजदूर; **~neck** *adj.* संकीर्णमना व कट्टरपंथी; **~ness** *n.* लालपन, लाली, लालिमा, सुर्खी, रक्तिमा, अरुणिमा, रक्तरंजकता; **~shank** /रेडशैंक/ *n.* सैंडपाइपर परिवार का एक पक्षी; **~shift** *n., astron.* प्रकाश या अन्य वैद्युत-चुंबकीय तरंग की लंबाई में बढ़ौतरी; **~skin** /रेडस्किन/ *n., offensive colloq.* 1 अमेरिकी आदिवासी: run like a ~skin 2 लाल चमड़ी वाला व्यक्ति; **~start** /रेड-स्टार्ट/ *n.* एक विशेष यूरोपीय पक्षी, थिरथिरा; **~-tapism** *n.* लाल-फीता, लाल-फीतावाद, दफ्तरशाही, बाबूगिरी, दीर्घसूत्रता; **~-top** *n.* एक ब्रितानवी सनसनीखेज टेबोलॉयड अखबार; **~-water** *n.* रक्तमूत्र-रोग; **~wood** /रेडवुड/ *n.* 1 लाल पेड़ 2 लाल लकड़ी 3 अति क्रुद्ध व्यक्ति;

***collocations:* ~ admiral** अमेरिका और एशिया में पाई जाने वाली तितली; **~ alert** आने वाली विपदा से निपटने के लिए तैयार रहने की चेतावनी; **~ ant** माटा; **~back spider** आस्ट्रेलिया की एक जहरीली छिपकली, जिसकी मादा की पीठ पर लाल लकीर बनी होती है; **~ beet** लाल शलगम; **~ cabbage** बैंगनी रंग की बंद गोभी जिसे प्रायः अचार बनाने कि लिए प्रयोग में लाते हैं; **~ card** *football* फुटबॉल में नियम तोड़ने वाले खिलाड़ी को बाहर भेजने के लिए प्रयुक्त रेड कार्ड; **~ cent** *mainly US colloq.* 1 तांबे का सेंट, दमड़ी 2 जरा-सा, जरा-सी: I care a ~ cent (मैं जरा भी परवाह नहीं करता); not have a ~ cent; **Red crescent** मुस्लिम देशों में रेड क्रॉस के बराबर का संगठन; **~ corpuscle**/ **~ blood cell** रक्ताणु; **Red Cross** रेडक्रॉस; **~ deer** एक प्रकार का लाल-भूरा हिरन; **~ dog flour** घटिया किस्म का गेहूं का आटा; **~ dwarf** रक्त तारक; **~ flag/ banner** क्रांति-प्रतीक लाल पताका या झंडा; **~ game** मुख्य शिकायत (grouse) **~ giant** एक बुझता हुआ विशाल तारा; **Red Guard** तरुण रक्षक-बल; **~ heat** अत्यधिक गर्मी; **~ herring** 1 हेरिंग मछली 2 मुख्य मुद्दे से भटकाने वाली गौण बातें या मामले; **~ hot** जलते अंगारे-सा गर्म, अत्यधिक गर्म; **Red Indian** *now usually offensive* अमेरिका के आदिवासी; **~ lead** सिंदूर; **~ letter day** सुनहरे अक्षरों में लिखा जाने वाला दिन; **~ light** 1 खतरे का निशान 2 लाल बत्ती 3 रुकने का संकेत; **~light area/ district** वेश्याओं का मुहल्ला, चकला, श्रृंगार हाट; **~ line** अंतिम हद, वार्तालाप में ऐसी अवस्था जहां से और पीछे हटना संभव न हो यानी ऐसा मुद्दा जिस पर और विचार बदलना संभव न हो; **~ meat** जानवर का लाल मांस (पक्षी या मछली का नहीं); **~ mud** ऐलम्यूना के औद्योगिक संसाधन से बनने वाली गारा; **~ pepper** *n.* लाल मिर्च; **Red Spot/ Giant Red Spot** *astron.* बृहस्पति ग्रह के क्षेत्र में धरती से भी बड़ी विशालतम तूफानी स्थिति जो ग्रह की गैस युक्त सतह की घूमने की गलियों में अंतर के कारण पैदा होती है; **Red Sea** लाल सागर; **red squirrel** यूरोप और एशिया में पाई जाने वाली लाल-भूरे रंग की गिलहरी; **Red Star** लाल तारा; **~ tape/ ~ tapism** लाल फीता, लाल-फीताशाही, दफ्तरशाही; **the Red Army** लाल सेना; **the Red Crescent** मुस्लिम देशों में रेड क्रॉस (Red Cross) का नाम; the Red Cross रेड क्रॉस नामक विपदा में फंसे लोगों की मदद करने वाला संगठन; **~ vengeance** खूनी बदला; **Red wine** लाल मदिरा; **~ zone** अमेरिकी फुटबॉल में गोल-लाइन से 20 मीटर दूर का क्षेत्र;

the ~, white and blue ब्रितानवी नौसेना व थल-सेना;

***p&i:* ~ as a beetroot/ rose/ turkey-cock** टमाटर की तरह सुर्ख; **~ as a turkey-cock/ as fire** गुस्से में लाल-पीला; **~ as blood** खून-सा लाल;**~ in tooth and claw** खूनी मुकाबला, निष्ठुर व निर्दय मुकाबला: poachers of beasts, red in tooth and claw; **(the) ~ carpet welcome** हार्दिक स्वागत: roll out the ~ carpet welcome for sb; ~-carpet treatment; **~-haired person** मंजा हुआ बदमाश, पक्का धर्त; **~s under beds** काल्पनिक साम्यवादी खतरा;

be caught ~ handed रंगे हाथों पकड़े जा.; **be in the ~** घाटे या ऋण तले दबा हो.; **be like a ~ rag to a bull** ऐसी वस्तु जिसे देखते ही तन-बदन में आग लग जाए; **come out of the ~** घाटे या ऋण के चंगुल से छुटकारा पा लेना; **go into ~** घाटे में फंस जा.; **he has ~ hands** वह खूनी है; **paint the town ~** *colloq.* खूब मौज-मस्ती क.; **put in the ~** घाटे का सौदा हो जा.; **see red** *colloq.* गुस्से से लाल-पीला हो., तन-बदन में आग लग जा.; **come out of the ~** ऋण या घाटे से मुक्ति पाना; **red shirt** *hist.* इतालवी क्रांतिकारी गैरिबाल्डी (Garibaldi, 1807-1882) का अनुयायी देश भक्त

redact /रिडैक्ट/ *v., pt.* **~ed**, *pp* **~ing** 1 संपादन क. 2 लिखना, रचना संपादित क.;

dw/lw:* ~ion** /रिडैक्शन/ *n.* 1 संपादन 2 (syn.*** revision) संशोधन 3 नया संस्करण; **~ional** /रिडैक्शनल/ (*also* **~orial**) *adj.* संपादकीय; **~or** /रिडैक्टः/ *n.* संपादक

redan /रिडैन/ *n.* मोर्चा

reddle /रेडल/ *n.* लाल गेरू, मटियाला हेमेटाइट

redecora\te /रीडेकअरेट/ *v., pt.* **~ted**, *pp* **~ting** फिर से सज्जित क. या सजाना

redeem /रिडीम/ *v., pt.* **~ed**, *pp* **~ing** 1 क्षति पूर्ति करके प्रतिष्ठा पुनः स्थापित क.: ~ one's position/ one's rights; ~ one's honour 2 (***syn.*** set free) मुक्त क., निस्तार क. 3 (***syn.*** buy back, pay ransom, pay off) छुड़ाना, छुड़ा लेना, चुकाना: ~ oneself; ~ pledged goods/ mortgaged land; ~ a loan 4 (***syn.*** fulfil) वायदा पूरा क.: ~ a promise/ an obligation; ~ an error 5 पूर्ति क., हरजाना या क्षतिपूर्ति दे.: ~ the time 6 दोबारा खरीद ले. 7 उद्धार क., मुक्त करवाना: ~ a captured city;

***dw/lw:* ~able** /रिडीमअबल/ *adj.* 1 जिसे पुनःस्थापित किया जा सके 2 जिसे पुनः मुक्त करवाया जा सके 3 जिसे पुनः खरीदा जा सके 4 उद्धार करने योग्य; **~ed** *adj.* 1 निस्तारित 2 पुनःस्थापित; **~er** *n.* 1 उद्धारक, मुक्तिदाता (from sin) 2 छुड़ाने वाला, निष्क्रेता; **the Redeemer** ईसा मसीह का एक नाम; **~ing** *adj.* अच्छा, सकारात्मक (पहलू): ~ing feature is his wit (हाजिरजवाबी उसमें सराहनीय गुण है, खूबी या अच्छी बात है); **~ing** *n.* दोष या कमियों की क्षतिपूर्ति, सुधार, उद्धार

redemp\tion /रिडेम्प्शन/ *n.* 1 उद्धार, मुक्ति, प्रायश्चित, परिशोधन, सुधार: suffering proved his **~tion**; be beyond **~tion** 2 विमोचन, छुटकारा: the **~tion** of a criminal 3 पुनर्लाभ, पुनःप्राप्ति, ऋणमोचन, निष्पादन: right of **~tion** 4 पालन 5 दोष-मुक्ति, भूल-सुधार;

***dw/lw:* ~tive/ ~tory** /रिडेम्पटिव/ रिडेम्पटरि/ *adj.* मुक्तिकारक, विमोचक, मुक्तिप्रद, मुक्तिदायक: ~tive process

redeploy /रीडिप्लॉय/ *v., pt.* **~ed**, *pp* **~ing** कर्मचारी/ सेना/ सामान को एक स्थान से दूसरे स्थान पर तैनात क. या लगाना;

***dw/lw:* ~ment** *n.* 1 कर्मचारी/ सेना आदि की एक स्थान से दूसरे स्थान पर तैनाती 2 किसी स्थान पर सामान की अदला-बदली

redevelop /रीःडिवेलप/ *v., pt.* **~ed**, *pp* **~ing** 1 फिर से विकसित क., फैलाना या बढ़ाना 2 किसी पुराने स्थान, भवन, मूलभूत ढांचे आदि को फिर से बनाना, नवीनीकरण क., उसे नए निवेश के माध्यम से और विकसित क.;

***dw/lw:* ~ment** *n.* पुनर्विकास या परिवर्धन

red-eye *see above under* **red: *dw/lw***

redhibition /रेडहिबिशन/ *n., law* खरीदार द्वारा सौदे के समझौता की एकतरफा रद्दगी

redial /रीडायल/ *v., pt.* **~ed**, *pp* **~ing** 1 दोबारा से टेलीफोन नंबर घुमाना 2 'redial' बटन दबाकर फोन क.;

n. 1) टेलीफोन यंत्र में स्वतः दोबारा टेलीफोन करने की सुविधा 2 (**redial button**) टेलीफोन यंत्र में स्वतः दोबारा फोन करने के लिए बटन

redid *pt.,* **'redo'** का भूतकालिक रूप

redintegra\te /रेडइंटिग्रेट/ *v., pt.* **~ted**, *pp* **~ting** 1 जोड़कर दोबारा एक बनाना या संपूर्ण कर दे. 2 में दोबारा मिलाना: be **~ted** in sth 3 पुनः स्थापित क.;

***dw/lw:* ~tion** *n.* पुनरुद्धार, पुनर्गठन, पुनःस्थापन, नवनिर्माण

redirect /रीडिरेक्ट/ *v., pt.* **~ed**, *pp* **~ing** 1 पुनर्प्रेषण क., दूसरे पते पर भेजना 2 पैसे व अन्य साधनों को दूसरी जगह लगाना 3 अनुप्रेषित क.

rediscover /रीडिस्कवः/ *v., pt.* **~ed**, *pp* **~ing** भूली-बिसरी या खोई हुई वस्तु को फिर से ढूंढ निकालना

redistribu\te /रीडिस्ट्रिब्यूट/ *v., pt.* **~ted**, *pp* **~ting** पैसा/ जमीन/ साधनों आदि को लोगों के बीच फिर से बांटना;

***dw/lw:* ~tion** /रीःडिस्ट्रिब्यूशन/ *n.* 1 पुनरावंटन 2 नया आंवटन

redivivus /रेडिवीवस/ *adj.* पुनर्जीवित

redo /रीडू/ *v. pt.* **redid**, *pt. p.* **redone**, *pp* **~ing** फिर से क., दोबारा क.

redo\lence /रेडअलंस/ (*also* **~lency**) *n.* 1 सुगंध, महक 2 गंध, महक: the **~lence** of a grocery store;

dw/lw:* ~lent** /रेडअलंट/ *adj.* 1 सुगंधित 2 (*usually* **~lent of/ with sth**) तेज गंधवाला, गंधयुक्त, महकदार: ~lent odour; the ~lent scent of pines; ~lent wine; sauce ~lent of garlic 3 (syn.*** suggestive) सूचक, संकेतक, द्योतक: a street ~lent of Victorian England; town ~lent of age 4 गंधवाला, गंधिक (smelling of sth)

redoub\le /रीडबल/ *v., pt.* **~led**, *pp* **~ling** 1 दुगना क. या होना 2 बहुत अधिक क. या होना: the clamour **~led** 3 (***syn.*** increase) बढ़ना, बढ़ाना: **~le** one's efforts 4 (***syn.*** repeat) दोहराना: **~le** the drink

redoubt /रिडाउट/ *n.* छोटा किला, गढ़ी, कोट. अस्थायी बाहरी मोर्चाबंदी;

dw/lw:* ~able** /रिडाउटअबल/ *adj.* 1 (syn.*** formidable) सम्माननीय, प्रबल, जबरदस्त 2 भयानक; **~ably** /रिडाउटअबलि/ *adj.* जबरदस्त तरीके से

redound /रिडाउंड/ *v., pt.* **~ed**, *pp* **~ing** 1 (***syn.*** result from) उत्पन्न होना, से निकलना 2 (*always* **~ to sb**) किसी पर प्रभाव या छाप छोड़ना 3 (***syn.*** contribute) बढ़ाना, चार चांद लगाना, में सहायक होना: ~ to sb's advantage; that **~s** to his honour 4 (*mainly,* **~ on sb = rebound on sb**) के परिणाम स्वरूप उल्टा कर्ता पर ही आ पड़ना: these crimes will ~ upon himself

redox reaction /रीःडौक्स रिएक्शन/ *US* रीःडाःक्स -/ *n.* एक ऐसी रासायनिक क्रिया जिसमें एक रसायन की मात्रा कम हो जाती है और दूसरे का ऑक्सीकरण हो जाता है

red rag *n., sl.* 1 *sl.* जीभ 2 अरुचिकर; *also see above under* **red: *p&i***

redraft /रिड्राफ्ट/ *v., pt.* **~ed**, *pp* **~ing** पत्र, प्रस्ताव, लेख आदि में सुधार करने के लिए फिर से लिखना

redraw /रिड्रॉ/ *v., pt.* **redrew**, *pt. p.* **redrawn**, *pp* **~ing** 1 फिर निकासी क. 2 फिर रेखांकन क., बदलना: ~ the boundaries between two states

redress /रिड्रेस/ *v., pt.* **~ed**, *pp* **~ing**, *s/he/it* **~es** 1 (***syn.*** correct, put right) गलती को सुधारना, अन्याय को ठीक क.: ~ a wrong 3 (***syn.*** adjust) ठीक कर दे., समंजित क.: ~ the balance 4 (***syn.*** compensate) पूर्ति क., हरजाना दे.;

n. 1 अन्याय का सुधार, सुधार 2 (***syn.*** compensation) हरजाना पूर्ति, क्षतिपूर्ति;
dw/lw: **~able** *adj.* अन्याय का सुधार करने योग्य; **~al** /रड्रेसअल/ *n.* = **redress**

reduce /रिड्यूस/ *v., pt.* **~d**, *pp* **reducing** 1 कम क., घटाना, कम हो जाना: prices were **~d** by 10 per cent; ~ expenditure/ production/ staff; ~ taxes/ prices, temperature; ~ speed 2 महत्त्व कम क.: ~ in weight; **~d** almost to nothing 3 दर्जा घटाना, कोटिच्युत, पदच्युत या पदावनत क. या हो. (lower the rank etc.): ~ to the ranks; ~ to a lower rank; ~ to begging (भिखारी बना दे.) 4 (***syn.*** subdue) हराना, वशीभूत क., दमन क., नियंत्रण क.: ~ to silence; ~ to submission; after a long siege they **~d** the fort 5 (***syn.*** weaken) कमजोर या निर्बल क.: ~ vitality/ pressure; ~ one's sense of smell 6 (***syn.*** compel) मजबूर क., बाध्य क.: ~ sb to sth/ to doing sth 7 (***syn.*** lose weight) पतला या तनु हो.: be greatly **~d** by illness 8 (***syn.*** surgery) हटे अंग को ठीक स्थान पर बिठाना 9 (***syn.*** change into, convert) में बदल दे., में परिणत क., के रूप में लाना: ~ ore to metal; ~ sth to powder/ ~ sth to dust; ~ wood to pulp; his clothes were **~d** to rags 10 (***syn.*** change to) बदलना, रूपांतरित क., का रूप दे देना: ~ to a system; ~ to order/ to an orderly arrangement; ~ everything to a single principle; ~ anomalies to rule; ~ bribery to a system 11 (***syn.*** adapt) के अनुकूल बना दे. 12 सरलीकरण क.: passions **~d** to memories; ~ an argument to triviality 13 *math.* समानयन क.: ~ a common fraction to a decimal 14 *chem.* रासायनिक क्रिया द्वारा किसी तत्त्व की मात्रा घटाना, अपचयन क. 15 *photog.* प्रकाश आदि की सघनता कम क.;
dw/lw: **~d** /रिड्यूस्ड/ *adj.* घटा या घटाया हुआ, ह्रसित, लघुकृत, न्यूनीकृत, परिवर्तित: ~d pressure/ vitality; ~d prices; ~d tariff; ~d level of water;; **~r** /रिड्यूसः/ *n.* लघुकारक, तनुकारक, परिवर्तक;
p&i: **~ed circumstances** (euphemism for 'poor') पहले से निर्धनतापूर्ण हालते में; **~ed in body** पतला-दुबला; **~ sb/ sth from sth to sth/ to doing sth** किसी को या किसी चीज को बद से बदतर हालत में ला खड़ा क.; **~ sth to sth** किसी चीज को कुछ का कुछ बना दे. यानी ज्यादा सरल और सामान्य बना देना; **~ed to ashes** खाक में मिला देना; **~ the balance** संतुलन घटाना; **~ to an absurdity** किसी बात या कार्य को नितांत मूर्खता में बदल दे.; **~ to nothing** किसी को धूल में मिला दे., कहीं का न छोड़ना; **~ to powder** कूटकर चूरा बनाना; **~ to ranks** सामान्य व्यक्ति बना दे.; **~ to system** व्यवस्था बहाल क.; **~ to tears, to despair, to extremity** किसी को रुला दे., निराशा और विनाश की कगार पर पहुंचा दे.;
be ~d to penury कंगाल बना दिया जा.; **in a very ~d state/ ~d circumstances** विपन्नावस्था में, बुरी हालत में

reduci\ble /रिड्यूसअबल/ *adj.* जिसे घटाया जा सके, लघुकरणीय, लघुकार्य, परिवर्त्य, समानेय;
dw/lw: **~bility** /रिड्यूसअबिलअटि/ *n.* लघुकरणीयता

reducing /रिड्यूसिंग/ *adj.* 1 लघुकारक 2 परिवर्तक 3 अवकारक, अपचायक: ~ agent

reductase /रिडक्टेस/ *n., biochem.* अपचायक

reductio ad absurdum /रिडक्शिओ ऐड ऐब्सःडम/ *Lat.* = **reduction to absurdity**1 असंगति प्रदर्शन, किसी बात या आधार-वाक्य को अनर्गल बनाने की क्रिया 2 किसी नियम या सिद्धांत को अतिशय सख्ती से या शब्दशः लागू करके उसे असंगत या मूर्खतापूर्ण कार्य बनाने की क्रिया

reduction /रिडक्शन/ *n.* 1 घटाव, कमी, ह्रास, घटाव या कमी की मात्रा, छूट, कटौती, बट्टा, लघूकरण, न्यूनीकरण (act of reducing): ~ of wages/ of demand; ~ of prices; ~ in force; a dramatic/ drastic/ sharp/ significant ~ 2 विवश करने की क्रिया, वशीकरण 3 रूपांतरण, परिवर्तन: ~ to absurdity; ~ of things to order; ~ to mean sea level 4 *chem.* अपचयन: ~ to powder 5 पदावनयन, पद में अवनति: ~ in rank; ~ of fortifications 6 लघुकृत प्रति (reduced copy) 7 लघुकृत प्रति बनाने की क्रिया: data ~; ~ printing 8 *math.* समानयन 9 दक्षिणी अमेरिकी बस्तियों का ईसाईकरण;
dw/lw: **~ism** /रिडक्शनिजम/ *n.* इस बात में विश्वास कि जटिल आंकड़ों, प्रक्रियाओं आदि को सरल शब्दों या वाक्य में वर्णित किया जा सकता है, अति सरलीकरण;
collocations: **~ sale** माल को निकालने के लिए घटे दामों पर बिक्री, सस्ती बिक्री

reductive /रिडक्टिव/ *n.* लघुकारक

reductor /रिडक्टः/ *n.* अपचायक

reduit /रेड्वीः/ *n., Fr.* अंतर्दुर्ग, मुख्य भरोसेमंद पंक्ति

redun\dancy /रिडंडंसि/ (*also* **~dance** /रिडंडंस/) *n., pl.* **~dancies** *UK* 1 किसी संगठन में आवश्यकता से अधिक कर्मचारी, इसी कारणवश फालतू कर्मियों की छंटनी 2 फालतू सामान आदि 3 अत्यधिकता, प्रचुरता, बाहुल्य 4 *ling.* शब्दाडंबर, निरर्थकता, पदाधिक्य-दोष, शब्दाधिक्य-दोष, शब्दातिरेक (pleonasm) 5 रिजर्व: standby **~dancy**; **~dancy** fund;

redun\dant /रिडंडंट/ *adj. UK* 1 अनावश्यकता (फालतू होने) की वजह से बेरोजगार 2 *UK* बेकार (सामान) 3 फालतू, अनावश्यक: become ~dant 4 (***syn.*** superfluous) फालतू, व्यर्थ, अनावश्यक, अतिरिक्त 5 (***syn.*** excessive, copious) अत्यधिक, अतिशय, बहुत अधिक, प्रचुर, विपुल: ~dant population in the cities 6 (***syn.*** pleonastic) शब्दाडंबरपूर्ण, शब्दबहुल, निरर्थक: ~dant foot in a verse;
dw/lw: **~dantly** /रिडंडंटलि/ *adv.* अनावश्यक रूप से, बेकार में

reduplica\te /रीड्यूप्लिके\ट/ *US* रीडूप्लिके\ट/ *v., pt.* **~ted**, *pp* **~ting** 1 दुहरा क., पुनरावृत्ति क., दो प्रतियां आदि बनाना 2 (***syn.*** repeat) दोहराना 3 (***syn.*** redouble) दूना, दुगुना या द्विगुणित क. या हो जाना 4 शब्द में थोड़ा-बहुत बदलाव करके नया शब्द बनाना, जैसे: hubble-bubble, riff-raff;
dw/lw: **~te** /~ट/ *adj.* द्विगुणीकृत, द्विरावृत्तिक; **~tion** /~शन/ *n.* 1 दोहराव 2 द्विगुणीकरण, द्विगुणन 3 *gramm.* द्वित्व, द्विरावृत्ति, द्विरुक्ति; **~tive** /~टिव/ *adj.* द्विरावृत्तिक

reebok /रीःबौक/ *n., pl.* **~s**/ **reebok** दक्षिणी अफ्रीकी हिरन, मृग

re-echo /री-एको/ *v., pt.* **~ed**, *pp* **~ing** गूंजना, प्रतिध्वनित होना; ***n.*** प्रतिध्वनि

reed /रीड/ *n.* 1 सरकंडा, नरकट, नरकुल, नड 2 (***syn.*** flute) वायु-वाद्य, बांसुरी, मुरली 3 (***syn.*** vibrating strip) कंपिका, रीड, पत्ती 4 (***syn.*** weaver's implement) कंघी, धुनकी;
dw/lw: **~ily** /रीडिलि/ *adv.* सरकंडे की तरह; **~iness** /रीडिनेस/ *n.* सुरीलापन, मधुरता; **~-mace** (*also* **bulrush**) *n.* सरकंडे जैसा पौधा; **~-organ** *n.* रीड वाद्य; **~-pheasant** *n.* रामगंगरा; **~-pipe** *n.* रीड-पाइप; **~-sparrow** *n.* नरकट, फुदकी; **~y** /रीडि/ *adj., degr.* ~ier, ~iest 1 सरकंडों से भरा, नरकुलमय 2 दुबला, सरकंडे जैसा 3 नरकुली, सरकंडे जैसी, कर्कश, अमधुर (voice) 4 कमजोर;
collocations: **~ bunting** पथरचिरटा (bird); **~ warbler** फुदकी, ऐसा पक्षी जो सरकंडों पर अपना घोंसला बनाता है
p&i: **~ shaken by wind** कमजोर व्यक्ति, बेपेंदी का लोटा; **broken ~** टूटा सरकंडा, जो भरोसेमंद न हो: he proved a broken ~ (भरोसेमंद न सिद्ध हो.); **lean on/ trust a broken ~** कमजोर सहारे पर भरोसा क.

re-edit पुनःसंपादन क.

re-educa\te *v., pt.* **~ted**, *pp* **~ting** पुनः शिक्षित क.;
dw/lw: **~tion** *n.* पुनर्शिक्षण

reef /रीफ/ *n.* 1 समुद्र में स्थित चट्टान या बालू की दीवार, शैलभित्ति, जल-शैल 2 बलुई भित्ति (of sand) 3 प्रवाल-भित्ति (of coral) 4

खनिज-शिरा, धातु-रेखा (bed of ore) 5 जहाज का पाल, जिसे मोड़कर या तह करके रखा जा सकता है;
v., pt. **~ed**, *pp* **~ing** 1 पाल समेटकर या मोड़कर वायु के दबाव तले आने वाले पाल का क्षेत्र घटाना 2 किसी चीज को मोड़कर रखना;
dw/lw: **~er** /रीफ़:/ *n.* 1 चरस (marijuana) भरी सिगरेट 2 पाल समेटने वाला 3 (**~er jacket**) एक छोटी ऊनी जैकेट;
collocations: **~ band** *naut.* मजबूती के लिए पाल के आरपार लग सकने वाली पत्ती; **~ knot** दुहरी गांठ, पोल गांठ; **~ point** *naut.* पत्ती लगे पाल को बांधने के लिए पत्ती पर बंधी छोटी-सी रस्सी;
p&i: **let out a ~** खूब खाने के बाद कमर की पेटी खोलना; **take in a ~** खर्चा कम क., किफायत क.;

reek /रीक/ *v., pt.* **~ed**, *pp* **~ing** 1 बदबू आना, दुर्गंध आना: ~ of garlic/ of sweat/ of alcohol; his clothes ~ of tobacco 2 धुआं या भाप उठना 3 धुआंना 4 (***syn.*** exude) छोड़ना, बाहर निकालना;
n. 1 (***syn.*** stench) बदबू, दुर्गंध: the ~ of stale tobacco/ of stale beer; amid ~ and squalor of the slums 2 भाप 3 धुआं;
p&i: **~ of sth** दाल में कुछ काला हो.;
it ~s of murder इससे खून की बदबू आती है

reel /रील/ *v., pt.* **~ed**, *pp* **~ing** 1 (*usually* **~ sth in/ up**) चर्खी पर लपेटना 2 चर्खी से उतारना: ~ in a fish 3 (***syn.*** rattle off) धड़ाधड़ बोलना (लिखना आदि), बघारना: she **~ed** off her story; he **~ed** off the list 4 (***syn.*** chirr) झंकारना 5 (***syn.*** stagger) लड़खड़ाना: the ship **~ed** under the force of the waves; ~ to and fro like a drunken man 6 चकराना, चक्कर खाना, घूमना (be in a whirl): his head **~ed**; his brain **~ed** at the thought; the room began to ~ and then she fainted 7 (*also* **~ back**) शारीरिक व मानसिक रूप से गम का धक्का लगना: **~ed** back in horror when he saw the body; be **~ing** from sb's death;
n. 1 रील, रील पर लपेटा हुआ धागा 2 (***syn.*** spool) चर्खी, फिर्की 3 रील (of film) 4 (***syn.*** staggering) लड़खड़ाहट 5 (***syn.*** whirling) चकराहट;
p&i: **~ sth in/ out** चर्खी आदि पर लपेटना या उधेड़ना;**~ sth off** धड़ल्ले से बोलना या लिखना: he ~ed off several names; **right off the ~** धड़ाधड़, बेधड़क;

re-elect /रीइलेक्ट/ *v., pt.* **~ed**, *pp* **~ing** फिर चयन कर ले., दोबारा चुनना: he was not **~ed**;
dw/lw: **~ion** /रीइलेक्शन/ *n.* पुनर्निवाचन, दोबारा चुनाव

re-emer\ge /रीइमःज/ *v., pt.* **~ged**, *pp* **~ging** फिर प्रकट हो., फिर कहीं निकल आना

re-employ /रीइम्प्लॉय/ *v., pt.* **~ed**, *pp* **~ing** फिर से बहाल या नियुक्त क.

re-entrant /रीएंटरंट/ *n.* भीतरी, अंत: प्रविष्ट, अंतः-प्रवेशी

re-enter /री-ऐंटः/ *v., pt.* **~ed**, *pp* **~ing** पुनः प्रवेश क.;
dw/lw: **re-entry** /री-एंटरि/ *n., pl.* re-entries 1 (अंतरिक्ष की कक्षा में) पुनर्प्रवेश 2 *law* पुनरधिकार, पुनर्भुक्ति

re-establish /री-इस्टैब्लिश/ *v., pt.* **~ed**, *pp* **~ing** 1 पुनः स्थापित क.: ~ a firm's credit; ~ one's affairs; ~ the flooded town on a new site; ~ refugees in new homes 2 पुनर्प्रतिष्ठित क.: ~ sb in his possessions

re-evaluate /री-इवैल्युएट / *v., pt.* **~ed**, *pp* **~ing** 1

reeve /रीव/ *n., hist.* 1 भूतकाल में इंग्लैंड में एक विशेष अधिकारी 2 नगर का मुख्य मजिस्ट्रेट 3 जमींदार का एजंट
v., *pt.* **rove/ ~d** *pp* **reeving** 1 रस्सी को छेद में पिरोना, पार क. 2 रास्ता निकालना

re-examination /री-इग्जेमिनेशन/ *n.* पुनर्परीक्षा

re-exami\ne /री-इग्जैमिन/ *v., pt.* **~ned**, *pp* **~ning** फिर से परीक्षा लेना

ref /रेफ/ ल.'**referee**' का संक्षेप

ref. *abbr.* '**reference**' का संक्षेप (संदर्भ);
p&i: **ref. = refer to** अमुक प्रसंग या संदर्भ देखें

refa\ce /रीफ़ेस/ *v., pt.* **~ced**, *pp* **~cing** (घर का) रुख बदलना, नया पलस्तर चढ़ाना

refection /रिफ़ेक्शन/ *n.* जलपान, नाश्ता;
v., pt. **~ed**, *pp* **~ing** नाश्ता क.

refectory /रिफ़ेक्टरि/ *n., pl.* **refectories** भोजन-कक्ष, भोजनालय: ~ table

refer /रिफ़:/ *v., pt.* **~red**, *pp* **~ring** 1 (***syn.*** direct) के पास भेजना: ~ a patient to a specialist; I have been **~red** to you 2 (***syn.*** submit) सौंपना, सुपुर्द क.: ~ sb/ sth to sb/ sth 3 के वर्ग में रखना (assign to a class) 4 (***syn.*** cause) कारण बताना या मानना: ~ ill temper to indigestion; ~ miraculous tales to ignorance 5 (***syn.*** relate) से संबंध जोड़ना, से संबंध रखना: ~ sth to sb/ ~ sth to sth 6 के बारे में पूछ-ताज क., खोजना: refer to sth (किसी चीज या बात का पता लगाने के लिए दस्तावेज देखना या पढ़ना) 7 का जिक्र क., का उल्लेख क., की चर्चा क., ध्यान दिलाना: ~ to sb/ sth; **~ring** to your letter; he **~red** several times to the increase in expenditure; I am not **~ring** to you 8 (***syn.*** cite as authority) का हवाला या प्रमाण के रूप में दे.: ~ to sth for proof 9 सहायता या सहारा लेना, की राय लेना: shall have to ~ to the Board; ~ a matter to a tribunal; the dispute will be **~red** to an arbitrator 10 (***syn.*** consult) कागजात में कुछ देखना: the speaker **~red** to his notes; **~red** to the notes at the back of the book; ~ to a map/ to dictionary 11 को श्रेय दे.: **~red** his success to the good teaching he had had; I ~ myself to your generosity 12 किसी व्यक्ति या वस्तु की ओर संकेत क.;
dw/lw: **referable** /रिफ़रअबल/ *adj.* 1 श्रेय देने योग्य 2 राय लेने योग्य 3 अभिदेश के योग्य, अभिदेश्य: success is referable to hard work; **referee** *see below under separate entry*; **referral** /रिफ़:रल/ *n.* 1 किसी के पास भेजने का कार्य 2 किसी के पास भेजा हुआ व्यक्ति: 50% of referrals were turned down 3 सहायता, राय आदि के लिए प्रार्थना; **refereeing** *n., sport* खेल के मुकाबले में खेल-पंच का काम: top-class refereeing;
collocations: **referred pain** स्रोत अंग की बजाए शरीर के किसी अन्य अंग में दर्द;
p&i: **~ back** 1 वापस भेजना 2 ठुकरा दे. 3 किसी दस्तावेज को देखना; **~ myself** मैं समझता हूं कि ...; **~ to sb/ sth to sb** किसी व्यक्ति या वस्तु को किसी के पास भेजना; **~ to sb/ sth as (sth)** किसी व्यक्ति, बात या वस्तु का किसी रूप में उल्लेख क.

referee /रेफ़री/ *n.* 1 निर्णायक 2 (***syn.*** sport) रेफ़री, खेल-पंच 3 मध्यस्थ, पंच: **~'s** court (मध्यस्थता न्यायालय) 4 चरित्र आदि का आकलन या प्रमाण-पत्र देने वाला व्यक्ति 5 शोध लेख का आकलन कर्ता;
v., *pt.* **~d**, *pp* **refereeing** *pt.* 1 रेफ़री का काम क. 2 खेल पंच हो. 3 मध्यस्थता क. 4 शोध लेख आदि का आकलन क.;
collocations: **~'s position** कुश्ती आदि में प्रारंभिक स्थिति; **~ test** पंचाट के फैसले की परख

reference /रेफ़अरंस/ *n.* 1 जिक्र, उल्लेख, चर्चा: ~ of a fact to its cause 2 निर्देशन, प्रेषण 3 (***syn.*** connection) संबंध, संदर्भ, प्रसंग: with/ in ~ to sth (के संबंध/ संदर्भ में) 4 (*usually* **~ to sth**) निर्देश, संकेत: make ~ to sb/ sth 5 (***syn.*** authority) प्राधिकार: it is outside the ~ of the commission 6 हवाला, संदर्भ, उल्लेख: the writer gives no **~s** to his authorities; cross-~; book of ~ 6 (***syn.*** testimonial) चरित्र प्रमाणपत्र 7 संदर्भ, भविष्य में जिक्र, उल्लेख, प्रसंग: ~ to a previous conversation 8 संदर्भ शर्तें: terms of ~ 9 अनुशंसा पत्र, सिफारिश: letter of ~; have good **~s** 10 अनुशंसक, अनुशंसा पत्र देने वाला व्यक्ति: you may use my name as ~; he gave us a ~ to his last employer 11 सूचना-स्रोत की संदर्भ संख्या या निर्देश अंक: the map ~ is Z5;

adj. संदर्भीय, हवाला संबंधी: ~ reading list; ~ point; ~ mark; ~ delusion; ~ frame;

collocations: ~ **book** संदर्भ ग्रंथ, निर्देश ग्रंथ; ~ **library** संदर्भ पुस्तकालय; ~ **number** निर्देश-अंक; ~ **point** संदर्भ बिंदु जिसके साथ तुलना आदि हो सकती हो;

referent /रेफअरंट/ *n.* 1 व्यक्ति, वस्तु, घटना आदि जिसका हवाला दिया जा रहा है 2 शब्द द्वारा संकेतित विचार;

dw/lw: **~ial** /रेफअरंशिअल/ *adj.* 1 संदर्भगत 2 संदर्भ-संबंधी, संदर्भ-विषयक 3 निर्देशात्मक, निर्देशक (containing reference) 4 पूछताछ या पड़ताल संबंधी (used for reference): for ~ial use 5 संदर्भ संबंधी चिह्न: ~ial mark

referendum /रेफअरेंडम/ *n., pl.* **referendums/ referenda** जनमत-संग्रह, मत-संग्रह

referral *see above under* **refer: *dw/lw***

refill /रीफिल/ *v., pt.* **~ed**, *pp* **~ing** फिर से भरना: ~ a fountain-pen;

n. 1 पुनः भराई: ~ of fuel 2 दूसरी खेप;

dw/lw: **~able** *adj.* जिसे फिर से भरा जा सके

refinance /रिफाइनैंस/ *n.* पुनर्वित्तीयन: ~ officer (पुनर्वित्त पदाधिकारी)

refine /रिफाइन/ *v., pt.* **~d**, *pp* **refining** 1 शोधन/ परिष्कार क., साफ क., शुद्ध क.: ~ oil; ~ a language; an education that **~d** his taste; his taste has **~d** 2 किसी विचार/ पद्धति/ प्रणाली में संशोधन लाकर बेहतर बनाना: ~ upon a question; ~ upon another's invention 3 बाल की खाल उतारना;

dw/lw: **~d** /रिफाइंड/ *adj.* 1 शोधित, परिष्कृत 2 शिष्टतापूर्ण, शिष्ट, सभ्य: ~d of taste 3 अधिशोधित, परिमार्जित: ~d salt; ~d sugar 4 (***syn.*** cultured) सुसंस्कृत, परिष्कृत: ~d manners 5 (***syn.*** specious) (अति)सूक्ष्म: ~d details; **~dness** *n.* 1 परिष्कृतता 2 शिष्टता; **~ment** /रिफाइनमंट/ *n.* 1 अधिशोधन, परिष्कार 2 व्यवहारकुशलता, शिष्टता: lack of ~ment 3 परिष्करण, शुद्धीकरण, शुद्ध करने की क्रिया 4 (***syn.*** state) परिष्कृति 5 सुरुचि (of taste) 6 (***syn.*** gentility) विनम्र भाषा एवं शालीनता: a person of considerable ~ment 7 सूक्ष्मता 8 *math.* अधिशोधन; **~r** /रिफाइनः/ *n.* तेलशोधक, शोधक, परिष्कारक; **~ry** /रिफाइनरि/ *n., pl.* refineries शोधनशाला, तेलशोधक कारखाना, परिष्करणशाला; **refining** *n.* शोधन या साफ करने की क्रिया

refit /रीःफिट/ *v., pt.* **~ted**, *pp* **~ting** 1 दुरुस्त क. 2 मरम्मत क. 3 जहाज आदि में नए कल-पुर्जे व अन्य सामान लगाकर नया रूप दे.;

n. जहाज आदि में नए कल-पुर्जे आदि लगाने की क्रिया;

dw/lw: **~ment/ refitting** *n.* 1 दुरुस्ती, मरम्मत 2 जहाज आदि में नए कल-पुर्जे आदि लगाने की क्रिया

refl. *abbr.* 'reflection', 'reflective', 'reflex', 'reflexive' का संक्षेप

reflag /रीफ्लैग/ *v., pt.* **~ged**, *pp* **~ging** व्यापारी जहाज द्वारा व्यापारिक लाभ के लिए जहाज को किसी अन्य देश में पंजीकृत कराना

refla\te *v., pt.* **~ted**, *pp* **~ting** *econ.* आर्थिक मंदी (inflation) के बाद आर्थिक उत्थान का दौर शुरू हो;

dw/lw: **~tion** /रीफ्लेशन/ *n.* पुनर्मुद्रास्फीति, पुनरार्थिक उत्थान

reflect /रिफ्लेक्ट/ *v., pt.* **~ed**, *pp* **~ing** 1 किसी सतह द्वारा प्रकाश, गर्मी, ध्वनि आदि का वापस किया जा. (send back), परावर्तित क. या हो. (cast back) 2 दर्पण द्वारा प्रतिबिंब दिखाना: a mirror **~s** light 3 ध्वनि व बिंब आदि का वापस भेजा जा. 4 (***syn.*** result in) किसी कारणवश हो., के फलस्वरूप हो., का फल हो.: price increases ~ greater demand for the goods 5 किसी बात को दर्शाना: a poem which **~s** the author's sadness; his face **~ed** his emotions; the literature of a people **~s** its manners 6 (*usually* **~ on/ upon sth**; ***syn.*** think over) पर सोच-विचार क, चिंतन क.: ~ upon a problem 7 (**~ on/ upon sb/ sth**) पर उल्टा अच्छा या बुरा असर पड़ना, प्रतिफलित हो., प्रतिष्ठा बढ़ाना या घटाना, नाम या बदनाम क.: ~ badly/ positively on the government; his behaviour during all the trouble **~s** well on him; ~ credit on/ upon/ sb; ~ glory; ~ on sb's sincerity;

dw/lw: **~ed** /रिफ्ले\क्टिड/ *adj.* 1 परावर्तित 2 प्रतिक्षिप्त 3 प्रतिबिंबित; **~ing** /रिफ्लेक्टिंग/ *adj.* 1 परावर्तक, परावर्ती, परावर्तन 2 प्रतिबिंबिक: ~ing power 3 चिंतनशील: grave and ~ing men; **~ion/ reflexion** *see below under a separate entry*; **~ive** /रिफ्लेक्टिव/ *adj.* 1 परावर्तक 2 (***syn.*** thinking, meditative, thoughtful) चिंतनशील, मननशील, विचारशील: ~ive mind; ~ive faculty; his face was ~ive 3 *phys.* परावर्तक : ~ive glare of the sun on the water; **~iveness** /~क्टिवनेस/ *n.* चिंतनशीलता, मननशीलता, विचारशीलता; **~ivity** /~क्टिविटि/ *n.* 1 किरणों को परावर्तित करने की क्षमता 2 = reflectance (*see below under a separate entry*); **~or** /~क्टः/ *n.* 1 पॉलिश की हुई सतह या पट्टी जो प्रकाश, ध्वनि, ताप आदि को परावर्तित करती है, परावर्तक 2 प्रतिबिंबक: literature is a ~or of the age 3 साइकिल, कारों आदि पर लगाया जाने वाली परावर्तक यानी रोशनी को वापस फेंकने वाली पट्टी आदि;

p&i: **~ well/ badly, etc. on sb/ sth** किसी व्यक्ति या वस्तु का अच्छी या बुरी छवि दर्शाना

reflect\ion/ reflex\ion /रिफ्लेक्शन/ *n.* 1 (***syn.*** reconsideration) चिंतन, मनन, सोच-विचार, पुनर्विचार: do sth without due/ sufficient **~ion** 2 (***syn.*** idea) विचार 3 परावर्तन (turning back): the **~ion** of light/ of heat/ of sound 4 (***syn.*** image) प्रतिबिंब: looked at his **~ion** in the mirror 5 छाया, प्रतिबिंबन (reflecting back): the **~ion** of the trees in the water; her intonation is a **~ion** of that of her teacher 6 (***syn.*** comment) टिप्पणी: a collection of old sayings, proverbs and **~ions** 7 (***syn.*** censure) निंदा, आलोचना, आक्षेप: a **~ion** on sb/ sth 8 (***syn.*** blame, discredit) बदनामी, अप्रतिष्ठा: cast a **~ion** upon sb 9 परिणाम: price increase is a **~ion** of greater demand for the goods;

dw/lw: **~ivity** /रिफ्लेक्टिविटि/ *n.* परावर्तकता, परावर्तनता

reflectance/ reflecting factor *n., phys.* किसी सतह द्वारा परावर्तित प्रकाश किरणों आदि की सघनता और उस सतह पर पड़ने वाली किरणों आदि की सघनता का अनुपात

reflecting telescope *n., astron.* ऐसा टेलिस्कोप जिसमें कॉन्केव लेंस द्वारा किरणें एकत्रित और सकेंद्रित की जाती हैं

reflective *see above under* **reflect: *dw/lw***

reflector *see above under* **reflect: *dw/lw***

reflet /रअफ्ले/ *n., pl.* **~s** /रअफ्ले/ *Fr.* (***syn.*** lustre, iridescence) चमक, आभा

reflex /रीःफ्लेक्स/ *n., pl.* **~es** 1 (*also* **~ action**) प्रतिक्रिया, प्रतिवर्ती क्रिया, प्रतिवर्त, सहज क्रिया 2 (***syn.*** image) प्रतिबिंब: the moon's ~ in the water 3 (***syn.*** manifestation) संकेत या अभिव्यक्ति 4 प्रेरणा, उत्तेजना, क्रिया आदि के प्रति द्रुत प्रतिक्रिया देने की क्षमता 5 परावर्तित प्रकाश, ताप, ध्वनि आदि 6 *ling.* प्रारंभिक रूपों से बना शब्द या भाषा का कोई तत्त्व;

adj. 1 पीछे की ओर मुड़ा या झुका हुआ 2 (***syn.*** reflected) स्रोत की ओर मुड़ा हुआ 3 (***syn.*** introspective) अंतर्मुखी 4 *physiol.* (***syn.*** reactive) प्रतिक्रियात्मक, सहज व आकस्मिक क्रिया जनित, प्रतिवर्त: ~ action; ~ irritability 5 बृहत्कोणीय;

v., pt. **~ed** *pp* **~ing**, *s/he/it* **~es** 1 पीछे मोड़ 2 वापस भेजना;

dw/lw: **~ed** /रीःफ्लेक्सड/ *adj.* प्रतिवर्तित; **~es** /रीफ्लेक्सिज/ *n., [pl.]* प्रतिवर्त क्रिया, प्रतिक्रिया करने की क्षमता; **~ible** /रीःफ्लेक्सिबल/ *adj.* परावर्त्य, जिसे वापस मोड़ा जा सके; **~ive**

/रीःफ्लेक्सिव/ *adj.* 1 निजवाचक, आत्मवाचक 2 अंतर्मुखी; **~ive** *n.* निजवाचक क्रिया या सर्वनाम; **~iveness/ reflexivity** *n.* निजवाचकता, आत्मवाचकता;

collocations: **~ angle** बृहत्कोण; **~ arc** *physiol.* शिरा-तंत्र जो प्रेरणाओं, उत्तेजनाओं, क्रियाओं आदि के प्रति सहज और द्रुत प्रतिक्रिया में भाग लेता है और मेरु-दंड व दिमाग के माध्यम से द्रुत प्रतिक्रिया की अपेक्षा करता है; **~ camera** ऐसा कैमरा, जिसमें सटीकतम छवि पाने के लिए लेंस द्वारा प्राप्त बिंब दृश्य-खोजी (view-finder) के पास भेजा जाता है;

conditioned ~ जानने या अनुभव करने की क्रिया के प्रति दिमाग द्वारा निर्देशित धीमी प्रतिक्रिया; **simple ~** ऐंद्रिय, शारीरिक, रासायनिक आदि प्रेरणाओं, उत्तेजनाओं, क्रियाओं आदि के प्रति सहज और द्रुत प्रतिक्रिया

reflexion *see above under* **reflection/ reflexion**

reflexive *see above under* **reflex:** ***dw/lw***

reflexology /रीःफ्लेक्सौलजि/ *US* रीःफ्लेक्साःलजि/ *n.* एक प्रकार का उपचार जिसमें पांव के तलवे की मालिश करके रोगी को आराम पहुंचाया जाता है

refloat /रीफ्लोट/ *v., pt.* **~ed**, *pp* **~ing** नौका या जहाज आदि को मरम्मत के बाद दोबारा चलाना

reflow /रीफ्लो/ *n.* 1 धातुओं को पिघलाकर जोड़ने का तरीका 2 *comput.* कंप्यूटर स्क्रीन पर कम या ज्यादा स्थान घेरने के लिए पाठ में किया जाने वाला परिवर्तन

reflu\ence /रेफ्लुअंस/ *n.* 1 उल्टा बहाव 2 उल्टी विद्युत-धारा;

dw/lw: **~ent** /रेफ्लुअंट/ *adj.* अधोवाही, पश्चवाही

reflux /रिफ्लक्स/ *n.* 1 द्रव संघनित्र (condenser) से जुड़े बर्तन में द्रव को लंबे समय तक उबालने की क्रिया जिसकी बदौलत द्रव से निकलती भाप द्रवित होकर वापस बर्तन में लौटती रहती है 2 द्रवित भाप का अधोवाह, प्रतिवाह: flux and ~;

collocations: **~ condenser** द्रव संघनित्र

reforest /रीफौरिस्ट/ *v., pt.* **~ed**, *pp* **~ing** पुनर्वृक्षारोपण क.;

dw/lw: **~ation** /रीफौरिस्टेशन/ *n.* पुनर्वृक्षारोपण

re-form /री-फॉःम/ *v., pt.* **~ed**, *pp* **~ing** 1 पुनर्गठन, पुनर्निर्माण क. 2 लड़ाकू विमानों की पंक्तिबद्धता बदलना;

dw/lw: **re-formation** /रीःफॉःमेशन/ *n.* पुनर्गठन, पुनर्निर्माण

reform /रिफॉःम/ *v., pt.* **~ed**, *pp* **~ing** 1 सुधारना, सुधर जा. 2 (*also* **~ oneself**) व्यक्ति में दोष, कमियां आदि दूर क., स्वोद्धार क.: ~ juvenile offenders; with years he grew wise and **~ed**; **~ed** offenders 3 प्रक्रियाओं को बदलाव द्वारा सुधारना: ~ the learning processes 4 किसी संगठन को सुधारना 5 दुर्व्यवहार, भ्रष्टाचार आदि मिटाकर सामाजिक सुधार क. 6 संशोधन क. 7 अपने या किसी के व्यवहार में सुधार क.;

n. सुधार, संशोधन, सामाजिक व अन्य परिवर्तन: major/ radical/ sweeping **~s**; introduce/ propose a ~; land **~s**; ~ in/ of sth; economic/ political ~ 2 (***syn.*** abolition) अंत, समाप्ति: ~ of the custom of Sati;

dw/lw: **~ability** /रिफॉःमअबिलिटि/ *n.* 1 सुधार्यता, सुधरने की क्षमता 2 सुधार की संभावना; **reformation** *see below under separate entry*; **~atory** /रिफॉःमअटरि/ *n., pl.* reformatories सुधारगृह, सुधारालय, (*also* **~ school**) बाल-सुधारगृह: the average ~atory population; **~atory** *adj.* सुधारात्मक, सुधारक; **~ed** /रिफॉःमड/ *adj.* 1 सुधरा हुआ, बदला हुआ 2 जो दोषों, कमियों आदि से मुक्त हो गया हो; **~er** /रिफॉमः/ *n.* सुधारक, सुधारवादी; **~ism** /रिफॉःमिजम/ *n., politics* सुधारवाद; **~ist** /रिफॉःमिस्ट/ *n.* 1 सुधारवादी 2 ≠ क्रांतिकारी

reformation /रेफअःमेशन/ *n.* 1 सुधार 2 सुधार-आंदोलन 3 बदलाव, परिवर्तन 4 (the Reformation) सोलहवीं सदी में यूरोप में महत्त्वपूर्ण धार्मिक व राजनीतिक परिवर्तन व प्रोटेस्टंटवाद (Protestantism) की स्थापना

Reform Judaism *n.* यहूदीवाद को समयानुसार ढालने के लिए 19वीं सदी में यहूदी विधान में किया जाने वाला परिवर्तन

reformula\te /रिफॉःम्युले\ट/ *v., pt.* **~ted**, *pp* **~ting** 1 फिर से बनाना या तैयार क. 2 दूसरे ढंग से अभिव्यक्त क.

refract /रिफ्रैक्ट/ *v., pt.* **~ed**, *pp* **~ing** किसी माध्यम (water, glass etc.) द्वारा दिशा को बदलना या मोड़ना;

dw/lw: **~able** /रिफ्रैक्टअबल/ *adj.* जिसकी दिशा बदली जा सके; **~ed** *adj.* जिसकी दिशा बदली जा चुकी हो; **~ion** *see below under a separate entry*; **~ive** /रिफ्रैक्टिव/ *adj.* 1 अपवर्तनीय 2 अपवर्तक; **~ivity** /रिफ्रैक्टिविटि/ *n.* अपवर्तकता; **~ometer** /रिफ्रैक्टअमीटः/ *n.* अपवर्तनांकमापी; **~or** (*also* **~ing telescope**) /रिफ्रैक्टः/ *n.* ऐसा टेलीस्कोप जिसमें प्रकाश की किरणें बड़ी फोकल (focal) लंबाई के लेंस द्वारा एकत्रित की जाती हैं और उन्हें छोटी फोकल लंबाई के लेंस (lens) के माध्यम से बड़ा किया जाता है; **~ory** *see below under separate entry*;

collocations: **~ive index** अपवर्तनांक, यानी वायु या रिक्त निर्वात माध्यम में वैद्युत-चुंबकीय विकिरणता गति का अपवर्तनांक की किसी दूसरे माध्यम में गति से अनुपात

refraction /रिफ्रैक्शन/ *n.* 1 अपवर्तन यानी प्रकाश, ताप, ध्वनि आदि की तरंग द्वारा एक माध्यम से दूसरे माध्यम में प्रवेश करने पर होने वाला दिशा परिवर्तन 2 इस परिवर्तन की मात्रा 3 प्रकाश की दिशा बदलने में आंख की सक्षमता;

collocations: **~ correction** *astron.* वायुमंडलीय माध्यम की अपवर्तन क्षमता को ध्यान में रखते हुए किसी सितारे की दूरी के आकलन में संशोधन

refractory /रिफ्रैक्टरि/ *adj.* 1 हठी, अड़ियल, निमानिया, जिसे संभाला न जा सके 2 *med.* (***syn.*** resisting treatment or cure) असाध्य (रोग), दुर्जेय, दुर्दांत, दुर्दम्य 3 (***syn.*** resisting to heat) ऊष्मासह, (उच्च) तापसहः ~ line 4 बाहरी प्रेरणा या उत्तेजना के प्रति उदासीन 5 दुर्गलनीय (of a crucible) 6 (***syn.*** immune) से प्रति-रक्षित

refrain /रिफ्रेन/ *v., pt.* **~ed**, *pp* **~ing** (*usually* **~ from sth**) 1 संयम रखना: he could not ~ from smiling; he **~ed** his wrath 2 से दूर रहना 3 (***syn.*** desist from) नकारात्मक कार्य करने से परहेज क.: **~ from** using abusive language 4 इन्कार क.: ~ from doing sth;

n. 1 किसी वाक्य या विचार का बार-बार दोहराव 2 गीत की टेक, बार-बार दोहराव, पल्लव;

p&i: **~ from** से परहेज क.

refrangible /रिफ्रैंजिबल/ *adj.* 1 अपवर्तनीय 2 अपवर्तनशील

refresh /रिफ्रेश/ *v. pt.* **~ed**, *pp* **~ing**, *s/he/it* **~es** 1 तरोताजा हो. या क., थकावट दूर क., फिर से जान डालना: the rest will ~ you 2 कंप्यूटर को नए आंकड़ों, सूचनाओं आदि के साथ तरोताजा क. यानी नवीनतम सूचना को दोबारा स्क्रीन (screen) पर दिखाना 3 नई शक्ति, प्राण डालना, जीवंत बनाना 4 (***syn.*** jog) ताजा क., किसी को कुछ दिखाकर उसकी स्मृति को जगाना: ~ sb's memory; ~ one's memory of/ about sth 5 कुछ पढ़कर या जानकर याददाश्त या स्मृति पटल को तरोताजा क. 6 (***syn.*** replenish) भरना: ~ a ship with water 7 आग को और भड़काना: ~ the fire 8 नजर को तरोताजा क.: ~ the eye (आनंदमय दृश्य से नजर को तरोताजा क.);

dw/lw: **~er** /रिफ्रेशः/ *n.* 1 कोई भी तरोताजा करने वाली वस्तु या पेय: take a cup of coffee as a ~er 2 *law* लंबे खिंचे मुकदमे में वकील को दिया जाने वाला अतिरिक्त शुल्क 3 नया-ताजा चेहरा: she came in as a ~er 4 याद दिलाने वाला संदेश या पत्रक: a very disagreeable ~er on the subject; receive sb's ~er; **~ing** /रिफ्रेशिंग/ *adj.* 1 ताजा, स्फूर्तिदायक, शीतल: ~ing sleep; ~ing breeze 2 सुखद, भोलाभाला: ~ing innocence; his attitude was ~ing 3 नवीन, अभिनव; **~ingly** *adv.* स्फूर्तिदायक ढंग से; **~ment** /रिफ्रेशमंट/ *n.* 1 ताजगी 2 (**~ments**) भोज्य तथा पेय पदार्थ, जलपान, अल्पाहार, नाश्ता: ~ment room (जलपान-गृह); take/ have some ~ment; order some ~ment 3 विश्रांति, प्राणसंचार;

collocations: **~er course** ज्ञान-वृद्धि के लिए पाठ्यक्रम; **~ment car** जलपान-वाहन;
p&i: **~ the inner man** भूख मिटाने के लिए थोड़ा-बहुत खा-पी ले.

refrige\rant /रिफ्रिजरंट/ *n.* 1 प्रशीतक, ठंडा करने वाला पदार्थ 2 *med.* तापहर;

refregera\te /रिफ्रिजरे\ट/ *v., pt.* ~ted, *pp* ~ting 1 ठंडा क., जमाना, प्रशीतित क.;
dw/lw: **~ted** /~टिड/ *adj.* ठंडा किया हुआ/ प्रशीतित आहार या पेय: ~ted meat; **~ting** /~टिंग/ *adj.* ठंडा करने वाला, प्रशीतक: ~ting engineering; ~ting medium; **~tion** /~शन/ *n.* प्रशीतन, द्रव का जमाव, ठंडा करने की क्रिया; **~rator** /~टः/ (*also* **fridge**) *n.* 1 प्रशीतक 2 बर्फ जमाने वाला खाना, रिफ्रिजरेटर

refuel /रीफ्यूअल/ *v., pt.* **~ed**, *pp* **~ing** पुनः ईंधन भरना

refuge /रेफ्यूज/ *n.* 1 शरण, आश्रय: house of ~; take ~ (रात को ठहरने का स्थान पाना) 2 आश्रम, शरणालय, आश्रयालय 3 सांत्वना, सांत्वना देने वाला, बचाव: books are a ~ of the lonely; take ~ in sth; take ~ in silence 4 (***syn.*** excuse) बहाना: take ~ behind a pretext; seek/ find ~ in sth 5 (***syn.*** traffic island) गली में गाड़ियों के लिए वर्जित क्षेत्र 6 छिपने का स्थान;
collocations: **haven/ harbour of** ~ शांतिमय बंदरगाह; **night** ~ रात को ठहरने का स्थान; **seek** ~ रात को ठहरने का स्थान ढूंढना;
p&i: **~ flatly** = **~ point blank** साफ इन्कार कर देना; **take take ~ in sth** का सहारा लेना;

refugee /रेफ्युजीः/ *n.* 1 शरणार्थी 2 (***syn.*** fugitive) भगोड़ा;
adj. शरणार्थियों से संबंधित: a ~ camp; ~ government

refugium /रिफ्यूजिअम/ *n., pl.* **refugia** ऐसा क्षेत्र जिसमें पहले जैसी भौगोलिक एवं जलवायु की परिस्थितियां बची हुई हैं जिसके कारण वह पुराने किस्म के पेड़-पौधों के लिए उपयुक्त स्थान बन जाता है

reful\gence /रिफल्जंस/ (*also* **~gency**) *n.* दीप्ति, चमक-दमक, द्युति;
dw/lw: **~gent** /रिफल्जंट/ *adj.* 1 देदीप्यमान, चमकदार 2 द्युतिमान: a most ~gent smile

refund /रिफंड/ *n.* 1 (***syn.*** reimbursement) वापसी, रकम-वापसी, धन-वापसी: claim/ give/ get sb a ~; a full ~; a ~ of sth 2 परिशोधन 3 प्रत्यर्पण;
v., *pt.* **~ed**, *pp* **~ing** *finance* (***syn.*** reimburse) पैसा वापस क., लौटाना;
dw/lw: **re-fund** /रीःफंड/ *v., pt.* ~ed, *pp* ~ing 1 बोंड (bonds) के पुराने संस्करण को नए में बदलना 2 पुराने ऋण का भुगतान करने के लिए नया ऋण ले.; **~able** /रिफंडअबल/ *adj.* जिसे लौटाया जा सके, प्रतिदेय

refurbish /रीःफःबिश/ *v., pt.* **~ed**, *pp* **~ing** 1 मरम्मत करके नया बनाना 2 फिर से सजाना, पुनःसज्जित क., फिर से चमकाना;
dw/lw: **~ment** /रीःफःबिशमंट/ *n.* पुनःसज्जित करने की क्रिया

refusal /रिफ्युजल/ *n.* 1 इन्कार, अस्वीकृति, नकार: flat ~ (साफ इन्कार); take no ~ 2 ठुकराने की क्रिया 3 (***syn.*** option) विकल्प;

re-fuse /रीफ्यूज/ *v., pt.* **~d**, *pp* **re-fusing** फिर गलाना, फिर जोड़ना

refuse /रिफ्यूज/ *v., pt.* **~d**, *pp* **refusing** 1 (***syn.*** turn down) इन्कार कर दे., मना कर दे.: he will propose and she won't ~ him 2 ठुकराना: ~ them offer of help 3 (***syn.*** deny) अस्वीकृत क.: ~ sb visa 4 नकारात्मक जवाब दे., नकारना 5 (***syn.*** deprive) से वंचित क. 6 कुछ करने से मना कर दे., न क.: **~d** to listen 7 घोड़े आदि द्वारा अड़ जा.;
n. 1 (***syn.*** rubbish/ garbage) कचरा, कूड़ा, कूड़ा-करकट: ~ collection/ disposal; ~-derived fuel (*abbr.* **RDF**) (कचरे से प्राप्त ईंधन) 2 कोई भी फेंकी हुई बेकार चीज 3 गंदी नाली के कीड़े: the ~ of society 4 *ecol.* घर के ठोस कचरे का जला दिया जाने वाला भाग;
adj. 1 रद्दी: ~ wood 2 कचरे का, कूड़े का: ~ dump (कतवारखाना, घूरा);
dw/lw: **refusal** /रिफ्यूजल/ *n.* इन्कार; **~d** /रिफ्यूजड/ *adj.* 1 नामंजूर, अस्वीकृत 2 स्वीकार करने या ठुकराने का अवसर: I'll give you first ~d if I decide to sell it; **refusenik/ refusenik** /रीफ्यूजनिक/ *n.* प्रव्रजन-वंचित यहूदी;
collocations: **~ collector** कूड़ा-करकट उठाने वाला; **~ consumer/ destructor/ eater** कचरे को निपटाने वाली मशीन;
p&i: **first** ~ सबसे पहले चुनने का अधिकार; **give sb the ~ of sth** किसी को सबसे पहले चुनने का अधिकार देना; **have the ~ of sth** सबसे पहले चुनने का अधिकार पाना

refusenik /रिफ्यूजनिक/ *n.* सत्याग्राही, विरोध के रूप में कानून न मानने वाला

refu\table /रिफ्यूटअबल/ *adj.* खंडनीय;
dw/lw: **~tation** /रेफ्युटेशन/ *n.* खंडन: ~tation of a theory

refu\te /रिफ्यूट/ *v., pt.* ~ted, *pp* ~ting 1 (***syn.*** rebut) खंडन क., काटना: ~te a statement 2 (***syn.*** deny) किसी बात के सच होने के बारे में इन्कार क., किसी बात को खारिज क.: ~ that sb misbehaved with sb

reg /रेज/ *n., Brit colloq. often in compounds* गाड़ी का रजिस्ट्रेशन नंबर, विशेषकर वह अक्षर जो गाड़ी की उम्र (पंजीकरण वर्ष) संकेतित करता है: what **reg** is your car?; it's an **A-reg**

regain /रिगेन/ *v., pt.* **~ed**, *pp* **~ing** 1 पुनः प्राप्त कर ले., पुनर्प्राप्त क., फिर से पाना: ~ confidence; ~ contact; he **~ed** his company; **~ed** her place as number one 2 पूर्व सामान्य अवस्था में आ जा.: ~ consciousness (होश में आना); ~ one's feet/ one's footing (फिर से खड़ा हो जा.);
n. 1 पुनःस्थापना: a ~ of position 2 लौटाई गई राशि: expenses and ~

regal /रीगल/ *adj.* 1 राजसी, शाही: ~ power 2 भव्य, शानदार: ~ magnificence;
dw/lw: **~ism** /रीगअलिजम/ *n.* राजकीय धर्म-परमाधिकार-वाद; **~ity** /रीगअलिटि/ *n.* 1 राजसत्ता, राजत्व, राजाधिकार 2 राजसी ठाठ-बाट; **~ly** /रीगलि/ *adv.* शाही ढंग से

regale /रिगेल/ *v., pt.* **~d**, *pp* **regaling** 1 (**~ sb with sth**) से मनोरंजन क., मुग्ध क.: he **~d** us with his story 2 आल्हादित क. 3 दावत आदि में अच्छी तरह तृप्त क., अघा देना: ~ upon/ on or with sth;
n. उत्सव, दावत, मनपसंद पकवान, आह्लादक (वस्तु आदि);
dw/lw: **~ ~ment** /रिगेलमंट/ *n.* 1 आतिथ्य-सत्कार 2 उत्सव, दावत 2 आमोद-प्रमोद

regalia /रिगेलिआ/ *[pl.] n.* 1 राजसी वस्त्र, आभूषण 2 मुकुट आदि राजचिह्न 3 वैभव

regard /रिगाःड/ *v., pt.* **~ed**, *pp* **~ing** 1 आदर क., आदर भाव दिखलाना: **~ed** sb highly; he is much **~ed** 2 ध्यान दे., की मौजूदगी का संज्ञान लेना 3 (***syn.*** consider) मानना, समझना: **~ed** him as a friend; ~ sb as a hero; ~ sth as a crime 4 (***syn.*** look, contemplate) विशेष ढंग से देखना, ताकना: ~ sb with curiosity/ suspicion 5 का संज्ञान लेना: not to ~ sb's opinion 6 (***syn.*** concern) से संबंध रखना: it does not ~ me;
n. 1 आदर, आदर-भाव: have ~ for sb/ sth; show ~ for sb; send sb one's **~s**; pay ~ to sb/ sth 2 (***syn.*** gaze) ताक, टकटकी: turn one's ~ on sb 3 (***syn.*** attention) ध्यान: set without ~ for sth 4 (***syn.*** concern) परवाह, चिंता: have no ~ for the opinion of others 5 (***syn.*** relation) संबंध 6 (**~s**) शुभकामनाएं: with kind **~s**, from the author;
adj. 1 (*often* **~ful of sth**) ध्यान देने वाला 2 आदर-सत्कार करने वाला;

dw/lw: **~ful** /रिगाःडफुल/ *adj.* 1 (***syn.*** attentive) सावधान 2 (***syn.*** considerate) लिहाज रखने वाला; **~ing** /रिगाडिंग/ *prep.* के विषय में, के बारे में: ~ing your inquiry; considerations ~ing the discussion; **~less** /रिगाःडलस/ *adj.* बेकार, खराब, घटिया: cheap and ~less things; ~less consequences; **~less** *adv.* 1 बिना परवाह किए: ~less of sth (बिना किसी चीज की परवाह किए) 2 बिना सोचे-समझे: he has done things ~less; **~less of** *prep.* बेपरवाही से, बिना किसी बात को ध्यान में रखे: ~less of the future; ~less of the consequences; **~lessly** *adv.* पर ध्यान दिए बिना, बेपरवाही या लापरवाही से work ~lessly; **~s** /रिगाःड्ज/ *n., [pl.]* आदरपूर्ण नमस्कार, शुभकामनाएं;

p&i: **as ~s sth/ with ~ to sth/ in ~ to sth** किसी बात के संबंध में: as ~s his suggestion I was non-committal; **give/ pay ~ to sb** किसी को नमस्कार क.; **have ~ to sth** किसी बात को याद रखना और उसके बारे में ध्यानपूर्वक विचार क.; **have a high/ low ~ for sb** किसी के बारे में अच्छी या बुरी राय हो.; **in this ~** इस संबंध में, के विषय में; **in that ~** उस संबंध में; **in/ with ~ to sb** किसी के बारे या संबंध में; **in/ with ~ to this subject** इस विषय में; **with ~ to** के संबंध में; **without ~ to** को विचारार्थ लिए बिना, का ध्यान रखे बिना

regardant /रिगाःडंट/ 1 (***syn.*** observant) सतर्क, बहुत ध्यान से देखने वाला, गूढ़-दर्शक: ~ eye 2 *heraldry* पश्चाभिमुख

regatta /रिगैटअ/ *n.* नौका-दौड़ की श्रृंखला

regd. *abbr.*, 'registered' का संक्षेप (निबंधित, पंजीकृत)

regela\te /रीजिलेट/ *v. pt.* **~ted**, *pp* **~ting** जमाकर पुनः जोड़ दे.;

dw/lw: **~tion** /रीजिलेशन/ *n.* पुनर्हिमायन, पुनः जमाने की क्रिया

regency /रीजंसि/ *n., pl.* **regencies (Regency)** 1 ब्रितानिया में 1811 से 1820 के बीच जब वेल्ज का राजकुमार (Prince of Wales) प्रिंस रेजंट (Prince Regent) कहलाता था 2 रेजंट का शासन, पद या कार्यकाल 3 फ्रांस में 1715 से 1725 के बीच जब ओरलीन्ज का राजकुमार फिलिप (Prince Philip of Orleans) प्रिंस रेजंट (Prince Regent) था;

adj. अंग्रेजी और फ्रांसीसी रेजंसियों के काल के फर्नीचर (furniture), कलात्मक वस्तुओं की शैली आदि से संबंधित

regenera\te /रिजेनरेट/ *v., pt.* **~ted**, *pp* **~ting** 1 सुधारना 2 नवजीवन प्रदान क. या प्राप्त क., पुनर्जीवित हो.: the sun and water **~ted** the plants; **~te** sb spiritually 3 उन्नत क., नया या नवीन कर दे. 4 नई ऊर्जा दे., नव-प्राण फूंकना 5 *physiol.* ऊतक पुनः उत्पन्न क. या हो जाना, दोबारा पैदा क. 6 (***syn.*** re-establish) पुन: स्थापित क.: ~ a system 7 *elec.* बिजली के आपूर्ति जाल में और अधिक विद्युत धारा डाल कर उसे संपोषित क.;

adj. 1 पुनर्जीवित: spiritual **~te** 2 पुनरुन्नत, नव-प्राणित, पुनःस्थापित, पुनःसम्पोषित;

dw/lw: **~cy** /~सि/ *n.* = **~tion** /~शन/ *n.* 1 सुधार, नवीनरूप 2 पुनरुत्थान, पुनरुज्जीवन, पुनरुद्धार: the **~tion** of learning 3 पुनरुत्पादन, संपोषण; **~ting** /~टिंग/ *adj.* पुनरुद्धारक, पुनरुत्पादक: ~ting furnace; **~tive** /~टिव/ *adj.* = **~tory** /~टरि/ *adj.* पुनरुद्धारक, पुनरुत्पादक: ~tive pruning; **~tor** /~टः/ *n.* 1 पुनरुद्धारक 2 *mech.* पुनर्योजित्र 3 संपोषक

regent /रीजंट/ *n.* शासक या प्रशासक; **Prince regent** *see above under* **regency**

regifting /रिगिफ्टिंग/ *n.* उपहार मिली वस्तु को किसी अन्य व्यक्ति को उपहार के रूप में देने का कार्य

regici\de /रेजिसाइड/ *n.* 1 राजा की हत्या, राजवध 2 राजा का वध करने वाला व्यक्ति, राजहंता;

dw/lw: **~dal** /रेजिसाइडल/ *adj.* राजा की हत्या से संबंधित

regime/ régime /रेजीःम/ *n., Fr.* 1 शासन प्रणाली: protectorate ~; democratic ~ 2 शासक: occupation ~ 3 शासन काल, शासन 4 (***syn.*** social fabric) सामाजिक तानाबाना: the ancient ~ 4 = **regimen** नियत आहार-विहार: a dietary ~

regimen /रेजिमअन/ *n.* 1 *med.* (*also* **regime**) चिकित्सा पद्धति या पथ्यापथ्य-नियम, नियत आहार-विहार 2 शासन-प्रशासन 3 *gramm.* वाक्य में शब्द-नियंत्रण, अन्वय

regiment /रेजिमंट/ (*abbr.* **regt**) *n.* 1 सैन्य दल, सैनिक टुकड़ी 2 कर्नल की कमांड में स्थायी सैनिक इकाई जो कई कंपनियों से बनी होती है, रेजिमेंट 3 कई संगठित इकाइयों का समूह: ~ industries of a country;

v., *pt.* **~ed**, *pp* **~ing** 1 रेजिमंट संगठित क. 2 वस्तुओं, व्यक्तियों का समूह संगठित क.;

dw/lw: **~al** /रेजिमेंटल/ *adj.* सैन्यदल संबंधी: ~al artillery/ device; ~al train; ~al order; **~als** /रेजिमेंटल्ज/ *n., [pl.]* रेजिमेंट की वर्दी: in full ~als; **~ation** /रेजिमेंटेशन/ *n.* 1 संगठन, अनुशासन 2 वर्गों में कठोर विभाजन; **~ed** /रेजिमेंटिड/ *adj.* 1 संगठित 2 शासित, नियंत्रित 3 वर्गों में विभाजित

Regina /रिजाइना/ *n., pl.* **Reginae** रानी, सम्राज्ञी;

dw/lw: **~l** /रिजाइनल/ *adj.* सम्राज्ञी संबंधी: with a ~l gesture

region /रीजन/ *n.* 1 भूभाग, प्रदेश, क्षेत्र, इलाका 2 *anat.* शरीर के किसी अंग के आसपास का क्षेत्र: the abdominal ~ 3 *geol.* गहराई अनुसार विभक्त समुद्रीय या अंतरिक्षीय क्षेत्र: the Arctic **Region** 4 क्षेत्र, कर्म क्षेत्र: every ~ of science 5 मंडल, तहसील आदि: the city was divided into seven **~s** 6 वायुमंडल की परत: in the upper **~s** 7 स्थान: the ~ is indicated on the diagram 7 (**the regions**) राजधानी को छोड़कर देश के अन्य सभी भू-भाग;

dw/lw: **~al** /~ल/ *adj.* 1 प्रादेशिक: ~al assignment; ~al commissioner; ~al director; ~al manager; ~al passport office 2 क्षेत्रीय, आंचलिक: ~al novel 3 शरीर का कोई अंग और आसपास के क्षेत्र से संबंधित: ~al pact; **~alism** /~लिजम/ *n.* 1 क्षेत्रीय विशेषता 2 प्रांतीयता, प्रादेशिकता 3 क्षेत्रीयता, संकीर्ण क्षेत्रवाद; **~alization/ ~alisation** /~लाइजेशन/ *n.* क्षेत्रीयकरण;

collocations: **~ beyond the grave** स्वर्ग या नरक; **the aquatic ~s of the earth** धरती का जल क्षेत्र; **the back ~s** रसोई के पिछवाड़े में बनी सहायक संरचनायें; **the lower/ the nether ~** नरक, पाताल लोक; **the upper ~s** आकाश;

p&i: **in the region of sth** 1 के आसपास 2 (***syn.*** approximately) लगभग: it cost in the ~ of a hundred thousand rupees

regisseur /रेजिस्योः/ *n., ballet* बैले नृत्य का निर्देशक

register /रेजिस्टः/ *n.* 1 (***syn.*** list, record) पंजी, पंजिका, सूची: a ~ of births/ marriages/ deaths 2 रजिस्टर, लेखा-जोखा पुस्तिका: compile a ~; a ~ of sth; cash ~ 3 पंजिक या सूची यंत्र 4 (***syn.*** slider) ठंडी या गर्म हवा के अंदर आने के लिए सरकन यानी सरकने वाला ढक्कन 5 (***syn.*** compass of voice, range of voice) मानव या यंत्र स्वर-विस्तार, स्वर-स्तर 6 स्वर-यंत्र नियामक 7 स्थिति विशेष के लिए भाषा, उपभाषा और बोली की शैली: language **~s** 8 लेख, भाषण आदि की भाषा की शैली और उसका स्तर: the article suddenly switches from the formal to informal ~ 9 (***syn.*** regulator) खुराक-मापक 10 (***syn.*** indicator) सूचक, दर्शक 11 *print.* मेल, तालमेल 12 आधिकारिक अभिलेख या सूची: on a ~ 13 रेकॉर्ड करने या सुरक्षित रखने (तहखाने आदि में रखने) की क्रिया: it is worth ~ and preservation 14 (***syn.*** cash register) नकदी रजिस्टर;

v., *pt.* **~ed**, *pp* **~ing** 1 आधिकारिक रूप से रजिस्टर में दर्ज क., पंजीबद्ध क. या कराना: ~ oneself on the voting-list 2 रजिस्ट्री कराना (a letter) 3 होटल आदि में ठहरने के लिए अपना नाम-पता दर्ज करवाना 4 कांफ्रेंस आदि के लिए नाम दर्ज करवाना: ~ for the conference 5 यंत्र द्वारा सूचनाएं दर्ज क. 6 (***syn.*** indicate) बतलाना 7 *print.* मिलान क., मिलाना, तालमेल बैठाना 8 (***syn.***

make mental note of) मन में रख लेना, मन में छाप रह जा.: ~ a name/ a fact; the name didn't ~ 9 अभिव्यक्त क.: her face **~ed** surprise 10 दिखाना, दर्शाना the thermometer **~ed** 100^0 C 11 सेना आदि में भर्ती हो.: ~ for service 12 विमान में चढ़ने से पहले अपना सामान जमा क.: our luggage was **~ed** 13 पेच-पुर्जो का ठीक से मिलान करके बैठाना: ~ every part as perfectly as possible; the holes ~ perfectly;

dw/lw: **~ed** /रेजिस्टःड/ *adj.* 1 रजिस्टर्ड, पंजीबद्ध, पंजीयित: ~ed mail/ post (रजिस्ट्री, पंजीकृत डाक); ~ed letter; ~ed stock 2 निबद्ध, निबंधित; **~ing** /रेजिस्टरिंग/ *adj.* 1 पंजीकृत करने वाला 2 टोही : ~ing balloon; **~ing** *n.* 1 पंजीकरण 2 रक्षा-विभाग में पंजीयन, रिजर्व भर्ती में पंजीकरण;

collocations: **Registered General Nurse** (*abbr.* **RGN**) निबद्ध सामान्य नर्स; ~ **office** (*also* **registry office**) पंजीयन कार्यालय, ब्रितानिया में पंजीयन कार्यालय जहां जन्म, मृत्यु और विवाह की सूची रखी जाती है

registrant /रेजिस्ट्रंट/ *n.* 1 किसी माल के पंजीकरण के लिए प्रार्थना-पत्र देने वाला 2 सैनिक सेवा के लिए प्रतिबद्ध व्यक्ति: ~ over age (अधिक आयु के कारण सैनिक सेवा के लिए अनुपयुक्त व्यक्ति)

registrar /रेजिस्ट्रार/ *n.* 1 पंजीयक, पंजीकार 2 *UK* आधिकारिक रजिस्टर-रक्षक (who keeps an official register) 3 विश्वविद्यालय में रजिस्टर-रक्षक (custodian of university records) यानी रजिस्ट्रार (university registrar), कुल-सचिव;

dw/lw: **~general** *n.* महापंजीयक; **~ship** *n.* रजिस्ट्रार का पद

registration /रेजिस्ट्रेशन/ *n.* 1 पंजीकरण, पंजीयन, रजिस्ट्रीकरण 2 (also ~ **number**) *UK* कार का पंजीयन नंबर: ~ plate; ~ certificate 3 *law* संपत्ति का निबंधन, रजिस्ट्री: ~ fee

registry /रेजिस्ट्री/ *n., pl.* **registries** 1 अभिलेख कार्यालय 2 निबंधन-ग्रह, रजिस्ट्री-दफ्तर: be married at a ~;

collocations: ~ **office** 1 ब्रितानिया में जन्म, मृत्यु और विवाह का पंजीयन कार्यालय 2 जन्म, मृत्यु, विवाह रिकार्ड कार्यालय

Regius professor /रीःजिअस/ *n., Br.* शाही प्रोफेसर

reglement / रेगलअमेंट/ *Fr.* रेगलअमां/ *n., Fr.* नियंत्रण, नियमन

reglet /रेग्लिट/ *n.* पट्टिका

regnal /रेग्नल/ *adj.* 1 राजा या उसके शासन से संबंधित: in her 40th ~ year 2 शासकीय 3 एक नामवाले राजे-रानियों के नामों की संख्या-द्योतक (Elizabeth II);

regnant /रेग्नंट/ *adj.* 1 (*often following its noun*) वर्तमान, विद्यमान (शासक): queen ~ 2 (***syn.*** prevalent) प्रचलित, प्रबल

rego /रेजो/ (*also* **reggo**) *n. Austral & NZ* कार का पंजीयन (registration)

regor\ge /रीःगॉःज/ *v., pt.* **~ged**, *pp* **~ging** 1 उगलना 2 उल्टा बह निकलना, उमड़ पड़ना (flow back) 3 दोबारा निगलना

regra\te /रिग्रेट/ *v., pt.* **~ted**, *pp* **~ting** 1 जमाखोरी क. 2 पत्थर आदि को फिर से रगड़ना

regress /रिग्रेस/ *v., pt.* **~ed**, *pp* **~ing**, *s/he/it* **~es** 1 पुनः पहले वाली स्थिति को प्राप्त हो., प्रत्यावर्तन हो., लौट आना 2 अवगति या अवनति हो., पीछे हटना 3 *psychol.* मानसिक रूप से या व्यवहार में पिछड़ना;

n. **regress** /रीःग्रेस/ 1 प्रतिगमन, पश्चगमन 2 वापसी, लौट आने की क्रिया (coming back): free ~ for ships 3 अवनति, अपकर्ष 4 ह्रास, पतन 5 अपने स्रोत या उद्गम के पास मात्र विचारों में वापसी;

dw/lw: **~ion** /रिग्रेशन/ *n.* 1 प्रत्यावर्तन, अवगति, प्रतिगमन, पश्चगमन 2 *biol.* मानसिक विकास में पश्चगमन यानी प्रौढ़ावस्था से बचपन में वापसी आदि, प्रतिक्रमण 3 *psycho-anal.* प्रतीपायन 4 *med.* रोग की ऐसी अवस्था जब लक्षण गायब हो जाते हैं 5 *statistics* समाश्रयण 6 (*syn.* relapse) पुनरावर्तन 7 अधःपतन (moral decline) 8 (*syn.* malaise) मंदी 9 *ecol.* समुद्री जल के थल से पीछे हटने की क्रिया या गहरे समुद्री स्थल का उथला होने की क्रिया; **~ive** /रिग्रेसिव/ *adj.* 1 प्रतिगामी, पश्चगामी 2 प्रतीपगामी 3 प्रत्यावर्ती, प्रत्यागामी 4 अपवर्ती, अधोगामी, अपकर्षक 5 *econ.* ऐसी प्रणाली जिसके तहत ज्यों-ज्यों आय की मात्रा बढ़ती जाएगी, कर की दर कम होती जाएगी 6 दकियानूसी, प्रतिक्रियावादी; **~ively** /रिग्रेसिवलि/ *adv.* प्रतिगामी या पश्चगामी ढंग से; **~iveness**/ **~ivity** /रिग्रेसिवनेस/ रिग्रेसिविटि/ *n.* प्रतिगमन, पश्चगमन;

collocations: **~ive assimilation** *phon.* पश्चगामी समीकरण

regressus ad infinitum /रेग्रेसस आड इनफिनाइटम/ *Lat.* = Process of going back endlessly निरंतर पश्चगमन की क्रिया

regt *abbr.* 'regiment' का संक्षेप

regret /रिग्रेट\/ *v., pt.* **~ted**, *pp* **~ting** 1 पछताना, पश्चात्ताप क.: ~ to have done sth 2 खेद प्रकट क.: ~ to say 3 के कारण दुखी होना, अफसोस क.: regret that ... (खेद है कि ...);

n. 1 पश्चात्ताप: ~ about/ at/ over sth 2 दुख, खेद: hear of sth with ~; to my ~; express ~ for sth; please, accept my **~s** 3 अफसोस: have (no) **~s**; sb's biggest/ only ~; he sent his **~s**;

dw/lw: **~ful** /~फुल/ *adj.* खिन्न, दुखी, जिसे दुख हो: ~ful of sth; **~fully** /रिग्रेटफुलि/ *adv.* दुख के साथ; **~table** /रिग्रेटअबल/ *adj.* खेदजनक, शोचनीय, दुखदायक: ~table attitude; **~tably** /रिग्रेटअबलि/ *adv.* दुख की बात है कि

regroup /रीग्रूप/ *v., pt.* **~ed**, *pp* **~ing** 1 फिर से नए ढंग से समूह बनाना 2 पुनः अपनी सामान्य अवस्था में आना

regulable /रेगुलअबल/ *adj.* नियम्य, नियंतरणीय

regular /रेग्यलः/ रेग्युलः/ *adj.* 1 नियमित, नियमनिष्ठ, नियमित क्रिया: a regular occurrence; visit my parents at ~ intervals; come at ~ hours 2 सम, सम्मित, समसमित, समभुजकोणीय, (symmetrical): a ~ geometric pattern 3 सही नैन-नक्श वाला, सुंदर: ~ figure 4 साधारण, आदतन: my ~ time to go to bed 5 सोपाधि(क) (officially qualified/ recognised): ~ cook 6 (***syn.*** proper) औपचारिक, समुचित: a ~ guy/ fellow 7 संयत, संयमित, अविकारी (without excesses): ~ life 8 पक्का, स्थायी: the child is a ~ little monster; ~ troops; ~ work; ~ staff; ~ customer; ~ lecturer; ~ work; ~ unit 9 धर्मसंघीय, संघीय (opposed to secular): **~s** and seculars 10 सामान्य, सही मात्रा-अनुसार: ~ sowing 11 (***syn.*** customary) प्रथागत, नियत, सामान्य: speak without a ~ introduction 12 सुव्यवस्थित, नियमबद्ध: procedure that is not ~; be as ~ as clock-work 13 *US* मध्यम साइज का: a ~ portion of fries; a ~-sized shirt 14 व्यावसायिक 15 (***syn.*** frequent; ***anton.*** irregular) अक्सर होने वाला 16 (***syn.*** usual) प्रायः होने वाला; 17 *gramm.* बिना अपवाद के;

n. 1 *milit.* स्थायी, व्यावसायिक सेना का सिपाही 2 स्थायी ग्राहक 3 ऐसे धार्मिक सम्प्रदाय का सदस्य जिसने गरीबी, शुचिता एवं आज्ञापालन की शपथ ली हो 4 *US politics* पार्टी नेता का वफादार समर्थक;

dw/lw: **~ity** /रेग्यु\लैरिटि/ *n.* नियमितता, नियमबद्धता, नियमनिष्ठता; **~ization** /~लराइजेशन/ *n.* नियमन, नियम अनुसार बनाने की क्रिया; **~ize** /~लराइज/ *v., pt.* ~ized, *pp* ~izing 1 नियमित क. 2 वैध रूप दे., नियमन क 3 व्यवस्थित क. 4 सामान्य या नौकरी आदि में पक्का क.; **~ly** /~लःलि/ *adv.* 1 नियमित रूप से 2 नियम से, नियमित समय पर, नियमित ढंग से;

p&i: ~ **Molly** स्त्रैण या जनाना आदमी, घरघुस्सू; **as ~ as clockwork** सूरज-सा नियमित;

regula\te /रेग्युलेट/ *v., pt.* **~ted**, *pp* **~ting** 1 नियमित क. 2 ठीक क., व्यवस्थित क., वैध बनाना 3 (***syn.*** control) नियंत्रित क., नियमन क.: **~te** the traffic; **~te** heat, sound etc. 4 यंत्र को सही क. 5 व्यक्तियों या यंत्रों आदि को नियमानुसार चलाना 6 नियम बनाना;

dw/lw: **~ted** /~टिड/ *adj.* नियंत्रित, नियमित, विनियमित, समंजित, सुव्यवस्थित; **~ting** /~टिंग/ *adj.* नियंत्रित या नियमित करने वाला; **~ting** *n.* नियंत्रित करने की क्रिया; **~tion** /~शन/ *n.*

1 नियमानुसार चालन: breach/ comply with/ enforce/ introduce ~tions; exceed the ~tion speed 2 वैध बनाने की क्रिया 3 नियंत्रण, निर्देशन: ~tion officer; ~tion of affairs 4 आधिकारिक आदेश, विनियम, नियम, अधिनियम: ~tions governing sth; customs ~tions; safety ~tions; financial ~tions; strict/ stringent/ tough ~tions 5 (*syn.* rule) ऐसा विनियमन, व्यवस्थापन, या विधान जिसके माध्यम से संसद या विधान सभा द्वारा पारित विधेयक लागू किए जा सकें; **~tion** *adj.* 1 विधि अनुसार चालित: the ~tion model 2 निर्धारित, नियत: ~tion dress 3 सामान्य, साधारण; **~tive** /~लेटिव/ *adj.* विनियामक; **~tor** /~लेट:/ *n.* 1 नियंत्रक, रेगुलेटर 2 विनियामक; **~tory** /~लेटरि/ *adj.* विनियामक, विनियमात्मक, नियामक नियंत्रक

regulo /रेग्युलो/ *n., pl.* **~s** गैस चूल्हे की कई अवस्थाओं में से एक: bake at ~ five

regulus /रेग्युलस/ *n.,pl.* **~es/ reguli** 1 *chem.* धातु खनिजों के पिघलाने से बनी अशुद्ध धातु 2 *astron.* मघा 3 अंजन, सुरमा

regurgi\tate /रिगःजि\टेट/ *v., pt.* **~tated**, *pp* **~tating** 1 कै क., वमन क. 2 दुहराना 3 उल्टे बहना या बहा दे. 3 उगलना 4 उंडेलना;

dw/lw: **~tant** /~टंट/ *adj.* प्रत्यावह; **~tation** /~टेशन/ *n.* 1 *med.* प्रत्यावहन, प्रतिक्षेपण, उद्गलन 2 दोहराव, उल्टा बहाव

rehab /रीहैब/ (*in full* **rehabilitation**) *n.* रोगी (नशेड़ी) को ठीक या चंगा करने का उपचार, पुनर्वासन

rehabilita\te /रीअबिलिटे\ट/ *v., pt.* **~ted**, *pp* **~ting** 1 अपराधी या गुमराह व्यक्ति को सुधारना, पुनर्जीवन दे. 2 अधिकार लौटाना (restore rights and privileges) 3 बहाल क., पुनर्नियुक्त क. (to position or rank) 4 कलंक दूर क., प्रतिष्ठा लौटाना, पुनः प्रतिष्ठित क. (to honour again) 5 चंगा कर दे. (to health) 6 मकान आदि दोबारा बनाना, पुनर्वास क. (re-establish);

dw/lw: **~tion** /~शन/ *n.* 1 (नशेड़ी) का पूरा उपचार: ~tion centre 2 बहाली, पुनर्प्रतिष्ठा 3 बहाली, पुनर्नियुक्ति 4 स्वास्थ्य लाभ 5 पुनर्वास, पुनर्स्थापना; **~tive** /~टिव/ *adj.* पुनःस्थापक; **~tor** /~टः/ *n.* पुनः स्थापना करने वाला

rehash /रीहैश/ *v., pt.* **~ed**, *pp* **~ing** किसी वस्तु को नया रूप देकर या थोड़ा बदलकर दोबारा प्रयोग में लाना: ~ the old arguments;

n. 1 नवरूपण 2 नया रूप 3 वह जिसे नया रूप दिया गया हो 4 पुनर्प्रस्तुतीकरण 5 पुनरुपयोग

rehear /रीहिअः/ *v., pt.* **~ed**, *pp* **~ing** दोबारा सुनना

rehearsal /रिहःसल/ *n.* 1 पूर्वाभ्यास, रिहर्सल, अभ्यास, पूर्वाभिनय: ~ room (पूर्वाभ्यास कक्ष) 2 पूर्वाभ्यास, पूर्वाभिनय 3 पूरे विवरण की दोहराई: ~ of old grievances;

collocations: **a dress ~** पूर्ण पूर्वाभ्यास

rehear\se /रिहःस/ *v., pt.* **~sed**, *pp* **~sing** 1 पूर्वाभ्यास क., पूर्वाभिनय क., रिहर्सल क 2 दोहराना 3 ब्योरेवार बता दे. (tell in detail): **~sed** his grievances 4 (***syn.*** train) अभ्यास कराना, प्रशिक्षण दे., प्रशिक्षित क.;

dw/lw: **~sing** *n.* पूर्वाभ्यास

reheat /रीःहीःट/ *v., pt.* **~ed**, *pp* **~ing** 1 दोबारा गर्म क. 2 *aeronaut.* बाहर निकलने वाली गर्म गैसों में ईंधन मिलाकर और अधिक रफ्तार बढ़ाना

rehou\se /रीःहाउज/ *v. pt.* **~ed**, *pp* **~ing** नया घर दे.

Reich /राइक/ *n.* (*in full* **the Third Reich**) हिटलर के नाजी शासन के समय (1933-1945) जर्मन राज्य का नाम;

dw/lw: **Reichstag** /राइकस्टाःग/ *n.* 1 जर्मन संसद 2 जर्मन संसद भवन

Reichian /राइकिअन/ *adj.* आस्ट्रिया में पैदा हुए मानसिक रोग विशेषज्ञ विल्हेल्म राइक (1897-1957) के सिद्धांतों और व्यावहारिक प्रयोगों से संबंधित;

n. विल्हेल्म राइक का समर्थक;

collocations: **Reichian therapy/ reichian therapy** (*also* **BIOENERGETICS**) ऐसी चिकित्सा प्रणाली जिसके तहत दबी हुई या त्रस्त ऊर्जा को मालिश (massage) व नियंत्रित सांस लेने की क्रिया द्वारा मुक्त किया जाता है

reify /रेइफाइ/ *v., pt* **reified**, *pp* **reifying** किसी भाववाचक क्रिया को मूर्त रूप में देखना या समझना;

dw/lw: **reification** /रेइफिकेशन/ *n.* मूर्तिकरण; **reificatory** /रेइफिकेटरि/ *adj.* मूर्त-कारक

reign /रेन/ *n.* 1 राज्यकाल 2 शासन, शासनकाल: during the ~ of SS party 3 (***syn.*** dominance) आधिपत्य: under the ~ of;

v., pt. **~ed**, *pp* **~ing** 1 राज क. 2 रोकना, थामना 3 प्रबल होना, का बोलबाला होना;

dw/lw: **~ing** *adj.* 1 प्रबल: the ~ing feature 2 शासक: the ~ing dynasty 3 सर्वश्रेष्ठ, सर्वोत्तम: the ~ing beauty; ~ing champion;

collocations: **~ of terror** हिंसा और आतंक का बोलबाला

reignite /रीइग्नाइट/ *v., pt.* **~sed**, *pp* **~sing** फिर से जलाना या ज्वलंत क.

reimbur\se /रीःइंबःस/ *v., pt.* **~sed**, *pp* **~sing** 1 वापस क., चुकाना, अदा क. 2 प्रतिपूर्ति क.;

dw/lw: **~sable** /रीःइंबःसअबल/ *adj.* वापस अदा करने योग्य; **~sement** *n.* वापस अदायगी, चुकौती, प्रतिपूर्ति, वापसी

reimpo\se /रीइम्पोज/ *v., pt.* **~sed**, *pp* **~sing** 1 फिर लागू क., फिर लगाना 2 पुनः आरोपित या दंडित क.: **~se** the penalty

reimpression /रीइम्प्रेशन/ *n.* पुनर्मुद्रण

rein /रेन/ *n., pl.* **~s** 1 (*usually* **~s**) घोड़े की लगाम: a pair of **~s** 2 बागडोर: the **~s** of government 3 (*esp.* **on a ~; the right/ left ~**) घोड़े आदि के किसी दिशा में मोड़ने के लिए लगाम, रास: give a horse free ~/ the **~s** 4 (*also* **walking ~s**) बच्चे को चलना सिखाने की लगाम 5 नियंत्रण रखने का कोई भी उपकरण या तरीका;

v., pt. **~ed**, *pp* **~ing** 1 लगाम चढ़ाना 2 लगाम से घोड़े पर नियंत्रण रखना 3 बागडोर संभालना 4 (**~ in/ ~ up**) घोड़े को लगाम से थामना 5 (*usually* **~ sb/ sth in**) किसी पर लगाम लगाना, नियंत्रित क.: the horse **~s** well (घोड़ा अच्छी तरह लगाम में रहता है);

dw/lw: **~less** *adj.* बेलगाम, अनियंत्रित: a ~less rider; ~less speed (सिरतोड़ रफ्तार);

p&i: **~ back** पीछे हटना या हटाना; **~ in** किसी को नियंत्रित क.; **~ sth back** 1 लगाम खींचकर घोड़े को पीछे हटाना 2 किसी नकारात्मक प्रक्रिया को रोकने के लिए कदम उठाना; **draw ~** 1 जोश को नियंत्रित क. 2 किफायत क., खर्चे में कमी क.; **give ~/ give free ~ to sb = give sb free ~** ढील दे., किसी को खुली छूट दे.; **give free ~/ the ~s to one's imagination/ to one's passions** अपनी कल्पना या अपनी भावनाओं को पूरी छूट दे.; **hold the ~s** काबू में रखना, लगाम अपने हाथ में रखना; **keep a tight/ firm ~ on sb/ sth** किसी की लगाम खींचकर रखना, लगाम कसे रहना, सख्त अनुशासन रखना; **sb's wife holding the ~s** जोरू का गुलाम हो.; **take/ take up the ~s** लगाम या नियंत्रण अपने हाथ में ले.; **the ~s of government** शासन की बागडोर; **with a loose/ slack ~** ढील या छूट देकर

reincarna\te /रीइन्काःनेट/ *v., pt.* **~ted**, *pp* **~ting** 1 पुनर्जन्म लेना 2 नए अवतार के रूप में पैदा हो. 3 किसी विचार या मत का पुनर्जन्म हो.;

dw/lw: **~tion** /रीइन्काःनेशन/ *n.* पुनर्जन्म, अवतार; **~tionism** *n.* नए अवतार के रूप में पैदा होने में विश्वास यानी इस बात में विश्वास कि मृत्यु के बाद किसी की आत्मा नए शरीर में पैदा हो जाती है

reindeer /रेंडिअः/ *n., pl.* reindeer/ **~s** एक प्रकार का बारहसिंगा, रेंडियर जो उत्तरी रूस और अमेरिका आदि देशों में पाया जाता है और

उसे बर्फ की गाड़ी (sledge) खींचने में प्रयोग किया जाता है

reinforce /रीइन्फॉःस/ *v., pt.* **~d**, *pp* **reinforcing** 1 प्रबलित क., और मजबूत क. 2 अतिरिक्त सैनिक कुमुक, टुकड़ी या सहायता भेजकर और प्रबल बनाना: ~ troops at the front 3 दलील में और जान डालना: ~ one's argument; he **~d** his promise by his word of honour;
dw/lw: **~d** /रीइन्फॉःसड/ *adj.* प्रबलित: ~d combat team; **~ment** /रीइन्फॉःसमंट/ *n.* प्रबलन, सहायता, संबलन, सुदृढ़ीकरण; **~ments** /रीइन्फॉसमंट्स/ *n., [pl.]* अतिरिक्त सशस्त्र टुकडियों या कुमुकों की तैनाती, प्रबलीकरण; **reinforcing** /रीइन्फॉःसिंग/ *adj.* प्रबलनकारी;
collocations: **~d concrete** *engin.* प्रबलित रोड़ी; **reinforcing rib** संबलन पसली

reinsta\te /रीइन्स्टेट/ *v., pt.* **~ted**, *pp* **~ting** 1 (***syn.*** restore) बहाल क., फिर से नियुक्त क.: **~te** sb in possessions; **~te** sb in his former office 2 (***syn.*** reestablish) नियम को पुनः स्थापित क. 3 पुनः प्रतिष्ठित क. (honour);
dw/lw: **~tement** /रीइन्स्टेटमंट/ *n.* बहाली, पुनःस्थापना, पुनःप्रतिष्ठा

reinsurance /रीइंस्युअरंस/ *n.* एक कंपनी के बीमा दावा की दूसरी कंपनी द्वारा खरीद

reinterpret /रीइंटःप्रिट/ *v., pt.* **~d**, *pp* **~ing** पुनर्व्याख्या क.;
dw/lw: **~ion** /रीइंटःप्रिटेशन/ *n.* पुनर्व्याख्या

reintrodu\ce /रीइंट्रअड्यूस/ *v., pt.* **~ced**, *pp* **~cing** 1 (***syn.*** bring back) किसी बात को फिर से शुरू क. 2 पक्षी या जानवर को उसके पुराने विचरण क्षेत्र में छोड़ना;
dw/lw: **~ction** किसी बात या क्रिया की वापसी: **~ction** of prohibition

reinvent /रीइन्वेंट/ *v., pt.* **~ed**, *pp* **~ing** 1 फिर से गढ़ना 2 दोबारा खोजना;
p&i: ~ **oneself** अपनी छवि बदलना; ~ **the wheel** पहले से हुई खोज को फिर खोजने का व्यर्थ प्रयास क.

reinvest /रीइन्वेस्ट/ *v., pt.* **~ed**, *pp* **~ing** 1 निवेश से प्राप्त लाभ को फिर निवेश क. 2 पुनःस्थापित क., नवीनीकरण क.: be **~ed** with authority; officers were **~ed** with new uniforms;
dw/lw: **~ment** *n.* 1 पुनःनिवेश 2 पुनर्सज्जा, पुनरावरण

reinvigorate /रीइन्विगअरेट/ *v., pt.* **~ed**, *pp* **~ing** पुनः शक्ति प्रदान क., में पुनः प्राण फूंकना: ~ the economy

reissue /रीइस्यू/ *v., pt.* **~d**, *pp* **reissuing** 1 पुस्तक, रिकार्ड आदि को दोबारा प्रकाशित या जारी क. : the book was **~d** in paperback 2 पुनर्निगम क.

reitera\te /रिइटअरे\ट/ *v., pt.* **~ted**, *pp* **~ting** 1 दोबारा कहना, दोहराना: **~te** the point of the previous speaker 2 आवृत्ति क., फिर से क.: the knocking was **~ted**;
dw/lw: **~tion** /~शन/ *n.* आवृत्ति, पुनरावृत्ति, दोहराव: it needs no ~tion; **~tive** /~टिव/ *adj.* पुनरावृत्तीय

rei\ve /रीव/ *v., pt.* **~ved**, *pp* **~ving** धावा बोलना, आक्रमण क., लूटना;
dw/lw: **~ver** /रीवः/ *n.* आक्रमणकारी, हमलावर, लुटेरा

reject /रिजेक्ट/ *v., pt.* **~ed**, *pp* **~ing** 1 अस्वीकार क., ठुकराना, तिरस्कार क.: ~ an offer; ~ an argument/ proposal 2 विश्वास न क., रद्द कर दे. 3 प्रेम में किसी व्यक्ति को तिरस्कृत कर दिया जा. 4 इंटरव्यू में ठुकरा दे., नौकरी न दे., निकाल दे. 5 माल या वस्तु को दोषपूर्ण करार देकर ठुकरा दे.: ~ a product as defective 6 कै क., वमन क. 7 शरीर द्वारा किसी बाहरी ऊतक आदि को न स्वीकारना 8 समिति, सभा, संसद आदि द्वारा किसी विधेयक या प्रस्ताव का रद्द कर दिया जाना 9 प्रमाणित न क. 10 सिद्धांत को अस्वीकृत क., ठुकराना: ~ a doctrine;
n. **reject** /रीःजेक्ट/ 1 ठुकराई हुई या अस्वीकृत वस्तु या व्यक्ति 2 रद्दी, फेंका माल;
dw/lw: **~able** /रिजेक्टअबल/ (*also* **rejectible**) *adj.* अस्वीकार्य; **~amenta** /रिजेक्टअमेंटा/ *n.* 1 कूड़ा-करकट 2 फेंका माल 3 (***syn.*** excrement) विष्ठा 4 (***syn.*** jetsam) उड़ान में वजन कम करने के लिए विमान द्वारा फेंकी हुई वस्तुएं; **~ed** /रिजेक्टिड/ *adj.* अस्वीकृत, बहिष्कृत, निराकृत

rejection /रिजेक्शन/ *n.* 1 अस्वीकरण, अस्वीकृति 2 अस्वीकृति पत्र 3 तिरस्कार, बहिष्कार, प्रताड़ना 4 नामंजूरी, निराकरण: the ~ of the bill 5 रद्दगी 6 शारीरिक अंगों के बेमेल के कारण अस्वीकरण: ~ of new organs

rejig /रीःजिग/ *v., pt.* **~ged**, *pp* **~ging** 1 दोबारा से लगाना या फिट क. 2 फिर से व्यवस्थित क.;
dw/lw: **~ger** /रीःजिगः/ *n.* फिर से लगाने वाला या व्यवस्थित करने वाला

rejoi\ce /रिजॉइ\स/ *v., pt.* **~ced**, *pp* **~cing** 1 खुशियां मनाना, आनंद मनाना, आनंदित होना, हुलसना: **~ce** at the good news; **~ce** in sth 2 प्रसन्न क., रिझाना, हुलसाना: a letter from you **~ced** my heart;
dw/lw: **~cer** /~सः/ *n.* आनंदित होनेवाला; **~cing** /~सिंग/ *n.* आनंद-मंगल, रंगरलियां, हर्ष; **~ces** /~सिज/ *n., [pl.]* आमोद-प्रमोद, रंगरलियां, हर्षोल्लास;
p&i: **~ in the name of ...** किसी के विचित्र नाम का मजाक उडाते हुए मजा लेना

rejoin /रीजॉइन/ *v., pt.* **~ed**, *pp* **~ing** 1 फिर से जुड़ या मिल जा., वापस जा.: I'll ~ you at the station 2 जोड़ना या एक कर दे.: the broken pieces were **~ed** and glued 3 (***syn.*** retort) तीखा उत्तर दे. 4 *law* पुनरुत्तर या प्रति-प्रत्युत्तर दे.

rejoinder /रिजॉइंडः/ *n.* 1 (***syn.*** retort) जवाब, पुनरुत्तर: in ~ 2 प्रतिवादी का उत्तर, प्रति-प्रत्युत्तर: no ~ was possible

rejuvena\te /रिजूवअनेट/ *v., pt.* **~ted**, *pp* **~ting** 1 फिर से युवा बना दे. 2 कायाकल्प कर दे., तरुण बनाना या हो जाना, जीवंत बना दे. 3 नया कर दे.;
dw/lw: **~tion** /रिजूवअनेशन/ *n.* 1 कायाकल्पीकरण, यौवन की पुनः प्राप्ति, पुनःजीवंतता 2 पुनर्यौवन

rejuve\nesce /रिजूवअनेस/ *v., pt.* **~nesced**, *pp* **~nescing** 1 फिर से तरुणाई आ जा. या तरुण बनना 2 यौवन जैसा स्वभाव फिर से प्राप्त क., नवीकरण हो., कायाकल्प क. या हो.: the waters are **~nescing**;
dw/lw: **~nescence** /रिजूवअनेसंस/ *n.* 1 तरुणाई आने की क्रिया 2 पुनर्यौवन प्राप्ति, पुनर्युवन; **~nescent** /रिजूवअनेसंट/ *adj.* पुनर्यौवन प्राप्त, पुनर्तरुण

rekind\le /रीकिंडल/ *v., pt.* **~led**, *pp* **~ling** 1 (***syn.*** reawaken) फिर से जगाना: **~le** hopes 2 पुनः प्रज्वलंत क., पुनः प्रज्वलित क.: **~le** a fire

relaid *pt. & pt. p.,* **relay** का भूतकालिक व भूतकालिक कृदंत रूप

relap\se /रिलैप्स/ रीलैप्स/ *n.* 1 फिर से पहले वाली खराब स्थिति में आने की क्रिया 2 पल्टा खाने की क्रिया 3 आवृत्तिः a **~se** of old errors;
v., *pt.* **~sed**, *pp* **~sing** 1 पल्टा खाना 2 वापस पहले की स्थिति में जा.: **~se** into silence; **~se** into crime 3 फिर से बीमार हो जाना;
dw/lw: **relapsing** *n.* फिर से पहले वाली खराब स्थिति में आने या जाने की क्रिया

rela\te /रिले\ट/ *v., pt.* **~ted**, *pp* **~ting** 1 संबंध जोड़ना: **~ted** by marriage 2 (***syn.*** narrate) बतलाना, वर्णन क., कहानी आदि सुनाना: **~te** a story; **~te** an incident 4 (*usually* **~te one thing to/ with another**) वस्तुओं या क्रियाओं के बीच संबंध दिखलाना: **~te** one's unhappiness to a deprived childhood 5 संबंध होना, संबद्ध होना, जोड़ना: **~te** theory and practice;
dw/lw: **~ted** /~टिड/ *adj.* 1 वर्णित 2 संबद्ध, से संबंधित, से जुड़ा हुआ: ~ted phenomena; a ~ted organization 3 रिश्तेदार,

संबंधी: ~ed by marriage; **~tedness** /~टिडनेस/ *n.* पारस्परिकता, रिश्तेदारी; **~ter** /~टः/ *n.* 1 वक्ता 2 वाचक;

***p&i:* ~te to sb/ sth** 1 किसी व्यक्ति या किसी चीज के बारे में हो.: have information that ~tes to their activities 2 समझ में आना, किसी से या किसी चीज से जोड़कर देखना या समझना: ~te the incident to sb's strained mutual relations; ~te to sb; crime ~tes to poverty

relation /रिलेशन/ *n.* 1 दो या अधिक चीजों के बीच संबंध: ~ of forces; the ~ between weather and crops; be out of (all) ~ to each other 2 दो या अधिक व्यक्तियों के बीच संबंध: strained **~s** 3 (***syn.*** kinship, kinsman) रिश्ता-नाता, रिश्तेदार, संबंधी, नातेदार: near/ distant ~; ~ by marriage 4 (***syn.*** narrative) वृत्तांत, वर्णन, वर्णन करने का ढंग या लहजा: the ~ of one's adventures 5 (***syn.*** reference) सूचना स्रोत 6 पारस्परिक मेलजोल 7 *euphemism* यौन-संबंध 8 *philol.* कई वस्तुओं या व्यक्तियों से संबंध रखने वाला कोई गुण या विशेषता;

***dw/lw:* ~al** /रिलेशनल/ *adj.* 1 संबंधी, संबंधात्मक: ~al duties 2 संबंधात्मक: ~al nature of space 3 *comput.* परस्पर संबंधित आंकड़ों पर आधारित: ~al database; **~s** /रिलेशन्ज/ *n., [pl.]* संबंध, रिश्ते-नाते: public ~s, race ~s; international ~s; establish diplomatic ~s; good-neighbourly ~s

relationship /रिलेशनशिप/ *n.* 1 रिश्तेदारी, नातेदारी, संबंध: a ~ between sb and sb 2 रोमांचक रिश्ता: a close/ intimate/ personal/ loving/ stormy ~; end/ forge/ form/ have a ~ 3 दो या अधिक व्यक्तियों या देशों आदि के बीच संबंध 4 दो या अधिक वस्तुओं के बीच संबंध: ~ between thory and practice;

relative /रेलअटिव\/ *n.* 1 (***syn.*** relation) रिश्तेदार, नातेदार, सगे-संबंधी 2 संबंधवाचक शब्द;

adj. 1 (***syn.*** comparative) तुलनात्मक, सापेक्षित: the ~ merits of the two candidates; the ~ speeds of a car and train; ~ position; ~ aperture *photography* 2 सापेक्ष, आपेक्षिक (inter-dependent): 'hot' and 'cold' are ~ terms; beauty is ~; the ~ responsibilities; ~ majority (*also* ~ **plurality**) 3 *gramm.* संबंधवाचक, संबंधसूचक: ~ pronoun; ~ clause 4 (***syn.*** relevant to) प्रासंगिक, संगत, संबद्ध: information ~ to the problem; a letter ~ to this matter 5 (*mainly* ~ **to sth**, ***syn.*** proportion to, correlative) आनुपातिक, अनुपाती, अन्योन्याश्रयी: salary ~ to experience; supply must be ~ to demand;

***dw/lw:* ~ly** /रेलअटिवलि/ *adv.* सापेक्षित रूप में, तुलना में, अपेक्षाकृत: a ~ly useful contraption (अपेक्षाकृत काम आने वाला जुगाड़); **relativist** /रेलअटिविस्ट/ *n.* सापेक्षवादी; **relativistic** /रेलअटिविस्टिक/ *adj.* सापेक्षिक;

***collocations:* ~ atomic mass** (*also, chem.* ~ **atomic weight**) आपेक्षिक अणु भार; ~ **density** *phys.* (*abbr.* **rel. d.**) आपेक्षिक घनत्व; ~ **humidity** *phys.* आपेक्षिक आर्द्रता; ~ **molecular mass** (*also* ~ **molecular weight**)

relati\vism /रेलअटि\विजम/ *n.* सापेक्षवाद;

***p&i:* the matter is unimportant, ~ly speaking** तुलनात्मक या आपेक्षिक रूप में बात करें तो मामला काफी गंभीर है

relativity /रेलअटिविटि/ *n.* सापेक्षता, सापेक्षवाद;

***collocations:* special theory of** ~ (1950) सापेक्षवाद (1950) का विशेष सिद्धांत; **general theory of ~ (developed by Albert Einstein, 1915)** अल्बेर्ट आइनस्टेन द्वारा विकसित सिद्धांत जिसके अनुसार: 1 स्थान, समय और दूसरे भौतिक माप उस व्यक्ति की स्थिति और गति पर निर्भर करते हैं जो माप ले रहा है 2 अंतरिक्ष से संबद्ध समय चतुर्थ विम है (... time is a **fourth dimension** related to space)

relaunch /रीलॉंच/ *v. pt.* **~ed**, *pp* **~ing** किसी चीज या कार्य को नए रूप में और नए ढंग से दोबारा शुरू क.

relax /रिलैक्स/ *v. pt.* **~ed**, *pp* **~ing**, *s/he/it* **~es** 1 (***syn.*** unwind) निश्चिंत हो., आराम क.: ~ for an hour 2 शरीर के किसी अंग को तनावरहित या ढीला क. या हो.: ~ one's hand; his face is **~ed** 3 नियमों को लचकीला क., सतर्कता ढीली क.: ~ discipline; **~ed** his vigilance 4 हल्का या नर्म क. या हो जा. (soften in manner): she **~ed** towards him as they walked 5 (***syn.*** abate) कम या मंद क. या हो जा. 6 (***syn.*** rest) विश्राम क. 7 संबंधों को तनाव-रहित बनाना: ~ international tension;

dw/lw:* ~ant** /रिलैक्संट/ *n., med.* तनावहर औषधि, शरीर को तनाव मुक्त करने वाली दवा (drug); **~ant** *adj.* तनावमुक्त करने वाला, शिथिलकारी; **~ation** *see below under separate entry*; **~ed** /रिलैक्स्ट/ *adj.* 1 निश्चिंत, शांत, खुश 2 आरामदेह (of a place): a hotel with ~ed atmosphere 3 (syn.*** laidback) *तनावमुक्त*; **~edly** /रिलैक्स्टलि/ *adv.* तनावमुक्त ढंग से; **~ing** *adj.* तनावमुक्त करने वाला, आरामदेह: ~ing climate; a ~ing evening with close friends

relaxation /रीःलैक्सेशन/ *n.* 1 तनावमुक्त होने की क्रिया: ~ of tension; ~ for any mind 2 मेहनत के बाद विश्राम, आराम, विश्रांति: ~ after the day's toil 3 (***syn.*** state) लचकीलापन, ढिलाई, शिथिलता: ~ of muscles; the ~ of discipline 4 रिआयत, ढील, छूट;

***collocations:* ~ therapy** *med.* विशेषकर तनावपूर्ण स्थितियों में कुछ ऊतकों को तनावमुक्त करके सारे शरीर को तनावमुक्त बनाने की क्रिया

relaxin /रीःलैक्सिन/ *n.* गर्भकाल में पैदा होने वाला हारमोन जो प्रसव-काल में मदद करता है

relay[1] /रीले/ *v., pt.* **relayed**, *pp* **relaying**, *s/he/it* **~s** 1 एक से दूसरे व्यक्ति तक पहुंचाना: run ~-race; they were **~ed** every ten minutes 2 (***syn.*** broadcast) रेडियो और टीवी द्वारा संकेत प्रसारित क., (पुनः) प्रसारित क. 3 डाक घोडों को बदलना 4 कामगरों की नयी टोली (नई शिफ्ट) लगाना 5 आगे भेजना;

***v*[2]**, *pt.* **re-laid**, *pp* **re-laying** 1 रेल-लाइन आदि को दोबारा लगाना: the rail line was being **re-laid** 2 गलीचे आदि को कहीं और बिछाना: the carpet was **re-laid**;

n. 1 (*also* **~-race**) चौकड़ी-दौड़: one-way ~ 2 पहले से जुते डाक घोड़ों के स्थान पर दूसरे घोड़ों की जोड़ी 3 एक प्रकार का काम करने वाले मजदूरों की टोलियां जो एक दूसरे का स्थान लेते हैं: work in/ by **~s** 4 *telecommun.* संचार-जाल में संकेतों को प्रबलित करने के लिए स्थान-स्थान पर लगे उपकरण, रिले-प्रसारक 5 *elec.* विद्युत आपूर्ति जाल में बदलाव होने की स्थिति में स्व-चालित ढंग से बंद-चालू करने वाला उपकरण;

adj. रिले-प्रसारक: ~-station (रिले-केंद्र, प्रसारण-केंद्र)

release /रिलीस/ *v., pt.* **~d**, *pp* **releasing** 1 (***syn.*** set free) छोड़ना, रिहा क., मुक्त क.: ~ a prisoner 2 प्रकाशित क. या निकालना: ~ a journal 3 (***syn.*** launch) पुस्तक, चलचित्र आदि का विमोचन क.: ~ a novel 4 (***syn.*** let flow) द्रव को बहने के लिए छोड़ना: ~ water from the dam 5 (***syn.*** heat, energy) निर्मुक्त क., छोड़ना 6 (***syn.*** unfasten) खोलना: ~ the trigger of a gun 7 (***syn.*** relinquish) छोड़ दे., त्यागना (a claim) 8 (***syn.*** free) निर्मुक्त क., छुटकारा दे. (from duty, from obligation): ~ sb from his promise; ~ from debt/ from a fine 9 पास क., स्वीकृति दे. (by censor) 10 (***syn.*** loosen, let go) पकड़ ढीला क.: ~ one's hold 10 (***syn.*** hand over, publicly announce) घोषित क., जगजाहिर क.: the speech was **~d** to the press 11 (**re-lease**) जमीन या संपत्ति को फिर पट्टे पर दे.;

n. 1 (***syn.*** setting free) कैद आदि से रिहाई, छुड़ाई: ~ on bail; demand/ secure sb's release 2 (***syn.*** freedom) जुल्म या दमन से मुक्ति 3 (***syn.*** getting rid of) दर्द, पीड़ा आदि से छुटकारा, मोचन: a ~ from care/ from pain 4 *law* (***syn.*** writing off) ऋण आदि से मुक्ति: grant a ~ from debt 5 (***syn.***

launch) विमोचन: ~ of a new film/ book/ car, etc.; the recent **~s** of Bollywood 6 (***syn.*** flowing out) किसी द्रव का प्रवाह: ~ of water from a dam 7 (***syn.*** issuance of statement) प्रकाशन, सार्वजनिक घोषणा: press ~ 8 *mech.* कुत्ता, घोड़ा, लिबलिबी: ~ of trigger 9 सैनिक सेवा आदि से रिआयत या छूट: ~ from active duty;

p&i: **a happy ~** कष्ट से छुटकारा

relega\te /रेलिगेट/ *v., pt.* **~ted**, *pp* **~ting** 1 (***syn.*** demote) दर्जा (grade) घटाना, नीचे की स्थिति (status) में ढकेलना या निम्नतर पद (position) पर ला., पदावनत कर दे. 2 (***syn.*** exile) निर्वासित क., निकाल दे.: he was **~ted** to his country-estate 3 (***syn.*** place) फुटबॉल आदि के खेल की किसी श्रेणी में रखना 4 (***syn.*** assign) सौंपना, के जिम्मे कर दे.: **~te** certain duties to subordinates 5 फेंक दे.: **~te** an article to the waste-paper basket;

dw/lw: **~tion** /रेलिगेशन/ *n.* 1 निर्वासन, बहिष्कार 2 पदावनति 3 अपकर्ष, अपक्षेप

relent /रिलेंट/ *v., pt.* **~ed**, *pp* **~ing** 1 (***syn.*** give in) नर्म पड़ना, ढीला पड़ना 2 मन का पसीजना, द्रवित हो जाना;

dw/lw: **~less** /~लस/ *adj.* 1 (***syn.*** unrelenting) कठोर, निष्ठुर, निर्मम: ~less criticism 2 अनवरत, निरंतर, लगातार: a ~less fight against crime; ~less rains; **~lessly** /~लसलि/ *adv.* 1 कठोरता/ निष्ठुरता/ निर्ममता से 2 निरंतर, लगातार; **~lessness** /~लसनेस/ *n.* 1 कठोरता, निष्ठुरता, निर्ममता 2 अनवरतता, निरंतरता

rele\vance /रेलअवंस/ (*also US* **relevancy** /रेलअवंसि/) *n.* 1 संबद्धता 2 प्रासंगिकता: his answer came with ~ 3 संगति, (सु)-संगति;

dw/lw: **~vant** /रेलअवंट/ *adj.* 1 संबद्ध 2 (***anton.*** irrelevant) प्रासंगिक, संगत, (सु)-संगत; **~vantly** /रेलअवंटलि/ *adv.* प्रासंगिक ढंग से

relia\bility /रिलायबिलअटि/ *n.* 1 विश्वसनीयता, विश्वस्तता: an air of **~bility** 2 प्रामाणिकता: the **~bility** of the source 3 सुरक्षा, भरोसेमंदता: **~bility** trial;

dw/lw: **~ble** /रिलायबल/ *adj.* 1 विश्वसनीय: ~ble information; ~ble evidence 2 (***syn.*** dependable) विश्वस्त, भरोसेमंद: ~ble witness 3 प्रामाणिक: a ~ble medicine; **~bly** /रिलायबलि/ *adv.* प्रामाणिक रूप से

reliance /रिलायंस/ *n.* 1 (***syn.*** dependence) भरोसा, विश्वास: ~ on sb/ sth: no ~ is to be placed on his word 2 आत्म-विश्वास 3 आशा, सहारा, अवलंब (what is relied on): have/ put, place ~ in/ on/ upon sb or sth; not to have ~ on promises

reliant /रिलायंट/ *adj.* (***syn.*** depenent) परावलंबी, दूसरों पर आश्रित: be ~ on sb/ sth;

dw/lw: **self-reliant** *adj.* आत्म-निर्भर

relic /रेलिक/ *n., pl.* **~s** 1 स्मृति चिह्न: a ~ of the past 2 (*usually* **~s**) अवशेष: unearthed **~s** from the stone-age village; a ~ of medieval India 3 भूतकाल की प्रथा, विश्वास, व्यवहार 4 *RC/ Orthodox Churches* संत (saint) की देह के किसी अंग या कपड़े के टुकड़े आदि को सुरक्षित रखकर पूजने की प्रथा 5 दकियानूसी व्यक्ति, क्रिया, बात या प्रथा 6 अवशिष्ट पौधा या जंतु

relict /रेलिक्ट/ रिलिक्ट/ *n., boil.* 1 (***syn.*** widow) विधवा 2 अवशिष्ट वस्तु, प्रथा, आदि: ~ organ 3 पौधों, पशुओं, तंतुओं आदि के अवशेष

relief /रिलीफ/ *n.* 1 पीड़ा, चिंता, दमन या विपदा से राहत, छुटकारा, मुक्ति: the medicine gave some ~; a big/ great/ tremendous ~ 2 बीमारी या चोट से छुटकारा या मुक्ति, राहत, आराम, शमन, चैन: to sb's ~; a sigh of ~; ~ of pressure 3 (***syn.*** aid) सहायता, मदद: ~ camp; in receipt of ~; come to sb's ~ 4 (***syn.*** riddance) उबाऊपन या बासीपन से छुटकारा, विविधता (from monotony): a sense of ~ 5 (***syn.*** supply) सैनिक कुमुक (reinforcements) या यातायात के साधनों (buses, trains, planes etc.) की संपूर्ति 6 (***syn.*** substitution) बदली, बदल, भार मुक्ति, एवज, एवजी, भारग्राही अधिकारी (relieving person): ~ pilot; effect ~ (एवज में बदली करवाना) 7 *geog.* भू-आकृति, उभार (of picture): done in ~; a ~ against the sky 8 (***syn.*** liberation) सैनिक चौकी, किले, नगर आदि की घेराबंदी से मुक्ति 9 समुद्र तल से भूभाग की ऊंचाइयों में विभिन्नता: wide stretches of desert without ~ 10 (***syn.*** surfacing) प्रकटीकरण, उभार: differences thrown into sharp relief during the crisis 11 दृष्टिगोचरता: snow-capped mountain peaks stood out in sharp ~ against the blue sky;

collocations: **~ commissioner** राहत आयुक्त; **~ fund** राहत राशि; **~ map** उभारदार नक्शा; **~ road** राहत सामग्री पहुंचाने के लिए कम भीड़-भाड़ वाला रास्ता; **~ valve** विमोचन-वाल्व;

p&i: **bring sth into ~** किसी चीज को उभार-चढ़ावों की पृष्ठभूमि में चित्रत क.; **in bold ~** (***syn.*** vividly) स्पष्ट रूप से

relievable /रिलीवअबल/ *adj.* 1 जिससे राहत मिल सके: ~ wrongs 2 जिसके पास क्षतिपूर्ति का अधिकार हो

relieve /रिलीव/ *v., pt.* **~d**, *pp* **relieving** 1 (***syn.*** alleviate) राहत दे., चैन पहुंचाना, पीड़ा कम क., आराम दे.: ~ sb's mind; ~ one's feelings 2 (*usually* **~ sb of sth**) मुक्त क., कार्य मुक्त क., छुट्टी देना, छुटकारा दे.: ~ a sentry 3 पद-मुक्त क., कार्य मुक्त क.: ~ sb of his rank 4 का काम संभालना, किसी से कोई चीज लेकर बोझ हल्का क.: **~d** her of many responsibilities 5 सहायता क.: ~ a person in distress 6 (***syn.*** liberate) घेराबंदी में फंसे शहर को मुक्त क.: ~ a besieged town 7 उबाऊपन (monotony etc.) आदि कम क., हल्का क.: ~ the tedium of the journey 8 उभारना, स्पष्ट दिखाना (make stand out):; black **~s** white; a white spot **~d** against a dark background 9 मल त्याग क., पेशाब क.: ~ oneself; ~ nature/ oneself 10 *euphemistic* किसी से कोई चीज चुराना या छीनना: the thief **~d** him of his watch.;

dw/lw: **relievable** /रिलीःवअबल/ *adj.* 1 जिसे कम किया जा सके: relievable wrongs 2 जिसे मुक्ति दी जा सके 3 जिसे हानि की भरपाई पाने का अधिकार हो; **~d** /रिलीवड/ *adj.* चिंता-मुक्त; **~r** /रिलीवः/ *n.* मुक्ति देने वाला; **relieving** /रिलीविंग/ *adj.* पीड़ा या नकारात्मकता आदि को कम करने वाला: it was a poor article, not without some relieving features;

p&i: **~ sb of sth** 1 किसी को किसी बारी बोध से मुक्त क. 2 पैसा, बटुआ आदि लूटना: ~ a person of his purse 3 किसी पद से मुक्त क. या निकाल दिया जा.; **~ oneself** मल-त्याग क.

religion /रिलिजिअन/ *n.* 1 मत, धर्म: believe in/ practice a ~; be against sb's ~ 2 धर्मसंघ: (religious order): a major ~ 3 (***syn.*** duty) कर्त्तव्य: mountaineering *is* his ~; make (a) ~ of sth;

dw/lw: **~er** /रिलिजिअनः/ *n.* धर्मसंघी, धर्मावलंबी: lead the life of a ~er; **~ism** /रिलिजिअनिजम/ *n.* 1 अतिधर्मोत्साह, धार्मिक कट्टरता 2 (***syn.*** hypocrisy) बगुलभगती; **~ist** *n.* 1 धर्मोत्साही 2 (***syn.*** fanatic) धर्मांध, कट्टरपंथी; **~ize** *v., pt.* ~ized, *pp* ~izing 1 धार्मिक बना दे. 2 धर्मोत्साह दिखाना, धर्मप्रचार क.;

p&i: **~ is the opium of the people** (K. Marx) धर्म लोगों के लिए अफीम का काम करता है;

enter into ~ बाल कटाकर साधु बन जा.; **get ~** धर्म और पाकंड में रम जा.; **make a ~ of sth** किसी बात को अपना पवित्र कर्त्तव्य समझना

religiose /रिलिजिओस/ *adj.* 1 घिनौने ढंग से धार्मिक, धर्मांध 2 धार्मिक सनकी 3 कट्टरपंथी

religiosity /रिलिजऔसिटि/ *n.* 1 धार्मिकता, धर्मनिष्ठा,

धर्मपरायणता 2 (***syn.*** fanaticism) धर्म की सनक, अतिधार्मिकता, धर्मांधता, धार्मिक कट्टरपंथता

religious /रिलिजिअस/ *adj.* 1 धार्मिक, धर्म-संबंधी: ~ book (प्रार्थना-पुस्तिका) 2 (***syn.*** monastic, devout) धर्मनिष्ठ, धर्मपरायण 3 व्रतधारी: ~ habit (साधु का चोगा) 4 धर्मभीरु, हर काम दुरुस्त तरीके से करने वाला (scrupulous), कर्त्तव्यनिष्ठ (conscientious): ~ exactitude (दुरुस्त व सही रवैया);
n., pl. **religious** 1 धर्मसंघी, धर्मसंघिनी 2 संन्यासी, संन्यासिनी 3 व्रती, व्रतिनी, व्रतचारी, व्रतचारिणी;
dw/lw: **~ly** /~लि/ *adv.* 1 निष्ठापूर्वक 2 धार्मिक रूप से;
collocations: **the Religious Society of Friends** (*also* **Society of Friends**) सत्रहवीं शताब्दी में जॉर्ज फॉक्स द्वारा स्थापित एक शांतिप्रिय ईसाई धर्म-संघ जो ईसाई कर्म-कांड और औपचारिक सिद्धांत को ठुकराते हुए सादगी और सरलता पर बल देता है; क्वैकर (Quaker) कहलाने वाले इस पंथ के अनुयायियों और उद्योगपतियों ने उन्नीसवीं सदी में मजदूरों के बीच काफी दान-कार्य (philanthropy) किया

relinquish /रिलिंक्विश/ *v., pt.* **~ed**, *pp* **~ing** 1(***syn.*** give up) त्याग दे., छोड़ दे.: ~ an idea 2 किसी कार्य या संगठन पर अपना प्रभुत्व त्याग दे.: ~ one's hold 3 संपत्ति आदि पर अधिकार छोड़ दे.: ~ one's place;
dw/lw: **~ment** /रिलिंक्विशमंट/ *n.* 1 त्याग 2 संपत्ति आदि का त्याग

reliquae /रिलिक्विई/ *n., [pl.], Lat.* वनस्पति व जानवरों के अवशेष

reliquary /रेलिक्वअरि/ *n., pl.* **reliquaries** अस्थि-अवशेष रखने का पात्र, अस्थि-पात्र, अस्थि-कलश

relish /रेलिश/ *v. pt.* **~ed**, *pp* **~ing**, *s/he/it* **~es** 1 (***syn.*** enjoy) स्वाद ले., लुत्फ उठाना: he **~ed** his breakfast 2 मजा ले., रस लेना 3 स्वादिष्ट हो., में स्वाद होना, स्वाद दे. (taste of) 4 (***syn.*** savour of) का जायका लगना, की गंध होना 5 पसंद क.: he **~ed** the simple family life 6 उत्सुकतापूर्वक प्रतीक्षा क.;
n. 1 स्वाद, लुत्फ, मजा: eat with great ~ 2 (***syn.*** pleasing taste) सुस्वाद, रस: give ~ to a dish 3 रस, पुट (slight dash): those words ~ of humour 4 (***syn.*** gusto) आकर्षण, जीवंतता, उत्साह, जोश: the ~ of novelty 5 मसालायुक्त रुचिकर जायके वाली चटनी 6 रुचि: he has no ~ for hard studies 7 थोड़ा-सा जायका: ~ of garlic; a ~ of salt; a ~ of his art;
dw/lw: **~able** *adj.* सुस्वादु, स्वादिष्ट;
p&i: **hunger is the best ~** भूख में चने भी बादाम

reli\ve /रीःलिव/ *v., pt.* **~ed**, *pp* **~ing** 1 फिर से जीना 2 जीवंत अनुभव क. 3 किसी अनुभव को कल्पना में जीना: kept **reliving** fight in his dreams

relie /रेलि/ *n., Austal. &. NZ, Informal* रिश्तेदार: all his **~s** are there in the party

reload /रीःलोड/ *v., pt.* **~ed**, *pp* **~ing** 1 दोबारा लादना 2 दोबारा भरना

reloca\te /रिलोकेट/ रीलोकेट/ *v., pt.* **~ted**, *pp* **~ting** 1 फिर से ढूंढ ले. 2 कारोबार, दफ्तर आदि नई जगह पर ले जा.: **~te** the command post;
dw/lw: **~tion** /रिलोकेशन/ *n.* 1 नई जगह को प्रस्थान 2 स्थानांतरण: ~tion camp

reluct /रिलक्ट/ *v., pt.* **~ed**, *pp* **~ing** 1 विरोध प्रदर्शन क. 2 विद्रोह क.: ~ against oppression

reluc\tant /रिलक्टंट/ *adj.* 1 अनिच्छुक, अनिच्छ: he is **~tant** to accept the proposal 2 विमुख, विरक्त 3 जो स्वीकार करने को तैयार न हो;
dw/lw: **~tance** /रिलक्टंस/ *n.* 1 अनिच्छा, अरुचि, बेरुखी 2 हिचकिचाहट: show ~tance to do sth; **~tantly** /रिलक्टंटलि/ *adv.* अनिच्छापूर्वक, हिचकिचाहते हुए;
p&i: **a soil ~tant to the plough** हल चलाने के लिए सख्त मिट्टी

relucta\te *v., pt.* **~ted**, *pp* **~ting** विरोध क.: **~te** against illusions

reluctivity /रेलक्टिविटि/ *n.* (***syn.*** resistance) आपेक्षिक चुबंकीय प्रतिष्टम्भता

relu\me /रिल्यूम/ *v., pt.* **~med**, *pp* **~ming** 1 फिर से जलाना 2 पुनः प्रकाशमान क., फिर से रोशनी क. 3 फिर से आशा की किरण जगाना: **~me** sb's expiring hopes

rel\y /रिलाइ/ *v., pt.* **~ied**, *pp* **~ying** 1 भरोसा क. या विश्वास रखना 2 पर निर्भर क.: you may **~y** (up)on me;
dw/lw: **reliability**; **reliable**; **reliably** *see above under* **reliability**; **reliance** & **reliant** *see above under* **reliance** & **reliant**;
p&i: **~y on sb/ sth** किसी व्यक्ति या किसी बात पर भरोसा क.

REM *abbr.* 'rapid eye movement' की प्रथमाक्षरी

remain /रिमेन/ *v., pt.* **~ed**, *pp* **~ing** 1 बना रहना: ~ calm/ open, etc.; ~ a secret/ mystery/ prisoner, etc.: ~ in force for fifty years; I ~ yours truly 2 वजूद में रहना, बचा रहना: after the fire very little **~s** of the old palatial building 3 करने को कुछ बचा हो., कुछ करना बचा रहना: nothing **~s** for me to do; that **~s** to be decided 4 रहना, रुक जाना, कुछ समय के लिए ठहर जाना: ~ at/ in/ with sb, etc.: ~ at home; ~ on cruise; ~ at duty 5 किसी स्थिति में बने रहना: let it ~ as it is; the weather **~s** fine;
dw/lw: **~ing** /रिमेनिंग/ *adj.* शेष, बाकी बचा हुआ; **~s** /रिमेन्ज/ *n., [pl.]* 1 बचा-खुचा खाना आदि: the ~s of a meal 2 अवशेष, खंडहर: the ~s of ancient Rome 3 लाश, शव, अस्थियां: sb's mortal ~s

remainder /रिमेंडः/ *n.* 1 (***syn.*** the rest) बाकी, शेष: the ~ of his life he spent in the country; twenty people came in and the ~ stayed outside 2 शेषफल: fifteen divided by four gives three with a ~ of three; division with no ~ 3 अवशेष 4 पुस्तक की अनबिकी प्रतियां 5 संपत्ति में किसी का बचा हुआ हिस्सा;
v. pt. **~ed**, *pp* **~ing** 1 शेष बचना 2 बाकी पाना 3 पुस्तक की अनबिकी प्रतियां कम दाम पर बेचना

remake /रीमेक/ *v., pt.* **remade**, *pt. p.* **remade**, *pp* **remaking** पुनर्निर्माण क., फिर से बनाना;
n. फिर से बनाई हुई वस्तु

remand /रिमांड/ *n.* 1 आरोपित व्यक्ति की अदालत द्वारा की जाने वाली हवालात-वापसी: send on ~ 2 वापस भेजने की क्रिया;
v., pt. **~ed**, *pp* **~ing** 1 हवालात वापस भेजना (in custody) 2 (***syn.*** send back) वापस क., लौटाना: be **~ed** in custody = be sent on ~;
collocations: **~ centre** *Br.* अदालत द्वारा वापस भेजे जाने वाले आरोपियों के लिए बंदी केंद्र; **~ home** सुधार घर; **~ prison** हवालात

remanent /रेमअनंट/ *adj.* 1 बचा-खुचा (झूठन) 2 *law* स्थगित (मुकदमा) 3 अवशिष्ट

remanet /रेमअनेट/ *n.* 1 (***syn.*** law-suit) शेष, आस्थगित वाद 2 (***syn.*** postponed bill) स्थगित विधेयक

remark /रिमाःक/ *n.* 1 (***syn.*** comment) टिप्पणी, फब्ती, उक्ति: make a ~; a ~ about/ on sth; venture/ hazard a ~; let sth pass without ~ 2 (***syn.*** note) नोट, टीका: things deserving ~ 3 (***syn.*** notice, observation) ध्यान: things worthy of ~;
v., pt. **~ed**, *pp* **~ing** 1 (*usually* **~ on sth**) देखकर कुछ कहना 2 टिप्पणी क., अवलोकन क.: ~ on/ upon sth 3 ध्यान में आना: did you ~ the similarity between them?;
dw/lw: **re-marked** *adj.* 1 स्पष्ट, सहज दृश्य 2 विशिष्ट, प्रमुख

remark\able /रिमाःके\बल/ *adj.* 1 उल्लेखनीय 2 दर्शनीय, अवेक्षणीय, ध्यान देने योग्य (worthy of ~): **~able** event 3

उत्कृष्ट, असाधारण, विशिष्ट: a man **~able** for his courage 4 (***syn.*** astonishing) आश्चर्यजनक, अनोखा, विलक्षण: **~able** resemblance; in a **~able** manner;

dw/lw: **~ably** /~बलि/ *adv.* अद्भुत/ अनोखे ढंग से; **~ableness** /~बलनेस/ *n.* अद्भुतता, उत्कृष्टता, असाधारणता, विशिष्टता

remarque/ remark /रिमाःक/ *n., engraving., Fr.* उत्कीरित प्लेट पर बनाया जाने वाला चिह्न जो कार्य की प्रगति दर्शाता है

remarria\ge /रिमैरिज/ *v., pt.* **~ged**, *pp* **~ging** दोबारा या दूसरा विवाह क., पुनर्विवाह क.;

n. दूसरा विवाह

remar\ry /रीमैरि/ *v., pt.* **~ried**, *pp* **~rying** फिर से विवाह क., दूसरा विवाह क.

remastication /रिमैस्टिकेशन/ *n.* देर तक की जाने वाली जुगाली: ~ of cud

remblai /रैंब्ले/ रैंब्लेआइ/ *n., pl.* **~s** धुस्स, बांध की मिट्टी, खानों में गोदाम

REME *abbr.* 'Royal Electrical and Mechanical Engineers' की प्रथमाक्षरी

rematch /रीमैच/ *n.* दोबारा खेला जाने वाला मुकाबला

remedi\able /रिमीडिअबल/ *adj.* (***syn.*** curable) उपचार-योग्य, साध्य, उपचार्य;

dw/lw: **~al** /रिमीडिअल/ *adj.* 1 साध्य 2 उपचारात्मक 3 समाधानात्मक 4 सुधारात्मक: ~al instruction/ teaching/ coaching/ class 3 प्रतिकारी, उपचारी; **~ally** /रिमीडिअलि/ *adv.* सुधारात्मक रूप में; **~less** *adj.* असाध्य;

collocations: **~ class** पढ़ाई में पिछड़े छात्रों के लिए पढ़ाई की विशेष कक्षा

reme\dy /रेमअडि/ *n., pl.* **~dies** 1 दवा, औषधि: a good **~dy** for a cold; it is beyond/ past **~dy** 2 इलाज, उपचार, चिकित्सा, उपाय 3 (***syn.*** redress) प्रतिकार, प्रतिविधान 4 (***syn.*** solution) समाधान: a **~dy** for the country's economic problems;

v., *pt.* **~died**, *pp* **~dying** 1 सुधारना, उपचार क., ठीक क. 2 (***syn.*** redress) का इलाज या प्रतिकार क. 3 (***syn.*** rectify, put right) ठीक क., सुधारना 4 समस्या का समाधान क. 5 (***syn.*** remove) बुराई आदि दूर क.: **~dy** an evil;

p&i: **the remedy for love is the land between** दूरियां प्रेम रोग का उपचार हो सकती हैं या (प्रेम में) आंख ओझल पहाड़ ओझल); **the ~ is worse than the disease** दवा मर्ज से भी बदतर; **there is ~ for all things** हर समस्या का समाधान होसकता है

remember /रिमेंबः/ *v., pt.* **~ed**, *pp* **~ing** 1 याद क., स्मरण क.: I can't ~ his name 2 याद रखना, कोई काम करना भूल न जा.: ~ to phone; as one gets older one does not ~ as one used to 3 यादाश्त में खुदा हो.: always ~ one's loved ones 4 ध्यान रहना या रखना: ~ that one may feel drowsy after taking anti-allergic pill 5 उल्लेख क.: ~ sb in one's will 4 नमस्कार कहना: ~ sb to sb else; ~ one to sb's father 5 किसी को प्रोत्साहन राशि या उपहार दे.: ~ sb's birthday 6 यादगार समारोह क.

n. स्मृति, यादगार: a dim ~ of the night's events;

p&i: **be ~ed for sth/ be ~ed as sth** के रूप में याद रखा या किया जा.; **~ me to sb!** किसी को मेरी शुभ कामनाएं देना! **~ oneself** अपनी शैली, शालीनता व संतुलन फिर से प्राप्त क.; **~ sb in a will** किसी को वसीयत में कुछ देना; **~ sth against sb** किसी के खिलाफ रंजिश पाले रखना;

remembrance /रिमेंब्रंस/ *n.* 1 स्मृति, याद: in ~ of sb; it has escaped my ~ 2 (***syn.*** souvenir) स्मृति-चिह्न, निशानी, यादगार: a small ~ of my father 3 यादगार, याद रखी हुई बात: to the best of my ~ 4 स्मरण-शक्ति, याददाश्त 5 (**~s**) नमस्कार, शुभ कामना: give my kind **~s** to him 6 संस्मरण: obscure **~s**;

dw/lw: **~r** /रिमेंब्रंसः/ *n.* 1 (***syn.*** memento, souvenir) निशानी 2 याद दिलाने की क्रिया 3 शाही ऋण संग्रहक, अभिलेखी;

collocations: **Remembrance Day/ Remembrance Sunday** (*also* **Poppy Day, Memorial Day, Veterans Day**) स्मृति दिवस;

p&i: **bring sth to ~** किसी बात को याद क.

remex/ remiges /रीमेक्स/ रेमिजीज/ *n.* पक्ष-पिच्छ

remind /रिमाइं\ड/ *v., pt.* **~ed**, *pp* **~ing** 1 याद दिलाना, स्मरण कराना: ~ sb of sb/ of sth; **~ed** me to speak to him 2 हमसूरती, हमशक्ल या समानता आदि द्वारा किसी की याद दिलाना: he **~s** me of his brother; ~ sb of sth/ sb;

dw/lw: **~er** /~डः/ *n.* 1 याद दिलाने वाला कथन, बात या घटना आदि: gentle/ tender ~er; the tender ~er had no effect; need serves one as a ~er; a grim/ poignant/ sharp/ stark ~er 2 स्मरण पत्र, याद दिलाने वाला पत्रक: a constant/ gentle/ timely ~er; **~ful** /~डफुल/ *adj.* सचेतक, याद दिलाने वाला;

p&i: **~ of** की याद दिलाना, से शक्ल-सूरत में मिलना

reminisce /रेमिनिस/ *v., pt.* **~d**, *pp* **reminiscing** 1 पुरानी बातें याद क. 2 पुरानी बातों, यादों के बारे में सोचना, बातें क., लिखना आदि

reminiscence /रेमिनिसंस/ *n.* 1 संस्मरण, पुरानी बातों की यादें: the scene awakens **~s** of my youth 2 पुरानी यादों का वर्णन: write **~s** 3 (***syn.*** reminder) अनुस्मारक, समानता का संकेत: there is a ~ of his father in his gait

reminiscent /रेमिनिसंट/ *adj.* 1 स्मरण कराने वाला: ~ of sth/ sb; the verse is ~ of the style of Eliot 2 संस्मरणशील, अपने अतीत के विषय में सोचने वाला: the old man became ~; the talk was ~

remi\se /रिमाइज/ *v. pt.* **~sed**, *pp* **~sing** *law* अधिकार या दावा छोड़ दे.;

dw/lw: **~se** /रिमीःज/ *n.* अधिकार या दावे का त्याग

remiss /रिमिस/ *adj.* 1 (***syn.*** negligent) लापरवाह, असावधान: be ~ in one's duties 2 (***syn.*** languid) निस्तेज, अकर्मण्य, ढीला, काहिल 3 घटिया (badly done): the service in this hotel is ~;

dw/lw: **~ly** *adv.* लापरवाही से; **~ness** *n.* 1 निस्तेजता, अकर्मण्यता 2 लापरवाही

remissible /रिमिसिबल/ *adj.* 1 क्षम्य 2 जिसे करने की अनुमति हो

remission /रिमिशन/ *n.* 1 (***syn.*** pardon) क्षमा, माफी 2 पाप-क्षमा: grant sb ~ of sins 3 रियायत, छूट, परिहार (reduction of sth): ~ of prison term; grant sb a ~ of taxation 4 अस्थायी कमी, घटाव, अवसर्ग (abating of symptoms of disease): ~ of a fever 5 दर्द में कमी, उपशमन (of pain) 6 दावे आदि से इन्कार: the ~ of a claim;

dw/lw: **remissive** *adj.* 1 क्षमा करने वाला 2 दावा छोड़ने वाला

remit /रिमिट/ *v., pt.* **~ted**, *pp* **~ting** 1(***syn.*** pardon) क्षमा क., माफ क., छूट दे., छोड़ दे., का परिहार क. (pardon, not demanding the punishment etc.) 2 ढीला, मंद या बेपरवाह हो जा. 3 (***syn.*** abate) दर्द, बीमारी के लक्षण आदि का कुछ समय के लिए कम हो जाना, घटना: the pain has **~ted** 4 (***syn.*** refer) मामले को उच्चतर अधिकारी को सौंपना या प्रस्तुत क. 5 (***syn.*** refer back) मुकदमे को निचली अदालत को लौटाना 6 (***syn.*** postpone, defer) स्थगित क. 7 (***syn.*** send, forward) पैसा भेजना, प्रेषित क.: ~ by e-banking 8 (***syn.*** cancel) अधिकार की पुनःस्थापना क. 2 पिछली स्थिति में वापस भेज दे.: the taxes have been **~ted** or withdrawn 9 भगवान द्वारा पाप-मुक्ति का दिया जा.;

n. **remit** /रीःमिट/ *n.* 1 *UK* कार्य क्षेत्र, जिम्मेदारी: not part of my ~ to assess the cost 2 किसी के विचारार्थ प्रस्तुत मामला; 2

दूसरी अदालत में मामला भेजने की क्रिया, प्रतिप्रेषण 3 (*syn.* restoration) अधिकार की पुनर्स्थापना

dw/lw: **~tal** /रिमिटल/ (*also* **remitment** = **remittance**) *n.* 1 क्षमा, छूट 2 *law* किसी अन्य अदालत को भेजने (refer) की क्रिया, प्रतिप्रेषण; **~tance** /रिमिटंस/ *n.* 1 प्रेषण 2 (*syn.* payment) भुगतान के लिए राशि भेजने की क्रिया 3 भेजी गई रकम, प्रेषित रुपया; **~tee** /रिमिटी/ *n.* पाने वाला, प्रेषिती, जिसे रकम भेजी गई है; **~tent** /रिमिटंट/ *adj.* 1 घटता-बढ़ता रहने वाला (ज्वर या अन्य व्याधि): ~tent fever 2 अल्पविरामी: ~tent limp; **~ter/ ~tor** /रिमिटः/ *n.* प्रेषक, पैसा भेजने वाला;

p&i: **~ sth to sb** किसी को कुछ भेजना

remix /रीःमिक्स/ *v., pt.* **~ed**, *pp* **~ing** (पुनर्रिकार्डिंग के समय) धुनों को मिश्रित करके पुराने संगीत का नया रूप तैयार क.

remnant /रेमनंट/ *n.* (*often* **~s**) 1 (*syn.* remains) बचा-खुचा खाना, बचे-खुचे टुकड़े, जूठन: **~s** of food 3 कपड़े के थान के अंत में बचा टुकड़ा: ~ sale 3 अवशेष, शेष 4 शेषांश: **~s** of former glory

remodel /रीःमौडल/ *v., pt.* **~led**, *pp* **~ling** नया आकार-प्रकार या रूप दे.: ~ a dress 2 दोबारा गढ़ना 3 पुनर्निर्माण क.

remoneti\ze(-se) /रीमनिटाइज/ *v., pt.* **~zed**, *pp* **~zing** पुनर्मुद्रीकरण क.

remonstrance /रिमौंस्ट्रंस/ *n.* 1 (*syn.* expostulation) आपत्ति, विरोध, प्रतिवाद 2 विरोध-प्रदर्शन 3 उलाहना, शिकायत

remonstrant /रिमौंस्ट्रंट/ *n.* आपत्तिकर्ता, विरोध करने वाला, प्रतिवादी

adj. प्रतिवादात्मक

remonstra\te /रिमंस्ट्रेट/ *v., pt.* **~ted**, *pp* **~ting** 1 आपत्ति क.: **~ted** that they knew nothing about it 2 जोरदार विरोध क.: **~te** against cruelty 3 समझाना-बुझाना: **~te** with sb 4 उलाहना दे.;

dw/lw: **~tion** /~शन/ *n.* आपत्ति, विरोध, उलाहना, शिकायत; **~tive** /~टिव/ *adj.* आपत्तिजनक, प्रतिवादी; **~tor** /~टः/ *n.* प्रतिवादक;

p&i: **~te with** विरोध जतलाना

remontant /रिमौंटंट/ *adj.* 1 (विशेषकर गुलाब के बारे में) एक मौसम में कई बार खिलने वाला 2 (*about* strawberry plant) एक मौसम में कई फसलें देने वाला 3 अनुपुष्पी

remora /रेमअरा/ (*also* **shark-sucker**) *n.* शार्क जैसी मछलियों से चिपटने वाली एक मछली 2 बाधा, रुकावट

remorse /रिमॉःस/ *n.* 1 स्वयं द्वारा किए गए किसी घिनौने काम के कारण गहन पश्चात्ताप एवं आत्म-ग्लानि: a feeling/ a twinge of ~; without ~ 2 अनुताप, शोक: feel/ be smitten with ~;

dw/lw: **~ful** *adj.* शोकाकुल, खेदपूर्ण, पश्चात्तापी, अनुतप्त; **~less** /रिमॉःसलेस/ *adj.* 1 *UK* कठोर, बेदर्द, कठोर, निष्ठुर, निर्मम, बेरहम 2 (*syn.* relentless) निर्बाध अग्रसर, जिसे रोका न जा सके; **~lessly** /रिमॉःसलेसलि/ *adv.* कठोरतापूर्वक, निष्ठुरता से, बिना किसी पछतावे के

remote /रिमोट/ *adj.* 1 दूर, दूरस्थ, दूरवर्ती, दूर का: ~ country 2 (*syn.* distant) समय में सुदूर: ~ past/ future 3 (*syn.* isolated) दीन-दुनिया से दूर, एकांतपूर्ण, निर्जन 4 (*syn.* slight) हल्का-सा, कुछ-कुछ, थोड़ा-सा: a ~ chance; ~ resemblance 5 (*syn.* distant /relative/) दूर का, दूर का (रिश्तेदार): ~ ancestors 6 (*syn.* different) अलग, भिन्न, असंगत: the principle of his actions is often ~ from the actions themselves 7 (*syn.* aloof, distant) अलग रहने वाला, गैर मिलनसार 8 दूर से चालित: ~ control 9 *comput.* कंप्यूटर का सिरा (terminal) जो कंप्यूटर के मुख्य प्रोसेसर से अलग हो, पर उसके साथ जुड़ा भी हो: ~ access; ~ job entry (*abbr.* **RJE**) दूर-संचालित आंकडे दर्ज करने की क्रिया 10 (*syn.* indirect) परोक्ष, अप्रत्यक्ष: a question ~ from the subject;

dw/lw: **~ly** /रिमोटलि/ *adv.* 1 (*syn.* not at all) बिल्कुल नहीं: it isn't even ~ly funny 2 दूर का भी रिश्ता नहीं: not even ~ly connected with it 3 दूर से: ~ly operated; **~ness** /रिमोटनस/ *n.* दूरी, एकांत, दूरी का अहसास;

collocations: **~ access** इलेक्ट्रोनी माध्यम से दूर स्थित कंप्यूटर से संपर्क; **~ control** 1 दरस्थ नियंत्रक 2 विद्युत तरंगों द्वारा किसी वस्तु (जैसे टीवी) का दूर से नियंत्रण; **~ controller** दूरस्थ नियंत्रक, दूर से नियंत्रित करने वाला उपकरण; **~ handling equipment** *nuclear* दूर-संचालन उपकरण; **~ prospect** दूर की संभावना; **~ sensing** धरती के बारे में सूचनायें प्राप्त करने के लिए स्पुतनिक का प्रयोग; **~ sensor** दूर संवेदक यानी धरती के बारे में सूचनायें प्राप्त करने वाला उपकरण

remould /रीमोल्ड/ (*also* remold) *v., pt.* **~ed**, *pp* **~ing** 1 दोबारा ढालना या मोड़ना 2 दोबारा सांचे में ढालना 3 (*syn.* retread) गाड़ी के टायर पर नई पट्टी चढ़ाना

remount /रीमाउंट/ *v., pt.* **~ed**, *pp* **~ing** 1 फिर से चढ़ना या सवार होना 2 किसी चीज पर कोई चीज फिर से चढ़ाना 3 फिर से ऊपर चढ़ना 4 अधिक प्राचीन काल से संबंध रखना: a practice which **~s** to antiquity 5 फोटो को चढ़ाना;

n. रिजर्व में रखा हुआ ताजादम घोड़ा

removable /रिमूवअबल/ *adj.* 1 (*syn.* detachable) जिस (पुर्जे आदि) को हटाया जा सके: ~ parts; ~ without much difficulty 2 पद आदि से हटाया जा सकने वाला: the judges were ~ at the royal pleasure 3 स्थानांतरणीय 4 निराकरणीय: a ~ evil

removal /रिमूवल/ *n.* 1 दाग आदि को हटाने की क्रिया: ~ of grease stains; ~ of faults 2 *UK* सामान को एक स्थान से हटाकर दूसरे स्थान पर ले जाने की क्रिया: ~ of load; ~ of supplies 3 स्थानांतरण: ~ expenses 4 (*syn.* dismissal) पद से हटाने की क्रिया, बरखास्तगी, पदच्युति: the ~ of an official 5 निराकरण: ~ of dissatisfaction 6 निष्कासन 7 पृथक्करण;

collocations: **~ van/ furniture van** (*US* **moving van**) फर्नीचर का स्थानांतरण करने की गाड़ी

remove /रिमूव/ *v., pt.* **~d**, *pp* **removing** 1 हटाना, हटवाना, निकालना, स्थानांतरित क.: have one's furniture **~d**; ~ one's name from the list; ~ obstacles 2 परे क. या रहना: be far **~d** from sth; ~ one's gaze/ one's eyes; ~ all doubts 3 उतार दे.: ~ the cloth from the table; ~ a bandage; ~ one's coat 4 निष्कासित/ पदच्युत क., बरखास्त क.: ~ a civil servant; ~ a sentry 5 ले जाना 6 किसी भद्दी या अरुचिकर वस्तु या समस्या का नामोनिशां मिटा दे. 7 (*syn.* murder/ assassinate/ eliminate) किसी को मार डालना: he was **~d** by poison 8 (*syn.* move) अपना स्थान, स्थिति आदि बदल ले., कहीं और चले जाना: ~ into the country; ~ to mountains;

n. 1 कक्षोन्नति (promotion at school): he didn't get his ~ 2 पदोन्नति 3 (*syn.* degree) श्रेणी, कोटि, सोपान, दर्जा 4 दूरी (थोड़ी दूरी पर): at a certain ~; at many ~s (काफी दूरी पर) 5 रिश्ते की दूरी: a second cousin at one ~ (चचेरे भाई का लड़का या लड़की) 6 अंतर, फासला: a form of government at only one ~ from tyranny 7 निष्कासन, बरखास्तगी 8 स्थानांतरण;

dw/lw: **~d** /रिमूवड/ *adj.* 1 दूर, अलग, अलग-थलग, पृथक, परे: an era a hundred years ~d; his feelings are not far ~d from love 2 दूरस्थ 3 कितनी पीढ़ियों से चचेरे रिश्तेदार एक दूसरे से दूर: first cousin once ~d; first cousin twice ~d; he is a cousin, several times ~d 4 कुछ होने से कितनी दूर: he is only one step ~d from a swindler; **~r** /रिमूवः/ *n.* 1 धब्बे आदि हटाने वाला पदार्थ: stain ~r 2 हटाने वाला व्यक्ति 2 सामान या माल को एक स्थान से दूसरी जगह पहुंचाने वाला ट्रक आदि; **removing** /रिमूविंग/ *n.* 1 परे हटाने की क्रिया: the removing of earth 2 अदला-बदली 3 दूसरे स्थान पर तबादला या बस जाने की क्रिया;

p&i: **be far /further/ furthest ~d from sth** किसी चीज से कोई संबंध न हो., से कोसों दूर हो.: from ~d from reality;

once, twice, etc. ~d कुछ पीढ़ियों दूर का रिश्ता हो.: sb's cousin's son is sb's first cousin once ~d

REM sleep /रेम स्लीप/ (*also techn. equivalent* **paradoxical sleep**) *n. techn.* अशांत नींद जिसमें दिमाग में वैद्युत गतिशीलता, आंखों का दायें-बायें चलन आदि बढ़ जाते हैं और स्वप्न देखने की क्रिया तेज हो जाती है

remunerable /रिम्यूनअरअबल/ 1 (***syn.*** meritorious) पुरस्करणीय 2 स्तुत्य

remunera\te /रिम्यूनअरे\ट/ *v., pt.* **~ted**, *pp* **~ting** 1 पारिश्रमिक या मेहनताना दे.: his efforts were **~ted** 2 (***syn.*** compensate) हरजाना दे., क्षतिपूर्ति क.: **~te** sb for his trouble 3 (***syn.*** reward) पुरस्कृत क., इनाम दे.;

dw/lw: **~tion** /~शन/ *n.* 1 मेहनताना, पारिश्रमिक: the author did not accept any ~tion at all 2 हरजाना, क्षतिपूर्ति 3 इनाम, पुरस्कार; **~tive** /~टिव/ (*also* **~tor** *n.* पारिश्रमिक देने वाला; **~tory** /~टरि/ *adj.*) *adj.* लाभकारी, लाभकर: the scheme did not prove ~tive

REN *abbr.* 'registered enrolled nurse' की प्रथमाक्षरी

renai\ssance /रिनेसंस/ *esp. N. Amer.* रेनअसैंस/ *n.* 1 नया जन्म 2 पुनर्जागरण, नवजागरण 3 (***syn.*** revival) संजीवन, पुनर्जीवन, नवचेतना 4 (**the Renaissance**) यूरोप में चौदहवीं, पंद्रहवीं और सोलहवीं सदी में कला और साहित्य का पुनरुत्थान जिसके माध्यम से मध्ययुगीन अंधकार से आधुनिक युग में कदम रखे गए;

dw/lw: **~ssancist** /रिनेसंसिस्ट/ *n.* साहित्यिक व कलात्मक पुनरुत्थान युग के अध्येता या विशेषज्ञ; **~ssant** /रिनेसंट/ *adj.* साहित्यिक व कलात्मक पुनरुत्थान युग संबंधी;

collocations: **~ssance man** (versatile persobality) कई क्षेत्रों में दक्ष व्यक्ति

renal /रीनल/ *adj.* गुर्दे के क्षेत्र से संबंधित, वृक्कीय: ~ failure;

collocations: **~ calculus** *med.* गुर्दे में पथरी; **~ duct** मूत्र-वाहिनी

rename /रीनेम/ *v., pt.* **~ed**, *pp* **~ing** नया नाम या पुनः नाम दे.

rena\scence /रिनैसंस/ *n.* 1 पुनर्जन्म, दोबारा जन्म होने की क्रिया 2 पुनर्जीवन 3 पुनरुत्थान, पुनर्जीवंतता: **~scence** of enthusiasm for archaeology;

dw/lw: **~scent** /रिनैसंट/ रिनेसंट/ *adj.* 1 फिर से जाग्रत, पुनर्जात 2 फिर से जीवंत होने व बढ़ने-फैलने वाला

rend /रेंड/ *v., pt.* **rent**, *pt. p.* **rent**, *pp* **~ing** 1 किसी चीज को जोर-जबरदस्ती से चीर डालना: it **~s** my heart; the glacier is **rent** by deep fissures; the clouds seemed **rent** asunder by flashes of lighting 2 (कपड़ा) फाड़ या चीर डालना: ~ one's clothes 3 किसी से जबरदस्ती छीन ले जा.: the child was **rent** from its mother's arms 4 क्रोध, दुख-दर्द के मारे अपने बाल नोचना या उखाड़ना, क्षुब्ध कर दे., कष्ट दे.: ~ one's hair 5 सुख-शांति व स्तब्धता का कर्कश शोर द्वारा चीरा जा.: loud cries **rent** the air; ~ the air;

p&i: **~ sb'sheart** किसी के दिल को चीरकर निकल जा.; **~one's garments/ hair** अपने कपड़े या बाल नोचना

render /रेंडः/ *v., pt.* **~ed**, *pp* **~ing** 1 विशेष अवस्था में बदल दे.: ~ things more agreeable; it **~s** beauty to the song 2 किसी को मदद आदि दे., सेवा उपलब्ध कराना, अर्पित क.: ~ one's life for one's country; ~ help/ service/ attention/ honour 3 धन दे., कर्त्तव्य निभाना 4 बदले में दे. (give back): ~ thanks to God; ~ good for evil 5 (*often* **~ sth back**) लौटाना, बदले में क. 6 (*often* **~ sth up**) समर्पित क. (yield or surrender sth): the town was **~ed** to the enemy; they **~ed** themselves prisoners of war 7 (***syn.*** furnish) भुगतान, स्वीकृति, विचार आदि के लिए प्रस्तुत क.: ~ an account/ a bill for payment to sb 8 बना दे. (cause to be): ~ helpless/ unnecessary; heat **~s** me helpless; ~ untenable 8 (***syn.*** portray) चित्रित क., प्रस्तुत क.: he **~s** Beethoven in a very original manner 9 (***syn.*** perform) प्रदर्शित क., भूमिका क.: he **~ed** Hamlet very well 10 (***syn.*** translate) अनुवाद क., (दूसरे शब्दों में) व्यक्त क.: ~ a French expression into Russian; the document was **~ed** into several languages 11 (*often* **~ sth down**) चर्बी आदि पिघलाना (melt down) 12 पिघलाकर चर्बी निकालना 13 दीवार पर सीमेंट आदि का पलस्तर चढ़ाना 14 न्यायाधीश या ज्युरी (jury) द्वारा फैसला सुनाया जा. 15 खिराज या जमीन के लिए कर दे.: ~ tribute 16 आज्ञा पालन क., सम्मान दे.: ~ obedience;

n. 1 पलस्तर 2 *law* प्रतिदान, भुगतान: payments in money and **~s** in kind;

dw/lw: **~er** /रेंडरः/ *n.* 1 भुगतान करने वाला 2 अनुवादक 3 प्रस्तुतकर्ता; **~ing** /रेंडरिंग/ *n.* 1 प्रस्तुतीकरण: a splendid ~ing of the role 2 अनुवाद: this translation fails to give a correct ~ing of the original 3 (***syn.*** interpretation) व्याख्या 4 दान, समर्पण: ~ing of help;

p&i: **~ an account of oneself** अपना स्पष्टीकरण देकर अपने आप को सही ठहराना; **~ down** (गर्म करके) पिघलाना; **~ unto Caesar the things that are Caesar's** जो जिसका है वह उसे लौटाना; **be ~ed speechless with rage** क्रोध के मारे बोल न पाना; **~ a snake innocuous by removing its venom** विष निकालकर सांप को अहानिकर बनाना;

rendezvous /रॉन्देवू/ रौंदेवू/ *US* रांदिवू/ *n. pl.* **rendezvous** 1 मिलन-स्थान, मिलने की पहले से निश्चित जगह: the quay (नदी किनारा) is a favourite ~ on fine mornings 2 मिलन, भेंट, प्रेम भेंट 3 मयखाना, मधुशाला: a lively Paris ~ 4 (***syn.*** docking) अंतरिक्ष में यानों का पहले से तय मिलन;

v., pt. **~ed** (रौंदेवूड), *pp* **~ing** (रौंदेवूइंग) 1 निश्चित जगह और समय पर मिलना: the refugees **~ed** in the valley 2 अंतरिक्ष में यानों का पहले से तय समय पर मिलना

rendition /रेंडिशन/ *n.* 1 प्रस्तुतीकरण 2 (***syn.*** translation) अनुवाद, भाषांतर: the ~ of the text into English 3 (***syn.*** interpretation) व्याख्या 4 (***syn.*** presentation) प्रदर्शन, चित्रण, अभिनय: ~ of Hamlet 5 (***syn.*** music) वादन 6 (***syn.*** supply) आपूर्ति की मात्रा: the terms of ~ 7 (***syn.*** surrender) हथियार डालने की क्रिया 8 (***syn.*** delivery) न्यायाधीश द्वारा फैसला सुनाए जाने की क्रिया 9 *law* (***syn.*** handing over) विदेशी सरकार द्वारा भगोड़े अपराधी को सौंपने का कार्य

renega\de /रेनअगेड/ *n.* 1 (***syn.*** traitor) गद्दार, विश्वासघाती 2 *law* (***syn.*** outlaw) भगोड़ा 3 दल-बदलू, स्वदलत्यागी, स्वपक्षत्यागी 4 स्वधर्मत्यागी;

v., pt. **~ded**, *pp* **~ding** 1 अपना धर्म, दल या पक्ष त्याग दे 2 गद्दारी क.;

dw/lw: **~gation** /रेनअगेशन/ *n.* 1 स्वधर्मत्याग 2 स्वपक्षत्याग, स्वदलत्याग 3 गद्दारी

reneg\e/ renege\e /रिनीःग/ रिनेग/ *v., pt.* **~ed** / रिनीःगड/, *pp* **~ing** /रिनीःगिंग/ 1 (*often* **~e on sth**) अपने वचन, सौदे, समझौते आदि का पालन न क. 2 (***syn.*** go back on) वायदा तोड़ना: ~ on a contract 3 किसी के साथ गद्दारी क., बेईमानी क., ठगना 4 धर्म बदल ले. 5 पत्ता दबा लेना 6 छोड़ दे.;

dw/lw: **reneger/ reneguer** /रिनीःग/ *n.* 1 वचन तोड़ने वाला, वायदा तोड़ना 2 गद्दार, बेईमान, बेवफा, ठग;

p&i: **~ on a promise/ deal** वायदे या सौदे से मुकर जा.

renew /रिन्यू/ *US* रिनू/ *v., pt.* **~ed**, *pp* **~ing** 1 नवीकरण क., नए में बदलना 2 (***syn.*** resume) फिर से शुरू क.: ~ the supplies of coal 3 (***syn.*** repair) ठीक कर दे. मरम्मत क., पुनरुद्धार क. 4 (***syn.*** revive) नया जीवन प्रदान क., जान डालना, पुनःजीवित क.: ~ one's youth 5 (***syn.*** re-establish) दोबारा स्थापित क.: ~ one's acquaintance/ one's friendship with sb 6 पुनः प्रारंभ क.: ~ the lease of the apartment 7 (***syn.*** reiterate, repeat) दोहराना: ~ vows; ~ a promise; ~ objections 8

(***syn.*** replenish, refill) दोबारा भरना: ~ the water in the vases 9 अवधि बढ़ाना या बढ़वाना, प्रलंबित क. या कराना: ~ one's subscription 10 तरोताजा क.;
dw/lw:* ~able** /~अबल/ *adj.* 1 जो पुनः प्रारंभ हो सकता हो: ~able resource 2 नवीकरणीय: ~able energy; act with ~able energy; **~ables** /~अबल्ज/ *n. [pl.]* जो खत्म होने पर पुनः प्रारंभ हो सकता हो; **~al** /~अल/ *n.* 1 नवीकरण, नवीनीकरण: ~al of a promise 2 नवजीवन 3 पुनःस्थापना: ~al of an old friendship 4 पुनरारंभ: ~al of hostilities 5 दोहरी बदलाई, भराई 6 (syn.*** extension) प्रलंबन 7 पुनर्तरोताजगी: ~ of air; **~ed** /~ड/ *adj.* नवीकृत, पहले से अधिक जोश से भरा; **~er** /~अः/ *n.* नवीकृत करने वाला; **~ing** /~इंग/ *n.* नवीकृत करने की क्रिया
reni- *comb. form, denoting:* **the kidneys** (गुर्दे)
reniform /रीनिफॉःम/ *adj.* वृक्काकार, गुर्दानुमा
reni\tency /रेनिटंसि/ *n.* 1 विरोध 2 अड़ियलपन 3 दृढ़संकल्पता
***dw/lw:* ~tent** /रेनिटंट/ *adj.* 1 विरोधी 2 अड़ियल, दृढ़संकल्प
renin /रीनिन/ *n., physiol.* गुर्दों द्वारा पैदा किया जाने वाला एन्जाइम (enzyme) जो नसों को सिकोड़कर रक्त-चाप बढ़ाता है
rennet /रेनिट/ *n.* दही का जामन
renounce /रिनाउंस/ *v., pt.* **~d**, *pp* **renouncing** 1 (***syn.*** give up) दावा, हकनामा, अधिकार आदि आम-घोषणा करके छोड़ दे., त्याग दे.: ~ all claims; ~ a title/ a property; ~ the world (संन्यास लेना) 2 स्वीकार न क.: ~ sb's authority 3 (***syn.*** disown) से नाता तोड़ना, निकाल दे.: ~ a son 4 तोड़ना: ~ a treaty 5 *cards* बदरंग होना 6 विचार या विचारधारा त्याग दे.: ~ an idea/ ideology;
n. बदरंगी;
***dw/lw:* ~ment** /रिनाउंसमंट/ *n.* त्यागने की क्रिया: ~ment of succession; **~r** /रिनाउंसः/ *n.* त्यागने वाला, संन्यास लेने वाला
renova\te /रेनअवेट/ *v., pt.* **~ted**, *pp* **~ting** 1 मरम्मत क. 2 पुनरुद्धार क.: **~te** the world 3 (***syn.*** reinvigorate) नई जान फूंकना;
***dw/lw:* ~tion** /रेनअवेशन/ *n.* 1 पुनरुद्धार 2 नवीकरण 3 मरम्मत 4 पुनरुज्जीवन पुनर्जीवंतता: ~tion of the soul
renown /रिनाउन/ *n.* प्रसिद्धि, ख्याति: a man of great/ high ~;
dw/lw:* ~ed** /रिनाउंड/ *adj.* 1 (syn.*** celebrated) प्रसिद्ध, विख्यात, मशहूर: sb's **~ed** wisdom 2 (***syn.*** noted) प्रतिष्ठित, नामी
rent /रेंट/ *v., pt.* **~ed**, *pp* **~ing** 1 किराये के घर में रहना 2 (*usually* **~ sth out**) किराये पर दे. या उठाना 3 किराया दे.;
n. 1 किराया, भाड़ा, भाटक, लगान: pay the ~; the ~ on sth; heavy/ light ~; for ~ = to let (किराये के लिए उपलब्ध); owe three months' ~; ~ in kind; ~ increase 2 (***syn.*** tear, opening) चीर, शिगाफ, खोंच 3 (***syn.*** fissure) दरार: a ~ in the wall 4 (***syn.*** disunion) फूट 5 *pt.*, **'rend'** का भूतकालिक रूप;
***dw/lw:* ~ability** *n.* किराये पर चढ़ने की संभावना, क्षमता; **~able** /रेंटअबल/ *adj.* किराए पर देने लायक; **~al** /रेंटल/ *n.* किराया; **~ed** /रेंटिड/ *adj.* किराये पर लिया हुआ; **~er** /रेंटः/ *n.* 1 *US* किरायेदार 2 किराये पर सेवायें उपलब्ध कराने वाला संगठन; **~-free** /रेंट-फ्री/ *adj.* बिना भाड़े का, निःशुल्क; **rentier** /रौंटिए/ *US* रांटिए/ *n., Fr.* 1 वार्षिकी-भोगी 2 संपत्ति से मिलने वाले किराये से अपनी रोजी-रोटी कमाने वाला व्यक्ति; **~-restriction** *n.* किराये की राशि की वैध सीमा; **~-roll** *n.* 1 संपत्ति और किराये की सूची 2 किराये पर दी हुई संपत्ति से कुल आय;
***collocations:* ~al value** जमाबंदी मूल्य, किराये की कीमत; **~ boy** युवा पुरुष वेश्या जो पुरुषों को अपनी सेवा देता है; **~ control** किराया नियंत्रण; **~ed accommodation** किराये पर लिया हुआ मकान; **~s and gaps** 1 छेद और दरारें 2 समस्यायें;
a peppercorn ~ नाम मात्र का किराया
rent-a/ rent-an- *prefix, derog/ jocular, denoting:* as if rented, hired (मानो भाड़े की हो): ~-a-crowd (भाड़े की भीड़); ~-an-army
rentier *see above under* **rent:** ***dw/lw***
renuncia\tion /रिननसिएशन/ *n.* 1 त्याग, परित्याग: **~tion** of one's ambitions 2 (***syn.*** self-denial) आत्मत्याग 3 संन्यास, विराग 4 *stock exchange* किसी दूसरे को शेयर खरीदने का अधिकार दिए जाने का कार्य;
***dw/lw:* ~tive** /रिननसिएटिव/ (*also* **~tory** *adj.*) *adj.* जिसमें त्याग या इन्कार आदि समाहित हो;
renvoi /रेनवॉइ/ *n., Fr.* कूटनीतिज्ञ का निष्कासन
reopen /रीओपन/ *v., pt.* **~ed**, *pp* **~ing** 1 फिर से खोलना: ~ a subject; ~ a discussion 2 दोबारा चालू क. या हो. 3 फिर खुलना या शुरू होना;
***dw/lw:* ~ing** *n.* 1 पुनर्चालन 2 मुद्दे पर पुनः बहस आदि 3 पुनः आरंभ;
***p&i:* ~ old wounds** पुराने अपमान की फिर याद दिलाना, गड़े मुर्दे उखाड़ना
reorder /रीऑःडः/ *v., pt.* **~ed**, *pp* **~ing** 1 दोबारा आदेश दे. या भेजना 2 व्यवस्था क्रम बदलना
reorgani\ze (*also UK* **-ise**) /रीःऑःगअनाइ\ज/ *v., pt.* **~zed**, *pp* **~zing** पुनर्गठित क., पुनः संगठित क.;
***dw/lw:* ~zation** /~जेशन/ *n.* 1 पुनर्गठन 2 पुनर्संगठन: ~zation for combat
reorient / ऑरिअंट/ *v., pt.* **~ed**, *pp* **~ing** पुनः परिस्थिति के अनुकूल क. 2 पुनः पूर्व की ओर अभिमुख हो. 3 पुनः किसी दिशा में रखना 4 पुनः स्थान निश्चित क.
Rep. *abbr., US* 'Representative', 'Republican' का संक्षेप
rep /रेप/ *n.* 1 = sales representative 2 (***syn.*** spokes-person) आधिकारिक व्याख्याता 3 'repertory' का संक्षेप
rep/ repp *n.* डोरीदार कपड़ा
repagina\te /रीपैजिनेट/ *v., pt.* **~ted**, *pp* **~ting** पुनर्पृष्ठांकन क.
repackage /रीपैकेज/ *v., pt.* **~ed**, *pp* **~ing** 1 माल की बोरियां, थैले आदि बदलना 2 किसी माल को नए ढंग से बांधना या पैकिटबंद क. 3 किसी दलील या बात को नए ढंग से प्रस्तुत क.
repaid /रीपेड/ *pt.*, **'repay'** का भूतकालिक रूप
repair /रिपेअः/ *v., pt.* **~ed**, *pp* **~ing** 1 सुधारना: ~ a mistake 2 (***syn.*** set right) मरम्मत क., ठीक क.: ~ a puncture 3 पूर्ति क., प्रतिपूर्ति क.: ~ damages 4 गलत स्थिति को ठीक क.: ~ an injustice/ a wrong 5 घाव आदि को ठीक क.: the wound was not **~ing** 6 (*usually* **~ to somewhere**) 6.1 कहीं जा. 6.2 आराम के लिए कहीं जा.;
n. 1 मरम्मत, जीर्णोद्धार: under ~; beyond ~ (जो ठीक न हो सके); **~s** done while you wait (मरम्मत मालिक की उपस्थिति में की जाती है); carry out/ do **~s**; be in need of ~; extensive/ major/ minor **~s** 2 (***syn.*** state) अवस्था, हालत: be in bad repair (बुरी हालत में हो.); in good ~; keep in ~ 3 सुधार, उपचार: the ~ of sb's health; the ~ of a wound;
dw/lw:* ~er** /रिपेअरः/ *n.* 1 जीर्णोद्धारक, प्रतिपूरक 2 मरम्मत करने वाला 3 मिस्त्री: ~er of clocks; **~able** /रिपेअरअबल/ *adj.* (syn.*** irreparable) मरम्मत के लायक: the house is not repairable; **~man** *n.* मिस्त्री;
***collocations:* ~ parts** (*also* **spare parts**) मरम्मत के लिए कल-पुर्जे;
***p&i:* ~ to** कहीं जाना;
in good/ bad ~ = in a good/ bad state of ~ अच्छी या बुरी हालत में
repara\bility /रेपअरअ\बिलिटि/ *n.* मरम्मत या सुधार की संभावना;
dw/lw:* repairable** /रिपेअरअबल/ (anton.*** irreparable) *adj.* 1 सुधार्य, सुधारने-लायक, सुधरने लायक: repairable mistake; repairable injustice 2 जिसकी मरम्मत करनी हो:

roads repairable by local authorities; **repairman** /रिपेअरमैन/ *n.* मरम्मत करने वाला, कारीगर, मिस्त्री; **~tion** /रेपअरेशन/ *n.* 1 क्षतिपूर्ति, हानिपूर्ति, हरजाना, प्रतिपूर्ति 2 (**~tions**) पराजित देश द्वारा (युद्ध समाप्ति पर) की जाने वाली क्षतिपूर्ति: war ~tion; ~tion of damages 3 मरम्मत 4 सुधार, उद्धार, पुनरुद्धार 5 (***syn.*** expiation) प्रायश्चित्त: make ~tion for a wrong; **~tive** /~टिव/ (*also* **~tory** /~टरि/) *adj.* सुधारक, सुधारात्मक

repand /रिपैंड/ *adj.* तरंगी किनारे वाला, कोरतरंगी

repartee /रेपाːटीː/ *n., pl.* **~s** 1 सहसा दिया जाने वाला व्यंग्यपूर्ण उत्तर, जवाबी व्यंग: be good/ quick at ~; he is not happy at ~ 2 व्यंग्यपूर्ण संवाद, दो टूक जवाब 3 हाजिर-जवाबी

repass /रिपास/ *v., pt.* **~ed**, *pp* **~ing** 1 फिर से गुजरना, वापस आना: pass and ~; ~ a desert 2 दोबारा पारित क.: ~ a resolution

repast /रिपाःस्ट/ *n., formal/ old use* 1 भोजन: light ~; spiritual ~ 2 भोज, दावत

repat /रिपैट/ *abbr.*, 'repatriate', 'repatriation' का संक्षेप

repatria\te /रीपैट्रिएट/ रीपेट्रिएट/ *v., pt.* **~ted**, *pp* **~ting** शरणार्थी, युद्ध-बंदी आदि को वापस उसके देश भेज दे., लौटाना;
n. देशप्रत्यावर्तित, देश वापस भेजा जाने वाला व्यक्ति;
dw/lw: **~tion** /~शन/ *n.* जबरदस्ती देश वापसी, देश-प्रत्यावर्तन

repay /रीपे/ *v., pt.* **repaid**, *pt.* **repaid**, *pp* **~ing** 1 पैसा चुकाना, लौटाना, दोबारा अदा क.: ~ sb in full 2 बदले में क. या दे., प्रतिदान क., प्रतिफल दे.: ~ a visit; ~ sb's kindness 3 (***syn.*** retaliate) बदला चुकाना, ईंट का जवाब पत्थर से देना: ~ evil with good/ ~ good for evil 4 (***syn.*** compensate) क्षतिपूर्ति क., हरजाना दे., पूर्ति क.: ~ all the toil 5 इनाम (reward) या दंड (punishment) दे.: a book that **~s** reading 6 (***syn.*** recompense) एहसान का बदला चुकाना;
dw/lw: **~able** /रीपेअबल/ *adj.* 1 जो देना है, प्रतिदेय परिशोध्य; **~ment** /रीपेमंट/ *n.* 1 चुकौती, अदायगी, वापसी, शोधन (of money) 2 प्रतिदान 3 प्रतिकार, बदला 4 क्षतिपूर्ति;
collocations: **~ment mortgage** किश्तों में चुकाई जाने वाली रहन की राशि

repeal /रिपील/ *v., pt.* **~ed**, *pp* **~ing** (***syn.*** annul a law) रद्द क., निरस्त क., निरसन क.;
n. निरसन: the ~ of a law;
dw/lw: **~able** /रिपीलअबल/ *adj.* जिसे निरस्त किया जा सके

repeat /रिपीट/ *v., pt.* **~ed**, *pp* **~ing** 1 एक, दो या बार-बार दोहराना 2 फिर से कहना: ~ back 3 (*usually* **~ itself**) आवृत्ति हो. या क.: history **~s** itself 4 किसी और द्वारा कही गई बात को बताना 5 याददाश्त से सुनाना: ~ a poem etc. 6 (***syn.*** recur) फिर (घटित) होना, फिर आना: ~ a mistake; the figures ~ in the same order 7 रिवॉल्वर आदि का बिना दोबारा भरे बार-बार चलना 8 *US* अवैध रूप से कई बार मत डालना 9 (**~ oneself**) तोते की तरह एक ही बात को बार-बार दोहराना 10 रेडियो या टीवी द्वारा किसी कार्यक्रम को दोबारा या कई बार प्रसारित क.: NDTV **~ed** Hilary Clinton's interview taken by Barkha Dutt several times 11 पाठ आदि दोहराना: ~ one's lesson 12 वर्णित क.: ~ a secret;
adj. दोहराया जाने वाला, पुनरावृत्त: ~ order; ~ purchases;
n. 1 दोहराव, पुनरावृत्ति 2 दोहराने की क्रिया 3 *UK* (*US* **rerun**) टीवी या रेडियो पर दोबारा प्रसारण: a ~ 4 आवृत्ति 5 आने-जाने की क्रिया: go one mile and ~ 6 गीत या संगीत में टेक;
dw/lw: **~ed** /रिपीटिड/ *adj.* 1 बार-बार दोहराया जाने वाला 2 आवर्ती, पुनरावृत्त: ~ed test; ~ed use; **~edly** /रिपीटिडलि/ *adv.* बार-बार, बारम्बार: I've told you ~edly; **~er** *n.* आवर्तक, पुनरावर्तक, दोहराने वाला, फिर से करने वाला; **~ing** *adj.* दोहराया जाने वाला, आवर्ती;
collocations: **~ing decimal** आवर्त दशमलव

repel /रिपेल/ *v., pt.* **~led**, *pp* **~ling** 1 पीछे ढकेलना, रोकना, मार भगाना: ~ an attack 2 (***syn.*** disgust, repulse) किसी में घृणा पैदा क.: his manners ~ me; be **~led** by the smell 3 निवारण क., दूर क., रोकना (ward off): ~ the mosquitoes 4 अस्वीकार क., ठुकराना: ~ temptation; ~ a suitor (चाहने वाले को ठुकराना); ~ an accusation 5 *phys.* (***anton.*** attract) दूर धकेलना, प्रतिकर्षित क., विकर्षित क.: oil **~s** water;
dw/lw: **~lence** /रिपेलंस/ (*also* **~lency**) *n.* 1 विकर्षण 2 घिनावनापन 3 दूर धकेलने की क्रिया; **~lent/ ~lant** /रिपेलंट/ (*also* **~ler**, **relusive**) *adj.* 1 दूर धकेलने वाला: ~lent force 2 घिनौना, घृणास्पद, घिनावना, घृणित: ~lent manners; ~lent food 3 पानी को धकेलनेवाला: ~lent stuffs; **~lent/ ~lant** *n.* 1 बाधा 2 घिनौनी बात या कार्य 3 (*also* **~ler**) मच्छर भगाने वाला पदार्थ insect/ mosquito ~lent

repent /रिपेंट/ *v., pt.* **~ed**, *pp* **~ing** 1 (*often* **~ of sth**) पछताना, पश्चात्ताप क.: he has bitterly **~ed** it 2 की गई करतूत की वापसी चाहना 3 पश्चात्ताप के फलस्वरूप व्यवहार को शिष्ट बनाना;
adj. *bot.* विसर्पी यानी जमीन पर रेंगने वाला और जड़े जमाने वाला (पौधा या लता);
dw/lw: **~ance** /रिपेंटंस/ *n.* (***syn.*** contrition) पछतावा, पश्चात्ताप, अनुताप: show ~ance; **~ant** /रिपेंटंट/ *adj.* 1 (***syn.*** contrite, remorseful) पश्चात्तापी, पछताने वाला: ~ant of/ for one's sins 2 अनुतप्त; **~antly** /रिपेंटंटलि/ *adv.* पश्चात्तापपूर्वक; **~er** *n.* पश्चात्ताप करने वाला;
p&i: **~ance is good, but innocence is better** पछतावा तो ठीक है, पर बेहतर होगा कि पाप ही न किए जाएं;
death-bed ~ance अब पछताए होत क्या जब चिड़िया चुग गई खेत

reper\cussion /रीःपःकशन/ रेःपःकशन/ *n.* 1 (*usually* **~s**) *[pl.]* किसी क्रिया की प्रतिक्रिया, कुभाव, असर, परोक्ष प्रभाव: the conflict had many **~cussions** 2 प्रतिघात: the earthquake was followed by **~cussions** through the whole island 3 प्रतिध्वनि, गूंज;
dw/lw: **~cussive** /रीःपःकसिव/ 1 प्रतिक्षेपी, प्रतिध्वनिक 2 (***syn.*** reverberated) प्रतिध्वनित 3 परोक्ष प्रभावी

repertoire /रिपअट्वाः/ *n.* 1 रंगारंग कार्यक्रम में प्रस्तुत किए जाने वाले गीतों, नाटकों आदि की संग्रह-सूची, रंगपटल 2 (***syn.*** range) किसी के हुनर, तकनीक, प्रतिभा का विस्तार क्षेत्र 3 *comput.* कंप्यूटर द्वारा स्वीकार्य कुल संकेतों और आदेशों का समूह

repertory /रेपअटरि/ *n., pl.* **repertories** 1 किसी संगीत-नाट्य कंपनी द्वारा प्रस्तुत्य गीतों, नाटकों आदि की संग्रह-सूची: ~ company; ~ theatre 2 रंगारंग कार्यक्रमों, गीतों, नाटकों आदि का समय-समय पर प्रस्तुतीकरण, नाटक चक्र 3 (***syn.*** repository) खान, आकर, भंडार, खजाना 4 (***syn.*** collection) संग्रह: a ~ of useful information

repetend /रेपिटेंड/ *n.* 1 आवर्ती अंक 2 टेक (refrain in a song) 3 बार-बार होने वाला कार्य

répétiteur /रेपेटिटः/ *n.* ओपेरा, बैले कलाकारों का प्रशिक्षक

repetition /रेपिटिशन/ *n.* 1 पुनरावृत्ति, आवृत्ति, आवर्तन: ~ in use 2 दोहराई जाने वाली वस्तु, बात, क्रिया आदि: ~ fire 3 पुनरुक्ति: it is a mere ~ 4 (***syn.*** recitation) पाठ: boys must learn their **~s** 5 (***syn.*** replica) प्रतिकृति 6 (***syn.*** copy) प्रतिलिपि 7 संगीत वाद्य की द्रुत गति से स्वर-दोहराव की सक्षमता

repetitious/ repetitive /रेपिटिशिअस/ रिपेटिटिव/ *adj.* 1 (***syn.*** monotonous) दोहराया जाने वाला, आवृत्तीय 2 पुनरावर्ती, आवर्ती: ~ murder (अभ्यस्त या दस नंबरी अपराधियों द्वारा किया जाने वाला कत्ल);
dw/lw: **~ly/ ~ly** /~लि/ *adv.* बार-बार; **~ness/ ~ness** /~नेस/ *n.* पुनरावृत्ति, आवर्ती स्वभाव;
collocations **~ strain injury/ ~ stress injury** *n.* (*abbr.* **RSI**) बार-बार आने वाली चोट

rephra\se /रिफ्रेज/ *v., pt.* **~sed**, *pp* **~sing** दूसरे (सरल और स्वीकार्य) शब्दों में कहना

repi\ne /रिपाइन/ *v., pt.* **~ned**, *pp* **~ning** 1 (*usually* **~ne at/ against sth/ sb**) खिन्न हो., पर खीझना, कुढ़ना, चिढ़ना 2 (***syn.*** feel discontented) असंतुष्ट रहना, भुनभुनाना: **~ne** at one's unhappy lot (अपनी फूटी किस्मत पर रोना)

repla\ce /रिप्लेस/ *v., pt.* **~ced**, *pp* **~cing** 1 वापस पूर्व/ सही स्थान पर रखना: **~ce** the receiver of telephone 2 (***syn.*** supplant sb/ sth) चालाकी से किसी का स्थान ले लेना 3 के स्थान पर या की जगह पर काम क. 4 बदलना, बदल दे.: **~ce** the old TV set with a new one; **~ce** coal by/ with oil fuel; **~ce** a tyre 5 (*often* **~ce sb/ sth by/ with another**) प्रतिस्थापन क., के स्थान पर किसी दूसरे को नियुक्त क. 6 (***syn.*** give back) लौटाना, की पूर्ति क.: **~ce** attrition (हानि की पूर्ति क.);

dw/lw: **~ceable** /रिप्लेसिअबल/ *adj.* 1 (***anton.*** irreplaceable प्रतिस्थाप्य, प्रतिस्थापनीय, जिसे बदला जा सके 2 बदलने के लायक; **~cement** /रिप्लेसमंट/ *n.* 1 (***syn.*** a substitute) प्रतिस्थापक, वर्तमान व्यक्ति या वस्तु की जगह लेने वाला व्यक्ति या लेने वाली वस्तु, स्थानापन्न, प्रति-स्थापित व्यक्ति या वस्तु: the ~cement of worn-out parts; ~cement for the present Gen. Sec. 2 पुनःस्थापन, बदलाव, वापसी: ~cement of the handset; ~cement of the cup in the plate/ saucer; **~cer** /रिप्लेसः/ *n.* (***syn.*** a substitute) का स्थान लेने वाला व्यक्ति या वस्तु

replan /रिप्लैन/ *v., pt.* **~ned**, *pp* **~ning** पुनः योजना बनाना; ***n.*** पुनर्योजना

replant /रिप्लांट/ *n.* पुनः रोपण;
dw/lw: **~ing** / रिप्लांटिंग/ *n.* पुनर्रोपण

replay /रीप्ले/ *n.* 1 टीवी पर दोबारा दिखाया जाने वाला कार्यक्रम 2 *UK* दोबारा खेला जानेवाला खेल 3 खेल के किसी अंश या छोटे से टुकड़े को तुरंत दोबारा दिखाए जाने की क्रिया: *UK* action ~/ *US* instant ~ 4 पूर्व घटित बात या कार्य की हू-ब-हू प्रतिलिपि

***v.**, pt.* **~ed** *pp* **~ing** 1 दोबारा खेलना 2 टेप या कैमरे में रिकार्ड किए हुए किसी अंश को दोबारा दिखाना

replenish /रिप्लेनि\श/ *v., pt.* **~ed**, *pp* **~ing (*syn.*** top up)1 खर्च हुई मात्रा की भरपाई क., पुनःपूर्तित क.: ~ with water 2 पूरा भरना: ~ one's wardrobe 3 अतिरिक्त आपूर्ति क.: ~ supplies;
dw/lw: **~ed** /~शड/ *adj.* भरा-पूरा; **~er** /~शः/ *n.* भरने वाला; **~ment** /~शमंट/ *n.* 1 भराई, आपूरण, पुनःपूर्ति 2 (***syn.*** fresh supply) नया माल या सामान

reple\te /रिप्लीःट/ *adj.* (*often* **~te with sth**) 1 ठसाठस भरा हुआ 2 भरपूर, अत्यधिक: book **~te** with wisdom 3 तृप्त, भरा-पूरा, परिपूर्ण: a home **~te** with every comfort 4 परितृप्त;
dw/lw: **~tion** /रिप्लीःशन/ (*also* **repleteness**) *n.* 1 पूर्ण तृप्ति: the ~tion of wants 2 परिपूर्ति, परिपूर्णता: a vessel filed to ~tion 3 परितृप्ति: eat to ~tion 4 ठसाठस भराई: the house was filled to ~tion with children

replica /रेप्लिका/ *n., pl.* **~s** 1 प्रतिकृति, नकल 2 पुनःप्रतिकरण 3 *music* पुनरावृत्ति

replica\te /रेप्लिके\ट/ *v., pt.* **~ted**, *pp* **~ting** 1 की प्रतिकृति या नकल बनाना 2 मोड़कर दोहरा क.;
dw/lw: **~tion** /~शन/ *n.* 1(***syn.*** duplicate) प्रतिकृति या नकल, प्रत्युत्तर 2 पुनःप्रतिकरण: a quick and concise ~tion 3 (***syn.*** echo) प्रतिध्वनि, दोहरा स्वर 4 पुनरावृत्ति; **~tive** /~टिव/ *adj.* पुनःप्रतिकारक

rep\ly /रिप्लाइ/ *v., pt.* **~lied**, *pp* **~lying** 1 जवाब दे., उत्तर दे.: **~ly** wittily; **~ly** for sb 2 किसी कदम या कार्य का जवाब दे.: **~ly** to the enemy's fire;

n. उत्तर, जवाब: give/ make/ send a **~ly**; get/ have/ receive a **~ly**; a **~ly** to sth; in **~ly** (जवाब में); in **~ly** to sb's letter;
dw/lw: **~ly-coupon** *n.* जवाबी कूपन; **~ly-paid** *adj.* जवाबी; **~ly-postcard** जवाबी पोस्टकार्ड;

répondez s'il vous plait /रेपॉं डे सिल वू प्ले/ (*also* **R.S.**V.**P.)** कृपया उत्तर दें (reply, if you please)

report /रिपॉःट/ *n.* (*abbr.* **rept**) 1 ब्योरा या विवरण, जांच का विवरण: draw up a ~; submit a ~ 2 किसी समिति, जांच या अन्य समूह के विचार-विमर्श या अध्ययन का तथ्याधारित ब्योरा, रपट: final ~; interim/ preliminary ~ 3 समाचार पत्र की खबर: a newspaper ~ 4 *UK* (*US* **~ card**) छात्र के बारे में स्कूल की रिपोर्ट: progress ~; terminal ~ (वार्षिक परीक्षा फल) 5 संवाद, सूचना: first-hand ~ 6 पुलिस आदि को दी जाने वाली सूचना, रपट: first information ~ (*abbr.* **FIR**) 7 (***syn.*** rumour) अफवाह, उड़ती खबर, किंवदंती: the ~ goes, ~ has it (ऐसी अफवाह है कि...); it is a matter of current ~ (इस बारे में सब जानते हैं); idle **~s** (थोथी बातें या अफवाहें) 8 (***syn.*** reputation) नेकनामी: we have received a favourable ~ on his work 9 (***syn.*** bang, blast, noise) बंदूक आदि चलने का धमाका, धड़ाका: a loud ~;

v.**, pt.* **~ed**, *pp* **~ing** 1 खबर, समाचार, सूचना या संवाद दे.: **~ed** that fighting had broken out; it is **~ed** from Paris 2 *law* रपट दे. या कानूनी मुद्दे की कार्रवाई को लिखना या लिखवाना: ~ sb to the police 3 शिकायत क.: ~ sb for insolence 4 (*often* **~ on sth**) रिपोर्ट प्रस्तुत क., लिखना या दे.: the commission will ~ within a month 5 संवाद लिखना या भेजना (for press): ~ a speech/ a meeting 6 समाचार-पत्र, रेडियो या टीवी रिपोर्टर के रूप में काम क.: ~ for a newspaper 7 (syn.*** state, inform) बतलाना, कहना, स्थिति का ब्योरा दे.: the doctor **~s** a marked improvement; ~ oneself sick 8 (*usually* ~ **for sth**) उपस्थित होने की सूचना देना: visitors ~ to the reception; ~ to a superior; I have the honour to ~; ~ a vessel at the custom house; ~ to the port authorities 9 (*usually* ~ **to sb**) को जवाबदेह हो.;

dw/lw: **~able** /रेपॉःटअबल/ *adj.* सूचना देने योग्य, प्रतिवेद्य: a ~able case; **~age** /रिपॉःटिज/ *US* रेपऑःताःज/ *n.* 1 समाचार-सूचना लेखन 2 समाचार-सूचना लेखन की शैली; **~ed** /रिपॉःटिड/ *adj.* 1 संसूचित 2 प्रतिवेदित, जिसे सूचित किया गया है: ~ed speech (साक्षात् कथन /direct speech/); **~edly** *adv.* जैसा कि बताया या सूचित किया गया है: ~edly this happened on; this ~edly is a fact; **~er** *n.* (***syn.*** junior journalist) कनिष्ठ पत्रकार, प्रतिवेदक, रिपोर्टर: a cub ~er (नौसिखुआ पत्रकार); **~ing** *n.* समाचार लेखन व प्रसारण कार्य, समाचार-प्रेषण; **~ing** *adj.* 1 साक्षात् कथन संबंधी, वाक्य में सूचित करने वाला (अंश): ~ing speech (वाक्य में direct speech को प्रस्तुत करने वाला भाग) 2 संपर्क से संबंधित: ~ing officer (संपर्क अधिकारी); ~ing center (संपर्क केंद्र); **~torial** /रिपॉःटॉरिअल/ *n.* संवाददाता संबंधी;

p&i: **~ back** काम करने के लिए किसी स्थान को वापस आना; **~ back to** किसी के बारे में सूचना देना; **~ for work** स्वयं सूचित क. कि आप फिर से काम पर लौट आए हैं; **~ to** के प्रति जवाबदेह हो.;

the ~ goes ... खबर है कि ...

reposal /रिपोजल/ *n.* विश्वास में लेने की क्रिया

repose /रिपोज/ *v., pt.* **~d**, *pp* **reposing** 1 आराम क. 2 टेक या सहारा लेकर लेटा होना: her right cheek **~d** on a cushion; ~ on a couch 3 कब्र में लेटा हो. 4 (*usually* ~ **on sth**) पर आधारित या अवलंबित होना: the scheme **~s** on the revival of trade 5 (विश्वास आदि) में लेना, भरोसा क.: ~ trust/ confidence in sb; ~ power in sb's hands 6 में/ पर रखना 7 विश्राम दे.: he halted to ~ his wayworn soldiers 8 शांत पड़ा होना (lie quiet);

n. 1 विश्राम, श्रांति: work without ~; a night's ~; good night and sweet ~ 2 शांति: dead ~ (गहन शांति) 3 शालीनता: calm ~; the sea is in ~ (समुद्र गहन शालीनता में डूबा है) 4

(*syn.* composure) आत्मसंयम, आत्म-संवरण, धैर्य: his attitude lacked ~ 5 संतुलन: disturb sb's ~;
dw/lw: **~ful** *adj.* 1 शांतिपूर्ण, शांतिमय 2 शांत: ~ful friendliness;
p&i: **~ in** किसी में विश्वास क.; **~ no confidence in princes** राजा की प्रीत बालू की भीत; **~ on** पर लेटा हो.

reposit /रिपौजिट/ *v., pt.* **~ed**, *pp* **~ing** 1 संभालकर रखवा दे., जमा करा दे.: the original copy is **~ed** in the museum 2 में फेंक दे.: ~ the paper in the waste-basket;
dw/lw: **~ion** /रिपॉजिशन/ *n.* 1 संग्रह के लिए रखवाने का कार्य 2 स्थान पर वापस रखने की क्रिया

repository /रिपौजिटरि/ *n., pl.* **repositories** 1 (*syn.* storehouse) संग्रहालय, भंडार, गोदाम, खजाना, खान: a ~ for old bills; a ~ of curious information 2 कब्रगाह, मकबरा, समाधि 3 विश्वस्त व्यक्ति, विश्वासपात्र: be a ~ of sb's secrets 4 (*syn.* receptacle) आधान, पात्र, निधान 5 (*syn.* altar) वेदिका

repossess /रीःपजेस/ *v., pt.* **~ed**, *pp* **~ing** साहूकार द्वारा कर्जदार व्यक्ति की संपत्ति का कब्जे में लिया जा.;
dw/lw: **~ion** /रीःपजेशन/ *n.* 1 कब्जा 2 कर्ज के एवज में जमीन आदि पर कब्जा

repoussé /रअपूःसे/ *adj., Fr.* उभारदार (धातु);
dw/lw: **repoussage** /रअपूःसाःज/ *n.* धातु पर उभारदार कार्य, धातु-पलास्टिक

repre\hend /रेप्रिहेंड/ *v., pt.* **~hended**, *pp* **~hending** 1 झिड़कना, फटकारना, डांटना-डपटना 2 दोष निकालना, भर्त्सना क., निंदा क.: **~hend** sb's conduct;
dw/lw: **~hensible** /रेप्रिहेंसिबल/ *adj.* 1 (*syn.* deplorable) धिक्कार्य, निंद्य, निंदनीय 2 भर्त्सना के लायक; **~hensibly** *adv.* निंदनीय ढंग से; **~hension** /रेप्रिहेन्शन/ *n.* 1 झिड़क, झिड़की, फटकार, डांट-डपट, निंदा 2 आलोचना, दोषारोपण; **~hensory** /रेप्रिहेंसरि/ *adj.* निंदक, आलोचनात्मक

represent /रेप्रिजेंट/ *v., pt.* **~ed**, *pp* **~ing** 1 द्योतक या परिचायक हो., द्योतित क.: alphabet letters ~ sounds 2 प्रतिनिधि हो., प्रतिनिधित्व क.: he **~ed** the town in Parliament 3 (*syn.* symbolize) किसी के या किसी समूह के विचारों, जीवन शैली, अर्थ आदि का द्योतक या प्रतीक हो.: ~ the feelings of people; the work **~s** the character of the country; the flag **~s** the nation 4 (*syn.* portray) के रूप में चित्रित क. 5 किसी की ओर से प्रतिनिधि हो.: a lawyer ~ **s** his client 6 (*syn.* be typical of) का उदाहरण या की अभिव्यक्ति हो.: the comments **~ed** the views of all present 7 (*syn.* imagine) कल्पना क. 8 (*syn.* depict) निरूपित क., निरूपण क.: a film that **~s** all the horrors of war 8 (*syn.* describe) के रूप में प्रस्तुत क., वर्णन क.: they **~ed** themselves as experts; she desired to be **~ed** as a commoner 10 (*syn.* explain) दिखाना, बताना, प्रस्तुत क., समझाना: ~ the difficulties forcefully to the committee; such excuses ~ nothing to me 11 (*syn.* act) अभिनय क.: ~ the characters on the stage 11 (*syn.* constitute) के बराबर हो.: presently the house rent allowance **~s** 30% of the basic pay 12 औपचारिक रूप से शिकायत क. या समस्या बताना: the delegation **~ed** its concerns to the authorities;
dw/lw: **~ability** /रेप्रिजेंटअबिलिटि/ *n.* प्रतिनिधित्व करने या पाने की क्षमता या संभावना; **~able** /रेप्रिजेंटअबल/ *adj.* 1 कल्पनीय 2 वर्णनीय, निरूपणीय 3 प्रदर्शनीय; **~ation** *see below under a separate entry*

re-present /रीप्रिजेंट/ *v., pt.* **~ed**, *pp* **~ing** (*syn.* present again) दोबारा दे. या प्रस्तुत क.: ~ the proposal after one week

representation /रेप्रिजेंटेशन/ *n.* 1 प्रस्तुतिकरण: this is a fair ~ of their point of view 2 प्रतिनिधित्व: proportional ~ (आनुपातिक प्रतिनिधित्व); direct ~ 3 (*syn.* portrayal) चित्रण,निरूपण, प्रदर्शन: an allegoric ~ 4 (*syn.* image) प्रतिरूप, चित्र, मूर्ति, छवि, बिंब 5 (**~s**) निवेदन, आवेदन(पत्र), शिकायत-पत्र: make **~s**; make false **~s** to sb 6 (*syn.* acting) अभिनय (of a play) 7 *law* न्यायालय आदि में वकील द्वारा वादी या प्रतिवादी का प्रतिनिधित्व: effective ~ of plaintiff's case 8 प्रतिनिधि-मंडल: permanent ~ 8 प्रवक्ता की भूमिका: the idealist students are an effective representation of aspirations of young generation 9 *math.* निरूपण;
dw/lw: **~al** /रेप्रिजेंटेशनल/ *adj.* सादृश्य मूलक; प्रतिनिधित्व से संबंधित

representative /रेप्रिजेंटेटिव/ *n.* 1 किसी समूह का प्रतिनिधि: **~s** of the press; diplomatic/ plenipotentiary/ permanent/ personal/ special **~s** 2 (*also informal* **rep**) किसी कंपनी आदि का आधिकारिक एजेंट 3 (*US* **Representative**; *abbr.* **Rep.**) अमेरिकी सांसद: a member of House of **Representatives** 4 किसी की ओर से आधिकारिक प्रतिनिधि: VC's ~ at the meeting 5 (*syn.* characteristic or typical models) किसी वर्ग या समूह की विशिष्टताओं का उदाहरण, नमूना या आदर्श: a typical ~ of the young generation 6 प्रारूप 7 (*syn.* symbol) प्रतीक;
adj. 1 (*syn.* typical) प्रतिनिधिक, प्रतिनिधित्मक: ~ body/ government; Detroit is a ~ American city 2 (*syn.* portraying, showing) प्रदर्शक, द्योतक, निरूपक: books ~ of pastoral life 3 प्रारूपिक: ~ run 4 (*syn.* characteristic of) विशेषतासूचक: a work of art, ~ of modernistic trend 5 (*syn.* symbolical) प्रतीकात्मक 6 प्रतिनिधि आधारित: a ~ democracy

repress /रिप्रेस/ *v., pt.* **~ed**, *pp* **~ing** 1 (*syn.* control) नियंत्रित क., रोकना, दबाना: ~ a sneeze; ~ tears; ~ passions; ~ a smile 2 (*syn.* suppress, put down) दमन क., कुचल दे., रौंद डालना: ~ the insurrection (विद्रोह को कुचल दे.) 4 *psychol.* अवांछित विचारों, भावनाओं आदि को मन में आने से रोकना;
dw/lw: **~ed** /रिप्रेसड/ *adj.* 1 अपनी भावनाओं को प्रकट करने में असमर्थ 2 दबा हुआ, दमित; **~er**/ **~or** /रिप्रेसः/ *n.* 1 दबाने वाला 2 कुचलने वाला; **~ion** /रिप्रेशन/ *n.* 1 दमन, उत्पीड़न 2 अवांछित विचारों, भावनाओं आदि को मन में आने से रोकने या दबाने की क्रिया: conscious/ unconscious ~ion; **~ive** /रिप्रेसिव/ *adj.* 1 (*syn.* tyrannical, dictatorial) दमनकारी, उत्पीड़क: ~ive regime/ law 2 भावनाओं को दबाने वाला; **~ively** *adv.* दमनपूर्वक

reprie\ve /रिप्रीव/ *n.* 1 (*syn.* stay of execution) प्राणदंड स्थगन, जान-बख्शी 2 सजा में कमी या राहत 3 विराम, अवकाश, फुर्सत 4 कठिनाई या पीड़ा से अस्थायी आराम;
v., pt. **~ved**, *pp* **~ving** 1 दंड स्थगित क., जान-बख्शी क. 2 माफी दे. 3 सजा घटाना, राहत दे. 4 विराम या फुर्सत दे. 5 कठिनाई या पीड़ा से अस्थायी आराम दे.

reprimand /रेप्रिमाःड/ *v., pt.* **~ed**, *pp* **~ing** 1 (*syn.* rebuke) डांटना-डपटना, फटकारना, झिड़कना 2 *milit.* किसी नियम के उल्लंघन के लिए दंड देना;
n. डांट-डपट, फटकार: receive a severe ~

reprint /रीःप्रिंट/ *v., pt.* **~ed**, *pp* **~ing** पुनर्मुद्रण क., फिर से छापना;
n. 1 पुनर्मुद्रण: a ~ of 3000 copies 2 पुनः छपी पुस्तक

reprisal /रिप्राइजल/ *n.* 1 प्रतिशोध, बदला: law of **~s**; fear **~s** 2 (*syn.* retaliation) प्रतिहिंसा, प्रत्यपकार, प्रतिपीड़न: in ~ for sth; a ~ against/ from sb 3 (*often* **~s**) युद्ध में शत्रु देश के विरुद्ध जवाबी हमला: make **~s**; by way of **~s** 4 *hist.* किसी देश के क्षेत्र या संपत्ति को जबरदस्ती छीनने की कार्रवाई

repri\se /रिप्राइज/ *n.* 1 कटौती 2 *music* पहले के गीत अंशों की

आवृत्ति;
v., *pt.* **~sed**, *pp* **~sing** पहले के गीत अंशों की आवृत्ति क.

reprivati\ze/ reprivati\se *v.*, *pt.* **~zed**, *pp* **~zing** सरकारी संपत्ति को निजी हाथों में दे.

repro /रीःप्रो/ *n.*, *pl.* **~s**, *colloq.* 'reproduction' का संक्षेप;
n. भूतकाल में बनी किसी वस्तु की नकल या प्रतिरूप 2 = reprographics;
adj. भूतकाल की किसी शैली या कृति की नकल करके बनाया हुआ: 19th century ~ furniture

reproach /रिप्रोच/ *n.*, *pl.* **~es** 1 (*often* **~es**) फटकार, डांट-डपट: a term of ~ (डांट-डपट के शब्द) 2 (***syn.*** displeasure) तिरस्कार, अप्रसन्नता 3 भर्त्सना, निंदा: above/ beyond ~ (निंदा से परे, निर्दोष, निष्कलंक); heap **~es** on sb 4 (***syn.*** disrepute, discredit) कलंक और शर्म का कारण, बदनामी: the slums are a ~ to the town; bring ~ on sb; live in ~ and ignominy;
v., *pt.* **~ed**, *pp* **~ing** 1 (***syn.*** upbraid, rebuke) फटकारना, धिक्कारना, भर्त्सना क., आलोचना क.: I have nothing to ~ you with; his eyes **~ed** me 2 (***syn***) किस भूल के कारण बुरा लगना या आत्म-ग्लानि हो.: ~ oneself for not telling the truth;
dw/lw: **~ful** /रिप्रोचफुल/ *adj.* 1 निंदात्मक, उलाहना-भरा, अप्रसन्नता-द्योतक, निंदक: in a ~ful voice 2 कलंकित: ~ful career; **~fully** /रिप्रोचफुलि/ *adv.* निंदात्मक अंदाज में; **~less** /रिप्रोचलेस/ *adj.* अनिंद्य, निष्कलंक, निर्दोष;
p&i: **heap ~s on sb** किसी को बुरी तरह लताड़ना; **~ with** में दोष निकालना; **~ sb with sth** किसी को किसी बात के लिए दोष देना

reprobate /रेप्रअबेट/ *adj.* 1 अनैतिक, भ्रष्ट, पापी, दुराचारी 2 कमीना, अधम 3 *theol.* ईश्वर द्वारा परित्यक्त, ईश-परित्यक्त 4 नारकीय;
n. 1 अनैतिक, भ्रष्ट, पापी व्यक्ति: an old ~ 2 कमीना या अधम व्यक्ति 3 *theol.* ईश्वर द्वारा परित्यक्त व्यक्ति;
v., *pt.* **~d**, *pp* **reprobating** 1 निंदा क., अनुचित ठहराना 2 (***syn.*** reject) अस्वीकार क. 3 ईश द्वारा परित्यक्त कर दिया जा. 4 नरक में डाल दे.;
dw/lw: **reprobacy** /रेप्रअबेसि/ *n.* = **reprobation** /रेप्रअबेशन/ *n.* 1 भर्त्सना, निंदा: public reprobation 2 तिरस्कार, निराकरण 3 नरकवास

reprocess /रीःप्रॉसेस/ *v.*, *pt.* **~ed** *pp* **~ing** दोबारा संसाधित क.;
dw/lw: **~ing** /रीःप्रॉसेसिंग/ *n.* पुनःसंसाधन; **~ing** *adj.* पुनर्संसाधक

reproduce /रीःप्रअड्यूस/ *v.*, *pt.* **~d**, *pp* **reproducing** 1 पुनर्निर्माण क. 2 अच्छी प्रतिलिपि तैयार क. या हो.: a print that will ~ well 3 प्रतिकृति तैयार क., अच्छी प्रतिकृति हो.: now-a-days voice can be **~d** with a high degree of authenticity 4 किसी कार्य को दोहराना 5 पैदा क., उत्पन्न क.: lobsters can ~ lost claws 6 (***syn.*** offspring) प्रजनन क.: ~ one's kind;
dw/lw: **~r** *n.* पुनरुत्पादक; **reproducible** /रीप्रअड्यूसिबल/ *adj.* पुनरुत्पाद्य; **reproducing** /रीप्रअड्यूसिंग/ *adj.* प्रजनक: reproducing machine; **reproductiveness/ reproductivity** *n.* पुनरुत्पादकता

reproduc\tion /रीःप्रअडक्शन/ *n.* 1 जनन, प्रजनन: the **~tion** of the cod is extraordinarily great 2 (***syn.*** facsimile, copy) प्रतिलिपि, प्रतिकृति, प्रतिरूप: **~tion** of the image; mental ~ 3 पुनरुत्पादन, उत्पादन: simple **~tion** 4 पुनरुत्पत्ति, उत्पत्ति;
adj. पुरानी शैली का (फर्नीचर, कलात्मक वस्तुओं के बारे में);
dw/lw: **~tive** /रीप्रअडक्टिव/ *adj.* 1 प्रजननीय, जननीय, प्रजनक, प्रजायी: ~tive power; ~tive organs (जननांग) 2 पुनरुत्पादक: ~tive system (जनन-तंत्र);
collocations: **reproduction proof** *print.* उच्च कोटि की प्रतिलिपि जिससे छपाई के लिए प्रति तैयार की जा सकती है

reprography /रीप्रौग्र\फि/ *US* रीप्राःग्र\फि/ *n.* ग्राफों और लिखित पाठ का पुनरुत्पादन या फोटोकॉपिंग;
dw/lw: **~pher** /रीप्रअग्रफः/ *n.* फोटोकॉपिंग करने वाला; **~phic** /रिप्रअग्रफिक/ *adj.* फोटोकॉपिंग से संबंधित; **~phically** /रिप्रअग्रफिकलि/ *adv.* फोटोकॉपी के रूप में; **~phics** /रिप्रअग्रफिक्स/ (*informal* **repro**) *n.* दस्तवेजों और तस्वीरों की प्रतिलिपियां बनाने और प्रकाशित करने से संबंधित विज्ञान

reproof /रिप्रूःफ/ *n.* 1 फटकार, निंदा: not a word of ~ 2 उलाहना, ताना: with ~ (उलाहने के साथ, ताना देते हुए); a glance of ~ 3 भर्त्सना, दोषारोपण: administer a sharp ~ to sb 4 पुस्तक आदि की छपाई का नया प्रूफ;

reproof /रीःप्रूःफ/ *v.*, *pt.* **~ed**, *pp* **~ing** 1 रेनकोट आदि को जल-सह बनाना: dirty water proofs cleaned and **~ed** 2 पुस्तक आदि का नया प्रूफ (छपा पाठ) निकालना;
collocations: **repro ~** पुनर्उत्पादित प्रूफ

repro\ve /रिप्रूव/ *v.*, *pt.* **~ved**, *pp* **~ving** 1 (***syn.*** rebuke) फटकारना, धिक्कारना 2 भर्त्सना क., निंदा क.;
n. 1 फटकार, धिक्कार 2 भर्त्सना, निंदा;
dw/lw: **~vable** /रिप्रूवअबल/ *adj.* धिक्कार्य, निंद्य, निंदनीय; **~ving** /रिप्रूविंग/ *adj.* निंदक, धिक्कारपूर्ण; **~vingly** *adv.* धिक्कारते हुए

rept *abbr.* 'receipt', 'report' का संक्षेप

reptant /रेप्टंट/ *adj.*, *biol.* रेंगने वाला

repti\le /रेप्टाइल/ *n.* 1 रेंगने वाला जंतु, सरीसृप 2 कमीना और घिनौना आदमी, पाजी;
adj. 1 रेंगने वाला 2 सरीसृप-सा 3 कमीना, घिनौना;
dw/lw: **~lian** /रेप्टिलिअन/ *adj.* सरीसृप संबंधी; **~liferous** /रेप्टिलिफरस/ *adj.*, *geol.* ऐसी चट्टान जिसमें सरीसृप जीवों के जीवावशेष (सूखी अस्थि-छाप, कंकाल आदि) मिलते हैं

republic /रिपब्लिक/ *n.* 1 गणतंत्र, गणराज्य: people's ~ 2 *fig.* समाज, जगत;
adj. गणतंत्री, गणतंत्रवादी;
collocations: **the ~ of letters** साहित्य जगत; ***Republic of Love*** (Rasul Gamzatov)

republican /रिपब्लिकन/ *n.* 1 गणतंत्रवादी दल 2 (**Republican**, *abbr.* **R**, **Rep.**) अमेरिका की रिपब्लिकन पार्टी का सदस्य 3 गणतंत्र का समर्थक 4 (**Republican**) उत्तरी आयरलैंड और आयर (Eire) का संघ बनाने का पक्षधर;
adj. 1 गणतंत्र संबंधी 2 गणतंत्र जैसा;
dw/lw: **~anism** /रिपब्लिकनिजम/ *n.* 1 गणतंत्रवाद 2 गणतंत्रवाद का समर्थन;
collocations: **the Republican Party** अमेरिका की दो मुख्य राजनीतिक दलों में से ज्यादा दक्षिणपंथी दल

repudia\te /रिप्युडिए\ट/ *v.*, *pt.* **~ted**, *pp* **~ting** 1 (***syn.*** reject) खंडन क., नकारना, इन्कार क.: **~te** one's statement; **~te** the authorship of a book 2 (***syn.*** disown) परित्याग क., छोड़ दे., संबंध-विच्छेद क. 3 अस्वीकार क.: **~te** sb's gift 4 नहीं मानना, मान्य न हो.: **~te** a doctrine 5 तलाक दे. 6 ऋण चुकाने से इन्कार क.;
dw/lw: **~ble** *adj.* त्यक्त करने योग्य; **~tion** /~शन/ *n.* 1 जवाब, इन्कार 2 खंडन: ~tion of one's authorship 3 (***syn.*** disowning) परित्याग, संबंध-विच्छेद 4 अस्वीकरण; **~tor** /~टः/ *n.* खंडनकर्ता, परित्यागी, अस्वीकर्ता; **~tory** /~टरि/ *adj.* परित्याग संबंधी

repugn /रिप्यून/ *v.*, *pt.* **~ed**, *pp* **~ing** 1 घृणा भाव पैदा क. 2 विरोध क., एतराज क.

repug\nance /रिपग्नंस/ *n.* 1 (***syn.*** revulsion, repulsion) के प्रति घृणा: a marked ~nance 2 (***syn.*** inconsistency, contradiction) असंगति, विरोधाभास: the draft must be free from errors or ~nances 3 (***syn.*** resistance) विरोध,

प्रतिकूलता, जुगुप्सा; **~nant** /रिपग्नंट/ *adj.* 1 (***syn.*** repulsive) घिनौना, घृणास्पद, घृणित: ~nant appearance; ~nant odour; ~annt condition 2 (*usually* ~ant with sth) असंगत, विरोधाभासी, प्रतिकूल: his actions are ~annt with his words 3 विरोधी, शत्रुतापूर्ण: a mind n~ant to knowledge; **~nantly** /रिपग्नंटलि/ *adv.* घिनौने ढंग से

repullula\te /रिपल्युलेट/ *v., pt.* **~ted**, *pp* **~ting** 1 फिर से दुत्कारना 2 *med.* (बीमारी का) फिर से होना

repul\se /रिपल्स/ *v., pt.* **~sed**, *pp* **~sing** 1 दुत्कारना: they were **~sed** with laughter; he offered to help but was **~sed** 2 (***syn.*** repel) खदेड़ना, पीछे धकेलना, मार भगाना: **~sed** an attack 3 (***syn.*** rebuff) दो टूक जवाब दे., ठुकराना, अस्वीकार कर दे.: **~se** a request 4 (***syn.*** reject) नकारना, खंडन क.;
n. 1 प्रतिक्षेप 2 दो टूक जवाब, दुत्कार 3 अस्वीकृति, इन्कार 4 हार: suffer/ meet with a **~se**;
dw/lw: **~sion** /रिपल्शन/ *n.* 1 खदेड़, पीछे हटाने की क्रिया: the ~sion of the enemy army 2 घृणा, जुगुप्सा, विभीषिका (≠ attraction): feel a ~sion for sb 3 अनिच्छा, अरुचि 4 *phys.* प्रतिकर्षण, विकर्षण, दो चीजों को एक दूसरे से दूर धकेलने की शक्ति; **~sive** /रिपल्सिव/ *adj.* 1 (***syn.*** disgusting) घिनौना, घृणास्पद, अरुचिकर: ~sive sight 2 तिरस्कारपूर्ण, रूखा, रूखी: cold and ~sive look 3 ठुकरा देने वाला: countries ~sive of this alliance 4 घृणा पैदा करने वाला: ~sive manner 5 प्रतिकर्षक, विकर्षी; **~sively** *adv.* घिनौने ढंग से; **~siveness** *n.* घृणास्पदता, घिनौनापन

repurcha\se /रीपःचेज/ *v., pt.* **~sed**, *pp* **~sing** फिर से खरीदना, पुनः क्रय क.;
n. दोबारा की जाने वाली खरीद

reputable /रेप्युटअबल/ *adj.* 1 नामी, विख्यात, प्रसिद्ध 2 (***syn.*** respected) सम्मानित, प्रतिष्ठित: ~ employment

reputation /रेप्युटेशन/ *n.* 1 ख्याति: a scientist of world ~ ; have a ~ for wit/ for courage 2 यश, कीर्ति: live up to one's ~ (अपने कीर्ति अनुसार खरा उतरना) 3 नेकनामी: be a person of good/ high ~; enjoy a high ~; acquire/ establish/ get a ~; damage/ destroy/ ruin sb's ~ 4 प्रतिष्ठा;
p&i: **a blot/ smirch/ pot/ stain on sb's ~** किसी की नेकनामी पर धब्बा; **a person of ~** इज्जतदार व्यक्ति; **stab sb's ~** किसी की नेकनामी पर धब्बा लगाना

repute /रिप्यूट/ *n.* 1 ख्याति, प्रसिद्धि: writers of ~; a firm of ~; bring sb's name into ~ 2 ख्याति: place of ill ~; in bad ~ 3 (***syn.*** reputation) नेकनामी: be in good ~; place of good ~ 4 प्रतिष्ठा: be held in high ~;
v., *pt.* **~d**, *pp* **reputing** 1 समझना, समझा जा.: ~ him to be a scholar 2 मानना, माना जाना: be **~d t**o be a fine tennis player; be **~d** to be a good doctor; he is well/ ill **~d**;
dw/lw: **~d** /रिप्यूटिड/ *adj.* 1 माना हुआ या जिसे मान लिया गया है: the **~d** author of the old literary work 2 विख्यात, प्रसिद्ध 3 नेकनामी का धनी; **~dly** /रिप्यूटिडलि/ *adv.* (***syn.*** rumoured) जैसा कि माना जाता है: she was ~dly a sharp woman;
p&i: **of ~** प्रसिद्ध, नामी-गिरामी

request /रिक्वेस्ट/ *n.* 1 प्रार्थना: at/ by ~; repeated **~s** for help 2 जिस बात, कार्य या वस्तु के लिए प्रार्थना की जा रही है 3 निवेदन: buses stop by ~ 4 अनुरोध 5 आपूर्ति के लिए मांग: make a ~; samples sent on ~ 6 बाजार में मांग: in great ~;
v., *pt.* **~ed**, *pp* **~ing** 1 विनती या प्रार्थना क.: he **~s** to be excused from this task; your presence is **~ed** 2 (***syn.*** demand) आपूर्ति के लिए मांग क.: the institute was **~ed** further information;
dw/lw: **~ed** *adj.* प्रार्थित; **~er** *n.* प्रार्थी
collocations: **~ programme** प्रार्थित कार्यक्रम; **~ stop** अनुरोध पर बस का ठहराव;
by/ on ~ अनुरोध द्वारा; **court of ~** छोटे-मोटे मामलों की अदालत

requiem /रेक्विअम/ *n.* 1 शोक-गीत 2 शांति-प्रार्थना, शांति-यज्ञ 3 श्राद्ध-गीत,

requiescat /रेक्विएस्कैट/ *n. Christ.* मृत आत्मा की शांति के लिए प्रार्थना

require /रिक्वाय:/ *v., pt.* **~d**, *pp* **requiring** 1 की जरूरत हो.: we ~ extra help; this plant **~s** plenty of water; if **~d** and when **~d** = if and when **~d** (जब कभी भी जरूरत हो) 2 कुछ पाने की इच्छा रखना 3 मांगना 4 हुक्म दे., आदेश दे.: you are **~d** to obey; the court **~s** you to attend 5 अपेक्षा क.: require sb to do sth 6 आवश्यक शर्त हो.: the situation **~s** calmness; as circumstances may/ as occasion shall ~;
dw/lw: **~ment** /रिक्वाय:मंट/ *n.* 1 जरूरत, आवश्यकता: make one's ~ments known; meet the ~ments; the daily ~ments 2 आवश्यक शर्त: fulfil the ~ments of the law 3 जिस चीज के लिए आदेश दिया गया हो

requisite /रेक्विजिट/ *adj.* 1 आवश्यक, जरूरी, जितने की जरूरत हो: the number of votes ~ for election; everything ~ for a long journey 2 अपेक्षित: the ~ measures 3 जिसके बिना काम न चल सके;
n. 1 आवश्यक सामग्री, वस्तु या गुण: travelling **~s**; toilet **~s** 2 अपेक्षित गुण

requisition /रेक्विजिशन/ *n.* 1 अपेक्षा, औपचारिक मांग: upon a ~ of ten members 2 मांग पत्र, आपूर्ति के लिए मांग: ~ for materials/ for supplies; put/ place in ~/ bring/ call into ~, उपयोग कर ले. 3 (***syn.*** taking) अधिग्रहण: ~ slip (मांग-पर्ची) 4 (***syn.*** conditions) शर्त, आवश्यकता: **~s** for a university degree 5 अपेक्षा 6 बाजार में मांग: be in ~;
v., pt. **~ed**, *pp* **~ing** 1 मांग क. 2 अधिग्रहण क.: ~ horses for troops 3 की सहायता लेना, काम में लगाना 4 मीटिंग बुलाने की मांग रखना: ~ a meeting of Academic Council;
dw/lw: **~ary** /रेक्विजिशनरि/ *adj.* मांग संबंधी; **~ist** /रेक्विजिशनिस्ट/ *n.* अधिग्राही, मीटिंग आदि बुलाने की मांग करने वाला

requital /रिक्वाइटल/ *n.* 1 (***syn.*** compensation) प्रत्युपकार, प्रतिपूर्ति, हानिपूर्ति: make full ~ (पूरी हानिपूर्ति क.); in ~ for/ of sth (किसी चीज की क्षतिपूर्ति के रूप में) 2 बदला, प्रतिशोध 3 एवज में प्रतिदान, पुरस्कार: get food and lodgings in ~ for one's services

requi\te /रिक्वाइट/ *v., pt.* **~ted**, *pp* **~ting** 1 (*often* **~te one thing for/ with another**) बदले में क. या देना, प्रतिदान क.: **~te** good with good and evil with evil; **~te** sb's love; **~te** like for like 2 (***syn.*** compensate) प्रति पूर्ति क., हर्जाना दे. 3 (***syn.*** reward) इनाम दे.: **~te** sb for his work 4 (***syn.*** avenge) बदला लेना या चुकाना, प्रतिशोध क.: **~te** sb for perfidy; **~te** the wrongs;

reredos /रिअरडौःस/ *US* रिअरडाःस/ (*also* **reredosse**) *n.* चर्च में वेदी-पटल, वेदी का पर्दा

re-relea\se /रीरिलीज/ *v., pt.* **~sed**, *pp* **~sing** फिर से रिलीज क.

re-rou\te /री-रूट/ *v., pt.* **~ted**, *pp* **~ting** 1 मार्ग, रास्ता बदलना 2 दूसरे मार्ग से भेजना

rerun /रीरन/ *US* (*UK* **repeat**) *n.* 1 टीवी कार्यक्रम, चलचित्र आदि का पुनर्प्रदर्शन 2 दोबारा की जाने वाली दौड़

res. *abbr.* 'research', 'reserve', 'residence', 'resolution' का संक्षेप

resalable /रीसेलअबल/ *adj.* जिसे दोबारा बेचा जा सके

resale /रीसेल/ *n.* पुनर्विक्रय;
collocations: **~ price maintenance** *comm.* (*abbr.* **RPM**) माल उत्पादकों द्वारा मिलकर बाजार के लिए माल के दाम

तय करने की अवैध प्रक्रिया

reschedu\le /रीशेड्यूल/ रीस्केड्यूल/ *v., pt.* **~led**, *pp* **~ling** 1 समय या तारीख़ में परिवर्तन क. 2 कार्यक्रम में परिवर्तन क.

rescind /रिसिंड/ *v., pt.* **~ed**, *pp* **~ing** (***syn.*** revoke) रद्द क.: ~ a contract/ a decision;

dw/lw: **~ment**/ **rescission** /रिसिंडमंट/ रिसिजन/ *n.* मंसूखी, निरसन, रद्दगी

rescission *see above under* **rescind:** ***dw/lw***

rescissory /रिसिसरि/ *adj.* निरसनकारी: ~ action

rescript /रीःस्क्रिप्ट/ *n.* 1 किसी प्रश्न या प्रार्थना के उत्तर में पोप की आधिकारिक घोषणा 2 प्राचीन रोम में किसी कानूनी प्रश्न या प्रार्थना के उत्तर में राजाज्ञा, राजघोषणा 3 कोई भी महत्त्वपूर्ण आधिकारिक घोषणा 4 (***syn.*** rewriting) पुनर्लेख(न) 5 प्रतिलिपि

rescue /रेस्क्यू/ *v., pt.* **~d**, *pp* **rescuing** 1 उद्धार क.: ~ a name from oblivion 2 किसी को खतरे, विपदा, हरण आदि से बचाना: ~ sb from danger; ~ sb from a scrape (किसी को विपदा से बचाना) 3 *law* किसी को हवालात या कैद से छुड़ाना 4 चोरी हुए माल को बल-प्रयोग करके वापस ले.;

n. 1 बचाव: come/ go to the ~2 उद्धार;

adj. बचाव संबंधी: ~ work; ~ party/ detail;

dw/lw: **~-boat** *n.* बचाव-नौका; **~-home** *n.* 1 उद्धारगृह 2 छुड़ाई; **~r** /रेस्क्यूअः/ *n.* बचाव करने वाला;

collocations: **rescue call** किसी मुलाकात या भेंट वार्ता से जल्दी छुटकारा पाने के लिए पहले से तय करके किसी से अपने मोबाइल पर करवाया जाने वाला फोन

research /रिसःच/ रीःसःच/ *n.* 1 शोध, अनुसंधान: carry out/ conduct/ do ~; be engaged in ~; space 2 वैज्ञानिक अध्ययन: ~ into sth; market ~ 3 खोज: ~ indicates/ proves/ reveals/ suggests sth 4 गवेषणा;

adj. शोध संबंधी: ~ work; ~ project

research /रीःसःच/ *v., pt.* **~ed**, *pp* **~ing** 1 (*often* **~ into sth**) शोध क. 2 वैज्ञानिक अध्ययन क. 3 खोजना: search and ~ the ancient manuscripts;

dw/lw: **~er** /रीसःचः/ *n.* शोधकर्ता, अन्वेषक, गवेषक, अनुसंधायक;

collocations: **~ and development** (*abbr.* **R&D**) अनुसंधान और विकास; **~ assistant** शोध सहायक; **~ associate** शोध सहयोगी; **~ fellow** अध्येता; **~ project** शोध परियोजना; **~ scholar** शोध छात्र

resect /रिसेक्ट/ *v. pt* **~ed**, *pp* **~ing** 1 अपच्छेदन क., उच्छेदन क., शल्य क्रिया द्वारा अंग या हड्डी का कोई भाग काटना 2 *surveying* किसी बिंदु को तीन या अधिक पहले से ज्ञात बिंदुओं से देखकर उसकी स्थिति तय क.

reselect /रीसिलेक्ट/ *v. pt.* **~ed**, *pp* **~ing** दोबारा चुनना, पुनः निर्वाचित क.

resell /रीसेल/ *v., pt.* **resold**, *pt. p.* **resold**, *pp* **~ing** फिर बेच दे., पुनर्विक्रय क.

resemblance /रिजेंबलंस/ *n.* 1 (***syn.*** likeness) समरूपता, समानता: there is a great ~ between the children 2 सादृश्य, साम्य 3 सादृश्य या समानता की मात्रा: there is a distant/ faint ~ between them; have a strong ~ to sb/ sth;

p&i: **bear ~ to sb** किसी शक्ल आदि मिलना, सादृश्य हो.

resemblant /रिजेंबलंट/ *adj.* 1 समरूप 2 ललित: ~ arts

resemb\le /रिजेंबल/ *v., pt.* **~led**, *pp* **~ling** 1 मिलता-जुलता हो., शक्ल का मिलना 2 सदृश या साम्य हो. 3 (***syn.*** take after) किसी पर जा., किसी के स्वभाव आदि पर जा.: the boy **~led** his mother

resent /रिजेंट/ *v., pt.* **~ed**, *pp* **~ing** 1 बुरा मानना: he **~s** criticism 2 पर नाराज होना 3 कुढ़ना, चिढ़ना 4 अपमानित समझना;

dw/lw: **~ful** /~फुल/ *adj.* 1 अप्रसन्न, रुष्ट, नाराज: he was ~ful at the whole party 2 (***syn.*** rancorous) विद्वेषी, द्वेषपूर्ण: ~ful words; ~ful temper; **~fully** /~फुलि/ *adv.* अप्रसन्नतापूर्वक, नाराजगी के साथ; **~ment** /~मंट/ *n.* अप्रसन्नता, रोष, नाराजगी: harbour/ cherish ~ment against sb;

p&i: **bear/ have no ~ment against sb** किसी से कोई रंजिश न हो.

reserpine /रिजःपिन/ रिजःपीन/ *n.* एक पौधे से मिलने वाली रक्त-चाप घटाने की दवा

reservation /रेजःवेशन/ *n., pl.* **~s** 1 आरक्षण, प्रारक्षण: ~ in jobs 2 रेल, हवाई सीटों (टिकटों), होटल में कमरों या रेस्त्रां में टेबल आदि का पहले से आरक्षण: make a ~; 3 (*often* **~s**) संशय, शंका, एतराज, हूं-हां, संदेह: accept sth without ~; have **~s** about an idea; mental **~s** 4 संरक्षण, सुरक्षण, अभिरक्षण 5 सुरक्षित अधिकार, विशेष अधिकार 6 (***syn.*** condition) प्रतिबंध, शर्त 7 (***syn.*** sanctuary) आरक्षित क्षेत्र, अभ्यारण्य;

adj. आरक्षण संबंधी: ~ clerk; ~ policy

reserve /रिजःव/ *v., pt.* **~d**, *pp* **reserving** 1 (***syn.*** book) आरक्षित क., सुरक्षित या प्रारक्षित क. या कराना: ~ a seat; ~ a room 2 सुरक्षित रखना 3 बचाकर रखना, रख छोड़ना, रोक रखना: ~ money for emergencies; ~ oneself for sth; ~ one's strength for the climb 4 (***syn.*** set apart) के लिए अलग क., नियत क.: ~ the subject for future discussion 5 न्यायाधीश आदि द्वारा फैसले को सुरक्षित रखा जाना: ~ a judgment 6 अधिकार आदि अपने पास रखना: all rights **~d**;

n. 1 बचाकर रखे अनाज आदि का भंडार: a ~ of food 2 सुरक्षित, अतिरिक्त या उपलभ्य रकम, राशि, संचय, बचत, निधि: keep a ~; in ~ 3 (*also* **reserve**), *milit.* रिजर्व, रिजर्व सेना, सैनिक सेवा से बाहर रखे हुए सैनिक बल जिन्हें आवश्यकता पड़ने पर सेवा के लिए बुलाया जा सकता है 4 प्रतिबंध, शर्त: without ~ 5 अपवाद 6 (*usually* **the ~s**), *sports* अतिरिक्त टीम या अतिरिक्त खिलाड़ी: playing for the **~s** 7 (***syn.*** reticence) आत्मसंयम, रूखापन, गैरमिलनसारिता, अल्पभाषिता, संकोच 8 (***syn.*** sanctuary) आरक्षित क्षेत्र: a nature ~ 9 नीलामी के लिए किसी वस्तु का पहले से तय किया हुआ निम्नतम दाम 10 आरक्षित करने की क्रिया 11 (*often* **~s**), *financial* किसी कंपनी के धन और संपत्ति का भंडार 12 रिजर्व बैंक जैसे केंद्रीय बैंकों में सुरक्षित रखे सोने और विदेशी मुद्रा के भंडार: **~s** of gold etc. 13 (*usually* **reserve**) तेल, गैस आदि के भंडार: a ~ of petroleum supply 14 कठिन समय के लिए अतिरिक्त शारीरिक ऊर्जा, मानसिक शक्ति, दम-खम (stamina) का संचय: ~ of strength;

adj. अतिरिक्त: ~ supply;

dw/lw: **~d** /रिजःवड/ *adj.* 1 अपने मत को बचाकर रखने के लिए संयत 2 (*also see the verb*) बचा हुआ, बाकी, रखा हुआ, रक्षित, सुरक्षित, अलग किया हुआ 3 नियत, आरक्षित, प्रारक्षित 4 स्थगन के माध्यम से सुरक्षित: ~d verdict 5 (***syn.*** reticent, introvert, shy) संयमी, अल्पभाषी, चुप्पा, रूखा, गैरमिलनसार, संकोची; **~-fund** *n.* आरक्षित निधि, उपलभ्य रकम, राशि, संचय, बचत; **~dly** /रिजःवडलि/ *adv.* संयत भाव से, संकोचपूर्वक, सावधानी से; **~dness** *n.* 1 संयतता 2 संकोच, रूखापन, गैरमिलनसारिता;

collocations: **~ ammunition** बचाकर अलग रखा हुआ बारूद; **~ bank** किसी देश का केंद्रीय बैंक जिसमें मुद्रा के नोटों व सोने आदि के भंडार सुरक्षित रखे जाते हैं; **~ capacity** 1 (***syn.*** stamina) अतिरिक्त क्षमता या सक्षमता 2 समाहितता; **~ currency** केंद्रीय बैंक या रिजर्व बैंक में रखे विदेशी मुद्रा के भंडार; **~ officer** रिजर्व में रखा हुआ सैनिक अफसर; **~ ration** अतिरिक्त राशन; **~ list** सेवा-निवृत्त सैनिक अफसरों की सूची जिन्हें जरूरत पड़ने पर सैनिक सेवा के लिए बुलाया जा सकता है; **~d occupation** राष्ट्रीय महत्त्व का व्यवसाय जिसकी बदौलत युद्ध के दौरान इस कार्य में रत व्यक्ति को युद्ध सेवा के लिए नहीं बुलाया जाता; **~ price** (*also* **floor price**) नीलामी के लिए न्यूनतम दाम: place a ~ price upon a picture (चित्र की नीलामी का न्यूनतम

दाम तय क.); **~ed word** *comput.* ऐसा शब्द जिसका कंप्यूटर प्रोग्राम के लिए विशेष अर्थ है और उसे सूचनाओं के प्रविष्टीकरण (data entry) के समय प्रयोग में नहीं लाया जा सकता;
bank ~ बैंक की कुल जमा राशि; **game** ~ अभयारण्य; **tacit** ~ परोक्ष या चुपचाप मानी जाने वाली शर्त या उपबंध;
p&i: **~ the master below** तुरुप का पत्ता या इक्का बचाकर रखना
keep in ~ for a rainy day मुसीबत की घड़ी के लिए सुरक्षित रखना

re-ser\ve *v., pt.* **~ved**, *pp* **~ving** दोबारा सर्विस क.

reservist /रिजःविस्ट/ *n., milit.* रिजर्व-सैनिक

reservoir /रेजअवाः(र)/ *n.* 1 हौज, कुंड 2 जलाशय, तालाब 3 टंकी (large container): the ~ of an oil pump 4 (*syn.* receptacle) बड़ा आधान या पात्र 5 *fig.* भंडार, खजाना: ~ of knowledge; a ~ of strength;
collocations: **~ rock** *geol.* एक छिद्रिल चट्टान जिसमें ढेर सारा खनिज तेल और गैस समा सकते हैं

reset (button) /रीःसेट/ *n.* 1 'रीसेट' बटन दबाकर की जाने वाली कंप्यूटर की सेटिंग (setting) 2 पुनर्मिलान;
v., *pt.* **reset**, *pt. p.* **reset**, *pp* **~ting** 1 टूटे अंग, पुस्तक की टाइप, आभूषणों में मणि आदि को फिर से लगाना 2 मीटर को शून्य पर लगाना

resett\le /रिसेटल/ *v., pt.* **~led**, *pp* **~ling** 1 नए देश में जाकर बसना: **~le** oneself 2 किसी को अन्य स्थान पर बसाना: they were **~led** by force 3 तरल रेत आदि का पात्र के तल या तह में जमना या एकत्र हो.: the mud **~led** at the bottom;
dw/lw: **~lement** /रिसेटलमंट/ *n.* उपनिवेश, पुनर्वास

res gestae /रेस जेस्टि/ *Lat.* 1 साहसिक कार्य 2 *law* साक्ष्य के रूप में मान्य किसी मामले से संबद्ध तथ्य

resha\pe /रिशेप/ *v., pt.* **~ped**, *pp* **~ping** नई शक्ल बनाना;
dw/lw: **~ping** *n.* नई शक्ल बनाने की क्रिया

reshuff\le /रीशफल/ *n.* 1 ताश के पत्तों को मिलाने की क्रिया 2 अदल-बदल 3 मंत्रिमंडल में फेर-बदल: a cabinet **~le**/ the **~le** of the cabinet;
v., *pt.* **~led**, *pp* **~ling** 1 अदल-बदल क. 2 पत्तों को दोबारा फेंटना 3 मंत्रिमंडल आदि में फेर-बदल क.

reside /रिजाइड/ *v., pt.* **~d**, *pp* **residing** 1 निवास क., रहना: ~ in/ with, etc.; ~ in the country; ~ abroad; permission to ~ 2 में गुण या विशेषता हो., में अंतर्निष्ठ (be inherent), विद्यमान होना (be present): fertility **residing** in the soil 3 (**~ in sb**) के पास हो., में निहित होना (be vested in);
p&i: **the power ~s in the people** सत्ता जनता के हाथ में है

residence /रेजिडंस/ *n.* 1 वास, निवास, आवास: ~ of undergraduates; the undergraduates are not yet in ~ 2 निवास-स्थान, रिहाइश: have one's ~; change one's ~ 3 भवन, निवास: official ~ 4 निवास काल: during my ~ abroad;
collocations: **hall of** ~ छात्रावास; **in** ~ किसी विश्वविद्यालय में कुछ समय रह कर काम करने की प्रक्रिया: be in ~ at Oxford; the university has an artist in ~; official in ~ (नौकरी के स्थान पर रहने वाला कर्मचारी); **official** ~ पदावास

residency /रेजिडंसि/ *n., pl.* **residencies** 1 निवास 2 बैंड आदि की नियत समय के लिए किसी विशेष स्थान पर होने वाली नियुक्ति 3 आजादी से पहले ब्रितानवी गवर्नर का सरकारी निवास 4 *N. Amer.* चिकित्सा-शिक्षा और इंटर्नशिप (internship) के बाद उच्चतर शिक्षा का काल

resident /रेजिडंट/ *n.* 1 स्थायी निवासी: the **~s** of the suburbs 2 *US* अस्पताल में रह कर अतिरिक्त प्रशिक्षण प्राप्त करने वाले डॉक्टर 3 होटल में ठहरने वाला व्यक्ति 4 होस्टल में ठहरने वाला छात्र 5 किसी क्षेत्र विशेष में रहने वाला पक्षी या जानवर;
adj. 1 एक स्थान पर निवास करने वाला, आवासी: ~ tutor/ master 2 (***syn.*** inherent, vested) विद्यमान, निहित: difficulties ~ in the situation; privileges ~ in a class 3 स्थानिक, आवासी, रिहाइशी (bound to residence) 4 *comput.* स्मृति-पटल पर स्थित (files and programmes located in memory);
dw/lw: **~ial** /रेजिडेंशिअल/ *adj.* 1 आवासीय, आवासी, रिहाइशी 2 *UK* जहां निवास और कार्य-स्थल एक ही जगह हो 3 आवास या निवास संबंधी; **~iary** /रेजिडेंशिअरि/ *adj.* आधिकारिक निवास से संबंधित; **~iary** *n. pl.* ~iaries अधिकारी, विशेषकर पादरी, जिसके लिए एक निर्धारित निवास स्थान पर रहना आवश्यक होता है; **~ship** *n.* आवासीय स्थिति;
collocations: **~ alien** किसी अन्य देश का नागरिक जिसे अमेरिका में रहने की अनुमति हो; **~ doctor** आवासी चिकित्सक; **~'s association** किसी स्थान विशेष के निवासियों की समिति; **~ial course** छात्रावास में रहकर कॉलेज या विश्वविद्यालय में किया जाने वाला कोर्स; **~ial district/ area** रिहाइशी क्षेत्र; **~ial home for the elderly** वृद्धाश्रम; **~ial rental** रिहाइशी मकानों का किराया; **~ial requirement for students** शोध कार्य आदि के लिए छात्रों के लिए शिक्षा-संस्थान में रहने की शर्त; **~ial university** रिहाइशी विश्वविद्यालय; **~ magistrate** आवासी मजिस्ट्रेट

residual /रिजिड्यूअल/ *adj.* 1 बचा हुआ: ~ action/ effect 2 *math.* शेष: ~ value 3 अवशिष्ट;
n. 1 बची हुई वस्तु 2 शेष राशि 3 (*often* **~s**) अभिनेता गायक आदि को उनके मौलिक काम के बाद दोबारा दिखाए जाने वाली फिल्म, नाटक आदि या रेडियो आदि पर दोबारा सुनाए जाने वाले गीत आदि के लिए अतिरिक्त स्वत्व-शुल्क

resi\due /रेजिड्यू/ *n.* 1 एक हिस्से के खत्म होने के बाद बचा भाग, अवशेष 2 अंश 3 *law* मृत व्यक्ति की संपत्ति में से उसके ऋण, देनदारी आदि निकालने के बाद बचा हिस्सा 4 *chem.* वाष्पीकरण (evaporation), ज्वलन (combustion) या आसवन (distillation) आदि के बाद बचने वाला पदार्थ;
dw/lw: **~duary** /रिजिड्युअरि/ *adj.* 1 वाष्पीकरण, ज्वलन या आसवन के बाद बचने वाला: ~duary substances; ~duary waters 2 *law* मृत व्यक्ति की संपत्ति में से उसके ऋण, देनदारी आदि निकालने के बाद बचे हिस्से से संबंधित: ~duary legatee (देनदारी आदि चुकाने के बाद बची संपत्ति का उत्तराधिकारी); ~duary estate

residuum /रिजिड्यूम/ *n., pl.* **residua** 1 क्रिया या प्रतिक्रिया पूरा होने के बाद बचा अवशेष 2 (***syn.*** riff-raffs or dregs of society) निम्न-वर्ग, कुली-कबाड़ी

re-sign /रीःसाइन/ *v., pt.* **~ed**, *pp* **~ing** पुनः हस्ताक्षर क.

resign /रिजाइन/ *v., pt.* **~ed**, *pp* **~ing** 1 (**~ from a job, post**, etc.) त्याग पत्र दे., इस्तीफा दे.: ~ office/ management; ~ from the Cabinet 2 (***syn.*** give up) स्थिति से समझौता कर लेना: ~ oneself to one's fate;
dw/lw: **~ation** *see below under a separate entry*; **~ed** /रिजाइंड/ *adj.* (*often* **~ed to sth**) 1 जिसने बिना संघर्ष किए घुटने टेक दिए हों: ~ed to one's fate 2 स्थिति से समझौता कर लेने वाला 3 विवशता के कारण राजी, सहमत, संतुष्ट; **~er** /रिजाइनः/ *n.* त्यागपत्र देने वाला व्यक्ति;
p&i: **~ oneself to sleep** अपने आप को नींद के हवाले कर दे.; **~ one's calm** मन की शांति खो देना; **~ one's mind to sth** मन को किसी बात का आदी होने दे.; **~ to fate** किस्मत के साथ समझौता कर लेना

resignation /रेजिगनेशन/ *n.* 1 इस्तीफा, पद-त्याग: accept/ call for VC's ~; announce/ hand in/ tender one's ~; the ~ of sb; sb's ~ as manager/ chairman, etc. 2 त्याग-पत्र: a letter of ~ 3 मौन समर्पण, विरक्ति: accept one's fate with ~ 4 स्थिति से समझौता: with ~ (समर्पण करते हुए)

resile /रिजाइल/ *v., pt.* **~d**, *pp* **resiling** 1 हिम्मत न हारना, निरंतर अपना वजूद बनाए रखना 2 लचीला होना 3 समझौते या वचन से पीछे हट जा.: ~ from a contract/ from a statement; ~ from one's pessimistic views 4 डर या घृणा से सिहरकर पीछे हट जा. 5 उछलकर पहली स्थिति में आ जा.

resi\lience /रिजिलिअंस/ (**~liency**) *n.* 1 संघर्षशीलता 2 लचीलापन, लोच: the **~lience** of rubber 3 प्रतिस्कंदन, समुत्थान-शक्ति 4 उछलकर वापस अपनी जगह आने की क्रिया;
dw/lw: **~lient** /रिजिलिअंट/ *adj.* 1 हिम्मत न हारने वाला, संघर्षशील 2 लोचदार, लचीला 3 खिन्नता से निकलकर शीघ्र प्रसन्नचित्त व आनंदित हो जाने वाला: ~lient disposition 4 प्रतिस्कंदी; **~liently** /रिजिलिअंटलि/ *adv.* 1 संघर्षशीलतापूर्वक 2 लचीले ढंग से

resin /रेजिन/ *n., pl.* **~s** 1 राल 2 कृत्रिम गोंद: natural/ synthetic **~s**;
v., *pt.* **~ed**, *pp* **~ing** 1 किसी पदार्थ पर गोंद चढ़ाना 2 वायलिन आदि वाद्यों की तारों पर गोंद लगाना;
dw/lw: **~iferous** /रेजिनिफरस/ *adj.* रालमय; **~ify** *v., pt.* ~ified, *pp* ~ifying रेजिन या राल बनाना, रालयुक्त क.; **~ous** /रेजिनस/ *adj.* रालदार

resipiscence /रेसिपिसंस/ *n.* सद्‌बुद्धि, बेहतर मनोदशा

resist /रिजिस्ट/ *v., pt.* **~ed**, *pp* **~ing** 1 (स्वयं को) रोकना: he just can't ~ chocolate; ~ temptation 2 प्रतिरोध क., मुकाबला क.: we could not ~ the freezing blast 3 विरोध क., का सामना क.: ~ authority 4 बाधा डालना 5 (***syn.*** negative action-proof) किसी नकारात्मक क्रिया को होने न दे.: a metal which **~s** corrosion; ~ disease; a plant that **~s** cold 6 (***syn.*** keep off) निवारण क.: ~ old age;
n. रोध;
dw/lw: **~ive** *adj.* प्रतिरोधक; **~or** *n.* प्रतिरोधक

resis\tance /रिजिस्टंस/ *n.* 1 प्रतिरोध: offer **~tance**; line of least **~tance** (आसान पर अनुचित राह चुनने की नीति); **~tance** movement (*see below under* 6) 2 विरोध, मुकाबला 3 प्रतिरोधक शक्ति, तितिक्षा, मुकाबला करने की शक्ति: **~tance** to cold; **~tance** to wear and tear (टूट-फूट या खराब होने का अवरोध); **~tance** is low during the winter months 4 (***syn.*** hindrance) बाधा, रुकावट 5 वैद्युत अवरोध 6 (**the Resistance**) देश की आजादी के लिए या दमन के विरुद्ध भूमिगत संघर्ष, जैसा फ्रांस में जर्मन फासीवाद के विरुद्ध किया गया था;
dw/lw: **~tant** /रिजिस्टंट/ *adj.* 1 प्रतिरोधी 2 प्रतिरोधक: water-resistant; **~ter** /रिजिस्टः/ *n.* निष्क्रिय (passive) विरोध का समर्थक: passive ~ter

resistible /रिजिस्टअबल/ *adj.* जिसका प्रतिरोध किया जा सके

resistivity /रेजिस्टिविटि/ *n., phys.* वैद्युत प्रतिरोधकता

resistless /रिजिस्टलेस/ *adj.* जिस पर काबू न पाया जा सके: the ~ wind

resistor /रिजिस्टः/ *n., elec.* प्रतिरोधक, विद्युत परिपथ में प्रतिरोधक उपकरण

resit /रीःसिट/ *v., pt.* **resat**, *pt. p.* **resat**, *pp* **resitting** (***syn.*** retake exam.) दोबारा परीक्षा के लिए बैठना

reskill /रीस्किल/ *v., pt.* **~ed**, *pp* **reskilling** 1 नई नौकरी करने के लिए नया हुनर या कौशल सीखना 2 किसी को नया हुनर या कौशल सिखाना

resoluble/ **resolvable** /रिजौल्युबल/ रिजॉल्वअबल/ *US* रिजाःल्युबल/ रिजॉल्वअबल/ *adj.* विघट्य, विश्लेष्य, समाधेय, घुलने योग्य;

resolute /रेजअलूट/ रेजअल्यूट/ *adj.* 1 (***syn.*** determined) संकल्पशील, दृढ़निश्चयी, कृतसंकल्प: ~ tone/ man; be ~ for/ against sth 2 (***anton.*** irresolute) दृढ़, जो ढुलमुल न हो: a ~ response;
dw/lw: **~ly** /~लि/ *adv.* दृढ़तापूर्वक; **~ness** /~नेस/ *n.* (***syn.*** firmness) दृढ़ता, अटलता

resolution /रेजअलूशन/ *n.* 1 (***syn.*** firmness) दृढ़ता, दृढ़प्रतिज्ञता: a man of ~; deeds of high ~ 2 (***syn.*** resoluteness, resolve) दृढ़निश्चयता, दृढ़संकल्पता: show great ~ 3 (***syn.*** firm decision) संकल्प: make a ~; New Year's ~ 4 प्रस्ताव: draft ~; pass/ carry/ adopt a ~ 5 (***syn.*** solution, settlement) समाधान, हल: a ~ of the conflict/ of the dispute 6 *comput.* कंप्यूटर या टीवी स्क्रीन (screen) पर या छपी प्रति में किसी बिंब को बहुत सूक्ष्मता के साथ दिखाने की क्षमता: high ~ graphics 7 *chem.* विघटन, विभेदन, विखंडन 8 *math.* वियोजन 9 *med.* उपशमन, फोड़े-फुंसी का खात्मा 10 *philos.* निश्चय, दृढ़ता, नियति 11 *lit.* बड़े वाक्यों के स्थान पर छोटे-छोटे वाक्यों में अभिव्यक्ति, सरलीकरण

resolvable /रिजौल्वअबल/ *US* रिजाःल्वअबल/ *adj.* समाधान के योग्य, समाधेय

resolve /रिजौल्व/ *US* रिजाः\ल्व/ *v., pt.* **~d**, *pp* **resolving** 1 समाधान क., निपटाना: the problem has not yet been **~d** 2 (***syn.*** settle) मतभेद मिटाना 3 संशय या शंका मिटाना, कठिनाई दूर क. 4 (*usually* **~ on/ to do sth**) निश्चय या संकल्प क.: he **~d** to make an early start; ~ upon doing sth 5 प्रस्ताव पारित क.: the university **~d** to scrap the Four-Year Under-Graduate Programme (FYUP); it was **~d** unanimously that ... 6 *chem.* 6.1 (***syn.*** break up) विघटित क., खंडित क., खंड-खंड हो., विभेदन क.: ~ sth into its elements; the water **~s** itself into steam; the fog **~d** itself into rain 6.2 (*often* **~ into**) खंडों में बंटना, खंडित हो.: the Roman Empire **~d** into its elements; his complaint **~s** itself into two parts 7 *math.* वियोजित क. 9 कंप्यूटर या टीवी स्क्रीन आदि द्वारा किसी बिंब को बहुत सूक्ष्मता के साथ दिखाना 10 *optics* टेलीस्कोप, माइक्रोस्कोप आदि द्वारा किसी चीज को बहुत सूक्ष्मता के साथ दिखाया जाना 11 *med.* (***syn.*** remove) फोड़ा-फुंसी आदि को हटाना, का निराकरण क.;
n. (***syn.*** resolution) दृढ़ निश्चय या संकल्प: reiterate one's ~ to do well in exams.;
dw/lw: **~d** /~ल्वड/ *adj.* कृत संकल्प, दृढ़: men of ~d temper; **resolvent** /~ल्वंट/ *adj., mainly med.* जो फोड़ा-फुंसी आदि का निवारण कर सके;
collocations: **resolving power** *phys.* टेलीस्कोप, माइक्रोस्कोप आदि द्वारा किसी चीज को बहुत सूक्ष्मता के साथ दिखाने की क्षमता;
p&i: **~into** किसी पेचीदा बात को सरल भागों में बांटकर समझने योग्य बनाना; **~ on/ upon** किसी बात का फैसला क.; **~ to do** कुछ करने का फैसला क.; **~d mind hath no cares** सुलझे व्यक्ति या स्पष्ट द्रष्टा को कोई चिंता नहीं होती

reso\nance /रेजअनंस/ *n.* 1 प्रतिध्वनि, गूंज, अनुनाद 2 (***syn.*** movement) संस्पंदन, संदोलन, अनुकंपन, गुंजार: acoustic **~nance** 3 साहित्यिक कृति आदि द्वारा मानव मन में पैदा की जाने वाली छवि या भावनाएं;
dw/lw: **~nance-box** *n.* प्रतिध्वनि बक्सा; **~nator** /रेजअनेटः/ *n.* अनुनादक उपकरण; **~nant** /रेजअनंट/ *adj.* 1 गूंजने वाला, गूंजता रहने वाला: his name was ~nant in Europe at the beginning of this century 2 अनुनादी: the grove became ~nant with sound 3 गुंजायमान (of voice): a deep ~nant voice; **~nate** /रेजअनेट/ *v., pt.* ~nated, *pp* ~nating 1 (***syn.*** resound) गूंजना 2 प्रतिध्वनि पैदा क. 3 किसी को किसी बात की याद दिलाना: the issue of spiraling prices ~nates with the voters; **~nator** /रेजअनेटः/ *n.* अनुनादक (ध्वनि को बढ़ाने-घटाने वाला उपकरण);
p&i: **~nate with** की गूंज से भरा हो.

resorb /रिसॉःब/ रिजॉःब/ *v., pt.* **~ed**, *pp* **~ing** पुनःशोषण क.;
dw/w: **~ence**/ **resorption** /रिसॉःबंस/ रिसॉःपशन/ *n.*

पुनर्शोषण; **~ent** /रिसॉःबंट/ *adj.* पुनःशोषक

resort /रिज़ॉःट/ *n.* 1 आनंद-स्थली, छुट्टी मनाने के लिए उपयुक्त स्थल, सैरगाह: a holiday ~; the Spanish ~s; health ~; seaside ~; summer ~ 2 आश्रय, शरण, अड्डा: ~ of thieves 3 सांत्वना, आशा, सहारा: that is my only ~ 4 (***syn.*** recourse) उपाय, चारा, विकल्प: the last ~; have ~ to force/ violence; without ~ to force/ violence; in the last ~ (आखिरी विकल्प के रूप में) 5 (***syn.*** visiting) मेहमाननवाजी; *v., pt.* **~ed**, *pp* **~ing** (*usually* **~ to sth** or **somewhere**) 1 (***syn.*** have recourse to) का सहारा लेना: ~ to force; ~ to sth/ doing sth; ~ to all sorts of precautions/ to every kind of trick; ~ to compelling; ~ to blows 2 आनंद-स्थली जाना;
p&i: **resort to** का सहारा ले., नकारात्मक चाल प्रयोग में लाना; **in the last** ~ अंतिम चाल या हथियार के रूप में

resound /रिजाउंड/ *v., pt.* **~ed**, *pp* **~ing** 1 गूंजना: the hall **~ed** to their cheers; her fame **~ed** throughout the country 2 (**~ with/ to sth**) प्रतिध्वनित हो.: the sound of canons **~ed** from one end of the peninsula to the other 3 की चर्चा फैल जाना 4 प्रशंसा को दोहराना और फैलाना: ~ sb's praises 5 यशोगान हो. या क.: Milton, a name to ~ for ages;
dw/lw: **~ing** /रिजाउंडिंग/ *adj.* 1 (***syn.*** resonant) गूंजने वाली 2 (***syn.*** emphatic) स्पष्ट और निर्णायक: a ~ing success/ victory/ failure, etc.; **~ingly** /रिजाउंडिंगलि/ *adv.* निर्णायक ढंग से

resound/ re-sound *v., pt.* **~ed**, *pp* **~ing** दोबारा ध्वनित क.

resource /रिसॉःस/ रिज़ॉःस/ *n.* 1 सहारा, सहायता 2 उपाय, युक्ति, रास्ता, साधन: draw upon one's own **~s**; deception was his only ~ 3 (***syn.*** relaxation) विश्राम 4 (***syn.*** ingenuity) विदग्धता, उपायकुशलता, चातुर्य, सूझ-बूझ: full of ~; man of great; man of no ~; without/ beyond ~ 5 जनसाधारण का सहारा 6 (*usually* **~s**) साधन, स्रोत, संबल, संपत्ति: human **~s**; the **~s** in men and ammunition; be at the end of one's **~s**; make the most of one's **~s**; reading had been her chief ~; natural **~s** 7 किसी देश की आय का मुख्य स्रोत;
v.*, pt.* **~d**, *pp* **resourcing** धन, साधन व उपकरण मुहैया कराना;
dw/lw: **~ful** /रिसॉःसफुल/ *adj.* 1 साधनशाली, साधन-संपन्न 2 (***syn.*** enterprising) सक्षम तथा चतुर (तिकड़मी) 3 विदग्ध, उपायकुशल; **~fully** *adv.* चतुराई से; **~fulness** /रिसॉःसफुलनस/ *n.* साधन-संपन्नता, सक्षमता, चातुर्य;
p&i: **leave sb to his own ~s** किसी को उसी के हाल पर छोड़ देना

respect /रिस्पेक्ट/ *n.* 1 आदर, इज्जत: worthy of ~; have/ show great/ no, etc. ~ for sb; treat sb/ sth with respect 2 श्रद्धा: be held in great ~; have the greatest ~ for sb 3 मान-सम्मान, पसंद, प्रशंसा: win the ~ of all; have lost all ~ 4 (***syn.*** consideration) ध्यान, लिहाज: ~ for sb's feelings; out of ~ for sb; have/ pay ~ to the needs of the general reader 5 (***syn.*** aspect) पहलू, प्रकार, विशेषता, आयाम, पक्ष: in many/ some **~s**; in all **~s**, in every ~; in no ~ 6 संदर्भ, संबंध: these letters are undated both in ~ of time and place;
v.*, pt.* **~ed**, *pp* **~ing** 1 सम्मान क.: love and ~ sb 2 आदरपूर्ण हो.: the last part of the book **~s** neither babe, young nor old; pay one's **~s** to sb 3 पूरा ध्यान रखना, का ध्यान रखना: respect sb's wishes 4 पर श्रद्धा रखना 5 प्रशंसा क., उचित श्रेय व सम्मान दे.: he **~ed** his grandfather 6 से संबंध रखना 7 नियम, कानून आदि का पालन क.: ~ the speed limit;
dw/lw: **~ability** /रिस्पेक्टअबिलिटि/ *n.* प्रतिष्ठा, आदर-सम्मान; **~able** /रिस्पेक्टअबल/ *adj.* 1 सम्माननीय 2 आदरणीय, माननीय 3 प्रतिष्ठित 4 (***syn.*** acceptable) उचित: ~able behaviour; it is not considered ~able to enter a room without knocking 5 काफी अच्छा: act from ~able motives; ~able weather 6 ठीक-ठाक, अच्छा-खासा: the article was ~able but not outstanding 7 काफी-सारा, बड़ा (in number size etc.): a ~able turnout; **~ably** /रिस्पेक्टअबलि/ *adv.* प्रतिष्ठापूर्वक, सही ढंग से; **~ed** /रिस्पेक्टिड/ *adj.* आदरणीय, माननीय; **~er** *n.* सम्मान करने वाला: the disease is no ~er of age or social class; **~ful** /रिस्पेक्टफुल/ *adj.* 1 आदरपूर्ण, आदरजनक: at a ~ful distance 2 (***anton.*** disrespectful) श्रद्धालु: he is ~ful of tradition; **~fully** /रिस्पेक्टफुलि/ *adv.* सादर, बाइज्जत; **~ing** /रिस्पेक्टिंग/ *prep.* (***syn.*** with ~ to) के विषय में: we could not agree ~ing the price; **respective**, **respectively** *see below under separate entry*; **~worthy** *adj.* सम्माननीय, आदर योग्य;
self-~ *n.* आत्म-सम्मान;
p&i: **~ a man, he will do the more = ~ begets ~** किसी का आदर करोगे तो वह आपका दुगना आदर करेगा;
be no ~er of persons व्यक्ति और उसके पद की परवाह न क.; **command** ~ आदर पाना, आदरणीय हो.; **give him my best ~s** उसे मेरा आदरपूर्ण नमस्कार कह दीजिएगा; **hold sb in ~** किसी के प्रति आदर भाव हो.; **in respect of/ with respect to sth** किसी बात के संबंध में; **in this respect/ in many respects** इस संबंध में/ बहुत सारे पहलुओं के संबंध में; **pay one's ~s to sb** 1 (*also* **pay one's last ~s**) अंतिम संस्कार के समय श्रद्धांजलि अर्पित क. 2 किसी को नमस्कार क. 3 सम्मान दे.; **the frontiers often have ~ to no natural boundaries** आधिकारिक सीमाएं प्रायः प्राकृतिक सीमाओं से मेल नहीं खातीं; **in ~ to** के संबंध में; **with all due ~ to sb ...** किसी का सम्मान करते हुए; **with ~ to sth** किसी चीज के बारे में; **without** ~ को गिनती में लिए बिना; **without ~ of persons** किसी के पद या पदवी की परवाह किए बिना

respective /रिस्पेक्टिव/ *adj.* अपना-अपना, निजी: our ~ homes; in their ~ places

respectively /रिस्पेक्टिवलि/ *adv.* क्रमशः, क्रमानुसार: they were ~ president and secretary of the society; the first, second and third prizes went to Ram, Raj and Vikas ~

respirable /रेस्पिरअबल/ *adj.* अन्तःश्वसनीय

respira\tion /रेस्पिरेशन/ *n.* 1 श्वसन: normal/ assisted **~tion** 2 सांस लेने की क्रिया: the **~tions** are slightly increased 3 सांस खींचने और छोड़ने की क्रिया;
dw/lw: **~tor** /रेस्पिरेटः/ *n.* सांस लेने में सहायक उपकरण, श्वसन-यंत्र, श्वसित्र, श्वास-मुखौटा; **~tory** /रिस्पिरअटरि / रेस्पअरअटरि / *US* रेस्पअरअटॉःरि / रिस्पाइरअटरि/ *adj.* श्वास-संबंधी: ~tory organs/ system; ~tory movement

respire /रिस्पायः/ *v., pt.* **~d**, *pp* **respiring** 1 सांस खींचना और छोड़ना 2 थोड़ा सांस लेना, थोड़ा आराम क. 3 चैन की सांस ले.: the station lights were in sight and the tourists **~d** 4 कान में बात कहना: did he ~ it into your ear?

respirometer /रेसपिरौमिटर/ *n.* फेफड़े की वायु-समाहितता मापने का उपकरण

respite /रेस्पाइट/ *US* रेस्पिट/ *n.* 1 राहत, राहत की सांस 2 (***syn.*** delay) अस्थायी विलंब 3 दर्द या पीड़ा में अस्थायी राहत: his toothache gives him no ~ 4 (***syn.*** rest) विराम, आराम: work without ~ 5 (***syn.*** reprieve) अपराधी को दंड देने में अस्थायी स्थगन: get a ~; grant a ~;
v.*, pt.* **~d**, *pp* **respiting** 1 स्थगन क.: he will ~ his answer till his return 2 आराम दे., अस्थायी रूप से स्थगित क.: ~ a condemned man (फांसी की सजा पाए अपराधी को समय की थोड़ी राहत मिलना)

resplen\dence /रिस्पलेंडंस/ (*also* **~dency**) *n.* चमक,

चमचमाहट, दीप्ति;

***dw/lw:* ~dent** /रिस्पलेंडंट/ *adj.* 1 दीप्त, चमाचम, झकाझक, शानदार: be ~dent in colours and gold 2 बहुत बढ़िया, समुज्जवल, देदीप्यमान: he was ~dent in his uniform; **~dently** /रिस्पलेंडेंटलि/ *adv.* शानदार ढंग से

respond /रिस्पौंड/ *US* रिस्पांड/ *v., pt.* **~ed**, *pp* **~ing** 1 (***syn.*** reply) उत्तर दे. 2 सही प्रभाव हो. 3 वाजिब जवाब दे.: ~ with a blow 3 (***syn.*** react) प्रतिक्रिया दिखाना: I smiled at her, but she didn't ~; ~ to kindness 4 (*usually* ~ to sth) उपचार के फलस्वरूप सुधार हो.: ~ to treatment;

n. 1 उत्तर, अनुवचन 2 *arch.* भित्ति स्तंभ;

***dw/lw:* ~ence** /~डंस/ (*also* **~ency**) *n.* 1 प्रतिक्रिया: movements in ~ence to external agencies 2 मेल, सहमति: the facts bear no mutual ~ence; **~ent** /~डंट/ *n.* 1 उत्तर देने वाला 2 प्रतिवादी, मुद्दई, प्रत्यर्थी 3 *psychol.* किसी बाहरी उद्दीपन (stimulus) के प्रति संवेदनशील व्यक्ति; **~ent** *adj.* 1 उत्तर देने वाला 2 प्रतिक्रियाशील 3 संवेदनशील: ~ent sentiments; ~ent heart;

responsary /रिस्पौंसरि/ *US* रिस्पांसरि/ *n.* चर्च की प्रार्थना सभा का भजन, अनुवाक्य

respon\se /रिस्पौंस/ *US* रिस्पांऑ\स/ *n.* 1 उत्तर, जवाब: in **~se** to sth; sb's **~se** to sth 2 (***syn.*** reaction) प्रतिक्रिया: **~se** to president's message; met with little **~se**; his appeal met with generous **~se**; draw/ elicit/ provoke a **~se**; sb's immediate/ initial/ instinctive **~se** 3 *electron.* संचार प्रणाली में अंदर आने वाले और बाहर जाने वाले संकेतों का अनुपात 4 चर्च की प्रार्थना सभा का एक भाग;

dw/lw:* ~seless** *adj.* बिना किसी उत्तर या प्रतिक्रिया के; **~sive** /~सिव/ *adj.* 1 (syn.*** unresponsive) शीघ्र प्रतिक्रिया करने वाला 2 अनुकूल प्रतिक्रिया करने वाला: a disease ~sive to drugs 3 (***syn.*** receptive) संवेदनशील, प्रतिक्रियाशील 4 (***syn.*** sympathetic) अनुकूल, सहानुभूतिपूर्ण 5 उत्तर देने वाला, उत्तरकारी; **~sively** /~सिवलि/ *adv.* शीघ्र उत्तर या प्रतिक्रिया देते हुए; **~siveness** /~सिवनस/ *n.* 1 संवेदनशीलता 2 शीघ्र उत्तर देने या प्रतिक्रिया देने में सक्षमता;

***collocations:* ~ time** व्यक्ति या प्रणाली द्वारा प्रतिक्रिया देने में लगाया जाने वाला समय

responsibility /रिस्पौंसअबिलिटि/ *US* रिस्पांसअबिलिटि/ *n., pl.* **responsibilities** 1 जिम्मेदारी, जिम्मेवारी: take/ accept/ claim ~ for sth; abdicate/ assume/ take/ shirk responsibility 2 उत्तरदायित्व, जवाबदेही: collective/ heavy/ huge/ total ~; responsibility for sth; criminal ~; the ~ rests with the author 3 जिम्मेवारी का पद: a post/ a position of ~; be relieved of a ~;

***p&i:* ~ of all is ~ of none** जो सबका है वह किसी का नहीं, साझे की हांडी चौराहे पर फूटे

responsible /रिस्पौंसि\बल/ *US* रिस्पांसि\बल/ *adj.* 1 (*often* ~ **for sth**; ***anton.*** irresponsible) जिम्मेदार, उत्तरदायी, जिम्मेवार: be ~ for sth/ doing sth; be ~ for one's verses; she was ~ for a class of 20 children 2 (***syn.*** reliable, trustworthy, conscientious) विश्वसनीय, विश्वस्त, भरोसेमंद: ~ government; a very ~ tenant; from ~ sources; in ~ quarters; ~ post; a situation for a ~ man 3 उत्तरदायित्वपूर्ण, जिम्मेदाराना, महत्त्वपूर्ण (involving responsibility): a ~ job 4 (*usually* ~ **to sb**) के प्रति जवाबदेह: sb is ~ for ordering the stationery; ~ to her immediate superior 5 किसी नकारात्मक कार्य के लिए जिम्मेदार: smoking ~ for many deaths by cancer;

***dw/lw:* ~ness** *n.* उत्तरदायित्वता; **responsibly** /~बलि/ *adv.* पूरी जिम्मेदारी से, विश्वसनीय ढंग से

responsive *see above under* **response: *dw/lw***

rest /रेस्ट/ *n.* 1 विश्राम, आराम, विश्रांति: I could get no ~; go/ retire to ~ 2 (***syn.*** leisure) अवकाश, फुर्सत 3 (***syn.*** pause) विराम, ठहराव: stopped half way up the hill for a ~; the horses were brought to ~ 4 (***syn.*** tranquillity) शांति, चैन 5 (***syn.*** repose) अंतिम नींद के रूप में मृत्यु: he has gone to his ~ (वह मर गया); lay to ~; be at ~ with one's fathers; be at ~ from toil (सदा के लिए सुख-चैन को प्राप्त हो.) 6 (*usually* **the rest**, ***syn.*** remaining) शेष, बाकी, अवशेष: take what you want and throw the ~ away; the ~ of us; and (all) the ~ of it; as for the ~ (जहां तक बाकी का संबंध है ...) 7 (***syn.*** shelter) आश्रय 8 (***syn.*** prop) टेक, आधार, सहारा: arm ~; a head ~ on a car seat 9 संगीत में स्वरों के बीच ठहराव या स्तब्धता और इसका द्योतक चिह्न;

v., pt.* ~ed**, *pp* **~ing** 1 (syn.*** relax) आराम क. या दे.: ~ one's eyes/ feet/ legs, etc..; ~ men and horses; these dark glasses ~ my eyes 2 शांति प्रदान क. (the soul): let her soul ~ in peace 3 सोना 4 (***syn.*** be tranquil) शांत होना 5 (***syn.*** be left alone; leave alone, remain) जाने दे., पड़ा रहने दे., जिस हाल में है उसमें छोड़ या रहने दे.: let the matter ~ there 6 समाप्त क. 7 पर पड़ा या रखा हुआ होना, पर रख दे., टिकाना या टिका हो.: **~ed** her arm on the chair; ~ (sth) on/ against, etc.; ~ one's head on a cushion 8 (***syn.*** based on, dependent on) पर आधारित या निर्भर होना: will ~ my argument on practicalities; the roof **~s** on eight columns; this party **~s** upon the peasants; his fame **~s** upon his novels; the charge **~ed** upon one man's unsubstantiated statement 9 (***syn.*** place trust) पर भरोसा रखना 10 (***syn.*** be directed) पर लगना, लग जाना, लगाना, नजर आदि गड़ाना या जमाना 11 (***syn.*** pause) रुक जा., ठहर जा. 12 दफनाना: lay sb to ~;

dw/lw:* ~-cure** *n.* विश्राम-चिकित्सा; **~ed** *adj.* विश्राम करके ताजा या स्वस्थ बना हुआ; **~er** *n.* आराम करने वाला; **~ful** *adj.* शांतिदायक, चैन और सुकून देने वाला, सुखद, सुखप्रद, आरामदेह: a colour that is ~ful to the eyes; ~ful life; **~ing** *adj.* 1 स्थिर 2 (अभिनेता) बेकार, बिना काम के; **~less** *adj.* 1 चिंतित, व्यग्र: ~less old soul 2 (syn.*** disturbed) अधीर, बेचैन, अशांत: ~less mind/ brain; ~less night; the audience was getting ~less 3 अविराम, निरंतर, अनवरत 4 (***syn.*** discontented) असंतुष्ट; **~lessly** *adv.* बेचैनी से; **~lessness** *n.* व्यग्रता, अशांति, बेचैनी, अधीरता; **~room** *n. US* शौचालय;

***collocations:* ~ area/ ~ stop** सड़क के किनारे बना कार चालकों के लिए विश्राम स्थल; **~ home** 1 विश्रांति-गृह 2 वृद्धावास, वृद्धनिवास, वृद्धाश्रम; **~ house** विश्रामगृह, डाक बंगला; **~ing place** कब्र;

***p&i:* at** ~ 1 स्थिर, शांत 2 कब्र में शांत ; **Rest assured that ...**! निश्चिंत रहें कि ...!; **~ one's case** *law* 1 गवाहों से जिरह पूरी क. 2 मुकदमे में अपनी दलीलें पूरी क.; **~ on one's oars** चप्पू सुखाना; **~ on sth = ~ on/ upon sb/ sth** 1 किसी पर या किसी चीज पर निर्भर क. 2 किसी चीज पर नजरें गड़ाकर देखना; **~ on one's laurels** एक बार सफलता पाकर आत्म-तुष्ट हो जाना; ; **~ on one's oars** कड़ी मेहनत के बाद थोड़ा दम लेना; **~ with** किसी के हाथ में हो.; **~ with sb to do sth** कोई कदम उठाने या कार्रवाई करने की जिम्मेवारी किसी की हो.;

and all the ~of it और बाकी जो बचा है, और बाकी सब कुछ; **and the** ~ वास्तविक मात्रा या संख्या बताई गई मात्रा और संख्या से कहीं ज्यादा है; **at** ~ 1 स्थिर 2 निश्चिंत, शांत: set his mind at ~ 3 सोया हुआ 4 मृत; **come to** ~ स्थिर हो./ ठहर जा.; **for the** ~ जहां तक बाकी का सवाल है ...; **give it a ~!** इस बात को अब बंद कर दो!; **give sth a** ~ किसी कार्य को कुछ समय के लिए बंद कर देना; **go to one's long** ~ मर जा.; **it ~s with you to decide** अब फैसला आप को करना है; **lay sb to** ~ किसी को

दफनाना; **lay/ put sth to** ~ किसी बात को झूठी या निराधार सिद्ध करके खत्म क.; **let sth** ~ किसी चीज या बात को खत्म कर दे.; **put/ set sb's mind at rest** किसी को निश्चिंत कर दे.; **one's last** ~ मृत्यु; **sb's fears were laid to** ~ किसी की आशंकाओं का निवारण कर दिया गया; **set a question at** ~ मामले का निपटारा कर दे.; **the ~ is history** बाकी तो जग जाहिर बात है; **the ~ is silence** बाकी सब रहस्य के गर्भ छिपा है; **this ~s a mystery** यह अभी भी एक रहस्य बना हुआ है; **you may/ can ~ assured!** आप निश्चिंत रहें!

restart /रीःस्टाःट/ *v., pt.* **~ed**, *pp* **~ing** फिर से शुरू क.

restate /रीःस्टेट/ *v., pt.* **~d**, *pp* **restating** पुनर्कथन क., फिर से कहना: the question needs to be **~d**;
dw/lw: **~ment** /रिस्टेटमंट/ *n.* पुनर्कथन

restaurant /रेस्टरौंट/ *US* रेस्ट्रांट/ रेस्टअरांट/ रेस्टरौं/ *n.* रेस्त्रां, भोजनालय, आहारगृह: go to a ~; manage/ own/ run a ~; a ~ offers/ serves/ specializes in sth; at/ in a ~;
collocations: **~ car** (*also* **dining car**) भोजन-यान

restaurateur /रेस्टअरटः/ *n.* 1 भोजनालय का स्वामी 2 = **restaurant**

restcure; **rested** *see above under* **rest:** ***dw/lw***

restitu\te /रेस्टिच्यू\ट/ *US* रेस्टिटू\ट/ *v., pt.* **~ted**, *pp* **~ting** 1 हर्जाना दे., क्षतिपूर्ति क. 2 *law* दोबारा आरंभिक स्थिति कायम क.;
dw/lw: **~tion** /~शन/ *n.* 1 खोई या चोरी हुई वस्तु सही मालिक को लौटाने की क्रिया 2 क्षतिपूर्ति, हर्जाना, भरपाई: make ~tion for sth 3 *law* आरंभिक स्थिति में वापसी, प्रत्यर्पण 4 पुनःप्रतिष्ठा, पुनः-प्रतिष्ठापन (to former position) 5 पहले-सा आकार पुनः प्राप्त करने की क्रिया, प्रत्यवस्थापन, प्रत्यवस्थान (to original shape); **~tive** /~टिव/ *adj.* आरंभिक स्थिति में वापसी से संबंधित; **~tor** *n.* /~टः/ *n.* क्षतिपूर्ति करने वाला; **~tory** /~टरि/ *adj.* आरंभिक स्थिति में वापसी या क्षतिपूर्ति से संबंधित

restive /रेस्टिव/ *adj.* 1 बेचैन, व्यग्र, अधीर, अशांत: he turned ~ at the least attempt at coercion; the crowd grew ~ 2 अड़ियल (of horse etc.) 3 (***syn.*** refractory) दुर्दम, दुर्दमनीय;
dw/lw: **~ly** *adv.* अधीरतापूर्वक; **~ness** *n.* बेचैनी, व्यग्रता, अधीरता, अशांति

restless *see above under* **rest:** ***dw/lw***

restora\ble /रिस्टॉरेबल/ *adj.* प्रत्यर्पणीय, पुनःस्थाप्य, पुनःउद्धार्य, जीर्णोद्धार्य ;
n. पौष्टिक भोजन, गुणकारी औषध;
adj. ब्रितानिया में राजशाही की पुनःस्थापना से संबंधित: **~ble** comedy;
dw/lw: **~tionism** /रेस्टअरेशनिजम/ *n.* 1 पापी का पुनरुद्धार करके परमात्मा के पास वापसी 2 मानव जाति का अंतिम उद्धार; **~tion** /रेस्टअरेशन/ *n.* 1 पुनरुद्धार, जीर्णोद्धार, पुनः-स्थापन, मरम्मत: closed during ~tions 2 पुनः प्रतिष्ठा प्राप्ति 3 स्वास्थ्य–लाभ: ~tion to health and strength 4 पुनःप्रचलन 5 मूलरूप-प्राप्ति: the ~tion of works of art 6 वापसी 7 पुनर्निर्माण 8 (*usually* **the Restoration**) *Br., hist.* 1660 में ब्रितानिया में राजशाही की पुनःस्थापना; **~tive** /रिस्टॉरअटिव/ *adj.* 1 स्वास्थ्यकारक, स्वास्थ्यवर्धक: ~tive surgery 2 स्वास्थ्य, ऊर्जा या मिजाज या हिम्मत को उछाल देने वाला 3 पौष्टिक

restore /रिस्टॉः/ *v., pt.* **~d**, *pp* **restoring** 1 पुनःस्थापन क.: ~ discipline 2 पुनरुद्धार क. 3 लौटाना, वापस क.: ~ sb's property; be **~d** to liberty 4 (***syn.*** repair) मरम्मत क., जीर्णोद्धार क.: a statue was **~d** to its pedestal; ~ a picture; ~ a monument 5 पुनःप्रतिष्ठित क. 6 (***syn.*** re-establish) पुनःस्थापित क.: the monarchy was **~d** in England in 1660; 7 (***syn.*** cure) उपचार करके काम करने योग्य बनाना: ~ sb to life; be **~d** to health 8 (***syn,*** repair) फिर चालू क. (bring back to use): ~ to service, ~ to working condition 9 (***syn.*** reintroduce) पुनः लागू क.: ~ the death penalty 10 पुनः प्राप्त कराना: ~ the painting to its owner;
dw/lw~**d** /रिस्टोःड/ *adj.* पुनरुद्धारित, पुनःस्थापित : ~d unity; ~d energy; **~r** *n.* पुनरुद्धारित या पुनर्स्थापित करने वाला;
collocations: **restoring force** पुनःस्थापना करने वाले बल

restrain /रिस्ट्रेन/ *v., pt.* **~ed**, *pp* **~ing** 1 रोकना, नियंत्रित/ संयत क.: ~ sb's activities; ~ one's temper; ~ sb from wasting money 2 सीमित रखना या क.: ~ production; ~ power 3 गिरफ्तार क., कैद क.: thieves have to be **~ed**;
dw/lw: **~ed** /रिस्ट्रेंड/ *adj.* शांत और संयत: the sober, ~ed gestures; ~ed indignation; in ~ed terms (संयत शब्दों में)

restraint /रिस्ट्रेंट/ *n.* 1 (***syn.*** self-control) संयम, आत्मसंयम, नियंत्रण: converse with less ~; speak without ~; indulge in one's sorrow without ~ 2 रोक, बंधन, रोकथाम: put a ~ upon sb's activity 3 नियंत्रण: ~ of prices 4 कैद: put under ~;
p&i: **restraint of princes** (***syn.*** embargo *or* controlling and divesting temporarily the dominion or authority of the owner over the ship and marine, etc.) किसी के अधिकार पर अस्थायी प्रतिबंध या रोक

restrict /रिस्ट्रिक्ट/ *v., pt.* **~ed**, *pp* **~ing** 1 प्रतिबंध लगाना 2 सीमित क.: ~ sb's freedom; ~ one's speech to two points; ~ to a diet 3 प्रतिबद्ध क.: ~ a road (किसी सड़क पर वाहनों की रफ्तार सीमित क.);
dw/lw: **~ed** /रिस्ट्रिक्टिड/ *adj.* 1 प्रतिबंधित: ~ed area 2 सीमित: ~ed diet, ~ed speed; ~ed holiday; **~ion** /रिस्ट्रिक्शन/ *n.* 1 पाबंदी, प्रतिबंध: lift ~ions 2 रोक: without ~ion 3 नियंत्रण 4 अवरोध 5 (**mental ~ion**) अर्थ संकोच, अर्थ की शर्तबद्धता, कूट-कथन 6 नाली के मुंह को तंग करने की क्रिया; **~ive** /रिस्ट्रिक्टिव/ *adj.* 1 प्रतिबंधात्मक 2 प्रतिबंधक, नियामक, सीमित करने वाला 3 *gramm.* प्रतिबंधी, विशेषक;
collocations: **~ive practices** 1 सीमित करने वाली गतिविधियां 2 उत्पादकों के बीच समझौता जिसके तहत कीमतों को ऊंचे स्तर पर रखने के लिए उत्पाद कम रखा जाता है 3 मुख्य मजदूर संघ द्वारा अन्य मजदूर संघों की गतिविधियां सीमित रखने की नीति; **~ive condition** सीमित करनेवाली शर्त; **~ive covenant** *law* जमीन या संपत्ति की बिक्री का प्रतिज्ञा पत्र जिसमें खरीदार पर कुछ सीमाएं लगाई जाती हैं

restructu\re /रीस्ट्रक्चः/ *v., pt.* **~red**, *pp* **~ring** 1 पुनःव्यवस्थित या पुनःव्यवस्थापन क. 2 पुनःसंरचना, पुनःरचना;
dw/lw: **~ring** /रीःस्ट्रक्चरिंग/ *n.* पुनःनिर्माण

result /रिजल्ट/ *n., pl.* **~s** 1 परिणाम, नतीजा: with catastrophic/ disastrous, etc. **~s**; excellent/ good/ disastrous **~s** 2 (*often* **~s**) फल, सकारात्मक परिणाम: his action got **~s**; as a ~ of sth (के परिणाम स्वरूप) 3 परीक्षाफल 4 निष्कर्ष 5 फैसला, निर्णय 6 (***syn.*** score) खेल में अंक: the ~ was one nil to Brazil; listen to the **~s** on the radio;
v., *pt.* **~ed**, *pp* **~ing** 1 (*usually* ~ **from sth**) के कारण/ के परिणाम स्वरूप हो.: obligations that ~ from the clause (इस धारा के कारण पैदा होने वाला दायित्व) 2 (*usually* ~ **in sth**) परिणाम होना या निकलना, का फल हो.: carelessness **~s** in mistakes; heavy rains **~ed** in floods;
p&i: ~ **from** के परिणाम स्वरूप हो.; ~ **in sth** परिणाम हो.

resultant /रिजल्टंट/ *adj.* 1 *math., phys.* किसी वस्तु पर दो या अधिक बलों के बराबर पैदा होने वाला (तीसरा बल) 2 परिणाम के रूप में होने वाला, पारिणामिक;
n. परिणामी वेग या बल

resume /रिज्यूम/ *v., pt.* **~d**, *pp* **resuming** 1 फिर से आरंभ क. या होना, दोबारा शुरू होना या क.: ~ work; ~ a game 2 पुनः ग्रहण क., पुनः प्राप्त क.: ~ one's seat; ~ one's courage/ good spirits 3 संक्षेप तैयार क.;
dw/lw: **resumable** /रिज्यूमअबल/ *adj.* पुनः आरंभ करने योग्य

résumé /रेज़्युमे/ *US* (*UK* **CV**) *n., Fr.* 1 सारांश, संक्षेप, सार 2 निजी
योग्यता संबंधी विवरण, जीवनी-सार
resummons /रीःसमन्स/ *n.* अदालत में दोबारा बुलावा
resumption /रिज़ंपशन/ *n.* 1 पुनरारंभ: ~ of a trial; ~ of hostilities 2 पुनर्ग्रहण: aim at the ~ of one's lost supremacy
resupina\te /रिस्यूपिनेट/ रिसूपिनेट/ *adj., bot.* उल्टा हुआ;
dw/lw: **~tion** *n.* उल्टाव
resupine /रिस्यूपाइन/ *adj.* पीठ के बल लेटा या झुका हुआ
resupp\ly /रीसप्लाइ/ *v., pt.* **~lied**, *pp* **~lying** दोबारा पूर्ति क., पुनर्पूर्ति क.;
collocations: **~ly airfield** विमानों को ईंधन की पुनरापूर्ति करने वाला हवाई अड्डा
resurface /रीसःफिस/ *v., pt.* **~d**, *pp* **resurfacing** 1 फिर से प्रकट हो., फिर दिखायी दे., फिर सामने आना 2 नयी परत (या आवरण) चढ़ाना
resur\gence /रिसःजंस/ *n.* पुनरुत्थान, नवजीवन, पुनरुत्थान;
dw/lw: **~gent** /रिसःजंट/ *adj.* फिर से जाग्रत, पुनरुत्थित: ~gent hopes; the pain may still be ~gent
resurrect /रेज़रेक्ट/ *v., pt.* **~ed**, *pp* **~ing** 1 नवजीवन पाना या दे.: ~ an old word 2 पुनर्जीवित क. या हो.: ~ recollections; slavery cannot be **~ed**;
dw/lw: **~ion** /रेज़रेक्शन/ *n.* 1 पुनर्जीवन, पुनरुज्जीवन 2 (**Resurrection**) ईसा मसीह का पुनर्जीवन 3 पुनरुत्थान: the ~ion of fundamentalism; ~ion to health 4 मृतोत्थान;
dw/lw: **~ionist** /रेज़रेक्शनिस्ट/ *n.* 1 चीर-फाड़ के लिए शव चोरी करने वाला 2 पुनरुत्थान में विश्वास करने वाला;
collocations: **~ion pie** बचे हुए टुकड़ों से बना समोसानुमा व्यंजन; **~ion plant** रेगिस्तान का पौधा जो सूखा पड़ने पर मुड़कर सिकुड़ जाता है, पर सीलन मिलने पर फिर हरा हो जाता है
resuscita\te /रिससिटे\ट/ *v., pt.* **~ted**, *pp* **~ting** होश में लाना, पुनर्जीवित क. या होना: he was **~ted** to life;
dw/lw: **~tion** /~शन/ *n.* 1 पुनर्जीवित करने की क्रिया, पुनर्जीवन 2 दोबारा होश में लाने की क्रिया; **~tive** /~टिव/ *adj.* पुनरुज्जीवक, पुनरुत्थापक; **~tor** /~टः/ *n.* पुनर्जीवित करने वाला
ret /रेट/ *v. pt* **~ted**, *pp* **~ting** 1 सन, पटसन आदि को पानी में रखकर और निचोड़कर नर्म क. 2 घास को सड़ाकर खराब क.
retail /रीटेल/ *n.* फुटकर बिक्री, खुदरा, परचून: sell by ~; ~ dealer; ~ price; sell/ buy ~;
adj. खुदरा, फुटकर, परचून;
v.**, pt.* **~ed**, *pp* **~ing** 1 फुटकर बेचना या बिकना: ~ at sth; this cloth **~s** at rupees 100 per meter 2 (syn.*** Recount, retell) किसी के बारे में, विशेषकर किसी के निजी जीवन के बारे में बढ़ा-चढ़ाकर बताना, फैलाना: ~ gossip; ~ one's friend's funny stories with relish
dw/lw: **~er** /रीटेलः/ *n.* फुटकर बेचने वाला, फुटकर व्यापारी, परचूनिया; **~ing** /रीटेलिंग/ *n.* फुटकर व्यापार;
collocations: **~ outlet** परचून की दुकानें; **~ price index** *Br.* (*abbr.* **RPI**) घरेलू वस्तुओं के परचूनी दामों का मासिक संकेतक; **~ park** बड़ी-बड़ी दुकानों वाला व्यापारिक केंद्र; **~ therapy** किसी का मिजाज ठीक करने के लिए बेतहाशा खरीदारी क.
retain /रिटेन/ *v., pt.* **~ed**, *pp* **~ing** 1 रखे रहना, रख लेना: ~ in custody 2 रोके रखना: a dyke to ~ the waters 3 (***syn.*** preserve) सुरक्षित रखना, बनाए रखना: ~ hold of sth; ~ control over sth 4 (***syn.*** preserve) याद रखना: ~ in memory 5 (***syn.*** hire) नौकरी पर रखना 6 स्थायी तौर पर वकील आदि रखना;
dw/lw: **~able** /रिटेनअबल/ *adj.* जिसे रखा जा सके; **retain\er** /रिटेनः/ *n.* 1 अपने कब्जे में रखने वाला 2 वकील करने या रखने की फीस, शुल्क, प्रतिधारण-शुल्क, प्रतिधारण 3 (***syn.*** servant) सेवक, पुराना वफादार नौकर: old ~er 4 *hist.* उच्च पदासीन व्यक्ति द्वारा समर्थित व्यक्ति 5 किसी खाली पड़ी संपत्ति को भविष्य में उपयोग के लिए रखने हेतु कम किराया का भुगतान 6 ब्रेस (brace) के साथ व्यक्ति के दांत सीधे रखने का उपकरण; **~ing** /रिटेनिंग/ *adj.* किसी वस्तु को उचित स्थिति में रख सकने वाला: ~ing bandage (स्थिर करने वाली पट्टी); ~ing wall (पुश्ता-दीवार, प्रतिधारक या टेक दीवार); **~ment** *n.* 1 धारण क्षमता 2 धारण रखने की क्रिया; **~ship** *n.* प्रतिधारकता;
p&i: **~~ a lawyer** किसी कंपनी या संगठन द्वारा किसी को लंबे समय के लिए अपना वकील नियुक्त क.; **the memory of sth = ~ sth in memory** किसी व्यक्ति, बात या घटना आदि की याद संजोए रखना
retake /रीःटेक/ *v., pt.* **retook**, *pt. p.* **retaken**, *pp* **retaking** 1 फिर से अधिकार या कब्जे में लेना 2 दोबारा कोई काम क.: ~ the kick 3 फिर से छा जा.: expectations **retook** possession of her heart 4 वापस ले. 5 दोबारा परीक्षा दे.: ~ an examination;
n. 1 दोबारा लेने की क्रिया 2 पुनर्परीक्षा 3 दृश्य को दोबारा चित्रित करने, संगीत दोबारा रिकार्ड करने की क्रिया 4 पुनर्चित्रित दृश्य, फिर से रिकार्ड किया हुआ संगीत 5 दोबारा चित्रण करने, संगीत रिकार्ड बनाने की क्रिया
retalia\te /रिटैलिए\ट/ *v., pt.* **~ted**, *pp* **~ing** 1 ईंट का जवाब पत्थर से दे., बदला लेना: **~ted** with heavy gun fire 2 प्रतिकार क. विरोध क.: **~ted** against the injustice; if we are attacked/ we shall **~te**; **~te** an insult 3 (***syn.*** take revenge) बदले की भावना से कोई काम क.: **~te** an accusation upon sb;
dw/lw: **~tion** /~शन/ *n.* 1 बदला, प्रतिशोध 2 (***syn.*** reprisal) जवाबी हमला: massive ~tion 3 प्रतिकार: in ~tion; **~tive** /~टिव/ *adj.* प्रतिकारात्मक; **~tor** /~टः/ ***n.*** प्रतिशोधी; **~tory** /~टरि/ *adj.* प्रतिशोधक, प्रतिकारक, जवाबी: ~tory blow; ~tory raid; ~tory policy; ~tory tariff
retard /रिटाःड/ *v., pt.* **~ed**, *pp* **~ing** 1 (गति या प्रगति, उन्नति, विकास) में बाधा डालना या रोकना, धीमा या मंद कर दे. 2 (***syn.*** delay) रोक दे. या अवरुद्ध कर दे., देरी करवाना: I was **~ed** by a visitor;
***n.* retard** /रीःटाःड/ 1 मंदन, थमाव: ~ of the tide/ of high water; be in ~ 2 विलंब, देर 3 *US* मंदबुद्धि व्यक्ति: Ramesh is such a ~ he's using smack again 4 बाधा, रुकावट;
dw/lw: **~ant** /रिटाःडंट/ *adj.* 1 मंदक, बाधक: flame-~ant 2 गति या प्रगति, मंद कर देने वाला, विकास-रोधक; **~ant** *n.* मंद करने वाला पदार्थ: fire ~ant; **~ate** /रिटाःडेट/ *adj.* मंदबुद्धि; **~ation** /रीःटाःडेशन/ (*also* **~ment**) *n.* 1 मानसिक पिछड़ापन या दुर्बलता 2 विलंबन, मंदन, बाधा; **~ed** /रिटाःडिड/ *adj.* 1 (मानसिक रूप से) अविकसित, अपूर्ण विकसित: ~ed child 2 विलंबित, मंदित: ~ed action/ motion; ~ed ignition 3 (***syn.*** backward) पिछड़ा, अवरुद्ध; **~er** *n.* मंदक, बाधक: a ~er of progress; **~ing** /रिटाःडिंग/ *adj.* मंदक, बाधक: ~ing torque
retch /रेच/ *n.* मिचली, उबकाई, उबाक, ओकाई;
***v.**, pt.* **~ed**, *pp* **~ing** मिचली आना, उबकाई आना, उबकना: it makes me ~
retd *abbr.*, 'retired', 'returned' का संक्षेप
rete /रीःतीः/ *n., pl.* **retia** /रीःशिआ/ रीःतिआ/ *Lat., anat.* (***syn.*** flexus) रक्त-वाहिकाओं, रेशों, तंतुओं आदि का जाल;
dw/lw: **retial** /रीःशिअल/ *adj.* रक्त-वाहिकाओं, तंतुओं आदि के जाल से संबंधित
retell /रीटेल/ *v., pt.* **retold**, *pt. p.* **retold**, *pp* **~ing** 1 फिर से कहना या बताना, पुनर्कथन क. 2 नये ढंग से कहना, भिन्न रूप में प्रस्तुत क.
reten\tion /रिटेन्शन/ *n.* 1 धारण के लिए रखने की क्रिया 2 धारण रखने की क्षमता 3 स्मरण रखने की क्षमता 4 *med.* शरीर की तरल

पदार्थों को त्यागने में असमर्थता, अवरोधन;

dw/lw: **~tive** /रिटेंटिव/ *adj.* 1 धारक, धारणक्षम, धारणशील 2 तीव्र, तीक्ष्ण (of memory), स्मरणशील: ~tive soil; ~tive of; **~tiveness**/ **~tivity** /~नेस/ रिटेंटिविटि/ *n.* धारिता, धारण क्षमता; **~tionist** /रिटेन्शनिस्ट/ *n.* किसी नीति, विशेषकर मृत्युदंड के प्रावधान को बनाए रखने का पक्षधर

retenue /रेटिअनू/ *n. Fr.* आत्मसंयम, आत्म-नियंत्रण

retextu\re /रीःटेक्स्च/ *v., pt.* **~red**, *pp* **~ring** 1 दोबारा बुनना 2 दोबारा रंगकर बदरंगत मिटाना

rethink /रीथिंक/ *v., pt.* **rethought**, *pt. p.* **rethought**, *pp* **~ing** पुनः सोच-विचार क.;

n. पुनर्विचार

retiary /रीशिएरि/ *adj.* 1 जाल जैसा 2 जालधारी

reti\cence /रेटिसंस/ *n.* 1 संयम: noble **~cence** of colour 2 (***syn.*** reservedness) संकोच: speak without any **~cence** 3 मितभाषिता, घुन्नापन: his **~cences** are more revealing than his speech;

reticent /रेटिसंट\/ *adj.* 1 कम बोलने वाला, मितभाषी, घुन्ना, चुप्पा: be ~ about/ on sth 2 (***syn.*** reserved) गैर-मिलनसार, रूखा;

dw/lw: **~ly** *adv.* कम बोलते हुए, रूखे तरीके से

reticle /रेटिकल/ *n.* प्रकाशिक यंत्र (optical instrument) से जुड़े अन्य उपकरणों का जाल

reticu\lar /रिटिक्युलः/ *adj.* 1 जालवत्, जाल-: a ~lar leaf 2 जटिल;

dw/lw: **~late** *v., pt.* ~lated, *pp* ~lating जालीदार बनना या बनाना; **~late** *adj.* जालीदार, जालदार

reticule /रेटिक्यूल/ *n.* 1 (***syn.*** network) जाल 2 औरतों का छोटा-सा जालीदार थैला;

dw/lw: **~-basket** *n.* थैलानुमा टोकरी; **~culum** /रिटिक्युलम/ *n., pl.* ~cula 1 रक्त-वाहिकाओं, तंतुओं आदि की जालिका, जाली, जाल 2 *anat.* द्वितीय आमाशय; **~form** /रीटिफॉःम/ *adj.* जालवत्, जालदार, जाली जैसा

reti\na /रेटिना/ *n., pl.* **~nals**/ **~nae** /रेटिनीः/ दृष्टिपटल;

dw/lw: **~nal** /रेटिनल/ *adj.* दृष्टिपटल संबंधी; **~nitis** /रेटिनाइटिस/ *n.* दृष्टिपटल-शोथ; **~noscope** /रेटिनअस्कोप/ *n., med.* प्रकाशिक (optical) चक्षु-परीक्षक उपकरण; **~noscopy** *n.* प्रकाशिक चक्षु-परीक्षण; **~noscopist** *n.* प्रकाशिक चक्षु-परीक्षक

retinol /रेटिनौल/ *n.* विटामिन A

retinue /रेटिन्यू/ *n.* किसी बड़े आदमी के आगे-पीछे रहने वाले लोग यानी अनुचरों तथा परिचरों की टोली

ratiracy /रिटायरअसि/ *n.* 1 सेवानिवृत्ति: seek ~ 2 एकांतवास, वानप्रस्थाश्रम

retire /रिटायः/ *v., pt.* **~d**, *pp* **retiring** 1 सेनानिवृत्त हो. या क.: **~d** at 65; ~ on a pension 2 विश्राम करने यानी सोने जाना: ~ to bed/ to rest for the night 3 किसी निर्जन स्थान पर (वानप्रस्थाश्रम) चले जा.: ~ from the world; ~ into oneself 4 किसी कारणवश खेल के मुकाबले से अलग हो जाना, हट जाना: **~d** hurt 5 चले जा., पास के किसी स्थान पर चले जा.: ~ to the drawing room; ~ from the room 6 हट जा.: ~ from sight; as science advances, superstition **~s** 7 सोने के लिए सैनिक आदेश: sound the ~;

dw/lw: **retiral** /रीटाइरल/ *adj.* सेवानिवृत्ति संबंधी; **retiral** *n.* हट जाने, सेवानिवृत्त होने या किसी अन्य स्थान पर चले जाने की क्रिया; **~d** /रिटायःड/ *adj.* (*abbr.* retd) 1 सेवानिवृत्त, अवकाश-प्राप्त: ~d officer; ~d pay 2 (*syn.* secluded) एकांत, निर्जन: ~d life 3 एकांतवासी (in seclusion); **retiree** /रिटायरी/ *n. US* सेवानिवृत्त व्यक्ति; **retiring** /रिटायरिंग/ *adj.* 1 (*syn.* shy) लजालू, संकोची: an exceedingly modest, unpretending and retiring man; be of a retiring disposition 2 (*syn.* reserved) अल्पभाषी 3 गैर मिलनसार 4 सेवानिवृत्ति से संबंधित: retiring allowance/ pay; retiring pension (निवृत्ति-पेंशन); retiring-room (विश्राम-कक्ष); **retiringly** /रिटायरिंगलि/ *adv.* लजाते हुए, संकोचपूर्वक; **~ment** /रिटायःमंट/ *n.* 1 अवकाशग्रहण, सेवानिवृत्ति: take early ~ment 2 (*syn.* seclusion) एकांत, एकांतवास, वानप्रस्थाश्रम: in ~ment; ~ment from the world 3 प्रस्थान, विदाई: ~ment from cricket;

collocations: **~ment age** सेवानिवृत्ति आयु; **~ment home** वृद्धाश्रम; **~ment pension** *Br., Ind.* सेवानिवृत्ति भत्ता; **~ment plan** = **pension plan**; **~ment pregnancy** *med.* अधेड़ उम्र की औरत को होने वाला कृत्रिम गर्भ-धारण;

p&i: **~ into loneliness/ one's shell** मेलजोल त्याग देना; **~ one's steps** जिस रास्ते से आए उसी से वापस जा.; **~ to bed** सो जा.

retort /रिटॉःट/ *v., pt.* **~ed**, *pp* **~ing** 1 मुंहतोड़ या दो-टूक जवाब दे.: ~ a charge 2 जवाब देते हुए उल्टा आलोचक पर दोष डाल दे. 3 प्रतिकार क., प्रतिशोध क.: ~ an argument against sb 4 एतराज: ~ against the new demand 5 धातु को गर्म करके रिटॉर्ट (retort) में शुद्ध क.;

n. 1 (***syn.*** riposte, rejoinder) दो टूक जवाब: make an insolent ~ 2 प्रत्युत्तर, उल्टा आलोचक पर दोष: in ~; a ~ against sb 3 (***syn.*** vessel) भभका, बक-यंत्र, आसवन यंत्र

retouch /रीःटच/ *v., pt.* **~ed**, *pp* **~ing** (चित्र/ फोटो आदि को) कहीं-कहीं कूंची लगाकर संवारना, परिष्कृत क., परिष्कार (क.);

n. 1 चित्र या फोटो आदि का परिष्करण 2 परिष्कृत चित्र, फोटो आदि 3 चित्र या फोटो में परिष्कृत बिंदु

retrace /रिट्रेस/ *v., pt.* **~d**, *pp* **retracing** 1 जिस रास्ते से आया उसी से वापस जा. 2 पीछे हटना: ~ one's steps 3 किसी के रास्ते पर या पद-चिह्नों पर वापस जा. 4 शब्द आदि का मूल खोजना: ~ the etymology 5 हाल की घटनाओं को याद क.: we **~d** the details of our trip; ~ the history of the case 6 किसी चीज के बिंब को अपनी नजर में उतारना 7 (**re-trace**) किसी चित्र की रूपरेखा को पैन या पैंसिल से रेखांकित क. 8 कोई गुत्थी सुलझाने के लिए किसी दिन विशेष या किसी समय विशेष पर चली गई किसी की चालों का खाका बनाना: detectives often ~ the movement of the suspected person on the day of incident

retract /रिट्रैक्ट/ *v., pt.* **~ed**, *pp* **~ing** 1 अपने फैसले से पीछे हटना: the permission has been given and cannot be **~ed** 2 कथन वापस लेना, (से) मुकर जाना: ~ one's statement 3 वायदे या करार से मुकर जा. 4 किसी चीज को अंदर-बाहर खींचना 5 विमान द्वारा विमान-पत्तक उपकरण अपने मुख्य ढांचे में सिकोड़ना, समेटना;

dw/lw: **~able** /रिट्रैक्टअबल/ (*also* **retractible**) *adj.* 1 शीघ्र अपने स्थान पर वापस आने में सक्षम: ~able landing gear 2 अस्वीकरणीय, आकुंचनीय; **~ile** /रिट्रैक्टाइल/ *adj.* अंदर खींचा जा सकने वाला; **~ility** /रिट्रैक्टाइलिटि/ *n.* अपने स्थान पर वापस आने की क्षमता; **~ion** /रिट्रैक्शन/ *n.* 1 किसी चीज को अंदर, पीछे या ऊपर खींचने की क्रिया 2 कथन, करार या सौदे से मुकरने की क्रिया3 *chess* पिछली चाल को उलटने की क्रिया; **~ive** /रिट्रैक्टिव/ *adj.* शीघ्र अपने स्थान पर वापस आने वाला, आकुंचक; **~or** /रिट्रैकटः/ *n., surg.* 1 जिस अंग पर शल्य क्रिया की जा रही है, उससे ऊतकों, त्वचा, कोई अंग आदि को हटाकर रखने का उपकरण 2 *anat.* शरीर के किसी अंग को अंदर खींचने वाली मांस-पेशी

retrain /रीःट्रेन/ *v., pt.* **~ed**, *pp* **~ing** दूसरी नौकरी के लिए फिर से कुछ नया सीखना;

dw/lw: **~ing** /रीःट्रेनिंग/ *n.* दूसरी नौकरी के लिए पुनर्प्रशिक्षण

retral /रीट्रल/ *adj.* 1 (***syn.*** posterior) पश्च, पिछला 2 जो पीछे स्थित हो

retread /रीःट्रेड/ *v., pt.* **~ed**, *pp* **~ing** 1 पुराने विचारों, तकनीकों आदि पर आधारित पुस्तक या कहानी आदि लिखना, फिल्म बनाना आदि 2 पुराने टायर पर विशेष विधि से रबड़ चढ़ाना;

dw/lw: **~ing** /रीट्रेडिंग/ *n.* टायर आदि का पुनर्संबलन

retreat /रिट्रीट/ *v., pt.* **~ed**, *pp* **~ing** 1 (***anton.*** advance) सेना आदि का पीछे हटना: the army **~ed** 2 किसी सुरक्षित स्थान

पर चले जा. 3 (***syn.*** recede) पीछे हटना या झुकना 4 (***syn.*** back off) इरादे से पीछे हट जा. 4 शतरंज में चाल को उलटना 5 शेयरों आदि के दाम गिरना 6 (***syn.*** retire) शांति प्राप्ति के लिए कहीं एकांतवास में जा.: she **~ed** within herself 7 पास के कक्ष में चले जा.: he **~ed** to his room;

n. 1 वापसी 2 सेना का पीछे हटने का कार्य: intercept the ~; make good one's ~ 3 (***syn.*** seclusion) एकांत आवास, शांतिदायक स्थान: country ~ 4 (***syn.*** volte-face /वौल्ट-फास/) पश्चगमन, अपसरण 5 (***syn.*** spiritual escape) एकांतवास काल, वानप्रस्थाश्रम, मौनव्रत, आध्यात्मिक साधना काल: ~ from reality; a ~ from public life 6 (***syn.*** asylum, shelter) आश्रय, शरणस्थान: the robbers had their ~ among the hills 7 *milit.* विश्राम के लिए संकेत (बिगुल): sound the ~;

dw/lw: **~ant** /रिट्रीःटंट/ *n.* साधक, साधु; **~-house** *n.* साधनालय; **~ing** *adj.* पीछे हटने वाला: ~ing hills; ~ing chin; ~ing forehead;

p&i: **~ into oneself** (अपने आप में) गुम-सुम हो जा.;

beat a ~ आनन-फानन पीछे हटना, भागकर जान बचाना; **make good one's ~** ठीक समय पर यानी बिना खून-खराबा किए चले जा.

retrench /रिट्रेंच/ *v., pt.* **~ed**, *pp* **~ing** 1 कटौती क., छोटा क. 2 कम क., घटाना, निकाल दे., छंटनी क. 3 (***syn.*** economize) खर्च कम क.: ~ expenditure;

dw/lw: **~ment** /रिट्रेंचमंट/ *n.* 1 कटौती, छंटनी 2 काट-छांट, घटाव: ~ment programme; ~ment text 3 *milit.* भीतरी मोर्चाबंदी

retrial /रीःट्रायल/ *n.* दोबारा चलाया जाने वाला मुकदमा

retribu\te /रिट्रिब्यू\ट/ *v., pt.* **~ted**, *pp* **~ting** 1 बदले के रूप में वापस देना, बदला चुकाना, ईंट का जवाब पत्थर से देना 2 (***syn.*** requite) अहसान चुकाना, इनाम दे.;

dw/lw: **~tion** /~शन/ *n.* 1 दंड, सजा 2 प्रतिफल 3 प्रतिशोध, बदला, प्रतिकार: the Day of ~tion; ~tion of evil for evil; **~tive** /रिट्रिब्युटिव/ *adj.* दंडात्मक, प्रतिकारात्मक, प्रतिफलात्मक, प्रतिकारी; **~tor** /~टः/ *n.* प्रतिफल-दाता, प्रतिकारक

retrievable /रिट्रीवअबल/ *adj.* 1 (***anton.*** irretrievable) पुनः प्राप्य, सुधार्य;

retrieval *n.* 1 *comput.* पुनः प्राप्ति, खोज एवं प्राप्ति: punch-card ~; mechanized ~ 2 पुनःस्थापना: beyond ~ 3 सुधार;

retrie\ve /रिट्रीव/ *v., pt.* **~ved**, *pp* **~ving** 1 (***syn.*** recover) पुनः प्राप्त क.: I went to **~ve** my umbrella; **~ve** one's fortune 2 *comput.* का पता लगाना, स्मरण पटल में खोजना, ढूंढ निकालना: **~ve** from computer memory 3 ठीक कर दे., की पूर्ति क., बचा लेना: his spirit was broken and nothing could **~ve** it; **~ve** one's honour; **~ve** sb from ruin/ from certain death; **~ve** the situation 4 सुधारना, में सुधार लाना: **~ve** a mistake; **~ve** one's character;

dw/lw: **~ver** /रिट्रीवः/ *n.* 1 कुत्ते की एक नस्ल 2 प्रशिक्षित खोजी कुत्ता 3 पुनः प्राप्त कर सकनेवाला व्यक्ति या उपकरण

retro /रेट्रो/ *adj.* 1 थोड़े समय पहले बीते दिनों की शैली या फैशन का प्रयोग करने वाला: the ~ trend of late nineties 2 पुराने जमाने की नकल करने वाला, दकियानूसी, अतीतवादी;

***n.**, pl.* **~s** 1 बीते दिनों की शैली या फैशन 2 पुराने जमाने का व्यक्ति या वस्तु

retro- *prefix, denoting:* **back** or **backwards in time and space**, **behind** (प्रति-, प्रत्यक्-, पूर्व-, पश्च-, अधः-)

retroact /रेट्रो\ऐक्ट/ *v. pt.* **~ed**, *pp* **~ing** 1 (***syn.*** react) प्रतिक्रिया दिखाना 2 *law* पूर्व प्रभाव के साथ लागू हो., पूर्वव्यापी होना;

dw/lw: **~ion** /~ऐक्शन/ *n.* 1 प्रतिक्रिया 2 पूर्वव्याप्ति, पूर्वप्रभाव; **~ive** /~ऐक्टिव/ *adj.* 1 पश्चव्यापी, पूर्वव्यापी 2 पूर्वप्रभावी: ~ive legislation; ~ive law; **~ively** /~ऐक्टिवलि/ *adv.* पूर्वप्रभावी ढंग से, पिछले समय से लागू करते हुए; **~ivity** /~ऐक्टिविटि/ *n., law* पूर्वप्रभावी चरित्र, पूर्वव्याप्ति, पूर्व क्रियाकलाप;

p&i: **~ive from** (पीछे की तारीख) से लागू: the rule is ~ from first April

retroce\de /रेट्रोसीःड/ *v. pt.* **~ded**, *pp* **~ding** 1 पीछे हटना, दाएं-बाएं मुड़ जा.: we **~ded** into the secondaries (हम मुख्य बात से हटकर छुट-पुट मामलों में उलझ गए) 2 क्षेत्र या जमीन लौटाना: by the Tashkent treaty the territory was **~ded** to Pakistan;

dw/lw: **~dent** /रेट्रोसीःडंट/ *adj.* पश्चगामी, पीछे हटने वाला; **~ssion** /रेट्रोसेशन/ *n.* पश्चगमन, वापसी; **~ssive** /रेट्रोसेसिव/ *adj.* पश्चगामी

retrochoir /रेट्रोक्वायः/ *n., archit.* गिरजाघर (church) में वेदी के पीछे का स्थान

retrofit /रेट्रोफिट/ *v. pt* **~ted**, *pp* **~ting** घर, विमान, कार आदि को नए सज्जा-सामान से सज्जित क.

retro\flex /रेट्रोफ्लेक्स/ *adj., bot, anat.* (*also* **~flexed/ ~flected**) 1 शरीर का कोई अंग पीछे को हटा या मुड़ा हुआ 2 (गर्भाशय) पीछे को मुड़ा हुआ 3 *phon.* (*also* **~flexed**) 'र' आदि ध्वनियों का जीभ के सिरे का पीछे मुड़ने (roll back) की बदौलत उच्चारण;

dw/lw: **~flexion/ ~flection** *n.* जीभ के सिरे का पीछे की ओर मोड़, प्रत्याग वक्रता, पश्चकुंचन 2 *phon.* मूर्धन्यकरण

retro\gradation /रेट्रअग्रडेशन/ *n.* 1 पश्चगमन 2 अधोगति, अवनति 3 पीछे को मोड़ या झुकाव 4 उल्टा क्रम 5 *astron.* किसी ग्रह की अन्य ग्रहों की तुलना में उल्टी गति;

dw/lw: **~grade** /रेट्रअग्रेड/ *adj.* 1 पश्चगामी, प्रतिगामी, पश्चगतिक, प्रतिक्रियावादी: ~grade policy 2 पतनोन्मुख, अवनतिशील, अधोगामी 3 पीछे को मुड़ा या झुका हुआ 4 पीछे हटने से संबंधित: ~grade operations; **~grade** *n.* प्रतिक्रियावादी व्यक्ति; **~grade** *v., pt.* ~graded, *pp* ~grading 1 पश्चगामी होना 2 पीछे या नीचे खिसकना, गिरना 3 अवनति पर होना 4 बिगड़ते जाना: the painter's technical skill has ~graded with the passage of time 5 खुलते जा.: then his story ~grades 6 पूर्व से पश्चिम की ओर गतिशील हो.; **~gradely** *adv.* प्रतिक्रियावादी ढंग से;

p&i: **~grade step** ~ प्रतिक्रियावादी कदम

retrogress /रेट्रअग्रे\स/ *v., pt.* **~ed**, *pp* **~ing** 1 बिगड़ना, बिगड़ते जाना, भ्रष्ट होना 2 अवनत होना, अवनति पर होना 3 पिछड़ना, पीछे हटना;

dw/lw: **~ion** /~शन/ *n.* 1 अवनति, पश्चगमन, प्रतिगमन, अधोगति, अवनति, ह्रास 2 भ्रष्टता 3 *astron.* पश्चगामी गति; **~ive** /~सिव/ *adj.* 1 अवनत 2 भ्रष्ट, बिगड़ा हुआ 3 पश्चगामी, प्रतिगामी, प्रतिक्रमणी: ~ive march; ~ive inquiry; ~ive policy 4 अधोगामी, ह्रासमान, पतनोन्मुख; **~ively** /~सिवलि/ *adv.* प्रतिक्रियावादी ढंग से

retroject /रीट्रोजेक्ट/ *v., pt.* **~ed**, *pp* **~ing** प्रक्षेपण क., प्रक्षिप्त क.

retropulsion /रीट्रअपल्शन/ *n.* प्रतिक्षेपण

retro-rocket /रेट्रो-रॉकिट/ *n., astron.* पश्चगतिक रॉकेट, अंतरिक्ष यान या स्पुतनिक की गति कम करने वाला रॉकेट

retrorse /रिट्रॉःस/ *adj.* 1 पश्चमुखी 2 पीछे को मुड़ा हुआ;

dw/lw: **~ly** /~लि/ *adv.* पीछे को मुड़कर

retrosexual /रेट्रोसेक्सुअल/ *n.* फैशनपरस्ती से दूर पर विषमकामी पुरुष

retrospect /रेट्रअस्पेक्ट/ *n.* (*esp.* **in ~**) 1 पश्चावलोकन, सिंहावलोकन, पश्चदर्शन 2 हाल की घटनाओं पर पीछे मुड़कर देखने की क्रिया: in ~, it wasn't a good idea;

***v.**, pt.* **~ed**, *pp* **~ing** 1 पिछले दिनों की घटनाओं का सिंहावलोकन क.: ~ the circumstance 2 संस्मरण का सहारा लेना, याद क. 3 पुराने दिनों के संस्मरणों को ताजा क.: ~ to an early period;

dw/lw: **~ion** /रेट्रोस्पेक्शन/ *n.* 1 पुराने दिनों के संस्मरण या यादें 2 पश्चावलोकन: indulge in ~ions; **~ive** /रेट्रोस्पेक्टिव/ *n.* किसी कलाकार के जीवन-भर के चित्रण की विकास यात्रा की प्रदर्शनी; **~ive** *adj.* 1 भूतकाल की ओर उन्मुख 2 भूतकाल से संबंधित 3 = **retroactive** 4 पूर्वव्यापी, पूर्वप्रभावी, भूतकाल से शुरू होकर: ~ive effect (पूर्वव्याप्ति, भूतकाल से लागू होकर); ~ive view; ~ive researches; **~ively** /रेट्रोस्पेक्टिवलि/ *adv.* पूर्वप्रभाव से

retrouse /रअट्रूसे/ *adj.* सिरे पर ऊपर को मुड़ी हुई (नाक)

retrover\se /रेट्रोवःस/ *adj.* 1 उल्टा 2 पीछे को मुड़ा हुआ;
dw/lw: **~sion** /रेट्रोवःशन/ *n.* 1 पश्च नति, प्रतिगामिता2 अवनति 3 उल्टा अनुवाद 4 *med.* व्याधि के बिगड़ने की क्रिया

retrovert /रेट्रोवःट/ *v., pt.* **~ed**, *pp* **~ing** 1 पीछे पलटना 2 पहली स्थिति में लौटना;
dw/lw: **~ed** *adj.* पीछे को मुड़ा हुआ

retrovirus /रेट्रोवाइरस/ *n., biol.* एड्ज (aids) के वाइरस समेत अन्य कई वाइरस

retry /रिट्राइ/ *v., pt.* **retried**, *pp* **retrying** 1 किसी पर दोबारा मुकदमा चलाना: they were **retried** when new evidence came to light 2 दोबारा कोशिश क.: **retried** the car but it still wouldn't start

return /रिटःन/ *v., pt.* **~ed**, *pp* **~ing** 1 वापस जा. या आना: **~ed** to Delhi after two weeks 2 वापस क., लौटाना 3 पर वापस आना (to a subject): ~ to the topic later 4 बदले में कोई काम क.: ~ sb's love/ affection; ~ the compliment; ~ good for evil; ~ like for like (जैसे को तैसा) 5 पैदा क., से लाभ होना (yield profit etc.) 6 निर्वाचित क.: was **~ed** with an increased majority 7 (***syn.*** deliver) प्रस्तुत क. 8 (***syn.*** report officially) विवरण दे. 9 ज्युरी आदि द्वारा फैसला दिया या घोषित किया जा.: ~ a verdict/ sentence; ~ guilty 10 (**~ to sth**) 10.1 काम पर वापस आना 10.2 वापस पुरानी स्थिति में आना: the roses will deteriorate **~ing** to wilderness; he has **~ed** to his old habits; ~ to dust (11 दर्द आदि का वापस आना 12 उत्तर दे. 13 खेल में गेंद को मारकर वापस भेजना 14 वापस रखना: ~ sword to scabbard (तलवार को वापस म्यान में रखना);
n. 1 वापसी, प्रत्यर्पण: a ~ home; on ~ (वापसी पर); a ~ to public order 2 पुस्तकों, सामान आदि की वापसी: prompt ~ of books to the library 3 (***syn.*** reappearance) किसी क्रिया, मनोदशा आदि की फिर से शुरुआत: the ~ of spring/ of frost 4 पुराने रीति रिवाजों की वापसी: the ~ of fundamentalism 5 (***syn.*** recurrence) आवर्तन, आवृत्ति: tax ~s 6 (***syn.*** requital) प्रतिदान, प्रतिवर्तन: in ~ (बदले में); get a receipt in ~ for one's money 7 (***syn.*** proceeds) आय, लाभ, प्रतिफल: a ~ on capital; gross ~; bring (in) a fair ~ 8 उत्तर 9 (***syn.*** report) रपट, विवरण, विवरणी 10 *UK* (*US* **round-trip ticket**) वापसी टिकट: a ticket to Hyderabad and ~ 11 (***syn.*** profit, earnings, yield) मुनाफा: quick **~s**; a high rate of ~ on capital 12 गेंद का जवाबी प्रहार 13 *comput.* (*in full* **Return key**) कंप्यूटर के कुंजी पटल (key-board) पर वापसी बटन: type 'install' and press '**Return**'! 14 पुनः चुनाव, सत्ता में वापसी: his ~ to Parliament; ~ to power 15 औपचारिक या सरकारी रपट: census **~s**;
dw/lw: **~able** /रिटःनअबल/ *adj.* 1 (***anton.*** non-returnable) वापस करने योग्य, जिसे वापस किया जा सके, प्रत्यावर्तनीय: hats are not ~able; **~ed** *adj.* 1 निर्वाचित 2 प्रतिफलीय 3 वापस किया हुआ: ~ed letters 4 लौटने वाला: ~ed traveller; **~ee** /रिटःनी/ *n.* विदेश आदि से लौटने वाला व्यक्ति; **~er** *n.* काफी देर काम से गायब रहने के बाद काम पर वापस आने वाला;
collocations: ~ **address** पत्र पर वापसी पता; ~ **fare** आने-जाने का किराया; **~ing officer** मतदान-केंद्र का चुनाव-अधिकारी; ~ **journey** वापसी यात्रा; **~ing officer** किसी चुनाव-क्षेत्र का चुनाव अधिकारी; ~ **match** *sport* जवाबी मुकाबला; ~ **ticket** जाने-आने का टिकट; ~ **visit** किसी के आगमन के जवाब में किसी के यहां जवाबी गमन; ~ **wall** समानांतर दीवार;
and ~ आने-जाने का; **annual ~s** वार्षिक आयकर विवरण;
p&i: **~ good for rvil** बुराई का जवाब भलाई से दे; **~ thanks** शुक्रिया अदा क.; **~ to our muttons** बतलब की बात क.
by ~ of post वापसी डाक से; **in ~ for sth** किसी चीज या बात के बदले में; **many happy ~s of the day** यह दिन (जन्म-दिन) बार-बार आए!

retuse /रिच्यूस/ *adj., bot.* खांचाग्री

reuni\fy /रियूनिफाइ/ *v., pt.* **~fied**, *pp* **~fying** बंटे हुए देशों व अन्य इकाइयों को दोबारा एक क.;
dw /lw: **~fication** /रीयूनिफिकेशन/ *n.* बंटे हुए देशों का एकीकरण

reunion /रीःयूनिअन/ *n.* 1 पुनर्मिलन, एकीकरण: a ~ of sb; sb's ~ with sb 2 (***syn.*** gathering) पुराने बिछड़े दोस्तों, सहपाठियों, संबंधियों आदि का मिलन: have/ go to a ~; an emotional ~; a family/ school/ college ~

reuni\te /रीयूनाइट/ *v., pt.* **~ted**, *pp* **~ting** पुनर्मिलाप हो., दोबारा एक क. या हो.

reuse /रीयूज/ *v., pt.* **~d**, *pp* **reusing** दोबारा प्रयोग क.;
dw/lw: **reusable** /रीयूजअबल/ *adj.* पुनः प्रयोग योग्य

Rev/ Revd *abbr.,* 'Reverend' का संक्षेप

rev (*also* **rev up**; *often* **revs**) /रेव/ *v., pt.* **revved**, *pp* **revving** गाड़ी के इंजन के चक्रों की रफ्तार बढ़ाना;
n. इंजन का एक पूरा चक्र (a complete turn)

revalorization /रीवैलराइजेशन/ *n.* मूल्योद्धार

revaluation /रीवैल्यूएशन/ *n.* पुनर्मूल्यन, पुनर्मूल्यांकन

revalue /रीवैल्यू/ (*also* **revaluate**) *v., pt.* **~d**, *pp* **revaluing** 1 पुनर्मूल्यन क. 2 (***anton.*** devalue) मुद्रा का पुनर्मूल्यन क.

revamp /रीःवैंप/ *v., pt.* **~ed**, *pp* **~ing** 1 मरम्मत क. 2 पुनरुद्धार क. 3 सुधारना: ~ an old comedy

revanche /रिवैंच /रिवैंश/ रअवैंच /रअवैंश/ *n., Fr.* बदला;
dw/lw: **revanchism** /रिवैंचिजम/ रिवैंशिजम/ *n.* शत्रु द्वारा हथियाए गए क्षेत्र को वापस लेने की धुन या आतुरता; **revanchist** /रिवैंशिस्ट/ *adj.* प्रतिशोध के लिए आतुर: revanchist sentiments (प्रतिशोध की भावनाएं)

Revd *see above under* **Rev**

reveal /रिवील/ *v., pt.* **~ed**, *pp* **~ing** 1 (***syn.*** disclose) गुप्त बात प्रकट क., भेद खोल दे.: ~ a secret; ~ one's soul to sb 2 अब तक छिपी चीज दिखाना, भंडा-फोड़ क., रहस्य बताना: his conduct **~s** great intelligence; ~ one's identity 3 (***syn.*** exhibit, display) प्रदर्शित क., व्यक्त क.: ~ oneself 4 उद्घाटित क.;
dw/lw: **~able** /रिवीलअबल/ *adj.* जिसे प्रकट, प्रकाशित या प्रदर्शित किया जा सके; **~ed** /रिवीलड/ *adj.* प्रकटित, प्रकाशित, उद्घाटित, ईश्वरादिष्ट; **~er** *n.* प्रकटित, प्रकाशित या उद्घाटित करने वाला; **~ing** /रिवीलिंग/ *adj.* 1 गुप्त तथ्यों को उजागर करने वाला 2 शरीर के अंगों को प्रदर्शित करने वाली (पोशाक) 3 सांकेतिक, महत्त्वपूर्ण; **~ingly** *adv.* 1 उजागर करने या प्रदर्शित करते हुए 2 आश्चर्य कि बात है कि ...; **~ment** *n.* रहस्योद्घाटन;
collocations: **~ed religion** ऐसा धर्म जिसका स्वयं ईश्वर प्रकटीकरण करता है

reveille /रिवैलि/ *n.* 1 उषाकाल 2 प्रभातघोष, सैनिकों को जगाने का बिगुल (तंबूर)

revel /रेवल/ *v., UK pt.* **revelled**, *pp* **revelling** or *US pt.* **reveled**, *pp* **reveling** 1 (***syn.*** make merry) आमोद-प्रमोद क., रंग-रलियां मनाना, मौज-मस्ती क.: ~ away the time/ money 2 मजा लेना: ~ in a book;

***n.**, pl.* **~s** शोर-शराबेपूर्ण आमोद-प्रमोद, रंगरलियां, आनंदोत्सव: a ~ of colour;

dw/lw: **~ler** /रेवलः/ *n.* मौज उड़ाने वाला; **~ry** /रेवलरि/ *n., pl.* **~ries** (***syn.*** festivity, merrymaking) रंगरलियां, गुलछर्रे, मौज-मस्ती: New Year ~ries;

p&i: **~ in sth** किसी चीज का खूब मजा लेना

revela\tion /रेवअलेशन/ (*often* **Revelations**; *also* **Apocalypse**) *n.* 1 रहस्य का प्रकटीकरण 2 *Christ.* प्रकाशना 3 *Hindu* श्रुति 4 प्रकाशना-ग्रंथ 5 नई बात का प्रकटीकरण, आनंदमय या रोचक रहस्य की प्रकट होने की क्रिया: be a **~tion**; it was a **~tion** to him when he discovered she was having an affair;

dw/lw: **~tory** /~टरि/ *adj.* रहस्य को प्रकट करने वाला, आंखें खोलने वाला; **~tionist** /~शनिस्ट/ *n. Christ.* प्रकाशना में विश्वास रखने वाला;

p&i: **come as/be as ~ to sb** किसी के लिए आंखें खोलने वाली बात हो.

reveller, revelery *see above under* **revel: *dw/lw***

revenant /रेवअनंट/ *n.* 1 लंबी अनुपस्थिति के बाद लौटने वाला (मृत समझा जाने वाला) व्यक्ति 2 भूत, प्रेत;

adj. लंबी अनुपस्थिति के बाद लौटने वाला (मृत समझा जाने वाला)

revendication /रिवेंडिकेशन/ *n., law* शत्रु द्वारा जीते क्षेत्र को वापस पाने के लिए औपचारिक दावा, प्रत्यावर्तन

revenge /रिवेंज\/ *n.* 1 बदला: ~ against/ on sb; plot/ seek/ take ~; in ~ for sth; have one's ~ 2 बदले की कार्रवाई: an act of ~ 3 प्रतिशोध, प्रतिकार: there was ~ in his heart; feed one's ~ 4 खेल में हार बराबर करने की क्रिया: a ~ match;

***v.**, pt.* **~d**, *pp* **revenging** 1 बदला लेना: ~ an injustice; ~ sb's death 2 बदला उतारना: be **~d**; ~ oneself upon sb for sth;

dw/lw: **~ful** /~फुल/ *adj.* प्रतिशोधपूर्ण, बदला लेने का स्वभाव वाला: ~ful heart; **~fulness** *n.* प्रतिशोधपूर्णता, बदला लेने का स्वभाव या प्रवृत्ति; **~-seeker** *n.* बदला लेने पर उतारू;

p&i: **~ is a dish that should be served cold** दुश्मन से उस समय बदला लेना जब उसे इसकी उम्मीद न हो या बदले के डर को लंबा करने के लिए उसे जितना हो सके टालना चाहिए; **~ is sweet** बदला लेना अच्छा लगता है; **revenge of an hundred years old hath still its sucking teeth** बदला लेने की चाह कभी नहीं मरती; **~ oneself on sb/ be ~d on sb** किसी से बदला लेना; **get one's ~** बदला लेना; **~ is sweet** बदला मीठा लगता है

revenue /रेवअन्यू/ (*also* **~s**) *n.* 1(*often* **Revenue**) राजस्व विभाग 2 (***syn.*** receipts) राजस्व, मालगुजारी 3 किसी व्यक्ति या सरकार की आय, आमदनी: public **~s** 4 आय के स्रोत: the **~s** of the Municipal Corporation;

dw/lw: **~-stamp** *n.* रसीदी टिकट;

collocations: **~ account** राजस्व खाता; **~ cutter/ vessel** *hist.* सीमा-शुल्क या तस्करी की रोकथाम करने वाला जहाज; **~ tariff** सीमा-शुल्क दर

reverb *n., colloq., music* 1 (***syn.*** echo) गूंज, ध्वनि-वर्धक उपकरण द्वारा पैदा की जाने वाली प्रतिध्वनि 2 गूंज पैदा करने वाला उपकरण

reverbe\rant /रिवःबअरंट/ *adj.* गुंजायमान, प्रतिध्वनित;

dw/lw: **~rantly** /रिवःबअरंटलि/ *adv.* गूंजते हुए

reverbera\te /रिवःबअरे\ट/ *v., pt.* ~ted, *pp* ~ting 1 गूंजना, प्रतिध्वनित हो., प्रतिनादित क. 2 प्रतिबिंबित क. 3 परावर्तित क.: ~te sound/ light/ heat;

dw/lw: **~tion** /~शन/ *n.* 1 (***syn.*** echo) प्रतिध्वनि, गूंज: the ~tion of voices; acts followed by ~tions throughout the world 2 परावर्तन: ~tion of rays from a surface 3 प्रतिबिंबन 4 (***syn.*** repercussions) दूर तक फैलने वाला प्रभाव, दुष्परिणाम; **~ting** /~टिंग/ *adj.* 1 प्रतिध्वनित या प्रतिनादित: ~ting peals of thunder; ~ting fame 2 परावर्तित 3 = ~tive; **~tive** /~टिव/ *adj.* प्रतिध्वनित या प्रतिनादित करने वाला; **~tor** /~टः/ *n.* परावर्तक; **~tory** /~टरि/ *adj.* परावर्तक, प्रतिध्वनिक, परावर्तन: ~ratory furnace *metallurgy* परावर्तन-भट्ठी

revere /रिविअः/ *v., pt.* **~d**, *pp* **revering** 1 आदर क., सम्मान क.: a poet **~d** by all; ~ the laws 2 (***syn.*** idolize) पूज्य मानना, अंध भक्ति क.: ~ a political functionary; ~ wisdom;

reverence /रेवअरंस/ रेवरंस/ *n.* 1 आदर, श्रद्धा: ~ for sth; pray with ~ 2 समादर, सम्मान: hold sb in ~/ regard sb with ~ 3 सम्मानजनक कार्य;

p&i: **his/ your ~!** महामहिम! पूज्यात्मा!; **hold sb in ~** किसी के लिए आदर हो.

Reverend /रेवअरंड/ *adj.* ईसाई पादरी की उपाधि, महामहिम: Most ~; Right ~; Very ~ 2 श्रद्धेय: the ~ gentleman; ~ madam;

collocations: **~ Mother** महान मां की उपाधि

Reverent/ reverent /रेवअरंट/ *adj.* सम्मान जताने वाला , श्रद्धालु;

dw/lw: **~ial** /रेवरेंशिअल/ *adj.* आदरपूर्ण, श्रद्धापूर्ण: ~ial words/ disciples; ~ial awe; **~ly/ ~ially** *adv.* श्रद्धापूर्वक, सम्मानपूर्वक

reverie /रेवरि/ *n.* (***syn.*** daydreaming) आनंदित एवं अन्यमनस्क चिंतन-मग्नता या स्वप्नशीलता, दिवास्वप्न: indulge in ~

revers /रिविअ/ *n., pl.* **revers** कोट, जैकेट आदि पोशाकों की उल्टी तरफ

reversal /रिवःसल/ *n.* 1 पलटाव, विलोम रूप में बदलाव: a sudden ~ of policy; ~ of the natural order of things 2 सफल होने के स्थान पर असफल होने में परिवर्तन: temporary ~ 3 (***syn.*** annulment) शून्य बनाने की क्रिया, निराकरण, रद्दगी: the ~ of a judgment; ~ of rotation 4 दो या अधिक व्यक्तियों के बीच भूमिकाओं की अदला-बदली: role ~ or ~ of roles

reverse /रिवःस/ *v., pt.* **~d**, *pp* **reversing** 1 गाड़ी को पीछे की ओर चलाना: ~ the car 2 पलटना, उलटना (U-turn): ~ the normal order; ~ the names on the list; ~ a policy; ~ the procedure 3 उलटा क., उलट दे., फेर दे., पलटा दे.: ~ arms 4 विपर्यस्त क. 5 उलट जाना, पलट जाना, पलटा खाना: their positions are **~d** 6 *mech.* उत्क्रमित क., प्रतिवर्तित क. 7 *law* (***syn.*** annul, revoke) रद्द क., निरस्त क., निराकरण क.: ~ a sentence; ~ the decision of a lower court 8 अपना रुख या रवैया बदल लेना 9 टेलीफोन कॉल आदि की अदायगी निरस्त क. या उसे टेलीफोन पाने वाले के नाम क.: ~ the phone call charges;

n. 1 विपरीतता 2 (*also* **~ gear**) गाड़ी को पीछे करने का उपकरण या गिअर (gear) 3 विपरीत दिशा: in ~ 4 विपर्यय, उलटा: quite/ very much/ the ~; the ~ of what we expected 5 (***syn.*** back) पृष्ठ, पीठ 6 उल्टी तरफ (of dress etc.) 7 पट (of coin): ~ of a coin 8 (***syn.*** misfortune) विपत्ति: the **~s** of fortune 9 (***syn.*** loss, defeat) हार, पराजय: suffer/ meet with a ~; have/ experience **~s** 10 *mech.* प्रतिक्रम;

adj. 1 उल्टी दिशा में, उलटा: ~ movement 2 विपरीत, प्रतिलोम: in ~ order; by the ~ method 3 (***syn.*** upside down) औंधा: the ~ side 4 प्रतिवर्ती (of curve etc.) 5 उलटा, पीछे ले जाने वाला (of gear): ~ gear 6 जवाबी: ~ fire;

dw/lw: **~-charge** *adj.* टेलीफोन मिलने वाले द्वारा भुगतान की व्यवस्था वाला: make ~-charge call; **~-charge** *adv.* टेलीफोन पाने वाले द्वारा भुगतान की व्यवस्था के साथ: call ~-charge; **~d** *adj.* उलटा, विपर्यस्त, प्रतिवर्तित; **~ly** *adv.* उल्टी दिशा में या क्रम में, उलटे; **~r** /रिवःसः/ *n.* प्रतिचालक, उलट देने वाला; **reversing** *adj.* पीछे की तरफ जाने की द्योतक: reversing light;

collocations: ~ **discrimination** = **positive discrimination** न्याय करने के लिए किया जाने वाला पक्षपात: reservation policy is a kind of ~ or positive discrimination; ~ **engineering** प्रतिद्वंद्वी के माल को उधेड़कर उसकी नकल करते हुए और उसमें कुछ फेर-बदल करते हुए नए माल का उत्पादन या नई वस्तु या नया कल-पुर्जा आदि बनाने की क्रिया; ~ **gear** गाड़ी में उलटा यानी पीछे मुड़ने या हटने का गिअर; **reversing light** पीछे की तरफ जाने की द्योतक या संकेतक बत्ती; ~ **takeover** *finance* छोटी कंपनी (निजी कंपनी) द्वारा बड़ी कंपनी (सरकारी कंपनी) को खरीद लिए जाने की क्रिया;

p&i: ~ **side of the coin** सिक्के का दूसरा पहलू यानी मामले का वैकल्पिक पहलू; ~ **the charges** (*US* **call collect**) 1 टेलीफोन करने के पैसे टेलीफोन प्राप्त करने वाले से लिए जाने का प्रावधान 2 भुगतान रद्द करने की क्रिया; **go into** ~ 1 गाड़ी आदि को पिछले गिअर (gear) में डालना 2 पीछे की ओर चलना; **in** ~ उल्टी दिशा में

reversible /रिवःसिबल/ *adj.* 1 जिसे उलटा जा सके, उलटने योग्य 2 *mech.* उलटवां, पलटवां, पलटावी 3 प्रतिवर्ती, प्रतिवर्त्य 4 दोनों तरफ से पहने जा सकने वाली पोशाक: ~ clothes;

dw/lw: **reversibility** /रिवःसअबिलिटि/ *n.* बदलने या वापसी की संभावना;

collocations: ~ **reaction** *chem.* 1 दोनों दिशाओं में चलने वाली रासायनिक क्रिया 2 परिस्थिति अनुसार बारी-बारी से दोनों दिशाओं में चल सकने वाली रासायनिक क्रिया

reversion /रिवःशन/ *n.* 1 उलटाव, पलटाव 2 पहले की अवस्था या विश्वास की ओर वापसी 3 *law* संपत्ति आदि की वैध मालिक को कुछ अंतराल के बाद दोबारा वापसी 4 मृत्युपरांत बीमा का भुगतान;

dw/lw: **~al/ ~ary** /रिवःशनल/ रिवःशनरि/ *adj.* प्रत्यावर्ती; **~er** *n.* संपत्ति आदि की पुनः प्राप्ति करने वाला व्यक्ति, उत्तर भोगी

revert /रिवःट/ *v., pt.* **~ed**, *pp* **~ing** 1 उलटना, पलटना: ~ one's steps 2 (*usually* ~ **to sth**) पहले की अवस्था में लौटना, पहले की स्थिति को लौटना, पलट जा.: the fields have **~ed** to moorland (झाबर भूमि); ~ to the point one started from 3 पुरानी (बदतर) प्रथा, अवस्था, व्यवहार आदि की ओर लौटना: ~ to a custom; he **~ed** to his drinking 4 *law* संपत्ति का दोबारा वैध मालिक के पास लौटना 5 पीछे मोड़ना;

dw/lw: **~ible** /रिव: टिबल/ *adj.* पहली अवस्था में वापस आने वाला;

p&i: ~ **to sb/ sth** संपत्ति आदि का मूल मालिक को वापस मिल जा.

revetment /रिवटमंट/ *n., mainly fortification* किलेबंदी की दीवारों, प्राचीर, बांध आदि को मजबूत करने के लिए लगाए जाने वाले पत्थर या अन्य सामग्री

review /रिव्यू/ *n.* 1 पुनःअलोकन, पुनरीक्षण, पुनर्परख: edit/ conduct a ~; be under ~ 2 पुस्तक, नाटक, फिल्म आदि की समीक्षा, समालोचना: scientific/ literary ~ 3 (***syn.*** survey) किसी विषय, समस्या या स्थिति का सामान्य सिंहावलोकन, सर्वेक्षण: a ~ of the election results; carry out a ~ 4 भूतकाल या भूतकाल में घटी घटनाओं का सिंहावलोकन: the newspaper's annual ~ of the year 5 (***syn.*** re-examination) किसी निर्णय आदि पर पुनर्विचार, पुनर्विवेचन, नजरसानी: a ~ of sth 6 समीक्षा-पत्रिका: weekly ~ 7 दोहराई/ दोहराने की क्रिया (a lesson) 8 *milit.* (***syn.*** inspection) निरीक्षण (क.), मुआयना: a ~ of the troops 9 मामले पर उच्चतर न्यायालय द्वारा पुनर्विचार: court of ~; the case is under ~;

v., *pt.* **~ed**, *pp* **~ing** 1 (***syn.*** take stock of) सिंहावलोकन या पुनर्वलोकन क.: ~ the situation 2 समीक्षा करना 3 *US* (*UK* **revise**) पुनर्वलोकन क., पाठ आदि दोहराना 4 भूतकाल की घटनाओं पर नजर डालना और उन पर पुनर्विचार क.: ~ the past 5 समय-समय पर समीक्षाएं लिखना: ~ a book 6 सैनिक टुकड़ी का निरीक्षण या मुआयना क. 7 *law* उच्चतर न्यायालय द्वारा मामले पर पुनर्विचार किया जा. 8 (***syn.*** reassess) गवाही, सबूतों आदि का पुनर्वलोकन क.;

dw/lw: **~able** *adj.* पुनर्वलोकन करने योग्य; **~al** *n.* पुनर्वलोकन, समीक्षा; **~er** /रिव्यूअः/ *n.* समीक्षक, समालोचक;

collocations: ~ **body** वेतन पुनर्विचार समिति; ~ **copy** समीक्षार्थ प्रेषित प्रति; ***p&i:*** **pass in** ~ भूत काल में झांककर देखना

revile /रिवाइल/ *v., pt.* **~d**, *pp* **reviling** 1 गाली दे., घोर निंदा क.: ~ sb for sth 2 तिरस्कार भाव से बोलना या भद्दी गाली-गलौज भरी भाषा का प्रयोग क.;

dw/lw: **~d** /रिवाइल्ड/ *adj.* घृणित; **~r** *n.* गाली-गलौज करने वाला, निंदक; **~ment** /रिवाइल्मंट/ *n.* 1 निंदा 2 अपशब्द, गाली, गाली-गलौज 3 दुर्वचन

revisal /रिवाइजल/ *n.* संशोधन

revi\se /रिवाइज/ *v., pt.* **~sed**, *pp* **~sing** 1 परीक्षा के पहले दोहराना 2 *UK* (*US* **review**) 2.1 सुधार हेतु दोहराना, संशोधन क., सुधारना: **~se** a document 2.2 पुस्तक का नया संस्करण निकालने से पहले दोहराना और संशोधित क. 3 पुनर्विचार क. या अपने विचार में संशोधन क., विचार बदलना: **~se** one's opinions;

n. 1 संशोधन 2 *printing* संशोधित प्रूफ (पाठ);

dw/lw: **~sable** /रिवाइजअबल/ *adj.* संशोधनीय; **revisal** /रिवाइजल/ (= **revision**) *n.* संशोधन, सुधार; **~sed** /रिवाइजड/ *adj.* 1 संशोधित 2 दोहराया हुआ: ~sed edition; **~ser** /रिवाइजः/ *n.* संशोधक; **revision** *see below under a separate entry*; **revisory** /रिवाइजरि/ *adj.* 1 संशोधन से संबंधित 2 संशोधन-सक्षम

Revised Standard Version *n., abbr.* **RSV** बाइबल का 1946-52 में निकाला गया संशोधित संस्करण

Revised Version *n., abbr.* **RV** बाइबल का 1881-85 में निकाला गया संशोधित संस्करण

revision /रिविजन/ *n.* 1 संशोधन, सुधार 2 *UK* परीक्षा के पहले की दोहराई 3 पुस्तक, लेख आदि का संशोधित संस्करण;

dw/lw: **~al** /रिविजनल/ (= **revisionary** /रिविजनरि/) *adj.* संशोधनात्मक; **~ism** /रिविजनिज्म/ *n.* 1 *politics* संशोधनवाद, पहले से स्थापित विचारधारा या विचारों का संशोधन 2 साम्यवाद का सुधारवादी रूप; **~ist** /रिविजनिस्ट/ *n.* संशोधनवादी

revitali\zation /रीवाइटलाइ\जेशन/ *n.* नए जीवन का संचार;

dw/lw: **~ze** (*also UK* **-ise**) /~ज/ *v., pt.* ~zed, *pp* ~zing पुनः शक्ति संचार क.

revival /रिवाइवल/ *n.* 1 पुनर्जीवन, पुनरुज्जीवन 2 सक्रियकरण, संजीवन: a ~ of interest 3 पुनरुद्धार, पुनरुत्थान 4 (नव) जागरण: the ~ of a whole continent 5 पुनःप्रवर्तन, पुनःप्रचलन (of custom etc.): a ~ of traditions 6 धर्मजागरण, पुनर्जागरण 7 पुनःप्रदर्शन (of play, etc.);

dw/lw: **~ism** /रिवाइवलिज्म/ *n.* 1 पुनर्जागरणवाद 2 पुनर्कट्टरपंथीपन 3 किसी धर्म के समर्थकों के बीच हौसला-बुलंदी;

collocations: **the Revival of learning** पुनरुत्थान काल (Rennaissance)

revi\ve /रिवाइव/ *v., pt.* **~ved**, *pp* **~ving** 1 सक्रिय क. या हो. 2 पुनर्जीवित क. या हो.: our hopes have **~ved**; **~ve** a longing 3 नवीन जीवन का संचार होना या क., नव प्राण फूंकना, फिर से जान डाल दे.: his spirits **~ved** 4 होश में आना या लाना, जी उठना, पुनर्जीवित होना या क., पुनरुज्जीवित होना या क., नव शक्ति व जीवंतता आना (new life): **~ve** after a fainting fit 5 पुरानी प्रथाओं, फैशन, शैलियों का दोबारा प्रचलित या लागू होना या क.: **~ve** a memory of sth 6 फिर प्रदर्शित क. (a play, etc.);

dw/lw: **~vability** /रिवाइवअबिलिटि/ *n.* पुनर्जीवित होने की संभावना या क्षमता; **~vable** /रिवाइवअबल/ *adj.* जो पुनर्जीवित हो सके; **~ver** *n.* पुनर्जीवित करने वाला; **~ving** /रिवाइविंग/ *n.* पुनर्जाग्रत करने का प्रयास; **~ving** *adj.* पुनर्जाग्रत करने वाला

revivi\fy /रिविविफाइ/ *v., pt.* **~fied**, *pp* **~fying** (***syn.*** revitalize) नवजीवन प्रदान क., कायाकल्प कर दे.;
dw/lw: **~fication** /रिविविफिकेशन/ *n.* पुनरुज्जीवन; **~scence** /रिविविसंस/ *n.* 1 पुनर्जीवन 2 नवजागरण, उत्थान काल; **~scent** /रिविविसंट/ *adj.* 1 पुनर्जीवंत 2 नवजाग्रत, पुनरुत्थित

revivor /रिवाइवः/ *n., law* मुकदमे का पुनः सक्रियकरण

revoca\bility /रेवअकअबिलअटि/ *n.* वापस या निरस्त होने की संभावना, निरस्यता;
dw/lw: **~ble**/ **revokeable** /रिवोकअबल/ रेवअकअबल/ *adj.* वापस लिए या निरस्त किए जाने योग्य, निरस्य; **~tion** /रेवअकेशन/ *n.* वापसी, निरसन, रद्दगी, मंसूखी: ~tion of an edict; **~tory** /रेवअकअटरि/ *adj.* प्रतिसंहारी, निरसन या मंसूखी से संबंधित

revo\ke /रिवोक/ *v., pt.* **~ked**, *pp* **~king** 1 वापस ले. या रद्द क., मंसूख क. 2 *cards* पत्ता दबा लेना;
dw/lw: **~ker** *n.* रद्द या मंसूख करने वाला

revolt /रिवोल्ट/ *n.* 1 (***syn.*** uprising, rebellion) विद्रोह, विप्लव, बगावत: rouse/ stir up the people to ~; rise/ break out in ~; repress/ put down a ~; in ~ 2 विरोध, अचानक फूट पड़ने वाली बगावत 3 (***syn.*** disgust) बीभत्सा, घृणा, जुगुप्सा, नफरत: a ~ against image worship;
v., *pt.* **~ed**, *pp* **~ing** 1 (***syn.*** rebel) विद्रोह क., बगावत क.: ~ against sb; **~ed** against the military junta 2 (***syn.*** feel disgust) से घृणा क., में बीभत्सा या जुगुप्सा उत्पन्न होना: be **~ed** by sth; his nature/ his heart **~s** at/ against deceit; his common sense **~s** against superstitions; the scene **~ed** him; just the thought of it **~s** me;
dw/lw: **~ed** *adj.* जिसने विद्रोह कर दिया है; **~ing** /रिवोल्टिंग/ *adj.* 1 (***syn.*** disgusting) वीभत्स, घृणित, घिनौना 2 विद्रोह करने वाला

revolute /रेवअल्यूट/ रेवअलूट/ *adj., mainly bot.* पीछे की ओर मुड़ा हुआ (पत्ता), कोरकुंचित

revolution /रेवअलूशन/ *n.* 1 क्रांति, उदाहरणतः जब सर्वहारा वर्ग उत्पादन के साधन पूंजीपतियों से छीनकर अपने हाथ में ले लेता है और सत्ता पर अपना कब्जा जमा लेता है: bourgeois/ socialist ~; impending ~; palace ~ 2 विचारों, सामाजिक व्यवहार, संबंधों आदि में आमूल परिवर्तन: the industrial **Revolution** 3 किसी बिंदु के चारों ओर परिक्रमा, चक्कर: the ~ of celestial bodies 4 घूर्णन, परिभ्रमण 5 (***syn.*** cycle) चक्र: the ~ of the seasons;
dw/lw: **~ary** /रेवअलूशनरि/ *adj.* 1 क्रांतिकारी: ~ary government; ~ary ideas; ~ary discoveries 2 आमूलचूल परिवर्तनकारी: a **~ary** idea; **~ary** *n.* क्रांतिकारी व्यक्ति: Bhagat Singh was a socialist **~ary**; **~ist** /रेवअलूशनिस्ट/ *n.* क्रांतिवादी; **~ism** *n.* क्रांतिवादिता; **~ize** (*also UK* **-ise**) /रेवलूशनाइज/ *v., pt.* ~ized, *pp* ~izing 1 क्रांति ला. 2 का कायापलट कर दे.: ~ize a country 3 आमूल परिवर्तन क.: ~ize modern life;
collocations: **a palace** ~ शाही तख्ता-पलट;
p&i: **~s are not made with rose water** क्रांति करने के लिए कुर्बानी करनी पड़ती है

revol\ve /रिवौल्व/ *v., pt.* **~ved**, *pp* **~ving** 1 (*usually* **~ve around** or **about sth**) परिक्रमा क., परिभ्रमण क., के इर्दगिर्द घूमना या घुमाना, चक्कर खाना या खिलाना: **~ve** around/ about sth; **~ve** round the sun 2 (***syn.*** recur) लौटना, लौट आना, का आवर्तन होना: the seasons/ the centuries **~ve** 3 (***syn.*** ponder over) पर विचार क., चिंतन क.: **~ve** a problem/ a fact in the mind;
n. *theat.* दृश्यों की विविधता दिखाने के लिए मंच का एक घूमने वाला भाग;
dw/lw: **~ving** /रिवौल्विंग/ *adj.* 1 परिक्रमा करने वाला, परिक्रामी 2 घूर्णायमान, परिभ्रामी: ~ving storm (परिभ्रामी तूफान) 3 आवर्ती: ~ving credit 4 घूमने वाला: ~ving door;
p&i: **~ve around / round sth** 1 किसी व्यक्ति या बिंदु आदि के चारों ओर चक्कर काटना 2 किसी व्यक्ति या मामले का विचार-विमर्श आदि का केंद्र बिंदु हो.

revolver /रिवौल्वः/ *n.* रिवॉल्वर, तमंचा, रिवाल्वर

revue /रिव्यूः/ *n., Fr.* प्रहसन, नौटंकी, समसामयिक प्रहसन, रंगारंग कार्यक्रम

revul\sion /रिवल्शन/ *n.* 1 (***syn.*** repugnance) घृणा, नफरत, चिढ़, तिरस्कार 2 घोर प्रतिक्रिया, आकस्मिक प्रतिक्रिया: meet sth with ~sion 3 आकस्मिक (भाव-) परिवर्तन: a ~sion of mood 4 (***syn.*** disgust) बीभत्सा, जुगुप्सा: a scene of utmost ~sion 5 *med.* प्रत्युत्तेजन;
dw/lw: **~sive** /रिवल्सिव/ *adj.* 1 *med.* प्रत्युत्तेजक 2 *fig.* बीभत्स

revved, revving *see above under* **rev**

reward /रिवॉःड/ *n.* 1 पुरस्कार, इनाम: a ~ of rupees 50000, etc.; offer a ~ for a stolen object 2 पारितोषिक: get/ receive a ~ 3 (***syn.*** remuneration) पारिश्रमिक: a big/ handsome/ substantial ~ 4 लाभ, प्रतिफल: without hope of ~;
v., *pt.* **~ed**, *pp* **~ing** 1 पुरस्कार दे., फल दे.: success has **~ed** our efforts; a magnificent view **~s** the traveller; ~ sb for his valour 2 पारिश्रमिक दे.;
dw/lw: **~able** *adj.* पुरस्कार देने योग्य; **~ing** /रिवॉःडिंग/ *adj.* 1 (***syn.*** profitable) लाभप्रद 2 (***syn.*** satisfying) संतोषजनक: a ~ing job;
p&i: **reward of a thing well done is to have done it** किया गया अच्छा काम ही उसका पुरस्कार है

rewind /रीःवाइंड/ *v., pt.* **rewound**, *pt. p.* **rewound**, *pp* **~ing** 1 फिर से लपेटना 2 पीछे क., पीछे क. या ले जाना;
n. 1 दोबारा लपेटने की क्रिया 2 कैसेट टेप (cassette tape) आदि को घुमाकर पीछे या शुरू में ले जाने की क्रिया 3 लपेटने वाला उपकरण

rewi\re /रीःवायः/ *v., pt.* **~red**, *pp* **~ring** 1 बिजली की तारों को दोबारा लगाना 2 नया तार लगाना;
dw/lw: **~rable**/ **~reable** /रीःवायरअबल/ *adj.* नया तार लगाने योग्य

reword /रीवःड/ *v., pt.* **~ed**, *pp* **~ing** 1 दूसरे शब्दों में कहना 2 पुनर्लेखन क. 3 भिन्न शाब्दिक रूप दे.;
dw/lw: **~ing** *n.* 1 दूसरे शब्दों में कही गई बात 2 भिन्न शब्दों से बना भिन्न रूप

rework /रीवःक/ *v., pt.* **~ed**, *pp* **~ing** 1 किसी रचना को संशोधित करके दोबारा तैयार क. 2 संगीत या साहित्यिक कृति दोबारा बनाना 3 किसी वस्तु में फेर-बदलकर उसे नया रूप दे.

rewrite /रीराइट/ *v., pt.* **rewrote**, *pt. p.* **rewritten** बेहतर बनाने के लिए दोबारा लिखना: ~ rules

Rex /रेक्स/ *n.* राजा

Reye's syndrome /राइज सिंडरम/ *n., med.* बच्चों के शरीर की कोशिकाओं में होने वाली रासायनिक क्रियाओं की (metabolism) की एक ऐसी विरली बीमारी जिसमें दिमाग और जिगर प्रभावित होते हैं जो बच्चे के लिए घातक सिद्ध हो सकते हैं

Reynolds number /रेनअल्ड नंबः/ *n., mech.* किसी यंत्र (system) में तरल के बहाव के प्रकार की सांकेतिक संख्या

RF *abbr.* 'radio frequency' का संक्षेप

Rf *symbol, chem.* 'rutherfordium' का प्रतीक

RFC *abbr.* 'Royal Flying Corps', 'Rugby Football Club' की प्रथमाक्षरी

RGN *abbr.* 'Registered General Nurse' की प्रथमाक्षरी

RGS *abbr.* 'Royal Geographical Society' की प्रथमाक्षरी

RGV *abbr.* 'Remote Guidance Vehicle' की प्रथमाक्षरी

r.h. *abbr.* 'right hand' की प्रथमाक्षरी

RH *abbr.* 1 'Haiti' का अंतर्राष्ट्रीय वाहन पंजीकरण कोड (IVR) 2 'Royal Horse Artillery' की प्रथमाक्षरी

Rhabdo\mancy /रैब्डअमैंसि/ *n.* दंड शकुन विचार यानी छड़ी से जमीन के नीचे पानी या खनिज की स्थिति के बारे में भविष्य वाणी या पेशीनगोई, दंड-सगुनौती;

dw/lw: **~-mancer** /रैब्डअमैंसः/ *n.* दंड सगुनिया

rhachis/ rhachides *see under* **rachis**

Rhaetia/Raetia /रीशिआ/ रीशा/ *n.* रोम साम्राज्य का प्रांत;

dw/lw: **Rhaetian** /रीःशन/ *n.* भिन्न-भिन्न रोमांस (romance) बोलियों का सामूहिक (generic) नाम

rhagades /रैगअडीःज/ *pl. n., med.* त्वचा में तरेड़ या फटन

rhapsodi\ze /रैप्सअडाइज/ *v. pt.* **~zed**, *pp* **~zing** (*syn.* go into raptures about sth) अत्यधिक जोश के साथ या भावुकतापूर्वक बोलना या लिखना

rhap\sode /रैप्सौड/ (*also* **~sodist**) चारण, भाट;

dw/lw: **~sodic(al)** /रैप्सौडिक(ल)/ *adj.* 1 अत्युक्तिपूर्ण 2 अतिप्रशंसात्मक, भावुकतापूर्ण

rhapsodi\ze /रैप्सअडाइज/ *v., pt.* **~zed**, *pp* **~zing** प्रशस्ति गान या यशगान क., अति प्रशंसा क., गाथा की रचना क. या सुनाना;

dw/lw: **~st** *n.* यश-गीतक, चारण, भाट

rhapsody /रैपसअडि/ *n., pl.* **rhapsodies** 1 चारण-गीत, गान जो प्रायः यंत्रों पर बजाया जाता है 2 भावोद्गार, अतिप्रशंसा, प्रशस्ति 3 एक बैठक में पठित काव्यांश

rhea /रिआ/ *n., pl.* **~s** शुतुरमुर्ग जैसा एक दक्षिणी अमेरिकी उड़ने में अक्षम पक्षी

rheme /रीम/ *n., ling.* वाक्य का वह भाग जो पाठक के ज्ञान में नई सूचना जोड़ता है

rheo- *comb. form, signifying:* current or flow (धारा या बहाव)

rheology /रिऔलजि/ *n., phys.* किसी पदार्थ में बल (बोझ) तले आने वाली विकृति और बहाव का वैज्ञानिक अध्ययन

rheostat /रीअस्टैट/ *n., elec.* विद्युत-धारा नियंत्रक उपकरण

rhesus /रीःसस/ *n.* एक उत्तर भारतीय छोटा लघुपुच्छ वानर

rhesus factor (*also* **Rh factor**) *n., med.* 84% मानव जाति की लाल रक्त कोशिकाओं की सतह पर मौजूद एक प्रतिजन (antigen) जिसकी बदौलत मानवों का यह भाग **rhesus positive** और बाकी का 16% भाग **rhesus negative** कहलाता है, इस बात की जानकारी रक्त-आधान (blood transfusion) से पहले अति आवश्यक होती है

rhetor /रीःटअ/ *n.* 1 वक्तृता-शास्त्री, वक्तृता का अध्यापक 2 (*syn.* orator) वक्ता;

rhetoric /रेटअरिक/ *n.* 1 (*syn.* eloquence, oratory) वक्तृता, वाक्पटुता, वाग्मिता 2 भाषा के सदुपयोग का सिद्धांत-शास्त्र व व्यवहार-विद्या 3 साहित्य शास्त्र, अलंकार शास्त्र 4 शब्दाडंबर (artificial eloquence): empty ~ 5 *derog.* लफ्फाजी: mere ~ic 6 आकर्षण शक्ति;

dw/lw: **~ical** /रेटौरि\कल/ रेटॉरि\कल/ रेटाःरि\कल/ *adj.* 1 वाक्पटु, वाग्मी: ~ical effort; a man of great ~ical power 2 अति आलंकारिक: ~ical prose 3 आडंबरी, शब्दाडंबरपूर्ण 4 लफ्फाजी; **~ically** /~कलि/ *adv.* 1 आलंकारिक ढंग से; **~ician** /रेटअरिशिअन/ *n.* 1 अलंकारशास्त्री, साहित्यशास्त्री 2 = **rhetor**;

collocations: **~ic/ ~al question** 1 प्रश्नालंकार, भाषणगत प्रश्न 2 ऐसा प्रश्न जिसके जवाब की अपेक्षा नहीं की जाती, क्योंकि उसे मात्र किसी बात पर बल देने के लिए प्रयोग किया जाता है

rheum /रूम/ *n.* 1 नजला, जुकाम होने पर नाक या आंखों से बहने वाला तरल 2 सर्दी, प्रतिश्याय 3 जोड़ों का दर्द;

dw/lw: **~ed** /रूमड/ *adj.* = **~y** /रूमि/ *adj.* 1 नजला, जुकाम से संबंधित 2 ठंडी और सीलनभरी (हवा)

rheuma\tic /रुमैटिक/ *adj.* 1 वातजन्य, वातपीड़ित 2 संधिवातीय: ~tic fever (आमवातिक ज्वर) 3 गठिया-ग्रस्त;

n. 1 गठिया-ग्रस्त व्यक्ति 2 (**~tics**) *colloq.* गठिया या गठिया से होने वाला दर्द;

dw/lw: **~ticky** /रुमैटिकि/ *adj., colloq.* 1 वातरोगी 2 गठिया का रोगी; **~tism** /रूमःटिज्म/ *n.* गठिया, संधिवात; **~toid** /रूमःटॉइड/ *adj.* गठिया-जैसा, गठिया का, गठिया-ग्रस्त: ~toid arthritis *med.* (विशेषकर औरतों को होने वाली गठिया की बीमारी जिसमें जोड़ों में दर्द उंगलियों आदि पर सूजन और अकड़न हो जाती है); **~tology** /रूमःटौलजि/ *n. med.* गठिया अध्ययन विज्ञान; **~tologist** /रूमःटौलजिस्ट/ *n.* गठिया विशेषज्ञ

Rh factor *see above under* **rhesus factor**

RHG *abbr.* 'Royal Horse Guards' की प्रथमाक्षरी

rhin *see under* **rhino-**

rhinal /राइनल/ *adj., anat.* नाक से संबंधित, नासा-, नासिका-, घ्राण-

rhinestone /राइन्स्टोन/ *n.* बिल्लौर

rhinitis /राइनाइटिस/ *n., med.* नासा-शोथ

rhino /राइनो/ *n., pl.* **rhinos/ rhino** 1 'rhinoceros' (राइनौसरस) का संक्षिप्त रूप, गैंडा (*see below*) 2 *sl.* पैसा, बजने वाला सिक्का

rhino- *comb. form,* denoting/ relating to: **the nose** (नाक)

rhinoceros /राइनौसरस/ *US* राइनाःसरस/ *n., pl.* **~es/ ~s** 1 गैंडा 2 बेढब व्यक्ति

rhinolalia /राइनौलेलिया/ *US* राइनाःलेलिया/ *n.* अनुनासिक दोष

rhinology /राइनौलजि/ राइनाःलजि/ *n.* नासा-चिकित्सा, नासा-विज्ञान

rhinopharyngeal /राइनोफरिंजिअल/ *adj.* नासाग्रसनीय

rhinophonia /राइनअफोनिआ/ *n.* गुगुनी आवाज

rhinoplasty /राइनोप्लास्टि/ *n.* नाक की प्लास्टिक शल्य-क्रिया

rhinosco\pe /राइनोस्कोप/ *n.* नाक दर्पण;

dw/lw: **~py** /राइनौस्कोपि/ *US* राइनाःस्कोपि/ *n., med.* नाक दर्पण से नाक की परख

rhizo- *comb. form, denoting:* **root** (जड़, मूल)

rhizocarp /राइजोकाःप/ *n.* जलीय, पर्णांड, कंपपादप;

dw/lw: **~ic/ ~ous** /~पिक/ ~पस/ *adj.* सदाबहार जड़ों वाला

rhizoid /राइजॉइड/ *n., bot.* समुद्री वनस्पति में मूलाभास, मूलांग

rhizome /राइजोम/ *n., bot.* प्रकंद, कुछ पौधों का मोटा तना

rho /रो/ *n., pl.* यूनानी वर्णमाला का सतरहवां वर्ण

Rhode Island Red *n.* अमेरिकी नस्ल का घरेलू मुर्गा

Rhodes scholar /रोड्ज स्कौल(र)/ ऑक्सपोर्ड विश्वविद्यालय में पढ़ने के लिए अमेरिका, जर्मनी और राष्ट्रकुल देशों से आने वाला रोड्ज नामक छात्रवृत्ति (1902 Cecil Rohde द्वारा स्थापित निधि) प्राप्त शोध कर्ता

rhodo- *comb. form, denoting:* **rose or rose-coloured** (गुलाब, गुलाबी)

rhomb /रौम/ रौम्ब/ *n., geom.* रोंबस

rhombohedron /रौंबोहीडरन/ राःबोहीडरन/ *n., pl.* **rhombohedra/ ~s** *mainly crystallogy* छः बराबर फलकों वाला ठोस वस्तु, विशेषकर बिल्लौर

rhom\bus /रौंबस/ *US* रांबस/ *n., pl.* **~buses/ ~bi** *geom.* 1 समचतुर्भुज 2 (*syn.* crystal) समांतर षट्फलक;

dw/lw: **~bic** /रौंबिक/ *US* रांबिक/ *adj.* 1 समचतुर्भुजीय 2 विषमलंबाक्ष

rhon\chus /रौंकस/ *US* रांकस/ *n., pl.* **rhonchi** /रौंकाइ/ ठसे हुए गले से सांस लेने के कारण पैदा होने वाली खराटों जैसी आवाज

rhotacism /रोटअसिज्म/ *n.* र-करण

RHS *abbr.* 'Royal Historical Society', 'Royal Horticultural Society', 'Royal Humane Society' की प्रथमाक्षरी

rhubarb /रूबाःब/ *n.* 1 एक प्रकार का पौधा जिसे पका कर एक फल की तरह खाया जा सकता है 2 रेवतचीनी, रेचीनी 3 बकवास

rhumb /रम/ *n.* धरती की सतह पर एक काल्पनिक रेखा जो सब मध्यांतर रेखाओं को एक ही कोण पर काटती है जिसे जहाजरानी में दिशा निर्धारण में काम में लाया जाता है;

dw/lw: **~-line** *n.* एकदिश नौ-पथ

rhy\me /राइम/ *v., pt.* **~med**, *pp* **~ming** 1 तुक या काफिया मिलाना: 'reef' is a **~me** for 'leaf'; these words do not **~me** 2 कविता लिखना, कहानी आदि को पद्य रूप दे. 3 छंदोबद्ध क.;

n. 1 तुकबंदी, तुकांत कविता, पद्य, छंद: a poem with **~mes**/ a poem written in **~me**; **~me** to the eye; read a **~me**; nursery **~mes** 2 तुक या काफिया: put sth into **~me** 3 तुक मिलाकर बात करने की शैली: ~me-scheme (तुक-योजना) 4 तुकबद्ध शब्द: find a **~me** to a word;

dw/lw: **~med** *adj.* तुकांत; **~meless** *adj.* अतुकांत; **~me-royal** *n.* तुकांत रूपी सात पंक्तियों का छंद: a b a b b c c (जिसे चौसर (Chaucer) ने प्रयुक्त किया था); **~mer/ ~mester/ ~mist** /राइमः/ राइमिस्टः/ राइमिस्ट/ *n.* तुकबंद शायर या कवि, तुक्कड़; **~ming** /राइमिंग/ *n.* तुकबंदी; **~ming** *adj.* तुकबंद: ~ming words; ~ming dictionary;

collocations: **~ming slang** एक विशेष प्रकार की तुकबंदी जिसमें तुकांत शब्द का स्थान शब्द समूह ले लेता है और उसे अक्सर प्रथम शब्द के रूप में प्रयुक्त किया जाता है;

p&i: **~me sb to death** किसी को तुकबंद छंद सुना-सुनाकर बेहद उकता दे.; **neither ~me nor reason = without ~me or reason** न तुक, न तीर, बिना किसी कारण

rhyparography /रिपअरॉग्रफि/ राइपअरॉग्रफि/ **n.** निम्न स्तरीय या घटिया बातों या वस्तुओं का स्थिर चित्रण (निम्न स्तरीय विधा)

rhythm /रिदम/ *n.* 1 लय, ताल: ~ of speech/ of dancing; modern **~s** 2 (***syn.*** harmony) सामंजस्य: ~ of history 3 (***syn.*** sequence, recurrence) आवर्तन, आवर्तिता: ~ method 4 संगीत में आघात (stress) और स्वरों (notes) का विशेष रूप 5 पद्य आदि में ध्वनि, बलाघातित व अबलाघातित स्वरों की क्रमबद्धता 6 लय में बोलने, गाने, चलने आदि की क्षमता 7 चित्रकला, निर्माण-शिल्प में आकारों, रंगों, रंगों के उतार-चढ़ाव में समरसता;

dw/lw: **~ic** /रिदमिक/ *adj.* लयबद्ध, तालबंद; **~ical** *adj.* लयक, लयिक, लयबद्ध, लयात्मक, तालबद्ध: ~ical movement; ~ical prose; ~ical skill; **~ically** /रिदमिकलि/ *adv.* लयबद्ध तरीके से; **~icity** /रिदमिसिटि/ *n.* लयबद्धता, लयात्मकता; **~ist** /रिदमिस्ट/ *n.* लय-पारखी; **~less** *adj.* लयहीन;

collocations: **~ and blues** *sing. music* (*abbr.* **R&B**) 1940 के दशक में पनपने वाला और अश्वेत कलाकारों द्वारा बजाया जाने वाला संगीत; **~ method** औरत के मासिक धर्म पर आधारित गर्भ धारण से बचने का तरीका यानी ऐसे दिन जब गर्भधारण की संभावना सबसे अधिक होती है यौन क्रिया से बचे रहने का तरीका; **~ section**, *music* 1 संगीत में ताल बांधने वाले वाद्य (ढोल, पिआनो आदि) 2 इन वाद्यों का वादक

rhytidecto\my /राइटिडेक्टमि/ (*non-techn. equiv.* **facelift**) *n., pl.* **~ies**, *surg.* प्लास्टिक शल्य क्रिया द्वारा चेहरे से झुर्रियां आदि हटाकर पुनः सौंदर्य रोपण (**facelift**) करने का कार्य

RI *abbr.* 1 'Regina et Imperatrix (*Lat.*) (रानी और सम्राज्ञी), 'Rex et Imperator' (*Lat.*) (राजा और सम्राट) का संक्षेप 2 'Republic of Indonesia' (इंडोनेशिया) के अंतर्राष्टीय वाहन पंजीकरण अक्षर (**IVR**) 3 'Royal Institution' की प्रथमाक्षरी

Ria /रिआ/ *n.* नदी-घाटी के बाढ़ के पानी से भर जाने के कारण बना एक लंबा तंग क्षेत्र

RIA *abbr.* 'Royal Irish Academy' की प्रथमाक्षरी

riant /रायंट/ *adj.* प्रफुल्ल, हंसमुख, नयनसुखदायक: ~ landscape

rial /रिआल/ *n.* इरान, ओमान आदि देशों की आधिकारिक मुद्रा

RIAM *abbr.* 'Royal Irish Academy of Music' की प्रथमाक्षरी

rib /रिब/ *n.* 1 पसली, पर्शुका 2 शिरा, नस (of leaf) 3 तीली, कमानी (of umbrella) 4 धारी, लकीर (in cloth, knitting): golden ~ in sb's suit 5 (***syn.*** strip) पट्टी 6 मांस की चौप वाला भाग 7 जहाज के पेटे (hull) का ढांचा 8 गुंबद या छत का सहारा 9 (***syn.*** girder) पुल को सहारा देने वाला शहतीर 10 कोयले की खान का सहारा बना कोयला 11 ऊपर उठता जमीन का टुकड़ा 12 *knitting* बुनाई में दिए जाने वाले उभार 13 *book-binding* किताब की पीठिका (spine) पर उभरे हुए अक्षर;

v. *pt.* **~bed**, *pp* **~bing** 1 किसी ढांचे को शहतीरों से सहारा दे. 2 कपड़े पर उभार बुनना 3 (***syn.*** tease) चिढ़ाना, खिल्ली उड़ाना;

dw/lw: **~bed** /रिब्ड/ *adj.* ऊंचे कगारों वाला, उभारदार: ~bed fabric; **~bing** /रिबिंग/ *n.* 1 (***syn.*** teasing) हंसा-मजाक, टांग-खिंचाई, दिल्लगी 2 उभारदार धारियों वाला बुना कपड़ा; **~-tickler** *n., colloq.* अत्यधिक मजेदार मजाक या चुटकुला;

collocations: **~ cage** पसलीनुमा ढांचा; **floating ~** चलायमान प्रशुका; **true/ sternal ~** मुख्य प्रशुका; **false/ floating/ asternal ~** गोण प्रशुका;

p&i: **poke/ dig sb in the ~s** किसी को पसलियों पर घूंसा मारना; **smite sb under the fifth ~** किसी को सीधे सीने पर वार करके मार डालना

RIBA *abbr.* 'Royal Institute of British Architects' की प्रथमाक्षरी

ribald /रिबल्ड/ राइबॉल्ड/ *adj.* 1 फूहड़, अश्लील, गंदा: ~ jest (भद्दा मजाक); ~ scoffer (फूहड़ चुटकुलों का शौकीन) 2 (***syn.*** irreverent) अवमानी, अपमानजनक;

n. 1 फक्कड़बाज व्यक्ति 2 बदजबान आदमी;

dw/lw: **~ry** /रिबअल्डरि/ राइबल्डरि/ *n.* 1 फूहड़ मजाक 2 फूहड़ भाषा 3 फक्कड़बाजी 4 भद्दा व्यवहार

riband/ ribband /रिबंड/ *n.* 1 रिबन, फीता 2 इनामी पट्टी

ribbon /रिबन/ *n.* 1 फीता, रिबन: length of ~ 2 रेशम आदि की पट्टी: hanging in **~s** 3 (***syn.*** shred) धज्जी 4 तमगों आदि का रिबन 5 टाइप-राइटर की पतली काली या रंगदार पट्टी: type writer ~ 6 जमीन की तंग पट्टी: ~ of road 7 छोटे-छोटे टुकड़े: **~s** of mist; cut/ tear sth to **~s** 8 लगाम: take/ handle the **~s**;

v., *pt.* **~ed**, *pp* **~ing** 1 किसी चीज को रिबनों से सजाना 2 रिबननुमा पट्टियों से किसी चीज को अंकित क. 3 अलग-अलग तंग पट्टियां बनाना या धज्जियां उड़ाना यानी फाड़ डालना: the gale **~ed** the sails 4 (*usually* ~ **out**) सड़क आदि का शाखाओं में बंटना;

dw/lw: **~-development** *n.* मुख्य सड़क के किनारे-किनारे ऊंचे-ऊंचे मकानों की कतारों का विकास; **~-fish** *n.* फीता-मछली; **~ lake** एक लबी संकरी झील;

p&i: **handle the ~** घोड़े को निंत्रित क., घोड़े को लगाम दे.

RIC *abbr.* 'Royal Irish Constabulary' की प्रथमाक्षरी

rice /राइस/ *n.* 1 (***syn.*** husked) चावल 2 धान, धान्य, व्रीहि, मूंजी 3 भात 4 लाई, मुरमुरा, खोल 5 (***syn.*** parboiled rice) उसना चावल, सेला;

v., *pt.* **~d**, *pp* **ricing** *N. Amer., cookery* पके आलू को मोटी छलनी में से निकाल चावल जैसे दानों के आकार का बनाना;

dw/lw: **~-bowl** *n.* सर्वाधिक उपजाऊ क्षेत्र, धान्य भंडार; **~-curry** *n.* चावल व करीदार सब्जी या गोश्त; **~-ceremony** *n.* अन्नप्राशन; **~-field** *n.* धान के खेत; **~-flour** *n.* चावल का आटा; **~-grass** *n.* जंगली धान; **~-milk** *n.* खीर; **~-water** मांड़;

collocations: **~ paddy** (*also UK* **paddy field**) धान का खेत; **~ paper** एक प्रकार का बढ़िया पतला कागज; **~ pudding** खीर, चावल का हलवा;

long-grain rice लंबे दाने का चावल; **lowland rice** खड़े पानी में उगने वाला धान; **short-grain ~** छोटे दाने का चावल; **upland rice** सूखी जमीन में उगने वाला धान

rich /रिच/ *adj.* 1 (***syn.*** poor) अमीर, धनी, धनवान, धनाढ्य, संपन्न, समृद्ध, मालदार, दौलतमंद: ~ person/ community 2 (***syn.*** full of vitamins) पौष्टिक 3 (***syn.*** sumptuous) घी या तेल वाली: ~ dish 4 (***syn.*** bright) गहरा (रंग), चटकीला: ~ red 5 गंभीर, गहरी या दमदार (आवाज): ~ voice 6 (*usually* **~ in/**

with sth, ***syn.*** containing) से भरपूर, समृद्ध: ~ in minerals/ in woods; oil-~ 7 (***syn.*** diverse) बहु-अंगी, विविध, सत-रंगी: India's ~ cultural heritage 8 (***syn.*** fragrant) तेज सुगंधदार 9 (***syn.*** expensive) मूल्यवान, बहुमूल्य: ~ gifts; ~ reward 10 (***syn.*** fertile) उपजाऊ, उर्वर: ~ soil 11 प्रचुर: a ~ harvest/ crop 12 (***syn.*** splendid) भड़कीला, शानदार: ~ clothes; ~ dresses; ~ landscape; ~ scene 13 (***syn.*** spicy) बढ़िया, स्वादिष्ट, मसालेदार: ~ curry 14 (***syn.*** amusing) मनोरंजक: ~ theme; ~ incident 13 (***syn.*** affectionate) स्नेहपूर्ण: ~ in the affection of his children 15 (***syn.*** unfairly bitter) कंटीला, तेज, कटु: that's bit ~!; ~ joke; that's a ~ idea;

dw/lw: **~en** /रिचन/ *v., pt.* ~ened, *pp* ~ening समृद्ध क. या बनाना, अधिक धनी बनाना; **~es** *n., [pl.]* दौलत, धन-दौलत, धन-संपत्ति, समृद्धि: family ~es; spiritual ~es; the ~es of the earth/ of the soil; **~ness** /रिचनेस/ *n.* 1 अमीरी, दौलतमंदी, धनाढ्यता, समृद्धि 2 पौष्टिकता, प्रचुरता, विपुलता 3 बहुमूल्यता 4 उर्वरता; **~ly** /रिचलि/ *adv.* 1 (*syn.* thoroughly) प्रचुर मात्रा में, पूर्ण रूप से, पूर्णतया, पूर्णतः, पूर्णरूपेण: ~ly deserved 2 शानदार ढंग से सुसज्जित: be ~ly decorated/ furnished room, etc. 3 भली-भांति, पूरी तरह से: be ~ly rewarded; he ~ly deserves punishment 4 अत्यधिक: a ~ly flavoured sauce 5 उदारतापूर्वक: be ~ly rewarded;

collocations: **the** ~ धन्ना सेठ;

p&i: **~ in** किस पदार्थ या चीज की बहुतायत होना: the area ~ in petroleum; **~es have wings** दौलत आज मेरी कल तेरी; **~es serve a wise man but command a fool** दौलत अक्लमंद की चाकर, बेवकूफ की मालिक; **~ man's money hangs him often times** पैसा ही अक्सर अमीर का विनाश करता है; **~ men have no faults** समरथ को नहीं दोष गोसांई; **~ly deserve** किसी चीज का योग्य पात्र हो.;

as ~ as a lord राजा-सा अमीर, शाही ठाठ-बाट ; **as ~ as a new shorn** फकीरों-सा धनी यानी कंगाल ; **as ~ as Croesus** कुबेर-सा धनी; **go from rags to ~es** रंक से राजा बनना; **the idle** ~ परजीवी धन्ना सेठ; **the new ~ = nouveau riche** /नोवो रीश/ नव धनाढ्य, कल का नवाब;

Richter scale /रिख्टः स्केल/ *n., meteorol.* एक (1) से दस (10) तक का पैमाना जिसे भूकंप की विनाशक शक्ति या तीव्रता मापने के लिए प्रयोग किया जाता है

ricin /राइसिन/ *n.* एरंड के बीज से मिलने वाला एक जहरीला पदार्थ

rick /रिक/ *n.* घास आदि का अंबार/ ढेर, चट्टा, गरी, पयाल का गांज, पोरवट, पोरौटी;

v., pt. **~ed**, *pp* **~ing** (***syn.*** sprain) मोच आना

ricker /रिकः/ *n., originally naut.* छोटे पेड़ के तने से बना खंभा

rickets /रिकिट्स/ *n., [sing./ pl.]* सूखा, सुखंडी (विटामिन D की कमी के कारण होने वाली बीमारी)

rickettsia /रिकेत्सिआ/ *n., pl.* **rickettsiae** /रिकेत्सिई/ **~s** *med.* जूओँ, चिचड़ियों आदि में पाया जाने वाला परजीवी जीवाणु जो टायफाइड जैसे गंभीर रोग पैदा कर सकते हैं

rickety /रिकिटि/ *adj.* 1 कमजोर: ~ child; ~ old man 2 सूखा रोग से पीड़ित: ~ symptoms 3 डांवांडोल, ढुलमुल: ~ mind 4 (***syn.*** fragile) टुटियल, जर्जर: ~ table; ~ building

rickrack/ ric-rac /रिक्रैक/ *n.* पोशाक आदि की किनारी पर लगाया जाने वाला टेढ़ी-मेढ़ी किनारीवाला फीता

rickshaw /रिक्शाः/ *n., IE* रिक्शा

ricochet /रिकअशे/ *v., pt.* **~ed/ ~ted**, *pt. p.* **~ed/ ~ted**, *pp* **~ing/ ~ting** 1 किसी सतह से टकराकर दूसरे कोण पर उछलकर वापस आना 2 बंदूक की गोली आदि का टकराकर उलटा उछलना, छटकना: the bullet **~ed** 3 छटकने की आवाज हो.

n. 1 उछाल, छिछली 2 टकराकर वापस आने वाली वस्तु (गेंद, गोली, पत्थर, रोड़ा आदि) 3 टकराहट की आवाज

RICS *abbr.* 'Royal Institute of Chartered Surveyors' की प्रथमाक्षरी

rictus /रिक्टस/ *n., pl.* **rictus/ ~es** 1 पक्षी की खुली चोंच आदि की चौड़ाई 2 बनावटी मुस्कान 3 जंभाई 4 दरार

rid /रिड/ *v., pt.* **rid/ ~ded**, *pt. p.* **rid/ ~ded**, *pp* **~ding** 1 दूर क. 2 मुक्त क. या हो., छुटकारा दिलाना: ~ sth of sth; ~ oneself of superstitions; ~ sb of sth/ sb 3 फेंककर छुटकारा पाना 4 (*usually* **~ sth/ sb** or **oneself of sth**) किसी से या किसी चीज से पीछा छुड़ाना: get/ be ~ of sth/ sb 5 सफाई क. 6 कमरे आदि को ठीक-ठाक क. 7 खत्म क. 8 बचाना 9 (नौकरी आदि से) निकालना: get ~ of (से पिंड छुड़ाना, से पीछा छुड़ाना);

p&i: **~ sb/ sth of sb/ sth** किसी व्यक्ति या किसी वस्तु को किसी से या किसी चीज से मुक्त क.; **~ oneself of sb/ sth** किसी (अप्रिय) व्यक्ति या वस्तु से पिंड छुड़ाना;

get ~ of से छुटकारा पाना

riddance /रिडंस/ *n.* छुटकारा, मुक्ति: good/ happy **~!** (अच्छा हुआ छुटकारा मिला!) 2 उद्धार;

p&i: **a good ~ of bad rubbish!** बुरी चीज से अच्छा छुटकारा मिला!

ridden /रिडन/ *pt. p.*, **'ride'** का भूतकालिक कृदंत

-ridden *suffix*, denoting: **full of** (से भरा, से ग्रस्त): devil-~; bed-~; fear-~; police-~

riddle /रिड्डल/ *n.* 1 पहेली, बुझौअल, प्रहेलिका: he is a ~ to me 2 (***syn.*** mystery) रहस्य, उलझनपूर्ण समस्या: **~s** of the universe 3 पेचीदा बात: talk in **~s** 4 (***syn.*** sieve) छलनी: make a ~ of sth/ sb (किसी चीज का छानना या किसी व्यक्ति के दोष निकालना);

v., *pt.* **~d**, *pp* **riddling** 1 पहेलियों में या रहस्यमय ढंग से बात क. 2 (***syn.*** unriddle) पहेली सुलझाना, बुझाना या हल क.: ~ me a riddle/ ~ my riddle 3 (***syn.*** sift) छानना 4 बंदूक की गोली आदि से बहुत सारे छेद कर देना, से छलनी हो.: **~d** with bullets; ~ a wall/ a person with shots 5 धराशायी क., या धज्जियां उड़ना: ~ sb's argument; ~ a theory (किसी सिद्धांत की धज्जियां उड़ा दे.) 6 दोष निकालना 7 ग्रस्त हो., से भरा हो.;

dw/lw: **~d** /रिडल्ड/ *adj.* ग्रस्त, भरा हुआ: a government department ~d with corruption; **riddling** /रिडलिंग/ *adj.* जटिल पेचीदा, रहस्यमय;

p&i: **be ~d with sth** से भरा हो.; **the ~ of the Sphinx** बहुत पेचीदी पहेली

ride /राइड/ *v., pt.* **rode**, *pt. p.* **ridden**, *pp* **riding** 1 *mainly N. Amer.* गाड़ी आदि चलाना, सवारी क.: ~ a good seat 2 (*usually* **~ on/ in sth**) घोड़े की सवारी क.: she **~s** every Sunday 3 घुड़दौड़ में घोड़ा दौड़ाना: **rode** Red Robin to victory 4 घोड़े आदि पर सवार हो., घोड़े आदि को वश में रखना 5 किसी वाहन पर होकर यात्रा क.: ~ into town on the bus 6 मोटर साइकिल, साइकिल आदि को नियंत्रित रखना, चलाना, ले जाना: ~ hard/ full speed/ full tilt 7 कोई स्थान पार क.: a ship **riding** the waves 8 पानी पर तैरना, हवा में उड़ना: balloon **riding** high above the fields 9 चंद्रमा आदि का तैरना, तिरना: the moon was **riding** high 10 लंगर डालकर रुके रहना, लंगर से बंधे हो. 11 (*usually* **~ over/ across/ through**) ऊंट आदि पर सवार होकर कोई क्षेत्र पार क.: **rode** across the desert on camels 12 किसी वस्तु का सहारा लेकर या उस पर बैठकर आगे बढ़ना: a kite **riding** on the wind 13 वार का प्रभाव कम करने के लिए झुक जा. 14 आलोचना क., तंग करना, सताना, खिल्ली उड़ाना: why is everybody **riding** her today? 15 यौन क्रिया क.;

n. 1 गाड़ी या घोड़े की सवारी: go for a ~; a ~ in/on sth 2 गाड़ी या घोड़े आदि से यात्रा 3 किसी वाहन में सवारी या यात्रा में लगने वाला समय: two hours' ~ 4 अनुभव: a rough ~; the car gives a very smooth ~ 5 (*esp. in N. Amer.*; ***syn.*** lift) राह

चलते यात्री को कुछ दूरी तक दी जाने वाली सवारी: give sb a ~; have/ take a ~ 6 वन या देहात में घुड़सवारी पथ 7 मेले में झूला आदि;

dw/lw: **~-off** *n.* = **jump off** से कूदकर अपनी जान बचाने की क्रिया; **~r, ~rless; riding** *see below under separate entries;*

p&i: **~ a broomstick** (डायन के बारे में) झाड़ू पर सवार होकर आना-जा.; **~ a hobby to death** किसी विषय को बार-बार दोहराकर सुनाने का कोई फायदा न होगा; **~ and tie** कभी सवार होकर, कभी पैदल जा.; **~ a horse to death** घोड़े को दौड़ा-दौड़ाकर हंफा दे.; **~ a race** घुड़दौड़ में भाग ले.; **~ at anchor/ ~ to an anchor** (जहाज का) लंगर पर खड़ा हो. या उसे खड़ा क.; **~ a/ the wave of sth** किसी अनुकूल स्थिति का फायदा उठाना; **~ away/ down/ off** थकाकर चूर कर दे.; **~ before/ past the hounds** घटनाओं से आगे निकल जा.; **~ down** 1 घोड़े से रौंदवा दे. 2 (घोड़े पर बैठ कर) पकड़ना 3 के बराबर आ जाना; **~ for a fall** जोखिम का या मुसीबत में डालने वाला काम क.; **~ hell for leather** 1 हवा से बातें क. यानी बहुत तेज जा. 2 सब कुछ दाव पर लगा दे.; **~ herd on sb/ sth** किसी पर या किसी बात पर निगरानी रखते हुए उन्हें अपने वश में रखना; **~ high** सफलता, आत्मविश्वास और सर्वप्रियता की लहर पर सवार हो., उल्लसित होना; **~ (it) blind** अंधेरे में टटोलना; **~ one down** घुड़सवार होकर किसी से आगे निकलना; **~ on Shank's mare/ pony** झांय-झांय क., झिक-झिक क.; **~ on one's father's back** अपने पिता की पीठ पर बैठकर सवारी क.; **~ one down** घोड़े पर सवार होकर किसी से आगे निकलना; **~ one's horse at a fence** अपने घोड़े को बाड़ पर से कुदाना; **~ on a rail** मुंह काला करके जुलूस निकालना; **~ on sth** किसी बात या कार्य पर निर्भर क.; **~ out** 1 सवारी करते हुए घूमना; **~ out a storm/ gale** 1 तूफान या मुसीबत से बच निकलना 2 जहाज द्वारा लंगर पर खड़ा रहकर तूफान को झेलना; **~ over** ठुकराना; **~ roughshod over sb** किसी से बुरा व्यवहार क.; **~ sb off** पोलो के खेल में किसी के घोड़े से टकरा जा.; **~ switch and spur** 1 रुकावटों को रौंद डालना 2 सरपट दौड़ाना; **~ the crest of sth** शुभ स्थिति का फायदा उठाना, बहती गंगा में हाथ धोना; **~ the high horse** 1 दंभी हो. 2 दिमाग सातवें आसमान पर हो.; **~ the line** निर्धारित दिशा में जा.; **~ the rods** *US* रेल के डिब्बे के नीचे लगी छड़ों से लिपटकर या उन पर बैठकर अवैध तरीके से यात्रा क.; **~ the prairies/ the deserts** सवार होकर मरुस्थल में से जा.; **~ to hog/ to pig** जंगली सुअर का शिकार क.; **~ to hounds** घोड़े पर सवार होकर शिकारी कुत्तों के साथ शिकार क.; **~ up** पोशाक का ऊपर उठ जा.: her skirt rode up as she sat down; **~ whip and spur** 1 रुकावटों को रौंद डालना 2 सरपट दौड़ाना; **~ with the beard on the soldier** किसी काम को जल्दी-जल्दी सीखते जा.;

anger rode on his brow उसके चेहरे पर गुस्सा झलक उठा; **come/ go along for the ride** मजा लेने के लिए किसी गतिविधि में शामिल हो; **give a child a ~ on one's back** बच्चे को अपनी पीठ पर सवारी करवाना; **have a rough/ an easy ~** किसी काम करते हुए कठिनाइयां झेलना या न झेलना; let **a child ~ on one's foot** बच्चे को अपने पांवों पर चलने दो; **let a thing ~** को अपने हाल पर छोड़ दे., होने दे.; **let it ~** उसे उसके हाल पर छोड़ दो! इसे जाने दो!; **nightmares ~ the sleeper** सोने वाले को भयानक सपने सता रहे हैं; **ridden by superstition** अंधविश्वास में डूबा हुआ हो.; **take sb for a ~** (***syn.*** dupe) किसी को ठगना या झांसा दे.; **the bird ~s on the wind** पक्षी हवा पर सवार है; **the cart ~s hard** (बैल)गाड़ी खूब डांवांडोल हो रही है; **the ground ~s soft** इस जमीन पर घोड़ा आसानी से दौड़ता है; **the theory is ridden to death** इस सिद्धांत ने सबको नाकों चने चबवा दिए; **the wheel ~s on the axle** पहिया धुरी पर चक्र काट रहा है **thumb a ~** गाड़ी में लिफ्ट (lift) लेकर पहुंचना

rider राइडः/ *n.* सवार, आरोही, घुड़सवार, अश्वारोही: he'll make a good ~r 2 (***syn.*** amendment, additional clause etc.) संशोधन, शर्त, अनुवृद्धि 3 किसी दूसरी वस्तु पर आरोही व्यक्ति या वस्तु (of balance) 4 *math.* प्रश्न;

dw/lw: **~less** *adj.* बिना सवार का, बिनसवार;

p&i: **a circuit ~** मेथोडिस्ट चर्च का घुमंतू पादरी; **the Rough Riders** 1898 के स्पेनी-अमेरिकी युद्ध के दौरान रूज्वेल्ट द्वारा बनाई जानेवाली स्वयं सेवी घुड़सवार सैनिक टुकड़ियां

ridge /रिज/ *n.* 1 पर्वत श्रेणी, शिखर का ऊंचा लंबा किनारा, कटक, चोटी 2 मेंड़, डांड, डौळ /*Hr.*/ (of field) 3 (***syn.*** back) रीढ़, पीठ 4 मंगरा, मगरी, मंडेरा /*Hr.*/ (of roof) 5 टिब्बा 6 लकीर, धारी (on cloth) 7 *meteorol.* ऊंचे वायुमंडलीय दबाव वाली लंबी संकरी पट्टी जहां अच्छा मौसम और तेज हवाएं बने रहते हैं: ~ of high pressure;

***v.**, pt.* **~d**, *pp* **ridging** 1 धारी, मेंड़, चोटी आदि बनाना 2 किसी सतह पर उभारदार संकरी रेखाएं या धारीदार क्षेत्र बनाना;

dw/lw: **~-bone** *n.* 1 पर्वत-माला 2 रीढ़ की हड्डी; **~-piece** *n.* = **~-pole** *n.* = **~-tree** *n.* स्केटिंग रिंक का तख्ता, बंडेर; **~d** *adj.* तेज सिरे वाला, पर्वतमाला-सा, उभरी धारियों वाली वस्तु; **~-tent** (*also* **a frame tent**) उल्टी V के आकार का तंबू; **~-tile n.** स्केटिंग रिंक टायल; **~way** *n.* पर्वत-माला के साथ-साथ चलने वाली पगडंडी; **ridging** *n.* मेंडों को बनाने की क्रिया;

collocations: **~ buster** मेंड बनानेवाला उपकरण

ridicu\le /रिडिक्यूल/ *v., pt.* **~led**, *pp* **~ling** 1 (***syn.*** mock at) उपहास क., खिल्ली उड़ाना: hold sb/ sth up to **~le** 2 खिल्ली उड़ाना;

n. उपहास, खिल्ली;

dw/lw: **~ler** /रिडिक्यलः/ *n.* खिल्ली उड़ाने वाला;

p&i: **hold sb up to ~** किसी की खिल्ली उड़ाना; **lay oneself open to ~le** अपनी हंसी स्वयं उड़वाना; **pour ~le on sb/ sth** किसी की खिल्ली उड़ाना; **turn (in) to ~le** सरे आम खिल्ली उड़ाना

ridiculous /रिडीक्युलस\/ रिडीक्यलस\/ *adj.* 1 मूर्खतापूर्ण, बेतुका: don't be ~! 2 हास्यास्पद: it is ~ to expect me to believe such lies; one step above the sublime makes the ~;

dw/lw: **~ly** /~लि/ *adv.* हास्यास्पद ढंग से: they are ~ly alike; ~ly expensive; **~ness** /~नेस/ **n.** हास्यास्पदता

riding /राइडिंग/ *n.* 1 (*also* **horse** ~; *US* **horseback ~**) घुड़सवारी: individual ~ 2 घुड़सवारी पथ 3 *naut.* लंगर 4 इंग्लैंड की काउंटी (county) यॉर्कशायर (Yorkshire) के तीन प्रशासनिक मंडल: East **Riding**, North **Riding** and West **Riding**;

adj. घुड़सवारी से संबंधित: ~ academy; ~ competition; ~ horse; ~ boots; ~ qualities;

dw/lw: **~-light** *n., naut.* लंगर पर खड़े जहाज के शिखर पर लगी बत्ती;

p&i: **~ for a fall** विनाश काले विपरीत बुद्धि (विनाश की तरफ ले जाने वाला जोखिम भरा काम क.); **~ habit** घुड़सवारी के लिए विशेष पोशाक; **~ the fair** घुड़सवारों के जुलूस द्वारा किसी मेले का उद्घाटन क.

rife /राइफ/ *adj.* 1 सामान्य, अक्सर होने वाला, व्यापक: grow ~ 2 (***syn.*** widespread) प्रचलित, फैला हुआ, प्रबल: superstition is still ~ in the countryside 3 प्रचुर, विपुल, अनगिनत 4 (*usually* **~ with sth**) से भरा हुआ, भरपूर, परिपूर्ण: the garden, ~ with weeds; an article, ~ with errors; language ~ with maxims

riff /रिफ/ *n., music* बार-बार दोहराया जाने वाला छोटा पद बंध

riffle /रिफ्ल/ *v., pt.* **~d**, *pp* **riffling** 1 (*often* **~ through sth**; ***syn.*** leaf) कोई चीज ढूंढते हुए अनमने-से जल्दी-जल्दी (पन्ने) पलटना 2 जल्दी-जल्दी (ताश के पत्ते) फेंटना 3 पानी पर तीव्र बहाव से लहरें-सी (ripples) बनना;

n. खड़ा उतार: make a ~ (बाधा या कठिनाई पार क.)

riff-raff /रिफ-रैफ/ *n., derog.* निम्नवर्ग के मैले-कुचैले लोग, कुली-कबाड़ी

rifle /राइफ्\ल/ *n.* 1 बंदूक: ~ shot; full-bore/ small-bore ~ 2 (*usually* **rifles**) राइफलों से लैस सिपाहियों की टुकड़ी;
adj. राइफल का: ~ shot; ~ fire;
v., pt. **~d**, *pp* **rifling** 1 राइफल चलाना 2 (***syn.*** make grooves) झीरी काटना 3 गेंद को जोर से मारना 4 (***syn.*** ransack) चोरी करने के लिए सामान छान डालना: the safe was **~d** 5 चुराना, लूटना;
dw/lw: **~-green** *n.* काला-हरा रंग; **~man** *n.* बंदूकची, राइफलधारी; **~r** /~लः/ *n.* लुटेरा; **~-shot** *n.* राइफल का धमाका; **rifling** /~लिंग/ *n.* राइफल की नाली में खांचे का काम;
collocations: **~ bird** एक आस्ट्रेलियायी पक्षी; **~ range** 1 राइफल चलाने का अभ्यास क्षेत्र 2 राइफल की (गोली की) मारक दूरी

rift /रिफ्ट/ *n.* 1 अनबन, गलतफहमी, रिश्तों में दरार: create/ heal a ~; a deep/ growing/ huge/ serious ~; a ~ with somebody; a ~ between sb and sb; a ~ over sth 2 जमीन में दरार, दर्ज 3 धुंध या बादलों के बीच तरेड़ या दरार: a ~ in the clouds 4 छेद;
v., pt. **~ed**, *pp* **~ing** 1 फाड़ या चीर डालना 2 फटना;
dw/lw: **~less** *adj.* बिना किसी अनबन के;
collocations: **~ valley** *geol.* खड़े पहाड़ों से घिरी घाटी;
p&i: **a (little) ~ in/ within the lute** 1 रिश्तों में दरार 2 पतन की शुरुआत

rig /रिग/ *v., pt.* **~ged**, *pp* **~ging** 1 (***syn.*** manipulate, fix) बेईमानी, हेराफेरी या चालाकी से काम क.: ~ an election 2 जहाज को रस्सी, मस्तूल-पाल आदि से सज्जित क. 3 कपड़े पहनाना 4 (***syn.*** set up hastily) कामचलाऊ ढंग से तैयार क.: ~ sth 5 *comm.* कृत्रिम रूप से भाव बढ़ाना या घटाना: ~ the market 6 *aeronaut.* (***syn.*** assemble, equip) विमान या जहाज के भिन्न-भिन्न भागों को फिट क., कल-पुर्जे जोड़ना और उपयोग के लिए तैयार क. 7 तिकड़म क., हेराफेरी क.;
n. 1 जमीन या समुद्र में से गैस या तेल निकालने वाला संयंत्र 2 मस्तूल-पाल आदि की सज्जा (of ship) 3 पोशाक 4 लौरी या ट्रक 5 विशेष उद्देश्य के लिए उपकरण व अन्य साजो-सामान 6 उछल-कूद, आमोद-प्रमोद, शरारत 7 तिकड़म, धोखा, छल, झांसा 6 तूफान, झंझावात;
dw/lw: **~ging** /रिगिंग/ *n.* 1 1 पोत के मस्तूल और पाल आदि को सहारा देने वाली रस्सियां: running/ standing ~ 2 जहाज आदि का साज-सामान 2 चुनाव प्रक्रिया में बेईमानी या हेराफेरी;
p&i: **~ sb out** 1 विशेष प्रकार की पोशाक पहनाना 2 विशेष प्रकार के उपकरणों से लैस क.; **~ sth up** जुगाड़ करके जल्दी-जल्दी तैयार क., बेईमानी से चुनाव जीतना; **run a ~** चालाकी क., शरारत क.; **~ one ~/s upon sb** किसी की खिल्ली उड़ाना; **~ the elections** धोखाधड़ी से चुनाव जीतना; **~ the market** चालबाजी से बाजार भाव को घटाना-बढ़ाना;

Rigel /राइगल/ *n.* द्वितीय मृग, द्वितीय कालपुरुष

rigescent /रिजेसंट/ *adj.* सख्त और सुन्न होने वाला, जो कठोर व सुन्न (rigid and numb) होने को हो

rigging *see above under* **rig: *dw/lw***

right /राइट\/ *adj.* 1 (***anton.*** wrong; ***syn.*** correct, true) सही, ठीक, सटीक: the ~ answer; is that clock ~?; put things ~; ~ account of the matter; put sth ~; that's ~ 2 सच्चा 3 न्यायसंगत, न्यायोचित, न्यायपूर्ण: do the ~ thing by sb (किसी के साथ न्यायसंगत बर्ताव क.) 4 अच्छा, नेक, सज्जन 5 (***syn.*** appropriate) उचित, समुचित, उपयुक्त: a ~ job for sb; the ~ moment to do sth; ~ use of words; the ~ man in the ~ place; he will always find the ~ thing to say 6 सीधा (side of fabric): turn the dress ~ side out 7 (***syn.*** healthy and sound) स्वस्थ: not ~ in one's mind; not ~ in the head; this medicine will soon put you ~ 8 (≠ left) दाहिना, दायां, दाहिनी तरफ का: the ~ side; breaking one's ~ leg; sb's ~ shoe; ~ hand side of the body; to the ~ hand; ~ hand driving 9 सीधा, सरल 10 सम, लंब (of angle of cone etc.): a ~ angle 11 दक्षिणावर्त (of thread पेंच) 12 बिल्कुल, एकदम: his house is a ~ mess 13 दक्षिण, दक्षिणपंथी: ~-winger 14 रास या काम आने वाला: know all the ~ people 15 से कम: on the ~ side of 40;
adv. 1 साथ में, बीच में 2 सही तरीके से, अच्छी तरह से, संतोषजनक ढंग से: it turned out ~ in the end; nothing goes ~ with him; know ~ well; about ~ (सही तरीके से) 3 दाहिनी/ दायीं तरफ, दायें, दायीं ओर: look first left and then ~ before crossing the road 4 ठीक, सही: guess ~; get/ do a sum ~ 5 (***syn.*** exactly) सीधे: ~ to the top 6 अच्छी तरह से, भली-भांति, उचित ढंग से, न्यायपूर्वक: it serves him ~ (उसे सही फल मिला) 7 (***syn.*** completely) पूर्णतः: rotten ~ through 8 बिल्कुल, एकदम: it happened ~ there; ~ in the middle; ~ opposite 9 बहुत: be ~ glad to see sb; a ~ cunning worker 10 ठीक! 11 (***syn.*** immediately) तुरंत, फौरन, ऐन वक्त पर: he'll be ~ over (वह तुरंत आ जाएगा); ~ at the moment; ~ away/ ~ off (तुरंत) 12 बिल्कुल अंत तक: he drove ~ down to Chandigarh; ~ to the end; sink ~ to the bottom 13 ईसाई पादरियों के लिए संबोधन: Right Honourable/ Reverend;
n. 1 (*often* **rights**) वैध या नैतिक अधिकार, हक: fundamental **~s**; civil **~s**; human **~s**; natural **~s** of man; treaty **~s** (समझौते के तहत मिलने वाले अधिकार); ~ of asylum; **~s** of sanctuary/ sanctuary **~s**; ~ of passage; ~ of pursuit; ~ of search; ~ of visit/ of visitation (जहाजों का निरीक्षण करने का अधिकार); ~ of common (साझे प्रयोग का अधिकार); ~ of veto; fishing **~s**; assert/ stand upon one's **~s**; exercise one's **~s**; have a/ no right to do sth; ~ of legation (राजदूतावास का अधिकार) 2 स्वत्व, स्वामित्व: prescriptive ~ (लंबे समय से कब्जे की बदौलत अधिकार) 3 (*often* **rights**) किसी चीज पर वैध दावा: ~ of action (दावे का अधिकार); by ~ of (के द्वारा दिए गए अधिकार की बदौलत); claim one's ~ 4 न्याय, इंसाफ, सच्चाई: be in the ~; do sb ~ (किसी के साथ न्याय क., किसी को उसका वैध अधिकार या हिस्सा दे.) 5 सहीपन, औचित्य, न्यायपरकता: the **~s** and wrongs of the case; difference between ~ and wrong; defend the ~ (सही बात का समर्थन क.) 6 दायां फलक या भाग, दाईं तरफ: keep to the ~; our troops attacked the enemy's ~ 7 दक्षिण पार्श्व 8 *boxing* दाहिने हाथ का प्रहार: be lethal with his right; knocked him out with a ~ 9 (*often* **the right/ the Right**) दक्षिण पंथ, प्रतिक्रियावादी शक्तियां, दक्षिण पक्ष (1789 में बनी प्रथम फ्रांसीसी राष्ट्रीय संसद में प्रतिक्रियावादी सदस्य अध्यक्ष के दाईं ओर की बैंचों पर बैठते थे, वहीं से यह परिभाषा बनी) 10 दाएं हाथ या पांव पर पहने जाने वाला दस्ताना या जूता: try on the ~ 11 (*often* **rights**) किसी कंपनी के हिस्सेदारों को बाजार से कम दाम पर शेयर खरीदने का दिया जाने का अधिकार 12 (**rights**) पुस्तक छापने, फिल्म बनाने आदि के बेचे जाने वाले अधिकार: stage ~ (नाटक के मंचन का अधिकार);
v., pt. **~ed**, *pp* **~ing** 1 सामान्य और सही स्थिति में, विशेषकर सीधे (खड़ा) क. या हो.: they soon **~ed** the boat 2 (***syn.*** put right) सुधारना: ~ oneself 3 की सफाई क.: ~ a room 4 न्याय स्थापित क., के अधिकारों की रक्षा क.: ~ the oppressed 5 (*esp.* **~ a wrong**) गलत बात को ठीक क.: ~ a wrong;
excl. 1 कथन के औचित्य को जताने के लिए प्रयुक्त: that's right! 2 ध्यान आकर्षित करने के लिए प्रयुक्त: right! Let's get going 3 किसी की किसी कथन के साथ सहमति जानने के लिए प्रयुक्त: so

we leave on Sunday, **right**! 4 अविश्वास या असहमति जताने के लिए प्रयुक्त: I w'll drive the car carefully. Oh yeah, **right**!

dw/lw: **~able** /~अबल/ *adj.* जिसे ठीक किया जा सके; **~-about** *n.* 1 पलटा, पूरा पलटा 2 उलटी या विपरीत दिशा 3 उलटा मोड़; **~-about** *adj.* उलटा, विपरीत दिशा का: ~-about turn (180⁰ पर मोड़); ~-about face (तीव्र मोड़, संपूर्ण परिवर्तन); **~-about** *adv.* पलटा खा कर, एकदम पलट कर; **~-about-face** *n.* 1 पलटा 2 *fig.* काया-पलट; **~-and-left** *n.* 1 बाएं-दाएं के पेच 2 दुनाली बंदूक में दोनों नालियों से चलाई जाने वाली गोली; **~-about-turn** *n.* पीछे की ओर (180⁰ का) मोड़; **~-angled** *adj.* समकोणीय; **~-click** *v., pt.* ~-clicked, *pp* ~-clicking कंप्यूटर के माउस (mouse) का दाहिना बटन दबाना; **~-down** *adj.* पक्का: ~-down liar; **~-down** *adv.* बुरी तरह से, बहुत अधिक: he was ~-down angry; **~en** /~न/ *v., pt.* ~ened, *pp* ~ening ठीक क., सही क., सुधारना; **righteous** *see below under separate entry*; **~ful** *adj.* 1 (***syn.*** proper, just) उचित, वैधानिक, न्यायपूर्ण, न्यायसम्मत, न्यायसंगत 2 (***syn.*** legitimate) वैध, आधिकारिक 3 अधिकारपूर्ण: ~ful heir; ~ful position; ~ful act; ~ful cause; **~-hand** *adj.* 1 दाहिनी ओर का: the ~-hand side/ edge (दाईं तरफ का किनारा); ~-hand screw 2 विश्वस्त, विश्वास का पात्र, अंतरंग: sb's right-hand man/woman; **~-handed** /~हैंडिड/ *adj.* 1 दाहिने हाथ से काम करने वाला, दक्षिण हस्तिक 2 दाहिना 3 (***syn.*** clockwise) दक्षिणावर्त, दक्षिणावर्ती: ~-handed threading; **~-hander** *n.* दक्षिण हस्तिक व्यक्ति, दाहिने हाथ से काम करने वाला; **~ist** /राइटिस्ट/ *n.* (***anton.*** leftist) दक्षिणपंथी व्यक्ति; **~ist** *adj.* (***anton.*** leftist) दक्षिणपंथी: ~ist leanings; **~ism** /राइटिज्म/ *n.* (***anton.*** leftism) दक्षिणपंथवाद; **~ly** /~लि/ *adv.* 1 सही ढंग से 2 (***syn.*** justifiably) न्याय अनुसार 3(***syn.*** correctly) उचित ढंग से, ठीक प्रकार से: ~ly informed; act ~ly; **~-minded** /~-माइंडिड/ *adj.* न्यायशील, नीतिवादी, ईमानदार, सुबुद्ध; **~-mindedness** *n.* न्यायपरकता, ईमानदारी; **~most** *adj.* दाईं ओर दूरतम; **~ness** /~नस/ *n.* औचित्य, न्यायपरकता; **~-of-way** *n.* मार्गाधिकार, दूसरे की जमीन में से निकलने का अधिकार; **~-on** *adj.* सामाजिक और राजनीतिक मुद्दों के प्रति सजग वाम-पंथी; **~s** /~स/ *n. [pl.]* अधिकार: civil ~s, human ~s; **~-size** *v., pt.* **~-sized**, *pp* **~-sizing** कंपनी के खर्चे कम करने के लिए उसके कर्मियों की छंटनी द्वारा संख्या कम क.; **~-thinking** = **~-minded**; **~to** (*also* **~-ho**) *excl.* ठीक है! OK!;**~ward/s** /~वःड/ज/ *adj.* 1 दाईं ओर का, दाहिनी तरफ का 2 दक्षिण-पंथी; **~ward/s** *adv.* 1 दाईं ओर, दाहिनी तरफ 2 दक्षिण-पंथ की ओर; **~-wing** *n.* दक्षिण पंथ: the ~-wing of a party (पार्टी का दक्षिणपंथी धड़ा); **~-winger** /राइटविंगः/ *n.* दक्षिणपंथी व्यक्ति; **~y** /राइटि/ *n.* दाहिने हाथ से काम करने वाला व्यक्ति, सव्य; **~y-ho** *excl.* = righto;

collocations: **~ and wrong** धर्माधर्म, उचित-अनुचित; **~ angle** समकोण; **~-angled** triangle समकोणीय त्रिभुज; **~ arm** 1 दायां हाथ 2 प्रमुख सहयोगी; **~ ascension** *astron.* धरती पर अक्षांश की तरह खगोल (celestial sphere) पर एक समकक्ष (coordinate); **~ brain** मानव के दिमाग का दाहिना फलक जहां विचार पैदा होते और जहां भावनाएं पनपती हैं; **~-hand drive** 1 भारत, इंग्लैंड आदि देशों में मोटर वाहनों का सड़क के दाहिने हाथ की ओर चालन 2 गाड़ी के चालक चक्के (steering wheel) का गाड़ी के दाहिनी ओर होने की स्थिति; **Right Honourable** महा महिम (उच्चपदासीन या उच्च वर्ग के महानुभावों के लिए प्रयुक्त); **~ of abode** किसी देश में रहने की औपचारिक अनुमति; **~ of entry** प्रवेश अधिकार; **~ of way** मार्गाधिकार, गमन-आगमन अधिकार **~s issue** मानव अधिकारों का मुद्दा; **~ triangle** समकोण त्रिभुज; **~ whale** बहुत बड़े सिर वाली व्हेल; **~ wrong side** पूरी तरह से: know ~ wrong side at this place;

by ~ अधिकार से, वास्तव में; **Miss Right** दुल्हन; **Mr. Right** दूल्हा; **the ~ wing** दक्षिण पंथ;

p&i: **~ along** हमेशा, सदा तत्पर; **~ and left** सब जगह; **~, left and centre** चारों ओर, सब जगह, यत्र, तत्र, सर्वत्र; **~ and wrong** सही और गलत; **~ as rain/ as ~ as rain/ as a trivet** 1 बिल्कुल सकुशल या स्वस्थ, चुस्त-दुरुस्त 2 बिल्कुल ठीक, सही सलामत; **~ away/ now/ after/ immediately** एकदम तुरंत/ अब/ बाद में/ फौरन; **~ a wrong** अन्यायपूर्ण या अनुचित स्थिति को ठीक क.; **~ down** साफ शब्दों में, स्पष्टतया; **~ hand man** दाहिना हाथ, विश्वास का पात्र, किसी के भरोसे का आदमी; **~ now** अभी, तुरंत;**~ off the bat** तत्काल, तुरंत, झटपट; **~ of way** रास्ता पाने का अधिकार;**~ on** *excl.* उत्साहपूर्ण सहमति; **~ side up** उचित या सामान्य स्थिति में; **~ smart of sth** *US* अत्यधिक मात्रा; **~ to the bottom** बिल्कुल नीचे तक, तह तक; **~ up and down** *US* ईमानदारी से, सीधे-सीधे ; **~ up my street** बिल्कुल मेरी पसंद का; **~ wrongs no man** सही काम से किसी का नुकसान नहीं होता; **~ you are** ठीक है, बात पक्की;

all ~! ठीक है!; **as ~ as rain = ~ as rain**; **assert one's ~s** अपने अधिकारों की रक्षा के लिए संघर्ष क.; **bang to ~** *sl.* रंगे हाथों; **be a ~ one** *Br. colloq.* मूर्खतापूर्वक या विचित्र ढंग से व्यवहार क.; **be to ~s** ठीक-ठाक हालत में हो.; **by right/ rights** साधिकार, अधिकारपूर्वक; **by ~ or wrong** हर हालत में, चाहे जैसे भी हो; **come ~ in** अंदर आना; **do right by sb = do one ~** किसी के साथ न्यायपूर्ण व्यवहार क.; **do sb to ~s** किसी को उसके किए सजा देना; **get it ~** ठीक समझना; **get sth ~** भली प्रकार समझना; **get sth to ~s** किसी चीज, स्थान आदि को साफ क., संवारना-सुधारना, तरतीब से रखना; **give one's ~ arm for sth/ to do sth** किसी बात या कार्य को पूरा करने के लिए बहुत बड़ा त्याग करने को तैयार हो.; **have a ~** किसी चीज का हकदार हो.; **in one's ~ mind** होश हवास में, स्वस्थ मनःस्थिति में, सुबुद्धिपूर्वक; **in one's (own) ~** अपने बलबूते पर, अपनी योग्यता के आधार पर; **in ~ of** की बदौलत; **in the ~** सही व न्यायपूर्ण होना; **it serves him ~!** उसके साथ ठीक ही हुआ! **keep on the ~ side of sb** किसी को प्रसन्न व संतुष्ट रखना; **one's ~ hand (man)** किसी का दाहिना हाथ (विश्वास का पात्र); **on the ~ side of forty** चालीस से कम उम्र का हो.; **put one's ~ hand to the work** जोर-शोर से काम क.; **put** or **set oneself ~ with sb** 1 किसी को पटा ले. 2 अपने को किसी की नजरों में सही ठहराना 3 किसी के साथ सुलह कर ले.; **put** or **set sth/ sb right** or **to rights** 1 सुधारना, सही हालत में वापस लाना 2 कानून व्यवस्था दुरुस्त क. 3 स्वास्थ्य लाभ क.; **put sb ~ with sb** किसी को किसी की नजरों में सही ठहराना; **reserve the ~** आज्ञा देने का अधिकार मालिक द्वारा अपने पास रखा जा.; **see sb ~ = do right by sb** *see above*; **send (to the) ~-abouts** बाहर निकाल दे.; **serve sb ~** सही फल मिलना; **set (put) ~** ठीक कर दे.; **she'll be ~** *Austral.* सब कुछ ठीक हो जाएगा; **that's ~ = that is ~!** सही! बिल्कुल सही! उचित या न्यायसंगत! **too ~** कोई शक नहीं, शत-प्रतिशत पूरा होगा!;

righteous /राइचिअस\/ *adj.* 1 नीतिपरायण, सदाचारी 2 धार्मिक, धर्मपरायण 3 अच्छा, नेक, भला, संयत, न्यायसंगत 4 (***syn.*** justified) सकारण: ~ anger;

dw/lw: **~ness** /~नस/ *n.* नीतिपरायणता, सदाचार, सच्चाई, संयम, औचित्य: self-righteousness

righto/ right-oh /राइटओ/ *excl., colloq.* सहर्ष सहमति का इजहार

rigid /रिजिड/ *adj.* 1 सख्त, कठोर, कड़ा: ~ discipline; ~ rule 2 हठी, अड़ियल: ~ in one's views 3 दकियानूसी: his mind has become rather ~ 4 (***syn.*** inflexible) दुर्नम्य, अनम्य: ~ rod

5 (***syn.*** set) स्थिर, स्तंभित;
dw/lw: **~ify** *v., pt.* ~ified, *pp* ~ifying, *s/he/it* ~ifies अनम्य बनाना; **~ness/ ~ity** /रिजिडनेस/ रिजिडिटि/ *n.* 1 अनम्यता 2 दृढ़ता 3 अड़ियलपन 4 कड़ाई, सख्ती, कठोरता: the ~ity of the rules 5 दकियानूसी, कठमुल्लापन: the ~ity of sb's beliefs; **~ly** /रिजिड्लि/ *adv.* 1 अड़ियल तरीके से 2 सख्ती से: observe sth ~ly

rigmaro\le /रिगमअरोल/ *n.* 1 बकवास, अनाप-शनाप, अंड-बंड, अनर्गल भाषण 2 जटिल, उबाऊ व लंबी-चौड़ी क्रियाएं, प्रक्रियाएं 3 समझ में न आने वाली बेसिर पैर की बात या कथन;
dw/lw: **~lish** /रिगमअरोलिश/ *adj.* बेतुकी, बेसिरपैर की

rigor /रिगः/ *n., med.* 1 कंपकंपी जो कई बीमारियों का लक्षण है 2 अचानक लगे आघात से शरीर में आने वाली अकड़न और जड़ता, जूड़ी 3 सख्ती, कठोरता;
collocations: **rigor mortis** मृत्यूपरांत शरीर में आनेवाली अकड़न, शव-काठिन्य

rigor\ism /रिगअरिज्म/ *n.* 1 (***syn.*** strictness) कड़ाई 2 (***syn.*** fanaticism) संकीर्णतावाद, कठमुल्लापन (of opinions) 3 (***syn.*** austerity) अतिसंयम, सादगी;
dw/lw: **~ist** /रिगअरिस्ट/ *n.* संकीर्ण, अतिसंयमी;

rigorous /रिगअरस\/ *adj.* 1 (***syn.*** strict) कड़ा, सख्त, कठोर: ~ measures 2 यथातथ्य, परिशुद्ध: ~ scientific method; ~ search; **~ly** /~लि/ *adv.* कड़ाई या सख्ती से; **~ness** /~नेस/ *n.* कड़ाई, सख्ती, कठोरता

rigour *UK* (*US* **rigor**) /रिगः/ *n.* 1 कठोरता, सख्ती, कड़ाई: with the utmost ~ of the law 2 (*usually* **~s**; ***syn.*** severity) मौसम की कठोरता: the **~s** of a harsh winter 3 (*UK* **rigours**; *US* **rigors**) जीवन की कठिनाइयां या कठोरता: **~s** of life 4 तपस्या, सादगी, मिताहारिता 5 विचार की शुद्धता, सटीकता, सहीपन

rigout /रिगाउट/ *n.* (***syn.*** set of clothes) एक साथ पहने जाने वाले कपड़ों का जोड़ा

rile /राइल/ *v., pt.* **~d**, *pp* **riling** 1 (***syn.*** anger) किसी को खिझाना, चिढ़ाना: not get easily **~ed up** 2 पानी को गंदला क.;
p&i: **~ up** क्रुद्ध हो., गुस्सा क.; **be/ get all ~d up** आग-बबूला हो.

rill /रिल/ *n.* 1 जलधारा, नदिका, क्षुद्र सरिता 2 नाला 3 सोता, चश्मा;
v., pt. **~ed**, *pp* **~ing** 1 जलधारा का बहना 2 जलधारा बनाना 3 *phon.* जिह्वा और तालु के बीच बने छोटे से अंतराल में से निकलती हवा से होने वाली सरसराहट की ध्वनि

rille/ rill /रिल/ *n., astron.* चंद्रघाटी

RIM *abbr.* 'Republique Islamique de Mauretanie' Mauritania इस्लामी गणतंत्र का अंतर्राष्ट्रीय वाहन पंजीकरण कोड (**IVR**)

rim /रिम/ *n.* 1 गोलाकार वस्तु का किनारा 2 साइकिल आदि का रिम, नेमि, हाल: the ~ of a wheel 3 पानी की लहरी 4 घेरा (outer metal strip of spectacles): the ~ of an eye-glass;
dw/lw: *v. pt.* ~med, *pp* ~ming किसी चीज का किनारा बनाना; **~-brake** *n.* किनारे पर लगने वाली ब्रेक या अवरोधक; **~med** *adj.* जिसके चारों ओर किनारी लगी हो; **~less** *adj.* घेरारहित: ~less eye-glasses

rime /राइम/ *n.* (***syn.*** frost) पाला, तुषार, तुहिन;
v., *pt.* **~d**, *pp* **riming** पाले से ढकना;
dw/lw: **rimy** /राइमि/ *adj. degr.* **rimier**, **rimiest** पाले से ढका हुआ

rimose /राइमोस/ *adj.* विदरित, छिद्रदार

rind /राइंड/ *n.* 1 सूखे पनीर या सलामी (bacon) का कड़ा छिलका 2 फल की छाल 3 पेड़ की छाल 4 *fig.* बाह्यरूप: the ~ of things;
v., *pt.* **~ed**, *pp* **~ing** 1 छीलना 2 पेड़ की छाल उतारना

rinderpest /रिंडःपेस्ट/ (***syn.*** cattle plague) *n.* 1 पोंकनी (पशु रोग) 2 पशु-प्लेग

ring /रिंग/ *n.* 1 अंगूठी 2 मुद्रिका (circular route) 3 किसी चीज को लटकाने, रखने आदि के लिए गोलाकार धातु का छल्ला 4 कोई भी गोलाकार वस्तु: **~s** of smoke; livid **~s** under one's eyes; **~s** in the water 5 (***syn.*** circular band) छल्ला, वलय 6 घेरा, मंडल, चक्कर: dance in a ~; make/ run **~s** (a)round 7 अखाड़ा: a boxing/ circus ~ 8 (**the ring**) एक व्यवसाय के रूप में मुक्केबाजी 9 घुड़दौड़ के समय रेस-कोर्स में दर्शकों या अन्य लोगों के लिए अहाता 10 पशु मेले में प्रदर्शित पशुओं का अहाता 11 (***syn.*** group) अवैध धंधे करने वालों का समूह, गिरोह: a crime/ drug/ spy, etc. ~; a ~ of dealers; political ~ 12 पेड़ के छल्ले 13 अणुओं की गोलाकार संरचना 14 *comput.* गोलाकार कड़ी में जुड़े कंप्यूटर 15 घनघनाहट, झनझनाहट, टनटनाहट 16 (***syn.*** sound of a bell) घंटी या घड़ियाल बजने की गूंजती आवाज 17 टेलीफोन की घंटी: give sb a ~; answer a ~ 18 (***syn.*** burner) खाना पकाने का तवा या गोलाकार तवानुमा प्लेट: turn of the gas ~ 19 खनक, टनटनाहट (of coin etc..) 20 गूंज, प्रतिध्वनि: the ~ of his voice 21 *fig.* ध्वनि, भाव, आभास: had a false ~; a story with a ~ of truth about it 22 (***syn.*** set of bells) घंटा-समूह: St Nicholas has a ~ of six;
v., *pt.* **~ed/ rang**, *pt. p.* **rung**, *pp* **~ing** 1 घंटी बजाना: ~ a bell; ~ for tea/ for dinner 2 घंटी या घड़ियाल का टनटनाना, घनघनाना: ~ a peal 3 (***syn.*** resound) गूंजना: the theatre **rang** with laughter and applause; applause **rang** through the theatre 4 (*usually* **~ out**) धमाका हो.: shots **rang** out in the middle of night 5 प्रतिध्वनित हो., बजना: her criticisms **rang** in his ears; his deeds **rang** through the country 6 कानों में सनसनाहट, गुनगुनाहट या बजने का आभास होते रहना 7 (*usually* **~ true/ false**; ***syn.*** appear) लगना, आभास हो.: his promises ~ false; his words **rang** with pride 8 (*UK/ US* **call**; *also* **~ sb up**) टेलीफोन क.: ~ (sb) back 9 (***syn.*** **~ off** *UK* (*UK/ US* **hang up**) फोन बंद क. 10 (***syn.*** proclaim) घोषित क.: ~ the changes in sth 11 घेरा बनाना या डालना: ~ cattle 12 वृत्त बनाना या डालना: ~ the correct answers in red pen 13 चक्कर काटना या लगाना, मंडराना 14 (***syn.*** encircle, surround) घेर लिया जा.: **~ed** by enemies 15 अंगूठी पहनाना 16 छल्ला लगाना या काटना 17 नाथना, नाथ डालना: put a ~ in the nose of an animal;
dw/lw: **~-a-~o'roses** /रिंगअ-रिंगअ ओ' रोजिज/ *n.* गोल चक्र में नाचते-गाते हुए खेला जाने वाला बच्चों का एक खेल; **~back** *n.* व्यस्त टेलीफोन के खाली होने पर फिर से टेलीफोन करने की सेवा; **~-bolt** *n.* छल्ला-बोल्ट, छेददार ढिबरी; **~-bone** *n.* चक्रावल; **~-cartilage** *n.* वलय-उपस्थि; **~-compound** *n.* वलय यौगिक; **~-dove** *n.* धवर फाख्ता; **~ed** *adj.* 1 अंगूठी पहने हुआ, शादीशुदा 2 छल्लेदार 3 घिरा हुआ 4 वलयित; **~er** *n.* 1 (***syn.*** bell-~er) बजाने वाला 2 घेरने वाला व्यक्ति या वस्तु 3 (*also* **dead ~er**) एकदम समान: be a (dead) **~er** of sb/ sth) (किसी की या किसी चीज की हू-ब-हू प्रतिलिपि हो.) 4 *mainly US* खेल मुकाबले में नकली नाम से अवैध तरीके से भाग लेने वाला व्यक्ति या घोड़ा 5 *mainly US* ठग; **~-fence** *n.* 1 घेरे के चारों ओर बनी बाड़ 2 बंद रास्ता 3 किसी विभाग के लिए आबंटित धन-राशि के खर्च करने के तरीके पर लगाई जाने वाली शर्तें; **~ing** *n.* 1 घंटी की आवाज 2 बुलावा; **~ing** *adj.* 1 बजने वाला 2 दमदार आवाज वाला: ~ing voice/ laugh; ~ing cheer; a ~ing statement of support 3 स्पष्ट एवं जग जाहिर; **~-leader** *n.* गिरोह का सरदार, सरगना; **~let** /रिंगलेट/ *n.* 1 छोटी अंगूठी 2 अलक, लट 3 छोटा छल्ला, घूंघर; **~master** /रिंगमास्टः/ रिंगमैस्टः/ *n.* सर्कस का कार्यक्रम-संचालक; **~-necked** *adj.* रंगीली गर्दन वाले पक्षी या सर्प; **~side** *n.* 1 बॉक्सिंग या सर्कस के अखाड़े के निकट की दीर्घा: ~side view 2 ऐसा स्थान जहां से दृश्य भली भांति दिख सकता है; **~tone** *n.* टेलीफोन की घंटी; **~toss** /रिंगटौस/ *n.* = **hoopla** हो-

हल्ला, शोर-शराबा; **~worm** *n., pathol.* दाद, दद्रु;
collocations: **~ bearer** दुल्हन और दुल्हन की अंगूठियां लाकर देने वाला बालक; **~ binder** छल्लेदार फाइल जिसके छल्ले को खोलकर पन्ना डाला या निकाला जा सकता है; **~ circuit** (*also* **~ main**) *elec.* विशेष विद्युत परिपथ द्वारा बिजली की आपूर्ति; **~ed hand** 1 अंगूठियों से लदा हाथ 2 शादीशुदा व्यक्ति; **~ finger** *n.* अनामिका (उंगली) जिस पर शादी की अंगूठी पहनी जाती है; **~ fort** लोह युग का रिहाइशी स्थान; **~ main** *elec. see above under* **~ circuit**; **~ network**. *comput.* एक-दूसरे से जुड़े कंप्यूटरों का सर्किट; **~ pull** बीयर आदि के कैन को खोलने के लिए छल्ला; **~ road** शहर में चक्करदार सड़क, मुद्रिका, रिंग रोड; **a dead ~er** हू-ब-हू प्रतिलिपि; **a ~side seat** किसी मुकाबले या प्रदर्शन के ठीक सामने का बैठने का स्थान; **a ~-tailed roarer** शानदार युवक;
p&i: **~ a bell/ ~ the bell with sb** किसी बात की याद दिलाना; **~ a knell** मरणासन्न व्यक्ति की आत्मा की शांति के लिए प्रार्थना क.; **~ around = ~ round** कोई कार्य करवाने के लिए कई लोगों को फोन क.;**~ down (up) the curtain** पर्दा गिराना (उठाना), समाप्त (प्रारंभ) क.; **~ in** टेलीफोन से किसी के साथ संपर्क स्थापित क.; **~ in sth** कोई उत्सव मनाने के लिए घंटी या घड़ियाल बजाना; **~ in your ears/ head/ heart** ऐसा अनुभव कराना कि अभी भी वह किसी व्यक्ति के कानों, दिमाग और दिल में गूंजे; **~ off** टेलीफोन पर बातचीत की समाप्ति क.; **~ off the hook** रिसीवर वापस रखकर टेलीफोन पर बातचीत बंद क.; **~ out** ऊंची आवाज में स्पष्ट रूप से सुना जा.; **~ sb** किसी को टेलीफोन क.; **~ sb back** 1 वापस टेलीफोन क. 2 किसी टेलीपोन के जवाब में टेलीफोन क.; **~ sb/ sth in/ out** घड़ियाल या घंटी बजाकर किसी के आगमन या विदाई की घोषणा क.: ~ out the old year and ~ in the new; **~ sth in** टेलीफोन से कोई खबर दे.; **~ sth up** बेची गई वस्तु का दाम रोकड़ बही (cash register) में दर्ज क.; **~ the alarm bell** ; **~ the bell** घंटी बजाना; **~ the changes** 1 बदलाव लाना 2 *bell-ringing* चर्च-घड़ियाल बजाते समय सारी प्रक्रिया पूरी क.; **~ the bells backwards** घंटों (chimes) के बजने का क्रम बदलना; **~ the curtain down/ up** 1 *theat.* पर्दा गिराने या उठाने का संकेत दे. 2 (*usually* **~ the curtain down/ up on sth**) समाप्त क. या परियोजना आदि शुरू क.; **~ the knell** घंटा बजाकर मृत्यु की शोक सूचना देना; **~ the rounds** आगे निकलना; **~ the shed** भेड़ की ऊन मूंडने का मुकाबला जीतना; **~ through to sb** किसी के पास टेलीफोन कर पाना; **~ true** सही लगना, खरा लगना: ~ true/ false/ hollow (सच, झूठा या थोथा लगना);
ears ~ कान बजना, गूंज उठना; **give sb a ~** किसी को टेलीफोन क.; **have a hollow ~** झूठा या कृत्रिम लगना; **have the right/ the true ~ about it** असली होने का आभास हो.; **he that runs fastest gets the ~** जो सबसे आगे निगलेगा उसे इनाम मिलेगा; **hold/ keep the ~** निष्पक्ष रहना; **make ~s around sb** काफी हद तक किसी से आगे निकल जा.

ringent /रिंजंट/ *adj.* (फूल आदि के संबंध में) मुंहखुला, विवृत

rink /रिंक/ *n.* 1 बर्फ को जमाकर बनाया जाने वाला स्केटिंग करने या हाकी खेलने का स्थान: ice ~ 2 लकड़ी का स्केटिंग रिंक: a roller skating ~

rinky-dink /रिंकिडिंक/ *n., mainly N. Amer. sl.* 1 कोई फटी-पुरानी वस्तु 2 छोटी-मोटी घटिया चीज 3 सस्ता ढाबा

rinse /रिंस/ *v., pt.* **~d**, *pp* **rinsing** 1 धोना, साफ क. 2 पानी में जल्दी-जल्दी खंगालना: ~ sth out; ~ (out) one's mouth;
n. 1 पानी में खंगालने की क्रिया 2 बालों को रंगने वाला तरल पदार्थ 3 मुंह और दांतों को साफ करने वाला पदार्थ;
p&i: **~ sth out** किसी चीज को साफ क.

riot /रायट/ *n.* 1 *law* (*syn.* rampage) दंगा, दंगा-फसाद, हंगामा: run ~ (उपद्रव क., ऊधम मचाना) 2 हो-हल्ला, शोरगुल, कोलाहल, गुलगपाड़ा: run ~ 3 ऊधम, बलवा, विद्रोह: a ~ breaks out; spark a ~; quell ~ (विद्रोह दबाना) 4 (***syn.*** revelry) रंगरलियां, मौज-मस्ती 5 लहर, रंगों की होलीनुमा विविधता: the fields were a ~ of colour 6 प्रदर्शन 7 लंपटता, भोग-विलास, व्यभिचार;
v.*, pt.* **~ed**, *pp* **~ing** 1 दंगा क., दंगा-फसाद में भाग ले., हो-हल्ला क. 2 बलवा क. 3 गुल-छर्रे उड़ाना, मौज-मस्ती क., रंगरलियां मचाना 4 आनंद लूटना, का रस लेना, मजे क (indulge in): the children ran ~ 5 (***syn.*** dissipate) उड़ा दे. 6 खुलकर पसर जा., बेरोकटोक बढ़ते जा.: the weeds were running ~; ~ in emotion;
dw/lw: **~er** /रायटः/ *n.* दंगई, फसादी, उपद्रवी, बलवाई; **~ing** /रायटिंग/ *n.* दंगा-फसाद, उपद्रव; **~ous** /रायटस/ *adj.* 1 उपद्रवी, ऊधमी 2 उत्तेजनापूर्ण, उत्तेजित 3 अनियंत्रित, शोरगुल-भरा 4 बलवाई 5 (***syn.*** dissolute) विलासी, विलासमय, लंपट, उड़ाऊ: lead a ~ous life 6 (***syn.*** luxuriant) अत्यधिक फैलने वाला: ~ous fancy; **~ously** /रायटसलि/ *adv.* अत्यधिक: **~ly** funny;
collocations: **Riot Act** *hist.* दंगा-फसाद विरोधी कानून; **read the ~ act** *jocular* बदतमीजी रोकने के बारे में क्रोधभरी चेतावनी; **~ gear** दंगा-फसाद से निपटते समय पुलिस द्वारा पहने जाने वाला रक्षात्मक सामान; **~ girls** अमेरिका में पनपे औरतों के रॉक बैंड का नाम जो एक प्रकार से पुरुष प्रधान पंक संगीत के विरोध का प्रतीक था; **~ police** दंगा-पुलिस यानी दंगा-फसाद को रोकने के लिए पुलिस बल; **~ shield** प्लास्टिक से बना मजबूत रक्षात्मक ढाल;
p&i: **a race ~** रंघ-भेद के दंगे; **run ~** मस्ती में ऊधम मचाना, तोड़-फोड़ क.

RIP *abbr.* (*also* **R.I.P.**) *requiescat/ requiescant, Lat.* का संक्षेप (ईश्वर उनकी आत्मा को शांति दे!)

rip /रिप/ *v., pt.* **~ped**, *pp* **~ping** 1 जोर से चीर दे.: ~ the seams off; ~ through sth 2 फाड़ना: ~ open a letter; ~ the cover off sth; **~ped** out the sheet 3 लकड़ी चीरना, काटना 4 (***syn.*** split) फोड़ना, अलग क.: ~ sth out/ off/ from, etc. 5 उघाड़ना (a roof) 6 कपड़े उतारना: ~ sth off 7 खोलना, दोबारा छेड़ना (open up) 8 ताबड़तोड़ चलना या अन्य कुछ क.: **~ped** through the store to find the best sale bargains 9 झटककर फाड़ डालना, उखाड़ डालना: **~ped** up the roots of the tree 10 सीडी से संगीत कॉपी क.;
n. 1 समुद्र या नदी में पानी की परस्पर विरोधी धाराओं के टकराने से पैदा होने वाली उथल-पुथल 2 (*also* **~ current** or **riptide**) समुद्र की लहरों का बार-बार समुद्र तट से टकराव 3 *mainly US* नदी में कोई भी उफान लेता स्थान 4 वह निशान जहां से कपड़ा या कागज फाड़ा जा चुका हो 5 (***syn.*** tear) चीर, चीरा, शिगाफ 6 निकम्मा घोड़ा 7 (***syn.*** rake) लंपट, दुर्व्यसनी 8 (***syn.*** slut) कुलटा 9 निकम्मी चीज;
dw/lw: **~-cord** *n.* खोलने की रस्सी; **~-off** *n.* 1 किसी के साथ की जाने वाली ठगी 2 घटिया वस्तु के ऊंचे दाम; **~ped** *adj.* फटा हुआ, तार-तार; **~per** *n.* 1 फाड़ने वाला, चीरने वाला 2 मारकर शव के टुकड़े-टुकड़े करने वाला हत्यारा 3 शानदार आदमी या वस्तु; **~ping** *old Br. sl.* शानदार, बढ़िया; **~pingly** *adv.* शानदार या बढ़िया तरीके से;
collocations: **~ current** (*also* **rip**) समुद्र तट से दूर जाने वाला पानी का तेज बहाव; **Rip Wan Vinkle** निहायत दकियानूसी व्यक्ति;
p&i: **~ and tear** चीर-फाड़कर धज्जियां उड़ाना; **~ at sth** किसी चीज पर हिंसक हमला करते हुए टुकड़े-टुकड़े कर दे.; **~ into sb (for/ with sth)** किसी की कटु आलोचना करते हुए गुस्से का इजहार क., गाली देते हुए टूट पड़ना; **~ into/ through sb/ sth** बहुत तेजी से चीरकर निकल जा.: a bullet ~ped into his shoulder; **~ off** 1 फाड़ लेना: ~ped off the sticking plaster 2 ठग लेना; **~ out** में से फाड़कर निकाल ले.; **~ sb apart/ to shreds/ to bits, etc.** किसी की आलोचना करते हुए धज्जियां उड़ा दे.; **~ sb off** घटिया चीज के अधिक दाम लेकर किसी को ठग

ले.; ~ **sth off** कोई चीज चुरा लेना; ~ **sth up** फाड़कर तारतार कर दे.; ~ **through** में से चीरते हुए निकल जा.; ~ **up** फाड़कर उघाड़ना; ~ **up old scores** = ~ up old wounds पुरानी रंजिश या घाव फिर ताजा क., गड़े मुर्दे उखाड़ना; Rip Van Winkle
let it ~ पूरी रफ्तार से होने दे.; **let** ~ 1 बेलगाम होकर बोलना, व्यवहार क. आदि 2 अधिकतम रफ्तार से चलने दे.; **let things** ~ बेलगाम या उच्छृंखल होने दे.

RIPA *abbr.* 'Royal Institute of Public Administration' की प्रथमाक्षरी

riparian /राइपेअरिअन/ रिपेअरिअन/ (*also* **riparial** /राइपेअरिअल/) *adj.* 1 नदी तट पर स्थित: ~ law/ rights 2 नदीतटीय 3 तटवर्ती;
n. नदी तट पर स्थित भू-भाग का मालिक

ripcord /रिपकॉःड/ *n.* 1 पैराशूट खोलने की डोरी 2 गुब्बारे के गैसबैग की डोरी जिसे खींचने से गुब्बारा नीचे उतरने लगता है

ripe /राइप/ *adj.* 1 पका हुआ, परिपक्व: ~ apple; ~ corn 2 पक्का 3 प्रौढ़, पूर्णतः विकसित, परिपक्व: ~ in body and mind; he is ~ to hear the truth 4 (***syn.*** mature) तैयार: ~ for sth; ~ for reform; schemes ~ for execution; ~ for treatment; an opportunity ~ to be seized 5 (***syn.*** flavour) गहन एवं तेज: ~ cheese/ wine 6 सुगंध-विपुल 7 सूझ-बूझ से भरपूर: ~ in judgement and knowledge 8 (*often* ~ **old age**) ढलती उम्र का पर पूर्णतः स्वस्थ एवं सकुशल: of ~ age 9 *sl.* संपूर्ण, गंभीर (thorough) 10 बढ़िया, शानदार 11 थोड़ी अभद्र (भाषा);
dw/lw: **~ly** *adv.* परिपक्वतापूर्वक; **~n** /राइपन/ *v., pt.* ~ned, *pp* ~ning पकाना या पकना, परिपक्व क., विकसित होना या क.; **~ness** *n.* परिपक्वता; **~ning** /राइपनिंग/ *n.* परिपक्वन;
p&i: **as ~ as cherry** चेरी-सा पका फल

RIPHH *abbr.* 'Royal Institute of Public Health and Hygiene' की प्रथमाक्षरी

ripieno /रिपिएनो/ *adj., music n., pl.* **ripieni** (रिपिएनीः)/ **~s** 1 *originally* अतिरिक्त वाद्य या वादक 2 *now* कंसर्टीनो (concertino) के साथ बजाए जाने वाले वाद्यों का समूह

rip-off *see above under* **rip:** ***dw/lw***

riposte /रिपौस्ट/ रिपोस्ट/ *n.* 1 *fencing* तेज जवाबी वार: direct ~ (सीधी चोभ); feint ~ (चालाकीपूर्ण जवाब) 2 दो-टूक जवाब, मुंहतोड़ जवाब;
v., *pt.* **~d**, *pp* **riposting** 1 तलवारबाजी में जवाबी वार क. 2 (***syn.*** retort) प्रत्युत्तर, दो-टूक जवाब दे. 3 जवाबी कार्रवाई: an early ~ to the attack

ripper, **ripping** *see above under* **rip:** ***dw/lw***

ripple /रिपल/ *v., pt.* **~d**, *pp* **rippling** 1 पानी में लहरें पैदा क. 2 किसी पदार्थ की सतह पर लहरें-सी बनाना 3 लहराते हुए चलना 4 तरंग-चिह्न बनाना 5 ध्वनि का तीव्र चढ़ाव-उतराव बनना 6 कंघीनुमा औजार से पटसन के बीज निकलना;
n. 1 पानी की सतह पर छोटी-छोटी लहरों का तांता 2 छोटी लहर, ऊर्मिका, लहरी 3 बालों आदि का घुंघरालापन 4 पटसन के बीज निकलने के लिए कंघीनुमा औजार 5 हंसी के ठहाके का चढ़ाव-उतराव: a ~ of laughter/ applause 6 पूरे समूह में व्याप्त हो जाने वाली भावना: the announcement sent a ~ of excitement through the crowd 7 (***syn.*** repercussions, reverberations) गूंज 7 *elec.* वैद्युत चढ़ाव-उतराव 8 (***syn.*** sound) कलकल ध्वनि 9 मिसाइलों को एक के बाद एक दागने का तरीका;
dw/lw: **~d** *adj.* लहरदार; **~-mark** *n.* तरंग-चिह्न; **ripply** /रिप्लि/ *adj.* लहरदार, तरंगित;
collocations: **~ effect** किसी घटना के प्रभाव का लहरनुमा तरीके से यानी एक के बाद एक होते हुए दूर-दूर तक फैलने की क्रिया; **~ tank** *phys.* लहरों के गुण दर्शाने के लिए एक उथला तालाब; **raspberry** ~ क्रीम में दिखनेवाली रसबेरी जैसी तरंगें

rip-rap /रिप-रैप/ *n.* पत्थर-भराव

rip-roaring /रिप-रोअरिंग/ *adj.* 1 गर्जनपूर्ण 2 कोलाहलपूर्ण 3 उत्तम, उत्कृष्ट;
dw/lw: **~ly** /रिप-रोअरिंगलि/ *adv.* शानदार तरीके से: ~ly good

ripsaw /रिप्साः/ *n.* आरी

ripsnor\ter /रिप्स्नॉःटः/ *n., originally US sl.* अत्यंत सुंदर, गुणवान व शक्तिशाली व्यक्ति;
dw/lw: **~ting** /रिप्स्नॉःटिंग/ *adj.* अत्यंत सुंदर, गुणवान व शक्तिशाली

Rip Van Winkle /रिप वैन विंकल/ *n.* दीन-दुनिया से पिछड़ा हुआ या दकियानूसी व्यक्ति;
dw/lw: **Rip-Van-Winkleish** *adj.* दीन-दुनिया से पिछड़ा हुआ; **Rip-Van-Winkleism** *n.* वाशिंगटन इर्विंग की शब्द-चित्र पुस्तक (1819-20) में छपी कहानी का एक पात्र जिसके 20 साल तक पहाड़ों में सोने के बाद घर वापस आने पर दुनिया बदली हुई मिलने की स्थिति

riptide *n. see above under* **rip**

RISC *abbr., comput.,* 'reduced instruction set computer' की प्रथमाक्षरी;

rise /राइज/ *v., pt.* **rose**, *pt. p.* **risen**, *pp* **~ing** 1 (***syn.*** ascend) ऊपर उठना, ऊपर चढ़ना, ऊंचा उड़ना: the plane **rose** in the air; the mercury is **rising** 2 (***syn.*** get up) (सो कर) उठना, नींद से उठना, जागना: ~ early; they always ~ at seven; ~ with the sun 3 उठ खड़े हो.: ~ from one's knees; the horse **rose** on its hind legs 4 (***syn.*** appear) उदित होना, उदय हो., सूरज या चांद आदि का निकलना, दिखाई पड़ना: the sun, moon and planets ~ above the horizon; what time does the sun ~? 5 किसी स्तर, पद, स्थिति तक पहुंचना: ~ in career; ~ to/ through, etc.; a man likely to ~; ~ to greatness; he **rose** to international fame almost overnight 6 जी उठना: **rose** from the dead; ~ like a phoenix from its ashes (बार-बार जीवित हो जानेवाले फीनिक्स (phoenix) पक्षी की तरह बर्बादी से फिर उठ खड़ा हो जा.) 7 (*usually* ~ **up**/ ~ **against sb/ sth**) विद्रोह क.: ~ in arms; ~ against oppression; ~ up 8 (***syn.*** adjourn) सभा का उठना, बंद होना, स्थगित हो., मीटिंग का खत्म क.: the upper House **rose** at 10 p.m. 9 रोंगटे खड़ा हो., भावनाओं का भड़कना: tempers **rose** as the discussion became heated 10 कीमतों का बढ़ना: the prices of pulses have been constantly **rising** 11 संख्या या मात्रा में बढ़ना, वृद्धि हो.: sales have **risen** 12 रफ्तार या गति आदि का बढ़ना: the wind **rose** at night 13 (***syn.*** swell) शारीरिक या भावनात्मक उफान आना, बढ़ना: feel anger **rising** inside oneself; a rumour **rose** 14 राजनीतिक सितारे का चढ़ना या बुलंद हो.: a new political star is fast **rising** 15 उद्भव हो., से निकलना, उत्पन्न होना: a river that **~s** in the mountains; the river **~s** from a spring 16 झगड़े का पैदा हो.: the quarrel **rose** from a mere trifle 17 धरती आदि का ऊपर उठकर दिखाई पड़ना: a hill **~s** behind the house 18 अफवाह का पैदा होकर फैलना: a rumour **rose** 19 उत्साह, रुचि आदि में उछाल आना: interest **~s** with each act of the play 20 मछली का पानी की सतह पर आ जा. 21 भवनों का बनाया जा.: new office blocks **rising** all over 22 (*usually* ~ **to sth**) आलोचना, उकसावे या चुनौती की प्रतिक्रिया में कोई कदम उठाना: ~ to the occasion/ challenge, etc.; ~ to it (उकसावे में आ जा.) 23 मतली आना, कलेजा मुंह को आना: sb's stomach **rose** at the sight of rotting dead bodies; his gorge/ stomach is **rising** 24 तापमान का बढ़ना: as May drew nearer the temperatures began **rising** sharply 25 हवा का चढ़ना या तेज हो., आंधी तूफान का उठना: the **rising** wind soon became a **rising** tempest 26 खमीर का उठना: bread, cake, etc. ~ because of the action of yeast or baking powder;
n. 1 नींद से उठने की क्रिया: he is used to early ~ 2 बढ़ोतरी,

वृद्धि: a big/ dramatic/ massive/ sudden rise; a ~ in prices 3 (***syn.*** ascent) चढ़ाव, आरोह, चढ़ाई: a steep ~ in a road 4 उन्नति, तरक्की, पदोन्नति: sb's ~ to fame/ power, etc.; he has had a ~ in life/ in the world 5 उदय: at the ~ of industrialism 6 उत्थान, पुनरुत्थान: the ~ and fall of sb/ sth 7 (***syn.*** slope) पहाड़ी की ढलान: the house stands on a ~ 8 (***syn.*** origin) उत्पत्ति, उद्गम: give ~ (to) tempers; the rumour gave ~ to a lot of unnecessary worry 10 (*US* **raise**) वेतन-वृद्धि: ask for a ~; a pay/ price ~ 11 एक सीढ़ी की ऊंचाई: the ~ of the stair step is steep 12 ज्वार: the ~ of the tide;

dw/lw: **riser** /राइज़:/ *n.* 1 एक सीढ़ी की ऊंचाई 2 बिस्तरे से उठने वाला: an early/ late ~ 3 आयल-रिग पर लंबाकार पाइप; **rising** /राइजिंग/ *n.* 1 बगावत, विद्रोह 2 उठान, उत्थान 3 उदय: ~ing of sun 4 उन्नति 5 (*syn.* ascent) चढ़ाव, चढ़ाई, आरोहण 6 (*syn.* boil) फोड़ा 7 (*syn.* pimple) फुंसी; **rising** *adj.* 1 चढ़ाई वाला 2 आरोही 3 ज्वारीय: the rising tide 4 बढ़ती (उम्र): rising forty 5 नामी-गिरामी होनेवाला: rising lawyer 6 बढ़ने वाला, ऊपर चढ़ने वाला: rising and falling tones 7 उदय होता: the rising moon; rising sun 8 आने वाली: the rising generation;

dw/lw: **rising** *adj.* चढ़ता हुआ, ऊपर उठता हुआ: rising sun;

collocations: **rising damp** *Br.* दीवार में आनेवाली सीलन; **rising main** जमीन से पानी ऊपर की मंजिलों तक ले जाने वाली लंबाकार नाली (vertical pipe);

p&i: **~ above** (छुटपन आदि) से ऊपर हो.; **~ above prejudices** दुराग्रह से ऊपर उठना; **~ from the dead/ grave** पुनरुत्थान हो.; **~ from the ranks** 1 सिपाही से अफसर बनना 2 किसी व्यवसाय में धीरे-धीरे ऊपर चढ़ते जा.; **~ in applause** करतल ध्वनि करते हुए खड़े हो.; **~ in rebellion/ revolt = ~ against** विद्रोह का बिगुल बजाना; **~ in sb's estimation/ opinion** किसी के अनुमान या विचार में ऊपर उठना; **~ to the bait/ to the fly** झांसे में आ जा.; **~ to the fly** धोखा खाना, जाल में फंसना; **~ to the occasion** अवसर की मांग के अनुरूप खरा उतरना, किसी आपदा का डटकर मुकाबला क.; **~ with the lark = ~ with the sun = ~ bedtimes** सवेरे-सवेरे उठना; **rising generation** आने वाली पीढ़ी; **rising forty** लगभग चालीस वर्ष का;

a picture ~s before the mind मन में एक तस्वीर उभरकर आती है; **be on the ~** 1 चढ़ता सितारा हो. 2 कीमतों आदि का बढ़ते जा.; **fish all day and not have a ~** सारा दिन मछली पकड़ते रहना और एक भी मछली न फंसना; **get/ have/ take a ~ out of sb** किसी को चिढ़ाना, आपे से बाहर क.; **give ~ to sth** परिणामस्वरूप पैदा हो., को जन्म दे.: communal hatred give ~ to communal riots; **on the ~** बढ़ोतरी की ओर अग्रसर: crime is on the ~ in the city;

risible /रिजिबल/ *adj.* 1 हंसाने वाला 2 (***syn.*** able to laugh, inclined to laugh) हास्यक्षम, हास्यप्रवण, जिसे जल्दी हंसी आ जाए 3 हंसने योग्य 4 (***syn.*** ludicrous) हास्यास्पद, हास्यजनक;

dw/lw: **risibility** *n.* 1 हास्यक्षमता 2 हास्यास्पदता

risk /रिस्क/ *n.* 1 खतरा: at ~ (खतरे में); the parents are alcoholics and the children are on the '**at ~**' register; at ~ of being in a situation; a great, high/ serious/ slight/ small ~ 2 खतरनाक व्यक्ति, कार्य या बात 3 जोखिम: run the ~ of sth (जोखिम उठाना); carry/ increase/ pose/ minimize/ reduce/ take a ~ 4 संभावित खतरा और उसके विरुद्ध बीमा 5 खतरे की प्रकार: fire ~ 6 दायित्व (owner's ~): at your own ~;

v., pt. **~ed**, *pp* **~ing** 1 जोखिम उठाना 2 जोखिम में डालना, खतरा मोल लेना: ~ one's life/ one's health/ one's fortune 3 दांव पर रखना: ~ sth important;

dw/lw: **~-taking** *n.* कुछ हासिल करने के लिए खतरा मोल उठाने की क्रिया; **~y** /रिस्कि/ *adj., degr.* ~ier, ~iest 1 (***syn.*** dangerous) खतरनाक: a ~y business 2 जोखिमी, जोखिम-भरा: ~y job 2 अभद्र, अश्लील; **~ily** /रिस्किलि/ *adv.* खतरा मोल लेते हुए;

collocations: **~ analysis** किसी व्यापारिक प्रस्ताव के संभावित आर्थिक व अन्य खतरों का अध्ययन; **~ capital** नव व्यावसायिक पहल के लिए पूंजी; **risk factor** *med.* उम्र, आवासीय स्थिति और आय आदि; **~ money** छोटी-मोटी भूल या भूल-चूक की भरपाई करने के लिए रखी गई राशि, जोखिम भत्ता;

p&i: **~ from/ of sth** किसी चीज या बात से खतरा; **~ one's neck/ life/ head = ~ life and limb** अपनी गर्दन को दांव पर लगाना, जान जोखिम में डालना;

at ~ खतरे में; **at ~ to oneself/ sb/ sth** अपने लिए/ किसी के लिए/ किसी बात के लिए खतरा उठाते हुए; **at the ~ of doing sth** का खतरा मोल उठाते हुए ...; **at the ~ of one's life** अपने जीवन को खतरे में डालकर; **run the ~ of being late** देर से पहुंचने का खतरा मोल लेना; **take a ~/ ~s** जोखिम उठाना

risoluto /रीःजअलूःटो/ *adv., adj., music* बल देते हुए (सबल), दिलेरी के साथ (दिलेर)

risorgimento /रिसःजिमेंटो/ *n., pl.* **risorgimenti/ ~s** 1 *hist.* उन्नीसवीं सदी में इटली की मुक्ति व पुनरेकीकरण 2 पुनरुत्थान, पुनर्जन्म

risorius /रिजॉःरिअस/ (*also* **risorius muscle**) *n.* मुंह के एक कोने में स्थित चेहरे की मांस-पेशी

risotto /रिजौटो/ *US* रिसॉःटो/ रिजॉःटो/ *n., pl.* **~s** एक इतालवी पुलावनुमा व्यंजन

risqué /रिस्के/ *adj.* (about a story, joke etc.) अभद्र, अश्लील

rissole /रिसोल/ *n.* पकोड़ानुमा गोश्त का व्यंजन

rit *abbr., music* 'ritardando', 'ritenuto' का संक्षेप

ritardando /रिटाःडैंडो/ *adj.* उत्तरोत्तर विलंबित

rite /राइट/ *n.* 1 धार्मिक कृत्य या अनुष्ठान, क्रिया-कर्म: the **~s** of courtship; 2 ऐसे क्रिया-कर्म के लिए मंत्र या अन्य कर्मकांड: the ~ of confirmation 3 चर्च के ऐसे कार्य-कर्मों का पूरा ताम-झाम;

collocations: **~ of passage** व्यक्ति के एक सामाजिक अवस्था से दूसरी में जाने से संबंधित क्रिया-कर्म

ritual /रिचुअल/ *n.* 1 धार्मिक कृत्य या अनुष्ठान में प्रयुक्त मंत्र 2 धर्म विधि, नियम 3 कर्मकांड 4 धार्मिक कृत्य या अनुष्ठान में क्रिया-कर्म का प्रयोग 5 *psychol.* आवश्यक रूप से या यंत्रवत् किए जाने वाले कुछ क्रिया-कर्म जिनका अपालन मानसिक तनाव का आभास पैदा करता है 6 आदतन या दैनिक रूप से यंत्रवत् किया जाने वाला कोई कार्य;

adj. 1 कर्मकांडात्मक: ~ of human sacrifice; ~ murder 2 विधि के अनुसार, धार्मिक: ~ talk;

dw/lw: **~ism** /रिचुअलिज्म/ *n.* 1 कर्मकांडवाद 2 अनुष्ठान-परायणता 3 यंत्रवत् विधिवाद; **~ist** /रिचुअलिस्ट/ *n.* 1 कर्मकांडी, अनुष्ठान-परायण व्यक्ति 2 कर्मकांड में विश्वास रखने वाला व्यक्ति 3 कर्मकांड करवाने वाला आदमी 4 यंत्रवत् विधिवाद का पालक; **~istic** /रिचुअलिस्टिक/ *adj.* 1 रीतिवादी 2 आनुष्ठानिक 3 कर्मकांडी; **~ize** /रिचुअलाइज/ *v., pt.* ~ized, *pp* ~izing 1 कर्मकांड का पालन क. 2 कर्मकांडी विधियों का संचालन क.

ritz /रिट्ज/ *n.* शाही ठाठ-बाट;

dw/lw: **ritz\y** /रिट्जि/ *adj., degr.* **~ier, ~iest** 1 (***syn.*** elegant) उत्कृष्ट 2 (***syn.*** luxurious) राजसी, शाही, विलासितापूर्ण 3 (***syn.*** flashy) अति दिखावापूर्ण या भड़कीला शाही ठाठ-बाट से परिपूर्ण

rival /राइवल/ *n.* 1 प्रतिद्वंद्वी, प्रतिस्पर्धी: business/ political **~s**; **~s** in love 2 तुल्य या बराबरी का व्यक्ति: without a ~;

adj. प्रतिद्वंद्वी: ~ companies 2 विरोधी, प्रतियोगी: beat the ~ team;

v., *UK pt.* **~led**, *pp* **~ling** or *US pt.* **~ed**, *pp* **~ing** 1 के

बराबर होना, की बराबरी क.: no one can ~ her when it comes to looks 2 प्रतिद्वंद्वी हो. 3 होड़ लगाना 4 तुल्य रूप में विरोधी हो.;
dw/lw: **~less** *adj.* 1 अतुल्य 2 जिसका कोई सानी न हो; **~ry** *n., pl.* ~ries 1 प्रतिद्वंद्विता, प्रतिद्वंद्व 2 प्रतिस्पर्धा, मुकाबला: friendly ~ry

rive /राइव/ *v., pt.* **~d**, *pt. p.* **~d**/ **~n** /रिवन/, *pp* **riving** 1 फाड़ना (tear apart, rend): new highways are **riving** the green 2 फटना, चिरना: huge rocks **~n** by frost action from the side of the mountain 3 फोड़ना, तोड़ दे., फूट पड़ना, टूटना: the union is **~n** with discord 4 *fig.* (***syn.*** split, cleave) विदीर्ण कर दे., विदरित क.;
dw/lw: **~n** /रिवन/ *adj.* 1 विभाजित, विखंडित: the party **~n** by internal disputes 2 दो या अधिक भागों में बंटा हुआ

river /रिवः/ *n.* 1 नदी, सरिता 2 दरिया 3 एक दिशा में बहने वाले द्रव की बहुत बड़ी मात्रा, बाहुल्य, प्रचुरता: a ~ of molten lava; a ~ of tears;
adj. नदी संबंधी: ~mouth; ~boat
dw/lw: **~ain** /रिवअरेन/ *adj.* (नदी) नदीतटीय, तटवर्ती; **~ain** *n.* नदी तट वासी; **~bank** *n.* तट; **~basin** *n.* नदी-थाला, द्रोणी; **~bed** *n.* नदी-तल; **~craft** *n.* डोंगी; **~drift** *n.* नदोढ़; **~front** *n.* नदी-तटीय क्षेत्र बहुत सारी दुकानें, रेस्त्रां आदि स्थित हों; **~head** *n.* नदी का उद्गम, मूल-स्थान; **~horse** *n.* दरियाई घोड़ा; **~like** *adj.* नदी जैसा; **~ine** /रिवअराइन/ रिवअरीःन/ *adj.* 1 नदी संबंधी 2 नदी तट पर स्थित; **~side** *n.* 1 नदी का तट 2 नदी-तटीय क्षेत्र; **~side** *adj.* नदी-तटीय: ~side inn; a ~side restaurant; **~terrace** *n., geol.* नदी के बहाव द्वारा बनाई जाने वाली सीढ़ीनुमा भू-रचना; **~valley** *n.* नदी-घाटी;
collocations: **~ basin** (*also* **drainage basin**, *geol.*) *see above under*: ***dw/lw***; **~ blindness** (*also see under* **onchocerciasis**) नदियों में पलने वाली मक्खी के परजीवियों द्वारा पैदा किया जाने वाला एक त्वचा रोग जिससे रोगी अंधा भी हो सकता है; **~ dolphin** नदियों में पाई जाने वाली डौलफिन; **~ meadow** सैलाबी चरागाह, जल शाद्वल (बांगर);
p&i: **cross the ~** कठिनाइयां पार क.; **follow the ~** दरियायी बंदरगाह या जहाज में नौकरी पाना; **go/ row up Salt River** चुनाव में पराजय हो.; **row sb up Salt River** किसी को चुनाव में पराजित क.; **sell sb down the ~** *US, hist.* 1 पुराने जमाने में अफ्रीकी मूल के लोगों को दक्षिण में बेचना 2 किसी के साथ गद्दारी क.; **send up the ~** जेल में डालना

rivet /रिविट/ *n., engin.* रिवट, धातु के दो टुकड़ों को जोड़ कर रखने वाली पिन, कीलक;
v., *pt.* **~ed**, *pp* **~ing** 1 रिवट लगाना 2 (***syn.*** fasten) धातु के दो टुकड़ों को रिवट से जकड़ना 3 (***syn.*** fix securely) के ऊपर लगाना 4 (***syn.*** hold) ध्यान किसी वस्तु पर टिकाए रखना: ~ one's eyes on sth; be **~ed** to (आंखे गड़ाकर देखते जा.); be **~ed** to the spot on seeing how sb had changed;
dw/lw: **~er** *n.* 1 रिवट लगाने वाला 2 रिवट लगाने वाली मशीन; **~ing** /रिविटिंग/ *adj.* (***syn.*** engrossing) अत्यंत रोचक, आकर्षक; **~ing** *n.* रिवट लगाने की क्रिया;
p&i: **~ed to the spot/ ground** धक्का लगने या स्तंभित होने से सुन्न हो जा.

riviera /रिविएअरा/ *n.* सुहावनी जलवायु वाला तटीय क्षेत्र; (**the Riviera**) फ्रांस के टूलोन (Toulon), इटली के ला स्पेजिआ (La Spezia) और उत्तर में ऐल्प पर्वत श्रेणी (Alps) के बीच का स्वास्थ्यवर्धक स्थानों से भरा भूमध्यसागरीय क्षेत्र

rivulet /रिव्युलअट/ रिव्यलअट *n.* 1 छोटी नदी 2 नदिका, नाला 3 तेज जलधारा

riyal /रिआल/ *n.* कतर, कतार (Qatar) की आधिकारिक मुद्रा

RJE *abbr., comput.* 'remote job entry' की प्रथमाक्षरी

RL *abbr.* 1 'reference library', 'Rugby league' की प्रथमाक्षरी 2 'Republic of Lebanon' का अंतर्राष्ट्रीय वाहन पंजीकरण कोड (IVR)

RLC *abbr.* 'Royal Logistic Corps' की प्रथमाक्षरी

rly *abbr.* 'railway' का छोटा रूप

RM *abbr.* 1 'Resident Magistrate', 'Royal Mail', 'Royal Marines' की प्रथमाक्षरी 2 'Republic of Madagascar' (मैडगास्कर गणतंत्र) का अंतर्राष्ट्रीय वाहन पंजीकरण कोड (IVR)

rm *abbr. printing* 'ream', 'room' का छोटा रूप

RMA *abbr.* 'Royal Military Academy, Sandhurst' की प्रथमाक्षरी

RMetS *abbr.* 'Royal Meteorological Society' का संक्षेप

RMM *abbr.* 'Republic of Mali' (माली गणतंत्र) का अंतर्राष्ट्रीय वाहन पंजीकरण कोड (IVR)

RMO *abbr.* 'Resident Medical Officer' की प्रथमाक्षरी

RMP *abbr.* 'Royal Military Police', 'Registered Medical Practitioner' की प्रथमाक्षरी

rms *abbr. math* 'root man square' की प्रथमाक्षरी

RMT *abbr.* Rail Maritime and Transport Workers' की प्रथमाक्षरी

RN *abbr.* 1 'Royal Navy', 'Registered Nurse' की प्रथमाक्षरी 2 'Republic of Niger' (नाइजर गणराज्य) का अंतर्राष्ट्रीय वाहन पंजीकरण कोड (IVR)

Rn *abbr., chem.* 'radon' का चिह्न

RNA *abbr., biochem.* 'ribonucleic acid' की प्रथमाक्षरी

RNAS *abbr.* 'Royal Naval Air Service(s)', 'Royal Naval Air Station' की प्रथमाक्षरी

RNCM *abbr.* 'Royal Northam College of Music' की प्रथमाक्षरी

RNIB *abbr.* 'Royal National Institute for the Blind' की प्रथमाक्षरी

RNID *abbr.* 'Royal National Institute for the Deaf' की प्रथमाक्षरी

RNLI *abbr.* 'Royal National Lifeboat Institution' की प्रथमाक्षरी

RNR *abbr.* 'Royal National Theatre' की प्रथमाक्षरी

RNVR *abbr.* 'Royal Naval Volunteer Reserve' की प्रथमाक्षरी

RO *abbr.* 'Romania' (रोमानिया) का अंतर्राष्ट्रीय वाहन पंजीकरण कोड (IVR)

ro *abbr.* 'recto', *cricket* 'run out' का संक्षेप

roach /रोच/ *n.* [*pl.*] **roach** or **roaches** (*US* **a cockroach**) 1 'cockroach' का संक्षेप 2 कार्प परिवार की एक रुपहली ताजा पानी की मछली 3 *US* इसी प्रकार की अन्य मछलियां;
p&i: **as sound as a ~** बिल्कुल स्वस्थ एवं सकुशल

road /रोड/ *n.* 1 सड़क, मार्ग: rules of the ~; by ~ 2 *US* रेल मार्ग 3 (***syn.*** road stead) लंगरगाह, पोताश्रय 4 **Road** (*abbr.*, **Rd**) सड़क का नाम 5 सड़क पर आगे (या पीछे) जाने की क्रिया 6 रास्ता, राह: the ~ to ruin; arterial ~; country ~; high ~ 7 (*usually* **roads** or **roadstead**) तट के पास लगभग सुरक्षित क्षेत्र जहां जहाज लंगर डाल सकते हैं 8 खान के अंदर जाने का रास्ता;
adj. सड़क से संबंधित: ~ traffic; ~ light;
v., *pt.* **~ed**, *pp* **~ing** 1 पीछा क. 2 शिकार की गंध का सहारा लेकर खोज निकालना;
dw/lw: **~ability** /रोडअबिलअटि/ *n.* वाहन के सड़क पर चलने की योग्यता, वाहन-सक्षमता; **~bed** /रोडबेड/ *n.* सड़क की नींव, मार्ग तल; **~block** /रोडब्लॉक/ *n.* मार्ग अवरोधक, मार्ग-रोक; **~holding** *n.* तीव्र मोड़ के समय कार की संतुलित रहने की क्षमता; **~house** *n.* 1 (***syn.*** inn) सराय 2 देहात में मुख्य मार्ग पर रेस्त्रां या मधुशाला (bar); **~ie** *n.* संगीत मंडली की संगीत दौरों के दौरान वाद्यों व अन्य बातों का प्रबंध करने वाला व्यक्ति; **~kill** *n.* कार द्वारा सड़क पर आ जाने वाले पशुओं को कुचल डालने की घटना; **~less** *adj.* सड़क-रहित; **~man** *n.* सड़क बनाने व उसका रख-रखाव

करनेवाला व्यक्ति; **~runner** *n.*; **~show** *n.* सड़क पर दिखाया जाने वाला शो; **~side** *n.* सड़क का किनारा: park by the ~side; **~side** *adj.* सड़क के किनारे के पास का: ~side inn; **~stead** *n.* पोताश्रय, लंगरगाह; **roadster** *n., originally US old use* 1 दो जनों के लिए खुली कार 2 मजबूत साइकिल 3 सवारी या गाड़ी चलाने के लिए घोड़ा; **~racer** *n.* सड़क पर होने वाली कार-दौड़ में भाग लेने वाला; **~test** *v., pt.* **~ed**, *pp* **~ing** 1 सड़क पर गाड़ी चलाकर उसका निरीक्षण क.; **~way** /रोडवे/ *n.* कारों द्वारा प्रयुक्त सड़क का हिस्सा; **~works** /रोडवःक्स/ (*UK* **repairs**) *n. [pl.]* सड़क की मरम्मत का काम; **~worthiness** /रोडवःदिनेस/ *n.* सड़क पर चलने में सक्षमता; **~worthy** /रोडवःदि/ *adj.* सड़क पर चलाने योग्य, सड़क-लायक, मार्ग योग्य;

collocations: ~ **bridge** सड़क का पुल; ~ **fund licence** *Br.* (*also* **tax disc**) वाहन-कर के भुगतान का स्टिकर जिसे गाड़ी के अगले शीशे पर चिपकाया जाता है; ~ **hog** *colloq.* अंधा-धुंध गाड़ी चलाने वाला चालक; ~ **house** सड़क किनारे स्थित होटल; ~ **hump** (*also* **speed breaker**; *Russian sl.* **sleeping policeman**) रफ्तार कम करने के लिए सड़क पर बना रफ्तार अवरोधक; ~ **map** *n.* 1 किसी क्षेत्र की सड़कों का नक्शा2 लक्ष्य प्राप्ति के लिए उठाए जाने वाले वास्तविक कदमों की योजना; ~ **metal** रोड़ी, गिट्टी; ~ **movie** फिल्म की ऐसी विधा जिसमें मुख्य पात्र कानून से बचने या जोखिम का मजा लेने के लिए गाड़ी से सड़क पर भाग खड़ा होता है; इसी प्रक्रिया में उसे जीवन की वास्तविकता का अहसास होता है; ~ **pricing** सड़क प्रयोग करने के एवज में भुगतान; ~ **rage** वाहन चालकों के बीच सड़क में आग-बबूला होने की घटना; ~ **roller** सड़क की सतह समतल करने के लिए प्रयुक्त किया जाने वाला भारी संयंत्र; ~ **runner** कोयल परिवार के भारी भरकम नर या मादा पक्षियों में से कोई एक; ~ **sense** सड़क पर गाड़ी चलाते या पैदल चलते समय नियमों का पालन; ~ **sign** वाहन चालक की सुविधा के लिए सड़क पर लगीं विविध संकेत पट्टिकाएं; ~ **tax** सड़क कर; ~ **test** 1 गाड़ी की चालन सक्षमता परीक्षण 2 किसी वस्तु की व्यावहारिक परख; ~ **train** *Austral.* ट्रक (truck) या लौरी (lorry) से जुड़ीं पशुओं से भरी ट्रॉलियों (trollies) की कतार; ~ **trip** कार से लंबी दूरी की यात्रा;

p&i: ~ **to success** सफलता का रास्ता; ~ **to hell paved with good intentions** कुछ करना चाहना पर्याप्त नहीं, कुछ करके भी दिखाना चाहिए

all ~s lead to Rome राहें अनेक, मंजिल एक; **any road** = any way किसी भी प्रकार से; **be/ get in sb/ sth's** ~ *colloq.* किसी की राह का रोड़ा बनना; **be on the** ~ रास्ते में हो.; **be on the ~ to sth** के रास्ते में हो.; **be uncertain of one's** ~ रास्ता भूल जा.; **burn up the** ~ गर्दन तोड़ रफ्तार से जाना; **down the** ~ कुछ समय बाद; **frank to the** ~ (about a horse) चुपचाप सीधे रास्ते पर चलने वाला; **further along/ down the** ~ भविष्य में कभी; **gentleman of the** ~ बहुत बड़ा बटमार या लुटेरा; **get out of my ~!** मेरे रास्ते से हटो!; **give sb the** ~ किसी को रास्ता दे.; **go down that** ~ एक विशेष राह पर चलना; **go on/ upon the** ~1 बटमार बन जा. 2 यात्रा पर निकल पड़ना; **hit the** ~ जाना, प्रस्थान क.; **in the** ~ रास्ते में बाधा; **on the** ~ 1 यात्रा पर, गंतव्य की ओर 2 सड़क पर चलने लायक कार 3 बंजारा, घुमंतू जीवन; **on the ~ to recovery** स्वास्थ्य या आर्थिक सुधार की राह पर; **one for the** ~ जाने से पहले अंतिम पैग पीना; **out of the** ~ 1 दूर स्थित 2 विचित्र, आश्चर्यजनक; **over the** ~ *UK* (*UK/US* **across the** ~) सड़क की दूसरी तरफ; **royal** ~ कुछ प्राप्त करने का आसान रास्ता; **set sth on ~ to success/ victory** किसी के लिए सफलता या विजय का रास्ता खोलना; **take the ~ = take to the** ~ 1 लुटेरा, बटमार या राहगीर बनना 2 यात्रा पर निकल पड़ना 3 आवारागर्दी क.; **the high ~ ≠ the low** ~ *US* चुनाव अभियान का सही, संतुलित तरीका; **the ~ to fame/ to success/ to wealth** प्रसिद्धि, सफलता या धन-दौलत का रास्ता

roadeo /रोडिओ/ *n., pl.* **~s** *N. Amer.* लौरी चलाने के हुनर का मुकाबला

roam /रोम/ *v., pt.* **~ed**, *pp* **~ing** 1 (***syn.*** wander) घूमना, टहलना: ~ the world/ the seas 2 आवारागर्दी क.: **~ed** the streets;

dw/lw: **~er** /रोमअः/ *n.* घुमक्कड़, सैलानी; **~ing** *n.* भिन्न-भिन्न मोबाइल कंपनियों के मोबाइल नेटवर्क (mobile network) के माध्यम से मोबाइल से फोन करने की क्रिया: international ~ing

roan /रोन/ *adj.* चितकबरा, चित्तीदार, गर्रा (of horse or lamb, etc.);

n. 1 चितकबरा घोड़ा 2 जिल्द चढ़ाने में प्रयुक्त महीन, दानेदार चमड़ा

roar /रोअः/ *v., pt.* **~ed**, *pp* **~ing** 1 दहाड़ना 2 गरजना, डकराना 3 ठहाका लगाना, अट्टहास क. 4 (***syn.*** resound) गूंजना 5 (*often* **~ about/ away/ past**) गाड़ी में तेजी से सरसराते हुए पास से निकल जा.: ~ past/ down, etc. 6 चिल्लाना, चिंघाड़ना: ~ sb deaf; don't ~ at me; ~ sb down;

n. 1 दहाड़, गरजन: the ~ of a lion; the ~ of a torrent; the ~ of the waves on the beach 2 चिल्लाहट, चिंघाड़ 3 ठहाका: **~s** of laughter; he set the meeting in a ~ 4 (***syn.*** din) शोर-गुल, कोलाहल: ~ sb on (खेल में किसी की हौसला-अफजाई क.) 5 शेरदमी (horse-disease) 6 कड़कड़ाहट, गड़गड़ाहट 7 धड़ाका;

dw/lw: **~ing** /रोअरिंग/ *adj.* 1 गर्जनपूर्ण 2 दहकती (आग) 3 दहाड़ती, तूफानी (हवा) 4 बहुत सक्रिय व सफल: ~ing trade; a ~ing success 5 (***syn.*** noisy) ऊधमी, झगड़ालू 6 कोलाहलपूर्ण: ~ing applause 6 (***syn.*** brisk) तेज 7 आमोद-प्रमोदपूर्ण: ~ing twenties; **~ing** *n.* 1 गरजन, दहाड़ 2 ठहाका 3 शेरदमी (horse-disease); **~ingly** /रोअरिंगलि/ *adv.* 1 सफलतापूर्वक 2 कोलाहलपूर्वक 3 गरजती आवाज में; ***collocations:*** **~ing success** जबरदस्त सफलता; **the ~ing forties** 40^0 से 50^0 (दक्षिण) अक्षांश के बीच में स्थित तूफानी महासागर; **the ~ing twenties** 1920 से 1929 के बीच का समय जब लोग आत्म-विश्वास से भरे और प्रसन्नचित्त थे;

p&i: **~ing drunk** पीकर धुत्त व ऊधमी; **do a ~ing trade in sth** किसी माल का जबरदस्त व्यापार क.; **set in a** ~ हंसी के बेतहाशा ठहाके शुरू करवाना;

roast /रोस्ट/ *v., pt.* **~ed**, *pp* **~ing** 1 भूनना: ~ coffee-beans 2 पकाना: ~ *shashlik* 3 *metallurgy* धातु के खनिज को लाल गर्म करके मिलावटें हटाना: the joint will never ~ on such a small fire 4 झुलसना यानी धूप में अत्यधिक सिक जा.: ~ in the sun; ~ oneself before the fire 5 कटु आलोचना क. 6 किसी की खिल्ली उड़ाना;

adj. भुना हुआ: ~ potatoes; ~ meat;

n. 1 (***syn.*** joint) साबुत टुकड़े का भुना गोश्त 2 कटु आलोचना 3 जलने से होने वाला घाव;

dw/lw: **~er** /रोस्टः/ *n.* 1 रोस्टर, भूनने वाला उपकरण 2 खुले लॉन (lawns) आदि पर की जाने वाली दावत जिसमें गोश्त आदि खुले में भूना जाता है 4 किसी के जीवनोत्सव के उपलक्ष में दावत 5 (***syn.*** apparatus) भर्जित्र; **~ing** /रोस्टिंग/ *n., colloq.* 1 भुनाई, सिकाई 2 जलने से होने वाला घाव; **~ing** *adj.* (***syn.*** ~ing hot) अत्यधिक गर्म: a ~ing hot day 2 भर्जनकारी, भूनने वाला, सेंकने वाला: ~ing jack (सीक);

p&i: **be ~ed alive** जिंदा भून दिया जा.; **cry ~ meat** 1 औरतों के साथ अपनी सफलताओं का बखान करते हुए शेखी बघारना; **give sb a ~ing** किसी को खूब खरी-खोटी सुनाना; **rule the** ~ स्थिति का मालिक हो., किसी की कहीं पर तूती बोलना

rob /रौब/ *US* राःब/ *v., pt.* **~bed**, *pp* **~bing** 1 लूटना, डाका डालना, लूटमार क., छीनना: ~ a man of his money 2 से वंचित क. (***syn.*** deprive of): ~ sb of sth; ~ sb of his rights/ of his inheritance/ of his fair name;

dw/lw: **~ber** /रॉबः/ *n.* चोर, लुटेरा, डकैत; **~bery** /रॉबरि/ *n.*

चोरी, लूट, लूटमार, लूटपाट, डकैती: highway ~bery; ~bery with violence; asking such prices is sheer ~; commit/ take part in a ~bery; an armed/ attempted ~bery; a bank ~bery; **~bing** *n.* 1 लूट 2 लूटने की क्रिया;

p&i: **~ the cradle** अत्यधिक कम उम्र के बालक या बालिका के साथ यौन क्रिया करके उसका बचपन लूटना; **~ Peter to pay Paul** 1 किसी एक की कीमत पर दूसरे को फायदा पहुंचाना 2 इसकी टोपी उसके सिर 3 पुराना ऋण चुकाने के लिए नया उधार ले.; **~ sb blind** किसी को ठगकर बहुत सारा पैसा ऐंठना **~ sb / sth of sth** किसी को उसके अधिकार आदि से वंचित क.;

be ~ed alive जिंदा जला दिया जा.;

day light ~bery *n.* दिन-दहाड़े डाला जाने वाला डाका;

robe /रोब/ *n., pl.* **~s** 1 चोगा, लबादा, ड्रेसिंग या स्नानघर गाउन 2 औपचारिक अवसर पर पहने जाने वाली पोशाक: royal/ bishop's/ judge's **~s**; academic **~s**; wearing one's ~ of office;

v. *pt.* **~d**, *pp* **~ing** अपने को या किसी और को चोगा पहनाना;

dw/lw: **robing** *adj.* कपड़े पहनने का: robing-room;

p&i: **gentlemen of the/ long ~** न्यायाधीश, विधिवेत्ता; **peaks in their ~s of snow** बर्फ का चोगा पहने पर्वत शिखर

robin /रॉबिन/ (*also* **robin redbreast**) *n.* चमकीले लाल रंग की छाती वाली चिड़िया;

p&i: **a round ~** ऐसा प्रार्थना पत्र या अपील जिस पर वृत्ताकार रूप में हस्ताक्षर इसलिए किए जाते हैं ताकि शासक लोग इस पत्र के सरगना का नाम न जान सकें;

Robin Goodfellow *folklore* भला प्राणी

Robin Hood *n.* एक अंग्रेजी दंतकथा का नायक जो अमीरों को लूटकर गरीबों में बांटता था: he's our very own **Robin Hood**;

p&i: **Robin Hood's mile** सामान्य से बड़ा मील; **Robin Hood's pennyworth** हराम का माल हराम में जाता, चोरी का माल मुफ्त में जाता है;

roborant /रौबअरंट/ *US* राःबअरंट/ *n.* शक्तिवर्धक औषध या टौनिक;

adj. (*also* **roborating**) शक्तिवर्धक, पौष्टिक

robot /रोबौ\ट/ *US* रोबाः\ट/ *n.* 1 यंत्रमानव, रोबौट 2 यंत्रवत् काम करने वाला व्यक्ति;

adj. रोबौट संबंधी: ~ pilot; ~ plane;

dw/lw: **~ic** /~टिक/ *adj.* रोबौट जैसा, रोबौटी(य): ~ic dancing/ ~ic dancing; **~ics** /~टिक्स/ *sing. n.* रोबौटिकी, रोबौट-विज्ञान; **~-like** *adj.* रोबौट जैसा; **~ize (-ise)** /रोबौटाइज/ *US* रोबाःटाइज/ *v., pt.* ~ized, *pp* ~izing रोबौटीकरण क.

robust /रोबस्ट/ *adj.* 1 हट्टा-कट्टा, हृष्ट-पुष्ट, तगड़ा: ~ young fellow; ~ health 2 सख्त, कड़ा: ~ work 3 संतुलित, खरा: ~ intellect 4 पौष्टिक: ~ diet;

dw/lw: **~ness** *n.* हृष्टता-पुष्टता; **~ious** /रोबस्चियस/ *adj.* 1 (***syn.*** boisterous, rude) ऊधमी, धृष्ट 2 (***syn.*** strong, stout, sturdy) स्वस्थ, शक्तिशाली, भारी-भरकम 3 (***syn.*** vigorous) सक्रिय, आत्म-विश्वास से भरा 4 (***syn.*** rough) कठोर: ~ious climate; **~ly** /रोबस्टलि/ *adv.* 1 आत्म-विश्वासपूर्वक 2 शक्तिशाली ढंग से

ROC *abbr.* 'Royal Observer Corps' की प्रथमाक्षरी

rochet /रौचिट/ *US* राःचिट/ *n., relig.* पांव तक की लंबाई का (पादरियों का) चोगा या लाबादा

rock /रौक\/ *US* राःक\/*n.* 1 चट्टान, शैल, पत्थर: as firm as a ~ 2 *N. Amer., Austral.* रोड़ी या पत्थर: the boat was wrecked on a ~ 3 चट्टानी इच्छा शक्ति वाला व्यक्ति 4 (***syn.*** refuge) चट्टान-सा सहारा या समर्थन, आश्रय 5 कारण: the ~ on which we split 6 (*often* **~s**) तबाही/ बर्बादी का कारण 7 *sl.* कीमती पत्थर, हीरा आदि 7 (*also* **~ music**) रौक ऐंड रोल संगीत: ~ and roller/ rock 'n' roller 8 (***syn.*** motion) लड़खड़ाती चाल 9 *US sl.* पैसा: pile up the **~s** 10 भद्दी भूल या गलती 11 (***syn.*** candy) सख्त मिठाई;

v., *pt.* **~ed**, *pp* **~ing** 1 कुर्सी, पालना आदि में झुलाना: ~ the baby to sleep; ~ a cradle; ~ a child in a cradle/ in one's arms 2 जोर-जोर से हिलाना: the waves **~ed** the boat 3 झूलना, हिल जाना, डोलना: he **~ed** with laughter 4 दुखी क., धक्का लगना, स्तंभित क.: Brazil's 7-1 defeat in football world cup at the hands of Germans **~ed** the sporting world 5 रौक संगीत बजाना या उसकी धुन पर नाचना 6 किसी वस्तु का बढ़िया, शानदार या सफल हो.: the new film **~s**;

dw/lw: **~-basin** *n.* बर्फीला क्षेत्र (द्रोणी); **~-bed** *n.* शैलसंस्तर; **~-bedding** *n.* समुद्र की निम्नतम चट्टानी सतह; **~-bound** /~बाउंड/ *adj.* चट्टानों से भरा, चट्टानी; **~fish** *n.* चट्टानों में मिलने वाली मछली; **~-chasm** /~कैज्म/ *n.* चट्टानी गर्त्त; **~-drill** *n.* पत्थर-छिद्रक; **~er** /रौकः/ *n.* 1 दोलक, रौकर 2 दोलने वाली या ऊपर-नीचे झूलने वाली कुर्सी 3 डांवांडोल व्यक्ति: off one's ~er *colloq.* (पागल, हिला हुआ) 4 दोलन उपकरण 5 (Rocker, *Br.*) 1960 के दशक में पनपीं चमड़े के जैकेट पहनने वाले, मोटरसाइकल पर सवार हिंसक युवाओं की टोलियां; **~er** *adj.* झूलने वाला: ~er switch; **~ery** /~रि/ *n., pl.* **rockeries** (*also* **rock garden**) शैल उद्यान; **~-gas** *n.* (*syn.* natural gas) प्राकृतिक गैस; **~-hard** *adj.* बहुत सख्त और मजबूत; **~-hopper** *n.* एक छोटी धारीदार पेंग्विन; **~iness** *n.* 1 डांवांडोल स्थिति, लड़खड़ाहट 2 झूलने की क्षमता, अस्थिरता; **~ing** /रौकिंग/ *US* राःकिंग/ *adj.* झूलने वाली, दोलन: ~ing motion; ~ing stone (दोलन-पत्थर, एक के ऊपर दूसरा डांवांडोल-सा टिका पत्थर); **~like** /~लाइक/ *adj.* 1 चट्टान-सा दृढ़ 2 चट्टान-समान; **~-oil** *n.* पेट्रोलियम, शैल-तेल; **~-ribbed** *adj.* 1 शैलमय, चट्टानी 2 (***syn.*** firm) सुदृढ़ 3 (***syn.*** unyielding) अनम्य, अटल, दृढ़; **~rose** *n.* भूमध्य सागर के क्षेत्र में उगने वाली एक सदाबहार झाड़ी; **~y** /रौकि/ *US* राःकि/ *adj., degr.* ~ier, ~iest 1 पथरीला 2 चट्टानी, शैलमय 3 सुदृढ़ 4 कठोर 5 (*syn.* shaky) दोलायमान: ~y table;

collocations: **~ and roll** /रॉक एंड रोल/ 1 (*also* **~ 'n' roll**) 1950 के दशक का लोकप्रिय संगीत, रॉक एंड रोल: be the new ~ 'n' roll; **~ bottom** 1 निम्नतम स्तर 2 भंडार का आखिरी अंश 3 निम्नतम चट्टानी सतह; **~ breaker** चट्टान तोड़ने वाला यंत्र; **~ cake** (***syn.*** bun) फलों व मसालों से बना छोटा-सा गोल बन; **~ candy** चीनी से बनी एक सख्त मिठाई; **~ climbing** चट्टानों पर चढ़ाई; **~ crystal** *mineralogy* 1 एक पारदर्शी रंग विहीन क्वार्ट्ज 2 चट्टानी बिल्लौर; **~ dove/ ~ pigeon** चट्टानों में घोंसला बनाने वाला कबूतर; **~ face** चट्टान का सामने का लंबाकार फलक; **~ fall** चट्टानों के गिरने की घटना;**~ garden** = rockery शैल उद्यान; **~ing chair** दोलन कुर्सी; **~ing horse** दोलन अश्व, बच्चों का झूलने वाला लकड़ी का घोड़ा /खिलौना/; **~ melon** विलायती खरबूजा; **~ music** = **~ 'n' roll**; **(the) Rock of Gibraltar** 1 दक्षिणी स्पेन में जिब्राल्टर (**Gibraltar**) नगर के पास एक बड़ी-सी चट्टान (cliff) 2 अत्यधिक भरोसेमंद एवं सुरक्षित: the investment in the company is as safe as the Rock of Gibraltar; **~ plant** ऐल्प (Alps) क्षेत्र का पौधा जो चट्टानों या बहुत कम मिट्टी वाले स्थानों पर उगता है; **~ pool** (*US* **tide pool**) समुद्र किनारे खड़ी चट्टानों के बीच जमा होने वाला थोड़ा-बहुत पानी ; **~ prices** निम्नतम दाम; **~ salt** चट्टान के रूप में मिलने वाला सामान्य नमक, खनिज नमक, सैंधव; **~ solid** 1 भरोसेमंद और अटल 2 बहुत सख्त और मजबूत; **~ star** प्रसिद्ध रॉक गायक; **~ switch** बिजली का स्विच जिसके एक सिरे पर दबाने से बत्तियां जल जाती हैं और दूसरे पर दबाने से वे बुझ जाती हैं; **~ wool** तारों पर लपेटने के लिए ऊन जैसा पदार्थ; **the Rocky Mountain States** अमेरिका में Rocky Mountains के क्षेत्र में स्थित आठ प्रांत (states);

p&i: **~ed in security** खतरे का कोई आभास न हो.; **~ the boat** ऐसा काम क. जिससे स्थिति डांवांडोल हो जाए;

be off one's ~er पागल हो.; **build on a ~** मजबूत नींव रखना; **caught/ stuck between a ~ and a hard place** कांध बीच और खोद बीच हो. (*Hr.*), आगे कुआं पीछे खंदक हो.; **firm /solid/ steady as a ~** चट्टान-सा मजबूत; **get one's ~s off watching Kung Fu movies** 1 कंगफू फिल्में देखकर यौनानंद (orgasm) पाना 2 मन-पसंद काम क.; **go/ run upon the ~s** 1 दुर्घटना के कारण बर्बाद हो जा. 2 कठिन बाधा से टकरा जा. 3 दिवालिया पिट जा.; **have ~ in one's head = off one's ~er** दिमाग से पैदल हो., दिमाग का पेंच ढीला हो.; **on the ~s** *colloq.* 1 ठन-ठन गोपाल 2 कठिन स्थिति में, विनाश की कगार पर 3 मात्र बर्फ के साथ (बिना सोडा या पानी के) लिया जाने वाला जाम या पैग; **pile up ~s** पैसा कमाना; **rye on the ~s** बर्फ के साथ व्हिस्की; **see ~s ahead** अपने सामने खतरे को देखना; **the Rock of ages** ईसा मसीह; **the ~ on which we split** झगड़े की जड़

rocket /रौकि\ट/ *US* राःकि\ट/ *n.* 1 अंतरिक्ष में जाने वाला रॉकेट: earth-satellite ~; moon ~; orbital ~; take-off ~; ~ base; ~ site; ~ observation (रॉकेट की मदद से जांच-पड़ताल) 2 युद्ध में इस्तेमाल होने वाला रॉकेट: ballistic/ cosmic ~; ~ warfare; ~ weapons 3 गोला रॉकेट 4 मिसाइल: ~ range 5 *Br.* सख्त डांट-डपट, फटकार, झिड़की 6 भूमध्य-सागरीय क्षेत्र का सलाद पौधा; *v., pt.* **~ed**, *pp* **~ing** 1 रॉकेट की मदद से अंतरिक्ष यान को ऊपर भेजना 2 रॉकेट की रफ्तार से यानी तेजी से ऊपर उठाना या जा. 3 रॉकेट से हमला क. 4 अचानक बहुत तेजी से कीमतों का बढ़ जा. 5 सख्ती से डांटना-डपटना, फटकार लगाना, झिड़कना 6 तेजी से नाम कमाना;

dw/lw: **~eer** /~टिअः/ *n.* रॉकेट विशेषज्ञ, रॉकेट तकनीशियन; **~ry** /~ट्रि/ *n.* रॉकेट-विद्या, रॉकेट-विज्ञान, रॉकेटों की प्रयोग विधि का वैज्ञानिक अध्ययन;

collocations: **~ booster** यान को ऊपर भेजने में प्रारंभिक सहारा लगाने वाला रॉकेट; **~ engine/ ~ motor** रॉकेट इंजन; **~ launcher** रॉकेट दागने वाला संयंत्र; **~ projectile** रॉकेट प्रक्षेपास्त्र, रॉकेट गोला; **~ rail** दिशा देने वाला रॉकेट, दागने वाला रॉकेट; **~ range** वह स्थान जहां रॉकेट के गोलों का परीक्षण किया जाता है; **~ science** (***syn.*** brain surgery); **~ scientist** *stock exchange sl.* बाजार के माध्यम से धन-शोधन करने में माहिर;

p&i: **a spent ~** ऐसा व्यक्ति जिसका सितारा डूब गया हो; **go off the~** (गुस्से आदि से) फट पड़ना, आग बबूला हो जा.; **go up like a ~** आग की लपटों द्वारा आसमान को छूने लगना; **go up like a~ and come down like a stick** रॉकेट की तरह ऊपर जा. और पत्थर की तरह नीचे गिरना; **it's not ~ science** यह मुश्किल काम नहीं

rocklike *see above under* **rock:** ***dw/lw***

rock\ling /रौकलिंग/ *US* राःकलिंग/ *n. pl.* **~lings/ ~ling** उत्तरी अटलांटिक महासागर में पाई जाने वाली मछलियां

rococo /रअकोको/ *n.* भवन-निर्माण शिल्प, फर्नीचर निर्माण, संगीत, कला व साहित्य के क्षेत्र में बरोक (baroque) शैली का विकसित रूप जिसमें अति व्यापक श्रृंगारिकता (ornamentation) पर बल दिया जाता है;

adj. रकोको शैली से संबंधित

rod /रौड/ *US* राःड/*n.* 1 छड़, छड़ी: the parts are connected by an iron ~ 2 सरिया 3 दंड, श्लाका 4 कोड़ा (for whipping) 5 (**the rod**; ***syn.*** punishment) बेंत, डंडा 6 *sl.* छोटा-सा पिस्तौल;

***v.**, pt.* **~ded**, *pp* **~ding** छड़ से नाली साफ क.;

collocations: **~ puppet** हाथ में दस्ताने की तरह पहने जाने वाली कठपुतली;

p&i: **~ breaks no bones** डंडा मार विद्या सार; **~ is the logic of fools** लातों के भूत बातों से नहीं मानते; **have a ~ in pickle** पीटने के लिए कोड़ा तैयार रखना; **hit the ~s** माल गाड़ी से बिना टिकट यात्रा क.; **kiss the ~** अपनी बदकिस्मती से समझौता कर लेना; **make a ~ for one's back** अपने लिए विपत्ति स्वयं बुलाना, अपने लिए खाई खोदना; **rule with a ~ of iron** क्रूरतापूर्वक राज क.; **spare the ~ and spoil the child** (Shakespeare) दंड न देने से बच्चा बिगड़ जाता है

rode /रोड/ *pt.*, '**ride**' का भूतकालिक रूप

rodent /रोडंट/ *n.* कृंतक प्राणि, कुतरने वाला जीव (गिलहरी, चूहा आदि) जिसके अगले दांत तेज होते हैं और वे निरंतर कुतरते रहते हैं;

adj. कृंतक;

dw/lw: **~icide** /रोडेंटिसाइड/ *n.* इन जीवों को मारने वाला पदार्थ, कृंतकनाशी;

collocations: **~ officer** चूहे व अन्य कृंतक प्राणियों को पकड़ने वाला अफसर; **~ ulcer** *med.* मसा

rodeo /रोडिओ/ रोडेओ/ *n., pl.* **~s** 1 एक खेल जिसमें पशु पालक या पाळी (cowboy) के हुनर यानी घुड़सवारी, पशु-प्रबंध आदि का प्रदर्शन किया जाता है 2 इसी प्रकार का मोटरसाइकलिंग आदि प्रदर्शन 3 (***syn.*** round-up) गिनने या गर्म लोहे से दागने के लिए पशुओं को हांककर इकट्ठा करने का कार्य (***syn.*** round-up) 4 (***syn.*** enclosure) बाड़ा

rodomonta\de /रौडअमौंटेड/ रौडअमौंटाःड/ *US* राःडअमांटेड/ राःडअमांटाःड/ *n., Fr. lit.* 1 (bragging) शेखीपूर्ण भाषण 2 हेकड़ी, डींग, शेखीबाजी;

***v.**, pt.* **~ded**, *pp* **~ding** हेकड़ी दिखलाना, शेखी बघारना, डींग मारना;

adj. (**~de**) शेखी-भरा, शेखीबाज;

dw/lw: **~der** *n.* शेखीबाज

roe /रो/ *n.* 1 (*also* hard ~) मछली के अंडे 2 (soft ~) मत्स्यशुक्र 3 (~-deer) *n., pl.* **~s/ roe** हरिणी, मृगिणी;

dw/lw: **~buck** *n.* हरिण, मृग

roentgen/ rontgen (*sometimes* **Roentgen/ Röntgen**) /रंटजन/ रांटजन/ *n.* (*in full* **roentgen unit**) एक्स-रे या गामा-रे की मापन इकाई;

adj. एक्स-रे आविष्कारक विल्हेल्म कोनराड रंटजन (Wilhelm Konrad **Roentgen/ Röntgen**) से संबंधित;

dw/lw: **roentgenography** /रंटजेनॉग्रफि/ *n.* एक्सरे के माध्यम से रेडियोग्रफी क.; **roentgenology** /रंटजेनॉलजि/ *n.* एक्सरे (X-rays) का वैज्ञानिक अध्ययन;

collocations: **roentgen rays** *pl.* एक्स-रेज (X-rays)

roesti/ rösti /रुस्टि/ *n.* आलू की टिक्की जैसा व्यंजन

Roe v Wade /रो वःसस वेड/ अमेरिकी सुप्रीम कोर्ट में एक मुकदमा जिसमें तय किया गया कि अमेरिकी संविधान में गर्भपात (abortion) वैध है

rogation /रोगेशन/ *n. Christ.* याचना;

collocations: **Rogation Day** *Christ.* (*usually* **Rogation Days**) याचना-दिवस; **Rogation Sunday** याचना रविवार

roger /रौजः/ *US* राःजः/ *coarse sl. radio communication* आपका संदेश मिला, मैं सब समझ गया;

***v.**, pt.* **~ed**, *pp* **~ing** स्त्री सहवास क.;

p&i: **~ and over** समझ गया, आगे बताओ!

rogue /रोग/ *n., pl.* **~s** 1 (***syn.*** rascal) दुर्जन, बदमाश व्यक्ति 2(***syn.*** scoundrel) नटखट बालक 3 अड़ियल घोड़ा, व्यक्ति आदि 4 अपने झुंड से अलग होने के कारण पगलाया हुआ जानवर: ~ elephant;

adj. 1 बदमाश 2 दुर्जन, दुष्ट, छलिया: a ~ trader 3 (***syn.*** mischievous) नटखट: play the ~ 4 *plant* कुतृण, कंटक, संकर 5 अड़ियल;

***v.**, pt.* **~d**, *pp* **roguing** फसल से संकर पौधे निकाल बाहर क., निराना;

dw/lw: **~ry** /रोगरि/ *n., pl.* **rogueries** 1 धोखाधड़ी, छल 2

नटखटी शरारत;
collocations: ~ **elephant** 4 अपने झुंड से अलग होने के कारण पगलाया हुआ हाथी, एकचारी हाथी; **~'s gallery** अपराधियों चित्रों का कक्ष, आपराधिक चित्रावली; **~'s Latin** चोरों की गुप्त बोली; ~ **nation** दुष्ट राष्ट्र; **~'s march/ tattoo** शोर-शराबे वाला और बेसुरा संगीत जो रेजिमंट से शर्मनाक ढंग से निकाले जाने वाले सैनिक की खिल्ली उड़ाने के लिए बजाया जाता है

roguish /रोगिश/ *adj.* 1 बेईमान 2 शरारती, धूर्त;
dw/lw: **~ly** /~लि/ *adv.* शरारती तरीके से; **~ness** /~नेस/ *n.* 1 बेईमानी 2 शरारत, धूर्तता

roil /रॉइल/ *v. pt.* **~ed**, *pp* **~ing** 1 पानी को गंदला कर दे. 2 चिढ़ाना;
dw/lw: **~y** /रॉइलि/ *adj.* 1 (*syn.* turbid) गंदला 2 क्रुद्ध 3 चिड़चिड़ा

roister /रॉइस्टः/ *v., pt.* **~ed**, *pp* **~ing** 1 मौज-मस्ती क., रंगरलियां मनाना 2 ऊधम मचाना;
dw/lw: **~er** /रॉइस्टरः/ *n.* 1 रंगरलियां मनाने वाला 2 मस्त-मौजी; **~ing** /रॉइस्टरिंग/ *n.* ऊधम, उपद्रव; **~ing** *adj.* कोलाहलपूर्ण, ऊधमी = **~ous** /रॉइस्टरस/ *adj.* (*syn.* **boisterous**) कोलाहलपूर्ण, ऊधमी

ROK *abbr.* 'Republic of Korea' (कोरिया गणतंत्र) का अंतर्राष्ट्रीय वाहन पंजीकरण कोड (**IVR**)

Roland /रोलंड/ *n., only in the phrase:* **a Roland for an Oliver** अदले का बदला, जैसे को तैसे, ईंट का जवाब पत्थर: give a ~ for an Oliver

role /रोल/ *n.* 1 भूमिका, कार्य, कर्त्तव्य: in her ~ as head of the household; the ~ of television as an educating medium; play a ~; an active/ central/ key/ leading/ major ~ 2 फिल्म में भूमिका: title ~; play the ~ of sb 3 *psychol.* किसी की विशेषता या किसी सामाजिक दायरे में स्थान: sb's ~ as sth; sb's/ sth's ~ in (doing) sth;
dw/lw: **~-play/ ~-playing** *n.* 1 किसी और की भूमिका अपनाने की क्रिया, नकली रूप धारण 2 शिक्षण, प्रशिक्षण या चिकित्सा हेतु काल्पनिक भूमिका अपनाने की क्रिया
collocations: ~ **model** आदर्श, अनुकरणीय व्यक्ति; **~-playing game** काल्पनिक स्थितियों में काल्पनिक पात्रों की भूमिका अदा करने का खेल;
p&i: **play the leading** ~ मुख्य भूमिक अदा क.; **play the** ~ भूमिका निभाना

Rolfing /रौल्फिंग/ *US* राःल्फिंग/ (*also* **structural integration**) *n.* ठीक आसन में बैठने की तकनीक की थेरपी (therapy) द्वारा मांसपेशियों आदि की चिकित्सा

roll /रोल/ *v., pt.* **~ed**, *pp* **~ing** 1 लुढ़कना, लुढ़काना: ~ (sth) across/ around/ over, etc.; the ball **~ed** down the hill 2 (*syn.* move on wheels) चलना, चलाना: **~ed** the dice; the coin **~ed** under the table/ into a hole 3 (*syn.* advance) आगे बढ़ना, तेज चलना 4 भ्रमण क. 5 (*syn.* elapse) बीत जाना: the times gradually **~ed** over 6 *of stars, planets* चक्कर काटना, परिक्रमा क.: planets ~ on their courses 7 (*also* ~ **over**; *syn.* turn) घूमना, फिरना, पहियों आदि पर घुमाना, फिराना: ~ on the ground; **~ed** the trolley across the room 8 (*syn.* wallow) लोटना, लोट-पोट हो.: ~ in the mud 9 (*syn.* reel) डगमगाना, चकराना, (*syn.* sway) लड़खड़ाना, झूमना, झूम कर चलना, हिलाना, झुलाना: the sea slowly **~ed** the ship; ~ in one's gait 10 (*syn.* undulate) लहराना: garden **~ing** down to the river 11 गड़गड़ाना, गरजना: the thunder **~ed** heavily 12 ढोल (a drum) आदि बजाकर या पीटकर कई धीमी, लंबी खिंचती हुई ध्वनि निकालना13 (*syn.* flow) प्रवाहित होना: a river **~s** its waters to the sea 14 के ऊपर से बहना: roll down/ in/ off, etc.; ~ tree-trunks down a hill 15 (*syn.* flatten with roller) बेलन फेरना, बेलना: ~ roller (बेलन) to make the *rotis* 16 बेलनाकार शक्ल में लपेटना, गोला बनाना: **~ed** up the carpet; ~ cotton round a reel 17 अपने आप को किसी कपड़े में लपेटना: ~ oneself up in a blanket 18 बाजू चढ़ाना: ~ up one's sleeves 19 पूरे उतार-चढ़ाव के साथ बोलना, लुंठित उच्चारण क., विशेषकर ध्वनि **'r'** (with a trill): ~ one's r's 20 पूरे उतार-चढ़ाव के साथ सुनाई दे.: the organ **~ed** forth its stately welcome 21 रोलरों या पहिए वाली गाड़ी से चलना या चलाना 22 काम करना शुरू कर दे. 23 आश्चर्यचकित होकर आंखें तरेरना: ~ one's eyes; his eyes **~ed** strangely 24 किसी असहाय (e.g., sb who is drunk or asleep) व्यक्ति को लूट ले. 25 अंकों, आंकड़ों, नवीनतम खबर को पर्दे पर घुमाना: ~ the so-called 'breaking news' on the TV screen 26 विमान आदि से कलाबाजियां करवाना: ~ the fighter plane in the air 27 घूमकर करवट पलट लेना: ~ over the back towards the sun;
n. 1 गोलाकार या बेलनाकार वस्तु 2 धीमी लंबी लुढ़कती-सी आवाज: a ~ of thunder; the ~ of the sea 3 नाम सूची, तालिका, नामावली, हाजिरी-रजिस्टर, उपस्थिति-पंजी: the ~ of honour; call the ~ (हाजिरी ले.): be on a ~; strike off the ~ 4 गड़गड़ाहट: the distant ~ of thunder 5 (*syn.* scroll) खर्रा, कागज आदि का मुट्ठा: thin ~; a ~ of document 6 (*syn.* cylindrical mass) गोल गड्डी: a ~ of bank-notes); a big ~ of bills; I used six **~s** of wallpaper for this room 7 कलाबाजी जैसा शारीरिक अभ्यास: a backward ~ 8 लड़खड़ाहट, जहाज आदि का दोलन: the slow ~ of a ship; he still had a sailor's slight ~ 9 (*syn.* cylinder, roller) बेलन 10 टिकिया, गोली, बत्ती, गोला, पिंड: a ~ of butter, etc. 11 (*syn.* rolling motion) लुढ़काव: have a ~ on the grass 12 प्रवाह (of words) 13 (*syn.* undulation) लहराव, लहराहट, उतार-चढ़ाव: the field had a slight ~ 14 (*syn.* bread ~) बेलनाकार पावरोटी, भरकर मोड़ी हुई रोटी आदि, डबलरोटी: Swiss ~; sausage ~ 15 (*syn.* trill) **'r'** जैसी कंपित ध्वनि: pronounce one's r's with a ~ 16 (*also* **a drum** ~) ड्रम यानी ढोलनुमा बाजे पर तेजी से पैदा होनेवाले स्वर 17 रेत आदि पर लुढ़कने की क्रिया: have a ~ in the sand; a ~ on the grass in the spring sun;
dw/lw: **~-back** *n.* पहले के स्तर पर वापस लाने की क्रिया; **~-bar** *n.* धातु की छड़ जो मोटरगाड़ी के ढांचे को मजबूती देती है; **~-call** *n.* हाजिरी; **~collar** *n.* ऐसी पोशाक जिसका कॉलर वक्र-रूप में मुड़ा होता है; **~ed** /रोल्ड/ *adj.* 1 चादरी, चद्दरी, पत्तरी: ~ed iron; ~ed gold 2 वेल्लित 3 *phon.* लुंठित, लोड़ित; **~er** *see below under separate entry*; **~-film** *n.* रोल-फिल्म, गोलाकार बनाई हुई फिल्म; **rolling** *see below under separate entry*; **~-number** *n.* क्रमांक, रोल नम्बर; **~-mop(s)** *n.* मछली, प्याज, अचार से बना एक व्यंजन; **~neck** *adj.* ऊंचे, मुड़े कॉलर की पोशाक; **~-on** *adj.* गोली वाले ढक्कन वाली बोतल में बंद; **~-on** *n.* 1 गोली वाला सुगंधित स्प्रे 2 (*syn.* elastic) *Br.* औरतों की लचकदार पेटी; **~-out** *n.* विमान आदि के पहले मॉडल का प्रदर्शन; **~-over** *n.* 1 ऋण की किश्त के भुगतान का स्थगन 2 लॉटरी आदि में इनाम के भुगतान का अगले सप्ताह या माह तक स्थगन 3 दुर्घटना के समय कार आदि का उलटने की क्रिया; **~-top-desk** *n.* मुड़ने वाले शिखर वाली मेज; **~-up** *n.* 1 तंबाकू को लपेटकर बनाई जाने वाली सिगरेट 2 *Austral.* (*syn.* turnout) उपस्थित लोगों की संख्या;
collocations: **~ed gold** चादरी या पत्तरी सोना; ~ **number** रोल नंबर; ~ **of honour** सम्मान सूची; **~-on/ ~-off a ship** (*abbr.* **ro-ro**) एक तरफ से गाड़ी चलाकर अंदर लाने और दूसरी तरफ से उसे बाहर निकलने वाले दरवाजों वाला जहाज;
master of the ~s अदालत के पुराने कागजात का रखवाला;
p&i: ~ **along** जाना; ~ **around/ about** बेतहाशा हंसना; ~ **away** 1 दूर चले जाना 2 बिखर जा.; ~ **back** पहले स्तर तक नीचे

ले आना, पीछे हटना; ~ **by** पास से गुजर जा.: years ~ed by uneventfully; ~ by/ on/ past; the weeks ~ed by; **~ed into one** जब एक ही व्यक्ति ने कई टोपियां पहनी हों; **~ down** हत्थे से घुमाकर खोलना; **~ in** 1 अत्यधिक मात्रा में मिलना, प्राप्त हो. 2 किसी स्थान पर बिना किसी हड़बड़ाहट के देर से आना ; **~ing in the aisles** ठहाके लगाकर हंसना; **~ in money** बेतहाशा पैसा हो.; **~ in luxury** ऐशो-आराम में डूबा हो.; **~ed into one** 1 लपेटकर एक बनाया हुआ 2 मिश्रित, मिलाकर एक बनाया हुआ; **~ logs for sb** किसी के लिए कठिन काम क.; **~ my logs and I will ~ yours = you scratch my back I will scratch yours** तू मेरी डफली बजा, मैं तेरा राग अलापूं; **~ on** 1 धीरे-धीरे गुजर जा. 2 अच्छे दिन जल्दी आना: ~ on the holidays!; **~ one's R's** अक्षर 'र' आदि उच्चरित करते समय जीभ को पीछे मोड़कर गोलाकार चलाकर बोलना; **~ one's sleeves up** लड़ने के लिए तैयार हो., कोई काम करने के लिए कमर कसना; **~ out** 1 समतल कर दे 2 लंबा खींच दे.: ~ out a song/ speech; **~ out** 1 किसी चीज पर कुछ चलाकर समतल क. 2 (***syn.*** launch) नया माल बाजार में उतारना; **~ over** 1 उलटना 2 दूसरी तरफ मुड़ना 3 लौटरी का इनाम किसी को भी न मिलने पर अगले सप्ताह तक टाल दे.: the jackpot might ~ over three times in one year; ~ sth over *econ.* (ऋण भुगतान अगली छमाही आदि तक टाल दे.); **~ sb over** किसी को आसानी से हरा दे.; **~ round** पुनः लौट आना; **~ sth down** 1 हत्था घुमाकर कुछ खोलना: ~ down the car window 2 कपड़े के लिपटे थान या पोशाक के किसी भाग को पूरा खोलकर रखना: ~ down one's sleeves; **~ sth up** हत्थे को घुमाकर बंद क.; **~ up** 1 आना 2 *colloq.* बड़ी संख्या में आना 3 खिड़की का शटर ऊपर क.; **~ up one's sleeves** कोई काम करने या लड़ने के लिए तैयार हो.; **~ up with the punches** 1 मुक्केबाज द्वारा अपने प्रतिद्वंद्वी के वार से बचने के लिए अपने शरीर को मुक्के की दिशा में पीछे हटाना 2 नकारात्मक बात का विरोध न क.;

a ~ in the hay *colloq.* यौन क्रिया; **heads will ~** कइयों को खमियाजा भुगतना पड़ेगा, कइयों की गद्दी छिनेगी; **let's ~** कई लोगों के समूह को कोई काम शुरू करने या कहीं जाने का सुझाव देने के लिए प्रयुक्त; **on a ~** *mainly US, colloq.* भाग्य और सफलता कदम चूम रहे हैं; **set/ start the ball ~ing** काम शुरू कर दे.; **strike sb off the ~** रजिस्टर से नाम काटना

roller /रोलः/ *n.* 1 रोलर (बाल लपेटने के लिए), बेलन 2 (***syn.*** crusher) बेलन-दलित्र: road ~ 3 बेलना, लोढ़ा, बट्टा 4 बड़ी लहर, उत्ताल तरंग: huge Atlantic **~s** crashed on to embankments 5 मशीन या मशीन बैल्ट चलाने के पहिए 6 बालों को लहरदार बनाने के लिए बाल लपेटने की ट्यूब 7 नीलकंठ: Indian ~;

dw/lw: **~ball** *n.* एक प्रकार का बॉल-पुआइंट पैन 2 = trackball; **~-bearing** *n.* बेलन-धारक; **~blade** *v. pt.* ~bladed, *pp* ~blading स्केटिंग के जूते पहनकर चलना; **Rollerblades** /रोलःब्लेड्स/ *n., [pl.] trademark* (*also* **in-line skates**) स्केटिंग करने वाले विशेष प्रकार के जूते जिनमें पहियों की सिर्फ एक लाइन होती है; **~-shutter** *n.* लिपटवां या मुड़वां किवाड़ या कपाट; (*also* **~-bandage**) सिलंडर में रखी गोलाकार लपटी पट्टी;

collocations: **~ blind** ऊपर-नीचे लपेटा जाने वाला खिड़की का पर्दा; **~ coaster** 1 एक प्रकार की ट्रेन जो तेजी से नीचे जाकर फिर ऊपर चढ़ जाती है 2 तेजी से बदलती स्थिति; **~ hockey** स्केटिंग के जूते पहनकर खेली जाने वाली हॉकी; **~ mill** लोहे की गोलाकार रूप में एकत्रित चादरें बनानेवाला मशीन; **~ skate** स्केटिंग करने वाले विशेष प्रकार के जूते; **~ skating** रोलर स्केटिंग; **~ towel** घूमने वाले बेलन पर टंगा तौलिया

rollick /रौलिक/ *v., pt.* **~ed**, *pp* **~ing** आमोद-प्रमोद क., कुदकना-फुदकना;

n. आमोद-प्रमोद, कलोल, उछल-कूद;

adj. आमोद-प्रमोद भरा;

dw/lw: **~ing** /रौलिकिंग/ *adj.* 1 मौज-मस्ती और कोलाहल-भरा: have a ~ing time 2 (***syn.*** exuberant) प्रफुल्ल, हंसमुख, जिंदादिल;

n. किसी गलत काम की घोर आलोचना

rolling /रोलिंग/ *adj.* 1 ढलानदार, ऊबड़-खाबड़: ~ ground 2 लुढ़कने वाला, घूमने वाला 3 बार-बार होने या आने वाला 4 पहियेदार 5 रुक-रुककर होने वाला: a ~ programme of reforms;

collocations: **~ crawl** चक्रदार तैराकी; **~ kitchen** *milit.* घूमता-फिरता रसोई; **~ mill** रोलिंग मिल, बेलनी मिल; **~ pin** बेलन; **~ seasons** बार-बार आने वाली ऋतुएं; **~ stock** रेलवे के सभी पहिएदार डिब्बे, इंजन आदि, रेलयान; **~ stone** 1 लुढ़कता पत्थर, घुमंतू: a ~ stone gathers no moss 2 *fig.* उठल्लू चूल्हा;

p&i: **~ in the ailes** हंसते-हंसते पसलियों में बल पड़ना

a rolling stone gathers no moss सदा फिसलते रहने वालों को कुछ नहीं मिलता, धोबी का कुत्ता न घर का न घाट का;

roly-poly /रोलि-पोलि/ *adj.* (***syn.*** plump) गोल-मटोल;

n., pl. **roly-polies** (*also* **~ pudding**) एक तरह की मिठाई, पुडिंग

ROM *abbr., comput.* 'read-only memory' की प्रथमाक्षरी

rom/ Rom /रौम/ *US* राःम/ (*also* **roma**, *pl.* **romas**) *n.* 1 घुमंतू कबीले 2 (***syn*** gypsy) जिप्सी, बंजारे

rom. *abbr., print.* रोमन टाइप

(the) Roma /रोमा/ (*also* **Romany people**) *n.* घुमंतू लोग, जिप्सी, बंजारे

Romaic /रोमेइक/ *n.* नव-यूनानी भाषा;

adj. नव-यूनानी

romaika /रोमेइका/ *n.* आधुनिक यूनानी लोक नृत्य

romaine /रोमेन/ *n.* = cos lettuce एक प्रकार का सलाद पत्ता

Roman /रोमन/ *adj.* 1 इटली की राजधानी रोम संबंधी 2 प्राचीन या आधुनिक रोम, रोमन साम्राज्य के समय की कला, साहित्य, संस्कृति, रोम-निवासियों आदि से संबंधित: ~ calendar; ~ type/ letters; ~ nose 3 रोमन कैथोलिक चर्च से संबंधित;

n. प्राचीन रोम वासी;

collocations: **~ alphabet** प्राचीन रोमवासियों द्वारा विकसित लातीनी वर्णमाला जो आधुनिक काल में अंग्रेजी सहित बहुत सारी यूरोपीय भाषाओं की लिपि बन गई है; **~ Catholic** (*abbr.* **RC**) पोप के नेतृत्व में चलने वाली ईसाई धर्म की शाखा; **~ Catholicism** रोमन कैथोलिकवाद; **~ Empire** *hist.* ईस्वी से 31 वर्ष पूर्व आगसतस (Augustus) द्वारा स्थापित रोम का साम्राज्य जो चारसौवीं शताब्दी ईस्वी में दो भागों यानी पूर्वी रोमन साम्राज्य (Eastern Roman Empire) और पश्चिमी रोमन साम्राज्य (Western Roman Empire) में बंट गया; **~ holiday** ऐसी घटना या ऐसा अवसर जब दसरों के दुख-दर्द में मजा लिया जाता है; **~ nose** बाज की चोंच जैसी नाक; **~ numeral** (*often* **~ numerals**) रोमन संख्याएं (1, II, III, IV, V ... आदि)

roman-a-clef /रोमां आ क्ले/ *n., pl.* **romans-a-clef** जीवन से लिए गए वास्तविक लोगों पर आधारित परिवर्तित नामों वाला उपन्यास

Romance /रोमैंस/*adj* लातीनी भाषा से विकसित हुई फ्रांसीसी, स्पेनी, पुर्तगाली, इतालवी, रोमानियायी आदि भाषाओं से संबंधित: ~ languages; (**Romance**) रोमैंस भाषाओं संबंधित: Spanish is a ~ language; ~ nations; ~ culture; Department of Romance Studies;

n. फ्रांस, स्पेन, पुर्तगाल, इटली, रोमानिया आदि रोमांस देशों में लातीनी भाषा से विकसित हुई फ्रांसीसी, स्पेनी, पुर्तगाली, इतालवी, रोमानियायी आदि भाषाओं का समूह: be deeply read in **~s**

romance /रोमैंस/ *n.* 1 प्रेम संबंध: the ~ of youth; a whirlwind ~ 2 भावना-प्रधान प्रेम कथा जिसमें आदर्शवादी प्रेम, रोमांस, सौंदर्य, शुद्धता एवं एक दूसरे के प्रति वफादारी आदि विशेषताएं छाई रहती हैं

3 भावना-प्रधान प्रेम का वातावरण, रस और रंग: his whole life is a ~ 4 रोमांचक घटना: the ~ of travel; our meeting was quite a ~ 5 भावना-प्रधान प्रेम का भावुकतापूर्ण चित्रण या वर्णन: a reader of **~s** 6 काल्पनिक कहानी जिनमें रहस्यमय पात्रों, घटनाओं, स्थानों आदि का चित्रण होता है 7 (***syn.*** medieval tale) मध्यकालीन पद्यात्मक कथा (कविता) जिसमें शौर्य, अति आदर्शवादी प्रेम और विलक्षण व रोमांचक घटनाओं का वर्णन रहता है 8 *music* अनौपचारिक वीर-कथा जैसा एक संगीत का छोटा-सा टुकड़ा, रोमांसपूर्ण संगीत रचना, गीतिका 9 बढ़ा-चढ़ाकर किया गया वर्णन, अत्युक्ति या अतिरंजना: this is ~, I don't believe a word of it; be apt to ~ 10 रोमांसवादी साहित्य, प्रेम कथा, प्रेमाख्यान: historical/ modern ~;

v.*, pt.* **~d**, *pp* **romancing** 1 किसी का प्रेम पाने की कोशिश क. 2 रोमांचक ढंग से बातें क. 3 बढ़ा-चढ़ा कर बातें क., अतिरंजना क., झूठ बोलना;

adj. अतिरंजित;

dw/lw: **~r** /रोमैंसः/ *n.* 1 रोमांसवादी 2 प्रेमाख्यानकार, कल्पित लेखक 3 (***syn.*** fantastic liar) गपोड़िया, गपोड़बाज; **romancing** *n.* 1 प्रेम प्रपंच 2 रोमांस लेखन 3 रोमांसकार; **romancing** *adj.* प्रेम करने वाला; **romancical** /रोमैंसिकल/ *adj.* रोमांचवादी साहित्य से संबंधित; **romancist** /रोमैंसिस्ट/ *n.* भावुकतावादी उपन्यासों का लेखक

romanes /रॉमअनेस/ *n.* रोमा या बंजारों की भाषा (*see also* **Romany**)

Romanesque /रोमअनेस्क/ *adj.* 1 नौवीं से बारहवीं सदियों के बीच पश्चिमी और दक्षिणी यूरोप में पाई जाने वाली भवन-निर्माण शिल्प की एक शैली से संबंधित: the later ~ period 2 इसी काल की मूर्तिकला और चित्रकला की शैली

roman-fleuve /रोमां फलेव/ (*also* **river novel**) *n., pl.* **romansfleuves** /रोमां फलाःव/ ऐसे उपन्यासों की कड़ी जो एक दूसरे से स्वतंत्र होते हुए भी एक दूसरे से जुड़े होते हैं क्योंकि उनके पात्र एक के बाद दूसरे उपन्यास में दोहराए जाते हैं, उदाहरणतः जॉन गॉल्सवर्दी (John Galsworthy) का उपन्यास *Forsyte Saga* (1906-28)

Romanian /रोमेनिअन/ **Rumanian**/ **Roumanian** *adj.* रोमानिआई गणतंत्र से संबंधित

Romanic /रोमैनिक/ *adj.* 1 रोमांस भाषाओं संबंधित 2 रोमांस भाषाएं

Romanism /रोमैनिज्म/ *n.* 1 कैथोलिकवाद 2 प्राचीन रोम के विचार, प्रभाव आदि

Romanist /रोमैनिस्ट/ *n.* 1 रोमन कैथोलिक 2 रोमन कैथोलिकवादी 3 रोमांस (फ्रांसीसी, स्पेनी, पुर्तगाली, इतालवी, रोमानियायी आदि) भाषाओं का विद्वान

Romani\ze/ **Romani\se** /रोमअनाइज/ *v., pt.* **~zed**, *pp* **~zing** ***1*** समारोह को रोमन कैथोलिक रूप दे. 2 किसी को रोमन कैथोलिक बनाना 3 रोमन कैथोलिक बनना 4 (***syn.*** transcribe) दूसरी भाषाओं की लिपि के शब्दों को रोमन लिपि में बदलना

Romano- *comb. form, signifying:* **Roman** (रोमन)

romantic /रोमैंटिक/ *adj.* 1 प्रेम संबंधी 2 प्रेमकथात्मक 3 काल्पनिक, अव्यावहारिक 4 रोमांचक, रहस्यमय व भावुकतावादी प्रेम से संबंधित 5 (***syn.*** related to love) रोमानी, भावुक, कल्पना प्रधान 6 (***syn.*** fictitious) मनगढ़ंत, कल्पित 7 (*often* **Romantic**) *lit., art, music, etc.* स्वच्छंदतावादी: ~ poetry;

n. अव्यावहारिक, रोमानी, रहस्यमय व भावुक व्यक्ति;

dw/lw: **~ally** /रोमैंटिकलि/ *adv.* 1 रोमानी तरीके से 2 रोमांचक ढंग से; **~ism** /रोमैंटिसिज्म/ *n.* 1 स्वच्छंदतावाद 2 स्वच्छंद आचरण, रोमानी व्यवहार; **~ist** /रोमैंटिसिस्ट/ *n.* स्वच्छंदतावादी; **~ize** (*also UK* ***-ise***) /रोमैंटिसाइज/ *v., pt.* ~ized, *pp* ~izing 1 रोमानी बनाना, रोमानी रंग चढ़ाना 2 रोमांचक बनाना; **~ization** /रोमैंटिसाइजेशन/ *n.* रोमानीकरण, रोमांचकरण, रहस्यकरण;

collocations: **~ period** 18वीं सदी का अंत व 19वीं सदी का प्रारंभिक काल जिसमें स्वच्छंदतावाद फला-फूला और पनपा

Romany/ **Romani** /रोमअनि/ (*also* **Romanes**) *n., pl.* **Romanies**/ **Romanis** 1 (***syn.*** gypsy) बंजारा लोग 2 जिप्सी यानी बंजारों की भाषा 2 रोमणी (language);

adj. रोमाओं की, बंजारों की

Rome /रोम/ *n.* इटली की राजधानी रोम;

p&i: **~ was not built in a day** सभी बड़े कार्य धीरे-धीरे होते हैं, बूंद-बूंद से घड़ा भरता है;

fiddle while ~ burns घोर जन विपदा के समय राजा द्वारा वायलन बजाने या कविताएं लिखने जैसे हास्यस्पद कार्य क.; **go over to ~** कैथोलिक धर्म स्वीकार क.; **when in ~, do as the Romans do** जैसा देस, वैसा भेस; गंगा गए गंगाराम, जमना गए जमनादास

Romeo /रोमिओ/ *n., pl.* **Romeos** (from Shakespeare's ***Romeo and Juliet***) 1 एक ज्वलंत युवा प्रेमी 2 लंपट 3 *commun.* नाटो (NATO) की संचार प्रणाली में अक्षर 'R' का द्योतक

Romish /रोमिश/ *adj., derog.* रोमन कैथोलिक

romp /रौंप/ *US* रांप/*v., pt.* **~ed**, *pp* **~ing** 1 खूब उछल-कूद क. 2 कलोल क. 3 (*usually* **~ in**/ **home, etc.**) *colloq.* दौड़ या मुकाबला जीतना 4 (*usually* **~ through sth**) *colloq.* किसी कार्य को जल्दी और आसानी से कर ले.;

n. 1 कोलाहलपूर्ण उछल-कूद, कलोल 2 सैर-सपाटा 3 तेज चाल 4 मुकाबले या खेल की बाजी में आसान जीत;

dw/lw: **~er** /रौंपः/ *US* रांपः/ *n.* उछल-कूद मचाने वाला; **~ers** /रौंपःज/ *US* रांपःज/ *n., pl.* (*also* **~er suit**) *formerly* छोटे बच्चों की एक पोशाक में सिले आधी टांगों की पैंट और छोटा कमीज; **~ing** /रौंपिंग/ *adj.* कोलाहलपूर्ण, चीख-चिल्लाहटपूर्ण; **~ingly** /रौंपिंगलि/ *US* रांपिंगलि/ *adv* शोर-शराबे के साथ; **~ish** /रौंपिश/ *US* रांपिश/ *adj.* = **~ing**;

p&i: **~ away/ahead/ home = ~ through** द्रुत गति से आगे बढ़ना या जीत लेना;

rondavel /रोंडावेल/ *n.* दक्षिण अफ्रीका में गोलाकार छत वाली झोंपड़ी, कुटीर

rondeau /रौंडो/ *US* रांडो/ *n., pl.* **rondeaux** /रौंडोज/ तेरह पंक्तियों की कविता जिसमें पहली पंक्ति आठवीं और तेरहवीं पंक्ति के बाद टेक के रूप में प्रयुक्त होती है

rondel /रौंडेल/ *US* रांडेल/ *n.* **rondeau** की एक प्रकार

rondure /रौंड्युअः/ *US*/रांड्युअः/ *n.* गोलाकार या गोल वस्तु

röntgen, **röntgenography**/ **röntgenology** *see above under* **roentgen**, **roentgenography**, **roentgenology**

roo /रू/ *n., Austral. colloq.* kangaroo का छोटा रूप

roo-bar (*also* **rhino bar**/ **bull bar**) *n., Austral. colloq.* कंगारू आदि के साथ टक्कर से सुरक्षा प्रदान करने के लिए कार के आगे लगाई जाने वाली सुरक्षात्मक छड़

rood /रूड/ *n.* चर्च (church) के दरवाजे पर लगाया जाने वाला लकड़ी आदि का बड़ा-सा सूली-चिह्न, क्रॉस (cross)

roof /रूफ/ *n., pl.* **~s** 1 घर की छत: flat/ terraced ~ 2 छप्पर 3 (***syn.*** cover) छाजन 4 (***syn.*** top) शिखर, शिखरतम स्तर: the ~ of the world 5 छत के नीचे का ढांचा 6 सिर ढकने को छत, घर: a ~ over one's head; two families under the same ~ 7 गाड़ी की छत 8 (***syn.*** ceiling) छत की निचली यानी अंदर की ओर की सतह 9 भट्ठी, रेफ्रिजिरेटर, गुफा आदि की छत 10 (*usually* **~ of the mouth**) तालू 11 मेहराब, चाप: the ~ of heaven;

v.*, pt.* **~ed**, *pp* **~ing** 1 छत, छप्पर या छाजन डालना: the cottage is **~ed** with tiles 2 ओट, आड़ या सुरक्षा प्रदान क.: a strange kind of a hat **~ed** his head 3 छत या शरण का काम क.;

dw/lw: **~age** /रूफिज/ *n.* 1 छत का सामान 2 छत की डलाई; **~ed** /रूफ्ड/ *adj.* छत से ढका; **~er** /रूफः/ *n.* छतें बनाने या उनकी मरम्मत करने वाला कारीगर, छत मिस्त्री; **~ing** /रूफिंग/ *n.* 1 छत

का सामान 2 छत डालने की क्रिया; **~less** /रूफलेस/ *adj.* बेघर; **~-rack** /रूफ-रैक/ *n.* कार की छत पर सामान रखने का ढांचा, लगेज कैरियर; **~top** *n.* छत का ऊपरी भाग: a ~top swimming pool; **~truss** *n.* छत-कैंची;
collocations: **~ garden** छत पर बनाया जाने वाला बगीचा; **~top swimming pool** छत पर बनाया जाने वाला तरणताल; **~ tree** 1 छत को सहारा देने वाला खंभा 2 छत; **~ of the mouth** तालु; **~ of the world** दुनिया के ऊपर उठते शिखर; **~ rack** कार की छत पर लगा सामान रखने का ढांचा;
p&i: **~ over one's head** सर छिपाने के लिए स्थान;
go through the ~ कीमतों आदि का बहुत ज्यादा बढ़ जा.; **have a ~ over one's head** सिर ढकने के लिए छत हो., रहने के लिए घर हो.; **hit the ~** क्रोध में चिल्लाना; **live under one/ same ~** एक ही घर में रहना; **raise the ~** *colloq.* खूब हो-हल्ला क., बखेड़ा क.; **shout it from the ~tops** किसी बात को जगजाहिर करते हुए खूब शोर क.; **under one's ~** अपने घर में; **under the same ~** एक ही छत के तले, एक ही घर में;

rooinek /रोइनेक/ *n., S. Afr. jocular or derog. sl.* अंग्रेजी भाषी ब्रिटिश या दक्षिण अफ्रीकी व्यक्ति

rook /रूक/ *n.* 1 एक प्रकार की काले रंग की यूरोपीय चिड़िया 2 कौआ 3 (***syn.*** swindler) धोखेबाज 4 हाथी, रुख, किश्ती (in chess);
v., *pt.* **~ed**, *pp* **~ing** 1 धोखेबाजी क., ठगना 2 मूंड़ना: ~ somebody;
dw/lw: **~ery** /रुकरि/ *n., pl.* ~eries 1 कौओं, पेंग्विनों या अन्य समुद्री जीवों का अड्डा, काक-बसेरा 2 गंदी बस्ती

rookie/ rooky /रूकि/ *n., pl.* **rookies** *colloq. US sl.* 1 नौसिखिया, अनाड़ी 2 नया रंगरूट 3 *sport, mainly N. Amer.* टीम का नया सदस्य, जो पहली बार किसी बड़े खेल में भाग ले रहा हो

room /रूम/ *n.* 1 कमरा, कोठरी: naked ~ (बिना फर्नीचर का कमरा); leave/ make ~ 2 कक्ष: consulting ~; strong ~; dining-~; bed~; changing ~; chat ~; drawing ~; dressing ~; emergency ~; living ~ (शयन कक्ष); locker ~; men's ~; operating ~ = operation theatre; sitting ~; waiting ~ 3 जगह, स्थान: there is plenty of ~ here; make/ give ~ for sb/ sth; elbow ~; shelf ~ 4 (**rooms**) किराये के कमरे, आवास: returned to his **~s** at Oxford; take up ~; ~ for sb/ sth 5 कमरे में उपस्थित लोग: he set the ~ in a roar; the ~ suddenly became silent 6 मौका, अवसर, खाली स्थान: no ~ to turn in/ no ~ to move 7 संभावना, गुंजाइश: ~ for sth (कुछ करने या होने की गुंजाइश) there is no ~ for improvement; there is no ~ for dispute; there is no ~ for doubt 8 कारण: no ~ to deny oneself; there is no ~ left for complaint;
v., *pt.* **~ed**, *pp* **~ing** 1 निवास क., रहना: ~ with sb *US* (किसी के साथ र.) 2 कमरे पर कब्जा रखना.;
dw/lw: **~age** /रूमिज/ *n., US* स्थान, क्षेत्र; **~-divider** *n.* कमरे को दो भागों में बांटने वाली छोटी लोहे की दीवार; **~er** /रूमः/ *n.* किराए पर रहने वाला, किराएदार; **~ette** /रूमेट/ *n., N. Amer.* रेल गाड़ी के शयनयान में कुपे (coupe); **~-fellow** *n.* कमरा साथी, कमरे साथ रहने वाला; **~ful** *n.* भरा कमरा, बड़ी संख्या में लोग या वस्तुएं: a ~ful of people; **roomie** *n.* = **room-mate**; **~iness** /रूमिनेस/ *n.* स्थान-सक्षमता, पर्याप्त स्थान की संभावना; **~mate** /रूममेट/ *n.* 1 एक कमरे में साथ रहने वाला व्यक्ति 2 *US* (*UK* **house-mate/ flat-mate**) घर में साथ रहने वाला व्यक्ति; **~-ridden** *adj.* (रोगी के बारे में) कमरे में बंद; **~y** /रूमी/ *adj., degr.* ~ier, ~iest (***syn.*** spacious, ~some) काफी बड़ा, खुला, लंबा-चौड़ा, विस्तृत: the house is quite ~y;
collocations: **~ and boarding house** फर्नीचर से सजा घर; **~-and-pillar system** कमरा-खंभा प्रणाली; **~ing house** ऐसा भवन जहां फर्नीचर से सज्जित कमरे किराये पर मिलते है.; **~ service** होटल के कमरे में खाना-पीना देने का प्रबंध; **~ temperature** सामान्य (कमरे का) तापमान;
a naked room बिना फर्नीचर का (असज्जित) कक्ष; **green ~** कलाकारों, अदाकारों के लिए आराम कक्ष; **a strong room** बख्तरबंद कक्ष, तिजौरी, लौकरों आदि का कक्ष;
p&i: **~ at the top** सामाजिक तानाबाने की सीढ़ी की अंतिम पायदान, शिखरतम स्थान पर;
do one's ~ अपना कमरा साफ क.; **enough ~ for sb** किसी के लिए काफी जगह हो.; **his ~ is better than his company** किसी से मिलने की इच्छा न हो.; I **would rather have his ~ than his company** मैं चाहूंगा कि वह चला जाए; **keep one's ~** अपने कमरे से बाहर न निकलना; **leave the ~** *euphemistic* (स्कूल के बच्चों के बारे में) टॉयलेट जा.; **make ~** जगह बनाना या दे.; **no ~ to swing a cat** तिल धरने की भी जगह नहीं; **prefer a man's ~ to his presence/ to his company** किसी से मिलने की अनिच्छा

roorback /रुअःबैक/ *n., US* चुगली, बदनामी

roost /रूस्ट/ *n.* 1 पक्षियों का बसेरा, अड्डा, चक्कस 2 अस्थायी आवास के लिए शयनकक्ष
v., *pt.* **~ed**, *pp* **~ing** 1 बसेरा लेना, अड्डे पर बैठना: take ~/ go to ~ (बसेरा पर आकर बैठना) 2 आराम क. 3 (***syn.*** stay) ठहरना, टिकना 4 (***syn.*** put up) ठहरा ले.;
p&i: **at ~** बिस्तरे में; **curses/ misdeeds come home to ~/ come home to roost** *or* **the chickens have come home to roost** जो दूसरों के लिए खाई खोदता है, खुद उसमें गिरता है; **go to ~** सोने जा.; **rule the ~** सर्वेसर्वा हो., कहीं पर किसी की तूती बोलना

rooster /रूस्टर/ *n.* मुर्गा, पालतू मुर्गा

root /रूट/ *n.* 1 जड़, मूल: ~ vegetable 2 दांत या बाल की जड़: the ~ of a hair/ of a tooth 3 (***syn.*** edible root) मूल, कंद 4 (***syn.*** source) मूल, जड़, मूल कारण: the ~ of the problem 5 आधार 6 (***syn.*** core) तत्त्व, मूल 7 (***syn.*** scion) वंशज 8 (***syn.*** offshoot) प्रशाखा 9 (***syn.*** ancestor, origin) पूर्वज 10 *math.* मूल 11 *gramm.* धातु 12 *music* (***syn.*** harmony) सामंजस्य;
v., *pt.* **~ed**, *pp* **~ing** 1 जड़ जमाना या जड़ पकड़ना (of plant), जड़ों का निकलना: take/ strike ~; ~ in/ into/ to the subsoil; plants ~ freely 2 जमा दे., में लागू कर दे.: ~ a new method of work into the production 3 जड़ क., सुन्न क.: fear **~ed** him to the ground 4 (*usually* **~ sth up/ out**) जड़ों समेत खोद निकालना: ~ away/ ~ out/ ~ up; it's difficult to ~ out caste prejudices 5 (**~ around/ about**) *colloq.* सुअर द्वारा किसी स्थान पर थूथन से खोदकर भोजन ढूंढना 6 [**~ sth out/ up** (*also* **root/ rootle/ rout** /रूट, रूटल, राउट/)] 6.1 थूथन से मिट्टी खोदना या कुरेदना (of swine) 6.2 (***syn.*** rummage) छान डालना, किसी चीज को ढूंढना और खोज निकालना: ~ about in a drawer/ among the things 7 खेल के मुकाबले में किसी टीम की वाहवाही क., उसे उत्साहित क.;
dw/lw: **~age** /रूटिज/ *n.* जड़ें; **~ed** *adj.* 1 जड़ों द्वारा जमाया हुआ 2 पक्की तरह जमा हुआ, गहरा: deeply ~ed 3 किसी स्रोत में जड़ें हो., का स्रोत हो.: sb's mental problems are deeply ~ed in his/ her childhood experiences 4 एक स्थान से चिपका हुआ: be ~ed to one's chair all day long 5 *Austral.* थक के चूर 6 *Austral.* टूट-फूटकर जर्जर बना हुआ 7 जड़वत्, बद्धमूल; **~bound** *adj.* = **pot-bound** गमले में उगाए पौधे की जड़ें अत्यधिक फैलकर अवरुद्ध बनी हुई; **~edness** *n.* सड़न, भ्रष्टाचार; **~er** *n.* (***syn.*** supporter) किसी टीम का कट्टर समर्थक; **~less** *adj.* 1 बिना जड़ या जड़ों वाला, जड़हीन 2 जिसका किसी स्थान से संबंध या लगाव न हो; **~let** *n.* मूलिका, छोटी-सी जड़; **~s** /रूट्स/ *adj. n., [pl.]* व्यक्ति की मूल स्रोत; **~-stalk** *n.* प्रकंद; **~-stock** *n., bot.* 1 भूमिगत तना 2 जिस तने पर दूसरे तने की कलम चढ़ा दी

गई है 3 (*syn.* rhizome) प्रकंद 4 (*syn.* source) मूल-स्रोत; **~sy** /रुटसि/ *adj.* किसी प्रजाति की मूल संस्कृति से प्रभावित संगीत से संबंधित; **~-system** *n.* मूलतंत्र;

collocations: **~ and branch** पूर्णतया, पूरी तरह से, जड़ से (खत्म क. आदि): he got rid of his enemies ~ and branch; **~ beer** *N. Amer., esp. US* कुछ पौधों की जड़ों से बनी और जड़ी-बूटियों के जायके और सुगंध वाली बीयर; **~ canal** ऐसा छेद जिस में से दांत के तंतु व रक्त वाहिकाएं दांत की मांसल गुहिका भित्ति में घुसती हैं; **~ cause** मूल या मुख्य कारण; **~ climber** ऐसा पौधा जो उसके तने पर उगने वाली जड़ों के सहारे ऊपर बढ़ता है; **~ crop** जड़ों के रूप में पैदावार देने वाली फसलें; **~ directory** *comput.* ऐसी फाइल जिसमें सारे प्रोग्रामों या प्रणालियों की फाइलें समाहित हो ; **~ idea** मूल विचार; **~ knot** मूल गांठ; **~ principle** मूल सिद्धांत;

square ~ वर्गमूल; **~ vegetable** ऐसी सब्जी जिसमें खाद्य जड़ें होती हैं; **cube ~** घनमूल;

p&i: **~ed to the spot** कहीं पर जमकर सुन्न बना हुआ; **~ for sb** खेल के समय किसी टीम या खिलाड़ी का उत्साह बढ़ाना, समर्थन क.; **~, hog, or die** कोल्हू के बैल की तरह मेहनत करो, अन्यथा बर्बाद हो जाओगे; **~s of race conflicts** नस्लवादी झगड़ों की जड़ें; **~ sb to sth** किसी को डर या सदमा के मारे सुन्न कर दे.; **~ sth/ sb out** जड़ से उखाड़ फेंकना; **~ through** किसी चीज को ढूंढते हुए कमरे को अस्त-व्यस्त कर दे.; **~ up/ ~out** जड़ उखाड़ना, उन्मूलन क., मिटाना;

at (the) **~** असल में, वास्तव में; **be rooted in sth** में पैदा हो., में जड़ें हो.; **blush to the ~s of one's hair** बुरी तरह झेंप जा.; **get to the ~ of sth** किसी समस्या की जड़ या तह तक पहुंचना; **go back to one's ~s** अपने उद्गम स्रोत (गांव आदि) को लौटना; **lay axe to ~ = pull/ dig by ~** जड़ से उखाड़ना; **put down ~s** किसी नए स्थान पर जड़ें जमाना; **strike at the ~ of sth** किसी बुराई या समस्या की जड़ को निकालना; **strike/ take ~** जड़ें जमाना; **the ~ cause** मूल कारण; **the ~ of all evil** सारी बुराई की जड़; **the ~ of the matter** मामले का असली मुद्दा या सार;

rootin tootin /रूटिन टूटिन/ *adj.* उत्साही, प्रसन्न एवं जीवंत;

rope /रोप/ *n.* 1 रस्सा, रस्सी, रज्जु: hemp ~; guide ~; a ~ of hair; ~ transmission; skipping ~ 2 रस्सी की लंबाई 3 (**the ~**) फांसी का फंदा 4 कमंद, फांसा 5 लड़ी (number of objects on a string) 6 तार (in liquid) 7 (**the ~s**) क्रिकेट आदि के मैदान की सीमा रेखा दर्शाने वाली रस्सी 8 कपड़े टांगने की रस्सी: hang the washing on the ~;

adj. रस्सी का, के, की: a ~ ladder; ~ soles

v., *pt.* **~d**, *pp* **roping** 1 रस्से से बांधना: ~ sth on to sth 2 रस्सी से घेरना 3 (*usually* **~ sth in/ off**) रस्सी से हिस्सों में बांट दे., रस्सी से अंदर या बाहर क. 4 *mountaineering* सुरक्षा के लिए पहाड़ पर चढ़ने वालों को इकट्ठे रस्सी से बांधकर रखना 5 *mainly N. Amer.* (*syn.* lasso) रस्सी से किसी जानवर को पकड़ना 6 लसदार बनना, में तार उठना (become sticky) 7 रस्सी बनाना, रस्सी बाटना;

dw/lw: **ropeable/ ropable** /रोपिएबल/ रोपअबल/ *adj.* 1 जिसे रस्सी से बांधा जा सके 2 *Austral. & NZ sl.* बेहद गुस्से से लाला-पीला, जंगली (घोड़ा आदि) बेकाबू तरीके से क्रुद्ध; **~-dance** *n.* रस्सी-नाच, रज्जु-नृत्य; **~-dancer** *n.* रस्सी पर नाचने वाला, नट, रज्जुनर्तक, कलायन; **~r** /रोपः/ *n.* 1 रज्जु कारीगर 2 रस्सी बाटने वाला 3 *US* कौउबुआए (cowboy), पाळी 4 जौकी (jockey) 5 घुड़दौड़ में जानबूझकर घोड़े को धीमा रखने वाला, जान-बूझकर हारनेवाला 6 (*syn.* strike-breaker, black sheep) घर का भेदी, गंदी मछली; **~-ladder** /रोप-लैडः/ *n.* रस्सी की सीढ़ी, कमंद; **~-trick** *n.* रस्सी से भविष्य बताना या जादू दिखाना; **~-walk** *n., hist.* एक लंबी तंग गली या फैक्टरी जहां रस्सियां बनाई या बाटी जाती हैं; **~-walker** *n.* = **~-dancer**; **~-walking** *n.* = **~-dancing** रज्जु-नृत्य; **~-yarn** *n.* रस्सी बनाने का धागा या सन; **roping-down** *n.* लोहे का खूंटा चट्टान में गाड़कर, उससे रस्सी बांधकर, फिर रस्सी को पकड़कर पैरों को खड़ी चट्टान पर रखते हुए नीचे उतरने की क्रिया; **~way** *n.* 1 केबल रेललाइन 2 रज्जुमार्ग; **ropy, ropey** /रोपि/ *adj., degr.* ropier, ropiest 1 रस्सी-जैसा मजबूत 2 रद्दी किस्म का 3 लसलसा, चिपचिपा;

collocations: **~'s end** *hist.* 1 नाविक को पीटने वाला रस्सी का कोड़ा 2 जल्लाद का फंदा;

p&i: **~ in** 1 रस्सी से पार्टीशन (अलग-अलग) क., घेरना 2 फंसा लेना, अपने साथ कर ले.; **~ off/ ~ out/ ~ round** घेरना, रस्सी से रास्ता बंद क.; **~ sb in/ ~ sb into sth** 1 किसी गतिविधि में शामिल कर लेना 2 फंसा लेना; **~s of sand** 1 रेत की दीवार, बालू की भीत 2 झूठा सहारा; **~ sth off** रस्सी बिछाकर किसी क्षेत्र के एक भाग को दूसरे से अलग क.; **~ up** चट्टान में गड़े खूंटे से रस्सी बांधकर, रस्सी के सहारे पैरों को चट्टान पर रखते हुए ऊपर चढ़ने की क्रिया;

a ~ of sand दिखावे का टिकाऊपन: the alliance fell asunder like a ~ of sand; **at the end of one's ~/ tether** धैर्य खत्म होने की कगार पर हो.; **be on the high ~s** 1 हौसला बुलंदी पर हो 2 हेकड़ी में हो., दंभ की चरम सीमा पर हो.; **fight back to the ~s** आखिरी दम तक मुकाबला क.; **give a fool ~ enough, and he'll hang himself** मूर्ख को दी जाने वाली ज्यादा छूट उसी के गले का फंदा बन जाएगी; **give sb plenty of ~** किसी को काफी छूट या ढील दे.; **know the ~s** 1 किसी कार्य को करने का हुनर आना 2 किसी मामले या कार्य-क्षेत्र की सब चालें-कुचालें जानना; **learn the ~s** = *US* **get on to the ~s** किसी कार्य के सब पहलू, सब छिपे-अनछिपे गुण-अवगुणों का पूरा पता लगा लेना; **loose as a ~ of sand** अत्यधिक धूमिल व लचर; **name not a ~ in his house that hanged himself** जिस घर में किसी ने फांसी लगाई हो उसमें रस्सी की बात नहीं करनी चाहिए; **put sb up to the ~s/ show sb the ~s** किसी को मामले के सब पहलुओं से अवगत कराना; **throw a ~ to sb** मुसीबत की घड़ी में किसी की मदद या समर्थन क.; **with a ~ round one's neck** भयंकर स्थिति में; **work the ~s** 1 अपना काम बेरोक-टोक क., अपना उद्देश्य पूरा क. 2 गुप्त चालों से पैसा कमाना;

ro-ro *adj., n.* (***ro-ros***) 'roll on' की प्रथमाक्षरी

rorqual /रॉःक्वल/ *n.* व्हेल की एक प्रकार, नीलीतिमि

Rorschach test /रॉःशाक टेस्ट/ *n., psychol.* बुद्धि, व्यक्तित्व एवं मानसिक स्तर को परखने के लिए टेस्ट (परीक्षण) जिसके तहत परीक्षार्थी को मानक प्रकार के स्याही के धब्बों की व्याख्या करनी होती है

rort /रोःट/ *n., Austral. sl.* 1 चाल, ठगी 2 शोर-गुल वाली पार्टी;

v., *pt.* **~ed**, *pp* **~ing** 1 चिल्ला-चिल्लाकर विरोध क. 2 ठगी क.;

dw/lw: **~er** *n.* 1 ठग 2 चिल्ला-चिल्लाकर विरोध करने वाला; **~ing** *n.* 1 ठगी 2 शोर-गुल वाली पार्टी; **~y** /रोःटि/ *adj.* 1 जीवंत व मजेदार 2 शोर-गुल वाली

rosace /रोजेस/ *n., arch.* 1 चक्राकार खिड़की 2 गुलाब के आकार का गहना

rosa\ceous /रोजेशिअस/ *adj.* गुलाब जैसा, गुलाबी;

dw/lw: **~rian** /रोजेरिअन/ *n.* गुलाब उगाने वाला; **~rium** /रोजेरिअम/ *n., pl.* ~riums/ ~ria गुलाब-उद्यान

rosary /रोजरि/ *n., pl.* **rosaries** 1 (**the rosary**) सुमिरनी, जपमाला, प्रार्थना-माला 2 गुलाब-क्यारी, गुलाब-उद्यान;

p&i: **tell one's ~** (चर्च आदि में) सुमरनी जपना

rose /रोज/ *n.* 1 गुलाब की झाड़ी या पौधा: the ~s in the garden have grown green 2 गुलाब का फूल, पाटल: path strewn with **~s** 3 इंगलैंड का राष्ट्रीय चिह्न 4 (*also* **~ pink**) गुलाबी रंग, पाटलक: the ~ of sunset 5 (**roses**) स्वस्थ व्यक्ति के चमकते हुए चेहरे की रंगत: put the **~s** back in one's cheeks 6 (***syn.***

nozzle) छिद्रिल टोंटी 7 (***syn.*** rosette) रोजेट, गुलाब, गुलाबवत् रचना;
adj. 1 गुलाब जैसा 2 (*also* **pink**) गुलाबी, पाटल 3 सुगंध और रंग में गुलाबी;
v., *pt.* **~d**, *pp* **rosing** 1 गुलाबी बना दे. 2 गुलाब का इत्र छिड़कना;
dw/lw: **~-apple** *n.* 1 जामुन का पेड़; **~ate** /रोजिअट/ *adj.* 1 गुलाबी 2 उज्ज्वल 3 प्रसन्नचित्त 4 आशावादी; **~bay** *n.* 1 कनेर, गुलचांदनी, तगर 2 (*also* **~bay willowherb**) एक जंगली पौधा; **~bud** *n.* 1 गुलाब की कली 2 गुलाब की कली-सा सौंदर्य 3 सुंदर युवती; **~bow** *n.* गुलाब-दान; **~-chafer** /रोज-चेफः/ *n.* गुलाब-कीट; **~-colour** *n.* गुलाबी रंग, पाटलक, सर्वमांगल्य, सर्वसौभाग्य, आनंद ही आनंद; **~-coloured**/ **~-tinted** *adj.* 1 गुलाबी, पाटल 2 (***syn.*** optimistic) उज्ज्वल, प्रमुदित, आशावादी; **~-cut** *adj.* गुलाब के आकार में तराशा हुआ; **~-diamond** *n.* गुलाब के आकार में तराशा हुआ हीरा; **~-engine** *n.* जटिल आकार के चित्रों की नक्काशी करने के लिए उपकरण; **~-finch** *n.* तूती; **~hip** *n.* गुलाब का फल; **~-leaf** *n.* गुलाब की पंखुड़ियां: crumpled ~-leaf (बेकार की बात, कबाब में हड्डी); **~mary** /रोजमअरि/ *n.* एक प्रकार की पीले फूलों वाली झाड़ी जिसकी सख्त पत्तियां खाने में मसाले की तरह प्रयुक्त होती हैं; **~-red** *adj.* गुलाबी रक्त; **~water** *n.* गुलाब जल; **~water** *adj.* नरम, मुलायम; **~-window** चक्राकार खिड़की; **~-wood** *n.* शीशम; **rosy** *see below under separate entry*;
collocations: **~ comb** गुलाबी कलगी वाला पक्षी; **~ cross** **'Rosicrucian'** मत का चिह्न; **~ madder** मजीठ से बना गुलाबी रंग; **~ of Jericho** (*also* **resurrection plant**) उत्तरी अफ्रीका और सीरिया का पौधा जो सूखा पड़ने पर गोलाकार रूप धारण कर लेता है; **~ of Sharon** 1 बाइबल में सोलोमन (Solomon) का गीत 2 जपाकुसुम (Hiniscus) की एक प्रकार; **~ window** *see above under* **roasce**;
p&i: **~-coloured anticipation** अति आशावादी रुख; **~-coloured spectacles** आशावादी दृष्टि दुनिया को देखना; **all ~s/ ~s all the way** सब कुछ ठीक-ठाक है; **a ~ between two thorns** दो पुरुषों के बीच एक सुंदर महिला; **bed of ~s** सुख शय्या, फूलों की सेज: her life with him was no bed of ~s; **blush like the ~** शर्म के मारे गाल लाल हो.; **bring back the ~s to her cheeks** किसी को उसके गालों की लाली (खुशियां) लौटाना; **gather life's ~s** जीवन में खुशियां बटोरना; **lose one's ~s** मुर्झा जा., दीप्ति को देना; **no ~s without a thorn** कांटों बिना गुलाब का फूल नहीं, अनहोना बात; **not all ~s** सब कुछ ठीक-ठाक नहीं; **see/ look at through ~-coloured/ ~-tinted spectacles/ glasses** यथार्थ के विपरीत हर बात को अति आशावादी ढंग से लेना; **the white ~ of virginity/ of innocence** कौमार्य या भोलेपन का प्रतीक – सफेद गुलाब; **under the ~** (*also* **sub rosa**) गुप्त रूप से, चुपके-चुपके

rose *pt.,* **rise** का भूतकालिक रूप

rosemary *see above under* **rose: *dw/lw***

rosella /रोसेला/ *n.* पटुआ, अंबारी, अंबाड़ी

roseola /रोजिअला/ *n., pl.* **~s** *med.* गुलाबी रंग का कोई भी ददोरा

rosette /रोजेट/ *n.* 1 रोजेट, गुलाब 2 गुलाबवत् रचना, गलाबवत् पाटलक 3 (***syn.*** cluster) गुच्छा 4 (*US* **ribbon**) 1 कपड़े की रंगबिरंगी कतरनों से बना हुआ बिल्ला 2 *UK* गुलाब की शक्ल का बिल्ला

Rosicrucian /रोजिक्रूशिअन/ *n., hist.* 1 सत्रहवीं-अठारहवीं सदियों में प्रचलित एक मत या उसका संगठन जो प्रकृति के सभी रहस्यों, धातुओं के एक दूसरे में परिवर्तन के बारे में ज्ञान रखने का दावा करता था 2 इस मत के संगठनों का सदस्य;
dw/lw: **~ism** /रोजिक्रूशिअनिज्म/ *n.* उपर्युक्त मत का दर्शन

rosin /रोजिन/ *n.* गंधराल, रोजिन, रोजिन डामर

Rosinante /रॉजिनैंटि/ *n.* सुप्रसिद्ध उपन्यास "दोन किखोते" (*Don Quixote*) के नायक दोन किखोते की मरियल घोड़ी का नाम

RoSPA *abbr.* 'Royal Society for the Prevention of Accidents' की प्रथमाक्षरी

roster /रौस्टः/ *US* राःस्टः/ *n.* 1 कार्य-तालिका 2 (***syn.*** rota) नामावली: the ~ of sb's honours; ~ of duty 3 कार्यक्रमावली, तालिका;
v., *pt.* **~ed**, *pp* **~ing** नाम तालिका में चढ़ाना: he was **~ed for** Saturday

rost\rum /रौस्ट्रम/ *US* राःस्ट्रम/ *n., pl.* **rostrums/ rostra** 1 मंच, स्टेज 2 गलही (of-ship) 3 व्याख्यानपीठ 4 (beak) चोंच, चंचु, तुंड;
dw/lw: **~ral** /रौस्ट्रल/ *adj.* 1 गलहीदार: ~ral columns 2 चंचु, चोंच का

rosulate /रोज्यूलिट/ *adj.* गुलाब-नुमा

rosy /रोजि/ *adj. degr.* **rosier**, **rosiest** 1 गुलाबी: ~ cheeks 2 (***syn.*** hopeful) आशापूर्ण, उज्ज्वल: take a ~ view of things; the situation looks quite ~ 3 गुलाबों से ढका या सजा 4 साफ, स्पष्ट, खुशमिजाज

rot /रौट/ *US* राःट/*v., pt.* **~ted**, *pp* **~ting** 1 (*also* **~ down**; ***syn.*** decompose) सड़-गल जा., क्षय हो जाना, बिगड़ना, नष्ट हो जाना: a fallen tree soon **~s** 2 (***syn.*** morally) भ्रष्ट या पतित हो जाना 3 सड़ाना, गलाना 4 निष्क्रियता के कारण शारीरिक रूप से कमजोर हो जा.: freedom fighters were left to **rot** in the Port Blair jail 5 चिढ़ाना., नीचा दिखाना 6 खराब हो. या क., बिगाड़ना: ~ the whole plan;
n. 1 (***syn.*** putrefaction) सड़न, सड़ाव, गलन 2 (***syn.*** decay) विगलन, क्षय: a ~ set in 3 (जिगर की) बीमारी 4 (***syn.*** nonsense, rubbish) अनाप-शनाप: a perfect ~;
dw/lw: **~ter** *n., mainly, Br. sl.* पूर्णतः भ्रष्ट या नीच आदमी;
collocations: **tommy ~** कोरी बकवास;
p&i: **~ about** समय बर्बाद क.; **~ away** नष्ट हो जा., मर जा.; **~ off** गल-सड़कर गिर जा.; **~ has set in** घुण लग चुका; **stop the ~** स्थिति को खराब होने से रोकना; **the ~ sets in from the top** मछली पहले सिर से सड़ने लगती है;

rota /रोटा/ *n. Br.* 1 (***syn.*** roster) कार्यक्रमावली, तालिका 2 (**the Rota**), *RC* (*also* **Sacra Romana**) रोमन कैथोलिक चर्च का उच्चतम न्यायालय

rotary /रोटरि/ *adj.* 1 चक्कर काटने वाली: ~ motion 2 घूमने वाला, चक्रिल, घूर्णी, घूर्णक, चक्री(य): ~ drilling 3 मशीन का चक्र काटने वाला हिस्सा: ~ blower; ~ engine;
n., *pl.* **rotaries** 1 घूर्णन-मशीन, घूर्णन-इंजन 2 चक्रिल छपाई मशीन

rota\te /रोटेट/ *v., pt.* **~ted**, *pp* **~ting** 1 धुरी या अक्ष पर घूमना, चक्र खाना 2 बारी-बारी से क., आना या लगाना 3 (***syn.*** recur) आवर्तन होना 4 चक्र लगाना 5 क्रम से लगाना 6 फसलों को बारी-बारी से लगाना;
adj. चक्राकार;
dw/lw **~table** /रोटेटअबल/ *adj.* घूर्ण्य, धुरी के चक्र काटने वाला; **~ting** /रोटेटिंग/ *adj.* घूर्णी, आवर्ती; **~tion** /रोटेशन/ *n.* 1 चक्र, चक्रानुक्रमण 2 घूर्णन 3 परिभ्रमण, परिक्रमण: the ~tion of the Earth 4 (***syn.*** recurrence) चक्र, चक्रानुक्रम, चक्रक्रम, क्रमावर्तन, आवर्तन 5 हेर-फेर, चक्र, परिवर्तन, चक्रानुसरण: ~tion cropping; by/ in ~tion; **~tional** /रोटेशनल/ *adj.* घूर्णी, घूर्णनात्मक, घूर्णनी, चक्रीय; **~tive** /रोटेटिव/ *adj.* 1 घूर्णात्मक, चक्राकार 2 घूर्णी, आवर्ती 3 घूर्णक, आवर्तक; **~tor** /रोटेटः/ *n.* 1 घूर्णी 2 (***syn.*** muscle) आवर्तनी; **~tory** *n.* घूर्णनी, आवर्ती, घूर्णक, आवर्तक: ~tory assemblies;
p&i: **the perpetual ~tion of fortune** भाग्य का खेल

Rotavator/ Rotovator /रोटअवेटः/ *n., trademark* (*also* **rotavator/ rotovator**) मिट्टी को तोड़ने के लिए घूमते हुए

ब्लेडों वाली मशीन;
***v.**, pt.* **~ed**, *pp* **~ing** 1 घूमते ब्लेडों वाली मशीन से जुताई क. 2 इस मशीन से मिट्टी को बुवाई आदि के लिए तैयार क.

rote /रोट/ *n.* 1 स्मरण-शक्ति का यंत्रवत् प्रयोग 2 यंत्रवत् रटाई: learn lessons by ~ 3 यंत्रवत् कार्य करने की प्रक्रिया: perform duties by ~ 4 नियत क्रम, परिपाटी, रूढ़ि;
p&i: **by** ~ रटकर, यंत्रवत्; **learn by** ~ रटना; **say by** ~ रटा-रटाया बोल देना

rotgut /रॉटगट/ (*also* **gutrot**) *n., sl.* सस्ती रद्दी शराब

rotiform /रोटिफॉःम/ *adj.* चक्राकार

rotometer /रोटैमिटः/ रोटअमीटः/ *n.* हाथ में पकड़कर चलाया जाने वाला दूरीमापक

rotor /रोटः/ *n.* रोटर, घूर्णक: ~ blade

Rotovator *see above under* **Rotavator**

rotten /रौट्न/ *US* राःट्न/ *adj.* 1 सड़ा हुआ, गला-सड़ा: ~ egg/ meat 2 (***syn.*** terrible) बहुत खराब, बीमार-सा: feel ~ due to bad cold; ~ weather 3 बदबूदार 4 (***syn.*** corrupt) भ्रष्ट: a ~ system of administration; be ~ to the core 5 (***syn.*** decayed) जीर्ण-शीर्ण, गला-सड़ा 6 (***syn.*** worthless) निकम्मा, बेकार, रद्दी: a ~ plan 7 (***syn.*** friable) भुरभुरा: ~-stone (भुरभुरा चूना-पत्थर);
adv. बहुत, अत्यधिक: she fancied him ~;
dw/lw: **~ly** /~लि/ *adv.* नीचतापूर्वक, कमीने ढंग से; **~ness** /~नेस/ *n.* भ्रष्टता, निकम्मापन, जीर्ण-शीर्णता; **~-hearted** *adj.* कमीने दिल का;
collocations: ~ **apple** *colloq.* भ्रष्ट व्यक्ति; ~ **borough** *hist.* 1 गली-सड़ी जगह 2 पुराने जमाने में इंग्लैंड में ऐसा हल्का जो एक भी बाशिंदा न होने पर भी अपना सांसद चुन सकता था;
p&i: ~ **to the core** पूरा का पूरा सड़ा हुआ; **(the)** ~ **apple injures its neighbours** एक मछली सारे तालाब को गंदा कर देती है

Rottweiler /रौटवाइलः/ *US* राःटवाइलः/ *n.* 1 एक प्रकार का कुत्ता 2 (*often* **rottweiler**) *colloq.* एक बदतमीज, उग्र, दरिंदा-सा आदमी;
adj. उग्र, नीचतापूर्ण: **rottweiler** politics

rotund /रोटंड/ *adj.* 1 (***syn.*** plump) गोल-मटोल: ~ figure 2 आडंबरपूर्ण, आडंबरी: ~ speech/ language 3 गोल: a ~ building; **~ity** /रोटंडिटि/ *n.* 1 स्थूलता 2 गोलाई 3 आडंबर

rotunda /रोटंडा/ *n., pl.* **~s** 1 गोल कमरा 2 गोल या वर्तुल भवन

roturier /रॉचुअरिए/ *n., Fr.* 1 (***syn.*** plebeian) निम्न स्तर का व्यक्ति, कुली-कबाड़ी ***2 (syn.*** nouveau riche /नूवो रीश/) नव-धनाढ्य;
adj. निम्न स्तरीय

ROU *abbr.* 'Republic of Uruguay' की प्रथमाक्षरी

rouble /रूबल/ (*Russian* **рубль**) *n.* रूबल, रूस की मुद्रा

roué /रूए/ *n., pl.* **roués** शराबी-कबाबी, व्यभिचारी, लंपट, विलासी

rouge /रूज/ *n.* 1 गालों पर लगाने का गुलाबी पाउडर, रूज, सुर्खी 2 *chem.* (*also* **jeweller's** ~) कुंकुमी, धातु को चमकाने वाला पाउडर 3 *politics* क्रांतिकारी;
***v.**, pt.* **~d**, *pp* **rouging** 1 गालों पर सुर्खी लगाना: ~ one's cheeks/ one's lips; ~ oneself 2 कुंकुमी का प्रयोग क. 3 झेंप जा.;
adj. लाल

rough /रफ/ *adj.* 1 (**the** ~) खुरदरा, खुरखुरा, रूक्ष, मोटा: ~ surface; ~ texture; ~ cloth/ linen; ~ leather; ~ hair; a face ~ with a two day's beard; ~ dry 2 (***syn.*** approximate) लगभग, मोटे तौर पर, मोटा-माटी: ~ estimate 3 तूफानी, खराब: ~ sea 4 *UK* बीमार, थका हुआ 5 (***syn.*** tough) कठिन, विकट: a ~ day at work; have a ~ time; ~ luck 6 खतरनाक हिस्सा: lives in a really ~ area 7 (***syn.*** preliminary) कच्चा (काम जिसे बाद में सुधारा जाएगा), कामचलाऊ, आधा-अधूरा, अनगढ़, अपरिष्कृत, प्रारंभिक: a ~ draft (कच्चा मसौदा); ~ copy; ~ answer; ~ coat (रोगन का प्रारंभिक कोट) 8 ऊबड़-खाबड़, ऊंचा-नीचा, विषम: ~ ground/ terrain 9 अनगढ़, अपरिकष्कृत: lead a ~ life away from civilization 10 रूखा, कसैला (of taste) 11 (***syn.*** shaggy, coarse) झबरा, लोमश 12 (***syn.*** unhusked) बिना कूटा, अनकूटा: ~ rice 12 (***syn.*** coarse, noisy, boisterous) प्रचंड, उग्र, तेज, क्षुब्ध, अशांत, ऊधमी, उद्धत: a ~ play 13 (*esp.*~ **on sb**; ***syn.*** harsh) कड़ा, कठोर, कठिन, सख्त: a decision which is ~ on the employees; ~ justice; ~ deal/ ~ treatment 14 (***syn.*** harsh, grating) कर्कश, कर्ण कटु: a ~ voice 15 (***syn.*** aspirate) महाप्राण 16 अशिष्ट, अभद्र, बदतमीज: ~ manners/ handling; ~ gesture; ~ stuff 17 अनाड़ी 18 (***syn.*** deficient) घटिया, त्रुटिपूर्ण;
n. 1 ऊबड़-खाबड़, ऊंचा-नीचा और विषम मैदान 2 अशिष्ट या अभद्र आयाम: take the ~ with the smooth 3 आधी-अधूरी, अनगढ़ एवं अपरिष्कृत अवस्था, प्रारंभिक रूपरेखा, कच्चापन: still in the ~ (अभी भी कच्ची हालत में); a diamond in the ~; his plans are in the ~ 4 कष्ट, तकलीफ, मुसीबत, विपत्ति, कठिन जीवन: the **~(s)** and the smooth(s) of life 5 सरसरा अनुमान: in the ~ it will cost ... 6 (***syn.*** hooligan) गुंडा;
v.**, pt.* **~ed**, *pp* **~ing** 1 किसी चीज को खुरदरा क. 2 उलटना 3 (syn.*** irritate) चिढ़ाना: ~ sb up the wrong way 4 कच्चे ढंग से या मोटे तौर पर तैयार क.: ~ sth in (मोटा-माटी तैयार क.); ~ sth out (प्रारंभिक रूपरेखा प्रस्तुत क.) 5 *Austral.* (***syn.*** break in a horse) सधाना 6 नाल में कीलें लगा दे. (insert spikes) 7 बदतमीजी से पेश आना, दुर्व्यवहार क.: the player was sent off the field for **~ing**; ~ sb up (किसी को पीट दे.) 8 कठिन जीवन जीना, कष्ट उठाना: ~ it; I have been **~ing** it all my life;
adv. 1 कठिनाई से, कष्टपूर्वक: live ~; sleep ~ (बिना किसी सुविधा के खुले में सोना) 2 बुरे ढंग से, बदतमीजी से: they always play ~;
dw/lw: **~age** /रफेज/ *n.* 1 रेशा, फुज्ला, खुज्जा 2 फोक, मोटा चारा, रूक्षांश: ~age crop 3 मोटा खाना; **~-and-ready** *adj.* 1 कामचलाऊ, कच्चा-पक्का, मामूली: sth in a ~-and-ready manner 2 रूखा, अशिष्ट, अभद्र: ~-and-ready methods; **~-and-tumble** *n.* 1 मार-पीट, हाथापाई, धक्कम-धक्का 2 उलट-पुलट 3 धींगा-मस्ती; **~-and-tumble** *adj.* 1 उलटा-पुलटा: ~-and-tumble life 2 कामचलाऊ, कच्चा; **~-and-tumble** *adv.* धींगा-मस्ती से: they always play ~-and-tumble; **~cast** /रफकास्ट/ *adj.* कच्चा, मोटे छर्रे का (प्लास्टर); **~cast** *n.* 1 प्लास्टर का मोटा छर्रा 2 कच्चा ढांचा या मसौदा, मोटी रूपरेखा; **~cast** *v., pt.* ~cast, *pp* ~casting 1 मोटा छर्रा लगाना 2 कच्चा मसौदा तैयार क.; **~-dry** *adj.* इस्तरी करने के लिए सुखाए हुए (कपड़े); **~-dry** *v., pt.* ~-dried, *pp*~-drying बिना इस्तरी किए कपड़े सुखाना; **~en** /रफन/ *v., pt.* ~ened, *pp* ~ening **1** ऊबड़-खाबड़ या खुरदरा बनाना 2 रूखा या क्षुब्ध बनना या बनाना; **~-hew** /रफ-ह्यू/ *v., pt.* ~-hewed/ ~-hewn, *pt. p.* ~-hewed/ ~-hewn, *pp* ~-hewing अनगढ़-सा तैयार क., मोटा-माटी तैयार क., कच्ची रूपरेखा तैयार क.; **~hewn** /रफह्यूअन/ *n.* 1 अनगढ़, अपरिष्कृत 2 अशिष्ट 3 मोटा-माटा; **~house** /रफहाउस/ *n.* उछल-कूद, हाथापाई; **~hous\e** *v., pt.* ~housed, *pp* ~housing 1 उपद्रव या ऊधम मचाना, गुंडागर्दी क. 2 किसी के साथ झगड़ा या अभद्र व्यवहार क.; **roughie** /रफि/ *n.* 1 गुंडा 2 *Austral.* अनुचित व्यवहार; **~ing** *n.* खेल में भद्दा व्यवहार; **~ish** /रफिश/ *adj.* खुरदरा-सा, रूखा-सा, कच्चा-सा, भद्दा-सा; **~-legged** *adj.* परदार या बालदार पैरों वाला; **~ly** /रफलि/ *adv.* 1 बदतमीजी से, उपेक्षापूर्वक 2 अशिष्टतापूर्वक, रूखेपन से 3 खुरदरे या मोटे रूप में: ~ly painted/ bound 4 अंदाजन: estimate sth ~ly 5 (***syn.*** approximately) लगभग, मोटा-माटी, मोटे हिसाब से, स्थूल रूप

से, कामचलाऊ ढंग से: ~ly speaking; **~neck** /रफनेक/ *n.* 1 तेल निकालने वाले रिग (rig) पर काम करने वाला सामान्य (unskilled) मजदूर 2 दंगई, हल्लड़बाज, गुंडा, बदमाश; **~ness** /रफनस/ *n.* 1 अनगढ़ता, खुरदरापन 2 रूखापन, रूक्षता 3 कर्कशता 4 अभद्रता, अशिष्टता 5 बोलने में अस्पष्टता 6 समुद्र की तूफानी अवस्था 7 (मौसम की) कठोरता; **~rider** /रफराइडः/ *n.* घोड़ों को सधाने वाला, चाबुक-सवार; **~shod** /रफ़शौड/ *adj.* कीलित नालों वाला (घोड़ा): ride ~shod over (*also see below under* ***p&i***); **~-spoken** *adj.* मुंहफट, बेलगाम, फूहड़-बोला; **~-stuff** *n.* 1 खुरदरा पेंट या रोगन 2 भद्दा व्यवहार; **~-wrought** /रफरौट/ *adj.* कच्चा, अपरिष्कृत;

collocations: **~ and ready** 1 कामचलाऊ, कच्चा-पक्का, मामूली 2 रूखा, अशिष्ट, अभद्र; **~ diamond** 1 अनतराशा या अनगढ़ हीरा 2 अच्छा पर अशिष्ट व्यक्ति 3 छुपा रुस्तम; **~ gallery** मंजे हुए अपराधियों की सूची, दस-नंबरी सूची;**~ guess** मोटा-माटी अनुमान; **~ justice** 1 अन्यायपूर्ण दंड 2 आकस्मिक व्यवहार: ~ justice in sb's fall; **~ music** शोर-शराबा: the announcement caused ~ music in the crowd; **~ passage** 1 तूफानी समुद्री यात्रा 2 कठिन व विपदा भरा समय; **(the) ~er sex** पुरुष; **~ patch** कटिनाई का दौर; **~ ride** दुखदायक अनुभव; **~ tounge** ; **~ trade** *sl.* 1 समलिंगो के बीच यों ही मिल जाने वाला साथी 2 हिंसक पुरुष वेश्या;

p&i: **~ and tumble** 1 अस्त-व्यस्त ढंग से चलने वाला खेल मुकाबला 2 मारपीट, हाथापाई, झगड़ा; **~ and round** बहुतायत में मिलने वाली साधारण, खुरदरी-सी वस्तु; **~ in** कच्चा रेखाचित्र बनाना; **~ it** कठिनाइयां झेलते हुए आगे बढ़ना; **~ on sb** बदकिस्मती, दुर्भाग्य; **~ sb up the wrong way** किसी को चिढ़ाना, आपे से बाहर क.; **~ sth out** कच्चे रूप में तैयार क., काट-छांटकर अंतिम स्वरूप देना; **~ sb up** किसी के साथ दुर्व्यवहार क.;

a bit of ~/ ~ and tough यौन दृष्टि से आकर्षक; **a lick with the ~ side of one's tongue** डांट-डपट, फटकार; **draw sth in ~** कच्चा मसौदा बनाना; **he was ~ed up and pushed into the street** उसे मार-पीटकर सड़क पर धकेल दिया गया; **in the ~** अनगढ़, अनतराशे रूप में, कच्चे रूप में; **ride roughshod over** 1 दुर्व्यवहार क., कठोरता से पेश आना 2 तिरस्कारपूर्वक दुत्कारना; **take the ~ with the smooth** जीवन में धूप-छांव चलते रहते हैं, कांटों बिना गुलाब नहीं;

roulade /रुलाड/ *n., music* 1 सुरीली धुनों से सजावट 2 गोश्त के रोल को पकाने की क्रिया

rouleau /रूलो/ *n.* बेलनाकार बंडल, गड्डी

roulette /रूलेत/ *n.* 1 (***syn.*** gambling) जूए का एक खेल जिसमें गेंद के रुकने का स्थान बताना होता है, रूलेट 2 *math.* लुंठन 3 दांतेदार चक्र 4 (***syn.*** perforator) छिद्रक 5 बालों को घुंघराले बनाने या रखने का बेलन

Roumanian *see above under* **Romanian**

round /राउंड/ *adj.* 1 गोल 2 गोल, वृत्ताकार, वर्तुल: ~ table 3 (***syn.*** globular) गेंद-सा गोल, गोलाकार: as ~ as a ball; the ~ world 4 (***syn.*** cylindrical) बेलनाकार, बेलनीय, गोल 5 गोलाकार (movement in circles): ~ dance 6 गोलित यानी होंठ गोल करके उच्चरित किए जाने वाले (स्वर) 7 गोल (अंग): ~ face 8 (***syn.*** chubby) गोल-मटोल 9 पूरा, संपूर्ण 10 पूर्णांक, पूर्ण: a ~ dozen; ~ figures/ numbers 11 शून्यांत (10/ 100/ 1000 जैसी पूर्ण संख्याओं के आस-पास): a ~ figure 12 (***syn.*** approximate) स्थूल, मोटा-माटी, लगभग 13 (***syn.*** substantial) भारी, बड़ा: a good ~ sum 14 (***syn.*** sonorous) गंभीर, भारी, गुंजायमान 15 (***syn.*** brisk) तेज 16 (***syn.*** candid, outspoken) सुस्पष्ट, खरी-खरी: she tells you home truths in the **~est** manner; scold sb in ~ terms (खरी-खरी सुनाना) 17 निष्कपट, निश्छल, सरल, आसान, मुलायम, वेगमय: ~ style 18 पूर्णतः विकसित (a character in a story, the story itself): ~ unvarnished tale 19 (***syn.*** to and fro) आने-जाने का: ~ trip (आने-जाने का, फेरा) 20 घिरनी पर घूमने वाला: ~ towel;

n. 1 गोल धरती: this earthly ~ 2 (***syn.*** globe) गोला 3 (***syn.*** rung) डंडा 4 (***syn.*** circumference) घेरा, दायरा 5 वृत्त (***syn.*** circle), मंडल (circular group), मंडल-नृत्य 6 (***syn.*** ring) छल्ला 7 (***syn.*** coil) कुंडल, कुंडली 8 (***syn.*** curve) घुमाव, मोड़ 9 गोलाई (round part) 10 फेरा (a single turn of yarn) 11 परिक्रमा (movement in an orbit), घुमाव, चक्कर: the earth's yearly ~ 12 (***syn.*** recurrence) चक्र, आवर्तन, किसी कार्य को करने का चक्र, फेरा, फेरी: a milk/ newspaper ~ 13 (*usually* **~s**) गश्त (beat), हल्के का दौरा (tour of inspection): doctor's ~; make a ~ of the country 14 (***syn.*** extent) विस्तार: the whole ~ of knowledge 15 (***syn.*** series) लड़ी, कड़ी, चक्रावली 16 चक्कर, दौर, पाली, फेरा (of drinks etc..): first/ second/ third, etc. ~; this ~ is on me 17 लहर, छोटा-सा दौर: a ~ of cheers/ of applause 18 (***syn.*** routine, regular) नित्यक्रम, लीक: the daily ~ 19 सत्र, बाजी: a ~ of talks 20 (***syn.*** stage) अवस्था, दौर: through to the second ~; final ~ of voting 21 खेल (मुक्केबाजी आदि) के मुकाबले का दौर: Vijendra knocked out the opponent in the third ~ 22 बंदूक आदि से गोली चलाने का एक शॉट (shot): the police fired three **~s** on the violent mob 23 घड़ियालों या घंटों का बारी-बारी से बजने का क्रम 24 गोल्फ के सभी 18 छेदों को पार करने का चक्र: ~ of golf;

v., pt. **~ed**, *pp* **~ing** 1 गोल आकार का बनना या बनाना 2 *a vowel* होंठ गोल करके स्वर को उच्चरित क., गोलित क. 3 पूरा क., परिष्कार क., दुरुस्त क.: ~ a phrase 4 बराबर क., चिकना क. (make smooth) 5 (का) चक्कर लगाना, चक्कर काटना 6 (***syn.*** pass around) पार क., के इर्दगिर्द निकल जाना, चारों ओर घूमकर जाना: the car **~ed** the corner; ~ (the) mark 7 (***syn.*** surround) घेर लेना 8 (***syn.*** turn) घुमाना, घूमना 9 ठगना, धोखा दे., उल्लू बनाना: he often **~s** her and gets the secrets out easily;

adv. 1 घूम कर, चक्कर लगा कर 2 फिर से, आवर्तित: wait until spring comes ~ 3 (***syn.*** in circumference) दायरे में, घेरे में: go ~ in a circle 4 चारों ओर (on all sides): gather ~; look ~ 5 (***syn.*** about) आसपास, लगभग: measures six feet ~ 6 इधर-उधर, बाएं-दाएं, एक स्थान से दूसरे तक: drive ~ for a while 7 उल्टी दिशा या मत की ओर: win sb ~ 8 एक से दूसरे की ओर: pass it ~; the news was soon carried ~ 9 (***syn.*** around) की तरफ, विशेषकर अपने घर की ओर: come ~ for supper;

prep. 1 के चारों ओर: run ~ the field; the moon revolves ~ the Earth 2 के पास, के आसपास: the guests were sitting ~ the table 3 के किनारे पर, की सीमा पर: drive ~ the corner 4 के इर्दगिर्द: a story built ~ her experiences 5 एक स्थान से दूसरे तक: we went ~ the town shopping;

dw/lw: **~about** *n.* 1 *UK* (*US* **traffic circle**, **rotary**) चक्करदार चौक, गोल चक्कर 2 (***syn.*** merry-go-round) बच्चों के लिए चक्करदार झूला, हिंडोला, चक्र दोला 3 चक्कर, चक्करदार मार्ग 4 घुमाव-फिराव वाली या पेचीदा बात, अन्योक्ति, रूपक 5 *US* छोटा-सा जैकेट; **~about** *adj.* 1 जो सीधे तरीके का न हो. 2 घुमाव-फिराव वाला, पेचीदा 3 अप्रत्यक्ष, परोक्ष, गोलमोल 4 स्थूल, मोटा; **~-arm/ ~arm** *adj.* क्रिकेट के खेल में गेंद फेंकते समय बांह को चक्राकार घुमाता हुआ; **roundel** *see below under separate entry*; **~er** *n.* 1 चक्कर काटने वाला 2 राउंडर्स के खेल में पूरा गोलाकार फेरा 3 परजीवी 4 राजनीतिक चक्कर काटने वाला 5 छोटी-सी गोल खिड़की 6 अस्पताल का गश्त लगाने वाला; **~ers** /राउंडर्स/ *n.* ब्रितानिया का गेंद-बैट का एक खेल; **~ed** /राउंडिड/ *adj.* चिकना और घुमावदार; **~-eyed** *adj.* भय या आश्चर्य के मारे पूर्णतः खुला आंखों वाला; ,**~-faced** *adj.* गोल चेहरे वाला; **~hand** *n.* पूरे घुमावदार अक्षरों में लिखाई; **Roundhead** *n.,* *hist.* इंग्लैंड में 1642 से 1649 के बीच हुए गृहयुद्ध में चार्ल्स I के विरुद्ध संसदीय जनतंत्रवाद का समर्थक; **~house** *n. N. Amer.* 1 इंजन-घर 2 *originally US, boxing sl.* अंधा-धुंध चलाया जाने वाला मुक्का 3 *arch.* कांस्य व लौह युगों से चली आ रही वृत्ताकार संरचना 4 कारागार, हवालात, जेल; **~ing** *n.* गोलाकार होंठों के बीच से उच्चरित ध्वनि; **~ish** /राउंडिश/ *adj.* कुछ-कुछ गोल, गोल-सा; **~ly** /राउंडलि/ *adv.* 1 (***syn.*** thoroughly) अच्छी तरह से, बखूबी, भली भांति 2 (***syn.*** fully) पूरी तरह से, पूर्ण रूप से: reckon ~ly with sb (पूर्णतः हिसाब चुकता कर दे.) 3 (***syn.*** severely) कड़ाई से, सख्ती से: the decision to sharply increase the workload of teachers was ~ly criticised; they were ~ly defeated; he was ~ly rebuked 4 (***syn.*** bluntly) साफ-साफ, स्पष्टतया, सीधे-सीधे: tell him ~ly 5 तेजी से, जीवंतता के साथ 6 (***syn.*** circularly) चक्कर काटकर या लगाकर 7 लगभग, सामान्यतः; **~ness** /राउंडनेस/ *n.* गोलाई; **~-shouldered** *adj.* झुके हुए कंधों वाला; **~sman** *n.* 1 दौरा करने वाला निरीक्षक, दौरा-निरीक्षक 2 (***syn.*** route man) फेरी वाला, घूम-घूमकर माल बेचने वाला 3 किसी विशेष मुद्दे पर लिखने वाला पत्रकार; **~-table** *adj.* 1 गोलमेज (सभा) 2 समान अधिकार प्राप्त सदस्यों की सभा या गोष्ठी से संबंधित; **~-the-clock** *adj.* रात-दिन होने या चलने वाला: ~-the-clock nursing care; **~-trip** *adj.* वापसी (यात्रा), दो-तरफा, आने-जाने की; **~-up** *n.* 1 घेरा, एक स्थान पर एकत्रीकरण 2 किसी विषय के ऊपर सारी सूचनाओं का सारांश, सिंहावलोकन: a ~-up of news 3 एक स्थान पर एकत्रित करने के लिए पशुओं की हंकाई 4 (***syn.*** arrest) गिरफ्तारी, धरपकड़: a ~-up of criminals; **~worm** /राउंडवअःम/ *n., zool.* केंचुआ, गोलकृमि, मलसर्प;

collocations: ~ **bracker** गोलाकार कोष्ठक यानी (); ~ **dance** मंडल-नृत्य; ~ **oath** भयंकर गाली; ~ **robin** 1 विरोध-पत्र जिस पर सरगना की पहचान छुपाने के लिए हस्ताक्षर वृत्ताकार में किए जाते हैं 2 खेल की एक प्रतियोगिता 3 कई लोगों द्वारा लिखित कहानी या लेख आदि जिसमें हर कोई अपने हिस्से का अंश लिखता है 4 कई लोगों द्वारा पढ़ा जाने वाला पत्र; ~ **table** (*also* **Round Table**), *hist.* गोलमेज सम्मेलन; ~ **trip** पूरा (आने-जाने का) फेर या यात्रा; ~ **trip ticket** *US* (*UK* **return ticket**) वापसी टिकट; ~ **window** (*also* **fenestra rotunda**), *anat.* मध्यम व अंदरूनी कानों के बीच की झिल्ली;

p&i: ~ **about** 1 चारों तरफ 2 उलटी ओर, विपरीत दिशा में 3 लगभग: ~ about four o'clock 4 इधर-उधर, बाएं-दाएं; ~ **all/ right** चारों तरफ; ~ **and** ~ निरंतर, लगातार; ~ **a number up** संख्या को बढ़ाना या घटाना ताकि वह पूर्ण संख्या में बदल जाए;~ **as a barrel** सुअर-सा गोल-मटोल या मोटा; ~ **here** यहीं पास में;~ **in** *naut.* खींचना, चुनना; ~ **into** में परिवर्तित हो.: a boy ~s into manhood; ~ **off** अच्छी तरह कार्य खत्म क.: ~ off negotiations; ~ **on**/ ~ **upon** 1 गालियों की बौछार क. 2 पर टूट पड़ना: ~ on sb 3 धोखा क., मुखबिरी क.; ~ **out** गोल-मटोल बनना, गोल हो.: he has ~ed out; ~ **peg in a square hole** बेमेल चीज, मखमल में टाट का बखिया; ~ **sb out** छिपे हुए व्यक्ति को ढूंढ निकालना; ~ **sth down** संख्या को थोड़ा कम करके पूर्ण संख्या में बदलना: ~ 15.23 ~ed down to 15; ~ **sth off** 1 कोनों व कोणों को गोलित क. 2 अच्छी तरह पूरा क.: ~ off the meal with an ice-cream; ~ **sb up** किसी को इकट्ठा क., किसी को इकट्ठा करके गिरफ्तार क.; ~ **the clock** चौबीसों गंटे, हर समय; ~ **to** जहाज का रुख हवा के साथ मिलाना

a ~ peg in a square hole or **a square peg in a ~ hole** किसी काम के लिए अनुपयुक्त व्यक्ति या वस्तु; **all the year ~** साल भर; **a ~ of applause** करतल ध्वनि (तालियों) का एक दौर; **go/ make the ~s** 1 खबर या अफवाह को कानों कान चारों तरफ फैलना 2 गश्त लगाना; **go ~ and ~** बाएं-दाएं की हांकना, सीधी बात न क.: argue ~ and ~; **go/ take/ walk one's ~(s)** गश्त लगाना, चक्कर लगाना; **go one's ~s/ go the ~** संतरियों का निरीक्षण करने के लिए गश्त लगाना; **in the ~** 1 सारी बातें तफसील से दिखाने और उन पर सोच-विचार करने के बाद 2 थियेटर में दर्शकों का तीन तरफ या चारों तरफ बैठा हो. 3 सभी ओर से 4 सब कुछ समाहित करने वाला 5 स्पष्ट रूप से; **lose/ win the first ~** पहले दौर में हार या जीत जा.; **make the ~s** गश्त लगाना; **taken all ~** कुल मिलाकर; **talk sb ~** किसी को मनाना; **the daily round** रोज की गश्त; **what you lose on the swings you make (up) on the ~s** इस हाथ पाना, उस हाथ खोना; **work the whole year ~** पूरे साल काम क.

roundel /राउंडल/ *n.* वृत्त, गोला, गोल खिड़की, मंडल-नृत्य, गोलाकार फलक, गोलाकार बुर्ज, गोलाकार चित्र या मंडलक, चक्र

roundelay /राउंडिले/ *n., music* गीत, मण्डल-नृत्य

roup /रूप/ *Scot & N Eng dialect n.* नीलामी से बिक्री;
v., pt. **~ed**, *pp* **~ing** किसी चीज को नीलामी से बेचना

rouse /राउज/ *v., pt.* **~d**, *pp* **rousing** 1 जगाना, उठाना: be **~d** by the ringing of the bell 2 जाग्रत क.: ~ to action 3 सावधान क., चौकन्ना क. 4 (***syn.*** excite) उत्तेजित क., भड़काना, उकसाना: the injustice of it **~d** her anger 5 भड़कना 6 मांद में से निकालना 7 (***syn.*** evoke) उत्पन्न क.: ~ interest 8 (***syn.*** startle) चौंकाना 9 (***syn.*** haul) मोड़ना 10 चलाना, हिलाना (a liquid);
n. जागरण;
dw/lw: **~r** /राउजः/ *n.* जगाने वाला; **rousing** /राउजिंग/ *adj.* 1 (***syn.*** stirring) उत्तेजक, भावोद्दीपक, प्रभावशाली: a rousing speech; rousing cheers 2 बहुत बड़ा (of a lie) 3 भव्य, शानदार: rousing welcome; **rousingly** *adv.* प्रभावशाली या शानदार ढंग से

roust /राउस्ट/ *v., pt.* **~ed**, *pp* **~ing** (**~ sb from sth**) किसी कहीं से बेदखल क., किसी स्थान से हटाना

roustabout /राउस्टअबाउट/ *n.* 1 *US* (***syn.*** casual labourer) अकुशल मजदूर 2 *Austral., NZ* सहायक मजदूर, (घाट का) मोटिया (deck-hand) 3 सरकस का मजदूर

rout /राउट/ *v., pt.* **~ed**, *pp* **~ing** 1 पूरी तरह से पराजित क., रौंद डालना 2 खदेड़ दे., तितर-बितर कर दे.: charging tanks put the infantry to ~ 3 थूथन वाले जानवरों को बाहर निकालना 4 (*usually* **~ sb out/ up**) खोज निकालना: she **~ed** thread and needle in a corner 5 बिस्तर से उठाना: in the Moscow-Helsinki train we were **~ed** out before daylight for passport examination;
n. 1 पूरा सफाया, घोर पराजय 2 भगदड़ 3 होहल्ला: make a ~ about sth 4 (***syn.*** disturbance) दंगा, अशांति 5 पशुओं का झुंड 6 अवैध रूप से एकत्रित भीड़ 7 बड़ी संख्या या मात्रा: ~ of series of books and pamphlets on the war

route /रूट/ *Brit milit. & US general* /राउट/ *n.* 1 रास्ता: bus ~; ~ map; a ~ between/ from - to; plan/ work out a ~; **~s** of approach 2 पथ: air **~s**; all-red ~ (ब्रितानिया को उसके उपनिवेशों से जोड़ने वाला हवाई पथ); along/ on a ~; **~s** of communication 3 मार्ग: two-way ~ 4 प्रस्थान-आदेश (marching orders): ~ march;
v., pt. **~d**, *pp* **routing**, *s/he/it* ~s 1 के मार्ग से भेज दे. 2 यात्रा-पथ तय क. 3 विशेष पथ पकड़ना.: follow/ take a ~;
collocations: **Route 128** *US* मैसाचुसेटस (Massachusetts) में एक कंप्यूटर और इलेक्ट्रोनिकी बहुल क्षेत्र; ~ **man**/ **~man** *N. Amer.* दुकानदार का घर-घर सामान पहुंचाने वाला कर्मी; ~ **march** सैनिकों की शारीरिक कर्मठता बढ़ाने के लिए कराया जाने वाला लंबा कदम-ताल (march); **Route One** फुटबॉल के खेल में किसी खिलाड़ी द्वारा (विशेषकर गोली द्वारा) लंबी ठोकर मारकर गेंद को प्रतिपक्ष के पाले में भेजने की क्रिया; ~ **step** बिना कदम-ताल का मार्च;
en ~ /औं रूट/ औन रूट/ के रास्ते, मार्ग में: (*Br.*) **en ~ for …**; *US* **en ~ from … to …**

router[1] /रूट(र)/ *US* राउट(र)/ *n., comput.* ऐसा उपकरण जो कंप्यूटर नेटवर्क के उपयुक्त हिस्से को सूचनाएं या आंकड़े (data) भेजता है

router[2] /राउट(र)/ *n., elec.* सतह की उथली लाइनों को काटने वाला वैद्युत औजार

routine /रूटीन/ *n.* 1 नित्यकर्म, नित्यचर्या, दिनचर्या: get into/ have/ settle into a ~; ~ correspondence; ~ duty; ~ soldier 2 लीक, नेम: sb's daily/ normal ~; the day's ~ 3 पद्धतिक्रम, नियमित शैली: a ~ of doing sth; the matter of ~ business 4 नियमित एवं अपरिवर्तनशील पद्धति 5 विदषक या गायक 6 *comput.* विशेष प्रकार की कार्य प्रक्रियाओं को नियमित रूप से कार्यान्वित करने वाला प्रोग्राम;
adj. 1 नेमी, नैत्य, नियमित 2 अपरिवर्तनशील 3 मानक या सामान्य: a ~ examination 4 नैत्यकर्म के रूप में किया जाने वाला (कार्य) 5 (***syn.*** dull, humdrum) सामान्य, उबाऊ;
dw/lw: **~ly** /रूटीनलि/ *adv.* सामान्य रूप से, हमेशा की तरह, यंत्रवत्;
p&i: **a matter of** ~ नित्य कर्म के रूप में होने वाला सामान्य मामला;

routinism /रूटीनिज़्म/ *n.* नैत्यकवाद, उबाऊ यंत्रवतता

routini\ze/ ~se /रूटीनाइज/ *v. pt.* **~zed**, *pp* **~zing** 1 किसी कार्य को नियमित यंत्रवतता में परिवर्तित क. 2 किसी मामले को यंत्रवतता का शिकार बनाना;
dw/lw: **~zation** /रूटीनाइजेशन/ *n.* नियमित यंत्रवतता में परिवर्तन

ro\ve /रोव/ *v., pt.* **~ved**, *pp* **~ving** 1 बिना लक्ष्य घूमना, यों ही डोलते रहना: **~ve** the streets 2 (***syn.*** roam) किसी क्षेत्र विशेष में घूमते रहना: **~ve** in every land 3 नजर का इधर-उधर घूमना: his eyes **~ved** over the pictures 4 संस्मरणों में विचरना: his mind **~ved** back to his youth 5 पूनी (slivers) बनाना (twist before spinning);
n. 1 घुमक्कड़पन 2 आवारागर्दी 3 भ्रमण 4 रुई आदि की पूनियां बनाने का काम 5 धातु की प्लेटें या छल्ले जिन्हें रिवट डालकर जोड़ा जाता है 6 समुद्री डकैती 7 *pt./ pt. p.,* **reeve** का भूतकालिक रूप;
dw/lw: **~ver** /रोवअः/ (*also* **Rover**) *n.* 1 घुमक्कड़ 2 भ्रमण करने वाला, पर्यटक 3 (***syn.*** pirate) जल-दस्यु 4 (**~er scout/ Rover Scout**; ***syn.*** boy scout) वयस्क बालचर 5 (***syn.*** target) निशाना; **~ving** /रोविंग/ *adj.* एक स्थान से दूसरे स्थान पर घूमने वाला: ~ving life; ~ving correspondent; ~ving ambassador; ~ving bomber; ~ving commission;
p&i: **have a ~ving eye** लगातार नए-नए यौन संबंधों की तलाश में रहना

row /रो/ *n.* 1 पंक्ति, कतार 2 लोगों की कतार 3 कुर्सियों की कतार: a ~ of chairs; front ~ of the stalls 4 एक के पीछे एक होने वाले कार्यों आदि की कतार: five fours in a ~; utter **~s** of platitudes (खोखले जुमलों की लड़ी) 5 पौधों की कतार: a ~ of cabbages 6 बुनाई में टांकों की पूरी कतार 7 (***syn.*** alley) दोनों तरफ भवनों की कतारों के बीच गली 8 *math.* संख्याओं की कतार: a ~ of figures 9 (***syn.*** quarrel) झगड़ा, कहा-सुनी: make/ kick up a ~; a blazing/ heated ~; have a ~ with sb; a ~ between sb and sb; a ~ about/ over sth 10 (***syn.*** commotion) होहल्ला, हुल्लड़, ऊधम, उपद्रव, जोर का शोर: street ~ 11 जबरदस्त डांट-फटकार: get into a ~ 12 खेवाई, नौका-विहार;
v., pt. **~ed**, *pp* **~ing** 1 लड़ना-झगड़ना 2 ऊधम या उत्पात मचाना 3 (***syn.*** reprimand) फटकारना, डपटना 4 नाव खेना या चलाना: ~ a boat; ~ against the wind/ against the stream/ against the flood 5 नाव में ले जाना: ~ sb across a river 6 नाव में सैर क.;
dw/lw: **~boat** (*N. Amer.* **a ~ing boat**) *n.* चप्पुओं से चलाई जाने वाली नाव; **~er** *n.* खेने वाला, खेवैया, केवट, मल्लाह; **~-de-dow** *n.* होहल्ला; **~ing** /रोविंग/ *n.* 1 खेवाई, नौका-विहार 2 डांट-डपट, आलोचना; **~lock** /रौलअक/ *n.* चप्पू-कुंडा;
collocations: **~ crop** जुताई वाली फसल; **~ cultivator** हल या ट्रैक्टर; **~ house** *US* (*UK* **terraced house**) दीवारों से दीवार मिलाकर बने या एक दूसरे से जुड़े घर; **~ tractor** पंक्तिवार जुताई करने वाला ट्रैक्टर;
death ~ मौत की सजा की कतार; **rotten ~ row = race course** घुड़ दौड़ के लिए विशेष रास्ता;
p&i: **~ against** नाव खेने का मुकाबला क.; **~ against the flood/ wind/ tide** कठि परिस्थितियों में काम क.;**~ down** किश्ती में किसी से आगे निकल जा.; **~ for** किसी की तरफ से किश्ती दौड़ में भाग ले.; **~ in the same/ in one boat** मिलकर काम क.; **~ out** किश्ती दौड़ में थक जा.; **~ over** किश्ती दौड़ आसानी से जीत लेना; **~ sb up** किसी की भीषण आलोचना क.; **~ sb up Salt River** किसी को चुनाव में हरा दे.; **~ up** दौड़ की रफ्तार बढ़ाना;
a hard / long/ tough ~ = a hard nut to crack काफी कठिन कार्य; **a new ~ to hoe** कार्यन्वित करने के लिए के लिए नया विचार या कार्य; **be at the end of one's ~** सभी संभावनाएं खत्म हो जा.; **get into a ~** डांट-फटकार पड़ना; **have a long/ a hard/ a stiff ~ to hoe** कठिन कार्य से दो-चार हो.; **hoe a big ~** *US* महत्त्वपूर्ण कार्य पूरा क.; **hoe another ~** किसी दूसरे काम को करने लगना; **hoe one's own ~** अपना काम अपने आप क., अपने काम से काम रखना; **in a ~** 1 लगातार 2 कतार में 3 एक के बाद एक: three goals in a ~; **it does not amount to a ~ of beans** इसका एक फूटी कौड़ी भी दाम नहीं; **raise a ~** बखेड़ा खड़ा क.; **what is the ~ about?** बात/ मामला क्या है?

rowan /राउअन/ रोअन/ (*also* **rowan tree/ mountain ash**) *n.* गुलाब परिवार का छोटा-सा पेड़, रक्तकोल

row\dy /राउडी/ *adj., degr.* **~dier**, **~diest** 1 दंगई, ऊधमी, उपद्रवी 2 शोर-शराबेभरा: a **~dy** game 3 तेज धारा वाली: **~dy** mountain brooks;
n. pl. **~dies** गुंडा, दंगाई, हुल्लड़बाज;
dw/lw: **~dily** *adv.* दंगई की तरह; **~diness** *n./* **~dyism** *n.* गुंडई, दंगई, हुल्लड़बाजी; **~dish** *adj.* ऊधमी

rowel /राउइल/ *n.* 1 (महमेज की कांटेदार) फिर्की 2 कीलदार चर्खी 3 (चमड़े का) छल्ला;
v., pt. **~ed**, *pp* **~ing** एड़ लगाना, छल्ला लगाना

rower *see above under* **row: *dw/lw***

royal /रॉयल/ *adj.* 1 राजसी, शाही: His Royal Highness 2 (***syn.*** splendid) राजसी, शानदार: ~ welcome 3 (***syn.*** majestic) प्रतापी, तेजस्वी, राजसी: his bearing is ~; of ~ dimensions 4 (***syn.*** excellent) उत्कृष्ट, बढ़िया: ~ view; be in ~ spirits; have a ~ time 5 (*sometimes* **Royal**) *UK* 5.1 ब्रितानिया में शाही सेवा में रत: **Royal** Geographical Society 5.2 एक खिताब;
n. 1 राजघराने के लोग 2 शाही स्वर्ण सिक्के 3 *naut.* जहाज की रफ्तार का एक स्तर 4 (*also* **royal stag**) बारह बिंदुओं से अधिक सींगों वाला एक शानदार हिरण 5 एक विशेष लंबाई-चौड़ाई का छपाई कागज;
dw/lw: **~ism** /रॉइलिज्म/ *n.* राजतंत्रवाद, राजभक्ति; **~ist** /रॉयलिस्ट/ *n.* 1 राजतंत्रवादी, राजभक्त 2 अंग्रेजी गृह-युद्ध (1642-49) में राजा चार्ल्स का समर्थक; **~ly** *adv.* 1 शाही अंदाज में 2 शानदार तरीके से 3 जोरदार तरीके से: ~ly drunk;
collocations: **~ assent** संसद द्वारा पारित विधेयक को दी जाने वाली शाही स्वीकृति; **~ blue** गहन चमकदार नीला रंग; **Royal British Legion** 1921 में स्थापित भूतपूर्व सैनिकों का संगठन; **Royal Commission/ royal commission** शाही आयोग; **Royal evil** *med.* कंठमाला, गंडमाला; **~ flush** ताश में पोकर के खेल में एक चाल; **~ icing** *cookery* फलों के केक के ऊपर

अंडायुक्त एक सख्त पट्टी; **~ mast** *naut.* मस्तूल का उच्चतम भाग; **~ palm** उष्णकटिबंध अमेरिका में पाया जाने वाला नारियल का पेड़; **~ prerogative** राजाधिकार; **~ road** सरल रास्ता, सीधा मार्ग; **~ standard** शाही उपस्थिति में फहराया जाने वाली शाही चिह्नों वाली पताका; **~ stag** *see above under* **royal: *n.***; **~ tennis = real tennis**; **~ warrant** किसी व्यापारी को सामान की आपूर्ति करने के लिए राज घराने द्वारा दिया जाने वाला अधिकार; ***p&i:* a battle/ row ~** शोर-शराबापूर्ण बहस या झगड़ा; **the Royal We/ the royal we** 1 शाही लोगों द्वारा प्रयुक्त 'मैं' के स्थान पर 'हम' 2 मजाक में साधारण व्यक्ति द्वारा किया जाने वाला ऐसा प्रयोग

royalties /रॉयल्टिज/ *n.* किसी रचना का स्वामित्व, स्वामित्व शुल्क

royalty /रॉयल्टि/ *n., pl.* **royalties** 1 राज घराने के लोग 2 (***syn.*** office, dignity, power) राजत्व, राजसत्ता 3 रायल्टी, लेखक को दिया जाने वाला पुस्तक अधिकार शुल्क 4 तेल या खान कंपनी द्वारा भूमालिक को दिया जाने वाला स्वामित्व शुल्क, स्वत्व-शुल्क, राज शुल्क 4 (***syn.*** prerogative) राजाधिकार 5 राजदत्त अधिकार 6 राजा, राजवंशी

RPG *abbr.* 'report program generator' की प्रथमाक्षरी

RPI *abbr.* 'retail price index' की प्रथमाक्षरी

RPM *abbr.* 'retail price maintenance' की प्रथमाक्षरी

rpm *abbr., car* 'revolutions per minute' की प्रथमाक्षरी

RPO *abbr.* 'Royal philharmonic Orchestra' की प्रथमाक्षरी

RPS *abbr.* 'Royal Photographic Society' की प्रथमाक्षरी

rps *abbr.* 'revolutions per second' की प्रथमाक्षरी

RPV *abbr.* 'remotely piloted vehicle' की प्रथमाक्षरी

RR *abbr.* 'Right Reverend' की प्रथमाक्षरी

-rrhagia/ -rrhoea/ *US* **-rrhoea** *comb. form, denoting:* **abnormal/ excessive flow**, *pathol.* (अति स्राव)

RRP *abbr.* 'recommended retail price' की प्रथमाक्षरी

RS *abbr.* 'Royal Society' की प्रथमाक्षरी

Rs *symbol* **rupees** का प्रतीक

RSA *abbr.* 'Republic of South Africa', 'NZ Returned Services Association', 'Royal Scottish Academy', 'Royal Scottish Academician', 'Royal Society of Arts' की प्रथमाक्षरी

RSC *abbr.* 'Royal Shakespeare Company', 'Royal Society of Chemistry' की प्रथमाक्षरी

RSI *abbr.*, 'repetitive strain injury' की प्रथमाक्षरी (एक दर्दनाक दशा जिसमें कंप्यूटर पर काम करने से हाथ-पैर खराब हो जाते हैं)

RSL *abbr.* 'Returned Services League', 'Royal Society of Literature' की प्रथमाक्षरी

RSM *abbr.* 1 'regimental sergeant major', 'Royal School of Music', 'Royal Society of Medicine' की प्रथमाक्षरी 2 'Republic of San Marino' (सान मारीनो गणतंत्र) का अंतर्राष्ट्रीय वाहन पंजीकरण कोड (IVR)

RSNC *abbr.* 'Royal Society for Nature Conservation' की प्रथमाक्षरी

RSNO *abbr.* 'Royal Scottish National Orchestra' की प्रथमाक्षरी

RSNZ *abbr.* 'Royal Society of New Zealand' की प्रथमाक्षरी

RSPB *abbr.* 'Royal Society for the Protection of Birds' की प्रथमाक्षरी

RSPCA *abbr.* 'Royal Society for the Prevention of Cruelty to Animals' की प्रथमाक्षरी

RSSA *abbr.* 'Royal Scottish Society of Arts' की प्रथमाक्षरी

RSSPCC *abbr.* 'Royal Scottish Society for the Prevention of Cruelty to Children' की प्रथमाक्षरी

RSV *abbr.*, 'Revised Standard Version' की प्रथमाक्षरी (संशोधित मानक रूप)

RSVP *abbr., Fr.* 'repondez s'il vous plait' की प्रथमाक्षरी (कृपया उत्तर दें!)

RTE *abbr.* 'radio Telefis eireann' की प्रथमाक्षरी

Rt Hon *abbr.* 'Right Honourable' का संक्षेप

Rt Rev *abbr.* 'Right Reverend' का संक्षेप

RU *abbr.* 1 'Republic of Burundi' (बुरुंदी गणतंत्र) का अंतर्राष्ट्रीय वाहन पंजीकरण कोड 'IVR' 2 'Rugby Union' की प्रथमाक्षरी

Ru *symbol, chem.* **'ruthenium'** का प्रतीक

rub /रब/ *n.* 1 घिसाई, रगड़, रगड़ाई, रगड़ा, मर्दन, लेपन: give sth a good ~; the ~ of a brush 2 मुश्किल, बाधा, रोड़ा: the **~s** and worries of life 3 कंटक (sth irritating);

v., pt.* ~bed**, *pp* **~bing** 1 रगड़ना: ~ the surface dry 2 (**~ against, on/ along sth**) मसलना 3 जूतों द्वारा काटा जा.: my shoe is **~bing** my heel 4 मलना, घिसना: he has **~bed** his coat/ against some wet paint 5 अंगोछना, पोंछना (with towel) 6 घिस जाना (get worn by friction) 6 (*usually* **~ sth on/ into sth else**) लेप क., मलना, पोतना, लीपना: ~ one's chest with ointment 7 (syn.*** polish) मांजना, घिसाना: ~ the glasses with this cloth 8 मलना, रगड़ना: ~ sth to powder 7 (**~ sth away/ off/ out**) रगड़कर साफ क. 8 (***syn.*** manage with difficulty) किसी तरह से (काम) चलाना या निर्वाह क.;

dw/lw:* ~bed** /रब्ड/ *adj.* 1 रगड़कर साफ किया हुआ 2 घिसा हुआ: ~bed furniture 3 चिड़चिड़ा: he was in a ~bed temper; **~bing** /रबिंग/ *n.* 1 रगड़, रगड़ाई 2 किसी उभरी सतह पर कागज को रगड़ने पर उभरने वाली छाप; **~bing-stone** *n.* करंड सान, चाकू आदि तेज करने का पत्थर; **~-down** *n.* किसी सतह को रगड़कर साफ करने की क्रिया 2 किसी चीज को कपड़े आदि से रगड़ने की क्रिया 3 (syn.*** massage) मालिश;

***collocations:* ~bing alcohol = surgical spirit** चिकित्सा में प्रयोग की जाने वाली स्पिरिट;

***p&i:* ~ along** धीरे-धीरे आगे बढ़ना; **~ along with sb/ together** *colloq.* किसी के साथ दोस्ताना संबंध रखना; **~ away** पोंछना; **~ elbows with sb** 1 अपने को खुश दिखाना 2 ऊंचे लोगों से मेल बढ़ाकर उनके साथ उठना-बैठना;; **~ it in** कटे पर नमक छिड़कना, किसी दोष या अवगुण की बार-बार याद दिलाना; **~ off/ on/ onto sb** दूसरे पर असर डालना; **~ off / ~ out** रगड़कर हटाना या साफ क., मिटाना; **~ salt into sb's wounds** किसी के जले या कटे पर नमक छिड़कना; **~ sb/ oneself/ sth own** व्यक्ति या घोड़े की छाल को रगड़-रगड़कर साफ क.; **~ sb's nose in it** किसी को बार-बार उसके दोष या भूल के बारे में चुस्कियां लेते हुए याद दिलाना; **~ sb out** *N. Amer. sl.* किसी का कत्ल क.; **~ sb the wrong way** किसी को अपनी गलतियों, बेवकूफियों आदि से नाराज कर लेना; **~ sb up the wrong way** किसी को उपेक्षा या तिरस्कार द्वारा नाराज क.; **~ shoulders with** 1 किसी के साथ मिलना-जुलना या सामाजिक संबंध रखना; **~ sth down** 1 अपने शरीर या घोड़े आदि को ऊपर-नीचे रगड़कर सुखाना 2 पेंट करने से पहले पुराने पेंट को रगड़कर हटाना 3 रगड़कर मुलायम या चिकना बनाना; **~ sth in** 1 मलहम लगाना 2 किसी शर्मनाक बात को बार-बार दोहराकर शर्मिंदा क., कटे पर नमक छिड़कना; **there's the ~/ here lies the ~** मुश्किल यहां पर है; **~ through** मुश्किल से मुसीबत से बच निकलना; **~ together** दो वस्तुओं को एक दूसरे से रगड़ना; **~ up** 1 रगड़कर साफ क., चमकाना 2 यादगार आदि को ताजा क.: ~ up one's knowledge

rub-a-dub /रब-ए-डब/ *n.* ढमढम, ढोल की आवाज

***v., pt.* rub-a-dubbed**, *pp* **rub-a-dubbing** ढमकाना

rubaiyat /रूबाइयत/ *n., pl.* चार पंक्तियों के परिच्छेद से बनी फारसी कविता

rubber /रबः/ *n.* 1 रबड़, रबर: natural/ synthetic ~ 2 *UK* (*US* eraser) रबड़ जिससे पेंसिल के निशान मिटाये जाते हैं 3 रबड़, अपमार्जक 4 (***syn.*** overshoes, galoshes) ऊपरी जूता, जूते की बरसाती 5 (***syn.*** whetstone) सान 6 (***syn.*** file) रेती, रगड़-पट्टी 7 रगड़ने वाला व्यक्ति 8 (***syn.*** masseur) अंगमर्दक, मालिश करने वाला या मलने वाला 9 सौउना स्नानघर (sauna) में प्रयुक्त होनेवाला तौलिया 10 कटाक्ष, काट खानेवाली टिप्पणी 11 रबड़ से बनी वस्तु: ~ gloves 12 (***syn.*** condom) निरोध 14 एक ही प्रकार के खिलाड़ी दलों (teams) के बीच तीन बाजी का खेल 15 जिज्ञासु व्यक्ति 16 घिसने आदमी 17 पोंछा, पोछा;

dw/lw: **~iness** /रबरिनेस/ *n.* रबड़ जैसा लचीलापन; **~ize**/ **~ise** /रबराइज/ *v., pt.* ~ized, *pp* ~izing रबड़ चढ़ाना; **~neck** /रबःनेक/ *n.* (***syn.*** curious cat) ताक-झांक करने वाला, कुतूहली व्यक्ति; **~neck** *v., pt.* ~-necked, *pp* ~-necking पास से गुजरते समय ताक-झांक क.; **~-stamp** /रबः-स्टैंप/ *n.* 1 रबड़-स्टैंप 2 आंख मूंदकर पुष्टि या समर्थन करने वाला; **~-stamp** *v., pt.* ~-stamped, *pp* ~-stamping 1 रबड़-स्टैंप लगाना 2 आंख मूंदकर या बिना सोच-समझे पुष्टि या समर्थन करना; **~y** /रबरि/ *adj.* 1 रबड़ जैसा 2 लचीला 3 (about legs and knees) कमजोर;

collocations: **~ band** (*also UK* **elastic band**) रबड़ बैंड; **~ boot** *US [pl.]* (***syn.*** wellinton) रबड़ के बूट; **~ bullet** हिंसक भीड़ को नियंत्रित करने के लिए पुलिस द्वारा प्रयुक्त की जाने वाली रबड़ की गोली; **~ cement** *sl.* रबड़ से बनी चिपकाऊ चीज; **~ cheque** *sl.* बैंक खाते में पैसे न होने की वजह से भुगतान न दिलाने वाला चैक; **~ dinghy** (*also* **~ raft**) रबड़ की नौका; **~ goods** *pl., euphemistic for* condom निरोध; **~ plant**/ **~ tree** 1 सजावटी पौधे के रूप में उगाया जाने वाला रबड़ का पौधा 2 रबड़ का पेड़

rubbing *see above under* **rub:** ***dw/lw & collocs.***

rubbish /रबिश/ *n.* 1 कूड़ा-कर्कट, कचरा 2 बेकार या रद्दी माल, रद्दी चीजें: these goods are just ~ 3 (***syn.*** nonsense) बकवास, अंड-बंड, अनाप-शनाप: don't talk ~!;

v., *pt.* **~ed**, *pp* **~ing** 1 ठुकरा देना, दुत्कार दे. 2 बुरी तरह धज्जिया उड़ा देना, पूर्णतः धराशायी कर देना;

dw/lw: **~-dump** *n.* घूर, कूड़ा-खाना; **~y** *adj.* (***syn.*** trash) रद्दी, निकम्मा, बेकार: that's all ~y stuff;

collocations: **~ bin** रद्दी की टोकरी

p&i: **a good riddance of bad ~!** बुरी चीज से अच्छा पिंड छूटा!

rubble /रबल/ *n.* 1 मलबा 2 (*also* **~-stone**) टूटी हुई रोड़ी 3 (*also* **~-work**) रोड़ियों या गिट्टी की चिनाई, मोटी चिनाई;

dw/lw: **rubbly** /रब्लि/ *adj.* कंकड़-भरा

rube /रूब/ *n., N. Amer. sl.* गंवार, अनगढ़ या फूहड़ व्यक्ति

rube\facient /रूबिफेशिअंट/ *adj., med.* त्वचा को लाल बनाने वाला;

dw/lw: **~faction** /रूबिफेक्शन/ *n.* त्वचा की कृत्रिम लाली; **~fy**/ **rubify** /रूबिफाइ/ *v., pt.* ~fied/ rubified, *pp* ~fying/ rubifying लाल क., जलन या प्रदाह उत्पन्न क.

rubella/ **rubeola** /रूबेला/ रूबिअला/ (*also* **German measles**) *n., med.* खसरा

rubenesque /रूबअनेस्क/ *n.* सुडौल उरोजों वाली गोल-मटोल औरत

rubescent /रूबेसंट/ *adj. med.* त्वचा को लाल करने वाला

Rubicon/ **rubicon** /रूबिकअन/ *US* रूबिकाःन/ *n.* महत्त्वपूर्ण सीमा, लक्ष्मण रेखा;

p&i: **cross the ~** लक्ष्मण रेखा लांघना. किसी नियम का उल्लंघन क.

rubicund /रूबिकंड/ *adj.* (***syn.*** ruddy) लाल एवं तरो-ताजा: ~ complexion

rubidium /रुबिडिअम/ (*symbol* **Rb**) *n.* एक रासायनिक तत्त्व

rubidium-strontium dating एक करोड़ वर्ष से भी पुरानी चट्टानों की उम्र मापने का तरीका

rubies *pl.,* **ruby** का बहुवचन

rubiginous /रूबिजिनस/ *adj.* 1 (***syn.*** rusty) जंगदार 2 जंग के रंग का

ruble *n.* = **rouble**

rubric /रूब्रिक/ *n.* 1 रंगीन शीर्षक, सुर्खी 2 पुस्तक में शीर्षक, मुख्य पंक्ति 3 *law* धारा या उपधारा का शीर्षक 4 आधिकारिक नियम, कायदे-कानून 5 पूर्णतः निर्धारित 6 लाल गेरू 7 *Christ.* अनुष्ठान-निर्देश, उपासना निर्देश;

dw/lw: **~al** /रूब्रिकल/ *adj.* 1लाल, रक्तिम 2 आनुष्ठानिक 3 अनुष्ठित; **~ate** /रूब्रिकेट/ *v., pt.* ~ated, *pp* ~ating 1 लाल स्याही से अंकित क. 2 लाल (रंग) में छापना या लिखना 3 लाल स्याही में लिखकर निर्देश दे.; **~ator**/ **~ian**/ **~ist** /रूब्रिकेटः/ रूब्रिशिअन/ रूब्रिशिस्ट/ *n.* अनुष्ठान-शास्त्री, प्रार्थना-पुस्तिका के शीर्षक लिखने में माहिर; **rubrics** /रूब्रिक्स/ *n.* 1 अनुष्ठान-शास्त्र, अनुष्ठान-क्रम 2 नियम-शास्त्र

ruble *see above under* **rouble**

ruby /रूबि/ *n., pl.* **rubies** *geol.* 1 मानिक, माणिक्य, पद्मराग, याकूत 2 लाल 3 लाल रंग 3 (***syn.*** pimple) लाल फुंसी 5 *sl.* रक्त;

adj. लाल: ~ lips;

collocations: **~ wedding** (*US* **~ anniversary**; **~ wedding anniversary**) चालीसवीं विवाह-वर्ष-गांठ;

p&i: **above rubies** अमूल्य, मूल्यवान

RUC *abbr.* 'Royal Ulster Constabulary' की प्रथमाक्षरी

ruc\he /रूश/ *n., pl.* **~hes** झालर, चुन्नट;

v., *pt.* **~hed**, *pp* **~hing** झालर लगाना

dw/lw: **~hed** *adj.* झालर लगा, झालरदार

ruck /रक/ *n.* 1 (***syn.*** crease) शिकन, झुर्री, सिलवट 2 जमावड़ा, भीड़, जनसाधारण 3 ढेर, गट्ठर, बंडल 4 पिछड़े प्रतियोगियों का समूह;

v., *pt.* **~ed**, *pp* **~ing** 1 (*also* **~ sth up**) घास आदि का ढेर लगाना, गट्ठर बनाना 2 (*also* **~ up**/ **~ sth up**) शिकन पड़ना, सिलवट डालना;

p&i: **~ up** अस्त-व्यस्त सिलवटें डालना; **out of the ~** अद्वितीय, अनोखा

ruckle /रकल/ *v., pt.* **~d**, *pp* **ruckling** 1 (***syn.*** crease) सिलवट पड़ना या डालना 2 घर्रा लगना;

n. 1 शिकन, सिलवट 2 (***syn.*** death-rattle) मरते समय की हिचकी, मृत्यु-घटका

rucksack /रकसैक/ (*also* **back rack**) *n.* यात्रा के लिए पीठ-थैला

ruckus /रकस/ *n., originally mainly N. Amer.* 1 (***syn.*** disturbance, commotion) हुल्लड़, हल्ला-गुल्ला 2 (***syn.*** fracas) मारपीट, दंगा

ruction(s) /रक्शन/ *n., pl.* **~s**, *colloq.* 1 (***syn.*** uproar) हो-हल्ला: if you come home late there'll be **~s** 2 उपद्रव 3 मार-पीट

rudaceous /रुडाइशिअस/ *adj.* बड़े-बड़े टुकड़ों वाली (चट्टानें)

rudd /रड/ *n.* एक ताजे पानी की मछली

rudder /रडः/ *n., naut.* 1 नौका या जहाज की दिशा को नियंत्रित करने वाला यंत्र 2 पतवार 3, दिक्-नियंत्रक, विमान का दिशा नियंत्रक 3 पथ-प्रदर्शक 4 कर्ण, सुकान;

dw/lw: **~less** *adj.* 1 दिशा नियंत्रक रहित 2 निरुद्देश्य 3 सुकान रहित; **~-post** *n.* सुकान-खंभा; **~-stock** *n.* सुकान-दंड

ruddle /रडल/ *n.* (भेड़ों पर निशान लगाने वाला) गेरू;

v., *pt.* **~d**, *pp* **ruddling** भेड़ों पर लाल गेरू के निशान लगाना

ruddy /रडि/ *adj., degr.* **ruddier, ruddiest** 1 लाल (गाल) 2 (***syn.*** reddish) रक्ताभ: ~ light 3 गुलाबी 4 सुस्वस्थ, अच्छा: ~ health 5 *mainly Br., colloq., swear-word* (गाली) = bloody हरामजादा...: **~ fool** = **bloody fool;**

adv. बहुत: ~ awful (बहुत खराब);

dw/lw: **ruddiness** *n.* रक्ताभा, गुलाबीपन, स्वस्थता

rude /रूड\/ *adj.* 1 (***syn.*** impolite) अशिष्ट, अश्लील, अभद्र: ~

words or jokes 2 गंवार, कच्चा, अनगढ़, अपरिष्कृत: cotton in its ~ state 3 (***syn.*** approximate) मोटा-माटी 4 (***syn.*** primitive) असभ्य: peoples in a ~ state of civilization 5 अशिक्षित 6 (***syn.*** boorish) उजड्ड, गुस्ताख, ढीठ, बदतमीज 7(***syn.*** crude) अपमानजनक, आपत्तिजनक: ~ gestures/ remarks 8 कड़ा, कठोर, कटु: ~ reply; ~ reminder 9 कठोर, रूखा: ~ drawings 10 (***syn.*** sudden, abrupt) आकस्मिक, चौंकाने वाला: a ~ awakening; ~ shock 11 तेज, उग्र, प्रचंड 12 अनियंत्रित 13 (***syn.*** discordant) कर्कश 14 (***syn.*** robust) हृष्ट-पुष्ट, तगड़ा: in ~ health;

dw/lw: **~ly** /~लि/ *adv.* अशिष्टतापूर्वक, गुस्ताखी से: he spoke ~ly to him; he laughed ~ly; ~ly made 2 मोटा-माटी: estimated ~ly; **~ness** /रूडनस/ *n.* 1 गुस्ताखी 2 अशिष्टता, अभद्रता

rudiments /रूडिमेंट्\स/ *n.* 1 (***syn.*** basics) मूल-तत्त्व, प्रारंभिक ज्ञान: the **~s** of sth (किसी प्रक्रिया की मूल बातें या सिद्धांत); **~s** of cooking 2 (*usually* **~s**) प्रारंभ, प्रारंभिक अवस्था, सूत्रपात: the **~s** of civilization 3 *biol.* मूलांक, आद्यंग, आद्यवशेष, अल्पविकसित अंग: ~ organ;

dw/lw: **~al**/ **~ary** /~ल/ ~रि/ *adj.* 1 (***syn.*** elementary, basic) प्राथमिक, प्रारंभिक: a ~al knowledge of botany 2 अल्पविकसित, अल्पवर्धित 3 (***syn.*** vestigial) अवशिष्ट, आद्यंगिक; **~arily** /~रिलि/ *adv.* प्रारंभिक रूप में; **~ariness** /~रिनेस/ *n.* प्रारंभिकरूपता, आद्यंगता

rue /रू/ *v., pt.* **~d**, *pp* **rueing** 1 (***syn.*** regret) पश्चात्ताप क., पछताना: ~ the day/ the hour when he decided to leave the country 2 अनुताप क.;

n. 1 दयाभाव, करुणा 2 ब्राह्मी बूटी 3 सदाब 4 हर-मल 5 पश्चात्ताप का प्रतीक, पछतावा;

dw/lw: **~ful** /रूफुल/ *adj.* 1 पश्चात्ताप करने वाला 2 दयाभाव से ग्रस्त 3 (***syn.*** doleful) विषादमय, निरानंद, उदास: ~ful smile; **~fully** /रूफुलि/ *adv.* 1 पश्चात्ताप भाव से 2 करुणा भाव से 3 उदास होकर; **~fulness** *n.* 1 पश्चात्ताप 2 दयाभाव, करुणामयता 3 उदासी, विषाद;

p&i: **take the** ~ शादी के विषय में इरादा बदल लेना

rufescent /रूफेसंट/ *adj., bot., zool.* आरक्त, लाल होने वाला

ruff /रफ/ *n.* 1 पक्षियों या जानवरों का झालरदार गुलूबंद, कंठी 2 (***syn.*** collar) गोल, पट्टीदार कॉलर, रफ 3 पक्षियों या जानवरों का कंठा, कंठी (ring of feathers or hair) 4 (***syn.*** pigeon) पालतू कबूतर 5 टिटहरी, बाटन या जलरंग परिवार का पक्षी, गेह वाला (kind of sandpiper) 6 ताश के खेल में तुरुप की मार या काट 7 ताजे पानी की एक छोटी-सी मछली;

v., pt. **~ed**, *pp* **~ing** 1 झालर लगाना 2 पंख फड़फड़ाना 3 तुरुप मारना

ruffian /रफिअ\न/ *n.* (***syn.*** thug) बदमाश, गुंडा: hired ~; little **~s** (शरारती बच्चे);

adj. गुंडों जैसा, जैसे या जैसी: ~ appearance

dw/lw: **~ism** /~निज्म/ *n.* गुंडई, गुंडापन; **~like** *adj.* गुंडों-सा; **~ly** /~नलि/ *adj.* बदमाशों की माफिक

ruffle /रफल/ *v., pt.* **~d**, *pp* **ruffling** 1 अस्त-व्यस्त कर देना या हो जा. 2 चिढ़ना, चिढ़ाना: ~ sb's temper 3 विघटित क. 4 (***syn.*** wrinkle) शिकन या झुर्री पड़ना या डालना, खुरदरा बनना या बनाना 5 (***syn.*** ripple) लहरें पैदा क., लहराना 6 (***syn.*** fluster) घबरा जा., घबराहट पैदा क., क्षुब्ध हो. या क. get **~d**; 7 (***syn.*** feather) पंख खड़ा क., पंख फड़फड़ाना 8 (***syn.*** turn over) जल्दी-जल्दी पन्ने आदि) पलटना 9 (***syn.*** shuffle) जल्दी-जल्दी फेंटना 10 (***syn.*** swagger) शेखी बघारना, डींग मारना 11 (***syn.*** quarrel, brawl) झगड़ना, उपद्रव मचाना 12 ढमढमाना, बजाना (a drum) 13 उद्दंडतापूर्ण व्यवहार क.;

n. 1 (***syn.*** frill) पट्टी, झालर, चुन्नट 2 (***syn.*** wrinkle) शिकन, झुर्री 3 कंठी (bird's ruff) 4 (***syn.*** drum-beat) ढमढम 5 अशांति, उपद्रव 6 चिढ़ 7 (***syn.*** ripple) लहर;

dw/lw: **~d** *adj.* 1 कंठी से सज्जित 2 अस्त-व्यस्त, अशांत, क्षुब्ध 3 (frilled) झालरदार: ~ blouse;

p&i: **~ sb's/ a few feathers** किसी को नाराज क.: VC's speech ~d a few feathers in academic world

rufiyaa /रूफिया/ *n., pl.* **rufiyaa** मालदीव की मुद्रा

rufous /रूफस/ *adj.* 1 लाल, आरक्त, पाटल 2 लाल भूरा, बादामी (पक्षी का रंग)

rug /रग/ *n.* 1 गलीचा, कालीन 2 यात्रा के लिए मोटा कंबल;

p&i: **cut the** ~ तीव्र नृत्य क.; **pull/ jerk the ~ (out) from under sb** किसी को पूर्णतः निहत्था कर दे.

ruga /रूग/ *n.* (***syn.*** wrinkle, fold, crease) सिकुड़न, झुर्री, वली

rugby (*also* **~ football**) /रग्बि/ *n.* फुटबॉल की तरह का एक खेल

rugged /रगिड/ *adj.* 1 ऊबड़-खाबड़, ऊंचा-नीचा, असम, विषम, बीहड़, खड़ा, चट्टानी (of surface): ~ beauty; ~ country; ~ bark 2 (***syn.*** healthy and robust) हृष्ट-पुष्ट, कठोर, बेडौल पर सुंदर, तगड़ा: ~ features 3 (***syn.*** wrinkled) खुरदरा, रूक्ष, झुर्रीदार, शिकनदार 4 (***syn.*** stern, austere and unbending) कठोर, कड़ा: ~ kindness; ~ code of morals 5 (***syn.*** unpolished) अपरिष्कृत, अनगढ़: ~ verses 6 कर्कश 7 भारी, कठिन (due to hardship): ~ times; a ~ life 8 रूखा 9 अशिष्ट, अभद्र, असभ्य (of manners) 10 खुरदरा पर मजबूत: ~ vehicle;

dw/lw: **~ly** *adv.* 1 रूखे, अशिष्ट, अभद्र या असभ्य ढंग से 2 कठोर पर सुंदर: ~ly handsome; **~ness** *n.* रूखापन, अशिष्टता, अभद्रता, असमता, विषमता;

p&i: **~ stone grows smooth from hand to hand** पत्थर घिस-घिसकर महादेव बन जाता है, करत-करत अभ्यास के जड़मति होए सुजान

rugger-bugger /रगः-बगः/ *n.* रग्बी का उपद्रवी समर्थक

rugous/ rogose /रूगोस/ *adj., bot., zool., anat.* झुर्रीदार

rug rat *n., N. Amer. colloq.* छोटा बच्चा जिसने अभी चलना न सीखा हो

ruin /रुइन/ *v., pt.* **~ed**, *pp* **~ing** 1 (***syn.*** wreck) तबाह या बर्बाद क. या हो.: the weather **~ed** their trip; ~ one's career/ one's life; ~ oneself 2 नष्ट क., का विनाश क.: the hail-storm **~ed** the crops; 3 (***syn.*** make bankrupt) दिवालिया बना देना: new policy will ~ his business 3 विध्वंस क., उजाड़ना, उजड़ना: the war has ~ed the whole country 4 खराब क., बिगाड़ना, बिगड़ना: ~ a girl; the drugs have **~ed** many young lives;

n. 1 बर्बादी, तबाही: the ~ of one's hopes 2 विध्वंस, विनाश: rack and ~ 3 (***syn.*** moral degradation) अधःपतन 4 (***syn.*** downfall) पतन: gambling led to his ~ 5 (*often* **~s**) खंडहर, भग्नावशेष, ध्वंसावशेष: be in **~s**; the town lay in **~s**;

dw/lw: **~ation** /रूइनेशन/ *n.* (***syn.*** destruction) बर्बादी, तबाही, विनाश; **~ed** /रुइंड/ *adj.* नष्ट, ध्वस्त, बर्बाद, तबाह: ~ed health; ~ed country; **ruinous** *see below under separate entry*; **~er** /रुइनः/ *n.* बर्बाद या तबाह करने वाला, विध्वंसक;

p&i: **~ agate / marble** खंडहर का निशान; **blue** ~ मृत्यु, पतन;

ruinous /रूइनस/ *adj.* 1 (***syn.*** devastating) विनाशकारी, अनर्थकारी: ~ practice; ~ consequences; ~ expenditure 2 (***syn.*** in ruins, dilapidated) ध्वस्त, विनष्ट, खंडहर-सा, तबाह, टूटा-फूटा, जर्जर, जीर्ण-शीर्ण: the wall is in a ~ state

rule /रूल/ *n.* 1 नियम: a ~ of thumb (व्यावहारिक नियम); **~s** of the road; standing ~ (स्थायी नियम); apply/ break/ enforce/ establish a ~; a ~ against sth; ground **~s** (किसी कार्य या खेल के व्यावहारिक नियम) 2 (***syn.*** set of ~s) नियमावली; bend/ stretch the **~s** (नियमों को तोड़ना-मरोड़ना); international **~s** in force 3 सिद्धांत: make it a ~ always to be punctual 4 (*syn.* criterion) मापदंड, कसौटी: **~s** for selection of a professor 5 शासन, शासन काल, हुकूमत, आधिपत्य, नियंत्रण: during the ~ of Katherine the 6 (*syn.* law) विधान, आदेश: a ~ forbids/ prohibits sth; a strict/ unwritten ~ 7 (*syn.* habit, practice, tradition) प्रथा, दस्तूर, रिवाज, आदत: go to bed early as a ~ 8 (*syn.* domination): ~ of law prevails inevitably 9 (*syn.* ruler, measuring tool) रूलर, इंची, फुटा, चपटी पटरी 10 *Christ.* ईसाई धर्म के कायदे, कानून, प्रथा, दस्तूर, रिवाज आदि 12 सलाह के रूप में नियम: the first ~ of the road is to keep to the left 14 किसी विषय के नियम: grammatical **~s**;

v., *pt.* **~d**, *pp* **ruling** (*syn.* pronounce the judgement, settle by decree) का निर्णय क., आदेश, निर्णय या फैसला दे.: the judge **~d** that the majority or minority of a party can be tested only on the floor of the assembly or parliament 2 शासक हो., हुकूमत में हो., राज क., पर शासन क.: ~ over the country 3 (*syn.* control) नियंत्रित क., वश में रखना, परिचालित क.: ~ one's actions; ~ one's affections/ emotions 4 रोकना, विरोध क. 5 प्रभावित क., पर प्रभाव डालना, संचालित क.: hankering after money **~d** his life 6 हावी होना (of prices): prices continue to ~ high/ low 7 रेखाएं या रेखा खींचना: ~ lines on paper/ ~ paper;

dw/lw: **rulable** *adj.* शासन करने योग्य; **~d** *adj.* 1 लाइनदार, रेखांकित: ~d paper 2 शासित: the states ~d by a particular party; **~ership** *n.* शासनकाल, शासन; **~less** *adj.* अराजक; **~r** /रूलः/ *n.* 1 शासक 2 रूलर, इंची पट्टी, फुटा, रेखक; **~-of-thumb** *adj.* अनुभव आधारित, व्यावहारिक, कामचलाऊ; **~-of-thumb** *n.* अनुभव आधारित या व्यावहारिक शैली; **~-of-thumb-technique** *n.* जुगाड़ू तरीका; **~-of-thumb-photographer** *n.* जुगाड़ू फोटोग्राफर;

collocations: ~ **absolute** अदालत का निरपेक्ष आदेश; ~ **book** नियम पुस्तिका; ~ **nisi** /नाइसाइ/ सशर्त आदेश; ~ **of three** *math.* अनुपात के तीन आयामों के आधार पर चौथे आयाम का पता लगाना; **~s and regulations** नियम-विनियम; **~es of the road** सड़क के यानी यातायात के नियम; **hard and fast** ~ पूर्णतः स्थापित नियम;

p&i: ~ **off** रेखा खींचकर अलग क.; ~ **out** 1 (*syn.* exclude) वर्जित क., खारिज क. 2 नियम विरुद्ध घोषित क.; ~ **sth off** रेखा खींचकर अलग क.; ~ **sth/ sb out** (*syn.* exclude) किसी को या किसी चीज को रद्द या खारिज कर दे., को शामिल करने या होने को असंभव करार दे.; ~ **the roast/ the roost** का बोलबाला हो.; ~ **with a rod of iron/** ~ **with a heavy hand** निष्ठुरतापूर्वक शासन क.; ~ **youth well, and age will** ~ **itself** जवानी को संयत रखो, बुढ़ापा अपने आप सुधर जाएगा; **a gag** ~ मुंह पर ताला लगाने की नीति; **against the ~s** नियम विरुद्ध; **a** ~ **of thumb** अनुभवसिद्ध प्रणाली का पालन; **as a** ~ साधारणतया, सामान्यतः, साधारणतः, प्रायः; **by** ~ 1 नियमानुसार 2 यंत्रवत्; **be ~d** 1 किसी की सलाह से चलना 2 शासित हो.; **bend/ stretch ~s** नियमों को तोड़ना-मरोड़ना; **lay down a** ~ नियम बनाना; **make it a** ~ किसी बात का नियमित रूप से पालन क.; **obey/ observe a** ~ नियम का पालन क.; **once is no** ~ कोई काम एक बार करने से नियम में परिवर्तित नहीं हो जाता; **play by one's own ~s** अपनी शर्तों पर काम क. या रिश्ते-नाते रखना; **play by the ~s** नियम अनुसार या न्यायपूर्वक कार्य क.; **the exception proves the ~ = there is no ~ without an exception** अपवाद बिना कोई नियम नहीं; **the golden** ~ स्वर्ण अक्षरों में लिखने योग्य नियम : दूसरों के साथ ऐसा व्यवहार करो जैसा कि आप अपने साथ चाहते हैं; **the ~s of the game** किसी कार्य क्षेत्र में काम करने के स्थापित नियम; **the** ~ **of law** स्थापित कानून का राज; **work to** ~ विरोध के रूप में नियमों के आधार पर मीन-मेख निकालते हुए काम क.

ruling /रूलिंग/ *adj.* 1 शासक: the ~ classes 2 (*syn.* predominant) प्रबल, प्रभावी, प्रमुख, प्रधान: ~ passion 3 प्रचलित: ~ prices;

n. 1 शासन, नियंत्रण 2 (*syn.* decision) प्रशासनिक फैसला, निर्णय, आदेश, व्यवस्था: ask for a ~; give a ~ 3 रेखण, रेखांकन, रेखा;

collocations: ~ **party** शासक दल; ~ **passion** उत्कट या प्रबल इच्छा

rulley /रलि/ *n.* ठेला

rum /रम/ *n.* 1 गन्ने के रस या चाशनी आदि से बनाई जाने वाली शराब, रम 2 *N. Amer.* कोई भी शराब;

adj. *degr.* **~mer**, **~mest** *mainly Br. colloq.* 1 (*syn.* bizarre, odd) विचित्र, अजीब 2 अनोखा;

dw/lw: **~ness** /रमनेस/ *n.* विचित्रता;

collocations: **rum-rummy customer** अत्यधिक चिड़चिड़ा आदमी, भिड़ का छत्ता, बात-बात में काटखाने को दौड़ने वाला

Rumanian /रुमेनिअन/ *n., adj., previously* **Romanian** रुमेनिआ वासी, रुमेनिआ से सबंधित

rumba/ rhumba /रुम्बा/ रम्बा/ *n., pl.* **rumbas** एक जीवंत अफ्रीकी-क्यूबन नृत्य

rum baba रम-रोटी, छोटी रोटी, स्पंजनुमा मीठा केक

rumble /रंबल/ *v., pt.* **~d**, *pp* **rumbling** 1 गड़गड़ाहट क., गरजना 2 घड़घड़ाना, घर्घराना: a cart **~d** along the street 3 (*often* ~ **along/ by/ past**) घर्र-घर्र करते हुए पास से गुजरना 4 घर्र-घर्र करते हुए कुछ कहना 5 *Br. sl.* किसी की चाल को भांप जा.: they don't know yet that they have been **~d** 6 माफिया गुटों की आपस में भिड़ंत हो.;

n. 1 गड़गड़ाहट: the ~ of thunder 2 घर्र-घर्र 3 घड़घड़ाहट, घर्घराहट 4 सुगबुगाहट, शिकवा-शिकायतें, विरोध: **~s** of opposition 5 घटिया अफवाह: pass a ~ 6 *US* मुड़वां सीट 7 *US* झगड़ा, हो-हल्ला 8 *sl.* रंगे हाथों पकड़े जाने की क्रिया;

dw/lw: **rumbling** *see below under separate entry*;

collocations: ~ **strip** किसी बाधा या खतरे के बारे में सचेत करने वाली सड़क पर बनी खुरदरी पट्टी;

p&i: ~ **on** (बहस, असहमति आदि का) धीरे-धीरे चलते रहना; ~ **out/ forth a remark** बिना सोचे-समझे कुछ बक दे.

rumbling /रम्बलिंग/ *n., pl.* **~s** 1 गड़गड़ाहट 2 (**~s**) लोगों की नाराजगी की सुगबुगाहट, शिकवा-शिकायतें: **~s** of discontent;

adj. 1 घर्घराता: ~ noise 2 सुगबुगाहट भरी: ~ voices

rumbustious /रंबस्चिअस/ (*US* **rambunctious**) *adj., Br. colloq.* 1 (*syn.* boisterous) शोर-शराबे व ऊर्जाशीलता के साथ मजे लेने वाला 2 गुल-गपाड़िया;

dw/w: **~ly** *adv.* हो-हल्लापूर्ण मजे के साथ

rumen /रूमेन/ *n., pl.* **rumina/ rumens** जुगाली करने वाले जीवों का प्रथम आमाशय

rumi\nant /रूमि\नंट/ *adj.* जुगाली करने वाला, रोमंथक;

n. 1 जुगाली करने वाला पशु 2 रोमंथकारी प्राणी;

dw/lw: **~nantly** /~नंटलि/ *adv.* 1 जुगाली करते हुए 2 सोच-विचार करते हुए; **~nate** /~नेट/ *v., pt.* ~nated, *pp* ~nating 1 जुगाली क. 2 चिंतन-मनन क., सोचना, विचारना: ~nate upon/ about/ over a project; **~nation** /~नेशन/ *n.* 1 जुगाली 2 रोमंथन 3 चिंतन-मनन, सोच-विचार; **~native** /~नेटिव/ *adj.* 1 रोमंथी 2 (*syn.* pensive, thoughtful) चिंतनशील; **~naior** /~नेटः/ *n.* चिंतक;

rummage /रमिज/ *v., pt.* **~d**, *pp* **rummaging** 1 (*usually* ~ **through sth**) चीजों या अल्मारी को अस्त-व्यस्त तरीके से टटोलना, छान मारना: ~ around/ in/ through, etc.; ~ in a desk; ~ a house from top to bottom 2 तलाशना, तलाशी ले. 3 (*usually* ~ **about/ around**) गहन छान-बीन करके खोज निकालना: the most thoroughly **~d**;

n. 1 तलाशी 2 छानबीन 3 सीमा-शुल्क अधिकारियों द्वारा ली जानेवाली तलाशी 4 खोजने पर मिली फुटकर चीजें, घाल-मेल;
collocations: ~ **sale** *N. Amer. US* (*UK* **jumble sale**) 1 फुटकर चीजों की बिक्री 2 सीमा-शुल्क आदि के गोदाम के माल या कपड़ों आदि की बिक्री
p&i: ~ **out** खोजकर पकड़ना, बाहर निकालना

rummer /रमअः/ *n.* 1 एक बड़ा गिलास 2 चषक, पानपात्र

rummy /रमी/ *n.* ताश का एक खेल, रम्मी

rumour *UK* (*US* **rumor**) /रूमः/ *n.* 1 अफवाह, उड़ती खबर, गप्प, सुनी-सुनाई बात: ~ has it that ...; the ~ runs that ...; deny/ dismiss/ hear ~**s**; a ~ about/of sth 2 किंवदंती: a ~ circulates/ goes around 3 जनश्रुति: a persistent/ strong/ unconfirmed ~;
***v.**, pt.* ~**ed**, *pp* ~**ing** 1 अफवाह उड़ाना या फैलाना: spark/ spread/ start ~s 2 अफवाह का फैलना: she is ~**ed** to be having an affair; it is ~**ed** that there will be a holiday soon;
dw/lw: ~**ed** *adj.* जनश्रुत: the ~ed disaster; ~**-monger** *n.* अफवाह उड़ाने वाला, अफवाह-उड़ाऊ, गप्पी, अफवाह फैलाने वाला आदमी;
p&i: ~**s are about/ afloat/ going round/ in the air** अफवाहें फैली हैं कि ...

rump /रम्प/ *n.* 1 (*also* ~ **steak**) पुट्ठा 2 (***syn.*** backside) चूतड़, नितंब 3 (***syn.*** remnant) बचा-खुचा माल, अवशेष, तितिम्मा 4 किसी मंडली-चौकड़ी के अधिकतर सदस्यों के चले जाने के बाद बची छोटी-सी चौकड़ी

rumple /रम्पल/ *v., pt.* ~**d**, *pp* ~**rumpling** 1 शिकन या सिलवटें डालना या पड़ना: ~ one's clothes; he seized the letter and ~**d** it up 2 अव्यवस्थित होना या क., अस्त-व्यस्त कर दे.: ~ one's hair;
dw/lw: ~**d** /रम्पल्ड/ *adj.* 1 अस्त-व्यस्त 2 सिलवटों से भरा: ~d clothes

rumpus /रंपस/ *n.* 1 उपद्रव, हुल्लड़: kick up a ~ 2 शिकायत करने वाले लोगों द्वारा किया जाने वाला हो-हल्ला: what is all this ~?;
collocations: ~ **room** *originally N. Amer.* बच्चों के खेलने का अस्त-व्यस्त कमरा

rumpy-pumpy *n., jocular* यौन-क्रिया

run /रन/ *v., pt.* **ran**, *pt. p.* **run**, *pp* ~**ning** 1 भागना, दौड़ना: ~ upstairs; ~ down a hill; ~ up and down the street; ~ at sb's heels (/कुत्ते के/ साथ दौड़ना); ~ for sb; ~ for the doctor! (दौड़कर डॉक्टर को बुलाकर लाओ!); ~ after sb 2 काम आदि चलाना: ~ one's own business; ~ a theatre; she ~**s** the household; ~ the show; ~ errands/ messages 3 दौड़ाना, चलाकर लाना, दौड़ना: ~ a car into a garage; ~ the car up the ramp; let the dog ~ free; ~ him out of the town 4 (***syn.*** flee) भाग जाना: ~ off; ~ away 5 (***syn.*** move) जाना, चलना, जल्दी चलना 6 बढ़ना, फैलना, (मुक्त रूप से, स्वेच्छया) आना-जाना, घूमना 7 (***syn.*** become) बन जाना 8 *law* लागू रहना (be in force): a lease with a year still to ~; this law/ contract ~**s** for seven years; the king's laws do not ~ here 9 होना: it ~**s** as follows … (वह इस प्रकार है ...); that kind ~**s** small (उस प्रकार के जीव या वस्तुएं संख्या में कम हैं); the proverb ~**s** like this… (कहावत इस प्रकार है ...) 10 दौड़ या प्रतियोगिता में भाग लेना, सम्मिलित होना 11 चुनाव लड़ना या चुनाव के लिए खड़ा हो.: ~ for parliament/ for office/ for president 12 गाड़ी का किसी ऊर्जा पर चलना: the car ~**s** on diesel; the motor ~**s** smoothly/ very nicely 13 चलाना, पर शासन क., का मालिक होना: ~ the state; ~ a college/ university 14 (***syn.*** ply) आना-जाना, चलना: trains aren't ~**ning**; trams ~ on rails; sledges ~ on snow 15 (***syn.*** spread) तेजी से फैल जाना: the rumour **ran** through the office; the news **ran** like wildfire/ lightning; a murmur **ran** through the ranks (सिपाहियों के बीच सुगबुगाहट फैल गई) 16 (***syn.*** elapse) बीत जाना, गुजरना: the guarantee period has ~ out 17 आना, आना-जाना: thoughts ~ **in/ through** one's head/ mind; his mind kept ~**ning** on the problem 18 (***syn.*** survey) का सिंहावलोकन क.: cast/ ~ one's eye over sth; our talk/ the conversation **ran** on recent events 19 (***syn.*** wander) घूमना: the deer **ran** around maize field 20 दौड़ाना (one's eye): she **ran** her eyes around the room 21 फेरना (one's hand): ~ sth along/ over/ through, etc. sth 22 ठोंक दे.: **ran** a nail into sb's coffin 23 भोंकना, घुसेड़ना (a knife) 24 चरने के लिए छोड़ दे.: ~ cattle in the valley 25 बढ़ते रहना (a bill): the electricity bill ran into thousands last month 26 काटना, से बचकर निकलना: ~ a blockade 27 (***syn.*** drip) चूना, रिसना, टपकना: the rain water **ran** gradually through the roof 28 (***syn.*** extend) तक फैल जाना, तक फैला हुआ होना, तक बना रहना: a road **running** south; ~ through/ down/ along, etc.; the road ~**s** across the plain; under the hill **ran** a deep ravine 29 प्रचलित हो., फैला हो., चालू रहना (be current): the play **ran** for ten years 30 (***syn.*** climb, grow) चढ़ना, बढ़ना: a rambling rose **ran** all over the wall 31 (***syn.*** ravel) उधड़ना: ~ the stitches; her tights and stockings **ran** 32 (***syn.*** melt) मोम आदि का पिघलकर बहना, बर्फ आदि का गलकर बहना: the butter **ran** 33 (***syn.*** pursue) का पीछा क.: ~ after sb/ sth 34 (***syn.*** follow) पर चलना, अनुगमन क. 35 (***syn.*** traverse, cover a distance) पार क., तय क., पूरा क.: ~ the marathon 36 (***syn.*** perform) पूरा क., दौड़कर कार्य करना: ~ an errand 37 (***syn.*** incur) खर्चा क., में पड़ जाना: **ran** the expenditure of the dinner 38 (***syn.*** sew slightly) तुरपना, सीना 39 (***syn.*** smuggle) चोरी से ले आना: ~ guns; ~ liquor/ drugs/ arms 40 टीवी आदि पर कार्य-क्रम चलाना: ~ a repeat of the series 41 मशीन आदि चलाना या उनका चलना: the presses **ran** all night 42 *comput.* कंप्यूटर चलाना 43 (बसों आदि का) चलना या उनको चलाना: ~ an extra train; the train **running** between Delhi and Chandigarh 44 बहना: rivers **running** to the sea; blood ~**s** in veins; tears **ran** down her cheeks; his face was ~**ning** with sweat 45 छापना: ~ the story in the magazine 46 *UK* नहाने का पानी तैयार क.: ~ a hot bath; ~ cold water into the bath 47 नाक आदि का बहना: his nose was ~**ning**; he was ~**ning** at the nose 48 फिल्म आदि का चलना 49 टोंटी आदि का चलना या बहना: ~ the tap; leave the tap **running** 50 किसी विशेष अवस्था में आना: ~ dry; ~ short of time; her blood **ran** cold; ~ a high temperature; ~ risks; inflation be **running** at sth 51 कार आदि में छोड़ आना या जाकर आना: ~ sb/ sth to/ down, etc.; ~ up to town for the afternoon; ~ sb to the station 52 रंग का फैलना या छूटना: this ink does not ~; a colour that ~**s** in the washing; the colour in his shirt **ran**; colours **running** from pink to deep red 53 पीढ़ी-दर-पीढ़ी चलना, परिवार की विशेषता हो.: ~ in the blood/ in the family; blue eyes ~ in the family 54 क्रिकेट में रन बनाना: the players **ran** for three 55 व्यवस्थित क., चलाना, मुहैया करवाना: ~ remedial courses 56 आर्थिक रूप से चला पाना: not be able to ~ a car on low salary 57 एक स्थान से दूसरे तक फैलना: the road ~**s** parallel to the river 58 के स्तर तक पहुंचना या हो.: the inflation is **running** at 10% 59 परीक्षण क.: the doctors **ran** some more tests;
n. 1 दौड़, धावन: break into a ~; come up at a ~ 2 रन (क्रिकेट में): go for a ~; hit for four ~**s** 3 (*usually* **a ~ on sth**)

सार्वजनिक या बड़ी मांग: a ~ on the dollar; a ~ on a book; have a general ~ (के लिए सामान्य मांग हो.); a considerable ~ on that novel 4 निर्धारित समय में दौड़कर तय किया जाने वाला रास्ता 5 (***syn.*** journey, trip) यात्रा, सफर: a ~ to the seaside; take a car for a ~ 6 फेरा, चक्कर: a coach on the Delhi to Agra ~; the boat was taken off its usual ~; a day's ~ (एक दिन की यात्रा) 7 (***syn.*** movement) चाल, गति: on the ~ (चलते-चलते); be on the ~ all day 8 *mainly US* (***syn.*** small stream, flow) जल-धारा, प्रवाह 9 (***syn.*** hang, way) ढब, ढंग 10 दिशा 11 (***syn.*** trend) रुख, रंग-ढंग: the ~ of the market (बाजार का रुख) 12 (***syn.*** spell, continuous course or period) दौर: a ~ of success/ of good luck; a ~ of ill lick; a ~ of wet season/ bad weather; a long ~ of power (सत्ता का लंबा दौर); the play had a short ~/ a ~ of six weeks 13 (***syn.*** stretch) विस्तार, अंश 14 (***syn.*** music) गीत 15 (***syn.*** average) औसत प्रकार: the usual ~ of new students; an ordinary ~ of cloth (कपड़े की सामान्य प्रकार); the common/ general ~ of sth; above the ordinary ~ of mankind (औसत मानवों से ऊपर); not like the common ~ of girls (सामान्य लड़कियों जैसी नहीं) 16 (***syn.*** ware) माल 17 (***syn.*** drove, batch) झुंड 18 (***syn.*** enclosure) बाड़ा, घेरा: a chicken-~ 19 चरागाह (for pasture) 20 खाली घर आदि के उपयोग की इजाजत: have the ~ of sb's house; give sb the free ~ of one's house/ books (किसी को अपने घर या पुस्तकों आदि का उपयोग करने की खुली छूट दे.) 21 (***syn.*** licence) आने-जाने या इधर-उधर घूमने की छूट: have the ~ of the house 22 (***syn.*** channel) मार्ग, जलमार्ग, नाला 23 (***syn.*** trough) नांद, कुंड 24 (***syn.*** track) लीक: a buffalo ~ (भैंसों का रास्ता) 25 चलने की अवधि (फिल्म की): the common/ general ~ of sth 26 (**the ~s**; ***syn.*** diarrhoea) पेचिश 27 पैदा की जाने वाली मात्रा या संख्या: print ~; a ~ of three thousand/ copies (तीन हजार प्रतियों का संस्करण) 28 बम गिराने से पहले एक रफ्तार से भरी जाने वाली उड़ान: bombing ~ 29 *comput.* प्रोग्राम की संपूर्णता: trial ~ 30 भगदड़: have the enemy on the ~ 31 (***syn.*** demand) मांग: a ~ on the dollar 32 चुनाव लड़ने का प्रयास: an successful ~ for *Loksabha*;

adj. 1 पिघलाया हुआ, गला हुआ, गलित (melted), पिघला हुआ (molten), ढला हुआ (cast) 2 पिघलाकर ढाला हुआ 3 निथराया हुआ (शहद) 4 अवैध, स्मगल की हुई 5 ताजे पानी में आई हुई (मछली) 6 मुलायम (कोयला) 7 फटा हुआ (दूध);

dw/lw: **~-about**/ **~about** *n.* 1 भागने-फिरने का काम करने वाला व्यक्ति 2 छोटी कार, नौका या विमान 3 घुमक्कड़, आवारागर्द आदमी; **~around** *n.* 1 छोटी कार 2 टाल-मटोल, धोखा: give sb the ~around; get the ~around; **~away** /रनअवे/ *adj.* 1 भागा हुआ, पलायित: ~away lovers; ~away marriage/ match 2 भगोड़ा 3 बेलगाम, उच्छृंखल 4 अनियंत्रित: ~away inflation; ~away prices; a ~away horse/ vehicle 5 (***syn.*** easily won) बहुत सहज, आसानी से मिल जाने वाली: a ~away success/ victory/ winner, etc.; the book became a ~away best seller; **~away** *n.* 1 घर से भाग जाने वाला व्यक्ति 2 भगोड़ा 3 बेलगाम घोड़ा 4 पलायन; **~-down** *v., pt.* ran-down, *pt. p.* run-down, *pp* running-down 1 बंद हो जाना 2 घटना, कम पड़ जाना 3 कमजोर या दुर्बल हो जाना: be/ feel run-down; I was completely run-down 4 (***syn.*** knock down) धराशायी कर देना, गिरा दे. 5 (***syn.*** overtake) आगे निकलना, बराबर आ पहुंचना 6 (*syn.* disparage) निंदा क.: she was badly run-down by her colleague; **~down** *adj.* 1 (*syn.* neglected) कमजोर, जर्जर, जीर्ण-शीर्ण, टूटा-फूटा: ~-down equipment; ~-down buildings; **~down** *n.* 1 संख्या या मात्रा में कमी या कटौती 2 थका-मांदा व्यक्ति 3 मुख्य विवरण: rundown of events; **~-in** *n.* 1 (*syn.* approach, reach) पहुंच 2 झगड़ा, बहस 3 *sports* = **~-up** अंतिम सीधा मुकाबला या दौड़; **runnable** /रनअबल/ *adj.* 1 शिकार योग्य (हिरण) 2 चलाने लायक (गाड़ी); **runner**, **running** *see below under separate entry*; **runny** /रनि/ *adj., degr.* runnier, runniest 1 तरल के साथ बहने वाला 2 पानी-सा पतला: ~ honey 3 हर समय बहने वाली (नाक): ~ nose; **~-off** *n.* 1 बराबर रहने वाली टीमों के बीच अतिरिक्त समय का खेल 2 अफवाह 3 वर्षा के पानी का बहाव 4 विषयांतर 5 संयोग से होनेवाला मुलाकात; **~-off** *v., pt.* ranoff, *pt. p.* runoff, *pp* runningoff 1 वर्षा के पानी का नदी-नालों में बह जाना 2 विषयांतर क., भटक जाना (digress) 3 लिख डालना 4 (*syn.* rattle off) बघारना 5 छपवाना; **~-of-the-mill** /रन-ऑफ-द-मिल/ *adj.* साधारण, फटीचर; **~out** *v., pt.* ranout, *pt. p.* runout *pp* ~ningout 1 क्रिकेट में रनआउट क. 2 खत्म होना, कम पड़ जाना: the supplies have completely runout 3 निकाल दे., खदेड़ना 4 टपकना 5 पूरा क. 6 आगे बढ़ाना 7 ढीलना; **~out** *n.* 1 क्रिकेट में रन आउट, पारी से बाहर 2 खात्मा 3 विमान की उड़ान भरने से पहले तेज दौड़ 4 फिल्म की समाप्ति; **~-over** *v., pt.* ran-over, *pt. p.* run-over *pp* ~ning-over 1 के ऊपर से निकल जाना, कुचल दे. 2 (*syn.* touch lightly) छू जाना, हाथ फेरना 3 बह निकलना, छलकना 4 सरसरी दृष्टि से देखना या पढ़ना 5 (*syn.* review) सिंहावलोकन क. 6 (*syn.* recapitulate) दोहराना, याद क.; **~-through** *n.* 1 अंतिम रूप देने से पहले का अवलोकन, दर्शन: song was ready for a first ~-through; there were many outsiders at the second ~-through 2 (*syn.* rehearsal) अभ्यास: a ~-through for words (संवादों का अभ्यास); **~-time** *n., comput.* कंप्यूटर द्वारा किसी कार्य को पूरा करने में लिया जाने वाला समय; **~-up** *n.* 1 लंबी कूद से पहले की दौड़ 2 घटना से पहले तक का समय: the ~-up to the elections; **~way** /रनवे/ *n.* 1 धावन-पथ 2 हवाई पत्तन पट्टी: ~way lights 3 लीक या रास्ता 4 (*syn.* incline) ढाल 5 (*syn.* groove) खांचा 6 मुर्गी-बाड़ा;

p&i: **~ about** दौड़-धूप क., इधर-उधर घूमना, खेलना-कूदना; **~ a contour** रूपरेखा बनाना; **~ across** अचानक मिल जा.; **~ after sb/ sth** 1 (***syn.*** pursue) किसी के या किसी चीज के दीवानों की तरह पीछे भागना 2 किसी की चिलम भरने में लगे रहना; **~ against** 1 से टकरा जा. 2 से मुकाबला क. 3 के विरुद्ध चुनाव लड़ना; **~ aground** जहाज का उथले पानी में धंस जा.; **~ along** चले जा.; **~ a man down** किसी की दूसरे के सामने चुगली या निंदा क.; **~ amok/ amuck** उन्मत्त या पागल हो जा.; **~ a rig** चालबाजी या बहानेबाजी क.; **~ a risk** खतरा मोल लेना; **~ around** भाग-दौड़ क.; **~ around with** = **~ with sb** के साथ घूमना, के साथ चिपके रहना; **~ ashore** किनारे आ लगना; **~ a story on the third page** तीसरे पृष्ठ पर घटना का वर्णन छापना; **~ at** पर टूट पड़ना, आक्रमण क.; **~ at full pelt** हवा हो जा., नौ-दो ग्यारह हो.; **~ a thread through an eyelet** सूई में धागा पिरोना; **~ away** भाग जा.; **~ away from sb** किसी को अचानक छोड़ दे.; **~ away from sth** किसी से कतराते फिरना; **~ away from one's own guns** 1 वयदा से मुकर जा. 2 थूककर चाटना 3 अपने सिद्धांत से फिसल जा.; **~ away in fright** डरकर भाग जा.; **~ away monk never praises his convent** भगोड़ा महंत अपने मठ की तारीफ नहीं करता; **~ away with** 1 चुरा ले जाना 2 भगा ले जाना (a person) 3 आनन-फानन मान जा. 4 (***syn.*** consume) में लग जाना, खर्च हो जाना, के खर्चे से चलना; **~ away with one** के काबू से बाहर हो जा.; **~ away with sth** 1 किसी चीज को आसानी से जीत लेना 2 किसी बात पर झटपट विश्वास कर लेना 3 किसी चीज को लेकर भाग जा. 4 घोड़े पर सवार होकर किसी का पीछा क.; **~ back** में मूल हो., में उद्गम हो.; **~ back over sth** (***syn.*** review) किसी बात या प्रस्ताव आदि पर फिर से विचार क.; **~ before one can walk** चलना सीखने से पहले दौड़ने लगना; **~ before the hounds** घटनाओं से आगे निकल जा.; **~ before the sea** लहरों से दूर भागना; ~

counter to sth किसी बात के ऐन विपरीत हो., के साथ मेल न खाना, किसी बात को काटना; ~ **down** 1 किसी कार्य को धीरे-धीरे बंद होने दे., रुक जा., खत्म हो जा. 2 पीछा करके पकड़ना 3 रौंद डालना 4 की निंदा क., चुगली क.; ~ **down to the country** गांव जाकर आना; ~ **dry** कुएं आदि में पानी का सूख जाना; ~ **errands** मालिक लिए छोटे-मोटे काम क., दौड़-धूप क.; ~ **for it** किसी से या किसी चीज से बचने के लिए दौड़ना; ~ **for one's life** अपनी जान बचाने के लिए भाग जा.; ~ **for money** खर्च किए गए पैसे के एवज में काफी आनंद मिलना, पैसा वसूल हो जा.; ~ **foul of** *naut.* टकरा या फंस जा.; ~ **high** 1 ज्वार का उठना या उफान लेना 2 भावनाओं आदि का भड़कना; ~ **in** 1 भिड़ जाना (of combatants) 2 गिरफ्तार करके हवालात में डाल देना 3 नुकसान से बचाने के लिए नई कार आदि को ध्यान से चलाना 4 जल्दी से किसी के यहां हो आना 5 के समीप आना; ~ **in one's blood** रग-रग में हो., खानदानी गुण हो.; ~ **in one's head/ mind** किसी विचार, धुन आदि का दिमाग या मन में घूमना; ~ **into a gale** तूफान में फंस जा.; ~ **into sb/ sth** 1 से टकरा जा. 2 संयोगवश मिल जा.: ~ into an old friend; ~ **into one another** अचानक एक-दूसरे से मिल जा.; ~ **into debt** ऋण में फंस जा.; ~ **into sth** समस्या में फंस जा.: our plans ran into problems; ~ **it/ things fine** पैसे या समय की बहुत कम गुंजाइश हो.; ~ **like a deer/ hare/ rabbit** सिर पर पैर रखकर या सरपट दौड़ना; ~ **low/ short of** कम हो.: supplies ran low; ~ **mad** पागल हो.; ~ **of the mill** साधारण, मामूली, सामान्य: ~ of the mill article/ paper/ product; ~ **off** 1 = ~ **away**: ~ off with cash 2 मुद्दे से भटक जा. 3 कोई असर न हो. 4 भाग जा. 5 बहकर निकल जा. 6 फोटो कॉपिअर आदि पर किसी दस्तावेज की प्रतियां बनाना; ~ **off one's feet** *Br. colloq.* अत्यधिक व्यस्त; ~ **off the course** रास्ते से भटक जा.; ~ **off with** 1 चुराकर भाग जा. 2 किसी पर किसी बात का भूत सवार हो.: the subject has ~ off with you; ; ~ **off with sb** 1 प्रेमिका या पत्नी को छोड़कर किसी अन्य के साथ प्रेम-प्रपंच चलाना 2 = ~ **together** (*syn.* elope) पुरुष और स्त्री का इकट्ठे मिलकर भाग जा.; ~ **off with sth** चुराकर भाग जा.; ~ **on** 1 (~ upon) से संबंध रखना, के विषय में होना 2 (*syn.* continue) जारी रहना या रखना 3 (*syn.* elapse) बीत जाना 4 से मिल जाना, मिलाना 5 लगातार बोलते रहना; ~ **on a mine** बारूदी सुरंग में फंस जा.; ~ **on sth** 1 गाड़ी को किसी ईंधन पर चलाना 2 किसी विचार या सुझाव पर अटककर बार-बार उसे दोहराना; ~ **one's hand/ fingers down up/ over sth** हाथ या उंगलियां किसी चीज में ऊपर-नीचे फेरना; ~ **one's head against a brick wall** सिर से टक्कर मारकर दीवार गिराने की कोशिश क., अनहोनी बात या मूर्खतापूर्ण काम क.; ~ **oneself out of breath** दौड़ते-दौड़ते हांफने लगना; ~ **out** 1 बाहर भागना 2 आपूर्ति आदि का खत्म हो. 3 अवधि खत्म हो जा.: sb's patience is ~ning out 3 क्रिकेट में रन आउट क. या हो.; ~ **out of altitude** उड़ान की ऊंचाई कम हो जा.; ~ **out of ammunition** बारूद खत्म हो जा.; ~ **out of steam** सामर्थ्य न रहना; ~ **out on sb** किसी को छोड़ दे.; ~ **over** 1 किनारों से बाहर छलकना 2 जल्दी-जल्दी कुछ देख ले. 3 घूमकर चारों ओर देख ले. 4 किसी को कुचल दे.; ~ **past a signal** सिगनल से आगे निकल जा.; ~ **rapids** दहलीज पार क.; ~ **rings around sb** थोड़ा आगे निकल जा.; ~ **riot** 1 पागलों की तरह व्यवहार क. 2 पेड़-पौधों का बड़ी संख्या में उगना 3 ऊधम मचाना; ~ **risks/ hazards/ chances** खतरा उठाना, अवसर ले.; ~ **round** भागकर आना; ~ **sb/ sth down** नीचा दिखाना, किसी की या किसी चीज की निंदा क.; ~ **sb in** *old use* 1 किसी को गिरफ्तार करके थाने ले जा. 2 किसी को कार में थोड़ी दूर तक लिफ्ट दे.; ~ **sb into expense** किसी का खर्चा करवाना; ~ **sb of his feet** अत्यधिक काम करवाकर चूर कर दे.; ~ **sb out** क्रिकेट में किसी खिलाड़ी को रन आउट क.; ~ **sb/ sth over** किसी व्यक्ति या जानवर को कुचल डालना; ~ **sb ragged** थकाकर चूर कर दे.; ~ **sb through** किसी को छुरा या तलवार घोंपकर मार देना; ~ **sb up to town** किसी को शहर छोड़ आना; ~ **scared** *colloq.* डरकर भाग जा.; ~ **short of** कम रह जाना; ~ **sth by / past sb** किसी की प्रतिक्रिया जानने के लिए उसे कोई बात बात बताना या कोई चीज दिखाना ; ~ **sth close/ hard** किसी को कड़ी टक्कर दे.; ~ **sth down** 1 किसी चीज की ऊर्जा या शक्ति खत्म क. 2 किसी चीज की आहिस्ता-आहिस्ता संख्या या मात्रा कम क.; ~ **sth in** आरंभ में किसी चीज (नई कार आदि) को धीरे-धीरे चलाकर पूरी रफ्तार से चलने लायक बनाना; ~ **sth into sb/ sth** किसी से या किसी चीज से टक्कर मार दे.; ~ **sth off** जल्दी से कोई चीज तैयार क.; ~ **sth up a debt** ऋण में फंसते जा.; ~ **temperature/ ~ a fever** बुखार हो.; ~ **the gauntlet** 1 अपने को कटु आलोचना का निशाना बनने का अवसर दे. 2 *hist.* एक-दसरे से लड़ने वाली दो कतारों के बीच फंसकर दोनों के प्रहारों का शिकार बनना; ~ **the guard** संतरियों के पास से बिना पहचाने या पकड़े जाने के निकल जा.; ~ **the show** किसी कार्य का कर्ता-धर्ता हो.; ~ **the streets** आवारा या बेघरबार बच्चे; ~ **the trials** यंत्र को चलने या ठीकठाक होने की परख क.; ~ **the wild goose chase** मूर्खतापूर्ण या व्यर्थ काम क.; ~ **the wrong hare** अनुमान में गलती क.; ~ **through sth** किसी चीज या स्थान में से जल्दी से गुजर जा. 2 कविता या कहानी आदि के प्रत्येक भाग में कोई विचार या भाव विद्यमान हो. 3 = ~ **through the text/ papers** पाठ या पर्चे आदि को जल्दी से पढ़ डालना 4 किसी कार्य या अभ्यास आदि को जल्दी से पूरा कर लेना 5 = ~ **through money/ fortune/ inheritance** ढेर सारे पैसे या बाप-दादा की कमाई आनन-फानन उड़ा देना; ~ **through the gamut** काम को सिरे चढ़ाना, काम पूरा क.; ~ **to** 1 तक पहुंचना, तक बढ़ना 2 काफी होना 3 योग्य होना 4 में पड़ना 5 झुकाव होना; ~ **to earth** ढूंढ निकालना; ~ **to extremes** अति क.; ~ **to forgery** नकली दस्तावेज बनाना; ~ **to meet one's troubles** कठिनाइयों या परेशानियों का पहले से अंदाजा लगा लेना; ~ **to seed** तबाह हो जा.; ~ **to sentiment** भावुक हो.; ~ **to waste** बर्बाद क. या हो.; ~ **up** 1 झंडा आदि ऊपर उठाना 2 ऊपर चढ़ना या उठना 3 बढ़ना 4 कपड़े के टुकड़े को सीकर जल्दी-जल्दी पोशाक आदि बना दे. 5 चलकर या भागकर पास आना; ~ **up against sth (difficulties)** मुसीबत आदि में फंस जा.; ~ **up bills/ score** (*syn.* accumulate debt) ऋण बढ़ा ले.; ~ **upon** 1 में लग जाना, में मग्न होना 2 के विषय में होना, से संबंध रखना 3 अचानक या संयोग से मुलाकात होना; ~ **wild** पागल-सा हो जा.; ~ **with sth** किसी विचार, सुझाव या विधि आदि को स्वीकार करके प्रयोग में लाने लगना; ~ **with the hare and hunt with the hounds** 1 रक्षक भी होना भक्षक भी हो. 2 चोर से कहे चोरी करो, साह से कहे जोगते रहो 3 दो नावों में सवार हो., दोगली नीति पर चलना; ~ **your head against a post** बिना सोचे-समझे काम क., खंभे से टक्कर मारकर सिर फोड़ना;

a cold shiver ran down his spine उसका सारा शरीर सर्दी से सिहर उठा; **also ran** असफल व्यक्ति, हार जाने वाला; **a ~ of bad/ ill luck** or **a ~ of good luck** दुर्भाग्य या सौभाग्य का दौर; **a ~ of sth** बिना जीत की दौड़; **a ~ on the bank** बैंक के ऊपर बहुत बड़े पैमाने पर जमा राशियों को निकालने वालों का बेहद दबाव; **a ~ to Agra** थोड़े-से समय के लिए आगरा की यात्रा; **a scar ~s across his cheek** उसकी गालों के बीचों बीच क्षतचिह्न बना है; **at a ~** पंक्ति में, एक के बाद एक; **be on the ~** भगोड़ा हो., पुलिस से भागना; **come down with a ~** तेजी से नीचे गिरना; **come ~ning** हुक्म बजाने के लिए दौड़ते हुए आना; **cut and ~** छू-मंतर हो., बचकर भाग जा.; **drinking water was ~ning short** पीने का पानी कम पड़ रहा था; **give sb a ~** थोड़ा दौड़ाना; **give sb a ~ around** किसी से बुरा व्यवहार क.; **go with a ~** आसानी से हो.; **have a ~ for one's money** जबरदस्त मुकाबला, खर्च किए पैसे के एवज में पूरा मजा मिलना; **he ran me breathless/ off my legs/ off my**

feet उसने दौड़ाकर मेरा बुरा हाल कर दिया; **he who ~s may read** इतना सरल कि हर कोई समझ सकता है; **his blood ran cold** उसकी रगों में खून जम गया; **his imagination ran wild** उसकी कल्पना की उड़ान की कोई सीमा न रही; **his sands are ~ning out** उसका अंत करीब है; **how your tongue ~s** आपकी जबान कैसे चपर-चपर चलती है!; **I can't ~ to that** मैं ऐसा काम नहीं कर सकता; **I felt the blood ~ning to my head** मुझे लगा कि खून उमड़कर मेरे सिर में चढ़ रहा है; **in the long ~** अंततोगत्वा, आखिरकार; **in the short ~** जल्दी ही; **it's all in the day's ~** ऐसा तो होता ही रहता है, हमें इसकी आदत हो गई है; **life ~s smoothly for her** उसका जीवन ठीक चल रहा है; **make a ~ for it** तेज भागकर बचने की कोशिश क.; **my imagination ran dry** मेरी कल्पना-शक्ति खत्म हो गई; **ordinary/ usual ~ of things** सामान्य बातें या चीजें; **passions/ feelings ran high** भावनाएं व भावावेश चोटी पर थे; **test/ dummy/ practice/ trial ~** परख या परीक्षण के लिए चलाए जाने की क्रिया, प्रयोगात्मक फेरा; **the book ran into six editions** पुस्तक के छः संस्करण निकले; **the common, general ~ of sth** औसत या सामान्य प्रकार की वस्तु, बात आदि; **the damages ran into thousands** नुकसान हजारों में हुआ है; **the first ~ of the film** फिल्म का पहला शो; **the money won't ~ to a car** इतने पैसे से कार नहीं खरीदी जा सकती; **there was no ~ left in me** मुझ में भागने के लिए और दम न बचा था; **the river ran dry** नदी सूख गई, किसी चीज का स्रोत लुप्त हो गया; **the ~ of the disease/ events** बीमारी घटनाओं या घटनाओं का दौर; **the ~ of one's teeth** मुफ्त का खाना-पीना; **the ~ of the market** बाजार भावों का रुझान; **the ~ of things** हालात, परिस्थितियां; **the ship ran before the wind** जहाज हवा की दिशा में चल रहा था; **the tide is ~ning strong** ज्वारभाटा काफी तेज है; **things must ~ their course** जो होना है उसे होने दे; **this ~s against my interests** यह मेरे हितों के विरुद्ध जाता है; **time ~s fast** समय तेजी से गुजरता है; **up and ~ning** बिना गलती किए भली भांति काम कर रहा है; **we are ~ning short of time** हमारे पास समय कम है; **we had a good ~** हमारी हवाई यात्रा अच्छी रही

rundle /रंडल/ *n.* सीढ़ी का पायदान

run-down *see above under* **run: *dw/lw***

rune /रून/ *n.* 1 प्राचीन उत्कीर्ण अक्षर, चित्र या शैली आदि 2 फिनलैंड की कविता या गीत का एक रूप 3 ऐसा प्रतीक या शिलालेख जिसका रहस्यमय अर्थ हो 4 उत्तरी यूरोप की भाषा का प्राचीन अक्षर;
dw/lw: **runic** *adj.* प्राचीन प्रतीक या शिलालेखों से संबंधित

rung /रंग/ *n.* 1 सीढ़ी का डंडा 2 *fig.* नौकरी-पेशे की सीढ़ी: the first/ highest/ next, etc. ~ of the career ladder 3 *pt. p.,* **'ring'** का भूतकालीन कृदंत

run-in *see above under* **run: *dw/lw***

runlet /रन्लेट/ *n.* छोटी नदी, नदिका

runnel /रनल/ *n., lit.* 1 झरना 2 नदिका 3 गंदा नाला

runner /रनः/ *n.* 1 दौड़ने वाला, धावक, दौड़ाक: front-~ 2 (***syn.*** messenger) हरकारा 3 (***syn.*** agent) दलाल 4 *bot.* सरकवां पौधा (e.g., strawberry) 5 (***syn.*** smuggler) व्यापारी, तस्कर: drug/ gun ~ 6 (***syn.*** revolving mill-stone) चक्की का घूमने वाला पाट 7 (***syn.*** ring) छल्ला 8 *mech.* सरकवें किवाड़ आदि की पटरी, थामी तख्ता 8 मेज या फर्श पर बिछाने का कपड़े या दरी का लंबा टुकड़ा 9 खेल या धावन जूते;
dw/lw: **~-up** /रनःअप/ *n. pl.* **~s-up** दौड़ या अन्य मुकाबले में दूसरे स्थान पर आने वाला प्रतियोगी;
collocations: **~ bean** (*also* **string bean**) सेम की फली; **front ~** प्रबल प्रतियोगी;
p&i: **do a ~** बिल या ऋण आदि चुकाने से बचने के लिए आनन-फानन भाग जा.

running /रनिंग/ *n.* 1 दौड़, धावन, चाल, चलन, परिचालन 2 कार्य-भार, संचालन, प्रबंधन 3 तश्करी: drug ~;
adj. 1 दौड़ से संबंधित, दौड़ने वाला: ~ shoes; ~ track/ path 2 दौड़ते हुए किया जाने वाला: ~ repairs; a ~ jump; ~ landing; ~ take off 3 बहने वाला, लगातार आने वाला, देर तक चलने वाला: ~ water; ~ cold; ~ eyes 4 (***syn.*** consecutive) एक के बाद एक होने वाला, लगातार: two days ~; ~ number (चालू अंक); three days ~; four times ~ 5 (***syn.*** ongoing) चलता, चालू: ~ account; ~ expenses; ~ quarter (चालू चौमासा); ~ maintenance; ~ repairs 6 निरंतर, लगातार (चलने वाला): second/ third, etc. day/ week, etc. ~; ~ fight/ battle; ~ design/ pattern 7 मवादभरा: ~ sore;
dw/lw: **~-board** *n,* गाड़ी की एक तरफ बना पायदान;
collocations: **~ back** *Us football* आक्रामक खिलाड़ी; **~ commentary** चल-विवरण, आंखों देखा हाल; **~ cost** किसी कार्य या संगठन को चलाने का खर्चा, परिचालन-व्यय; **~ dog** 1 आंख मूंदकर किसी व्यवस्था का पालन करने वाला व्यक्ति 2 दौड़ने के लिए प्रशिक्षित या स्लेज आदि खींचने वाला कुत्ता; **~ fire** लगातार की जानेवाली गोलीबारी; **~ hand** घसीट लिखावट या लिखाई; **~ head/ ~ headline/ ~ title** *print.* लगातार सभी पृष्ठों के शिखर पर छपने वाला शीर्षक; **~ knot** सरक गांठ; **~ lights** *naut.* 1 रात भर जलने वाली जहाज की रोशनियां 2 रात को जलाई जाने वाली कार की आगे-पीछे की बत्तियां; **~ mate** 1 घुड़दौड़ में जोड़ीदार घोड़ा 2 *pol.* राष्ट्रपति के साथ उपराष्ट्रपति के पद के लिए उम्मीदवार; **~ order** 1 टीवी कार्यक्रमों का क्रम 2 क्रिकेट आदि खेलों में खिलाड़ियों के खेलने यानी बल्लेबाजी करने का क्रम; **~ powers** दूसरे के क्षेत्र से माल ढोने की इजाजत; **~ repairs** *pl.* यंत्र की चालू हालत में की जाने वाली काम-चलाऊ मरम्मत; **~ rigging** जहाज की रस्से-रस्सियां; **~ sore** ऐसा फोड़ा जिस में से मवाद बह रहा हो; **~ time** 1 फिल्म के चलने का, यात्रा में लगने वाला समय 2 स्थानांतरण में लगने वाला समय; **~ title** पुस्तक में पृष्ठ-दर-पृष्ठ चलने वाला शीर्षक; **~ total** परिवर्तनशील कुल जोड़; **~ water** हर समय आनेवाला पानी;
p&i: **be in the ~** मुकाबले में जीतने की संभावना हो.; **be out of the ~** मुकाबले में जीतने की संभावना न हो.; **make the ~** 1 रफ्तार तेज क. 2 उदाहरण पेश क.; **go and take a ~ jump** (घृणा एवं अधीरता का द्योतक) दफा हो जाओ!; **take up the ~** 1 आगे निकलना 2 अपने हाथ में नेतृत्व संभालना

runny *see above under* **run: *dw/lw***

run-of-the-mill *see above under* **run: *dw/lw***

run-off *see above under* **run: *dw/lw***

runout *see above under* **run: *dw/lw***

runt /रंट/ *n.* 1 किसी जानवर के एक साथ पैदा होने वाले बच्चों में सबसे छोटा व दुर्बल 2 *derog.* नाटा-दुबला व दुर्बल व्यक्ति

rupee /रूपी/ *n.* रुपया

rupiah / रुपिआ/ *n.* भारत, पाकिस्तान, नेपाल, श्रीलंका, भूटान, मालदीव की मुद्रा

rupture /रप्चः/ *v., pt.* **~d,** *pp* **rupturing** 1 टूटना 2 फटना 3 फूटना 4 फोड़ना 5 तोड़ना, भंग क. 6 रिश्तों में दरार पडना या उनका टूटना 7 *med.* किसी अंग या मांस-पेशी में टूटन आना;
n. 1 (***syn.*** bursting) फटन 2 (***syn.*** breaking) फूटन, भंग 3 फूट, बिगाड़, अनबन, संबंध-भंग: a ~ between two friends; ~ of diplomatic relations 4 *med.* किसी अंग या मांस-पेशी में टूटनः ~ of the heart 5 *non-tech.* (***syn.*** hernia) हर्निया, आंत्रवृद्धि 6 (***syn.*** gap) दरार, टूटन;
dw/lw: **~d** /रपचःड/ *adj.* टूटा हुआ, फूटा हुआ: ~d ulcer

rural /रूरल/ *adj.* 1 गांव का 2 देहाती: ~ customs 3 ग्राम्य: ~ scenery 4 ग्रामीण: ~ economy;
dw/lw: **~ity** /रूरअलिटि/*n.* 1 देहातीपन 2 ग्राम्यता; **~ize/ ~ise** /रूरअलाइज/ *v. pt.* ~ized, *pp* ~izing देहातीकरण क.;

collocations: ~ **dean** *Christ.* कई पल्लियों का पादरी; ~ **route** ग्रामीण डाक का वितरण रास्ता

Ruritanian /रूअरिटेनिअन/ *adj.* 1 ऐंथनी होप (Anthony Hope) की कहानियों में दक्षिण-पूर्व यूरोप में प्रेम की काल्पनिक भूमि 2 कोई भी प्रेमपूर्ण व रोमांचक वातावरण

ruse /रूज/ *n.* 1 (***syn.*** trick) चाल: ~ of war 2 छल, धोखाधड़ी 3 व्यपदेश, कैतव

rush /रश/ *v., pt.* **~ed**, *pp* **~ing** 1 जल्दी चलना, जल्दी से जा., अफरा-तफरी मचाना: most people ~ to work in the morning 2 किसी को या किसी चीज को जल्दी चलाना या कुछ कराना: don't ~ me; ~ sb into an undertaking; I refuse to be **~ed**, I must think it over 3 (***syn.*** dash) झपटना, पिल पड़ना, वेगपूर्वक आगे बढ़ना: the bull **~ed** at him 4 जल्दी-जल्दी या आनन-फानन में ले जाना: **~ed** her to hospital; ~ an ambulance to the scene of an accident 5 (*usually* **~ into sth**) हड़बड़ाहट में कुछ कर डालना या पारित क.: ~ to do sth; ~ a bill through parliament; ~ to a conclusión; ~ an order 6 तेजी से घुस आना, आ जाना: he came **~ing** down the stairs; old times **~ed** back upon me 7 (***syn.*** charge) धावा बोलना, चढ़ाई क., धावा बोल कर ले लेना: ~ the enemy's trenches; ~ at (पर टूट पड़ना) 8 तेजी से आना, बहना, फैल जाना: colour **~ed** to her cheeks; blood **~ed** to his face; all the horror **~ed** over her afresh 9 *sl.* अधिक दाम लेकर किसी को ठगना: how much did they ~ you for this? 10 सरकंडों से ढकना 11 सरकंडों से जोड़ना 12 सरकंडों से कुछ बनाना 13 अमेरिकी महाविद्यालयों में अलग-अलग समुदायों या संगठनों (fraternity/ sorority) द्वारा नव आगंतुक छात्रों की अत्यधिक खातिर की जा. ताकि वे उनके समुदाय या संगठन में शामिल हो जाएं: Adil was **~ed** by Sigma Nu;

n., *pl.* **~es** 1 तेज रफ्तार 2 भीड़-भाड़: a ~ of customers 3 जल्दी, अफरा-तफरी, हड़बड़ाहट, हड़बड़ी: be in a dreadful ~ 4 भादा, जलबेंत (plant) 5 दौड़, रेल-पेल (of many people): a ~ for sth; a ~ for gold/ gold ~ 6 (***syn.*** charge, onslaught) झपट, धावा, चढ़ाई, झटका, धक्का: a ~ of wind; make a ~ at sb 7 (***syn.*** sudden demand) बड़ी मांग 8 (**~es**) अति सक्रियता 9 नशीले पदार्थ लेने के फलस्वरूप तथाकथित आनंद की लहर 10 *Austral.* (***syn.*** stampede) भगदड़: a frantic/ headlong/ last-minute/ mad ~ 11 चढ़ाव, ज्वार: a ~ of blood to the head; a ~ of indignation; a ~ of emotion 12 (**~es**) फिल्म के संपादन से पहले के ताजा छपे प्रिंट 13 अमेरिकी महाविद्यालयों में अलग-अलग समुदायों या संगठनों (fraternity/ sorority) द्वारा नव आगंतुक छात्रों की अत्यधिक खातिरदारी के लिए दी जाने वाली दावतें;

adj. जल्दी में किया जाने वाला: a ~ job;

dw/lw: **~ed** /रशड/ *adj.* 1 जल्दी में: he is greatly ~ed 2 आनन-फानन में किया जाने वाला 3 अत्यधिक व्यस्त 4 सरकंडों से ढका हुआ; **~es** /रशिज/ *n., [pl.]* 1 cinematography किसी दृश्य के पहले-पहले असंपादित फोटो-प्रिंट 2 ऐसे प्रिंटों का प्रारंभिक प्रदर्शन 3 पानी के पास उगने वाले लंबे पौधे, सरकंडा;

collocations: ~ **hour/s** व्यस्त समय, भीड़-भाड़ का समय: ~-hour trains; ~ **light** (*also* ~ **candle**) तेल में डूबे सरकंडे को मोमबत्ती की तरह जलाने से मिलने वाली मद्धम-मद्धम रोशनी: the ~ light of understanding; ~ **order** फौरी मांग या आदेश; ~ **period/ season** फसल आदि उठाने का व्यस्त समय; ~ **work** फौरी काम;

gold ~ नई-नई मिली सोने की खानों की ओर लोगों की अंधाधुंध भगदड़;

p&i: ~ **at** पर टूट पड़ना; ~ **into print** 1 निराधार खबर फैलाना 2 अधकचरा लेख या अधकचरी रचना, किताब आदि छपवाना; ~ **one's fences** बहुत जल्दी में कोई काम क.; ~ **sth out** आनन-फानन कोई वस्तु या लेख आदि तैयार क.; ~ **sth through** = ~ **sth through sth** सामान्य प्रक्रिया को कम करते हुए किसी कार्य को जल्दी-जल्दी निपटाना;

be ~ed off one's feet अत्यधिक व्यस्त हो.; **get the bum's** ~ आनन-फानन में निकाल दिया जा.; **give the bum's** ~ किसी को आनन-फानन में निकाल देना; **his friendship is not worth a** ~ उसकी दोस्ती का फूटी कौड़ी भी दाम नहीं; **not to care a** ~ जरा भी परवाह न क.; **not to give a ~ for sth** जरा भी भाव या महत्त्व न दे.; **with a** ~ जल्दी-जल्दी

rusk /रस्क/ *n.* रस, सख्त भुरभुरा बिस्कुट

russet /रसिट/ *n.* 1 गेरुआ रंग 2 लाल-भूरा छाल वाला सेब;

adj. गेरुए या लाल-भूरे रंग का

Russell's viper दुबोइया, गेडुअन

russia leather/ Russia leather एक विशेष प्रकार का बढ़िया चमड़ा जो किताबों की जिल्द बांधने में प्रयुक्त होता है

Russia /रशिआ/ *n.* रूस

Russian /रशिअन/ *n.,* **~s** 1 रूसी व्यक्ति: the **~s** (रूसी लोग) 2 रूसी भाषा;

adj. रूसी: the ~ language (रूसी भाषा);

dw/lw: **~ize/ ~ise** /रशिअनाइज/ *v. pt.* ~ized, *pp* ~izing 1 रूसी चरित्र या शैली का बनाना 2 रूसीकरण क.; **Russification** /रूसिफिकेशन/ *n.* रूसीकरण; **Russify** /रूसीफाइ/ *v., pt.* Russified, *pp* Russifying रूसीकरण क.;

collocations: ~ **doll** रूसी गुड़िया, मत्र्योश्का (**матрёжка**); ~ **roulette** 1 रिवोल्वर को सिर से लगाकर उसमें भरी एक मात्र गोली को चलाने का बहादुरी और रोमांच का खतरनाक खेल 2 जूए में एक खेल; ~ **salad** मायनेज मिला आलू व अन्य सब्जियों आदि का सलाद; ~ **wolf-hound** रूसी ताजा कुत्ता; ~ **tea** नींबू डालकर बनाई जाने वाली बिना दूध की चाय

Russky/ Russki /रूस्कि/ *n., pl.* **Russkis/ Russkies** रूसी व्यक्ति

Russo- *comb. form, denoting:* **relating to Russia** (रूस संबंधी): Russo-Indian relations

rust /रस्ट/ *n.* 1 जंग, मोर्चा 2 जंग जैसा रंग 3 *bot.* फसलों की बीमारी, लौह-कीट, लौह-मल, लौहकिट्ट, रतुआ 4 *fig.* बिगाड़, विकार;

v., *pt.* **~ed**, *pp* **~ing** 1 (***syn.*** corrode) जंग लगना 2 बिगड़ना: better wear out than ~ out;

dw/lw: **~ed** *adj.* जंग-लगा; **~ing** *n.* जंग लगने की क्रिया; **~ing** *adj.* जंग-लगा; **~iness** *n.* 1 जंग लगने की अवस्था 2 कुंदपन 3 बासीपन; **~less** /रस्टलेस/ *adj.* जंग-रहित; **~proof** *adj.* जंगरोधी, मोर्चा-सह; **~y** /रस्टि/ *adj., degr.* rustier, rustiest 1 जंग लगा हुआ: ~y needles 2 कुंद, अभ्यास न होने के कारण कुंद होने वाला (हुनर): his French was ~y; be a bit ~y in shooting 3 रतुआ लगा (plant) 4 (*syn.* antiquated) पुराना, घिसा-पिटा: ~y jokes 5 फटी (आवाज) 6 जंग के रंग का 7 (***syn.*** rancid) बसियांध, बिसायंध, दुर्गंधित 8 अड़ियल (घोड़े आदि का): ride/ run ~y (अड़ जाना) 9 चिड़चिड़ा, गुस्सैल: cut up ~y/ turn ~y (गुस्सा हो.);

collocations: ~ **belt** अमेरिका में ऐसा क्षेत्र जहां भारी उद्योग बंद हो रहा है; ~ **bucket** *colloq.* बुरी तरह जंग लगी कार; **~y nail** *colloq.* व्हिस्की का एक कॉकटेल;

p&i: ~ **away** जंग लगने से बर्बाद हो जा.

rustic /रस्टि\क/ *adj.* 1 (***syn.*** uncouth) देहाती, गंवार, गंवारू: ~ manners 2 ग्राम्य, सीधा, भोला-भाला: ~ charm; ~ simplicity 3 कच्चा, अनगढ़, अपरिष्कृत (lacking refinement): ~ furniture; ~ masonry 4 भद्दा, बेडौल, उजड्ड, अक्खड़, मोट नैन नक्श वाला 5 खुरदरी सतह वाला;

n. 1 देहाती आदमी, ग्रामवासी, ग्रामी 2 विदूषक 3 खुरदरी सतह की ईंट या पत्थर ;

dw/lw: **~ally**/~कलि/ *adv.* अनगढ़ तरीके से, देहातियों की तरह; **~ate** /~केट/ *v., pt.* ~ated, *pp* ~ating 1 देहात में बस जाना 2 देहाती बन जाना 3 कॉलेज या विश्वविद्यालय से छात्र को अस्थायी

रूप से निकाल दिया जा.; **~ated** *adj.* कॉलेज या विश्वविद्यालय से अस्थायी रूप से निकाला हुआ; **~ation** /रस्टिकेशन/ *n.* 1 गांव में निवास, ग्रामवास 2 छात्र का कॉलेज या विश्वविद्यालय से अस्थायी निष्कासन; **~ism** /~सिज़्म/ *n.* देहाती कहावत या प्रथा; **~ity** /रस्टिसिटि/ *n.* 1 देहातीपन 2 भोलापन, सीधापन 3 गंवारपन, गंवारूपन, अनगढ़ता: the ~ity of country towns;
collocations: **~ capitals** सरलीकृत रोमन अक्षर

rustle /रसल/ *v., pt.* **~d**, *pp* **rustling** 1 सरसराना: the leaves **~d** underfoot 2 सरसराते हुए चलना: she **~d** in silks 3 सरसराते हुए सरकाना: **~d** the papers on his desk 4 *mainly US* पशुओं या घोड़ों आदि को इकट्ठा करके चुराना 5 *mainly US* सक्रियतापूर्वक काम क.;
n. सरसराहट;
dw/lw: **~r** /रसलः/ *n.* पशुचोर; **rustling** *n.* सरसराहट, पशुचोरी; **rustling** *adj.* सरसराने वाला; **rustlingly** *adv.* सरसराते हुए;
p&i: **~ some people/ things up** लोगों या वस्तुओं को आनन-फानन इकट्ठा क.; **~ sth up/ ~ up sth** आनन-फानन तैयार कर दे.: I'll soon ~ up some lunch; **rustling behind jalousies** (अमेरिका में) प्रेजिडेंट आदि के पद के उम्मीवार की पत्नी द्वारा चुनाव अभियान में दखलंदाजी

rusty *see above under* **rust:** ***dw/lw***

rut /रट/ (*also* **~ting season**) *n.* 1 मुलायम जमीन में गाड़ी के बार-बार चलने से बनी पहिये की लीक: move in a ~ 2 दिन-प्रतिदिन का (आदतन और उकताऊ) काम, ढर्रा: be stuck in a ~; get out of ~ 3 (*also* **the** ~) मद, मदकाल, मस्ती (of animals) 4 समुद्र की गरजन;
v., pt. **~ted**, *pp* **~ting** मद-मस्त हो., मदकालीन मस्ती में हो.;
dw/lw: **~ted** /रटिड/ *adj.* लीकदार: deeply ~ted road; **~ting/ ~tish**, *adj.* मस्त: ~ting season (पशुओं का यौन-क्रिया काल); ~ing deer;
p&i: **fall into a ~** लकीर का फकीर हो. या बनना

rutabaga /रूटअबेगा/ *n., N. Amer.* जड़ से मिलने वाली एक सब्जी

ruth /रूथ/ *n.* दया;
dw/lw: **~ful** /रूथफुल/ *adj.* दयालु; **~less** /रूथलिस/ *adj.* बेरहम, निष्ठुर, निर्दय; **~lessly** /रूथलिसलि/ *adv.* निष्ठुरतापूर्वक, बेरहमी से; **~lessness** /रूथलिसनस/ *n.* बेरहमी, निष्ठुरता

ruthenium /रुथीनिअम/ *n., chem.* एक भुरभुरा रुपहला तत्त्व

Rutherford /रदअफःड/ *n., phys.* रेडियोधर्मिता विखंडन की इकाई

rux /रक्स/ *n.* क्रोध, आवेग

RV *abbr.* 'Revised Version', 'recreational vehicle' की प्रथमाक्षरी

RWA *abbr.* 'Rwanda' (रवांदा) का अंतर्राष्ट्रीय वाहन पंजीकरण कोड (**IVR**)

Rx 1 डाक्टर के नुस्खे का लिखित संक्षेप 2 समस्या का समाधान: there is no **Rx** for unemployment

rya /रिआ/ (*also* **rya rug**) *n., pl.* **ryas** विशेष प्रकार से बुना हुआ एक स्कैंडिनेवियायी गलीचा

rye /राइ/ *n.* एक पौधा जिसके बीज से ब्रेड (bread) और व्हिस्की बनाई जाती है: ~ bread (राई की रोटी); ~-grass (राइ घास)

RZS *abbr.* 'Royal Zoological Society' की प्रथमाक्षरी

S s

S s /एस/ *n., pl.* **Ss, S's, s's** अंग्रेजी वर्णमाला का उन्नीसवां अक्षर
S *abbr.,* 1 'saint', 'society', 'south, southern' (*also* **So**), southern' का प्रथमाक्षर 2 *symbol* '**sulphur**' का चिह्न 3 स्वीडन (Sweden) का अंतर्राष्ट्रीय वाहन पंजीकरण कोड (IVR) 3 रोमन अंकों में: **S** = 7/ 70/ 70,000
S *abbr.* 'Sabbath', 'schilling' (Austrian currency), 'Siemens', 'small' (size of cloth) का प्रथमाक्षर
S *abbr. music* 'soprano' का प्रथमाक्षर
s *abbr.,* 'second(s)', *formerly in the UK* 'shilling' or 'shillings', 'singular', 'son', 'succeeded' का प्रथमाक्षर
$ *symbol* अमेरिकी डालर का चिह्न
's *suffix* 1 संबंधवाचक प्रत्यय: Ram's book 2 सांख्यिक शब्दों (numbers) और चिह्नों (symbols) का बहुवचन दर्शाने का प्रत्यय: 5's; S's
's 'is', 'has', 'us' का छोटा रूप as in: **she's** (she is) is not here; **he's** (he is); **he's** (he has) taken it; **let's** (let us) dance
-s and **-es** बहुवचन बनाने वाले प्रत्यय: book**s**, bush**es**
SA *abbr.,* 'South Africa', 'South America', 'South Australia', 'Salvation Army' की प्रथमाक्षरी
SAARC *abbr.,* 'South Asian Association for Regional Cooperation' की प्रथमाक्षरी
sabadilla /सैबअडिला/ (*also* **cebadilla**, **cevadilla**) *n.* लिली (lily) की नस्ल का एक उष्ण कटिबंधीय (tropical) पौधा
Sabaism /सिबाइज्म/ *US* सबेज्म/ *n.* नक्षत्र-पूजा, तारों की उपासना
Sabbatarian /सैबअटेअरिअन/ *n., Jew* 1 शनिवार का विश्राम-दिवसवादी, शनिवारवादी 2 *Christ.* रविवार का विश्राम-दिवसवादी, रविवारवादी
Sabbath /सैबथ/ (*also* **the Sabbath/ ~-day**) *n.* 1 कई धर्मों में, विशेषकर यहूदीवाद में शनिवार, दुआ मांगने और आराम करने के लिए पवित्र दिन के रूप में सप्ताह का एक दिन, विश्राम दिवस: keep/ break **the** ~ 2 ईसाइयों में – रविवार पवित्र व विश्राम दिवस के रूप में: **~-day's** journey
sabbatical /सबैटिकल/ *adj.* 2 (**Sabbatical**) शनिवार-विश्राम दिवस जैसा 3 पवित्र दिवस की शांति जैसा: ~ calm; ~ year/ term;
n. 1 विश्वविद्यालय के अध्यापक को शोध करने के लिए दी जाने वाली छुट्टी, अध्ययन अवकाश: ~ (leave) 2 सबैटिकल के अवकाश का समय
saber /सैबः/ *US spelling of* **sabre**
sabin /सेबिन/ *n., phys.* ध्वनि चूषण (acoustic absorption) की इकाई
sable /सेबल/ *n., pl.* **~s**/ **sable** नेवले की जाति का एक जीव, चितराला;
n. 1 इस जीव की कीमती फर यानी बालदार खाल 2 काला रंग 3 शोक-पोशाक: ~ raiment (शोक-पोशाक); ~ sky (मनहूस आसमान); his ~ Majesty (अंधकार का राजकुमार, शैतान);
adj. 1 फर-संबंधी 2 *poetic* गहरा काला 3 मनहूस;
p&i: **his ~ Excellency** महामहिम पिशाच (मनहूस घड़ी)
sabot /सैबो/ *n.* 1 काठ या लकड़ी का जूता 2 निशाने का छिद्र
sabotage /सैबअटाःज/ *v., pt.* **~d**, *pp* **sabotaging** 1 राजनीतिक या सैनिक कारणों से तोड़-फोड़ क., भीतर घात क. 2 किसी योजना या कार्यक्रम को बिगाड़ना, उसे बेकार कर दे., की राह में रोड़े अटकाना: ~ a scheme of work;
n. जानबूझकर की जाने वाली या भीतरघाती तोड़-फोड़: perform an act of ~
saboteur /सैबअटः/ *n.* तोड़-फोड़ करने वाला, विध्वंसक
sabra /सैबरा/ *n., pl.* **~s** बाहर से आकर बसने वालों से अलग यानी इजराइल में पैदा होने वाला यहूदी, मूल इजराइली
sabre (*also* **saber**) /सेबः/ *n.* 1 एक धार वाली तलवार 2 कटार, तेग 3 तलवारबाजी के खेल (fencing) में प्रयुक्त की जाने वाली चपटी तलवार;
v., *pt.* **~d**, *pp* **sabring** 1 कटार चलाना: rattle the ~ 2 भोंकना, घोंपना: ~ bayonet 3 कटार से मार डालना;
dw/lw: **~-rattler** *n.* युद्ध की धमकियां देने वाला व्यक्ति या देश; **~-rattling** /सेबः-रैट्लिंग/ *n.* सैन्य शक्ति का प्रदर्शन, युद्ध की धमकियां; **~-tooth/ sabe-tooth** *n.* (*also Br.* **~-toothed tiger**) हजारों वर्ष पहले पाया जाने वाला चीते के परिवार का एक जानवर;
p&i: **rattle the** ~ म्यान से तलवार निकालकर धमकाना
sabuline /सैब्यूलिन/ *adj.* रेतीला
sabulose /सैब्युलोस/ *adj. bot.* रेत में उगने वाला
sabulous /सैब्युलस/ *adj.* 1 (***syn.*** sandy) बलुआ, रेतीला 2 (***syn.*** gritty) कंकड़ीला 3 *med.* जिसमें रेत हो
sac /सैक/ *n., biol.* 1 किसी पशु या पौधे में होने वाला थैलीनुमा अंग, थैली 2 कोष, पुट, गोणी 3 (***syn.*** membrane) झिल्ली;
dw/lw: **~cate** /सकेट/ सकिट/ *adj.* 1 थैली में डला हुआ 2 (***syn.*** pouchlike) पुटकार 3 पुटित, सपुट (contained in a pouch)
saccade /सैकाःड/ सअकेड/ *n., pl.* **~s** 1 एक बिंदु से दूसरे की ओर नजर घुमाते समय आंख में होने वाली थोड़ी-सी झटकेदार गति 2 आंख में अपने आप होने वाली थोड़ी-सी झटकेदार गति 3 कोई भी झटकेदार गति 4 घोड़े की लगाम को दिया जाने वाला हल्का-सा झटका;
dw/lw: **saccadic** /सअकैडिक/ *adj.* झटकेदार
saccha\ride /सैकैराइड/ *n.* शक्कर वाला कार्बोहाइड्रेट;
dw/lw: **~rate** /सैकअरिट/ *n. chem.* शक्कर के अम्ल का लवण, सैकरेट; **~ric** /सअकैरिक/ *adj.* शक्कर से संबंधित: ~ic acid (शक्कर का अम्ल); **~riferous** /सैकअरिफरस/ *adj.* शर्करामय: ~riferous plants
sacchari\fy /सअकैरिफाइ/ *v., pt.* **~fied**, *pp* **~fying** शर्करीकृत क.;
dw/lw: **~meter** *n.* शर्करामापी
saccharin /सैकअरिन/ *n.* चीनी से 550 गुणा मीठा पदार्थ जिसे चीनी के स्थान पर कृत्रिम मिठास पैदा करने के लिए प्रयुक्त किया जा सकता है, सैक्रीन
saccha\rine /सैकअरीन/ *adj.* 1 शर्करीय, सुमधुर 2 अत्यधिक भावुक या जरूरत से ज्यादा मिठबोला या विनम्र;
n. सैकरिन, *also see above* **saccharin**;
dw/lw: **~roid** /सैकअरॉइड/ *adj.* शर्कराभ; **~rose** /सैकअरोस/ *n.* गन्ने की चीनी, इक्षु-शर्करा
sac\ciform /सैक्सिफॉःम/ (*also* **~cular** /सैक्युलः/) *adj.* थैलानुमा, पुटाकार, कोषाकार;
saccule /सैक्यूल/ or **~culus** /सैक्युलस/ *n., pl.* **~s** /सैक्यूल्ज/ or **~culi** /सैक्युलाइ/ 1 छोटा-सा बोरा, झोला 2 गोणिका 3 अनुकोष, लघुकोष
sacerdotal /सैसःडोटल/ *adj.* 1 पादरियों से संबंधित 2 पुरोहित-सा, याजकीय;
dw/lw: **~ism** /सैसःडोटअलिज्म/ *n.* 1 (***syn.*** priesthood) पुरोहिताई, पौरोहित्य 2 पुरोहिततंत्र, पुरोहिततांत्रिक तामझाम (priest system) 3 पुरोहित-अधिपत्य; **~ist** /सैसःडोटअलिस्ट/ *n.* पुरोहितवादी
sachem /सेचम/ *n.* कई उत्तर अमेरिकी प्रजातियों में सरदार, मुखिया
sachet /सैशे/ *n.* 1 द्रव या पाउडर की छोटी-सी थैली 2 सुगंधित पदार्थ की थैली
sack /सैक/ *n.* 1 बोरा, बोरी: a ~ of potatoes 2 बोरीभर मात्रा 3 खरीदारी थैला 4 ढीला-ढाला कुर्ता 5 (**the** ~; ***syn.*** pillage, plundering and destroying) लूटपाट, लूट 6 (**the** ~) *UK* नौकरी से बरखास्तगी: gave the caretaker the ~; she'll get the ~ 7(**the** ~) sl. बिस्तरा: hit the ~ (सो जाना);
v., *pt.* **~ed**, *pp* **~ing** *UK* 1 (***syn.*** fire) नौकरी से छुट्टी क.,

बरखास्त क. 2 बोरे में रखना: ~ potatoes 3 लूटना, नष्ट क.: ~ profit/ money; ~ the city 4 (***syn.*** ~ out) सो जा.;

dw/lw **~but** /सैकबट/ *n.* हवा से बजने वाला बाजा; **~cloth** *n.* टाट; **~ful** *adj.* बोराभर: ~fuls of money; **~ing** *n.* 1 टाट 2 बोरी की भराई 3 बरखास्तगी; **~race** /सैकरेस/ *n.* बोरे में दोनों पांव रखकर लगाई जाने वाली दौड़;

p&i: **~ of coals** घने काले बादल; **~ out** सो जाना

a sad ~ बेढब, अनाड़ी; **in ~cloth and ashes** टाट ओढ़े और भस्म रमाये, पश्चात्ताप की मुद्रा में; **wear/ put on, etc. ~cloth and ashes** अपराध या दुर्व्यवहार के लिए खेद जताना

sacral /सेक्रल/ *adj.* क्रियाकर्म संबंधी, त्रिक

sacrament /सैक्रअ़मंट/ *n.* 1 **(the ~)** ईसाई धर्म का अनुष्ठान 2 संस्कार 3 परम संस्कार, परमप्रसाद (Eucharist): receive the last ~; take the ~; administer the ~ 4 (***syn.*** symbol) प्रतीक, चिह्न 5 सैनिक शपथ (sign, token, pledge): take the ~ to do sth/ upon sth;

n. उपसंस्कार;

dw/lw: **~al** /~मेंटल/ *adj.* 1 संस्कार-संबंधी, सांस्कारिक 2 पवित्र: ~ oath 3 धर्मविधित्मक, क्रियाकर्म संबंधी: ~ rites/ ceremonies/ symbols 4 शपथ संबंधी: the ~ words/ obligations;

dw/lw: **~alism** /~मेंटअलिज्म/ *n.* संस्कारवाद, धर्मविधि परायणता; **~alist** *n.* संस्कारवादी, धर्मविधि परायण; **~ary** /~मेंटरि/ *n.* संस्कार-ग्रंथ; **~ary** *adj.* संस्कारी;

collocations: **~ of the sick** बीमार, घायल और दुर्बल व्यक्ति को अभ्यंजित (पवित्र तेल मलने) करने की क्रिया;

p&i: **take ~ upon/ to** शपथबद्ध हो.

sacrarium /सक्रेरिअम/ *n., pl.* **sacraria** गर्भगृह, वेदी-पटल

sacred /सेक्रिड\/ *adj.* 1 (***syn.*** sacrosanct) पवित्र, परम पावन, पुण्य, पूज्य, आदरणीय: ~ duty; ~ memory; ~ writings/ book; for journalists nothing is ~ 2 (***syn.*** dedicated) निवेदित: a church ~ to the Trinity 3 दृढ़, जिसे तोड़ा न जा सके, जिसके साथ अन्यथा व्यवहार न किया जा सके: ~ promise; ~ oath; the person of ambassador is ~;

dw/lw: **~ly** /~लि/ *adv.* पवित्रतापूर्वक: preserve an oath ~ly; **~ness** /~नेस/ *n.* पवित्रता, परमपावनता;

collocations: **~ ape** हनुमान; **~ basil** तुलसी; **~ cow** *colloq.* 1 गौ-माता 2 ऐसी पवित्र और पूज्य वस्तु जिसकी आलोचना अनुचित मानी जाती हो; **~ ibis** परम पावन बुज्जा (एक पक्षी); **~ malady** मिर्गी, अपस्मार; **~ music** परम पावन संगीत; **~ thread** यज्ञोपवीत, जनेऊ; **~ vessels** यज्ञ-पात्र; **~ vestment** यज्ञ-परिधान;

p&i: **~ fire** रचनात्मक प्रतिभा या क्षमता

sacrifice /सैक्रिफाइस/ *n.* 1 बलिदान: the great/ the last/ the supreme ~; self-~; make a ~ for one's children; **~s** for sb/ sth 2 पशु बलि का चढ़ावा: the fires of ~ 3 (***syn.*** victim) बलि, बलि पशु: the ~ of sth 4 यज्ञ 5 त्याग, उत्सर्ग: noble/ heroic ~; make great/ huge **~s** 6 *theol., Christ.* ईसा द्वारा मानवता के लिए आत्मत्याग 7 तज देने की क्रिया: the ~ of one's principles;

v., *pt.* **~d**, *pp* **sacrificing** 1 त्यागना, त्याग क.: ~ accuracy for vividness 2 बलि चढ़ाना 3 यज्ञ क. 4 अर्पित क., उत्सर्जित क.: he **~d** his whole life for the cause of revolution;

dw/lw: **~r** *n.* बलि का यज्ञ करने वाला पुरोहित, याजक;

collocations: **the great ~** देश के लिए रण-भूमि में वीरगति

sacrificial /सैक्रिफिशिअल/ *adj.* 1 बलि या बलिदान-संबंधी 2 यज्ञ या याजक संबंधी 3 बलि से संबंधित 4 घाटे का (दाम)

scari\fy /सैक्रिफाइ/ ***v.***, *pt.* **~fid**, *pp* **~fying** *old use* बलिदान क. या हो.

sacrile\ge /सैक्रिलि\ज/ *n.* 1 अपवित्रीकरण 2 पावन वस्तु/ स्थान का अनादर: commit **~ge** 3 चर्च आदि की लूट;

dw/lw: **~gious** /~जिअस/ *adj.* 1 अपवित्रीकारक, अपवित्रणकारी, देवद्रोही, धर्मविरोधी 2 भ्रष्ट, पापी

sacrist/ sacristan /सैक्रिस्ट/ सैक्रिस्टन/ *n.* 1 पुजारी, पादरी 2 मंदिर या गिरजे का रख वाला, सुरक्षा-कर्मी

sacristy /सैक्रिस्टि/ *n., pl.* **sacristies** (***syn.*** vestry) गर्भगृह, (मंदिर का) वस्त्रालय, पूजा-सामग्री-कक्ष

sacrosanct /सैक्रोसैंक्ट/ *adj.* 1 पवित्र, पावन 2 परम पावन, अति पवित्र 3 (***syn.*** inviolable) अलंघनीय, अलंघ्य: the ~ person of the Pope;

dw/lw: **~ity** /सैक्रोसैंक्टिटि/ *n.* 1 पवित्रता 2 परमपावनता 3 (***syn.*** inviolability) अलंघ्यता

sacrum /सेक्रम/ *n., pl.* **sacra** /सेक्रा/ *anat.* सेक्रम, त्रिक, त्रिकास्थि

SAD *abbr. psychol.* 'seasonal affective disorder', 'Shiromani Akali Dal' की प्रथमाक्षरी

sad /सैड/ *adj.* **sadder**, **saddest** 1 दुखी, उदास, खिन्न, विषण्ण: ~ look/ picture/ song; with a ~ heart 2 दुखद, दुखदायक, खेदजनक: ~ event; a ~ state of poverty; come to a ~ end 3 मलिन, फीका, निष्प्रभ (of colour): ~ in colour 4 (***syn.*** deplorable) बहुत बुरा, भारी: ~ fact; ~ coward 5 (***syn.*** boring) नीरस, उबाऊ: write ~ stuff 6 खराब हाल में: ~ looking flowers;

dw/lw: **~den** /सैडन/ *v., pt.* ~dened, *pp* ~dening उदास या दुखी क. या हो.: a heart ~dened with misery; **sad-iron** /सैडाइरन/ *n.* उत्तरी, उत्तरी मिडलैंड और पश्चिमी अमेरिका में (पुराना प्रयोग): चपटी इस्तरी, इंग्लैंड में: भारी इस्तरी; **~ly** *adv.* 1 दुखी मन से, उदासी से 2 दुर्भाग्यवश: he has ~ly changed since we last met 3 खेद है: ~ly enough; **~ness** /सैडनेस/ *n.* दुख, उदासी, विषाद: an air of ~ness; in sober **~ness** (गंभीरतापूर्वक)

collocations: **~ sack** निकम्मा, अयोग्य; **~ dog** ठग, छलिया; **~ music** उदासीपूर्ण संगीत; **~ taste in music** संगीत में निराशामय पसंद;

beauty ~dened with care दुख-दर्द से त्रस्त सौंदर्य;

p&i: **~der but wiser** कटु अनुभव से सीखा हुआ; **~ness gladness succeed each other** जीवन में धूप-छांव तो आती-जाती रहतीं हैं (कभी-धूप, कभी छांव);

a ~ state of affairs बहुत खराब हालात; **he rose next morning, a ~der and a wiser man** अगले दिन वह खिन्न और कटु अनुभव से कुछ सीख लेकर उठा; **in ~ earnest/ in ~ and sober truth** पूरी गंभीरता के साथ

saddle /सैड्डल/ *n.* 1 काठी, जीन, चारजामा, पल्याण, पर्याण: flat/ hunting ~ 2 कजावा (of camel) 3 गद्दी, आसन, सीट (of cycle, etc.) 4 घोड़े आदि की पीठ जिस पर काठी लगाई जाती है 5 पीठ का पारचा (meat chops) 6 (***syn.*** ridge) दो पहाड़ी चोटियों के बीच का अवतल प्रदेश;

v., (*also* **~ up**), *pt.* **~d**, *pp* **saddling** 1 घोड़े आदि पर काठी कसना: ~ a horse/ a mule 2 जीन बांधना 3 पर डालना या लादना: ~ heavy responsibilities on/ upon/ sb 4 काठी पर बैठना 5 घोड़े को प्रशिक्षित करके उसे दौड़ों के मुकाबले में शामिल करवाना 6 के सिर मढ़ना या लगाना, के गले बांधना: **~d** with heavy debts/ with taxes;

dw/lw: **~back** *n.* 1 पीठ पर काठीनुमा निशान 2 (***syn.*** ridge) काठी के आकार का पहाड़ यानी दो चोटियों के बीच निचान, अवतल पर्वत 3 (***syn.*** roof) काठीनुमा छत; **~backed** *adj.* 1 गहरी पीठ वाला (of horse) 2 (***syn.*** concave) अवतल; **~-bag** *n.* काठी से बंधने वाला थैला, खुर्जी, गून; **~-bow** *n.* काठी का धनुषनुमा आगा; **~-cloth** *n.* काठी के नीचे बिछाया जाने वाला कपड़ा, नमदा, मैलखोरा; **saddler** /सैडलः/ *n.* जीनसाज, काठीसाज, काठी बनाने वाला; **saddlery** /सैडलरि/ *n., pl.* **saddleries** 1 जीनसाजी का काम 2 घोड़े का साजो-सामान 3 जीनसाज की दुकान 4 अस्तबल के पास काठी व अन्य साजो-सामान रखने की कोठरी;

~-girth *n.* घोड़े का तंग; ~less *adj.* काठीविहीन; ~-tree *n.* काठी का ढांचा;
collocations: ~ **horse** 1 काठी रखने के लिए लकड़ी या धातु की घोड़ी 2 सवारी का घोड़ा; ~ **roof** काठीनुमा छत; ~ **soap** चमड़े को देर तक बचाकर रखने के लिए उसके ऊपर लगाई जाने वाली तेल की साबुन; ~ **sore** घुड़सवार को काठी से कटने के कारण होने वाला घाव; ~ **stitch** 1 सूई-धागे का काम यानी कपड़े के ऊपर लंबे टांके और नीचे छोटे 2 पुस्तक पर जिल्द चढ़ाने का एक तरीका;
p&i: ~ **up**/ ~ **sth up** घोड़े पर काठी डालना; ~ **sb**/ ~ **oneself with sth** किस पर या अपने ऊपर (ऋण, कठिन जिम्मेवारी आदि का) भारी बोझ डाल दे.;
be cast/ thrown/ from the ~ 1 घोड़े आदि से गिरा दिया जा. 2 सत्ताच्युत कर दिया जा.; **be in the** ~ 1 घोड़े आदि पर सवार हो. 2 स्थिति का कर्ता-धर्ता हो.; **be out of the** ~ स्थिति का काबू से बाहर हो जा., सत्ताच्युत हो.; **either to win the horse or lose the** ~ या तख्त, या तख्ता; **get into the** ~ सत्ता में आ जा; **lay/ put/ set the ~ on the right/ wrong horse** सही या गलत व्यक्ति पर दोष लगाना या जिम्मेवारी डालना

saddo /सैडो/ *n., pl.* ~**s**/ ~**es** *sl.* 1 बेचारा 2 दयनीय व हास्यास्पद व्यक्ति क्योंकि वह नीरस है, फैशन नहीं जानता, और उसका कोई दोस्त नहीं: computer playing modern-day ~**s**

sad-iron *see above under* **sad:** ***dw/lw***

Sadie Hawkins Day अमेरिका में एक ऐसा दिन जब औरतें पुरुषों को किसी उत्सव (विशेषकर **Sadie Hawkins Day** नृत्य) के लिए बुला सकती हैं, उन्हें पुरुषों के निमंत्रण का इंतजार नहीं करना पड़ता

sadi\sm /सेडिज्म/ सैडिजम/ *n.* 1 दूसरों को यातना देकर प्राप्त किया जाने वाला रति-सुख, परपीड़न-रति, परपीड़न-कामुकता 2 दूसरे को सताने से प्राप्त होने-वाला आनंद, परपीड़न-आनंद: there is a streak of ~**sm** in his nature;
dw/lw: ~**st** *n.* 1 परपीड़न-रतिक, परपीड़न-कामी 2 परपीड़क, दूसरों को दुख देकर सुख की अनुभूति करने वाला; ~**stic** /सैडिस्टिक/ *adj.* दूसरों को पीड़ा देने से मिलने वाली खुशी से संबंधित: ~stic pleasure

saditorial /सैडिटॉरिअल/ *n.* निराशावादी संपादकीय

sadly *see above under* **sad:** ***dw/lw***

sadness *see above under* **sad:** ***dw/lw***

sado-maso\chism /सेडोमैसअकि\जम/ (*abbr.* **SM**) *n.* यौन-क्रिया के दौरान दूसरे को दी जाने वाली पीड़ा या दूसरे द्वारा दी जाने वाली पीड़ा से प्राप्त होने वाला आनंद;
dw/lw: ~**chist** /~स्ट/ *n.* उपरोक्त ढंग से आनंद प्राप्त करने वाला व्यक्ति; ~**chistic** /~स्टिक/ *adj.* उपरोक्त ढंग से आनंद प्राप्त करने से संबंधित

sae/ **SAE** /एसेई/ *UK abbr.,* 'stamped addressed envelope or self-addressed envelope' का परिवर्णी शब्द (acronym)

saeva indignatio /साइवा या सिवा इनडिग्नाटिओ/ *Lat.* अत्यधिक क्रोध, प्रचंड आक्रोश

safari /सफारि/ *n., pl.* ~**s** 1 मोटर-गाड़ी से वन-प्राणी दर्शन के लिए सैर-सपाटा: on ~ 2 शिकार-सैर का सामान, गाड़ियां और साथ चलने वाले लोग 3 अभियान;
collocations: ~ **park** वन-प्राणी उद्यान; ~ **suit** सफारी जैकेट या बुशर्ट और पैंट से बनने वाला सूट

safe /सेफ/ *adj., degr.* ~**r**, ~**st** 1 जिसे कोई खतरा न हो 2 जहां कोई खतरा न हो: ~ range/ distance; ~ seat 3 सही-सलामत: ~ and sound; ~ arrival; all is ~ here; see sb ~ home 4 सुरक्षित: inoculation renders one ~ from infection; the world ~ for peace; the bridge is now ~ for traffic; ~ practice 5 निरापद, अभय, भयरहित 6 (***syn.*** reliable, trustworthy) विश्वस्त, विश्वसनीय, भरोसेमंद: a very ~ surgeon to consult; ~ partner 7 (***syn.*** unfailing) निश्चित, सुलभ, पक्की: ~ guess; ~ policy 8 (***syn.*** cautious, careful) सावधान, सावधानीपूर्ण: ~ driver 9 खतरे से बाहर: the crisis is over and the patient is now ~ 10 बिना जोखिम या खतरे के: ~ subject for discussion 11 *law* भरोसेमंद साक्ष्य पर आधारित: a ~ verdict;
n. 1 तिजोरी 2 जालीदार अलमारी, फ्रिज (for food) 3 (***syn.*** fuse) बिजली आदि का सुरक्षा-साधन: set at ~;
adv. सावधानी से: play ~;
dw/w: ~-**breaker** /सेफ ब्रेकः/ (*also* ~-**cracker**) *n.* तिजोरी तोड़ने वाला, तिजोरी-तोड़, तिजोरी-चोर; ~-**conduct** *n.* सुरक्षित लाने-ले जाने की क्रिया; ~-**conduct** *v., pt.* ~-conducted, *pp* ~-conducting सुरक्षित रूप से लाना-लेजाना; ~-**custody** *n.* सुरक्षात्मक सुपुर्दगी यानी जेल में; **safe-deposit** *n.* 1 तिजोरी: ~-deposit vault (तिजोरी-कक्ष) 2 तिजोरी में सुरक्षित रखी राशि या वस्तु; ~-**guard** /सेफगार्ड/ *n.* 1 रक्षात्मक कदम, ढांचा, रक्षा कवच 2 अभय पत्र 3 पार पत्र 4 (***syn.*** precaution) रक्षोपाय, पूर्वोपाय: ~-guard against accidents/ against disease 5 रक्षक 6 (***syn.*** protection) रक्षा, सुरक्षा, बचाव, परित्राण; ~-**guard** *v., pt.* ~-guarded, *pp* ~-guarding बचाव या सुरक्षोपाय क., से बचाना, सुरक्षित क.: ~-guard sb's interests/ sb's rights; ~-guard against danger (खतरे आदि से बचाव क.); ~-**keeping** *n.* सुरक्षात्मक ढंग से रखने की क्रिया: give sth for ~-keeping; ~**ly** /सेफलि/ *adv.* 1 सुरक्षित रूप से, बिना किसी जोखिम या खतरे के: ~ly ignore sb's empty threats 2 कुशलतापूर्वक, सलामती से 3 निश्चित रूप से: the parcel arrived ~ly; put sth ~ly away 4 बिना नुकसान किए: dispose of a bomb ~ly 5 बिना गलती किए: one can ~ly say that … 6 स्थिति के बदलने की संभावना के बिना: children are ~ly seated in the train; ~**ness** *n.* सुरक्षात्मकता; **safety** *see below under separate entry*;
collocations: ~ **bet** निश्चितता, सुरक्षित विकल्प; ~ **conduct/ passage** कहीं से गुजरते समय सुरक्षा प्रदान करने वाले अभय पत्र, रक्षक दल आदि; ~ **deposit** तिजोरी सुरक्षित रखी राशि या वस्तु; ~/ **safety deposit box** बैंक में सुरक्षित तिजौरी; ~ **haven** सुरक्षित स्थान; ~ **house** 1 अपराधी आदि के छिपने का सुरक्षित स्थान 2 सुरक्षा या गुप्तचर संगठनों द्वारा चलाया जाने वाला सुरक्षा घर (जेलखाना); ~ **keeping** संभालकर या सुरक्षित रखने का कार्य; ~ **period** *colloq.* औरत का मासिक धर्म का समय जब गर्भ धारण करने की संभावना नहीं होती; ~ **seat** किसी उम्मीदवार के लिए बिना खतरे का चुनाव क्षेत्र या हलका (constituency); ~ **sex** सुरक्षित यौन संबंध;
p&i: ~ **and sound** सकुशल; ~ **as houses** *colloq.* अत्यधिक सुरक्षित; ~ **bet** सुरक्षित बाजी; ~ **bind**, ~ **find** जितनी दूर छिपाओगे, उतना पास पाओगे; ~ **in the knowledge that** इस विचार में कोई जोखिम नहीं कि ...; ~ **to say** निश्चित रूप से, कहने में कोई खतरा नहीं;
a ~ pair of hands भरोसेमंद व्यक्ति; **a ~ place** तिजोरी आदि; **be/ err on the ~ side/ better ~ than sorry** सावधानी एक नेमत है; **be/ keep on the side** सावधानी बरतना; **in ~ custody/ ~ in gaol** जेल में; **in ~ hands** भरोसेमंद व्यक्ति के सुपुर्द; **it is ~ to say/ to bet** इतना कहने में कोई जोखिम नहीं; **on the ~ side** बहुत सावधानी बरतते हुए; **play (it)** ~ जोखिम न उठाना; **they returned ~ and sound from their trip** वे अपनी यात्रा से सकुशल घर लौट आए; **with a ~ conscience** शांत मन से

safeguard *see above under* **safe:** ***dw/lw***

safely *see above under* **safe:** ***dw/lw***

safety /सेफटि/ *n.* 1 सुरक्षा, बचाव: public ~ 2 सुरक्षा, क्षेम, सकुशलता, सही-सलामती: endanger/ menace/ threaten ~; road ~ 3 अक्षुण्णता 4 विश्वसनीयता 5 निश्चितता;
dw/lw: ~-**device** *n.* सुरक्षा-साधन; ~-**fence** *n.* बचाव-जंगला; ~-**match** *n.* निरापद दियासलाई; ~-**pin** *n.* निरापद पिन, बक्सूई;

~-**plug** *n.* निरापद प्लग; ~**tube** *n.* निरापद ट्यूब;
collocations: ~ **belt** सुरक्षा-पेटी; ~ **catch** 1 सुरक्षा-तालक, चिटकनी 2 (बंदूक आदि में) सुरक्षा घोड़ा; ~ **curtain** थियेटर आदि में श्रोताओं और मंच के बीच एक अग्निसह पर्दा; ~ **deposit box** = **safe deposit box**; ~ **factor** सुरक्षा कारक या तत्त्व; ~ **glass** मजबूत सुरक्षा शीशा; ~ **island** = **traffic island**; ~ **lamp** खान मजदूरों द्वारा प्रयुक्त किया जाने वाला दीपक जो ज्वलनशील गैसों को जलने नहीं देता; ~ **match** दियासलाई; ~ **measure** सुरक्षात्मक कदम; ~ **net** 1 सुरक्षा-कवच 2 सुरक्षा-जाली; ~ **razor** सेफ्टी रेजर, सुरक्षित उस्तरा; ~ **valve** 1 सुरक्षा-वाल्व 2 भाप के निकलने का सुरक्षित रास्ता 3 भावनाओं के उफान के निकलने का अहानिकर मार्ग; ~ **zone** निरापद क्षेत्र;
p&i: ~ **first!** सुरक्षा सबसे ऊपर;
travel/ get home in ~ सकुशल घर पहुंचना; **play for** ~ बिना जोखिम उठाए कोई काम क.; **there is ~ in numbers** एकता में बल है

saffian /सैफिअन/ *n.* चमकीले रंगों में रंगा चमड़ा

safflower /सैफ्लाउअः/ *n.* कुसुम्भ, कुसुम, करडी: ~ oil

saffron /सैफ्रन/ *n.* केसर, कुंकुम, जाफरान, केसरिया या जाफरानी रंग;
adj. केसरिया: monks in ~ robes;
v., pt. ~**ed**, *pp* ~**ing** केसर से रंगना;
dw/lw: ~**ed** *adj.* केसरिया बनाया हुआ; ~**y** /सैफ्रनि/ *adj.* केसरिया, जाफरानी

safranine/ safranin /सैफ्रअनीन/ सैफ्रअनिन/ *n.* तारकोल से बना रंजन जिससे भिन्न-भिन्न रंग बनाए जाते हैं

SAG *abbr.* 'Screen Across Guild' की प्रथमाक्षरी

sag /सैग/ *v., pt.* ~**ged**, *pp* ~**ging** 1 बैठ जाना, झोल पड़ना, झुक जाना: his shoulders ~**ged** 2 (***syn.*** sink) धसकना, धसकाना: his head ~**ged** down on to the cushions 3 (***syn.*** hang down) ढलक पड़ना, लटकना, ढलकाना: the cable/ the rope is ~**ging** 4 (***syn.*** decline) घटना, कम होना, ढीला/ कमजोर पड़ना: my spirits ~**ged** 5 (***syn.*** drift) बह जाना 6 (बोझ तले) धंस/ झूल/ लटक जा.: the beams have begun to ~;
n. 1 झोल, झूल 2 अवनमन, अवतलन, धसकन: a deep ~ in the seat of the chair 3 घटाव, कमी: a ~ in prices 4 बहाव;
dw/lw: ~**ging** *adj.* 1 कमजोर होती: a ~ging economy 2 झोलदार; **saggy** *adj., degr.* ~gier, ~giest झूलने वाली, ढीली, झूलदार

saga /सागा/ *n.* 1 गाथा 2 आख्यान 3 आइस्लैंड या नौर्वे की दंतकथा के नायक या घटनाएं 4 आधुनिक क्रमवार गद्य जिसमें एक ही परिवार के सदस्यों का वर्णन होता है 5 एक के बाद एक होनेवाली घटनाओं का वर्णन

sagacious /सअगेशिअस/ *adj.* 1 सयाना, बुद्धिमान: ~ statesman; ~ answer/ course of action 2 दूरदर्शी: ~ advice/ plan/ idea;
dw/lw: ~**ly** *adv.* दूरदर्शितापूर्वक; ~**ness** *n.* बुद्धिमानी, दूरदर्शिता

sagacity /सगैसिटि/ *n.* 1 सयानापन, बुद्धिमत्ता: a man of great ~ in money 2 विचक्षणता: the ~ of age 3 दूरदर्शिता

sagamore /सैगअमॉः/ *n.* 1 मुखिया 2 (*also* **sachem**) उत्तरी अमेरिका के आदिवासियों का सरदार

sage /सेज/ *n.* 1 चाय आदि बनाने में प्रयुक्त एक प्रकार की पत्ती: ~ tea 2 ऋषि, मुनि, संत: the seven ~**s** of Greece 3 मनीषी, मुनि, पंडित 4 (herb) सेज: Bengal ~ (कपूर का पत्ता); wild ~;
adj. 1 बुद्धिमान, विवेकी 2 विवेकपूर्ण
dw/lw: ~**brush** *n.* पश्चिमी अमेरिका के सूखे क्षेत्र में मिलने वाला मीठी सुगंध वाले पत्तों वाला पौधा; ~**ly** *adj.* बुद्धिमान, विवेकशील, चिंतनशील; ~**ness** *n.* बुद्धिमानी, विवेकशीलता, चिंतनशीलता

saggar/ sagger /सैगअः/ 1 अग्निसह-मृत्तिका पेटी 2 अग्नि-सह मिट्टी-बक्सा

saggy *see above under* **sag:** ***dw/lw***

sagina\te /सैजिनेट/ *v., pt.* ~**ted**, *pp* ~**ting** पशुओं को चारा खिलाना

Sagitta /सजिटा/ *n.* सजिटा, बाण;
dw/lw: ~**l** /सैजिटल/ *adj.* बाणाकार; ~**rian** /सैजिटेअरिअन/ *n.* धनु राशि वाला व्यक्ति; ~**rian** *adj.* धनु राशि वाला; ~**rius** /सैजिटेरिअस/ *n., Zodiac Sign* धनु राशि; ~**ry** /सैजिटरि/ (= **Sagittarius**) 1 (***syn.*** centaur) किन्नर 2 (***syn.*** archer) तीरंदाज, धनुर्धर 3 धनु राशि; ~**te** /सैजिटेट/ *adj.* बाणाकार

sago /सेगो/ *n.* साबूदाना, सागू: ~ palm (सागूताड़, मरी)

saguaro /सअगवारो/ सअवारो/ *n., pl.* ~**s** लगभग 15 मीटर का विराट कैक्टस

Sahara /सहारा/ *n.* सहारा मरुस्थल: a ~ of ice and snow

sahib /साहिब/ *n. IE* साहिब, मालिक

said /सैड/ *pt.* 'say' का भूतकालिक रूप;
adj. उपर्युक्त, उक्त: the ~ witness

sail /सेल/ *v., pt.* ~**ed**, *pp* ~**ing** 1 नौका-यात्रा क., जल यात्रा या समुद्री यात्रा क.: ~ round the world; ~ along the coast/ southward 2 पाल-नौका या जहाज चलाना, नियंत्रित क.: ~ slowly/ at full speed; he ~**ed** his ship around the world; ~ into harbour 3 नाव या जहाज से यात्रा आरंभ क., रवाना होना, प्रस्थान क.: we ~ at two-thirty; a ship ~**s** 4 पार क.: ~ over/ past/ through/ on the seas, etc.; ~ the Pacific; ~ round a cape 5 (***syn.*** glide) मंडराना, तिरना, चलना: an eagle ~**ed** through the azure sky; moon ~**ed** through the clouds; the airship ~**ed** majestically over the city 6 खिलौना नाव को चलाना: ~ toy boats on a pond;
n. 1 पाल, बादबान: a fine day for a ~ 2 पाल-पोत, पाल-नाव: there wasn't a ~ in sight 3 जल यात्रा: a fine day for a ~ 4 नौका यात्रा आरंभ क.: set ~;
dw/lw: ~**able** /सेलअबल/ *adj.* नौगम्य, नाव्य; ~-**arm** *n.* पवन-चक्की का पंखा; ~-**axle** *n.* धुरी; ~**board** *n.* लहरों पर तैरने का पटल; ~**boat** *n. US* पाल-नौका; ~**cloth** *n.* पाल का कपड़ा; ~**ed** *adj.* पालों वाला; ~**er** /सेलः/ *n.* पालपोत: good/ bad/ prime ~er; ~**fish** *n.* पालाकार मछली; ~-**loft** *n.* पालघर; ~-**maker** *n.* सिलमाकुर; **sailing** *see below under separate entry*; **sailor** *see below under separate entry*;
p&i: ~ **against the tide/ wind** मुख्य धारा के विरुद्ध जा., जमाने से टक्कर लेना; ~ **close to/ near the wind** 1 खतरनाक काम करने की जोखिम न उठाना 2 पाल-नौका को हवा की दिशा अनुसार रखना; ~ **into** पर टूट पड़ना, शाब्दिक प्रहार क., गाली दे.; ~ **through (sth)** *colloq.* 1 कठिन कार्य को भी आसानी से कर ले. 2 परीक्षा आदि में उत्तीर्ण हो जा.: she ~ed through all her exams.;
be under ~ 1 पालों को चढ़ाकर रखना 2 पाल पोत को पालों से चलाना; **clap on/ to crowd** ~ सभी पाल चढ़ाकर; **full** ~ / **in full** ~ सभी पाल चढ़ाकर; **haul in one's ~s** 1 जोश में थोड़ा होश का पुट मिलाना 2 अपनी जरूरतों को कम करके जीवन शैली को थोड़ा सादा बनाना; **hoist** ~ पाल चढ़ाना, प्रस्थान क.; **hoist ~ while the wind is fair** = **make hay while the sun shines** बहती गंगा में हाथ धोना; **in** ~ दृढ़ निश्चय के साथ स्फूर्तिपूर्वक काम क.; **lower/ strike** ~ पाल उतारना; **make** ~ 1 और पाल चढ़ाना 2 समुद्री यात्रा पर निकल पड़ना; **put on** ~ गति तेज करने के लिए और पाल चढ़ाना; **put on all** ~ पूरा जोर लगाना, कोई कसर न छोड़ना; **reef** ~ सुरक्षा के लिए कदम उठाना, सावधानी बरतना; **set** ~ पाल चढ़ाकर यात्रा पर निकलना, प्रस्थान क., रवाना होना; **set up one's ~ to every wind** हवा देखकर पाल तानना; **shorten** ~ 1 रफ्तार कम क. 2 जोश में थोड़ी कमी क.; **strike** ~ हार मानना; **under ~/ with ~s set** चढ़े पालों के साथ; **take in** ~ रफ्तार कम क.; **take the wind out of sb's ~s** प्रतिपक्षी को उलझन में डालना, उसकी हवा निकाल

दे.; **trim one's ~s to the wind** अपने को परिस्थिति अनुसार ढालना

sailing /सेलिंग/ *n.* 1 समुद्री-यात्रा 2 नौ-चालन, जहाजरानी 3 नौ-प्रस्थान 4 पाल-नौका की दौड़ 5 प्रस्थान करने वाले जहाज;
adj. बादबानी, जहाजी: ~ chart (जलयात्रा चार्ट); ~ date (चलने की तिथि); ~ orders (चालन-आदेश); ~ vessel (पाल-जहाज);
dw/lw: **~-master** *n.* पाल-कप्तान;
collocations: **~ orders** समुद्र-यात्रा का हुक्म; **time of** ~ नौ-प्रस्थान का समय; **weekly ~s to India** भारत को जाने वाली साप्ताहिक नौ-प्रस्थान;
p&i: **~ was bad near the coast** किनारे के पास नौ-चालन कठिन था; **be fond of** ~ समुद्री यात्रा का शौकीन हो.

sailor /सेलः/ *UK n.* 1 नाविक, मल्लाह: a ~ before the mast (साधारण नाविक) 2 मंजा हुआ समुद्री-यात्री;
dw/lw: **~-plane** *n.* (***syn.*** glider) तैरने वाला हल्का छोटा विमान; **~-suit** *n.* बच्चों या औरतों के लिए नाविक की वर्दीनुमा पोशाक;
collocations: **~ hat** नाविक टोप; **~'s blessing** श्राप, गाली;
p&i: **~s go round the world without going into it** दुनिया के चक्कर लगाना पर उसका थाह न पाना, किसी चीज को सतही रूप से जानना; **~'s yarn** मनगढ़ंत बात, कपोल-कल्पना;
a ~ before the mast साधारण नाविक

saint /सेंट/ (*abbr.* **st.**/St.) *n.* 1 ऐसा व्यक्ति जिसके संतत्व को उसकी मृत्यु के बाद ईसाई चर्च द्वारा विधिवत् मान्यता दी गई हो: **~'s** day; sb's **~'s** day 2 संत, धर्मात्मा: the image of a ~ 3 *Bible* ईश्वर द्वारा चुना हुआ व्यक्ति 4 कई धार्मिक पंथों द्वारा घोषित अपने पंथ का संत व्यक्ति 5 अत्यधिक दयालु व करुणाशील व्यक्ति;
adj. 1 संत, सिद्ध 2 पवित्र;
v., pt. **~ed**, *pp* **~ing** 1 किसी को संत बनाना 2 ईसाई चर्च द्वारा किसी को उसकी मृत्यु के बाद विधिवत् संत घोषित क.;
dw/lw: **~ed** *adj.* 1 संत 2 संतसुलभ 3 पवित्र, पुण्य, पावन; **~hood/ ~ship** *n.* 1 संत का दर्जा 2 संतता, साधुता; **~liness** /सेंटलिनेस/ *n.* संतपन, साधुता; **~like/ ~ly** /सेंट्लि/ *adj.* भला, संतसुलभ, संत समान, संत, साधु: ~ly life; ~ly patience; put on a ~ly air;
collocations: **St Agnes's Eve** 20 जनवरी का दिन जब लड़की सपने में अपने होने वाले पति की पहचान जान सकती है; **St Andrew's cross** 1 अक्षर **X** के रूप में क्रॉस 2 नीली पृष्ठभूमि पर बना **X** के रूप में स्कॉटलैंड का ध्वज; **St Anthony's fire** राई की ब्रेड (bread) से होने वाली विषाक्तता एवं त्वचा-रोग; **St Bernard** and **St Bernard's dog** एक बड़े भारी कुत्ते की नस्ल जिन्हें ऐल्प्स (Alps) पर्वतमाला के बेरनार्ड दर्रे में बर्फ के नीचे दबे लोगों को निकलने के लिए प्रयोग में लाया जाता था; **St Elmo's fire** चर्च के भाले या जहाज के मस्तूल के इर्दगिर्द बिजली के करंट से होने वाली रोशनी; **St George's cross** श्वेत पृष्ठभूमि में सीधा क्रॉस जो इंग्लैंड का ध्वज है; **St John's wort** बसंत, बालशना, देंधू आदि झाड़ियां जिनके फूल एक मतानुसार 24 जून को खिलते हैं; **St Leger** /सेंट लेजः/ डैकास्टर में होने वाली वार्षिक घुड़दौड़; **~'s day** किसी संत विशेष का दिन; **St Swithin's Day** संत स्विदिन का उत्सव दिन यानी 15 जुलाई; **St Valentine's Day** 14 फरवरी का दिन जो संत वैलंटाइन का उत्सव दिवस है और इसे प्रेमी-प्रेमिकाओं के दिवस के रूप मनाया जाता है; **Saint Vitus's** /वाइतअसिज/ **dance** *pathol.* शरीर के किसी अंग की अनियंत्रित गतिशीलता;
patron ~ संरक्षक संत; **titular** ~ अधिष्ठाता संत;
p&i: **all are not ~s that go to church** हर चमकती चीज सोना नहीं होती; **a Sunday** ~ नौ सौ चूहे खाकर बिल्ली हज को चली; **be with the Saints** मृत्यु को प्राप्त हो जा.; **my ~ed aunt!** हे भगवान!; **try/ provoke the patience of a** ~ संत के धैर्य की भी परीक्षा लेना; **young ~s make old sinners/ devils** जवानी में संत, बुढ़ापे में पापी

saintly *see above under* **saint:** ***dw/lw***

smith /से/ *v., old use,* **says** का पुराना रूप

sake /सेक/ *n.* 1 लाभ या फायदा: for the ~ of sb/ sth (किसी या किसी चीज के लिए); for the ~ of sb/ for sb's ~; for safety's ~; for the ~ of peace; for their own **~s**; for God's/ goodness/ heaven's, etc. ~ (खुदा के वास्ते...) 2 (***syn.*** behalf) (की) तरफ 3 उद्देश्य, लक्ष्य: for conscience' ~; for the ~ of our old friendship;
p&i: **art for art's** ~ कला मात्र कला के लिए; **for God's/ goodness/ Heaven's/ pity's/ mercy's/** ~ खुदा के लिए!; **for God's ~ don't do it!** खुदा के वास्ते ऐसा काम न करो! **for the ~ of ...** के लिए; **for sth's** ~ के लिए, के कारण; **for old sake's ~ = for old time's** ~ पुराने दिनों की खातिर; **he argues for the ~ of arguing** वह केवल बहस करने के लिए बहस करता है

sake /साकि/ साके/ (*also* **saki**) *n.* साकि, चावल की जापानी शराब

saker /सेकः/ *n.* 1 (***syn.*** falcon) मादा बाज, श्येन 2 पुरानी तोप;
dw/lw: **sakeret** /सेकअरेट/ *n.* नर बाज

sakia /साकिआ/ *n.* रहट

salaam /सलाम/ *n.* सलाम: with profound **~s**;
v., pt. **~ed**, *pp* **~ing** सलाम क., सलाम ठोकना

salacious /सअलेशिअस/ *adj.* 1 कामुक 2 अश्लील: ~ books/ pictures 3 (***syn.*** lecherous) लंपट;
dw/lw: **~ly** /~लि/ *adv.* 1 कामुक या अश्लील तरीके से; **~ness/ salacity** /~नेस/ सलैसिटि/ *n.* 1 कामुकता, लंपटता 2 अश्लीलता

salad /सैलड/ *n.* सलाद: vegetable ~; ~ dressing; ~ cream;
p&i: **~ days** कच्ची उम्र, जवानी के दिन

salamander /सैलअमैंडः/ *n.* 1 सैलामैंडर परिवार की मछली 2 एक पौराणिक सर्पिल जीव या आत्मा सालामांद्रा जो अग्नि में निवास करती है और उसे अपनी ठंड से बुझाती है 4 *fig.* धूप और सूर्य प्रेमी 4 गोश्त भूनने के लिए धातु की एक प्लेट

salami /सलामी/ *n.* सलामी (सुअर आदि के मांस से बना खाद्य);
collocations: **~ slicing** किसी बड़ी चीज में से टुकड़े-टुकड़े करके हटाने की क्रिया; **~ tactics** *pl. n.* अपने कर्मियों को एक-एक करके निकालने का व्यापारिक तरीका

salaried /सैलअरिड/ *adj.* वेतन भोगी, वैतनिक, तनख्वाहदार: ~ personnel; teachers are ~ persons

salary /सैलरि/ *n., pl.* **salaries** वेतन, तनखाह, तनख्वाह: a good/ high ~; a ~ cut/ increase/ rise; monthly ~; annual/ yearly ~; draw a fixed ~;
v., pt. **salaried**, *pp* **salarying**, *s/he/it* **~ies** वेतन दे.

sale /सेल/ *n.* 1 बिक्री, विक्रय: (up) for ~; cash ~; made no ~ to-day; **~s** are up/ down this year 2 बेचने का अधिकार एवं सक्षमता 3 बेची जाने वाली वस्तु: goods/ on/ for ~ 4 सस्ते दामों पर की जाने वाली भारी बिक्री: clearance ~ 5 नीलामी: an auction ~ 6 मांग: there is no ~ for these articles 7 (**~s**, *also* **sales department**) विक्रय विभाग: she has worked in **~s** for a year;
adj. बिक्री की, बिक्री के लिए उपलब्ध: **~s** items;
dw/lw: **~able/ salable** /सेलअबल/ *adj.* विक्रेय, बिक्री-योग्य; **~ability/ ~ableness** /सेलअबिलअटि/ सेलअबलनेस/ *n.* बिक्री-योग्यता, विक्रय-संभावना, मांग; **~s-book** *n.* बिक्री-बही; **~sclerk** *n.* विक्रय-सहायक; **~sman/ ~swoman/ ~sperson** /सेल्जमन/ सेल्जवुमन/ सेल्जपःसन/ *n., pl.* ~smen or ~swomen/ ~spersons पुरुष या महिला विक्रेता: he is a born ~sman; travelling ~sperson; **~smanship** /सेल्जमन्शिप/ *n.* बेचने का हुनर, विक्रय-कला: his ~smanship is bad; **~ proceeds** *n. [pl.]* विक्रयागम, बिक्री की आमदनी; **~room/ ~sroom** *n.* बिक्री कक्ष; **~s** /सेल्ज/ *n., [pl.]* 1 बिक्री 2 कंपनी जो बिक्री करती है 3 (***syn.*** clearance ~) वर्तमान माल को बेच डालने के लिए सस्ते दामों पर बिक्री;

collocations: ~ **and leaseback** जायदाद के मालिक द्वारा अपनी जायदाद बेचने के बाद उसे वापस पट्टे पर लिए जाने का कार्य; ~ **of work** चर्च आदि संगठनों के कर्मियों द्वारा बनाई गई वस्तुओं दानार्थ विक्रय; ~ **or return**/ ~ **and return** पुस्तक-विक्रेता का प्रकाशक के साथ अनबिकी प्रतियों को वापस लेने के बारे में समझौता, जाकड़ बिक्री; ~ **price** कम किया हुआ दाम; **~s clerk** विक्रय बाबू; **~s rep** (**~s representative**) विक्रय प्रतिनिधि; **~s resistance** बिक्री का विरोध; ~ **slip** रसीद; **~s store** बिक्री भंडार; **~s talk**/ **~s pitch** ग्राहक को मनाने के लिए विक्रेताओं द्वारा की जाने वाली बातें; **~s tax** बिक्री-कर, विक्रय-कर; ~ **value** विक्रय दाम; ~ **work**/ ~ **goods** बाजार के लिए तैयार किया हुआ माल;

a book ~ पुस्तक-विक्रय; **car boot** ~ कार की डिक्की में रखकर माल बेचना; **clearance** ~ वर्तमान माल को बेच डालने के लिए सस्ते दामों पर बिक्री; **deed of** ~ बैनामा, विक्रयपत्र; **forced** ~ बलात् बिक्री; **high-pressure smanship** ग्राहकों पर अत्यधिक दबाव बनाकर माल बेचने का तरीका; **jumble** ~ सभी फुटकर चीजों की बिक्री;

p&i: **bill of** ~ विक्रय बिल; **knock sth down to sb at a** ~ किसी को कोई चीज नीलामी में बेचना; **on** ~/ **for** ~ 1 बिकाऊ 2 विक्रयार्थ 3 सस्ते दामों पर बिकाऊ 4 सस्ते दामों पर भारी विक्रय 5 नीलामी के लिए प्रस्तुत

salience /सेलिअंस/ (*also* **saliency**) *n.* 1 उत्कृष्टता, प्रमुखता 2 विशेषता 3 फाना: push a ~ 4, उभार: to widen a ~

salient /सेलिअंट/ *adj.* 1 मुख्य, प्रमुख, उल्लेखनीय, उत्कृष्ट: honesty is sb's most ~ characteristic; ~ features of an agreement; the ~ points in his speech 2 बाहर निकला हुआ, बहिर्गत (pointing outward): a ~ angle 3 (*syn.* leaping) उछलता हुआ: ~ eyes 4 (*syn.* gushing) प्रवाही;

n. उभार, बहिर्गत कोण;

dw/lw: **~ly** *adv.* मुख्य रूप से

saliferous /सलिफरस/ *adj.* लवणमय

salina /सलाइना/ *n., pl.* **~s** लवण कच्छ, लवण झील

sali\ne /सेलाइन/ सेलीन/ *adj.* 1 नमकीन, खारा: the water has a **~ne** taste 2 *chem.* लवणीय: **~ne** land; **~ne** solution;

n. 1 खारी झील (salt lake) 2 (*also* **~ne solution**) लवण घोल;

dw/lw: **~nity** /सअलिनिटि/ *n.* नमकीनता, खारापन, लवणता; **salinometer** /सैलिनौमिटः/ *US* सैलिनाःमिटः/ *n.* लवण मापी, लवणता मापी

saliva /सअलाइवा/ *n.* लार, राल;

dw/lw: **~ry** / सलाइवअरि/ *US* सैलिवअरि/ *adj.* लार-संबंधी, लारमय: ~ry gland (लार-ग्रंथि); **~te** /सैलिवेट/ *v., pt.* ~ted, *pp* ~ting लार उत्पन्न क., लार बहना, लार टपकाना; **~tion** /सैलिवेशन/ *n.* लार-स्राव; **~tor** /सैलिवेटः/ *n.* लार-स्रावक; **~tory** /सैलिवेटरि/ *adj.* लारमय

sallow /सैलो\/ *adj.* 1 पीला-सा 2 (*syn.* pasty) फीका, अस्वस्थ: ~ skin (पीली या अस्वस्थ त्वचा);

n. 1 पीलापन 2 (*syn.* willow) बेदमजनूं;

v., pt. ~**ed**, *pp* **~ing** 1 पीला पड़ जाना 2 फीका या बेदम हो.;

dw/lw: **~ish** /~इश/ *adj.* पीला-सा; **~ness** /~नेस/ *n.* पीलापन, फीकापन

sall\y /सैलि/ *n., pl.* **~ies** 1 धावा, झपट, टूट पड़ने की क्रिया: make/ carry out a **~y**; successful/ sudden **~y** 2 (*syn.* excursion) सैर-सपाटा 3 (*syn.* witticism) व्यंग्य, चुटकुला: amusing/ bitter **~ies**; **~ies** of wit 4 (*syn.* outburst) लहर: a **~y** of youth;

v., pt. **~ied**, *pp* **~ying**, *s/he/it* **~ies** 1 धावा बोल दे., हल्ला बोलना 2 झपटना, टूट पड़ना 3 *humorous* (*also* ~ **forth**) निकल पड़ना, निकलना: ~ forth into the world (दुनिया में कूद पड़ना) 4 सैर-सपाटे के लिए (बाहर) निकलना, प्रस्थान क.: ~ out into the country to hunt; ~ into the fairyland of poetry;

dw/lw: **~-port** *n.* निर्गम-द्वार;

collocations: **Sally Lunn** मीठी चाय का एक केक जिसे मक्खन के साथ परोसा जाता है

salmagundi/ **salmagundy** /सैल्मअगंडि/ *n., pl.* **salmagundies** 1 कीमा गोश्त-सा एक व्यंजन, खिचड़ी 2 फुटकर चीजों का मिश्रण 3 घालमेल: his mind was a sort of ~

salmon /सैमन/ *n., pl.* **salmon**/ **~s** मृदुपक्षा, सामन मछली

salmonella /सैलमअनेला/ *n., pl.* **~e**/ **~s** विषाक्त भोजन से पैदा होने वाला एक रोगाणु

salon /सैलौन/ *US* सैलाःन/ *n.* 1 बड़े घर में आगंतुक कक्ष, बैठक 2 फैशनेबल घर में भद्र या कुलीन लोगों का जमघट 3 सौंदर्य या बाल आदि बनाने का कक्ष, बनने-ठनने का कक्ष: beauty ~ 4 चित्र-प्रदर्शनी का हॉल या बड़ा कमरा, सभा भवन आदि 5 (**Salon**) पेरिस में जीवित चित्रकारों के चित्रों की वार्षिक प्रदर्शनी 6 किसी जानीमानी हस्ती के घर पर चोटी के बुद्धिजीवियों की गोष्ठी

saloon /सलून/ *n.* 1 *UK* (*US* **sedan**) बड़ी कार 2 *esp. US, colloq.* (*syn.* tavern) शराब-घर, मधुशाला, मदिरालय 3 यात्री जहाज पर एक बड़ा भोजनालय 4 जहाज में प्रथम श्रेणी के यात्रियों के लिए बड़ा-सा कमरा: shaving ~; dining ~; ~ deck (प्रथम श्रेणी का डेक) 5 सार्वजनिक रेस्त्रां आदि में एक अत्यधिक आरामदेह (cosy) मयखाना, सैलून: ~ bar (= lounge bar) 6 (*also* ~ **car**) दो दरवाजों वाली कोई भी कार जिसमें मुड़वां डिब्बा लगा होता है

salsa /सैलसा/ *US* सालसा/ *n., pl.* **~s** 1 मैक्सिको की एक मसालेदार चटनी (सॉस) 2 लातीनी अमेरिका का एक नाच और संगीत

salsify /सैल्सिफि/ *n., pl.* **salsifies** विलायती कचालू

SALT *abbr.* 'Strategic Arms Limitation Talks/ Treaty' की प्रथमाक्षरी

salt /सॉल्ट/ *n.* 1 नमक, नोन, नूण (*Hr.*), लवण 2 *chem.* लवण 3 (*pl.* **Epsom ~s**) *med.* जुलाबी नमक 4 (*syn.* piquancy) तीखापन, चरपरापन, चटकीलापन 5 (*syn.* wit) जीवंतता, वाग्विदग्धता: her words added ~ to the discussion 6 नमकदान: ~ cellar 7 (*also* **old** ~) मंजा हुआ नाविक 8 (**~s**) नहाने के पानी को सुवासित बनाने के लिए सुगंधित लवण;

adj. 1 नमकीन, खारा: ~ water; ~ brine 2 नमक मिलाकर बचाकर रखा हुआ: preserved with ~ 3 नमकीन पानी में डुबाकर रखा हुआ 4 नमक जैसे स्वाद वाला: ~ tears; ~ spring 5 *fig.* (*syn.* bitter) अप्रिय, अरुचिकर, कटु, खारा 6 *fig.* (*syn.* pungent) तीखा, तीक्ष्ण 7 (*syn.* witty) हास्यजनक, चटकीला: ~ stories/ jests; ~ wit 8 *fig.* (*syn.* spicy, indecent) अश्लील, फूहड़, चटपटा, मसालेदार: ~ jokes 9 नमक का, के, की: ~ industries 10 नमक वाला, नमक वाली: ~ pasture, ~ soil;

v., pt. **~ed**, *pp* **~ing** 1 नमक डालना 2 (*syn.* preserve, season) किसी खाद्य में नमक मिलाकर उसे देर तक बचाकर रखना 3 नमक में मिलाना 4 *mining sl.* खान में कीमती सोने आदि के खनिज डालकर उसके कीमती होने का छल क. 5 बर्फ जमी सड़क पर नमक डालकर बर्फ पिघलाना: ~ snow;

dw/lw: **~-and-pepper** *n.* नमक-मिर्च; **~-cat** *n.* कबूतरों को ललचाने के लिए रखा जाने वाला नमक का ढेला (डळा *Hr.*); **~cellar** *UK* (*US* ~ **shaker**) *n.* 1 नमकदानी 2 *anat.* कॉलर की हड्डी के पीछे की ढलान; **~ed** /सॉःल्टिड/ *adj.* 1 नमक लगाकर बचाकर रखा हुआ 2 लवणित, नमकीन 3 अनुभवी: an old ~ed trader; **~er** *n.* नुनेरा; **~ern** *n.* लोनारा, पानी को सुखाकर नमक बनाने का हौज; **~fish** *n.* नमक डालकर बचाकर रखी जाने वाली मछली; **~-free** *adj.* लवण-रहित, बिना नमक का: ~-free diet; **~-glaze** *n.* लवणकाच; **~iness** *n.* नमकीनता: she could feel the ~iness of her tears; **~ing** *n.* 1 किसी खाद्य में नमक मिलाकर उसे देर तक बचाकर रखने की क्रिया 2 (**~ings**) ज्वारभाटे की बाढ़ में डूबी भूमि; **~ish** /सॉःल्टिश/ *adj.* नुनखरा, नुनखारा; **~ishness** *n.* नमकीनता, लावण्य; **~less** *adj.* नमकरहित; **~peter**/ **saltpetre** /सॉःल्टपीटः/ *n.* 1 भोजन को देर तक

बचाकर रखने के लिए उसमें डाला जाने वाला सफेद चूरा या पाउडर 2 कलमी शोरा, सुवर्चल; **~water** *n.* समुद्र का खारा पानी, लवण जल: ~water fish; **~works** *n.* लोनारा; **~y** /सॉल्टि/ *adj.* (**~ier, ~iest**) 1 नमकीन, नमक वाला: ~y food; ~y sea air 2 अश्लील ढंग से रोचक, चटपटा, मसालेदार: ~y talk among men;

collocations: **~ flat** पानी के सूख जाने पर बचा नमक से ढका सपाट जमीन का टुकड़ा; **~ lake** लवण झील, खारी झील; **~ land/ ~ meadow** लवण भूमि, समुद्र के किनारे स्थित खुली जगह जहां अक्सर समुद्र का पानी भर जाता है; **~ lick** 1 जंगल में ऐसा स्थान जहां जानवर नमक चाटने जाते हैं 2 नमक की कमी वाले पालतू जानवरों को लवण लेह देने की क्रिया; **~ marsh** लवण कच्छ; **~ pan** 1 समुद्र के पास धरती का वह टुकड़ा जहां नमकीन पानी के सूखने के फलस्वरूप नमक की परत बच जाती है 2 लवण-क्षेत्र या पटल;

p&i: **~ a mine** खान के दाम चढ़ाने के लिए बेईमानी क.; **~ an account/ invoice** दाम बहुत बढ़ा या घटाकर दिखाना; **~ away/ ~ down** 1 नमक मिलाना 2 फटकार लगाना; **~ a wound** जले/ कटे पर नमक छिड़कना; **~ books/ receipts** आमदनी को बढ़ा-चढ़ाकर दिखाना; **~ of wisdom** अनुभव से बुद्धिमान बना या कढ़ा हुआ; **~ prices** बहुत ज्यादा दाम ले.; **~ sth away** 1 भविष्य के लिए बचाकर रखना 2 कंजूस की तरह जोड़-जोड़कर बड़ी रकम बनाना;

Attic ~ सूक्ष्म हास्य बोध, अति तीक्ष्ण हाजिर जवाबी; **be true to one's ~** वफादारी से अपने मालिक की सेवा क.; **be worth one's salt** योग्य दक्ष एवं आदरणीय हो.; **drop/ cast/ lay/ put a pinch of ~ on sb's tail** पक्षी पकड़ने के हास्यास्पद ढंग से किसी को पकड़ना; **eat sb's ~** किसी का नमक खाना; **eat ~ with sb** किसी का अतिथि होना, किसी की मेहमाननवाजी का फायदा उठाना; **earn one's ~** मेहनत की कमाई खाना; **go through sth like a dose of ~s** *colloq.* किसी काम को जल्दी-जल्दी खत्म कर डालना; **not/ hardly worth one's ~** बेकार, निकम्मा; **not made of ~** वर्षा की बूंदों से पिघलने वाला नहीं; **old ~** अनुभवी या मंजा हुआ नाविक; **put/ lay ~ on sb's tail** किसी को रंगे हाथों पकड़ लेना; **rub ~ in sb's wounds** जले/ कटे पर नमक छिड़कना; **share sb's bread and ~** किसी के साथ दुख-सुख बांटना; **sit above/ below the ~** 1 मेज के ऊपरी या नीचे वाले भाग की तरफ बैठना 2 समाज में ऊंची या सामान्य स्थिति में हो.; **take sth with a pinch of ~** (*US* **take sth with a grain of ~**) किसी के प्रस्ताव या कथन को शक की निगाह से देखना, पूरी तरह विश्वास न क.; **the ~ of the earth** बिल्कुल भरोसेमंद व विश्वसनीय लोग, ऐसे व्यक्ति, जिनके दम पर दुनिया कायम है; **the ~ of the youth** जवानी का जोश

saltant /सैल्टंट/ *adj., heraldry* उछलने वाला, नाचने वाला

salta\tion /सैल्टेशन/ *n.* 1 कूद 2 *genetics* एक पीढ़ी से दूसरी पीढ़ी के जीनों (genes) में उछाल, तीव्र परिवर्तन 3 नाच, उछल-कूद 4 हवा द्वारा कणों को उड़ाकर कहीं दूर ले जाने की क्रिया;

dw/lw: **~torial/ ~torious/ ~tory** /सैल्टअटॉरिअल/ सैल्टअटॉरिअस/ सैल्टअटरि/ *adj.* 1 उछलने वाला, कूदने वाला: the frog is a small ~tory reptile 2 जीनों (genes) में उछाल या तीव्र परिवर्तन दिखाने वाला: ~tory evolution 3 नाचने वाला: ~tory talent; **~tionism** /सैल्टेशनिजम/ *n.* विकासवादी सिद्धांत कि जीनों में परिवर्तन तीव्र उछाल के रूप में होता है; **~tionist** /सैल्टेशनिश्ट/ *n.* इस विकासवादी सिद्धांत को मानने वाला व्यक्ति

saltigrade /सैल्टिग्रेड/ *adj., biol.* उछालों में विकसित होने वाला; ***n.*** उछलने वाली छिपकली

saltire/ saltier /सॉल्टायः/ सौल्टायः/ *n.* संत ऐंड्रियु (St. Andrew) का क्रॉस

saltus /सैल्टस/ *n., pl.* **~es** 1 क्रमभंग 2 आकस्मिक परिवर्तन, आकस्मिक निष्कर्ष

salubrious /सअल्यूःब्रिअस\/ सअलूःब्रिअस/ *adj.* स्वास्थ्यवर्धक, स्वास्थ्यकर: a ~ climate; ~ air of the place; not a very ~ neighbourhood;

dw/lw: **~ly** /~लि/ *adv.* स्वास्थ्यवर्धक ढंग से; **~ness/ salubrity** /~नेस/ सअल्यूःब्रिटि/ *n.* स्वास्थ्यवर्धकता

salu\tary /सैल्यूटरि\/ *adj.* 1 हितकर, लाभप्रद, अच्छा 2 लाभकारी सचेतक: **~tary** lesson/ warning 4 स्वास्थ्यवर्धक;

dw/lw: **~tarily** /~लि/ *adv.* लाभप्रद ढंग से; **~tariness** /~नेस/ *n.* लाभप्रदता

saluta\tion /सैल्युटेशन/ *n.* 1 अभिवादन, नमस्कार, सलाम: a word of ~; take off/ raise/ one's hat in ~ 2 प्रथागत (conventional) संबोधन (महाशय, मान्यवर, आदरणीय आदि);

dw/lw: **~tional/ ~tory** /~शनल/ ~टरि/ *adj.* अभिवादनात्मक: ~tional/ ~tory oration; **~torily** /~टरिलि/ *adv.* अभिवादन के रूप में

salute /सअलूट/ सअल्यूट/ *n.* 1 सल्यूट, सलामी 2 नमस्कार, प्रणाम, अभिवादन: give a ~ to sb; return a ~; take the ~; stand at the ~; render a ~; royal ~; fire a ~ 3 तोप-गोलों की सलामी: twenty- gun ~;

v., *pt.* **~d**, *pp* **saluting** 1 सलाम क.: ~ courteously/ respectfully/ cordially; ~ sb's bravery 2 नमस्कार क., प्रणाम क. 3 अभिवादन क. 4 हार्दिक स्वागत क.: ~ sb with a smile/ with a kiss 5 सलामी दे.: ~ with the sword; ~ with twenty guns 6 अनादरपूर्वक मिलना: our ears were **~d** by hostile shouts; a gloomy view **~d** us;

dw/lw: **saluting-base** *n.* सलामी-मंच

salvable /सैल्वअबल/ *adj.* रक्षणीय, उद्धारणीय

salvage /सैल्विज/ *v., pt.* **~d**, *pp* **salvaging** 1 संभावित विनाश में से जहाज या अन्य संपत्ति बचाना 2 डूबे जहाज को निकालना 3 मुसीबत में कटती नाक बचा ले. 4 उबारना, निकाल लेना 5 क्षतित संपत्ति का पुनर्प्रयोग क. 6 बचाना: ~ the potential hoodlums; ~ a marriage;

n. 1 बचाई गई वस्तु: the ~ of a ship's cargo/ of books from a burning house 2 उबार, भ्रंशोद्धार: ship ~ (जहाज का बचा भाग) 3 बचाव 4 (award) उबार-पुरस्कार 5 बचाया हुआ माल और उसका पुनर्प्रयोग;

adj. बचाने वाला, उद्धारक: ~ appliance; ~ company; ~ money; .

collocations: **~ yard** पुराने जहाजों व अन्य मशीनों को तोड़ने की गोदी

salvation /सैल्वेशन/ *n.* 1 मुक्ति, मोक्ष, निस्तार, सांत्वना: find ~ 2 बचाव, रक्षा, उद्धार: the ~ of his country was his only aim 3 ईसाई मिशनरी संगठन: **Salvation** Army 4 इंसान का पापों से निस्तार करने वाला, उद्धारक: be a ~ of sb;

dw/lw **~ist** *n.* '**Salvation Army**' का सदस्य, मुक्ति-सैनिक;

p&i: **work out one's own ~** अपने आप को खुद बचाना

salve /सैल्व/ साःल्व/ *US* सैव/ *n., pl.* **~s** 1 मरहम, इलाज या सांत्वना देने का विलेप: lip ~ 2 सांत्वना: a ~ for wounded honour 3 इलाज;

v., *pt.* **~d**, *pp* **salving** 1 मरहम लगाना 2 सांत्वना दे. 3 (***syn.*** salvage) उबारना, बचा लेना: ~ one's conscience;

dw/lw: **salver** /सैल्वः/ *n.* श्रृंगारिक ट्रे, थाली; **~er-form** *n.* दीवटाकार;

p&i: **there is a ~ for every sore** हर मर्ज की दवा है

salvo /सैल्वो/ *n., pl.* **~s/ ~es** 1 तोपों की सलामी: a ~ of twenty-one guns; a ~ from the ship's guns in salute 2 तालियों की गड़गड़ाहट, लहर: a ~ of applause/ of cheering 3 साल्वो, बाढ़: ~ bombing 4 *law* (***syn.*** proviso) शर्त: with an express ~ as regards certain named rights 5 बहाना: find a new ~ for staying 6 युक्ति

sal volatile /सैल्वौलैटिलि/ *n.* अमोनियम कार्बोनेट

salvor /सैल्वः/ *n.* 1 जहाज या उसके माल को बचाने वाला 2 उबारक

salwar-kameez *n.* सलवार-कमीज

Salyut /सैल्यूत/ *n., astron.* 1971 से 1982 के बीच सोवियत संघ द्वारा भेजे जाने वाले 'सैल्यूत' नाम के अंतरिक्ष यान जिनमें अंतरिक्ष-यात्री छः महीने या उससे भी अधिक समय अंतरिक्ष में रहे

SAM *abbr.* 'surface-to-air-missile' की प्रथमाक्षरी

Sam. *abbr. Book of the* **Bible 'Samuel'** बाइबल की एक पुस्तक;

p&i: **to stand ~** रेस्त्रां आदि में एक संगति में आए सभी लोगों का पैसा दे.; **upon my ~!** कसम से, ईमान से; **I'll take my ~ upon it!** मैं कसम से कहता हूं कि...

Sam Browne/ Sam Browne belt *n.* दायें कंधे पर निकलती अफसर की पेटी;

p&i: **stand Sam** खाने के लिए पैसे चुकाना; **upon my Sam!** कसम से!

samara /समारा/ *n.* एक बीज वाला फल

Samaritan /सअमैरिटन/ *n.* 1 समारिया का निवासी: the **~s** 2 समारिया की बोली 3 (*in full* **Good Samaritan**) एक दयालु, संवेदनशील व सदा सहायता करने को तत्पर व्यक्ति;

adj. समैरिटनों से संबंधित: ~ fund; ~ home;

collocations: **the Samaritans** ऐसे भावनात्मक मुसीबत में फंसे लोगों, जो आत्म-हत्या कर सकते हैं, की टेलीफोन द्वारा सहायतार्थ1953 में स्थापित संगठन

samba /सांबा/ *n., pl.* **~s** एक जीवंत ब्राजीलियायी नृत्य

sambar/ sambur /सांबः/ *n., pl.* **~s/ sambar** or **sambur** भारतीय बारहसिंगा

sambo /सैंबो/ *offensive sl.* 1 अश्वेत 2 वर्णसंकर

same /सेम/ *adj.* 1 (***syn.*** identical) एक ही, वही, एक जैसा /जैसी/ जैसे: the ~ film we saw last week; the ~ (वही); the ~ old arguments/ faces/ story, etc.; the ~ queer old fellow; the very ~ tune I heard yesterday; the ~ causes produce the ~ effects 2 उसी: went home the very ~ day; be in the ~ boat; in the ~ vein (उसी ढंग से); be on the ~ wavelength 3 (***syn.*** alike) एक जैसे, वैसा ही, अभिन्न, समान, सदृश, समरूप, हू-ब-हू एक समान: the ~ little girl to me; no longer the ~ man; belong to one and the ~ class; at the ~ time 4 (***syn.*** aforesaid) उपर्युक्त, वही 5 (***syn.*** uniform) एकरूप, समरूप, उतनी ही: sailors received the ~ pay as soldiers; he is of the ~ age as myself; it amounts to the ~ thing 6 उन्हीं: on the ~ days as last year 7 (***syn.*** monotonous) नीरस, एकरस 8 वही पुराना: the ~ old discussion/ faces/ story, etc. 9 उसी प्रकार: in the ~ way;

pron. 1 वही, यही, जैसा पहले था वैसा ही: just the ~ (वैसा ही); the fear of being too ~ (जरूरत से ज्यादा एक जैसा होने का डर); can you feel the ~ towards him as you used to?; you still look the ~; much the ~ (लगभग वैसा ही) 2 फिर भी, के बावजूद: all/ just the ~; feel anxious all the ~ (के बावजूद चिंतित हो.); he is often rude/ but I like him all/ just/ the ~ (वह अक्सर बदतमीजी करता है, फिर भी मैं उसे पसंद करता हूं);

adv. **(the same)** ठीक उसी तरह, बिल्कुल: this town is still the ~ as ever; I feel the ~; we love each of you the ~; be all the ~ to them (उन्हें कोई फर्क नहीं पड़ता); much the ~; the ~ as usual;

dw/lw: **~liness** /सेमलिनेस/ *n.* 1 एकरूपता, एकरसता *2* नीरसता; **~ly** /सेमलि/ *adj.* एक जैसा, समान, एकरस, एकरूप, नीरस; **~ness** /सेमनेस/ *n.* 1 समानता, अभिन्नता: illusive ~ness; ~ness in taste; ~ness and otherness 2 एकरूपता, समानता, जैसा था वैसा होने की स्थिति 3 एकरसता, नीरसता, उबाऊ दोहराव: dull/ boring ~ness; she got tired of the ~ness of the food; **~-sex** *adj.* सम-लिंगी: ~-sex partner; ~-sex marriage; **samey** /सेमि/ *adj., colloq.* 1 एक-जैसा, विविधताविहीन: I quite like that band, but I think their songs are a bit samey 2 उबाऊ;

p&i: **all/ just the ~** फिर भी, के बावजूद; **at the ~ time** 1 पर (उसके) साथ ही ... 2 एक ही समय; **be in the ~ boat** समान स्थिति में हो.; **be all the ~ to sb** किसी को कोई फर्क न पड़ना; **in the ~ boat** समान स्थिति में; **it is all the ~ to me** मुझे कोई फर्क नहीं पड़ता; **just the ~** 1 फिर भी, वैसा ही, उसी तरह से 2 फिर भी; **much the ~** वैसा ही, बिना किसी बदलाव के; **one and ~** समान, एक जैसे; **the ~ again** वही पेय या व्यंजन फिर से; **the ~ old story** वही पुराना राग; **the very ~** एकदम वही; **(the) ~ here** मुझे भी वही, मुझे भी ठीक वैसा ही, मुझे भी उतना ही; **(the) ~ to you** आपको भी वही या वैसा ही

samel /सैमल/ *adj.* अधपकी

samizdat /सामिज्दात/ (*also Russian* **cáмиздат**) *n.* स्वयं लेखक द्वारा प्रकाशन

samosa /समोसा/ *n., pl.* **~s/ samosa**, *IE* समोसा

samovar /समावार/ (*also in Russian* **самовáр**) *n.* सामोवार, चाय के लिए उबले पानी से भरी एक विशेष रूसी केतली

samphire /सैम्फायः/ *n.* एक सदाबहार पौधा, सम्फायर

sample /सांपल/ *US* सैंपल/ *n., pl.* **~s** 1 नमूना, प्रतिदर्श: fine ~ 2 परीक्षण हेतु लिया गया छोटा-सा हिस्सा, बानगी: **~s** of water for analysis; analyse/ collect/ take/ test a ~; below/ not up to the ~ 3 आदर्श, उदाहरण, मिशाल: a ~ of courage 4 छंटाई: ~ bottle; ~ operation order 5 सार, निचोड़;

adj. नमूने का, की, के, नमूना संबंधी: ~ checking; ~ collection; ~ book; ~ copy;

v.**, pt.* **~d**, *pp* **sampling** 1 नमूने के रूप में परख क. 2 पहली बार बानगी देखना या चखना 3 (syn.*** test) परखना 4 (***syn.*** experience) का अनुभव प्राप्त क., का मजा चखना: ~ life abroad 5 *pop music* संगीत के एक टुकड़े को दूसरे में मिलाना;

dw/w: **~r** /सांपअलः/ सैंपअलः/ *n.* 1 नमूने लेने का कार्य 2 तरह-तरह की कढ़ाई का नमूना 3 पारखी 4 नमूना: water ~r; **~-room** *n.* प्रदर्शनी-कक्ष

sampling /सांपलिंग/ *US* सैंपलिंग/ *n.* 1 नमूने इकट्ठे करने का काम 2 प्रति-चयन, प्रति-दर्शन, छंटाई: ~ method (प्रति-चयन विधि) 3 नमूना, प्रतिदर्श;

adj. प्रति-चयी, प्रति-दर्शी: ~ error

samurai /सैमुराइ/ *n., pl.* **samurai** 1 ग्यारहवीं से उन्नीसवीं सदी के बीच जापान का अभिजात वर्ग 2 इस वर्ग का सदस्य, सैमुराई 3 सैमुराई की दुहत्थी तलवार

sana\tive/ ~tory /सैनअ\टिव/ ~टरि/ *n., pl.* **~tives** रोगनाशक, रोगहर;

dw/lw: **~torium** (*also US* **sanitorium**) /सैनअटॉरिअम/ *n, pl.* ~toriums/ sanitoriums or ~toria/ sanitoria 1 सैनिटोरियम, आरोग्य-निवास, आरोग्य-आश्रम, स्वास्थ्य-निवास, स्वास्थ्य-सुधारगृह: tuberculosis ~torium/ sanitorium 2 *Br.* बोर्डिंग स्कूल में बीमार-कक्ष

sancti\fication /सैंक्टि\फिकेशन/ *n.* 1 पवित्रीकरण 2 आत्मोन्नति, सिद्धि-साधना (spiritual progress) 3 (***syn.*** canonization) संत-घोषणा;

dw/lw: **~fied** /~फाइड/ *adj.* 1 पवित्र, पवित्रित 2 (***syn.*** sanctimonious) पाखंडपूर्ण: ~fied airs (पाखंडपूर्ण चाल-ढाल या अकड़); **~fier** /~फायः/ *n.* 1 पवित्रीकारक 2 (Sanctifier) पवित्र आत्मा; **~fy** /~फाइ/ *v., pt.* ~fied, *pp* ~fying, *s/he/it* ~fies 1 वैध या पवित्र रूप दे.: ~fy a marriage 2 (***syn.*** purify) पवित्र या शुद्ध क. 3 पाप या बुराई से मुक्त क. 4 (***syn.*** justify) दोषमुक्त क.

sanctimonious /सैंक्टिमोनिअस\/ *adj.* 1 पाखंडी या ढोंगी (धर्मात्मा), बगुलाभगत 2 पाखंडपूर्ण: his ~ air (पाखंडपूर्ण अकड़) 2 (***syn.*** self-righteous) अपने को दूसरों से ज्यादा पवित्र समझने वाला;

dw/lw: **~ly** /~लि/ *adv.* पाखंडपूर्वक; **~ness** /~नेस/ (*also*

sanctimony) *n.* पवित्रता का ढोंग या प्रपंच, पाखंड
sanctimony /सैंक्टिमनि/ *n.* पाखंड, ढोंग, बगुलाभक्ति
sanction /सैंक्शन/ *n.* 1 (***syn.*** authorization) स्वीकृति, मंजूरी: give/ grant ~ to sth 2 समर्थन, पुरस्कार (reward, aid, support, etc.), सहमति, अनुमति: have the full/ tacit ~ of sb; the ~ of conscience; philosophical ~ 3 *law* (***syn.*** decree) आदेश, अनुज्ञप्ति 4 दंड-विधान: the last **~s** of the law (फांसी की सजा) 5 (**~s**, ***syn.*** penalty) किसी देश के विरुद्ध आर्थिक, राजनीतिक, सैन्य आदि प्रतिबंध: financial/ economic/ trade/ military **~s**; impose/ lift **~s**; tough **~s** 6 (***syn.*** penalty) समाज द्वारा किसी प्रथा के उल्लंघन के लिए दिया जाने वाला दंड: punitive **~s**; **~s** against/ on sb;
v., *pt.* **~ed**, *pp* **~ing** 1 स्वीकृत क., मंजूरी दे. 2 अनुमोदित क., समर्थन क., नैतिक समर्थन दे.: her conscience doesn't ~ it;
dw/lw: **~ed** /सैंक्शन्ड/ *adj.* 1 स्वीकृत, मंजूर 2 अनुमत, पुष्ट; **~ing** /सैंक्शनिंग/ *adj.* मंजूरीदाता; **~ing** *n.* स्वीकृति देने की क्रिया
sanctitude /सैंक्टिट्यूड/ *US* सैंक्टिटूड/ *n.* 1 निष्पापता, निर्दोषता 2 संतता 3 पवित्रता
sanctity /सैंक्टिटि/ *n., pl.* **sanctities** 1 पवित्रता, पुनीतता: the ~ of life/ of marriage, etc. 2 संतता 3 (***syn.*** inviolability) अलंघ्यता: the ~ of sb's life; the ~ of an oath/ of a treaty
sanctua\ry /सैंक्चुअरि/ *n., pl.* **~ries** 1 *hist.* गिरजाघर जैसा शरण-स्थल, जहां से गिरफ्तारी नहीं की जा सकती थी या अन्य किसी प्रकार से अत्याचार नहीं किया जा सकता था: privilege/ right of **~ry**; violate/ break **~ry** 2 (***syn.*** reserve) अभयारण्य, मृग-वन (for animals, birds, etc.): bird **~ry** 3 पुण्य-स्थान: the **~ry** of sciences 4 गर्भगृह (within the church, etc.) 5 व्यक्तिगत शरण-स्थल, विश्राम स्थल: the **~ry** of one's thoughts/ of one's heart
sanctum /सैंक्टम/ (*esp.* **inner** ~) *n., pl.* **~s/ sancta** 1 पावन-स्थली 2 व्यक्तिगत एकांतता कक्ष आदि;
sanctum sanctorum /सैंक्टम सैंक्टॉरम/ *Lat.* (*also* **holy of holies**) 1 पवित्रतम स्थान 2 यहूदी मंदिर का अंतर्तम स्थान, परम पावन गर्भगृह 3 एकांत 4 अध्ययन-कक्ष
sanctus /सैंक्टस/ *n., Church* 1 (***syn.*** hymn) स्तुतिगान, 'Holy, holy, holy' से शुरू होने वाला भजन: ~ bell (इस भजन के दौरान बजाया जाने वाला घंटा) 2 इस भजन का संगीत: black ~ (धार्मिक भजन का हास्यास्पद रूप यानी पैरोडी /parody/)
sand /सैंड/ *n., pl.* **~s** 1 रेत, बालू, बालूका, सिकता, रेणुका: fine/ coarse sea ~; a great figure covered with the **~s** of oblivion 2 रेती, रेतीली जमीन, सिकता, बलुआ या बालू-तट 3 (**~s**) समुद्र-तट आदि रेत से ढके स्थान: run upon the **~s** 4 रेत-घड़ी में रेत, गुजरा समय, जीवन के दिन: the **~s** are numbered; **~s** are running low/ out (किसी के कुछ ही दिन बचे हैं) 5 मरुस्थल: unending/ shifting, pathless **~s** 6 *US* बहादुरी, दमखम: a man with plenty of ~ in him; it takes ~ to do it 7 रेतीला रंग, भूरा रंग 8 *sl.* पैसा 9 गीली चीनी;
v., *pt.* **~ed**, *pp* **~ing** 1 बालू छिड़कना, बिछाना: ~ a road 2 बालू से चमकाना या पॉलिश क. 3 रेत मिलाना: ~ the sugar;
dw/lw: **~bag** *n.* बालू की बोरी; **~bag** *v., pt.* ~baged, *pp* ~baging 1 बालू की बोरियों की दीवार खड़ी करके रक्षा क. 2 बालू से भरी बोरी के वार से आवाज दबाना 3 *fig.* दबाना, कुचलना: ~bag a proposal 4 बालू-भरी बोरी से हमला क., सताना; **~bagger** *n.* बालू-भरी बोरी से हमला करके लूटने वाला; **~bank** *n.* (नदी में) रेत का दूह/ टीला/ सैकत/ किनारा; **~bar** *n.* बालू-भित्ति; **~-bath** *n.* बालू-ऊष्मक; **~-bin** *n.* रेतखत्ता; **~blast** *n.* रेत की मार, झोंका; **~blast** *v., pt.* **~blasted**, *pp* **~blasting** विशेष यंत्र से रेत की मार द्वारा किसी सतह को चिकना या पॉलिश क. या सजाना; **~-blasting** *n.* बालू-क्षेपण; **~-blind** *adj.* अध-अंधा; **~box** *n.*= **~ pit** (*see below*); **~boy** *n.* खुशमिजाज आदमी: as jolly/ as happy/ as merry as a ~boy; **~castle** /सैंडकासल/ *n.* बच्चों द्वारा गीले रेत से बनाया जाने वाला बालू का महल जो जल्द ही ढह जाता है; **~-dune** *n.* रेगिस्तान में हवा द्वारा बनाए जाने वाले रेत के पठार, रेत का टीलe, बालू-टिब्बा; **~ed** *adj.* 1 जिसे रेत छिड़ककर ढक दिया गया हो 2 जिसे सैंडपेपर से रगड़कर चिकना कर दिया है; **~er** *n.* लकड़ी को चिकना करने के लिए इस्तेमाल किया जाने वाला, बिजली से चलने वाला खुरदरा (रेतीला) कागज; **~fall** *n.* बालू पात; **~-fly** *n.* बड़मक्खी, मरुमक्षिका, बालूमक्षिका; **~-glass** *n.* रेतघड़ी; **~grouse** *n.* भाट, तीतर; **~-hill** *n.* बालू का टीला; **~hopper** *n.* समुद्र तट पर मिलने वाला कूदकर चलने वाला एक पक्षी; **~iness** *n.* रेतीलापन; **~loam** *n.* बालुई, दुमट; **(the) Sand-man** *n.* लोक-कथाओं का पात्र जो बच्चों को सुलाने के लिए उनकी आंखों पर जादुई रेत छिड़कता है: the ~man comes/ is about!; **~paper** *n.* सैंडपेपर, रेगमाल, रेगमार, रेत लगा कागज जिससे रगड़ कर लकड़ी को चिकना बनाया जाता है, बालू कागज; **~piper** /सैंडपाइपः/ *n.* टिटहरी, बाटन, जलरंग; **~pit** *n.* 1 बच्चों के खेलने के लिए रेत भरा उथला गड्ढ़ा 2 गड्ढ़ा जहां से रेत निकाला जाता है; **~s** /सैंड्ज/ *n., [pl.]* स्थान जहां बहुत बालू हो; **~shoe** *n.* रबड़ के तले वाले कपड़े के जूते; **~-spout** *n.* बालू का बवंडर (बगूला या रेतीला तूफान); **~stone** *n.* बलुआ पत्थर, बालुकाश्म; **sandwich** *see below under separate entry*; **~y** /सैंडि/ *adj., degr.* sandier, sandiest 1 रेतीला, बलुआ, बालुकामय: ~y soil; ~y clay 2 कमजोर, आसानी से ढह जाने वाली: ~y foundation 3 भूरा: ~y hair;
collocations: **~ soil/ bottom/ ~ clay** रेतीली मिट्टी; **~ eel** लंबी रुपहली मछली; **~ iron** रेत में पड़ी गेंद को मारने के लिए एक विशेष गोल्फ क्लब; **~ martin** रेत के किनारों पर घोंसला बनाने वाला चिड़िया जैसा पक्षी; **~ trap** = **bunker**; **~ wedge** = **~ iron**; **~ yacht/ land yacht** रेत घाट (beach) में रेत पर दौड़ने वाली व पानी में तैरने वाली मिश्रित नौका;
p&i: **~s are running** समय बीत रहा है, समय समाप्त हो रहा है; **~ the anchor** अनहोने या बेकार के काम में समय गंवाना; **as numberless as ~s** बेहिसाब, अनगिनत; **built on ~** रेत का घर; **have ~ in one's craw** *US* दृढ़ व दिलेर हो.; **knock the ~ from under sb** किसी के पांव तले से जमीन खींच ले., किसी को बेसहारा कर दे.; **jolly as a ~boy** हंसमुख और खुशमिजाज आदमी; **plough the ~(s)** बेकार के काम में समय गंवाना; **put/ throw ~ in the wheels/ in the machine** किसी के काम में रोड़े अटकाना; **the ~man is about** = **the ~man's shaking ~ in your eyes** (बच्चों के लिए) चलो सोने का समय हो गया!

sandal /सैंडल/ *n.* 1 एक प्रकार की चप्पल: bathing **~s** 2 चंदन का पेड़ या लकड़ी;
dw/lw: **~led** *adj.* चप्पल पहने हुए: with ~led feet; **~wood** *n.* चंदन की लकड़ी: ~wood oil
sandarac/ sandarach /सैंडऔरैक/ (*in full* **sandarach tree**) *n.* 1 राल, धूना 2 (*in full* **gum sandarach** or **sandarac resin**) राल का गोंद
S and h *abbr.* 'shipping and handling' की प्रथमाक्षरी
S & L *abbr.* 'Savings and Loan association' की प्रथमाक्षरी
S and M *abbr.* 'sadism and masochism', 'sado masochism' की प्रथमाक्षरी (*see also under* **sadism**)
sandpaper *see above under* **sand:** ***dw/lw***
sandpiper *see above under* **sand:** ***dw/lw***
sandwich /सैंडविच/ *n., pl.* **~es** 1 सैंडविच 2 मिश्रण: a ~ of good and bad (हर तरह की बातें हुईं);
v., *pt.* **~ed**, *pp* **~ing** 1 दो ब्रेड के टुकड़ों के बीच में भरना 2 दो सीमाओं के बीच में रखना: study should be **~ed** with periods of rest 3 दो जनों या चीजों के बीच में फंसना या ठुंसना: ~ a picture between two pieces of pasteboard; be **~ed** in between two stout women;

collocations: ~ **board** एक आदमी के आगे-पीछे लटकने वाले विज्ञापन इश्तिहार; ~ **course** औपचारिक शिक्षा और अनुभव प्राप्त करने का मिला-जुला पाठ्य-क्रम;

p&i: ~ **sb/ sth between sb/ sth** किसी को या किसी चीज को दो जनों या दो चीजों के बीच फंसा दे.; **ride/ sit** ~ दो पड़ोसियों के बीच सटकर बैठना

sandy *see above under* **sand: *dw/lw***

sane /सेन/ *adj.* 1 (***anton.*** insane) मानसिक रूप से स्वस्थ व संतुलित 2 समझदार 3 स्वस्थचित्त 4 स्वस्थ;

dw/lw: **~ly** *adv.* बुद्धिमानी से; **~ness** *n.* 1 मानसिक स्वस्थता 2 बुद्धिमानी

sanforized /सैन्फराइजड/ *adj.* सिकुड़न-सह

sang /सैंग/ *pt.*, '**sing**' का भूतकालिक रूप

sangfroid /सौंग-फ्रवाः/ *US* सांग-फ्रवाः/ *n., Fr.* कठिन घड़ी में धैर्य और आत्मसंयम रखने की क्षमता: lose one's ~

sanguiferous /सैंग्विफअरस/ *adj.* रक्त-वाहक

sanguification /सैंग्विफिकेशन/ *n.* रक्त बनने की क्रिया

sanguina\ry /सैंग्विनरि\/ *adj.* 1 रक्तपिपासु: **~ry** tyrant 2 खूनी, रक्तमय 3 रक्तपातपूर्ण: **~ry** battle 4 रक्तरंजित: **~ry** hands 5 खूंखार 6 क्रूर, कठोर, निष्ठुर: with **~ry** hands 7 गाली-गलौज से प्रताड़ित: **~ry** fool;

dw/lw: **~rily** /~लि/ *adv.* क्रूरतापूर्वक; **~riness** /~नेस/ *n.* 1 रक्तरंजन, रक्तपातता 2 क्रूरता;

p&i: **rather ~ry language** गाली-गलौज व सौगंध-शपथ वाली भाषा

sanguine /सैंग्विन\/ *adj.* 1 उत्साही, प्रसन्नचित्त, प्रफुल्ल: ~ person; ~ temperament 2 (***syn.*** optimistic) आशावादी: be/ feel ~ about the future; ~ hopes 3 (***syn.*** ruddy) लाल, रक्तिम: ~ face; ~ banners 4 धधकता लाल; ~ flames;

dw/lw: **~ly** /~लि/ *adv.* प्रफुल्लतापूर्वक; **~ness** /~नेस/ *n.* उत्साह, प्रसन्नचित्तता; **sanguineous** /सैंग्विनिअस/ *adj.* 1 रक्तिम, रक्त का, रक्त-सा लाल 2 आशावादी

sanguinity /सैंग्विनिटि/ (*also* **sanguineness**) *n.* उत्साह, प्रसन्नचित्तता

Sanhe\drim/ ~drin /सैनहेरिम/ सैनहेरिन/ *n.* (यहूदियों की) महासभा

sanies /सेनीःज/ *n., pathol.* पंछा

sani\fy /सैनिफाइ/ *v., pt.* **~fied**, *pp* **~fying** स्वस्थ क., सफाई का प्रबंध क.

sanious /सैनिअस/ *adj.* पूयरक्तक

sani\tarian /सैनिटेअरिअन/ *adj.* 1 स्वास्थ्य संबंधी 2 सफाई-पसंद;

n. 1 स्वास्थ्यशास्त्री 2 सफाई-पसंद व्यक्ति 3 सफाई डाक्टर;

dw/lw: **~tate** /सैनिटेट/ *v., pt.* ~tated, *pp* ~tating सफाई का प्रबंध क.; **~tization** /सैनिटाइजेशन/ *n.* स्वच्छताकरण

sanitarium /सैनिटेअरिअम/ *n., pl.* **~s** or **sanitaria** स्वास्थ्यवर्धक स्थल

sanitary /सैनिटरि/ *adj.* 1 (***syn.*** hygienic) स्वास्थ्य-परक, स्वास्थ्यकर, स्वास्थ्य-संबंधी: ~ science; ~ enlightenment; in a ~ condition; render ~ 2 सफाई संबंधी: ~ inspection; ~ laws; ~ belt/ napkin 3 सफाई-पसंद;

collocations: ~ **engineering** इंजीनियरिंग की एक शाखा जिसके तहत साफ पानी की आपूर्ति, गंदे पानी का निकास और सार्वजनिक स्वास्थ्य आदि मुद्दे आते हैं; ~ **inspector** सफाई इंस्पेक्टर; ~ **service/ corps** सैनिक स्वास्थ्य टुकड़ी; ~ **towel** *UK* (*US* **sanitary napkin**) मासिक धर्म (menstruation) के दिनों में महिलाओं द्वारा प्रयुक्त नैपकिन, रजस्वला द्वारा प्रयुक्त पैड या गद्दी

sanitation /सैनिटेशन/ *n.* 1 (***syn.*** hygiene) स्वास्थ्य व सफाई व्यवस्था 2 स्वच्छता, स्वास्थ्य-रक्षा 3 स्वास्थ्य-विज्ञान

saniti\ze /सैनिटाइज/ *v., pt.* **~zed**, *pp* **~zing** 1 (***syn.*** disinfect) साफ-सुथरा बनाना 2 अनुपयुक्त या अरुचिकर तत्त्वों को हटाना

sanity /सैनिटि/ *n.* 1 समझदारी, बुद्धिमानी: a pledge of ~ 2 (***syn.*** soundness of mind) स्वस्थचित्तता, मानसिक संतुलन: lose one's ~ 3 (***syn.*** good sense and reason) विवेक, समझदारी: ~ of thought/ judgment/ outlook

sank /सैंक/ *pt.*, 'sink' का भूतकालिक रूप

sans /सैंज/ *prep., Fr.* के बिना;

collocations: ~ **appeal** अपील के अधिकार के बिना; ~ **ceremonie** बिना औपचारिकता के; ~ **doute** बेशक; ~ **phrase** एक शब्द में; ~ **peur** बेझिझक, बिना डर के;

p&i: ~ **peur et ~ reproche** बिना डर और डांट डपट के; **chevalier ~ peur et ~ reproche** निडर व बेदोष शूरवीर; **come and dine with us ~ cérémonie** बिना किसी तकल्लुफ के हमारे यहां रात्रि-भोज पर आइए!

Sanskrit /संस्कृत/ *n.* संस्कृत भाषा;

dw/lw: **~ic** *adj.* संस्कृत संबंधी; **~isation** /संस्कृतिजेशन/ *n.* संस्कृतीकरण; **~ist** /संस्कृतिस्ट/ *n.* संस्कृतज्ञ

sansculotte /सैन्जक्युलौट/ सैन्जकुलौट/ *US* सैन्जक्युलाःट/ सैन्जकुलाःट/*n.* 1 फ्रांसीसी क्रांति के समय गरीब तबके के जनतंत्रवादियों को दिया गया उपनाम 2 अतिवादी जनतंत्रवादी क्रांतिकारी के लिए प्रयुक्त नाम

sanserif /सैन्सेरिफ/ *n.* सादा टाइप: ~ type

Santa /सैंटा/ (*also* **Santa Claus** /सैंटाक्लॉज/ (*also* **Father Christmas**) *n.* एक कल्पित पात्र जो बड़े दिन पर बच्चों के लिए उपहार लाता है

sap /सैप/ *v., pt.* **~ped**, *pp* **~ping** 1 (***syn.*** exhaust) धीरे-धीरे क्षीण क., थका दे., अशक्त या दुर्बल कर दे.: ~ sb's health/ sb's strength; ~ the adversary's stamina 2 रस निकालना 3 सुरंग बनाना 4 (***syn.*** undermine, destroy insidiously) छिपे रूप में (या धीरे-धीरे) दुर्बल क. या नष्ट क., तलोच्छेदन क.: walls/ cliffs are **~ped** by the stream;

n. 1 पौधे का दूध, रस, सार: watch the ~ rising in the trees 2 कोई भी तरल 3 (***syn.*** vigour) स्फूर्ति, ओज, जीवंतता: the ~ of youth; a sterile idea without the ~ of life; lack ~ 4 (***syn.*** mine) सुरंग 5 छिपे रूप से कमजोर करने का स्रोत: the ~ of prejudices; it is such a ~/ it is too much ~ 6 (***syn.*** trench) गुप्त प्रहार के लिए छिपी खाई 7 कमजोर व आसानी से मूर्ख बनने वाला व्यक्ति;

dw/lw: **~less** /सैप्लेस/ *adj.* 1 रसविहीन 2 निस्तेज, ओजहीन, स्फूर्तिहीन 3 सारहीन, अरोचक, उबाऊ: ~ anecdotes

sap(p)an-wood /सअपैन्वुड/ *n.* पतंग, सैपन

sapele /सपीलि/ *n., pl.* **~s** महोगनी (mahogany) जैसी एक लकड़ी जो फर्नीचर बनाने में प्रयुक्त होती है

sapid /सैपिड/ *adj.* 1 (***syn.*** savoury) स्वादिष्ट, स्वादु, जायकेदार 2 (***syn.*** exhilarating) रुचिकर, मजेदार, दिलचस्प;

dw/lw: **~ity** /सैपिडिटि/ *n.* 1 स्वाद, स्वादिष्टता 2 मजा 3 सार

sapience /सेपिअंस/ *n.* 1 *often ironic* सयानापन, बुद्धिमत्ता 2 (***syn.*** sagacity) ज्ञान, प्रज्ञा 3 विवेक 4 दूरदर्शिता

sapient /सेपिअंट/ *adj., formal* 1 *often ironic* सयाना, बुद्धिमान 2 ज्ञानी, विवेकी, प्रज्ञ;

dw/lw: **~ial** /सेपिअंशिअल/ *adj.* शिक्षात्मक; **~ly** /सेपिअंटलि/ *adv.* बुद्धिमत्तापूर्वक

sapless *see above under* **sap: *dw/lw***

sapling /सैप्लिंग/ *n.* 1 बालवृक्ष, नव-अंकुरित पौधा 2 किशोर 3 पिल्ला

sapodilla /सैपअडिला/ (*also* ~ **plum**) *n., pl.* **~s** चीकू;

saponaceous /सैपअनेशिअस/ *adj.* 1 साबुनी 2 *fig.* चिकनाचुपड़ा;

dw/lw: **saponification** /सैपौनिफिकेशन/ *US* सैपाःनिफिकेशन/ *n., chem.* साबुनीकरण; **~nifier** /सैपौनिफायः/ *US* सैपाःनिफायः/*n.* साबुनीकारक

saponif\y /सपौनिफाइ/ *US* सपाःनिफाइ/ *v., pt.* **~ied**, *pp* **~ying**, *s/he/it* **~ies**, तेल या चर्बी को साबुन में बदलना

sapor /सेपॉः/ सेपः/ *n., formal* स्वाद, जायका;

dw/lw: **~ous** /सेपअरस/ *adj.* जायकेदार, स्वादिष्ट

sapper /सैपः/ *n.* सड़कें बनाने या मरम्मत करने वाला सैनिक

Sapphic /सैफिक/ *adj., poetry* 1 सैफो (Sappho) द्वारा आविष्कृत चार पंक्तियों के छंदों की कविता से संबंधित 2 सैफो से संबंधित 3 (*syn.* lesbian) समलिंगी स्त्री से संबंधित;

n. usually **Sapphics/ sapphics** सैफो द्वारा आविष्कृत कविता का रूप;

dw/lw: **sapphism** /सैफिज्म/ *n.* स्त्री-समलैंगिक कामुकता (lesbianism); **sapphist** /सैफिस्ट/ *n.* स्त्री-समलैंगिकता की समर्थक औरत

sapphire /सैफायः/ *n.* नीलम, नीलमणि: the ~ of the skies/ of the eyes;

dw/lw: **sapphirine** /सैफअइराइन/ *adj.* नीला

sappiness /सैपिनेस/ *n.* 1 रसीलापन 2 स्फूर्ति, शक्ति, जीवतंता

sappy /सैपि/ *adj. degr.* **sappier, sappiest** 1 रसदार, हरा-भरा 2 (*syn.* vigorous) तेजस्वी, ओजस्वी, जीवंत

sapraemia /सैप्रीःमिआ/ *n.* रक्तपूतिविषाक्तता, पूतिरक्तता

sapro- /सैप्रो/ *comb. form signifying:* **rotten** or **decayed** (गला-सड़ा)

sapro\be /सैपरोब/ (*also* **~phyte**) *n.* फफूंदी (fungus) जैसे तत्त्व जो गलने-सड़ने वाले पदार्थों पर पलते हैं, मृताहारी जीवाणु;

dw/lw: **~phagus** /सैपरौफअगस/ *US* सैपराः-/*n.* मृतभक्षी, पूतिभोगी; **~vore** /सैपरौवोः/ *US* सैपराःवोः/*n.* मृताहारी

sapwood /सैपवुड/ *n.* रसदारु, वृक्ष की छाल के तले नव मृदु परत

saprogenic /सैप्रअजेनिक/ (*also* **saprogenous**) *adj.* 1 (*syn.* producing putrefaction) पूतिजनक, पूयकारी 2 पूतिजनित

saprophyte /सैप्रोफाइट/ *n., biol.* मृत या सड़ने वाले पदार्थ का भक्षण करने वाला फफूंदी जैसा तत्त्व

saprozoic /सैप्रोजोइक/ *adj., biol.* मृत या सड़ने वाले पदार्थ का भक्षण करने वाला जीवाणु

sapsucker /सैपसकः/ *n., N. Amer.* अमेरिकी कठफोड़ा

sapwood /सैपवुड/ *n.* पेड़ में रसदार गूद्दा

saraband/ sarabande /सैरअबैंड/ *n.* एक धीमा स्पेनी नृत्य

sarcasm /साःकैजम/ *n.* 1 कटाक्ष, व्यंग्य 2 ताना, डाट (*Hr.*): deadly/ obvious ~ 3 व्यंग्योक्ति 4 बोली-ठोली, कटूक्ति

sarcast /साःकैस्ट/ *n.* लेखक या वक्ता जिसके लेख या भाषण व्यंग से भरे हों;

dw/lw: **~ic** /साःकैस्टिक/ *adj.* 1 व्यंग्यपूर्ण, व्यंग्यात्मक: ~ic allusion/ remark/ smile; with a ~ic air 2 कटु: be ~ic about sth 3 व्यंग्यप्रिय (of a person); **~ically** /साःकैस्टिकलि/ *adv.* व्यंग्यपूर्वक

sarco- /साःको/ साःकौ/ *comb. form, signifying:* **flesh** (मांस)

sarcoma /साःकोमा/ *n., pathol.* जोड़क ऊतक (connecting tissue) में पैदा होने वाला कैंसरयुक्त फोड़ा, भ्रूण-अर्बुद

sarcomatosis /साःकोमअटोसिस/ *n., pathol.* शरीर के कई अंगों में कैंसरयुक्त फोड़े बनने की स्थिति

sarcophagus /साःकौफअगस/ *n.* शवपेटी, ताबूत

sarcous /साःकस/ *adj.* मांसल

sardine /साःडीःन/ *n., pl.* **~s/ ~ine** एक प्रकार की समुद्री मछली;

p&i: **packed like ~s** ठसाठस भरा हुआ

Sardinian /साःडिनिअन/ *n.* 1 भूमध्य सागर क्षेत्र के द्वीप सार्डीनिया का निवासी 2 इस क्षेत्र के लोगों द्वारा बोली जाने वाली रोमांस (Romance) भाषा

sardonic /साःडौनि\क/ *US* साःडाःनि\क/ *adj.* 1 (*syn.* mocking) खिल्ली उड़ाने वाला, व्यंग्यपूर्ण, उपहासजनक, तिरस्कारपूर्ण: ~ laugh/ smile; ~ expression; with a ~ lift of the eyebrows 2 कटु एवं तीक्ष्ण, चुभता हुआ 3 कटुतापूर्ण, निंदापूर्ण;

dw/lw: **~ally** /~कलि/ *adv.* (*syn.* mockingly) तिरस्कारपूर्वक, व्यंग्यपूर्वक, खिल्ली उड़ाते हुए

sargasso /साःगैसो/ *n., pl.* **~s/ ~es** समुद्री शैवाल

sarge /साःज/ *n.* सार्जेंट (sergeant) के लिए संक्षिप्त संबोधन

sari /सारी/ (*also* **saree**) *n., IE* साड़ी

sarking /साःकिंग/ *n.* लकड़ी या फूस से बनी छत की निचली सतह

sarky /साःकि/ *adj., degr.* **sarkier, sarkiest** 1 'sarcastic' का छोटा रूप 2 व्यंग्यपूर्ण, उपहासजनक, तिरस्कारपूर्ण

Sarmentose/ sarmentous /साःमेंटोस/ साःमेंटस/ *adj.* भूस्तरी-जनक

sarnie /साःनि/ *n., pl.* **sarnies** *colloq.* सैंडविच

sarong /सअरौंग/ *US* सअरांग/ *n.* 1 लुंगी, सारोंग 2 आदमी और औरतों द्वारा कमर के इर्दगिर्द बांधा जाने वाला लुंगीनुमा रंग-बिरंगा कपड़ा

saros /सेअरौस/ *US* सेराःस/ *n., astron.* 1 सूर्य व चंद्रमा की आपसी स्थिति के संबंध में 6585 दिन और 8 घंटे या 18 वर्ष और 11 दिनों के दौरान सूर्य व चंद्रमा की स्थितियां और ग्रहणों (eclipses) का चक्र चक्रिल ढंग से पुनरावृत्ति करने लगते हैं 2 बेबिलोन का (Babylonian) 3600 दिनों का चक्र

SARS *abbr.* 'Severe Acute Respiratory Syndrome' की प्रथमाक्षरी (एक बीमारी जिसमें सांस लेने में तकलीफ होती है)

sarrusophone /सअरसअफोन/ *n.* हवा से बजने वाला पीतल का वाद्य

sarsaparilla /साःसपअरिला/ *n.* 1 एक अमेरिकी उष्ण कटिबंधीय बेल 2 इस बेल की लंबी और मुड़ी हुई जड़ 3 इस बेल की जड़ों से तैयार किया जाने वाला एक टॉनिक 4 इस बेल की सुखाई हुई जड़ों से प्राप्त एक दवा जो गठिया के उपचार में प्रयुक्त होती है 5 चिरायता

SASE *abbr.* 'self-addressed stamped envelope' की प्रथमाक्षरी

sartor /साःटॉः/ *n. facetious* दर्जी;

dw/lw: **~ial** /साःटॉरिअल/ *adj.* 1 सिलाई-संबंधी, दर्जी-संबंधी: ~ial triumph; the ~ial art 2 पोशाक का, पहनावे का (of dress): ~ial elegance 3 *anat.* दीर्घतमा का; **~ially** /साःटॉरिअलि/ *adv.* पोशाक या पहनावे के आधार पर

sartorius /साःटॉरिअस/ *n., pl.* **sartorii** /साःटॉरिआइ/ *anat.* दीर्घतमा

SAS *abbr.* 'Special Air Service' की प्रथमाक्षरी

sash /सैश/ *n., pl.* **~es** 1 अंगवस्त्र 2 खिड़की या दरवाजे की चौखट, गज: fixed/ folding ~; ~ frame; inner ~ (ठंडे देशों में सर्दियों के लिए खिड़की में बनी छोटी खिड़की की चौखट); ~ door; ~ window (सरकन खिड़की); ~ bar (संधार पट्टी); ~ cord 3 (*syn.* scarf) दुपट्टा 4 (*syn.* cincture) पेटी, कमरबंद;

v., pt. **~ed**, *pp* **~ing**, *s/he/it* **~es** 1 कमरबंद आदि लगाना 2 खिड़की की सरकन चौखट लगाना

sashay /सैशे/ *v., pt.* **~ed**, *pp* **~ing**, *s/he/it* **~s** 1 बनावटी ढंग से तैरते-थिरकते हुए चलना: **~ing** like a model; she **~ed** down the centre aisle to the stage 2 चल पड़ना, प्रस्थान क.: ~ to the ship library

sask *abbr. Canadian province* 'Saskatchewan' का छोटा रूप

sass /सैस/ *n.* उद्धतता, बदतमीजी;

v., pt. **~ed**, *pp* **~ing**, *s/he/it* **~es** बदतमीजी से बात या व्यवहार क.;

dw/lw: **~y** /सैसि/ *adj. US* 1 अति आत्मविश्वास भरा या भरी: a smart, ~y young woman 2 थोड़ा अशिष्ट, उद्धत, बदतमीज

Sassenach /सैसअनैक/ सैसअनैक्स/ *n., Scottish, usually derog.* अंग्रेज व्यक्ति का अपमानजनक उपनाम

sassy *see above under* **sass**

sat /सैट/ *pt.,* **'sit'** का भूतकाल

Sat *abbr.,* 'Saturday' का संक्षिप्त रूप

Satan /सेटन/ *n.* शैतान;

dw/lw: **~ic/ ~ical** /सअटैनिक/ *adj.* 1 शैतान जैसी, शैतान-

जैसा, पैशाचिक: His ~ic Majesty; ~ic cruelty 2 दुष्ट, घिनौना: ~ic influence; **~ically** /सअटैनिकलि/ *adv.* शैतानीपूर्वक; **~ism** /सेटअनिजम/ *n.* शैतानी, महापाप, शैतानवाद, अतिदुष्टता, शैतान-पूजा; **~ology** /सेटअनॉलजि/ *n.* शैतान-शास्त्र;

***collocations:* ~ic school/ of poetry** बायरन, शैली आदि की कविता शैली;

***p&i:* Satan rebuking sin** छाज तो बोले, छलनी क्यों बोले जिसमें बहत्तर सौ छेद

satanic/ satanical *see above under* **satan: *dw/lw***

SATB *abbr. in choral music* 'soprano, alto, tenor, bass' की प्रथमाक्षरी

satchel /सैचल/ *n.* 1 बस्ता, थैला 2 सैनिक थैला, झोला

satcom/ SATCOM /सैटकौम/ *n.* = **satellite communication** स्पुतनिक या उपग्रह के माध्यम से संचार

sate /सेट/ *v., pt.* **~d**, *pp* **sating** 1 संतुष्ट क., अघाना, जी भर खिलाना, तृप्त क., छका दे. (gratify a person): ~ oneself with sth; be **~d** with food/ with pleasure 2 अति कर दे. 3 शांत क. (an appetite);

***dw/ lw:* ~d** /सेटिड/ *adj.* तृप्त

satellite /सैटअलाइट/ *n.* 1 (*in full* **natural** ~) स्पुतनिक, बड़े खपिंड (celestial body) के चारों ओर घूमने वाला छोटा खपिंड, जैसे चंद्रमा धरती का स्पुतनिक (satellite) है: Earth ~ 2 (*in full* **artificial** ~) कृत्रिम उपग्रह, कृत्रिम स्पुतनिक: weather ~; launch a ~; ~ picture (उपग्रह से प्राप्त चित्र) 3 पिछलग्गू, अनुचर 4 सहायक या साथ जुड़ा हुआ: ~ airfield 5 अधीन राज्य: ~ state; ***adj.*** अनुषंगी, साथ लगने वाला: ~ city (उपनगर); ~ settlement (अनुषंगी बस्ती);

***collocations:* ~ broadcasting** उपग्रह के माध्यम से रेडियो प्रसारण; **~ communication system** कृत्रिम उपग्रह आधारित संचार प्रणाली; **~ dish** एक गोलाकार तश्तरी जो कृत्रिम उपग्रह के माध्यम से रेडियो और टीवी कार्यक्रम प्रसारित कर सकती है; **~ missile** स्पुतनिक कक्ष में घूमने वाली मिसाइल; **~ station** उपग्रह से कार्यक्रम प्रसारित करने वाली कंपनी 2 उपग्रह पर नजर रखने या उससे सूचनाएं प्राप्त करने वाला स्टेशन या कक्ष; **~ television** (*also* **~ TV**) दूरदर्शन के कार्यक्रम जो कृत्रिम उपग्रह के माध्यम से प्राप्त होते हैं; **~ town** अनुषंगी बस्ती, उपनगर

satiability /सेशिअबिलिटि/ *n.* संतुष्टि, तृप्ति, तृप्यता

satiable /सेशिअबल/ *adj.* जिसे संतुष्ट या तृप्त किया जा सके, तृप्य

satia\te /सेशिएट/ *v., pt.* **~ted**, *pp* **~ting** 1 पूर्णतः तृप्त कर दे., छका दे., अघा देना: **~te** sb's appetite 2 परितृप्त कर दे.: **~te** sb's desire/ sb's lust for power; be **~ted** with sth;

adj. तृप्त, संतुष्ट: **~te** with pleasure;

dw/lw:* ~tion** /सेशिएशन/ *n.* (syn.*** state) तृप्ति, परितृप्ति, संतुष्टि

satiety /सटायटि/ *n.* तृप्ति, अघाव: eat and drink to ~ 2 परितृप्ति: ~ of life itself; experience ~

satin /सैटिन/ *n.* साटन/ सैटिन एक प्रकार का कपड़ा: ~ dress; ~ cloth; ~ sheeting;

adj. चिकना: **~wood** (East Indian) भिर्रा, गिर्या;

***dw/lw:* ~et/ ~ette** /सैटिनेट/ *n.* महीन सैटिन; **~wood** *n.* फर्नीचर बनाने की एक चिकनी लकड़ी; **~y** /सैटिनि/ *adj.* चिकना और चमकीला, रेशम जैसा: sb's ~y skin;

***p&i:* a yard of ~** जिन (gin) का गिलास; **as smooth as ~** मलमल-सा मुलायम

sati\re /सैटायः/ *n.* 1 व्यंग्य, व्यंग्यिका, व्यंग्य रचना, व्यंग्य काव्य, प्रहसन, उपहास, विद्रूप: political **~re**; biting/ unsparing/ bitter **~re**; a **~re** on sth/ sb 2 व्यंग्य प्रधान फिल्म, उपन्यास: a master of political **~re**;

***dw/lw:* ~ric/ ~rical** /सअटिरिक/ सअटिरिकल/ *adj.* 1 उपहासात्मक, व्यंग्यपरक, व्यंग्यपूर्ण, व्यंग्यात्मक, विद्रूपात्मक: ~rical verse/ poem/ style; ~rical laughter 2 व्यंग्यप्रिय (of person): ~rical person; **~rically** *adv.* उपहासपूर्वक, व्यंग्यपूर्वक; **~rist** /सैटिरिस्ट/ *n.* व्यंग्य लेखक, व्यंग्यकार; **~rization** /सैटिराइजेशन/ *n.* व्यंग्यकरण; **~rize** /सैटअराइज/ *v., pt.* ~rized, *pp* ~rizing व्यंग्य क., उपहास क., खिल्ली उड़ाना, की निंदा क.

satis /सैटिस/ *adv., Lat.* काफी, पर्याप्त

satisfaction /सैटिस्फैक्शन/ *n.* 1 संतोष, संतुष्टि: derive/ get ~ from sth; deep/ immense ~; a sense of ~; to sb's ~; find a secret ~ in doing sth 2 तोषण, तुष्टीकरण: the doctrine of ~ 3 तुष्टि, मन-संतोष: sth gives sb ~; job ~; complete/ partial/ poor/ inner ~; this occupation does not give any ~ 4 (***syn.*** payment) शोधन, ऋणशोधन: ~ of debt 5 (***syn.*** atonement) पश्चात्ताप, प्रायश्चित्त: make ~ for sins 6 (***syn.*** reparation) क्षतिपूर्ति, हरजाना: expect some ~ for one's loss 7 शोधन, शोधनकार्य (after confession) 8 सम्मान की पुनःस्थापना के लक्ष्यार्थ उठाए जाने वाले (duel – द्वंद्व युद्ध आदि) कदम: demand ~ (द्वंद्व युद्ध की चुनौती दे.)

satisfac\tory /सैटिस्फैक्टरि/ *adj.* संतोषजनक, संतोषप्रद: **~tory** argument; by no means **~tory**/ anything but **~tory** 2 (***syn.*** adequate) यथेष्ट: **~tory** result; **~tory** marriage 3 *theol.* शोधनात्मक, प्रायश्चित्ततात्मक;

***dw/lw:* ~torily** /~लि/ *adv.* संतोषजनक ढंग से; **~toriness** /~नेस/ *n.* संतुष्टि

satisfiable /सैटिस्फायबल/ *adj.* तोषणीय

satisfied /सैटिस्फाइड/ *adj.* 1 संतुष्ट 2 शोधित 3 जिसने संतुष्ट होकर मान लिया हो: be ~ that (संतुष्ट होना कि ...)

satis\fy /सैटिस्फाइ/ *v., pt.* **~fied**, *pp* **~fying**, *s/he/it* **~ies** 1 संतुष्ट क.: be heartily **~fied**; **~fy** oneself of sth 2 पूरा क. (fulfil the needs, desires, etc.): **~fy** conditions/ needs/ requirements, etc.); **~fy** sb's curiosity/ sb's hopes/ sb's aspirations/ sb's ambitions 3 (***syn.*** pay) चुकाना, पूरी अदायगी क. 4 (***syn.*** atone) प्रायश्चित्त क., हरजाना दे. 5 संतुष्ट क., प्रसन्न क.: nothing **~fies** him 6 किसी की शर्तें/ जरूरतें आदि पूरी क.: **~fy** the demands/ the conditions 7 (***syn.*** convince) कायल क., का संदेह दूर क., मनवाना: **~fy** sb that ...; mere words do not **~fy** me; **~fy** the examiners 8 शांत क., तृप्त क. (hunger, appetite, etc..): porridge is the only cereal that really **~fies**; **~fy** one's hunger 9 (***syn.*** solve) का समाधान क. 10 संशोधित क., सुधार क.;

***dw/lw:* ~fying** /सैटिस्फाइंग/ *adj.* संतोषजनक, तृप्त करने वाला: ~fying meal; **~fyingly** /सैटिस्फाइंगलि/ *adv.* संतोषजनक ढंग से

SATNAV /सैटनैव/ *n., abbr.,* 'satellite navigation' का संक्षिप्त रूप (कंप्यूटर और कृत्रिम उपग्रह द्वारा स्थान का पता लगाने वाली प्रणाली)

satrap /सैटरअप/ *n.* 1 राज्यपाल, प्रांतपति, सूबेदार 2 दमनकारी शासक;

***dw/lw:* ~al** /सैटरअपल/ *adj.* सूबेदार के कार्य व शासित क्षेत्र से संबंधित; **~y** /सैटरअपि/ *n., pl.* **~ies** सूबेदार का पद व शासन

satsuma /सैट्सूमा/ *n.* 1 पतली छाल वाला संतरा 2 संतरे का पेड़

satura\bility /सैचुरअबिलिटि/ *n.* संतृप्यता;

***dw/lw:* ~ble** /सैचरअबल/ *adj., chem.* संतृप्य

saturant /सैचुरंट/ *adj., chem.* संतृप्त होने वाला;

***dw/lw:* saturant** *n.* संतृप्त करने वाला पदार्थ

satura\te /सैचुरेट/ *v., pt.* **~ted**, *pp* **~ting** 1 हवा, भाप आदि को पूरी तरह गीलेपन से भर दे., पूरी तरह आर्द्र क. 2 तरल में ठोस पदार्थ डालकर संतृप्त घोल बनाना 3 संतृप्त क. या हो.: **~te** oneself in a subject 4 (***syn.*** soak) सराबोर या तर-बतर कर दे.: you'll be **~ted** if you go out in this rain 5 लगातार बम गिराकर निशाने को पूरी तरह ध्वस्त कर दे. 6 किसी चीज से लबालब भरा हो.: he is **~ted** with superstition; a style **~ted** with affectation (कृत्रिमता से सराबोर शैली);

dw/lw: **~ted** /सैचुरिटिड/ सैचअरिटिड/ *adj., chem.* 1 संतृप्त: ~ted fat (अत्यधिक चिकनाई वाली चर्बी) 2 गहरा (of colours) 3 (*syn.* soaked) तर-बतर, सराबोर; **~tion** /सैचुरेशन/ सैच्युरेशन/ सैचअरेशन/ *n.* 1 पूर्ण आर्द्रता 2 संतृप्ति: ~tion capacity 3 संतृप्तिकरण; **~rator** /सैचअरेटः/ *adj.* संतृप्त करने वाला;

collocations: **~ted vapour pressure** *phys.* पूर्णतः आर्द्रित वाष्प दबाव; **~tion point** संतृप्ति अंक

Saturday /सैटःडे/ सैटःडि/ (*abbr.*, **Sat**) *n., pl.* **~s** शनिवार: on ~

Saturn /सैटःन/ *n., astron.* 1 *Roman mythol.* कृषि-कार्य का प्राचीन देवता 2 सूर्य से दूरी में छठा ग्रह यानी शनि 3 शनि ग्रह से संबंधित दिन 4 सूर्य से अधिक दूरी, और धीमे कक्ष के कारण शनि ग्रह पर होने वाली सर्दी, एकांतता के कारण पैदा होने वाली चिंता (melancholy) और विषण्ण स्वभाव (gloomy temperament) का स्रोत 5 (*in full* ~ **rocket**) नासा (NASA) के अपोलो (Apollo) कार्यक्रम में प्रयुक्त विशाल अमेरिकी रॉकेट 6 *alchemy* सीसे (lead) के लिए तकनीकी नाम;

dw/lw: **~ian** /सैटःनिअन/ *adj.* शनि, शनि से संबंधित: ~ian age (स्वर्ण काल, सतयुग); ~ian's rings (शनि का अति उज्ज्वल वृत्ताकार संरचना-समूह, शनि के स्पुतनिक)

Saturnalia /सैटःनेलिआ/ *n., pl.* **Saturnalia**/ **~s** 1 *Roman hist.* दिसंबर के मध्य में मनाया जाने वाला शनि देवता का आनंदोत्सव, रंगरलियां, जब दासों को थोड़ी अस्थायी आजादी दी जाती थी 2 (*often* **saturnalia**) (*syn.* orgy) शोर-शराबे वाला पीने-खाने और रंग-रलियों का भोज: a perfect ~ of vice;

dw/lw: **Saturnalian** /सैटःनेलिअन/ *adj.* 1 प्राचीन रोम में उच्छृंखल रंग-रलियों से संबंधित 2 शनि से संबंधित

Saturnian /सैटःनिअन/ *adj.* शनि देवता के स्वर्णिम युग से संबंधित: ~ age; ~ verse/ metre 2 शनि से संबंधित: ~ rings (शनि के स्पुतनिक या उपग्रह) 3 शनि ग्रह के वासी

saturnic /सटःनिक/ *adj.* सीसा-विषाक्त

satur\nine /सैटअःनाइन/ *adj.* 1 उदास 2 सुस्त, मंद 3 (*syn.* sad, morose) विषण्ण: with a **~nine** expression of face 4 (*syn.* sluggish) निस्तेज, मंथर, मट्ठर: a person of **~nine** temper 5 सीसा-विषाक्त (of lead): **~nine** poisoning;

dw/lw: **~nism** /सैटअःनिजम/ *n.* सीसक-विषायण

satyr /सैटः/ *US* सेटः/ *n. Gr. mythol.* 1 मनुष्य की शक्ल का बकरी जैसे कानों, दुम तथा टांगों वाला वन देवता 2 (*syn.* debauchee) कामुक व्यक्ति, लंपट, विलासी 3 तीव्र कामेच्छा (**satyriasis**) की व्याधि से ग्रस्त;

dw/lw: **satyric**/ **satyrical** *adj.* 1 विलासी या लंपट व्यक्ति से संबंधित 2 भावुकतापूर्ण नाटक या समूहगान से संबंधित

satyriasis /सैटिरायसिस/ *n.* 1 नरों में होने वाली तीव्र कामेच्छा, कामोन्माद 2 सीसक-विषायण

sauce /सॉस/ *n.* 1 सॉस, चटनी, सालन 2 (*syn.* flavour) रस, मजा, स्वाद: without the ~ of danger 3 उत्तेजना, दिलचस्पी: any little excitement was a ~ to the monotony of a quiet life 4 (*syn.* insolence) बदतमीजी, ढिठाई, गुस्ताखी 5 उबाला हुआ फल;

v., pt. **~d**, *pp* **saucing** 1 खाने में चटनी मिलाना, नमक-मिर्च मिलाना 2 दिलचस्प या रुचिकर बनाना 3 ढीठ या बदतमीज हो.;

dw/lw: **~box** *n.* ढीठ, बदतमीज; **~pan** /सॉसपैन/ *n.* हत्थे वाला पकाने का एक बर्तन, डेगची; **saucy** *see below under separate entry*;

collocations: **~ boat** चटनी-पात्र;

long ~ चुकंदर, गाजर आदि की सब्जी; **poor man's** ~ भूख; **short** ~ आलू, प्याज आदि का अतिरिक्त खाद्य;

p&i: **~ is better than the fish** गौण वस्तु मुख्य वस्तु से बेहतर;

apple ~ बेवकूफी, मूर्खता, बकवास; **hunger is the best** ~ भूख में चने भी बादाम; **serve with the same** ~ जैसे को तैसा, ईंट का जवाब पत्थर से; **what's ~ for the goose is ~ for the gander** सब एक ही तौल में; **variety is a ~ of life** विविधता जीवन को दिलचस्प बनाती है

saucer /सॉसः/ *n.* प्लेट, तश्तरी;

dw/lw: **~eyed** *n.* विशालाक्षी, हैरानी से हुई बड़ी-बड़ी आंखों वाला; **~eyes** *n. (pl.)* विशालाक्ष, बड़ी-बड़ी आंखें; **~ful** *n., pl.* **~s** चाय की प्लेटभर मात्रा;

p&i: **be off one's** ~ दिमाग का पेंच ढीला हो.; **big as ~s** बड़ी-बड़ी आंखें

saucy /सॉसि/ *adj. degr.* **saucier**, **sauciest** *colloq.* धृष्ट, उद्धत: ~ retort/ pupil 2 ढीठ, गुस्ताख, बदतमीज: have a ~ tongue 3 नटखट, शरारतपूर्ण: ~ glance/ smile 4 चटपटा, मसालेदार 5 अश्लील, या अति चटपटा, चुलबुली 6 कामेच्छा उत्तेजक: ~ postcards 7 भड़कीले (कपड़े): ~ little hat; a coat of ~ cut;

dw/lw: **saucily** /~लि/ *adv.* 1 धृष्टतापूर्वक 2 शरारती अंदाज में; **sauciness** /~नेस/ *n.* धृष्टता, उद्धतता, गुस्ताखी, बदतमीजी

saul /सॉल/ *n.* सखुआ, साखू, शाल;

p&i: **Saul among the prophets** साउल भी बदल गया!

saulie /सॉलि/ *n.* मातम मनाने के लिए भाड़े का रोवैया

sauna /साउना/ सॉना/ *n., pl.* **~s** वाष्प-स्नान घर: have a ~ (वाष्प-स्नान लेना)

saunter /सॉटः/ *v., pt.* **~ed**, *pp* **~ing** 1 (*usually* ~ **along**/ **past**) टहलना, मटरगश्ती क.: ~ into/ over/ through, etc. (धीरे-धीरे झूमते-झामते चलना); ~ through life 2 (*syn.* stroll) चहलकदमी क.: ~ lazily through the town; ~ down the hill;

n. टहल, चहलकदमी, मटरगश्त, मटरगश्ती: he continued his deliberate ~ about the room; come along at a ~;

dw/lw: **~er** /सॉटरः/ *n.* चहलकदमी करने वाला; **~ing** /सॉटरिंग/ *n.* चहलकदमी

-saur/ **-saurus** /सॉः/ सॉःरस *comb. form, denoting:* **an extinct reptile** (मृत या लुप्त रेंगने वाले जीव की नस्ल): dino**saur**; bronto**saurus**

saurian /सॉरिअन/ *adj.* 1 छिपकली-जैसा 2 छिपकली-संबंधी, गिरगिट (जैसा, का);

n. छिपकली

saury /सॉरि/ *n., pl.* **sauries** लंबी तेज नाक वाली समुद्री मछली

sausage /सौसिज/ *n., pl.* **~s** 1 सॉसिज, एक प्रकार का खाद्य पदार्थ, गुलमा, लंगोचा: ~ meat; ~ poisoning 2 जागरूकता या निगरानी गुब्बारा: ~ balloon 3 मूर्ख-सा, थोड़ा-सा बुद्धू आदमी: silly ~;

collocations: **~ dog** = dachshund छोटा लंबा कुत्ता; **~ meat** सॉसिज बनाने के लिए प्रयुक्त होने वाला गोश्त; **~ roll** पेस्ट्री की छोटी-सी ट्यूब जिसे सॉसिज गोश्त से भरकर पकाया जाता है; **~ tree** एक बड़ा-सा अफ्रीकी पेड़ जिसकी टहनियों से सॉसिजनुमा फल लटकते हैं

p&i: **not a** ~ *old fashioned Br.* बिल्कुल कुछ नहीं

sauté /सोटे/ *v., pt.* **sautéd**, *pp* **sautéing**, *s/he/it* **sautés**, *Fr.* कम तेल में हल्का-सा तलना;

n. sautés उपर्युक्त ढंग से तलकर बनाया जाने वाला व्यंजन: ~ potatoes

sauve-qui-peut /सोवकीःपाः/ *n., Fr.* (*syn.* stampede) अस्त-वयस्त भगदड़

savage /सैविज/ *adj.* 1 (*syn.* untamed) खूंखार, जंगली, बिना सधा हुआ: ~ dog 2 (*syn.* ferocious) क्रूर, बर्बर: he has a ~ temper; ~ method/ scheme 3 (*syn.* uncultivated, uncivilized, primitive) असभ्य, अपरिष्कृत: ~ life/ existence; ~ tribes 4 (*syn.* uncultivated, rugged) बीहड़, अजोतित, अकृष्य 5 वहशी 6 (*syn.* fierce) हिंसक, उग्र, प्रचंड: barbarously/ bestially ~ attack/ blow 7 (*syn.* cruel, barbaric, brutal) निष्ठुर, नृशंस: ~ man 8 (*syn.* furious) क्रुद्ध,

क्रोधोन्मत्त: get/ grow/ turn ~;
n. 1 जंगली जानवर 2 जंगली, वहशी, बर्बर व्यक्ति: the **~s** that burn books 3 असभ्य, अशिष्ट, अपरिष्कृत व्यक्ति: the young **~s** of Wall Street;
v., *pt.* **~d**, *pp* **savaging** 1 बर्बरता से वार क. 2 क्रूरतापूर्वक आलोचना क. 3 (***syn.*** bite) निष्ठुरता से काटना 4 (***syn.*** trample) कुचलना;
dw/lw: **~ly** /~लि/ *adv.* क्रूरतापूर्वक; **~ness** /~नेस/ *n.* 1 जंगलीपन 2 बर्बरता, क्रूरता 3 निष्ठुरता, नृशंसता; **~ry** /~रि/ *n., pl.* ~ries 1 बर्बरता, वहशीपन, क्रूरता: suppress revolts with ~ry 2 जंगलीपन: a gradual change from ~ry to civilization; live in a state of ~ry 3 पाश्विकता, दरिंदगी: relentless ~ry
savannah /सअवैना/ (*also* **savanna**) *n.* घास का मैदान, सवाना
savant/ savante /सैवंट/ *n.* 1 बुद्धिमान व्यक्ति 2 विद्वान, विदुषी
savate /सवैट/ *n.* मुक्केबाजी-लातबाजी
save /सेव/ *v., pt.* **~d**, *pp* **saving** 1 बचाना, कम खर्च क.: ~ money/ space/ time/ labour, etc.; **~d** a mile by taking this route; we **~d** an hour by taking the express 2 पैसे बचाना: ~ every penny one can; ~ on sth 3 (***syn.*** lay by) भविष्य के लिए बचाना, संचित क., जमा क.: ~ for the future; he is **saving** up for the journey 4 (***syn.*** economize) संभाल कर खर्च क., किफायत से प्रबंध क., अपव्यय न क., बचा रखना 5 (***syn.*** rescue, protect, preserve) से बचाना, रक्षा क., सुरक्षित रखना: ~ sb's/ sth's life; ~ books from a fire 6 उद्धार क., मुक्ति दिलाना (from sin, damnation): Jesus **~s**; ~ sinners; ~ one's soul 7 (***syn.*** obviate, prevent) रोकना, बचाना: ~ sb (from) doing sth; ~ a goal; ~ sb from making a mistake 8 अतिरिक्त कठिनाइयों से बचाना: this **~d** him much trouble and expense 9 *comput.* कंप्यूटर में सूचनाएं, आंकड़े या फाइलें सुरक्षित क. या रखना 10 किसी के लिए बचाकर रखना: ~ the apples for the children 11 अप्रिय स्थितियों से बचना: it'll ~ one waiting;
n. 1 खेल में गोल होने से बचाव: he made a great ~ in that match 2 बचाव, बचत 3 कंप्यूटर से आंकड़ों या पाठ की सुरक्षण या सुरक्षित करने की क्रिया;
prep. 1 (*sometimes* ~ **for**) को छोड़ कर: ~ for one, Ram lost all the books; he would be happy ~ for one thing 2 के अतिरिक्त, के सिवाय, को छोड़कर: we found all the tickets ~ one; all ~ him were present; the last ~ one;
conj. *old use* (*often* ~ **that** = except that) 1 पर, परंतु, पर बात यह है कि ...: I would have gone with her, ~ that she had already left 2 के सिवाय, सिवाय इसके कि: no one knows it ~ she; I know nothing ~ that he has not returned;
dw/lw: **~all** *n.* 1 बचे टुकड़ों को एकत्रित करने वाला उपकरण 2 कंजूस 3 पेशबंद; **~r** *n.* जो पैसा बचाकर बैंक में रखता है, बचवैया, रक्षक;
collocations: ~ **and except** को छोड़कर, के सिवाय; ~ **as you earn** (*abbr.* **SAYE**) ज्यों-ज्यों कमाएं, त्यों-त्यों बचाएं;
p&i: ~ **against a rainy day** मुसीबत के दिनों के लिए बचाकर रखना; ~ **appearances** शिष्टाचारिक कार्य-कलाप जारी रखना; ~ **a thief from the gallows and he will cut your throat** मदद केवल योग्य पात्र की करनी चाहिए; **~d by the bell** बस बाल-बाल बच गए!; ~ **me from my friends** भगवान मुझे मेरे दोस्तों से बचाए!; ~ **one's bacon/ neck** सही-सलामत निकल आना, जान बचा लेना; ~ **one's breath** चुप्पी साध लेना; ~ **one's face** अपनी इज्जत बचा ले.; ~ **one's pocket** बचत कर ले.; ~ **oneself for sth** अपने आप को किसी उद्देश्य के लिए बचाकर रखना; ~ **your breath to cool your porridge!** इससे कुछ न होगा!, अपनी सीख अपने पास रखो!; ~ **one's skin** अपनी जान बचाना; ~ **sb from himself** किसी को उसी के मूर्खतापूर्ण कार्यों से बचाना; ~ **sb's life** किसी को मरने से बचाना; ~ **sth for the man that rides the white horse** बुरे दिनों के लिए कुछ बचाकर रख लेना; ~ **the day** शुरू से खराब चल रहे कार्य का अंततः सुधर जा.; ~ **the situation** बिगड़ी स्थिति को संभाल लेना; ~ **the tide** ज्वार आने से पहले पहुंचना या प्रस्थान क.; ~ **up** बचत क.: saving up for a holiday abroad;
a stitch in time ~s nine समय पर किया गया कोई कार्य कइयों की जान बचा सकता है
saving /सेविंग/ *pp,* **'save'** का वर्तमानकालिक कृदंत (present participle);
n. 1 बचत (reduction in expense): ~ of energy; make a huge ~ by buying in the sales; additional/ considerable ~; his **~s** of a lifetime 2 *UK* **saving** (*US* **savings**) भविष्य के लिए बचाई जाने वाली राशि 4 बचाव, खतरे से बचने की क्रिया: this was the ~ of him 5 (~ **clause**) अपवाद, शर्त, बशर्ते: in the agreement there must be a ~ clause;
adj. 1 रक्षक 2 (***syn.*** economical) किफायती, कम खर्च वाला 3 (***syn.*** redeeming) उद्धारक 4 *law* रक्षक (शर्त): ~ clause;
prep. के सिवाय: ~ a few stones; nothing wrong with him ~ a slight deafness;
conj. 1 के सिवा, को छोड़कर: none ~ he (उसको छोड़कर कोई नहीं) 2 के अतिरिक्त, इस बात को छोड़कर कि ...: ~ that he is slightly deaf, he has preserved all his faculties;
collocations: ~ **clause** *law* बचाव धारा; ~ **gram** बचत तार; ~ **grace** 1 अवांछित दोषों की भरपाई करने वाले सद्गुण 2 मोक्षदायक व उद्धारक प्रभु-कृपा: the ~ grace of humour; the ~ grace of honesty/ modesty
savings /सेविंग्ज/ *n., [pl.]* 1 बैंक में बचा कर रखा हुआ पैसा 2 बचत, किफायत, मितव्ययिता: ~ campaign (मितव्ययिता अभियान);
collocations: ~ **account** (बचत खाता); ~ **and loan association** *US* (*UK* **building society**) ब्रितानिया में एक ऋणदाता संगठन; ~ **bank** बचत बैंक; ~ **scheme** बचत योजना
saviour *UK* (*US* **savior**) /सेव्यः/ सेविअः/ *n.* 1 रक्षक, बचाने वाला 2 परित्राता, उद्धारक, निस्तारक 3 मुक्तिदाता 4 (**the Saviour**) ईसाई धर्म में – ईसा मसीह;
collocations: ~ **sibling** घातक बीमारी से ग्रस्त बच्चे को बचाने के लिए डाक्टरों की मदद से उसके माता-पिता द्वारा विशेष जीन्ज (genes) के साथ पैदा किया जाने वाला बच्चा ताकि आवश्यक अंग के स्थानातरण द्वारा बीमार बच्चे को बचाया जा सके
savoir faire /सैवाः फेअः/ *n., Fr.* 1 कार्य दक्षता, कार्य-कौशल 2 व्यवहार-कुशलता
savoir vivre /सैवाः वीःवरअ/ *n., Fr.* शिष्ट व्यवहार-कुशलता;
savorous /सैवअरस/ *adj.* स्वादिष्ट
savory /सेवरि/ (*also* **savoury**) *adj.* 1(***anton.*** unsavoury) स्वादिष्ट, मजेदार, जायकेदार 2 सुगंधित: ~ smell from the kitchen 3 क्षुधावर्धक, क्षुधाकारी 4 नमकीन, मसालेदार;
n. दावतों में परोसा जाने वाला स्वादिष्ट मसालेदार व्यंजन
savour *UK* (*US* **savor**) /सेवः/ *v., pt.* **~ed**, *pp* **~ing** 1 (***syn.*** relish) किसी व्यंजन या अन्य किसी चीज का स्वाद या मजा ले., का रस लेना, पसंद क.: ~ the verses 2 की गंध आना (smack of...): those southern dishes always ~ of garlic; the soup **~s** of onion 3 (*mainly* ~ **of sth**) में ... का पुट होना: a life well **~ed** with humour; the letter that **~s** of jealousy; his remarks ~ of wisdom 4 (*mainly* ~ **with**) के साथ मिला हो.: a life well **~ed** with humour;
n. 1 स्वाद, रस, मजा 2 सुस्वाद 3 गंध: a ~ of onion/ of fish 4 सुगंध: pleasing/ delicious, pungent ~ 5 (***syn.*** traces) पुट: the ~ of sb's humour; a ~ of pedantry in his speech; a ~ of fanaticism; with a ~ of insolence;

dw/lw: ~**less** /सेवःलेस/ *adj.* नीरस, फीका

savoury /सेवरि/ (*US* **savory**) *adj.* 1 नमकीन, चटपटा: a ~ snack 2 स्वादिष्ट 3 (***syn.*** fragrant) सुगंधित, खुशबूदार 4 मजेदार, जायकेदार, मसालेदार: ~ food; ~ omelette 5 सुखद, सुप्रिय, अच्छा: not a very ~ district; not a very ~ reputation; not a very ~ character;

***n.**, pl.* **savouries** स्वादिष्ट व्यंजन सा स्नैक: sweets and **savouries**

savoy /सअवॉय/ *n., pl.* ~**s** (*in full* ~ **cabbage**) बंदगोभी

Savoyard /सअवॉइयाःड/ *n.* 1 दक्षिण-पूर्वी फ्रांस में स्थित सवॉय का निवासी 2 सवॉय नाट्य कला में माहिर

sav\vy /सैवि/ *n.* 1 (***syn.*** common sense) समझदारी, जानकारी, सामान्य ज्ञान 2 दूरदर्शिता 3 व्यवहार-कुशल व्यक्ति 4 तकनीक;

adj. *degr.* **savvier**, **savviest** 1 समझदार, ज्ञानी 2 व्यवहार कुशल 3 दूरदर्शी;

v., pt. ~**ied**, *pp* ~**ying**, *s/he/it* ~**ies** 1 समझना 2 जानना

SAW *abbr.* 'surface acoustic wave' की प्रथमाक्षरी

saw /सॉ/ *pt. tense*, **see** का भूतकालिक रूप

n. 1आरी: circular ~; cross-cut ~; metal ~ 2 (***syn.*** maxim) सूक्ति, मुहावरा कहावत;

v., pt. ~**ed**, *pt. p.* **sawn** *or US* **sawed**, *pp* ~**ing** 1 आरा या आरी से काटना या चीरना: ~ a log in half; this kind of wood does not ~ easily; ~ off (आरे से काटकर अलग क.) 2 आरी से कोई आकार बनाना 3 आरे को प्रयोग क. 4 आरे की तरह आगे-पीछे चलना;

dw/lw: ~**bones** *n., pl.* ~bones/ ~boneses *sl.* शल्य-चिकित्सक; ~**dust** /सॉडस्ट/ *n.* बुरादा; ~**fish** *n.* आरा-मछली; ~**fly** *n.* बर्र जैसा कीट; ~**horse** *n.* चीरी जा रही लकड़ी की टेक या सहारा लगाने की घोड़ी; ~**ing** *n.* चिराई; ~**mill** *n.* आरा मशीन; **sawn-off** (*esp. US* **sawed off**) *adj.* आरी से काटकर छोटी की हुई; ~**tooth** *n.* आरे के दांत, आरा-दंत; ~**toothed** /सॉःटूथड/ *adj.* दांतेदार; ~**tones** कठोर शब्द; ~**yer** /सॉयः/ *n.* आराकश, आरे से लकड़ी चीरने वाला;

collocations: ~**ing current** आरादंती धारा; **sawn/ sawed-off shotgun** काटकर छोटी की हुई नाली वाली शॉटगन; ~ **set** आरा चलाने का यंत्र;

p&i: ~ **sth down** पेड़ आदि को काटकर नीचे गिराना; ~ **sth off sth** किसी चीज को आरी से काटकर किसी अन्य चीज से अलग क.; ~ **sth up into sth** किसी चीज को काटकर टुकड़े-टुकड़े क.; ~ **the air** दोनों हाथ हवा में फेंक-फेंककर बात क.;

let/ knock the ~dust out of sb किसी की हवा निकाल दे.

sawder /सॉःडः/ (**soft** ~) *n.* चापलूसी

Sawney /सॉनि/ *n.* 1 स्कॉटलैंडवासी 2 *derog.* गंवार, बुद्धू

sax /सैक्स/ *n., pl.* **saxes** *colloq.* 1 स्लेट छैनी 2 'saxophone' का छोटा रूप

sax/atile/ ~icoline /सैक्सअटाइल/ सैक्सिकअलाइन/ *adj.* 1 पत्थर या चट्टान में उगने वाला, प्रस्तररुह (of plants) 2 पत्थरों या चट्टानों में रहने वाला, प्रस्तरवासी (of animals)

saxicolous/ saxicoline /सैक्सिकलस/ सैक्सिकअलाइन/ *adj., zool.* पत्थरों या चट्टानों में रहने वाला

saxifrage /सैक्सिफ्रेज/ *n.* ऐल्प्स (Alps mountain range) में उगने वाला छोटा पौधा

Saxon /सैक्सन/ *n.* 1 पांचवीं-छठी सदियों में ब्रिटेन पर आक्रमण करके उस पर कब्जा करने वाले जर्मन मूल के लोग, सैक्सन 2 इन जर्मन लोगों की बोली 3 आधुनिक जर्मनी में सैक्सनी (**Saxony**) क्षेत्र का निवासी या नागरिक;

dw/lw: **Saxony** *adj.* 1 अंग्रेजी-सैक्सनी 2 सैक्सनियों या अंग्रेज-सैक्सनियों से संबंधित 3 अंग्रेज-सैक्सनियों की भाषा, संस्कृति व भवन-निर्माण कला से संबंधित;

collocations: ~ **blue/ Saxony blue** 1 फीका पीला-नीला रंग जिसमें थोड़े भूरेपन का पुट हो 2 गहरा-नीला रंग

Saxonism /सैक्सनिजम/ *n.* 1 अंग्रेजी-सैक्सनी शब्द 2 अंग्रेज-सैक्सॉनियों का चरित्र या स्वभाव

saxopho\ne /सेक्सअफोन/ (*also* **sax**) *n.* एक वाद्य यंत्र, सेक्सोफोन;

dw/lw: ~**nist** /सैक्सौफअनिस्ट/ *US* सैक्सअफोनिस्ट/ *n.* सेक्सोफोन बजाने वाला

say /से/ *v., pt.* **said**, *pt. p.* **said**, *pp* ~**ing**, *s/he/it* **says** 1 बोलना, कहना, बोलकर कहना: he didn't ~ a word 2 शब्दों में बताना या अभिव्यक्त क.: ~ what you mean; ~ what one knows/ wants 3 विचार व्यक्त क., घोषित क., दावे के साथ कहना: I will do it, she **said**, resolutely; I shall ~ no more 4 लिखित रूप में बताना: the law ~**s**; it ~**s**/ is **said** in the telegram 5 सुनाना (recite), दोहराना (repeat): ~ a blessing; you can ~ that again! ~ a poem; ~ one's lessons 6 (***syn.*** allege) आरोप लगाना: he **said** it sharply in a harsh voice; you have no right to ~ so! 7 (***syn.*** assume) मान लेना: ~ he doesn't come, what do we do then?; let's say**...** (मान लो कि ...) 8 परखकर फैसला ले.: it's difficult to ~ which is best 9 संदेश देना, जताना: she talked for ages but didn't actually ~ much; what is the artist trying to ~ here? ~ nothing; I have nothing to ~; you don't mean to ~ that ...; it ~**s** little to me 10 इंगित क.: the clock ~**s** 11 o'clock; that doesn't ~ much for his intelligence 12 सूचना दे. या दावा क.: the forecast ~**s** it'll be sunny today; the news surprised me, I must ~ 13 घोषणा क., कथन प्रस्तावित क.: I would rather not ~ 14 प्रार्थना क.: ~ one's prayers 15 कहना, आज्ञा दे., विनती क.: do it because I ~ so; I ~ you must do it 16 सौदेबाजी क.: if fifty is too much, shall we ~ thirty?;

n. 1 मत: have the ~; the final ~ 2 (***syn.*** dictum) कथन, बात 3 कोई मत रखने का अधिकार: let him have his ~ 4 बोलने का अवसर;

p&i: ~ **a good word for sb** किसी की प्रशंसा क.; ~ **away** कोई बात बताकर मन हल्का कर लेना; ~ **cheese**! जरा मुस्कराइए!; ~ **for/ against sth** किसी बात के विरुद्ध या हक में दलील दे.; ~**, for example** उदाहरण के तौर पर, मान लो कि ...; ~ **good morning to sb** किसी को नमस्कार क.; ~ **little but think the more** सोचो ज्यादा, बोलो कम! ~ **much for sb** किसी के हक में सबूत हो.; ~ **no more** और कुछ कहने की जरूरत नहीं; ~ **nothing of** और क्या कहना!; ~ **no to an invitation/ to a proposal** निमंत्रण या प्रस्ताव ठुकरा दे.; ~ **on**! कहते रहो!; ~ **one's piece** जो मन में हो वही जबान पर लाना; ~ **out** साफ-साफ बताना; ~ **sth on the face** किसी के मुंह पर दो-टूक कह देना; ~ **sth tongue in cheek** मजाक में कहना; ~ **sth to oneself** अपने आप से बात क.; ~**s you!** बिल्कुल बकवास!; ~ **the devil's paternoster** मन ही मन कोसना; ~ **the last ~ on sth** किसी विषय पर अंतिम या निर्णायक बात कह देना; ~ **when** (पैग आदि डालते समय कहना) कब रुकना है बता देना!; **before you could ~ Jack Robinson knife** चुटकी में; **come to see me one of these days, let us ~, Sunday** किसी दिन, जैसे कि रविवार को, मिलने मेरे घर आओ!; **easier said than done** कहना आसान, करना मुश्किल; **have a ~** किसी मामले में किसी की बात मानी जाना; **have no ~ in the matter** इस मामले में किसी की बिल्कुल न चलना; **have nothing to ~ for oneself** अपने हक में कहने को कुछ न हो.; **have the ~** फैसला करने का निर्णायक अधिकार हो.; **having said that** इतना कुछ कहने के बाद ...; **he has plenty to ~ for himself** वह खूब हाजिर जवाब है; **he is said to swim well** कहते हैं कि वह अच्छा तैरता है; **he is, ~, forty** वह, उदाहरणतः, 40 वर्ष का है; **he was rude, not to ~ insolent** वह गुस्ताख नहीं तो, बदतमीज तो था ही; **he who says what**

he likes, shall hear what he does not like जो मन में आया बोलोगे, तो दूसरों की कर्णकटु बात भी सुननी पड़ेगी; **I dare ~** मुझे लगता है कि; **I should say** मुझे ऐसा लगता है; **if I may ~ so** यदि मैं ऐसा कह सकता हूं, तो...; **it goes without ~ing** बेशक, यह तो मानी हुई बात है; **it is said to be a fake** कहा जाता है कि यह जाली है; **it ~s a lot/ very little, etc. for sb/ sth** यह किसी या किसी चीज के बारे में बहुत कुछ/ बहुत कम कहता है; **never ~ 'die'** कभी उम्मीद न छोड़ो, कभी हार न मानो; **not ~ a boo to a goose/ to anyone** वह इतना शरीफ है कि किसी के साथ तू-तपाट नहीं कर सकता; **not to ~ ...** सच में, और क्या कहें ...; **people/ they ~ (that) the experiment was successful** लोग कहते हैं कि प्रयोग सफल रहा; **says you** *colloq.* विश्वास न क.; **~ the word** कुछ करने का संकेत या इजाजत दे.; **so you ~!** ऐसा तो आप कह रहे हैं! (आपकी बात का योंही विश्वास थोड़ा न कर लेंगे); **that goes without ~ing** बेशक, यह बात बिल्कुल सही है; **that is to ~** अर्थात्, यानी, दूसरे शब्दों में, कहने का तात्पर्य है कि ...; **that said** इतना कहने के बाद; **that was well said!** अच्छा कहा!; **the least said, the soonest mended** कम बोलोगे, तो कम गलतियां होंगी; **the less said the better** जितनी कम बात करें उतना अच्छा; **there's no ~ing** कहना मुश्किल है; **there is much to be said on both sides** दोनों पक्षों के बारे में बहुत कुछ कहा जा सकता है; **there is no ~ing how all this will end** यह सब कैसे खत्म होगा, कुछ नहीं कहा जा सकता; **they ~ ...** लोग कह रहे हैं कि ...; **to ~ the least** यदि बिना बढ़ाए-चढ़ाए कहा जाए तो; **what do you ~ to that?** इस बारे में आपका क्या विचार है?; **whatever you ~** जो आप कहेंगे, वह मान्य होगा; **what/ whatever he ~s goes** उसी का हुक्म चलता है, जो वह कहेगा मान लिया जाएगा; **when all is said and done** सारी बात माप-तौलकर कहें तो ...; **who can ~ ...?** कौन कह सकता है?; **wouldn't ~ no to sth** किसी बात को ठुकराया नहीं जाएगा; **you can ~ that again** आप बिल्कुल सही कह रहे हैं; **you can't ~ fairer than that** इससे ज्यादा सही और जायज नहीं हुआ जा सकता; **you don't ~ so!** ऐसा नहीं हो सकता!; **you may well ~ so!** आप ऐसा कह सकते हैं!; **you said it!** आपने तीर निशाने पर लगा दिया!

SAYE *abbr.* 'Save As You Earn' की प्रथमाक्षरी

saying /सेइंग/ *n.* 1 कहावत, लोकोक्ति: old/ wise ~ 2 कहना, कथन, उक्ति 3 अभिव्यक्ति: doings and **~s** (कथनी और करनी);
***p&i:* ~ and doing are two different things** कथनी और करनी में अंतर है; **as the ~ing goes** जैसा कि कहते हैं; **there is no ~** कुछ नहीं कहा जा सकता

say-so /से-सो/ *n.* 1 अनुमति: nothing can be done without his ~ 2 निर्णय करने का अधिकार: have the ~ 3 दावा;
***p&i:* on sb's ~** किसी के बिना सबूत के कथन के आधार पर

sayyid/ sayid/ said /सैय्यद/ *n.* 1 मुहम्मद की बेटी फातिमा का वंशज 2 कुछ मुसलमानों के लिए एक उपाधि

Sb *abbr., chem.* 'antimony' का चिह्न (अंजन, सुर्मा)

S-bend सड़क या पाइप आदि में **S** आकार का मोड़

SBN *abbr.,* 'Standard Book Number' की प्रथमाक्षरी (मानक ग्रंथ संख्या)

SC *abbr. Austral, NZ* 'School Certificate', 'Signal Corps', *US state* 'South Carolina' की प्रथमाक्षरी

SC *abbr.,* 'Scheduled Caste', 'Supreme Court' की प्रथमाक्षरी

Sc *abbr., chem.* 'scandium' का चिह्न

sc *abbr., print.* 'small capitals' की प्रथमाक्षरी

sc *abbr.* 1 'scilicet' *Lat.* का संक्षेप (निम्न नाम) 2 'sculpsit' *Lat.* का संक्षेप (अमुक व्यक्ति ने यह मूर्ति बनाई)

scab /स्कैब/ *n.* 1 घाव पर जमने वाली पपड़ी, खुरंड, कुकरी (on wound) 2 (***syn.*** disease) भेड़ों में होने वाला संक्रामक रोग पामा 3 फफूंदी द्वारा पैदा की जाने वाली पौधों की बीमारी: potato ~ 4 *derog., sl.* (***syn.*** black-leg) हड़ताल-भेदी 5 घिनौना आदमी, बदमाश;
***v.**, pt.* **~bed**, *pp* **~bing** 1 (*also* **~ over**) पौधे की बीमारी से ढक जा. 2 घिनौनापन क.;
dw/lw:* ~by** /स्कैबि/ *adj.* **scabbier**, **scabbiest** 1 खुजली से पीड़ित 2 (syn.*** scabbed) पपड़ीदार 3 खरसैला 4 (***syn.*** scoundrel) कमीना; **~bies** /स्कैबीज/ *n.* खुजली, खारिश, खाज, कंडु, कच्छु

scabbard /स्कैबःड/ *n.* (***syn.*** sheath) म्यान;
***p&i:* throw/ fling away the ~** समझौते की गुंजाइश न होने के कारण तलवार तानना

scabrous /स्केब्रस/ *adj.* 1 (***syn.*** indecent) अश्लील, भद्दा 2 खुरदरी (त्वचा) 3 जटिल, पेचीदा 4 (***syn.*** delicate) नाजुक;
***dw/lw:* ~ness** *n.* अश्लीलता, भद्दापन, खुरदरापन

scad /स्कैड/ *n., pl.* **scad/ scads** 1 एक मछली 2 (**~s**) बंडल, ढेर, बहुत बड़ी संख्या या मात्रा: make **~s** of coin (बहुत पैसा कमाना)

scaffie /स्कैफी/ (*also* **scaffy**) *n., Scot., colloq.* 1 (***syn.*** scavenger, garbage collector) कूड़ा उठाने वाला 2 गलियां साफ करने वाला

scaffold /स्कैफोल्ड/ (*also* **~ing**) *n.* 1 (***syn.*** framework) ढड्ढा, अस्थायी ढांचा, पाइट, पाड़, पैड़, मचान 2 (**the scaffold**) फांसी का तख्ता, टिकठी, पाड़ (for execution): mount the ~ (फांसी पर चढ़ना); die/ perish/ end on the ~; go to the ~; send/ sb to the ~ 3 (***syn.*** stage) मंच, चबूतरा: speak from the ~;
***v.**, pt.* **~ed**, *pp* **~ing** पाड़ या पाइट बांधना: ~ a house;
***dw/lw:* ~ing** /स्कैफोल्डिंग/ *n.* ढड्ढा, मकान बनाने के लिए मिस्त्रियों के खड़े होने का ढांचा, पाड़, पैड़;
***collocations:* the ~ of the skull** खोपड़ी की संरचना

scag/ skag /स्कैग/ *n., sl.* (***syn.*** heroin) अफीम

scala /स्केल/ निश्रेणी, नसैनी, सोपानी संरचना, सीढ़ीनुमा ढांचा

scalable /स्केलअबल/ *adj.* आरोह्य, जिस पर चढ़ा जा सके

scalar /स्केलः/ *math, adj.* 1 दिशारहित परिमाणिक मात्रा (distance, speed etc.) का प्रदर्शन 2 स्केलर, अदिश

scalariform /स्कलैरिफॉःम/ *adj.* सीढ़ीनुमा, सोपानवत्

scal(l)awag /स्कैलअवैग/ 1 बदमाश, दुर्जन 2 मरियल (पशु)

scald /स्कॉल्ड/ *v., pt.* **~ed**, *pp* **~ing** 1 गर्म पानी या भाप से जल जा. 2 उबालना, गर्म क. 3 (गर्म पानी से) साफ क.: ~ (out) vessels; ~ one's foot; ~ oneself;
n. 1 द्रवदाह, गर्म पानी से जलने की क्रिया 2 *bot.* दाह 3 *poet.* चारण;
***dw/lw:* ~ing** /स्कॉल्डिंग/ *n.* गर्म पानी में नहाने की क्रिया; **~ing** *adj.* 1 खौलता हुआ: ~ing hot; ~ing tea; ~ing sun; ~ing tears 2 कटु, काटने वाला: ~ing comment

scaldfish /स्कॉल्डफिश/ *n., pl.* **~/ ~es** स्कॉल्ड मछली

scale /स्केल/ *n.* 1 पैमाना अंकन, मापदंड, पैमाने पर चिह्न: ~ of notation; decimal/ binary ~; the ~ on this ruler is in both centimetres and inches 2 चिह्नित मापक उपकरण: the ~ of a thermometer 3 वास्तविक लंबाई-चौड़ाई और मॉडल या रेखाचित्र के आकार का अनुपात (proportion), अनुमाप (relative dimension): to ~ (वास्तविक लंबाई-चौड़ाई के अनुपात में); on a ~ of one to ten; reduction to ~ (अनुमाप-परिवर्तन); what is the ~ of the map?; natural ~ (प्राकृतिक लंबाई-चौड़ाई-ऊंचाई आदि) 4 (***syn.*** range) वाद्य या ध्वनि का विस्तार 5 कर्मचारियों आदि के वेतनों की दर्जा (grade) आधारित प्रणाली: ~ of wages/ of pensions 6 अंक प्रणाली (numeral system): logarithmic ~ 7 मछली आदि की शल्क, छाल, छिलका, सेहरा (of fish, reptile): snake's ~ 8 खपड़ा (of tortoise) 9 (***syn.*** thin layer) परत, तह, पपड़ी, कोट (coating of dirt): scrape off ~ 10 (***syn.*** dish of balance) पलड़ा, पल्ला, संतुलन का पलड़ा: turn the ~ at sb; this argument at once turned the ~ against him; the **~s** of justice; weigh the **~s** on behalf of sb (किसी के हक में पलड़ा झुकाना) 11 (**scale** *US*)/ (*UK* **scales** *[pl.]*) तराजू, तुला, कांटा: a pair of **~s**; kitchen **~s** 12 (**Libra**) तुला राशि 13 मापक्रम, श्रेणी, क्रम, पैमाना, सोपान: on a ~ of; how would you rate his performance on a ~ of one to ten? 14 *music* स्वरों का क्रम, स्वरग्राम, सरगम 15 (***syn.*** range) विस्तार, मात्रा, संख्या, पैमाना: on a large/ small, etc. ~; on a massive, etc. ~; live on a grand ~; ~ representation (चित्रण का पैमना) 16 कवच की प्लेटें या पट्टियां, बख्तर: the ~ of armour 17 स्तर, पैमाना: be high/ low in the ~ of civilization; sink/ rise in the social ~;

v., *pt.* **~d**, *pp* **scaling** 1 (***syn.*** climb) ऊपर चढ़ना: ~ a wall/ the stairs/ a mountain; ~ the heights of philosophical abstraction 2 छिलका या परत उतारना, छीलना: ~ tartar from teeth; ~ fish (मछली छीलना) 3 (***syn.*** peel off) छिलना, त्वचा, खाल, पेंट आदि का उतरना: the skin **~s** after scarlet fever; some of the paint has **~d** off 4 परत पड़ जाना, पपड़ियाना: London smoke has **~d** the stones of its buildings; the stone which has **~d** with time 5 (***syn.*** weigh) तौलना, वजन होना: ~ five kilograms 6 वास्तविक लंबाई-चौड़ाई-ऊंचाई आदि के अनुपात में नक्शा या रेखाचित्र बनाना: ~ a building; ~ a map 7 (***syn.*** measure) मापना 8 (*also* **~ up**/ **~ down**) बढ़ाना, घटाना, कम क.: ~ sth back *US* (*UK/US* ~ sth down) 9 (***syn.*** estimate) कूतना, आंकना 10 सम्मेय होना (be commensurable);

dw/lw: **~d** *adj.* शल्की, चकत्तेदार; **~d-insect** *n.* खपड़ीदार कीट; **~less** *adj.* शल्करहित, चकत्तों के बिना; **~like** *adj.* शल्क या चकत्तों जैसा; **~r** *n.* 1 मछली छीलने वाला 2 परत हटाने वाला उपकरण: teeth tartar ~r; **~s** /स्केल्ज/ *n., [pl.] UK* (*US* **scale**) तराजू; **scaling** *n.* 1 मैल की परत की उतराई 2 परत की जमाई 3 माप का चिह्नांकन 4 पैमाने पर चिह्नांकन 5 बड़े पैमाने पर प्रतियां बनाने का कार्य;

scaling-ladder *n.* 1 दीवार-सीढ़ी 2 अग्नि-शमन सीढ़ी;

collocations: **~ board** लकड़ी की बहुत पतली पट्टी; **~ insect** *biol.* परत से ढका फसल का कीट; **~ of wages** वेतन-मान, वेतन-क्रम;

Clerk of the Scales घुड़दौड़ से पहले वजन लेने वाला जौकी (घुड़सवार);

p&i: **~ sth back** = **~ sth down** किसी चीज की संख्या, मात्रा, पैमाना आदि घटाना; **~ sth up** किसी चीज की संख्या, मात्रा, पैमाना आदि बढ़ाना;

be high in the social ~ समाज में ऊंची साख हो.; **be in the** ~ फैसला न कर पाना; **hold the ~s between two rivals/ hold the ~s even/ equally** दो प्रतिद्वंद्वियों के बीच पक्ष न लेना, दो पक्षों के बीच निष्पक्ष रहना; **on a large** ~ बड़े पैमाने पर; **remove the ~s from sb's eyes** किसी की आंखों से पट्टी हटाना, किसी की आंखें खोलना; **sink in the** ~ समाज में साख गिर जा.; **the ~s fell from his eyes** उसकी आंखों से पट्टी उतर गई; **tip the ~s** पलड़ा झुकाना, निर्णायक हो., घटना को एक विशेष दिशा में मोड़ना; **throw one's sword into the** ~ तलवार के बल पर किसी पक्ष के हक में फैसला करवाना; **victory was long in the** ~ विजय का पलड़ा देर तक ऊपर-नीचे होता रहा

scalene /स्केलीन/ *adj.* विषमबाहु (त्रिभुज);

n. 1 विषमबाहु त्रिकोण 2 (***syn.*** muscle) विषमा, विषमिका

scallion /स्कैलिअन/ *US* (*UK* **spring onion**) *n.* वसंतकालीन प्याज और उसकी पत्तियां

scallop / स्कौलप/ *US* स्कैलप/ (*also* **escallop** /इस्कैलप/) *n.* 1 घोंघा 2 शंबूक 3 (***syn.*** shell) शंबु, शंख, कंबु 4 *hist.* तीर्थ यात्रियों का पहचान तमगा 5 एक चटपटा व्यंजन 6 झालर 7 तवा जैसा बर्तन;

v., *pt.* **~ed**, *pp* **~ing** 1 घोंघे को पकाना 2 घोंघों को ढूंढ़ना 3 झालर के रूप में काटना;

dw/lw: **scalloped** *adj.* झालरदार

scallywag/ **scalawag**/ **scallawag** /स्कैलिवैग/ स्कैलअवैग/ *n.* 1 (*also* **scally**) बदमाश, शरारती (बालक) 2 (***syn.*** scamp) दुष्ट आदमी, बेकार आदमी 3 बेकार बौना पशु

scalp /स्कैल्प/ *n.* 1 खोपड़ी, सिर का बालदार (कभी-कभी गंजा) भाग 2 खोपड़ी की चमड़ी, सिर की खाल, शिरोवल्क: be out for sb's **~s** 3 चांद (top of the head): hairless ~ 4 नंगा शिखर, चोटी (of hill) 5 बालदार त्वचा का टुकड़ा जिसे लड़ाई में विजेता व्यक्ति विजय चिह्न (trophy) के रूप में रखता था: have sb's ~; take ~;

v., pt. **~ed**, *pp* **~ing** 1 सिर की खाल उतारना 2 खोपड़ी उतारना 3 कटु आलोचना क. (criticize savagely) 4 *mainly US* किसी चीज को सस्ते में खरीदकर झट से लाभ पर बेच दे. 5(***syn.*** tout) थियेटर या यात्री टिकटों को सस्ते में खरीदकर बढ़े दामों पर बेचना 6 ठगना, लूटना, धोखा दे.;

dw/lw: **~er** /स्कैलपः/ *US* (*UK* **tout**) *n.* 1 छोटा-मोटा काला-बाजारिया, जो सिनेमा घरों आदि के सामने टिकटों का अवैध धंधा करता है; **~-lock** *n.* उस्तरे से काटे बालों वाले सिर पर शत्रु के लिए चुनौती के रूप में छोड़ी जाने वाली चुटिया, शिखा;

p&i: **be after sb's** ~ किसी के खून का प्यासा हो.; **have sb's** ~ किसी पर विजय पा लेना

scalpel /स्कैल्पल/ *n.* चिकित्सक (surgeon) की छुरी, क्षुरिका

scalper *see above under* **scalp:** ***dw/lw***

scalpriform /स्कैल्प्रिफॉःम/ *adj.* छेनी जैसा

scaly /स्केलि/ *adj. degr.* **scalier**, **scaliest** 1 खुरदरी (चमड़ी) 2 शल्की 3 पपड़ीला, पपड़ीदार 4 पपड़ी बनकर उतरने वाला 5 परत या जंग से ढका हुआ: ~ with rust;

collocations: **~ anteater** = **pangolin** चींटीखोर, छिपकली

scam /स्कैम/ *n., mainly US sl.* 1 घोटाला, गबन 2 ठगी;

dw/lw: **scamster** /स्कैमस्टः/ *n.* घोटालेबाज, गबन करने वाला व्यक्ति

scammony /स्कैमनि/ *n.* तेज जुलाब में काम आने वाला गोंद जैसा राल, विरेचक औषधि पादप, साक घुनियां

scamp /स्कैंप/ *n.* 1 बदमाश, कमीना, बेकार आदमी 2 (***syn.*** scallywag/ scally) शरारती, नटखट बच्चा

scamper /स्कैंपः/ *v., pt.* **~ed**, *pp* **~ing** 1 छोटे-छोटे कदम लेकर तेजी से दौड़ना: ~ away/ down/ off, etc. 2 इधर-उधर दौड़ पड़ना: the children **~ed** about in the garden 3 जल्दी-जल्दी देख लेना, पढ़ ले.: ~ through a newspaper;

n. 1 भागम-दौड़, दौड़ा-दौड़ी: go for/ take/ have a ~ on the shore before lunch 2 हड़बड़ी, तेज चाल: a ~ through the city

scampi /स्कैंपि/ *n., [pl.]* तले हुए झींगे

scan /स्कैन/ *v., pt.* **~ned**, *pp* **~ning** 1 (***syn.*** examine) किसी यंत्र द्वारा बारीकी से जांच क., अवलोकन क., पर्यवलोकन क.: ~ sb's face; ~ sb from head to foot; ~ critically/ pedantically 2 कंप्यूटर से कॉपी/ प्रति बनाना 3 (***syn.*** glance over) विहंगम दृष्टि से देखना, किसी वस्तु पर सरसरी नजर दौड़ाना: ~ the political horizon 4 (***syn.*** test metre) छंद की परीक्षा क., कविता का छंद-विन्यास क.: this verse **~s** easily 5 छंद-विन्यास स्थापित करने के लिए लय के साथ पढ़ना 6 कविता का सही लय और छंद में होना 7 (***syn.*** televise) किसी वस्तु या क्षेत्र को टेलीविजन पर प्रसारित करने के लिए उस पर टेली-उपकरण से प्रकाश-पुंज बिखेरना 8 अल्ट्रा-साउंड आदि तकनीकों द्वारा आंतरिक अंगों का निरीक्षण क. 9 (*also* **~ through**) सरसरी नजर से पढ़ना: ~ the newspaper; ~ (through) a sentence from left to right;

n. 1 चिकित्सा के लिए यंत्र द्वारा बारीकी से की जाने वाली जांच:

brain ~ 2 अवलोकन करने की क्रिया 3 *med.* यंत्र से जांच के फलस्वरूप मिलने वाला बिंब: after/ at a single ~;

dw/lw: **~ner** /स्कैनः/ *n.* 1 *comput.* कंप्यूटर के माध्यम से सीधे प्रति बनाने वाला यंत्र 2 मनुष्य के शरीर के भीतर झांककर देखने का यंत्र 3 *radar* घूमने वाले ऐंटेना द्वारा प्रकाश-पुंज फेंककर किसी स्थान का निरीक्षण करने वाला यंत्र; **~ning** /स्कैनिंग/ *n.* स्कैनर द्वारा उपर्युक्त कार्य करने की क्रिया;

collocations: **scanning electron microscope** (*abbr.* **SEM**) *biol.* त्रिआयामी या त्रिविम वस्तुओं का बिबं लेने वाला यंत्र;

p&i: **~ sth into sth = ~ sth in** *compt.* किसी वस्तु में से प्रकाश-पुंज गुजारकर चित्र लेना

scandal /स्कैंडल/ *n.* 1 गलत काम, कुकर्म, अनैतिक काम: political ~; a ~ breaks/ erupts; a sex ~ 2 कलंक, बुराई: talk ~ about sb 3 बुरा उदाहरण: what a **~!** 4 (***syn.*** ignominy, disgrace) बदनामी, अपयश, अपकीर्ति, लोक-निंदा: the incident brought about/ gave rise to/ caused a grave ~ 5 (***syn.*** malicious gossip or slander) चुगली, चुगलखोरी: a piece/ a bit of ~ 6 अपवाद, लोकापवाद: be at the centre of/ involved in a ~ 7 (***syn.*** affront, false imputation) झूठा आरोप, अपमान: a ~ surrounding sth;

dw/lw: **~ization** /स्कैंडअलाइजेशन/ *n.* बदनाम करने की क्रिया; **~ize** /स्कैंडअलाइज/ *v., pt.* ~ized, *pp* ~izing 1 (***syn.*** shock) (अपने) कुकर्म से दूसरों को आघात पहुंचाना, विक्षुब्ध क. 2 *theol.* के लिए पाप का कारण बनना 3 (***syn.*** outrage) विचलित क. 4 बुरा उदाहरण दे.; **~monger** /स्कैंडलमंगः/ *n.* बदनामी फैलाने वाला, गप्पी, चुगलखोर; **~ous** /स्कैंडअलस/ *adj.* 1 शर्मनाक: ~ous conduct 2 (***syn.*** disgraceful) बदनामी-भरा, कलंककर, लज्जाजनक, अकीर्तिकर: what a ~ous thing! 3 (***syn.*** libellous) बदनाम करने वाला, अपमानजनक, निंदात्मक: ~ous rumours/ reports 4 चुगलखोर; **~ously** /स्कैंडअलसलि/ *adv.* शर्मनाक ढंग से;

collocations: **~ sheet** सनसनीखेज समाचार-पत्र या पत्रिका

scandent /स्कैंडंट/ *adj.* आरोही

Scandinavia /स्कैंडिनेविआ/ *n.* स्कैंडिनेविया, उत्तर-पश्चिमी यूरोप के देशों यानी डेनमार्क, स्वीडन, नार्वे, फिनलैंड, आइसलैंड आदि देशों से बना एक सांस्कृतिक क्षेत्र;

dw/lw: **~n** /स्कैंडिनेविअन/ *adj.* उत्तर-पश्चिमी यूरोप के देशों (डेनमार्क, स्वीडन, नार्वे, फिनलैंड, आइसलैंड) से संबंधित; **~n** *n.* स्कांदिनावी व्यक्ति

scandium /स्कैंडिअम/ *n., chem.* (symbol **Sc**) एक रुपहली-श्वेत धातु तत्त्व

scanner *see above under* **scan: *dw/lw***

scansion /स्कैन्शन/ *n.* 1 छंद-विश्लेषण, छंद-विन्यास, छंद-परीक्षण, छंद-विकलन 2 कविता की छंद-पद में विभक्ति

scanso\res //स्कैन्सॉःरिस / *n. [pl.]* आरोही प्राणिवर्ग;

dw/lw: **~rial** /स्कैन्सॉःरिल/ *adj.* आरोही, वृक्षारोही

scant /स्कैंट/ *adj.* 1 बहुत थोड़ा, अल्प मात्रा में, कम: ~ income 2 अपर्याप्त, नाकाफी: ~ attendance; answer with ~ respect; show sb ~ hospitality 3 सीमित;

v., *pt.* **~ed**, *pp* **~ing** किसी चीज को सीमित या कम रखना;

dw/lw: **~iness** /स्कैंटिनेस/ *n.* अल्प-मात्रा की अवस्था, कमी, अपर्याप्तता; **~ling** *n.* 1 अल्प मात्रा 2 (***syn.*** beam) कड़ी, बत्ता 3 (***syn.*** measure) माप, रूपरेखा; **~ly** /स्कैंटलि/ *adv.* थोड़ा-थोड़ा, कम मात्रा में;

p&i: **be ~ of breath** हांफना

scanty /स्कैंटि/ *adj., degr.* **scantier**, **scantiest** 1 बहुत कम: ~ clothing; ~ hair on the head 2 अल्प, अपर्याप्त: a ~ meal 3 खराब: a ~ crop of rice; ~ nourishment 4 तंग 5 सीमित;

dw/lw: **scantily** /स्कैंटिलि/ *adv.* 1 कम मात्रा में: scantily clad/ dressed 2 (***syn.*** barely) मुश्किल से 3 कंजूसी से, नाकाफी तरीके से; **scantiness** *n.* अल्पता, अपर्याप्तता

scape /स्केप/ *n.* 1 पुष्पदंड (stem of flower) 2 पिच्छाक्ष (of feather) 3 स्तंभाधार, शंकु (of column) 4 पलायन, बचाव 5 शरारत, उल्लंघन 6 दुराचार;

dw/lw: **~gallows** *n.* फांसी के योग्य व्यक्ति; **~goat** *n., fig.* 1 (***syn.*** fall guy) दूसरों की गलती के लिए किसी और को दोषी ठहराने की क्रिया 2 बलि का बकरा; **~grace** /स्केपग्रेस/ *n.* 1 दुष्ट व्यक्ति 2 निकम्मा 3 पक्का बदमाश

-scape *suff., indicating*: the type of scene or view (दृश्य): land**scape** भूदृश्य; sound**scape**; office**scape**

scapegoat *see above under* **scape: *dw/lw***

scaphoid /स्कैफॉइड/ *adj.* नौकाभ;

collocations: **~ bone** नौकाभ अस्थि, नाव के आकार की हड्डी

scapula /स्कैप्यु\ला/ *n., pl.* **scapulae**/ **~s** अंसफलक, कंधे की हड्डी, स्कंधास्थि;

dw/lw: **~r**/ **~ry** /~लः/ ~लरि/ (*also* **shoulder blade**) *adj.* 1 कंधे की हड्डी से संबद्ध: **scapular** feather (कंधे से उगने वाले पंख) 2 अंसफलकीय; **~ry *n.*** स्कंधावरण, ईसाई भिक्षु के गले में पहनने का कपड़ा 4 (***syn.*** bandage) स्कंध-पट्टी

scar/ **scaur** /स्कॉः/ *n.* 1 घाव का निशान 2 दुखद अनुभवों की स्मृति या निशान, स्मृति-चिह्न 3 (***syn.*** cicatrice) क्षत चिह्न, व्रण चिह्न 4 (***syn.*** blemish) दाग, धब्बा 5 (***syn.*** mark) निशान 6 (***syn.*** hilum) वृंतक 7 (***syn.*** cliff) खड़ी चट्टान, प्रपात;

v., *pt.* **~red**, *pp* **~ring** 1 विक्षत क., धब्बा लगाना: a face **~red** by smallpox; a face **~red** with sorrow 2 शरीर पर खरोंच छोड़ना: cause a ~ 3 गहरा सदमा छोड़ना 4 घाव का भर जाना, पपड़ियाना

scarab /स्कैरअब/ *n.* 1 (आत्मा का प्रतीक) काला भौंरा 2 (***syn.*** dung-beetle) गुबरैला 3 गुबरैसले का आकार (design)

scaramouch /स्कैरअमाउच/ *n.* 1 (***syn.*** cowardly buffoon) शेखीबाज डरपोक (a stock character in commedia dell'arte and farce wh o is a cowardly braggart, easily beaten and frightened) 2 (***syn.*** rascal, scamp) बदमाश 3 बेकार, आवारा

scarce /स्केअःस/ *US* स्केर्स/ *adj.,* **~r**, **~st** 1 दुर्लभ, दुष्प्राप्य: ~ commodity 2 (***syn.*** rare) विरल, बिरला 3 अपर्याप्त, कम: money/ food is ~ with them;

adv. थोड़ा-सा, लगभग नहीं के बराबर: ~ remember sb

p&i: **make oneself ~** *colloq.* 1 जल्दी-से चले जाना 2 किसी की नजरों में पड़ने से बचने के लिए जान-बूझकर अलग-थलग या चिपकर रहना

scarcely /स्केअःसलि/ *adv.* 1 लगभग नहीं के बराबर, बहुत ही कम: ~ ever; I ~ know her; I ~ know what to say 2 (***syn.*** hardly) मुश्किल से, नहीं के बराबर: can ~ do sth; he can ~ speak/ write 3 अभी-अभी (**scarcely ... when** (मुश्किल से ... जब, ज्यों ही): ~ had he gone out when it began to rain; he had ~ entered the room when the telephone rang 4 (***syn.*** surely not) बिल्कुल नहीं: that is ~ a reason to hit sb; he can ~ have said so

scarcement /स्केअःसमंट/ *n.* दीवार से बाहर निकला ताक, आळा

scarcity /स्केअःसटि/ (*also* **scarceness** /स्केअःस्नेस/) *n., pl.* **scarcities** 1 (***syn.*** shortage) कमी, अभाव, न्यूनता: ~ of food 2 दुर्लभता, विरलता: the price of an old edition of a book is determined by its ~; ~ price/ value

scare /स्केअः/ *v., pt.* **~d**, *pp* **scaring** 1 डराना, भयभीत क.: the cat **~s** her 2 (***syn.*** take fright) डर जाना: she **~s** easily 3 (***syn.*** drive away) भगाना, हांकना, कुड़कुड़ाना, उड़ाना 4 अचंभित होकर हड़बड़ा जा.;

n., *pl.* **~s** 1 (***syn.*** panic) भय, डर, हड़बड़ाहट, अफरा-तफरी: give sb/ have/ suffer a ~; strike sb with ~; get a ~ 2 (**syn.** apprehension) आशंका या डर से भरी स्थिति: a food/ health ~ 3 (**syn.** commercial ~) व्यापारिक आतंक, तिजारती खतरा, वाणिज्य-संत्रास;

dw/lw: **~-crow** *see below under separate entry*; **~d** /स्केअःड/ *adj.* भयभीत, आतंकित; **~dy-cat** (*also US* **fraidy cat**) *n.* डरपोक व्यक्ति के लिए बच्चों का शब्द; **~-head(ing)** *n.* सनसनीखेज शीर्षक; **~monger** /स्केअःमंगः/ *n.* 1 आतंक-प्रसारक, सनसनी या अफरा-तफरी फैलाने वाला 2 हड़बड़ाहटी; **~mongering** *n.* सनसनी या अफरा-तफरी फैलाने का कार्य; **~r** /स्केअरः/ *n.* डराने वाला;

p&i: **~ away** डराकर भगा दे.; **~ sb/ sth away/ off** किसी को डराकर भगा दे.; **~ the hell/ life/ living daylights/ shit, etc. out of sb = ~/ frighten sb out of their wits/ senses = ~ sb stiff = ~ the pants off** (डराकर) किसी की सिट्टी-पिट्टी गुम क., डराकर होश उड़ा दे.;

a ~ headline सनसनीखेज सुर्खी; **be mortally ~d of sth** किसी चीज या बात से बहुत डरना; **be ~d out of one's wits** सिट्टी-पिट्टी गुम हो.; **run ~d** डरकर भागना; **throw a ~ into sb** *US* किसी को बुरी तरह डरा देना

scarecrow /स्केअःक्रो/ *n.* 1 बिजूखा 2 चंचा, धूहा 3 (**syn.** bugbear) हौआ, जूजू 4 हड्डियों का ढांचा (skinny person)

scaremonger *see above under* **scare: *dw/lw***

scarf /स्काःफ/ *n.*, *pl.* **scarves** /स्काःवज/ or **~s** /स्काःफ्स/ 1 स्कार्फ, रुमाल, दुपट्टा 2 गुलूबंद, मफ्लर (muffler against cold) 3 (**syn.** necktie) टाई 4 (**syn.** joint) लकड़ी का जोड़ 5 (**syn.** groove) खांचा;

v., *pt.* **~ed**, *pp* **~ing** 1 *US* (*UK* **scoff**, *also* **~ down**) जल्दी से बहुत सारा खाना खा जा. 2 (**syn.** wrap) गुलूबंद आदि लपेटना 3 जोड़ना 4 व्हेल मछली की खाल या चर्बी निकालना;

dw/lw: **~-skin** *n.* बाह्य त्वचा; **~-wise** *adv.* आड़े-तिरछे

scari\fy /स्कैरिफाइ/ *v.*, *pt.* **~fied**, *pp* **~fying** 1 नश्तर लगाना, खरोंचना, उधेड़ना 2 घोर निंदा क., कटु आलोचना क. 3 धरती की सतह को तोड़कर मिट्टी को भुरभुरा क.;

dw/lw: **~fication** /स्कैरिफिकेशन/ *n.* धरती की ऊपरी सतह को तोड़कर मिट्टी को भुरभुरा करने की क्रिया; **~fier** /स्कैरिफायः/ *n.* धरती की सतह को तोड़ने वाला उपकरण

scarious /स्केरिअस/ *adj.* झिल्लीनुमा

scarlatina /स्काःलअटीना/ *n.*, *pathol.* स्कारलेट ज्वर

scarlet /स्काःलेट/ *n.* 1 गहरा तथा चमकीला लाल, सिंदूरी, लोहित रंग 2 चमकदार लाल कपड़ा, सामारोहिक लाल गाउन: dressed in ~; wear ~; wear the King's ~ (वर्दी में हो., सेना में हो.);

adj. 1 सिंदूरी, लोहित, लाल: blush/ flush/ turn ~ with excitement/ with embarrassment; be ~ with shame 2 *Bible* (**syn.** sinful) पापमय, पापी;

collocations: **~ fever** स्कारलेट ज्वर, लोहित ज्वर; **~ letter** *hist.* न्यु इंग्लैंड (New England) की पवित्रतावादी बिरादरी (Puritan community) के बीच प्रचलित लाल रंग का अक्षर 'A' जो उस औरत को पहनना होता था जो पर पुरुष के साथ सहवास (adultery) की दोषी पाई गई हो; **~ pimpernel** प्रिमरोज नस्ल का एक पौधा जिसके फूल बादलों से घिरे आसमान तले बंद हो जाते हैं; **~ runner** लाल रंग की एक बेल; **~ woman/ whore** *Bible*, *derog.* 1 महान बेबिलोन 2 वेश्या 3 पोपवाद के लिए अपमानजनक उपनाम

scarp /स्काःप/ *n.* 1 पहाड़ी की खड़ी ढाल, कगार 2 रक्षात्मक मोर्चे यानी खाई की भीतरी तरफ;

collocations: **~ and dip** *geol.* एक खड़ी और दूसरी ढलवां कगार

scarper /स्काःपः/ *v.*, *pt.* **~ed**, *pp* **~ing** भाग जाना या बच निकलना

sca\ry /स्केअरि/ *adj.*, *degr.* **~ier**, **~iest** 1 (**syn.** frightening) डरावना 2 (**syn.** easily frightened) भीरु, डरपोक;

dw/lw: **~rily** /~लि/ *adv.* डरावने ढंग से; **~riness** /~नेस/ *n.* डरावना रूप

scat /स्कैट/ *v.*, *pt.* **~ted**, *pp* **~ting** (जल्दी से) चले जाने या दौड़ जाने का आदेश देने के लिए प्रयुक्त;

n. एक प्रकार का ध्वनि प्रधान जैज (jazz) संगीत, जिसमें आवाज वाद्य जैसी लगती है

scathe /स्केद/ *v.*, *pt.* **~d**, *pp* **scathing** 1 कटु आलोचना क., भर्त्सना क. 2 नुकसान क. 3 कटु व्यंग द्वारा धराशायी क.

scatheless /स्केद्लेस/ *adj.* सही-सलामत: escape ~; he did not get away ~

scathing /स्केदिंग/ *adj.* 1 (**syn.** whithering) कटु, तीखा: ~ criticism; ~ attack on sb 2 अत्यंत कठोर: ~ retort 3 उपहासजनक: ~ irony; ~ satire

scatological /स्कैटअलौजिकल/ *adj.* अश्लील साहित्य या पुरीष-सम्मोह से संबंधित

scatology /स्कैटौलजि/ *n.* 1 अश्लील साहित्य के प्रति रुझान या झुकाव 2 विष्ठा विज्ञान 3 पुरीष-विज्ञान, पुरीष-सम्मोह, अश्लील साहित्य-सम्मोह

scatter /स्कैटः/ *v.*, *pt.* **~ed**, *pp* **~ing** 1 (**syn.** strew, sprinkle) बिखेरना, बिखर जा.: ~ seed/ crumbs; ~ sand; her path was **~ed** with flowers 2 (**syn.** disperse) छितराना, तितर-बितर क., छिन्न-भिन्न क.: ~ far and wide/ everywhere; the police **~ed** the crowd 3 (**syn.** go waste) मिट जा., ध्वस्त हो जा.: all our hopes and plans are **~ed** to the four winds 4 (**syn.** make to disappear) दूर क. या हो., लुप्त क. या हो.: the clouds **~ed** before the wind 5 (**syn.** diffuse) प्रकीर्ण क. 6 भिन्न-भिन्न दिशाओं में जाना या भेजना: garrisons were **~ed** up and down the country;

n. (*also* **scattering**) 1 छितराव, बिखराव, फैलाव, प्रसार 2 प्रकीर्णन, लुप्तता;

dw/lw: **~ed** /स्कैटःड/ *adj.* 1 दूर-दूर तक बिखरे/ छितरे हुए: ~ed papers; thinly ~ed population 2 (**syn.** sporadic) छिटपुट: ~ed trees; **~ing** /स्कैटरिंग/ *n.* 1 दूर-दूर बिखराव 2 छोटी-सी संख्या या मात्रा: a mere ~ing of followers;

p&i: **~ with one hand, gather with two** एक हाथ से देना, दोनों हाथों से वसूलना

scatter\brain /स्कैटअःब्रेन/ *n.*, *colloq.* 1 जिस व्यक्ति का मन एकाग्रचित्त न हो 2 (**syn.** light-headed) चलचित्त, अविवेकी व्यक्ति 3 (**syn.** frivolous) ओछा, छिछोरा, चंचल आदमी;

dw/lw: **~brained** *adj.* 1 एकाग्रचित्तताहीन 2 चलचित्त, अविवेकी 3 (**syn.** frivolous) ओछा, छिछोरा, चंचल; **~cushion** *n.* छोटा-सा गद्दा जिसे सोफे पर रखा जाता है; **~gun** *n.* कार्य करने की अस्त-व्यस्त शैली

scatty /स्कैटी/ *adj. degr.* **scattier**, **scattiest**, *Br.*, *colloq.* 1 भुल्लकड़, खर-दिमाग, मूर्ख, पागल 2 व्यवहार में छिछोरा

scaup /स्कॉप/ *n.* एक तरह की गोताखोर बतख

scaur /स्कौः/ *n.* खड़ी चट्टान, प्रपात

scaven\ge /स्कैविंज/ *v.*, *pt.* **~ged**, *pp* **~ging** 1 फेंकी हुई वस्तुओं में से विशेषकर खाद्य (जूठन) ढूंढकर उठाना 2 सफाई क.;

dw/lw: **~ger** /स्कैविंजः/ *n.* 1 कूड़े के ढेर में से गले-सड़े मांस आदि को ढूंढकर खाने वाला व्यक्ति या जानवर 2 सफाई-कर्मी, सफाई-यंत्र 3 (**syn.** animal) मुर्दाखोर 4 (**syn.** author) घासलेटी साहित्यकार 5 सीमा-शुल्क कर्मी 6 *tech.* अपमार्जक, संमार्जक; **~gery** /स्कैविंजरि/ *n.* सफाई का काम;

collocations: **~ger's daughter** यातना देने का उपकरण; **~ger hunt** एक खेल जिसमें खिलाड़ियों को भिन्न-भिन्न वस्तुएं ढूंढनी होती हैं

ScB *abbr.* 'Scientiae Baccalaureus' /साइंशी या सिअंशिआइ बैक्लॉरिअस/ *Lat.* की प्रथमाक्षरी (बीएससी)

SCCL *abbr.* 'Scottish Council for Civil Liberties' की

प्रथमाक्षरी

SCE *abbr.* 'Scottish Certificate of Education' की प्रथमाक्षरी

scena /शेना/ *n., pl.* **scene** /शेने/ ओपेरा के मंचन में गाया जाने वाला नाट्यक्रम

scenario /सअनाःरिओ/ *n.* 1 (***syn.*** synopsis) नाटक, फिल्म आदि की प्रारंभिक रूपरेखा, सार 2 साहित्यिक आलेख या कहानी की संपूर्ण पांडुलिपि: ~ writer 3 वर्तमान या संभावित घटनाओं की रूपरेखा 4 दृश्य लेख 5 (***syn.*** scene-distribution) दृश्य-विधान; ***dw/lw:*** **scenarist** /सिनेअरिस्ट/ *n., US* फिल्म-नाट्यकार, दृश्यलेखक;
collocations: **worst-case** ~ संभावित दुष्टतम घटना-दृश्य

scene /सीन/ *n., pl.* **scene** 1 घटनाओं का पाश्र्व दृश्य: set the ~ (किसी घटना की पृष्ठभूमि बतलाना) 2 स्थिति, तस्वीर, दृश्य: the duel ~ in "Hamlet"; a typical ~ of English family life 3 घटनास्थल, स्थान: the ~ is laid in Russia; the ~ of operations; the ~ of the disaster; on the ~ of the crime 4 मंच-सज्जा, पर्दा: change/ shift the **~s** 5 (***syn.*** display of feelings and action) मंच पर होने वाले कशमकश या टकराव का प्रदर्शन: the ~ between Romeo and Juliet 6 दृश्य परिवर्तन (पर्दे का गिरना, नए पात्रों का मंच पर आना आदि): an act of four **~s**; appear on the ~; come on the ~; everything was fine until he came on the ~ 7 पुस्तक या फिल्म में विभिन्न स्थितियों की झांकी, झलक (incident described): idyllic/ touching/ distressing ~; **~s** of merriment/ squalor/ confusion 8 घटना 9 सरे आम किया जाने वाला झगड़ा या भावनाओं का प्रदर्शन: make/ create a ~; an angry ~ with sb 10 हालात, माहौल, वातावरण, स्थिति: the current music ~; the ~ of club/ music, etc.; that's the ~ in India at the moment 11 मनचाहा कार्य या व्यवसाय: jazz music is just not my ~ 12 प्राकृतिक दृश्य: a delightful ~ met their eyes; the ~ from the window; a ~ of wild grandeur; mountain/ woodland, rural ~;
dw/lw: **~-of-crime** *n.* अपराध के घटना-स्थल आदि जैसे सबूतों से वास्ता रखने वाला पुलिस विभाग: ~-of-crime officer; **~-shifter** *n.* मंच का दृश्य बदलने वाला कर्मी; **~-stealer** *n.* दर्शकों द्वारा अत्यधिक सराहा जाने वाला अदाकार या अदाकारा;
p&i: **appear on the scene** 1 मंच पर प्रकट हो. 2 मौका-ए-वारदात पर पहुंचना या प्रकट हो.; **a power behind the ~s** स्थिति के पीछे छिपी शक्ति; **behind the ~s** 1 पर्दे के पीछे, दर्शकों से छिपा हुआ 2 जनता से छिपा हुआ, चोरी-छिपे, चुपके-चुपके; **know what is going on behind the ~s** 1 वस्तु-स्थिति से परिचित हो. 2 पर्दे के पीछे चलने वाले गुप्त खेल के बारे में जानना; **lay the scene** नाक, उपन्यास आदि में घटना का दृश्य-चित्र रचना; **make/ create a** ~ बखेड़ा खड़ा क.; **make the** ~ कहीं आ धमकना; **not sb's** ~ किसी का मनचाहा काम न हो.; **quit the ~ of troubles** मर जाना; **set ~ for sth** किसी कार्य के लिए जमीन तैयार क.

scenery /सीनरि/ *n., pl.* **sceneries** 1 प्राकृतिक दृश्य, परिदृश्य: picturesque ~ 2 मंच के चित्रित पर्दे, मंच-सज्जा, दृश्यबंध: rolling ~; a change of ~

scenic /सीनिक/ *adj.* 1 प्राकृतिक दृश्य प्रधान 2 मंच-सज्जा से संबंधित: ~ effect; ~ performances 3 नाटकीय: ~ conventions; the ~ art (दृश्य-नाट्य कला); ~ poets (दृश्य-नाट्य कला के कवि) 4 (***syn.*** picturesque) सुरम्य: ~ pomp; the ~ attractions of the place; ~ railway (बच्चों की मनोरंजन प्रदर्शनी में सौंदर्य का कृत्रिम रेल मार्ग, पहाड़): we'll take the ~ railway route

scenography /सीनॉग्रफि/ *n.* दृश्यचित्रण

scent /सेंट/ *n.* 1 गंध, महक, सुगंध 2 इत्र: the faint ~ of perfume; put some ~ on one's handkerchief 3 व्यक्ति, जानवर या पौधे की गंध: the ~ of flowers 4 (***syn.*** sense of smell) घ्राणशक्ति, घ्राण: a dog's power of ~ 5 (***syn.*** flair) सूक्ष्मदर्शिता, जन्मजात योग्यता: have a keen ~ for sth; have a good ~ for young talent 6 (***syn.*** trail of crime) सुरागों की कड़ी जो अपराधी का पता लगाने या कोई खोज करने में मदद करती है: the police are on the ~ of the drug mafia; hot ~ (ताजा सुराग); be hot on the ~ of an important discovery 7 (***syn.*** clue) गंध के रूप में सुराग, सूत्र, निर्देश: dogs are on the ~; on a wrong/ false ~; off the ~ (गलत सुराग के पीछे हो.); lose the ~; get ~ of sth (किसी बात का सुराग मिलना); put off the ~ (भटका दे., बहकाना);
v., pt. **~ed**, *pp* **~ing** 1 सूंघना, सूंघ लेना, गंध लेना: ~ spring in the air 2 (***syn.*** sense) सहज-बुद्धि या बोध से (by instinct or intuition) भांप लेना, ताड़ जा.: ~ danger/ trouble; ~ a crime/ a treachery/ a plot 3 (***syn.*** to perfume) महकाना, सुगंधित क., इत्र लगाना: ~ a handkerchief/ one's hair 4 बदबूदार कर दे., में दुर्गंध फैलाना 5 सूंघकर शिकार क.: dogs hunt by ~ 6 सुगंध फैलाना, सुगंध से भर दे.: the air was **~ed** with the odour of pine-wood;
dw/lw: **~-bag** *n.* गंध-धानी; **~-bottle** *n.* इत्र की बोतल; **~-box** *n.* इत्र का डिब्बा; **~ed** /सेंटिड/ *adj.* सुगंधित: ~ed handkerchief; ~ed soap; **~ed-gland** *n.* गंध-ग्रंथि; **~less** *adj.* गंधहीन: ~less flower;
collocations: **~ mark** (*also* **scenting mark**) अपना क्षेत्र इंगित करने के लिए किसी जानवर द्वारा पेड़ों या जमीन पर अपनी तेज सुगंध वाला पदार्थ छोड़ कर जा.;
p&i: **~ about** इधर-उधर सूंघते जा.; **~ out** भांप जा.;
a cold scent धूमिल हुआ सुराग; **a hot** ~ बिल्कुल ताजा सुराग; **be on a false** ~ गलत सुराग के पीछे पड़ा हो.; **get a ~ of sth** किसी चीज का सुराग मिलना; **on the ~ of sth** पता लगाने को हो.; **put/ throw sb off the ~ = put sb on the wrong ~** किसी को सुराग से भटका दे.; **recover the** ~ दोबारा सुराग मिलना;

scepsis /स्केप्सिस/ *n.* संदेह, संदेहवाद

sceptic *UK* (*US* **skeptic**) /स्केप्टि\क/ *n.* 1 संशयवादी, संदेहवादी 2 संदेही, संशयी 3 धार्मिक अविश्वासी, संशयात्मा: ~ school (संशयवादियों का विचारधारात्मक मंच);
dw/lw: **~al** *UK* (*US* **skeptical**) /~कल/ *adj.* 1 संदेहशील, संशयपूर्ण: be ~al about/ of sth 2 अविश्वासी; **~ism** *UK* (*US* **skepticism**) /~सिजम/ *n.* 1 संदेह, संशय 2 संदेहवाद, संशयवाद 3 एक मत जिसके अनुसार किसी तथ्य को अंतिम रूप से नहीं जाना जा सकता 4 (***syn.*** agnosticism) संसार को पूरी तरह जान लेने की संभावना को नकारनेवाली विचारधारा

sceptre /सेप्टः/ *n.* 1 (***syn.*** ceremonial staff or baton) सत्ताद्योतक राज-दंड, अधिकारद्योतक बेंत या दंड: hold/ wield the ~ 2 (***syn.*** authority) राजसत्ता, राजाधिकार: lay down the ~ (राजसत्ता त्याग दे.);
p&i: **~s and suitors hate competitors** हाकिम और आशिक रकीब को फूटी आंख नहीं देख सकते; **sway/ wield the** ~ राज क.

SCF *abbr.* 'Save the Children Fund' की प्रथमाक्षरी

Sch. *abbr.* '**schilling**' का छोटा रूप

schadenfreude /शाडनफ्रॉइडअ/ *n.* (***syn.*** sadism) दूसरों के दुख-दर्द में लिया जाने वाला दुष्टतापूर्ण आनंद

schedule /शेड्यूल/ स्केड्यूल/ *n.* 1 कार्यक्रम-सूची 2 (***syn.*** list or inventory) सूची 3 (***syn.*** supplementary list) अनुसूची 4 सारिणी, तालिका, *US* बस या ट्रेन के आने-जाने की समय सारणी: on ~; according to ~ 5 (***syn.*** timed plan) योजना-लेख, कार्यक्रम: **~d** time; be behind ~;
v., pt. **~d**, *pp* **scheduling** 1 कार्यक्रम की समय सारणी निर्धारित क.: the journey is **~d** for five days 2 समय सारणी

अनुसार लगाना, नियत क.: ~ a (new) train; the train is **~d** to arrive at 5 p.m.; **~d** time; arrive at the **~d** time; **~d** flight 3 सूची तैयार क. 4 सूची में रखना;
dw/lw:* ~d** /शेड्यूल्ड/ *adj.* 1 अनुसूचित: ~d class 2 (syn.*** fixed) नियत, निर्धारित: ~d speed; **scheduling** /शेड्यूलिंग/ *n.* अनुसूचन, नियोजन;
***collocations:* ~d caste** अनुसूचित जाति; **~d tribe** अनुसूचित आदिवासी (प्रजाति); **~d flight** निर्धारित उड़ान

schema /स्कीमा/ *n.* 1 योजना की रूपरेखा, प्रारूप 2 (***syn.*** diagram) आरेख 3 (***syn.*** classification) वर्गीकरण;
***dw/lw:* ~tic** /स्किमैटिक/ *adj.* 1 योजना संबंधी 2 योजनाबद्ध, आरेखीय 3 रूपरेखीय; **~tism** /स्किमैटिजम/ *n.* योजनाबद्धता, रूपरेखा के रूप में नियोजन; **~tization** /स्किमटाइजेशन/ *n.* योजना बंधन, वर्गीकरण; **~tize** /स्कीमटाइज/ *v., pt.* ~tized, *pp* ~tizing 1 योजना के अनुरूप व्यवस्थित क. 2 योजना बनाना 3 का वर्गीकरण क., की रूपरेखा प्रस्तुत क.

scheme /स्कीम/ *n.* 1 *UK* योजना, परियोजना: a ~ of work; daring ~; come up with/ devise a ~; implement/ introduce/ launch a ~; a ~ for doing sth 2 गलत ढंग से पैसे कमाने या कोई अन्य गलत काम करने का षड्यंत्र: shady **~s**; **~s** and intrigues; thwart sb's **~s** 3 (***syn.*** arrangement) विन्यास, आयोजन: a colour ~ 4 (***syn.*** system) पद्धति: a pension ~ 5 (***syn.*** outline) रूपरेखा 6 सारणी, तालिका 7 (***syn.*** diagram) आलेख 8 कार्यक्रम: draw up/ make out a ~; give the students a ~ of work for the year;
v., pt.* ~d**, *pp* **scheming** 1 योजना बनाना: ~ a system of water supply 2 (syn.*** plot) षड्यंत्र रचना, चालाकी क.: ~ sb's downfall; ~ for power/ for a post;
***dw/lw:* ~r** /स्कीम/ *n.* तिकड़मी, षड्यंत्रकारी, कुचक्री व्यक्ति: be born a ~

scheming /स्कीमिंग/ *adj.* तिकड़मी, छलछंदी, कुचक्री

(the) Schengen agreement /शेंगेन ऐग्रीमंट/ यूरोपियायी संघ के देशों के बीच समझौता जिसके तहत संघ के देशों के नागरिक एक-दूसरे के देश में वीजा (visa) यात्रा कर सकते हैं

(the) Schengen visa यूरोपियायी संघ के देशों के बीच समझौता जिसके तहत संघ का कोई भी देश गैर यूरोपियायी संघ के देशों के नागरिकों को यूरोपियायी संघ के देशों का वीजा दे सकता है

scherzando /स्केअट्सैंडो/ स्कट्सैंडो/ *music, adv.* विनोदपूर्वक;
adj. विनोदपूर्ण;
***n., pl.* ~s/ scherzandi** /स्केअट्सैंडीः/ विनोदपूर्ण चाल-ढाल

scherzo /स्केअट्सो/ स्कट्सो/ *n., pl.* **~s/ scherzo** संगीत एक छोटा जीवंत टुकड़ा जो किसी बड़ी रचना का भाग होता है

Schick /शिक/ **test/ Schick's test** *n., med.* कंठरोग (रोहिणी) का परीक्षण

schilling /शिलिंग/ *n.* (*abbr.* **Sch.**) आस्ट्रिया की मुद्रा की इकाई

schism /स्किजम/ सिजम/ *n.* 1 गुटबाजी, गुटबंदी 2 संघ भेद, फूट 2 मुख्य धड़े में फूट 3 मुख्य धड़े से निकलकर बना अलग गुट;
***dw/lw:* ~atic/ ~atical** /स्किज्मैटिक/ स्किज्मैटिकल/ *adj.* गुटबंदी-संबंधी, गुटबाज, विच्छेदकारी; **~atically** /स्किज्मैटिकलि/ *adv.* गुटबाजी के लिहाज से

schist /शिस्ट/ *n., geol.* परतदार चट्टान, स्तरित चट्टान, भिन्न-भिन्न खनिजों की परतों से बनी चट्टान;
***dw/lw:* ~ose** /शिस्टस/ *adj.* स्तरित, पटलित

schistosomiasis /शिस्टअसोमायसिस/ (*also* **bilharzia**) *n., pathol.* संक्रमित पानी से होने वाली एक भयंकर बीमारी

schizo /स्कित्सो/ *n., pl.* **~s** *colloq.* शिजोफ्रेनिक या स्कित्सोफ्रेनिक व्यक्ति, पागलपन के दौरे के कारण हिंसक बना आदमी

schizo /स्कित्सो/ *comb. form, signifying:* **division** or **split** (विखंडित)

schizo\carp /स्कित्सोकाःप/ स्काइत्सोकाःप/ *n.* एक सूखा मेवा जो दो या अधिक बीजदार फलकों में बंट जाता है, भिदुर;
***dw/lw:* ~dont** /स्कित्सोडॉट/ *adj.* विरलदंती; **~genesis** /स्कित्सोजनेसिस/ विखंडनीजनन

schizoid /स्कित्सॉइड/ *adj.* अंतरावर्तनशील, अंतराबंधी, कल्पना की अतिशय उड़ान जैसे लक्षणों वाला

schizophre\nia /स्कित्सअफ्रीनिआ/ *n.* एक प्रकार का मानसिक रोग जिसमें रोगी का यथार्थ से संबंध टूट जाता है, चिंतन-मनन प्रक्रिया भंग हो जाती है, व्यक्तित्व में विखंडन आ जाता है, भावनाओं में कुंठा आ जाने के कारण रोगी समाज से कटकर अपने अंतर्मन में चला जाता है, वह विखंडित मनस्कता या मानसिकता और मनोविदलता का शिकार हो जाता है जिसके परिणाम हिंसक पागलपन के दौरे के रूप में प्रकट होते हैं;
***dw/lw:* ~nic** /स्कित्सअफ्रेनिक/ *n.* उपरोक्त ढंग से मानसिक रोगी; **~nic** /स्कित्सोफ्रेनिक/ *adj.* उपर्युक्त मानसिक रोग संबंधी

schizothymia /स्कित्सोथाइमिआ/ *n.* '**schizoid**' के लक्षण यानी अंतरावर्तनशीलता, अंतराबंधता, अतिकल्पना

schlep/ schlepp /श्लेप/ *v. pt.* **~ed/ ~pped**, *pp* **~ing/ ~pping** बड़ी मुश्किल से ले जाना या खींचना

schlock /श्लोक/ *n.* 1 घटिया गुणवत्ता 2 भद्दा उत्पाद 3 घटिया और त्रुटिपूर्ण वस्तु

schmaltz /श्मॉःल्टस/ *n., colloq.* साहित्य और संगीत आदि में अतिशय या भद्दी भावुकता;
***dw/lw:* schmaltzy** /श्मॉःल्टजि/ *adj.* अतिशय भावुक

schmo /श्मो/ (*also* **shmo**) *n.* बेहद बेवकूफ व्यक्ति, मिट्टी क माधो

schmooze /श्मूज/ (*usually* **~ with sb**) *v., pt.* **~d**, *pp* **schmoozing** किसी के साथ गप्पें लगाना, मीठी-मीठी बातें या गुटरगूं क.;
n. (***syn.*** chat) गप्पें, मीठी-मीठी बातें, गुटरगूं

schmuck /श्मक/ *n.* बेवकूफ व्यक्ति, मिट्टी का माधो

schnapper *see below under* **snapper**

schnapps/ schnaps /श्नैप्स/ *n.* उत्तरी यूरोप में कोई भी तेज शराब

schnitzel /श्नित्सल/ *n.* बीफ कटलेट

schnook /श्नूक/ *n.* बेवकूफ व्यक्ति, नगण्य व्यक्ति

schnozzle /श्नौजल/ *US* श्नाःजल/ *n., mainly US sl.* नाक

scholar /स्कौलर\/ *US* स्काःलर/ *n.* 1 विद्वान, विदुषी, पंडित, मर्मज्ञ, कृतविद्य: distinguished/ well-known ~; a gentleman and a ~; at eighty he was still a ~ 2 छात्रवृत्ति-धारक विद्यार्थी (holder of a ~ship) 3 विद्यार्थी: the **~s** were all out in the playground 4 शोध छात्र, शोध छात्रा: the **~s** were all in the library 5 सिद्धांतवादी व आलोचनात्मक शोधार्थी: be an apt ~ in sth;
dw/lw:* ~liness** /~लिनेस/ *n.* विद्वत्ता, पांडित्य; **~y** /स्कॉलःलि/ *adj.* 1 विद्वत्तापूर्ण (आलेख): ~y edition 2 बौद्धिक: ~y dispute 3 (syn.*** learned) पांडित्यपूर्ण, विद्वत्तापूर्ण: a very ~y man 4 वैज्ञानिक: ~y library 5 पंडितोचित, पंडित-जैसा 6 (***syn.*** studious) अध्ययनशील: ~y mind/ habits 7 (***syn.*** academic) 8 किसी विषय में माहिरता या विद्वत्ता: 9 शैक्षणिक; **~ship** /स्कॉलःशिप/ *n.* 1 छात्रवृत्ति: travelling ~ship; win/ gain a ~ship 2 विद्वता: a man of great ~ship 3 पांडित्य 4 बौद्धिकता: science and ~ship 5 अध्ययन, ज्ञान अर्जन 6 विद्वत्ता: magnificent work of ~ship

scholas\tic /स्कअलैस्टि\क/ स्कौलैस्टि\क/ *adj.* 1 शिक्षा-संबंधी, शैक्षिक: **~tic** institution; a purely **~tic** training 2 विद्यालय-संबंधी: **~tic** post; **~tic** education 3 शास्त्रीय 4 पांडित्यपूर्ण: **~tic** attainments 5 (***syn.*** traditional) रूढ़िवादी: **~tic** philosophy; **~tic** style 6 (***syn.*** hair-splitting/ pedantic) वितंडावादी, वितंडापूर्ण: **~tic** manner;
***dw/lw:* ~tically** /~कलि/ *adv.* पांडित्यपूर्वक; **~ticism** /~सिजम/ *n.* 1 मध्यकाल का धर्म आधारित या नैतिकतावादी दर्शन 2 तर्कमोह, वितंडावाद 3 रूढ़िवाद

scholiast /स्कोलिएस्ट/ *n.* टीकाकार

scholium /स्कोलियम/ (*also* **scholion**) *n.* कृति से जुड़ी टीका या टिप्पणी

school /स्कूल/ *n.* 1 स्कूल, विद्यालय, पाठशाला: go to school; prep/ preparatory/ elementary/ nursery/ primary/ grade/ grammar/ junior/ middle/ high/ higher secondary ~; state school/ public ~; day/ night/ evening/ boarding ~; approved ~ (किशोर सुधार स्कूल) 2 स्कूल में अध्ययन की प्रक्रिया, पढ़ाई, जीवन का वह काल जब कोई इंसान स्कूल में पढ़ाई करता है: start/ leave ~ 3 स्कूल के विद्यार्थी, अध्यापक, कर्मी आदि सभी लोग: the whole ~ was present 4 स्कूल समय: be in ~; miss ~ 5 प्रशिक्षण: training ~; a dance/ language/ riding, etc. ~ 6 विश्वविद्यालय का संकाय (faculty), संस्थान (institute), केंद्र (centre): ~ of languages; music ~; art ~; the London/ Delhi ~ of Economics; law/ medical ~ 7 *US* अमेरिका में कॉलेज, विश्वविद्यालय 8 स्कूल का भवन और पूरा तंत्र 9 किसी अध्यापक और उसके विद्यार्थियों की किसी विषय में सामूहिक सैद्धांतिक सोच या मतावलंबन: Amartya Sen ~ of economics; one of the old ~ 10 चित्रकारों, लेखकों व अन्य समान सोच के कलाकारों का समूह व उनकी शैली: ~ of art; Lake ~ (प्राकृतिक दृश्यों यानी झीलों, वादियों आदि को दर्शाने वाले अंग्रेज कवियों का समूह); the Dutch ~ of painting 11 शिक्षण शैली 12 विचारधारात्मक या दाशनिक मत/ दिशा/ धारा/ शाखा: a ~ of thought; the Hegelian/ Marxist ~ of philosophy 13 शिक्षाप्रद माहौल, गतिविधियां, अभियान, संघर्ष आदि: factories and fields are the **~s** of life; the hard ~ of daily life 14 (***syn.*** sect) सम्प्रदाय, शाखा 14 मछलियों या अन्य समुद्री जंतुओं का एक साथ तैरता समूह: a ~ of dolphins;

adj. 1 स्कूल का/ के/ की: ~ children/ kids; a ~ holiday 2 स्कूल से संबंधित;

v., *pt.* **~ed**, *pp* **~ing** 1 (***syn.*** teach) शिक्षा दे., पढ़ाना, सिखलाना: children should be **~ed** at the right age 2 (***syn.*** train) प्रशिक्षित क.: ~ a horse; ~ oneself in patience; ~ oneself to do sth; ~ oneself into a habit 3 (***syn.*** discipline) वश में रखना, पर नियंत्रण रखना, अनुशासित क.: ~ one's feelings; ~ one's temper; ~ one's tongue;

dw/lw: **~able** *adj.* स्कूल (की पढ़ाई के)-योग्य; **~book** *n.* पाठ्य पुस्तक; **~boy** *n.* स्कूल जाने वाला बालक; **~child** *n.* स्कूल जाने वाला शिशु; **~days** *n., [pl.] UK* स्कूल के दिन, स्कूल में बिताया समय; **~fellow** *n.* सहपाठी; **~girl** *n.* स्कूल जाने वाली बालिका, छात्रा; **~house** *n.* 1 स्कूल की इमारत 2 अध्यापक को स्कूल के अहाते में दिया जाने वाला घर; **~ing** *n.* 1 स्कूल की पढ़ाई, शिक्षा: he did not get much ~ing 2 प्रशिक्षण 3 शिक्षा-शुल्क: pay for sb's ~ing; **~kid** *n.* स्कूल जाने वाला बच्चा, स्कूल की उम्र का बच्चा; **~leaver** *n.* स्कूल की पढ़ाई पूरी होने पर उसे छोड़ने वाला विद्यार्थी; **~man** *n.* 1 मध्यकालीन दार्शनिक 2 दर्शन-शास्त्र का अध्यापक; **~marm** /स्कूलमाःम/ *n., colloq. N. Amer., esp. US* 1 स्कूल अध्यापिका 2 पुराने ख्यालों की तकल्लुफ-मिजाज महिला; **~master** *n.* अध्यापक, शिक्षक; **~mate** *n.* स्कूल-संगी, सहपाठी; **~mistress** *n.* अध्यापिका, मास्टरनी; **~room** *n.* कक्षा; **~ship** *n.* प्रशिक्षण जहाज; **~teacher** *n.* स्कूल अध्यापक; **~yard** *n.* स्कूल का प्रांगण या अहाता; **~year** *n.* स्कूल का वार्षिक सत्र;

collocations: ~ **age** स्कूल-शिक्षा आयु; ~ **fee(s)** स्कूल शुल्क; **~leaving age** ऐसी उम्र जब कोई वैध रूप से स्कूल छोड़ सकता है; **~leaving certificate** विद्यालय परित्याग प्रमाणपत्र; ~ **mischief** स्कूल में की जाने वाली शरारत; ~ **session** विद्यालय का सत्र; ~ **slang** स्कूल छात्रों द्वारा प्रयुक्त खास बोली, शब्द या प्रयोग;

high ~ उच्च विद्यालय; **Lake school** वर्ड्जवर्थ (Wordsworth), कॉलरिज (Coleridge) और साउदी (Southey) जैसे छायावादी कवियों की काव्य धारा का नाम; **middle** ~ माध्यमिक विद्यालय; **higher secondary** ~ माध्यमिक उच्चतर विद्यालय; **primary** ~ प्राथमिक स्कूल; **the ~ run** माता-पिता द्वारा अपने बच्चे को स्कूल ले जाने और वापस लाने के लिए की जाने वाली यात्रा; **the Satanic School** रॉबर्ट साउदी (Robert Southey) द्वारा बायरन (Byron), शैली (Shelly) आदि की काव्य धारा को उसके विद्रोही स्वरों के लिए दिया गया नाम

p&i: **~ of thought** दार्शनिक धारा, सैद्धांतिक मत शाखा; **~ up** पानी की सतह पर इकट्ठा हो.;

be ~ed by adversity मुसीबतों से सीखा हुआ, कढ़ा हुआ (*Hr.*); **be sent to be ~ed** पढ़ने के लिए भेजा जा.; **old ~ tie** जाने-माने स्कूलों के पुराने विद्यार्थियों को एक दूसरे से जोड़ने वाली टाई (tie) यानी सूत्र; **tell tales out of ~** किसी के स्कूल के भेद खोल दे., गप्पें लगाना

schooner /स्कूनः/ *n.* 1 दो या अधिक मस्तूलों वाला पोत 2 बीयर का बड़ा गिलास;

collocations: **~ on the rocks** आलू-गोशत का व्यंजन

schottische /शाटीश/ शाटिश/ *n., pl.* **~s** एक जर्मन लोक-नृत्य

schwa/ shwa /श्वा/ *n.* शब्द में अबलाघातित स्वर वाला भाग यानी उदासीन स्वर, जैसे 'अ' का ह्रस्व रूप, उदाहरणतः 'a' in about

scia/gram/ ~graph /साइग्रैम/ साइग्राफ/ *n.* एक्स-रे-चित्र;

dw/lw: **~graphy** /साइग्राफि/ *n.* 1 एक्स-रे-चित्रण, छायाचित्रण 2 *astron.* छाया-मिति

sciamachy /साइऐमकि/ *n.* छाया-युद्ध

sciatic /साइऐटिक/ *adj.* 1 नितंब-संबंधी 2 रान या जांघ की नाड़ी से संबंधित

sciatica /साइऐटिका/ *n., pathol.* जांघ तथा नितंब में होने वाली पीड़ा, गृध्रसी

SCID *abbr., med.* 'severe combined immunodeficiency' की प्रथमाक्षरी

science /साइंस/ *n.* 1 विज्ञान, शास्त्र: natural **~s**; exact ~; pure ~; the classification of **~s**; physical **~s** 2 विज्ञान का पढ़ाई के विषय के रूप में अध्ययन 3 वैज्ञानिक आधार पर किसी विशेष विषय के बारे में ज्ञान की सुनियोजित प्रस्तुति, विशेष ज्ञान, ज्ञान (विषय): social ~; political ~; the ~ of languages (linguistics) 4 (***syn.*** skill) कौशल, हुनर;

collocations: **~ division** विज्ञान विभाग; **~ fiction** विज्ञान आधारित साहित्यिक कृतियां; **~ park** व्यापार से जुड़ा वैज्ञानिक अनुसंधान केंद्र; **~ of self-defence/ the noble ~ of self-defence** मुक्केबाजी या तलवारबाजी का खेल; **the dismal ~** राजनीतिक अर्थ शास्त्र; **the ~ of numbers** अंक गणित

scien\tial/ scien\tific /सायंशिअल/ साइंटिफिक/ *adj.* 1 वैज्ञानिक: **~tific** literature; **~tific** list; **~tific** method/ principle; a truly **~tific** mind 2 (***syn.*** skilful) कुशल, निपुण;

dw/lw: **~tifically** /साइंटिफिकलि/ *adv.* वैज्ञानिक ढंग से; **~tism** /सायंटिजम/ *n.* वैज्ञानिकों के तौर-तरीके और रवैया; **~tist** /साइंटिस्ट/ *n.* वैज्ञानिक

Scientology /साइंटौलजि/ *n., trademark* एक धार्मिक प्रणाली जिसके द्वारा वैज्ञानिक तरीके से उसके अनुयायियों का मानसिक व शारीरिक उपचार किया जाता है

sci-fi /साइ-फाइ/ *n.* 'science fiction' का संक्षिप्त रूप

scilicet /साइलिसेट/ सकीःलिसेट/ *Lat.*, (*abbr.* **sc.**) अर्थात्, दूसरे शब्दों में

scilla /सिला/ *n., bot.* लिली परिवार का एक फूल

Scillonian /सिलीनौनिअन/ *adj.* इंग्लैंड के दक्षिण-पश्चिमी तट से परे स्थित सिली द्वीपों (**Scilly Isles**) से संबंधित

scimitar /सिमिटः/ *n.* खंजर, कटार, शमशीर

scintigraphy /सिंटिग्रफि/ *n., med.* अल्ट्रा-साउंड जैसी एक रोग-पहचान तकनीक

scintilla /सिंटिला/ *n., lit.* 1 (***syn.*** iota) लेश भर, लव-लेश, अल्प

मात्रा, रत्ती-भर: not a ~ of truth; not a ~ of genius 2 (***syn.*** sparkle) चिंगारी;
dw/lw: **~nt** /सिंटिलंट/ *adj.* टिमटिमाता हुआ, चमकता हुआ: ~tillant star; **~te** /सिंटिलेट/ *v., pt.* ~ted, *pp* ~ting 1 चिंगारियां छोड़ना: her eyes ~ted anger 2 चमकना: bright eyes ~ted 3 टिमटिमाना, दमकना: the stars ~te in the sky 4 अपने ओज व जोश से किसी का ध्यान खींचना और उसे प्रभावित क.: ~te with wit; **~ting** /सिंटिलेटिंग/ *adj.* जीवंत: a book ~ting with wit; **~tion** /सिंटिलेशन/ *n., phys.* 1 चमक, दमक, टिमटिमाहट, नक्षत्रोन्मीलन: ~tion of the stars 2 (***syn.*** spark) चिंगारी, स्फुलिंग: speak without a ~tion of animation 3 *phys.* प्रस्फुरण 4 वाग्विलास: ~tion of wit;
collocations: **~tion counter** *phys.* निम्न स्तर का विकिरण (radiation) मापने का उपकरण

scio\lism /सायलिज्म/ *n.* 1 सतही ज्ञान, साइंसदान होने का दंभ 2 पल्लवग्राहिता 3 मिथ्या-पांडित्य;
dw/lw: **~list** /सायलिस्ट/ *n.* 1 सतही साइंसदान, विज्ञानी होने का दंभ भरने वाला 2 पल्लवग्राही, शौकिया एवं सतही (dilettante) कलाप्रेमी 3 ढोंगी पंडित

sciolto /शॉल्टो/ *adj./ adv., music* यथेष्ट, स्वच्छंद रीति से

scion /साइअन/ *n.* 1 (***syn.*** descendant) वंशज, संतति 2 जाने-माने घराने या परिवार का युवा वशंज, युवराज 3 (पौधे की) कलम

scirrhus /सिरस/ स्किरस/ *n., pl.* **scirrhis** (सिराइ)/ **~es** *pathol.* कठिन अर्बुद, कच्चा नासूर, कठोर कैंसर

scissel /सिसल/ (*also* **scissil**) *n.* धातु की कतरन या टुकड़ा, छांटन

scissile /सिसाइल/ *adj.* काटकर टुकड़े किए जाने योग्य, विभाज्य

scis\sion /सिजन/ *n.* विपाटन, विखंडन, विभाजन, भेदन;
dw/lw: **~siparity** /सिसिपैरिटि/ *n.* विखंडन द्वारा पुनरुत्पादन; **~sure** /सिजः/ *n.* दरार, चीरा, विखंडन, विभाजन, कटाव

scissor /सिजः/ *v., pt.* **~ed**, *pp* **~ing** कैंची से काटना या कतरना;
collocations: **~ hold** (**~s holf**) कुश्ती में एक पहलवान का दूसरे द्वारा टांगों में जकड़ लेने का दाव; **~ kick** तैराकी की एक शैली; **~ tooth** छेदक दांत, रदनक

scissor\s /सिजःज/ *n., [pl.]* 1 कैंची, कतरनी, मिकराज, कर्तरी 2 कैंचीनुमा चाल या आकार 3 कुश्ती में कैंचीनुमा दाव 4 ऊंची कूद में एक कैंचीनुमा शैली 5 जिमनास्टिक्स में कैंचीनुमा चाल;
dw/lw: **~er** /सिजरः/ *n.* साहित्यिक-अखबारी सामग्री संग्रहकर्ता; **~-and-paste** (*also* **cut and paste**) लेखन या शोध कार्य में चोरी का एक तरीका यानी किसी के लेख आदि में से कुछ काटकर अपने लेख आदि में चिपकाना;
p&i: **I have ~ to grind** मुझे काम करना है; **~ work** साहित्यिक चोरी (plagiarism)

scissure /सिशः/ *n.* 1 दरार 2 चीरा (*also see above under* **scis\sion**: ***dw/lw***)

sciurine /साइयुराइन/ *adj.* गिलहरी जैसे जीव से संबंधित

sclera /स्क्लिअरा/ *n.* आंख का सबसे बाहर का दृश्य पटल, स्क्लीरा, श्वेत पटल

sclereid /स्क्लिरीड/ *n.* दृढ़कोशिका

sclerema /स्क्लिरिमा/ *n.* दृश्य पटल काठिन्य

sclerenchyma /स्क्लिरेंकिमा/ *n., bot.* दृढ़ ऊतक

scleriasis/ sclerosis /स्क्लअरिअसिस/ स्क्लअरोसिस/ *n.* ऊतक-दृढ़न, काठिन्य: ~ of the arteries

sclero- /स्क्लिअरो-/ *comb. form, signifying:* **hard** (कठोर, कठिन)

scleroderma/ sclerodermia /स्क्लिअरोडःमा/ स्क्लिअरोडःमिअ/ *n., pathol.* त्वचा के नीचे चर्बी जमा होने के कारण त्वचा-काठिन्य या कठोरता होने की क्रिया

scleroid /स्क्लिरॉइड/ *adj.* कठिन, जरठ

scleroma /स्क्लिरोमा/ स्क्लिअरोमा/ *n., pl.* **~ta** *pathol.* नाक में ऊतकों या त्वचा आदि की काठिन्य

sclerosis *see above under* **scleriasis**

sclerotic /स्क्लअरौटिक/*US* स्क्लअराःटिक/ *adj.* श्वेतपटली, दृढ़पटली, कठिन;
n., anat. आंख का दृढ़ पटल

sclerous /स्क्लिरस/ *adj., pathol.* 1 कठिन, जरठ 2 *anat.* हड्डीनुमा

SCM *abbr.* 'State Certified Midwife', 'Student Christian Movement' की प्रथमाक्षरी

scobs /स्कॉब्ज/ *n.* 1 बुरादा 2 धातु मैल

scoff /स्कौ\फ/ *US* स्कॉ\फ/ *v., pt.* **~ed**, *pp* **~ing** 1 (*often* **~ at sb/ sth**) (***syn.*** mock) (पर) ताना मारना, (का) उपहास क., (की) हंसी उड़ाना: ~ at sb's ideas/ at sb's superstitions; ~ at danger 3 *UK* (*US* **scarf**) 4 जल्दी से सब खा जा., भकोसना: sb ~ed all the *samosas*;
n. 1 ताना, उपहास: **~s** and jeers; aim **~s** at sb/ sth 2 उपहास का पात्र: be the ~ of the town;
dw/lw: **~er** /~फः/ *n.* निंदक; **~ing** /~फिंग/ *n.* उपहासित होने की क्रिया; **~ing** *adj.* उपहास करने वाला: ~ing laughter

scofflaw /स्कौफलॉ/ *n.* अक्सर अगंभीर कानूनों को तोड़ने वाला

scold /स्कोल्ड/ *v., pt.* **~ed**, *pp* **~ing** 1 डांटना-डपटना, झिड़कना, फटकार लगाना: ~ a naughty child; ~ sb for sth/ for doing sth; be more ready to laugh than to ~ 2 (***syn.*** abuse) गाली दे.: ~ and grumble on the most trivial pretext; be always **~ing**;
n. कर्कशा, कलहनी;
dw/lw: **~er** /स्कोल्डः/ *n.* डांटने वाला व्यक्ति; **~ing** /स्कोल्डिंग/ *n.* डांट-डपट, झिड़की, फटकार: give sb a good ~;
collocations: **common** ~ भद्दी गालियां देकर सामाजिक ताने-बाने को भंग करने वाली औरत; **constant** ~ हर समय झिकझिक करने वाला व्यक्ति

scolex /स्कोलेक्स/ *n., pl* **scoleces** फीताकृमि शीर्ष, मूर्धा

scoliosis /स्कॉलिओसिस/ *n., pathol.* (मेरुदंड की) पार्श्वक्रता, पार्श्वकुबड़ता, पीठ में असामान्य मुड़ाव

scolopendra /स्कॉलअपेंडरा/ *n.* कनखजूरा, शतपाद जैसा जंतु

sconce /स्कौंस/ *US* स्कांस/ *n.* 1 दीवारगीर, बत्तीदान 2 (***syn.*** head) खोपड़ी, चांद: get a crack over the ~ (खोपड़ी पर प्रहार ओटना) 3 (***syn.*** fort) छोटा-सा किला या मोर्चा 4 धुस्स 5 (***syn.*** shelter) आड़, ओट 6 (***syn.*** cover) आच्छादन, आवरण 7 (***syn.*** shed) छप्पर 8 ऑक्सफोर्ड विश्वविद्यालय में अशिष्ट व्यवहार या अनुशासनहीनता के लिए दंड;
v., *pt.* **~d**, *pp* **~ing** 1 खाई से घेरना 2 आड़ दे, छिपाना 3 दंड दे.

scone /स्कोन/ *n.* राई या गेहूं के आटे की रोटी

SCONUL *abbr.* 'Standing Conference of National and University Libraries' की प्रथमाक्षरी

scoop /स्कूप/ *v., pt.* **~ed**, *pp* **~ing** 1 कलछी या कड़छी भर कर सामग्री निकालना: ~ out the melon flesh 2 उलीच कर खाली क., उलीचना (empty by bailing): ~ sth out; ~ sth/ sb up 3 पानी आदि को किसी बर्तन या हौज आदि से निकालना 4 किसी समाचार को एक समाचार पत्र द्वारा दूसरों से पहले प्राप्त करके छाप दे.: ~ some news 5 खोखला या पोला बनाना, खोदना (hollow out): ~ a deep groove in sth 6 (***syn.*** secure) हथियाना, प्राप्त कर लेना: he **~ed** all the shares he could lay hands on 7 तगड़ा मुनाफा (profit) कमाना;
n. 1 कलछी/ कड़छी, डोई, कलछा: grocer's ~ 2 कलछी/ कड़छी भर, डोईभर: in/ at one ~/ with a ~ 3 (***syn.*** shovel) बेलचा 4 हत्था (dipping vessel) 5 (***syn.*** gouge) गोलची 6 *surg.* शल्य क्रिया के समय बेकार पदार्थ को निकालने के लिए चमचनुमा उपकरण या औजार 7 (***syn.*** swoop) झपट, झपट्टा 8 (***syn.*** profit) तगड़ा मुनाफा 9 सबसे पहले छपा सनसनीखेज समाचार: ~ a rival newspaper/ ~ the other newspapers 10 अंदर की बात, सूचना: inside ~ at some minister; ***collocations:*** **~ed** *adj.* (औरत की पोशाक के बारे में) गोल और नीचे कटा हुआ

कॉलर आदि;

p&i: ~ **in**/ ~ **out** 1 खुर्च-खार्चकर इकट्ठा क. 2 किसी को दावत आदि में घसीट लाना; ~ **up** खुरच-खारचकर इकट्ठा क.; ~ **the pool** 1 बैंक को ठगना 2 सारा लाभ हथिया ले.; **at one** ~ एक मुश्त, एक ही बार में

scoot /स्कूट/ *v., pt.* **~ed**, *pp* **~ing** जल्दी से चले जा.: ~ along/ down/ over, etc.; you better ~ now or else you will be late

scooter /स्कूटः/ (*in full* **motor-~**) *n.* 1 स्कूटर 2 बच्चों की गाड़ी, स्कूटर

scope /स्कोप/ *n.* 1 अधिकार क्षेत्र, कार्यक्षेत्र, क्रियान्वयन क्षेत्र: it is outside the ~ of our authority 2 विस्तार, फैलाव: prevent any extension of ~ of the incident 3 विषय की गहराई-चौड़ाई आदि, व्यापकता: the ~ of an inquiry 3 गुंजाइश, संभावना: it lies within the ~ of possible events 4 रेडार आदि का प्रदर्शन पटल: micro~, tele~, etc. 5 (***syn.*** extent, capacity, potential) सामर्थ्य, विस्तार, व्याप्ति, व्यापकता: beyond his ~ of understanding; the ~ of sb's knowledge/ of sb's interests; we wonder at the ~ of the Greek intellect; the ~ of a scientific work; expand/ limit/ widen/ extend the ~ of sth 6 पहुंच, समझ: a mind of wide/ of limited ~; subjects which lie beyond sb's ~; an undertaking of wide ~; be beyond/ outside/ within the ~ of sth 7 अवसर: the ~ for investment; give sb full/ ample/ abundant/ wide ~ for sth; give full/ free ~ to act/ for one's activities; seek ~ for one's energies 8 (***syn.*** range) परास, मारक दूरी (range of missile) 9 (***syn.*** length) नौबंध की लंबाई 10 (***syn.*** purpose) उद्देश्य, प्रयोजन;

v., *pt.* **~d**, *pp* **scoping** *med.* किसी सूक्ष्मदर्शी उपकरण से आंतरिक भागों या अंगों का अवलोकन क.;

p&i: **~ sth out** किसी वस्तु की ध्यानपूर्वक परख क.;

give free ~ to sb किसी को खुली छूट या आजादी देना

-scope *comb. form, forming nouns signifying*: **a device for viewing sth** (कुछ परखने का उपकरण): tele**scope**, tele**scopy**;

comb. form, forming adjectives with suffix: **telescopic**

scopulate /स्कॉप्युलिट/ *adj.* कूर्चाकार

scorbutic /स्कॉःब्यूटिक/ *adj., pathol.* स्कर्वी-ग्रस्त, स्कर्वी-संबंधी

scorch /स्कॉःच/ *v., pt.* **~ed**, *pp* **~ing** 1 झुलसाना या झुलसना, जल जा.: ~ one's face/ one's hand 2 बहुत गर्म होना 3 पौधे आदि का सूखकर मर जा. 4 आलोचना या तिरस्कार से आहत क. (affect painfully) 5 उजाड़ना (burn and destroy) 6 ताबड़-तोड़ भागना या दौड़ना: the cyclist **~ed** down the road at a dangerous speed;

n. 1 झुलसन 2 झुलसने का निशान 3 भयंकर रफ्तार से गाड़ी चलाने की क्रिया;

dw/lw: **~ed** /स्कॉःचड/ *adj.* 1 झुलसा हुआ 2 सर्वक्षारित; **~er** /स्कॉःचः/ *n.* 1 झुलस देने वाला, दाहक 2 झुलसने वाली गर्मी: they say that tomorrow will be a ~er 3 बेतहाशा गाड़ी चलाने वाला ड्राइवर 4 चमत्कारपूर्ण: she is a ~er! (गजब की, चमत्कारपूर्ण, सनसनीखेज) 5 बहुत बढ़िया: a ~er of a free hit 6 तीखी या कटु व्यंग्यपूर्ण बात या ताना; **~ing** /स्कॉःचिंग/ *adj.* 1 बहुत गर्म: ~ing day 2 कटु (आलोचना): ~ing glance; ~ing criticism; ~ing sarcasm; ~ing irony; **~ing** *n.* ब्रेड (bread) आदि पकाने की क्रिया;

collocations: **~ed earth policy** 1 सर्वक्षार-नीति, घरफूंक-नीति 2 अपना सब कुछ जला डालना ताकि वह आने वाले दुश्मन के हाथ न पड़ जाए, जैसे कि रूसियों ने 1812 में नैपोलियन की सेना के साथ किया था, मास्को तक को जला डाला था

score /स्कोः/ *n.* 1 प्राप्तांक (in examination, etc..) 2 अंक (of play): what's the ~ now?; even/ level the ~; the final/ latest ~; a ~ of sth; a high/ low ~; know the ~ 3 (***syn.*** scratch, scar) खरोंच, चोट का निशान, कटाव: numerous deep **~s**; the **~s** of the whip showed on his back; deep **~s** of pain and sorrow on his face 4 (***syn.*** notch) खांचा, खांची 5 (***syn.*** account) हिसाब 6 ऋण का हिसाब: run up a ~; wipe off **~s**/ a score; quit **~s** with sb 7 (***syn.*** twenty) कोड़ी, बीसी, बीस: three ~; I have **~s** of letters to write; two ~ of eggs; such examples are to be found by the ~ 8 *music* संगीत-लेख, स्वरलिपि 9 किसी फिल्म या नाटक का संगीत 10 (**the** ~) (***syn.*** reason) हेतु, कारण, विषय: on that/ this score (इसके कारण); it was accepted on the ~ of suitability; on the ~ of sth (किसी कारणवश): be rejected on the ~ of ill health/ of age 11 (***syn.*** grudge) गुब्बार, बदले की भावना, भड़ास: have an old ~ to settle with sb 12 (**~s**) बहुत से: **~s** of sth 13 सफलता, जीत: that was an easy ~ 14 सीमा-रेखा या मोटी रेखा 15 वर्तमान स्थिति या वास्तविकता: what's the ~ with your job? 16 अवैध दवाइयां प्राप्त करने की सफल कोशिश 17 सफल दलील या ताना, किसी के लिए अपमानजनक कथन: he is given to making cheap **~s**; he is quick at making a ~ off an awkward heckler 18 वर्तमान स्थिति के बारे में असली तथ्य: know real ~;

v., *pt.* **~d**, *pp* **scoring** 1 खेल में अंक जीतना, रन बनाना: ~ an advantage; ~ a goal; ~ a hit; ~ a point; sb has **~d** 2 खरोंचना, खुरचना, छिल जाना, खरोंच पड़ जाना: a mountain side **~d** by torrents; a face **~d** with scars 3 खांचा बनाना, खुरदरी रेखा खींचकर सीमा को द्योतित क. 4 (***syn.*** underline) रेखांकित क.: the page was **~d** with underlinings 5 (***syn.*** cancel; ~ off) काटना 6 अंकों का हिसाब रखना, हिसाब से चढ़ाना, अंक लिखना: (keep the ~) 7 कड़ी आलोचना क. (criticize severely) 8 प्राप्त क., विजयी होना: neither side **~d**; ~ a success; ~ at sb's expense; the film **~s** high for entertainment value 9 स्वर लिपि तैयार क., फिल्म आदि के संगीत बनाना 10 *sl.* अवैध दवा प्राप्त क. 11 (*often* ~ **with sb**) यौन-क्रिया क.;

dw/lw: **~-board** *n.* अंकफलक, अंक-पट्ट; **~-book** *n.* अंक-पुस्तिका; **~-card** *n.* अंकपत्र; **~-draw** *n.* दोनों पक्षों की बराबर स्थिति; **~less** *adj.* जब दोनों पक्ष कोई अंक न बना पाएं; **~-line** *n.* समाचार-पत्रों में अंक-पटल; **~r**/ **~-keeper** *n.* अंकों का हिसाब-किताब रखने वाला: ~r for field events; ~r for track events; **~-sheet** *n.* अंक-पत्रक: get one's name on the ~-sheet खेल में गोल आदि क.;

p&i: ~ **an own goal** अनजाने में अपने ही विरुद्ध काम क.; ~ **down** अंकित क., चिह्न लगाना; ~ **off** मात दे., नीचा दिखाना; ~ **off sb**/ ~ **points off sb** अपने फायदे के लिए दूसरे का अपमान क. 2 अपने को बेहतर दिखाकर दूसरे को नीचा दिखाना; ~ **out** काट दे.: the name and date have been ~d out; ~ sth out (रेखा खींचकर रद्द क.); ~ **twice before you cut once** कोई कदम उठाने से पहले अच्छी तरह नाप-तौल लो!; ~ **under** रेखांकित क.; ~ **up** उधार के हिसाब में लिख ले.;

death pays all ~s मौत से सब हिसाब या बदले चुक जाते हैं; **even the** ~ मुकाबले का बराबरी पर छूटना; **go off/ set off/ start at** ~ किसी काम को पूरे जोश के साथ करने लगना; **know the** ~ आम हालात से अच्छी तरह अवगत हो.; **make a ~ off one's own bat** बिना किसी दूसरे की मदद के कोई काम पूरा क.; **on that** ~ उस विषय के कारण, उस संबंध में: she has no worries on that ~; **on the ~ of** के कारण; **over the** ~ *colloq.* उस विषय या स्थिति के संबंध में; **pay off/ settle a** ~ 1 पुराना बदला निकालना 2 हिसाब चुकता क.; **start off from ~/ go off at full** ~ 1 घोड़े द्वारा सरपट दौड़ पड़ना 2 किसी विषय पर उत्साहपूर्वक बात शुरू क.; **settle old ~s** पुरानी दुश्मनी निकालना, पुराना बैर साधना

sco\ria /सकॉःरिआ/ *n., pl.* **scoriae** 1 धातु-मैल, अवस्कर 2 लावा(lava);
dw/lw: **~rification** /स्कॉःरिफिकेशन/ *n.* अवस्करण; **~rify** *v., pt.* ~rified, *pp* ~rifying अवस्करित क.

scoring /सकॉःरिंग/ *n.* 1 झगड़ालू, कलही, बांडीबाज 2 अंक, अंकन, समंकन 3 अंक-तालिका: ~ table 4 *cinema* ध्वनिकरण

scorn /स्कॉःन/ *US* स्कॉर्न/ *n.* 1 तिरस्कार, घृणा: show/ hide one's ~; evoke ~; his eyes were full of ~ for sb 2 (*syn.* contempt) तिरस्कार, अवमान, अनादर: hold sb/ sth in ~; have/ feel ~ for sb/ sth; treat sb with ~ 3 अवहेलना;
v., pt. **~ed**, *pp* **~ing** 1 घृणा क.: I ~ to tell a lie; I ~ lying 2 (*syn.* dismiss) तिरस्कार क., ठुकराना: ~ sb's help/ sb's assistance 3 तुच्छ समझना: I would ~ to do such a thing;
dw/lw: **~er** /स्कॉनः/ *n.* तिरस्कार या घृणा करने वाला; **~ful** /स्कॉःनफुल/ *adj.* (*syn.* contemptuous) तिरस्कार भरा, घृणापूर्ण, निंदात्मक: be ~ful of sb/ sth; **~fully** /स्कॉःनफुलि/ *adv.* तिरस्कार भाव से;
p&i: **be the ~ of/ to sb** किसी की घृणा का पात्र हो.; **laugh sb to ~ = pour/ heap ~ on sb/ sth** किसी पर तिरस्कार या घृणा की झड़ी लगा दे.

Scorpio /स्कॉःपिओ/ *n., pl.* **~s** 1 वृश्चिक राशि 2 जो व्यक्ति 23 अक्तूबर और 21 नवंबर के बीच पैदा हुआ हो यानी जिसकी वृश्चिक राशि हो

scorpioid /स्कॉःपिऑइड/ *adj.* कुंडलित, वृश्चिकी

scorpion /स्कॉःपिअन/ *n.* 1 बिच्छू 2 (**the Scorpion**) *astron., astrol.* = **Scorpio**;
collocations: **~ fish** एक जहरीली समुद्री मछली; **with a lash of** ~ अत्यधिक कठोरतापूर्वक;

Scot /स्कौट/ *US* स्काःट/ *n.* 1 स्कॉटलैंड का नागरिक या वासी: **the Scots** won their match against England 2 (**scot**) *old English, hist.* कर: pay ~ and lot; pay (sb off) lot and ~ (किसी को पूरा भुगतान कर दे.);
dw/lw: **Scots**; **Scottish** *see below under separate entries;*
p&i: **pay scot and lot** सब स्थानीय कर (tax) देना; **pay sb off scot and lot** सारा उदार चुका देना, हिसाब चुकता कर देना

Scot. *abbr.* 'Scotland', 'Scottish' का छोटा रूप

Scotch /स्कौच/ *US* स्काःच/ *n.* 1 (*also* **Scotch whisky**) स्कॉटलैंड में बनी व्हिस्की: a glass of ~; ~ and a shower of bubbles (सोडा-व्हिस्की) 2 (*syn.* wedge, block) पहिए आदि को फिसलने न देने के लिए रोक, रोध, आड़, फाना 3 (*syn.* slash) काट, खांची;
adj. adj. 1 स्कॉटलैंडी: ~ cap; ~ whiskey 2 *US* (*syn.* Puritan) शुद्धतावादी, कठोर 3 *US* कंजूस;
collocations: **~ bonnet** एक अति तीखी मिर्च; **~ broth** स्कॉटलैंड का मटन, जौ और कटी सब्जियों का शोरबा; **~ egg** मटन के सॉसिज में डला एक पूरा उबला अंडा; **~ mist** ठीमेकार, फुहार; **~ pancake** *Br.* = **drope scone**; **~'s cinema** मैदान (Piccadilly); **Scotch tape** *US tradem.* (*UK* **Sellotape** *tradem.*) *n.* चिपकने या चिपकाने वाली पारदर्शी टेप; **Scotch terrier** *see* **Scottish terrier**;
p&i: **~ answer** प्रश्न के रूप में उत्तर

scotch *v., pt.* **~ed**, *pp* **~ing** 1 किसी की योजना आदि में रोड़े अटकाना 2 पहिए आदि को फिसलने से रोकना 3 (*syn.* scratch) खरोंचना 4 (*syn.* maim) क्षत-विक्षत कर दे., अपंग कर दे., घायल क., अशक्त कर दे.: ~ rats 5 अफवाहों आदि को दबा दे. 6 (*syn.* stifle) दबाना, दबा दे.: ~ mutiny;

scoter /स्कोटः/ *n.* समुद्री बत्तख

scot-free /स्कौट-फ्री/ *US* स्काःट-फ्री/ *adv.* 1 बेदाग 2 कर-मुक्त 3 निरापद, सही-सलामत 4 जो दंड पाने से बच जाए: go ~ free/ get off ~ free (साफ-साफ बच जा.)

Scotia /स्कोशा/ *n.* स्कॉटलैंड

Scotland Yard लंदन पुलिस, विशेषकर उसकी अपराध शाखा का मुख्य कार्यालय

scoto\ma /स्कौटोमा/ *US* स्काःटोमा/ *n., pl.* **~s**/ **~ta** *pathol.* तमोबिंद, अंधनेत्र जो रेटिना (retina) या दृक-तंत्रिका की रुग्णता के कारण होता है;
dw/lw: **~my** /~टौमि/ *n.* अंधनेत्रता; **~tous** /~टौमअटस/ *adj.* अंधनेत्रीय

Scots /स्कौट्स/ *US* स्काःट्स/ *adj.* स्कॉटलैंड का या उससे संबंधित, विशेषकर स्कॉटलैंड में बोली जाने वाली अंग्रेजी भाषा से:
n. 1 अंग्रेजी से मिलती-जुलती स्कॉटलैंड की भाषा 2 *n. [pl.]* **the Scots** स्कॉटलैंड में रहने वाले लोग;
collocations: **Scots pine** चीड़ का पेड़

Scottie *see* **Scottish terrier**

Scottish /स्कौटिश/ *US* स्काःटिश/ *adj.* स्कॉटलैंड या उसकी जनता से संबंधित: the ~ Highlands

Scottish terrier कुत्ते की एक नस्ल

Scotvec/ SCOTVEC *abbr.* 'Scottish Vocational Education Council' की प्रथमाक्षरी

scoundrel /स्कॉउंड्रल/ *n.* (*syn.* rogue) बदमाश, दुष्ट, कमीना आदमी;
dw/lw: **~ly** /स्कॉउंड्रलि/ *adj.* कमीना, दुष्ट: ~ly money-lender

scour /स्काउअः/ *v., pt.* **~ed**, *pp* **~ing** 1 (*syn.* search, comb) खोजना, छान डालना: ~ the sea of the enemy ships/ of pirates 2 मांजना, चमकाना, रगड़ कर चमकाना: scrub and ~; ~ with sand 3 निर्घर्षण क. (of current) 4 (पानी बहा कर) साफ क., धोना, शुद्ध क., स्वच्छ क.: ~ with soap; the river has **~ed** the mud from the estuary 5 भेड़ की ऊन को धोकर उसकी चिकनाई व अशुद्धियां निकालना 6 (*syn.* purge) पशुओं के पेट साफ क.: ~ a horse/ a cow 7 (*syn.* get rid of) दूर क. 8 (*syn.* range over) घूम आना, चक्कर लगाना, भ्रमण क. 9 रगड़कर निशान या खाळी (*Hr.*) या नाली बनाना: the tide has **~ed** a channel through the sand;
n., pl. **~s** 1 मंजाई: give a saucepan/ a pan a good ~ 2 कटाव: ~ of the river has affected the foundations of the bridge; there is a deep ~ under the embankment 3 निर्घर्षण (of current) 4 (*often* **~s**, *syn.* diarrhoea) पशुओं में होने वाला दस्त, पेचिश, अतिसार;
dw/lw: **~er** /स्कॉउरः/ *n.* 1 सफाई करने वाला, मांजने वाला 2 मांजने का तारदार गुच्छा; **~ing** /स्काउरिंग/ *n.* 1 मंजाई 2 (*syn.* diarrhoea) दस्त, पेचिश 3 (**~ings**) कूड़ा-करकट;
p&i: **~ a book for quotations** उद्धरण की खोज में पुस्तक को छान मारना; **~ after sb** किसी का दौड़कर पीछा क.; **~ away** सफाई क.; **~ off/~ out** = **~ away** भाग जा., गायब हो जा.; **~ the coast without finding anything** बिना किसी परिणाम के समुद्र तट को छान मारना; **~ the pewter** अपना काम क.

scourge /स्कःज/ *n.* 1 (*syn.* menace, whip) कोड़ा, चाबुक, बला: flies and wasps are a regular ~ in summer 2 (*syn.* affliction) महा विपत्ति, अनिष्ट, अनर्थ: the ~ of war/ of disease/ of famine; the white ~ (क्षयरोग) 3 लोक-कंटक यानी दिव्य दंड का माध्यम (a person);
v., pt. **~d**, *pp* **scourging** 1 *old use* कोड़े लगाना 2 अपने को नैतिक रूप से दंडित क., अपने को कोसना: ~ oneself; be **~d** by the memory of one's misdeeds 3 उत्पीड़न क., सताना 4 कड़ा दंड दे. 5 बला या अभिशाप हो.;
dw/lw: **~r** /स्कःजः/ *n.* कोड़े लगाने वाला, उत्पीड़क;
collocations: **white** ~ तपेदिक, क्षयरोग

scourging /स्कःजिंग/ *n.* कोड़ों की मार, कशाघात

scouring *see above under* **scour:** *dw/lw*

Scouse /स्काउस/ *n., pl.* **~s**, (**Liverpool** dialect) 1 अंग्रेजी की लिवरपूल की बोली 2 (*syn.* ~r) लिवरपूल वासी

scout /स्कॉउट/ *n.* 1 (*also* **Boy Scout**) बाल चर, स्काउट 2 (**the Scouts**) प्रतिभाओं की खोज करने वाला युवा वर्ग का एक संगठन 3 गुप्तचर, भेदिया, जासूस 4 गुप्तचर्या, जासूसी (act of scouting): go on the ~ 5 लड़का, मित्र, साथी: a good ~ 6 खोज, छानबीन: they had a ~ around for it in the potting shed;
v.**, pt.* **~ed**, *pp* **~ing** (*often* **~ about/ around**) 1 स्काउट बनना 2 खोजना: **~ing** about for new premises 3 गुप्तचर्या क. 4 (syn.*** watch) पहरा दे. 5 (***syn.*** reject) तिरस्कारपूर्वक अस्वीकार क.: ~ a proposal;
dw/lw: **Scouter** *n.* स्काउट एसोशिएशन में एक वरिष्ठ नेता
scout\ing /स्कॉउटिंग/ *n.* गुप्तचरी, खोज;
dw/lw: **~ing** *adj.* 1 गुप्तचरी: ~ing force;
collocations: **~ing front** हवाई गुप्तचरी मोर्चा; **~ing post/ round** गुप्तचर-चौकी
scow /स्कॉउ/ *n.* 1 बालू, पत्थर आदि ढोने की चौड़ी नाव 2 पटेला
scowl /स्काउल/ *v., pt.* **~ed**, *pp* **~ing** 1 (***syn.*** glower) त्योरी चढ़ाना, भौंहें चढ़ाना 2 नाक या नाक-भौंह सिकोड़ना: he made no reply, but simply **~ed** 3 क्रोध भरी दृष्टि से देखना, गुस्से से घूरना: ~ at sb;
n. तेवर, भ्रूभंग: look at sb with a ~;
dw/lw: **~ing** /स्काउलिंग/ *adj.* नाक या नाक-भौंह सिकोड़ने वाला; **~ingly** /स्काउलिंगलि/ *adv.* नाक या नाक-भौंह सिकोड़ते हुए;
dw/lw: **~ down** घूरकर चुप करा दे.
SCPS *abbr.* 'Society of Civil and Public Servants' की प्रथमाक्षरी
scrabble /स्क्रैबल/ *v., pt.* **~d**, *pp* **scrabbling** 1 खुरचना, खरोंचना 2 (***syn.*** scribble) घसीटना 3 (***syn.*** grope) टटोलना: ~ about/ around (कुरेदना, ढूंढना) 4 (***syn.*** collect) (खुरचकर या टटोलकर) बटोर लेना
scrag /स्क्रैग/ *v., pt.* **~ged**, *pp* **~ging** 1 गर्दन मरोड़कर या गला घोटकर मार दे. 2 हमला करके पीटना 3 इस्पात को परीक्षण के समय मोड़ना;
n. (***syn.*** scrawny person) दुबला-पतला आदमी या औरत 2 पतला पौधा 3 (कुश्ती में) गर्दन की पकड़ 4 दुबला या हड्डियों का ढांचा;
dw/lw: **~gly** /स्क्रैग्लि/ *adj.* 1 मलिन, गंदा 2 अनियमित; **~gy** /सक्रैगि/ *adj.* 1 (***syn.*** scrawny) दुबला-पतला 2 पतला (पौधा) 3 (भेड़ की) गर्दन का पारचा 4 दुबला या हड्डियों का ढांचा; **~giness** /स्क्रैगिनेस/ *n.* 1 दुबला-पतलापन 2 क्षय-रोग
scram /स्क्रैम/ *v. pt.* **~med**, *pp* **~ming** (आदेश के रूप में): फौरन दफा हो जाओ!;
p&i: **let's ~!** आओ चलते हैं
scram\ble /स्क्रैंबल/ *v., pt.* **~bled**, *pp* **~bling** 1 मुश्किल से तेज चल पाना या ऊपर चढ़ पाना: **~ble** up a hill; **~ble** over the wall; **~ble** down/ out/ up, etc. 2 छीना-झपटी या होड़ा-होड़ी क., संघर्ष क.: there are starving people **~bling** to find food; **~ble** for sth/ **~ble** to get sth; **~ble** for office 3 किसी के विचार-प्रक्रिया को गड़डमड्ड या अस्पष्ट (confuse) बना दे. 4 वायुयान, हेलिकॉप्टर आदि को किसी की मदद आदि करने के लिए झटपट उड़ा ले जा.: **~ble** a helicopter for helping the trapped climbers 5 चलाते या हिलाते हुए तलना या भूनना 6 हाथ-पैर के बल चढ़ना: **~ble** along the edge of a cliff 7 (***syn.*** crawl) घिसट-घिसटकर चलना या रेंगना 8 (***syn.*** scatter) बिखेरना 10 अंडे के पीले और सफेद भागों को फेंटकर पकाना: **~ble** eggs 10 किसी तरह गुजारा क., किसी तरह पहुंच जा.: we'll just have to **~ble** through; **~ble** for one's living 11 केवल प्रशिक्षित लोगों के लिए बोधगम्य बनाने के लिए उपग्रह या रेडियो संकेतों की ध्वनि बदलना;
n. 1 चढ़ाई 2 छीना-झपटी, संघर्ष: the **~ble** for new lands; the **~ble** for a living 3 मोटर साइकिलों की दौड़ 4 (हाथ-पैर के बल) चढ़ाई 5 (***syn.*** free for all) धक्कम-धक्का, होड़ा-हाड़ी: there was a **~ble** for these books;
dw/lw: **~r** *n.* उपग्रह या रेडियो संकेतों को अबोधगम्य बनाने वाला यंत्र; **~bling** /स्क्रैंबलिंग/ *adj.* 1 अनियमित, अव्यवस्थित, बेढंगा 2 किसी तरह गुजारा करने वाला; **~bling** *n.* किसी तरह गुजारा करने की क्रिया, छीना-झपटी;
collocations: **~bled eggs** *[pl.]* फेंटकर बनाए हुए अंडे; **~bling circuit** *electr.* ग्राहक के अपने सिस्टम में अवैध प्रवेश को रोकने की प्रणाली
scran /स्क्रैन/ *n., Irish* जूठन;
p&i: **bad ~ to you!** खुदा करे कि आपके पास कुछ न रहे!
scramjet /स्क्रैमजेट/ *n.* ध्वनि से ज्यादा तेज रफ्तार से उड़ाने वाला इंजन
scrap /स्क्रैप/ *n., pl.* **~s** 1 (***syn.*** piece) छोटा-सा टुकडा: a ~ of meat; a ~ of paper; tea without a ~ of sugar; a few **~s** of news; **~s** of conversation; not a ~ of evidence; you have not eaten a ~ all day long; the little ~ of a man 2 (***syn.*** bit) थोड़ी-सी मात्रा: not a ~ of evidence in his favour 3 (**~s**, ***syn.*** scran) बचा-खुचा खाना, झूठन: **~s** for a dog 4 पुरानी कार या मशीन जिसके कल-पुर्जों या टुकड़ों को फिर से काम में लाया जा सकता है: sell a car for ~ 3 (***syn.*** squabble, scuffle) *sl.* छोटा-मोटा झगड़ा, हाथापाई: have a bit of a ~ with sb; children often get into **~s** 4 रद्दी माल: ~ dealer 5 (***syn.*** cutting) धातु की छीलन-छालन, कतरन: collect **~s** 6 (***syn.*** rubbish) कूड़ा-करकट;
***v.**, pt.* **~ped**, *pp* **~ping** 1 रद्द कर दे., काट दे.: ~ a chapter of one's book 2 बेकार वस्तु को फेंकना, निकाल दे., अलग क., दूर क.: ~ an old machine/ an old ship; throw sth on the ~ heap 3 निकम्मा ठहराना: not a ~ of use for sb 4 झगड़ा क., लड़ाई क.: ~ with sb;
dw/lw: **~-book** *n.* 1 कतरन-रजिस्टर 2 चित्र, अखबारी लेखों आदि की कतरनें चिपकाकर रखने का रजिस्टर; **~-heap** *n.* रद्दी या धातु की छीलन का ढेर: throw sth on the ~-heap; consign sth to the ~-heap; a book fit only for the ~-heap; **~-iron** *n.* फेंके हुए लोहे के टुकड़े; **~-man** *n.* रद्दी बेचने वाला व्यक्ति; **~-metal** *n.* धातु की छीलन-छालन, फेंकी हुई (रद्दी) धातु; **~-paper** नोट, संदेश आदि लिखने के लिए कागज के छोटे-छोटे टुकड़े; **~piness** /स्क्रैपिनेस/ *n.* 1 व्यर्थता, रद्दीपन 2 फुटकरता 3 बिखराव, अस्त-व्यस्तता; **~py** /स्क्रैपि/ *adj.*, ~pier, ~piest 1 (***syn.*** bitty) टुकड़े-टुकड़े, फुटकर: ~py furniture 2 रद्दी से भरा 3 व्यर्थ, बेकार, रद्दी 4 असंबद्ध (disconnected), अस्त-व्यस्त: ~py knowledge; ~py lecture/ essay; a ~py mode of thinking 5 मैला-कुचैला, घटिया 6 हर~ हालत में जीतने वाला; **~-value** *n.* कबाड़ मूल्य, रद्दी मूल्य; **~yard (junkyard)** *n.* पुरानी कारों व अन्य मशीनों को रखने का स्थान जहां उनके कल-पुर्जे या धातु प्रयोग में लाने के उपलब्ध रहते हैं
p&i: **a ~ of paper** कागज का एक छोटा-सा टुकड़ा; **be on the ~-heap** पूर्णतः उपेक्षित, एक कोने में बिठाया हुआ; **I don't care a ~!** मैं जरा भी परवाह नहीं करता; **put sb on the ~-heap** किसी को पूर्णतः उपेक्षित क., कोने में लगाना
scrape /स्क्रेप/ *v., pt.* **~d**, *pp* **scraping** 1 (***syn.*** skin) छीलना: ~ one's chin with a razor; ~ one's knee against a stone 2 (*also* **~ sth off**) खुरचना, कुरेदना, कुरेदकर निकालना, खोदना: ~ paint from a door/ off the wall 3 (*also* **~ sth along/ over**, etc. **sth**) रगड़ना, रगड़ लगाना, रगड़कर निकल जा.: the ship **~d** against a rock as she was entering a harbour 4 ऊपर से घसीटना: ~ with one's feet along the floor 5 (***syn.*** abrade) घिसना 6 चमकाना 7 (***syn.*** collect) बटोरना, इकट्ठा क. 8 खड़खड़ाना (make grating action/ noise), किरकिराना: give a carrot a ~ 9 किफायत से रहना, थोड़ी-बहुत बचत कर ले.: we managed to ~ enough for a holiday 10 (***syn.*** play

the fiddle) नेतृत्व क., मुख्य भूमिका निभाना 11 सिर के बालों को इकट्ठा करके पीछे क.: ~ one's hair back in a ponytail 12 धरती से मिट्टी निकालकर छोटा-सा गड्ढा या छेद बनाना: ~ a hole in the ground and bury the bag, etc. in it;

n. 1 रगड़, रगड़ने से आने वाली खराबी 2 घिसाई, खुरचन 3 छीलन 4 भूमि का छीला या खोदा हुआ क्षेत्र 5 (***syn.*** abrasion) खाल की छिलन, खरोंच: a ~ on the shin; get a ~ on one's elbow 6 (***syn.*** predicament) मुसीबत, उलझन, समस्या: be in an awkward ~; get/ lead sb into a ~; get out of a ~ 7 किरकिराहट, खड़खड़ाहट, चरमराहट, चीं-चीं: ~ of a chair 8 चमक, पॉलिश 9 हजामत (दाढ़ी बनाई) 10 धनुष की टंकार 11 मक्खन आदि की हल्की सी परत 12 कलम का प्रभाव;

dw/lw: **~r** /स्क्रेपः/ *n.* 1 खुरचने वाला 2 खुरचनी, खुरचने का औजार; **~-good** = **~-penny** *n.* कंजूस; **scrapings** /स्क्रेपिंग्स/ *n.* खुरचन, छीलन;

p&i: ~ **acquaintance with sb** जबरदस्ती परिचय निकालना; ~ **a dish/ a plate** सारा खाना चट कर जाना; ~ **along/** ~ **a living** मुश्किल से गुजारा क.; ~ **and save** एक-एक पैसा करके जोड़ना; ~ **and save money for a journey** बड़ी मुश्किल से यात्रा के लिए पैसे बचाना; ~ **and screw** कंजूस-मक्खीचूस हो.; ~ **away** किसी वस्तु से गंदगी या अन्य कोई परत हटाना; ~ **a win/ draw/ pass** मुश्किल से जीतना/ बराबरी पर छूटना/ परीक्षा में उत्तीर्ण हो.; ~ **by** कम पैसों में मुश्किल से गुजारा क.; ~ **clear of prison** जेल जाते-जाते बचना; ~ **down** किसी चीज से कुछ खुरचकर हटाना: ~ down a wall; ~ **home** मुश्किल से सफल हो.; ~ **by on sth** मुश्किल से किसी तरह गुजारा क.; ~ **in/** ~ **into sth** बहुत मुश्किल से कोई नौकरी/ पद/ कॉलेज में दाखिला आदि पाना; ~ **out** भीतर से किसी चीज को साफ क.: ~ out a pipe; ~ **out the bottom of the barrel** आखिरी दाना तक प्रयोग में लाना; ~ **the bottom of the barrel** खुरच-खारचकर कुछ साधन या कर्मी एकत्रित क.; ~ **through (sth)** मुश्किल से सफल हो.: ~ through the examination; ~ **sth together/** ~ **up** मुश्किल से (पैसे) जोड़ना; ~ **up an acquaintance with sb** किसी से चालाकी से जान-पहचान बनाने में सफल हो.;

a ~ of the pen जल्दी-जल्दी घसीटी हुई कुछ पंक्तियां; **bow and** ~ जरूरत से ज्यादा दंडवत प्रणाम क., अत्यधिक चापलूसी क.; **bread and** ~ हल्का-सा मक्खन लगी रोटी

scrapie /स्क्रेपि/ *n.* भेड़ों में होने वाली एक घातक बीमारी

scrappy *see above under* **scrap: *dw/lw***

scratch /स्क्रैच/ *v. pt.* **~ed**, *pp* **~ing**, *s/he/it* **~es** 1 सिर आदि खुजलाना: ~ a dog's neck; itching makes one ~ 2 खरोंच लगना: ~ one's hand with a pin/ on the thorns 3 शोर के साथ खरोंच मारना 4 खुरचना: ~ the paint 5 बकोटना, नोचना 6 (***syn.*** rub) रगड़ना, त्वचा को नाखूनों से रगड़ना, किसी चीज से कोई चीज रगड़ना: ~ a match (दियासलाई रगड़कर जलाना) 7 पंजों से कुरेदना, खोदना: ~ the ground with a rake; ~ the surface 8 निशान लगाना, नक्काशी क.: ~ letters, etc.: ~ one's initials on the window-pane with a diamond; ~ a drawing on the wall 9 (***syn.*** scribble) घसीटना 10 बटोरना (scrape up) 11 (*usually* **~ sth out/ off**) काटना, मिटाना 12 (***syn.*** withdraw) वापस लेना, हटा लेना, हट जाना, से अलग हो जाना, अपना नाम वापस लेना: ~ an item from an account; ~ a horse (किसी घोड़े को मुकाबले से बाहर निकालना) 13 (***syn.*** grate) किरकिराना: this pen **~es** badly (यह कलम बहुत किरकिराता है) 14 रद्द क.: ~ an engagement (मुलाकात रद्द क.) 12 मुश्किल से गुजारे लायक कमाना: ~ a living;

n. 1 नाखून के निशान: her hands were covered with **~es** 2 (***syn.*** scratching) नाखून से की जाने वाली खुजली: a dog enjoys a good ~ 3 (***syn.*** superficial wound/ injury) खरोंच: ~ mark 4 खुरचन 5 किरकिराहट, खड़खड़ाहट 6 (***syn.*** writing) घसीट: the ~ of sb's pen on the paper 7 प्रस्थान (शून्य) रेखा;

adj. 1 पंचमेल 2 काम-चलाऊ, जुगाड़ू, घालमेल वाला 3 जल्दी-जल्दी व अस्त-व्यस्त तरीके से एकत्रित किया हुआ या प्राप्त किया हुआ: ~ collection; ~ dinner; a ~ meal; ~ division/ majority 4 सतही;

dw/lw: **~-back** *n.* पीठ खुजलाने वाला; **~-brush** *n.* खुरचने वाला ब्रश; **~card** *n.* खुरचने पर इनाम का नाम बताने वाला कार्ड; **~-coat** *n.* पलस्तर आदि की पहली परत; **~er** /स्क्रैचः/ *n.* खरोंचने या नोचने वाला, खुरचने वाला, घसीट लिखने वला, मिटाने वाला; **~ily** /स्क्रैचिलि/ *adv.* सतही तरीके से, जल्दी-जल्दी; **~iness** /स्क्रैचिनेस/ *n.* पंचमेल, घालमेल, अस्त-व्यस्तता; **~less** *adj.* खरोंचरहित, (बर्तन) जिसे खोंच न पड़ती हो; **~y** /स्क्रैचि/ *adj.*, ~ier, ~iest 1 खरोंच लगा, खरोंचों से भरा 2 लकीरें घसीटकर लापरवाही से बनाया हुआ: ~y drawing; ~y writing 3 (***syn.*** itchy) खुरदरा, भद्दा, भोंडा 4 (***syn.*** heterogeneous) पंचमेल: ~y performance/ execution 5 खुरचने वाला 6 सतही;

collocations: ~ **pad** *mainly US* जल्दी से कुछ नोट करने के लिए छोटी-सी कापी या नोट-बुक; ~ **video** दूसरी फिल्मों के टुकड़े जोड़कर बनाई हुई फिल्म;

p&i: ~ **about** खोजना: ~ about for evidence; ~ **along** मुश्किल से गुजारा क.; ~ **around** = ~ **about**; ~ **for oneself** कठिनाइयों से अपने आप जूझना; ~ **it!** दफा हो जाओ!; ~ **me and I'll** ~ **you** तुम मेरी पीठ खुजलाओ, मैं तुम्हारी!; ~ **off** काटना, कलम चलाकर काट दे.; **on** ~ बिल्कुल सही, ऐन सही समय पर; ~ **one's head** सोच में पड़ा हो.; ~ **one's head over** किसी समस्या को लेकर सर खपाना; ~ **out** 1 थोड़ा साफ क. 2 सूची से काट दे.; ~ **the surface** किसी समस्या का सतही समाधान निकालना; ~ **the surface of a subject** किसी विषय पर सतही रूप से बोलना; ~ **through** = ~ **out**; ~ **together** = ~ **up** 1 मुश्किल से कुछ पैसे जोड़ पाना 2 टुकड़ों को जोड़कर जल्दी-जल्दी कुछ बनाना: ~ up a meal (from the left-overs) 3 में से कुरेदकर कुछ निकालना;

from scratch शून्य से आरंभ क., नए सिरे से शुरू क.: start from ~ (1 मुकाबले में पहले से कोई बढ़त या बेहतर स्थिति न हो. 2 बिल्कुल शून्य से आरंभ क.); **be/ come up to** ~ जितना अच्छा होना चाहिए, उतना अच्छा; **up to** ~ उतना अच्छा जितना कि किसी चीज या व्यक्ति को होना चाहिए; **you ~ my back and I'll ~ yours** *colloq., derog.* आप मेरे लिए कुछ कीजिए, बदले में मैं आपके लिए करूंगा (आप मुझे बुलाइए, मैं आपको बुलाऊंगा); **when it comes to the** ~ जब निर्णायक घड़ी आती है; **without ~s** बिना किसी खरोंच के, बिना किसी क्षति के

scratchy *see above under* **scratch: *dw/lw***

scraw /स्क्रॉ/ *n.* 1 शाद्वल की ऊपरी परत 2 घास की थिगली 3 पत्ती

scrawl /स्क्रॉल/ *v., pt.* **~ed**, *pp* **~ing** 1 (***syn.*** scribble) जल्दी-जल्दी घसीट लिखाई क.: ~ sth illegibly; ~ one's signature; **~ed** a note on the back of an envelope 2 टेढ़े-मेढ़े अक्षरों या चिह्नों में कुछ लिखना: ~ all over the wall;

n. 1 (***syn.*** scribble) घसीट लिखाई: sb's signature ~ a mere ~ 2 जल्दी-जल्दी लिखे जाने वाले टेढ़े-मेढ़े अक्षर; **~er** /स्क्रॉलः/ *n.* घसीट लिखाई करने वाला; **~y** /स्क्रॉलि/ *adj.* अस्त-व्यस्त, टेढ़ा-मेढ़ा: his writing is **~y**

scrawn\y /स्क्रॉनि/ *adj.*, **~ier**, **~iest** 1 (***syn.*** scraggy) दुबला-पतला, बेढंगा, भद्दा 2 हड्डियों का ढांचा

scream /स्क्रीम/ *v., pt.* **~ed**, *pp* **~ing** 1 (***syn.*** yell) चिल्लाना, चीखना: ~ oneself hoarse; ~ out 2 ठहाके मारकर हंसना: he made us ~ with laughter 3 (***syn.*** shriek) किसी पर गुस्से में चीखना-चिल्लाना: ~ with pain/ with fear; ~ in anger 4 (*often* **~ at sb**) किसी चमकीली-दमकीली वस्तु द्वारा भद्दे तरीके से कुछ किया जा.: those garish trousers really ~ at you; this colour scheme **~s** 5 (***syn.*** screeched) चर्र-चर्र, किर-

किर या चीं-चीं क.: the brakes **~ed**; the train **~ed** through the tunnel;
n. 1 (***syn.*** shriek) चीख, पुकार: a ~ of terror/ of pain; the ~ of a peacock/ of an eagle; let out a ~; a ~ of horror/ shock, etc.; a blood-curdling or shrill ~ 2 मजेदार व्यक्ति, वस्तु, चुटकुला आदि: it was a perfect **~!** (इतना मजेदार कि हंसी से हमारे पेट में बल पड़ने लगे); **~s** of laughter/ of mirth (हंसी के फुव्वारे);
dw/lw: **~er** /स्क्रीमः/ *n.* 1 चीखने वाला व्यक्ति 2 *print., sl.* विस्मयबोधक चिह्न (!) 3 तूफान मेल रेलगाड़ी 4 सनसनीखेज समाचार शीर्षक 5 हास्यप्रद साहित्यिक कृति; **~ing** /स्क्रीमिंग/ *adj.* 1 कर्कश, किरकिराहटपूर्ण: ~ing voice 3 हास्यजनक 4 शानदार: ~ing success; ~ing celluloid (ध्वनित सिनेमा); **~ingly** /स्क्रीमिंगलि/ *adj.* हास्यास्पद ढंग से: ~ingly funny; **~y** /स्क्रीमि/ *adj.* 1 चीं-चीं करने वाला 2 किरकिरा 3 हास्यास्पद 4 कर्कश: ~y voice 5 अतिशय चमकीला-दमकीला: ~y colours;
collocations: **the ~ing habdabs** अत्यधिक घबराहट;
p&i: **~ blue/ bloody murder** किसी बात का विरोध करते हुए जोर-जोर से देर तक चिल्लाना; **~ out for sth** (***syn.*** call out) दिखावे के लिए ध्यान आकर्षित करने के लिए जोर-जोर से चिल्लाना

scree /स्क्री/ *n., pl.* **~s** *geol.* पहाड़ों से फिसलने वाले पत्थर, शैल-मलबा

screech /स्क्रीच/ *v., pt.* **~ed**, *pp* **~ing**, *s/he/it* **~es** 1 गाड़ी को अचानक रोकने पर पहियों का घर्षण यानी चीं-चीं की आवाज हो.: the brakes **~ed** and the car stopped; ~ to a halt/ stop 2 (***syn.*** shriek) चीख मारना, चीत्कार क.: ~ with pain; ~ curses (अभिशाप या गालियां दे.); ~ defiance/ one's anger;
n. 1 घर्षण की आवाज: the ~ of a saw 2 चीख, चीत्कार, कर्कश ध्वनि: the ~ of the monkey; the ~ of the owl

screed /स्क्रीड/ *n.* 1 लंबा तथा उबाऊ लेख, भाषण आदि 2 उद्धरण या सूची 3 राम-कहानी 4 (***syn.*** strip) इमारत पर लगाई जाने वाले पेंट की परत की पट्टी 5 जमीन का टुकड़ा 6 टुकड़ा

screen /स्क्रीन/ *n.* 1 कंप्यूटर या टीवी का स्क्रीन, पटल: on ~ work 2 पर्दा 3 (**the screen**) सिनेमा, चित्रपट: embroidered/ Japanese/ folding ~; show a film on the ~; a star of the stage and the ~ 4 मच्छरों से बचने के लिए खिड़की पर लगाया जाने वाला जालीदार पर्दा, आवरण, यवनिका 5 कमरे को दो भागों में बांटने वाली आड़, ओट 6 आवरण, पर्दा: smoke ~; under the ~ of night 6 चिक, चिलमन (of split bamboo) 7 *milit.* आवरण, रक्षावरण: act as a ~ for sb 8 सूचना-पट्ट (notice-board) 9 (***syn.*** sieve) छलनी 10 पेड़ों व झाड़ियों की ओट 11 *print.* छपाई की स्क्रीन 12 क्रिकेट आदि में: बल्लेबाज के सामने का पर्दा 13 *electron.* इलेक्ट्रोनी पर्दे का जाल;
v., *pt.* **~ed**, *pp* **~ing** 1 जांच पड़ताल क., किसी की योग्यता, क्षमता, सामर्थ्य आदि परखना 2 अपराधी आदि के बारे में छान-बीन क.: ~ sb from suspicion/ from blame; be arrested and **~ed** by the police 3 (***syn.*** shelter, protect) पर्दे पर दिखाना, प्रदर्शित क. 4 आड़ दे., से बचाना, रक्षा क.: ~ the fire from one's face; ~ one's eyes from the fire; ~ sb from hardships; ~ sth off (पर्दा करके अलग क.) 5 (***syn.*** hide) छिपाना, पर पर्दा डालना: ~ sb's faults; the sun was **~ed** by clouds 6 का चलचित्र बनाना 7 छानना, चुनना;
dw/lw: **~able** *adj.* फिल्मांकन-योग्य; **~ed** *adj.* आवृत; **~effect** *n.* चलचित्र प्रभाव, आवरण प्रभाव; **~ing** *see below under separate entry*; **~play** *n.* पटकथा, फिल्म-नाटक; **~printing**; **~saver** *see below* **screen: *collocations***; **~shot** *n., comput.* किसी प्रोग्राम के कार्य को देखने के लिए कंप्यूटर स्क्रीन पर दिखाया जाने वाला बिंब; **~wash** गाड़ियों के शीशे साफ करने का द्रव; **~-wiper** *n.* कार का शीशा साफ करने वाला उपकरण; **~writer** *n.* पटकथा-लेखक;
collocations: **Screen Actors' Guild** *US* सिनेमा अभिनेताओं का संगठन; **~ adaptation** पटकथा लेखन को दर्शकों की भाषायी या भाषीय स्थिति अनुसार ढालने की क्रिया; **~ appearance** फिल्म में भूमिका; **~ character** फिल्म का पात्र; **~ dump** कंप्यूटर स्क्रीन से छापने की क्रिया; **~ personality** सिने अभिनेता या अभिनेत्री; **~ printing/ screen process/ silk-~ printing** आवरण मुद्रण; **~ saver** *comput.* (***syn.*** ss mode) खाली समय में कंप्यूटर स्क्रीन को सुरक्षित रखने के लिए विशेष स्क्रीन अवस्था; **~ star** सिने सितारा; **~ style of offence** बास्केटबॉल में आक्रमण की एक शैली; **~ test** सिने अभिनेता बनने के उम्मीदवारों का संवाद बोलने (dialogue delivery) व अन्य क्षमताओं का परीक्षण; **~ time** फिल्म प्रदर्शन का समय

screening /स्क्रीनिंग/ *n.* 1 बढ़िया जाली 2 फिल्म का प्रदर्शन 3 आवरण, नकाब 4 छानबीन: have been detained for ~ 5 परख, चुनने की क्रिया;
collocations: **~ agency** गुप्तचर संगठनों द्वारा एकत्रित सूचनाओं का अध्ययन करने वाला संगठन; **~ agent** धुआं बनाने वाला पदार्थ; **~ effect** आवरण प्रदान करने या छिपाने की क्रिया; **~ing force** रक्षा आवरण प्रदान करने वाले बल; **~ing smoke** छिपाने वाला (नकाबपोशी) धुआं

screever /स्क्रीवः/ *n.* कंगाल चित्रकार, फुटपाथ आदि पर बैठकर चित्र बनाने वाला चित्रकार

screw /स्क्रू/ *n.* 1 पेंच, स्क्रू: endless/ perpetual ~ 2 खूंटी 3 भीतरी पेंच: female ~/ internal ~ 4 (***syn.*** a turn, a thread) फेर, पेंच की चूड़ी: give a nut a good ~ (नट को मजबूती से कसना) 5 कंजूस: he is a dreadful ~ 6 मरियल टट्टू, डग्गा 7 *sl.* पिछलग्गू, छुटभैया 8 *sl.* जेल अधिकारी 9 यौन-क्रिया 10 वेतन, तनख्वाह: get one's ~; poor monthly ~ 11 कागज का पैकेट: ~ of tea 12 चुटकी भर: a ~ of tobacco 12 जहाज पर प्रोपेलर (propeller);
v., *pt.* **~ed**, *pp* **~ing** 1 पेंच लगाना या कसना: ~ sth down to/ onto, etc. (पेंच कसना); the knobs ~ into the drawer; ~ home (पूरा कसना); ~ a lid on a jar 2 (***syn.*** twist) मरोड़कर धकेलना या बाहर खींचना, मरोड़कर घुमाना 3 तेज क., चुस्त क. (~ up, intensify) 4 सताना 5 (***syn.*** extort) जबरदस्ती कुछ खसोटना 6 बाध्य क., मजबूर क., से उगलवाना: ~ a confession out of sb; ~ money out of sb; ~ the truth out of sb 7 (***syn.*** swerve) घूम जाना 8 ठगना: ~ sb for … 9 *coarse sl.* यौन-क्रिया क. 10 निचोड़ना: ~ water out of a sponge 11 सिकोड़ना, टेढ़ा क.: ~ one's face into a smile 12 कंजूसी क. 13 पेंच की चूड़ियां डालना;
dw/lw: **~ball** *n., sl.* पागल आदमी; **~ball** *adj.* पागल; **~cap** *n.* पेंच टोपी; **~-cilp** *n.* पेंचदार क्लिप; **~driver** /स्क्रूड्राइवः/ *n.* पेंचकस; **~ed-up** /स्क्रूड-अप/ *adj.* 1 खराब अनुभव के कारण परेशान 2 मुड़कर गुच्छा-सा बना हुआ 3 नाक-भौंह सिकुड़े हुए; **~er** *n.* पेंचकसिया; **~-jack** *n.* पेचदार जैक; **~pine** *n.* 1 केतकी, केवड़ा 2 गगनधूलि (the flower); **~-thread** *n.* पेंच की चूड़ी; **~tree** *n.* मरोड़फली; **~-up** *n., sl.* 1 भयंकर असफलता 2 आदमी जिसने अपने जीवन को मटियामेट किया है; **~y** /स्क्रूवि/ *adj., degr.* **~ier, ~iest** *colloq.* 1 पागल, सिरफिरा: that looks ~y to me 2 विचित्र, शकपूर्ण: there is something ~y about the matter 3 कंजूस 4 थोड़ा पिए हुआ;
collocations: **~ eye** रस्सी आदि बांधने के लिए छल्लादार पेंच; **~ propeller** जहाज चलाने का पंखा; **~ top** बोतल आदि बंद करने का गोल पेंचदार ढक्कन;
p&i: **~ around** *sl.* लंपटतापूर्ण व्यवहार क.; **~ down** 1 पूरा पेंच कसकर लगाना 2 सताना; **~ in** में पेंच से कसना; **~ into sb's favour** किसी का विश्वास-पात्र बन जा.; **~ it, them, you** *sl.* निराशा जताने के लिए इस गाली का प्रयोग क.; **~ on** पेंच से ऊपर कसना; **~ out** पेंच खोलना; **~/ pluck up one's courage** अपने आपको मुसीबत के लिए तैयार क. या अपने में आत्म-विश्वास जगाना; **~ sb up** *sl.* किसी के लिए बेहद संकटमय या चिंताजनक

स्थिति पैदा कर दे.; ~ **sth from/ out of sb** *colloq.* किसी तरह समझा-बुझाकर या दबाव डालकर कुछ लेना या निकलवाना; ~ **sth up** 1 *sl.* (***syn.*** mess up) किसी चीज को बर्बाद कर दे. 2 किसी चीज को पेंच कसकर मजबूती से लगाना 3 किसी बर्तन के पेच वाले ढक्कन को कसकर बंद क.; ~ **together** पेंच से कसकर जोड़ना; ~ **up one's courage** कुछ करने के लिए हिम्मत बटोरना और अपना हौसला बुलंद क.; ~ **up one's eyes/ face** आंखें सिकोड़ना;

a ~ loose ठीक हालत में न हो.; **have a ~ loose** *colloq.* थोड़ा पागल या सिरफिरा हो.; **have one's head ~ed on the right way** *colloq.* समझदार व्यक्ति हो.; **he has a ~ loose** उसका दिमाग ठीक नहीं; **put the ~s on sb** किसी पर दबाव डालने के लिए हिंसा प्रयोग क.; **put the ~ on sb/ to apply the ~/ give another turn to the ~** किसी पर दबाव डालना; **there is ~ loose somewhere** कहीं पर कुछ ठीक नहीं; **tighten the ~** सख्ती क., कठोरता बरतना;

screwy *see above under* **screw: *dw/lw***

scribal /स्क्राइबल/ *adj.* 1 लिपिक, लिपिकीय: ~ error 2 शास्त्रियों का (of Scribes)

scribble /स्क्रिबल/ *v., pt.* **~d**, *pp* **scribbling** (***syn.*** scrawl) जल्दी या लापरवाही से लिखना, घसीटना: ~ a few lines/ a note/ an answer; ~ one's name on sth; ~ silly novels; ~ verses for the papers; ~ for a bare existence 2 अनमने-से कुछ आकार बनाना या रेखाएं खींचना: ~ for one's own amusement;

n. 1 (***syn.*** scrawl) ऐसा हस्तलेख जिसे पढ़ा न जा सके 2 लापरवाही से लिखा हुआ, घसीट 3 बेअर्थ पंक्तियां, लेख या कविता;

dw/lw: **~r** *n.* 1 घसीट लिखने वाला, बदखत 2 (***syn.*** hack-writer) कलमघीसू, कलमघसीटू 3 धुनकनी; **scribbly** /स्क्रिबलि/ *adj.* 1 घसीटा हुआ, अस्पष्ट रूप से लिखित 2 कागज काले करने वाला

scribe /स्क्राइब/ *n.* 1 (***syn.*** penman) लिपिक, मुंशी 2 शास्त्री, धर्मशास्त्री 3 (***syn.*** instrument) खुरचनी;

v., pt. **~d**, *pp* **scribing** लिखना, रेखांकित क., निशान बनाना;

dw/lw: **scribal** *adj. see above under separate entry*; **~r** /स्क्राइबः/ *n.* लेखन यंत्र

scrim /स्क्रिम/ *n.* 1 जाली 2 अस्तर लगाने का कपड़ा, टाट, दुसूती 3 नकाबपोशी

scrimmage /स्क्रिमिज/ (*also* **scrummage**) *n.* 1 (***syn.*** scrum) हाथापाई, छीनाझपटी, गुत्थमगुत्था, धक्का-मुक्की 2 (***syn.*** skirmish) भिड़ंत;

v., pt. **~d**, *pp* **scrimmaging** हाथापाई क.

scrimp /स्क्रिम्प/ *v., pt.* **~ed**, *pp* **~ing** हाथ खींचकर (तंगहाली में) गुजारा क.: ~ and save (किफायत करके बचत क.);

dw/lw: **~iness** /स्क्रिम्पिनेस/ *n.* तंगहाली; **~y** /स्क्रिम्पि/ *adj.* तंगहाल,

scrimshank/ skrimshank /स्क्रिम्शैंक/ *v. pt.* **~ed**, *pp* **~ing** *sl.* कामचोरी क.;

dw/lw: **~er** *n.* (***syn.*** shirker) कामचोर

scrimshaw /स्क्रिम्शाः/ *n.* घोंघे/ हाथी दांत आदि पर (नाविकों द्वारा खाली समय में) की जाने वाली पच्चीकारी, नक्काशी

scrip /स्क्रिप/ *n.* 1 (***syn.*** scrap of paper) पर्ची, पुर्जा 2 पावती, रसीद 3 लाभांश के एवज में अतिरिक्त शेयर, अंश

script /स्क्रिप्ट/ *n.* 1 (***syn.*** alphabet) लिपि: Roman/ Nagari ~; Gothic ~; Cyrillic ~ 2 हस्तलिपि, लिखावट 3 पांडुलिपि (author's unpublished copy) 4 रचना, कृति: make a ~ of a story, novel, etc. 5 पटकथा, आलेख (of play, film or broadcast): ~ department 6 परीक्षा में उत्तर-पुस्तिका: answer ~ 7 *law* मूल-लेख (original text) 8 लिखावट-टाइप, लिखावट की नकल करने वाली टाइप 8 *comput.* कंप्यूटर के लिए निर्देशों की लड़ी: an error in the ~ was responsible for the bug;

v., pt. **~ed**, *pp* **~ing** नाटक, फिल्म आदि की पटकथा लिखना;

dw/lw: **~ed** /स्क्रिप्टिड/ *adj.* लिखित प्रति से पढ़ा जाने वाला: a ~ed lecture; **~-writer** /स्क्रिप्टराइटः/ *n.* पटकथा लेखक; **~writing** *n.* पटकथा लेखन;

scriptorium /स्क्रिपटॉरिअम/ *n., pl.* **~s/ scriptoria** लिखने का कक्ष, विशेषकर मठ में

scriptu\re/ Scriptu\re /स्क्रिप्चः/ *n.* 1 (**the ~res**) धर्मग्रंथ, वेद आदि: read the **~res** 2 (*also* **the ~res**) ईसाइयों की बाइबल: **~re** text;

dw/lw: **~ral** /स्क्रिप्चरल/ *adj.* 1 धर्मग्रंथीय 2 धर्मग्रंथ-सम्मत: ~ral references

scrivener /स्क्राइवनः/ *n., hist.* 1 *law* लिपिक, प्रतिलिपिक, मुंशी, नकलनवीस, प्रारूप लिपिकार 2 लेखक 3 महाजन, दलाल;

collocations:: **~'s palsy** लिपिक-सिहरन या कंपन

scrobiculate /स्क्रोबिक्युलिट/ *adj.* 1 गड्ढेदार 2 (***syn.*** furrowed) खांचेदार

scrofula /स्क्रौफ्युला/ स्क्रॉफ्युला/ (*also* **king's evil**) *n., pathol.* 1 क्षयरोग का पुराना नाम 2 कंठमाला, गंडमाला

scroll /स्क्रोल/ *n.* 1 चर्मपत्र जिसपर पुराने जमाने में लिखा जाता था 2 चीरक, खर्रा (of paper) 3 (***syn.*** list) सूची, नामावली: on the ~ of fame 4 सजावटी या कुंडलित लिखाई या नक्काशी 5 *arch.* मरगोल 6 अलंकृत अंश 7 हस्ताक्षरों का अलंकरण;

v., pt. **~ed**, *pp* **~ing** *comput.* कंप्यूटर स्क्रीन पर पढ़ने के लिए उसे ऊपर-नीचे क.: ~ up/ down/ through, etc.;

dw/lw: **~bar** *n.* कंप्यूटर स्क्रीन पर पाठ को ऊपर- नीचे करने की दंडिका; **~ed** *adj.* कुंडलित; **~-saw** *n.* नक्काशी आरी

scrooge /स्क्रूज/ *n.* कंजूस व कमीना व्यक्ति

scroop /स्क्रूप/ *n.* चरचर, चरचराहट;

v., pt. **~ed**, *pp* **~ing** चरचराना, चरचर क.

scrotum /स्क्रोटम/ *n., pl.* **scrota/ ~s** पशुओं के अंडकोश की थैली, फोता

scrounge /स्क्राउंज/ *v., pt.* **~d**, *pp* **scrounging** दूसरों से बेशर्मी से मांग-मांग कर गुजारा क.: often ~ money off one's friends and relatives; ~ sb's cigarettes/ sb's paper/ sb's chocolate; ~ on sb 2 (*often* ~ **for sth**) किसी चीज को खोजते फिरना: ~ around;

dw/lw: **~r** /स्क्राउंजः/ *n.* दूसरों से बेशर्मी से मांगते रहने वाला

scrub /स्क्रब/ *v., pt.* **~bed**, *pp* **~bing** 1 रगड़-रगड़कर साफ क.: ~ the floor; ~ one's nails; ~ paint off one's hands 2 ब्रश आदि से मांजना 3 मार्जन क.: ~ oneself with a towel 4 घोर परिश्रम क. 5 योजना रद्द कर दे.: ~ sb's plans for a day out as sb is needed somewhere 6 इधर-उधर जल्दी-जल्दी आना-जाना 7 गैस आदि को शुद्ध क.;

n. 1 झाड़, झाड़ी, झाड़ियां 2 (***syn.*** brush) साफ करने का ब्रश 3 (*also* **scrubland**) बेकार पौधों का क्षेत्र 4 अदना-सा (आदमी, जानवर, पौधा आदि): little ~ 5 (**the scrub**) *Austral., colloq.* दूर-दराज का भूला-बिसरा स्थान 6 रगड़-रगड़कर की जाने वाली सफाई, मंजाई: give sth a good ~; the floor needs a good ~ 7 दैनिक-दिहाड़ी कर्मी या मजदूर: ~ nurse 8 शल्य-चिकित्सक द्वारा ऑप्रेशन के दौरान पहनी जाने वाली पोशाक;

dw/lw: **~ber** /स्क्रबअः/ *n.* 1 गैस शुद्ध करने का उपकरण 2 रगड़-रगड़कर सफाई करने वाला कर्मी 3 सफाई करने का ब्रश आदि 4 *offensive sl.* अनेक पुरुषों से इश्क लड़ाने वाली लड़की, वेश्या 4 मार्जक 5 बदसूरत औरत;

collocations: **~ing brush** (*US* **scrub brush**) फर्श आदि साफ करने का ब्रश;

p&i: **~ up** ऑप्रेशन से पहले चिकित्सक द्वारा अच्छी तरह हाथ धोना

scrubby /स्क्रबि/ *n.* 1 बौनी जाति का व्यक्ति 2 झाड़दार: ~ trees; ~ land 3 (***syn.*** stunted, insignificant) निकम्मा, अदना, नगण्य, नाटा, अवरुद्ध व्यक्ति;

adj. degr. **scrubbier**, **scrubbiest**) 1 झाड़ियों से ढका: ~ chin 2 बौना (of trees, shrubs) 3 अदना, नगण्य, नाटा (***syn.*** small and insignificant)

scruff /स्क्रफ/ *n.* 1 गुद्दी, घाटिका: take/ sieze/ hold sb by the ~ of his neck (किसी को गर्दन के पीछे (गुद्दी) से पकड़ना) 2 मैला-कुचैला या गंदा आदमी;
dw/lw: **~iness** /स्क्रफिनेस/ *n.* मैला-कुचैलापन, भद्दापन; **~y** /स्क्रफि/ *adj., degr.* ~ier, ~iest (***syn.*** shabby) मैला-कुचैला, भद्दा

scrum /स्क्रम/ *n.* 1 (***syn.*** **scrummage**) रगबी के खेल में मुकाबले का पुनरारंभ 2 दंगा-फसादपूर्ण संघर्ष 3 भड़की हुई भीड़;

scrum\my /स्क्रमि/ *adj., degr.* ~mier, ~miest 1 (***syn.*** delicious) स्वादिष्ट 2 शानदार

scrump /स्क्रंप/ *v., pt.* **~ed**, *pp* **~ing** बगीचे से फल चुराना

scrumptious /स्क्रम्पशिअस\/ *adj., colloq.* 1 स्वादिष्ट 2 सुंदर;
dw/lw: **~ly** /~लि/ *adv.* सुंदर ढंग से

scrumpy /स्क्रम्पि/ *n., pl.* **scrumpies** (***syn.*** cider) छोटे मीठे सेब से बना तेज स्वाद वाला साइडर

scrunch /स्क्रंच/ *v., pt.* **~ed**, *pp* **~ing**, *s/he/it* **~es** 1 चबाना 2 पांव तले (बर्फ आदि को) रौंदने से होने वाली करड़-करड़ की आवाज;
n. रौंदने-कुचलने या चबाने की क्रिया या उसकी आवाज;
dw/lw: **~-dry** *v., pt.* ~-dried, *pp* ~-drying बालों को छल्लों के रूप में सुखाना; **~y** /स्क्रंचि/ *adj., degr.* ~ier, ~hiest रौंदने की चरमराहट की आवाज वाला; **~y** (*also* ~ie, *pl.*~ies) *n.* चबाने या रौंदने की आवाज

scruple /स्क्रूपअल/ *n., usually* **~s** 1 सिद्धांत: he has no **~s**; without ~; a man without or of no **~s** (सिद्धांतहीन व्यक्ति); have **~s**/ a ~ about doing sth; he is not troubled by any **~s** (उसे सिद्धांतहीनता आदि से कोई नैतिक संकोच नहीं); he is free of **~s** (उसने सिद्धांतों को तिलांजलि दे रखी है) 2 आत्मा की आवाज: ~ of conscience 3 पापशंका, नैतिक संकोच, धर्म संकोच, झिझक: make/ have no ~ about/ of doing sth *or* make/ have no ~ to do sth/ not to do sth (कुछ करने या न करने में जरा भी नैतिक संकोच न होना) 4 अल्पमात्रा, रत्तीभर: not a ~ of hope;
v., *pt.* **~d**, *pp* **scrupling** 1 झिझकना, हिचकिचाना: don't ~ to ask for anything you want; he would not ~ to tell a lie 2 नैतिक संकोच या पाप शंका हो.: he **~d** to do/ doing it (उसे यह काम करने में नैतिक झिझक हुई); I would ~ to steal even if we were starving; make ~/ **~s** about sth (नैतिक एतराज क.) 3 शक या संदेह क.: ~ the honesty of sb's motives;
p&i: **make no ~ about sth** शांत अंतरात्मा के साथ कुछ क.

scrupulous /स्क्रूप्युलस\/ *adj.* 1 सिद्धांतवादी: he is not too ~ 2 सत्यनिष्ठ, सत्यवादी, ईमानदार: be ~ about/ over/ in sth; ~ honesty 3 पापशंकालु, धर्मभीरु: a ~ adherence to the truth 4 (***syn.***) कर्त्तव्य-निष्ठ, नियम-निष्ठ: be ~ in all business relations 5 नैतिक रूप से अति सावधान: ~ neatness 6 (***syn.*** precise, meticulous) अध्यवसायी, अवितथ: be most ~ in one's dress 7 (***syn.*** conscientious) श्रमसाध्य: ~ worker;
dw/lw: **~ly** /~लि/ *adv.* 1 नीतिपूर्वक 2 कर्त्तव्य-निष्ठापूर्वक, ईमानदारी से: attend ~ly to a duty 3 नियम-निष्ठापूर्वक, सावधानी से: observe sth ~ly 4 निष्कलंक रूप से, बिना किसी दाग के: ~ly clean; **~ness** (*also* **scrupulosity**) /~नेस/ *n.* 1 पापशंकालुता, धर्मभीरुता 2 ईमानदारी 3 कर्त्तव्य-निष्ठा, नीति-निष्ठा 4 सावधानी

scrutator /स्क्रूटेटः/ *n.* नियम-निष्ठ जांच-पड़तालकर्ता, निरीक्षक

scrutineer /स्क्रूटिनिअः/ *n.* 1 समीक्षक 2 जांच-पड़तालकर्ता 3 चुनाव-प्रक्रिया निरीक्षक

scrutini\ze (*also UK* **~se**) /स्क्रूटिनाइ\ज/ *v., pt.* **~zed**, *pp* **~zing** 1 सावधानी से परखना: **~ze** sb's face 2 संवीक्षा क.: **~ze** a proposal/ a plan 3 जांच-पड़ताल या छानबीन क.: **~ze** an electoral list; **~ze** a document;
dw/lw: **~zer** /~जः/ *n.* संवीक्षक

scrutiny /स्क्रूटिनि/ *n., pl.* **scrutinies** 1 सूक्ष्म परीक्षण: careful/ close/ rigorous ~ 2 संवीक्षा, संवीक्षण 3 (***syn.*** inspection) छान-बीन, जांच-पड़ताल: be under/ come under ~; public ~ 4 निरीक्षण: a ~ of the proposal/ of the plan 5 मतपत्र-परीक्षण 6 गहन खोजी नजर 7 सरसरी नजर: a ~ of the morning papers/ of racing results

scry /स्क्राई/ *n.* (क्रिस्टल में) भविष्य देखने की क्रिया

scuba /स्क्यूबा/ *n., pl.* **~s** पानी के भीतर सांस लेने का स्वचालित व आत्म-निर्भर उपकरण, श्वासयंत्र: ~ diving (पानी के नीचे तैराकी, गोताखोरी जैसी क्रिया)

Scud /स्कड/ *n.* पूर्व सोवियत संघ में बनी थल से थल पर मार करने वाली एक मिसाइल

scud /स्कड/ *v., pt.* **~ded**, *pp* **~ding** 1 बादलों का तेजी से उड़ना: the clouds **~ded** across the sky 2 तेज हवा की अनुकूलता की बदौलत समुद्री जहाज का तेजी से चलना, दौड़ना: a ship **~s** before the breeze;
n. 1 बहाव, उड़ान 2 एकाएक आने वाला हवा का झोंका या पानी की बौछार 3 उड़ते मेघ

scuff /स्कफ/ *v., pt.* **~ed**, *pp* **~ing** 1 पैर घसीटते हुए चलना 2 जमीन पर कपड़े या जूते घसीटते चलना 3 घसीटने के कारण गंदा हो जा.

scuffle /स्कफल/ *n.* 1 थोड़ी-सी हाथा-पाई, हाथा-बांही 2 अस्त-व्यस्त लड़ाई 3 बिखरा हुआ भाषण;
v., *pt.* **~d**, *pp* **scuffling** 1 हाथा-पाई या हाथा-बांही क.: ~ with sb 2 झगड़ना 3 किसी चीज से रगड़ते हुए तेज गति से निकलना 4 जल्दी से कोई काम पूरा क.: ~ through a task;
dw/lw: **scuffling** /स्कफलिंग/ *n.* हिलने-चलने से पैदा होने वाला हल्का-सा शोर

sculduggery (*also* **skulduggery**/ **skullduggery**) /स्कलडगरि/ *n.* ठगी. धोखा-धड़ी, छल-कपट, चालबाजी, गड़बड़-घोटाला

scull /स्कल/ *n., pl.* **~s** 1 (नाव खेने का) डांड, छोटा चप्पू 2 एक खिवैये द्वारा दो चप्पुओं से खेई जाने वाली दौड़-नौका 3 (**~s**) खिवैयों की नावों के बीच दौड़;
v., *pt.* **~ed**, *pp* **~ing** चप्पुओं से नाव खेना;
dw/lw: **~er** *n.* 1 खिवैया 2 दो चप्पुओं से खेई जाने वाली दौड़-नौका; **~ing** *n.* 1 नौका-दौड़ 2 नौका-विहार

sculle\ry /स्कलरि/ *n., pl.* **~ies** पुराने घरों की रसोई से जुड़ी बर्तन साफ करने की कोठरी: **~ry** maid;
dw/lw: **scullion** /स्कलिअन/ *n.* बर्तन मांजने वाला

sculpsit /स्कल्पसिट/ *Lat.* इसे अमुक ने बनाया है (मूर्तिकार का नाम आदि)

sculpt /स्कल्प्ट/ *v., pt.* **~ed**, *pp* **~ing** मूर्ति गढ़ना या बनाना;
dw/lw: **~or**/ **~ress** /स्कल्प्टः/ स्कल्प्ट्रेस/ *n.* मूर्तिकार, बुत-तराश; **~ural** /स्कल्प्चरल/ *adj.* मूर्तिकला-संबंधी: the ~ural arts; ~ural beauty

sculpture /स्कल्प्चः/ *n.* 1 मूर्ति कला, तक्षण कला 2 मूर्तिकला शास्त्र, भास्कर्य 3 प्रतिमा, मूर्ति: ancient **~s**; a work of ~ 4 धरती की सतह पर सिकुड़नें;
v., *pt.* **~d**, *pp* **sculpturing** मूर्ति बनाना: ~ a head/ a statue in stone;
dw/lw: **~d** /स्कल्प्चःड/ *adj.* 1 तक्षित 2 सुंदर व सुगठित (शरीर का कोई अंग); **~sque** /स्कल्प्चरेस्क/ *adj.* मूर्तिवत्, मूर्ति सदृश; **~uring** /स्कल्प्चरिंग/ *n.* मूर्तिकरण, तक्षण

scum /स्कम/ *n.* 1 पानी के ऊपर मलफेन, मैल 2 झाग: take the ~ off the pot 3 (***syn.*** worthless, mean person) निकम्मा, कमीना, नीच: the ~; the ~ of society/ of the earth 3 धातु-

मैल (of metal) 4 (***syn.*** refuse) कूड़ा-करकट, कचरा 5 (of people) कूड़ा-कबाड़ी;
***v.**, pt.* **~med**, *pp* **~ming** 1 झाग उठना या बनना 2 झाग या मैलफेन निकालना;
dw/lw: **~bag** /स्कमबैग/ *n., coarse sl.* 1 घिनौना व्यक्ति 2 *mainly US* निरोध; **~my** /स्कमि/ *adj.* 1 झागदार 2 निकम्मा 3 कमीना, नीच; **~mer** /स्कमः/ *n.* 1 झाग बनाने वाला 2 कमीना, घिनौना व्यक्ति

scumble /स्कंबल/ *v., pt.* **~d**, *pp* **scumbling** 1 पेंटिंग आदि पर पहले से लगे रंग पर रंग की एक परत चढ़ाकर उसे फीकापन या अन्य रंगत देना 2 पुचारा (लगाना)

scunge // *n., Ausral., NZ* 1 गंदगी 2 कमीना आदमी 3 कंजूस आदमी

scunner /स्कनः/ *n.* घृणा, घिन, नफरत: take a ~ at/ against sth

scupper /स्कपअः/ *n.* (पोत का) परनाला या डेक से पानी निकालने की नाली;
v.**, pt.* **~ed**, *pp* **~ing** 1 जान-बूझ कर पोत डुबो दे. 2 (syn.*** foil) किसी योजना या विचार को चौपट कर दे.;
p&i: **be full to the ~s** रज के खाना, खूब खाना

scurf /स्कःफ/ *n.* 1 रूसी 2 पपड़ी 3 पत;
dw/lw: **~iness** /स्कःफिनेस/ *n.* पपड़ीलापन; **~y** /स्कःफि/ *adj.* पपड़ीदार, पपड़ीला

scurrility /स्करिलिटि/ (*also* **scurrilousness**) *n.* 1 फूहड़पन 2 फूहड़/ गंदी भाषा, फक्कड़पन, गाली-गलौज: indulge in **scurrilities** 3 अश्लीलता

scurrilous /स्करिलस/ *adj.* 1 फूहड़, गंदा: ~ song/ story 2 गाली-गुफ्तार बकने वाला, बद-जबान: a ~ little rogue! 3 अपमानजनक, नेकनामी पर दाग लगाने वाला: make a ~ attack on sb; ~ remarks;
dw/lw: **~ly** *adv.* फूहड़ तरीके से, अपमानपूर्वक

scur\ry /स्करि/ *v., pt.* **~ried**, *pp* **~rying** 1 जल्दी-जल्दी चलना: the children **~ried** home from school 2 (***syn.*** scuttle) छोटे-छोटे क़दम लेकर तेजी से दौड़ना: **~ry** along/ around/ away/ off, etc.; the mice **~ried** back to their holes 3 जल्दी-जल्दी कुछ क.: hurry and **~ry** about the room
***n.**, pl.* **scurries** 1 दौड़ा-दौड़ी, दौड़: the **~ry** and the scramble of Delhi life 2 दौड़ने का काम या आवाज: regular **~ry** 3 ज्वार या भाटा, झौंका या शांति

scurvy /स्कःवि/ *n.* मसूढ़ों से रक्त बहने की बीमारी;
***adj.** degr.* **scurvier**, **scurviest** 1 नीच, तुच्छ: ~ fellow 2 जघन्य 3 घृणित, घिनौना: ~ action/ trick);
dw/lw: **scurvily** /स्कःविलि/ *adv.* घिनौने या नीच तरीके से; **scurviness** /स्कःविनेस/ *n.* घिनौनापन, तुच्छता

scut /स्कट/ *n.* (खरगोश, हिरण आदि की) छोटी दुम या पूंछ

scutate /स्क्यूटेट/ *adj.* कछुए जैसी सख्त काठनुमा चमड़ीवाला

scutch /स्कच/ *n.* (पट)सन को कूट कर रेशा निकालने की क्रिया

scutcheon /स्कचिअन/ *n.* 1 धातु की नाम-पट्टिका 2 कुलचिह्न-फलक 3 (***syn.*** shield) ढाल

scute /स्क्यूट/ *n.* प्रशल्क, कछुए जैसी सख्त खोपड़ी या प्लेट

scutellate/ **scutiform** /स्क्यूटेलेट/ स्क्यूटिफॉःम/ *adj.* ढालाकार

scutellum /स्क्यूटेलम/ *n., pl.* **scutella** स्कुटेलम, वरूथिका

scutter /स्कटः/ *v., pt.* **~ed**, *pp* **~ing** *Br. dialect* तेज दौड़ना;
n. तेज दौड़, हड़बड़ी, दौड़ा-दौड़ी

scuttle /स्कटल/ *v., pt.* **~d**, *pp* **scuttling** 1 (छेद बना कर) पोत को जान-बूझकर डुबोना, छेद बनाना 2 (***syn.*** foil) योजना या विचार को तबाह कर दे. 3 (***syn.*** scurry) भाग जाना: ~ across/ along/ away, etc.;
dw/lw: **~butt** *n., sl.* (gossip) लोगों के निजी जीवन के बारे में झूठे घिनौने किस्से;
n. 1 (*in full* **coal ~**) अंगीठी के पास रखने की कोयले की टोकरी 2 (***syn.*** basket) सब्जियों की टोकरी, छाबड़ा, तसला 3 (***syn.*** opening) पोत के डेक में मोखा 4 (***syn.*** flight) दौड़ा-दौड़ी, भागम-भाग

scuz\zy /स्कजि/ *adj.*, **~zier**, **~ziest** *N. Amer. sl.* गंदा, मैला-कुचैला और भद्दा

Scylla /सिला/ *n., Gr. mythol.* समुद्री परी, छः-मुंहा दानव;
collocations: **Scylla and Charybdis** /सिला एंड कअरिब्डिस/ *US* चेरिब्दिस/ ऐसी स्थिति जिस में एक खतरे से बचा जाए तो दूसरा पैदा हो जाता है;
p&i: **between ~ and Charybdis** एक ओर कुआं, दूसरी ओर खाई (*Hr.* कांध बीच और खोद बीच)

scythe /साइद/ *n.* दरांती, हंसिया;
***v.**, pt.* **~d**, *pp* **scything** दरांती से काटना;

Scythian /साइदिअन/ *n.* प्रकृति की गोद में रहनेवाले बंजारा लोग: the **~s**

SD *abbr.* 'South Dakota', *math.* 'standard deviation' की प्रथमाक्षरी

SDA *abbr.* 'Social and Democratic Alliance' की प्रथमाक्षरी

SDI *abbr.* 'Strategic Defence Alliance' की प्रथमाक्षरी

SDLP *abbr.* 'Social and Democratic Labour Party' की प्रथमाक्षरी

SDR/ SDRs *abbr.* 'Special Drawing Rights' की प्रथमाक्षरी

SDO *abbr.*, 'Sub-Divisional Officer' की प्रथमाक्षरी

SE *abbr.* 'Society of Engineers', 'south-east/ south-eastern', 'standard error' की प्रथमाक्षरी

Se *symbol, chem.* selenium का चिह्न

sea /सी/ *n., pl.* **~s** 1 (*usually* **the ~**) समुद्र, सागर: ~ covers nearly three-fourths of the world's surface; on the ~; boats sail on the ~; salmon return from the ~ to fresh water to breed 2 (**~s**) लहरों की गतिशीलता: the ~ was smooth/ calm/ rough/ stormy; the ~ is like a looking-glass 3 समुद्री, समुद्र तटीय: by the ~; a town on the ~; beyond/ across, over the **~(s)** (समुद्र पार, सात समुद्र पार, विदेश में); countries beyond the ~ 4 (**Sea**) कोई एक समुद्र: the Mediterranean/ the Caspian **Sea** 4 अपारता, विशालता, अपार समूह, संख्या या मात्रा आदि: a ~ of paperwork, a ~ of demonstrators; waving **~s** of people 5 अशांत जल-क्षेत्र: choppy **~s** 6 एक विशाल लवणयुक्त झील या द्वीप: the Caspian **Sea** 7 अपार क्षेत्र या जनसमूह: **~s** of blood/ of faces 8 the closed ~ एक देश का अपना समुद्र;
adj. समुद्री, समुद्र का: ~ air; ~ breeze; ~ shore;
dw/lw: **~-anchor** *n.* किरमिच लंगर; **~-bank** *n.* बांध; **~bath** *n.* सागर-स्नान, समुद्र-स्नान; **~bathing** *n.* समुद्र-स्नान; **~-bear** *n.* श्वेत या ध्रुवीय भालू; **~bird** *n.* समुद्री चिड़िया; **~board** *n.* समुद्रतटीय प्रदेश, समुद्र तट: ~board city (समुद्रतटीय नगर); **~borgium** *n.* रेडियो-धर्मित तत्त्व जो अणुओं के एक-दूसरे से टकराने से बनता है; **~-born** *adj.* समुद्र-जनित; **~borne** *adj.* 1 समुद्र के रास्ते से लाया या ले जाया जाने वाला 2 जलयान द्वारा लाया या ले जाने वाला; **~-breeze** *n.* समुद्री हवा, सागर-समीर; **~calf** *n.* सील मछली; **~cliff** *n.* समुद्रतटीय चट्टान; **~-coast** *n.* समुद्र तट; **~crafts** *n. [pl.]* समुद्री जहाज; **~-devil** *n.* समुद्री दैत्य; **~-disturbance** *n.* समुद्री विक्षोभ या तूफान; **~-drome** *n.* समुद्री हवाई अड्डा; **~-fan** *n.* समुद्री पंखा; **~farer** /सीफेअरः/ *n.* नाविक, समुद्री यात्री; **~faring** /सीफेअरिंग/ *n.* समुद्री यात्रा, समुद्रगमन; **~faring** *adj.* समुद्री यात्रा-संबंधी, सागरगामी; **~-fire** *n.* (***syn.*** phosphorescence) समुद्र की फासफोरसी दमक; **~floor** *n.* समुद्री अधःस्थल, समुद्र तल; **~-floor-spreading** *geol.* ऐसी मान्यता की समुद्री तल चारों तरफ बढ़कर फैल रहा है; **~food** *n.* मछली, केकड़ा आदि समुद्री खाद्य पदार्थ; **~-foam** *n.* समुद्री झाग; **~-fog** *n.* समुद्री धुंध या कोहरा; **~front** नगर का समुद्र के सामने का भाग; **~-girt** *adj., poetry*

समुद्र से घिरा हुआ; **~god** *n.* वरुण देवता; **~going** *adj.* 1 समुद्री यात्रा पर जाने वाला 2 समुद्रगामी; **~green** *adj.* नीला-हरा; **~gull** /सी-गल/ *n.* समुद्री चिड़िया; **~hog** /सी-हॉग/ *n.* सूंस; **~kale** /सीकेल *n.* समुद्र में या समुद्र के किनारे उगने वाला पौधा जिसे सब्जी के रूप में खाया जा सकता है; **~king** *n.* वाइकिंग (a race of Scandinavian people, who attacked Northern Europe and settled there /including in England/ from 8th to 11th centuries), समुद्री राजा; **~lane** *n.* समुद्री मार्ग; **~letter** *n.* रीष्टिकता पत्र; **~lift** *n.* लोगों, सैनिकों, सामान आदि को समुद्र के रास्ते कहीं पहुंचाने की क्रिया; **~loch** *n.* समुद्री खाड़िका; **~man** *n. pl.* ~men नाविक: ordinary ~man; **~manlike** *adj.* नाविक-सा; **~manly** *adj.* नाविक के माफिक; **~manship** /सीमनशिप/ *n.* पोतचालन-कला, जहाजरानी या नाविक कला; **~mile** *n.* नाविक (*also see under* **nautical**) मील; **~monster** *n.* समुद्री दैत्य; **~nymph** *n.* जल-परी; **~pen** *n.* समुद्री पिच्छल; **~piece** *n.* समुद्री दृश्य; **~plane** *n.* थल से उड़कर जल पर उतरने वाला विमान; **~port** *n.* बंदरगाह; **~quake** *n.* समुद्र कंपन (भूकंप); **~rover** *n.* जल-दस्यु; **~scape** *n.* सुंदर समुद्री दृश्य **~scarp** *n.* समुद्री कगार; **~shell** *n.* सीप, घोंघा या शंख; **~shore/ ~side** *n.* समुद्र तट; **~sickness** *n.* जहाजी मतली; **~star** *n.* समुद्री तारा; **~star** *adj.* समुद्राभिमुख; **~star** *adv.* समुद्र की ओर; **~trade** *n.* समुद्री व्यापार; **~voyage** *n.* समुद्री यात्रा; **~wall** *n.* समुद्री बांध; **~water** *n.* समुद्र-जल; **~ward** *adj./ adv.* समुद्राभिमुख; **~way** *n.* समुद्री मार्ग; **~weed** *n.* समुद्री शैवाल; **~worthy** *adj.* यात्रा-योग्य, जहाज का चलने योग्य होने से संबंधित;

collocations: ~ **aircraft** समुद्री विमान; ~ **anemone** एक फूल जैसा चमकीला जंतु जो समुद्री चट्टानों से चिपका रहता है, समुद्रफूल, अनिलपुष्प; **(the)** ~ **bed** समुद्र-तल; ~ **battle** समुद्री लड़ाई; ~ **breeze** समुद्री समीर; ~ **canary** समुद्री व्हेल; ~ **captain** वाणिज्य पोत का कप्तान; ~ **change** महत्त्वपूर्ण या संपूर्ण बदलाव; ~ **chart** समुद्री नक्शा; ~ **cook** समुद्री रसोइया; ~ **cow** समुद्री गाय, दरियाई घोड़ा; ~ **cucumber** समुद्री केंकड़ा जैसा बहुपदी जीव; ~ **dog** अनुभवी या मंजा हुआ नाविक; ~ **dragon** पौराणिक समुद्री दानव; ~ **eagle** मछली-भक्षी तटीय बाज; ~ **fight** समुद्री लड़ाई, समुद्री युद्ध; ~ **fish** समुद्री मछली; ~ **force** समुद्री बेड़ा; ~ **forces** नौसेना; ~ **front** समुद्र के सामने का या तटीय नगर भाग; ~ **holly** एक समुद्र-तटीय पौधा; ~ **horse** एक छोटी मछली जिसका सिर घोड़े जैसा है, अश्वमीन; ~ **legs** *pl.* समुद्री-मितली की सहन-शक्ति; ~ **level** समुद्र का ऊपरी स्तर जिसे निम्नतम थल-बिंदु मानकर किसी स्थान की ऊंचाई निर्धारित की जाती है; ~ **lion** जल सिंह, एक बड़ी मछली; ~ **mist** समुद्री कोहरा; ~ **otter** एक समुद्री जीव; ~ **pink** गुलाबी फूलों वाला एक पौधा; ~ **power** 1 नौशक्ति, नौसेना 2 नौसैनिक महाशक्ति; ~ **train** समुद्री रेल-रास्ता; ~ **trip** समुद्री यात्रा;

heavy ~ तूफानी सागर; **mistress of the ~ (s)** समुद्री महाशक्ति; ~ **passage** समुद्री यात्रा; **short** ~ अक्सर आने वाली तरंग, तरंगित सागर; **long** ~ कभी-कभी आने वाली तरंगें; **the four ~s** ब्रिटेन को छूने वाले चार समुद्र; **the seven ~s** प्रशांत महासागर के उत्तरी व दक्षिणी भाग, आर्कटिक सागर, उत्तरी व दक्षिणी अटलांटिक सागर, दक्षिणी या अंटार्कटिक और हिंद महा सागर आदि सात समुद्र;

p&i: **a ~ struck us** एक लहर हम पर टूट पड़ी; **an arm of the** ~ गहरी खाड़ी; **at full** ~ पूर्ण ज्वार-भाटे के समय, दर समुद्र में, समुद्र में विपथित ; **at ~/ all at** ~ 1 समुद्र तट से दूर गहरे समुद्र में 2 समझ से बाहर 3 पूरी तरह परेशान, किंकर्तव्यविमूढ़: be (all) at ~; have an opponent all at ~ (दुश्मन को पूर्णतः किंकर्तव्यविमूढ़ कर देना); **be buried at** ~ समुद्र के बीच दफनाया जाने वाला; **between the devil and the deep** ~ दो भीषण खतरों के बीच; **beyond the sea/s** सात समुद्र पार, विदेश में; **by** ~ समुद्री रास्ते (समुद्री जहाज) से; **by ~ and land/ by land and** ~ जल और थल मार्ग से; **dead ~ apple** सुंदर पर गला-सड़ा फल; **drink the ~ dry** बहुत प्यासा हो.; **follow the** ~ नाविक बनना; **go by long** ~ स्टीमर से यात्रा क.; **go down to the** ~ समुद्र में जा.; **go gallivanting on the seven ~s** दुनिया भर सैर-सपाटा करते घूमना; **go to ~/ take/ follow the** ~ नाविक बनना; **half ~s over** थोड़ा पिए हुआ, जिसे कोई फर्क नहीं पड़ता; **have/ get one's ~ (on)/ find one's** ~ 1 समुद्री मतली की सहन-शक्ति पाना 2 हिलते-डोलते पोत के डेक (deck) पर सामान्य रूप से चल पाना; **heavy** ~ ऊंची लहरें, तूफानी सागर; **(the) high ~s** किसी देश की जल-क्षेत्र सीमा से बाहर, खुला सागर, महासमुद्र; **on land and** ~ जल-थल दोनों में; **on the high ~s** खुले सागर में; **out to** ~ दूरस्थ गहरे सागर के बीच; **put/ put out to** ~ समुद्री यात्रा पर प्रस्थान क.; **ship a** ~ तरंगों का जबरदस्त प्रहार ओटना; **the high ~s** समुद्र बीच; **there are as good fish in the ~ and the gallows refuse none** समुद्र और फांसी का तख्ता किसी को दुत्कारते नहीं; **the rolling** ~ लंबी तरंगें; **the ~ as ever came out of it** किसी वस्तु की अपार बाहुल्य; **the ~ has fish for every man = the ~ refuses no river** विशाल हृदय व्यक्ति के पास सभी के लिए कुछ न कुछ होता है; **the ~s went high** समुद्र में तूफान उठ खड़ा हुआ; **those in peril on the** ~ जो समुद्र में मुसीबत में फंसे हैं; **when the ~ gives up its dead** जब समुद्र उस में डूबकर मरने वालों को वापस दे देगा यानी कभी नहीं

seal /सील/ *n.* 1 सील मछली: ~s basking on the seashore 2 लाख आदि से बंद करने की मोहर: under ~; break the ~ of a letter; place under ~s; goods under customs ~; remove the ~s 3 (***syn.*** stamp) मोहर का निशान: impression of a ~; attest by a ~; a book that bears the ~ of genius; death had already set its ~ on his face 4 मोहर, मुद्रा, मुहर, स्वीकृति, सहमति: given under my hand and ~; the ~ of approval; impress a ~ upon sth (दस्तावेज आदि पर मोहर लगाना); set one's ~ upon/ to/ sth 5 (***syn.*** token of confirmation) पक्का होने का प्रतीक: a kiss as the ~ of his love; a ~ of friendship 6 चर्च द्वारा भक्तों की स्वीकारोक्तियों (confessions) को गुप्त रखने का वचन (pledge): under the ~ of secrecy/ of silence 7 (***syn.*** obligation) बंधन: a ~ upon one's lips; ~ of confession (मौन बंधन) 8 हवा आदि को किसी बंद बर्तन में आने-जाने से रोकने यानी ढक्कन को सीलबंद रखने का पदार्थ: a bottle with a rubber ~ 9 दरार आदि बंद करने का पदार्थ: a crack closed with a fevicol ~ or putty;

v., pt. **~ed**, *pp* **~ing** 1 बंद क.: sleep **~ed** his eyes 2 मुहरबंद क. ~ (up) an envelope/ a document, a parcel; signed, **~ed** and delivered 3 मोहर लगाना, मुद्रांकित क.: affix ~ of office 4 (***syn.*** certify) प्रमाणित क. 5 (***syn.*** confirm, settle, decide irrevocably) पक्का क., सुनिश्चित क.: ~ a business agreement 6 (***syn.*** fix) जड़ना, बैठाना: the windows must be **~ed** up 7 बंधन लगाना: his lips are **~ed** 8 ढक्कन मुहरबंद क.: ~ a bottle; ~ up a tin of food/ a pipe 9 फंसना: a vessel **~ed** in ice 10 हवा, धूप, सीलन आदि से बचाने के लिए पेंट क.;

dw/lw: **~ant** /सीलंट/ *n.* छेद आदि बंद करने के लिए पुट्टी पदार्थ; **~ed** /सीलड/ *adj.* मोहरबंद, मुद्रांकित: ~ed tender (मोहरबंद निविदा); ~ed pattern (स्वीकृत नमूना); ~ed orders; **~ed-beam** *n.* कार के प्रकाश की सीलबंद इकाई; **~er** /सीलः/ *n.* 1 छेद बंद करने के लिए पदार्थ 2 सील मछली का शिकारी; **~ing** /सीलिंग/ *n.* 1 सील मछलियों का शिकार 2 मोहर या सील लगाने का कार्य, मुद्रांकन 3 मुहरबंदी, मुद्रांकण; **~ing** *adj.* मुहरबंदी में प्रयुक्त होने वाला (पदार्थ);

collocations: ~ **of approval** *often facetious* स्वीकृति (की मोहर); ~ **ring** मुद्रा, राज-मुद्रा, मोहर वाली अंगूठी; **~ing wax** लिफाफे, थैली आदि को मोहर लगाकर बंद करने के लिए मोम;

p&i: **~ sb's fate** किसी के भाग्य में बुरा बदा होने को पक्का क.;

~ **sth off** किसी स्थान को घेरकर रास्ता बंद क.; ~ **sth up** किसी चीज को वायु-अवरोधक या जल-अवरोधक करके बंद क.; ~ **the move** शतरंज के खेल में आखिरी चाल चलकर बाजी को खत्म कर दे.; ~ **upon lips** होंठ सिए हए हो., मुंह पर ताला लगा हो.;
have the ~ of death on one's face उसके चेहरे पर मौत का साया मंडरा रहा है; **he is ~ed to/ for damnation** बर्बाद होने को अभिशप्त; **he is a ~ book** वह एक बंद किताब की तरह रहस्यमय है; **his eyes were ~ed on the door** उसकी नजर दरवाजे पर गड़ी हुई थी; **return the ~s** त्याग-पत्र दे देना; **set one's ~ to sth** किसी बात को स्वीकृति दे देना; **the airman's carelessness ~ed his fate** वायु-सैनिक की लापरवाही उसकी मौत का कारण बनी; **the ~ of love** प्यार की अमानत – बच्चा;

seam /सीम/ *n.* 1 दो किनारों को जोड़ने वाली सिलाई (सीवन) या वेल्डिंग, बखिया: inserted ~; welded ~ 2 (*syn.* line of junction) जोड़, संधि रेखा 3 धरती में कोयला या खनिज की परत 4 (*syn.* scar) शल्य-क्रिया के फलस्वरूप बनीं झुर्रियां या सिकुड़न, क्षति-चिह्न: ~ of an old wound 5 (*syn.* fissure) दरार 6 (*syn.* seam-bowling) क्रिकेट में इस नाम से जाने वाली गेंदबाजी;
v., pt. **~ed**, *pp* **~ing** 1 सिलाई से किनारों को जोड़ना 2 धारियां बनाना (in knitting) 3 दरार पड़ना: **~ed** with cracks 4 (*syn.* furrow) खांचा बनाना 5 झुर्रियां या दाग पड़ना: **~ed** with the smallpox; a face **~ed** with scars and wrinkles;
dw/lw: **~ed** *adj.* 1 सीवनदार, सीकर जोड़ा हुआ: ~ed stockings 2 झुर्रियों से भरा: an old man with ~ed face; **~er** *n., cricket* तेज गेंदबाज; **~-lace** *n.* सीवन-बेल; **~less** /सीमलअस/ *adj.* सीवनहीन, एक ही टुकड़े से बना हुआ; **~-stress** /सीम्स्ट्रिअस/ *n.* दर्जिन; **~y** /सीमि/ *adj. degr.* seamier, seamiest 1 जिसकी सीवन दिखाई दे 2 सीवनदार 3 अप्रिय 4 जघन्य, वीभत्स: the ~y side of a profession;
collocations: ~ **bowler** तेज गेंदबाज; ~ **bowling** *cricket* तेज गेंदबाजी;
the ~y side of life जीवन का अप्रिय घिनौना पहलू;
p&i: **~y side of life** जीवन के जघन्य या वीभत्स पहलू;
be bursting at the ~s ठसा-ठस भरा हो.; **be falling/ coming apart at the seams** अत्यधिक खराब हाल में हो., ढह जाने को हो.

seamy *see above under* **seam:** ***dw/lw***

séance/ **seance** /सेऑस/ सेऐंस/ *US* सेआंस/ *n.* 1 मृतक की आत्मा से संबंध स्थापित कराने वाली गोष्ठी 2 आत्मा-आह्वान गोष्ठी 3 आत्मायन 4 बैठक

SEAQ ***abbr.*** 'Stock Exchange Automated Quotation' की प्रथमाक्षरी

sear /सिअः/*US* सिर/ *v., pt.* **~ed**, *pp* **~ing** 1 झुलसना, दागना, झुलसाना: ~ a wound with a hot iron 2 किसी को अचानक भीषण पीड़ा दे.: the pain **~ed** his back; his heart was **~ed** with anger; his soul has been **~ed** by injustice 3 (*syn.* wither) सूखना, कुम्हलाना 4 निष्ठुर या कठोर बना देना (make callous): a countenance **~ed** by grief and weeping;
adj. 1 कुम्हलाया हुआ: the ~ and yellow leaf (Shakespeare) 2 झुलसने वाली
n. कुत्ता या घोड़ा (of gun);
dw/lw: **~ing** /सीअरिंग/ *adj.* 1 तप्त, गर्म, झुलसने वाला: imposible to sit outside in the ~ing heat 2 अति शक्तिशाली आलोचनापूर्ण: a ~ing speech;
collocations: **~ing effect** 1 विकिरण 2 विकिरणन का प्रभाव;
p&i: **the ~, the yellow leaf** (Shakespeare) = **the ~ and yellow** बुढ़ापा

search /सःच/ *v., pt.* **~ed**, *pp* **~ing**, *s/he/it* **~es** 1 खोजना: ~ for a manuscript/ for a book/ for a lost ring 2 खोजबीन क., छानबीन क., टटोलना: ~ one's conscience 3 ढूंढना: ~ after new remedies; ~ after happiness; ~ through the dictionary for a word; **~ed** the wardrobe for his pink shirt; ~ out a thief, a terrorist 4 की जामा-तलाशी क., नंगाझोली क. (a person), तलाशी लेना, छान डालना, देख डालना: everyone is **~ed** at the airport security check 5 बारीकी से जांचना, जांच-पड़ताल क., अध्ययन क.: I've **~ed** my memory, but I can't remember that man's name 6 (*syn.* penetrate) पैठना, व्याप्त हो जाना: a hail of bullets **~ed** the trench 7 (*syn.* pierce) के अंदर से होकर पार क. 8 व्यापक पूछताछ के माध्यम से सच्चाई का पता लगाना 9 (*syn.* ransack) किसी घर या दफ्तर आदि को छान डालना, तलाशी लेकर लूटना;
n. 1 तलाश, खोज: the ~ for/ after truth; do a ~ on the internet; **set** out in ~ of sth; abandon/ call off a ~; a ~ for sb/ sth 2 तलाशी, छानबीन, खाना तलाशी (of house) 3 नंगा-झोली, जामा-तलाशी: carry out/ conduct/ make a ~ 4 अन्वेषण 5 जांच, पूछताछ, जांच-पड़ताल, खोजबीन: right of ~; a desperate/ frantic/ painstaking/ thorough ~ 6 सूक्ष्म जांच एवं अध्ययन 7 पाने का प्रयास: in ~ of health; in ~ of right kind of partner/ job;
adj. 1 सूक्ष्म 2 प्रचंड 3 तीक्ष्ण;
dw/lw: **~able** *adj.* जिसे कंप्यूटर में खोजा जा सकता है: a ~able database; **~er** *n.* 1 किसी चीज या किसी व्यक्ति आदि को ढूंढने वाला; **~ing** *n.* खोज की प्रक्रिया; **~ing** *adj.* भेदक, खोजी: ~ing scrutiny/ examination/ study; ~ing glance; give sb a ~ing look; ~ing remedy; **~-light** *n.* सर्चलाइट, खोज-बत्ती, बिजली की बड़ी तेज रोशनी का लैंप; **~-radar** *n.* खोजी या अन्वेषी रेडार; **~-warrant** *n.* तलाशी-अधिपत्र, तलाशी का परवाना;
collocations: ~ **campaign** *n.* तलाशी अभियान; ~ **engine** *comput.* गूगल आदि कंपनियों द्वारा प्रयुक्त एक शक्तिशाली टोहक इंजन जिससे कंप्यूटर पर वांछित सूचना ढूंढी जा सकती है; ~ **file** कंप्यूटर में सूचनाएं ढूंढने की फाइल; ~ **party** खोजी दल, अनुसंधान दल;
p&i: **~ings of heart** अंतरात्मा की टीस;
in ~ of sb/ sth किसी की या किसी चीज की खोज में; ~ **me!** *colloq.* मुझे कुछ पता नहीं, मालूम नहीं; ~ **sth/ sb out** (***syn.*** track down) किसी चीज या किसी व्यक्ति आदि को ढूंढ निकालना

searing *see above under* **sear:** ***dw/lw***

season /सीजन/ *n.* 1 ऋतु, मौसम: the four **~s**/ the **~s** 2 किसी कार्य के लिए साल का विशेष समय: the dead/ the dull/ the off ~; the height of the ~/ peak ~; the rush ~; the football/ the theatrical ~; the busy ~; the ~ of harvest; wet ~; the rainy/ the dry ~ 3 (*syn.* opportune moment) किसी कार्य को करने का मौका, सुअवसर: be in ~; be out of ~; in due ~ (उचित समय पर) 4 (*syn.* period of time) अवधि, समय, काल: there is a ~ for work and for play; close/ open ~ (शिकार करने या न करने का समय); fishing ~ 5 समय (of a festival): compliments of the ~ 6 किसी फल या सब्जी की बहुतायत का समय;
v., pt. **~ed**, *pp* **~ing** 1 खाना पकाते समय नमक, मसाला आदि डालना, छौंकना, बघारना: ~ dishes/ food 2 (*syn.* flavour) विशेष जायका दे. 3 सरस या मजेदार बनाना, नमक-मिर्च लगाना: ~ conversation with wit; speech **~ed** with irony 4 (*syn.* temper) नर्म क., हल्का क.: when mercy **~s** justice ... 5 (*syn.* inure) का अभ्यस्त या आदी बना दे.: ~ oneself to cold/ to hunger/ to fatigue 6 (*syn.* mature) पूर्ण रूप से तैयार क., पक्का या परिपक्व कर दे. 7 (*syn.* mature, ripen) पकना, पक्का हो जाना, तैयार हो जाना 8 (*syn.* wood) सीझना, सिझाना: timber **~s** best in summer;
dw/lw: **~able** /सीजनअबल/ *adj.* 1 समयानुकूल, सामयिक 2 समयोचित 3 अवसरोचित: ~able gift; the help came at the

most ~able time 4 (***syn.*** opportune) उपयुक्त, संगत; **~al** /सीजनल/ *adj.* 1 मौसमी: ~al fluctuation (मौसमी उतार-चढ़ाव) 2 ऋतुनिष्ठ: ~al trade/ occupation; ~al employee; the ~al migration of birds; ~al pond (बरसाती तालाब); ~al rainfall (मौसमी वर्षा) 3 (***syn.*** recurring) आवर्तक, दोहराया जाने वाला: ~al changes of climate; **~ality** /सीजनअलिटि/ *n.* ऋतुनिष्ठता, व्यक्ति में ऋतुओं के साथ बदलाव; **~ally** /सीजनलि/ *adv.* मौसम के अनुसार, कभी-कभी; **~ed** /सीजन्ड/ *adj.* अनुभवी: ~ed traveller/ campaigner 2 पका, सिझाया (of wood) 3 (***syn.*** inveterate) पक्का, मंजा हुआ, घुटा हुआ 4 मसाले में पकाई हुई या सिझाई हुई: a well ~ed dish; highly ~ed dishes 5 चटपटा, मसालेदार: highly ~ed anecdote; **~ing** /सीजनिंग/ *n.* 1 (***syn.*** condiment) मसाला, नमक-मिर्च में पकाई 2 खाने में नमक और मसालों का छौंक, बघार;

collocations: **~ creep** वैश्विक गर्माहट के कारण मौसमों के आने-जाने के समय में होने वाला बदलाव; **~'s greetings** नव वर्ष आदि की बधाई; ~ **ticket** लंबी अवधि तक प्रयोग में आने वाला टिकट, मौसमी टिकट; **~al affective disorder** एक मानसिक अवस्था जब यूरोप में कई लोग पतझड़ और सर्दियों में, यानी सूर्य के प्रकाश के अभाव के समय उदासी और थकान से त्रस्त रहते हैं;

p&i: **a remark out of** ~ बेसमय कही गई बात; **a ~ man** मंजा हुआ, घाट-घाट का पानी पिए हुआ; **everything is good in its** ~ हर चीज उसके सही समय पर अच्छी होती है; **for a** ~ कुछ समय तक; **in** ~ 1 परिपक्व 2 *about cattle* मद-मस्ती में, नया दूध होने को तैयार (in heat) 3 समय पर (early enough), उचित या उपयुक्त समय पर: a word of advice in ~ (उचित समय पर उचित सलाह) 4 बाजार में (उपलब्ध), बहुतायत में; **in good** ~ सही समय पर; **in ~ and out of** ~ 1 हमेशा 2 मौके-बेमौके, उचित-अनुचित समय पर, वक्त-बेवक्त; **open** ~ जब शिकार करने की मनाही न हो; **out of** ~ 1 बेसमझ, अनुचित समय 2 बेमौसम 3 बेमौसम में यानी जब भीड़-भाड़ न हो; **rush** ~ तेजी का समय, भीड़-भड़क्कम का समय; **rush the** ~ समय से पहले कुछ कर डालना; **the dead** ~ मंदी का समय; **the silly** ~ संसद का सत्र अवसान का शांतिमय समय;

seat /सीट/ *n.* 1 सिनेमाघर, नाट्यशाला, स्कूल आदि में बैठने की जगह: book **~s** in the theatre; take one's ~ 2 रेलगाड़ी, विमान, बस आदि में स्थान: book **seats** in *Shatabdi*; cheap **~s**; economy class **~s**; pilot's ~; window/ corner/ aisle /आइल/ ~ 3 कार में, साईकल आदि पर बैठने का स्थान: the back/ driver's/ front/ passenger ~; folding/ jump ~; in/ on a ~ 3 अधिष्ठान 4 पद, आसन, गद्दी: ~ of government; the ~ of honour; he has a good ~ 5 कुर्सी, बैंच आदि: cane ~; hard/ padded/ upholstered ~ 6 (***syn.*** buttocks) चूतड़ 7 निवासस्थान 8 (***syn.*** base) आधार, कारण: one's liver is the ~ of trouble 9 पोशाक का चूतड़ों को ढकने वाला भाग, पीछा (of pants): ~ of sb's trousers 10 (***syn.*** constituency) संसदीय या विधान-सभा का हल्का या क्षेत्र: parliamentary ~; win/ to lose a ~; vacate one's ~ 11 बौद्धिक या विद्वत्तापूर्ण स्थान: a ~ of learning; Oxford is an ancient ~ of learning 12 देहात में बड़ा-सा घर 13 कर्म-भूमि, रण-क्षेत्र: the ~ of war; the ~ of judgment;

***v.**, pt.* **~ed**, *pp* **~ing** 1 बैठना, बैठाना: ~ oneself in the middle of the first row 2 आसन दे. 3 बैठ जाना, आसन ग्रहण क. 4 निर्वाचित क. या हो. 5 विमान आदि में किसी को कोई निश्चित स्थान (नंबर के साथ) दे. 6 बैठने के लिए कहना: please, be **~ed** 7 बैठाने की क्षमता (seating capacity) हो.: ~ four-five persons; this table **~s** twelve 8 बैठे रहना: he can't remain **~ed** a minute 9 स्थित हो.: a house **~ed** in a pretty garden 10 गहरा पैठा हो.: his disease was too deeply **~ed** 11 बैठने के कारण पोशाक का ढीला (थैलानुमा) हो., बैठ जा.: an unlined skirt will ~;

dw/lw: **~ed** /सीटिड/ *adj.* बैठा हुआ; **~ing** /सीटिंग/ *n.* 1 बैठने की व्यवस्था: ~ing of a theatre 2 बैठने का स्थान 3 बैठाने की क्रिया: the ~ing of the audience took a long time; **~ing** *adj.* बैठाने का, के, की: ~ing capacity/ accommodation; ~ing plan (बैठक-नक्शा, आसन-व्यवस्था);

collocations: **~ belt** (*also* **safety belt**) सुरक्षा-पेटी;

p&i: **a jump** ~ मुड़वां सीट; **a ringside** ~ अखाड़े आदि में अच्छा स्थान; **a ~ of learning** ज्ञान का मंदिर, जहां ज्ञान प्राप्त किया जा सके; **be in driver's** ~ स्थिति का काबू में हो.; **fly by the ~ of one's pants** लापरवाही से काम क.; **take a back** ~ किसी के लिए मुख्य स्थान छोड़कर गौण स्थान ग्रहण कर लेना; **take one's** ~ अपना स्थान ग्रहण क.; **the ~ of honour** मुलायम स्थान (चूतड़);

-seater *comb. form, indicating:* **specified number of seats** (स्थानों की संख्या): five-~

SEATO *abbr.* 'South-East Asia Treaty Organization' की प्रथमाक्षरी

sebaceous /सिबेशिअस/ *adj.* 1 *biol.* (ऐसी ग्रंथि) जिसमें से स्निग्ध पदार्थ यानी तेल पैदा हो, वसामय: ~ glands 2 चर्बीदार

seborrhoea/ seborrhea /सेबअरिआ/ *n., pathol.* ऐसा विकार जिसमें वसामय ग्रंथियां अतिशय तेल या चर्बीदार पदार्थ पैदा करती हैं;

dw/lw: **seborrhoeic** /सेबअरीःक/ *adj.* तैल या चर्बीदार

sebum /सेबअम/ *n., biol.* तैल या चर्बीदार पदार्थ

SEC *abbr.* 'Securities and Exchange Commission' की प्रथमाक्षरी

Sec *abbr.* 'Secretary' का छोटा रूप

sec *n., colloq.* 'second sense', 'secant' का संक्षेप

SECAM *abbr.* 'Sequential Couleur a Memoire' की प्रथमाक्षरी (फ्रांस आदि देशों में प्रयुक्त टेलीविजन प्रसारण प्रणाली)

secant /सीकंट/ *n.*, (*abbr.* **sec**) *geom.* 1 छेदक रेखा 2 *trigon.* व्युत्क्रम कोटिज्या;

adj. छेदक

secateurs /सेकअटःज/ *n., [pl.]* झाड़ियों (hedges) को काटने का कैंचा

seccotine /सेकअटीन/ *n.* गोंद;

***v.**, pt.* **~d**, *pp* **seccotining** चिपकाना

secede /सिसीड/ *v., pt.* **~d**, *pp* **~ing** (किसी संस्था को) छोड़ दे., (से) अलग हो जा.: ~ from military blocs

secern /सिसःन/ *v., pt.* **~d**, *pp* **~ing** 1 अलग क. 2 (***syn.*** secrete) निस्सारित क. 3 निकलना, बहना, स्रावित हो., चूना;

dw/lw: **secernent** /सिसैःनंट/ *adj.* स्रावी, स्रावक; **secernent** *n.* 1 (***syn.*** organ) स्रावक 2 (*med.*) स्रावक; **~ment** /सिसःनमंट/ *n.* स्रावण, स्राव

secession /सिसेशन/ *n.* संबंध-विच्छेद, अलहदगी, विभाजन: Wars of **Secession** (अमेरिका का 1861-65 का विभाजन युद्ध);

dw/lw: **~ist** /सिसेशनिस्ट/ *n.* संबंध-विच्छेदी, पृथकतावादी, पक्षत्यागी

seclude /सिक्लूड/ *v., pt.* **~d**, *pp* **secluding** 1 (दूसरों से) दूर या अलग रहना 2 अलग-थलग होना या किया जा.: ~ oneself;

dw/lw: **~d** /सिकलूडिड/ *adj.* 1 अलग रखा या किया हुआ: the prisoners were carefully ~d from mixing up with each other 2 (***syn.*** solitary) एकांतमय, विविक्त: ~d life; ~d habitat (एकांत आवास) 3 वीरान, सुनसान, निर्जन, दूर-दराज का: ~d hamlet (वीरान-सा गांव या डेरा) 4 अलग-थलग

seclu\sion /सिकलू\जन/ *n.* एकांतता, एकांत, विविक्ति: live in ~; she spoke to her father in the ~ of his study;

seclusive /सिक्लूसिव/ *adj.* 1 एकांतप्रिय, एकांतवासी 2 अलग-थलग रहने वाला

second /सेकंड/ *ordinal (number), adj.* 1 जो क्रम में दूसरे स्थान

पर हो: ~ best 2 क्रम से दूसरा, द्वितीय: he is in his ~ year; speak ~ (दूसरा वक्ता हो.) 3 (***syn.*** alternate, another) दूसरा, भिन्न: ~ legs/ wings; I want a ~ opinion; ; ~ language; ~ nature 4 (***syn.*** additional, supplementary) अतिरिक्त, और, संलग्नक: have a ~ go (दूसरा या अतिरिक्त प्रयास क.) 5 से बेहतर, बदतर आदि: be ~ to sb in experience/ in seniority/ in knowledge/ in intelligence; ~ to none; ~ only to 6 (***syn.*** inferior) घटिया: articles of ~-rate quality 7 जो पहले प्रयुक्त हो चुकी हो: ~-hand 8 *grammar* मध्यम पुरुष: the ~ person 9 दूसरी बार: ~ time; ~ growth (वन में पेड़ों की कटाई के बाद फिर से फूट पड़ने और बढ़ने की क्रिया) 10 (**the second**) महीने की दूसरी (तारीख) 11 अति सदृश या समान: he has been heralded as the ~ Shakespeare;

adv. 1 क्रम से दूसरे स्थान पर: he came ~ 2 (***syn.*** secondly) पहले से अगला: ~, I want to say that… (अगली बात यह है कि...)

n. 1 द्वितीय, दूसरा व्यक्ति या वस्तु आदि, दूसरा गियर आदि: go into ~ (गाड़ी को दूसरे गियर में डालना) 2 *pl.* **~s** 1 सेकंड यानी एक मिनट का 1/60वां भाग: wait a ~; I shall be ready in a ~/ in a few **~s** 3 (***syn.*** moment, instant) क्षण, पल: wait a **~!** 4 विकला (of angle) 5 (***syn.*** assistant) मुक्केबाजी या द्वंद्व युद्ध में सहायक 6 (**~s**) घटिया या दोयम दर्जे का माल 7 (***syn.*** ~ in command) प्रशासन में ऊपर से दूसरा व्यक्ति 8 द्वितीय श्रेणी: he passed in ~ (division) 9 (**~s**) खाने का दूसरा दौर 10 गाडी का दूसरा गियर: when the road is icy, one should drive in ~;

v., pt. **~ed**, *pp* **~ing** 1 सहारा दे., समर्थन क.: ~ sb's efforts 2 अनुमोदन क.: ~ a motion/ a proposal; ~ sb's candidature 3 (***syn.*** further) बढ़ावा दे., आगे बढ़ाना 4 द्वंद्व युद्ध या मुक्केबाजी में आधिकारिक सहायक का काम क. 5 कथनी को करनी में बदलना: ~ words with deeds 6 निश्चित अवधि के लिए दूसरी नौकरी के लिए भेजना (on deputation) 7 किसी कर्मी को थोड़े समय के लिए दूसरे काम, दूसरे कार्यालय या स्थान पर तबादला क;

dw/lw: **2nd** 'second' के स्थान पर प्रयुक्त; **secondary** *see below under separate entry*; **~-best** *adj.* सर्वोत्तम स्थान या व्यक्ति के समीपतम, दूसरा;

~-class *adj.* 1 गौण, महत्त्वहीन: ~-class citizens 2 सस्ती, द्वितीय श्रेणी की: **~-class** travel/ compartment 3 दोयम दर्जे या घटिया स्तर का, दूसरे दर्जे या स्तर का: ~-class citizen 4 दूसरों से कम, कम महत्त्वपूर्ण 5 (***syn.*** inferior) मध्यम स्तर का, घटिया: ~-class education 6 द्वितीय श्रेणी में पास की गई (डिग्री) 7 सस्ती डाक से भेजा हुआ 8 सस्ती श्रेणी के टिकट संबंधी; **~-degree** *adj.* 1 *med., denoting* जल जाने की दूसरी सबसे गंभीर स्थिति से संबंधित 2 *N. Amer., law* मंशा से किया हुआ (कत्ल, अपराध) (murder with intent, but not premeditation); **~er** *n.* अनुमोदक: be the ~er of a proposal; **~-guess** *v., pt.* ~-guessed, *pp* ~-guessing किसी का भविष्य बताना; **~-hand** *adj., adv.* 1 पहले किसी अन्य द्वारा प्रयुक्त, बरता हुआ, पुराना: ~-hand book 2 इधर-उधर का, सुना-सुनाया 3 पुरानी चीजों का लेन-देन करने वाला 4 अप्रत्यक्ष: ~-hand ideas; **~-in-command** *n.* 1 उप कमान अधिकारी 2 सत्ता के क्रम में दूसरा व्यक्ति, किसी संगठन में उपनेता; **~ly** /सेकंडलि/ *adv.* दूसरी बात यह है कि ...; **~-mark** *n.* सेकंड का चिह्न ("); **~-pair-back** *n.* तीसरी मंजिल पर स्थित कमरा; **~-rate** *adj.* घटिया या दोयम दर्जे का, मामूली, साधारण: ~-rate goods; ~-rate artist; **~-rater** *n.* मामूली या सामान्य स्तर का आदमी; **~-string** /सेकंड-स्ट्रिंग/ *adj.* वैकल्पिक रास्ता या चुनाव, वैकल्पिक खिलाड़ी, थियेटर अभिनेता आदि;

collocations: **Second Advent** *see below under* **Second Coming**; **~ ballot** *n.* चुनाव-प्रणाली, जिसके तहत सबसे कम मत प्राप्त करने वाले उम्मीदवार को बाहर करके दोबारा मतदान कराया जाता है; **~ best** सर्वश्रेष्ठ के बाद अगले स्थान पर आने वाला: come off ~ best; **~ childhood** सठियापा; **second class** *n.* 1 (*Br.* **Standard class**) 1 विमान, समुद्री जहाज, रेल आदि से यात्रा करने की द्वितीय स्तर की सुविधाओं वाली सीट 2 ब्रिटेन में अपेक्षातया सस्ती पर ज्यादा धीमी डाक सेवा यात्रा 3 अमेरिका में समाचार पत्रों को डाक से भेजने की सेवा 4 ब्रिटेन, भारत आदि में परीक्षा परिणाम की द्वितीय श्रेणी; **Second Coming** (*also* **Second Advent**) कयामत के दिन ईसा मसीह का दूसरी बार धरती पर आगमन, पुनरागमन, द्वितीय आगमन; **~ cousin** दूर का चचेरा या ममेरा भाई या दूर की चचेरी या ममेरी बहन; **~ estate** *Br.* सामाजिक संपदा (वर्ग) यानी अभिजात वर्ग (nobility), *see also under* **estate**, *separate entry*; **~ hand** घड़ी में सेकंड दिखाने वाली सूई; **~ home** 1 अपने मुख्य घर के अतिरिक्त छुट्टियां बिताने के लिए दूसरा घर 2 दूसरा ऐसा घर जहां कोई व्यक्ति अपने घर जैसा अनुभव करता है; **~ language** मातृभाषा के बाद दूसरी भाषा; **~ language acquisition** दूसरी भाषा को सीखने की क्रिया;**~ lieutenant** थल सेना या नौसेना का कनिष्ठतम कमीशन-प्राप्त अफसर; **~ name** उपनाम (surname); **~ nature** दूसरी प्रकृति, आदत; **(the) ~ person** *grammar* मध्यम पुरुष; **~ self** (***syn.*** alter ego) बिल्कुल अपने समान; **~ sight** अतःप्रज्ञा, किसी को प्राप्त भविष्य-दृष्टि; **~ slip** क्रिकेट में विकेट-कीपर (wicket-keeper) के समीप क्षेत्र-रक्षण स्थिति; **~ stomach** आमाशय; **~ strike** *milit.* युद्ध में पहली अणु-बमबारी के जवाब में की जाने वाली अणु-बमबारी; **~ thoughts** पुनर्विचार: they're having ~ thoughts about getting married; on ~ thoughts (पुनर्विचार करने पर); **~ wind** दूसरा सांस यानी विश्राम की बदौलत पुन: प्राप्त होने वाली ऊर्जा या हिम्मत; **(the) Second World War** 1939 से 1945 के दौरान होने वाला विश्व महायुद्ध;

split ~ एक पल, चुटकी भर, सेकंड का छोटा-सा भाग;

p&i: **~ to none** सर्वोत्तम;

a bad ~ बड़े अंतर के साथ दूसरे स्थान पर; **a good ~** बहुत थोड़े अंतर के साथ दूसरे स्थान पर; **act as a most useful ~** अच्छा सहायक हो.; **be in one's ~ childhood** सठियाना; **come in a good ~/ be a good ~** दूसरे स्थान पर आना; **every ~ day** हर दूसरे दिन; **habit is ~ nature** आदत व्यक्ति का दसरा स्वभाव होता है; **have ~ thoughts about sth** अपना विचार बदल लेना; **music comes ~ with him** उसके लिए संगीत जीवन में सबसे महत्त्वपूर्ण बात नहीं; **on ~ thoughts** पुनर्विचार करने के बाद; **play ~ fiddle/ ~ violin** पिछलग्गू हो., दोयम दर्जे की भूमिका निभाना; **travel ~** दूसरी श्रेणी में यात्रा क.

secondary /सेकंडरि/ *adj.* 1 माध्यमिक (11 से 18 वर्ष तक की) शिक्षा: ~ school (माध्यमिक विद्यालय) 2 महत्त्वहीन, गौण: a very ~ matter 3 (***syn.*** subordinate) गौण, अप्रधान, अनुषंगी: of ~ importance; ~ cause 4 (***syn.*** derived) अप्रत्यक्ष, परोक्ष, अमौलिक: a ~ source; a ~ infection 5 (***syn.*** supplementary) अनुपूरक: the ~ meaning of a word; ~ evidence; ~ title (of an article, story, etc.) 6 (***syn.*** auxiliary) सहायक: ~ landing 7 यौगिक (of root): ~ compound (जटिलतम संयुक्त शब्द) 8 द्वितीय (in sequence) 9 (***syn.*** botany) परवर्ती, परवर्धी, उत्तर 10 *chem., phys.* द्वितीयक 11 *elec.* बिजली के सर्कट (circuit) में विद्युत धारा को घटाने-बढ़ाने वाला उपकरण, ट्रांसफॉरमर 12 *geol.* (**Secondary**) मेसोजोइक (Mesozoic) युग से संबंधित: ~ epoch/ era;

n. *pl.* **secondaries** 1 मातहत व्यक्ति या वस्तु 2 प्रतिनिधि (delegate or deputy) 3 (***syn.*** satellite) उपग्रह 4 गौण पिच्छ, पिछला पंख, पक्षपक्ष (feather, wing) 5 मुख्य कैंसरयुक्त (malignant) फोड़े से थोड़ी दूर दूसरा फोड़ा 6 ट्रांसफॉर्मर की दूसरी सतह की तार-बंधाई 7 (**the Secondary**) मेसोजोइक (Mesozoic) युग;

dw/lw: **secondarily** /सेकंडअरिलि/ *adv.* 1 गौण रूप से, गौणतः 2 दूसरे लिहाज से, दूसरे स्थान पर: their dress is

primarily functional and only secondarily decorative;
collocations: ~ **cell** *phys.* एक विद्युत अपघटन कोशिका जिसमें से बिजली की धारा गुजारकर उसे इस्तेमाल करने से पहले चार्ज किया (बिजली से भरा) जा सकता है; ~ **colour** दो आधार (base) रंगों को मिलाने से मिलने वाला रंग; ~ **education** माध्यमिक शिक्षा या स्कूल; ~ **emission** *phys.* दूसरे स्रोत से आने वाले इलेक्ट्रोन से किसी सतह या कण पर बमबारी करने से गौण इलेक्ट्रोनों की उत्पत्ति; ~ **electrons** गौण इलेक्ट्रोन; ~ **industry** गौण उद्योग; ~ **maximum** गौण महत्तम; ~ **picketing** मुख्य औद्योगिक संगठन से संबंधित गौण व्यापारिक संगठनों के सामने उस कंपनी को आपूर्ति रोकने के लिए धरना जिसके कर्मी हड़ताल पर हैं; ~ **planet** *see under* **planet**; ~ **point** गौण बिंदु; ~ **road** गौण सड़क; ~ **soil** वाहित मृदा, गौण मिट्टी; ~ **sexual characteristics** *zool.* यौवनारंभ (puberty) के बाद मानवों में मुख्य यौनांगों के अतिरिक्त गौणांगों या तत्त्वों (दाढ़ी, औरत की छातियों में वृद्धि आदि) का विकास; ~ **stress** *ling.* किसी शब्द में दूसरा सर्वाधिक बलाघातित शब्दांश (second stressed syllable); ~ **suffix** तद्धित प्रत्यय

secrecy /सीकरअसि/ *n.* 1 गोपनीयता, गुप्तता: ~ of correspondence; do sth in ~ 2 रहस्य, गुप्तता: in the ~ of his own heart; be shrouded in ~ 3 (***syn.*** seclusion) एकांत 4 संगोपन: be sworn to ~; a promise/ a pledge of ~; keep an oath of ~; absolute/ strict ~ 5 दुराव, छिपाव, गोपनशीलता (a tendency) 6 गोपनशीलता की कला: rely on sb's ~

secret /सीक्रअट/ *adj.* 1 गुप्त, गोपनीय: a ~ location; ~ errand/ society, influence (गुप्त काम, संगठन या प्रभाव); ~ treaty; keep up a ~ correspondence with sb; ~ code; ~ language; keep sth ~ 2 छिपा, गुह्य: a ~ army; ~ admirer/ drinker, etc. 3 (***syn.*** secluded) एकांतमय: in my ~ heart; ~ valley 4 (***syn.*** mysterious) रहस्यमय, गूढ़: ~ as the grave; the ~ workings of the human heart 5 (***syn.*** secretive) गोपनशील, छिपाऊ;
n. 1 गुप्त बात: entrust sb with a ~ 2 भेद: keep a ~; reveal/ tell sb's ~; open ~; top ~ 3 रहस्य, मर्म: a big/ closely-guarded/ well-kept ~ 4 रहस्य, पहेली: the ~ of a good marriage 5 दूसरों से छिपा तरीका या शैली: the ~ of eternal youth;
dw/lw: **~ive** /सीक्रअटिव/ सिक्रीःटिव/ *adj.* गोपनशील, गुप्त रखने वाला, चुप्पा, घुन्ना: a shy, ~ive girl; be ~ive about a matter/ about one's plans/ intentions; **~ively** /सिक्रीटिवलि/ *adv.* गुप्त तरीके से, चुपके-चुपके; **~iveness** /सिक्रीःटिवनेस/ *n.* गोपनशीलता, घुन्नापन; **~ly** /सीक्रिटलि/ *adv.* 1 गुप्त रूप से: learn sth ~ly 2 चोरी-छिपे, लुक-छिपकर: negotiate ~ly with sb;
collocations: ~ **agent** गुप्तचर; ~ **cover** 1 गुप्त लिफाफा (या आवरण) 2 छिपा रक्षा आवरण; ~ **funds** गुप्त ढंग से प्राप्त होने वाला धन; ~ **instructions** गुप्त निर्देश; **secret service** = **Secret Intelligence Services** खुफिया विभाग; ~ **parts** गुप्तांग; ~ **police** खुफिया पुलिस; ~ **service** 1 *UK* खुफिया विभाग 2 *US* खुफिया पुलिस; **top** ~ अत्यधिक गुप्त बात;
p&i: **be in the** ~ गुप्त भेद या षड्यंत्र में शामिल हो.; **be told about sth in** ~ किसी बात के बारे में किसी को चुपके-चुपके बताया जा.; **in** ~ = **on/ in the** ~ गुप्त रूप से; **keep a** ~ भेद छिपाकर रखना; **let sb into a** ~ किसी के साथ भेद बांटना; **lover's** ~ प्रेमी द्वारा प्रेम का इजहार; **make a ~ of sth** किसी बात को छिपाकर रखना; **make no ~ of sth** किसी कार्य या बात को छिपाकर न रखना; **open** ~ प्रकट मंत्र, खुला रहस्य, बात, तथ्य; the **~s of nature** प्रकृति के रहस्य

secretaire /सेक्रअटेअः/ *n., pl.* **~s**, *Fr.* डेस्क में लगी फोल्डिंग लेखन पट्टी

secretarial /सेक्रअटेअरिअल/ *adj.* सचिवीय, साचिविक, लिपिकीय

secretariat(e) /सेक्रअटेअरिअट/ *n.* 1 सचिवालय 2 सचिवालय भवन व कर्मी 3 सेक्रेटरी का दफ्तर

secretary /सेक्रअटरि/ *n.* 1 मुंशी, लिपिक, सहायक: act as ~ to sb 2 (*also* **Secretary**) किसी मंत्रालय में सर्वोच्च बाबू, सचिव 3 अमेरिका आदि देशों में: मंत्री;
dw/lw: **~-bird** *n.* कानों में कलम रखे बाबू की तरह के पंखों वाला अफ्रीकी पक्षी; **secretary-general** *n., pl.* secretaries-general महासचिव, विशेषकर संयुक्त राष्ट्र संघ (UNO) का; **~ship** /सेक्रअटरिशिप/ *n.* सचिव का पद
collocations: **Secretary of State** 1 *UK* किसी भी विभाग का मंत्री 2 *US* विदेश मंत्री

secre\te /सिक्रीःट/ *v., pt.* **~ted**, *pp* **~ting** रिसना, स्रावित हो.;
dw/lw: **~tion** /सिक्रीशन/ *n.* 1 रिसाव, स्राव 2 शरीर के अंगों द्वारा छोड़ा जाने वाला द्रव; **~tory** /सिक्रीटरि/ *adj.* स्रावी

secretive *see above under* **secret:** ***dw/lw***

sect /सेक्ट/ *n.* पंथ, मत, संप्रदाय: religious ~

sectarian /सेक्टेअरिअ\न/ *adj.* 1 सांप्रदायिक, मतावलंबी 2 (***syn.*** fanatic) कट्टर, कठमुल्ला, मतांध: ~ violence; ~ jealousies; ~ politics;
n. 1 संप्रदाय-अनुयायी 2 संप्रदायवादी व्यक्ति;
dw/lw: **~ism** /~निजम/ *n.* 1 साम्प्रदायिकता, धार्मिक दलबंदी, सम्प्रदायवाद, फिरकापरस्ती 2 कट्टरपन, मतांधता, धर्मांधता; **~ize** /~नाइज/ *v., pt.* ~ized, *pp* ~izing साम्प्रदायिक या कट्टरपंथी बना दे.

sectary /सेक्टरि/ *n., pl.* **sectaries** 1 संप्रदाय का सदस्य 2 मुख्य धारा के मत या संप्रदाय से असंतुष्ट व्यक्ति

sectile /सेक्टाइल/ *adj.* छेद्य, काटने योग्य

section /सेक्शन/ *n.* 1 हिस्सा, भाग: the last ~ of the journey 2 *med.* किसी अंग को काटकर निकालने के लिए किया जाने वाला ऑप्रेशन: perform a ~ 3 काट माइक्रोस्कोप से परखने के लिए शरीर के किसी अंग का काटा हुआ छोटा-सा भाग: microscopic ~ 4 काट, कटाई, छेदन (act of cutting) 5 अंश, भाग, खंड, हिस्सा, टुकड़ा: built in **~s** 6 (***syn.*** division) विभाग, अनुभाग, शाखा, प्रशाखा (of department) 7 अनुच्छेद, परिच्छेद, भाग, खंड (of a book etc..): the TV ~ of the newspaper 8 *law* धारा, दफा 9 प्रवर्ग, वर्ग, दल (group of people): all **~s** of the population; cross ~; ~ leader 10 *milit.* सेक्शन, सेनामुख, टुकड़ी 11 कंपनी के विभाग: a commercial ~; the marketing ~ 12 *US* एक वर्ग मील का क्षेत्र 14 *NZ* (***syn.*** plot) रिहायशी भूमि का टुकड़ा;
v., pt. **~ed**, *pp* **~ing** विभाजित क., काटना;
dw/lw: **~al** /सेक्शनल/ *adj.* 1 अनुभागीय: ~al bookcase 2 सांप्रदायिक, वर्गीय: ~al differences/ quarrels; ~al interests; **~alism** /सेक्शनलिजम/ *n.* वर्ग-भावना, सांप्रदायिक भावना, प्रांतीयता, क्षेत्रवाद, जातिवाद; **~ally** /सेक्शनलि/ *adv.* 1 वर्गों या गुटों के आधार पर 2 अलग-अलग हिस्सों के अनुसार, भिन्न-भिन्न भागों से संबंधित 3 खंडतः, आंशिक रूप से, टुकड़ों-टुकड़ों में; **~alization** *n.* वर्गीकरण, प्रांतीयकरण, क्षेत्रवाद या जातिवाद को बढ़ावा; **~alize** /सेक्शनलाइज/ *v., pt.* ~alized, *pp* ~alizing विभाजित क., टुकड़े-टुकड़े क., क्षेत्रवाद या जातिवाद आदि को बढ़ावा दे.

sector /सेक्टः/ *n.* 1 खंड, क्षेत्र, विभाग 2 क्षेत्रीय खंड 3 त्रिज्य, वृत्त खंड (of circle) 4 (***syn.*** district) क्षेत्र, आंचल, मंडल 5 (***syn.*** instrument) त्रिज्य यंत्र 6 देश का आर्थिक खंडीकरण: the socialized ~ of the economy, private ~, public ~ 7 क्षेत्र का सैनिक खंड-विभाजन: ~ of attack;
dw/lw: **~ial** /सेक्टॉःरिअल/ *adj.* 1 = sectoral खंड, क्षेत्र या विभाग से संबंधित 2 त्रिज्य 3 कर्तनकारी (of teeth); **~ing** *n.* त्रिज्यखंडन; **~wise** /सेक्टःवाइज/ *adj.* क्षेत्रों के अनुसार होनेवाला, क्षेत्रवार

secular /सेक्युल\र/ *adj.* 1 धर्मनिरपेक्ष: ~ education; ~ courts; handed over to the ~ arm for punishment 2 (***syn.*** temporal) लौकिक, ऐहिक, सांसारिक, दुनियावी 3 (***syn.*** secularistic) धर्म-निरपेक्ष, धर्म-समरस 4 जीवन में मात्र एक बार होने वाला, शतवार्षिक, शतवर्षीय 5 दीर्घकालिक, चिरकालिक, चिरंतन (lasting for ages): ~ changes in temperature;
n. धर्म-निरपेक्ष पुरोहित, धार्मिक मठों की बजाए जन-साधारण के बीच रहने वाले पुरोहितगण;
dw/lw: **~ism** /~रिजम/ *n.* 1 धर्मनिरपेक्षता, धर्मनिरपेक्षवाद 2 इस बात में विश्वास कि सामाजिक मान्यताओं या कार्यों में धर्म का हस्तक्षेप नहीं होना चाहिए 3 (***syn.*** secular spirit) सांसारिकता, ऐहिकता; **~istic** /~रिस्टिक/ *adj.* धर्मनिरपेक्षीय; **~ity** /सेक्युलअरिटि/ *n.* धर्मनिरपेक्षता, सांसारिकता; **~ization** /~राइजेशन/ *n.* धर्मनिरपेक्षीकरण; **~ize** /सेक्युलअराइज/ *v., pt.* ~ized, *pp* ~izing 1 धर्मनिरपेक्ष बनाना 2 लौकिक या सांसारिक बना दे.;
collocations: **~ arm** राज्याधिकार; **~ bird** अमर पक्षी फीनिक्स (phoenix); **~ clergy** धर्म-निरपेक्ष पुरोहितवर्ग (*see above under **n.***); **~ movement** चिरंतन गति; **~ state** धर्म-निरपेक्ष (या असाम्प्रदायिक) राज्य

secund /सीकंड/ सेकंड/ सिकंड/ *adj., bot.* एक ही तरफ मुड़ा हुआ (पत्ता), एकपक्षी

secundum *Lat.* अनुवर्ती, अनुसारी;
collocations: **~ artem** कुशलतापूर्वक, व्यावसायिक ढंग से, कृत्रिम रूप से, अस्वाभाविक ढंग से; **~ ordinem** क्रमशः, क्रमिक रूप से; **secundem quid** कुछ बातों तक, कुछ हद तक

securable /सिक्युरअबल/ *adj.* 1 प्राप्य 2 सुरक्ष्य, रक्ष्य

secure /सिक्युअः/ *adj.* 1(***anton.*** insecure) सुरक्षित, निरापद: make a country ~ 2 सुरक्षा प्राप्त: ~ investments 3 निश्चित: ~ of success/ of victory 4 ठीक से बंद 5(***syn.*** safe) निश्चिंत: feel ~ about the future 6 (***syn.*** stable, firmly fixed) सुदृढ़, पक्का, मजबूत: ~ foothold 7 विश्वस्त, विश्वसनीय 8 हवालात में (in custody) 9 *comput.* (**~ against/ from sth**) सुरक्षित बचाकर रखी जाने वाली सूचनाएं आदि: store ~ against accidental deletion;
v., *pt.* **~d**, *pp* **securing** 1 (***syn.*** contrive to get) हासिल क., प्राप्त कर लेना: ~ a place on the course for next year; ~ the liberty of sb; ~ one's ends 2 जकड़ना, कसना, कस कर बांधना: ~ the doors and windows 3 सुरक्षित क., की रक्षा क., का प्रबंध क.: ~ a town against assault; ~ sb from/ against sth 4 पक्का क., मजबूत क.: ~ a hold (कुश्ती में दाव दृढ़ रखना) 5 (***syn.*** take in custody) बंद क., कैद रखना 6 सुनिश्चित क. 7 आरक्षित कर लेना 8 (***syn.*** guarantee) जिम्मा लेना, आश्वासन दे.: ~ a debt by mortgage 9 दबाना (a vein) 10 संभालना (arms);
dw/lw: **~d** /सिक्यु:ड/ *adj.* सुरक्षित; **~ly** /सिक्युअःलि/ *adv.* मजबूती से, सुरक्षापूर्वक: be ~ly hidden/ concealed; **~r** *n.* 1 प्राप्त करने वाला 2 सुरक्षित करने वाला

securiform /सिक्युरिफॉःम/ *adj.* कुठाराकार, कुल्हाड़ी के आकार का

security /सिक्युअरिटि/ *n., pl.* **securities** 1 सुरक्षा: personal ~; live in ~; ~ black-out (गुप्त सुरक्षा); ~ cover (सुरक्षा कवच) 2 आर्थिक निश्चिंतता: economic and social ~; ~ of service 3 किसी काम की गारंटी: job ~ 4 किसी पर/ अपने आप पर भरोसा 5 (*usually* **securities**) प्रतिभूति, शेयर-प्रमाणपत्र 6 निश्चिंतता (freedom from care): feel great ~ 7 (***syn.*** certainty) निश्चितता 8 (***syn.*** safeguard) रक्षा, बचाव, सुरक्षा-प्रबंध: the house has good ~; ample ~; lax/ tight ~; ~ arrangements/ checks; ~ measures 9 सुरक्षा-कर्मी: ~ guard; ~ echelon; ~ patrol; ~ office 10 (***syn.*** over-confidence) अतिविश्वास 11 (***syn.*** guarantee) जमानत, प्रत्याभूति: ~ for a claim; stand ~ for sb; ~ deposit (प्रतिभूति जमा राशि, जमानत जमा) 12 सैनिक तख्ता-पलट आदि से सुरक्षा: ~ risk (देश की सुरक्षा के लिए खतरा पैदा करने वाला); national ~; a ~ breach/ lapse/ operation; system of collective ~ 13 घातक पदार्थों से सुरक्षा: ~ against chemicals/ gas leak;
collocations: **~ blanket** 1 शिशु के ऊपर लपेटा हुआ बचाव कंबल या कपड़ा 2 ऐसी जानी-पहचानी वस्तु जिससे बचाव और आराम का अहसास होता है 3 किसी कार्य, चीज या बात को गुप्त रखने के लिए उठाए जाने वाले कदम; **Security Council** राष्ट्र संघ की सुरक्षा-परिषद्; **~ guard** सुरक्षा गार्द; **~ instruction** सुरक्षा निर्देश; **~ risk** ऐसे तत्त्व जो अपने राजनीतिक विचारों आदि के कारण किसी देश, संगठन आदि के लिए खतरा हों; **Security Services** ब्रिटेन का गुप्तचर संगठन 'MI5'

SED *abbr.* 'Scottish Education Department' की प्रथमाक्षरी

sedan /सिडैन/ *n.* 1 (*in full* **sedan chair**) *hist.* पालकी 2 (*US* **saloon car**) चार दरवाजों वाली बंद डिब्बानुमा कार

sedate /सिडेट/ *adj.* 1 धीर, गंभीर, सौम्य: ~ in manner; a ~ and sober person 2 (***syn.*** relaxed) शांत, प्रशांत 3 (***syn.*** unhurried) धीमा और उबाऊ;
v., *pt.* **~d**, *pp* **sedating** (***syn.*** tranquillize) बेहोशी की दवा देकर शांत क.;
dw/lw: **~ly** *adv.* गंभीर और सौम्य ढंग से; **~ness** *n.* धैर्य, गंभीरता, सौम्यता

sedation /सिडेशन/ *n., med.* 1 बेहोशी, मूर्च्छा 2 शांति

sedative /सेडअटिव/ *n., med.* 1 बेहोशी की दवा 2 (***syn.*** tranquillizer) उपशामक, शमक (औषध), शामक: his voice acted like a ~

sedentary /सेडंटरि/ *adj.* 1 बहुत कम चलने-फिरने वाला 2 बैठे-बैठे काम करने वाला 3 (***syn.*** stay-at-home) घरघुस्सू, घरघुसना, गृहप्रेमी 4 आसीन, बैठा हुआ, निषादी 5 सुस्त, ढीला-ढाला, असक्रिय, बैठा रहने वाला, अभ्रमणशील (accustomed to sitting): a ~ state of mind; ~ work; ~ position 6 (***syn.*** not migratory) स्थानबद्ध;
collocations: **~ agriculture** स्थानबद्ध कृषि; **~ animals** स्थानबद्ध पशु; **~ life** स्थानबद्ध जीवन; **~ soils** अनूढ़ मृदा, स्थानबद्ध मिट्टी

sederunt /सिडिरंट/ *n.* 1 बैठक 2 दावत, मिलन 3 बैठक में उपस्थित लोगों की सूची

sedge /सेज/ *n.* नरकट परिवार के पौधे;
dw/lw: **sedgy** /सेजि/ *adj.* नरकट जैसे पौधों से ढका

sedilia/ sedile /सिडिलिआ/ सिडाइलि/ *n.* चर्च में पादरियों के आसन

sediment /सेडिमंट/ *n.* 1 तरल से भरे बर्तन की तली में एकत्रित अनघुले कण, तलछट, तलौंछ 2 समुद्र, नदी या झील के तल पर एकत्रित चट्टानों आदि के टुकड़े 3 अवसाद;
dw/lw: **~ary** /सेडिमंटरि/ *adj.* 1 तलछट से बना हुआ, तलछटी 2 अवसादिक: ~ary deposit (अवसादी निक्षेप); ~ary petrology (अवसादी खनिज तेल); ~ary rock (अवसादी शैल); **~ation** /सेडिमेंटेशन/ *n.* तलछट के जमा होने की क्रिया, अवसादन

sedition /सिडिशन/ *n.* 1 खुल्लम-खुल्ले भाषणों, लेखों आदि द्वारा फैलाई जाने वाली अराजकता 2 (***syn.*** insurrection) विद्रोह आदि करने का आह्वान 3 राजद्रोह;
dw/lw: **~ary** /सिडिशनरि/ *adj.* 1 राजद्रोही 2 राजद्रोहात्मक

seditious /सिडिशिअस\/ *adj.* 1 विद्रोही: ~ acts 2 राजद्रोहात्मक, राजद्रोहपूर्ण 3 भड़काऊ: ~ speech; ~ libel;
dw/lw: **~ly** /~लि/ *adv.* विद्रोहपूर्वक; **~ness** /~नेस/ *n.* राजद्रोहात्मकता

seduce /सिड्यूस/ *v., pt.* **~d**, *pp* **seducing** 1 बहकाकर/ फुसलाकर/ ललचाकर यौन संबंध बनाना 2 पथ भ्रष्ट क.: ~ sb into crime 3 (***syn.*** corrupt) भ्रष्ट क., चरित्र बिगाड़ना: allow oneself to be **~d** by wealth 4 का शील भंग क.: ~ a woman

5 ललचाना, आकर्षित क.: be **~d** by the beauty of the landscape;

dw/lw: **~ment** *n.* लालच, प्रलोभन; **~r** /सिड्यूसः/ *n.* बहकाने वाला, प्रलोभक; **seductress** /सिडक्ट्रेस/ *n.* बहकाने वाली औरत, प्रलोभक (स्त्री)

seduction /सिडक्शन/ *n.* 1 बहकावा, छलावा 2 प्रलोभन

seductive /सिडक्टिव/ *adj.* 1 यौन के नजरिये से आकर्षक 2 (***syn.*** tempting) प्रलोभनकारी 3 सम्मोहक 4 यौन क्रिया के अनुकूल: ~ music/ voice; ~ sounds; ~ lighting;

dw/lw: **~ly** /सिडक्टिवलि/ *adv.* सम्मोहक ढंग से: smile ~ly; **~ness** /सिडक्टिवनेस/ *n.* 1 यौन-आकर्षण 2 प्रलोभन 3 सम्मोहन

sedu\lity /सिड्यूलिटि/ *n.* अध्यवसाय, परिश्रम;

dw/lw: **~lous** /सेड्युलस/ *adj., formal* (***syn.*** diligent) अध्यवसायी, परिश्रमी; **~lously** /सेड्युलसलि/ *adv.* परिश्रम से; **~lousness** /सेड्युलसनेस/ *n.* परिश्रम करने का गुण

sedum /सीडम/ *n., bot.* चट्टानों में उगने वाला मोटे पत्तों वाला पौधा

see /सी/ *v., pt.* **saw**, *pt. p.* **seen**, *pp* **~ing** 1 देखना, निहारना, अवलोकन क., झलक या संपूर्ण दर्शन पाना: ~ well/ poorly; I looked but **saw** nothing; he is much **seen** in high society 2 मन में अनुभूति क., समझना., अहसास हो.: don't you ~ what she's trying to do?; I ~ from your letter that you're married; we shall have to ~ what happens; ~ it fit to do sth (किसी कार्य को करना उचित समझना); as I ~ it (जैसा कि मैं समझता हूं) 3 पढ़कर सूचना पाना या मालूम क., जान जाना, ज्ञान प्राप्त क. 4 (***syn.*** watch) फिल्म, टीवी, नाटक आदि देखना: go to ~ a play; I **saw** this film last year 5 पता लगाना, जान जा., मालूम हो जा.: ~ Oxford in a few hours 6 किसी को किसी एक विशेष नजरिये से देखना: ~ oneself in one's children 7 (***syn.*** reflect) विश्वास क., विचार क., सोचना: ~ things as they are; I ~ no reason why we should despair; I don't ~ the good of getting angry 8 अनुभव क.: ~ for oneself (स्वयं देखना या अनुभव क.); I ~ that you have changed your mind 9 देखने की क्षमता (power of vision) हो.: I ~ no alternative/ no way out 10 भविष्य-दृष्टि से समझना, भविष्य-वाणी क.: we could ~ what was going to happen; try and ~ into the future 11 (***syn.*** call on sb) किसी से मिलने या देखने जाना, उसके साथ समय बिताना: we'll ~ again soon 12 किसी के साथ प्रेम-मिलन क.: he's been **seeing** her for quite a while now 13 मुलाकात क., रोगी को देखना-परखना: the doctor may ~ you now; the doctor ought to ~ him at once 14 बातचीत या सलाह-मशविरा के लिए मिलना: he's asking to ~ the manager; the VC can't ~ anyone to-day 15 (***syn.*** take care, make sure) कार्य की सफलता को संभावित क., का प्रबंध क., ध्यान रखना: ~ that the work is done by tomorrow evening; ~ that you lock the door; I'll ~ what can be done; we will ~ to everything; ~ about ordering a car; ~ that he comes in time 16 की कल्पना क.: I can still ~ her as a little girl; I can't ~ him agreeing 17 (***syn.*** deem, consider) समझना, के रूप में देखना, मानना: I can't ~ you old 18 सहना, अनुभव क., झेलना, देखना: he's **seen** too much pain in his life; have **seen** better days; he first **saw** fire at Berlin (उसने लड़ाई का पहला अनुभव बर्लिन में किया) 19 किसी कार्य या घटना का चश्मदीन गवाह हो.: ~ sth with one's own eyes; we're now **seeing** a huge increase in unemployment 20 (***syn.*** escort) कहीं तक छोड़कर (विदा करके) आना: ~ sb home/ to the station, etc.; ~ sb into a train/ on board a ship 21 (***syn.*** examine) निरीक्षण क., जांचना: we want to ~ over the house 22 को संदर्भित क.: ***see*** page 5; ~ as above at No. 4; ~ also (को भी देखिए!) 23 (***syn.*** witness) घटनाओं का चश्मदीद गवाह हो., घटना-स्थल हो.: the Brisbane stadium has **seen** many thrilling cricket matches 24 मदद क.: I'll ~ you out of the predicament 25 (in gambling) स्वीकार क.;

n. 1 रोम में पोप की गद्दी, धर्मपीठ: the Holy See/ the Holy **See** of Rome 2 धर्मप्रांत, बिशप का तामझाम 3 धर्माध्यक्षीय पद (position of a bishop);

dw/lw: **seeing** *see below under separate entry*; **~-through** /सी-थ्रू/ *adj.* पारदर्शी: ~ blouse;

p&i: **~ about** 1 प्रबंध क., इंतजाम क. 2 पर विचार क. 3 पता लगाना, जांच क.; **~ about sth/ doing sth** कुछ करने की जिम्मेदारी ले.; **~ after** की देख-रेख क., देख-भाल क., ध्यान रखना; **~ after one's own interests** अपने हितों का ध्यान रखना; **~ and don't do it!** देखो, यह काम कभी न क.!; **~ and don't miss the train!** ध्यान रहे कि गाड़ी छूट न जाए!; **~ daylight** अकस्मात् समझ में आना, बोध हो जा.; **~ double** किसी की आंखों में दो-दो बिंब दिखना; **~ every nook and corner** कोना-कोना छान मारना; **~ eye to eye with sb** पूर्णतः सहमत हो.; **~ far into a millstone** बहुत बारीकी में जा., बाल की खाल उतारना; **~ fit** उचित समझना; **~ for oneself** अपनी आंखों से देखना; **~ green in sb's eye** किसी को अनाड़ी समझना; **~ here!** सुनिए!; **~ how the cat jumps/ how the land lies/ how the wind blows** स्थिति का जायजा लेना; **~ into sth** 1 जांच क., मामले की छान-बीन क. 2 निरीक्षण क., समझना; **~ life/ the world** जीवन का अनुभव पाना; **~ little of sb** किसी को कभी-कभार मिलना; **~ no further than one's nose** अदूरदर्शी हो.; **~ off** किसी को विदा क.; **~ one's way to do/ of doing** कोई काम करने की संभावना देखना; **~ out** बाहर तक छोड़कर आना; **~ over sth** को परखना, खतरा भापना; **~ red** आग बबूला हो जाना, क्रोध से फट पड़ना; **~ sb coming** किसी को ठग लेना; **~ sb off** किसी को विदा क.; **~ sb out** 1 किसी को कमरे से बाहर तक यानी दरवाजे तक छोड़ आना 2 किसी के बाकी के जीवन से भी ज्यादा देर तक टिके रहना; **~ sb/ sth for what they are worth** किसी व्यक्ति, वस्तु या बात की असलियत समझ जा.; **~ sb through (sth)** किसी को किसी संकट में से निकलने में मदद या समर्थन दे.; **~ snakes/ things** पीकर धुत्त हो जा.; **~ sth coming** आने वाली समस्या को भांप लेना; **~ sth in sb** किसी में कोई खूबी देख लेना; **~ sth out** किसी चीज के अंत तक टिके रहना; **~ sth through** काम खत्म होने तक जुटे रहना; **~ through rose-coloured glasses** अति आशावादी हो.; **~ the back of** से छुटकारा पाना; **~ the colour of sb's money** किसी से उधार में पैसे पाने की उम्मीद क.; **~ the light** 1 किसी मान्यता में औचित्य देखना, अपनी भूल समझ में आना 2 अंततः किसी से सहमत हो जा. 3 रास्ता दिखायी पड़ना; **~ the light of the day** 1 पैदा होना, अस्तित्व में आना 2 प्रकाशित हो.; **~ the red light** विपदा को पास खड़ी देखना; **~ things** मायावी भ्रांतियों का शिकार हो.; **~ through** अंत तक रहना या भाग लेना; **~ through sth** 1 किसी की चालाकी को भांप जा. 2 छिपी सच्चाई को पहचान जा.; **~ through a brick wall/ a millstone** बारीकी से देखकर पूरी तरह भांप लेना; **~ to** का इंतजाम क., ध्यान रखना; **~ to sth** किसी कार्य को कर दे., किसी चीज से निपटना; **~ what I ca do** करने की पूरी कोशिश क.; **~ with half an eye** किसी बात को स्वतः-स्पष्ट समझना; **~ who it is** देखो, यह कौन आया!; **~ visions** भविष्य-द्रष्टा हो.; **~ you in church** फिर जल्दी मिलेंगे; **~ you around/ will be seeing you/ ~ you later** फिर मिलेंगे, यार, दस्विदानिया (до свидания)!;

a man well seen in modern learning आधुनिक ज्ञान का प्रकांड पंडित; **as far as I can ~/ from what I can ~** जहां तक मैं समझ सकता हूं; **be glad/ happy, etc. to see the back of sb/ sth** किसी से पिंड छुड़ाकर खुश हो.; **can't ~ my**

way to get the book इस पुस्तक को प्राप्त करने का तरीका मुझे नहीं मालूम; **for all the world to ~** साफ दिखना; **he will never ~ forty again** वह कभी का चालीस को पार कर चुका; **hope we have seen the last of him** आशा है कि हम उससे फिर कभी न मिलेंगे; **I saw stars** मेरी आंखें चौंधिया गईं; **let me ~ / let us ~** कुछ याद करने की कोशिश क.; **one cannot ~ the wood for the trees** पेड़ों से आगे वन को न देखना; **saw you coming** तुम्हें आते हुए देखा; **wait and ~!** देखते हैं क्या होता है; **we shall ~ what we shall see** यह तो देख लेंगे;

seed /सीड/ *n., pl.* **~s**/ **seed** 1 बीज: disease-treated **~s**; be kept as ~; keep onions for ~ 2 गुठली 3 बीजी हुई धरती 4 वीर्य, शुक्र 5 मूल कारण, स्रोत: the **~s** of decay/ of disease/ of enmity 6 संतति: the ~ of Abraham; and all those of his ~ 7 प्रारंभ: (the) **~s** of sth (किसी कार्य, बात या वस्तु आदि की शुरुआत); the **~s** of the plan; implant in sb the **~s** of love/ of hate; sow the **~s** of strife/ of discord 8 *sport* वरीयता: number one ~ in tennis;

v., *pt.* **~ed**, *pp* **~ing** 1 बीज उत्पन्न क., पक जाना 2 बीज बोना: plant **~s** in the ground 3 बीज छिड़कना 4 बीज निकालना 5 छांटना 6 गाढ़े घोल में एक कणीय स्फटिक (crystal) डालना, ताकि बहुत सारे स्फटिक पैदा किए जा सकें 7 बीज बोना 8 टैनिस आदि में वरीयता प्राप्त क.: be **~ed** first/ second, etc. in tennis; has been **~ed** number three for Wimbledon;

dw/lw: **~age** /सीडिज/ *n.* 1 बीज की खेती 2 बीजाई का समय 3 बीजों द्वारा पौधों की संख्या में वृद्धि; **~bed**/ **~plot** /सीडबेड/ सीडप्लॉट/ *n.* 1 पौध-क्यारी 2 बियाड़ 3 *fig.* (***syn.*** hotbed) अड्डा; **~cake** *n.* जीरे के बीजों की सुगंध वाला केक; **~-coat** *n.* बीजावरण; **~-drill** *n.* किशमिश आदि से दाने निकालने का यंत्र; **~ed** *adj.* वरीयता प्राप्त; **~er** /सीडः/ *n.* बीज बोने का यंत्र; **~-generation** *n.* बीज संतति; **~iness** /सीडिनेस/ *n.* बीजों से भरे होने की अवस्था, बीजीयता; **~ing** *n.* 1 बीजारोपण, बीजायन 2 खेल में वरीयता प्रदान करने की क्रिया; **~ing-machine** *n.* वपित्र; **~less** *adj.* बिना बीज वाला, निर्बीज; **~ling** /सीडलिंग/ *n.* 1 अंकुर 2 पौध-रोपण के लिए तैयार अंकुर; **~-lobe** *n.* बीज-पत्र; **~-pearl** /सीड-पःल/ *n.* बहुत छोटा मोती; **~man** *n.* 1 बीज-व्यापारी 2 बीज संबंधी यंत्रों का व्यापारी; **~-potato** *n.* बीज-आलू; **~-time** *n.* बीज बोने का समय; **~y** /सीडि/ *adj.* 1 बीजदार, बिजैला 2 बीज पैदा करने को तैयार पौधा 3 फटा-पुराना, फटीचर: ~y clothes 4 बेचारा, दयनीय: ~y individual 5 अस्वस्थ: look ~y; I feel ~y 6 भद्दा, गंदा, बदनाम, गड़बड़, खराब 7 बीजों के जायके वाला; **~-vessel** *n.* फलभित्ति, बीज-बक्सा;

collocations: **~ breeding** बीजों की खेती; **~ certification** बीजों का प्रमाणीकरण; **~ coral** बीजों के लिए प्रवाल या मूंगा; **~ corn** 1 मक्की के बीज 2 भविष्य में लाभकारी सिद्ध होने वाली संपत्ति; **~ cover** बीज आवरण; **~ dormancy** बीज की अंकुरित न होने की अवस्था; **~ drill** बीजाई यंत्र; **~ farming** बीजों की खेती; **~ money** किसी प्रायोजना को शुरू करने के लिए लगने वाला धन; **~ potato** बीज का आलू; **~ riddle** बीज सफाई यंत्र; **~ treatment** बीजों को दवाई आदि लगाकर बीमारियों से सुरक्षित करने की क्रिया; **~ vessel** *bot.* बीज-बक्सा; **~ year** बीज की फसल तैयार होने में लिया जाने वाला समय;

sesame ~ तिल का बीज;

p&i: **go**/ **run to** ~ *bot.* 1 बीज उत्पन्न होने से पहले फूल लगना बंद हो. 2 फटा-पुराना हो जा. 3 दयनीय हालत हो जाना, अस्वस्थ हो जा. 4 नैतिक रूप से अधोगत होना; **sow the ~s of discord** कलह के बीज होना

seedy *see above under* **seed:** ***dw/lw***

seeing /सीइंग/ *n.* 1 देखने की क्षमता, दृष्टि 2 *astron.* आसमान को देखने के लिए अनुकूल परिस्थितियां;

adj. देखता हुआ;

conj. (*usually* **seeing that**) क्योंकि; ~ that he refuses there is nothing more to be done; ~ the facts of the case are not yet known, we cannot comment; ~ you are opposed to the plan, we may not pursue it;

collocations: **~ eye dog** *US* (*UK/ US* **guide dog**) अंधों का कुत्ता;

p&i: **~ is believing** देखकर ही विश्वास किया जा सकता है यानी झठ और सच में चार उंगली का फासला (कान और आंख के बीच की दूरी) होता है अर्थात् कानों सुनी बात झूठी हो सकती है पर आंखों देखी नहीं

seek /सीक/ *v., pt.* **sought**, *pt. p.* **sought**, *pp* **~ing** 1 किसी को या किसी चीज को खोजना, ढूंढना, तलाशना: ~ (for) employment; ~ a situation/ a place of a teacher; the reason is not far to ~ (कारण को कहीं और तलाशने की जरूरत नहीं); they **sought** through the house; I'm **seeking** a place of refuge 2 (***syn.*** endeavour, attempt) कुछ करने का प्रयास क.: he's just **seeking** to please his boss; they **sought** to climb Mount Everest; he **sought** to grasp the drowning man 3 कुछ पाने की कोशिश क.: ~ sb's approval/ sb's help/ sb's aid; ~ one's fortune; they **sought** each other's company; ~ to make peace 4 पता लगाना, पूछताछ क., छान डालना, अन्वेषण क.: ~ out the author of a crime; ~ sb/ sth out 5 जाना, के पास जाना 6 मांगना, चाहना: ~ an explanation of sb's conduct; ~ information/ direction, guidance; ~ sb's advice;

dw/lw: **~er** /सीकः/ *n.* खोजने वाला, अन्वेषी, अन्वेषक, जिज्ञासु; **~-time** *n., comput.* कंप्यूटर द्वारा किसी फाइल को ढूंढने में लिया जाने वाला समय; **hide-and-~** *n.* लुका-छिपी का खेल;

p&i: **~ after** की खोज में हो.; **~ for** खोजना; **~ one's bed** सोने जाना; **~ one's fortune** धनी बनने का तरीका ढूंढना; **~ out** ढूंढ निकलना; **~ safety in flight** भागकर जान बचाना; **~ sb/ sth** किसी को या किसी वस्तु खोजकर ढूंढ लेना; **~ sb's life** किसी को मार डालना;

be much sought after जिसके लिए अत्यधिक मांग हो; **be sought for in marriage** शादी का प्रस्ताव पाना; **he that ~s, finds** जहां चाह, वहां राह; **politeness is much to ~ among them** विनम्रता उनका गुण नहीं

seem /सीम/ *v., pt.* **~ed**, *pp* **~ing** 1 (***syn.*** appear) प्रतीत होना, दिखना: she **~s** happy; he **~ed** old to me; ~ good to sb; she **~s** tired; he cannot ~ to accept the fact 2 जान पड़ना, स्पष्ट हो., मन को लगना: it ~ like/ as if, etc. (ऐसा लगता है जैसे कि...); it **~s** good to me to do it; this **~s** as if it is good; if it **~s** to be necessary to you, we shall do it; it **~s** as if/ as though ...; things are not always what they ~ 3 अहसास हो., ऐसा विचार हो., लगना: I ~ to know you from somewhere; this, it **~s**, is his hobby; I do not ~ to like him

seeming /सीमिंग/ *adj.* 1 (***syn.*** ostensible) स्पष्ट, प्रत्यक्ष, प्रकट, दृश्यमान, प्रतीयमान: speak with ~ composure 2 ऊपर से दिखने वाला, ऊपरी, बनावटी, दिखावापूर्ण: ~ friend; ~ sincerity; the ~ and the real;

n. प्रतीति, आभास: the outer ~ (अंदर से एक, बाहर से कुछ और);

dw/lw: **~ly** /सीमिंगलि/ *adv.* 1 प्रकट रूप से: ~ly fruitless exercise 2 (***syn.*** apparently) प्रत्यक्षतः: an old man ~ly more than 80 years of age 3 ऊपर से: he ~ly took all in good humour

seem\ly /सीम्लि/ (≠ **un~ly**) *adj., degr.* **~lier**, **~liest** 1 समुचित, उचित: it is not **~ly** to praise oneself 2 सुरुचिकर: **~ly** maiden;

dw/lw: **~liness** /सीम्लिनेस/ *n.* औचित्य

seen /सीन/ *pt. p.*, '**see**' का भूतकालिक कृदंत

seep /सीप/ *v., pt.* **~ed**, *pp* **~ing** रिसना, चूना: the water **~s** through the roof; ~ from/ into/ through, etc.;
dw/lw: **~age** /सीपिज/ *n.* 1 रिसाव, चूने की क्रिया 2 लघु स्रोत, सोता; **~y** /सीपि/ *adj.* रिसने वाला, चूने वाला;
p&i: **in spite of the precautions information was ~ing out** सावधानी के बावजूद सूचनाएं चोरी-छिपे बाहर जा रही थीं; **through the closed doors there ~ed out a great babble of conversation** बंद दरवाजे में से बातचीत को शोर बाहर रिस रहा था

seer /सीअः/ *n.* 1 (***syn.*** clairvoyant) भविष्य द्रष्टा 2 (***syn.*** sage) ऋषि, मनीषी 3 द्रष्टा, देखने वाला 4 (***syn.*** prophet) नबी, पैगंबर

seersucker /सीअःसकः/ *n.* हल्का, महीन सूती कपड़ा

seesaw /सीसॉः/ (*also US* **teeter-totter**) *n.* 1 एक प्रकार का झूला 2 झूमा-झूमी, ढेंकी: play at ~ (झूमा-झूमी झूलना) 3 उतार-चढ़ाव, आगे-पीछे की जाने वाली चाल, डांवांडोल स्वभाव;
v., pt. **~ed**, *pp* **~ing** 1 झूमा-झूमी खेलना 2 आगा-पीछा क., कभी हां, कभी ना करना: ~ between two opinions 3 घटना-बढ़ना, उतार-चढ़ाव आना;
adv. 1 आगे-पीछे 2 ऊपर-नीचे: go ~;
adj. 1 चढ़ता-उतरता, घटता-बढ़ता 2 डांवांडोल: ~ policy (ढुलमुल नीति)

seethe /सीद/ *v., pt.* **~d**, *pp* **seething** 1 उबलना, खौलना: the soup was **seething** 2 उबालना, खौलाना 3 बुदबुदाना 4 क्रोध से आग-बबूला होना: his soul is **seething** with anger 5 आंदोलित होना, हलचल से भरा होना: she is always **seething** with new ideas; thoughts **~d** madly in his brain;
dw/lw: **seething** /सीदिंग/ *adj.* क्रोधित, उत्तेजित; **seethingly** /सीदिंगलि/ *adv.* क्रोध से भरकर, उत्तेजित होकर

see-through *see above under* **see:** ***dw/lw***

segment /सेग्मंट/ *n.* 1 हिस्सा, खंड, अंश 2 फांक: a ~ of an orange 3 *phon.* लघुत्तम ध्वनि जिसमें कोई शब्द विभाजित हो सकता है 4 वृत का भाग जो शेष भाग से मात्र एक रेखा द्वारा अलग किया होता है;
v., pt. **~ed**, *pp* **~ing** खंडों में विभाजित क. या हो जाना;
dw/lw: **~al** /सेग्मंटल/ (*also* **~ary**) *adj.* खंडीय, सखंड, खंडयुक्त; **~ation** /सेग्मंटेशन/ *n.* खंडीकरण; **~ed** *adj.* खंडित, सखंड, विभक्त

segre\gate /सेग्रअ\गेट/ *v., pt.* **~gated**, *pp* **~gating** 1 अलग क., पृथक् क., जुदा क. 2 समूहों में बांटना 3 *genetics* मुख्य व गौण में विभाजित क.;
dw/lw: **~gant** /~गंट/ *n.* विसंयोजक; **~gative** /~गेटिव/ (*also* **~gational** /~गेश्नल/) *adj.* 1 पृथक्कारी 2 अलगाऊ 3 अलग, अलग किया हुआ; **~gation** /~गेश्न/ *n.* पार्थक्य, अलगाव, पृथक्करण: racial ~gation; **~gationist** *n.* अलगाववादी

segue /सेग्वे/ *v. pt.* **~d**, *pp* **segueing** *music, Italian* बिना रुके अगला गाना या विषय शुरू कर दे.: they then **~d** into a discussion on Brexit (British Exit from European Union)

seguidilla /सेगिडील्या/ *n.* एक जीवंत स्पेनी नृत्य

seiche /सेश/ *n.* जलदोलन

seigneur /सेन्यः/ (*also* **seignior** /सेन्यअः/) *n.* सामंत, नवाब, जागीरदार: grand ~;
dw/lw: **seigniorial** /सेन्योरिअल/ (*also* **seigneurial**) *adj.* सामंती; **seigniory** /सेन्यरि/ (*also* **seigneury** /सेन्यरि/ *n.*) जागीर

seine /सेन/ *n.* मछलियां को पकड़ने का बड़ा जाल, महाजाल, कोना-जाल

seism /साइजम/ *n.* भूकंप

seismic /साइजमिक/ *adj.* 1 भूकंप-संबंधी: an increase of ~ proportions 2 भूकंपी(य): ~ country; ~ detector; ~ focus (भूकंप उद्गमक्षेत्र); ~ wave (भूकंपीय तरंग);
dw/lw: **~ity** /साइजमिसिटि/ *n.* भूकम्पीयता

seismo- /साइजमौ-/ साइजमो-/ *comb. form, denoting:* **earthquake** (भूकंप);
dw/w: **~gram** /साइजमअ\ग्रैम/ *n.* भूकंप-अभिलेख; **~graph** /~ग्राफ/ *n.* भूकंपलेखी; **~graphy** /साइजमौग्राफि/ *US* साइजमाःग्राफि/ *n.* भूकंपलेखन; **~logy** /साइजमौलजि/ *US* साइजमौलजि/ *n.* भूकंप-विज्ञान; **~logic/ ~al** /साइजमअलौजिक/ ~ल/ *US* साइजमअलाःजिक/ ~ल/ *adj.* भूकंप-वैज्ञानिक, भूकंप-संबंधी; **~logist** /साइजमअलौजिस्ट/ *US* -लौजिस्ट/*n.* भूकंप-विज्ञानी; **~scope** *n.* भूकंपदर्शी

seismometre /साइजमौमिटः/ *US* साइजमाःमिटः/ *n.* भूकंप की तीव्रता, दिशा तथा दूरी बताने वाला उपकरण

seizable /सीजअबल/ *adj.* कब्जे में लेने योग्य, छीन लेने योग्य

seize /सीज/ *v., pt.* **~d**, *pp* **seizing** 1 छीन ले., झपट लेना: ~ on/ upon sth (तुरंत झपट लेना); ~ a gun from sb's hand; they have **~d** all that they could 2 पकड़ लेना, (कसकर) पकड़ना: ~ sb by the arm/ by the throat, by the collar; ~ a thief 3 (*often* **~ on/ upon sth**) मौके का फायदा उठाना, से (तुरंत) लाभ उठाना: ~ a suggestion/ a chance; he **~d** on the idea as soon as it was suggested; ~ every chance to embarrass sb; ~ an opportunity/ the occasion; ~ an initiative 4 जब्त क.: ~ documents/ contraband goods 5 कुर्क क.: sb's property will be **~d** 6 गिरफ्तार क., बंदी बनाना: the coup leaders were **~d** as soon as they left the building 7 समझना, समझ लेना: ~ an idea; I can't quite ~ your meaning 8 पकड़ना, आक्रांत क. 9 घबराहट की जकड़ में आ जा.: he was **~d** with terror/ with fear/ with panic; he was **~d** with a fit of coughing 10 जम जाना, जाम होकर बंद हो जाना: the car-engine ~d due to the use of duplicate engine oil 11 वैध कब्जा दिलाना: be/ stand **~d** of/ with 12 कब्जा कर लेना, सत्ता आदि हथिया लेना: the terrorists **~d** the airport in a surprise attack; ~ the reins of power 13 कस कर बांधना;
dw/lw: **seizing** /सीजिंग/ *n.* 1 कब्जा 2 (***syn.*** jamming) जाम होने की क्रिया 3 धातु का घर्षण से कटाव;
p&i: **~ up** 1 कार आदि के इंजन का किसी कारणवश जाम होकर बंद हो जा. 2 किसी व्यक्ति का घबराहट, भय या मानसिक तनाव के कारण जड़ हो जाना, जकड़ जा.; **be ~d of the matter** मामले से निपटने की प्रक्रिया में हो.

seizure /सीजः/ *n.* 1 कब्जा, आकस्मिक झपट: abrupt/ illegal ~; the ~ of another's property 2 जब्ती: the ~ of land/ of goods 3 मिर्गी आदि बीमारी का दौरा, शरीर की जकड़न: an epileptic ~ 4 पकड़, गिरफ्तारी: make ~ of; be under ~ 5 कुर्की: ~ note

seldom /सेल्डम/ *adv.* 1 (***syn.*** rarely) अक्सर नहीं, बिरले ही: very ~; ~ or never 2 कभी-कभी, कभी-कभार, यदा-कदा, जब-तब;
p&i: **~ comes a better** अच्छे आदमी कम ही मिलते हैं; **~ does a hated man end well** बुरे का अंत बुरा ही होता है; **~ seen, soon forgotten** आंख ओझल पहाड़ ओझल

select /सलेक्ट/ *v., pt.* **~ed**, *pp* **~ing** 1 चयन क.: ~ a candidate for the post of a Professor 2 चुनना, छांटना: ~ tastefully/ painstakingly, fastidiously 3 पसंद करके चुनना: ~ a book/ a New Year's gift;
adj. 1 चुना हुआ 2 चयनित 3 चुनिंदा: dinner consisting of a few ~ dishes 4 (***syn.*** exclusive) श्रेष्ठ, उत्कृष्ट, वरिष्ठ, प्रवर, विशिष्ट: a few ~; ~ society/ company/ circle; mix with a very ~ group 5 गैर-मिलनसार, नकचढ़ा: be ~ in the people one invites;
dw/lw: **~ed** /सलेक्टिड/ *adj.* 1 चुना हुआ, चुनी हुई: ~ed stories/ works 2 चयनित: ~ed candidate 3 चुनिंदा: ~ed

goods; **~ion** *see below under separate entry*; **~ive** /सलेक्टिव/ *adj.* 1 चुना हुआ 2 चयनक्षम, चयनशील 3 चयनात्मक 4 चुनिंदा: ~ive cataloguing; ~ive inspection; **~ively** /सलेक्टिवलि/ *adj.* चुन-चुनकर; **~iveness** /सलेक्टिवनेस/ *n.* चुनिंदापन; **~ivity** /सलेक्टिविटि/ *n.* 1 चयनक्षमता, चयनात्मकता, वरणशीलता 2 *electron.* रेडियो तरंग की दूसरी तरंग के प्रति संवेदनशीलता; **~or** /सअलेक्टः/ *n.* चयनकर्ता;

collocations: **~ board** चयन मंडल; **~ committee** चयन समिति, प्रवर समिति; **~ grade** प्रवर कोटि; **~ post** चयन पद

selection /सअलेक्शन/ *n.* 1 चयन: careful/ occasional ~ 2 चयनित किए हुए व्यक्ति या वस्तु, छांट: the **~s** for a match; natural/ artificial ~ 3 चयनिका, चुनिंदा रचनाएं: **~s** from Shakespeare/ from the modern poets 4 पसंदों की बहुतायत: the shop has a good ~ of hats

seleno- /सिलीनो/ सेलअनौ/ *comb. form, signifying:* **moon** (चंद्रमा);

dw/lw: **~centric** /सेलअनौसेंट्रिक/ *US* सेलअनाःसेंट्रिक/ *adj.* चंद्रकेंद्रिक; **~graphic**/ **~graphical** /~ग्रअफिक/ ~ग्रअफिकल/ *adj.* चंद्र की ऊपरी सतह के अध्ययन से संबंधित; **~graphy** *n.* चंद्र की ऊपरी सतह का अध्ययन; **~logical** /सअलीनअलौजिकल/ *US* सअलीनअलाःजिकल *adj.* चंद्र-विज्ञान से संबंधित; **~logy** /सेलअनौलजि/ *US* -नाःलजि/ *n.* चंद्र-विज्ञान, चंद्रमा का वैज्ञानिक अध्ययन

self /सेल्फ/ *n., pl.* **selves** /सेल्वज/ 1 स्वयं का स्वत्व, सम्पूर्ण व्यक्तित्व: my own/ very ~; he was his usual happy ~; one's better ~ (व्यक्ति में जो बेहतर रूप है); one's former ~ (जैसा कि व्यक्ति पहले था); one and the same ~; be one's own ~; be in love with one's own ~ 2 अहम, आत्ममन, स्व-व्यक्तित्व, खुदी: inmost ~; be conscious of ~ 3 आत्मा 4 स्वयं का स्वार्थपूर्ण हित, स्व-हित: ~ comes first (पहले अपना, फिर पराया); thoughts centred on ~; ~ is his God and selfishness is his religion; ~ is a bad guide to happiness; have no thought of ~ 5 स्व-अस्मिता का अहसास 6 किसी का या किसी बात का सार-तत्त्व: the expression of beauty's ~ 7 संबंधवाचक सर्वनाम व विशेषण के साथ जुड़कर: their hideous wives, their horrid **selves** and dresses (वे खुद, उनकी चालाक पत्नियां और उनकी भद्दी पोशाक); your good **selves** 8 कर्ता समान: my second ~, my other ~;

pron. 1 स्वयं, खुद, आप (myself, yourself, himself, herself, etc.): a room for ~ and wife 2 स्वयं अपने नाम: a cheque drawn to ~; a ticket admitting ~ and a friend;

adj. 1 अपना, एकरूप 2 इकरंगा, संपूर्णतः समान: ~ trimming (एक ही सामान से बना) 3 शुद्ध: ~ whisky 4 वही, एक ही: the ~ and same laws 5 खुद का, किसी का अपना: they gormandize at their ~ pleasures

self- /सेल्फ-/ *comb. form, indicating:* 1 by and for one**self** (स्वयं द्वारा, स्वयं के लिए): ~-doubt, ~-inflicted 2 acting automatically (स्व-चालित): ~-closing;

dw/lw: **~-abandoned** /सेल्फ-अबंडन्ड/ *adj.* असंयत, आवेगी; **~-abandonment** /सेल्फ-अबंडनमंट/ *n.* असंयम, बेखुदी: rouse a person from/ out of his ~-abandonment; hopeless ~-abandonment (भयंकर बेखुदी); **~-abasement** /सेल्फ-अबेसमंट/ *n.* आत्म-तिरस्कार, स्वार्थ-त्याग; **~-abnegation** /सेल्फ-ऐबनिगेशन/ *n.* आत्म-त्याग; **~-absorbed** *adj.* अपने विचारों, मसलों, हालात, स्व-साधना में डूबा हुआ; **~-absorption** *n.* आत्मलीनता; **~-abomination** /सेल्फ-अबॉमिनेशन/ *n.* 1 आत्मनिंदा 2 आत्म-घृणा; **~-abuse** /सेल्फ-अब्यूस/ *n.* 1 आत्मनिंदा 2 आत्म-दुरुपयोग 3 हस्तमैथुन; **~-abuser** *n.* आत्मनिंदक, आत्म-दुरुपयोगी; **~-access** *n.* पढ़ाई का एक तरीका जिसके तहत विद्यार्थी अपने आप पढ़ाई के पाठ चुनते हैं और फिर उन्हें अपने आप परीक्षा की तैयारी के लिए इस्तेमाल करते हैं; **~-accusation** *n.* आत्म-दोष, स्वदोष-स्वीकरण; **~-accusatory** *adj.* आत्म-दोषात्मक; **~-acquired** /सेल्फ-अक्वायःड/ *adj.* स्वार्जित (स्व+अर्जित); **~-acting** *adj.* स्वतःक्रिय, स्वचालित: ~-acting regulator; ~-acting control; **~-action** *n.* स्वचालन; **~-actualisation** *n.* (***syn.*** ~-realisation) 1 आत्म-विकास, अपनी योग्यता, क्षमताओं, संभावनाओं आदि का अधिकतम उपयोग 2 आत्म-सिद्धि, आत्म-ज्ञान, आत्म-अनुभूति; **~-addressed** *adj.* अपने लिखे पते के साथ, स्वनामांकित (लिफाफा): please enclose a ~-addressed envelope; **~-adhesive** *adj.* अपने आप चिपकने वाला; **~-adjusting** *adj.* स्वसमंजक; **~-admiration** *n.* स्वप्रेम, खुद पर लट्टू होने की क्रिया; **~-advertisement** *n.* स्वप्रचार; **~-analysis** *n.* अपने चरित्र, व्यवहार आदि का स्वाध्ययन; **~-appointed** *adj.* 1 स्वयंनियुक्त 2 स्वनिर्धारित; **~-appraisal** *n.* अपने काम का स्वयं मूल्यांकन करने की क्रिया; **~-assertive**/ **~-asserting** *adj.* स्वाग्रही; **~-assertion** *n.* अपने अधिकारों पर दिया जाने वाला जोर, स्वाग्रह; **~-assumed** *adj.* स्वगृहीत, बिना अनुमति के प्राप्त; **~-assurance** *n.* अपने आप पर भरोसा, आत्म-विश्वास; **~-assured** *adj.* (***syn.*** confident) आत्म-विश्वासी; **~-awareness** *n.* अपने चरित्र व स्वभाव के बारे में ज्ञान, स्वज्ञान; **~-build** *n.* अपने घर का स्वयं मालिक द्वारा किया जाने वाला निर्माण; **~-catering** *adj. UK* होटल या विश्राम गृह जहां स्वयं खाना पकाने की सुविधा उपलब्ध हो; **~-centred** *UK* (*US* **~-centered**) *adj.* स्वार्थी, आत्म-केंद्रित, स्वकेंद्रित, स्वयं-सेवक; **~-collected** *adj.* धीर, धैर्यशाली; **~-coloured** *adj.* स्ववर्णी, इकरंगा, स्ववर्ण; **~-command** *n.* आत्म-संयम; **~-communion** *n.* आत्म-चिंतन; **~-complacence(cy)** /सेल्फ-कंप्लेसंस/ सेल्फ-कंप्लेसंसि/ *n.* अति आत्म-संतोष, आत्म-संतुष्टि; **~-complacent** *adj.* अति-आत्मतुष्ट, आत्म-संतुष्ट; **~-conceit** *n.* अभिमान, आत्म-छलावा; **~-confessed** *adj.* आत्म-दोषित, आत्म-निंदित, आत्म-घोषित; **~-confident** *adj.* (***syn.*** ~-assured) आत्म-विश्वासी; **~-confidence** *n.* आत्म-विश्वास; **~-confidently** *adv.* आत्म-विश्वासपूर्वक; **~-congratulation** *n.* आत्म-श्लाघा, अपने मुंह मियां मिट्ठू बनने की क्रिया; **~-conquest** *n.* आत्म-विजय; **~-conscious** *adj.* स्वअस्मिता-बोधी, संकोचशील, संकोची, संकोच भरा: make sb ~-conscious; **~-consciously** *adv.* आत्म-चेतनापूर्वक; **~-consciousness** *n.* आत्म-संकोच, अस्मिता-बोध, आत्म-चेतन; **~-consistent** *adj.* स्वसंगत; **self-consistency** *n.* स्वसंगति; **~-consuming** *adj.* स्वभक्षी; **~-contained** *adj. UK* 1 (***syn.*** independent) आत्म-पूर्ण, स्वतःपूर्ण 2 अल्पभाषी, घुन्ना, चुप्पा 3 संयमी 4 आत्म-निर्भर, आत्म-भरित: ~-contained flat; **~-contempt** *n.* आत्म-तिरस्कार; **~-contemptuous** /सेल्फकंटेंपच्युअस/ *adj.* आत्म-तिरस्कारी; **~-contented** *adj.* आत्म-संतुष्ट; **~-contradiction** *n.* स्वतःविरोध, अंतर्विरोध, परस्पर-विरोध, असंगति; **~-contradictory** *adj.* अंतर्विरोधी, स्वतःविरोधी, परस्पर-विरोधी, असंगत; **~-control** *n.* आत्म-संयम: lose/ keep one's ~-control; exercise ~-control; **~-convicted** *adj.* आत्म-दंडित; **~-correcting** *adj.* अपने आप ठीक होने वाला; **~-criticism** *n.* आत्म-समीक्षा, आत्म-आलोचना; **~-deception**/ **~-deceit** *n.* आत्म-वंचना, आत्म-छलावा; **~-defeating** *adj.* आत्म-घाती; **~-defence** *UK* (*US* **~-defense**) *n.* आत्म-रक्षा: collective/ individual ~-defence; for/ in ~-defence; statement in ~-defence; the art of ~-defence; **~-delusion** *n.* असत्य को सत्य मानने का धोखा; **~-denial** *adj.* (***syn.*** abstinence) आत्म-त्याग, अपनी इच्छाओं का त्याग, स्वार्थ-त्याग: practise ~-denial; **~-denying** *adj.* स्वार्थ-त्यागपूर्वक; **~-dependent** *adj.* आत्म-निर्भर, स्वावलंबी: ~-dependent missile; **~-deprecating** *adj.* अपनी सफलताओं को कम करके बताने वाला; **~-depreciation** *n.* आत्म-अवमूल्यन, आत्म-निंदा; ~

destruction *n.* स्व-विनाश, आत्म-विनाश, आत्म-संहार; ~-**destructive** *adj.* आत्म-संहारी, आत्म-विनाशकारी; ~-**determination** *n.* आत्म-निर्णय; ~-**devoting** *adj.* स्वार्थ-त्यागी, आत्म-उत्सर्ग; ~-**discipline** *n.* स्व-अनुशासन; ~-**display** *n.* आत्म-प्रदर्शन; ~-**distrust** *n.* आत्म-विश्वासहीनता; ~-**doubt** *n.* अपनी क्षमता पर अविश्वास; ~-**drive** *v, pt.* ~drove, *pt. p.* ~-driven, *pp* ~-driving गाड़ी को स्वयं मालिक द्वारा चलाया जाना; ~-**driven** *adj.* स्वयं मालिक द्वारा चालित; ~-**educated** *adj.* स्वशिक्षित, अताई; ~-**education** *n.* स्वयं-शिक्षा, स्वशिक्षा; ~-**educator** *n.* स्वयं-शिक्षक; ~-**effacement** *n.* आत्म-प्रचार त्याग, आत्म-संकोच; ~-**effacing** *adj.* स्व-प्रचार से बचने वाला, आत्म-संकोची; ~-**elective** *adj.* स्वनिर्वाची; ~-**employed** *adj.* स्वनियोजित, स्वावलंबी; ~-**esteem** *n.* स्वाभिमान, आत्म-सम्मान: boost/ build/ damage/ raise high/ low ~-esteem; his low ~-esteem increased as soon as the job offer came through; ~-**evident** *adj.* स्वतः-स्पष्ट, स्वयं-सिद्ध: ~-evident truth; ~-**examination** *n.* आत्म-परीक्षण; ~-**image** *n.* स्वछवि; ~-**existing** *adj.* स्वयंभू; ~-**explanatory** *adj.* स्वतः-स्पष्टीकारक, स्वतः-स्पष्ट: ~-explanatory context; ~-**expression** *n.* आत्म-अभिव्यक्ति, कला, साहित्य आदि क्षेत्रों में आत्म-अभिव्यक्ति का विकास; ~-**feeder**/ ~-**feeding** *adj.* स्वयं-पोषक, स्वयंभर; ~-**fertile** *adj.* स्वतः-उपजाऊ; ~-**fertility** *n.* स्व-उपजाऊपन; ~-**fertilization** *n.* स्वतः-बीजन, स्वतः-अंकुरण; ~-**fulfilling** *adj.* स्वयं-सिद्ध: ~-fulfilling prophecy; **self-fulfillment** *n.* स्वयं-सिद्धि; ~-**forgetful** *adj.* निस्स्वार्थ, अपने को भूल जाने वाला; ~-**glorification** *n.* आत्म-श्लाघा, आत्म-प्रचार; ~-**government** *n.* स्वशासन, स्वराज; ~-**harming** *n.* अपने को यातना देने का चलन; ~-**heal** *n.* एक सदाबहार लता; ~-**help** *n.* स्वसहायता, स्वावलंबन; ~-**help** *adj.* स्वसहायक: ~-help journals; ~-help manual; ~**hood** *n.* 1 आत्म-तत्त्व, व्यक्तित्व 2 स्वार्थ; ~-**humiliation** *n.* आत्म-अवमानना; ~-**hypnotism** *n.* आत्म-सम्मोहन; ~-**ignition** *n.* स्वतः-ज्वलनशीलता; ~-**image** *n.* अपने बारे में खुद का विचार एवं समझ; ~-**immolation** *n.* स्व-प्रदाह; ~-**importance** *n.* अहंभाव, अहंकार, आत्म-अभिमान; ~-**important** (*syn.* arrogant) *adj.* अहंकारी, आत्म-अभिमानी; ~-**imposed** *adj.* स्वगृहीत, स्व-रोपित, अपने आप थोपा हुआ; ~-**improvement** *n.* आत्म-सुधार; ~-**induced** *adj.* स्वजनित, स्व-रोपित; ~-**inductance** *n.* स्वप्रेरकत्व; ~**induction** *n., electron.* स्वप्रेरण; ~-**inductive** *adj.* स्वप्रेरक; **self-inflicted** /सेल्फ-इनफ्लिक्टिड/ *adj.* आत्म-प्रहारित, आत्म-पीड़ित, आत्म-कृत: ~-inflicted wound; ~-**indulgent** *adj.* विषयासक्त, असंयमी; ~-**indulgence** /सेल्फ-इंडलजंस/ *n.* विषयासक्ति, असंयम; ~-**interest** *n.* स्वार्थ: unashamed/ obvious ~-interest; ~-**interested** *adj.* स्वार्थी; ~-**invited** *adj.* बिना निमंत्रण के आने वाला व्यक्ति;

selfish /सेल्फिश\/ *adj.* स्वार्थी, स्वार्थपरायण, मतलबी: act from a ~ motive;
dw/lw: ~**ly** /~लि/ *adv.* स्वार्थपूर्वक; ~**ness** /~नस/ *n.* स्वार्थ

self\-justifying *adj.* अपने व्यवहार के लिए बहाने बनाने वाला;
dw/lw: ~-**justification** *n.* अपने अनुचित व्यवहार के लिए बहानेबाजी; ~-**knowledge** *n.* आत्म-ज्ञान;

selfless /सेल्फलेस/ *adj.* निःस्वार्थ

self\-loading *adj.* अपने आप भरने वाली (बंदूक);
dw/lw: ~-**locking** *adj.* अपने आप ताले से बंद हो जाने वाला; ~-**love** *n.* 1 आत्म-प्रेम 2 स्वार्थ; ~-**made** *adj.* 1 अपने प्रयत्नों से सफलता पाने वाला: ~-made person; ~-made career 2 स्वनिर्मित; ~-**mastery** *n.* आत्म-संयम; ~-**mortification** *n.* 1 स्व-यंत्रणा 2 स्वत्व का संकुचन; ~-**motion** *n.* स्वचलन; ~-**motivated** *adj.* स्व-प्रेरित; ~-**observation** *n.* आत्म-निरीक्षण; ~-**opinion** *n.* आत्म-अभिमान, अकड़; ~-**opinionated** *adj.* स्वमताग्रही, हठ-धर्मी; ~-**perpetuating** *adj.* अपने आप चलता रहने वाला; ~-**pity** *n.* आत्म-दया; ~-**pollinated** *adj.* स्वपरागित; ~-**pollination** *n.* स्वपरागण; ~-**portrait** *n.* आत्म-चित्र, स्वचित्र, खुद अपने द्वारा बनाया जाने वाला अपना चित्र; ~-**possessed** *adj.* धीर, प्रशांत: remain entirely ~-possessed; ~-**possession** *n.* आत्म-संयम: lose/ regain one's ~-possession; ~-**praise** *n.* आत्म-प्रशंसा: ~-praise is no recommendation; ~-**preservation** *n.* स्वरक्षण, आत्म-परिरक्षण, आत्म-रक्षा: the instinct of ~-preservation; ~-**proclaimed** *adj.* स्व-घोषित; ~-**propagating** *adj.* स्वसंचारी, स्वप्रजननी; ~-**propelled** *adj.* स्वचालित: ~-propelled mount; ~-**propelling** *adj.* स्वचालित; ~-**realization** *n.* (*syn.* ~-actualisation) आत्म-विकास, आत्म-सिद्धि, आत्म-ज्ञान, आत्म-अनुभूति; ~-**recording**/ ~-**registering** *adj.* स्वतः अभिलेखी; ~-**referential** *adj.* 1 स्वयं से संबंधित 2 कोई पाठ, फिल्म, चित्र आदि जो स्वयं को संदर्भित हो; ~-**regard** *n.* 1 आत्म-सम्मान एवं स्वार्थ 2 स्वाभिमान; ~-**regulating** *adj.* स्वतः नियामक; ~-**reliance** *n.* आत्म-निर्भरता; ~-**reliant** *adj.* आत्म-निर्भर: a ~-reliant person, (आत्म-निर्भर व्यक्ति); ~-**renunciation** *n.* आत्म-त्याग; ~-**repression** *n.* आत्म-दमन; ~-**reproach** *n.* आत्म-भर्त्सना; ~-**repugnant** *adj.* असंगत, स्वविरोधी; ~-**respect** *n.* आत्म-सम्मान, आत्म-गौरव, स्वाभिमान; ~-**respecting** *adj.* आत्म-सम्मान करने वाला, स्वाभिमानी; ~-**restraint** *n.* आत्म-संयम, आत्म-निग्रह; **-revelation** *n.* आत्म-अभिव्यक्ति; ~-**righteous** /सेल्फ-राइचिअस/ *adj.* (***syn.*** sanctimonious) स्वयं को नैतिक रूप से औरों से बेहतर समझने वाला, दंभी: ~-righteous moralists; ~-righteous cruelty; ~-**righteousness** *n.* नैतिक आत्म-दंभ; ~-**rule** *n.* स्वशासन; ~-**sacrifice** *n.* आत्म-त्याग, आत्म-बलिदान; ~-**sacrificing** *adj.* आत्म-त्यागी

selfsame /सेल्फसेम/ *adj.* 1 वही, उसी (the very same): he left that ~ day (वह उसी दिन चला गया) 2 (***syn.*** identical) अभिन्न, समान;

self\-satisfied *adj.* अपने बारे में या अपनी सफलताओं के बारे में दंभपूर्वक संतुष्ट, अति-आत्म-तुष्ट, आत्म-तुष्टि, दंभी, अहम्मन्य;
dw/lw: ~-**satisfaction** *n.* अपने बारे में या अपनी सफलताओं के बारे में दंभपूर्ण संतुष्टि, आत्म-संतोष; ~-**sealing** *adj.* 1 अपने आप बंद (seal) होने वाला: ~-sealing envelop 2 (***syn.*** tyre) छोटे-मोटे पंक्चर अपने आप बंद कर लेने वाला; ~-**searching** *n.* आत्म-निरीक्षण; ~-**seeker** *n.* स्वार्थी या खुदगर्ज व्यक्ति; ~-**seeking** *adj.* स्वार्थी; ~-**service** *n.* 1 स्वयं-सेवा 2 अपने आपको स्वयं परोसने की क्रिया; ~-**service** *adj.* स्वयं परोसने वाला; ~-**serving** *adj.* स्वयं-सेवक, अपने आपकी सेवा करने वाला: ~-serving politician; ~-**shielding** *adj.* स्वपरिरक्षी; ~-**sown**/ ~-**seeded** *adj.* स्वबीजित, स्वअंकुरित; ~-**starter** *n.* 1 स्वचल, स्वतः-चालक 2 पहल करने वाला, सक्रिय व्यक्ति; ~-**starting** *adj.* स्वतःप्रवर्ती, स्वचालित; ~-**sterility** *n.* स्वबंध्यता; ~-**study** *n.* स्वाध्ययन, अध्यापक की मदद के बिना अपने आप की जाने वाली पढ़ाई; ~-**styled** *adj.* स्वकथित, स्वघोषित, तथाकथित: a ~-styled "professor" of conjuring; ~-**sufficient** *adj.* आत्म-निर्भर; ~-**taught** *adj.* 1 स्वयंशिक्षित, अताई: ~-taught painter 2 बिना अध्यापन के सीखा जाने वाला: ~-taught perspective; ~-**torture** *n.* आत्म-उत्पीड़न, आत्म-यंत्रणा; ~-**sufficiency** *n.* आत्म-निर्भरता; ~-**sufficient** *adj.* आत्म-निर्भर; ~-**sufficing** /सेल्फ-सफाइसिंग/ *adj.* आत्म-निर्भर, स्वावलंबी: ~-sufficing space suit; ~-**suggestion** *n.* अपने आपको सुझाव, आत्म-सम्मोहन; ~-**supporting** *adj.* स्वावलंबी, आत्म-निर्भर; ~-**surrender** *n.* आत्म-समर्पण; ~-**sustaining** *adj.* आत्म-निर्भर, स्वपोषी; ~-

will *n.* अपनी इच्छा, स्वमत, हठ; **~-willed** *adj.* (*syn.* headstrong) हठी, जिद्दी, हठ-धर्मी; **~-winding** *adj.* जिसमें अपने आप चाबी भर जाती हो; **~-worth** *n.* (*syn.* self-esteem) अपनी योग्यता, क्षमताओं में विश्वास;
collocations: **one's better** ~ किसी के चरित्र के श्रेष्ठतर पहलू; **one's former** ~ अपना पहले-सा रूप या रुतबा; **one's own** ~ अपने खुद का असली रूप-रंग, असली चेहरा; **one's second** ~ (*syn.* alter-ego) किसी का अपना साया (अंतरंग मित्र); **one's worse** ~ किसी के चरित्र के बदतर पहलू;
p&i: **~ comes first** पहले आप, फिर मेरा बाप; **~-praise is no recommendation** अपने मुंह मियां मिट्ठू बनना उचित बात नहीं; **~-preservation is the first law of nature** पहले आत्मा फिर परमात्मा, आत्म-रक्षा प्रकृति का पहला नियम है; **~-pursuit is the first law of nature** पहले पेट पूजा, फिर काम दूजा; **~-trust is the essence of heroism** आत्म-विश्वास सफलता की कुंजी है

sell /सेल/ *v., pt.* **sold**, *pt. p.* **sold**, *pp* **~ing** 1 बेचना: sell for/ at sth; ~ dear/ cheap 2 बेचने के लिए ग्राहकों को पेश क.: can I ~ you a pair of sports shoes? 3 विक्रय क.: agreement to ~ 4 का व्यापार क. 5 किसी स्वार्थ के लिए अपने सिद्धांतों को बेच दे., उनके साथ विश्वासघात क.: ~ oneself and one's ideas; ~ one's country/ one's party/ one's cause; ~ one's honour/ one's self-respect; he would ~ his soul for his career; ~ justice 6 के हवाले कर दे., सौंपना 7 अच्छी तरह बिकना, की मांग हो.: ~ well/ easily/ readily; ~ like hot cakes/ like wildfire; this particular style **~s** well 8 बड़ी संख्या में खरीदा जाना: ~ out (सारा माल बेच डालना) 9 खरीदने के लिए बाध्य क.: good advertising will ~ goods; the author's name on the cover **~s** the book 10 बेचने के लिए माल को लोकप्रिय बनाना 11 (*syn.* convince) किसी को किसी बात के बारे में विश्वास दिलाकर मनाना: it was difficult to ~ them the idea; he was **sold** on the idea; she was still reluctant, still not completely **sold**;
n. 1 बिक्री 2 बिक्री की शैली: hard ~; soft ~ 3 धोखा, ठगी: it was just a ~ (यह मात्र एक धोखा था); the much-vaunted weed-killer was just a ~ 4 निराशा: what a ~! 5 गद्दारी 6 ग्राहकों को बेचने के लिए माल पेश करने की क्रिया;
dw/lw: **~able** *adj.* बेचने योग्य; **seller** *see below under separate entry*; **selling** *see below under separate entry*; **~-off** *n.* 1 सरकार द्वारा किसी कारोबार या वस्तु की निजी व्यक्ति या कंपनी को बिक्री 2 शेयरों की भारी मात्रा में बिकवाली; **~-out** *n.* 1 ऐसा कार्यक्रम जिसके लिए सब टिकट बिक गए हों 2 (*syn.* sales) सारा माल बेच डालने के लिए कम दामों पर बिक्री 3 सारे टिकटों की बिक्री 4 विश्वासघात, धोखा; **~-through** *n.* खरीदे गए माल के मुकाबले में बेचे गए माल की मात्रा;
collocations: **~-by date** (*also* **pull date**) निर्धारित तारीख (expiry date) तक बिक्री; **~ing out** गद्दारी, प्रतिपक्ष से जा मिलना; **~ space** अखबार आदि में बेची जाने वाली खबर के लिए स्थान; **~ subscriptions** पत्रिका आदि के लिए किसी विशेष अवधि का ग्राहक बनाना;
p&i: **~ a bear/ pup/ smoke** (*syn.* swindle) ठगना; **~ a bill of goods** (*syn.* defraud, deceive) ठगना; **~ at best/ at the market** बढ़िया से बढ़िया दाम पर बेचना; **~ at/ for sth** कोई माल तय दाम पर बेचना; **~ by the candle** नीलामी में आखिरी बोली पर बेचना; **~ for a song** औने-पौने दामों पर (लगभग मुफ्त) बेचना; **~ like hot cakes** हाथों-हाथ बिक जा.; **~ off** औने-पौने दामों पर सारा माल बेच डालना; **~ off one's honour** अपना दीन-ईमान बेचना; **~ on credit/ for cash** उधार या नकद बेचना; **~ one's bacon = ~ one's body** वेश्यावृत्ति क.;**~ one's rival short** प्रतिपक्षी की ताकत को कम आंकना; **~ one's saddle** कंगाल हो जा.; **~ one's soul to the devil** पैसे के लिए कुछ भी (बुरे से बुरा काम) क.; **~ out** दुकान या व्यापार बंद कर दे., धंधा खत्म क., अपनी कंपनी को किसी और को बेच दे.; **~ out of sth** सारा माल बेच दे.; **~ out to sb** अपने सिद्धांतों आदि के साथ विश्वासघात करके अपने साथियों को प्रतिपक्ष को बेच डालना: he was **sold** out to the opposition; **~ sb down the river** *colloq.* के साथ गद्दारी क.; **~ sb/ sth/ oneself short** *colloq.* 1 किसी की योग्यता, क्षमता आदि को कम आंकना 2 शेयरों को कम दाम पर बेचना; **~ sth off** कम दाम पर सारा माल बेच दे.; **~ sth on** कुछ समय पहले खरीदी हुई चीज को किसी और को बेच देना; **~ sth short** ठगना, गद्दारी क.; **~ the pass** विश्वासघात क., दगा दे.; **~ the skin before you have caught the bear** सूत न कपास जुलाहे से लट्ठम-लट्ठ; **~ up** 1 धंधा खत्म क. 2 अपनी कंपनी किसी दूसरे को बेच दे.; **sold again!** फिर ठग लिया गया; **sold on sth** किसी बात या वस्तु पर फिदा; **a ~ out** गद्दारी

seller /सेलः/ *n.* 1 बेचने वाला, विक्रेता 2 कंपनी द्वारा बेचा जाने वाला माल: good/ poor ~ (बड़ी या कम मांग वाला माल);
collocations: **~'s market/ ~s' market** *comm.* बाजार का उतार-चढ़ाव विक्रेता के हक में यानी जब मांग अधिक और आपूर्ति कम हो; **~'s option** विक्रेता की मर्जी; **~s over** मांग से आपूर्ति अधिक हो.; **~'s prices** विक्रेता के लिए लाभदायक दाम यानी जब मांग अधिक और आपूर्ति कम हो

selling /सेलिंग/ *adj.* बिक्री-संबंधी: ~ agent; ~ pressure; ~ price
n. ब्रिक्री: co-operative ~;
dw/lw: **good-~** *n.* जिसकी खूब मांग हो, खूब बिकने वाला (माल); **~-out-price** *n.* विक्रय-मूल्य; **~-out-race/ ~race/ ~plate** *n.* ऐसी घुड़दौड़ जिसमें विजेता घोड़े को नीलामी से बेचना होता है, नीलामी बाजी

sellotape /सेलोटेप/ *UK* (*US* **Scotch tape** *tradem.*) *n.* चिपकाने वाला टेप

selvedge /सेलविज/ (*US* **selvage**) *n.* (कपड़े का) किनारा, कन्नी, गोटा;
dw/lw: **~d** /सेल्विजड/ *adj.* गोटा-लगा, किनारेदार, गोटेदार

selves /सेल्वज/ *pl.*, **'self'** का बहुवचन

SEM *abbr.* 'scanning electron microscope' की प्रथमाक्षरी

Sem. *abbr.* 'seminary', 'Semitic' का छोटा रूप

seman\teme /सिमैंटीम/ (*also* **seme**) *n., ling.* शब्द की लघुत्तम अर्थपूर्ण इकाई या अंश;
dw/lw: **~tic**/ **semasiological** /सिमैंटिक/ सिमेसिअलौजिकल/ *US* -/ -लाःजिकल/ *adj.* अर्थगत, अर्थ-संबंधी; **~tically** /सिमैंटिकलि/ *adv.* अर्थ के अनुसार; **~tics/ semasiology** /सिमैंटिक्स/ सिमेसिऔलजि/ *US* -/ -औलजि/ *n.* अर्थ-विज्ञान, शब्दों व वाक्यांशों (phrases) का अध्ययन विज्ञान; **~ticist** /सिमैंटिसिस्ट/ *n.* अर्थ-विज्ञानी

semapho\re /सेमअफॉः/ *n.* 1 रेलवे का प्रकाश-संकेतक, संकेत-यंत्र: **~re** lamp 2 झंडियों द्वारा संदेश भेजने या संकेत देने की पद्धति, झंडी-पद्धति, संकेत-पद्धति 3 संकेत-स्तंभ, संकेत-भुज;
***v.**, pt.* **~red**, *pp* **~ring** 1 संकेत से सूचित क. 2 *hist.* संकेत-पद्धति से समाचार भेजना;
dw/lw: **~ric** /सेमअफौरिक/ *adj.* संकेत-पद्धति संबंधी

sematic /सअमैटिक/ *adj., biol.* पहचानने या चेतावनी देने के लिए पशुओं को रंग लगाने संबंधी

sematology /सेमअटौलजि/ *US* सेमअटाःलजि/ (*syn.* **semasiology**) *n., ling.* अर्थ-विज्ञान

semblance /सेंबलंस/ *n.* 1 (superficial and deceptive shape) बाह्य रूप, आकार, आकृति, दिखावा, प्रदर्शन, ढोंग: a mere ~ of friendship; put on a ~ of anger/ of gaiety; semblance of normality/ order, etc. 2 आभास, झलक: in the ~ of sb/ sth; in the ~ of a serpent 3 सादृश्य, समानता: a feeble ~ of sth 4 प्रतिरूप, प्रतिकृति;

p&i: **bear the ~ of an angel and the heart of a devil** मुंह में राम-राम, बगल में छुरी; **make ~ of sth = put on a ~ of sth** बनना, का बहाना क., ढोंग रचना

seme /सीम/ *n.* = **semanteme** (*see above under separate entry*)

sememe /सीमीम/ सेमीम/ (*compare* **semanteme**) *n.* भाषा-विज्ञान द्वारा विश्लेष्य अर्थ की लघुत्तम इकाई

semen /सीमन/ *n.* वीर्य, शुक्र

semester /सिमेस्टः/ *n. US* सत्र, अर्ध-वार्षिक सत्र, त्रैमासिक अवधि;

dw/lw: **~ial** /सिमेस्ट्रिअल/ *adj.* अर्ध-वार्षिक सत्र-संबंधी, सत्रीय

semi /सेमि/ सेमाइ/ *n., pl.* **~s** 1 अर्ध-मिला या जुड़वां घर 2 अर्ध-अंतिम बाजी (semi-final)

semi- /सेमि/ *pref., denoting:* 1 **half** (आधा): semi-quaver 2 **partly** (आंशिक रूप से): semi-conscious 3 अर्ध-वार्षिक: ~-annually;

dw/lw: **~-annual** *n.* अर्ध-वार्षिक प्रकाशन; **~-annual** *adj.* 1 अर्ध-वार्षिक, छमाही, वर्ष में दो बार होने वाला 2 छः महीने की अवधि का; **~-annually** *adv.* वर्ष में दो बार; **~-automatic** *adj.* 1 आंशिक रूप से स्वचालित 2 (***syn.*** self-loading) एक समय एक गोली चलाने वाली स्वभरक: ~-automatic weapon; **~-arid** /सेमि-ऐरिड/ *adj.* अर्ध-सूखी (भूमि); **~-barbarous** (= **~-barbarian**) *adj.* अर्ध-बर्बर; **~-breve** /सेमिब्रीव/ *n., music* सामान्य प्रयोग में सबसे लंबा स्वर; **~-centennial** /सेमिसेंटेनिअल/ *adj.* अर्ध-शतवर्षीय; **~-circular** *adj.* अर्ध-वृत्ताकार: ~circular canal *anat.* (भीतरी कान); **~circle** *n.* आधा-वृत्त, अर्ध-वृत्त: a ~-circle of grass; **~-circumference** /सेमि-सःकमफअरंस/ *n.* वृत्त की आधी परिधि, अर्ध-परिधि; **~colon** /सेमिकौलन/ *n.* अर्धविराम (;); **~-conductor** *n., electron.* अर्ध-चालक; **~conducting** *adj.* अर्ध-चालन करने वाला; **~conductivity** *n.* अर्ध-चालकता; **~-conscious** *adj.* अर्ध-चेतन; **~-detached** *adj.* साझी दीवार वाले दो घर, जुड़वां; **~-diurnal** /सेमिडाइअःनल/ *adj.* अर्ध-दैनिक; **~final** *n.* सेमीफाइनल (मैच), उपांत; **~-fluid** /सेमीफ्लूइड/ *n.* अर्ध-घोल; **~-fluid** *adj.* अर्ध-घुला; **~-lunar** *adj.* अर्ध-चंद्राकार; **~-lunar** *n.* अर्ध-चंद्र; **~-monthly** *adj.* अर्ध-मासिक, पाक्षिक

seminal /सेमिनल/ *adj.* 1 वीर्य-संबंधी, शुक्रीय, शुक्रमय 2 प्रजनक, प्रजायी 3 भ्रूणीय 4 बीजगर्भित 5 अर्ध-जनित (विचार, अध्ययन आदि), बिल्कुल नया प्रारंभिक 6 अत्यंत मौलिक, किसी शैली या आंदोलन की नींव: ~ writings 7 (***syn.*** generative) भविष्य में नए विचारों, आंदोलनों को जन्म देने में सक्षम;

dw/lw: **~ly** /सेमिनलि/ *adv.* अत्यंत मौलिक दृष्टि से

seminar /सेमिनाः/ *n.* 1 परिसंवाद, उपकक्षा जिसमें छात्रों के छोटे-से समूह व अध्यापक के बीच किसी विषय पर विचार-विमर्श होता है 2 किसी विषय पर शोध करने वाले छात्रों व अध्यापक के बीच अध्ययन गोष्ठी 3 किसी विषय पर विचार-गोष्ठी

semina\rian /सेमिनेअरिअन/ (*also* **seminarist**) *n.* 1 अध्ययन गोष्ठी का छात्र 2 विदेशी प्रशिक्षणालय में प्रशिक्षण ग्रहण करने वाला रोमन कैथौलिक पुरोहित 3 प्रशिक्षणालय का अध्यापक;

dw/lw: **~rist** /सेमिनरिस्ट/ *n.* गुरुकुल-शिष्य, प्रशिक्षणालय का शिष्य; **~ry** /सेमिनरि/ *n., pl.* ~ries 1 रोमन कैथौलिक पुरोहितों का प्रशिक्षणालय, पुरोहित प्रशिक्षणालय 2 विद्यालय, शिक्षणालय, गुरुकुल 3 बीज बोने वाला यंत्र 4 दिराचार की जन्म-स्थली, अड्डा: a ~ry of vice

semination /सेमिनेशन/ *n.* 1 बोआई, बुआई 2 प्रचार, बीजोत्पत्ति

seminiferous /सेमिनिफरस/ *adj.* 1 बीजोत्पादक 2 शुक्रजनक 3 शुक्रवाहक

semi\-occasional *adj.* विरल, कभी-कभार;

dw/lw: **~-official** /सेमिअफिशल/ *adj.* अर्ध-सरकारी: a ~-official report in the press; ~-official newspaper

semiology /सेमिऔलजि/ *n.* 1 लक्षण-विज्ञान, लाक्षणिकी 2 प्रतीक-अर्थ विज्ञान

semiotics /सेमिऔटि\क्स/ *US* सेमिआःटि\क्स/ (= **semiology**) *n., ling., lit.* 1 लक्षण-विज्ञान, लाक्षणिकी 2 मानवीय संचार, विशेषकर शब्दों और उन द्वारा लक्षित मानवों, वस्तुओं, प्रक्रियाओं, मूल्यों आदि के बीच लाक्षणिक (signs and symbols related) तालमेल या संबंध;

dw/lw: **semiotic** /~क/ *adj.* लाक्षणिक

semi\-permanent *adj.* अर्ध-स्थायी;

dw/lw: **~-permeable** /सेमिपःमिअ\बल/ *adj.* जिसमें आंशिक रूप से प्रवेश किया या रिसा जा सके; **~-permeability** /~बिलिटि/ *n.* आंशिक प्रवेश या रिसाव; **~-precious** /सेमिप्रेशिअस/ *adj.* अर्ध-बहुमूल्य, अल्पमूल्य; **~-professional** *adj.* आंशिक रूप से कुशल; **~-quaver** /सेमिक्वेवः/ *n.* सोलहवां स्वर; **~-rigid** *adj.* विमान के विषय में: लचकदार गैसबैगों से लैस; **~-skilled** /सेमिस्किलड/ *adj.* अर्धकुशल, अल्प-कुशल; **~-skimmed** *adj.* जिस में से काफी चर्बी हटा ली गई हो; **~-solid** *adj.* अल्प-ठोस: ~-solid tyre

Semite /सेमाइट/ *n.* 1 अरबी या हीब्रू भाषी समुदाय का सदस्य 2 सामी, शामी

Semitic /सेमिटिक/ *n.* 1 यहूदी और अरब प्रजातियां 2 सामी 3 अरबी और हीब्रू सहित कई अफ्रीकी-एशियायी भाषाओं का समूह जिनमें सामी लोग बोलते हैं;

adj. 1 यहूदी और अरब प्रजातियों से संबंधित 2 सामी लोग व उनकी भाषाओं से संबंधित 3 यहूदियों से संबंधित: ~ studies

semi\-tone /सेमिटोन/ (*also* **half-tone**/ **half step**) *n., music* अर्ध-स्वर;

dw/lw: **~-transparent** *adj.* अर्ध-पारदर्शी; **semi-tropical** /सेमि-ट्रौपिकल/ *US* सेमि-ट्राःपिकल / *adj.* अर्ध-उष्ण कटिबंधीय; **~-vowel** /सेमि-वॉउअल/ *n.* अर्ध-स्वर, अंतःस्थ, स्वर और व्यंजन की मिश्रित ध्वनि; **~-weekly** *adj.* अर्ध-साप्ताहिक; **~-weekly** *n.* अर्ध-साप्ताहिक पत्रिका

semolina /सेमअलीना/ *n.* सूजी, दलिया

semper /सेंपेः/ *Lat.* हमेशा, सर्वदा;

collocations: **semper idem** सर्वदा वही; **semper paratus** सर्वदा प्रस्तुत, सदा तत्पर; **semper fidelis** /सेंपेर फिडेलिस/ उपभोक्ताओं से विनम्रतापूर्वक बात क.

sempiternal /सेम्पिटःनल/ *adj.* अनंत, अमर, चिरस्थायी, सदाबहार

sempstress /सेम्प्स्ट्रेस/ (= **seamstress**) *n.* दर्जिन

Semtex /सेम्टेक्स/ *n.* आम तौर पर आतंकवादियों द्वारा प्रयुक्त शक्तिशाली प्लास्टिक बम

SEN *abbr.* 'State Enrolled Nurse', 'Special Educational Needs' की प्रथमाक्षरी

Sen. *abbr.* 'senate', 'senator', 'senior' का संक्षेप

senary /सीनरि/ *adj.* षड्धा, छः के अंक से संबंधित: ~ scale; ~ division

senate /सेनिट/ सेनअट/ *n.* 1 सेनेट, अधिसभा 2 विश्व-विद्यालय की अकादमिक सभा;

dw/lw: **the Senate** *n.* 1 (*often* **Senate**) प्राचीन रोम में मुख्य विधान व शासन सभा 2 *US, Austral, NZ* भारतीय संसद की राज्यसभा के समान एक संसदीय सदन 3 विशिष्ट एवं सम्माननीय नागरिकों की वरिष्ठ सभा 4 सेनेट; **Senator** /सेनअटः/ *n.* सेनेट का सदस्य, सेनेटर; **Senatorial** /सेनअटॉरिअल/ *adj.* सेनेट या सेनेटर-संबंधी: Senatorial rank; Senatorial powers; Senatorial district; Senatorial courtesy (किसी सेनेटर के क्षेत्र से किसी व्यक्ति की सरकारी पद पर नियुक्ति करने से पहले सेनेटर की सहमति लेने की प्रथा)

send /सेंड/ *v., pt.* **sent**, *pt. p.* **sent** *pp* **~ing** 1 किसी चीज को भेजना, प्रेषित क.: ~ sb a letter; ~ sb one's compliments/ one's love/ one's respect; 2 किसी को भेजना: ~ sb as ambassador; ~ a child to school 3 औपचारिक रूप से डिस्पैच क.: I **sent** the letter yesterday 4 धक्का देकर बाहर निकालना या भगाना: ~ sb flying 5 किसी विशेष शारीरिक या मानसिक स्थिति में डालना: ~ sb into fits of laughter/ in a tizzy; ~ sb mad/ off his head/ out of his mind; ~ sb sprawling 6 रेडियो आदि से संदेश भेजना 7 भगवान द्वारा भेजा जा.: a plague **sent** by God 8 मस्ती में झूमने के लिए वातावरण बना दे. 9 चलाना, फेंकना, मारना 10 प्रदान क., भेज दे., कहला भेजना: ~ sth off (पत्र आदि भेजना) 11 मंगवाना: keep the box until I ~ for it;

n. 1 रेला, बहाव (of wave) 2 उतार (of ship);

dw/lw: **~er** *n.* प्रेषक, भेजने वाला: the **~er** of the letter; **~ing-off** *n.* खेल के रेफ्री द्वारा अनुशासन भंग करने वाले खिलाड़ी को बाहर करने की क्रिया; **~-off** *n.* 1 विदाई: give sb a showy ~-off; a ~-off to one's new home 2 जाने वाले के लिए शुभ-कामनाएं 3 शुभारंभ: give/ have a good/ a poor ~-off in sth; the book was given a good ~-off; **~-up** *n., Brit colloq.* उपहास, मखौल;

p&i: **~ along** के यहां भेजना; **~ a sow to Minerva; ~ away** निकाल दे., नौकरी से निकालना, भेज दे.; **~ away for sth** डाक से माल मंगवाना; **~ down** 1 कीमतों आदि को नीचे गिराना 2 निकाल दे.; **~ flying** 1 निकाल दे., भगा दे. 2 धकेल दे. 3 हरा दे., तितर-बितर कर दे.; **~ for** बुला भेजना, मंगाना: ~ for the doctor; **~ forth** अंकुरित हो., पत्ते आदि निकलना; **~ sb forth** किसी को अपने पास से दूसरे के पास भेजना; **~ forth sth** इतना ऊंचा बोलकर कुछ कहना कि दूसरे सुन सकें; **~ in** 1 किसी को किसी समस्या से निपटने के लिए कहीं भेजना 2 मुकाबले आदि के लिए नाम लिखवाना; **~ in one's papers** इस्तीफा दे.; **~ off** 1 = **~ off for sth** = **~ away to sb for sth** सामान आदि भेजना या डाक से माल मंगवाना या भेजना 2 विदा क.; **~ on fool's errand** व्यर्थ के छोटे-छोटे कामों में उलझाए रखना; **~ out** (***syn.*** emit)1 ताप, भाप, प्रकाश, ध्वनि आदि पैदा क. या छोड़ना 2 पौधे के पत्ते आदि निकलना 3 भिन्न-भिन्न जगह पर या अलग-अलग लोगों को भेजना, डाक से बंटवाना; **~ over** रेडियो आदि पर प्रसारित क.; **~ round** वृत्ताकार ढंग से बारी-बारी देते जा.; **~ sb in** कठिन स्थिति से निपटने के लिए सशस्त्र बल आदि भिजवाना; **~ sb about his business** = **~ sb packing/ flying** = **~ sb to the right-about** दफा कर देना, भगा देना; **~ sb away with a flea in ear** किसी को खूब फटकार लगाना, खरी-खरी सुनाना; **~ sb down** 1 किसी को जेल भेजना 2 किसी को कॉलेज आदि से निकाल दे.; **~ sb off** फुटबॉल आदि के खिलाड़ी को नियम उल्लंघन के कारण मैदान से बाहर भेजना; **~ sb to hell** किसी को दफा क., जहन्नुम जाने के लिए क.; **~ sb to sleep** सुलाना; **~ sth back** वापस क.; **~ sth in** भिजवाना; **~ sth on** विमान या जहाज से कुछ भेजना 2 (***syn.*** redirect, forward) पुराने पते के पत्र को नए पते पर भेजना; **~ the axe after the helve** डूबे पैसे की वसूली के लिए और पैसा गंवाना; **~ the cap/ hat around** चादर या झोली फैलाकर चंदा इकट्ठा क.; **~ to the skies** किसी को मार दे.; **~ sth/ sb up** 1 किसी की नकल उतारकर उसका उपहास या खिल्ली उड़ाना 2 किसी को जेल भिजवाना; **~ up** 1 कीमतों आदि को बढ़ाना 2 पदोन्नति देकर भेजना, *see also above under **dw/lw***; **~ word** सूचना दे.; **~ word to sb** किसी के पास संदेश या सूचना भेजना: ~ me word of your arrival;

God ~ his life may be spared! खुदा करे कि वह बच जाए!; **God ~ you better health!** खुदा आपको बेहतर सेहत बख्शे!

sene\scence /सिनेसंस/ *n., biol.* 1 जीवों में उम्र बढ़ने की प्रक्रिया में होने वाले परिवर्तन (*e.g. in plants:* flowering, fruition) 2 जीर्णता, वृद्धावस्था, जराग्रस्तता;

dw/lw: **~scent** /सिनेसंट/ *adj.* 1 जराग्रस्त, जरा-जीर्ण 2 जो बूढ़ा हो चला हो

seneschal /सेनिशल/ *n., hist.* कारिंदा, गुमाश्ता

senile /सीनाइल/ *adj.* 1 जराग्रस्त, जराजन्य, जराजन्य मनोभ्रंश, जरासूचक: ~ imbecility (जराजन्या मूढ़ता); ~ diseases 2 जराजीर्ण, सठियाया हुआ;

dw/lw: **senility** /सीनाइलिटि/ *n.* जरा, बुढ़ापा, जराजीर्णता, सठियापा;

collocations: **~ dementia** बुढ़ापे में होनेवाला मानसिक विकार जिसमें दिमागी विकृति के कारण स्मरण-शक्ति, बौद्धिक क्षमता आदि का ह्रास हो जाता है; **~ river** जीर्ण नदी; **~ town** जीर्ण-शीर्ण नगर

senior /सीनिअः/ *adj.* 1 वरिष्ठ: ~ member; ~ citizen 2 पुराने, ऊंची कक्षाओं के: ~ students 3 अग्रज, ज्येष्ठ: the ~ members of the family 4 प्रवर, वरीय, उच्च: ~ officer; ~ fellow 5 *US* (*abbr.,* **Sr**) जब घर में एक नाम के दो या अधिक सदस्य हों तो बड़ी पीढ़ी के सदस्य को '**Sr**' कहा जाता है: Kennedy Sr. 6 उम्र में बड़ा: be several years ~ to sb;

n. 1 वरिष्ठ व्यक्ति: have respect for one's **~s** 2 उच्च स्कूल (high school) के अंतिम वर्ष का छात्र;

dw/lw: **~ity** /सीनिऔरिटि/ *US* सीनिआःरिटि/ *n.* वरीयता, वरिष्ठता, ज्येष्ठता, प्रवरता: in order of ~ity; **~most** *superlative degree of adj.* ज्येष्ठतम, वरिष्ठतम;

collocations: **~ aircraftman** वरिष्ठ वायु सैनिक; **~ citizen** वरिष्ठ नागरिक; **~ common room** ऊंची कक्षाओं के विद्यार्थियों का साझा कक्ष; **~ man** ऊंची कक्षाओं का विद्यार्थी; **~ moment** बुढ़ापे में भूलने या स्पष्ट ढंग से सोच न पाने की बीमारी; **~ nursing officer** वरिष्ठ नर्स अधिकारी; **~ scale** वरिष्ठ वेतनमान

senna /सेनअ/ *n.* सनाय

sennet /सेनिट/ *n.* तूर्यनाद

senocular /सेनअक्युलः/ *adj.* छः आंखों वाला

Señor /सेन्यॉः/ *n., Spanish* श्रीमान

Señora /सेन्यॉरा/ *n., Spanish* श्रीमती

Señorita /सेन्यॉरीटा/ *n., pl.* **~s**, *Spanish* 1 स्पेनी युवती 2 स्पेनी युवती के लिए संबोधन शब्द

sensate /सेंसेट/ *v., pt.* **~d**, *pp* **sensating** अनुभव क., संवेदनशील होना;

adj. 1 संवेदनशील 2 संवेदित

sensation /सेंसेशन/ *n.* 1 अनुभूति, संवेदना: pleasant/ disagreeable ~; a ~ of pain; lose all ~ of feeling in one's feet; dull the ~ of sth 2 अनोखी अनुभूति: a ~ of touch; a burning ~ in sb's mouth 3 सनसनी: make/ create/ cause a ~ 4 उत्तेजना: the greatest ~;

dw/lw: **~al** /सेंसेशनल/ *adj.* 1 सनसनीखेज, सनसनीदार: ~al news/ rumours 2 (***syn.*** thrilling, fantastic) उत्तेजक, आश्चर्यजनक: the ~al theory of knowledge; ~al victory 3 संवेदनशील: ~al writer; **~alism** /सेंसेशनलिजम/ *n.* 1 सनसनीखेजता 2 सनसनी फैलाने का कार्य 3 इंद्रियार्थवाद; **~alist** /सेंसेशनलिस्ट/ *n.* सनसनी फैलाने वाला; **~alistic** /सेंसेशनलिस्टिक/ *adj.* सनसनीखेज, सनसनीदार; **~alize/ ~alise** /सेंसेशनलाइज/ *v. pt.* ~alized, *pp* ~alizing सनसनीखेज बनाना; **~-monger** *n.* सनसनी फैलाने वाला

sense /सेंस/ *n.* 1 समझ, समझदारी: have a bad business ~; no ~ in doing it now; show good ~ 2 बोध, अहसास, बुद्धि, विवेक: a keen ~ of humour *UK*/ *US* humor (हास्य-बोध); a ~ of guilt (अपराध बोध); a ~ of loyalty/ responsibility/ security, etc.; a ~ of time; a high ~ of duty; have no ~ of proportion 3 दृष्टि, सुनने की क्षमता, स्पर्श, सूंघ, स्वाद आदि पांच ज्ञानेंद्रियां जिनकी मदद से प्राणी अपनी बाहरी परिस्थिति को जान या समझ सकता है: ~ organs; the five **~s**; ~ of hearing, sight, smell, taste and of touch; sixth ~ = inner ~; a ~ of pain; lack all ~ of beauty/ of justice 4 (**senses**) मन

की जीवंतता, हाजिर-जवाबी, गतिशीलता: a man of ~ (हाजिर-जवाब व्यक्ति); lose one's ~ of humour 5 संवेदन, अनुभूति, अनुभव: appeal to sb's good/ to sb's common ~ (किसी की सहज बुद्धि को संबोधित क.) 6 संज्ञा, संज्ञान 7 होश, चेतना: lose one's **~s** (पागल हो जा., भले-बुरे का फर्क पता न हो.); in one's right **~s**; be out of one's **~s**; recover/ regain one's **~s** 8 सामान्य अर्थ, आशय, अभिप्राय, तात्पर्य, भाव, मायना: in what ~ do you mean? in strict/ literal ~; in the narrow ~ of the word; in the best ~ of the term; in a certain ~; in every ~ (हर मायने में) 9 विशेष मत, समझदारी की बात, अर्थ: act against all ~; there is no ~ in doing this; make use of one's **~s** 10 दिशा, अभिदिशा: have a good ~ of direction 11 आम अनुभूति-क्षमता, भावनाएं: have the ~ to do sth 12 आम मत, सहमति: the ~ of the meeting; take the ~ of the meeting;

***v.**, pt.* **~d**, *pp* **sensing** 1 महसूस हो., अनुभव क.: he **~d** our hostility 2 समझ में आना, का बोध होना: she fully **~d** the danger of her position 3 को लगना 4 पांचों ज्ञानेंद्रियों द्वारा प्रेरणा, उत्तेजना आदि को पहचानना 5 पांचों ज्ञानेंद्रियों के बिना भी किसी बात का संज्ञान मिलना 6 किसी उपकरण द्वारा गैस आदि की मौजूदगी का पता लगाना: the instrument for **sensing** the presence of toxic gases;

dw/lw: **~cell** /सेंससेल/ *n.* संवेदी कोशिका; **~-datum** *n., pl.* ~-data ज्ञानेंद्रियों की मदद से तुरंत प्राप्त होने वाले आंकड़े; **~less** /सेंसलेस/ *adj.* 1 निरर्थक, मूर्खतापूर्ण, मूढ़ताजन्य: ~less idea; ~less custom 2 बेहोश, अचेत, संज्ञाहीन: be/ lie ~less; fall ~less; knock sb ~less 3 संवेदनहीन, कठोर, निष्ठुर, निर्मम, नृशंस: ~less brute; **~lessly** *adv.* मूर्खतापूर्वक; **~lessness** *n.* मूर्खता, मूढ़ता, निरर्थकता; **~-pause** /सेंसपॉज/ *n.* अर्थ में दरार या ठहराव;

collocations: **~ impression** संवेदना; **~ of direction** दिशा-बोध; **~ of humour** विनोद-वृत्ति, विनोदशीलता; **~ organ** *physiol.* ज्ञानेंद्रिय; **common ~ = good ~** सहज बुद्धि या विवेक; **moral ~** नैतिक विवेक; **sixth ~** (***syn.*** intuition) सहज बोध या ज्ञान, सहज प्रज्ञा, अंतर्ज्ञान

p&i: **a ~ of occasion** अवसर की महत्ता या नजाकत का अहसास; **be out of one's ~s** दिमाग खराब हो जा.; **bring sb to his ~s** किसी का दिमाग ठिकाने पर लाना; **come to one's ~s** होश ठिकाने पर आना; **frighten sb out of his ~s** किसी को बुरी तरह डरा दे., सिट्टी-पिट्टी गुम कर दे.; **have/ make ~** उचित या तर्कसंगत (समझदारी की बात) हो.; **have more ~ than to do sth** कुछ करने या न करने और कहने के बारे काफी विवेक हो.; **in a ~/ in some ~s** एक प्रकार से, एक मायने में/ कई मायनों में; **in every ~ of the word** इस शब्द के हर मायने में; **in one's ~s** होशो-हवास में; **it doesn't make ~** इसका कोई अर्थ नहीं; **knock/ talk some ~ into sb** किसी के भेजे में कुछ सद्बुद्धि डालना; **make ~ of sth** किसी बात का अर्थ निकालना; **see ~** समझदारी व विवेकशीलता दिखाना; **take leave of one's ~s** होश-हवास खो दे., पागल हो जा.; **talk ~** समझदारी की बात क.

sensibility /सेंसिबिलिटि/ *n., pl.* **sensibilities** 1 समझ, समझदारी, सद्बुद्धि, विवेकशीलता 2 (**sensibilities**) सहृदयता, भावुकता, भावप्रवणता, संवेदनशीलता (उदाहरणतः, दुखती रग), संवेदन ग्राहिता: wound/ offend/ shock sb's **sensibilities**; aesthetic ~; delicate literary ~ 3 अति-संवेदनशीलता: the ~ of the skin 4 (***syn.*** accuracy) यंत्र की बारीकी, सहीपन, दुरुस्ती: the ~ of the magnetic needle 5 (***syn.*** sensitivity) अनुभूतिशीलता, ग्रहणशीलता, सुग्राह्यता, संवेदन शक्ति, एहसानमंदी: there was a general ~ to his grief

sensible /सेंसिबल/ *adj.* 1 समझदार, विवेकशील, युक्तियुक्त, तर्कसंगत, उचित, समीचीन: ~ idea/ course of action; ~ suggestion/ rule; ~ beings; that was very ~ of you! 2 (***syn.*** perceptible by the senses) इंद्रिय-गोचर, दृश्य, संवेद्य, अनुभवगम्य, अनुभव किया जा सकने वाला: a ~ change for the better; a ~ difference in the temperature 3 से अवगत या परिचित, समझने वाला, अनुभव कर सकने वाला, का ध्यान रखने वाला: make sb ~ of sth; the ~ world around us 4 प्रभावित 5 प्रभावग्राही, गुणग्राही: ~ to influences 6 संवेदी, संवेदनशील: ~ part/ spot (दुखती रग) 7 होश में: the injured man was still ~;

dw/lw: **~ness** *n.* 1 समझदारी, विवेकशीलता 2 प्रभावग्राह्यता, गुणग्राह्यता; **sensibly** /सेंसिबलि/ *adv.* 1 समझदारी से, विवेकशीलता से 2 अनुभवगम्यतापूर्वक;

collocations **~ horizon** क्षितिज (*see also* **horizon**)

sensitive /सेंसिटिव/ *adj.* 1 (***anton.*** insensitive) संवेदनशील: ~ to our feelings 2 आलोचना आदि को तीक्ष्णतापूर्वक अनुभव करने वाला, भावुक, अतिसंवेदनशील: ~ on questions of honour 3 कोमल हृदय: ~ nature/ mind/ person 4 संवेदी, प्रतिसंवेदी, नाजुक: an artist is ~ to beauty 5 सूक्ष्म, अतिसंवेदी, सूक्ष्म ग्राही, सुग्राही, सही, दुरुस्त: ~ equipment; ~ paper (सुग्राही पत्र) 6 चिड़चिड़ा, तुनुकमिजाज 7 बाह्य प्रभावग्राही, अति संवेदनशील: pressure-~; ~ skin; ~ ear; ~ nerves; ~ to light/ to cold 8 तीक्ष्ण प्रतिक्रिया पैदा करने वाला, किसी को ठेस पहुंचाने वाला, नाजुक: ~ issues; a ~ subject or situation 9 देश की सुरक्षा आदि के लिए अति संवेदनशील, गोपनीय, नाजुक: ~ documents; ~ areas of national security; ~ job 10 *photog.* प्रकाश के प्रति अति संवेदनशील 11 अस्थिर: ~ market;

dw/lw: **~ly** /सेंसिटिवलि/ *adv.* संवेदनशीलतापूर्वक;

collocations: **~ flame** 1 संवेदनशील लौ 2 ध्वनिग्राही दीप शिखा या ज्वाला 3 ध्वनि-संवेदनशील लपटें; **~ plant** लाजवंती, छुई-मुई; **~ test** सुग्राह्यता परीक्षण; **~ zone** सुग्राही क्षेत्र

sensitivity /सेंसिटिविटि/ *n., pl.* **sensitivities** 1 इंद्रियों की बाह्य प्रभावों यानी अलर्जेन (allergen), दवाई आदि के प्रति अति संवेदनशीलता (allergy) 2 दूसरों की भावनाओं के प्रति संवेदनशीलता, भावुकता: point out sb's mistake with tact and ~ 3 (***syn.*** precision, accuracy) सूक्ष्मग्राह्यता, सुग्राह्यता 3 आपसी रिश्ते-नातों में तुनुकमिजाजी, चिड़चिड़ापन 4 कला, साहित्य आदि में सूक्ष्म-ग्राह्यता एवं संवेदनशीलता

sensi\tize/ ~tise /सेंसिटाइज/ *v., pt.* **~tized**, *pp* **~tizing** 1 किसी समस्या, नकारात्मक प्रक्रिया आदि के प्रति संवेदनशील बनाना 2 किसी वस्तु या रसायन आदि को भौतिक व रासायनिक पदार्थों या परिवर्तनों के प्रति अधिक संवेदनशील बनाना 3 *photog.* फोटोग्राफी प्लेट या फिल्म को अधिक प्रकाश-सुग्राही बनाना;

dw/lw: **~tization** *n.* संवेदनशीलताकरण

sensitometer /सेंसिटौमिटः/ *n.* फोटोग्राफी प्लेट या फिल्म का प्रकाश-सुग्राह्यता मापक यंत्र

sensor /सेंसः/ *n., elec.* 1 ताप, प्रकाश आदि दर्शाने वाला यंत्र 2 संवेदक;

dw/lw: **~ium** /सेंसॉरिअम/ *n., pl.* **~ia** /सेंसॉरिआ/ संवेदन-तंत्र, संवेदन-क्षेत्र, संवेदन-स्थल

sensory /सेंसरि/ *adj.* 1 इंद्रिय-संबंधी, ऐंद्रिय: ~ organ (ज्ञानेंद्रिय) 2 संवेदक 3 संवेदन-तंत्र से संबंधित: ~ nerve

sensual /सेंशुअल/ *adj.* 1 ऐंद्रिय या शारीरिक आनंद से संबंधित: ~ pleasure 2 विषय-वासना संबंधी: ~ life (विषयासक्त जीवन) 3 विषयी, विषयासक्त, इंद्रियलोलुप, कामुक: ~ mouth/ lips 4 इंद्रियजन्य: ~ pleasures 5 इंद्रियग्राह्य 6 संवेदी 7 इंद्रियार्थवादी;

dw/lw: **~ism** /सेंशुअलिजम/ *n.* 1 भोग विलास 2 एक ऐसा सिद्धांत (doctrine) जिसके अनुसार प्रारंभ में हमारा सारा ज्ञान स्पर्श-अनुभव (sensation) या सनसनीखेजता (sensationalism) से उत्पन्न हुआ; **~ist** /सेंशुअलिस्ट/ *n.* 1 विषयभोगी, इंद्रियलोलुप, कामासक्त व्यक्ति 2 सुखवादी, भोगवादी, इंद्रियार्थवादी मानव; **~ity** /सेंशुअलिटि/ *n.* 1 विषयी, विषयासक्त होने का गुण 2 वासना-सुख, भोगविलास 3 विषयासक्ति, कामुकता; **~ize** /सेंशुअलाइज/ *v., pt.*

~ized, *pp* ~izing इंद्रियग्राह्य बनाना, विषयासक्त बनाना; **~ly** /सेंशुअलि/ *adv.* इंद्रियग्राह्यता (कामुकता आदि) की दृष्टि से

sensuous /सेंशुअस\/ *adj.* 1 इंद्रियग्राह्यता के लिहाज से आकर्षक 2 इंद्रिय बोध के लिए सुखकर, नयन सुखदायक 3 इंद्रियगत, ऐंद्रिय सुखदायक, ऐंद्रिय, इंद्रियग्राह्य: ~ pleasure;
dw/lw: **~ly** /~लि/ *adv.* नयन सुखपूर्वक; **~ness** /~नेस/ *n.* नयनसुख-अनुभूति

sent /सेंट/ *pt.,* **'send'** का भूतकालिक रूप

sentence /सेंटंस/ *n.* 1 वाक्य: simple/ complex/ compound ~; ~ stress (लहजा) 2 सजा, दंड: nominal/ suspended ~; capital/ death ~/ ~ of death; get a life ~; pass/ pronounce/ impose/ receive a ~; pass ~ on sb; serve a ~; a jail/ prison ~ 3 निर्णय, फैसला;
v., pt. **~d**, *pp* **sentencing** 1 सजा दे., दंड दे.: ~ sb to death/ to imprisonment; sb has been **~d** to five years' rigorous imprisonment;
dw/lw: **~d** *adj.* दंडादेशित, सजायाफ्ता, दंडित;
p&i: **pass ~ upon sb** किसी को सजा देना

sentential /सेंटेंशिअल/ *adj.* 1 वाक्यगत, वाक्यात्मक, वाक्य-संबंधी 2 दंडात्मक, दंडादेश-संबंधी 3 निर्णयात्मक

sententiary /सेंटेंशिअरि/ *n.* 1 सूक्तियों का लेखक 2 धार्मिक सूक्तियों का संग्रहकर्ता 3 धार्मिक पाठों का आख्याता

sententious /सेंटेंशिअस\/ *adj.* 1 मुहावरे, लोकोक्तियां आदि प्रयोग करने शौकीन 2 शब्दाडंबरपूर्ण, आडंबरी, दिखावापूर्ण 3 सूक्तिपूर्ण 4 नीतिविषयक, उपदेशात्मक 5 अर्थगर्भित, सारगर्भित: ~ sayings 6 घिसा-पिटा, नीरस: ~ phrases;
dw/lw: **~ly** /~लि/ *adv.* शब्दाडंबरपूर्वक; **~ness** /~नेस/ *n.* शब्दाडंबरपूर्णपूर्णता, दिखावा

sentience /सेंशिअंस/ *n.* 1 संवेदनशीलता, संवेदन 2 चेतना, अधोचेतना

sentient /सेंटिअंट/ सेंशिअंट/ *adj.* 1 संवेदी, संवेदनशील, संवेदन सक्षम: ~ beings 2 जागरूक, सावधान, सचेत: man is ~ being

sentiment /सेंटिमंट/ *n.* 1 भाव, मनोभाव, भावुकता, अनुभूति: **~s** towards sb 2 (*often* **~s**) विचार, मत: express/ change one's **~s**; one's **~s** on the matter 3 भावना: family/ lofty/ patriotic **~s**; public **~s** 4 साहित्य आदि में अभिव्यक्त भाव, रस 5 अतिशय भावुकता: business admits of no ~;
dw/lw: **~al** /सेंटिमेंटल/ *adj.* 1 भावुक 2 भावुकतापूर्ण, भावुकताजन्य, भावप्रवण: ~ music/ poetry 3 भावपूर्ण: a ~ note 4 भावात्मक; **~ality** /सेंटिमैंटैलअटि/ *n.* (अतिशय) भावुकता, भावप्रवणता; **~alism** /सेंटिमेंटअलिजम/ *n.* 1 भावुकता, भावप्रवणता 2 साहित्य में अतिशय-भावुकता-प्रधान धारा; **~alist** /सेंटिमेंटअलिस्ट/ *n.* अतिशय-भावुकता-प्रधान धारा का प्रवर्तक या स्रष्टा; **~alize**/ **~alise** /सेंटिमेंटअलाइज/ *v., pt.* ~alized, *pp* ~alizing 1 भावुकता-प्रधान बनाना 2 भावुकता का रंग चढ़ाना: ~alize an incident

sentinel/ sentry /सेंटिनल/ सेंट्रि/ *n.* संतरी, प्रहरी, पहरेदार: place/ station/ appoint a ~; stand ~ over sth;
sentinel ***v.*** *pt.* **~led**/ **~ed**/, *pp* **~ling**/ **~ing** 1 पहरा दे. 2 संतरी के रूप में कार्यरत क.

sentry /सेंट्रि/ *n., pl.* **sentries** संतरी, आवाजाही नियंत्रित करने के लिए तैनात गार्ड: a soldier on ~; ~ on guard; carry off a ~ (संतरी को मार दे.); ~-outpost/ ~-box *n.* (संतरी-चौकी)

Sep./ Sept. *abbr.* **'September'** का छोटा रूप

sepal /सेपल/ सीपल/ *n., bot.* (फूल की) छोटी-छोटी बाह्य-पत्तियां

separa\bility/ **~bleness** /सेपरअ\बिलिटि/ ~बलनेस/ *n.* पृथक्कता, अलगाव;
dw/lw: **~ble** /~बल/ *adj.* जिसे अलग किया जा सके, पृथक्करणीय; **~bly** /~बलि/ **adv.** अलग-अलग से

separate /सेपअरेट\/ *adj.* 1 अलग, पृथक: ~ cells 2 भिन्न, अलग: live ~ from sb; these are two entirely ~ questions; that is a ~ issue 3 दूसरा 3 निजी, अपना 4 विशेष, विशिष्ट 5 एकांतमय 6 बंटा हुआ 7 (***syn.*** not connected) एक-दूसरे से जुड़े न हुए;
n. (*usually* **separates**) अलग-अलग नगों से बनी पोशाक आदि: the **~s** of a woman's dress (blouse, skirts etc.);
v., *pt.* **~d**, *pp* **separating** 1 अलग क. या रखना: a hedge **~s** the two fields; the river **~s** the two countries 2 अलग-अलग क.: ~ the sheep from the goats; ~ religion from politics; ~ truth from falsehood; ~ chaff from grain (भूसे से अनाज अलग क.) 3 पति-पत्नी द्वारा एक दूसरे से अलग हो जा. या अलग रहने लगना: be **~d** from sb; go their ~ ways 4 जोड़-तोड़कर अलग क. 5 (***syn.*** isolate/ insulate) अलहदा करके दूसरों की पहुंच से बाहर क.: he should be **~d** from others 6 (*also* **~ up**) हिस्सों में विभाजित हो.: the building is **~d** up into smaller apartments; ~ sth into parts/ into classes/ into parties/ into lots 7 (***syn.*** secede) किसी देश आदि से टूटकर अलग हो जाना: Britain decided to ~ from EU on 24the June 2016 8 से संबंध टूट जा.: ~ sb from sb/ sth;
dw/lw: **~d** *adj.* एक-दूसरे से अलग हुए (पति-पत्नी); **~ly** /~लि/ *adv.* अलग से; **~ness** /~नेस/ *n.* अलगपन, पृथकता, भिन्नता;
collocations: **~ estate** स्त्री धन; **~ maintenance** तलाक के बाद पत्नी को मिलने वाला गुजारा-भत्ता; **~ system of imprisonment** कैदियों को अलग-अलग कोठरियों में बंद रखने की पद्धति;
p&i: **~ the wheat from the chaff** भले-बुरे का अंतर क.

separating /सेपअरेटिंग/ *adj.* पृथक्कारी, अलग करने वाली: ~ wall; ~ river

separation /सेपअरेशन/ *n.* 1 अलग-अलग करने की क्रिया 2 दूरी 3 पति-पत्नी का अलगाव, पति-पत्नी का तलाक से पहले निवास-पृथक्करण: ~ from bed and board; get a ~ from one's wife/ from one's husband 4 पृथक्करण, अलगाव: the ~ of Church and State 5 पार्थक्य, विच्छेद रेखा 6 विभाजन 7 विच्छेद 8 पार्थक्य, दरार या अंतराल 9 विरह, एक-दूसरे से बिछड़ने का अंतराल: meet after a long ~;
collocations: **the ~ of powers** अमेरिकी संविधान में प्रावधान जिसके अनुसार सरकार की प्रशासनिक सत्ता राष्ट्रपति, कांग्रेस और उच्चतम न्यायालय के बीच बंटी है

separa\tism /सेपअरअ\टिजम/ *n.* पृथकतावाद, पार्थक्यवाद;
dw/lw: **~tist** /~टिस्ट/ *n.* 1 अलगाववादी, पृथकतावादी: a ~tist tendency 2 भिन्न मतावलंबी; **~tive** /~टिव/ *adj.* पृथक्कारी; **~tor** /~टः/ *n.* 1 पृथक्कारक यंत्र 2 मथानी, मथित्र, मथने का यंत्र

separatum /सेपअरेटम/ *Lat.* = **separate**

sepia /सीपिआ/ *n.* एक मछली (cuttlefish) द्वारा स्रावित लाल-भूरा रंग

sepoy /सीपॉइ/ *n., pl.* **~s** *hist.* सिपाही: the **~s** of Raj (अंग्रेजी राज के सिपाही)

seppuku /सेपूकू/ *n.* **hara-kiri** हराकीरी (जापान में पेट काटकर की जाने वाली क्रिया-कर्मीय /ritualistic/ आत्म-हत्या)

sepsis /सेप्सिस/ *n., pl.* **sepses** /सेप्सीज/ *med.* शरीर के अंग में पूतिता, पूतिदोष

sept /सेप्ट/ *n.* 1 वंश, कुल, घराना, गोत्र 2 बाड़ा, बाड़, घेरा, पट

septa /सेप्टा/ *pl. of* **septum** (*see below under* **septum**)

septangular /सेप्टैंग्युलः/ *adj.* सप्तकोणीय

septal /सेप्टल/ *adj.* अलगाव-पटीय, विभाजक, बाड़दार

septate /सेप्टेट/ *adj.* पट्टियों द्वारा विभाजित, भित्तिदार, सपट

septcentenary /सेप्टसेंटिनरि/ *n.* सप्तशती

September /सेप्टेंबः/ (*abbr.,* **Sept.**) *n.* सितम्बर का महीना: ~ days

septempartite /सेप्टेम्पाःटाइट/ *adj.* सप्तभागी

septemvir /सेप्टेम्वीर/ *n.* संगठन के सात सदस्यों में से कोई एक

septenary /सेप्टिनअरि/ *adj.* सप्त, सप्त संख्यक, सप्त वार्षिक

septennial /सेप्टेनिअल/ *adj.* 1 सप्तवर्षीय, सप्तवार्षिक: ~ elections 2 सात वर्ष तक चलने वाला: ~ parliaments

septennium /सेप्टेनिअम/ *n.* सात-वर्षीय अवधि, सप्ताब्द

septentrional /सेप्टेंट्रिअनल/ *adj.* उत्तरी

septet/ septette /सेप्टेट/ *n.* सप्तक

septfoil /सेप्टफॉइल/ *n.* सप्तशाखी चित्र

septic /सेप्टिक/ *adj.* कीटाणुओं से संक्रमित, विषाक्त, पूतिक: ~ fever; ~ tank (भूमिगत टैंक जिसमें मल-मूत्र (sewage) को बैक्टीरिया से अपघटित (decompose) किया जाता है
dw/lw: **~ity** /सेप्टिसिटि/ *n.* पूतिकता, विषाक्तता, सड़ने की अवस्था

septicaemia /सेप्टिसीमिआ/ *n., pathol.* खून की खराबी, रक्त विषाक्तता

septicidal /सेप्टिसाइडल/ *adj.* पटविदारक

septi\form /सेप्टिफॉःम/ *adj.* सप्तरूप, सप्तविध;
dw/lw: **~fragal** *adj.* पटभंजक; **~lateral** *adj.* सप्तभुज; **~mal** *adj.* सप्तसंख्यक; **~syllable** *n.* सप्त-शब्दांशिक

septillion /सेप्टिलिअन/ *n., pl.* **septillion/ ~s** 1 फ्रांस और जर्मनी में एक संख्या जो 10^{42} = 1 के बाद 42 शून्य के बराबर 2 उत्तरी अमेरिका में संख्या जो 10^{15} = 1 के बाद 15 शून्य के बराबर (*see also* **quadrillion**) 3 संख्या 10^{24} = 1 बाद 24 शून्य के बराबर

septuagenarian /सेप्चुअजनेअरिअन/ *n.* 70 से 79 वर्ष का व्यक्ति;
adj. 70 से 79 वर्ष का

Septuagesima /सेप्च्युअजेसिमा/ *n., pl.* **Septuagesima** चालीसा से पहले तीसरा रविवार: ~ Sunday

septulum /सेप्टयुलम/ *n.* पटिका

septum /सेप्टम/ *n., pl.* **septa** *biol, anat.* एक पतला पट या पर्दा (partition) जो दो भागों को अलग करता है

septuple /सेप्च्युपल/ *adj.* सात गुना, सप्तगुण;
v. pt. **~d**, *pp* **septupling** सात गुना बढ़ाना

septuplet /सेप्ट्युप्लिट/ *n.* 1 एक मां (कुतिया आदि) के एक साथ जन्मे सात बच्चों में से कोई एक 2 चार या छः बार बजाया जाने वाला सात स्वरों का समूह

sepulchral /सिपल्क्रल/ *adj.* 1 (***syn.*** **funeral**) समाधि या कब्र का, दफन का: ~ stone/ monument; ~ silence कब्रिस्तान की स्तब्धता 2 निरानंद, मनहूस: ~ look 3 विषादमय: ~ voice;
p&i: **a white** ~ 1 दोमुंहा आदमी, ढोंगी व पाखंडी व्यक्ति 2 अधम, कमीना, घिनौना व्यक्ति

sepulchre /सेपल्कः/ (*US* **sepulcher**) *n.* कब्र, मकबरा: make/ erect a ~;
v., pt. **~d**/ *US* **sepulchered**, *pp* **sepulchring**/ *US* **sepulchering** कब्र में रखना या डालना, दफनाना

sepulture /सेपल्चुअः/ *n.* कब्र में दफनाने का काम

sequaci\ous /सिक्वेशिअस\/ *adj.* 1 पिछलग्गा, पिछलग्गू: **~ous** to sth 2 ताबेदार, जीहुजूरिया 3 चापलूस: **~ous** zeal 4 नीच 5 युक्तियुक्त, तर्कसंगत, सुसंगत;
dw/lw: **~ously** /~लि/ *adv.* 1 चापलूसी से 2 तर्क अनुसार, सुसंगत तरीके से; **~ty** /सिक्वैसिटि/ *n.* 1 जी-हजूरी, चापलूसी, पिछलग्गूपन ***2*** तर्क संगतता

sequel /सीक्वल/ *n.* 1 उत्तरकथा, कथा की अगली कड़ी: a ~ to sth; a ~ to a story/ to a novel; the ~ of events in the film 2 पहले चले आ रहे किसी सिलसिले का शेष या अगला भाग: in the ~ 3 परिणाम: the ~ of sth

sequela /सिक्वीला/ *n., pl.* **sequelae** (*usually* **sequelae**), *pathol.* पहले की बीमारी आदि का दुष्प्रभाव, उत्तरप्रभाव, परिणाम

sequence /सीक्वंस/ *n.* 1 की अगली कड़ी या परिणामवश होनेवाला कार्य: the inevitable ~ of a crime; ~ of events; a logical ~ 2 तांता: ~ of the seasons 3 लड़ी, कड़ी, अवली, माला, श्रेणी, क्रम: chronological/ natural/ usual ~ of sth; be out of ~ 4 एक के बाद एक घटनेवाली छोटी-छोटी बातों का क्रम जिससे फिल्म का पूरा दृश्य या चित्र बनता है: in rapid/ in slow ~ 5 कथाक्रम: in regular ~ of sth 6 भजनों का क्रम 7 काल-क्रम, सिलसिला: ~ of tenses;
dw/lw: **~r** *n.* अनुक्रमक;

sequencing /सीक्वंसिंग/ *n., biochem.* (*in full* **protein** ~) or (*in full* **gene** ~) प्रोटीन या जीनों का अनुक्रमण

sequent /सीक्वंट/ *adj.* 1 परवर्ती, अनुवर्ती, क्रम से अगला 2 परिणामतः होने वाला;
dw/lw: **~ial** /सिक्वेंशिअल/ *adj.* 1 सिलसिलेवार, आनुक्रमिक 2 पारिणामिक, क्रमिक; **~ially** /सिक्वेंशिअलि/ *adv.* क्रम से

sequester /सिक्वेस्टः/ *v., pt.* **~ed**, *pp* **~ing** 1 जब्त कर ले., कब्जे में कर ले., अपने अधिकार में लेना 2 अलग कर ले. 3 संपत्ति को काबू में ले लेना 4 धातु के आयोम आदि को रासायनिक विधि से हटाना 5 एकांतवास क.;
dw/lw: **~ed** /सिक्वेस्टःड/ *adj.* 1 अलग किया हुआ, एकांतमय: a ~ed garden; ~ed spot 2 एकांतमय: live a ~ed life

sequestra\te /सिक्वेस्ट्रेट/ *v., pt.* **~ted**, *pp* **~ting** झगड़ा समाप्त होने तक जब्त कर ले.;
dw/lw: **~tion** /सिक्वेस्ट्रेशन/ *n.* 1 झगड़ा समाप्त होने तक पृथक्करण, जब्ती 2 एकांत 3 *med.* (***syn.*** quarantine) अलगाव, पृथक्करण

sequin /सीक्विन/ *n.* 1 कपड़ों पर लगाया जाने वाला सलमा-सितारा 2 पुराना इतालवी सोने का सिक्का;
dw/lw: **~ed** *adj.* सलमा-सितारे लगा (कपड़ा)

seraglio /सिरौलिओ/ *n., pl.* **~s** हरम, अंतःपुर, रनिवास, जनानखाना

seraph /सेरफ/ *n., pl.* **seraphs/ seraphim** देवदूत, सेराफीम, स्वर्गदूत;
dw/lw **~ic/~al** /सैरफिक/ सेरअफल/ *adj.* देवदूत-संबंधी, सेराफीम-तुल्य, स्वर्गदूत-तुल्य, दिव्य: ~ smile

Serb /सरब/ *n.* सरबिया वासी, सरबिआ का नागरिक;
dw/lw: **Serbian/ Serb** /सरबिअन/ *adj.* सरबियायी; **Serbian** *n.* सरबियायी भाषा

SERC *abbr. hist.* 'Science and Engineering Research Council' की प्रथमाक्षरी

sere/ sear /सिअः/ *adj.* 1 कुम्हलाया हुआ: the ~ and yellow leaf 2 सूखा हुआ

serein /सेरेन/ सैरेन/ *n.. metereol.* सूरज छिपने के बाद होने वाली बिना दृश्य बादलों की फुहार, झींसी

serenade /सेरअनेड/ *n.* 1 सांध्य गीत, प्रेम गीत (sung under a woman's window) 2 प्रेम-संगीत, सांध्य संगीत;
v., pt. **~d**, *pp* **serenading** प्रेम गीत गाना या प्रेम-संगीत बजाना, सांध्य गीत गाना

serenata /सेरिनाटा/ *n.* संगीत-काव्य

serendipi\ty /सेरेंडिपिटि/ *n.* अक्सर आकस्मिक ढंग से होनेवाली भाग्यशाली एवं लाभकारी खोज या प्राप्ति, आविष्करण-प्रवृत्ति;
dw/lw: **~tous** /सेरेंडिपिटस/ *adj.* सौभाग्यवश प्राप्त

serene /सिरीन\/ *adj.* 1 शांत, प्रशांत, सहज: ~ courage; the ~ waters of the Pacific; ~ air 2 बादलरहित, साफ (आसमान): the sky is ~ and bright 3 यूरोप में कई शाही महानुभावों की उपाधि, महामहिम: Her **Serene** Highness;
dw/lw: **~ness** /~नेस/ *n.* प्रशांतता, सहजता; **~ly** /~लि/ *adv.* शांत भाव से;
p&i: **all ~!** सब ठीक है!

serenity /सिरेनिटि/ *n.* 1 शांति, सौम्यता, गंभीरता 2 (आसमान की) निरभ्रता, बादल-रहितता, स्वच्छता: the ~ of the sky

serf /सःफ/ *n.* 1 मध्यकालीन सामंतों का बंधुआ मजदूर, जिसे खरीदा और बेचा जा सकता था: rule one's **~s** severely 2 बेचा-खरीदा जा सकने वाला कृषि दास, भूदास: liberation of the **~s** 3 दलित:

not better than a ~; work like a ~;
***dw/lw:* ~age/ ~dom/ ~hood** /सःफेज/ सःफडम/ सःफहुड/ *n.* कृषि दासता, भू-दासता, कृषिदास-प्रथा, बंधुआपन
serge /सःज/ *n.* एक प्रकार का ऊनी कपड़ा, सर्ज
sergeant/ serjeant /सार्जंट/ *n.* 1 सार्जंट 2 सेना में नौन-कमीशन अफसर;
***dw/lw:* sergeancy** /सार्जंसि/ *n.* नौन-कमीशन अफसर का पद; **~-at-arms/ serjeant-at-arms** *n.* संसद का अनुशासन अधिकारी; **~-major** *n.* उच्चतम नौन-कमीशन अफसर;
***collocations:* ~'s tea** दूध और रम मिली मीठी चाय
serial /सिअरिअल/ *n.* धारावाहिक उपन्यास (कहानी), टीवी फिल्म; ***adj.*** 1 क्रमिक: ~ number 2 धारावाही: ~ publication 3 किश्त-दर-किश्त: ~ film 4 श्रेणीगत;
***dw/lw:* ~ism** /सिअरिअलिजम/ *n., music* श्रेणी-आधारित संगीत विधि; **~ly** /सिअरिअलि/ *n.* 1 क्रमानुसार, क्रमशः 2 धारावाहिक रूप से; **~ize** /सिअरिअलाइज/ *v., pt.* ~ized, *pp* ~izing 1 धारावाहिक रूप में प्रकाशित क. 2 धारावाहिक निकालना 3 धारावाहिक रूप में प्रदर्शित क.;
***collocations:* ~ killer** लगातार यानी एक के बाद दूसरे को मारने वाला, आदतन कातिल; ~ **number** क्रमांक; ~ port कंप्यूटर में ऐसा बिंदु जहां पर माउस (mouse) जैसे उपकरण जोड़कर वांछित सूचनाएं प्राप्त की जा सकती हैं या भिन्न-भिन्न क्रियायें की जा सकती हैं; ~ **temperatures** (समुद्र में) भिन्न-भिन्न गहराइयों में तापमान
seriate /सिरिएट/ *adj.* 1 पंक्तिबद्ध, श्रेणीबद्ध 2 क्रमानुसार लगाया हुआ 3 (***syn.*** periodical) समय-समय पर निकलने वाला
seriatim /सिअरिएटिम/ *adv.* 1 क्रमानुसार 2 बिंदु-दर-बिंदु, क्रमशः
sericeous /सिरिशिअस/ *adj.* 1 कोमल रेशमी बालों से ढका, रोमिल 2 रेशम की तरह चमकदार
sericul\ture /सेरिकल्चः/ *n.* 1 कोया-उद्योग 2 रेशम कीट-पालन, कोशकीट-पालन 3 रेशम-उत्पादन;
***dw/lw:* ~turist** /सेरिकल्चरिस्ट/ *n.* रेशम कीट-पालक
series /सिअरीज/ सिअरिज/ *n., pl.* **series** 1 श्रृंखला: a ~ of years/ of events/ of victories 2 कुछ कड़ियों वाला धारावाहिक नाटक 3 माला, श्रेणी: the men of letters ~ 4 तांता: in ~ 5 सिलसिला, अनुक्रम 6 *math.* संख्या-क्रम: infinite ~ 7 *music* (*serialism*) विशेष क्रमबद्ध स्वर-संगीत 8 *phys.* क्रम-बद्ध विद्युत सर्किट: ~ connection 9 *geol.* प्राकृतिक क्रमबद्ध चट्टानें, खनिज आदि;
***collocations:* the World Series** *US* वार्षिक बेसबाल प्रतियोगिता
serif /सेरिफ/ *n., print.* छपाई अक्षर के अंत में सजावटी बनावट
serigraphy /सेरिग्राफि/ *n.* रेशमी-पर्दा छपाई (silk-screen printing)
serin /सेरिन/ *n.* कनारी (पीतचटकी) चिड़िया परिवार का पक्षी
serinette /सरिनट/ *n.* सेरिनेट (बाजा)
seringa /सरिंगा/ *n.* चमेली
serio-comic(al) *adj.* 1 गंभीर-हास्यास्पद 2 रुलाने वाला भी और हंसाने वाला भी, छद्म गंभीर
serious /सिअरिअस/ *adj.* 1 गंभीर: ~ promise; ~ mind; be in a ~ mood 2 गंभीरतापूर्ण: give sth a ~ thought 3 विचारशील, संजीदा, संवेदनशील: ~ reading; a ~ newspaper 4 घोर, संगीन, चिंताजनक, विकट: a ~ accident; ~ illness/ mistake 5 महत्त्वपूर्ण: ~ differences of opinion 6 वास्तविक: ~ money 7 सच्चा, दृढ़: be ~ about doing sth; are you **~?** (आप मजाक तो नहीं कर रहे हैं? क्या आप सच कह रहे हैं?);
***dw/lw:* ~ly** /सिअरिअसलि/ *adv.* 1 गंभीर रूप से 2 गंभीरतापूर्वक: take sb/ sth ~ly; he is ~ly ill; **~-minded** /सिअरिअस-माइंडिड/ *adj.* गंभीर, संजीदा मिजाज का; **~ness** /सिअरिअसनस/ *n.* गंभीरता: in all ~ness;
***p&i:* take sth ~ly** किसी बात को गंभीरता से लेना

sermon /सःमन/ *n.* 1 प्रवचन, उपदेश: a ~ on sth; ~ on the Mount, ***Bible*** (पर्वत-प्रवचन) 2 भाषण या विमर्श: deliver a ~;
***dw/lw:* ~ize** /सःमनाइज/ *v., pt.* ~ized, *pp* ~izing 1 प्रवचन क., उपदेश दे. 2 लंबा और थकाऊ भाषण दे.; **~izer** /सःमनाइजः/ *n.* प्रवचनकर्ता, उपदेशक; ***collocations:* ~s in stones** प्रकृति के पाठ
sero- *comb. form, denoting:* **serum** (लस, सीरम);
***dw/lw:* ~logical** /सिरौलजिकल/ *adj.* सीरम-संबंधी; **~logy** /सिरौलजि/ *n.* सीरम-विज्ञान, रक्त-सीरम का अध्ययन; **~positive** *adj.* संक्रमित रक्त
serotinous /सिरॉटिनस/ *adj.* विलंबित, विलंब से पुष्पित
serotonin /सिअरअटोनिन/ *n., physiol.* दिमाग में एक प्रकार का रसायन जिसमें मौजूद एक प्रकार हार्मोन जो केंद्रीय नस-तंत्र में तंत्रीय वाहक का काम करता है, साथ ही वह रक्त-वाहिकाओं को संकुचित करने का काम भी करता है
serous /सिअरस/ *adj.* 1 सीरमी 2 सीरम जैसा (तरल)
serpent /सःपंट/ *n.* 1 सांप, सर्प, भुजंग 2 धूर्त, धोखेबाज, तिकड़मी, घिनौना आदमी 3 शैतान 4 (***syn.*** winding) सर्पिल 5 एक पीतल का सर्पाकार वाद्य;
***v., pt.* ~ed**, *pp* **~ing** 1 टेढ़े-मेढ़े चलना 2 धूर्तता क.
***dw/lw:* ~arius/ ~-bearer** *n.* सर्पधर; **~-charmer** *n.* संपेरा, सपेरा; **~iform** *adj.* सर्पाकार; **~ine** /सःपंटाइन/ *adj.* 1 सर्पिल: ~ine wisdom 2 धूर्त, विश्वासघाती, घिनौना, गद्दार 3 कुंडलित 4 सर्पगतिक 5 टेढ़ा-मेढ़ा: ~ine road; **~ine** *n., geol.* सर्पिल खाल के रंग का एक खनिज;
***collocations:* the old ~** शैतान
serpigo /सःपाइगो/ *n., pathol.* संक्रामक त्वचा-रोग, दाद, दद्रु;
***dw/lw:* serpiginous** /सःपाइजिनस/ *adj.* दद्रुण, दादभरा
SERPS/ Serps *abbr.* 'state earnings related pension scheme' की प्रथमाक्षरी
serra\te /सेरेट/ (*also* **serriform**) *adj.* 1 आरे की तरह दांतेदार क्रकची, दंदानेदार, दंतुर: **~te** edges 2 नुकीले दांतों वाला;
***v.* *pt.* ~ted**, *pp* **~ting** खांचा डालना, दांतेदार बनाना;
***dw/lw:* ~ted** /सेरेटिड/ *adj.* 1 दांतेदार 2 दंतुरिन पर्वत श्रेणी: a knife with a ~ted edge; **~tion** /सेरेशन/ *n.* दंदाना, दांता
serried /सेरिड/ *adj.* 1 सटा हुआ: soldiers in ~ ranks (कंधे से कंधा मिलाकर खड़े सिपाही) 2 घना, संहत: ~ rows of spectators
serrulate /सेरुलेट/ (*also* **serrule**/सेर्यूल/) *adj.* सूक्ष्म दंदानेदार
serum /सिअरम/ *n., pl.* **~s**/ **será**, *anat.* 1 (*in full* **blood ~**) रक्त का पीला-सा तरल तत्त्व, जिसमें रोग-प्रतिकारक तत्त्व होते हैं, जिसकी बदौलत इसे औषधियों में प्रयुक्त किया जा सकता है: ~ therapeutics/ therapy 2 पौधे के तरल का पतला यानी पानी-सा भाग 3 सीरम;
***collocations:* ~ hepatitis** (**hepatitis** B) *n., pathol.* संक्रमित रक्त से होनेवाला जिगर का संक्रमण
serval /सःवल/ *n.* बिल्ली की जाति का एक अफ्रीकी जानवर
servant /सः वंट/ *n.* 1 नौकर, सेवक, चाकर: domestic **~s** 2 दास, अनुचर 3 कर्मचारी 4 राज कर्मचारी, अफसर: a ~ of the State; public/ civil **~s** 5 भक्त, सेवक, सेवादार: a ~ of justice; a ~ of art;
***dw/lw:* ~-girl/ ~-maid** *n.* नौकरानी;
***p&i:* fire is a good ~ but a bad master** आग से खेलना खतरों से खाली नहीं; **economy is a good ~ but a bad master** किफायत बेहतर, कंजूसी बदतर; **your ~, sir!** आपकी सेवा में हाजिर, श्रीमान जी!
serve /सःव/ *v., pt.* **~d**, *pp* **serving** 1 परोसना, देना: ~ at table; the dinner is **~d!**; ~ sth to sb; ladies are **~d** before men; ~ one/ two/ four persons, etc. 2 दुकान आदि में ग्राहकों की सहायता क., मदद देना: ~ a customer with sth 3 काम क., के रूप में काम क., नौकरी क., नौकरी आदि की शर्त पूरी क.: ~ an apprenticeship; ~ in an office/ in a shop/ in the police;

~ as a secretary/ as a cook/ as waiter/ as a judge 4 काम आना: these shoes have **~d** me well 5 जेल में कैद काटना, भुगतना: ~ a sentence 6 खेल में सर्विस क., गेंद फेंकना: ~ badly/ fast/ slowly/ deftly 7 का नौकर होना: ~ a master 8 सेवा क., लाभ पहुंचाना, लाभदायक होना: ~ one's community well; ~ the country 9 की आवश्यकता पूरी क., की आपूर्ति क.: ~ a town/ a house with water/ with gas/ with electricity 10 का काम देना, का काम क.: if there is no chair, this box will ~; this will ~ our purpose 11 के लिए पर्याप्त होना, उपयुक्त होना, ठीक होना: it will ~; it will ~ for the moment 12 के साथ बर्ताव क., व्यवहार क., के साथ पेश आना: ~ sb well/ ill/ tenderly/ generously 13 देना, वितरण क., बांटना 14 तामील क., कानूनी दस्तावेज सौंपना: ~ with a legal notice; ~ summons on sb; ~ a warrant on sb 15 बुरा या अच्छा प्रभाव डालना: his speech just **~d** to make matters worse 16 किसी संगठन के सदस्य के रूप में काम क.: ~ on a committee; ~ on a jury 17 सेना में नौकरी क.: ~ in the army/ in the flying corps/ in the navy; ~ in the ranks 18 सेवा प्रदान क.: the metro **~s** the entire city; this railway line **~s** a large district; the doctor **~s** a large area;

n. टेनिस, बैडमिंटन आदि में सर्विस: good/ bad ~ सेवा: provide different **~s**;

p&i: **~ a notice/ summon** किसी को नोटिस या सम्मन दे.; **~ as a lesson to sb** किसी के लिए अच्छी सीख हो.; **~ as a pretext** बहाना बनना; **~ before the mast** व्यापारी जहाज (merchant navy ship) में साधारण नाविक के रूप में काम क.; **~ hand and foot** सत्य-निष्ठा से सेवा क.; **~ its turn/ its purpose** निर्धारित उद्देश्य को पूरा क.; **~ no purpose** (इससे) कोई फायदा नहीं होगा; **~ one a trick** किसी को उल्लू बनाना; **~ one out** बदला लेना, मजा चखाना; **~ one's full term in office** नियुक्ति के कार्यकाल को पूरा क.; **~ one's time** प्रशिक्षण या नौकरी आदि का कार्यकाल पूरा क.; **~ one's turn** 1 किसी के काम आना, क. 2 किसी का स्वार्थ साधक बनना; **~ one's turn as captain** कप्तान के रूप में कार्यकाल पूरा क.; **~ out** बांटना; **~ round** (शराब आदि) को मेज के चारों ओर परोसना; **~ sb a dirty trick** किसी के साथ बदमाशी क., धूर्त चाल चलना; **~ sb hand and foot** किसी की हर संभव मदद क.; **~ sb's need** किसी की जरूरत पूरी क.; **~ sb's vested interests** किसी के स्वार्थपूर्ण मनसूबों के लिए काम क.; **~ sb with the same sauce** ईंट का जवाब पत्थर से देना; **~ some useful purpose** कोई लाभदायक काम क.; **~ sth out** 1 किसी अवस्था में जारी रहना 2 भोजन या पेय कई लोगों के बीच परोसना; **~ sth up** 1 भोजन को थाली आदि में रखकर परोसना 2 बहाना आदि पेश क.: ~ the usual excuses up; **~ the cause of peace** शांति के नेक कार्य में योगदान देना; **~ the devil** दुष्ट हो.; **~ the God** सज्जन हो., धर्मभीरु हो.; **~ the time** अपने समय के हुक्मरानों की चिलम भरना; **~ time** सजा काटना; **~ two masters** 1 दो मालिकों की नौकरी बजाना 2 दो नावों पर पांव रखना; **~ up** परोसना; **~ up an old tale** पुराना बखेड़ा लेकर बैठना; **~ with the same sauce** 1 सब को एक लाठी से हांकना 2 ईंट का जवाब पत्थर से देना;

his eyes didn't seem to ~ him लगता है कि उसकी नजर उसके हित में काम नहीं कर रही थी (उसकी नजर उसे गुमराह कर रही थी); **if my memory ~s me right** यदि मेरी याददाश्त ठीक है तो; **it ~s him right!** उसके साथ ठीक हुआ, यानी उसके साथ ऐसा ही होना चाहिए था; **I wish I could ~ you in this matter!** काश इस मामले में मैं आपकी मदद कर सकता!; **that excuse will not ~ you** यह बहाना आपके काम नहीं आएगा; **this suit has ~d its time** यह सूट अब काम का नहीं रहा

server /स:व:/ *n.* 1 सेवा करने वाला व्यक्ति 2 *RC Church* प्रार्थना के समय पादरी का सहायक 3 मेज पर भोजन परोसने के लिए चम्मच, कांटे आदि 4 इंटरनेट कनेक्शन (internet connection) का स्रोत यानी कई कंप्यूटरों को सूचनाएं भेजने वाला या उनको नियंत्रित करने वाला कंप्यूटर 5 टेनिस आदि खेलों में सर्विस करने वाला खिलाड़ी

servery /स:वरि/ *n.* रेस्त्रां आदि में वह स्थान या मेज जहां से ग्राहक अपना खाना लेकर अपनी मेज पर जाते हैं

service /स:विस/ *n.* 1 भोजन परोसने का कार्य, परोस: a dinner ~ 2 जन सेवा: a public ~; social **~s** 3 सेवा काल, कार्यकाल, सेवा काल की उपलब्धियां: long period of ~ as a teacher; break in ~; prominent/ considerable **~s** to the state/ to the cause of teaching and education; exaggerate one's own **~s** 4 पूजा, अर्चना, चर्च में प्रार्थना सभा, अनुष्ठान, धर्म क्रिया, उपासना: the marriage ~ 5 कार की कार्यशाला में समय-समय पर की जाने वाली सफाई, कल-पुर्जों की मरम्मत आदि 6 खेल में सर्विस: he lost his ~ game; that was a poor ~; strong/ weak ~; ~ ball; ~ call 7 सेवा, चाकरी: be in sb's ~; take ~ with sb; sb's **~s** were no longer required 8 राज-सेवा, सर्विस, नौकरी: the civil ~; be out of ~; reward sb for his good/ for his long ~; be in the Civil **Service** 9 विभाग, महकमा, विभाग के अधिकारी: diplomatic ~; the Secret **Service** (गुप्तचर विभाग); information ~; administrative **~s**; communication ~ 10 खिदमत, परिचर्या: give customers prompt ~ 11 सहायता, सेवा, उपकार: do sb a ~; can I be of ~? be at sb's ~; offer one's **~s**; glad to be of ~ to sb; need/ require/ want/ the **~s** of sb; in gratitude for sb's valuable **~s** 12 लाभदायकता, फायदा, काम आने की क्रिया: this car has given me good ~ 13 सेवा-भुगतान: ~-charges 14 (*often* **services**) सेना: active ~/ ~ with the colours; be called up for **~s**; be in the **~s**; do one's military ~; length for ~; fit for **~s**; quit the **~s**; be dismissed/ discharged from the ~; retire from ~; sea ~ 15 सफाई, सफाई-धुलाई 16 (*usually* **services**) आपूर्ति, वितरण, आर्थिक व अन्य सेवाएं: financial **~s**; development of goods and **~s** 17 व्यवस्था, परिवहन-व्यवस्था, सेवायें: British Rail ran an excellent ~; railway ~/ ~ of trains; passenger ~; ambulance ~; a new air ~ 18 प्लेटों आदि का पूरा सेट, बर्तन 19 तामील: ~ of a writ; ~ of attachment; personal ~ 20 गर्भ स्थापन 21 विशेषज्ञों आदि की सेवाएं: **~s** of a lawyer;

adj. आपूर्ति का/ के/ की: ~ lane; entrance/ ~ road;

v., *pt.* **~d**, *pp* **servicing** 1 कार की सर्विस क.: ~ a car/ a radio-set/ a ship 2 सफाई क., सफाई-धुलाई क. 3 (***syn.*** serve) आपूर्ति सेवाएं उपलब्ध कराना 4 लिए गए ऋण पर ब्याज चुकाना: the company can no longer ~ its debts;

dw/lw: **~ability** /स:विसिअबिलिटी/ *n.* उपयुक्तता, उपयोज्यता, कार्य-सक्षमता; **~able** /स:विसिअबल/ *adj.* 1 काम में लाने योग्य 2 प्रयोज्य, व्यवहार्य 3 टिकाऊ: ~able fabric/ shoes/ gloves 4 काम का, उपयोगी: ~able reminder 5 उपकारी; ~able designation; **~-band** *n.* प्रसार बैंड; **~-berry** *n.* यूरोपियायी सर्विस ट्री (Service Tree) का (खाने योग्य) फल; **~-brake** *n.* हाथ-ब्रेक; **~r** *n.* पूर्व सज्जक; **~man** n. *pl.* ~men 1 फौजी, सैनिक 2 मिस्त्री;

collocations: **~ area** 1 प्रसार-सीमा, प्रसार-क्षेत्र 2 बड़ी-बड़ी सड़कों के किनारे सेवा-क्षेत्र यानी भोजन, गाड़ी के लिए सर्विस स्टेशन आदि; **~ book** सेवा-पुस्तिका; **~ centre** सेवा केंद्र; **~ channel** सेवा प्रणाली, प्रचार प्रणाली; **~ charge** सेवा-प्रभार: a 15% ~ charge; **~ catalogue** दफ्तरी कैटालोग; **~ certificate** सेवा प्रमाण-पत्र; **~ conditions** सेवा शर्तें; **~ document** सेवा दस्तावेज; **~ flat** ऐसा फ्लैट जिसकी कीमत में रख-रखाव (maintenance) का खर्चा भी शामिल हो; **~ fee** उपयोग-अधिकार शुल्क; **~ hours** कार्य समय; **~ instructions/ ~ manual** उपयोग-निर्देश; **~ industry** सेवाएं आपूर्ति उद्योग; **~ life** सेवा आयु, कार्यकाल; **~ line** टेनिस

आदि में सर्विस करने की लाइन; ~ **occupation** सेवा व्यवसाय; ~ **parts** स्पेअर पार्ट्स; ~ **postage stamp** सरकारी डाक टिकट; ~ **provider** सेवाएं मुहैया कराने वाला; ~ **record** सेवा काल का लेखा-जोखा; ~ **sector** आपूर्ति, वितरण, मरम्मत, आर्थिक व अन्य सेवाएं; ~ **road** मुख्य सड़क के समानांतर स्थानीय सेवाओं के लिए सड़क; ~ **shop** मरम्मत दुकान; ~ **side line** बाईं-दाईं ओर की सर्विस करने की लाइन; ~ **station** सड़क के किनारे स्थित कार सेवा केंद्र आदि: it was garage and a ~ station; ~ **test** सैनिक परीक्षण; ~ **tree** एक यूरोपीय पुष्पित पेड़ जो सोर्ब (sorb) नाम के खाने योग्य फल देता है; ~ **uniform/ dress** सैनिक वर्दी; ~ **unit** सेवा एकक, प्रसार एकक; ~ **verification** सेवा सत्यापन ~ **woman** महिला सैनिक;

civil/ public ~ लोकसेवा, सरकारी नौकरी; **national** ~ राष्ट्रीय सेवा; **National Health Service** राष्ट्रीय स्वास्थ्य सेवा; **lip** ~ खोखली बातें; **shuttle** ~ आने-जोने का दो-तरफा साधन; **the ~s** फौज, सेना; **the secret** ~ गुप्तचर विभाग; **yeoman's service** उत्कृष्ट सेवा, निस्स्वार्थ सेवा

p&i: **~ is no inheritance** किसी की चाकरी करना कोई पैदाइशी पेशा नहीं;

at sb's ~ किसी कीसेवा में हाजिर; **be of ~ to sb** किसी के काम आना; **do sb a/ no** ~ किसी की मदद (कोई मदद न) क.; **have seen** ~ बहुत समय से प्रयोग में लाया जा रहा था; **his face has seen** ~ उसके चेहरे से दिखता है कि उसने लंबा जीवन जिया है; **in** ~ 1 उपयोग में 2 किसी का नौकर (हो.) 3 नौकरी में; **lip** ~ दिखावे की सहानुभूति या समर्थन; **my overcoat has seen long** ~ मेरा ओवर-कोट (लंबा कोट) बहुत समय से पहना जा रहा था; **out of** ~ खराब, बिगड़ा हुआ; **pay lip** ~ सहानुभूति का दिखावा क.; **put sb into** ~ किसी को काम में लगाना; **take ~ with sb** किसी के यहां नौकरी शुरू क.

servicing /सःविसिंग/ *adj.* कार आदि की सफाई, धुलाई, मरम्मत, परीक्षण आदि

servient /सःविअंट/ *adj.* सहायक, मातहत: ~ estate/ tenement

serviette /सःविएट/ *UK* (*UK/US* **napkin**) *n.* नैपकिन

servile /सःवाइल/ *adj.* 1 (***syn.*** fawning) जी-हुजूरिया, चापलूस, चाटुकार: ~ flattery/ manners/ behaviour; ~ obedience 2 ताबेदार: ~ state/ ~ tasks 3 दब्बू: ~ class 4 दास जैसा: ~ labour; ~ works (दास कर्म);

dw/lw: **~ly** *adv.* चाटुकारितापूर्वक; **servility** /सःविलिटि/ *n.* 1 जी-हज़ूरी, जी-हुजूरियापन, चापलूसी, चाटुकारिता: servility to custom 2 ताबेदारी 3 नीचता

serving /सःविंग/ *n.* 1 एक बार में परोसे जाने वाले व्यंजनों की मात्रा: **~s** from an apple-cake 2 टेनिस आदि की सर्विस दी जाने की क्रिया: ~ order

servitude /सःविट्यूड/ सःविच्यूड/ *n.* 1 (***syn.*** slavery) दासता, गुलामी, पराधीनता: rebel against ~; keep in ~; in ~ to one's evil passions 2 कठोर-कारावासीय काम: penal ~ for life 3 *law* संपत्ति पर ऋण-भार आदि के कारण मालिक द्वारा दूसरे व्यक्ति को दिया जाने वाला भोगाधिकार: discriminatory **~s**

servo /सःवो/ *n., pl.* स्पुतनिक रॉकेटों, बल-चालित यंत्रों, रोबोटों आदि बड़ी मशीनों को नियंत्रित करने वाला सहायक यंत्र;

adj. सहायक यंत्रों द्वारा चालित: ~ brakes;

***dw/lw*:** **~-mechanism** *n.* सहायक यंत्र; **~-motor** *n.* सहायक या नियंत्रक-मोटर

sesame /सेसअमि/ *n., pl.* **sesames** तिल;

collocations: **~ oil** तिल का तेल; **~ seed** तिल का बीज

p&i: **fame is not the open ~ to happiness** ख्याति से सुख-शांति प्राप्त नहीं होती

sesamoid /सेसअमॉइड/ *adj.* तिलाकार, तिल जैसा;

***n.**, anat.* (*in full* **sesamoid bone**) एक छोटी गोल हड्डी जैसे पांव के अंगूठे की हड्डी, कंडरास्थि

sesqui- /सेस्क्वि/ *comb. form, denoting:* **ratio of one and half to one** (डेढ़ का एक से अनुपात = 1:1 ½);

dw/lw: **~centennial/ ~centenary** /सेस्क्विसेंटेनिअल/ *n.* एक सौ पचासवीं वर्षगांठ; **~duple** /सेस्क्विड्यूपल/ *adj.* ढाई गुणा (1:2½); **~pedalian** /सेस्क्विपअडेलिअन/ *adj.* 1 (***syn.*** polysyllabic) बहुशब्दांशीय 2 भारी-भरकम, जबड़ातोड़ (शब्द): ~pedalian words 2 जबड़ातोड़ शब्द प्रयोग करने का शौकीन; **~pedalianism/ ~pedality** /सेस्क्विपअडेलिअनिजम/ सेस्क्विपअडैलिटि/ *n.* बहुशब्दांशीयता, जबड़ातोड़ शब्द प्रयोग करने की प्रवृत्ति

sessile /सेसाइल/ *adj.* 1 सीधे तने से जुड़ा हुआ, अवृंत 2 सीधे शरीर से जुड़ा 3 स्थानबद्ध (said of an animal: sedentary)

session /सेशन/ *n.* 1 न्यायालय, संसद आदि का सत्र: in ~ (सत्र का चालू हो. या काम में व्यस्त हो.); in full ~; the Senate is now in ~ 2 शैक्षिक सत्र: the winter ~ of our university begins in January 3 अधिवेशन, बैठक: plenary ~; go into secret ~; closed-door ~ 4 बिताया या लगाया गया समय, दौर: a ~ of tennis; a drinking ~ 5 पब (pub) या मयखाने आदि में संगीत का दौर;

dw/lw: **~al** /सेशनल/ *adj.* सत्रीय, सत्र-संबंधी; **~ally** *adv.* हर सत्र के आधार पर; **~s** /सेशन्ज/ *n.* सत्र;

collocations: **~s court** सत्र-न्यायालय, दौरा न्यायालय; **~ judge** दौरा-जज; **Summer ~s** गर्मियों की छुट्टियों आदि में किया जाने वाला योग्यता सुधार कोर्स

sestet /सेस्टेट/ *n.* 1 छः जनों या वस्तुओं का समूह 2 चौदह-पंक्ति छंद (sonnet) की अंतिम छः पंक्तियां 3 *music* छः संगीत वादकों के लिए रचना 4 छक्का

sestina /सेस्टीना/ *n., pl.* **~s** छः पंक्तियों के छः छंदों की कविता का पुराना रूप

set /सेट/ *v., pt.* **set**, *pt. p.* **set**, *pp* **~ting** 1 निर्धारित स्थान या स्थिति में लगाना, जमाना, जड़ना: a ring ~ with rubies; ~ them straight; ~ sth in its place again; ~ sth down/ on, etc. (कहीं कुछ रखना); lamps ~ in the walls; ~ the wheel on the axle 2 रखना, स्थान दे.: ~ Tolstoy before Gorky 3 ठोस, कठोर, दृढ़, पक्का, पथराना: the mortar joining these bricks hasn't ~ yet 4 एक अवस्था में दृढ़ हो जा., कड़ा या स्थिर हो जा. या बनाना: ~ sb's jaw; ~ one's teeth; his lips ~ stubbornly (उसके होंठ दृढ़तापूर्वक भिंच गए); his mind and character are fully ~ 5 समय, तिथि आदि निश्चित क.: ~ a date; ~ a wedding day 6 गाड़कर जमाना: electric poles are firmly ~ in the cement 7 नियंत्रित क. 8 तैयार क. या हो.: ~ the table; ~ the stage; ~ about one's packing/ getting dinner ready; ~ sb about a task 9 किसी कार्य को करने हेतु किसी को नियुक्त क.: ~ guards/ sentries/ watchmen 10 मीटिंग बुलाना 11 शल्य-क्रिया आदि निश्चित क. 12 तराजू या घड़ी आदि को सही या वांछित स्थिति में लगाना: ~ the oven timer; ~ a piano; ~ a tool; ~ an alarm-clock 13 *in Scotland* (***syn.*** lease, rent out) किराये पर दे. 14 सिद्धांत या नया विचार प्रस्तुत क.: ~ a plan/ facts before sb 15 चालू या शुरू क.: ~ it going; ~ fire to sth/ ~ sth on fire (आग लगाना); ~ about sth/ doing sth (कोई काम करना शुरू क.) 16 भड़काना या सही दिशा दे. या गुमराह क.: ~ sb on the right/ wrong track 17 विरोध क.: public opinion is **~ting** against him; he ~ himself against my proposal 18 हड्डी जोड़ना: ~ a bone; ~ a broken leg/ arm/ a dislocated joint 19 परीक्षा के लिए पाठ शामिल क.: ~ a question paper; what questions were ~ in the examination? 20 उदाहरण पेश क.: ~ an example/ a record, etc.; ~ a precedent; ~ the style/ tone 21 किसी पृष्ठभूमि में प्रस्तुत क. या जड़ना: blue eyes ~ deep in a white face; diamonds ~ in a gold bracelet 22 सजाना: ~ out everything beautifully; she wore bracelet ~ with diamonds 23 किसी कार्य के लिए उकसाना या प्रेरित क.: ~ me thinking; ~ sb into activity 24 बालों को किसी शैली में जमाना या बैठाना 25 कीमत या स्तर तय क.: ~ standards; ~ a high price on honesty; ~ a price on sb's head/ on sb's life; ~ requirements 26 सूर्य, चंद्रमा का अस्त हो.: the sun ~ at 7 p.m. 27 *print.* कंपोज क. 28 की दिशा में मुड़ना या चल पड़ना: ~ one's face towards the sun; ~ against the wind; the tide **~s** to the west; the wind **~s** from the south 29 संगीत बनाना 30 पाल पोत को हवा की दिशा में चलाना: ~ the sails of a ship 31 फिल्म या कहानी आदि को काल और स्थान की पृष्ठभूमि में प्रस्तुत क.: a book, play, or film is ~ in a place or period of time; *War and Peace* is ~ in the early 19th century Russia, i.e., around the Napoleon's invasion in 1812 of Russia 32 मुर्गी को अंडे सेने के लिए बैठाना 33 शर्त लगाना 34 बंदूक के घोड़े को शिकार की ओर रखना 34 तेज क., पैना क., धार तेज क., सान दे. 35 रंग को पक्का क. 36 शब्दों को संगीत में ढालना: ~ a song to music; ~ music to words; ~ a melody half a tone higher 37 लिखना, लिपिबद्ध क.: ~ one's hand/ one's name/ one's signature/ one's seal to a document 38 बीज पकना, फल बनना, पक जाना: ~ seed/ plants, fruit-trees 39 सक्षम होने की अवस्था में हो., पूर्णतः तैयार हो.: he was all ~ for a brilliant career; we are all ~ to go; she was ~ on going on the stage 40 लगाना: ~ a trap/ snare 41 जमना: a liquid substance **~s**: the jelly has ~ 42 कोई काम करवाना: ~ sb on horseback; ~ sb to saw wood/ to dig a field 43 उच्चतम स्तर स्थापित क.: he ~ a record for a kilometre race;

n. 1 समुच्चय, समूह, कुलक, संग्रह: in **~s**; a ~ of surgical instruments/ of weights; sold in **~s** of five; these chairs only come in **~s** of six; a ~ of Shakespeare's plays 2 फिल्म मंच-सज्जा, दृश्यबंध, सेट: describe the cast and the ~; ~ dresser 3 टेनिस के खेल में दो या तीन सेटों में से एक: win the first ~ 4 रेडियो या टीवी सेट: a radio receiving ~ 5 संगीत के कई टुकड़े जो एक साथ गाए या बजाए जाते हैं 6 माला, एक दूसरे से संबंधित वस्तुओं, चीजों, क्रियाओं आदि की लड़ी: a ~ of lectures; a ~ of rules 7 वर्ग, मंडली, समूह, गोष्ठी: a new ~ of customers; the political/ the literary ~ 8 दल, गुट, गिरोह: a ~ of hooligans; a ~ of thieves 9 झुकाव, रुख, प्रवृत्ति, झुकाव: the ~ of his mind is towards intolerance; the ~ of public opinion/ of public feeling 10 (चीनी आदि के) बर्तनों या फर्नीचर आदि का सेट या समुच्चय: a ~ of china; a ~ of furniture 11 दिशा: the ~ of a tide 12 आकृति, ढांचा, आकार, भंगिमा: a ~ of the features; of big and broad ~; the ~ of his jaw 13 मोड़: a ~ to the right 14 सूर्यास्त, ढलान: at sun ~; at the ~ of life 15 कठोर होने की क्रिया 16 बालों की शैली 17 कक्षा में समान योग्यता वाले विद्यार्थियों का समूह 18 पशुओं का घर (बाड़ा) = sett 19 प्याज आदि लगाने के लिए बीज: onion **~s**;

adj. 1 अपरिवर्तनशील, जो कभी न बदले, स्थिर, अटल, अचल: a ~ menu; ~ smile; ~ glassy eyes; with a ~ face/ countenance; ~ pattern; a very ~ creed; ~ rules 2 दृढ़, हठीला, रूढ़िगत: he is too ~ in his ways 3 घिसा-पिटा: ~ phrases; ~ style 4 तैयार: all ~ to go; all ~ to do sth 5 होनेवाला, होने की कगार पर, संभावित: all ~ for a pay rise 6 नियत, निश्चित, औपचारिक: the ~ texts (for exam.) for this year 7 मजबूत, पक्का, तयशुदा: ~ wage; ~ price 8 विधि द्वारा स्थापित, नियमित: a ~ form of oath; in ~ terms/ phrases 9 पहले से निर्धारित, नियमित: at a ~ time; ~ subject; everyone has his own ~ task 10 हठी, दृढ़: a man of ~ opinions; of ~ purpose 11 जान-बूझकर किया जाने वाला 12 अच्छे डील-डौल वाला: a well ~ fellow/ person;

dw/lw: **~-aside** *n.* यूरोपीय संघ की नीति जिसके तहत जरूरत से ज्यादा उत्पाद करने वाली भूमि को उसके मालिकों को हर्जाना देकर खाली छुड़वा लिया जाता है; **~-back** *n.* 1 झटका, धक्का, आघात: suffer a ~; a ~ in/ to sth 2 दुर्भाग्यपूर्ण घटना: a ~ for sb 3 पराजय 4 गतिरोध, रुकावट: a major/ serious ~ 5 आवर्तन; **~-down** *n.* 1 घोर फटकार 2 औपचारिक डांट-डपट: give sb a ~; **~-line** *n.* मछली पकड़ने की सीमा रेखा; **~-off** *n. law* 1 किसी के विरुद्ध किया जाने वाला दावा 2 जवाबी-दावा: as a ~-off to sth 3 फर्क जताने वाली चीज, अलंकरण, प्रतितुलन 4 ऑफसेट (off-set) छपाई 5 क्षतिपूर्ति, मुआवजा, प्रतिकार, हर्जाना: as a ~ off against sth; **~-out** *n.* 1 शुरुआत, प्रारंभ: at the first ~-out 2 प्रस्थान 3 प्रदर्शनी, चित्र-प्रदर्शनी, प्रदर्शित वस्तुएं: a ~-out of goods 4 संग्रह: have a full ~-out of tools 5 पोशाक, सूट 6 मेहमान-नवाजी; **~-piece** *n* 1 ध्यान से तैयार किया हुआ संगीत वादन या साहित्यिक प्रदर्शन; **~-screw** *n.* जमाऊ पेच; **~-to** /सेटू/ *n., colloq.* 1 मुक्का-मुक्की, घूंसेबाजी 2 हाथापाई, लड़ाई 3 तर्क-वितर्क, जबरदस्त मुकाबला; **~-top box** /सेट-टॉप बॉक्स/ *n.* सेट टॉप बॉक्स जिसके माध्यम से टीवी कार्यक्रम प्राप्त होते हैं; **~-up** *n.* 1 संगठन, ढांचा: capitalist economic **~s** 2 ढंग, प्रबंधन, रवैया 3 ठवन, मुद्रा 4 परिस्थिति: the whole stormy ~ was bad for my nerves 5 किसी को फंसाने के लिए बनाई गई योजना: some stupid and elaborate ~;

collocations: ~ **affair** खूब खाने-पीने वाली अच्छी दावत; ~ **book** (*also* ~ **text**) किसी परीक्षा की तैयारी के लिए आवश्यक पुस्तक; ~ **phrase** तैयारशुदा घिसा-पिटा कथन; ~ **piece** ~ किसी नाटक, फिल्म, संगीत का जानी-मानी शैली का टुकड़ा जिसे विशेष प्रभाव पैदा करने के लिए प्रयोग किया जाता है; ~ **point** *tennis* टेनिस के सेट का जीत-हार का फैसला करने वाला अंक; ~ **shot** बास्केटबाल के खेल में एक स्थान पर खड़ा होकर दोनों हाथों से टोकरी में डाली जाने वाली गेंद; ~ **square** कोनिया; **the jet** ~ अक्सर हवाई यात्रा करने वाले अमीर लोग;

p&i: ~ **a ball/ stone rolling** कई गंभीर घटनाओं की शुरुआत क.; ~ **a beggar on horse back and he will ride to the devil** प्यादा से फरजी भयो टेढ़ी-टेढ़ी जाए; ~ **about** फैलाना; ~ **about sb** किसी पर आक्रमण क.; ~ **about sth** शुरू क.; ~ **a chain reaction in motion** एक के बाद एक होने वाली प्रतिक्रिया शुरू कर दे.; ~ **against** 1 से तुलना क. 2 अपनों के मुकाबले में अपनों को खड़ा क.; ~ **agog** खलबली मचा देना; ~ **a fox to keep the geese** चोर को कोतवाल बनाना; ~ **a limit** सीमा तय कर देना; ~ **a man on his feet** किसी की अपने पांव पर खड़े होने में मदद क.; ~ **a match to a cigarette** दियासलाई से सिगरेट जलाना; ~ **a naught** अंगूठा दिखाना; ~ **an end to sth** किसी बात को समाप्त कर दे.; ~ **apart for sth** किसी विशेष उद्देश्य के लिए (पैसा आदि बचाकर) अलग करके रखना: one room ~ apart for use as a library; ~ **a person's back up** 1 गुस्सा दिलाना 2 अड़ जा.; ~ **a person's teeth on edge** 1 भयभीत क. 2 घिन पैदा क. 3 नाक में दम क.; ~ **a price on sb's head** किसी नामी अपराधी को पकड़वाने के लिए बड़ा इनाम रखना; ~ **a question at rest** मसला हल क.; ~ **a question paper** परीक्षा प्रश्न-पत्र बनाना; ~ **aside** 1 अलग क. या रखना, बचा रखना 2 निकाल दे., छोड़ दे. 3 बाधा डालना; ~ **a stress on sth** किसी बात पर बल दे.; ~ **a thief to catch a thief** चोर को कोतवाल बना दे.; ~ **at large** आजाद कर देना; ~ **a top spinning** किसी कार्य को शुरू कर दे.; ~ **a veto on sth** किसी बात को ठुकराना; ~ **by** (पैसा बचाकर) अलग रखना; ~ **by the ears** विपरीत दिशाओं में होना;~ **(sb) down** 1 नीचे बैठाना या रखना 2 गाड़ी से नीचे उतारना 3 किसी को फटकारना या उसका अपमान क. 4 लिखना, लिपिबद्ध क., सूची में डालना 5 समझना, मानना 6 किसी पद पर नियुक्त क.; ~ **fire to sth** आग लगाना; ~ **foot somewhere** कहीं जा.; ~ **forth** 1 यात्रा पर निकल पड़ना, प्रस्थान क. 2 (~ **sth forth**) बताना, घोषित क.; ~ **free** आजाद क.; ~ **forward** प्रस्थान क.; ~ **great store by** किसी को

अत्यधिक भाव दे.; **~ heart on sb/sth** किसी पर या किसी बात पर फिदा हो.;**~ in** 1 शुरू हो. 2 ऋतु आदि का शुरू होकर टिक जा.; **~ in motion** आरंभ क.; **~ in order** निपटाना, सही क.; **~ little on sth** किसी बात को कम महत्त्व दे.; **~ little/ no store by** किसी को जरा भी/ बिल्कुल भी भाव न दे.; **~loose** (अफवाहों आदि को जन्म दे.); **~ much/ a great deal on sth** किसी बात को अत्यधिक महत्त्व दे.; **~off** 1 यात्रा पर निकल पड़ना 2 प्रवृत्त क., लगाना 2 बढ़ाना 3 स्पष्ट क., उभारना: the colour of the dress ~s off his eyes 4 दागना; **~ on** 1 उकसाना, उभारना 2 आक्रमण क. 3 आगे बढ़ना; **~ off to advantage** खूब सजा-धजाकर पेश क.; **~ one's affairs/ papers/ room in order** अपनी समस्याएं, दस्तावेज या कमरा ठीक-ठाक क.; **~ oneself a task** अपने सामने एक लक्ष्य रखना: she ~ herself to put him at his ease; **~ oneself up as sb** अपने आपको किसी और (imposter) के रूप में पेश क., छलावा क.; **~ one's affections on sb** किसी से स्नेह हो जा.; **~ one's best foot forward** 1 सर्वोत्तम चाल चलना 2 सर्वोत्तम ढंग से पेश आना 3 थोड़ी जल्दी क.; **~ one's cap at sb** किसी पर फिदा हो.; **~ one's comb** अकड़ में रहना, इतराना; **~ one's face against sth/ ~ one's face like a flint** के विरोध में डटकर खड़ा हो जा.; **~ one's foot on the neck of** किसी को चित्त करके उसकी छाती पर बैठना; **~ one's hopes on sb** किसी से कुछ आशा रखना; **~ one's own house in order** पहले अपने मामले सुलझाना; **~ one's life on a chance** अपना जीवन दांव पर लगाना; **~ one's mind at ease/ rest** अपने आपको शांत या संतुलित क.; **~ one's mind/ brain on/ to sth** किसी बात या चीज पर पूरा ध्यान केंद्रित क.; **~ one's seal to** स्वीकृति देना; **~ one's teeth** ठान लेना; **~ one's wits to sb's wits** 1 थोड़ा झगड़ना 2 तर्क-वितर्क की आजमाइस क.; **~ out** 1 बाहर रखना 2 सीमांकन क., निर्दिष्ट क. 3 लगाना 4 प्रदर्शित क., सजाकर रखना 5 काम शुरू क., चल पड़ना, रवाना होना, प्रस्थान क., यात्रा आरंभ क. 6 रिपोर्ट क., लिखकर या मौखिक रूप से ब्यौरा दे.; **~ pen to paper** लिखना शुरू क.; **~ people by the ears/ at variance/ at loggerheads** or **~ sb against sb** लोगों को एक-दूसरे से लड़वा दे., अपनों के विरुद्ध खड़ा क.; **~ sb/ sth apart** किसी को या किसी चीज को सबसे अलग या बेहतर दिखाना; **~ sb back (sth)** पैसे की कमी या अन्य कारण से किसी का या किसी कार्य को पिछड़ने दे.; **~ sb/ sth at naught** कोई भाव या आदर न दे., घृणा क.; **~ sb/ sth back** पीछे क., धकेलना; **~ sb free** जेल आदि से छोड़ दे., जाने दे.; **~ sb on his feet/ legs** किसी को उसके पांवों पर खड़ा क.; **~ sb right** किसी को सीधा क.; **~ sb laughing/ in a roar** किसी से हंसी के ठहाके लगवाना; **~ sb off** किसी को 'चालू' कर दे., उसे किसी उकसावे में फंसाना: he can always ~ us **off** laughing; **~ sb's back up/ ~ sb's teeth on edge** किसी में घोर चिड़चिड़ाहट पैदा क.; **~ sb's curiosity agog** किसी की उत्सुकता को हवा देकर ज्वलंत बनाना; **~ sb's fears at rest** किसी की आशंकाओं को मिटाना; **~ sb's heart beating** किसी के दिल से धक-धक करवाना; **~ sb's mind/ heart at rest** किसी को आश्वस्त क.; **set sb/ sth on/ upon sb** आक्रमण करवाना; **~ sb thinking** किसी को सोचने पर मजबूर कर दे.; **~ sb up** किसी को फंसाना; **~ sb up in life** किसी को उसके जीवन में स्थापित क.; **~ sb wrong** किसी को गुमराह क. (गलत रास्ते पर डालना); **~ shoulder to wheel** जी-जान लगा देना; **~ spur to** घोड़े को एड़ लगाकर जल्दी से कहीं पहुंच जा.; **~ sth above rubles** किसी चीज को सोने से ज्यादा भाव दे.; **~ sth alight** जलाना; **~ sth against sth else** 1 दो वस्तुओं आदि के बीच तुलना क. 2 दूसरी रकम में से काट ले.: ~ expenses against tax; **~ sth aside** 1 (बुरे दिनों के लिए) बचाकर अलग रखना 2 ठुकरा दे., का संज्ञान न लेना; **~ sth back** 1 वापस अपने स्थान पर रखना 2 किसी काम में देरी करवाना या उसमें बाधा डालना 3 *sl.* पैसा लगाना; **~ sth down** लिखकर दर्ज क. 2 समझना या मानना; **~ sth down to sth else** किसी खराब बात या कार्य को किसी अन्य बात के जिम्मे मढ़ दे.: his behaviour was ~ down to the stress he was under; **~ sth off** 1 आरंभ क. 2 विस्फोट क. 3 किसी चीज को दिखने में बेहतर क.; **~ sth on fire/ ~ fire** or **a light to sth** किसी चीज को आग लगाना; **~ sth/ sb on sb** किसी को किसी पर हमला करने के लिए छोड़ दे.: ~ the dogs on sb; **~ sth out** 1 विस्तार से समझना, स्पष्ट क. 2 प्रदर्शित करने के लिए रखना; **~ sth up** 1 कोई कम्पनी या संगठन आरंभ क., कोई यंत्र लगाना 2 कोई काम करवाना; **~ store by** अधिक महत्त्व दे.; **~ terms** तयशुदा शर्तें; **~ the axe to** किसी चीज को नष्ट करने लगना; **~ the ball rolling** शुरू कर दे.; **~ the cart before the horse** उल्टी गंगा बहाना; **~ the dog on/ at sb** किसी पर कुत्ता छोड़ दे.; **~ the heather on fire** धूम या खलबली मचाना; **~ the law/ sb at defiance** किसी को या कानून को चुनौती दे.; **~ the machinery going** मशीन को चालू क.; **~ the pace** सब के लिए दौड़ या काम की रफ्तार तय क.; **~ the Thames on fire** कोई अद्भुत काम क., अनहोनी बात क.; **~ the wolf to keep the sheep** चोर को कोतवाल बनाना; **~ the world on fire** धूम मचाना; **~ things right/ straight** मामले को सुलझाना, ठीक क.; **~ things to rights** मामलात को ठीक क.; **~ to** आरंभ क.. किसी कार्य में रम जा., बहस करने या झगड़ने लग जा.; **~ to go** शुरू या प्रस्थान करने को तैयार; **~ to music** स्वर में बांधना; **~ tongues wagging** अंट-शंट बातें (फुसफुसाहट) शुरू हो जा.; **~ too work** काम शुरू क.; **~ up** 1 खड़ा क., गाड़ना: let's ~ the tents up over here 2 प्रतिष्ठित क., ऊपर उठाना 3 सूचना आदि को सूचना-पट्ट पर लगाना 4 पैदा क. 5 (**~ sb up**) स्थापित क., बनाना, किसी को अपना धंधा शुरू करने में मदद क., साधन दे., जमाना, बसाना 6 प्रारंभ क., चलाना 7 सज्जित क. 8 प्रोत्साहन दे. 9 प्रस्तुत क., प्रतिपादित क. (a principle) 10 छापने के लिए टाइप आदि क. (compose) 11 किसी के मत्थे दोष मढ़ने की चाल में सफल हो. 12 चंगा क.; **~ up a counter claim** जवाबी दावा ठोकना; **~ up one's bristle** विरोध क.; **~ up a shop** कारोबार शुरू क.; **~ upon** = **~ on**; **~ up for oneself** अपना खाता खोलना; **~ upon sb with blows** किसी पर मुक्कों से प्रहार करते हुए टूट पड़ना; **~ value upon sth** किसी बात को महत्त्व दे.; **~ with (jewels etc.)** खचित, जड़ाऊ, हीरे-जड़ित;

a soul that is ~ to melancholy ऐसा मन जो विषाद में डूबने को तत्पर रहता है; **be all ~** तैयार हो.; **be ~ against sth/ doing sth** के विरुद्ध हो.; **be dead ~ on sth** कोई काम करने के लिए बिल्कुल अड़ा या डटा हो.; **be hard ~ for money** पैसे की अत्यधिक किल्लत हो.; **be keen on ~** प्रबल उत्कंठा हो.; **be ~ for a pay rise** (*see under* **set**, ***adj.***, No. 5); **be ~ up over sb's rivals** किसी के प्रतिद्वंद्वी से ऊपर आंका जाना; **be well ~ up** फर्नीचर आदि से अच्छी तरह सज्जित हो.; **get ~** मोटा हो जा.; **I don't ~ up for an angel** मैं अपने को संत नहीं समझता; **it ~ a seal on all his life** इस बात ने उसके पूरे जीवन पर छाप छोड़ी; **jet ~** अक्सर हवाई यात्रा करते रहना; **like sb the first moment one ~s eyes on** किसी को पहली नजर में पसंद करने लगना; **the smoke ~ her coughing** धुएं से उसे खांसी आने लगी; **the weather is now ~ fair** मौसम अब निखर आया है

seta /सीटा/ *n., pl.* **setae** /सीटी/ शूक;
dw/lw: **~cious**/ **setose** /सिटेशिअस/ सीटस/ adj. शूकमय

Seti *abbr.* **'search for extra-terrestrial intelligence'** की प्रथमाक्षरी आधारित परिवर्णी या आदिवर्णी शब्द (acronym)

seton /सीटन/ *n.* बत्ती

settee /सेटी/ सअटी/ *UK* (*UK/US* **sofa**, **couch**) *n., pl.* **~s** 1 एक लंबा पीठ व बाजुओं वाला (with arms) सोफा 2 बेंच

setter /सेटः/ *n.* 1 शिकारी कुत्ते की एक नस्ल 2 बैठाने वाला 3 परीक्षा

प्रश्न-पत्र बनाने वाला 4 *sl.* मुखबिर 5 सेटर, निवेशक 5 किसी वस्तु, शैली आदि का रचनाकार: pace-~; trend-~;

dw/lw: **~-on** *n.* उकसाने वाला, भड़काने वाला, आग लगाकर तमाशा देखने वाला

setting /सेटिंग/ (*also called* **place** ~) *n.*1 मंच-दृश्य 2 मशीन की किसी स्तर या रफ्तार पर टिकाने की क्रिया 3 कटलरी (छुरियों, कांटों, चम्मचों आदि का सेट) 4 ऐनक आदि का चौखटा, फ्रेम: gold ~; the ~ of a jewel; ~ for an intelligent face 5 पृष्ठभूमि, संदर्भ: a comic effect is produced by using the word in this ~ 6 परिस्थिति, प्रतिवेश, अड़ोस-पड़ोस 7 वातावरण, पर्यावरण 8 मंच-सज्जा, दृश्यबंध 9 गीत या कविता के लिए संगीत-सज्जा: ~ to music 10 स्थापन 11 जमाई, जमाव, कठोरीकरण (fixing, firming-up) 12 सूर्यास्त (of sun)

settle /सेटल/ *v., pt.* **~d**, *pp* **settling** 1 (*also* **~ on sth**) निपटाना, सुलझाना, समझौता कर लेना: ~ on a date; ~ on/ upon sth; ~ it any way you like; ~ the price/ the terms; ~ a bargain; ~ the date of one's return; the terms were **~d**; ~ an argument/ a quarrel; ~ out of court; ~ a lawsuit amicably; ~ a claim; ~ a case 2 स्थिर हो जाना या क., टिकना: you'll soon ~ into the job; ~ down to married life; he can't ~ to anything 3 निर्णीत हो., निश्चित क. 4 बैठ जाना, आराम से बैठना: ~ oneself in a chair/ in a car/ on the veranda/ at a desk; ~ oneself in the saddle; the bird **~d** on a branch/ on a tree 5 बसना, रहना, के लिए व्यवस्था क., बसाना, टिकाना, उपनिवेश बसाना, आबाद क.: ~ down (बस जाना); they eventually **~d** in Australia; ~ in (नए स्थान पर बसकर जम जा.); ~ in London/ in the country; ~ sb in a new country/ on the land; Englishmen were **~d** in Virginia; the most thickly **~d** portion of the country 6 बैठना, काम में लग जाना: ~ oneself to; ~ down to a task 7 (*also* **~ down**/ **~ sb down**) शांत हो. या क., ठीक हो. या क., दब जा., थम जा.: wait till the dust has **~d** 8 मौसम आदि का छा जाना: silence **~d** over the village; the weather has **~d** at last; a deep melancholy **~d** on them both 9 धंसना, बैठ जाना, डूब जाना: the foundations have **~d**, and the walls are beginning to crack; the ship was **settling** 10 गाद बनकर नीचे सतह पर जम जाना: the dregs **~d** and the wine was clear 11 गाढ़ा, घना हो जाना 12 निथरना, साफ हो जाना, निथारना 13 (*also* **~ up**) चुकाना (हिसाब, ऋण), भुगतान क.: ~ a bill or a debt; ~ up (उधार लौटाना); I will ~ the bill 14 शांत क., ठीक क., व्यवस्थित क.: ~ one's nerves; ~ one's mind; ~ the stomach 15 (वसीयत में) देना, प्रदान क.: ~ one's property on sb 16 समाप्त कर दे., फैसला कर दे.: let's ~ this matter once and for all; ~ for sth (किसी शर्त को मान ले.); that **~s** the matter; ~ a question once and for all; everything is **~d**; it's all **~d**; the matter is **~d**; ~ points of difficulty and doubt 17 पहनना, में आ जाना: ~ one's hat on one's head;

n. ऊंची पीठ वाला और बाजुओं वाला लकड़ी का बैंच;

dw/lw: **~r** /सेटलः/ *n.* 1 करारकर्ता, समझौता-कर्ता 2 नए देश में बस जाने वाला 3 उपनिवेशी 4 अधिवासी 5 निःसादक 6 *sl.* जबरदस्त प्रहार: it was a ~r for me; **settling** /सेटलिंग/ *n.* तलछट, तलौंछ; **settlings** /सेटलिंग्स/ *n.* तलछट; **settling-tank** निथार-टंकी, अवसाद हौज, रुद्र कूप;

collocations: **~d convictions** अटूट आस्था या विश्वास; **~d weather** शांत व टिका हुआ मौसम; **settling day** *stock exchange* सौदों के निपटारे का दिन;

p&i: **~ a person's hash** ठिकाने लगाना; **~ a score/ an account with sb ~/ ~ old scores with sb** पुराना बदला चुकाना, पुराना हिसाब चुकता क.; **~ down** 1 बस जा. 2 शांत जीवन जीने लगना; **~ down to sth** किसी कार्य या बात को ध्यान देने लगना; **~ for sth** समझौते के रूप में किसी बात या राशि पर सहमत हो जाना; **~ in/ ~ into sth** 1 नई जगह पर बसना या नई नौकरी में जमना; **~ off** सुलाना; **~ on sth** किसी बात पर सहमति या फैसला हो.; **~ sb down** किसी को शांत क.; **~ sb's goose** किसी को पूर्णतः खत्म कर दे., मार दे.; **~ sb/ ~ sb's hash** किसी से छुटकारा पाना; **~ sth on sb** वसीयत में मिली संपत्ति को किसी के नाम में कर देना; **~ the succession** उत्तराधिकार का मसला तय क.; **~ up** भुगतान क.; **~ with sb** किसी के साथ समझौता कर ले.

another stroke will ~ him एक और मुक्का उसकी छुट्टी कर देगा; **her face ~d into a mask of contempt** घृणा से उसका चेहरा फक हो गया

settled /सेटल्ड/ *adj.* 1 बसा हुआ, आबाद: the ~ portions of the island; ~ area 2 निश्चित, निर्धारित, नियमित, तय 3 शांत, धीर, स्थिर, स्थायी: ~ weather; a ~ melancholy brooded on her face; ~ habit; ~ community (स्थायी समुदाय) 4 चुकाया हुआ, समाप्त 5 व्यवस्थित: ~ way of life 6 जीवन में निश्चिंत व प्रसन्न: ~ peace; ~ face/ eye/ gait 7 दृढ़, दृढ़-निश्चय: ~ intention/ conviction 8 वसीयत द्वारा किसी के नाम किया हुआ

settlement /सेटल्मंट/ *n.* 1 समझौता, निपटारा, करार: come to/ reach a ~ of one's differences; family ~; agree upon/ negotiate/ reach a ~; a ~ between sb and sb; a ~ over sth; a peace ~ 2 बस्ती, उपनिवेश, बसने की क्रिया: an Arab ~; international **~s**; Empire ~; the ~ of Europe after the War; ~ geography (बस्ती भूगोल) 3 व्यवस्था: interim ~ 4 व्यवस्थापन, बंदोबस्त, भूमि व्यवस्था: land awaiting ~ 5 शोधन, परिशोधन, भुगतान: ~ with creditors; ~ of a debt; ~ day (भुगतान दिवस) 6 निर्णय, निर्धारण: amicable ~; ~ of a claim; make a ~ on sb 7 आवास, अधिवास 8 धंसन 9 संपत्ति का हस्तांतरण 10 हस्तांतरण दस्तावेज

settler *see above under* **settle: *dw/lw***

set-to *see above under* **set: *dw/lw***

seven /सेवन/ *n., cardinal numeral* 1 सात (7): ~ Seas 2 सात द्वारा दिखाई जाने वाली मात्रा या संख्या: ~ and ~ make fourteen; ~ twos are fourteen; chapter ~; ~-and-twenty = twenty seven (27), ~-and-thirty = thirty seven (37); the ~ virtues (सात सद्गुण, *see below under* ***collocations***); the ~ wonders of the world (*see below under* ***collocations***); the ~ deadly sins (*see below under* ***collocations***) 3 सत्ता (ताश में सात का पत्ता): he played his ~ 4 सात को दर्शाने वाले चिह्न 7 और VII आदि: figure of ~ 5 पोशाक आदि का सात का साइज 6 आधी रात के बाद के सात बजे: **7** o'clock 7 शाम के सात बजे: 7 pm: come at ~ 8 सात लोगों का समूह: there were ~ of them; in **~s**;

adj. 1 कुल सात: the ~ virtues; the ~ sins 2 सात वर्ष का;

dw/lw: **~fold** *adv.* 1 सात गुणा ज्यादा, सप्तगुण: **~fold** increase 2 अत्यधिक: the population has increased **~fold**; **~fold** *adj.* 1 सातगुणा के बराबर 2 सात भागों में विभक्त;

seventh *see below under separate entry*;

collocations: **the ~ deadly sins**: घमंड (arrogance), लिप्सा, लालच (greed), लंपटता (lust), क्रोध (anger), पेटूपन (gluttony), ईर्ष्या (jealousy/ envy), आलस्य (sloth) आदि सात घातक पाप; **~ seas** (*usually* **the Seven Seas**) संसार के सभी सात महासागर (oceans): 1 आर्कटिक महासागर (Arctic Ocean) 2 अंटार्कटिक महासागर (Antarctic Ocean) 3 उत्तरी अटलांटिक महासागर (North Atlantic Ocean) 4 दक्षिणी अटलांटिक महासागर (South Atlantic Ocean) 5 हिंद महासागर (Indian Ocean) 6 उत्तरी प्रशांत महासागर (North Pacific Ocean) 7 दक्षिणी प्रशांत महासागर (South Pacific Ocean); **the Seven Sisters** 1 सात सितारों का तारा मंडल 2 पूर्वी अमेरिका में स्थित सात चोटी के (महिला) विश्वविद्यालय; **the ~**

virtues 1 शुद्धता, शुचिता (chastity, purity) 2 संयम, संतुलन (temperance) 3 दान, उदार दिली (charity, benevolence) 4 परिश्रम (diligence, rectitude) 5 धैर्य (patience) 6 दयालुता (kindness, compassion) 7 विनम्रता (humility) आदि सात सद्गुण; **the ~ wonders of the world**: नवीनतम विश्वव्यापी जनमत द्वारा स्थापित दुनिया के सात अजूबे: 1 एफल टॉवर, पैरिस (Eiffel Tower, Paris, France) 2 पेटरा, जौरडन (Petra, Jordan) 3 चिचन इत्सा, मैक्सिको में स्थित पिरामिड (Pyramids at Chichen Itza, Mexico) 4 मच्चू पिच्चू, पेरू (Machu Picchu, Peru) 5 ताजमहल, आगरा, भारत (Taj Mahal, Agra, India) 6 रोमन कोलोसियम, रोम, इटली (Roman Colosseum, Rome, Italy) 7 क्राइस्ट दि रिडीमर, रायो डिजनेरो, ब्राजील (Christ the Redeemer, Rio de Janeiro, Brazil); **the ~ year itch** शादी के सात साल बाद पति-पत्नी में एक-दूसरे से उकताहट के कारण अपना जीवन-साथी बदलने के लिए होने वाली उत्कंठा

seventeen /सेवनटीन/ *n., cardinal numeral* 1 सत्रह (17): ~ and ~ make thirty four; ~ two's are thirty four; chapter ~ 2 सत्रह के द्योतक चिह्न: 17, XVII आदि 3 सत्रह वर्ष: sweet ~ 4 पोशाक आदि का साइज सत्रह 5 आधी रात के बाद सत्रहवां घंटा या शाम के पांच बजे 6 सत्रह लोगों का समूह;
adj. 1 कुल सत्रह 2 सत्रह वर्ष का, की, के

seventeenth /सेवनटीन्थ/ *adj., ordinal* numeral (*serial number*) 1 सत्रहवां: she is in her ~ year; ~ chapter 2 सत्रह में से अंतिम 3 सत्रहवां स्थान 4 (**the seventeenth**) सत्रह या 17वीं (तारीख): ~ of August 5 गोल्फ के खेल में: सत्रहवां (छेद) 6 मुकाबले में सत्रहवां (व्यक्ति): he finished ~
n. **1** सत्रह बराबर भागों में से एक भाग 2 एक को सत्रह से भाग देने पर बनने वाली भिन्न (1/17) **3** सत्रहवें स्थान पर आने वाला व्यक्ति: he finished a bedraggled ~;
adj. 1 कुल सत्रह 2 सत्रह वर्ष का

seventh /सेवंथ/ *adj., ordinal numeral* (*serial number*) 1 सातवां (7वां): she is in her ~ year; ~ chapter; be in the ~ heaven of delight 2 सात में से अंतिम 3 सातवां (स्थान) 4 (**the seventh**) सात या सातवीं (तारीख): ~ of August 5 गोल्फ के खेल में: सातवां (छेद);
n. 1 सात बराबर भागों में से एक भाग, सातवां हिस्सा 2 एक को सात से भाग देने पर बनने वाली भिन्न (1/7) 3 सातवें स्थान पर आनेवाला व्यक्ति: he finished a bedraggled ~;
dw/lw: **~ly** *adv.* सातवीं (बात यह है कि ...);
collocations: **seventh heaven** अपार आनंद व प्रसन्नता: these days he is in ~ heaven

seventies /सेवंटीज/ (*often written* **70s** or **70's**) *n., [pl.]* **1** (**one's ~**) व्यक्ति के सत्तरवें और उनासीवें जन्मदिनों के बीच का समय (71 से 79): be in one's **seventies** (उम्र में सातवें दशक में हो.) 2 सत्तर और उनासी के बीच तापमान (फार्नहाइट) होने की स्थिति 3 किसी शताब्दी का सत्तर और उनासी तक का दशक: music of seventies (1970's): in **~s**;

seventieth /सेवंटीअथ/ (*also written* **70th**) *adj., ordinal numeral* (*serial number*) 1 सत्तरवां (70वां): he is in his ~ year 2 सत्तर जनों या चीजों में से अंतिम 3 सत्तरवें स्थान पर
n. सत्तर बराबर भागों में से एक: a ~ share 2 एक को सत्तर से भाग देने पर बनने वाली भिन्न (1/70)

seventy /सेवंटि/ *n., cardinal numeral, pl.* **seventies** 1 सत्तर (70): he is not far off ~; he is getting on for ~; a man of ~ 2 सत्तर द्वारा दिखाई जाने वाली मात्रा या संख्या: ~ and ~ make one hundred forty; ~ twos are one hundred forty; chapter ~; room ~ 3 सत्तर-सत्तर करके: in/ by ~ 4 सत्तर को दर्शाने वाले चिह्न 70 और LXX: figure of **70** 5 सत्तर लोगों का समूह: there were ~ of them;
adj. 1 कुल सत्तर 2 सत्तर वर्ष की उम्र का: a woman of ~; age of ~ 3 *adj. compounds, forming adjectives and nouns*: **seventy-**two and **seventy-**second

sever /सेव:/ *v., pt.* **~ed**, *pp* **~ing** 1 शारीरिक रूप से काटकर अलग क. ~ sb's head from his body; ~ sb's neck 2 अलग-थलग क., पृथक क.: ~ husband and wife/ friends; ~ oneself from society 3 विभक्त क. 4 अलग क.: the Channel **~s** England from France; ~ the good from the bad 5 तोड़ना या टूट जाना: ~ a bough from the trunk 6 रिश्ते-नाते तोड़ लेना.: ~ links/ ties, etc. with sb; ~ a friendship; ~ diplomatic relations; he's completely **~ed** all relations with them;
dw/lw: **~able** /सेवरअबल/ *adj.* 1 जिसे काटा जा सके, जिसे अलग किया जा सके 3 जिसे तोड़ा जा सके: ~ contract

several /सेवरल/ 1 अनेक, कई: we had ~ friends that evening 2 पृथक, अलग-अलग: they went their ~ ways; ~ times/ days/ men 3 भिन्न, विभिन्न: people with ~ backgrounds 4 विविध: the ~ items in an account 5 *law* अपना-अपना, निजी, व्यक्तिगत: a joint and ~ liability साझी और अलग-अलग जिम्मेवारी;
pron. कई सारे (लोग या चीजें);
dw/lw: **~ly** /सेवरलि/ *adv.* अलग-अलग: travelling ~ly; small points, insignificant ~ly, but worrying when put together (अलग-अलग बातें अपने में महत्त्वपूर्ण हो सकती हैं, पर जब वे इकट्ठी हो जाती हैं तो चिंताजनक बन सकती हैं); the proposals which the parties have ~ly made; be jointly and **~ly** bound (साझी जिम्मेवारी पर हर एक की अलग-अलग जिम्मेवारी भी); **severalty** /सेवरलटि/ *n., law* व्यक्तिगत जमीन (का टुकड़ा): estate in ~ 2 स्वतंत्र मालिकाना हक

severance /सेवअरंस/ *n* 1 विच्छेदन, अलगाव: ~ from the EU 2 किसी की नौकरी से छुट्टी 3 संबंध-विच्छेद: ~ of diplomatic relations 4 *law* साझी जायदाद का बंटवारा;
collocations: **~ pay** निर्दोष आदमी को नौकरी से निकालने के समय मालिक द्वारा उसे दिया जाने वाला हर्जाना

severe /सिविअ:/ *adj.* 1 तेज, तीखा: ~ criticism; ~ remarks 2 कठोर, तीव्र, प्रचंड, असह्य: ~ winter; ~ discipline; ~ attack of coughing; ~ pain 3 (***syn.*** stern, harsh) दूसरों के प्रति अत्यंत कठोर, कड़ा, निष्ठुर: ~ punishment; a ~ person; ~ looks 4 (***syn.*** stiff) कठिन, कड़ा, कड़ी: ~ training; ~ fight/ competition 5 गंभीर, भयंकर परिणामों से गर्भित: a ~ injury 6 सटीक, परिशुद्ध: ~ scrutiny; ~ literary style 7 संयत: a ~ appearance; say sth in a ~ voice 8 अनलंकृत, सादा: a ~ simplicity of design; his hair was short and ~ 9 भारी, भीषण: ~ disappointment; ~ loss; ~ bombardment; ~ fighting in the northern sector 10 व्यंग्यपूर्ण: you are pleased to be ~;
dw/lw: **~ly** /सिविअ:लि/ *adv.* 1 कठोरतापूर्वक, सख्ती से, कड़ाई से: look at sb ~ly; leave/ let sb ~ly alone 2 निष्ठुरतापूर्वक 3 गंभीर तरीके से: be ~ly ill; ~ly attacked by fever;
collocations: **~ combined immunodeficiency** (*abbr.* **SCID**) *med.* जन्मजात असंक्राम्यता (असंक्रमण) का गंभीर अभाव

severity /सिवेरिटि/ *n.* 1 कड़ाई, कठोरता, सख्ती: punish sb with ~; an act of ~ 2 प्रचंडता, तीव्रता, असहनीयता: the ~ of a climate 3 कठिनता 4 गंभीरता: the ~ of an illness 5 परिशुद्धता 6 संयम 7 सादगी

sew /सो/ *v., pt.* **~ed** /सोड/, *pt. p.* **sewn** /सोन/ or **sewed** /सोड/, *pp* **~ing** /सोइंग/ 1 सीना, कपड़े सीना: ~ a dress 2 सूई-धागे या सिलाई की मशीन के साथ काम क.: ~ sth up; have sth **sewn** up (सिलवाना) 3 किताब के पन्नों की सिलाई करके पुस्तक के रूप में तैयार क., जिल्द बांधने के लिए सीना: ~ sheets of a book;

dw/lw: **~er** /सोअः/ *n.* सिलाई करने वाला/ करने वाली, दर्जी; **~ing** /सोइंग/ *n.* 1 सिलाई: ~ through a fold 2 धागे: silk ~ (रेशमी धागे) 2 सीने का काम जो अभी किया जा रहा है, अभी हाथ में है: I keep my **~ing** in the basket;

collocations: **~ing machine** सिलाई मशीन; **~ing circle** सिलाई का गोल जाल; **~ing needle** सिलाई की सूई;

p&i: ~ **in** सीकर किसी चीज में जोड़ना; ~ **on** के ऊपर सीकर लगाना: ~ on a button; ~ **over** फटी दरार को सीकर बंद क., टांकी लगाना: ~ **over** a tear; ~ **up** छेद को सीकर बंद क.; ~ **up sb** किसी पर पूरा नियंत्रण हो. या रखना

sewage /सूइज/ *n.* 1 नाली का कूड़ा-कर्कट, मल-मूत्र: ~ irrigation 2 नगर के मल-मूत्र या मलजल को निकालने के लिए नालियों का जाल: ~ water;

collocations: ~ **farm** मलजल से खाद बनाने का स्थान

sewer /सूअः/ स्यूअः/ *n.* 1 नाला: throw sth down a ~ 2 मोरी, मलप्रणाल;

v. *pt.* **~ed**, *pp* **~ing** तरल रूप में कूड़ा-कर्कट और मलजल के लिए नाली-निकासी बनाना;

dw/lw: **~age** /स्युअरिज/ सुअरिज/ *n.* सीवेज, सीवर-प्रणाली, सीवर-व्यवस्था, मल-मूत्र निकासी व्यवस्था, मल-निर्यास

sewing *see above under* **sew: *dw/lw***

sewn /सोन/ *pt. p.*, '**sew**' का भूतकालिक कृदंत

sex /सेक्स/ *n., pl.* **~es** 1 लिंग: the female/ male/ transgender/ opposite, etc. ~; without distinction of age or ~ 2 संभोग 3 काम, कामुकता, काम-भावना, काम-वासना, रत्यात्मकता 4 सेक्स, घोर श्रृंगार;

adj. 1 लिंग या काम-वासना से संबंधित: ~ education 2 स्त्री-पुरुष की स्थिति द्वारा जनित: ~ discrimination;

v., *pt.* **~ed**, *pp* **~ing** संभोग क.;

dw/lw: **~blind** /सेक्सब्लाइंड/ *adj.* कामांध; **~ed** /सेक्स्ट/ /सेक्स्ड/ *adj.* कामासक्त, काम-ऊर्जा से ओतप्रोत: highly ~ed; under~ed; **~ily** *adv.* कामुकतापूर्वक; **~iness** /सेक्सिनेस/ *n.* कामुकता, कामोत्तेजकता, काम-आतुरता; **~-hormone** *n., biol.* यौन-हार्मोन; **~ism** /सेक्सिजम/ *n.* लिंग-भेद की भावना, विशेषकर स्त्री जाति के विरुद्ध भेदभाव; **~ist** /सेक्सिस्ट/ *adj.* लिंग-भेद की नीति को मानने वाला या उस पर चलने वाला; **~less** /सेक्सलेस/ *adj.* 1 कामुकता-रहित 2 न नर, न मादा, लिंगविहीन: ~less flowers 3 नपुंसक; **~lessness** /सेक्सलेसनेस/ *n.* लिंगविहीनता

sex\ology /सेक्सौलजि/ *US* सेक्साःलजि/ *n.* काम-शास्त्र, यौन-विज्ञान, यौनिकी;

dw/lw: **~pert** सेक्सपःट/ *n., esp. in the US:* मानवीय यौन व्यवहार का विशेषज्ञ; **~ploitation** /सेक्सप्लॉइटेशन्/ *n.* साहित्य, फिल्मों व अन्य प्रचार माध्यमों में यौन आधारित तत्त्वों का व्यापारीकरण; **~pot** /सेक्सपौट/ *US* सेक्सपाःट/ (*syn.* **sex-bomb**) *n., sl.* यौन दृष्टि से अति आकर्षक स्त्री; **~-ridden** /सेक्सरिडन/ *adj.* अत्यंत कामातुर, कामोन्मत्त, कामांध; **sexual** *see below under separate entry*; **~y** /सेक्सि/ *adj. degr.* **~ier, ~iest** *colloq.* कामोत्तेजक, अति कामुक:

collocations: ~ **aid** कृत्रिम ढंग से कामातुरता बढ़ाने का साधन; ~ **appeal** यौनाकर्षण; ~ **bomb** *colloq.* अत्यधिक यौनाकर्षण-संपन्न स्त्री; ~ **cell** लिंग कोशिका; ~ **change** लिंग परिवर्तन; ~ **chromosome** लिंग गुण सूत्र; ~ **determination** लिंग-निर्धारण; ~ **drive** काम-आतुरता एवं ऊर्जा;~ **instinct** काम-प्रवृत्ति; ~ **kitten** यौनाकर्षण का शरारतपूर्वक उपयोग करने वाली युवती; ~ **life** *n.* यौन जीवन; ~ **linkage** *n., genetics* लिंग गुण सूत्रों (~ chromosomes) का किसी एक लिंग की संतति में ज्यादा विशिष्ट होने की क्रिया; ~ **maniac** यौनकर्मांध, अतिशय कामातुर; ~ **object** कामातुरता का निशाना; ~ **offender** कामांध अपराधी; ~ **organ** कामेंद्रिय; ~ **pervert** काम-विकृतियों से ग्रस्त व्यक्ति; ~ **shop** *n., sl.* कृत्रिम ढंग से कामातुरता बढ़ाने के साधन बेचने वाली दुकान; ~ **therapy**, *med.* यौन-रिश्तों में शारीरिक व मानसिक पहलुओं में पैदा हुई समस्याओं का समाधान संबंधी चिकित्सा क्रियाएं; ~ **urge** यौन-उत्तेजना एवं कामातुरता; ~ **worker** वेश्याओं के लिए विनम्र (euphemistic) शब्द;

the fair(er)/ the gentle(r)/ the soft(er)/ the weak(er) ~ नारी-जाति; **the opposite** ~ प्रतिजाति, प्रतिलिंग; **the sterner/ the stronger** ~ पुरुष-जाति; **the second** ~ नारी जाति (विश्व-विख्यात अस्तित्ववादी व नारीवादी लेखिका सिमोन द बुवार द्वारा लिखित और 1949 में प्रकाशित पुस्तक "दूसरा लिंग या नारी जाति", फ्रांसीसी में: Simone de Beauvoir, *Le Deuxième Sexe*, अंग्रेजी में: Simone de Beauvoir, *The Second Sex*)

p&i: ~ **sb up** किसी को यौन रूप से उत्तेजित क.; ~ **sth up** *UK* किसी वस्तु की विशेषताओं को बढ़ा-चढ़ाकर बताना

sex-/ sexi- *comb. form, denoting:* **six** (छः)

sexage\narian /सेक्सअजिनेअरिअन/ *n.* साठ और उनहत्तर वर्ष (60-69) के बीच की आयु का व्यक्ति, साठा;

dw/lw: **~nary** /सेक्सैजिनरि/ *adj.* साठ का; **~sima** /सेक्सअजेसिमा/ (*in full* **Sexagesima Sunday**) *n., **Christ.*** चालीसा से पहले का दूसरा रविवार; **~simal** /सेक्सअजेसिमल/ *adj., maths.* साठ से संबंधित या साठ पर आधारित, षाष्ठिक

sexblind *see above under* **sex: *dw/lw***

sexcentenary /सेक्सेंटीनरि/ *n.* 1 षट्शती 2 संख्या 600 से संबंधित 3 छटवीं सदी से संबंधित

sexed *see above under* **sex: *dw/lw***

sexennial /सेक्सेनिअल/ *adj.* 1 षड्वार्षिक, षड्वर्षीय 2 छः वर्ष की अवधि वाला 3 हर छः साल में होने वाला;

sexpartite /सेक्सपाःटाइट/ *adj.* 1 छः-भागों से बना या छः भागों में बंटा 2 षड्-आयामी, छः-तरफा

sexiness *see above under* **sex: *dw/lw***

sextain /सेक्स्टन/ *n.* षट्पदी, छः पंक्तियों का छंद

sextant /सेक्सटंट/ *n.* आकाशीय पिंडों की दूरी नापने का यंत्र

sext(e) /सेक्स्ट *n.* मध्याह्नका

sextet /सेक्सटेट/ *n.* छः गायकों या वादकों की मंडली

sextillion /सेक्स्टिलिअन/ *n., pl.* **~s/ sextillion** 1 दस मिलियन (एक करोड़) में छः शून्यों को जोड़ (1,00,0000000000) 2 अमेरिका में दस मिलियन (एक करोड़) में सात शून्यों को जोड़: 1,00,000000000000

sexton /सेक्सटन/ *n.* 1 गिरजे और उसकी संपत्ति का रख-रखाव या देखभाल करने वाला 2 संपत्ति-रक्षक, प्रहरी

sextupel /सेक्सट्यूपल/ सेक्सटुपल/ *n.* छः गुणा संख्या या मात्रा

adj. 1 छगुना, षड्गुण 2 छः भागों से बना;

v., pt. **~led**, *pp* **~ling** छः गुणा बढ़ाना या छः से गुणा क.

sextuplet /सेक्सटुप्लट/ सेक्सट्यूप्लट/ *n.* किसी जानवर के एक साथ जनमे छः बच्चों में से कोई एक

sexual /सेक्शुअल/ सेक्स्युअल/ *adj.* 1 यौन-संबंधी 2 लिंग-संबंधी 3 यौन-क्रियाओं से होनेवाला (जन्म) 4 यौन 4 लैंगिक 5 मैथुन संबंधी;

dw/lw: **~ity** /सेक्शुऐलिटि/ *n.* 1 कामुकता, यौन-भाव 2 लैंगिकता; **~ly** /सेक्शुअलि/ सेक्शअलि/ *adv.* यौन दृष्टि से, यौन-क्रिया द्वारा: ~ly transmitted disease;

collocations: ~ **abuse** यौन-शोषण, जैसे बलात्कार, औरत की विवशता का नाजायज फायदा उठाकर किया जाने वाला यौन-शोषण आदि; ~ **affinity** यौनाकर्षण; ~ **athlete** यौन क्रिया को अक्सर अच्छी तरह करने में सक्षम; ~ **disease** यौन-जनित विकृतियां; ~ **harassment** यौन-उत्पीड़न; ~ **heat** जानवरों में यौन-लिप्सा का समय (गाय-भैंसों आदि में नया दूध होने का समय, *Hr.*); ~ **instruction** यौन शिक्षा; ~ **intercourse** मैथुन, संभोग; **~lize** *v., pt.* ~lized, ~lizing किसी को अति कामुक बनाना; **~ly transmitted disease** यौन क्रियाओं से संक्रमित बीमारियां; ~ **maniac** अति-कामुकता ग्रस्त व्यक्ति; ~ **object**

व्यक्ति को उसके गुणों की बजाए मात्र उसके यौन-आकर्षण के लिए दिया जाने वाला महत्त्व; ~ **offender** अवैध यौन-क्रियाओं का दोषी व्यक्ति; ~ **organs** जननेंद्रियां; ~ **perversion** यौन-विकृति; ~ **pleasure** यौन सुख; ~ **reproduction** यौन-क्रियाओं के फलस्वरूप होने वाली जनन-प्रक्रियाएं; ~ **selection** काम-चयन; ~ **symbol** यौन प्रतीक

SF *abbr.* '**science fiction**' की प्रथमाक्षरी

sf/ sfz. *abbr.* '**sforzando**' का छोटा रूप

SFA *abbr.* '**Scottish Football Association**', *sl.* '**Sweet Fanny Adams**' की प्रथमाक्षरी

SFX *abbr.* '**special effects**' का छोटा रूप

SG *abbr.* '**Solicitor-General**' की प्रथमाक्षरी

Sg *symbol, chem.* '**seaborgium**' का प्रतीक

SGML *abbr., comput.* '**standard generalized mark-up language**' की प्रथमाक्षरी (कंप्यूटर दस्तावेजों के अलग-अलग हिस्सों को लगाने की पद्धति)

Sgt *abbr.* '**Sergeant**' का छोटा रूप

sh *(also* **shh**) /श:/ *excl.* चुप कराने के लिए उच्चरित ध्वनि

shab\by /शैबि/ *adj. degr.* ~**bier**, ~**biest** 1 फटा-पुराना, मैला-कुचैला, जीर्ण, जीर्ण-शीर्ण, फटीचर: ~**by** clothes; his suit is too ~**by** for words 2 टूटा-फूटा 3 फटेहाल, दीन, दरिद्र, तुच्छ, क्षुद्र, गरीब, विपन्न: ~**by** neighbourhood; ~**by** existence 4 निंद्य, घिनौना, कमीना, नीच: ~**by** trick 5 कंजूस, कृपण 6 फूहड़, भद्दा: ~**y** behaviour or treatment;

dw/lw: ~**biness** /शैबिनेस/ *n.* 1 जीर्ण-शीर्णता 2 दीन-दरिद्रता 3 भद्दापन 4 कंजूसी, कृपणता 5 घिनौनापन; ~**bily** /शैबिलि/ *adv.* 1 मेले-कुचैले कपड़ों में 2 कंजूसी से 3 फूहड़ या भद्दे ढंग से

shabrack /शैब्रैक/ *n.* नमदा

shack /शैक/ *n.* कुटी, झोंपड़ी, साधारण-सा मकान, कुटीर;

p&i: ~ **away** चैन की सांस लेना; ~ **up with sb** *sl.* बिना शादी किए एक साथ रहना, सहवास क.

shackle /शैक्ल/ *n., usually [~***s***]* 1 हथकड़ी, बेड़ी, निगड़: ~**s** on the ankles/ on the wrists; make the ~**s** fast around sb's ankles/ sb's hands 2 कोंढ़ा, कुंडा 3 बेड़ी बंधन 4 (*usually* ~**s**) स्वच्छंदता या स्वच्छंद व्यवहार के रास्ते में बाधा, सीमा, प्रतिबंध, बंधन: the ~**s** of convention (प्रथाओं-परंपराओं के बंधन); the ~**s** of habit 5 गुलामी के बंधन: knock the ~**s** off; he is in the ~**s** of debt; the ~**s** of slavery fell;

v., pt. ~**d**, *pp* **shackling** 1 बेड़ी या हथकड़ी डालना 2 जोड़ना, मिलाना: she was ~**d** to him forever 3 बाधा डालना, रोकना 4 स्वच्छंदता या स्वच्छंद व्यवहार के रास्ते में बाधा खड़ी क., सीमा बनना, प्रतिबंध लगाना, बंधन आदि डालना: be ~**d** by sth (किसी बंधन से बाधित या सीमित हो.); his views were not ~**d** by convention;

dw/lw: ~**s** /शैक्लज/ *n.* लोहे की जंजीरें, बेड़ियां; **shackly** /शैक्लि/ *adj.* अस्थिर, डांवांडोल, जर्जर: **shackly** old carriage

shad /शैड/ *n., pl.* **shad**/ ~**s** एक समुद्री मछली

shaddock /शैडक/ *n.* 1 चकोतरा 2 स्वर्ग का सेब

shadbush /शैडबुश/ *n. N. Amer.* एक अमेरिकी गुलाबनुमा झाड़ी

shade /शेड/ *n., pl.* ~**s** *colloq.* 1 छांव, छाया: in the ~ of a tree; in the ~ of sth 2 चित्र में धूप-छांव यानी रंग का अंतर 3 अधिक रोशनी को रोकने के लिए प्रयुक्त आवरण 4 सूक्ष्म भेद, सूक्ष्म अंतर, आभा-भेद (nuance): a ~ of meaning/ opinion, etc. 5 रंग, रंगत: material in all ~**s** of blue; a lighter ~ of blue 6 (***syn.*** touch) किंचित, तनिक, कुछ ही, थोड़ा-सा, अल्प मात्रा में, लेशमात्र: a ~ better/ worse; a ~ more/ less; my house is a ~ smaller than her house 7 संकेत, इंगित, आभा: there was not a ~ of humour in his voice 8 (~**s**) नेत्र रक्षक, चश्मा 9 (*US* **window-blind**) पर्दा, खिड़की पर डाला जाने वाला विशेष पर्दा 10 एकांत, कुंज 11 अंधेरा, धुंधलका: the ~**s** of evening/ the ~**s** of night/ evening ~**s**, night's ~**s**; the ~**s** lengthen (धुंधलका बढ़ रहा है, गोधूलि बेला छा रही है) 12 भूत-प्रेत, किसी की या किसी चीज की मात्र परछाईं, न कि असली चीज: the ~ of that which once was great 13 सीधे आने वाले ताप, प्रकाश आदि को रोकने के लिए विशेष पर्दा 14 किसी के प्रभाव तले या उससे प्रभावित, किसी से कम प्रतिभावान आदि: live in the ~ of sb's achievements;

v. *pt.* ~**d**, *pp* **shading** 1 धूप से बचने के लिए आवरण ओढ़ना: ~ one's eyes with one's hand 2 परछाया क. या डालना, आच्छादित क., आड़ क.: trees ~ the street 3 ढकना 4 धुंधला, मंद, विषण्ण या उदास कर दे.: a sullen look ~**d** his face 5 छायित क., छाया क. 6 (*usually* ~ **off/ away**) क्रमशः (धीरे-धीरे) बदल जाना: his eyes ~**d** with pain (दर्द के कारण उसकी आंखों में धूमिलता छा गई) 7 छाया-चित्र बनाना. 8 धूमिल क. 9 स्याह रंगत या लाइनें डालना: ~ the outlines 10 थोड़ा कम क. या हो. घटना या घटाना: a touch of coarseness in his manners has since ~**d**; they ~**d** the price/ the rate;

dw/lw: ~**d** /शेडिड/ *adj.* 1 छायित, छायादार: ~d walk; he was standing in a ~d doorway 2 धूमिल; ~**less** /शेडलेस/ *adj.* 1 छायाविहीन 2 इकरंगी, भाव-भंगिमाविहीन: his ~less heroines; ~**lessness** /शेडलेसनेस/ *n.* छायाविहीनता: in the wonderful light and ~lessness of that noon; ~**s** /शेड्स/ *n., [pl.]* धूप का चश्मा;

p&i: ~ **into sth** धीरे-धीरे किसी अन्य वस्तु में बदल जा., कोई और रूप ले लेना: distrust of foreigners can ~ into racism; **among the ~s** अंधकार के गर्भ में; **a ~ of annoyance** or **doubt crossed/ passed over/ came over his face** क्रोध या संदेह की एक झलक उसके चेहरे पर कौंध गई; **be in the** ~ उपेक्षित पड़े हो., गुमनामी में जीना; **cast a ~ on sth** किसी बात को संदेहास्पद बनाना; **delicate ~s of meaning in words** शब्दों के अर्थ के सूक्ष्म भेद (nuances); **fall into the** ~ थोड़ा धूमिल या गौण हो जा.: her singing puts mine into the ~; **in the** ~ 1 धूप और हवा से रक्षित 2 तिरस्कृत, उपेक्षित 3 उपेक्षा की छाया तले; **light and** ~ प्रकाश और छाया, धूप और छांव; **people of all ~s of opinion** सभी मतों के लोग; **put sb/ sth in the** ~ से कहीं बेहतर हो.; **the ~s of death** मौत की परछाईं, मृत्यु की रंगत; **the ~s of evening** गोधूलि का धुंधलका

shadiness /शेडिनेस/ *n.* 1 छाया: these birds live in the ~ of the forest 2 संदेहास्पदता, छलावा: he knew of the ~ of the transaction

shading /शेडिंग/ *n.* 1 छायांकन, छायाकरण, चित्रण 2 धूप-छांव की सूक्ष्मता 3 स्याहपन: the ~ set off the gilt letters 4 रेखा-चित्रण 5 (***syn.*** nuance) सूक्ष्म भेद 6 चित्र बनाने में प्रकाश और छाया का आभास कराने के लिए पेंसिल का प्रयोग: there is always in his painting the ~ which gives it character; ~**ings** *n.[pl.]* एक ही वस्तु कि भिन्न-भिन्न पहलुओं के बीच हल्का-सा अंतर

shadow /शैडो/ *n.* 1 परछाईं, छाया: the ~ of the house/ of the tree 2 छायित क्षेत्र: a long slanting ~ lay across the severe facade of the building; the ~**s** lengthen; scatter the ~**s**; ~**s** flitted among the trees; a ~ crosses/ falls across sth 3 प्रतिबिंब, परछाई, प्रतिच्छाया 4 छायाभास, मरीचिका 5 लेशमात्र, तनिक, थोड़ी-सी गंध या आभास, संकेत मात्र: it is true beyond the (without a) ~ of doubt; not a ~ of hope; not a ~ of doubt 6 पहले के व्यक्ति की छाया मात्र, अवशेष: be a ~ of one's former self; she was just the ~ of a once pretty girl; be worn/ reduced to a ~; the ~ of a name (पहली-सी प्रसिद्धि मात्र नाम में रह जा.) 7 अप्रसिद्धि, गुमनामी: live in the ~ 8 आश्रय, शरण, छत्र-छाया, संरक्षण: he did it under the ~ of his father's name; the village nestled in the ~**s** of the forest 9 विषाद या उदासी का आभास, पूर्वाभास, शकुन, आशंका के बादल: the incident cast a ~ over the proceedings; cast a

~ over sth; it cast a ~ on her happiness; her face was in deep ~; a ~ of danger 10 अंधेरा, धुंधलका, गोधूलि: the **~s** of evening 11 प्रेतात्मा, भूत-प्रेत 12 चित्र के काले भाग 13 छाया की तरह साथ रहनेवाला व्यक्ति: she is her sister's ~; he followed her like a ~ 14 बदनामी: cast a ~ on sb/ on sb's good name; the ~ of the past;

***v.**, pt.* **~ed**, *pp* **~ing** 1 पीछा क.: I knew that I was being **~ed** 2 साथ लगा फिरना 3 आच्छादित क., ढकना: long curling lashes **~ed** her eyes 4 प्रकाश को ढककर धुंधला क., अंधेरा क. 5 छाया की तरह पीछा क. 6 रूपरेखा प्रस्तुत क.: in this figure the author **~ed** forth the idea of love 7 का आभास दे.: this event seemed to ~ forth a new kind of trouble 7 विषाद का शिकार बनना: his childhood was **~ed** by this affliction;

adj. *politics, Br.* विपक्षी दल की पूर्वघोषित या भावी (संरचना या पदाधिकारी): ~ cabinet; ~ Foreign Secretary

dw/lw: **~-boxing** *n.* (प्रशिक्षण के रूप में) काल्पनिक प्रतिद्वंद्वी से मुक्केबाजी; **~-box** ***v.**, pt.* **~ed**, *pp* **~ing** काल्पनिक प्रतिद्वंद्वी से मुक्केबाजी करते हुए प्रशिक्षण पाना; **~ed** /शैडोउड/ *adj.* 1 छाया में, छायित: the ~ed cliffs seemed very far off 2 छाया-ग्रस्त 3 प्रकाश से ओट की हुई, आच्छादित; **~er** /शैडोअः/ *n.* पीछा करने वाला (गुप्तचर आदि): I gave my ~er the slip (मैंने मेरा पीछा करने वाले को चकमा दे दिया); **~-fighting** = **~-boxing**; **~-figure** *n.* छाया-चित्र, छाया-कृति; **~graph** *n.* 1 एक्स-रे का चित्र 2 छाया द्वारा पर्दे पर बनाया जाने वाला चित्र, छाया-चित्र; **~ing** *n.* आच्छादन, प्रकाश के स्रोत के ढक जाने की क्रिया: this way of drawing and ~ing is generally performed with black chalk; we witnessed a partial ~ing (eclipse) of the moon; **~-mask tube** *n.* रंगीन टीवी के लिए कैथोड ट्यूब; **~-play** *n.* छाया नाटक, छाया-नाट्य; **~-puppet** *n.* पर्दे पर छाया-चित्र बनाने वाली कठपुतली

collocations: **~ cabinet** *politics* इंग्लैंड में छाया-मंत्रिमंडल; **~ Foreign Secretary** छाया विदेश मंत्री;

***p&i*:** **~ of a shade** अनहोनी बात, भ्रम, छलावा; **be afraid of one's own** ~ इतना दुबला-पतला हो जा. कि अपनी ही छाया से डरना; **be a ~ of one's former self** सताए जाने से सूखकर कांटा हो जा., अपनी छाया-सा बन जा.; **be in the ~s** गौण स्थिति में हो., एक कोने में पड़ा हो., गुमनामी झेलना; **beyond the ~ of doubt** शक की कोई गुंजाइश न हो.; **cast a ~ on sth** किसी बात के बारे में शक पैदा क.; **cast one's ~ before** अपने प्रकट होने के बारे में पहले से संकेत दे देना; **catch at ~s** अनहोनी बात क.; **catch a ~ and let go a substance** अशर्फियां लुटें और कोयलों पर मोहर; **fight with one's own** ~ अनहोनी बात क., काल्पनिक शत्रु से लड़ना; **follow sb like a** ~ हर समय साये की तरह पीछा क.; **grasp a ~ and let go a substance** असली चीज को छोड़कर काल्पनिक से चिपटना; **in the ~ of sth** निकट ही; **jump at ~s** अस्तित्वहीन वस्तु या प्रक्रिया से डरना; **live in the** ~ गुमनामी की जिंदगी जीना, उपेक्षित रहना; **may your ~ never grow less!** आप सदा सेहतमंद रहें, सलामत रहें!; **move like a ~** चुपके-चुपके या बिना शोर किए चलना; **quarrel with one's own** ~ चिड़चिड़ा हो., जरा-जरा-सी बात पर गुस्से से उबल पड़ना; **the ~ of a shade** बिल्कुल अनहोनी बात, मृग-मरीचिका; **there is not a ~ of doubt** शक की जरा भी गुंजाइश नहीं;

shadowy /शैडोइ/ *adj.* 1 आच्छादित, ढका हुआ 2 विषादमय 3 (***syn.*** secluded) अंधेरा भरा: stillness lay through the ~ marble halls 3 रहस्यमय, रोमांचकारी 4 छायादार: the ~ garden 5 (illusory) असत्य, अवास्तविक, मायावी 6 (***syn.*** hazy) धुंधला, अस्पष्ट: in my memory there was but a ~ picture of the event; a ~ figure

shady /शेडि/ *adj. degr.* **shadier**, **shadiest** 1 छायादार, छायामय: ~ walk/ grove 2 बेईमानीपूर्ण, कुत्सित, नीच, निंद्य: ~ transaction/ business 3 जो भरोसेमंद न हो, धोखेबाज: a ~ lot (धोखेबाज लोग);

dw/lw: **shadily** *adv.* धोखेबाजी से; **shadiness** *n.* धोखेबाजी

p&i: **she is on the ~ side of forty/ of fifty** वह चालीस या पचास वर्ष से ऊपर है

shaft /शाफ्ट/ *n.* 1 खान या इमारत में उतरने का ढालुआं रास्ता 2 किसी औजार या हथियार का लंबा डंडा या हत्था: the ~ of an axe 3 बर्छा, कुंत 4 बाण, तीर: random ~; the random ~ went home (लगाया था तुक्का, बन गया तीर) 5 स्तंभ की नींव के ऊपर से छत तक का भाग 6 मीनार, लाट 7 किरण-पुंज, प्रकाश-किरण: a ~ of light; bright **~s** struck through the smoky air of the room 8 हाथ से फेंकने वाला बम 9 कांड 10 गाड़ियों में धुरा या दंड जो चालन-शक्ति (motion power) देता है 11 लिफ्ट आदि का कूपक 12 भवन में जाने-आने का लंबाकार निकास 13 किसी पर साधा गया निशाना, कटाक्ष: **~s** of sarcasm; the **~s** of ridicule/ satire 14 घोड़ा-गाड़ी का जुआ 15 *anat.* हड्डी का मध्यम भाग;

***v.** pt.* **~ed**, *pp* **~ing** 1 हत्था लगाना 2 बजरा आदि चलाना;

collocations: **~ cave** कूपक गुहा; **~ driver** शाफ्ट चालक; **~ kiln** शाफ्ट भट्ठा; **~ mining** कूपकी खनन

shag /शैग/ *n.* 1 झबरे बाल या उलझे रेशों का गुच्छा: his hair had grown into a tangled ~ 2 रोएंदार कपड़ा 3 खुरदरा-सा तंबाकू 4 अभद्रता, अशिष्टता: the ~ of his savage nature appalled me;

adj. 1 उलझे-सुलझे 2 अभद्र, अशिष्ट;

***v.** pt.* **~ged**, *pp* **~ging** 1 (*usually* **~ out**) थकना, थक कर चूर होना 2 संभोग क., को भोगना 3 उलझा-सुलझा बनाना 4 पेड़ लगाने के लिए जमीन खोदना;

dw/lw: **~-bag** *adj.* तुच्छ, अदना-सा; **~ged** /शैगड/ *adj.* 1 खुरदरे बालों से ढका: ~ged (eye-) brows 2 ऊबड़-खाबड़ 3 उलझा-सुलझा; **~gily** /शैगिलि/ *adv.* ऊबड़-खाबड़ रास्ते से 3 उलझे-सुलझे ढंग से: the trees grew ~gily; **~gy** /शैगि/ *adj. degr.* ~gier, ~giest 1 बड़े-बड़े बालों या रेशों वाला, झबरा: ~gy eye-brows 2 खुरदरा 3 उलझा-सुलझा: ~gy hair; ~gy mane 4 ऊबड़-खाबड़: ~gy surface 5 अभद्र, अशिष्ट: ~gy manners; **~gily** *adv.* रूखे ढंग से, अभद्रतापूर्वक, अशिष्टतापूर्वक; **~giness** *n.* रूखापन, अभद्रता, अशिष्टता; **~-rag** *n.* 1 फटे-हाल, फटीचर आदमी 2 विश्वास करने के अयोग्य व्यक्ति;

collocations: **~gy-dog story** टेढ़-मेढ़ा मूर्खतापूर्ण मजाक;

p&i: **~ back** *hunters' sl.* बाधा आने पर घोड़े द्वारा अड़ जा.; **go ~s** *sl.* बहुत थक जाना; **like a ~ on rock** *Austral.* अकेलापन का शिकार; **wet as a** ~ मुर्गी-सा गीला

shagreen /शैग्रीन/ *n.* घोड़े या गधे का खुरदरा, दानेदार चमड़ा, कीमुख्त

shah /शाह/ *n., hist., IE* 1 शाह, राजा 2 सूदखोर

shakable /शेकअबल/ (*also* **shakeable**) *adj.* 1 जिसे मनाया जा सके 2 परिवर्तनीय: his decision wasn't ~

shake /शेक/ *v., pt.* **shook**, *pt. p.* **shaken**, *pp* **shaking**, *s/he/it* **~s** 1 हिलाना, हिलना-डुलना, तेजी से इधर से उधर या ऊपर-नीचे चलना 2 हाथ मिलाना: ~ hands/ ~ hands with sb 3 सिर हिलाना: ~ one's head; he **shook** his head in answer to my question 4 (*also* **~ sb up**) 4.1 झंझोड़ना, झकझोरना 4.2 कंपाना, हिला दे. या हिल जाना 4.3 विचलित क. या हो.: the accident that shook the nation; I was **~n** by/ with/ at the news; it **shook** my composure 5 (***syn.*** tremble) कांपना, थरथराना: ~ with laughter; the wind **shook** the windows; my hands/ my knees **shook**; ~ with cold/ with fear/ with excitement/ with wrath 6 लड़खड़ाना, डगमगाना: the experience **shook** my confidence; sobs **shook** her frail body 7 आवाज का कांपना, डर जा.: voice

~s; his voice **shook** with emotion 8 (*also* **~ sth up**) हिलाकर किसी तरल को मिलाना 9 किसी को धमकाते हुए जोर-जोर से हाथ हिलाना: ~ one's finger/ one's fist at sb 10 प्रभावित क., धक्का पहुंचाना, डगमगा दे., डांवांडोल कर दे.: he was very **shaken** after the accident; ~ the foundations; ~ sb's faith 11 *music* गाते हुए 'र-र' की आवाज दोहराना;

n. 1 झकझोर, थरथराहट, कंपन: show no ~ of fear 2 (*also* **milkshake**) दूध का पेय 3 पल-भर: in a *or* in half a ~ / in two *or* in a couple of *or* in a brace of **~s**/ in the ~ of a hand *or* of a lamb's tail; wait a ~; two **~s** of lambs tail पल भर में, चुटकी में 4 (**the shakes**) *colloq.* काबू में न आने वाला या अनियंत्रित कंपन: he is having a fit of the **~s** 5 हाथ मिलाने की क्रिया: a ~ of the hand(s); give sb's hand a ~ 6 धक्का, झटका: give a ~; be destroyed by the ~ of an earthquake; he changed completely after that ~ 7 डगमगाहट: the ~ of a ship in a storm 8 चट्टान या लकड़ी में बनी प्राकृतिक दरार 9 भय के कारण होने वाली थरथराहट, कंपन: give sb the **~s**;

dw/lw: **~down** *n.* 1 बिछौना, सांथरी, बिस्तर 2 *colloq.* घास-फूस का जुगाड़ू बिस्तरा 3 *US* भय दोहन (blackmail) द्वारा पैसे ऐंठने का काम 4 किसी नए यंत्र का परीक्षण-चालन; **shake\n** *adj.* दहशत में, अचंभित या डरा हुआ; **shakily, shakiness** *see below the separate entry* **shaky**: ***dw/lw***; **shaking** *see below under separate entry*; **~-out** *n.* व्यापारिक मंदी के कारण उद्योग-धंधों के बंद हो जाने पर होने वाली बेकारी 2 = **~-up**; **shake\r** *n.* 1 कांपने या लड़खड़ाने वाला व्यक्ति या यंत्र 2 ऐसा बर्तन जिसमें से (जैसे नमकदानी, चीनीदानी) हिलाकर कुछ निकाला जाता है 3 कॉक्टेल (cocktail) आदि को मिश्रित करने वाला बर्तन; **~-up**/ **~-out** *n., colloq.* 1 भारी परिवर्तन: a management ~-up 2 आमूल-चूल बदलाव, पूर्ण-पुनर्गठन 3 झकझोर; **shaky** *see below under separate entry*;

collocations: **~down cruise** *US* नए जहाज या हाल में मरम्मत से आए जहाज की पहली (परीक्षण) यात्रा

p&i: **~ a leg** *colloq.* जाने या चलने में जल्दी क.; **~ a leg/ a foot/ a toe/ one's bones** 1 नाचना 2 थोड़ा तेज चलना; **~ a loose/ a free leg** लंपट हो., व्यभिचार क.; **~ a mean calf** बेतहाशा नाचने लगना; **~ down 1** झाड़ना 2 थर-थराना 3 घर आदि को हिलाकर गिरा दे. 4 डरा-धमकाकर पैसे ऐंठना, भय-दोहन क. (black-mail) 5 अस्थायी बिस्तरे पर सोना 6 नशीले पदार्थ, हथियार आदि ढूंढते हुए शरीर की तलाशी ले.; **~ in one's shoes/ in one's boots** डर के मारे थर-थर कांपना; **~ like an aspen leaf** थर-थर कांपना; **~ off** 1 धूल आदि झाड़ना 2 किसी से छुटकारा पाना 3 किसी से बचकर निकलना; **~ on sth** हाथ मिलाकर जताना कि सौदा या करार पक्का हो गया; **~ off the dust from one's feet** किसी से पूर्णतः संबंध तोड़ लेना; **~ one's head** इन्कार आदि करने के लिए सिर हिलाना; **~ one's pursuers/ ~ off the dust from one's pursuers** पीछा करने वालों से छुटकारा पाना या उनसे बचकर निकल जा.; **~ one's sides with laughing** हंसी से पेट में बल पड़ना, हंसी से लोट-पोट हो.; **~ out** 1 धूल आदि झाड़ना 2 पाल खोलना, फैलाना 3 खाली क.; **~ sb off** से छुटकारा पाना; **~ sth down** 1 की अच्छी तरह तलाशी ले. 2 हिलाने के बाद गाद की तलछट बनने दे; **~ sth off** भगा दे., छुटकारा पाना; **~ sth out** 1 झाड़ना 2 हिलाकर फैलाना, लहराना; **~ up** 1 (दवाई आदि को) हिलाकर मिलाना 2 झकझोरना; **~ sb up** सुस्ती या आलस के शिकार व्यक्ति को हिला-डुलाकर कुछ करने के लिए उकसाना या प्रेरित क.; **~ sth up** 1 हिलाकर मिलाना 2 पूरी तरह से पुनर्गठन क.; **~ the elbow** 1 पासा फेंकना, चाल चलना 2 पीना; **~ the pagoda tree** आनन-फानन अमीर हो जा.;

a fair ~ *US* खरा सौदा, न्यायपूर्ण कदम; **all of a ~** कांपते हुए; **be no great ~s** कोई बड़ी तोप न हो.: he is no great ~s as a philosopher; **by a ~ of one's head** सिर हिलाकर; **give sb/ sth the ~** *or* **~ sb / sth off** किसी से या किसी चीज से छुटकारा पाना; **in a brace of ~s** एक पल में;

Shakespearean/ Shakespearian /शेक्सपेअरिअन/ *adj.* शेक्सपीयर का, शेक्सपीयर संबंधी: ~ scholar

shaking /शेकिंग/ *n.* 1 कंपित होने की क्रिया, प्रकंपी: ~ of the dry bones (मृतप्राय व्यक्ति के जीवित होने के लक्षण) 2 (***syn.*** vibration) थरथराहट, कंपन 3 (***syn.*** shaking palsy) प्रकंपी लकवा 4 बुखार की कंपकंपी, मलेरिया का दौरा 5 फसल की उठाई

shako /शैको/ *n., pl.* **~s**/ **~es** एक सिलिंडरनुमा ऊंचा सैनिक टोप

shaky /शेकि/ *adj., degr.* **shakier, shakiest** 1 हिलने वाला, लड़खड़ाता हुआ, डांवांडोल: ~ bridge; be ~ on one's pins 2 कमजोर, कच्चा: ~ position 3 थरथराने वाला 4 जो अटल या भरोसेमंद न हो, जल्दी-जल्दी पाला बदलने वाला, अवसरवादी: be ~ in one's belief 5 कंपायमान: ~ hand (writing) 6 अविश्वसनीय, कच्चा: ~ knowledge 7 असुरक्षित, आत्म-विश्वासहीन, लड़खड़ाता हुआ: ~ steps; feel/ look ~;

dw/lw: **shakily** *adv.* आत्म-विश्वासहीनतापूर्वक, लड़खड़ाते हुए; **shakiness** *n.* थर-थराहट, लड़खड़ाहट, आत्म-विश्वासहीनता

shale /शेल/ *n., geol.* स्लेटी पत्थर;

dw/lw: **~-oil** *n.* शिला-तेल

shall /शैल/ *auxiliary v., modal v.* 1 भविष्यकालिक सहायक क्रिया (हिंदी में -गा, -गी, -गे रूप): I ~ return; we ~ arrive by the first train to-morrow 2 भविष्य में किए जाने वाले या होने वाले कार्य या घटना आदि को दर्शाने के लिए प्रयुक्त: there ~ be peace on earth 3 भविष्य में किसी कार्य को करने के इरादा, निश्चय, इच्छा, बाध्यता आदि की द्योतक सहायक क्रिया: they ~ succeed; you ~ have what you want; you say you will not do it, but I say you ~ (do it); you ~ pay for this!;

shalloon /शलून/ *n.* हल्का ऊनी कपड़ा

shallop /शैलप/ *n.* नौका, डोंगी

shallot/ shalot /शैलट/ *n.* छोटे प्याज की तरह की एक सब्जी, छोटा प्याज

shallow /शैलो/ (*anton.* **deep**) *adj.* 1 उथला, छिछला: ~ stream 2 सतही, सीमित: ~ paper/ mind; ~ thought; ~ person; ~ policy 3 ओछा, हल्का, अगंभीर: ~ argument, ~ politician;

n. उथला जल, छिछला स्थान: the ~ of the river;

v., pt. **~ed**, *pp* **~ing** छिछला क. या हो जाना;

dw/lw: **~-brained** *adj.* सतही या सीमित दिमाग वाला; **~-hearted** *adj.* छोटे दिल वाला; **~ly** /शैलोलि/ *adv.* सतही रूप में, छोटे-छोटे सांसों में: breathe ~ly; **~ness** /शैलोनेस/ *n.* छिछलापन; **the ~s** /शेलोज/ *n., [pl.]* उथला जल, छिछला स्थान;

collocations: **~ breathing** छोटे-छोटे सांस लेने की क्रिया; **~ cultivation** उथली कृषि; **~ depression** छिछली गर्त; **~ frying** थोड़े तेल में तलने की क्रिया; **~ hearth** उथली भट्ठी, उथला चूल्हा; **~ spring** उथला झरना; **~ strait** उथला जल डमरूमध्य; **~ water** उथला जल, गाद जल;

p&i: **where the water is ~, no vessel will ride** छिछोरे व्यक्ति की कोई परवाह नहीं करता; **~ streams/ waters make most din** थोथा चना बाजे घना

shalt *v., archaic,* 'shall' का मध्यम पुरुष एकवचन रूप जो सर्वनाम 'thou' के साथ प्रयुक्त होता था: thou **shalt** = you shall

shaly /शेलि/ *adj.* स्लेटी

sham /शैम/ (***syn.*** fraud, **falsehood**) *n.* 1 दिखावा, छलावा, धोखा, कपट: put a ~ upon sb 2 ढोंग, बहाना, पाखंड: his pain is no ~ 3 नकल 4 (***syn.*** fraud) धोखेबाज व्यक्ति: he is not in pain, he is a ~; he cheated you, he is a ~ and a coward as well;

adj. (*syn.* **false**) 1 कृत्रिम, बनावटी: ~ pearls/ jewellery 2

जाली, खोटा, नकली: ~ papers; ~ marriage; ~ doctor 3 झूठा, मिथ्या, छद्मी: ~ illness; ~ plea; ~ fight (नूरा कुश्ती, छाया युद्ध, छद्म-युद्ध) 3 ढोंगी, पाखंडी, कपटी: ~ simplicity/ indifference/ tears 4 बहानेबाज, धोखेबाज;

***v.** pt.* **~med**, *pp* **~ming** 1 ढोंग रचना, पाखंड क.: he is not ill, he is **~ming** 2 बनना बहानेबाजी क., दिखावा क.: ~ ill/ dead/ asleep 3 धोखेबाजी क.;

dw/lw: **~ming** /शैमिंग/ *n.* बहानेबाजी;

p&i: **~ one's glass** पीने का दिखावा क.; **~ Abra(ha)m** बीमारी का बहाना क.

shaman /शामन/ शैमन/ शेमन/ *n., pl.* **~s** 1 आत्माओं का आह्वान करते हुए रोगी का उपचार करने वाला 2 ओझा 3 जादू-टोना या झाड़-फूंक करने वाला;

dw/lw: **~ism** *n.,* 1 शामानी पंथ 2 ओझाई 3 जादू-टोना, झाड़-फूंक विद्या

shamateur /शैमअटः/ (**sham** + **amateur**) *n.* शौकिया होते हुए भी पैसा कमा लेने वाला खिलाड़ी

shamb\le /शैंबल/ *v., pt.* **~led**, *pp* **~ling** (*usually* **~le along/ past**) लड़खड़ाते हुए या भद्दे ढंग से घिसटते हुए चलना;

n. 1 लड़खड़ाहट, घसीट चाल, भद्दी चाल 2 (**~es**) कसाईखाना, वधशाला;

dw/lw: **~les** /शैंबल्ज/ (***syn.*** mess, muddle) *n., [sing.], colloq.* 1 गड़बड़-घोटाला, अस्त-व्यस्तता, घाल-मेल: be a ~les; the country is in ~les due to the cancer of communalism; the whole event was a ~les 2 कसाईखाना, बूचड़खाना 3 गोश्त-बाजार, कलिया बाजार (mart) 4 भीषण खून-खराबे का स्थान 5 गंदगी भरा स्थान: the old city is in ~les; **~ling** /शैंबलिंग/ *n., adj.* 1 घसीट चाल चलने वाला, लड़खड़ाने वाला 2 खुरदरा-सा, विषम, ऊबड़-खाबड़;

shambolic /शैंबौलिक/ (*syn.* **chaotic, disorganised**) *adj.* पूर्णतः अस्त-व्यस्त

shame /शेम/ *n.* 1 लज्जा, लाज, शर्म, हया: have no ~; have no ~/ be without ~/ be past/ dead to/ lost to ~ (बिल्कुल बेहया हो.) 2 लज्जाशीलता 3 कलंक, बदनामी: be a ~ to one's parents/ to one's profession 4 शर्मिंदगी, बेशमी, बेहयाई, लज्जा की बात: a sense of ~; he felt a little ~ at having told a lie; bring ~ on/ to/ upon oneself *or* on the whole family 5 शर्मनाक बात: feel ~ at sth; what a ~ to deceive you in that way! it's such a ~ that he failed his examination 6 दूसरे को मात देकर शर्मिंदा क.: put sb/ sth to ~;

***v.**, pt.* **~d**, *pp* **shaming** 1 शर्मिंदा क. या हो., लज्जित क. या हो.: ~ sb in front of/ before sb; ~ oneself 2 बदनाम क., कलंकित क.: ~ one's family/ one's name 3 बाध्य क., मजबूर क.: ~ sb into sth/ into doing sth; he was **~d** out of his prejudice; ~ sb into telling the truth 4 तुलना में बेहतर होकर दूसरे को लज्जित क., दूसरे को मात देकर शर्मिंदा क.;

dw/lw: **~faced** /शेमफेस्ट/ शेमफेस्ड/ (***syn.*** **sheepish**) *adj.* 1 लाज-भरा, लज्जालु, शर्मीला 2 लज्जित, शर्मिंदा, झेंपू, संकोची; **~facedly** /शेमफेस्टलि/ शेमफेस्डलि/ *adv.* लजाते हुए, शर्मसार होते हुए; **~ful** (*syn.* **disgraceful**) *adj.* 1 शर्मनाक, लज्जाजनक 2 घृणित, घिनौना; **~fully** *adv.* शर्मनाक ढंग से; **~less** /शेमलेस/ *adj.* 1 निर्लज्ज, बेशर्म 2 ढीठ, धृष्ट: ~less liar; **~lessly** /शेमलेसलि/ *adv.* बेशर्मी या बेहयाई से; **~lessness** /शेमलेसनेस/ *n.* ढीठपन, निर्लज्जता, बेहयाई; **shaming** /शेमिंग/ *adj.* शर्मिंदगीपूर्ण, शर्मनाक: shaming defeat at the hands of novices;

collocations: **burning ~** बेशर्मी की हद; **the last ~** कैदखाना;

p&i: **~ on you! = for ~!** आपको शर्म आनी चाहिए!; **be dead to ~** बेशर्म हो.; **bring ~ on oneself** अपनी नाक कटवाना; **cry ~ on sb** किसी को शर्मिंदा क., नीचा दिखाना; **put sb to ~** किसी को मात देकर लज्जित क.;

shammy /शैमी/ *n., pl.* **shammies** (*in full* **~ leather**) मृगछाला

shampoo /शैम्पू/ *n., pl.* **~s** 1 शैंपू, बाल धोने का एक विशेष प्रकार का साबुन, केशमार्जन 2 दरियों और पर्दों को साफ करने का तरल 3 शंपू से मालिश;

***v.**, pt.* **~ed**, *pp* **~ing** 1 शैंपू क. 2 शंपू से बाल धोना 3 केशमार्जन क., मालिश क.

shamrock /शैम्रौक/ *n.* तिपतिया पौधे का तीन भागों में बंटा पत्ता (आयरलैंड का राष्ट्रीय चिह्न): drown the ~ (आयरलैंड के राष्ट्र दिवस पर पीकर धुत्त हो.)

shandy /शैंडि/ **n.**, *pl.* **shandies** बीयर का लैमेनाड या अदरक की बीयर के साथ मिश्रण

shanghai /शैंघाई/ *v., pt.* **shanghaied**, *pp* **shanghaiing**, *s/he// it* **shanghais** 1 किसी का अपहरण करके, उसे मादक द्रवों या शराब के नशे में धुत्त करके समुद्र में नाविक के रूप में भेजना (अतीत में चीन के शंघाई नगर में युवकों को पूर्वी देशों की समुद्री यात्रा पर भेजने की प्रथा) 2 किसी को कुछ करने के लिए बाध्य क 3 किसी को किसी अभद्र स्थिति में फंसाना;

***n.**, pl.* **shanghais** *Austral., NZ* शैंघाई गुलेल (catapult)

Shangri-La /शैंग्रिला/ *n.* 1 धरती पर एक काल्पनिक स्वर्ग 2 आधुनिक जीवन की गहमागहमी से दूर स्थित अति सुंदर स्थान जहां सब कुछ पूर्णतः आदर्श रूप में है

shank /शैंक/ *n.* 1 पिंडली 2 पिंडली का मांस 3 तना, तने की डंडी, मध्यांग, नली 4 किसी औजार के हत्थे का डंडा, डंडी 5 दुंबाला 6 औरत के लंबे मोजे (stockings) की टांग 7 अंत, अंतिम सिरा: the last ~ of a journey;

***v.** pt.* **~ed**, *pp* **~ing** 1 पौधे के तने को बीमारी लग जा. 2 *golf* गलत सिरे से गेंद को हिट लगाना 3 पैदल जाना;

collocations: **~ of the evening** शाम की शुरुआत, गोधूलि बेला; **on shank's pony/ on shank's mare** पैदल;

p&i: **ride on Shank's mare/ pony/ nag/ naggy** पैदल जाना; **~ off** झड़ जाना

shan't /शांट/ *UK short form,* '**shall not**' का संक्षिप्त रूप

shantung /शैंटंग/ *n.* एक प्रकार का मोटा रेशमी कपड़ा, कच्चा रेशमी कपड़ा

shanty /शैंटि/ *n., pl.* **shanties** 1 झुग्गी, झोंपड़ी 2 *Austral., NZ* दारू का ढाबा: ~ liquor 3 (*also* **sea shanty**; **chanty, chantey**) रस्से को खींचते समय नाविकों द्वारा गाया जाने वाला गीत;

collocations: **~ town** झोंपड़-पट्टी जहां गरीब लोग रहते हैं; **~ songs** मजदूर गीत

shapable /शेपअबल/ *adj.* गढ़ने योग्य, बनाने योग्य, सुघट्य

Shape *abbr., NATO* '**Supreme Headquarters, Allied Powers Europe**' का परिवर्णी या आदिवर्णी शब्द (acronym)

shape /शेप/ *n.* 1 आकार, शक्ल, आकृति: all **~s** and sizes; an irregular/ pleasing/ unusual ~; change ~; take ~ (शक्ल अख्तियार क.); take ~ in sb's mind; the strange ~ of a cloud; of triangular/ of oval ~; the piece of clay took the ~ of a vase; his ideas/ his intentions took ~ in action 2 (***syn.*** figure) डील-डौल, सुगठित रूप: keep in ~; be out of ~ 3 रूप (***syn.*** form): in the ~ of sth/ sb; an assistant in the ~ of one's brother; he expressed his gratitude in the ~ of a present/ of an invitation; a monster/ a fiend/ a devil in human ~ 4 वांछित आकार या अवस्था: get the contract into ~ 5 (***syn.*** figure) छाया, छायाभास, भूत-प्रेत: there were **~s** lurking in the dark; strange **~s** appeared from the shadows 6 प्रकार: be of as many **~s** as Proteus 7 कलबूत 8 सांचा 9 स्वास्थ्य की अवस्था: in good/ fair/ great/ bad etc. ~; you may read your paper when you get it into ~ 10 ज्यॉमिति का आकार;

v., *pt.* **~d**, *pp* **shaping** 1 रूपायित क. या हो., बनाना, आकार या रूप दे., आकृति बनाना, गढ़ना, निर्माण क.: ~ a figure out of wood; ~ a legend into a song; ~ one's ideas 2 उद्देश्य के अनुकूल क.: ~ a coat for the moon 3 व्यवस्थित क., संघटित क.: ~ one's rough notes into a book 4 की योजना बनाना 5 रूप धारण क., सुगठित या निश्चित रूप धारण क., विकास हो.: the project is **shaping up** well 6 निर्णायक ढंग से प्रभावित क.: the event that **~d** history;

dw/lw: **~able/ shapable** *adj.* जिसे किसी आकार में ढाला जा सके; **~d** /शेप्ट/ *adj.* रूपायित, के आकार का: pear-~ed; ~d like a pear/ like a ball; **~less** (*syn.* **unstructured**) *adj.* 1 निराकार, आकृतिहीन 2 बेडौल, अनगढ़, भद्दा 3 अव्यवस्थित: a ~less and incoherent story; **~ly** /शेपलि/ *adj.* (*esp. of a woman's body*) सुघड़, सुडौल, नयनाभिराम, सुंदर आकृति की; **~r** रूपित्र, आकृतिकार; shaping *n.* विशिष्ट रूप देने की क्रिया; **shaping** *adj.* आकृति को साकार करने वाला: shaping machine

p&i: **~ up** 1 सुधारना, बनाना 2 *colloq.* 2.1 निश्चित शक्ल पाना 2.2 विकसित हो.: the project is shaping up well 3 वजन घटाकर शारीरिक रूप से भला-चंगा हो.: I'm trying to ~ up for summer; **~ out or ship out** (किसी को चेतावनी देने के लिए प्रयुक्त) अपने आप को सुधारो या नौकरी छोड़ दो;

get oneself into ~ अच्छी हालत में हो जा.; **get/ knock/ lick sb/ sth into** ~ किसी व्यक्ति या किसी चीज को भली भांति व्यवस्थित व अच्छी शक्ल में लाना, ठीक-ठाक क.; **give ~ to sth** स्पष्ट रूप से अभिव्यक्त क.; **in any ~ or form** बिल्कुल नहीं, किसी भी प्रकार से नहीं: I'm not having it in any ~ or form; **in good/ bad** ~ अच्छी या बुरी हालत में; **in the ~ of ...** के रूप में, जैसा; **out of** ~ 1 खराब हालत में, फटेहाल; **settle into** ~ किसी रूप में जम जा.; **take** ~ 1 निश्चित आकार पाना 2 योजनाओं और विचारों की निश्चित शक्ल बनना; **the ~ of things to come** भविष्य में होने वाली सूरते हाल का नमूना

shard /शाःड/ (*also* **sherd**) *n.* 1 ठीकरा, ठीकरी 2 किसी भंगुर या भंजनशील वस्तु (शीशे या धातु) का टुकड़ा: break in **~s** (भंगुर टुकड़ों में टूट जा.) 3 शल्क

share /शेअः/ *v.*, *pt.* **~d**, *pp* **sharing** 1 किसी के साथ बांटकर काम में लाना: we had to ~ a book in class 2 लोगों के बीच बांटना: ~ sth out 3 बांटना, बांट दे. 4 (*also* **~ in sth**) साझा मल्कियत हो., साझी जिम्मेवारी हो., साझेदार या हिस्सेदार हो., भागीदार होना: ~ responsibility/ blame 5 में शामिल या सम्मिलित हो. 6 दुख-सुख बांटना: ~ bliss; ~ the sufferings 7 समान विचार या रुचि रखना: we ~ several interests; ~ opinion, etc.; share one's problems/ thoughts/ ideas/ likes and dislikes, etc. 8 साझा क., अंश, हिस्से, भाग बांटना: buy/ have/ sell **~s** 9 किसी के साथ छोटे-छोटे हिस्से कर के बांटना;

n. 1 हिस्सा, भाग 2 विभाजित हिस्सा: one's ~ of expenses; get one's full ~ 3 (*usually* **~s**) ऐसी इकाई जिसके द्वारा किसी कंपनी का कुल धन आंका जाता है, शेयर, अंश: hold one's **~s** in an IT company; ordinary **~s** 4 विभाग 5 भागीदारी, हिस्सेदारी, भूमिका, हाथ: have no ~ in the plot;

dw/lw: **~cropper** /शेअःक्रॉपः/ *n., esp. US, India* 1 सीरी (*Hr.*) 2 बंटाईदार, बंटाई-काश्तकार; **~farmer** *n., esp. Austral.* = **~cropper**; **~holder** /शेअःहोल्डः/ *n.* कंपनी में हिस्सेदार, अंशधारी, पट्टीदार, साझेदार, शेयरधारी; **~holding** *n.* कंपनी में हिस्से या शेयर रखने की प्रणाली; **~-out** *n.* बंटाई; **~r** /शेअरः/ *n.* भागी, सहभागी; **sharing** /शेअरिंग/*n.* सहभाजन, सहभाग

collocations: **~ index** सट्टा-बाजार में व्यापार करने वाली कंपनियों के शेयरों की कीमतों में उतार-चढ़ाव; **~ option** *शेयरों* को बेचने-खरीदने का हक; **lion's** ~ मुख्य भाग;

p&i: **~ and ~ alike** सभी को मिल-बांटकर बराबर-बराबर लेना चाहिए; **~ sth out** बांटना, वितरित क.;

fall to sb's ~ किसी के हिस्से आना; **for my** ~ जहां तक मेरा सवाल है ...; **have one's (fair) ~ of sth** अपने हिस्से का दुख-सुख मिलना

shareware /शेअःवेअः/ *n.* कंप्यूटर का सॉफ्टवेअर जो बिना पैसा दिए काम में लाया जा सकता है

Sharia/ shariat /शरिआ/ शरिअत/ *n.* इस्लाम के धार्मिक विधान

sharing *see above under* **share:** ***dw/lw***

shark /शाःक/ *n.* 1 शार्क, लंबे दांतों वाली एक बड़ी मछली, हांगर, सोर 2 धूर्त, धोखेबाज, ठग 3 ऐसा घिनौना या निष्ठुर व्यक्ति जो छल-कपट, शोषण या भय दोहन (blackmail) के सहारे फलता-फूलता है;

v., *pt.* **~ed**, *pp* **~ing** 1 धोखा-धड़ी क. 2 शोषण, भय दोहन क.;

dw/lw: **~skin** *n.* 1 शार्क की खाल का चमड़ा 2 रेयोन का महीन कपड़ा;

***collocations*:** **blue** ~ दंदानी हांगर; **fresh-water** ~ पढ़िना, पहिना; **hammer-headed** ~ हथौड़ी-सिरी हांगर

Sharon fruit *n.* (a type of persimmon) एक टमाटरनुमा मीठा फल

sharp /शाःप/ *adj.* 1 (***anton.*** blunt) नुकीला, पैना, तेज धार वाला, तेज: a ~ knife 2 नोकदार 3 सुस्पष्ट, सुनिश्चित: a ~ contrast/ difference/ distinction, etc. 4 तीखा, सुस्पष्ट (नैन-नक्श): ~ features; a ~ image; ~ outline 5 तीक्ष्ण, आकस्मिक, तीखा, अंधा (मोड़): a ~ bend/ turn, etc. (कैंची-मोड़, तीखा मोड़, अंधा मोड़) 6 चरपरा, चटपटा, तीखा, तीक्ष्ण, तीता: a ~ taste; Indian curry is too ~ for Russians 7 कटु, कड़ा, कठोर 8 (***syn.*** intense) तीव्र, तीक्ष्ण, प्रचंड, तेज, उग्र: a ~ pain 9 तीक्ष्ण, कर्कश, कर्णभेदी, सामान्य स्वर से ऊंचा: a ~ voice, a ~ cry; a ~ musical note; C ~/ F ~ etc. (संगीत के सुर) 10 धूर्त, चालाक, स्वार्थी 11 फुर्तीला, हुनरमंद: ~ tactics 12 जोरदार, कठोर: ~ frost, ~ heat; ~ wind; ~ jealousy 13 (***syn.*** voiceless) अघोष: ~ consonants 14 कुशाग्र (बुद्धि), बुद्धिमान: a ~ wit/ intelligence/ a ~ tongue; ~ remarks/ words/ satire (sarcastic) 15 खड़ा, दुरारोह, आकस्मिक उतार-चढ़ाव का द्योतक: a ~ slope; a ~ rise/ increase/ drop, etc. 16 (***syn.*** stylish) अति आधुनिक शैली का: a ~ dresser 17 अरुचिकर, चिढ़ाने वाला, कटु: he is always so ~ with me 18 भीषण, भयंकर, घोर: ~ battle;

n., *pl.* **~s** 1 दो सुरों के बीच का सुर 2 लंबी, पतली, तेज सिलाई की सूई 3 (***syn.*** sharper, a practised cheat) धोखेबाज, घाघ, धूर्त व्यक्ति, मंजा हुआ ठग: a card ~ 4 जानकार, विशेषज्ञ 5 उच्च स्वर: **~s** and flats 6 (***syn.*** voiceless consonants) अघोष व्यंजन 7 (**~s**) गेहूं का कड़ा भाग;

adv. 1 ऐन ठीक समय पर (on the dot): at 9 o'clock ~ 2 (***anton.*** flat) ऊंचे स्वर में 3 आकस्मिक ढंग से, स्फूर्ति से: pulled up ~ (अकस्मात् तेजी से आया) 4 ध्यान से, चौकसी से;

v., *pt.* **~ed**, *pp* **~ing** 1 धोखेबाजी क., छलना, ठगना: he **~s** at cards 2 उच्च स्वर में सुनाना: ~ a tone;

dw/lw*:** **~card** *n.* पत्ताचोर; **~-edged** /शाःप-एजड/ *adj.* पैना; **sharpen** *see below under separate entry*; **~er** /शाःपः/ *n.* 1 धोखेबाज, ठग 2 पत्तेबाज, पत्ते लगाने वाला; **~-eyed** /शाःप-आइड/ (syn.*** observant) *adj.* तेज नजर वाला, तीक्ष्ण दृष्टि; **~-fanged** *adj.* जहरीला, कटु, कटुतापूर्ण; **~-featured** *adj.* आकर्षक नैन-नक्श वाला; **~ish** /शाःपिश/ *adj.*जल्दी से, तुरंत: I'd get there ~ish, if I were you; **~ly** /शाःप्लि/ *adv.* प्रचंडतापूर्वक, सुस्पष्ट ढंग से: he looked/ peered at me ~ly; **~ness** /शाःपनस/ *n.* तेजी, पैनापन, प्रचंडता, सुस्पष्टता; **~-nosed** *adj.* 1 नुकीली नाक वाला 2 नखरेबाज; **~set** /शाःपसेट/ *adj.* बहुत भूखा, किसी भी प्रकार की भूख में मतवाला, विशेषकर यौन-अतृप्ति

के कारण; ~-shooter *n.* पक्का या कुशल निशानेबाज; ~-**sighted** /शाःप-साइटिड/ *adj.* 1 पैनी दृष्टि वाला, तीक्ष्ण दृष्टि 2 दूरदर्शी 3 सजग, चौकन्ना, चौकस; **~-tongued** /शाःप-टंगड/ *adj.* (जबान का) कड़ुआ; **~-witted** /शाःप-विटिड/ *adj.* कुशाग्रबुद्धि, हाजिर-जवाब; **~-wittedly** /शाःप-विटिडलि/ *adv.* हाजिर-जवाबी से;

collocations: ~ **contrast** तीव्र अंतर; ~ **practice** बेईमानी, ठगी, धोखेबाजी; ~ **tongue** कैंची-सी जबान;

p&i: ~ **as a corner of a round table** महामूर्ख या मूढ़ व्यक्ति; ~ **as a needle** अत्यधिक बुद्धिमान, कुशाग्र, हाजिर-जवाब; ~ **as a razor** छुरे-सा तेज; **~s and flats** ठग के मुकाबले में एक भोलाभाला व्यक्ति; ~ **end of sth** अत्यधिक कठिन काम; **~'s the word** झटपट, जल्दी से; ~ **stomach makes short devotion** भूखे भजन न होए गोपाला;

all things that are ~ are short बिजली की तेज कौंध क्षणभंगुर होती है; **a ~ stomach makes short devotion** भूखे भजन न होए गोपाला; **as ~ as a needle** अति कुशाग्रबुद्धि; **at the ~ end** सबसे खतरनाक, मुश्किल, तनावपूर्ण, दबाव वाली स्थिति या स्थान पर स्थित हो.; **Look ~!** जल्दी करो! ध्यान से!; **not the sharpest knife in the drawer = not the sharpest tool on the box** मंदबुद्धि व्यक्ति

sharpen /शाःपन/ *v., pt.* **~ed**, *pp* **~ing** 1 तेज क., धार लगाना 2 (***syn.*** improve) और तीव्र क., तीक्ष्ण क.: ~ one's wits; hearing **~ed** by blindness; the pain **~ed** 3 स्थिति को और तनावपूर्ण बनाना 4 आवाज आदि को और कर्कश बनाना: the fear **~ed** his voice 5 रफ्तार या चाल को और तेज क.: the man **~ed** his pace;

dw/lw: **~er** /शाःपनः/ *n.* 1 सान या धार लगाने का औजार 2 पेंसिल-तराश, शार्पनर

shat *pt., pt. p.,* **shit** का भूतकालिक रूप

shatter /शैटः/ *v., pt.* **~ed**, *pp* **~ing** 1 टुकड़े-टुकड़े या चकनाचूर कर दे. या हो जाना, चूर-चूर क. या होना: ~ a window 2 आत्मबल, आशाओं और विश्वास को चूर-चूर क.: ~ sb's confidence in sb else 3 छिन्न-भिन्न क. या हो जाना: sb's contentment was **~ed** 4 बिगाड़ना, बिगड़ जाना 5 नष्ट क. या हो जाना: the defeat **~ed** the country's power 6 फैलाना, बिखेरना: ~ the seeds;

n. 1 टूटा हुआ टुकड़ा: break/ tear/ rent into **~s**; be in **~s** 2 तहस-नहस या मानसिक स्थिति: nerves in **~s**;

dw/lw: **~-brained** /शैटः-ब्रेंड/ *adj.* 1 पागल 2 बिना सोचे-समझे काम करने वाला 3 उच्छृंखल, अगंभीर; **~ed** /शैटः ड/ *adj.* 1 अत्यंत दुखी, त्रस्त, टूटा हुआ 2 (***syn.*** exhausted) बहुत थका हुआ, बेहाल; **~proof** /शैटः-प्रूफ/ *adj.* छितर-रोक, टूटन-सह; **~ing** /शैटरिंग/ (***syn.*** deafening) *adj.* 1 धमाकेदार 2 तहस-नहस या त्रस्त कर देने वाला: ~ing blow

shauri /शाउरि/ *n.* 1 समस्या 2 ध्यान देने या विचार-विमर्श करने का मुद्दा

shavable /शेवअबल/ *adj.* (दाढ़ी) बनाने योग्य, मूंड़ने योग्य

shave /शेव/ *v., pt.* **~d**, *pp* **shaving** 1 हजामत बनाना, दाढ़ी बनाना 2 मूंड़ना 3 लकड़ी आदि को छीलना 4 छू जाना, स्पर्श करते हुए छिल जा.: the car **~d** the kerb (सड़क के किनारे से लगकर कार में खरोंच पड़ गई) 5 छूने के घर्षण से छिल जा. 6 काटना.: ~ sth off;

n. 1 हजामत, क्षौर, मुंडन, मुंड़ाई: need a ~ badly 2 छीलन 3 रुखानी 4 पास आने या छू जाने की क्रिया, बाल-बाल बचाव: have a close ~ 4 ठगी, धोखाधड़ी: clean ~ सरासर धोखा, ठगी 5 लकड़ी फाड़ने का औजार;

dw/lw: **~n** /शेवन/ *adj.* 1 जिसकी दाढ़ी बनी हो 2 महीनता से काटा हुआ 3 मुंडा हुआ; **~r** /शेवः/ *n.* 1 उस्तरा, हजामत बनाने का औजार, क्षारक: electric ~r 2 हज्जाम, नाई 3 ठग, धोखेबाज 4 (**a young ~**) *old use, colloq.* लड़का, छोकरा, लौंडा;

p&i: ~ **an egg** व्यर्थ काम क.; ~ **sth off sth** 1 दाढ़ी या मूंछ काटना 2 लकड़ी के छोटे-छोटे टुकड़े छीलना 3 थोड़ा-सा कम क.; **a close ~** खतरनाक स्थिति (में बाल बाल बचाव);

shaving /शेविंग/ *n.* 1 हजामत, क्षौर, मुंडन 2 पेड़ की छीलन, कतरन, चैली 3 सतह को समतल बनाने की क्रिया 4 *colloq.* (***syn.*** blackmail) भयदोहन;

adj. क्षौर, हजामती;

dw/lw: **~-brush** *n.* शेविंग ब्रुश; **~-cream** *n.* शेविंग क्रीम; **~s** /शेविंग्ज/ *n. [pl.]* लकड़ी की छीलन;

p&i: **it fits to a ~** यह बिल्कुल सही बैठता है, बिल्कुल अवसर अनुसार हो.; **it is ill ~ against the wool** जलधारा के विपरीत तैरना नहीं चाहिए

shawl /शॉल/ *n., IE* शाल

she /शी/ *pron.* 1 वह (स्त्रीलिंग सर्वनाम) 2 कई निर्जीव द्योतक संज्ञाओं के स्थान पर प्रयुक्त: Indian Navy got new war ship: ~ sails tomorrow;

n. मादा: is the baby a he or a ~?

dw/lw: **~-ass** *n.* गधी; **~-bear** *n.* रीछनी; **~-devil** *n.* चुड़ैल; **~-goat** *n.* बकरी; **~-wolf** *n.* वृकी

s/he *pron.* दोनों लिंगों (she or he) में से एक संभावित सर्वनाम का लिखित द्योतक: if a student falls short of attendance, **s/he** will not be allowed to take the exam

sheading /शीडिंग/ *n.* आइल आव मैन (Isle of Man) के छः मंडलों में से एक

sheaf /शीफ/ *n., pl.* **sheaves** 1 कागजों आदि का पुलिंदा 2 ज्वार, बाजरा, ईख आदि की पूली या पूला 3 तरकश या तूणीर में 24 बाणों का गट्ठा;

v., (*also* **sheave**) *pt.* **sheafed/ sheaved** *pp* **sheafing/ sheaving** पूली बांधना, पूलियां या गट्ठे बनाना;

dw/lw: **sheaved** *adj.* पूली या गट्ठे में बंधा

shear /शिअः/ *v., pt.* **~ed**, *pt. p.* **~ed** or **shorn**, *pp* **~ing** 1 ऊन काटना 2 कपड़े से बढ़ा हुआ या फालतू टुकड़ा कतरना 3 (**~ sb** or **sth**) से वंचित क.: ~ sb of his privileges; he was **shorn** of all authority 4 लूटना 5 फट जाना, टूट जाना;

n. 1 कैंचा: hand ~ 2 कतरन 3 *phys.* दबाव, प्रतिबल 4 अपरूपक;

adj. अपरूपक: **~ing** stress (अपरूपक प्रतिबल);

dw/lw: **~s** /शिअःज/ *n., [pl.]* बड़ी कैंची; **~ling** /शिअःलिंग/ *n.* छोटी उम्र की भेड़ जिसकी पहली बार ऊन काटी गई हो

collocations: ~ **pin** यंत्र में लगी ऐसी सुई जो यंत्र पर जरूरत से अधिक भार पड़ने पर अपने आप टूटकर बिजली आपूर्ति बंद कर देती है; **the fatal ~s** मृत्यु;

p&i: **a bad ~er never had a good sickle** नाच न जाने आंघन टेढ़ा; **be shorn of sth** किसी से कोई अहम वस्तु छीनी जा.; **there goes but a pair of ~s between them/ there's a pair of ~s** वे दोनों बिल्कुल एक समान हैं

sheath /शीथ/ (*also* **~dress**) *n.* 1 म्यान 2 आवरण, छादन, गिलाफ, कोष, केस 3 निरोध 4 शरीर पर कसकर आने वाली औरतों की पोशाक;

collocations: ~ **knife** खटका चाकू

sheathe /शीद/ *v., pt.* **~d**, *pp* **sheathing** 1 म्यान में तलवार आदि डालना या रखना 2 गिलाफ चढ़ाना 3 आच्छादित क., ढकना;

dw/lw: **sheathing** /शीदिंग/ *n.* 1 खोल, आवरण, गिलाफ आदि 2 म्यान में रखने की क्रिया;

p&i: ~ **the sword** तलवार को म्यान में रखना, युद्ध खत्म क.

sheave /शीव/ *v., pt.* **~d**, *pp* **sheaving** पूली या पूला बांधना;

n. घिरनी, गरारी, चर्खी

shebang /शिबैंग/ *n., originally US sl.* मामला, परिस्थिति: I am sick of the whole ~

shebeen /शअबीन/ *n.* आयरलैंड, स्कॉटलैंड में अवैध-शराब बिकने का अड्डा

shed /शेड/ *n.* 1 सायबान, शेड 2 छप्पर, सराय, शाला;

v., pt. **shed**, *pt. p.* **shed**, *pp* **shedding** 1 गिराना, गिरना, झाड़ना, झड़ना, छोड़ना: ~ leaves/ skin/ hair, etc.; the cat is **~ding** its hair; a snake **~s** its skin; he had ~ all the vestiges of respectability 2 शरीर का वजन कम क.: ~ weight 3 लौरी, ट्रक, विमान, जहाज आदि द्वारा अतिशय भार उतारना 4 बहाना: ~ floods of tears; ~ blood for one's country 5 रोशनी डालना: ~/ cast light on sth 6 ताप आदि छोड़ना, फैलाना: ~ heat; he **~s** confidence wherever he goes; ~ lustre on sth 7 अलग क., दूर क.: an umbrella **~s** rain; this fabric **~s** water 8 बिजली बचाने के लिए कुछ क्षेत्रों में कुछ समय के लिए आपूर्ति बंद क;

dw/lw: **~ding** *n.* बहाव, फैलाने की क्रिया, छोड़ने या उतारने की क्रिया;

p&i: ~ **crocodile tears** मगरमच्छ या घड़ियाली आंसू बहाना, दिखावा क.

she'd /शीड/ शिड/ *short form,* **'she had'**, **'she would'** का संक्षिप्त रूप

sheen /शीन/ *n.* 1 (***syn.*** shine) चमक, चमक-दमक 2 दीप्ति 3 तड़क-भड़क;

dw/lw: **~y** /शीनि/ *adj.* चमकीला, चमकदार

sheep /शीप/ *n., pl.* **sheep** 1 भेड़, मेष 2 दब्बू या अतिशय नर्म व्यक्ति, आंख मूंदकर दूसरों के पीछे चलने वाला आदमी: follow like ~ 3 पादरी की देखे-रेख में उपस्थित भीड़ का सदस्य;

dw/lw: **~cote** /शीपकोट/ *n.* भेड़-बाड़ा; **~-dip** *n.* भेड़ों को नहलाने का स्थान; **~dog** /शीपडाःग/ *n.* भेड़ों की रखवाली करने वाला कुत्ता; **~fold** /शीपफोल्ड/ *n.* भेड़ों का बाड़ा, भेड़शाला; **~ish** /शीपिश/ *adj.* संकोची, दब्बू, लज्जालु: with a ~ish smile; **~ishly** /शीपिशलि/ *adv.* 1 लज्जापूर्वक 2 डरते हुए **~ishness** /शीपिशनेस/ *n.* 1 शर्मिंदगी 2 दब्बूपन; **~shank** /शीपशैंक *n.* रस्सी को छोटा करने के लिए लगाई जाने वाली नाविक गांठ; **~skin** *n.* 1 भेड़ की खाल 2 भेड़ की खाल की पोशाक 3 भेड़ की खाल से बना चमड़ा; **~walk** *n.* भेड़ों की तरह आंख मूंदकर एक दूसरे के पीछे चलने की क्रिया;

collocations: ~ **dip** भेड़ की खाल में छिपे कीटाणुओं को मारने के लिए एक तरल; ~ **herder** = **shepherd** चरवाहा; **~s and goats** भला और बुरा, खरा और खोटा;

black ~ कुल-कलंक, दुश्चरित्र; **blue wild** ~ भरल; **great Tibetan** ~ 1 न्यान 2 मेष चर्म 3 दब्बू आदमी; **Neptune's** ~ समुद्र में मेमने (मौत के मुंह में);

p&i: **~'s eye** स्नेहपूर्ण नजर: cast/ make ~'s eyes at sb; ~ **that have no shepherd**/ ~ **without a shepherd** बिन रक्षक के असहाय जनता;

a lost ~ पथ-भ्रष्ट व्यक्ति; **a ~ among the shearers = a ~ among wolves** दरिंदों के बीच एक असह्य व्यक्ति; **as well be hanged/ hung for a ~ as for a lamb** यदि छोटे-से अपराध के लिए मौत की सजा हो, तो बड़ा अपराध क्यों न किया जाए? **a scabbed ~ will mar the whole flock = one scabbed ~ will infects the whole flock** एक गंदी मछली सारे तालाब को गंदा कर देती है; **follow sb like** ~ आंखें मूंदकर दूसरों के पीछे चलना; **if one ~ leaps o'vr the dyke all the rest will follow; let every ~ hang by its own shank** हर किसी को अपने काम से काम रखना चाहिए; **lose the ~ for a ha'porth of tar** अशर्फियां लुटें और कोयलों पर मुहर; **lost** ~ भटकी हुई भेड़; **separate the sheep from the goats** 1 भले और बुरे या खरे और खोटे में फर्क क. 2 किसी विशेष तरीके से एक जनसमूह में से बेहतर लोगों की पहचान करके उन्हें अलग क.; **it is a small flock that has not a black ~ = there is a black ~ in every flock** हर समूह में एक गद्दार होता है; **wolf in ~'s clothing** भेड़ की खाल में भेड़िया

sheer /शीअः/ *adj.* 1 सिर्फ: by ~ force 2 निरा, मात्र 3 खड़ी चट्टान, खड़ा: a ~ cliff face 4 संपूर्ण, शुद्ध, अमिश्रित: ~ alcohol 5 (***syn.*** utter) असल, वास्तविक, पूरा का पूरा: ~ madness; it is ~ nonsense; ~ waste of time 6 पतला, हल्का, लगभग पारदर्शक: ~ tights/ nylons; ~ cloth;

adv. 1 पूर्णतया, बिल्कुल 2 एकदम, सीधा खड़ा या खड़ी: a rock face rising ~;

n. 1 विचलन, भटकाव 2 उठान;

v., pt. **~ed**, *pp* **~ing** 1 रास्ते या रूट से बहक जाना: ~ off/ away from the route 2 मुड़ना, मोड़ना;

p&i: ~ **away/** ~ **off from sth** 1 एकाएक दूसरी दिशा में मुड़ जा. 2 भाग जा., गायब हो जा. 3 कतराना, से अलग हो जाना, से जी चुराना; ~ **to/** ~ **up** पास आना, घाट पर नौबंध के पास आ लगना

sheet /शीट/ *n.* 1 चादर: as white as a ~ 2 कफन 3 चद्दर, पत्तर, ताव, तख्ता, फलक: a ~ of paper/ glass/ metal, etc. 4 परत: the furniture was covered with dust **~s**; road covered with a ~ of ice 5 समाचार-पत्र, पंफलेट: yellow ~ 6 सतही विस्तार 7 रस्सी, पाल से लगा हुआ रस्सा या जंजीर (जिससे पाल को ठीक करते हैं) 8 कागज का बड़ा पन्ना: blank/ clean ~ of paper 9 पृष्ठ: the following **~s** 10 (*naut.*) पाल के निचले कोने से बंधी नियंत्रक रस्सी 11 आग या पानी की भारी मात्रा: rain coming down in **~s**;

adj. चादरी: ~ steel; ~ iron (चादरी लोहा);

v., pt. **~ed**, *pp* **~ing** 1 चादर बिछाना 2 चादर ओढ़ना 3 कफन ओढ़ाना 4 आच्छादित क. 5 बांधना, कसना;

dw/lw: **~-anchor** /शीटऐंकः/ *n.* 1 बड़ा लंगर जिसका उपयोग संकट के समय करते हैं, आकबती लंगर 2 मुख्य आधार: the ~-anchor of happiness 3 अंतिम अवलंब या सहारा, आश्रय: one's ~-anchor; **~ed** /शीटिड/ *adj.* मूसलाधार: ~ed rain; **~ing** /शीटिंग/ *n.* 1 बड़ी चादर जिससे कुछ ढका जा सके 2 वह कपड़ा जिसमें से चादरें काटी जाती हैं;

collocations: ~ **bend** जुलाहा गांठ; **~ed rain** मूसलाधार वर्षा; ~ **lightning** चौड़ी चादर की तरह कौंधने वाली बिजली, चद्दरी बिजली, लौका, सौदामिनी; ~ **music** अलग-अलग पन्नों पर छपे संगीत-स्वर;

a blank ~ 1 स्वभाव की निष्कलंकता 2 कोरा कागज; **a clean** ~ निष्कलंक सेवा, नौकरी या नेकनामी; **rap** ~ अपराधियों की सूची;

p&i: ~ **home a sail** पाल की उच्चतम रफ्तार चुनना; ~ **sth home to a person** सिद्ध करना कि सामने वाला व्यक्ति किसी बात के लिए गुनाहगार है;

a ~ three ~s in the wind थोड़ा पिए हुए; **a ~ in the wind's eye** नशा करने की प्रारंभिक अवस्था; **be on the** ~ जिस पर मुकदमा चलाया जाना है; **change the ~s** बिस्तर की चादरें बदलना; **stand in/ put on a white** ~ खुले आम पश्चात्ताप जताना; **rain or snow falling in a** ~ मूसलाधार बारिश हो. या बर्फ पड़ना; **a ~ in/ to the wind/ in the wind's** थोड़ा पिए हुआ; **three ~s in/ to the wind** पीकर बुरी तरह धुत्त

Sheikh (*also* **Sheik**) /शेख/ *n.* 1 अरब जनजाति का मुखिया, शेख 2 चित्तचोर, साक्षात् कामदेव;

dw/lw: **~dom** /शेकडम/ *n.* शेख की सल्तनत

Sheila /शीला/ *n., Austral, NZ colloq.* महिला या लड़की

shekel /शेकल/ *n., pl.* **~s** *sl.* 1 इज़्राइल की आधिकारिक मुद्रा 2 वजन की प्राचीन यहूदी मात्रा (14 ग्राम) 3 (**~s**) पैसा, धन

sheldrake /शेल्ड्रेक/ *n.* 1 शाह-चकवा 2 सुरखाब

shelduck /शेल्डक/ *n.* शाह-चकवा या सुरखाब का चूजा

shelf /शेल्फ/ *n., pl.* **shelves** /शेल्वज/ 1 टांड, खाना, ताक 2 पुस्तकें आदि रखने का खाना: a whole ~ of classics; put/ place/ set books on the ~ 3 भूमि का किनारा, चट्टान या रेती की बोरी का किनारा, कगार, शिलाफलक 4 गाद, उथला स्थान, उपतट: continental ~;

collocations: ~ **life** खाद्य पदार्थ के खाने योग्य रहने की

अवधि: a product's ~ life; **~ stacker** खानों पर माल रखने वाला; **~ warmer** देर तक खाने (ताक) पर टिका रहनेवाला माल, न बिकने वाला माल;

***p&i:* be on the** ~ 1 एक तरफ (कोने में) रखा हो. 2 नौकरी से निकाला जा. 3 लड़की का सारी उम्र कुंवारी या लड़के का कुंवारा रह जा. 4 गिरफ्तार या बंदी हो. 5 वनवासित किया हुआ 6 मर जा.; **keep/ lay/ put on a** ~ 1 खाने पर रखना 2 ठंडे बस्ते में डालना, देर तक टाल दे.; **off the** ~ माल का मौजूद हो.; **on the** ~ 1 ताक पर 2 जीर्ण-शीर्ण, बेकार 3 लड़की या लड़के का सारी उम्र कुंवारा रह जा.; **put sb upon the** ~ 1 किसी को नौकरी से निकाल दे. 2 दफनाना

she'll /शील/ *short form, contraction,* **'she will/ she shall'** का संक्षिप्त रूप

shell /शेल/ *n.* 1 फल का बाहरी कड़ा खौल, आवरण, कोश, छीम्बी 2 बारूद/ तोप का गोला 3 कछुए आदि की खोपड़ी 4 सीप, सीपी, शुक्ति, शंख: sea ~ 5 अंडे का ऊपरी खोल, आवरण, अंड-कोश 6 कवच 7 *comput.* प्रयोग-कर्ता का सहायक प्रोग्राम 8 मकान आदि की रूपरेखा, खाका, ढांचा: the ~ of a plan 9 हल्की दौड़-नौका 10 *geol.* धरती की परत 11 ताबूत (coffin) 12 *fig.*, दिखावा, आडंबर, धूर्त चाल के लिए छलावापूर्ण आवरण: be a mere ~ of sth; his humbleness is a ~ for his ambition 12 बाह्य रूप या मुद्रा: a ~ of indifference;

***v., pt.* ~ed**, *pp* **~ing** 1 छिलका उतारना, छीलना, दाने निकालना: ~ peas/ beans/ seeds/ grain 2 छिलना 3 चावल कूटना, चावल आदि की भूसी उतारना 4 बम-वर्षा क, बम बरसाना, बमबारी क., गोले बरसाना: ~ a town/ a trench/ a road; the troops were **~ing** unceasingly; ~ a city all night 5 जीवों (सांप आदि द्वारा) अपनी खाल छोड़ना या उतारना (सांप द्वारा कांजली उतारा जा., *Hr.*) 6 आवरण पहनाना या ओढ़ाना 7 अपने खौल में बंद हो जाना, अपने आप को दीन-दुनिया से काट ले.: come out of one's ~;

***dw/lw:* ~bark** *n.* अमेरिकी अखरोट; **~-body** *n.* बम का खोल; **~-burst** *n.* बम-विस्फोट; **~ed** /शेलड/ *adj.* 1 खोल या आवरण में बंद 2 छिला हुआ, जिसका छिलका उतार दिया गया हो 3 बमबारी से प्रभावित; **~er** /शेलः/ *n.* चावल आदि कूटने की मशीन या कारखाना, नारियल के खोल को तोड़ने वाली; **~fire** /शेल्फायः/ *n.* गोलाबारी, बमवर्षा, बमबारी; **~fish** /शेलफिश/ *n.* शंखमीन, कवचित-प्राणी; **~ing** /शेलिंग/ *n.* 1 छिलका या भूसी उतारने की क्रिया: as easy as ~ing peas 2 बमबारी, बमवर्षा: sporadic ~ing; **~-ornament** *n.* सीप के गहने; **~-parakeet** *n.* आस्ट्रेलियायी शुक (तोता);**~-proof** /शेलप्रूफ/ *adj.* गोलासह, जिस पर बमबारी का असर न हो; **~-shock** /शेलशौक/ *n.* 1 लंबे समय तक युद्धरत रहने वाले सैनिकों को होने वाली मनोविकृति 2 भीतरी या गुम चोट या आघात; **~-shocked** *adj.* लंबे समय तक युद्धरत रहने के कारण पैदा हुए मनो-विकार से ग्रस्त (व्यक्ति); **~-work** *n.* सीपी-शिल्प;

***collocations:* ~ company** *comm.* 1 नकली (bogus) कंपनी 2 आर्थिक धोखा-धड़ी (tax-evasion, money-laundering, etc.) के लिए बनाई जाने वाली कागजी कंपनी; **~ case** बम का खोल; **~ dressing** बम के गोलों के सेट बनाने की क्रिया; **~ game** 1 प्यालों के नीचे रखी चीज को बताने का खेल 2 राजनीतिक दल या नेता द्वारा जनता को चकमा देने के लिए चली जाने वाली चाल; **~ program** *comput.* कंप्यूटर की चालक प्रणाली (operating system) का प्रयोग करने में सहायक प्रोग्राम; **~ suit** हल्का सूती अस्तर लगी नाइलोन की अंदर की पोशाक

p&i:* ~ off** 1 छिलका उतरना, भूसी उतरना 2 परत या पपड़ी उतरना 3 रंग उतरना; **~ out** 1 छिलका या परत उतारना 2 पपड़ी उतारना 3 (syn.*** fork out) *colloq.* उदार होकर पैसे दे.: ~ out/ ~ out for sth; ~ out a fortune for it 4 बम बरसाकर दुश्मन को बाहर निकालना: ~ the enemy out of the town; ~ out of the trench/ fortress, etc.;

as a writer he is still in the ~ वह लेखक के रूप में पूर्णतः विकसित नहीं हुआ; **draw/ go/ retire/ withdraw into one's** ~ अपने खोल या अपनी दुनिया में बंद हो जा., लज्जालु व संकोची हो जा.; **come out of one's** ~ अपने खोल या अपनी बंद दुनिया से बाहर आना, संकोच छोड़कर खुल जा.

shellac /शलैक/ *n.* चपड़ा, लाख की पपड़ी, शल्क-लाक्षा

shelly /शेलि/ *adj.* झींगा मछली से लबालब भरा: ~ shore/ beach

shelter /शेल्टः/ *n.* 1 मुसीबत के समय अस्थायी आश्रय: find/ provide/ seek/ take shelter 2 शरणगाह: find ~ from the worries of life 3 मौसमी व अन्य खतरों से रक्षा या सुरक्षा: ~ from sth 4 सुरक्षित स्थान: lie or hide in ~ 5 आड़, ओट: under the ~ of sth; under the ~ of the trees/ of a rock; under the ~ of night/ of darkness 6 पनाह, शरण: afford/ grant ~; give ~ 7 कुटिया, झोपड़ी: ~ of straw and leaves, night ~;

***v., pt.* ~ed**, *pp* **~ing** 1 शरण (asylum) दे. या लेना, आश्रय या पनाह दे. (lodging, etc.): ~ sb for the night; the house **~ed** him for many years 2 खतरों से रक्षा क., से बचाना: ~ sb from calumny/ from blows/ from hostile criticism 3 ओट या आड़ क. 4 अपराधी तत्त्वों आदि को आश्रय दे.: ~ swindlers 5 दुराग्रह आदि पालना: ~ envy under friendship's name;

***dw/lw:* ~-deck** *n.* सायबान डेक, अड़तल डेक, छप्पर डेक; **~ed** /शेल्टः ड/ *adj.* 1 अति-सुरक्षित: a ~ed existence/ life/ up-bringing 2 ऋतु-जन्य एवं अन्य बुरे प्रभावों से सुरक्षित 3 प्रोत्साहित, समर्थित: ~ed industry, etc.; **~er** *n.* शरणार्थी; **~less** *adj.* 1 बेसहारा 2 निराश्रय: passed the night ~less; **~-tent** *n.* मोर्चे का तंबू; **~-trench** *n.* मोर्चा-खाई;

***collocations:* ~ed accommodation/ housing** *UK* बूढ़े और बीमार व्यक्तियों के लिए आश्रयालय; **~wood cutting/ ~wood felling** जंगल की चुनिंदा कटाई

shelve /शेल्व/ *v., pt.* **~d**, *pp* **shelving** 1 (***syn.*** put on ice) ठंडे बस्ते में डालना, स्थगित कर दे., टाल दे. 2 (***syn.*** abandon) हटा दे. छोड़ दे.: ~ the business 3 ताक या खाने पर रखना: ~ things/ books 4 तख्ता लगाना, ताक या खाने बनाना: the study was all desked and **~d** 5 ढलवां बनाना 6 नौकरी से हटा दे.: ~ an official 7 अपने आपको सक्रिय कामों से हटा ले., संन्यास ले लेना: ~ oneself in an out-of-the-way hamlet 8 धीरे-धीरे या थोड़ा-थोड़ा ढलवां होना, अल्पप्रवण होना;

***dw/lw:* shelves** /शेल्वज/ *pl.,* **'shelf'** का बहुवचन (खाने); **shelving** /शेल्विंग/ *n., material* 1 खाने बनाने के लिए प्रयुक्त सामान 2 खाने, ताक

shemozzle /शिमौजल/ *US* शिमाःजल/ *n., Ger. schlimm* (bad)+ *Hebrew, mazzal* (luck), *sl.* 1 उपद्रव, हुल्लड़ 2 शोर-शराबा 3 खड़खड़ाहट

she-male *n.* पारलिंगी (transsexual), विशेषकर वेश्यावृत्ति करने वाला पारलिंगी

SHEN /शेन/ *n., alternative therapy* मानसिक व भावनात्मक विकारों से छुटकारा दिलाने की वैकल्पिक विधि

shenanigans /शिनैनिगन्ज/ *n., [pl.], colloq.* 1 हो-हल्लापूर्ण व्यवहार 2 बेवकूफी, बकवास 3 धोखाधड़ी, चालाकियां, ठगी: political/ sexual ~

shepherd /शेपःड/ *n.* 1 (*also* **~er**) गडरिया, मेषपाल 2 चरवाहा, पाळी (*Hr.*) 3 *lit.* गुरु, धर्मगुरु;

***v., pt.* ~ed**, *pp* **~ing** 1 संभालकर ले जा. 2 भेड़ें चराना या पालना, गडरिया हो.: the boys were **~ing** up in the mountains 3 पशु चराना, हांकना, चरवाहा या पाळी हो. 4 का नेतृत्व क., मार्ग दिखाना;

***dw/lw:* shepherdess** /शेपअडेस/ *n.* गडरियायिन, चरवाहिन;

***collocations:* ~'s pie = cottage pie** आलू के टुकड़ों और कीमे का व्यंजन; **~'s purse** गडरिये के बटुआ-से बीजों वाला पौधा; **~'s check/ plaid/ tartan** काले-सफेद खानों वाला

(ऊनी) कपड़ा, चारखानेदार कपड़ा; **The Good Shepherd** ईसा मसीह

sheriff /शेरिफ/ (*also* **shereef**) *n.* 1 *US* मुख्य निर्वाचित जिला पुलिस अधिकारी, शेरिफ 2 *UK* राजा या रानी का मुख्य जिला (county) अधिकारी 3 स्कॉटलैंड में मुख्य नगर या जिला न्यायाधीश;
dw/lw: **~dom** *n.* शेरिफ का पद व अधिकार क्षेत्र;
collocations: **~ court** स्कॉटलैंड में मुख्य नगर या जिला न्यायाधीश की अदालत; **~ officer** मुख्य जिला (county) अधिकारी

sherloc /शःलॉक/*US* शःलाःक/ (*also* **Sherloc Holmes**) *n.* 1 अपराध आदि का रहस्य ढूंढने वाला व्यक्ति 2 तीक्ष्ण पर्यवेक्षण युक्त व्यक्ति

Sherpa /शेरपा/ *n., pl.* **Sherpa/ Sherpas** हिमालय क्षेत्र (नेपाल आदि) की एक प्रजाति

sherry /शेरि/ *n., pl.* **sherries** शेरी, स्पेन की खाने से पहले पी जाने वाली एक मदिरा

she's /शीज/ शिज/ *short form,* **'she is', she has'** का संक्षिप्त रूप

SHF/ shf *abbr. radio* **'super high frequency'** की प्रथमाक्षरी

shh /शः-शः/ *excl.* चुप कराने के लिए उच्चरित ध्वनि

shia /शिया/ *n.* शिया मुसलमान;
dw/lw: **Shiite** *n.* शिया समुदाय का सदस्य

shiatsu/ shiatsu /शिऐत्सु/ *n., med.* जापानी चिकित्सक मालिश पद्धति

shibboleth /शिबअलेथ/ *n., Hebrew* 1 बोली, लोकोक्ति 2 पुराना विचार या पदबंध (*phrase*) 3 परीक्षा शब्द, पदबंध 4 उच्चारण जो किसी समुदाय विशेष से संबंधित हों और जिनसे उस समुदाय के लोगों की पहचान की जा सकती हो, संकेत शब्द (code) 5 भाषा या बोली की विचित्रता 6 दकियानूसी विश्वास या सिद्धांत

shield /शील्ड/ *n.* 1 ढाल, कवच, आड़, ओट: a ~ against criticism 2 मानव ढाल (human shield), चर्म 3 परिरक्षक: ~ forces 4 *US* पुलिस कर्मी का चिह्न 5 कुलचिह्न-फलक;
v., pt. **~ed**, *pp* **~ing** 1 बचाना, रक्षा क.: ~ one's eyes with one's hand 2 ओट देकर बचाना, आड़ दे., खतरे को टालना: he did it to ~ his brother 3 ढाल बनना;
dw/lw: **~-arm** *n.* बायां हाथ; **~ed** *adj.* 1 ढाल-धारक 2 ढालों से सज्जित 3 पर रक्षित; **~ing** *n.* परिरक्षण;
collocations: **~ effect** परिरक्षण प्रभाव; **~ pond** परिरक्षण ताल;
p&i: **be ~ and buckler** भरोसेमंद रक्षक या सहारा हो.; **the other side of the** ~ मामले का दूसरा पहलू

shift /शिफ़्ट/ *n.* 1 बदलाव, परिवर्तन, स्थिति में परिवर्तन: **~s** and changes of life; ~ of meaning; ~ of fashion; dramatic/ fundamental/ gradual/ major ~; a ~ (away) from/ towards sth; a ~ in sth 2 पारी 3 पाली: day/ night ~ 4 उपाय, युक्ति, तरकीब: one's last ~ (अंतिम उपाय); try every ~ available; put/ drive/ reduce sb to the last **~s** 5 (***syn.*** expediency) इष्ट सिद्धि, कार्यसाधक, स्वार्थ परायणता: it needs endless ~ and ingenuity (ऐसे काम को करने के लिए ढेरों युक्तियुक्तता एवं आविष्कारात्मकता चाहिए) 6 चाल, चकमा, दांव, बहाना 7 स्थानांतरण: vowel ~; consonant ~; ~ of stress/ of accent; population ~; a ~ of foot (मार्च करते समय कदम का बदलाव); a ~ to a small house 8 बदली, तबादला 9 *comput.* आंकड़ों या सूचनाओं के समूह का बाईं या दाईं ओर विचलन, खिसकाव, अंतरण: ~ fault *geol.* 10 महिलाओं की एक ढीली-ढाली पोशाक 11 गियर में बदलाव 12 दिशा में बदलाव: a ~ of wind;
v., pt. **~ed**, *pp* **~ing** 1 बदलना, बदल जाना: ~ one's glance/ one's gaze; ~ one's ground (अपना दृष्टिकोण बदल लेना) 2 (*also* **~ about**) स्थान बदलना, जगह बदलना, बाएं से दाएं या दाएं से बाएं घूमना: ~ one's position/ one's place/ one's lodging 3 उचित या तुरंत कार्रवाई क. 4 (*also* **~ into**) *US* गाड़ी में गियर बदलना, रफ्तार बदलना: ~ gear 5 हटाना, खिसकाना, स्थानांतरित क., का स्थान बदलना, हटना, खिसकना, चला जाना, जगह बदलना: nothing will ~ that mark; the scene **~s** to a cave 6 बदलना, बदल दे.: the trail twisted and **~ed** in front of him; the meaning **~s** 7 दूसरे पर डालना, दूसरे के मत्थे मढ़ना: ~ the blame on to sb else; ~ the responsibility on to sb; ~ the fault from oneself 8 काम चलाना, का उपाय निकालना: ~ for oneself (पंक्ति-दर-पंक्ति अनुवाद के बिना काम चला लेना) 9 टालमटोल क.: they prompted him to ~ 10 निगलना (swallow) 11 (***syn.*** hurry) जल्दी-जल्दी चलना 12 *ling.* व्यंजनों का उच्चारण बदल जा. 13 (***syn.*** get rid off, remove) दाग, धब्बा आदि हटाना 14 दाम घटाकर सारा बेचना: cut the prices in order to ~ the stock;
dw/lw: **~er** *n.* 1 ठग, दगाबाज, झूठा 2 गाड़ी का गियर; **~ing** *n.* बदली, स्थानांतरण: ~ing of scenes; **~ing** *adj.* परिवर्तनशील: ~ing sand; ~ing centre; **~less** /शिफ़्टलेस/ *adj.* 1 असहाय 2 भोला 3 आलसी, सुस्त 4 बेकार, बकवास 5 थोथा 6 साधनहीन, असमर्थ, निरुपाय; **~lessly** *adv.* शिथिल ढंग से; **~lessness** *n.* 1 बेसहारापन 2 भोलापन 3 आलस, सुस्ती 4 थोथापन; **~y** /शिफ़्टि/ *adj. degr.* shiftier, shiftiest 1 बेईमान, अविश्वसनीय 2 बहानेबाज 3 धूर्त: he is a ~y old fox 4 विदग्ध, तिकड़मी, चतुर 5 (***syn.*** furtive) बाएं-दाएं घूमने वाली, बदलने-फिसलने वाला: he has ~y principles;
collocations: **~ key** *n* कंप्यूटर की बड़े अक्षर (capital letter) की कुंजी;
p&i: **~ about** ढुलमुल हो.; **~ away** 1 चुपके से चले जाना 2 दूर हटा दे. या भेज दे.; **~ sb to the last ~s** किसी को अंतिम हद तक धकेल देना; **~ for oneself** बिना किसी दूसरे की मदद के अपने प्रयत्नों से काम चलाना; **~ off** 1 टाल दे. 2 टल जा.: he was ~ed off with a trifling answer; **~ one's ground** पाला बदलना, पल्टा खाना;
make ~ (किसी प्रकार) काम चलाना, कोई उपाय लगाना; **make (a)** ~ 1 प्रयास क. 2 कुछ करने में चाल का सफल हो.

shiite /शीआइट/ (*also* **shi'ite**) *n.* मुसलमानों के शिया पंथ का सदस्य;
dw/lw: **Shiite** (*also* **Shi'ite**) *adj.* शिया पंथ या शिया व्यक्ति से संबंधित

shilling /शिलिंग/ *n. UK* 1971 तक प्रयुक्त ब्रितानवी सिक्का शिलिंग: every ~; ~ shocker (घटिया सड़कछाप उपन्यास);
p&i: **cut sb off with a** ~ किसी को उत्तराधिकार से वंचित रखना; **take the king's/queen's** ~ *UK* सैनिक सेवा में भर्ती हो.

shilly-shally /शिलि-शैलि/ *v., pt.* **shilly-shallied**, *pp* **shilly-shallying**, *s/he/it* **shilly-shallies** हिचकिचाना, असमंजस में पड़ना, हिचकना, आगा-पीछा क. ढुलमुल हो.;
adj. *degr.* **shilly-shallier, shilly-shalliest** हिचकिचाने वाला, असमंजस में पड़ा हुआ, ढुलमुल;
adv. असमंजस में पड़कर, ढुलमुल तरीके से: stand ~
n. *pl.* **shilly-shallies** हिचक, हिचकिचाहट, हिचर-मिचर, ढुलमुलपन;
dw/lw: **shilly-shallying** *n.* हिचकिचाहट, ढुलमुल होने की क्रिया

shim /शिम/ *n.* 1 धातु, लकड़ी, प्लास्टिक आदि की वाशर 2 पच्चर, फान्ना, फिन्नी;
v., pt. **~med** *pp* **~ming** वाशर, फान्ना या पच्चर लगाना, बैठाना या ठोकना

shimmer /शिमः/ ***v.,*** *pt.* **~ed**, *pp* **~ing** टिमटिमाना, झिलमिलाना: the stars **~ed** through the mist; the frozen

ponds ~**ed** like polished steel;
n. 1 टिमटिमाहट, झिलमिलाहट: the first ~ of the moonlight 2 चमक, आभा: a ~ of the truth;
dw/lw: ~**y** /शिमरि/ *adj.* झिलमिलाता-सा, टिमटिमाता हुआ

shimmy /शिमि/ (*also* **shimmy-shake**) *n., pl.* **shimmies** 1 शरीर को थरथराने या स्पंदित करने वाला एक जीवंत नृत्य जो अमेरिका में 1920 के दशक में प्रचलित था 2 मोटर गाड़ी में, विशेषकर उसके पहियों में कंपन 3 डगमगाहट, लड़खड़ाहट;
v., *pt.* **shimmied**, *pp* **shimmying**, *s/he/it* **shimmies** 1 शिमी नृत्य क. 2 कंपकंपाहट 3 डगमगाना, हिलना-डुलना, लड़खड़ाना

shin /शिन/ *n.* 1 पैर और घुटने के बीच का हड्डी वाला सामने का भाग 2 नली 3 नहर;
v., *pt.* ~**ned**, *pp* ~**ning** (*usually* **shinny up/down sth**) 1 हाथों और टांगों से पकड़कर चढ़ना या उतरना: ~ down the drainpipe 2 नली पर ठोकर मारना;
collocations: ~ **bone** (***syn.*** tibia) टांग की सामने की हड्डी; ~ **guard/ pad** क्रिकेट आदि खेलते समय टांग की सामने की हड्डी को गेंद की चोट से बचाने के लिए बांधा जाने वाला पैड; ~ **splints** सख्त फर्श पर व्यायाम करने से सामने के टखनों में होने वाली भीषण पीड़ा;
p&i: **graze the ~s of sth** के बिल्कुल निकट हो.

shindig /शिंडिग/ *n., pl.* 1 शोरगुल भरी दावत 2 झगड़ा-फसाद, ऊधम, होहल्ला

shindy /शिंडि/ *n., pl.* **shindies** 1 दावत आदि में मस्त होकर हो-हल्ला के साथ झूमने वाला जमघट 2 झगड़ा-फसाद 3 शोरगुल, ऊधम, उपद्रव: kick up a ~

shine /शाइन/ *v., pt.* **shone** or **shined**, *pt. p.* **shone**, *pp* ~**ing**, *s/he/ it* ~**s** 1 चमकना: a surface ~**s**; eyes or face ~ 2 प्रसन्नता से दमकना, प्रसन्नचित्त दिखना: ~ with happiness; ~ with excitement 3 आंतरिक स्थिति या गुण का चेहरे पर झलकना: goodness/ contentment **shone** in his face; her face **shone** with joy 4 किसी निशाने पर चमकना: ~ the torch around the room 5 चमकाना: ~ a surface 6 प्रकाश का प्रतिबिंबित हो. 7 पॉलिश करके चमकाना, पॉलिश के कारण चमकना: the floor ~**s** with polishing 8 पढ़ाई आदि में दूसरों से आगे निकलना, मात देना: she ~**s** at maths.; ~ as an orator/ an administrator 9 सबसे अलग दिखना, लिशकारे मारना: ~ at a dance-party/ in society; praise **shone** from his commentary;
n. 1 चमक: the bright ~ of the fire 2 दीप्ति, आभा, दमक: ~ of the moon/ of stars 3 धूप: the ~ of the sun 4 पॉलिश से चमकाने की क्रिया;
dw/lw: ~**r** /शाइनः/ *n.* 1 चमकदार वस्तु, तारा, सितारा 2 झिलमिलाने वाली मछली 3 (***syn.*** black eye) आंख के नीचे चोट का निशान, नील 4 बूट-पॉलिश करने वाला 5 अवैध शराब निकालने वाला: moon -~r;
p&i: ~ **down** 1 मात दे., प्रतिपक्ष को धूमिल कर दे.; ~ **or dark** अंधेरे या रोशनी में, हर हाल में; ~ **out** सबसे अलग दिखना, लिशकारे मारना: her beauty ~s out; ~ **through sth** कोई गुण या विशेषता दिखना: sb's talent was **shining** bright **through the paper**;
come rain or ~ चाहे जैसा भी मौसम हो, हर हाल में; **cut a** ~ सफलता के कारण सातवें आसमान पर हो.; **give sb a** ~ किसी के जूते पॉलिश क.; **take a ~ to/ take a ~ to sb** किसी को पसंद करने लगना; **take the ~ off sth** धूमिल क., चमक-दमक बिगाड़ना; **take the ~ out of/ from sth** किसी चीज की चमक-दमक मिटा दे.; **take the ~ out of sb** किसी की हिम्मत पस्त कर दे.; **the cares of the world took the ~ out of him** जीवन के दुख-दर्द के कारण वह मुरझा गया; **the ~ of eloquence/ of wit** वाक्चातुर्य या हाजिरजवाबी की चमक; **the ~ of wisdom** बुद्धिमत्ता की दमक

shingle /शिंग्ल/ *n.* 1 *UK* बजरी, समुद्र तट या अन्य स्थानों पर मिलने वाले छोटे-छोटे कंकड़ 2 लकड़ी की खपरैल 3 (***syn.*** tile) छत या दीवार पर लगाई जाने वाली पट्टी 4 तख्ता 5 US नाम-पट्टी 6 औरतों के बाल सजाने की एक शैली;
dw/lw: ~**ed** *adj.* पट्टीदार (छत); ~**s** एक मानसिक बीमारी;
p&i: **be/ have a ~ short** दिमाग का पेंच ढीला हो.; **hang out one's** ~ डाक्टर या वकील आदि द्वारा निजी कारोबार शुरू कर दिया जा.;

shining /शाइनिंग/ *adj.* 1 चमकदार: ~ button/ helmet 2 देदीप्यमान, चमकीला: the ~ sun 3 ज्वलंत: the ~ example 4 दमकदार, तड़कीला-भड़कीला: the ~ cine star

Shinto /शिंतो/ *n.* प्रकृति की एक प्रेतात्मक शक्ति के रूप में एवं पूर्वजों की पूजा पर आधारित एक जापानी धर्ममत, शिंतो

shinty /शिंटि/ *n., pl.* **shinties** 1 स्कॉटलैंड में हॉकी जैसा खेल 2 (*also* **shinty-stick**) इस खेल की स्टिक और गेंद

shiny /शाइनि/ *adj.* (**shinier**, **shiniest**) चमकदार: a hot, ~ day

ship /शिप/ *n.* 1 जहाज: broad-bottomed/ sharp-bottomed ~ 2 पाल पोत 3 जहाज का कर्मी-दल 4 दौड़-नौका 5 हवाई-जहाज, विमान 6 अंतरिक्ष यान: space ~;
v., *pt.* ~**ped**, *pp* ~**ping** 1 जहाज से माल भेजना 2 जहाज पर माल लादना या चढ़ाना 3 थल या हवाई मार्ग से सामान भेजना: ~ goods by rail 4 जहाज पर चढ़ना या सवार होना 5 पानी से भरना 6 जहाज पर नौकरी क. या नौकरी पर ले.: ~ a new crew at the next port; ~ as a steward;
dw/lw: ~**board** *n.* जहाज: go on ~board (समुद्री जहाज में यात्रा क.); ~**borne** *adj.* डेक से उड़ने वाला: ~borne aircraft (डेक से उड़ने वाला विमान); ~**builder** *n.* पोत निर्माता, पोतकार, पोत शिल्पी; ~**building** *n.* पोत निर्माण; ~**building** *adj.* पोत निर्माण से संबंधित: ~-building dock; ~**-chandler** /शिप-चांडलः/ *n.* जहाजों के उपकरणों का विक्रेता; ~**-canal** *n.* जहाजरानी नहर; ~**-fever** *n.* टाइफस; ~**less** *adj.* बेजहाज: ~less port/ dock; ~**load** *n.* जहाज की भराई क्षमता; ~**man** *n.* नाविक, सहनाविक; ~**-master** *n.* कप्तान; ~**mate** /शिपमेट/ *n.* साथी नाविक, सह-नाविक; ~**ment** *see below under separate entry*; ~**-navigation** *n.* जहाज-चालन; ~**-of-war** *n.* नौसैनिक जहाज; ~**-owner** *n.* पोतधारी; ~**per** *n.* 1 माल भेजने वाला 2 जहाज से भेजने योग्य सामान: wheat is a good ~per; **shipping** *see below under separate entry*; ~**shape** /शिपशेप/ *adj.* सुव्यवस्थित, साफ-सुथरा, ठीक-ठाक; ~**shape** *adv.* बिल्कुल सही रूप में: in a ~shape manner; ~**-to-shore** *adj.* जल और थल पर स्थित लोगों के बीच संचार से संबंधित; ~**way** *n.* पोतसंतरण-मंच, जलावतरण-मंच; ~**-worm** *n.* नौकृमि; ~**-wreck** *see below under separate entry*; ~**wright** /शिपराइट/ *n.* = ~**builder** 1 जहाज निर्माता, पोत-निर्माता 2 जहाज बनानेवाला या मरम्मत करने वाला कारीगर; ~**yard** /शिपयाःड/ *n.* पोत निर्माण शाला, पोतशाला, पोत-कारखाना;
collocations: ~ **of the desert** ऊंट; ~**'s company** जहाज का कर्मी दल; ~**'s husband** मालिकों द्वारा मनोनीत जहाज का मुख्य प्रबंधक; ~**-to-ship missile** जहाज से जहाज तक मारक प्रक्षेपक;
a black ~ ऐसा जहाज जिसका माल हड़ताली मजदूरों के साथ एकजुटता दिखाते हुए गोदी मजदूर उतारने से मना कर देते हैं; **merchant** ~ व्यापारी जहाज; **on board** ~ जहाज के ऊपर; **sister** ~**s** 1 एक जैसे जहाज 2 एक ही कंपनी के जहाज; **the ~ of state** सरकारी तंत्र;
p&i: ~ **oars** चप्पुओं को नाव में डालना; ~ **off** बाहर भेजना; ~ **over** नौकरी की अगली अवधि के लिए रह जा.; ~ **sb off** *colloq.* दूर भेज दे.: they ~ped the kids off to their

grandparents; **~s that pass in the night** आकस्मिक होने वाली छोटी-सी या रातभर की मुलाकात;
a great ~ asks deep waters बड़े जहाज को गहरा पानी चाहिए, बड़े व्यक्ति के लिए विशाल संभावनाएं या अधिकार आवश्यक; **spoil the ~ for a ha'porth of tar** = **penny wise pound foolish** अशर्फियां लुटें, कोयलों पर मोहर; **when one's ship comes in** *or* **comes home** जब कोई धनी हो जाएगा;

shipment /शिपमंट/ *n.* 1 जहाज से सामान भेजने का कार्य, पोत-लदान: ~ in bulk 2 किसी भी मार्ग से भेजा जाने वाला माल 3 नौभार 4 नौभरण, लदान 5 नौपरिवहन;

shipping /शिपिंग/ *n.* 1 पोत-परिवहन, नौपरिवहन 2 बेड़ा, पोत-समूह;
adj. पोत-परिवहन से संबंधित: ~ documents;
dw/lw: **~-articles** *n., [pl.]* नाविक करार; **~-bill** *n.* लदान-पत्र;
collocations: **~ and handling** पोत-लदान आदि; **~ crop** निर्यात के लिए अनाज देने वाली फसलें; **~ forecast** (*US* **the ~ news**) जहाजों के लिए मौसम आदि के बारे में उपयोगी सूचनाओं का प्रसारण; **~ instructions** पोत-लदान निर्देश; **~ season** पोत-परिवहन ऋतु

shippon /शिपॉन/ *n.* गोशाला, पशुशाला

shipwreck /शिप-रेक/ *n.* 1 दुर्घटनावश जहाज के डूब जाने की क्रिया, पोत-ध्वंस: suffer ~ 2 जहाज का विध्वंस, जहाज का मलबा 3 तबाही, सर्वनाश, विपत्ति: inflict ~ on sb 4 *fig.* जीवन या आशाओं की तबाही: make ~ of one's life; suffer ~ of one's hopes;
v., pt. **~ed**, *pp* **~ing** 1 पोतध्वंस हो. 2 पोत-भंग क., भग्न कर दे.: ~ a vessel 3 सर्वनाश क., बर्बाद क., नष्ट क.: ~ a bank; ~ sb's character; be **~ed** (डूबे जहाज के बिना कहीं अकेले छूट जा.) 4 जीवन या आशाओं की तबाही क.: ~ plans/ hopes, schemes;
dw/lw: **~ed** *adj.* पोतध्वंस से प्रभावित: a ~ed sailor;
p&i: **make ~ of sth** नष्ट क.

shire /शायः/ *n., pl.* **~s** प्रांत, क्षेत्र, मंडल: Stafford**shire**;
collocations: **~ horse** इंग्लैंड के मिडलैंड शायरों में पाला जाने वाला भारी बोझ ढोने वाला घोड़ा; **the Shires** *pl.* (*also* **counties**) *n.* इंग्लैंड के देहाती क्षेत्र, विशेषकर मिडलैंड शायरों का इलाका

shirk /शः क/ *v., pt.* **~ed**, *pp* **~ing** 1 काम से जी चुराना, कामचोरी क.: ~ fighting/ work; always try to ~ responsibilities/ obligations/ duty 2 चोरी-छिपे चले जा. या कोई और काम क. 3 से भाग जाना, टालना: ~ off work upon another 4 किसी और के मत्थे मढ़ना: ~ one's obligations on to/ upon sb;
dw/lw: **~er** /शःकः/ *n.* काम से जी चुराने या भागने वाला, कामचोर, कर्त्तव्य-त्यागी

shirr /शः/ *n.* 1 चुन्नट (pleat) 2 लचीला धागा या रबर बैंड (elastic thread) 3 गोट;
v., pt. **~ed**, *pp* **~ing** 1 (***syn.*** pleat) चुन्नट डालना 2 गोट लगाना

shirt /शःट/ *n.* 1 पुरुष का कमीज: coat dress/ outing ~ (दावतों आदि के लिए कोट के साथ पहने जाने वाला कमीज) 2 कमीज जैसी औरत की पोशाक 3 रात का परिधान 4 अंदर पहनने की कमीजनुमा पोशाक 5 आधा बाजू की खेल-कमीज: polo ~, T-~;
dw/lw: **~ing** /शःटिंग/ *n.* कमीज का कपड़ा या धागा: Oxford ~ing (धारीदार या चारखानेदार कपड़ा); **~-sleeve** *n.* कमीज की आस्तीन: in one's ~-sleeves (बिना कोट की पोशाक में); **~-tail** *n.* कमीज की पीठ से लटकती लंबी (पूंछनुमा पट्टी); **~-waist** *n.* औरतों का लंबी आस्तीन वाला कमीज; **~-waist-dress** *see below under* **shirt: *collocations.***; **~waister** *n.* औरतों की कमीजनुमा ब्लाउज या पोशाक; **~y** /शःटि/ *adj. degr.* **~ier**, **~iest** बदमिजाज, चिड़चिड़ा;
collocations: **~ dress/ ~-waist** औरतों का लंबी आस्तीन वाला कमीज; **~ed with mail** बख्तरबंद कमीजनुमा पहनावा; **~ front** समारोहिक सामारोहिक परिधान की सफेद कमीज का सामने का हिस्सा; **~ of mail** बख्तरबंद या लोहे की पट्टियों से बनी रक्षात्मक पोशाक; **~-sleeve diplomacy** 1 बेतकल्लुफ मिलनसारी पर आधारित कूटनीति; **~-sleeve philosophy** लोक-दर्शन;
a stuffed ~ दंभी व नकचढ़ा व्यक्ति; **black ~** फासीवादी पोशाक (इतालवी फासीवादियों की काली कमीज); **bloody ~** कातिल की कमीज, कत्ल का सबूत; **brown ~** जर्मन फासीवादियों की खाकी पोशाक;
p&i: **get sb's ~ off/ out** किसी को आपे से बाहर क.; **give away the ~ off one's back** अंतिम कौड़ी या कमीज तक दूसरों को दे देना; **give sb a wet ~** किसी से कमरतोड़ मेहनत करवाकर पसीने से तर कर दे.; **keep one's ~ on** *colloq.* शांत रहना, आपे से बाहर न हो.; **lose one's ~** आपे से बाहर हो.; **near is my ~/ but nearer is my skin** = **blood is thicker than water** खून का रिश्ता ज्यादा प्यारा होता है; **not to have a ~ to one's back** बेहद कंगाल हो जा.; **put one's shirt on sth** *colloq.* आखिरी पाई तक दांव (जूए की बाजी) पर लगा दे.; **tripped to the ~** 1 कोट के बिना कमीज 2 कंगाल बनाया हुआ

shish kebab /शीशकबाब/ *n.* सींक पर लगाकर भूनने से तैयार हुई सब्जी या गोश्त

shit /शिट/ (*also* **~ and shite** *coarse sl.*) *n.* 1 (***syn.*** excrement) मल, गू 2 मल-मूत्र करने की क्रिया 3 कूड़ा-कर्कट, बकवास 4 घिनौना आदमी 5 घिनौना लेखन 6 दुर्व्यवहार या अन्याय 7 *drug-taking sl.* चरम, गांजा, भांग, मैरिहुआना (marijuana), हिरोइन (heroin);
v., pt. **shat/ ~ted/ ~ed**, *pp* **~ting/ ~ing**, *s/he/ it* **~s** मल-मूत्र क.;
Shit! *excl.* हैरानी या किंकर्त्तव्यविमूढ़ता, क्रोध, निराशा आदि जताने के लिए एक अभिव्यक्ति: O, **~!**;
adj. बहुत बुरा: a ~ team;
dw/lw: **~face** *n.* घिनौना आदमी; **~faced** *adj.* नशे में धुत्त; **~hole** *n., sl.* गंदा, सड़ांधभरा, अति अरुचिकर स्थान या संगठन; **~-hot** *adj., sl.* शानदार, बढ़िया: a ~-hot lawyer; **~house** *n., sl.* शौचालय; **~-scared** /शिट-स्केअःड/ *adj., sl.* अति भयभीत; **~-stirer** *n., sl.* पहले से खराब स्थिति को और बिगाड़ने वाला व्यक्ति; **~ty** /शिटि/ *adj., degr., coarse sl.* **~tier**, **~tiest** 1 कूड़ा-करकट-सा 2 घिनौना, घृणित, ओच्छा (व्यक्ति); **the ~s** *n., sing. sl.* पेचिश;
p&i: **~ a brick/ ~s** चिंतित व भयभीत हो जा.; **~ happens** जीवन में भला-बुरा तो होता ही रहता है; **~ oneself** *sl.* अत्यधिक चिंतित व भयभीत हो जा.;
beat/ kick the ~ out of sb किसी का पीट-पीटकर भुर्ता बना दे.; **be scared ~less** डर के मारे सिट्टी-पिट्टी गुम हो जा.; **get one's ~ together** अपने आपको और अपने मामलों को संभालना; **in the ~ = in deep ~** भाषण संकट में; **No ~!** *US sl.* मुझे बुद्धू न बनाओ; **not give a ~ about sth** कोई परवाह न क.; **up ~ creek** अत्यंत जटिल और कष्टकर स्थिति में हो.; **when the ~ hits the fan** *sl.* जब गड़बड़ का अधिकारियों को पता चलेगा ...

shiver /शिवः/ *v., pt.* **~ed**, *pp* **~ing** 1 भय आदि से कांपना, थरथराना: ~ with fear; ~ with anger, with fury; ~ at the thought of sth 2 सर्दी आदि से ठिठुरना, सिहरना, कांपना: ~ with cold 3 चकनाचूर क. या हो जा., टुकड़े-टुकड़े क. या हो जाना: ~ a glass/ a mirror/ a vase;
n., pl. **~s** *colloq.* 1 सिहरन, कंपकंपी, कंपन, थरथराहट: give sb **~s** 2 कंपकंपी का दौरा 3 टुकड़ा, किरच, खपची, पच्चड़: all to

~**s** *or* break/ smash/ burst into ~**s** (चूर-चूर हो जा.);
dw/lw: ~**s** /शिवःज/ (**the ~s**) *n., [pl.]* कंपकंपी का दौरा: get/ have the ~s; give sb the cold ~s (1 किसी को भयभीत क. 2 किसी की सिट्टी-पिट्टी गुम कर दे. 3 मलेरिया); **~y** /शिवरि/ *adj.* 1 थरथराता हुआ, कंपित: turn ~y 2 सहमा हुआ, दबा हुआ, दब्बू 3 ठिठुरा हुआ, ठंडा: a ~y December 4 डरावना, भयावह: a ~y place 5 भुरभुरा, भंगुर, टूटने वाला: ~y stone/ ice;
p&i: **~ on the brink** किसी काम में हाथ डालते हुए हिचकचाना;
get the ~s रोंगटे खड़े हो जा.; **give sb the ~s** किसी को भयभीत कर देना

shm *abbr.* 'simple harmonic motion' की प्रथमाक्षरी

shoal /शोल/ *n.* 1 एक साथ तैरती मछलियों का समूह: in a ~ (झुंड में) 2 बहुत ज्यादा मात्रा या संख्या: ~ of time; a ~ of people/ of boats/ of motor-cars; ~**s** of small troubles; get letters in ~ 3 जनसमूह, भीड़, झुंड 4 छिछला स्थान 5 उथले पानी वाली जगह: the deeps and ~**s**; circumvent/ encounter a ~ 6 रेती 7 गोल, फंदे 8 समुद्र की सतह नीचे रेत का टीला, जल बालू उत्थान;
***v.**, pt.* **~ed**, *pp* **~ing** 1 (मछलियों द्वारा) झुंडों या समूहों में एकत्रित हो., झुंड बनाना 2 पानी का घटना, कम हो., उथला हो. 3 जहाज का उथले पानी में जाना या फंसना;
adj. **~y** /शोलि/ *adj.* 1 बालुका तटीय 2 रेतीला 3 छिछला, उथला: **~y** water

shock /शौक\/ *US* शाःक\/ *n.* 1 सदमा, धक्का, प्रघात, मानसिक आघात: his death was a ~ to me 2 (*in full* **electric ~**) बिजली का झटका: absorb/ cushion a ~ 3 जोरदार हिंसापूर्ण झटका: terrific/ sudden, violent ~ 4 टकराव: culture ~ 5 (***syn.*** outrage, fit) क्षोभ, क्रोध, दौरा: a ~ of laughter/ of rage 6 स्तब्धता, जड़ता, दहशत 7 *med.* रक्त-स्राव आदि के कारण होनेवाला आकस्मिक शक्तिपात, ढेर हो जाने की क्रिया 8 भूकंप का झटका: earthquake ~; after-~ 9 सुखाने के लिए लगाया जाने वाला घास या मक्की की पूलियों का ढेर 10 झबरे बालों का गुच्छा;
***v.**, pt.* **~ed**, *pp* **~ing** 1 सदमा, धक्का, प्रघात या मानसिक आघात लगना: be **~ed** at/ by the news 2 किसी को धक्का लगाना, दहशत में डालना 3 झटके के साथ आक्रमण या प्रहार क. 4 किसी को क्षोभित या क्रोधित क.: ~ profoundly/ morally 5 स्तब्ध क. या हो जा.: be **~ed** at/ by the stupidity of sb 6 चकित कर दे. या हो., किंकर्त्तव्यविमूढ कर दे. या हो.: be **~ed** to hear/ to learn sth 7 घृणा उत्पन्न क. 8 जोर के झटकों से हिला दे. 9 घास या मक्की आदि की पूलियों का सुखाने के लिए ढेर लगाना;
dw/lw: **~-absorber** /~-अबसॉःबः/ *n., tech.* झटका-सह, झटका-चूषक; **~-brigade** *n.* जबरदस्त रफ्तार से काम करने वाला समूह (team); **~ed** *adj.* स्तब्ध; **~er** /शॉकः/ *n., colloq.* 1 आघात पहुंचाने वाली या दहला देने वाली बात, घटना, फिल्म, खबर आदि 2 घटिया चीज, सनसनीखेज लेख; **~-headed** /~हेडिड/ *adj.* जटाधारी, झबरा; **~-horror** *adj.* लोगों को आघात पहुंचाने वाला, गुस्सा दिलाने वाला या सनसनीखेज; **shocking** *see below under separate entry*; **~-proof** /~प्रूफ/ *adj.* आघात-सह, झटका-सह; **~proofing** *n.* आघात-सह या झटका-सह बनाने की क्रिया;
collocations: **~ jock** रेडियो का कार्यक्रम सूत्रधार (jockey) जो जान-बूझकर ऐसी बात करता है या ऐसी भाषा का प्रयोग करता है जिससे श्रोताओं को धक्का लगे या वे स्तब्ध हो जाएं; **~ tactics** आकस्मिक प्रहार द्वारा लक्ष्य की प्राप्ति; **~ therapy/ ~ treatment** प्रघात-चिकित्सा; **~-troops** आकस्मिक आक्रमण-सेना; **~ wave** *phys.* 1 विस्फोट या भूकंप आदि के कारण होने वाली अति उच्च दबाव की गतिशीलता 2 (**~ waves**) दहशत की लहर: the mayor's arrest sent a ~ waves through the town;
shilling ~er सस्ता सड़क-छाप उपन्यास

shocking /शौकिंग\/ *US* शाःकिंग\/ *adj.* 1 सदमा पहुंचाने वाली (खबर), घोर, भयानक: the ~ news of his death 2 धक्का पहुंचाने वाली, दहलाने वाला: ~ cruelty 3 वीभत्स: ~ behaviour/ familiarity 4 बहुत खराब, घटिया: have a ~ sense of humour; ~ voice/ weather;
dw/lw: **~ly** /~लि/ *adv.* 1 भयानक ढंग से, बहुत खराब तरीके से 2 अत्यधिक: a ~ly bad play;
collocations: **~ pink** रंग में अत्यधिक भड़कीला गुलाबी;

shoddy /शौडि\/*US* शाःडि\/ *adj., degr.* **shoddier, shoddiest** 1 (***syn.*** second-rate) घटिया: a ~ piece of work 2 सस्ता और रद्दी 3 मोटे कपड़े से बना: ~ clothes 4 नकली: ~ aristocracy;
n. *pl.* **shoddies** 1 मोटा कपड़ा 2 (**shoddies**) फटे-पुराने कपड़ों यानी चिथड़ों से बनी ऊन 3 ऐसी ऊन से बना कपड़ा 4 नकली वस्तु: cheap ~ for oak and mahogany; writers of ~ 5 मिथ्याभिमान, आडंबरपूर्णता, दिखावटीपन;
dw/lw: **shoddily** /~लि/ *adv.* घटिया तरीके से; **shoddiness** /~नेस/ *n.* घटियापन

shoe /शू/ *n.*1 जूता, जूती 2 जूते जैसी वस्तु 3 नाल (horse shoe) 4 लाठी या डंडे की टोपी, ढक्कन;
***v.**, pt.* **shod**, *pt. p.* **shod**, *pp* **shoeing** 1 जूता पहनाना: comfortably/ expensively/ fashionably **shod** feet; **shod** with boots/ with slippers 2 घोड़े आदि को नाल लगाना: ~ horses/ oxen 3 लाठी, डंडे आदि पर टोपी चढ़ाना: a pole/ a staff **shod** with iron;
dw/lw: **~black** *n.* जूता पॉलिश करने वाला व्यक्ति; **~-box** *n.* 1 जूते का बक्सा 2 साधारण, अरुचिकर छोटा-सा घर जो आसपास के अनेकों घरों जैसा हो; **~-flower** *n.* अड़हुल, गुड़हल, जवा; **~-horn** /शू-हॉःन/ *n.* सीगड़ा या चप्पा जिसकी मदद से जूता पहना जाता है; **~-horn** *v., pt.* **~-horned**, *pp* **~-horning** छोटी-जगह में बहुत सारी सामग्री ठूंस देना: manage to ~-horn the entire film into just one CD; **~ing** /शूइंग/ *n.* नालबंदी; **~lace** (*also* **~-string**) *n.* जूतों का तस्मा या फीता; **shoe-leather** *n.* जूते बनाने का चमड़ा: as good a man as ever trod ~-leather; **~maker** *n.* मोची: ~maker's chest (मोची की धंसी हुई छाती); **~making** *n.* जूते बनाने का काम; **~r** /शूअः/ *n.* नाल लगाने वाला लोहार; **~shine** *n.* जूतों की पालिश; **~-string** *see below under separate entry*; **~tree** *n.* जूते की लकड़ी या प्लास्टिक का ढांचा, कलबूत;
collocations: **~ing frame** घोड़ों का नाल लगाने का औजार; **~ing hammer** नाल लगाने का हथौड़ा; **~ leather** 1 जूतों का चमड़ा 2 *colloq.* जूते;
high ~s ऊंचे जूते; **sprint ~s** दौड़ने के जूते;
p&i: **~ one's mule** अमानत में खयानत क.; **~s of swiftness** तीव्रगामी टांगें; **~ the goose** 1 बेकार समय बर्बाद क. 2 पीकर धुत्त हो जा.;
a ~ too large trips one up बूते से बाहर का काम पूरा नहीं होता; **be in a person's ~s/ be in sb's ~s** किसी दूसरे जैसी स्थिति (या कठिनाई) में होने का अहसास क.; **cast/ fling an old ~ after sb** 1 शुभ शकुन के रूप में किसी के पीछे पुराना जूता फेंकना 2 किसी को शुभ-कामनाएं दे.; **die in one's ~s** 1 हिंसक मौत मरना 2 सक्रिय सेवा में मरना; **he is six feet in his ~s** जूतों समेत वह छः फुट लंबा है; **if I were in your ~s** यदि मैं आपकी जगह होता; **over the ~s in sth** 1 किसी घिनौने काम में पूर्णतः डूबा हुआ; **only the wearer knows best where the ~ pinches** व्यक्तिगत अनुभव के आधार पर ही किसी चीज या क्रिया को बेहतर जाना जा सकता है; **put oneself in sb's ~s** किसी की स्थिति में अपने को रखकर हालात का जायजा लेना; **put the ~ on the right foot** ठीक दोष लगाना; **shake in one's ~s** डर के मारे थरथर कांपना; **step in a dead man's ~s** उत्तराधिकारी होना, का स्थान लेना; **the ~ is on the other foot** 1 दोष दूसरे पक्ष का है 2 बात बिल्कुल उलट है; **the ~**

maker's son always goes barefooted यह पूंजीवादी समाज का नियम है, यहां कमाता है कोई और खाता है कोई और; **wait for dead men's ~s** किसी के मरने पर उत्तराधिकार में कुछ पाने की उम्मीद लगाए बैठे हो.

shoe-string /शूस्ट्रिंग/ *n.* कम पैसे में किया जाने वाला काम: ~ budget; ~ lace/ tie (तसमों की गांठ); ~ majority (बहुत कम बहुमत);
p&i: **~ of potatoes** लंबे कतरों में काटकर तेल में भूने हुए आलू; **on a ~** 1 बहुत कम साधनों या पैसे के साथ काम क. 2 थोड़ा-सा पैसा; **run up from a ~** शून्य से शुरू करके काफी बड़ी उपलब्धि प्राप्त क.; **tie one's own ~** 1 अपने मामले स्वयं तय क. 2 बिल्कुल स्वतंत्र हो.; **walk on one's ~s** निर्धनता की जकड़ में आ जा.

shogi /शोगि/ *n.* जापानी शतरंज

shogun /शोगन/ *n., Japanese history* बारहवीं सदी से 1867 तक जापान में वंशागत सैनिक शासक (1867 में जापानी सम्राट ने फिर से सत्ता प्राप्त कर ली)

shone /शॉन/ *pt.*, '**shine**' का भूतकालिक रूप

shonky /शौंकि/ *adj., Austral. & NZ* अविश्वसनीय, बेईमान, अवैध

shoo /शू/ *excl.* डराकर भगाने की ध्वनि या इशारा;
v., *pt.* **~ed**, *pp* **~ing** 1 शू की आवाज निकालना 2 (*usually* **~ sb/ sth away/ off/ out, etc.**) डराकर भगाना

shoo-in *n.* अवश्य जीतने वाला व्यक्ति या टीम

shook /शुक/ *pt.*,'**shake**' का भूतकालिक रूप

shoot /शूट/ *v., pt.* **shot**, *pp* **~ing** 1 बंदूक या तीर आदि से मारना: ~ to kill; ~ a bullet from a gun; ~ an arrow from a bow; ~ a stone from a sling (गुलेल); ~ sb in/ through the leg/ head; ~ sb dead; ~ sb for a spy/ for a deserter 2 बंदूक चलाना, गोली चलाना 3 धमाके के साथ बाहर या ऊपर निकालना: the geyser **shot** water high into the air 4 दागना, झड़ी लगाना: ~ questions at sb 5 ऊपर चढ़ाना: the last victory **shot** them to the top of the table 6 *colloq.* (*also* **~ off**) जल्दी से जाना या प्रस्थान क.: I have to **~ off** or I'll miss my train 7 खेल में बॉल फेंकना या गोल में भेजना: ~ at the goal 8 फोटो लेना या खींचना, फिल्म बनाना, चलचित्रित क.: ~ a picture/ a film/ a scene 9 बहुरंगी बनाना: her dress was black **shot** with burgundy; hair **shot** with grey; a blue sky **shot** with white clouds 10 घायल क. 11 पीड़ा की हूक या टीस उठना: the pain **~s** up the back/ the arm/ the leg 12 (***syn.*** dump) डाल दे., निकालना: ~ coal/ ore/ timber; ~ grain/ gravel/ earth; ~ rubbish 13 तेजी से लंबा हो., बढ़ना 14 एकदम बाहर निकल आना 15 जल्दी-जल्दी सब-कुछ उगल दे. यानी भेद खोल दे.: Go on, ~! 16 चौसर आदि की गिट्टी (die/ dice) फेंकना 17 (***syn.*** detonate) विस्फोटित क. 18 तीर की तरह आगे बढ़ना 19 शिकार खेलने या तीर या बंदूक चलाने के मुकाबले में गोली चलाना: he likes to ~ regularly; ~ game; be out ~ing 20 अंकुरना 21 लाल बत्ती को बिना रुके पार कर जाना 22 जल्दी से किसी जगह में से होकर गुजरना: ~ down/ through a tunnel; ~ under a bridge; an idea **shot** across my mind 23 गोल्फ की बाजी खेलना: we could ~ pool later 24 मादक पदार्थों के इंजेक्शन लेना 25 लंगर डालना: ~ an anchor 26 तेजी से नजर डालना: ~ a look/ a glance 27 फेंकना, डालना: ~ an anchor; ~ a net 28 देना, आगे देना: ~ the salt to me 29 फैलाना, विकीर्ण क.: the search-light **shot** a long ray across the sky 30 ताले आदि में चाबी आदि सरकाना: ~ a bolt; ~ a key 31 बराबर क. 32 उन्नतांश मापना: ~ the sun/ a star 33 के बीच से धागा आदि गुजारना, मिश्रित क.: **shot** with gold; the narrative **shot** with satire;
n. 1 शिकार: the ~ is good here 2 शिकारगाह 3 बंदूक या तीर आदि चलाने का मुकाबला 4 तीव्र चाल, बहाव, कूद: a ~ up/ back/ down/ sideways/ forward 5 जोर का प्रहार: a ~ for goal 6 दौरा, हूक, टीस: a ~ of pain/ of colic/ of tooth-ache 7 जलप्रपात 8 ढालू प्रणाल, कूड़े का परनाला 9 कोंपल, टहनी, प्ररोह 10 फोटो या फिल्म बनाने की क्रिया;
dw/lw: **~able** /शूटअबल/ *adj.* प्रहार योग्य; **~er** *n.* 1 गोली चलाने वाला 2 शिकारी 3 गेंदबाज 4 भाड़े का हत्यारा 5 पिस्तौल, रिवॉल्वर, बंदूक आदि 6 (***syn.*** sniper) सबसे ज्यादा गोल करने वाला खिलाड़ी 7 लड़ाकू: fighter-~; **~-'em-up** *n., US, informal* 1 एक कंप्यूटरी खेल जिसमें दुश्मन को गोली मारकर खत्म करना होता है 2 अति हिंसात्मक फिल्म आदि; **~ing** *see below under separate entry*; **~-out** *n.* 1 एक-दूसरे को मारने के लिए दो पक्षों में बंदूकों से लड़ाई 2 फुटबॉल आदि खेल में पेनल्टी किक (penalty kick) से किए जाने वाले गोल द्वारा हार-जीत का फैसला करने की क्रिया;
collocations: **tender ~s in spring** वसंत की कोमल कोंपलें; **the whole/ the entire ~** सारा सामान या समूह;
p&i: **~ ahead** आगे निकल जाना, तेज दौड़कर या चलकर जा.; **~ a line** *sl.* शेखी बघारना, डींगें मारना; **~ along** क्षणिक चमक (flash) के साथ गुजर जा.: a meteor shot along; **~ a mission** निशाने पर गोलियां दागना; **~ an emergency landing** विमान द्वारा आपात रूप से नीचे उतरना; **~ at a pigeon and kill a crow** अपनी असली मंशा छिपाकर काम क. (कहीं पर निगाहें, कहीं पर निशाना); **~ away** गोलियां खत्म होने तक बंदूक चलाते जा.; **~ down** 1 गोली या तोप आदि से मार गिराना: ~ sb/ sth down 2 घोर आलोचना से धराशायी क.; **~ for sth** मुश्किल काम क. या चीज प्राप्त क.; **~ forth** तेजी से चमक जाना (*see* **~ along**); **~ from the hip** *colloq.* बिना सोचे-समझे या बिना तैयारी के कुछ बक दे.; **~ home** 1 निशाने पर लगना 2 अपने विचार समझाने में सफल हो.; **~ in** गोलीबारी क.; **~ into the brown** भारी भूल क., अवसर गंवाना; **~ it out with sb** बंदूक के साथ तब तक लड़ना जब तक दोनों में से एक मर न जाए या हार न मान ले; **shot in to Niagara/ the gulf** खतरनाक कदम उठाना; **~ off** (***syn.*** dash off) जल्दी में चले जा.; **~ off one's face** चपर-चपर क.; **~ one's mouth off/ ~ at the mouth** *colloq.*1 बेलगाम होकर (निजी मामलों के बारे में भी) चपर-चपर क. 2 शेखी बघारना; **~ oneself clear** विमान से छलांग लगाना; **~ oneself in the foot** *colloq.* अनाड़ीपन के कारण अपना ही नुकसान क.; **~ one's bolt** भरसक प्रयत्न क.; **~ one's mouth off** बकबक क.; **~ one's star** मर जा.; **~ out** अचानक कहीं से निकल आ.; **~ out one's cuffs/ one's linen** अपना सर्वोत्तम पहलू दिखाना; **~ out one's lips** नाक-भौं सिकोड़ना; **~ out one's neck** बदतमीजी क.; **~ sb down in flames** *sl.* 1 जबरदस्त डांट-फटकार लगाना 2 किसी की दलील को धराशायी क.: his speech was shot down in flames by the opposition; **~ sb in the eye** मदद करने की क्रिया में किसी का नुकसान कर दे. (a bear's hug); **~ square** ईमानदारी से काम क.; **~ the breeze/ bull** *naut. sl.*, (*syn.* **chat**) दोस्ताना ढंग से आपस में बतियाना; **~ the cat** उल्टी क.; **~ the messenger** गड़बड़ करने वाले की बजाए गड़बड़ के बारे में बताने वाले को ही मार डालना; **~ the moon** घर का किराया दिए बिना रात में उसे छोड़कर चले जा.; **~ the sitting pheasant/ duck** किसी की असह्यता का फायदा उठाकर उसे नष्ट कर दे.; **~ the works** जी-जान लड़ा देना; **~ through** चला जाना, भाग निकलना, फरार होना, चंपत होना; **~ up** 1 गोली से मार दे. 2 एकाएक बढ़ जाना, (एकाएक) ऊपर उठना 3 कीमतों का तेजी से ऊपर चढ़ना; **~ with a silver gun** 1 पैसे से सब कुछ खरीदने की कोशिश क. 2 जोखिम न उठाना; **a plant ~s out buds/ sprouts** पौधे की कलियां या कोंपलें निकल रही हैं; **a tree ~s** पेड़ की कोंपलें फूट आती हैं; **be/ get a ~ of sth** किसी चीज से छुटकारा पाना; **be half shot** पिए हो.; **be like ~ing fish in a barrel** किसी काम को करना बहुत आसान हो.; **be on the ~** गोली चलाने को तत्पर; **bushes ~**

again after being cut झाड़ियां काटने के बाद फिर फूट आती हैं; **get the** ~ नौकरी से निकाल दिया जा.; **give sb the** ~ किसी को नौकरी से निकाल दे.; **grass ~s** घास की कोंपलें निकल रही हैं; **have shot one's bolt** 1 सारी गोलियां या तीर खत्म कर चुका हो. 2 सभी संभावनाएं खत्म कर चुका हो.; **leaves ~ forth** नए पत्ते निकल रहे हैं; **take a** ~ तीर की तरह सीधे जा.

shooting /शूटिंग/ *n.* 1 गोलीबारी, गोलीकांड: ~ war 2 शिकार करने का अधिकार, आखेट-अधिकार, शिकार करने की क्रिया: go north for the ~; secure the ~ of a preserve (आरक्षित क्षेत्र में शिकार करने का अनुमति प्राप्त क.) 3 शिकारगाह 4 गोली चलाने का अभ्यास: practise ~ at a mark 5 फुटबॉल आदि खेलों में गोली का क्षेत्र 6 आकस्मिक तेज पीड़ा, टीस, हूक: the ~ in a tooth 7 फिल्म-चित्रण, शूटिंग, छवि अंकन: ~ of a film 8 समस्या का समाधान करने की क्रिया: trouble ~ 9 खदानों में विस्फोट द्वारा खुदाई का क्षेत्र: area of ~;
adj. टीस भरी, हूक के रूप में उठने वाली: ~ pain;
dw/lw: **~-boots** *n., [pl.]* शिकारियों के बूट; **~-box** *n.* देहात में शिकार-वास; **~-coat/ jacket** *n.* शिकारियों का जैकेट;
collocations: ~ **brake** संपदा वाहन; ~ **gallery** चांदमारी-कक्ष, निशानेबाजी का अभ्यास कक्ष; ~ **iron** *sl.* बंदूक; ~ **match** दो पक्षों में बंदूकों से लड़ाई; ~ **pain** जबरदस्त पीड़ा, टीस; ~ **range/ ground** चांदमारी-क्षेत्र, निशानेबाजी का अभ्यास क्षेत्र; **square ~ing** ईमानदारी का काम; ~ **season** शिकार का मौसम; ~ **star** (*also* **falling star**) उल्का, पुच्छल तारा; **square stick** कुर्सी की तरह बिछ जाने वाली छड़ी; **the whole ~ match** *colloq.* सारा जमघट, सब कुछ, सारा सामान; ~ **war** शीत युद्ध की तुलना में वास्तविक युद्ध;
p&i: ~ **shooting** ईमानदारी

shootist /शूटिस्ट/ *n., esp. US sl.* 1 गोली चलाने वाला 2 मंजा हुआ निशानेबाज

shop /शौप/ *US* शाःप/ (*also US* **store**) *n.* 1 दुकान, स्टाल: grocer's ~; baker's ~; general ~; keep (a) ~ (दुकान चलाना); charity ~ 2 दुकान का कमरा या कक्ष: dirty ~; fashionable ~ 3 कर्मशाला, कारखाना: work-~ 4 विशेष सेवाओं से जुड़े पेशे वालों का कार्य स्थल: a barber's ~; chemist's ~ 5 खरीदारी का छोटा-सा अभियान 6 नौकरी या कार्यरतता स्थान 7 *sl.* कैदखाना;
v., pt. **~ped**, *pp* **~ping** 1 खरीददारी क. 2 *sl.* कैदखाने में डालना 3 किसी के बारे में पुलिस के पास मुखबरी क., धोखा करके उसे पकड़वा दे.;
dw/lw: **~aholic** /शौपअहौलिक/ *US* शाःपअहॉलिक/ *n.* खरीदारी करने का बहुत बड़ा शौकीन; **~-bought/ store-bought** *adj.* घर का बनाया हुआ न होकर, दुकान से खरीदा हुआ; **~-house** दुकान भी और घर भी; **~keeper** *n.* दुकानदार; **~lift** /शॉप्लिफ्ट/ *v., pt.* **~ed**, *pp* **~ing** दुकान ले सामान चुराना; **~lifting** /~लिफ्टिंग/ *n.* दुकान से सामान की चोरी; **~lifter** /~लिफ्टिः/ *n.* दुकान के सामान का चोर, उचक्का, उठाईगीर; **~-lot** *n.* दुकान तले क्षेत्र; **~per** /शौपः/ *US* शाःपः/ /शौपि/ *US* शाःपि/ *n.* खरीदार, क्रयी, क्रेता; **shopping** *see below under separate entry*; **~py** /शॉपि/ *adj.* छोटा-मोटा दुकानदार, खुदरा व्यापारी: ~py people (छोटे-मोटे स्टाल वाले); ~py manners (दुकानदारों-सी बनावटी विनम्रता); ~py neighbourhood (छोटे-मोटे दुकानदारों का पड़ोस): ~py talk/ interests (पेशे तक सीमित बातचीत या रुचियां); **~soiled** /~सॉइल्ड/ *adj.* दुकान में रखा-रखा खराब होने वाला, फटा-पुराना; **~-steward** /~स्ट्यूअःड/ *n.* कर्मशाला का मुखिया; **~walker** *n.* बड़ी दुकान का ड्यूटी-अफसर; **~-window** *n.* दुकान के माल के नमूनों से सजी खिड़की: dress a ~-window (खिड़की को माल के नमूनों से सजाना); put/ have all one's goods in the ~-window / have everything in the ~-window दुकान के सारे माल के नमूनों को खिड़की में लगाना; **~-worn** *adj.* = **~soiled**;
collocations: ~ **assistant** *UK* (*US* **sales clerk**) दुकानदार;
a talking ~ *pejorative* संसद; **closed** ~ मात्र कर्मियों की युनियनों के सदस्यों को नौकरी पर लेने वाली दुकान; ~ **committee/ council** दुकान पंचायत; ~ **floor** *n.* कारखाने में कार्य का स्थान; **open** ~ सब को नौकरी पर लेने वाली दुकान;
p&i: ~ **a person** किसी के खिलाफ मुखबरी क.; ~ **around** 1 दुकान-दकान जाकर दामों और गुणवत्ता की तुलना क. 2 खरीदने से पहले भिन्न-भिन्न विकल्पों को ठोंक बजाकर देख लेना; ~ **at the stores** बड़ी-बड़ी दुकानों में खरीदारी क.;
all over the ~ *colloq.* जगह-जगह बिखरा हो.; **a slap-bang** ~ ढाबा; **come/ go to the right/ wrong** ~ ठीक या गलत जगह पहुंचना; **get a** ~ नौकरी पाना; **my books are all over the** ~ मेरी किताबें सब जगह बिखरी पड़ी हैं; **set up a** ~ धंधा शुरू क., दुकान खोलना; **shut up** ~ *colloq.* धंधा बंद कर दे.; **sink the** ~ अपने व्यवसाय के विषयों पर बात करने से कतराना; **talk** ~ *colloq.* अपने व्यवसाय की उबाऊ बातें क.; **the whole** ~ पूरी की पूरी दुकान; ~ **around** कई जगह देख कर अच्छी चीज खरीदना

shopping /शौपिंग/ *US* शाःपिंग/ *n.* 1 खरीदारी: do one's ~; a ~ spree/ trip; go~; window ~ 2 खरीदा हुआ सामान;
adj. खरीदारी से संबंधित: ~ basket; ~ bag
collocations: ~ **arcade** तोरण बाजार, विपणन आर्केड; ~ **bag** खरीदारी थैला; ~ **centre** *UK* (*US* ~ **center**) क्रय-विक्रय-केंद्र; ~ **list** की गई या की जाने वाली खरीदारी की सूची; ~ **mall** *n.* बड़ा बाजार; ~ **plaza** क्रय-विक्रय का बड़ा-सा स्थल

shore /शॉः/ (*see also* **coast**) *n.* 1 समुद्र का किनारा, तट, समुद्र तट, नदी तट, तीर: bold ~ (एकदम सीधा खड़ा तट); the ~ of the sea/ of a large lake; on ~ (समुद्र तट पर); come/ go on ~; stand in ~ (समुद्र तट के पास जा.) 2 थल (≠ जल): foreign **~s** 3 टेक या थूनी, सहारा 4 समुद्र-तटीय क्षेत्र, देश: ~ commander (समुद्र तट पर उतरने वाली सैनिक टुकड़ियों का कमांडर); ~ **leave** *US, naut.* नौसैनिक को नौकरी से निकालना 5 पुलिन (strand);;
v., pt. **~d**, *pp* **shoring** 1 समुद्र-तटीय क्षेत्र जा. 2 टेक या थूनी लगाना 3 टेक (props) को मजबूत क., सहारा देकर थामे रखना: ~ **sth up** (टेक या थूनी लगाना) 4 तट के साथ-साथ तैरना: ~ along;
dw/lw: **~-anchor** *n.* समुद्र तट की ओर निकलती जंजीरों वाला लंगर; **~based** *adj.* तट-आधारित: ~-based aircraft; **~-boat** *n.* समुद्र-तटीय नौका; **~-dinner** *n.* मछली, झिंगा आदि का रात्रि-खाना; **~-drift** *n.* तट विस्थापन; **~-dune** *n.* तटीय टिब्बा; **~-face** *n.* तटाभिमुख; **~-land** *n.* तट भूमि; **~less** *adj.* तटरहित, असीम; **~line** /शोःलाइन/ (*also* **coast-line**) *n.* 1 समुद्र, महासागर, झील आदि का तट 2 तट रेखा; **~man** *n.* तट-वासी; **~ward** *adv.* तट की ओर: row/ swim/ sail ~ward; **~wards** = **~ward**; **shoring** /शॉःरिंग/ *n.* टेकबंदी;
collocations: **off** ~ 1 समुद्र तट से थोड़ा हटकर 2 दूसरे देश में

shorn /शॉन/ *pt. p.,* '**shear**' का भूतकालिक (कृदंत) रूप;
adj. बाल-कटी, मूंडी हुई: ~ lamb

short /शॉःट\/ (***anton.*** long) *adj.* 1 छोटा, छोटी: ~ hair/ legs 2 थोड़ा, अल्प (समय में कम लंबा), अल्पकालीन, अल्पकालिक: a bit ~ of breath; enjoy one's time for a few ~ weeks; ~ holiday/ visit; ~ life; ~ address; ~ shrift (1 किसी के साथ किया जाने वाला तिरस्कारपूर्ण व्यवहार 3 थोड़ा समय); a ~ time ago; in a ~ time; ~ hours of work 4 लंबाई या दूरी में छोटा: at (a) ~ range; a ~ way off; ~ rifle 5 (***anton.*** tall) कम ऊंचा, छोटा, नाटा, ठिगना: a ~ man; ~ statured man 6 (***anton.*** plenty) कम, अपर्याप्त, न्यून, कम (आपूर्ति में): ~ supply; ~ allowance/ rations; ~ purse; supplies run/ fall ~; be ~ of/ in food or money; be ~ of/ in words 6 जल्द, शीघ्र, कम अवधि की: ~ date; at/ on ~ notice; at ~ intervals; be paid at ~ sight/ at a ~ date; a ~ five minutes 7 कमजोर

8 संक्षिप्त (*syn.* brief): make ~ work of; be ~ and to the point 9 (*syn.* curt, rudely abrupt) रूखा, तिरस्कारपूर्ण: be very ~ with sb 10 चिड़चिड़ा, बदमिजाज, तुनुकमिजाज, बिगड़ैल 11 (*syn.* brittle, friable) भुरभुरा 12 ह्रस्व (of vowel) 13 कम (याददाश्त): ~ memory 14 (*syn.* crisp) मुरमुरा 15 (*syn.* second-rate) घटिया 16 (*syn.* default) पूरी से कम, कम पड़ने वाला 17 *poetry* अबलाघातित (unaccented syllable): ~ vowel 18 अमिश्रित (neat drink): something ~ 19 कंगाल, अपर्याप्त (पैसेवाला): be a bit ~ at the moment 20 *cricket* कम लंबाई की (गेंद) 21 पूरे से कम: ~ shipment;

adv. 1 अचानक, एकाएक, सहसा: stop/ pull up ~; pull a horse up ~; take sb up ~; the wind took us up ~ 2 अचानक खत्म क. या हो जा.: cut sb's life/ sb's career ~; cut a speech ~ 3 रुखाई से: speak ~ **a**nd plain 4 संक्षेप में 5 छोटे-छोटे: wear one's hair ~ 6 निशाने से पहले या बाद में: the dart fell ~ of the board; stop ~ of sth /doing sth (कोई काम करते-करते या बात कहते-कहते रुक जा.); fall ~ of sth (थोड़ा कम पड़ना); cut sth ~ (बीच में रोक दे., टोक दे., बात को संक्षिप्त क.);

n. 1 लघु (दस्तावेजी) फिल्म आदि: documentary/ feature/ animated/ cartoon ~; a film in ~ 2 *UK* व्हिस्की आदि का अमिश्रित (neat) पैग 3 ह्रस्व स्वर, ह्रस्व शब्दांश 4 संक्षेपता, प्रथमाक्षरी, सार (for ~ संक्षेप): they called him Tom for ~; the long and the ~ of it is (सार); the ~ of the matter (संक्षेप, सार); in ~ (चंद शब्द, निचोड़) 5 घुटन्ना, जांघिया, निकर, हाफपैंट 6 शॉर्ट-सर्कट, काटा हुआ परिपथ: ~ circuit;

***v.**, pt.* **~ed**, *pp* **~ing** शॉर्ट-सर्कट हो.;

dw/lw: **~age** /शॉ:टिज/ *n.* कमी, अभाव, अपर्याप्तता, अल्पता: ~age of food/ of goods/ of weapons/ of soldiers; an acute/ chronic/ desperate/ serious ~age; **~bread** /~ब्रेड/ *n.* एक प्रकार का केक: ~bread cake; **~change** /~चेंज/ *v., pt.* ~d, *pp* ~changing 1 कम रेजगारी देकर ठगना 2 धोखा दे.; **~-circuit** /~-स:किट/ *n.* 1 लघु-परिपथ, शॉट सर्किट 2 बिजली की दो तारों के मिल जाने से आग आदि लग जाने की दुर्घटना 3 *surg.* दो अंगों के बीच कृत्रिम जोड़; **~-circuit** *v., pt.* ~-circuited, *pp* ~-circuiting 1 बिजली की दो तारों का मिल जा. 2 किसी काम या भावना को घातक हानि या ठेस पहुंचाना: ~-circuit friendly feelings; ~-circuit a country's development 3 *surg.* दो अंगों को कृत्रिम रूप से जोड़ देना; **~-circuiting** *n.* 1 दो तारों के मिलने से होनेवाला लघु-पथन 2 किसी काम या भावना को घातक हानि; **~-cut** (*also UK* **~ cut**) *n.* 1 छोटा रास्ता: take/ make a ~-cut 2 कंप्यूटर में कोई ऑप्रेशन करने का एक छोटा रास्ता; **~-coming** /~-कमिंग/ *n.* 1 कमी, दोष, त्रुटि, अवगुण: ~-comings of a script of a play; atone for one's ~-comings/ make good one's ~-comings (अपने दोषों की भरपाई क. या उनके लिए पश्चात्ताप क.) 2 कमजोरी, कसर: our flat has certain ~-comings 3 अपर्याप्तता, अभाव, उत्पाद में कमी या गिरावट; **~-dated** *adj., finance* अल्पकालिक, अल्पावधि का: a ~-dated bill; **shorten** *see below under separate entries*; **~fall** /~फॉल/ *n.* 1 कमी, न्यूनता 2 वांछित स्तर तक पहुंचने में असफलता 3 अपर्याप्तता की मात्रा: a ~fall of 1000 rupees; **~hand** *n.* आशुलिपि: write in ~hand; **~handed** *adj.* जिसके पास मजदूरों या काम करने वाले हाथों की कमी हो: we are ~handed (हमारे पास मजदूरों, नौकरों, कर्मचारियों, कार्यकर्ताओं की कमी है); **~-haul** /शॉ:टहॉल/ *adj.* कम दूरी की यात्रा (उड़ान); **~horn** /शॉ:टहॉ:न/ *n.* छोटे सींगों वाले पशुओं की जाति; **~-leave** *n.* अल्पावधि छुट्टी(या अवकाश; **~list** *n. UK* अनेक लोगों या वस्तुओं आदि में से कुछ को छांटकर बनाई जाने वाली सूची, चयनित प्राणियों या वस्तुओं की सूची; **~list** *v., pt.* ~listed, *pp* ~listing *UK* 1 छांटकर सूची बनाना 2 चयन या चुनाव करना, चयनित सूची में रखना; **~-lived** /~लिवड/ *adj.* 1 अल्पजीवी, अल्पायु 2 अल्पकालिक, क्षणस्थायी, क्षणभंगुर; **shortly** *see below under separate entry*; **~necked** *adj.* लघुग्रीव; **~ness** *n.* 1 लघुता: ~ness of breath 2 अल्पकालिकता: the ~ness of the trip; ~ness of memory 3 अल्प-दूरी: ~ness of vision 4 न्यूनता, अपर्याप्तता 5 ठिगनापन, नाटापन; **~note** *n.* अल्प स्वर; **~-notice** *n.* अल्प सूचना; **~-range** /~-रेंज/ *adj.* 1 लघु-परास 2 लघु-परिसरित 3 छोटी दूरी का, सीमित: a ~-range missile; **~s** /शॉ:ट्स/ *n., [pl.]* 1 निक्कर 2 *US* पैंट के नीचे पहना जाने वाला जांघिया या कच्छा; **~-sighted** /~-साइटिड/ *adj.* 1 निकटदर्शी 2 अदूरदर्शी: ~-sighted politician/ leader; ~-sighted strategist; ~-sighted policy; **~-sightedly** /~-साइटिडलि/ *adv.* अदूरदर्शितापूर्वक; **~-sightedness** /~-साइटिडनेस/ *n.* निकटदृष्टता, अदूरदर्शिता; **~-sleeved** /~-स्लीवड/ *adj.* छोटे बाजुओं वाला, आधी बांहों वाला (कमीज आदि); **~-spoken** *adj.* अल्पभाषी, रूखा; **~-staffed** *adj.* कम कर्मचारियों वाला; **~-tempered** /~-टेंप:ड/ *adj.* चिड़चिड़ा, तुनुकमिजाज, बदमिजाज; **~-term** *n.* छोटी अवधि; **~-term** *adj.* अल्पकालिक, अल्पावधिक: ~-term loan/ agreement; **~-termism** *n.* तुरंत फायदा उठाने की नीति; **~-wave** *n.* लघु-तरंग; **~-wave** *adj.* लघु-तरंगों वाला: ~-wave set/ transmitter; ~-wave radio; **~-winded** /~विंडिड/ *adj.* 1 हांफा, हंफैल, दमा, उखड़ी या फूली सांस 2 संक्षिप्त: ~-winded exposition; **~-witted** *adj.* मूर्ख, अल्पबुद्धि, अल्पमति; **~-woolled** *adj.* छोटी ऊन वाली; **~y/ shortie** /शॉ:टि/ *n., pl.* **shorties** *colloq.* 1 नाटा व्यक्ति 2 रात को पहनने की पोशाक, रात्रि-परिधान;

collocations: **~ change** कम; **~ commons** कम, अपर्याप्त या नाकाफी रसद; **~ credit** अल्पकालीन ऋण; **~ cut** 1 छोटा रास्ता 2 सुगम मार्ग, सरल उपाय; **~ division** लघु भाग; **~ fuse** *colloq.* चिड़चिड़ा, बदमिजाज; **~ leg** *cricket* क्षेत्र-रक्षण का एक स्थान; **~-notice question** अल्पसूचित प्रश्न; **~-order cook** रेस्त्रां आदि में जल्दी से खाना तैयार कर देने वाला रसोइया; **~ rib** गौण पर्शुका; **~ shrift** किसी के साथ अत्यंत अपमानजनक व्यवहार; **~ spoken** मित भाषी; **~ story** कहानी, छोटी कहानी, लघु कथा; **~ wave** लघु तरंग; **~ weight** न्यून तौल;

p&i: **~ and sweet** *colloq.* छोटा और बढ़िया; **~ for sth** किसी शब्द का संक्षिप्त रूप: Sasha is ~ for Alexander (in Russian); **~ measure** कम माप-तौल क., डंडी मारना; **~ of/ on sth** किसी चीज का पर्याप्त मात्रा में न हो., कम पड़ जा.; **~ of** *see under separate entry*;

a brick ~ of a load/ two sandwiches ~ of a picnic, etc. (किसी व्यक्ति के बारे में) मूर्ख, दिमाग से पैदल; **a ~ horse is soon curried** छोटा या आसान काम जल्दी पूरा हो जाता है; **be in ~ supply** कम मात्रा में मिलना, किसी चीज का अभाव हो.; **be caught/ taken ~** *colloq.* मल-मूत्र करने का भीषण दबाव हो.; **be on a ~ fuse** जल्दी आपे से बाहर होने वाला व्यक्ति हो., चिड़चिड़ा या तुनुक-मिजाज हो.; **cut ~** 1 संक्षिप्त क., अचानक समाप्त क. 3 काटकर छोटा क.; **cut sb/ sth ~** 1 किसी को बीच में टोककर चुप करा दे. 2 किसी के पंख कतर दे. 3 किसी चीज को काटकर छोटा क.; **fall (come) ~ of sth** 1 कम पड़ना, अपर्याप्त हो. 2 अपेक्षाओं पर खरा न उतरना; **for ~** संक्षेप के लिए; **get the ~ end of the stick** किसी समूह में एक आदमी को कोई अरुचिकर काम करना पड़ना; **give sb a ~ shrift** किसी को तिरस्कृत क., की उपेक्षा क., को धिक्कारना; **go/ run short of sth** कोई चीज कम पड़ जाना: run ~ of milk; food in ~ supply in Syria; **in ~** संक्षेप में; **in ~ order** बहुत जल्दी से और बिना किसी तकलीफ के; **instead of Ram Swarup get called Ramu for ~** संक्षिप्तता के लिए किसी को राम स्वरूप के स्थान पर मात्र रामू बुलाना; **in the ~ run** तुरंत आने वाले समय में; **make ~ work of** जल्दी समाप्त कर दे.; **make ~ work of sb/ sth** 1 किसी से या किसी मामले से झटपट निपट लेना 2 किसी को चुटकी में खत्म कर दे.; **nothing/ little ~ of sth** लगभग सही, से कम

नहीं; **pull/ bring, etc. sb up '~'** किसी को अचानक कुछ करने से रोक दे.; **~ of doing sth** बिना, बिना किसी बात के हुए; **run** ~ कम होना, कम पड़ना; **stop** ~ एकदम से या अचानक थम जा.; **stopped ~ of doing or saying sth** करते-करते या कहते-कहते रुक गया (अन्यथा कुछ कह दिया होता); **the ~ cut is often the longest way round** छोटा रास्ता कभी-कभी टेढ़ा हो जाता है

shorten /शॉटन/ *v., pt.* **~ed**, *pp* **~ing** 1 छोटा क.: ~ working time/ a story/ a lecture 2 घटाना या घटना, कम हो.: the days are rapidly **~ing**; a wet rope **~s** 3 पाल पोत के पालों को खींचकर छोटा क. 4 छोटा लगना;

dw/lw: **~ing** /शॉ:टनिंग/ *n.* 1 घटाई, लघुकरण, ह्रस्वीकरण 2 घटाव, ह्रास 3 कटौती 4 पेस्ट्री में मिलाया जाने वाला मक्खन या अन्य स्निग्ध पदार्थ;

p&i: **~ the arm/ the hand of sb** किसी के पंख कतरना, उसकी सत्ता कम क.

shortly /शॉटलि/ *adv.* 1 जल्द ही, शीघ्र ही: ~ after/ before sth 2 अविलंब, निकट भविष्य में, कुछ देर बाद 3 संक्षेप में: put it ~; tell a story ~ 4 रुखाई से: take sb up ~ (किसी को बदतमीजी से बीच में टोकना) 5 के बाद/ के पहले तुरंत ही: ~ after/ before noon;

short of *phr., prep.* 1 पूरी बात कहने से पहले ही 2 काम पूरा करने से पहले, पहुंचने से पहले: ~ the town/ the village/ London 3 के अनुरूप न हो.: fall ~ sb's dreams 4 वांछित स्तर तक पहुंचना या न पहुंचना: come/ fall ~ of sb's hopes/ sb's expectations 5 के सिवा, के अपवाद के साथ: stop ~ nothing (कोई अपवाद न करना, किसी को न बख्शना)

shot /शॉट/ *US* शाःट/ *n.* 1 गोली चलाए जाने की क्रिया 2 टेनिस, क्रिकेट आदि में लगाया जाने वाला शॉट, क्रिकेट में गेंद पर किया जाने वाला जोरदार प्रहार, मार: winning ~, well-aimed/ skilful ~ 3 चुभने वाला कटाक्ष: ~ at sb (किसी पर कटाक्ष क.) 4 फोटो, चित्र, फिल्म की शूटिंग के दौरान कैमरे द्वारा लिया गया एक निरंतर चित्र: crane ~ (गतिशील वस्तु या व्यक्ति का चित्र) 5 कैमरे की पहुंच की दूरी 6 बंदूक का फायर: make/ take a random ~/ snap a ~ (बिना निशाना बांधे दागी जाने वाली गोली); take/ fire a ~; have a ~ for a prize (इनामी मुकाबले में गोली चलाना) 7 बंदूक की गोली का धमाका: a volley of **~s** (गोलियों की बौछार) 8 बंदूक या शॉटगन के छर्रे 9 निशाना 10 निशानेबाज: good/ poor/ first-class ~; dead ~ 11 *mining* खानों की खुदाई के लिए किया जाने वाला धमाका 12 (***syn.*** range) पहुंच, मारक दूरी 13 कोशिश, प्रयत्न, प्रयास: give sth a ~; have/ take a ~ at sth; give sb a ~ at a job first 14 अनुमान, अंदाजा: long ~ (दुःसाहसपूर्ण अनुमान); take a long ~ 15 तोप का गोला 16 *athletics* (***syn.*** shot-put) फेंका जाने वाला गोला: put the ~ 17 *US* छोटी व्हिस्की आदि 18 इंजेक्शन (सूई) से दी जाने वाली दवाई या मादक द्रव की खुराक: a ~ of morphia 19 तीर (की तरह): like a ~ 20 (***syn.*** stint, spell) दौर, किसी काम को करने में लगाया जाने वाला समय 21 बारी 22 मिसाइल की उड़ान 23 मिसाइल द्वारा तय किया जाने वाला फासला 24 अंतरिक्ष यान या रॉकेट को दागे जाने की क्रिया;

v., 1 *pt. & pt. p. of* **'shoot'** यानी **'shoot'** का भूतकालिक रूप 2 बंदूक भरना 3 छर्रे भरना 4 गोली चलाना;

adj. 1 भिन्न-भिन्न रंगों के धागों से बना: **shot** silk 2 भिन्न-भिन्न रंगों की धारियों से बना 3 नष्ट, ध्वस्त

dw/lw: **~gun** /~गन/ *n.* छर्रों वाली बंदूक: ~gun wedding/ shotgun marriage (विवशता के कारण की जाने वाली शादी); **~-putter** *n.* गोला फेंकने वाला;

collocations: **~gun marriage** मजबूरी (दुल्हन का पांव भारी होना आदि) में की जाने वाली शादी; **the ~ put** (*also* **~-putting/ putting the ~**) गोला-प्रक्षेपण, गोला फेंकने की क्रिया;

p&i: **~ through with sth** अत्यधिक रंग, गुणवत्ता या विशेषताओं से भरपूर;

a bad ~ निशाना चूक जा.; **a good** ~ निशाने पर लगना; **a long** ~ खतरनाक या जोखिम भरा काम; **a parting** ~ अंतिम कटाक्ष या ताना; **a ~ across the/ sb's bows** चेतावनी के रूप में कुछ क. या कहना कि यदि कोई आदमी वैसा नहीं करेगा जैसा उसे करने को कहा गया है, तो...; **a ~ in the arm** उत्साहवर्धक कदम या घटना; **a ~ in the blue** चूका हुआ निशाना; **a ~ in the dark** अंधेरे में तीर चलाने या तुक्के लगाने का काम; **a ~ in the eye** कमीनी हरकत, सहायता के बदले नुकसान (a bear's hug); **a ~ in the locker** 1 नकद पैसा 2 बचा हुआ दमखम; **be/ get shot of sb/ sth** *colloq.* किसी से या किसी चीज से छुटकारा मिलना; **big** ~ बड़ी तोप (नेता आदि); **call one's ~s** साफ-साफ कहना; **call the ~s** हुक्म चलाना, निर्णायक भूमिका हो.; **exchange ~s** एक दूसरे पर कटाक्ष क.; **fire a** ~ गोली चलाना; **fire one's last~** आखिरी हथियार काम में लाना, आखिरी चाल चलना; **have a ~ at it now** कोशिश क.; **have a ~ at the answer** उत्तर देने की कोशिश क.; **have a ~/ plenty of ~ in the locker** अभी काफी दम-खम बचा हो.; **hot** ~ 1 बड़ी तोप 2 दंभी आदमी 3 जल्दी भड़क जाने वाला व्यक्ति, तुनकमिजाज आदमी; **it's long shot, but I'll have a try** सफलता की उम्मीद कम है, फिर भी मैं कोशिश करके देखता हूं; **like a** ~ 1 बहुत जल्दी से, शीघ्रतापूर्वक, तीर की तरह 2 खुशी से; **make ~ at sth** किसी पहेली या उलझन का उत्तर ढूंढने की कोशिश क.; **not by a long** ~ बिल्कुल नहीं, कदापि नहीं; **not a ~ in the locker** 1 बिल्कुल खस्ता हाल (बिना एक कौड़ी के) 2 बिना किसी उम्मीद के; **pay one's** ~ हिसाब चुकता कर दे.; **stand** ~ सबकी ओर से अकेले भुगतान क.

shott /शॉट/ *n.* लवण झील

should /शुड/ *modal, auxiliary v.* 1 आवश्यकता सूचक या कर्त्तव्य एवं अनुशंसा द्योतक सहायक क्रिया (करना चाहिए): one ~ brush one's teeth daily 2 संभावना सूचक सहायक क्रिया, होना चाहिए था (ought to): which is as it ~ be (वह वैसा ही है जैसा होना चाहिए था); they ~ be there by now; they recommended/ proposed, demanded, ordered that a special committee ~ be set up; I ~ imagine he's left; he ~ come 3 अपेक्षार्थक सहायक क्रिया, करना चाहिए, पढ़ना चाहिए: you ~ consult a doctor; I ~ think he is wrong; I ~ like him to be there; it was not to be expected that they ~ surrender without a struggle; he ~ have left by now; I ~ think I'll get the job; I ~ like to thank you all for coming 4 यदि आवश्यक हो, सशर्तता: ~ you need help, please contact me; ~ he come, call me (यदि वह आ जाए, तो मुझे बुला लीजिए) 5 आश्चर्यसूचक सहायक क्रिया, क्यों करना या न करना चाहिए...: it is surprising that he ~ be so foolish!; you ~ have seen him!; I ~ think so!; it seems odd that we ~ both have had the same idea 6 भविष्यवाचक क्रियाओं के साथ सहायक क्रिया: we ~ go there, if we were invited 7 संयोजक (conjunctions) 'lest', 'so that', 'that' के साथ लक्ष्य द्योतक सहायक क्रिया: ring him up first, **lest** you ~ find him gone; in order that we ~ not have to leave 8 शर्तवाचक वाक्यों में: if I ~ be free to-morrow, I'll come;

dw/lw: **shouldn't** /शुडंट/ *short*, **'should not'** का संक्षिप्त रूप; **should've** /शुडअव/ *short,* **'should have'** का संक्षिप्त रूप

shoulder /शोल्डः/ *n.* 1 कंधा, स्कंध, अंस 2 कंधे को ढकने वाली पोशाक का हिस्सा: a dress without **~s** 3 बकरे, भेड़ आदि का अगली टांगों व कंधों के बीच का गोश्त 4 (**~s**) सहारा, टेक, बोझ को ओटने वाला, बोझ ओटने का सामर्थ्य 5 कंधों और गर्दन के बीच के मोड़ से मिलने वाला अंग 6 *US* (*UK* **hard ~**) सड़क के दोनों किनारों के पास वह स्थान जहां गाड़ी खड़ी की जा सकती है;

***v.**, pt.* **~ed**, *pp* **~ing** 1 जिम्मेवारी निभाना, बोझ ओटना, का भार लेना: ~ one's knapsack; ~ arms! (कंधे पर हथियार रखना); ~ a debt/ responsibility 2 कंधे पर चढ़ाकर ले जाना 3 कंधे से मारना या धक्का दे. 4 धक्के देकर हटाते हुए निकलना: ~ one's way through a crowd;

dw/lw: **~-belt** *n.* परतला, परतली; **~-blade** *n.* अंसफलक, स्कंधास्थि; **~high** /~हाई/ *adj.* कंधे तक की ऊंचाई का; **~-length** /~लेंग्थ/ *adj.* कंधे तक की लंबाई का; **~-knot** *n.* स्कंधिका;

collocations: **~ arms** *milit.* कंधे पर रखकर चलाया जाने वाला हथियार, बगल शस्त्र; **~ bag** कंधे पर लटकाने वाला बैग; **~ blade** स्कंध; **~ pad** पोशाक के कंधों में सिया जाने वाला पैड; **~ strap** पैंट आदि को थामने के लिए कंधों पर से गुजरने वाली पेटी;

p&i: **~ the blame/ burden/ responsibility, etc.** दोष/ बोझ/ जिम्मेदारी उठाना/ लेना; **~ to ~** कंधे से कंधा मिलाकर: stand ~to~ with sb;

a ~ of mutton fist मजबूत मुक्का; **a ~ to cry on** ऐसा व्यक्ति जिसे अपना दुख-दर्द बताया जा सके; **be looking over one's ~** किसी के मन में किसी दूसरे द्वारा किए जा सकने वाले नुकसान का आभास हो.; **cry on sb's ~** किसी के कंधों पर सिर रखकर रोना; **give/ turn/ show the cold ~ to sb** किसी से रूखे ढंग से पेश आना, किसी की उपेक्षा क.; **have a chip on your ~** अपने साथ हुए अन्याय को लेकर हर समय कुढ़ते रहना; **have a head upon one's ~s** बुद्धिमान हो.; **have an old head on young ~s** उम्र से ज्यादा बुद्धिमान हो., अकाल-प्रौढ़ हो.; **have broad ~s** बलशाली हो.; **have on one's ~s** जिम्मेवारी निभाना; **look over one's ~** 1 डर के मारे पीछे मुड़-मुड़कर देखना 2 सावधानी बरतना; **look over sb's ~** किसी के काम पर निगरानी रखना; **narrow in the ~s** मजाक न समझ पाने वाला व्यक्ति; **on sb's ~s** किसी और का दोष या जिम्मेवारी हो.; **open out one's ~s** अंगड़ाई लेना; **put one's ~ to the wheel** *colloq.* 1 मुश्किल काम करना शुरू क. 2 बहुत प्रयास क.; **put one's ~ out/ dislocate one's ~** कंधे का उतर जा.; **rub ~s with sb** बड़े-बड़े लोगों से मिलना-जुलना; **shift the blame/ the responsibility to other ~** दोष किसी दूसरे के मत्थे मढ़ दे.; **stand/ be head and ~s above sb** किसी दूसरे से कहीं बेहतर हो.; **straight from the ~** साफ-साफ, सीधे मन से, स्पष्ट रूप से; **take on one's own ~s** अपने ऊपर पूरी जिम्मेवारी ले लेना; **with one's ~ to the collar** कड़े व तनावपूर्ण कार्य में तल्लीन

shout /शाउट/ (***syn.*** yell, scream, cheer, cry, call) *v., pt.* **~ed**, *pp* **~ing** 1 (***syn.*** yell) ऊंची और क्रोध भरी आवाज में बोलना: ~ loudly/ furiously; ~ one's orders/ one's insults **2** (***syn.*** scream) चिल्लाना, चीखना: ~ with delight/ with pain 3 (*also* **~ out**; ***syn.*** cry, call) पुकारना: ~ for help/ for assistance 4 (***syn.*** cheer) शोर मचाना 5 *Austral. colloq.* सारी टोली के लिए पैग मंगवाना;

n. 1 चीत्कार, चिल्लाहट, चीख: involuntary/ triumphant ~; a ~ of anger, etc.; an angry ~; **~s** of joy; **~s** of despair (निराशापूर्ण चीत्कार) 2 नारा 3 पुकार: give a ~; a good ~ (क्रिकेट में 'how's it?' चिल्लाकर बल्लेबाज को आउट करार देने के लिए अपील) 4 शोर, शोरगुल, कोलाहल: the great **~s** of the crowd 5 *colloq.* शराब के पैग का दौर 6 शराब के पैग के दौर के पैसे देने की बारी;

dw/lw: **~er** /शाउटः/ *n.* चीखने-चिल्लाने वाला, पुकारने वाला; **~ing** /शाउटिंग/ *n.* 1 चीख-पुकार: within ~ing distance (चिल्लाकर बुला लिए जाने जितनी दूर पर) 2 स्वागत में हर्षित चीखें; **~y** /शाउटी/ *adj.* क्रुद्ध होकर बहुत अधिक चिल्लाने वाला;

collocations: **~ing match** बहस करते हुए या असहमति जताते हुए जोर-जोर से चिल्लाकर कहने की क्रिया;

p&i: **~ at sb** किसी पर चिल्लाना; **~ down/ ~ sb down** 1 किसी से ज्यादा ऊंचा चिल्लाना 2 किसी को चिल्लाकर चुप करा देना; **~ oneself hoarse** चीख-चीखकर गला बैठाना; **~ sth out** साफ-साफ सुनाने के लिए जोर से चिल्लाकर कहना; **~ up** चिल्लाकर सचेत क.;

be in with a ~ of sth (of doing sth) किसी चीज को जीतने या प्राप्त करने की अच्छी संभावना हो.; **give sb a ~** किसी को कहना या बुलाना; **it is all over bar the ~ing** 1 समाप्त-प्रायः 2 शोर-शराबे को छोड़कर बाकी के खेल को खत्म समझो!; **sth/ nothing to ~ about** चीखने-चिल्लाने के लिए कुछ/ नहीं है

shove /शव/ *v., pt.* **~d**, *pp* **shoving** 1 धक्का दे., धकियाना: ~ sb off the pavement/ ~ sb over a cliff into the water 2 जोर से घुसेड़ना 3 खिसकाना, सरकाना, ठेलना 4 आगे बढ़ना 5 जैसे-तैसे रखना, ठूंस दे.: ~ sth in the bag; ~ sth into/ in/ under, etc.;

n. 1 हल्का-सा धक्का, ठेला 2 जोर का धक्का: if/ when push comes to ~ (जब हल्का धक्का बड़ा झटका बन जाए तो) 3 नौकरी से बर्खास्तगी: get the ~; give the ~ 4 हल्का-सा सहारा या मदद दे.: give sb a ~ off (यात्रा या किसी काम के प्रारंभ में किसी की मदद क.);

p&i: **~ along** 1 जल्दी से जा., दौड़कर जा. 2 आगे खिसक जा.; **~ aside/ ~ away** रखना, ठूंस दे.; **~ down** 1 फेंकना 2 कागज पर घसीटकर कुछ लिख दे.; **~ in** गिरवी रखना; **~ off** 1 चले जा. 2 (**~ sth off**) चप्पुओं को जमीन के सहारे धकियाकर नाव को तट से दूर ले जा. 3 किनारे से हटना या हटाना; **~ on to** के गले मढ़ना; **~ out = ~ off**; **~ through = ~ along**; **~ up** दूसरी तरफ सरकाना या हटाना;

be on the ~ गतिशील या गतिमान हो.

shovel /शवल/ *n.* 1 बेलचा, फावड़ा, लपाता, खंती: a ~ for coal 2 बेलचे जैसे औजार के साथ मशीन 3 बेलचा भर (मिट्टी आदि);

***v.**, UK pt.* **~led**, *pp* **~ling**/ *US pt.* **shoveled**, *pp* **shoveling** 1 बेलचे से मिट्टी, कोयला आदि हटाना या बढ़ाना: ~ (**up/ in**) coal 2 ठूंसना 3 खोदना: ~ the ground/ a ditch;

p&i: **~ down/ ~ in/ ~ up** बटोरना; **put to bed with a ~** किसी को दफनाना; **that is before you brought your ~** *colloq.* तुम से नहीं पूछा, तुम चुप रहो!

shoveller /शवलः/ *n.* फावड़ा या बेलचा चलाने वाला, तिदारी

show /शो/ *v., pt.* **~ed**, *pt. p.* **shown/ ~ed**, *pp* **~ing** 1 दिखाना: ~ photo, passport etc.; ~ a dress to sb; ~ a document for inspection 2 काम करने का तरीका दिखाना, करके दिखाना या प्रशिक्षित क.: ~ sb the way to do sth; ~ sb what to do/ how to do sth/ how to draw 3 रुख या रवैया दिखाना: ~ kindness to sb; ~ mercy on sb 4 दिखाई दे., दिखाई पड़ना, लगना: his embarrassment **~s** clearly on his face; ~ massive/ strong (विशाल या बलशाली दिखना) 5 प्रदर्शित क., दिखाना: ~ goods; the dress **~s** sb's figure 6 व्यक्त क., प्रकट क., दिखलाना: the exam results ~ a marked improvement 7 सिद्ध क., प्रमाणित क., प्रकट क., कोई नई चीज दिखाना: this **~s** us that man evolved from the ape 8 प्रतिपादित क., दिखाने के लिए प्रस्तुत क.: ~ to the satisfaction of the court 9 समझाना, बतलाना 10 ले जाना, साथ लेकर चलना, पथ-प्रदर्शन क.: ~ sb to the path to success 11 प्रदान क., देना: ~ sb some respect 12 स्थान, स्मारक आदि दिखाना: ~ sb into/ around/ round, etc.; ~ sb the sights of the town; he **~ed** the view of the distant mountain peaks to his companion 13 चित्र, फिल्म या नक्शा आदि द्वारा कुछ दिखलाया जा.: a picture/ film/ map, etc. **~s** sth 14 फिल्म का प्रदर्शन क.: ~ a picture; they are **~ing** "Hamlet" to-night 15 कुछ होना सिद्ध क. या दिखलाना: he **~ed** himself to be such a gentleman/ coward; ~ sb to be noble; ~ a noble spirit; ~ oneself cruel/ clever 16 घड़ी आदि द्वारा समय या अन्य किसी (माप) उपकरण द्वारा कोई संख्या या पाठ

(reading) आदि दिखलाया जा.: the watch **~s** 10 o'clock; barometer **~s** the air pressure 17 लेखक, चित्रकार, फिल्मकार आदि द्वारा जीवन के अंश दिखलाए जा.: ~ the reality accurately/ vaguely 18 आना, प्रस्तुत हो.: the guest failed to ~ 19 दिखलाना, की ओर इशारा या संकेत क.;

n. 1 टीवी शो, तमाशा, कार्यक्रम 2 नुमाइश, प्रदर्शनी: a fashion ~; flower/ cattle/ dog ~ 3 प्रदर्शन, मंचन: act in dumb ~/ pantomime (मूक अभिनय क.); put up a good ~ (नाटक का अच्छा मंचन क.) 4 प्रदर्शन, दिखाने की क्रिया: a ~ of sth; on ~ (जो दिखाया जा रहा है); make a spectacular/ a poor ~ 5 आडंबर, दिखावा, ढोंग, तमाशा: a ~ of friendship (दोस्ती का दिखावा); for ~ (मात्र दिखावे के लिए); a ~ of justice/ of kindness 6 ठाठ-बाट, तड़क-भड़क 7 संकेत, आभास: not a ~ of affection 8 (***syn.*** display) असली भावनाओं का प्रकटीकरण 9 *colloq.* मामला 10 कार्य, योजनाओं की क्रियाशीलता, प्रभावशीलता: have sth/ nothing to ~ 11 *med.* बच्चा पैदा होने से पहले द्रव का स्राव 12 (***syn.*** display) दृश्य: a colourful ~ of spring flowers;

dw/lw: **~-and-tell** *n. US* एक शैक्षणिक अभ्यास जिसके तहत विद्यार्थी कोई वस्तु स्कूल लाता है और फिर सारी कक्षा को उसके बारे में सब कुछ बताता है; **~bill** *n.* इश्तिहार, विज्ञापन; **~biz** /शोबिज/ (*in full* ~ **business**) *n.* सिनेमा, सर्कस जैसे मनोरंजन संबंधी व्यवसाय; **~boat** *n.* रंग-नौका, नाट्य-नौका; **~case**/ **~-window** *n.* प्रदर्शन-मंजूषा, प्रदर्शन-खिड़की; **~down** *see below under separate entry*; **~girl** *n.* मनोरंजन कार्यक्रमों में नाचने-गाने वाली लड़की; **~glass** *n.* प्रदर्शन-मंजूषा; **~house** (*also* ~ **home**/ **model home**) *n.* संपदा कंपनियों (estate companies) द्वारा अपने निर्माण-स्थल पर बनाया हुआ नमूने का घर; **~iness** *n.* दिखावापूर्ण व्यवहार, शेखीबाजी; **~ing** /शोइंग/ *n.* 1 प्रदर्शन 2 फिल्म आदि का प्रदर्शन 3 कला का प्रदर्शन: ~ing of the latest paintings 4 व्यवहार का तथ्य के रूप में प्रदर्शन 5 प्राप्त सफलता: a bad financial ~ing a good/ poor/ strong, etc. ~ing; **~jumping** *n.* घुड़सवारी में नाना प्रकार के कूदने के कार्यक्रम; **~man** *n., pl.* ~men 1 फिल्मों, सर्कस आदि के माध्यम से जनता का मनोरंजन करने वाला व्यक्ति 2 कलाकार, प्रदर्शनकर्ता, कौतुकी, कौतुकिया, तमाशागर 3 अपनी योग्यताएं या हुनर दिखाने में माहिर व्यक्ति; **~manship** *n.* 1 कौतुक-कला, नाट्यकला 2 जन-मनोरंजन कला 3 लोगों का ध्यान खींचकर माल साफ-साफ दिखलाने की कला; **~-me** *adj. colloq.* विश्वास न करने वाला (रवैया): ~-me attitude; **shown** *pt. p.,* **'show'** का भूतकालिक कृदंत रूप; **~-off** *n.* दिखावा, शेखीबाजी; **~piece** *n.* नमूना, बढ़िया प्रदर्शन योग्य वस्तु; **~place** *n.* रमणीय या ऐतिहासिक स्थल, प्रदर्शन-स्थान; **~room** *n.* प्रदर्शन-कक्ष; **~-stopper** *n.* शानदार मनोरंजन कार्यक्रम; **~-stopping** *adj.* शानदार, बढ़िया: totally ~-stopping performance; **~-time** *n.* नाटक आदि का शुरू होने का समय; **~-up** *n.* भंडा-फोड़; **~-window** *n.* प्रदर्शन-खिड़की; **~y** /शोई/ (***syn.*** ostentatious) *adj. degr.* **~ier**, **~iest** 1 भड़कीला, दिखाऊ: ~y dress 2 आडंबरपूर्ण, दिखावटी, आडंबरी;

collocations: ~ **business** *see above under* ***dw/ lw***: **~biz**; ~ **cause** कारण बताओ नोटिस; ~ **kit** *sl.* कै या उल्टी आने का आभास; ~ **off** 1 दिखावा 2 झूठी शान 3 आंखों में धूल झौंककर प्रभावित करने की कला; ~ **of hands** शक्ति-प्रदर्शन, हाथ खड़ा करके समर्थन जताने या मत देने की क्रिया; ~ **trial** अक्सर सरकार द्वारा राजनीतिक व्यक्ति पर दिखावे का मुकदमा, जिसका फैसला सरकार ने पहले ही तय कर रखा है; ~ **up** पर्दाफाश;

chat ~ गप-शप कार्यक्रम; **dumb** ~ मूक दृश्य, पैंटोमाइम; **one-horse** ~ = **poor** ~ गया-गुजरा काम; **talk** ~ वार्तालाप कार्यक्रम;

p&i: ~ **a person the door** निकाल बाहर क.; ~ **a sign** 1 संकेत दे. 2 *Bible* चमत्कार क.; ~ **cause** 1 नियम उल्लंघन आदि करने के संबंध में 'कारण बताओ' सूचना पत्र किसी को देना 'कारण बताओ' नोटिस का उत्तर दे.; ~ **in** अंदर ले जाना; ~ **off** दिखावा क.; ~ **sth off** 1 गर्वपूर्वक दिखलाना 2 बेहतर रूप में दिखाना: the cream rug ~s off the red carpet nicely; ~ **one's colours** *naut.* 1 जहाज की पताका दिखलाना 2 वफादारी के चिह्न के रूप में कोई प्रतीक पहनना; ~ **one's face** सामने आना; ~ **one's hand/ one's cards** 1 अपने (ताश के खेल में) पत्ते खोलना 2 अपनी योजना प्रकट क.; ~ **one's horns** = ~ **one's true colours** मुखौटा उतार फेंकना, अपना असली चेहरा या रूप दिखाना; ~ **one's teeth** आंखें दिखाना; ~ **out** दरवाजे तक छोड़कर आना; ~ **round** किसी को साथ लेकर चक्कर लगवाना, साथ चलकर दिखलाना; ~ **sb one's heels**/ ~ **sb a clean pair of heels** भाग जा., नौ दो ग्यारह हो.; ~ **sb in/ out/ over/ round/ up** अंदर/ बाहर/ चारों तरफ चक्कर लगवाना; ~ **sb/ sth off** किसी को या किसी चीज को दिखाकर शेखी बघारना, इठलाना; ~ **sb the door** किसी को बाहर का रास्ता दिखाना, दफा क.; ~ **sb who's the boss** किसी को दिखा देना कि मालिक कौन है; ~ **sth up** तुलना में अपर्याप्त या बदतर रूप में दिखलाना; ~ **sb up** 1 ऐसा बर्ताव क. कि साथ आये व्यक्ति को शर्मिंदगी महसूस हो. 2 किसी का सरे आम भेद खोलकर किरकिरी क.; ~ **the cloven foot/ hoof** अपना असली घिनौना रूप दिखाना; ~ **the way** मार्गदर्शन क., रास्ता दिखाना; ~ **the white feather** डर जा., कायरता दिखाना, पीठ दिखाना; ~ **the white flag** हथियार डालना; ~ **the whip** कोड़ों से पीटने की धमकी दे.; ~ **to advantage** सकारात्मक रूप में प्रस्तुत क.; ~ **up** *colloq.* 1 प्रकट हो जाना, दिखाई पड़ना, कहीं पर आ धमकना 2 दिखलाना, की पोल या कलई खोलना, पर्दाफाश क.: ~ up a fraud; ~ **'willing'** कुछ करने की इच्छा जता दे.;

all over the ~ हर जगह; **a ~ is broad-cast/ screened** उत्सव का सीधा प्रसारण किया जाता है; **a ~ of force** डराने-धमकाने के लिए शक्ति-प्रदर्शन; **be on a** ~ तमाशे या कार्यक्रम में शामिल हो.; **be the whole** ~ मुख्य भूमिका निभाना; **boss the** ~ सारे कार्यक्रम का कर्ता-धर्ता हो.; **do a** ~ समारोह में उपस्थित हो.; **for** ~ मात्र दिखावे के लिए; **get a fair** ~ उचित अवसर का फायदा उठाना; **give sb a fair** ~ किसी को बराबर का अवसर देना; **give the (whole) ~ away** भंडा-फोड़ कर दे., भेद खोल दे., सारा खेल बिगाड़ देना; **get the ~ on the road** कोई काम या यात्रा शुरू क.; **(jolly) good ~!** बहुत बढ़िया!; **have sth to ~ for one's labour/ for one's expenditure** कुछ करके दिखाना, यों ही मेहनत न क., यों ही पैसा न खर्चना; **host/ present a** ~ उत्सव या समारोह का कार्यक्रम प्रस्तुत क.; **if it comes to a** ~ यदि साफ-साफ बात की जाए तो..., यदि सच कहा जाए तो...; **in** ~ बाह्य शक्ल के आधार पर; **it goes to** ~ यह सिद्ध कर देता है कि...; **make a ~ of sth** किसी चीज का दिखावा क.; **make a good ~ing** अच्छा प्रदर्शन क.; **not to ~ one's face/ one's head** अपना मुंह न दिखाना; **put on a** ~ बनना, झूठमूठ का दिखावा क.; **put up a fine** ~ लड़ाई में शौर्य दिखाना; **put up a poor** ~ (अपनी क्षमता का) बेहद खराब प्रदर्शन क.; **run the** ~ *colloq.* सर्वेसर्वा हो.; **set sth to** ~ प्रदर्शनी में दिखाना; **steal the** ~ सब को मात देकर आकर्षण का केंद्र बन जाना; **vote by (a) ~ of hands** हाथ खड़ा करके मत दे.

show-down /शोडाउन/ *n.* 1 आर-पार की लड़ाई 2 उठा-पटक, बल परीक्षा: a ~-down of strength/ of achievements (शक्ति या सफलताओं का प्रदर्शन) 3 टकराव: a **~down** with sb;

p&i: **a ~down between sb and sb** दो पक्षों के बीच टकराव; **be heading for a ~down** टकराव की ओर अग्रसर हो.; **if it comes to a ~-down** यदि साफ-साफ कहा जाए तो (यदि ऐसी ही बात है तो...);

shower /शाउअः/ *n.* 1 फुहारे से स्नान, फुहारा-घर 2 स्नानघर का फुहारा 3 वर्षा, बौछार, फुहार: a ~ of rain/ sleet (wet snow) 4 भरमार, वर्षा: a ~ of gifts/ of honours/ of abuse 5 झड़ी,

बौछार: a ~ of arrows/ of bullets/ of meteors;
***v.**, pt.* **~ed**, *pp* **~ing** 1 फुहारे से स्नान क. या कराना 2 बरसना, बौछारों में बरसना: ~ rain upon the fields 3 छिड़कना 4 भरमार क., बौछार हो. या क.: ~ bullets upon sb; ~ gifts upon sb; ~ sb with honours; tears ~ from her eyes; arrows **~ed** down from the battlements; ~ sb with sth;
dw/lw: **~-bath** *n.* फुहारा-घर; **~y** /शाउअरि/ *adj.* 1 रुक-रुककर या बार-बार बरसने या बरसाने वाला 2 बौछारी, फुहारनुमा
collocations: **~ meteor** वर्षा उल्का; **~ of stars** उल्का वृष्टि

shrank /श्रैंक/ *pt.*, **'shrink'** का भूतकालिक रूप

shrapnel /श्रैप्नल/ *n.* 1 किरच का गोला या बम 2 बम से उड़े छोटे-छोटे टुकड़े या किरच

shred /श्रेड/ *n.* 1 धज्जी: tear an argument to **~s** (दलील की धज्जियां उड़ाना) 2 (***syn.*** scrap) छोटा टुकड़ा: in **~s** and tatters (चिथड़ों में): of **~s** and patches (चिथड़ों से संबंधित) 3 न्यूनतम मात्रा या संख्या, लेश-भर, रत्ती-भर: not a ~ of sth (लेश भर भी नहीं, जरा भी नहीं); not a ~ of evidence; not a ~ of truth;
***v.**, pt.* **~ded**, *pp* **~ding** टुकड़ों में कतरना;
dw/lw: **~der** /श्रेडः/ *n.* छोटे-छोटे टुकड़े करने वाली मशीन: document ~der; **~ding** /श्रेडिंग/ *n.* दस्तावेज आदि के टुकड़े-टुकड़े करने की क्रिया;
p&i: **in ~s** 1 चिथड़े-चिथड़े बना हुआ 2 (*syn.* **in tatters**) क्षत-विक्षत: her nerves were in **~s**; **tear/ pull sb/ sth to ~s (pieces)** किसी की या किसी विचार, कार्य की धज्जियां उड़ा दे.

shrew /श्रू/ (*also* **~mouse**) *n.* 1 छछूंदर 2 झगड़ालू औरत;
dw/lw: **~ish** /श्रूइश/ *adj.* चिड़चिड़ी (स्त्री), लड़ाकी, झगड़ालू

shrewd /श्रयूड/ *adj.* 1 समझदार, बुद्धिमान, सयाना: a ~ guess at sth 2 (***syn.*** astute) सही, विवेकपूर्ण 3 तेज, तीक्ष्ण: ~ observer 4 चतुर, चालाक: ~ design;
dw/lw: **~ly** /श्रूड्लि/ *adv.* चतुराई या चालाकी से; **~ness** /श्रयूडनेस/ *n.* 1 समझदारी, बुद्धिमत्ता, सयानापन: rare/ natural ~ness 2 विवेकशीलता 3 चतुराई

shriek /श्रीःक/ *v., pt.* **~ed**, *pp* **~ing** 1 (***syn.*** scream) भय या आश्चर्यवश चीखना: ~ with fright 2 अत्यधिक पीड़ा से कराहना या चीत्कार क.: ~ with pain 3 (***syn.*** scream) क्रंदन क., चीत्कारते हुए अभिशप्त क.: ~ abuse/ curses/ threats;
n. 1 चीख, पुकार, चीत्कार 2 कराह 3 ठहाका, अट्टहास

shrievalty /श्रीवल्टि/ *n.* शेरिफ का पद, कार्यकाल व अधिकार क्षेत्र आदि

shrift /श्रिफ्ट/ *n.* 1 पाप-स्वीकरण, पापांगीकार 2 आत्म-स्वीकृति;
p&i: **give short ~ to sb/ make short ~ of sb** 1 किसी का आनन-फानन में काम तमाम कर दे. 2 किसी को तिरस्कृत क., दुत्कारना; **short ~** 1 मृत्यु-दंड सुनाने और फांसी देने के बीच का छोटा-सा अंतराल 2 छोटी-सी मोहलत 3 आनन-फानन में कुचल देने की क्रिया

shrike /श्राइक/ *n.* लहटोरा, कसाई चिड़िया;
collocations: **black-head cuckoo ~** जंगली कसया; **common wood ~** केरौला, तुरती तुइया; **grey ~** दूधिया लहटोरा; **large cuckoo-~** कसया, खाकी पोपिया

shrill /श्रिल/ *adj.* 1 (***syn.*** piercing) कर्ण भेदी, तीक्ष्ण (चीख): ~ gaiety 2 कर्कश, तेज, तीखा: ~ sound 3 चिपक जाने वाला, पीछा न छोड़ने वाला: ~ accusation;
n. 1 कर्ण भेदी चीख 2 तेज सीटी या किलकारी;
v.**, pt.* **~ed**, *pp* **~ing** 1 (syn.*** shriek) कर्ण भेदी चीख निकालना, चीत्कार निकालना 2 तेज सीटी बजाना 3 सरसराना: the wind is **~ing**;
dw/lw: **~-gorged** *adj.* कर्कश कंठ वाला, ऊंची आवाज वाला; **~-tongued/ voiced** *adj.* कर्ण भेदी या तीक्ष्ण आवाज वाला; **~ness** *n.* कर्कशता, आवाज की तीक्ष्णता; **~y** /श्रिलि/ *adj.* तेज-सी, तीखी-सी: ~y sound; **~y** *adv.* तीक्ष्ण ढंग से, कर्ण भेदी आवाज में

shrimp /श्रिंप/ *n.* 1 शंखमीन, झींगा मछली 2 तुच्छ आदमी, छुटभैया

shrine /श्राइन/ *n.* 1 देवालय 2 पवित्र स्थान: national ~ 3 मकबरा या किसी संत की समाधि 4 बेदी, वेदी, वेदिका: the ~ of liberty/ beauty/ art 5 अस्थि-पात्र;
***v.**, pt.* **~d**, *pp* **shrining** 1 अस्थि-पात्र में डालना 2 बचाकर रखना

shrink /श्रिंक/ *v., pt.* **shrank**, *pt. p.* **shrunk**, *pp* **~ing** 1 सिकुड़ना, संकुचित हो जाना या सिकोड़ना: ~ after laundering; streams ~ from drought 2 घटना, कम हो.: my income has **shrunk** 3 भय, सर्दी आदि से ठिठुरना, सिकुड़ना: ~ with cold; ~ in horror 4 (**~ from sth/ doing sth**) पीछे हटना, खिसक जाना, कतराना: he never **~s** from even the most unpleasant task; not to ~ from doing what is right; ~ away from responsibility 5 (*often* **~ from sth**, ***syn.*** cower) आकस्मिक डर के मारे दुबकना, पीछे हटना: **srunk** back out of sudden shock 6 झिझकना: not to ~ away from passing judgement 6 (***syn.*** shrivel, contract, wither) मुरझाकर सिकुड़ जाना;
n. 1 सिकुड़न 2 *colloq.* (***syn.*** psychiatrist, psychologist) मनोचिकित्सक;
dw/lw: **~able** /श्रिंकअबल/ *adj.* 1 सिकुड़ जाने वाला, सिकुड़वां; **~age** /श्रिंकिज/ *n.* 1 सिकुड़न, संकुचन: ~age of clothes in the wash 2 (***syn.*** contraction) संकुचन, सिकुड़न की मात्रा 3 माल की लदाई, लिवाई, ढुलाई, उतराई, बिकवाली आदि के समय भिन्न-भिन्न कारणों से होने वाला घटाव, ह्रास, कमी, व्यापार की मात्रा में कमी: a ~age of trade 4 मूल्यह्रास, अवमूल्यन; **~ing** *adj.* 1 सिकुड़ता हुआ 2 संकोची, शर्मीला, दब्बू: ~ing violet *colloq.* (अति शर्मीला या संकोची व्यक्ति); **~ing** *n.* सिकुड़न, संकुचन; **~-wrap** /श्रिंक-रैप/ *v., pt.* ~wrapped, *pp* ~wrapping पतली पारदर्शी प्लास्टिक की पट्टी में कसकर लपेटना; **~-wrapped** *adj.* पतली पारदर्शी प्लास्टिक की पट्टी में कसकर लपेटा हुआ;
p&i: **~ away** सिकुड़ जाना, कम हो जा.; **~ back from the edge/ from the fire** कगार या आग से सहमकर पीछे हट जाना, सिकुड़ जा.; **~ into oneself** अपनी दुनिया में सिकुड़ जा., दीन-दुनिया से नाता तोड़ लेना; **~ on** गर्म करके किसी दूसरी धातु पर चढ़ाना; **~ out** इस्तरी करने पर सिकुड़नों का निकलना; **~ out of sight** आंख से ओझल हो जा.; **~ up** 1 = **~ away** 2 कम क., सिकोड़ना 3 दबाना

shrive /श्राइव/ (***compare*** shrift) *v., pt.* **~d/ shrove**, *pt. p.* **~d/ shriven**, *pp* **shriving** *RC Church* 1 किसी की पाप स्वीकारोक्ति सुनना और पाप स्वीकार क. 2 पापों से मुक्त क. 3 दंडित क.

shrivel /श्रिवल/ *v., UK pt.* **~led**, *pp* **~ling**/ *US pt.* **~ed**, *pp* **~ing** 1 (*also* **~ up**) 1 शिकन या झुर्री पड़ना या डालना 2 कुम्हलाना, मुरझाना, निस्तेज हो जाना;
dw/lw: **~led** *adj.* मुरझाया हुआ

shroff /श्रॉफ/ *v., pt.* **~ed**, *pp* **~ing** नकली सिक्कों को परखना;
n. 1 पैसा बदलने वाला 2 नकली सिक्कों का पारखी 3 महाजन, सराफ

shroud /श्राउड/ *n* 1 कफन 2 पर्दा 3 ढकने वाली वस्तु: a ~ of mist; in a ~ of darkness/ of mystery 4 बरांडल (of ship): ~ ring;
***v.**, pt.* **~ed**, *pp* **~ing** 1 कफन ओढ़ाना 2 पर पर्दा डालना 3 छिपाना, ढकना: be **~ed** in darkness/ fog/ mist 3 रहस्य में लिपटा हो.: be **~ed** in mystery (रहस्य में छिपा हो.); proceedings **~ed** in secrecy;
dw/lw: **~less** /श्राउडलेस/ *adj.* कफनविहीन, बिना कफन का; **~-waving** *n.* स्वास्थ्य सेवाओं के लिए कम आर्थिक प्रावधान करने की स्थिति में उनके बिगड़ने की चेतावनी के रूप में विरोध-प्रदर्शन;
p&i: **~s have no pockets** दुनिया में खाली हाथ आए हो,

खाली हाथ जाना होगा
Shrovetide /श्रोवअटाइड/ *n., Christian calendar* पूत-काल: **Shrove** Tuesday (पूत-मंगल)
shrub /श्रब/ *n.* झाड़ी, क्षुप;
dw/lw: **~by** /श्रबि/ *adj. degr.* ~bier, ~biest झाड़ीदार
shrubbery /श्रबरि/ *n., pl.* **shrubberies** 1 बगीचे का वह हिस्सा जहां झाड़ियां उगती हैं 2 *US* (**~s**, ***syn.*** bushes) झाड़-झंखाड़ 3 झुरमुट
shrug /श्रग/ *v., pt.* **~ged**, *pp* **~ging** 1 कंधे उचकाना 2 अनभिज्ञता जताना;
n. उपेक्षा;
p&i: **~ sth off/ aside** (***syn.*** dismiss) टालना, उपेक्षा क., कन्नी काट लेना, ध्यान नहीं देना; **~ sb/ sth away/ off** किसी को कंधे से पीछे धकेल देना
shrunk /श्रंक/ *pt.*, **'shrink'** का भूतकाल
shrunken /श्रंकन/ *pt. p.*, **'shrink'** का भूतकालीन कृदंत;
adj. (***syn.*** wizened) सिकुड़ा हुआ, झुर्रीदार, पिचका हुआ: ~ cheeks; ~ grain
shtick/ schtick /शतिक/ *n.* 1 किसी एक कलाकार की हास्य रस या विनोदशीलता की अपनी विशेष शैली 2 किसी विशेष योग्यता
shtook/ schtook/ schtuk/ shtuk /श्तूक/ *n., sl.* झंझट, मुसीबत, दुख, क्लेश: be in (dead) **shtook** (भारी मुसीबत या तकलीफ में हो.)
shtoom/ schtoom/ shtum/ shtumm/ stumm /श्तूम/ *adj., sl.* चुप, शांत: keep **shtoom** (चुप रहना, शांत र.)
shuck /शक/ *n., N. Amer.* 1 भूसी 2 छिलका: ~ of corn 3 छींबी 4 ठीकरी;
v., pt. **~ed**, *pp* **~ing** 1 भूसी या छिलका उतारना: ~ sth off 2 कपड़े उतारना: he **~ed** his clothes 3 अंडे का छिलका उतारना;
p&i: **not worth ~s** बेकार, कौड़ी के दाम भी नहीं; **I don't care ~s about it** मुझे कोई फर्क नहीं पड़ता, भाड़ में जाए!; **no great ~s for looks** दिखने में कोई खास नहीं
shudder /शडः/ *v., pt.* **~ed**, *pp* **~ing** 1 के बारे में सोचकर थर-थर कांपना: ~ with disgust/ with fear 2 कांप उठना, थरथराना: ~ at the thought of sth 3 रोंगटे खड़े हो जाना: ~ to think of sth; I ~ to think what he will do next;
n. कंपन, सिहरन, थरथराहट, कंपकंपी;
dw/lw: **~ing** *adj.* थरथर कांपने वाला; **~ingly** *adv.* कांपते हुए; **~y** /शडरि/ *adj.* कंपनशील
shuffle /शफल/ *v., pt.* **~d**, *pp* **shuffling** 1 पैर घसीटकर या रगड़कर चलना, (कठिनाई से) आगे बढ़ना 2 लड़खड़ाते हुए चलना 3 (***syn.*** jumble up) घाल-मेल क., फेर-बदल क., अस्त-व्यस्त कर दे.: ~ papers; he pulled the drawer open and **~d** among his belongings; ~ juvenile delinquents in with hardened criminals 4 (*usually* **~ out/ in/ off**) चुपके से या घबराहट के कारण इधर-उधर रख दे. 5 फेंटना, मिलाना: ~ cards 6 खिसकाना 7 स्थिर नहीं रहना, स्थान बदलते रहना 8 आगे-पीछे क., टाल दे., टाल-मटोल क.: ~ off the blame/ the burden/ responsibility 9 धोखेबाजी क., छल-कपट क.: don't **~!** 10 ऐसे ही यानी अस्त-व्यस्त तरीके से कोई काम क.: ~ through one's work;
n. 1 हेर-फेर, फेर-बदल, उलट-फेर, अदल-बदल, परिवर्तन 2 घाल-मेल, अस्त-व्यस्तता, बिखराव 3 रगड़, घसीट 4 फेंट 5 मिश्रण 6 धोखेबाजी, छल-कपट, चाल 7 टाल-मटोल, बहाना;
dw/lw: **~board** *n.* लकड़ी के तख्ते पर खेला जाने वाला एक खेल; **~fling** *n.* 1 बहानेबाजी, चालबाजी; **~fling** *adj.* 1 ढीला 2 बहानेबाज, ढुलमुल 3 कपटी, चालबाज; **~r** /शफ्लः/ *n.* 1 ताश के पत्ते फेंटने और बांटने वाला 2 बहानेबाज, चालबाज आदमी;
p&i: **~ in** से कंधे रगड़ना: ~ in with one's betters; **~ into** में डाल दे.; **~ off/ ~ sth off** उतार फेंकना, से पीछा छुड़ाना: ~ off problems; **~ off on** के गले मढ़ना; **~ on** पहन लेना; **~ out** 1 में से निकल आना: ~ out of an awkward situation 2 निकाल बाहर फेंकना: ~ the whole matter out of one's mind; **~ out off** चालाकी से निकल जाना; **~ the cards** पैंतरा बदलना;
lose sb/ sth in the ~ घड़बड़झाला की वजह से किसी को न देख पाना
shun /शन/ *v., pt.* **~ned**, *pp* **~ning** 1 परे र., दूर भागना: ~ danger 2 से बचना, से बच कर रहना: ~ temptation 3 टालना
shunt /शंट/ *v., pt.* **~ed**, *pp* **~ing** 1 कई बार एक स्थान से दूसरे स्थान भेजना 2 एक तरफ हट जा. 3 उपेक्षा करते हुए पास से गुजर जा., किनारे लगा दे. 4 रेल के इंजन द्वारा शंट क., पार्श्वपथन क., बगल की पटरी या पथ पर लाना, पटरी या पथ बदलना 5 स्थगित क., ताक पर रखना 6 *electron.* दिशा बदलना, मोड़ना;
n. 1 शंट 2 शंट करने या पथ बदलने की क्रिया 3 रेलवे का पार्श्वपथन 4 *electron.* विद्युत धारा के कुछ भाग का पथ विस्थापन 5 *colloq.* कारों या अन्य गाड़ियों की हल्की-सी टक्कर 6 *med.* शल्य-क्रिया द्वारा शरीर के भीतर लगाई जाने वाली ट्यूब;
dw/lw: **~-circuit** *n.* पार्श्व परिपथ; **~er** /शंटः/ *n.* शंटिंग करने वाला ड्राइवर; **~-feed** *n.* शंट भरण; **~ing** *n.* शंटन, पार्श्व-पथन; **~yard** *n.* पार्श्व-पथन स्थान; **~-wound** *adj.* पार्श्व-कुंडलित
shush /शश/ *interj.* चुप!;
v., *pt.* **~ed**, *pp* **~ing** चुप कराना
shut /शट/ *v., pt.* **shut**, *pt. p.* **shut**, *pp* **~ting** 1 *UK* (*UK/ US* **close**) बंद क. या हो.: ~ a gate/ a window; ~ the lid; ~ the cupboard; the door **~s** of itself 2 (**~ up**) लोगों के अंदर आने का रास्ता बंद क.: **~ up** the building; the office **~s** at weekends 3 रेस्त्रां आदि का बंद हो.: the shops are ~; ~ the cottage up for the winter 4 बांधना, ताला लगाना 5 दो अंगों (पलकों आदि) को मिलाकर बंद क.: ~ one's eyes; ~ the clasp; ~ one's lips 6 सीमित क., बंद हो जा.: he **~s** himself in his room for hours; the child was ~ off from all the pleasures 7 उंगली आदि का किसी चीज में फंस जाना या भींच जा.: ~ one's finger in the window 8 व्यापार या धंधा बंद क. 9 वेल्डिंग से जोड़ना 10 औजार आदि बंद क.: ~ a knife/ an umbrella;
adj. 1 बंद 2 *UK* (*UK/US* **closed**) बंद (दुकान) 3 (***syn.*** closed) कामकाज की छुट्टी: today the bank is ~;
dw/lw: **~down** *n.* 1 फैक्टरी या दुकान आदि की अस्थायी काम बंदी 2 परमाणु रिऐक्टर में ईंधन की आपूर्ति बहुत कम कर दे. 3 बिजली बंद करने की क्रिया; **~eye** *n., colloq.* नींद; **~-in** *n.* 1 रोगी की शय्याग्रस्त स्थिति 2 घर में बंद व्यक्ति; **~-off** *n.* बहाव बंद: ~-off valve; **~-out** *n.* तालाबंदी, मजदूरों को फैक्टरी आदि से बाहर करके फैक्टरी को अस्थायी रूप से बंद कर देने की स्थिति;
p&i: **~ down/ ~ sth down** 1 गिराना, गिरा दे. 2 अस्थायी या स्थायी रूप से काम बंद कर दे.; **~ in** अंदर बंद कर दे., घेर लेना; **~ it** *sl.* चुप करो!; **~ one's face/ one's head** विवश होकर चुप हो जा.; **~ one's hands of sth/ get ~ of sth** से छुटकारा पाना; **~ one's mouth** अपना मुंह बंद क., भेद न खोलना; **~ sb away** किसी को बंद करके दूसरों की पहुंच से बाहर कर दे.; **~ sb/ sth in** किसी को कहीं बंद कर दे.; **~ sb/ sth** किसी को कहीं पर या किसी चीज में बंद क.: remember to ~ the cat in tonight; **~ sb off from society** किसी का बिरादरी से बाहर किया जा.; **~ sb/ sth out** 1 किसी का अंदर आना बंद कर दे. 2 सूची आदि से बाहर कर दे. 3 ओट करके बंद कर दे.; **~ out from one's thoughts any memory that disturbed one** विचलित करने वालीं यादों को अपने विचारों से बाहर कर दे.; **~ out sb from the conversation** किसी को बातचीत से बाहर रखना; **~ sb out from hope** किसी की आशाओं पर पानी फेर दे.; **~ sb up** *colloq.* 1 किसी का मुंह बंद कर दे, चुप करा दे. 2 किसी को कहीं बंद कर दे.; **~ sth away** लॉकर आदि में बंद कर दे.: the valuables are ~ away in the attic; **~ sth in sth** किसी चीज

को किसी चीज में रखकर बंद कर दे.; ~ **sth off** 1 मशीन आदि को बंद क. 2 का बहाव बंद कर दे.; ~ **the door on the proposals** प्रस्तावों को ठुकरा दे.; ~ **the door on/ to sb** or **in sb's face** किसी के लिए कहीं के दरवाजे बंद कर दे., उसके अंदर आने की मनाही कर दे.; ~ **to** बंद क., ताला लगा दे.; ~ **up** 1 ठोककर गाड़ना 2 दुकान आदि पूरी तरह बंद कर दे., ताला लगाना 3 छिपाना, हटाना 4 जेल में डालना 5 चुप कराना: ~ up! *colloq.* (चुप रहो!); ~ **up shop** 1 काम पूरा कर लेना 2 कारोबार बंद क.;

shutter /शटः/ *n.* 1 बंद करने वाला 2 कपाट, शटर 3 कैमरे का प्रकाश-छेद को ढकने वाला आवरण 4 झिलमिली 5 पर्दा;
***v.**, pt.* **~ed**, *pp* **~ing** 1 खिड़की पर झिलमिली आदि का पर्दा लगाना 2 दरवाजे पर मुड़वां कपाट लगाना;
dw/lw: **~-bug** *n.* फोटोग्राफी का शौकीन व्यक्ति; **~ed** *adj.* 1 मुड़वां कपाटों वाला 2 जिसके कपाट बंद हो चुके हों;
collocations: ~ **release** फोटो लेने के लिए शटर का बटन दबाने की क्रिया; ~ **speed** फोटो लेते वक्त कैमरे के शटर का खुला रहने का समय;
p&i: **bring/ put down the ~s** अपने विचार या मन की बात दूसरों की पहुंच से बाहर क., दूसरों के बारे में सोचना बंद कर देना; **put up the ~s** *colloq.* दिन भर के लिए या स्थायी रूप से कारोबार या धंधा बंद कर दे.

shuttle /शट्ल/ *n.* 1 शटल सेवा 2 (*also* **space** ~) अंतरिक्ष में बार-बार भेजा जाने वाला यान 3 ढरकी, भरनी 4 तुरी;
***v.**, pt.* **~d**, *pp* **shuttling** 1 बुनाई की प्रक्रिया में धागों को बुनाई में मिलाने के लिए कर्घे को बाएं-दाएं या आगे-पीछे चलाना 2 किसी वाहन का दो स्थानों के बीच निरंतर आना-जाना 3 दो स्थानों के बीच शटल गाड़ी से (यात्रा) क. 4 आगे-पीछे चलना;
dw/lw: **~cock** /शट्लकॉक/ (*also US* **birdie**) *n.* 1 बैडमिंटन की शटलकॉक या चिड़िया 2 आगे-पीछे फेंकी जाने वाली कोई भी चीज; **~-rocket** *n.* शटल रॉकेट; **~-train** *n.* शटल गाड़ी;
collocations: ~ **diplomacy** अंतर्राष्ट्रीय रिश्ते-नातों में भिन्न-भिन्न देशों के बीच यात्रा करके बातचीत के द्वारा समस्याओं को सुलझाने की कूटनीति

shy /शाइ/ *adj., degr.* **shyer**, **shyest** 1 शर्मीला: a ~ and modest girl 2 झेंपू, लज्जालु 3 (***syn.*** timid) दब्बू, डरपोक 4 (***syn.*** afraid) संकोची, कतराने वाला: he is ~ of taking the responsibility 5 (~ **of sth**) किसी के बारे में या किसी बात के बारे में अविश्वास से भरा: look ~ on/ at people 6 जो आसानी से चौंक जाए: the panda is a ~ creature 7 दुष्प्राप्य, दुर्बोध 8 जिस के पास पैसे की कमी हो: be ~ of funds/ money 9 किसी विषय में कमजोर या तंग-हाथ: her geography is rather ~ 10 संदेहास्पद, शक्की: ~ character 11 अलग-थलग, एकांत में डूबा हुआ: ~ house 11 कोई कार्य करने में ढीला: work-~; camera-~;
***v.**, pt.* **shied**, *pp* **~ing**, *s/he/it* **shies** 1 घोड़े द्वारा डर के मारे अड़ जाना, बिदकना: a horse **shies** 2 आश्चर्य-चकित हो., चौंक जा., ठिठकना 3 पीछे हट जा., रुक जा., कतराना: he won't ~ at treachery (वह गद्दारी करने से नहीं कतराएगा) 4 डर जा.: ~ at the sight of blood; she **shies** at the very thought of it 5 कन्नी काटना, कतराना: he **shies** his work; he **shied** away from arguing with them; ~ away from any sign of trouble 6 डराना 7 गेंद आदि फेंकना: ~ a ball to the other end of the field 8 निशाने पर लगाना 9 उछालना, उछलना 10 ताना दे. 11 भड़कना, चौंकना 12 सचेत हो जाना, कान खड़े हो जा.;
***n.**, pl.* **shies** 1 शर्म, लज्जा, संकोच 2 झेंप, भड़क, चौंक 3 फेंक: have a ~ 4 ताना, तीखा प्रहार: have/ take/ get a ~ at sb 5 प्रयास: have a ~ at doing sth;
dw/lw: **~ly** /शाइलि/ *adv.* शर्माते हुए; **~ness** *n.* संकोच, सकुचाहट, शर्मीलापन;
p&i: ~ **away** टलना, कतराना, बचना: her eyes shied away from his; ~ **away from sth** कुछ करने से कतराना; ~ **off** 1 = ~ **away**: she was ~ing off from us 2 डराना;
be ~ of से दूर रहना, से अलग रहना, से परहेज क., से कतराना; **fight ~ of** संकोच क., टाल जा.; **have a ~ at sb** कुछ करने का प्रयास क.; **10 run ~ of 100** शतक बनने में 10 रन की कमी

Shylock /शाइलौक/ *n.* 1 शेक्सपियर के नाटक *Merchant of Venice* का लालची, निष्ठुर सूदखोर पात्र 2 निर्मम महाजन, जालिम ब्याजिया 3 एक लोभी, लालची आदमी

shyster /शाइस्टः/ *n., N. Amer., esp. US sl.* 1 बेईमान और धोखेबाज वकील 2 किसी भी व्यवसाय में धोखेबाज आदमी

SI/ SI unit *abbr.* 'Système International d'Unités' की प्रथमाक्षरी

si *symbol, chem.,* **silicon** का चिह्न

si *see below under* **TI**

sial /साइऐल/ साइअल/ (*also* **the granite**) *n., geol.* धरती की ऊपरी सतह में पाई जाने वाली ग्रेनाइट की चट्टानें

Siamese /सायमीज/ *adj.* सियाम यानी आधुनिक थाइलैंड से संबंधित;
***n.** pl.* **Siamese**; *pl.* **Siameses** सियाम का नागरिक;
collocations: **Siamese cat** एक घरेलू बिल्ली; **Siamese Twins** /साइमीज ट्विन्स/ *n.* 1 जुड़वां बच्चे जो शारीरिक रूप में जुड़े हों, स्यामी जुड़वां बच्चे 2 एक दूसरे से अलग न होने वाले यानी सदा साथ रहने वाले दो व्यक्ति

SIB *abbr.* 'Security and Investments Board' की प्रथमाक्षरी

sib /सिब/ *n., biol.* 1 भाई या बहन 2 खून का रिश्ता, सगा-संबंधी, सगोत्र: I am ~ to none but myself now 3 एक ही माता-पिता की संतान;
adj. 1 खून के रिश्ते से संबंधित 2 नजदीकी, समान, संबंधित

Siberia /साइबेरिआ/ *n.* रूस के उत्तर में साइबेरिया नामक अति विशाल क्षेत्र;
dw/lw: **Siberian** /साइबेरिअन/ *n.* साइबेरियावासी

sibilant /सिबिलंट/ *n., phon.* 1 सिसकारी-सी या सीटीनुमा ध्वनि वाला व्यंजन, जैसे **sip** और **zip** में s, z ध्वनियां 2 ऊष्म वर्ण;
adj. 1 सिसकारीनुमा, सीटीनुमा 2 ऊष्म वर्ण संबंधी

sibila\te /सिबिलेट/ *v., pt.* **~ted**, *pp* **~ting** सीटीनुमा ध्वनि वाले शब्दों का उच्चारण क.;
dw/lw: **~tion** /सिबिलेशन/ *n.* 1 सिसकारी 2 सीटीनुमा ध्वनि 3 सरसराहट: the ~tions of the dry grass

sibling /सिबलिंग/ *n., pl.* **~s** 1 खून का रिश्ता 2 भाई या बहन, एक कोख से जन्मे भाई-बहन: squabbles between **~s** 3 सहोदर भाई या बहन;
adj. भाई-बहनों की या उनसे संबंधित: ~ rivalry

Sibyl /सिबिल/ *n., mythol.* 1 प्राचीन रोम, यूनान, बेबिलोनिया, मिस्र की भविष्य बतलाने वाली स्त्री, टोनहाइ, ओझाइन 2 नबिया

Sibylline /सिबिलाइन/ *adj.* 1 रहस्यमय, गूढ़ 2 भविष्यसूचक;
collocations: **Sibylline Books** *Roman hist.* जैसा कि माना जाता है इटली की यूनानी बस्ती कूमी (Cumae) की सिबिल (**Sibyl**) यानी भविष्यद्रष्टा या ओझाइन द्वारा लिखित भविष्य-सूचक पुस्तकें

sic /सिक/ सीक/ *adv., Lat.* 1 मूल लेख के अशुद्ध शब्द को नए लेख में यथावत (**sic!**) के साथ (दिखाना) 2 इस प्रकार

sic *v., pt.* **~ed**, *pp* **~ing** (कुत्ते को) आक्रमण करने के लिए हड़काना: **sic** him, doggy!; ~ sth on sb (किसी से किसी पर आक्रमण करवाना)

siccative /सिकअटिव/ *adj.* शोषक, शुष्कताप्रेरक, सुखाने वाला;
n. शुष्कताप्रेरक पदार्थ

sice /साइस/ *n., IE* छक्का, छः अंक (चौसर के खेल में)

sick /सिक/ *adj.* 1 कै या उल्टी आने जैसा: feel ~ (मितली आना) 2 बीमार, अस्वस्थ: he is ~ of a fever; ~ condition 3 रोगग्रस्त, रुग्ण: ~ years 4 रोगी 5 खराब स्वास्थ्य से संबंधित: ~ pay 6 (*often* ~ **for sb/ sth**) विरह-रोग से ग्रस्त: be ~ for one's love (अपने प्रेमी या प्रेमिका के लिए छटपटाना); be ~ for a sight of home; the girl for whom his heart is ~ 7 (*often* ~ **at/ of sb** or **sth**) से क्रुद्ध, घृणा करने वाला 8 (*often* ~ **of sb/ sth**) हैरान, व्यथित, व्याकुल, तंग, ऊबा हुआ: I am ~ to death of waiting/ of arguing/ of staying indoors 9 मानसिक रोग से ग्रस्त 10 घिनौनी व विकृत मानसिकता पर आधारित (हास्य-बोध) 11 तुलना में तुच्छ व अपर्याप्त 12 खराब, बिगड़ी हुई (मशीन आदि) 13 (***syn.*** sluggish) सुस्त, ढीली-ढाली 14 क्रूर;

n. 1 मितली, मिचली 2 कै, उल्टी 3 (**the sick**) बीमार व्यक्ति: the ~ and wounded;

v., *pt.* **~ed**, *pp* **~ing** (**~ up**) 1 मितली, मिचली आना 2 कै या उल्टी क.;

dw/lw: **~-bag** *n.* नौका, समुद्री-जहाज, विमान आदि पर उल्टी करने के लिए कागज की थैली; **~bay/ ~-berth/ ~-room** *n.* जलयान का चिकित्सा-केंद्र/ रोगी-कक्ष; **~bed** *n.* रोगी-शय्या; **~-benefit** *n.* रोग-भत्ता; **~-call** *n.* रोगी-बुलावा; **~en** *see below under separate entry*; **~er** *see below under separate entry*; **~-flag** *n.* संगरोधन (quarantine) पताका; **~-headache** *n.* उल्टियां आने के साथ सिरदर्द, आधासीसी (migraine); **~ie** /सिकि/ *n., pl.* ~ies *originally Austral. & NZ colloq.* 1 व्यक्ति के बीमार हुए बिना ली जाने वाली एक दिन की रोगी-छुट्टी 2 *N. Amer.* शारीरिक या मानसिक रूप से बीमार व्यक्ति; **~ish** /सिकिश/ *adj.* अस्वस्थ, बीमार-सा, बासी, कै-उत्प्रेरक: feel ~ish; ~ish smell/ taste; **~-list** *n.* रोगियों की सूची; **~-listed** *adj.* जो बीमार व्यक्तियों की सूची में शामिल हो; **~ly** *see below under separate entry*; **~-making** *adj.* (***syn.*** nauseating) मन खराब करने वाला, उल्टी लाने वाला: a ~-making stench; **~ness** /सिकनेस/ *n.* 1 बीमारी, रोग 2 (***syn.*** nausea) मितली: ~ness benefit; radiation ~ness (रेडियो-धर्मी विकिरणता के कारण अस्वस्थता); **~ning** *n.* (***syn.*** repulsive) 2 घिनौना, घृणास्पद 2 (***syn.*** disgusting) वीभत्स, परेशान करने वाला; **~-nurse** *n.* नर्स; **~-out** *n.* किसी कंपनी या संगठन के कर्मियों द्वारा अपने विरोध अभियान के तहत बीमारी-छुट्टी पर जाने का कदम; **~room** रोगी कक्ष;

collocations: ~ **building syndrome** *med.* दफ्तर आदि के कर्मियों के बीच 1980 के दशक में पहली बार देखा गया एक विकार जिसके लक्षण होते हैं सिरदर्द, थकान, गले की खराबी, आंखों का दर्द आदि जो, जैसा कि माना गया है, हवा के खराब निकास या अपर्याप्त ताजी हवा (inadequate ventilation) के कारण होता है; ~ **economy** बीमारू आर्थिक हालत; ~ **fancies** घिनौनी कल्पना की उड़ानें; ~ **headache** सिरदर्द के साथ होनेवाला मितली (उल्टी होने की अवस्था); ~ **humour** घिनौना हास्य-बोध; ~ **joke/ story** घिनौना मजाक या कहानी; ~ **leave** बीमारी की छुट्टी, रोग-अवकाश, रुग्णावकाश; ~ **market** सुस्त, ढीला-ढाला या सट्टा-बाजार; ~ **pay** किसी कर्मी को बीमारी के समय मिलने वाला वेतन; **sacrament of the** ~ विलेपन-संस्कार; **the** ~ रोगी, मरीज;

p&i: ~ **and tired/ ~ of the sight/ ~ to death of sb/ sth** किसी से या किसी चीज से बुरी तरह तंग या ऊबा हुआ; ~ **as a cat/ dog** *colloq.* 1 निरंतर होती मितली का शिकार 2 अत्यंत चिढ़ा हुआ; ~ **as a parrot** *colloq.* अत्यधिक निराश; ~ **one party on the other** एक पक्ष को दूसरे कि विरुद्ध भड़काना, उकसाना, प्रहार करवाना; ~ **to one's stomach** 1 कै या मितली ग्रस्त 2 निराश, दुखी;

be ~ as a horse/ as a dog निरंतर उल्टी करते रहना; **be ~ of sth** ऊब जा., खिन्न हो.; **be worried ~ = be ~ with worry** चिंता के कारण बीमार हो.; **fall ~ = take ~** बीमार पड़ जा.; **heal the** ~ रोगियों की चिकित्सा क.; **it makes me ~ to hear, see, etc.** यह सब सुनकर या देखकर मेरा जी बहुत खराब होता है; **make sb** ~ *colloq.* किसी में चिढ़ पैदा क., किसी को उबा दे.

sicken /सिकन/ *v., pt.* **~ed**, *pp* **~ing** 1 खिन्न या निराश हो. या चिड़चिड़ाहट अनुभव क.: he **~ed** of his new neighbour 2 बीमार पड़ जाना या क.: he **~ed** and died 3 मिचली आने के हालात पैदा हो., उल्टी आना: he **~s** at the smell 4 घृणा अनुभव क.: he **~s** at the sight of blood 5 थककर चूर हो.;

dw/lw: **~er** /सिकनः/ *n.* उबाऊ या घिनौनी वस्तु, कार्य या व्यक्ति; **~ing** /सिकनिंग/ *adj.* उबाऊ, घिनौना, वीभत्स: ~ing spectacle; **~ingly** *adv.* घिनौने ढंग से

sicker /सिकः/ *adj.* 1 (***syn.*** dependable) भरोसेमंद, विश्वसनीय: ~ man 2 (***syn.*** secure) सुरक्षित 3 सख्त, मजबूत, टिकाऊ 4 आधिकारिक: make ~

sickle /सिक्ल/ *n.* हंसिया, दरांती: hammer and ~;

dw/lw: **~man** (***syn.*** sickler) *n.* फसल काटने वाला, लुनेरा, हंसियारा; **~-moon** *n.* (***syn.*** crescent) नवचंद्र; **~-shaped** *adj.* हंसिया-जैसा

sicklebill /सिकलबिल/ *n.* हंसिया-सी चोंच वाला एक पक्षी

sickle-cell anaemia *pathol.* एक गंभीर रक्त-विकार जो प्रायः अफ्रीकी मूल के लोगों के बीच पाया जाता है और वह वंशानुगत होता है

sickly /सिक्लि/ *adj. degr.* **sicklier**, **sickliest** 1 (***syn.*** frail) अक्सर बीमार पड़ जाने वाला, बीमारू: ~ child; be on the ~ side (बीमारू हो.) 2 अत्यंत अप्रिय, बीमार करने वाला 3 अस्वस्थ: ~ complexion; ~ smile; a ~ plant 4 पीला, विवर्ण, फीका: ~ pale 5 मिचली लाने वाला: ~ taste/ smell; ~ sentimentality 6 अस्वास्थ्यकर, दूषित 7 (***syn.*** tepid) सौंधी: the ~ winter sun;

dw/lw: **sickliness** *n.* बीमारू अवस्था, रोग-प्रवणता

Sida /साइडा/ *n., bot.* बरियारी वंश, खरैंटी

side /साइड/ *n.* 1 ओर, तरफ, दिशा: on that ~ (उस ओर); on this ~ (इस ओर); on the right/ left ~ 2 तरफ, बदन के दोनों तरफ के अंग, बगलें: paralysed down sb's left ~ 3 हिस्सा, एक तरफ: the left ~ of the room; the left/ the right ~ of the road 4 (***syn.*** edge) किनारा, हाशिया: the car is at the ~ of the road; sit at the **~s** 5 कागज (पन्ने) की दो तरफें, पृष्ठ: my essay covered **~s**; write/ print on both **~s** 6 ठोस वस्तु की तरफें: six **~s** of a cube 7 (***syn.*** team, group) पक्ष, दल, टीम: balanced **~s**; the losing ~; change ~ 8 (***syn.*** aspect) पहलू, आयाम, पक्ष, अन्य रूप: different **~s** to sb/ of a problem; a ~ of his character not generally known; study a question/ a problem from all **~s** or from every ~; every man has his weak ~ (हर व्यक्ति में कुछ कमजोर पहलू होते हैं या कुछ कमियां होती हैं) 9 कैसेट आदि की दो तरफों में से एक 10 बगल: the ~ of the house; stand by sb's ~ (के साथ खड़ा हो., का साथ दे.) 110 पार्श्व: ~ ladder (बाजू की सीढ़ी) 12 भुज, भुजा 13 फलक, तरफ: two **~s** of a coin; the seamy ~ of the cloth (कपड़े की सीधी यानी सामने की तरफ) 14 समतल (flat surface) 15 पहाड़ आदि की ढलान, ढाल, तट: the **~s** of a mountain/ of a hill 16 जहाज, डिब्बे आदि की दीवार की एक तरफ: the **~s** of a box/ of a vessel; the two **~s** of a wall; the outer or the inner ~ 17 कई मतों या पहलुओं में से एक: both **~s** of an argument; explain one's ~ of the argument; sb's ~ of a story; look on the dark/ on the bright ~ of things/ of life 18 क्षेत्र (मंडल आदि) का कोई भाग: live in the north ~ of the town 19 तीर, किनारा 20 सिरा 21 वंश, परिवार में मां या पिता का पक्ष: related to him on her mother's ~; a cousin on the maternal/ on mother's ~ 22 घुमाव 23 *UK* रेडियो या टी वी चैनल: what is on the other ~? 24 पास, निकट: by the ~ of a river/ of a lake;

v., *pt.* **~d**, *pp* **siding** (*usually* ~ **with sb**) 1 किसी की तरफदारी क. 2 किसी का समर्थन क., साथ दे.: he **~d** with the natives 3 किसी के विचार को समझना 4 किसी के बराबर हो. 5 ठीक क., सफाई क.: ~ the table (the dinner things);

n. *colloq.* 1 अहंकार, अकड़, घमंड: he has/ puts on too much ~; much too much ~ about the man (वह कुछ ज्यादा ही बनता है, ज्यादा हवाबाजी करता है) 2 दिखावा, शेखी: put on ~ about one's birth/ about one's wealth;

adj. 1 बगली, बाजू का, पार्श्व, पार्श्विक: ~ entrance; ~ road 2 गौण: ~ reaction;

dw/lw: **~-approach** *n.* पार्श्व उपगमन, बाजू से रास्ता; **~-arm** *n., pl.* ~-arms कटार, कमर में टंगी तलवार या पिस्तौल; **~-bag** *n.* कंधे से लटकने वाला झोला; **~bar** *n.* 1 पत्र-पत्रिका में मुख्य लेख के साथ छपने वाला छोटा-सा गौण लेख 2 वैब पेज (web page) के मुख्य भाग के साथ दिया जाने वाला एक तंग-सा स्तंभ; **~-bet** *n.* आपसी बाजी; **~board** *n.* भोजन परोसने के बर्तन रखने की अल्मारी; **~burn** /साइडबःन/ (*usually* ~burns) *n., [pl.]* गलमुच्छें, कलमें; **~car** *n.* पार्श्वगाड़ी; **~-chain** *n.* पार्श्व जंजीर; **~-chapel** *n.* पार्श्व-प्रार्थनालय, पार्श्वालय; **~-foot** *v., pt.* ~-footed, *pp* ~-footing पांव के भीतरी भाग से गेंद को ठोकर मारना; **~force** *n.* पार्श्व बल; **~-glance** *n.* कटाक्ष, दृष्टि-विक्षेप, कनखी; **~-issue** *n.* गौण या प्रासंगिक प्रश्न या बात; **~-kick** *n., colloq.* बड़े आदमी का छुटभैया, पिछलग्गू, चमचा; **~-light** *n.* 1 विषय के बारे में मुख्य सूचनाओं के अलावा आकस्मिक रूप में दी जाने वाली अतिरिक्त सूचना 2 बगली बत्ती, पार्श्वप्रकाश; **~-line** *n.* 1 मुख्य व्यवसाय के अतिरिक्त किया जाने वाला दूसरा काम, उपजीविका 2 (**~s**) टेनिस आदि के कोर्ट की बाहरी रेखा, सीमा-रेखा का किनारा; **~-line** *v., pt.* ~-lined, *pp* ~-lining 1 किसी खिलाड़ी को चोट आदि के कारण टीम में शामिल न किया जा. 2 अलग कर दे., अनदेखी क., कोने में लगा दे.; **~long** *adj.* 1 तिरछा, तिरछी: a ~long glance/ look 2 परोक्ष 3 बाजू से: she squeezed ~long through the passage; lie ~long (तिरछा लेटना); ~long answer (टालू जवाब, घुमा-फिराकर दिया जाने वाला जवाब); **~note** *n.* पार्श्व-टिप्पणी; **~-on** *adv.* बाजू से: the car hit us ~-on; **~-pocket** *n.* बगली जेब; **~real, ~rite** *see below under separate entry*; **~-road** *n.* स्थानीय सेवा सड़क; **~rolite** /सिडरअलाइट/ *n.* लोहाश्म-उल्का; **~rosis, ~rostat** *see below under separate entry*; **~saddle** /साइडसैडल/ *n.* जनाना जीन, जनाना काठी (घोड़े की); **~show** /साइडशो/ *n.* 1 छोटा-मोटा (गौण) खेल या प्रदर्शन 2 अतिरिक्त प्रदर्शन या तमाशा 3 गौण बात; **~shots** *n.* पार्श्वदिक रेखा; **~slip** *n.* एक तरफ फिसलने की क्रिया, (बगली) फिसलन; **~sman** *n.* चर्च का वार्डन; **~splitting** /साइडस्प्लिटिंग/ *adj.* हास्यकर, हंसी से लोट-पोट कराने वाला: he gave a ~splitting account of the evening; **~step** /साइडस्टेप/ *v., pt.* ~stepped, *pp* ~stepping 1 कतरा जा. 2 बात टाल जा., टाल दे: ~step a question; ~step responsibility 3 अनदेखी क.: ~step facts; sb is ~stepping the issue; **~step** *n.* 1 बगली पायदान या सीढ़ी 2 बचाव, टाल-मटोल 3 एक तरफ लिया जाने वाला कदम; **~street** *n.* पतली तथा कम व्यस्त गली, बगली गली; **~stroke** *n.* कमर के बल की जाने वाली तैराकी की एक शैली; **~-swipe** *n.* 1 बाजू से किया जाने वाला प्रहार 2 मुख्य बहस के साथ-साथ किसी बात की चलते-चलते की जाने वाली आलोचना; **~track** /साइडट्रैक/ *n.* बगली रेलपथ; **~track** *v., pt.* ~tracked, *pp* ~tracking 1 मुख्य मुद्दे से हट जा. या हटाना: ~track a question/ a problem 2 रेल-इंजन द्वारा शंट किया जा., पटरी बदलना 3 टालना, ताक पर रखना 4 विषयांतर क.: ~track an issue 5 बहक जाना; **~view** *n.* 1 पार्श्व छवि चित्र; **~walk** *US* (*UK* **pavement**) *n.* पटरी, फुटपाथ; **~wall** *n.* बिना ट्यूब की हवा वाला टायर (pneumatic tyre); **~wards/ ~ways/ ~wise** *adv.* तिरछे, एक तरफ, बाजू की तरफ: skid ~ways into the hedges; **~way** *n.* पगडंडी; **~way** *adj.* तिरछा, टेढ़ा: ~way gaze on the stranger; ~way compliment (कटाक्ष); **~ways** *adv.* एक तरफ, बाजू को, तिरछे, दाएं या बाएं: we skidded ~ways into the hedge; **~-whiskers** *n. [pl.]* = **~burns** गलमुच्छा; **~winder** /साइडवाइंडर/ *n.* 1 टेढ़ा-मेढ़ा चलने वाला सांप 2 *US* बाजू से किया जाने वाला सख्त प्रहार;

collocations: **~ dish** अतिरिक्त व्यंजन; **~ drum** कंधों से लटकता ढोल; **~ effect** 1 दुष्प्रभाव 2 अप्रत्याशित नतीजा 3 गौण प्रभाव; **~ issue** गौण मुद्दा; **~ mirror** *US* (*UK* wing mirror) कार के बगल में लगा हुआ शीशा; **~ order** रेस्त्रां आदि में मुख्य व्यंजन के साथ मंगाया जाने वाला गौण व्यंजन; **~ plate** मुख्य प्लेट के साथ रखी जाने वाली ब्रेड आदि के लिए छोटी प्लेट; **~ salad** मुख्य व्यंजन के साथ परोसा जाने वाला सलाद; **~-splitting laughter** लोट-पोट करने वाली हंसी; **~ view** पाश्र्व फलक; **~walk artist** पैदल-पथिया कलाकार;

a ~ line मुख्य व्यवसाय के अतिरिक्त; **a three-~d shape** त्रि-आयामी या त्रिविम आकार; **one-~d argument** इकतरफा दलील; **prompt ~** मंच का बायां बाजू; **the flip ~** अवांछित पहलू;

p&i: **~ by ~** करीब, एक दूसरे की बगल में, साथ-साथ, कंधे से कंधा मिलाकर;

at sb's ~ किसी के निकट; **at the ~ of** किसी से थोड़ी-सी दूरी पर, पास में; **be born on the wrong ~ of the blanket** अवैध संतान हो.; **be born on the wrong ~ of the tracks** गरीब के घर पैदा हो.; **be on both sides of the fence** दोगला हो., इधर भी हो., उधर भी; **be on sb's ~** किसी के पक्ष में हो.; **be on the heavy ~** जरूरत से ज्यादा वजन हो.;**be on the opposite side of the fence** विरोधी खेमे में हो.; **be on the right ~** सच्चाई या न्याय के पक्ष में हो.; **be on the right ~ of law** कानून का पालन व आदर क.; **be on the right/ on the sunny ~ of forty** चालीस से कम उम्र का हो.; **be on the ~ of the angels** परंपरागत बातों को मानते जा.; **be on the wrong ~** अन्यायपूर्ण बात या कार्रवाई का समर्थन क.; **be on the wrong/ on the shady ~ of forty** चालीस से अधिक उम्र का हो.; **bit on the ~** थोड़ा ज्यादा हो गया; **both ~s of the coin** प्रश्न या मुद्दे के दोनों पहलू; **burst/ split/ shake one's ~s with laughing** हंस-हंसकर पेट में बल पड़ना; **by one's father's/mother's ~** पिता या माता की तरफ से; **by the ~ of sth/ sb** किसी की बगल में; **change ~s** पक्ष बदलना, दल-बदली क.; **choose ~s** टीम या दल चुनना; **come down on one ~ of the fence or the other** दो संभावित विकल्पों में से एक को चुनना; **come down on the right ~ of the fence** विजेता के पक्ष में खड़ा हो.; **err on the ~ of caution** सावधानी का पक्ष ले.; **get on the right ~ of sb** किसी का कृपापात्र बनना; **get on the wrong ~ of sb** किसी को अपने विरुद्ध कर लेना; **get sb off to one side** किसी को (बात-वात करने के लिए) एक तरफ बुलाना; **get out of the bed on the wrong ~** सुबह से चिड़चिड़े मिजाज में उठना; **give sb the rough ~ of one's tongue** खूब फटकार लगना; **know on which ~ one's bread is buttered** यह जानना कि अपना फायदा किस बात में है; **laugh on the other ~ of one's face** हताश हो., निराश हो.; **let the ~ down** अपने साथियों की अपेक्षाओं पर खरा न उतरना, उन्हें बुरी तरह निराश क.; **look at the bright/ dark ~** आशावादी या निराशावादी हो.; **look the other ~** मुंह फेर लेना; **not leave sb's ~** हर समय किसी के साथ रहना, विशेषकर उनका ध्यान रखने के लिए; **on both ~s** दोनों तरफ, सभी तरफ; **on neither ~** किसी पक्ष के साथ नहीं; **one's blind/ weak ~** किसी का कमजोर पहलू; **on the ~lines** गौण, कृपा-दृष्टि से ओझल; **on the ~** (***syn.*** side-job) उपजीविका, मुख्य व्यवसाय के अतिरिक्त दूसरा काम भी क., के अलावा, के अतिरिक्त, साथ में: make a little money on the ~; **on the one ~, on the other ~** एक तरफ तो, ... दूसरी तरफ; **on the... ~ (of)** *colloq.* की ओर झुकते हुए: I found his comments on the offensive ~; the speech, a bit on the long ~; **on/ to one ~** 1 एक तरफ, रास्ते से हटकर 2 मुख्य बात से अलग करके रखना, बाद में इस पर आना; **on the shady ~**

of thirty तीस से ऊपर उम्र का; **on the windy ~ of sth** (चिंता, मुसीबत आदि) की पहुंच से बाहर; **pass sb by the other** ~ मुंह फेर लेना, किनारा क.; **put a question on one** ~ किसी प्रश्न की तरफ ध्यान न दे., उसे बाद के लिए एक तरफ रख लेना; **shake from ~ to** ~ दाएं-बाएं हिलाना; **take a ~/ ~s with sb** किसी का पक्ष लेना; **take/ draw sb to one** ~ किसी को एक तरफ ले जाकर (अकेले में) बात क.; **take sides** विवाद या झगड़े में किसी एक पक्ष का समर्थन क.; **the bright ~ of/ to sth** किसी बात का सकारात्मक पहलू; **the other ~ of the black stump** उस दुनिया में (स्वर्ग या नरक में); **the other ~ of the coin** 1 मामले का दूसरा पहलू 2 इसके ऐन विपरीत स्थिति; **the right ~ of cloth** सीधी तरफ; **the seamy** ~ उलती तरफ, भद्दा पहलू; **this ~ of...** से पहले: I doubt I'll see him this side of Tuesday

siddreal /साइडिरीअल/ *adj., astron.* नक्षत्र-संबंधी, नाक्षत्र, सितारों से संबंधित: ~real day (नाक्षत्र दिन); ~real period (नाक्षत्र काल); ~real month ~real time; ~real year;

siderite /साइडराइट/ *n.* लोह-उल्का, सिडराइट;

siding /साइडिंग/ *n* 1 अंतिम छोर की (dead end) बगल की रेल लाइन, जिस पर डिब्बों आदि को अस्थायी रूप से स्थानांतरित किया जा सकता है 2 *US* बाहर की दीवार को कवर करने वाला पदार्थ 3 तरफदारी, पक्षपात

siderolite /सिडरअलाइट/ *n.* लोहाश्म-उल्का

siderosis /सिडअरोसिस/ *n., pathol.* लोह-अश्मयुक्त हवा में सांस लेने से होने वाली फेफड़ों की बीमारी;

siderostat /सिडअरोस्टैट/ *n.* टेलिस्कोप लगा एक अंतरिक्ष उपकरण;

sidle /साइडल/ *v., pt.* **~d**, *pp* **sidling** 1 सावधानी बरतते हुए तिरछे चलना या देखना: he **~d** a glance at the coin 2 डरते-डरते चुपके-से निकलना: he **~d** to the door and slipped out; ~ along/ over/ up, etc. (चुपके से/ दुबककर पास आना); **~d** up to one's boss and whispered sth in her ear

SIDS *abbr., US* 'sudden infant death syndrome' की प्रथमाक्षरी (/*also* **cot death**/ सोते बच्चे का अचानक मर जाने के रोग लक्षण)

Siècle /स्येक्ल/ *n., Fr.* शताब्दी, सदी: fin de ~ (सदी का अंत)

siege /सीज/ *n.* 1 घेराबंदी: lay ~ to a place (किसी स्थान की घेराबंदी क., घेरा डालना); raise the ~ of (घेराबंदी उठाना); stand a ~ (घेराबंदी झेलना) 2 घेराव, घेरा: declare a state of ~ 3 अपराधी को पकड़ने के लिए पुलिस द्वारा की जाने वाली घेराबंदी, नाकेबंदी 4 पैरवी 5 आलोचना, समस्याओं, पीड़ा और यंत्रणा का लंबा काल: a ~ of illness 6 *chem.* भ्रष्ट तल, भट्ठी तल, भट्ठी बेंच;

***v.**, pt.* **~d**, *pp* **sieging** 1 घेरना, घेरा डालना, घेराबंदी क. 2 पकड़ना, धर दबोचना;

collocations: ~ **mentality** दुश्मन से घिरे होने और अपनी रक्षा करने की मानसिक अवस्था;

p&i: **lay ~ to a lady's heart** किसी नारी का दिल जीतना; **lay ~ to sth** किसी भवन, नगर आदि की घेराबंदी शुरू क. 2 किसी से बात करने या उसे गिरफ्तार करने के लिए किसी रिहाइश या मकान को घेरना; **under** ~ 1 दुश्मन की घेराबंदी में 2 हर समय आलोचना, समस्याओं व प्रश्नों के घेरे में

Siemens /सीमन्ज/ (*abbr.* **S**) *n.* विद्युत-धारा चालन मानक माप इकाई

sienna /सिएना/ *n.* 1 लाल-भूरा या पीला रंग द्रव्ययुक्त चिकनी मिट्टी 2 लोहयुक्त चिकनी मिट्टी से निकाला जाने वाला रंगद्रव्य, रंजक 3 (*also called* **raw sienna**) इस रंगद्रव्य का पीला-सा भूरा रंग 3 (*also called* **burnt sienna**) इस रंगद्रव्य को भूनने पर मिलने वाला लाल-भूरा रंग

sierra /सिएरा/ *n., pl.* **~s** (*esp., in Spanish speaking countries and the US*) नुकीली चोटियों वाली पर्वतमाला, (दंदानेदार) पर्वतमाला: the **Siera** Nevada

siesta /सिएस्ता/ *n., pl.* **~s** दोपहर के भोजन के बाद का आराम: take a ~

sieve /सिव/ *n.* 1छलनी, चलनी, छाननी, चालनी, छन्नी 2 *colloq.* टोकरी 3 जालीदार फिल्टर 4 *fig.* गप्पौड़ी, गप्पी, पेट का हल्का, जिसके पेट में बात नहीं पचती;

***v.**, pt.* **~d**, *pp* **sieving** छानना;

p&i: **have a head/ a memory like a ~** घोर भुलक्कड़ हो.; **leak like a ~** छलनी की तरह चूना, बात को पचाकर न रख पाना; **put water into ~/ carry water in a ~** बेवकूफीपूर्ण काम क., बेकार समय गंवाना

sievert /सीवःट/ (*abbr.* **Sv**) *n., phys.* रेडियो-धर्मिता की प्रभाव-मापन इकाई

sift /सिफ्ट/ *v., pt.* **~ed**, *pp* **~ing** 1 छानना 2 छानकर अलग क. 3 छलनी का प्रयोग क., छलनी में से निकालना: ~ sugar on to a cake 4 (*also* **~ through**) ढूंढना, छानबीन क.: ~ through sth 5 गहन जांच क., विश्लेषण क.: ~ evidence; ~ a question to the bottom;

dw/lw: **~er** /सिफ्टः/ *n.* छलनी; **~ings** /सिफ्टिंग्स/ *n.* चोकर, छलनी में बचा छिलका;

p&i: **~ out** अलग-अलग क.; **~ the wheat from the chaff** 1 भूसी से गेहूं अलग क. 2 असली सार निकालना

sigh /साइ/ *v., pt.* **~ed**, *pp* **~ing** 1 आहें भरना: ~ out in despair 2 कोई त्रासदी या दर्दनाक घटना होने पर चीत्कारभरी सांसें लेना, ठंडी सांसें लेना: ~ with fatigue/ with grief/ with pain 3 इंजन आदि के खराब होकर बंद होने पर दुर्बल आवाज निकलना: hear the engine ~ 4 (*often* **~ for sb/ sth**) किसी के लिए या किसी बात पर दर्दभरी आहें भरना 5 सरसराना, सनसनाना 6 की प्रबल इच्छा होना, ललकना;

n. आह, उच्छवास, सरसराती सांस;

p&i: **heave/ breathe a ~ of relief/ of satisfaction** चैन की सांस लेना

sight /साइट/ *n.* 1 (***syn.***, vision, eyesight) दृष्टि, दृष्टिगोचरता, आंखों की रोशनी: good/ bad ~; long ~; short/ near ~ 2 नजर, निगाह: at first ~ (पहली नजर में); love at first ~; set your **~s** on sth 3 (***syn.*** view, spectacle) दृश्य, तमाशा: be/ look perfect ~ 4 (***syn.*** field of view, vision) दिखाई दे सकने तक की दूरी या क्षेत्र: victory is in ~; within ~ 4 दर्शन, झलक, झांकी, दिखने का नजारा: catch/ get/ have a ~ of sb/ sth (किसी की या किसी चीज की एक झलक पाना); at the ~ of sb/ sth; after a long sea journey the first ~ of land 5 (***syn.***, sights) दर्शनीय स्थल: ~ seeing; the **~s** and sounds of wartime Russia; this lake is one of the **~s** of the world; see the ~s 6 निशाना 7 (*also* a mechanical device on a gun, etc.) लक्षक, तकनी, दर्शा, दीदबान: ~ glass; ~ adjustment/ setting 8 (***syn.***, judgement, estimation) मत, राय, मूल्यांकन, नजरों में: do what is right in one's own ~; gain/ lose favour in sb's ~; in his ~ he was just a failure 9 डरावना दृश्य, भद्दा तमाशा, मजाक: a sorry ~; make a ~ of oneself; he looked a ~ without his teeth in 10 ढेर सारा, बहुत ज्यादा: a ~ of money 11 आंख की पुतली, तारा 12 *colloq.* ऐनक;

***v.**, pt.* **~ed**, *pp* **~ing** 1 दिखना: be **~ed** somewhere at around midnight 2 देखना, देख लेना: after months at sea they **~ed** land 3 किसी की या किसी चीज की झलक पाना 4 निरीक्षण क., अवलोकन क. 5 बंदूक आदि का निशाना बनाना 6 निशाना साधना;

dw/lw: **~bill/ ~draft** *n.* दर्शनी हुंडी; **~ed** /साइटिड/ *adj.* देखने में सक्षम: short-~ed/ long-~ed; partially ~ed; **~hole** *n.* निशाना-छिद्र; **~ing** /साइटिंग/ *n.* 1 रमणीय दृश्य 2 झलक 3 निशाना-साधने की क्रिया: ~ing device; ~ing shot (साधे गए निशाने पर दागी जाने वाली गोली); ~ing slit = **~hole**; **~less**

/साइटलेस/ *adj.* नेत्रहीन, दृष्टिहीन; **~lessness** *n.* नेत्रहीनता, दृष्टिहीनता; **~ly** /साइटलि/ *adj.* 1 दिखने में अच्छा, सुंदर, मनोहर, नयनाभिराम: a ~ly eminence (दर्शनीय विराटता); **~-line** *n.* दिखने की दूरी की अंतिम रेखा; **~liness** *n.* सुदृश्यता, रमणीयता, आकर्षकता; **~-reading** *n.* छपे हुए नए सुर-ताल के चिह्नों को देखकर गाने या संगीत बजाने की क्रिया; **~rule** *n.* दर्शन-रेखनी; **~-screen** *n., cricket* मैदान के दोनों छोरों पर लगाए जाने वाले श्वेत चल पर्दे जो गेंद के लिए पृष्ठभूमि का काम करते हैं; **sightsee** *see below under separate entry*; **~worthy** /साइटवःदि/ *adj.* देखने-योग्य, दर्शनीय;
second ~ दिव्य दृष्टि;
p&i: **~ unseen** (पहले से) बिना देखे;
a damn/ damned ~ काफी, बहुत (बेहतर, ज्यादा आदि); **a ~** *colloq.* बहुत सारे, ढेर सारा: she may not be good, but she is a ~ better than you; **a ~ for sore eyes** रमणीय दृश्य; **at/ on ~** 1 देखते ही: shoot at ~ 2 प्रस्तुत करने पर; **a ~ more** *colloq.* कहीं ज्यादा, कहीं बेहतर: a ~ more people than expected turned up; **at first ~** 1 सरसरी नजर में 2 पहली नजर में; **be a perfect ~** भयंकर शक्ल या दृश्य हो.; **be in ~** निकट आना, दिखाई देने लगना; **catch ~ of sb/ sth** किसी की या किसी चीज की झलक पाना, देखना, देख पाना; **come in ~** प्रकट हो., दिखने लगना; **feed one's ~** किसी दृश्य का मजा लेना; **heave a ~** क्षितिज पर प्रकट हो.; **in my ~** मेरी आंखों के सामने; **in one's own ~** अपने दृष्टिकोण से; **in one's ~** 1 किसी की आंखों में 2 किसी की नजर या विचार में ; **it is a long ~ better** यह कहीं बेहतर है; **it's a lovely ~!** अति रमणीय दृश्य!; **keep one's ~s low** 1 बहुत ज्यादा की मांग न क. 2 अपनी भूख यानी चाह को थोड़ा कम रखना; **know sb/ sth by ~** किसी को या किसी चीज को देखने पर पहचानना; **let sb out of one's ~** किसी को अपनी नजर से गायब होने देना; **lose ~ of sb/ sth** 1 आंख ओझल हो जा. 2 अनदेखी हो जा. 3 भूल जा.; **lost ~ of** 1 की दृष्टि से ओझल हो गया 2 को भूल गया; **make a ~ of oneself** अपने आपको तमाशा बना लेना; **not by a damn ~ = not by a long ~** कदापि नहीं, बिल्कुल नहीं; **out of ~** आंखों से ओझल, मन से दूर; **out of ~, out of mind** आंख ओझल, पहाड़ ओझल; **payable at ~** प्रस्तुत करने पर देय; **put sth out of ~** किसी चीज को छिपा देना; **raise one's ~s** अपनी मांग बढ़ा लेना; **set one's ~ on sth** किसी चीज को प्राप्त करने का लक्ष्य बनाना

sight\see /साइटसी/ *v., pt.* **~saw**, *pp.* **~seen**, *pp* **~seeing** दर्शनीय स्थलों को देखना;
dw/lw: **~seeing** /साइटसीइंग/ *n.* सैलानियों आदि द्वारा दर्शनीय स्थलों को देखने और भ्रमण करने की क्रिया, सैर-सपाटा, पर्यटन: go ~seeing; do some/ go ~seeing tour/ trip; **~seer** /साइटसीअः/ *n.* सैलानी, पर्यटक, सैर करने वाला, दर्शनीय स्थलों का भ्रमण करने वाला

sigil /सिजिल/ *n.* 1 मुहर 2 मुद्रा 3 जादू का निशान;
d2w/lw: **~late** /सिजिलिट/ *adj.* मुद्रांकित, चीनी बर्तनों में दबाकर छापे हुए (चित्र आदि); **~late** *v., pt.* ~lated, *pp* ~lating मुहर लगाकर चिपकाना या दबाना

sigillography /सिजिलौग्रफि/ *US* सिजिलाːग्रफि/ *n.* दस्तावेजों की प्रामाणिकता के रूप में मुहरों के प्रयोग का वैज्ञानिक अध्ययन, मुहर विज्ञान

sigla /सिगला/ *n., [pl.], Lat.* पांडुलिपियों, दस्तावेजों, मुहरों आदि में प्रयुक्त होने वाले प्रथमाक्षरी, संक्षेपण, चिह्न, प्रतीक आदि

sigma /सिग्मा/ *n., pl.* **~s** यूनानी वर्णमाला का अठारहवां अक्षर

sigmate /सिग्मेट/ *adj.*

sigmatic /सिग्मैटिक/ *adj., ling.* 1 सिजंत: ~ aorist (सिजंत सामान्य भूतकाल) 2 S-आकार से संबंधित

sigmoid /सिग्मॉइड/ *adj.* सिग्मा-जैसा, अवग्रहरूपी: ~ curve (सिग्मा-जैसा वक्र)

sign /साइन/ *n.* 1 (छपा हुआ) चिह्न, निशान, संकेत: a multiplication ~ (x); the **~s** used in arithmetic are: +/ - / */% :, etc. 2 (***syn.*** indicator) इंगित, संकेत: **~s** of a chemist's shop, inn, toilet, etc..; traffic ~; illuminated **~s** 3 (***syn.*** parole, code) गुप्त या कूट शब्द या प्रतीक, किसी विशेष अर्थ से गर्भित चिह्न/ प्रतीक: *Bible:* by this ~ ye (you) shall know them; in ~ of sth 4 (***syn.*** gesture, signal) संकेत, इशारा, इंगित: give a ~; take sth as a ~; a clear/ sure ~ 5 विशेष भाषा: deaf-and-dumb **~s** 6 (***syn.*** indication, symptom), *med.* लक्षण: headaches may be a ~ of stress; **~s** of improvement; show (no) **~s** of sth; make no ~ (जीवित होने के लक्षण न दिखाना); **~s** of the times 7 शकुन, शुभ-अशुभ द्योतक चिह्न: a dark cloud is a ~ of rain 8 चमत्कार, करामात 9 पट्ट, नाम पट्ट, सूचना-पट्ट: ~-board 10 (*syn.* zodiac sign) राशि 11 सकारात्मक व नकारात्मक मूल्यों का द्योतक: a plus (+) or minus (-) 12 (***syn.*** trail, track) कदमों के निशान, पैड़ (*Hr.*);
v., pt. **~ed**, *pp* **~ing** 1 हस्ताक्षर क.: ~ a cheque; ~ a letter/ a petition; ~ in full; ~ in sb else's name (किसी और की तरफ से हस्ताक्षर क.); ~ (sb) out (बाहर जाते समय हस्ताक्षर करवाना) 2 दस्तखत करके स्वीकृति या अस्वीकृति जाहिर क.: ~ assent/ dissent; ~ on (1 मंजूरी देने के लिए हस्ताक्षर क. 2 अनुबंध या करारनामे पर हस्ताक्षर क.); ~ for sth (किसी के साथ काम आदि करने के लिए अनुबंध पर हस्ताक्षर क.): Delhi Dare Devils have **~ed** Peterson 3 प्रकट क., इशारा क., संकेत दे. 4 निशान लगाना, चिह्नित क. 5 क्रूस का चिह्न बनाना 6 संकेत भाषा का प्रयोग क.;
dw/lw: **~age** /साइनिज/ *n.* जनसाधारण को निर्देश देने वाले चिह्न; **~atory** /सिग्नअटरि/ (***syn.*** ~er) *n.* (अनुबंध) हस्ताक्षर-कर्ता, हस्ताक्षरी, हस्ताक्षरक: joint ~atories (संयुक्त हस्ताक्षर-कर्ता); ~atory powers to a treaty (हस्ताक्षरित शक्ति वाली संधि); **~ature** *see below under separate entry*; **~board** /साइनबोːड/ *n.* सूचना-पट्ट, नामपट्ट; **~ed** *adj.* 1 हस्ताक्षरित 2 जिस पर दस्तखत हो चुके हों; **~er** *n.* हस्ताक्षर-कर्ता; **~ing** /साइनिंग/ *n.* 1 किसी कंपनी या टीम के साथ करार करने की क्रिया 2 हस्ताक्षर क.; **~-off** *n.* समाप्ति; **~-painter**/ **~-writer** *n.* पेंटर; **~post** /साइनपोस्ट/ *n.* 1 संकेतपट, दिशापट, मार्गपट्ट 2 सुस्पष्ट निर्देश;
collocations: **~ digit** चिह्नांक; **~ language** मूक बधिर लोगों द्वारा प्रयुक्त संकेत-भाषा, इंगित भाषा; **~ manual** (राजा आदि द्वारा) अपने हाथ से किया जानेवाला हस्ताक्षर; **~ of the cross** क्रूस का चिह्न; **~ of the zodiac = star ~** राशिचक्र;
***p&i*:** **~ away** वैध रूप से किसी और के हक में त्याग दे.; **~ed and sealed/ ~ed, sealed and delivered** सारे दस्तावेज वैध रूप से हस्ताक्षरित होने की बदौलत निश्चित या हस्ताक्षरित होने पर सौंप दिया गया; **~ for sth** पावती (acknowledgement) पर दस्तखत क.; **~ in/ out** काम आदि पर अंदर आने और बाहर जाने के समय दस्तखत क.; **~ off** 1 रेडियो कार्यक्रम बंद क. 2 बेकार लोगों की सूची से नाम कटवाना 3 काम करना बंद कर दे. 4 ताश के खेल में बाजी लगाना बंद कर दे.; **~ off on sth** औपचारिक रूप से (हस्ताक्षर करके) स्वीकृति दे.; **~ on** *colloq.* 1 बेकार लोगों की सूची में नाम लिखवाना 2 बार-बार बेकार लोगों की सूची में दस्तखत क.; **~ one's doom** हाराकीरी क., अपने विनाश को स्वयं स्वीकृति दे.; **~ on the dotted line** सहमति जताने के लिए जहां बताया जाता है वहीं दस्तखत कर देना; **~ sb in** क्लब आदि में अंदर आने के लिए गैर-सदस्य से नाम दर्ज करवाकर हस्ताक्षर करवाना; **~ sb off** किसी को नौकरी से निकाल दे.; **~ sb on** काम या नौकरी पर रखना; **~ sb up** करारनामे पर हस्ताक्षर करवाकर नौकरी पर रखना; **~ sth over to sb** दस्तावेज पर हस्ताक्षर करके किसी को अपनी संपत्ति सौंप दे.; **the ~s of the times** समय के लक्षण या प्रतीक; **~ up** 1 कुछ करने के लिए अपना नाम दर्ज करवाना 2 सैनिक

सेवा में भर्ती हो. 3 करारनामे पर हस्ताक्षर करके नौकरी शुरू क.; ~ **up for sth** कोर्स आदि करने के लिए अपना नाम दर्ज करवाना; **in ~ of** प्रमाण स्वरूप

signal /सिग्नल/ *n.* 1 (***syn.*** sign) संकेत, इशारा, प्रकाश, ध्वनि के रूप में संदेश: a ~ of distress/ distress ~; **~s** and message centre (संकेत-संदेश केंद्र) 2 चिह्न 3 रेडियो सिगनल: radio **~s**; call ~ 4 (***syn.*** indication) कुछ होने या करने का संकेत, आभास, अवसर, लक्षण: his rising was a ~ that the meeting was over 5 *railway* रेल सिगनल (*facetious, Bhai Raghuvira dictionary joke*: लोहपथ-गामिनी आवत-जावत संकेत दंडिका) 6 *US* यातायात के संकेत: light **~s** 7 संकेत उपकरण: ~ pistol, ~ panel 8 *milit.* सैनिक संचार सेवा या रेजिमंट: ~ bomb/ star (सिगनल रॉकेट); ~ smoke (धुआं का संकेत या संकेत-धुआं): ~ communications/ ~ service (संचार सेवा);

adj. 1 (***syn.*** notable) विशिष्ट, असाधारण, आश्चर्यजनक: ~ achievement; ~ success 2 संकेत, संकेतक: ~ strength (संकेत तीव्रता) 3 सांकेतिक, प्रतीकात्मक: ~ strike;

v., *pt. UK pt.* **~led**, *pp* **~ling**/ *US pt.* **~ed**, *pp* **~ing** 1 संकेतों में संदेश दे.: ~ a message (संकेतों के माध्यम से संदेश भेजना); the ship **~led** its distress 2 (***syn.*** indicate) इशारा क., की ओर संकेत क.: this announcement **~s** a clear change of policy 3 कुछ करने के लिए तत्परता का संकेत दे. 4 व्यक्त क., प्रकट क.: ~ one's unhappiness or discontent by refusing to vote; ~ by means of rockets;

dw/lw: **~amplifier** *n.* संकेत प्रवर्धक; **~-book** *n.* संकेतकी, संकेत-पुस्तिका; **~-gun** *n.* 1 संकेत तोप 2 गोली का सांकेतिक धमाका; **~ler** /सिग्नलः/ *n. see below under* **~man**; **~ling** *n.* संकेतन, संकेत देने की क्रिया; **~ling** *adj.* संकेतक; **~ly** /सिग्नलि/ *adv.* 1 अच्छी तरह, बड़ी खूबी से, विशिष्टता से 3 साफ-साफ, सुस्पष्ट रूप से 3 एकदम 4 बुरी तरह: fail ~ly; **~man** (***syn.*** ~ler) *n.* सिगनलर, रेलवे की संचार प्रणाली संचालक; **~-transmission** *n.* संकेत संचारण;

collocations: **~ box** *n., railways* 1 सिगनल चौकी 2 सिगनल कक्ष; **~-to-noise ratio** *n., electron.* संकेत की सशक्तता और पृष्ठभूमि-शोर के बीच अनुपात जिसे डेसिबलों में मापा जाता है

signalize /सिग्नलाइज/ *v., pt.* **~d**, *pp* **signalizing** 1 महत्त्व दे., की ओर ध्यान आकर्षित क. 2 विशिष्टता प्रदान क. 3 संकेत दे.: **~ize** a victory by public rejoicing

signature /सिग्नअचः/ *n.* हस्ताक्षर, दस्तखत: put one's ~ to a document or affix one's ~ to a document; key ~ (सुर-कुंजी चिह्न);

collocations: **~ campaign** हस्ताक्षर अभियान; **~ pad** हस्ताक्षर पैड; **~ tune** रेडियो कार्यक्रम आदि की कार्यक्रम-विशिष्ट धुन

signet /सिग्नेट/ *n.* 1 मुहर, मुद्रा: the ~, the privy/ King's/ Queen's ~ 2 मोहर की छाप;

dw/lw: **~-ring** *n.* अंगुलि-मुद्रा, अंगूठी-मुहर

significance /सिग्निफिकंस/ (*also* **significancy** *pl.* **significancies**) *n., pl.* **~s** 1 महत्त्व, सार्थकता: a matter of great/ major ~; an event of little/ of no ~ 2 अर्थ, अभिप्राय: the real ~ of sb's words; realize/ understand the ~ of sth 3 बहु-अर्थकता या गूढ़-अर्थकता: have ~ for sb; a look of deep ~ 4 अभिव्यंजकता;

collocations: **~ test** *math.* आकस्मिकता को निरस्त सिद्ध करने वाला परीक्षण

significant /सिग्निफिकंट\/ *adj.* 1 महत्त्वपूर्ण: ~ in its consequences/ in its results 2 *ling.* अर्थपूर्ण, अर्थवान, सार्थक 3 (***syn.*** meaningful) अर्थ गर्भित, सार्थक, गूढ़ अर्थपूर्ण 4 बहु-अर्थक 5 *math.* संख्या-सूचक: ~ figures/ ~ digits;

dw/lw: **~ly** /~लि/ *adv.* महत्त्वपूर्ण ढंग से;

collocations: **~ figures**/ **~ digits** संख्या-सूचक चिह्नांक; **~ other** पति, पत्नी या यौन साथी

significa\te /सिग्निफिकेट/ *adj.* दर्शाया जाने वाला, अर्थपूर्ण

signification *see below under* **signify:** ***dw/lw***

signif\y /सिग्नि\फाइ/ *v., pt.* **~ied**, *pp* **~ying**, *s/he/it* **~ies** 1 महत्त्व रखना, महत्त्वपूर्ण हो.: it doesn't **~y** anything 2 अर्थ दर्शाना, अर्थ होना, अर्थ रखना, किसी के लिए या किसी बात के लिए कोई अर्थ हो. 3 सूचित क., बताना, दिखाना, का लक्षण हो., शकुन हो., का प्रतीक हो.: a red sunset **~ies** wind 4 निर्देशित या घोषित क., व्यक्त क.: **~y** one's approval/ one's satisfaction;

dw/lw: **~ication** /~फिकेशन/ *n.* आशय, अभिप्राय, भाव, अर्थ: the ~ication of a word; **~icative** /~फिकेटिव/ *adj.* 1 सार्थक, सूचक 2 निर्देशक; **~icative** *n.* (***syn.*** indicator) संकेतक;

p&i: **Please ~y!** कृपया हाथ खड़ा करके अपना मत दीजिए!

signor/ **Signore** /सीन्योः/ *n., pl.* **Signore**/ **Signoras** /सीन्योरे/ सीन्योरास/ 1 इतालवी में पुरुष के लिए संबोधन 2 श्री, श्रीमान, श्रीयुत

signora /सीन्योरा/ *n. , pl.* **Signore** /सीन्योरे/ 1 इतालवी में औरत के लिए संबोधन 2 श्रीमती

signorina /सीन्योरीना/ *n., pl.* **Signorine** /सीन्योरीने/ 1 इतालवी में युवती के लिए संबोधन 2 सुश्री, कुमारी

signpost *see above under* **sign:** ***dw/lw***

signum /सिग्नम/ *n.* चिह्न

sika /सीका/ *n., pl.* **sika**/ **~s** जापान में पाया जाने वाला एक मृग

Sikh /सिख/ *n., IE* सिख-धर्मानुयायी

silage /साइलिज/ *n.* 1 खत्ते में रखा हुआ हरा चारा: ~ crop 2 चारा-घर, चारा-कूप: ~ tower;

v., *pt.* **~d**, *pp* **silaging** चारा-घर में हरा चारा रखना

silence /साइलंस/ *n.* 1 चुप्पी, मौन, खामोशी: keep ~; put/ reduce sb to ~; suffer in ~ 2 सन्नाटा, निःशब्दता: deafening/ stunned ~; ~ falls/ descends/ ensues 3 नीरवता, शांति: dead/ complete ~; break/ destroy the ~ 4 सूचना का अभाव 5 भुला दिए जाने की क्रिया: pass into ~; rest is ~ (बाकी सब भूत के अंधकार में डूबा है) 6 निर्गंधता; lapse into ~;

v., *pt.* **~d**, *pp* **silencing** 1 चुप कराना या हो.: ~ a speaker 2 सूचना को दबा दे., मुंह बंद कर दे. 3 निरुत्तर कर दे. 4 शांत क. 5 हरा दे. 6 (***syn.*** jam, jamming) प्रचार युद्ध के तहत रेडियो आदि की आवाज को दबाना या अवरुद्ध क. 7 विरोधी पक्ष की आवाज को दबा दे.;

dw/lw: **~r** /साइलंसः/ *n.* 1 *UK* (*US* **muffler**) कार-इंजन या अन्य मशीन की आवाज कम करने वाला उपकरण या हिस्सा 2 बंदूक की आवाज को कम करने वाला उपकरण, पुर्जा, रवशामक;

collocations: **dead** ~ घोर नीरवता; **great** ~ मृत्यु;

p&i: **~ gives consent** = **~ is half consent** चुप्पी का अर्थ है सहमति; **~ is golden** चुप रहना एक अमूल्य देन है;

break the ~ चुप्पी तोड़ना, मुंह खोलना; **in ~** चुपचाप; **keep ~** चुप रहना, चुप्पी साधना; **pass into ~** पूर्णतः भुला दिया जा.; **pass over in ~** चुप्पी साधकर निकल जा.; **put sb to ~** किसी का मुंह बंद कर देना, चुप होने पर विवश क.;

silencer *see above under* **silence:** ***dw/lw***

silent /साइलंट\/ *adj.* 1 (***syn.*** quiet) शांत, नीरव, निःशब्द 2 चुप, खामोश, मूक: history is ~ on this matter 3 अनुच्चरित, मौन, मूक: ~ film/ scene 4 (***syn.*** quiet) चुप्पा, अल्पभाषी 5 गूंगा, मूक 6 चुप्पी साधने वाला, भेद न खोलने वाला: be ~ about/ concerning or on sth 7 अनभिव्यक्त: ~ joy 8 निष्क्रिय: ~ volcano 9 प्रच्छन्न, लक्षणहीन: ~ infection 10 उपेक्षाजनक: ~ treatment 11 निर्गंध: ~ spirit 12 *phon.* अघोष: the ~ **p** in

pneumonia;
dw/lw: **~ly** /~लि/ *adv.* चुपचाप, खामोशी से; **~ness** *n.* चुप्पी, नीरवता, निष्क्रियता, प्रच्छन्नता, निर्गंधता;
collocations: **~ majority** चुप्पी साधे रहने वाले अधिकतर लोग; **~ partner** (***syn.*** sleeping partner) अनजाना-सा या असक्रिय हिस्सेदार; **~ service** पनडुब्बी सेवा; **~ way** विदेशी भाषा पढ़ाने का एक तरीका जिसके तहत अध्यापक स्वयं बहुत कम बोलता है पर वह अंग-चालन (gesticulation, gestures), चलने-फिरने और चित्रों आदि का भरपूर प्रयोग करता है;
p&i: **as ~ as death** = **~ as the grave** मौत-सा सन्नाटा; **~ as stars** तारों-सा मौन;

silenus /सैलिनस/ *n., pl.* **sileni** यूनानी पौराणिक कथाओं में: 1 पियक्कड़ों के देवता बैकस (Bacchus or Dionysus) का पिता 2 वन-देवता

silex /साइलेक्स/ *n.* 1 चकमक 2 सिलिका 3 दबाई हुई काचमणि (Quartz) से बना गर्मी-सह और झटके-सह कांच

silhouette /सिलुएट/ *n.* 1 छायाकृति, प्रकाश की पृष्ठभूमि में परछाई का आकार, (पार्श्व) छायाचित्र: ~ target; ~ shooting 2 काली रेखाओं से बनी छाया-चित्र-सी रूपरेखा;
v., *pt.* **~d**, *pp* **silhouetting** 1 छायाचित्रित क.: a figure stood in the doorway, **~d** against the light 2 रूपरेखा प्रदर्शित क.;
dw/lw: **~d** /सिलुएटिड/ *adj.* छायाकृति भरा, रेखाचित्रित

silica /सिलिका/ (*also* **silicon dioxide**) *n., pl.* **~s** 1 रेत में पाया जाने वाला एक सिलिकायुक्त रसायन जिसे शीशा या सीमेंट बनाने में प्रयुक्त करते हैं 2 सेलखड़ी, सिलिका: ~ brick;
collocations: **~ gel** *n., chem.* एक सिलिकायुक्त सुखाने वाला दानेदार पदार्थ

silicate /सिलिकेट/ *n.* 1 सिलेकोन और आक्सीजन से बना एक यौगिक (compund): aluminium ~ 2 एक सिलिकायुक्त खनिज सिलिकेट, सिलिकोन से बना एक पदार्थ;

silicon /सिलिकअन/ *n.* रेत, मिट्टी और चट्टानों आदि में सहज रूप में यानी भूरे ठोस पदार्थ या चूरे के रूप में पाया जाने वाला रासायनिक तत्त्व जिसे शीशा और ट्रांजिस्टर बनाने में प्रयुक्त किया जाता है
collocations: **~ chip** *electron., comput.* सिलिकोन का एक बहुत छोटा, पतला वर्गाकार टुकड़ा जिस पर कंप्यूटर का सारा इंटेग्रेटिड सर्कट बनाया जाता है; **~ valley** अमेरिका में कैलिफोर्निया प्रांत में एक क्षेत्र जहां बहुत सारी कंप्यूटर कंपनियां स्थित हैं

silicone /सिलिकोन/ *n.* सिलिकोन (silicon) युक्त एक रसायन जिससे कृत्रिम तरीकों से बनाए जाने वाले नाना प्रकार के पौलिमर (polymer) तैयार किए जाते हैं, ये पौलिमर तैल तरल, मोम, प्लास्टिक, रबड़ आदि के रूप में विविध वस्तुओं, जैसे बिजली की तारों को ढकने, पेंट, पानी-सह पदार्थों, चिपकाने की वस्तुओं या शल्य-क्रियाओं आदि में प्रयुक्त होते हैं

silicosis /सिलिकोसिस/ *n., pathol.* फेफड़ों का एक रोग जो सिलिकायुक्त गर्द के सांस में घुस जाने के कारण होता है

silk /सिल्क/ *n.* 1 रेशम, सिल्क 2 रेशमी कपड़ा 3 (*also* **artificial** ~) कृत्रिम रेशम 4 रेशों से बना कपड़ा: raw ~; dressed in **~s** and satins 5 राजा-रानियों द्वारा पहने जाने वाला रेशमी लबादा 6 सटकर आने वाले लंबे रेशमी मोजे 7 रेशमी पोशाक 8 चमक;
adj. 1 रेशमी 2 कौशेय 3 रेशम-सा मुलायम: a ~ blouse; ~ scarf/ stocking/ dress;
dw/lw: **~en/ ~y** /सिल्कन/ सिल्कि/ *adj., lit.* 1 मुलायम, नर्म: ~en touch 2 रेशमी, कौशेय, चिकना 3 चमकदार 4 चिकना-चुपड़ा, लुभावना 5 हल्का, कोमल, स्निग्ध 6 मृदुल, मधुर: a ~en voice; ~en words; ~en manners; **~en-gland** *n.* रेशम-ग्रंथि; **~-screen** *n.* सिल्क स्क्रीन, रेशम आवरण; **~-stocking** *n.* धन्ना-सेठ; **~-stocking** *adj.* 1 सुशिष्ट, फेशनेबुल 2 अमीर, धनी; **~-worm** /सिल्कवःम/ *n.* रेशम का कीड़ा, रेशम-कीट; **~-yarn** /सिल्क-याःन/ *n.* रेशम सूत्र (सूत); **~y** /सिल्कि/ *adj. degr.* ~ier, ~iest see *above under* **silken/ ~y**;
collocations: **~-cotton tree** सेमल; **~ moth** एक कीट जिसका लार्वा (larva) रेशमी रेशा पैदा करता है; **~-screen printing** रेशम आवरण छपाई (मुद्रण) जिसमें एक छोटे से रेशमी कपड़े में से पैट्रन पर स्याही छोड़ी जाती है, सिल्क स्क्रीन प्रिंटिंग; **~ worm** (a caterpillar) एक टांगो वाला छोटा-सा कृमि जो रेशा पैदा करता है
p&i: **fine a ~** रेशम-सा मुलायम; **shit the ~** पैराशूट से कूदना; **take ~** शाही वकील बनना; **the ~en bond** प्यार व दोस्ती के सूत्र; **you cannot make a ~ purse out of a sow's ear** बोए पेड़ बबूल के आम कहां से होए

sill /सिल/ *n.* 1 दहलीज, दासा 2 देहली, दहलीज 3 *mining* चट्टानी सतह

sil\ly /सिलि/ *adj.*, **~lier, ~liest** 1 मूर्ख, बेवकूफ, भोला 2 (***syn.*** foolish, trivial, frivolous) अल्पबुद्धि, तुच्छ, ओछा: a **~ly** boy / thing 3 मूर्खतापूर्ण, हास्यास्पद 4 (***syn.*** dazed, senseless) जिसकी सिट्टी-पिट्टी गुम हो, जिसके होशो-हवास उड़ गए हों: she laughed herself **~ly** 5 क्रिकेट में बल्लेबाज के बहुत नजदीक (क्षेत्र-रक्षण): **~ly** mid-on;
n., *pl.* **sillies** *colloq.* (*also* **~ billy**) मूर्ख बालक (मजाक में कहा जा.), मूर्खता, पागलपन;
dw/lw: **silliness** /सिलिनेस/ *n.* मूर्खता, बेवकूफी;
collocations: **~ly point** क्रिकेट में बल्लेबाज के अत्यंत निकट का क्षेत्र-रक्षण स्थान; **~ly season** इंग्लैंड में गर्मियों का समय जब सब समाचार-पत्र महत्त्वहीन खबरों से भरे रहते हैं;
p&i: **~ly as a goose** गधे-सा मूर्ख;
drink, laugh, shout, etc. oneself ~ly इतना पीना, हंसना या चीखना-चिल्लाना कि पागल हो जाए; **play ~ly buggers** मूर्खतापूर्ण व चिड़चिड़े ढंग से व्यवहार क.

silo /साइलो/ *n., pl.* **silos** 1 खत्ता, बखार, बुखारी: ~ granary 2 हरे चारे का कूप 3 मिसाइलों को दागने के लिए तैयार हालत में रखने का भूमिगत स्थल

silt /सिल्ट/ *n.* गाद, पांशु, रेग, महीन रेत (से भराई);
v., *pt.* **~ed**, *pp* **~ing** गाद या महीन रेत के भरने से बंद हो जा.;
dw/lw: **~-lader** *adj.* गादयुक्त; **~load** *n.* गाद भार; **~loam** *n.* गादयुक्त दुमट; **~sand** *n.* पांशु बालू; **~-soil** *n.* बालुई मिट्टी; **~y** /सिल्टी/ *adj.* गाद से भरा;
p&i: **~ over** गाद से ढक जा.; **~ through** के बीच से रिसना; **~ up** गाद से बंद हो जा.

Silurian /सिलुअरिअन/ *adj., geol.* भूवैज्ञानिक काल से संबंधित

silva /सिल्वा/ *n.* वन, वृक्ष कुंज आदि

silvan /सिल्वन/ (*also see* **sylvan**) *adj.* 1 वनों से संबंधित, वन्य, जंगली, वन-संकुल 2 देहाती, ग्रामीण;
n. वन-देवता, वनवासी;
dw/lw: **silviculture** /सिल्विकल्चः/ *n.* वन-वर्धन, वनवृक्ष-विज्ञान

silver /सिल्वः\/ *n.* (*symbol* **Ag**) 1 चांदी, रजत, रौप्य: fine ~ (शुद्ध चांदी) 2 चांदी की बनी हुई वस्तुएं 3 रजत पदक (silver medal) 4 चांदी का सिक्का: a pocketful of ~ and copper; loose ~ (चांदी के सिक्के) 5 चांदी के पात्र (बर्तन-भांडे);
adj. 1 चांदी का बना हुआ 2 चांदी के रंग का, रुपहला: ~ hair 3 रजत, राजत, रौप्य;
v., *pt.* **~ed**, *pp* **~ing** 1 चांदी की कलई, पतरा या मुलम्मा चढ़ाना 2 चांदी से मढ़ना, रजित क. 3 रुपहला बनाना;
dw/lw: **~ed** /सिल्वःड/ *adj.* रजित; **~-gilt** *adj.* चांदी की परत चढ़ा, रजित; **~ing** *n.* 1 रजतन 2 रजत परत; **~-method** *n.* रजत विधि; **~-plated** *adj.* चांदी का मुलम्मा चढ़ा, रजित; **~-plating** *n.* चांदी का मुलम्मा, चांदी-मढ़ाई; **~smith** /~स्मिथ/ *n.* चांदी के आभूषण बनाने वाला, चांदिया, सुनार; **~-tongued** /~टंग्ड/ *adj.* वाक्पटु, वाक्छलिया, चिकनी-चुपड़ी बातें करने वाला; **~ware** /~वेअः/ *n. US* (*UK* **cutlery**) चांदी के बर्तन; **~y** *adj.* 1 चांदी-सा चमकदार 2 मृदुल आवाज वाला;
collocations: **Silver Age** रजत काल, लातीनी साहित्य में

अगस्त काल के बाद आने वाला यानी 14 से 138 ईसवी का काल; **~ birch** रुपहली छाल वाला भूर्ज; **~ disc** ब्रिटेन में एक संगीतकार या गीतकार को उसके संगीत की ऐल्बम की 60,000 प्रतियां बिक जाने पर दी जाने वाली रजत चक्रिका (silver disc): go ~ disc; **~fish** /सिल्वःफिश/ *n.* 1 रजतमीन 2 रजतकीट, रुपहला कीड़ा; **~ foil** रजत-पत्र, चांदी का वर्क या पत्तर; **~ fox** काले-भूरे रंग की अमेरिकी लोमड़ी; **~ jubilee** रजत-जयंती; **~ lining** मुसीबत के घनघोर काले बादलों के पार आशा की किरण: every cloud has a ~ lining; **~ medal** रजत पदक, चांदी का पदक; **~ paper** चॉकलेट आदि लपेटने कि लिए पतला सुनहरा कागज; **~ plate** चांदी का मुलम्मा; **~ screen** (*also* **the ~ screen**) *colloq.* 1 फिल्म उद्योग या फिल्में 2 रजतपट, रुपहला पर्दा; **~ service** रेस्त्रां आदि में खाना परोसने का एक विशेष ढंग; **~ standard** रजत मान; **~ surfer** बहुत ज्यादा इंटरनेट का प्रयोग करने वाला वृद्ध व्यक्ति; **~ tail** *Austral.* प्रसिद्ध या सामाजिक रूप से विशिष्ट व्यक्ति; **~ tongue** चिकनी-चुपड़ी जुबान; **~ wedding** = *US* **~ anniversary** = **~ wedding anniversary** शादी की रजत (25वीं) जयंती;

p&i: **born with a silver spoon in one's mouth** धन और ऐशो-आराम के माहौल में जन्म हो.; **cross sb's hand with ~** पुराने जमाने में भविष्य बताने के लिए ज्योतिषी की मुट्ठी में रखा जाने वाला चांदी का सिक्का; **every cloud has a ~ lining** बुरे दिनों के बाद अच्छे दिन अवश्य आते हैं; **on a ~ platter** आसानी से (मिल जा.); **speech is ~, but silence is golden** बोलना अच्छा, चुप्पी बेहतर

silviculture *see above under* **sylvan:** ***dw/lw***

sima /साइमा/ *n., geol.* सिलिका और मैंगनेजियम युक्त चट्टानें

Sim card /सिम काःड/ *n.* मोबाइल फोन में प्रयोग होने वाला संचार कार्ड

simian /सिमिअन/ *adj.* बंदर-संबंधी, वानरी;

n. वानर

similar /सिमिलः/ *adj.* 1 (**anton.** dissimilar, different) एक-समान, एक जैसा, सदृश, तुल्य, मिलता-जुलता 2 समरूप: ~ in colour/ in shape/ in size;

n. तुल्य वस्तु;

dw/lw: **~ity** /सिमिलैरिटि/ *n.* (***syn.*** resemblance) समानता, सादृश्य, समानता, समरूपता; **~ly** /सिमिलरलि/ *adv.* वैसे ही, उसी तरह, समान रूप से, उसी प्रकार

simile /सिमिलि/ *n., pl.* ~ **les** उपमा, अलंकार (साहित्यिक)

dw/lw: **~lize** /सिमअलाइज/ *v., pt.* ~lized, *pp* ~lizing 1 उपमा दे. 2 समानता दिखलाना 3 उपमा या तुलनात्मकता का प्रयोग क. 4 उपमा या दृष्टांत द्वारा समझाना; **~tude** /सिमिलिच्यूड/ *n., formal* सादृश्य, समानता, अनुरूपता 2 प्रतिरूप, प्रतिकृति, जुड़वांपन 3 दृष्टांत, नीति-कथा 4 तुलनात्मकता;

p&i: **no ~ runs on all fours** (*Lat.* **Nullum simile quatuor pedibus currit**) उपमा कभी हू-ब-हू समानता नहीं होती

similize *see above under* **simile:** ***dw/lw***

simioid/ simious = **simian**

simmer /सिमः/ *v., pt.* **~ed**, *pp* **~ing** 1 सिमसिमाना, खदबदाना, खदखदाना 2 (***syn.*** seethe) अंदर ही अंदर उबलना, मिजाज का धीमे-धीमे खौलते रहना: ~ with indignation/ anger 3 समस्या का धीरे-धीरे सुलगते रहना 4 धीमी आंच पर पकना 4 आग का सुलगते रहना;

n. 1 खदबदाहट, सिमसिमाहट, सुगबुगाहट: keep at a/ on the ~;

p&i: **~ down** धीरे-धीरे शांत हो., ठंडा पड़ना

simnel /सिमनल/ *n., Christ.* इंग्लैंड आदि देशों में ईस्टर या चालीसा के दौरान खाया जाने वाला केक

simoniac /साइमोनिऐक/ *adj.* धर्मविक्रयी, धर्मविक्रेता;

dw/lw: **~al** /साइमोनिअकल/ *adj.* धर्मविक्रयी, धर्म के क्रय-विक्रय संबंधी;

simonize /साइमनाइज/ *v., pt.* **~d**, *pp* **simonizing** मोम से पालिश क.

Simon Legree /साइमन लेग्री/ *n.* क्रूर स्वामी

Simon pure /साइमन प्युअः/ *adj.* 1 असली व्यक्ति 2 असली वस्तु 3 *US* शौकिया खिलाड़ी

simony /सिमनि/ साइमनि/ *n.* 1 अधर्म की कमाई, धर्म का व्यापार, धर्म विक्रय 2 धार्मिक पदों की खरीदो-फरोख्त 3 लाभकारी धार्मिक कार्य-कलापों का क्रय-विक्रय

simoom/ simoon /सिमूम/ सिमून/ *n.* अत्यधिक गर्म व दमघोंटू रेगिस्तानी अंधड़

simous /साइमस/ *adj.* चपटी नाक वाला

simp /सिंप/ *n.* 'simpleton' का संक्षिप्त रूप

simpatico /सिंपाटिको/ *adj.* 1 आकर्षक, प्रिय, मिलनसार 2 (***syn.*** compatible) हम-खयाल, समरस, एकमत

simper /सिंपः/ *v., pt.* **~ed**, *pp* **~ing** 1 खीखी क. 2 दांत निपोरना 3 खींसे काढ़ना 4 बेवकूफीपूर्ण तरीके से मुस्कराना या हंसना 5 मूर्खतापूर्वक कुछ कहना: ~ consent;

n. 1 बनावटी व भद्दी मुस्कराहट;

dw/le: **~ingly** /सिंपरिंग्लि/ *adv.* 1 दांत निपोरते हुए 2 मूर्खतापूर्वक मुस्कराते हुए

simple /सिंपल/ *adj.* 1 आसान, सरल: ~ task/ problem/ work 2 साधारण, मामूली, सामान्य, सादा, अनलंकृत: a ~ outfit; ~ house; ~ food/ diet; ~ life; ~ peasants/ folk; ~ soldier/ clerk 3 (***syn.*** basic, plain) सिर्फ, निरा, मात्र, स्पष्ट, साफ-साफ, सर्वदृश्य: a ~ fact; it's a ~ lie; ~ truth; ~ madness; ~ robbery 4 प्रारंभिक, प्राथमिक, सरलतम, जो जटिल न हो, जो पेचीदा न हो: ~ hypothesis/ idea; ~ sentence 5 (***syn.*** unadulterated) सरल, परिशुद्ध: ~ style/ beauty 6 (***syn.*** down-to-earth, straightforward, unpretentious, honest) निष्कपट, सीधा-सादा, भोला-भाला, सच्चा: ~ soul; he is as ~ as a child 7 अकृत्रिम, स्वाभाविक 8 *ironic* (***syn.*** gullible, foolish) भोला, मूर्ख, बेवकूफ: he's a bit of a ~; that is very ~ of you;

n. 1 जन-साधारण, गरीब जनता 2 सिंपल, औषधि, जड़ी, बूटी;

dw/lw: **~-hearted** /सिंपल-हाःटिड/ *adj.* निष्कपट; **~-minded** /सिंपल-माइंडिड/ *adj.* 1 भोला, सीधा-सादा 2 बुद्धू, अनाड़ी, नादान; **~-mindedness** *n.* भोलापन, सीधा-सादापन, बुद्धूपन;

collocations: **~ encounter** सरल समागम; **~ equation** सरल समीकरण; **~ fraction** *math.* साधारण भिन्न; **~ fracture** हड्डी की साधारण टूटन यानी जब टूटी हड्डी त्वचा से बाहर न निकली हो; **~ harmonic motion** *phys.* (*abbr.* **shm**) अविरल या निरंतर दोहराई जाने वाली गति, सरल आवर्त गति; **~ interest** साधारण ब्याज; **~ machine** सरलतम औजार; **~ majority** सामान्य बहुमत; **~ oscillation** सरल आवर्त दोलन; **~ pole** एकघात अनंतक; **~ root** सरल मूल; **~ sentence** साधारण वाक्य; **Simple Simon** भोला-भाला साइमन;

pure and ~ सीधी और साफ बात; **the ~ facts** स्पष्ट तथ्य

simpleton /सिंपलअटन/ *n.* बुद्धू, भोंदू

simplex /सिंप्लेक्स/ *n., ling.* सामान्य शब्द;

adj. 1 सरल, एकांगी 2 जो जटिल न हो

simpliciter /सिंप्लिसिटः/ *adv., law* 1 निष्प्रयोजन, बेमतलब 2 बेशक 3 बिना किसी अपवाद के, असीम रूप से, पूर्णरूपेण, सर्वथा 4 केवल, मात्र

simplicity /सिंप्लिसिटि/ (***syn.*** simpleness) *n.*, **simplicities** 1 स्वाभाविकता, सरलता, सादापन, सादगी: it is ~ itself; **simplicities** of cottage life; the ~ of dresses; ~ of character 2 स्पष्टता, सरलता, बेपेचीदगी: the ~ of a problem/ of an argument 3 निष्कपटता, भोलापन: the ~ of a child 5 बुद्धूपन;

***p&i:* be ~ itself** अत्यधिक सरल, सादा और सामान्य हो.

simpli\fication /सिंप्लि\फिकेशन/ *n.* सरलीकरण;
***dw/lw:* ~fied** /~फाइड/ *adj.* सरलीकृत; **~fy** /~फाइ/ *v., pt.* ~fied, *pp* ~fying 1 सरल बनाना, सरलीकरण क. 2 समझ में आने योग्य बनाना; **~fier** /~फाइ/ *n.* सरलीकृत करने वाला; **~stic** /~स्टिक/ *adj.* 1 अति सरलीकृत 2 एकांगी, एकतरफा, एकपक्षीय; **over-~fication** *n.* अतिशय सरलीकरण

simply /सिंपलि/ *adv.* 1 (***syn.*** absolutely) बिल्कुल, एकदम: it is ~ terrible!; it's ~ not true 2 (***syn.*** just) सिर्फ, बस, केवल, मात्र: his answer was ~ this ...; ~ and solely; we ~ wanted to help 3 सरलता से, सादगी से: a machine ~ constructed; speak ~; live ~; dress ~ 4 आसान ढंग से, सरल रूप में: to put it ~ (यदि सरल शब्दों में कहा जाए तो...);
***p&i:* ~ and solely** एक मात्र

simulacrum /सिम्युलेक्रम/ *n., pl.* **simulacra**, *Lat.* 1 (***syn.*** copy) प्रतिकृति 2 प्रतिमा 3 सादृश्य, समानता, नकल 4 छाया 5 आभास

simulant /सिम्यूलैंट/ *adj.* अनुरूपी, अनुरूपक

simula\te /सिम्यु\लेट/ *v., pt.* **~ted**, *pp* **~ting** 1 नकल क.: **~te** the voice/ the gait of sb 2 जैसा जीवन में है वैसा रूप धारण क., के समान बनना 3 किसी का या किसी चीज का छद्म रूप धारण क., का अनुकरण क. 4 (***syn.*** feign) का स्वांग भरना, का ढोंग रचना, का अभिनय क.: he **~ted** anger; **~te** sympathy/ interest; **~te** an illness/ deafness/ blindness;
***dw/lw:* ~ted** /~लेटिड/ *adj.* नकली: ~ted pearls; ~ted leather; **~tion** /~लेशन/ *n.* 1 अनुकृति: ~tion of fire 2 अनुरूपण, अनुकरण 3 नकल 4 छद्म रूप, स्वांग, ढोंग, पाखंड: ~tion of sympathy/ of despair; **~tor** /~लेटः/ *n.* 1 विमान प्रशिक्षण में प्रयुक्त मशीन: flight ~tor 2 अनुरूपक, नकलची 3 ढोंगी
***collocations:* computer traffic ~ted programme** कंप्यूटर द्वारा यातायात की संपूर्ण स्थिति का अनुकृत चित्रण

simulcast /सिमलकास्ट/ *n.* टीवी व रेडियो पर एक साथ प्रसारित होने वाला कार्यक्रम

simultaneity /सिमल्टअनेअटि/ (***syn.*** simultaneousness) *n.* 1 एक साथ होने की क्रिया 2 समकालिकता, समक्षणिकता 3 युगपत्ता

simultaneous /सिमल्टेनिअस/ *adj.* समकालिक, एक ही समय में होने वाले: ~ events 2 समक्षणिक, एककालिक: ~ equations;
***dw/lw:* ~ly** /~लि/ *adv.* साथ-साथ, एक साथ, एक ही समय; **~ness** /~नेस/ *n.* समकालिकता, एककालिकता

sin /सिन/ *n.* 1 पाप: commit a ~; original ~ (1 आदि-पाप या पहला पाप यानी आदम (Adam) और हौवा (Eve) द्वारा वर्जित सेब का खाया जाना 2 कमी, अवगुण); the ~ of gluttony (पेटूपन का अवगुण) 2 पापकर्म: commit a ~ against morals 3 घोर अत्याचार 4 नैतिक दुष्कर्म: the ~ of pride/ greed, etc. 5 अपराध, दोष, गुनाह 6 भारी भूल, भयंकर गलती: it's a ~ to stay indoors on such a fine day!;
***v.*, *pt.* ~ned**, *pp* **~ning** 1 (*often* **~ against**) 1 पाप क.: the system **~s** against the canons 2 अपराध क. 3 के विरुद्ध आचरण क.: ~ against the laws of society 4 दुष्कर्म क. 5 अत्याचार या जुल्म क. 6 भूल क., गलती क.: the portrait **~s** by excessive exactness;
***dw/lw:* ~ful** /सिनफुल/ *adj.* 1 पापी, अधर्मी, बुरा, दुष्ट, भ्रष्ट: ~ful man/ soul 2 पापी, अपराधी, गुनाहगार: ~ful life 3 पापाचारी, पातकी; **~fully** /सिनफुलि/ *adv.* दुष्टतापूर्वक; **~fulness** /सिनफुलनेस/ *n.* पापीपन, अधर्मता, दुष्टता, भ्रष्टता; **~less** /सिन्लेस/ *adj.* निष्पाप, बेगुनाह; **~ner** /सिनः/ *n.* पापी, गुनाहगार, पापी, दुष्कर्मी, अत्याचारी व्यक्ति;
***collocations:* ~ bin** आइस हाकी जैसे खेलों में रेफरी द्वारा दंडित खिलाड़ी को मैदान से दूर भेजने का स्थान; **~ of commission** करने का पाप, जानबूझकर किया गया दुष्कर्म; **~ of omission** न करने का पाप;
actual ~ स्वकृत पाप; **capital ~** मूल-पाप; **mortal ~** महापाप, आत्मा-घातक पाप; **personal ~** स्वकृत पाप; **public ~** लोक विदित पाप; **venial ~** लघु पाप, गौण पाप, क्षम्य पाप; **the original ~** (ancestral ~/ inherited ~) आदि-पाप (आदम /Adam/ और हौवा /Eve/ का पाप); **seven deadly/ capital ~s** सप्तपातक, सात घोर पाप: (pride घमंड, avarice लालच, envy ईर्ष्या, wrath क्रोध, lust काम, लंपटता, gluttony पेटूपन, sloth आलस्य, सुस्ती);
***p&i:* ~ one's mercies** अपने सुख-आनंद की कद्र न क.; **a deadly ~** घोर पाप; **as ugly as ~** घोर पाप-सा भयंकर या भद्दा; **be/ do sth for one's own ~s** किसी (अनचाहे) कार्य को पाप की तरह ढोना, गले पड़ा ढोल बजाना; **be more ~ned against than ~ning** किसी के अन्याय की तुलना में उसके साथ ज्यादा अन्याय हो.; **live in ~** 1 बिना शादी किए सहवास क. 2 पापमय जीवन; **like ~** भयंकर रूप से; **miserable/ ugly as ~** पाप-सा कलमुंहा

sinapism /सिनअपिज्म/ *n.* राई का मरहम, राई की लुगदी का लेप

since /सिंस/ *adv.* 1 तब से लेकर, से: he came here in 2005 and has lived here ~; he hasn't been back ~; he has been better ~ 2 के बाद: he at first refused, but has ~ agreed 3 पहले: it happened many years ~; the phrase has long ~ been out of use; long ~ (बहुत पहले);
prep. से, के बाद से, के बाद: ~ yesterday; ~ my last letter I have decided ...; I have been there several times ~ it opened;
conj. 1 जब से, के बाद से: have known him ever ~ he was at school; nothing interesting has happened ~ we parted 2 क्योंकि, चूंकि: ~ you don't believe me, read the message yourself; **you** failed the exam ~ you did not work hard

sincere /सिंसिअः/ *adj.* 1 (***syn.*** honest) ईमानदार: ~ admirer; ~ friend 2 (***anton.*** insincere) निष्ठावान, निष्कपट: ~ life 3 (***syn.*** genuine) सच्चा, हार्दिक, वास्तविक, असली, जो बनावटी या दिखावापूर्ण न हो: ~ apologies/ thanks, etc.; ~ sympathy;
***dw/lw:* ~ly** /सिंसिअरलि/ *adv.* ईमानदारी से, सच्चे दिल से;
***p&i:* yours ~ly** (*Br*)/ **~ly yours** (*US*) आपका, भवदीय

sincerity /सिंसेरिटि/ *n.* 1 ईमानदारी, सच्चाई 2 निष्ठा, निष्कपटता 3 हार्दिकता, सद्भाव

sinciput /सिंसिपट/ *n., pl.* **~s/ sincipita** *anat.* 1 खोपड़ी का अग्रभाग 2 ललाट, अग्रोपरिशीर्ष

sine /साइन/ (*abbr.* **sin**) *n., trig.* ज्या, साइन, समकोणिक त्रिभुज

sine /साइनि/ सिने/ *prep. Lat.* के बिना;
***collocations:* ~ die** /साअनि डाइ/ सिने डीए/ अगली तिथि तय किए बिना, अनिश्चित काल तक: adjourn the house ~ die; **~ qua non** /साइनि-क्वा-नोन या सिने क्वा नोन/ अनिवार्य शर्त: ~ qua non of/ for sth (किसी लक्ष्य की प्राप्ति के लिए अनिवार्य शर्त)

sinecur\e /साइनिक्यु\अः/ सिनिक्यु\अः/ *US* सिनिक्युः/ *n.* 1 *Church* ऐसा पद जिसके लिए अच्छा वेतन तो मिलता हो पर काम कुछ न करना पड़ता हो 2 आराम की नौकरी 3 दायित्वहीन पद;
***dw/lw:* ~ism** /~(अ)रिज्म/ *n.* चर्च तंत्र आदि में आराम की नौकरियां बांटने की प्रणाली

Sinesian /साइनीशिअन/ *adj.* चीनी (Chinese)

sinew /सिन्यू/ *n.* 1 नस, कंडरा, रेशेदार ऊतकों का मजबूत टुकड़ा जो मांसपेशी को हड्डी से जोड़ता है यानी मांस पेशी और अस्थियों की संयोजी कंडरा 2 (**~s**, ***syn***. muscle power) शारीरिक बल, बाहुबल, ताकत, मांसपेशी: a man of mighty **~s** 3 (*often* **~s**) शक्ति स्रोत, शक्ति-साधन, आधार: the **~s** of the sentence (दंड देने का आधार);
***v.*, *pt.* ~ed**, *pp* **~ing** सशक्त बना दे.;

dw/lw: **~ed** /सिन्यूड/ (***syn.*** ~y) *adj.* 1 शक्तिशाली, बलशाली: the ~ed wings; **~less** /सिन्युलेस/ *adj.* अशक्त, कमजोर, शक्तिहीन, क्षीण; **~y** /सिन्युई/ *adj.* 1 महाबली, बाहुबली 2 हट्टा-कट्टा, तगड़ा, बलवान 3 जोरदार, सशक्त, प्रभावशाली: ~y style/ language 4 नसदार, सबल: ~y arms;

p&i: **the ~s of war** युद्ध करने के लिए आवश्यक साधन, पैसा

sinfonia /सिन्फोनिआ/ *n., pl.* **sinfonie**/ **sinfonias** सिंफनी, स्वर-संगति, संगीत की धुन, सुरीलापन

sinfonietta /सिन्फोनिएटा/ *n., pl.* **~s** वाद्यवृंदीय धुन का टुकड़ा, छोटी-सी धुन

sing /सिंग/ *v., pt.* **sang**, *pt. p.* **sung**, *pp.* **~ing** 1 गीत गाना, गाना: ~ a song/ a part in an opera; ~ to the guitar; ~ in tune; ~ out of tune 2 संगीत या गाने-बजाने के व्यवसाय में हो.: her mother was a dancer, but she **~s** 3 संगीत द्वारा किसी को आनंद-विभोर क.: her heart **sang** for joy; ~ a baby to sleep; ~ a bride to her new house 4 संगीतमय ध्वनि पैदा क.: the kettle was **~ing** on the stove; bullets were **~ing** past his ears; the wind was **~ing** in the trees; these words don't ~ well; his lyrics ~ themselves 5 कानों में संगीत की गूंज होते र.: my ears are **~ing**; the music is still **~ing** in my ears; my ears were **~ing** for days after the rock concert 6 चहकना, चहचहाना, कलरव क., कूजना 7 भिनभिनाना, भिनकना, बजना, गूंजना: a cricket **~s** 8 सनसनाना 9 कवित्त क., छंदोबद्ध वर्णन क. 10 प्रशंसा क., का गुणगान क.: I ~ the Man (मैं इंसान के गुणगान करता हूं); bards were **~ing** his victory; ~ sb's praises 11 *esp. US sl.* अभियुक्त द्वारा किए गए अपराध की स्वीकारोक्ति करते हुए सारी बातें उगलना: the accused **sang** profusely before the police;

n. सनसनाहट;

dw/lw **~able** /सिंगअबल/ *adj.* गेय, गाने योग्य; **singalong** /सिंगअलौंग, सिंगअलॉग/ *US* /सिंगअलांग, सिंगअलॉग/ (*also* **~song**) *n.* श्रोताओं द्वारा मुख्य गायक के साथ गाने की क्रिया; **~er** /सिंगः/ *n.* 1 गायक, गवैया 2 गाने वाला या गायक पक्षी 3 कवि; **~ing** /सिंगिंग/ *n.* गायन, गायकी, गाने की क्रिया: choral ~ing; **~ing** *adj.* गाने वाला: ~ing bird; ~ing voice; ~ing teacher;

p&i: **~ along with sb/ sth** = **~ along to sb**/ sth श्रोताओं या अन्य व्यक्ति द्वारा मुख्य गायक के साथ गाना; **~ another song/ another tune** पहले की नीति त्यागकर नई बातें करने लगना, ढीला पड़ जा.; **~ of sth** = **~ one's praises** प्रशंसा गीत गाना; **~one's feathers/ wings** छोटी-मोटी चोट खाना; **~ out** 1 गाते हुए लगभग चिल्लाना 2 सूचना दे., उपदेश दे.; **~ small/ low** संयम बरतना, स्वर धीमा क., विम्रतापूर्वक काम क.; **~ the same tune** हां में हां मिलाना;

the police claimed that the accused was ~ing पुलिस ने दावा किया कि आरोपी आसानी से गुनाह कबूल रहा है; **you will soon ~ different!** थोड़ी देर में आप दूसरी भाषा बोलने लगेंगे!

sing. *abbr.* '**singular**' का संक्षिप्त रूप

singe /सिंज/ *v., pt.* **~d**, *pp* **singing** 1 सतह पर धीमे-धीमे जलना, सुलगना 2 (***syn.*** scorch) झुलसना या झुलसाना: ~ a fowl; the hot iron has **~d** the cloth;

p&i: **~ one's reputation** अपनी नेकनामी पर धब्बा लगाना; **~ one's feathers/ one's wings** झुलस जा.

singer *see above under* **sing:** ***dw/lw***

Singhalese /सिंघलीज/ (*also* **Sinhalese**) *adj.* श्रीलंका की मुख्य जनजाति से संबंधित, सिंहली

single /सिंगल\/ *adj.* 1 एक, एक ही, एक मात्र: a ~ eye-glass (एक आंख का चश्मा); worked with a ~ object (एक लक्ष्य पर केंद्रित होकर या एकनिष्ठ होकर काम किया) 2 (***syn.*** solitary) एकांगी, अकेला, एकाकी, एकल 3 (***syn.*** unmarried) अयुग्मित, अविवाहित: ~ parent 4 मात्र एक व्यक्ति के लिए, एक व्यक्ति का, इकहरा: a ~ room; a ~ bed; walk in ~ file एक के बाद एक बनी (इकहरी) कतार में चलना 5 एक-तरफा: ~ (one-way) ticket 6 अद्भुत, निराला, अद्वितीय 7 एक तह का, बेमेल: ~ stitch 8 पृथक, प्रत्येक, अलग-अलग: articles sold ~ 9 सच्चा, निष्कपट: a man of ~ purpose 10 (***syn.*** one-to-one) एक-से-एक, एक के विरुद्ध एक: ~ fight/ combat 11 एक भी: not a ~ person turned up (एक भी आदमी नहीं आया) 12 प्रत्येक, हर एक: every ~ person; each ~ fibre 13 एकता-बद्ध या एकजुट होकर: they spoke with a ~ voice;

n. 1 ऐसा रिकॉर्ड या सीडी जिसमें सिर्फ एक ही गाना हो 2 (**~s**) टेनिस आदि का एक-एक खिलाड़ी द्वारा खेला जाने वाला इकहरा खेल 3 *cricket* एक रन 4 *UK* (*US* **one-way ticket**) एक-तरफा टिकट 5 (*often* **~s**) जिसका कोई सहवासी न हो 6 इकहरा कमरा 7 (one-dollar/ one-pound/ one-euro/ one-rupee note) मुद्रा की इकाई;

v., *pt.* **~d**, *pp* **singling** 1 चुनना, चुन लेना 2 छांटना 3 (*always* **~ out**) 3.1 बहुतों में से किसी एक को चुनना 3.2 दोषारोपण या दंडदान के लिए किसी एक को निश्चित क.: ~ sb/ sth **out** as the culprit;

dw/lw: **~-acting** *adj.* एकाभिनय या एकांकी मंचन से संबंधित, सरल या एक-क्रिया का; **~-barrelled** *adj.* इकनाली (बंदूक); **~-breasted** *adj.* इकहरे सीने वाला, इकहरे अग्र भाग वाला (पोशाक यानी कोट आदि); **~-decker** *adj.* एक डेक वाला (जहाज); **~-engined** *adj.* एक मोटर या इंजन वाला; **~-eyed** *adj.* 1 काना 2 एकनिष्ठ, सच्चा; **~-handed** /~हैंडिड/ *adj.* 1 एक हाथ वाला (*Hr.* टूंडा) 2 मात्र एक व्यक्ति के प्रयास वाला: ~-handed efforts; **~-handedly** /~हैंडिडलि/ *adv.* अकेले ही; **~-hearted** *adj.* सच्चा, निष्कपट, ईमानदार; **~-loader** *n.* एक गोली वाली बंदूक आदि; **~-minded** *adj.* सच्चा, एकनिष्ठ, अनन्य; **~-minded** /~माइंडिड/ *adj.* 1 = **~-hearted** 2 एकनिष्ठ, एकाग्र; **~-mindedly** *adv.* एकाग्रतापूर्वक; **~-mindedness** *n.* एकनिष्ठता, एकाग्रता; **~ness** /~नेस/ *n.* 1 अकेलापन, कुंवारापन 2 एकांत 3 एकता, एकाग्रचित्तता: the ~-mindedness of nature's laws; **~stick** *n.* गतका; **~ton** /सिंगल्टन/ *n.* 1 ताश के खिलाड़ी के हाथ में एक रंग का अकेला पत्ता 2 अकेली वस्तु 3 अकेला या अविवाहित व्यक्ति 4 जो जुड़वां न हो; **~-seater** *n.* एक सीट वाला (मात्र चालक की सीट वाला) वाहन; **~-track** *n.* एक पटरी वाला, एकतरफा रास्ता; **~-track** *adj.* एकतरफा, एक दिशा में उन्मुख: ~-track mind; **~-use** (***syn.*** disposable) *adj.* मात्र एक बार प्रयोग किया जा सकने वाला; **singly** *see below under separate entry*;

collocations: **~ combat** द्वंद्व-युद्ध, दो व्यक्तियों के बीच सीधी लड़ाई; **~ cream** भोजन पकाने या पके व्यंजनों के ऊपर लगाने की पतली क्रीम; **~ entry** 1 एकल प्रवेश 2 *accounts* एक ही बार दर्ज की जाने वाली: book-keeping by ~ entry; **~ figures** एकांक (1 से 9 तक के अंक): a ~-figure score; **~ file/ Indian file** एक के बाद एक खड़े व्यक्तियों या पशुओं की पंक्ति; **~ harness** एक जूए वाला (टांगा आदि); **~ heart** मन का सच्चा; **~ man** अविवाहित पुरुष; **~ market** कई देशों द्वारा मिलकर बनाया जाने वाला साझा बाजार;**~ parent** (*UK also* **lone parent**) अकेला (बिना पत्नी के) पिता या अकेली (बिना पति के) मां; **~s bar/ ~s club** अकेलों या अयुग्मित लोगों के लिए बार (मधुशाला) या क्लब; **~ state** कुंवारापन, अविवाहितता; **~ transferable vote** एक उम्मीदवार से दूसरे को स्थानांतरित हो सकने वाला मत; **~-use** *adj.* मात्र एक बार प्रयोग के लिए; **~ woman** अविवाहिता, अविवाहित महिला; **~ tender** एकल यानी मात्र एक आवेदनकर्ता द्वारा प्रस्तुत की जाने वाली निविदा;

p&i: **~ out** 1 बहुतों में से किसी एक को छांटना या चुनना 2 प्रहार के लिए एक को चुनना;

in a ~ sum एक-मुश्त; **misfortunes never come ~** मुसीबत कभी अकेले नहीं आती; **not a ~ person turned up**

एक भी व्यक्ति नहीं आया; **they shuffled the ~ file into the hall** वे एक के पीछे एक खड़े होकर बनी पंक्ति में हॉल में घुसे

singles /सिंगल्ज/ *n.* एकल खेल या एक खिलाड़ी का एक प्रतिपक्ष के साथ खेल

singlet /सिंगलेट/ *n.* अंदर पहने जाने वाली टी-शर्टनुमा बनियान

singly /सिंगलि/ *adv.* 1 अकेले-अकेले 2 एक-एक करके: attack the enemies ~; deal with questions ~ 3 अकेले, बिना किसी साथी के: he lives ~

singsong /सिंगसौंग, सिंगसॉग / *US* सिंगसांग, सिंगसॉग / (*also* **sing-along**) *n.* 1 दोस्तों की चौकड़ी जिसमें मिलकर नाच-गाना आदि करते हैं 2 (***syn.*** singalong) एकसुरा, एकरस गाने की क्रिया 3 एकरसता;
adj. एकसुरा, एकरस, विरस, नीरस;
v., *pt.* **~ed**, *pp* **~ing** 1 एक ही स्वर में पढ़ना, बोलना या गाना 2 उबाऊ ढंग से बुदबुदाना

singular /सिंग्युलः/ *adj.* 1 (**the ~**) *gramm.* शब्द का एकवचनीय रूप, एकवचन 2 असाधारण, अद्भुत: a ~ presence of mind 3 अनोखा, विलक्षण, अनूठा: a most ~ phenomenon 4 (***syn.*** strange, odd, eccentric) विचित्र: ~ remark/ word/ behaviour; he was called strange and ~ 5 (***syn.*** outstanding) अद्वितीय, बेजोड़, अनुपम: ~ case/ gift/ opportunity; ~ example/ event; ~ beauty 6 विशिष्ट, विशेष: ~ point 7 अकेला, एकमात्र: ~ proposition 8 व्यक्तिगत, अलग, पृथक 8 सनकी, झक्की;
dw/lw: **~ity** /सिंग्यु\लैरिटि/ *n.* 1 मौलिकता, विलक्षणता, अद्वितीयता, अनुपमता: ~ity of construction/ of design/ of pattern 2 अपवाद, विचित्रता: ~ity of manners; this is a rarity though not a ~ity 3 विशिष्टता, विशेषता: the ~ity of the rock; the room is without any sort of ~ity 4 पृथकता, एकाकीपन; **~ize** /~लराइज/ *v., pt.* ~ized, *pp* ~izing 1 बहुवचन का एकवचन बनाना 2 औरों से अलग क., की विशेषता होना, विशिष्ट कर दे.; **~ization** /~लराइजेशन/ *n.* अद्वितीयकरण, विचित्रीकरण, विशिष्टीकरण; **~ly** /~लःलि/ *adv.* 1 विलक्षण ढंग से 2 विचित्र प्रकार से, अनोखे ढंग से: ~ly uninterested 3 एक-एक करके 4 अत्यधिक: ~ly honest/ beautiful

singult /सिंगल्ट/ *n.* सिसकी, सिसक;
dw/lw: **~us** /सिंगल्टस/ *n., med.* हिचकी

Sinhalese *see above under* **Singhalese**

sinister /सिनिस्टः/ *adj.* 1 (***syn.*** inauspicious, ominous) अमंगलकारी, अशुभ, अमंगल: ~ beginning; ~ symptoms 2 दुष्ट, बेईमान, खराब: ~ character; in a ~ manner 3 बदशक्ल, डरावना, अंधकारमय, मनहूस: ~ face/ glance 4 अभागा, बदनसीब 5 अनर्थकारी, अहितकारी: ~ intentions/ designs 6 तुच्छ, ओछा: ~ affections/ interests; ~ influence

sinis\trad /सिनिस्ट्रड/ *adv.* बाईं ओर;
dw/w: **~tral** /सिनिस्ट्रल/ adj. 1 शरीर के बाईं तरफ स्थित 2 वामावर्त 3 बाईं ओर का 4 खब्बा, वामहस्त; **~trorsal** /सिनिस्ट्रॉःसल/ *adj.* बाईं ओर चाल वाला; **~trorse** /सिनिस्ट्रॉःस/ *adj.* बाईं ओर घूमने वाला, दाईं ओर से बाईं ओर लिपटने वाला

sinistrous /सिनिस्ट्रस/ *adj.* 1 हानिकारक 2 अमंगलकारी, बुरा

Sinitic /सिनिटिक/ *adj.* चीनी-तिब्बती परिवार की भाषाओं का द्योतक;
n. चीनी-तिब्बती परिवार की भाषाएं

sink /सिंक/ *v., pt.* **sank** (*also US pt.* **sunk**), *pt. p.* **sunk**, *pp* **~ing** 1 डूबना, डुबोना: the overloaded raft began to ~; they **sank** the ships in the harbour 2 पानी आदि में मग्न या निमग्न हो जा. 3 धंसना, धसकना: ~ into the snow/ into the sand; ~ in the mud; ~ to/ on the ground; ~ into a chair; ~ back against the pillows 4 (***syn.*** collapse) गिरना, गिर जाना, ध्वस्त हो., उतरना, झुक जाना: if they see us we are **sunk** (यदि वे हमें देख लेते हैं तो हम ध्वस्त हो जाएंगे) 5 धीरे-धीरे डूबना (सूर्य का), ढलना: night is **~ing** on the sea 6 मंद पड़ना, लुप्त हो.: ~ one's eyes; the land **sank** slowly as the ship sailed away 7 (***syn.*** dip) ढलवां होना, तीव्रता से नीचे गिरना: my opinion of him **sank** after that incident 8 (***syn.*** subside, decline) घटते जाना, घटना, अवनति पर होना, ह्रास होना, क्षीण हो जाना, गिरना, बिगड़ना: the river/ the lake is **~ing**; prices are **~ing**; the storm/ the wind is beginning to ~; their voices were **~ing** in the distance; his health began to ~; his spirits/ his courage **sank** 9 (***syn.*** be dejected) कुम्हलाना, निर्जीव, निराश या उदास हो जाना, टूटना, (दिल) बैठना, धसकना: my heart **sank** at the news; she was **~ing** with fatigue 10 पैठना, घुसना, में फैल जाना, बैठ जाना: they **sank** into each other's arms 11 (***syn.*** embed) पैठाना, घुसाना: ~ the pole into the ground 12 धीरे-धीरे पस्तहाल होते जा., मरणासन्न हो., मरने को हो.: he **sank** into depression after her death; it would ~ him 13 ढेर सारा पैसा डुबोना, खो दे., तबाह क.: gullible people **sank** a lot of money into the Sarda Chit Fund; he **sank** all his capital/ all his money into house building 14 किसी की योजनाओं को डुबो दे.: we were **sunk** 15 उधार चुकाना 16 (***syn.*** gulp) जल्दी-जल्दी पी लेना: they **sank** four beers within half an hour 17 (***syn.*** excavate, drill) कुआं आदि खोदना 18 (***syn.*** insert) अंदर घुसाना, घुस जा., बैठ जा., की तह में जा.: screws **sunk** into the wall; she had a wish to ~ her mind into everything she saw 19 नष्ट क. 20 (***syn.*** imprecate) नष्ट करने के लिए अभिशापित क., कोसना: ~ the whole organization 21 समझ में आना, भेजे में बैठ जा., याद रहना, दिल में पैठ क.: the bad news **sank** in gradually; ~ into the mind; these words **sank** into her heart/ into her mind; let this warning ~ well into your mind 22 कागज पर स्याही आदि का सूख जा.: wait for the ink to ~ in first 23 भुला दे., मिटा दे., भूल जा.: we must ~ our differences in the face of common danger; ~ the feud 24 छिपाना, गुप्त रखना: ~ a fact; he has a habit of **~ing** unpleasant truths 25 दबाना, लुप्त क.: he was ready to ~ his personality 26 के बीच में से निकल जा., रिसकर जा.: the rain will ~ through the tent/ through the sand 27 गालों आदि का पिचक जा., भीतर की ओर धंस जा.: her eyes and cheeks have **sunk** 28 पत्थर आदि में उकेरना 29 गेंद को बास्केट बॉल की टोकरी आदि में डालना: he **~s** foul shots consistently 30 निश्चित शारीरिक, आर्थिक, सामाजिक आदि अवस्थाओं में पहुंच जा.: ~ into a sleep/ into a faint/ into a dose/ into a reverie; ~ into oblivion; ~ into poverty; ~ into degradation/ into a state of utter corruption; ~ into decay and eventual ruin; ~ into vice 31 किसी स्तर, हालत आदि तक गिर जा.: ~ to insignificance; ~ to the lowest depths of humiliation; she'd die rather than ~ to such a deed; the shares have **sunk** to nothing; his voice **sank** to a whisper 32 किसी स्तर, हालत आदि तक गिरा दे., कम क.: he **sank** his voice to a whisper;
n. 1 कुंड, हौज, सिंक 2 (***syn.*** drain) नाली, मोरी, नाबदान 3 चहबच्चा, चौबच्चा, हौदी, (***syn.*** cesspool) अड्डा, (***syn.*** pool) कुंड 4 *geol.* विलय गर्त;
dw/lw: **~able** /सिंकअबल/ *adj.* डूबने योग्य, डुबोने योग्य; **~er** /सिंकः/ *n.* मछली पकड़ने की छड़ या जाल से बंधा डुबोऊ वजन; **~hole** (*also* **swallow**) *n.* नीची भूमि में बना बड़ा छेद जिसमें बहकर पानी नीचे चला जाता है, रंध्र;
collocations: **~ing fund** निक्षेप निधि, ऋणशोधन निधि, कर्जा चुकाने के लिए निधि; **~ unit** रसोई घर में रखी जाने वाली बर्तन आदि धोने की इकाई
p&i: **~ in** समझ में आना *see also above the meanings of*

the verb **sink** *under 20 &21*; **~ in one's estimation** किसी की नजर से गिर जा.; **~ in the scale** रुतबे में गिरावट आ जा.; **~ into the grave** कब्र में चले जा.; **~ or swim** अपने प्रयास से बच जा. या तबाह हो जा.; **~ into sth** धीरे-धीरे निष्क्रिय हो. या किसी आरामदेह अवस्था में डूब जा.; **~ so low** इतना गिर जाना (जिसकी कोई हद नहीं); **~ sth into sth** किसी धंधे में बहुत पैसा लगा दे. या बहुत सारा पैसा डुबो दे.; **~ into sth/~ sth into sth** किसी चीज को किसी दूसरी चीज में बैठाना;

a ~ing feeling किसी बुरी बात के हो जाने पर या हो जाने की आशंका में दिल बैठने का आभास; **be sunk in sth** किसी बात की चिंता में डूबा हो.; **I should like to ~ through the floor** मैं धरती के बीच धंस जाने को तैयार हूं; **like rats deserting a ~ing ship** किसी को या किसी चीज को ऐसे छोड़ कर चले जाना जैसे डूबते जहाज को चूहे

sinner *see above under* **sin: *dw/lw***

Sino- *comb. form, denoting:* **Chinese** (चीनी)

Sinology /साइनौलजि/ साइनाःलजि/ *n.* चीनी कला, साहित्य, इतिहास आदि का अध्ययन, चीन-विद्या, चीन-विशेषज्ञता;

dw/lw: **Sinologist** /~लजिस्ट/ (*also* **Sinologue** /साइनअलौग/ *US* साइनअलाःग/) *n.* चीन के बारे में विशेषज्ञ; **Sino-Tibetan** *adj.* चीन, तिब्बत और म्यामार (Myanmar /Burma/) की भाषाओं के परिवार से संबंधित

sinter /सिंटः/ *n.* 1 धातुमल 2 गर्म सोतों या चश्मों की रेतीली गाद, निसाद;

v., *pt.* **~ed**, *pp* **~ing** धातुओं के चूरे को गर्म करके पिघलाना

sinua\te /सिन्युएट/ *adj.* 1 (***syn.*** meandering, sinuous) टेढ़ा-मेढ़ा, लहरदार 2 लड़खड़ाती चाल वाला;

dw/lw: **~tion** /सिन्युएशन/ *n.* टेढ़ा-मेढ़ापन, कुटिलता

sinu\ous /सिन्यु\अस/ (***syn.*** sinuate) *adj.* 1 चलते-चलते आकर्षक ढंग से बल खाने वाला: the **~ous** grace of a cat; a **~ous** movement 2 टेढ़ा-मेढ़ा: a river's **~ous** course 3 सर्पिल, लहरदार 4 पेचीदा, जटिल 5 घुमावदार, चक्करदार 6 कुटिल, धूर्त, बेईमान;

dw/lw: **~osity** /~औ\सिटि/ *US* ~आः\सिटि/ (*also* **~ousness** /~असनेस/) *n.* 1 (= **sinuation**) 1 टेढ़ा-मेढ़ापन, घुमाव-फिराव 2 लहराव, लहरीलापन 2 कुटिलता, धूर्तता; **~ously** /~असलि/ *adv.* 1 लचकते, बल खाते हुए 2 घुमा-फिराकर, टेढ़े-मेढ़े तरीके से 2 कुटिलतापूर्वक

sinus /साइनस/ *n.*, *pl.* **~es**, *anat.* 1 अस्थि-रंध्र, शिरानली 2 (***syn.*** curve) मोड़, घुमाव, चाप, वक्र 3 (***syn.*** cavity) कोटर, विवर, खतिका 4 (***syn.*** fistula) नाड़ी-व्रण, नासूर;

dw/lw: **~itis** /साइनअसाइटिस/ *n.* 1 कोटर-शोथ, शिरानाल शोथ 2 नाक के कोटर में सूजन 3 साइनसाइटिस

sinusoid /साइनअसॉइड/ *n.* 1 *math.* साइनों (sines) का वक्र, ज्यावक 2 *anat.* दिल, जिग्र आदि की छोटी-सी रक्त-वाहिका (blood vessel), शिरानालाभ

sip /सिप/ *v.*, *pt.* **~ped**, *pp* **~ping** 1 घूंट-घूंट पीना: ~ coffee 2 चुस्कियां लेकर पीना 3 हल्के-से घूंट भरना 4 सुरकना, सुड़पना 5 हल्के-से चूसना: the bee **~s** at every flower;

n. 1 चुस्की, घूंट 2 घूंट-घूंट पीने की क्रिया

siphon/ syphon /साइफन/ *n.* 1 U-आकार की नली जिसकी मदद से ऊंचे स्तर के तरल पदार्थ को निचले स्तर पर स्थानांतरित किया जाता है 2 नाल, सुंडका (*Hr.*);

v., *pt.* **~ed**, *pp* **~ing** 1 (*usually* **~ sth off**) तरल पदार्थ को साइफन के द्वारा एक बर्तन से दूसरे में डालना 2 साइफन से निकालकर बहा देना 3 (*also* **~ off**; ***syn.*** divert) बेईमानी से धीरे-धीरे पैसा निकालना, गबन क.

siphuncle /साइफंकल/ *n.* साइफन जैसी नाल

sippet /सिपिट/ *n.* 1 टुकड़ा 2 सूप के साथ रोटी का टुकड़ा

sir /सः/ *n.* (*also* **Sir**) 1 पुरुष के लिए आदरसूचक संबोधन, श्रीमानजी 2 औपचारिक पत्र-लेखन में प्रयुक्त संबोधन 3 (*UK* **Sir**) एक उपाधि, पदवी

sire /साय:/ *n.* 1 घोड़े या अन्य पशुओं का जनक, प्रजनक 2 *hist.* राजा के लिए एक आदरसूचक शब्द, महाराज 3 पुर्खा, पूर्वज 4 प्रजनक;

v., *pt.* **~d**, *pp* **siring** 1 पशुओं द्वारा बच्चे पैदा किया जा. 2 जन्म दे.

siren /सायरन/ *n.* 1 भोंपू: ship's ~; a ~ goes off/ sounds; a ~ blares/ wails; a police ~ 2 (**Siren**) *Gr. mythol.* एक जलपरी (sea nymph) जिसका मनमोहक गायन बहुत सारे मल्लाहों के चट्टानों से टकराकर मरने का कारण बना 3 मोहनी, मनमोहक स्त्री (Femme Fatale) जो पुरुषों को तबाह कर सकती है 4 आकर्षक गायिका;

adj. 1 मनमोहक, मदमस्त करने वाली: ~ beauty 2 मनमोहक व अति आकर्षक: ~ note (मनमोहक सुर);

siriasis /सिरायसिस/ *n.* 1 सूर्य-आघात, धूप-आघात, आतपाघात 2 आतप-स्नान (sun-tanning)

Sirius /सिरिअस/ (*also* **Dog Star**) *n.*, *astron.* 1 लुब्धक तारा 2 रात्रि-आकाश व तारामंडल 'Canis Major' में सबसे चमकदार सितारा

sirloin /सःलॉइन/ *n.* पुट्ठे का मांस

sirocco/ scirocco /सिरौको/ *n.*, *pl.* **~s**/ **~s**, *meteorol.* दक्षिण यूरोप में उत्तरी अफ्रीका से आने वाली धूल-धक्कड़ भरी गर्म हवा, लू

sis /सिस/ *n.*, *colloq.* **'sister'** का छोटा रूप

sisal /साइसल/ साइजल/ (*in full* **sisal hemp/ sisal grass**) *n.* (मैक्सिको का) एक पौधा, जिसके रेशों से रस्से, ब्रश, बोरियां आदि बनाए जाते हैं;

collocations: **~ hemp** बांस केवड़ा, रामबांस

siserary /सिसअरेअरि/ *n.*, *colloq.* ***1*** भयंकर गाली ***2*** गालियों की बौछार ***3*** कड़ी फटकार;

p&i: **with a** ~ 1 बदले की भावना से 2 अकस्मात्, तीव्रतापूर्वक

sissy /सिसी/ *n.*, *pl.* **sissies/ cissies** *derog.* 1 नाजुक, डरपोक व्यक्ति 2 (***syn.*** **wimp**) मेहरा, जनखा: ~ habits

sister /सिस्टः/ *n.* 1 बहन, भगिनी, सहोदरा 2 दीदी 3 सौतेली बहन, विमातृजा भगिनी, कठबहन, विपितृजा भगिनी 4 सहेली, सखी, बहनेली 5 (*also* **Sister**) ईसाई साध्वी (nun): erring ~; honoured ~ 6 (*also* **Sister**) नर्स 7 महिला जो किसी जाति, धर्म, व्यवसाय या समूह की सदस्या हो 8 एक-दूसरे से संबंधित संगठन या व्यवसाय: ~ branch/ enterprise;

adj. एक ही परिवार या प्रजाति की: ~ languages; a ~ ship;

dw/lw: **sister-german** *n.* सगी बहन; **~hood** /सिसटःहुड/ *n.* 1 बहनापा 2 भगिनीत्व: live in loving ~hood; **~-in-law** *n.*, *pl.* ~s-in-law 1 भाभी, जेठानी, ननद, साली, भौजाई, भावज 2 अनुज-वधू 3 सलहज 4 देवरानी; **~ly** /सिस्टःलि/ *adj.* 1 बहन-जैसा 2 भगिनीसुलभ, भगिनीवत; **~liness** /सिस्टःलिनेस/ *n.* बहनत्व, बहनापा;

collocations: **Sister Anne** भरोसेमंद सखी; **~ of the Charterhouse** धुरंधर तर्क-वितर्क करने वाली औरत; **~ Susie** महिला सैनिक;

a ~ of mercy (***syn.*** nun) साध्वी; **a sob ~** दिल-पसीज पत्रकार; **a weak ~** जो व्यक्ति भरोसेमंद न हो; **the Nine Sisters** (*also* **the Morros**) 1 मध्य कैलिफोर्निया में नौ ज्वालामुखी पर्वत चोटियां 2 यूनानी पौराणिक शास्त्रों में कला और साहित्य आदि के नौ (प्रेरणा) स्रोत (muses): 1 epic poetry 2 history 3 comedy 4 lyric poetry 5 tragedy 6 dance and song 7 love song 8 sublime hymn 9 astronomy/ sometimes maths.; **the Seven Sisters** भिन्न-भिन्न देशों में सात प्रसिद्ध पर्वत चोटियों, कंपनियों, प्रदेशों आदि का समुच्चय; **the Weird Sisters** डायन, शेक्सपीयर के नाटक मेकबेथ (*Macbeth*) में तीन जादुगरनियां (Three Witches);

Sisyphean /सिसिफिअन/ *n.*, *Gr. mythol.* ऐसा कार्य जिसे पूरा करना असंभव हो: the Sisyphean task/ the task of **Sisyphus**

sit /सिट/ *v., pt.* **sat**, *pt. p.* **sat**, *pp* **~ting** 1 बैठना 2 (*also* **~ down**) बैठ जा. 3 (***syn.*** perch) पक्षी का टहनी आदि पर बैठना 4 वस्तु का पड़ा होना: a few cups **~ting** on the shelf 5 बिना इस्तेमाल किए पड़ा हो., पड़ा रहना: sb's tools are **~ting** in the shed; the car **~s** in the garage unused 6 (***syn.*** brood) अंडे सेना 7 किसी सदन का सत्र चलना, का बैठना: the court **~s** tomorrow; an assembly/ a parliament, etc. **~s** regularly 8 का सदस्य होना: ~ on a board/ on a committee; ~ on a jury 9 संसद आदि का सदस्य हो. 10 चित्र बनवाने के लिए बैठना: ~ for one's portrait/ for one's photograph 11 स्थिर होना, पर स्थित हो.: the TV **~s** on this stand; the ships ~ in dry dock 12 के साथ अच्छा या बुरा लगना, से मेल खाना: smoking **~s** awkwardly with being a doctor; his principles ~ loosely on him; a light scepticism **~s** gracefully on him 13 को लगना, पर फिट बैठना: the coat **~s** badly on him; the jacket **~s** nicely round sb's shoulders 14 बैठाना: ~ sb down; he **sat** the boy down to do his lessons; ~ oneself 15 किसी को उसके स्थान तक ले जाकर बैठाना, आसन दे.: they **sat** him next to the minister; ~ sb down/ at/ in, etc. 16 (***syn.*** be sitting) कहीं पर बैठा हो.: ~ in an armchair/ at a table; ~ on the throne; ~ cross-legged; ~ at home 17 कहीं पर निवास क. 18 किराएदार हो. 19 परीक्षार्थी हो., परीक्षा में बैठना: ~ for the final examination 20 हवा का किसी दिशा में स्थिर हो.: the wind **~s** east 21 बैठाने की क्षमता (seating capacity) हो.: the hall **~s** five hundred people;

dw/lw: **~-down** *adj.* 1 बैठा हुआ 2 मेज पर बैठा हुआ 3 धरना देने वाली: ~-down strike; **~-down** *n.* बैठे-बैठे किया जाने वाला आराम; **~ter** *see below under separate entry*; **~-fast** *adj.* 1 कसकर बांधा हुआ या स्थिर किया हुआ 2 एक जगह पर लगाया हुआ; **~-in** *n.* धरना; **~-in** *adj.* धरने से संबंधित: ~-in strike; **~ter**, **~ting** *see below under separate entry*; **~-up** *n.* उठक-बैठक;

p&i: **~ about/ around** बेकार बैठे या पड़े र.; **~ above the salt** आदर-सम्मान पाना;**~ as judge** न्यायाधीश के पद पर कार्यरत हो.; **~ at sb's feet** किसी का शिष्य या शागिर्द हो.; **~ at work** देर तक काम क.; **~ back** 1 आराम से बैठे रहना 2 बिना कोई प्रयास किए बैठे र.; **~ down** 1 बैठना 2 अपना स्थान ग्रहण क. 3 काम करने, भोजन आदि करने के लिए बैठना; **~ down strike** फैक्टरी आदि में कामबंदी हड़ताल; **~ down to sth** बिना हीले-हवाले के मान जा.; **~ down under sth** चुपचाप अपमान सह ले., बर्दाश्त क., पी जाना; **~ for a novel character** साहित्यिक पात्र का आधार (prototype) हो.; **~ in** 1 बच्चे की देखरेख क. 2 मीटिंग में भाग लेना, देखने के लिए कक्षा या सभा में बैठना; **~ in judgement** न्यायाधीश के रूप में काम क., आकलन क.; **~ in judgement upon sb** किसी का आकलन क., सही या गलत बताना; **~ in on sth** किसी मीटिंग आदि में श्रोता या दर्शक के रूप में उपस्थित रहना; **~ in for sb** *colloq.* किसी के स्थान पर काम क.; **~ light on sb** किसी की आत्मा को त्रस्त न क.; **~ longer than a hen** किसी के यहां देर तक जमे र.; **~ loosely** गैर-जिम्मेदाराना हो.; **~ loose to sth** किसी बात में कोई रुचि न दिखाना; **~ on/ over a case** 1 मुद्दे की छानबीन क. 2 मुद्दे पर बैठ जा., उसे दबाकर बैठ जा. 3 कार्रवाई में देरी क.; **~ on one's hands** सराहने या प्रशंसा करने से अपने आप को रोक लेना; **~ on plans** योजनाओं को दबाकर रखना, उन्हें लागू करने में देरी क.; **~ on power keg** खतरनाक स्थिति में फंसा हो.; **~ on sb** किसी को दबा दे., उसे बोलने न दे., कुछ न करने दे.; **~ on sth** 1 किसी समिति आदि का सदस्य हो. 2 किसी मुद्दे पर कार्रवाई करने में देरी क.. फाइल आदि को दबाकर रखना 3 किसी बात को गुप्त रखना, उसे दबा दे.; **~ on the fence/ on the rail** निष्पक्ष र., किसी का पक्ष न लेना, अवसरवादी नीति पर चलना; **~ on the thorns** कठिन स्थिति में हो.; **~ out** किसी कार्य के खत्म होने तक बैठे रहना: ~ out a concert; **~ over a book/ a problem** किसी पुस्तक या समस्या का गहन अध्ययन क.; **~ pretty** बेहतर स्थिति में हो.; **~ sth out** 1 खेल, व्यायाम, नाच-गाने आदि में शामिल न हो. 2 समस्या को सुलझाने की बजाए इंतजार करवाकर थका दे. 3 खत्म होने तक रुके रहना; **~ the water well** (जहाज) पानी अच्छी तरह झेल लेता है; **~ tight** 1 अपने विचार पर अटल रहना 2 धैर्यपूर्वक प्रतीक्षा क.; **~ through** अंत तक डटे रहना; **~ through sth** लंबे कार्यक्रम के अंत तक बैठे र.; **~ up** 1 उठकर बैठ जा. 2 देर से सोना: I sat up late writing my essay 3 किसी काम या बात में अचानक रुचि लेने लगना; **~ up and take notice** अचानक कान खड़े क.;

be ~ting pretty *colloq.* बढ़िया स्थिति में हो.; **care ~s (heavy)** = worry **~s on his mind** चिंता उसे सता रही है/ खाए जा रही है; **if you ~ in your place, none can make you rise** नियम का पालन करने वाले व्यक्ति का कोई बाल भी बांका नहीं कर सकता;

sitar /सितार/ *n., IE* सितार, भारतीय वाद्य यंत्रों में सर्वाधिक लोकप्रिय वाद्य

sitcom /सिटकॉम/ (*also* **situation comedy**) *n., colloq.* टीवी का एक प्रकार का हास्य कार्यक्रम जिसमें एक ही प्रकार के कलाकार भिन्न-भिन्न स्थितियों में आते हैं, हास्य-नाटक

site /साइट/ *n.* 1 घटना स्थल: the ~ of a battle; the ~ of the rebellion 2 किसी गतिविधि, भवन आदि का स्थिति स्थान: the ~ of the museum; a camping ~; the ~ of a building/ of a town; a ~ for a building/ for a new hospital 3 इंटरनेट पर वैबसाइट (website);

v., pt. **~d**, *pp* **siting** 1 किसी गतिविधि, भवन आदि का स्थिति स्थान चुनना या तय क.: ~ sth at/ in/ on, etc. 2 स्थित क.;

***dw/lw*:** **~d** /साइटिड/ *adj.* स्थित: well-~d house; **'website'** का छोटा रूप;

collocations: **~ plan** किसी स्थान को विकसित करने की योजना; **~ scale** स्थान का क्षेत्रीय पैमाना;

on ~ कार्य-स्थल पर

Site of Special Scientific Interest *see under* **SSSI**

sitfast /सिट्फास्ट/ *n.* (घोड़े की पीठ पर काठी के नीचे) घट्ठा, गट्टा

sito\logy /साइटौ\लजि/ *US* साइटाः\लजि/ *n.* आहार-विज्ञान, पथ्य विज्ञान;

dw/lw: **~mania** /~मेनिआ/ *n.* आहार-उन्माद; **~phobia** /साइटॉफोबिआ/ *n.* आहार-भीति

sitter /सिटः/ *n.* **~ter** *n.* 1 बैठने वाला व्यक्ति या पशु 2 फोटो या चित्र बनवाने के लिए चित्रकार के सम्मुख किसी मुद्रा में बैठने वाला व्यक्ति 3 बच्चे की देखरेख करने वाला व्यक्ति: a baby-~ 4 घर की रखवाली करने वाला: a flat-~ 5 फुटबॉल आदि के खेल में आसानी से किया जा सकने वाला गोल या क्रिकेट आदि खेल में आसान कैच: miss a ~ 6 आसान काम या गतिविधि 7 पक्का काम, संभावित विजेता: back a ~ 8 अपराध या धोखाधड़ी का आसान-सा निशाना 9 अंडे सेने वाला पक्षी;

dw/lw: **~-in** *n.* बुलावे पर काम करने वाली आया;

p&i: **for a ~** शायद, देखते हैं आगे-आगे होता है क्या

sitting /सिटिंग/ *n.* 1 'sit' का वर्तमानकालिक कृदंत 2 बैठे रहने की क्रिया या बैठे होने की अवस्था: long ~ is fatiguing 3 लगातार बैठे रहने का सत्र: he wrote the story in two **~s** 4 भोजन आदि करने वालों की पारी 5 चित्रकार के सम्मुख बैठने के सत्र का समय: paint sb's portrait in ten **~s** 6 सत्र, अधिवेशन या बैठक: final ~; public ~; ~ of the court/ of a committee; ~ of Parliament 7 औपचारिक सत्र में लगने वाला समय 8 (***syn.*** brooding) अंडे सेने की क्रिया 9 (***syn.*** clutch of eggs) झोल;

adj. 1 वर्तमान: ~ member of parliament; ~ judge/ magistrate 2 बैठा हुआ: in a ~ position; ~ posture 3 बैठने के लिए: ~ accommodation 4 बैठने का, बैठने लायक: not enough ~ space; ~ room for two here 5 आसान शिकार या

निशाना 6 अंडे सेने वाली: ~ hen;
collocations: ~ **duck/target** आसान-सा या अरक्षित शिकार/ निशाना; ~ **drums** *sl.* कामकाजी (मजदूर आदि की) पैंट; ~ **member** वर्तमान सदस्य; ~ **room** *UK* बैठक, ड्रॉइंग-रूम; ~ **tenant** *Br.* संपत्ति के मालिकों के बदलने के समय वर्तमान किरायेदार;
p&i: **at a** ~ एक बैठक यानी एक बार में

situa\te /सिचुएट/ *v., pt.* **~ted**, *pp* **~ting** 1 स्थित क. या हो.: be **~ted** (स्थित होना) 2 स्थापित क. 3 आवश्यक हालात बनाना या शर्तें पूरी क. 4 दलील या प्रस्ताव आदि को किसी पृष्ठभूमि में रखना या प्रस्तुत क.;
dw/lw: **~ted** /सिचुएटिड/ *adj.* 1 स्थित: badly/ pleasantly ~ted village 2 *esp. law* किसी स्थिति या पृष्ठभूमि में प्रस्तुत या मौजूद: be awkwardly ~ted (कठिन स्थिति में); ~ted in a critical position (नाजुक हालत में); thus ~ted he was sure to win (ऐसे हालात में उसकी जीत सुनिश्चित थी)

situation /सिचुएशन/ *n.* 1 हालात, परिस्थिति: financial/ international/ strategical ~; the ~ at the front; a ~ arises/ deteriorates/ worsens; a complicated/ dangerous/ difficult ~; stressful ~ 2 स्थिति, स्थान: the resort is unrivalled for its ~; a pleasant/ a remote ~; commanding/ insular ~ 3 दशा, अवस्था, हालत, स्थिति: in a ~; be/ in an awkward/ in a dangerous ~; plunge into an unpleasant ~; come out of a difficult ~ with credit; be in an interesting ~; bring about/ rectify/ improve a ~ 4 कहानी, उपन्यास आदि के कथानक के विकास में संकट-बिंदु, क्रांतिक बिंदु, पल, घड़ी: dramatic/ tense, strong ~; the drama/ the novel is full of exciting/ thrilling **~s** 5 जगह, नौकरी, पद: find a ~; in one's former ~ 6 क्रम में स्थान: came in first ~ (position);
dw/lw: **~al** *adj.* स्थिति या परिस्थिति संबंधी; **~ism** /सिचुएनिज्म/ *n., philos.* एक दार्शनिक दृष्टिकोण जिसके तहत व्यक्ति का व्यवहार या कार्य-कलाप उसकी परिस्थितियों पर निर्भर करते हैं या वे परिस्थिति-जन्य होते हैं; **~ist** /सिचुएनिस्ट/ *n.* उपर्युक्त दार्शनिक दृष्टिकोण को मानने वाला व्यक्ति;
collocations: ~ **comedy** श्रृंख्लाबद्ध टीवी कार्यक्रम जिसमें पात्र एक जैसी परिस्थितियों में होकर मात्र निजी हास्य-सामर्थ्य की बदौलत चमकते-दमकते हैं; ~ **ethics**, *philos.* ऐसे नैतिक सिद्धांत जो इस बात पर निर्भर करते हैं कि अच्छाई या बुराई बदलते हालात के अनुसार बदलती रहती है; ~ **map** किसी स्थान की विस्तृत जानकारी देने वाला नक्शा; ~ **report** मोर्चे आदि की स्थिति के बारे में ब्योरा;
p&i: **be equal to the** ~ स्थिति का डटकर मुकाबला क.; **save the** ~ स्थिति को बिगड़ने से बचाना

situs /साइटस/ *n., Lat.* 1 स्थान 2 स्थिति 3 दशा

sitz-bath /सिट्स्बाथ/ *n.* कटि-स्नान, बैठे-बैठे नहाने का स्नान-घर

siva /शिवा/ *n. IE* शिव

siwash /सिवाश/ *n., US sl.* बेकार नाविक

six /सिक्स/ *n., cardinal numeral* 1 छः/ छह, षट्, छक्का (6) 2 छः द्वारा दिखाई जाने वाली मात्रा या संख्या: ~ and ~ make twelve; ~ twos are twelve; chapter ~; ~-and-twenty is twenty ~ (26), ~-and-thirty is thirty ~ (36) 3 छक्की (ताश में छः का पत्ता); he played his ~ 4 क्रिकेट के खेल में छक्का यानी छः रन या दौड़ें: Sehwag hit a huge ~ 5 छः को दर्शाने वाले चिह्न 6 और VI: figure of ~ 6 पोशाक, जूते आदि का छः का साइज 7 आधी रात के बाद के छः बजे: 6 am 8 शाम के छः बजे: 6 pm: come at ~ 9 छः लोगों का समूह: there were ~ of them; in **~s** 10 छः वर्ष की आयु;
adj. 1 कुल छः 2 छः वर्ष का;
dw/lw: **~ain** /सिक्सेन/ *n.* षट्पदी (छंद) **~-and-tips** *n., Irish* व्हिस्की का हल्की बीयर के साथ मिश्रण; **~-by-~** *n., US* तीन धुरियों वाली गाड़ी; **~er** /सिक्सः/ *n.* (क्रिकेट में) छक्का; **~-figure** *n.* 1,00,000 या उससे अधिक राशि; **~fold** /सिक्सफोल्ड/ *adj.* 1 छहपहला, छगुना, षड्गुण, छःगुणा के बराबर 2 छः भागों में विभक्त; **~fold** *adv.* 1 छःगुणा ज्यादा: ~fold increase 2 अत्यधिक: the population has increased ~fold; **~-foot** *adj.* छः फुट लंबा या चौड़ा आदि; **~-footer** *n.* छह फुट लंबा व्यक्ति, छह फुट व्यक्ति या खंभा आदि; **~-gun** *n.* = **~-shooter**; **~-ore** *n.* छः चप्पुओं वाली नाव; **~-o-~** *n.* उपदंश या फिरंग रोग (syphilis) की दवाई; **six-pack** *n.* छः वस्तुओं का पैकेट; **sixpence** *n. in Britain* छः पैंस का सिक्का: it doesn't matter ~pence (कोई बात नहीं, इसकी परवाह न करो!); **~-phase** *adj.* षट्कलीय; **~pole** *adj.* षट्ध्रुवी; **~penny** *adj.* 1 छः पेनी के बराबर 2 सस्ती, बेकार: ~penny bit/ piece (1 बहुत सस्ती 2 घटिया 3 तुच्छ); **~-shooter** /सिक्स-शूटः/ *n.* छह गोलियों वाली पिस्तौल, छगोलिया; **sixth** *see below under separate entry*;
collocations: **the Six Counties** अलस्टर (Ulster) की छः कांउटी (मंडल) जो यूके (UK) का हिस्सा हैं
p&i: **at ~es and sevens** (***syn.*** disorder, disarray) अस्तव्यस्त; **deep** ~ जमीन के छः गज नीचे (कब्र); **everything is at ~es and sevens** सब अस्त-व्यस्त है; **hit on all** ~ पूरी कोशिश क,; **hit/ knock sb for** ~ *colloq.* किसी की गेंद पर छक्का जड़ना; **it is** ~ **of one and half a dozen of the other** (*in short* **six and half a dozen**) एक ही बात है, कोई अंतर नहीं, वही बारह, वही दर्जन

sixteen /सिक्सटीन/ *n., cardinal numeral* 1 सोलह, षोडश (16): she is ~ years old 2 सोलह द्वारा दिखाई जाने वाली मात्रा या संख्या: ~ and ~ make thirty two; ~ twos are thirty two; chapter ~ 3 सोलह को दर्शाने वाले चिह्न 16 और XVI आदि 4 सोलह का अंक: figure of 16 5 पोशाक आदि का सोलह का साइज 6 सोलह जनों का समूह: there were ~ of them; in **~s** 7 सोलह वर्ष की आयु;
adj. 1 कुल सोलह का 2 सोलह वर्ष का, सोलह वर्षीय

sixteenth /सिक्सटीन्थ/ *adj., ordinal numeral* (*serial number*) 1 सोलहवां (**16वां**): she is in her ~ year; ~ chapter 2 सोलह में से अंतिम 3 सोलहवां (स्थान) 4 (**the sixteenth**) सोलह या 16वीं (तारीख): ~ of August 5 गोल्फ के खेल में सोलहवां (छेद) 6 सोलहवां वर्ष: she is in her ~ year 7 सोलहवीं (बार): he is doing it for the ~ time;
n. 1 सोलह बराबर भागों में से एक भाग, सोलहवां हिस्सा: a ~ share 2 एक को सोलह से भाग देने पर बनने वाली भिन्न, एक बटा सोलह (1/16) 3 सोलहवें स्थान पर आने वाला व्यक्ति: he finished a bedraggled ~; in spite of the training, she came in a poor ~;
adv. **sixteenthly** *adv.* सोलहवीं (बात यह है कि...)

sixth सिक्स्थ/ (*often written* **6th**) *adj., ordinal numeral* (*serial number*) 1 छठा, छठी, छठे, षष्ठ, छठवां (**6**वां): she is in her ~ year; ~ chapter 2 छः में से अंतिम 3 छठा (स्थान) 4 (**the sixth**) छटी (तारीख): ~ of August 5 गोल्फ के खेल में: छठा (छेद) 6 छठा वर्ष: he is in his ~ year 7 छठी (बार): he is doing it for the ~ time;
n. 1 छः बराबर भागों में से एक भाग, छठा हिस्सा: a ~ share 2 एक को छः से भाग देने पर बनने वाली भिन्न, एक बटा छह (1/6) 3 छठे स्थान पर आने वाला व्यक्ति: he finished a bedraggled ~; in spite of the training, she came in a poor ~;
dw/lw: **~ly** *adv.* छठी (बात यह है कि...);
collocations: ~ **column** पांचवीं श्रेणी यानी भीतरी गद्दारों के वर्ग का पिछलग्गू वर्ग; ~ **form** माध्यमिक शिक्षा का ऐसा स्तर जिसके बाद उच्च शिक्षा के लिए तैयार करने वाले विषयों की पढ़ाई करायी जाती है; ~ **form college** ब्रिटेन में 16 वर्ष से अधिक आयु के छात्रों के लिए स्कूल; ~ **sense** (***syn.*** intuition, gut

feeling) सहज बोध, अंतर्बोध

sixties /सिक्सटीज/ *n., [pl.]* 1 (***often written* 60s/ 60's**) साठ से उनहत्तर वर्ष का समय 2 किसी सदी का छठा दशक यानी साठ से सत्तर का दशक: born in the ~ (1960s) 3 (**the sixties**) साठ से सत्तर डिग्री (F) के बीच का तापमान आदि: temperatures reached the low ~ today 4 साठ से सत्तर के बीच की उम्र: one's sixties; she is in the early/ in the late ~

sixtieth /सिक्सटिइथ/ (*often written* **60th**) *adj., ordinal numeral* (*serial number*) 1 साठवां, षष्टितम (60वां): she is in her ~ year; ~ chapter 2 साठ में से अंतिम 3 साठवां (स्थान) 4 साठवां वर्ष: he is in his ~ year 5 साठवीं (बार): he is doing it for the ~ time;

n. 1 साठ बराबर भागों में से एक भाग, साठवां हिस्सा: a ~ share 2 एक को साठ से भाग देने पर बनने वाली भिन्न, एक बटा साठ (1/60) 3 साठवें स्थान पर आने वाला व्यक्ति: he finished a bedraggled ~; in spite of the training, she came in a poor ~

sixty /सिक्सटि/ *n., cardinal numeral* 1 साठ, षष्टि: he is ~ years old 2 (उन्नीस सौ आदि) साठ का दशक 3 साठ द्वारा दिखाई जाने वाली मात्रा या संख्या: ~ and ~ make one hundred twenty; ~ twos are one hundred twenty; chapter ~ 4 साठ को दर्शाने वाले चिह्न 60 और LX आदि 5 साठ का अंक: figure of 60 (साठ) 6 साठ जनों का समूह: there were ~ of them; in **sixties** 7 साठ वर्ष की आयु 8 (*also* in *compounds, forming nouns*) साठ के साथ जुड़कर बनने वाली संयुक्त संज्ञाएं: **sixty-one**, **sixty-two**, **sixty-three**, **sixty-four ...** 9 साठ का अंक (60);

adj. 1 कुल साठ का 2 साठ वर्ष का, साठ वर्षीय 3 (*also* in *compounds, forming adjectives or ordinal numbers*) साठ के साथ जुड़कर बनने वाले संयुक्त विशेषण: **sixty-first**, **sixty-second**, **sixty-third**, **sixty-fourth ...**;

collocations: **sixty-four dollar question** or **sixty four thousand dollar question** 1 बहुत जटिल प्रश्न 2 निर्णायक प्रश्न;

p&i: **~ times as much** साठ गुणा ज्यादा; **in one's sixties** 60 से 69 वर्ष की आयु का; **like** ~ *sl.* 1 बिजली की रफ्तार से, बहुत तेज 2 भयंकर तरीके से

sixtyish /सिक्सटिइश/ *adj.* 1 लगभग साठ वर्ष का 2 संख्या में लगभग साठ

sixty-nine *see under* **soixante-Neuf**

sizable /साइजअबल/ *adj.* 1 **'sizeable'** की वैकल्पिक वर्तनी 2 काफी बड़ा, काफी ज्यादा, बृहदाकार 3 विस्तृत

sizar /साइजः/ *n.* छात्र-वृत्ति प्राप्त विद्यार्थी;

dw/lw: **~ship** /साइजःशिप/ *n.* छात्र-वृत्ति

size /साइज/ *n.* 1 माप, साइज: be of one ~; take/ wear a large or a small ~ in boots/ in gloves/ in hats; be a ~ too big (एक माप या साइज बड़ा हो.) 2 लंबाई, चौड़ाई, ऊंचाई, मात्रा या इन सब का संयुक्त माप 3 विशालता, विस्तार, मात्रा, पैमाना: the ~ of an army; the ~ of book; be amazed at the ~ of sth 4 पोशाकों, जूतों आदि का माप, नाप: take/ wear a ~ 11/44, etc. 5 छोटा या बड़ा होने का स्तर 6 आकार-प्रकार: come in all/ different/ various, etc. **~s**; all shapes/ shape and **~s** 7 दो जनों की लंबाई-चौड़ाई, ऊंचाई या माप की समानता;

***v.**, pt.* **~d**, *pp* **sizing** 1 किसी वस्तु का माप जानने के लिए उसकी लंबाई चौड़ाई आदि लेना, नाप-तौल क. 2 माप के अनुसार चुनना, पहनना 3 माप, संख्या या आकार के अनुसार सजाना, लगाना: ~ soldiers/ a company/ a platoon 4 माप के अनुसार छांटना 5 सरेस लगाना, चिक्कन क., क्लफ लगाना 6 किसी को या किसी स्थिति को भांपना: ~ sb/ sth up; ~ up a situation;

dw/lw: **sizeable** (*also* **sizable**) /साइजिअबल/ *adj.* (***syn.*** considerable) काफी बड़ा; **~d** /साइजड/ *adj.* 1 के माप का 2 माप अनुसार श्रेणीबद्ध; **~r** *n.* माप अनुसार छांटने वाला उपकरण; **~s** *adv.* से काफी ज्यादा: ~s better/ cleverer/ larger (कहीं ज्यादा बेहतर, चतुर या बड़ा); **~-stick** *n.* माप लेने की छड़, गज (*Hr.*); **sizing** *n.* 1 आकार अनुसार लगाने की क्रिया 2 माप अनुसार वर्गीकरण 3 माप-तौल की इकाइयों का निर्धारण 4 भाग, अंश;

medium-~d *n.* मध्यम आकार का: a medium-~d pizza;

p&i: **~ sb/ sth up** यह भांपना कि कौन या कौन-सी चीज कितने पानी में है; **~ up** 1 (***syn.*** sum up) भांपना, आकलन क. 2 आकार-प्रकार का अंदाजा लगाना 3 थाह लेना;

a man of a ~ बड़ी संभावनाओं वाला व्यक्ति; **a man of a larger ~** और बड़ी हस्ती, बड़ी तोप; **cut sb down to ~** किसी की अहमियत कम क., हेकड़ी खत्म क.; **in ~** माप में; **of a ~** एक ही माप के; **that's about the ~ of it** तो असली बात यही है; **the ~ of it** *colloq.* वर्तमान स्थिति का जायजा; **try it for size** पहन कर देखना, आजमाइश क.

sizeable *see above under* **size:** ***dw/lw***

sizeism/ sizism /साइजिजम/ *n.* अधिक वजन के लोगों के प्रति भेदभाव;

dw/lw: **sizeist** /साइजेस्ट/ *n., adj.* अधिक वजन के लोगों के प्रति भेदभाव करने वाला

sizy /साइजि/ *adj.* 1 चिपचिपा, लसलसा 2 चिपकाने वाला पदार्थ

sizzle /सिजल/ *v., pt.* **~d**, *pp* **sizzling** गर्म तेल में तले जाने से कड़-कड़ की आवाज हो. 2 बहुत गर्म हो. 3 कड़कड़ाना 4 बहुत उत्तेजित या क्रुद्ध हो.;

n. 1 कड़कड़ाहट 2 बेहद गर्मी 3 अत्यधिक उत्तेजना;

dw/lw: **~r** /सिजलः/ *n.* (कड़ाही आदि में) कड़कड़ाता व्यंजन; **sizzling** /सिज्लिंग/ *adj.* 1 जलता हुआ 2 बहुत गर्म: a sizzling spell of weather; sizzling weather 3 अत्यंत उत्तेजक

SJ *abbr.* 'Society of Jesus' की प्रथमाक्षरी

sjambok /शैम्बौक, शैम्बक// *US* शैम्बाःक, -/ *n.* गेंडे की सूखी खाल से बना चाबुक

skald /सकॉःल्ड/ *n.* चारण

skanky /स्कैंक/ *n., informal, N. Amer.* अप्रिय या भद्दा व्यक्ति;

dw/lw: **~y** /स्कैंकि/ *adj.* अप्रिय, गंदा, भद्दा

skate /स्केट/ *n.* 1 (*also* **roller** ~) स्केट, पहिये वाले जूते 2 (*also* **ice** ~) बर्फ पर स्केट करने का जूता: racing **~s** (धावन स्केट) 3 स्केटिंग के जूतों पर लगी तेज धार वाली पत्ती (blade) 4 स्केटिंग करने का एक दौर 5 एक बड़ी खाद्य मछली;

***v.**, pt.* **~d**, *pp* **skating** 1 लकड़ी के रिंक या जमी बर्फ (ice) पर स्केट पहन कर चलना या दौड़ना 2 स्केट दौड़ में भाग लेना: ~ a match; ~ sb (किसी के साथ स्केट दौड़ में मुकाबला क.) 3 ऊपरी सतह पर फिसलना;

dw/lw: **~r** *n.* स्केटर, स्केटिंग धावक: long-distance ~r; **~board** /स्केटबॉःड/ *n.* पहियों वाला बोर्ड जिस पर स्केटिंग करते हैं; **~boarding** /स्केटबॉर्डिंग/ *n.* स्केटबोर्ड पर दौड़;

collocations: **cheap** ~ *US* कंजूस;

p&i: **~ over/ on thin ice** नाजुक मुद्दे से निपटते हुए मुंह की खाने का खतरा मोल ले.; **~ over sth** जल्दी-जल्दी कुछ क., सरसरी नजर से देखना: we'll ~ over the next chapter; **~ round sth** किसी कठिनाई या समस्या से निपटने से टलना; **put on one's ~s/ get one's ~s on** 1 जल्दी क. 2 भाग खड़े हो. 3 सेना आदि से भगोड़ा बनना

skating /स्केटिंग/ *n.* स्केटिंग, स्केटों पर दौड़;

collocations: **~ rink** स्केटिंग रिंक, स्केटिंग हाल या जमी बर्फ (ice) का मैदान;

free style ~ स्केटिंग दौड़ की असंबद्ध शैली; **figure** ~ अलंकृत स्केटिंग; **pair** ~ युगल स्केटिंग; **single** ~ एकल स्केटिंग; **speed** ~ तेज स्केटिंग

skean, skene, skain /स्कीन/ स्काइन/ *n.* कटार

skedad\dle /स्किडैडल/ *v., pt.* **~dled**, *pp* **~dling** 1 भाग जा.

2 जल्दी से चले जा.;
n. शीघ्र प्रस्थान
skeet /स्कीट/ *n.* उड़ती चीज पर निशाना लगाने की कला, गति-भेदन
skein /स्केन/ *n.* 1 उलझी अंटी, लच्छी: tangled ~ 2 लच्छा, अंटी: ~-dyeing (लच्छी-रंजन) 3 उड़ते हंसों का झुंड 4 उलझन 5 गड़बड़-घोटाला
skeletal /स्केलअटल/ *adj.* 1 कंकाल जैसा या कंकाल संबंधी 2 अत्यधिक पतला, अस्थि-पंजर-सा 3 रूपरेखा की शक्ल में मौजूद
skeleton /स्केलिटन/ *n.* 1 कंकाल, ठठरी, पंजर, अस्थि-पंजर: he is a ~ now (वह सूख कर कांटा हो गया है); be reduced/ shrivel to a ~ 2 ढांचा: the metal/ the steel ~ of a building 3 रूपरेखा, खाका: the ~ of a speech/ of a lecture; the ~ of a play 4 अवशेष 5 बहुत कम संख्या: a ~ crew/ staff/ service; ~ army/ company;
dw/lw: **~ize** *v., pt.* **~ized**, *pp* **~izing** 1 कंकाल बनना 2 रूपरेखा प्रस्तुत क. 3 बहुत अधिक घटाना
collocations: **~ crew** अपूर्ण या बहुत छोटा कर्मी दल; **~ key** = **master key**; **~ letter** रिक्तिक पत्र; **~ staff** अत्यल्प कर्मी दल;
human/ animal ~ मानव या जानवर का कंकाल; **~ key** सर्वकुंजी, मास्टर चाबी, चोर-कुंजी;
p&i: **~ at the feast** कटु स्मृति, कबाब में हड्डी;
be reduced to a ~ सूखकर कांटा हो जा.; *UK* **have a ~ in the cupboard**/ *US* **have a ~ in the closet** छिपाई हुई शर्मनाक बातों का पिटारा हो.;
skelm /स्केल्म/ *n.* ऐसा व्यक्ति जिसे आप अपराधी समझते हैं या जिस पर आपको विश्वास नहीं
skep /स्केप/ *n.* 1 सीकों से बनी बड़ी गोल टोकरी 2 मधु-मक्खियों का छत्ता:
dw/lw: **~ful** *n., pl.* ~fuls टोकरी में समा सकने वाली मात्रा
skepsis *US* '**scepsis**' की अमेरिकी वर्तनी
skeptic /स्केपटिक/ *n. US* '**sceptic**' की अमेरिकी वर्तनी
skeptical /स्केपटिकल/ *adj. US* '**sceptical**' की अमेरिकी वर्तनी
skepticism /स्केपटिसिज्म/ *n. US* '**scepticism**' की अमेरिकी वर्तनी
skerrick /स्केरिक/ *n., esp. US, Austral. & NZ dialect,* (*usually* with negatives) बहुत थोड़ी मात्रा, छोटा-सा टुकड़ा: not a ~
skerry /स्केरि/ *n., pl.* **skerries** समुद्री चट्टान, चट्टानी टापू
sketch /स्केच/ *n., pl.* **~es** 1 रूपरेखा, ढांचा 2 एक छोटा हास्य अभिनय 3 मौखिक या लिखित संक्षिप्त वर्णन: give sb a quick ~ of the story 4 खाका, कच्चा नक्शा 5 रेखाचित्र: chalk/ paste water-colour ~ 6 प्रारंभिक योजना 7 एक छोटा-सा संगीत कार्यक्रम 8 एक संक्षिप्त वर्णनात्मक निबंध: autobiographical/ historical ~; brief/ concise ~; critical ~;
v., *pt.* **~ed**, *pp* **~ing**, *s/he/ it* **~es**, रेखांकन क.: ~ sth out; ~ sb's head/ sb's figure; go out **~ing** 2 संक्षिप्त वर्णन देना: ~ (out) the situation in a few words;
dw/lw: **~ily** /स्केचिलि/ *adv.* अधूरे ढंग से, सतही रूप में; **~y** /स्केचि/ *adj. degr.* **~ier**, **~iest**) 1 मोटा-मोटी, अपूर्ण, स्थूल 2 (***syn.*** superficial) ऊपरी, सतही: the lecture was too **~y**; a **~y** knowledge of philology; on the **~y** side;
collocations: **a hot** ~ एक अद्भुत व्यक्तित्व; **a thumb-nail** ~ संक्षिप्त शाब्दिक चित्रण
skew /स्क्यू/ *adj.* 1 तिरछा, टेढ़ा 2 ढलवां 3 ऊबड़-खाबड़, विषमतलीय;
v., *pt.* **~ed**, *pp* **~ing** 1 तिरछा बनना या हो. 2 एक तरफ टल जा., किसी बात से कतराना 3 तरफदारी या पक्षपात क. 4 घोड़े आदि द्वारा डरकर तिरछे/ टेढ़े चलना, मुड़ जाना, बिदक जा. 5 तिरछा देखना, भेंगा होना 6 (***syn.*** distort) तोड़-मरोड़कर पेश क. 7 अस्वीकृति भाव से देखना, तिरस्कृत क.: ~ at/ upon sb/ sth;
n. (***syn.*** obliquity) तिरछापन, तिरछी स्थिति;
dw/lw: **~-back** *n.* तिरछी डाट, चाप आधार; **~bald** /स्क्यूबॉल्ड/ *adj.* लाल-चित्तकबारा, अबलक; **~bald** *n.* चितकबरा घोड़ा; **~-bridge** *n.* तिरछा पुल; **~ed** /स्क्यूड/ *adj.* 1 (***syn.*** distorted) विकृत, विषम, तोड़ा-मरोड़ा हुआ 2 टेढ़ा, तिरछा 3 पक्षपातपूर्ण, एकतरफा; **~-eyed** /स्क्यू-आइड/ *adj.* भेंगा, टेढ़ी नजर वाला; **~ness** /स्क्यूनिस/ *n.* टेढ़ापन, वैषम्य, तिरछापन; **~-whiff** /स्क्यू-व्हिफ/ *adj.* तिरछा, टेढ़ा; **~-whiff** *adv., colloq.* 1 टेढ़ी नजर से, भेंगी दृष्टि से 2 टेढ़े तरीके से;
p&i: **be ~ed** परीक्षा में असफल हो जा.; **on the ~** टेढ़ी नजर से, भेंगी दृष्टि से
skewer /स्क्यूअः/ *n.* (कबाब की) सीख;
v., *pt.* **~ed**, *pp* **~ing** सीख में मांस को पिरोना, छेदना
ski /स्की/ *n. pl.* **skis** घनी बर्फ (snow) पर चलने, दौड़ने या फिसलने के लिए पांव में पहनी जाने वाली लकड़ी की पतली समतल पट्टियां, धातु या प्लास्टिक के पतले लंबे चपटे पट्टियों का जोड़ा जिस जूतों से बांध लिया जाता है: go on ~;
v., *pt.* **skied**, *pp* **skiing**, *s/he/it* **skis** स्की पहन कर बर्फ पर चलना, दौड़ना या फिसलना;
dw/lw: **skiable** *adj.* स्की पहनकर चलने, दौड़ने या फिसलने योग्य स्थान यानी ऐसा समतल या ढलवां स्थान जहां बहुत बर्फ (snow) पड़ी हो; **skier** /स्कीअः/ *n.* स्की-धावक; **skiing** /स्कीइंग/ *n.* स्की-धावन: skiing champion; skiing coach; skiing suit; skiing race; skiing gear; water-skiing (जल-धावन); **~-joring** /स्कीजॉरिंग/ *n.* स्की या बर्फ गाड़ी का बर्फ पर घोड़ों या मोटर द्वारा खींचा जा.; **~-jump** *n.* स्की-कूद की पहाड़ी, टीला; **~-jumping** *n.* ऊंचे स्थान से स्की पहनकर कूदने की क्रिया;
collocations: **~ bob** बर्फ पर स्की पट्टियों से चलने वाली साइकिल; **ski lift** स्की करने वालों को ऊंची पहाड़ी पर पहुंचाने वाली मशीन ताकि वे अपने आप स्की करते हुए वापस नीचे उतर आएं; **~ mountaineering** स्की पहनकर पहाड़ पर की जाने वाली चढ़ाई-उतराई; **~ pants** सटकर आने वाली पैंट; **~ pole** दोनों हाथों में पकड़कर बर्फ में गाड़ते हुए धकेलकर चलने के लिए स्की छड़ी; **~ race** स्की दौड़
skid /स्किड/ *v., pt.* **~ded**, *pp* **~ding** 1 कार के पहिए का बिना घूमे फिसलना 2 फिसल जाने के कारण कार आदि का बेकाबू हो जा.: the car **~ded**;
n. 1 गाड़ी आदि की फिसलने की क्रिया: the car went into a ~ 2 रोक, टेक, सहारा 3 भारी वस्तुओं का थोड़ी दूरी तक फिसलाकर ले जाने के लिए लकड़ी या धातु का सहारा 4 विमान के उतरते वक्त प्रयुक्त होने वाला रनर (runner) 5 समुद्री जहाज का लकड़ी का अवरोधक 6 ढलान पर गाड़ी को फिसलने से रोकने के लिए उपकरण;
dw/lw: **~ding** /स्किडिंग/ *n.* कार आदि की फिसलन; **~proof/ ~-resistant** *adj.* फिसलन-अवरोधक, फिसलन-सह;
collocations: **~ lid** *sl.* साइकल आदि चलाते वक्त पहना जाने वाला सख्त टोप; **~ pan** *US sl.* कार-फिसलन-दौड़ अभ्यास क्षेत्र; **~ row** or **~ road** *US* शहर का ऐसा क्षेत्र या गली जहां गरीब, बेघर और पियक्कड़ लोग रहते हैं: be on ~ road;
p&i: **be on the ~s** बद से बदतर होती स्थिति में हो.; **hit the** ~ ढलान पर फिसल जा.; **put the ~s under sb** *colloq.* किसी को सफल होने या प्रगति करने से रोकना
skidoo /स्किडू/ *n., pl.* **~s** मोटर-युक्त बर्फ गाड़ी (sledge);
v. *pt.* **~ed**, *pp* **~ing** 1 मोटर-युक्त बर्फ गाड़ी चलाना 2 जल्दी से चले जा.
skiff /स्किफ/ *n.* छोटी नाव, डोंगी
skiffle /स्किफल/ *n., Br.* 1960 के दशक में प्रचलित जैज (jazz) और लोक संगीत (folk music) के मिश्रण के रूप में एक विशेष संगीत
skies /स्काइज/ *n., [pl.]* 1 आकाश 2 जलवायु, आबोहवा 3 स्वर्ग
skilful *UK* (*US* **skillful**) /स्किलफुल/ *adj.* 1 कुशल: ~ operation; ~ handling 2 निपुण, दक्ष: be ~ at/ in carpentry

3 कुशल, प्रवीण, पटु: ~ mechanic/ surgeon 4 चतुर: ~ cross-examination;

dw/lw: **~ness** *n.* कुशलता, निपुणता, दक्षता; **~ly** *adv. UK* निपुणता से, कुशलतापूर्वक, दक्षतापूर्वक

skill /स्किल/ *n., pl.* **~s** 1 कौशल, हस्त कौशल, हुनर, कला: acquire/ develop/ learn/ master/ require ~; have great ~ with a pair of scissors/ with a needle/ with oars; have no ~ in horses; a basic ~ 2 निपुणता, दक्षता, प्रवीणता: exceptional/ matchless ~; show ~ in boxing/ in fencing; diagnostic/ experimental ~ 3 शिल्प, कारीगरी, दस्तकारी: ~ in carpentry/ in watch-making; ancient ~; ~ at/ in sth 4 पटुता, चतुराई: ~ in diplomacy/ in lecturing/ in teaching; ~ in debate;

dw/lw: **~ed** /स्किल्ड/ *adj.* 1 (***anton***. unskilled) प्रशिक्षित, अकुशल: ~ed labour; ~ed workman; ~ed workwoman (कारीगर, शिल्पकार) 2 (***syn***. expert) प्रशिक्षण आधारित: ~ed work 3 हुनरमंद: ~ed watch-maker 4 कुशल, दक्ष 5 चतुर, पटु: ~ed debater; **~-less** /स्किल-लेस/ *adj.* अकुशल; **~s** *n., [pl.]* किसी शिल्प या हुनर में रुचि एवं दक्षता

skillet /स्किलिट/ *n. US* 1 खाद्य व्यंजनों को तलने के लिए हत्थे वाला बर्तन, फ्राइंगपैन 2 लंबी मूठ वाला कड़ाहीनुमा बर्तन

skillful /स्किलफुल/ *adj. US* '**skilful**' की अमेरिकी वर्तनी

skilly /स्किलि/ *n.,* **skillies** जई (oat) का दलिया

skim /स्किम/ *v., pt.* **~med**, *pp* **~ming** 1 पानी आदि की सतह को छूते हुए ऊपर-ऊपर से निकल जा. या फेंकना: a bird is **~ming** over the sea/ the ground; the bird's wings **~med** over the water; he **~med** a flat stone across the water 2 जमी बर्फ के ऊपर से स्केट करते हुए या किसी सतह के ऊपर से तेजी से गुजरना: a skater **~s** the ice 3 (*also* **~ off**) तरल पदार्थ के ऊपर परत के रूप में जमा हुई गाढ़ी परत उतारना, मलाई आदि उतारना: ~ the cream from/ off the milk 4 किसी तरल से गाद आदि उतारना, झाग या मल उतारना, काछना 5 (*also* **~ through**) सरसरी नजर से देखना: ~ over a subject; ~ over/ through a book/ a document/ a letter 6 (***syn.*** brush against) छूते हुए निकल जाना: he **~med t**he table as he went past;

n. 1 मलाई या मक्खन आदि उतारने की क्रिया 2 बिना मलाई का दूध;

dw/lw: **~med** *adj.* जिससे मलाई या मक्खन उतार लिया गया हो: ~med milk; **~ming** /स्किम्मिंग/ *n.* किसी तरल की ऊपरी गाढ़ी परत उतारने की क्रिया; **~mer** /स्किमः/ *n.* 1 मलाई या मक्खन उतारने वाला 2 मलाई या मक्खन उतारने का उपकरण 3 (*also called* **shearwater**) उष्ण-कटिबद्ध (tropical) पक्षी जो नीचे उड़कर मछली पकड़ता है: Indian ~mer (पनचिरा); **~ming** /स्किम्मिंग/ *n.* 1 मलाई या झाग आदि उतारने की क्रिया 2 ऊपरी परत छूकर होने वाली फिसलन या दूर हटने की क्रिया 3 फिसलन 4 उतारी हुई मलाई या झाग आदि;

collocations: **~med milk** (*also US* **~ milk**) *n.* दूध जिसके ऊपर से मलाई उतार ली गई हो;

p&i: **~ over sth** किसी पाठ को सरसरी नजर से देख लेना; **~ through sth** 1 उड़ती नजर से देख ले. 2 सतही तौर पर पढ़ ले., नजर मार ले.

skimble-skamble /स्किंबल-स्कैंबल/ *adj.* 1 उलझी हुई 2 उल्टा-सुल्टा 3 बेसिरपैर का, प्रलापी, बेतुका, खब्ती

skimmia /स्किमिआ/ *n., pl.* **~s** सदाबहार एशियायी झाड़ी

skimp /स्किंप/ *v., pt.* **~ed**, *pp* **~ing** 1 (*often* **~ on sth**) कंजूसी क.: ~ and screw (कंजूसी क.) 2 कम (पैसा आदि) दे., खींच-खांचकर दे.: ~ sb with/ in food/ money 3 किफायत से रहना, मितव्ययी होना: ~ to save money;

dw/lw: **~ily** /स्किंपिलि/ *adv.* 1 कंजूसी से 2 कम मात्रा में 3 सटकर आता हुआ; **~y** /स्किंपि/ *adj. degr.* ~ier, ~iest 1 अपेक्षित मात्रा से कम, तंग 2 जो ढकता कम हो, दिखाता ज्यादा: ~y clothes; a skirt which is ~y round the hips; a ~y bikini/ dress 3 अपर्याप्त, नाकाफी, नपा-तुला 3 कंजूस, कृपण

skin /स्किन/ *n.* 1 त्वचा, चमड़ी, खाल, चाम: clear/ dry/ tender ~; fair/ dark ~; lovely ~; oily/ greasy ~; sensitive ~ 2 मरे जानवरों का फर या बालों के साथ या बिना बालों का चमड़ा, चर्म: lion's/ tiger's ~ 3 जानवरों द्वारा समय-समय पर उतारा जाने वाला आवरण (*Hr.* कांजली): lizard's/ snake's ~ 4 फलों आदि का छिलका: the ~ of an apple/ of a banana/ of an orange; the ~ of a tomato; peel the ~ off a pineapple 5 कोई भी सटकर लगा बाहरी आवरण या परत: sausage ~ 6 पपड़ी 7 मलाई या मलाई जैसी परत: ~ on boiled milk 8 मुखराग, रूप-रंग: greasy ~ 9 झिल्ली, छाली 10 चमड़े का मशक 11 विमान आदि की बाहरी परत 12 चादर 13 (***syn.*** skinhead) (उस्तरे आदि से) मुंडा सिर वाला अतिवादी, फासीवादी व्यक्ति;

v., *pt.* **~ned**, *pp* **~ning** 1 (***syn.*** strip) खाल उतारना: ~ a rabbit 2 छिलका उतारना: ~ potatoes 2 (*also UK* **graze**) छिल जा.: ~ one's knee; **~ned** the elbow when he fell 3 चमड़ा लगाना 4 (***syn.*** ~ over) घाव का भर जाना, पपड़ी आ जाना 5 शरीर पर सटकर आई पोशाक को उतारना: ~ off a jersey 6 (***syn.*** cheat, swindle) *sl.* लूटना, ठगना;

dw/lw: **~-a-guts** *n.* हड्डी तक त्वचा; **~-and-blister** *n., sl.* बहन; **~-bound** *adj.* 1 सूखकर कांटा बना हुआ 2 कठोर-चर्म रोग से पीड़ित; **~-disease** *n.* त्वचा रोग; **~care** *n.* त्वचा की देख-भाल; **~-deep** /स्किनडीप/ *adj.* 1 छिछला 2 (***syn.*** superficial) ऊपरी, सतही: ~-deep feeling (छिछला भाव); ~-deep impression (सतही प्रभाव या भाव); ~-deep wound (सतही घाव); **~dive** /स्किनडाइव/ *v., pt.* ~-dived, *pp* ~-diving (उपकरणों की सहायता से) पानी के नीचे तैरना या गोता लगाना; **~diver** *n.* गहरे पानी का गोताखोर; **~diving** *n.* गहरे पानी में तैराकी या गोताखोरी; **~flint** /स्किनफ्लिंट/ *adj.* (***syn.*** miser) कंजूस, मक्खीचूस; **~flint** *v., pt.* ~flinted, *pp* ~flinting कंजूस-मक्खीचूस हो.; **~-friction** *n.* सतही घर्षण; **~ful** *n., pl.* ~fuls *sl.* शराब आदि की बड़ी मात्रा: a ~ful of food/ of drink; have one's ~ful (अपनी पूरी खुराक पीना); **~graft** /स्किनग्राफ्ट/ *n.* त्वचारोपण; **~-guard** *n.* घुटना-रक्षक पट्टी या बैंड; **~head** /स्किनहेड/ *n.* उस्तरे आदि से मुंडे बालों वाला अतिवादी या फासीवादी व्यक्ति; **~ned** /स्किन्ड/ *adj.* 1 जिसका छिलका उतार दिया गया हो 2 विशेष प्रकार का चमड़ी वाला: brown-~ned person; **~ner** *n.* 1 चर्मकार 2 चर्मव्यापारी 3 धोखेबाज; **~ny** /स्किनि/ *adj.* (**skinnier**, **skinniest**) *colloq.* 1 अत्यंत दुबला-पतला 2 बहुत तंग पोशाक: **~ny** *n.* किसी के बारे में दुर्लभ सूचनाएं: the ~ny on Bollywood; **~ny-dipping** *n.* नंगा तैरने की क्रिया; **~-test** *n.* त्वचा-परीक्षण; **~-tight** /स्किनटाइट/ *adj.* बहुत कसा हुआ, तन से चिपका हुआ (वस्त्र), तंग, चुस्त;

collocations: **~ and bone** अस्थि-पंजर; **~ disease** चर्मरोग; **~ diver** पनडुब्बा या गोताखोर; **~ flick** अश्लील फिल्म; **~ game** निरी ठगी, धोखाधड़ी; **~ hardness** सतही त्वचा की कठोरता; **~ incision** त्वचा का चीरा; **~ned rabbit** सूखकर कांटा बना हुआ, अस्थि-पंजर; **~ned tomato** छिला हुआ टमाटर; **~ search** *see under* **strip search**; **~ny dip** नंगे शरीर तैरने की क्रिया; **~ny dipper** नंगे शरीर तैरने वाला;

p&i: **~ a flint** कंजूसी क.; **~ alive** जीते-जी खाल उधेड़ दे., कठोर सजा दे., फटकार लगाना: ~ sb alive; I'll be ~ned alive if I don't get back in time; **~ an eel by the tail** उल्टे क्रम में काम क.; **~ a razor** एकदम दाम गिरा दे., हताश होकर बेच डालना; **~ out** 1 भाग जा. 2 लड़ाकू समुद्री जहाज से भगोड़ा हो जा.; **~ over** त्वचा से ढक जा., घाव भर जा.; **~ the lamb** धोखेबाजी क., ब्लैकमेल क.;

a defensive ~ सुरक्षा आवरण; **be mere/ only ~ and bone(s)** मात्र अस्थि-पंजर हो.; **be in sb's ~** छद्म वेश में हो; **by**

the ~ of one's teeth जरा-सा, थोड़े से अंतर से, बाल-बाल (बचना); **dispose of/ sell the bear's ~ before one has caught the bear** सूत न कपास जुलाहे से लट्ठम-लट्ठ; **do sth by the skin of one's teeth** बड़ी मुश्किल से कर पाना; **escape by/ with the ~ of one's teeth** बाल-बाल बचना; **escape with a whole ~** बिना एक खरोंच के बच जा.; **get into sb's ~** किसी की स्थिति में होने का अहसास क.; **get under sb's ~** 1 किसी को बहुत तंग क., चिढ़ाना 2 किसी पर गहरा प्रभाव छोड़ना; **have (a) thick skin** संवेदनहीन हो., आलोचना से परेशान न हो., मोटी चमड़ी वाला होना; **have a thin ~** कोमल-हृदय या नाजुक-मिजाज होना, जरूरत से ज्यादा संवेदनशील हो.; **he isn't a bad old ~** वह अपना आदमी है; **in a bad ~** खराब मिजाज में; **in his/ her ~** वहां जहां हम नहीं; **in one's skin** बिल्कुल नंगा; **I would not be in his ~** मैं उसकी स्थिति में नहीं होना चाहूंगा; **jump out of one's ~ with joy** खुशी के मारे कूदने लगना; **near is my shirt, but nearer my ~** आप सुखी, तो जहान सुखी, स्वार्थपूर्ण रवैया यानी पहले आप फिर दूजा; **no ~ off one's nose/ back** *colloq.* मेरी बला से, मुझे कोई फर्क नहीं पड़ता: it's no ~ off my nose if he decides to resign; **one cannot change one's ~** बस ऐसा ही हूं मैं यानी कोई अपना स्वभाव नहीं बदल सकता; **save one's ~** अपने आपको या अपने हित बचाना; **save one's/ sb's ~ neck** अपने आप को या किसी और को बचाना; **sleep with/ in a whole ~** or **keep a whole ~** बिना चोट या नुकसान के बच जाना; **stripped to the ~** बिल्कुल नंगा; **we are all the same under our ~s** हम सब का खून एक ही रंग का है; **wet to the ~** पूरी तरह भीगा हुआ

skink /स्किंक/ *n.* कोतरी, उष्ण-कटिबद्ध व नर्म (temperate) जलवायु के क्षेत्रों में पाई जाने वाली छिपकली

skint /स्किंट/ *adj., sl.* छूछा, मुफलिस, निर्धन, कंगाल

skip /स्किप/ *v., pt.* **~ped**, *pp* **~ping** 1 उछल-कूद क., कूद-फांद क., फुदकना, कुदकना: ~ about like children/ like lambs; ~ along the road from stone to stone; ~ over a brook/ over a puddle (नदिया या गड्ढे को कूदकर पार क.) 2 (*US* **~ rope**) रस्सी कूदना: ~ for exercise with a ~ping rope 3 छोड़ना, टालना: ~ certain questions 4 (*also* **~ over**) छोड़कर आगे बढ़ जा.: ~ every tenth row; ~ over/ through a book; we'll ~ the next chapter 5 विषय या काम बदलते रहना: ~ about from one question/ from one subject to another 6 रास्ता छोड़कर एक तरफ हट जा.: ~ out of the way 7 फेंकी गई वस्तु द्वारा तालाब आदि में मात्र पानी की सतह को छूते जा., छटकते जाना: ~ pebbles on the water 8 कॉलेज आदि की कक्षा में न जा.: ~ a class/ a lecture;

n. 1 *UK* (*US* **Dumpster** *tradem.*) 1 बड़ी कचरा-कुंडी 2 नाट्यमंच या खेल का सामान रखने की टोकरी 3 कोयले की खदान में कोयला उठाकर ऊपर ले जाने के लिए लिफ्ट-टोकरी 4 एक पैर से दूसरे पैर पर कूदने की क्रिया 5 उछल-कूदने की रस्सी;

dw/lw: **~ping** *n.* कूद-फांद: **~pingly** *adv.* कूदते-फांदते;

collocations: **~ jumping** एक कदम छोड़कर कूदने की क्रिया; **~ping rope** *UK* (*US* **jump rope**) कूदने की रस्सी;

hop, ~ and jump! उछलो, एक कदम छोड़ो और कूदो!;

p&i: **~ across** जाकर आना; **~ it!** बस! काफी हो गया! छोड़ दो! इसे जाने दो!; **~ over sth** लेख आदि को सरसरी नजर से देख लेना;

give a ~ for joy खुशी के मारे उछलना-कूदना, खुशी से फूले न समाना

skipjack /स्किपजैक/ *n., pl.* **skipjack/ ~s** (*in full* **~ tuna**) एक प्रकार की मछली

skipper /स्किपः/ *n.* 1 समुद्री जहाज का कप्तान 2 क्रिकेट आदि के खेल में टीम का कप्तान 3 एक मछली;

v., *pt.* **~ed**, *pp* **~ing** किसी खेल टीम का कप्तान हो.;

collocations: **~'s daughters** समुद्री जहाज के पीछे उमड़ने वाली सफेद झागदार लहरें

skippet /स्किपिट/ *n.* मोहर का डिब्बा

skirl /स्कःल/ *n.* 1 मशकबीन की ऊंची ध्वनि 2 चीख;

v., *pt.* **~ed**, *pp* **~ing** 1 मशकबीन की ऊंची ध्वनि निकालना 2 चिल्लाना चीखना 3 ऊंची फटती आवाज में गाना

skirmish /स्कः मिश/ *n., pl.* **~es** 1 मुठभेड़, लड़ाई: he fell in a ~ 2 (***syn.*** cross-fire) एक-दूसरे पर गोलीबारी: ~ chain/ formation/ line 3 झड़प, भिड़ंत: a ~ of wits 4 कहा-सुनी, वाद-विवाद;

v., *pt.* **~ed**, *pp* **~ing** लड़ाई या मुठभेड़ में उलझना;

dw/lw: **~er** *n.* लड़ाई या मुठभेड़ करने वाला; **~ing** *n.* लड़ाई या मुठभेड़ की क्रिया

skirr /स्कः/ ***v.***, *pt.* **~ed**, *pp* **~ing** 1 भाग खड़ा हो.: they made the enemy ~ 2 भागकर बचना 3 हवा को चीरते हुए निकल जा.: the clouds/ the shadows **~ed** past 4 ढूंढते हुए आगा-पीछा क.: ~ the plain; the schooner **~ed** the coast 5 फेंकना: ~ a stone

skirt /स्कःट/ *n.* 1 स्कर्ट, घाघरा, लहंगा: divided **~s** (पैंटनुमा स्कर्ट) 2 पल्ला 3 झोल या झालर आदि का किनारा 4 (***syn.*** apron) मंडराने वाले यान (hovercraft) के हवा के बैग का पल्ला 5 काठी का पल्ला 6 (*also* **a bit of ~**) *sl.* औरत, विशेषकर कामातुरता के निशाने के रूप में: a nice-looking ~ 7 सीमा-प्रदेश, नगरोपरांत: on the **~s** of the town 8 क्षेत्र-पट्टी: broad ~ of hillocks/ of thickets;

v., *pt.* **~ed**, *pp* **~ing** 1 किसी समस्या से रूबरू होने से बच जा., टल जा., बचकर निकल जा.: ~ a hostile town; we **~ed** a swamp; ~ death; ~ a topic/ a question; he's just been **~ing** the issue 2 (*also* **~ along/ around sth**) के आस-पास, के किनारे-किनारे चलना: precipices **~ed** the road; the gardens **~ed** the riverside; the sun **~ed** the clouds with gold 3 के किनारे पर या की सीमा पर स्थित हो. 4 सीमा-क्षेत्रों में ढूंढते फिरना: the ship **~ed** the coast;

dw/lw: **~ing** *n.* 1 स्कर्ट बनाने का कपड़ा 2 (**~ing-board**) दीवार के निचले हिस्से में चारों तरफ लगने वाले पल्ले की लकड़ी, सीमेंट या संगमरमर की पट्टी;

p&i: **clear one's ~s** अपनी नेकनामी से कलंक का धब्बा धोना

skit /स्किट/ *n.* 1 प्रहसन, व्यंगिका 2 ताना 3 व्यंग्य-रचना 4 थोड़ी-सी वर्षा: it is blowing hard to-day with **~s** of rain 5 भीड़, लोगों का समूह;

v., *pt.* **~ted**, *pp* **~ting** 1 पर हंसना, का मजाक क.: ~ at sb 2 फुदकना: insects **~ted** and danced in the air 3 डर के मारे पीछे हटना

skite /स्काइट/ *v., pt.* **~d**, *pp* **skiting** *Austral. sl.* शेखी बघारना;

n. शेखीपूर्ण बकबक

skitter /स्किटः/ *v., pt.* **~ed**, *pp* **~ing** 1 फिसलना 2 पानी की सतह पर छपछपा कर उड़ जाना

skittish /स्किटिश/ *adj.* 1 जीवंत, उछल-कूद करने वाला, चंचल 2 तुनक-मिजाज, नखरेबाज, सनकी, भड़कैल 3 गिरगिट की तरह रंग बदलने वाला, चालबाज: ~ fortune; ~ disease 4 घबराया हुआ, अड़ियल (घोड़ा): ~ horse

skittle /स्किट्ल/ *n.* 1 बोतलनुमा लकड़ी का पिन 2 (**skittles**) एक खेल जिसमें गेंद से बोतलनुमा लकड़ी के पिनों को गिराना होता है: play at **~s**;

p&i: **~s!** बकवास!;

all beer and ~s हर प्रकार का मनोरंजन व आमोद-प्रमोद; **knock over like ~s** किसी की दलील की धज्जियां उड़ा दे.

skive /स्काइव/ *v., pt.* **~d**, *pp* **skiving** 1 चमड़े को दो फाड़ क. 2 *UK colloq.* (*also* **~ off**) सुस्ती के कारण काम या उत्तरदायित्व से भागना: ~ off the French class today 3 तराशना 4 घिसना;

n. कामचोरी;

dw/lw: **~r** /स्काइवः/ *n.* 1 *UK* कामचोर 2 भेड़ का दोफाड़ चमड़ा 3 चमड़े को दो फाड़ करने वाला 4 छुरा, दोफाड़ करने वाला यंत्र;

dw/lw: **skiving** /स्काइविंग/ *n., adj.* पट्टक, पट्टकन

skivvy /स्किवि/ *n., pl.* **skivvies** *derog.* 1 *esp. US sl.* बनियान, गंजी, जांघिया आदि अंदर के कपड़े 2 पुरुष नौकर;

v., *pt.* **skivvied**, *pp* **skivvying**, *s/he/ it* **skivvies** नौकर के रूप में काम क.

skoal /स्कोल/ *interj., Scandinavian* आपके स्वास्थ्य के लिए (जाम उठाने के लिए टोस्ट)

skua /स्क्यूआ/ *n. pl.* **~s** आर्कटिक और अंटार्क्टिक महासागरों में पाया जाने वाला जीव-भक्षी पक्षी

skulduggery /*US* **skullduggery**/ /स्कल्डगरि/ (*also* **sculduggery**) *n., pl.* **~ies** छल-कपट, चालबाजी, धोखाधड़ी

skulk /स्कल्क/ *v., pt.* **~ed**, *pp* **~ing** 1 चुपके-से दुबककर चोर रास्ते से अंदर आना या बाहर निकलना: ~ through back streets; ~ into/ out of the town; ~ round the house 2 संदेहास्पद ढंग से यानी कोई शरारत करने की मंशा से लुकना-छिपना: ~ in woods; ~ behind the laws 3 कामचोरी क.;

skull /स्कल/ *n.* 1 खोपड़ी, खोपड़ा 2 कपाल, करोटी 3 सिर या दिमाग, बुद्धि: it has at last been hammered into their **~s**;

dw/lw: **~cap** *n.* सिर के बीच में सटकर टिकने वाली मुसलमानों या यहूदियों द्वारा पहने जाने वाली छोटी-सी टोपी; **~duggery** *n.* = **skulduggery** (*see above*)

collocations: **~ and crossbones** दो हड्डियों के बीच रखी खोपड़ी यानी मौत या खतरे का चिह्न;

empty ~ अक्ल से पैदल, खाली खोपड़ी; **thick** ~ मोटी बुद्धि, जड़बुद्धि, मूर्ख आदमी;

p&i: घबराहट के मारे दिमाग खराब हो जा.

skunk /स्कंक/ *n., pl.* **skunk/ ~s** 1 एक अमेरिकी स्तनपायी पशु जो खतरा आने पर बदबूदार द्रव छोड़ता है 2 इस जीव की फर 3 बदमाश, नीच, कमीना, पाजी: lousy ~;

dw/lw: **~-cabbage** *n.* कलमीसाग, पटुआसाग;

collocations: **~ weed** *sl.* गांजे या भांग की अति तेज प्रकार; **~ works** *N. Amer.* बड़ी कंपनी की एक छोटी-सी अनुसंधान प्रयोगशाला

sky /स्काइ/ *n., pl.* **skies** 1 आसमान, आकाश, व्योम, नभ 2 (*often* **skies**) जलवायु, आबोहवा: dismal **skies**; hope the **skies** will clear for you; live under warmer/ under bluer/ under sunnier **skies** 3 (**skies**) स्वर्ग 4 अधिकतम सीमा: the **sky's** the limit; aim for the ~ 5 चित्र दीर्घा में चित्रों की उच्चतम पंक्तियां 6 आसमानी नीला;

v., *pt.* **skied**, *pp* **skying** *s/he/ it* **skies** 1 क्रिकेट के खेल में गेंद को गलती से मारकर ऊंचा चढ़ा दे. (जिसे अक्सर लपक लिया जाता है) 2 नौका-चालन में चप्पुओं को बहुत ऊपर उठा दे. 3 ऊंचा टांगना;

dw/lw: **~-blue** *adj.* आसमानी, नभोनील; **~-box** *n.* सामान्य सीटों से अलग कीमती सीटों के क्षेत्र; **~-clad** *n.* दिगम्बर; **~diver** *n.* हवाबाज, हवाई गोताखोर; **~diving** /स्काइडाइविंग/ *n.* हवाबाजी, विमान से कूदते समय पैराशूट खोलने से पहले दिखाए जाने वाले करतब; **skyer/ skier** *n.* क्रिकेट के खेल में गलती से ऊंची चढ़ाई जाने वाली गेंद; **skyey** /स्कायी/ *adj.* 1 उच्च 2 आसमानी; **skyey** *n.* आसमानी रंग; **~-high** *adj.* गगनचुंबी, बहुत ऊंचा; **~jack** /स्काइजैक/ *v., pt.* ~jacked, *pp* ~jacking उड़ते हुए हवाई जहाज का अपहरण कर ले.; **~jacker** *n.* विमान को हथियाने वाला; **~jacking** *n.* विमान को हथियाने का काम; **Skylab** *n., astron.* 1 अमेरिका द्वारा 1973 में अंतरिक्ष में भेजा जाने वाला अंतरिक्ष अनुसंधान यान 2 कोई भी अंतरिक्ष अनुसंधान यान; **~lark** /स्काइलाःक/ *n.* भरल, उड़ते समय गाने वाला एक छोटा पक्षी; **~lark** *v., pt.* ~larked, *pp* ~larking क्रीड़ा क., आमोद-प्रमोद क.; **~light** *n.* छत में बना झरोखा, छोटा-सा रोशनदान; **~line** *n.* 1 पर्वतों, पेड़ों, भवनों द्वारा बनाई जाने वाली क्षितिज रेखा 2 क्षितिज 3 रूपरेखा; **~rocket** /स्काइरॉकिट/ *v., pt.* ~rocketed, *pp* ~rocketing तेजी से ऊपर उठना; **~rocket** *n.* बहुत ऊपर जाकर फटने वाला पटाखा; **~scape** *n.* आकाश-दृश्य का चित्र: the prices have ~rocketed; **~scraper** /स्काइस्क्रेपः/ *n.* गगनचुंबी भवन; **~-surfing** *n.* विमान से एक तख्ते पर नीचे कूदने और जमीन पर उतरने से कुछ समय पहले ही पैराशूट खोलने की क्रिया; **~ward** *adj.* आकाश की ओर उन्मुख; **~wards** /स्काइवःडस/ *adv.* आसमान की तरफ, ऊपर की ओर, आकाश की ओर; **~way** *n.* विमान उड़ान पथ; **~-writing** *n.* आसमान में उड़ते विमानों द्वारा अपने धूएं से शब्द बनाने की क्रिया, आकाश-लेख, धूम्रलेख;

collocations: **~ marshal** विमान के अंदर तैनात पुलिस; **~ pilot** *sl.* जहाज का पादरी; **~ scape** आकाश-दृश्य;

fleecy ~ बादलों से घिरा आसमान;

p&i: **a clear/ cloudy/ overcast** ~ साफ, काला या बादलों से घिरा आसमान; **extol/ praise/ laud sb to the skies** किसी की तारीफ के पुल बांधना; **if the skies fall we shall catch larks** अगर-मगर, अनहोनी बातों के बारे में बेकार की अटकलबाजी; **out of a blue** ~ अकस्मात्, अचानक; **the ~'s the limit** असीम, कोई सीमा नहीं; **the ~ darkens/ lightens** आकाश के रंग-ढंग बदलते रहते हैं; **to the skies** अत्यधिक, उदारतापूर्वक: he praised her to the skies; **under the open** ~ खुले आसमान तले

slab /स्लैब/ *n.* 1 पत्थर आदि की सिल या टुकड़ा, शिला पट्टी, प्रस्तरखंड 2 केक का मोटा टुकड़ा या फांक: a ~ of cake/ of meat/ of cheese/ of chocolate 3 लकड़ी की चिरी हुई बड़ी-सी ऊपरी पट्टी, फट्टा 4 गाढ़ी गंदी गारा 5 गारा का गड्ढा;

adj. गाढ़ा, भारी, चिपचिपा;

v. *pt.* **~bed**, *pp* **~bing** 1 स्लैब बनाना 2 कंकरीट या पत्थर की स्लैब लगाना

dw/lw: **~bed** /स्लैब्ड/ *adj.* स्लैबों से बना; **~-glass** *n.* शिला कांच; **~-sided** *adj.* पतली कमर वाला: ~sided horse

slabber /स्लैबः/ *n.* लार, राल;

v., *pt.* **~ed**, *pp* **~ing** 1 लार या राल गिराना 2 जल्दी-जल्दी गटकना

slack /स्लैक/ *adj.* 1 (***syn.*** loose) ढीला, जो कसा न हो: ride with a ~ rein (लगाम ढीली छोड़कर सवारी क.) 2 मंद, मंदा: ~ business; ~ season/ period; the trade, the work was ~ 3 सुस्त, आलसी, धीमा, धीमी: ~ workman; ~ pace/ speed 4 (***syn.*** lax) *phon.* (***syn.*** lackadaisical) लापरवाह, असावधान, बेखबर: be ~ in one's duty 5 बुझा हुआ: ~ oven; ~ lime 6 ढीला: keep a ~ hand/ rein on sb 7 उदार, ढीला, जो कठोर न हो: ~ discipline; he was not ~ in keeping the promise 8 भारी, दमघोंटू: ~ weather 9 कमजोर: ~ comprehension; feel ~;

n. 1 ढीला हिस्सा: pull in/ up the ~ 2 मंदी का समय 3 ढीलापन 4 खामोशी 5 सुस्ती 6 समुद्र में ज्वार और भाटे के बीच की शांति या खामोशी 7 *US* बदतमीजी, गुंडागर्दी: let's have none of his ~;

v., (*also* **~en**) *pt.* **~ed/ ~ened**, *pp* **~ing/ ~ening** 1 (*also US* **~ off**) 1 मंद या धीमा हो जा. या क.: ~/~**en** one's efforts; work is **~ing/ ~ening** off for the winter 2 (*also* **~ off/ up**) ढीला हो जा. या क.: ~ a rope/ a girth 3 कम व्यस्त हो जा. 4 आलसी हो., सुस्ताना 5 कम क.: I did not ~ my love of life; ~ the fire; the rain **~ed** 6 सख्ती कम क., थोड़ी ढील दे. 7 आवाज धीमी क. 8 आग कम तेज क., मद्धम क. 9 रोक दे., थाम दे. 10 चूने को बुझाना 11 कोयले का चूरा बनना;

adv. 1 धीरे-धीरे 2 कम;

dw/lw: **~er** /स्लैकः/ *n.* 1 कामचोर, आलसी व्यक्ति 2 फौज की सेवा से टलने वाला; **~er** *n.* आलसी व्यक्ति; **~-jawed** /स्लैक-जॉड/ *adj.* मुंह बाए हुआ; **~ly** *adv.* ढीले-ढाले तरीके से; **~ness**

n. ढीला-ढालापन; **~-rope**/ **~-line** *n.* ढीली रस्सी; **~s** /स्लैक्स/ *n., [pl.] US* पाजामा जैसी ढीली-ढाली पोशाक;
collocations: **~ lime** भुजा चूना; **~ water** ज्वार और भाटे के बीच के समय समुद्र का शांत पानी;
p&i: **~ away** ढीला क. या हो.; **~ in stays** चलने में धीमा (जहाज); **~ lip/ jaw** उबाऊ बकबक; **~ off** मद्धम हो., हल्का पड़ना; **~ up** चाल धीमी क., रफ्तार कम क.; जोश ढीला पड़ना; **cut sb some ~** किसी के साथ कम सख्ती क. या उसकी कम आलोचना क.; **take up the ~** 1 किसी संगठन में पैसे या मानवीय संसाधनों के उपयोग में सुधार क. 2 रस्सी को कसना;

slacken /स्लैकन/ *v., (see also* **slack** *as above), pt.* **~ed**, *pp* **~ing** 1 ढीला पड़ना, धीमा हो जा. या क.: ~ the current/ the speed/ the step 2 ढीला क./ हो.: ~ the girth; her clenched hands **~ed** 3 मंद या कमजोर हो जाना: the current **~ed**; his pace **~ed**; the demand **~ed** 4 (***syn.*** relax) कमजोर पड़ना या क.: ~ alacrity/ enthusiasm; ~ one's efforts/ the opposition; ~ the appetite; the battle/ the storm **~ed** 5 कम कठोर क. या हो., ढील दे.: ~ laws; ~ one's cares/ one's thoughts (चिंताओं या विचारों की जकड़ को ढीला क.)

slag /स्लैग/ *v., pt.* **~ged**, *pp* **~ging** 1 पिघले धातु खनिज की सतह पर धातुमल की परत बनना 2 (**~ sb/ sth off**) *UK* भद्दे तरीके से निंदा क., घोर आलोचना क: he's always **~ging** somebody;
n. 1 धातुमल 2 लौह-चूरा 3 कोयले का चूरा 4 छिद्रिल (porous) लावा 5 *derog. sl.* औरत के लिए अपमानजनक शब्द, व्यभिचारिणी;
collocations: **~ heap** *n.* 1 खान के पास कोयले के चूरे का ढेर 2 काल्पनिक कचरा-मैदान

slain /स्लेन/ *pt. p.,* **'slay'** का भूतकालिक कृदंत

slainte /स्लांचे/ (*Irish, Scot.*) *excl.* (***syn.*** cheers) जाम उठाते हुए बोलना

sla\ke /स्लेक/ *v., pt.* **~ked**, *pp* **~king** 1 (***syn.*** quench) प्यास बुझाना 2 इच्छा, आतुरता, क्रोध आदि शांत क. 3 चूना बुझाना 4 गीले कपड़े या तौलिये आदि से पोंछकर अपने आपको तरोताजा क. 5 *poetic* कम हो., घटना;
collocations: **~ked lime** (*also* **caustic lime**) बुझा चूना

slalom /सलालअम/ *n.* स्की या नौका दौड़ जिसमें बाधाओं के बीच से टेढ़े-मेढ़े दौड़ना पड़ता है: ~ course

slam /स्लैम/ *v., pt.* **~med**, *pp* **~ming** 1 (***syn.*** bang) धड़ाम से बंद क., धम से बंद क. या हो जा.: ~ the door in the face of sb; ~ down (धमाके से बंद क.) 2 पटक दे. 3 (*usually* **~ against/ down/ into**) *colloq.* जोर से मारना: ~ one's hand on the table; he got badly **~med** about the head 4 मात दे. 5 थोपना, जड़ना 6 सर्व विजयी होना: the batsman **~med** the ball into the spectators 7 कड़ी आलोचना क.;
n. 1 धड़ाम की आवाज: close a book/ a door/ a window with a ~ 2 घोर आलोचना 3 ताश के खेल में एक को छोड़ कर सभी हाथ बनाने की क्रिया 4 स्लैम, ग्रैंड स्लैम (Grand Slam);
dw/lw: **~-bang** /स्लैम-बैंग/ *adv.* 1 शोर करते हुए, जोर-शोर से 2 लापरवाही से; **~mer** *n.,* 1 (**the ~mer**) *sl.* जेल, कारागार 2 (*also* **tequila ~**) शराब का एक विशेष कॉकटेल;
collocations: **~ dunk** 1 बासकेटबाल के खेल में कूदकर टोकरी में गेंद डालने की क्रिया 2 अवश्य सफल होने वाला प्रयास;
p&i: **~ into/ against sb/ sth = ~ sth into/ against sb/sth** किसी को या किसी चीज को जबरदस्त टक्कर मारना; **~ the door in sb's face** बात-चीत के दरवाजे बंद क.

slander /स्लांडः/ *US* स्लैंडः/ *n. law* 1 झूठी निंदा 2 झूठ लिखकर या बोलकर दुष्टतापूर्वक की जाने वाली बदनामी 3 मिथ्यारोप;
v., *pt.* **~ed**, *pp* **~ing** 1 दुष्टतापूर्वक बदनामी क. 2 झूठा प्रचार क. 3 झूठी अफवाहें फैलाकर कलंकित क.: ~ sb;
dw/lw: **~er** /स्लांडरर/ स्लैंडरर/ *n.* 1 बदनामी करने वाला 2 निंदक 3 दुष्प्रचार करने वाला; **~ous** /स्लांडरस/ स्लैंडरस/ *adj.* 1 दुष्प्रचारपूर्ण 2 बदनामी करने वाला 3 निंदात्मक: ~ous expressions/ words 4 निंदक: ~ous person

slang /स्लैंग/ *n.* 1 किसी खास समूह के सदस्यों के बीच बोली-समझी जाने वाली भाषा, शब्द या अभिव्यक्तियां 2 अपभाषा, वर्गबोली, खास बोली: prison ~ 3 चोर-उचक्कों द्वारा प्रयोग की जाने वाली बोली 4 सड़क-छाप या अश्लील भाषा;
adj. सड़क-छाप, अपरिष्कृत: ~ word/ expression; a ~ dictionary (अपरिष्कृत या विशेष वर्ग की बोली का शब्द-कोश);
v., *pt.* **~ed**, *pp* **~ing** 1 अपरिष्कृत या अश्लील भाषा, शब्दों, या अभिव्यक्तियों का प्रयोग क. 2 गाली दे.;
dw/lw: **~iness** /स्लैंगिनेस/ *n.* सड़कछापपन, अश्लीलता; **~ing** /स्लैंगिंग/ *n.* 1 सड़क-छाप या अश्लील भाषा का प्रयोग 2 गाली-गलौज; **~ing** *adj.* अश्लील भाषा या गाली-गलौज का प्रयोग करने वाला; **~y** /स्लैंगि/ *adj.* 1 सड़क-छाप, अश्लील 2 अश्लील भाषा बोलने वाला 3 वर्ग-विशेष की (बोली): ~y words; ~y style;
collocations: **~ing match** *colloq.* 1 अश्लील भाषा या गाली-गलौज भरा झगड़ा 2 लगातार चलने वाला गाली-गलौज

Slanguage /स्लैंग्विज/ *n.* अपरिष्कृत या अश्लील भाषा, अश्लील शब्दों से भरी भाषा

slant /स्लांट/ *US* स्लैंट/ *v., pt.* **~ed**, *pp* **~ing** 1 तिरछा या टेढ़ा क. या हो., टेढ़ा गिरना 2 तिरछाना 3 विषम या असम कोण पर पड़ना 4 झुकना या झुकाना, मुड़ना या मोड़ना 5 सूचना या वर्णन को पक्षपातपूर्ण बनाना, किसी बात पर अपना रंग चढ़ाना: a magazine **~ed** for farm readers; ~ the news 6 खबर को तोड़-मरोड़कर पेश क .: the findings of investigation **~ed** in favour of the culprit;
n. 1 तिरछी जगह: on a ~ (तिरछी स्थिति में) 2 पूर्वग्रह, तरफदारी, पक्षपातपूर्ण रुख: a ~ on the question 3 तिरछापन, झुकाव, ढाल, मोड़: a ~ of wind 4 अवसर, मौका 5 दृष्टिकोण: take a slightly different ~ 6 उड़ती नजर: take a ~;
adj. 1 तिरछा, टेढ़ा, तिर्यक् 2 झुका हुआ, मुड़ा हुआ 3 ढलवां;
dw/lw: **~ed** /स्लांटिड/ स्लैंटिड/ *adj.* 1 तिरछा, टेढ़ा 2 झुका हुआ 3 किसी के प्रति पक्षपातपूर्ण; **~-eyed** *adj.* भेंगा; **~indicular** /स्लांटिंडिक्युलः/ (*also* **~ingdicular**) *adj., facetious* भेंगा, तिरछा; **~ing** *adj.* 1 तिरछा, टेढ़ा 2 झुकता हुआ: ~ing wind; ~ing rain; **~ingly/ ~ways/ ~wise** /स्लांटिंगलि/ स्लांटवेज/ स्लांटवाइज/ *adv.* तिरछे, तिरछे या टेढ़े ढंग से;
collocations: **~ fire** टेढ़ा तीर, परोक्ष प्रहार

slap /स्लैप/ *v., pt.* **~ped**, *pp* **~ping** 1 (***syn.*** smack) झापड़/ चपत/ थप्पड़/ चांटा मारना या जड़ना: ~ a naughty child 2 घोर आलोचना क. 3 धड़ाम से बंद क.: ~ the door; waves ~ on/ against the coast 4 जोर से थपथपाना: ~ sb on the back 5 जोर से फेंक दे. पटक दे.: ~ a newspaper down on the table 6 लगा ले., जल्दी-जल्दी पोत ले.: she quickly **~ped** make-up on her face 7 (***syn.*** impose) किसी पर जुर्माना या प्रतिबंध आदि लगाना: ~ a fine on sb 8 (*often* **~ sb down**) किसी को या किसी के विचार को आनन-फानन ठुकरा दे., किसी को फटकार लगाना;
n. 1 (***syn.*** smack) चपत, थप्पड़, चांटा, तमाचा, चपेट, चपेटा, झापड़, रैपटा (*Hr.*) 2 अपमान: a ~ in the face 3 झिड़की, फटकार 4 हवा का झौंका 5 *theatre* मेक-अप, चेहरे की लीपा-पोती;
adv. 1 अचानक: finish sth ~ off 2 सीधे, बिल्कुल: run ~ into a wall; bit sb ~ into the eye; he fell ~ on his face 3 (***syn.*** exactly, precisely) एकदम सही, ठीक ही: be ~ on time;
dw/lw: **~bang** *adj.* 1 शोर-शराबेभरा 2 अंधाधुंध 3 अविचारित, उतावला; **~-bang** *adv., colloq.* 1 बिल्कुल, बिल्कुल सही 2 जोर से: he drove ~-bang into the wall 3 अंधाधुंध: ~-bang into a bog 4 अचानक: ~-bang in the middle 5 अविचारित ढंग से: rush ~-bang into an

enterprise; **~-dash** /स्लैपडैश/ *n.* 1 लापरवाही, फूहड़पन, बेढंगापन 2 कौड़ी का काम, बेकार काम: his book is a mere ~-dash; **~-dash** *adj.* 1 अंधाधुंध, जल्दी में या असावधानी से किया हुआ: ~-dash work 2 जल्दबाज 3 लापरवाहीपूर्ण: ~-dash actions; **~-dash** *adv.* 1 जल्दबाजी में 2 अंधाधुंध 3 लापरवाही से; **~-happy** *adj., colloq.* 1 आनंद-विभोर 2 बेपरवाह या लापरवाह: a ~-happy approach to life 3 मनमौजी 4 पीकर धुत्त; **~head** *n.* गंजा, टकला; **~per** *n.* चलती-पुर्जा औरत; **~ping** *adj.* सरपट, ताबड़तोड़, तीव्र, द्रुतगामी: at a ~ping pace; **~stick** /स्लैपस्टिक/ *n.* (*in full* ~stick comedy) 1 अंट-शंट मदारीपन-प्रधान हास्य अभिनय: ~stick comedy 2 प्रहसन, स्वांग, भड़ैंती; **~-up** *n. Austral., NZ* मार-पीट, लड़ाई-भिड़ाई; **~-up** *adj.* ठाठ-बाट वाला, शाही, बहुत बढ़िया: ~-up meal/ dinner, etc.; ~up establishment;

p&i: **~ along** तेजी से चलना; **~ along sb's wrist** किसी को फटकार लगाना, झिड़कना; **~ and tickle** *humorous colloq.* 1 शोर-शराबेभरी धमा-चौकड़ी 2 चुंबन-शुंबन; **~ on the wrist** चेतावनी या हल्की-सी सजा; **~ sb about/ around** किसी को अक्सर पीटना; **~ sb/ sth down** किसी को बदनाम करने के लिए सरे आम आलोचना क.; **~ sth on sb/ sth** किसी पर अचानक कोई कार्रवाई थोंप दे.: ~ a ban on sb; **~ sth on sth** किसी चीज पर कोई चीज पोतना; **~ together** जल्दी-जल्दी कुछ जोड़-जाड़कर तैयार कर दे.;

a ~ in the face/ in the eye 1 करारा जवाब, अपमान 2 आकस्मिक मोहभंग; **a ~ on the back** *colloq.* पीठ की थपथपाहट, शाबाशी

slash /स्लैश/ *v., pt.* **~ed**, *pp* **~ing**, *s/he/it* **~es** 1 काटना: thorns **~ed** his face and hands 2 दाम कम क. 3 (***syn.*** slit) चीरना, काट गिराना: ~ sb with a knife; ~ a parcel open 4 कोड़े लगाना, कोड़ों से खाल उधेड़ना 5 बहुत घटाना: ~ a budget/ funds 6 कटु आलोचना क.: ~ at sb 7 टुकड़ों में काटना: ~ sth to pieces 8 *coarse sl.* पेशाब क.;

n., pl. **~es** 1 गहरा घाव: a ~ from a whip 2 (***syn.*** oblique, *also* **~ mark**) (अंग्रेजी में) लेखन, छपाई आदि में 'or' का द्योतक चिह्न '/' 3 मार, काट 4 बीचों-बीच काट: the quarry makes a ~ through the ridge 5 चीरा 6 काष्ठ छीलन 7 (**a ~**) *coarse sl.* पेशाब करने की क्रिया;

dw/lw: **~ing** /स्लैशिंग/ *adj.* 1 उग्र, प्रचंड: a ~ing attack at sb/ sth; ~ing fellow 2 कटु, तीव्र: ~ing criticism; ~ing review 3 बढ़िया: ~ing success; a ~ing film; **~ed** *adj.* कटा हुआ; **~er** *n.* 1 पेड़ों आदि की कटाई करने वाला 2 कटारी 3 (***syn.*** chopper) काटने वाला;

collocations: **~ and burn** 1 खेत में झाड़-झंखाड़, पेड़-पौधों को काटकर जला देने का कार्य 2 उग्र, प्रचंड, अत्यधिक नुकसान या हानि पहुंचाने वाला;

p&i: **~ at sb/ sth with sth** किसी पर चाकू आदि से हिंसक प्रहार क.

slat /स्लैट/ *n.* लकड़ी या धातु की पट्टी;

p&i: **~ted** *adj.* लकड़ी या धातु की पट्टियों से बना: ~ted blinds; **jiggle/ split one's ~s** हंसी से लोट-पोट हो.

slate /स्लेट/ *n.* 1 स्लेटी पत्थर 2 स्लेटी पत्थर से बनी छत की टाइल, खपरैल 3 स्लेटी पत्थर से बनी लिखने की पट्टी, स्लेट 4 उधार-खाता: on the ~ (उधार पर); give me another beer and put it on the ~ 5 फीका-भूरा रंग;

v., pt. **~d**, *pp* **slating** 1 छत को स्लेट की खपरैल से ढकना, स्लेट लगाना: ~ a roof 2 उधार खाते में लिखना 3 बीमारी से बचने की कोई उम्मीद न हो.: he is **~d** 4 की सूची में शामिल हो., भविष्य के कार्यक्रम में रखना: he is **~d** for governor 5 गाली देना या सख्त फटकार लगाना: ~ a pupil 6 कटु आलोचना क.: ~ an author/ a book; the book had been **~d** by critics;

dw/lw: **~d** *adj.* स्लेटी टुकड़ों से ढका: a ~d roof; **~-grey** *adj.* नीले-भूरे रंग का; **slaty** /स्लेटि/ (*also* **slatey**) *adj.* स्लेटी रंग का: slaty cleavage (स्लेटीपन, स्लेट जैसी सतहों से बने होने का गुण)

p&i: **a clean ~** साफ-सुथरी छवि; **break/ smash the ~** चुनाव में अपनी उम्मीदवारी वापस ले लेना; **clean/ wipe off the ~** हिसाब चुकता कर दे.; **have a ~ loose/ off/ missing** दिमाग का कोई पेंच ढीला हो.; **start with a clean ~** बिल्कुल नए सिरे से काम शुरू क.

slather /स्लैदः/ *n. US* बहुत बड़ी मात्रा, ढेर सारा;

v., *pt.* **~ed**, *pp* **~ing** (*usually* **~ sth on sth**; **~ with/ in sth**) मोटी परत लगाना या फैलाना: hot dog **~ed** with tomato sauce

slating /स्लेटिंग/ *n.* स्लेट की खपरैल;

p&i: **give/ get a severe ~** कटु आलोचना क. या सहना

slattern /स्लैटःन/ *n. old use* (***syn.*** slut) मैले-कुचैली स्त्री, फूहड़ स्त्री;

v., *pt.* **~ed**, *pp* **~ing** फिजूल खर्च क., बर्बाद क.: ~ time; ~ an opportunity;

dw/lw: **~ly** /स्लैटःनलि/ *adj.* फूहड़: ~ly appearance; **~liness** *n.* फूहड़पन

slaty *see above under* **slate: *dw/lw***

slaughter /स्लॉटः/ *v., pt.* **~ed**, *pp* **~ing** 1 (***syn.*** butcher) मांस के लिए पशुओं का काटा जा. 2 (***syn.*** massacre) जन संहार क. 3 कत्ल क., क्रूरतापूर्वक हत्या क. 4 आसानी से हरा दे.; be **~ed** at tennis;

n. 1 निर्मम हत्या, वध: the ~ of the innocents 2 पशुवध: for ~ 3 (***syn.*** massacre) हत्याकांड, मार-काट, कत्ले-आम: ~ of civilian population; fratricidal ~; wholesale ~; the ~ on the roads;

dw/lw: **~er** /स्लाःटरः/ *n.* 1 बूचड़, कसाई 2 हत्यारा, बधिक, कातिल; **~house** *n., pl.* **~es** /स्लॉटः हाउजिज/ (*syn.* abattoir) बूचड़खाना, कसाईखाना; **~ous** /स्लॉटरसः/ *adj.* 1 खूनी, हिंसक 2 विध्वंसक;

p&i: **like a lamb to the ~** बलि के बकरे की तरह

Slav /स्लाव/ *n.* पूर्वी और केंद्रीय यूरोप यानी रूस, बल्गारिया, पोलैंड, सर्बिया, क्रोएशिया, मोंटेनीग्रो, स्लावाकिया, चेक गणतंत्र आदि देशों में रहने वाली स्लाव प्रजाति का सदस्य;

adj. स्लाव प्रजाति का या उससे संबंधित

slave /स्लेव/ *n., hist.* 1 दास, गुलाम, दासी: ~ labour 2 टहलुआ, टहलनत 3 दब्बू 4 (***syn.*** drudge) दूसरे के लिए अपने को खपाने वाला आदमी 5 गुलाम की तरह वफादार आदमी 6 दूसरे यंत्र द्वारा चालित यंत्र 7 (*also* **a ~ to sth**) किसी आदत आदि पर आश्रित व्यक्ति: be a ~ to sth; ~ of habit/ of one's passions; be a ~ to alcohol/ to ambition;

v., *pt.* **~d**, *pp* **slaving** 1 अनथक मेहनत क., कठोर परिश्रम क. 2 नीरस काम में पिसते रहना, पिसना 3 दास बनाना 4 किसी के साथ दास जैसा व्यवहार करना;

dw/lw: **~-born** *n.* गुलामजादा; **~-dealer/ ~-trader** *n.* बुरदा-फरोश, दास-व्यापारी; **~dom** *n.* दास-प्रथा; **~-driver** *n.* 1 दासाध्यक्ष, दास-अधीक्षक 2 (***syn.*** tyrant) क्रूर मालिक; **~-holder** *n.* दास-स्वामी; **~-labour** *n.* दास-श्रम; **~like** *adj.* 1 गुलाम जैसा, कायर 2 गुलाम-सा चापलूस; **~-market** *n.* दास बाजार; **~-merchant** *n.* दास-व्यापारी, बरदा-फरोश; **~r** *see below under* **slaver**[1]; **~ry** /स्लेवरि/ *n.* 1 दासप्रथा 2 दासत्व, दासता: be sold in(to) ~ry 3 गुलामी 4 अनथक परिश्रम, जीतोड़ मेहनत, कड़ी मजदूरी 5 (***syn.*** drudgery) टहल, नीरस या नीच काम; **~-trade** *n.* बुरदाफरोशी, दास-व्यापार;

collocations: **a white-collar ~** दफ्तरी बाबू; **a white ~** ऐसी लड़की जिसे वेश्यावृत्ति के लिए विवश किया गया हो; **a white ~r** वेश्यालयों को लड़कियां मुहैया करवाने वाला व्यापारी; **chattel ~ry** गुलामी, दासता; **wage ~ry** पूंजीवादी दासता; **white ~ry**

विवशतापूर्ण वेश्यावृत्ति;
p&i: **~ and toil to earn one's living** अपनी जीविका कमाने के लिए अनथक परिश्रम क.; **~ one's life/ one's guts out** बेहद परिश्रम करते-करते टूट जा.; **be sold into ~ry** दास बनाने के लिए बेच दिया जा.

slaver[1] /स्लेवः/ *n.* 1 दास-व्यापारी, बुरदा-फरोश 2 दास-व्यापारी का जहाज

slaver[2] /स्लैवः/ *v., pt.* **~ed**, *pp* **~ing** 1 लार टपकनाः ~ sb's cheek 2 उत्कंठित होना;
n. 1 (***syn.*** spittle) लार 2 (***syn.*** flattery) शर्मनाक चापलूसी, खुशामद 3 (***syn.*** nonesense) बकबक;
dw/lw: **~er** /स्लैवरः/ *n.* लार टपकाने वाला, चापलूस; **~ing** /स्लैवरिंग/ *adj.* लार टपकाने वाला, चापलूसीपूर्ण; **~ingly** /स्लैवरिंगलि/ *adv.* लार टपकाते हुए, चापलूसीपूर्वक; **~y** /स्लैवरि/ *adj.* लारयुक्त, थूक से सना 2 खुशामदी, चापलूस

slavery *see above under* **slave: *dw/lw***

Slavic *see below under* **Slavonic**

slavish /स्लेविश/ *adj.* 1 दास-सा, दासीयः a ~ yes-man 2 दासवत्ः ~ yoke 3 दासोचितः a ~ vice 4 नीच, कमीना, अधम 5 नियमों का यंत्रवत् पालन करने वाला, नीरस 6 नकली, अनुकृतः ~ imitation ज्यों का त्यों अनुकरण, हू-ब-हू नकल; ~ translation अक्षरशः अनुवाद; **~ly** *adv.* दासवत्; **~ness** *n.* दासत्व

Slavonic /स्लअवौनिक/ *US* स्लअवानिक/ (*also* **Slavic** /स्लाविक/) *n.* स्लाव भाषा समूह अर्थात् रूसी, बल्गारियायी, चेक, क्रोएट या क्रोएशिअन, पोलिश, सर्बियायी, स्लोवाकियायी आदि भाषाओं का समूह;
adj. स्लाव भाषाओं से संबद्ध

slaw /स्लॉः/ *n., N. Amer.* बंदगोभी का सलाद

slay /स्ले/ *pt.* **slew** /स्लू/, *pt. p.* **slain**, *pp* **~ing** 1 मार डालनाः this joke'll ~ you 2 खून क., वध क.;
dw/lw: **~r** /स्लेअः/ *n.* हत्यारा, वधिक, कातिल

sleaze /स्लीज/ *n.* 1 गंदगी 2 अनैतिक कामः allegations of ~ 3 अनैतिक व्यवहार, घिनौना वातावरण 3 (*also* **~-bag/ ~ball**) बेईमान या अनैतिक व्यक्ति

sleazy/ sleezy /स्लीजि/ *adj. degr.* **sleazier/ sleezier, sleaziest/ sleeziest** *colloq.* 1 गंदाः a ~ bar 2 (***syn.*** disreputable) नीच, कमीना, अनैतिक, दो कौड़ी का, गया-गुज़रा 3 भ्रष्ट, यौन-अपराध में लिप्त 4 झीना, झिरझिरा 5 फूहड़;
dw/lw: **sleazily** *adv.* अनैतिक तरीके से; **sleaziness** *n* अनैतिकता, भ्रष्टता, फूहड़पन

sled /स्लेद/ (*also* **sledge**) *n.* बर्फ पर घसीटी जाने वाली ठेहलानुमा गाड़ी

sledge /स्लेज/ *UK* (*US* **sled**) *n.* हिमगाड़ी, बर्फ पर घसीटी जाने वाली बिना पहियों की ठेहलानुमा गाड़ी;
v., pt. **~d**, *pp* **sledging** हिमगाड़ी या स्लेज से यात्रा क.;
dw/lw: **~-hammer** /स्लेज-हेमः/ *n.* दोनों हाथों से चलाया जाने वाला लोहार का हथौड़ाः ~-hammer argument (ध्वंस्क दलील); ~-hammer attack/ ~-hammer blow (जबरदस्त प्रहार); ~-hammer style (सीधा प्रहार करने की शैली)

sleek /स्लीक/ *adj., degr.* **~er, ~est** 1 (***syn.*** glossy) चिकना, चिक्कण, मुलायम व चमकदारः ~ hair; a ~ car 2 बना-ठना, छैल-चिकनिया 3 मोटा-ताजा, हृष्ट-पुष्टः a body ~ with health; ~ chickens 4 चिकना-चुपड़ा, चाटुकार, जीहुजूरिया, चिकनी-चुपड़ी बातें करने वालाः ~ manner;
v., pt. **~ed**, *pp* **~ing** 1 चिकनाना 2 मुलायम बनाना
dw/lw: **~ly** *adv.* चापलूसी से; **~ness** *n.* 1 चिकनापन, चिकनाहट 2 चाटुकारिता 3 मक्कारी; **~y** /स्लीकि/ *adj.* 1 चिकना, चिक्कण 2 धूर्त, चालाक, मक्कार

sleep /स्लीप/ *v., pt.* **slept**, *pt. p.* **slept**, *pp* **~ing** 1 सोना, नींद लेनाः go to ~; ~ easily; ~ a peaceful sleep; ~ like a log/ like a top; ~ through sth (गहरी नींद में सोना) 2 सोकर आराम क.: ~ sth off (सोकर परेशानी दूर क.) 3 ठहरने या सोने का स्थान दे., ठहराना 4 रात बिताना, ठहरनाः I shall ~ in the hostel to-night 5 सपनों में खोया हो., ध्यान न दे. 6 सदा की नींद सो जा., मर जा. 7 किसी के अंग का सो जा. (become numb) 8 सोने की जगह हो.: ~ four/ six, etc. (चार/ छः आदि लोगों के लिए सोने की जगह हो.); we can dine and ~ you; the caravan **~s** four 8 किसी कार्य को करने में जान-बूझकर देरी क.: ~ on/ upon/ over a question or a matter 9 समुद्र आदि का शांत हो.: the blue sea was **~ing** 10 भावनाओं का शांत हो जा.: the emotions ~ 11 किसी के साथ संभोग क.: ~ with sb 12 सोकर नशा उतारनाः ~ oneself sober 13 घर से बाहर यानी किसी के यहां या अन्य स्थान पर रात बितानाः ~ over (किसी के घर रात बिताना) 14 निष्क्रिय रहनाः a **~ing** partner;
n. 1 नींद, निद्राः go to sleep; a ~ of three hours; get no/ some, etc. ~; have a ~; a good night's ~; dead/ deep/ profound ~ (अति गहरी नींद) 2 शरीर के किसी अंग की सुप्तिः his leg has gone to ~;
dw/lw: **~er** /स्लीपः/ *n.* 1 सोने वाला, शयिता, शायीः a bad/ a good/ a heavy/ a light ~er (खराब/ अच्छी/ गहरी/ हल्की नींद सोने वाला) 2 सोया हुआ व्यक्ति 3 शयन यान, शयनिकाः took the ~er to Kolkata 4 *UK* (*US* railroad tie) रेल पटरी का तख्ता, स्लीपर, सिलिपट, सिलीपट 5 *UK* कान की बाली या मुर्की (*Hr.*); **~ful** *adj.* शांतः spend a ~ful night; **~iness** /स्लीपिनेस/ *n.* उनींद, निद्रालुता; **sleeping** *see below under separate entry*; **~less** /स्लीपलेस/ *adj.* 1 नींदविहीन, अशांतः ~less night (बिना सोये काटी हुई रात) 2 विनिद्र 3 सजग, जागता, जागरूक 4 निरंतर सक्रियः ~less activity; **~lessness** /स्लीपलेसनस/ *n.* अनिद्रा, अशांति, नींद न आने की बीमारी; **~-over** *n.* बच्चों की दावत जिसके तहत कई बच्चे किसी के यहां एक साथ रात बिताते हैं; **~suit** (*also* **night suit**) *n.* रात्रि वस्त्र, सोने के कपड़े, शयन-परिधान; **~walk** /स्लीपवॉक/ *v., pt.* ~walked, *pp* ~walking सोते-सोते चलना; **~walker** *n.* सोते-सोते चलने वाला, निद्राचारी; **~-walking** *n.* निद्राचार, निद्रा भ्रमण; **~y** *see below under separate entry*;
collocations: **~ mode** इलेक्ट्रोनी यंत्र (कंप्यूटर आदि में) में सुप्त अवस्था; **~ therapy** नींद-चिकित्सा;
beauty ~ सवेरे या जल्दी सोने से आने वाली नींद; **broken ~** अशांत नींद; **sound ~** गहरी नींद; **the last long ~ = the never ending ~ = the ~ that knows no breaking/ waking** मौत की गहरी नींद; **twilight ~** अध-सोने की नींद, ऊंघ;
p&i: **~ around** लंपटतापूर्ण व्यवहार क.; **~ away** सोकर अवसर गंवा दे.; **~ in** 1 दफ्तर या कार्य-स्थल पर सोना 2 सामान्य समय से देर तक सोना; **~ in/ on the bed one has made** जो बोया सो काटना; **~ light** अच्छी तरह सोना; **~ like a log/ baby** गहरी नींद सोना; **~ (sth) off** सोकर सिरदर्द आदि से आराम पाना; **~ on sth** अगले दिन तक निर्णय टाल दे.; **~ out** 1 अवसर गंवाना 2 खुले आसमान तले सोना 3 घर की बजाए कहीं और सोना; **~ the clock round** लगातार पूरे बारह घंटे सोना; **~ the ~ of the just** घोड़े बेचकर सोना; **~ the ~ that knows no breaking/ waking** मृत्यु की नींद सोना; **~ with one eye open** श्वान-निद्रा सोना; **~ with sb = ~ together** संभोग क.; **a top ~s when it moves with such velocity** लट्टू जब तेज घूमता है तो लगता है कि उसकी चोटी सो रही है यानी स्थिर है; **be able to do sth in one's ~** आसानी से कोई काम कर लेना; **could do sth in one's ~** बाएं हाथ का खेल; **drop off to ~** ऊंघ जा., सो जा.; **go to ~** 1 सोने जाना 2 किसी अंग का सो जा.; **have a ~ on it** बात को कुछ समय (सवेरे) तक टाल देना = सुबह रात से उज्ज्वल होता है; **have one's ~ out** देर तक सोकर नींद पूरी क.; **in one's ~** सोते-सोते; **let sleeping dogs lie** गड़े मुर्दे न उखाड़ना; **lose ~ over sth** *colloq.* किसी समस्या के कारण नींद हराम हो जा., परेशान हो जा.; **one hour's ~ before**

midnight is worth two after आधी रात से पहले की एक घंटे की नींद आधी रात के बाद के दो घंटों के बराबर होती है; **put sb/ sth to ~** किसी को या किसी जीव को बेहोशी की दवाई देकर सुला दे.; **put sth to ~** सदा के लिए सुला दे.; **put to ~** सुलाना; **the bed wasn't slept in** बिस्तरे में किसी के सोने से सिलवटें नहीं पड़ीं यानी उस पर चादर बदलने के बाद कोई नहीं सोया; **walk in one's ~** नींद में चलना

sleeping /स्लीपिंग/ *adj.* 1 सुप्त, सोया हुआ: ~ dogs (अप्रिय सत्य): let ~ dogs lie (*see above under* **sleep: *p&i***) 2 निद्रित, शयित;
n. शयन;
collocations: ~ **accommodation** सोने का स्थान; ~ **bag** सोने का एक नग का बैग; ~ **beauty** बहुत देर सोने वाली या सोने वाला; ~ **berth** शायिका; ~ **car**/ ~ **carriage**/ ~ **coach** शयनयान, शयनिका; ~ **draught**/ ~ **pill** स्वापक दवा या गोली; ~ **partner** कारोबार में निष्क्रिय सहयोगी या भागीदार; ~ **pill** नींद की गोली; ~ **place** शयन स्थान; ~ **policeman** (*also* **speed hump/ breaker**) *colloq.* स्पीड ब्रेकर, सड़क पर वाहनों की रफ्तार कम करवाने के लिए बना उभार; ~ **porch** शयन बरामदा; ~ **robe** शयन वस्त्र, सोने की पोशाक; ~ **room** शयन-कक्ष, शयनागार, शयनगृह; ~ **sickness** निद्रा-रोग

sleepy /स्लीपि/ *adj., degr.* **sleepier**, **sleepiest** 1 उनींदा, शयालु: she is ~ 2 छोटा और शांत स्थान: ~ town/ village 3 निद्राजनक, स्वापक: ~ music;
dw/lw: **~-head** /स्लीपिहेड/ *n., colloq.* अक्रिय या उनींदा व्यक्ति; **sleepily** *adv.* सोते-सोते, नींद में, अर्ध-सुप्त अवस्था में

sleet /स्लीट/ *n.* हिम-वर्षा, वर्षा, गीली बर्फ (snow), करका वृष्टि, ओलों आदि के एक साथ गिरने या बारी-बारी वर्षा होने की क्रिया;
v., *pt.* **~ed**, *pp* **~ing** हिम-वर्षा हो., गीली बर्फ पड़ना: it **~s**;
dw/lw: **~iness** *n.* गीली बर्फ पड़ने से होनेवाला कीचड़; **~y** /स्लीटि/ *adj.* हिममय, हिमी, हैम, गीली बर्फ से होने वाले कीचड़ भरा;
collocations: ~ **chaser** बर्फ पिघलाने के लिए कार के शीशों को गर्म करने वाला उपकर्ण

sleeve /स्लीव/ *n.* 1 आस्तीन, कमीज की बांह 2 नली जैसा आवरण 3 *engin.* सिलिंडर या नली में लगने वाली धातु नली 4 *poet.* मृत्यु 5 रिकॉर्ड आदि रखने का गत्ते का लिफाफा 6 खंभे से लटकने वाली एक हल्की पतली वायु-दिग्दर्शक नली;
dw/lw: **~d** /स्लीवड/ *suffix* बांहों या बाजुओं वाला: short-~d/ long-~d; **~less** /स्लीवलेस/ *adj.* बिना बांहों का, बे-आस्तीन, बेबांह: ~less dress; ~less errand (बिना किसी उद्देश्य के की जाने वाली यात्रा); **sleeving** /स्लीविंग/ *n., electron.* बिजली की नंगी तारों के लिए एक विशेष आवरण;
collocations: ~ **antenna** खोल ऐंटेना; ~ **board** आस्तीन पर इस्तरी करने के लिए छोटा-सा तख्ता; ~ **note** गीत आदि गाने या रिकाई करने के बारे में टिप्पणी;
leg-of-mutton ~ ऊपर चौड़ी और नीचे तंग मोहरी वाली आस्तीन; **mandarin** ~ कोहनी तक जाने वाली चौड़ी मोहरी की आस्तीन;
p&i: **hang on sb's ~s** किसी पर पूर्णतः निर्भर हो.; **have sth in/ up one's** ~ उपयुक्त समय पर प्रयोग हेतु गुप्त योजना हो.; **in one's shirt ~s** बिना कोट के यानी मात्र कमीज में हो.; **laugh up/ in one's** ~ चुपके-चुपके या चोरी-छिपे हंसना, अंदर ही अंदर खुश होना; **put your hand/ stretch your arm no further than your sleeve will reach** जितनी चादर देखो उतने पांव पसारो!; **roll/ turn up one's ~s** आस्तीन चढ़ाना, किसी कार्य, विशेषकर अप्रिय कार्य के लिए तैयार हो; **wear one's heart on one's** ~ कोई भी बात न पचा पाना, हल्का-पेट हो.; **up one's** ~ गुप्त भंडार

sleigh /स्ले/ *n., US* घोड़ों द्वारा बर्फ पर खींची जाने वाली एक बड़ी स्लेजगाड़ी: ~ bell (स्ले के जुए या घोड़े से बंधी घंटी)

sleight /स्लाइट/ *n.* कौशल, छल-कपट, चाल, करतब;
collocations: ~ **of hand** हाथ की सफाई, हस्त कौशल, हस्त-लाघव

slender /स्लेंडः/ *adj.* 1 (***syn.*** slim) छरहरा और आकर्षक: a ~ young girl 2 पतला, तनु, कृश: ~ purse 3 (***syn.*** thin, narrow, slight, meagre) अल्प, अपर्याप्त, नाकाफी, थोड़ा: win by a ~ margin; ~ means/ store of provisions; ~ knowledge 4 कमजोर, क्षीण: ~ hope 5 महीन 6 नगण्य;
dw/lw: **~ize** /स्लेंडराइज/ *v., pt.* ~ized, *pp* ~izing 1 छरहरा हो जा. 2 छरहरा बना दे.; **~ly** /स्लेंडःलि/ *adv.* क्षीण ढंग से; **~ness** /स्लेंडःनेस/ *n.* छरहरापन;
p&i: **~ as gossamer** फूल-सा कोमल

slept /स्लेप्ट/ *pt.*, **'sleep'** का भूतकाल

sleuth /स्लूथ/ *n., colloq.* 1 (***syn.*** detective) जासूस, भेदिया, गुप्तचर 2 भेदिया कुत्ता, सूंघा;
v., *pt.* **~ed**, *pp* **~ing** 1 सूंघ-सूंघ कर पीछा क. 2 जासूसी क.;
dw/lw: **~ing** /स्लूथिंग/ *n.* अपराध या रहस्य की छानबीन

S level (*in full* **Special level**) इंग्लैंड, वेल्ज और उत्तरी आयरलैंड में ए-लेवल (A-Level) के साथ एक विषय में विशेष परीक्षा

slew /स्लू/ *pt.* **'slay'** का भूतकाल;
n. 1 बहुत बड़ी संख्या, राशि या मात्रा: he had a ~ of work 2 धुरी के गिर्द घुमाव;
v. (**slew** or **slue**), *pt.* **~ed**, *pp* **~ing** 1 धुरी के गिर्द घुमाना 2 के गिर्द झूमना;
dw/lw: **~ed** *colloq.* बहुत अधिक पिए हुआ

slice /स्लाइस/ *n.* 1 टुकड़ा, कतरा, फांक, कतला, तिक्का: a ~ of sth; a ~ of bread/ of cake 2 स्तरी-खंड 3 हिस्सा, भाग, अंश: a ~ of the business; a ~ of the profits/ of the winnings 4 चपटा छुरा 5 टेनिस आदि के खेल में जब गेंद टप्पा खाकर एक तरफ चली जाती है: ~ ball;
v., *pt.* **~d**, *pp* **slicing** 1 (*also* ~ **up**) पतली-पतली फांकों में काटना, तराशना 2 (*also* ~ **sth off**) स्लाइस के रूप में काट लेना: **~d** loaf 3 चाकू से काटना: ~ a piece off the end 4 (**~ into/ off/ through, etc.**) किसी स्थान के बीच से गुजरना: a boat **slicing** through the water;
dw/lw: **~d** *adj.* विदलित, कर्तित, काटा या तराशा हुआ; **~r** /स्लाइसः/ *n.* छुरी, कर्तक; **slicing** *n.* पतली-पतली फांकें बनाने का कार्य;
p&i: **~ off** थोड़ा टुकड़ा काटना; **~ up** काफी सारा काट ले.; **a ~ of life** जिंदगी या यथार्थ का एक टुकड़ा; **a ~ of cake** लूट के माल का हिस्सा; **that is a ~ of good luck!** क्या जबरदस्त कामयाबी है!

slick /स्लिक/ *adj., degr.* **~er**, **~est** 1 (***syn.*** skilful) कुशलतापूर्वक किया हुआ: ~ writing 2 सतही रूप से (कपटपूर्ण ढंग से) आकर्षक 3 (***syn.*** slippery) चिकना, चिक्कण, फिसलन भरी: roads ~ with rain 4 दक्ष, निपुण, कुशल: a ~ organization 5 (***syn.*** glib) चिकनी-चुपड़ी बाते करने वाला: ~ TV presenters; a ~ salesman 6 चालाक, चतुर, कपटपूर्ण, धूर्त: a ~ business deal; a ~ operator 7 बढ़िया: the meal was ~;
adv. ठीक-ठीक, सीधे-सीधे;
v., *pt.* **~ed**, *pp* **~ing** 1 (*usually* **~ sth back/ down**) चिकनाना, मुलायम बनाना;
n. (*in full* **oil** ~) 1 समुद्र में रिसे तेल का फैलाव क्षेत्र 2 गीली और चमकदार वस्तु के फैलाव का क्षेत्र;
dw/lw: **~er** /स्लिकः/ *n.* 1 एक तरह की चमकीली बरसाती 2 चलता पुर्जा, चालाक और धूर्त; **~ly** *adv.* 1 कुशलतापूर्वक 2 चतुराई से; **~ness** *n.* 1 कुशलता 2 चतुराई

slickenside /स्लिकनसाइड/ *n., geol.* चट्टान की समतल, चमकदार और चिकनी सतह

slide /स्लाइड/ *v., pt.* **slid**, *pt. p.* **slid**, *pp* **sliding** 1 किसी सतह पर आराम से चलाना या सरकाना: ~ (sth) across/ down/ along, etc.; he **slid** forward on his stomach; ~ downhill on a sledge; ~ one's hand into one's pocket 2 (***syn.*** glide) फिसलना: the bottle **slid** from his hand; I **slid** and fell 3 आराम से खिसकाना: ~ (sth) into/ out of/ through, etc.; **slid** the letter into the letter-box; ~ past sb; they **slid** out of town 4 वापस पुरानी स्थिति में लौटना: **slid** back into his old habits; ~ a drawer back into its place; ~ into bad habits 5 (***syn.*** slip) चुपके-से और जल्दी से कहीं जाना या घुस जा.: he **slid** into his bed;

n. 1 प्रोजेक्टर द्वारा दिखाई जाने वाली स्लाइड (फोटो) 2 (***syn.*** skid) फिसलन पट्टी: have a ~ on the ice 3 माइक्रोस्कोप के नीचे रखने वाली स्लाइड 4 फिसलन, स्खलन 5 ढाल, ढालु प्रणाला 6 सरक, सरकन 7 (***syn.*** hairslide) बालों की सजावटी क्लिप 8 विमान, बस आदि में ढलवां सीट: **sliding** chair 9 (***syn.*** landslide) भू-स्खलन 10 कीमतों आदि में गिरावट;

dw/lw: **~-rule** *n.* (***syn.*** calculator) संख्या गणक, परिकलन-पट्टिका; **slidable** *adj.* जिसे सरकाया जा सके; **sliding** *see below under separate entry*;

collocations: **~ projector** स्लाइड प्रोजेक्टर; **~ slope** सर्पण ढाल;

p&i: **~ away** फिसलना; **~ by** चुपके से पास से गुजर जा.; **~ down** 1 फिसलना 2 पटरी से उतरना; **~ into error/ into sin** पाप की जिंदगी में डूब जाना; **~ over a delicate matter/ subject** नाजुक मामले या विषय से टल जा.;

he slid the gun out of sight उसने चुपके से रिवाल्वर छिपा लिया; **he slid into a reverie** वह मौज-मस्ती में डूब गया; **it slid out of my mind** यह मेरी याद से निकल गया; **let ~** लापरवाही से काम क., स्थिति को बिगड़ने दे.

sliding /स्लाइडिंग/ *n.* सर्पण, सरकन;

adj. 1 सरकवां, सर्पी: ~ door; ~ plate (सरक पट्टी) 2 अस्थिर 3 अस्थायी;

collocations: **~ door** सरकवां दरवाजा, सर्पी किवाड़; **~ friction** फिसलन घर्षण; **~ knot** सरक-गांठ; **~ scale** संख्या गणक, परिकलन-पट्टिका

slight /स्लाइट/ *adj.*, **~er**, **~est** 1 हल्का, थोड़ा-सा, कम: a ~ attack of illness; ~ alleviation/ injury (थोड़ी-सी राहत या चोट) 2 थोड़ा, छोटा-सा: a ~ problem 3 कमजोर, दुर्बल, नाजुक 4 (***syn.*** flimsy) सतही, महत्त्वहीन: ~ knowledge 5 (***syn.*** negligible) नगण्य, तुच्छ: ~ works of literature 6 (***syn.*** insignificant) सामान्य, मामूली 7 जरा भी, थोड़ा-सा भी: not the **~est** doubt; it did not embarrass me in the **~est**;

v., *pt.* **~ed**, *pp* **~ing** 1 उपेक्षा क., तुच्छ समझना: ~ sb 2 पर ध्यान न दे. 3 (***syn.*** insult) अनादर क., तिरस्कार क., अपमान क.: feel **~ed** 4 लापरवाही क.: ~ over sth; ~ one's duties/ one's work;

n. 1 (***syn.*** insult) ठेस, अपमान, अनादर 2 तिरस्कार, उपेक्षा;

dw/lw: **~ed** /स्लाइटिड/ *adj.* अपमानित, उपेक्षित: be/ feel ~ed; **~est** /स्लाइटेस्ट/ *adj.* 1 (the ~est) जरा-सा, हल्का-सा, थोड़ा-सा: not in the ~est (बिल्कुल नहीं, जरा भी नहीं); **~ing** /स्लाइटिंग/ *adj.* 1 उपेक्षाजनक, तिरस्कारपूर्ण 2 अपमानजनक; **~ish** *adj.* साधारण-सा, तुच्छ-सा, छरहरा, हल्का; **~ingly** /स्लाइटिंगलि/ *adv.* ठेस पहुंचाते हुए, तिरस्कारपूर्वक; **~ly** /स्लाइटलि/ *adv.* किंचित, जरा-सा, कुछ-कुछ, थोड़ा-सा: touch ~ly; **~ly-built** *adj.* ठिगना-सा, कमजोर; **~ness** /स्लाइटनेस/ *n.* 1 उपेक्षा, तिरस्कार 2 कमजोरी, दुर्बलता;

p&i: **~ off/ over** अवहेलना क., दुत्कारना, उपेक्षा कर देना, ठुकरा देना

slily /स्लाइलि/ (*also* **slyly**) *adv.* 1 चोरी-चोरी, चोरी-छिपे 2 चालाकी से, लुक-छिप कर

slim /स्लिम/ *adj., degr.* **~mer**, **~mest** 1 (***syn.*** thin) पतला, तनु, छरहरा: ~ figure/ leg/ tree trunk 2 अल्प, कम: a ~ chance of recovery/ of success; ~ attendance 3 तुच्छ, महत्त्वहीन: ~ excuse 4 चालाक, चालबाज, धूर्त;

v., *pt.* **~med**, *pp* **~ming** 1 वजन कम करने का प्रयास क. 2 अपने आप को पतला या छरहरा क.;

dw/lw: **~-line** *adj.* 1 सामान्य से पतला और छोटा: ~-line telephone 2 कम चीनी वाला (पेय): ~line juice; **~ly** *adv.* कम मात्रा में; **~mer** *n.* अपेक्षाकृत पतला; **~ming** *n.* पतला होने की क्रिया: ~ming diet; **~ness** *n.* पतलापन, अल्पता;

p&i: **~ down** पतला हो.

slime /स्लाइम/ *n.* 1 कीचड़ 2 कीचड़ जैसा चिपचिपा या लिसलिसा और फिसलन भरा पदार्थ 3 घोंघा, कई मछलियों आदि द्वारा छोड़ा जाने वाला बलगम जैसा पदार्थ 4 भद्दी व घिनौनी वस्तु;

v., *pt.* **~d**, *pp* **sliming** 1 चिपचिपे या लिसलिसे पदार्थ को अपने ऊपर चढ़ा ले. 2 कीचड़ उतारना 3 फिसल जा. 4 पीछे मुड़ना: ~ away;

dw/lw: **slimy** *see below under separate entry*

slimpsy /स्लिंप्सि/ *adj. US* 1 (***syn.*** fragile) भुरभुरा, जल्दी टूटने वाला 2 थका-मांदा

slimy /स्लाइमि/ *adj., degr.* **slimier**, **slimiest** 1 कीचड़दार 2 फिसलन भरा 3 लसदार, लसीला, लिसलिसा, चिपचिपा 4 श्लेष्मल 5 वीभत्स, घिनौना, गंदा: ~ traitor 6 चापलूस, ताबेदार, जीहुजूरिया 7 धूर्त: such ~ trickery;

dw/lw: **slimily** /स्लाइमिलि/ *adv.* चापलूसीपूर्वक, धूर्ततापूर्वक

sling /स्लिंग/ *n.* 1 गलपट्टी, टूटी हड्डी वाली बांह को गर्दन से लटकाकर रखने वाली पट्टी 2 ढेलवांस, गोफन, गोफिया (*Hr.*) 3 (***syn.*** catapult) गुलेल, स्लिंग 4 वजन ऊपर उठाने या चढ़ाने की रस्सी 5 (***syn.*** throw) फेंक;

v., *pt.* **slung**, *pt. p.* **slung**, *pp* **~ing** 1 (***syn.*** chuck) फेंकना: ~ sth into/ on to/ under, etc. 2 गलपट्टी की तरह लटकाना: ~ sth over/ around/ on, etc.; ~ a gun over one's shoulder 3 रक्जैक को कंधे से लटकाना: ~ a knapsack; ~ a hammock; a jacket **slung** over sb's shoulder 4 भारी-भारी डग भरना 5 (***syn.*** pass on) आगे देना: ~ sb a cardigan;

dw/lw: **~back** (*also* **~back shoe**) *n.* सैंडल, एड़ी की पतली पट्टी वाली चप्पल; **~shot** /स्लिंगशॉट/ *US* (*UK* **catapult**) *n.* गुलेल;

p&i: **~ about** इधर-उधर डोलना; **~ a pot** बहुत पीना; **~ ink** समाचार पत्रों के लिए लिखना; **~ off** *Austral.* चले जा.; **~ off at sb** *Austral. & NZ colloq.* किसी की खिल्ली उड़ाना; **~ one's hook** *sl.* चले जा.; **~ out** बाहर निकाल दे.

slink /स्लिंक/ *v., pt.* **slunk**, *pt. p.* **slunk**, *pp* **~ing** 1 (***syn.*** creep) लुक-छिप कर आना-जाना 2 जानवरों द्वारा बच्चा गिराया जाना 3 बल खाते-ललचाते हुए (seductively) चलना 4 लुक-छिपकर जा.;

n. 1 जानवरों द्वारा गिराया जाने वाला बच्चा 2 कायर आदमी 3 लुकी-छिपी चाल या नजर: a ~ of the eye (छिपी नजर);

adj. **1** पतला-दुबला, मरियल **2** दयनीय **3** क्षुद्र;

dw/lw: **~y** /स्लिंकि/ *adj., degr.* ~ier, ~iest *colloq.* 1 मुंह छिपाकर, शर्माते हुए या लुक-छिपकर जाने वाला 2 नजर-चोर 3 लचकीला 4 मोहक, रमणीय: a ~y dress 5 चुस्त; **~ily** /स्लिंकिलि/ *adv.* शर्माते हुए या लुक-छिपकर; **~iness** /स्लिंकिनेस/ *n.* 1 लचकीलापन 2 मोहकता, रमणीयता;

p&i: **~ away/ ~ off** खिसकना, खिसक जाना; **~ out** चुपके से निकल जा.

slip /स्लिप/ *v., pt.* **~ped**, *pp* **~ping** 1 फिसल कर गिर जाना: my foot **~ped** 2 सरकना, फिसलना, सरकाना: ~ a drawer into its place; a boat/ a ship **~s** through the water; he **~ped** out into the road; ~ away/ out/ through, etc. (चुपचाप खिसक जा.) 3 (***syn.*** slide) (से) गिर जाना, (से) फिसल जाना, हाथ से

निकलने देना, गिराना: the dish **~ped** from his hands; the cup **~ped** out of her hands 4 जल्दी बीत जाना: time **~s** past fast 5 चुपचाप चले जाना या आना, खिसक जाना, खिसकना: he **~ped** into the church in the middle of the service; he **~ped** his pursuers (वह उसका पीछा करने वालों के हाथ से खिसक गया) 6 भूल क., अनदेखे में गलती कर दे.: he rarely **~s** 7 गाड़ी के क्लच आदि की पकड़ छूट जा. 8 छोड़ना, छोड़ दे., से छुड़ाना, खोल दे.: the dog **~ped** its lead; the name has **~ped** out of my mind 9 पहन लेना: he **~ped** into his coat; ~ sth on (जल्दी से कुछ पहनना) 10 चुपके से घुसेड़ना या देना: he **~ped** him a hundred-rupee note; ~ sth into/ through, etc. 11 रख दे. या रख लेना, डाल देना: she **~ped** the envelope into her pocket 12 नैतिक रूप से दुष्कार्य क. 13 पुराना हुनर छूट जा. 14 स्थिति पर पकड़ छूट जा.: the power was **~ping** from them 15 (***syn.*** dislocate) हड्डी का उतर जा.: he **~ped** his shoulder 16 धीरे-धीरे दूर होते जा., सरकते जा. 17 भूल जा., याद से निकल जा. 18 अंगूठी आदि को उतारना या उसका उतर जा.: ~ one's ring off one's finger 19 सेहत या शक्ति का बैठ जा.: **~ped** badly since his heart-attack; the old man is **~ping** 20 अनजाने में जबान से कोई शब्द निकल जा.: **~ped** form my lips/ from his attention; let sth ~ (भूल से गुप्त बात बता दे.); ~ out (गलती से कुछ कह दे.) 21 पशुओं द्वारा बच्चे का गिराया जा. 22 एक विषय से दूसरे पर चले जा.: he **~ped** from poetry to prose 23 में फिसल जा.: he sometimes **~s** into dreadful language 24 जल्दी से कहीं जाकर लौट आना: just ~ across to the baker's 25 किसी बात या विषय से टल जाना: ~ over a subject 26 मौका गंवा दे., अवसर हाथ से निकलने दे.: let a chance/ an opportunity ~ 27 में जोड़ना: ~ a cutting remark 28 स्तर का गिरना, खराब हो.: India has **~ped** in hockey;

n. 1 पर्ची: a ~ of paper 2 फिसलन, सरक, सर्पण 3 पेटीकोट, शमीज 4 छोटी-सी भूल 5 (***syn.*** slipway) तंग रास्ता, चोर-रास्ता 6 बदतमीजी, प्रमाद, दुराचार, बदचलनी 7 घाट 8 अवतरण-मंच 9 गिलाफ, खोली, खोल 10 साया 11 पट्टा 12 पट्टी, धज्जी 13 कलम, पैबंद 14 किशोर, किशोरी, छरहरा व्यक्ति 15 पतली चिकनी मिट्टी, घोल 16 मंच का पार्श्व भाग 17 जांघिया 18 बचकर निकलने की क्रिया 19 थोड़ा-सा विषयांतर 20 हड्डी का उतराव 21 (***syn.*** landslide) स्खलन 22 औरत की अंदर की पोशाक 23 क्रिकेट में स्लिप के तीन क्षेत्र-रक्षण स्थानों में से कोई एक: first/ second/ third ~;

dw/lw: **~case** *n.* पुस्तकें रखने का खाना; **~cover** *n.* सोफे आदि का खोल; **~-knot** *n.* सरक-गांठ; **~-on** *n.* जल्दी से पहने जा सकने वाले बिना तस्मे के जूते या बिना बटन की पोशाक; **~page** /स्लिपिज/ *n.* 1 फिसलन, सरकन 2 निशाने से चूक जाने की दूरी; **~per** /स्लिपः/ *n.* हल्की चप्पल: carpet ~pers; walk in golden/ in silver ~pers (कीमती पोशाक पहनना); **~pered** *adj.* स्लिपर पहने हुए; **slippery** *see below under separate entry*; **~ping** *n.* 1 फिसलन 2 प्रहार से बचाव; **~py** /स्लिपि/ *adj.* 1 फिसलन भरा 2 जीवंत, चंचल; **~shod** /स्लिपशौड/ *US* स्लिपशाःड/*adj.* 1 (***syn.*** careless) असावधान या असावधानी-भरा 2 फूहड़, बेढंगा 3 लापरवाह 4 अव्यवस्थित, गलत, अयथार्थ: a ~shod performance/ piece of work; a ~shod way of dressing/ of speaking, of writing; **~slop** /स्लिपस्लौप/ *US* स्लिपस्लाःप/ *adj.* 1 पतला (तरल) 2 बेढंगा, ऊट-पटांग 3 बकवास, बेकार 4 भावुक; **~slop** *n.* 1 पतला पेय 2 अनाप-शनाप, अफवाह, चुगली 3 भावुकतापूर्ण बकवास 4 घटिया या सस्ती रचना या कृति; **~stream** *n.* 1 द्रुत गति से चलती गाड़ी के पीछे कम वायु-रोध क्षेत्र 2 वायुयान के पंखों (propellers) द्वारा पीछे धकेली जाने वाली हवा की मात्रा; **~-string** *n.* घिनौना आदमी; **~-up** *n.* लापरवाही से होने वाली छोटी-मोटी भूल, भूल-चूक; **~ware** *n.* स्लिप-सज्जित चीनी के बर्तन; **~way** *n.* समुद्र तट का वह घाट जहां से जहाज पानी में उतारे तथा बाहर निकाले जाते हैं, जलावतरण-मंच;

collocations: **~ped disc** खिसका या उतरा हुआ कूल्हा; **slipware**; **~ road** *UK* (*US* **ramp**) बड़ी सड़क के किनारे छोटी-सी सड़क जिसमें से गाड़ियां बड़ी सड़क में घुस सकती हैं या बाहर आ सकती हैं;

(a) ~ of a boy/ girl, etc. छोटा, दुबला-पतला लड़का या लड़की; **a ~ of the pen** लिखते समय अनायास हो जाने वाली गलती; **a ~ of the tongue** जबान की फिसलन, बोलते समय अनायास हो जाने वाली गलती; **bastard ~** अवैध संतान; **rejection ~** पांडुलिपि ठुकरा दी जाने के बारे में प्रकाशक की पर्ची;

p&i: **~ a cog** गलती क.; **~ along** सरपट दौड़ना; **~ away** 1 चुपके से चले जा. 2 किसी से विदाई लिए बिना चले जा.; **~ by** 1 समय का बीतना 2 पास से गुजर जा.; **~ down** 1 गिर जा. 2 पोशाक उतार दे.; **~ from one's grasp** हाथों से फिसल जा.; **~ in** (चुपके से) आ जाना, घुस जाना; **~ money to sb** किसी को रिश्वत दे.; **~ off** फूल आदि तोड़ना; **~ one over sb** किसी को चकमा देना; **~ one's breath/ one's wind** मर जा.; **~ one's cable** मर जा.; **~ one's neck out of the collar** खूंटा तुड़ाना, जान छुड़ाना; **~ one's trolley** गिर पड़ना; **~ out of one's mind** भूल जा.; **~ out of sth** जल्दी से कुछ उतार दे.; **~ out of tune** बेसुरा हो जा., लय छूट जा.; **~ over** छोड़ दे., उपेक्षा क.; **~ sth off** जल्दी से कपड़ा आदि उतार दे.; **~ the dogs of war** युद्ध छेड़ना; **~ the leash** अपने आप को सभी दबावों से मुक्त कर लेना; **~ through the net** ताम-झाम या जाल-तंत्र से बचकर निकल जा.; **~ up** गलती क., ठोकर खाकर गिरना;

a mere ~ of a girl पतली-दुबली छरहरी लड़की; **get the pink ~** नौकरी से निकाल दिया जा.; **give a person the ~** भाग निकलना, चकमा दे.; **give sb the ~** चकमा देकर निकलना; **let ~** अनजाने में बता दे.; **let ~ through one's fingers/ let sth ~** पकड़ से निकलने दे., अवसर गंवा दे.; **take one's ~pers to sb** किसी की ठुकाई करने को आतुर हो.; **there's many a ~ between cup and lip** अभी दिल्ली दूर है

slippery /स्लिपरि/ (*also* **slippy** /*degr.* **slippier, slippiest**/) *adj.* 1 फिसलन भरा, चिकना, मुलायम: ~ deck/ road/ rope 2 पकड़ में न आने वाला, फिसल कर निकल जाने वाला 3 अस्थिर, अनिश्चित: ~ business/ condition 4 कपटी, चालाक, झूठा, धूर्त, अविश्वसनीय, जो भरोसेमंद न हो: ~ customer; ~ character 5 बहानेबाज;

collocations: **~ slope** 1 ऐसा कार्य जिसे शुरू होने के बाद रोका नहीं जा सकता 2 खराब स्थिति जिसकी आगे और खराब होने की संभावना हो;

p&i: **play a ~ trick** घिनौनी चाल चलना

slit /स्लिट/ *n.* 1 चीरा, चीरने से बना लंबा छेद: **~s** of the mask 2 शिगाफ, दरार: ~ trench (संकरी खाई) 3 विदर, झिरी: the ~ of a letter-box 4 रेखा-छिद्र: **~s** of her eyes; ~ skirt (पैंटनुमा स्कर्ट);

v., pt. **slit**, *pt. p.* **slit**, *pp* **~ting** 1 समतल काटना: ~ open an envelope 2 समतल चीरना, चीरा देना 3 छोटी-छोटी पट्टियों में काटना: ~ cloth into slips 4 चीरकर खोलना 5 तोड़ना: ~ sb's head; ~ sb's nose 6 भींचना: ~ one's eyes;

dw/lw: **~-eyed/ slitty-eyed** *adj.* तंग आंखों वाला; **~ter** *n.* प्रकर्तित्र; **slitting** /स्लिटिंग/ *n.* 1 समतल या तिरछी काट 2 समतल या तिरछी पट्टियां

slither /स्लिदः/ *v., pt.* **~ed**, *pp* **~ing** 1 (***syn.*** slide, slip) सांप की तरह रेंगते हुए आगे चलना 2 (***syn.*** glide) फिसलते हुए चलना, विशेषकर जमी बर्फ पर;

dw/lw: **~y** /स्लिदरि/ *adj.* 1 (***syn.*** slippery) फिसलन भरा 2 *fig.* लंपट

slitting *see above under* **slit**: ***dw/lw***

sliver /स्लिवः/ *n.* 1 चीरा या तोड़ा हुआ टुकड़ा: **~s** of glass 2 स्लाइस, खपची 3 छिपटी 4 लंबा रेशा;

v., pt. **~ed**, *pp* **~ing** 1 चीरना 2 छिपटियां उतारना

Sloane /स्लाउन/ स्लोन/ *n., N. Amer., derog.* उच्च वर्ग की अमीर, विशेषकर लंदन के फैशनेबल क्षेत्रों में रहने वाली महिला

slob /स्लौब/ *US* स्लाःब/ *n.* 1 आलसी, ढीला-ढाला, मैला-कुचैला, फूहड़ आदमी 2 बर्फ का कीचड़ 3 गीली बर्फ (snow);

v. pt. **~bed**, *pp* **~bing** (*usually* **~ about/ around**) आलसी, मैले-कुचैले और फूहड़ आदमी की तरह काम क.;

dw/lw: **~by** /स्लॉबि/ *adj.* आलसी, ढीला-ढाला, मैला-कुचैला, फूहड़

slobber /स्लौ\बः/ *US* स्लाः\बः/ *v., pt.* **~ed**, *pp* **~ing** 1 (***syn.*** dribble, slaver) मुंह से लार आदि टपकना या टपकाना 2 लार से गीला क. 3 फर्श आदि पर पानी छिड़कना.: ~ water over the floor 4 खराब ढंग से काम क., घास काटना 5 किसी पर लट्टू हो.: ~ over sth; ~ over sb; ~ over a person;

n. 1 लार 2 लाड़-प्यार, दुलार, चूमा-चाटी 3 भावुकता;

dw/lw: **~-chops** /~बः-चॉप्स/ *n.* बेशऊर ढंग से खाने वाला, लार टपकाने वाला, चप-चप करके खाने वाला व्यक्ति; **~y** /~बरि/ *adj.* 1 लार टपकाने वाला 2 भीगा, गीला 3 मैला-कुचैला 4 बेढ़ंगा, फूहड़

sloe /स्लो/ *n., pl.* **sloes** जंगली आलूचा

slog /स्लौग/ *US* स्लाःग / *v., pt.* **~ged**, *pp* **~ging** 1 गेंद को जोर से मारना 2 पांव घसीटना 3 घोर परिश्रम क., पिसना, नीरस काम में लगे रहना: ~ up/ down/ through, etc. 4 धीरे-धीरे कठिनाई के साथ अपना रास्ता बनाना: ~ through the undergrowth all day;

n. 1 मेहनत, परिश्रम 2 प्रहार 3 नीरस काम;

dw/lw: **~ger** /~गः/ *n.* घोर परिश्रम करने वाला व्यक्ति; **~ging** /~गिंग/ *adj.* घोर परिश्रम कर सकने वाला;

p&i: **~ it out** सर्वश्रेष्ठता सिद्ध करने के लिए मुकाबले में भाग लेना

slogan /स्लोगन/ *n.* नारा, घोष: sth bears/ carries a ~; a ~ of sth;

dw/lw: **~eer** /स्लोगनिअः/ *n.* नारेबाज; **~eering** /स्लोगनिअरिंग/ *n.* नारेबाजी

slo-mo /स्लो-मो/ *abbr.* 'slow motion' का संक्षेप

sloop /स्लूप/ *n.* 1 एक मस्तूल वाला जलयान 2 (*in full* **~-of-war**) डेक पर 10 से 18 तोपों वाला जलयान

slop /स्लौप/ *US* स्लाःप/ *v., pt.* **~ped**, *pp* **~ping** 1 (*often* **~ about/ around**) *colloq.* बहुत ज्यादा पानी आदि छिड़कना या छलकना: ~ (sth) about/ around/ into, etc. (छलकना या छलकाना) 2 कीचड़ या पानी में लापरवाही से चलना;

n. 1 छलककर बाहर बिखरा हुआ पानी 2 कीचड़ का पोखरा 3 (**~s**) स्वादरहित पतला खाना 4 (**~s**) बर्बाद किया हुआ खाना 5 (**~s**) सुअरों को खिलाया जाने वाला अर्ध-तरल खाद्य 6 मल-मूत्र या गंदा पानी 7 अतिशय भावुकता 8 (**~s**) घटिया तैयार-शुदा वस्त्र 9 (**~s**) नाविकों को दिए जाने वाले वस्त्र व बिस्तरे 10 ढीली-ढाली पोशाक;

p&i: **~ about/ around** *colloq.* 1 (***syn.*** relax lazily) आलसी की तरह सुस्ताना या आराम क. 2 पानी या कीचड़ में चलना; **~ out** कैदियों द्वारा अपने-अपने मल-मूत्र के बर्तन को खाली किया जा.

slope /स्लोप/ *n.* 1 (***syn.*** incline) ढलान: on the ~ 2 ढाल, चढ़ाई: a slippery ~ 3 प्रवणता: give a ~ to something 4 स्कीइंग का ढलानदार पथ;

v., pt. **~d**, *pp* **sloping** 1 ढलानदार हो., ढालू हो., चढ़ाऊ हो. 2 तिरछा क., झुकाना: ~ a ladder at a safe angle 3 तिरछा हो., झुकना: ~ over; the sun was **sloping** to the west;

dw/lw: **sloping** /स्लोपिंग/ *adj.* ढलुआं, ढालू, चढ़ाऊ, तिरछा; **slopy** *adj.* ढलानदार, ढालू, चढ़ाऊ;

collocations: **~ arms** कंधा शस्त्र; **~ distance** ढाल दूरी; **~ measurement** ढाल माप;

p&i: **~ about** आवारा घूमना; **~ arms** बंदूक को कंधे पर लटकाना; **~ off** *colloq.* (***syn.*** skink) चुपके से खिसक जा.; **be slippery on a ~** जोखिम भरा हो.

sloppy /स्लौपि/ *US* स्लाःपि/ *adj., degr.* **sloppier**, **sloppiest** 1 भाषा के संबंध में लापरवाह, अशुद्धिपूर्ण, घटिया 2 कीचड़दार: a ~ substance (चिपचिपा पदार्थ) 3 गीला, सीलन भरा, उमस भरा, चिपचिपा: ~ weather 4 बेढंगा 5 अतिशय भावुक 6 (***syn.*** baggy) ढीला-ढाला, बोरीनुमा: ~ clothes;

dw/lw: **sloppily** *adv.* लापरवाही से; **sloppiness** *n.* लापरवाही;

collocations: **~ Joe** (*also* **~ Joes**) छोटे-छोटे टुकड़ों में कटे गोश्त का मसालेदार टमाटर की चटनी के साथ परोसा जाने वाला व्यंजन

slosh /स्लौश/ *US* स्लाः\श/ *v., pt.* **~ed**, *pp* **~ing**, *s/he/ it* **~es** 1 (*often* **~ about/ around**) तरल पदार्थ का किसी बर्तन में से बाहर छलकना या आवाज क.: ~ against/ over/ around, etc. 2 किसी तरल या कीचड़ में छप-छप करते डोलना 3 आवारा डोलना: ~ around in the puddles;

n., pl. **~es** छप-छप, छपाका;

dw/lw: **~ed** /~श्ड/ *adj., colloq.* पिए हुए, धुत्त; **~y** /~शि/ *adj.* भावुक, अति-संवेदनशील;

p&i: **~ about/ around** बड़ी मात्रा में धन आदि हो.

slot /स्लौट/ *US* स्लाःट/ *n.* 1 झिरी, छेद 2 (***syn.*** slit) शिगाफ, दरार 3 समय का कुछ हिस्सा 4 फांका, खांचा 5 खाली स्थान 6 किसी संगठन का महत्त्वपूर्ण अंग;

v., pt. **~ted**, *pp* **~ting** 1 छेद या दरार बनाना 2 छेद में डालना या बैठाना: ~ a cassette into the computer; ~ sth in to fit/ place it in a slot 3 समय निकालना: ~ sb/ sth in;

***dw/lw*:** **~ted** /~टिड/ *adj.* झिरीदार, खांचेदार; **~ting** /~टिंग/ *n.* घुसेड़ने की क्रिया;

collocations: **~ machine** सिक्का डालने से चलने वाली मशीन; **~ed spoon** छेददार चमचा; **~ting cutter** खांचा काटने या बनाने वाली मशीन;

sloth /स्लोथ/ *n.* 1 अमेरिका में पाया जाने वाला रीछ जैसा ढीला-ढाला जानवर 2 सुस्त या आलसी व्यक्ति, सुस्त पांव, शाखालंबी 3 (***syn.*** laxness, indolence) सुस्ती, आलस्य, काहिली, कामचोरी 4 ढिलाई, देर;

dw/lw: **~-bear** *n.* रीछ; **~ful** *adj.* सुस्त, आलसी, काहिल, कामचोर

slouch /स्लाउच/ *v., pt.* **~ed**, *pp* **~ing**, *s/he/ it* **~es** 1 सिर, कंधे झुकाकर/ कुबड़ा होकर चलना 2 थकी-मांदी चाल से चलना, खड़ा होना या बैठना 3 टोप आदि के किनारों का लटकना;

n. 1 झुका बदन, भद्दी चाल 2 सुस्त, थका-हारा;

dw/lw: **~er** /स्लाउचः/ *n.* 1 कुबड़ा 2 सुस्त, थका-हारा आदमी; **~ing** *adj.* 1 कुबड़ा 2 किनारे-गिरा;

p&i: **~ about/ ~ along** आवारा डोलना; **he's no ~ at sth** किसी काम में कुशल और योग्य व्यक्ति;

slough[1] /स्लाउ/ *US* स्लू/ *n.* 1 /*US* स्लू/ (***syn.*** boggy land, marsh, mire) दलदल 2 कीचड़ का गड्ढा 3 (**~ of misery, despondence, etc**) निराशा, विषाद;

collocations: **the Slough of Despond** /स्लाउ/ स्लू अव डिस्पौंड/ निराशा और विषाद की दलदल;

slough[2] /स्लफ/ *n.* केंचुली (कांजली, *Hr.*), केंचुल, निर्मोक 5 खुरंड;

v., pt. **~ed**, *pp* **~ing** 1 (**~ sth off**) केंचुली छोड़ना, कांजली (*Hr.*) उतारना: a snake **~s** its skin 2 अवांछित चीजों या चिंताओं आदि को छोड़ दे.;

dw/lw: **~ing** /स्लफिंग/ *n.* विमोचन; **~y** /स्लफि/ *adj.* पपड़ीदार;

p&i: **~ away/ ~ off** केंचुली छोड़ना, कांजली उतारना

Slovak /स्लावाक/ *n.* 1 स्लावाकिया का निवासी: the **~s** 2 स्लावाकियायी भाषा;

adj. स्लावाकिया से संबंधित;

dw/lw: **Slovakian** *adj.* स्लावाकियायी

sloven /स्लवन\/ *n.* फूहड़, आलसी, भद्दा, मैला-कुचैला व्यक्ति;

dw/lw: **~ly** /~लि/ *adj.* 1 फूहड़, आलसी, भद्दा, मैला-कुचैला 2 बेढंगा, बेढब 3 लापरवाह 4 अशिष्ट 5 *fig.* घासकाटिया; **~liness** /~लिनेस/ *n.* फूहड़पन, मैला-कुचैलापन; **~ry** /स्लवनरि/ *n.* 1 फूहड़पन 2 बेढंगापन 3 मैला-कुचैलापन 4 अशिष्टता

Slovenian/ Slovene /स्लोवीनिअन/ स्लोवीन/ *adj.* स्लोवीनिआ नामक देश से संबंधित, स्लोवीनिआई

slow /स्लो/ *adj., degr.* **~er, ~est** 1 (***anton.*** swift, fast) धीमा, मंथर, धीरे-धीरे होने वाला: a ~ speed ship; at a ~ pace/ step; ~ runner/ walker 2 दीर्घसूत्री, दीर्घजीवी, चिरकारी, चिरस्थायी 3 (***syn.*** lethargic) सुस्त, काहिल, मट्ठर 4 अनिच्छुक 5 ठंडा, धीर, शांत-स्वभाव: ~ mind; ~ to get angry; a person ~ to anger/ to wrath 6 फोटो लेने के लिए विकिरण में लंबा 7 मंदबुद्धि 8 (***syn.*** dull, boring, tedious) उबाऊ, नीरस, दकियानूस: a ~ film; ~ book/ life/ party 9 (***syn.*** sluggish) धीमी गति से आगे बढ़ने वाला, मंदगति, मंद, मंथर: a ~ afternoon; traffic was ~ 10 ढीला: be ~ in keeping an appointment 11 विलंबित, विलंबकारी: my watch is five minutes ~ 12 धीमी गति के वाहनों के लिए: ~ lane 13 (***syn.*** slack) मंदा: ~ trade; ~ season; business is ~ 14 मद्धम: cook on a ~ fire;
adv., *degr.* **~er, ~est** धीरे-धीरे, शनैः-शनैः, आहिस्ता-आहिस्ता, मंद गति से: go ~; be ~ to do sth; be ~ in doing sth;
v., *pt.* **~ed**, *pp* **~ing** 1 धीमे चलना 2 रफ्तार धीमी क., मंद क.: ~ down; it's better to ~ down going through the village; ~ (sth) down;
dw/lw: **~-belly** *n.* सुस्त आदमी; **~coach** (*also* **~poke**) *n.* 1 मंथर 2 मंदबुद्धि 3 दकियानूस; **~-cooker** *n.* धीमी आग पर पकाने वाला बर्तन; **~down** *n.* मंदी: a business ~down; a sales ~down; **~ing** *n.* मंदन; **~ly** /स्लोलि/ *adv.* धीरे-धीरे, शनैः-शनैः, आहिस्ता-आहिस्ता, मंथर गति से; **~-paced** *adj.* मंद गति से चलने वाला; **~-witted** /स्लोविटिड/ *adj.* (***anton.*** quick-witted) मंदबुद्धि; **~-worm** /स्लोवःम/ *n.* बिना टांगो वाली चमकदार छिपकली, बामणी (*Hr.*);
collocations: **~ foot** बहुत धीरे चलने वाला; **~ influence** शनैः-शनैः पड़ने वाला प्रभाव; **~ learner** मंदबुद्धि, मंद गति से सीखने वाला; **~ match** दूर-स्थित विस्फोटकों को चलाने के लिए प्रयुक्त लंबी सुलगती रस्सी, पलीता; **~ motion** मंद गति से दिखाया जाने वाला चलचित्र; **~ neutron** *phys.* परमाणु प्रक्रियाओं को शुरू करने में प्रयुक्त कम ऊर्जा-शक्ति वाला न्युट्रोन; **~ poison** धीरे-धीरे असर करने वाला जहर, शनैः-शनैः प्रभावी होने वाला विचार; **~ virus** *pathol.* ऐसा वाइरस जो संक्रमण होने के काफी समय बाद अपना प्रभाव दिखाता है, जैसे HIV;
p&i: **~ and sure** धीमा पर पक्का; **~ and steady wins the race** सहज पके सो मीठा होए; **~ as a snail / tortoise** बहुत धीमा; **~ in the uptake** किसी को बात देर से समझ आती है; **~ up** बीमारी या उम्र आदि के कारण धीमा पड़ना;
be ~ to promise and quick to perform वायदा करने में सुस्त, निभाने में दुरुस्त, धीरा सो गंभीरा; **go ~!** धीमे चलो! सावधान!

SLR *abbr., photog.* 'single-lens-reflex' की प्रथमाक्षरी

slub /स्लब/ *v., pt.* **~bed**, *pp* **~bing** कताई से पहले पूनी बनाना;
n. 1 ऊन का गोला 2 ऊन या धागे में गांठ;
dw/lw: **~bed/ ~by** /स्लब्ड/ स्लबि/ *adj.* पूनी बना; **~ber** /स्लबः/ *v., pt.* ~bered, *pp* ~bering 1 पोत लगाना, खराब क. 2 स्याही आदि के धब्बे लगाना 3 लापरवाही से काम क. 4 *also see above* **slobber**

sludge /स्लज/ *n.* 1 कीचड़, दलदल 2 कीचड़ भरी तलछट, पंक 3 पिघलती बर्फ से बना कीचड़ 4 गहरा-पीला या भूरा-सा हरा रंग: a ~ green coat 5 (***syn.*** sewage) मल-मूत्र निकासी;
dw/lw: **~pipe** *n.* पंक नली; **sludgy** /स्लजि/ *adj.* कीचड़दार, अवपंकी

slug /स्लग/ *n.* 1 घोंघे जैसा कवचहीन जंतु, शंबूक 2 *esp. US colloq.* (***syn.*** gulp) तेज शराब की थोड़ी-सी मात्रा 3 (***syn.*** sluggard) भारी, थुलथुल आदमी 4 धातु पिंड 5 टेढ़ी-मेढ़ी गोली 6 जोर का मुक्का 7 (***syn.)*** गोली;
v., *pt.* **~ged**, *pp* **~ging** 1 जोर से मुक्का मारना 2 देर से उठना 3 धीरे-धीरे काम क. या हिलना-डुलना 4 चलने में बाधा डालना;
p&i: **~ it** देर से बिस्तरे से उठना; **~ it out** जीतने के लिए लड़ना

sluggard /स्लगःड/ *adj.* (*n.*) आदतन आलसी (व्यक्ति). आरामतलब आदमी;
dw/lw: **~-a-bed** *n.* बिस्तरे पर सीधा लेटने वाला

sluggish /स्लगिश/ *adj.* 1 मंद, धीमा 2 निष्क्रिय, काहिल, आलसी, सुस्त: ~ period 2 ढिल्लड़, ढीला-ढाला: his is a ~ mind 4 निस्तेज, ऊर्जाहीन;
dw/lw: **~ly** *adv.* सुस्त और ढीले-ढाले तरीके से; **~ness** /स्लगिशनेस/ *n.* सुस्ती, आलस्य, ढीला-ढालापन;
collocations: **~ disposition** ढीला-ढाला मिजाज; **~ stream** मंद नदिया

sluice /स्लूस/ *n.* 1 नहर, नाला, नाली 2 जलद्वार 3 (*in full* **~-gate**) जल-कपाट 4 रेत को धोकर सोना आदि निकालने का बर्तन या चहबच्चा 5 धोने की क्रिया;
v., *pt.* **~d**, *pp* **sluicing** 1 (नहर में) पानी छोड़ना 2 जलद्वार लगाना 3 नहर में धोना 4 बहा देना, (जोर से) बहना, बहने देना: rain was **sluicing** down 5 धोना, पानी से खंगालना: ~ one's face; ~ a pavement with a hose

sluit/ sloot /स्लूट/ *n.* नाला

slum /स्लम/ *n.* 1 झुग्गी-झोंपड़ी: ~ clearance 2 (*often* **~s**) गंदी बस्ती, मलिन वास: ~ dweller (गंदी बस्ती वासी); ~ pocket 3 तैलपंक;
v., *pt.* **~med**, *pp* **~ming** 1 उत्सुकता वश गंदी बस्ती जा.: go **~ming** 2 अपने सामान्य हालात से बदतर परिस्थितियां झेलना 3 बकवास क., बकबक क.;
dw/lw: **~mer** /स्लमः/ *n.* गंदी बस्ती में रहने वाला व्यक्ति; **~ming** *n.* गंदी बस्ती में निवास; **~my** *adj.* गंदी बस्ती-सा;
p&i: **~ it** *colloq., often facetious* अपने से बदतर यानी गंदी बस्तियों जैसे हालात में रहना

slumber /स्लंबः/ *n. mainly poetic* 1 नींद, ऊंघ: leaden ~ (गहरी नींद) 2 हल्की नींद, श्वान निद्रा;
v., *pt.* **~ed**, *pp* **~ing** 1 सोना, आराम क.: they **~ed** on the mere fame of their exploits 2 ध्यान न लगाना, सक्रिय न हो. 3 कब्र में दफनाया हो.;
dw/lw: **~er** /स्लंबरः/ *n.* सोने वाला; **~ing** *n.* नींद, सोने की क्रिया; **~ing** *adj.* सोने वाला; **~land** *n.* सपनों का देश; **~lord** *n.* बहुत ज्यादा किराया वसूलने वाला गंदी बस्ती की खोलियों का मालिक; **~ous** /सलंबरस/ *adj.* 1 नींद-संबंधी 2 नींद से भरा, उनींदा, निद्रालु: ~ous voice; ~ous eyelids; ~ous wood 3 नींद लाने वाला, निद्राजनक, स्वापक: ~ous atmosphere; ~ous air 4 मंद, धीमा 5 शांत, निरुत्साही: ~ous feeling; **~ously** /स्लंबरसलि/ *adv.* उनींदे ढंग से;
collocations: **~ party** (*also* **sleepover**) *US* ऐसी दावत जिसमें मेहमान बच्चे दावत देने वाले बच्चे के घर रात बिताते हैं;
p&i: **~ away** समय या अवसर गंवाना

slump /स्लंप/ *v., pt.* **~ed**, *pp* **~ing** 1 दाम गिरना 2 थकावट आदि से बैठ जा.: ~ back/ down/ over, etc.; 3 धड़ाम से गिरना: he **~ed** into an armchair 3 पानी या दलदल में गिरना और धंस जा 4 मंदी आना;
n. 1 (***syn.*** recession) मंदी, बाजार में मंदी 3 (***syn.*** decline) आर्थिक गिरावट 4 पतन 5 कमी, ह्रास, गिरावट: the ~ of interest in Tennyson; a ~ of interest in theatre attendance;
dw/lw: **~ed** /स्लंप्ट/ *adj.* (**~ed against/ over**) किसी चीज पर झुककर बैठा या पड़ा हो.: the driver ~ed over the steering wheel

slung /स्लंग/ *pt.*, '**sling**' का भूतकालिक रूप

slunk /स्लंक/ *pt.*, '**slink**' का भूतकालिक रूप

slur /स्लः/ *v., pt.* **~red**, *pp* **~ring** 1 किसी के या किसी बात के बारे में निंदात्मक ढंग से बोलना या लिखना, किसी पर लांछन लगाना, लांछित क.: cast/ put/ throw a ~ on or upon sb/ sth 2 (*often* **~ over sth**) कम महत्त्व दे., कम ध्यान दे., उपेक्षित या तिरस्कृत क.: the problem has been **~red** over; ~ over the faults; ~ over the details; ~ one's lesson 3 नींद में या पिए हुए होने के कारण अस्पष्ट उच्चारण क., शब्दों को मिलाकर उच्चारण क., अस्पष्ट ढंग से बोलना 4 अस्पष्ट लिखना, शब्दों को घिचमिच करके लिखना 5 मींड या मूर्छना में गाना;

n. 1 धब्बा, कलंक, निंदा, लांछन: keep one's reputation free from all **~s** 3 (***syn.*** insult) उपेक्षा, तिरस्कार: a racial ~ 4 अस्पष्ट उच्चारण, अस्पष्ट लिखाई 5 मींड का वक्र (चिह्न);

dw/lw: **~red** *adj.* अस्पष्ट, घिचमिच; **~ring** *n.* 1 लांछन 2 अस्पष्टता;

p&i: **bring / cast/ put/ throw ~ on sb** किसी की नेकनामी पर कीचड़ उछालना

slurp /स्लःप/ *v., pt.* **~ed**, *pp* **~ing** सुड़प या सुड़क कर पीना; ***n.*** सुड़प-सुड़प

slurry /स्लरि/ *n., pl.* **slurries** 1 गाढ़ा घोल, गारा 2 सीमेंट का पतला मसाला या घोल

slush /स्लश/ *n.* 1 पिघलने से कीचड़-सी बनी बर्फ 2 पतला कीचड़ 3 सस्ती या घटिया भावुकता 4 कोरी बकवास 5 *US* जाली पैसा 6 घटिया साहित्य;

dw/lw: **~y** /स्लशि/ *adj.* 1 कीचड़दार: ~y pavement 2 भावुकतापूर्ण, सनसनीखेज: ~y melodrama (भावुकतापूर्ण नाटक) 3 सस्ता, घटिया;

collocations: **~ fund** रिश्वत निधि (बड़ी-बड़ी कंपनियों द्वारा सरकारी या गैर-सरकारी लोगों को रिश्वत देने के लिए अलग करके रखी जाने वाली राशि)

slut /स्लट/ *n.* 1 वेश्या 2 दुश्चरित्र स्त्री 3 मैली-कुचैली, फूहड़ स्त्री 4 कुलटा 5 ढीठ लड़की: saucy ~;

dw/lw: **~tish** /स्लटिश/ *adj.* फूहड़-सी; **~tishly** /स्लटिशलि/ *adv.* फूहड़ ढंग से; **~tishness** /स्लटिशनेस/ *n.* फूहड़पन

sly /स्लाइ/ *adj., degr.* **slyer, slyest** 1 (***syn.*** surreptitious, dishonest) छिपाऊ, धोखेबाज, बेईमान: ~ person; ~ bargain 2 (***syn.*** clever, cunning, wily) चालाक, धूर्त, काइयां: ~ revenge 3 नटखट, शरारती: ~ jokes; ~ smile; ~ wink 4 गूढ़ार्थक, रहस्यपूर्ण;

dw/lw: **~boots** *n.* बदमाश, ठग; **~ly** /स्लाइलि/ *adv.* चुपके-चुपके, चालाकी से; **~ness** /स्लाइनेस/ *n.* कपट, धूर्तता;

p&i: **~ dog** धूर्त आदमी;

by/ under the ~ चुपके-चुपके, चोरी-छिपे; **on the ~** छिपे-छिपे, गुप्त रूप से

SM *abbr.* (*also* **s-m** *or* **s/m**) 'sado-masochism', 'Sergeant-Major' की प्रथमाक्षरी

Sm *symbol, chem.* **samarium** का चिह्न

smack /स्मैक/ *v., pt.* **~ed**, *pp* **~ing** 1 थप्पड़ मारना: ~ a child lightly 2 गंध होना, बू आना: the bread/ the water in the kettle **~s** of smoke; his manner **~s** of self-conceit; the poems ~ of scepticism; this scheme **~s** of discrimination 3 स्वाद हो.: ~ well/ badly 4 (***syn.*** bang, crash) जोर से मारना, टकराना: ~ sth against/ onto/ down, etc.; her head **~ed** against the wall 5 थपथपाना: ~ sb on the back/ on the shoulder; he **~ed** his hand down on his knee 6 ऊंची आवाज करते हुए चुमकारना 7 चटकारा भरना, चटकना, चटकाना: ~ one's lips; she **~ed** her lips at the thought of the meal 8 कोड़ा या चाबुक बजाना 9 प्रयास क.

n. 1 (***syn.*** punch) थप्पड़, तमाचा, चांटा: a ~ in the eye/ in the face 2 (***syn.*** flavour) स्वाद, पुट: a ~ of garlic; add a ~ of pepper to a dish 3 गंध, संकेत: ~ of sth; a ~ of obstinacy/ of insincerity in sb's character; there's a ~ of a gambler in him 4 चटकारा, चटखारा: with a ~ of his tongue/ of his whip 5 ऊंची, ऊर्जापूर्ण चुमकार: a ~ on the lip 6 थपथपाहट: give sb a ~ on the shoulder 7 प्रयास: have a ~ at sth 8 एक सीट वाली मछली पकड़ने की नाव 9 *sl.* मादक-पदार्थ हिरोइन (heroin);

adv. 1 (***syn.*** exactly) ठीक, ऐन (*also UK* **~ bang**): he lives ~ in the middle of Delhi 2 अचानक, सीधे, बिल्कुल (*also UK* **~ bang**; *also US* **~ dab**): the decision is ~ against us; he ran ~ into the wall; he drove ~ into the tree 3 ठीक-ठीक;

dw/lw: **~er** /स्मैकः/ *n.* 1 ऊंची आवाज में ओजपूर्ण चुम्मा 2 *sl.* पाउंड या डालर; **~ing** /स्मैकिंग/ *adj.* जोरदार, तेज (हवा); **~ing** *n.* 1 जोर के तमाचे से पिटाई: the child needs a good ~ing; she gave him a good ~ing 2 चटकारा;

p&i: **~ calf-skin** बाइबल की सौगंध खाना;

a ~ in the eye 1 जोर का तमाचा 2 घोर निराशा

small /स्मॉल/ *adj., degr.* **~er, ~est**) 1 छोटा, लघु, नन्हा: the coat is ~ for me; ~ child 2 (***syn.*** slender) ठिगना, नाटा: ~ man; of ~ build 3 (***syn.*** scanty) थोड़ा, अल्प, कम: ~ resources; ~ income; ~ appetite/ attendance; ~ dose; ~ rain; a ~ time; in ~ numbers; a matter of no ~ consequence; have ~ love for sth; have ~ knowledge of sth; a ~ eater 4 हल्का, मंद: ~ wind; in a ~ voice 5 (***syn.*** humble, insignificant) नगण्य, ओछा, क्षुद्र, तुच्छ, सामान्य, साधारण, मामूली, छोटी: ~ beginnings; feel ~; ~ people; ~ error; ~ worries of life 6 (***syn.*** petty, ignoble) नीच, कमीना, अधम, दकियानूस 7 उम्र में छोटा: ~ boy; ~ child 8 (***syn.*** minor) छोटा-सा, छोटी-सी: a ~ problem 9 लघु (अक्षर) 10 लघु (उद्योग): on a ~ scale; ~ farmer/ business; ~ scale industry 11 (***syn.*** humiliated) अपमानित 12 (***syn.*** fine) महीन (कण, रेशा, माप) 13 बारीक: ~ detail 14 अपने आप को औरों से छोटा समझना, नीचा दिखाना;

n. 1 तंग भाग (विशेषकर पीठ का): the ~ of the back 2 (**~s**) अंदर के वस्त्र 3 नाटे-ठिगने जीव, वस्तुएं आदि 4 जनसाधारण: great and ~;

adv. 1 छोटा-छोटा, टुकड़ों में 2 धीमे-से, धीमी आवाज में: sing ~ 3 अल्प मात्रा में;

dw/lw: **~bore** *adj.* छोटे छेद वाली (बंदूक); **~holding** *n.* छोटी जोत; **~holder** *n.* छोटी जोत वाला किसान; **~ish** छोटा-सा, अदना-सा: ~ish man; **~-minded** *adj.* 1 कमीना 2 स्वार्थी 3 संगदिल, असहनशील: ~-minded conduct; **~-mindedly** *adv.* स्वार्थपूर्वक, तुच्छ तरीके से; **~-mindedness** *n.* तुच्छता; **~pox** *n.* चेचक, माता, शीतला, मसूरिका, (बड़ी) माता; **~-scale** *adj.* छोटे स्तर पर, लघु (उद्योग); **~-sword** नीमचा, खांडा, कटार; **~-time** *adj.* छोटा-मोटा: ~-time organization/ business/ politician;

collocations: **~ ad** *colloq.* (*UK in full* **~ advertisement**) छोटा-सा विज्ञापन; **~ and early** जल्दी खत्म होने वाली छोटी-सी दावत; **~ arms** छोटे हथियार, जिन्हें कंधे से लगाकर चलाया जा सकता है: ~ arms ammunition; **~ beer/ potatoes** *colloq.* 1 तुच्छ व्यक्ति 2 बेकार या अनावश्यक बातें; **~ brackets** लघु-कोष्ठक; **~ calorie** *see* **calorie**; **~ capitals** *print.* छोटे अक्षरों की ऊंचाई के कैपिटल अक्षर; **~ cause** लघु वाद, छोटा मुकदमा; **~ change** रेजगारी, छुट्टा, खुदरा, छिल्लर; **~ claim court** छोटे-मोटे दावों की अदालत; **~ fortune** बहुत सारा पैसा; **~ fry** *colloq.* 1 तुच्छ व्यक्ति या वस्तु 2 छोटे बच्चे; **~ fry** *adj.* तुच्छ: ~ fry politician; **~ holding** छोटी जोत; **~ hours** (**the ~ hours**) आधी रात के बाद का समय, पौ फटने से पहले का समय; **~ intestine** छोटी आंत, क्षुद्रांत्र;

~ **matter** छोटा मामला; ~ **mind** तुच्छ या ओछे दिमाग का (आदमी); ~ **passions** तुच्छ मनोभाव; ~ **print** कानूनी दस्तावेज में छोटे महीन अक्षरों में लिखे महत्त्वपूर्ण मुद्दे; ~ **run** लघु मात्रा; ~ **savings fund** अल्प बचत निधि; ~ **screen** टेलीविजन; ~ **slam** *see under* **little slam**; ~ **talk** 1 साधारण शिष्टाचारिक बातचीत 2 गपशप 3 बकवास, गप्प, पीठ पीछे की जानेवाली चुगली, अफवाहें; ~ **trickery** ओछी चालाकियां;

by ~ and ~ धीरे-धीरे;

p&i: ~ **deeds done are better than great deeds promised** शब्द नहीं काम चाहिए; ~ **wonder…** कोई आश्चर्य नहीं (कि...);

a ~ leak will sink a great ship छोटे को छोटा नहीं समझना चाहिए; **be grateful for ~ mercies** स्थिति को ज्यादा खराब होने से बचाने के लिए खुदा का रहम के शुक्रिया अदा क.; **feel/ look** ~ अपमानित महसूस क., लज्जित होना; **in ~** 1 कम मात्रा में 2 अल्प-रूप (miniature) में; **it is a ~ world** किसी को अचानक मिलने पर आश्चर्य जताने के लिए कहना; **it is ~ wonder that ...** हैरानी की बात नहीं कि ...; **make sb look** ~ किसी को अपमानित क., नीचा दिखाना; **on the ~ side** थोड़ा छोटा; **sing** ~ दीन बनना; **the still ~ voice/ of conscience** आत्मा की छोटी-सी आवाज; **think ~ of sb/ sth** किसी के बारे में अच्छा विचार न हो.; **think no ~ of oneself** अपने को बड़ा तीसमारखां समझना, घमंड हो जा.

smallage /स्मॉःलिज/ *n.* जंगली अजमोद

smarm /स्माःम/ *v., pt.* **~ed**, *pp* **~ing** *colloq.* 1 छद्म रूप से बढ़ा-चढ़ाकर तारीफ क., अत्यधिक चापलूसी क., आगा-पीछा क. 2 (*often* **~ sth down**) (बालों को) चुपड़कर बैठाना;

dw/lw: **~y** /स्माःमि/ *adj.* चापलूस, चाटुकार

smart /स्माःट/ *adj., degr.* **~er**, **~est** 1 (***syn.*** impressive, excellent) बना-ठना, सजीला, साफ-सुथरा, सुव्यवस्थित: look ~; sb's clothes are ~ 2 (***syn.*** sophisticated) कीमती, परिष्कृत, फैशनेबुल, सुंदर: ~ hotel; the ~ set 3 (***syn.*** witty, astute, shrewd) चतुर, हाजिर-जवाब, अक्लमंद: ~ person; ~ men; ~ answer; he is ~ at repartee 4 (***syn.*** sharp and stinging) तीव्र, तीक्ष्ण, प्रचंड, जोरदार (pain): ~ attack 5 कड़ा, सख्त 6 (***syn.*** brisk) तेज, फुर्तीला: ~ officer; walk at a ~ pace; ~ walk/ gallop; ~ carpenter; he is a ~ one (वह बड़ा घाघ है) 7 तकनीकी रूप से उच्च स्तर का, कंप्यूटर द्वारा नियंत्रित और संचालित: a ~ bomb; smart machine/ weapon, etc. 8 काफी ऊंचा, बड़ा: ~ price; ~ distance; a right ~ rain;

v., *pt.* **~ed**, *pp* **~ing** 1 तीव्र पीड़ा अनुभव क., चुभन हो., दर्द क., अत्यधिक जलन हो., अखरना: eyes may ~ if one uses eye shadows; the perspiration caused his eyes to ~ 2 बहुत दर्द हो.: my hand **~s** from a scratch 3 चिढ़ना, खीझना 4 क्षोभ, पीड़ा महसूस क., टीस उठना, व्यथा का तीक्ष्ण अनुभव क.: he's still **~ing** after his relationship break-up; the insult still **~s**; ~ from defeat 5 (*often* ~ for sth) किसी बात के लिए भारी कीमत चुकाना या दुःख भोगना, कष्ट पाना: to ~ punishment; to ~ under an injustice;

n. 1 टीस: the ~ of his wound kept him awake 2 दुःख, व्यथा 3 चिढ़, खीझ 4 मुआवजा, हरजाना, क्षतिपूर्ति: **~-money** (अर्थदंड, जुर्माना);

dw/lw: **~arse/ ~ass** *n., derog., sl.* = ~ **alec/ aleck** (*see below under* ***collocations***); **~ly** /स्माःट्लि/ *adv.* सुंदर ढंग से, अक्लमंदी से; **~ing** *adj.* 1 दुखदायक, तीव्र: ~ing pain 2 अहंकारपूर्ण: ~ing vanity; **~ish** *adj.* काफी-सारा, अच्छा-खासा: ~ing distance; **~ish** *adv.* बहुत ज्यादा: it froze ~ish last night; **~ness** *n.* चतुराई, अक्लमंदी, चुस्ती, दुरुस्ती, फुर्ती, साफ-सुथरापन, सयानापन; **~s** *n.* बुद्धि, चतुराई: make it to the top on one's ~s; **~y/ ~ie** *n., pl.* **~ies** *colloq.* सब-कुछ जानने वाला व्यक्ति; **~y-pants** *n.* = ~ **alec** *see below under* **~:**

collocations: ~ **alec**/ ~ **aleck**/ ~ **pants**/ ~ **arse**/ **ass colloq.** (***syn.*** an irritating know-all) अति-आत्मविश्वास भरा एवं दंभी व्यक्ति; ~ **card** कंप्यूटरीकृत कार्ड जिससे कई तरह के भुगतान हो सकते हैं; ~ **drug** बौद्धिक-शक्ति-वर्धक दवा; **the ~ money** 1 विशेषज्ञों द्वारा निवेशित पैसा 2 किसी विषय के विशेषज्ञ;

p&i: **a ~ few** काफी बड़ी संख्या; **as ~ as paint** अत्यधिक चतुर और हाजिर-जवाब; **look ~** जल्दी क.

smarten /स्माटन/ *v., pt.* **~ed**, *pp* **~ing** (*usually* **~ up**) 1 चुस्त-दुरुस्त ब. या बनाना: he should **~ up** a bit 2 सजना, सजाना: ~ up one's room 3 संवरना, संवारना: one needs to ~ one's appearance 4 चमकना, चमकाना: plans to ~ **up** the city centre;

p&i: **~ up** जीवंत हो.

smash /स्मैश/ *v., pt.* **~ed**, *pp* **~ing** 1 (***syn.*** shatter) टुकड़े-टुकड़े कर दे. या हो जा., चकनाचूर क., तोड़ना: ~ sth; ~ a tea-cup/ a window pane 2 से टकराना, टक्कर खाना, भिड़ना या भिड़ाना: ~ (sth) against/ into/ through, etc.; the car **~ed** into a wall 3 गिरोह आदि को खत्म क.: ~ up an organization; police have **~ed** an international drugs ring 4 कुचलना: ~ a revolt 5 तितर-बितर कर दे., हरा दे.: ~ an opponent 6 नष्ट कर डालना, बिगाड़ना, पूरी तरह से बर्बाद क. या हो जा., तहस-नहस क.: the typhoon **~ed** all the tall buildings 7 मारना, हिंसक प्रहार क.: ~ a fist in sb's face; ~ one's fist down on the table in anger 8 शक्तिशाली प्रहार से तोड़ डालना: ~ the door open; they **~ed** through the door 9 (***syn.*** slam) बैडमिंटन जैसे खेल में जबरदस्त शॉट लगाना 10 का दिवाला निकलना, दिवालिया बनना: go to ~ 11 किसी सिद्धांत या दलील को धराशायी क.: ~ a theory 12 नकली सिक्के बनाना;

n. 1 प्रहार, जोरों की मार, कड़ाके का प्रहार 2 चटाक, पटाक 3 घूंसा 4 भंजन, तोड़न, तोड़-फोड़ 5 टक्कर, भिड़ंत 6 सत्यानाश, सर्वनाश, बर्बादी, तबाही, ध्वंस 7 दिवाला 8 दुर्घटना, अनर्थ 9 (*also* **~ hit**) हिट फिल्म/ गाना/ नाटक आदि की बहुत बड़ी सफलता 10 *sl.* खोटा या नकली सिक्का;

adv. चटाक-पटाक;

dw/lw: **~-and-grab** *adj., n. colloq.* खिड़की आदि तोड़कर की जाने वाली लूट-मार: ~and-grab raid; **~er** *n., colloq.* भंजक; **~ed** *adj., sl.* 1 पीकर बुरी तरह धुत्त 2 मादक पदार्थों के नशे में; **~ing** /स्मैशिंग/ *adj., colloq. UK* बहुत सुंदर, अच्छा: ~ing success; it was a ~ing trip; **~-up** /स्मैश-अप/ *n., colloq.* 1 विनाश-लीला 2 भिड़ंत, भीषण टक्कर 3 भंजन, तोड़न, तोड़-फोड़ 4 अनर्थ, महा विपत्ति 5 तबाही;

collocations: **~ hit** *colloq.* जबरदस्त ढंग से सफल (फिल्म आदि);

p&i: **~ down** तोड़ना, गिरा दे.; **~ sth in** किसी को जोर से मारकर उसमें छेद कर देना; **~ to/ into smithereens** = **~ up** 1 टुकड़े-टुकड़े कर दे. 2 टूटकर चूर हो जा. या तोड़कर टुकड़े-टुकड़े क.

smatter /स्मैटः/ *v., pt.* **~ed**, *pp* **~ing** 1 सतही रूप से जानना, सतही ज्ञान हो. 2 तुक्के से पता लगाना, जैसे-तैसे समझना 3 अध्ययन करने में गंभीर न हो;

dw/lw: **~er** /स्मैटरः/ *n.* (***syn.*** dilettante /दिलअतैंति/) अल्पज्ञ, पल्लवग्राही, थोथा ज्ञानी; **~ing** /स्मैट्रिंग/ *n.* 1 सतही जानकारी, ऊपरी ज्ञान 2 अल्प राशि, अल्प मात्रा 3 सतही जानकारी

smaze /स्मेज/ *n.* धूम-धुंध, धुआंदार धुंध

smear /स्मिअः/ *v., pt.* **~ed**, *pp* **~ing** 1 (***syn.*** daub) कालिख या चिकनाई लीपना या पोतना, कोई लिपलिपी चीज मलना या लगाना 2 (***syn.*** defame, slander) झूठा लांछन लगाना, बदनाम क.: ~ sb's character 3 (***syn.*** smudge) धुंधला क., अस्पष्ट कर दे. 4 लगाना, मैला क. 5 धब्बे डालना, मलिन क.: ~ one's coat;

n. 1 (***syn.*** stain) मैला धब्बा, निशान: blood ~ 2 चिकनाई का लेप 3 (***syn.*** slur) धब्बा, बदनामी, झूठा कलंक लगाने की क्रिया: ~ campaign; ~ tactics;

dw/lw: **~ed** *adj.* 1 कलंकित 2 धब्बा लगा; **~y** /स्मिअरि/ *adj.* 1 दागदार, दगैल 2 धब्बेदार, चिकनाई से बना धब्बेदार;

collocations: **~ campaign** बदनाम करने की मुहिम; **~ tactics** बदनाम करने के तौर-तरीके; **~ test** (*also Br,* **smear, cervical ~**; *US* **Pap ~**) कैंसर रोग का एक परीक्षण, ग्रीवा धब्बा परीक्षण

smectic /स्मेक्टिक/ *adj., chem.* तरल पदार्थ के ऐसे स्फटिक जिसमें परमाणु सतहें सामानांतर तल पर स्थित होती हैं

smell /स्मेल/ *v., pt.* **~ed**/ (*also UK pt.* **smelt**, *pt. p.* **smelt**), *pp* **~ing** 1 किसी चीज की गंध आना: ~ good/ nice/ sour; ~ of garlic; ~ like musk; ~ delicious/ horrible, etc. 2 (***syn.*** savour, sense) सूंघकर भांपना, पता लगाना, पहचानना: ~ danger 3 महकना, सुगंध दे.: the perfume **~s** flowery 4 गंधाना, गंध दे., बदबू आना: ~ gas 5 सूंघना: ~ sth/ ~ at sth 6 (***syn.*** sniff) सूंघ पाना 7 सूंघकर शिकार क.;

n. 1 (***syn.*** odour) गंध, बू, बास: this rubbish tip really **~s**; it has a strong ~ 2 खुशबू, महक: sweet ~; have a ~ of lavender; ~ of powder 3 दुर्गंध, बदबू 4 सूंघने की शक्ति, घ्राण-शक्ति: organ/ sense of ~ 5 (***syn.*** sniff) आघ्राण, सूंघने की क्रिया: a fine/ a keen sense of ~; take a ~ at sth;

dw/lw: **~able** /स्मेलअबल/ *adj.* महकदार, सूंघने योग्य; **~er** /स्मेलः/ *n.* सूंघने वाला; **~iness** *n.* दुर्गंधता; **~ing** *adj.* गंधदार, गंधैला; **~ing** *n.* सूंघने की क्रिया; **~ing-salts** *n., [pl.]* स्मेलिंग साल्ट, अमोनियम कार्बोनेट का जोरदार बू वाला मिश्रण जिसे बेहोश आदमी को होश में लाने के लिए सुंघाया जाता है; **~y** /स्मेलि/ *adj., degr.* ~ier, ~iest *colloq.* दुर्गंधपूर्ण, बदबूदार, गंधैला: ~y socks; **smelt** *UK pt., pt. p.,* **'smell'** का भूतकालिक व भूतकालिक कृदंत रूप;

collocations: **~ing committee** शिकायत में लगाए आरोपों का आकलन करने वाली समिति; **~ing salts** बेहोश व्यक्ति को होश में लाने के लिए सुंघाए जाने वाले तेज गंध वाले लवण; **~ of the lamp** दफ्तरशाही;

p&i: **~ about/ ~ round** सूंघ निकालना, ढूंढ लेना; **~ a government cover-up** मामले को सरकार द्वारा दबाए जाने की बू आना; **~ a rat** दाल में कुछ काला दिखना; **~ of the shop** अपने को जरूरत से ज्यादा अक्लमंद समझना; **~ of sth** किसी अप्रिय बात का आभास हो.; **~ one's oats** थोड़ा उत्साहित हो.; **~ out** ढूंढ निकालना; **~ powder** युद्ध का अनुभव हो.; **~ sb/ sth out** किसी को या किसी चीज को ढूंढ निकालना; **~ the ground/ the bottom** समुद्री जहाज द्वारा रफ्तार कम क.;

he smelt a plot उसने षड्यंत्र को भांप लिया; **he smelt trouble and ran** गड़बड़ होने का आभास होते ही वह भाग खड़ा हुआ; **his offer ~s of treachery** उसके प्रस्ताव से धोखे की बू आती है; **there is a ~ of corruption/ of treachery here** इस मामले से भ्रष्टाचार की बू आ रही है; **the ~ of money always brings him back** पैसे की बू उसमें जीवन फूंक देती है; **the whole affair ~s of plotting** सारे मामले से षड्यंत्र की बू आ रही है

smelt[1] /स्मेल्ट/ *v. past* **~ed**, *pp* **~ing** खनिज पदार्थ यानी अयस्क आदि को पिघलाना, गलाना;

dw/lw: **~er** /स्मेल्टः/ *n.* अयस्क गलाने वाला यंत्र; **~-furnace** *n.* अयस्क गलाने की भट्ठी; **~ing** *n.* अयस्क गलाने की क्रिया

smelt[2] *n., pl.* **~s**/ **smelt** समुद्री या ताजे पानी की एक मछली

smelt[3] **'smell'** का भूतकालिक रूप

smew /स्म्यू/ *n.* मछलीमार बतख

smidgen/ smidgeon/ smidgin /स्मिजन/ स्मिजिन/ *n., colloq.* थोड़ी-सी मात्रा: one only need a ~ of paprika

smile /स्माइल/ *v., pt.* **~d**, *pp* **smiling** 1 मुसकुराना: ~ at sb/ sth; ~ ironically; ~ on sb/ sth 2 मुस्कुराहट के साथ संवाद चलाना: come up **smiling** 3 सकारात्मक रुख दिखलाना, स्वीकृति दे.: the authorities **~d** on the project; ~ at the claims/ at the efforts of sb; ~ assent/ forgiveness/ thanks/ welcome; the gods are **smiling** on you today 4 चमकना;

n. 1 मुस्कान: give a ~ to sb; greet with a ~ 2 मुस्कराहट, स्मिति, स्मित: break into/ force/ give/ wear a ~ 3 मंदहास्य: a ~ broadens/ fades/ flickers across sb's face 4 मुस्कान शैली: forced/ pleasant/ scornful ~; a beaming/ faint/ radiant/ wry ~;

dw/lw: **~y** /स्माइलि/ *n., pl.* **~ys** *comput. sl.* कंप्यूटर में प्रयुक्त हंसी का चिह्न [☺] जो मुस्कराता चेहरा-सा लगता है;

p&i: **~ at sb/ sth** किसी को या किसी बात का मुस्कराकर जवाब दे.; **~ away** मुस्कराहट से थकान आदि को भगाना; **~ like a brewer's horse** खूब पीना; **~ on sb/ sth** 1 किसी को या किसी बात को समर्थन दे. 2 शुभ शकुन हो.: the gods are smiling on you today;

be all ~s अत्यधिक प्रसन्नचित्त हो.; **force a ~** अपने आपको मुस्कराने पर मजबूर क.; **fortune ~s upon us** किस्मत हमारा साथ दे रही है; **the ~s of fortune** किस्मत की मेहरबानियां; **wear a set ~** बनावटी मुस्कान बिखेरना

smiling /स्माइलिंग\/ *adj.* 1 प्रसन्न, प्रसन्न-मुख, प्रफुल्लित 2 हंसता हुआ, मुस्कराता हुआ, स्मितित;

dw/lw: **~ly** /~लि/ *adv.* प्रसन्नतापूर्वक, मुस्कराते हुए;

p&i: **a ~ face oft hides an aching heart** मुस्कराते चेहरे के दिल में अक्सर गम का अंबार लगा होता है

smirch /स्मःच/ *v., pt.* **~ed**, *pp* **~ing**, *s/he/ it* **~es** 1 लेप क., लीपना-पोतना 2 मैला क., धब्बे डालना, गंदा क. 3 (***syn.*** sully) बदनाम क., कलंक लगाना: ~ sb's fair name/ sb's reputation;

n., pl. **~es** 1 लीपा-पोती 2 (***syn.*** smear, stain) बदनामी, धब्बा, कलंक

smirk /सम्यक/ *v., pt.* **~ed**, *pp* **~ing** 1 खीजें निहोरना 2 अति-आत्म-संतुष्टिपूर्वक, मूर्खतापूर्वक व बनावटी ढंग से मुस्कराना: ~ unpleasantly;

n. आत्म-संतुष्टिपूर्ण व बनावटी मुस्कराहट: a self-satisfied ~;

dw/lw: **~ing** *adj.* आत्म-संतुष्टिपूर्ण, मूर्खतापूर्ण; **~ingly** *adv.* आत्म-संतुष्टिपूर्वक, मूर्खतापूर्वक, बनावटी ढंग से

smist /स्मिस्ट/ (smoke + mist) *n.* धुआंदार धुंध

smite /स्माइट/ *v., pt.* **smote**/ **smit**, *pt. p.* **smitten**, *pp* **smiting** *lit.* 1 जोर से मारना, पीटना, एक हाथ को दूसरे पर जोर से मारना: ~ the drum; ~ one's hands together 2 किसी को प्रेम दीवाना कर दे.: be **smitten** by sb; he could not resist to be **smitten** by such a beauty 3 किसी आपदा द्वारा हरा दिया जा., आपदा का फैल जा.: the town was **smitten** with plague 4 प्रभावित क., अभिभूत कर ले., वशीभूत क.: an idea **smote** him; be **smitten** with amazement/ with passion 5 फौरन सख्त दंड दे.: the king's authority **smote** down on him 6 पीड़ा दे., सताना, आहत क., चोट पहुंचाना: my conscience **~s** me 7 कत्ल कर दे.: ~ off (सिर काट दे.) 8 किसी चीज से जोर से टकराना: the waves ~ upon the cliff 9 सिर तोड़ दे.;

dw/lw: **~r** /स्माइटः/ *n.* वशीभूत करने वाला; **smitten** *adj.* 1 प्रेम दीवाना, प्रेम में पागल 2 प्रभावित, अभिभूत, वशीभूत, आक्रांत;

p&i: **~ hip and thigh** अंग-अंग तोड़ डालना

smith /स्मिथ/ *n.* धातुकर्मी, लोहार, सुनार: black~; gold~; gun~;

dw/lw: **~ery** /स्मिदरि/ *n.* 1 लोहार का धंधा 2 लोहार की भट्ठी; **~y** /स्मिथि/ *n., pl.* **~ies** 1 लोहार की भट्ठी 2 लोहारखाना;

silver~ *n.* सुनार; **word~** *n.* लेखक
smithereens/ smithers /स्मिदरीन्ज/ स्मिदःज/ *pl. n., colloq.* छोटे-छोटे टुकड़े;
p&i: **blow/ smash/ knock to** or **into ~** मारकर चकनाचूर कर दे., धज्जियां उड़ा दे.
Smithfield /स्मिथफील्ड/ *n.* लंदन का गोश्त बाजार;
p&i: **make a ~ bargain/ match** ग्राहक को ठगना
smitten *see above under* **smite:** *dw/lw*
smock /स्मौक/ *US* स्माःक/ *n.* 1 ऊपरी लबादा 2 ढीला-ढाला कुर्ता 3 औरतों की लंबी कुर्ती 4 (*also called*~**frock**) मजदूरों का चोगा 5 बच्चों की लंबी पोशाक;
dw/lw: **~ing** /स्मौकिंग/ *US* स्माःकिंग/ *n.* स्माकिंग, चुनटदार सिलाई
smog /स्मौग/ *US* स्माःग/ (smoke + fog) *n.* धुआं-धुंध का मिश्रण, धुआं-कोहरा;
dw/lw: **~gy** /स्मौगि/ *adj.* धुएं-कोहरे वाला, जब धुआं-कोहरा छाया हो
smoke /स्मोक/ *v., pt.* **~d,** *pp* **smoking** 1 सिगरेट पी., धूम्रपान क., (तंबाकू, बीड़ी...) पीना, सिगरेट आदि का धुआं छोड़ना: he **~s** like a chimney 2 सिगरेट-बीड़ी आदि का आदी हो. 3 मांस या मछली आदि को जलती लकड़ी से धुआं देकर देर तक रखने लायक बनाना या विशेष स्वाद दे.: the fish is **~d** 4 धुआं उड़ाना या दे. 5 चिमनी आदि द्वारा धुआं छोड़ना, धुंधुआना: the chimney/ the fire/ the stove/ the car silencer **~s** badly 6 भाप उठना या निकलना 7 सिगरेट आदि से धुआं छोड़ना 8 (*syn.* fumigate, sterilise) धुंधाना, धुआं देकर मच्छर आदि कीटों को भगाना, निकालना या नष्ट क. 9 धुएं से या दीये के धुएं से काला हो.: oil lamps have a tendency to ~ 10 *milit.* धुएं का आवरण बनाना.: ~ barrage/ candle/ pot;
n. 1 धुआं: a column of ~ 2 सिगरेट का कश: long for a ~ 3 धूम्रपान: dry ~ बिना जलाए सिगरेट या पाइप को मुंह में रखने की क्रिया;
dw/lw: **~-ball** *n.* धुआं-बम; **~-black** *n.* कालिख, काजल; **~-bomb** *n.* = **~-ball**; **~d** *adj.* धूमित, कज्जलित; **~-dried** *adj.* धूमायित, धुआं देकर सुखाया हुआ: ~-dried fish; **~-dry** *v., pt.* ~-dried, *pp* ~-drying धुआं देकर सुखाना; **~d** *adj.* जलती लकड़ी से धुआं देकर देर तक रखने लायक या विशेष रूप से स्वादिष्ट बनाया हुआ (मांस या मछली); **~-free** *adj.* जहां सिगरेट पीना मना हो; **~grey** *adj.* धूमधूसर; **~house** *n.* मांस या मछली आदि को धुआं देकर या धूमकश करके देर तक रखने लायक या विशेष रूप से स्वादिष्ट बनाने का कमरा; **~less** *adj.* धुआंरहित, निर्धूम, बिना धुएं का: ~less combustion; **~-plant/ ~-tree** *n.* धूम्या; **~r** *n.* धूम्रपान करने वाला; **~screen** 1 छद्म-कार्य या कथन 2 लड़ाई के समय सैनिकों व अन्य सैनिक असले को छिपाने के लिए छोड़े जाने वाले धुएं के बादल, खड़ा धूम्रपट; **~stack** *n.* कारखाने की ऊंची चिमनी; **~-stone** *n.* धूमिल;
chain-~ *v., pt.* chain-~d, *pp* chain-smoking खत्म होती सिगरेट से नई सिगरेट जलाकार निरंतर सिगरेट पीते जा.;
collocations: **~ alarm/ ~ detector** कमरे आदि में धुएं के होने पर बजने वाली खतरे की घंटी; **~ bomb** धुंए के बादल पैदा करने वाला बम; **~ed glass** धुएं से काला किया हुआ शीशा; **~less zone** ऐसा क्षेत्र जहां किसी प्रकार का भी धुआं पैदा नहीं किया जा सकता; **~ shop** सिगरेट की दुकान; **~ signal** धुएं से दिया जाने वाला संकेत;
p&i: **~ like a chimney** बेतहाशा सिगरेट पीना; **~ oneself into tranquillity** सिगरेट पीकर अपने को शांत क.; **~ oneself stupid** अधिक सिगरेट पीकर दिमाग खराब कर ले.; **~ sb/ sth out** किसी को या किसी चीज को कोशिश करके ढूंढ निकालना; **~ sth out** पशुओं के स्थान को धुएं से भरकर पशुओं को बाहर निकालना; **~ the calumet/ pipe of peace** समझौता करके शांति स्थापित कर लेना; **be a great/ a moderate ~** चेन-स्मोकर या हल्का सिगरेट पीने वाला हो.; **from/ out of ~ into smother** एक बला से छूटे दूसरी में फंसे; **go up in ~** जलकर राख हो जा.; **like ~** एक पल में; **put that in your pipe and ~ it!** इस बात को हमेशा याद रखना!; **sell ~** थोथी बातें क.; **the big ~** बड़े-बड़े कारखानों वाला शहर; **there's no ~ without fire = where there's fire there's smoke** बिना आग धुआं नहीं उठता = जहां आग, वहां धुआं
smoking /स्मोकिंग/ *n.* 1 सिगरेट पीने की लत या क्रिया: give up/ stop/ quit ~; ban ~; heavy ~; the dangers/ effects of ~; passive ~ 2 मांस या मछली आदि को जलती लकड़ी से धुआं देकर देर तक रखने लायक या विशेष रूप से स्वादिष्ट बनाने की क्रिया;
adj. धूम्रपान का, धूम्रपान से संबंधित: a ~ compartment/ carriage;
dw/lw: **~-room** *n.* धूम्रपान कक्ष: ~room talk (पुरुषों के बीच चलने वाला संवाद); ~room story (सिगरेट पीने वालों का चुटकला);
collocations: **~ gun** अपराध या गलत काम करने का सुराग: investigators are looking for a ~ gun; **~ jacket** पुराने जमाने में पुरुषों द्वारा पहनी जाने वाली मखमल लगी जैकेट;
p&i: **No ~!** धूम्रपान-निषेध!
smoko /स्मोको/ *n., Austral. sl.* सिगरेट पीने का अंतराल: break for a ~
smoky /स्मोकि/ *adj., degr.* **smokier, smokiest** 1 धुएं से भरा हुआ: ~ room 2 धुएं की गंध और स्वाद जैसा 3 धुंधुआता: ~ chimney/ oven 4 धूम्रवत् 5 धूआंधार, धूमी 6 धूमर, धूमिल, मैला: ~ ceiling 7 (*syn.* hazy) अस्पष्ट, धूमिल, धूम्रवर्ण: ~ hue 8 धूमित: ~ meat
smolder *US spelling,* smoulder की अमेरिकी वर्तनी
smolt /स्मोल्ट/ *n.* ताजे पानी से समुद्र में जाने वाली छोटी साल्मन मछली
smooch /स्मूच/ *v., pt.* **~ed,** *pp* **~ing,** *s/he/it* **~es** साथ नाच करते हुए चुंबन ले. और गले लगाना;
dw/lw: **smoochy** /स्मूचि/ *adj., degr.* ~ier, ~iest *music* भावुकता-प्रधान व रोमांचवादी
smoodge /स्मूज/ *v., pt.* **~ed,** *pp* **~ing** *Austral. & NZ* किसी से कोई काम निकलवाने के लिए उससे बनावटी प्यार-पुचकार से पेश आना
smooth /स्मूद/ *adj., degr.* **~er, ~est** 1 चिकना, बिना धब्बों, बालों आदि के 2 मुलायम, जिसमें कोई गांठ न हो: make ~ 3 निर्विघ्न, निर्बाध, आसान: ~ crossing/ passage; ~ journey; a ~ ferry crossing 4 सहज, सरल, बराबर मिला हुआ: ~ sauce; a ~ sherry; ~ paste 5 (*syn.* smarmy) मधुर, मृदु, मृदु-भाषी, चिकना, चिकना-चुपड़ा, चापलूस, चाटुकार: ~ words; have a ~ tongue; ~ things (चिकनी-चुपड़ी बातें) 6 (*anton.* coarse, bumpy, wavy) सहज, बराबर, समतल: ~ descent 7 निष्कोण 8 शांत: ~ sea 9 ठंडा 10 शांत-स्वभाव, धीर: ~ temper; ~ accent 11 सुंदर, संतुलित, कुशल: ~ handling of an embarrassing situation;
v., *pt.* **~ed,** *pp* **~ing** 1 (*also* **~ down/ out, etc.**) समतल या बराबर क.: ~ down one's dress; ~ one's brow 2 (*also* **~ over sth**) आसान बना दे., (बाधाएं) दूर क.: ~ the way to promotion 3 गांठों व ऊबड़-खाबड़पन को हटाना, बराबर क. 4 (*often* **~ sth away**) शांत करते हुए समस्याएं दूर क., शांत क. या हो जाना: ~ away differences/ difficulties; a few words from him help ~ away my troubles;
n. 1 समतल या बराबर बनाने की क्रिया: give one's hair a ~ 2 आसान और आनंदमय आयाम: take the rough with the ~;
adv. आसानी से, बिना ऊबड़-खाबड़पन के;
dw/lw: **~-bore** *n.* साफ नाल वाली बंदूक; **~faced** *adj.* चिकने चेहरे वाला, चिकना, कपटी, पाखंडी; **~en = smooth** (*v.*); **~er**

/स्मूदः/ *n.* 1 बराबर करने या सिलवटें निकालने का उपकरण, इस्तरी 2 शांत करने वाला; **~-faced** *adj.* 1 चिकने-चुपड़े चेहरे वाला 2 बिना दाढ़ी के 3 चिकनी 4 चापलूस, चाटुकार; **~ing** *n.* 1 समरेखण 2 समतलन 2 चिक्कणन, फर्श आदि को चिकना करने की क्रिया 3 खेती के लिए जमीन को बराबर करने की क्रिया 4 ध्वनि-समतलन; **~ing** *adj.* समकारी: ~ing iron (सिकुड़न बराबर करने वाली इस्तरी); ~ing harrow; ~ plane रंदा; ~ing towel; **~ly** *adv.* 1 बिना कठिनाई के, सहज रूप से 2 बिना झटकों के 3 निर्विघ्न, आसानी से, सहज में; **~ness** *n.* 1 चिकना-चुपड़ापन, चिकनाई 2 समतलता; **~-over** *v., pt.* ~ed-over, *pp* ~ing-over 1 ऊबड़-खाबड़पन कम कर देना 2 महत्त्व घटाना, पर ध्यान नहीं देना, पर पर्दा डालना; **~-talk** *n.* चिकनी-चुपड़ी बातें, चापलूसी, चाटुकारिता; **~-talker** *n.* 1 चिकनी-चुपड़ी बातें करने वाला 2 मिष्टभाषी व्यक्ति 3 चाटुकार; **~-talking/ ~-spoken/ ~-tongued** *adj.* 1 मृदुभाषी, मधुरभाषी 2 मिष्टभाषी, खुशामदी, चाटुकार;

collocations: **~ breathing** *see under* **breathing**; **~ muscle** (*see above under* **involuntary muscle**); **~ snake** अहानिकर यूरोपियायी सांप;

p&i: **~ as butter = ~ as velvet** मक्खन-सा मुलायम; **~ away/ ~ down/ ~ over/ ~ sth over** 1 आसान बनाना 2 सहज बनाना 3 ठीक क. 4 शांत क.; **~ sb's ruffled feather** किसी का गुस्सा शांत क.;

be in ~ water सभी बाधाएं पार करके सुरक्षित स्थिति में हो.; **make things ~** कठिनाइयां दूर क., स्थिति को बेहतर बनाना; **take the rough with the ~** दुख-सुख को एक समान लेना

smoothie /स्मूदि/ *n., pl.* **smoothies** एक प्रकार का पेय जो फल, दूध और मलाई या आइस्क्रीम के साथ बनता है

smorgasbord /स्मॉःगअसबॉःड/ *n.* स्वीडन के गर्म और शीतल व्यंजनों का मिश्रण जिसे बुफे (buffet) खाने में परोसा जाता है

smorzando /स्मॉःत्सैंडो/ *adj., adv., music* 1 धीरे-धीरे लुप्त होने की क्रिया 2 लगातार धीमा और कोमल होने की क्रिया

smote /स्मोट/ *pt.,* **smite** का भूतकालिक रूप

smother /स्मदः/ *v., pt.* **~ed**, *pp* **~ing** 1 कपड़े से मुंह, नाक, कान आदि ढककर किसी जीव को मार डालना: ~ sth in/ with sth 2 अत्यधिक प्यार आदि से अभिभूत क., दबाना, अतिशय प्यार आदि बरसाना: ~ with kisses; ~ with gifts; she **~ed** the children with love 3 (***syn.*** stifle) कुछ होने से रोकना, दबा लेना, रोकना, छिपाना: ~ a yawn; ~ one's anger; he managed to ~ his laughter; ~ a rumour; ~ up a scandal 4 (***syn.*** suffocate) गला घोंटना, सांस रोकना, सांस का अवरुद्ध हो.: ~ with smoke with dust 5 कपड़े आदि से ढककर यानी हवा को बंद करके आग बुझाना: ~ a fire 6 ब्रेड (bread) आदि पर कोई परत चढ़ाना: she loved her bread **~ed** with jam;

n. 1 घना धुआं 2 धूल-धक्कड़, गर्द-गुबार 3 धुंधरी 4 (***syn.*** welter, tumult, turmoil) घालमेल, उलझेड़ा, हो-हल्ला, हंगामा;

dw/lw: **~ed** *adj.* अभिभूत, दबा हुआ, रुंधा हुआ; **~er** *n.* दबाने वाला, गलाघोंटू; **~ing/ ~y** /स्मदरि/ *adj.* गलाघोंटू, दमघोंटू, श्वास रोधक: ~ing heat; **~ingly** *adv.* दमघोंटू तरीके से

smoulder *UK* (*US* **smolder**) /स्मोल्डः/ *v., pt.* **~ed**, *pp* **~ing** 1 सुलगना, शनैः-शनैः धधकना: his grief is still **~ing** 2 भावनाओं का सुलगना: she sat **~ing** in the corner;

n. 1 सुलग, सुलगन: the ~ will soon be a flame 2 अंतर्दहन 3 धधक;

dw/lw: **~ing** *n.* सुलगने की क्रिया, धधक; **~ing** *adj.* धधकती, सुलगती: a ~ing bonfire

SMS *abbr.,* 'short message service' की प्रथमाक्षरी (मोबाइल फोन से संक्षिप्त संदेश भेजने की प्रणाली);

v., *pt.* **SMSed**, *pp* **SMSing** संक्षिप्त संदेश भेजना

smudge /स्मज/ *n.* 1 गंदा निशान 2 (***syn.*** smear) धब्बा: a ~ of ink 3 अस्पष्ट आकार;

v., *pt.* **~d**, *pp* **smudging** 1 धब्बा या दाग लगाना 2 (***syn.*** smear) स्याही या धब्बा लगाकर मैला क.: the ink has **~d**; these pens ~ easily 3 खराब क. मलिन क., बिगाड़ना: ~ sb's record;

dw/lw: **~r** *n.* धब्बा लगाकर खराब करने वाला; **smudgy** /स्मजि/ *adj.* (***syn.*** blurred) मैला, धब्बेदार

smug /स्मग/ *adj., degr.* **~ger**, **~gest** 1 स्वयं को श्रेष्ठ मानने वाला, अहंकारी, दंभी 2 (***syn.*** complacent) आत्म-तुष्ट, दंभी: ~ smile; a ~ smirk 3 अनुदार, संकीर्णमना;

dw/lw: **~ly** /स्मगलि/ *adv.* अहंकारपूर्वक; **~ness** *n.* अहंकार, दंभ

smuggle /स्मग्ल/ *v., pt.* **~d**, *pp* **smuggling** 1 तस्करी क., तस्कर-व्यापार क. 2 चोरी से ले जाना या ले आना: ~ a letter out of prison; ~ one's notes into the exam;

dw/lw: **~r** /स्मग्लः/ *n.* तस्कर, चौकीमार, तस्कर-व्यापारी; **smuggling** /स्मग्लिंग/ *n.* तस्करी, चौकीमारी, तस्कर-व्यापार

smut /स्मट/ *n.* 1 कालिख राख, काजल, काजल के कण 2 धब्बा, कलंक 3 अश्लील बात या लेख 4 अश्लील भाषा, मजाक, तस्वीरें, बातें: enough of your **~!** 5 फसलों के पौधों पर लगने वाली कालिखनुमा परजीवी फफूंदी और इस द्वारा पैदा की जाने वाली पौधों की बीमारी 6 अश्लील साहित्य, घासलेटी साहित्य 7 स्मट, कंड;

v., *pt.* **~ted**, *pp* **~ting** 1 अश्लील होना या बनाना 2 धब्बा लगाना, काला क. 3 दूषित क. 4 कंड लगना या लगाना;

dw/lw: **~ty** /स्मटि/ *adj., degr.* ~tier, ~tiest 1 गंदा, मलिन, धब्बेदार 2 अश्लील: a ~ty sense of humour 3 कंड-ग्रस्त; **~tily** *adv.* अश्लीलतापूर्वक; **~tiness** *n.* अश्लीलता

Sn *symbol, chem.* tin का चिह्न

snack /स्नैक/ *n.* 1 नाश्ता, दो मुख्य भोजन कालों के बीच लिया जाने वाला हल्का-फुल्का भोजन: have a ~ 2 भाग, हिस्सा: go **~s** (बराबर-बराबर बांटना);

v., *pt.* **~ed**, *pp* **~ing** 1 नाश्ता क.: ~ on sth 2 थोड़ी ऊर्जा बटोरना;

collocations: **~ bar/ counter** नाश्ता-घर, जलपान-गृह

snaffle /स्नैफ्ल/ *v., pt.* **~d**, *pp* **snaffling** 1 चोरी-छिपे (खाने की कोई चीज) उठा ले. 2 घोड़े को लगाम पहनाना;

n. (*in full* **~-bit**) साधारण लगाम: ~ bridle/ reins; ride sb in/ on with the ~

snafu /स्नैफू/ *n., US sl., originally milit.* (***syn.*** chaos) घालमेल, हो-हल्ला, हंगामा, भ्रामक स्थिति

snag /स्नैग/ *n.* 1 मुसीबत, समस्या, कमी: there was a ~ in the talks; the ~ is that there is not enough funding 2 (***syn.*** difficulty) आकस्मिक बाधा, अड़चन, रोड़ा: strike/ come on/ run against a ~ 3 (***syn.*** trap) फंदा: there's the ~! 4 ठूंठ, जलमग्न वृक्ष 5 खोंच 6 लंबे कसकर आने वाले मोजों आदि में फटन, दरार, छेद 7 टुकड़ा: he broke off a ~ of bread;

v., *pt.* **~ged**, *pp* **~ging** 1 किसी नुकीले सिरे में फंसना, कील आदि से फंसकर फटना 2 *US* पाना, पकड़ना या जीतना: ~ a taxi; ~ a rich husband/ wife 3 टकराना 4 फाड़ना 5 बाधित हो.: the parley is **~ged**;

dw/lw: **~gy** /स्नैगि/ *adj.* 1 गंठीला, गांठदार, गांठभरा 2 समस्या-ग्रस्त

snaggle /स्नैगल/ *n.* अस्त-व्यस्त, मैली-कुचैली चीजों का ढेर;

v., *pt.* **~d**, *pp* **snaggling** मुड़ जा., मैला-कुचैला या अस्त-व्यस्त हो.;

dw/lw: **~tooth** /~टूथ/ *n.* टूटा हुआ, बाहर निकलता मुड़वां दांत; **~toothed** *adj.* बाहर निकलते मुड़वें दांत वाला

snail /स्नेल/ *n.* 1 घोंघा, शंबूक 2 सर्पिल चर्खी 3 आलसी व्यक्ति;

dw/lw: **~-like** *adj.* 1 शंबूक-सा 2 धीमा, मंथर; **~-paced** *adj.* मंथर, सुस्त;

collocations: **~ mail** *n., comput. sl.* ई-मेल की बजाए, साधारण डाक से आने वाले पत्र;

p&i: **~'s pace** कच्छप-गति; **at a ~'s pace/ gallop** मंथर

गति से चलना

snake /स्नेक/ *n.* 1 सांप, सांपिन, सर्प, सर्पिणी 2 कोई भी लंबी, लचीली वस्तु या जीव;
v., pt. **~d**, *pp* **snaking** (*syn.* meander) टेढ़े-मेढ़े रास्ते से चलना या रेंगना: the river **~s** towards the sea;
dw/lw: **~bird** *n.* सर्पिल पक्षी; **~bite** *n.* सर्प दंश; **~-gourd** *n.* चिचिंडा; **~-juice** *n. sl.* देसी शराब; **~like** *adj.* सांप-सा; **snakily** /स्नेकिलि/ *adv.* छलपूर्वक, कपटपूर्वक; **snakish** /स्नेकिश/ *n.* सांप-जैसा, सर्पवत्; **~-oil** *n.* अप्रभावी दवा: ~-oil salesman; **~-pit** *n.* 1 सांपों को रखने का गड्ढ़ा 2 अत्यधिक जटिल व खतरनाक स्थिति; **~-skin** *n.* सांप की खाल, सांप की केंचुली या कांजली (*Hr.*); **snaky** /स्नेकि/ *adj., degr.* snakier, snakiest 1 सांप-जैसा 2 सर्पिल, सर्पसादृश, टेढ़ा-मेढ़ा: snaky river; in snaky windings 3 छलिया, कपटी: snaky cunning 4 सांपों से भरा, सर्पग्रस्त, सर्पबहुल 5 कुटिल, जटिल, पेचीदा: sanky knot 6 क्रुद्ध; **snakiness** *n.* 1 सर्पसादृश्य, सर्पिलता 2 कुटिलता, जटिलता, पेचीदगी; **~-story** *n.* अनहोनी बात, अविश्वसनीय कहानी;
collocations: ~ **charmer** संपेरा; ~ **remedy** शराब; **~s and ladders** सांप-सीढ़ी का खेल;
earth ~ मटिहा सांप; **Indian flying** ~ नागिन; **rat** ~ धामिन; **water** ~ 1 पनिहा, संपोला 2 सांप, दगाबाज;
p&i: **a ~ in the grass** *colloq.* छिपा दुश्मन, छिपा खतरा; **a ~ in sb's bosom** कृतघ्न व्यक्ति; **great ~s!** ऐसा नहीं हो सकता!; **have ~s in one's boots** पीकर धुत्त हो जा.; **raise/ wake ~s** बड़ा बखेड़ा क.; **see ~s** पीकर भयंकर धुत्त हो जा.

snap /स्नैप/ *v., pt.* **~ped**, *pp* **~ping** 1 चट की आवाज करते हुए तोड़ डालना या टूट जाना, चिटकना, चटकना या चटकाना, तड़कना, तड़तड़ाना: he **~ped** the stick over his knee; ~ a sword/ a stick; the chain **~ped** 2 खट से बंद क. या हो जाना, खोलना या खुलना: ~ (sth) open/ shut/ together, etc.; the lid **~ped** shut; ~ down the lid of a box; her eyes **~ped** shut 3 गुस्से में चिड़चिड़ाकर कहना, गुर्राना, झल्लाना 4 धैर्य का बांध टूट जा. और आपे से बाहर हो जा.: when he answered me back rudely, I just **~ped** 5 हाथ के कैमरे से चट करके फोटो ले. 6 (*syn.* nip) जानवर द्वारा काटा जा., पकड़ लेना, मुंह मारना: the dog **~ped** at my leg 7 पकड़ना, फंदे में फंसाकर पकड़ ले.: the trap **~ped** him 8 (*syn.* grab) छीनना, छीन लेना, झपटना, झपट लेना: ~ at an invitation/ at an offer/ at an opportunity; he **~ped** up the opportunity 9 जल्दी में कोई काम क.: ~ a hasty decision 10 बीच में झपट पड़ना, टोक दे.: don't ~ at me! 11 उंगलियां आदि चटकाना: ~ one's fingers/ a lock/ a whip;
n. 1 टूटने या चिटकने की आवाज, तड़क, कड़क, फट, तड़, चटाका, फटाका, तड़ाका: the ~ of twigs; the ~ of the whip 2 *UK* (*UK/ US* **~shot**), *US* (*UK* **popper**) फोटो, आशुचित्र: take a few **~s** of sb 3 पकड़, जकड़: he had a strong ~ 4 ताश का एक खेल 5 झपट्टा 6 आकस्मिकता 7 फटकार 8 दौर, अवधि 9 खटका: shut the book/ the door with a ~ 10 जोश, तेजी, स्फूर्ति, फुर्ती: a man with plenty of ~; the performance had no ~; a style without much ~ 11 (*syn.* sudden bite) चकत 12 मुरमुरा बिस्कुट 13 स्फूर्तिपूर्ण शैली
adj. 1 आकस्मिक (फैसला): ~ judgement/ decision; ~ answer 2 तात्कालिक, फौरी, आशु 3 खटकेदार;
adv. 1 खट से, तुरंत 2 झटके या खटके के साथ;
dw/lw: **~dragon** *n.* स्नैपड्रैगन, ड्रैगन का चित्र; **~per** *n.* 1 टूटने वाली वस्तु 2 एक मछली 3 ख्याति-प्राप्त लोगों की फोटो खींचने वाला; **~ping** *n.* कपास को डोडियों के साथ इकट्ठा करने की क्रिया; **~ping** *adj.* चटकने वाला; **snappingly** *adv.* चटकते हुए; **~ping-turtle** *n.* ताजे पानी का एक बड़ा-सा प्रचंड अमेरिकी कछुआ; **~pish** /स्नैपिश/ *adj.* चिड़चिड़ा, तुनकमिजाज; **~py** *see below under separate entry*; **~shot** *n.* आकस्मिक फोटो;
collocations: ~ **poll/ vote** आकस्मिक मत संग्रह या चुनाव;
p&i: ~ **at** 1 मुंह मारना 2 उत्सुकता से स्वीकार क. 2 गुर्राना; ~ **at sb** किसी से चिढ़कर या गुस्से से बात क.; ~ **at sth** झट से मान जा., लपक लेना; ~ **down** रखना: ~ down the foot; ~ **into it!** जल्दी करो!; ~ **off** अलग क. या हो.; ~ **off one's nose** बदतमीजी से बात क., काटने को दौड़ना; ~ **one's fingers** 1 उंगलियां चटकाना 2 घृणा या नफरत दिखाना; ~ **one's fingers at sb/ sth** किसी को तिरस्कृत या उपेक्षित क., किसी को कौड़ी का भाव न दे.; ~ **out** गुस्से में बक दे., काट दे.; ~ **out of it** संभल जाना, से बच जाना; ~ **out of sth** शांत हो., सुधरना; ~ **sb's head/ nose/ off** गुस्से में या चिढ़कर किसी को जवाब दे., किसी को गुस्से या बदतमीजी से जवाब दे.; ~ **sb up** 1 तुरंत नौकरी के लिए रख लेना 2 निजी रिश्ते के लिए साथी के रूप में स्वीकारना; ~ **sth off sth** किसी चीज का कोई हिस्सा तोड़ दे.: she ~ped the head off her doll; ~ **sth up** 1 सहसा खरीद ले. 2 फुर्ती से झपट ले.; ~ **ties** संबंध तोड़ लेना; ~ **to it** और मेहनत तथा जल्दी से काम करने को कहना; ~ **trick/ thing** साधारण या सरल बात; ~ **up** 1 झपटना 2 टूट पड़ना 3 झट से स्वीकार क. या लपक लेना 4 किसी की बात काटना, किसी को बदतमीजी से बीच में टोकना; **be a** ~ *US* आसान हो., बाएं हाथ का खेल हो.; **be cared not a ~ for their advice** वह उनकी सलाह पर थूकना चाहता था; **make it ~ shot** जल्दी क.; **not a** ~ बिल्कुल भी नहीं; **not worth a** ~ कौड़ी के दाम भी नहीं

snap\py /स्नैपि/ *adj., degr.* **~pier**, **~piest** 1 जीवंत, जानदार: a **~py** phrase 2 चिड़चिड़ा, तुनकमिजाज: **~py** answer 3 फुर्तीला, सजीव 4 तेज, शीघ्र 5 फैशनेबल: **~py** clothes;
p&i: **make it ~py** जल्दी करने के लिए कहना: play it at a ~py tempo; look ~py/ make it ~py! (जल्दी करो!)

sna\re /स्नेअ:/ *n.* 1 (*syn.* trap) जानवरों को फंसाने का जाल, फंदा: fall into a **~re** (फंदे में फंस जा.) 2 कोई भी फंसाने वाली चीज 3 ललचाकर फंसाने वाली वस्तु 4 *surg.* फोड़ों को हटाने का छल्ला (loop) 5 (*in full* **~re drum**) तारों वाला ड्रम या ढोलक, जो थोड़ा हिलाने पर देर तक बजता रहता है;
v., pt. **~red**, *pp* **~ring** फंदे, जाल में फंसाना या फांसना: be **~red** (जाल में फंस जा.);
dw/lw: **~rer** *n.* जाल में फंसाने वाला; **~ring** *n.* जाल में फंसाने की क्रिया;
collocations: **~s and pitfalls** लोभ-लालच

snarf /स्ना:फ/ *v., pt.* **~ed**, *pp* **~ing** पेटुओं की तरह जल्दी-जल्दी खाना

snarky /स्ना:कि/ *adj.* क्रूर ढंग से आलोचना करने वाला: a ~ remark

snarl /स्ना:ल/ *v., pt.* **~ed**, *pp* **~ing** 1 जोर से चिल्लाना, गुस्से में बरस पड़ना: he **~ed** at us 2 जानवर का गुर्राना, दांत दिखाना 3 क्रुद्ध हो., बड़बड़ाना, कुड़कुड़ाना: ~ against sth 4 (*also* **~ sb/ sth up/ ~ up**) उलझाना, उलझ जाना: ~ one's hair; ~ a simple problem 5 अस्त-व्यस्त हो जा. या क.: the traffic is **~ed**;
n. 1 उलझी हुई वस्तु 2 अस्त-व्यस्त स्थिति या भीड़-भड़क्कम 3 गुर्राहट 4 गुर्राहट की आवाज 5 उलझन भरी या अस्त-व्यस्त स्थिति: a ~ in traffic 6 पेड़ में गांठ;
dw/lw: **~-up** *n., colloq.* 1 उलझन, उलझेड़ा, गुत्थी, बखेड़ा 2 (*syn.* traffic jam) अस्त-व्यस्त स्थिति, विशेषकर वाहनों की भीड़-भड़क्कम से पैदा होने वाला यातायात में अवरोध; **~y** /स्ना:लि/ *adj.* 1 उलझा हुआ 2 किसी उलझेड़े या गुत्थी में फंसा हुआ

snatch /स्नैच/ *v., pt.* **~ed**, *pp* **~ing** 1 (*syn.* grab) छीनना, झपटना, झपट लेना: ~ a sword/ a pen 2 झटककर छुड़ाना या बाहर निकालना: she **~ed** her hand away from his; ~ sb from/ out of the jaws of death 3 मौका मिलते ही पकड़ ले., झपट ले.: we'll have to ~ a bite to eat; ~ at a chance; ~

at any excuse 4 को पकड़कर रखना: ~ at a bush/ at a rope 5 झलक पाना: ~ a glimpse of sth 6 समय अभाव के कारण जल्दी से कुछ क. 7 पर टूट पड़ना 8 *US, sl.* (***syn.*** steal) लूटकर या चुराकर ले जा.;
n. *pl.* **~es** 1 छीनने की क्रिया: make a ~ at sth 2 झपट्टा, झपट: the ~ of a bull-dog; a two hand ~ 3 सुनी हुई या याददाश्त में बसी बात का टुकड़ा: **~es** of old tunes; recall a few **~es** of conversation 4 (***syn.*** snippet) अंश, भाग, टुकड़ा: take a ~ (कुछ खाकर थोड़ी ऊर्जा पाना); **~es** of a story/ a novel; catch **~es** of the news now and then 5 दौर, अल्पकाल, अंतराल, पल, घड़ी: a ~ of pleasure; a ~ of sunshine; a ~ of spring in January; get a ~ of sleep; work by/ in **~es**; **~es** of rest between long shifts 6 लूट-पाट: the ~ took place in broad daylight 7 एक झटके में किए जाने वाले भार उत्तोलन (weight lifting) की एक प्रकार;
dw/lw: **~er** *n.* झपटमार; **~ily** *adv.* टुकड़ों में; **~y** /स्नैचि/ *adj.* 1 अनियमित 2 टुकड़े-टुकड़े, असंबद्ध 3 अपूर्ण 4 विच्छिन्न;
collocations: **~ squad** पुलिस या सैनिकों की टुकड़ी जो भीड़ में संभावित दंगाइयों को पकड़कर हटाती है;
p&i: **~es at the truth** सच्चाई का पता लगाने के प्रयास; **in/ by ~es** टुकड़ों में, कभी-कभी

snaz\zy /स्नैजि/ *adj., degr.* **~zier, ~ziest** (***syn.*** jazzy, smart) बना-ठना, चुस्त-दुरुस्त: that's a **~zy** little number you're wearing;
dw/lw: **~zily** /स्नैजिलि/ *adv.* चुस्त-दुरुस्त ढंग से

sneak /स्नीक/ *v., pt.* **~ed/** *US* **snuck**, *pp* **~ing** 1 (*often* ~ **away/ off/ out**) दबे पांव जा./ आना, आंख बचाकर आना-जाना: ~ into/ out/ around, etc.; ~ about the place 2 (***syn.*** furtively) चुपके से कुछ अंदर ले आना/ बाहर ले जा.: ~ sth into/ out of/ through, etc. 3 एक झलक चुरा ले.: ~ a look/ glance at sb/ sth 4 (***syn.*** creep) चुपके-से आना-जाना, खिसकना, सरकना: ~ out of danger/ out of a difficulty 5 चोरी-छिपे कोई काम क.: ~ one's hand to one's pistol; ~ money into sb's hand; try to ~ a look at the letter 6 *sl.* (***syn.*** pinch) चुराना 7 किसी के विरुद्ध मुखबरी क. 8 *school sl.* (***syn.*** snitch) शिकायती टट्टू हो. 9 कायरता दिखाना;
n. 1 *UK* पीठ पीछे चुगली करने वाला आदमी 2 डरपोक, गीदड़, नीच, कमीना 3 चापलूस, चाटुकार 4 (***syn.*** stool pigeon, pussyfoot) मुखबिर 5 *school sl.* शिकायती टट्टू;
adj. गुप्त, छिपा हुआ;
dw/lw: **sneaker** *see below under separate entry*; **~ily** *adv.* 1 चोरी-छिपे 2 चाटुकारितापूर्वक; **~iness** *n.* चाटुकारिता, भीतरघात; **sneaking** *see below under separate entry*; **~sby** /स्निक्सबाइ/ *n.* 1 नीच, कमीना आदमी 2 षड्यंत्रकारी छुटभैया; **~-up** *n.* चापलूस, चाटुकार, जूतीचाट; **~y** /स्नीकि/ *adj., degr.* **~ier**, **~iest** 1 (***syn.*** crafty) भीतर घात करने वाला, नजर-चोर 2 नीच, कमीना 3 कंजूस 4 चापलूस;
collocations: **~ preview** फिल्म आदि को सरे आम प्रदर्शित करने से पहले देखने का अवसर; **~ thief** बिना खिड़की-दरवाजे तोड़े चुपके-से अंदर घुस आने वाला चोर, उचक्का, उठाईगीर;
p&i: **~ up** किसी के पीछे चुपके से आकर खड़े हो जा.

sneakers /स्नीकःज/ *US* (*UK* **trainer**) *n., [pl.], esp. US* रबड़ के तलवे वाले कैनवस के जूते

sneaking /स्नीकिंग/ *adj.* 1 दबाई न जा सकने वाली, मन ही मन पसंद: have a ~ admiration/ fondness for sb 2 गुप्त, मन में छिपी हुई, अप्रकट: have a ~ feeling/ suspicion 3 चापलूसीपूर्ण 4 नजर-चोर 5 डरपोक;
dw/lw: **~ly** /स्नीकिंगलि/ *adv.* गुप्त रूप से, मन ही मन में

sneck /स्नेक/ *n., mainly Scots and N. Eng.* 1 दरवाजे की एक प्रकार की सांकल, सिटकनी 2 कुलावा, अगरी, अर्गला

sneer /स्नीअः/ *v., pt.* **~ed**, *pp* **~ing** 1 (***syn.*** mock) खिल्ली उड़ाना, हंसी उड़ाना 2 उपहास क.: ~ sb out of existence 3 तिरस्कार क. या तिरस्कारपूर्वक मुस्कराना, किसी के प्रति घृणा जताना;
n. खिल्ली, उपहास, ताना;
dw/lw: **~er** *n.* उपहास करने वाला; **~ful** /स्निअःफुल/ *adj.* उपहासपूर्ण; **~ing** *n., adj.* जली-कटी सुनाने वाला, घृणापूर्ण: ~ing attitude; **~ingly** *adv.* घृणापूर्वक

sneeze /स्नीज/ *v., pt.* **~d**, *pp* **sneezing** 1 छींकना 2 किसी को या किसी बात को गंभीरता से न ले.;
n. छींक;
dw/lw: **~r** *n.* 1 छींकने वाला 2 अद्भुत, चमत्कारपूर्ण, सनसनीखेज; **sneezing** *n.* छींकने की क्रिया; **sneezing** *adj.* छींकने संबंधी; **~wort** *n.* नकछिकनी, छिकनी; **sneezy** *adj.* 1 जिसे बहुत छींकें आती हों 2 रुग्ण 3 व्याकुल;
p&i: **~ at sth** खारिज क.; **~ into a basket** किसी को गर्दन काटकर मार दे.;
not to be ~d at *colloq.* की उपेक्षा या अनदेखी नहीं की जा सकती

snell /स्नेल/ *adj.* 1 तेज, तीव्र, द्रुतगामी 2 समझदार, कुशाग्र बुद्धि, सूक्ष्मदर्शी, तीक्ष्णदर्शी 3 कठोर (जलवायु), कड़ाकेदार, सर्द, तीव्र: ~ wind; ~ air; ~ weather 4 निष्ठुर, निर्दय: ~ law

snib /स्निब/ *n., mainly Scots* दरवाजे की सिटकिनी, चटखनी, खटका

snick /स्निक/ *n.* 1 खांचा 2 बल्ले की गेंद पर हल्की फिसलती मार 3 इस तरह की मार से गेंद के बल्ले के किनारे से लगकर होने वाला उछाल;
v., *pt.* **~ed**, *pp* **~ing** 1 खांचा काटना 2 गेंद को बल्ले के किनारे से हल्का-सा फिसलता हुआ उछाल दे.;
p&i: **~ up!** भाड़ में जाए!

snicker /स्निकः/ *US* (*UK* **snigger**) *v., pt.* **~ed**, *pp* **~ing** 1 दबी हंसी में हंसना 2 ठीठी क., ही-ही क. 3 धीरे से हिनहिनाना
n. व्यंग्यपूर्ण दबी हंसी

snickersnee /स्निकःस्नी/ *n.* छुरा, कटार

snide /स्नाइड/ *adj.* 1 (***syn.*** malicious) कपटी, दुर्भावपूर्ण, अपमानजनक 2 नकली, जाली, झूठा: ~ bill (जाली नोट) 3 धोखेबाज, छलिया, अधम, नीचतापूर्ण: ~ merchant; a ~ trick 4 अधम, छोटी-मोटी: a ~ job in a ~ town 5 द्वेषपूर्ण, जहर भरा: ~ remark;
n. 1 नकली आभूषण, नकली नोट 2 अधम, कमीना आदमी;
dw/lw: **~ly** *adv.* नीचतापूर्वक; **~ness** *n.* नीचता, कमीनापन

sniff /स्निफ/ *v., pt.* **~ed**, *pp* **~ing** 1 (***syn.*** snuffle) नाक से सूं सूं करते हुए सांस लेना, सूं-सूं क., सों-सों क., सुड़कना 2 नाक में बलगम या आंसू घुस आना 3 (*often* **~ something/ ~ at sth**; ***syn.*** smell) सूंघना 4 नाक चढ़ाना, नाक से तिरस्कारपूर्ण आवाज निकालना: ~ disdain/ incredulity; ~ in contempt/ in disapproval; not to be **~ed** at *colloq.* (इसकी उपेक्षा या अनदेखी नहीं की जा सकती); such good value that it's not an offer to be **~ed** at 5 गंध आना: ~ the sea air/ the scent of a flower 6 भांपना, महसूस क., का अहसास हो.: ~ danger; ~ treason 7 (***syn.*** inhale) खतरनाक धुएं के वाष्प सूंघ लेना 8 *sl.* शराब पीना;
n. सुड़क, सूं-सूं;
dw/lw: **~er** *n.* सूंघने वाला, सूंघकर जान लेने वाला: ~er dog; **~ing** *n.* सूंघने की क्रिया; **~ing** *adj.* सूंघने वाला; **~iness** *n.* नकचढ़ापन; **~ly** *adv.* 1 नाकचढ़ा 2 अहंकारी, दंभी 3 कंटीला, चिड़चिड़ा; **~y** /स्निफि/ *adj.* 1 नकचढ़ा 2 गंधैला, महकदार 3 सूं-सूं करने वाला;
p&i: **~ at sb/ sth** किसी के या किसी चीज के प्रति घृणा या तिरस्कार दिखाना; **~ sb/ sth out** सूंघकर खोज निकलना

sniffle /स्निफल/ *v., pt.* **~d**, *pp* **sniffling** नाक को बहने से रोकने के लिए बार-बार सूं-सूं क.;

n. (*also* **~s**) /स्निफ्ल्स/ *n.* 1 सर्दी लगने के कारण सिर-नाक की जकड़न 2 सूं-सूं;
dw/lw: **sniffler** *n.* 1 ब्रांडी का गिलास 2 तेज शराब की घूंट

sniffy *see above under* **sniff:** ***dw/lw***

snifter /स्निफ्टः/ *n.* 1 *sl.* शराब, शराबयुक्त स्पिरिट 2 *US* ब्रांडी का प्याला 3 तेज हवा 4 तेज जुकाम, ठसी हुई नाक;
adj. बढ़िया, उच्च श्रेणी का, ए-वन

snigger /स्निगः/ *UK* (*US* **snicker**) *v. pt.* **~ed,** *pp* **~ing** 1 उपहास करते हुए दबी हंसी में हंसना 2 (***syn.*** titter) हिहियाना, ही-ही क.;
n. दबी हंसी में व्यक्त व्यंग;
dw/lw: **~ing** *n.* दबी हंसी; **~ing** *adj.* दबी हंसी में हंसने वाला; **~ingly** *adv.* दबी हंसी में उपहास करते हुए

snip /स्निप/ *v., pt.* **~ped,** *pp* **~ping** 1 कैंची से तेज या एक झटके में कतरना या काटना: ~ cloth 2 काटकर अलग क.: ~ a bud off the stem 3 किसी के तीक्ष्ण कटाक्ष से पंख कतर दे.;
n. 1 चीर, कतरन 2 कतरने की आवाज 3 कपड़े का कतरा हुआ टुकड़ा, कतरन, कतरनी 4 छोटा चीरा, तराश, काट, काटी हुई दरार 5 (**~s**) धातु काटने की छोटी कैंची 6 (***syn.*** bargain) *colloq.* पक्का सौदा, पक्का अवसर: it's a ~ at rupees 100; be a ~ (सौदा पक्का हो.) 7 घोड़े की नाक पर सफेद धब्बा 8 अदना-सा आदमी: this ~ of an attorney 9 *colloq.* बेकार का काम 10 *colloq.* धोखा

snipe /स्नाइप/ *v., pt.* **~d,** *pp* **sniping** 1 बेहूदे तरीके से निंदा क. 2 (*often* **~ at sb**) किसी पर घात लगाकर गोली दागना 3 शिकार पर घात लगाकर गोली चलाना;
n., *pl.* **~s**/ ~ 1 चाहा (पक्षी) 2 किसी पर घात लगाकर दागी गई गोली 3 कटु शाब्दिक प्रहार या आलोचना 4 कमीना या तुच्छ आदमी 5 *colloq.* कानून का जानकार;
dw/lw: **~r** /स्नाइपः/ *n.* 1 घात लगाकर किसी पर गोली दागने वाला 2 इंटरनेट पर नीलामी खत्म होने से ऐन पहले बोली लगाने वाला; **sniping** *n.* घात लगाकर की जाने वाली गोला-बारी;
collocations: **~ school** स्नाइपर प्रशिक्षण स्कूल;
avocet ~ कुसिया चाहा; **common** ~ चाहा; **jack** ~ छोटा चाहा; **painted** ~ राज चाहा

snippet /स्निपिट/ *n.* 1 (***syn.*** snatch, extract) लेख या भाषण के छोटे-छोटे टुकड़े 2 कतरन 3 (***syn.*** scrap) टुकड़ा: **~s** of information 4 टुकड़ों से बनी कोई चीज 5 संवाद या संगीत का छोटा-सा टुकड़ा;
dw/lw: **~y** /स्निपिटि/ *adj.* 1 रूखा 2 असंबद्ध 3 क्षुर, तुच्छ; **~iness** /स्निपिटिनेस/ *n.* रूखापन, असंबद्धता, क्षुरता, तुच्छता;
collocations: **~y anthology** (***syn.*** chrestomathy) छोटे-छोटे साहित्यिक परिच्छेदों का संकलन, उद्धरण-ग्रंथ

snipping /स्निपिंग/ *n.* कतरन, लघु कतरन

snippy /स्निपि/ *adj.* बदतमीज, गुस्ताख

snips /स्निप्स/ *n., [pl.]* हाथ-कैंची

snit /स्निट/ *n.* विक्षुब्ध अवस्था या स्थिति

snitch /स्निच/ *v., pt.* **~ed,** *pp* **~ing** 1 उड़ाना, चुराना 2 (***syn.*** sneak) मुखबिरी क., गद्दारी क.;
n., *pl.* **~es** 1 नाक 2 (***syn.*** stool pigeon, pussyfoot) मुखबिर;
dw/lw: **~er** /स्निचः/ *n.* (***syn.*** stool pigeon, pussyfoot) मुखबिर

snivel /स्निवअल/ *v., pt.* **~led,** *pp* **~ling** 1 (***syn.*** whine) रिरियाना, पिनपिनाना, खीझना, चिढ़ना 2 नाक बहना, सूं-सूं क. 3 सहानुभूति का झूठा दिखावा क.;
n. 1 रेंट, सींड 2 जुकाम, नाक 3 पिनपिनाहट, खीझ 4 सहानुभूति का झूठा दिखावा, चिकनी-चुपड़ी बातें, ढोंगबाजी;
dw/lw: **~ler** /स्निवअलः/ *n.* 1 रेंटू, सींडला 2 ठंडी सीलन भरी हवा 3 चाटुकार, चापलूस; **~ling** (*US* **~ing**) पिनपिनाने वाला, भद्दे तरीके से शिकायत क.

SNO *abbr.* 'Scottish National Orchestra', 'Scottish National Opera' की प्रथमाक्षरी

snob /स्नौब/ *US* स्नाःब/ *n.* 1 उच्च वर्ग का दंभ भरने वाला यानी ऐसा व्यक्ति जो अपने से उच्चतर वर्ग के लोगों के सामने दुम हिलाता है और अपने से निम्नतर वर्ग के लोगों के प्रति घृणा पालता है या झूठा उदारमना (condescending) बनता है 2 वर्ग-दंभी व्यक्ति: wealthy ~ 3 घमंडी, अभिमानी आदमी;
dw/lw: **~bery**/ **~bism** /~बरि/ ~बिज्म/ *n.* 1 वर्ग-दंभ 2 अभिमान, घमंड, गुमान, अहंकार; **~bish** /~बिश/ (*also* **~by**) *adj.* दंभी, अहंकारी; **~bishly** /~बिशलि/ *adv.* वर्ग-दंभपूर्वक; **~bishness** /~बिशनेस/ *n.* वर्ग-दंभ; **~by** /~बि/ *adj., degr.* ~bier, ~biest दंभी, अहंकारी; **~bism** *n.* = **~bery**;
collocations: **~ appeal** वर्ग-दंभ पर आधारित ग्राहक के प्रति रवैया;
an intellectual ~ बौद्धिक दंभी; **a wine ~** उच्च कोटि की शराब पीने का दंभ भरने वाला

snog /स्नौग/ *US* स्नाःग/ *v., pt.* **~ged,** *pp* **~ging** *UK* देर तक चुंबन में लिप्त र., एक दूसरे को देर तक चूमते र.;
n. *UK* देर तक चलने वाला चुंबन, गले लगाने की क्रिया

snood /स्नूड/ *n.* जूड़े की जालीदार थैली, केश बांधने की सजावटी जाली

snook/ snoek /स्नूक/ *n.* 1 'लंबी नाक' 2 नाक पर अंगूठा रखकर किया जाने वाला अपमान सूचक इशारा: make a ~/ **~s** at sb = cock a ~ at sb *colloq.* 3 संबोधित जनों के प्रति किया जाने वाला खुल्लम-खुल्ला घृणा का इजहार 4 एक समुद्री मछली;
p&i: **cock a ~ at sb** 1अश्लील संकेत क. 2 के प्रति तिरस्कारपूर्ण रवैया हो.

snooker /स्नूकः/ *n.* स्नूकर, बिलियर्ड जैसा खेल

snoop /स्नूप/ *v., pt.* **~ed,** *pp* **~ing** 1 (***syn.*** pry) ताक-झांक क., दस्तंदाजी क. 2 जासूसी क. 3 दूसरों के मामलों में टांग अड़ाना 4 चुरा लेना;
n. 1 ताक-झांक करने वाला 2 दूसरों के मामलों में टांग अड़ाने वाला व्यक्ति 3 खोजी, जासूस;
dw/lw: **~er** /स्नूपः/ (**~er = snoop**) *n.* दस्तंदाज, गुप्त-भेदी

snooperscope /स्नूपःस्कोप/ *n., US* खोज निकालने वाला

snoot /स्नूट/ *n., sl.* 1 थोबड़ा, थूथन 2 *sl.* नाक: make **~s** at sb;
v., *pt.* **~ed,** *pp* **~ing** 1 उपेक्षा या अवहेलना क. 2 किसी को तुच्छ समझना 3 अहंकारपूर्ण रवैये से पेश आना

snooty /स्नूटि/ *adj., degr.* **snootier, snootiest** *colloq.* (***syn.*** snob) 1 घमंडी, दंभी, नकचढ़ा 2 क्रूर, चिड़चिड़ा

snooze /स्नूज/ *v., pt.* **~d,** *pp* **snoozing** 1 थोड़ी झपकी ले., ऊंघना 2 अलसाना, अलसना 3 निकम्मा बैठना: ~ time away;
n. झपकी, ऊंघ, हल्की नींद;
collocations: **~ button** अलार्म-क्लॉक आदि में एक बटन जिसे दबाने पर चंद मिनटों के बाद अलार्म दोबारा बजता है

snore /स्नोः/ *v., pt.* **~d,** *pp* **snoring** खर्राटे भरना: ~ oneself awake;
n. खर्राटे भरी नींद;
dw/lw: **~r** /स्नोरः/ *n.* खर्राटे मारने वाला

snorkel /स्नॉःकल/ *n.* 1 गोताखोर का सांस लेने का उपकरण 2 पनडुब्बी में ताजी हवा अंदर खींचने और बासी हवा को बाहर फेंकने के लिए ट्यूबों का एक तंत्र;
v., *UK pt.* **~led,** *pp* **~ling**/ *US pt.* **snorkeled,** *pp* **snorkeling** स्नॉर्कल पहन कर तैरना;
dw/lw: **~ling** /स्नॉःकलिंग/ *n.* गोताखोर या पनडुब्बी द्वारा हवा अंदर-बाहर करने की क्रिया

snort /स्नॉःट/ *v., pt.* **~ed,** *pp* **~ing** 1 जानवरों द्वारा अपनी नाक में से जोर से हवा का बाहर निकाला जा. 2 फुंफकारने जैसी आवाज क., क्रुद्ध हो. 3 ऐसी आवाज निकालकर क्रोध या घृणा प्रकट क.: ~ in anger/ in contempt/ in indignation 4 कोकेन जैसे नशीले पदार्थों के चूर्ण को एक सांस में सूंघकर अंदर चढ़ाना 5 भभकना: the engine ~ed;

n. 1 फुंफकार 2 क्रोध, फटकार 3 फट-फट, भभक 4 कोकेन जैसे नशीले पदार्थ के चूर्ण की एक सांस में सूंघकर अंदर चढ़ाई जाने वाली मात्रा 5 शराबयुक्त स्पिरिट का छोटा पैग;

dw/lw: **~er** /स्नॉःटः/ *n.* 1 खर्राटे मारने वाला 2 डील-डौल, ताकत आदि में अद्भुत व्यक्ति 3 फटकार 4 गेहूं की बाल या बाली 5 तेज हवा; **~ing** *n.* खर्राटे मारने की क्रिया; **~ingly** *adv.* खर्राटे मारते हुए;

collocations: **short ~er** 1 जल्दी से पिया जाने वाला पैग 2 विमान चालक दल का सदस्य

snot /स्नौट/ *US* स्नाःट/ *n.* 1 नाक का मल, रेंट 2 घिनौना व्यक्ति;

dw/lw: **~rag** /स्नॉःटरैग/ *n., sl.* नाक साफ करने का रुमाल; **~-nosed** *adj.* 1 मल या रेंट भरी नाक 2 चिड़चिड़ा; **~tily** /स्नॉटिलि/ *adv.* घिनौने तरीके से; **~tiness** /स्नॉटिनेस/ *n.* घिनौनापन

snotty /स्नॉटि/ *adj., degr.* **snottier**, **snottiest** *colloq.* 1 घिनौना, घिनौनी: I don't want your ~ advice 2 (***syn.*** snooty) घमंडी: ~ attitude 3 रेंट-भरा: ~-nosed kids

snout /स्नाउट/ *n.* 1 नथुना 2 मानव की नाक 3 थूथन, थूथनी 4 तुंड 5 टोंटा, टोंटी 6 कोई भी बाहर निकलता अंग या भाग: the ~ of a ship; the ~ of a glacier; the ~ of a rock 7 *sl.* सिगरेट, तंबाकू 8 (***syn.*** stool pigeon) पुलिस का मुखबिर;

dw/lw: **~ed** *adj.* लंबी नाक वाला, थूथनी; **~y** /स्नाउटि/ *adj.* 1 असहिष्णु 2 थोबड़ा-सा 3 बड़े थोबड़े वाला 4 लंबी नाक वाला 5 धृष्ट, गुस्ताख, बदतमीज

snow /स्नो/ *n.* 1 बर्फ, हिम: granulated ~; sticky ~; ~ falls/ melts 2 हिमपात: be caught in the ~; a ~ flurry/ shower; deep/ heavy ~; walk/ tramp, etc. through the ~; there's been a lot of ~ this year 3 *poetic* हिम की श्वेत चादर: the summits are covered with virginal **~s** 4 *sl.* कोकेन (cocaine) 5 उम्र की सफेदी: the **~(s)** of venerable age;

v., pt. **~ed**, *pp* **~ing** 1 हिमपात हो., बर्फ पड़ना: it **~s**, it is **~ing** 2 बर्फ का बरसना 3 बर्फ पड़ने से सफेद चादर बनना: ~ white;

dw/lw: **~ball** /स्नोबॉल/ *n.* बर्फ का ढेला या गोला, हिमकंदुक, बर्फ की गोली; **~ball** *v., pt.* ~balled, *pp* ~balling 1 समस्या का उल्टा पड़कर बढ़ जा. और बड़ी तेजी से फैल जाना 2 नर्म बर्फ के गोले फेंकना या मारना; **~bank** *n.* हिमपिंड, बर्फ का टीला या ढेर; **~berry** *n., bot.* चीन और उत्तरी अफ्रीका में पाई जाने वाली बेरी की झाड़ी; **~-bird** *n.* सर्दियों के समय को गर्म स्थान पर बिताने वाला व्यक्ति; **~-blind** *adj.* हिमांध; **~blower** *n.* बर्फ से ढका रास्ता साफ करने वाली गाड़ी; **~board** *n.* के ऊपर खड़ा होकर बर्फ पर चलने की तख्ती; **~boarding** *n.* एक प्रकार का खेल जिसमें लकड़ी की तख्ती पर खड़े होकर बर्फ पर चला जाता है; **~bound** /स्नोबाउंड/ *n.* हिमपात के कारण रास्तों के बंद हो जाने से अवरुद्ध; **~cap** *n.* ध्रुवीय क्षेत्रों व पर्वत शिखरों पर बिछी बर्फ; **~capped** *adj.* हिममंडित; **~-chain** *n.* गाड़ी को बर्फ पर चलाने के लिए उसके पहियों पर चढ़ाई जाने वाली जंजीर; **~clad** /स्नोक्लैड/ *adj.* बर्फ से ढका, हिमाच्छादित; **~cock** *n.* रामचकोर नाम का एक हिमालयी पक्षी; **~drift** /स्नोड्रिफ्ट/ *n.* हवा के झौंको से उड़कर बर्फ का इकट्ठा हुआ ढेर; **~drop** /स्नोड्रॉप/ *n.* सफेद रंग का एक छोटा फूल जो सर्दी खत्म होने पर खिलता है, गुलचांदनी; **~fall** *n.* हिमपात: annual ~fall; **~-field** *n.* हिमक्षेत्र; **~flake** /स्नोफ्लेक/ *n.* हिमलव, छोटे-छोटे पंखनुमा हिमकण; **~-gun** *n.* = **~ cannon** *see below under* ***collocations***; **~house** *n.* हिमगृह; **~iness** /स्नोइनेस/ *n.* श्वेतता; **~-job** *n.* किसी को झूठी-सच्ची बातें बताकर बरगलाने का कार्य; **~-leopard** *n.* साह, हिम-प्रदेशीय चीता; **(the) ~line** *n.* पर्वत शिखरों की ऐसी ऊंचाई जिस पर बर्फ कभी नहीं पिघलती, हिम रेखा; **~man** *n. pl.* ~men हिम-मानव; **~mobile** *n.* बर्फ पर चलने वाली स्की पर चढ़ी एक गाड़ी; **~plough** *UK* (*US* **~plow**) /स्नोप्लॉ/ *n.* 1 बर्फ हटाने वाली गाड़ी 2 स्की दौड़ के मंद होने का चिह्न जब दोनों स्की पट्टियों की नोकों को साथ मिला दिया जाता है; **~plough** *v., pt.* ~-ploughed, *pp* ~-ploughing 1 सड़क या रेल-पटरी से मशीन द्वारा बर्फ हटाना 2 स्की-पट्टियों की अगली नोकों को मिलाकर स्कीइंग को रोकना; **~-scape** *n.* बर्फ से ढकी पर्वतमाला का दृश्य; **~-slide** *n.* (***syn.*** avalanche) भारी बर्फ-स्खलन; **~shoe** *n.* बर्फ पर चलने के लिए पांवों पर बांधा जाने वाला एक रैकेटनुमा चौखटा; **~storm** *n.* बर्फानी तूफान, हिम-झंझावात; **~-white** *adj.* बर्फ की तरह सफेद, हिमश्वेत; **~y** /स्नोइ/ स्नोवि/ *adj., degr.* snowier, snowiest 1 बर्फीला, हिमी, हिमित, बर्फ से ढका हुआ 2 अत्यधिक हिमपात का समय: ~y week-end 3 निर्मल 4 हिम श्वेत: ~y owl;

collocations: **~ blindness** *n.* बर्फ की परावर्तित किरणों से होने वाली चौंध, हिमांधता; **~ bunting** *n.* हिमालयी मोनाल, आम बटेर; **~ cannon** कृत्रिम बर्फ बनाकर उसे स्की पथों पर फेंकने वाली मशीन; **~ cat** बर्फ पर चलने वाली भारी गाड़ी; **~ chain** बर्फ पर गाड़ी चलाने के लिए उसके टायरों पर चढ़ाई जाने वाली जंजीर; **~ goose** आर्कटिक क्षेत्र की बत्तख; **~ job** झूठी बातों का झांसा देकर किसी से कुछ ले., ठगना;

p&i: **~ in** बर्फ से ढक जा.; **~ sb up** किसी को बर्फ द्वारा अलग-थलग कर दिया जा.: we were ~ed in for a week; **~ under** 1 बर्फ के ढेर तले दब जा. 2 बर्फ से गाड़ी आदि का बाएं-दाएं फिसलना या घिसटना 3 बर्फ के कारण रास्ते बंद हो जाने से कहीं फंस जा.;

as clean/ pure as the driven ~ अत्यधिक साफ एवं शुद्ध; **be ~ed in/ up** हिमपात की वजह से कहीं पर फंस जा.; **be ~ed under with** बहुत काम तले दबा हो.; **gone with last year's ~** हमेशा के लिए हाथ से निकल जाने वाला; **not have a ~ball's chance (in hell/ in an oven)** *colloq.* सफल होने की कोई संभावना न हो.; **roast ~ in a furnace** छलनी में पानी ढोना, अनहोनी बात क., बेकार के काम में समय गंवाना; **the ~s of yester-year** कभी लौटकर न आने वाला समय, जो सदा के लिए लुप्त हो चुका हो

SNP *abbr.* 'Scottish National Party' की प्रथमाक्षरी

Snr/ snr *UK* (*UK/ US* **Sr**) *abbr.*, '**senior**' का छोटा रूप (एक परिवार में एक ही नाम वाले दो व्यक्तियों में से वरिष्ठ व्यक्ति के नाम से पहले जुड़ने वाला शब्द)

snub /स्नब/ *v., pt.* **~bed**, *pp* **~bing** 1 झिड़कना, डपटना 2 (***syn.*** cold-shoulder) उपेक्षा, तिरस्कार या घृणा दिखाकर नीचा दिखाना 3 झटका देकर रोकना, रोकना 4 (***syn.*** boycott) बहिष्कार क;

n. 1 झिड़कन, फटकार 2 (***syn.*** insult) उपेक्षा, तिरस्कार, अपमान;

adj. चपटा: ~ nose;

dw/lw: **~bing** *n.* 1 झिड़कन, फटकार 2 उपेक्षा, तिरस्कार; **~bing** *adj.* 1 तिरस्कारपूर्ण 2 अवमानना करने वाला; **~bingly** *adv.* तिरस्कारपूर्वक; **~-nosed** /स्नब-नोजड/ *adj.* चपटी नाक वाला, बैठी नाक वाला, नकचिपटा

snuck /स्नक/ *US pt.*, '**sneak**' का भूतकालिक रूप

snuff /स्नफ/ *n.* 1 नसवार, सूंघनी: take ~ 2 सुड़क 3 नास, नस्य 4 दीये आदि का गुल 5 किसी रहस्य को भांपने की क्रिया;

v., pt. **~ed**, *pp* **~ing** 1 नसवार सूंघना 2 सुड़कना 3 सुंघनी लेना 4 गुल काटना, कतरना या तराशना 5 (***syn.*** extinguish) (मोमबत्ती, दीया आदि) बुझाना;

dw/lw: **~-box** *n.* सुंघनीदानी, नासदानी; **~-coloured** *adj.* नसवार या सुंघनी के रंग का; **~er** *n.* 1 मोमबत्ती बुझाने का उपकरण 2 (**~s**) चिमटी जैसा औजार जिससे मोमबत्ती या दीये का गुल काटा जाता है, गुलगीर; **~y** *adj.* 1 क्रुद्ध, आहत, रूठा हुआ 2 नसवारी रंग का 3 सूंघने का तंबाकू आदि, सुंघनी-जैसा, सुंघनी-भरा 4 घिनौना, मैला-कुचैला, कमीना;

collocations: **~ movie/ ~ film** *n., sl.* असली हत्या को मनोरंजन के रूप में दिखाने वाली फिल्म;

p&i: **~ it** *sl.* मर जा.; **~ out** नष्ट क., रौंद डालना; **~ sth out** 1 अचानक खत्म कर दे. 2 मोमबत्ती बुझाना, गुल क.;

be in high ~ पूरे जोश में हो.; **beat to** ~ किसी को पूर्णतः धराशायी क.; **give sb** ~ किसी को खूब फटकार लगाना; **take ~ at sth/ take sth in the ~/ take sth to** ~ आहत हो.; **up to** ~ 1 सतर्क, जिसे धोखा न दिया जा सके 2 धूर्त 3 (***syn.*** up to the mark) ऊंचे स्तर का हो.

snuffle /स्नफल/ *v., pt.* **~d**, *pp* **snuffling** 1 सूं-सूं क. 2 बंद नाक में से या नकियाकर बोलना 3 (***syn.*** snivel) नाक बहना;
n. 1 सुड़क, सूं-सूं 2 जुकाम, ठसी नाक;
dw/lw: **~r** /स्नफलः/ *n.* सूं-सूं करने वाला; **snuffling** *n.* सुड़क, सूं-सूं; **snuffling** *adj.* ठसी नाक के कारण सूं-सूं करने वाला

snug /स्नग/ *adj., degr.* **~ger**, **~gest** 1 (***syn.*** cosy) आरामदेह, सुकूनदायक: ~ seat by the fire; make oneself ~ 2 सुखद: a ~ room 3 सुरक्षित, रक्षित, धूप-छांव से बचाया हुआ: a ~ boat; a ~ kitchen 4 दुरुस्त 5 साफ-सुथरा, सुव्यवस्थित 6 कसा हुआ, चुस्त (कपड़ा): ~ clothes; ~ fit 7 सुसंहत 8 पर्याप्त, अच्छा खासा: a ~ income 9 छिपा, गुप्त;
adv. आराम से, सुकून से: lie ~; lie ~ in bed;
dw/lw: **~ly** *adv.* आराम से, दुरुस्त तरीके से; **~ness** *n.* 1 सुकून, आराम 2 चुस्ती-दुरुस्ती;
p&i: **~ as a bug in a rug** बहुत आरामदेह; **~'s the word!** चुप!

snuggery /स्नग्रि/ *n., pl.* **snuggeries** आरामदेह कमरा, सुखद कक्ष, सुखद स्थान

snuggle /स्नग्ल/ *v., pt.* **~d**, *pp* **snuggling** *1* (*usually* **~ down/ in**) आरामदेह स्थिति में हो जा. 2 (*sometimes* **~ up**) जोर से गले लगाना, छाती से चिपका लेना: ~ sb in one's arms;
p&i: **~ up/ down/ into, etc.** आरामदेह स्थिति में हो जा.;

so. *abbr.* 'south/ southern' का संक्षेप

SO *abbr.* 'standing order' की प्रथमाक्षरी

so /सो/ *adv.* 1 इतना, इस कदर: ~ expensive that nobody buys it 2 ऐसा, ऐसे, इस प्रकार: I wish that was ~ (काश ऐसा होता!); you mustn't behave ~; he was named ~ after his father 3 इतना, इस हद तक, इतना अधिक: she isn't ~ very old; I am not ~ sure of that; I have ~ much to do and ~ little time; I am ~ pleased to meet you! 4 अत्यधिक: he is ~ talented! thanks ever ~ much!; ~ good a dinner! 5 इतना ही, समान रूप से, उतना ही: this one is lovely, but that one is not ~ nice 6 भी, उसी तरह, उसी प्रकार का, वैसा ही: promised to be faithful and has remained ~ 7 इसलिए, अतः, सो 8 करीब-करीब, लगभग 9 भी, उसी तरह, उसी प्रकार से: she's my friend and ~ are you; we were wrong, ~ were you; ~ did we/ ~ have I/ ~ is mine, etc. 10 तो...: ~ what? (तो क्या हुआ?) 11 अच्छा तो: ~ he said we shouldn't bother (अच्छा तो उसने कहा कि हमें चिंता नहीं करनी चाहिए) 12 वास्तव में, ऐसा ही है: it is ~ (ऐसा ही है); ~ it is (ऐसा ही तो है); ~ be it! ऐसा है तो होने दो; just ~! quite ~! (बस ऐसे ही!) 13 मेरे विचार में: has the train left? I think ~ 14 ऐसा, इस प्रकार से: he promised to ring up, but has not done ~ as yet 15 फलाना-फलाना: ~ and ~ only 16 बस इतना ही: only ~ much/ many 17 ऐसे ही होता है, ऐसा तो होना ही था: ~ much for...;
conj. 1 इसलिए: it was late, ~ we went home; he opened the door and ~ he could see them come 2 (*also* **so that...**) ताकि: he came early ~ that he could meet the teacher before the class; ~ as (not) to do sth (ताकि कुछ करना न पड़े) 3 तो 4 बशर्ते (कि) 5 कि, यहां तक कि 6 निम्नलिखित शब्द पदों में: ~ what? (तो क्या हुआ); ~ what of it? (तो इसमें कौन-सी खास बात है); ~ that's that (तो असल बात यह है...);
excl. अच्छा!, ठीक है!: he went off yesterday. So!;
dw/lw: **~-called** *adj.* तथाकथित; **so-so** *adv.* ठीक-ठाक है;
collocations: **~ and ~** अमुक, फलाना, फलां (*see also below under separate entry*); **and ~ on/ and ~ on and ~ forth** इत्यादि; **or ~** लगभग;
p&i: **so ... as** क्योंकि; **~ as to...** के लिए; **~ be it** ऐसा है तो होने दो; **~ far** अब तक; **~ far as** जहां तक इस बात का सवाल है; **~ far from** से इतनी दूर; **~ far ~ good** अभी तक सब अच्छा है; **~ help me/ God** सच कहता हूं: I have never seen him, so help me/ God; **~ long as** जब तक; **~ many** इतने सारे; **~ much/ many** इतना सारा या इतने सारे; **~ much the better/ the worse** और भी बेहतर या बदतर; **~ much for that** 1 इतना तो उस बात के बारे में हो गया, (आओ अब दूसरी बात करें) 2 तो बात सफल नहीं रही: so much for that idea!; **~ much ~** यहां तक कि; **~ much ~ that** यहां तक कि ...; **so much to do, so little done** इतना सारा करना है, और हुआ बहुत कम है; **so so** ठीक-ठाक; **so ... that** इस प्रकार; **~, that's what you've been doing** तो आप यह काम कर रहे थे; **~ to speak/ ~ to say** यदि ऐसा कहा जा सकता है तो;
and ~ on इत्यादि; **and ~ on and ~ forth** आदि, आदि; **even ~** फिर भी; **how ~?** यह कैसे?; **if so** यदि ऐसा है तो ...; **in so far as = in so much as** जहां तक किसी बात का सवाल है; **just ~** लगभग, बिल्कुल सही; **not so ... as all that** इतना नहीं जितना कि ...; **not/ never ~ much as** कभी इतना नहीं जितना कि...; **or so** लगभग; **quite ~** बिल्कुल सही, ठीक वैसा, जैसा आपने कहा; **that being ~ I have nothing more to say** यदि यह बात है तो मुझे कुछ नहीं कहना; **the knot should be tied ~ fashion** गांठ को इस प्रकार बांधा जाना चाहिए

soak /सोक/ *v., pt.* **~ed**, *pp* **~ing** 1 भिगोना: ~ bread in milk 2 भीगना, भींगना, डूबा रहना 3 द्रव को चूस या सोखकर गीला हो जा., सोख लेना, चूस लेना: ~ sth up; ~ up the sun; partitions ~ up sound; tissue **~s** up the water quickly 4 (***syn.*** drench) तर-बतर कर दे. या हो., सराबोर कर दे.: ~ oneself in the sunshine 5 (***syn.*** saturate) आत्मसात कर लेना: ~ oneself in history/ in art; ~ up information; he just **~s** up knowledge 6 रिसकर व्याप्त हो जाना, फैल जाना: the rain has **~ed** through the roof; ~ in/ through sth; the rain **~ed** through my coat; the spilt milk quickly **~ed** in 7 ज्यादा शराब पीना 8 पैसे ऐंठना, ठगना: ~ tourists 9 *US sl.* पीटना;
n. 1 (= soaking) डुबाव, सोख, चूस 2 भिगोने या सोखने के लिए द्रव 3 (मिट्टी में पानी का) रिसाव 4 दलदली स्थान 5 मूसलाधार वर्षा 6 पियक्कड़, बेवड़ा, मद्यप 7 मदिरापान का दौर: come out of ~ 8 गिरवी, रहन: put in ~;
dw/lw: **~age** /सोकिज/ *n.* 1 सीड़, सीलन 2 रिसाव 3 भिगोने की क्रिया 4 भिगोने के लिए तरल; **~away** *n.* जमीन में ढलान जहां पानी धरती में रिसता है; **~ed** /सोकड/ *adj.* 1 (***syn.*** drenched) पूरी तरह भीगा हुआ, तर-बतर, सराबोर: be ~ed to the skin 2 जिसने द्रव को पूर्ण चूषक क्षमता तक चूस लिया हो: ~ed through 3 पीकर धुत्त; **~er** /सोकः/ *n.* चूसने या सोखने वाला; **~ing** *n.* द्रव को चूसने या सोखने से गीला होने की क्रिया; **~ing** /सोकिंग/ *adj.* तर-बतर होने वाला: ~ing material; **~-pit** *n.* सिक्तन गर्त;
p&i: **~ into/ through sth = ~ in** द्रव का किसी माध्यम में रिसकर व्याप्त हो जाना: blood got ~ed through the bandage; **~ one's clay/ one's face** पीकर धुत्त हो जाना; **~ sth off / out** पानी में डालकर हटाना; **~ sth up** 1 चूसना, आत्मसात क. 2 किसी चीज को अपने तन, मन व दिमाग आदि में आत्मसात क.

so-and-so /सो-एन-सो/ *n. pl.* **so-and-sos** *colloq.* 1 बिना नाम लिए किसी के बारे में बात क., फलां, अमुक: number ~ in such-and-such street; ~ played me a shabby trick; he told me to do ~; he's a lazy ~; he's gone with ~ 2 भद्दे शब्द के स्थान पर प्रयुक्त किया जाने वाला शब्द: you crafty little ~!

soap /सोप/ *n.* 1 साबुन: face shiny with ~ and water; wash one's hands in invisible ~ (हाथ धोने का मात्र नाटक क., हाथ मलना); a cake/ a bar/ a tablet of ~ (साबुन की टिकिया) 2

(*also* ~ **opera**) धारावाहिक टीवी नाटक, टीवी सीरियल 3 *US sl.* रिश्वत देने के लिए पैसा;
v., *pt.* **~ed**, *pp* **~ing** 1 किसी को या किसी चीज को साबुन लगाना 2 चापलूसी क.: ~ **sb up** *colloq.* (चापलूसी से किसी को प्रभावित कर लेना या मना लेना);
dw/lw: **~-berry** *n.* पीलू, पील; **~box** *n.* 1 साबुन पेटी 2 आशु भाषणमंच: ~box orator/ ~boxer (सड़कछाप भाषणबाज); **~-bubble** *n.* 1 साबुन के बुलबुले 2 थोथी बातें: blow ~-bubbles (खोखली बातें क.); **~-dish** *n.* साबुनदानी; **~ily** *adv.* चापलूसीपूर्वक; ~ **flakes** साबुन के छोटे टुकड़े; **~iness** *n.* चिकना-चुपड़ापन; **~-nut** *n.* रीठा; **~stone** *n.* सेलखड़ी, सिलखड़ी, गोरा-पत्थर, घीया-पत्थर; **~suds** /सोपसड्स/ *n.* साबुन की झाग; **~-wort** *n.* 1 साबुन-भरा, साबुनी 2 चिकना 3 जीहुजूरिया, चापलूस 4 चिकना-चुपड़ा; **~y** /सोपि/ *adj.*, *degr.* **~ier**, **~iest** 1 साबुन जैसा 2 साबुन लगा हुआ: ~y hands 3 झाग भरा 4 चापलूसीपूर्ण;
collocations: ~ **opera** (*informal* **soap**) धारावाहिक टीवी सीरियल, बहुत दिन तक चलने वाला नाटक; **soft** ~ चापलूसी;
p&i: **be on one's ~box** किसी विषय पर अपना दृढ़ मत रखना; **no** ~ बेकार में, कोई फायदा नहीं, यह नहीं चलेगा; **wash one's hand in invisible** ~ बिना धोए हाथ मलना

soar /सॉः/ *v., pt.* **~ed**, *pp* **~ing** 1 (***syn.*** sky-rocket) अत्यधिक ऊपर उठना, ऊंचा हो.: **~ing** temperatures/ prices 2 तेजी से उड़ान भरना 3 दाम आदि का बहुत बढ़ना: prices are **~ing**;
n. (***syn.*** flight) ऊंची उड़ान: ~ of fancy;
dw/lw: **~ing** /सोअरिंग/ *adj.* ऊंची उड़ान भरता हुआ: ~ing prices; high ~ing style; **~ing** *n.* ऊंची उठती उड़ान; **~ingly** *adv.* ऊंची उड़ान भरते हुए

s-o-b/ SOB *abbr., esp. N. Amer.* 'son of a bitch' की प्रथमाक्षरी

sob /सौब/ *US* साःब/ *v., pt.* **~bed**, *pp* **~bing** 1 सुबक-सुबक कर रोना 2 सिसकना 3 (*often* ~ **out**) सुबकते हुए कुछ कहना: ~ one's heart out; she **~bed** out the whole story; he **~bed** out his repentance 3 सुबकते-सुबकते सो जाना आदि: ~ oneself to sleep;
n. सुबकी, सिसकी, सिसक;
dw/lw: **~bing** /सौबिंग/ *n.* सुबक-सुबककर रोने की क्रिया; **~-story** *n., US sl.* सहानुभूति प्राप्त करने के लिए सुनाई जाने वाली व्यक्तिगत व्यथा-कथा, अश्रु-स्रावक (tear-jerking) व्यथा-कथा
collocations: ~ **sister** *US sl.* 1 सनसनीखेज या मर्म-स्पर्शी लेख लिखने वाली औरत संवाददाता 2 भावुक व्यक्ति; ~ **stuff** भावुकता-प्रधान मसाला या मामला

sober /सोबः/ *adj.* 1 होश में, जो शराब के नशे में न हो, अमत्त 2 (***syn.*** serious, solemn, restrained) गंभीर, शांत, संयमी: in ~ earnest (गांभीर्य व जिम्मेवारी के साथ); a man of ~ mind; as ~ as a judge (बिल्कुल अमत्त) 3 (***syn.*** sedate, unexuberant) सादा, सौम्य: ~ clothes or colours 4 संतुलित: have a ~ head in a panic; ~ estimate 5 (***anton.*** frivolous, extravagant) मर्यादित, संयत: ~ critic; a man of ~ judgement;
v., *pt.* **~ed**, *pp* **~ing** 1 (*always* ~ **up**/ ~ **sb up**) होश में आना या लाना 2 (*always* ~ **down**/ ~ **sb down**) शांत कर दे. या हो जाना 3 उच्छृंखलता छोड़कर गंभीर हो जा.: he **~ed** down and married; ~ (sb) up (1 नशा उतारकर किसी को होश में लाना 2 किसी का गंभीर बनाना);
dw/lw: **~ing** /सोबरिंग/ *adj.* गंभीर व शांत करने वाला: a ~ing thought; **~ly** /सोबःलि/ *adv.* गंभीरता से; **~-minded** *adj.* शांत-स्वभाव, शांतमना, संतुलित;
collocations: **the ~ truth** सीधी-सादी या साफ सच्चाई;
p&i: ~ **as judge** अत्यधिक गंभीर व संतुलित

sobriety /सअब्रायटि/ (*also* **soberness**) *n.* 1 सादगी, सौम्यता 2 गंभीरता 3 अत्युक्तिविहीनता, मिताचार 4 संतुलन, संयम 5 मदहोशी-विहीनता;
p&i: **drunkenness reveals what sobreness conceals** जो बात बिना पिए मन में होती है, वह पिए हुए की जबान पर आ जाती है

sobriquet /सोब्रिके/ (*also* **soubriquet**) *n.* 1 उपनाम 2 छेड़-नाम

Soc *abbr.* 'Socialist', 'Society' का संक्षेप

so-called /सोकॉल्ड/ *adj.* तथाकथित: deceived by his ~ friend

soccage /सॉकिज/ (*also* **socage**) *n.* पुराने जमाने में ठिकानेदार, जमींदार आदि की खिदमती काश्तकारी या कृषि-कार्य

soccer /सौकः/ *US* साःकः/ (*also UK* **football**) *n.* फुटबाल;
adj. फुटबाल से संबंधित: ~ player;
collocations: ~ **mom** ठेठ (प्रतिनिधि) मध्यम वर्गीय मां जो अपने बच्चे को संगीत, नृत्य, खेलकूद आदि सभी तकलाएं सिखाना चाहती है

sociability /सोशअबिलअटि/ *n.* 1 समाजशीलता 2 मिलनसारी 3 मैत्री, मैत्रीपूर्णता, मित्रभाव

sociable /सोशिअबल/ *adj.* 1 (***syn.*** gregarious) मिलनसार, समाजशील 2 स्नेहशील 3 मैत्रीपूर्ण, दोस्ताना 4 सुखद 5 अनौपचारिक

social /सोशल/ *adj.* 1 सामाजिक: ~ order/ system; ~ unit; ~ justice; ~ welfare; the ~ evil (सामाजिक बुराई); ~ character; ~ sciences 2 सामाजिक, वर्गीय: move in different ~ circles; be sb's ~ inferior/ superior (सामाजिक रूप से निम्नतर या उच्चतर हो.); long for ~ advancement (सामाजिक रूप से ऊपर उठने को आतुर हो.) 3 सामूहिक: ~ disease/ hygiene 4 सामाजिक सौहार्दपूर्ण: had ~ behaviour; pay a ~ visit 5 मिलनसार, मिल-बैठने वाला: he leads a very full ~ life 6 विनोदप्रिय, यारी-दोस्ती वाला: ~ drinking 7 उच्च व फैशनेबल वर्ग का: ~ reporter; a column of ~ gossip; purely ~ club;
n. 1 सामाजिक सभा 2 (**the** ~) सामाजिक सुरक्षा;
dw/lw: **~ly** /सोशलि/ *adv.* सामाजिक रूप से, समाज-समूह में, यार-दोस्तों के बीच: we met **~ly**; **~ness** *n.* 1 सामाजिकता 2 मिलनसारी 3 सामाजिक वर्गीयता;
collocations: ~ **action** *politics* सामाजिक कार्रवाई यानी औपचारिक माध्यमों के अलावा किसी अनौपचारिक संगठित समूह द्वारा समाज हित में किए जाने वाले कार्य-कलाप; ~ **anthropology** सामाजिक नृविज्ञान, सामाजिक मानवशास्त्र; ~ **behaviourism** सामाजिक व्यवहारवाद; ~ **belief** सामाजिक विश्वास; ~ **chapter** सामाजिक अध्याय (यूरोपीय संघ का सामाजिक पहलुओं यानी रोजगार, रहन-सहन की स्थितियों, स्वास्थ्य, सुरक्षा, महिलाओं के लिए समान अवसर आदि के बारे में मास्ट्रिक्ट (Maastricht) में हस्ताक्षरित समझौता); ~ **cleansing** सामाजिक सफाई; ~ **climber** *often derog.* सामाजिक सीढ़ियों पर अवसरवादी तरीके से ऊपर चढ़ने वाला; ~ **conscience** सामाजिक समस्याओं के बारे जागरूक होने और उनके समाधान के लिए कुछ करने के बारे में चेतना; ~ **contract** सामाजिक अनुबंध (हौब्ज (Hobbes), लौक (Locke) और रुसो (Rousseau) के सिद्धांतों के अनुसार समाज में भिन्न-भिन्न व्यक्तियों के बीच सामाजिक हित में, अक्सर व्यक्तिगत हितों की अनदेखी करते हुए, मिलकर काम करने का समझौता); ~ **creatures** सामाजिक प्राणी या जीव; ~ **democracy** समाजवादी गणतंत्र; ~ **democrat** समाजवादी गणतंत्रवादी व्यक्ति; ~ **democratic** समाजवादी गणतंत्रवादी; **Social Democratic Party** (*abbr.* **SDP**) समाजवादी गणतंत्रवादी दल; ~ **Fund** समाज में व्यक्ति की निजी समस्यायों यानी आर्थिक व सामाजिक मसलों को हल करने के लिए दी जाने वाली आर्थिक अनुदान निधि; ~ **engineering** सामाजिक समीकरणों को समाज शास्त्र के सिद्धांतों के अनुसार बनाना-बिगाड़ना;

~ **evil** सामाजिक बुराई; ~ **evolution** सामाजिक विकास; ~ **housing** ब्रिटेन में स्थानीय समितियों (local councils) द्वारा लोगों को सस्ते दामों पर खरीदने या किराये पर लेने के लिए उपलब्ध कराए जाने वाले घर या फ्लैट; ~ **insurance** सामूहिक बीमा; ~ **mobility** सामाजिक श्रेणी-श्रृंखला में लोगों के ऊपर-नीचे जाने की क्रिया; ~ **phobia** *psychol.* सभाओं आदि में या सार्वजनिक स्थानों पर अन्य लोगों से संवाद करने या विचारों के आदान-प्रदान करने का अस्वाभाविक डर; ~ **policies** सामाजिक नीतियां; ~ **psychology** समाज में लोगों के व्यवहार या रुखों का अध्ययन; ~ **rapport** सामाजिक सौहार्द; ~ **realism** 1950 से पहले कला एवं साहित्य में प्रचलित सामाजिक विरोधाभासों का यथार्थवादी (समाजवादी यथार्थवाद से भिन्न) चित्रण; ~ **Register** किसी क्षेत्र के उच्च वर्ग के लोगों की नाम-पता सूची: be in the ~ Register; ~ **sciences** *pl.*, सामाजिक विज्ञान; ~ **secretary** किसी संगठन की सामाजिक गतिविधियों का संगठनकर्ता; ~ **security** 1 जनता द्वारा अपने चंदे से गठित निधि जिसमें से बेरोजगारी या अन्य विपदाओं के समय सदस्यों को सहायता दी जाती है 2 कई देशों में इसी प्रकार की सेवा-निवृत्ति निधि (pension scheme); ~ **security number** कैनेडा आदि देशों में प्रत्येक व्यक्ति को दिया जाने वाला उसके सामाजिक खाते का नंबर; ~ **services** 1 स्थानीय या राष्ट्रीय सरकारों द्वारा जनता को मुहैया कराई जाने वाली आवास, शिक्षा, स्वास्थ्य आदि सेवाएं; ~ **structure** सामाजिक संरचना; ~ **studies** सामाजिक अध्ययन, समाज शास्त्र; ~ **welfare** समाज कल्याण; ~ **work** 1 समाज-सेवा 2 सामाजिक कार्य 3 मिलनसारी 4 संघचारी; ~ **worker** समाज-सेवक

social\ism /सोशलिज्म/ *n.* समाजवाद यानी पूंजीवाद के तहत पूंजी प्रधानता और शोषण की बजाए इस सिद्धांत पर आधारित सामाजिक और आर्थिक प्रणाली कि प्रत्येक व्यक्ति से काम लिया जाए उसकी योग्यता और क्षमता के अनुसार और उसे फल दिया जाए उसके काम के अनुसार (यानी पूंजीवादी शोषण का अंत);

dw/lw: **~ist** /सोशलिस्ट/ *n.* समाजवादी व्यक्ति; **~ist** *adj.* समाजवादी; **~istic** /सोशलिस्टिक/ *adj.* समाजवाद-संबंधी, समाजवादी;

collocations: **socialist realism** सोवियत संघ में कला एवं साहित्य आदि के क्षेत्र में प्रचलित एक धारा जिसके तहत साहित्य आदि में मुख्य रूप से व्यक्तियों या प्रक्रियाओं का चित्रण अविरल क्रांतिकारी विकास के रूप में करना होता था, इसके सिवा बुराई और भलाई के बीच संघर्ष में सार्थक नायक (positive hero) के नेतृत्व में सदा भलाई की जीत चित्रित होती थी

socialite /सोशलाइट/ *n.* 1 फैशनपरस्त, रईस व उच्च (elitist) समाज का प्राणी 2 तथाकथित उच्च समाज की दावतों का स्थायी परिंदा (*also* **page three bird**)

sociality /सोशिऐलिटि/ *n., pl.* **socialities** 1 मिलनसारी 2 सामाजिक संबंध व संवाद 3 सामाजिक संवाद में भागीदारी

sociali\zation /सोशलाइजेशन/ *US* सोशलअजेशन/ *n.* 1 समाज में मिलनसारी की क्रिया 2 शिशुओं एवं किशोरों को सामाजिक अहसाह होने की क्रिया यानी सामाजिक तौर-तरीकों का अहसास और उनका पालन यानी बच्चों का समाजीकरण;

dw/lw: **~ze** (*also UK* **-ise**) /सोशिअलाइज/ *v., pt.* ~zed, *pp* ~zing 1 (*syn.* mix with sb) मिलना-जुलना, मिलनसारी दिखाना 2 समाजीकरण हो. या क. 3 सामाजिक क्रिया-कलापों में सम्मिलित होना 4 सामाजिक होना या बनना 5 समाजों या बिरादरियों में संगठित हो. 6 समाजवादी व्यवस्था के अनुसार उत्पाद के साधनों का समाजीकरण क., राष्ट्रीयकरण क.; **~zed** *adj.* समाजीकृत: ~zed medicine

societal /सअसायटल/ *adj.* समिति या उसके कार्य-कलाप से संबंधित

society /सअसायटि/ *n., pl.* **societies** 1 मानव बिरादरी, समाज: at the dawn of human ~; a democratic/ free/ modern/ multi-cultural/ secular ~ 2 मानव जाति का राष्ट्रीयता, जातीयता, वर्गों, धर्म आदि में विभाजन: primitive ~; capitalist ~ 3 समिति, संघ, सभा: Society of Jesus (येशु संघ); Religious Society of Friends; group housing ~; ~ in participation (साधारण भागीदारी समिति) 4 सोसाइटी, क्लब, गोष्ठी: member of the gliding ~; literary/ medical/ scientific ~ 5 (*syn.* elite) उच्च वर्ग, धनिक वर्ग: ~ girl; ~ man/ woman; be anxious to get into ~ 6 उच्च वर्ग की संस्कृति: ~ column; ~ gossip; ~ verse (ऐल्बमी कविताएं) 7 (*syn.* company) संगति, साथ, संग, साहचर्य, संग-साथ: prefer the ~ of women; shun sb's ~ 8 वानस्पतिक परिवार 9 संवाद, संसर्ग;

adj. 1 उच्चवर्गीय 2 फैशनेबुल;

collocations: **mutual admiration** ~ एक-दूसरे की तारीफ करने वाली संगति

socio- /सोशिओ-/ सोसिओ/ *pref., comb. form, signifying:* **social**, or **referring** or **relating to society** or **sociology** (सामाजिक या समाज संबंधी);

dw/lw: **~biology** /सोशिओबायोलजि/ *n., psychol.* समाजजैविकी; **~cultural** सामाजिक-सांस्कृतिक; **~economic** /सोशिओ-इक्नॉमिक/ *adj.* सामाजिक-आर्थिक; **~lect** /सोशिओलेक्ट/ (*compare* **dialect**) *n.* किसी विशेष समाज या सामाजिक समूह में प्रचलित बोली; **~linguistics** /सोशिओ-लिंग्विस्टिक्स/ *n., sing.* सामाजिक भाषा विज्ञान; **~logical** /सोशिऔलजिकल/ *adj.* समाजवैज्ञानिक, समाजशास्त्रीय; **~logy** /सोशिऔलजि/ *n.* समाज-शास्त्र, सामाजिकी; **~logist** /सोशिऔलजिस्ट/ *n.* समाज-विज्ञानी, समाज-शास्त्री; **~metry** /सोशिऔमिट्रि/ सोसिऔमिट्रि/ *n.* किसी जनसमूह में आंतर-व्यक्तिगत संबंधों का अध्ययन, समाजमिति; **~type** /सोशिऔटाइप/ *n.* सामाजिक प्रारूप; **~pathic** /सोशिऔपैथिक/ *adj.* मानसिक विकृति के कारण असामाजिक व्यवहार से ग्रस्त; **~pathy** /सोशिऔपथि/ *n.* मानसिक विकृति के कारण असामाजिक व्यवहार से ग्रस्तता

sock /सौक/ *US* साःक/ *n. pl.* **~s** (*also US* **sox**) 1 मोजे, जुराब: long **~s** 2 (*syn.* insole) भीतरी तल्ला 3 मुक्के की तेज मार या प्रहार;

v., pt. **~ed**, *pp* **~ing** मुक्के से जोरदार आघात क.;

collocations: **~ and buskin** प्रहसन व त्रासदी;

p&i: **~ and scythe** हल-जुताई व फसल की कटाई क.; **~ it to sb** *sl.* किसी पर जबरदस्त प्रभाव छोड़ना; **~ sth away** पैसा बचाना;

be in one's ~s किसी ऊंचाई का हो.; **pull one's ~s up** *colloq.* पूरा जोर लगा दे.; **put a ~ in it** *sl.* (*syn.* shut up) चुप हो जा.

socket /सौकिट/*US* साःकिट/ *n.* 1 (*syn.* power point) बिजली की सप्लाई से जोड़ने वाली दीवार आदि में बनी गर्तिका, छोटी-सी आली जिसमें जोड़े जाने वाला प्लग आदि घुसाया जा सकता है, कोटर: an electrical/ light ~ 2 गर्तिका, सौकेट, साकिट कूप 3 *anat.* शरीर में कोई खोखली जगह जिसमें दूसरा अंग घुस सकता है, आंख या दांत का घर: eyes bulged in their **~s**;

v., pt. **~ed**, *pp* **~ing** 1 सौकिट लगाना 2 सौकेट लगी वस्तु बनाना;

dw/lw: **~joint** *n.* उलूखल-संधि: a ball-and-socket joint

sockeye /सॉक-आइ/ *n.* नीली-काली साल्मन मछली

socking /सौकिंग/ *US* साःकिंग/ *adv.* बहुत बड़ा या ज्यादा: ~ great; a ~ great house

socle /सौकल/ सोकल/ *US* साःकल/ सोकल/ *n.* (*syn.* plinth) दीवार या स्तंभ का आधार पाषाण पीठ, चौकी, पाया

Socrates /सौक्रअटीज/ *US* साःक्रअटीज/ *n., Gr.* यूनानी दार्शनिक सुकरात (469-399 ईसवीपूर्व)

Socratic /सौक्रैटिक/ *US* साःक्रैटिक, सअक्रैटिक/ *adj.* सुकरात-संबंधी, सुकराती;

collocations: **Socratic irony** प्रश्नोत्तरी पर आधारित तर्क-वितर्क जिसमें जानबूझकर अज्ञानी लगने का प्रयास प्रकट होता है

sod /सौड/ *US* साःड/ *n.* 1 घास का मैदान 2 तृण भूमि 3 घास की थिगली 4 किसी के लिए गाली 5 व्यक्ति: lucky ~ 6 अप्रिय व्यक्ति या वस्तु: a stupid ~;
v., pt. **~ded**, *pp* **~ding** 1 घास लगाना 2 गाली दे.;
p&i: **~ you! ~ all** *sl.* बिल्कुल कुछ नहीं.; **~ off** *sl.* **(sodas)** दफा हो जाओ!;
cover with ~ दफनाना; **lie beneath the ~** सीली धरती में पड़ा हो.; **under the ~** कब्र में हो.

soda /सोडा/ (*also* **~ water**) *n.* 1 सोडावाटर, सोडायुक्त पानी 2 *US* (*also* **~ pop**) एक सोडामिला मीठा पेय: ice-cream ~ (pop) 3 सोडावाटर: whisky and ~; ~ nitre (शोरा);
collocations: **~ ash** सोडा-क्षार; **~ bread** बेकिंग सोडा से तैयार रोटी; **~ fountain** 1 *US* दुकान में गैस वाले पेय बेचने वाला काउंटर या कियोस्क (kiosk) 2 सोडा वाटर की आपूर्ति करने वाला उपकरण; **~ lake** ऐसी झील जिसके पानी में ढेर सारा सोडियम होता है; **~ lime** सोडियम या पोटाशियम हाइड्रो-ऑक्साइड और कैल्सियम ऑक्साइड का मिश्रण

sodality /सोडैलिटि/ *n., pl.* **sodalities** 1 भाईचारा, मैत्री भाव 2 भ्रातृ संघ, बिरादरी 3 मरियम-संगत

sodden /सौडन/ *US* साःडन/ *adj.* 1 (***syn.*** soaked) तर-बतर, गीला, सराबोर: ~ dresses 2 (***syn.*** doughy) कुचकुचा, पिचपिचा, अधपकी (रोटी) 3 मंदबुद्धि, जड़बुद्धि 4 (***syn.*** sluggish) पियक्कड़पन से हुआ कमजोर, ढीला-ढाला: ~ features;
v., pt. **~ed**, *pp* **~ing** 1 तर-बतर कर दे. या हो जाना 2 गीला क.;
dw/lw: **-sodden** *adj.* से तर-बतर: rain-~ बारिश से तर-बतर

sodding /सौडिंग/ *US* साःडिंग/ *adj.* किसी चीज की बुराई करने या उससे नाराजगी जताने का शब्द: I am fed up with this ~ computer, it hangs all the time!

sodium /सोडिअम/ *n.* रासायनिक तत्त्व सोडियम;
collocations: **~ lamp** सोडियम वाष्प से पीली रोशनी देने वाले गली के लैंप

Sodom /सौडअ\म/ *US* साःडअ\म/ *n.* बाइबिल द्वारा इंगित यौन-भ्रष्टता (गुदा-मैथुन) का स्थान;
dw/lw: **~ite** /~माइट/ *n., pl.* **~s** लौंडेबाज; **~ize**/ **~ise** *v. pt.* ~ized, *pp* ~izing किसी के साथ गुदा-मैथुन क.;
collocations: **~ and Gomrrah** /~म एंड गअमौरा/ व्यभिचार स्थल

sodomy /सौडअमि/ *US* साःडअमि/ *n.* लौंडेबाजी, गुदामैथुन

Sod's law *n., sl.* एक मजाकिया सूक्ति जिसका सार है: जो नहीं होना चाहिए वही होना

soever /सोएवः/ *adv.* किसी भी सीमा तक, कितना ही, कोई भी: in any way ~

-soever *comb. form, signifying:* **an indefinite pronoun** (अनिश्चयात्मक सर्वनाम, किसी भी हद तक); **to any extent** (किसी भी हद तक): why~; how~; what~

sofa /सोफा/ *n., pl.* **~s** (***syn.*** settee, couch) सोफा, कई लोगों के एक साथ बैठने का आरामदेह व गद्देदार कुर्सियों का सेट

soffit /सौफिट/ *US* साःफिट/ *n., archit.* निचली सतह, तला

S. of S. *abbr., Bible* 'Song of Songs', 'Song of Solomon' की प्रथमाक्षरी

SOS *abbr.* 'Save our souls' की प्रथमाक्षरी (जहाज आदि से भेजा जाने वाला विपदा संकेत /distress signal/)

soft /सौफ्ट/ *US* सॉफ्ट/ *adj., degr.* **~er**, **~est** 1 (***syn.*** pliable, malleable) दबाव तले आकार बदल जाने वाला, लचीला, नर्म: ~ bed/ hat/ fur/ pencil; ~ folds 2 दब्बू, अवनाम्य: ~ person 3 (***anton.*** rough) मृदु, मुलायम, नर्म, कोमल, चिकना: ~ as down/ as silk; ~ to the touch; ~ skin/ hand/ mouth 4 धीमा, ढीला, शिथिल: ~ steps 5 (***syn.*** quiet, soothing) मधुर, मृदु, मृदुल, सौम्य: speak ~/ in a ~ voice; ~ rustle/ tap on the door; ~ words/ glance/ smile 6 मंद, हल्का, सुहावनी: ~ fragrance; ~ breeze; ~ climate/ winter; ~ air/ rain/ wind; ~ sea; ~ sleep 7 प्रेम भरा, प्यारा: ~ embrace 8 (***syn.*** soft water) मृदु या हल्का (पानी) 9 (***syn.*** crazy) सादा, भोला, सीधा-सादा: a bit ~ in the head (थोड़ा पागल) 10 धुंधला, अस्पष्ट: the ~ dusk; ~ lines/ outlines; ~ light; ~ tints 11 ऊष्म 12 घोष, सघोष: ~ vowel 13 अल्पप्राण 14 सुलभ, आराम का 15 (***syn.*** bituminous) राल मिश्रित (कोयला) 16 दुर्बल, अशक्त, कमजोर 17 जनाना, स्त्रैण 18 (***syn.*** lenient) जो कठोर न हो, नर्म: ~ sentence (नर्म सजा); be ~ with sb; the government is not ~ on crime 19 दयालु, सदय, सहृदय 20 अति स्नेही, हितैषी: ~ words 21 (***syn.*** sentimental) भावुक 22 आसान: a ~ job 23 (***syn.*** sober; ***anton.*** brash, harsh, glaring) कम भड़कीला, हल्का/ सादा रंग: a ~ colour 24 लुप्त (अभ्यास), लुप्त (प्रशिक्षण), कमजोर 25 *mineralogy* जिसे आसानी से खुरचकर निकाला जा सकता है 26 सुपाच्य 27 जिसे लत न पड़े, जो व्यसन का शिकार न हो 28 (***syn.*** moderate) नर्म: the ~ left (नर्म वाम-पंथी) 29 *finance* कमजोर, मंदा (बाजार) 30 कंप्यूटर पर टंकित (टाइप की हुई): ~ copy 31 कंप्यूटर प्रोग्रामों से संबंधित: ~ware 32 शांत, दोस्ताना, आज्ञाकारी: ~ horse;
adv. धीमे से, हल्के-से;
dw/lw: **~back** *n.* पत्रावरणबद्ध, पतली जिल्द वाली: ~back edition; **~ball** *n.* एक खेल जिसे नर्म गेंद के साथ खेला जाता है; **~-boiled** *adj.* 1 आधा उबला हुआ (अंडा) 2 नर्म दिल वाला आदमी; **~bound** /साःफ्ट-बॉउंड/ *adj.* सादी (मुलायम) जिल्द वाला; **~-centred** *adj.* 1 मिठाई (चौकलेट आदि) जो बीच में नर्म हो 2 नर्म दिल वाला आदमी; **~-core** *adj.* अश्लील काम-क्रीड़ा प्रदर्शक; **~en** *see below under separate entry*; **~er** *adj., comp. degr.* अधिक आसान, कम कठोर: ~er option (सरलतर विकल्प); **~head** *n.* बुद्धू, गोबर-गणेश, भोंदू; **~-headed** *adj.* 1 मूर्ख 2 *colloq.* अक्ल से पैदल, ढीला; **~hearted** *adj.* कोमल-हृदय, दयालु, दिल-पसीज; **~ly** /सॉफ्टलि/ *adv.* 1 हल्के-हल्के, हल्के-से 2 धीमी आवाज में, धीमे-से 3 शनैः-शनैः, आहिस्ता-आहिस्ता; **~ly-~ly** *adj.* सावधानीपूर्ण, सतर्कतापूर्ण; **~ness** *n.* नर्मी, मृदुलता, कोमलता, चिकनापन, कमजोरी; **~-pedal** *v., pt.* ~-pedalled, *pp* ~-pedalling, *colloq.* 1 तीव्रता कम क. 2 किसी बात का जिक्र कम करते जा. 3 पियानो के पैडल का प्रयोग करते हुए पियानो बजाना; **~-sell** *adj.* समझा-बुझाकर बेचने की शैली से संबंधित: the ~-sell approach; **~-soap** *v., pt.* ~-soaped, *pp* ~-soaping *colloq.* किसी को मनाने या ठगने के लिए उसकी खुशामद या चापलूसी क.; **~-spoken** *adj.* मृदुभाषी; **~ware** /सॉफ्टवेअः/ *n., comput.* कंप्यूटर पर काम करने के लिए उसमें डाले जाने वाले प्रोग्राम, प्रक्रिया-सामग्री: develop/ download/ install ~ware; piece of ~ware; a ~ware package; **~wood** *n.* 1 शंकुधारी पेड़ की लकड़ी 2 नर्म लकड़ी 3 सितारा मछली; **~y**/ **softie** /सॉफ्टि/ *n., pl.* softies *colloq.* 1 तुनकमिजाज व्यक्ति 2 कमजोर दिल, भावुक, दिल-पसीज या मूर्ख आदमी 3 जीवन की ऊबड़-खाबड़ता को न झेल सकने वाला व्यक्ति; **~y** *adj.* 1 बोदा, बुद्धू 2 मेहरा 3 डरपोक;
collocations: **~ coal** एक प्रकार का कोयला; **~ commodities** फल, सब्जियां, कॉफी आदि खाद्य पदार्थ; **~ drink** शराबरहित पेय; **~ drugs** अवैध नशीले पदार्थ; **~ error** कंप्यूटर पर काम करते समय हो जाने वाली गलती जिसके कारण कंप्यूटर बंद हो जाता है, पर उसे फिर से चालू करके काम जारी रखा जा सकता है; **~er sex** औरत; **~ focus** *photog., cinematog.* चित्र या दृश्य को थोड़ा धुंधला करने की क्रिया; **~ fruit** *Br.* छोटे गुठलीरहित फल; **~ furnishings** *pl.,* कपड़े से बनीं वस्तुएं यानी दरियां, पर्दे, गद्दे, सोफा आवरण आदि; **~ goods** *pl., Br.* कपड़ा या कपड़े से बनीं वस्तुएं, वस्त्र; **~ hyphen** कंप्यूटर में शब्द-निर्माण व प्रयोग (word-processing) प्रोग्राम में समास-चिह्न (हाइफन) का उपयोग; **~ iron** *chem.* चुंबकीयता ग्रहण एवं रखाव की क्षमता के कारण बिजली की मोटरों आदि में प्रयुक्त लोहा; **~ landing** 1

विमान की बिना झटकों आदि के उतराई 2 किसी समस्या का, विशेषकर आर्थिक समस्या का सीधा और सरल समाधान; ~ **lens** हाइड्रोफिलिक सामग्री से बना लचकीला लेंस जो आंख की पुतली के सख्त सफेद भाग तक कुछ ऑक्सीजन जाने देता है; ~ **line** लचकीली, उदार नीति या रवैया; ~ **loan** विकासशील देशों को दिया जाने वाला सस्ता या ब्याज-मुक्त ऋण; ~ **nothings/ words** 1 प्रेमालाप 2 खोखली, थोथी या चिकनी-चुपड़ी बातें; ~ **option** आसान या सरल विकल्प; ~ **palate** (*also* **velum**) *anat.* कोमल तालु; ~ **pedal** ध्वनि का अतिशय खिंचाव रोकने के लिए पियानो का पैडल; ~ **porn/ soft pornography** *colloq.* अश्लील साहित्य या फिल्मों में यौन-क्रीड़ा का प्रदर्शन; ~ **roe** मत्स्यशुक्र; ~ **sawder** चापलूसी; ~ **science** कोई भी वैज्ञानिक अध्ययन विषय जिसमें आकलन के नियम आसानी से निर्धारित नहीं किए जा सकते; ~ **sell** विक्रय तकनीक जिसमें लठमार रवैये की बजाए ग्राहक को समझा-बुझाकर मनाया जाता है; ~ **shoe** हल्के मुलायम जूते पहनकर किया जाने वाला नृत्य; ~ **shoulder** भूमि का ऐसा टुकड़ा जहां पक्की सड़क के किनारे के अंत में नर्म मिट्टी होती है; ~ **soap/ swader** 1 पोटाश-मिश्रित अर्ध-तरल साबुन 2 *colloq.* खुशामद, चापलूसी; ~ **spot/ place** 1 कमजोरी: have a ~ spot for sb 2 विशेष पसंदगी या प्यार: she has a ~ spot for tall men; have a ~ spot for chocolate ice cream; ~ **target** आसान निशाना; ~ **tissue** त्वचा जैसे बिना हड्डी के अंग; ~ **top** कपड़े की मुड़वीं छतवाली कार; ~ **toy** कपड़े आदि से बना मुलायम खिलौना;

a ~ thing आसान पर अच्छे मेहनताना वाला काम;

p&i: ~ **answer turneth away wrath** मधुर उत्तर से गुस्सा टल जाता है; ~ **fire makes sweet malt** सहज पके सो मीठा होए; ~ **words fill not the belly** मीठे बोलों से पेट नहीं भरता; **as ~ as butter/ as clay** चिकना-चुपड़ा; **be/ go ~ on sb** *colloq.* किसी के प्रति नर्म दिल हो.; **he is ~ in the upper works** वह अक्ल से पैदल है

soften /सॉफन/ *US* सॉफन/ *v., pt.* **~ed**, *pp* **~ing** 1 मुलायम बनाना या बनना: ~ bread in milk 2 नर्म हो., कमजोर हो.: ~ the blow 3 प्रहार आदि को नर्म या कम कठोर कर दे. 4 कोमल कर दे. या हो जाना: ~ sb's heart 5 हल्का, नर्म या मंद क.: ~ the harshness of the answer;

dw/lw: **~er** *n.* 1 मुलायम या हल्का बनानेवाला: water ~er 2 मुलायम तूलिका, ब्रश; **~ing** *n.* 1 मुलायम या हल्का बनाने की क्रिया 2 व्यंजन-ध्वनियों के उच्चारण का कोमलीकरण: ~ing of bones (हड्डियों का भुरभुरा हो जाने की क्रिया); ~ing of the brain *pathol.* (1 वृद्धावस्था में दिमाग के ऊतकों का क्षीण हो जा.);

collocations: ~ **sb up** *colloq.* किसी को अप्रिय कार्य के लिए मनाना; ~ **up** लगातार बममारी से क्षीण कर दे.

SOGAT *abbr. UK* 'Society of Graphical and Allied Trades' की प्रथमाक्षरी

sog /सॉग/ *US* साःग/ *n.* गीली नरम जगह, सिक्त स्थान;

v., pt. **~ged**, *pp* **~ging** 1पानी सोखना 2 भिगोना;

dw/lw: **~ged** /~ग्ड/ *adj.* सिक्त, भीगा हुआ; **~ging** /~गिंग/ *adj.* भिगोता हुआ; **~ging** *n.* सेचन, भिगोता हुआ

soggy /सॉगि/ *US* साःगि *adj., degr.* **soggier**, **soggiest** 1 गीला और नर्म, तर-बतर, अतिसिक्त 2 दलदली

soi-disant /स्वाडीजां/ *adj., Fr.* स्वघोषित, बनने वाला: a ~ artist

soigné/ soignée /स्वान्ये/ *adj., Fr.* परिष्कृत, बढ़िया: ~ restaurant

soil /सॉइल/ *n.* 1 मिट्टी, मृदा: poor ~; rich ~; sandy/ clayey/ alluvial ~ 2 भूमि, धरती, जमीन: unbroken/ virgin ~ 3 देश: on foreign ~; on one's native ~ 4 धब्बा 5 दूषण 6 खाद, गोबर 7 (***syn.*** sewage) मैला, मल, मलजल;

v., pt. **~ed**, *pp* **~ing** 1 गंदा क., धब्बे डालना: ~ one's clothes; white shirts ~ easily 2 मैला क., या हो जाना 3 दूषित क.: I would not ~ my hands with it 4 कलंकित क. या हो., बदनाम क. या हो.: ~ sb's reputation; his actions have **~ed** the family name 5 ताजा कटा हरा चारा खिलाना;

dw/lw: **~age** /सॉइलिज/ *n.* फसल; **~-conservation** *n.* भूमि-रक्षण; **~ed** /सॉइलड/ *adj.* गंदा, धब्बे लगा, दागदार; **~less** /सॉइललेस/ *adj.* बेदाग, निर्मल; **~-pipe** *n.* मल-नल; **~-water** *n.* भूमि-जल;

collocations: ~ **crop** फसल; ~ **culture** मिट्टी का विश्लेषण और संवर्धन; ~ **fertility** भूमि-उर्वरता; ~ **horizon** *geol.* आस-पास की मिट्टी की सतहों से अलग सतह; ~ **intake** मृदा-अंतर्ग्रहण; ~ **profile** गहराई की दिशा में मिट्टी की दशा; ~ **science** मृदा विज्ञान;

a child/ a son of the ~ अपनी धरती का सपूत, स्थानीय निवासी; **one's native ~** किसी का जन्म स्थान; **racy of the ~** किसी क्षेत्र के रंग में रंगा हुआ; **virgin ~** अब तक अनजुती भूमि

Soiree/ soirée /स्वाःरे/ *n., Fr.* 1 शाम की दावत 2 शाम का मनोरंजन कार्यक्रम

soixante-neuf /स्वैसांतनैफ/ (*also* **sixty-nine**) *n., Fr.* यौन-क्रिया का एक आसन

sojourn /सौजःन/ *US* सोजःन/ *v., pt.* **~ed**, *pp* **~ing** 1 थोड़े समय के लिए कहीं ठहरना या टिकना, प्रवास क. 2 डेरा डालना;

n. अस्थायी निवास, प्रवास, ठहराव, टिकाव;

dw/lw: **~er** /~नर/ *n.* अस्थायी निवासी, प्रवासी

sol. *abbr.* 'solution' का छोटा रूप

solace /सौलअस/ *US* साःलअस/ *n.* 1 सांत्वना, तसल्ली, ढाढस, दिलासा: give ~ to a friend 2 आश्वासन 3 आराम, राहत, सुकून: find ~ in music;

v., pt. **~d**, *pp* **solacing** 1 सांत्वना, तसल्ली, दिलासा दे. 2 (दुख) कम कर दे.

Solanum /सोलेनम/ 1 असिंद 2 बड़ी कटेरी 3 बैंगन 4 मकोय 5 आलू 6 असेदा 7 भटकटैया

solar /सोलः/ *adj.* 1 सूर्य संबंधी: ~ myths 2 सौर: ~ energy; ~ system 3 सूर्य: ~ eclipse (सूर्य-ग्रहण) 4 सौर-प्रभावित 5 सौर समय 6 (***syn.*** temperament) सूर्य-सा तेज मिजाज;

dw/lw: **solarium** /सोलेरिअम/ *n., pl.* **~s/ solaria** 1 धूपदार कमरा 2 धूपदार बिस्तरा 3 सौर-चिकित्सा गृह;

collocations: ~ **atmosphere** सौर वायुमंडल; ~ **battery** *elec.* सौर बैटरी; ~ **cell** (*also* **photovoltaic cell**) विद्युत सेल जो सौर ऊर्जा को बिजली में बदलता है; ~ **chromospheres** सौर वर्ष मंडल; ~ **corona** सौर किरीट; ~ **day/ time** सौर दिन या समय; ~ **energy** सौर-ऊर्जा; ~ **engine** सौर इंजन; ~ **flare** *astron.* सूर्य की सतह पर सौर ऊर्जा का आकस्मिक प्रवाह; ~ **furnace** सौर भट्ठी; ~ **month** सौर मास; ~ **panel** अधिक विद्युत शक्ति एकत्रित करने के लिए सौर बैटरियों की कतार; ~ **plexus** 1 सौर-जालक 2 उदर के आधार में तंतु-तंत्र 3 उदर के शिखर पर पसलियों के नीचे का अंग; **the ~ system** सौर मंडल, सौर परिवार; ~ **wind** *astron.* वैद्युत प्रभावित कणों की धारा जो सूर्य के भीतर से बाहर की ओर दस लाख किलोमीटर प्रति घंटे की रफ्तार से सभी दिशाओं में बहती है और धरती तथा सौर-मंडल के अन्य ग्रहों में से होकर गुजरती है; ~ **year** (*also* **astronomical year**, **equinoctial year**) धरती द्वारा सूर्य के गिर्द एक चक्र पूरा करने में लिया जाने वाला समय यानी 365 दिन, 5 घंटे, 48 मिनट और 46 सैकंड

solatium /सोलेशिअम/ *n., pl.* **solatia**, *law, formal* निराशा और तकलीफ देने के एवज में क्षतिपूर्ति (compensation)

sold /सोल्ड/ *pt.,* **'sell'** का भूतकालिक रूप

solder /सोल्डः/ सौल्डः/ *US* -/ साःल्डः/ *n., engin.* 1 टांका, रांगा: soft/ hard ~ 2 बंधन;

v., pt. **~ed**, *pp* **~ing** 1 रांगे से टांका लगाना 2 झालना 3 टांके से जोड़ना, मरम्मत क. 4 एक कर दे. या हो जाना: ~ sin with marriage;

dw/lw: **~er** /सोल्डरः/ *n.* टांका लगाने वाला; **~ing** /सोल्डरिंग/ *n.* झलाई, टंकाई: ~-iron (कहिया, टांकिया)

soldier /सोल्जः/ *n.* 1 सैनिक, सामान्य सैनिक, सिपाही, फौजी: go/ to enlist for a ~ 2 हथियारबंद सैनिक बलों का सदस्य: disabled ~ 3 सेना जैसे हुनरवाला व्यक्ति 4 मेहनती प्रचारक: **~s** in the cause of peace 5 मजबूत जबड़े वाली चींटी 6 (**soldiers**) *colloq.* अध-उबले अंडे में डुबोकर भिगोने के लिए ब्रेड के पतले टुकड़े 7 *building* दीवार में सीधी खड़ी ईंट;

v., *pt.* **~ed**, *pp* **~ing** 1 सिपाहीगिरी क., फौज में नौकरी क. 2 काम से जी चुराना, काम करने का मात्र दिखावा क.;

adj. 1 सैनिक-जैसा: ~ appearance 2 दृढ़, दृढ़प्रतिज्ञ, निर्भीक 3 बहादुर, दिलेर, जुझारू: ~ spirit;

dw/lw: **~ing** *n.* 1 सैनिक सेवा 2 सिपाहीगिरी 3 कामचोरी 4 (***syn.*** simulation) कृत्रिम तरीके से पैदा किए जाने वाले बीमारी के लक्षण; **~ing** *adj.* 1 टांके लगाने का: ~ing-iron 2 सिपाही-सा: in a ~ing manner/ style; **~like** *adj.* सिपाही-सा: ~like fellow; **~ly** /सोल्जःलि/ *adv.* सैनिकों की तरह;

p&i: **~ on** हताशा और कठिनाइयों के बावजूद संघर्ष जारी रखना; **~'s wind** *naut.* समुद्री जहाज के समदिशा या अनुकूल हवा; **an old ~** मंजा हुआ व्यक्ति; **a ~ of fortune** (***syn.*** mercenary) भाड़े का सैनिक; **come the old ~ over sb** 1 किसी पर हुक्म चलाना 2 किसी को ठगना

sole /सोल/ *adj.* 1 सिर्फ 2 अकेला, एकमात्र: ~ heir; ~ owner; ~ agent 3 अनन्य 4 विशिष्ट, अविभाज्य: has ~ rights to the story 5 *law* अविवाहित;

n., *pl.* **sole/ soles** 1 जूते के नीचे का तला, तली, तल्ला 2 पांव का तलवा 3 भिन्न-भिन्न वस्तुओं का तल, तला, पेंदा, पेंदी: ~ of staff (दंड तल) 4 कुकुरजीभी 5 एक खाने योग्य कीमती मछली;

v., *pt.* **~d**, *pp* **soling** जूते का तल्ला लगाना;

dw/lw: **~ly** /सोललि/ *adv.* अकेले, केवल, सिर्फ, मात्र: ~ly to blame; done ~ly for profit

solecism /सौलिसिजम/ *US* साःलिसिजम/ *n.* 1 व्याकरणिक अशुद्धि, अशुद्ध प्रयोग, भाषायी अशुद्धि 2 त्रुटि, भूल, अनर्थकता, विसंगति, बेतुकापन 3 अशिष्टता, धृष्टता, बदतमीजी 4 अनौचित्य

solecize /सौलि\साइज/ *US* साःलि\साइज/ *v., pt.* **~d**, *pp* **solecizing** 1 गलती क. 2 शिष्टता के नियम और आचारों का उल्लंघन क.;

dw/lw: **solecistic/ solecistical** /~सिस्टिक/ ~ल/ *adj.* व्याकरणिक रूप से अशुद्ध, असंगत

solely *see above under* **sole:** ***dw/lw***

solemn /सौलअ\म/ *US* साःलअ\म/ *adj.* 1 गंभीर, महत्त्वपूर्ण, भारी: ~ air/ face/ warning 2 सत्यनिष्ठ: a ~ vow/ declaration/ oath/ promise 3 समारोही, औपचारिक, विधिवत्, रीतिक: ~ ceremony/ silence/ occasion 4 धूम-धामपूर्ण, शानदार, भव्य: ~ sight 5 आडंबरी, आडंबरपूर्ण: ~ fool/ ass; put on a ~ face 6 (***syn.*** awe-inspiring) प्रभावशाली, रहस्यमय, रहस्यपूर्ण 7 परम पावन, पुण्य, पवित्र: ~ rite; ~ truth; ~ mass (महायाग) 8 मंद, फीका, निराशाजनक, विषादपूर्ण, कालिमामय, शोक-संतप्त;

dw/lw: **~ity** /सअलेमनअटि/ *n., pl.* **solemnities** 1 महत्ता, गाम्भीर्य 2 सत्यनिष्ठा 3 समारोह, उत्सव 4 औपचारिकता 5 धूमधाम, आडंबर 6 रहस्यमयता 7 पवित्रता; **~ization** /~मनाइजेशन/ ~मनिजेशन/ *n.* 1 उत्सव, धर्मानुष्ठान, धर्मक्रिया 2 समारोही पालन, विधिवत् समापन: ~ization of a marriage; **~ize** /~म्नाइज/ *v., pt.* ~ized, *pp* ~izing 1 रीतिपूर्वक या विधिवत् क.: ~ize a marriage 2 अनुष्ठान क. 3 मनाना, धूमधाम से मनाना, रचाना 4 शानदार, भव्य, आडंबरपूर्ण या गंभीर बना दे.; **~ly** /~मलि/ *adv.* 1 गांभीर्यपूर्वक 2 सत्यभाव से, सत्यनिष्ठापूर्वक, सत्यनिष्ठा से 3 विधिपूर्वक, विधिवत् 4 धूमधाम से 5 दृढ़तापूर्वक; **~ness** /~नेस/ *n.* गंभीरता, गांभीर्य, सत्यनिष्ठता

solenoid /सौलअनॉइड\, सोलअनॉइड\ / *US* साःलअनॉइड\, सोलअनॉइड~/ *n., phys.* सोलनाइड, परिनालिका;

dw/lw: **~al** /~डल/ *adj.* परिनालिकीय

solfatara /सौल्फअतारा/ *US* साःल्फअतारा/ *n., pl.* **~s** तेजाबी गैस छोड़ने वाला ज्वालामुखी झरोखा या छेद

solicit /सअलि\सिट/ *v., pt.* **~ed**, *pp* **~ing** 1 दान आदि मांगना, याचना क., प्रार्थना क., निवेदन क.: ~ for contributions; ~ the government for money/ for orders/ for support 2 वेश्या द्वारा ग्राहक को बुलाना, लुभाना, रिझाना: she was accused of **~ing** in public places 3 साग्रह प्रार्थना क., के लिए अनुरोध क.: ~ sb for favour(s); ~ help; the candidate **~ed** their votes 4 किसी को झांसा देकर गलत काम में फंसाना, उकसाना: ~ the population to a revolt 5 भिखारियों द्वारा भीख देने के लिए सताया जा. 6 प्राप्त करने की कोशिश क.: ~ sb's hand/ an office; ~ sb's sympathy; ~ed me for advice 7 वकील के रूप में कार्यरत हो.;

dw/lw: **~ation** /~टेशन/ *n.* 1 याचना, प्रार्थना, निवेदन, अनुनय-विनय: personal ~ation 2 अनुरोध: do sth at sb's ~ation 3 प्रलोभन 4 उकसावा, भड़काने का काम 5 अदालत में मुकदमे की पैरवी 6 दान-संग्रहण: no ~ations allowed here; **~or** /~सिटः/ *n.* 1 *UK* वकील, अधिवक्ता, प्रतिवक्ता, न्यायाभिकर्ता 2 *US* अपनी उम्मीदवारी या किसी कार्य के लिए प्रचार करने वाला 3 *US* नगर का कानून अधिकारी: department/ government ~; **~or-advocate** *n., Scots law* सत्र व उच्च न्यायालय का वकील

Solicitor-General *n., pl.* **Solicitors-General** अटॉर्नी-जनरल का सहायक वरिष्ठतम विधि-अधिकारी या कानून-सलाहकार

solicitous /सअलिसिटस\/ *adj.* 1 (**~ to do sth**) उत्सुक, इच्छुक, उत्कंठित, आतुर: ~ to gain esteem/ to please sb; ~ of sb's favour 2 (**~ about** *or* **for sb/ sth**) चिंतित, व्याकुल, परेशान, ध्यान रखने वाला: ~ for sb's future/ for sb's welfare; ~ about one's health;

dw/lw: **~sly** /~लि/ *adv.* उत्सुकतापूर्वक, आतुरतापूर्वक; **~ness** /~नेस/ *n.* उत्सुकता, आतुरता, व्याकुलता, परेशानी

solicitude /सअलिसिट्यूड/ *US* सअलिसिटूड/ *n.* 1 उत्सुकता, उत्कंठा 2 ध्यान, ख्याल: lavish/ one's ~ on sb 2 परेशानी, व्याकुलता 3 मन की चिंता, फिक्र: wearied with perpetual **~s** and labours

solid /सौलिड\/ *US* साःलिड\/ *adj.* 1 ठोस, घनीभूत: ~ state; ~ on cooling (ठंडा होने पर ठोस बन जाता है); ~ matter 2 त्रिविम, घन 3 मजबूत, टिकाऊ, काफी समय तक लगातार चलने वाला: ~ foundation 4 पक्का, ठोस, विश्वस्त: ~ information, proof, etc. 5 घना 6 पुष्ट, मजबूत: a man of ~ build/ frame 7 गंभीर, भरोसेमंद: he has a ~ presence; a man of ~ character; ~ politician 8 ठोस, निग्गर (*Hr.*) सुसंहत: a ~ piece of wood 9 वास्तविक, असली, खालिस, बेमिलावट, चोखा, खरा: ~ gold/ silver, etc. (खालिस सोना/ चांदी आदि) 10 पूरा-पूरा, भरपूर, अच्छा-खासा: a ~ meal 11 निरंतर, अटूट: ~ support for the scheme 12 निरंतर एक-सा, एक-रूप, एक-समान: a ~ oak table; ~ wall 13 जिसे आसानी से न तोड़ा जा सके 14 (*often* **~ for sth**) एकमत, अविभक्त 15 निरंतर, अखंड, अनवरत, अविरल: we waited for four ~ hours 16 आर्थिक रूप से मजबूत 17 कठोर, सख्त: ~ solution (ठोस घोल) 18 दमदार, महत्त्वपूर्ण, ठोस: ~ argument; ~ grounds for supposing sth; a man of ~ sense;

n. *pl.* **solids** 1 ठोस पदार्थ या पिंड: regular ~ 2 त्रिविम या घनाकृति की वस्तु या पिंड यानी जिसकी लंबाई, चौड़ाई और ऊंचाई नापी जा सकती हो 3 (**solids**) ठोस खाद्य पदार्थ 4 (**solids**) तरल में पड़े ठोस टुकड़े, कण आदि;

adv. 1 ठोस तरीके से, पक्की तरह 2 पूर्णतः, पूरी तरह: go ~ for *or* against sb/ sth 3 सर्वसम्मति से: vote ~;

dw/lw: **~ifiable** /सअलिडिफायबल/ *adj.* घनीभवनीय, घनीकरणीय; **~ification** /सअलिडफिकेशन/ *n.* 1 घनीकरण, दृढ़ीकरण 2 ठोस रूप में परिणति, तरल का जमाव; **~ify**

/सअलिडिफाइ/ *v. pt.* ~ified, *pp* ~ifying 1 ठोस बनना या बनाना 2 जमना, जमाना: ~ify milk 3 मजबूत क. या बनाना, दृढ़ क.; ~ify one's knowledge; **~ity** /सअलिडिटि/ *n.* 1 ठोसपन, ठोसता 2 घनत्व 3 मजबूती, सुसंहति, दृढ़ता, ठोसपन: the ~ of an alliance 4 प्रामाणिकता; **~ly** /~लि/ *adv.* ठोस या पक्की तरह से; **~s** /~ज/ *n. [pl.]* ठोस आहार; **~-state** *adj.* 1 किसी इलैक्ट्रौनी उपकरण का द्योतक जैसे वैद्युत अर्ध-चालक (electricity semi-conductor) 2 ठोसावस्था में पदार्थ के अध्ययन से संबंधित;

collocations: ~ **angle** घन कोण; ~ **body** ठोस पिंड; ~ **cylinder** ठोस बेलन; ~ **figure** घनाकृति; ~ **geometry** घन ज्यामिति; ~ **solution** ठोस घोल; ~ **space** घन समष्टि; ~ **sphere** ठोस गोला; ~ **square** ठोस वर्ग; ~ **state** घन-अवस्था; ~ **state physics** घन-अवस्था भौतिकी

solidarity /सौलिडैरिटि/ *US* साःलिडैरिटि/ *n., pl.* **solidarities/ solidarity** 1 एकजुटता: national ~ 2 पूर्ण एकता, एकात्मता, एकप्राणता, समस्वार्थता 3 भाईचारा, सहानुभूति, हमदर्दी 4 परस्पर-निर्भरता 5 संहति

solidary /सौलिडरि/ *US* साःलिडरि/ *adj.* 1 एक, एकजुट, एकप्राण, एकात्म 2 समस्वार्थ, हमदर्द 3 सामूहिक रूप से जिम्मेवार, परस्पर निर्भर, सुसंहत: ~ obligation (सामूहिक जिम्मेवारी)

solidungular /सॉलिडंग्युलः/ *adj.* (***syn.*** solipedous) एकशफ, एक खुर वाला

solidus /सौलिड्स/ *US* साःलिड्स/ *n., pl.* ***solidi*** 1 (***syn.*** slash *or* oblique) तिर्यक या टेढ़ी रेखा 2 *hist.* रोमन सोने का सिक्का 3 *hist.* मध्यकाल का चांदी का सिक्का

solifidian /सौलिफिडिन/ *US* साःलिफिडिन/ *n.* ऐसा व्यक्ति जिसका विश्वास है कि भले कर्मों की बजाए मात्र ईसा में विश्वास पर्याप्त है

solilo\quize/ solilo\quise /सअलिलअक्वाइज/ *v., pt.* **~quized**, *pp* **~quizing** 1 अपने आप से बातें क. 2 अपने आप से कहना 3 स्वकथन क.;

dw/lw: **~quizer/ ~quist** /सअलिलअक्वाइजः/ सअलिलअक्विस्ट/ *n.* अपने आप से बातें करने वाला;

soliloquy /सलिलअक्वि/ *n., pl.* ~quies (***syn.*** monologue) स्वगत कथन, स्वगतभाषण, अपने आप से बातें: the ~quies of Hamlet

soliped /सौलिपेड/ *US* साःलिपेड/ *adj.* (***syn.*** solidungulate) एकशफ, एक खुर वाला

solip\sism /सौलिप\सिजम/ *US* साःलिप\सिजम/ सोलिप\सिजम/*n., philos.* 1 एक सिद्धांत जिसके अनुसार किसी व्यक्ति का मात्र स्वयं (self) का अस्तित्व ही निश्चित है (बाकी दीन-दुनिया के होने, न होने के बारे कुछ पता नहीं) 2 (***syn.*** selfism) अहंमात्रवाद, अहंवाद, आत्मवाद;

dw/lw: **~sist** /~सिस्ट/ *n.* अहंवाद का अनुयायी; **~sist** *adj.* अहंवाद से संबंधित; **~sistic** /~सिस्टिक/ *adj.* अहंवादी

solitaire /सौलिटेअः/ *US* साःलअटेर/ *US* (*UK* **patience**) *n.* 1 ताश के पत्तों का एक खेल जिसे एक अकेला व्यक्ति खेल सकता है, पेशंस 2 इकनगा गहना: a ~ set

solitariness /सौलिटरिनेस/ *US* साःलिटरिनेस/ *n.* 1 एकांत: live in ~ 2 अकेलापन, एकाकीपन 3 अकेले छोड़ दिए जाने की अवस्था

solitarily /सौलिटअरिलि/ *US* साःलिटरिलि/ *adv.* अकेले-अकेले, अकेले

solitary /सौलअ\ट्रि/ *US* साःलअ\टेरि/ *adj.* 1 अकेला, अकेले: now all the guests have gone, we feel quite ~ 2 एकाकी 3 एक 4 तन्हा 5 निःसंग 6 एकांतवासी: lead a ~ life 7 एकचर, एकल 8 एकमात्र: ~ example/ instance; ~ survivor 9 निर्जन, सुनसान: ~ place; ~ village; ~ moor (सुनसान दलदली स्थान) 10 अकेले व्यक्ति द्वारा किया जाने वाला: a ~ activity 11 एकांत पसंद: be of a ~ disposition/ nature;

collocations: ~ **cell** काल कोठरी, सांसत-घर; ~ **confinement/ imprisonment** काल कोठरी की सजा, कैद की तन्हाई

solitu\de /सौलिट्यू\ड/ *US* साःलअटू\ड/ *n.* 1 अकेलापन: **~de** of a desert 2 (***syn.*** privacy) एकांत 3 निर्जन स्थान 4 तन्हाई: the **~de** of an island 5 एकाकीपन: the **~de** of the infinite sea 6 एकांतवास: live in **~de**;

dw/lw: **~dinarian** /~डिनेअरिअन/ *n.* (***syn.*** recluse, loner, troglodyte, hermit) एकांतपसंद

solivagant /सअलिवगंट/ *n.* एक-अकेला आवारा

solmization/ solmisation /सौल्मिजेशन/ *US* साःल्मिजेशन/ *n.* सरगम

solo /सोलो/ *adj.* एक व्यक्ति द्वारा किया या बजाया जाने वाला, अकेला, एकल: ~ composition; ~ flight;

n., *pl.* **solos/ soli** /सोली/ 1 एक व्यक्ति द्वारा गाने या बजाने के लिए रचना 2 एकल गायन, प्रदर्शन या संगीत-रचना 3 एक अकेले विमान चालक द्वारा भरी जाने वाली उड़ान 4 (*in full* **solo whist**) एक व्यक्ति द्वारा खेला जाने वाला ताश का खेल;

adv. अकेले: fly ~; go ~;

v., *pt.* **~ed**, *pp* **~ing** 1 अकेले विमान चालक द्वारा उड़ान भरी जा. 2 एक व्यक्ति द्वारा बजाया जा.;

dw/lw: **~ist** /सोलोइस्ट/ *n.* एकल वादक या गायक

Solomon /सौलअमअन/ *US* साःलअमअन/ *n.* सुलेमान, सुलैमान, बुद्धिमान व्यक्ति: in this job one needs to exhibit the wisdom of Solomon;

dw/lw: **~ic** /सौलअमअनिक/ *adj.* सुलेमानी;

collocations: **Solomon's seal** *n.* 1 सुलेमानी मोहर 2 एक सदाबहार फूलदार पौधा

Solon /सोलन/ *n. Gr.* 1 प्राचीन यूनान में एक महान विधि-विद् 2 बुद्धिमान शासक 3 सांसद

so-long/ so long! *excl., colloq.* अलविदा! खुदा हाफिज!

solstice /सौल्स्टिस\/ *US* साःल्स्टि\स/ *n.* साल का सबसे लंबा या छोटा दिन जब सूर्य भूमध्य रेखा से दूरतम होता है (21 या 22 जून के आसपास, कर्क संक्रांति) एवं (21 या 22 दिसंबर के आसपास, मकर संक्रांति), अयनांत;

dw/lw: **solstitial** /सौल्स्टिशिअल/ *US* साःल्स्टिशिअल/ *adj.* अयनांतिक, अयनांत: ~ heat; the ~ point;

collocations: **summer** ~ ग्रीष्मकालीन अयनांत, कर्क-संक्रांति (21 या 22 जून के आसपास); **winter** ~ शीतकालीन अयनांत, मकर संक्रांति (21 या 22 दिसंबर के आसपास)

solubility /सौल्युबिलअटि/ *US* साःल्युबिलअटि/ *n.* 1 घुलनशीलता 2 विलेयता 3 समाधेयता

soluble /सौल्यबल/ *US* साःल्यबल/ *adj.* 1 घुलनशील 2 विलेय, विलयशील: ~ glass (विलेय कांच) 3 समाधेय, जिसका समाधान निकाला जा सके

solum /सोलम/ *n.* धरती, धरती का टुकड़ा

solus /सोलस/ *n.* सारे पृष्ठ पर फैला विज्ञापन

adj. एक, अकेला: enter king ~; I found myself ~

solute /सौल्यूट/ *n.* घुला हुआ या विलेय पदार्थ

solution /सलूशन/ *n.* 1 घोल: make/ mix a ~ 2 घुलने की क्रिया: the ~ of sugar in tea 3 बिखराव या फैला हुई अवस्था: his ideas are still in ~ 4 विलयन 5 (***syn.*** answer) निर्णय, समाधान, हल: the ~ of one's doubts; the ~ of a question; a diplomatic/ good/ long-term/ peaceful/ simple/ workable ~; a ~ to sth 6 *med.* रोग का इलाज 7 साधन 8 हिस्सों का अलगाव, विघटन;

collocations: ~ **basin** घोल बेसिन; ~ **matrix** हल आव्यूह; ~ **pipe** विलय नाल; ~ **theory** विलयन सिद्धांत, विलयनवाद

solvability /सौल्वअ\बिलिटि/ *US* साःल्वअबिलिटि/*n.* समाधेयता, समाधान निकालने की संभावना

solvable /सौल्वअबल/ *US* साःल्वअबल/ *adj.* 1 जिसे हल किया जा सके, समाधेय 2 जिसका उत्तर ढूंढा जा सके

solva\te /सौलवे\ट/ *US* साःलवे\ट/ *n.* विलायक संकर;

dw/lw: **~ted** /~टिड/ *adj.* विलायकयोजित; **~tion** /~शन/ *n.*

विलयन

solve /सौल्व/ *US* साःल्व/ *v., pt.* **~d**, *pp* **solving** 1 हल क., समाधान क.: ~ a difficulty 2 रास्ता निकालना 3 पहेली, प्रश्न या उलझन का उत्तर ढूंढना, गुत्थी सुलझाना: ~ a mystery; ~ a riddle; ~ a problem; ~ a puzzle 4 गुत्थी सुलझाना, गांठ सुलझाना: ~ a knot 5 स्पष्ट क. 6 चुकाना, पूरा क.: ~ one's vows;

dw/lw: **solvable**/सौल्वअबल/ *adj.* 1 घुलनशील 2 समाधेय; **~r** /सौल्वः/ *US* साःल्वर/ *n.* समस्याओं का समाधान करने वाला: a great problem ~r

solvency /सौल्वंसि/ *US* साःल्वंसि/ *n.* 1 ऋण चुकाने की सक्षमता, (ऋण) शोध-क्षमता, संपन्नता 2 घुलनशीलन क्षमता

solvent /सौल्वंट/ *US* साःल्वंट/ *n.* 1 विलायक, वह तरल पदार्थ जिसमें दूसरे तत्वों को घोला जा सके 2 विलायक (द्रव्य): water is the commonest ~ 3 विनाशक: science is a ~ of superstitions 4 समाधान;

adj. 1 (***anton.*** insolvent) ऋण चुकाने में सक्षम, ऋण-शोधक्षम, संपन्न: ~ firm/ man 2 सुस्थित 3 विलायक, घोलक: ~ liquids;

collocations: **~ abuse** (*also* **glue sniffing**) मिजाज में उछाल पाने के लिए गोंद, पैट्रोल, सिगरेट लाइटरों में बुटेन गैस आदि जैसे अति हानिकारक पदार्थों को सूंघने की क्रिया

solver /सौल्वः/ *US* साःल्वः/ *n.* समस्या का समाधान निकालनेवाला व्यक्ति

Som *abbr.* 'Somerset' का छोटा रूप

soma /सोमा/ *n., pl.* **~s**/ **somata** काय

Somali /सोमाली/ *n., pl.* **Somalis** सोमालिया वासी

soma\tic /सोमैटिक/ *adj.* शारीरिक, दैहिक, कायिक: **~tic** cell; **~tic** muscle; **~tic** nerve; **~tic** language (शारीरिक इशारों की भाषा);

dw/lw: **~togenic** /सोमैटोजीनिक/ *adj. biol.* दैहिक कोशिकाओं से विकसित; **~tology** /सोमैटॉलजि/ *n.* कायिकी, काया-विज्ञान; **~toplasm** दैहिक कोशिकाएं, काय-द्रव्य; **~totrophin** /समअटोट्रोफिन/ (*also* **~totropin** /समअटोट्रोफिन/) *n., physiol.* शारीरिक विकास हार्मोन; **~totype** /सोमअटोटाइप/ *n.* शारीरिक डील-डौल के अनुरूप या उससे मेल खाने वाला स्वभाव या मिजाज

sombre *UK* (*US* **somber**) /सौंबः/ *US* सांबः/ *adj.* 1 (***syn.*** sad) खिन्न, दुखी, उदास, घोर चिंतित: ~ mood 2 (***syn.*** melancholy) उदासी के उन्माद से सराबोर 3 (***syn.*** gloomy) अंधकारमय, निरानंद: in ~ clothes 4 (***syn.*** drab) काला, धुंधला, फीका, मलिन: ~ morning/ sky 5 निराशाजनक, विषादपूर्ण: ~ music 6 उदास, गंभीर, गमगीन, गम में डूबा हुआ: ~ character;

dw/lw: **~ly** /~लि/ *adv.* विषादपूर्वक; **~liness** /~लिनेस/ *US* सांबःनेस/ *n.* खिन्नता, दुख, उदासी, चिंता, निराशा, विषाद

sombrero /सौम्ब्रेअरो/ *US* साःम्ब्रेअरो/ *n., pl.* **~s** एक चौड़े किनारे वाला तिनकों या नमदे का टोप

some /सम/ *adj./ determiner* 1 कुछ, कई: own ~ shares; ~ films are better than others; ~ time/ distance, etc.; ~ people say that it is not difficult; have ~ more tea 2 कोई, किसी प्रकार की: ~ problem with the engine; ~ other solution 3 काफी, बहुत: we have been waiting for ~ time now; it needs ~ pluck to do that (ऐसा काम करने के लिए काफी दिलेरी चाहिए); they discussed it at ~ length 4 थोड़ी-बहुत, कम से कम, कुछ तो: try to feel ~ enthusiasm; have ~ pity! 5 घटिया: ~ friend you are! 6 बढ़िया: that was ~ shot! 7 अद्भुत: that was ~ evening! 8 किसी: see you ~ day; ~ day you'll be sorry about it; ask ~ experienced person;

pron. 1 कोई विशेष व्यक्ति या वस्तु, कई लोग: ~ say he should resign; ~ think that it is easy; ~ agree with us, and ~ disagree 2 कुछ: I agree with ~ of what you say; I want ~ of these 3 अनिश्चित संख्या या मात्रा: give him ~, too; ~ of the paper is damaged;

adv. 1 कोई 2 थोड़ा-सा: play ~ more 3 काफी 4 कुछ-कुछ: they'll keep you ~ busy 5 लगभग, करीब: ~ twenty feet deep; ~ hundred people; we were ~ sixty in all;

p&i: **~ are wise and ~ are otherwise** कुछ लोग समझदार होते हैं और कुछ नहीं; **~ idiot or other was shouting all the night** कोई न कोई मूर्ख व्यक्ति सारी रात चिल्लाता रहा; **~ pumpkins** *US facetious* बड़ी हस्ती या चीज;

and then ~ और बहुत कुछ; **he wants the lot and ~** उसे सारा का सारा चाहिए, ऊपर से और ...; **he's up to all the tricks and then ~** इन सारी चालाकियों को वह जानता है, वह किसी न किसी के साथ ये खेल खेल भी सकता है; **in ~ book or other** किसी न किसी पुस्तक में;

-some *suffix forming adjectives, signifying:* 1 **inclined to cause or produce** (कुछ करने को इच्छुक): troublesome 2 **inviting** (आकर्षक, लुभावना): cuddlesome 3 कुछ करने वाला या व्यक्त करने वाला: quarrelsome;

somebody /समबडि/ (*short* **sb**) *pron...* 1 कोई, किसी ने: ~ has taken my pen; ~ is knocking; ~ is missing; ~ or other (कोई न कोई); ~ or other has told him 2 (***anton.*** nobody) बड़ी हस्ती: he thinks himself a ~; the desire to be ~; she acts as if she were a ~

someday /समडे/ (*also* **some day**) *adv. US* एक दिन, किसी समय, किसी दिन

somehow /समहाउ/ *adv.* 1 किसी तरह से 2 किसी कारणवश 3 जैसे भी हो;

p&i: **~ or other** 1 किसी भी तरह से, हर संभव तरीके से 2 किसी कारण से 3 किसी प्रकार से

someone /समवन/ (*also* **somebody**) *pron.* 1 कोई 2 (***anton.*** no one) बड़ा आदमी: a small-time lawyer keen to be ~ 3 *indef. pron.* कोई, किसी: ~ has to lock up the house (किसी को तो घर बंद करना है); ~ or other (कोई न कोई);

p&i: **~ is walking over my grave** मैं बहुत परेशान हूं; **~'s pigeon** किसी और की जिम्मेवारी

someplace /सम्प्लेस/ *adv., pron. US* कहीं पर, कोई जगह: it has to go ~; we need to find ~ too live

somersault /समःसॉल्ट/ *n.* 1 कलाबाजी: double/ triple ~; do/ turn/ make/ throw a ~; half-turn ~ 2 पल्टी: he gave his opinion the ~ 3 ढेंकली, कलैया 4 उलट-फेर 5 कायापलट, परिवर्तन;

v., pt. **~ed**, *pp* **~ing** 1 कलाबाजी क. 2 कलैया मारना 3 रंग बदलना, पल्टी खाना

something /समथिंग/ (*short* **sth**) *pron.* 1 कुछ: take ~ to eat; there is ~ about it in the newspapers; say ~! (कुछ कहिए!); will you take ~? 2 कुछ (संख्या या मात्रा), लगभग: ~ short of 500 people 3 (***anton.*** nothing) बड़ी हस्ती, महत्त्वपूर्ण घटना: make ~ of oneself 4 कोई मूल्य या सच्चाई: there is ~ in what you say; there's ~ in it 5 *colloq.* प्रभावशाली (बढ़िया) व्यक्ति, घटना, वस्तु: that meal was really ~!; he really is ~ else! 6 एक प्रकार का, कुछ-कुछ (जैसा): he is ~ of a painter; he is ~ of a carpenter; he is ~ of a liar; he speaks with ~ of a foreign accent; there was ~ of sarcasm in his voice; his temper is ~ awful;

n. 1 कोई पद-धारी: he is ~ in the Record Office 2 हस्ती, बड़ी चीज: he thinks ~ of himself 3 नामक पदधारी;

adj. कमीना, ऐसा-तैसा: the ~ horse!; ~ weather!;

adv. 1 कुछ हद तक, बल्कि, कुछ-कुछ, एक प्रकार की: ~ of a **...** (कुछ-कुछ); she's ~ of a local celebrity; the garden looks ~ like a scrap yard; he is ~ less than fair to me; it is ~ after the French style 2 लगभग: he is ~ under forty; it is

~ between twenty and thirty 3 के आसपास: it is ~ like two o'clock;

p&i: **~ damp/ short** पीने को कुछ; **~ else**? कुछ और?; **~ is better than nothing** थोड़ा-बहुत, बिल्कुल शून्य (कुछ नहीं) से बेहतर है; **~ like** 1 बढ़िया: this is ~ like a dinner (बहुत बढ़िया खाना!); that's ~ like! (बहुत खूब!) 2 लगभग, के आसपास: ~ like 50 students; **~ of the kind** इस प्रकार कुछ या इस प्रकार की कोई चीज; **~ on the ball** *sl.* दिमाग कुछ-कुछ काम करता है; **~ of a ...** एक प्रकार का; **~ on the hip** कूल्हे से कुछ लटकने वाली (चपटी बोतल); **~ rotten/ terrible/ awful** बहुत ही घिनौना: he teased me ~ rotten (उसने मुझे बहुत सताया); **~ or other** कुछ न कुछ: ~ or other went wrong; **~ of the short** तेज पेय (शराब); **~ to write home about** बहुत बढ़िया, शानदार;

a little ~ शराब की एक घूंट; **be ~** कोई खास चीज हो.; **be/ have ~ to do with sb** किसी बात से कुछ संबंध रखना; **be up to ~** कोई शरारत करने को हो.; **have ~ up one's sleeve** 1 दिमाग में कोई चाल हो. 2 कोई वैकल्पिक रास्ता हो.; **he has seen ~ of the world** उसने घाट-घाट का पानी पिया है; **it is ~ to have reached home without an accident!** सुरक्षित घर पहुंचना चमत्कार से कुछ कम नहीं; **make ~ of ~** किसी चीज से कुछ फायदा पाना; **or ~** ऐसा ही कुछ, ... जैसा कुछ: or ~ **like that** (कुछ ऐसा ही): he was made a director or ~; he is a doctor or ~; **there is ~ in it** इसमें कुछ सच्चाई है; **there is ~ in the wind** कुछ खिचड़ी पक रही है; **there's ~ the matter with him** उसके साथ कुछ गड़बड़ है; **think oneself ~** अपने आपको बड़ा तीस मार खां समझना;

something *comb. form,* combining with twenty, thirty, etc., forming nouns (20, 30, 40 आदि के साथ मिलकर संज्ञा का निर्माण): twenty **something**

sometime /समटाइम/ *adv.* 1 कभी 2 पहले: he was ~ professor at the university 3 भूतपूर्व: the ~ Vice-Chancellor of a university 4 किसी समय: he will arrive ~ next week 5 किसी न किसी समय: ~ or other (किसी न किसी समय, एक न एक दिन);

adj. भूतपूर्व, पुराना;

collocations: **~ or other** कभी न कभी

sometimes /समटाइमज/ *adv.* कभी-कभी, यदा-कदा, जब-तब

someway /समवे/ (*also* **someways**) *adv.* किसी तरह से: ~ or other (किसी न किसी तरह से)

somewhat /समवौट/ *US* समवट/ *indef. pron.* (***syn.*** rather) किसी हद तक, कुछ-कुछ: he is ~ of a bore; he is ~ of a connoisseur; ~ of a mystery;

adv. कुछ-कुछ, जरा-सा, किंचित्, थोड़ा-सा: he was ~ puzzled; it was ~ hard to follow him; he seemed ~ unsettled (वह थोड़ा-सा लड़खड़ाया हुआ है);

p&i: **~ of...** किसी हद तक, किसी मायने में: he is ~ of a liar

somewhere /समवेअः/ *adv.* 1 कहीं न कहीं: get ~ 2 किसी हद तक 3 के आसपास: ~ around/ between, etc. (तकरीबन, लगभग); he lives ~ in the neighbourhood; she is ~ in her fifties;

collocations: **~ else** कहीं और

somite /सोमाइट/ *n.* अंग

sommelier /समैलिअः/ *n.* बैरा, मद्य-परिचारक, खानसामा

sommer /सौमः/ *US* साःमः/ *adv., SAfrE* मात्र, बस, सीधे-सीधे: he ~ slapped him without any warning

somnam\bulant/ ~bulist /सौमनैम\बुलंट/ सौमनैम\बुलिस्ट/ *US* साःमनैम\बुलंट/ साःमनैम\बुलिस्ट/ *n.* निद्राचारी;

dw/lw: **~bulate/ ~bulize** /~ब्युलेट/ ~ब्युलाइज/ *v., pt.* ~bulated/ ~bulized, *pp* ~bulating/ ~bulizing नींद में चलना-फिरना; **~bulism** /~ब्युलिजम/ *n.* नींद में चलने के विकार से ग्रस्तता, निद्राचार, निद्राचलन, निद्राभ्रमण: artificial ~bulism; **~bulist** /~ब्युलिस्ट/ *adj.* नींद में चलने वाला, निद्राचर, निशाचर

somni\culous /सौम्नि\क्युलस/ *US* साःम्नि\क्युलस/ *adj.* निद्रालु, उनिंदा, ऊंघ-ग्रस्त;

dw/lw: **~facient** /~फेशिअंट/ *adj., med.* नींद लाने वाली, स्वापक (दवा); **~ferous/ ~fic** /~फरस/ ~फिक/ *adj.* 1 निद्राजनक, स्वापक 2 उनिंदा, निद्रालु; **~lence** *see below under separate entry*; **~loquence/ ~loquism/ ~loquy** /~लॉक्वंस/~लॉक्विज्म/ ~लॉक्वि/ *n.* निद्रा-प्रलाप; **~loquous/ ~loquist** /~लॉक्वुअस/ ~लॉक्विस्ट/ *n.* निद्रा प्रलापी; **~pathist** /~पअथिस्ट/ *n.* मनःप्रेरित निद्रालु, सम्मोहित-निद्रालु; **~pathy** /~पअथि/ *n.* सम्मोह-निद्रा, मनःप्रेरित निद्रा

somno\lence /सौम्नअ\लंस/ *US* साःम्नअ\लंस/ (*also* **~lency** /~लंसि/) *n.* निद्रालुता, अति निद्रालुता, उनींदापन, उनींद;

dw/lw: **~lent** /~लंट/ *adj.* 1 उनींदा, निद्रालु 2 निद्राकारक 3 निद्राजनक; **~lism** /~लिज्म/ *n.* सम्मोह-निद्रा

son /सन/ *n.* 1 बेटा, लड़का, पुत्र: **~s** and daughters 2 वंशज 3 संतति, संतान: he is his father's ~ (वह हू-ब-हू अपने पिता से मिलता है) 4 किसी आंदोलन या विचारधारा आदि की उपज, पुरुष अनुयायी: **~s** of the early pioneers; a ~ of Apollo; a ~ of Russian Revolution 5 (**the Son**) *Christ.,* the second person of the Trinity, Jesus Christ ईसा मसीह 6 क्यूबा के एक संगीत की शैली;

dw/lw: **~hood/ ~ship** *n.* पुत्रत्व; **~-in-law** *n., pl.* **~s-in-law** दामाद, जंवाई, जमाई (*Hr.*); **~ny** *n. pl.* **sonnies** (दुलार से पुकारते समय प्रयुक्त) बेटा;

collocations: **~ of Adam** पुरुष; **~ of a bachelor** हरामी का जना, हरामी; **~ of a bitch** (*abbr.* **SOB**)/ **of a sea-cook** (एक गाली) कुत्ते का पिल्ला; **~ of a gun** 1 उस व्यक्ति या वस्तु के लिए प्रयुक्त जिससे आप नाराज हैं 2 किसी से या किसी बात से आश्चर्य-चकित या नाराज होने पर प्रयुक्त; **~ of a white hen** 1 भाग्यवान 2 संपन्न; **~ of heaven** आकाश-पुत्र, चीनी सम्राट; **~ of man** आदम की संतान, ईसा मसीह, मानव पुत्र, मनुष्य का पुत्र; **~ of manse** पादरी पुत्र; **~ of perdition** विनाश पुत्र; **~ of the soil** स्थानीय धरती का सपूत; **~ of the white hen** भाग्यशाली आदमी; **~ of toil** मजदूर;

a ~ of Mars सैनिक; **a ~ of Neptune** नाविक; **bad ~** कपूत, कुपुत्र; **favourite ~** देश का लाडला पुत्र; **good ~** सपूत, सुपुत्र; **the prodigal ~** भटका हुआ व्यक्ति; **the ~ of God** ईसा मसीह; **the ~s of men** मानव जाति; **the ~ of the muses** कवि;

p&i: **every mother's ~** सब के सब, सभी, बिना किसी अपवाद के; **not a mother's son** एक व्यक्ति भी नहीं;

sonancy /सोनंसि/ *n., phon.* घोषत्व

sonant /सोनंट/ *adj., phon.,* सघोष;

n. सघोष वर्ण

sonar /सोनाः/ *n.* समुद्री जहाज में लगा ध्वनि तरंगों की मदद से पानी के भीतर स्थित पनडुब्बी आदि पिंडों का स्थान और गहराई का पता लगाने का उपकरण

sonata /सअनाटा/ *n., pl.* **~s** एक वाद्य या पियानो आदि पर बजाया जाने वाला दो-तीन टुकड़ों से बना संगीत;

dw/lw: **sonatina** /सौनअटीना/ *US* साःनअ-/ *n., pl.* **~s,** *Italian* एक छोटा **'sonata'**

sonde /सौंड/ *US* सांड/ *n.* ऊंचे स्थानों, धरती और शरीर के भीतर के वातावरण और मौसम के बारे में सूचना पाने का यंत्र

son et lumiere /सौन ए लूम्येअः/ *US* साःन ए लूम्येर/ *n.* किसी ऐतिहासिक घटना के बारे में संगीतमय ध्वनि-प्रकाश दृश्य चित्र

song /सौंग\/ *US* सांग\/ *n.* 1 गाना, गीत: folk/ sea/ soldier's ~ 2 गीत का संगीत 3 (***syn.*** singing) गायन: poetry and ~ 4 कुछ पक्षियों की संगीतमय बोली या चहचहाहट 5 काव्य, पद्य 6 कविता 7 किसी बात के प्रति आदतन रवैया, शैली;

dw/lw: **~bird** *n.* गाने वाली चिड़िया, गाने वाला पक्षी; **~book** *n.* गीत-संगीत पुस्तिका; **~ful** *adj.* सुरीला, श्रुति मधुर; **~smith** *n.* गीतकार; **~ster** /~स्टः/ *n.* प्रतिभाशाली पुरुष गायक, गवैया 2 गाने वाला पक्षी 3 कवि, गीतकार; **~stress** /~स्ट्रेस/ *n.* महिला गायिका; **~-writer** /~राइटः/ *n.* गीतकार, गीत लिखने वाला;
collocations: **~ and dance** खोखली या थोथी बातें, आंय-बांय-सांय; **~ cycle** किसी एक कवि की एक विषय पर कई कविताओं की श्रृंखला; **~ thrush** गानेवाली चिड़िया सारिका; **a prick ~** चिढ़ाने वाला गीत (ताना); **the ~ of a brook** नदिया की कलकल; **the Song of Solomon (the Song of Songs)** अति भावुक प्रेम गीतों का संग्रह; **swan ~** अंतिम गीत;
p&i: **break into a ~** गाने लगना; **buy/ sell for a ~/ for an old ~** कौड़ी के मोल खरीदना-बेचना; **change one's ~** नीति में बदलाव लाना; **going for a ~** *colloq.* सस्ता सौदा; **make a ~ and dance about sth** *colloq.* बेकार बखेड़ा खड़ा क.; **nothing to make a ~** बेकार बात; **not worth an old ~** कौड़ी के मोल भी नहीं; **sing a new ~** नई बात क., नया रास्ता अपनाना; **~ another/ different ~** वैकल्पिक या नई बात क.;

sonic /सौनि\क/ *US* सा:नि\क/ *adj.* 1 ध्वनि या ध्वनि तरंग के प्रयोग से संबंधित 2 ध्वनिक: ~ mine (ध्वनि-आधारित बारूदी सुरंग) 3 ध्वनि गति से चलने वाला;
dw/lw: **sonics** /~क्स/ *n., [sing.]* ध्वनियों का तकनीकी प्रयोग;
collocations: **~ barrier** ध्वनिक बाधा; **~ boom/ sonic bang** ध्वनिक धमाका यानी विमान द्वारा ध्वनि की रफ्तार से ज्यादा तेज उड़ने पर होने वाला धमाका; **~ speed** ध्वनिक गति

soniferous /सौनिफरस/ *US* सा:निफरस/ सोनिफरस/ n*adj.* 1 ध्वनिजनक, निनादी 2 ध्वनिचालक

sonnet /सौनि\ट/ *US* सा:नि\ट/ *n.* चौदह पंक्तियों में लिखी जानेवाली कविता: Shakespeare's **~s**;
dw/lw: **~eer** /~टिअः/ *n.* 1 सोनेट लेखक या कवि 2 तुकबंदिया, तुकबाज

sonny /सनि/ *n.* (affectionate form of '**son**') वरिष्ठ व्यक्ति द्वारा छोटे बच्चे, लड़के आदि के लिए स्नेहपूर्ण प्रयुक्त शब्द

sonobuoy /सोनोबॉए, सौनअबुइ/ *US* सोनोबुऑए, सा:नअबुइ/*n.* पानी के भीतर स्थित पनडुब्बी आदि पिंडों का स्थान और गहराई का पता लगाने का उपकरण

sonogram /सोनअग्रैम/ सौनअग्रैम/ *US* -/ सा:नअग्रैम/ *n.* 1 *acoustics* सोनोग्राफ द्वारा बनाया हुआ ध्वनि का दर्शनीय रूप, रेखा-चित्र 2 *med.* अल्ट्रा-साउंड द्वारा बनाया जाने वाला रेखा-चित्र (sonogram)

sonogram\ph /सोनअग्राःफ/ सौनअग्राःफ/ *US* सोनअग्रैफ/ सोनअग्रैफ/ *n.* ध्वनि और उसकी तरंगों को रेखा-चित्रित करने वाला उपकरण;
dw/lw: **~phy** /सअनौग्रफि/ *US* सअनाःग्रफि/ *n.* ध्वनि और उसकी तरंगों को रेखा-चित्रण

sonometer /सअनौमिटः/ *US* सअनाःमिटः/ *n.* स्वरमापी

sonorant /सौनअरंट/ सअनॉरंट/ *US* सा:नअरंट/ सअनॉरंट/ *n., phon.* 1 (***syn.*** nasal) घर्षणरहित या नासिक्य, अनुनासिक, नाक से उच्चरित स्वर या ध्वनि 2 व्यंजन और स्वरिक ध्वनियुक्त '**w**' या '**y**' में से कोई एक

sonorescent /सौनअरअसंट/ *US* सा:नअरअसंट/*adj.* निनादी, ध्वनिजनक, ध्वनियुक्त

sonorific /सौनअरिफिक/ *US* सा:नअरिफिक/ *adj.* ध्वनिजनक, ध्वनियुक्त

sonorisation /सौनअरअजेशन/ *US* सा:नअ-/ *n., phon., ling.* सघोषणा, ध्वनिकरण

sonority /सअनौरिटि/ *US* सअनाःरिटि/ *n.* 1 सघोषता 2 गूंज, निनादिता, झंकार, टनटनाहट 3 सुरीलापन

sonorous /सौनअरस\/ *US* सा:नअरस\/ सअनॉरस\/ *adj.* 1 गूंजता हुआ, गुंजायमान 2 निनादी, अनुनादी: ~ vibration 3 ध्वनिज: ~ metal 4 सुरीला, मधुर 5 प्रभावपूर्ण: ~ style 6 आडंबरी, शब्दाडंबरपूर्ण;
dw/lw: **~ly** /~लि/ *adv.* सुरीले ढंग से; **~ness** /~नेस/ *n.* सुरीलापन, माधुर्य

sonsy /सौनसि/ *US* सा:नसि/ *adj., colloq.* 1 भाग्यशाली, सफल 2 हंसमुख, मनमौजी 3 रुचिकर, सुंदर 4 (***syn.*** plump, buxom, comely) गोल-मटोल 5 भड़कीला 6 आज्ञाकारी, शांत

sook /सुक/ *n.* 1 *esp. Austral. colloq.*, (***syn.*** coward) मुलायम, भीरु, डरपोक व्यक्ति 2 *Br. dialect* चापलूस, तलवेचाट, जीहजूरिया

soon /सून/ *adv., degr.* **~er**, **~est** 1 जल्दी ही, निकट भविष्य में: it is cold here in the morning, but it ~ warms up 2 जल्दी, तुरंत, तत्काल, झटपट, चटपट, फौरन, अविलंब: will pay you as ~ as I receive the goods 3 अभी, शीघ्र 4 जल्दी, समय से पहले 5 जैसे ही, जितना जल्दी हो सके, ज्यों ही: we had no **~er** come than she burst into tears; no **~er** had they gone than (ज्यों ही वे गए...) 6 सहर्ष, बिना किसी हिचकिचाहट के: I would just as ~ stay at home; which would you **~est** do? (आप क्या करना चाहेंगे?);
p&i: **~ learnt ~ forgotten** जो आसानी से मिलता है, वह आसानी से चला जाता है, हराम की कमाई हराम में गंवाई;
as ~ as = so ~ as जितनी जल्दी हो सके; **as ~ as not** नहीं की बजाए हां समझो;
he'd just as ~ die as apologize to her उससे क्षमा मांगने की बजाए, वह मरना बेहतर समझेगा

sooner /सूनः/ *adv.* 1 जैसे ही, ज्यों ही: no ~ had I mentioned his name than he appeared (जैसे ही उसका नाम लिया, त्यों ही आ धमका) 2 बेहतर होगा: I'd ~ die than go back there 3 दुम हिलाने वाला, चापलूस;
collocations: **Sooner State** *in joke* भूमि पर कब्जा करने वालों का प्रदेश यानी अमेरिका का प्रदेश ओक्लाहोमा (Oklahoma);
p&i: **~er or later** कभी न कभी, देर-सवेर; **~ rather than later** बाद की बजाए जल्दी (करना बेहतर होगा);
a ~ dog जो ज्यादा खाया, सो बाजी हारी; **I would rather ~ share a room with my friends, than stay at home** मैं घर रहने की बजाए अपने दोस्तों के साथ एक कमरे में रहना पसंद करूंगा; **no ~er than** ज्यों ही...; **no ~er said than done** कह दिया सो हो गया; **the ~, the better** जितना जल्दी हो सके, उतना अच्छा

soot /सूट/ *n.* 1 कालिख 2 काजल, कजली 3 धुएं की कालिख;
v., *pt.* **~ed**, *pp* **~ing** 1 काजल लगाना 2 कालिख का धब्बा लगना;
dw/lw: **~y** /सूटि/ *adj., degr.* **~ier**, **~iest** 1 कालिख-लगा 2 काला 3 कज्जली: ~y coal 4 कज्जलित

soo\the /सूद/ *v., pt.* **~thed**, *pp* **~thing** 1 (***syn.*** relieve) पीड़ा कम क.: **~the** pain/ suffering 2 (***syn.*** calm) शांत कराना या क.: **~the** a crying baby 3 सुकून दे. 4 प्रशमित क. 5 खुश क., संतुष्ट क.: **~the** sb's vanity;
dw/lw: **~ther** /सूदः/ *n.* 1 शांति और सुकून देने वाला व्यक्ति 2 (***syn.*** dummy) कृत्रिम चूची; **~thing** /सूदिंग/ *adj.* 1 सुकून देने वाला 2 शामक, शमक: ~thing cream; **~thing** *n.* शांत करने की क्रिया: no amount of ~thing helped him; **~thingly** *adv.* सुकून देते हुए; **~thesay** /सूदसे/ 1 सगुनाना 2 भविष्यवाणी क., भविष्य के बारे में मात्र सुकूनदायक बातें बताना; **~thesayer** /सूथसेअः/ *n.* भविष्यवक्ता, ज्योतिषी, सगुनिया, भविष्य के बारे में मात्र सुकूनदायक बातें बताने वाला; **~thesaying** *n.* सगुनौती, भविष्यवाणी

sooty *see above under* **soot: *dw/lw***

SOP *abbr.* 'standard operation procedure' की प्रथमाक्षरी

sop /सौप/ *US* सा:प/ *v., pt.* **~ped**, *pp* **~ping** 1 (तरल पदार्थ में)

भिगोना, तर क.: ~ one's bread in the gravy 2 सोख लेना: ~ up 3 रिसना: water **~s** through the sand 4 भीग जाना, तर-बतर हो जाना: his clothes are **~ping** wet;
n., *pl.* **~s** 1 तरल पदार्थ में भिगोया हुआ रोटी का टुकड़ा: a ~ in the pan 2 मुंह-भराई, रिश्वत, घूस: throw a ~ to sb;
collocations: **a ~ in the pan** अति आकर्षक वस्तु;
p&i: **throw a ~ to sb** किसी को शांत क.

sophism /सौफिजम/ *US* साःफिजम/ *n.* 1 कुतर्क, वाक्छल 2 वाक्-पटुता द्वारा किया जाने वाला छल

sophist /सौफि\स्ट/ *US* साःफि\स्ट/ *n.* 1 कुतर्की, वितंडावादी 2 वितंडी, वाक्छली;
dw/lw: **~ic**/ **~ical** /~स्टिक/ ~ल/ *adj.* 1 कुतर्की 2 कृत्रिम अथवा दुनियादार 3 बहकाऊ 4 बिगड़ैल, विकृत 5 मिलावटी, खोटा; **~ically** /~स्टिकलि/ *adv.* विकृत या कृत्रिम ढंग से; **~ry** /सौफिस्ट्रि/ *US* साःफिस्ट्रि/ *n., pl.* **sophistries** 1 कुतर्क, वितंडा 2 वाक्छल, छल 3 आडंबरपूर्ण सुविज्ञता, शिष्टता

sophisticate /सफिस्टिकेट/ *v., pt.* ~icated, *pp* ~icating 1 सयाना या विशिष्ट बनाना 2 (***syn.*** quibble, use sophistry) कुतर्क क. 3 कृत्रिम अथवा दुनियादार बना दे. 4 बहकाना 5 बिगाड़ना, विकृत क. 6 मिलावट क.: ~icate milk/ wine 7 खोट मिलाना;
n. 1 सयाना या विशिष्ट व्यक्ति 2 कृत्रिम अथवा दुनियादार आदमी 3 बिगड़ा हुआ या विकृत व्यक्ति;
adj. 1 सयाना या विशिष्ट 2 कृत्रिम अथवा दुनियादार 3 बिगड़ा हुआ या विकृत

sophistica\ted /सफिस्टि\केटिड/ *adj.* 1 परिष्कृत, शिष्ट: ~ted taste; ~ted manners; ~ted argument 2 सुविज्ञ, विवेकी: ~ted columnist; ~ted text 3 उच्चस्तरीय, नाजुक, जटिल: a ~ted machine or system; ~ted apparatus; ~ted surgery; ~ted weaponry 4 कृत्रिम 5 दुनियादार;
dw/lw: **~te** /~केट/ *n.* 1 परिष्कृत व्यक्ति 2 सयाना आदमी, शिष्ट व्यक्ति; **~tion** /~केशन/ *n.* 1 परिष्करण, शिष्ट बनाने की क्रिया 2 सुविज्ञता 3 कृत्रिमता 4 दुनियादारी, कुतर्क 5 उच्च स्तर: scientific ~tion

sophomo\re /सौफअ\मॉः/ *US* साःफअ\मॉः/ *n. N. Amer., esp. US* 1 अमेरिकी विश्वविद्यालय में द्वितीय वर्ष का छात्र 2 गंवार, क्षुद्र ज्ञानी 3 लगातार दूसरे वर्ष किसी पद पर आसीनता: Senator Smith is a **~re** in Congress;
dw/lw: **~ric** /~मॉरिक/ *adj.* 1 दूसरे वर्ष के विद्यार्थी से संबंधित 2 दूसरे वर्ष के विद्यार्थी जैसा, मध्यम स्तर का (mediocre) 3 सतही, अधपका 4 नीम-ज्ञानी, कचघरड़ (*Hr.*)

sopor /सोपः/ *n. pathol.* अति गहरी नींद;
dw/lw: **~ific** /सौपअरि\फिक/ *US* साःपअरि\फिक/ (*also* **~iferous** /~फिरस/) *adj.* 1 नींद लाने वाला 2 निद्राजनक, स्वापक

sopping /सौपिंग/ *US* साःपिंग/ (*also* **~ wet**) *adj.* (***syn.*** soaking) पूरी तरह भीगा हुआ, तर-बतर, सराबोर

soppy /सौपि/ *US* साःपि/ (*US* **sappy**) *adj., degr.* **soppier**, **soppiest** *colloq.* 1 तर-बतर 2 सीलन-भरा: ~ weather 3 भावुक: ~ boy (रोंदू बच्चा, मां का दुलारा)

soprano /सअप्राःनो/ *n., pl.* **~s**/ **soprani** /सअप्रानीः/ 1 उच्चतम स्वर में गाने वाली गायिका 2 गाने में उच्चतम स्वर

sorb /सॉःब/ *n.* (*in full* **~-apple**) रावन का पेड़

sorbefacient /सॉःबअफेशिअंट/ *adj.* सोखने की क्रिया में सहायक

sorbet /सॉःबे/ US सॉःबअट/ (*also* **water ice**) *n.* एक मीठा व्यंजन, शरबत

sorce\rer /सॉःसअ\रअः/ *n.* 1 झाड़-फूंक करने वाला, टोनहा, ओझा, टोनहाया 2 अभिचारक 3 (काले जादू का) जादूगर;
dw/lw: **~ress** /~रिस/ *n.* जादूगरनी, टोनहाई; **~ry** /~रि/ *n.* 1 (***syn.*** black magic) जादू-टोना, ओझाई, झाड़-फूंक 2 जादूगरी 3 अभिचार; **~rous** /~रस/ *adj.* जादू-टोना, ओझाई, झाड़-फूंक से संबंधित

sordid /सॉःडिड\/ *adj.* 1 घृणित: ~ poverty 2 (***syn.*** squalid) गंदा, मैला 3 फटेहाल 4 घिनौना, नीच, अधम: ~ motives; a ~ affair 5 बदनाम, कलंकित 6 स्वार्थपूर्ण: ~ desires 7 कंजूस;
dw/lw: **~** /~लि/*adv.* स्वार्थपूर्वक, घृणित ढंग से; **~ness** /~नेस/ *n.* 1 मलिनता, गंदगी 2 हेयता, घिनौनापन, कमीनापन

sordine /सॉःडीन/ *adj.* अवमंदक, स्वार्थपूर्ण

sore /सॉः/ *adj.* 1 जख्मी, दुखता हुआ: stick out like a ~ thumb; ~ throat; ~ tooth 2 दुखभरा, कष्टदायक (दुखती रग), अप्रिय, अरुचिकर: ~ point/ spot/ subject; ~ sight 3 दुःखद 4 मानसिक रूप से कष्टकर 5 नाराज, दुखी: he is very ~ at missing the match 6 अत्यधिक, अत्यावश्यक: be in ~ need of help 7 कटु: ~ at heart;
n. 1 (***syn.*** wound) जख्म, घाव: an open ~ 2 फोड़ा, व्रण 3 अप्रिय विषय, दुःखद स्मृति;
adv. बहुत, अत्यधिक: be ~ afraid;
dw/lw: **~head** /~हेड/ *adj.* बदमिजाज, चिड़चिड़ा; **~head** *n.* बदमिजाज व्यक्ति; **~ly** /~लि/ *adv.* बुरी तरह से, कठोरता: ~ly oppressed; **~ness** *n.* दर्द, पीड़ा;
collocations: **a ~ point** चुभने वाली बात, दुखती रग;
p&i: **got ~ at the kids** बच्चों पर क्रुद्ध हो.; **in ~ need of attention** (किसी को) लोगों की परवाह की अत्यधिक जरूरत हो.; **it's a sight for ~ eyes** अति रमणीय दृश्य; **like a bear with a ~ head** अति क्रुद्ध; **reopen old ~s** पुराने घाव हरे क.; **touch sb on a ~ place** किसी की दुखती रग पर हाथ रख दे.

sorghum /सॉःगम/ *n.* सोरगम, ज्वार, ऐसी घास जिससे शर्करा बनाई जा सके

sorites /सौराइटीज/ *US* साःराइटीज/ *n.* संक्षिप्त मालानुमान, (तर्कशास्त्र) धारावाहिक प्रतिज्ञा परंपरा, संक्षिप्त प्रगामी तर्कमाला

soroptimist/ Soroptimist /सअरौप्टिमिस्ट/ *US* सअराःप्टि-/*n.* कामकाजी व व्यापारी महिलाओं द्वारा 1921 में स्थापित अंतर्राष्ट्रीय समिति की सदस्या

soro\ral/ soror\ial /सअरॉरल/ सअरॉरिअल/ *adj.* बहन या बहनों से संबंधित;
dw/lw: **~ricide** /सरौरिसाइड/ *US* सराःरि~/ *n.* 1 भगिनी-हत्या 2 भगिनी-हंता

sorority /सरौरिटि/ *US* सराःरिटि, सरॉरिटि / *n.* 1 छात्रा-क्लब 2 विश्वविद्यालयीय महिला-सभा 3 भगिनी-संघ 4 भगिनीत्व, बहिनापा, सखी समुदाय

sorrel /सौरअल/ *US* साःरअल*n.* 1 लाली लिए भूरा रंग 2 उक्त रंग का घोड़ा 3 एक प्रकार की वनस्पति, चुक्क, अम्लबेल, खट्टी मीठी;
adj. पिंगल, लाल-भूरा, पाटलवर्ण;
collocations: **red ~** लाल अंबाड़ी; **Indian ~** अम्ल शाक, चुक्र, चोका

sorrow /सौरो\/*US* साःरो\/*n.* 1 (***syn.*** grief) दुख, शोक, संताप: express ~ at/ for sth 2 व्यथा, क्लेश 3 उदासी, विषाद: a look of ~ 4 अनुताप 5 विपत्ति, संकट 6 विलाप;
v., *pt.* **~ed**, *pp* **~ing** 1 दुखी होना 2 शोक मनाना: ~ for sb;
dw/lw: **~ful** /~फुल/ *adj.* दुखदायक: ~ful accident 2 दुखी, उदास 3 दुखद, दुखपूर्ण: ~ful song; **~-stricken** /~-स्ट्रिक्न/ *adj.* शोकार्त्त, शोक-संतप्त;
p&i: **sup ~** व्यथा का पहाड़ झेलना

sorry /सौरि/ *US* साःरि, सॉरि/ *adj., degr.* **sorrier**, **sorriest** 1 दुखी, व्यथित, व्याकुल, शोक-संतप्त: I'm ~ if I hurt you 2 (*usually* **~ for sb**) सहानुभूति या दयाभाव, खेद आदि का द्योतक: we feel deeply ~ for him; everyone felt ~ for him when she left him 3 बदहाल, दारुण, दयनीय: a ~ sight/ state/ tale; in ~ clothes; in a ~ state 4 घटिया, निकृष्ट, घृणित, फटेहाल: ~ fellow 5 निरानंद, मनहूस 6 दुख की बात है कि ...;
exclamation: 1 खेद जताने के लिए प्रयुक्त: I am ~ that ... 2 *UK* बात न सुन पाने पर उसे दोहराने का अनुरोध करने के लिए प्रयुक्त: **sorry?** 3 अपने आप को दुरुस्त करते हुए क्षमा मांगने के लिए प्रयुक्त: क्षमा कीजिए...: I'm ~, not late but early;

dw/lw: **sorrily** *adv.* खेदपूर्वक; **sorriness** *n.* सहानुभूति या दयाभाव, बदहाली; **~ish** *adj.* दुखी-सा: be, feel ~ish, etc.;
collocations: **a ~ bargain** घाटे का सौदा; **~ excuse** झूठा बहाना; **~ fellow** अधम या कमीना व्यक्ति
p&i: **be/ feel ~ for sb** किसी पर दया आना, किसी के बारे में खेद हो.; **feel ~ for onself** अपने पर दया आना, अपने बारे में किसी बात के लिए खेद हो.

sort /सॉःट/ *n.* 1 (***syn.*** kind) किस्म, प्रकार: all **~s** of sth; all **~s** of things; things of all **~s**; a cafetiere, you know, is a ~ of pot for making coffee 2 वर्ग, श्रेणी 3 ढंग, रीति 4 व्यक्ति: a good ~;
v., pt. **~ed**, *pp* **~ing** 1 छांटना, निबेड़ना 2 चुनना, पसंद क.: he **~ed** out the best apples for eating 3 से मेल कराना: well **~ed**/ ill **~ed** 4 श्रेणी-बद्ध क.: ~ through sth (वस्तुओं को विभिन्न श्रेणियों में रखना) 5 *UK* ठीक-ठाक क., सुधारना, मरम्मत क.: be **~ed**/ get sth **~ed**; ~ sth out (ठीक या सही कर दे.);
dw/lw: **~able** /सॉःटअबल/ *adj.* छांटने योग्य; **~er** /सॉःटः/ *n.* छांटने वाला, सार्टर, छांट-उपकरण; **~ing** *n.* छंटाई, छांट, निबेड़ा, वर्गीकरण; **~ing** *adj.* छंटाई करने वाला: ~ing appliance (छंटाई उपकरण); **~-out** *n.* किसी चीज की विषय-वस्तु या अंतर्वस्तु के तरतीब से व्यवस्थित करने की क्रिया;
collocations: **~ code** किसी बैंक विशेष को पहचानने के लिए एक नंबर; **~ing office/ depot** छंटाई कार्यालय;
p&i: **~ of** एक प्रकार का; **~ of like** एक प्रकार से किसी चीज जैसा; **~ of sth** एक प्रकार की; **~ itself out** अपने आप हल हो जा., सुलझ जा.; **~ out one's priorities** अपनी प्राथमिकताएं तय क.; **~ sb out** *colloq.* किसी से अच्छी तरह निपटना या उसे सीधा कर दे.; **~ sth out** 1 कोई चीज छांटना 2 कोई समस्या सुलझाना; **~ through sth for sth** दस्तावेजों आदि को छान डालना;
a bad ~ बुरा व्यक्ति; **after a ~** साधारण; **a good ~** भला व्यक्ति; **a good night's sleep will soon ~ you out** रात की अच्छी नींद तुम्हें ठीक कर देगी; **all ~s and conditions of men** हर तरह के लोग; **and (all) that ~ of things** और इसी प्रकार की (सब) चीजें; **a ~ of** एक प्रकार का; **feeling ~ of embarrassed** एक प्रकार की शर्मिंदगी महसूस क.; **he is not my ~** वह मेरी पसंद का व्यक्ति नहीं; **it takes all ~s to make a world** साईं तेरी दुनिया में भांत-भांत के लोग; **nothing of the ~** ऐसी कोई बात नहीं; **of a ~ / of ~s = a sort of...** घटिया किस्म का, कहने के लिए, जैसा-तैसा: an author of ~s; **out of ~s** *colloq.* 1 मिजाज थोड़ा-सा ढीला 2 चिड़चिड़ा 3 तबीयत खराब हो.; **that ~ of thing** इस प्रकार की बात; **what ~ of?** कैसा? किस प्रकार का?

sortie /सॉःटि/ *n., pl.* **sorties** 1 एक छोटी दोतरफा-यात्रा 2 बमबारी के लिए वायुयान द्वारा भरी जाने वाली उड़ान 3 छोटी-सी अंतरिक्ष-यात्रा: a ~ into space 4 (***syn.*** raid) घिरी हुई सैनिक टुकड़ियों द्वारा आकस्मिक धावा, झपट, चढ़ाई 5 दौड़कर आने-जाने की क्रिया: just going on a quick ~ to the shops 6 (***syn.*** foray) प्रयास, किसी क्षेत्र में प्रवेश;
v., pt. **~d**, *pp* **~sortieing/ ~sortying** 1 छोटी यात्रा पर जा आना 2 विमान द्वारा छोटी-सी उड़ान भरा जा.

sortilege /सॉःटिलिज/ *n.* लॉटरी की पर्ची निकालकर भविष्य बताने की क्रिया;
dw/lw: **sortileger** /सॉःटिलिजः/ *n.* पर्ची निकालकर भविष्य बताने वाला; **sortilegy** /सॉःटिलिजि/ *n.* पर्ची निकालकर भविष्य बताने की क्रिया

sortition /सॉःटिशन/ *n.* पर्चियां डालकर छांटना या किसी परिणाम को वर्गीकृत क.

sorus /सॉःरस/ *n., pl.* **sori** /सॉराइ/ 1 सोरस, बीजाणुधानीपुंज 2 गुच्छ

SOS *abbr.* (**Save Our Souls**) की प्रथमाक्षरी; (1 /***syn.*** distress signal/ आपदा संकेत यानी संकट में फंसे जलयान या विमान द्वारा सहायता के लिए पुकार, गुहार 2 किसी भी विपदा से बचाने की गुहार)

sosatie /सअसाःटि/ *n., SAfr.E* कबाब

so-so /सो-सो/ *adj., colloq.* 1 ठीक-ठाक 2 कामचलाऊ, साधारण, न अच्छा, न बुरा: he is working ~; be ~; business is ~

sostenuto /सौस्टअन्यूटो/ *US* साःस्टअनूटो/ *adv.* (***syn.*** steady and sustained) संतुलित एवं निरंतर ढंग से, लगातार;
n., pl. **~s** संतुलित एवं निरंतर संगीत रचना

sot /सौ\ट/ *US* साः\ट/ *n.* 1 शराब का लती, नशेबाज 2 पियक्कड़;
v., pt. **~ted**, *pp* **~ting** 1 शराब पीना 2 पीकर धुत्त हो.;
dw/lw: **~tish** /~टिश/ *adj.* 1 बदहवास 2 पीकर धुत्त 3 मूर्ख;
p&i: **~ away** समय बर्बाद क.

soteri\ology /सौटिअरि\औलजि/ *US* साःटिअरि\आःलजि/ *n., Christ.* मुक्ति-शास्त्र, मोक्ष-शास्त्र;
dw/lw: **~al/ ~ological** /~अल/ सौटिअरिअलौजिकल/ *US* ~अल/ सात्रःटिअरिअलाःजिकल/ *adj.* मुक्ति-शास्त्र संबंधी

so that *see above under* ***so: conj.***

sotto voce /सौटो वोचि/ *US* साःटो वोचि/ *adv.* 1 अत्यंत धीमे स्वर में, दबी जबान से 2 *music* बहुत धीमे से

soubrette /सूब्रेत/ *n.* 1 नाटक, संगीत-नाटक या स्वांग (opera) आदि में छोटी-मोटी भूमिका, विशेषकर धृष्ट, चंचल (flirtatious) व चालबाज (intriguing) नौकरानी की 2 धृष्ट, चंचल, चालबाज व ढीठ लड़की या नौकरानी

soubriquet *see above under* **sobriquet**

souchong /शूशौंग/ शूचौंग/ *n.* एक बढ़िया काली चीनी की चाय

soufflé /सूफ्ले/ *n., pl.* **soufflés** एक प्रकार का मीठा व्यंजन: chocolate/ cheese ~

souffle /सूफल/ *n., med.* सांस की सरसराहट

sough[1] /साउ/ *n.* सरसर (ध्वनि), हवा आदि की सरसराहट;
v., pt. **~ed**, *pp* **~ing** 1 पीड़ा से कराहना 2 सरसराना, सरसराहट क.: the wind soughed through the trees

sough[2] /सफ/ ***n.*** 1 (***syn.*** drain or drainage/ gutter/ sewer) छोटा-सा नाला 2 दलदली (swampy) स्थान 3 छोटा-सा तालाब;

sought /सौट/ *US* साःट/ *pt.,* **'seek'** का भूतकालिक रूप

sought-after /सौट-आफ्टः/ साःट-आफ्टः/ *adj.* 1 जिसकी काफी मांग हो 2 जिसके लिए हाय-तौबा मची हो

soul /सोल/ *n.* 1 आत्मा: God rest his ~ (ईश्वर उसकी आत्मा को शांति दे!) 2 (*also* **~ music**) एक प्रकार का भाव-भीना लोकप्रिय संगीत, जिसे प्रारंभ में अफ्रीकी मूल के अमेरिकियों ने बजाया था 3 जीव 4 प्रेतात्मा 5 प्राण, जान, जीवन 6 भाव-प्रधानता, भावुकता, भावात्मकता, सहृदयता, दया भाव, संवेदनशीलता, सहानुभूति, नैतिकता: a singer with no ~; cruelty committed by brutes with no ~ 7 मूर्त रूप, अवतार: the ~ of sth 8 सार तत्त्व, मूलतत्त्व: discipline is the ~ of the army; the life and ~ of the party (दल का जीवंत सार-तत्त्व) 9 व्यक्तित्व 10 व्यक्ति: don't tell a ~; simple ~; a kind ~; a kindly ~ 11 (***syn.*** psyche) मन, दिल, मानसिकता, मनोदशा, मनःस्थिति: he put his heart and ~ into his work (उसने अपना पूरा तन-मन काम में झोंक दिया); with all my ~ (तहे दिल से) 12 अभिरुचि, झुकाव, रुझान: I have a ~ for music 13 (***syn.*** conscience) अंतःकरण;
dw/lw: **~-destroying/ ~-killing** *adj.* उबाऊ, नीरस, आत्मा-मारक, जड़ बनाने वाला: found the work in the factory utterly ~-destroying; found being unemployed after doing her degree completely ~-killing; **~ful** /सोलफुल/ *adj.* विषादपूर्ण, भावपूर्ण; **~less** /सोललस/ *adj.* 1 संवेदनहीन, हृदयहीन, दयाहीन, निष्ठुर 2 अनैतिक, निर्लज्ज 3 निष्प्राण, नीरस, भावशून्य, निर्भाव; **~lessly** *adv.* निष्ठुरतापूर्वक; **~lessness** *n.* संवेदनहीनता, निष्ठुरता, निर्ममता; **~-searching** *n.* आत्म निरीक्षण; **~-sick** *adj.* दमित, दलित, संतप्त, खोया-खोया; **~-stirring** /सोल्स्टरिंग/ *adj.* आत्मा को झकझोरने वाला,

मर्मभेदी, मर्मस्पर्शी, मार्मिक, भाव-भीनी;
collocations: ~ **brother** अफ्रीकी मूल का साथी; ~ **food** अमेरिका के दक्षिणी प्रांतों के अफ्रीकी मूल के अमेरिकियों के बीच विकसित भोजन शैली; ~ **mate** प्रेमी या प्रेमिका; ~ **music** *see above under* **soul** No. 2; ~ **sister** अफ्रीकी मूल की साथिन;
p&i: **a living** ~ जीवित व्यक्ति; **a penny soul never came to twopense** कंजूस-मक्खीचूस कभी भी कोई महान सफलता नहीं पाएगा; **a ~ of discretion** विवेक की साक्षात् मूर्ति; **a twin ~ upon my ~!** कसम से!; **bare one's ~** (सारी भड़ास निकालकर) अपना मन हल्का क.; **be a good ~!** भलमनसाहत दिखाइये!; **brevity is the ~ of wit** गागर में सागर भरना बुद्धिमत्ता का सार-तत्त्व है; **have a ~ above buttons/ sth** किसी पेशे या धंधे में मन न लगना, अपने को उस काम से कहीं ऊंचे स्तर का समझना; **heart and** ~ तन-मन से, पूरी तरह से; **not a living** ~ एक भी व्यक्ति न हो.; **not to be able to call one's ~ one's own** अपनी मनमर्जी का मालिक न हो.; **possess one's ~ in patience** धैर्य बनाकर रखना; **sell one's ~ to the devil** शैतान को अपनी जमीन बेच देना; **with all one's** ~ तहे दिल से

sound /साउंड/ *n.* 1 आवाज, ध्वनि: not a ~ was heard; emit/ make/ produce a ~; hear a ~; listen to a ~; the ~ of sth 2 स्वर या व्यंजन ध्वनि: vowel/ consonant **~s** 3 *phys.* किसी माध्यम जैसे हवा आदि में दबाव तले होने वाले कंपन से पैदा होने वाली आवाज 4 (***syn.*** din, noise) शोर, शोरगुल आदि: the ~ of voices 5 श्रव्यता, श्रवण-गुण: the guitar has a nice ~; don't like the ~ of that 6 अर्थ: the ~ of sth; the news has a sinister ~ 7 (***syn.*** earshot) श्रवण सीमा 8 श्रव्य क्रियाएं या प्रक्रियाएं: ~ editor 9 (*also* **~s** *colloq.*) गायकों की आवाजें, गीतों के शब्द, नाद: the **~s** of the 1960s 10 टीवी या रेडियो आदि की ध्वनि की तीव्रता या तीव्रता नियंत्रक 11 (***syn.*** strait) जलसंयोजी, जलडमरूमध्य 12 (***syn.*** surgeon's probe) सलाई 13 (***syn.*** air-bladder) वायु आशय 14 स्वस्थता, कुशलता 15 (समुद्र आदि में प्रयुक्त) गहराई-मापक;
***v.**, pt.* **~ed**, *pp* **~ing** 1 शोर क. 2 ध्वनि निकालना, बजाना, ध्वनि निकलना, बजना: ~ the bell; ~ the trumpet 3 प्रतिध्वनित क. 4 व्यक्त क., फैलाना: ~ about women's rights 5 उच्चरित क.: the child **~s** 'r' as 'l' 6 सूचित क., घोषित क., चेताना: ~ the alarm 7 *med.* रोगी के अंगों पर टप-टप बजाकर जांचना, परखना, परीक्षण क. 8 थाहना, गहराई नापना: ~ the depths of human misery 9 मन की थाह लेना, मन जानने की कोशिश क.: will you ~ him on/ about the subject?; ~ sb/ sth out 10 लगना, प्रतीत हो., मालूम पड़ना, जान पड़ना: **~s** good/ interesting/ strange, etc.; **~s** like/ as if (लगता है जैसे कि); the explanation **~s** well; ~ angry/ happy/ rude, etc.; **~s** like fun; the excuse **~s** very hollow; that **~s** like hearsay (यह बात अफवाह-सी लगती है); her voice **~s** troubled 11 किसी की तारीफ के पुल बांधना;
adj. 1 विश्वसनीय, विश्वस्त, तर्कपूर्ण, युक्तियुक्त: ~ advice; ~ argument/ evidence; ~ judgement 2 स्वस्थ, तंदुरुस्त, हृष्ट-पुष्ट, समर्थ: ~ health; his heart is not ~ 3 (***anton.*** unsound) दुरुस्त, बेऐब, सही-सलामत: goods in ~ condition 4 निर्दोष, अदूषित: ~ fruit 5 पूरा, अक्षत, कुशल: the child was found safe and ~ 6 सावधानीपूर्ण, सोचा-समझा: a ~ investment; ~ policy; ~ scheme; ~ proposal 7 संपन्न, ऋण-शोधनक्षम: ~ financial situation 8 गहरी: ~ sleep 9 पक्का, कठोर: a ~ spanking; get a ~ beating/ flogging 10 ठोस, प्रतिभाशाली, अच्छा: ~ scholar/ co-player 11 (***syn.*** good, but not excellent) अच्छा पर सर्वश्रेष्ठ नहीं: a ~ piece of writing 12 वैध: a ~ title to land;
adv. अच्छी तरह से, जोर से, गहरी (नींद में): ~ asleep;
dw/lw: **~-alike** *n.* किसी विख्यात व्यक्ति से मिलता-जुलता व्यक्ति; **~-band** *n.* ध्वनि-पट्टी; **~bite** *n.* नारा, तेज-तर्रार शब्द जो टीवी, रेडियो आदि में सुनाए जाते हैं; **~-box** *n.* नाद-पेटी, ध्वनि पेटी; **~-camera** *n.* ध्वनिलेखी कैमरा; **~check** *n.* संगीत-कार्यक्रम आदि के शुरू होने से पहले भिन्न-भिन्न आवाजों का साथ सही मिलान करने के लिए ध्वनि उपकरणों का परीक्षण: ~check an hour before the concert begins; **~ness** *n.* 1 स्वस्थता 2 दुरुस्ती, सहीपन, ठोसपन, विवेकपूर्णता; **~er** *n.* 1 ध्वनित्र 2 साहुल, पनसाल, थाहमापी; **~-film** *n.* सवाक् फिल्म, बोलपट; **sounding** *see below under separate entry*; **~less** *adj.* निःशब्द: asleep ~less; **~ly** /साउंडलि/ *adv.* 1 अच्छी तरह, पूर्ण रूप से: ~ly defeated 2 भली-भांति, बखूबी, खूब, पूरी तरह, ठीक-ठाक: he reasons ~ly 3 गहरी (नींद में): ~ly asleep 4 मजबूती से: the houses built ~ly 5 बहुत अच्छी तरह से पर सर्वश्रेष्ठ ढंग से नहीं: write ~ly 6 कठोरतापूर्वक: beat the thief ~ly; **~mixer** *n.* ध्वनि मिश्रक; **~mixing** *n.* ध्वनि मिश्रण; **~proof** *adj.* ध्वनिसह, साउंडप्रूफ, ध्वनि रोधी; **~track** /साउंडट्रैक/ *n.* ध्वनि पट्टी; **~-wave** *n.* हवा या पानी में होने वाला कंपन जिसे ध्वनि-तरंग के रूप में सुना जा सकता है;
collocations: ~ **and fury** खोखली हाय-तौबा, बिना बात का शोर-शराबा; ~ **barrier** (*also* **sonic barrier**) *non-techn.* विमान द्वारा ध्वनि की गति के समीप उड़ने के समय अनुभव होने वाली बाधा; ~ **card** कंप्यूटर में ध्वनि पैदा करने का कार्ड; ~ **damper** = **~-absorber** ध्वनि-चूषक (शोर को दबाने वाला) उपकरण; ~ **effect** संगीत आदि में प्रयुक्त कृत्रिम ढंग से पैदा की जाने वाली ध्वनियां; ~ **receptor** ध्वनि ग्राही; ~ **shift** समय के साथ भाषा में आने वाले बदलाव; ~ **stage** फिल्म आदि के लिए ध्वनि-आलेखन (~ recording) के विशेष क्षेत्र-दायरा; ~ **system** पहले से आलेखित या अभी चलने वाले संगीत को बजानेवाला उपकरण; ~ **velocity** ध्वनि वेग;
p&i: ~ **a false note** 1 गायन बेसुरा लगना 2 बनावटी या झूठा लगना; ~ **a high note** विपदा का सिगनल यानी संकेत भेजना या दे.; ~ **as a bell/ as a roach/ as a trout** पूर्णतः सकुशल; ~ **in damages** हानि से संबंधित हो.; ~ **in life and limb** सुरक्षित और सकुशल; **(a)** ~ **mind in a** ~ **body** सकुशल शरीर, सकुशल मन; ~ **off** 1 जोर-जोर से बातें क., शोर क. 2 अपने विचार, मत जोरदार तरीके से रखना, आलोचना क.: ~ off about animal rights; ~ **out** 1 पता लगाना 2 थाह ले. 3 प्रारंभिक आकलन क.; ~ **sb out about/ on sth** = ~ **sth out** किसी से किसी मसले के बारे में परोक्ष ढंग से मत पूछना; ~ **the death-knell for/ of sb** or **sth** किसी की मृत्यु का पूर्व-संकेत हो. या दे.; ~ **the trumpet before victory** सूत न कपास जुलाहे से लट्ठम-लट्ठ;
a ~ mind in a ~ body तन है तो मन है, सेहत ही नेमत है; **be ~ of body and mind** तन-मन से तंदुरुस्त हो.; **like, etc. the ~ of your own voice** अपनी आवाज से प्यार हो. (किसी को बोलने न दे., खुद ही बोलते जा.); **within the ~ of sth** पास ही यानी सुनने लायक दूरी पर हो.

sounding /साउंडिंग/ *n., pl.* **~s** 1 गूंज (echo) के प्रयोग से गहराई, विशेषकर समुद्र की गहराई मापने की क्रिया 2 (**~s**) गहराई के मापांक, थाह 3 (**~s**) समुद्र-तटीय क्षेत्र यानी उथला पानी 4 (**~s**) मतदाताओं के रुझान का पता लगाने के लिए सावधानीपूर्वक प्रश्न पूछने की क्रिया 5 ध्वनिकरण 6 उच्चारण 7 (***syn.*** distress signal) आपदा-संकेत 8 ऊपरी अंतरिक्ष का अध्ययन: ~ rocket; ~-balloon (परिज्ञापी बैलून); space ~;
adj. 1 ध्वनिकृत, शब्दायमान 2 अनुनादी, गुंजायमान 3 प्रभावशाली 4 शब्दाडंबरपूर्ण, आडंबरी: high ~ oratory; empty ~ promises;
dw/lw: **~-board** *n.* 1 वायलिन वाद्यों की लकड़ी की सहारा-पट्टी, ध्वनि-तख्ता 2 नाद-पट, श्रोताओं की तरफ गायक की आवाज भेजने वाला तख्ता 3 (*usually* **~s**) जनमत-संग्रह;
p&i: ~ **brass** ऊंची-ऊंची थोथी बातें, थोथा चना बाजे घना

soup /सूप/ *n.* 1 शोरबा, रसा, झोल, सूप: cabbage/ tomato ~ 2 सूप-जैसा द्रव 3 गहराता कोहरा 4 (*also* **primordial** ~) जैव या मूलभूत तत्त्व जिससे पहले कभी पूरी धरती ढकी थी और जिससे जीवन की उत्पत्ति हुई 5 *photog.* चित्रों को विकसित करने का तरल 6 *US* नाइट्रो गलिस्रीन;
v. *pt.* **~ed**, *pp* **~ing** (*usually* ~ **up**) *colloq.* 1 कार या अन्य गाड़ियों की रफ्तार या शक्ति (power) बढ़ाने के लिए इंजन आदि में परिवर्तन क. 2 खेल को और अधिक जीवंत बनाना;
dw/lw: **~çon** /सूप्सौन/ *US* सूप्साःन/ *n.* लेश, पुट; **~-house**/ **~-kitchen** गरीबों व बेरोजगारों को मुफ्त सूप देने वाला घर; **~y** /सूपि/ *adj.* 1 रसेदार 2 मेघाच्छन्न 3 अति भावुक, झोलदार: ~y melodies;
collocations: ~ **and fish** पुरुष की शाम की पोशाक; ~ **maigre**/ meagre /सूप मेगअ/ मछली का पतला शोरबा;
p&i: ~ **sth up** कार, कंप्यूटर आदि में कुछ परिवर्तन क.;
from ~ to nuts आरंभ से अंत तक; **in the ~** *sl.* मुसीबत या कठिनाई में: lend oneself in the ~; **portable ~** *milit.* चल सूप रसोईघर

sour /साउअः/ *adj., degr.* **~er**, **~est** 1 खट्टा, अम्ल: ~ milk 2 (***syn.*** rancid, stale) बासी 3 चिड़चिड़ा, क्रोधी, कटु: the **sourest** face I've ever seen 4 रूखा, कड़ा: failure made him ~ 5 अप्रिय, असफल: his game has gone ~ 6 नींबू या लाइम रस डला शराब का पैग: brandy ~;
v., *pt.* **~ed**, *pp* **~ing** 1 अप्रिय/ खराब हो. 2 खट्टा (कटु...), बनना या बनाना 3 बासी हो जा.;
n. खट्टा पेय, कटु अनुभव;
dw/lw: **~dough** /साउअःडो/ *n.* 1 खमीर 2 खमीर उठे आटे की ब्रेड 3 *US sl.* सबसे पहला बसने वाला 4 (***syn.*** old-timer) पुराना खिलाड़ी (पापी); **~ed** *adj.* खट्टा, बासी; **~ing** *n.* खट्टे होने की क्रिया; **~grass** *n.* संधूर; **~ish** *adj.* 1 खट्टा-मीठा 2 रूखा: ~ person; **~ly** *adv.* रूखे ढंग से; **~ness** *n.* 1 खट्टापन, खटाई, खटास, अम्लता 2 कटुता, रूखापन; **~puss** /साउअःपस/ *n., colloq.* 1 चिड़चिड़ा, गुस्सैल व्यक्ति 2 घटिया आदमी; **~sop** *n.* 1 वेस्ट-इंडीज में पाया जाने वाला एक सदाबहार पेड़ 2 ऐसे पेड़ का बड़ा-सा गूदेदार खट्टा फल;
collocations: ~ **apple** खट्टा सेब; ~ **cream**/ **~ed cream** खट्टी मलाई या क्रीम; ~ **looks** चिड़चिड़ी या रूखी शक्ल; ~ **mash** *US brewing* खट्टा खमीर;
p&i: **~ed by misfortunes** मुसीबतों के कारण कटु बना हुआ; ~ **on sb/ sth** किसी पर निगरानी रखना; ~ **grapes/ the grapes are** ~ अंगूर खट्टे हैं यानी जो चीज मिल नहीं सकती उसे खराब बता दे.: he says he wouldn't have taken the job anyway, but that's just ~ grapes;
sweet meat will have ~ sauce अच्छे दिनों के बाद बुरे दिन भी आते हैं; **take the sweet with the** ~ खट्टी-मीठी घूंट पीना; **the marriage turned** ~ शादी खटाई में पड़ गई

source /सॉःस/ *n.* 1 उद्गम: the ~ of a river; trace sb's ~ 2 स्रोत, प्रमाण, आधार: ~ of information/ of knowledge/ of supply; historical **~s** 3 संपर्क सूत्र, प्रेरणा स्रोत: know sth from reliable **~s**; ~ of inspiration/ of joy 4 झरना, सोता 5 मूल कारण, जड़: a ~ of grief; ~ of infection;
v. *pt.* **~d**, *pp* **sourcing** 1 स्रोत के रूप में मानना और इस तथ्य को औपचारिक रूप से स्वीकारना 2 किसी उद्गम या स्रोत से निकलना;
dw/lw: **~-book** *n.* मूल ग्रंथ, प्रालेख-ग्रंथ; **sourcing** *n.* स्रोत-स्थापना, स्रोत का उल्लेखन या स्वीकरण की क्रिया;
collocations: ~ **code** *comput.* पाठ के रूप में लिखित कंप्यूटर प्रोग्राम जिसे यंत्र के कोड में अनूदित करना है; ~ **data automation** उद्गम सूचना स्वचालन; ~ **material** मूल स्रोत या मूल सामग्री; ~ **range** उद्गम परास, स्रोत का विस्तार;
at ~ स्रोत पर या स्रोत स्थान पर

sousaphone /सूजअफोन/ *n.* एक बड़ा पीतल का वाद्य

sous-chef /सूशेफ/ *n.* उप-प्रधान रसोइया

souse /साउस/ *v., pt.* **~d**, *pp* **sousing** 1 सिरके या सफेद मदिरा में भिगोकर पकाना 2 अचार डालना, अचार में रखना 3 पानी या तरल पदार्थ में (कोई चीज) डुबोना 4 तर क., तर होना, गीला होना: be **~d** over head and ears in cold water; take a ~ (नहाना) 5 अत्यधिक पीना 6 जोर से मारना या पीटना: he **~d** my pate soundly; they **~d** him like a baggage 7 धड़ाम से गिरना: he **~d** down into the chair;
n. 1 अचार 2 लवण-जल 3 डुबकी: give a ~; get a thorough ~ in a thunder-storm 4 पियक्कड़, बेवड़ा;
adv. 1 अचानक: they ran ~ against this chap (वे इस व्यक्ति पर अचानक टूट पड़े) 2 अंधाधुंध: he came ~ upon us 3 धड़ाम से: she came ~ on the ice; ~ he went into the sea

soused /साउस्ट/ साउस्ड/ *adj.* नशे में चूर

soutache /सूतैश/ *n.* सजावटी रिबन या फीता

soutane /सूःताःन/ *n., RC Church* चोगा

souter /सूटः/ *n., Scots. & N. England, old use* मोची

souterrain /सूटअरेन/ *n., Fr.* भूमिगत कक्ष (chamber), रास्ता (passage)

south/ South /साउथ/ *n.* (*also* **the south/ the South**) 1 दक्षिण दिशा: magnetic ~; overlook the ~ (दक्षिण की ओर खुलना, दक्षिणी दृश्य अवलोकन हो.) 2 दक्षिण, दक्खिन: geographical/ true ~ 3 किसी देश का दक्षिणी क्षेत्र;
v., *pt.* **~ed**, *pp* **~ing** दक्षिण की ओर जाना;
adj. 1 दक्षिणी 2 दक्षिण में स्थित: **South** America (लातीनी अमेरिका) 3 दक्षिणी (हवा), दक्षिण से आने या चलने वाली 4 दक्षिण-अभिमुख, दक्षिण को खुलने वाली: ~ window;
adv. 1 दक्षिण की ओर, दक्षिण दिशा में: travel ~ 2 से दक्षिण में: Italy lies ~ of France; further ~ than ... (से और दक्षिण में); due ~ (सीधे दक्षिण में) 3 दक्षिण की ओर से: the wind blows ~;
dw/lw: **~bound** /साउथबाउंड/ *adj.* दक्षिणाभिमुखी; **~down** *n.* दक्षिण की ओर जाने वाला; **~east/ ~-East** *n.* 1 दक्षिण-पूर्व 2 दक्षिण-पूर्वी भाग; **~easter** *n.* दक्षिण-पूर्वी पवन या हवा; **~-easterly** *adj.* 1 दक्षिण-पूर्वी: ~-easterly direction 2 दक्षिण-पूर्व की ओर स्थित 3 दक्षिण-पूर्व से चलने वाली (हवा); **~-easterly** *adv.* 1 दक्षिण-पूर्व की ओर 2 दक्षिण-पूर्वी दिशा से; **~-easterly** *n.* दक्षिण-पूर्वी हवा; **~-eastern** *adj.* 1 दक्षिण-पूर्वी 2 दक्षिण-पूर्व से चलने वाली; **~er** /साउदः/ *n.* दक्षिणी हवा, दखिना, दक्षिणावाह, दखिनहरा; **~erly** /साउदःलि/ *adj.* 1 दक्षिणी: ~erly direction; the ~erly latitude; ~erly wind (दक्षिणी हवा); the most ~erly outpost; the room has a ~erly aspect; **~erly** *adv.* 1 दक्षिण की ओर 2 दक्षिण की ओर से; **Southeastern** *adj.* दक्षिण-पूर्वी; **~eastward** *n.* दक्षिण-पूर्व; **~eastward** *adj.* दक्षिण-पूर्वी; **~eastward** *adv.* दक्षिण-पूर्व की ओर; **~eastwardly** *adj.* दक्षिण-पूर्वी; **~eastwardly** *adv.* दक्षिण-पूर्व की ओर; **~ern** /सदःन/ (*also* **~erner**) *adj.* 1 दक्षिणी, दक्खिनी: ~ern hemisphere; the ~ern slopes 2 दक्षिण से चलने वाली (हवा) 3 अमेरिका के दक्षिणी प्रांतों से संबंधित: ~ern belle (अमेरिकी दक्षिणी क्षेत्र की अति आकर्षक सुंदरी); **~ern** *n.* दक्षिण. दक्खिन; **~erner/ Southerner** /सदःनः/ (*also* **~ern**) *n* दक्षिणवासी, दक्खिनी; **~ernmost** /सदःनमोस्ट/ *adj.* सबसे दक्षिण में; **~ernwood** (*also* **old man**) *n.* दक्षिणी यूरोप में पाई जाने वाली एक सुगंधमय झाड़ी; **~-facing** /साउथफेसिंग/ *adj.* दक्षिण की ओर मुंह वाली; **~ing** /साउदिंग/ *n.* दक्षिण-गमन, दक्षिणांतर; **~paw** /साउथपॉ/ *n., colloq.* बाएं हाथ से काम करने वाला, खब्बू; **south-south-east/ south-south east** *n.* दक्षिण-दक्षिण पूर्व; **~ward/ ~wards** *adv.* दक्षिण की ओर; **~ward** *adj.* दक्षिण की ओर वाला, दक्षिणाभिमुख; **~west/ Southwest** *n.* दक्षिण-पश्चिम;

~**west** *adj.* दक्षिण-पश्चिमी ~**west** *adv.* 1 दक्षिण-पश्चिम की ओर 2 दक्षिण-पश्चिम की ओर से; ~**wester** (**sou'wester**) (तेज) दक्षिण-पश्चिमी हवा; ~**westerly** *adj.* 1 दक्षिण-पश्चिमी 2 दक्षिण-पश्चिम की ओर जाने वाला; ~**western**/ **Southwestern** *adj.* दक्षिण-पश्चिमी;

***collocations*: South African** दक्षिणी अफ्रीकी; **South American** दक्षिण अमेरिका यानी लातीनी अमेरिका वासी; **the Southern Cone** दक्षिण अमेरिका का क्षेत्र जिसमें ब्राजील (Brazil), पैरागुआए (Paraguay), उरुगुआए (Uruguay), अर्जिनटीना (Argentina), चिली (Chile) आदि देश शामिल हैं; **the Southern Cross** (*also* **Crux**) *astron.* उत्तरी गोलार्ध के ध्रव तारे के समान दक्षिणी गोलार्ध में क्रॉस के रूप में व्यवस्थित चार तारों का तारा-मंडल, क्रक्स; ~**ern crown** दक्षिण किरीट; ~**ern hemisphere** दक्षिणी गोलार्ध; ~**ern lights** (*also* **aurora australis**) दक्षिण ध्रुवी ज्योति; **South Pole**/ **south pole** (*usually* **the South Pole**) दक्षिणी ध्रुव; **the South Sea**/ **the South Seas** प्रशांत महासागर का दक्षिणी भाग; **the ~west/ the ~west part** दक्षिण-पश्चिमी भाग

souvenir /सूवअनिअः/ (***syn.*** memento) *n.* यादगार निशानी, स्मृति चिह्न, सौगात, स्मारिका;

***v.**, pt.* ~**ed**, *pp* ~**ing** यादगार के रूप में चुराना: he just ~**ed** a couple of small towels from the hotel

sou'wester /साउवेस्टः/ *n. see above under* **south: *dw/lw:* southwester**

sov /सोव/ *n., colloq.* ब्रितानवी पाउंड-स्टर्लिंग: not worth it for the few **sovs** I'd get

sovereign /सौवरिन/ *US* साःवरअन/ *adj.* 1 प्रभुता-संपन्न, सर्वसत्ता-संपन्न: ~ power; ~ state; ~ country 2 (***syn.*** autonomous) राजनीतिक रूप से स्वतंत्र: ~ state 3 सर्वोत्तम, सर्वश्रेष्ठ, अद्वितीय, बढ़िया: ~ intelligence 4 प्रभावशाली, रामबाण: ~ remedy 5 अहंकारी, दंभी: ~ joke; ~ contempt;

n. 1 अधिराज, सर्वसत्ता-संपन्न शासक 2 (**Sovereign**) राजा, महाराजा, रानी. महारानी 3 पुराने जमाने में ब्रितानवी पौंड का स्वर्ण-सिक्का, अशरफी

sovereignty /सौवरेंटि/ सौवरिनटि/ *US* साःवेंरेंटि/ *n.* 1 प्रभुसत्ता, सर्वसत्ता: encroach upon sb's ~ 2 प्रभुत्व, आधिपत्य: state ~; exercise ~

soviet /सोविअत/ *adj.* 1 सोवियत संघ में सोवियत यानी पंचायत राज प्रणाली से संबंधित 2 पंचायती, सभा और समिति से संबंधित;

n. 1 गांव की पंचायत से लेकर उच्चतम सोवियत (Supreme Soviet) तक में से कोई एक 2 अक्तूबर क्रांति से पहले की क्रांतिकारी सोवियत (परिषद्, पंचायत) 3 भूतपूर्व सोवियत संघ का नागरिक;

dw/lw: ~**ism** *n.* 1 सोवियत (पंचायत) राज्य प्रणाली 2 सोवियत तंत्र की शैली, प्रथा आदि; ~**ologist** /सोविअतोलअजिस्ट/ *n.* सोवियत संघ व इसके तंत्र का अध्येता;

***collocations:* Soviet Union** *hist.* सोवियत संघ

sow /सो/ *v., pt.* ~**ed/ sown**, *pt. p..* ~**ed/ sown**, *pp* ~**ing** 1 बोना, बुआई क.: ~ wheat/ barley; ~ a field with wheat 2 छितराना, फैलाना 3 रोपना 4 मन में बैठाना: ~ the seeds of enmity/ of hatred/ of doubt in sb's mind;

n. 1 मोटी-ताजी सुअरनी, सूअरी, शूकरी, वराही 2 पिघली धातु की नाली 3 लोह-पिंड जो नाली में पिघले लोहे के ठोस हो जाने से बना हो 4 काष्ठ-यूका;

dw/lw: ~**back** *n.* बालू की मेंड़; ~**er** *n.* 1 बोने वाला व्यक्ति 2 बोने वाली मशीन; ~**ing** /सोइंग/ *n.* बुवाई, बीजाई: ~ing in broad/ in close drills; ~ing in drills/ in furrows; ~ing in hills/ in patches/ in strips; ~ing in trenches; ~**ing** *adj.* 1 बुवाई, बीजाई से संबंधित 2 बुवाई का, बीजाई के लिए: ~ing horn (बुवाई का सींग); ~ing time; ~ing width; ~ing machine;

p&i: **~ dragon's teeth** कलह पैदा क., युद्ध करवाना; **~ one's wild oats** जवानी के ऐबों में धंस जाना; **~ the wind and to reap the whirlwind** जैसा बोए वैसा काटे; **as a man ~s, so shall he reap = as you ~, you shall mow** बोए पेड़ बबूल के आम कहां से होए; **as drunk as David's/ as a ~** पीकर धुत्त; **like a ~ playing on a trump** भद्दे ढंग से; **one ~s, another reaps** बोए कोई, काटे कोई; **take/ get/ have the wrong ~ by the ear** तीर का सही निशाने पर न लगना; **take/ get/ have the right ~ by the ear** तीर का सही निशाने पर लगना; **the still ~ eats up all the draff** शांत तालाब गहरा होता है

sox /सौक्स/ (*also* **socks**) *n., pl.* जुराब, मोजे: special offer on packs of ~

soya /सॉया/ *US* **soy** /सॉइ/ (*also* **soya/ soy sauce**) *n., pl.* 1 सोयाबीन 2 सोया-सौस, सोया की चटनी;

collocations: **~ bean** *UK* (*US* **soy bean**) *n.* सोयाबीन, भठमाष; **~ milk** सोयाबीन के रस का दूध

sozzle /सौजल/ *US* साःजल/ *v., pt.* ~**d**, *pp* **sozzling** 1 गीला क., पानी डालना 2 जैसे-तैसे कोई काम क. 3 पीकर धुत्त हो.: ~ oneself;

n. 1 कीचड़, दलदल 2 सानी-पानी;

dw/lw: ~**d** /सौजल्ड/ *US* साःजल्ड/ *adj., colloq.* नशे में चूर; **sozzly** /सौजलि/ *adj.* 1 गंदा, मैला-कुचैला 2 खुदा के रहम पर छोड़ा हुआ

SP *abbr.* 'starting price' की प्रथमाक्षरी (नीलामी में प्रारंभिक या निम्नतम दाम)

sp *abbr.* 'sine prole' *Lat.* की प्रथमाक्षरी (संतान से वंचित)

spa /स्पा/ *n.* 1 खनिज-जल का सोता 2 खनिज-जल या सोते वाला स्वास्थ्यवर्धक स्थान, सखनिज-झरने वाला स्थान: go to convalesce to a ~; go to a ~ for a cure/ for one's health 3 = zacuzzi

SPAB *abbr.* 'Society for the Protection of Ancient Buildings' की प्रथमाक्षरी

space /स्पेस/ *n.* 1 (***syn.*** room) जगह, खाली स्थान: a ~ of ten feet; no ~ in the garden for a pool; an open ~ 2 (*also* **outer** ~) अंतरिक्ष: the first manned flight to ~ 3 अंतराल, समय, अवधि: in the ~ of six weeks/ three hours, etc.; within the ~ of ten minutes; too short a ~ between arrival and departure; after a short ~ 4 आकाश और काल, दिक्स्थान, अवकाश, भौतिक विद्यमानता का अंतराल: every things exists or moves in ~ and time 5 दूरी, अंतर, फासला: in the ~ of 100 meters 6 सीटें, स्थान: a ~ at our table; only two ~**s** left on this course; fill a/ occupy a/ take up a ~; ~ for sb/sth 7 समाचार पत्र या टीवी आदि में समय का अंतराल (***syn.*** slot): sells advertising ~ 8 टाइप करते समय शब्दों या पाठ की पंक्तियों के बीच में छोड़ा जाने वाला स्थान: single/ double ~; a wide ~ between the rows; sign in the ~ given at the end 9 आजादी, गुंजाइश, संभावना: breathing ~; create/ make ~ 10 (***syn.*** spaciousness) जगह की बहुतायत: the room giving a feeling of ~ thanks to good interior decoration;

adj. 1 आकाशीय 2 अंतरिक्षीय, अंतरिक्ष: the ~ age; ~ science; ~ food/ garments/ suit; ~ sickness; ~man/ ~woman 3 स्थान का, स्थान संबंधी: ~ perception (अंतरिक्षीय अनुभूति);

***v.**, pt.* ~**d**, *pp* **spacing** 1 स्थान की दूरी दे., किसी अंतर पर रखना, बीच में स्थान छोड़ना 2 दो घटनाओं के बीच फासला छोड़ना: ~**d** the interviews over five days;

dw/lw: ~-**age** *n.* (*usually* **the ~ age**) अंतरिक्ष युग; ~-**bar**/ ~**r** *n.* टाइप करते समय दो पंक्तियों के बीच अंतर देने वाला छड़, अंतरक, अंतरालक; ~**craft** *n., pl.* अंतरिक्ष-यान; ~**d** *adj.* बीच में अंतर के साथ: ~d out; **spacing** *see below under separate entry*; ~**lab** *n., astron.* अंतरिक्ष प्रयोगशाला; ~**less**

adj. बिना फासले के; **~man** *n.* अंतरिक्षयात्री; **~ship** *n.* अंतरिक्ष-यान; **~-time**/ **~-time continuum** *n.* लंबाई, चौड़ाई और ऊंचाई और दिक्काल आदि के चार आयामों से बनने वाली सतत निरंतरता; **~y** /स्पेसी/ *adj.* = ~d-out काफी स्थान वाला यानी जहां काफी जगह हो;

collocations: **~ blanket** पर्वतारोहियों, लंबी दूरी के धावकों आदि द्वारा शरीर पर लपेटने के लिए ऐल्यूमिनियम लगी प्लास्टिक की चादरों का प्रयोग ताकि सर्दी, गर्मी और अल्प ताप-अवस्था (hypothermia) आदि से बचा जा सके; **~ cadet** *colloq.* 1 हर समय नशीली दवाओं के नशे में रहने वाला 2 प्रशिक्षणार्थी अंतरिक्ष-यात्री; **~ capsule** अंतरिक्ष यान; **~ communication** अंतरिक्ष संचार प्रणाली; **~ flight** अंतरिक्ष-उड़ान; **great open ~s** (कैनेडा और आस्ट्रेलिया के बारे में) बड़े खुले खेत या मैदान; **~ heters** कमरा गर्म करने वाला तापक; **Space Invaders** *tradem.* कंप्यूटर आदि पर खेले जाने वाले खेल जिनमें बाह्य अंतरिक्ष से आने वाले आक्रामकों को मारना होता है; **~ missile/ rocket** अंतरिक्ष मिसाइल या रॉकेट; **~ travel** अंतरिक्ष-यात्रा; **~ pattern** दिक् चित्रण; **~ physics** अंतरिक्ष भौतिकी; **~ probe** *astron.* अंतरिक्ष का अध्ययन करने वाला मानव-रहित यान; **~ research** अंतरिक्ष अनुसंधान; **~ sickness** अंतरिक्ष में होने वाली मितली; **~ shot** अंतरिक्ष उड़ान; **~ shuttle** अंतरिक्ष में जाने-आने वाला अंतरिक्ष-यान; **~ station** अंतरिक्ष केंद्र; **~ suit** अंतरिक्ष पोशाक; **the ~ race** 1950 और 1960 के दशकों में अमेरिका और सोवियत संघ के बीच अंतरिक्ष अनुसंधान स्पर्धा; **~ vehicle** अंतरिक्ष यान; **~ walk** अंतरिक्ष भ्रमण; **~ writer** छपे लेख की पंक्तियों द्वारा घेरे जाने वाले स्थान के आधार पर पारिश्रमिक पाने वाला लेखक;

p&i: **~ out** मादक पदार्थ के नशे में होने के कारण अपने इर्दगिर्द घटने वाली घटनाओं की ओर कोई ध्यान न देना; **~ sth out** एक दूसरे के बीच अच्छा-खासा स्थान छोड़ते हुए चीजों को लगाना या बनाना: ~d out houses;

from ~ to ~ एक दूसरे से किसी दूरी पर; **look/ stare/ gaze into ~** अनमने ढंग से अपने सामने के स्थान को देखना

special /स्पेसिअल/ *adj.* = spatial काफी खुली जगह वाला

spacing *n.* 1 दूरी, अंतर, अंतरण, अंतरालन 2 फासला देने की क्रिया: spacing seed drill (बोने की मशीन में बुवाई पंक्तियों के बीच फासला देने वाला उपकरण); spacing material;

spacio-temporal /स्पेशिओ-टेंपअरल/ *adj., phys.* 1 जिसका दिक् और काल में अस्तित्व हो 2 काल और स्थान से संबंधित

spacious /स्पेशिअस/ *adj.* 1 बड़ा, खुला, विशाल: ~ mind/ intellect 2 (***syn.*** roomy) विस्तृत, लंबा-चौड़ा: ~ hall;

dw/lw: **~ly** *adv.* खुले दिल से; **~ness** *n.* 1 विस्तार 2 विशालता 3 दरियादिली

spade /स्पेड/ *n., pl.* **~s** 1 कुदाल, फावड़ा, कसी (*Hr.*) 2 खनित्र, बेल 3 कसी भर गहराई 4 ताश के खेल में हुकुम का पत्ता: in **~s**; laid a ~ and won the hand 5 *sl.* अश्वेत व्यक्ति के लिए एक अपमनजनक शब्द;

v., *pt.* **~d**, *pp* **spading** खोदना: ~ a garden;

dw/lw: **~ful** *n., pl.* ~fuls कसीभर मात्रा; **~-work** *n.* तैयारी का काम, प्रारंभिक कार्य;

p&i: **call a ~ a ~** खरी बात कहना, साफ-साफ सुनाना, खरी-खरी सुनाना; **you've got trouble, rather in ~s!** आप घोर मुसीबत में फंसे हैं

spadiceous /स्पेडिशिअस/ *adj., bot.* फूल की कली से संबंधित

spadille /स्पअडिल/ *n.* हुकुम का इक्का

spadish /स्पेडिश/ *adj., colloq.* 1 सीधा-सपाट बोलने वाला 2 अड़ियल 3 कड़वी जबान का: ~ language (कटु भाषा)

spadix /स्पेडिक्स/ *n., pl.* **spadices** /स्पेडिसीज/ फूल की कली का मुलायम भाग, स्थूलमंजरी

spaghetti /स्पअगेटि/ *n.* इतालवी भोज्य पदार्थ, मोटी सेवईं;

collocations: **~ Bolognese/ ~ alla Bolognese** /स्पअगेटि बौलअनेज/ स्पअगेटि ऐलअ बौलअनेज/ गोश्त के टुकड़ों और सब्जी के साथ परोसी जाने वाली इतालवी स्पेगेटी; **~ junction** हवाई पुलों (fly-overs) की भूल-भुलैया वाला चौक आदि; **~ western** अमेरिकी कथानक पर इतालवी डायरेक्टर द्वारा यूरोप में, विशेषकर इटली में, फिल्माई जाने वाली हिंसा-प्रधान फिल्म

spake *see* below under **speak**

spall /सपॉःल/ *n.* 1 चट्टान की कत्तल 2 चैला, चेली;

v., *pt.* **~ed**, *pp* **~ing** 1 टुकड़े-टुकड़े बनाना 2 (***syn.*** splinter) कत्तलों में तोड़ना

spallation /स्पॉलेशन/ *n., phys.* परमाणु अणुओं के विखंडन होने के कारण होने वाला विस्फोट

Spam/ spam /स्पैम/ *n., tradem.* 1 एक प्रकार का तैयार-शुदा डिब्बा-बंद ठंडा गोश्त 2 टिनबंद गोश्त

spam /स्पैम/ *comput., n.* (***syn.*** junk mail) रद्दी मेल, विज्ञापनों के लिए भेजे जाने वाली अवांछित या अनचाही ई-मेल आदि;

v., *pt.* **~med**, *pp* **~ming** अवांछित या अनचाही ई-मेल (***syn.*** junk mail) भेजना;

dw/lw: **~mer** /स्पैमः/ *n.* अवांछित ई-मेल (***syn.*** junk mail) भेजने वाला; **~ming** /स्पैमिंग/ *n.* अवांछित या अनचाही ई-मेल भेजने का कार्य

span /स्पैन/ *n.* 1 काल या स्थान के दो बिंदुओं के बीच की दूरी: wing~; time~; life~ 2 अवधि, अल्पकाल, अल्पावधि, दूरी: man's life is but a ~ 3 पुल के स्तंभों के बीच का फासला 4 फैलाव, विस्तार, विस्तृति: ~ of immediate memory 5 बित्ता, वितस्ति, बालिश्त (नौ इंच) 6 चौड़ाई, पाट 7 विस्तार 8 *US* एक जैसे घोड़ों या बैलों की जोड़ी 9 *naut.* लंगर, नौका आदि को बांधने के लिए रस्सा या जंजीर;

v., *pt.* **~ned**, *pp* **~ning** 1 किसी अवधि के लिए हो. या चलना: the feud **~ned** more than 30 years 2 धनुष रूप में आर-पार फैला होना: a rainbow **~ned** the sky 3 पर पुल बांधना, पर मेहराब बनाना: ~ a river; **~ned** the river using logs 4 बालिश्त से नापना 5 हाथ से ढक लेना 6 पुल के स्तंभों के ऊपर से पाट डालना 7 अंतराल या दूरी (gap) पाटना: imagination will ~ the gap in our knowledge 8 एक जैसे घोड़ों या बैलों की जोड़ी को जुए में जोतना;

adj. (*short for* **~-new**) एकदम नया, बिल्कुल नवीन, कोरा

dw/lw: **~-roof** /स्पैन-रूफ/ *n.* दो-तरफा ढलान वाली, दुढालू या मेहराबदार छत

collocations: **~ long** बालिश्त भर;

spancel /स्पैंसल/ *n.* पिछाड़ी, छांद;

v., *pt.* **~led**, *pp* **~ling** छांदना

Spandex /स्पैंडेक्स/ (*also* **spandex**) *n., tradem.* 1 एक रासायनिक रेशा 2 इस रेशे से बना कपड़ा

spandrel/ spandril /स्पैंड्रल/ (*also* **spandex**) *n., archit.* चाप-स्कंध

spang /स्पैंग/ *n.* 1 धक्का, झटका 2 छलांग, कूद;

v., *pt.* **~ed**, *pp* **~ing** 1 धक्का दे., ठोकर लगाना 2 छलांग लगाना, कूदना;

adv. 1 झटके से सीधे: the car ran ~ into the wall 2 सीधे, बिल्कुल: the place is ~ in the middle of the theatre district; ~ full (पूरी तरह से ठसाठस भरा)

spangle /स्पैंगल/ *n.* (***syn.*** sequin) चमकी, सितारा: ~ gold (पत्रक स्वर्ण);

v., *pt.* **~d**, *pp* **spangling** चमकी या सलमा-सितारे लगाना;

dw/lw: **~d** /स्पैंगल्ड/ *adj.* सितारों से भरा: the ~d skies;

collocations: **Star-Spangled Banner** अमेरिकी ध्वज

Spaniard /स्पैन्यःड/ *n.* स्पेनवासी, स्पेनी नागरिक: the **~s**

spaniel /स्पैन्यल/ *n.* 1 लंबे कानों और बालों वाले कुत्ते की एक प्रजाति 2 दब्बू, चापलूस, चाटुकार व्यक्ति: play the ~

Spanish /स्पैनिश/ *adj.* स्पेनी: the ~ citizen;

n. स्पेनी भाषा;

collocations: ~ **fly** 1 एक चमकीला हरा कीट 2 (*also* **cantharides** /कैंथैरिडीज/) इस कीट को सुखाकर बनाया जानेवाला काम-उत्तेजक पदार्थ (aphrodisiac); ~ **guitar** पारंपरिक व लोक संगीत में बजाई जाने वाली छः-तारा गीतार यानी गिटार; ~ **money** खोखली बातें; ~ **moss**/ ~ **beard** लंबी दाढ़ी के रूप में पेड़ों से लटकने वाली एक बेल या जाड़ी; ~ **omelette** आलू, टमाटर, प्याज आदि सब्जियों के टुकड़े मिला ऑमलेट; ~ **onion** मद्धम तेजी का एक बड़ा प्याज;

the ~ Inquisition पंद्रहवीं सदी में रोमन कैथोलिक चर्च द्वारा स्पेन (Spain) में स्थापित एक अति क्रूर संगठन जो कैथोलिकवाद के विरोधियों को कठोर दंड देता था; **the ~ Main** स्पेनियों द्वारा कब्जाया हुआ दक्षिणी (लातीनी) अमेरिका का क्षेत्र;

spank /स्पैंक/ *v., pt.* **~ed**, *pp* **~ing** 1 नितंबों पर मार कर सजा दे. या यौन-उत्तेजन क. 2 चूतड़ थपथपाना 3 (*often,* **~ along**/ ~ **over**) गाड़ी या घोड़े आदि द्वारा तेजी से चलना;

n. 1 थप्पड़ 2 तेज चाल;

dw/lw: **~er** /स्पैंकः/ *n.* 1 थप्पड़ मारने वाला 2 तेज घोड़ा या कार आदि: Rajni's new car's a real ~er;

spanking /स्पैंकिंग/ *n.* चूतड़ों पर लगाई जाने वाली मार, पिटाई;

adj. 1 बहुत तेज, तीव्र: ~ing pace; ~ing trot; ~ing breeze 2 बढ़िया: we had a ~ing time; a ~ing fine woman; a ~ing car 3 बलशाली 4 जोर की, तगड़ी;

adv. अत्यधिक, बिल्कुल: ~ new car;

spanner /स्पैनः/ *UK* (*US* **wrench**) *n.* पाना;

p&i: **a spanner in the works** हताश कर देने वाला, चिढ़ाने वाला व्यक्ति या वस्तु; **throw/ put/ chuck a ~ in the works** काम में अडंगा लगाना

spar /स्पाः/ *v., pt.* **~red**, *pp* **~ring** 1 वाद-विवाद क., हल्की-फुल्की और सजीव बहस क. 2 (*often* **~ with sb/ sth**) तीव्र प्रहार बचाते हुए मुक्केबाजी क. 3 अभ्यास करने के लिए काल्पनिक प्रतिद्वंद्वी के साथ मुक्केबाजी क. 4 डंडे लेकर लड़ना, झगड़ा क.: ~ at each other 5 मुर्गों की लड़ाई करवाना 6 मुर्गों को लड़ना सिखाना;

n. 1 डंडा, बल्ला 2 (*syn.* mast) मस्तूल 3 विमान के पंखों को सहारा देने वाली संरचना 4 मुक्केबाजी (का अभ्यास) 4 (*syn.* banter) हल्का-फुल्का वाद-विवाद, झगड़ा 5 डंका;

dw/lw: **~rer** *n.* मुक्केबाज

sparable/ sparrow-bill /सपैरअबल/ *n.* छोटी (बिना सिर की) जूते बनाने की कील

sparciflorus /स्पैःसिफ्लोरस/ *adj.* अघनपुष्पी

spare /स्पेअः/ *adj.* 1 (*syn.* additional, extra) अतिरिक्त, फालतू: a ~ wheel; a ~ seat next to me; a ~ ticket for the theatre; ~ room; ~ parts; ~ hand (अतिरिक्त कर्मी); ~ copies 2 खाली, फुर्सत का: ~ time (खाली समय) 3 (*syn.* frugal, scanty) कम, अल्प, अपर्याप्त 4 (*syn.* lean) लंबा, पतला-दुबला 5 क्रुद्ध, उद्विग्न, व्याकुल: he was going ~ just because he couldn't find his keys;

n. 1 अतिरिक्त पुर्जा, भाग, टायर: ~ part; ~ tyre 2 फालतू वस्तु: I have one cake to ~ 3 अतिरिक्त खिलाड़ी, नाटक-अभिनेता 4 अतिरिक्त भंडार, मात्रा;

v., pt. **~d**, *pp* **sparing** 1 समय दे.: have no time to ~ today; can you ~ me a few minutes? 2 नहीं क., छोड़ दे., के बिना काम चलाना, काम में न लाना, से बचाकर रखना: ~ one's strength 3 जरूरत से अधिक पैसा या समय को दूसरों के लिए दे. या रखना 4 कुछ कसर न छोड़ना: ~ no effort/ expense, etc.; ~ neither trouble nor expense 5 दया क., छोड़ दे.: ~ sb's life (दयावश छोड़ दे); a man of a kind that can be ill **~d**; the fire **~d** nothing; not to ~ oneself 6 किसी अप्रिय घटना या बात से बचाना: ~ me the pain of hearing it; I want to ~ you all suffering; ~ their feelings; ~ sb's blushes 7 हिचकिचाना, शर्म के मारे न मांगना आदि.: you need not ~ to ask my help;

collocations: ~ **part** कार आदि का अतिरिक्त पुर्जा; **~-part surgery** *non-techno.* विकृत अंग को किसी से दान में मिले अंग द्वारा बदलने की शल्य क्रिया; ~ **rib** चौप गोश्त; ~ **time** फालतू या बचा हुआ समय;~ **tyre** 1 कार का अतिरिक्त पहिया 2 कमर के चारों ओर अत्यधिक चर्बी;

p&i: **~ a thought for sb** किसी का थोड़ा-बहुत ख्याल रखना; **~ the rod and spoil the child** गलतियों के लिए बच्चे को दंड न देने पर बच्चा बिगड़ जाता है; **~ to speak and ~ to speed** बिना रोए तो मां भी दूध नहीं देती;

enough and to ~ काफी है, बल्कि कुछ बचा भी रहेगा; **ever ~ (and) ever bare** गरीबी के कारण बिल्कुल नंगा

sparge /स्पाःज/ *v. pt.* **~d**, *pp* **sparging** पानी छिड़ककर गीला क.

sparing /स्पेअरिंग/ *adj.* 1 किफायत करने वाला, अत्यधिक मितव्ययी: the cooks were ~ with sweet dish 2 कम या अपर्याप्त मात्रा में प्रयोग करने वाला: he is very ~ with the truth 3 संयमी, संतुलित, मितभाषी, गैर-मिलनसार: ~ of words;

dw/lw: **~ly** /स्पेअरिंगलि/ *adv.* किफायत से, अपर्याप्त ढंग से

spark /स्पाःक/ *n.* 1 चिंगारी, स्फुलिंग, अग्निकण, घर्षण से पैदा होने वाली चिंगारी 2 बिजली की चिंगारी 3 इंजन के प्लग से निकलने वाली चिंगारी 4 बड़े काम की कल्पना की झलक या चमक 5 (*syn.* glimmer of hope) आशा की चमक, दमक 6 चुटकुला, लतीफा, सूक्ति 7 प्राण, जान, ओज, स्फूर्ति: the vital ~/ the ~ of life 8 लव-लेश, लेशमात्र: showed not a ~ of recognition 9 (*usually* **bright ~**) जीवंत, हाजिर जवाब, चतुर व्यक्ति 10 बांका, छैला, रसिया, रमणी रंजक 11 हीरे, मणि आदि में सबसे चमकदार बिंदु 12 रूबी जैसी मणि;

v., (*also* **~ off**), *pt.* **~ed**, *pp* **~ing** 1 (से) चिंगारियां या स्फुलिंग निकलना या छूटना 2 ज्वलित क. 3 में प्राण फूंकना 4 का कारण बनना 5 हिंसक प्रतिक्रिया को भड़काना;

dw/lw: **~ing** *n.* स्फुलिंग, चिंगारीकरण; **~ish** /स्पाःकिश/ *adj.* 1 सजीव, जीवंत, चमकदार 2 छबीला, बांका 3 रसिया, रमणी रंजक; **~poof** *n.* स्फुलिंगसह; **~y** /स्पाःकि/ *adj.* दिलचस्प और मजेदार;

collocations: ~ **advance** आंतरिक ज्वलन इंजन (internal combustion engine) में पिस्टन आने से पहले हो जाने वाली चिंगारी; ~ **arrester** स्फुलिंग-रोधक; ~ **coil** आंतरिक ज्वलन इंजन में चिंगारी प्लग को ऊर्जा देने वाली तार; ~ **gap** *electron.* स्फुलिंग लिए दो इलेक्ट्रोडों के बीच अंतर; ~ **plug** मोटर गाड़ी आदि के इंजन प्लग जिसकी चिंगारी से ईंधन जल उठता है; ~ **test** इंजन की चिंगारी वाली रोशनी द्वारा परख; ~ **voltage ~(ing)-plug** स्फुलिंग-प्लग; ~ **transmitter** स्फुलिंग प्रेषित;

p&i: **~ off** भड़काना: the film ~ed off great controversy; **~s will fly** बखेड़ा जरूर होगा: after the declaration of election results ~s really began to fly; **~ up sth** किसी कार्य या क्रिया को शुरू क.;

a small ~ makes a great fire छोटी-सी चिन्गारी से ही लपटे भड़क उठती हैं; **as the ~s fly upward** जिसे टाला न जा सके; **have a ~ in one's throat** हर समय पीने के लिए लालायित रहना; **make the ~s fly** खूब जोश-शोर से काम क.; **not a ~** बिल्कुल नहीं: not a ~ of wit (हाजिर जवाबी या चातुर्य बिल्कुल नहीं); not a ~ of interest (बिल्कुल भी दिलचस्पी नहीं); **play the ~ to sb** किसी से प्रेमाचार क.; **the spark will fly** खूब आग-बबूला होगी; **strike ~s out of sb** लोगों में खुशियों की लहर दौड़ाना

sparkle /स्पाःकल/ *v., pt.* **~d**, *pp* **sparkling** 1 चमचमाना: her eyes **~d** with joy 2 चमक उठना: her eyes **~d** in the moonlight 3 चिंगारियां निकलना 4 झिलमिलाना, टिमटिमाना 5 (*syn.* effervesce) किसी पेय का बुदबुदाना 6 जीवंत, सजीव व हाजिरजवाब हो.: his aphorisms ~ with wit;

n. 1 चमक 2 दीप्ति, दमक: not a ~ of wit 3 चिंगारी 4 स्फूर्ति,

जिंदादिली, उल्लास;

dw/lw*: ~r** /स्पाःकल:/ *n.* छोटा-सा पटाखा या फुलझड़ी जिसे हाथ में पकड़कर जलाया जा सकता है; **sparkling** /स्पाःक्लिंग/ (*also* **sparkly** /स्पाःकलि/) *adj.* 1 चमचमाता हुआ, जगमग 2 रसिक, सहृदय, जिंदादिल 3 (syn.*** fizzy) बुलबुलेदार, बुदबुदाने वाला (पेय यानी बुलबलेदार पानी या मदिरा): sparkling soda water/ wine 4 (***syn.*** brilliant) वाग्विदग्ध: the speaker was in sparkling form; **sparklingly** *adv.* चमचमाते हुए;

sparring /स्पाःरिंग/ *n.* (***syn.*** sparring practice) अभ्यास मुकाबला: ~ match;

***collocations.:* ~ partner** मुक्केबाजी आदि के लिए अभ्यास साथी

sparrow /स्पैरो/ *n.* गौरैया, चिड़िया, गौरा, चटक;

***dw/lw:* ~-bill** *see above under* **sparable**; **~hawk** /स्पैरोहॉक/ *n.* छोटा बाज

sparse /स्पाःस/ *adj., degr.* **~r, ~st** 1 छितराया हुआ, छितरा, जहां वस्तुएं दूर-दूर रखीं हों 2 कम फर्नीचर वाला कमरा: ~ room 3 (***anton.*** dense) विरल: ~ beard; found his hair getting **~r** by the month; ~ vegetation 4 बिखरा हुआ 5 छिटपुट, छिन्न-भिन्न;

***dw/lw:* ~ly** *adv.* विरल, बिखरा हुआ: ~ly populated (विरल वासित); **~ness** (*also* **sparsity**) *n.* छितराव, बिखराव

sparsus /स्पाःसस/ *adj., Lat.* बिखरा हुआ, जो सघन न हो, दूर-दूर

spartan /स्पाःटन/ *adj.* 1 प्राचीन स्पार्टा (Sparta) से संबंधित 2 (***syn.*** austere, frugal, simple, stoic) सादा, कठोर, तितिक्षु 3 (***syn.*** enduring) अनुशासित, दिलेर, सहनशील

spasm /स्पैजम/ *n.* 1 मांस पेशियों में अचानक होने वाली सिकुड़न, ऐंठन, अकड़न, तनाव 2 अति संकुंचन, जकड़ 3 मरोड़ 4 लहर, दौरा: ~ of anger/ anxiety/ coughing/ pain etc. 5 (***syn.*** fit) भावनाओं का ज्वार या दौरा: in **~s** of grief;

***v., pt.* ~ed,** *pp* **~ing** 1 अकड़ या ऐंठ जा. 2 दौरा पड़ना;

spasmodic/ spasmodical /स्पैज्मौडिक/ ~ल/ *US* स्पैज्माःडिक/ *adj.* 1 अनियमित, कभी-कभार, रह-रह कर होने वाला 2 मांस पेशियों में अचानक होने वाली ऐंठन के कारण अनियंत्रित बना हुआ (कोई अंग) 3 तरंगी;

***dw/lw:* ~odically** /~लि/ *adv.* अनियमित ढंग से: worked ~odically since the accident

spastic /स्पैस्टिक/ *adj.* 1 (*also* suffering from **cerebral palsy**) दिमागी लकवे से पीड़ित 2 मस्तिष्क-संस्तंभ से आक्रांत, संस्तंभी 3 *offensive, sl.* (***syn.*** weak, clumsy, useless) मूर्ख, बेढब, बेकार, अक्षम;

n. 1 (*often shortened to* **spaz/ spazzy**) दिमागी लकवे से पीड़ित व्यक्ति 2 बेढब, बेकार आदमी;

***collocations:* ~ paralysis** (*also* **cerebral palsy**) दिमागी लकवा

spat /स्पैट/ 1 *pt.,* **'spit'** का भूतकालिक रूप 2 पानी की बूंद: a few spits and **~s** of rain 3 छोटा-मोटा झगड़ा, कहा-सुनी 4 प्रहार, तमाचा, चांटा: a ~ on the face 5 शंखमीन का जलांडक 6 गुल्फ त्राण;

***v., pt.* ~ted,** *pp* **~ting** 1छोटे-मोटे झगड़ों में उलझना 2 थप्पड़-मुक्के आदि मारना 3 तालियां बजाना: ~ one's hands

spatchcock /स्पैचकौक/ *US* स्पैचकाःक/ *n.* मुर्गा या अन्य कोई शिकार का पक्षी जिसे पीठ में दो फाड़ करके ग्रिल (grill) में पकाया जाता है;

***v., pt.* ~ed,** *pp* **~ing** उपर्युक्त ढंग से पकाना

spate /स्पेट/ *n.* 1 बाढ़: the river is in ~ 2 बड़ी संख्या या मात्रा: a ~ of accidents/ crimes/ thefts, etc.; a ~ of words; received a ~ of complaints;

***p&i:* in full** ~ बाढ़ से पूरे उफान में

spathe /स्पेद/ *n.* फूल या कली का आवरण

spatial/ special /स्पेशिअल/ *adj.* 1 किसी स्थान या आकार से संबंधित 2 स्थानिक, किसी स्थान में वर्तमान, भौगोलिक 32 आकाशीय, अंतरिक्षीय: ~ flights; ~ objects; ~ pioneers; ~ network (आकाशीय संजाल) 4 दिक्कालीय: we are temporal and ~; the changing ~ distribution of the population 5 त्रिविम: ~ distribution (त्रिविम /आकाशी/ वितरण, स्थानिक वितरण);

***dw/lw:* ~ity** /स्पेशिऐलिटि/ *n.* दिक्कालिकता; **~ly** /स्पेशिअलि/ *adv.* स्थानिकता के आधार पर, स्थान के रूप में: ~ly extended; ~ly related; ~ly or temporarily determined

spatter /स्पैटः/ *v., pt.* **~ed,** *pp* **~ing** 1 (***syn.*** splash) छिड़कना, छींटे डालना: the wind **~ed** the snow against the window; ~ the floor with grease; **~ed** over the people 2 कीचड़ उछालना: ~ mud on one's clothes; water **~ed** into the washbasin 3 से भरना, का बिखरना: the floor **~ed** with moonlight; sky **~ed** with stars; the article **~ed** with mistakes 4 कलंक लगाना, बदनाम क.: ~ a man's good name;

n. 1 छिड़काव, छिड़काई: the ~ or spray from the hose 2 पड़पड़ाहट: a ~ of bullets; a ~ of applause

spatula /स्पैट्युला/ स्पैट्यला, स्पैचला/ स्पैट्युला/ *US* स्पैटुला/ *n., pl.* **~s** 1 उथला चम्मच, चमची 2 (***syn.*** tongue depressor) गले का निरीक्षण करते समय जीभ को दबाकर रखने की पतली पट्टी 3 = **fish slice**

spavin /स्पैविन/ *n., vet. med.* 1 घोड़े की बीमारी, मोथरा 2 हड्डा;

***dw/lw:* ~ned** /स्पैविन्ड/ *adj.* लंगड़ा: a ~ned man

spawn /स्पॉन/ *v., pt.* **~ed,** *pp* **~ing** 1 उत्पन्न क., पैदा क.: she **~ed** a lovely daughter; India has **~ed** many famous personalities 2 मछली आदि द्वारा अंडे दिए जा., पैदा क., पैदा हो जाना 3 किसी घटना से आगे कुछ और पैदा हो.: the film's success **~ed** several sequels;

n. 1 जलांडक: frog ~ 2 संतान: young **~s** 3 हरामजादा, अवैध संतान 4 कुफल: a ~ of noise 5 कवक-जाल;

***dw/lw:* ~ing** *n.* अंडजनन; **~ing-ground/ ~ing-bed** *n.* अंडे या जन्म देने का स्थान

spay /स्पे/ *v., pt.* **~ed,** *pp* **~ing** 1 मादा पशु की बच्चेदानी निकाल दे. ताकि वह बच्चे पैदा न कर सके 2 अंडाशय-उच्छेदन क.;

***dw/lw:* ~ed** /स्पेड/ *adj.* बधिया; **~ing** *n.* अंडाशय-उच्छेदन

spaza /स्पाजा/ *n.* स्थानीय लोगों की आपूर्ति के लिए किसी के घर से चलाई जाने वाली छोटी-सी दुकान

SPCK *abbr.* 'Society for Promoting Christian Knowledge' की प्रथमाक्षरी

speak /स्पीक/ *v., pt.* **spoke** (*old use* **spake**), *pt. p.* **spoken**, *pp* **~ing** 1 बोलना, बिना चिल्लाए, चीखे आदि बोलना: the baby is learning to ~ 2 बात क.: **~s** a load of rubbish 3 गुफ्तगू क.: we ~ on the phone every night; they didn't ~ for a fortnight 4 किसी भाषा में संवाद क या बोलना: ~ English/ French/ German, Russian etc.; ~ several languages 5 भाषण दे.: ~ on the subject of rising crime; he **~s** with clarity 6 भावार्थ व्यक्त क., बताना, बतलाना, कहना, बोलना, को दर्शाना: everything in the house **~s** of refined taste; his services ~ for him (उसके नेक कार्य उसके साक्षी हैं); actions ~ louder than words; the fact **~s** for itself (तथ्य सिर चढ़कर बोलता है); she has hardly any voice to ~ of; it is nothing to ~ of (इसके बारे में कहने लायक कुछ नहीं); this is his first book to ~ of 7 संकेत-भाषा में बोलना: ~ by signs 8 कुछ कहने के लिए अपनी आवाज का प्रयोग क., बोलना: he couldn't ~ because of the sore throat 9 भौंकना 10 ठा-ठा क., दागना: guns shouldn't ~ all the time 11 किसी से बोलना, किसी को किसी बात के बारे में कोई सलाह देना: ~ to sb *UK* (*US* ~ with sb); I'll ~ to him about it; we had **spoken** with them before 12 किसी के बारे में दो शब्द कहना,

के बारे में बोलना: ~ about/ of sb tenderly 13 किसी की तरफ से बोलना: ~ for/ on behalf of sb 14 संबोधित क.: ~ in public; ~ to an audience 15 आम बात या व्यक्तिगत राय रखना: ~ generally/ personally, etc. 16 किसी समुदाय विशेष की भाषा बोलना 17 नाटक, फिल्म आदि में संवाद बोलना: the actor **~s** his part well;

dw/lw: **~able** *adj.* जिसे बोलकर सुनाया जा सके, उच्चारित करने योग्य; **~easy** *n. pl.* **~easies** *colloq.* अमेरिका में नशाबंदी के काल में (1920-1940) अवैध शराबखाने; **~ing** *see below under separate entry*;

double~ *n.* दोगली बात;

p&i: **~ about sth** 1 पर विचार-विमर्श क. 2 तथ्य के रूप में रखना; **~ about sb/ sth** किसी के या किसी चीज के बारे में गप्पें लड़ाना, बातें क.; **~ against sb/ sth** किसी के या किसी कथन के विरुद्ध एतराज क.; **~ at sb** किसी की ओर इशारा क.; **~ by the book** पुस्तक के आधार पर सटीक बात कहना; **~ by the card** नपी-तुली बात क.;**~ definitely** स्पष्ट बात कहना; **~ for** 1 की ओर से बात क. 2 सामूहिक भावनाओं, मतों, विचारों को व्यक्त क.; **~ for itself** हाथ कंगन को आरसी क्या, वैसे ही बिल्कुल साफ है; **~ for myself/ herself/ himself** अपनी बात कहना या रखना; **~ for oneself/ ~ing for myself ...** जहां तक मेरा विचार है, तो उक्त बात सही नहीं; **~ in heat** ऊंचा-उंचा चीखकर बोलना; **~ in jest** मजाक में कटु बात क.; **~ in riddle** पहेली बुझाना; **~ like a book** जैसा लिखा है वैसा बोलना, अपना कोई मत न रखना; **~ of** का उल्लेख क., की चर्चा क.; **~ one's mind** मन की पूरी बात कह दे.; **~ one's piece** सब-कुछ साफ-साफ कहना; **~ one's thoughts aloud** अपने विचार साफ-साफ रख दे.; **~ out** 1 खरी-खरी सुनाना, साफ-साफ सुनाना 2 साफ-साफ बोलना, स्पष्ट बोलना, अपना मत साफ-साफ व्यक्त कर दे. 3 जोर से बोलना; **~ out of turn** बेमौका बोलना, अनुचित समय पर अनुचित बात कहना; **~ persuasively** बड़ी विनम्रता से बात क.; **~ plainly** दो-टूक बात क.; **~ straight from the shoulder** अपना विचार कटुतापूर्वक रखना; **~ of the devil and he shall appear** जिसकी बात कर रहे हैं, अचानक उसका आ धमकना; **~ sb fair** किसी से शिष्टतापूर्वक पेश आना; **~ the same language** एक मत हो.; **~ the truth** सच बोलना; **~ the truth aloud** सच्चाई साफ-साफ कह दे.; **~ the word!** बोलो तो सही!; **~ to** 1 भावनात्मक रूप से संबंध व्यक्त क. 2 की गवाही देना 3 के विषय में बोलना 4 किसी को डांटना 5 बातचीत क. 6 टेलीफोन पर बात क.; **~ to an objection** एतराज का जवाब दे.; **~ to a point** केवल निर्धारित मुद्दे पर बात क.; **~ to sb** 1 किसी से बात क. 2 किसी को प्रताड़ित क. 3 किसी के लिए कोई अर्थ रखना; **~ to the truth of the statement** कथन की पुष्टि क.; **~ up** 1 जोर देकर साफ-साफ कह दे. 2 अपनी राय रखना; **~ up for sb/ sth** 1 किसी का बचाव क. 2 किसी का प्रतिनिधित्व क.; **~ volumes for** किसी के या किसी बात के हक या विरोध में ढेरों प्रमाण हो.: the fact that he lied ~s volumes about him; **~ well for** का प्रमाण दे., के पक्ष में अच्छा होना या रहना; **~ well/ highly of (sb/ sth)** किसी की या किसी बात की भूरि-भूरि प्रशंसा क.; **~ well/ ill of sb** किसी की प्रशंसा या बुराई क.; **~ with clear conscience** साफ-पाक अंतर्मन से बोलना; **~ with one's tongue in one's cheek** दोहरी बात क., कहना कुछ और अर्थ कुछ; **~ with sb** से वार्तालाप क.;

all at once the thunder spoke सर्वथा अचानक तूफान गरज उठा; **as they ~** जैसा कि कहते हैं; **be on ~ing terms** आपस में बातचीत हो.; **broadly/ generally ~ing** सामान्य रूप से बात करें तो; **go ahead and ~ your piece!** आइए, अपने मन के गुब्बार निकाल लीजिए; **honestly ~ing** ईमानदारी से बात करें तो ...; **his countenance spoke regret** उसकी शक्ल अफसोस जाहिर कर रही थी; **I ask to ~** मुझे दो शब्द कहने का अवसर दीजिए!; **legally ~ing** कानूनी नजरिये बात की जाए तो; **music ~s directly to the emotions** संगीत सीधा भावनाओं से मुखातिब होता है; **nature ~s to us through our senses** हमारी ज्ञानेंद्रियों के माध्यम से प्रकृति हम से संवाद में रहती है; **nothing to ~ of** नहीं के बराबर, बात करने लायक नहीं; **not to ~ ill of the dead** जो इस दुनिया में नहीं उनकी बुराई नहीं करनी चाहिए; **properly ~ing** यदि साफ या सही-सही कहा जाए तो; **so to ~** एक (दिलचस्प) प्रकार से; **strictly ~ing** यदि बिना लल्लो-चप्पो के बात की जाए तो; **the goods are spoken for** माल का आदेश पहले से दर्ज (booked) है; **the guns spoke** बंदूकें खूब चलीं; **the law/ the book ~s to the same effect** कानून या विधि-पुस्तक भी यही कहती है; **the portrait ~s** चित्र में कोई व्यक्ति या दृश्य बिल्कुल जिंदा लग रहा है; **to ~ of** *usually* बात करने योग्य: received no education to ~ of; **writers ~ for their age** लेखक अपने समय की आवाज बुलंद करते हैं

speaker /स्पीकः/ *n.* 1 रेडियो, टेलीविजन आदि का ध्वनि प्रसारक 2 किसी भाषा में बोलने वाला, भाषी: an English/ French/ German, etc. ~ 3 वक्ता, भाषणकर्ता: the first ~ 4 बोलने वाला, वक्ता: glib/ prosaic ~; he is not a poor ~ 5 (**the Speaker**) लोकसभा, विधानसभा आदि का अध्यक्ष 6 प्रवक्ता: ~ for the ministry 7 सजीव, जीता-जागता;

dw/lw: **~phone** *n.* ऐसा फोन जिस पर बिना हाथ में पकड़े बात की जा सकती है; **~ship** /स्पीकःशिप/ *n.* अध्यक्ष/ प्रमुख का पद

speaking /स्पीकिंग/ *n.* 1 कुछ बोलने या व्यक्त करने की क्रिया 2 भाषण, व्याख्यान 3 बोलने या भाषण देने की कला, वाक्पटुता, वाग्मिता, वक्तृता, बोलने का अंदाज 4 वार्तालाप 5 उक्ति, कथन, कहना, बोली;

adj. 1 बोलने या भाषण देने में सक्षम 2 बोलने वाला 3 बोलने के दृष्टिकोण से 4 भाषी: Brazil is a Portuguese-~ country 5 जीवंत, सजीव, हूबहू जीवित प्राणी जैसी 6 व्यक्त करने वाली 7 सूचक, व्यंजक, अभिव्यक्तिपूर्ण: ~ face/ eyes; ~ glance;

dw/lw: **~-trumpet** *n.* ध्वनिप्रवर्धी, भोंपू; **~-tube** *n.* बतनाल;

collocations: **~ acquaintance** मात्र दुआ-सलाम का परिचय; **~ clock** *Br.* टेलीफोन करने पर सही समय बताने वाली सेवा; **~ key** आलाप कुंजी; **plain ~** साफगोई, स्पष्ट बात;

p&i: **~ as a parent** माता या पिता के रूप में बात क.;

a ~ teddy bear टेडी बीयर नामक बोलने वाला खिलौना; **at the present ~** अब, वर्तमान समय में; **be on ~ terms with sb** किसी के साथ बोलचाल का रिश्ता हो.; **generally/ broadly/ roughly/ relatively ~** मोटे तौर पर, अंदाजन, लगभग; **not to be on ~ terms with sb** किसी के साथ बोलचाल न हो., बोलचाल बंद हो.; **we are no longer on ~ terms** हमारे बीच काफी समय से बोलचाल बंद है; **strictly ~** सही-सही कहा जाए तो

spear /स्पिअः/ *n.* बरछा, भाला, नेजा, शूल, कुंत, बरछी;

v., pt. **~ed**, *pp* **~ing** छेदना, भाला मारना: managed to ~ some fish;

dw/lw: **~gun** *n.* (पानी के नीचे) लंबे, नुकीले धातु के टुकड़े चलाने वाली बंदूक; **~man** *n.* बरछैत, भालाबरदार; **~mint** /स्पिअःमिंट/ *n.* 1 पुदीना 2 इस पौधे का सुगंधित तेल;

collocations: **~ grass** खेर, लुंपा; **~ side** परिवार में पुरुष-पक्ष, पितृकुल

spearhead /स्पिअःहेड/ *v., pt.* **~ed**, *pp* **~ing** 1 नेतृत्व क., अगुआई क.: ~ a campaign 2 लंबा तना बनना या बढ़ना.;

n. 1 अगुआई करने वाला, अगुआ, नेता, अग्रणी 2 सेनाप्रमुख, हरावल 3 नोक

spec /स्पेक/ *n., colloq.* 1 व्यापारिक इकाई 2 (*short of* speculation) सट्टा 3 (*short of* **specification**) वांछित वस्तु का वर्णन, ब्योरा;

v., pt. **~ed**, *pp* **~ing** किसी विशेष वर्णन के अनुसार बनाना;

p&i: **on ~** जुए जैसा खतरा मोल उठाकर, लाभ पाने के अनुमान

के साथ

special /स्पेशल/ *adj.* 1 खास, विशेष: ~ attention/ care/ treatment 2 असामान्य, असाधारण: ~ interest/ mission/ reason; ~ power 3 विशेष, विशिष्ट: in a very ~ sense; ~ occasion 4 अतिरिक्त, विशेष: nothing ~ to tell sb 5 (***syn.*** exceptional) से अलग और बेहतर, उत्कृष्ट, असाधारण: men of ~ celebrity 6 खास किस्म का, अपवाद के रूप में: ~ offer 7 विशेष उद्देश्य, उत्कृष्टता या मांग के अनुसार बनाया हुआ: a ~ course of study; ~ hospital; ~ training in some field; one can get a ~ programme to do that; ~ edition; ~ feature 8 व्यक्तिगत, अमूल्य: she was very ~ to him 9 मानकों से हटकर: make a ~ effort 10 विशेष रूप से असाधारण: ~ situation; ~ day/ place; ~ order; ~ demurrer (कानूनी एतराज);

n. 1 विशेष कार्यक्रम: election ~ on TV 2 खास व्यंजन 3 विशेष संस्करण 4 विशेष रेलगाड़ी: put on four cricket **~s** 5 द्रुतगामी पत्र 6 असाधारण या अतिरिक्त कर्मी: the **~s** were drafted in to control the football fans 7 विशेष दाम: a ~ on coffee;

dw/lw: **~ism** /स्पेशलिज्म/ *n.* सीमित विशिष्टीकरण, संकरी विशिष्टता: the evils of ~ism in medicine; from the general to the ~ism; **~ness** ***n.*** विशिष्टता, असाधारणता, निजी खासियत;

collocations: **~ agent** अमेरिकी केंद्रीय खुफिया संगठनों का सदस्य; **~ allowance** विशेष भत्ता; **Special Branch** *Br.* पुलिस का राजनीतिक सुरक्षा विभाग; **~ cell** विशेष प्रकोष्ठ; **~ constable** आपात स्थिति से निपटने के लिए बनाए जाने वाले विशेष पुलिस दस्ते का सदस्य; **~ correspondent** विशेष क्षेत्र की घटनाओं पर लिखने वाला पत्रकार; **~ delivery** डाक का मानक समय से हटकर किया जाने वाला वितरण; **~ development area** (*also* **~ area**) ब्रिटेन में किसी क्षेत्र विशेष के विकास के लिए विशेष नियम व साधनों का प्रावधान; **Special Drawing Rights/ special drawing rights** विश्व धन कोष के सदस्यों को दिया जाने वाला अपनी दौलत में से असाधारण ढंग से पैसे निकालने का हक; **~ drive** विशेष अभियान; **~ education** शारीरिक या मानसिक रूप से बाधित बच्चों के लिए विशेष शिक्षण कार्यक्रम; **~ effects** (*abbr.* **FX**, **sfx**) *cinematog.* फिल्म में खास उपकरणों के प्रयोग द्वारा कृत्रिम ढंग से पैदा किए जाने वाले विशेष प्रभाव; **~ interest groups** अपने विशेष हितों की रक्षा के लिए काम करने वाले समूह; **~ licence** मानक रूप से निर्धारित शर्तों के बाहर जाकर विवाह करने की अनुमति; **~ needs** शारीरिक या मानसिक बाधाओं के कारण बच्चों में पैदा होने वालीं विशेष प्रकार की जरूरतें; **~ number** विशेषांक; **~ offer** माल की बिक्री को बढ़ाने के लिए विशेष रूप से कम दाम पर बिक्री; **~ pleading** 1 विशेष अभिवचन, बचाव पक्ष का विशेष आग्रह 2 नए आरोप लगाने की अनुमति के लिए आग्रह 3 वितंडा, वाक्छल; **~ relativity** विशिष्ट आपेक्षिकता; **~ school** शारीरिक या मानसिक बाधाओं से ग्रस्त बच्चों के लिए स्कूल

specialist /स्पेशलिस्ट/ *n.* 1 विशेषज्ञ: a leading ~; a ~ in sth 2 किसी सीमित चिकित्सा क्षेत्र का विशेषज्ञ;

adj. किसी अध्ययन क्षेत्र में विशेष योग्यता से संबंधित: ~ knowledge

spécialité de la maison /स्पेस्यालिते दे ला मेजों/ *Fr.* (*also* **Speciality of the House**) किसी रेस्त्रां का विशेष व्यंजन

speciality /स्पेशिऐलिटि/ *UK* (*US* **specialty** /स्पेशल्टि/) *n., pl.* **specialities** 1 विशेष योग्यता: her ~ is medieval history 2 विशेषज्ञता: make a ~ of sth 3 विशेष गुण: **specialities** in habits 4 विशेष उत्पाद: vodka is a sort of ~ of Russia 5 विशेषता, विशिष्टता: the romantic drama is the ~ of your theatre; the restaurant's ~ is Indian food 6 (***syn.*** details) विस्तृत वर्णन, तफसील: leave out the **specialities**

specialization /स्पेशलाइजेशन/ *n.* 1 विशेषज्ञता प्राप्त करने की क्रिया 2 विशिष्टीकरण 3 विशेषज्ञकरण

specialize (*also UK* **specialise**) /स्पेशलाइज/ *v., pt.* **~d**, *pp* **specializing** 1 (**~ in sth**) विशेषज्ञ बनना 2 किसी विषय का विशेष अध्ययन क. 3 विशेष प्रयोजन के लिए अलग क., विशिष्ट या सुनिश्चित कर दे., विशेषित क., सीमित कर दे. 4 रूपांतरित क. 5 विशेष मांग के अनुकूल बनाना 6 किसी विशेष गतिविधि में माहिर हो.: he **~s** in giving everybody a hard time;

dw/lw: **~d** /स्पेशलाइज्ड/ *adj.* 1 किसी विशेष उद्देश्य और परिस्थिति के अनुसार ढाला हुआ: highly ~d plants that can live in arid conditions 2 वैज्ञानिक विशेषज्ञता के अनुसार, विशेषज्ञता आधारित, विशेष ज्ञान प्राप्त: a ~d knowledge of tea

specially /स्पेशलि/ *adv.* 1 खास तौर से, विशेष रूप से, खास कर: be ~ careful 2 विशेष रूप से: I went there ~ to see them

specialty /स्पेशल्टि/ *n., pl.* **specialties** 1 *also see above under* **speciality** 2 विशेषता 3 किसी विषय में विशेषज्ञता 4 मुद्रांकित संविदा

speciation /स्पीशिएशन/ *n.* किसी पौधे का मूल प्रजाति से अलग विकास

specie /स्पीशी/ *n.* कागज के नोटों से भिन्न मात्र सिक्कों के रूप में पैसा या धन: in ~ (सिक्कों में); ~ payment

species /स्पीशीज/ स्पीसीज/ *n., pl.* **species** 1 प्रजाति, जाति, वर्ग, जीवजाति: the ~/ our ~ (मानव जाति) 2 (*esp.* **species**) प्रकार, किस्म: blackmail is a ~ of crime 3 आकार 4 रूप-रंग 5 उपजाति;

collocations: **the ~ barrier** एक सहज प्रणाली जो, जैसा कि विश्वास है, एक पशु या पौधे से बीमारी को दूसरे पशु या पौधे तक नहीं फैलने देती

speciesism /स्पीशीजिजम/ *n.* मानव द्वारा जानवरों का इस विश्वास के कारण शोषण किया जाना कि मानव अन्य जीवों से बेहतर है;

dw/lw: **speciesist** /स्पीशीजिस्ट/ *n.* उपर्युक्त कथन में विश्वास करनेवाला व्यक्ति;

collocations: **sacred ~** परम प्रसाद

specifiable /स्पेसिफायबल/ *adj.* निर्देशनीय, वर्णनीय

specific /स्पअसिफिक/ (*also* **~al**) *adj.* 1 विशेष, खास: with no ~ aim 2 (***syn.*** precise) परिशुद्ध, सही: a ~ use of a word 3 (***syn.*** particular) विशिष्ट, विशेष: in each ~ case 4 (***syn.*** peculiar) प्रजातिगत: ~ medicine/ remedy; quinine is highly ~ for malaria; ~ distinction/ symptom 5 (***syn.*** definite) सुनिश्चित, सुस्पष्ट: ~ statement; ~ denial (स्पष्ट खंडन);

n. 1 (*usually* **~s**; ***syn.*** concretes details) विशेष विवरण या वर्णन, वांछित वस्तु ब्योरा 2 निर्देश 3 मात्र किसी एक विकार या रोग की चिकित्सा के लिए दवा;

dw/lw: **~ally** /स्पेसीफिकलि/ *adv.* 1 विशेष रूप से 2 ठीक से या विस्तार में; **~ation** /स्पेसिफिकेशन/ *n.* (*often* **~ations**) 1 विनिर्देशन 2 विवरण, ब्योरा 3 मानक गुणवत्ता का ब्योरा 4 गुणवत्ता तय करने की क्रिया 5 मानक गुणवत्ता का ब्योरे वाला दस्तावेज; **~ity** /स्पेसिफीसिटि/ *n.* 1 विशिष्टता, विशेषता 2 प्रजातिनिष्ठ विशेष गुण; **specifics** *see above under* ***n.***

collocations: **~ gravity** आपेक्षिक या विशिष्ट घनत्व; **~ gravity = relative density** विशिष्ट घनत्व, आपेक्षिक घनत्व; **~ heat capacity** *see* **heat capacity**; **~ reason** विशिष्ट कारण; **~ resistance** *see* **resistivity**

specifics *see above under* **specific: *n.***

specificity /स्पेसिफिसिटि/ *n.* विशिष्टता

specified /स्पेसिफाइड/ *adj.* 1 सही-सही निश्चित या निर्धारित 2 किसी परियोजना द्वारा निर्धारित 3 सहमति से निश्चित

speci\fy /स्पेसिफाइ/ *v., pt.* **~fied**, *pp* **~fying**, *s/he/it* **~fies** 1 विशेष विवरण दे., ब्योरा दे.: the form that **~fies** the matter 2 विशेष रूप से उल्लेख क.: the contract **~fied** that the invoice must be paid at once 3 एक-एक करके बता दे., अलग-अलग

उल्लेख क. 4 नाम लेना, नाम लेकर बताना: the report does not ~**fy** who was to blame 5 (*usually* ~**fy that**) शर्त या जरूरत बताना: he ~**fied that** it should be done in the morning;
dw/lw: ~**fied** *adj. see above under* **specified**; ~**fier** *n.* निश्चित या उल्लेखित करने वाला

specimen /स्पेसिमन/ *n., pl.* ~**s** 1 (***syn.*** sample) नमूना, बानगी: the finest ~**s** in his collection; here is just one ~ of her artwork 2 (***syn.*** sample) नमूना (जांच के लिए): provide blood ~ for examination; ~ page; ~ signature 3 (***syn.*** type) प्रकार 4 (***syn.*** eccentric) अनोखा व्यक्ति या वस्तु: interesting ~**s** of unusual fish; queer ~; ~ plant (अद्भुत पौधा)

speciology /स्पीसिऔलजि/ *US* स्पीसिआःलजि/ *n.* प्रजाति-उद्भव विज्ञान

speciosity /स्पीशिऔसिटि/ *US* /स्पीशिआःसिटि/ (*also* **speciousness**) *n.* 1 ऊपरी, सतही आयाम 2 बनावटी ढंग से सुंदर व्यक्ति या वस्तु 3 बनावटी सत्याभास

specious /स्पीशिअस/ *adj.* 1 सतही, बनावटी सत्याभासी, पाखंडी, कपटी, झूठा: ~ pretext/ excuse/ plea; ~ arguments; ~ tale 2 निरर्थक: this improvement is more ~ than useful 3 (***syn.*** misleading) ऊपर से आकर्षक पर भीतर से खोखला या गला-सड़ा: ~ urbanity; though ~ plan, but impracticable;
dw/lw: ~**ly** *adv.* कपटपूर्वक, दिखावापूर्वक, छलावापूर्वक

speck /स्पेक/ *n.* 1 (*usually* ~ **of sth**; ***syn.*** particle) कण, कणिका: not a ~ of dirt or dust anywhere 2 (***syn.*** blot) दाग, धब्बा: a ~ of dirt on sb's shirt 3 बिंदु, चित्ती: the ship was but a ~ on the horizon;
***v.**, pt.* ~**ed**, *pp* ~**ing** 1 बिंदु लगाना 2 चित्तीदार बनाना: ~**ed** with brown;
dw/lw: ~**less** *adj.* 1 बिना किसी धब्बे के, साफ-पाक 2 बेदाग, दोष-रहित, बिना किसी कमी के; ~**y** /स्पेकि/ *adj.* 1 चितकबरा 2 चश्मा पहनने वाला, चश्माधारी;
p&i: ~ **and span** यहां-वहां दिखना, बिखरा हुआ; **dwindle to** ~**s** बिल्कुल शून्य हो.; **not a** ~ बिल्कुल भी नहीं; **not a** ~ **of** लेश भर भी नहीं, जरा भी नहीं; **not a** ~ **of evidence** जरा भी प्रमाण नहीं; **not a** ~ **of sympathy** जरा भी सहानुभूति नहीं; **not a** ~ **of truth** जरा भी सच्चाई नहीं

speckle /स्पेकल/ *n.* 1 धब्बा या दाग 2 बिंदु, चित्ती 3 बूटी 4 चेहरे पर झाइयां;
dw/lw: ~**d** /स्पेकल्ड/ *adj.* 1 चित्तीदार: ~d stone 2 (***syn.*** flecked) चितकबरा, चित्तियों वाला: ~d wild goat; ~d hen 3 बूटीदार: ~d dress;
p&i: ~**d group**/ **lot** भिन्न-भिन्न प्रकार के लोगों का समूह

specky (*also* **speccy**) *see above under* **speck: *dw/lw***

specs /स्पेक्स/ *n., [pl.] short* 'spectacles' का छोटा रूप

spectacle /स्पेक्अटकल/ *n.* 1 भव्य, आकर्षक दृश्य: moving/ magnificent ~ 2 प्रदर्शन 3 (***syn.*** pageant) चमत्कारपूर्ण, भड़कीला तमाशा, समारोह 4 प्रदर्शनी, नुमाइश 5 नजारा: their squalid room was a revolting ~; she was a sad ~;
dw/lw: ~**d** *adj.* चश्माधारी, चश्मा लगाए हुए; ~**s** /स्पेक्टअकल्ज/ *n., [pl.]* (***syn.*** glasses) चश्मा, ऐनक: a pair of ~;
collocations: ~**d bear** एक दक्षिण-अमेरिकी रीछ;
p&i: **look through rose-coloured** ~**s** कुटिल (भ्रामक) दृष्टि से देखना; **make a** ~ **of oneself** तमाशा बन जा.

spectacular /स्पेकटैक्यु\लः/ *adj.* 1 (***syn.*** breathtaking) शानदार, आश्चर्यजनक, प्रभावशाली, भव्य: a ~ display of fireworks 2 अपूर्व, चमत्कारपूर्ण 3 आडंबरपूर्ण, भड़कीला, आडंबरी;
n. शानदार पोशाकों में कलाकारों द्वारा किया जाने वाला तमाशा: an old-fashioned musical ~;
dw/lw: ~**ly** /~लःलि/ *adv.* शानदार ढंग से; ~**ity** /~लअरिटि/ *n.* शानदार दृश्य

specta\te /स्पेक्टेट/ *v. pt.* ~**ted**, *pp* ~**ting** दर्शक हो., भाग लेने की बजाए मात्र देखना;

specta\tor /स्पेकटे\टः/ *n.* दर्शक, प्रेक्षक;
dw/lw: ~**torial** /~टॉरिअल/ *adj.* दर्शक संबंधी; ~**tress** /~ट्रेस/ *n.* दर्शिका;
collocations: ~**tor sport** दर्शकों के लिए मनोरंजक खेल

spectatrix /स्पेक्टेट्रिक्स/ *n.* = ~**tress** दर्शिका

specter /स्पेक्टः/ *US* (*UK* **spectre**) *see below under* **spectre**

spectra /स्पेक्ट्रा/ *pl. of* **spectrum** (*see below*)

spectral /स्पेक्ट्रल/ *adj.* 1 प्रेत-संबंधी, भूत का, भूत-जैसा, प्रेततुल्य: ~ creature 2 वर्णपट-संबंधी, वर्णक्रमीय: ~ analysis

spectre *UK* (*US* **specter**) /स्पेक्टः/ *n., pl.* ~**s** 1 भूत, प्रेत 2 निरंतर संतप्त करने वाला डर, संकट का भय: the ~ of sth; "spectre of communism" is haunting Europe – F. Engels and K Marx in "The Communist Manifesto" 3 काली छाया: the ~ of war/ of ruin/ of disaster

spectro- /स्पेक्ट्रो/ *comb. form, denoting:* 1 **spectrum** (विस्तार क्षेत्र, वर्णक्रम) 2 **spectrograph** (स्पेक्ट्रमदर्शी);
dw/lw: ~**chemistry** /स्पेक्ट्रोकैमिस्ट्री/ *n.* रसायन विज्ञान की एक शाखा जो '**spectra**' के रासायनिक विश्लेषण से संबंधित है; ~**gram** *n.* चित्रलेखित दस्तावेज; ~**graph** *n.* चित्रलेखी; ~**meter** *n.* चित्रमापी; ~**metry** *n.* चित्रमिति; ~**scope** *n.* चित्रदर्शी; ~**scopy** *n.* चित्र विज्ञान

spectrum /स्पेक्ट्रम/ *n., pl.* **spectra**/ ~**s** 1 (***syn.*** range) विस्तार क्षेत्र: the whole ~ of human activities 2 *phys.* (*in full* **visible** ~) वर्णक्रम, इंद्रधनुषी रंगों यानी लाल, नारंगी, पीले, हरे, नीले, नील, बैंगनी रंगों का समूह, बिंब: solar ~ 3 वैद्युत-चुंबकीय विकिरणता का रेखाचित्र;
collocations: ~ **analysis** ध्वनि, प्रकाश और कंपन के विश्लेषण की विधि

specular /स्पेक्युलः/ *adj.* 1 दर्पण से संबंधित 2 दर्पण के गुणों वाला: ~ surface; ~ stone (अभ्रक) 3 परावर्तक 4 चमकीला: ~ coal (पिच कोयला); ~ iron (चमकीला लौह अयस्क) 5 जिसका दर्पणीय उपकरणों की मदद से अध्ययन किया गया हो

specula\te /स्पेक्युलेट/ *v., pt.* ~**ted**, *pp* ~**ting** 1 (*often* ~**te on**/ **about sth**) अटकलें लगाना, अटकलबाजी क., अंदाजा लगाना: ~**te** concerning the future 2 चिंतन क, सोच-विचार क. 3 सट्टेबाजी क., सट्टा खेलना: ~**te** on papers (बौंडों पर सट्टा लगाना); ~**te** in shares;
dw/lw: ~**tion** /स्पेक्युले\शन/ *n.* 1 *phil.* अंदाजा, अनुमान मात्र, अटकलें, अटकलबाजी: pure ~tion; be the subject of much ~tion 2 चिंतन 3 (***syn.*** assumption, pre-supposition) परिकल्पना, निराधार कल्पना: do sth on ~tion 4 सट्टा, फाटका, खेला, सट्टेबाजी: ~tion in rice; heavy ~tion; ~tion business (सट्टा, व्यापार); ~**tive** /~टिव/ *adj.* 1 अनुमान पर आधारित, मीमांसात्मक: ~tive philosophy; ~tive assumption 2 सैद्धांतिक 3 अव्यावहारिक 4 चिंतनशील: ~tive power 5 सट्टा-, सट्टे का: ~tive purchases/ transaction 6 अनिश्चित, संदिग्ध, जो खतरे से खाली न हो; ~**tively** /~टिवलि/ *adv.* 1 अनुमानतः 2 सट्टेबाजी के आधार पर; ~**tor** /~टः/ *n.* 1 सट्टेबाज, सटोरिया, फाटकेबाज 2 चिंतक, अटकलबाज

speculum /स्पेक्युलम/ *n., pl.* **specula**/ ~**s** 1 *optics, med.* दर्पण 2 परावर्तक 3 वीक्षण-यंत्र 4 चित्ती

sped /स्पेड/ *pt., pt. p.,* '**speed**' का भूतकालिक एवं भूतकालिक कृदंत रूप

speech /स्पीच/ *n.* 1 बोलने की क्षमता या क्रिया: careful/ continuous/ human/ normal ~ 2 बोलने से पैदा होने वाली ध्वनि: without ~; clear/ indistinct ~ 3 बोलने का ढंग: slurred ~; be slow of ~ (बोलने में धीमा हो.); he is Irish by

his ~ 4 बोली या कही गई बात, वाणी, कथन, वचन, उक्ति, वाक्-शक्ति: a figure of ~ (अलंकार); ponderous/ rapid ~ 5 भाषा, बोलचाल, बोली: Punjabi ~ has very distinctive vowels 6 भाषण, व्याख्यान, वक्तृता, संबोधन: opening/ closing ~; the ~ for the defence/ for the prosecution; give/ make a ~ 7 अभिव्यक्ति, बातचीत: free speech/ freedom of speech 8 वाक्य में कथन का स्वरूप: parts of ~; reported ~ (साक्षात्-कथन); reporting ~ (प्रतिवेदक कथन);
dw/lw: **~ifier** /स्पीचिफाय:/ *n.* भाषणबाज; **~ify** /स्पीचिफाइ/ ***v.***, *pt.* ~ified, *pp* ~ifying, *s/he/it* ~ifies 1 भाषणबाजी क. 2 लंबे-चौड़े, उबाऊ भाषण दे.; **speechifying** /स्पीचिफाइंग/ *n.* भाषणबाजी; **~less** *adj.* बेआवाज, बोलती-बंद, अवाक्; **~lessly** *adv.* अवाक् ढंग से; **~lessness** *n.* बेआवाज होने की अवस्था; **~-reading** *n.* ओष्ठ-पठन; **~-sound** *n.* वाग्ध्वनि; **~-therapy** *n.* वाणी-सुधार अभ्यास; **~-tract** *n.* वाग्यंत्र; **~-training** *n.* वक्तृत्व-प्रशिक्षण; **speechification** /स्पीचिफिकेशन/ *n.* भाषणबाजी;
collocations: **~ act** *ling.* कोई भी कथन; **~ bubble** कार्टून में किसी द्वारा कहे जाने वाले शब्दों के इर्दगिर्द बना वृत्त; **~ day** ब्रिटेन के स्कूलों में भाषण व पुरस्कार-वितरण दिवस; **~ impediment** बोलने की क्षमता में बाधा; **~ marks** (***syn.*** quotation marks) उद्धरण चिह्न; **~ modulation** ध्वनि का उतार-चढ़ाव; **~ recognition** *comput.* किसी व्यक्ति के बोलने के लहजे का विश्लेषण; **~ spectrogram** वाक् स्पेक्ट्रम चित्र; **~ synthesis** कंप्यूटर द्वारा लिखित भाषा का बोली में परिवर्तन; **~ therapist** वाणी-सुधार के लिए अभ्यास कराने वाला; **~ writer** नेताओं के लिए भाषण लिखने वाला; **maiden** ~ पहला भाषण;
p&i: **~ is silver, silence is golden** बोलना यदि रुपहला है, तो चुप्पी सोने जैसी

speed /स्पीड/ *n.* 1 रफ्तार, गति, चाल: at average/ at great/ at top ~; lower/ reduce sb's/ sth's ~; reach a ~ of 90 kph, etc.; at a ~ of 90 kph, etc. 2 द्रुत गति, तीव्रता: at/ with lightning ~; gain/ gather/ pick up ~ 3 क्षिप्रता 4 (***syn.*** quickness, rapidity) द्रुत गति, तेजी, शीघ्रता 5 हड़बड़ी 6 मोटर-गाड़ी में रफ्तार के स्तर: five-~ gearbox; put in the first/ the second ~ 7 फोटो फिल्म की प्रकाश के प्रति संवेदनशीलता 8 *drug-taking, sl.* ऐंफिटामाइन (amphetamine) 9 सफलता: wish good **~!** (शुभ सफलता!);
v., *pt.* **sped** or **speeded**, *pp* **~ing** 1 तेजी से चलना, अधिक तेजी से चलना: he took a car and **sped** to the village 2 घोड़े, गाड़ी आदि की रफ्तार तेज क., जल्दी क., गति बढ़ाना, चाल-सीमा से तेज चलना: ~ one's horse; ~ oneself; ~ (sth) up 3 तीव्र गति से पास से निकल जा.: ~ along/ down/ past, etc.; an arrow **sped** past; be **~ing** 4 निर्धारित गति-सीमा का उल्लंघन क. 5 हड़बड़ाहट मचाना: ~ us away to battle 6 समय का तेजी से गुजरना, बीत जा.: years **sped** by 7 गाड़ी की गति सीमा तय क. 8 किसी कार्य की सफलता की कामना क.: how have you **sped**? ~ the going/ the parting of a guest (मेहमान के कुशल-क्षेम की कामना क.);
dw/lw: **~ball** *n., sl.* कोकेन और मॉर्फीन यानी अफीम के सत्त्व का मिश्रण; **~boat** *n.* द्रुतगामी नाव; **~bump/ ~-breaker** (*also* **sleeping policeman**) वाहनों की रफ्तार कम करने के लिए सड़क पर बनाई जाने वाली उभारदार पट्टियां, गतिरोधक; **~er** *n.* तेज चलने वाला, त्वरक, चाल नियंत्रक; **~freak** *n., colloq.* ऐंफिटामाइन (amphetamine) का व्यसनी; **~ing** *n.* निर्धारित गति-सीमा का उल्लंघन: a ~ing car; be/ get done for ~ing *colloq.* (गति-सीमा के उल्लंघन के लिए दंडित हो.); **~ily** *adv.* जल्दी-जल्दी से, तेज गति से, शीघ्रता से, शीघ्र; **~iness** *n.* अति तीव्रता; **~limit** *n.* निर्धारित गति-सीमा; **~o** *n., pl.* **~os** *colloq. short of* **~ometer**; **~ometer** /स्पीडोमीटः/ *n.* गतिसूचक यंत्र, गतिमापी; **~-read** *v.* पूरे पाठ को मात्र सामान्य अर्थ का ध्यान रखते हुए द्रुत गति से पढ़ना; **~-reading** *n.* उपर्युक्त ढंग से पठन; **~skating** *n.* द्रुत गति से की जाने वाली स्केटिंग; **~ster** *n.* 1 तेज गाड़ी चलाने वाला 2 तेज रफ्तार से भली प्रकार काम करने वाला यंत्र; **~way** *n.* द्रुतगामी पथ; **~well** *n.* एक प्रकार की नीची घास; **speedy** *see below under separate entry*;
collocations: **~ action** त्वरित कार्रवाई, फौरी कार्रवाई; **~ breaker** *see above under* ***dw/lw:*** **~ bump**; **~ camera** वाहनों द्वारा गति-सीमा के उल्लंघन को रोकने के लिए सड़क के किनारे लगा कैमरा; **~ competition** वाहन-दौड़ या धावन-प्रतियोगिता; **~ dating** कई प्रकार के लोगों से मिलकर उनसे रूमानी दोस्ती आगे बढ़ाने की संभावनाओं का पता लगाना; **~ merchant** *colloq.* निर्धारित गति सीमा के उल्लंघन का मजा लूटने वाला आदतन उल्लंघनकारी; **~ of light** *phys.* ध्वनि गति; **~ of utterance** बोलने की रफ्तार; **~ post** तीव्र डाक; **~ regulator** रफ्तार- नियंत्रक; **~ trap** सड़क का ऐसा हिस्सा जहां पुलिस वाहनों की रफ्तार पर नजर रखती है;
escape ~ अंतरिक्ष पलायन वेग; **sonic** ~ ध्वनि-गति; **up to** ~ आधुनिकतम जानकारी;
p&i: **~ off** जल्दी-जल्दी चले जा.; **~ up** गति बढ़ाना: ~ up production;
at ~/ with ~ तेजी से; **full ~/ steam ahead** अधिकतम रफ्तार से; **bid sb God ~** किसी की सफलता की कामना क.; **up to ~ on sth** अपेक्षित रफ्तार से काम क. 2 नवीनतम सूचनाओं से लैस व्यक्ति

speed\y /स्पीडि/ *adj., degr.* **~ier**, **~iest** 1 (***syn.*** rapid) तीव्रगामी, तेज: ~y gallop; **~y** hands 2 फौरी, तुरंत, तत्काल, तात्कालिक: a **~y** recovery 3 शीघ्र, अचिर: **~y** reply/ progress

speiss /स्पाइस/ *n., metallurgy* कोबाल्ट और सीसे के खनिजों के प्रगलन (पिघलाने) के फलस्वरूप पैदा होने वाले आर्सेनाइड और ऐंटिमोनाइड

spelaean/ spelean /स्पिलीअन/ *adj.* गुफा में रहने वाले जानवर से संबंधित

spel(a)eology/ spelaeology /स्पेलिऔलजि/ *n.* गुफा-विज्ञान;
dw/lw: **speleologist** /स्पेलिऔलजिस्ट/ *n.* गुफा-विज्ञानी

spell /स्पेल/ *v., pt. UK* ***spelt***/ *US* **spelled**, *pp* **~ing** 1 किसी शब्द के क्रमिक वर्णों को बोलना या लिखना: how do you ~ your name?; she ***spelt*** over the names of the guests 2 वर्तनी बताना या लिखना 3 (ठीक) हिज्जे क. 4 दर्शाना, स्पष्ट रूप से इंगित क., इशारा क., अर्थ होना: ~ sth out (विस्तार से बताना, पत्ते खोलना) 5 का परिणाम हो., से परिणाम निकलना: ~ disaster/ trouble, etc. (विनाश का सूचक हो., विनाशकारी हो.); such an error **~s** the ruin of our hopes; his angry expression **spelt** trouble 6 जादू या मोहिनी डालना, मोहित क., वशीभूत क. 7 मोहित या वशीभूत करने की शक्ति दे. 8 खेल या काम की पारी आदि की अदला-बदली क.: the teams ~ each other every fifteen minutes; he and other assistants **~ed** each other; ~ at the oars 9 इशारे से मांगना: ~ for an invitation;
n. 1 अल्पावधि, अवधि, समय, बेला, दौर: a ~ of service; do a ~ in prison; a good ~; a ~ of eighteen months on board 2 दौर, पारी, बारी: at a ~; by **~s**; a cold/ a dry/ a warm ~; hope this ~ of sunshine continues 3 दौरा: coughing ~; she had a bad ~ 4 (***syn.*** charm) मंत्र, मंत्र-तंत्र, मोहिनी, सम्मोहन, वशीकरण, आकर्षण: under a ~; come under a ~; break/ remove a ~; found the ~ of her personality incredibly powerful; cast a ~ (जादू या मोहिनी डालना, मोहित क., वशीभूत क.) 5 (***syn.*** magic ~) माया, जादू: ~ over the public; a magic ~;
dw/lw: **~bind** /स्पेलबाइंड/ *v., pt.* ~bound, *pp* ~binding सम्मोहित क., जादू-सा असर क.; **~binder** /स्पेलबाइंडः/ *n.* 1 मोहिनी डालने वाला, वशीभूत करने वाला 2 श्रोताओं को मंत्र-मुग्ध

कर सकने वाला 3 रोचक पुस्तक: she has written a new ~binder (उसने अद्भुत लेख, कहानी या कविता लिखी है); **~binding** *adj.* मंत्र-मुग्ध करने वाला; **~bindingly** *adv.* सम्मोहित करते हुए; **~bound** /स्पेलबॉउंड/ *adj.* मंत्र-मुग्ध, सम्मोहित; **~-check** /स्पेलचेक/ (*also* **~check**) *n.* शब्द की वर्तनी को परखने की क्रिया; **~-down** *n. US* वर्तनी प्रतियोगिता; **~er** /स्पेल:/ *n.* वर्तनी-पटु, वर्तनी बताने वाला: a good/ a bad ~er;

p&i: **~ sth out** किसी बात, सुझाव, प्रस्ताव आदि को रखना या बताना;

cast an evil ~ on sb किसी को नजर लगाना; **cast a ~** किसी को सम्मोहन की जकड़ में ले लेना

spellican *see below under* **spillikin**

spelling /स्पेलिंग/ *n.* 1 वर्तनी, वर्ण-विन्यास, हिज्जे, अक्षरी 2 सही वर्तनी का ज्ञान: his ~ is awful 3 शब्द की वर्तनी: an American ~; variant ~ of a word;

adj. वर्तनी-संबंधी, वर्तनी का, के, की आदि: a ~ mistake; ~ book;

dw/lw: **~-bee** *n., pl.* ~-bees वर्तनी-प्रतियोगिता; **~-checker/ ~checker** *n.* कंप्यूटर में वर्तनी परखने वाला प्रोग्राम;

collocations: **~ pronunciation** वर्तनी आधारित उच्चारण;

p&i: **~ out** 1 मुश्किल से पढ़ पाना 2 अक्षर (स्पेलिंग) बोल-बोलकर लिखवाना;

spelt /स्पेल्ट/ 1 *pt.*, **'spell'** का भूतकालिक रूप 2 यूरोप में गेहूं की प्रजाति का अनाज जिसे अब गेहूं ने लगभग पदच्युत कर दिया है

spelter /स्पेल्टर/ *n.* स्पेल्टर, जस्ता

spelunker /स्पिलंक:/ *n.* गुफाओं का अध्ययन करने वाला, गुहाध्येता;

dw/lw: **spelunking** /स्पिलंकिंग/ *n.* गुफाओं का अध्ययन

spencer /स्पेनस:/ *n.* 1 उन्नीसवीं सदी के प्रारंभ में पुरुषों द्वारा पहने जाने वाला कसकर आने वाला ओवरकोट 2 औरतों की अंदर पहनने की एक पतली ऊनी पोशाक 3 पाल जहाज की एक विशेष चाल

spend /स्पेंड/ *v., pt.* **spent**, *pt. p.* **spent**, *pp* **~ing** 1 (*often* **~ on**) कुछ खरीदने, मरम्मत करवाने या अन्य किसी सेवा पर खर्च क., व्यय क.: ~ money/ words; ~ much money on foolish pleasures; he **~s** money like water 2 समय बिताना, गुजारना: ~ one's time in reading/ in playing cards; **spent** hours trying to fix the car 3 किसी ऊर्जा, शक्ति या भंडार आदि को समाप्त क. या उनका हो.: the fury of the storm is **spent**; they **spent** their fury/ rage on the dog 4 पूरा का पूरा भंडार खर्च हो जाना: her anger soon **~s** itself 5 गंवाना, खोना: ~ oneself;

n. व्यय, खर्च करने की क्रिया: went on a massive ~ after winning the Lottery; allocated a 5 million rupees ~ for the leader's face-lifting/ advertising;

dw/lw: **~er** (*also* **~thrift**) *n.* अपव्ययी, उड़ाऊ, फिजूलखर्च; **~ing** *n.* खर्च करने की क्रिया, खर्च, व्यय; **~thrift** /स्पेंड-थ्रिफ्ट/ *n.* फिजूलखर्च, अपव्ययी, उड़ाऊ-खाऊ; **spent** /स्पेंट/ *adj.* 1 खत्म, बीता हुआ, चुका हुआ: spent life 2 (***syn.*** exhausted) खर्च किया हुआ, खत्म: a spent match; spent cartridge; spent bullet; spent steam; spent volcano 3 बेदम, बेजान, निढाल, थका-मांदा: a spent force 4 भुक्तशेष 5 *pt.*, **'spend'** का भूतकालिक रूप;

collocations: **spending money** गैर-जरूरी चीजों पर खर्च किया जा सकने वाला पैसा;

p&i: **~ a penny** *Br. euphemistic* पेशाब क.; **~ money like water** पानी की तरह पैसा बहाना; **spent force** खत्म हो जाने वाली शक्ति, चुका हुआ

sperm /स्प:म/ *n., pl.* **sperm** (***syn.*** semen) शुक्राणु, वीर्य, बीज, धातु: ~ bank (शुक्राणु बैंक); ~ cell (शुक्र कोशिका);

dw/lw: **~aceti** /स्प:मअसीटि/ *n.* 1 शुक्राणु 2 व्हेल मछली के सिर से निकलने वाला सफेद चर्बी वाला पदार्थ जो मोमबत्ती आदि बनाने में काम आता है; **~ary** /स्प:मरि/ *n.* शुक्र ग्रंथि; **~atic** /स्प:मैटिक/ *adj.* शुक्राणु-संबंधी, वीर्य-संबंधी; **~atogenesis** /स्प:मअटजेनिसिस/ *n.* शुक्र-जनन; **~atozoon** /स्प:मअटोजोअन/ *n. pl.* **~atozoa** जानवरों का शुक्राणु; **~atocyte** /स्प:मअटोसाइट/ *n.* शुक्राणु-कोशिका; **~icide** /स्प:मिसाइड/ *n.* शुक्राणुओं को नष्ट करने वाला पदार्थ; **~-whale** /स्प:मव्हेल/ *n.* मोमी-तिमि;

collocations: **~ bank** शुक्राणु बैंक; **~ count** शुक्राणु संख्या या गणना; **~ oil** मोमी-तिमि (**sperm-whale**) के सिर से निकाला जाने वाला तेल

-sperm, *bot., comb. form, denoting:* **a seed** (बीज); **angiosperm** आवृत्त बीजी; **gymnospermal** अनावृत्तबीजी;

spew /स्प्यू/ (*also* **~ out**) *v., pt.* **~ed**, *pp* **~ing** 1 उगलना, कै क. 2 धारा के रूप में फूट निकलना: obscenities **~ed** from his mouth;

n. उल्टी, कै;

dw/lw: **~ing** /स्प्यूइंग/ *n.* उबकाई, वमन; **~ing** *adj.* उगलने वाला: venom-~ing;

p&i: **spew one's guts up** *sl.* वेगपूर्वक कै क., उगलना

SPF *abbr.*, 'sun protection factor' की प्रथमाक्षरी (सूर्य की किरणों से किसी क्रीम की बचाव-शक्ति का बोतल पर लिखा नंबर)

sp. gr. *abbr.* 'specific gravity' का छोटा रूप

sphacela\te /स्फैसिलेट/ *v., pt.* **~ted**, *pp* **~ting** *med.* 1 गलना, सड़ना 2 गैंग्रीन या कोथयुक्त हो., कोशिकाओं का मर जा.

sphagnum /स्फैग्नम/ (*also called* **bog moss/ peat**) *n., pl.* **sphagna** दलदल में जमने वाली एक प्रकार की काई

sphenogram /स्फीनअग्रैम/ *n.* कीलाक्षर

sphenoid /स्फीनाइड/ *n.* फाना-रूप;

dw/lw: **~al** /स्फीनाइडल/ *adj.* जतुकी;

collocations: **~ bone** जातुकास्थि, जतुक, फाना-रूप अस्थि

sphere /स्फिअ:/ *n.* 1 क्षेत्र: ~ of influence/ of interest; the mental ~; Rugby's not really my ~ 2 अधिकार क्षेत्र: in one's ~; out of/ not within one's ~ 3 *math.* त्रीविम गोल पिंड 4 ऐसे पिंड की सतह 5 गोला, गेंद 6 कार्य-कलाप क्षेत्र, कर्म-भूमि: too narrow/ limited a ~ for sb; a ~ of activity 7 (***syn.*** domain) सामाजिक समूह या दायरा: in high **~s**; he moves in quite another ~; we don't move in the same ~ any more 8 तारा 9 आकाश 10 पिंड, ग्रह: celestial ~ (खगोल);

v., pt. **~d**, *pp* **sphering** 1 वृत्ताकार बनाना 2 गेंद की तरह गोल बनाना 3 किसी बर्तन को किसी तरल से भरकर किनारों तक छलकाना;

dw/dw: **spheric/ spherical** /स्फेरिक/ स्फेरिकल/ *adj.* (***syn.*** round) गोलाकार, गोलीय, गोल; **spherics** /स्फेरिक्स/ *n.* गोलीय ज्यामिति, गोलीय त्रिकोणमिति; **spherically** /स्फेरिकलि/ *adv.* गोले के रूप में; **sphericity** /स्फेरिसिटि/ *n.* गोलाई;

collocations: **~ about/ ~ round** चारों ओर घुमाना; **~ of influence** प्रभाव क्षेत्र

-sphere *comb. form denoting: the shape of:* 1 **sphere** (त्रीविम गोल पिंड): **bathy~** 2 *denoting*: **an area around a planet** (किसी ग्रह के इर्दगिर्द का क्षेत्र): **iono~**

spheroid /स्फिरऑइड/ *n.* गोलाभ

spherometer /स्फिरॉमिट:/ *n.* गोलाई मापी

spherule /स्फेरूल/ *n.* गोलक, गोली

sphincter /स्फिंक्ट:/ *n., anat.* मांसपेशियों का गोलाकार छल्ला जो सिकुड़ने पर किसी कोटरिका (cavity) का मुंह बंद कर देता है, अवरोधनी;

dw/lw: **~ic** /स्फिंक्टेरिक/ (*also* **~al/ ~ial**) *adj.* अवरोधनी से संबंधित;

collocations: ~ **incontinence** अवरोधनी के कड़ेपन में ढील या ढिलाई

sphinx /स्फिंक्स/ *n., pl.* **sphinxes/ sphinges** /सफिंजीज/ 1 (**Sphinx**) *Gr. mythol.* ऐसा दानव जिसका धड़ शेर का और सिर औरत का था और जो उन सैलानियों को गला घोंटकर मार देता था जो उसकी पहेलियों का जवाब नहीं दे पाते थे 2 (*also* **Sphinx**) ऐसी प्राचीन प्रस्तर मूर्ति जिसका धड़ मानव का और सिर शेर का है 3 रहस्यमय व्यक्ति: she was always a ~ to me 4 जमुहां, नरसिंह मूर्ति;
dw/lw: **~like** *adj.* रहस्यमय

sphragistics /स्फ्रअजिस्टिक्स/ *n., [sing.]* (उत्कीर्ण) मुद्रा-विज्ञान

sphygmogram /स्फिग्मोग्रैम/ *n., med.* रक्त-चाप और नब्ज में घटत-बढ़त का ब्योरा (record)

sphygmograph /स्फिग्मोग्राःफ/ *n., med.* रक्त-चाप और नब्ज में घटत-बढ़त मापी उपकरण

sphygmomanometer /स्फिग्मोमअनौमिटः/ (*also* **sphygmometer** /स्फिग्मौमअटः/) *n.* 1 रक्तचाप-मापी उपकरण 2 नाड़ीमापी, स्पंदनमापी

sphygmus /स्फिग्मस/ *n.* नाड़ी-स्पंदन, स्पंदन

spic/ spick/ spik /स्पिक/ *n., offensive* 1 दक्षिण अमेरिका, कैरिबिअन आदि के स्पेनी-भाषी व्यक्ति के लिए प्रयुक्त 2 इस क्षेत्र की स्पेनी भाषा का एक प्रकार;
p&i: **spick and span** साफ-सुथरा (*also, see below under separate entry*)

spica /स्पाइका/ *n., pl.* **spicae** /स्पाइसी/ *or* **spicas** 1 स्पाइक नाम का फूल 2 *surg.* शल्य-क्रिया के बाद V-आकार में बांधी जाने वाली पट्टियां 3 चित्रा;
dw/lw: **~te/ ~ted** /स्पाइके्ट/ ~टिड/ *adj.* स्पाइकी, स्पाइकनुमा

spiccato /स्पिकाःटो/ *adj., adv., music, n., pl.* **~s** एक प्रकार का संगीत

spice /स्पाइस/ *n.* 1 मसाला 2 मनोरंजक या चटपटी बात, मजेदार, मसालेदार बात 3 चटपटापन: his story lacks ~ 4 गंध 5 (*usually* **a ~ of sth**) पुट: a ~ of humour; a ~ of malice (दुर्भावना का पुट);
v., pt. **~d**, *pp* **spicing** 1 मसाला डालना: put **~s** into the meat 2 छौंकना, छौंक लगाना 3 मजेदार बनाना 4 बघारना, नमक-मिर्च लगाकर बताना;
dw/lw: **~-box** *n.* मसालेदानी; **~bush** *n.* सुगंधदार झाड़ी; **~d** *adj.* मसालों के पुट वाला; **~ry** /स्पाइसरि/ *n.* विभिन्न मसालों का समूह; **spicy** *see below under separate entry*;
p&i: **~ sth up** मजेदार बनाना; **~ of jealousy** ईर्ष्या का पुट; **variety is the ~ of life भिन्नता** जीवन को चटपटा बनाती है

spick and span/ spic and span/ spik and span *adj.* 1 चमाचम, नया-जैसा: he keeps his car ~ 2 बना-ठना, चुस्त-दुरुस्त 3 बेदाग: ~ dress 4 अभिनव, नए जैसा, ताजा: ~ suit

spicular/ ~late /स्पिक्यूलः/ स्पिक्यूलिट/ *adj.* 1 सुई जैसा कंटकी, कांटेदार 2 सूच्याकार

spicule /स्पिक्ल/ *n.* सुई की तरह का नुकीला छोटा जीव, कटिका, कंटिका

spicy/ spicey /स्पाइसि/ *adj., degr.* **spicier, spiciest** 1 मसालेदार, चरपरा 2 तिक्त, तीखा 3 मजेदार, चिलचस्प, चटकीला: ~ conversation; ~ bits of scandal; ~ gossip 4 सुरभित, सुगंधित, खुशबूदार;
dw/lw: **spiciness** *n.* चरपरापन, चटपटापन

spider /स्पाइडः/ *n.* 1 मकड़ी, लूता 2 खूनचूस जीव, चिंचड़ी, अत्याचारी प्राणी 3 मकड़ी, घुन;
dw/lw: **~-like** *adj.* मकड़ी जैसा; **~man** *n.* ऊंचे भवनों का निर्माण करने वाला कर्मी; **~y** /स्पाइडरि/ *adj.* 1 मकड़ी का, मकड़ी-जैसा, मकड़ी-भरा 2 लंबा-पतला, सींकिया: ~y handwriting (टेढ़ा-मेढ़ा व उलझा हुआ हस्तलेख);
collocations: ~ **mite** पौधों को खाने वाला लाल मकड़ी घुन; ~ **monkey** अमेरिकी उष्णकटिबंधीय बंदर की प्रजाति; **~/ ~'s web** मकड़ जाल;
p&i: **swallow a ~** दिवालिया पिट जा.

spiegeleisen /स्पीगलाइजन/ *n.* ढलवां लोहा

spiel /श्पील/ स्पील/ *n., colloq.,* 1 लंबी, टेढ़ी-मेढ़ी, अविश्वसनीय कहानी, कहानी-गप: gave me the whole ~ about missing the train 2 माल की बड़ाई, विज्ञापन: ~ truck?;
v., pt. **~ed**, *pp* **~ing** 1 गप्प हांकना 2 झूठमूठ की कहानी गढ़ना 3 बुद्धू बनाना;
dw/lw: **~er** /श्पीलः/ *n.* 1 बात-चीत में कुशल, वाक्-कुशल 2 गपौड़-शंख 3 जुआड़ी 4 धोखेबाज, ठग

spies *pl.,* **spy** का बहुवचन

spiff up/ ~ sb/ sth up साफ और सुंदर बनाना या दिखाना

spiffing /स्पिफिंग/ *adj., Br. old colloq. use* (**syn.** excellent) शानदार, बढ़िया;
dw/lw: **spiffy** /स्पिफि/ *adj.* आकर्षक एवं फैशनेबुल

spiflica\te/ spifflica\te /स्पिफ्लिकेट/ *v. pt.* **~ted**, *pp* **~ting** *humorous* 1 नष्ट क. 2 पीटना, ठुकाई क. 3 मरम्मत क.;
dw/lw: **spiflication** *n.* पिटाई, ठुकाई

spigot /स्पिगअट/ *n.* 1 टोंटी 2 डाट 3 पाइप या नाली का सिरा;
collocations: **brother/ knight/ man/ son of ~** ढाबे वाला, दारू परोसने वाला

spike /स्पाइक/ *n.* 1 बड़ी कील, मेख, कांटा 2 गेहूं आदि की बाल, बाली 3 नोक 4 बाड़ के लिए ऊपर उठती नुकीली छड़ या फानेनुमा पट्टी का नुकीला सिरा 5 धावक जूतों की नुकीली कील 6 (**spikes**) नुकीली कील लगे तल्ले वाले जूते 7 परीक्षण रेखा 8 रैडार ब्लिप 9 *drug-taking sl.* हाइपोडर्मिक सूई (hypodermic needle) 10 पांडुलिपि को ठुकरा दिए जाने की क्रिया (रद्दी की टोकरी में फेंक देने की क्रिया) 11 फाना (wedge);
v., pt. **~d**, *pp* **spiking** 1 कील लगाना, फाना लगाना 2 (**syn.** stab) छेदित क., छेदना, भेदन क. 3 व्यर्थ कर दे., बिगाड़ दे. 4 ठुकरा दे.: ~ a proposal; ~ a rumour 5 शराब के पैग को और तेज बनाना 6 पैग में नशीला पदार्थ मिलाना;
dw/lw: **~d** *adj.* कीलदार, कांटेदार: ~d shoes; **~let** *n.* शूकिका;
collocations: **~d lattice** लोहे आदि की नोकदार छड़ों वाली बाड़; **~ heel** (**syn.** stiletto) ऊंची पतली एड़ी वाले जूते; **~ iron** मेख बनाने का लोहा; **get the ~** 1 क्रुद्ध हो जा. 2 चिढ़ जा.;
p&i: **~ sb's guns** (किसी की चाल को असफल कर दे.

spikenard /स्पाइक्नाड/ (*also called* **nard**) **n.** 1 हिमालय क्षेत्र में पाया जाने वाला सुगंधित पौधा, जटामांसी, बालछड़ 2 इस पौधे के भूमिगत तने से बनाई जाने वाली सुगंधित मलहम

spiky /स्पाइकि/ *adj., degr.* spikier, spikiest 1 लंबा और नुकीला: spiky punk hairstyle 2 कीलित 3 कट्टर, टेढ़ा, कठोर

spile /स्पाइल/ *n.* 1 लकड़ी की डाट 2 लकड़ी की खूंटी

spill /स्पिल/ *v., pt.* **spilt/ ~ed**, *pt. p.* **spilt/ ~ed**, *pp* **~ing** 1 छलकाकर गिरा दे., गिर जाना 2 छलकना, छलकाना: ~ over 3 बिखर जाना, बिखेरना, छितराना 4 से हवा निकालना 5 अनचाहे में बहा देना 6 भीड़ आदि का बिखरकर फैल जा.: the spectators **~ed** onto the pitch 7 खून बहाना: a terrible war in which a lot of blood was **~ed** 8 गाड़ी या घोड़े से उतार फेंकना;
n. 1 (**syn.** ~age) छलकने की क्रिया, बहाव, बिखराव, छितराव 2 छलका हुआ द्रव 3 घोड़े या गाड़ी आदि से गिरने की क्रिया, पछाड़, पटकन, गिराव, गिरावट: have/ get a ~ 4 छोटी-मोटी रिश्वत 5 आग जलाने के लिए लकड़ी की छोटी-सी खपची या कागज का टुकड़ा;
dw/lw: **~age** /स्पिलिज/ *n.* 1 छलका हुआ द्रव 2 छलकी हुई राशि, क्षति; **~er** /स्पिलः/ *n.* 1 छलकाने या बहाने वाला व्यक्ति 2 कातिल, खूनी: a ~ of blood; **~over** *n.* 1 छलकाव, बहाव 2 मुख्य कार्य के साथ-साथ पड़ने वाला प्रभाव या होने वाला दुष्परिणाम; **~way** /स्पिलवे/ *n.* 1 निकासी मार्ग 2 बहाव नाली 3 द्रव-निकास नाली;

p&i: **~ money** जुए में पैसा हारना; **~ the beans** *colloq.* भेद खोल दे., भंडाफोड़ कर दे.; **~ out** 1 छलके हुए द्रव का फैलाव हो जा. 2 बाहर निकलकर फैल जा.; **~ over** किसी घटना या स्थिति के प्रभाव का अन्य स्थानों पर फैल जा.

spillikin/ spilikin/ spellican /स्पिलिकिन/ (*US* **jackstraw)** *n.* छिपटी, खपची

spin /स्पिन/ *v., pt.* **spun**, *pt. p.* **spun**, *pp* **~ning** 1 बार-बार घूमना या घुमाना/ जल्दी से चक्कर लगाना, फिरकना, फिरना, फिराना: sth **~s** or one **~s** sth; we **spun** a coin to see who would go first; ~ a top (लट्टू घुमाना) 2 सूत कातना 3 रेशम के कीड़े या मकड़ी द्वारा जाला बनाया जाना: ~ a cocoon 4 झूठी कहानियां गढ़ना, झूठ बोलना: ~ stories; **spun** a complex web of lies 5 बुनना, बनाना 6 क्रिकेट के खेल में गेंद को घुमाना या फिर्कीदार गेंद फेंकना: ~ the ball 7 शराब पीने या नशीली दवा आदि लेने के कारण सिर का चकराना: my head **~s** 8 फिर्कीदार मशीन (spin-dryer) में कपड़े सुखाना 9 रिकॉर्ड या CD कैसेट चलाना: a station that **~s** mainly idle stuff;
n. 1 चक्रण, घुमाव 2 दिखावापूर्ण (हकीकत से बेहतर) प्रस्तुति: the PR department will put a ~ on it; this report puts a different ~ on the issue 3 गाड़ी में लगाया जाने वाला छोटा चक्कर 4 (*also* **tailspin**) चक्कर खाते हुए गिराव या उतराव: go into a ~; an airplane ~ 5 रिकॉर्ड बनाने की क्रिया 6 दौर 7 सैर;
dw/lw: **~-doctoring** *n.* किसी नेता, संगठन आदि के बारे में सब्ज बाग दिखाकर लोगों को गुमराह करने का कार्य; **~-dry** *v. pt.* ~-dried/ spun-dry, *pp* ~-drying/ ~ning-dry गीले कपड़े मशीन में डालकर तेज रफ्तार से घुमाकर सुखाना; **~dryer/ ~drier** *n.* गीले कपड़े तेज रफ्तार से घुमाकर सुखाने वाली मशीन; **~free** *adj.* प्रचक्रण मुक्त; **~ner** /स्पिनः/ *n.* 1 कातने वाला व्यक्ति 2 कताई की मशीन 3 स्पिनर, चक्री या फिर्की गेंदबाज 4 मछली पकड़ने के लिए प्रयुक्त घूमने वाली छड़; **~ning** *n.* 1 सरल व तेज घुमाव, चक्रण: ~ning electron (चक्रणी इलेक्ट्रोन) 2 कताई, कर्तन: ~ning machine (कताई यंत्र); **~ning** *adj.* 1 कताई संबंधी, कताई का 2 घुमावदार, घूमने वाला; **spun** *adj.* 1 कताई से बनाया हुआ 2 संयुक्त शब्दों में: home-spun (घर पर यानी चर्खे पर काता हुआ); **~-off** /स्पिन-ऑफ/ *n.* किसी बड़ी परियोजना या कार्य को करने से कुछ छोटे-मोटे उत्पाद का स्वत: बन जा.
collocations: **~ bowler** *cricket* फिर्कीदार गेंदबाज; **~ doctor** किसी नेता, संगठन आदि के बारे में सब्ज बाग दिखलाने वाला (ठगने वाला) व्यक्ति; **~ning jenny** एक प्रारंभिक कताई यंत्र जिसमें बहुत सारी तकलियां होती थीं; **~ning wheel** चर्खा;
p&i: **~ a coin** (टॉस करने के लिए) सिक्का उछालना; **~ a cuffer/ a diffy** झूठे किस्से सुनाकर ठगना; **~ a yarn** रहस्यमय जाल बुनना, काल्पनिक किस्से गढ़ना; **~ a tale** कहानी गढ़ना; **~ in** गेंद का फिर्कीदार फेंक के फलस्वरूप धरती पर लगना; **~ off** 1 कातकर खत्म क. 2 चक्रण से निकालना; **~ out** 1 लंबा खींचना: ~ out the conversation 2 लंबा खिंच जा. 3 बचत क.: ~ out energy, money; **~ round** जल्दी से मुड़ना या घूमना; **~ (sb) around/ round** किसी को जल्दी से घुमाना; **~ sth out** कहानी सुनाना; **~ the prop** इंजन चालू क.;
go for a ~ मोटरसाइकिल या कार में तेज गति से जा.; **have a rough ~** कठिनाई में पड़ जा.; **in a flat ~** घबराहट का शिकार; **send one ~ning** किसी को प्रहार से लड़खड़ा दे.; **sb's money ~s** किसी का पैसा जल्दी उड़ जाता है; **time ~s away** समय बहुत जल्दी गुजर जाता है;

spina /स्पाइना/ *n.* कंट, स्पाइना

spina bifida /स्पाइना बिफीदा/ स्पाइना बाइफिदा/ *n., pathol.* द्विमेरुता, एक जन्मजात विकार जिसमें रीढ़ की हड्डी के विकृत हो जाने के कारण रोगी टांगों के लकवे व मानसिक विकारों का शिकार हो जाता है

spinaceous /स्पिनेशिअस/ *adj.* पालक का, पालक जैसा

spinach/ spinage /स्पिनिच/ *n.* 1 पालक 2 बेकार खाना 3 *colloq.* ठगी 4 बकवास;
dw/lw: **~blight** *n.* पालक अंगमारी;
collocations: **Indian ~** पोई

spinal /स्पाइनल/ *adj.* मेरुदंडीय: a ~ injury;
collocations: **~ anaesthesia** मेरु चेतन-शून्यता; **~ bone** रीढ़ की हड्डी; **~ canal** मेरु नली; **~ column** रीढ़, मेरुदंड, पीठ; **~ cord/ marrow** मेरुरज्जु, सुषम्ना; **~ curvature** रीढ़ की वक्रता; **~ nerve** *anat.* रीढ़ से निकलकर सारे शरीर में फैलने वालीं नसें 31 जोड़ों (pairs) में से कोई एक; **~ tap** रीढ़ की नली

spination /स्पाइनेशन/ *n.* शूलन

spindle /स्पिंडल/ *n.* 1 तकला, तकुआ, तकली, तर्कु, टेकरी 2 धुरी: a record-player with a ~ for 10 singles 3 लमछड़ व्यक्ति;
dw/lw: **~legged/ ~-shanked** *adj.* लमटंगा, लंबी-पतली टांगों वाला; **~-shaped** *adj.* तर्कुरूपी; **~-side** *n.* परिवार में मातृ-पक्ष; **spindling** /स्पिंडलिंग/ *adj.* लमटंगा: spindling boy; **spindly** /स्पिंडलि/ *adj., degr.* spindlier, spindliest *colloq.* 1 लंबा, पतला-दुबला, लमतड़ंग, सीकिया (पहलवान) 2 लमटंगा;
collocations: **~-legged man** लमटंगा आदमी, सीकिया पहलवान; **~-legged table** लमटंगी मेज

spindrift /स्पिनड्रिफ्ट/ *n.* समुद्री फुहार

spine /स्पाइन\/ *n.* 1 रीढ़, मेरुदंड 2 किताब का पुट्ठा 3 कैक्टस आदि पौधों में विनाशकारी जीवों से बचने के लिए कांटा, कंटक, शूल 4 पीठ 5 दमखम, हौसला, दिलेरी: hasn't got the ~ to answer back 6 मुख्य तत्त्व 7 पर्वत-माला;
dw/lw: **~-chiller** /~-चिलः/ *n.* दिल दहला देने वाली कहानी, हादसा, विचार; **~-chilling** *adj.* दिल दहला देने वाली, रोंगटे खड़ा कर देने वाला; **~less** /~लेस/ *adj.* 1 इच्छा शक्तिहीन, कायर, डरपोक, दब्बू 2 ढुलमुल; **~lessness** /~लेसनेस/ *n.* इच्छा शक्तिहीन, कायरता, ढुलमुलपन, घोर अवसरवादिता, दमखमहीनता; **~-tingling** *adj.* (घटना, संगीत की रचना आदि) उत्तेजक होने कारण मजेदार

spinel /स्पिनेल/ *n.* कीमती पत्थरों का एक खनिज: ~ ruby

spinescent /स्पाइनेसंट/ *adj.* 1 शूलाग्री 2 कंटीला 3 कांटेदार

spinet /स्पिनिट/ *n.* छोटी वीणा, छोटा पियानो

spiniferous /स्पाइनिफअरस/ *adj.* कंटकी, कांटेदार

spinnaker /स्पिनअकः/ *n.* अनुकूल हवा की स्थिति में प्रयुक्त एक बड़ा पाल

spinner *see above under* **spin: *dw/lw***

spinneret /स्पिनअरेट/ *n., zool.* 1 मकड़ी, रेशम के कीड़े आदि जो जाले आदि बनाने में प्रयुक्त होने वाले रेशम के धागे पैदा करते हैं 2 बहुत सारे छेदों वाली प्लेट जो कृत्रिम रेशे बनाने के लिए प्रयुक्त होती है

spinney /स्पिनि/ *n.* (***syn.*** copse) झुरमुट या कुंज, वृक्ष-समूह

spinning *see above under* **spin: *dw/lw***

spin-off *see above under* **spin: *dw/lw***

spinor /स्पिन/ *n.* संदिश

spinose/ spiny /स्पाइनोस/ स्पाइनि/ *adj., biol.* 1 कांटेदार, शूलदार 2 कंटकाकार, शूलाकार 3 जटिल, पेचीला, पेचीदा

spinous /स्पाइनस/ *adj.* 1 (***syn.*** spinose) कांटेदार 2 कांटे जैसा

spinster /स्पिंस्टः/ *n.* अधेड़ उम्र की अविवाहित स्त्री;
dw/lw: **~hood** *n.* (अधेड़ उम्र की) अविवाहित स्त्री की अवस्था; **~ish** *adj.* अधेड़ उम्र की अविवाहित स्त्री जैसी; **~ly** *adj.* अधेड़ उम्र की अविवाहित स्त्री जैसी

spintext /स्पिनटेक्स्ट/ *n.* उपदेश जोड़ने वाला

spinthariscope /स्पिंथैरिस्कोप/ *n.* प्रस्फुरदर्शी, जगमगदर्शी

spinu\le /स्पाइन्यूल/ *biol., n.* शूलिका, कांटा;
dw/lw: **~lous** /स्पाइन्युलस/ *adj.* शूलिकामय

spiny /स्पाइनि/ *adj., degr.* **spinier, spiniest** 1 कांटों से भरा, कांटेदार 2 कंटीला (व्यक्ति), कंटीली (समस्या) 3 कठिन, जटिल, तुनकमिजाज

spiny anteater (*syn.* echidna) चींटीखोर

spiracle/ spiraculum /स्पाइरअकल/ स्पाइरैक्युलम/ *n., pl.* **spiracles/ spiracula** 1 कीटों में श्वास-छिद्र 2 व्हेल जैसी मछलियों में श्वास-छिद्र 3 लावा गैस द्वार

spiraea/ spirea /स्पाइरीआ/ *n., pl.* **spiraeas/ spireas** गुलाब परिवार की एक झाड़ी

spiral /स्पाइरल/ *n.* 1 कुंडली 2 कुंडलित आकार की वस्तु 3 पेचक 4 सर्पिल गति 5 उत्तरोत्तर वृद्धि या उत्तरोत्तर घटाव: a upward ~ or a downward ~ (उत्तरोत्तर चढ़ाव या उतार) 6 सर्पिल रेखा 7 घुंघरालापन;

v., pt. **~led/** *US* **~ed**, *pp* **~ling/** *US* **~ing** 1 सर्पिल गति से घेरना, चढ़ना या गिरना 2 सर्पिल ढंग से चलना 3 सर्पिल आकार की वस्तु बनाना या किसी वस्तु को सर्पिल आकार दे. 4 उत्तरोत्तर बढ़ना या घटना: prices were **~ling** up out of control;

adj. 1 कुंडलित 2 सर्पिल, चक्करदार: a ~ shape; ~ fracture; ~ sweep 3 पेंचदार: ~ drill;

dw/lw: **spiral-bound** *adj.* सर्पिल-तार से शोधकार्य या अन्य दस्तावेजों की जिल्द बंधवाना; **~ity** /स्पाइरैलिटि/*n.* सर्पिलता, पेंचदार रूप; **~led/ ~ed** *adj.* सर्पिल, चक्करदार, पेंचदार; **~ly** /स्पाइरलि/ *adv.* सर्पिल ढंग से, चक्करदार रूप में, पेंचाकार;

collocations: ~ **balance** स्प्रिंगदार तुला; ~ **galaxy** *astron.* आकाशगंगा जैसा तारामंडल; ~ **staircase** सर्पिल सोपान, घुमावदार सीढ़ी

spirant /स्पायरंट/ *n., phon.* घर्षणयुक्त व्यंजन;

adj. = **fricative** घर्षणी, ऊष्मवर्ण

spi\re /स्पायः/ *n.* 1 नुकीला शिखर, तीरनुमा या भालानुमा शिखर 2 मीनार, लाट 3 भाला 4 उत्तरोत्तर पैना होता शिखर 5 (*syn.* coil) कुंडली, सर्पिल बनावट 5 लपटों का मुंह;

v., pt. **~red**, *pp* **~ring** 1 ऊंचा उठना 2 चोटी का उत्तरोत्तर पैना हो.

spirit /स्पिरिट/ *n.* 1 (***syn.*** temperament, frame of mind) मनोदशा, मनोभाव, मनोवृत्ति, स्वभाव, रुख, मिजाज: she always had a very independent ~; tried to gauge public ~; thinks of himself as a free ~; recover one's **~s** 2 आत्मा, जीवात्मा, अंतरात्मा, मन, रूह: Holy **Spirit** (पवित्र आत्मा); ~ and matter (आत्मा और शरीर, मन और तन); do sth as the ~ moves one; in ~/ in the ~ (मन ही मन); his ~ was not within him (उसके मन में बड़ी खलबली मची थी); poor in ~ (भीतर से खोखला) 3 प्रेतात्मा, भूत, प्रेत: evil **~s** haunted the house; believe in **~s**; the abode of **~s**; be possessed by an evil ~ 4 स्पिरिट, मद्यसार, सुरासार, शराब: **~(s)** of wine 5 परी, बेताल: ~ of the woods (वन देवता, वनदेवी) 6 व्यक्तित्व, मनीषी, मनस्वी: he is a generous/ a mean/ a noble/ a proud/ a timid ~; he was a brave ~; one of the leading **~s** of the French Revolution 7 भाव, अर्थ, अभिप्राय, तात्पर्य, सार-तत्त्व: the ~ of the law/ an agreement, etc.; in accordance with the ~, not the letter, of the law; the ~ of the order/ of the speech/ of the work of literature 8 (***syn.*** vivacity, liveliness) नैतिक बल, जीवट, जीवंतता, हिम्मत, ऊर्जा, उत्साह, जोश, ओज, स्फूर्ति, जान, प्राण, मनोबल, दृढ़ता, धैर्य: a man of ~; a man of unbending ~; break sb's ~; I'll have ~ enough to go there; go at sth with ~ 9 प्रवृत्ति, झुकाव, प्रवाह, भावना, सद्भावना, बोध: community/ team, etc. ~; the ~ of friendship; the ~ of Christmas; team ~; the ~ of the age (युगबोध, युगचेतना); ~ of class struggle; the ~ of the bayonet; college/ school ~; take sth in the right/ wrong ~; you don't go about it in the right ~; show a mean ~ 10 लवण-अम्ल: ~ of salt 11 गंधक-अम्ल: ~ of vitriol 12 चिकित्सक स्पिरिट, टिंक्चर: surgical ~;

v., *pt.* **~ed**, *pp* **~ing** 1 (*usually* **~ sth/ sb away/ off**) किसी को रहस्यमय या जादुई ढंग से कहीं ले जा.: be **~ed** away/ out/ to, etc. 2 (*usually* **~ up**) हिम्मत, जीवटता बढ़ाना, धैर्य बंधाना, उत्साह बढ़ाना, प्राण फूंकना 3 जीवंत या आनंदित क. 4 गुप्त रूप से उड़ाकर (अपहरण कर) ले जाना: ~ away/ ~ off;

dw/lw: **~ed** /स्पिरिटिड/ *adj.* 1 जीवंत, जोरदार, उत्साहपूर्ण, सजीव, ओजस्वी, तेजस्वी, जोशीला, प्रफुल्ल: ~ed critique; ~ed attack; ~ed features; ~ed reply; **~edly** *adv.* साहसपूर्वक, जोशपूर्वक; **~edness** *n.* तेज, ओज, जोश, साहस; **~ism** /स्पिरिटिज्म/ *n.* प्रेतात्मवाद; **~ist** *n.* प्रेतात्मवादी; **~-lamp** *n.* स्पिरिट से जलने वाला दीया; **~less** /स्पिरिटलेस/ *adj.* 1 निर्जीव, निस्तेज, बेजान 2 उदास, खिन्न; **~-level** *n.* पाणसल, तलमापी, साधनी; **~-world** *n.* प्रेत-जगत;

high-~ed *adj.* तेजस्वी, ओजस्वी, जोशपूर्ण, साहसी; **the Spirit** पवित्र प्रेतात्मा;

collocations: **~ gum** अदाकारों के लिए शृंगार गोंद; **~s/ ~ of salt** लवण-अम्ल; **~s/ ~ of wine** (***syn.*** alcohol) सुरा तत्त्व; **~ story** बेजान, निस्तेज कहानी; **the moving ~** प्रेरणा स्रोत, जीवंत शक्ति;

p&i: **as/ when/ if the ~ moves me** यदि या जब मन करेगा, तो या तब; **be out of ~s** उदास, खिन्न हो.; **damp sb's ~s** किसी हिम्मत पस्त क.; **in bad ~s** मिजाज खराब हो.; **in good/ high, etc. ~s** मिजाज अच्छा हो., हौसला बुलंद हो.; **in low ~s** खिन्न हो.; **in ~** नैतिक रूप से, मन से: I'll be with you in ~, if not in person (तन से नहीं तो मन से मैं आपके साथ रहूंगा); **that is the ~! = keep up your ~s!** शाबाश! इस भावना को बनाए रखो!; **the ~ is willing but the flesh is weak** मन तो करता है पर तन साथ नहीं देता

spiritual /स्पिरिचुअ\ल/ *adj.* 1 आध्यात्मिक, पारलौकिक 2 निराकार, अमूर्त, अभौतिक, अशारीरिक, चिन्मय 3 मानसिक, बौद्धिक 4 उदात्त, परिष्कृत: ~ mind 5 धार्मिक: ~ court 6 दिव्य, ईश्वरीय 7 पवित्र 8 प्रेतात्मा या भूत-प्रेत संबंधी 9 (as a Gallicism, i.e., a French idiom or expression used in a foreign language) चातुर्य-पूर्ण, हाजिर-जवाब, तेज-तर्रार;

n. 1 (*also* **Negro spiritual**) धार्मिक गीत, अमेरिका के दक्षिणी क्षेत्रों में सताए जाने वाले अफ्रीकी मूल के अमेरिकी लोगों की अंतरात्मा की आवाज के रूप में निकले गीत 2 धार्मिक व्यक्ति, धर्म में आस्था रखने वाला व्यक्ति 3 धार्मिक विचार 4 धार्मिक कायकर्ताओं यानी पादरियों, पुरोहितों आदि के अधिकार एवं विशेषाधिकार;

dw/lw: **~ism** /~लिज्म/ *n.* 1 अध्यात्मवाद, आध्यात्मिकता 2 प्रेतात्मवाद, इस बात में विश्वास कि प्रेतात्माओं से किसी माध्यम से संवाद किया जा सकता है 3 आध्यात्मकी, ऐसा सिद्धांत कि मरने के बाद भी आत्मा जीवित रहती है; **~ist** /~लिस्ट/ *n.* 1 अध्यात्मवादी 2 प्रेतात्मवादी; **~istic** /~लिस्टिक/ *adj.* 1 अध्यात्मवादिक, आध्यात्मवादी 2 प्रेतात्मवादिक; **~ity** /स्पिरिचुऐलिटि/ *n.* 1 आध्यात्मिकता, अभौतिकता 2 धार्मिकता 3 धार्मिक अधिकार 4 साधना; **~ization** /~लाइजेशन/ *n.* आध्यात्मीकरण, आध्यात्मिक व्याख्या; **~ize** /~लाइज/ *v., pt.* ~ized, *pp* ~izing 1 आध्यात्मिक बना दे. 2 उदात्त, पवित्र एवं धार्मिक बना दे. 3 आध्यात्मिक व्याख्या क. यानी प्रतीकों व अलंकारों के माध्यम से संवाद क.; **~ly** /~लि/ *adv.* आध्यात्मिक दृष्टि से; **~ness** /~लनेस/*n.* आध्यात्मिकतावाद, अभौतिकता, धार्मिकता;

collocations: ~ **bouquet** आध्यात्मिक स्तवक; ~ **communion** धार्मिक संघ का सभासद; ~ **exercises** 1 धर्मचर्य्या, पूजा-पाठ 2 आध्यात्मिक साधना, मौन व्रत; ~ **flesh-broker** पादरी, पुरोहित आदि; ~ **leader** आध्यात्मिक गुरु; ~ **reading** आध्यात्मिक पाठ-पठन; **the ~ world** आध्यात्मिक संसार

spirituel /स्पिरिटयूएल/ *adj., Fr.* 1 सुसंस्कृत, परिष्कृत 2 वाग्विदग्ध, वाक्-पटु

spirituous /स्पिरिचुअस/ *adj.* 1 अत्यधिक मद्ययुक्त, मादक 2 आसवन के माध्यम से प्राप्त होने वाले (व्हिस्की आदि पेय)

spiritus /स्पिरिटस/ *n.* 1 श्वास-ग्रहण, श्वसन 2 *ling.* महाप्राणता;
collocations: ~ **asper** महाप्राण; ~ **lenis** अल्पप्राण

spiro\chaete /स्पायरोकीट/ *n.* सर्पाकार जीवाणु, तरंगाणु

spirograph /स्पायरोग्राफ/ *n., med.* श्वासलेखी;
dw/lw: **~meter** *n.* श्वास मापी; **~phore** *n.* श्वास यंत्र

spirogyra /स्पायरोजायरा/ *n.* श्वासमापी यंत्र

spirt /स्पःट/ (*also* **spurt**) *v., pt.* **~ed**, *pp* **~ing** फूट निकलना, फुहारा छूटना या छोड़ना;
n. तेज धार, फुहारा

spiry /स्पायरि/ *adj.* 1 नुकीला 2 सूई समान 3 मीनाराकार 4 सर्पिल, पेचदार 5 कुंडलित

spit¹ /स्पिट/ *v., pt./ pt. p.* **spat** (*also US* **spit**), *pp* **~ting** 1 थूकना 2 घृणा या नापसंदगी जाहिर करने के लिए थूकने का दिखावा क.: ~ in sb's face/ in sb's teeth 3 (*also* ~ **out**) मुंह में से कौर या खून आदि उगलना: ~ blood 4 घृणा या गहन नापसंदगी हिंसात्मक तरीके से अभिव्यक्त क.: ~ on/ upon sb/ sth; ~ out a reproach; ~ (out) an oath (गाली दे.); ~ poison/ venom; ~ fire 5 झींसी या फुहार पड़ना या रुक-रुककर हिमकणों का गिरना 6 चिंगारियां छोड़ना, चिटकना, रह-रह कर भभकना 7 बिल्ली द्वारा घुरघुराना 8 बकना 9 रिसना 10 छोड़ना, निकालना;
n. 1 (***syn.*** spittle) थूक 2 (***syn.*** saliva) राल, लार 3 थूकने की क्रिया 4 संकरी रेती 5 झींसी 6 प्रतिरूप: be the very/ dead ~; he is the very ~ of his father; the ~/ very ~ *colloq.* (हू-ब-हू प्रतिरूप); she's the very ~ of her mother 8 अंडा;
dw/lw: **~-and-sawdust** *adj.* ऐशो-आराम या परिष्करण का अभाव; **~ting** *n.* थूकने की क्रिया; ~ of blood;
dw/lw: **~-box/ spittoon** *n.* पीकदान, थूकदान, उगालदान; **~fire** /स्पिटफायः/ *n.* 1 गुस्सैल या अत्यंत क्रोधी व्यक्ति 2 दुर्वासा, चंडी; **~fire** *adj.* गुस्सैल: ~ temper; ~ mountain (ज्वालामुखी पर्वत); **~ter** *n.* थूकने वाला; **~ting image** हू-ब-हू प्रतिरूप;
p&i: **~ and polish** *colloq.* 1 सैनिक का दिन-प्रतिदिन का सफाई का काम, चिकनाने-चमकाने की क्रिया 2 *often derog.* जरूरत से ज्यादा सफाई, सहीपन 3 ठाठ-बाट, चमक-दमक; **~ at/ ~ upon** पर थूकना, के मुंह पर थूकना; **~ blood/ venom** बहुत क्रुद्ध हो.; **~ fire** आग-बबूला हो.; **~ it out** बक दे., पूरी बात उगल दे.; **~ one's guts** भेद खोल दे., अंदर की बातें बक दे.; **~ out** 1 थूकना 2 बक दे.; **~ up** कै या उल्टी क.;
a ~ and a drag/ draw चुपके-चुपके सिगरेट पीने की क्रिया; **a ~ and a stride** बहुत कम दूरी; **be/ lie in/ within ~ting distance (of)** बहुत कम दूरी पर हो.; **the ~ and image of sb** किसी का हू-ब-हू प्रतिरूप हो.;

spit² *v. pt.* **~ted**, *pp* **~ting** 1 कुदाल या कसी से खोदना 2 (भूनने के लिए) सींखचों पर गोश्त लगाना;
n. 1 कुदाल भर गहराई 2 कोयलों आदि की आग पर गोश्त आदि पकाने वाली सीख, सीखचा या छड़;
dw/lw: **~-roast** *v. pt.* **~roasted**, *pp* **~roasting** सीख पर गोश्त भूनना

spite /स्पाइट/ *n.* 1 (***syn.*** ill-will) वैर, डाह: bear sb a ~/ have a ~ at/ against sb 2 (***syn.*** malice) द्वेष, ईर्ष्या, विद्वेष 3 दुर्भावना, मनमुटाव, गांठ: out of/ for/ from/ in ~ (दुर्भावना के कारण) 4 मैल, मल;
v., *pt.* **~d**, *pp* **spiting** 1 को परेशान क., तंग क. 2 का विरोध क. 3 मात दे.;
dw/lw: **~ful** /~फुल/ *adj.* (***syn.*** malicious) विद्वेषपूर्ण; **~fully** /~फुलि/ *adv.* (***syn.*** maliciously) विद्वेषपूर्ण ढंग से;
p&i: **~ and spurn** बेहद क्रुद्ध हो जा.;
cut/ bite off one's nose to ~ one's face दूसरे को दुखी करने के लिए अपना नुकसान क.; **in ~ of** (***syn.*** despite) के बावजूद; **in ~ of oneself** किसी की मर्जी के बिना या मर्जी के खिलाफ;

spittle /स्पिटल/ *n.* (***syn.*** saliva, spit) थूक या लार

spittoon /स्पिटून/ (*also* **~-box**) *n.* थूकदान, पीकदान, उगालदान

spitz /स्पिट्स/ *n., pl.* **spitzes** /स्पिट्जीज/ कुत्ते की एक नस्ल

spiv /स्पिव/ *n., colloq.* 1 भड़कीले और महंगे कपड़े पहनने वाला चोरी के माल का व्यापारी या कालाबाजारिया 2 संदिग्ध या धोखेबाज आदमी;
dw/lw: **spivvery** /स्पिवरि/ *n.* चोरबाजारी; **spivvy** /स्पिवि/ *n. adj.* 1 नीच, कमीना 2 संदेहपूर्ण

splanchnic /स्प्लैंक्निक/ *adj., anat.* अंतरंग या आंतों आदि भीतरी अंगों से संबंधित

splash /स्प्लैश/ *v., pt.* **~ed**, *pp* **~ing** *s/he/ it* **~es** 1 छींटना या छलकाना, छिड़कना: ~ gravy over the table-cloth; the water **~ed** on the floor 2 पर पानी छिड़कना, पर छींटें (कीचड़) डालना या उछालना, गीला क., भिगोना, सानना, लथपथ क.: ~ water; the bus **~ed** them with mud; be **~ed** from head to foot 3 से टकराना, से टकराकर छितरना, बिखरना: ~ a page with ink; ~ ink on to one's fingers 4 छपछपाना, छप-छप क.: ~ about/ around/ through, etc.; ~ one's oars; ~ in one's bath/ in the water; ~ into the water 5 छपछपाते हुए आगे बढ़ना (गिरना, गोता लगाना) 6 धूमधाम से घोषित क. या विज्ञापन दे., सुस्पष्ट रूप से या मोटे अक्षरों में छपवाना: be **~ed** across/ all over sth (समाचार पत्रों आदि में मोटी-मोटी सुर्खियों में छपा हो.); the photograph was **~ed** across the front page 7 अधिक पैसे खर्च क.: ~ money about;
n. 1 धब्बा: a ~ of colour (रंग-बिरंगा धब्बा); a ~ of colour on a dark surface; a ~ of ink on the carpet 2 छप-छप: took a ~ in the water 3 छपाका: hear a ~ 4 छिड़काव, छिड़काई 5 छींटे: a ~ of water 6 (***syn.*** dash) थोड़ा-सा द्रव: add a ~ of soda-water to a glass of whisky 7 चित्ती;
dw/lw: **~-back** *n.* हाथ-मुंह धोने के बेसिन या चूल्हे के पीछे की दीवार को छींटे पड़ने से बचाने के लिए तख्ती; **~-board** *n.* 1 पंकरोक 2 तरंग रोक; **~down** *n.* अंतरिक्ष यान या वायुयान का समुद्र में उतरना; **~y** /स्प्लैशि/ *adj., degr.* **~ier**, **~iest** 1 चमकीला-भड़कीला 2 कीचड़ से भरा: ~y ground 3 सनसनीखेज: ~y half-page;
p&i: **~ down** अंतरिक्ष यान का समुद्र में उतरना; **~ out/ ~ out on sth** *colloq.* दिखावे के लिए पैसे को पानी की तरह बहाना: he ~ed out on a fancy new car; **cut/ make a ~** 1 शोर मचाना 2 सनसनी पैदा क. 3 बहुत ज्यादा ध्यान आकर्षित क., आकर्षण का केंद्र बनना

splat /स्प्लैट/ *n.* गीली वस्तु द्वारा किसी तल या सतह से टकराने से होने वाला शोर: the tomato hit the wall with a ~;
adv. शोर के साथ: the tomato fell ~ on the floor;
n. कुर्सी की पीठ के बीच की लकड़ी की पट्टी

splatter /स्प्लैटः/ *v., pt.* **~ed**, *pp* **~ing** 1 छींटे पड़े हो. 2 जोर-जोर से छपछपाना 3 (*often* **~ sth with sth**) किसी द्रव के छींटों से गंदा क. 4 पानी या कीचड़ से गंदा हो.: the mud **~ed** him from head to toe 5 सनसनीखेज तरीके से समाचार छापना: the news of their affair was **~ed** over every front page 6 गिट्ट-मिट्ट क., अस्पष्ट बोलना;
n. 1 निरंतर होने वाली जोर की छप-छप 2 पानी का छिड़काव 3 रंग या कीचड़ आदि का उछाल;
dw/lw: **~-dash** *n.* हो-हल्ला, कोलाहल, शोरगुल; **~punk** *n.* साहित्यिक रचनाओं की एक विधा जिसमें अत्यधिक हिंसा और खून-खराबे का चित्रण होता है;
collocations: **~ movie/ ~ film** ऐसी फिल्म जिसमें अत्यधिक हिंसा और खून-खराबा दिखाया जाता है

splay /स्प्ले/ *v., pt.* **~ed**, *pp* **~ing** 1 उंगलियां आदि फैलाना 2 तिरछा होना, ढलवां होना, तिरछे फैल जाना 3 तिरछा क., ढाल दे.;
n. फैलाव, तिरछा फलक, तिरछी सतह;
adj. 1 फैला हुआ, चौड़ा-चिपटा: ~ foot (बाहर की ओर खुलने वाला पांव) 2 तिरछा, ढलवां;

dw/lw: **~-foot** *n.* चपटा या सपाट पैर; **~-footed** /स्प्ले-फुटिड/ *adj.* चपटे पैरों वाला, लचरा, सपाट पाद

spleen /स्प्लीन/ *n.* 1 तिल्ली, प्लीहा 2 झुंझलाहट, चिड़चिड़ापन, बदमिजाजी: a fit of ~; vent one's ~ (up)on sb 3 डाह, द्वेष, विद्वेष 4 विषाद, उदासी, चिंता: vented his ~ by punching the wall;

dw/lw: **~ful/ ~ish/ ~y** *adj.* 1 चिड़चिड़ा, बदमिजाज 2 क्रुद्ध 3 उदास, विद्वेषी;

splendent /स्प्लेंडेंट/ *adj.* दीप्तिमान

splendid /स्प्लेंडिड/ *adj.* 1 शानदार, भव्य, वैभवपूर्ण: ~ blossom; ~ palace; ~ gift/ present; ~ procession/ show; ~ sight 2 चमकीला, भड़कीला: live in a ~ fashion 3 गौरवपूर्ण, महान 4 प्रतापमय, अहंकारपूर्ण: a ~ contempt for female intellect 5 अत्युत्तम, बढ़िया, उत्कृष्ट: ~ achievement/ result/ victory; ~ idea/ opportunity; have a ~ time/ holiday; he is a ~ person for the task;

dw/lw: **~ness** *n.* भव्यता, श्रेष्ठता, उत्कृष्टता; **~y** /स्प्लेंडिड्लि/ *adv.* शानदार ढंग से

splendiferous /स्प्लेंडिफरस/ *adj., now colloq.* शानदार, भव्य;

dw/lw: **splendiferously** *adv.* शानदार ढंग से

splendour *UK* (*US* **splendor**) /स्प्लेंडः/ *n.* 1 शान, वैभव: live in great ~ 2 चमक-दमक: the ~ of the jewels 3 भव्यता, दीप्ति: the country lay before us in ~ and beauty 4 प्रताप, महिमा, गौरव: the ~ of sb's deed;

dw/lw: **splendorous/ splendrous** /स्प्लेंडरस/ *adj.* भव्य, शानदार

splenectomy /स्प्लिनेक्टमि/ *n., pl.* **splenectomies** *surg.* प्लीहोच्छेदन, विकृत तिल्ली या प्लीहा को हटाने की शल्य-क्रिया

splenetic /स्प्लिनेटिक/ (*also* **splenetical**) *adj.* 1 चिड़चिड़ा या गुस्सैल, बदमिजाज 2 रोगभ्रमी;

n. प्लीहा-रोगी, प्लीहा औषध

splenic /स्प्लेनिक/ *adj.* तिल्ली का, प्लीहा से संबंधित

splenitis /स्प्लिनाइटिस/ *n.* प्लीहा-शोथ

splenius /स्पलीनिअस/ *n., pl.* **splenii**, *anat.* गर्दन के पीछे की दो मोटी मांस-पेशियों में से कोई एक

splice /स्प्लाइस/ *v., pt.* **~d**, *pp* **splicing** 1 (रस्से के) दो सिरों को जोड़ना, गूंथना, गांठना, सटाना 2 गूंथ कर जोड़ना 3 एक दूसरे पर रख कर जोड़ना;

n. जोड़, गांठ;

dw/lw: **~r** /स्प्लाइसः/ *n.* जोड़ने वाली मशीन; **splicing** /स्पलाइसिंग/ *n.* जोड़, चिपकाकर किया जाने वाला जोड़, फिल्म रीलों का जोड़ (cutting films and mounting them);

p&i: **~ the mainbrace** 1 जरूरत से ज्यादा रम पी ले. 2 पीने का दौर शुरू क.;

get ~d *colloq.* विवाह कर ले.; **sit on the ~** क्रिकेट में बचावपूर्ण शैली में खेलना

spliff /स्पलिफ/ *colloq. n.* भांग मिली सिगरेट;

***v.**, pt.* **~ed**, *pp* **~ing** भांग मिली सिगरेट पीना

spline /स्प्लाइन/ *v. pt.* **~d**, *pp* **splining** पट्टी लगाना

splint /स्पलिंट/ *n.* खपची;

***v.**, pt.* **~ed**, *pp* **~ing** (हड्डी जोड़ने के लिए) खपची लगाना, खपची लगाकर बांधना;

dw/lw: **~-bone** *n.* बेर-हड्डी; **~-coal** *n.* पत्थर का कोयला

splinter /स्प्लिंटः/ *n.* 1 किरच, छोटा-सा टुकड़ा: a ~ of a bomb/ of glass/ of stone 2 चैली, छिपटी

splinter *v., pt.* **~ed**, *pp* **~ing** 1 (***syn.*** shatter) छोटे-छोटे टुकड़ों में टूट जा. 2 छिपटियां उतारना या उतरना: a bull **~ed** the upper post with his horns 3 किसी संगठन या समाज का टुकड़ों में बंट जा.: the party got **~ed** on Brexit;

adj. अलग हुआ, विच्छिन्न;

n. (***syn.*** shard) लकड़ी, धातु, कांच आदि का तेज धारा वाला टुकड़ा;

dw/lw: **~-bone** *n.* बहिर्जंघिका; **~ed** *adj.* खंडित; **~-proof** *n.* किरच-रोक; **~y** *adj.* 1 जल्दी-जल्दी टुकड़ों में बिखर जाने वाला: ~y fracture 2 किरच जैसा 3 किरच-भरा 4 किरचों से बना 5 शितखंडी;

collocations: **~ group** किसी राजनीतिक दल से अलग हुआ धड़ा; **~ net** किरच गिरने से बचाव के लिए जाल;

p&i: **~ the line** मोर्चे पर बचाव पंक्ति चीर डालना;

break in(to) ~s टुकड़े-टुकड़े हो जा.; **not a** ~ जरा भी नहीं.; **the party ~ed over Brexit** पर्यावरण के मामलों को लेकर पार्टी दो-फाड़ हो गई

splish /स्पलिश/ *v. informal* = **splash**

split /स्प्लिट/ *v., pt.* **split**, *pt. p.* **split**, *pp* **~ting** 1 फाड़ना, फोड़ना, फटना, चीरना, चिरना, विखंडित क. या हो.: ~ a board/ a log; the wind ~ a sail; hit the nut till it **~s**; when ripe, the fruit **~s** 2 (*also* **~ up**) छोटे-छोटे समूहों या टुकड़ों में बंटना: ~ one's forces; the crowd ~ up/ into several groups 3 बांटना, विभाजित क., में हिस्सा बंटाना, में साझेदारी क.: ~ a booty/ commissions/ gains/ profits 4 एकमत न हो., मतों का बंट जा.: the court ~ four and four 5 अलग हो जाना: ~ away from the rest of the group and found a short cut 6 अलग क., फूट डालना: the Brexit ~ the party 7 भेद बताना या प्रकट क. 8 प्रेमी और प्रेमिका के संबंध टूट जा.: ~ up with her boyfriend; they ~ after six years of marriage 9 चले जा. या अलग हट जा.: let's ~ and go back for a smoke 10 जहाज आदि का दो-फाड़ हो जा.: the ship was ~ in the middle;

n. 1 फटन: a ~ develops; a ~ in sth 2 फूट, मतभेद: a ~ among friends; a ~ in the party; cause/ create a ~ 3 दरार: a ~ in a door 4 शादी आदि का खात्मा: a ~ between sb and sb; a ~ on/ over sth 5 विखंडन, विभाजन 6 पट्टी 7 पैसे आदि का बंटवारा या विभाजन 8 कलाबाजी की एक शैली: cross ~; side ~; do the **~s** (विपरीत दिशाओं में पैर फैला कर बैठना);

adj. 1 दो-फाड़ बंटा हुआ 2 विखंडित: the child from a ~ home 3 विपाटित 4 खंडित, मिश्रित: with a ~ feeling 5 विभाजित, विभक्त: ~ decision 6 अलग-अलग: took a ~ vacation;

dw/lw: **~-level** *adj.* एक से ज्यादा मंजिलों वाला (घर); **~-second** *n.* क्षणांश, पल; **~-second** *adj.* बहुत तेज या सही, पल भर का, चुटकी भर का: ~-second decision; **~ter** *n.* 1 बांटने वाला, दो-फाड़ करने वाला 2 धड़ेबाज 3 असंयत, बहुत जोर का (ठहाका) 4 दो घरों के बीच बांट-बांटकर समय बिताने वाला; **~ting** *adj.* 1 चीरने वाला, तोड़ने, विभक्त करने वाला, फोड़ने-वाला 2 बहुत तेज (सिरदर्द), तीक्ष्ण 3 जोरों का; **~-up** *n.* अलगाव, विच्छेद, पार्थक्य;

collocations: **~ capital trust** *finance* विविध सुरक्षा बोंडों (bonds) वाला निवेश न्यास; **~ end** (*usually* **~ ends**) फटे सिरे वाले बाल; **~ infinitive** *gramm.* जब क्रिया के साधारण रूप (infinitive) में **'to'** और क्रिया (verb) के बीच क्रिया-विशेषण आदि शब्द आ जाते हैं: to boldly go; **~ pea** दो-फाड़ हुई सूखी मटर; **~ personality** 1 ऐसा व्यक्ति जिसका स्वभाव परस्पर विरोधी आयामों का पुलिंदा हो 2 विखंडित व्यक्तित्व; **~ pin** दो-मुंहा पिन; **~ ring** चाबी छल्ला, ताली गुच्छा; **~ screen** दो पक्षों को पर्दे पर एक साथ दिखलाने की तकनीक; **~ shift** काम की पारी का बंटवारा; **~ting head-ache** बहुत तेज सिरदर्द; **~ ticket** ऐसा चुनाव जिसमें एक मतदाता अलग-अलग दलों के प्रत्याशियों को मत देता है;

p&i: **~ a cause** मुकदमे को लंबा खींचना; **~ along** सरपट दौड़ना; **~ away/ ~ off** अलग हो.: the road ~s off to the right; **~ hair(s)/ straws/ words** बाल की खाल उतारना; **~ me/ my windpipe!** एक प्रकार की विस्मयबोधक अभिव्यक्ति – मेरी कसम!; **~ one's sides with laughter** हंसते-हंसते

लोट-पोट होना (पसलियों में बल पड़ना): I laughed till I thought I should ~ (हंसते-हंसते मेरी पसलियों में बल पड़ गए); **~ on sb** *colloq.* किसी के खिलाफ मुखबरी क.; **~ sb's ears** किसी को बहरा कर दे.; **~ the difference** 1 औसत मान ले. 2 दाम पर सहमत हो जा. 3 मतभेद मिटाना, समझौता क.; **~ up** 1 संबंध विच्छेद हो. 2 टुकड़े-टुकड़े हो जा.;
be in a ~ of a hurry बहुत जल्दी में हो.; **make all ~** ऊधम मचाना, शोर क.; **the rock on which we ~** झगड़े की जड़

splodge/ splotch /स्प्लौज/ स्प्लौच/ *US* स्प्लाःज/ स्प्लाःच/ *n.* बड़ा-सा गंदा धब्बा, दाग या चित्ती;
***v.**, pt.* **~d**, *pp* **splodging/ splotching** दाग लगाना, धब्बे या चित्तियां डालना;
dw/lw: **splodgy** /~जि/ *adj.* गंदे धब्बों से भरा

splosh /स्पलौश/ *US* स्पलाःश/ *n.* = **splash**

splotch/ splodge *see above under* **splodge**

splurge /स्प्लःज/ *v., pt.* **~d**, *pp* **splurging** 1 पैसे को पानी की तरह बहाना: he liked to ~ at weekends 2 दिखावा क.;
n. दिखावा, आडंबर, तड़क-भड़क, ठाठ-बाट: have a ~

splutter /स्प्लटः/ *v., pt.* **~ed**, *pp* **~ing** 1 बोलते हुए थूकने की आवाज के साथ पानी के छींटें आदि मुंह से फेंकना 2 (***syn.*** sputter) हकलाते हुए बोलना या बड़बड़ाना: he **~ed** (out) his alarm 3 (***syn.*** sputter) रुक-रुककर बोलना: could only ~ that he didn't know the answer 4 सिसकारना, फुफकारना: a waning candle **~s**;
n. 1 थू-थू करने की आवाज 2 बड़बड़ाहट, हकलाहट 3 सिसकार, फुफकार

spodomancy /स्पॉडअमंसि/ *n.* भस्म-प्राक्ख्यापन, राख देखकर भविष्य बताने की क्रिया

spoil /स्पॉइल/ *v., pt.* **spoilt**/ **~ed**, *pt. p.* **spoilt**/ **~ed**, *pp* **~ing** 1 (***syn.*** ruin) खराब या चौपट क.: ~ a dish; ~ one's eyes; ~ one's best frock by wearing it too often; these thoughts **~t** my sleep; the holidays were **~t** by bad weather 2 मजा किरकिरा क.: it will ~ my appetite; it will ~ all the fun 3 (***syn.*** overindulge) प्यार-दुलार से बच्चे को बिगाड़ना, सिर चढ़ाना, गुस्ताख बना दे.: spare a rod and ~ a child (Samuel Butler, in *Hudibras*) 4 किसी को बहुत ज्यादा उपहार आदि देकर बिगाड़ दे., आदत खराब कर दे. 5 (***syn.*** go off) खाद्य पदार्थों का गलना, सड़ना, खराब हो. 6 बिगाड़ना या बिगड़ जाना: ~ a joke in the telling 7 मत-पत्र को खराब कर दे. 8 लूटना: ~ the dead (युद्ध आदि में मृत व्यक्ति के हथियार और कपड़े उतारना या लूटना); ~ sb's goods;
n. 1 (*always* **~s**; ***syn.*** plunder) लूट का माल: the **~s** of war; give a town up to **~s** (शहर को लूटपाट के हवाले कर दे.) 2 लाभ: **~s** system (इनामी पद्धति); the **~s** of office (पद की बदौलत मिलने वाले उपहार या विशेषाधिकार); a company car – just one of the **~s** of the job 3 मिट्टी का बिगड़ाव, निकाली हुई मिट्टी 4 नुकसान, क्षति: do (much) ~ (up)on sb;
dw/lw: **~age** /स्पॉइलिज/ *n.* 1 विकृतीकरण 2 खाद्य पदार्थों की विकृति, गलन-सड़न 3 विकृत वस्तु 4 विकृत सामग्री, विशेषकर ऐसी रद्दी जो छपाई में खराब हो गई हो; **~ed/ ~t** /स्पॉइल्ड/ स्पॉइल्ट/ *adj.* 1 बिगड़ा हुआ (बच्चा) यानी स्वार्थी, लालची आदि 2 सिर-चढ़ा, अति-दुलारित, निहंग-लाडला; **~er** /स्पॉइलः/ *n.* 1 विमान की रफ्तार कम करने के लिए पंखों में लगा उपकरण 2 कार के पहियों की पकड़न-शक्ति बढ़ाने के लिए उपकरण 3 रंग में भंग डालने वाला, मजा किरकिरा करने वाला, कबाब में हड्डी; **~s** /स्पॉइल्ज/ *n., [pl.]* लूट का माल; **~sman** *n.* बिकाऊ नेता; **~sport** /स्पॉइलस्पॉःट/ *n. colloq.* रंग में भंग डालने वाला, मजा किरकिरा करने वाला, कबाब में हड्डी; **~t** /स्पॉइल्ट/ *adj. UK* (*US* **~ed**/) बिगड़ैल, बिगड़ा हुआ;
collocations: **the ~s system** अमेरिका में एक ऐसी प्रणाली जिसके तहत चुने जाने पर प्रेजिडेंट को अपने समर्थकों को सरकारी नौकरियां देने का अधिकार है; **~ing tactics** किसी के काम में रोड़े अटकाने की नीति;
p&i: **~ing for** के लिए उतारू या उतावला; **~ the Egyptians** दुश्मन की कीमत पर पनपना; **~ the ship for a ha'po'orth of tar** अशर्फियां लुटें कोयलों पर मुहर;
be ~ing for a fight झगड़ा करने के लिए उतावला हो.; **be spoilt for choice** ऐसे व्यक्ति, वस्तुएं व अन्य बातें जिन में से चुनाव करना मुश्किल हो;

spoilage *see above under* **spoil:** ***dw/lw***

spoke /स्पोक/ *n.* 1 तीली, दांता 2 अर, आरा 3 सीढ़ी का डंडा 4 रोक, बाधा 5 *past tense,* **'speak'** का भूतकालिक रूप;
dw/lw: **~d** *adj.* अरयुक्त;
p&i: **a ~ in sb's wheel** किसी के काम में अड़चन डालना; **put in one's ~** 1 अपना योगदान दे. 2 कार्रवाई क.

spoken /स्पोकन/ *pt. p.,* **'speak'** का भूतकालिक कृदंत रूप;
adj. 1 बोलकर कहा जाने वाला, मौखिक: well ~ 2 किसी विशेष शैली में बोला जाने वाला: soft-~; plain-~ 3 बोलचाल की भाषा या बोली से संबंधित: ~ language; ~ word 4 उच्चरित: the silent and the ~;
p&i: **be ~ for** 1 आरक्षित क.: all the tickets have been ~ for 2 किसी की सगाई क.

spokeshave /स्पोक्शेव/ *n.* दो हत्थों का रंदा

spokesman/ spokeswoman /स्पोक्समअन/ स्पोक्सवुमन/ *n.* 1 पुरुष या महिला प्रवक्ता 2 प्रतिनिधि, वक्ता: he has been an earnest ~ in your cause 3 अभिव्यक्त करने वाला: there is may an excellent ~ that makes a bad writer

spokesperson /स्पोक्सपःसन/ *n., pl.* **~s** प्रवक्ता: government ~

spolia opima /स्पोलिआ ओपाइमा/ *Lat.* 1 सर्वाधिक लूट का माल 2 युद्ध में एक नेता द्वारा दूसरे से प्राप्त लूट की संपत्ति या हथियार

spolia\te /स्पोलिएट/ *v., pt.* **~ted**, *pp* **~ting** लूटना, लूटना-खसोटना;
dw/lw: **~ator** *n.* लुटेरा; **~tion** /स्पोलिएशन/ *n.* 1 लूटमार, लूट-खसोट 2 *law* प्रमाण को नष्ट करने की क्रिया; **~tory** *adj.* लूट-खसोट संबंधी

spondaic /स्पौंडेइक/*US* स्पांडेइक/ *adj.* द्वि-गुरु चरण में लिखा पद्य

spondee / स्पौंडी/*US* स्पांडी/ *n., pl.* **spondees** *prosody* द्वि-गुरु चरण

spondulicks /स्पौंड्यूलिक्स/ *US* स्पांड्यूलिक्स/ *pl. n., colloq., mainly US* पैसा, नकदी

spondylitis /स्पौंडिलाइटिस/ *US* स्पांडिलाइटिस/ *n.* स्पौंडिलाइटिस

sponge /स्पंज/ *n.* 1 द्रव-चूषक, स्पंज, द्रव सोखने वाला कृत्रिम पोंछा: rubber ~ 2 (*also* **~ cake**) एक प्रकार का केक 3 लोई 4 चट्टानों पर चिपकने वाला एक समुद्री परजीवी 5 मद्यप, व्यसनी, आदतन बहुत पीने वाला, पियक्कड़ 6 ज्ञान की खान: he is a ~ full of knowledge 7 शिशु आदि की स्पंज से की जाने वाली सफाई: gave the baby's face a quick ~;
v.**, pt.* **~d**, *pp* **sponging** 1 (syn.*** wash) स्पंज से साफ क. या पोंछना: ~ one's body; ~ a wound 2 सोखना: ~ (up) water 3 मिटाना: ~ **(out)**/ ~ off (लिखा हुआ काट दे.); ~ (out) writing; ~ (out) the memory of sb/ sth 4 (***syn.*** wipe) पोंछा लगाना 5 (*usually* **~ off sb**) *colloq.* किसी से उधार लेकर न लौटाना, ठग लेना: ~ sb off everything 6 (*usually* **~ on sb**; ***syn.*** scrounges) किसी के टुकड़े तोड़ना, परजीवी या टुकड़तोड़ हो.: ~ on one's friends;
dw/lw: **~gourd** *n.* घिया-तोरी, चिकनी तोरी; **~r** /स्पंजः/ *n., colloq.* (***syn.*** scrounger) परजीवी या टुकड़तोड़; **spongoid** /स्पंजॉइड/ *adj.* स्पंजाभ, स्पंज जैसा; **spongiform** *adj.* छिद्रिल, सरंध्रित; **sponginess** *n.* सरंध्रता, सूक्ष्मरंध्रता; **spongy** /स्पंजि/ *adj., degr.* spongier, spongiest 1 (***syn.*** springy) स्पंज

जैसा 2 स्पंजनुमा, सरंध्रित 3 मुलायम और सोखने की क्षमता रखने वाला: spongy iron; spongy paper (चूषक कागज, blotting paper);

collocations: ~ **bag** (*also* **toilet/ toiletry bag/ wash bag**) एक छोटा पानीसह यात्रा बैग; ~ **bath** स्पंज स्नान; ~ **cake/ pudding** (*also* **Victoria sandwich**) मैदे, अंडों और चीनी से बनाया जाने वाला फूला हुआ केक; ~ **cloth** स्पंज वस्त्र; ~ **finger** (*also* **lady's finger**) एक लंबा मीठा बिस्कुट, बिस्कुट स्टिक;

p&i: ~ **down** गीले स्पंज से साफ क. या हो.: have a ~ down; ~ **on man** परजीवी की तरह किसी के टुकड़ों पर पलना;

pass the ~ over sth भुला दे.; **chuck up/ throw/ toss up the** ~ समर्पण क., हार मानना;

spongy *see above under* **sponge:** ***dw/lw***

sponsion /स्पौन्शिअन/ *US* स्पांन्शिअन/ *n.* 1 प्रत्याभूति, किसी की दी जाने वाली जमानत 2 प्रतिश्रुति, किसी की ओर से शपथपूर्वक दिया जाने वाला वचन

sponson /स्पौन्सन/ *US* स्पांन्शन/ *n.* 1 स्पॉन्सन, तोप का तख्ता 2 उलटने से बचाने के लिए डोंगी या जल विमान के एक तरफ लगा हवा भरा टैंक

sponsor /स्पौंसः/ *US* स्पांसः/ *v., pt.* **~ed**, *pp* **~ing** 1 प्रयोजित क., प्रयोजक बनना, खर्चा दे. 2 प्रतिभू बनना, प्रत्याभूति दे., उत्तरदायी बनना 3 प्रस्ताव रखना या उसका समर्थन क.: resolution **~ed** by member states; **~ed** the reform bill 3 प्रवर्तित क.: **~ed** by (1 के द्वारा प्रवर्तित 2 के तत्त्वावधान में);

n. 1 प्रयोजक 2 प्रतिभू, जामिन, जामिनदार, उत्तरदायी 3 प्रस्तावक, समर्थक: **~s** of the resolution 4 धर्मपिता, धर्ममाता 5 प्रवर्तक, प्रयोजक: ~ to a student council; ~ for a class dance 6 खर्चा देने वाला 7 टीवी, रेडियो आदि पर दाम देकर विज्ञापन करवाने वाला 8 (***syn.*** godparent) बच्चे को चर्चा में बपतिस्मा के लिए प्रस्तुत करने वाला व्यक्ति;

dw/lw: **~ed** *adj.* 1 पैसे से समर्थित (कार्यक्रम आदि), प्रयोजित 2 प्रस्तावित एवं समर्थित; **~ship** *n.* प्रायोजन

spontaneity /स्पौंटअनेईटि/ *US* स्पांटअनेईटि/ *n.* 1 स्वाभाविकता, सहजता 2 स्वतःप्रवर्तिता, स्वतःप्रवृत्ति 3 स्वेच्छा

spontaneous /स्पौंटेनिअस\/ *US* स्पांटेनिअस\/ *adj.* 1 स्वाभाविक, सहज, नैसर्गिक: ~ admiration/ enthusiasm 2 स्वतःप्रवर्तित, स्वतः-प्रसूत: ~ combustion; ~ generation 3 स्वैच्छिक, अपनी मर्जी से होने वाला, ऐच्छिक, स्वेच्छित: he made a ~ offer of his services; ~ movement; ~ suggestion 4 प्राकृतिक, जंगली;

dw/lw: **~ly** /~लि/ *adv.* 1 सहज रूप से, अनायास, सहज भाव से 2 स्वतः, अपने आप से, स्वेच्छा से

sponte sua /स्पौंटअ सुआ/ *US* स्पांटअ सुआ *Lat.* अपनी मर्जी से, स्वेच्छया

spontoon /स्पौन्टून/ *US* स्पान्टून/ *n.* फरसा, परशु

spoof /स्पूफ/ *colloq. n.* 1 नकल, पैरोडी 2 मजाकिया छल, जुल;

adj. नकली;

v., pt. **~ed**, *pp* **~ing** मजाक में छल क., जुल दे.;

dw/lw: **~ery** *n.* छल, धोखा

spook /स्पूक/ *n.* 1 भूत-प्रेत 2 *derog.* काले रंग का या भयानक आदमी 3 *N. Amer.* गुप्तचर;

v., pt. **~ed**, *pp* **~ing** 1 भूत की तरह डोलना 2 डरा दे. 3 (***syn.*** ghost writing) किसी और के लिए लिखना: he **~ed** the reminiscence of the actor;

dw/lw: **~ed** *adj.* डरा हुआ, झेंपा हुआ; **~y** /स्पूकि/ *adj., degr.* ~ier, ~iest *colloq.* 1 (***syn.*** creepy) विचित्र व डरावना 2 भुतहा, भूत-प्रेत जैसा: ~y house 3 डरपोक; **~iness** *n.* भुतहाता, भूत-प्रेतपना, भयंकरता

spool /स्पूल/ *n.* चर्खी, फिर्की, अटेरन (पर लपेटना): ~ roll (रील बेलन)

spoon /स्पून/ *n.* 1 चम्मच, चमचा, चमची 2 डोई (*Hr.*) 3 चम्मचभर मात्रा: take two **~s** of sugar in coffee 4 चप्पू का मुंह 5 *Indian sl.* चापलूस, चाटुकार, तलवे चाट 6 *drug-taking sl.* हिरोइन के दो ग्राम;

v., pt. **~ed**, *pp* **~ing** 1 चम्मच से ले. 2 (***syn.*** kiss and cuddle) लाड-प्यार क.;

dw/lw: **~-bait/ ~-hook** *n., fishing* मछली पकड़ने का एक तरीका; **~bill** *n.* चम्मच-सी चोंच वाला पक्षी; **~-ed** *adj.* कृत्रिम उपायों द्वारा संरक्षित; **~-feed** *v., pt.* ~-fed, *pp* ~-feeding 1 बच्चे को चम्मच से खिलाना 2 किसी को जो चाहिए वह उसके बिना प्रयास किए उसे देकर बिगाड़ना 3 (बच्चे को) बिगाड़ दे. 4 बने-बनाए नोट्स (notes) देते हुए विद्यार्थियों को पढ़ाकर उन्हें बौद्धिक रूप से अपाहिज बनाना; **~ful** *n., pl.* **~fuls** 1 चम्मच भर मात्रा: two ~fuls of sugar 2 थोड़ी मात्रा या छोटी संख्या; **~y** *n.* 1 मूर्ख आदमी 2 अति भावुक प्रेमी; **~-meat** *n.* तरल खाद्य, बच्चों का भोजन;

collocations: **wooden** ~ (***syn.*** booby prize) मुकाबले में सबसे पीछे रहने वाले को लकड़ी के चम्मच के रूप में दिया जाने वाला मजाकिया इनाम (*also see under separate entry* **wooden**);

p&i: **be past the** ~ शैशव काल या किशोरावस्था पार क., वयस्क हो जा.; **be born with a silver ~ in one's mouth** समृद्ध परिवार में पैदा हो.; **be ~s on sb** किसी के प्यार में डूबा हो.; **he should have a long ~ that sups with the devil** यदि बुरे आदमी से पाला पड़ गया है तो सावधान रहना पड़ेगा; **make a ~ or spoil a horn** तख्त या तख्ता यानी या तो राजगद्दी मिलेगी या फांसी का तख्ता; **stick one's ~ in the wall** मर जाना

spoonerism /स्पूनरिज्म/ *n.* शब्द में अक्षरों की अनचाही (unwanted) फेर-बदल (queer dean → dear queen), वर्ण-विनिमय (the word named after W.A. Spooner (1844-1930), head of New College, Oxford, who used to often make such mistakes)

spoor /स्पूः/ *n.* शिकार का निशाना बने जानवर द्वारा अपने पीछे छोड़ी गई गंध या निशान;

v., pt. **~ed**, *pp* **~ing** जानवरों के छोड़े हुए निशान पर शिकार पर जा.

sporadic /स्पऔरैडिक\/ *adj.* 1 कभी-कभार होने वाला: ~ phenomenon 2 छिटपुट, छिटपुट, यत्र-तत्र, कहीं-कहीं, यहां-वहां 3 विरल;

dw/lw: **~ally** /~लि/ *adv.* 1 कहीं-कहीं, यत्र-तत्र 2 कभी-कभार 3 अनियमित रूप से

sporangium /स्पऔरैंजिअम/ *n., pl.* **sporangia** बीजाणुधानी

spore /स्पॉः/ *n.* बीजाणु;

collocations: ~ **ball** बीजाणु कंदुक; ~ **coal** बीजाणु कोयला

sporo\genous /स्पऔरौ\जिनस/ *US* स्पअराः\जिनस/ *adj.* बीजाणुजन;

dw/lw: **~genesis** *n.* बीजाणुजनन; **~phyll/ ~phyl** /~फिल/ *n.* ऐसा पौधा जिसमें फूल न आते हों; **~phyte** /~फाइट/ *n.* बीजाणु को गैरयौनीय ढंग से पैदा करने वाला पौधा; **sporophore** /स्पॉरअफॉः/ स्पौरअफॉः/ *US* -/ स्पाःरअफॉः/ *n.* बीजाणुधर

sporran /स्पौरअन/ *US* स्पाःरअन/ *n.* स्कॉट पाइलैंड ड्रेस के साथ पेटी से बांधी जाने वाली फर की थैली

sport /स्पॉःट/ *n.* 1 खेल-कूद: do/ play a ~; go in for **~s**; ~ shoes/ shirt/ equipment 2 खेल-कूद की प्रतियोगिता: inter-university **~s** 3 खेलकूद के कार्यक्रम 4 मनोरंजन, मनबहलाव: for **~'s** sake; the children thought it great ~ to dress up as pirates 5 मनोविनोद, हंसी-मजाक: say sth in ~; make ~ of sb 6 खेल, क्रीड़ा, लीला: become the ~ of fortune 7 अच्छा, उदारदिल व्यक्ति: he's a good ~!; be a ~ and lend sb one's car 8 संतुलित व्यक्ति: even when he loses, he's a good ~ 9 *Austral., NZ* पुरुषों के बीच संबोधन का एक रूप: how is it going, ~? 10 *US* तड़कीले-भड़कीले कपड़े पहनने वाला और दिखावे के लिए पानी की तरह पैसा बहाने वाला आदमी 11 किसी के हाथ में खिलौना 12 आखेट, शिकार, शिकार आदि से मिलने वाला आनंद: bagged six grouse and had a good day's ~;

***v.**, pt.* **~ed**, *pp* **~ing** 1 कुछ पहनकर दिखावा-सा क.: ~ a diamond ring/ medals; she ~ed a small tattoo 2 प्रदर्शित क.: ~ one's learning 3 मजाक क.: **~ing** with things he can't understand; make ~ of sb 4 खेलना 5 मजा क. 6 शिकार खेलना;

dw/lw: **~ful**/ **~ive** *adj.* विनोदी; **~ing** *see below under separate entry*; **~ive** /स्पॉ:\टिव/ स्पो:\टिव/ *adj.* विनोदप्रिय; **~ively** /~टिवलि/ स्पो:टिवलि/ *adv.* विनोदप्रिय ढंग से; **sporty** *see below under separate entry*;

collocations: **~ive bird** आखेटी (या शिकारी) पक्षी; **~ive mood** विनोदी मिजाज; **~ utility vehicle** गांव के खेल-खलिहान में से चलाई जा सकने वाली गाड़ी;

p&i: **~ of kings** घुड़दौड़ में जुआ; **~ one's oak** मेहमाननवाजी न क.;

in ~ मजाक में, हंसी में; **make ~ of** की हंसी उड़ाना

sporting /स्पॉ:टिंग/ *adj.* 1 खेल संबंधी 2 खेल का, खेल-कूद का 3 खिलाड़ी संबंधी: ~ man 4 अच्छा, उदारदिल, न्यायशील: it was ~ of him to lend me his car 5 जुए आदि में जोखिम उठाने को तत्पर: be a ~ person and ever ready to bet on horses 6 खोखला, रंग-रलियां मनाने वाला: ~ gents and their ladies;

collocations: **~ chance** (*usually* **a ~ chance**) **of success** सफलता की आशा; **~ spirit** खेल-भावना;

a ~ offer यदि आप यह प्रस्ताव स्वीकार कर लेंगे तो आप का कोई नुकसान नहीं होगा

sports /स्पॉ:ट्स/ *n. [sing.]* स्कूल, कॉलेज आदि में खेल प्रतियोगिताएं: parents may attend the school ~

adj. 1 खेल से संबंधित: ~ pavilion 2 खेलों में प्रयुक्त होने वाली (चीज): ~ holdall 3 अनौपचारिक: ~ jacket;

dw/lw: **~sman**/ **~woman** *n.* 1 (***syn.*** athlete) महिला या पुरुष खिलाड़ी 2 शिकारी, आखेटक 3 निष्पक्ष, निष्कपट व्यक्ति 4 हार-जीत में संयत व्यक्ति; **~manlike** *adj.* 1 खेल-भावना से परिपूर्ण 2 बहादुर, दिलेर, निष्पक्ष, निष्कपट 3 जिंदादिल, जोखिम उठाने वाला; **~smanship** *n.* 1 खेल-भावना 2 खिलाड़ीपन 3 क्रीड़ा-कौशल 4 दिलेरी, जिंदादिली, निष्पक्षता; **~person** *n., pl.* **~persons** खेल में व्यावसायिक स्तर पर सक्रिय व्यक्ति; **~wear** *n.* खिलाड़ी की पोशाक; **~writer** *n.* क्रीड़ा लेखक;

collocations: **~ car** रेस कार; **~ centre** *UK* (*US* **sports center**) खेल केंद्र; **~ ground** खेल का मैदान; **~ jacket** (*US, Austral., NZ* **~ coat**) अनौपचारिक अवसर पर पहनी जाने वाली जैकेट; **~ pavilion** खेल का मंडप, खेल कक्ष;

sporty /स्पॉ:टि/ *adj., degr.* **sportier**, **sportiest** 1 आदतन खेल में भाग लेने वाला 2 अच्छा खिलाड़ी: ~ people; he ran with a very ~ crowd 3 रंगीन और अनौपचारिक वस्त्र 4 स्पोर्टस कार जैसी कार

sporulation /स्पोरुलेशन/ *n.* बीजाणु-जनन

sporule /स्पौरूल/ *US* स्पा:रूल/ *n., biol.* बीजाणुक

spot /स्पौ\ट/ *US* स्पा:\ट/ *n.* 1 (***syn.*** stain) दाग, धब्बा: a ~ of mud/ of blood/ of fat/ of ink; a blue tie with red **~s** 2 *UK* (*US* **pimple**) मुहांसे, फुंसी 3 द्रव की बूंद 4 (***syn.*** bit) थोड़ी-सी मात्रा: a ~ of sth; a ~ of whisky 5 जगह, स्थान: a ~ of lunch/ shopping; found a secluded ~; danger **~s** of the world (दुनिया के जोखिम भरे स्थान) 6 थोड़ा-सा काम: did a ~ of ironing; be in a ~ of problem 7 कार्यक्रम में छोटा-सा स्थान, नाटक, फिल्म आदि में छोटी-सी भूमिका: a guest ~; a solo ~; a five-minute comedy ~ 8 पद: he's got a good ~ with a foreign firm 9 प्रकाश बिंदु, रोशनी का दायरा, प्रकाश पुंज 10 सूर्य में काला धब्बा: sun **~s** 11 मनोरंजन स्थल 12 *US sl.* डालर: five **~s** 13 चित्ती 14 दोष, कलंक: without a ~ on his reputation 15 मौका, घटना-स्थल (पर, तुरंत): the people on the ~; investigate on the ~; died on the ~ in an accident 16 प्रतियोगिता में स्थान: battle for the top ~;

***v.**, pt.* **~ted**, *pp* **~ting** 1 बिंदु डालकर निशान लगाना, चिह्नित क. 2 किसी को या किसी चीज को देख या पहचान ले.: ~ a friend in a crowd; ~ a criminal 3 नई प्रतिभाओं का पता लगाना: ~ new talents 4 वर्षा की बूंदें गिरना 5 धब्बे डालना, मैला क., कलंकित क., में दाग लग जाना: a table **~ted** with ink; this silk **~s** with water 6 का अनुमान लगा लेना, जान जाना: ~ the winner of a race 7 मुकाबले में प्रतिपक्ष को बढ़त दे.: Germany **~ted** the French team two goals;

adj. फौरी, तुरंत का: ~ price; ~ sale

dw/lw: **~less** /~लेस/ *adj.* 1 (***syn.*** immaculate) साफ-सुथरा, निर्मल: ~less shirt 2 बेदाग: held a ~less driving licence 3 निष्कलंक: ~less reputation; **~lessly** /~लेस्लि/ *adv.* साफ-सुथरे ढंग से; **~light** *see below under separate entry*; **~-on** *adj., Br. colloq. UK* बिल्कुल वही जो चाहिए, बिल्कुल बढ़िया, शानदार; **~ted** /~टिड/ *adj.* 1 चित्तीदार शैली की 2 धब्बेदार: wore a revolting tie **~ted** with tomato sauce; ~ted leopard 3 दागी, कलंकित; **~ter** /~टः/ *n.* 1 किसी पर कड़ी नजर रखने वाला, देखने वाला, पता लगाने वाला, भेदिया 2 रेलगाडियों या विमानों के दिखाई पड़ने को दर्ज करने वाला 3 (*also* **~ter plane**) दुश्मन की स्थिति का पता लगाने के लिए भेजा जाने वाला विमान; **~ting** /~टिंग/ *n.* 1 देख या ढूंढ लेने की क्रिया 2 गोलीबारी को दुरुस्त करने का कार्य यानी निशाने पर लगने या न लगने का निरीक्षण; **spotty** *see below under separate entry*; **~-weld** *v., pt.* ~-welded, *pp* ~-welding सीमित बिंदु पर वेल्ड क.; **~welder** *n.* सीमित बिंदु पर वेल्ड करने वाला;

collocations: **~ analysis** किसी स्थान की मिट्टी का विश्लेषण; **~ bombing** किसी बिंदु पर निशाना साधकर की जाने वाली बममारी; **~ cash** *colloq.* तुरंत किया जाने वाला नकदी भुगतान; **~ checking** कहीं भी और किसी समय भी की जाने वाली मौके पर जांच; **~ cleaning** धब्बों की सफाई; **~ fixing** क्रिकेट आदि खेल में सटोरियों द्वारा खिलाड़ी के साथ पहले से तय योजना के अनुसार प्रत्येक गेंद पर की जाने वाली जुआबाजी; **~ inspection** मौके पर निरीक्षण; **~ kick** *football* = **penalty kick**; **~ landing** निश्चित बिंदु या सीमित स्थान पर विमान की उतराई; **~ price** फौरी नगद मूल्य; **~ted babbler** धब्बेदार कचपचिया; **~ted deer** चीतल; **~ted dick** मेवा पड़ा हलवा; **~ test** 1 पहले से किया जाने वाला निरीक्षण 2 अनियमित निरीक्षण; **~ welding** सीमित बिंदु पर वेल्डिंग;

a beauty ~ तिल, चेहरे का तिल; **a blank ~** खाली स्थान; **a blind ~** 1 अंधबिंदु, अंध-स्थल 2 कमजोर पहलू; **a bright/ high ~** उल्लासपूर्ण घटना; **a hot~** हिंसक घटनाओं का स्थल; **a raw/ soft/ tender ~** कमजोरी या कमजोर पहलू; **a tight ~** कठिन स्थिति;

p&i: **~ on** ठीक निशाने पर, बिल्कुल सही;

as if riveted to the ~ spot मानो किसी जगह पर मेख से गाड़ दिया गया हो; **be in a ~** भारी संकट में हो.; **be on the ~** ठीक निशाने पर बैठना; **be ~ted with sth** किसी पशु, जीव या प्राणी के शरीर पर धब्बे ही धब्बे हो.; **change one's ~s** इतना बदल जाना कि पहचान में न आए; **have a soft ~ for sb** किसी के प्रति लगाव हो., किसी के प्रति मन में कमजोरी हो.; **hit the high ~s** *US* केवल मुख्य बिंदुओं पर बात क.; **hit the ~** पूरी तरह संतुष्ट क., पूरी तरह पसंद आना; **in ~s** कहीं-कहीं पर, कभी-कभार: he was not unhappy, except in ~s; **knew all the hot ~s in town** शहर के सभी दिलचस्प स्थानों (या ऐसे स्थानों जहां वाई-फाई क्नेकशन /wi-fi connection/ उपलब्ध हो) को वह जानता

था; **knock ~ off out of sb** पीटकर किसी की शक्ल बिगाड़ना; **on the ~** तत्काल, तुरंत; **put sb on the ~** 1 कठिन प्रश्न पूछकर किसी को परेशान क. 2 किसी को धराशायी क.; **there are ~s on the sun** सूर्य में भी दाग हैं; **touch the ~** ठीक निशाने पर लगना

spotlight /स्पौटलाइट/ *US* स्पाःटलाइट/ *n.* 1 गहन प्रकाश का दायरा, प्रकाश-बिंदु, बिंदु-प्रदीप, प्रकाश पुंज: the ~ falls on/ is on sb/ sth 2 एक दायरे में गहन प्रकाश फेंकने वाला लैंप: put/ turn the ~ on sb/ sth; put sb/ sth in the ~; in/ out of the ~ 3 आकर्षण केंद्र: be under/ come under the ~ 4 (***syn.*** glare) लोक प्रसिद्धि, लोकप्रियता: the media/ public ~; be in the ~;

v., *pt.* **spotlit**/ **~ed**, *pp* **~ing** 1 गहन प्रकाश के वृत्त या प्रकाश-पुंज से प्रदीप्त क. 2 (***syn.*** highlight) विशिष्ट रूप से दर्शाना, चिह्नांकित क.: the programmes **~s** the financial problems

spotty /स्पौटि/ *US* स्पाःटि/ *adj., degr.* **spottier**, **spottiest** 1 *UK* चित्तीदार, धब्बेदार 2 *UK* कपड़े पर बिंदुनुमा डिजाइन 3 चकत्तेदार 4 अनियमित, असम 5 *US* (*UK* **patchy**) विषम, असमरस: ~ action, quality, supply, etc. (ऊबड़-खाबड़, विषम, असमरस कार्य, गुण या आपूर्ति आदि) 6 (***syn.*** pimply) जिसके चेहरे पर बहुत सारे मुहांसे हों: a ~ adolescent; a ~ face

spousal /स्पॉउजल/ *adj.* पति या पत्नी का

spouse /स्पाउस/ स्पाउज/ *n.* पति या पत्नी

spout /स्पाउट/ *n.* 1 टोंटी, टोंटा 2 धार, धारा 3 (***syn.*** fountain) फुहार, फुहारा, फव्वारा: **~ing** spring (फव्वारेदार झरना) 4 जल-आपूर्ति नाली या पाइप 5 बवंडर: a rising ~ of debate 6 भंवर, जल बवंडर 7 बबूला, बालू का तूफान, रेतीली आंधी: sand ~; a dark ~ of smoke 8 मूसलाधार वर्षा 9 बक-बक का फुहारा: a ~ of blasphemies;

v., *pt.* **~ed**, *pp* **~ing** 1 (किसी तरल पदार्थ की) धार के रूप में निकलना या बहना, फुहारे की तरह छूटना: a liquid **~s**; blood **~ed** from the wound 2 उबाऊ व लंबा भाषण झाड़ना, बक-बक क. 3 बाहर उगलना: the chimney **~ed** smoke and flame; a volcano **~s** lava 4 गिरवी रखना;

dw/lw: **~ed** *adj.* टोंटीदार; **~ing** *adj.* फव्वारेदार; **~ter** *n.* 1 व्हेल या तिमि मारने वाला जहाज 2 फव्वारे की तरह पानी छोड़ने वाली व्हेल 3 बकबकिया, गप्पोड़-शंख 4 मिट्टी के तेल का खुला सोता या फव्वारा; **~y** *adj.* धार निकालकर छींटे मारने को तैयार;

p&i: **be/ go up the ~** गलत हो जा.; up **the ~** *sl.* नष्ट या समाप्तप्राय

sprag /स्प्रैग/ *n.* 1 रोक, ब्रेक 2 पीछे फिसलने से रोकने वाला अवरोध

sprain /स्प्रेन/ *v., pt.* **~ed**, *pp* **~ing** मोच आना, मुड़कना, मुड़काना: ~ one's ankle;

n. मोच

sprang /स्प्रैंग/ *pt.*, **'spring'** का भूतकालिक रूप

sprat /स्प्रैट/ *n.* एक छोटी यूरोपीय समुद्री मछली;

p&i: **throw a ~ to catch a herring/ a mackerel/ a whale** बड़ी चीज पाने के लिए छोटी चीज कुर्बान क.

sprawl /स्प्रॉःल/ *v., pt.* **~ed**, *pp* **~ing** 1 (*also* **~ out**) पसरना, फैलकर बैठना या लेटना, पसरकर बैठना या लेटना 2 (***syn.*** straggling) बेतरतीब, अव्यवस्थित रूप से इधर-उधर फैल जाना: send sb **~ing** 3 भद्दे ढंग से अंग पसारना 4 टेढ़ा-मेढ़ा होना: huge writing **~ed** across the blackboard;

n. 1 फैलाव, विस्तार 2 बेतरतीब या ऊलजलूल फैलाव, भद्दा पसार, अव्यवस्थित फैलाव: urban ~ 3 फैलकर बैठने या लेटने की मुद्रा: he sat in ~;

dw/lw: **~ing** /स्प्रॉःलिंग/ *adj.* 1 पसरा हुआ 2 फैला हुआ, टेढ़ा-मेढ़ा: ~ing handwriting

spray /स्प्रे/ *n.* 1 फुहार 2 छींटे, बारिश 3 किरच: a ~ of pellets 4 (***syn.*** sprig) कोमल टहनी 5 फुहारा: ~ tank;

v., *pt.* **~ed**, *pp* **~ing** 1 छिड़कना 2 बिखेरना 3 फुहारना 4 बरसाना: **~ed** the car with bullets 5 स्प्रे करके पेंट क.: **~ed** the car black;

dw/lw: **~er** /स्प्रेअः/ *n.* 1 छिड़कने वाला 2 फुहारा; **~-gun** /स्प्रे-गन/ *n.* 1 एक तरह की पिचकारी 2 सीमेंट की पिचकारी; **~ing** *n.* छिड़काव, बिखराव; **~-irrigation** *n.* फुहारा-सिंचाई; **~-on** *adj.* ऐरोसोल से लगाया जाने वाला फुहारा; **~-paint** *n.* फुहारे से किया जाने वाला पेंट;

collocations: **~ can** स्प्रे से पेंट करने का डिब्बा; **~ room** फुहार कक्ष

spread /स्प्रेड/ *v., pt.* **spread**, *pt. p.* **spread**, *pp* **~ing** 1 (*also* **~ sth out**) बिछाना, खोलना: ~ the sheet on the bed; ~ sth across/ over/ through, etc.; ~ a cloth on a table; ~ a carpet on the floor 2 (*also* **~ out**) पर लगाना, लेपना, पर फैलाना: ~ the butter on the toast 3 फैलना: ~ out; this butter **~s** easily; the paint **~s** well 4 (*also* **~ out**/ **~ sth out**) बढ़ाना, दूर-दूर या विरले-विरले बिखेरना या बिछाना: ~ a map on a table; the papers have been ~ out on the desk; ~ a banner/ a newspaper 5 ज्यादा क्षेत्र में फैलना: the fire ~ to the adjoining buildings; seeds and pollens are ~ by wind; the valley ~s over a large area; this forest **~s** for many miles; a meadow ~ with daisies; the unrest soon ~ to all departments 6 खबर का फैलाना, प्रचारित क., फैल जा: this news will ~ like wildfire; information **~s**; rumours began to ~; ~ knowledge 7 बाहें और टांगें पसारना, हाथ-पैर पसारना 8 पक्षी का पंख फैलाये गिरना या पड़ा होना 9 बढ़ाना; ~ oneself (कुछ बिंदुओं पर ध्यान केंद्रित किए बिना बड़े विस्तार से बोलना या लिखना, शेखी बघारना, आत्म-प्रदर्शन क.) 10 किसी से मिलने आदि के लिए अपनी दोनों बाहें फैलाना, खोलना: mother ~ her arms and the child ran towards her; the bird ~ its wings; peacock **~s** its tail; ~ one's hands to the fire (सेंकने के लिए हाथ आग की ओर बढ़ाना) 11 (***syn.*** transmit) रोग आदि फैलाना या रोग का फैलना: flies ~ disease; the rash is **~ing** all over his body 12 अलग-अलग हो जा., भागों में बंट जा.: a series of interviews will ~ over three days; ~ the cost of medical care; ~ the payments over a six-month period 13 अलग-अलग कर दे., बांटना: ~ the workload between two teachers;

n. 1 फैलाव: the bird's wings have a ~ of three feet 2 समाचार-पत्र या पत्रिका में लेख: a huge ~ on Madonna 3 दो या अधिक पृष्ठों में फैला हुआ चित्र आदि 4 प्रसारण: the ~ of disease/ of knowledge, of science 5 फैलाव, विस्तार, प्रसार क्षेत्र: this mobile phone has a 98% ~ 6 चटनी रूपी खाद्य जिसे ब्रेड आदि पर लगाकर खाया जाता है 7 चौड़ाई 8 प्रचार 9 पलंगपोश (बिस्तरे की चादर), मेजपोश 10 बढ़िया खाना या भोज: put on a scrumptious ~; there was no end of a ~ there 11 *N. Amer.* पशुपालन के लिए खेत 12 विशाल क्षेत्र में बना बड़ा-सा घर 13 कमर के इर्दगिर्द बढ़ी चर्बी: middle-age ~ 14 *stock exchange* शेयर के प्रस्तावित दाम और उस पर लगाई गई बोली के दाम में अंतर;

adj. 1 चौड़ा और खुला 2 *phon.* प्रसारी (स्वर), यानी खुले होठों से उच्चरित होने वाला 3 सपाट एवं उथला (gemstone);

dw/lw: **~-eagle** /स्प्रेड-ईगल/ *n.* 1 (**~-eagle**) पंख फैलाए हुए बाज का चित्र जिसे अमेरिका जैसे कई देशों के राष्ट्रीय चिह्न के रूप में प्रयुक्त किया गया है 2 अमेरिकी उग्र-राष्ट्रवाद: a speech full of ~ 3 उग्र युद्धवाद 4 *ice-skating* स्केटों की एड़ियों को मिलाकर की जाने वाली सीधी स्केटिंग दौड़; **~-eagle** *adj.* (*also* **~-eagled**) 1 हाथ और टांग फैलाए हुए: lay ~-eagle on the floor; lie in a ~-eagle position 2 अमेरिकी उग्र-राष्ट्रवादी: ~-eagle speeches; **~-eagled** = **~-eagle**; **~-eagler** /स्प्रेड-ईगलः/ *n.* विस्तारक, विस्तारित्र, चीजों को फैलाने वाली मशीन; **~-eagleism** /स्प्रेड-ईगलिज्म/ *n. US* उग्र-राष्ट्रवाद; **~-eagling** *adj.* 1

विशालता या विस्तार में फैलने वाला, फैलाव बनाने वाला: low pay fuelled the ~-eagling discontent 2 बाहर की ओर बढ़ने या फैलने वाला: under the ~-eagling chestnut tree; **~-over** *n.* समय-विस्तार; **~sheet** /स्प्रेडशीट/ *n., comput.* कंप्यूटर प्रोग्राम जिसे क्रय-विक्रय, व्यय, लाभ-हानि आदि का लेखा-जोखा तैयार करने के लिए प्रयोग करते हैं;

collocations: **~ betting = ~ bet** किसी चालू खेल के कदम-कदम पर लगाई जाने वाली शर्त या बेट (bet);

p&i: **~ from** or **to somewhere** अकस्मात् कहीं से आना और किसी स्थान तक फैल जा.: rain will ~ from the west; the unrest soon spread to all departments; **~ it** or **~ oneself about/ about a bit** *sl.* बचकाना व्यवहार क.; **~ it on thick** बढ़ा-चढ़ाकर बातें क.; **~ like wildfire** दावानल (जंगल की आग) की तरह बहुत तेजी से फैल जा.; **~ one's net for sb** किसी को फंसाने के लिए जाल बिछाना; **~ oneself too thin = have too many irons in the fire** एक साथ कई चीजों में हाथ डाल लेना जिसके फलस्वरूप कोई भी काम ठीक से न कर पाना; **~ one's wings** अपना अनुभव क्षेत्र बढ़ाने की कोशिश क.; **~ out = ~ oneself out** 1 अपने शरीर को खींचना-तानना 2 अपनी चीजें दूर-दूर बिखेरना 3 दूर-दूर पहुंच बनाने के लिए टोली से अलग हो.; **~ the opponent defence** खेल-मुकाबले में प्रतिद्वंद्वी की एकाग्रता भंग करने की कोशिश क.; **~ the word** किसी बात या संदेश को फैलाना;

take a hammer to ~ a plaster मक्खी मारने के लिए तलवार चलाना; **they ~ themselves to entertain their guests** उन्होंने मेहमाननवाजी में कोई कसर नहीं छोड़ी

spree /स्प्री/ *n., pl.* **~s** 1 खरीददारी या मौज-मस्ती करने में बेलगामी (झोंक): a shopping/ spending, etc. ~ 2 रंगरलियां: go on the ~; ~ drinker;

***v.**, pt.* **~d**, *pp* **spreeing** खरीददारी या मौज-मस्ती आदि की झोंक में रम जा.

sprig /स्प्रिग/ *n.* 1 कोमल टहनी, शाखा, अंकुर 2 बेलबूटों का चित्रण 3 बेसिर की कीली: ~ bolt 4 युवक, लड़का 5 वंशज: a ~ of the nobility;

***v.**, pt.* **~ged**, *pp* **~ging** 1 कपड़े पर बेल-बूटों का चित्रण क. 2 अंकुरित हो.

dw/lw: **~ging** *n.* तृण-रोपण

spright /स्प्राइट\/ (*see also* **sprite**) *n.* 1 अलौकिक 2 अनुपम, बेजोड़, विलक्षण;

dw/lw: **~ly** /~लि/ *adj., degr.* ~lier, ~liest 1 (***syn.*** lively) सजीव, जीवंत: ~ly style 2 जिंदादिल, प्रसन्नचित्त 3 हंसमुख, प्रफुल्ल 4 फुर्तीला: her ~ly step

spring /स्प्रिंग/ *n.* 1 बसंत का मौसम, वसंत, बहार 2 स्प्रिंग, कमानी: take/ make a ~; the **~s** of a carriage 3 सोता, चश्मा, झरना, जल-स्रोत: hot/ mineral/ sulphur **~s** 4 (***syn.*** sudden jump) आकस्मिक जोश, प्रफुल्लता, स्फूर्ति, उछल-कूद 5 (***syn.*** leap) लपक, झपट, झपटा, झटका: rise with a ~ 6 झटकासह उपकरण: the ~ of a watch; the **~s** of a sofa/ of a mattress 7 जवानी, यौवन 8 चोटी, शिखर: in the ~ of sb's career 9 लोच, लचक, लचीलापन: his muscles have no ~ in them; the elastic has lost its ~; his mind has lost its ~ 10 कारण, स्रोत: the **~s** of action/ of decision; this custom had its **~s** in another country;

v.**, pt.* **sprang**/ *US* **sprung**, *pt. p.* **sprung**, *pp.* **~ing** 1 (syn.*** leap) उछलकर पीछे/ आगे/ बाहर आदि जा.: ~ back/ forward/ out, etc. 2 (से, में) उत्पन्न होना, उगना, जीवंत हो.: ~ to life 3 अचानक ध्यान में आना: ~ to mind 4 उछलकर बैठना, उठना, उठ खड़ा होना, उछलना: ~ to one's feet; **sprang** into action 5 लपकना, झपटना 6 (झटके से) अपनी जगह पर लौट आना 7 लांघना: **sprang** the fence 8 *sl.* किसी बंदी को जेल तोड़कर भगाना: attempt to ~ a prisoner failed miserably 9 से निकलना, फूट निकलना, अंकुरित हो.: the buds are **~ing** on the branches 10 एकाएक आ जाना या प्रकट होना, आ टपकना, आ धमकना: where did you ~ from? 11 लकड़ी आदि का टेढ़ा हो जाना, ऐंठना, टेढ़ा क., ऐंठा दे. 12 फटना, दरकना, फाड़ना, दरकाना 13 फूट पड़ना: blood **sprang** from his wound; a breeze **sprang** up 14 का विस्फोट होना या क. 15 चौंकाना 16 चलाना 17 (**~ sth on sb**) एकाएक बताना, घोषित क. या प्रस्तुत क.: **sprang** the idea on sb without warning; ~ a surprise on sb; the news was **sprung** upon me 18 कमानी लगाना 19 किसी वस्तु में स्प्रिंग यानी झटकासह उपकरण लगाना 20 जल्दी-जल्दी बनकर तैयार हो. many new houses have **sprung** up in this district;

dw/lw: **~bok** /स्प्रिंगबॉक/ *n., pl.* **~bok**/ **~boks** 1 (*also* **~buck**) दक्षिण अफ्रीका का हिरन; **~-clean** *v., pt.* ~-cleaned, *pp* ~-cleaning (विशेषकर यूरोप में) सर्दी खत्म होने और वसंत शुरू होने के समय अच्छी तरह सफाई क.; **~-loaded** *adj.* धातु का स्प्रिंग जो एक पुर्जे को दूसरे पर दबाता है; **~lock** *n.* खटकेदार ताला; **~spotter** *n.* सदा फैशनेबल विचारों, वस्तुओं, कपड़ों आदि की तलाश में रहने वाला व्यक्ति; **~tail** *n.* एक कूदने वाला कीट; **~time/ ~tide** *n.* बसंत ऋतु; **~y** /स्प्रिंगि/ *adj., degr.* **~ier, ~iest** 1 लचीला 2 कमानीदार;

collocations: **~ balance** कमानीदार तुला; **~ board** गोताखोर द्वारा कूदने का तख्ता; **~ chicken** 1 छोटा चूजा जिसका मुलायम गोश्त बहुत पसंद किया जाता है 2 युवा व्यक्ति: she's no ~ chicken; **~ clean** *UK* (*UK/US* **spring cleaning**) (विशेषकर यूरोप में) सर्दी खत्म होने और वसंत शुरू होने के समय अच्छी तरह की जाने वाली सफाई; **~ crop** वसंत काल में बोई जाने वाली फसल; **~ equinox** वसंतकालीन विषुव, सायन यानी रात दिन का बराबर होने का समय; **~ festival** वसंतोत्सव; **~ greens** एक प्रकार की बंदगोभी के पत्ते; **~ gun** चोर-बंदूक; **~ halt** *vet. med.* घोड़ों की एक बीमारी जिसमें झटकेदार लंगड़ाव आ जाता है; **~ mattress** छल्लेदार स्प्रिंगों से बना एक गद्दा; **~ onion** *UK* (*US* **scallion = green onion**) हरा प्याज; **~ roll** समोसे की तरह भरा हुआ एक लंबाकार व्यंजन; **~ sowing** वसंत काल में बुवाई या बीजाई; **~ tide** बृहत् ज्वार-भाटा, उत्तुंग बेला: a ~ of prosperity; **~ trap** जाल, पिंजरा, चूहेदानी आदि; **~ washer** स्प्रिंग (कमानीदार) लगा वाशर; **~ water** सोते का पानी; **~ wheat** वसंत काल में बोई जाने वाली गेहूं;

the ~ of day प्रभात; **the ~ of life** यौवन, जवानी; **the Pierian spring** ज्ञान, प्रेरणा;

p&i: **~ a leak** नौका या बाल्टी आदि में छेद हो जा.; **~ a trap** 1 चूहे आदि पकड़ने के फंदे को अचानक बंद क. 2 किसी से कुछ करवाने या बुलवाने में सफल हो.; **~ back** 1 झटके के साथ पीछे हटना 2 तीव्र गति से मूल स्थिति में लौट आना; **~ for sth** किसी बात या किसी अन्य व्यक्ति के लिए पैसे दे., भुगतान क.; **~ forward** आगे छलांग लगाना; **~ from sth** से उत्पन्न हो.; **~ from somewhere** अचानक कहीं से आ धमकना; **~ into action/ ~ into/ to life** अचानक काम करने लगना, अचानक सक्रिय हो.; **~ on/ upon sb** किसी पर टूट पड़ना; **~ out** कूदकर बाहर निकलना; **~ over sth** किसी चीज को लांघना, के ऊपर से कूदना; **~ sth on sb** अचानक बताना; **~ through a gap** दरार में से (कूदकर) निकल जा.; **~ to mind** अचानक मन में विचार आना; **~ to sth** किसी स्थिति में आना; **~ up** अचानक प्रकट हो., अचानक बन जा., तैयार हो जा.: new houses sprang up; **~ up like a mushroom/ like mushrooms** खुमियों की तरह फूट पड़ना, प्रकट हो.;

set all ~s a-going सारे घोड़े दौड़ा दे.; **take the ~ from the year** किसी चीज से उसका सौंदर्य छीन लेना

springe /स्प्रिंज/ *n.* छोटे-छोटे जीव पकड़ने का जाल या पिंजरा;

***v.**, pt.* **~d**, *pp* **springing** 1 जाल बिछाना 2 जाल बिछाकर किसी जीव को पकड़ना

springer /स्प्रिंजः/ *n.* 1 कूद 2 शिकार को डराने वाला शिकारी 3 शिकारी कुत्ता: ~ spaniel (शिकारी कुत्ते की एक नस्ल) 4 अंकुर

springy *see above under* **spring:** ***dw/lw***

sprinkle /स्प्रिंक्ल/ *v., pt.* **~d**, *pp* **sprinkling** 1 छिड़कना, बुरकना: ~ the floor with sand; he **~d** his coat with some perfume 2 छितराना, हल्का-हल्का बिछाना, ऊपर से छिड़कना 3 (***syn.*** drizzle) झींसी पड़ना, फुहार पड़ना 4 (***syn.*** strew) बीच-बीच में मिलाना: writings **~d** with quotations; his speech was **~d** with witticisms;

n. 1 झींसी, फुहार, बूंदा-बांदी: ~ of rain; ~ of snow 2 छिड़कने या छींटे मारने की क्रिया;

dw/lw: **~r** /स्प्रिंक्लः/ *n.* फुहारा: street ~r; **sprinkling** *n.* 1 अल्प मात्रा में किया जाने वाला कोई काम: a ~ of 2 छिड़काव, छितराव;

collocations: **~r system** 1 आग बुझाने की एक स्वतः-चालित प्रणाली 2 ऊपर से छिड़काव करने की एक सिंचाई प्रणाली

sprint /स्प्रिंट/ *v., pt.* **~ed**, *pp* **~ing** *athletics* 1 बहुत तेजी से दौड़ लगाना 2 दौड़ के आखिरी सिरे पर सारा जोर लगाकर दौड़ना: ~ to cover (भागकर जान बचाना);

n. अति तेज दौड़, (थोड़ी दूरी की) तीव्र वेग की दौड़: ~ at finish;

dw/lw: **~er** *n.* 1 तेज धावक 2 तेज साइकिल चालक

sprite /स्प्राइट/ *n., folklore* 1 एक प्रफुल्ल, चंचल परी 2 बेताल (*also see above* spright) 3 पिक्सेलों (pixels) का समूह जिन्हें कंप्यूटर स्क्रीन पर इधर-उधर घुमाया जा सकता है

spritz /स्प्रिट्स/ *v. pt.* **~ed**, *pp* **~ing** (***syn.*** spray/ squirt) किसी चीज का छिड़काव क.;

dw/lw: **~er** /स्प्रिट्सः/ *n.* श्वेत मदिरा और सोडा का पैग

spritzig /स्प्रिट्सिग/ *adj.* स्वादिष्ट एवं चमचमाती मदिरा

sprocket /स्प्रौकिट/ *US* स्प्राःकिट/ *n.* 1 (***syn.*** ~ wheel) साइकिल जंजीर आदि की गरारी 2 इस गरारी का एक दांत

sprog /स्प्रौग/ *US* स्प्राःग/ *n., sl.* शिशु, बच्चा

sprout /स्प्राउट/ *v., pt.* **~ed**, *pp* **~ing** 1 उगना, अंकुरित हो.: ~ seeds 2 उगाना: ~ a moustache; the stag has **~ed** horns 3 उत्पन्न हो., बनना, चालू हो. 4 जल्दी बढ़ना या विकसित होना;

n. 1 (*also* **Brussel** ~) नई-नई अंकुरित मूंग आदि की दाल 2 अंकुर, अंखुआ, कल्ला;

dw/lw: **~ing** *n.* अंकुरण: ~ing onion;

p&i: **~ forth**/ **~ out** अंकुरित होकर बढ़ना; **~ up** बनना, तैयार हो जा.: Cyber cafes are ~ing up everywhere;

put sb through a course of ~s *US* कोड़ों से पीटना

spruce /स्प्रूस/ *n.* 1 देवदार का पेड़: ~ bark 2 देवदार की लकड़ी;

adj. साफ-सुथरा व सुंदर, बना-ठना, चुस्त-दुरुस्त;

***v.**, pt.* **~d**, *pp* **sprucing** 1 (*usually* **~ up**) सजाना, संवारना, सजीला बनाना: ~ sb/ sth up (किसी को सजाना, संवारना) 2 बनाव-श्रृंगार क., सिंगार क.;

p&i: **~ up** = **~ sb/ sth/ oneself up** किसी को/ किसी चीज को या अपने आप को साफ-सुथरा और चुस्त-दुरुस्त क.

sprue /स्प्रू/ *n.* 1 ढली धातु या प्लास्टिक की लंबाकार निकासी नाली 2 *med.* उष्णकटिबंधीय क्षेत्र में फैलने वाली पेट की बीमारी स्प्रू या संग्रणी

spruik /स्प्रूक/ *v. pt.* **~ed**, *pp* **~ing** तमाशा करने वालों या विक्रय प्रतिनिधियों (salesmen) द्वारा बनावटी श्रृंगारात्मक भाषा में बात क.;

spruit /स्प्रेट/ *n., SAfrE* बरसाती नदिया

sprung /स्प्रंग/ *adj.* 1 *US pt. p.*, **'spring'** का भूतकालिक एवं भूतकालिक कृदंतीय रूप 2 जिसमें स्प्रिंग लगे हों

sprung rhythm *prosody* पद्य की एक विशेष पदबंधी

spry /स्प्राइ/ *adj., degr.* **spryer**, **spryest** 1 (***syn.*** sprightly) सजीव, जीवंत 2 चुस्त, फुर्तीला;

dw/lw: **~ly** /~लि/ *adv.* फुर्ती से; **~ness** /~नेस/ *n.* जीवंतता, स्फूर्ति

SPUC *abbr.* 'Society for the Protection of Unborn Child' की प्रथमाक्षरी

spud /स्पड/ *n.* 1 *colloq.* आलू 2 खुरपा, पतली नुकीली खुरपी;

***v.**, pt.* **~ded**, *pp* **~ding** खुरपी से खर-पतवार निकालना;

dw/lw: **~-bashing** *n., sl.* दंड के रूप में ढेर सारे आलुओं की छिलाई

spume /स्प्यूम/ *n.* (***syn.*** foam) झाग, फेन;

***v.**, pt.* **~d**, *pp* **spuming** झाग या फेन बनना;

dw/lw: **~scence** /स्प्यूमअसंस/ *n.* फेनिलता; **spumous** /स्प्यूमस/ *adj.* फेनिल, झागदार; **spumy** /स्प्यूमि/ *adj.* 1 फेनिल, झाग भरा 2 झाग जैसा

spun /स्पन/ *pt.*, **'spin'** का भूतकालिक रूप

adj. 1 काता हुआ: ~ gold; home-**~** (घर का काता हुआ) 2 स्टेपिल: ~ casting; ~ glass (तंतु-कांच);

collocations: **~ silk** रद्दी रेशमी रेशों के काते हुए धागे; **~ sugar** कैंडी की तरह धागानुमा खींची हुई चीनी; **~ yarn** कता सूत

spunk /स्पंक/ *n.* 1 साहस, हिम्मत, जीवट: have the ~ to do sth 2 (दियासलाई की) लकड़ी 3 क्रोध, गुस्सा, चिड़चिड़ापन 4 *sl.* वीर्य;

dw/lw: **~ily** *adv.* साहसपूर्वक; **~less** *adj.* बेहिम्मती, डरपोक; **~y** *adj.* हिम्मत वाला, साहसी, दिलेर

spur /स्पः/ (*also* **~ on**) *v., pt.* **~red**, *pp* **~ring** 1 एड़ लगाना: ~ a willing horse 2 तेज चलाना: ~ forward/ ~ on 3 (***syn.*** motivate) प्रेरणा दे., प्रोत्साहित क.: ~ sb to do sth; ~ sb on to some action 4 दृढ़तापूर्वक अनुनय क.: the crowd **~red** their team to victory;

n. 1 नुकीली एड़: put/ set **~s** to one's horse (एड़ लगाना) 2 (***syn.*** motivation) प्रेरणा, प्रेरक, उकसावा: the ~ of poverty/ curiosity 3 पेड़ की छोटी-सी शाखा 4 कंट, खांग, खार 5 रेल-पटरी के एक तरफ बना आखिरी सिरा: ~ track 6 मुख्य मार्ग से निकला छोटा रास्ता 7 पर्वत-स्कंध;

collocations: **~ wheel** = cog wheel दांतेदार पहिया;

p&i: **~ a willing horse** ठीक-ठाक काम करने वाले व्यक्ति को टोकना;

dish up the ~s मेहमानों को इशारा करना कि अब जाने का समय हो गया है; **earn/ win one's ~s** अपने आपको नाइटहुड (knighthood) की उपाधि योग्य बनाना; **gain/ earn one's ~s** नाम कमाना; **have got a ~ in one's head** नशे में चूर हो.; **he needs the ~** उसे डंडे के दबाव की जरूरत है; **on the ~ of the moment** एकाएक, अचानक, एकदम, तुरंत, तत्काल; **put ~s to sth** किसी कार्य की गति तेज क.; **win one's ~s** सर्वश्रेष्ठ बनना, नाम कमाना

spurge /स्पःज/ *n.* कोंपल सेंहुड़

spurge laurel एक सदाबहार झाड़ी

spurious /स्प्युअरिअस/ *US* स्प्युरिअस/*adj.* 1 नकली, खोटा, जाली, अप्रामाणिक: ~ coin 2 मिथ्या: made a ~ claim to the inheritance 3 बनावटी, कृत्रिम, नकली: ~ offer/ sentiment 4 जारज, अवैध;

dw/lw: **~ly** /~लि/ *adv.* जाली, कृत्रिम, मिथ्या या अवैध ढंग से; **~ness** /~नेस/ *n.* अप्रामाणिकता, कृत्रिमता, अवैधता;

collocations: **~ coincidence** *phys.* संयोगजनित समानता

spurn /स्पःन/ *v., pt.* **~ed**, *pp* **~ing** 1 ठुकरा दे., ठुकराना: ~ sb's advice/ sb's invitation/ sb's offer 2 ठोकर मारना, लतियाना, लात मारना 3 (***syn.*** shun) तिरस्कार क., अवज्ञा क.;

n. तिरस्कार, ठोकर

spurrey/ spurry /स्परि/ *n., pl.* **spurries** एक वार्षिक पौधा

spurt/ spirt /स्पःट/ *v., pt.* **~ed**, *pp* **~ing** 1 (*also* **~ out**) धार या फुहार छूटना 2 फूट निकलना 3 फुहारा छूटना या छोड़ना 4 थोड़ी देर तक बड़ी तेजी से काम क., गति बढ़ाना, खूब तेज चलना: ~ ahead/ into/ past, etc.; ~ to catch a train; ~ at the last minute; he had **~ed** into popularity 5 कीमतों में अचानक तीव्र वृद्धि हो.: the prices have suddenly **~ed**;

n. 1 सहसा हुई मूल्य-वृद्धि 2 अचानक फूट पड़ने वाली धारा या फुहार, तेज धार, फुहारा: a little ~ of rain 3 लहर, झोंक, दौरा, ऊर्जा की लहर: a ~ of anger 4 झटका, झकोरा 5 तेज चाल, तेज दौड़: make a ~; final ~; put a ~ on (जल्दी क. या हो.) 6 समय का छोटा-सा टुकड़ा 7 हवा का झोंका;
p&i: **business trends come in ~s** कारोबार में उतार-चढ़ाव आते रहते हैं

Sputnik /स्पूतनिक/ (*Russian* **спутник**) *n.* रूसी उपग्रह, कृत्रिम उपग्रह

sputter /स्पटः/ *v., pt.* **~ed**, *pp* **~ing** 1 बड़बड़ाना, बुदबुदाना: he **~ed** out his story; ~ curses/ threats 2 बड़बड़ाते हुए बोलते हुए मुंह से छींटे निकालना 3 (***syn.*** splutter) चिटकना, पट-पट या पड़-पड़ की आवाज क. 4 रह-रहकर भभकना;
n. 1 बड़बड़, बड़बड़ाहट, बुदबुदाहट 2 चरचराहट;
p&i: **~ out** ठंडा पड़ना: the excitement ~ed out

sputum /स्प्यूटम/ *n., pl.* **sputa** 1 थूक, बलगम आदि 2 लार, लाला

spy /स्पाइ/ *n., pl.* **spies** 1 गुप्तचर, जासूस, भेदिया: ~ sputnik 2 चोरी-छिपे ताक-झांक करने वाला;
v., *pt.* **spied**, *pp* **spying**, *s/he/it* **spies** 1 जासूसी क.: ~ on sb; ~ into sb's secret 2 (***syn.*** spot) दूर से देखना, पहचानना 3 ताक-झांक क., भेद लेना, नजर रखना, ध्यान रखना: ~ upon sb/ upon sb's movements 4 ताक-झांक पर ताक रखना 5 पता लगाना, ढूंढ़ निकालना, खोज निकालना: ~ sb/ sth out; ~ (out) the country/ the land; she is quick at **~ing** her neighbour's faults;
dw/lw: **~glass** *n.* एक छोटा दस्ती टेलीस्कोप; **~hole** *n.* गवाक्ष, झरोखा; **~master** *n.* गुप्तचरों का नियंत्रण करने वाला व्यक्ति;
collocations: **~ ring** गुप्तचरी गिरोह/ जाल; **~ story** गुप्तचरी कहानी;
p&i: **~ in the cab** *colloq.* ट्रक-चालक; **~ in the sky** *colloq.* टोही स्पूतनिक, ड्रोन (drone) या विमान; **~ on sb/ sth** किसी की या किसी चीज की चुपके-चुपके छानबीन क.; **~ out sb/ sth out** 1 किसी को खोज निकालना या उसकी गुप्त गतिविधियों का पता लगा ले. 2 कुछ करने से पहले किसी के बारे में या स्थान की विस्तार से छानबीन क.; **~ sth out** किसी चीज के बारे में सूचना पा लेना

sq *abbr., in measurements* **'square'** का छोटा रूप (वर्ग)

Sq./ sqn *abbr.* 1 **'squadron'** का छोटा रूप 2 'Square' (पता आदि में) चौराहा, वर्ग: Janapath Sq.

SQL *abbr., comput.* 'structured query language' की प्रथमाक्षरी

squab /स्क्वौ\ब/ *US* स्क्वाः\ब/ *n.* 1 कबूतर का बच्चा 2 गोल-मटोल व्यक्ति 3 मसनद 4 गद्देदार सोफा;
dw/lw: **~by** /~बि/ *adj.* छोटा-सा, गोल-मटोल, फूला हुआ;
p&i: **~ on the floor** टूटकर फर्श पर गिर पड़ना

squabash /स्कवौ\बैश/ *US* स्कवाः\बैश/ *v., pt.* **~ed**, *pp* **~ing** रौंदना, कुचलना, चकनाचूर क.

squabble /स्क्वौबल/ *US* स्क्वाःबल/ *v., pt.* **~d**, *pp* **squabbling** 1 (***syn.*** bicker) छोटी-मोटी बातों पर झगड़ना 2 बखेड़ा क. 3 गड़बड़ कर दे.;
n. छोटी-मोटी बातों पर होने वाला झगड़ा, टंटा, बखेड़ा, तू-तू-मैं-मैं, कहा सुनी

squacco /स्क्वौको/ *US* स्क्वाःको/ *n., pl.* **~s** दक्षिणी यूरोप में पाया जाने वाला बगुला परिवार का एक पक्षी

squad /स्क्वौ\ड/ *US* स्क्वाः\ड/ *n.* 1 दस्ता, टुकड़ी (सैनिक), (पुलिस) बल आदि: bomb/ drug/ narcotic/ fraud, etc. ~; awkward ~ (ड्रिल आदि में पिछड़ने वाले सैनिक या सिपाही); flying ~; ~ drill; ~ leader; ~ car (पुलिस की पेट्रोल कार) 2 छोटा दल, टुकड़ी: death/ firing/ hit, etc. ~ 3 खिलाड़ियों का एक समूह जिसमें से किसी खेल मुकाबले के लिए अंतिम टीम चुनी जाती है: Ashwin was included in the Indian ~; Indian football ~;
collocations: **~ car** पुलिस कार; **an awkward ~** अनाड़ियों की टोली

squaddy/ squaddie /स्क्वौडि/ *US* स्क्वाःडि/ *n., pl.* **squaddies** *sl.* साधारण नया सिपाही

squadron /स्क्वौ\ड्रन/ *US* स्क्वाः\ड्रन/ *n.* 1 वायुसेना दल या टुकड़ी: ~ leader 2 स्क्वॉड्रन 3 संगठित दल;
dw/lw: **~ed** /~ड्रंड/ *adj.* वायुसेना की टुकड़ी में संगठित;
collocations: **~ leader** भारतीय, ब्रितानवी आदि वायुसेनाओं का एक अफसर

squail /स्क्वेल/ *v., pt.* **~ed**, *pp* **~ing** 1 डंडा मारना 2 डंडा फेंकना

squalid /स्क्वौलि\ड/ *US* स्क्वाःलि\ड/ *adj.* 1 (***syn.*** filthy) मैला-कुचैला, गंदा (स्थान): ~ dwelling; ~ slum 2 (***syn.*** sordid) नैतिक रूप से कुत्सित, नीच: gossip about their ~ affair 3 घिनौना: ~ rascal 4 फटेहाल: a man of ~ appearance 5 अस्वस्थ, बीमारू-सा: ~ complexion;
dw/lw: **~ity** /~डिटि/ *n.* घिनौनापन; **~ly** /~डलि/ *adv.* फटेहाल; **~ness** /~डनेस/ *n.* 1 दरिद्रता, कंगाली 2 घिनौनापन, कुत्सितता

squall /स्क्वॉल/ *n., meteorol.* 1 तूफान, आंधी, अंधड़: thick ~ 2 अल्पकालिक झंझावात 3 झगड़ा 4 (***syn.*** yell) चीख, चीत्कार, हल्ला, गुलगपाड़ा: a dog'**s** ~;
v., *pt.* **~ed**, *pp* **~ing** 1 चीखना, चीत्कार क. 2 गला फाड़-फाड़कर गाना: ~ a song;
dw/lw: **~y** /स्क्वॉलि/ *adj.* 1 तूफानी: ~ weather 2 डरावना: things look ~;
p&i: **look out for ~s** सतर्क रहना; **white ~** बिन बादल बरसात (ओला वृष्टि)

squaloid /स्क्वेलॉइड/ *adj.* हांगर-जैसा

squalor /स्क्वौलः/ *US* स्क्वाःलः/ *n.* 1 गंदगी, फटेहाली: live in ~ 2 कंगाली: the ~ of these ideas

squama /स्क्वेमा/ *n., pl.* **squamae** /स्क्वेमी/ शल्क, पट्टक;
dw/lw: **~te** /स्क्वेमिट/ *or* **squamose/ squamous** /स्क्वेमोस/ स्कवेमस/ *or* **squamosal** /स्क्वअमोजल/ *adj.* शल्की, पट्टकी: squamosal bone (शल्कास्थि)

squander /स्क्वौं\डः/ स्क्वां\डः/ *v., pt.* **~ed**, *pp* **~ing** 1 उड़ा दे., अपव्यय क.: ~ one's fortune/ money/ savings or one's inheritance 2 गंवाना, व्यर्थ क.: ~ one's energy/ one's strength; ~ one's health/ talent; ~ one's time;
dw/lw: **~er** /~डरः/ *n.* = **~-bug** अपव्ययी, फिजूलखर्च; **~ing** *n.* अपव्यय, फिजूलखर्ची

squarable /स्क्वेअरअबल/ *adj.* 1 वर्गाकार बनने में सक्षम 2 बिकाऊ, भ्रष्ट 3 हिसाब चुकता करने योग्य

square /स्क्वेअः/ *US* स्क्वेर/ *n.* 1 वर्ग, वर्ग आकार: exact/ rough ~ (संपूर्ण या अनुमानित वर्ग) 2 घन: solid ~ 3 चौकोर, चत्वर, वर्गाकार वस्तु: a ~ of cloth/ of glass/ of linen; a ~ of ground 4 चौक, चौराहा: open/ quiet ~ 5 वर्गफल: the ~ of three is nine 6 (वर्गाकार) भवन-समूह: he lives in the next ~ 7 कोनिया, गुनिया 8 वर्गाकार खाना, वर्ग-व्यूह 9 टटपुंजिया बाबू, कूप-मंडूक, उबाऊ और दकियानूस व्यक्ति;
adj. 1 वर्गाकार: a ~ table 2 घनाकार: a ~ box 3 आड़ा, (परस्पर) लंबाकार, समानांतर: tables arranged ~ with the wall 4 बराबर, समतल: the picture is not ~ with the ceiling 5 चौकोर, चौरस, चौकोना: a ~ jaw 6 लंबाई, चौड़ाई, ऊंचाई में बराबर 7 वर्ग: ~ area; ~ foot/ inch, mile; the area of a rectangle is 2'x4' = 8 ~ feet 8 वर्गमूल से संबंधित: the ~ root of a number 9 (***syn.*** quits) चुकता, बराबर: call it ~!; get/ make one's accounts ~; get ~ with sb 10 सुव्यवस्थित, क्रमबद्ध: get things ~ 11 सुस्पष्ट, संपूर्ण, साफ, बेबाक: a ~ denial; ~ refusal; ~ observance (सही आकलन) 12 सच्चा, ईमानदार, निष्पक्ष, न्यायी, न्यायप्रिय, उचित, मुनासिब, न्यायोचित,

खरा: a ~ deal (खरा सौदा); the ~ thing (खरी चीज); ~ dealing; be ~ with sb; his play is not always quite ~ 13 *in cricket* विकेट के समकोणीय: played at ~ leg 14 बराबर, समान: be ~ with all the world; ~ in score 15 दकियानूसी, उबाऊ 16 चौड़ी काठी का, सुगठित: ~ shoulders; a man of a ~ build/ frame 17 ठीक-ठाक, पेटभर: have a ~ meal;

adv. 1 पर लंब, परस्पर लंब 2 ईमानदारी से, सच्चाई से: play fair and ~ 3 उचित रूप से: they were married ~ and regular 4 ठीक-ठाक, ठीक-ठीक 5 (***syn.*** directly, squarely) ऐन, सीधे: sit/ stand ~; hit sb ~ on the jaw 6 के ठीक सामने, आमने-सामने 7 जमकर, दृढ़ता से: stand ~ for a party;

v., *pt.* **~d**, *pp* **squaring** 1 वर्गाकार, चौकोर या समकोण बनाना या बनना 2 सीधा क., ठीक बैठाना: ~ masons work 3 वर्गफल निकालना: 2/ 3/ 4 **~d** = 4/ 9/ 16 respectively 4 वर्गकरण क., वर्गमाप निकालना 5 वर्गाकृत क. 6 क्षेत्रफल निकलना: ~ a circle (1 वृत्त का क्षेत्रफल निकालना 2 वृत को वर्ग बनाने जैसा असंभव काम करने की कोशिश क.) 7 उधार चुकाना, रुपया दे.: ~ accounts with sb; ~ one's creditors/ the porter 8 समझा-बुझाकर राजी कर लेना: ~ the matter with sb; he has been **~d** to hold his tongue 9 घूस दे. 10 से मेल खाना, सुसंगत होना, मेल बैठना: does this ~ with/ to your conception of the phenomenon?; he does not ~ his practice with his principles; ~ one's theories with ascertained facts 11 सामंजस्य स्थापित क., समन्वय क.: ~ the police; ~ one's actions by the law 12 खेल के अंक बराबर क. या हो. 13 कंधे आदि सीधे क.: ~ one's shoulders 14 दूसरे लोगों को अपने मापदंडों से आंकना: ~ other people by one's own criterion;

dw/lw: **~-bashing** *n., sl.* सैनिक बैरकों के चौक पर ड्रिल क.; **~d** *adj.* चारखानेदार; **~-eyed** *adj., humorous* जिसकी आंखें अत्यधिक टीवी देखने से टीवी स्क्रीन-सी चपटी हो गई हों; **~-head** *n.* 1 मूर्ख और निकम्मा आदमी 2 जर्मनी, हॉलैंड या स्कैंडिनीवियायी मूल के लोगों के लिए अपशब्द; **~-rigged** *adj.* पाल पोत के पालों को सीधे लगाना; **~ly** /स्क्वेअःलि/ *adv.* 1 सीधे: sit ~ly; play ~ly; face sb ~ly 2 (***syn.*** exactly) पूरी तरह से, प्रत्यक्षतः 3 ईमानदारी से; **squarish** *adj.* लगभग वर्गाकार; **word-~** *n.* शब्द-वर्ग; **magic~** *n.* माया-वर्ग;

collocations: **~ audience** दकियानूसी श्रोतागण; **~ bracket** गुरु कोष्ठक, गुरु बंधनी; **~ centimetre/ metre/ mile, etc.** वर्ग सेंट मीटर/ मीटर/ मील आदि; **~ dance** वर्गाकार नृत्य; **~ deal** खरा सौदा; **~ hit** सीधा प्रहार या आक्रमण; **~ John** आज्ञाकारी एवं न्यायशील व्यक्ति; **~ knot** दोहरी गांठ; **~ leg** क्रिकेट क्षेत्र-रक्षण में विकेट को समकोण स्थिति; **~ meal** पेटभर खाना; **~ meter** वर्ग-मीटर; **(the) Square Mile** *Br.* लंघन शहर का एक नाम; **~ number** वर्ग-संख्या; **~ oneself** प्रायश्चित करने देना; **~ peg** (*usually* **a ~ peg in a round hole**) बेमेल, अनहोनी बात, असंगत बात; **~ root** वर्गमूल: the ~ root of 4/ 8/ 12 = 16/ 64/ 144 respectively; **~ shaped** वर्गाकार; **~ shooter** ईमानदार व्यक्ति; **~ shouldered** चौड़े कंधों वाला, चौड़ी काठी का; **~ toed** 1 (जूता) चौड़े पंजे वाला 2 बाल की खाल उतारने वाला, पुरतकल्लुफ, अति-औपचारिक, नियमवादी;

p&i: **~ accounts with**1 ले-दे कर हिसाब ठीक क., हिसाब चुकता क. 2 बदला लेना; **~ a person** किसी की मुट्ठी गर्म क.; **~ away** 1 तैयार क. 2 व्यवस्थित क., समस्या का हल क.; **~ off** 1 वर्गाकार रेखांकन क. 2 *US* मुक्केबाजी या लड़ाई के लिए तैयार हो.; **on the ~** ईमान से, सच्चाई से; **out of ~** अनुचित, बेमेल;**~ sth with sb** किसी की स्वीकृति या सहमति ले.; **~ sth with sth** दो प्रकार के तथ्यों, दलीलों, विचारों का एक दूसरे के साथ ठीक से मेल खाना; **~ talk** साफ बात; **~ the circle** 1 वृत्त का वर्ग माप निकालना 2 असंभव काम क.; **~ up** 1 मुक्केबाजी के लिए तैयार हो. 2 दिलेरी से सामना क.: ~ up to difficulties 3 हिसाब चुकता क.; **~ up to difficulties/ problems** कठिनाइयों का डटकर मुकाबला क.; **~ up to sb** किसी का डटकर सामना क., उसके साथ लड़ाई के लिए तैयार रहना; **~ up to sth** किसी समस्या से दिलेरी से निपटना; **~ up with sb** कर्ज या ऋण आदि का निपटारा कर देना; **~ with sth** से मेल खाना, अनुकूल या संगत हो.;

all ~ *colloq.* 1 सब बराबर (सभी के बराबर के अंक) 2 हिसाब चुकता; **back to ~ one** फिर से शुरुआती स्थिति में आ जाना; **be on the ~** ईमानदारी से पेश आना; **break no ~s** कोई महत्त्व न रखना, कोई मायने न रखना; **break no ~s with sb** किसी के साथ न उलझना, बहस न क.; **break ~** स्थापित मूल्यों व नियमों को तोड़ना; **govern the body by the ~ of prudence** शरीर को विवेक के नियंत्रण में रखना; **it is all ~** सब ठीक है; **on the ~** ईमानदारी से, बराबर-बराबर; **out of ~** 1 तिरछा 2 अस्त-व्यस्त 3 गलत ढंग से लगाया हुआ; **round peg in ~ hole** बेमेल वस्तु या प्रक्रिया

squarial /स्क्वेअरिअल/ *n.* स्पूतनिक से संकेत प्राप्त करने की प्लेट

squaring /स्क्वेअरिंग/ *adj.* 1 वर्गकरण: ~ the circle 2 व्यवस्थीकरण

squarish /स्क्वेअरिश/ *US* स्क्वेरिश/ *adj.* कुछ-कुछ वर्गाकार, चौकोर-सा

squarose/ squarrous /स्क्वैरोस/ स्क्वैरस/ *adj.* असम, खुरदरा

squash /स्क्वौश/ *US* स्क्वाः\श/ *n.* 1 चार-दीवारी से बने कोर्ट में रैकेट से रबड़ की गेंद को दीवारों पर मारकर खेला जाने वाला खेल 2 *UK* शरबत बनाने के लिए गाढ़ा घोल: a glass of lemon ~ 3 (**~s**) कुम्हड़ा, कद्दू, भुर्ता, लुगदा 4 भीड़-भाड़, धक्कम-धक्का 5 धब-धब 6 (***syn.*** ~ rackets) स्कवौश रैकिट, स्कवौश टेनिस;

v., *pt.* **~ed**, *pp* **~ing** 1 कुचलकर समतल बना दे.: the fruit will ~ if it is badly packed 2 घुसा दे., ठूसना, ठसाठस भर दे., धकियाकर घुसाना या घुसना: ~ sb into a corner; ~ through the gate; three people **~ed** into one seat; managed to ~ all the washing into one bag 3 दबाना, कुचलना, भुर्ता बना दे., दब जाना, कुचले जाना: ~ a lemon/ an orange 4 कुचलना, समाप्त कर दे., दमन क.: ~ a fly; ~ a rebellion 5 दो टूक जवाब से निरुत्तर कर दे., का मुंह बंद कर दे.: ~ sb with a crushing retort 6 (***syn.*** quash) खत्म कर दे.;

dw/lw: **~y** /~शि/ *adj., degr.* ~ier, ~iest 1 मुलायम 2 जिसे आसानी से कुचलकर भुड़था जैसा या गूदेदार बनाया जा सके 3 गीला और दलदली;

collocations: **~ figs/ pears** गूदेदार अंजीर या नाशपाती; **~ ground** दलदला रास्ता; **~ rackets/ ~ tennis** स्कवौश रैकिट/ स्कवौश टेनिस

squat /स्क्वौट/ *US* स्क्वाः\ट/ *v., pt.* **~ted**, *pp* **~ting** 1 (*also* **~ down**) आल्थी-पाल्थी मारकर बैठना 2 उकड़ू बैठना, पालथी मारना 3 दबककर या सिमटकर बैठना 4 बस जाना 5 बेघर-बार लोगों द्वारा जबरदस्ती कब्जा जमा लिया जा.;

adj. (***also*** **~ty** /~टि/) 1 गोल-मटोल 2 आल्थी-पाल्थी मारकर बैठने वाला;

n. 1 जबरदस्ती का कब्जा 2 किसी के धड़ाम से गिरने की क्रिया 3 गिरने से होने वाला घाव 4 पिचक;

adj. छोटा-सा, मोटा-सा कुरूप (व्यक्ति): a ~ man with shaven head;

dw/lw: **~ter** /~टः/ *n.* जबरदस्ती कब्जा करने वाला (व्यक्ति);

collocations: **~ thrust** व्यायाम का एक अभ्यास

squaw / स्क्वॉ/ स्क्वाः/ *n., offensive* अमेरिकी आदिवासी स्त्री या पत्नी

squawk /स्क्वॉक/ *v., pt.* **~ed**, *pp* **~ing** 1 चीखना, चिल्लाना 2 शिकायत या विरोध क.;

n. 1 चीख, चिल्लाहट 2 शिकायत या विरोध

squeak /स्क्वीक/ *v., pt.* **~ed**, *pp* **~ing** 1 चरमराना, चरचराना, चूहे की तरह चीं-चीं क. 2 चूं-चूं क., किकियाना 3 (*also* **narrow ~**) बाल-बाल बचना;

n. 1 चरमराहट, चीं-चीं: the ~ of a mouse; the ~ of a pencil/ of wheels 2 (*also* **narrow** ~) बाल-बाल बचाव: have a close/ a near ~;

dw/lw: **~er** /स्क्वीकः/ *n.* बहुत कम अंतर से जीता जाने वाला मुकाबला या चुनाव; **~y** /स्क्वीकि/ *adj., degr.* ~ier, ~iest चरमराने या चीं-चीं करने वाला: a baby's ~y toy;

collocations: **~y clean** 1 बिल्कुल साफ-सुथरा 2 ऊपर से पाक-साफ या बहुत ईमानदार दिखने वाला;

p&i: **~ing wheel gets the grease** बिना रोये मां भी दूध नहीं देती;

give sb one more ~ किसी को एक और अवसर दे.; **have a narrow** ~ बाल-बाल बचना

squeal /स्क्वील/ *v., pt.* **~ed**, *pp* **~ing** 1 चिल्लाना, चीत्कार क.: ~ in sudden pain 2 चीखकर बोलना या गाना 3 किलकारी मारना: ~ with delight 4 चीं-चीं क., चरमराना: he heard the brakes ~ 5 शिकायत या विरोध क. 6 भेद खोलना: make sb ~ 7 किसी को ब्लैकमेल क. 8 किसी बात की पुलिस आदि को सूचना दे., मुखबिर बनना: ~ on sb;

n. 1 चीख, चीत्कार 2 (*syn.* yelp) किलकार;

dw/lw: **~er** /स्क्वीलः/ *n.* 1 चीं-चीं करने वाला चिड़िया का बच्चा 2 शावक 3 सुअर की तरह चीखने वाला 4 मुखबिर

squeamish /स्क्वीमिश/ *adj.* 1 मतलाहा, जल्दी मतलाने वाला: feel ~ about sth 2 अति संवेदनशील, सुकुमार, नाजुक 3 आसानी से आहत हो जाने वाला 4 तुनुकमिजाज 5 धर्मभीरु, पाप शंकालु 6 अति औपचारिक;

n. (**the** ~) अति संवेदनशील, सुकुमार, नाजुक लोग;

dw/lw: **~ly** *adv.* तुनुकमिजाजी से; **~ness** *n.* तुनुकमिजाजी, पापशंकालुता

squeegee /स्क्वीजि/ *n., pl.* **~s** 1 रबड़ का पोंछा 2 फोटो को विकसित करते समय गीलापन सुखाने के लिए रबड़ बेलन;

v., pt. **~d**, *pp* **squeegeeing** 1 रबड़ के पोंछे से खिड़की, फर्श, जहाज के डेक आदि को साफ क. 2 फोटो का गीलापन हटाना;

collocations: ~ **merchant** = **squeegie** /स्क्वीजी/ *n.* चौराहे पर रुकी गाड़ियों के बिना कहे शीशे साफ करके पैसे मांगने वाली आदमी; ~ **mop** फर्श, खिड़कियां आदि साफ करने का रबड़ का पोंछा;

p&i: **all** ~ कानी आंख से, तिरछे

squeeze /स्क्वीज/ *v., pt.* **~d**, *pp* **squeezing** 1 स्नेह आदि जताने के लिए हल्के से दबाना: ~ sb's hand; ~ sb's finger 2 निचोड़ना: ~ a lemon/ orange, etc.; ~ juice from a lemon; ~ a sponge/ wet clothes 3 में ठूसना, घुसेड़ना: he **~d** his hand through the opening 4 धकियाकर घुसना, घुस जाना: ~ one's way through a crowd; ~ into/ through/ past, etc.; six of us **~d** into a car; a very stout man who could hardly ~ through the door 5 मजबूर क.: ~ a confession from sb 6 की छाप तैयार क. 7 दब जाना 8 कसकर आलिंगन क. 9 आर्थिक दबाव तले लाना, तंग क., विवश क., ऐंठना: ~ money; **~d** his elderly mother for money for drugs; ~ sb out (किसी को घर आदि छोड़ने को मजबूर क.); **~d** them out with the high rents;

n. 1 दबाने की क्रिया: give sb's hand a friendly ~ 2 ठसाठस भीड़: dinners, card parties and **~s** 3 दबाव: put a ~ on sb 4 भीड़-भाड़, धक्कम-धक्का: we all got in, but it was a tight ~; it's a bit of a ~ with six in the car 5 छाप 6 ऐंठा हुआ धन या रुपया, ऐंठी हुई गुनाह-कबूली 7 दस्तूरी 8 निचोड़, निंबू या संतरा आदि का निचोड़ा हुआ रस, निचोड़: a ~ of lemon/ orange, etc. 9 (*also* ~ **play**) ताश के ब्रिज खेल में एक चाल 10 विवशता, मजबूरी: ~ of rents;

dw/lw: **~-box** *n.* अकोर्डिअन नामक वाद्य; **~r** /स्क्वीजः/ *n.* निचोड़ने वाला व्यक्ति या उपकरण; **squeezy** /स्क्वीजि/ *adj.* पिचकू, पिचक जाने वाली;

p&i: ~ **in** अंदर ठूंसना; ~ **sb dry** किसी से अधिकतम पैसा या सूचनाएं ऐंठना; ~ **sb/sth in** व्यस्त कार्यक्रम के बावजूद किसी को या किसी कार्य को बीच में कोई स्थान देना; ~ **off** बंदूक का घोड़ा दबाना, गोली चलाना; ~ **sb/sth out of sth** किसी को कारोबार आदि से बाहर कर देना; ~ **sb up against sb/ sth** = ~ **up against sb/ sth** एक-दूसरे से सटकर खड़ा हो. या बैठना; ~ **sth out of sb** किसी से कुछ उगलवाना;

as it ~s 1 अपने वर्तमान रूप में 2 आज की परिस्थिति में

squelch /स्क्वे\ल्च/ *v., pt.* **~ed**, *pp* **~ing** 1 (*syn.* squash) दबा दे., कुचल दे., रौंदना, चुप करा दे., मुंह बंद कर दे.: ~ a rumour/ strike, fire, etc. 2 पानी में चलते हुए छप-छप क., फच-फच क.;

n., pl. **~es** 1 (ध्वनि) छप-छप, फच-फच 2 ध्वस्त करने वाला प्रहार 3 मुंहतोड जवाब;

adv. फच-फच करते हुए: landed ~ in the mud;

dw/lw: **~er** /~ल्चः/ *n.* 1 विध्वंसक प्रहार 2 करारा जवाब 3 ध्वस्त करने वाला लेख; **~y** /~ल्ची/*adj.* 1 दलदली, फच-फच करने वाला 2 दमनकारी

squib /स्क्विब/ *n.* 1 आतिशबाजी 2 अनार, आतिशबाजी की चक्री, पलीता आदि 3 (*syn.* lampoon) व्यंग्य लेख, निंदा लेख, आक्षेप, कटाक्ष;

p&i: **a damp** ~ आशा के विपरीत अति निराशाजनक परिणाम: go off like a damp ~ (टांय-टांय फिस हो.)

squid /स्क्विड/ *n., pl.* **squid**/ **~s** 1 एक लंबा समुद्री जीव जिसकी दस बाहें होती हैं, समुद्री फेनी 2 इस जीव का गोश्त

squidge /स्क्विज/ *v., pt.* **~d**, *pp* **squidging** 1 (*syn.* squash) दबाना, कुचलना, भुर्ता बना दे. 2 निचोड़ना 3 (*syn.* squelch) कुचल दे., रौंदना;

dw/lw: **squidgy** /स्क्विजि/ *adj., degr.* squidgier, squidgiest गीला, नर्म और लिजलिजा

squiffy /स्क्विफि/ *adj., degr.* **squiffier**, **squiffiest** *old use* नशे में, पिए हुए

squiggle /स्क्विगल/ *n.* टेढ़ी-मेढ़ी लकीर;

v., pt. **~d**, *pp* **squiggling** टेढ़ी-मेढ़ी लकीर खींचना

squill /स्क्विल/ *n.* कंद, समुद्री या जंगली प्याज

squillion /स्क्विलिअन/ *n., pl.* **~s**/ **squillion** बेशुमार, अनेक, असंख्यक (modelled on **million**): ~ rupee budget

squinch /स्क्विंच/ *n., pl.* **~es** *archit.* बगली डाट

squint /स्क्विंट/ *v., pt.* **~ed**, *pp* **~ing** 1 अधखुली आंखों से देखना 2 भेंगा होना 3 कनखी मारना, कनखियाना, तिरछी नजर से देखना 4 झपकाना, मिचकाना 5 की ओर झुकना, तिरछा हो.: hung the picture ~; the document **~s** towards open revolt;

n. 1 भेंगापन: have a bad ~ 2 कनखी, कटाक्ष 3 सरसरी दृष्टि, उड़ती नजर: let me have a ~ at it; give a quick ~ at the paper 4 झांकी 5 झुकाव: a ~ towards radicalism;

adj. 1 भेंगा, ऐंचा 2 टेढ़ा 3 शक्की, ईर्ष्यापूर्ण 4 झुका हुआ

dw/lw: **~-eyed** /स्क्विंट-आइड/ *adj.* 1 भेंगा, ऐंचा-ताना 2 दुर्भावपूर्ण, विद्वेषपूर्ण: ~-eyed with envy

squire /स्क्वायः/ *n., hist.* 1 जमींदार 2 शूरवीर (knight) बनने से पहले शूरवीर का सहायक 3 (**Squire**) *BrE* एक पुरुष का दूसरे के लिए मैत्रीपूर्ण संबोधन 4 स्त्री का सहचर, रमणीरंजक: a ~ of dames;

v., pt. **~d**, *pp* **squiring** किसी स्त्री का सहचर होना;

dw/lw: **squirearchy** /स्क्वायराःकि/ *n.* जमींदारशाही, जमींदार-वर्ग; **squireen** /स्क्वायरीन/ *n.* छोटा जमींदार;

collocations: **a ~ of dames** युवतियों का चहेता; **a ~ of the pad** लुटेरा;

p&i: **~d by boys of her own age** उसकी उम्र के लड़कों के संग; ~ **it** अपने समूह में अगुआ हो.;

squirm /स्क्वःम/ *v., pt.* **~ed**, *pp* **~ing** 1 छटपटाना, तड़पना, तड़फना, कुलबुलाना, मन ही मन घुटना: ~ out of an obligation; they **~ed** painfully in their chairs 2 ऐंठना 3 (*syn.* get embarrassed) झेंपना: these words made him ~; her accusations made him ~ with remorse 4 (***syn.*** wriggle out) टेढ़े-मेढ़े चलकर रास्ता बनाना: ~ one's way through a crowd;

n. 1 तड़प, छटपटाहट: give a ~ 2 ऐंठन, बल;

dw/lw: **~y** /स्क्वःमि/ *adj.* छटपटाता हुआ

squirrel /स्क्विरल/ *n.* गिलहरी;

v., *pt.* **~led**, *pp* **~ling**/ *US* **~ed**, *pp* **~ing** (*often* **~ away** *or* **~ up**) भविष्य के लिए कुछ भंडारित करके रखना;

dw/lw: **~-cage** *n.* गिलहरी का पिंजरा; **~ly** /स्क्विरलि/ *adj.* 1 बातूनी, चपर-चपर करने वाला 2 उछल-कूद करने वाला;

collocations: **brown** ~ रुकिया; **black hill** ~ शिंगशाम; **brown flying** ~ सूरजभगत; **large Indian** ~ जंगली गिलहरी, कराट; **palm** ~ गिलहरी, चिखुरी, गिलहरा, चिखुरा

squirt /स्क्वःट/ *v. pt.* **~ed**, *pp* **~ing** 1 (***syn.*** spurt) पिचकारी से धार मारना, फुहारा छोड़ना, पिचकारी मारना: Zahir **~ed** paint everywhere; ~ sb with sth; **~ed** the table with polish 2 पिचकारी में से फुहारा छूटना, पिचकारी छूटना 3 (***syn.*** spray) पेंट आदि लगाना या लगना: paint **~ed** everywhere;

n. 1 पिचकारी 2 पिचकारी की धार, फुहारा 3 लगाए जाने वाले द्रव की मात्रा 4 छोटा-सा, नगण्य, घिनौना व्यक्ति: don't worry about a little ~ like Vyamu;

dw/lw: **~er** /स्क्वःटः/ *n.* पिचकारी मारने वाला; **~-gun** *n.* पिचकारी

squish /स्क्विश/ *n. pl.* **~es** फिस-फिस की धीमी आवाज;

v., *pt.* **~ed**, *pp* **~ing**, *s/he/it* **~es** 1 फिस-फिस की धीमी आवाज क. 2 फिस-फिस करते हुए चलना 3 कुचलना, रौंदना;

dw/lw: **~y** *adj.* 1 गीला और मुलायम 2 फिस-फिस की नकल करने वाला

squit /स्क्विट/ *n.*, *colloq.* 1 नगण्य व्यक्ति 2 बकवास 3 (**the squits/ the squitters**) *colloq.* (diarrhoea) पेचिश

Sr (*also UK* ***Snr***) *abbr.*, 'senior' का संक्षेप

Sr *abbr.* 'Sir', 'Sister' का छोटा रूप

Sr *symbol* 'strontium' का चिह्न

sir symbol, *geom.* 'steradian'का चिह्न

SRC *abbr.* 'Student Representative Council' की प्रथमाक्षरी

SRCh *abbr.* 'State Registered Chiropodist' की प्रथमाक्षरी

Sri Lankan *adj.* श्रीलंका से संबंधित

SRN *abbr.*, *Br.* 'State Registered Nurse' की प्रथमाक्षरी

SRO *abbr.* 'self-regulatory organization' की प्रथमाक्षरी

SRU *abbr.* 'Scottish Rugby Union' की प्रथमाक्षरी

SS *abbr.* 'Saints', 'Schutzstaffel' (German), 'steamship' की प्रथमाक्षरी

SSD *abbr.* 'Social services Department' की प्रथमाक्षरी

SSE *abbr.* 'south-south-east' की प्रथमाक्षरी

SSHA *abbr.* 'Scottish Special Housing Association' की प्रथमाक्षरी

SSM *abbr.* 'surface-to-surface missile' की प्रथमाक्षरी

SSN *abbr.* 'Social Security Number' की प्रथमाक्षरी

SSP *abbr.*, *Brit.* 'statutory sick pay' की प्रथमाक्षरी

SSR *abbr.*, *formerly* 'Soviet Socialist Republic' की प्रथमाक्षरी

SSSI *abbr.*, *Br.* 'Site of Special Scientific Interest' की प्रथमाक्षरी

SST *abbr.* 'supersonic transport' की प्रथमाक्षरी

SSW *abbr.* 'south-south-west' की प्रथमाक्षरी

St *abbr.* 'Saint', 'Street', 'State' का छोटा रूप

ST *abbr.* 'Scheduled Tribe' की प्रथमाक्षरी

st *abbr.* 'stone' का छोटा रूप

stab /स्टैब/ *v.*, *pt.* **~bed**, *pp* **~bing** 1 छुरा मारना, (छुरा) भोंकना, घोंपना, घायल क., (छुरे से) प्रहार क.: ~ a knife into sb's heart 2 दुखाना, सालना 3 टीस उठना या मारना: her back pain stabs relentlessly 4 (***syn.*** jab, prod) किसी को उंगली आदि से उग्रतापूर्वक खोद मारना या प्रहार क.;

n. 1 छुरा भोंकने से होने वाला घाव 2 गलती/ जलन/ भूल का अहसास: a ~ of guilt/ jealousy/ regret etc. 3 प्रहार 4 हूक, टीस: felt a sudden ~ of pain;

dw/lw: **~bing** /स्टैबिंग/ *n.* छुरा भोंकने की क्रिया; **~bing** *adj.* तेज (टीस);

back-~ber *n.* गद्दार; **back-~bing** *n.* गद्दारी, धोखा;

collocations: **~bing glare** चौंधिया देने वाली चमक; **~bing pain** छुरा भोंके जाने का दर्द;

p&i: **~ in the back** पीठ में छुरा घोंपना, *fig.* (***syn.*** betray) गद्दारी क.; **~ in the dark** निराधार अनुमान; **~ sb's reputation** किसी की नेकनामी पर धब्बा लगाना;

a ~ of anxiety चिंता का आकस्मिक अहसास (हूक); **a ~ of joy** आनंद की लहर; **a ~ of lumbago** कटिशूल की हूक (दौरा); **have a ~ at sth/ doing sth** कुछ करने की कोशिश क.; **make a ~ at conversation** बातचीत शुरू करने का प्रयास क.

stability /स्टअबिलअटि/ *n.* 1 (***anton.*** instability) स्थिरता, स्थैर्य, स्थायित्व: political ~ 2 टिकाऊपन, मजबूती, कठोरता 3 दृढ़ता 4 धैर्य

stabilization /स्टेबअलाइजेशन/ *n.* 1 स्थिरता, स्थायित्व 2 मजबूती, दृढ़ीकरण 3 स्थायीकरण 4 संतुलन

stabili\ze /स्टेबअलाइ\ज/ (*also UK* **-se**) *v.*, *pt.* **~zed**, *pp* **~zing** 1 स्थिर या मजबूत हो. या क.: **~ze** the rupee 2 स्थायी, मजबूत या दृढ़ क.: **~ze** the front;

dw/lw: **~zed** /~ड/ *adj.* 1 स्थिर, स्थायी, टिकाऊ 2 संतुलित 3 स्थिति आधारित: ~zed warfare; **~zer** /~जः/ *n.* 1 स्थिरक, स्थायीकारक 2 संतुलक

stable[1] /स्टेबल/ *adj.* 1 स्थायी, स्थिर, चिरस्थायी: ~ peace; a ~ government; a ~ and loving partnership 2 टिकाऊ, पक्का, मजबूत, पायदार: ~ foundation/ position 3 दृढ़, सुदृढ़, दृढ़निश्चय 4 (***anton.*** fickle) शांत (स्वभाव), धीर 5 सुस्थिर, अचल, अटल 6 नियमित, निरंतर 7 स्थिर, सुव्यवस्थित: ~ running; the patient's condition is ~ 8 स्थिर-मति, संतुलित: ~ equilibrium;

stable[2] /स्टेबल/ *n.* 1 अस्तबल, घुड़साल, अश्वशाला 2 गोशाला 3 साहित्यकारों, कलाकारों का समूह: a ~ of publication;

v., *pt.* **~d**, *pp* **stabling** अस्तबल में रखना;

dw/lw: **~-keeper**/ **~man** *n.* घुड़साल कर्मी; **~mate** 1 एक ही अस्तबल के घुड़दौड़ में भाग लेने वाले दो घोड़े 2 (*also* ~ **companion**) एक ही संगठन की दो संतानें: The Times of India and its ~mate The Economic Times; **stabling** *n.* अस्तबल घर;

collocations: ~ **boy**/ **girl**/ **lad** घुड़साल कर्मी लड़की या लड़की; ~ **door** (*also* **Dutch door**) दो भागों से बना दरवाजा जिसके निचले भाग को बंद करके ऊपरी भाग को खुला रखा जा सकता है जो घुड़साल के लिए उपयुक्त है;

Augean ~(s) लापरवाही से छोड़ी हुई बहुत ही गंदी जगह;

p&i: **lock/ close, etc. the ~ door after the horse has bolted = close, etc. the barn door after the horse has escaped** अब पछताए होत क्या जब चिड़िया चुग गई खेत

staccato /स्टअकाःटो/ *adv.*, *music*, (***anton.*** legato) थोड़े-से समय में, असंबद्ध ढंग से;

adj. द्रुत एवं आकस्मिक ध्वनियों वाला;

n., *pl.* **~s** द्रुत गति से बजाया जाने वाला संगीत

stack /स्टैक/ *n.*, *pl. colloq.* 1 अंबार, ढेर, टाल: **~s** of sth; a whole ~ of work 2 घास का पूला, गर्री, गांज 3 गड्डी या चट्टा: a ~ of wood 4 (sometimes **~s**) ढेर सारा काम या कार्य-कलाप: there's **~s** to do in this resort 5 चिमनी 6 (**the stack/ ~s**)

लाइब्रेरी में वह स्थान या कोना जहां कम प्रयोग में आने वाली पुस्तकें भंडारित होती हैं 7 हाइ-फाइ (Hi-Fi) संगीत सिस्टम का भंडारण 8 *mainly N. Amer.* ट्रक में चालक की सीट के पीछे से निकलने वाली गैस निकासी नाली 9 (***syn.*** rack) टांड 10 राइफलों का ढेर, कोत;

v., pt. **~ed**, *pp* **~ing** 1 (also **~ up**) ढेरी बनाना या ढेर लगाना 2 चट्टा लगाना, एक के ऊपर एक रखना 3 हवाई अड्डे पर उतरने वाले विमानों को पंक्ति में रखना 4 किसी चीज को भरना:

dw/lw: **~ed** *adj.* 1 ढेर में एकत्रित 2 अत्यधिक मात्रा में भंडारित: ~ed the fridge with goodies 3 *comput.* किए जाने वाले कई कार्यों को पंक्ति में लगाकर रखना: a backlog of ~ed printing jobs 4 (*also* **well ~ed**) *sl.* स्थूल उरोजों वाली मनमोहक (महिला) 5 चमड़े के कई तल्लों से बनी जूते की एड़ी; **~er** /स्टेकः/ *n.* 1 खानों (shelves) पर सामान रखने वाला व्यक्ति 2 पूली बनाने वाली मशीन;

p&i: **~ of bones** सूखकर कांटा बना हुआ आदमी; **~s of the ready** पैसे पेड़ों पर नहीं लगते; **~ one's opponent on his shoulders** प्रतिपक्ष के घुटने टिकवा दे.; **~ sth up** चीजों को एक के ऊपर एक करके रखना;

the odds/ cards are ~ed against one किसी की जीत की संभावना नहीं; **the odds/ cards are ~ed in our favour** पलड़ा हमारा भारी है

stadia /स्टेडिआ/ *n. pl. of,* **stadium** दूरी मापक: ~ rod; *US* एक दूरबीन

stadium /स्टेडियम/ *n., pl.* **stadiums/ stadia** 1 क्रीड़ांगन, खेल का मैदान 2 स्टेडियम, अखाड़ा 3 *med.* रोग की अवस्था 4 अंतरावस्था;

collocations: **~ rock** *n.* विशाल श्रोता-समूह के लिए गिटार-आधारित रॉक संगीत

staff /स्टाफ/ *n. pl.* **~s/ staves** 1 किसी संगठन के कुल कर्मचारी: diplomatic ~; administrative/ experienced/ extra/ over-time/ senior ~; employ/ lay off/ train ~ 2 प्रबंधक के साथ कार्यरत कर्मी 3 स्कूल या विश्वविद्यालय के अध्यापक गण: teaching ~; non-teaching ~; ~ members 4 *milit.* कमांड का सहायक कर्मी दल: be on the ~; join the ~; ~ sergeant 5 (*pl.* **staves**) सोंटा, लट्ठ, लाठी 6 सहारा: she is the ~ of his old life 7 अधिकार-दंड 8 (*pl.* **staves**) डंडा, लाठी, लाठीनुमा खंभा 9 बलाधिकरण 10 (*pl.* **staves**) पांच समानांतर रेखाओं की संगीत-सारणी;

adj. 1 स्थायी रूप से नियुक्त: ~ translator; ~ agency 2 सैनिक कमांड से संबंधित: ~ surgeon/ duty

v., pt. **~ed**, *pp* **~ing** 1 किसी संगठन या कंपनी के कर्मचारी या कर्मी के रूप में काम क. 2 कर्मचारी नियुक्त क.: found themselves **understaffed** 3 कर्मचारी, अध्यापक या प्राध्यापक रखना;

dw/lw: **~er** /स्टाफः/ *n., Br.* स्थायी कर्मचारी या कर्मी; **~ing** *n.* 1 कर्मियों को भर्ती करने की क्रिया 2 कर्मी दल की संरचना; **~ing** *adj.* कर्मी दल संबंधी: ~ing policy; **~room** *n.* स्कूल में अध्यापक कक्ष;

collocations: **~ college** *milit.* रक्षा सेवा अफसर प्रशिक्षण कॉलेज; **~ corps** *milit.* कमांडर का सहायक कर्मी दल; **~ nurse** सिस्टर के पद से नीचे प्रशिक्षित नर्स; **~ officer** सेना मुख्यालय में काम करने वाला अफसर; **~ sergeant** सैनिक कंपनी में वरिष्ठ सार्जेंट;

p&i: **~ and staple** किसी वस्तु या प्रक्रिया का मुख्य भाग; **have the ~ in one's own hand** संपत्ति के कागजात अपने हाथ में रखना; **set up one's** ~ बस जा.; **the ~ of life** दाल-रोटी, पेटभर रोटी

Staffs *abbr.* 'English county Staffordshire' का छोटा रूप

stag /स्टैग/ *n.* 1 हिरण, हरिण, मृग 2 *stock exchange* खरीदने के शीघ्र बाद शेयर बेचकर लाभ कमाने को लालायित सटोरिया 3 *US* बिना महिला दोस्त के रमणी-रंजक 4 *colloq.* मुखबिर;

adj. 1 मात्र पुरुषों से संबंधित, मात्र पुरुषों के लिए: a ~ film 2 बिन महिला साथी के रमणी-रंजक से संबंधित 3 विपरीत लिंग के साथी के बिना: the girls danced ~;

collocations: **~ beetle** महामृग, भृंग; **~ night/ ~ party** केवल पुरुषों के लिए दावत; **cashmere ~** 1 हंगल 2 बधिया सांड

stage /स्टेज/ *n.* 1 चरण, अवस्था, भाग: the project is at the planning ~; ~ of development; ~ of latency (इन्क्युबेशन अवस्था); reach a ~ (किसी अवस्था में पहुंचना); at one/ some/ this/ that ~ (किसी अवस्था में/ पर); the closing/ early/ final **~s** 2 मंच, रंगमंच, नाट्यस्थल, मंचन: the front of the ~; the ~ performances; be/ go on the ~; leave/ quit the ~ 3 कोई भी ऊपर उठाकर बनाया जाने वाला मंच 4 नाट्यकला: write for the ~ 5 घटनास्थल: a battle ~ 6 घटना-क्षेत्र, कर्म-भूमि: the ~ of politics; the ~ of sb's activity 7 मंच आधार या सहारा पट 8 जहाज पर चढ़ने का तख्ता 9 विमान की उतरने की अवस्था: landing ~ 10 यात्रा का चरण: the last ~ of the trip entails a short bus ride 11 (*also* **fare ~**) बस यात्रा के रास्ते पर बड़ा अड्डा जहां से किराए में फेर-बदल हो सकता है: get down at the next ~;

v., pt. **~d**, *pp* **staging** 1 मंचन क.: ~ a concert/ show, etc.; the play **~s** well/ badly 2 का अभिनय-निर्देशन क. 3 अभिनय क. 4 नाटकीय ढंग से आयोजित क. 5 किसी चीज के विरुद्ध आवाज उठाना: they **~d** huge protest demonstrations 6 आयोजित क.: it was a huge undertaking to ~ the festival 7 षड्यंत्रकारी ढंग से घटनाओं को मोड़ दे.: ~ an incident; tried to ~ her colleague's downfall;

adj. 1 मंच संबंधी 2 मंचन संबंधी: ~ effect 3 नाट्य 4 नाट्यकला संबंधी: three ~ women 5 पारंपरिक, घिसा-पिटा, टकसाली: a ~ Englishman/ curate;

dw/lw: **~ability** /स्टेजिअबिलअटि/ *n.* अभिनेयता, मंचानुकूलता; **~able** /स्टेजिअबल/ *adj.* अभिनेय; **~coach** *n.* डाक तथा सवारियां लाने-लेजाने वाली घोड़ा-गाड़ी; **~craft** *n.* नाट्य-कला, रंग शिल्प; **~d** /स्टेजड/ *adj.* 1 मंचित: a ~d version of a novel; ~d photographs (जाली फोटो) 2 आहिस्ता-आहिस्ता या कई चरणों में होने वाला: ~d reduction of weapons; **~-diving** *n.* अक्सर रॉक संगीत समारोहों में कलाकार द्वारा श्रोताओं के बीच उतर जाने की क्रिया; **~-fright** *n.* मंच-भीति; **~hand** *n.* रंगमंच के दृश्यों, सामान आदि का प्रबंधन देखने वाला व्यक्ति; **~-mannage** *v., pt.* ~d, *pp* ~-mannaging 1 किसी नाटक के मंचन का निदेशक हो. 2 पहले से की जाने वाली तिकड़मबाजी से घटनाओं को मोड़ दे.; **~-mannaged** *adj.* तिकड़मबाजी से प्रायोजित किया हुआ: a ~-managed attack on the prime minister; **~r** /स्टेजः/ *n., informal* किसी क्षेत्र में अत्यधिक अनुभवी व्यक्ति: an old ~r at sorting this kind of mess out; **~-shyness** /स्टेज-शाइनेस/ *n.* मंच-संकोच, मंचभीति; **~-setting** *n., theat.* मंच-सज्जा, मंच-विधान; **~-struck** /स्टेज-स्ट्रक/ *adj.* अभिनेता या अभिनेत्री बनने के लिए अत्यंत उत्सुक, अभिनय-उत्सुक, अभिनय-लिप्सु; **~-whisper** /स्टेजविस्पः/ *n.* इतने ऊंचे स्वर में की जाने वाली कानाफूसी कि दर्शक भी उसे सुन सकें;

stagey/ stagy /स्टेजि/ *N. Amer., esp. US adj., degr.* **stagier**, **stagiest** 1 नाटकीय, बनावटी 2 कृत्रिम; **staginess** *n.* 1 बनावटीपन 2 कृत्रिमता

collocations: **~ direction** अभिनय-निर्देशन, नाट्य-निर्देशन; **~ directions** *pl.,* मंच पर होने वाली गतिविधियों के बारे में निर्देश; **~ door** मंच का पश्च द्वार; **~ effect** अतिरिक्त नाटकीय साज-सज्जा, प्रभाव; **~ fever** अभिनय-लिप्सा, अभिनय-लालसा, मंच से अतिशय लगाव; **~ rights** अभिनय-अधिकार; **~ manager** मंच-प्रबंधक, सूत्रधार; **~ name** अभिनेता द्वारा अपनाया जाने वाला मंच का नाम;

p&i: **~ a comeback** 1 किसी क्षेत्र में कुछ अंतराल के बाद वापसी क. 2 पतन या गिरावट के बाद दोबारा उबरना या ऊपर उठना; **~ a sit-down/ ~-in** धरना देना;
a ~ in/ of sth किसी कार्य की अवस्था; **at this ~ of the game** इस चरण में, अब; **by easy ~s** बिना हड़बड़ाहट के; **by ~s** चरणों में, धीरे-धीरे; **hanging ~** सफेदी आदि करने वालों का लटकता हुआ तख्ता; **hold the ~** तिकड़मबाजी से ध्यान का केंद्र बने रहना; **on ~** मंच पर मंचन या संगीत आदि का सत्र चलाना: he was on ~ for three hours; **set the ~ for sth** भूमिका बनाना; **take the ~** नाटकीय ढंग से मंच से चले जा.

stagflation /स्टैग्फ्लेशन/ *n.* 1 ऐसी स्थिति जिसमें व्यापार मंदा हो और इसके अलावा बेकारी तथा मुद्रा-स्फीति भी बढ़ रही हो 2 घोर मंदी, विस्फीति

stager *see above* ***dw/lw:*** **~r**

stagger /स्टैगः/ *v., pt.* **~ed**, *pp* **~ing** 1 (***syn.*** totter) लड़खड़ाते हुए चलना, लड़खड़ाना 2 डगमगाना, डगमगा दे. 3 बहुत बड़ा सदमा पहुंचाना, विचलित क.: ~ the imagination 4 किसी कार्य को भिन्न–भिन्न समय या स्थितियों के अनुसार प्रायोजित क.: ~ city business hours to reduce the traffic congestion; the work is **~ed** in three shifts 5 हिचकना, आगा पीछा क. 6 (***syn.*** amaze) चौंका दे., आश्चर्यचकित क. 7 टेढ़े-मेढ़े ढंग से रखना;
dw/lw: **~ed** /स्टैगःड/ *adj.* 1 (***syn.*** amazed) स्तंभित या आश्चर्यचकित 2 अलग-अलग, फैले हुए: introduced ~ed working hours; **~er** /स्टैगरः/ *n.* 1 जोर का प्रहार 2 स्तंभित करने वाली खबर 3 एतराज 4 लड़खड़ाहट; **~ing** /स्टैगःरिंग/ *n.* 1 लड़खड़ाहट 2 शतरंज की बिसात जैसा फैलाव: ~ing of supplies; **~ing** *adj.* 1 लड़खड़ाने वाला 2 (***syn.*** astonishing) चौंका देने वाला: a ~ing response to the appeal 3 दहला देने वाला; **~ingly** /स्टैगःरिंगलि/ *adv.* 1 लड़खड़ाते हुए 2 अत्यधिक, चौंका देने की हद तक: ~ingly beautiful;
p&i: **~ along/ ~ on** कठिनाइयों के बावजूद आगे बढ़ना

staggers /स्टैगःज/ *n. [sing.]* 1 सिर चकराने की क्रिया 2 (*often* **the ~s**) घोड़ों व अन्य पशुओं में दिमागी बीमारी

staging /स्टेजिंग/ *n.* 1 अस्थायी मंच 2 मंचन, नाट्य-प्रदर्शन 3 अभिनय 4 मचान 5 बग्घी द्वारा यात्रा;
collocations: **~ post** यात्रा के दौरान बीच में नियमित ठहराव

stag\nance /स्टैग्नंस/ (*also* **~nancy/ ~nation** /स्टैग्नंसि/ स्टैग्नेशन/) *n.* 1 निश्चलता, गतिहीनता 2 प्रगतिरोध, निष्क्रियता 3 ठहराव, मंदी, शिथिलता;
dw/lw: **~nant** /स्टैगनंट/ *adj.* 1 प्रवाहहीन, स्थिर, निश्चल, गतिहीन, शिथिल 2 मंदीग्रस्त: ~nant trade; ~nant state of business; a ~nant market 3 रुद्ध, अवरुद्ध, बंधा हुआ: ~nant existence 4 मंद: ~nant air 5 निष्क्रिय, निस्तेज, सुस्त 6 पिछड़ा हुआ: ~nant area; **~nate** /स्टैग्नेट/ *v., pt.* ~nated, *pp* ~nating 1 रुका हो. 2 अवरुद्ध हो. 3 बंध जाना 4 निष्क्रिय होना 5 पिछड़ जा. 6 मंदी का शिकार हो.;
p&i: **stagnant waters stink** खड़े पानी से बदबू आने लगती है

stagy/ stagey, staginess *see above under* **stage:** ***dw/lw***

staid /स्टेड\/ *adj., degr.* **~er**, **~est** 1 शांत, सौम्य, संतुलित 2 अति गंभीर, उबाऊ;
dw/lw: **~ly** /~लि/ *adv.* गंभीरतापूर्वक; **~ness** /~नेस/ *n.* गंभीरता, सौम्यता, संतुलन

stain /स्टेन/ *n.* 1 दाग, धब्बा 2 लकड़ी का रंग बदलने के लिए एक द्रव 3 शर्मनाक बात, कलंक: ~ on his reputation;
***v.**, pt.* **~ed**, *pp* **~ing** 1 दाग लगाना, धब्बा लगाना 2 लकड़ी को गहरा रंग देने के लिए एक द्रव लगाना, अभिरंजित क. 3 मैला हो. या क. 4 शर्मनाक काम क., कलंक लगाना: the affair **~ed** his previously good name; **~ed** with vice 5 बदरंग हो जा., रंग बिगड़ना: stuff that doesn't ~ easily;
dw/lw: **~ed** /स्टेंड/ *adj.* 1 रंगीन, चित्रित व धब्बेदार: ~ed glass (रंगीन कांच जिस पर चित्रकारी की गई हो); ~ windows 2 धब्बेदार; **~er** /स्टेनः/ *n.* 1 रंग-रोगन 2 रंग-रोगन करने वाला; **~ing** /स्टेनिंग/ *n.* रंगदार बनाने की क्रिया, अभिरंजन; **~less** *adj.* 1 बेदाग 2 जिस पर धब्बा न लगे, जंगरोधी: ~less steel (दाग या जंग न लगने वाला इस्पात) 3 निष्कलंक, निर्दोष: ~less attitude

stair /स्टेअः/ *n.* 1 (**~s**) सीढ़ी, सोपान 2 जीना, पैड़ी, निसेनी 3 (**stair**) सीढ़ी का एक कदम, सोपान, पैड़ (*Hr.*);
dw/lw: **~carpet** *n.* सीढ़ियों का गलीचा; **~case/ ~way** *n.* 1 जीना 2 सोपान मार्ग 3 सीढ़ी और उसका ढांचा; **~-foot** *n.* सीढ़ी का एक कदम, पैड़; **~s** /स्टेअः ज/ *n., [pl.]* सीढ़ियां; **~-head** *n.* सीढ़ी का शिखर पैड़ या स्थल; **~-step** *adj.* सीढ़ी का एक कदम, पैड़; **~-tower/ ~-turret** *n.* सोपान बुर्ज, गुमटी; **~way** /स्टेअःवे/ *n.* जीना, सोपान मार्ग; **~well** *n.* खंभा, जिसके इर्दगिर्द घुमावदार सीढ़ी बनी होती है;
collocations: **~-step inflation** सीढ़ीनुमा चढ़ती मुद्रा-स्फीति; **~-step levels of terrain** सीढ़ीनुमा ढलती धरती; **below ~s** नौकर के रहने का स्थान; **corkscrew/ spiral winding ~case** घुमावदार (पेंचदार) सीढ़ियां; **on the ~s** सीढ़ियों पर; **principal ~case** मुख्य सीढ़ियां; **the bottom of/ foot of the stairs** सीढ़ियों का निम्नतम पायदान; **the head of/ top of the ~s** सीढ़ियों का सबसे ऊपर वाला भाग, सीढ़ी-शिखर;
p&i: **above ~s** रहने के कमरों में; **below ~s** 1 रसोई या रसोइए के कमरों में 2 नौकरों के बीच; **flight/ pair of ~s** दो तलों के बीच सीढ़ियों की कतार

stake /स्टेक/ *n.* 1 (***syn.*** bet) दांव, बाजी, बाजी की रकम, बाजी की वस्तु: be at ~; lay down/ set sth at the ~; play for high **~s**; play for low **~s** 2 जुए की घुड़दौड़ 3 पारितोषिक, पारितोषिक में साझेदारी, हिस्सा, दावा 4 आर्थिक हिस्सा, रुचि: have a ~ in sth; have a ~ in the project's success 5 अत्यधिक स्पर्धापूर्ण जीवन शैली: it all depends on how he fares in the promotion **~s** 6 *US* खोदकर सोना निकालने वाले को दी जाने वाली अग्रिम राशि 7 खंभा: drive **~s** (किसी जगह पर खूंटे गाड़ना, वहां बस जा.); move/ pull up **~s** (*US* कहीं और जा बसना) 8 (**the stake**) अग्नि-दंड का खूंटा या खंभा यानी वह खूंटा जिससे बांधकर दंडित व्यक्ति को जिंदा जलाया जाता था 9 अग्नि-दंड: sentenced to the ~ 10 अहरन 11 सींखचों वाली गाड़ी: ~ body (गाड़ी का सींखचों वाला डिब्बा);
v.**, pt.* **~d**, *pp* **staking** 1 (syn.*** bet) दांव पर लगाना, बाजी लगाना: ~ sth on sth (किसी चीज पर बाजी लगाना); ~ one's reputation on his honesty 2 आर्थिक रूप से सहारा देना: **~d** the enterprise to the tune of 1000000 rupees 3 दावा क.: ~ a claim; ~ one's claim 4 खूंटों से घेरना यानी घेरी हुई जगह पर कब्जा क.: ~ sth off 5 घेरी हुई जगह पर निगरानी रखना: ~ sth out 6 खूंटे से बांधना 7 खूंटों से सहारा दे. 8 आर-पार भेदना: the arrow **~d** him to the ground 9 *hist.* पैने खूंटों पर बैठाना;
dw/lw: **~-holder** /स्टेक-होल्डः/ *n.* 1 पणधारी, शेयरहोल्डर 2 हिस्सेदार; **~-holder** *adj.* हिस्सेदारी का, साझा या साझी: ~-holder economy; **~holding** *n.* हिस्सेदारी; **~-out** *n., colloq.* 1 किसी व्यक्ति या संपत्ति पर पुलिस या खुफिया संगठन द्वारा रखी जाने वाली निगरानी: a ~ was placed on his home 2 निगरानी घर; **~s** /स्टेक्स/ *n., [pl.]* दांव, निहित हित, बाजी;
collocations: **~ a claim** पर दावा क.; **~holder society** *Br.* ब्रितानिया में 1995 से लेबर पार्टी (Labour Party) द्वारा प्रतिपादित नीति जिसके तहत हर नागरिक की समाज या सरकार चलाने में भागीदारी होनी चाहिए और सरकार की सफलताओं-असफलताओं में प्रत्येक नागरिक का निहित हित होना चाहिए;
p&i: **~ in/ ~ out** 1 खूंटों आदि से घेरना 2 घेरी हुई जगह की निगरानी क.; **~ off/ out a claim for/ to/ on sth** किसी चीज पर दावा क.; **~ one's life** जान की बाजी लगा देना; **~ sth out**

पर निगरानी रखना; ~ **up** = ~ **in**; **the ~s are high** बहुत बड़ी बाजी लगी है, बहुत बड़ा खतरा उठाया है;
be at ~ 1 दांव पर लगा हो. 2 खतरे में हो.; **drive/ set ~s** स्थायी आवास में टिक या जम जा.; **go to the** ~ किसी दुस्साहस के लिए सूली पर चढ़ना; **go to the ~s over/ go for sth** किसी चीज पर दावा क.; **have a ~ in sth** किसी चीज में किसी का निहित हित हो.; **in the … ~s**; **move ~s** दूसरे स्थान पर चले जा., स्थानांतरित हो.; **play for high ~s** बहुत बड़ा खतरा उठाना; **set sth at ~s** 1 किसी चीज की बाजी लगाना 2 किसी चीज को खतरे में डालना;

stalactite /स्टैलअक्टाइट/ *n.* गुफा की छत से नीचे झुकती हुई बर्फ के पानी से बनी लंबी नुकीली चट्टान

stalag /स्टैलैग/ *Ger.* श्टैलैक/ *n.* द्वितीय विश्व-युद्ध के समय जर्मनी द्वारा स्थापित सिपाहियों के लिए युद्धबंदी शिविर

stalagmite /स्टैलक्माइट/ स्टलैग्माइट/ *n.* गुफा के तल से ऊपर उठती पिघली बर्फ के पानी से बनी ऊंची नुकीली चट्टान

stale /स्टेल/ *adj., degr.* **~r**, **~st** 1 बासी, दूषित: ~ bread; ~ water; ~ meat; go ~ (बासी हो जा.) 2 सीलनदार, दुर्गंधित (हवा): ~ air 3 नीरस, उबाऊ: his mind got ~ with too much googling 4 घिसा-पिटा, टकसाली: ~ compliment; ~ plot (घिसा-पिटा कथानक) 5 थका-हारा (खिलाड़ी) 6 निस्तेज 7 (***anton.*** fresh) पुराना: ~ news 8 अमान्य (समय-सीमा से बाहर): ~ cheque;
v., *pt.* **~d**, *pp* **staling** 1 बासी पड़ जा. 2 पुराना हो जा. 3 निस्तेज बनना या कर दे. 4 ऊब जा. 5 थका-मांदा हो जा.;
n. घोड़ों या ढोरों का मूत्र

stalemate /स्टेलमेट/ *n.* 1 जिच 2 (***syn.*** impasse) गतिरोध: negotiations have been **~d** 3 शतरंज के खेल में एक महत्त्वपूर्ण स्थिति 4 गति में अवरोध

Stalinism /स्टाःलिनिजम/ *n.* 1 सोवियत संघ में 1925-1953 के दौरान पनपा स्टालिनवाद (इस दौरान के शासक जोसेफ विसारियोनोविच स्टालिन/ Joseph Vissarionovich Dzhugashvili *later changed to Stalin*/ के नाम पर) 2 समाजवाद के सिद्धांतों का उल्लंघन करते हुए लोकसत्ता का एकसत्ता यानी एक व्यक्ति की सत्ता में परिवर्तन 3 समाजवादी सिद्धांतों के ऐन विपरीत पार्टी या समाज से गणतांत्रिक कार्य-शैली का लोप

stalk /स्टॉक/ *v., pt.* **~ed**, *pp* **~ing** 1 लुक-छिप कर किसी का पीछा क.: ~ a girl; ~ the woods for deer; ~ a criminal 2 किसी के निजी जीवन का भेदिया तरीके से अतिक्रमण करते हुए उसे सताना: ~ the target 3 प्रेत की तरह पीछा क.: after the murder, fear **~ed** the neighbourhood; a nightmare that **~s** his sleep; starvation **~s** the devastated area 4 क्रुद्ध होकर अकड़कर चलना, अहंकारपूर्ण शान से चलना: **~ed** out of the meeting; he turned on his heel and **~ed** stiffly out 5 विचरना;
n. 1 डंठल: cabbage ~ 2 वृंत, डंडी 3 चिमनी 4 लुक-छिप कर किया जाने वाला पीछा 5 लुक-छिप कर किया जाने वाला शिकार 6 अहंकारी क्रुद्ध चाल;
dw/lw: **~er** /स्टॉकः/ *n.* लुक-छिप कर पीछा करने वाला; **~ing** *n.* 1 लुक-छिप कर पीछा करने की क्रिया 2 लुक-छिप कर पीछा करके की जाने वाली धर-पकड़ 3 (***syn.*** a plant) जाल में फंसाने के लिए नकली व्यक्ति; **~ing** *adj.* लुक-छिप कर पीछा करने वाला: ~ing person; **~ing-horse** *n.* 1 असली मंशा छिपाने के लिए प्रयुक्त नकली व्यक्ति, घोड़ा या कोई वस्तु 2 प्रहार करने के लिए नकली व्यक्ति या वस्तु का प्रयोग 3 साक्षात्कार के समय वास्तविक उम्मीदवार के मत बांटने के लिए जानबूझकर खड़ा किया जाने वाला नकली उम्मीदवार

stall /स्टॉल/ *n. UK* 1 गौ-घर में एक पशु के लिए एक अलग कमरा 2 (***syn.*** stand) ऊपर से छतरीनुमा या अस्थायी छत से ढकी छोटी दुकान: flower ~ 3 (**the ~s**, *also* **orchestra ~s**) थियेटर या सिनेमा हाल में निचले तल के स्थान 4 कार आदि के इंजन द्वारा चाल-शक्ति न मिलने के कारण बार-बार थम जाने या अवरुद्ध होने की क्रिया 5 विमान द्वारा गति खो देने के कारण उसके नियंत्रण में आकस्मिक डांवांडोल स्थिति 6 एक दूसरे से स्लैब द्वारा अलग किए हुए एक पंक्ति में बने पेशाब करने के स्थान 7 चर्च में भुजाओं वाली कुर्सी 8 स्टॉल, आसन 9 दस्ताने की प्रत्येक उंगली 10 थान 11 पाकेटमार का सहयोगी;
v., *pt.* **~ed**, *pp* **~ing** 1 कार आदि के इंजन का एकाएक बंद हो जा., अवरुद्ध हो जा. 2 टालना 3 पशु को थान पर रखना या बांधना 4 विमान का अनियंत्रित या डांवांडोल हो जाना 5 *mainly US* बर्फ आदि में धंसना, धंस जाना 6 काम बंद या ठप करवाना या रुकवा दे., देर करवाना, बाधा डालना: plans for the expansion had **~ed** 7 रज के खिलाना, खूब खिलाना, छका-रजा हो. 8 ऊब जा.: be **~ed** of waiting;
dw/lw: **~-feed** *v., pt.* ~-fed, *pp* ~-feeding बेचने से पहले खूब खिलाकर जानवर को मोटा क.; **~-holder** *n.* छोटी दुकान का मालिक; **~ing** *n.* 1 ईंधन या बिजली की आपूर्ति के बंद होने की क्रिया 2 रफ्तार में गिरावट 3 मुक्केबाजी में वार को टालने की क्रिया; **~ing** *adj.* रोकने वाला, बाधा डालने वाला, अवरुद्ध करने वाला;
collocations: **~ing angle** भंजन कोण; **~ing speed** ऊंचाई पर विमान की मंद होती रफ्तार; **the Stalls** *UK* (*US* **orchestra**) *[pl.]* थिएटर या सिनेमाघर में सबसे आगे की सीटें;
p&i: **~ for time** अच्छे दिनों की उम्मीद में काम को टालते रहना, दिन काटना; **~ off** पीछा छुड़ाना; **~ with sb** किसी के साथ अच्छे संबंध हो.;
put up a ~ धोखा देना, बुद्धू बनाना; **quit ~ing and answer the question!** टालमटोली छोड़ो और सवाल का जवाब दो!

stallion /स्टैलिअन/ *n.* घोड़ा, बीजाश्व, सांड-घोड़ा

stalwart /स्टॉलवःट/ *n.* 1 हट्टा-कट्टा, तगड़ा आदमी 2 कट्टर समर्थक या विरोधी: ~ opponent of sth; the **~s** of the right 3 निर्भीक, दृढ़, विश्वसनीय व्यक्ति;
adj. 1 तगड़ा, हट्टा-कट्टा 2 निर्भीक, दिलेर 3 दृढ़निश्चयी 4 (***syn.*** faithful) निष्ठावान

stamen /स्टेमअन/ *n., pl.* **stamens/ stamena** पुंकेसर

stamina /स्टैमिना/ *n.* 1 दम-खम, सहनशक्ति: build up/ improve/ increase ~; mental/ physical ~ 2 ऊर्जा, ऊर्जस्विता: a test of ~ 3 तितिक्षा: ~ for sth;
dw/lw: **~l** /स्टैमिनल/ *adj.* 1 तितिक्ष, तितिक्षु, सहनशील, दम-खम वाला 2 पुंकेसरी

stami\nate/ ~neal/ ~niferous /स्टैमिनेट/ स्टैमिनील/ स्टैमिनिफरस/ *adj.* पुंकेसरी, मात्र नर प्रजनन अंगों वाला; **~node** /स्टैमिनोड/ *n.* बंध्य पुंकेसर

stammer /स्टैमः/ *v., pt.* **~ed**, *pp* **~ing** (***syn.*** stutter) हकलाना: ~ from excitement; he **~ed** apologies/ explanations;
n. हकलाहट;
dw/lw: **~er** /स्टैमरःर/ *n.* हकला, हकलाने वाला; **~ing** *n.* हकलाहट; **~ing** *adj.* हकलाने वाला; **~ingly** *adv.* हकलाते हुए

stamp /स्टैंप/ *n.* 1 (*also* **postage ~**) डाक टिकट: postage ~; 100 rupees worth of **~s** 2 रबर की मुहर की छाप, मोहर, मुद्रा, ठप्पा, स्टाम्प: rubber/ wooden ~; a ~ on a document; set a ~ upon sth 3 स्वीकृति: ~ of approval 4 अंकन, मुद्रांकन, पत्रांकण: the kite mark is a safety ~ of approval 5 (***syn.*** imprint, characteristic mark) छाप: every article bears the ~ of the maker; the ~ of genius/ of suffering/ of vice; he bears the ~ of breeding; the statement bears the ~ of truth; the crime bears the ~ of a professional 6 प्रकार 7 पांव की पटक 8 धब्बा, कलंक: the ~ of infamy;
v., *pt.* **~ed**, *pp* **~ing** 1 मुहर लगाना: ~ a document/ a letter/ a receipt; ~ a document with an address and date 2 (***syn.*** stomp) गुस्से आदि में जोर से पैर पटकना: ~ on sth; **~ed** her feet in rage; ~ the snow from one's boots 3 छापना, अंकित हो., की छाप छोड़ना, मन में बैठा दे., प्रभावित क.: the

writer had **~ed** the character's image in me; the full horror of the event was **~ed** on his memory; the scene is **~ed** on/ in my memory 4 टिकट लगाना: ~ an envelope 5 मुद्रांकित क., मोहर लगाना: ~ a manufacturer's name on goods 6 प्रमाणित क., सिद्ध क.: his actions ~ him as a wise man/ as a cad; this alone **~s** the story as a slander; his lies ~ him as untrustworthy 7 पीसना, कुचलना, दबाना, पांव तले रौंदना: ~ the grass flat; ~ a trail in the snow (बर्फ पर चलकर पगडंडी बनाना) 8 मिटाना, खत्म क.: rabies has now been **~ed** out (जलांतक की बीमारी का अब खात्मा कर दिया गया है);

dw/lw: **~ed** *adj.* 1 टिकट लगा, अंकपत्रित: ~ed paper 2 पक्का कागज 3 मुद्रांकित; **~er** *n.* मोहर लगाने वाला; **~ing** *n.*1 मोहर लगाने की क्रिया 2 मुद्रांकन 3 मोहर लगी दस्तकारी की वस्तु 4 पांव की पटकन; **~pad** *n.* मोहर पैड; **~vender** *n.* स्टाम्प विक्रेता; **rubber-~** *n.* रबड़ की मुहर;

collocations: ~ **album** टिकट संग्रहण पुस्तिका; ~ **collecting** टिकट संग्रहण; ~ **collector** टिकट (stamps) संग्राहक; ~ **duty** स्टांप शुल्क; ~ **hinge** संग्रहीत टिकट लगाने के लिए गोंद लगा कागज; **~ing ground** (***syn.*** haunt) अड्डा, मिलन-स्थल: the state was once the ~ing ground of criminals; ~ **mill** *खनिज* पदार्थों को कूटने की मशीन; ~ **paper** राष्ट्रीय चिह्न लगा कागज; ~ **tax** = ~ **duty** स्टांप शुल्क;

p&i: **~ out** 1 आग बुझा दे. 2 बीमारी को जड़ से मिटा दे. 3 कुचल दे. 4 मिटा दे., समाप्त कर दे., रौंद डालना: tried to ~ out the militants;

a man of the right ~ असली व्यक्ति; **a person of that** ~ उस तरह का व्यक्ति (जो आन के लिए जान भी दे देगा); **a ~ at the take-off** *sports* दौड़ शुरू होते ही आगे को पहला झटका

stampe\de /स्टैंपीड/ *n.* 1 पशुओं की एक दिशा में आकस्मिक भगदड़ 2 उन्मत्त भीड़ की एक दिशा में आकस्मिक दौड़ के कारण होने वाली अफरा-तफरी;

v., *pt.* **~ded**, *pp* **~ding** 1 पशुओं द्वारा भगदड़ मचाना: the alarmed herd **~ding** along the veld (घास का मैदान) 2 उन्मत्त भीड़ द्वारा एक दिशा में एकाएक दौड़ पड़ना 3 बड़ी संख्या में कहीं आना या जाना: the crowds **~ded** to the trade air

stance /स्टांस/ *US* स्टैंस/ *n.* 1 (***syn.*** posture) रुख, रवैया: threatening ~; moralizing ~; a hardline/ tough ~ 2 (***syn.*** position) दृष्टिकोण: self-interested ~; take a ~; a ~ against sb/ sth; somebody's ~ on sth 3 शरीर की मुद्रा, आसन: left-hand ~; change one's ~; she has a very upright ~

stanch /स्टॉंच/ स्टांच/ स्टैंच/ *US* स्टॉंच/ स्टैंच/ (*US* **staunch**) *v.*, *pt.* **~ed**, *pp* **~ing** 1 रक्त बहने से रोकना, बंद क. 2 बीमारी में आराम दिलाना 3 जलसह (waterproof) व वातावरणसह बनाना 4 *poetic* जलधारा रोकना;

n. 1 रक्त बहने की रोक-थाम 2 बीमारी में आराम 3 जलसह (waterproof) व वातावरणसह वस्तु 4 *poetic* जलधारा की रोक, बांध (dam)

stanchion /स्टांशअन / स्टैंशअन/ *US* स्टैंशअन / *n.* 1 चांड़, टेक या थाम 2 लंबाकार स्तंभ

v., *pt.* **~ed**, *pp* **~ing** 1 धूनी लगाना 2 चांड़, टेक या थाम लगाना 3 स्तंभ लगाकर सहारा दे.

stand /स्टैंड/ *v.*, *pt.* **stood**, *pt. p.* **stood**, *pp* **~ing** 1 (*also* ~ **up**) खड़ा हो., उठना, उठ खड़ा होना, लेटे या बैठे होने की स्थिति से उठकर खड़ा हो जा.: ~ up when the teacher enters the class 2 लंबाकार (vertical) रखना, रख दे., खड़ा कर दे.: **stood** the vase on the table 3 *US* (*UK* **queue**) कतार आदि में खड़ा हो.: ~ in line/ queue 4 पानी या अन्य तरल का टिका रहना, न बहना: mix the medicine in milk and let it ~ for some time 5 टिकाऊ या मजबूत हो., झेलना: ~ hard/ a good deal of wear 6 किसी चीज में/ के सहारे/ के पास खड़ा क.: ~ in/ against/ by sth 7 स्थित होना: the castle **~s** on a hill; mango tree **~s** there 8 स्थिर र., बने रहना, टिकना, खड़ा रहना: not able to ~ for long because he has hurt his leg; ~ on tiptoe; the car **stood** waiting for the green light 9 *UK* (*US* **run**) चुनाव के लिए खड़े हो.: ~ for president; he will ~ for re-election in his own constituency 10 (***syn.*** bear) स्वीकार या सहन क.: he cannot ~ criticism; I could never ~ the fellow 11 की अवस्था में होना: ~ corrected; ~ relieved; ~ accused/ convicted/ indebted; ~ mute (चुप र.); the affair/ the case/ the matter **~s** closed 12 दृढ़ रहना, डटे रहना: ~ fast/ firm 13 (***syn.*** remain valid) ज्यों-का-त्यों रहना, लागू होना, मान्य होना या रहना: the decision **~s**; ~ good/ in force (लागू होना); the order/ the remark/ the resolution will ~ 14 की ओर चलना, की ओर अभिमुख होना: ~ the North 15 (का खर्च) दे.: ~ a friend a dinner; ~ a treat 16 किसी निश्चित ऊंचाई का हो.: the tower **~s** 300 feet tall 17 होना, आना: tears **stood** in her eyes; he **~s** first in his class; leave it as it **~s** (जैसा है वैसा ही रहने दो) 18 कुछ मिलने या खोने की संभावना हो: ~ to gain or lose a lot from the deal 19 किसी मत का होना: ~ on the side of freedom of expression 20 झेल लेना, सहन क.: one cannot ~ the humid heat of Chennai; plastics can ~ very high or low temperatures;

n. 1 (***syn.*** stall) छोटी दुकान, स्टॉल: a newspaper ~ 2 *UK* (*US* **stands**) खेल के मैदान में बनी दर्शक दीर्घा: grand**stand** 3 (***syn.*** tribune) मंच: band/ orchestra ~ 3 रैक 4 (**the witness ~**; *also UK* **the dock**) कटघरा: take a ~ as the defence witness 5 कपड़े, छाता आदि टांगने का स्टैंड: coat-and-hat ~ 6 (***syn.*** opinion) रुख, रवैया, विरोध, प्रतिरोध, मुकाबला, किसी गलत कदम का विरोध या सही कदम का समर्थन: a ~ for higher pay: a strong ~ against job cuts; a ~ against animal testing 7 क्रिकेट के खेल में दो बल्लेबाजों के बीच दौड़ें बनाने की साझेदारी: big ~ between Kohli and Rahane 8 यात्रा में ठहराव: Bolshoi Theatre for a two-week ~ 9 (***syn.*** post) मोर्चा 10 (***syn.*** furniture) धानी, सेट 11 अड्डा: bus ~; cycle ~ 12 खड़ी फसल: a good ~ of wheat 13 स्तर: ~ of living 14 कोटि, दर्जा, कक्षा, वर्ग, जमात 16 मानक: gold ~ 16 सहारा, आधार, टेक, थूनी 17 गलतफहमी, गतिरोध: be at a ~; put sb at a ~ 18 एक तरह के पेड़ों का झुंड: a ~ of pines 19 भूमि के टुकड़े (plots): divide the land into **~s**;

dw/lw: **~alone** *adj.* बिना किसी नेटवर्क के काम करने वाला अकेला कंप्यूटर; **~away** *adj.* जो दूसरे तल या सतह के साथ ठीक से बैठ न पाए, अलग लटकने वाला: a ~away collar; ~away skirt; **~by** /स्टैंडबाइ/ *n., pl.* **~s** 1 आवश्कता पड़ने पर प्रयोग हेतु बचाकर रखी हुई वस्तु या व्यक्ति: old ~bys of concert repertory 2 स्थानापन्न, किसी दूसरे के स्थान पर काम करने के लिए तत्पर व्यक्ति: be on ~by 3 सहारा 4 गाढ़े का साथी; **~by** *adj.* 1 अतिरिक्त, के स्थान पर काम करने वाला: ~by base; 2 बचाकर अलग रखा हुआ: ~by reserve; ~by equipment; **~-down** *n.* कठिन ड्यूटी के बाद तफरी; **~ee** /स्टैंडी/ *n.* बैठने का स्थान रिक्त न होने के कारण खड़ा रहने वाला व्यक्ति; **~-in** *n.* 1 दूसरे के बदले काम करने को तैयार व्यक्ति, स्थानापन्न 2 फिल्म आदि में कुछ दृश्यों में मुख्य अभिनेता के स्थान काम करने वाला व्यक्ति; **~ing** *see below under separate entry*; **~-off** *see below under separate entry*; **~out** *n.* 1 उल्लेखनीय या शानदार व्यक्ति या वस्तु: the coat is a ~out in this year's fashions; a ~out among the available candidates 2 जिसका मत दसरों से अलग हो; **~pipe** *n.* आम जनता के लिए जल-आपूर्ति से जुड़ी पाइप; **~point** *n.* (*syn.* perspective) दृष्टिकोण; **~still** *see below under separate entry*; **~-to** *n.* 1 एहतियाती मोर्चा,

कुछ करने या युद्ध के लिए तैयारी 2 कटिबद्धता; **~-to** *v., pt.* stood-to, *pt. p.* stood-to, *pp* ~ing to कटिबद्ध हो., कमर कस लेना; **~-up** *see below under separate entry*;

collocations: **~ aside** किसी और को आगे करने के लिए स्वयं पीछे हट जा.; **control ~** नियंत्रण चौकी;

p&i: **~ about** खड़ा या स्थित हो.; **~ about/ around** समय बर्बाद क.; **~ against** का विरोध क.; **~ a good/ bad chance** की पूरी/ कम संभावना होना; **~ alone** लाजवाब होना, अपनी तरह का अकेला होना; **~ aloof/ apart/ aside** अलग-थलग रहना, मिलनसार न हो.; **~ aloof from** किसी बात के प्रति उदासीन रहना, किसी बखेड़े से अपने को अलग रखना; **~ and deliver!** पैसा या मौत!; **~ aside** 1 एक तरफ हटना 2 अपने को किसी बात या झगड़े से अलग रखना 3 कार्य को किसी अन्य के लिए छोड़ना; **~ at bay** पूरी ताकत के साथ अपने को बचाना; **Stand at ease!** आराम से!; **Stand at/ to attention** सावधान!; **~ back** पीछे हटना; **~ between sb/ sth and sth** किसी को कोई चीज प्राप्त करने से रोकना; **~ by** 1 *naut.* तैयार रहना 2 कुछ न क., निष्क्रिय र.; **~ by the agreement** समझौते का पालन क.; **~ by one's friends** अपने दोस्तों का साथ दे.; **~ by one's guns** अपनी बात पर अड़े रहना; **~ clear of** एक तरफ हो जा., पचड़े में न पड़ना; **~ corrected** अपनी गलती कबूल क.; **~ down** 1 गवाही देकर कटघरा छोड़ना 2 *law* अपना हक त्याग दे. 3 आने वाली पीढ़ी के लिए पद या नौकरी छोड़ देना 4 संतरियों की अदला-बदली हो.; **~ fast** अडिग रहना; **~ fire** गोलियों की बौछार झेलना; **~ firm** अडिग रहना; **~ for sth** 1 का समर्थक हो. 2 किसी चीज, कार्य या प्रक्रिया का प्रतीक हो. 3 सहन क. या की इजाजत दे.; **~ from** से मार्ग निर्देशित क.; **~ guard/ sentinel/ sentry** पहरा दे.; **~ godfather/ heir** किसी का धर्म-पिता/ उत्तराधिकारी हो.; **~ heat/ cold/ strain** गर्मी-सर्दी व थकान आदि झेल ले.; **~ high with sb** किसी की कृपापात्रता का फायदा उठाना; **~ in** 1 भाग लेना 2 मदद क. 3 किसी की जगह कुछ देर काम क. 4 किसी के साथ सांठ-गांठ या अच्छे संबंध हो. 5 जहाज का तट की ओर बढ़ना; **~ in awe/ in horror** or **terror of sth** किसी चीज से आतंकित हो.; **~ in for sb** किसी के स्थान पर अस्थाई रूप से काम क.; **~ in one's own light** खुद अपना नुकसान क., हराकीरी क.; **~ in sb's light** किसी पर पड़ते प्रकाश के आड़े आना; **~ in sb's way** राह का रोड़ा बनना; **~ in the breach** मुख्य प्रहार को अपने ऊपर ले लेना, जोखिम झेलना; **~ in white sheet** प्रायश्चित क.; **~ in with** से हेल-मेल होना; **~ in with sb for sth** किसी के साथ गुप्त रूप से कोई लाभदायक धंधा क.; **~ low** *print.* मानक ऊंचाई से छोटा हो.; **~ off** 1 दूरी रखना 2 तट से दूर हटना 3 किसी को दूर रखना 4 काम से निकालना; **~ off and on** तट से दूर जाकर फिर लौटना; **~ on** 1 जहाज का अपने रास्ते पर चलते जा. 2 कायम रहना, पालन क. 3 पर बल देना 4 शोभा देना 5 पर आधारित या स्थापित क.; **~ on ceremony** औपचारिक ढंग से पेश आना, तकल्लुफ क.; **~ on end** रोंगटे खड़े हो जा.; **~ on me for that!** कसम से! मुझ पर भरोसा रखो, मुझ पर विश्वास करो!; **~ on one's hind legs** अपना चरित्र दिखाना; **~ on one's own feet/ own two feet/ bottom** अपने पांव या बलबूते पर खड़े हो., आत्मनिर्भर हो.; **~ one's ground** अपने मत, बात या निश्चय पर डटे र.; **~ on points** शिष्ट व्यवहार क.; **~ on sth** किसी बात पर अड़े र.; **~ on thorns** कठिनाइयों से घिरा हो.; **~ out** 1 अलग से (दूर से) दिखाई दे. 2 सर्वोत्तम हो. 3 परे खड़ा हो. 4 विपदा को झेल जा.; **~ out as sth** दूसरों से कहीं बेहतर लगना या दिखना; **~ out for sth** किसी मांग को लेकर अड़े रहना; **~ out for** or **against sth** किसी बात के हक में या उसके विरुद्ध डटे र.; **~ out from / against sth** (दूसरों के मुकाबले में) दूर से दिखना; **~ over sb/ sth** सुपरवाइजर के नाते किसी के काम पर या किसी चीज पर नजर रखना; **~ pat** अडिग खड़ा रहना; **~ ready for anything** किसी भी बात के लिए तैयार हो.; **~ Sam/ shot** रेस्त्रां आदि में किसी के खाने-पीने के पैसे दे.; **~ sb in good stead** किसी के काम आना, किसी को बहुत सहारा दे.; **~ sb sth** *colloq.* किसी के लिए कुछ खरीदना; **~ stock still** बुत की तरह खड़ा रहना; **~ the gaff** डटे र., हार न मानना; **~ the racket** 1 कसौटी पर खरा उतरना 2 सारा खर्चा अपने ऊपर ले लेना; **~ the test of time** समय की कसौटी पर खरा उतरना; **~ to** तैयार हो.; **~ to lose** हारने को हो., कुछ खोने को हो.; **~ to one's guns** अपनी बात पर अडिग रहना; **~ to reason** तर्कपूर्ण बात हो.: it ~s to reason that ...; **~ together** एकमत या एकजुट र.; **~ to win** जीतने की पूरी संभावना हो.; **~ treat** किसी को खाना आदि खिलाकर उसकी खातिरदारी क.; **~ trial** मुकदमे का सामना क.; **~ sb up** किसी के साथ मुलाकात का वायदा न निभाना; **~ up** 1 खड़े हो. 2 परख में खरा उतरना 3 हर प्रकार की परिस्थितियों का सामना करने को तैयार हो.; **~ up for sb** 1 किसी का साथ दे. 2 *mainly US* विवाह के समय किसी का साक्षी या बेस्ट मैन (best man) हो.; **~ up for sth** का समर्थक हो.; **~ upon** = **~ on**; **~ up to sb** किसी का मुकाबला क.; **~ up to sth** 1 किसी बात का विरोध (resist) क. 2 चुप रहकर अन्याय न सहना; **~ well** के पक्ष में हो.; **~ well with sb** 1 किसी की नजरों में अच्छा हो. 2 किसी के साथ अच्छे संबंध हो.;

all ~ing अचानक, बिना तैयारी के; **an offer still ~s** प्रस्ताव अभी भी कायम है; **as it ~s** वर्तमान स्थिति में; **be at a ~** कठिनाइयों का सामना क.; **he always stood for liberty** वह सदा स्वतंत्रता का समर्थक रहा; **he will ~ on his rights** वह अपने अधिकारों के लिए अडिग रहेगा; **how does he ~ on the disarmament question?** निःशस्त्रीकरण पर उसका क्या नजरिया है?; **how matters / things ~?** क्या हाल है?; **it ~s to reason** स्पष्ट है या इसमें कोई शक नहीं; **it stood me in a lot of money** इस पर मेरे काफी पैसे लगे; **make a ~ against** का विरोध क., विद्रोह क.; **not able to stand sb/ sth** किसी को या किसी चीज को सहन न कर सकना, झेल न पाना; **not have a leg to ~ on** कोई आधार या सहारा न हो.; **not to know where one ~s** नहीं जानना कि क्या करना चाहिए; **put sb to ~** 1 को रोकना 2 किसी को किकर्तव्यविमूढ़ क.; **take a ~** कोई दृष्टिकोण अपनाना; **take/ make a ~ for** के समर्थन में खड़ा हो.; **take one's ~ on** किसी धार पर अपना नजरिया बनाना; **take the ~** 1 गवाही देने के लिए खड़ा हो. 2 किसी मुद्दे पर कोई दृष्टिकोण या रुख अपनाना; **the decision ~s** फैसला ज्यों का त्यों कायम है; **the works stood all last week** पिछले सारे सप्ताह काम बंद रहा; **we don't ~ on ceremony** हम तकल्लुफ नहीं कर रहे; **we ~ to make a lot of money** हम काफी पैसा बना सकते हैं; **where one ~s on sth** किसी का किसी प्रश्न पर क्या रवैया या दृष्टिकोण है?; **white ~s for purity** श्वेत रंग शुचिता का प्रतीक है

standard /स्टैंडःड/ *n.* 1 मानदंड, प्रतिमान: **~s** of sth 2 मानक, आदर्श: below/ (not) up to ~; fall short of accepted **~s**; set **~s**; comply with/ conform to/ meet **~s**; the ~ by which all other dictionaries will be measured 3 मूलभूत, मूल रूप: come up to ~; size 14 is the ~ for Indian women; this is the ~ 4 स्तर: ~ of life/ of living; **~s** of living have fallen; living **~s**; high-jumping **~s**; exacting/ high/ low/ rigorous **~s** 5 (*often* **~s**) श्रेष्ठता का स्तर: the **~s** of international law; **~s** of judgement; **~s** of gold 6 नैतिकता का सिद्धांत या स्तर: moral **~s** 7 सदाबहार गीत: Chitrahaar used to be a mixture of new stuff and old **~s** 8 झंडा, ध्वज, ध्वजक, पताका: the ~ of Jat Regiment; raise the ~ of revolt; march under the **~s** of sb 9 सीधा खड़ा स्तंभ, बल्ला: a floor lamp with a long ~ 10 सिक्कों का वैध वजन 11 माप या वजन की मानक इकाई 12 सिक्कों में प्रयुक्त धातु की गुणवत्ता का स्तर 13 सिक्कों व अन्य वस्तुओं की आधार वस्तु: the gold ~ 14 बिना सहारे के खड़ा फलदार पेड़;

adj. 1 साधारण, औसत: ~ conditions; a month's notice is

~ practice; ~ film 2 प्रामाणिक: the ~ text of Shakespeare; ~ reference work 3 सर्वमान्य: ~ specification; ~ design 4 मानक: ~ format (मानक रूप) 5 सही, परिनिष्ठित (भाषा): ~ Hindi; ~ English 6 खड़ा हुआ, लंबे तने वाला: ~ roses; ~ tree;

dw/lw: **~-bearer** *n.* 1 झंडाबरदार 2 प्रमुख नेता, कर्णधार; **~ization** /स्टैंडःडाइजेशन/ *n.* मानकीकरण; **~ize** (*also UK* **-ise**) /स्टैंडःडाइज/ *v., pt.* ~ized, *pp* ~izing 1 मानक के अनुरूप बनाना 2 मानकीकृत क., मानकित क.

collocations: **~ deviation** (*abbr.* **SD**) सांख्यिकी में प्रयुक्त एक माप; **~ error**/ **~ error of the mean** (*abbr.* **SE** *or* **SEM**) सांख्यिकी में मान्य गलती; **~ gauge** रेल की पटरी की मानक चौड़ाई (1.435 मीटर); **Standard grade** *Scottish* 1 परीक्षा- प्रणाली जिसने 1986 में 'O grade' की जगह ली 2 इस स्तर पर पढ़े जाने वाले विषय; **~ lamp** खंभे पर लगने वाला लैंप; **~ of living (living standards)** जीवन-स्तर; **~ time** मानक समय;

p&i: **below ~** घटिया, निर्धारित स्तर से नीचे का; **join sb's ~ = stand under sb's ~** किसी की ध्वज तले खड़े हो.; **raise the ~ of revolt** विद्रोह का बिगुल बजाना; **up to ~** निर्धारित स्तर का हो.

stander\-by /स्टेंडः-बाइ/ *n.* पास खड़ा दर्शक;

p&i: **~s-by see more than the gamesters** खिलाड़ियों से ज्यादा दर्शकों को ज्यादा दिखता है, बाजू वाले को ज्यादा दिखता है

standing /स्टैंडिंग/ *n.* 1 हैसियत: a person of high ~; a person of no ~ 2 प्रतिष्ठा, नाम, नेकनामी: be in good ~ with sb 3 स्थिति, पद, पदवी 4 अवधि, काल: be friends of old ~; a professor of long ~;

adj. 1 स्थायी: ~ committee; ~ commission (स्थायी आयोग); ~ signal instruction 2 सदाबहार, सदा दोहराया जाने वाला, चिर-प्रचलित: a ~ joke; ~ dish; a ~ invitation 3 प्रचलित 4 खड़ा: ~ corn/ grain 5 खड़ी स्थिति में किया जाने वाला: ~ jump; ~ throwing (खड़े-खड़े फेंका जाने वाला /डिस्कस आदि/); ~ position/ trench 6 अचल: ~ set (सारे नाटक के लिए एक मंच-सज्जा); ~ barrage; ~ patrol 7 खाली, बंद: ~ factory 8 खड़ा, स्थिर: ~ water (खड़ा पानी); found some tadpoles in the ~ water;

dw/lw: **long-~** *n.* काफी देर से लंबित;

collocations: **~ order** *UK* स्थायी निर्देश; **~ ovation** खड़े होकर की जाने वाली करतल ध्वनि; **~ room** मात्र खड़ा होने के लिए स्थान; **~ stone** कांस्य युग में वृत्त बनाने के लिए धरती में लंबाकार गाड़े जाने वाले पत्थर; **~ wave** (*also* **stationary wave**) *phys.* एक ही लंबाई की तरंगों द्वारा एक दूसरे को काटने से पैदा होने वाली तरंग;

p&i: **a man of ~** आदरणीय या जाना-माना व्यक्ति; **be in good ~ with sb** किसी की नजरों में अच्छा हो.; **of long ~** काफी वरिष्ठ; **take sth ~** किसी बात को शांत भाव से लेना; **there is no ~ still** जो आगे नहीं बढ़ता वह पीछे जाता है

stand\-off *UK* (*US* **standoff**) /स्टैंडऑफ/ *n.* 1 खेल में बराबरी 2 (***syn.*** deadlock) ऐसी स्थिति जिसमें समझौता या सहमति होने की संभावना न हो 3 (*also* **~off half**) रगबी के खेल में टीमों की समान स्थिति;

dw/lw: **~offish** /स्टैंडऑफिश/ *adj.* 1 (*syn.* aloof) अलग-थलग, अलग रहने वाला, अलगाव-पसंद, गैरमिलनसार 2 घमंडी, अहंकारी 3 रूखा; **~offishness** *n.* अलगाव, गैरमिलनसारिता, रूखापन;

collocations: **Mexican ~-off** 1 ऐसी स्थिति जब किसी के पास अपना बचाव करने का कोई अवसर न हो 2 जच्चा की स्थिति, विशेषकर जब इस जिच्च से दोनों पक्षों में से किसी को फायदा न हो;

standstill /स्टैंडस्टिल/ *n.* 1 ठहराव, गतिरोध: 2 अकर्मण्यता, निष्क्रियता;

adj. अचल, स्थिर, अवरुद्ध;

collocations: **~ order** कर्फ्यू लगाने का आदेश;

p&i: **be at a ~** 1 अकर्मण्य या निष्क्रिय हो. 2 बुत की तरह खड़ा हो.; **bring to a ~ = bring to a grinding halt** पूर्ण गतिरोध पैदा कर देना, एक इंच आगे न चलने देना; **come to a ~ = come to a grinding halt** पूर्णतया रुक जा.; **ride a horse to a ~still** घोड़े को दौड़ाकर मारना;

stand-up *adj.* 1 सीधा खड़ा: ~-up collar 2 खड़ा होकर किया जाने वाला काम: ~-up meal;

n. 1 टिकाऊपन, मजबूती 2 स्टैंड 3 तयशुदा मुलाकात के लिए न आने का काम 4 खड़ा होकर किया जाने वाला नाश्ता 5 प्रहार से बचाव;

collocations: **~ argument/ fight** शोर-शराबेपूर्ण या हिंसक झगड़ा; **~ comedy** श्रोताओं के सम्मुख खड़े होकर चुटकुले सुनाने का कार्य

stang /स्टैंग/ *n.* खंभा, खूंटा, छड़, डंडा;

p&i: **~ in contempt** अदालत के फैसले की अवमानना से होने वाली अदालत की मान हानि; **make sb ride the ~** 1 किसी को दंड को रूप में पैरों के बीच डंडा डालकर चलाना 2 डंडे की घुड़सवारी करवाना

Stanhope /स्टैनअप/ *n.* पुराने जमाने में एक सीट की घोड़ा-गाड़ी या बग्घी;

collocations: **~ press** मुद्रण यंत्र

stank /स्टैंक/ *pt.*, **'stink'** का भूतकालिक रूप

Stanley knife *n., tradem.* दीवारी कागज आदि काटने के लिए अति तेज चाकू

stan\nary /स्टैनरि/ *n., pl.* **stannaries** रांगे या जस्ते की खान;

dw/lw: **~nate** /स्टैनेट/ (*also* **~nic**) *adj., chem.* रांगायुक्त, रांगे का (यौगिक); **~niferous** /स्टैनिफरस/ *adj.* वंगमय, रांगायुक्त; **~num** /स्टैनम/ *n.* रांगा, वंग, टिन

stannel/ staniel /स्टैनल/ स्टैनिअल/ *n.* खेरमुतिया

stanza /स्टैंजा/ *n., pl.* **~s** (***syn.*** verse) छंद, बंद, पद, पद्य-खंड, ऋचा;

dw/lw: **stanza'd/ stanzaed/ stanzaic** /स्टैंजेइड/ स्टैंजेइक/ *adj.* पदबंध, पदबंदी संबंधी, पद्यखंडीय;

collocations: **Spenserian/ ballad ~** स्पेंसरी छंद

stapes /स्टेपीज/ (*also* **stirrup bone**) *n., pl.* **stapes** वलयक, रकाब

staphylococcus /स्टैफिलोकौकस/ *n., pl.* **staphylococci** *biol.* गुच्छाणु

staple /स्टेपल/ *adj.* 1 मुख्य, प्रधान 2 मूल, बड़ा 3 कीमती;

n. 1 कागज के पन्नों को नत्थी करने वाली तार 2 रेशा 3 माल, मुख्य माल: the **~s** of that country/ of Indian industry 4 कच्चा माल 5 मुख्य विषय या तत्त्व: politics is the ~ of his conversation 6 बुनियादी पदार्थ 7 मुख्य उपज: cotton ~;

adj. 1 मुख्य, प्रधान: ~ ration; ~ foods 2 मूल, आधारिक, बुनियादी: ship-building is one of our ~ industries 3 अनिवार्य;

***v.**, pt.* **~d**, *pp* **stapling** कागज के पन्नों को नत्थी क.;

dw/lw: **~r** /स्टेप्लर/ *n.* कागज के पन्नों को नत्थी करने वाला उपकरण; **stapling** /स्टेप्लिंग/ *n.* नत्थी करने की क्रिया;

collocations: **~ diet** 1 पौष्टिक आहार 2 अत्यधिक मात्रा में प्रयुक्त: sex and violence are the **~ diet** of modern cinema; **~ gun** दीवार जैसी सतह पर नत्थी लगाने वाला उपकरण

star /स्टाः/ *n.* 1 तारा, सितारा, तारिका: shooting ~ (टूटता तारा, उल्का); the Seven **~s**; the North/ the Polar ~ (ध्रुव तारा); diurnal ~/ ~ of day/ of noon (सूरज) 2 नक्षत्र 3 (***syn.*** celebrity) किसी क्षेत्र में प्रसिद्धि प्राप्त यानी उत्तम व्यक्ति, सितारा: Bollywood **~s**; become a ~; make sb a ~; literary ~ 4 नायक, नायिका 5 सर्वोत्तम कर्मी या कार्यकर्ता: ~ performer, ~

airline 6 मददगार: thanks! you're a **~!** 7 तारिका चिह्न, तारक 8 (***syn.*** horoscope) भाग्य, जन्म राशि, राशि फल, जन्मकुंडली: sb's stars/ the **~s**; be born under a lucky/ under an evil ~; bless/ curse one's **~s**; the **~s** were against it; believed his fate was in the **~s**; win the lottery according to one's **~s** 9 एस्टरिस्क (* = asterisk) 8 घोड़े के माथे पर सफेद चिह्न 10 सैनिक या पुलिस पद का सितारा: a ~ on a shoulder strap 11 तारानुमा सजावट: a horse with a white ~ on the forehead;

adj. 1 सितारों भरा: ~ place/ position 2 सितारायुक्त 3 सितारों जैसा 4 मुख्य: ~ witness; ~ turn (कार्यक्रम का मुख्य आकर्षण) 5 श्रेष्ठ, उत्तम: ~ athlete; ~ performance 6 प्रसिद्ध: an all-~ cast (सितारों भरी फिल्मी भूमिकाएं) 7 प्रकाशमय;

v., *pt.* **~red**, *pp* **~ring** 1 किसी फिल्म, नाटक या कहानी आदि में प्रमुख भूमिका निभाना 2 सितारे लगाना 3 कथन, शब्दों आदि को तारांकित क., तारक लगाना, तारक से अंकित क. 4 नायक (नायिका) बनना: ~ in the provinces (नायिका की भूमिका में प्रदेशों में नाटक क.) 5 नायक (नायिका) के रूप में प्रस्तुत क.: ~ an actress;

dw/lw: **~board** *n.* जहाज का दायां पक्ष, दक्षिणपाख, जमना; **~burst** *n.* टूटता तारा, उल्का, उल्का पिंड; **~-crossed** *adj.* किस्मत का मारा, अभागा, बदकिस्मत: ~-crossed lovers; **~dom** *n.* 1 फिल्मी सितारे की शोहरत 2 फिल्मी सितारे की कीर्ति या प्रतिष्ठा; **~-drift** *n.* सितारे का स्व-चलन; **~-dust** *n.* 1 तारिका-धूलि 2 यथार्थ से परे रोमांचक दुनिया या स्थिति, रोमानी अनुभूति; **~-fish** *n.* तारे की शक्ल की मछली, तारा मीन; **~-gaze** *v., pt.* ~-gazed, *pp* ~-gazing 1 नक्षत्रों या सितारों का अध्ययन क. 2 दिन में तारे देखना यानी रोमांचक स्वप्नों में खो जा., दिवास्वप्न देखना; **~-gazer** *n.* सितारों को निहारने वाला या उनका अध्येता 2 ज्योतिषी 3 स्वप्नदर्शी; **~-gazing** *n.* सितारों को निहारने या उनके अध्ययन की क्रिया; **~less** *adj.* तारों रहित, धूमिल; **~let** *n.* 1 छोटा सितारा 2 युवा सिने-सितारा या अभिनेत्री; **~light** *n.* नक्षत्र-प्रकाश, सितारों का प्रकाश, तारों की रोशनी; **~light** *adj.* 1 तारों का, के, की 2 प्रकाशमान, दमकदार: ~light night; **~lighting** *n.* उल्का, टूटते तारे की दमक; **~like** *adj.* तारों-सा; **~ling** *see below under separate entry*; **~lit** *adj.* सितारों के प्रकाश से जगमग; **~man** = **~-monger** *n.* ज्योतिषी; **~red** /स्टाःड/ *adj.* 1 सितारों से भरा 2 सैनिक पद के सितारों से अलंकृत: ~red officer 3 माथे पर सफेद धब्बे वाला घोड़ा आदि 4 सितारा बना अदाकार या सितारा बनी अदाकारा 5 सितारा-लगा: ~red question in the parliament; **~riness** *n.* तारामयता, तारासंकुलता; **~ry** /स्टारि/ *adj., degr.* starrier, starriest 1 सितारों से संबंधित या सितारों जैसा: the ~ry jewels of the night 2 तारों से भरा या अलंकृत 3 चमकदार, दमकदार 4 ताराकार 5 उत्कृष्ट, सर्वोत्कृष्ट; **~ry-eyed** *adj.* 1 दीप्त नेत्र 2 कच्चा, अनुभवहीन 3 भोला-भाला, अव्यवहारशील, आदर्शवादी या आशावादी 2 अति चमकदार; **~ship** *n. science fiction* (***syn.*** spacecraft) बाह्य अंतरिक्ष से आए अंतरिक्ष में से यात्रा करने वाले प्राणियों का अंतरिक्ष यान; **~-spangled** /स्टाःस्पैंगल्ड/ *adj.* तारों से अलंकृत: America's ~-Spangled Banner; **~-struck** *adj.* फिल्मी सितारों जैसे नामी लोगों से अत्यधिक प्रभावित; **~-studded** /स्टाःस्टडिड/ *adj.* 1 तारों से भरा 2 बहुत सारे नामी सितारों से भरी (फिल्म आदि); **~-trap** *n.* तारा-चाल;

co-~ *n.* सह सितारा; **two-~/ three-~, etc.** दो-सितारा/ तीन सितारा (होटल आदि);

collocations: **~ anise** तारानुमा छोटा-सा फल जिसे खाना बनाने में मसाले के रूप में प्रयोग किया जाता है; **~ billing** विज्ञापन के पोस्टर आदि में मुख्य आकर्षण के रूप में मुख्य स्थान; **eclipsing ~** ग्रहण लगा सितारा; **~ ruby** सूर्य रत्न मणिका रूबी; **Stars and Stripes** (*also* **the Star-Spangled Banner**) अमेरिकी ध्वज; **~ of David** यहूदियों और इजराइल का चिह्न छःकोना सितारा; **~ sapphire** सितारानुमा या ताराकार नीलम; **~ shell** दुश्मन की स्थिति जानने हेतु प्रकाश फैलाने के लिए आसमान में फेंका जाने वाला गोला; **~ ship** *n., science fiction* वैज्ञानिक साहित्य में चित्रित अंतरिक्ष यान की तरह सितारों के बीच घूमने वाला यान जिसमें बहुत सारे पात्रों का अपना समाज या अपनी दुनिया होती है; **~ sign** *UK* (*US* **sign**) नक्षत्र, राशि; **~ system** 1 तारा समूह, तारामंडल 2 हॉलीवुड या बॉलीवुड में सितारों का समाज; **~ topology** *comput.* केंद्रीय कंप्यूटर स्टेशनों से जुड़े (पर एक दूसरे से अलग) कंप्यूटरों का जाल; **~ turn** विशिष्ट कार्यक्रम या प्रदर्शन; **Star Wars** *colloq.* नाटो (NATO) देशों की आधुनिकतम प्रक्षेपास्त्र युद्ध प्रणाली; **~ watch** सितारों का अवलोकन, सितारों को निहारने या अध्ययन करने की क्रिया;

a big ~ बड़ा फिल्मी सितारा; **a pop ~** लोकप्रिय संगीत का सितारा; **a rising ~** चढ़ता सूरज; **film ~/ movie ~** फिल्मी सितारा; **rock ~** रॉक संगीत का सितारा; **Seven Stars** सप्तर्षि; **shooting/ falling ~** उल्का; **the Stars and Stripes** अमेरिकी झंडा; **the ~ of the conference** गोष्ठी का सर्वश्रेष्ठ प्रतिनिधि;

p&i: **~ the glaze** आभूषणों की दुकान में खिड़की में प्रदर्शित गहने लूट ले.;

be born under a lucky/ unlucky ~ भाग्यशाली या दुर्भाग्यशाली घड़ी में पैदा हो.; **believe in one's ~** अपनी किस्मत पर भरोसा हो.; **be through with one's ~** किसी के सितारे गर्दिश में हो; **bless one's ~s** अपनी किस्मत का शुक्रिया अदा क.; **curse one's ~s** अपने भाग्य को कोसना; **have one's ~ in the ascendant** किसी के भाग्य के सितारे का बुलंदी पर हो.; **one's guiding ~** किसी का ध्रुव तारा; **one's ~ has set** किसी का सितारा डूब गया; **see ~s** आंखों का चुंधिया जाना, कुछ भी देख न पाना या आंखों में तारे दिखाई दे.; **sleep in the ~ hotel** *sl. NZ* खुले आसमान तले सोना; **the ~s are against it** भाग्य साथ नहीं दे रहा

starch /स्टाःच/ *n.* 1 मांड, स्टार्च, श्वेतसार, मंड, मांड़ी 2 कलफ लगाने के लिए एक घोल 3 रूखापन, अति-औपचारिकता;

v., *pt.* **~ed**, *pp* **~ing** कलफ चढ़ाना, देना या लगाना;

dw/lw: **~ed** /स्टाःचट/ *adj.* 1 कलफ-चढ़ा, कलफदार: ~ed gauze (कलफदार जाली या जालीदार पट्टी) 2 नक-चढ़ा, रूखा, अति-औपचारिक; **~y** /स्टाःचि/ *adj., degr.* ~ier, ~iest 1 मंड का, मंडमय 2 कलफदार 3 रूखा, रूक्ष, कड़ा, शुष्क, औपचारिक

stare /स्टेअः/ *v., pt.* **~d**, *pp* **staring** 1 घूरना: ~ sb in the face 2 घूरकर किसी में घबराहट या झेंप पैदा कर दे.: ~ sb into confusion/ out of countenance; ~ sb dumb/ into silence 3 टकटकी लगाकर देखना, एकटक देखना: ~ into sb's eyes 4 आंखें फाड़कर देखना, पर आंखें गड़ाना: ~ straight before/ in front of one 5 ताकना 6 आश्चर्यचकित होना 7 स्पष्ट दिखाई दे.: her lie **~d** him in the face; the white benches **~d** against the green of the grass;

n. 1 टकटकी, ताक, घूर: give sb a ~ 2 तिलियर (पक्षी);

dw/lw: **~-cat** *sl.* अत्यधिक जिज्ञासु पड़ोसिन; **staring** /स्टेअरिंग/ *adj.* 1 आंखें फाड़कर देखता हुआ 2 टकटकी लगाए हुए 3 भड़कीला, चमकीला: he wore a staring red tie;

p&i: **~ all around** आंख पसारकर देखना; **~ down** = **~ sb out** घूर कर किसी में घबराहट पैदा कर दे.; **~ into vacancy** खोया-खोया-सा देखना; **~ like a struck pig** मुंह बाए या हक्का-बक्का रह जा.; **staring into the darkness** अंधेरे में आंखें फाड़-फाड़कर देखना, व्यर्थ प्रयास क.;

a stony ~ भावशून्य (पत्थर-सी) घूर; **he ~d the stranger up and down** उसने अजनबी को सिर से पैर टकटकी लगाकर देखा; **make people ~** लोगों के रोंगटे खड़े कर दे.; **ruin/ disgrace ~s him in the face** विनाश या अपयश उसे आंखें फाड़कर देख रहा है यानी उसका विनाश या कलंकित होना तय है

stark /स्टाःक/ *adj., degr.* **~er**, **~est** 1 (***syn.*** downright; utter) नितांत, पूर्ण, निरा, बिल्कुल, सरासर: ~ nonsense/

madness; a ~ fool; the ~ truth; an act of ~ stupidity; ~ terror 2 कठोर, कड़ा, सख्त, रूखा 3 (***syn.*** bleak) भद्दा, अटलनीय 4 जड़ीभूत, स्तंभित 5 बंजर, सूना: a ~ treeless hillside 6 नग्न, नंग-धड़ंग 6 पूर्णतः स्पष्ट: ~ difference/ contrast;
adv. बिल्कुल, पूरी तरह से: ~ blind; ~ naked; ~ mad; he was once ~ poor;
dw/lw: **~ers** /स्टाःकःज/ *adj., colloq.* 1 (***syn.*** naked) बिल्कुल नग्न, नंग-धड़ंग 2 नितांत पागल; **~ly** /~लि/ *adv.* पूर्णतः स्पष्ट ढंग से, नितांत, बिल्कुल, एकदम, सरासर; **~ness** /~नेस/ *n.* पूर्ण नग्नता, स्पष्टता

starling /स्टाःलिंग/ *n.* 1 तेलियर 2 पुश्ता 3 मैना 4 सारिका

starry *see above under* **star:** ***dw/lw***

START *abbr.* 'Strategic Arms Reduction Talks or Treaty' की प्रथमाक्षरी

start /स्टाःट/ *v., pt.* **~ed**, *pp* **~ing** 1 आरंभ क., शुरू क.: we must ~ work at once; ~ a quarrel; ~ a cigar; ~ talking; **~ed** his own business 2 शुरुआत क.: ~ a movement in art; the radio station **~ed** him at the same salary as a news announcer 3 (*also* ~ **up**; ~ **out**/ **off sth**) कारोबार आदि शुरू क., चलाना या शुरू हो., अस्तित्व में आना: several small businesses are **~ing up** in the town 4 (*also* ~ **up**) कार आदि का चल जा. या चलाना 5 (***syn.*** set off, set out) यात्रा पर निकल पड़ना, रवाना होना, प्रस्थान क., चलना, चल दे., छूटना: ~ on a journey; **~ed** for home at midday 6 चलाना, प्रवर्तित क., चालू क.: ~ a train/ a ship 7 चलने का संकेत दे.: **~ed** for the door 8 चलाना, खोलना: he decided to ~ a newspaper 9 ढीला क., डुलाना, खिसकाना 10 खड़ा क., पैदा क.: ~ chicks 11 साधन दे., जमाना, बसाना: ~ sb in life/ in business 12 उभड़ आना, फूट निकलना: tears **~ed** from her eyes 13 भड़काना: don't ~ him off on his invention; ~ a rumour 14 ढीला पड़ जाना, डुल जाना, टेढ़ा हो जाना 15 (***syn.*** startle) चौंकना, चौंक उठना, चिहुंकना, उछल पड़ना: he **~s** at every noise; ~ **up** from one's bed; ~ from sleep;
n. 1 आरंभ, प्रारंभ: at the ~; made an early ~, e.g. in a career; his uncle gave him a ~ in the business; for a ~ (शुरुआत में, प्रारंभ में) 2 प्रस्थान, रवानगी, कूच: we shall make an early ~ for town 3 शुरुआत या प्रस्थान का समय 4 शुरुआत या प्रस्थान का स्थान: the ~ (दौड़ का प्रारंभ स्थान) 5 शुरुआत, अवसर, रिआयत, सुविधा: from ~ to finish; have a good ~ in life (जिंदगी में अच्छी शुरुआत पाना); give sb a good ~ in life; high ~; individual ~ 6 दौड़-मुकाबला: he lost only once in five **~s** 7 चौंक, चिहुंक, सहसा होने वाली क्रिया: wake up from the dream with a ~;
dw/lw: **~er** /स्टाःटः/ *n.* 1 *UK* (*US* **appetizer**, *also* **first course**) मुख्य भोजन से पूर्व का पेय या खाद्य: for ~ers *colloq.* (सबसे पहले तो...) 2 *US* खेल में शुरू से भाग लेने वाला प्रतियोगी, प्रवर्तक 3 दौड़ शुरू करने का संकेत देने वाला कर्मी: under ~er's orders 4 (*also* **~er motor**) इंजन को शुरू करवाने वाली मोटर 5 फसल बोते समय डाली जाने वाली खाद 6 किसी कार्य को शुरू करने वाला: I am a late ~er in the realm of creative writing; **~er** *adj.* प्रारंभिक, शुरुआती: a ~er kit; ~er home; **~ing** *see below under separate entry*;
p&i: ~ **a baby** गर्भवती हो जा.; ~ **another hare** बातचीत का विषय बदल दे.; ~ **as**/ ~ **out as sth** के रूप में अपना व्यावसायिक जीवन शुरू क.; ~ **back** सिहरन के साथ झटके से पीछे हटना: he ~ed back in fear; ~ **forward** आगे की ओर दौड़ पड़ना; ~ **in** कोई काम शुरू क.; ~ **off** 1 चल दे. 2 शुरू क., चलने का संकेत दे., चलाना 3 भेजना; ~ **off**/ **out** 1 शुरू-शुरू में हो.: the film ~s off in black and white 2 यात्रा शुरू क. 3 किसी उद्देश्य से कोई काम शुरू क.; ~ **off on the wrong foot** गलत शुरुआत कर दे.; ~ **on** चिढ़ाना; ~ **on sb** अचानक किसी के प्रति विद्वेषपूर्ण रवैया अख्तियार कर ले.; ~ **on sth** कुछ शुरू क.; ~ **out** 1 प्रस्थान क., चल पड़ना 2 जीवन में नया चरण शुरू क.; ~ **over** *US* फिर से शुरू क.; ~ **sth** अस्त-व्यस्त कर दे.; ~ **sth off** का कारण हो.: anger over the tax ~ed the riots off; ~ **the ball in play** गेंद को खेल में लाना; ~ **the ball rolling** काम शुरू क.; ~ **up**/ ~ **sth up** 1 कार इंजन को चालू क., चलाना 2 खोलना, स्थापित क. या (धंधा आदि) चालू क. 3 चौंकना, सिहर उठना, उछलकर खड़ा हो. 4 उत्पन्न होना 5 अचानक प्रकट हो जा.; ~ **with a clean slate** नए सिरे से जिंदगी शुरू क.; ~ **with sth** से शुरू हो.: the book ~s with a gruesome murder;
a false ~ असफल प्रयास; **a queer** ~ विचित्र घटना; **a** ~ **in life** नौकरी-पेशे की शुरुआत; **by fits and ~s** 1 कभी-कभार 2 अस्त-व्यस्त ढंग से; **early ~ makes easy stages** (खेत मेंसवेरे-सवेरे काम शुरू करके दोपहर की धूप से पहले काम खत्म क.; **for a** ~ सबसे पहले (किसी एक बात से) शुरू करते हैं; **for starters** शुरुआत के लिए; **from ~ to finish** आदि से अंत तक; **get the ~ of sb** किसी से आगे निकल जा.; **give a** ~ चौंका दे., सिहर उठने की ओर धकेलना: give sb a ~ (किसी को डरा या चौंका दे.); **he sprang up with a** ~ वह चौंककर खड़ा हो गया; **to ~ with** 1 शुरू-शुरू में, प्रारंभ में 2 सबसे पहले तो 3 शुरुआत के लिए; **under ~er's order** दौड़ शुरू करवाने वाले के हुक्म के तहत

starting /स्टार्टिंग/ *adj.* प्रारंभिक, शुरुआती: ~ing line-up; ~ing handle/ crank; ~ing salary (प्रारंभिक वेतन) 2 किसी यंत्र को चलाना शुरू करने वाला: ~ing handle;
n. 1 शुरुआत 2 प्रस्थान;
dw/lw: **~ing-block** *n., athletics* दौड़ को शुरू करते समय खिलाड़ी के पांवों को सहारा और प्रारंभिक धक्का देने वाली टेक; **~ing-point** *n.* शुरुआती बिंदु, जहां से शुरुआत होती है; **~-up** /स्टाःटअप/ *adj.* व्यापार आदि शुरू करने की कीमत;
collocations: **~ing gate** *horse-racing* दौड़ से पहले घोड़ों के सामने रखी जाने वाली बाधा; **~ing pistol** दौड़ आदि शुरू करने का संकेत देने वाली पिस्तौल; **~ing point** 1 दौड़ आदि शुरू करने का स्थान या बिंदु 2 बहस आदि शुरू करने का मुद्दा; **~ing post** दौड़ आदि शुरू करने का स्तंभ या स्थान; **~ing price** 1 घुड़दौड़ शुरू होने से ऐन पहले तय की जाने वाली बाजी की अंतिम राशि 2 (*abbr.* **SP**) नीलामी में किसी वस्तु का रखा जाने वाला शुरुआती दाम; **~ing stalls** *horse-racing* वह स्थान, जहां दौड़ से पहले धावकों या घोड़ों को खड़ा किया जाता है

start\le /स्टाःटल/ *v., pt.* **~led**, *pp* **~ling** 1 चौंकाना, चौंका दे. 2 चौंक जा.: he was **~led** at the news 3 दुखी कर दे., डांटना-फटकारना: **~led** by the news of sb's death 4 डरा दे., घबराहट पैदा कर दे.: **~le** a herd of deer 5 कुछ करने को झकझोरना: **~le** sb out of his apathy; **~le** sb into doing some work;
dw/lw: **~led** /स्टाःटलड/ *adj.* 1 चौंका हुआ 2 डरा हुआ; **~ler** *n.* 1 डरावना, डराने वाला 2 सनसनीखेज बात या घटना; **~ling** /स्टाःटलिंग/ *adj.* 1 चौंका देने वाली: ~ling events 2 सनसनीखेज: ~ling statements; ~ling rumours 3 आश्चर्यजनक: ~ling developments 4 भड़कीला, अति चमकदार: ~ling blue frock

starvation /स्टाःवेशन/ *n.* 1 भुखमरी, भुखमरी से होने वाली मौत: ~ wages 2 निराहार 3 क्षुधाग्रस्तता

star\ve /स्टाःव/ *v., pt.* **~ved**, *pp* **~ving** 1 भूख से मरना: be **~ved**; **~ve** to death; some live in luxury, while others are **~ving** 2 भूख लगना, भूखा हो.: I'm simply **~ving** 3 का भूखा होना, के लिए तरसना: be **~ving** for knowledge 4 भूख से मारना: **~ve** sb to death; **~ve** the rebels into surrender/ into submission 5 से वंचित रखना, तरसाना, किसी महत्त्वपूर्ण तत्त्व या अंश से वंचित रखना: **~ved** the project of funds;
dw/lw: **~ved** /स्टाःवड/ *adj.* 1 किसी चीज से वंचित: *UK* be ~ved of sth/ *US* be ~ved for sth (किसी चीज के लिए तरसना)

2 *US* बहुत भूखा; **~ving** /स्टाःविंग/ *adj.* 1 भुखमरी से मरने वाला 2 बहुत भूखा;
p&i: **~ve sb into sth/ doing sth** भूखा मारकर कुछ करने के लिए मजबूर क.; **~ sb of sth** = *US* **~ve sb for sth** किसी को किसी चीज से वंचित रखना;
be ~ving for sth बहुत भूखा हो.;

starveling /स्टाःवलिंग/ *adj.* 1 कुपोषित, मरियल 2 भुखमरा, भुक्खड़ 3 कंगाल 4 कंजूस, घिनौना;
n. 1 कुपोषित व्यक्ति या मरियल पशु 2 कंगाल आदमी 3 कंजूस और घिनौना व्यक्ति

starwort /स्टाःवःट/ (*also* **water starwort**) *n.* तारे जैसे पत्तों वाला एक जल-तना

stash /स्टैश/ (*also* **~ away**) *v., pt.* **~ed**, *pp* **~ing**, *s/he/ it* **~es** छिपाकर अलग रखना: a fortune **~ed** away in a bank locker;
n., *pl.* **~es** 1 अवैध वस्तु, उसकी आपूर्ति व भंडारण 2 *drug-taking sl.* भांग आदि अवैध नशीले पदार्थों की आपूर्ति

Stasi /स्ताज़ि/ *Ger.* /श्ताज़ि/ *abbr.* भूतपूर्व पूर्वी जर्मनी के गुप्तचर विभाग के नाम का छोटा रूप

stasis /स्टेसिस/ *n., pl.* **stases** /स्टेसीज़/ *pathol.* 1 ऐसा विकार जब रक्त व पेशाब जैसे द्रवों का प्रवाह रुक जाता है 2 (***syn.*** stagnation) निष्क्रियता, अकर्मण्यता, गतिहीनता, संचार रोध 3 स्थैतिकता

stat *abbr.* (*usually* **stats**) *colloq.* '**statistic**' का छोटा रूप

stat. *abbr.* 'immediately' डाक्टरों द्वारा नुस्खों में प्रयुक्त छोटा रूप (तुरंत)

-stat *comb. form, forming nouns, denoting:* **a device that gives a stationary** or **constant condition** (स्थिर अवस्था): thermo**stat**

state /स्टेट/ *n., pl.* **~s** 1 (***syn.*** condition) अवस्था, स्वास्थ्य आदि की दशा, हालत: normal/ alarming/ bad/ desperate/ hopeless ~; ~ of depression 2 स्थिति, अस्त-व्यस्त हालत: what a state your room is in! be in a ~ (खराब दशा में हो.) 3 द्रव अवस्था: ~ of decay 4 स्थिति, परिस्थिति: ~ of seize; ~ of war 5 मन की स्थिति: ~ of mind; ~ of excitement; in great ~ (बहुत उत्तेजित) 6 वस्तु-स्थिति: ~ of facts; ~ of affairs; ~ of the case 7 सामाजिक स्थिति, प्रतिष्ठा, हैसियत: persons with every ~ of life/ society; the ~ he is surrounded with; a style befitting his ~ 8 (*also* **State**) राज्य, प्रांत 9 (*also* **country**) देश, राष्ट्र, राज्य: the **~s**, parties to a treaty; a ~ within a ~ 10 (*also* **the state**) शासन, सरकार: aggressor ~; delinquent ~ 11 शासन-प्रणाली या संरचना: welfare ~; police ~; federal/ confederated ~; reasons of ~ 12 सत्ता, सरकार 13 (*also* **the States**) अमेरिकी संयुक्त राष्ट्र (the USA) 14 पद, पदवी: receive in ~ (पद अनुसार औपचारिक मिलन समारोह आयोजित क.) 15 धूमधाम, ठाठ-बाट, शान-शौकत: arrive in great ~; keep up considerable ~;
adj. 1 राष्ट्रीय: ~ boundary; ~ treaty; ~ secret 2 राज्य, राज, राजकीय, सरकारी ~ service/ bank; ~ law; ~ police; ~ telegram (सरकारी तार); ~ business; ~ prison 3 समारोही, राजसी: ~ occasion; ~ banquet (राजकीय भोज) 4 औपचारिक, राजकीय: a ~ visit by the Queen; ~ visit/ occasion, etc. (सरकारी औपचारिक यात्रा या अवसर); ~ guest; ~ list (राज्य सूची) 5 प्रांत से संबंधित: law and order is a ~ subject;
v., *pt.* **~d**, *pp* **stating** 1 कहना: it is often **~d** that English weather is uncertain 2 बता दे., अभिव्यक्त क., प्रकट क.: ~ the facts/ an opinion/ reasons/ a rule 3 स्पष्ट कर दे.: he **~d** Newton's law with great lucidity 4 घोषित क.: this condition was expressly **~d** 5 निश्चित क., नियत क.: ~ the time for a meeting; ~ an account 6 प्रतीकों में लिख दे.;
dw/lw: **~craft** *n.* राज-कार्यों के निर्वहन की कला, शासन-कला; **~d** *adj.* 1 अभिव्यक्त 2 घोषित: ~d salary; ~d capital 3 नियत, निश्चित, मुकर्रर: at the ~d time; at ~d intervals; a ~d meeting; **~hood** *n.* स्वतंत्र राष्ट्र होने की अवस्था, राष्ट्रीयता: independent ~hood 2 किसी देश का प्रांतीयता, राज्यत्व; **~-house** *n.* विधान-भवन; **~less** *adj.* जो किसी राष्ट्र का नागरिक न हो, विशेषतः जिसकी राज्य ने नागरिकता छीन ली हो, राष्ट्रीयता-विहीन, नागरिकता-हीन: ~less person; **stately** *see below under separate entry*; **statement** *see below under separate entry*; **~-of-the-art** /स्टेट ऑफ दि आःट/ *adj.* आधुनिकतम तकनीक से संबंधित: ~-of-the-art technology; **~room** *n.* 1 महल में बड़ा-सा कक्ष जहां समारोह आयोजित किए जाते हैं 2 जहाज पर बड़ा-सा निजी कक्ष; **Stateside**/ **~side** *colloq.* अमेरिका से संबंधित, अमेरिका में: Stateside custom (अमेरिकी प्रथा); go Stateside (अमेरिका जाना); **statesman** *see below under separate entry*; **~sperson** *n.* समझदार, अनुभवी राज नेता; **~trooper** (*also* **trooper**) *n. US* सरकारी पुलिस बल का सदस्य; **~-wide** *adj.* सारे देश में फैला हुआ: a ~wide strike;
collocations: **State coach** शासकीय यान, सरकारी गाड़ी; **State Department** *US* अमेरिका का विदेश मंत्रालय; **State Enrolled Nurse** *Br.* ब्रितानिया में भर्ती पूर्णतः प्रशिक्षित नर्स; **~ of affairs** स्थिति, परिस्थिति, दशा, सूरते हाल; **~ of emergency** आपात काल; **~ of mind** *pl.* ~s of mind मनःस्थिति, मनोदशा: he was in a right ~ of mind; **~ of nature** प्राकृतिक अवस्था; **~ of play** 1 किसी विशेष समय पर स्थिति 2 क्रिकेट आदि में किसी टीम का स्कोर; **~ of seize** किसी देश, नगर आदि की घेराबंदी की अवस्था; **~ of the art** किसी क्षेत्र में आधुनिकतम और उच्चतम स्तर; **~ school** *UK* (*US* **public school**) सरकारी विद्यालय जहां निःशुल्क शिक्षा प्रदान की जाती है; **~'s attorney** सरकारी वकील; **~'s evidence** *US law* सरकारी गवाह की गवाही; **~s' rights** *US, Ind.* प्रांतों के अधिकार;
a buffer ~ मध्यवर्ती या अंतःस्थ राज्य; **a dry/ wet ~** मद्यपान निषेध या मद्यपान राज्य; **liquid ~** तरल अवस्था; **the State of the Union Address** *US* अमेरिकी कांग्रेस के सामने प्रैजिडैंट का अपनी सरकार की उपलब्धियों और भावी योजनाओं के बारे में भाषण; **the welfare ~** सर्व कल्याण राष्ट्र;
p&i: **a ~ within a ~** राष्ट्र के भीतर एक राष्ट्र; **be in/ get into a ~** 1 क्रुद्ध हो जा. 2 घबरा जाना 3 गंदा या मैला हो जा.; **in a delicate ~ of health** गर्भवती; **in a ~ of grace** *RC* जिसके भगवान ने पाप माफ कर दिए हों; **in a ~ of nature** बिल्कुल नग्न; **in ~** औपचारिक तामझाम की अवस्था में; **keep one's ~** शालीनता बरतना; **lie in ~** (शव का) दर्शनार्थ रखा हो.; **something is rotten in the state of Denmark** (Shakespeare) कहीं पर दाल में कुछ काला है; **talk United States** अमेरिकी लहजे में बोलना;

stately /स्टेटलि/ *adj., dear.* **statelier, stateliest** 1 (***syn.*** majestic) शानदार, उत्तम, आलीशान: ~ appearance/ lady/ deportment (चाल-ढाल, व्यवहार) 2 राजसी, शाही: a building of ~ proportions; ~ bow/ dance/ language 3 गौरवपूर्ण, गौरवमय 4 प्रतापी, प्रभावशाली;
collocations: **Stately homes** ब्रिटेन के बड़े पुराने या ऐतिहासिक घर जो सैलानियों के लिए खुले होते हैं

statement /स्टेटमंट/ *n.* 1 बयान, वक्तव्य, कथन: a new ~ of old truths; make a ~; formal ~; verbal/ written ~; issue/ prepare/ release a ~; a false/ joint/ public/sworn ~; made a ~ to the press 2 (***syn.*** expression) उक्ति, सूत्रीकरण, संरूपण: it requires clearer ~; a ~ about/ on sth 3 (*also* **bank ~**) बैंक खाता-विवरण, बैंक खाते का लेखा-जोखा: monthly ~; ~ of account (लेखा-विवरण) 4 (***syn.*** description) लेख, विवरण, वर्णन: ~ of the case; ~ of the

defence; ~ of the prosecution 5 तथ्य-विवरण: ~ of service; ~ of facts (तथ्य कथन) 6 (*syn.* declaration) घोषणा;
***v.**, pt.* **~ed**, *pp* **statementing** *Br.* सरकारी तौर पर फैसला क. कि बच्चे को शिक्षा के लिए विशेष सुविधाओं की जरूरत है: **statemented** children

statesman /स्टेट्समन/ *n., pl.* **statesmen** 1 राजनीति-विशारद, राजनीतिज्ञ 2 राज-काज में कुशल 3 सम्मानित राजनेता;
dw/lw: **~like** *adj.* राजमर्मज्ञोचित, राज-काज में कुशल व्यक्ति जैसा: he is a man of ~like judgement; a ~like solution of the present perplexities; **~ship** *n.* राजनीति-विशारदता, राज-काज में कुशलता, राजमर्मज्ञता, राजनीतिक जौहर

stateswoman *n.* 1 महिला राजनीति-विशारद, राजनीतिज्ञ 2 राज-काज में कुशल महिला

static /स्टैटिक/ *adj.* (***anton.*** dynamic) 1 स्थिर: ~ friction 2 स्थैतिक 3 अचल, निश्चल, गतिहीन 4 स्थायी;
n. 1 (*also* ~ **electricity**) स्थिर विद्युत यानी ऐसी बिजली जो दो सतहों की रगड़ से पैदा होती है 2 रेडियो या टीवी के प्रसारण में गड़बड़ी जो हवा में मौजूद बिजली के कारण पैदा होती है

statics /स्टैटिक्स/ *n.* 1 स्थिति विज्ञान, स्थैतिकी: ~ of fluids 2 वायुवैद्युत-क्षोभ

station /स्टेशन/ *n.* 1 स्थान, जगह, मुकाम, ठिकाना: fire ~; power ~; filling ~, polling ~ 2 विश्राम स्थल, अवस्थान 3 रेलवे स्टेशन, अड्डा 4 (*also UK* **coach** ~) बस अड्डा: bus ~; he took up a convenient ~ 5 पेट्रोल स्टेशन *UK* (*US* **gas** ~) 6 रेडियो या टेलीविजन स्टेशन 7 केंद्र, कार्यालय: four work **~s** in the office; dressing/ feeding ~; central ~; ~ hospital 8 चौकी: police ~ 9 मुख्यालय: meteorological/ seismological life-boat ~ 10 प्रक्षेपण स्थान, प्रक्षेपण केंद्र: arctic ~; space ~; battle ~ 11 स्थिति, पद, संगठनात्मक हैसियत: a woman of high ~; ideas above his ~ (किसी की समझ से बाहर विचार) 12 पेशा, व्यवसाय 13 *Austral. & NZ* भेड़ या अन्य पशुपालन खेत 14 (*also* **Station of the Cross**) ईसा मसीह की कैल्वैरी यात्रा (Christ's journey to Calvary) के चौदह ठहराव-स्थानों में से कोई एक;
***v.**, pt.* **~ed**, *pp* **~ing** 1 किसी स्थान पर नौकरी के लिए भेजा जा., किसी स्थान पर नियुक्त किया जा.: be **~ed** at/ in, etc. 2 खड़ा क. या खड़ा हो जा., रखना, तैनात क.: ~ a guard 3 तैनात हो.: ~ oneself;
dw/lw: **~-master** (*US* **~agent**) *n.* स्टेशन-मास्टर;
collocations: **~ house** *US* पुलिस स्टेशन या अग्नि-शमन केंद्र; **~ wagon** *N. Amer., esp. US* (*UK* **estate car**) स्टेशन वैगन; **on ~ leave** मुख्यालय से अवकाश पर; **out of ~ leave** मुख्यालय से बाहर जाने के लिए अवकाश

stationary /स्टेशनरि/ *adj.* 1 (***anton.*** mobile) स्थिर, निश्चल, अचल: remain ~; ~ target/ gun-mount 2 एक स्थान पर जड़ी या लगाई हुई, स्थावर: ~ crane/ engine/ transformer 3 (***syn.*** static) अपरिवर्तनशील: ~ temperature; ~ vibration; ~ motion; a ~ period in science (विज्ञान में अकर्मण्यता का दौर); ~ wave *phys.* (अचल तरंग) 4 एक स्थान पर स्थिर या स्थायी: ~ dive; ~ hospital; ~ take-off

stationer /स्टेशनर/ *n.* लेखन-सामग्री-विक्रेता;
dw/lw: **~s** /स्टेशनःज/ *n. UK* लेखन-सामग्री दुकान

stationery /स्टेशनरि/ *n.* 1 लेखन-सामग्री 2 पढ़ाई-लिखाई या छपाई का सामान यानी कागज, कलम, लिफाफे आदि: a box of ~y; ~y expenses

statism /स्टेटिज्म/ *n.* राज्य-नियंत्रण-वाद

statist /स्टेटिस्ट/ *n.* 1 सांख्यिकीविद् 2 राज्य-नियंत्रणवादी

statistic /स्टअटिस्टि\क/ *n.* 1 सूचना 2 आंकड़ा: he became just another ~ amongst drug-related deaths;
dw/lw: **~al** /~कल/ *adj.* 1 सूचनाओं और आंकड़ों संबंधी 2 सांख्यिकीय; **~ian** /~शिअन/ *n.* सांख्यिकीविद्;

statistics /स्टअटिस्टिक्स/ (*sometimes* **stats**) *n., [pl.]* 1 सांख्यिक आंकड़े: descriptive ~s; collect/ gather ~s; ~s confirm/ indicate/ reveal/ show ~s; according to ~s; ~s on sth 2 *[sing.], math.* सांख्यिकी

stative /स्टेटिव/ *gramm., adj.* ऐसी क्रियाएं जो प्रत्यक्ष कार्य की बजाए किसी दशा को दर्शाती हैं, e.g., in the sentence: weather **seems** good: **seems** is a **stative** verb

statocone /स्टैटअकोन/ *n.* संतुलन रेणु, संतुलनकणिका

statocyst /स्टैटअसिस्ट/ *n.* संतुलन-पुटी

stator /स्टेटः/ *n., elec.* स्टेटर

statoscope /स्टैटअस्कोप/ *n.* सूक्ष्म-निर्द्रव वायुदाबमापी

statuary /स्टैचूअरि/ *n.* 1 समस्त कानून या विधान 2 मूर्ति-समूह, मूर्तिसंग्रह: pieces of ~ 3 मूर्ति-कला 4 मूर्तिकार;
adj. 1 कानूनी, वैधानिक 2 मूर्ति-कला संबंधी, मूर्ति-योग्य

statue /स्टैचू/ *n.* 1 मूर्ति, बुत, प्रतिमा 2 बच्चों का एक खेल;
dw/lw: **~d** /स्टैचूड/ *adj.* 1 मूर्तियों से सजा 2 मूर्ति के रूप में प्रस्तुत: the ~ satyrs (मूर्तियों के रूप में अति कामुक व व्यंग्यात्मक बिंब); **statuesque** /स्टैचुएस्क/ *adj.* 1 मूर्ति-सा, मूर्तिवत 2 सर्वांगसुंदर 3 लंबा, सुंदर डील-डौलवाला एवं शालीन; **~tte** /स्टैचुएट/ *n.* छोटी मूर्ति या लघु प्रतिमा;
collocations: **the ~ of liberty** न्यु यॉर्क हार्बर (New York Harbor) के प्रवेश पर स्थापित स्वतंत्रता की प्रतीक मूर्ति;
p&i: **still as a** ~ बुत की तरह जड़वत

stature /स्टैचः/ *n.* 1 पद, हैसियत, महिमा, प्रतिष्ठा 2 कद, ऊंचाई, महत्ता: moral ~; mental ~

status /स्टेटस/ *n.* 1 सामाजिक या आर्थिक हैसियत, प्रतिष्ठा, रुतबा,: her connections gave her ~ in the set; ~ seeking; ~ seeker 2 वयस्कता, विवाह, नागरिकता आदि के बारे में वैधानिक स्थिति: the marital ~, the ~ of a father/ of a doctor 3 पद, पदवी 4 संबंधों की अवस्था: belligerent ~; diplomatic/ legal/ international ~; the ~ of negotiations 5 प्रक्रिया की अवस्था 6 महत्त्व: education is yet to get its due ~ in the country;
collocations: **~ symbol** वैभव या प्रतिष्ठा का प्रतीक: some people buy costlier theatre seats as a ~ symbol;
the ~ quo /स्टेटसक्वो/ *Lat.* (*usually* **the ~ quo**) यथास्थिति; **the ~ quo ante** /स्टेटसक्वो ऐंटि/ *Lat.* यथापूर्व स्थिति, जैसी पहले थी वैसी स्थिति; **the ~ quo ante bellum** /स्टेटसक्वो ऐंटि बेलम/ *Lat.* युद्ध से पहले की स्थिति

statute /स्टैचूट/ *n.* 1 *law* विधि, कानून, विधान: ~ of limitations 2 अध्यादेश 3 विधान या अधिनियम पुस्तिका: ~s at large (विधि संहिता) 4 किसी संगठन की कार्यकारिणी द्वारा पारित स्थायी अधिनियम;
dw/lw: **~-book** *n.* विधि संहिता पुस्तिका; **~-barred** *adj.* काल-बाधित होने या अवधि से अधिक समय बीत जाने के कारण कानूनन अमान्य;
collocations: **~ book** विधि संहिता पुस्तिका: on the ~ book; **~ law** विधि संहिता, संसद द्वारा पारित लिखित विधान; **~ mile** मानक मील; **~ of limitations** कानूनी कार्रवाई के लिए काल-स्थान आदि की अवधि बाध्यता

statuto\ry /स्टैचूटरि/ *adj.* 1 विधि द्वारा स्थापित 2 विधिक, कानूनी, सांविधानिक, वैधानिक;
dw/lw: **~rily** /स्टैचूटरिलि/ *adv.* 1 कानूनन 2 वैधानिक रूप से;
collocations: **~ry holiday** वैधानिक अवकाश; **~ry instrument** विधि, वैधानिक; **~ry offence** कानूनन अपराध; **~ry rape** *US* अवयस्क लड़की के साथ यौन-क्रिया

staunch /स्टॉंच\/ *US* स्टांच\/ *adj.* 1 पक्का, निष्ठावान, सच्चा, स्वामी-भक्त: ~ ally/ friend/ supporter 2 विश्वस्त, ईमानदार 3 टिकाऊ, मजबूत 4 जलरुद्ध, जलरोधी 5 वायुरुद्ध, वायुरोधी;
staunch (*also* **stanch** /स्टॉंच/ स्टैंच/) *v. pt.* **~ed**, *pp* **~ing** 1 घाव से खून आदि का बहाव रोकना 2 सूचना, अफवाह आदि को

फैलने से रोकना;
dw/lw: **~ly** /~लि/ *adv.* निष्ठापूर्वक; **~ness** /~नेस/ *n.* निष्ठा, टिकाऊपन

stave /स्टेव/ *v., pt.* **~d/ stove**, *pt. p.* **~d/ stove**, *pp* **staving** 1 (*often* ~ **in**) छेद क., लकड़ी की पट्टी तोड़ना: the door was **~d** in 2 किसी चीज की पट्टी तोड़ना या उसमें छेद क. 3 पटरी लगाकर मरम्मत क. 4 (*pt.* **staved**) किसी कार्य की शुरुआत में देरी क. 5 किसी कार्य को कुछ देर के लिए टालना या दूर रखना: tried to ~ off his downfall by calling an election 6 पांव की उंगली आदि का संयोगवश मुड़ जाने के कारण जोड़ को चोट पहुंचना: **~d** my finger playing football;
n., pl. ~s 1 पटरा, तख्ता 2 लंबा डंडा 3 *verse* पद, छंद 4 पंच-पंक्तिक संगीत-सारिणी;
p&i: ~ **in** तोड़ना, छेद क.; ~ **off** टालना: ~ sth off (दूर हटाना, दबाना, रोकना)

stay /स्टे/ *v., pt.* **~ed**, *pp* **~ing** 1 ठहर जा., रुका रहना, रुक जाना: ~ in bed; ~ a little before going on with one's work 2 (***syn.*** remain) किसी स्थिति में स्थिर रहना: ~ calm/ cool/ still; the weather **~ed** bad for three days 3 कुछ समय के लिए कहीं र., ठहरना: he **~ed** with us; ~ to dinner/ to supper; ~ at/ in a hotel; ~ with friends 4 कहीं निवास क.: she's **~ed** in Delhi all her life 5 कानूनी कार्रवाई को स्थगित क.: ~ proceedings; ~ judgement 6 रोकना, नियंत्रित क., थामना: ~ bloodshed; ~ the rise of prices 7 जम जा., रम जा., प्रयोग में आने लगना: be here to ~ 8 भूख-प्यास बुझाना: ~ one's appetite/ one's hunger/ one's stomach 9 दमदार होना 10 टेक लगाना, सहारा दे.;
n. 1 ठहराव, वास, निवास, प्रवास: a long/ a short/ a week's ~ in Mumbai 2 धैर्य, दमखम 3 रोकथाम, देरी: put a ~ on one's stomach भूख शांत क.; a ~ upon sb's activity; endure no ~ (देरी सहन न क.); put a ~ on sb's thought 4 कानूनी कार्रवाई का स्थगन: ~ of proceedings 5 टेक, सहारा: the only ~ of the family; main**stay** of sb's work 6 चोली, अंगिया 7 तान-रस्सी;
dw/lw: **~-at-home** *n.* घर-घुस्सू व्यक्ति; **~-at-home** *adj.* घर-घुस्सू, घर-घुसना: he is not the ~-at-home sort; ~-at-home voter; **~-bar/ ~-rod** *n.* आड़ी पट्टी; **~-bolt** *n.* आड़ी सिटकनी; **~ed** *adj.* अंगियाधारी; **~er** *n., colloq.* ठहरने वाला, दमदार; **~-lace** *n.* चोली की तनी; **~sail** *n.* तिकोना सहायक पोत पाल;
collocations: **~ing power** (***syn.*** stamina) दम, दम-खम, तितिक्षा, मुकाबले में देर तक डटे रहने की क्षमता; **~-in strike** बैठ-हड़ताल; ~ **order** स्थगन-आदेश; ~ **stitching** सिलाई को और मजबूत करने के लिए सिलाई की एक और लाइन दे.
p&i: ~ **away** अनुपस्थित र., दूर र., किनारा काटना; ~ **away from sb/ sth** किसी से या किसी चीज से किनारा क., कन्नी काटना; ~ **behind** सबके जाने के बाद भी रुके रहना; ~ **for sth** किसी बात के लिए कुछ समय रुके र.; ~ **in** घर में ही र. (बाहर न जा.); ~ **on** सबके जाने के बाद भी रुके र.; ~ **out** घर से बाहर कहीं ठहर जा.; ~ **one's hand** अपना हाथ थामना; ~ **out of sth** विवाद में न उलझना; ~ **over** *colloq.* कहीं पर रात बिताना; ~ **put** *colloq.* एक जगह पर डटे र., अपने मत या विचार पर अडिग र.; ~ **the course** किसी कार्य को रोकना या नियंत्रित क.; ~ **the night** घर से बाहर किसी के यहां एक रात के लिए टिकना; ~ **to sth** इतनी देर रुकना कि किसी कार्यक्रम में भाग लिया जा सके; ~ **up** सामान्य समय से ज्यादा देर तक जागते रहना; ~ **with sth** किसी कार्यक्रम, किसी बात या किसी चीज के साथ बने रहना;
be here to ~ स्थायी रूप से स्थापित हो.; **come to** ~ स्थायी रूप से टिक जाना

STD *abbr.* 'sexually transmitted disease', 'subscriber trunk dialling' की प्रथमाक्षरी

STD code *n., Br., Ind.* किसी नगर या स्थान के लिए एक विशेष कोड

Ste *abbr.*, 'Sainte' (French) का छोटा रूप

stead /स्टेड/ *n.* 1 स्थान, भू-संपत्ति, फार्म, धरती का टुकड़ा: farm-~ 2 भवन-निर्माण के लिए जमीन का टुकड़ा;
p&i: **in sb's** ~ के स्थान पर, की बजाए: in my ~ **stand sb in good** ~ किसी के लिए उपयोगी हो.

steadfast /स्टेडफास्ट/ *adj.* 1 अटल, अडिग, स्थिर, पक्का 2 दृढ़, दृढ़निश्चय;
dw/lw: **~ly** /~लि/ *adv.* दृढ़तापूर्वक; **~ness** *n.* अटलता, दृढ़ता, दृढ़निश्चयता

Steadicam /स्टेडिकैम/ *n., tradem.* ऊबड़-खाबड़ स्थानों पर चलते हुए भी फोटो ले सकने वाला कैमरा

stead\ily /स्टेडिलि/ *adv.* 1 संतुलित गति से 2 अनवरत, लगातार, निरंतर 3 नियमित रूप से;
dw/lw: **~iness** /स्टेडिनेस/ *n.* स्थिरता, धैर्य, संतुलन; **~ying** /स्टेडिइंग/ *n., Br.* 1 खेत के बाहर की ओर बने भवन 2 फार्म-हाउस और इस पर बने भवन

steady /स्टेडि/ *adj., degr.* **steadier**, **steadiest** 1 (***syn.*** stable) अपरिवर्तनशील, स्थिर, स्थायी, अचल: ~ temperature; ~ light; prices are ~; ~ image 2 स्थिर, सुस्थिर, अटल, दृढ़, पक्का, टिकाऊ: ~ foundation; he is not ~ on his legs; ~ resolve 3 (***syn.*** constant) एक रफ्तार से चलने वाला, एक समान: ~ speed; ~ wind; a ~ stream of traffic 4 (***syn.*** regular) नियमित, निरंतर चलने वाला: ~ job/ work 5 (***syn.*** sober) धीर, संतुलित, संयमी, गंभीर, स्थिरमति: lead a ~ life 6 (***syn.*** sensible, dependable) विश्वसनीय, अडिग, दृढ़, परिश्रमी: a ~ young man; ~ friend;
v., pt. **steadied**, *pp* **steadying**, *s/he/ it* **steadies** 1 स्थिर क. 2 अपने को संभालना या संतुलित क.: ~ oneself; ~ a boat; the boat **steadied** 3 संतुलित हो जा.: her breathing has **steadied** 4 शांत क.: ~ one's nerves;
adv. सतत एवं संतुलित ढंग से: ~ as she goes; hold ~;
excl. (*also* **~ on! / ~ up!**) सावधान!;
dw/lw: **~-as-she-goes** *n.* 1 *naut.* जहाज के कप्तान की चालक-दल व अन्य कर्मियों को हिदायत: go a ~-as-she-goes (जहाज को ज्यों का त्यों आगे बढ़ाओ! सावधान रहो!) 2 अत्यधिक चौकन्ना व सतर्क, उबाऊ; **~-going** *adj.* अत्यधिक विश्वसनीय, भरोसेमंद; **steadily** /स्टेडिलि/ *adv.* अनवरत, निरंतर, लगातार; **steadiness** *n.* निरंतरता, संतुलन;
collocations: **~-state theory** *astron.* अब पूर्णतः ठुकराया जा चुका सिद्धांत जिसके अनुसार संसार सदा से वजूद में था और वह निरंतर फैल रहा है क्योंकि पदार्थ निरंतर निर्मित हो रहे हैं; **a ~-going guy** भरोसेमंद व्यक्ति;
p&i: ~ **does it** धीरे-धीरे सब ठीक हो जाएगा;
as ~ as a rock चट्टान-सा अडिग; **gave a ~-as-she-goes performance** सावधानीपूर्वक भूमिका निभाई; **go ~ with sb** *colloq.* किसी के साथ टिकाऊ रोमांसपूर्ण संबंध हो.; **go ~ with sth!** *colloq.* इसे कभी-कभार प्रयोग कीजिए!

steak /स्टेक/ *n.* 1 (*also* **beefsteak**) (तला या भुना हुआ) मांस आदि का टुकड़ा, टिक्का 2 किसी भी गोश्त का टुकड़ा: salmon **~s**; fillet ~; ~ burger 3 मछली का बड़ा मोटा टुकड़ा;
dw/lw: **~-house** *n.* टिक्कों की दुकान
collocations: ~ **au poivre** /स्टेक ओ प्वौवरअ/ विशेष सॉस के साथ परोसे जाने वाले टिक्के; ~ **and kidney pie**/ ~ **and kidney pudding** गुर्दे के टुकड़ों से भरी एक प्रकार की ब्रितानवी कचौड़ी; ~ **diane** /स्टेक डायैन/ गाढ़ी सॉस के साथ परोसा जाने वाला टिक्का; ~ **knife** खाने की मेज पर रखी जाने वाली कबाब काटने के लिए छुरी; ~ **tartare** /टाःटाः(र)/ प्याज के साथ लपेटे हुए कच्चे गोश्त का व्यंजन

steal /स्टील/ *v., pt.* **stole**, *pt. p.* **stolen**, *pp* **~ing** 1 चुराना,

चोरी क. 2 मार लेना 3 चुपके से आना-जाना: **stole** down to the study 4 चालाकी से लेना: ~ a kiss 5 (***syn.*** plagiarise) दूसरे व्यक्ति के विचार, लेख आदि चुराना;

dw/lw: **~ing** *n.* चोरी, चौर्य;

p&i: **~ a bye** क्रिकेट खेल में बिना बल्ले से लगी गेंद पर रन लेना; **~ a glance at sb** चुपके-से देखना, कानी आंख से देखना; **~ along** चुपके से आना; **~ a march on the enemy** दुश्मन से आगे निकल जाना; **~ a ride** बिना टिकट यात्रा क.; **~ away/ out, etc.** चुपचाप चले जा.; **~ a way into/ to sb's heart** आहिस्ता-आहिस्ता किसी के दिल में स्थान बना ले.; **~ by** चुपके से पास से गुजर जा.; **~ in** चुपके से अंदर आ जा.; **~ over sb** 1 पर छा जाना 2 पर काबू पा ले.: the tiredness soon stole over them; **~ sb's heart** किसी का दिल चुराना; **~ sb's thunder** दूसरे के विचारों को अपने विचारों के रूप में प्रस्तुत करके उसके श्रेय को छीनना; **~ the show** सबसे अधिक प्रशंसा, प्रख्याति, प्रचार आदि पाना; **~ up** चुपके से पास आना

Stealth /स्टेल्थ/ *n., US* सैनिक तकनीक की एक शाखा जिसके तहत ऐसे मिसाइल या अन्य प्रक्षेपास्त्र विकसित किए जाते हैं जिनका पता (detect) रडार व अन्य यंत्र नहीं लगा सकते

stealth /स्टेल्थ/ *n.* 1 चाल का धीमापन व नजरचोरी 2 छिपाव, चोरी: by ~ (चोरी-चोरी) 3 गोपनीयता;

dw/lw: **~y** /स्टेल्थि/ *adj., degr.* ~ier, ~iest 1 गुप्त 2 नजरचोर; **~ily** /स्टेल्थिलि/ (*also* **by ~**) *adv.* छिपे-छिपे, चोरी-चोरी, चुपके-चुपके, चुपचाप; **~iness** *n.* प्रच्छन्नता, छिपाव, गुप्त चरित्र;

collocations: **~ tax** 1 परोक्ष कर 2 छिपा हुआ कर यानी जो सामान्य करदाता को नजर न आता हो

steam /स्टीम/ *n.* 1 (***syn.*** condensation) भाप, वाष्प: dry/ live/ wet ~ 2 ऊर्जा, जोश, उमंग, उत्साह, तेजी, रफ्तार: no ~ to climb further; run out of ~ (दम-खम निकल जा.);

adj. 1 वाष्पीय: a ~ generator/ bath; ~ inhalation (वाष्प श्वसन) 2 वाष्प-चालित 3 वाष्प प्रयोग करने वाला (उपकरण): ~ iron

v., *pt.* **~ed**, *pp* **~ing** 1 भाप से खाना आदि पकाना 2 भाप छोड़ना, भाप का उठना या निकलना: his wet clothes began to ~ 3 भाप दे. 4 ऊर्जा या दम देना 5 वाष्प शक्ति से चलना: the train **~ed** into the station; the vessel **~ed** down the river;

dw/lw: **~bath** *n.* वाष्प स्नान; **~boat** *n.* स्टीमर, भाप-नौका, धूमपोत, धुआंकश; **~ed-up** *adj.* खिड़कियों आदि पर द्रवित वाष्प; **~-engine** *n.* वाष्प चालित इंजन; **~er** /स्टीमः/ *n.* 1 बर्तन जिसमें भाप से कुछ पकाया जा सके 2 वाष्प-पोत या नौका; **~hammer** *n.* वाष्प चालित हथौड़ा; **~-tight** *adj.* वाष्परोधक; **~ie** /स्टीमि/ *n., pl.* ~ies *Scots, formerly* पुराने जमाने में घनी आबादी वाले क्षेत्र में बनी सरकारी इमारत जहां लोग अपने कपड़े धो सकते थे; **~ing** *adj.* 1 इतना गर्म कि उसमें से भाप निकल रही हो 2 *colloq.* अति क्रुद्ध व दुखी 3 *colloq.*नशे में धुत्त; **~ing** *n. sl.* भीड़-भाड़ वाले इलाकों में या भूमिगत रेल में भीड़-भाड़ के समय (उदाहरणतः, लंदन में) की जाने वाली लूटपाट; **~roller** *n.* सड़कें बनानेवाला इंजन; **~roller** *v., pt.* ~rollered, *pp* ~rollering 1 सड़क बनाने वाले इंजन से सड़क समतल क. 2 पछाड़ दे. 3 बलात कोई बात मनवा लेना या चुप करा दे.: ~rollered the opposition; ~roller a bill through the legislature; **~ship** *n.* वाष्प चालित जहाज; **~y** /स्टीमि/ *adj., degr.* ~ier, ~iest 1 भाप के कारण धुंधला 2 भाप से भरा 3 भाप छोड़ने वाला 4 भाप जैसा 5 (***syn.*** erotic) कामोत्तेजक, अश्लील: **~y** sexual scenes in the film;

collocations: **~ boiler** जेनरेटर या इंजन को ऊर्जा की आपूर्ति हेतु पानी उबालकर भाप पैदा करने का बड़ा-सा देग; **~ iron** भाप प्रयोग करने वाली इस्तरी; **~jacket** *engin.* भाप को बचाने के लिए बर्तन पर लपेटा जाने वाला गद्दानुमा अस्तर; **~ organ** महाकाव्य का प्रेरणा स्रोत, काव्य देवी (muse); **~ shovel** वाष्प-चालित कुदाल; **~ turbine** *engin.* वाष्प-टर्बाइन; **~ whistle** *n., formerly* रेल के भाप-इंजन द्वारा बजाई जाने वाली सीटी;

p&i: **~ ahead** सर्वाधिक रफ्तार से आगे बढ़ना; **~ away** 1 आंखों से ओझल हो जा. 2 = **~ ahead**; **~ open** भाप देकर गोंद से चिपके लिफाफे आदि खोलना; **~ sth off** गोंद आदि से चिपके कागज को भाप देकर हटाना; **~ up** शीशे आदि का भाप के द्रवित कणों से ढक जाना; **~ (sth) up** इतना गर्म क. कि भाप बन जाये; **at full** ~ ahead पूरी रफ्तार से आगे बढ़ना; **blow off** ~ मन की भड़ास निकालना; **get up/ pick** ~ 1 रेल या जहाज के इंजन के बॉयलर का गर्म हो. 2 शक्ति वर्धन क. 3 रफ्तार पकड़ना 4 अधिक सक्रिय व बलवान बन जा.; **get/ be ~ed up/ all ~ed up** बहुत उत्तेजित या क्रुद्ध हो.; **get, etc. somewhere under one's own** ~ बिना किसी दूसरे की मदद के मंजिल तक पहुंचना; **get up** ~ 1 शक्ति बटोरना 2 घबरा जा., गुस्सा हो जा.; **let off** ~ गुस्सा या गुबार निकालना; **put on** ~ भाप दे., जल्दी-जल्दी चल पड़ना; **run out of** ~ दमखम या जोश खत्म हो जा.; **use a ~-hammer to crack nuts** तलवार से मक्खी मारना

stearic /स्टीऐरिक/ *adj.* चर्बीयुक्त

steatite /स्टीअटाइट/ *n.* (***syn.*** soapstone) सेलखड़ी

steatopygia /स्टीअटोपिजिआ/ *n.* जन्मजात (genetically) कारणों से कुछ लोगों के चूतड़ों व जांघों पर अत्यधिक चर्बी का जमाव

steatorrhoea/ steatorrhea /स्टीअटअरिआ/ *n., pathol.* पाखाने में अत्यधिक चर्बी की मौजूदगी जो शरीर में चर्बी के बाधाग्रस्त अवचूषण के कारण होता है

steed /स्टीड/ *n.* 1 सजीव, दिलेर घोड़ा, अश्व 2 युद्धाश्व, जंगी घोड़ा

steel /स्टील/ *n.* 1 इस्पात, फौलाद 2 रेती, तलवार 3 फौलादी चरित्र, कठोर, कट्टर स्वभाव: an enemy worthy of one's ~; a man of ~ (1 लौह-पुरुष 2 निर्मम व्यक्ति);

adj. 1 इस्पाती, फौलादी 2 इस्पात का: ~ construction; ~ rope/ tube; ~ tape;

v., *pt.* **~ed**, *pp* **~ing** (*Usually* **~ oneself**) 1 अपने को दृढ़, पक्का, कठोर या कड़ा बनाना: ~ one's heart 2 फौलाद चढ़ाना;

dw/lw: **~-clad/ ~-armoured** *adj.* फौलाद-कवचित, बख्तरबंद; **~-concrete** *n.* इस्पात, बजरी और सीमेंट से बनी स्लैब; **~grey** *adj.* इस्पाती धूसर; **~iness** *n.* 1 कठोरता, रुखाई, निर्ममता 2 मजबूती; **~pin** *n.* इस्पाती सूआ; **~-plated** *adj.* कवचित; **~-worker** (*also* **~ fixer**) *n.* इस्पात कारखाने में काम करने वाला मजदूर, कर्मी; **~works** *n. [sing./ pl.]* इस्पात निर्माणशाला, इस्पात कारखाना; **~y** /स्टीलि/ *adj., degr.* steelier, steeliest 1 इस्पाती, फौलादी 2 इस्पात जैसा 3 इस्पात के रंग का, चमकीला 4 पक्के इरादे वाला, इस्पात की तरह कठोर, रूखा, सख्त, निर्मम: ~y gaze; ~y glance; ~y heavens; **~-yard** *n.* एक तरह की तुला, विषमभुज तुला;

collocations: **~ blue** गहरा-भूरा नीला; **~ casting** इस्पात संचन; **~ engraving** इस्पाती प्लेटों के प्रयोग से किया जाने वाला उत्कीर्णन या नक्काशी; **~ grey/ ~ gray** नीली-भूरी (आंखें); **~ wool** सफाई करने के लिए प्रयुक्त होने वाले ऊन जैसे स्पंज में इस्पात के पतले धागे;

structural ~ (*also* **~work**) भवन-निर्माण में प्रयुक्त होने वाला इस्पात; **stainless** ~ जंग-रोधक इस्पात;

p&i: **cold as** ~ रूखा, शुष्क; **true as** ~ पूर्णतः विश्वसनीय या भरोसेमंद

steep /स्टीप/ *adj., degr.* **~er**, **~est** 1 सीधी खड़ी ढलानदार, तेज उतार-चढ़ाव वाली: ~ roof/ staircase; ~ climb; ~ dipping 2 (***syn.*** sharp) आकस्मिक व तेजी से होने वाला, ऊपर उठने या नीचे गिरने वाला: a ~ increase or fall in prices 3 अनुचित रूप से ऊंची या बड़ी, अत्यधिक, मनमाना: ~ demands 4 विश्वास न करने योग्य (कहानी या विवरण), बेतुकी: it seems a bit ~;

n. 1 चूषण, सोखने की क्रिया, निमज्जन 2 गीला करने वाला तरल 3 खंदक, खाई 4 *poetic* आकाश;

v., *pt.* **~ed**, *pp* **~ing** 1 चूसना, सोख लेना, पूरी तरह से भिगोना, सराबोर क.: ~ the vegetables for two hours in water 2

पूर्णतः लिप्त या डूबा हो.: **~ed** in crime/ in misery/ in prejudice; **~ed** in slumber; a castle **~ed** in history; be **~ed** in sth 3 धुएं, धुंध आदि में लिपटा या लथपथ हो. 4 किसी विषय की गहराई में जाकर अध्ययन क., में तल्लीन हो.: ~ oneself in a subject/ in a language; be **~ed** in classical Greek 5 किसी तरल से सराबोर या ओतप्रोत हो.: be **~ed** in tears; ~ one's hands in blood;

dw/lw: **~en** /स्टीपन/ *v., pt.* **~ed**, *pp* **~ing** 1 सीधा खड़ी ढलान का हो. 2 बहुत अधिक ढलवां होना या क. 3 दुरारोह बना दे. या बनना; **~er** /स्टीपः/ *n.* 1 सोखने वाला या भिगोने वाला पदार्थ, निमज्जक; **~ly** /स्टीपलि/ *adv.* बहुत तेजी से; **~ness** *n.* सीधी खड़ी ढलान;

p&i: **~ sth in sth** किसी तरल में सराबोर क.; **~ oneself in sth** अपने को किसी कार्य में तल्लीन क.; **be ~ed in sth** में डूबा हो.

steeple /स्टीपल/ *n.* 1 चर्च आदि की मीनार 2 भालानुमा लाट 3 भाला, बर्छा;

dw/lw: **~jack** /स्टीपलजैक/ *n.* मीनारें या ऊंची चिमनियां बनाने, उन पर चित्रकारी करने तथा उनकी मरम्मत करने वाला मिस्त्री

steeplechase /स्टीपलचेस/ *n.* 1 लंबी बाधा-घुड़दौड़ 2 लंबी बाधा-दौड़, टड्डीबाजी;

dw/lw: **~chaser** *n.* लंबी बाधा-धावक

steer /स्टीअः/ *v., pt.* **~ed**, *pp* **~ing** 1 गाड़ी को दिशा दे., मार्ग दिखाना, ले चलना: ~ a car/ a ship; ~ one's way; ~ the course for the railway station 2 बात या स्थिति को नियंत्रित करते हुए नया मोड़ दे.: **~ed** the conversation round to the subject of money; ~ a country to peace and prosperity; ~ a middle course 3 चलाना, परिचालन क.: ~ a steady course; ~ sb into/ out of/ towards, etc. 4 चलना. गाड़ी का ठीक से चलना-मुड़ना: this car **~s** badly;

n. 1 बछड़ा, बछवा 2 जवान बधिया बैल;

dw/lw: **~able** *adj.* 1 चलाने योग्य, चलने में ठीक-ठाक 2 परिचालनीय; **~age** /स्टिअरिज/ *n.* 1 चालन चक्के या स्टीयरिंग व्हील से गाड़ी को नियंत्रित करने की क्रिया, परिचालन 2 स्टीयरिंग व्हील की संरचना 3 नियंत्रण, संचालन 4 ठहरने के लिए सबसे सस्ता स्थान: ~age passenger (सस्ते किराये का जहाज-यात्री) 5 कर्ण प्रभाव; **~er** /स्टिअरः/ *n.* चालक, परिचालक, कर्णधार; **~ing** /स्टीअरिंग/ *n.* 1 कार आदि का दिशा-नियंत्रण उपकरण 3 चालन, परिचालन 2 संचालन; **~-committee** *n.* संचालन समिति; **~-gear** *n.* संचालन-गिअर; **~sman** /स्टिअःज़्मन/ परिचालक, कर्णधार, सुक्कानी; **~-way** *n.* जहाज की सबसे धीमी चाल यानी जब जहाज स्टीयरिंग को सुन सकता हो, कर्ण चाल; **~-wheel** *n.* चालन-चक्का, स्टीयरिंग व्हील;

collocations: **~ing column** चालन-चक्का से स्टीयरिंग गियर तक का भाग;

p&i: **~ clear of sb/ sth** *colloq.* किसी से या किसी पचड़े से बच कर रहना

steeve /स्टीव/ *n.* ***v.*** *pt.* **~d**, *pp* **steeving** झुकाना और दबाना; ***n.*** झुकाव का कोण

stegosaurus /स्टेगअसॉःरेस/ *n.* एक शाक-भक्षी डायनासौर

stein /स्टाइन/ *Ger.* श्टाइन/ *n.* मदिरा पीने का बड़ा-सा मग

stele /स्टीलि/ स्टील/ *n.* 1 *pl.* **stelae** /स्टीली/ प्राचीन शिलालेख-स्तंभ 2 प्रस्तर-पट्ट 3 रंभ;

dw/lw: **stelar** *n. in ancient Gr.* खड़ा पत्थर

stellar /स्टेलः/ *adj.* 1 तारे या तारों से संबद्ध: ~ light; ~ dynamics (तारकीय गतिकी); ~ guidance 2 तारानुमा 3 शानदार, श्रेष्ठ: ~ role, a ~ performance 4 US किसी प्रसिद्ध व्यक्ति या वस्तु से संबंधित

stellate /स्टेलेट/ *adj.* 1 ताराकार 2 तारानुमा;

dw/lw: **~d/ stelliferous/ stelliform** /स्टेलेटिड/ स्टेलिफरस/ स्टेलिफॉःम/ *adj.* ताराकार, ताराकृतिक, तारानुमा

stellular/ stellulate /स्टेल्युलः/ स्टेल्युलेट/ *adj.* 1 ताराकार, ताराकृतिक 2 छोटे-छोटे तारों से छिटका हुआ

St Elmo's fire /सेंट एल्मोज फायः/ आसमान में निकलीं नुकीली (भलानुमा) छड़ों के इर्दगिर्द पैदा होने वाला प्रकाश जो तूफान के दौरान वातावरणीय विद्युत से बनता है

stem /स्टेम/ *n.* 1 स्तंभ, स्कंधः the ~ of a thermometer 2 तना, वृंत, डंठल, डंडी 3 नली: the ~ of a feather 4 खूंटी 5 *ling.* (*also* **root**) शब्द का धातु रूप, प्रातिपदिक 6 मंदान, गलही 7 *genealogy* वंश-वृक्ष की मुख्य शाखा 8 शाखा से पत्ते, फूल या फल तक का डंठल: the ~ of a leaf/ of an apple/ of a plum 8 अक्षर या स्वर-चिह्न का सीधा खड़ा भाग 9 हत्था: the ~ of a cup/ of a goblet/ of a wine-glass; the ~ of a knife/ of a fork 10 *naut.* जहाज का अगला भाग;

v., pt. **~med**, *pp* **~ming** 1 रोकना: ~ the flow of blood 2 बांध बनाना: ~ the breach 3 डटकर सामना क., झेलना: ~ the onslaught; ~ the tide of public opinion; ~ difficulties 4 जहाज द्वारा हवा के रुख के विरुद्ध आगे बढ़ना 5 फल से डंठल निकालना: ~ cherries 6 (**~ from sth/ sb**) से उत्पन्न हो., से निकलना: epidemics **~ming** from war 7 सिर के बल पानी या हवा में उतरना;

dw/lw: **~less** *adj.* तनारहित; **~ma** /स्टेमा/ *n., pl.* stemmata 1 वंशावली 2 सरल आंख; **~ming** /स्टेमिंग/ *n.* 1 सफाई 2 रोक: ~ming of a flow of blood; **~ware** *n.* लंबे हत्था वाले गिलास या मदिरा के प्याले;

collocations: **~ borer** छड़ छेदक; **~ cell** कोई भी प्राथमिक कोशिका जो आगे निश्चित कार्यवाहक कोशिकाओं को जन्म देती है; **~ ginger** चीनी में लगाकर रखा जाने वाला एक तेज मसाला;

p&i: **~ from sth** किसी चीज से पैदा हो.; **~ the tide** किसी खराब बात को फैलने से रोकना; **from ~ to stern** (जहाज के) अगले भाग से लेकर पिछले तक, शुरू से आखिर तक, पूर्णतः

stench /स्टेंच/ *n., pl.* **~es** दुर्गंध, सड़ांध, बदबू, चिरायंध, बिसायंध, तिलौंछ, कपड़गंध, धुआंयंध;

collocations: **~ trap** गंदे नाले में लगाया जाने वाला एक उपकरण जो दुर्गंध को ऊपर उठकर फैलने से रोकता है

stencil /स्टेंसिल/ *n.* कार्ड या प्लेट जिसमें आकृतियां या अक्षर कटे रहते हैं और उन्हें कागज या दीवार आदि पर रखकर स्याही या रंग लगाने से आकृतियां या अक्षर उभर आते हैं;

v., pt. *UK* **~led**/ *US* **~ed**, *pp UK* **~ling**/ *US* **~ling** स्टेंसिल से छापना, लिखना या आकृति बनाना;

dw/lw: **~ling**/ *US* **~ing** *n.* स्टेंसिल से लिखाई या आकृति-सज्जा

Sten gun स्टेन गन, एक प्रकार की हल्की मशीनगन, स्वचालित बंदूक

steno /स्टेनो/ *n.* आशु लिपिक;

dw/lw: **~graph** /स्टेनअग्राफ/ ***n.*** 1 आशुलेख 2 आशुलेखी टाइप-राइटर; **~grapher** /स्टिनौग्रअफः/ *n.* आशु लिपिक, स्टेनोग्राफर; **~graphy** /स्टिनौग्रफि/ *n.* आशुलिपि, स्टेनोग्राफी; **~-typist** /स्टेनौटाइपिस्ट/ *n.* आशु टंकक

stenosis /स्टिनोसिस/ *n., pathol.* शरीर में किसी नस या वाहिका की सिकुड़न

stent /स्टेंट/ *n.* 1 *Scot.* मूल्यांकन, कर 2 *med.* शरीर में रक्त-रोध आदि से बचने के लिए लगाई जाने वाली एक कृत्रिम वाहिका या नली

stentorian /स्टेंटॉरिअन/ *adj., lit.* बहुत ऊंचा और दमदार (स्वर), महाघोष, बुलंद, दमदार, भारी

step /स्टेप/ *n.* 1 कदम, डग, पग: one ~ forward, two **~s** back (Lenin); back/ side ~; a big/ important/ major ~; the first/ next ~; hesitant/ cautious/ short ~ 2 एक कदम चलने पर तय की जाने वाली दूरी 3 (***syn.*** measures) पहल, कदम, उपाय, कार्रवाई, कार्यवाही: take **~s**; a ~ towards sth; **~s** to improve the customer service; a ~ in the right direction; take ~s to do sth; make a false ~ (गलत कदम उठाना); decisive/ fatal/ ill-advised/ rash/ important ~ 4 (*often* ~s *or* **pair of ~s**) पायदान, पावदान, सीढ़ी का कदम या पैड़, सोपान, डंडेदार सीढ़ी का कोई एक डंडा: a flight of ~s; stone/ marble/ top/ bottom ~; cut ~s in ice 5 एक कदम का चलन 6 पगध्वनि, पद चाप 7 पैरों के निशान, पदचिह्न, पैड़ (*Hr.*): follow in sb's ~s (किसी के पदचिह्नों पर चलना) 8 थोड़ी दूरी: it's only a ~ to my house; it's a long ~ to the river (नदी यहां से काफी दूर है); it is a good ~ to the station (स्टेशन यहां से थोड़ी-सी दूर है) 9 श्रेणी, दर्जा, (***syn.*** stage) चरण: at every ~; moved up a ~ on the pay-scale; get one's ~ (अगली तरक्की पाना) 10 सीढ़ियों के बीच चबूतरा, चौंतरा 11 चाल, चाल-ढाल, चलने की शैली: always has a bouncy ~; light/ heavy ~; walk with a gymnastic ~ 12 संगीत के दो स्वरों के बीच अंतराल;

***v.**, pt.* **~ped**, *pp* **~ping** 1 चलना, डग भरना: ~ between the wall and the arm-chair 2 कदम रखना, पांव या पैर रखना: ~ high; ~ lightly/ heavily, gracefully; ~ on/ in sth; ~ into a car 3 पैदल जाना, आना: ~ back/ forward/ over, etc.; ~ right this way! (इधर आइए!) 4 पैर रखकर दबाना, किसी के पैर पर या किसी चीज पर पैर रख दे.: ~ on sb's foot; ~ on a rusty nail (जंग लगी कील पर पांव रख दे.); ~ on the starter/ accelerator; ~ on the gas 5 थोड़ी दूरी पार क.: ~ across a road/ across a street 6 हल्के पांव तेजी से चलना 7 कदमों से जमीन नापना: ~ a distance 8 खड़ा क., क्रमानुसार रखना 9 के ऊपर से लांघना, फांदना: ~ over an obstacle/ over a stream/ over a puddle/ over the threshold 10 कुछ पाने में सफल हो.: ~ into a good job/ good fortune 11 पाल की बल्ली खड़ी क. 12 नाचना: **~ped** the *bhangra* with gusto;

dw/lw: **~-back** *n.* पीछे की ओर कदम; **~brother** *n.* सौतेला भाई, वैमात्रेय, वैमात्र या विमातृज भ्राता, वैपित्र या विपितृज भ्राता; **~-by-~** *adv.* आहिस्ता-आहिस्ता, कदम-दर-कदम; **~-by-~** *adj.* कदम-दर-कदम की जाने वाली कार्रवाई: a ~-by-~ method/ plan, etc.; **~child** *n., pl.* **~children** सौतेला बच्चा; **~daughter** *n.* 1 सौतेली बेटी 2 कठ बेटी, तरैली, वैपित्र दुहिता; **~father** *n.* सौतेला बाप, कठबाप; **~ford** *adj.* डंडा मारकर चलाए जाने वाले गधे की तरह काम करने वाला व्यक्ति, जिसका अपना कोई विचार न हो; **~ladder** *n.* फोल्डिंग सीढ़ी, छोटी सीढ़ी; **~mother** *n.* सौतेली मां, मतेई, विमाता; **~motherly** *adj.* सौतेली मां का-सा, सौतेला, वैमात्रेय, निष्ठुर; **~-parents** *n., pl.* सौतेले माता-पिता; **~per** *n.* 1 अच्छा पैदल चलने वाला 2 अच्छी चाल का घोड़ा; **~ping-stone** /स्टेपिंगस्टोन/ *n.* 1 प्रगति में सहायक वस्तु या साधन 2 वह पत्थर जिस पर पैर रख कर नाला या झरना लांघ सकते हैं, पैर रखने का पत्थर 3 सोपान, साधन; **~sister** *n.* सौतेली बहन, वैमात्रेयी, वैमात्र या विमातृजा भगिनी, कठ बहन; **~son** *n.* 1 सौतेला बेटा 2 कठ बेटा, कठ पुत्र, तरैला; **~-up** *n.* बिजली की वोल्टेज (voltage) बढ़ाने वाला ट्रांस्फॉर्मर; **~-wise** *adv.* 1 कदम-दर-कदम, धीरे-धीरे, अलग-अलग चरणों में 2 सीढ़ीनुमा;

collocations: **~ change** बड़ा परिवर्तन; **~-down transformer** वोल्टेज कम करने वाला ट्रांस्फॉरमर; **~-ford wife** सामाजिक रीति-रिवाजों और पति के मतानुसार जीवन जीने वाली सामान्य गृहणी जैसे अंतोन चेखव की कहानी "*Darling*" (in Russian: "**Ду́шечка**" /दूशिछका/) में चित्रित किया गया है; **~ rocket** बहु-चरण रॉकेट; **good ~/ sure ~** आत्म-विश्वासपूर्ण कदम;

p&i: **~ along** *US* तेजी से चलना; **~ aside** एक तरफ हट जाना; **~ back** 1 पीछे हटना 2 रास्ता दे.; **~ by ~** धीरे-धीरे, क्रमशः, कदम-दर-कदम, सीढ़ी-दर-सीढ़ी; **~ down** 1 पद त्यागना, इस्तीफा दे. 2 दर या तीव्रता कम क.; **~ for ~** कदम से कदम मिलाकर; **~ forth/ ~ forward** आगे बढ़ना; **~ in** 1 अंदर आना या जाना 2 हस्तक्षेप क., दखल दे. 3 मुसीबत में मदद क.; **~ into sb's shoes** किसी द्वारा शुरू किए काम को आगे बढ़ाना; **~ into sth** में शामिल हो.; **~ into the breach** किसी के आकस्मिक रूप से अनुपस्थित हो जाने के कारण उसका स्थान ले लेना; **~ lively!** जल्दी करो जल्दी!; **~ off** टूट पड़ना, प्रहार क.; **~ on sb** *colloq.* किसी के साथ अपमानजनक व्यवहार क.; **~ on sth** किसी चीज पर आगे बढ़कर पांव रखना; **~ on sb's toes** किसी को ठेस पहुंचाना; **~ on the wrong foot** प्रारंभ में ही गलती कर दे.; **~ on it!** और तेज चलाओ!; **~ out** 1 लंबे-लंबे डग भरते हुए तेजी से चलना 2 किसी भोज-मिलन में जा.; **~ out of line** दुर्व्यवहार क., नियमों का उल्लंघन क.; **~ over** दौड़ की लाइन से बाहर हो जा.; **~ up** किसी कार्य की दर या तीव्रता बढ़ाना; **~ sth up** बढ़ाना; **~ with sb/ in ~ with sb** किसी के साथ कदम से कदम मिलाकर (चलना);

a great ~ forward उन्नति की राह पर काफी बड़ा कदम; **at every ~** कदम-कदम पर; **bend one's ~s** की ओर मुड़ना या कदम मोड़ना; **be one ~ ahead of others** दूसरों से एक चंदा बढ़कर हो.; **be one ~ ahead of sheriff** कर्ज के जाल में फंसना; **be out of ~** कदम टूटना, बेमेल हो.; **break ~** 1 कदम छोड़ना 2 कदम ताल या कदम से कदम मिलाकर न चलना; **dog sb's ~s** किसी का बुरी तरह पीछा क.; **fall into ~** कदम से कदम मिलाकर चलना; **fall out of ~** कदम टूटना; **follow sb's ~s** किसी के पद-चिह्नों पर चलना; **go one's ~s** पदोन्नति पाना; **in ~** 1 दूसरों के साथ कदम मिलाकर या संगीत के सुरताल में चलना 2 मिल कर चलना; **it is the first ~ that costs** पहला कदम ही सबसे कठिन होता है; **keep ~** कदम-ताल में र., मिलकर चलना; **keep in ~ with sb/ sth** के कदम से कदम मिलाकर चलना, सुसंगत, मेल में, सुर-ताल में रहना; **keep one ~ ahead of sb** किसी से थोड़ा आगे र.; **make a false ~** गलत कदम उठाना; **mind your ~!** ध्यान से चलो! 2 समझदारी से काम लो!; **one ~ at a time** एक बार में एक कदम (लेना), क्योंकि हड़बड़ाहट में काम गड़बड़ा जाता है; **one ~ forward, two ~s back** एक कदम आगे बढ़कर दो कदम पीछे हटना यानी स्थिति को पहले से भी खराब कर दे.; **~ on it** *colloq.* जल्दी क.. गाड़ी आदि तेज चलाना (पांव से एक्सेलरेटर दबाना); **out of ~** 1 दूसरों के साथ कदम न मिलाकर या संगीत के सुरताल में न चलना 2 समरसता या मेलजोल में न रहना 3 बेमेल या अलग र.; **out of ~ with sb/ sth** से कदम न मिलना, असंगत, बेमेल: be out of ~ with the establishment; **put sb out of ~** किसी को कदम-ताल से बाहर कर देना; **retrace one's ~s** अपना फैसला वापस लेना या कदम पीछे खींचना; **take ~ to** कुछ करने के लिए कदम उठाना; **take the first ~** पहली कोशिश क.; **there is but one ~ from sublime to the ridiculous** स्थिति बदलने में देर नहीं लगती, तख्त (राजगद्दी) और तख्ता (फांसी का) में थोड़ा-सा अंतर है; watch **one's ~s** 1 सावधानी या ध्यान से चलना 2 सोच-समझकर कहना या क.

steppeny /स्टेपनि/ *n.* कार, स्कूटर आदि का अतिरिक्त पहिया

stephanotis /स्टेफअनोटिस/ *n.* मडगास्कार का एक सुगंधित फूलों वाला सदाबहार पौधा

steppe /स्टेप/ *n.* घास का पेड़रहित समतल खेत या मैदान

stepping-stone *see above under* **step: *dw/lw***

-ster *suffix, forming nouns, denoting:* **age-group, profession etc.** (आयु, व्यवसाय आदि): young**ster**

steradian /स्टअरेडिअन/ (*abbr.* **sr**) *n., geom.* त्रिविम या त्रि-आयामी कोण मापने की इकाई

sterco\raceous/ ~ral /स्टःकअरेशिअस/ स्टःकअरल/ *adj.* विष्ठा, पुरीषीय, विष्ठामय

stere /स्टिअः/ *n.* लकड़ी मापने की एक इकाई जो एक क्यूबिक मीटर (35.315 फुट) के बराबर होती है

stereo /स्टेरिओ/ *n., pl.* **~s** 1 त्रिविम-ध्वनि, त्रिविमेक्ष, स्टीरियो 2 हाइ-फाइ कैसेट या रिकॉर्ड-प्लेयर (hi-fi system) जो त्रिविम-ध्वनि

का पुट (effect) उत्पन्न करता है

stereo- /स्टेरिओ/ *comb. form, forming words, indicating:* a solid three-dimensional quality (एक ठोस त्रिविम विशेषता);

dw/lw: **~chemistry** *n.* विन्यास रसायन-विज्ञान; **~graphic/ ~phonic/ ~scopic** *adj.* त्रिविम-चित्रित/ त्रिविम-ध्वनित/ त्रिविम-दर्शी/; **~gram** /स्टेरिओग्रैम/ *n.* 1 विशेष तकनीक से देखा जाने वाला त्रिविम चित्र 2 = **stereograph** 3 उन्नीससौ साठ और सत्तर के दशकों में रिकॉर्ड प्लेयर, रेडियो, स्पीकर आदि रखने का कैबिनेट; **~graph** /स्टेरिओग्राःफ/ *n.* = **stereogram**; **~graphy** /स्टेरिऔग्रअफि/ *n.* त्रिविम चित्रण; **~isomer** /स्टेरिओआइसअमअर/ *n., chem.* स्टेरिओआइसोमेर; **~meter** /स्टेरिऔमिटर/ *n.* विशेष गुरुत्व (specific gravity) मापने का उपकरण; **~phonic** /स्टेरिओफौनिक/ *adj.* ध्वनि को गहराई और बारीकियों में पैदा करने वाले अलग-अलग स्पीकरों वाले उपकरण से संबंधित; **~phony** *n.* /स्टेरिऔफअनि/ *n.* ध्वनि को गहराई और बारीकियों के साथ पैदा करने वाला अलग-अलग स्पीकरों वाला उपकरण या प्रणाली; **~scope** /स्टेरिओस्कोप/ *n.* एक विशेष उपकरण जो दोनों आंखों को एक ही वस्तु के अलग-अलग बिंब दिखाता है जिसकी बदौलत त्रिविम चित्र का आभास पैदा हो जाता है

stereotype /स्टेरिओटाइप/ *n.* 1 रूढ़ धारणा, रूढ़िबद्ध धारणा: a racial ~ 2 रूढ़ धारणा-आधारित चरित्र: challenge/ fit a ~ 3 घिसा-पिटा बिंब: a negative ~ 4 मुद्रण-फलक (metal plate): a ~ of sth

***v.**, pt.* **~d**, *pp* **stereotyping** 1 एक ही अति-प्रचलित विचार पर आधारित हो. 2 घिसा-पिटा रूप हो. या बनाना 3 रूढ़िबद्ध बनाना 4 अपरिवर्तनीय रूप दे., एक ही सांचे में ढालते रहना 5 मुद्रण-फलक बनाना 6 मुद्रण-फलक से छापना;

dw/lw: **~d** /स्टेरिओटाइपड/ *adj.* 1 रूढ़िबद्ध, घिसा-पिटा 2 एक ही प्रकार के सांचे में ढला हुआ 3 रूढ़ि-आधारित 4 औपचारिक

stereotypic/ ~al /स्टोरिओटिपिक/ ~ल/ *adj.* 1 रूढ़िबद्ध 2 घिसा-पिटा, सड़क-छाप;

stereotypy /स्टीरिओटाइपि/ *n.* 1 मुद्रण-फलक बनाने की क्रिया 2 *pathol.* एक ही प्रकार के निरर्थक और घिसे-पिटे शब्दों, क्रियाओं या चलन-फिरन का दोहराव जो एक मानसिक विकार का द्योतक है

steric /स्टेरिक/ (*also* **~al)** *adj.* 1 अणुओं (molecules) में परमाणुओं (atoms) की विशेष क्रमबद्धता से संबंधित 2 त्रिविमी

steri\le /स्टेराइल/ *US* स्टेरल/ *adj.* 1 जीवाणुहीन, रोगाणुहीन, निर्जीवाणुक 2 बांझ, बंध्या, अप्रजायी 3 निष्फल, व्यर्थ: **~le** work 4 (***syn.*** infertile) बंजर, ऊसर, अनुर्वर, अनुपजाऊ 5 (***syn.*** fruitless) फलहीन, अफल, अफलित 6 उबाऊ, निष्प्राण, नीरस: **~le** lecture; **~le** style; a **~le** verse;

dw/lw: **~lely** /स्टेराइललि/ *US* स्टेरअललि/ *adv.* व्यर्थ तरीके से, नीरसतापूर्वक; **~lity** /स्टअरिलिटि/ *n.* 1 बांझपन, बंध्यता, अप्रजायिता: ~lity of intellect 2 फलहीनता, निष्फलता 3 व्यर्थता 4 जीवाणुहीनता, निर्जीवाणुता 5 अनुर्वरता, अनुपजाऊपन 6 निष्प्राणता, नीरसता; **~lized** /स्टेरिलाइज्ड/ *adj.* वन्ध्यीकृत, निष्कीटित, विसंक्रमित; **~lizer** /स्टेरअलाइजः/ *n.* निष्कीटक, विसंक्रामक यंत्र; **~lize** (*also UK* **-ise**) /स्टेरिलाइज/ *v., pt.* ~lized, *pp* ~lizing 1 जीवाणुहीन बनाना 2 बंध्याकरण क., बांझ या बंध्या बनाना; **~lization** /स्टेरअलाइजेशन/ *n.* 1 बंध्याकरण 2 अनुर्वरीकरण 3 व्यर्थीकरण 4 जीवाणुनाशन, निष्कीटन, विसंक्रमण

sterling /स्टःलिंग/ *n.* 1 ब्रितानिया की मुद्रा: a pound ~ 2 मानक शुद्धता स्तर (कम से कम 92.5%) की चांदी: ~ silver; a set of ~; ~ prices;

adj. 1 खरा, सच्चा, असली: a man of ~ character; ~ principles 2 पक्का, विश्वस्त 3 उत्तम, उत्कृष्ट: a novel of ~ merit; gave a ~ performance

stern /स्टःन/ *adj., degr.* **~er**; **~est** *or* **~most** 1 (***syn.*** strict) कठोर, सख्त, कड़ा: ~ father/ judge/ tutor 2 निर्दय, निष्ठुर, निर्मम: ~ punishment/ treatment; ~ battle/ debate 3 गैर-मिलनसार, रूखा, अप्रिय 4 विषादपूर्ण, मनहूस, धुंधला: ~ coast/ look/ face 5 पक्का: ~ follower;

n. 1 जहाज का पिछला भाग, दुंबाल, दबूसा, पिच्छल 2 पुट्ठा 3 कुत्ते की पूंछ 4 पिछला भाग;

***v.**, pt.* **~ed**, *pp* **~ing** जहाज आदि के पिछले भाग को आगे करके चलाना: ~ back (पीछे करना, दुंबाल के बल चलाना);

dw/lw: **~foremost** *adv., naut.* पीछे की ओर; **~ly** /स्टःनलि/ *adv.* कठोरतापूर्वक, सख्ती से; **~most** *adj., naut.* सब से पिछला, पश्चतम; **~port** *n., naut.* जहाज के पिछले भाग में एक छेद या मोरी, पिच्छल छिद्र या द्वार; **~post** *n., naut.* जहाज के पिछले भाग में रडर की बल्ली, कुदास; **~ward** *adv.* पीछे की ओर

collocations: **~ sheets** *naut.* नाव में खिवैया के पीछे का क्षेत्र;

p&i: **be made of ~er stuff** मजबूत-दिल हो., किसी समस्या से निपटने के लिए दृढ़निश्चय हो.

sternum /स्टःनम/ (*also* **breastbone**) *n., pl.* **~s/ sterna** उरोस्थि

sternu\tation /स्टःन्युटेशन/ *n.* छींक, छींक मारने की क्रिया;

dw/lw: **~tative/ ~tatory** /स्टःन्युटेटिव/ स्टःन्युटेटरि/ *adj.* छींक लाने वाला (पदार्थ), छिक्काकारी; **~tator** / स्टःन्युटेटः/ *n.* छींक लाने वाला पदार्थ, विशेषकर गैस

steroid /स्टेरॉइड/*US* स्टिरॉइड/ *n., biochem.* 1 स्टेरॉयड, एक विशेष रासायनिक पदार्थ जो कृत्रिम ढंग से शारीरिक फेर-बदल लाता है 2 सांद्राभ

sterol /स्टिअरौल, स्टेरौल / *US* स्टिअराःल, स्टेराःल / *n., biochem.* सांद्रव, एक प्रकार की ठोस स्टेरॉयड अल्कोहल

sterraster /स्टअरस्टः/ *n.* धन-तारका

stertorous /स्टःटअरस/ *adj., formal* खर्राटे मारने वाला, खर्राटेदार;

stet /स्टेट/ *v., pt.* **~ed**, *pp* **~ing** अशुद्धिशोधन में काटे हुए शब्द को पुराने रूप में रखने का निर्देश दे., बना रहने दे., पूर्ववत् रखना

stethoscope /स्टेथअस्कोप/ *n., med.* स्टेथोस्कोप, एक उपकरण जिससे डॉक्टर दिल, फेफड़ों आदि अंगों की धड़कन सुन सकते हैं, परिश्रावक;

dw/lw: **~scopic** *adj.* परिश्रवण संबंधी; **~scopy** *n.* परिश्रवण

stetson /स्टेट्सन/ *n.* पुरुषों का चौड़े किनारे का टोप

stevedore /स्टीवअडोः/ *n.* 1 जहाज पर माल चढ़ाने या उतारने वाला मजदूर 2 जहाजी कुली या मोटिया;

***v.**, pt.* **~d**, *pp* **stevedoring** 1 जहाज पर माल लादना 2 जहाज से माल उतारना

stew /स्ट्यू/ स्टू/ *n.* 1 गोश्त और सब्जियां मिलाकर बनाया जाने वाला एक प्रकार का व्यंजन 2 चिंतापूर्ण अवस्था: be in a fine ~ (कांटों पर बैठने जैसी हालत में हो.); get into a fine ~ 3 तालाब, पोखर;

***v.**, pt.* **~ed**, *pp* **~ing** 1 सिझाना, दमपुख्त क., धीमी आग पर पकाना 2 चाय को जरूरत से ज्यादा देर उबालकर कड़वा बना दे. 3 सिझित हो. 4 भीड़भाड़ वाले स्थान पर गर्मी और उमस से परेशान होना;

dw/lw: **~ed** /स्ट्यूड/ *adj.* सीझा हुआ, दमपुख्त किया हुआ: ~ed fruit; **~pan** *n.* (ढक्कनदार) कड़ाही;

p&i: **~ in one's own juice/ in one's own grease** *colloq.* जो दूसरों के लिए खाई खोदता है, खुद उसमें गिरता है; **~ over one's books** किताबें पढ़ते-पढ़ते पसीना बहाना;

be in a ~ पसीने से लथपथ, कठिनाई में हो.; **he was ~ed up with anxiety** चिंता के मारे उसका बुरा हाल था

steward /स्ट्युअःड/ *n.* 1 जहाज या विमान आदि पर परिचारक 2 (खाद्य) प्रबंधक, कारिंदा, भंडारी 3 खिदमतगार 4 कर्मचारी;

dw/lw: **~ess** /स्टुअःडेस/ *n.* परिचारिका; **~ship** *n.* परिचारक का पद व कार्य

stg *abbr.* 'sterling' का छोटा रूप

sth *abbr.*, 'something' का छोटा रूप

sthenic /स्थेनिक/ *adj., pathol.* मांस पेशियों में अतिशय बल व

ऊर्जा के विकार से ग्रस्त

stibine /स्टिबाइन/ *n.* पानी में थोड़ी-सी घुलनशील व बेरंग जहरीली गैस

stibnite /स्टिब्नाइट/ *n.* सुर्मे (antimony) का मुख्य खनिज

stich /स्टिक/ *n.* कविता में चरण, पंक्ति, पद (in Russian: **стих** /स्त्चीख/);

dw/lw: **~ic** /स्टिकिक/ *adj.* पद्य; **~osome** /स्टिकॉसॉम/ *adj.* पंक्तिकाय

stichomythia /स्टिकोमिथिआ/ *n., rhetoric* मूलतः यूनानी पारंपरिक नाटक में एक विशेषता जो अति शत्रुतापूर्ण द्रुतगामी बहस या तर्क-वितर्क में झलकती थी

stick /स्टिक/ *v., pt.* **stuck**, *pt. p.* **stuck**, *pp* **~ing** 1 चिपकाना, सटाना, जोड़ना, कसना, चिपकना, चिपक जाना, टिका र.: ~ a label on one's luggage/ a notice on a wall/ a stamp on a letter; ~ bills (इश्तिहार लगाना); an episode still **~s** in my mind; the nickname the neighbours **stuck** on him (पड़ोसियों द्वारा उसे दिया हुआ चिढ़ाने वाला नाम); the vegetables have **stuck** to the pan 2 लगाना, लगा दे., लगा रहना: ~ it up with drawing-pins 3 चुभोना, चुभना, चुभ जाना, भोंकना, गड़ाना, गाड़ना, घोंपना: ~ a spade into the earth; ~ a needle into one's finger; ~ spurs (एड़ लगाना); ~ a nail into the wall 4 छेदना, छेदित क., बींधना, बेधना, भेदन क.: the arrow **stuck** in the target; ~ sb with a bayonet 5 मारना 6 धंसाना, धंसना, घुसेड़ना, घुसाना, घुसना: the car got **stuck** in the mud/ snow; ~ a hatchet/ a revolver in one's belt; ~ one's hand in one's pockets 7 रख दे., रख लेना: just ~ it on the table; ~ sth in/ on/ under, etc. 8 बाहर निकालना: ~ one's head/ one's hand out of the window 9 अटकाना, रोकना, अटकना, फंसना, रुक जाना: the key **stuck** in the lock; we had been **stuck** there for a week by bad weather; the words **stuck** in his throat; he's never **stuck** for sth to say 10 लकड़ी लगाना, टेक लगाना, लकड़ी से सहारा दे. 11 बरदाश्त क., सह लेना: could not ~ it any longer; he could not ~ his mother-in-law 12 आलोचना का बने र., किसी को या किसी चीज को पसंद न क. 13 सीमित र., घुसे र.: **stuck** in the house all day 14 असमंजस या उलझन में पड़ना या डालना: this problem **~s**; he **~s** at grammar 15 लगाना: ~ a flower in one's hair/ an orchid in one's button-hole/ a feather in a cap; ~ (sth) in/ into/ through, etc.;

n. 1 लकड़ी, डंठल, पेड़ की शाखा की डंठल, यष्टि 2 छड़ी, लाठी, डंडा, सोटा: walking/ hockey, etc. ~ 3 लकड़ी की लंबी वस्तु 4 लकड़ी से बनी कोई विशेष वस्तु, जैसे हॉकी स्टिक 5 बेंत 6 धनुष का लकड़ी का भाग 7 बत्ती, वर्तिका, सलाई 8 पटरी 9 गाली, आलोचना, खिल्ली, मजाक 10 (**the ~s**) दूर-दराज का देहाती क्षेत्र 11 *colloq.* व्यक्ति: a funny old ~; queer ~ (विचित्र व्यक्ति); poor ~ (बेचारा), बुद्धू: 12 एक के बाद एक गिराए जाने वाले बमों की बौछार 13 एक के बाद एक कूदने वाले पैराशूट;

dw/lw: **~ability** /स्टिकअबिलअटि/ *n.* 1 (***syn.*** persistence, tenacity) जमे या डटे रहने का दम-खम, कुछ करते रहने की क्षमता 2 वैबसाइट (website) की ग्राहकों को ज्यादा देर तक अपने ऊपर ध्यान टिकाए रखने की क्षमता; **~-ball** *n.* बेसबाल जैसा खेल; **~er** /स्टिकः/ *n.* 1 कंटिया, कांटा 2 चिपकौआ लेबल, स्टिकर 3 संलागी 4 चिपकू 5 दृढ़ मत या शैली का व्यक्ति 6 देर तक बिना बिके पड़ा रहने वाला माल; **~ing** *n.* 1 चिपकाव 2 कड़ाही आदि में चिपकाव; **~ing** *adj.* 1 चिपचिपा 2 चिपकाऊ 3 चिपकू 4 अड़ियल 5 अनुलग्नी, संलग्न, अनुलग्न: ~ing-plaster; **~ing-point** *n.* (***syn.*** deadlock) अड़चन, उलझन, बाधा; **~-insect** *n.* कठ-कीड़ा; **~iness** /स्टिकिनेस/ *n.* लसलसाहट, चिपचिपाहट; **~-in-the mud** /स्टिक-इन-दि मड/ *n., colloq.* दकियानूस, रूढ़िवादी व्यक्ति; **~-on** *adj.* चेपदार; **~-pin** *n.* टाई (tie) की सजावटी पिन (pin); **~-to-itiveness** /स्टिक टू इटवनअस/ *n.* = **~ability**; **~-up** *n.* बंदूक की नोक पर लूट-पाट; **sticky** *see below under separate entry*;

collocations: **~er price** किसी वस्तु पर, विशेषकर कार पर दर्शाया हुआ दाम; **~er shock** किसी चीज का दाम अपेक्षा से अधिक पाकर लगने वाला सदमा; **~ figure** चिपकाया जाने वाला चित्र; **~ing plaster** घाव पर लगाने का चिपकौआ लेबल, चेपदार पट्टी; **~ point** *see above under* ***dw/lw***; **~ of chalk** चाक का एक टुकड़ा, एक चाक; **~ shift** 1 गियर का हत्था 2 गियर के हत्थे वाली कार;

p&i: **~ around** *colloq.* थोड़ी देर डोलते र.; **~ at nothing** घोर अनैतिक व्यवहार क., निष्ठुर तरीके से पेश आना; **~ at sth** डटे र., में लगे रहना; **~ by** साथ दे.; **~ by sb/ sth** *colloq.* हर हाल में साथ दे.: he stuck by his friend in his troubles; **~ down** किसी काम के लिए नाम लिखवाना या लिखना; **~ fast** लंबे समय के लिए फंस जा.; **~ in** खाना शुरू क.; **~ in one's craw/ gizzard/ in one's stomach/ in one's throat** मन-पसंद न हो., उबाऊ हो., गले की हड्डी बन जा.; **~ in one's throat** *colloq.* किसी बात को सिद्धांततः कहना या स्वीकार करना मुश्किल हो., बात गले के नीचे न उतरना; **~ it!/ ~ it up your jumper/ arse** मुझे इसकी जरूरत नहीं; **~ it on** 1 बहुत बड़ा दाम मांगना 2 बढ़ा-चढ़ाकर बताना; **~ it on the bill** खाते में लिख दे.; **~ like a burr/ like glue/ like a limpet/ like wax** गोंद की तरह चिपक जा.; **~ like a leech** जोंक की तरह चिपकना; **~ on** *colloq.* कपड़ा पहनना; **~ one's neck/ chin out (for sb/ sth)** (किसी के लिए या किसी बात के लिए) अपने को जोखिम में डालना; **~/ poke one's nose in/ into sth = ~ one's nose into other people's business/ affairs** दूसरों के मामलों में टांग अड़ाना; **~ out** 1 बाहर निकालना 2 साफ और स्पष्ट दिखना, भिन्न होने की वजह से आसानी से दिख जा.: ~/ stand out like a sore thumb 3 (**~ it out**) सहना, निरंतर करते र., धैर्यपूर्वक झेलना: had to ~ out the winter with hardly any supplies; **~ out a mile/ ~ out like a sore thumb** दूर से दिखना; **~ out for sth** पर अडिग र., डटे र.: ~ out for better terms; **~ sb for sth** किसी को किसी बात की कीमत चुकाने के लिए मजबूर क.; **~ sth on sb** दूसरों पर दोष मढ़ना; **~ to sb closer than a brother** किसी से किसी स्वार्थ के कारण बिल्कुल चिपका रहना; **~ to sb like leech** किसी से उबाऊ ढंग से चिपका हो.; **~ to one's colours** अपनी बात पर अड़े र.; **~ to one's guns** अपनी बात पर अड़े र.; **~ to one's last** अपने काम से काम रखना; **~ to sb** के प्रति वफादार रहना; **~ to sth** 1 वचन या कथन आदि पर पक्का र.: ~ to one's word/ to one's promise; ~ to one's opinion; ~ to one's ideals; ~ to the facts/ to the original text; he stuck to us through thick and thin 2 मुद्दे से न भटकना: ~ to the point!; **~ together** मुसीबत आदि में एकजुट र., एक दूसरे के प्रति ईमानदार रहना; **~ up** *colloq.* 1 ऊपर की ओर उठना या निकलना, खड़ा होना, या खड़ा क. 2 इश्तिहार आदि चिपकाना 3 बंदूक की नोक पर लूटना; **~ up for sb/ oneself** किसी के या अपने पक्ष में बोलना: he was not afraid to ~ up for his own beliefs; **~up to** डट कर सामना क.: ~ up to a bully; **~ with sb/ sth** किसी के साथ या किसी कार्य के प्रति ईमानदार रहना; **~ sb with sth** *colloq.* किसी पर बोझ डालना;

a dry ~ रूखा, शुष्क व्यक्ति; **any ~ to beat a dog** बदमाश को सीधा करने के लिए कोई भी डंडा चलेगा; **a poor ~** अधम या खोखला व्यक्ति; **a ~ and a stone** रूखा व शुष्क आदमी; **beat all to ~s** किसी को मात देना; **be stuck on sb** किसी से लगाव हो जा.; **carrot and ~** साम, दाम, दंड, भेद आधारित नीति; **cross as two ~s** बहुत नाराज, बहुत खराब मिजाज में हो.; **cut one's ~** चंपत हो जा.; **get hold of the wrong end of the ~** किसी स्थिति या कथन के बारे में गलतफहमी हो.; **get stuck into sth** किसी उलझन में फंस जा.; **give it some ~** *colloq.*

किसी कार्य या क्रिया में और बल लगाना; **give sb ~** किसी की आलोचना क.; **hold ~s with sb** किसी के साथ बराबर का मुकाबला क.; **in a cleft ~** जोखिम और उलझन भरी स्थिति में हो.; **~ in the same mire with sb** मुसीबत में एक ही नाव में सवार हो.; **not a ~ or stone remained of the house** घर का कोई नामोनिशान नहीं बचा; **the big ~** जोर-जुल्म की राजनीति; **the house went to ~s and staves** घर पूर्णतः ढह गया; **up ~s** *colloq.* चुपके से दूर हट जा.; **up the ~** *sl.* गर्भवती

stickleback /स्टिक्लबैक/ *n.* कांटेदार पीठ वाली एक मछली

stickler /स्टिकलः/ *n.* (*usually*) **~ for sth**) किसी बात का प्रबल समर्थक, किसी बात का आग्रही: a ~ for discipline; a terrible ~ for punctuality; a ~ for etiquette

sticky /स्टिकि/ *adj., degr.* **stickier**, **stickiest** 1 चिपचिपा, लसलसा 2 चिपकने वाला 3 (***syn.*** muggy, sweaty) गर्म और उमस भरा (मौसम), दमघोंटू, चिपचिपा: ~ weather; what a ~ day! 4 बेढंगा, टेढ़ा, कठिन: a ~ moment/ problem/ situation, etc. 5 रूखा, दृढ़ 6 बेढब, शर्मसार करने वाला: he can be a bit ~ about who he befriends 7 घोर, बहुत बुरा, भीषण

dw/lw: **~-beak** *n.* फूहड़ भेदिया, दूसरों के निजी मामलों को सूंघने वाला या दूसरों के भेद जानने की कोशिश करने वाला; **~-fingers** *n.* छोटा-मोटा चोर; **~-fingered** *adj., colloq.* 1 छोटी-मोटी चोरी करने वाला 2 (***syn.*** shop-lifter) दुकान से छोटा-मोटा सामान चुराने वाला, उठाईगीर, उचक्का 3 (***syn.*** pilferer) भोजनालय, रसोईघर आदि से सामान चुराने वाला;

collocations: **~ note** एक छोटा चिपकने वाला कागज का टुकड़ा जिस पर संदेश आदि दर्ज किए जाते हैं; **~ tape** चिपकाने वाली एक मजबूत टेप (tape) या पट्टी; **~ wicket** अत्यंत जटिल और शर्मसार स्थिति (परिस्थिति)

p&i: **be ~ about sth** बेढब और शर्मसार करने वाला; **come to/ meet a ~ end** *colloq.* कुत्ते की मौत मरना

stiff /स्टिफ/ *adj.* 1 सख्त, कठोर, कड़ा: a ~ brush/ collar; ~ shirt-front; the handle is ~; ~ punishment 2 फंसा/ अटका हुआ (दराज) आदि 3 अकड़ा हुआ, स्तंभित, जड़, सुन्न: be ~ with cold; my legs feel ~; ~ in the back 4 कठिन, दुःसाध्य: I had a ~ job to get the book 5 औपचारिक: ~ denial 6 दुर्नम्य, अनम्य 7 हठी, हठीला, हठधर्मी 8 ऐंठभरा, तना हुआ, घमंडी: ~ face 9 रूखा, शुष्क, दंभी: ~ smile; ~ reserve 10 तेज, कड़ा: ~ drink/ whisky/ vodka, etc.; pour me out something ~/ give him a ~ one 11 गाढ़ा: a ~ substance; beat the egg whites until ~ 12 तीव्र, द्रुतगामी: ~ wind/ breeze 13 जबरदस्त, जोरदार, कड़ा: ~ resistance; ~ fight; ~ competition 14 बेढब, फूहड़: ~ style; ~ manners; ~ bow 15 ऊंचे और स्थिर दाम: ~ market;

adv. बेहद, अत्यधिक: scared ~; bored/ worried, etc. ~ (बहुत अधिक ऊबा हुआ/ चिंतित आदि);

n. शव

***dw/lw*:** **~en** /स्टिफन/ *v., pt.* ~ened, *pp* ~ening 1 कड़ा क. या हो., लचीला बनाना या हो. 2 डर या तनाव के कारण घबरा जा., तनावग्रस्त हो. 3 सख्त, कड़ा बनना या बनाना 4 रूखा, औपचारिक या अहंकारी बना दे. या हो. 5, तेज, गाढ़ा बन जा. 6 ऐंठ जाना, अकड़ जाना 7 मर जा., मार दे. 8 सुन्न हो जा. 9 राह का रोड़ा बनना: the mountain barrier ~ened commerce 10 भावनाओं का कुंद हो जा.: my mind was ~ened by solitude 11 कठिन या जटिल बनाना 12 तेज या मजबूत क. या हो.: his papers are ~ened with solid facts 13 मजबूत हो., सबल या प्रबल बनना: my resolution ~ened; his will ~ened with years 14 दाम बढ़ाना या बढ़ना; **~ening** /स्टिफनिंग/ *adj.* कठोर या मजबूत बनाने वाला: ~ening rib (पसली); **~ening** *n.* कठोरता या मजबूती: ~ening of back; **~ly** /स्टिफलि/ *adv.* अकड़ या ऐंठ से; **~-neck** 1 अकड़ी हुई गर्दन 2 टेढ़ी गर्दन: have a ~-neck 3 अहंकार: speak not with a ~-neck 4 अड़ियलपन; **~-necked** /~नेकड/~नेकट/ *adj.* 1 अड़ियल 2 अहंकारी, अकड़बाज; **~ness** *n.* 1 अकड़न, ऐंठ(न) 2 गाढ़ापन 3 कठोरता; **~ware** /स्टिफवेअः/ *n., comput.* कंप्यूटर प्रोग्राम जिसे आसानी से परिवर्तित नहीं किया जा सकता; **~y** /स्टिफि/ *n., pl.* **stiffies** 1 *sl.* लिंग में कसाव 2 व्यक्ति, जो चुस्त-दुरुस्त न हो;

p&i: **~ as a poker** 1 रूखा, कठोर 2 अति औपचारिक; **big ~** महा मूर्ख; **bore sb ~** किसी को बहुत बोर क. या उबा दे.; **scare sb ~** डराकर किसी की सिट्टी-पिट्टी गुम कर दे.; **carry/ have/ keep a ~ upper lip** 1 असफलता, निराशा आदि मिलने पर भी शांत और संयत र. 2 अकड़ में र.; **that's a bit ~!** (बस बहुत हो गया!)

stif\le /स्टाइफ्ल/ *v., pt.* **~led**, *pp* **~ling** 1 रोक ले., दबा ले.: **~le** a cry/ a desire; **~le** a yawn; **~led** a laugh 2 (***syn.*** suffocate) दम घुटना: be **~led** by smoke; feel **~led**; **~le** from want of air/ in the heat 3 (***syn.*** suppress) दबा दे.: his voice was **~led** by emotion; **~le** a noise 4 दम घोंटकर मार दे. 5 कुचलना, दबाना: **~le** a revolt; **~led t**he truth; police **~led** the riot 6 छिपाना: **~le** a document; **~le** a fact/ a scandal;

n. 1 घोड़े आदि पशुओं की पिछली टांग का घुटना 2 दम घुटने की क्रिया;

***dw/lw*:** **~ler** *n. sl. of thieves* फांसी का फंदा; **~ling** /स्टाइफ्लिंग/ *adj.* 1 दमघोंटू, दमघोट 2 अत्यधिक गर्म एवं उमस भरा 3 संतप्त करने वाला; **~lingly** *adv.* दमघोंटु तरीके से: ~ingly hot

stigma /स्टिग्मा/ *n., pl.* **~s** 1 लांछन, कलंक, बट्टा, दाग, बदनामी: sth carries a ~; the ~ attached to/ surrounding sth; a social ~; the ~ of (doing) sth 2 त्वचा पर दाग, चकता: sth loses its ~ 3 *Bot.* पुष्प का वर्तिकाग्र, फूल के मध्य में वह भाग जहां पराग एकत्रित होता है 4 क्षत चिह्न 5 दृक्-बिंदु;

dw/lw: **~tism** /स्टिग्मअटिज्म/ *n.* 1 त्रुटिपूर्ण लेंस के दोष से मुक्ति 2 धब्बा 3 बिंदुकता 4 टैटू (tattoo); **~tize**/ **~tise** *(also UK* **-tise**) *v., pt.* ~tized, *pp* ~ing 1 किसी पर लांछन लगाना, कलंक लगाना 2 की निंदा क. 3 क्षतचिह्न से अंकित क.; **~tization** *n.* 1 कलंकित करने की क्रिया 2 धब्बे लगाने की क्रिया, बिंदुकरण

stigmata /स्टिग्मअटा/ *n., [pl.] Christ.* क्षतचिह्न, कुछ लोगों के शरीर पर प्रकट होने वाले धब्बे जो ईसा मसीह के सूली पर चढ़ाए जाने से होने वाले घावों जैसे समझे जाते हैं: five ~ (पंचक्षत)

stilb /स्टिल्ब/ *n.* दीप्ति मापन की एक इकाई

stile /स्टाइल/ *n.* व्यक्तियों द्वारा चढ़कर पार करने के लिए सीढ़ीनुमा पायदान, पैड़ी: help a lame dog over a ~ कमजोर की मदद क.

stiletto /स्टिलेटो/ *n., pl.* **~s** 1 (*in full* **stiletto heel**) 1 (***syn.*** spike heel) औरतों के जूतों की ऊंची पतली एड़ी: ~ heels 2 ऊंची पतली एड़ी वाला जूता 3 कटार, कटारी 4 सूआ;

v., pt. **~ed**, *pp* **~ing**, s/he/it **~es**/ **~s** कटार घोंपना

still /स्टिल/ *adv.* 1 अभी तक: he is ~ working 2 अब भी: do you ~ live in Chandigarh?; I ~ don't understand 3 फिर भी: better/ harder/ worse, etc. ~ (फिर भी औरों से बेहतर/ मुश्किल/ गया-गुजरा आदि); the pain was bad, ~ he did not complain 4 अब तक: ~ taller/ louder *or* taller/ louder ~ 5 यद्यपि, इस समय तक 6 अधिक, ज्यादा 7 तो भी, तिस पर भी: he has many faults, ~ I love him; he knows the dangers, but ~ continues to smoke 7 तथापि 6 स्थिर: sit ~;

adj. 1 अचल/ स्थिर: keep ~; ~ rain (बिना हवा की वर्षा) 2 खड़ा/ बैठा या रुका हुआ: stand/ stay/ sit, etc. ~ 3 शांत या सन्नाटा भरा: a ~ place; the woods were ~ 4 *UK* बुलबुले रहित, बुदबुदहीन: a ~ drink (बुलबुलेरहित पेय) 4 निश्चल, अचल, स्थिर, निश्चेष्ट: ~ waters of the lake 5 चुप, मौन, खामोश: ~ evening 6 धीमा: ~ times 7 नीरव, निःशब्द: ~ voice;

n. 1 अचल चित्र, सिनेमा आदि के फोटोग्राफ 2 भभका 3 नीरवता, सन्नाटा: the ~ of the countryside; in the ~ of the night;

v., pt. **~ed**, *pp* **~ing** 1 शांत क. या हो जा. 2 अशांति का अंत क. 3 धीमा क. 4 आसवन क.;
dw/lw: **~birth** *n.* मृत प्रसव, मरे हुए बच्चे का जन्म; **~born** /स्टिलबॉन/ *adj.* मृतजात; **~ness** *n.* 1 नीरवता, सन्नाटा, चुप्पी, शांति 2 स्थिरता, अचलता, धीमापन; **~-room** *n.* 1 रसोई का भंडार 2 आसवन-गृह (distillation room);
collocations: **~ life** 1 पदार्थों, वस्तुओं का चित्र 2 स्थिर जीवन का चित्रण: ~-life photography; **Still's disease** *med.* बच्चे के जोड़ों को प्रभावित करने वाला संधिवात गठिया; **Stillson wrench** *tradem.* चूड़ीदार पाना, नट-बोल्ट कसने का औजार, रैंच (wrench); **~ stand** स्थिर, अचल;
p&i: **~ and all** *US* फिर भी, चाहे जो हो; **~ watches of the night** रात की धीमी घड़ियां; **~ waters run deep** धीरा सो गंभीरा;
a/ the ~ small voice अंतरात्मा की आवाज; **as ~ as death/ as the grave** (***syn.*** sepulchral silence) कब्रिस्तान की निःशब्दता; **keep a ~ tongue** चुप र., मुंह सीना; **there is no standing ~** (सदा के लिए) रुक गया सो मर गया

stillage /स्टिलिज/ *n.* धानी

stilt /स्टिल्ट/ *n.* 1 पाबांसा, पैरबांसा, गेड़ी, सीढ़ीनुमा बल्लियों पर खड़ा होकर चलने का ढांचा 2 मकान को जमीन से ऊपर टिकाये रखने वाली खंभानुमा बल्लियां 3 (*also* **~-bird** or **~-plover**) पनलवा लमटंगा, टिलुआ, बड़ा पनेवा;
v., pt. **~ed**, *pp* **~ing** उठाकर खंभानुमा बल्लियों पर खड़ा क.;
dw/lw: **~ed** /स्टिल्टिड/ *adj.* 1 अस्वाभाविक, बनावटी, तनावपूर्ण: a ~ed conversation 2 आडंबरपूर्ण, आडंबरी; ~ed style/ manner 3 पैरदार, सपाद, बल्लियों पर खड़ा, उभरा हुआ: ~ed arch; **~-walker** *n.* पैर-बांसा से चलने वाला;
p&i: **on ~s** 1 तड़कीला-भड़कीला 2 शब्दाडंबरपूर्ण

stimulant /स्टिम्युलंट/ *n.* 1 स्फूर्तिदायक औषध 2 प्रेरक, उत्तेजक पदार्थ, शराब आदि 3 उद्दीपक, सक्रियता-वर्धक शब्द आदि: praise can be a powerful ~;
adj. 1 स्फूर्तिदायक 2 प्रेरक, उत्तेजक 3 उद्दीपक, सक्रियता-वर्धक

stimula\te /स्टिम्युलेट/ *v., pt.* **~ted**, *pp* **~ting** 1 स्फूर्त या सक्रिय क. 2 प्रेरित क., प्रोत्साहित क. 3 उत्तेजित क.: be slightly **~ted** (थोड़ा पिए हो.) 4 उद्दीप्त क. 5 बढ़ाना, वृद्धि क.: the controversy about his book **~ted** its sale;
dw/lw: **~tive** /स्टिम्युलेटिव/ *adj.* स्फूर्तिदायक, प्रेरक, उत्तेजक; **~tor** स्टिम्युलेटः/ *n.* प्रेरक, उत्तेजक, उद्दीपक; **~tion** /स्टिम्युलेशन/ *n.* स्फूर्तिकरण, सक्रियकरण, प्रेरण, उत्तेजन, उद्दीपन; **~ting** /स्टिम्युलेटिंग/ *adj.* 1 स्फूर्तिदायक 2 (***syn.*** inspiring) प्रेरणादायक, प्रेरक 3 उत्तेजक

stimulus /स्टिम्युलस/ *n., pl.* **stimuli** /स्टिम्युलाइ/ 1 प्रेरणा, प्रोत्साहन, प्रेरणा या प्रोत्साहन देने वाली बात: ambition is his only ~; a ~ for sth 2 बढ़ावा: provide a ~ to sth 3 उद्दीपन: under the ~ of sth

sting /स्टिंग/ *v., pt.* **stung**, *pt. p.* **stung**, *pp* **~ing** 1 डंक मारना, काटना, डंकियाना, डसना: ~ sb on the finger 2 जलन पैदा क.: ~ the eyes 3 दुख पहुंचाना, जलन पैदा क.: eyes, skin, etc. ~ 4 व्यथित क., संतप्त क.: his conscience **~s** him 5 आहत हो. 6 डंकदार होना 7 प्रेरित क., प्रोत्साहित क.: anger **stung** him to action; ~ into action (प्रेरित क.) 8 *sl.* धोखा दे., ठगना, लूटना, मूंडना, चपत लगाना: he got **stung** on that deal; **stung** him for 1000 rupees;
n. 1 डंक, दंश 2 जलन, दर्द 3 पीड़ा, टीस: the ~ of hunger 4 कंटीलापन, तेज धार, चोभ; give a ~ to an epigram; felt the ~ of her wicked words 5 दंशन, डसन, जहरीलापन: the **~s** of calumny;
dw/lw: **~er** /स्टिंगः/ *n.* 1 चुभने वाला पौधा 2 डंकदार मच्छर 3 डंक, दंश 4 तेज प्रहार, करारी चोट 5 सटीक दलील; **~ing** *adj.* 1 डंक मारने वाला, चुभने वाला 2 तेज, जहरीला: ~ing tongue/ words; **~less** /स्टिंगलेस/ *adj.* दंशहीन; **~y** /स्टिंगि/ *adj., degr.* **stingier**, **stingiest** अति पीड़ादायक
collocations: **~ing nettle** *n.* बिच्छू बूटी;
p&i: **~ sb into sth** किसी को किसी जंजाल में फंसाने के लिए तंग क., चिढ़ाना;
a ~ in the tail घटनाओं के अंत में अप्रत्याशित भद्दा मोड़, अशुभ बात; **nothing ~s like the truth** सच्चाई कड़वी होती है; **take the ~ out of sth** *colloq.* दंश की चुभन कम क.; **the ~ of a scorpion is in its tail** दुखदायक या घिनौनी बात कहानी के अंत में आती है

stingaree /स्टिंगअरि/ *n., pl.* **~s** *N. Amer., Austral.* = **stingray**

stingily /स्टिंजिलि/ *adv.* कंजूसी से

stingray /स्टिंगरे/ *n.* कांटेदार पूंछवाली एक समुद्री मछली

sting\y /स्टिंजि/ *adj., degr.* **~ier**, **~iest** 1 (***syn.*** mean) कंजूस: **~y** man 2 सीमित, अति अल्प 3 चिड़चिड़ा, तुनकमिजाज: he is a bit ~y

stink /स्टिंक/ *v., pt.* **stank** (*also US* **stunk**), *pt. p.* **stunk**, *pp* **~ing** 1 (***syn.*** reek) दुर्गंध आना, बदबू क. या दे., से बदबू आना: his breath **~s** of garlic 2 घिनौना या घिनौनी हो.: this book **~s** 3 नैतिक रूप से पतित या घृणित हो.: the deal **stank** from the beginning;
n. 1 (***syn.*** reek) बदबू, दुर्गंध, सड़ांध 2 बवाल, बखेड़ा: kick up/ make/ cause/ create/ raise, etc. a ~ (बवाल खड़ा कर दे.);
dw/lw: **~ard** /स्टिंकाःड/ *n.* कमीना व्यक्ति; **~-ball** *n.* बदबूदार रासायनिक गोला; **~er** *n.* 1 बदबूदार वस्तु 2 घिनौना व्यक्ति 3 घृणित वस्तु, बात या करतूत: got a **~er** of a cold; got a ~er from the boss; **~horn** *n.* एक प्रकार की बदबूदार फफूंदी; **~ing** /स्टिंकिंग/ *adj.* 1 अत्यधिक बदबूदार 2 बहुत बुरा; **~ing** *adv.* अत्यधिक: ~ing rich; **~-pot** *n.* बदबूदार पक्षी या जानवर; **~stone** *n.* पूतिप्रस्तर, बदबूदार पत्थर; **~weed/ ~wood** *n.* 1 बदबू छोड़ने वाले कई पेड़ या खर-पतवार 2 इन पेड़ों की लकड़ी; **~y** /स्टिंकि/ *adj., degr.* **~ier**, **~iest** 1 अत्यधिक बदबूदार 2 धूर्त, मक्कार, कुटिल;
collocations: **~ bird** एक दुर्गंधपूर्ण पक्षी; **~ bomb** बदबू छोड़ने वाला बम का गोला; **~ing camomile** (*also see* **mayweed**) बबूने का फूल, एक बदबूदार खर-पतवार; **~ of money** 1 दौलत की बू 2 भद्दा, भौंडा दिखावा;
p&i: **~ out** *milit.* शत्रु को खत्म कर दे.; **~ out/ up** कमरे को बदबू से भर दे.; **~ in sb's nostrils** किसी के प्रति घिन हो.; **~ of money** बहुत धनी हो.; **~ of sth** 1 बदबू छोड़ना 2 घृणित होने के संकेत दे.: this **~s** of double dealing; **~ to the heavens/ high** 1 अत्यधिक बदबूदार हो. 2 नैतिक रूप से घृणित हो.;
kick up/ raise/ make a ~ बखेड़ा खड़ा क.; **like ~** सिर पर पैर रखकर दौड़ जा.

stint /स्टिंट/ *n.* 1 निर्धारित अवधि: a twelve hour ~ 2 निर्धारित अंश: appoint/ set a ~ 3 बारी: did his ~ yesterday 4 प्रतिबंध, रोक: work without ~; spend money without ~ (खुले हाथों या दिल खोल कर पैसा खर्च क.) 5 पशु चारण सीमा 6 भत्ता 7 दिन भर का (दैनिक) काम: do one's daily ~ 8 छोटा पनकौआ;
v., pt. **~ed**, *pp* **~ing** 1 कुछ देने या आपूर्ति करने में संकोच क.: not to ~ sth (किसी चीज को देने में कंजूसी न क.) 2 कम दे., थोड़ा-थोड़ा करके दे., सीमित क.: ~ sb of/ in sth 3 निर्धारित अंश या कार्य देना 4 काम नियत क.;
dw/lw: **~ed** *adj.* सीमित; **~less** *adj.* असीम, विशाल: ~less supply of sth

stipate /स्टाइपेट/ *adj.* घना

stipe/stipes /स्टाइप/ स्टाइपीज/ *n., pl.* **stipes/ stipites** /स्टिपिटीज/ वृंत

stipel /स्टाइपल/ *n.* अनुपर्णिका

stipend /स्टाइपेंड/ *n.* 1 विद्यार्थी का वजीफा 2 पादरी की वृत्ति,

वृत्तिका;
dw/lw: **~iary** /स्टाइपेंडिअरि/ *n.* 1 वजीफा पाने वाला 2 वृत्तिधारी, वृत्ति भोगी; **~iary** *adj.* वजीफा-संबंधी: ~ magistrate (काम के बदले पैसा पाने वाला न्यायाधीश)
stipitate /स्टिपिटेट/ *adj.* वृंती
stipple /स्टिप्‌ल/ *v., pt.* **~d**, *pp* **stippling** बिंदुओं से चित्रित क. या उकेरना;
n. 1 बिंदु-चित्रण, बिंदुओं से चित्रित चित्र 2 बिंदु-चित्रण कूंची;
dw/lw: **~d** /~लड/ *adj.* बिंदुओं से चित्रित या उकेरित; **stippling** /~लिंग/ *n.* बिंदु-चित्रण; **~r** /~लः/ *n.* बिंदु-चित्रकार
stipular /स्टिप्यूलः/ *adj.* अनुपर्णी
stipula\te /स्टिप्युलेट/ *v., pt.* **~ted**, *pp* **~ting** 1 (***syn.*** specify) अनुबंध में शर्त रखना, प्रावधान बनाना: the treaty **~tes** that ... 2 अनुबंध क., शर्त रखना: it is **~ted** that delivery shall be effected this year 3 मांगना, अपेक्षा क.: all that I **~te** is to know is the date of arrival;
dw/lw: **~ted** *adj.* अनुबद्ध; **~tion** /~शन/ *n.* प्रावधान, अनुबंध 2 संविदा 3 प्रतिबंध शर्त
stipu\le /स्टिप्यूल/ *n.* अनुपर्ण;
dw/lw: **~lacepus/ ~lar/ ~ed** /~लेसिअस/~लः/~लड/*adj.* अनुपर्णी
stir /स्टः/ *v., pt.* **~red**, *pp* **~ring** 1 हिलाकर मिलाना: ~ one's tea/ one's coffee 2 हिलना या हिलाना: the wind **~red** the leaves; he couldn't ~ a foot; not to ~ an eyelid 3 झकझोरना, उद्विग्न क. या हो., उभारना, भड़काना, भड़कना: the photos **~red** happy memories; ~ sb's wrath; ~ sb to pity; ~ sb's passions; a book that **~s** the soul; the town was **~red** by a deep emotion; my blood **~s** at the very thought of it; pity **~red** in his heart 4 थोड़ी हलचल पैदा क. या हो.: a faint smile **~red** her lips; the baby **~red** in her sleep 5 सोने के बाद उठना, आराम करने के बाद सक्रिय हो., चलना-फिरना, हरकत में आना: nobody was **~ring** in the house; not to ~ out of the house 6 चलाना, बिलोड़ना: not to ~ a finger 7 प्राण फूंकना, तेज क. 8 बखेड़ा खड़ा क.;
n. 1 हिलाने-मिलाने की क्रिया: give the fire a ~ 2 झोंका, हरकत, हलचल: a ~ of warm wind 3 (***syn.*** commotion) हो-हुल्लड़, कोलाहल, गुल-गपाड़ा, खलबली, चहल-पहल, सनसनी: make a ~; cause a ~; create little ~; his arrest caused a real ~ 4 उत्तेजना, घबराहट 5 विलोड़न 6 *sl.* जेल, कारा;
dw/lw: **~about** *n.* 1 दौड़-धूप करने वाला व्यक्ति 2 दलिया 3 हो-हल्ला, कोलाहल, चहल-पहल, खलबली; **~-crazy** *n., originally N. Amer., esp. US, sl.* लंबे कारावास आदि के कारण विक्षिप्त व्यक्ति; **~-fry** /स्टःफ्राई/ *v., pt.* ~-fried, *pp* ~-frying कम तेल और तेज आंच पर हिला-हिलाकर भूनना; **~less** *adj.* निश्चल, गतिहीन; **~rer** /स्टःर/ 1 विलोड़क 2 उत्पाती, उपद्रवी 3 सवेरे जल्दी उठने वाला: be an early ~rer; **~rer-up** *n.* 1 उपद्रवी, बखेड़ा करने वाला 2 उत्पाती: a ~rer-up of trouble; **~ring** *n.* 1 हिलाने-मिलाने की क्रिया 2 सक्रियता, क्रियाशीलता, फुर्ती 3 घबराहट, उत्तेजना; **~ring** *adj.* 1 प्रभावशाली, जीवंत 2 भावोत्तेजक, प्रभावशाली 3 उत्तेजक: ~ing times; ~ing events 4 सक्रिय, कर्मण्य, फुर्तीला: lead a ~ing life; ~ing child; **~ringly** *adv.* सक्रिय ढंग से;
collocations: **~rings of the dry bones** जीर्ण-शीर्ण व खंडहरनुमा जीवन में बहारों की वापसी;
p&i: **~ from** से परे हटना, हिलना-डुलना: so frail now that she seldom ~s from her bed; **~ it** बखेड़ा क.; **~ one's stumps** 1 काम में फुर्ती दिखाना 2 जल्दी क.; **~ the blood** उत्तेजित क.; **~ up** 1 अच्छी तरह हिलाना-मिलाना 2 उत्तेजित क., उद्विग्न क., भड़काना: ~ up communal riots/ frenzy; **~ up sth/ ~ sth up** 1 गड़बड़ी क., बखेड़ा क. 2 उत्तेजित क., उद्विग्न क., भड़काना, उकसाना 3 पुरानी यादें उभारना 4 उत्पन्न क., पैदा क. 5 प्रेरित क., प्राण डालना;
make a ~ कोहराम मचा दे.;
stirpiculture /स्टःपिकल्चः/ *n.* 1 किसी विशेष जाति के पशु की नस्ल की उत्पत्ति या वृद्धि 2 जाति का आदि पुरुष 3 वर्णनात्मक प्रजनन
stirps /स्टःप्स/ *n.* 1 किसी जाति का आदि मानव, मूल पुरुष, वंशकर 2 जाति, वंश
stirrup /स्टःअप/ *n.* रकाब;
dw/lw: **~-bone** *n., non-tech.* मध्य कान में रकाब के आकार की एक हड्डी, वलयक; **~-leather** *n.* रकाब-दवाल, रकाब की पेटी; **~-lock** *n.* चांप;
collocations: **~ cup** घुड़-सवार के प्रस्थान करने से पहले पिया जाने वाला अंतिम पैग (one for the road); **~ pants** औरतों की कसकर आने वाली पैंट; **~ pump** बाल्टी आदि से पानी खींचने वाला चल हस्त-चालित पंप जिसे छोटी-मोटी आग बुझाने में प्रयुक्त किया जाता है
stitch /स्टिच/ *n., pl.* **stitches** 1 सिलाई, सीवन 2 टांका, तोपी: make long/ big/ neat **~es**; put **~es in** a wound (घाव में टांके लगाना) 3 घर, फंदा: drop/ take up a ~ 4 कमर आदि में होने वाली टीस, पीड़ा, हूक: a ~ in the side 5 बखिया 6 पार्श्व शूल 7 घाव सीने का धागा;
v., *pt.* **~ed**, *pp* **~ing** 1 (***syn.*** sew) सीना, सिलाई क. 2 टांकना, टांका लगाना 3 घाव आदि को टांकों से जोड़ना 4 टांकों से सजाना;
dw/lw: **~ed** *adj.* सिला हुआ; **~ery** *n.* सिलाई; **~ing** सिलाई; **cross-~** आर-पार का टांका; **~-up** *n.* धोखा, ठगी;
collocations: **double ~** बखिया
p&i: **~ sb up** *sl.* ठगना, धोखा दे., छलना; **~ sth up** 1 टांके लगाना 2 सीकर जोड़ना;
a ~ in time saves nine ठीक समय पर उठाया जाने वाला कदम जान-माल की भारी हानि से बचा सकता है; **do a ~ of work** कुछ न क., बेकार बैठे र.; **drop a ~** *knitting* बुनाई करते समय गलती से कोई घर खाली छोड़ दे.; **have in ~es** *colloq.* हंसते-हंसते कमर में दर्द होने लगना; **laugh oneself into ~es** हंसी से लोट-पोट हो.; **not have a dry ~ on him/ on his back** पानी से पूर्णतः सराबोर हो जा.; **not have a ~ on/ be without a ~ of clothing/ of clothes = not have a ~ to his back** बिल्कुल नंगा हो.; **not to care a ~** जरा भी परवाह न क.; **not to give a ~ for it** एक फूटी कौड़ी न दे.
stiver /स्टाइवः/ *n.* दमड़ी
stoa /स्टोअ/ *n., pl.* **stoas/ stoae** /स्टोई/ **archit.** ड्योढ़ी, सभा-मंडप, द्वार-मंडप
stoat /स्टोट/ *n.* नेवले की जाति का एक जंतु
stochastic /स्टोकैस्टिक/ *adj., statistics* बेतरतीब, क्रमरहित, आकस्मिक, अनियमित
stocious/ stotious /स्टोशिअस/ *adj., colloq.* पिए हुआ
stock /स्टौक/ *US* स्टाःक/ *n., pl.* **~s** 1 दुकान, कारखाने या भंडारण स्थल पर मौजूदा कच्चा या बिक्री का माल, सामान, स्टॉक: be in ~/ out of ~; **~s** on hand; new/ fresh ~; exhaust the ~; renew **~s**; rolling paper ~; **~s** of packing material 2 भंडार, संभार, संचय, संग्रह: in ~; a ~ of wood/ of linen; a ~ of information; lay in a ~ (सूची अनुसार संचयित क.); an impressive ~ of fine wine 3 पशु धन 4 प्रयोग में लाए जा रहे यंत्र व कच्चा माल: dead ~ (जड़-स्टॉक, यंत्र, औजार) 5 तना, स्कंध 6 बंदूक का काठ वाला भाग, कुंदा 7 व्यापारिक संस्था द्वारा शेयरों आदि से एकत्रित पूंजी 8 कंपनी द्वारा बेचे जाने वाले या शेयर धारक के पास कुल शेयर: take ~ in 9 एक-एक इकाई के रूप में बेचे जाने वाले कुल शेयर 10 (***syn.*** descent) वंश, कुल: the ~ of all mankind; be of good (English/ of peasant) ~ 11 सरकारी ऋण: invest one's money in government/ in railway **~s** 12 मूलधन 13 (**the ~s**) पुराने जमाने में अपराधियों के पांवों, हाथ, गर्दन आदि को फंसाकर बांधने का ढांचा: put sb in

the **~s** 14 नेकनामी, ख्याति: his ~ is down 15 गोश्त और सब्जियों आदि को उबालने से निकला शोरबा जिसे सरूप (soup) आदि बनाने में प्रयुक्त किया जाता है: meat ~ 16 तुरंत इस्तेमाल की जा सकने वाली चीज का भंडार 17 दमकीले फूलों वाला बगीचे का एक यूरोपीय पौधा;

***v.**, pt.* **~ed**, *pp* **~ing** 1 माल जमा करके रखना, संचित क., संग्रह क.: ~ up on sth (ढेरों जुटाना, इकट्ठा क.); the fort was **~ed** with provisions 2 (बिक्री के लिए) रखना: ~ varied goods 3 सामान से भरना: ~ a shop 4 लगाना, से सज्जित क.: ~ a farm 5 काठ मारना, काठ में पांव दे. या ठोंकना 6 खर-पतवार निकालना;

adj. 1 उपलब्ध: ~ item 2 सामान्य, मानक: ~ size; he is of ~ size 3 घिसा-पिटा: ~ answer/ phrase, etc. (सदा तैयारशुदा, घिसा-पिटा जवाब या जुमला); ~ joke; ~ argument; ~ comparison; it's the ~ dodge (यह तो पुरानी चालाकी है) 4 सट्टा-बाजार से संबंधित 5 पशु-पालन संबंधी 6 वंशागत, जातीय 7 अनुमति अनुसार तैयारशुदा;

dw/lw: **~ade** /स्टॉकेड/ *n.* लंबी बल्लियों से बना रक्षात्मक घेरा, लकड़कोट, कठघरा; **~ade** *v., pt.* ~aded, *pp* ~ading लंबी बल्लियों से रक्षात्मक घेरा बनाकर सुरक्षा सुनिश्चित क.; **~book** *n.* सट्टा-बही, स्कंध पंजी, स्कंध-पुस्तिका; **~breeder** /स्टॉकब्रीडः/ *n.* पशुपालक; **~broker** *n.* शेयर दलाल; **~brokerage** *n.* = **~brokering** *n.* शेयर-दलाली; **~holder** *n.* अंशधारी, शेयर-होल्डर; **~-in-trade** *n.* स्थायी खजाना या विषय; **~ist** /स्टॉकिस्ट/ *n.* भंडारणकर्ता, भंडारी; **~jobber** *n.* सटोरिया, सट्टेबाज; **~jobbery** *n.* सट्टेबाजी; **~list** *n.* शेयरी-सूची, शेयर-दर-सूची; **~man** *n.* पशुपालक **~-market** *n.* = **~ exchange**; **~out** *n.* अनुपलब्ध वस्तु; **~option** *n.* शेयर लेने का विकल्प; **~pile** /~पाइल/ *v., pt.* ~d, *pp* ~piling बड़ा भंडार या जखीरा जमा क., संचित क.; **~pile** *n.* बड़ा भंडार, जखीरा, संग्रह, संचय; **~piling** संचयन; **~-pot** *n.* ऐसा बर्तन जिसमें सब्जियों या गोश्त आदि का शोरबा बनाया जाता है; **~room** *n.* भंडार-गृह; **~-taking** *n.* 1 स्टॉक की जांच 2 स्थिति-सर्वेक्षण 3 माल सूची की तैयारी 4 पर्यवलोकन; **~yard** मंडी में बेचने से पहले पशुओं को रखने का बाड़ा;

collocations: **~broker belt** नगर के बाहर अमीरों की नगरी; **~ car** स्टॉक रेस कार; **~ company** 1 शेयर-धारकों की कंपनी 2 (*also* **stock**; ***syn.*** repertory company) ऐसी नाट्य-कंपनी जो एक मौसम में कई प्रकार के नाटक दिखलाती है; **~ cube** गाढ़ी सब्जी या गोश्त से बना गोला जिसे पानी में घोलकर सूप बनाया जा सकता है; **(the) ~ exchange/ market** 1 शेयर मार्केट या सट्टा बाजार 2 खरीदे या बेचे गये शेयरों के दाम; **~ food** पशु-चारा; **~ footage** पहले से तैयारशुदा फिल्म-रील;

~ in trade सड़कछाप अभिव्यक्तियां, फंसाने का फंदा या तरीका; **laughing ~** जग हंसाई का पात्र, हास्य-पात्र; **~ option** अंशों यानी शेयरों को खरीदने-बेचने का विकल्प; **~s and stones** 1 पत्थर व काठ की मूर्तियां 2 निर्जीव वस्तुएं 3 असंवेदनशील लोग; **the shoemaker's ~** तंग जूते;

p&i: **~ sth up** कुछ जमा क.; **~ up with sth** ढेर सारा माल व खाद्य पदार्थ जमा क.; **~s will cry out** इतना जुल्म करना कि पत्थर दिल भी पसीज जाए;

at a ~'s throw थोड़ी-सी दूरी पर; **~s and stones** 1 पत्थर व काठ की मूर्तियां 2 निर्जीव वस्तुएं 3 असंवेदनशील लोग; **be off the ~s** माल भंडार में बचा न हो.; **be on the ~s** वजूद में हो.; **in ~** उपलब्ध; **lock, ~ and barrel** सारे का सारा, कुल; **out of ~** अनुपलब्ध, खत्म; **sb's ~ is low** किसी के सितारे गर्दिश में हैं, उसकी सफलता की संभावना खत्म हो गई; **sb's ~ rose** किसी के जीतने की संभावनाएं बढ़ गई हैं; **spare parts always in ~** फालतू पुर्जे सूची अनुसार उपलब्ध; **stand like a ~** मूर्ख की तरह खड़ा हो.; **take ~** 1 माल-सूची तैयार क. 2 वर्तमान भंडार का जायजा ले., स्टॉक की जांच क. 3 का अध्ययन क., स्थिति का अवलोकन क., जांचना, परखना; **take ~ in** *sl.* 1 विश्वास क. 2 महत्त्व दे., में दिलचस्पी लेना 3 शेयर खरीदना 4 भागीदार हो.; **take ~ of sb** किसी का कड़ा परीक्षण क., परखना; **take ~ (of sth)** निर्णय लेने से पहले सब-कुछ देख-परखकर विचार-विमर्श क.

stockfish /स्टौकफिश/ *US* स्टाःकफिश/ *n.* सुखाई मछली

stockiness /स्टौकिनेस/ *US* स्टाःकिनेस/*n.* बड़ा डील-डौल, हट्टा-कट्टापन, मोटापा

stockinet /स्टौकिनेट/ *US* स्टाःकिनेट/ (*also* **stockinette**) *n.* आसानी से खिंच जाने वाला कपड़ा जिसे पट्टियां बांधने में प्रयोग किया जाता है

stocking /स्टौकिंग/ *US* स्टाःकिंग/ *n.* 1 महिलाओं का लंबा मोजा, जुर्राब, जुराब, पायतावा, अभिनेताओं की जूती, पैतावां: elastic ~; he stands six feet in his **~s** (बिना जूते पहने वह छः फुट लंबा है); in one's ~ soles/ feet (मात्र लंबे मोजे पहने हुए) 2 संग्रहण, भंडारण 3 पक्षी या पशु की सारे शरीर से अलग रंग की टांग: a black kitten with four white **~s**;

collocations: **~ filler** छोटा-सा, सस्ता क्रिस्मस उपहार; **~ mask** चोरों या लुटेरों द्वारा प्रयुक्त किया जाने वाला नाइलोन जुराब का नकाब; **~ stitch** *n., knitting* बुनाई में दो घरों को जोड़ने का एक विशेष तरीका; **silk ~** तड़क-भड़क के साथ सजा व्यक्ति **a blue ~** मीन-मेख निकालने वाली विदुषी, मनीषी, पंडिता

stockish /स्टौकिश/ *US* स्टाःकिश/ *adj.* 1 मंदबुद्धि, निर्बुद्धि 2 असंवेदनशील, रूखा

stock-still /स्टॉक-स्टिल/ *US* स्टाःक-स्टिल/ *adv.* गतिहीन, स्थिर, बिना हिले-डुले, मूर्तिवत, निश्चल: children stood **~-still** watching the animals in the zoo

stock-taking *see above under* **stock: *dw/lw***

stocky /स्टौकि/ *US* स्टाःकि/ *adj., degr.* **stockier**, **stockiest** 1 (***syn.*** thickset) मोटा और गठीला 2 हट्टा-कट्टा अच्छे-खासे डील-डौल वाला

stodge /स्टौज/ *US* स्टाःज/ *n.* भारी-बोझिल व अस्वादिष्ट खाना; *v., pt.* **~d**, *pp* **stodging** 1 ठूंस-ठूंसकर खाना: ~ oneself with cakes 2 खूब खाना: have a good ~

stodgy /स्टौजि/ *US* स्टाःजि/ *adj., degr.* **stodgier**, **stodgiest** 1 भारी-बोझिल व अस्वादिष्ट 2 गरिष्ठ और भारी, फूला हुआ: ~ man 3 नीरस, बोझिल, उबाऊ, घिसा-पिटा: ~ book/ lecture/ affair 4 मंदबुद्धि 5 ठसाठस भरा हुआ;

stoep /स्टूप/ *n. S. AfrE* बरामदा

stogy/ stogie /स्टोगि/ *n. US* 1 भारी जूता 2 पतला सस्ता सिगार

stoic /स्टोइ\क/ *n..* 1 धीर, गंभीर, संयमी व्यक्ति 2 सुख-दुख विरागी व सहिष्णु व्यक्ति 3 स्थिरमति, निरुद्वेग, शांत 4 (**Stoic**) *philos.* 300 ईसवीपूर्व जीनो (Zeno) द्वारा स्थापित दर्शन की यूनानी धारा का सदस्य;

dw/lw: **~al** /~कल/ *adj.* 1 तितिक्षु, तितिक्ष 2 धीर, गंभीर, संयमी, समबुद्धि 3 संकट में धीर, गंभीर व संयत रहने वाला; **~ally** /~कलि/ *adv.* संयम व धीरज के साथ; **~ism** /~सिजम/ *n.* 1 व्यथा, कष्ट एवं संकट में संयत एवं धैर्यशील व्यवहार 2 संयम, विरक्ति 3 भावनाओं का निराकरण, तितिक्षा, धैर्य, आत्मसंयम 4 आनंद आदि के प्रति उदासीनता 5 (**Stoicism**) स्टोइक दर्शन जिसके तहत व्यक्ति के विकास में आत्म-निर्भरता पर बल दिया गया है और व्यक्ति की कर्त्तव्यपरायणता को सुख-दुख के प्रति विरक्ति व स्वाभाविक क्रम (natural order) में निहित माना जाता है

stoichiometry/ stoicheiometry /स्टॉइकियौमिट्रि/ *US* स्टॉइकियाःमिट्रि/*n.* परमाणु रसायन विज्ञान, उचित तत्त्वानुपातिकी, रससमीकरणमिति

stoke /स्टोक/ *v., pt.* **~d**, *pp* **stoking** 1 भट्ठी में कोयला झोंकना, 2 आग भड़काना 3 भावनाओं को हवा दे.;

dw/lw: **~r** /स्टोकः/ *n.* समुद्री जहाज या रेल की भट्ठी में ईंधन झोंकने वाला, आग वाला; **~hold** *n.* वाष्प-जहाज में बॉयलर रूम, भट्ठी का स्थान; **~-hole** *n.* भट्ठी-मुख;

p&i: **~ up on/ with sth** *colloq.* भकोसना, ठूंस-ठूंसकर खाना

stoked /स्टोक्ट/ *adj. n. N. Amer.* किसी बात के बारे में उत्तेजित व

प्रसन्न
stoker *see above under* **stoke:** ***dw/lw***
stokes (*also US* **stoke**) *n., phys.* (symbol **St**) 1 सेंटिमीटर, ग्राम सैकंड प्रणाली (cgs system) में शुद्ध गतिक श्यानता की इकाई 2 तरल की निरपेक्ष श्यानता को तरल-घनत्व से भाग देने पर प्राप्त फल
STOL 1 *abbr.* 'short take-off and landing' की प्रथमाक्षरी 2 लंबी उड्डयन पट्टी (runway) के बिना उड़ान भरने या उतरने की प्रणाली 2 इस प्रणाली से लैस विमान;
dw/lw: **STOLport** *n.* छोटी उड्डयन-पट्टी वाले विमानों का अड्डा
stole /स्टोल/ 1 *pt.*, **'steal'** का भूतकालिक रूप 2 फर से बना मफ्लर जैसा औरतों का दुपट्टा 3 पादरियों द्वारा पहनी जाने वाली मफ्लर जैसी औपचारिक लंबी पोशाक;
dw/lw: **~d** /स्टोल्ड/ *adj.* जो उपर्युक्त दुपट्टा ओढ़े हो
stolen /स्टोलन/ *pt. p.* **'steal'** का भूतकालिक कृदंत;
p&i: **~ pleasures are sweet** वर्जित फल मीठा होता है
stolid /स्टौलि\ड/ *adj.* 1 भावशून्य, आवेगहीन 2 विरक्त, शांत;
dw/lw: **~ity** /~डिटि/ (*also* **~ness**) *n.* 1 आवेगहीनता 2 विरक्ति; **~ly** /~डलि/ *adv.* आवेगहीनतापूर्वक
stolon /स्टोलअन/ (*also* **stole**) *n.* 1 उपरिभूस्तारी, भूस्तरी 2 देहांकुर
stoma /स्टोमा/ *n., pl.* **stomata** 1 मुंह-जैसा छिद्र, मुंह, रंध्र, मुख छिद्र, मुख 2 शरीर से मल-मूत्र के निकास की कृत्रिम नली;
dw/lw: **~tal** /स्टॉमअटल/ *adj.* रंध्री; **~te** /स्टोमिट/ *adj.* सरंध्र; **~titis** /स्टॉमअटाइटिस/ *n., med.* मुखपाक, मुखशोथ, मुंह पकने का विकार
stomach /स्टमअक/ *n., pl.* **~s** 1 आमाशय, उदर, जठर: disordered ~; pain in the ~; on an empty ~; on a full ~ 2 पेट: lie/ heavy on one's ~; turn sb's ~; crawl upon one's ~ 3 कोख, पेट 4 भूख, क्षुधा 5 स्वाद, रुचि, झुकाव, प्रवृत्ति, स्वभाव: have no ~ for sth; have no ~ for fighting/ for a fight 6 साहस, गौरव: men of ~; put ~ into sb (किसी में साहस फूंकना);
v., pt. **~ed**, *pp* **~ing** 1 खाने-पीने और पचाने में सक्षम हो.: find red meat very hard to ~ 2 सहना, झेलना, बर्दाश्त क.: can't ~ his arrogance; ~ an insult; he could not ~ that subject/ cruelty 3 ठीक समझना, में मजा आना: can't ~ violent films; find sb hard to ~ 4 किसी खाद्य की ओर झुकाव या रुचि हो.: have the ~ for sth 5 कुछ करने का साहस, स्वभाव या निश्चय हो.: has the ~ for dangerous sports;
dw/lw: **~er** /स्टमअकः/*n.* उन्नीसवीं सदी के अंत तक औरतों द्वारा चोली के नीचे और पेट पर पहनी जाने वाली हीरे-जड़ित श्रृंगारिक पोशाक; **~ful** *n., pl.* ~s 1 पेटभर मात्रा 2 असहनीय मात्रा: had an absolute ~ful of sb's lies; **~ic** /स्टमैकिक/ *adj.* 1 पेट-संबंधी, उदरीय 2 आमाशयीय 3 पाचक 4 क्षुधावर्धक; **~y** /स्टमअकि/ *adj.* 1 बड़ी तोंद वाला 2 *colloq.* गुस्से में फट पड़ने वाला;
collocations: **~ ache/ tummy-ache** (*also* **~ upset/ upset ~**) पेट दर्द, पेट में खराबी; **~ pump** पेट में नशीली दवाइयों या अन्य जहरीले पदार्थों को चूसकर बाहर निकालने वाला पंप;
p&i: **a proud/ high ~** अहंकार, घमंड; **have butterflies (butterfly) in one's ~** मन में घबराहट हो.; **have no ~ for sth** 1 किसी चीज को खाने का मन न हो 2 कोई काम करने या जोखिम उठाने का साहस न हो.; **lie heavy on sb's ~** अपाच्य भोजन भारी पड़ता है; **on a full/ empty ~** भरे या खाली पेट: one shouldn't drink on an empty ~; **stay one's ~** भूख मिटाना; **turn sb's ~** किसी के लिए अभद्र हो., किसी को घिन आना, उल्टी आना, जी ऊपर-तले हो., मन खट्टा हो.: my ~ turns at the sight/ the sight makes my ~ rise;
stomatitis *see above under* **stoma:** ***dw/lw***
stomato\- *comb. form, indicating:* **mouth** or **sth similar to mouth** (मुख या मुख जैसा);
dw/lw: **~gastric** /स्टोमअटौगैस्ट्रिक/ *US* स्टोमअटाःगैस्ट्रिक/ *adj.* मुखजठरी;
stomato\logy /स्टोमअटौलजि/ *n.* मुख की क्रियाओं, मुख-संरचना और मुख के विकारों का अध्ययन विज्ञान
stomidium /स्टॉमिडियम/ *n.* रंध्रक
stomium /स्टॉमियम/ *n.* रंध्रक, मुख
stomp /स्टौंप/ *US* स्टांप/ *v., pt.* **~ed**, *pp* **~ing** 1 (*mainly* **~ out**) गुस्से में पांव पटक-पटककर बाहर निकलना: she **~ed** angrily out of the office 2 पत्थर मारना, पथराव क. 3 पत्थर बैठाना या लगाना 4 गुठली निकालना;
collocations: **~ing ground = stamping ground** किसी का मनपसंद स्थान जहां वह अक्सर जाता है
-stomy *comb. form, forming nouns denoting:* **creation of an artificial hole or channel out** (शरीर के दो भागों को जोड़ने या शरीर में से मल-मूत्र आदि के निकास के लिए शल्य-क्रिया द्वारा किया जाने वाला कृत्रिम छेद या नाली): **ileostomy**
stone /स्टोन\/ *n., pl.* **~s** 1 पत्थर, प्रस्तर, पाषाण: a wall/ building of ~ 2 शिला, शिलाखंड 3 चट्टान 4 रत्न, मणि, नगीना: gem~; heart of ~ (पत्थर-दिल, कठोर-हृदय) 5 *pl.* **stone** ब्रिटेन की तौल की इकाई = 6.35 किलोग्राम = चौदह पौंड 6 बीज, गुठली, अष्ठि 7 (*also* **calculus**) पथरी, अश्मरी: an operation for ~ 8 (***syn.*** pebble) पत्थर का छोटा-सा टुकड़ा, कंकड़: a road covered with **~s** 9 (***syn.*** hailstone) ओले 10 किसी विशेष कार्य के लिए पत्थर: mill~; paving ~; mile~; tomb~ 11 धूमिल-सा हल्का-भूरा रंग 12 ग्रेनाइट का गोल पॉलिश किया हुआ टुकड़ा;
v., pt. **~d**, *pp* **stoning** 1 पत्थर मार-मारकर दंड दे. 2 पत्थर मार-मार कर जान ले.: ~ sb to death 3 पत्थर मारना, पथराव क. 4 फल की गुठली निकालना: ~ a fruit 3 दीवार आदि पर पत्थर लगाना:
dw/lw: **~-blind** /~-ब्लाइंड/ *adj.* एकदम अंधा, पूर्णतया अंधा; **~-broke** *adj.* बिल्कुल कंगाल; **~chat** *n.* पत्थरों के टकराने जैसी आवाज वाला एक यूरोपीय पक्षी; **~-cold** *adj.* बिल्कुल ठंडा; **~crop** *n.* रसदार पौधे की एक प्रजाति; **~-cutter** *n.* 1 संगतराश 2 संगतराशी की मशीन; **~d** /स्टोन्ड/ *adj.* 1 किसी नशीली दवा के कारण उल्लासोन्मादित: get ~d 2 नशे में धुत्त 3 ऐसा फल जिसकी गुठली निकाल दी गई हो; **~-dead** *adj.* बिल्कुल मृत, मुर्दा; **~-deaf** / स्टोन-डेफ/ *adj.* बिल्कुल बहरा, वज्र-बधिर; **~fish** *n.* एक जहरीली समुद्री मछली; **~fly** *n.* पानी के स्रोतों के पास पाया जाने वाला एक कीट; **~fruit** *n.* गुठलीदार फल; **~ground** *adj.* पत्थर की चक्की में पीसा हुआ; **~less** *adj.* गुठलीरहित; **~mason** /~मेसन/ *n.* 1 संगतराश 2 पत्थर की चिनाई करने वाला राज-मिस्त्री; **~masonry** /~मेसनरि/ *n.* पत्थर की चिनाई का काम; **~-pelting** /स्टोनपेल्टिंग/ *n.* = **~-throwing** *n.* पत्थरबाजी, ढेलेबाजी; **~wall** *v., pt.* **~ed**, *pp* **~ing** 1 किसी कार्य में बाधा डालकर उसमें देरी करवाना 2 क्रिकेट में अत्यधिक रक्षात्मक बल्लेबाजी क.; **~wall countenance** चेहरे पर पत्थर-सी रुखाई; **~ware** /स्टोनवेअः/ *n.* पत्थर के बर्तन; **~washed** *adj.* डेनिम के कपड़े-सा धुला हुआ कपड़ा; **~work** *n.* इमारत का पत्थर से बना भाग, पत्थर की चिनाई;
stepping-~ *n.* सफलता की सीढ़ी;
collocations: **Stone Age** मानव इतिहास का वह युग जब औजार और हथियार पत्थर से बनाए जाते थे, पाषाण युग, प्रस्तर युग; **Stone-age/ stone-age** *adj.* पाषाण युगीन: ~-age technology; **~ bass** (*also* **wreckfish**) भूमध्य सागर और ऐड्रिऐटिक समुद्र में पाई जाने वाली एक मछली; **~ circle** *archaeol.* उत्तरी यूरोप में पाए गए प्रारंभिक कांस्य युग के छल्ले; **~-cold sober** एकदम संयत और सौम्य; **~ curlew** (*also* **thick knee**) पथरीली जमीन पर घोंसला बनाने वाला एक जलचर पक्षी; **~ fruit** गुठलीदार फल; **~ pine** भूमध्य सागर में पाया जाने

वाला छातानुमा शाखाओं वाला देवदार या सनोबर का पेड़; **rolling** ~ बेपेंदे का लोटा;
p&i: **~'s cast/ ~'s throw** थोड़ी-सी दूर: within/ at a stone's ~; ~ **the crows! / ~ me!** *colloq.* घबराहट, आश्चर्य और सदमे की अभिव्यक्ति;
a rolling ~ gathers no moss एकै साधे सब सधैं सब साधै सब जाए (दुविधा में दोनों गए, माया मिली न राम); **break ~s** कमर-तोड़ मेहनत का काम क.; **cast ~ at sb** 1 किसी पर पत्थर फेंकना 2 किसी प आरोप या दोष लगाना; **cast the first ~ at sb** सबसे पहले आरोप लगाना या आरोपी पर वार क.; **cold as a** ~ पत्थर-सा भावशून्य, रूखा; **give a ~ and beating to sb** किसी को आसानी से पछाड़ देना; **have kissed the blarney** ~ चापलूस हो.; **kill two birds with one** ~ एक पंथ दो काज; **lay the corner ~** किसी कार्य की नींव रखना; **leave no ~ unturned** करने में कोई कसर न छोड़ना; **set a ~ rolling** खतरनाक रास्ते पर चल पड़ना; **the philospher's ~** दार्शनिक का पत्थर जो पत्थर को सोना बना देता है और सभी बीमारियों के लिए राम बाण होता है; **set a ~ rolling** जोखिम भरे रास्ते पर निकल पड़ना; **sink like a ~** सीधे तली पर पहुंचकर डूब जा.; **stand as if turned to stone** मानो पत्थर की तरह जड़ हो गया हो; **the ~s will cry out** इतना जुल्म करना कि पत्थर-दिल भी पसीज जाए; **throw/ cast the first ~ at sb** सबसे पहले किसी पर दोष मढ़ना

stonily /स्टोनिली/ *adv.* कठोरता से; **look ~ at sb**

stonk /स्टौंक/ *US* स्टांक/ *n. milit. sl.* तोपों से जबरदस्त गोलाबारी

stonker /स्टौंकः/ *US* स्टांक/ *v. pt.* **~ed**, *pp* **~ing** *mainly Austral. & NZ sl.* 1 बेकार कर दे. 2 हरा देना, ध्वस्त कर दे. 3 मारकर बेहोश कर देना दे. 4 हक्का-बक्का कर देना;
n. भरा-भरकम या अति प्रभावशाली वस्तु
***dw/lw:* ~ed** /स्टौंकःड/ *US* स्टांकःड/ *adj.* 1 पूर्णतः पस्त-हाल, थककर चूर 2 *Austral. & NZ sl.* नशे में धुत्त

stonking /स्टौंकिंग/ *adj., colloq.*, उत्तम, बढ़िया
adv. अत्यधिक: a ~ big cup of coffee

stony /स्टोनि/ *adj., degr.* **stonier**, **stoniest** 1 पथरीला: ~ ground 2 भावशून्य, बेदर्द, बेरहम, पाषाण-हृदय, संगदिल, निष्ठुर, निर्मम: ~ heart 3 अचल, स्थिर 4 कड़ा, कठोर, रूखा: ~ stare/ look; ~ politeness;
***dw/lw:* ~broke** *adj., Brit colloq.* 1 बिल्कुल दरिद्र, दीनहीन 2 घोर कंगाल, निरा कंगला: be ~broke; **~-hearted** *adj.* पाषाण-हृदय, संगदिल; **~-heartedness** *n.* कठोरता, संगदिली, निष्ठुरता, निर्ममता; **stonily** /स्टोनिलि/ *adv.* कठोरतापूर्वक, बेरहमी से, रूखेपन से;

stood /स्टुड/ *pt.*, **'stand'** का भूतकालिक रूप

stooge /स्टूज/ *n.* 1 कठपुतली 2 विदूषक, मसखरा 3 जग-हंसाई का पात्र 4 टहलुआ, पिट्ठू, पिछलग्गू, जीहजूरिया, चमचा;
v. *pt.* **~d**, *pp* **stooging** 1 चमचागिरी क. 2 कठपुतली हो. 3 जीहजूरी क.: ~ around (आगे-पीछे मंडराते रहना)

stook /स्टूक/ *n.* खेत में खड़ी पूलियों का भरोटा (*Hr.*);
v. *pt.* **~ed**, *pp* **~ing** खेत में पूलियों को सहारा देकर खड़ा क.

stookie /स्टूकि/ *n., pl.* **stookies** 1 प्लास्टर 2 टूटे अंग पर लगाया हुआ प्लास्टर आव पेरिस (plaster of Paris) 3 मंदबुद्धि, मूर्ख व्यक्ति;
***p&i:* stand like a** ~ पागलों की तरह पथराया हुआ-सा खड़ा हो.

stool /स्टूल/ *n.* 1 स्टूल, चौकी, तिपाई, टेकनी, पटरा: office ~; ~ of repentance 2 पायदान 3 पाखाना, मल, गुह: go to ~;
v. pt. **~ed**, *pp* **~ing** 1 चिड़ियानुमा या अन्य जानवर लगाकर शिकार फंसाना 2 प्रलोभन या झांसा दे.;
***dw/lw:* ~ball** /स्टूलबॉल/ *n.* क्रिकेट जैसा एक खेल; **~-pigeon** 1 फंसाने वाली चिड़िया 2 फंसाने वाला व्यक्ति 3 पुलिस का दलाल, भेदिया, मुखबिर;
***p&i*: fall/ sit between two ~s** दो नावों पर सवार हो., दुविधा में दोनों गए, माया मिली न राम

stoop /स्टूप/ *v., pt.* **~ed**, *pp* **~ing** 1 झुकना, शरीर को झुकाना: ~ to fate; ~ one's shoulders; ~ one's head; ~ forward; ~ to pick sth up; he had to ~ to get into the car 2 झुककर चलना: begin to ~ with age 3 (*sometimes* ~ **down**) नीचता क.: ~ to sth/ doing sth (नीचता पर उतर आना); how could one ~ to shoplifting?; ~ one's talents to an unworthy cause; ~ to a lie/ to cheating/ to begging/ to theft; ~ to anything 4 (***syn.*** swoop) पक्षी आदि द्वारा झपट्टा मारा जा.;
n. 1 (शरीर का) झुकाव, नति: walk with a ~; **a** slight ~; ~ in walking 2 अपमान, नीचता 3 कृपापात्रता 4 *US* ड्योढ़ी, घर के सामने ऊपर उठा हिस्सा जहां से दरवाजे तक सीढ़ियां हों;
***dw/lw:* ~ed** *adj.* धड़-टूटा;
***p&i:* ~ to conquer** काम निकालने के लिए कूटनीतिपूर्वक झुकना

stop /स्टौप/ *US* स्टाःप/ *v., pt.* **~ped**, *pp* **~ping** 1 काम बंद हो. या क.: ~ an activity; ~ talking/ playing 2 रुकना, रुक जाना, ठहरना: a bus/ train, etc. **~s**; this bus **~s** by request; the rain has **~ped** 3 विराम-चिह्न लगाना 4 जहाज को रोककर ठीक से खड़ा क., कसना 5 बीच यात्रा में कुछ समय के लिए रुकना: ~ a journey; ~ over 6 रोकना: ~ a train/ a bus 7 (***syn.*** prevent) किसी को कुछ करने से रोकना: stop it/ that**!**; ~ a thief from stealing; ~ sb from doing sth; there is no one to ~ him 8 कुछ खत्म क., ठप क. या हो.: power supply has **~ped** 9 यंत्र आदि बंद क. या हो.: the AC has **~ped** 10 रोके रखना, किसी कार्य को होने न दे.: ~ a cheque *UK* (*US* ~ a check, बैंक में चेक को रुकवाना); ~ payment; ~ delivery 11 छिद्र आदि बंद क., बहाव रोकना, मूंदना, ढक्कन से बंद क.; डाट लगाना: ~ a gap; ~ a bottle; ~ a leak; ~ up sth 12 में से काट ले.: ~ wages for the period of strike; ~ sb's pocket-money 13 किसी के यहां या कहीं ठहर जा.: ~ with sb; **~ped** the night with friends 14 किसी को बीच में बोलने से रोकना: ~ from speaking 15 *sl.* प्रहार का निशाना बनना 16 बाधा डालना, अटकाना, रोककर देरी करवाना 17 अवरुद्ध हो., अटकना, गंदगी आदि से भरकर बहाव आदि का बंद हो जाget **~ped** up 18 मुंह बंद क. या करवाना: ~ sb's mouth 19 विराम चिह्न लगाना 20 *music* तार दबाना 21 *hunting* गोली चलाना;
n. 1 बस अड्डा, रेलवे स्टेशन: where is the nearest ~? 2 तालाबंदी, कामबंदी आदि 3 कहीं पर एक रात के लिए ठहराव 4 (***syn.*** standstill) रुकाव, ठहराव, विराम, अटकाव: come to a ~; sudden ~; with frequent **~s**; make a full ~/ come to a full ~; bring to a dead ~; her tongue ran on without a ~ 5 रोक, रोधन: a door ~ 6 यात्रा के बीच ठहराव: make a ~ in Paris/ at a friend's house 7 विराम चिह्न: full ~ (पूर्ण विराम) 8 (*also* **f-stop**) कैमरे के छिद्र को कम-ज्यादा करने का बटन 9 पर्दा 10 *phon.* (***syn.*** plosive) हवा के आकस्मिक निकास के साथ पैदा होने वाली व्यंजन ध्वनि, स्पर्श वर्ण 11 लहजा: he can put on the pathetic ~ (वह चाहे तो उसका अंदाज काफी भावुक हो सकता है) 12 अड़ानी 13 खूंटी 14 पटल;
***dw/lw:* ~-and-search** *adj.* पुलिस या सेना की नीति जिसके तहत अवैध हथियारों या दवाइयों के पकड़ने के लिए गली-सड़क पर रोककर किसी भी व्यक्ति की तलाशी ली जा सकती है; **~-cock** /~प-कौक/ *US*~प-काःक/ *n.* टोंटी, रोधनी; **~-distance** रुकने की दूरी; **~light** *n. US* चौराहे की लाल बत्ती; **~gap** /~पगैप/ *n.* 1 स्थानापन्न 2 अंतर्कालीन स्थानापन्न, अंतरिम 3 कामचलाऊ चीज, उपाय या प्रबंध; **~-go** *adj.,* 1 *econ.* आर्थिक नीति जिसके तहत विस्तार और संकुचन बारी-बारी एक-दूसरे का स्थान लेते रहते हैं 2 शुरू करके बंद क.: in the heavy traffic jam driving was often ~-go; **~light** 1 चौराहे की लाल बत्ती 2 *adj.* कामचलाऊ, अंतर्कालीन, अंतःकालीन; **~-off/ ~-over** *n.* पड़ाव, यात्रा के

दौरान रास्ते में कहीं अस्थायी ठहराव; **~pable** /~पअबल/ *adj.* जिसे रोका जा सके; **~page** /~पिज/ *n.* 1 रुकावट, बाधा 2 रोक, रोधन 3 रुकाव, विराम, बंदी 4 अवरोध 5 ठहराव; **~per** /~पः/ *n.* 1 डाट, काग, डाट्टा, ठेंठी 2 रोधक, अवरोधक: put the **~per** on sth.; **~ping** *n.* 1 *see* **~page** 2 भराई, भराव 3 रोक, रुकाव, अवरोध; **~ping-out** *n.* कपड़े, छपाई प्लेट आदि के खाली छोड़े हुए गिने-चुने स्थान जिनमें विशेष छाप दी जा सकती है; **~ping** *adj.* रुकने से संबंधित: ~ing train (सभी स्टेशनों पर रुकने वाली रेलगाड़ी); **~-place** *n.* ठहराव; **~ple** /~प्ल/ *n.* डाट,काग; **~ple** *v., pt.* ~pled, *pp* ~pling डाट लगाना; **~-power** *n.* निरोधी शक्ति; **~-signal** *n.* रोक-संकेत; **~way** *n.* विराम पथ; **~watch** /~पवौच/ *US*~पवाःच/ *n.* विराम घड़ी;
collocations: **~ bath** *n., photog.* फोटुओं के नेगेटिवों या प्रिंटों को डुबोने का घोल; **~page time** *n.* फुटबॉल आदि खेलों में किन्हीं बाधाओं के कारण बर्बाद हुए समय की भरपाई के लिए आधे समय या खेल खत्म होने से पहले दिया जाने वाला खेल का अतिरिक्त समय; **~ping brake** रोकने की ब्रेक; **~ping power** रोकने की शक्ति; **~ping train** बहुत सारे स्टेशनों पर रुकने वाली गाड़ी; **~ press = breaking news** छपते-छपते, ताजी खबर; **~ street** दो सड़कों का जुड़ाव या एक-दूसरे का कटाव (crossing) जहां गाड़ी को थोड़ी देर रुकना होता है; **~ volley** टेनिस में गेंद का टप्पा पड़ने से पहले मारा जाने वाला शॉट;
p&i: **~ a bullet** 1 गोली लगने से घायल हो. 2 मारा जा.; **~ at nothing** कुछ पाने के लिए कुछ भी करने को तत्पर हो.; **~ away** पूरी तरह रुक जा.; **~ by** किसी के यहां जाकर देख आना; **~ dead** एकदम से रुक जा.; **~ down** 1 बोतल में डाट लगाना 2 कैमरे का प्रकाश छिद्र कम क.; **~ in** बाहर जाने की बजाए घर पर ही रहना; **~ off/ ~ over = ~ of/ over/ in/ by** यात्रा के दौरान रास्ते में कहीं अस्थायी रूप से ठहर जा.; **~ one's ears** कान में तेल डालना; **~ out** *colloq.* सारी रात घर से बाहर बिताना; **~ sb short** किसी को कुछ करने से रोकना; **~ sb's breath** किसी को गला घोटकर मार देना; **~ sb's mouth** रिश्वत देकर किसी का मुंह बंद क.; **~ short of** कुछ करते-करते रुक जा.; **~ short of sth** कुछ कहते-कहते या करते-करते रुक जा.: just ~ped short of calling him a thief; **~ sth down** कैमरा का प्रकाश-छिद्र (aperture) घटा दे.; **~ the show** अद्भुत सफलता हो.; **~ sth out** कपड़े या कागज की छपाई करते समय बीच-बीच में कुछ स्थान छोड़ दे.; **~ up** 1 बोतल में डाट लगाना; **~ up late** देर तक जागना;
come to a (full) ~ (एकदम) बंद हो जाना; **pull out all the ~s (out)** करने में कोई कसर न छोड़ना, हर संभव प्रयास क., सारे घोड़े दौड़ाना; **put a ~ to sth** किसी गतिविधि को अचानक बंद कर दे.; **without a ~** लगातार

stope /स्टोप/ *n., mining* खान के गड्ढे में पायदान, आळी (*Hr.*);
v. pt. **~d**, *pp* **stoping** समतल सतहों में कोयले का खनन क.

storage /स्टॉरिज/ *n.* 1 वस्तु-संचय, संग्रह, अंबार, ढेर 2 संग्रहण, संचयन, सुरक्षित भंडारण: put sth in ~ 3 गोदाम, भंडार: cold ~; take goods out of ~ 4 गोदाम की भंडारण क्षमता: stretch ~ 5 गोदाम-भाड़ा 6 जमा-बचत, जमाखोरी 7 *comput.* स्मृति-पटल, संचयन उपकरण (pen-drive, flash, etc.): ~ capacity; ~ device 8 ऊर्जा की बैटरी 9 मृतक की राख का कलश;
collocations: **~ battery** संचायक बैटरी; **cold ~** शीत-संग्रहण, शीत-संग्रहागार; **~ heater** ऊर्जा-संग्रहण उपकरण; **~ tank** संग्रह-टंकी; **~ heating** ऊर्जा-संग्रहण उपकरणों की मदद से ऊर्जा संचयन की केंद्रीय प्रणाली

storax /स्टॉरेक्स/ *n.* शिला-रस पेड़

store /स्टॉः/ *n.* 1 (*also* **~s**) दुकानों की बड़ी कड़ी के रूप में एक दुकान: chain ~; convenience ~; department ~; liquor ~; super~; a ~ of food; clothing ~ 2 (*also* **~s**; ***syn.*** warehouse) भंडार, गोदाम 3 आपूर्ति, माल, सामान 4 समय आने पर काम में लाने के लिए रखा हुआ: 4.1 माल: lay in **~s**/ a ~ of sth/ for the winter; in ~ (भविष्य के लिए बचाकर रखा हुआ) 4.2 संपत्ति, धन, साधन 4.3 रिजर्व में रखे हुए सैनिक 4.4 कारीगर आदि 5 दुकान की तैयारशुदा पोशाकें, जूते आदि 6 अपार भंडार: a ~ of energy; have/ keep sth in ~; marine **~s**;
v., pt. **~d**, *pp* **storing** 1 (*also* **~ away/ up**) 1 भंडार में रखना 2 कंप्यूटर में जमा करके रखना: facts **~d** away in the memory 3 गोदाम में रखना 4 संचय क., संचित क., संग्रह क., जमा क.: his mind is **~d** with knowledge/ with facts 5 में स्थान होना, में समाना 6 से भर दे., से सज्जित क.: don't ~ your mind with trivia! 7 (*also* **~ away/ ~ up**) बचाकर रखना: ~ up food for the winter; she **~d** what little she could save;
adj. दुकान में मिलने वाला, तैयारशुदा: ~ energy; ~ prices; ~ goods; ~ card;
dw/lw: **~-bought = shop-bought** *adj.* दुकान से खरीदा हुआ; **~-brand** *adj., US,* **= own brand** अपना ब्रांड या मार्का; **~front** *n., N. Amer., esp. US* दुकान या स्टोर का अग्रभाग, भवन मुख; **~house** *n.* भंडारगृह, गोदाम; **~keeper** *n.* भंडारी, भंडार पाल; **~room** *n.* भंडार-घर, गोदाम;
collocations: **~ card** बड़ी-बड़ी दुकानों द्वारा दिया जाने वाला क्रेडिट कार्ड जैसा कार्ड; **~ detective** दुकान में चोरी रोकने के लिए रखे जाने वाले खुफिया लोग; **~ window = shop window**; **chain ~s** एक ही कंपनी की भिन्न-भिन्न स्थानों पर स्थित दुकानें;
p&i: **~ is no sore** बचत बुरी बला नहीं, भविष्य के लिए बचाकर रखना दुखदायी बात नहीं; **~ sth up** मन में रखना, व्यक्त न क.: ~ up all one's anger and eventually explode;
be/ have/ hold in ~ for sb = what the future holds in ~ for sb किसी के भाग्य में कुछ बदा हो.?; **in ~ for sb** किसी के लिए किसी अप्रिय बात का घटना तय हो., किसी को कुछ होने को हो.: a surprise in ~ for sb; **set/ lay great/ high/ much ~ by sth** किसी बात, घटना आदि को बहुत महत्त्व दे.; **set no ~ by** कोई महत्त्व न दे.; **set little/ no great ~** कोई महत्त्व न दे.; **what is in ~ for me?** मेरे भविष्य (भाग्य) क्या बदा है?

storey *UK* / (*N. Amer., esp., US* **story**) /स्टॉरि/ *n., pl.* **storeys/ stories** (***syn.*** floor) मंजिल, तल्ला, खंड, मरातिब: on the third ~ (चौथी मंजिल पर);
dw/lw: **~d**/ *US* **storied** /स्टॉरिड/ *adj., in compounds* दो या अधिक खंडों वाला, दुमंजिला, दुतल्ला, तिमंजिला ... (*also see under* **story**); **one's upper ~** दिमाग, बुद्धि;
p&i: **be gone in the upper ~** दिमाग खराब हो जा.; **be weak in the upper ~** दिमाग से पैदल हो.

storge /स्टॉःजि/ *n. Gr.* (***syn.*** familial love) स्वाभाविक संतान-मोह, ममता, भावी पीढ़ियों के प्रति लगाव

storiate /स्टॉरिएट/ *v. pt.* **~ed**, *pp* **~ing** ऐतिहासिक या दंतकथाओं के कथानकों के चित्रण से सुसज्जित क.

stork /स्टॉः क/ *n.* 1 लकलक पक्षी, सारस 2 धनेश 3 चमरघेंच, चिंगारा, छोटा गरुड़ 4 सुरमल 5 लोहा सारंग 6 घोंघिल 7 जांघिल 8 गबर;
collocations: **~'s bills** दलदली स्थानों पर पाए जाने वाले चिपचिपे और बदबूदार पौधे

storm /स्टॉःम/ *n.* 1 तूफान, झंझावात: a ~ breaks; a ~ was raging/ coming; an approaching/gathering ~; auroral/ magnetic ~; snow ~ 2 आंधी, बाढ़: sand ~; cyclonic ~ 3 आफत, संकट 4 विप्लव, क्रांति 5 (***syn.*** roar) उपद्रव, हुल्लड़, हो-हल्ला, हंगामा: a ~ of criticism/ of abuse; a political ~ 6 विस्फोट, हिंसक क्रिया या भावनात्मक विस्फोट: a ~ of controversy/ protest/ indignation, etc.; a fierce/ severe/ violent ~ 7 तूफानी करतल-ध्वनि, हंसी, ठहाका आदि: a ~ of cheers/ of applause; a ~ of laughter 8 धावा, हमला, चढ़ाई: take a stronghold by ~;
v., pt. **~ed**, *pp* **~ing** 1 गरजते-बरसते अंदर आना या वहां से

बाहर निकलना: he **~ed** into the office; **~ed** out of the meeting 2 सहसा धावा बोलकर कब्जा कर लेना, जीत लेना: **~ed** the embassy 3 उग्र वेग से बढ़ना, तेज चलना: ~ one's way forward; **~ed** through the defence 4 आग बबूला होना, किसी पर झल्लाना, गरजना; ~ at; ~ abuse at sb 5 पर आलोचना, प्रश्नों आदि की बौछार क.: they **~ed** him with questions;
dw/lw: **~beaten** *adj.* आंधी-तूफान का मारा, विपत्ति का मारा; **~-belt** *n.* झंझा-मेखला, तूफान प्रभावित क्षेत्र; **~bound** /स्टॉःमबाउंड/ *adj.* तूफान से घिरा हुआ, झंझावरुद्ध; **~-cone** *n.* हवाई पट्टी पर संभावित तेज हवाओं की द्योतक दिखलाई जाने वाली लाल झंडी, तूफान शंकु (संकेत); **stormily** /स्टॉःमिलि/ *adv.* गरजते-बरसते हुए, अत्यंत क्रोधावेश में; **~ing** *n.* धावा बोलकर कब्जा करने की कार्रवाई; **~ing** *adj.* धावा बोलकर कब्जा करने वाला; **~-lantern** /स्टॉःम-लैंटरन/ *n.* आंधी-पानी में न बुझने वाली लालटेन; **~-signal** *n.* तूफान के आने की सूचना या चेतावनी; ; **~-tossed** *adj.* तूफान प्रभावित; **~-track** *n.* झंझा-पथ; **~-troops** *n., [pl.]* आकस्मिक आक्रमण-सेना; **~y** *see below under separate entry;*
collocations: **~ and stress** घबराहट, तनाव; **~ centre** 1 तूफान का केंद्र-स्थान जहां तूफान का सबसे कम दबाव होता है 2 समस्या या विवाद का केंद्र-बिंदु; **~ cloud** 1 काली घटा जो तूफान आने की सूचक हो सकती है 2 अशुभ संकेत द्योतक; **~ cock** एक चिड़िया (mistle thrush); **~ cuff** जैकेट कफ (cuff) पर अतिरिक्त गर्म इलैस्टिक अस्तर; **~ door** खराब मौसम से बचने के लिए अतिरिक्त बाहरी दरवाजा; **~ petrel/ ~y petrel** तूफानी (विद्रोही) व्यक्ति; **~ surge** *n.* जब तूफानी लहरें धरती पर आ जाती हैं; **~ warning** रेडियो, टीवी आदि पर दी जाने वाली तूफान के बारे में पूर्व सूचना; **~ window** तूफान से सुरक्षा के लिए लगाई जाने वाली अतिरिक्त खिड़की;
p&i: **after a ~ comes a calm** तूफान के बाद शांति होती है; **a ~ in a tea-cup** बात का बतंगड़, नाहक का हो-हल्ला; **bring a ~ about one's ears** विरोध का कारण बनना, असंतोष फैलाना; **calm/ lull before a ~** तूफान से पहले की खामोशी; **ride the ~** कठिनाइयों या यातना को झेलना; **take by ~** 1 जोरदार हमला करके कब्जा कर लेना 2 किसी को सम्मोहन के पाश में बांधना;

stormy /स्टॉः मि/ *adj., degr.* **stormier**, **stormiest** 1 तूफानी: ~ weather 2 प्रचंड, तीव्र, तेज: ~ discussion 3 उत्तेजनापूर्ण, क्रोध व असंतोष भरा; a ~ relationship or situation 4 कोलाहलपूर्ण: ~ meeting 5 संकट-पूर्ण: ~ life

story /स्टोरि/ *n., pl.* **stories** 1 कहानी: short ~; good/ funny ~; detective ~; love ~; read/ listen to a ~; tell sb a ~; ~ about/of sth 2 विवरण, वृत्तांत, किस्सा 3 समाचार-पत्र में छपने वाली खबर का वृत्तांत 4 (***syn.*** plot, story-line) कथानक 5 इतिवृत्त, इतिहास: according to his own ~; the ~ goes that ...; there is a ~ that ...; tell sb one's ~/ the ~ of one's life; his ~ is an eventful one 6 झूठी बात, अफवाह, समाचार, उड़ती खबर: make a ~ out of a trivial event; there is a ~ in him 7 मनगढ़ंत कहानी, झूठ: tell **stories** 8 *US* (अमेरिकी वर्तनी में) बहुमंजिला इमारत की एक मंजिल;
v. *pt.* **storied**, *pp* **storying** *s/he/ it* **stories** (***syn.*** storiate) बर्तन आदि को ऐतिहासिक या दंतकथाओं के पात्रों या घटनाओं के चित्रण से सुसज्जित क;
dw/lw: **~board** *n.* फिल्मों, विज्ञापनों आदि के चित्रण का क्रम; **~book** *n.* कहानी संग्रह; **~line** *n.* (***syn.*** plot) उपन्यास, कहानी, नाटक, फिल्म आदि का कथानक; **~teller** *n.* 1 कहानियां सुनाने वाला 2 अपने वृत्तांत में बीच-बीच में कहानियों का उपयोग करने वाला, गपोड़िया, गपोड़शंख 3 झूठा, गपबाज;
collocations: **a cock-and-bull ~** मनगढ़ंत कहानी, झूठी बात; **a human-interest or heart rending ~** रोंगटे खड़ी कर देने वाली कहानी
p&i: **a ~ of make-believe** परियों-सी कहानी; **be all in one ~** एक ही प्रकार का हो.; **make a long ~ short** संक्षेप में यदि कहें तो; **that is quite another ~** यह तो बिल्कुल अलग बात हुई; **that is the whole ~** सारी बात या असल मुद्दा) तो यही है; **the same ~/ same old ~** बार-बार दोहराई जाने वाली एक ही बात; **these bruises tell their own ~** ये खरोंचें अपनी कहानी आप बता रहीं हैं; **the ~ was that** अफवाह यह है कि; **to cut a long ~ short** बात को संक्षेप में कहें तो

stot /स्टौट/ *US* स्टाःट/ *v. pt.* **~ted**, *pp* **~ting** 1 गेंद आदि द्वारा टप्पा खाकर उछलना 2 लड़खड़ाना;
dw/lw: **~ting** *adj.* पिए हुआ

stotinka /स्तोत्निनका/ *n., pl.* **stotinka** बल्गारियायी सिक्का

stoup/ stoop /स्टूप/ *n.* गिर्जे का वह पात्र जिसमें पवित्र जल रखा जाता है

stout /स्टाउट/ *adj., degr.* **~er**, **~est** 1(***syn.*** plump) मोटा, स्थूलकाय, हृष्ट-पुष्ट, तगड़ा, हट्टा-कट्टा: a ~ fellow 2 कठोर, कड़ा 3 दृढ़, पक्का, मजबूत, टिकाऊ, पायदार आदि; ~ ship; a ~ piece of string 4 दिलेर, बहादुर, निर्भीक 5 जोरदार, तीव्र: ~ defence 6 तने आदि के बारे में: (***syn.*** thick) मोटा;
n. काली बीयर (पेय), तेज बीयर;
dw/lw: **~-hearted** *adj.* मजबूत दिल का, दिलेर, जिंदादिल; **~-heartedness** *n.* जिंदादिली, दिलेरी; **~ly** *adv.* जोरदार ढंग से: deny sth ~ly; he ~ly maintained that ...; ~ly built; **~ness** *n.* 1 मजबूती, टिकाऊपन, पायदारी 2 हृष्टता-पुष्टता;
p&i: **make/ put up a ~ resistance** जबरदस्त मुकाबला क.; **be getting/ growing ~** दृढ़ और स्थूलकाय हो.

stove /स्टोव/ *n.* 1 बिजली, गैस या मिट्टी के तेल से जलने वाला चूल्हा 2 कमरा गर्म करने के लिए एक प्रकार का चूल्हा जिसमें कोयला, गैस या लकड़ी जलाई जाती है: ~ heating 3 स्टोव, अंगीठी, आतिशदान, चूल्हा: camping ~ 4 औद्योगिक भट्ठी;
dw/lw: **~pipe** /स्टोवपाइप/ *n.* 1 स्टोव से धुआं निकालने की नली, स्टोव-नली 2 (*in full* **~pipe hat**) पुरुषों का लंबा बेलनाकार रेशमी टोप;
dw/lw: **~d** adj. (***syn.*** stewed) तरल में धीमी आग पर पकाया हुआ (गोश्त आदि);
collocations: **~d enamel** गर्मीसह ऐनेमल (paint)

stove *pt.,* **'stave'** का भूतकालीन रूप

stovies /स्टोविज/ *n., [pl.] Scot.* आलू और प्याज का मसालेदार व्यंजन

stow /स्टो/ v., *pt.* **~ed**, *pp* **~ing** 1 (*often* **~ sth away**) संचित क., सहेज कर एक तरफ रखना, सजा कर रखना, लगा दे.: ~ clothes in a trunk; ~ a trunk with clothes 2 सामान को जहाज के पेंदे में भर दे.: ~ the hold 3 किसी चीज के लिए स्थान हो. 4 हटाना, एक तरफ रखना: ~ the anchor/ the sails;
dw/lw: **~age** /स्टोइज/ 1 भरण, नौभरण 2 गोदाम 3 माल-भराई 4 नौभरण-शुल्क, गोदाम-भाड़ा 4 माल भरने की जगह, धारिता; **~away** /स्टोअवे/ *n., pl.* **~aways** जहाज (हवाई या पानी) में चोरी-छिपे यात्रा, छिप कर यात्रा करने वाला; **~er** /स्टॉवः/ *n.* सामान रखने वाला; **~ing** *n.* सामान रखने की क्रिया;
p&i: **~ away** मुफ्त यात्रा करने की आशा में जहाज, विमान या अन्य किसी वाहन के ऊपर छिप जा.; **~ it!** चुप हो जाओ! (shut up!)

STP *abbr.* **'Standard temperature and pressure'**, **'Sanctae Theologiae Professor'** (*Lat.*) की प्रथमाक्षरी

str *abbr.* **'steamer'** का छोटा रूप

str. *abbr.* **'strong'**, **'straight'** का छोटा रूप

strabi\smus /स्ट्रअबि\ज्मस/ *n., med.* (***syn.*** squint) भेंगापन, वलिरता, ऐंचापन;
dw/lw: **~smal/ ~smic/ ~smical** /~ज्मल/~ज्मिक/ *adj.* भेंगेपन से संबंधित

strabotomy /स्ट्रअबौटअमि/ *US* स्ट्रअबाःटअमि/ *n.* भेंगेपन या

वलिरता हटाने के लिए शल्य-क्रिया

straddle /स्ट्रैडल/ *v., pt.* **~d**, *pp* **straddling** 1 टांगों को मोटर साइकिल आदि या घोड़े आदि की दोनों तरफ फैलाकर बैठना: **~d** the horse 2 टांगों को फैलाकर खड़ा होना, पार क.: **~d** the puddle; ~ a chair 3 किसी के साथ न हो., दोनों ओर हो., दो नावों पर सवार हो. 4 किसी चीज का किसी अन्य संरचना या प्राकृतिक प्रक्रिया के दोनों ओर स्थित हो.: the forest **~s** both sides of the river 4 निशाना बांधने के लिए गोले बरसाना: **~s** at the third salvo 5 सभी ओर व्याप्त हो.: the problem of drug abuse **~s** all sections of the society;

n. 1 आर-पार फैलने की क्रिया 2 क्रय-विक्रय की क्रिया जिसमें खरीदार माल को तयशुदा दामों पर खरीद सकता है 3 दोगला रवैया 4 *athletics* ऊंची कूद की एक शैली

strafe /स्ट्राःफ/ *US* स्ट्रेफ/ *v., pt.* **~d**, *pp* **strafing** 1 कम ऊंचाई से ढेरों बमों की बौछार क. 2 पर गोलाबारी क. 3 फटकारना, भर्त्सना क. 4 दंड दे. 5 पीटना;

n. 1 गोलाबारी 2 डांट-डपट, दंड;

dw/lw: **strafing** /स्ट्राःफिंग/ स्ट्रेफिंग/ *n.* कम ऊंचाई से ढेरों बम-वर्षा

strag\gle /स्ट्रैग्ल/ *v., pt.* **~gled**, *pp* **~gling** 1 पीछे रह जा., पिछड़ना 2 बिखर जा., बिखरा होना, छितरा हुआ होना, फैला हुआ होना: houses that **~gled** round the lake 3 अलग-अलग कर दिया जा. या अलग पड़ जा.: the guests **~gled** off 4 रास्ते या विचारों से भटक जाना: not to **~gle**/ keep one's mind from **~gling** 5 छुट-पुट रूप से आना-जाना, घटित होना 6 विचरण क.;

dw/lw: **~gler** /स्ट्रैग्लः/ *n.* 1 पीछे छूट जाने वाला 2 अपने झुंड से अलग हुआ पशु 3 भटका हुआ या पथभ्रष्ट व्यक्ति 4 उगकर अलग खड़ा पौधा; **~gling** /स्ट्रैग्लिंग/ *n.* 1 पीछे छूटने की क्रिया 2 बिखराव, अलगाव, **~gling** *adj.* 1 पीछे छूटा हुआ 2 जो भगोड़ा बन गया हो 3 फैला हुआ, बिखरा हुआ: ~ing village; **~gly** /स्ट्रैग्लि/ *adj., degr.* **~glier**, **~gliest** = **~gling** बिखरा हुआ: grey ~gly hair

straight /स्ट्रेट/ *adj., degr.* **~er**, **~est** 1 ठीक सीधा, बिना किसी मोड़ के: a ~ road; ~ line; the **~est** way to; ~ back; ~ flight; ~ run 2 बिना किसी घुमाव के, सीधा: a ~ punch to the face 3 स्पष्ट, सीधा, तर्कसंगत: a ~ answer; ~ talk 4 जो मुड़ा हुआ या छल्लेदार न हो, सीधा: ~ hair; put one's hair/ one's tie ~ 5 समतल, जो ढलानदार न हो: ~ picture; a ~ posture 6 एक के बाद एक: won three ~ sets 7 सच्चा, ईमानदार, निष्कपट, सम्माननीय, परिशुद्ध, खरा: a ~ deal; ~ dealing/s; be ~ in one's dealings; ~ man; ~ fight; keep ~ (ईमानदार जीवन जीना); ~ tip (विश्वस्त सूत्रों से मिली सूचना); on the ~/ be on the ~ (ईमानदारी से या साफ-साफ कहना) 8 ठीक, सुव्यवस्थित, साफ-सुथरा: put a room ~; put things/ matters ~ 9 अमिश्रित, बिना सोडा या पानी आदि मिलाए पी जाने वाली (शराब आदि): ~ whisky10 जिसने पूरा ऋण चुका दिया हो या हिसाब चुकता कर दिया हो: you paid for the petrol and I paid for the food, that makes us ~ 11 मजाकिया नहीं, गंभीर: ~ theatre 12 स्वाद और विचारों में सामान्य, साधारण और उबाऊ: be a person of ~ conservative values 13 असमलिंगी 14 जो नशीले पदार्थों या शराब का लती न हो 15 सीधी सरल (न कसी हुई, न ढीली-ढाली) पोशाक: a ~ skirt 16 दो में से एक (या ... या): ~ choice; ~ fight in the election;

n. 1 सीध 2 सीधा भाग 3 सीधी रेखा: doing 100 kph down the ~ 4 स्वाद और विचारों में दकियानूस: not ultramodern but ~ 5 जो व्यक्ति नशीली दवाइयों या शराब की लती न हो 6 असमलिंगी व्यक्ति: gays and **~s** 7 *poker* निरंतर क्रम (flash) 8 स्पष्ट व्यवहार;

adv. 1 समतल और सीधी: the picture hung ~ 2 सीधे, बिना इधर-उधर भटके: went home ~; looked her ~ in the eye; sit up/ stand up ~; go ~ to London 3 (***syn.*** at once) तुरंत: come ~ after work 4 ईमानदारी से, स्पष्टतापूर्वक: tell sb ~ that the relationship was over 5 गंभीरतापूर्वक: played the part ~ 6 बिना कुछ मिलाए: drink one's whisky ~ लगातार: won three sets ~;

dw/lw: **~-arm** *v., pt.* **~ed**, *pp* **~ing** = **hand sb off** किसी को सौंपना; **~-away** *adv.* तुरंत; **~-away** *n.* दौड़-पथ का प्रारंभिक भाग; **~en** *see below under separate entry*; **~face** *n.* गंभीर मुद्रा; **~faced** /स्ट्रेटफेस्ड/ *adj.* भावशून्य; **~forward** *see below under separate entry*; **~fight** *n.* सीधा संघर्ष; **~-jacket** = **strait-jacket** *see below under* **strait**; **~-laced** *adj.* = **strait-laced** नैतिक व्यवहार के बारे में कठोर दकियानूसी विचारों वाला; **~ness** *n.* सीधापन, सरलता; **~-out** *adj., N. Amer., esp. US* 1 पूरा-का-पूरा, असंयत 2 ईमानदार; **~-to-video** *adj.* फिल्म जो सिनेमाघरों में दिखाने की बजाए सीधी वीडियों के लिए जारी कर दी गई हो; **~way** /स्ट्रेटवे/ *adv.* तुरंत, झटपट

collocations: ~ **angle** 180^0 का कोण; ~ **arrow** उबाऊपन की हद तक ईमानदार और सीधा; ~ **edge** सीधी रेखा खींचने के लिए धातु, लकड़ी या प्लास्टिक की समकोण पट्टी, सीधी कोर; ~ **fight** चुनाव आदि में सीधी टक्कर; ~ **flush** पोकर के खेल में पांच पत्तों का मेल; ~ **man** विदूषक का पिट्ठू; ~ **play** गंभीर नाटक; ~ **tip** विश्वसनीय सलाह; ~ **talking** *adj.* सीधा, स्पष्टवादी: a ~ talking guy; ~ **ticket** *US* जब कोई मतदाता सभी मत एक ही दल के उम्मीदवारों को देता है

p&i: ~ **away** तुरंत ही, सीधे ही; ~ **off** तुरंत, बिना एक पल सोचे; ~ **out** सीधे: speak ~ out; ~ **up** *colloq.* ईमानदारी से; **a ~ face/ keep one's face** ~ गंभीर रहना; **as ~ as a die** पूर्णतः ईमानदार और भरोसेमंद; **as ~ as a ram-rod/ poker** इतना गंभीर कि मानो कुछ निगल लिया हो; **drink ~ from the bottle** सीधे बोतल से पीना; **get ~ 'A's'** अपनी कक्षा में श्रेष्ठतम अंक पाना; get **sth** ~ ठीक से समझना; **get/ go/ come ~ to the point** सीधे मुद्दे पर आना; **go** ~ *colloq.* ईमानदारी का जीवन जीना, सुधरा हुआ जीवन जीना; **hit ~ from the shoulder** सीधे और ईमानदारी से बात कहना; **keep a ~ face** अपने को हंसने या मुस्कराने से थामे रखना; **look sb ~ in the eyes/ in the face** सीधे किसी की आंखों में आंखें डालकर देखना; **not think** ~ ठीक से न सोचना; **on the** ~ ईमानदारी से; **put sb ~ (about sth)** किसी को असली स्थिति बता दे.; **the ~ and narrow** नैतिक दृष्टि से सही व्यवहार

straighten /स्ट्रेटन/ *v., pt.* **~ed**, *pp* **~ing** 1 सीधा क. 2 (*sometimes* ~ **out sth**) 2.1 किसी समस्या या गलतफहमी को सुलझाना: **~ed** out their finances 2.2 गुत्थी को कम जटिल बनाना: **~ed** out their differences; ~ out one's affairs; things will ~ out 2.3 सुव्यवस्थित क.: **~ed** the living-room before the guests arrived 3 (*often* ~ **up**) झुकने के बाद सीधे खड़े हो.: ~ **up** one's shoulders; ~ **up** one's back 3 सीधा क.: ~ **up** a piece of wire;

p&i: ~ **sth out** 1 निपटना, सुलटना 2 स्थिति को संभालना; ~ **sth up** सफाई क., सीधा क.

straightforward /स्ट्रेटफॉवः ड√ *adj.* 1 सरल, सीधा 2 ईमानदार, निष्कपट, सच्चा, खरा: ~ answer 3 सीधा, सरल, सीधा-सादा, स्पष्टवादी: ~ person; be ~ about sth 4 (***syn.*** easy) आसान, सरल;

dw/lw: **~ly** /~लि/ *adv.* स्पष्टतापूर्वक, ईमानदारी से: act ~ly; **~ness** /~नेस/ *n.* सीधापन, स्पष्टवादिता

strain /स्ट्रेन/ *n.* 1 (***syn.*** tension) तनाव, खिंचाव, टान: break under the ~; the rope broke under the ~; relieve the ~ on a cable 2 घोर परिश्रम, प्रयास, तनाव: talking to her is such a ~ 3 (***syn.*** fatigue) श्रांति: feel the ~; be under ~; the ~ of doing sth 4 जरूरत से ज्यादा खिंचाव, शरीर के किसी अंग को जरूरत से ज्यादा प्रयोग में लाने से उसे होने वाली क्षति या विकृति:

put a ~ on sb/ sth; a ~ on the nerves; suffer from ~; bear/ stand the ~; break under the ~ 5 मानसिक तनाव, दबाव, मांग: mental ~; the ~ of modern life 6 *phys.* बलाघात तले किसी वस्तु में होनेवाला विकृति 7 साधनों पर पड़ने वाला दबाव: it was too great a ~ on my purse/ on my resources 8 ढंग, शैली, अंदाज: speak/ write in a lofty/ in a cheerful/ in a dismal/ in an angry ~; and much more in the same ~; he went on in another ~; the **~s** of the ancient poets 9 राग, तान, लय: the **~s** of distant pipes; pathetic/ sweet **~s** 10 (***syn.*** tendency, streak) प्रवृत्ति, झुकाव, गुण: a ~ of ferocity; a ~ of insanity in the family; there is a ~ of weakness in him; there is a ~ of mysticism in his nature; a ~ of snobbery 11 वंश, कुल: of noble ~ 12 नस्ल (***syn.*** breed) this dog is of a good ~; there is a ~ of Irish blood in him 13 *bot.* विभेद, उप भेद 14 एक प्रकार का नया जीवाणु, रोग 15 तनाव, मन-मुटाव, मनोमालिन्य, अनबन 16 (***syn.*** sprain) मोच 17 विधा: a story with a ~ of satire;

v.**, pt.* **~ed**, *pp* **~ing** 1 पूरी कोशिश क.: ~ every nerve; ~ to do sth 2 किसी अंग विशेष पर अधिक बोझ डालकर उसे क्षति पहुंचाना, विकृत कर दे.: ~ one's shoulder/ one's wrist/ one's tendon; ~ one's eyes 3 किन्हीं के बीच तनाव पैदा क.: ~ sb's friendship 4 प्रचंड प्रयास क.: ~ after sth; ~ too much after effect 5 बहुत खर्चा होने से क्षति हो. 6 छानना 7 कस कर तानना: ~ under a load 8 (*usually* **~ at sth**) पूरी शक्ति लगा कर खींचना: ~ at the oars; ~ at the leash 9 से अत्यधिक काम लेना, थकाना 10 अनिच्छा जताना, टाल जा. 11 की ओर खिंचना: ~ after the light (पौधे का प्रकाश की ओर खिंचना) 12 की सीमा का उल्लंघन क. 13 खींच-खांच कर अर्थ लगाना: ~ the meaning of a word; ~ a point in sb's favour 14 (syn.*** sprain) मुड़काना, मोच आना 15 कस कर गले लगाना 16 घोर परिश्रम क. 17 (***syn.*** percolate) टपकना, रिसना: the water **~ed** through the sand;

dw/lw: **~ed** /स्ट्रेंड/ *adj.* 1 तनावग्रस्त: ~ed shoulder/ tendon 2 (***syn.*** tense) बिगड़े हुए/ तनावपूर्ण: ~ed nerves 3 कष्टकल्पित: a ~ed back 4 (***syn.*** tight) अत्यधिक कम: ~ed finances 5 विकृत: ~ed interpretation 6 (***syn.*** forced) अस्वाभाविक, कृत्रिम: ~ed cordiality; ~ed laugh/ smile 7 छाना हुआ: ~ed carrots; ~**ing** *adj.* तनावपूर्ण: ~ tie; ~**ing** *n.* तनाव; **~er** /स्ट्रेनः/ *n.* 1 छलनी, छन्नी, चलनी 2 छन्ना 3 साफी 4 निस्यंदक, फिलटर;

collocations: **~s and stresses** अत्यधिक घबराहट या तनाव; **~ed nerves** तनावपूर्ण नस-तंतु, घबराहट, तनाव; **~ed relations/ circumstances** तनावपूर्ण रिश्ते या हालात

p&i: **~ after** के लिए प्रयास क.; **~ at** बहुत चिड़चिड़ा हो.; **~ at a gnat and swallow a camel** गुड़ खाना और गुलगुलों से परहेज क.; **~ at the leash** बहुत कुछ करना चाहना, हद टूटन को हो.; **~ every nerve/ sinew to do sth** कुछ करने के लिए पूरा जोर लगा देना; **~ one's authority/ authority/ powers/ rights** किसी के सत्ताधिकार व नागरिक अधिकारों पर दबाव बनाना; **~ one's eyes** आंखों से तेल निकालना;

a ~ of madness in the family परिवार में पागलपन की प्रवृत्ति

strait /स्ट्रेट/ *n.* 1 जलडमरू-मध्य के नाम: The Straits of Gibraltar 2 तंग जलसंयोजी मार्ग: the **Straits** of Dover 3 (**~s**) संकट, तंगी, तंगहाली, कंगाली, तकलीफ, दुर्गति: financial **~s**; be in desperate/ dire financial **~s**;

adj. 1 कठिन, कठोर, सख्त, कड़ा 2 क्लेशकर, दुखद 3 तंग, सटा हुआ: ~ jacket/ ~ waistcoat (जकड़-जामा) 4 संकीर्ण;

dw/lw: **~en** /स्ट्रेटन/ *v., pt.* **~ened**, *pp* **~ening** 1 संकीर्ण या संकुचित क. 2 सीमित क., तंग क. 3 तंगी में डालना: they were ~ened for provisions 4 मुसीबत में डालना: he was ~ened by debt 5 तंग जगह पर बंद क.; **~ened** /स्ट्रेटन्ड/ *adj.* संकीर्ण, संकुचित, सीमित, तंग 2 कठिन: be in ~ened circumstances; **~-jacket** (*also* **straight-jacket**) *n.* लंबी बाजुओं वाला जैकिट जिसकी छाती पर से खींचकर पीछे बांधी हुई बांहें हिंसक व्यक्ति को काबू में रखती हैं: put sb into a ~-jacket/ put a ~jacket on sb; **~laced** /स्ट्रेट\लेस्ट/ ~लेस्ड/ (*also* **straight-laced**) *adj.* शुद्धाचारी, अतिसंयमी, अति-नैतिक;

p&i: **be in great/ dire ~s** मुसीबत या तंगहाली में हो.; **in ~ened circumstances** तंगहाली में

strake /स्ट्रेक/ *n.* 1 पट्टी 2 बैलगाड़ी के पहिए के रिम का एक भाग 3 जहाज के दोनों तरफ लगने वाली पेटी 4 यात्रा का जो भाग पूरा हो गया है 5 कदम की लंबाई

stramineous /स्ट्रअमिनिअस/ *adj.* 1 सूखी घास का 2 बेकार 3 घसीले-पीले रंग का

stramonium /स्ट्रअमोनिम/ *n.* 1 धतूरा 2 धतूरे के पत्तों, फूलों, बीजों से बनी दवा जिसे अस्थमा के इलाज में प्रयुक्त किया जाता है

strand /स्ट्रैंड/ *n.* 1 लड़, लड़ी, लट: a ~ of hair; a ~ of beads/ of pearls 2 कहानी का एक पहलू या दिशा: different **~s** of opinions in the novel 3 गुण 4 रेशा, तंतु, तत्त्व, सूत्र, तार: the **~s** of the case (मामले के अलग-अलग सूत्र) 5 (***syn.*** beach) तीर, तट, समुद्र तट, बालू तट;

v. pt. **~ed**, *pp* **~ing** 1 बटना 2 भूग्रस्त हो जा., तल से अड़ जाना, भूग्रस्त होने दे.: the ship got **~ed** on a sand bank 3 तट पर ले जाना या लगा दे. 4 असहाय छोड़ दे. 5 इकट्ठा गूंथना 6 बीच-बीच में अलग तंतुओं या रेशों को गूंथना.: time has **~ed** her hair with grey;

dw/lw: **~ed** /स्ट्रैंडिड/ *adj.* 1 मुसीबत में फंसा हुआ: be ~ed 2 बिना पैसे और साधनों के, असहाय: leave sb ~ed 3 भूग्रस्त (जहाज) 4 समुद्र से तट पर फेंका हुआ: ~ed goods 5 रस्सी की तरह बंटी हुई तार: ~ed wire; ~ed aerial wire

strange /स्ट्रेंज/ *adj.* 1 विचित्र, अजीब, अनोखा, आश्चर्यजनक: a ~ person or place; ~ voice/ device; ~ behaviour; be ~ in one's manners; it is a ~ thing/ story 2 विदेशी, बाहरी: ~ bodies 3 पराया, गैर, बेगाना, अजनबी: in a ~ land; look ~ at sb (किसी को उदासीनता या परायेपन से देखना) 4 (*usually* **~ to sth**) 4.1 अपरिचित: ~ tongue (अपरिचित भाषा); ~ faces/ voices 4.2 व्यक्ति, स्थान आदि से अनजान, से अनभिज्ञ, अनुभवहीन: the voice/ the handwriting/ the by/ the place/ the work is ~ to me; he is ~ to the job/ to the work 5 जिसका आदी न हो: feel ~; it feels ~; ~ experience; I am quite ~ here 6 सनकी, झक्की 7 चकित 8 असंगत 9 बेजोड़, विषम, विलक्षण 10 बीमार-सा, व्यग्र, बेचैन 11 संकोची, शर्मीला;

dw/lw: **~ly** *adv.* 1 विचित्र/ अजीब ढंग से 2 अपरिचित ढंग से; **~ness** *n.* 1 विचित्रता 2 अपरिचितता 3 अजनबीपन 4 परायापन

stranger /स्ट्रेंजः/ *n.* 1 अजनबी: the dog barks at **~s**; a perfect/ utter/ total ~ 2 विदेशी, बाहरी व्यक्ति, पराया: a ~ in blood 3 अपरिचित: be a ~ to sb; he is no ~ to me; be no ~ to sth (किसी चीज से भली भांति परिचित न हो.); be a ~ to fear/ to hatred (डर या घृणा आदि शब्द उसके शब्दकोश में नहीं) 4 अतिथि, आगंतुक: make a ~ of sb 5 नौसिखुआ: be a ~ to a job 6 *law* अन्य व्यक्ति (third person);

dw/lw: **a ~ in blood** जो सगा संबंधी न हो; **a ~ within sb's gates** किसी को यहां बिल्कुल अजनबी; **be a ~ to sth** किसी बात से अनभिज्ञ हो.; **he is no ~ to sorrow** दुख-दर्द से भली भांति परिचित हो.; **make ~ of sb** किसी से रूखे ढंग से पेश आना; **spy/ (see) ~s** संसद भवन से आगंतुकों को हटाना; **the little ~** नौसिखुआ गुप्तचर; **you are quite a ~!** आप हमारे यहां बहुत कम आते हैं!

strangle /स्ट्रैंगल/ *v., pt.* **~d**, *pp* **strangling** 1 गले में बहुत तंग हो.: this tight collar is **strangling** me 2 गला घोंटकर मार दे. 3 हंसी, चीख, छींक आदि रोक या दबा ले.: ~ a laugh/ a

sneeze/ a yawn 4 विकास में बाधा डालना: the job **~d** her creativity 5 दमन क.: ~ an insurrection; ~ evil In the bud (बुराई को आरंभ में ही खत्म कर दे.);
dw/lw: **~r** *n.* 1 गला घोंटने वाला 2 जंगली अंजीर; **~hold** *n.* 1 पूर्ण नियंत्रण, जकड़: tariffs put a ~hold on trade 2 कुश्ती में दमघोंटू जकड़: have a ~hold on sb 3 दमनकारी शासन; **~s** /स्ट्रैंगल्ज/ *n., [sing.], vet.* हुबक; **~-weed** *n.* अमरबेल, आकाश बेल;
collocations: **~ operations** प्रतिपक्ष की संचार प्रणाली के विरुद्ध कदम

strangula\te /स्ट्रैंग्युले\ट/ *v., pt.* **~ted** *pp* **~ting** 1 (नस) दबा दे., दबाना, अवरुद्ध क. 2 गला घोंटना;
dw/lw: **~ted** /~टिड/ *adj.* 1 दबा हुआ 2 चोटिल: ~ted hernia (अंडकोश बढ़ जाने या आंत उतरने का रोग); **~tion** /~शन/ 1 नस का दबना या दबाया जा. 2 गला घोंटना या घोंटा जा.

strangury /स्ट्रैंग्युरि/ *n., pathol.* 1 अश्मरी 2 पेशाब का बड़ी कठिनाई से यानी बूंद-बूंद करके उतरने की अवस्था 3 बिंदु-मूत्रकृच्छ

strap /स्ट्रैप/ *n.* 1 फीता, तस्मा, पट्टा, पेटी: shoulder ~; watch ~; bra-~ 2 बद्धी 3 कमरबंद 4 कोड़ा: got the ~;
v., pt. **~ped**, *pp* **~ping** 1 फीते या पेटी से बांधना: ~ a parcel; **~ped** the baby into her safety seat; ~ sb/ sth in or into sth 2 पेटी से कोड़े मारना 3 घाव पर पट्टी बांधना; **~ up** पट्टी बांधना; **~ sth on** किसी चीज को सुरक्षित स्थान पर बांधना: **~ped** on his holster;
dw/lw: **~-hanger** *n., colloq.* 1 बस या रेल में लटकती पट्टी पकड़कर खड़ा होने वाला यात्री 2 सरकारी यातायात के साधनों से यात्रा करने वाला व्यक्ति; **~-on** *adj.*पेटियों से बंधा; **~ped** /स्ट्रैप्ड/ *adj.* जिसे पैसे की तंगी हो: ~ped for sth; she's always ~ped for cash; **~per** /स्ट्रैपः/ *n.* लंबा, हट्टा-कट्टा व्यक्ति; **~ping** /स्ट्रैपिंग/ *adj.* लंबा-तगड़ा, हट्टा-कट्टा: ~ping fellow; **~py** /स्ट्रैपि/ *adj.* फीते वाले जूते, कपड़े आदि: a pair of pretty ~py sandals; **~-work** *n., archit.* छत आदि पर सजावटी चित्रण

strapontin /स्ट्रैपौंटिन/ *n., Fr.* विमान, थियेटर आदि में मुड़वां सीट

strata /स्ट्राःटा/ *pl. of* **stratum** (*see below*)

stratagem /स्ट्रैटअजअम/ *n.* 1 गहरी चाल या युक्ति 2 तिकड़म, चाल, कपट, चालाकी 3 दांव-पेच

strategic /स्ट्रअटीजिक/ *adj.* 1 सामरिक या राजनीति रूप से महत्त्वपूर्ण, युक्तिपूर्ण: **Strategic** Defence Initiative 2 सामरिक दृष्टि से महत्त्वपूर्ण 3 उपयोगी एवं महत्त्व का क्षेत्र 4 युद्धनीति संबंधी, युद्धनीतिक 5 अनुकूल;
dw/lw: **~ally** /स्ट्रअटीजिकलि/ *adv.* महत्त्वपूर्ण ढंग से;
collocations: **~ aviation/ air arm** सामरिक दृष्टि से महत्त्वपूर्ण उड्डयन विभाग; **~ aircraft** सामरिक दृष्टि से महत्त्वपूर्ण विमान; **~ atomics** सामरिक दृष्टि से महत्त्वपूर्ण परमाणु हथियार; **~ bombing** सामरिक दृष्टि से महत्त्वपूर्ण बमबारी; **~ breakthrough** सामरिक दृष्टि से महत्त्वपूर्ण सफलता; **~ formation** सामरिक दृष्टि से महत्त्वपूर्ण बलों का मिलान; **~ locality** सामरिक दृष्टि से महत्त्वपूर्ण स्थान; **~ upset** लड़ाई में सामरिक दृष्टि से महत्त्वपूर्ण हार या बदलाव

strategist /स्ट्रैटअजिस्ट/ *n.* युद्धनीतिज्ञ, रणनीति-कुशल व्यक्ति;
collocations: **an armchair ~** दफ्तरी रणनीति-कुशल व्यक्ति

strategy /स्ट्रैटअजि/ *n., pl.* **strategies** 1 योजना: a ~ for doing sth; a sales ~ 2 युद्ध-योजना: ~ of annihilation/ of destruction 3 युद्ध-कला, युद्धनीति: adopt/ develop/ have a ~; a long-term/ short-term ~ 4 युद्धकौशल, रणनीति 5 चातुर्य, चतुराई;

strati /स्ट्रेटाइ/ *pl. of* **stratus** (*see below*)

straticulate /स्ट्रअटिक्युलिट/ *adj.* सूक्ष्म स्तरित, पतली परतों से बना

strati\fication /स्ट्रैटि\फिकेशन/ *n., geol.* 1 परत-विन्यास 2 स्तर-विन्यास 3 स्तरण, स्तर: **~fication** planes;
dw/lw: **~form** *adj.* स्तरित; **~fied** /~फाइड/ *adj.* स्तरित, स्तरों में बंटा हुआ: ~fied rock; a highly ~fied society (वर्गों में विभाजित समाज); **~fy** /~फाइ/ *v., pt.* ~fied, *pp* ~fying परतें लगाना या बैठाना, स्तरित क.; **~grapher/ ~graphist** /~ग्रैफः/ ~ग्रैफिस्ट/ *n.* स्तरित-शैल विज्ञानी; **~graphic/ ~graphical** *adj.* स्तरित शैल विज्ञान संबंधी; **~graphy** /~ग्रफि/ *n., geol.* स्तरित शैल विज्ञान, स्तर-विन्यास

stratocracy /स्ट्रअटअक्रसि/ *n.* सेना-तंत्र

stratocumulus /स्ट्रैटोक्युम्युलस/ *n., pl.* **stratocumuli** /स्ट्रैटोक्युम्युलाइ/, *meteorol.* भिन्न-भिन्न स्तरों पर फैले कपास जैसे बादल, स्तरित कपासी मेघ

stratose /स्ट्रैटज/ *adj.* स्तरित

stratosphere /स्ट्रैटअस्फिअः/ *n., meteorol.* पृथ्वी के वायुमंडल से बारह से पचास किलोमीटर के बीच का वातावरण जहां तापमान लगभग स्थिर रहता है, समतापमंडल: ~ (air)plane/ fighter; ~ balloon;
dw/lw: **stratospheric** *adj.* समतापमंडलीय
collocations: **~ Joe** *milit.* लंबा-ऊंचा सिपाही

stratovision /स्ट्रैटोविजन/ *n.* अंतरिक्ष से टीवी प्रसारण

stratum /स्ट्राःटम/ स्ट्रेटम/ *n., pl.* **strata** /स्ट्राःटा/ 1 चट्टानी परत: ~ layer 2 सामाजिक वर्ग, स्तर: the various **strata** of society; the lower social **strata**

stratus /स्ट्रेटस/ *n., pl. of strati, meteorol.* परतदार बादल

straw /स्ट्रॉ/ *n.* 1 पुआल, पयाल, पलाल 2 तिनका, तृण, सींक 3 घास-भूसा, घास-फूस 4 पेय पीने की नलकी 5 बेकार वस्तु 6 फीका पीला रंग;
adj. 1 घसीला: ~-coloured (हल्का पीला) 2 घास-फूस की: ~-hat तृण टोपी, घास की टोपी; ~ ball;
dw/lw: **~board** *n.* गत्ता; **~like** *adj.* घास-फूस-सा; **~y** /स्ट्रॉइ/ *adj.* घास-फूस की; **~ yellow** तृणपीत, हल्का-पीला;
collocations: **a man of ~** 1 बिजूका, बिजूखा, पुतला, काक-भगोड़ा, हौवा (हौआ) 2 अगंभीर व्यक्ति, विदूषक 3 किसी का बैठाया हुआ भेदिया 4 काल्पनिक शत्रु; **a ~ ballot/ poll/ vote** पूर्व (गैर सरकारी) जनमत-संग्रह;
p&i: **a drowning man catches / clutches/ grasps at a ~** डूबते को तिनके का सहारा; **a ~ in the wind** किसी बात के बारे में संकेत; **a ~ shows which way the wind blows** चुहिया भी शेर के काम आ सकती है; **draw gather/ pick ~s** आंखों का चिपकना; **not worth a ~/ not to care a ~** बिल्कुल परवाह न क., फूटी कौड़ी का भी न समझना; **the final/ last ~** अंतिम मार, अंतिम वार, धैर्य की सीमा: **it is the last ~ that breaks the camel's back** थोड़ी-सी अतिशय मात्रा भी घातक हो सकती है; **thrash/ thresh over old ~** बेकार काम में समय बर्बाद क.; **throw ~s against the wind** व्यर्थ में रोड़े अटकाना

strawberry /स्ट्रॉबअरि/ *n.* 1 स्ट्रॉबैरी यानी एक रस भरा लाल फल/ बैरी, हिसालू: crushed ~;
adj. स्ट्रॉबैरी का, की, के: ~ jam; ~ leaves;
collocations: **~ blonde** लाल-सुनहरे (बाल); **~ mark** लाल-सा तिल जो बच्चे के माथे पर जन्म से होता है और साल-डेढ़-साल के बाद लुप्त हो जाता है; **~ pole** (*also* **~ vote**) अनौपचारिक जनमत संग्रह; **~ tree** दक्षिणी यूरोप में पाया जाने वाला स्ट्रॉबैरी जैसे फल देने वाला एक पेड़

stray /स्ट्रे/ *v., pt.* **~ed**, *pp* **~ing** *s/he/ it* **~s** 1 भटक जा., पथभ्रष्ट या पतित हो जा. 2 पथ से विचलित हो., रास्ता भूल जाना: ~ from the road 3 विषयांतर क., विषय से भटकना: ~ from the point; his thoughts **~ed**; he usually **~s** a bit from the main topic during the lecture 4 अलग पड़ जाना, बहकना: the sheep has **~ed** from the flock 6 बंजारों की तरह घूमना 7 लकीर का फकीर न रहना;

adj. 1 भटका हुआ, भूला-भटका, पथभ्रष्ट, गुमराह: ~ troops 2 भूले-बिसरे: ~ thoughts/ songs 3 अलग-थलग पड़ा हुआ हिस्सा 4 छिटपुट: ~ gunfire 5 बिरला, विरल: we caught only a few ~ words 6 अनियोजित, आकस्मिक: ~ bullet; ~ radiation 7 अवांछित, बेघर-बार, रमता (*Hr.*), आवारा: a ~ cat/ dog/ cow 8 संयोगवश होने वाला, सांयोगिक: ~ acquaintance;

***n.**, pl.* **~s** 1 आवारा जानवर 2 भटका हुआ जानवर या बच्चा 3 (**~s**) *atmospherics* वायु-वैद्युत क्षोभ 4 लावारिस माल या सामान;

dw/lw: **~er** *n.* आवारा, रमता पशु आदि;

collocations: **waifs and ~s** बेघर और बेसहारा लोग, अनाथ बच्चे 2 फुटकर वस्तुएं

streak /स्ट्रीक/ *n.* 1 धारी, लकीर, पट्टी 2 परत 3 शिरा: black ~; ~**s** of red 4 पुट, झुकाव, प्रवृत्ति, गुण, अवगुण: a nervous ~; a yellow ~ (धोखा देने की प्रवृत्ति); a ~ of eccentricity/ of cruelty in sb's character; a cowardly ~ 5 पुट: the silver ~ (**सुनहरी धारी**) 6 दौर: a winning/ losing ~; a long ~ of good/ of bad luck 7 बिजली की कौंध, चौंध; a ~ of light; the first ~ of day/ of dawn; a ~ of lightning 8 अयस्क (ore) के रगड़ने से छूटने वाली धारी 9 जीवाणुओं की पंक्ति;

***v.**, pt.* **~ed**, *pp* **~ing** 1 धारियों से चिह्नित क., धारियां डालना या लगाना: be **~ed** with sth (बीच-बीच में धारियों से सजा हो.) 2 किसी दिशा में तेजी से जा.: ~ across/ down/ through, etc.; he **~ed** off as fast as his legs could carry him;

dw/lw: **~ed** /स्ट्रीकः/ *adj.* 1 धारीदार: ~ed with red 2 उत्तेजित, डरा हुआ, अशांत 3 धारियों या खरोंच भरा: a face ~ed with scars; **~er** /स्ट्रीकः/ *n.* खुले में नंगे शरीर दौड़ने वाला, नग्न-धावक; **~ing** /स्ट्रीकिंग/ *n., colloq.* नंगे होकर खुले में दौड़ लगाने की क्रिया; **~y** /स्ट्रीकि/ *adj., degr.* ~ier, ~iest 1 धारीदार 2 सूअर के नमक लगे सूखे गोश्त के बीच-बीच में चर्बी की परतें: ~y bacon; **~ily** /स्ट्रीकिलि/*adv.* तेजी से; **~iness** *n.* 1 धारीधारिता 2 परिवर्तनशीलता 3 चिड़चिड़ापन;

p&i: **~ of light** वर्ण रेखा;

a ~ of bad/ good luck अच्छे या बुरे भाग्य का दौर; **a blue ~** लगातार, निरंतर; **hit a winning ~** जीतने का दौर शुरू हो जा.; **like a ~ of lightning** बिजली की कौंध की तरह, जल्दी-जल्दी; **make a ~ for (the house)** किसी तरफ (घर की ओर) दौड़ पड़ना; **run like a blue ~** सिर पर पैर रखकर दौड़ना, सरपट दौड़ना; **the silver ~** रुपहली धारी;

stream /स्ट्रीम/ *n.* 1 तंग नदिया, छोटी-सी सरिता, तंग दरिया, नाला: up/ down the ~ 2 (**a ~ of sth**) 2.1 तांता, चलता क्रम, धाराप्रवाह 2.2 प्रवाह, बहाव: a ~ of cold air 2.3 सतत धारा, प्रवाह: a ~ of tears/ of blood/ of words 3 चलता तांता, बढ़ती कतार, पुंज: a ~ of people/ of cars; in one continuous ~; a ~ of light/ of sun 4 *Br., educ.* दिशा, प्रवृत्ति, रुझान, झुकाव 5 एक के बाद एक होने वाली घटनाओं का तांता: a constant ~ of queries 6 कक्षा आदि में एक स्तर के छात्रों का समूह: be in a fast ~;

***v.**, pt.* **~ed**, *pp* **~ing** 1 एक ही दिशा में लगातार बहना: ~ down/ in/ through, etc.; ~ with tears/ with blood/ with perspiration; tears **~ed** down her face; her eyes **~ed** tears; cars **~ed** over the bridge; people **~ed** in from all quarters; the fire **~ed** up the side of the wall 2 जन-समूह का किसी दिशा में आगे बढ़ना: people **~ed** in a huge demonstration 3 घटनाओं का तांता लगना: the protests ~ spontaneously after the arrest of the popular students' leader 4 इंटरनेट से सीधे पकड़ पाना या सुनना 5 हवा में लहराना: her hair ~ed in the breeze; the flag **~ed** in the wind 4 *Br.* विद्यार्थियों को भिन्न-भिन्न धाराओं में बांटना 6 अंदर से निकलकर बाहर धारा में पड़ना: the mountain tops **~ed** with golden light; the light **~s** out of the window 7 लंगर के उत्प्लव को उतार फेंकना: ~ the anchor buoy 8 *comput.* while downloading the video or sound **~ed** freely from the internet;

dw/lw: **~er** /स्ट्रीमः/ *n.* 1 पताका, झंडी 2 पट्टी, फीता: tie flowers with a long ~er 3 फरहरा 4 ज्योति रेखा 5 समाचार पत्र में एक लंबा शीर्षक; **~ing** *n.* 1 बहाव 2 बहते पानी में कोयले की धुलाई; **~ing** *adj.* फहराता-लहराता: ~ing hair; ~ing flags; **~less** *adj.* जहां नदी-नाला न हो; **~let** /स्ट्रीमलेट/ *n.* छोटी नदिया, नाला; **~line** /स्ट्रीमलाइन/ *v., pt.* ~lined, *pp* ~lining 1 सरल बनाना 2 कार, जहाज आदि का एक सरल और कारगर आकार-प्रकार तैयार क. ताकि हवा या पानी आदि में चलते समय इसके कारण बहुत कम रुकावट या व्यवधान हो: ~lined the car 3 धारा-रेखी या प्रवाह रेखी रूप दे., बना दे.; **~lined** *adj.* 1 सरल व चुस्त-दुरुस्त, कारगर: ~lined body 2 धारा-रेखित, प्रवाह-रेखित 3 प्रभावी व कारगर: a ~lined text; a ~lined office; a ~lined version of the computer program; **~lining** *n.* 1 हवा, पानी आदि का शांत प्रवाह 2 न्यूनतम झटकों वाली कार, विमान आदि 3 प्रणाली की चुस्ती-दुरुस्ती व कारगरता; **~y** /स्ट्रीमि/ *adj., degr.* ~ier, ~iest *literary* 1 नदी-नालों से भरा (क्षेत्र) 2 धारा-प्रवाह, प्रवाही 3 बहती (नाक);

collocations: **~ of consciousness** *n., psychol.* 1 इंसान के मन में लगने वाला विचारों, भावनाओं आदि का तांता जो मन को लगातार झकझोरता रहता है 2 जोयेस (Joyce) और वुल्फ (Woolf) जैसे आधुनिकतावादी लेखकों के लेखन में एक कथा-शैली; **~ing cold** जुकाम;

p&i: **drift/ go/ sail with the ~** लोक-प्रवाह के साथ चलना, जैसा दूसरे करते हैं, वैसा ही करना, अवसरवादी हो.; **go/ row/ sail/ strive against the ~** लोक-प्रवाह के साथ न चलना; **shallow ~s make the most din** थोथा चना बाजे घना; **tears were ~ing** अश्रु-प्रवाह निरंतर जारी था;

street /स्ट्रीट/ *n.* 1 सड़क, गली, मार्ग: the main ~ of the town; in the ~; meet sb in the ~ 2 सामूहिक रूप से सड़क, भवन और वहां रहने वाले लोग: a ~ of shops; live in this/ that ~; the whole ~ gathered 3 सड़क पर स्थित लोग: the man/ person, etc. in the ~ 4 आधुनिक नगरीय संस्कृति: manners of the ~ 5 (**the Street**) 5.1 न्युयॉर्क में वॉल-स्ट्रीट (Wall Street) 5.2 तेल और गैस का सट्टा-बाजार;

adj. 1 किसी सड़क से संबंधित 2 आधुनिक नगरीय संस्कृति से संबंधित;

dw/lw: **~-Arab = ~-boy** *n.* लावारिस बालक; **~-board** *n.* पहिएदार तख्ता; **~car** *US* (*UK/ US* **tram**) *n.* ट्राम गाड़ी; **~-level** *n.* 1 पहली मंजिल 2 आधुनिक नगरीय संस्कृति का स्तर; **~-level** *adj.* पहली मंजिल का; **~-smart** *adj.* = **~wise** *see below*; **~-sweeper** *n.* गली साफ करने वाला व्यक्ति; **~walker** *n.* सड़क पर खड़ी होकर ग्राहकों को ललचाने वाली वेश्या; **~-walking** *n.* वेश्यावृत्ति; **~wise** (*US also* **~-smart**) *adj., colloq.* आधुनिक नगरीय संस्कृति (विशेषकर नशीली दवाओं के चलन आदि) को झेल पाने में समर्थ व अनुभवी;

collocations: **~s apart** एक दूसरे से बहुत अलग; **~ cred** *colloq.* (*in full* **~ credibility**) उन लोगों का अनुमोदन जो आधुनिक नगरीय संस्कृति में घुल मिल गए हैं: the cowboy hat really doesn't have any ~ cred nowadays; **~ dress** साधारण या अनौपचारिक वेशभूषा; **~ furniture** सड़क पर लगाए जाने वाले लाल बत्ती जैसे उपकरण; **~ hockey** रोलर स्केट पहनकर खेली जाने वाली हाकी; **~ light** (*also* **~ lamp**) *n.* सड़क को प्रकाश देने वाली बत्ती; **~ map** गली का नक्शा; **~ parade** *US* सैनिकों का औपचारिक मार्च; **~ people** (***syn.*** the homeless) बेघर लोग; **~ theatre** नुक्कड़ नाटक; **~ traffic** सड़क पर यातायात के साधनों का चलन; **~ trader** सड़क पर माल बेचने वाला व्यापारी; **~ value** चोरी के माल, मादक पदार्थों आदि को क्रेता को बेचने का दाम;

Downing Street ब्रितानवी सरकार; **Fleet Street** समाचार-

पत्र; **Grub Street** लेखक गली; **high** ~ मुख्य मार्ग, राजमार्ग; **Wall Street** अमेरिकी आर्थिक गली;

***p&i:* ~s are paved with gold** लगता है अमुक स्थान पर बहुत पैसा बनाया जा सकता है;

a one-way ~ 1 एक-दिशा में जाने वाली गाड़ियों के लिए गली 2 मात्र एक पक्ष के लिए फायदेमंद; **a two-way** ~ दोनों पक्षों के लिए फायदेमंद; **be cleverer than sb by long ~s** किसी से कहीं ज्यादा चतुर हो.; **be in Queer** ~ संकट में हो.; **be in the same ~ with sb** किसी के साथ एक जैसी स्थिति में हो.; **be on the ~s** वेश्यावृत्ति क.; **be right up/ down sb's street** *UK* (*US* **be right up sb's alley**) किसी के लायक या उपयुक्त काम हो.; **be ~s ahead (of sb)** औरों से कहीं बेहतर या आगे हो.; **be ~s better** किसी से बहुत ज्यादा बेहतर हो.; **by the ~ of by and by one arrives at the house of never** शनैः-शनैः चलकर मंजिल तक कभी कहीं नहीं पहुंचा जा सकता; **canvassed ~-level opinion** आम लोगों की राय जानने की कोशिश की; **go on the ~s** वेश्यावृत्ति क.; **in civvy** ~ असैनिक जीवन में; **live in the** ~ लगभग सारा समय घर से बाहर गुजारना; **not to be in the same ~ with sb** किसी से पीछे छूट जा., पिछड़ जा.; **on easy** ~ पूर्णतः खुशहाल; **right up to one's street/ alley** किसी के लिए अति अनुकूल कार्य; **out on the** ~ बेघर-बार व्यक्ति; **the man in the** ~ आम आदमी; **turn sb into the ~s** किसी को घर से निकाल दे.; **walk the ~s** 1 सड़कों पर आवारागर्दी क. 2 वेश्यावृत्ति क.

strength /स्ट्रेंथ/ *n.* 1 शक्ति, सामर्थ्य, ताकत, बल, शक्ति-स्रोत: ~ of body; by ~ of arm/ by sheer ~ (मात्र बाहुबल से); recover/ regain ~; full/great/ superhuman ~; a tower of ~ 2 योग्यता, क्षमता, सक्षमता: his ~ is patience 3 नैतिक बल, मनोबल, चरित्र बल: ~ of mind/ of will 4 5 गहनता, गांभीर्य 6 देश की मुद्रा का मूल्य 7 (***syn.*** tenacity) मजबूती, दृढ़ता: the ~ of a rope 8 (***syn.*** potency) तेजी, तीव्रता, प्रबलता; the ~ of coffee/ of tea 9 संख्या, तादाद, सैन्य-शक्ति: numerical ~; ~ at sea; in/ at/ full ~; with the workforce only at half ~ of sth 10 सांद्रता, गाढ़ापन (of a solution) 11 (***syn.*** potency) जननक्षमता, मर्दानगी 12 (दलील आदि की) सटीकता, अकाट्यता: ~ of words; by ~ of words 13 दम-खम, सहनशक्ति: have no ~ left; my ~ was gone; fighting ~; draw/ have/ muster/ regain/ sap ~ 14 (***syn.*** tensility) तनन-शक्ति, लचीलापन: tensile ~ 15 प्रभाव, दबदबा: have political ~ in the area 16 मुद्रा की दृढ़ता: the new found ~ of the dollar in the post-Brexit period;

dw/lw:* ~en** /स्ट्रेंथन/ *v., pt.* **~ed**, *pp* **~ing** 1 (anton.*** weaken) बलशाली बनाना 2 और ज्यादा बलवान, समर्थ, मजबूत आदि बनना या बनाना 3 किसी चीज को मजबूत क.: **~en** one's health; ~en ties of friendship; ~en sb's hands; **~ening** *n.* बलवर्धन, शक्तिवर्धन: the ~ening of friendly ties; **~ening** *adj.* बलवर्धक, शक्तिवर्धक**:** ~ening drink;

***p&i:* at full** ~ पूरी संख्या में; **bring on the** ~ सूची में शामिल क.; **be sb's** ~ किसी का शक्ति-स्रोत हो.; **go from ~ to** ~ लगातार सफलता पाना, सतत मजबूत होते जा.; **measure one's ~ with sb** किसी के साथ शक्ति-परीक्षण क.; **off the** ~ सूची से बाहर; **on the** ~ सूची में हो.; **on/ upon the ~ of sth** किसी बात के बल-बूते पर; **the ~ of the pulse** नब्ज की शक्ति

strenu\ous /स्ट्रेन्यु\अस/ *adj.* 1 विकट, कठोर: **~ous** work 2 (***syn.*** arduous) श्रमसाध्य: through **~ous** work 3 सख्त, कड़ा, घोर, अनवरत; **~ous** opposition; **~ous** supporter 4 कर्मठ, उद्यमी, अध्यवसायी, मेहनती, ऊर्जाशील: **~ous** life;

***dw/lw:* strenu\ity** /स्ट्रेन्युइटि/ *n.* कर्मठता, कठोरता, तनाव; **~ously** /~अस्लि/ *adv.* कर्मठता से, कड़े परिश्रम से: work ~ously; **~ousness** /~अस्नेस/ *n.* =**~ity** *n.* कर्मठता, उद्यम, लगन, दृढ़ता, श्रमसाध्यता;

strep /स्ट्रेप/ *adj., informal* **streptococcus** का छोटा रूप;

***collocations:* ~ throat** गले का एक संक्रामक रोग

strepto\coccus /स्ट्रेप्टो\कौकस/ *US* ~काःकस/ *n., pl.* **~cocci** /~कौक्साइ/ लोहित ज्वर (scarlet fever) व गले के एक संक्रामक रोग को पैदा करने वाले कीटाणु;

***dw/lw:* ~coccal/ ~coccic** /~कौकल/~कौक्सिक/ *adj.* लोहित ज्वर एवं गले का संक्रामक रोग उत्पन्न करने वाले जीवाणुओं संबंधी

streptomycin /स्ट्रेप्टोमाइसिन/ *n.* जीवाणुओं द्वारा पैदा किए जाने वाले रोगों की चिकित्सा के लिए प्रयुक्त ऐंटिबायोटिक

stress /स्ट्रेस/ *n., pl.* **~es** 1 (मानसिक और शारीरिक) तनाव, टान; be under ~; cope with/ deal with/ handle ~; alleviate/ combat/ reduce/ relieve ~ 2 किसी बात या कार्य को दिया जाने वाला महत्त्व: the ~ was on speed not quality 3 शारीरिक तनाव पैदा करने वाला दबाव, बोझ, भार, प्रभाव: the ~ of teaching; times of ~; ~ of weather; the ~ of war 4 उत्तेजना, भय, आशंका, दबाव आदि से पैदा होने वाला मानसिक, भावनात्मक व शारीरिक असंतुलन व बिखराव: under the ~ of anger/ of fear/ of excitement 5 तंगहाली, तंगी, विपत्ति, कष्ट, तकलीफ: under ~ of poverty 6 प्रतिबल 7 (***syn.*** emphasis) बल, जोर: lay ~ on originality of thinking 8 किसी शब्दांश, स्वर या वाक्यांश पर पड़ने वाला बलाघात, बलात्मक स्वराघात: the ~ falls upon the first syllable; primary/ secondary/ quantitative/ qualitative/ emphatic/ rhetorical ~ 9 *phys.* किसी पिंड के इकाई क्षेत्र पर पड़ने वाला बल जिसके फलस्वरूप पिंड की लंबाई-चौड़ाई, ऊंचाई आदि बदल सकते हैं;

v., pt. **~ed**, *pp* **~ing** 1 पर बल दे.: ~ the importance of education 2 शारीरिक या मानसिक दबाव या तनाव बनाना: the driving in Delhi really **~es** me out 3 बलाघात क.: ~ the first syllable;

***dw/lw:* ~ed** /स्ट्रेस्ड/ (*also* **~ed out**) *adj.* परेशान, तनाव ग्रस्त, प्रतिबलित; **~ed-out** *adj.*: be completely ~ed-out because of work; **~ful** adj. तनावपूर्ण; **~fully** *adv.* तनावपूर्वक; **~less** *adj.* तनावरहित; **~-mark** *n.* बलाघात-चिह्न; **~or** /स्ट्रेसः/ *n.* शारीरिक या मानसिक तनाव बनाने वाला; **~-timed** *adj.* मूल बलाघात के नियमित स्वरतालयुक्त: a ~-timed language;

***collocations:* ~ relieving** तनाव से राहत; **~ levels** तनाव के स्तर; **~ puppy** तनाव पूर्ण वातावरण में भी मजे से काम करने वाला व्यक्ति

stretch /स्ट्रेच/ *v., pt.* **~ed**, *pp* **~ing**, *s/he/ it* **~es** 1(*also* **~ out**) बिना टूटे खींचा जा सकना, खींचकर लंबा या चौड़ा क., तन जा.: don't ~ the material, you'll rip it; material that **~es** 2 तानना: ~ a bow 3 समय और स्थान में फैलना, बढ़ना, फैला हो.: the field **~es** out far and wide; this forest **~es** for miles; ~ into/ over, etc.; ~ away/ into, etc. 4 अंगड़ाई ले.: ~ oneself/ one's arms; ~ one's legs 5 की सीमा का अतिक्रमण या उल्लंघन क.: ~ the rules; ~ a privilege (विशेषाधिकार का दुरुपयोग क.); ~ the law (कानून की व्याख्या को तोड़ना-मरोड़ना) 6 मुड़काना, मोच आना,: ~ one's neck; ~ one's legs/ leg 7 किसी की शारीरिक या भौतिक संभावनाओं पर दबाव बनाना: the course **~ed** even the brightest students 8 बढ़ा-चढ़ाकर बताना: ~ the truth 9 तन जा., तनकर अकड़ जा., कसना: ~ and tone up the body 10 बाहें पसारकर कोई चीज लेना, बांह आगे बढ़ाना, फैलाना: I ~ed out my hand and picked the book 12 साधनों की कमी हो.: my savings won't ~ to a new car 13 किसी की दक्षता या बुद्धिमत्ता का उपयोग क.: a job that **~es** sb's potentials;

n. 1 थल या जल का भाग/ टुकड़ा, विस्तार, फैलाव: level ~ (समतल भूभाग): a ~ of hilly country 2 (***syn.*** spell) समय का अंतराल या टुकड़ा, दौर: for a long ~ of time; a ~ of power/ of authority 3 अंगड़ाई, पसार, पसरन: have a good ~; give sth a ~; the difficult **~es** should be avoided in the beginning 4 विस्तार, फैलाव की सीमा, खिंचाव: a fabric with two-way ~ 5 दूरी, फासला 6 अवधि, *sl.* कारावास की अवधि: did a three-year ~ for armed robbery 7 प्रयास, परिश्रम, तनाव: on the ~ (तनाव में) 8 *horse racing* घुड़-दौड़ पथ का अंतिम सीधा भाग 9 कठिन कार्य: a bit of a ~ to get there by six;

dw/lw: **~ability** *n.* = **~iness** /स्ट्रेचिनेस/ *n.* खिंचाव-सक्षमता; **~ed** *adj.* तानित; **~ing** /स्ट्रेचिंग/ *n.* तनन, पसरन, अंगड़ाई; **~y** /स्ट्रेचि/ *adj., degr.* **~ier**, **~iest** 1 (***syn.*** elastic) जो (कपड़ा आदि) आसानी से खिंच सके, जिसे फैलाया जा सके, जिसे ताना जा सके, तन्य, लचीला 2 खिंचकर लंबा या चौड़ा होनेवाला;

collocations: **~ die** तनन ठप्पा; **~ limo** *N. Amer.* एक लंबी-सी अति ऐशो-आराम वाली कार; **~ marks** *गर्भ* काल में औरत के कई अंगों की त्वचा के खिंचाव के कारण छूटने वालीं सफेद-भूरी धारियां **~ pants** औरतों की इलास्टिक वाली पैंट; **~ yarn** लचकदार सूत्र;

home/ finishing ~ अंतिम चरण;

p&i: **~ a point** 1 नियमों के अनुसार कोई काम न करने के लिए मानना यानी नियमों में ढिलाई क. 2 बढ़ा-चढ़ाकर कहना या क., हद पार क.; **~ a story** कहानी को बढ़ा-चढ़ाकर बताना; **~ every nerve** हर संभव कोशिश क.; **~ forth/ ~ forward** आगे फैलाना, बढ़ाना या पसारना: ~ out one's hand; **~ one's legs** निष्क्रियता के बाद शक्ति बटोरने के लिए टहलना; **~ oneself out** लेटकर थोड़ा आराम क.; **~ over** 1 समय में लंबा खिंचना या चलना 2 विस्तार में फैला हो.: forests ~ over most of the island; **~ the truth** सच्चाई को नमक-मिर्च लगाकर बताना; **~ your arms no further than your sleeve will reach** = **~ your legs according to your coverlet** तेते पांव पसारिये जेती लांबी सौर = जितनी चादर उतने पांव पसारो!;

a clothes-line be ~ed across the room कपड़े टांगने की रस्सी कमरे के आर-पार खिंचा हो.; **a ~ of language** शब्द के अर्थ का विस्तार; **a ~ of the imagination** कल्पना की उड़ान; **at a/ one ~** निरंतर, बिना किसी ठहराव के; **by a ~ of language** शब्द को अधिक विस्तृत अर्थ देकर; **give a ~** थोड़ा दम लेना; **not by any ~ of the imagination** = **by no ~ of the imagination** किसी भी हालत में संभव नहीं; **on the ~** तनाव में; **this is a bit ~ed** इसे काफी बढ़ा-चढ़ाकर बताया गया है

stretcher /स्ट्रेचः/ *n.* 1 स्ट्रेचर: ~ squad 2 स्ट्रेचर में ले जाने लायक रोगी या चोटिल व्यक्ति 3 थोड़ा तनने-खिंचने वाला व्यक्ति 4 तनने-खिंचने में प्रयुक्त होने वाली वस्तु 5 बढ़ाव-चढ़ाव 6 झठ 7 डोला, डोली 8 चौखटा 9 तख्ता 10 दीवार पर दिखने वाली लंबाई में रखी ईंट;

v., *pt.* **~ed**, *pp* **~ing** किसी को स्ट्रेचर पर ले जा.: ~ sb off;

dw/lw: **~bearer** *n.* घायल, चोटिल या रोगी व्यक्ति को स्ट्रेचर पर ले लाने- ले जाने वाला

stretto /स्ट्रेटो/ *n., pl.* **~s**/ stretti, *music* संगीत की विशेष धुन

strew /स्ट्रू/ *v., pt.* **~ed**, *pt. p.* **~ed/ strewn** /स्ट्रून/, *pp* **~ing** 1 (***syn.*** scatter) बिखेरना, छितराना: they **~ed** flowers in his path; ~ sb's path with flowers; ~ newspapers upon the table; papers were **strewn** across the floor; the floor was **strewn** with papers 2 किसी वस्तु से ढकना: ~ sand over the floor; the boulders that **~ed** the mountainside

stria /स्ट्राइअ/ *n., pl.* **striae** /स्ट्रायी/, *geol., biol.* 1 रेखा, धारी, रेखांकन 2 खरोंच, 3 खांचा

stria\te/ stria\ted /स्ट्राइएट/ ~टिड/ *adj.* धारीदार, रेखित;

dw/lw: **~tion** /~शन / *n.* रेखांकन, रेखाकरण

stricken /स्ट्रिकन/ *adj.*, 1 ग्रस्त, पीड़ित: ~ with disease; be ~ by paralysis 2 से आक्रांत: he was ~ in his soul 3 अभिभूत 4 दुखी, व्यथित, मारा हुआ: ~ with grief 5 आक्रांत, घायल: ~ beast 6 (*often in compounds*): panic-~, poverty-~; a typhoid-~ community

strickle /स्ट्रिकल/ *n.* 1 सान 2 (कपड़े के लिए) मापदंड, माप-छड़, गज (*Hr.*)

strict /स्ट्रिक्ट/ *adj., degr.* **~er**, **~est** 1 कड़ा, सख्त, कठोर: ~ teacher/ censorship/ discipline; ~ disciplinarian; give ~ orders; ~ instructions 2 पक्का, दृढ़: ~ Catholics; live in ~ seclusion 3 सही, यथातथ्य: the ~ import of the word (शब्द का सही महत्त्व); in the ~/ in the **~est** sense of the word; ~ construction (अति सीमित अर्थ-विवेचना) 4 अति-नियमनिष्ठ 5 सुनिश्चित: ~ diet/ rule 6 (***syn.*** absolute) पूर्ण, पूरा: in the **~est** confidence; observe ~ neutrality 7 कड़ी: keep ~ watch over sb;

dw/lw: **~ly** /स्ट्रिक्टलि/ *adv.* 1 पूरे नियंत्रण व बंदिशों में रखकर: trade is not ~ly regulated 2 कठोरतापूर्वक, सख्ती से, कड़ाई से 3 (*syn.* absolutely) पूरी तरह से: ~ly forbidden/ prohibited 4 कठोर विवेचना के आधार पर: define one's terms ~ly 5 (*syn.* purely) मात्र के आधार पर: analyse sth in ~ly legal terms; **~ness** /स्ट्रिक्टनेस/ *n.* कड़ाई, सख्ती, कठोरता;

collocations: **~ settlement** *law* परिवार की संपत्ति जो उत्तराधिकार में पति को मिलती है

p&i: **~ly speaking** सही अर्थ में, असल में, सच पूछिए तो: they have, **~ly**, broken the law; **~ly** speaking, the car park is for residents only

stricture /स्ट्रिक्चः/ *n.* 1 कटु आलोचना, निंदा, आक्षेप 2 *med.* नस आदि की सिकुड़न, आकुंचन

stride /स्ट्राइड/ *v., pt.* **strode**, *pt. p.* **stridden**, *pp* **striding** 1 लंबे-लंबे डग भरकर जा. या चलना, लंबे डग या कदम भरना: ~ along the road/ up and down the room; ~ across/ into, etc. 2 एक कदम में पार क., लांघना: they **strode** the street; easily **strode** the puddle 3 घोड़े पर आर-पार टांगे फैलाकर बैठना;

n., *pl.* **~s** 1 (***syn.*** pace) लंबा कदम 2 कदम की लंबाई 3 डग, छलांग: the horse took the hurdle in its ~ 4 चलने की एक शैली: walk with long **~s**; even ~ 5 (usually **~s**) सुधार, प्रगति का मापदंड: science has made great **~s** 6 द्रुत गति, काम की रफ्तार, ताल, लय: get into one's ~ 7 (***~s***) *mainly Austral. sl.* (**syn.** trousers) पैंट;

p&i: **get into one's ~** *UK or US* **hit one's ~** अपनी स्वाभाविक रफ्तार से काम करने लगना; **make great/ rapid ~s** दिन दूनी और रात चौगुनी उन्नति क.; **match sb ~ for ~** किसी की रफ्तार से काम करते रहना; **put me off my ~** मेरी सहज चाल में विघ्न डाल दिया; **take sth in one ~** एक डग में पार क.; **take a town in ~** एक ही हमले में शहर पर कब्जा कर ले.; **take the news in one's ~** खबर को शांत भाव से लेना **take in one's ~** *UK/ US* **take sth in ~** सहज रूप से समस्या का सामना क. या उसे सुलझाना; **without breaking ~** अपने कार्य की रफ्तार में बिना किसी व्यवधान के

stridency /स्ट्राइडेंसि/ *n.* 1 कर्कशता 2 तीव्रता, कटुता, तीक्ष्णता

stridor /स्ट्राइडर/ *n.* घर्घर, कर्कश आवाज

strident /स्ट्राइडंट/ *adj.* 1 तीखा: ~ colour 2 कर्णभेदी, कर्कश, तीक्ष्ण, कर्णकटु, श्रुतिकठोर: ~ voice;

dw/lw: **~ly** /~लि/ *adv.* तीक्ष्णतापूर्वक, कर्कशतापूर्वक

stridu\late /स्ट्रिज्यु\लेट/ *v., pt.* **~lated**, *pp* **~lating** 1 कीटों द्वारा झंकारना, चीं-चीं किया जा. 2 कर्कश आवाज में बक-बक क.;

dw/lw: **~lation** /~लेशन/ *n.* कर्कश चरचराहट, झंकार, घर्षण-ध्वनि; **~lous** /~लस/ 1 झंकार करने वाला 2 कर्कश; **~lant** /~लंट/ *adj.* 1 झंकृत 2 कर्कश; **~lantly** /~लंटलि/ *adv.* झंकृत करते हुए; **~lator** /~लेटः/ *n.* 1 भीं-भीं करने वाला मच्छर 2 कर्कश ध्वनि करने वाला उपकरण; **~latory** /~लेटरि/ *adj.* चरचराहट या घर्षण-ध्वनि करने वाला

strife /स्ट्राइफ/ *n.* 1 तकरार, झगड़ा, मार-पीट 2 (***syn.*** conflict)

घोर कलह: policy of ~ 3 अनबन, फूट: make ~ 4 संघर्ष, लड़ाई; *dw/lw:* संयुक्त शब्दों में: **~-ridden** संकट-ग्रस्त: ~-ridden Syria;
p&i: **cease from ~** हथियार डालना

strike /स्ट्राइक/ *v., pt.* **struck**, *pt. p.* **struck/ stricken**, *pp* **striking** 1 मारना, प्रहार क., आघात क, पटक दे.: ~ a blow; ~ sb; **struck** the enemy on the head; ~ a violent blow at sb/ ~ to sb a violent blow; ~ on/ upon the table; ~ at sb with a sword; ~ at the dog with a stick; **struck** at the ball but missed 2 भोंकना, घुसेड़ना: ~ the nail with a hammer 3 एकदम आक्रमण क., टूट पड़ना: they **struck** the retreating enemy 4 से टकराना, टक्कर खाना, भिड़ना: the car **struck** the lamppost; his head **struck** against the pavement 5 पर पड़ जाना, लग जाना: lightning/ the bullet **struck** the tree/ the house 6 दिखना, लगना, प्रतीत होना, मन में आना, सूझना, दिमाग में कौंध जा.: an idea suddenly **struck** me; a thought has **struck** me; they **struck** me as strange people; it **struck** me as strange; ~ sb as being clever/ as interesting/ as unusual; as it **~s** me (जैसा कि मुझे प्रतीत होता है, लगता है); that **~s** me as rather silly; it **struck** me that he was not telling the truth 7 उत्पन्न क., पैदा क., फैलना, की ओर मुड़ जाना, बढ़ जाना: the range of hills **~s** southerly 8 हड़ताल क.: the factory workers have been **striking** for two weeks 9 मिटाना, काटना; ~ a noting from the record; they have **struck** out a few pages 10 पर पहुंचना, पाना, को मिल जाना: sun rays **struck** through the fog 11 असर क., प्रभाव डालना: the news ~ him dumb; ~ sb blind 12 ध्यान आकर्षित क.: ~ sb's eye; what a sight **struck** my eyes! 13 झुकाना, झंडा, पाल तंबू आदि उतारना: ~ a flag; ~ tent 14 (***syn.*** chime) घंटे का बजना, बजाना, टनटनाना: a clock **~s**; the town hall clock **struck** six; ~ a harp 15 घुस जाना, पैठ जाना, पार क.: ~ into one's subject (अपने विषय में गहराई से पैठना) 16 गेंद आदि को मारना: ~ the ball into the nets; **struck** the ball for a huge six 17 बराबर क., एकसार या समतल क. 18 अपनाना, समस्वरों में हो. या स्वरों का मिल जा.: ~ a chord/ the chords 19 दियासलाई की तीली टकराकर आग जलाना: ~ a match 20 एकदम हो जा., अकस्मात् हो.: disaster **struck** 21 से भर दे.: the thought **struck** terror into them 22 सौदा पक्का क.: ~ a deal (सौदा तय क.); **struck** a fair deal for the car 23 सोने (धातु, अन्य खनिज) आदि का पता चलना, खोज निकालना: ~ gold/ oil etc.; ~ a gold mine/ a rock; ~ a bonanza 24 अचानक भेंट हो., मुलाकात हो., मिल जा. 25 किसी उद्देश्य से ओज एवं ऊर्जा से भरकर जा.: go off the beaten track and ~ off across the fields and forests of the rugged beauty;
n. 1 हड़ताल: on ~; ~ against long twelve hours of work; ~ for higher wages; be on/go on ~; a ~ over sth 2 भूख हड़ताल: went on hunger strike 3 सैनिक आक्रमण: a pre-emptive **strike** on the ground troops 4 मार, प्रहार, आघात: make a ~ at sb; counter a ~ 5 मापदंड 6 सोने, तेल, गैस आदि की आकस्मिक खोज: lucky ~ of oil 7 (आकस्मिक) सफलता 8 क्रिकेट के खेल में गेंद का सामना करने की क्रिया: take ~ 9 मछली के फंदे में फंसने की क्रिया: I've just got a ~;
dw/lw: **~-bound** /स्ट्राइक-बाउंड/ *adj.* हड़ताल-ग्रस्त; **~breaker** *n.* हड़ताली कामगार की जगह काम करने वाला गद्दार; **~r** /स्ट्राइक:/ *n.* 1 हड़ताली 2 फुटबॉल के खेल में आक्रमण पंक्ति का खिलाड़ी 3 आघातक, प्रहारी; **striking** *n.* प्रहार करने या निशाना साधने की क्रिया; **striking** *adj. see below under separate entry*;
collocations: **~ action** हड़ताल का कदम; **~ attack** धरती पर स्थित निशाने पर दागा जाने वाला गोला; **~ force** आक्रामक बल; **~ pay** हड़ताल के समय मजदूर या कर्मी को व्यावसायिक संघ (trade union) द्वारा दिया जाने वाला भत्ता; **~ rate** क्रिकेट में गेंद को सफलतापूर्वक मारने की दर; **~ zone** क्रिकेट आदि में गेंद का निशाना क्षेत्र;
p&i: **~ a balance** संतुलन रखना; **~ a bargain** = **~ a deal** सौदा क.; **~ a blow for** की रक्षार्थ वार क. **~ a coin** सिक्का ढालना; **~ a deep chord in sb's heart** दिल की गहराइयों को छू जा.; **~ a false note** सही अंदाज न अपनाना, बेसुरा गाना; **~ a jury** ज्युरी सदस्यों की सूची बनाना; **~ all of a heap** सिट्टी-पिट्टी गुम क.;**~ a match** बाजी मारना; **~ an attitude** नाटकीय मुद्रा अपनाना, तमाशा क.; **~ an average** संतुलन बनाना; **~ a pose/ attitude** धाक जमाने के लिए मुद्रा अपनाना; **~ at the root of** जड़ से उखाड़ना, खोदना, जड़ों में तेल दे.; **~ at sb/ sth** किसी पर या किसी चीज पर प्रहार क.; **~ at the root of sth** किसी विकार को जड़ से उखाड़ना, किसी समस्या के आधार को मिटाना; **~ a warning note** चेतावनी दे.; **~ back/at/ against sth** जवाबी प्रहार क.; **~ a balance between ab and sb** दो पक्षों के बीच संतुलन बनाए रखना; **~ blow for or against** किसी के पक्ष या विरोध में वार क.;**~ down** 1 किसी को घातक बीमारी का शिकार बना दे. 2 मार दे.; **~ dumb** आश्चर्यचकित क., चकराना; **~ fear/ terror, etc. in sb's heart** किसी के मन में दहशत पैदा क.; **~ for freedom** आजादी के लिए संघर्ष क.; **~ hands** 1 जमानती हो. 2 सौदा पक्का क.; **~ home** मर्म-प्रहार क., अपूर्व सफलता प्राप्त क.; **~ in** टोकना, दखल दे.; **~ into a quarrel/ into a debate** झगड़े या बहस में टांग अड़ाना; **~ into a song** गीत में फूट पड़ना; **~ it lucky/ rich** 1 अकस्मात् बहुत धन पा लेना 2 अच्छी-खासी सफलता पाना 3 तीर निशाने पर लगना; **~ life into sb** किसी में प्राण फूंकना; **~ off** 1 सिर आदि काट दे. 2 पेन से क्रॉस लगाकर काटना, मिटाना 3 सूची में से नाम काट दे. 4 किसी को तलवार या कुल्हाड़ी आदि से काटकर खत्म कर दे.; **~ off the rolls** सूची या रजिस्टर में से नाम काट देना; **~ oil** तेल का पता लगना, सफलता प्राप्त क., खजाना मिल जाना; **~ one's flag** हथियार डाल देना; **~ one's foot against** से ठोकर खाना या लगना; **~ on sth** किसी विचार या निष्कर्ष पर पहुंचना; **~ on truth** सच्चाई की जड़ तक पहुंच जा., तीर निशाने पर जा लगना; **~ out** 1 की ओर दृढ़संकल्प होकर बढ़ना: ~ out for/ towards sth 2 घूंसे, गाली या भद्दी आलोचना द्वारा किसी को शारीरिक या मानसिक क्षति पहुंचाना: the cat struck out with her claws; struck out at the press for their insensitivity 3 (***syn.*** cross out) लिखा हुआ काट दे., मिटाना 4 सोचकर हल निकालना 5 हाथ-पैर मारना; **~ out a line for oneself** अपने आप अपना रास्ता बनाना; **~ root** जड़ जमाना; **~ sail** हार मान लेना; **~ sb down** 1 किसी को किसी विकार से ग्रस्त कर दे. 2 मार दे.; **~ sb off** 1 सूची में से नाम काटना 2 आधिकारिक सूची से नाम निकाल दे.; **~ sb to the quick** किसी की दुखती रग पर हाथ रख दे.; **~ sb up** किसी को फांसी पर लटकाकर मार डालना; **~ sparks out of flint** चकमक (पत्थर) से चिंगारी निकालना; **~ sparks out of a person** उकसाना, प्रेरित क.; **~ sth off** 1 सिर, हाथ आदि काट दे. 2 पेन से क्रॉस लगाकर काटना, मिटाना; **~ sth out** कैंसल क., रद्द क.; **~ sth up** बातचीत, परिचय आदि शुरू क.; **~ the main road** मुख्य सड़क पर निकल आना; **~ the iron when it is hot** सही मौके पर वार क. या कदम उठाना; **~ the nail into the board** तख्ते में कील ठोकना; **~ the right note** सही स्वर निकालना, सटीक बात कहकर हवा बांध दे.; **~ through** लिखा हुआ काट दे., मिटा दे.; **~ up** प्रारंभ क.: ~ up an acquaintance with (से परिचय शुरू हो.); **~ twelve all at once** एकदम अपनी क्षमता भांप ले.; **~ up an acquaintance** किसी के साथ बात या परिचय शुरू क.; **~ upon** सोच निकालना, को सूझना, मन में आना; **~ upon an idea** कोई विचार सूझना; **~ up with sb** 1 किसी से अचानक मुलाकात हो जा. 2 सौदा पक्का क. 3 उछल पड़ना 4 शर्मसार हो. 5

मंत्र-मुग्ध हो.; **~ while the iron is hot/ ~ the iron while it is hot** सही मौके पर कदम उठाना, बहती गंगा में हाथ धोना; **~ with awe** किसी को बुरी तरह भयभीत क.;
a wild cat ~ अचानक होने वाली अघोषित व अवैध हड़ताल; **be struck on sb** किसी के प्यार में डूबा हो.; **be struck with panic** घबराहट से पसीना छूटने लगना; **have two ~s against one** संकट में हो.; **his heart struck heavily when he saw his house** घर को देखकर उसके दिल की धड़कन तेज हो गई; **the hour has struck** समय आ गया है कि ...; **three ~s and you're out (the three strikes rule)** जो तीन बार अपराध करेगा, वह स्वतः जेल चला जाएगा; **within striking distance of sth** वार करने के लिए निकट ही हो.;

striking /स्ट्राइकिंग/ *adj.* 1 (***syn.*** marked) उल्लेखनीयः a ~ omission 2 असाधारण, प्रभावशाली 3 (***syn.*** stunning) आकर्षकः he made a ~ picture 4 हड़ताली 5 बजने वाला 6 आश्चर्यजनकः ~ likeness 7 सटीकः ~ word 8 आक्रामकः ~ echelon 9 पहुंचा जा सकने वालाः ~ range; come within ~ distance;
collocations: **~ force** आक्रमणकारी बल

strimmer /स्ट्रिमः/ *n., tradem.* बगीचे का घास काटने की बिजली की मशीन

Strine /स्ट्राइन/ *n.* 1 आस्ट्रेलिअन लहजे की अंग्रेजी 2 आस्ट्रेलिअन व्यक्ति;
adj. आस्ट्रेलिअन लहजा (accent)

string /स्ट्रिंग/ *n.* 1 (***syn.*** cord) सुतली, रस्सा, रस्सी, डोरी 2 तस्मा 3 फीता 4 इजारबंद, नाड़ा, तनी 5 (**~s**) (सितार आदि वाद्यों की) तार, तंत्री, तांतः the highest ~ of a violin; touch the **~s** 6 डोरा, डोरी 7 (*of a bow*) प्रत्यंचा, पतंचिका, चिल्ला, रोदा 8 (***syn.*** fibre) रेशा 9 लड़ी, माला, हारः a ~ of beads/ pearls 10 समान वस्तुओं, पिंडों, जीवों, घटनाओं आदि का तांता, सिलसिला, कतार, पंक्तिः a ~ of houses; a long ~ of tourists; a ~ of oaths/ of lies; a ~ of bursts (मशीनगन से गोलीबारी की कड़कड़ाहट या बौछार); a ~ of disasters 11 (**~s**) अमान्य शर्तें, प्रतिबंध, बंधनः no/ without any **~s** attached (बिना शर्त); with a ~ tied to it सशर्तः that has a ~ to it 12 टेनिस या बैडमिंटन रैकेट आदि की नाइलोन की तार या तंतु 13 *comput.* अक्षरों, अंकों आदि की लड़ी;
v., pt. **strung**, *pt. p.* **strung**, *pp* **~ing** 1 डोरी या रस्सी से टांगना 2 तस्मा, फीता, तार, डोरी आदि लगाना, तार चढ़ाना 3 धनुष तानना या चढ़ाना 4 (***syn.*** thread) डोरी पिरोकर दो चीजों को जोड़ना, माला आदि गूंथनाः **strung** the onions 5 बांधना 6 कसना 7 सुर ठीक क. 8 उत्तेजित क. 9 तानना, लगाना, फैलाना, फैल जाना 10 पंक्ति में खड़ा क. या हो जाना 11 रेशेदार बनना 12 (मटर आदि की) फली से रेशेदार भाग हटाकर साफ क.: ~ beans 13 झांसा या धोखा देना;
adj. 1 तंतु या तारितः ~ quartet 2 रस्सी या डोरी से बना हुआः a ~ bag;
dw/lw: **~ed** *adj.* तारदारः ~ed instrument (तंत्री या तारदार वाद्य); **~y** /स्ट्रिंगि/ *adj., degr.* **~ier**, **~iest** 1 डोरी जैसे (बाल) 2 रेशेदार (मांस) 3 दुबला-पतला, सीकिया (आदमी);
collocations: **~ band/ orchestra** (तारित या तारदार वाद्यों के वादकों की मंडली)**; ~ bass** दोहरे मंद्र स्वर का वाद्य; **~ bean** फ्रांसीसी सेम, हरी फली; **~ board** फट्टा; **~ course** निकसा रद्दा, दीवार से बाहर दिखने वाली पत्थरों या ईंटों की पंक्ति; **~ed instrument** तंत्री वाद्य; **~ piece** लंबी भारी लकड़ी; **~ quartet** चार प्रकार के तंत्री वाद्यों का समूह, तंतु-चतुष्ट; **the ~s** तंत्री या तारदार वाद्य वादक; **~ tie** (*also* **bootlace tie**) बहुत तंग टाई; **~ vest** छेददार बनियान;
p&i: **~ along** 1 किसी के प्रति वफादार र. 2 किसी के पीछे चलना 3 किसी पर विश्वास क.; **~ along with sb** साथ दे.; **~ sb along** धोखे में रखना, ठगना; **~ sth out** 1 सैनिक टुकड़ी को फैलाकर मोर्चे पर तैनात क. 2 टिकाऊ बनाना; **~ sb up** 1 किसी को फांसी देकर मारना, विशेषकर अवैध तरीके से 2 किसी को तनावग्रस्त क.; **be pinned/ tied to one's wife's apron ~s** जोरू का गुलाम हो.; **be strung out** तनावग्रस्त हो.; **cut the ~s of sth** से संबंध तोड़ लेना; **harp on one/ on the same ~** बार-बार एक ही राग अलापना; **harp on the damp ~** पर कोई असर न हो., कोई प्रतिक्रिया न पाना; **have a ~ on sth** किसी के विरुद्ध कोई तुरुप या चाल हो.; **have/ keep sb on a ~/ lead sb in a ~** किसी को अपनी उंगलियों पर नचाना; **have two ~s to one's bow** चुनने की गुंजाइश हो.; **hold the purse ~s** खर्चे को नियंत्रित रखना; **loosen one's purse ~s** खुले हाथ से खर्च करने लगना; **on a ~** किसी के वश में; **no ~s attached** बिना किसी शर्त के; **play upon sb's heart ~s** किसी की भावनाओं से खेलना; **pull at sb's heart ~s** किसी के मर्म-स्थल को छू ले., किसी को दिल की गहराइयों तक छू लेना; **pull ~s** *colloq.* कोई काम करवाने के लिए महत्त्वपूर्ण लोगों के साथ अपने संबंधों का प्रयोग क., पैरवी करवाना, सिफारिश लगवाना; **pull the ~s** *colloq.* किसी संगठन में वास्तविक शक्ति-स्रोत हो., चाहे ऊपर ऐसा न लगता हो., सूत्रधार होना; **second ~** रिजर्व में (बचाकर अलग) रखी हुई द्वितीय टीम (श्रेष्ठता में खिलाड़ियों की अगली कड़ी): he was to be her second ~ (उसे उसने रिजर्व में रखा हुआ था); **the first ~** मुख्य साधन यानी प्रथम टीम (सर्वोत्तम खिलाड़ी) आदि; **tighten one's purse ~s** खर्चे को नियंत्रित या कम कर दे.; **touch a ~/ touch sb on a tender ~** किसी की दुखती रग पर हाथ रख दे.; **touch a ~ in sb's heart** किसी के दिल की गहराइयों को छू लेना; **two ~s to one's bow** दो में से एक चुनने की गुंजाइश;

stringency /स्ट्रिंजंसि/ *n.* 1 कठोरता 2 अभाव, तंगीः credit ~ 3 सख्ती, कड़ापन 4 अकाट्यता, तर्कसंगति, सटीकता

stringendo /स्ट्रिंजेंडो/ *adj., adv., music* उत्तरोत्तर त्वरित एवं जोश के साथ (बजाया जाने वाला)

strin\gent /स्ट्रिंजंट/ *adj.* 1 सख्त, कड़ा, कठोरः ~ controls/ rules; ~ regulations; make a rule less ~ 2 अकाट्य, युक्तियुक्त 3 अभावपूर्ण;
dw/lw: **~gency** /~सि/ *n.* सख्ती, कड़ापन, तर्क संगति, अकाट्यता, तंगहाली, अभाव; **~gently** /~टलि/ *adv.* कठोरतापूर्वक, सख्ती से

stringer /स्ट्रिंगः/ *n.* 1 किसी ढांचे में क्षैतिज शहतीर 2 असंबद्ध पर अक्षर किसी समाचारपत्र के लिए लिखने वाला पत्रकार 3 अंशकालिक (part-time) पत्रकार

stringhalt /स्ट्रंगहॉल्ट/ (*also* **springhalt strip**) *n.* झनकवाद, घोड़े की पिछली टांगों में स्वतः होने वाली फड़कन, मरोड़ या ऐंठन

strip /स्ट्रिप/ *v., pt.* **~ped**, *pp* **~ping** 1 (*also UK* **~ off**) 1 कपड़े उतारनाः ~ the clothes from/ off one's body 2 (*also* **~ off**) दीवारों के वाल-पेपर (wall-paper) यानी दीवारी कागज आदि को छीलकर या खींचकर उतारनाः **~ped** off the wallpaper 3 ढकने वाले आवरण को हटाना या उतारना 4 उघाड़ना, निरावृत क.: the locusts **~ped** the fields naked 5 नंगा क. या हो जानाः ~ sb/ oneself to the skin; ~ sb of clothes 6 सतह या किसी और चीज को हटानाः **~ped** the varnish 7 लूटना, से वंचित क., ले लेना, छीनना, निचोड़नाः ~ sb of his title/ of his authority; ~ sb of his honours; a saint **~ped** of his halo; ~ sb of his possessions/ of his money 8 छाल छीलना, गेहूं आदि से भूसा अलग क. 9 एकदम खाली क., साजो-सामान निकालना, सज्जा-सामग्री उतारना 10 (***syn.*** dismantle) पुर्जे खोलना, अलग-अलग टुकड़े क.: **~ped** the engine 11 रेशा निकालना, पत्ते उतारना 12 गाय आदि के थन से आखिरी बूंद तक धार काढ़ना (दोहना) 13 चूड़ी को बिगाड़ना या चूड़ी का बिगड़ना 14 लौरी या ट्रक आदि से माल उतारना 15 लंबे, पतले टुकड़ों में काटना;
n. 1 धारी, पट्टी, धज्जी, लंबा टुकड़ाः ~ fuse 2 कपड़े उतारने की

क्रिया, निर्वस्त्रण 3 स्ट्रिपटीज, रात्रि क्लबों आदि में औरत द्वारा अवस्त्र होने का तमाशा 4 रिबन, फीती, फीता: ~ of adhesive tape 5 कोड़े की मार, कशाघात 6 समाचार-पत्र में हास्य-पृष्ठ 7 तख्ता: a ~ of board/ of wood 8 हवाई पट्टी: air ~/ landing ~ 9 भूमि की पट्टी: Gaza Strip 10 (***syn.*** dismantling) पुर्जे को खोलकर भागों को अलग करने की क्रिया 11 खेल टीम की पोशाक: India in their blue ~ 12 ऐसी गली या सड़क जहां बहुत सारी दुकानें हों: Sunset Strip 13 चित्रमय कहानी: comic ~;

adj. 1 धारीदार: ~ steel; ~ blight (धारीदार अंगमारी) 2 पट्टीदार 3 क्यारीनुमा, पट्टी-दर-पट्टी: ~ grazing 4 हवाई पट्टी का, के, की: ~ alert; ~ lights 5 रिबनदार: ~ powder;

dw/lw: **~ped**/ स्ट्रिपड/ *adj.* 1 फटेहाल, अवस्त्र, नग्न 2 निस्सार: ~ped well; **~ped-down** /स्ट्रिपड-डाउन/ *adj.* 1 ऐसी वस्तु या रचना जिसमें काटने-छांटने के बाद मात्र अति आवश्यक विशेषताएं रह गई हों: a ~ped down version of *Udate Punjab* 2 ऐसा यंत्र या गाड़ी जिसे कल-पुर्जे निकालकर पूर्णतया खोल दिया गया हो; **~per** *n.* 1 नालियों के मुंह साफ करने की मशीन 2 बाल-काटने वाली मशीन 3 मनोरंजन के लिए उत्तेजक ढंग से अपने कपड़े उतारने वाला कलाकार 4 पेंट आदि उतारने वाला उपकरण: paint-~per; **strippergram** *see below under* **stripagram**; **~ping** *n.* **~ping** /स्ट्रिपिंग/*n.* 1 छीलन 2 निर्वस्त्रण 3 अपखंडन, निर्लेपन; **~-lighting**/ **~ light** /स्ट्रिप्लाइटिंग/ *n.* बिजली की प्रकाश व्यवस्था जिसमें ट्यूबों का प्रयोग हो; **~s** *n., [pl.]* चिराई से बनने वाली पतली-पतली खपचियां; **~-search/ skin-search** *n.* सारे कपड़े उतरवाकर ली जाने वाली तलाशी; **~-search/ skin-search** *v., pt.* ~-searched/ skin-searched, *pp* ~-searching/ skin-searching सारे कपड़े उतरवाकर तलाशी लेना; **~-show**/ **~-tease** /स्ट्रिप-शो/ स्ट्रिप-टीज/ *n.* 1 नंगा नाच, नग्न नृत्य;

collocations: **~ cartoon/ comic** ~ समाचार-पत्र या पत्रिका आदि में मजेदार कहानी स्तंभ; **~ club** = **~ joint** स्ट्रिपटीज क्लब; **~ coat** पट्टी, लेप; **~ cropping** पट्टीदार खेती; **~ joint** = **~ club** स्ट्रिपटीज बार या क्लब; **~ mall** सड़क के किनारे दुकानों, रेस्त्रां आदि की कतार; **~ mining** विवृत (या खुला) खनन;

p&i: **~ down** 1 पुर्जे खोलना 2 अवस्त्र क. 3 खाल उधेड़ना; **~ off** फाड़ डालना; **~ped of fine names, it is a swindle** सीधे, सरल शब्दों में कहा जाए तो यह कोरी धोखाधड़ी है; **~ sb of sth** से वंचित क.; **~ sth down** उखाड़ना, उधेड़ना; **~ sb of sth** किसी को किसी चीज से वंचित क.; **~ off** *colloq.* निर्वस्त्र हो.; **~ sth off** हटाना;

tear a ~ off sb गुस्से में किसी को सख्त फटकार लगाना

stripe /स्ट्राइप/ *n.* 1 धारी: mark sth with **~s**; zebra ~s 2 रंग की पट्टी 3 पद, पदवी या रैंक की पट्टी: sergeant's **~s** 4 पदक-पट्टी: wear the **~s** 5 जुताई की लकीर, खूड (*Hr.*) 6 फट्टेदार ((*Hr.*, धारियोंवाला) कपड़ा 7 स्वभाव, प्रकार: a man of that ~; of the same political ~ 8 तलवार आदि के वार से आई झुर्री या खरोंच 9 गले में बंधी पट्टी वाला कुत्ता: ~ hound;

v., *pt.* **~d**, *pp* **striping** 1 धारियां डालना 2 हल की लीक डालना, खूड बनाना;

dw/lw: **~d** (*Br.* **stripy**) *adj.* धारीदार, पट्टीदार: a ~d shirt;

stripling /स्ट्रिपलिंग/ *n., lit.* 1 किशोर, नौजवान, लड़का 2 पट्ठा: ~ youths

strippagram/ strippergram /स्ट्रिपअग्रैम/ स्ट्रिपःग्रैम/ *n.* स्ट्रिपटीज करने वाली लड़की द्वारा किसी को दिया जाने वाला 'जन्म-दिन मुबारक' संदेश

stripy /स्ट्राइपि/ (*also* **stripey**) *adj., degr.* **stripier**, **stripiest** धारी वाला, धारीदार, पट्टियों वाला

strive /स्ट्राइव/ *v., pt.* **~d/ strove**, *pt. p.* **~d/ striven**, *pp* **striving** *formal* 1 संघर्ष क., का मुकाबला क., का सामना क.: ~ against oppression; ~ against exploitation 2 के लिए प्रयास क.: ~ to do sth; he is **striving** hard to succeed 3 मेहनत क.: ~ through the surge 4 से होड़ क., प्रतिस्पर्द्धा क.: ~ with one another/ for sth;

dw/lw: **striving** /स्ट्राइविंग/ *n.* प्रयास: striving for success

strobe /स्ट्रोब/ (*short* of **strobe lighting**) *n.* डिस्को (disco) आदि में निरंतर जलता-बुझता रहने वाला बल्ब आदि

strobi\lus/ strobile /स्ट्रोबाइलस /स्ट्रोबाइल/ *n., pl.* **~luses/ ~li** /स्ट्रोबाइलाइ/ **'cone'** का तकनीकी नाम, शंकु

strode /स्ट्रोड/ *pt.,* **'stride'** का भूतकालिक रूप

stroganoff/ stroganoff /स्त्रौगअनौफ/ (*also* **boeuf stroganoff**) *n., cookery* गोश्त का एक व्यंजन

stroke /स्ट्रोक/ *n* 1 आघात, प्रहार, वार: a ~ of lightning (वज्रपात); with one ~ of the sword; at the first ~ (पहले ही वार में); aim a ~ at sb 2 *pathol.* उच्च रक्त चाप से मस्तिष्क को खून की आपूर्ति में हो जाने वाला व्यवधान, जिसके कारण लकवा आदि मार सकता है, पक्षाघात, रक्ताघात: he has had a ~ recently 3 सहलाई, थपथपाई, हल्का स्पर्श, जैसे कि कुत्ते को थपथपाते समय होता है: give the cat a ~ 4 तैराकी की एक शैली: back~; breast~ 5 खेल में गेंद पर मार, प्रहार: ~ play; a well-timed ground ~; (in tennis, etc.) return ~ 6 पैन, पेंट पेंटब्रुश आदि की एक घसीट: thin/ thick **~s**; portray with a few **~s**; with one ~ of the pen; with a single ~ of the pen; wiped millions off the stock exchange with a single ~ of the pen 7 गाड़ी के इंजन के सिलेंडर में पिस्टन द्वारा लंबाई में तय की जाने वाली कुल दूरी, पिस्टन का फेरा 8 घंटे या घड़ियाल की टनटन, टनटनाहट: the ~ of a hammer 8 घंटे के बजने पर दिखाया जाने वाला समय: out of the door on the ~ of five; on the ~ (ऐन ठीक समय पर); on the ~ of twelve he got up 8 (*also* **solidus** *or* **slash** *or* **oblique**) 'या' के अर्थ में प्रयुक्त टेढ़ी रेखा '/' 9 दौरा: ~ of apoplexy (मिर्गी का दौरा) 10 करने के लिए कम से कम काम: not to have a ~ of work 11 चाल, कमाल, कौशल: clever ~; a ~ of policy; it was a ~ of genius 12 हरकत, चप्पू आदि का धक्का 13 चरण 14 चेष्टा, प्रयास 15 दिल का दौरा: heart ~;

v., pt. **~d**, *pp* **stroking** 1 सहलाना, हाथ फेरना, थपथपाना: ~ a cat; ~ one's chin/ one's beard; ~ sb's hair/ sb's fur the wrong way = ~ sb against the hair 2 गेंद को शॉट मारना 3 पट्टियों, रेखाओं, धारियों से भरना 4 अपना काम निकलवाने के लिए किसी की लल्लो-चप्पो क.;

collocations: **a ~ of business** लाभ का व्यापार; **a ~ of fortune** सफलता या भाग्य की देन; **a ~ of genius** सूझ-बूझ का कमाल; **a ~ of luck** अहोभाग्य, सौभाग्य; **~ of state** सरकार का तख्तापलट; **a ~ of vanity** झूठी शान की बू; **a ~ of work** 1 करने के लिए कम से कम काम: not to have a ~ of work 2 ढेरों काम;

p&i: **~ sb down** किसी को शांत क., ठंडा क.; **put sb off their ~** किसी को विचलित क., परेशान करके किसी से गलती करवाना; **~ the wrong way** चिढ़ाना;

at a ~ एक ही वार से; **give the finishing ~ to sth** किसी कार्य को पूरा क., अंतिम छिटपुट काम पूरा क.; **the finishing ~** अंतिम निर्णायक प्रहार; **with many ~s is an oak overthrown/ little ~s fell great oaks** करत-करत अभ्यास के जड़मति होत सुजान...

stroll /स्ट्रोल/ *v., pt.* **~ed**, *pp* **~ing** 1 टहलना, सैर क.: ~ along/ down/ through, etc. 2 चहलकदमी क.: ~ the streets 3 भ्रमण क.;

n. सैर, चहलकदमी, मटरगश्ती: take/ go for a ~;

dw/lw: **~er** /स्ट्रोल:/ 1 *US* (*UK* **push chair**) *n.* बच्चा गाड़ी 2 चहलकदमी करने वाला व्यक्ति; **~ing** *adj.* घूमने वाला, बंजारा; **~ing** *n.* चहलकदमी;

collocations: **~ing players** घुमंतू कलाकार, घूम-घूमकर नाटक दिखाने वाले अभिनेता

stroma /स्ट्रोमअ/ *n., pl.* **~ta** पीठिका;

dw/lw: **~tic/ ~tous** *adj.* पीठिकीय

strong /स्ट्रौंग/ *US* स्ट्रॉंग/ *adj., degr.* **~er, ~est** 1 प्रबल, सशक्त, समर्थ, दमदार, सक्षम: a ~ person or personality; she is quite ~ again; a ~ candidate for the job; a ~ hand; ~ market; give ~ support to sb 2 मजबूत, पक्का, टिकाऊ: a ~ friendship, relationship, etc.; ~ nerves; a ~ object; a ~ chair; ~ defences 3 (*syn.* robust) सबल, शक्तिशाली हृष्ट-पुष्ट, हट्टा-कट्टा, तगड़ा, बलवान, बली: ~ horse; as ~ as a horse; a ~ swimmer 4 भला-चंगा, सुस्वस्थ, तंदुरुस्त 5 (*syn.* firm) कड़ा, जबरदस्त, जोरदार: a ~ feeling, belief or opinion; ~ affection 6 (*syn.* intense, pungent) तेज, तीखा: ~ flavour; ~ smell 7 तेज (शराब), तीखा: ~ drink/ alcohol; ~ poison 8 दृढ़, दृढ़निश्चय, पक्का, पक्की: have a ~ inclination/ mind to do sth 9 निश्चित, सुस्पष्ट: ~ chance/ possibility, etc. 10 (*syn.* bold, straightforward) कटु, तीखा, कठोर: ~ language or words 11 उत्साहपूर्ण, जोशीला: give ~ support to sb 12 प्रभावशाली, तेजस्वी, ओजस्वी: ~ mind/ sense; ~ literary style 13 विशाल, बड़ा, बहुसंख्यक: a gang of fifty ~; be ~ in horse (बहुत सारे घोड़े हो.); a thousand ~ 14 (*syn.* intense, powerful) प्रचंड, उग्र: ~ language; express one's indignation in the **~est** terms; a ~ English accent; ~ voice; ~ light; ~ breeze; ~ gale (तेज आंधी) 15 गाढ़ा: ~ solution (गाढ़ा घोल) 16 गहरा, प्रगाढ़, उत्कट: a ~ desire to tell her what really had happened; a ~ feeling of distrust 17 महत्त्वपूर्ण: a ~ verdict in favour of democracy 18 युक्तियुक्त, ठोस, पक्का: ~ evidence; ~ case for/ against sb 19 *phon.* बलाघातित 20 पक्का, गहरा, भड़कीला 21 मेधावी, दक्ष, कुशल: ~ in English; be ~ in spelling/ in chemistry 22 जबरदस्त, पूरी: ~ possibility 23 बड़ी संख्या: ~ police force 24 स्वस्थ: feel **~er** after the rest 25 दाम में मजबूत: dollar **~er** now against the pound sterling 26 बहुत अच्छी तरह जमा हुआ: be ~ in the saddle 27 *gramm.* अंग्रेजी में भूतकाल और भूतकालीन कृदंत क्रिया के एक स्वर बदलकर बनाने से संबंधित: sing, sang, sung;

adv. जोरदार, तीक्ष्ण: flow ~; smell ~; grow ~; come out ~; be going ~;

dw/lw: **~-arm** *adj.* पीड़क, परपीड़क: ~-arm tactics; **~box** *n.* मूल्यवान वस्तुएं रखने की लोहे की मजबूत अल्मारी, तिजोरी; **~hold** *n.* 1 दुर्ग, गढ़, किला 2 शक्ति-स्थल, प्रभाव-क्षेत्र3 जानवर विशेष बहुल क्षेत्र; **~ly** *adv.* जोर से, आग्रहपूर्वक; **~-minded** *adj.* (*syn.* determined) दृढ़-निश्चय; **~point** *n.* ठोस बिंदु या तर्क; **~room** *n.* तिजोरी कक्ष; **~-willed** /स्ट्रांगविल्ड/ *adj.* प्रबल इच्छाशक्ति वाला, दृढ़-निश्चयी;

collocations: **~ affection** अत्यधिक लगाव; **~ attraction** जबरदस्त आकर्षण; **~ breeze** प्रबल समीर; **~ constitution** मजबूत डील-डौल; **~ drink** तेज मदिरा, शराब; **~ family likeness/ resemblance** जबरदस्त पारिवारिक समानता; **~ force** संसार में चार मूलभूत बलों (strong force, the strong nuclear force, gravity, electromagnetism, weak force) में से एक; **~ fortress** मजबूत किला; **~ gale** प्रचंड झंझा; **~ language** कटु भाषा, गाली, दुर्वचन, अपशब्द; **~ literary style** सशक्त साहित्यिक शैली; **~ man** 1 शक्तिशाली व्यक्ति 2 दादा, सरगना; **~ measures** प्रभावी कदम; **~ mind/ sense** प्रबल मन या अर्थ; **~ monsoon** तेज मानसून; **~ nerves** मजबूत धैर्य, दमखम; **~ point** विशिष्टता, विशेष योग्यता; **~ safety** अमेरिकी फुटबॉल में सुरक्षा-खिलाड़ी; **~ stomach** सुस्वस्थ पेट: have a ~ stomach; **~ tea** तेज (जायके की) चाय; **the ~ arm of the law** कानून के लंबे हाथ; **~ will** दृढ़ इच्छा-शक्ति;

p&i: **~ as a bull/ horse** बैल या घोड़े-सा हट्टा-कट्टा; **~ on sth** 1 में मेधावी हो. 2 शानदार हो.;

be a bit ~ थोड़ा ज्यादा कटु या कठोर हो जा.; **be still going ~** देर तक चलते या जीतते र.; **be sb's ~ suit** किसी विषय में माहिर हो.; **by a ~ arm** 1 बलपूर्वक 2 सख्ती से; **come/ go it ~** 1 खूब बढ़ा-चढ़ाकर कहना 2 दृढ़तापूर्वक कदम उठाना; **come on ~** *colloq.* अत्यधिक आग्रही हो.; **feel quite ~ly** अत्यधिक संवेदनशील हो., मन को ठेस पहुंचना; **going ~** फलता-फूलता, दुरुस्त, स्वस्थ, तंदुरुस्त;

strontium /स्ट्रौन्शिअम/ स्ट्रौन्टिअम/ *n., chem.* (*symbol* **Sr**) स्ट्रौन्शिअम

strop /स्ट्रौप *n.*1 चिड़चिड़ापन: came home in a teenager's ~ 2 बेढब 3 चमोटा 4 पट्टा, तस्मा;

v., pt. **~ped**, *pp* **~ping** 1 तेज क. 2 चिड़चिड़ाहट के मारे टल जा.: **~ped** off realizing that he wouldn't win with the argument

strophe /स्ट्रोफि/ *n., prosody* 1 छंद, बंद 2 यूनानी नाटक में एक दिशा में बढ़ता हुआ समूहगान जिसका उत्तर **antistrophe** द्वारा दिया जाता था;

dw/lw: **strophic** /स्ट्रॉफिक/ *adj.* छंदोबद्ध

stroppy /स्ट्रौपि/ *adj., degr.* **stroppier**, **stroppiest** *colloq.* 1 खिजाने या चिढ़ाने वाला, बेशऊर 2 अप्रिय 3 झगड़ालू

strove /स्ट्रोव/ *pt.*, **'strive'** का भूतकालिक रूप

struck /स्ट्रक/ 1 *pt.* **'strike'** का भूतकालिक रूप 2 *adj.* प्रभावित 3 से आक्रांत: ~ with terror (आतंकित);

p&i: **be ~ off** किसी की व्यावसायिक संगठन की सदस्यता खत्म क.; **~ on sb/ sth** *colloq.* किसी से या किसी बात से लगाव हो.

structural /स्ट्रकचर\ल/ *adj.* 1 संरचनात्मक 2 इमारती, ढांचा संबंधी;

dw/lw: **~ism** /~लिजम/ *n., ling.* संरचनावाद; **~ist** /~लिस्ट/ *n.* संरचनावादी व्यक्ति; **~ist** *adj.* संरचनावादी: a **~ist** reading of the novel *God of Small Things*; **~ly** /~लि/ *adv.* संरचना के आधार पर

collocations: **~ formula** संरचनावादी फार्मूला; **~ unemployment** संरचना-जनित बेकारी; **~ alterations** संरचनात्मक परिवर्तन; **~ protection** संरचनात्मक सुरक्षा; **~ analysis** संरचनात्मक विश्लेषण; **~ anthropology** संरचनात्मक मानव विज्ञान; **~ glass** इमारती कांच; **~ linguistics** संरचनात्मक भाषा विज्ञान; **~ unit** संरचना इकाई

structure /स्ट्रक्च:/ *n.* 1 बनावट, संरचना, ढांचा: molecular ~; the ~ of a language; a stately ~ सुंदर संरचना 2 भवन, पुल आदि 3 इमारत, वास्तु;

***v.**, pt.* **~d**, *pp* **structuring** ढांचा बनाना, व्यवस्थित ढंग से जोड़ना या मिलाना

dw/lw: **~d** /स्ट्रक्च: ड/ *adj.* संरचनाबद्ध

collocations: **~ anomaly** संरचना में त्रुटि; **~ contour** संरचना की सीमाएं; **~ factor** संरचनात्मक तत्त्व

strudel /स्टूडअल/ श्टूडअल/ *n., Ger.* सेब-युक्त पेस्ट्री

struggle /स्ट्रगल/ *v., pt.* **~d**, *pp* **struggling** 1 संघर्ष क.: ~ for peace/ for liberty; ~ for existence; ~ against difficulties 2 मुकाबला क. 3 बंधन से छूट जाने के लिए प्रयास क.: ~ in sb's arms; the child **~d** and kicked 4 हाथ-पैर मारना: ~ to one's feet 5 सक्रिय प्रयत्न क., कोशिश क.: she **~d** to overcome her prejudice 6 मुश्किल से रास्ता निकालना: ~ through the thicket 7 आगे बढ़ना 8 पार क.;

n. 1 संघर्ष: the class ~; desperate ~; the ~ for existence/ for survival 2 लड़ाई: ~ to the last breath 3 प्रयास 4 मुकाबला: ~ of attrition (शक्ति-ह्रास से मुकाबला) 5 जीवन-संग्राम, जीवन-संघर्ष: at ~ with; in the death ~; give in without a ~; ~ for 6 हाथापाई, हाथबांही, धक्कम-धक्का;

p&i: **~ along** मुश्किल से आगे बढ़ पाना; **~ in** में से रास्ता बनाना या धक्का-मुक्की करके निकलना; **~ on** कठिनाई के साथ जारी रख पाना; संघर्ष करते र.; **~ tooth and nail** जी-जान से संघर्ष क.; **a constant/ ongoing/ uphill ~** लगातार/ कड़ा संघर्ष; **a**

life-and-death ~ जीवन-मरण का संघर्ष, जीवन-संग्राम; **a ~ for justice/ survival, etc.** न्याय/ जीवन के लिए संघर्ष

strum /स्ट्रम/ *v., pt.* **~med**, *pp* **~ming** सितार, गिटार आदि पर हल्की-फुल्की धुन बजाना, झंकारना: ~ on a guitar/ on a piano; ***n.*** झंकार

struma /स्ट्रूमा/ (*also* **goitre**) *n., pl.* **~e** /स्ट्रूमी/ *pathol.* 1 कंठमाला, गंडमाला 2 घेघा, गलगंड 3 थायराइड ग्रंथि (thyroid gland) की असाधारण सूजन 4 कंठमाला, गंडमाला (एक प्रकार की तपेदिक की बीमारी)

strumpet /स्ट्रंपिट/ *n., old* 1 वेश्या, रंडी 2 आए-गए लोगों के साथ यौनाचार करने वाली औरत

strung /स्ट्रंग/ *pt.* **'string'** का भूतकालिक रूप;
adj. 1 तारदार (वाद्य) 2 उत्तेजित, संवेदनशील: highly ~ (अति उत्तेजित): ~ person 4 तारदार वाद्य की उत्तमता से संबंधित: finely ~;
dw/lw: **~-out** *adj., colloq.* 1 नशीले पदार्थों का व्यसनी या उनके नशे में: **~-out** on cocaine 2 नशीले पदार्थों के सेवन के कारण बीमारी-ग्रस्त; **~-up** *adj., colloq.* 1 तनावग्रस्त 2 घबराया हुआ

strut /स्ट्रट/ *v., pt.* **~ted**, *pp* **~ting** 1 अकड़कर या ऐंठकर चलना: ~ along/ around/ down, etc. 2 छड़ पर टेक लगाना;
n. 1 इठलाहट, ऐंठ, अकड़ की चाल 2 छड़, टेक;
p&i: **~ one's stuff** *colloq.* 1 यौन-उत्तेजक नृत्य क. 2 अपनी मेधा, विशिष्टता आदि का प्रदर्शन क.

struthious /स्ट्रूथिअस/ *adj.* शुतुरमुर्ग का, शुतुरमुर्ग-जैसा

strychni\ne /स्ट्रिक्नीन/ *n.* कुचला सत, एक भारतीय पेड़ के बीजों से मिलने वाला बहुत तेज जहर जिसे थोड़ी मात्रा में औषध के रूप में भी प्रयोग किया जा सकता है: **~ne** poisoning;
dw/lw: **~nism/ ~sm** /स्ट्रिक्निनिजम/ स्ट्रिक्निजम/ *n.* उपर्युक्त जहर लेने से पैदा होने वाली अवस्था

stub /स्टब/ *n.* 1 पेंसिल या सिगरेट के आखिरी सिरे का टुकड़ा, टोटा: the ~ of a pencil 2 टोंटा, टुर्रा: an old ~ of a clay-pipe 3 ठूंठ, डूंड: the ~ of a horn 4 (***syn.*** counterfoil) मुसन्ना, प्रतिपर्ण;
v., pt. **~bed**, *pp* **~bing** 1 ठोकर लगना: ~ one's toe on/ against sth 2 (*usually* **~ out**) सिगरेट के सिरे को किसी सतह से रगड़कर बुझाना: ~ a cigarette out 3 जड़ से उखाड़ना 4 खोदकर ठूंठ निकालकर साफ क.: ~ out a field;
dw/lw: **~bed/ ~by** /स्टबड/ स्टबि/ 1 कटा हुआ, टूटा हुआ 2 ठोकर लगने से घायल (अंगूठा) 3 छोटा और कुंद 4 ठूंठों से साफ

stubble /स्टबल/ *n.* गेहूं, धान, ईख आदि की फसल काटने के बाद जमीन में बचे ठूंठ: ~ crop 2 दाढ़ी की खूंट, दाढ़ी की प्रारंभिक अवस्था, छोटी दाढ़ी के कड़े बाल, खूंटीदार दाढ़ी 3 खूंटी, ठूंठ, ठूंठी, खुत्थी;
dw/lw: **stubby/ stubbled** /स्टबि /स्टबल्ड / *adj., degr.* **stubbier, stubbiest** 1 छोटा और मोटा, गोल-मटोल 2 ठूंठों से भरा, ठूंठदार, खूंटीदार 2 चुभनदार, नुकीला 3 खड़े-खड़े-से (बाल)

stubborn /स्टबःन/ *adj.* 1 हठी, हठधर्मी, जिद्दी, अड़ियल: ~ man; as ~ as a mule 2 अटल, अनम्य 3 जिसका आसानी से उपचार न किया जा सके, जिसे हटाया न जा सके, जिससे निपटा न जा सके, असाध्य, ढीठ: ~ stains 4 दृढ़, पक्का;
dw/lw: **~ly** *adv.* ढीठतापूर्वक, अड़ियल ढंग से; **~ness** /स्टबःननेस/ *n.* हठ, जिद, अड़ियलपन

STUC *abbr.* **'Scottish Trades Union Congress'** की प्रथमाक्षरी

stucco /स्टको/ ***n.***, *pl.* **~s/ ~es** 1 गच प्लस्तर 2 अस्तरकारी संगमरमर का प्लस्तर;
v. pt. **~ed**, *pp* **~ing**, *s/he/ it* **~es** 1 गच प्लस्तर लगाना 2 अंतरकारी क.

stuck /स्टक/ *adj.* 1 (**~ on sth**) युक्ति, दलील, कारण आदि न दे पाने की वजह से रुका हुआ, अटका हुआ: get ~ on very first question 2 जटिल स्थिति में फंसा हुआ: ~ in the traffic jam; be ~ with sb/ sth 3 गारा, कीचड़ में फंसी हुई (गाड़ी आदि): the wheels ~ in the mud 4 किंकर्त्तव्यविमूढ़ हो.: be ~ for right words 5 किसी चीज या व्यक्ति से छुटकारा पाने में अक्षम: ~ with sb for the whole journey;
v. *pt.*, **'stick'** का भूतकालिक रूप;
dw/lw: **~-up** *adj., colloq.* (***syn.*** snobbish) दंभी, गर्वीला;
p&i: **be ~ for sth** किसी चीज के पीछे पड़कर फंस जा.; **be ~ with sb** किसी से छुटकारा पाना मुश्किल हो जा.; **be/ get ~ with sth** किसी दूसरे से करवाना असंभव हो जा.; **get ~ in** *sl.* किसी काम को जोशो-खरोश से शुरू कर दे.; **~ on sb** *colloq.* किसी के पीछे दीवाना हो.

stud /स्टड/ *n.* 1 कान या नाक में पहना जाने वाले बटन जैसा गहना 2 रिवटों या गुलमेखों से सजावट, गुलमेख, फुलिया, स्टड पिन 4 मजबूत पकड़ के लिए जूतों में लगाए जाने वाले गुलमेखनुमा बटन 5 दुहरा या दोतरफा बटन 6 आंडू घोड़ा, सांड घोड़ा, बीजाश्व, प्रजनक घोड़ा 7 (*also* **~ farm**) अश्व-फार्म, अश्व चक, अश्व प्रजननशाला 8 यौन-क्रिया में बलिष्ठ आदमी;
v., pt. **~ded**, *pp* **~ding** 1 सजावटी बटन जड़ना 2 से भर दे.: rocks ~ the hillside; **~ded** with errors;
dw/lw: **~ded** *adj.* 1 खचित, जड़ाऊ 2 से भरा हुआ, की भरमार वाला: a star-~ded cast in a film; a sequin-~ded frock; a sky ~ded with stars; **~-mare** *n.* प्रजनक घोड़ी, वंश-वर्धक घोड़ी; **~muflin** *n.* यौन रूप से आकर्षक व्यक्ति; **~-poker** *n.* ताश में पोकर का खेल

studding sail *n.* हल्की हवा के समय चढ़ाया जाने वाला एक हल्का पतला पाल

student /स्ट्यूडंट/ *US* स्टूडंट/ *n.* 1 विद्यार्थी, छात्र/ छात्रा: life of a ~; (***syn.*** pupil) school ~; under-graduate/ post-graduate ~ 2 वृत्तिभोगी छात्र 3 अध्येता: a ~ of nature/ of bird life/ of human behaviour/ of law;
adj. विद्यार्थी का, के, की: ~ squadron, ~ nurse;
dw/lw: **~ship** *n.* 1 छात्र जीवन, छात्र-अवस्था 2 छात्रवृत्ति;
collocations: **~s' union** (*also* **~ union**) छात्र संघ

studied /स्टडिड/ *adj.* 1 सोचा-समझा, विवेचित, सुविचारित: ~ carelessness; ~ insult 2 पूर्वविमर्शित, नियोजित: ~ elegance 3 जिसका अध्ययन किया गया हो 4 जानबूझकर किया हुआ 5 दिखावटी, बनावटी: ~ indifference; ~ politeness;
dw/lw: **~ly** *adv.* सोच-समझकर, जानबूझकर

studio /स्ट्यूडियो/ *US* स्टूडियो/ *n., pl.* **~s** 1 कार्यशाला, स्टूडिओ 2 जहां टेलीविजन, संगीत आदि के कार्यक्रम बनाये जाते हैं 3 जहां फिल्में बनाई जाती हैं: RK **Studios** 4 फिल्म बनाने वाली कंपनी 5 चित्रकार की कार्यशाला 6 नृत्य-स्कूल 7 (***syn.*** studio flat/ apartment) एक कमरे का छोटा-सा मकान
adj. स्टूडिओ और घर: ~ flat; ~ audience; ~ couch

studious /स्ट्यूडिअस\/ *US* स्टूडिअस\/ *adj.* 1 (***syn.*** scholarly) गहन अध्ययनशील, चिंतनशील: a person of ~ habits 2 मेहनती, पढ़ाकू 3 अध्यवसायी 4 उत्सुक, इच्छुक 5 सतर्क, सावधान: with ~ politeness; be ~ of (का ध्यान रखना) 6 तत्पर 7 ज्ञानकृत, बनावटी;
dw/lw: **~ly** /~लि/ *adv.* 1 मेहनत से 2 लगन से 3 जान-बूझकर: he ~ly avoided me; he was ~ly rude; **~ness** /~नेस/ *n.* 1 प्रयत्नशीलता 2 प्रयास 3 लगन 4 तल्लीनता

study /स्टडि/ *v., pt.* **studied**, *pp* **~ing**, *s/he/ it* **studies** 1 अध्ययन क., पढ़ना, ज्ञान प्राप्त क.: **studied** hard to pass the exams 2 विश्लेषण क.: ~ the situation; **studied** her face 3 अध्ययन या अनुसंधान करना: **studied** the effects of global warming 4 शैक्षणिक कोर्स या विषय का अध्ययन क.: ~ history/ medicine/ languages; ~ for the medical profession/ ~ to be a doctor 6 का ध्यान रखना, प्रयास क.: ~ one's own interests; I have a wife to ~;

dw/lw: **~ing** /स्ट:टरिंग/ *adj.* हकलाने वाला; **~ing** *n.* हकलाहट; **~ingly** /स्ट:टरिंगलि/ *adv.* हकलाते हुए; **~er** /स्टअटर:/ *n.* हकलाने वाला, हकला

STV *abb.* **'Scottish Television', 'single transferable vote'** की प्रथमाक्षरी

St Valentine's Day 14 फरवरी, प्रेमी-प्रेमिका दिवस

sty /स्टाइ/ *n., pl.* **sties** 1 (*syn.* pigsty) सुअर-बाड़ा 2 गंदी जगह; *dw/lw:* **stye/ sty** *n., pl.* **sties/ styes** पलकों का संक्रमण, अंजनहारी, बिलनी, गुहेरी, गुहांजनी;

v.(sty), *pt.* **stied**, *pp* **stying**, *s/he/ it* **sties** 1 बाड़े में बंद क. 2 बाड़े में बंद हो.

Stygian /स्टिजिअन/ *adj.* 1 वैतरणी, यूनानी नदी स्टिक्स (Styx), जिसमें मृतकों की आत्माएं बहाई जाती थीं, से संबंधित 2 पाताली, नारकीय, दोजखी 3 *lit.* विषादमय, निरानंद, अंधकारमय;

collocations: **~ gloom/ darkness** घोर विषाद या अंधकार; **~ oaths** अटूट या अटल शपथ, पावन या पक्का वचन

style /स्टाइल/ *n.* 1 ढंग, शैली, तरीका, रीति: free ~ of rowing; free ~ of swimming; sb's ~ of living; a ~ of doing sth 2 लेखन-शैली, पद्धति, अदा, अंदाज: written in a delightful/ in a florid ~; the ~ of Shakespeare; a ~ of one's own; the Byzantine ~; built in the ~ of the last century 3 रंग-ढंग, फैशन: the latest **~s** in hats; old/ new ~; gone out of ~ 4 वेशभूषा की कटाई, काट या सिलाई: distinctive ~ 5 बालों की कटाई व सज्जा 6 सौंदर्य, आकर्षण: in a ~ 7 प्रकार, किस्म: American-~ fast food joints 8 (*syn.* specificity) विशेषता, विशिष्टता, विशेष रंग ढंग: she has ~; a woman of ~ 9 (*syn.* elegance) मनोहर ढंग, शान-शौकत: do sth in ~; ~ setters in the grand ~; live in grand/ in the grand ~; she dresses with ~ 10 बनत, भांत, बनावट: doggy-~ 11 पदवी: an imposter **styling** himself as CBI officer 12 शलाका 13 धूपघड़ी की सूई 14 *bot.* वर्तिका 15 शूक, कंटिका;

v., pt. **~d**, *pp* **styling** 1 एक विशेष ढंग से रेखाचित्र बनाना, आकार बनाना, विशिष्ट प्रकार से बनाना, संवारना 2 की संज्ञा दे., नाम रखना 3 शैली की स्थापना क. 4 फैशन में लाना 5 आधुनिक शैली का बनाना: he is quite **~d** 6 अभिकल्पना क. 7 वेशभूषा, बालों आदि को एक शैली दे., आकार दे. 8 किसी को या अपने को कोई नाम या विशिष्ट रंग-ढंग दे.;

dw/lw: **antique-~** प्राचीन-शैली; **old-~** पुरानी शैली;

collocations: **~ sheet** ऐसी फाइल जिसे किसी शैली विशेष के दस्तावेज तैयार करने के लिए प्रयुक्त किया जाता है; ***p&i:*** **~ is the dress of thoughts** शैली विचारों का वस्त्र है;

cramp sb's ~ किसी के लिए बाधा खड़ी क.; **in great, grand, etc.~** 1 (*syn.* model) शानदार ढंग से, शानो-शौकत के साथ 2 रमणीय रूप में, आधुनिकतम फैशन अनुसार; **that's the ~** बिल्कुल सही; **the ~ is the man** किसी की शैली उसका परिचय है;

stylet /स्टाइलेट/ *n.* शूकिका, अंतशलाका;

styliform /स्टाइलिफॉ:म/ *adj.* शूकाकार

styling /स्टाइलिंग/ *n.* 1 बालों को किसी विशेष ढंग से काटने की क्रिया 2 किसी वस्तु को कोई आकार देने की क्रिया

stylish /स्टाइलिश/ *adj.* 1 (*syn.* elegant, classy) आकर्षक, शानदार, सजीला, बना-ठना 2 फैशनेबुल: a coat of ~ cut 3 सुरुचिपूर्ण: ~ hat 4 आडंबरप्रिय, चटकवार;

dw/lw: **~ly** /~लि/ *adv.* आकर्षक शैली में, **~ness** /~नेस/ *n.* फैशनप्रियता, बना-ठनापन, चटक-मटक, आडंबरप्रियता

stylist /स्टाइलिस्ट/ *n.* 1 शैलीकार (लेखक, चित्रकार आदि) 2 डिजाइनर 3 प्रशिक्षित बाल बनानेवाला 4 अभिकल्पक 5 तैराकी आदि में शानदार शैली प्रदर्शित करने वाला;

stylistic /स्टाइलिस्टिक/ *adj.* 1 शैलीगत: ~ features 2 शैली विज्ञान-संबंधी;

dw/lw: **~ics** /स्टाइलिस्टिक्स/ *n., [sing.], ling.* शैली शास्त्र, शैली विज्ञान

stylize /स्टाइलाइट/ *n.* स्तंभ निवासी, चर्च में एक प्रथा जिसके अनुसार अत्यधिक कट्टरवादी पादरी स्तंभों के शिखर पर रहकर अपना धैर्य या सहन-शक्ति पक्का करते थे

stylization /स्टाइलाइजेशन/ *n.* शैलीकरण, आधुनिकरण

stylize /स्टाइलाइज/ *v., pt.* **~d**, *pp* **stylizing** 1 असहज ढंग से कोई रूप या आकार देना 2 किसी शैली के अनुरूप बनाना, अस्वाभाविक शैली-अनुवर्तन क.: Cubism is a highly **~d** art form;

dw/lw: **~d** *adj.* किसी शैली के अनुरूप; **~r** *n.* असहज शैलीकार;

stylo\bate /स्टाइलअबेट/ *n., arch.* दासा, सोपान आधार;

dw/lw: **~glossus** *n* शरजिह्वा; **~graph** *n* स्टाइलोग्राफ, शैली-लेखन; **~graphic** *adj.* स्टाइलोग्राफ संबंधी, शैली-लेखीय; **~hyoid** शरकंटिका; **~id** /स्टाइलॉइड/ *adj.* 1 वर्तिकाभ 2 शूकाभ; **~metry** /स्टाइलौमअट्रि/ *n.* = **~metrics** /स्टाइलौमअट्रिक्स/ **n.**, *[sing.]* 1 किसी पाठ के शब्दों, वाक्यों और अन्य तत्त्वों के प्रयोग की दर, उनकी आवृत्ति आदि के बारे में आंकड़ों के आधार पर पाठ का अध्ययन या विश्लेषण 2 कंप्यूटर की मदद से की जाने वाली ऐसी विश्लेषण प्रणाली का पाठ-विज्ञान (textology) क्षेत्र में भरपूर प्रयोग;

collocations: **~graphic pen** स्टेंसिल कलम;

stylus /स्टाइलस/ *n., pl.* **styluses/ styli** संगीत के रिकॉर्ड को बजाने की सूई, शलाका 2 शूक, कंटिका

stymie /स्टाइमि/ *v., pt.* **~d**, *pp* **~ing/ stymying**, *s/he/ it* **~s** बाधा डालना, रोड़ा अटकाना, रोकना, बाधित क.: ~ a plan; negotiations became **~d**; plans for expansion were **~d** by cash-flow problems;

n., pl. **~s** कोई भी जटिल व बाधित स्थिति

styptic /स्टिप्टिक/ *med., adj.* (घाव आदि से) रक्त-स्राव रोधक, रक्तस्तंभक: use a ~ pencil on shaving cuts, etc.

styrofoam /स्टाइरोफोम/ *US tradem.* **'polystyrene'** पैकिंग में प्रयुक्त होने वाली फोम आदि

Styx /स्टिक्स/ *n.* यूनानी स्टिक्स नदी जिसमें यूनानी पौराणिक कथाओं के अनुसार चारोन (Charon) द्वारा मृतकों की आत्माएं बहाई जाती थीं: cross the ~ (मर जा.)

SU *abbr. formerly* **'Soviet Union'** की प्रथमाक्षरी

sua\bility /स्यूअबिलिटि/ *n.* वाद-योग्यता, मुकदमा चलाने योग्य;

dw/lw: **~ble** /स्यूअबल/ सूअबल/ *adj.* वाद-योग्य;.

suasion /स्वेजन/ *n.* समझाने-मनाने या प्रेरित करने की क्रिया: moral ~

suasive /स्वेसिव/ *adj.* (*also* **persuasive**) समझाने-मनाने वाला, विश्वासोत्पादक

suave /स्वा\व/ *adj.* 1 (*syn.* confident, elegant, polite) कृत्रिम ढंग से भद्र, परिष्कृत, अति सभ्य, चिकना-चुपड़ा 2 मधुर, मृदु, मीठा 3 विनीत, सौम्य;

dw/lw: **~ly** /~वलि/ *adv.* भद्र ढंग से; **suavity** /स्वाविटि/ (*also* **~ness**) *n.* 1 कृत्रिम सौम्यता, मधुरता 2 चिकनी-चुपड़ी बातें 3 भद्रता

sub *colloq. n.* 1 (*short of* **submarine**) पनडुब्बी 2 (*short of* **substitute**) अतिरिक्त खिलाड़ी 3 (*short of* **subsist**) वेतन में से पहले से दिया जाने वाला उधार 4 (*short of* **subeditor**) उप-संपादक 5 (*usually* **subscription fee**) मासिक, वार्षिक आदि चंदा 6 (*short of* **subaltern**) जन-साधारण;

v., pt. **~bed**, *pp* **~bing** 1 अतिरिक्त खिलाड़ी के रूप में खेलना 2 उप-संपादक का काम क. 3 छोटा-मोटा उधार दे.

sub- /सब-/ *pref.* 1 (under, below; अध:, अधो, अंत) नीचे, निम्न: submarine; ~aqua; ~-zero; ~-standard, ~-tropical; ~way, ~human, ~standard *2* गौण, पद, पदवी और महत्त्व में छोटा: ~-lieutenant; ~committee 3 निम्न स्तर का, सूक्ष्म: ~human; ~divide, ~stratum 4 उपधारा 5 उपसर्ग,

पूर्वप्रत्यय, पूर्वलग्न: उप-, अवर-, अनु-, अव-, परि-, प्र- आदि;
prep. ~ **judice** न्यायालय के विचाराधीन; ~ **rosa** गुप्त रूप से;
dw/lw: **~acid** *adj.* खट्टा-सा, हल्का-तेजाबी; **~aerial** /सब-एरिअल/ *adj.* भू-स्तरीय; **~alpine** /सब-ऐल्पाइन/ *adj.* ऐल्प पर्वत-पद (foothill) के क्षेत्र से संबंधित

subaltern /सबल्टःन/ *US* सबॉल्टरन/ *adj.* 1 अधीनस्थ, मातहत 2 गौण 3 निम्नवर्गीय, उपाश्रित;
n. 1 ब्रिटेन की सेना में कैप्टन से नीचे के सैनिक पद का अफसर 2 *logic* समान स्तर की विशेषता का प्रस्ताव;

sub\aqua /सबऐक्वा/ *adj.* जलगत: ~aqua diving;
dw/lw: **~aquatic/ ~aqueous** /सबऐक्वैटिक/ सबऐक्विअस/ *adj.* जलगत, जलस्थ; **subarctic** /सबाःक्टिक/ उप-उत्तरध्रुवीय; **~atomic** /सबअटौमिक/ *US* सबअटाःमिक/ *adj.* परमाणु से छोटा या परमाणु में पाया जाने वाला; **~atomics** *n., [sing.]* परमाणु में पाए जाने वाले कणों का अध्ययन; **~audition** /सबॉःडिशन/ *n.,* निहितार्थ-बोध, स्वतः ज्ञात होने की अवस्था; **~axillary** /सबऐक्सिलअरि/ *adj.* अधःकक्षीय; **~base** *n.* उप-आधार; **~centre** *n.* उपकेंद्र; **~class** *n.* उपवर्ग

sub-clause /सबक्लॉज/ *n.* उपधारा;
dw/lw: **~clavian/ ~clavicular** /सबक्लेविअन/ सबक्लअविक्युलः/ *adj., anat.* अधोजत्रुक, अवजत्रुक; **~committee** *n.* उपसमिति; **~-compact** /सबकौम्पैक्ट/ *US* सबकाःम्पैक्ट/ *n.* कौंपैक्ट से छोटी कार

subconscious /सबकौंशिअस\/ *US* सबकांशिअस\/ *adj.* अवचेतन में पनपने वाले विचार या भावनाएं: ~conscious ideas;
n. **(the/ your ~)** अवचेतन मन: one's ~conscious (अवचेतन मन का वह भाग जिसमें अज्ञात या अबोधित भावनाएं या विचार छिपे होते हैं);
dw/lw: **~-consciously** /~लि/ *adv.* अवचेतन मन से;

subcontinent /सबकौंटिनंट/ *US* सबकांटिनंट/ *n.* उपमहाद्वीप: the Indian ~continent

subcontract /सबकंट्रैक्ट/ सबकौंट्रैक्ट/ *US* सबकांट्रैक्ट/ (*also* ~ **out**) *v., pt.* ~ed, *pp* ~ing उप-संविदा क., शिकमी या उप-ठेका दे.;
dw/lw: **~or** *n.* उप-ठेकेदार

subcontrary /सबकौंटररि/ *US* सबकांटररि/ *adj., logic* दो प्रस्ताव, जो एक दूसरे से इस प्रकार जुड़े हों कि दोनों एक साथ गलत नहीं हो सकते पर दोनों एक साथ सही हो सकते हैं;
dw/lw: **~costal** /सबकॉस्टल/ *adj.* अवपर्शुक; **~culture** *n.* 1 वह समूह जिसके समाज से अलग रीति-रिवाज हों 2 इन समूहों में से किसी की अप्रथाजनक जीवन शैली 3 बैक्टीरिया जो दूसरे बैक्टीरिया से निकला है; **~cutaneous** /सबक्युटेनिअस/ *adj., med.* खाल के नीचे का, अवत्वचीय, अधःत्वचीय; **~cutaneously** /सबक्युटेनिअसलि/ *adv.* त्वचा के नीचे से; **~cycle** *n.* उपचक्र; **~deacon** /सबडीकन/ *n., mainly RC church* उप-डीकन; **~deb** /सबडेब/ *n.* **'subdebutante'** का छोटा रूप; **~debutante** /सबडेब्युटांट/ *n.* वह लड़की जो सामाजिक जीवन में प्रवेश करने ही वाली हो, किशोरी; **~directory** /सब-डअरेक्टअरि/ *n., comput.* मुख्य डायरेक्टरी के भीतर स्थित एक और डायरेक्टरी; **~discipline** /सबडिसिप्लिन/ *n.* किसी विषय, विद्या या शास्त्र का उपविभाग;

subdivide /सबडिवाइड/ *v., pt.* **~d**, *pp* **~dividing** अनेक हिस्से क., भागों को आगे विभाजित क.;
dw/lw: **~division** /सबडिवि\जन/ *n.* 1 अनेक हिस्सों में बांटने की क्रिया 2 प्रविभाजन 3 अनुमंडल, तहसील; **~divisible** /~बल/ *adj.* जिसे आगे विभाजित किया जा सके; **~divisional** /~जनल/ *adj.* 1 बंटे हिस्सों से संबंधित 2 तहसील या जिले से संबंधित

subduable /सबड्यूएबल/ *adj.* वश्य, दम्य, दमनीय;
dw/lw: **~dual** /सबड्यूअल/ *n.* वशीकरण, अधीनीकरण, दमन, जीत

subdue /सबड्यू\/ *US* सबडू\/ *v., pt.* **~d**, *pp* **subduing** 1 वश में क., वशीभूत क.: ~ one's passions 2 (***syn.*** suppress) दमन क.: ~ a revolt 3 (***syn.*** defeat) अधीन क. 4 हरा दे., पराजित क. 5 अभिभूत क.: he was **~d** by kindness 6 धीमा क., मंद क.: a partition will help ~ the noise 7 शांत क. 8 उतरना, उतारना, काबू में आना: ~ a fever;
dw/lw: **~d** /~ड/ *adj.* 1 दुख या चिंता की वजह से उदास, बुझा-बुझा-सा: ~d mood 2 धूमिल, फीका, मंद: ~d lights or colours 3 धीमा, मंद, शांत: **~d** conversation; in a ~d voice/ tone 4 विरक्त, उदासीन: with an air of ~d satisfaction 5 पराजित, दमित; **~dly** /~डलि/ *adv.* 1 विरक्त भाव से 2 चिंतापूर्वक; **~dness** /~डनेस/ *n.* 1 विरक्ति 2 उदासी 3 चिंता 4 फीकापन

subedit /सब-ऐडिट/ *v., pt.* **~ed**, *pp* **~ing** उप-संपादक हो.;
dw/lw: **~edior** /सब-एडिटः/ *n.* उपसंपादक, पत्र-पत्रिकाओं या अन्य रचनाओं में पाठगत अशुद्धियों का संशोधन व अन्य दोषों को दूर करके छपने के लिए पाठ तैयार करने वाला संपादक

suber /स्युबअर/ *n.* कार्क या कार्क के पेड़ का दूसरा नाम;
dw/lw: **~eous/ ~ic/ ~ose** /स्युबअरिअस /स्युबअरिक /स्युबअरोस/ *adj.* कार्क का, कार्क जैसा

sub\fusc /सबफस्क/ *adj. n.* धुंधला, विषादपूर्ण;
n. ऑक्सफोर्ड विश्वविद्यालय के छात्रों द्वारा परीक्षाओं व अन्य औपचारिक अवसरों पर पहनी जाने वाली पोशाक;
dw/lw: **~family** *n.* उपकुल; **~floor** *n.* आधा पूरा हुआ तल जो पूर्णतः तैयार तल के आधार का काम करता है; **~frame** *n.* ढांचा जिस पर कार की बॉडी (body) का वजन पड़ता है; **~genus** /सबजेनस/ *n., pl.* **~genera/ ~genuses** उपवंश; **subgeneric** /सबजेनअरिक/ *adj.* वंश और नस्ल के बीच का; **~glacial** /सबग्लेशिअल/ *adj.* अधोहिमानी; **~grade** *n.* सड़क के नीचे की सतह; **~group** *n.* उप-समूह; **~head** *n.* = **~heading** *n.* उपशीर्षक; **~human** /सबह्यूमन/ *adj.* अमानुषीय, अमानवीय; **~humid** /सबह्यूमिड/ *adj.* अल्पार्द्र; **~-inspector** *n.* 1 उपनिरीक्षक 2 थानेदार, दारोगा; **~-intestinal** /सबिंटेस्टिनल/ *adj.* अवांत्र;

subj. *abbr.* **'subject'**, **'subjective/ subjectively'**, **'subjunctive'** का छोटा रूप

subjacent / सबजेसंट/ *adj.* 1 अधोलग्न 2 निचले स्तर पर स्थित

subject /सबजिक्ट/ *n.* 1 विषय: serious/ difficult/ interesting/ dull ~; change/ drop/ get off a ~; tragic(al)/ touching ~; the ~ of a play 2 अध्ययन का विषय: compulsory/ optional **~s**; foundational **~s** 3 मामला: bring up/ broach/ raise a ~; on the ~ (of sth) 4 *grammar* कर्ता 5 प्रजा, नागरिक: British ~ 6 अहम तत्त्व: get onto a ~ 7 व्यक्ति जिसकी जीवनी आदि लिखी गई है 8 लेखकों, कलाकारों, मूर्तिकारों आदि की कृतियों की विषय वस्तु या व्यक्ति 9 प्रयोग-वस्तु 10 जो उपचार, प्रयोग, आप्रेशन, मानसिक विश्लेषण आदि का विषय हो: the ~ of an experiment; a good hypnotic ~ 11 *music* (*also* **theme**) स्वरों की मुख्य लहरी 12 उद्देश्य, अवसर, बहाना, आधार, निशाना: a ~ for pity/ for ridicule/ for congratulations 13 *philos.* कर्ता, मनुष्य; the logical ~; conscious/ thinking ~;
adj. 1 निर्भर, आश्रित: be ~ to the laws of nature; be ~ to temptation 2 परतंत्र, पराधीन: states ~ to foreign rule 3 (*often* ~ **to sth**) 3.1 अधीन, पर निर्भर 3.2 जवाबदेह, किसी शर्त पर निर्भर: the plan is ~ to modifications; the treaty is ~ to ratification; be ~ to market fluctuations 4 उन्मुख, उद्यत, तत्पर: Harry is ~ to huge mood swings; he is ~ to error (वह गलती कर सकता है) 5 के लिए खुला, अनावृत, अरक्षित: left himself ~ to ridicule;
adv. (*always* ~ **to**) बशर्ते: you may go on the journey, ~ to your parent's permission;
v., *pt.* **~ed**, *pp* **~ing** 1 (*usually* **~ sb/ sth to sth**) किसी को या किसी दलील आदि को नकारात्मक व्यवहार का निशाना बनाना या बनना: **~ed** them to years of abuse; ~ sb to cross-

examination/ to a test; ~ oneself to ridicule/ to insult 2 अधीन क.: ~ tribes (आदिवासियों को वश में क.) 3 का विषय बनाना 4 के प्रभाव में फंसाना;
dw/lw: **~ed** /सबजेक्टिड/ *adj.* अधीन, परतंत्र: a ~ed people; **~less** *adj.* विषयविहीन, बेमुद्दा; **~s** *n.* प्रजा, जनता;
collocations: **~ catalogue** विषय अनुसार रखी जाने वाली पुस्तकों की सूची; **~ heading** विषय-सूचक पत्र, इंडेक्स; **~ label** विषय की चिप्पी; **~ matter** पुस्तक आदि का मुख्य मुद्दा, मजमून, विषय-पाठ, विषय-वस्तु, विषय; **~ nation** परतंत्र राष्ट्र;
p&i: **~ to sth** किसी अन्य बात पर आधारित या अधीन

subjection /सबजेक्शन/ *n.* 1 अधीनीकरण, वशीकरण, दमन: the ~ of the rebels; bring into ~; the ~ of women/ *dalits* 2 अधीनता, परतंत्रता, दासता: the ~ of women prior to the 20th century; hold/ keep/ sb in ~

subjective /सबजेक्टिव\/ *adj.* 1 (***anton.*** objective) स्वपरत, व्यक्तिगत, स्वानुभूतिमूलक, पक्षपातपूर्ण: ~ judgement 2 आत्मगत, आत्मपरक, आत्मनिष्ठ: ~ impressions 3 व्यक्तिपरक, व्यक्तिनिष्ठ, व्यक्ति-सापेक्ष 4 अवास्तविक 5 कर्तृपदीय: ~ case;
n. कर्ता कारक;
dw/lw: ~**ly** /~लि/ *adv.* व्यक्तिगत रूप से, व्यक्ति-मूलक ढंग से, आत्मनिष्ठतापूर्वक; **~ness** /~नेस/ *n.* व्यक्ति-परकता, आत्मनिष्ठता;

subjecti\vism /सबजेक्टि\विजम/ *n., philos.* 1 नीति या समझ, जिसके तहत सारा ज्ञान व्यक्तिपरक है, क्योंकि व्यक्ति-बाह्य सच्चाई हो ही नहीं सकती (मैं नहीं तो जहान नहीं) 2 व्यक्ति-परकता, व्यक्तिगतता 3 पक्षपातपूर्णता;
dw/lw: **~vist** *n.* व्यक्ति-परक कर्ता; **~vistically** *adv.* व्यक्ति-परकतापूर्वक; **~vity** /~विटि/ *n.* व्यक्तिनिष्ठता, आत्मनिष्ठता, व्यक्ति-आंतरिकता; **~vize**/ **~vise** /~वाइज/ *v. pt.* **~vized**, *pp* **~vizing** स्वानुभूतिमूलक बनाना

subjoin /सबजाइन/ *v. pt.* **~ed**, *pp* **~ing** पहले से लिखे पाठ के अंत में कुछ जोड़ दे.

sub judice /सब जूडिसि/ *adj.* न्यायालयाधीन, निर्णयाधीन, न्यायालय के विचाराधीन अतः इस मुद्दे पर किसी अन्य स्थान पर बहस वर्जित

subjuga\te /सब्जुगे\ट/ *v., pt.* **~ted**, *pp* **~ting** 1 दबाना, दमन क.: as a nation, the Indians have often been **~ted** 2 वश में लाना, वशीभूत क., अधीन क.;
dw/lw: **~tion** /~शन/ *n.* 1 दमन, अधीनीकरण, वशीकरण 2 अधीनता, दासता, परतंत्रता; **~tor** /~टः/ *n.* वशीकर्ता, विजेता

subjunctive /सबजंक्टिव/ *n., gramm.* संभावनार्थक या संभाव्य क्रियार्थ शब्द: I wish I **were** a king, wherein 'were' is in the ~;
adj. संभावनार्थक: ~ mood

subkingdom *n.* उपजगत

sub\lease /सबलीस/ *n.* 1 शिकमी पट्टा, उप-पट्टा 2 किराये की संपत्ति को आगे किसी और को किराये पर देने की क्रिया; **~lease** *v., pt.* ~leased, *pp* ~leasing शिकमी दे., किराये की संपत्ति को आगे किराये पर दे.; **~lessee** /सबलेसी/ *n.* शिकमी पट्टेदार; **~lessor** /सबलेसः/ *n.* शिकमी पट्टादाता; **~let** /सबलेट/ *v., pt.* ~let, *pt. p.* ~let, *pp* **~ting** शिकमी किराये पर दे.; **~ting** *n.* उप-किरायेदारी; **~letter** *n.* किराये की संपत्ति को आगे किराये पर देने वाला

sub\lieutenant /सब-लेफ्टेनेंट/ *n., naut.* कनिष्ठतम नौसैनिक या थल-सैनिक अफसर;
dw/lw: **~lingual** /सबलिंगवल/ *adj.* 1 जीभ के नीच स्थित, अधोजिह्व 2 जीभ के नीचे रखी जाने वाली गोली; **~littoral** /सबलिटरल/ *adj.* उपबेलांचलीय; **~lunary**/ **~lunar** /सबलूनरि/ *adj.* ऐहिक, सांसारिक; **~machine-gun** *n.* कंधे से लगाकर चलाई जा सकने वाली चल (mobile) मशीनगन; **~man** *n.* अवमानव; **~marginal** /सबमाःजिनल/ *adj.* शरीर के अंगों के सिरों के पास स्थित कोशिकाएं;

sublima\te /सब्लिमेट/ *v., pt.* **~ted**, *pp* **~ting** 1 परिष्कृत क., परिशुद्ध क. 2 उदात्त बनाना, उदात्तीकरण क. 3 ऊर्ध्वपातन क.;
n. परिष्करण, उदात्तीकरण, ऊर्ध्वपातन, उत्सादन: corrosive **~te**;
adj. (***syn.*** sublime: *see below*): **~te** thoughts;
dw/lw: **~ted** /सब्लिमेटिड/ *adj.* उदात्त, परिशुद्ध: ~ted mercury; ~ted desires; **~tion** /सब्लिमेशन/ *n.* 1 उदात्तीकरण 2 परिष्करण 3 अनैतिक व समाज में अमान्य लालसाओं, आवेग, उमंगों आदि का सार्थक, विशेषकर रचनात्मक कार्यों में, प्रयोग

sublime /सलाम\/ *adj.* 1 दत्त, श्रेष्ठ, उत्तम: ~ love/ thoughts 2 महान, लोकोत्तर, उच्च, उत्कृष्ट: ~ style/ poetry 3 अलौकिक, भव्य, प्रतापी, शानदार: ~ beauty/ mountain 4 परम, चरम, जिससे बढ़कर न हुआ जा सके: ~ indifference; ~ contempt; ~ self-conceit;
v., pt. **~d**, *pp* **subliming** 1 किसी ठोस पदार्थ को गर्म करके सीधे वाष्प या गैस में परिवर्तित क. 2 ठोस पदार्थ का बिना तरल में परिवर्तित हुए सीधे वाष्प बनना 3 उदात्तीकरण क., भव्य बनाना 4 परिशुद्ध या परिष्कृत क.
n. 1 उदात्तता, श्रेष्ठता: the ~ of thought/ of ideas/ of action; from the ~ to the ridiculous there is but one step 2 चोटी;
dw/lw: **~ly** /~लि/ *adv.* 1 उदात्त या श्रेष्ठ ढंग से 2 उदात्ततापूर्वक, भव्य रूप से; **~ness** /सबलाइमनेस/ *n.* उदात्तता, उच्चता, श्रेष्ठता, महत्ता; **sublimity** /सबलिमिटि/ *n.* उदात्तता, श्रेष्ठता, महत्ता, उत्कृष्टता, भव्यता;
p&i: **from the ~ to the ridiculous** उदात्त से अधम तक पतन

subliminal /सबलिमिन\ल/ *adj.* सचेत मन की सतह के नीचे या उसकी दहलीज पर रहने वाली (मन की अचेत अवस्था जिसमें स्थान पाकर कोई चीज या बात सचेत मन को भी प्रभावित कर सकती है): ~ perception; ~ mind;
dw/lw: **~ly** /~लि/ *adv.* अधःसचेत रूप से;
collocations: **~ advertising** अचेत मन में घर करने वाला विज्ञापन या प्रचार जहां से वह सचेत मन तक पहुंचने में सक्षम हो सकता है

submarine /सबमअरीन/ *n.* पनडुब्बी: missile-firing ~;
adj. 1 अंतः सागरी, अंतःसमुद्री; ~ chaser; ~ mine planter 2 समुद्री: ~ volcano/ cable/ boat; North Sea ~ piping; ~ warfare 3 (*also* **~ sandwich hero**) एक लंबी पतली रोटी का रौल (roll) जिसमें ऊपर से नीचे तक खाद्य पदार्थ डालकर खाया जाता है;
dw/lw: **~mariner** /सबमैरीनः/ *US* सबमरीनर/ *n.* पनडुब्बी के चालकों में से एक;

sub\maxilla /सबमैक्सिला/ *n.* निचला जबड़ा;
dw/lw: **~maxillary** /सबमैक्सिलरि/ *adj.* निचले जबड़े के नीचे स्थित; **~median** /सबमीडिअन/ उपमाध्य, मध्य से नीचे का; **~mediant** /सबमीडिअंट/ *n., music* संगीत का एक स्वर

submerge /सबमः ज/ *v., pt.* **~d**, *pp* **submerging** 1 डुबोना, डूबना 2 जलमग्न कर दे., (आ)प्लावित क. या हो. 3 डुबकी या गोता लगाना 4 किसी चीज को छिपाना या दबाना: **~d** one's feelings 5 किसी को बोझ तले दबा दे.: ~ sb with work;
dw/lw: **~d/ submersed** /सबमःज्ड/ सबमःस्ड/ *adj.* 1 डूबा हुआ, जलमग्न, निमग्न: ~ speed (पनडुब्बी की पानी के भीतर रफ्तार) 2 पानी में उगने वाला (पौधा) 3 छिपा हुआ या दबाया हुआ 4 काम आदि के बोझ तले दबा हुआ;
dw/lw: **submergence/ submersion** /सबमःजंस, सबमःशन/ *n.* जलमग्न होने की क्रिया या अवस्था, जलमग्नता, निमज्जन;
p&i: **the ~d tenth** जनता का सबसे गरीब, सबसे सताया हुआ भाग

submer\se /सबमःस/ *v., pt.* **~sed**, *pp* **~sing** डुबोना या डूबना, जलमग्न हो. या क.;
dw/lw: **~sible/ submergible** /सबमःसिबल/ सबमःजिबल/

adj. जो डूब सके या जिसे डुबोया जा सके, पानी के अंदर रह सकने वाला, अवगाहन-क्षम, निमज्जनी; **~sion** /सबमःशन/ *n.* किसी तरल में डूब जाने की क्रिया, आप्लावन, निमज्जन, डुबकी

submi\ssion /सबमिशन/ *n.* 1 अधीनता, परवशता 2 निवेदन, अनुरोध: humble **~ssion** 3 (*syn.* surrender) अधीनता-स्वीकरण, आत्मसमर्पण: mute/ complete **~ssion**; compulsory/ unconditional **~ssion** 4 आज्ञाकारिता, नम्रता, विनम्रता, प्रणति, दब्बूपन 5 अनुदेश, उपस्थापन 6 *wrestling* दो में से एक पहलवान द्वारा हार का स्वीकरण 7 झगड़े के निपटारे के लिए मामले की तहकीकात किसी अन्य विशिष्ट व्यक्ति को सौंप देने की क्रिया 8 प्रस्तुतीकरण: **~ssion** of proof of identity;
dw/lw:*~ssive** /सबमिसिव/ *adj.* (anton.*** assertive) झुकने वाला, नम्र, विनीत, दब्बू

submit /सबमिट/ *v., pt.* **~ted**, *pp* **~ting** 1 निवेदन क., अनुरोध क.: ~ that a material fact has been passed over 2 प्रस्तुत क., पेश क., (विचारार्थ) उपस्थित क., सामने रखना, सुझाव दे.: ~ sth to sb's approval/ to sb's consideration; ~ a draft agreement/ resolution; he **~ted** the essay late 3 (*also* **~ to sb**) आत्मसमर्पण क., हार मानना, की अधीनता स्वीकार क., का अधिकार मानना: ~ entirely/ mutely/ docilely 4 (***syn.*** yield) झुकना, दब जाना: I'll never ~ to indignity 4 आज्ञा मानना;
***dw/lw:* ~table/ submissible** /सबमिटेबल/ सबमिसिबल/ *adj.* प्रस्तुत्य;
***p&i:* I ~ to your better judgement** मैं आपके विवेकपूर्ण आकलन को स्वीकार कर लूंगा

sub\mucosa /सबम्युकोसा/ *n. pl.* **~mucosae** /सबम्युकोसी/ श्लेष्म झिल्ली के नीचे स्थित ऊतक; **~multiple** *n., math.* (*also* **aliquot**) 1अपवर्तक, पूर्ण भाज्य संख्या, 2 आठ का अपवर्तक; **~nate** /सबनेट/ *adj., geol.* उपर्पटीय; **~normal** /सबनॉःमल/ *adj.* सामान्य से नीचे

sub\nuclear *adj., phys.* 1 परमाणु की नाभिक में स्थित 2 परमाणु की नाभिक से छोटा;
***dw/lw:* ~ocular** /सबौक्युलः/ *adj., anat.* 1 आंख के अक्ष के नीचे स्थित 2 अवाक्षि, अवाक्षिकोटर; **~optic** /सबॉप्टिक/ *n., zool.* अवहक; **~orbital** /सबॉःबिटल/ *adj.* 3 धरती या अन्य ग्रह के गिर्द चक्र पूरा करने में अक्षम अंतरिक्ष यान आदि; **~order** *n.* उप-टुकड़ी, विभाग;

subordina\te /सबॉःडिने\ट/ *adj.* 1 अधीन, मातहत, आश्रित: be in a **~te** situation; pleasure should be **~te** to duty 2 अधीनस्थ, अवर 3 (*syn.* secondary) गौण, अप्रधान: he plays a **~te** part; **~te** clause; **~te** conjunctions;
n. (*syn.* inferior) अधीनस्थ व्यक्ति या कर्मचारी, मातहत;
v., pt. **~ted**, *pp* **~ting** 1 अधीनस्थ बनाना, मातहत बनाना: **~te** passions to reason; ~ one's own interests to the public good 2 गौण समझना 3 वश में रखना, दमन क.;
***dw/lw:* ~tion** /~शन/ *n.* 1 अधीनता, मातहती 2 अधीनीकरण, वशीकरण, दमन 3 अप्रधानता, गौणता; **~ism** /सबॉःडिनिजम/ *n.* गौणवाद;
***collocations:* ~te clause** (*also* **dependant clause**) *n.* गौण उपवाक्य; **~ting conjunction** *gramm.* समुच्चयबोधक संयोजक; **~tive** /~टिव/ *adj.* गौण उपवाक्य संबंधी: ~tive conjunction समुच्चयबोधक संयोजक

suborn /सबॉःन/ *v., pt.* **~ed**, *pp* **~ing** 1 अवैध कार्य के लिए उकसाना, दुष्प्रेरित क. 2 मिथ्या शपथ दिलाना, झूठी कसम दिलाना 3 (घूस देकर या फुसलाकर) अपराध कराना;
***dw/lw:* ~ation** /सबॉःनेशन/ *n.* 1 कूट-साक्ष्य या झूठी गवाही आदि दिलवाने का काम: ~ation of perjury 2 अपराध-प्रेरणा

subpar /सबपाः/ *adj.* अपेक्षित स्तर से नीचे

sub\-paragraph *n.* उप-पैरा;
***dw/lw:* ~plot** *n.* उपकथानक, उपाख्यान; **~polar** /सबपोलः/ *adj.* अधोध्रुवीय;

subpoena /सपीना/ *n., pl.* **~s** 1 अदालत के सम्मन 2 अदालत में पेशी पर हाजिर होने का निर्देश; writ of ~/ serve a ~ on sb;
v., *pt.* **subpoenaed**, *pp* **subpoenaing**, *s/he/ it* **subpoenas** सम्मन क.: ~ a witness

sub\prefect /सबप्रीफेक्ट/ *n.* उपनिरीक्षक, उपाधिकारी;
***dw/lw:* ~prior** /सबप्रायः/ उपमठाध्यक्ष;

subrep\tion /सबअरेप्शन/ *n.* 1 *law, formal* 1 फायदे के लिए सच्चाई को छिपा लेने का काम 2 एक प्रकार का धोखा;
***dw/lw:* ~tive** /सबअरेप्टिव/ *adj.* गुप्त, छिपा हुआ

subroga\te /सबरअगे\ट/ *v. pt.* **~ted**, *pp* **~ting** *law* (***syn.*** substitute) एक के स्थान पर दूसरे को रखना, प्रतिस्थापित क.;
dw/lw:* ~tion** /~शन/*n.* (syn.*** substitution) प्रतिस्थापन

sub rosa /सब रोजा/ *adv., Lat.* गुप्त तरीके से

subroutine (*also* **subprogram**) *n., comput.* कंप्यूटर के कार्य-निर्देशों का समुच्चय;
***dw/lw:* ~rule** *n.* उप-नियम; **~Saharan** सहारा मरुस्थल के दक्षिण में स्थित अफ्रीकी क्षेत्र

subscribe /सबस्क्राइब/ *v., pt.* **~d**, *pp* **subscribing** 1 (*usually* **~ to sth**) पत्र-पत्रिकाओं आदि का नियमित ग्राहक ब.; ~ to a loan; ~ to a newspaper; ~ to *The Economic and Political Weekly* 2 के नीचे हस्ताक्षर क.: ~ one's name to a document 3 (*usually* **~ to sth, *syn.*** believe in) में विश्वास क.: ~ to scientific socialism; ~ to an opinion 4 चंदा दे., अंशदान क. 5 जमा क. 6 पूर्वक्रय क.: ~ for a book 7 से सहमत हो., का समर्थन क., का अनुमोदन क.: ~ to a proposal; I can't ~ to that statement;
***dw/lw:* ~d** /सबस्क्राइबड/ *adj.* 1 पूर्वक्रीत, पूर्वक्रयी, पहले से खरीदने वाला, अंशदाता 2 अभिदत्त; **~r** /सबस्क्राइबः/ *n.* नियमित ग्राहक: a telephone ~r;
***collocations:* ~r trunk dialling** (*abbr.* **STD**) लंबी दूरी का टेलीफोन

subscript /सबस्क्रिप्ट/ *print. adj.* (***anton.*** superscript) अधोलिखित, रेखा से नीचे छोटा करके लिखा हुआ (अक्षर या अंक): H_2O (में $_2$);

subscription /सबस्क्रिप्शन/ *n.* 1 पत्र-पत्रिकाओं आदि का नियमित शुल्क: take a ~; by ~; ~ book; ~ edition/ publication; ~ borrower; an annual ~; ~ fees; a ~ copy 2 (***syn.*** donation) चंदा: raise/ get a ~; a ~ concert; erected by public ~ 3 (installment) उधार का अंशदान: make/ take up a ~; pay one's ~ 4 हस्ताक्षर: ~ to a document;
***collocations:* subscription TV = pay** TV सशुल्क टीवी

subsea *adj.* समुद्र के अंदर पानी के नीचे डूबा हुआ: ~sea well systems; can dive ~sea to depths of 8000 ft;

subsection *n.* उपधारा, उपखंड, उपवर्ग

subsecive /सबसिसिव/ *adj.* फुर्सत का समय, बचे हुए घंटे: ~ hours;

subsequence /सबसिक्वंस/ *n.* 1 परावर्तित, जो किसी और बात का परिणाम हो 2 किसी क्रम के होने का तथ्य 3 अनुवर्तन 4 (*sometimes* **~sequence** /सबसीक्वंस/) गणितीय अनुक्रम

subsequent /सबसिक्वंट/ *adj.* 1 (*also* **~to sth**) के बाद वाला, के बाद होने वाला या घटने वाली: ~ events; the ~ ratification of the treaty 2 परवर्ती, उत्तरवर्ती, उत्तरकालीन: ~ entry 3 से निकलने वाला: ~ upon sth 4 (***anton.*** previous) अगला, बाद का: ~ to his death 5 अतिरिक्त: ~ payment; ~ claims;
***dw/lw:* ~ly** *adv.* 1 बाद में 2 तदनंतर;
***p&i:* ~ to** के बाद: ~ to our talk I got the appointment letter

subserve /सबसःव/ *v., pt.* **~d**, *pp* **subserving** में सहायक

होना, के लिए उपयोगी होना

subservience /सबसःविअंस/ (*also* **subserviency**) *n.* 1 चापलूसी, चाटुकारिता 2 वश्यता: ~ to fashion 3 आज्ञाकारिता 4 उपयोगिता

subservient /सबस: विअंट/ *adj.* 1 अधीनस्थ, मातहत 2 चापलूस, जीहुजूरिया, ताबेदार 3 (*usually* **~ to sb/ sth**) जो किसी के वश में हो, वश्य 4 आज्ञाकारी 5 सहायक, उपयोगी

subset /सबसेट/ *n.* बड़े समूह से निकला छोटा समूह

subside /सबसाइड/ *v., pt.* **~d**, *pp* **subsiding** 1 घटना, कम हो., (पानी आदि का) उतरना: the floods have **~d**; the fever **~d**; the storm/ the gale **~d** 2 धंसना, धसकना, बैठ जा.: ~ into an arm-chair 3 शांत हो जाना: the excitement **~d**; his fury **~d** (किसी का तूफानी गुस्सा शांत हो गया);

subsidence /सबसाइडंस/ सबसिडंस/ *n.* 1 उतार, उतराव, कमी, घटाव, गिरावट 2 धंसान, धसान, धसकन 3 अवतलन 4 शांति

subsidiarity /सबस्डिऐरिटि/ *n.* केंद्रीय सत्ता द्वारा स्थानीय मुद्दों, मामलों, समस्याओं, प्रस्तावों आदि के संबंध में स्थानीय शाखाओं, स्थानीय या प्रांतीय सरकारों को दिए जाने वाले अधिकारों का सिद्धांत

subsidiary /सबसिडअरि/ *adj.* 1 गौण महत्त्व का, दोयम दर्जे का: ~ receipt (गौण पावती); ~ stream 2 (***syn.*** additional) सहायक, अतिरिक्त, समनुषंगी, पूरक: ~ body (सहायक संस्था); ~ mandate (सहायक अधिदेश) 3 नियंत्रित: ~ industry 4 भाड़े का; ***n.***, *pl.* **subsidiaries** 1 गौण व्यक्ति या वस्तु 2 सहायक साधन 3 (*sometimes* **~ of sth**) किसी अन्य संगठन या कंपनी द्वारा नियंत्रित कंपनी या व्यवसाय: ~ company;

dw/lw: **subsidiarily** *adv.* अतिरिक्त रूप में;

subsidi\ze (*also UK* **-se**) /सबसिडाइ\ज/ *v., pt.* **~zed**, *pp* **~zing** 1 सरकारी सहायता दे. 2 आर्थिक सहायता दे. 3 दाम के एक अंश को सहायता के रूप में दे. 4 *loosely* किसी का खर्चा उठाना 5 *loosely* (***syn.*** top-up, augment) अतिरिक्त पैसा कमाना: **~ze** one's finances by working on holidays;

dw/lw: **~zed** /~जड/ *adj.* 1 आर्थिक सहायता-प्राप्त, इमदादी 2 आर्थिक सहायता की बदौलत कम दाम पर: the company provided ~zed meals in the canteen

subsidium /सबसीडिअम/ *n., pl.* **subsidia**, *Lat.* सहायता, इमदाद, मदद

subsidy /सबसिडि/ *n.* 1 सरकार द्वारा दी जाने वाली आर्थिक सहायता, इमदाद 2 किसी भी प्रकार की आर्थिक सहायता या अनुदान

sub\sinking *n., milit.* पनडुब्बी को डुबोने की क्रिया;

subsist /सबसि\स्ट/ *v., pt.* **~ed**, *pp* **~ing** 1 (*usually* **~ on sth**) गुजारा क., पर निर्वाह क., जीवन-निर्वाह क., जीवित रहना: ~ **on** vegetables; **~ on** other peoples' charity 2 का भरण-पोषण क. 3 बना रहना, टिकना, जारी रहना: superstition still **~s** there; a custom that still **~s** 4 (*usually* **~ in sth**) से बनना, पर निर्भर हो.: the team's success **~s in** their fitness;

dw/lw: **~ence** /सबसिस्टंस/ *n.* 1 गुजारा, जीवन-निर्वाह, रोटी-कपड़ा, भरण-पोषण: means of ~ence; derive one's ~ence from fishing 2 अस्तित्व, वजूद, जीवन: prolong ~ence 3 जीविका; **~ent** /सबसिस्टेंट/ *adj.* अवस्थित, जीवित, अस्तित्व में;

collocations: **~ence allowance/ money** 1 निर्वाह-भत्ता, गुजारा भत्ता 2 कांफ्रेंस आदि के दौरान दिया जाने वाला दैनिक भत्ता; **~ence farming** परिवार के गुजारे लायक पैदावार देने वाली खेतीबाड़ी (यानी बेचने के लिए कुछ न बचना); **~ence level** जीवन का ऐसा स्तर जब जीवन की मात्र मूलभूत आवश्यकताएं पूरी हो पाती हों; **~ence wage** दो जून का खाना जुटाने लायक वेतन

sub\soil *n.* अधोमृदा, अवमृदा;

dw/lw: **~solar** *adj.* अध:सौर, सूर्य के सीधे नीचे का स्थान; **~sonic** /सबसौनिक/ *adj.* जिसकी गति ध्वनि की गति से कम हो **~sonics** *n.* अवध्वानिकी; **~space** *n.* उपसमष्टि; **~species** *n., [pl.], biol.* उपजाति

sub specie /सब स्पिसी/ *Lat.* इस दृष्टि से, इस ढंग से

subst. *abbr. gramm.* **'substantive'**, **'substitute'** का छोटा रूप

substance /सबस्टंस/ *n.* 1 पदार्थ, द्रव्य: heavy/ porous/ yellow/ transparent ~ 2 ठोस सबूत, सच्चाई, दमखम: an argument of little ~; a piece of writing which lacks ~; ghosts have no ~; no ~ in the rumours 3 वास्तविक अर्थ, तात्पर्य, भाव: the ~ of sth; in ~ (सच में, वास्तविक अर्थ में, सारांश में) 4 सार, सारांश, तत्त्व, असली मुद्दा: the ~ of the case; come to the ~ of the matter 5 उपादान 6 विषय वस्तु 7 वास्तविकता, यथार्थ 8 दृढ़ता, ठोसता, योग्यता, सत्त्व: there is no ~ in him; food with no ~ 9 (***syn.*** significance) धन-संपत्ति, रुतबा 10 विशेष प्रकार का पदार्थ; a dangerous/ hazardous/ toxic ~; a powdery/ sticky/ waxy ~;

p&i: **a man/ woman of ~** धनी और भारी दबदबा वाला व्यक्ति

substandard /सबस्टैंड:ड/ *adj.* 1 (***syn.*** inferior) निम्न स्तर का, घटिया 2 मानक-च्युत 3 निकृष्ट, घटिया: ~ film

substantial /सबस्टैंशिअ\ल/ *adj.* 1 (***syn.*** considerabey) अच्छा-खासा, बड़ा, काफी सारा, काफी बड़ा: a poem of ~ length; a ~ sum of money; this makes a ~ difference; we are in ~ agreement 2 मजबूत, टिकाऊ, ठोस: ~ building 3 वास्तविक, भौतिक: no mere apparition but a ~ being 4 आवश्यक, महत्त्वपूर्ण, पर्याप्त: ~ improvement; ~ contribution 5 सारगर्भित, तात्त्विक: ~ argument/ point 6 पौष्टिक: ~ meal/ breakfast; ~ food 7 धनी, समृद्ध, संपन्न: ~ trader 8 व्यावहारिक 9 मुख्य 10 असल कीमत का 11 योग्य एवं सक्षम;

dw/lw: **~ism** /~लिज्म/ *n., philos.* तत्त्ववाद; **~ist** /~लिस्ट/ *n.* तत्त्ववादी; **~ity** /~लिटि/ *n.* वास्तविकता, प्रामाणिकता, ठोसपन, मजबूती, तात्त्विकता; **~ize**/ **~ise** /~लाइज/ *v. pt.* **~ized**, *pp* **~izing** वास्तविक, यथार्थ या साकार बनाना. या बनना; **~ly** /~लि/ *adv.* 1 मुख्यतः, तत्त्वतः, मूल बातों में 2 (***syn.*** considerably) अच्छे-खासे पैमाने पर, काफी हद तक: I ~ly agree with you 3 महत्त्वपूर्ण रूप में: this **~ly** contributed to our success 4 मजबूती से, ठोस तरीके से 5 अच्छी तरह: dine ~ly

substantia\te /सबस्टैंशिएट/ *v., pt.* **~ted**, *pp* **~ting** 1 मूर्त रूप दे. 2 प्रमाण द्वारा सिद्ध क., प्रमाणित क., साबित क., सिद्ध क.: **~te** a charge 3 किसी बात की सच्चाई या वैधता सिद्ध क.: **~te** a statement/ a claim;

dw/lw: **~tion** /सबस्टैंशिएशन/ *n.* 1 प्रमाणीकरण, प्रमाणन 2 प्रमाण, सबूत 3 क्रियान्वयन 4 वैधता-स्थापन

substantive /सबस्टैंटिव/ सबस्टंटिव/ *adj.* 1 महत्त्वपूर्ण, जरूरी, आवश्यक: ~ issues; ~ provisions 2 मूल्यवान, यथेष्ट: ~ motion 3 वास्तविक, असली: ~ law; ~ rank 4 स्वायत्त 5 सत्तासूचक, वैध 6 बहुत, पर्याप्त, काफी 7 ठोस, तात्त्विक, सारगर्भित 8 मजबूत, आधारभूत, ठोस, स्थायी 9 स्वतंत्र, आत्म-निर्भर: a ~ being

n. *gramm.* 1 भाषायी इकाई जो संज्ञा के रूप में प्रयुक्त होती है 2 संज्ञा;

dw/lw: **~-dye** स्वतःरंजक; **~ly** /~लि/*adv.* महत्त्वपूर्ण रूप में; **~ness** /~नेस/ *n.* महत्त्व, मूल्य, ठोसता, तात्त्विकता; **substantivi\ze**/ **substantivi\se** /सबस्टैंटिवाइज/ *v. pt.* **~zed**, *pp* **~zing** ठोस बनाना, तात्त्विक रूप दे.

substation /सबस्टेशन/ *n.* छोटा स्टेशन, उपकेंद्र, सब-स्टेशन

substeller /सबस्टेल/ *n.* अधोतारा

substituent /सबस्टिट्युअंट/ *US* सबस्टिटुअंट/ *n., chem.* ऐसा परमाणु जो अणु (molecule) में दूसरे परमाणु का स्थान लेता है

substitu\te /सबस्टिट्यू\ट/ *US* सबस्टिटू\ट/ *n.* 1 (***syn.*** replacement) स्थानापन्न (व्यक्ति या वस्तु) के बदले में दूसरा व्यक्ति या वस्तु, विकल्प: as a **~te** for sb; temporary/ efficient/ unreliable **~te**; find a **~te** 2 बदलाव, बदली, तबादला 3 का स्थान लेने वाला पदार्थ, प्रतिलिपि, नकल: cheap

~te; beware of **~tes!** 4 एवज: **~te** resolution 5 प्रतिहस्त 6 डिप्टी: be appointed sb's **~te**;
v.**, pt.* **~ted**, *pp* **~ting** 1 (syn.*** replace) स्थानापन्न के लिए व्यक्ति या वस्तु को प्रयुक्त क.: **~te** tea for coffee; ~ for sb 2 (*usually* **~te sth for sth else**) किसी का या किसी चीज का स्थापन्न क.: **~te** one word/ one term/ one document for another 3 के स्थान पर रखना 4 का स्थान लेना 5 के बदले में इस्तेमाल क.: **~te** effectively/ surreptitiously;
adj. 1 स्थानापन्न: **~te** teacher 2 एवजी;
dw/lw: **~table** /~टअबल/ *adj.* जिसका स्थानापन्न किया जा सके, जिसका विकल्प हो; **~tability** /~टअबिलिटि/ *n.* स्थानापन्न करने की संभावना, वैकल्पिकता; **~tion** /~शन/ *n.* 1 *law* प्रतिनिधान, विकल्प, वैकल्पिक उत्तराधिकारी की नियुक्ति: power of attorney and ~tion 2 प्रतिस्थापन: ~tion tables 3 स्थानापन्नक, स्थान लेने वाला; **~tional/ ~tionary**/~शनल/ ~शनरि/ *adj.* एवजी, वैकल्पिक; **~tionally** *adv.* /~नलि/ प्रतिरूप या विकल्प के रूप में; **~tive** /~टिव/ *adj.* एवजी, वैकल्पिक; **~tively** /~टिवलि/ *adv.* वैकल्पिक रूप से

substrain /सबस्ट्रेन/ *n., agr.* पौधे की उपप्रजाति

substrate /सबस्ट्रेट/ *n., biol.* 1 पौधों, बैक्टीरिया आदि के विकास का माध्यम (मिट्टी आदि) 2 *electronics* समन्वित सर्किट को इंसुलेशन या सहारा देने वाली अर्ध-चालक सामग्री (semiconductor)

substra\tum /सबस्ट्राः\टम/ *US* सबस्ट्रे\टम/ *n.* , *pl.* **~ta** /~टा/ 1 नीचे का स्तर, अधःस्तर, नीचे की परत 2 आधार तत्त्व 3 नींव या नींव की सामग्री 4 चट्टान की ऊपरी सतह से निचली परत;
dw/lw: **~tive/ ~tal** /~टिव/ ~टल/ *adj.* नीचे की परत या सतह से संबंधित

substruction /सबस्ट्रक्शन/ *n.* नींव, आधार

substructure /सबस्ट्रक्चः/ *n., arch.* 1 भीतरी या सहायक ढांचा, उपसंरचना, नींव, आधार

sub-subparagraph /सब-सबपैरअग्राफ/ *n.* उप-धारा, उप-परिच्छेद

subsultory /सब-सल्टरि/ *adj.* कूद-फांदकर चलने वाले जीव से संबंधित

sub\sume /सबस्यूम/ *v., pt.* **~sumed**, *pp* **~suming** 1 (*often* **~sume under sth**) सम्मिलित, सन्निविष्ट या शामिल क. 2 बड़ी वस्तु या प्रक्रिया को हिस्सा बना लेना;
dw/lw: **~sumption** /सबसंप्शन/ *n.* 1 सन्निवेशन 2 कल्पना; **~sumable** /सबस्यूमअबल/ *adj.* जिसे सम्मिलित किया जा सके; **~sumptive** /सबसंप्टिव/ *adj.* सन्निवेश करने वाला

subteen /सबटीन/ *n., N. Amer.* तेरह (before the first **-teen**) वर्ष से कम उम्र का किशोर या किशोरी: a class of ~ girls

subtenant /सबटेनंट/ *n.* किराएदार का किराएदार, दर-किराएदार, शिकमी किरायेदार या काश्तकार;
dw/lw: **subtenancy** /सबटेनंसि/ *n.* शिकमी किरायेदारी या काश्तकारी

subtangent /सबटेंजंट/ *adj.* अधःस्पर्शी

subtend /सबटेंड/ *v., pt.* **~ed**, *pp* **~ing** *geom.* 1 अंतरित क., धनुष की तरह तानना 2 कक्षांतरित क.

subtense /सबटेंस/ *n.* अंतरकारी

subterfuge /सबटः फ्यूज/ *n.* 1 तिकड़म, छलछंद, चाल, चालबाजी: skilful/ ingenious ~ 2 बहाना, टाल-मटोल, टाल-टूल: resorted to ~ 2 छल-कपट: a clever ~

subterranean /सबटअरेनिअन/ (*also* **subterraneous** /सबटरेनिअस/) *adj.* 1 भूमिगत: ~ dwelling/ fire 2 अंतःभूमिक, अंतर्भूमिक: ~ irrigation 3 गुप्त: ~ diplomacy

subtext *n.* 1 रचनाकार, कलाकार, पेंटर, फिल्मकार आदि द्वारा दिया जाने वाला गूढ़ संदेश या अर्थ 2 *more loosely* परोक्ष रूप से कही या चित्रित की जाने वाली बात 3 छिपा भावार्थ

subtilize/ subtilise /सटिलाइज/ *v. pt.* **~d**, *pp* **subtilizing**1 अतिसूक्ष्म, बारीक, नाजुक बनाना 2 गूढ़, दुर्बोध, जटिल बनाना

subtitle /सबटाइटल/ *n., pl.* **~s** 1 पुस्तक, लेख आदि का उपशीर्षक 2 (सिनेमा के संदर्भ में) रील में नीचे लिखे अन्य भाषाओं में अनूदित संवाद;
***v.**, pt.* **~d**, *pp* **subtitling** फिल्म रील में अन्य भाषाओं में अनूदित संवाद लिखना

subtle /सटल/ *adj., degr.* **~r**, **~st** 1 गूढ़, दुर्बोध, जटिल: ~ remark/ irony; ~ art 2 सूक्ष्म, अति सूक्ष्म, बारीक, नाजुक: a ~ flavour, colour, etc.; ~ perfume; of ~ texture; ~ distinction; ~ charm; ~ delight 3 चालाक, चतुर, चपल, चालू; ~ policy 4 कुशाग्र, कुशाग्रबुद्धि, विचक्षण, प्रखर: ~ mind 5 निपुण, दक्ष, प्रवीण: ~ device; ~ fingers; a ~ bit of work;
dw/lw: **subtly** /सट्लि/ *adv.* 1 बारीकी से 2 प्रखरतापूर्वक; **~ness** *n.*= **~ty** /सटल्टि/ *n.* 1 सूक्ष्मता 2 दुर्बोधता, जटिलता 3 चालाकी, चपलता, चतुरता 4 विचक्षणता, निपुणता

subtonic /सबटौनिक/ (*also* **leading note**) *n., music* सप्तम स्वर

subtopia /सबटोपिआ/ *n.* उपनगर के साथ लगने वाले ग्रामीण क्षेत्र में भद्दा विस्तार और आंचलिक सौंदर्य को रौंदने की क्रिया

subtotal /सबटोटल/ *n.* किसी बड़े हिसाब-किताब में मात्र एक स्तंभ का जोड़

subtown /सबटाउन/ *n.* उपनगर

subtract /सबट्रैक्ट/ *v., pt.* **~ed**, *pp* **~ing** घटाना, कम क.;
dw/lw: **~ion** /सबट्रैक्शन/ *n.* घटाव, व्यवकलन; **~ive** /सबट्रैक्टिव/ *adj.* 1 व्यवकलक, व्यवकलनात्मक 2 ऋणात्मक

subtrahend /सबट्रअहेंड/ *n.* घटाई जाने वाली रकम, व्यवकल्य

subtrans\lucent /सबट्रैंस्लुसंट/ (*also* **~parent** /सबट्रैंस्पअरंट/) *adj.* अल्प पारदर्शी

subtro\pical /सबट्रौपिकल/ (*also* **semitropical**) *adj.* उष्ण-कटिबंधीय;
dw/lw: **~pics** /सबट्रौपिक्स *n.. [pl.]* उष्ण-कटिबंधीय और नर्म जलवायु के क्षेत्रों के बीच में स्थित क्षेत्र

subtype /सबटाइप/ *n.* उपप्ररूप, अवप्ररूप

subulate\ subuliform /स्यूब्यू\लिट/ ~लिफॉःम/ *adj.* सूच्यग्री, टेकुए के आकार का

suburb /सबः ब/ *n.* 1 शहर से लगता आवासीय क्षेत्र, नगरांचल, उपनगर, परिनगर: house in the **~s**; sb lives in the **~s**;
dw/lw: **~an** /सबः बन/ *adj.* 1 नगरांचलीय, उपनगरीय 2 संकीर्ण, रूढ़िग्रस्त; **~anite** /सबःबनाइट/ *n.* उपनगरवासी; **~ia** /सबःबिआ/ *n.* 1 नगरोपांत क्षेत्र एवं इसके निवासी 2 उपनगरवासी 3 उपनगरीय, दकियानूसी, बौद्धिक पिछड़ापन, संकीर्णता

subven\e /सबवीन/ *v., pt.* **~ed**, *pp* **~ing** मदद क., नजदीक होने पर किसी काम में हाथ बंटाना,
dw/lw: **~tion** /सबवेन्शन/ *n.* 1 अनुदान, सहायता 2 आर्थिक सहायता, सरकारी सहायता; **~tionary** /सबवेन्शनरि/ *adj.* सरकारी अनुदान से संबंधित

subversive /सबवः सिव/ *adj.* 1 (***syn.*** seditious) (तख्ता) उलट देने वाला, ध्वंसात्मक, विध्वंसक 2 उच्छेदक, विनाशक 3 विद्रोही: ~ activities; ~ ideas/ tendencies;
dw/lw: **~ly** *adv.* विध्वंसक रवैये के साथ

subvert /सबवःट/ *v., pt.* **~ed**, *pp* **~ing** 1 (***syn.*** undermine) जड़ों में तेल दे., नीचे-नीचे से विध्वंसक गतिविधि चलाना 2 उलट दे., उच्छेदित क., अव्यवस्था फैलाना 3 विनाश क., तोड़-फोड़ क. 4 भ्रष्ट कर दे. 5 (धर्म या राज्य से) विमुख क., का विश्वास (निष्ठा) बिगाड़ना या समाप्त क., निष्ठाहीन बना दे.;
dw/lw: **~er/ ~or** /सबवःटः/ *n.* विध्वंसकारी, विद्रोही

subversion /सबवःशन/ *US* सबवःजन/ *n.* 1 चोरी-छिपे चलाई जाने वाली विध्वंसक गतिविधि, तोड़फोड़ 2 विनाश 3 तख्ता-पलट, उच्छेदन

sub voce /सब वोचि/ सब वोके/ *Lat.* कथित शीर्षक के तहत

subway /सबवे/ *n., pl.* **~s** 1 *UK* (*UK/ US* **underpass**) 1 भूमिगत-पथ, सुरंग-पथ, तलमार्ग, अधोमार्ग 2 *US* (*UK* underground) भूमिगत रेलमार्ग, सुरंग-रेल

sub-woofer /सबवूफ़ः/ *n.* लाउड-स्पीकर का वह भाग जो बहुत नीची आवाज देता है

sub-zero /सबजीरो/ *adj.* शून्य से कम: ~ **temperatures**

succade /सकेड/ *n.* गाजर-पाक, मुरब्बा, मिठाई

succedaneum /सक्सिडेनिअम/ *n., pl.* **succedanea** *med.* किसी दवाई का विकल्प जो इतना प्रभावशाली न हो जितना की मूल दवाई;

dw/lw: **succedaneous** /सक्सिडेनिअस/ *adj.* वैकल्पिक

succeed /सक्सीड/ *v., pt.* **~ed**, *pp* **~ing** 1 सफल हो.: **~ed** in his evil plan 2 सफलता प्राप्त क., कामयाब होना, फलीभूत होना: he **~ed** in his efforts; ~ in life 3 योजना अनुसार कार्य पूरा क.: ~ in doing sth 4 (*also* ~ **in sth**) किसी क्षेत्र-विशेष में महत्त्वपूर्ण कार्य करने में सफल हो. 5 (***syn.*** follow) अगला हो., के बाद आना, के बाद घटित होना, परवर्ती होना: night **~s** day; winter is **~ed** by spring; the storm died down and a great calm **~ed** 6 (*also* ~ **to sb**) किसी की जगह आना, विरासत में उत्तराधिकारी बनना, दायाधिकारी होना: a right to ~; he left none to ~ him; ~ to one's father's estate; ~ sb on the throne;

dw/lw: **~ing** /सक्सीडिंग/ *adj.* 1 (***syn.*** subsequent) बाद वाला, अगला: the ~ing letter 2 अनुवर्ती, उत्तरवर्ती: the ~ing period; all ~ing ages;

p&i: **~ oneself** दोबारा चुना जा.

succentor /सक्सेंटः/ *n.* 1 समूहगान में मंद स्वर का गायक 2 समूहगान का उपनेता

success /सक्सेस/ *n., pl.* **~es** 1 सफलता, कामयाबी: sudden/ deserved/ partial ~; wish sb ~; achieve/ have ~; the key to *or* secret of ~ 2 धन या यश का लाभ, संपन्नता, समृद्धि: have great ~ in life; be a ~ 3 किसी संघर्ष, अभियान या कार्य में जीत या सफलता: military **~es**; without ~; score a ~; he was ~ as Hamlet (हैमलेट की भूमिका में वह सफल रहा); he was the ~ of the evening; ~ in (doing) sth 4 प्रसिद्ध या नामी: became an overnight ~ 5 किसी कार्य की सही-सलामत संपूर्णता: the party was a great ~;

collocations: **~ story** सफल व्यक्ति या योजना आदि;

p&i: **~ has many fathers while failure is an orphan** सफलता का सेहरा तो बहुत सारे अपने सिर बांधना चाहते हैं, पर असफलता को कोई अपने नाम नहीं करना चाहता; **~ signal** *milit.* हद लांघने का संकेत; **~ is never blamed = nothing succeeds like** ~ जो जीता वही सिकंदर; **without** ~ बिना सफल हुए

successful /सक्सेस्फुल/ *adj.* 1 सफल, फलीभूत: be ~ in doing sth; the rescue was ~ 2 फलता-फूलता, समृद्ध, संपन्न: runs a very ~ business 3 सफल, कामयाब: ~ play; that trick is always ~ 4 सौभाग्यशाली: he is ~ in everything;

dw/lw: **~ly** /सकसेस्फुलि/ *adv.* सफलतापूर्वक: deal **~ly** with a task; undergo a test **~ly**

succession /सक्सेशन/ *n.* 1 (***syn.*** series) अनुक्रमण, अनुक्रम, सिलसिला, तांता 2 एक के बाद एक: in ~; all orders are executed in ~; disasters came in rapid ~; a ~ of disasters 3 उत्तराधिकार, दायाधिकार, पद प्राप्ति, दाय प्राप्ति: in ~ to sb; law of ~; get a title by ~; war of ~; ~ duty/ tax 4 राज्यारोहण, राज्य प्राप्ति, पदारोहण 5 वंशक्रम 6 पेड़-पौधों का बारी-बारी से दोहराव 7 लगातार या एक के बाद एक होने का क्रम: for two years in ~ ;

dw/lw: **~al** /सक्सेशनल/ *adj.* उत्तराधिकार-संबंधी, अनुक्रमिक;

collocations: **~ sale** उत्तराधिकार की संपत्ति की नीलामी; **the Succession States** आस्ट्रिया-हंगेरियायी साम्राज्य के पतन के बाद बने राष्ट्र; **apostolic** ~ प्रेरितिक अनुक्रम;

p&i: **in** ~ लगातार, उत्तरोत्तर, क्रमशः; **in quick** ~ जल्दी-जल्दी, एक के बाद एक

successive /सक्सेसिव/ *adj.* 1 एक के बाद एक-एक करके आने वाले: our team won six ~ games 2 आनुक्रमिक, क्रमिक: ~ ballots 3 निरंतर: ~ concentrations (गोलीबारी की निरंतर बढ़ती वर्षा);

dw/lw: **~ly** /सक्सेसिवलि/ *adv.* क्रमिक रूप से, क्रमशः निरंतर, लगातार, उत्तरोत्तर; **~ness** /सक्सेसिवनेस/ *n.* निरंतरता

successor /सक्सेसः/ *n.* 1 उत्तराधिकारी, वारिस: appoint a worthy ~
2 उत्तराधिकारी (वस्तु या संस्था का) 3 उत्तरवर्ती

succinct /सकसिंक्ट/ *adj.* 1 (***syn.*** concise) संक्षिप्त तथा सुस्पष्ट, संहत, सारिक, सारगर्भित 2 सामासिक;

dw/lw: **~ly** /~लि/ *adv.* संक्षिप्त तथा सुस्पष्ट ढंग से; **~ness** /~नेस/ *n.* संक्षिप्तता, सुस्पष्टता, सारगर्भितता

succinic /सक्सीनिक/ *adj.* तृणमणि से संबंधित

succory /सकरि/ *n.* कासनी, चिकरी

succotash /सकअतैश/ *n., N. Amer.* अमेरिकी आदिवासियों का हरी मक्की आदि का व्यंजन

succour /सकर/ सकअः/ *n.* 1 सहायता: timely/ unexpected ~ 2 राहत: come to sb's ~ 3 सहायता करने वाला;

v., pt. **~ed**, *pp* **~ing** सहायता क., राहत दे.;

dw/lw: **~er** *n.* सहायता करने वाला; **~less** *adj.* असहाय

succuba/ succubus /सक्यूबा/ ~बस/ *n., pl.* **succuba** → **succubi** (स्क्यूबाइ) *or* **succubus** → **succubuses/ succubae** (स्क्यूबि)/ **succubas** 1 सुप्त पुरुषों के साथ मैथुन करने वाली पिशाचिका जिसके फलस्वरूप दानवी बच्चे पैदा होते थे 2 दुःस्वप्न

succu\lence /सक्यलंस/ (*also* **~lency**) *n.* सरसता;

dw/lw: **~lent** /सक्यलंट/ *adj.* 1 (***syn.*** juicy) रसीला, रसदार, रसाल 2 गूदेदार और जायकेदार: ~lent roasted meat 3 आकर्षक, रमणीय; **~lent** *n.* सूखे या लवणयुक्त दलदली क्षेत्र में उगने वाला पौधा

succumb /सकंब/ *v., pt.* **~ed**, *pp* **~ing** 1 (*often* **~ to sth**) झुक जा., घुटने टेक दे. हार मानना, मान लेना, दब जाना: ~ to superior force; ~ to temptation 2 बीमारी आदि के कारण मर जा.: ~ to cancer 3 का शिकार बनना;

succursal /सकःसल/ *n.* शाखा, उपभाग

succus /सकस/ *n., pl.* **succi** पाचन रस

succussion /सकसन/ *n.* 1 शरीर में तरल की अधिक मात्रा का पता लगाने के लिए झकझोरने की क्रिया 2, झटका, कंपन

such /सच/ *determiner, adj.* 1 ऐसा, इस प्रकार का, इस तरह का, इस जैसा, ऐसी, इतना, इतना बड़ा, उपर्युक्त: ~ happiness was all he wished; one cannot convince ~ a person; some ~ plan was in my mind; in ~ cases; he speaks in ~ a way that I don't understand him; there is no ~ thing; he was ~ a good/ a clever man; on ~ a day as you can go; his behaviour was ~ that everyone disliked him; I did no ~ thing 2 वैसा, उतना, उस प्रकार का: ~ a liar!; ~ a master!; ~ a man!; one cannot reason with ~ a person 3 जैसा, सदृश; languages coming from Latin, ~ as French, Italian, Spanish; a plan ~ as this; take ~ steps as shall be considered necessary 4 इतना, उतना, जितना: it is ~ a pity that he can't come; it is ~ an honour for me!; don't be in ~ a hurry!; ~ love as his; until ~ time as ...; I am not ~ a simpleton as to believe this nonsense; got ~ a shock when she heard the news;

pron. ऐसा, वह: ~ is life! ~ was his nature; ~ was our fate! a name as ~ means nothing (अपने आप में नाम का कोई महत्त्व नहीं); ~ a shame!; ~ and ~ (अमुक); can't conceive that ~ was his intention; ~ as it is;

dw/lw: **~-and-~** *adj., determiner* अमुक: go to ~-and-~

town; pay ~-and-~ sum to ~-and-~ person; **~like** *adj.* इस प्रकार का, की/ के; ऐसा, ऐसी: did you ever see ~like goings-on?; bought plenty of soap toothpaste and ~like things; *pron.* ऐसी: concerts/ theatres and ~like; went to the chemist for soap, toothpaste and ~like; **~like** *adj.* इस प्रकार की: food, shelter, clothes and ~like things; **~ness** *n.* गुण, विशेषता; **~wise** *adv.* इस प्रकार से, इस ढंग से;
p&i: **~ and ~** फलां-फलां, अमुक; **~ as** जैसे कि ..., उदाहरणार्थ, मसलन; **~ as it is** ऐसी स्थिति में; **~ as you** जैसे कि आप, आप जैसे; **~ being the case** ऐसी हाल के मद्दे नजर ...;
and ~like और इस प्रकार की अन्य बातें या चीजें आदि; **as ~** अपने आप में; **if ~ were the case** यदि मामला ऐसा है तो; **the poets ~ as Kalidas** कालिदास जैसे कवि; **there's no such thing/ person (as)...** इस प्रकार का कोई व्यक्ति या वस्तु नहीं (जैसा कि) ...

suck /सक/ *v., pt.* **~ed**, *pp* **~ing** 1 पीना, चूसना, खींचना 2 रसदार फल आदि को चूसकर निचोड़ना: ~ the juice from a mango 3 स्तनपान क., स्तन से दूध पीना, धार लेना (*Hr.*) 4 सोख लेना 5 (*also* **~ sth in/ up**) जड़ों आदि द्वारा किसी तरल को चूस या सोख लिया जा.: the roots **~ed up** the water 6 अंगूठा आदि चूसना: ~ the thumb 7 का कश लेना, हवा को अंदर खींचना: ~ air into one's lungs; ~ a cigarette 8 चुस्की लेना 9 ग्रहण क., आत्मसात क., हृदयंगम क. 10 निगलना, सुड़सुड़ाना 10 *N. Amer. sl.* घिनौना हो.: that film really **~s!**;
n. 1 चूषण, चोषण 2 घूंट 3 स्तनपान: give a child a ~ 4 चुस्की, चुसकी: have/ take a ~ at a sweet 5 सुड़-सुड़: take a ~ at one's pipe 6 आत्मसात 6 *N. Amer. sl.* घिनौना कार्य;
dw/lw: **~ed** /सकड/ *adj.* चूसा हुआ, चूसकर निचोड़ा हुआ: ~ed orange/ lemon (निचोड़ा हुआ संतरा या नींबू); **~-egg** *n.* 1 अंडे चूसकर पीने वाला पक्षी या जानवर 2 दूसरों का खून चूसने वाला 3 दूध-पीता बच्चा 4 *sl.* मूर्ख, भोला-भाला आदमी; **~er** *see below under separate entry*; **~fish** *n.* चुसनी मछली; **~ing** *n.* चूसने की क्रिया, चूषण; **~ing** *adj.* 1 दूध-पीता, दुधमुंहा 2 अनुभवहीन, नौसिखुआ, अनाड़ी, अनुभवहीन: ~ing poet/ critic 3 सोख लेने वाला; **~-thumb** *n.* अंगूठा-चूस; **~-up** *n., sl.* चापलूस, चमचा;
collocations: **~ed orange** निचोड़ा हुआ नींबू;
p&i: **~ a person's brains = ~ sb's brains** दूसरों के विचार चुराकर हथिया लेना; **~ down** चूस लेना, गटक ले., अपने अंदर समा लेना; **~ dry** पूर्णतः चूस लेना; **~ in** अंदर खींचना या चूसना: ~ in the morning air; ~ in knowledge/ sb's words; **~ off/ ~ sb off** *sl.* अंगों को चूसना; **~ out** चूसकर बाहर निकालना: ~ out the poison from the wound; **~ sb into sth** में फंस जा.: ~ed her into his seedy world of prostitution; **~ sb's blood** किसी का खून चूसना; **~ sth in** चूसकर अंदर लेना; **~ sth in/ under/ up, etc.** किसी चीज को अंदर/ नीचे/ ऊपर खींचकर चूसना; **~ sth in with mother's milk** बचपन से ही मां के दूध के साथ कोई संस्कार लेना; **~ the monkey** चालाकी से शराब पीना; **~ up** 1 चूसकर पी जा., आत्मसात क. 2 *sl.* चापलूसी क.: he is always ~ed up to the boss; **~ up to sb** चापलूसी क.;
be ~ed into sth किसी चीज में रम जा., फंस जा.; **he/ it/ this, etc. sucks!** *US* यह बहुत ही घिनौना है!

sucker /सक:/ *n.* 1 बुद्धू 2 जड़ से निकलने वाला कल्ला 3 चूसने वाला: blood**sucker** 4 चूषक 5 चूषण-अंग 6 अंतःभूस्तारी, अंतर्भूस्तरी 7 भोला-भाला, बुद्धू 8 (*usually* **~ for sth**) **किसी** चीज को बेहद पसंद करने वाला: a ~ for chocolate ice cream;
v., *pt.* **~ed**, *pp* **~ing** 1 पौधे से चूषक कीट हटाना 2 धोखा दे., ठगना, बुद्धू बनाना: ~ sb into sth; **~ed** him out of 100 rupees;
collocations: **~ punch** किसी पर अचानक किया जाने वाला वार
p&i: **~ sb into sth/ into doing sth** किसी से चापलूसी द्वारा कुछ करवाना

suck\le /सकल/ *v., pt.* **~led**, *pp* **~ling** 1 छाती पिलाना 2 स्तनपान कराना, स्तन से दूध पिलाना;
dw/lw: **~ler** *n.* दुधमुंहा बच्चा; **~ling** /सक्लिंग/ *n.* दूध-पीता बच्चा: ~ing pig

sucrose /सूक्रोज/ (*also* **sugar**, **cane-sugar**) *n., biochem.* चीनी, शक्कर

suction /सक्शन/ *n.* 1 चूसने की क्रिया या भाव, चूषण 2 किसी स्थान पर हवा का दबाव कम होने पर चारों ओर की हवा को तेज गति से अंदर चूसने के कारण उठ खड़ा होने वाला बबूला या तूफान 3 *sl.* शराब पीने का दौर या क्रिया;
dw/lw: **~-fan** *n.* चूसकर खींचने वाला पंखा; **~-gauge** *n.* शून्य-स्थान मीटर (vacuum meter); **~-pipe** *n.* चूषक पाइप; **~-pump** *n.* चूषण-पंप
collocations: **~ dredge** चूसकर मिट्टी खींचने वाला उपकरण; **~ stroke** चूसने की क्रिया; **~ raid** गुमराह करने वाला आक्रमण

suctorial /सक्टॉःरिअल/ *adj., zool.* चूषक (अंग)

Sudanese /सूडअनीज/ *adj.* सूडान से संबंधित

sudarium /स्यूडेरिअम/ सूडेरिअम/ *n., Lat., pl.* **sudaria** (संत विरोनिका का) रूमाल

sudatorium /स्यूडअटॉरिअम/ *n., pl.* **sudatoria** हम्माम

sudatory /स्यूडअटरि/ *adj.* 1 प्रस्वेदक 2 पसीना छुड़ाने वाला (हम्माम): ~ bath;
n. पसीना छुड़ाने वाली दवा

sudden /सडन/ *adj.* 1 आकस्मिक, अप्रत्याशित: ~ hush/ shower; ~ departure; ~ advance; take a ~ resolve/ decision; be ~ in one's movements 2 एकाएक, अचानक: this is so ~ 3 तीव्रगामी, द्रुतगामी;
dw/lw: **~ly** /सडनलि/ *adv.* 1 एकाएक, अचानक, अकस्मात्, सहसा 2 जल्दी में, हड़बड़ी में 3 फुर्ती से; **~ness** आकस्मिकता, जल्दी, हड़बड़ी, फुर्ती;
collocations: **~ infant death syndrome** (*abbr.* **SIDS**, *also* **cot death**) *med.* स्वस्थ बच्चे की अक्सर रात में होने वाली आकस्मिक मृत्यु
p&i: **~ death** 1 एक बार सिक्का फेंककर लिया जाने वाला फैसला 2 अतिरिक्त समय में पहले गोल करने वाली टीम को विजयी घोषित किया जा.; **~ friendship sure repentance** चटपट की दोस्ती खतरे से खाली नहीं;
all of a ~ अचानक, यकायक; **a ~ turn of the road** सड़क में तीखा मोड़; **make a ~ departure** जल्दी से चला जाना; **make a ~ turn of the wrist** फुर्ती से हाथ घुमाना; **the best of three** or **~ death?** तीन बार फेंककर फैसला करें या एक बार में?

Sudoku (*also* **Su Doku**) /सूदोकु/ *n.* गिनती या संख्याओं का एक खेल

sudoriferous /स्यूडअरिफरस/ *adj.* स्वेदजनक, पसीना छुड़ाने वाली

sudorific /स्यूडरिफिक/ *adj.(n.), med.* 1 पसीने से संबंधित: ~ gland 2 प्रस्वेदक, स्वेदकारी

suds /सड्स/ (*also* **soap-suds**) *n., [pl.]* 1 (***syn.*** lather) साबुन का फेन, झाग 2 डिटर्जेंट वाला पानी 3 *US sl.* बीयर;
p&i: **lie/ be in the ~** संकट में हो.

sue /सू/ *also Br.* स्यू/ *v., pt.* **~d**, *pp* **suing** 1 किसी के विरुद्ध मुकदमा क.: ~ for divorce; ~ sb for libel (मानहानि का दावा क.) 2 व्यवहार या वाद चलाना, नालिश क. 3 अनुनय-विनय क., चिरौरी क., निवेदन क.: ~ to a law-court for redress; ~ (to) sb for sth; ~ (an enemy) for mercy; ~ for peace;
dw/ lw: **suer**/*Br.* स्यूअः/ सूअः/ *n.* मुकदमा करने वाला

suède /स्वेड/ *n.* (बछड़े का) सिझाया हुआ चमड़ा, रेशेदार चमड़ा

suet /स्यूइट/ सूइट/ *n.* भेड़ आदि के गुर्दों की कड़ी चर्बी;

***dw/lw:* ~y** *adj.* वसामय, चर्बीदार

Suff. *abbr.* **'English county Suffolk'** की प्रथमाक्षरी

suffer /सफ़:/ *v., pt.* **~ed**, *pp* **~ing** 1 झेलना, भोगना, बर्दाश्त क., सहना, भुगतना, कष्ट पाना: ~ in silence; he could not ~ criticism 2 हानि उठाना, क्षति उठाना: sb's reputation will ~; ~ for one's carelessness 3 होने (रहने, करने) दे.: ~ sb to do sth 4 प्राण दंड पाना, फांसी पर चढ़ना 5 पीड़ित या ग्रस्त हो.: ~ from sth; ~ from headaches/ from rheumatism 6 गुणवत्ता बिगड़ना 7 नुकसान उठाना: ~ defeat/ loss/ (heavy) damages, etc.; ~ a shipwreck 8 शारीरिक रूप से क्षत हो.: ~ a broken leg/ a heart attack, etc.; ~ acutely;

***dw/lw:* ~able** /सफ़रअबल/ *adj.* सहनीय; **~er** /सफ़र:/ *n.* 1 भुक्तभोगी, भुगतने वाला 2 दुख भोगी; **~ing** *n.* वेदना या व्यथा: create/ endure/ relieve ~ing; human ~ing; unnecessary/ unspeakable ~ing; **~ings** *n., pl.* पीड़ा और अवसाद की भावना;

***collocations:* ~ wharf** *naut.* सीमा-शुल्क चौकी वाली बंदरगाह;

***p&i:* not ~ fools gladly** मूर्खों को बिल्कुल न सह पाना

sufferance /सफ़रंस/ *n.* 1 भोग 2 बर्दाश्त करने का दमखम, सहिष्णुता 3 मौन स्वीकृति, मौन सहमति 4 विवशतापूर्ण अनुमति, मजबूरी, विवशता;

***p&i:* on ~** विवशतापूर्ण सहमति

suffice /सफ़ाइस/ *v., pt.* **~d**, *pp* **sufficing** 1 पर्याप्त हो., यथेष्ट होना: your word will ~ 2 काफी हो.: ~ for sb/ for sb's needs 3 संतुष्ट क.: an apology will not ~ in this matter;

***p&i:* ~ it to say** इतना कहना काफी होगा कि...

sufficiency /सफ़िशिअंसि/ *n.* 1 पर्याप्तता 2 यथेष्टता: ~ in law 3 पर्याप्ति 4 पर्याप्त मात्रा, राशि या आमदनी: a ~ of food

sufficient /सफ़िशिअंट/ *adj.* 1 पर्याप्त, काफी: this sum is ~ for the journey 2 यथेष्ट: in ~ time in advance;

***dw/lw:* ~ly** /~लि/ *adv.* पर्याप्त रूप में, काफी; **self-sufficient** *adj.* आत्म-निर्भर

suffix /सफ़िक्स/ *n. pl.* **~es** *gramm.* 1 प्रत्यय, अंतसर्ग 2 अनुलग्न;

***v., pt.* ~ed, ~ing,** *s/he/ it* **~es** प्रत्यय लगाना

***dw/lw:* ~ation** *n.* प्रत्यय लगाने की क्रिया

suffoca\te /सफ़अकेट/ *v., pt.* **~ted**, *pp* **~ting** 1 दम घोट दे., दम घोंटना, दम घुटना, दम घुटने से मरना: this weed **~s** everything 2 गला घोंटना, गला दबा दे., गला दबाना 3 सांस रोकना;

dw/lw:* ~ting** *adj.* (syn.*** stifling) दम-घोंटू: ~ing agent/ gas; it is ~ing in the room; ~ting heat; ~ing with rage; **~tingly** *adv.* दम-घोंटू तरीके से; **~tion** /सफ़ोकेशन/ *n.* घुटन, दमघुटी, श्वास-अवरोध, श्वासावरोधन; **~tive** *adj.* दमघोंटू, गलाघोंटू: ~tive catarrh

Suffolk /सफ़अक/ *n.* काले मुंह वाली भेड़

suffragan /सफ़्रअगन/ *n.* (*in full* **suffragan bishop/ bishop suffragan**) सहायक, अनुधर्माध्यक्ष, सहायक बिशप

suffra\ge /सफ़्रिज/ *n.* 1 मताधिकार: fought for universal **~ge**; female/ woman **~ge** 2 दिया जाने वाला तम 3 (*often* **~gas**) निवेदन 4 विश्रांति-याचना;

***dw/lw:* ~gette** /सफ़्रअजेट/ *n.* बीसवीं सदी के आरंभ में ब्रिटेन और अमेरिका में नारी-मताधिकार आंदोलनकर्त्री; **~gism** /सफ़्रअजिज्म/ *n.* नारी-मताधिकार विस्तारवाद; **~gist** /सफ़्रअजिस्ट/ *n.* मताधिकार-विस्तारवादी

suffu\se /सफ़्यूज/ *v., pt.* **~sed**, *pp* **~sing** 1 (*often* **be ~sed with sth**) से ढक दे., पर फैलाना या बिखेरना, से भर दे.: her cheeks were **~sed** with tears; a blush **~sed** her cheeks; his eyes were **~sed** with tears 2 व्याप्त क.: a room **~sed** with light; the sky was **~sed** with red;

***dw/lw:* ~sed** /सफ़्यूजड/ भरा हुआ, आप्लावित, व्याप्त; **~sion** /सफ़्यूजन/ *n.* भराव, 1 बिखराव, फैलाव, व्याप्ति 2 लालिमा, अरुणिमा, मुखारुणिमा; **~sive** /सफ़्यूजिव/ *adj.* भर देने वाला, आप्लावित करने वाला, फैल जाने वाला

Sufi /सूफ़ी/ *n., pl.* **Sufis** सूफ़ी, रहस्यवाद तपस्वी (ascetic) फितरत का व्यक्ति. सूफ़ियाना आदमी; **~sm** /सूफ़ीज्म/ *n., relig.* सूफ़ीमत, सूफ़ीवाद

sug /सग/ *v. pt.* **~ged**, *pp* **~ging** बाजार का अवलोकन करने के बहाने से कोई वस्तु बेचने की कोशिश क.

sugar /शुग:/ *n.* 1 चीनी, शक्कर, शर्करा: a spoon of ~ in a cup of tea or coffee 2 चापूलसी, चिकनी-चुपड़ी बातें: she was all ~ and honey;

***v., pt.* ~ed**, *pp* **~ing** 1 चीनी डालना 2 कड़वापन कम कर दे. 3 मीठा बनाना 4 शब्दों या बातचीत में मिठास पैदा क., चिकना-चुपड़ा बनाना: ~ one's words;

***dw/lw:* ~-apple** *n.* सीताफल; **~-basin** *n.* शक्कर-दान; **~-bean** *n.* मोठ; **~-beet** *n.* चुकंदर; **~-candy** *n.* मिश्री, मिसरी; **~cane** /शुगःकेन/ *n.* गन्ना, ईख, ऊख; **~coat** *v., pt.* ~coated, *pp* ~coating 1 चीनी का लेप चढ़ाना, चीनी लगाना 2 आकर्षक बनाना: ~coat almonds/ fruit; ~coat classics for children (महान कृतियों को सरलीकरण करके या सुरुचिपूर्ण बनाकर बच्चों के लिए रुचिकर बनाना); **~-coated** *adj.* 1 चीनी-लगा 2 मिठबोला, भावुक, शालीन; **~ed** /शुगःड/ *adj.* 1 चीनी से ढका, चीनी-मिला, मीठा: ~ed honey 2 चिकना-चुपड़ा; **~iness** /शुगरिनेस/ *n.* मीठापन; **~ing** /शुगरिंग/ *n.* 1 मीठाकरण 2 चीनी का उत्पाद 3 चीनी डालने या मिलाने की क्रिया; **~less** *adj.* फीका, बिना चीनी के; **~-loaf** *n.* 1 कंद 2 नुकीले शिखर वाली पहाड़ी, ज्वालामुखी 3 नुकीली चोटी वाली टोपी; **~-maple** *n.* द्विफल पेड़ या मेपल (maple) से बनाई जाने वाली चीनी; **~-mill** *n.* ईख का कोल्हू, चीनी मिल; **~-plum** *n.* 1 एक मिठाई 2 चापलूसी 3 रिश्वत; **~y** /शुगरि/ *adj.* 1 बहुत ज्यादा मीठा 2 चीनी जैसा 3 शर्करिक 4 चीनी का 5 चिकना-चुपड़ा, चापलूस, मिठबोला;

***collocations:* ~ bird** फूलों से मधु चूसने वाला एक दक्षिणी अफ़्रीकी पक्षी; **~ cube** (*also* **~ lump**) चीनी का टुकड़ा (cubes): takes three ~s in his tea; **~ daddy** *US, colloq.* अधेड़ उम्र का अमीर आशिक; **~ diabetes** (*also non-tech.* **diabetes mellitus**) उच्च रक्त शर्करा; **~ free** चीनी रहित; **~ gum** चीनी लगा च्युइंग गम; **~ lump = ~ cube**; **~ of lead** (*also* **lead acetate**) सफेदा; **~ of milk** दुग्ध-शर्करा; **~ plum** एक छोटी, गोल मीठी गोली; **~ sifter** केक आदि पर चीनी छिड़कने वाला जालीदार बर्तन; **~ snap/ ~ snap pea/ ~ pea** एक प्रकार की बीन, मोठ, मटर आदि; **~ soap** पेंट साफ करने का एक पदार्थ; **~ tongs** चीनी के क्यूबों को उठाने वाली चिमटी; **brown/ moist ~** शक्कर; **granulated ~** चीनी; **refined/ white/ ~** चीनी का चूरा, बूरा (*Hr.*); **unrefined ~** खांड़;

***p&i:* ~ the pill** किसी अप्रिय समस्या से निपटना आसान क.; **~ the real facts/ ~ a bitter truth** कटु सत्य को चिकना-चुपड़ा बनाना; **~ up reality** यथार्थ को चिकना-चुपड़ा बनाकर पेश क.; **all ~ and honey** अति चिकना-चुपड़ा, चापलूस: I am neither ~ nor salt/ I am not made of ~ or salt; **not made of ~** पिघलने वाली चीनी से न बना हुआ

suggest /सजे\स्ट/ *v., pt.* **~ed**, *pp* **~ing** 1 (***syn.*** propose) प्रस्ताव क.: I ~ that you should talk to them 2 (***syn.*** recommend) सुझाव दे. या रखना, सुझाना, जताना: ~ that sth be done; I shall do as you ~ 3 (***syn.*** indicate) किसी प्रकार का प्रभाव छोड़ना, संकेत करना, सूचित क.: a painting that **~s** the artist's anguish; an expression that **~s** guilt; his white face **~s** bad health 4 (***syn.*** imply) परोक्ष रूप से सुझाना या इशारा क.: the evidence **~s** that he is a party to the crime 5 मन में आना, सूझना;

***dw/lw:* ~ible** /~स्टअबल/ *adj.* 1 सुझाव देने योग्य 2 सुप्रभावनीय, परामर्शग्राह्य 3 सम्मोहनीय 4 प्रस्ताव्य; **suggestion**

see below under separate entry; **~ive** /सजेस्टिव/ *adj.* 1 कामोत्तेजक, अभिव्यंजक, उद्दीपक 2 (*often* **~ive of sth**) विचारोत्तेजक, अर्थ गर्भित, सांकेतिक, महत्त्वपूर्ण: a ~ive chapter; ~ive interrogation; ~ therapeutics/ therapy; **~ively** /~स्टिवलि/ *adv.* सुझाव या संकेत रूप में; **~iveness** /~स्टिवनेस/ *n.* विचारोत्तेजकता, अर्थगर्भितता, प्रतीकात्मकता

suggestion /सजेस्चन/ *n.* 1 प्रस्ताव: an alternative/ constructive/ helpful/ ridiculous/ sensible ~ 2 सुझाव, व्यंजना: practical ~; at sb's ~/ at the ~ of sb; make/ offer a ~; deny/ reject/ welcome a ~ 3 (*syn.* hint) संकेत: a ~ of sth; a ~ of weariness; speak with a ~ of a foreign accent; delicately flavoured with just a ~ of coriander 4 सम्मोहन: cure by ~ 5 (*syn.* impulse) मन की कल्पना, मन की प्रेरणा: at ~ of one's mind

suggestopaedia /स्जेस्टःपीडिआ/ (*US* **suggestopedia**) /स्जेस्टःपीडिआ/ *n.* विदेशी भाषा सिखाने या पढ़ाने का एक तरीका जिसके तहत सीखने वाले व्यक्ति को सहजता, तनावमुक्तता व सार्थकता की मानसिकता में ढाला जाता है

sui /सुई/ *Lat.* अपना, उनका;
collocations: **sui generis** /सुई जेनेरिस/ सुआई जेनेरिस/ *Lat.* 1 अद्वितीय 2 अपनी तरह का अकेला, विशिष्ट; **sui juris** /सुई जुअरिस/ *Lat.* पूर्णतः बालिग व कानूनी अधिकार प्राप्त, अपने निर्णय लेने में आत्मनिर्भर व स्वतंत्र

suicidal /सूइसाइडल/ स्यूइसाइडल/ *adj.* 1 आत्मघाती, स्व-विनाशक: ~ tendency/ mania 2 आत्मघातक: **~ policy**

suicide /सूइसाइड/ स्यूइसाइड/ *n.* 1 आत्महत्या: attempted ~; commit ~ 2 आत्मघात, खुदकुशी: political/ economic ~; the minister's speech was a political ~ 3 आत्मघाती कदम: ~ stand 4 आत्महत्या करने वाला;
collocations: **~ bomber** *n.* आत्मघाती हत्यारा, आत्मघाती बमवर्षक; **~ pact** दो या अधिक लोगों के बीच एक साथ आत्म-हत्या करने का फैसला; **~ stand** आशाहीन (व्यर्थ) विरोध

sui generis; sui juris *see above under* **sui: *collocations***

suilline /स्यूइलाइन/ *adj.* शूकरीय, शूकरवंशी

suint /स्यूइंट/ *n.* उर्णवसा, उर्णस्वेद, स्वेदावशेष

suit /स्यूट/ *US* सूट/ *n.* 1 सूट, जोड़ा, एक ही कपड़े से बनी दो या तीन वस्त्रों (कोट, पैंट आदि) से बनी पोशाक: ~ of clothes; business ~; a ~ of dittos (एक ही कपड़े से बना सूट) 2 ताश के किसी एक रंग के पत्ते 3 सेट, श्रृंखला: ~ of sails 4 दरखास्त, अर्जी, प्रार्थना, निवेदन, याचना, आवेदन, प्रार्थना-पत्र: ~ for pardon; at sb's ~/ at the ~ of sb (किसी के निवेदन पर); make (one's) ~; hear sb's ~; grant sb's ~; plead/ press one's ~ with sb 5 विवाह-प्रस्ताव 6 मुकदमा, वाद, दावा: criminal/ civil ~; bring/ institute a ~ against sb 7 व्यवहार 8 समरसता: in ~ with sb;
v., pt. **~ed**, *pp* **~ing** 1 फबना, शोभा दे., अच्छा लगना, संतोषजनक होना, जंचना: this **~s** me best 2 अनुकूल, उचित या उपयुक्त होना: be **~ed** to/for sth; he is not **~ed** to be a teacher/ for teaching 3 से मेल खाना, ठीक बैठना: they are **~ed** to each other 4 सुविधाजनक होना: the meeting on Sunday doesn't ~ me 5 के लिए स्वास्थ्यकर या अनुकूल होना: cold coffee does not ~ me 6 संतुष्ट क., प्रसन्न क.: I am not easily **~ed**; nothing **~s** him to-day; ~ one's style to one's audience;
dw/lw: **~ed** /*Br.* स्यूटिड/ सूटिड/ *adj.* 1 अच्छा सूट पहने हुए: ~ed-booted 2 उपयुक्त 3 योग्य: well ~ed for teaching career 4 समरस, मेल खाने वाले: two of them were very well ~ed; **~ing** /सूटिंग/ *n.* सूट का कपड़ा: men's ~ing; **suitor** *see below under separate entry*;
collocations: **~ and service** सामंत के दरबार में;
civil ~ दीवानी मुकदमा; **criminal ~** फौजदारी का मुकदमा; **one's strong ~** किसी का प्रखर पहलू: politeness is not his strong ~;
p&i: **~ oneself** अपने को रास आना; **~ sb fine** किसी को खूब रास आना; **~ sb down to the ground** किसी को पूरी तरह रास आना; **~ sb's book** किसी के लिए फायदेमंद या उपयुक्त हो.; **~ sth to sth/ sb** किसी चीज को किसी चीज के या किसी व्यक्ति के उपयुक्त बनाना; **~ the action to the words** कथनी और करनी में मेल हो.; **~ yourself** जैसा आपको ठीक लगे, वैसा करो; **follow ~** वही क. जो दूसरों ने किया है, देखा-देखी पीछे चलना, अनुसरण क.: the others followed ~; **in one's birthday ~** जिस पोशाक में मां ने जन्म दिया यानी बिल्कुल नंगा; **one's long ~** किसी व्यक्ति का सशक्त पहलू

suitability /स्यूटअबिलअटि/ (*also* **suitableness** *n.*) *n.* उपयुक्तता, अनुकूलता, औचित्य, सुविधा

suitable /स्यूटअब\ल /सूटअब\ल/ *adj.* 1 उपयुक्त, उचित: be ~ to/ for sth; found nothing ~ 2 अनुकूल: ~ to the occasion 3 सुविधाजनक: make sth ~ for sth;
dw/lw: **suitably** /~लि/ *adv.* उपयुक्त रूप से: answer suitably; be suitably dressed

suitcase /*Br.* स्यूटकेस/ सूटकेस/ (*also* **case**) *n.* सूटकेस

suite /स्वीट/ *n.* 1 फर्नीचर का सेट: a ~ of furniture; bathroom/ drawing-room ~; three-piece ~ 2 होटल में दो-तीन कमरों का सेट: presidential ~; bridal ~ 3 नौकर-चाकर, परिजन 4 वाद्य संगीत-रचना;
collocations: **a ~ of rooms** होटल में दो-तीन कमरों का सेट

suitor /*Br.* स्यूटः/ सूटः/ *n.* 1 विवाहार्थी, प्रेमी 2 वादी, मुद्दई 3 प्रार्थी, आवेदक, अर्जीदार;
p&i: **be a ~ for sb's hand** विवाह के लिए किसी का हाथ मांगना

sukiyaki /सूकियाकि/ *n.* जापान का एक पारंपरिक व्यंजन

Sukkoth/ Succoth /सुकोत/ सुकोथ/ (*also* **Feast of Tabernacles**) *n.* यहूदियों का नव-उपज उत्सव

sulcate(d) /सल्केट/ सल्केटिड/ *adj.* खांचेदार

sulcus /सल्कस/ *n., pl.* **sulci** /सल्साइ/ *anat.* खांचा, परिखा, विदर

sulfur /सल्फः/ *n. US* '**sulphur**' की अमेरिकी वर्तनी, गंधक

sulk /सल्क/ *v., pt.* **~ed**, *pp* **~ing** 1 रूठ जा., रूखा पड़ना: ~ with sb 2 अंदर ही अंदर कुढ़ना, खीजना: ~ and simmer;
n. (*also* **the sulks**) रूठन, खीज, नाराजगी का दौरा;
adj. 1 रूठा हुआ, रुष्ट, नाराज 2 चिड़चिड़ा 3 निरानंद, मनहूस;
dw/lw: **~y** /सल्कि/ *adj., degr.* **~ier**, **~iest** कुढ़ने वाला, चिड़चिड़ा: ~y look; be ~y; look ~y; be ~y with sb; ~y day (धुंधला-सा दिन);
n., pl. **~ies** दो पहिए की एक सीट वाली बग्घी; **~ily** *adv.* कुढ़ते हुए; **~iness** *n.* चिड़चिड़ापन;
***p&i*:** **be in the ~/ have a fit of ~** चिड़चिड़ेपन का दौरा पड़ना

sullage /सलिज/ *n.* 1 कूड़ा-करकट, कूड़ा-कचरा 2 (*syn.* sewage) मलिन जल, मलजल

sullen /सलन\/ *adj.* 1 रुष्ट, रूखा, उदास, खिन्न 2 विषण्ण, निरानंद, मनहूस 3 अनिष्टकर, अमंगल;
dw/lw: **~ly** /~लि/ *adv.* खिन्नतापूर्वक: obey ~ly; **~ness** *n.* 1 उदासी, खिन्नता 2 रूखापन 3 अनिष्टता

sull\y /सलि/ *v., pt.* **~ied**, *pp* **~ying**, *s/he/ it* **sullies** 1 मैला या गंदा क., धब्बा लगाना 2 कलंक लगाना, कलंकित क. 3 दूषित क., कलुषित क.: ~ sb's reputation;
dw/lw: **~ied** *adj.* कलुषित, कलंकित

sulpha/ sulfa /सल्फा/ *n.* एक सिंथेटिक दवा

sulphate /सल्फेट/ *n.* सल्फेट: ~ of copper (तूतिया, नीला थोथा); ~ of iron (कासीस, कसीस)

sulphide /सल्फाइड/ *n.* गंधकयुक्त सल्फाइड;

sulphite /सल्फाइट/ *n.* गंधक अम्ल का लवण

sulphur *UK* (*US* **sulfur**, *symbol* **S**) /सल्फ़:/ *n.* गंधक: flowers of ~ (धूसर रंग);
dw/lw: **~eous** /सल्फ्यूरिअस/ *adj.* 1 धूसर 2 नारकीय 3 आग्नेय, अग्निमय 4 प्रचंड; **~ic** /सल्फ्यूरिक/ *adj.* गंधकी, गंधक का: ~ic acid; **~ous** /सल्फ़रस *adj.* 1 गंधकयुक्त 2 गंधक के रंग का पीला 3 प्रचंड, उग्र: a ~ous speech; **~y** /सल्फ़रि/ गंधक-जैसा
sultan /सल्तान/ *n.* सुल्तान;
dw/lw: **~ate** /सल्टअनेट/ *n.*1 सल्तनत, राज्य 2 सुल्तानी; **~ic** /सल्तैनिक/ *adj.* सुल्तान की, सुल्तानी; **~ship** *n.* सुल्तान का पद, पदवी
sultana /सल्ताːना/ *US* सल्तैना/ *n., pl.* **~s** *UK* 1 (***syn.*** golden raisin) किशमिश 2 सुल्ताना
sultriness /सल्ट्रिनेस/ *n.* 1 उमस 2 तीव्रता 3 कामोत्तेजकता
sultry /सल्ट्रि/ *adj., degr.* **sultrier**, **sultriest** 1 (***syn.*** muggy) उमस भरा 2 तीव्र, उत्कट 3 (***syn.*** sexy) नमकीन, कामुक, कामोत्तेजक (औरत)
sum सम/ *n.* 1 धनराशि, रकम: a ~ of money; lump ~ (एकमुश्त राशि) 2 जोड़, योग, योगफल, संकलन-फल: the ~ of 1000 rupees; the ~ of four and two is six 3 जमा, मीजान 4 सार, सारांश, निष्कर्ष, आशय, तात्पर्य: the ~ of all my wishes 5 समष्टि, संपूर्णता: the ~ of her resentments is detailed in the memo; the ~ total of his life's work 6 गणित का प्रश्न: do ~s; be good/ bad at ~s 7 अंतिम उद्देश्य, शिखर: the ~ of human bliss/ of folly;
v., *pt.* **~med**, *pp* **~ming** (*often* ~ **up**) 1 जोड़ना, जोड़ लगाना, योग क., मीजान लगाना 2 सारांश या सार प्रस्तुत क., समाहार क., संक्षिप्त विवरण दे., संक्षेप में दोहराना 3 समझ लेना, समझना;
dw/lw: **~mability** /समअबिलिटि/ *n.* संकलनीयता, योग-संभाव्यता; **~mation** /समेशन/ *n.* 1 निष्कर्ष, सार या सारांश निकालने की क्रिया, संक्षेपण 2 संकलन, संग्रह 3 जोड़ने की क्रिया 4 संकलन-फल, जमा 5 कुल जोड़, कुल योग, अंतिम अभिवचन; **~mational**/ **~mative** /समेशनल/ समेटिव/ *adj.* योगफलात्मक; **~mer** *n.* जोड़ करने वाला व्यक्ति; **~ming-up** /समिंग-अप/ *n.* 1 समाहार, उपसंहार 2 संक्षिप्त विवरण 3 निष्कर्ष, मूल्यांकन 4 कार्रवाई का निचोड़ बताने के लिए दिया जाने वाला भाषण;
collocations: ~ **total** कुल जोड़;
p&i: ~ **up** = ~ **sth up** (***syn.*** summarize) सारांश में कुछ कहना, सारांश निकालना; ~ **sb up** 1 (***syn.*** size up) किसी को परिभाषित क. 2 किसी के बारे में राय देना या बनाना
be greater than the ~ of parts अलग-अलग सदस्यों से सदस्यों के समूह का बेहतर हो.; **in** ~ सारांश यह है कि...; **the ~ and substance of sth** किसी बात का सार-तत्त्व या निचोड़; **the ~ of things** समाज का कल्याण; ~ **sth/ sb up** किसी का या किसी बात का संक्षेप में चरित्र बतलाना, स्वभाव, प्रकृति या चरित्र के मुख्य पहलुओं का निचोड़ निकालना: that kind of pettiness just **~s** him up; to ~ up, my main points are as follows…
Sumatran /सुमात्रन/ *adj.* सुमात्रा से संबंधित: ~ rhinoceros
Sumerian /स्यूमेरिअन/ *adj.* सुमेरी (प्राचीन बेबलॉन के जिले सुमेर से संबंधित)
summability *see above under* **sum: *dw/lw***
summa cum laude /सुमअ-कम-लाउडे/ सम-कम-लॉːडि/ *adv., adj, mainly US* विश्वविद्यालय की उच्चतम कोटि की उपाधि
summa\rily /समअ\रिलि/ *adv.* 1 पूरे योगफल अनुसार 2 संक्षेप में, सरसरी तौर पर 3 जल्दी से, आनन-फानन में: the case was **~rily** dismissed;
dw/lw: **~riness** /~रिनेस/ *n.* संक्षिप्तता; **~rization** /~राइजेशन/ संक्षेपण; **~rize** (*also UK* **-rise**) /~राइज/ *v., pt.* **~rized**, *pp* **~rizing** 1 सार प्रस्तुत क. 2 निष्कर्ष या सार निकालना
summary /समअरि/ *n., pl.* **summaries** संक्षेप, सार, सारांश, संक्षिप्त विवरण: give/ produce/ provide a ~; a brief/ quick/ short ~; a ~ of sth;
adj. 1 संक्षिप्त 2 सरसरी तौर पर होने वाला: ~ account 3 आनन-फानन में होनेवाला या किया जाने वाला: ~ punishment;
collocations: ~ **conviction** आनन-फानन में दी जाने वाली सजा; ~ **court-martial** जल्दी-जल्दी में निपटाया जाने वाला कोर्ट-मार्शल; ~ **offence** *law* छोटी-मोटी चोरी, मार-पीट, गाड़ी-चालन के नियमों का उल्लंघन आदि का छिटपुट अपराध
summation *see above under* **sum: *dw/lw***
summer /समः/ *n., pl.* **~s** 1 (*also* **Summer**) ग्रीष्म, गर्मी 2 ग्रीष्म-काल, ग्रीष्म-ऋतु: in (the) ~; last/ next ~ 3 (*also* **~-tree**, ***syn.*** beam, rafter) धरन, शहतीर 4 (यूरोप में) शक्ति, ऊर्जा, उमंग-तरंग की ऋतु: a beautiful **summer's** day 5 (*usually* **~s**) आयु: a girl/ a boy of ten **~s**; an old lady of ninety **~s**;
adj. ग्रीष्मकालीन, गर्मियों का: ~ camp/ school/ clothes/ holidays; ~ residence; early/ late ~ months;
v., pt. **~ed**, *pp* **~ing** 1 गर्मियों का समय बिताना: **~ed** at Black Sea; ~ abroad 2 (यूरोप में) पशुओं को गर्मियों के लिए चरागाह में ले जा. या चराना: **~ed** their sheep on the hillside;
dw/lw: **~-bird** *n.* घुमंतू या प्रवासी पक्षी; **~-catarrh** घसीला बुखार; **~-house** *n.* (*Russian* **dachha** /**дáча**/) ग्रीष्म-आवास, उद्यान-गृह, बंगला; **~like**/ **~ly** *adj.* गर्मियों-सा; **~y** /समरि/ *adj.* गर्म मौसम के लिए उपयुक्त, ग्रीष्म-जैसा;
collocations: ~ **and winter**/ **winter and** ~ सारा साल: ~-and-winter radish; ~ **school** *n.* गर्मियों में की जाने वाली पढ़ाई, ग्रीष्मकालीन शिविर ~ **holiday** (*US* ~ **vacation**) गर्मियों की छुट्टियां ~ **job** विद्यार्थियों आदि द्वारा गर्मियों की छुट्टियों में की जाने वाली नौकरी; ~ **lightning** लौका, चद्दरी बिजली, सौदामिनी; ~ **pudding** *Br.* फलों और ब्रेड के चूरे से बनी एक ठंडी मिठाई; ~ **season** ग्रीष्म ऋतु; ~ **solstice** उत्तर अयनांत; ~ **stock** छुट्टियां मनाने वाले दर्शकों के लिए विशेष प्रकार के नाटकों का मंचन; ~ **time** (*in full* **daylight saving time** *or* **British ~ time**/ **British Summer Time**) ग्रीष्मकाल में ज्यादा से ज्यादा सूर्य की रोशनी पाने के लिए ग्रीनविच मीन टाइम से एक घंटा आगे करने की प्रणाली; ~ **vacation** ग्रीष्मकालीन अवकाश, गर्मियों की छुट्टियां;
Indian summer ठंडे देशों में शरद् ऋतु (autumn) में कभी-कभी आ जाने वाले सौंधी धूप वाले कई दिन
***p&i*; in the ~ of one's life** जीवन के शिखर पर, जवानी में
summersault /समःसॉल्ट/ (somersault) *n.* कलाबाजी
summit /समिट/ *n.* 1 शिखर, चोटी: the ~ of the rock/ of the mountain 2 सफलता आदि की पराकाष्ठा, चर्म बिंदु: the ~ of happiness; at the ~ of fame 3 दो या अधिक देशों के नेताओं का शिखर सम्मेलन: the world ~ **on** climate change; at the ~;
adj. शिखर सम्मेलन आदि से संबंधित: ~ conference/ meeting/ talks;
collocations: ~ **meeting** शिखर-सम्मेलन
summon /समन/ *v., pt.* **~ed**, *pp* **~ing** 1 (***syn.*** summons) अदालत में हाजिर होने के लिए हुक्म दे.: ~ a witness 2 बुलाना, बुला भेजना: ~ sb to do sth; **~ed** him to make the tea; had to ~ help 3 (***syn.*** muster) साहस या हिम्मत जुटाना: ~ up all one's strength; ~ **(up)** the courage, etc. 4 (***syn.*** convene) ज्युरी आदि की मीटिंग बुलाना: ~ a jury; ~ Parliament/ the shareholders 5 (***syn.*** evoke) आह्वान क., उत्पन्न क.: the book **~ed** up memories of my childhood;
dw/lw: **~er** /समनः/ *n.* बुलाने वाला
summons *n., pl.* **summonses** 1 कोर्ट का सम्मन, तलबनामा:

serve sb with ~s 2 कोई भी औपचारिक बुलावा 3 आह्वान;
v., pt. **summonsed**, *pp* **summonsing**, *s/he/ it* **summonses**, *law* (*syn.* summon) सम्मन भेजकर तलब क.
summum bonum /समम बोनम/ *n., pl.* **summa bona**, *Lat.* नैतिक मूल्यों की प्रणाली में भलाई का सर्वोच्च सिद्धांत, परमार्थ, पुरुषार्थ, परम हित, परम शुभ
sumo /सूमो/ *n.* जापानी कुश्ती
sumotori /सूमोतॉ:रि/ *n., pl.* **~s** सूमो पहलवान
sump /संप/ *n.* 1 चहबच्चा, हौदी, गड्ढा 2 (*syn.* oil pan) इंजन ऑयल की हौदी
sumptuary /संप्चुअरि/ *adj.* 1 व्यय-नियामक 2 *law* फिजूल-खर्ची निरोधक (कानून): ~ laws; ~ tax 3 व्ययिक, व्यय संबंधी: ~ allowance (दैनिक भत्ता)
sumptu\osity /**~ousness** /संपचु\ओसिटि/ ~असनेस/ *n.* 1 वैभव 2 शान-शौकत, ऐशो-आराम 3 ठाठ-बाट 4 शाही भव्यता;
sumptuous /संप्चुअस/ *adj.* 1 भव्य, शानदार 2 महंगा, बहुमूल्य 3 शाही: ~ feast
sum total *see above under* **sum:** ***collocations***
Sun *abbr.,* '**Sunday**' का छोटा रूप
sun /सन/ *n., pl.* **~s** 1 (**the Sun**) सूर्य, सूरज, रवि, आदित्य, दिनकर, भास्कर, आफताब: rise with the ~ 2 (*syn.* sunshine) धूप, घाम, आतप: in the ~; sit/ bask in the ~ 3 प्रकाश एवं ताप, वैभव, शान का स्रोत 4 नक्षत्र 5 *poetic* दिन, वर्ष 6 सूर्योदय, सूर्यास्त: from ~ to ~;
v., pt. **~ned**, *pp* **~ning** 1 धूप ले., धूप सेंकना, धूप खाना या लेना, घाम खाना: lie **~ning** oneself 2 धूप में रखना, धूप खिलाना, धूप दिखाना 3 सूर्य की तरह दमकना;
dw/lw: **~-and-planet** *adj.* ग्रह-सदृश प्रणाली, गिअर सिस्टम (gear system) में इस तरह की बनावट की एक चक्रदंत (cog) दूसरे पर घूमता है; **~baked** *adj.* 1 धूप में सुखाया और सख्त किया हुआ 2 धूपदार: ~baked beaches; **~bath** *n.* सूर्य-स्नान, धूप-स्नान; **~-bathe** /सनबेद/ *v., pt.* **~d**, *pp* **~-bathing** सूर्य-स्नान क. ताकि चमड़ी का रंग सांवला-भूरा हो जाए; **~bathing** /सनबेदिंग/ *n.* सूर्य-स्नान; **~beam** /सनबीम/ *n.* सूर्य की किरणों का पुंज; **~bear** (*also* **honey bear**) *n.* छोटा-सा काला रीछ जिसके अगले भाग में सफेद धब्बे होते हैं; **~bed** (*US* **tanning bed**) *n.* ऐसा पलंग या दरी जिस पर लेट कर कृत्रिम धूप (from sun-lamps) ली जा सके; **~belt** *n.* 1 बहुत-सारी धूप वाला क्षेत्र 2 (*often* **Sunbelt**) अमेरिका का दक्षिणी व दक्षिण-पश्चिमी भाग जहां लगभग सारा साल गर्मी रहती है; **~bird** *n.* शकरखोरी, शकरखोरा: purple ~bird (फुलसुंघनी); yellow-backed ~bird (फुलचुहिया); **~-blind** *n.* झिलमिली; **~block** *n.* धूप के नुक्सानदायक प्रभाव से बचने के लिए लगाई जाने वाली क्रीम; **~-bonnet** *n.* चौड़े घेरे की टोपी; **~-bow** *n.* इंद्रधनुष; **~burn** /सनब:न/ *n.* 1 धूप से होने वाली झुलसन, धूप-ताम्रता 2 सूर्य-स्नान; **~burnt** (*also* **~burned**) *adj.* धूप से झुलसा हुआ, धूप-ताम्र; **~burst** *n.* 1 बादलों के पीछे से अचानक आने वाली धूप की लहर 2 चर्खी; **~-cream** *n.* धूप से बचाव क्रीम (cream);
p&i: p&i: **~'s backstays/ ~ drawing water** काले बादलों की पृष्ठभूमि में सूर्य की किरणें;
against the ~ घड़ी की सूई के प्रतिकूल; **as good as the ~ shines on = as beautiful as the ~ shines on** सर्वोत्तम, सबसे ज्यादा सुंदर, दूसरा ऐसा ढूंढे न मिलेगा; **be in the ~** प्रसिद्धि के साये में हो.; **beyond ~down** सुदूर पश्चिम में; **catch the ~** सूर्य-स्नान क.; **certain as the rising ~** सूर्य के उदय होने जैसी पक्की बात; **forsake the setting ~** डूबते सूरज को अलविदा कहना; **go round the ~ to meet the moon** निकटतम स्थान के लिए सबसे लंबा रास्ता चुनना; **hail/ adore the rising ~** चढ़ते सूरज को सलाम क.; **have been in the ~/ have the ~ in one's eyes** पिए हुए हो.; **he loves to live in the ~** उसे ख्याति के साये में रहना पसंद है; **his ~ is rising/ setting** उसका सितारा बुलंद है/ गर्दिश में है; **hold a candle to the ~** सूरज को दीया दिखाना; **let not the ~ go down upon your wrath** क्रोध पी जाओ और गलतफहमी दूर कर लो; **one's ~ is ascendant/ rising** किसी का सितारा बुलंदी पर है; **rise with the ~** पौ फटते ही उठना; **sb's ~ is set** किसी का सितारा गर्दिश में है; **see the ~** जीना; **shoot the ~** सूरज की ऊंचाई मापना; **the morning ~ never lasts a day** दुनिया में कुछ भी सदाबहार नहीं; **there is nothing new under the ~** संसार में कुछ भी नया नहीं; **think the ~ shines out of sb's eyes** किसी को शानदार व्यक्ति समझना; **under the ~** इस दुनिया में; **with the ~** घड़ी के सूई के अनुकूल
sundae /संडे/ *n.* फल और मेवायुक्त आइसक्रीम
sundance *n.* अमेरिकी आदिवासियों द्वारा सूर्य को आदर देते हुए किया जाने वाला नृत्य जिसमें स्वयातना के तत्त्व भी होते हैं
Sunday (*abbr.,* **Sun**) *n.* 1 रविवार, इतवार: one's ~ best/ clothes 2 समाचार पत्र का रविवारीय संस्करण;
collocations: **~ best** *jocular* किसी के पास सबसे बढ़िया पोशाक; **~ driver** 1 कभी-कभार गाड़ी चलाने वाला चालक 2 धीरे-धीरे गाड़ी चलाकर दूसरे चालकों की नाक में दम करने वाला चालक; **~ painter** शौकिया पेंटिंग करने वाला; **~ school** *n.* रविवार को लगने वाली धार्मिक शिक्षा की कक्षा;
p&i: **a month of Sundays** समय की लंबी अवधि; **month/ week of ~s** लंबा समय; **when two ~s come together/ in one week** जब कोई अनहोनी बात हो जाए, असंभव बात;
sundeck *n.* यात्री जहाज में यात्रियों के धूप में बैठने के लिए खुला डेक;
sunder /संड:/ *v., pt.* **~ed**, *pp* **~ing** 1 टुकड़े-टुकड़े क. 2 छिन्न-भिन्न क.: nothing can ~ their friendship 3 अलग या पृथक् क. या हो जाना: split and ~ sth
sun\dew /संड्यु/ *n.* दलदल में उगने वाला और ओस की बूंदों जैसा तरल छोड़ने वाला पौधा;
dw/lw: **~dial** *n.* धूप-घड़ी; **~-disc** *n.* सूर्य का पंखधारी चित्रण; **~-dog** *n.* सूर्याभास, सूर्य-तृष्णा; **~down** *n.* सूर्यास्त; **~downer** *n. Austral., NZ* 1 आवारा बंदा 2 *Br.* सूर्यास्त के समय पी जाने वाली शराब; **~dress** *n.* तंग बिन बाजू की धूपिया पोशाक; **~dried** *adj.* धूप में सुखाया हुआ, आतप-शुष्क: ~dried tomatoes;
sundry /संड्रि/ *adj.* 1 विविध, फुटकर: talk of ~ matters 2 नानाविध, प्रकीर्ण: ~ receipts (विविध प्राप्तियां) 3 अनेक, कई;
n., pl. **sundries** फुटकर या विविध वस्तुएं
***p&i*:** **all and ~** हर कोई, सभी, तमाम
sunfast *adj.* धूप में फीका न पड़ने वाला पक्का रंग;
sunfish *n.* सूर्यमीन, सूरज मछली;
sunflower /सनफ्लाउअ:/ *n.* सूरजमुखी का फूल, सूर्यमुखी: nibble ~ seeds;
collocations: **the Sunflower State** कंजास (Kansas) प्रांत का मजाकिया नाम
sun\-god/ ~-goddess *n.* सूर्यदेव या सूर्यदेवी;
dw/lw: **~glasses** *n., [pl.]* धूप का चश्मा; **~hat** *n.* धूप टोपी; **~-helmet** *n.* शोला हैट
sung /संग/ *pt. p.,* '**sing**' का भूत कालिक कृदंत
sunk /संक/ 1 *pt. p.,* '**sink**' का भूतकालिक कृदंत 2 *US pt.,* '**sink**' का भूतकालिक रूप: **I am ~** (मैं बर्बाद हो गया)
sunken /संकन/ *adj.* 1 धंसा हुआ: ~ bath 2 पिचका हुआ ~ eyes/ cheeks (पिचकी हुई आंखें या गालें) 2 (*syn.* submerged) पानी में डूबा हुआ, जलमग्न: ~ rock; ~ wreck (जहाज आदि का डूबा हुआ मलबा) 3 निचला: a ~ garden
sun\-kissed *adj.* सूर्य द्वारा झुलसकर भूरी की हुई (त्वचा आदि);
dw/lw: **~-lamp** *n.* सूर्य जैसा प्रभाव (sun-tanning) पैदा करने वाला बिजली का लैंप; **~less** *adj.* छायादार, अंधकारमय; **~lessness** *n.*अंधकार; **~light** *n.* धूप; **~like** *adj.* सूर्य-सा; ~lit

adj. सूर्य के प्रकाश में नहाया हुआ; a ~lit place; **~-lounger** *n.* = **~bed** *see above*;

sunn /सन/ *n.* जूट, सन, पटसन

Sunna/ Sunnah /सून्ना/ *n.* पैगंबर मुहम्मद के कथनों और मुहावरों का संकलन

Sunni /सुन्नी/ *n., pl.* **sunni/ Sunnis** सुन्नी, इस्लाम का एक मत; ***dw/lw:*** **Sunnite** इस मत का अनुयायी; **Sunnism** *n.* सुन्नी मत

sunny /सनि/ *adj., degr.* **sunnier, sunniest** 1 धूपदार, धूपयुक्त 2 प्रसन्न, प्रफुल्ल, प्रमुदित, हंसमुख: ~ smile; sb's friendly ~ disposition 3 उजला, उज्ज्वल: a lovely ~ room; ~ side (आशावादी पहलू);
dw/lw: **sunnily** /सनिलि/ *adv.* प्रसन्नतापूर्वक: she smiled sunnily; **sunniness** *n.* प्रसन्नता, उज्ज्वलता;
p&i: **~ side** *n.* सकारात्मक या आशावादी पहलू; **~ side up** केवल एक तरफ भुना हुआ (अंडे का आम्लेट) ;
look on the ~ side of things/ of the issue हालात के सुप्रिय पहलू को देखना, आशावादी हो.; **on the ~ side of thirty** (तीस से कम उम्र का);

sun\proof *adj.* धूपसह;
dw/lw: **~-ray** *n.* सूर्य-किरण

sunrise *n.* 1 (***syn.*** dawn) सूर्योदय: at ~rise 2 आसमान में सूर्योदय काल के रंग: the pink and yellow of ~rise;
collocations: **~ industry** नया और द्रुत गति से बढ़ता हुआ उद्योग, विशेषकर कंप्यूटर के क्षेत्र में

sunroof *n.* कार के ऊपर का खुला हिस्सा जहां से धूप और हवा आ सकते हैं

sun-screen *n.* धूप से बनाने वाला मरहम (lotion)

sunset /सनसेट/ *n.* 1 सूर्यास्त: between ~ and ~; at ~; stormy ~ 2 आसमान में सूर्यास्त काल के रंग: spectacular ~ 3 किसी कानून के लागू रहने की अवधि या उसके समाप्त होने का समय: a three-year ~ on the new tax;
adj. 1 सूर्यास्ती (पीला) 2 अंतिम: a ~ song 3 का अंत होनेवाला: a three-year ~ clause in the new law;
collocations: **~ industry** पुराना जर्जर उद्योग

sunshade *n.* छाता, चंदवा, सायबीन आदि;

sunshine *n.* धूप: in the ~; sit/ bask in the ~; there will be a mixture of ~ and showers; have a picnic over there in the ~; ~ yellow धूपिया पीला;
collocations: **~ law** (***syn.*** Indian RTI) सूचना अधिकार कानून;
p&i: **be the ~shine in his life**! उसका जीवन सुख और आनंद से भरा हो.!; **have been in the ~** पीए हुए हो.; **take a ~ view of everything** हर समस्या के प्रति आशावादी हो.

sun\spot *n.* सूर्य पर काला धब्बा, सूर्य कलंक;
dw/lw: **~-stone** *n.* सूर्यकांत; **~stroke** *n.* लू या धूप की मार, धूप-आघात, आतप-आघात: get a ~stoke (लू लगना); **~struck** /सनस्ट्रक/ *adj.* जिसे लू लगी हो; **~tan** /सनटैन/ (*also* **tan**) *n.* धूप-ताम्रता, धूप में बैठने से त्वचा का सांवला-भूरा हुआ रंग; **~tanned** *(also* **tanned)** *adj.* धूप या सूर्य-दीप (sum-lamp) की रोशनी से बना भूरा या सांवला; **~trap** /सनट्रैप/ *n. Br.* घेरकर अलग किया हुआ धूपदार स्थान; **~-up** *n., US* सूर्योदय; **~visor** *n.* कार में सूरज की चकाचौंध से बचाने वाली पट्टी 2 सूरज की किरणों से आंखों को बचाने वाली टोपी; **~ward/ ~wards/ ~wise** *adv.* सूर्य की ओर उन्मुख; **~-worship** *n.* सूर्य पूजा, सूर्योपासना

suo moto /सुओमोटो/ *law* अपनी ओर से, अपने आप, स्वयं-प्रेरित, स्वतः

sup /सप/ *v., pt.* **~ped**, *pp* **~ping** 1 चुस्की भरना: ~ sth 2 घूंट-घूंट करके या थोड़ा-थोड़ा पीना 3 सुरकन, सुरकना, सुड़कना 4 थोड़ा-सा डालना: ~ a wee of brandy in the coffee 5 चखना 6 दोपहर या शाम का भोजन क.: ~ with a friend; ~ off/ on;
n. 1 चुस्की, घूंट 2 रात का भोजन;
p&i: **~ sorrow** दुख झेलना; **~ with Pluto** मर जा.;
neither bit nor ~ न एक घूंट पिया, न एक तिनका खाया; **he that ~s with the devil needs a long spoon** पिशाच से पाला पड़ा है, तो सावधानी बरतनी पड़ेगी

sup *abbr.* 'superfine', 'superior', 'superlative', 'supine', 'supra', 'supreme' का छोटा रूप

Sup. Ct. *abbr.* 'Superior Court', 'Supreme Court' का छोटा रूप

super /*Br.* स्यूपः/ *US* सूपः/ *adj., adv.* 1 (*also* **~ duper** *colloq.*) बढ़िया, अच्छा, शानदार 2 बाहरी, बाह्य 3 *textile,* **'superfine'** का छोटा रूप 4 अति 5 उच्च 6 अतिरिक्त

super- /स्यूपः\-/ सूपः\-/ *prefix, forming adjectives, nouns and verbs, denoting:* 1 **great** or **extreme in size etc.** (महा, बड़ा या अतिशय) 2 **above, beyond** (से ऊपर) 3 **higher** or **more outstanding** (से अधिक): **~natural**; **~market**; **~hero**;
dw/lw: **~able** /सूप्रअबल/ *adj.* 1 लंघनीय 2 जेय, विजेय; **~abound** /~अबाउंड/ *adj.* अत्यधिक, हद से ज्यादा: ~abound in (से भरपूर होना); **~abundance** /~अबनडंस/ *n.* आधिक्य, प्रचुरता, बहुतायत; **~abundant** /~अबडंट/ *adj.* अत्यधिक, हद से ज्यादा: ~abundant population; **~abundantly** /~लि/ *adj.* भरपूरता से, अधिक से अधिक; **~add** /~ऐड/ *v., pt.* ~added, *pp* ~adding और जोड़ दे.; **~annuate** /~ऐन्युएट/ *v., pt.* ~annuated, *pp* ~annuating 1 सेवा-निवृत्त क. या हो. 2 पुरानी पड़ी चीज को त्याग दे.: ~annuated the old computer in favour of a fancy multimedia one; **~annuated** /~ऐन्युएटिड/ *adj.* 1 सेवा-निवृत्त 2 पुराना; **~annuation** /~ऐन्युएशन/ *n.* 1 सेवा-निवृत्ति, अवकाश-प्राप्ति 2 पेंशन के लिए वेतन में से मासिक भुगतान 3 पेंशन: took an early ~annuation; ~annuation allowance 4 बुढ़ापा 4 पुरानापन

superb /*Br.* स्यूपःब\/ सूपःब\/ *adj.* 1 उत्कृष्ट, सर्वोच्च, सर्वश्रेष्ठ, बढ़िया 2 भव्य, आलीशान, शानदार 3 प्रभावशाली, प्रतापी, महान, राजसी, शाही;
dw/lw: **~ly** /~लि/*adv.* शानदार या बढ़िया तरीके से; **~ness** /~नेस/ *n.* उत्कृष्टता, श्रेष्ठता, भव्यता

super\bomb / स्यूपः\बॉम/सूपः\बॉम/ *n.* भीषण विनाशकारी बम;
dw/lw: **~bug** /~बग/ *n.* एक प्रकार का जीवाणु जिसे नष्ट क. बहुत मुश्किल होता है; **~charged** *adj.* 1 अत्यधिक शक्तिशाली (इंजन) 2 ज्यादा सशक्त, प्रभावी: ~charged words

supercili\ary /स्यूपःसिलिअरि/ सूपःसिलिअरि/ *adj., anat.* 1 भौंह से संबंधित 2 आंख के ऊपर स्थित

super\cilious /स्यूपः\सिलिअस/ सूपः\सिलिअस/ *adj.* 1 अभिमानी, दंभी, घमंडी, मगरूर 2 तिरस्कारपूर्ण 3 उपेक्षक, अवमानी;
dw/lw: **~ly** /~सिलिअसलि/ *adv.* तिरस्कारपूर्वक, दंभपूर्वक, हेय भाव से: treat sb ~ly; **~ness** /~सिलिअसनेस/ *n.* अभिमान, दंभ, घमंड, तिरस्कार, उपेक्षा

supercalifragilisticexpialidocious/सुपःकैलिफ्रैजिलिस्टिकेक्सपिऐलिडोशिअस/ *adj.* बेहद शानदार, विस्मयकारी

super\computer /स्यूपः\कंप्यूटः/ सूपः\कंप्यूटः/ *n.* अत्यधिक शक्तिशाली व द्रुतगामी कंप्यूटर;
dw/lw: **~conducting/ ~conductive** /~कंडक्टिंग/ ~कंडक्टिव/ *adj.* द्रुत चालक; **~conductivity** /~कौंडक्टिविटि/ *US* ~कांडक्टिविटि/ *n.* द्रुतचालकता; **~conductor** /~कंडक्टः/ *n.* द्रुत चालक; **~continent** /~कौंटिनंट/ *US* ~कांटिनंट/ *n.* विशाल भू-भाग जिससे बाद में महाद्वीप बने; **~cool** *v., pt.* ~cooled, *pp* ~cooling, *phys.* किसी पदार्थ को बिना जमे उसके जमने के अंक से नीच तक ठंडा क.; **~cool** *adj., colloq.* अत्यधिक बेपरवाह व परिष्कृत; **~cooling** *n.* अतिशीतलन; **~duper** /~डूपः/ *adj.* श्रेष्ठतम, शानदार; **~-ego** /~ईगो/ *n.,*

psychoanal. 1 परम अहम्, अहम् की पराकाष्ठा 2 मन का वह भाग जो इंसान को सही और गलत का अहसास कराता है और गलती करने पर अपराध बोध कराता है; **~elevation** /~-एलिवेशन/ *n.* सड़क या रेल लाइन पर बाहरी और अंदर के उठान में अनुपात; **~eminence**/ **~excellence** *n.* परमोत्कर्ष, अपार परिष्कृतता; **~eminent**/ **~excellent** *adj.* परमोत्कृष्ट, अत्युत्तम, सर्वोत्तम;

superoga\tion /स्यूपः\एरअगेशन/ सूपः\एरअगेशन/ *n.* अत्यधिक कर्त्तव्य-पालन: a work of ~;
dw/lw: **~tory** /~एरअगेटरि/ *adj.* 1 अति कर्त्तव्यपरायण 2 अतिरिक्त, अनावश्यक: it would be ~tory to sing his praises

superfast /स्यूपः\फास्ट/ *US* सूपः\फास्ट/ *adj.* अति द्रुत, तीव्रगामी;
dw/lw: **~fatted** /~फैटिड/ *adj.* (साबुन के बारे में) अति-वसामय;

superfetation /स्यूपःफीटेशन/ सूपःफीटेशन/ *n., physiol.* 1 पहले से गर्भित गर्भाशय में अतिरिक्त गर्भधारण 2 गर्भाशय में एक साथ दो भिन्न-भिन्न कालों की भ्रूणों के होने की अवस्था 3 वनस्पति जगत में इसी प्रकार की प्रक्रिया

superficial /स्यूपःफिशिअ\ल/ सूपःफिशिअ\ल/ *adj.* 1 ऊपरी सतह के पास: a ~ wound 2 छिछला, उथला: a ~ seashore 3 ऊपरी, सतही, बाहरी: ~ resemblance 4 पृष्ठीय, पृष्ठ 5 पल्लवग्राही, अल्पज्ञ, ओछा: ~ knowledge/ learning 6 अगंभीर, गहनताहीन: ~ book; a man of ~ understanding 7 सामान्य: a ~ person 8 आभासी, बनावटी, दिखावटी; a ~ attempt to patch things up;
dw/lw: **~ism** /~लिजम/ *n.* सतहीपन, अगंभीरता, बेआधारता; **~ity** /~लिटि/ (*also* **~ness**) *n., pl.* **~ities** पल्लवग्राहिता, छिछोरापन, सतहीपन; **~ly** /~लि/ *adv.* सतही रूप से

superficies /स्यूपःफिशीज/ सूपःफिशीज/ *n., [pl.]* 1 सतहीपन 2 किसी प्रांत या जिले का क्षेत्र 3 बाहरी रूप 4 दिखावा 5 दूसरे की जमीन पर भवन निर्माण का अधिकार

superfine /स्यूपःफाइन/ *US* सूपःफाइन/ *adj.* 1 ऊंची गुणवत्ता वाला 2 अत्यंत उत्कृष्ट बुनावट वाला, बहुत बढ़िया 3 अति सूक्ष्म: ~ wit;

superfluidity / स्यूपःफ्लूइडिटि/ सूपःफ्लूइडिटि/ *n.* अति तरलता, कम तापमान पर तरल हीलियम के समस्थानिकों (isotopes) का बिना चिपचिपाहट या घर्षण के बहने का गुण

super\fluous / स्यूपः\फ्लूअस/ सूपः\फ्लूअस/ *adj.* 1 (*sometimes* **~fluous to sth**) अनावश्यक: this warning was not ~fluous 2 (***syn.*** unnecessary) जरूरत से ज्यादा, अतिशय, अत्यधिक: six workers were ~fluous to their requirement 3 फालतू, फिजूल;
dw/lw: **~fluously** /~फ्लूअसलि/ *adv.* अनावश्यक रूप से, अतिशयतापूर्वक; **~flousness** /~फ्लूअसनेस/ *n.* 1 अनावश्यकता 2 अतिशयता 3 फालतूपन, अतिरेक;
~fluity /~फ्लूइटि/ *n., pl.* ~fluities 1 व्यर्थता, फालतूपन: part with all the ~fluities 2 फालतू वस्तु 3 बाहुल्य, प्रचुरता, अत्यधिकता, अतिशयता, इफरात: ~fluity of good things; ~fluity of words

super\flyweight /स्यूपः\फ्लाइवेट/ सूपः\फ्लाइवेट/ *n., boxing* बावन (52) किलोग्राम तक का वजन वाला मुक्केबाज;
dw/lw: **~giant** /~जाइंट/ *n.* एक विशाल तारा जिसकी गहनता कम होती है; **~glue** /~ग्लू/ *n.* तेजी से चिपकने वाला अत्यधिक मजबूत गोंद; **~grass** *n., sl.* पुलिस को सूचना देकर बहुत लोगों को गिरफ्तार करवाने वाला भेदिया; **~group** *n.* 1 सर्वप्रिय संगीत मंडली 2 अल्प काल के लिए विशेष उद्देश्य से बनाई जाने वाली नामी-गिरामी गायकों की संगीत मंडली; **~heated** *adj.* 1 कोई तरल दबाव तले उसके क्वथनांक (boiling point) से ऊपर तक बिना गैस बने गर्म किया हुआ 2 कोई गैस उसके द्रवीकरण के तापमान से ऊपर तक गर्म की हुई; **~heating** *n.* उपरोक्त दो स्थितियों में तापन क्रिया; **~heavyweight** *n.* अधिकतम यानी 91 किलोग्राम से अधिक वजन का मुक्केबाज;

superhero /स्यूपःहीरो/ सूपः\पीरो / *n.* 1 कहानी, उपन्यास, फिल्म, नाटक आदि का अत्यधिक बलशाली पात्र जो अपने बल, शक्ति आदि को दूसरों की मदद करने के लिए प्रयोग में लाता है 2 दिव्य नायक 3 चोटी का नायक;

superheterodyne /स्यूपः\हेटरअडाइन/ सूपः\हेटरअडाइन/ *adj., radio* अति संकरण, रेडियो रिसीवर द्वारा रेडियो संकेतों का मिश्रण;

super high frequency (*abbr.* **SHF**) *n., radio* 3000 से 30,000 MHz के फैलाव (range) में रेडियो तरंगें, अंतर्राज्यीय सूचना प्रसारण द्रुतगतिक वाहक

superhighway *n., US* 1 दोनों तरफ कम से कम दो-दो गलियों वाली (four-lane) द्रुतगामी सड़क 2 (*in full* **information superhighway**) सूचना संचार और प्रसार के सभी इलेक्ट्रोनी माध्यमों का समूह

superhuman /स्यूपः\ह्यूमन, सूपः\ह्यूमन/ *adj.* 1 (***syn.*** heroic) अलौकिक रूप से मानवीय: **~human** effort/ strength, etc. 2 दैवी, दिव्य: **~human** powers;
n. सामान्य से अधिक बलशाली, बुद्धिमान, विद्वान व्यक्ति

super\impose /स्यूपः\इम्पोज/ सूपः\इम्पोज/ *v., pt.* **~imposed**, *pp* **~imposing** (*usually* **~impose sth on sth else**) 1 एक बिंब को दूसरे के ऊपर लगाना 2 एक प्रणाली की विशेषताओं को दूसरी प्रणाली के साथ मिलाना;
dw/lw: **~imposition** /~इम्पअजिशन/ *n.* एक प्रणाली की विशेषताओं को दूसरी प्रणाली की विशेषताओं के साथ मिलाने की क्रिया; **~imposed** *adj.* के ऊपर रखकर जोड़ा हुआ: a ~imposed image; ~imposed title

super\intend /स्यूपः\इनटेंड/ सूपः\इनटेंड/ *v., pt.* **~intended**, *pp* **~intending** (***syn.*** supervise) निगरानी, देख-रेख, पर्यवेक्षण या निरीक्षण क.: **~intend** the work of construction 2 अधीक्षक होना 3 चलाना, संचालन क., व्यवस्था क.;
dw/lw: **~tendence** /~इनटेंडंस/ (*also* **~tendency**) *n.* देख-रेख, निरीक्षण, अधीक्षण, संचालन, प्रबंध, व्यवस्था

super\intendent स्यूपः\इनटेंडेंट/ *US* सूपः\इनटेंडेंट/ *n.* 1 देख-रेख या नियंत्रण अधिकारी 2 पुलिस अधीक्षक: ~ of police (*abbr.* **SP**) 3 (*abbr.* **Supt.**) अमेरिका में पुलिस विभाग का मुखिया 4 US (***syn.*** caretaker) निरीक्षक, संचालक, इमारतों आदि का देखरेख अधिकारी;
dw/lw: **~intendentship** /~इनटेंडंटशिप/ *n.* अधीक्षकता, निरीक्षण कार्य

superior /स्यूपिअरि\अः/ सूपिअरि\अर/ *US* सूपिरि\अर/ *adj.* 1 (*often* **~ to sb/ sth**, ***anton.*** inferior) उच्च-कोटि का, श्रेष्ठतर, उच्चतर, बेहतर: be ~ to sth in sth; this machine is ~ to that one; it is ~ in speed to any other machine 2 बढ़िया, उत्तम, उत्कृष्ट: they had ~ qualities; a ~ grade of flour 3 उच्च, प्रवर, वरिष्ठ: ~ body; report sb to his ~ officer 4 ऊपरी, ऊर्ध्ववर्ती, ऊर्ध्व: the ~ maxillary 5 अधिक संख्या में, से बड़ा: ~ forces 6 (***syn.*** arrogant) दंभी, घमंडी 7 से परे, के परे, के ऊपर: be ~ to prejudice/ to flattery/ to bribery; with a ~ air;
n. 1 वरिष्ठ, प्रवर या उच्च अधिकारी, अध्यक्ष, अधिकारिणी: he is your ~ 2 योग्य (व्यक्ति), गुरुजन, बड़े लोग: he is deferential to his **~s** 3 धार्मिक मुखिया: Mother Superior;
dw/lw: **~ity** /~औरिटि/ *US* ~आःरिटि/ *n.* 1 (***syn.*** seniority) वरिष्ठता, श्रेष्ठता: natural ~ity; military ~ity 2 (***anton.*** inferiority) उत्कर्ष, उच्चता: his lecture proved his ~ity 3 (***syn.*** arrogance) दंभ, श्रेष्ठता का भ्रम;
collocations: **~ planet** *astron.* मंगल (Mars), बृहस्पति (Jupiter), शनि (Saturn), वरुण (Neptune), उरण (Uranus), यम (Pluto) में से कोई एक ग्रह जिसका कक्ष (सूर्य के गिर्द) धरती के कक्ष से बाहर है; **~ity complex** *n., psych.* श्रेष्ठता का भ्रम, उच्च मनोग्रंथि, श्रेष्ठता-मनोग्रंथि;
p&i: **rise ~ to temptation** लालच से ऊपर हो.

superjacent /स्यूपःजेसंट/ *Br./US* सूपःजेसंट/ *adj.* उपरिवर्ती, ऊर्ध्ववर्ती, लेटा हुआ

superl. *abbr.* 'superlative' का छोटा रूप

superlative /स्यूपःलअटिव\/ *Br./US* सूपःलअटिव\/ *adj.* 1 *gramm.* उत्तमावस्था: the ~ degree 2 (*syn.* first-rate, excellent) सर्वोत्कृष्ट, उत्तम, अत्युत्तम, सर्वोत्तम, सर्वोच्च, सर्वश्रेष्ठ, श्रेष्ठतम: ~ wisdom; ~ beauty 3 अतिरंजित, अतिशयोक्तिपूर्ण 4 उत्तमता-सूचक;

n. श्रेष्ठता, उत्तमावस्था: adjective in the ~;

dw/lw: **~ly** /~लि/*adv.* सर्वोत्तम ढंग से: **~ly** beautiful; **~ness** /~नेस/ *n.* श्रेष्ठता, उत्तमावस्था: in **~s**; his talk is all **~s**;

p&i: **speak in ~s** अत्यधिक बढ़ा-चढ़ाकर बात क.

super\liner /स्यूपः\लाइनः/ *Br./US* सूपः\लाइनर/ *n.* बहुत बड़ा और तेज विमान या समुद्री जहाज;

dw/lw: **~luminal** /~ल्यूमिनल/ *adj.* प्रकाश की गति से भी तेज रफ्तार से चलने वाला; **~lunary** /~ल्यूनरि/ *adj.* लोकोत्तर, अलौकिक

super\man /स्यूपः\मैन/ *Br./US* सूपः\मैन *n.* 1 दिव्य मानव, सुपरमैन: only a ~ can accomplish such a gigantic task so fast 2 *philos.* नीशे (Nietzsche) के अनुसार भविष्य में आने वाला एक अति बलशाली, सुयोग्य एवं आदर्श व्यक्ति 3 अलौकिक या दिव्य मानव;

dw/lw: **~market** *n.* सुपरमार्केट, सुपर बाजार, एक बड़ा स्वयं-सेवा बाजार; **~model** /~मौडल/ *US* ~माःडल/ *n.* शिखर का यानी नामी-गिरामी मॉडल; **~mundane** /~मंडेन/ *adj.* इहलौकिक, अति सांसारिक; **supernaculum** /~नैक्युलम/ *adv. Lat.* (*syn.* bottoms up) अंतिम बूंद तक, पैग बिल्कुल खत्म: drink ~naculum; **~normal** /~नॉःमल/ *adj.* 1 सामान्य से बढ़ा-चढ़ा, असाधारण, औसत से ऊपर 2 असाधारण: ~normal pupil

supernal /स्यूपअःनल// *Br./US* सूपअःनल/ *adj.* उच्च, शीर्षथ, दिव्य, दैवी: ~ loveliness

supernatant /स्यूपःनेटंट/ *Br./US* सूपःनेटंट/ *adj.* किसी तरल की सतह पर तैरने वाला, प्लावी;

n. किसी दूसरे तरल की सतह पर तैरने वाला तरल

supernatural /स्यूपःनैचर\ल/ *Br./US* सूपःनैचर\ल/ 1 अलौकिक, लोकोत्तर, लोकातीत: ~ being 2 अतिप्राकृत 3 स्वभावोपरि;

n. **(the ~, *syn.*** paranormal) अलौकिक जगत, दिव्य जगत;

dw/lw: **~ism** /~लिज्म/ *n.* 1 अलौकिकता, अधिस्वाभाविकता 2 आस्तिकता 3 अलौकिकता में विश्वास; **~ist** /~लिस्ट/ *n.* अलौकिकतावादी, आस्तिक; **~ization** /~लाइजेशन/ *n.* अलौकिककरण, स्वभाव-उन्नयन; **~ize/ ~ise** /~लाइज/ *v., pt.* ~ized, *pp* ~izing अलौकिक मानना; **~ly** /~लि/ *adv.* अलौकिकता की दृष्टि से

supernova /सुपःनोवा/ *n., pl.* **supernovae/ ~s** *astron.* अधिनव तारा, एक तारा जो विस्फोट होते समय बहुत चमकता है

supernumerar\y /स्यूपः\न्यूमअरेरि/ *Br./US* सूपः\न्यूमअरेरि/ *n., pl.* **~ies** 1 नियमित या नियत संख्या से अधिक, सामान्य संख्या के ऊपर 2 (*often* **super**) अभिनेता जिसकी बोलने की भूमिका नहीं होती 3 ऐसा व्यक्ति या कर्मी जो नियमित पद पर न हो पर उसे जरूरत पड़ने पर किसी पद पर रखा जा सकता है;

adj. 1 (*syn.* extra) अतिरिक्त 2 अनावश्यक, फिजूल

super\ordinate /स्यूपः\ऑःडनिट/ *Br./US* सूपः\ऑःडनिट/ *adj.* उच्चतर (स्तर, पद, महत्ता आदि); **~ordinate** *n.* उच्चतर स्तर, पद, महत्ता का व्यक्ति; **~phosphate** *n., chem.* सुपरफॉस्फेट खाद; **~physical** /~फिजिकल/ *adj.* अलौकिक, जिसे भौतिक मूल्यों पर न आंका जा सके; **~saturate** *v., pt.* ~saturated, *pp* ~saturating अति संतृप्त क.; **~saturation** *n.* अति संतृप्ति;

superpower /स्यूपःपॉवः/ *Br./US* सूपःपॉवः/ *n.* महाशक्ति

super\pose /स्यूपःपोज/ *Br./US* सूपःपोज/ *v., pt.* ~posed, *pp* ~posing किसी के ऊपर रखना या चढ़ाना, अधिरोपित क.;

dw/lw: **~position** *n.* ऊपर चढ़ाने या रखने की क्रिया, अध्यारोपण

super\scribe /स्यूपः\स्क्राइब/ *Br./US* सूपः\स्क्राइब/ ***v.,*** *pt.* **~scribed**, *pp* **~scribing** ऊपर (या बाहर) लिखना या अंकित क., रेखा से ऊपर लिखना: superscribe[2];

dw/lw: **~script** /~स्क्रिप्ट/ *n.* (***anton.*** subscript) ऊपरी अक्षर या अंक: 5^2 में ^{2} ~script है; **~scription** /सुपःस्क्रिप्शन/ *n.* ऊपरी अंक या अक्षर लेखन;

super\sede /स्यूपः\सीड/ *Br./US* सूपः\सीड/ *v., pt.* **~seded**, *pp* **~seding** 1 पुरानी पड़ी चीज या व्यक्ति का स्थान ले लेना 2 किसी के ऊपर से होकर उच्चतर पद पाना या दे.: **~sede** another candidate as chairman 3 के स्थान पर काम क., का स्थान लेना, का उत्तराधिकारी होना 4 पुरानी वस्तु या व्यक्ति को हटाकर उसके स्थान पर दूसरी वस्तु या व्यक्ति लाना: **~sede** a system; **~sede** an official; CD-ROMs may **~sede** refrence books;

dw/lw: **~sedeas** /~सीःडिऐस/ *n., law* स्थगन-आदेश; **~sedence** /~सीडंस/ *n.* = **~session** /~सेशन/ *n.* = **~sedure** /~सीजः/ *n.* विस्थापन, अधिक्रमण, बरखास्तगी, किसी का पद या स्थान लेने की क्रिया; स्थगन, प्रतिस्थापन; **~sensible/ ~sensual** *adj.* अतींद्रिय, अगोचर; **~sensitive** *adj.* अति संवेदनशील: ~sensitive fuze

supersize *adj.* सामान्य आकार-प्रकार से काफी बड़ा

super\sonic /स्यूपः\सौनिक/ *Br./US* सूपः\सौनिक/ *US* सूपः\साःनिक/ *adj.* पराध्वनिक, ध्वनि की गति से तेज: ~ fighter;

dw/lw: **~ sonically** /~सौनिकलि/ ~साःनिकलि/ *adv.* ध्वनि से तेज गति से; **~sonics** /~सौनिक्स/ *US* ~साःनिक्स/ *n.* पराध्वनिकी; **~size** /~साइज/ *adj.* सामान्य से बड़े आकार या साइज का; **~-speed** *adj.* अत्यधिक तेज रफ्तार वाला: ~-speed camera/ shooting; **~star** *n.* अत्यधिक प्रसिद्ध या नामी-गिरामी अभिनेता, गायक, खिलाड़ी आदि; **~stardom** /~स्टाःडम/ *n.* बड़े अभिनेता का रुतबा; **~state** *n.* = 1 **~power** 2 कई राष्ट्रों का समूह, जैसे यूरोपीय संघ: the European ~state

supersti\tion /स्यूपः\स्टिशन/ *Br./US* सूपः\स्टिशन/ *n.* अंधविश्वास;

p&i: **~ is the religion of feeble minds** अंधविश्वास निर्बल लोगों का धर्म है

superstitious /स्यूपःस्टिशिअस\/ *Br./US* सूपःस्टिशिअस\/ *adj.* अंधविश्वासी: ~ man;

dw/lw: **~ly** /~लि/ *adv.* अंधविश्वासपूर्वक; **~ness** /~नेस/ *n.* अंधविश्वासी होने की अवस्था

superstore *n.* सुपर बाजार

super\stratum /सूपः\स्ट्रेटम/ *Br./US* सूपःस्ट्रेटम/ *n., pl.* **~strata** 1 ऊपरी वर्ग 2 ऊपरी सतह

superstructu\re /स्यूपःस्ट्रक\चः/ *Br./ US* सूपःस्ट्रक\चः/ *n.* ऊपरी ढांचा;

dw/lw: **~ral** /~चरल *adj.* ऊपरी ढांचे से संबंधित

super\subtle /स्यूपः\सटलः/ *Br./US* सूपः\सटलः/ *adj.* अत्यधिक सूक्ष्म या बारीकी का काम करने वाला;

dw/lw: **~tanker** *n.* एक विशाल तेल वाहक जहाज; **~tax** *n., colloq.* अत्यधिक लाभ पर कर; **~time** अवधि से पार का समय: ~ time scale; **~tonic** /~टौनिक/ *US* ~टाःनिक/ *n., music* मूल स्वर के ऊपर

Super Tuesday ऐसा दिन जब कई अमेरिकी राज्य प्राथमिक चुनाव (Primary elections) करते हैं

super\vene /स्यूपः\वीन/ *Br./US* सूपः\वीन/ *v., pt.* **~ vened**, *pp* **~ vening** 1 अचानक बीच में आ पड़ना (आ जाना या घटित होना), आ टपकना 2 पीछे या बाद में घटित होना (हो जा.): should rain **~ vene** (यदि बारिश आ जाए तो);

dw/lw: **~venient** /~वीनिअंट/ *adj.* आकस्मिक, अनुवर्ती; **~vention** /~वेंशन/*n.*आकस्मिक घटना, अनुवर्तन

super\vise / स्यूपः\वाइज/ *Br./US* सूपः\वाइज/ *v., pt.* **~vised**,

pp **~vising** 1 काम की देख-रेख क. 2 पर्यवेक्षण क., निरीक्षण क. 3 अधीक्षण क., संचालन क.;
dw/lw: **~vising** /~वाइजिंग/ *adj.* निरीक्षणात्मक: ~vising instructor; **~vision** /~विजन/ *n.* 1 देख-रेख, पर्यवेक्षण, निरीक्षण: under the ~vision of sb; keep sb under strict ~vision 2 अधीक्षण 3 संचालन; **~visor** /~वाइजर/ *n.* काम की देख-रेख करने वाला, सुपरवाइजर, पर्यवेक्षक, निरीक्षक; **~visory** /~वाइजरि/ *adj.* पर्यवेक्षी, निरीक्षणात्मक, देख-रेख संबंधी: ~ body

superwoman /स्यूपःवूमन/ *Br./US* सूपःवूमन/ *n.* अद्वितीय गुणों व योग्यता से संपन्न व अति सशक्त औरत

supina\te /सुपिने\ट/ *v., pt.* **~ted**, *pp* **~ting** 1 हथेली उलटी क. 2 पांव को उलटा करके उस पर शरीर का वजन डालना;
dw/lw: **~tion** /~शन/ *n.* उत्तानन, शरीर के किसी अंग को उलटा करने की क्रिया; **~nator** /~टः/ *n., anat.* उत्ताननी

supine /स्यूपाइन\/ सूपाइन\/ *adj.* 1 चित यानी पीठ के बल लेटा हुआ: ~ position 2 जिसका काम करने में जी न लगे, सुस्त, काहिल 3 अकर्मण्य, निष्क्रिय;
n., 1 अकर्मण्यता, काहिली 2 *gramm.* (लातीनी भाषा में क्रियात्मक संज्ञा के बारे में) दो रूपों में से एक जो उद्देश्य या गति दर्शाता है;
dw/lw: **~ly** /~लि/ *adv.* उल्टे लेटे-लेटे; **~ness** /~नेस/ *n.* 1 पीठ पर लेटे होने की अवस्था 2 सुस्ती, काहिली, निष्क्रियता 3 उदासीनता, अकर्मण्यता, शिथिलता

supp./ suppl. *abbr.* 'supplement' का छोटा रूप

supper /सपः/ *n.* रात्रि भोजन, रात का खाना, निशा-आहार: at ~; to ~; for ~ 2 ब्यालू, ब्यारी 3 रात का नाश्ता, सोने से ऐन पहले हल्का-फुल्का खाना: the hotel is famous for its **~s**;
dw/lw: **~less** *adj.* बिना रात्रि भोजन किए हुए: go to bed **~less**;
p&i: **sing for one's** ~ जो लेना है उसका पैसा देना है; **no song, no** ~ अच्छा करोगे, अच्छा पाओगे या जैसा करोगे, वैसा भरोगे

supping /सपिंग/ *present p.*, **sup** का वर्तमानकालिक कृदंत; *see above*

supplant /सप्लां\ट/ *US* सप्लैं\ट/ *v., pt.* **~ed**, *pp* **~ing** 1 (***syn.*** replace) चालाकी से किसी का स्थान लेना, को निकाल दे., के पैर उखाड़ना 2 (***syn.*** replace) के स्थान पर काम क.: buses are **~ing** trams;
dw/lw: **~ation** /~टेशन/ *n.* 1 (***syn.*** replacement) एक व्यक्ति, वस्तु या क्रिया द्वारा दूसरे का स्थान लेने की क्रिया 2 किसी को बाहर निकालकर उसके स्थान पर कब्जा

supple /सपल/ *adj.* 1 लचीला, फुर्तीला, सुनम्य: ~ limbs; ~ leather; ~ cane/ bow 2 ग्रहणशील, प्रतिसंवेदी: ~ mind 3 वश्य, आज्ञाकारी: ~ horse 4 दब्बू 5 चापलूस, जी-हजूरिया 6 चालाक

supplement /सप्लिमंट/ *n.* 1 पूरक तत्त्व: vitamin ~ 2 परिशिष्ट: literary ~; Sunday ~ 3 (of paper) क्रोड-पत्र 4 *math.* संपूरक: ~ angle 5 जोड़बंध 6 (***syn.*** surcharge) अतिरिक्त सेवा के लिए अतिरिक्त पैसा;
adj. 1 अतिरिक्त 2 पूरक: ~ estimates;
v., pt. **~ed**, *pp* **~ing** 1 जोड़ना, पूरा क. 2 (*often* **~ by/ with sth**) (कमी) पूरा क., संपूर्ण क., जोड़ दे., बढ़ाना: ~ a menu with cheese;
dw/lw: **~ary** सप्लिमेंटरि/ (*also US* **~al** /सप्लिमेंटल/) *adj.* 1 पूरक: ~ary ration/ reserve; ~ary budget; ~ary demand; ~ary grant; ~ary question; ~ary *benefit* 2 संपूरक: ~ary angle 3 जुड़ा हुआ, बाद का; **~ation** /सप्लिमेंटेशन/ *n.* संपूरण, अनुपूरण

supple\tion /सप्लीशन/ *n., ling.* व्याकरणिक रूप का भिन्न धातु के रूप से मिलान, पूर्ति, e.g., go, went, gone; good, better, best;
dw/lw: **~tive** /सप्लीटिव/ *adj.* पूरक;

supplial /सप्लाइल/ *n.* संभरण, आपूर्ति

suppli\ant /सप्लि\अंट/ *n.* मिन्नत या चिरौरी करने वाला, विनयी, प्रार्थी व्यक्ति, याचक;
adj. अनुनयी, विनयी, विनम्र, विनयपूर्ण;
dw/lw: **~cant** /~कंट/ *adj., n.* = **suppliant** चिरौरी करने वाला **~cate** /~केट/ *v., pt.* ~cated, *pp* ~cating अनुनय-विनय क., विनयपूर्वक मांगना: ~cate sb to do sth; ~cate protection; **~cating** /~केटिंग/ *adj.* अनुनय-विनय करने वाला; **~catingly** *adv.* चिरौरी करते हुए; **~cation** /~केशन/ *n.* चिरौरी, विनय; **~catory** /~केटरि/ *adj.* विनयात्मक, विनयपूर्ण

supplier /सप्लायः/ *n.* आपूर्तिकर्ता, सप्लायर, संभरक, आपूर्तिकार

supplies /सप्लाइज/ *n., [pl.]* रसद, खाने-पीने की वस्तुएं

supply /सप्लाई/ *v., pt.* **supplied**, *pp* **supplying**, *s/he/ it* supplies 1 देना, प्रदान क.: ~ proofs 2 आपूर्ति क., संभरण क.: ~ an army with provisions 3 (*also* **~ sb with sth**) मुहैया क., उपलब्ध क.: the garden **supplied** us with all our vegetables 4 की कमी पूरी क: ~ the food 5 आवश्यकता की पूर्ति क.: ~ the needs of sb 6 किसी के स्थान पर अस्थायी रूप से काम क.;
n. 1 पूर्ति, आपूर्ति, सप्लाई, संभरण: inexhaustible/ fresh ~; a ~ of sth; a constant/ endless/ plentiful ~; meet the short ~; goods are in short ~; 2 आपूर्ति ढांचा: cut off sb's **supplies** 3 भंडार, संभार, संग्रह, संचय: if demand exceeds ~ the price will rise 4 संभार, सामान, खाद्य सामग्री, रसद: arrange for a ~ 5 अनुदान, भत्ता 6 स्थानापन्न;
adj. 1 संभरक: ~ meter बिजली मीटर 2 स्थानापन्न करने वाला;
dw/lw: **~-side** *adj.* आपूर्ति का मुद्दा, आर्थिक विकास की दर बढ़ाने के लिए करों में छूट देने की नीति;
collocations: **~ and demand** मांग और आपूर्ति; **~ agency/ base/ centre** आपूर्ति संगठन या केंद्र; **~ chain** आपूर्ति श्रृंखला; **~ line** आपूर्ति मार्ग; **~ officer** आपूर्ति अधिकारी; **~ teacher** (substitute teacher) *US* किसी के स्थान पर अस्थायी रूप से काम करने वाला अध्यापक

support /सपॉ:ट/ *v., pt.* **~ed**, *pp* **~ing** 1 (***syn.*** back) समर्थन क., हिमायत क.: ~ the peace policy; ~ the motion 2 बढ़ावा दे., प्रोत्साहित क.: your approval **~ed** him; it did not seem funny to them but they laughed to ~ the role 3 सहारा दे., ताकीद क., अवलंब, ढ़ाढ़स, दिलासा या सहायता दे., बल प्रदान क., समर्थन क.: ~ logistically; ~ the spirits; ~ the initiative/ the efforts 4 आधार हो./ टेक दे.: the lifebelt **~ed** him on the surface; ~ book-shelf 5 संभालना, भरण-पोषण क., का पूरा निर्वाह क., रोटी-कपड़ा दे., खर्च चलाना: ~ a large family; ~ oneself गुजारा क. 6 सहन क., झेलना, बर्दाश्त क.: he **~s** fatigue well; he couldn't ~ insolence 7 (***syn.*** corroborate) की पुष्टि क., सिद्ध क., साबित क., प्रमाणित क.: these facts ~ my theory; the evidence **~s** the prosecution's case 8 जीवन शैली अपनाना: ~ a lavish lifestyle 9 गौण भूमिकाएं क. 10 पहनना: ~ tights 11 (***syn.*** sponsor) प्रायोजित क.;
n. 1 समर्थन: in ~ of sb/ sth 2 सहारा, अवलंब, आश्रय, सहायता: the elder son is the ~ of the family; give/ lend ~ to sb/ sth 3 आधार, टेक, थूनी: medical ~; a surgical ~ 4 जीविका: child ~, income ~ 5 भरण-पोषण, संभरण: without means of ~ 6 समर्थन, प्रोत्साहन: unanimous/ moral ~; speak in ~ of sth; critical ~; enlist/ express/ give/ lose/ rally ~; overwhelming/ public/ strong/ tacit/ widespread ~; moral ~ 7 पुष्टीकरण: ~ for sb/ sth 8 सहायक पात्र;
adj. सहायक: a different ~ band each night; ~ group;
dw/lw: **~able** /सपॉ:टअबल/ *adj.* सह्य, सहनीय; **~ability** *n.* सहनीयता; **~er** /सपॉ:टः/ *n.* 1 समर्थक 2 (***syn.*** fan) खेल में समर्थक, हिमायती: a keen/ loyal/ staunch/ strong ~er;

football ~ters 3 पोषक 4 आधार; **~ing** *adj.* 1 सहायक: ~ing force; ~ing point 2 थियेटर में सहायक अदाकार: a strong ~ing cast 2 वजन लेने वाला; **~ive** /सपॉ:टिव/ *adj.* सहायता देने वाला, संपोषक: a bank that is ~ive to new businesses; **~ively** *adv.* प्रोत्साहक ढंग से; **~iveness** *n.* प्रोत्साहकता; **~less** *adj.* बिना टेक या सहारा के

supposable /स्पोजअबल/ *adj.* कल्पनीय, अनुमानतः

supposal /सपोजल/ *n.* 1 परिकल्पना, प्रस्ताव 2 अनुमान

suppo\se /सपोज/ *v., pt.* **~sed**, *pp* **~sing** 1 (*syn.* assume; *often* **let us ~se**) माना जा. या मान लेना, मानकर चलना: be **~sed** to be sth 2 अपेक्षा किया जा. या अपेक्षा रखना: I **~sed** him to be here; such work of art **~ses** a highly developed culture 3 परिकल्पना क., कुछ शर्तों के पूरा होने की अपेक्षा या कल्पना क.: your idea for expansion **~ses** more money to be available 4 का अपेक्षित या अनपेक्षित होना: **~sed** to be; **~sed** to do sth; one is **~sed** to be an adult; you were **~sed** to be here an hour ago; you're not **~sed** to wear make-up at school 5 समझना, समझा जा., सोचना, विश्वास क.: I **~se** (मैं मानकर चलता हूं कि...); I **~se so** (मैं ऐसा सोचता हूं...); **just ~se** (जरा सोचिए ...!) ; he is **~sed** to be a rich man; he **~sed** she wouldn't find out (वह सोचता था या वह मानकर चला कि उसे पता नहीं चलेगा);

conj. यदि ऐसा है तो ... यदि ऐसा करें तो: **~se** we change the subject;

dw/lw: **~sably** /सपोजअबलि/ *adv.* मान लो कि, अनुमानतः; **~ser** *n.* अनुमान लगाने वाला; **~sed** /सपोजिड/ सपोज्ड/ *adj.* 1 (*syn.* alleged) तथाकथित: we relied on his ~sed generosity 2 माना हुआ, परिकल्पित: the ~sed change 3 काल्पनिक 4 खयाली, मिथ्या, फर्जी, जाली, झूठा: her ~sed brother; the ~sed beggar who was really a policeman in disguise; couldn't find him at his ~sed address; **~sedly** /सपोजिडलि/ *adv.* (*syn.* allegedly) तथाकथित रूप से; **~sing** *n.* अनुमान, समझ; **~sing** *conj.* यदि ऐसा हो तो, मान लो कि ...: ~sing it rains what shall we do?; ~sing (that) it were true, how should we react?; **~sition** /सपअजिशन/ *n.* 1 परिकल्पना: it was a mere ~sition 2 अपेक्षा 3 अनुमान 4 (*syn.* assumption) समझ: on the ~sition of sth; **~sitional** /सपअजिशनल/ *adj.* परिकल्पित, परिकल्पनीय, काल्पनिक, अनुमान-आधारित;

p&i: **~se/ ~sing that ...** मान लो कि ...;
he is not ~sed to clean the boots जूता साफ करना उसका काम नहीं; **he is ~sed to do sth** उसे कुछ करना है; **I ~se you'll be there** मैं समझता (मानकर चलता) हूं कि आप वहां होंगे; **let us ~se that you are right**... मान लो कि आप सही हैं ...; **there is no reason to ~se so** ऐसा सोचने का कोई कारण नहीं; **we are not ~sed to ...**, हमें... की अनुमति नहीं है, हमें ऐसा नहीं करना चाहिए

supposititious /सपअजिटिशिअस\/ 1 अनुकल्पित, प्रतिस्थापित 2 जाली, अप्रामाणिक, मिथ्या; ~ heir;
dw/lw: **~ly** /~लि/ *adv.* जाली ढंग से; **~ness** /~नेस/ *n.* अप्रामाणिकता, मिथ्यापन

suppositive /सपॉजिटिव/ *adj.* 1 परिकल्पनात्मक 2 सशर्त

supposi\tory /सपौजिटरि/ *US* सपाःजिटरि/ *n., pl.* **~tories** *med.* मोमबत्ती, वर्ती, वर्त्तिका: (*in full* **a rectal ~tory**) मलाशयी बत्ती;

suppress /सप्रेस/ *v., pt.* **~ed**, *pp* **~ing** 1 (*syn.* repress, crush, quash) कुचल डालना, दमन क., दबाना: The Turkish army rebellion was quickly **~ed** 2 दबा दे., दबाना, संयत क., नियंत्रित क.: ~ anger/ tears/ laughter; ~ a yawn 3 (*syn.*) उठा दे., उन्मूलन क., समाप्त क., बंद क. 4 पर प्रतिबंध लगाना, रोक लगाना, निरोध क., निग्रह क., निषेध क., अवैध घोषित क., रोक दे.: ~ publication 5 विचारों, स्मृति, इच्छा आदि को अपने मन से बाहर रखना: ~ feelings 6 छिपाना 7 खून आदि का निकलना बंद क. 8 वृद्धि या विकास रोकना;
dw/lw: **~ant** /सप्रेसंट/ *n.* शरीर की किसी क्रिया (भूख आदि) को दबाने वाली दवा: the appetite ~ant; **~ed** /सप्रेसड/ *adj.* 1 दमित, दलित, दबाया हुआ: ~ed revolt; ~ed anger; ~ed excitement 2 दबी हुई: in a ~ed voice; ~ed illness 3 प्रतिबंधित: ~ed publication; **~ible** /सप्रेसिबल/ *adj.* दमनीय, दबा देने योग्य, कुचल डालने योग्य, उन्मूलनीय, निषेधीय; **~ion** /सप्रेशन/ *n.* 1 दमन, उन्मूलन, निरोध, निग्रह(ण): ~ion of rebellion 2 गोपन 3 प्रतिबंध, निषेध: ~ion of civic rights; **~ive** /सप्रेसिव/ *adj.* 1 दबा देने वाला 2 दमनकारी, दमनात्मक 3 निषेधात्मक, रोक लगाने वाला; **~ively** /सप्रेसिवलि/ *adv.* दबाते हुए, कुचलते हुए, रोकते हुए; **~or** /सप्रेसः/ *n.* 1 दमनकर्ता 2 उन्मूलक, निरोधक: pain ~or

suppression *see above under* **suppress: *dw/lw***

suppressio veri /सपरेशिओ विराइ/ *Lat.* सच्चाई का दूषण या कुरूपण

suppressive *see above under* **suppress: *dw/lw***

suppura\te /सप्युरे\ट/ *v. pt.* **~ted**, *pp* **~ting** पिपियाना, में पीप (मवाद) पड़ना, से पीप बहना या निकलना;
dw/lw: **~tion** /~शन/ *n.* 1 पूयन 2 पीप, मवाद, पूय; **~tive**/~टिव/ *adj.* पीप लाने वाला, पूयक, सपूय; **~ted** /~टिड/ *adj.* मवादभरा

Supr. *abbr.* 'Supreme' का छोटा रूप

supra /सूप्रा/ *Lat., adv.* 1 पृष्ठ में ऊपर 2 पुस्तक या लेख में ऊपर या पहले;
p&i: **ut supra** / *Lat.* उट सूप्रा/ *Eng.* अट सूप्रा/ *Lat.* (as above) उपर्युक्त

supra- *prefix, denoting:* 1 **above** or **beyond** (ऊपर या के पार) 2 अधि-, उपरि- 3 अति, पर-;
dw/lw: **~conductivity** *n.* अतिचालकता; **~costal** *adj.* अधिपर्शुक; **supradorsal** /स्यूप्रअ\डॉःसल/ सुप्रअ\डॉःसल/ *adj.* पीठ पर स्थित, अधिपृष्ठक; **~lapsarianism** /~लैप्सेरिअनिज्म/ *adj.* (*syn.* infralapsarianism), *Christ.* प्राक्पतनवाद, इस सिद्धांत में विश्वास कि ईश्वर का व्यक्तिगत मुक्ति के चुनाव के बारे में आदेश मानव की उत्पत्ति और पतन से पहले आया था; **~maxillary** *adj.* ऊपरी जाढ़ से संबंधित, अधिजंभिक; **~maxillary** *n.* ऊर्ध्वहनु; **~mundane** *adj.* अलौकिक; **~national** *adj.* 1 जो एक से ज्यादा राष्ट्रों से संबंधित हो 2 राष्ट्रीय प्रभुसत्ता का उल्लंघन करने को बढ़ावा देने वाला 3 अधिराष्ट्रीय; **~orbital** *adj., anat.* आंख के ऊपर स्थित नस, तंतु, हड्डी आदि से संबंधित; **~posed** *adj.* उपरिस्थ; **~renal** /सूप्रारीनल/ *adj., anat.* गुर्दे के ऊपर स्थित, अधिवृक्क: ~renal gland; **~segmental** /सूप्रासेग्मेंटल/ *adj., phon.* अलग-अलग ध्वनियों के उच्चारण की बजाए बलाघात, लहजा आदि से संबंधित; **~sensible** *adj.* इंद्रियातीत, अतींद्रिय; **~specific** *adj.*अधिजातीय; **~temporal** *adj.* काल मुक्त, कनपटी के ऊपर

suprema\cist /स्यूप्रेमअ\सिस्ट/ सूप्रेमअ\सिस्ट/ *n.* जाति, प्रजाति, लिंग, राष्ट्रीयता के2 आधार पर किसी विशेष समूह की श्रेष्ठता में विश्वास करने वाला व्यक्ति: white ~;
dw/lw: **~cism** /~सिज्म/ *n.* उपर्युक्त नीति में विश्वास व उसका क्रियान्वयन

supremacy /स्यूप्रेमे\सि/ सूप्रेमे\सि/ *n.* 1 सर्वश्रेष्ठता: technological ~; naval ~ 2 सर्वोच्चता, प्रधानता 3 पराकाष्ठा 4 आधिपत्य, प्रभुत्व: territorial/ world ~

supreme[1] /स्युप्रीम\/ सुप्रीम\/ *adj.* 1 सर्वोच्च, उच्चतम, सर्वोपरि, प्रवर, वरिष्ठ, प्रधान: reign ~; ~ authority (परमसत्ता, परमाधिकार) 2 परम, महानतम: at the ~ moment 3 सर्वोत्कृष्ट, सर्वोत्तम, सर्वश्रेष्ठ: he made the ~ sacrifice 4 चरम, अंतिम, उच्चतम: the ~ good; ~ happiness/ delight/ courage/

wisdom; hold sb in ~ contempt; the ~ test;
dw/lw: **~ly** /~ली/ *adv.* अधिकतम मात्रा में; **~ness** *n.* सर्वोच्चता, महानता, पराकाष्ठा
***collocations*:** **Supreme Being** परमात्मा; **Supreme Court/ supreme court** सर्वोच्च न्यायालय; **Supreme Pontiff** परम-धर्माध्यक्ष; **supreme sacrifice** आत्म-बलिदान; **Supreme Soviet** भूतपूर्व सोवियत संघ की संसद

suprême/ supreme² /स्यप्रीम/ सुअप्रीम/ *n.* 1 मुर्गे या अन्य शिकार के पंखदार पक्षी की हड्डीरहित छाती 2 (*in full* ~ **sauce**) मुर्गे के साथ परोसी जाने वाली एक विशेष क्रीम सॉस: chicken ~; ~ of chicken

supremo /स्युप्रीमो/ सुप्रीमो/ *n., pl.* **~s** *colloq.* 1 सर्वोच्च नेता या सरगना 2 बॉस

Supt/ Supt. *abbr.* 'Superintendent' का छोटा रूप

sur-¹ *prefix, signifying:* **over, above** or **beyond** (1 के ऊपर, से परे 2 अधि-, परा-, अति-): surreal

sur-² *prefix,* **'sub'** का एक रूप जो **'r'** से शुरू होनेवाले शब्दों से पहले जुड़ता है: **surrogate**

sura/ surah /सुरा/ *n., pl.* **~s/ ~s** पवित्र कुरान के 114 अध्यायों में से कोई एक अध्याय

sural /स्युअरल/ *adj.* पिंडली से संबंधित

surcea\se /सःसीस/ *n.* अवसान, समाप्ति, इति: **~se** of sorrow; all the while he talked without **~se**;
v., pt. **~sed**, *pp* **~sing** समाप्त हो जाना

surcharge /सःचाःज/ *n.* 1 अतिरिक्त देय: ~ on a letter 2 अधिशुल्क, अधिभाटक, अधिमूल्य, अतिरिक्त कर, अधिकर, अधिभार 3 पहले से लिखे पाठ पर काट कर लिखा हुआ शब्द या अंक 4 वैध वजन से ऊपर मात्रा;
***v.**, pt.* **~d**, *pp* **surcharging** 1 अधिशुल्क लेना, अधिभाटक, अधिमूल्य या अधिकर मांगना: parcels of over one thousand rupees are **~d** @ rupees ten per thousand 2 वैध वजन से ऊपर भार डालना 3 सामान्य से अधिक भर जा.: the hospital wards were **~d**; the atmosphere **~d** with tension/emotions
dw/lw: **~d** *adj.* अधिभारित, लबालब भरा हुआ

surcingle /सःसिंगल/ 1 घोड़े का कोतल-कश, बालातंग, पट्टा 2 कमरबंद

surcoat /सःकोट/ *n.* लबादा

surd /सःड/ *math, adj.* 1 (***syn.*** irrational) अपरिमेय 2 अघोष;
n. 1 (***syn.*** irrational number) अपरिमेय संख्या, उदाहरणतः, $\sqrt{3}$ 2 अपरिमेय संख्याओं का जमा या घटा: $\sqrt{3}+\sqrt{6}$

sure /शुअः/ शॉर/ *US* शुर/ *adj., degr.* **~r**, **~st** 1 निश्चित, निर्विवाद, पक्का: be/ feel ~ of success/ of oneself; I am ~ that he is honest 2 निश्चयतापूर्ण, निश्चित, अवश्यंभावी: are you/ do you feel ~ (about it)?; I am ~ of that; be ~; I shall do it for ~; I don't know it for ~ 3 निःसंशय, निःसंदेह, बेशक: he is ~ to come; be ~, she is pretty; felt ~ that he would 4 बिल्कुल सही या सच्चा: ~ proof 5 भरोसेमंद ढंग से स्थिर या सुरक्षित, पक्का: ~ hand; with a ~ step; ~ remedy; ~ thing; make ~ of that 6 आश्वस्त, विश्वस्त, विश्वसनीय: I am ~ that ... (मुझे पक्का विश्वास है कि...) 7 निरापद 8 अचूक, अमोघ, असंदिग्ध, सच;
adv. 1 बिल्कुल पक्का, अवश्य: he will come ~ enough 2 सच में, वास्तव में, बिल्कुल सही: I said it would happen and ~ enough it did 3 निश्चय ही, अवश्य ही, बहुत ही: it ~ was cold; are you glad? ~, I ~ am 4 निःसंदेह, बेशक: it's pleasant, ~, to see one's name in print;
dw/lw: **~fire** /शुअःफायः/ *adj., colloq.* अमोघ, अचूक; **~footed** /शुअःफुटिड/ *adj.* जो लड़खड़ाता या गिरता न हो, कदम का सच्चा, मुहकमकदम, विश्वस्त, अचूक; **~-footedly** *adv.* विश्वस्त ढंग से; **~-footedness** *n.* निश्चयता, अचूकता; **~ly** /शुअःलि/ *adv.* निश्चित रूप से, अवश्य, निश्चय ही, निःसंदेह, बेशक: he will ~ly fall; ~ly I have met you before; slowly but ~ly; ~ly you knew he was just joking?; **~ness** /श्योःनेस/ *n.* विश्वसनीयता, निश्चितता, दृढ़ता, निश्चय, पक्का, विश्वास, सच्चाई, असंदिग्धता, अवश्यंभाविता; **~-sighted** *adj.* पक्की या तीखी नजर;
***p&i*:** **sure** (*also US* **~ thing**)! अवश्य! जरूर!; **~ enough** *colloq.* अवश्य ही, बेशक; **~ of oneself** अति आश्वस्त हो., अपने पर विश्वास हो.;
as ~ as 1 ज्यों ही: as ~ as we arrange a cricket match, it rains 2 बेशक, बिना जरा भी संदेह के; **as ~ as a gun/ as death/ as fate/ as eggs is eggs** बिल्कुल वैसे ही सही जैसे दो दूनी चार: I put the washing out and, as ~ as fate, down came the rain; **be ~ and** अवश्य ही; **a ~ sign of/ that sth** कुछ होने के बारे में पक्का संकेत; **a ~ thing** पक्की बात, अनिवार्यतः होनेवाला; **be/ feel ~ that** आश्वस्त होना कि; **be ~ of oneself** अपने पर विश्वास हो.; **be ~ of sth** किसी बात के बारे में आश्वस्त हो.; **be ~ to do sth** 1 कुछ करने में पक्का विश्वास हो. 2 पक्का हो.; **for ~** *colloq.* बिल्कुल पक्का, अवश्य ही; **I am ~** बेशक, बिल्कुल पक्का, मुझे पूरा विश्वास है; **make sure of sth/ that** निश्चित क. कि..., निश्चय कर लेना; **on a ~ footing** पक्के आधार पर

surety /शुअरटि/ शॉअरटि/ शुरअटि/ *n., pl.* **sureties** 1 निश्चय, असंदिग्धता 2 गारंटी, जमानत: stand ~ for sb 3 जमानतदार, जामिन, जमानती, जामिन(दार), प्रतिभूति: ~ bond (जमानत बंधपत्र)

sur-excitation /सेरेक्सिटेशन/ *n.* अति-उत्तेजना

surf /सःफ/ *v., pt.* **~ed**, *pp* **~ing** 1 लहरों पर तैरना 2 इंटरनेट/ नेट/ वैब पर सूचनाएं देखना: ~ the Internet/ Net/ Web 3 किसी दस्तावेज के पन्ने पलटकर सरसरी नजर देखना 4 रेलगाड़ी के ऊपर बैठकर यात्रा क.;
n. 1 समुद्र तट से टकराकर ऊपर उठने वाली झागभरी लहरें, समुद्री फेन 2 तट से टकराती लहरों द्वारा पैदा की जाने वाली झाग, फेन 3 लहरों पर तैरने की क्रिया
dw/lw: **~board** /सःफबॉःड/ *n.* लहरों पर तैरने के लिए प्रयुक्त होने वाली एक लंबी तख्ती; **~er** *n.* 1 लहरों पर तैरने वाला 2 (*also* **net ~er**) इंटरनेट को खंगालने वाला व्यक्ति; **~ing** /सःफिंग/ *n.* = **~boarding** 1 लहरों पर तैरने का खेल 2 इंटरनेट/ नेट/ वैब को खंगालने की क्रिया; **~y** /सःफि/ *adj.* फेनिल, झागदार;
collocations: **~ lifesaver** = **lifeguard**; **~ 'n' turf** समुद्री जीवों का खाद्य एवं गोश्त के स्टेक का व्यंजन

surface /सःफिस/ *n* 1 ऊपरी सतह, (धरा)तल: The Earth's ~; work ~; uneven road ~; the seal came to the ~; the press made sure the scandal came to the ~; scratch the ~ 2 ऊपरी रूप-रंग, बाह्य रूप, बाहरी हिस्सा: it is all on the ~; on the ~ it looks silly; one never gets below the ~ with him; under the ~ he is a very kind man; above/ below/ beneath/ on the ~ 3 सतह का क्षेत्र: cover the ~ 4 पृष्ठ 5 *math.* लंबाई-चौड़ाई में (बिना गहराई के) फैला तल, फलक: smooth/ uneven/ rough/ concave/ convex ~; a flat/ hard/ level ~ 6 तरल या ठोस पदार्थ की ऊपरी सतह: on the ~; cooling/ heating ~;
v.**, pt.* **~d**, *pp* **surfacing** 1 (syn.*** emerge) प्रकट हो., सामने आना: the scandal first **~d** in the press; he never **~s** till the afternoon 2 सतह या तल पर आना: rise to the ~ of water 3 चौरस या समतल बनाना 4 सड़क आदि पर कंकरीट आदि की परत चढ़ाना, सतह चढ़ाना 5 उतराना, ऊपर आना 6 चमकाना;
adj. 1 पृष्ठीय, पृष्ठ 2 सतही, ऊपरी 3 साधारण 4 समुद्री;
dw/lw: **~-active** *adj., chem.* सतही तनाव को बदलने में सक्षम (पदार्थ); **~d** *adj.* सतही, धरातली; **~-to-air** *adj., milit.* थल से हवा में मार करने वाला रॉकेट या मिसाइल; **~-to-surface** *adj.,*

milit. जमीन से जमीन पर मार करने वाला (प्रक्षेपास्त्र); **surfacing** /स:फिसिंग/ *n.* पृष्ठन, पृष्ठलेपन;
collocations: ~ **burst** अणुबम का धरती के ऊपर विस्फोट; ~ **geology** पृष्ठ-भूविज्ञान; ~ **impressions** सतही प्रभाव, संस्करण; ~ **inspection** ऊपरी निरीक्षण; ~ **mail** (हवाई डाक के विपरीत) जल या थल मार्ग से आने-जाने वाली डाक; ~ **map** पृष्ठ मानचित्र; ~ **noise** रिकॉर्ड प्लेयर में बजाए जाने वाले रिकॉर्ड में तरेड़, सूई की कुंठा आदि के कारण पैदा होने वाला अवांछित शोर; ~ **plausibility** सतही संभावना; ~ **printing** पृष्ठ मुद्रण; ~ **politeness** सतही या बनावटी विनम्रता; ~ **structure** *gramm.* ≠ **deep structure** (नोआम चोमस्की /Noam Chomsky/ के शब्द) वाक्य के लिखित या बोली में प्रयुक्त तत्त्व; ~ **tension** सतही-तनाव; ~ **transport** थल यातायात के साधन; ~ **water** सतही पानी
p&i: **below the** ~ असल में; **measures that only scratch the ~ of the drugs problem** मादक पदार्थों के सेवन की समस्या का मात्र सतही समाधान; **one only need to scratch the ~ to discover the sleaze** घूसखोरी का पता लगाने के लिए थोड़ा-सा ऊपरी आवरण को खुरचना काफी होगा; **on the ~ everything seems fine** पहली नजर में सब ठीक-ठाक लगता है; **rise to the** ~ प्रकट हो.

surfactant /स:फैक्टंट/ *n., chem.* 1 डिटर्जंट जैसा पदार्थ जो दो सतहों के बीच तनाव कम करता है 2 सांस लेने में कठिनाई से बचाव के लिए फेफड़ों के काम में मददगार पदार्थ

surfcasting *n., angling* मछली पकड़ने का एक तरीका

surfeit /स:फिट/ *n.* 1 (*usually* ~ **of sth**) आधिक्य, अत्यधिक मात्रा: a ~ of wine; a ~ of complaints 2 अतिरेक: have a ~ of music 3 आवश्यकता से अधिक खाने-पीने से होनेवाला अघाव, अफराव: he died of a ~ of oysters; to a ~ (अफराव होने तक);
v. *pt.* **~ed**, *pp* **~ing** भर-पेट भोजन क., अघाना, अफराना, छक जाना, अघा दे., छका दे., परितृप्त कर दे.: be **~ed** with sth; he was **~ed** with pleasure

serfer, serfing *see above under* **serf:** ***dw/lw***

surf scoter/ surf duck *n., N. Amer.* एक बड़ी-सी काली गोताखोर समुद्री बत्तख

surge /स:ज/ v., *pt.* **~d**, *pp* **surging** 1 भीड़ आदि का उमड़ पड़ना, चीरकर निकलना आदि: the crowd **~d** all around him; ~ forward/ into/ through, etc. (आगे बढ़ना या बीच से चीरकर निकलना) 2 समुद्री लहरों आदि द्वारा उफान या उछाल लेना, लहरें मारना, तरंगित होना: the waves of the sea **~d** around him; the waves ~d higher and higher 3 (*also* ~ **up**) भावनाओं का उमड़ पड़ना: from below there **~d** up the buzz of voices; the blood ~d to her cheeks; anger **~d** (up) within her 4 कीमतों आदि में उछाल आना 5 जहाज के पाल उठाने तथा रस्सा लपेटने के घुमौवा पहिया के रस्से का अचानक खिसक जा. 6 बिजली के वोल्टेज का अचानक बढ़ जा.;
n. 1 भीड़ का जोरदार उमड़ाव 2 कीमतों में आकस्मिक बढ़ोतरी, उछाल 3 (***syn.*** rush) भावनाओं में भड़काव, आवेश: a ~ of anger; felt a ~ of indignation 4 समुद्री लहरों आदि में उफान, हिलोरा: the ~ of the sea 5 प्रवाह, बहाव 6 प्रोत्कर्ष (*phys.*);
dw/lw: **~less** शांत, मंद; **surgent** /स:जेंट/ *adj.* उछाल लेती, उमड़ती हुई: **surgent** waves

surgeon /स:जन/ *n.* 1 शल्यकार, सर्जन, शल्य-चिकित्सक, जर्राही: heart ~; veterinary ~; **~'s** certificate of disability; be/ go under the **~'s** knife (शल्य-क्रिया करवाना) 2 सैनिक चिकित्सा अधिकारी: **~'s** assistant;
collocations: ~ **general** *Br., N. Amer. milit.* मुख्य सैनिक चिकित्सा अधिकारी; **~'s knot** *n.* चिकित्सक की विशेष गांठ

surgery /स:जरि/ *n., pl.* **surgeries** 1 शल्य-क्रिया, शल्यकर्म, सर्जरि, ऑप्रेशन: plastic/ clinical ~; open-chest ~; the ~ took five hours 2 शल्य-विज्ञान, शल्य-शास्त्र 3 *UK* शल्य कक्ष, डाक्टर का कमरा या दफ्तर 4 *Br.* किसी विशेषज्ञ या व्यवसायी का कक्ष या कार्य-समय: during ~ hours

surgical /स:जिकल/ *adj.* 1 शल्यकर्म संबंधी: ~ treatment; ~ instruments; ~ wool/ gauze; ~ bag; ~ fever; ~ spirit 2 किसी अंग को सहारा देने वाली विशेष पट्टी या वस्त्र: ~ collar; ~ boot 3 विशेष निशाने पर लक्षित या लगने वाला;
dw/lw: **~ly** /स:जिकलि/ *adv.* शल्यकर्म से

Surinamese /सुरिनैमीज/ *adj.* सुरीनाम नामक देश से संबंधित;
n., *pl.* **Surinamese** 1 सुरीनामी भाषा या सुरीनामी नागरिक

sur\ly /स:लि/ *adj., degr.* **~lier**, **~liest** 1 चिड़चिड़ा, बदमिजाज; **~ly** disposition 2 रूखा, उजड्ड: in a **~ly** manner 3 (***syn.*** gloomy) विषादमय, धूमिल: **~ly** season; **~ly** day;
dw/lw: **~lily** *adv.* चिड़चिड़े ढंग से; **~liness** /स:लिनेस/ *n.* चिड़चिड़ापन, बदमिजाजी;
p&i: **a ~ly beggar/ dog** उदास, खिन्न, मनहूस व्यक्ति

surmi\se /स:माइज/ *v., pt.* **~sed**, *pp* **~sing** (***syn.*** conjecture) अनुमान लगाना, अटकल लगाना, निष्कर्ष निकलना: from this I **~se** ...;
n. 1 अटकल, अनुमान, अंदाजा: it is a mere **~se** 2 निष्कर्ष: be right in one's **~ses**;
dw/lw: **~sable** *adj.* अनुमेय; **~sing** *n.* अनुमान लगाने की क्रिया

surmount /स: माउंट\/ *v., pt.* **~ed**, *pp* **~ing** 1 (***syn.*** overcome) पार पाना, जीत ले., पर विजय पाना: ~ difficulties/ an obstacle, an aversion 2 पार क.: ~ the ridge 3 पर खड़ा होना 4 आच्छादित क. या हो.: peaks **~ed** with snow 5 शिखर बनना: the roof was **~ed** with a crest;
dw/lw: **~able** /~अबल/ *adj.* 1 जिसे पार किया जा सके, पारणीय, लंघनीय 2 जिस पर विजय पाई जा सके, जेय, विजेय;
dw/lw: **~ed** *adj.* विजित; **~er** *n.* विजेता; **~ing** *n.* विजय पाने की क्रिया, **~ing** *adj.* विजय पाने वाला

surna\me /स:नेम/ (*also* **last name**) *n.* कुलनाम, वंशनाम, उपनाम: Christian name and **~me**;
v. *pt.* **~med**, *pp* **~ming** 1 उपनाम देना 2 उपनाम से बुलाया जा.

surpass /स: पास/ *US* स: पैस/ *v., pt.* **~ed**, *pp* **~ing** 1 आगे निकल या बढ़ जा.: ~ sb/ oneself in sth; overtake and ~ 2 से श्रेष्ठतर होना: ~ sb in intelligence 3 मात दे. 4 के परे होना, से अधिक हो.: ~ all expectations; the results **~ed** my hopes; a holiday that **~ed** all expectations;
dw/lw: **~able** /स:पासअबल/ *adj.* जिससे आगे निकला जा सके; **~ing** *adj.* 1 असाधारण, अद्वितीय 2 श्रेष्ठ, सर्वोत्तम

surplice /स:प्लिस/ *n.* पादरियों का सफेद वस्त्र

surplus /स: प्लस/ *n., pl.* **~es** 1 आधिक्य, अतिरिक्त मात्रा, फालतू, a big ~ of coffee; ~ population/ products; ~ stock 2 अधिशेष, बढ़ती, बेशी: ~ commodities; ~ labour/ values 3 अतिरेक 4 रोकड़ बाकी 5 बचत: army ~ store;
adj. 1 अतिरिक्त, जरूरत से अधिक, अनावश्यक: ~ to requirements 2 फालतू, फिजूल 3 बचत का: ~ stores

surprise /स:प्राइज/ *n.* 1 आश्चर्य, अचरज, अचंभा, ताज्जुब, हैरत: to my great ~/ much to my ~; show ~; cause ~ 2 विस्मय; what a pleasant **~!** the ~ of one's life 3 आश्चर्य की बात, अप्रत्याशित या आश्चर्यजनक घटना (बात, समाचार आदि): it was a great ~ to me; I have a ~ for you 4 आकस्मिक आक्रमण या आगमन: spring a ~ on sb/ give sb a ~; take sb by ~; the news took everyone by ~; come as a ~; a nice/ unpleasant ~; a ~ to sb;
v., *pt.* **~d**, *pp* **surprising** 1 चकित या विस्मित कर दे. या हो.: he **~d** me; be **~d** at sb/ sth; he was more **~d** than frightened 2 चौंका दे., अचंभे में डालना, हैरत में डालना, भौंचक्का कर दे.: I shouldn't be **~d** if ... 3 पर सहसा आक्रमण

क., अकस्मात् टूट पड़ना, आकस्मिक आक्रमण द्वारा जीतना 4 बेमौके या असमय पहुंच जाना, अचानक पहुंचना या आ टपकना 5 रंगे हाथ (हाथों) पकड़ना: I **~d** him in the act 6 चकरा दे., घबराहट पैदा कर दे.: ~ sb into consent;

adj. आकस्मिक, अप्रत्याशित: a ~ party; ~ visit;

dw/lw: **~d** /सः प्राइजड/ *adj.* 1 विस्मित, हैरान, चकित, आश्चर्यचकित 2 भौंचक्का, हतबुद्धि; **~dly** *adv.* विस्मयपूर्वक;

p&i: **surprise, surprise!** (हैरानी या कटाक्ष व्यक्त करने के लिए प्रयुक्त) जो हुआ है उसमें हैरानी की कोई बात नहीं;

catch sb by ~ किसी चौंका देना; **the ~ of one's life** किसी के जीवन का सबसे बड़ा अचंभा

surprising /सः प्राइजिंग/ *adj.* 1 विस्मयकारी, आश्चर्यजनक: a ~ number of people turned up 2 अनोखा, विलक्षण, निराला: be ~ 3 असाधारण: it's not ~ she's left him after what he did!

dw/lw: **~ly** *adv.* 1 आश्चर्यजनक ढंग से 2 विस्मयकारी ढंग से 3 हैरानी की बात है कि...; **~ness** *n.* आश्चर्यजनकता;

surra /सुअरा/ *n.* सूरा रोग, घोड़ों को होने वाला एक बीमारी

surreal (*also* **surrealistic**) /सःरिअ\ल/ सःरिअ\लिस्टिक/ *adj.* 1 (***syn.*** bizarre) स्वप्निल, विचित्र, विषम, असंगत: *Arizona Dream* is a totally ~ film; Dali's ~ slithering watches 2 (*usually* **the ~**) स्वप्नों-सा;

dw/lw: **~ity** /~लिटि/ *n.* स्वप्नों-सा विचित्र यथार्थ;

surrea\lism /सःरिअ\लिज्म/ *n.* विचित्र यथार्थवाद, बीसवीं सदी में फ्रांस आदि देशों में कला और साहित्य के क्षेत्रों में पनपी एक शैली या धारा जिसके तहत विचार, कार्य, घटनाएं आदि विचित्र गड्डमड्ड, बेसिर-पैर एवं उल्टे-पुल्टे रूप में प्रस्तुत किए जाते थे जिसे अंतर्मन की गहराइयों में छाई अराजकता व अस्त-व्यस्तता का द्योतक माना जाता था; **~list** /~लिस्ट/ *n.* विचित्र यथार्थवादी लेखक, कवि, चित्रकार आदि; **~listic** /~लिस्टिक/ *adj.* विचित्र यथार्थवादी; **~listically** /~लिस्टिकलि/*adv.* विचित्र यथार्थवादी ढंग से

surre\but /सःरिबट/ *v., pt.* **~ted**, *pp* **~ting** *law* अंतिम पक्ष प्रतिपादन क.;

dw/lw: **~buttal** /सःरिबटल/ *n., law* बचाव पक्ष के जवाब में वादी पक्ष की गवाही; **~butter** /सःरिबटः/ *n., law* अंतिम पक्ष-प्रतिपादक; **~rejoinder** /सःरिजुआंइडः/ *n.* तीसरा पक्ष-प्रतिपादन, प्रतिपुनरुत्तर

surrender /सरंडः/ *v., pt.* **~ed**, *pp* **~ing** 1 (***syn.*** capitulate) आत्मसमर्पण क., के वश में हो जाना, के अधीन हो जाना, झुक जाना, हार मानना, हथियार डाल दे.: ~ at discretion (बिना शर्त आत्मसमर्पण क.); we shall ~ our liberty to no one 2 के हवाले कर दे., सौंपना, सुपुर्द क.: ~ a fortress to the enemy; he **~ed** (himself) to justice (उसने अपने आप को कानून के हवाले कर दिया); weapons **~ed** under the arms amnesty 3 (***syn.*** relinquish) छोड़ दे., त्याग दे.: ~ all hope of sth; ~ one's right to sb; ~ to one's bail 4 से अभिभूत (के वशीभूत) हो जा., में बह जाना 5 जीवन-बीमा पालिसी (policy) को समय से पहले त्याग दे.;

n. 1 समर्पण, आत्मसमर्पण, अधीनता-स्वीकरण 2 परित्यक्तता, त्याग: demand the ~ of fire arms; make ~ of principle(s) 3 अभिभूति, वशीभवन: ~ to sth; ~ to sb's beauty;

collocations: **~ value** बीमा पालिसी को छोड़ने के समय कीमत

surreptitious /सरअप्टिशिअस\/ *adj.* 1 गोपनीय, गुप्त: by ~ methods; ~ movement 2 (***syn.*** furtive) लुकी-छिपी: ~ look;

dw/lw: **~ly** /~लि/ *adv.* चुपके-चुपके, लुक-छिप कर, चोरी-चोरी: he smiled **~ly**; **~ness** /~नेस/ *n.* गोपनीयता, लुका-छिपी

surrey /सरि/ *n., pl.* **~s** चौपहिया घोड़ागाड़ी

surroga\te /सरअगे\ट/ *adj.* 1 किसी के या किसी वस्तु के स्थान पर प्रयुक्त 2 प्रतिनियुक्त;

n. स्थानापन्न, के स्थान पर प्रयुक्ति: he seemed to regard her as a **~te** for his dead mother.; margarine as a **~te** of/ for butter; **~te** court; **~te** guardian;

dw/lw: **~cy**/ **~teship** /~सि/ ~टशिप/*n.* स्थानापन्न, के स्थान पर प्रयुक्ति;

collocations: **~te mother** *n.* दूसरे के बच्चे को अपनी कोख में पालने वाली मां

surround /सराउंड/ *v., pt.* **~ed**, *pp* **~ing** 1 चारों ओर घेरा डालना, घेर लेना, से घेरना, बाड़ लगाकर घेरना: ~ a town with wall 2 घिरा हो., घेर रखना: be **~ed** by sb/ sth; **we** were **~ed** by friends; they were **~ed** by the enemy;

n. 1 घेरा, चारों ओर का किनारा: wire-netting ~ of a tennis-court;

dw/lw: **~ed** /सरांउडिड/ *n.* घिरा हुआ: ~ed by/ with sb/ sth; ~ed with rich and famous people; **~ing** /सरांउडिंग/ *adj.* आस-पास का, पास-पड़ोस का, प्रतिवेशी: the ~ing country/ forest; **~ings** *n., [pl.]* 1 परिवेश, वातावरण, माहौल 2 पास-पड़ोस, प्रतिवेश 3 परिस्थितियां: the house is in beautiful/ picturesque/ healthy ~ings; in its proper ~ings; he was brought up in cultured ~ings;

collocations: **~ sound** ध्वन्यालेखन (recording) की परिपाटी जिसके तहत तीन या अधिक ध्वन्यालेखन पथों (channels) का प्रयोग किया जाता है ताकि ध्वन्यालेखित आवाज मूल आवाज के बिल्कुल निकट रह सके

surtax /सःटैक्स/ *n.* अतिरिक्त कर, अधिकर;

v., *pt.* **~ed**, *pp* **~ing** अतिरिक्त कर लगाना

surtitle /सःटाइटल / (*US* **supertitle**) *n.* विदेशी भाषा में किए जाने वाले गीत-कथा (opera) के मंच के ऊपर या उसके बाईं या दाईं ओर रखे पटल पर दिए जाने वाले अनूदित संवाद

surveillance /सः वेलंस/ *n.* (*often* **under ~/ under the ~ of sb/ sth**) निगरानी, कड़ी नजर, चौकसी: under ~; keep under ~; ~ radar; the police ~ was called off; the gallery was under the ~ of video cameras;

dw/lw: **surveillant** *n.* 1 निगरानी या नजर रखने वाला व्यक्ति 2 जेल का प्रहरी;

collocations: **~ TV** *n.* किसी परिसर या भवन में लगाए जाने वाले बंद परिपथ वाले निगरानी कैमरों की प्रणाली या जाल

survey /सःवे/ *n., pl.* **~s** 1 सर्वेक्षण: carry out/ conduct a ~; a ~ finds/ reveals/ shows/ suggests sth 2 (***syn.*** inspect) निरीक्षण: a ~ of sth 3 पर्यवलोकन, भूमिति, भूमापन, सर्वे: according to a ~; a recent ~ 4 अवलोकन, समालोकन, विहंगम दृष्टि, दृश्यावलोकन: a moment's ~ of her face; historical/ political ~; a ~ of modern literature; general ~ of the situation 4 पर्यवलोकन के फलस्वरूप बनाये जाने वाले नक्शे, योजना, रपट आदि: annual ~; a ~ course in literature; ~ sheet;

v., *pt.* **~ed**, *pp* **~ing**, *s/he/ it* ~s 1 निरीक्षण क., जांचना: the committee **~ed** our school 2 सर्वेक्षण क., भूमापन क. 3 नक्शा बनाना 4 चारों ओर देखना, पर्यवलोकन क.: he carefully **~ed** the valley stretching before him 5 आलोकन, समालोकन, दृश्यावलोकन आदि क.: ~ the situation; ~ bygone ages; in his speech he **~ed** the international situation/ modern art 6 (***syn.*** interview) जनमत संग्रह के द्वारा तथ्यों का पता लगाना;

dw/lw: **~ing** /सःवेइंग/ *n.* सर्वेक्षण: land ~ing; ~ing service; **~or** /सःवेअः/ *n.* 1 *UK* सर्वेक्षक, निरीक्षक: ~or of weights and measures 2 नक्शानवीस

survival /सःवाइवल/ *n.* 1 जिंदा बचे रहने की अवस्था, उत्तरजीविता, उत्तरजीवी होने की अवस्था या भाव, उत्तरजीवन: her ~ was thanks to her bravery; many species depend on the rainforest for their ~ 2 अस्तित्व या वजूद के बने रहने की

अवस्था: the ~ of the fattest 3 प्रथाओं या परंपराओं का अस्तित्व 4 (*syn.* relic) अवशेष: a ~ of times past; staging of *Ramleela* is a fine example of a ~ of an ancient tradition;

dw/lw: **survivalist** /स: वाइवलिस्ट/ *n.* खतरनाक स्थितियों में सुरक्षित रहने के लिए तैयारी करने वाला व्यक्ति;

collocations: **~ kit** आपात स्थिति के लिए उपकरण, भोजन, दवाइयों आदि का संग्रह;

p&i: **struggle for existence and the ~ of the fittest (fattest?!)** जीवन के संघर्ष में योग्यतम अर्थात साधन-संपन्न की जीत

survi\ve /स:वाइ\व/ *v., pt.* **~ved**, *pp* **~ving** 1 जीवित रहना, जिंदा बचे रहना: **~ve** on a small income 2 (आज तक) विद्यमान रहना या होना, उत्तरजीवी हो. 3 टिके रहना, जारी रहना: the custom still **~ves** 4 (*syn.* outlive) किसी के मरने के बाद जिंदा रहना; **~ve** one's wife; **~ved** her husband by 10 years 5 किसी त्रासदी या विकट स्थिति को झेलना: **~ve** all perils; **~ve** an injury/ a disease; he was the only one to **~ve** the fire/ the tragedy; plants that can **~ve** in cold conditions; it was a tough course, but I **~ved** it;

dw/lw: **~ving** /~विंग/ *adj., law* 1 जीवित, उत्तरजीवी, उत्तरजीवित; **~vor** /~व:/ *n.* 1 बच जाने वाला: he was the sole ~vor of the shipwreck 2 जीवित रह जाने वाला; **~vorship** /~व:शिप/ *n.* एक से अधिक उत्तराधिकारियों में से किसी एक की मृत्यु के फल-स्वरूप मृतक के अधिकार जीवित उत्तराधिकारी को मिलने की अवस्था;

p&i: **~ve one's usefulness** बेकार हो जा., किसी काम का न रहना

suscepti\bility /ससेप्टिबिलअटि/ *n.* 1 जल्दी प्रभावित होने की प्रवृत्ति, सुप्रभाव्यता, ग्रहणशीलता: **~bility** to a disease; magnetic **~bility** (चुंबकीय प्रवृत्ति) 2 भावुकता, भावप्रवणता 3 (**~bilities** = **sensibilities**) भावनाएं, अनुभूतियां, संवेदनशीलता: **~bility** to pain; words that wound **~bilities** 4 संभावना, प्रवणता, गुंजाइश;

dw/lw: **~ble** /ससेप्टिबल/ *adj.* (**~ble to sth**) 1 जल्दी प्रभावित हो जाने वाला: be ~ble to flattery; be ~ble to disease; be ~ble to colds 2 भावप्रवण, भावुक 3 अति संवेदनशील: ~ble mind; ~ble young man 4 (**~ble to/ of sth**) संभावनाशील, की गुंजाइश वाला: be ~ble to error; be ~ble of another interpretation (दूसरी व्याख्या की गुंजाइश होना); **~bleness** *n.*= **susceptibility**

suscepti\ve /ससेप्टिव/ (*also* **susceptible**) *adj.* ग्रहणशील, संवेदनशील, संग्राहक;

dw/lw: **~vity** /ससेप्टिविटि/ *n.* = **susceptibility**

sushi /सूशि/ *n.* जापानी व्यंजन जो चावल और कच्ची मछली के साथ बनाया जाता है;

suslik/ souslik /सूसलिक/ (*Russian* **сýслик** /सूसलिक/) *n.* दक्षिणी यूरोप व एशिया में पाई जाने वाली गिलहरी, भूगिलहरी, गोफर

suspect /सस्पेक्ट/ *n.* 1 संदिग्ध व्यक्ति: the usual **~s** (पार्टी में हमेशा संदिग्ध काम करने वाले लोग) 2 अपराध करने के शक के घेरे में आदमी: as a ~; the chief/ main/ prime ~; a ~ for/ in sth 3 राजनीतिक रूप से संदिग्ध व्यक्ति: political **~s**;

adj. 1 संदेहपूर्ण, संदिग्ध: his version is ~; his excuse seems ~ 2 खतरनाक;

v., *pt.* **~ed**, *pp* **~ing** 1 किसी पर शक या संदेह क.: ~ the evidence; ~ the authenticity of the document 2 किसी को दोषी समझना: ~ sb of murder/ deceit/ treachery/ theft 3 संभावित लगना: ~ an error in sth;

adj. 1 (*syn.* questionable) संदेहपूर्ण, संदिग्ध 2 (*syn.* suspicious) संदेहास्पद 3 संभावित

suspend /सस्पेंड/ *v., pt.* **~ed**, *pp* **~ing** 1 स्थगित क., टालना: ~ work/ proceedings; ~ a debate/ a sitting/ a discussion; ~ judgment 2 किसी चीज पर टांगना, लटकाना: ~ a lamp from the ceiling 3 मुअत्तल क., निलंबित क., कार्यवंचित क.: ~ a student; ~ a player 4 बंद क.: ~ the strike 5 यज्ञाधिकार से वंचित क. 6 किसी तरल पदार्थ में अघुलनशील कणों को फैलाना: be **~ed** in sth;

dw/lw: **~ed** /सस्पेंडिड/ *adj.* 1 लटकता हुआ, प्रलंबित: ~ed railway 2 निलंबित, मुअत्तल, कार्यवंचित 3 स्थगित, बंद: ~ed payment; with ~ed execution of sentence; train services ~ed due to flooding 4 यज्ञाधिकार-वंचित;

dw/lw: **~er-belt** स्टॉकिंग्स यानी लंबे मोजों को नीचे खिसकने से रोकने के लिए एक प्रकार की पेटी; **~ers** /सस्पेंड: ज/ *n., [pl.]* 1 *UK* (*US* **garters**) 1 स्टॉकिंग्स को नीचे गिरने से रोकने के लिए एक प्रकार की गेलिस 2 *US* (*UK* **braces**) पैंट को थामे रखने के लिए गेलिस 3 गेटिस;

collocations: **~ed animation** 1 जीवित परंतु बेहोश 2 किसी संगठन के कार्य-कलापों का अस्थायी स्थगन: the state assembly in a state of ~ed animation; **~ed sentence** दिए गए दंड का स्थगन

suspense /सस्पेंस/ *n.* 1 तनावपूर्ण व उत्तेजनापूर्ण स्थिति: keep sb in ~; we waited with great ~ for the doctor's opinion 2 अनिश्चयजनक उत्सुकता, कुतूहल: a novel of ~; ~ fiction/ film 3 दुविधा, असमंजस 4 *law* अधिकार-स्थगन;

dw/lw: **~ful** *adj.* उत्तेजनापूर्ण, कुतूहलपूर्ण;

collocations: **~ account** *n., bookkeeping* उचंत, उचिंत या निलंबित खाता या लेखा

suspen\sion /सस्पेंशन/ *n.* 1 निलंबन, मुअत्तली, कार्यवंचन 2 मोटरगाड़ी, मोटर साइकिल आदि में लगने वाले झटकों से बचानेवाला उपकरण 3 आस्थगन, बंदी, स्थगन: **~sion** of hostilities; **~sion** of nuclear tests 4 यज्ञाधिकार-वंचन 5 अघुलनशील कणों युक्त घोल;

dw/lw: **~sive** /सस्पेंसिव/ *adj.* 1 स्थगनक: ~sive veto 2 अनिश्चित, अनिश्चयात्मक; **~sor** /सस्पेंस:/ *n.* निलंबक, थामे रखने वाली पेटी आदि; **~sory** /सस्पेंसरि/ *adj.* 1 निलंबक, थामे रखने वाली: ~sory bandage 2 स्थगनक 3 विलंबकारी;

collocations: **~sion bridge** झूला-पुल (ऋषिकेश में गंगा पर लक्ष्मण झूला)

suspicion /सस्पिशन/ *n.* 1 संशय, संदेह, शक: above ~; arrest sb on ~ of theft/ murder; be under ~; not the shadow/ the ghost of a ~; a deep/ sneaking/ strong ~ 2 शंका, शुबहा, अविश्वास: he looked at me with ~; have a ~; confirm sb's **~s** 3 पुट, थोड़ी-सी मात्रा

suspicious /सस्पिशिअस\/ *adj.* 1 संदिग्ध, शंकाजनक, संदेहजनक: under ~ circumstances; found the body in ~ circumstances 2 (*syn.* sceptical) शंकालु, शक्की, संदेही, संशयालु: has a very ~ nature; **be**/ feel ~ of/ about sb; with a ~ feeling; ~ character; ~ person;

dw/lw: **~ly** /~लि/ *adv.* 1 शंकाजनक ढंग से 2 संदेहपूर्वक: eye sth ~ly; **~ness** /~नेस/ *n.* 1 संदिग्धता, शंकाजनकता, संदेहजनकता 2 शंकालुपन, शक्कीपन

suss *or* **sus** /सस/ *v., pt.* **~ed**, *pp* **~ing** *s/he/ it* **~es** 1 खोज निकालना; ~ sth out 2 अंदाजा लगाना: soon **~ed** how the video worked; ~ out sb's motives 3 संदेह या शक क. 4 निरीक्षण या छानबीन क.: **~ed** out the nightlife

sustain /सस्टेन/ *v., pt.* **~ed**, *pp* **~ing** 1 (*syn.* maintain) बनाये रखना, कायम रखना, जारी रखना: ~ a conversation/ an argument 2 जीवित रखना; ~ sb's hopes 3 (*syn.* bear) झेलना, बरदाश्त क., सहना: can ~ impacts even at high speed; he **~ed** a shock 4 (*syn.* suffer) नुकसान/ घाव/ हानि आदि उठाना: ~ damage/ injuries/ losses; ~ casualties; ~ defeat 5 संभालना, थामे रखना: another point to ~ the discussion 6 संपोषित क., पोषण क., भरण-पोषण क., रोटी-कपड़ा दे., खर्चा चलाना, पूरा निर्वाह क.: couldn't ~ her family on such a low salary 7 (***syn.*** bolster) सहारा या ढ़ाढ़स दे., बल प्रदान क., प्रोत्साहित क., बढ़ावा दे.: had a tonic to ~ his nerves 8 भुगतान क. 9 (***syn.*** uphold) की पुष्टि क., पुष्ट क., समर्थन क., प्रमाणित क., साबित क. 10 (***syn.*** uphold) दलील या दावे को मान्यता प्रदान क., की वैधता मान लेना: अदालत में एतराज को सही मान लेना: ~ an objection; the court **~ed** his claim 11 भली-भांति संभालना या आधार का कार्य क.: the beams ~ the ceiling;

dw/lw: **~ability** /सस्टेनअ\बिलअटि/ *n.* भरण-पोषण की सक्षमता, संभावना या सामर्थ्य; **~able** /~बल/ *adj.* 1 जिसे जीवित रखा जा सके, जिसका भरण-पोषण किया जा सके, जिसका भार उठाया जा सके, जिसे जारी रखा जा सके 2 जारी रखने योग्य (विकास, वृद्धि, साधन); **~ed** *see below under separate entry*; **~er** /~नः/ *n.* 1 जारी या जीवित रख सकने वाला 2 भरण-पोषण करने वाला; **~ing** /~निंग/ *adj.* 1 सहारा देने वाला: ~ing power 2 मजबूती देने वाला: ~ing food 3 (***syn.*** upholder) साबित करने वाला; **~ment** /~नमंट/ *n.* 1 समर्थन, सहारा 2 निरंतरता;

collocations: **~ed growth** टिकाऊ या निरंतर चलने वाली वृद्धि; **~ed yield *n.***, *ecol.* मछलियों, वनस्पति व जीवों की वह मात्रा जिसे पर्यावरण को क्षत किए बिना हटाया जा सकता है; **~ing pedal** दाएं पैर से चलाया जाने वाला पियानो का पैडल;

p&i: **hope ~s life** उम्मीद पर दुनिया कायम है

sustained /सस्टेंड/ *adj.* 1 संपोषित, समर्थित 2 अखंड, अविच्छिन्न, सतत, लगातार: a ~ effort to meet the deadline 3 दार्घकालीन, लंबा: ~ defence; a ~ attack on the city;

dw/lw: **~ly** *adv.* 1 सतत, लगातार 2 लंबे समय तक

collocations: **~ metaphor** (*also* **conceit** or **extended metaphor**) सांग रूपक यानी विस्तारित रूपक जिसे मूल रूपक को अन्य तत्त्वों के साथ जोड़कर बनाया जाता है

sustenance /सस्टअनंस/ *n.* 1 जीविका के साधन 2 पोषण, भरण-पोषण, गुजारा: get ~ allowance 3 सततता, निरंतरता, दीर्घकालीनता 4 समर्थन, सहारा

sustentation /सस्टंटेशन/ *n.* 1 समर्थन, सहारा 2 संपोषण: **~ fund** (संभरण निधि)

susurrus/ sussuration /स्यूसअरस/ सूसअरस/ स्यूसअरेशन/ सूसअरेशन/ *n., lit.* हल्की फुसफुसाहट, कानाफूसी, सरसराहट

sutler /सटलः/ *n.* 1 फौज का बनिया, मोदी 2 सेना को रसद की आपूर्ति करने वाला, सेना का मोदी;

dw/lw: **~y** /सटलरि/ *n.* मोदी की दुकान, बनियागीरी

sutor /सूटः/ *n.* मोची

sutural /स्यूचअरल/ *adj.* सीवन संधि का, सिलाई का: ~ texture

suture /स्यूचः/ सूचः/ *n.* 1 घाव को टांका लगाकर जोड़ने वाली सिलाई 2 टांका 3 संधि, संधिरेखा 4 टांका लगाने में प्रयुक्त धागा 5 खोपड़ी आदि में दो हड्डियों का मिलान;

v., pt. **~d**, *pp* **suturing** घाव या शल्य-कटाव (surgical incision) को टांका लगाकर बंद क., टांकना

SUV /एसयूवी/ *abbr.,* 'sport utility vehicle' का छोटा रूप

suzerain /सूजअरेन/ *n.* 1 दूसरे देश पर कुछ नियंत्रण रखने वाला शासक, देश या राष्ट्र 2 अधिराज, अधिराट 3 सामंत;

dw/lw: **~ty** /सूजअरेंटि/ *n.* दूसरे देश के राजा का शासन

s.v. *abbr.* 'side valve', 'sub verbo/ sub voce' की प्रथमाक्षरी (*Lat.*, शब्द या शीर्षक के नीचे)

svelte /स्वेल्ट/ स्फेल्ट/ *adj., Fr.* 1 पतली, सुंदर और आकर्षक 2 चपल, छरहरा, छरहरी

Svengali /स्वेंगालि/ *n., pl.* **~s** दुष्ट इरादे से दूसरे को प्रभावित करने या उसके मन को वश में करने में सक्षम व्यक्ति

SVQ *abbr.* 'Scottish Vocational Qualification' की प्रथमाक्षरी

SW *abbr.* 'short wave', 'south-west/ south western' की प्रथमाक्षरी

swab /स्वौब/ *US* स्वाःब/ *n.* 1 घाव आदि को साफ करने के लिए रुई का छोटा-सा टुकड़ा, फाहा, फुरहरी, फुरेरी 2 डाक्टरी जांच के लिए लिया जाने वाला शरीर के किसी तरल का छोटा-सा नमूना: throat ~ 3 झाड़न, पोंछा 4 *sl.* बेकार व्यक्ति;

v. pt. **~bed**, *pp* **~bing** 1 साफ करने के लिए किसी कपड़े आदि को झाड़न के रूप में प्रयुक्त क. 2 घाव आदि में से पतली मवाद रुई से सोखना 3 पोंछा या पुचारा फेरना

swaddle /स्वौडल/ *US* स्वाःडल/ *v. pt.* **~d**, *pp* **swaddling** 1 शिशु को कपड़ों में लपेटना 2 पट्टी बांधना

swaddling-bands/ ~-clothes /स्वौडलिंग-बैंड्ज/ *US* स्वाःडलिंग-बैंड्ज/ *pl. n., hist.* 1 नवजात शिशु की गतिशीलता को कम रखने के लिए उसके शरीर पर लपेटा जाने वाला शिशु-वस्त्र 2 कड़ा नियंत्रण, प्रतिबंध;

p&i: **still in/ hardly out of/ just out of ~** बिल्कुल अनाड़ी

swag /स्वैग/ *n.* 1 *sl.* (***syn.*** loot) लूट का माल 2 *Austral.* पोटली, गठरी: hump one's ~ 3 फल-फूल की माला 4 *colloq.* रिश्वत 5 बेईमानी का पैसा;

v. pt. **~ged**, *pp* **~ging** 1 *Austral.* (*often* **~ it**) अपनी पोटली लेकर जहां-तहां पैदल घूमना 2 झुलाना या पिचकाना 3 पर्दों को पोटली-सी बनाकर बांधना;

dw/lw: **~-bellied** *adj.* तोंदल, तोंद वाला, तुंदिल; **~-belly** *n.* तोंद;

swage /स्वेज/ *v. pt.* **~d**, *pp* **swaging** सांचे भरकर कुछ बनाना;

collocations: **~ block** सांचा, ठप्पा

swagger /स्वैगः/ *v., pt.* **~ed**, *pp* **~ing** 1 अकड़कर चलना, अहंकारपूर्वक इठलाना, ऐंठ कर चलना 2 डींग मारना, शेखी बघारना: don't you start **~ing** about it;

adj. फैशनेबुल: ~ coat; ~-cane छड़ी;

n. 1 अकड़भरी चाल, ऐंठ 2 इठलाहट 3 डींग, शेखी;

dw/lw: **~er** /स्वैगरः/ *n.* 1 अकड़बाज 2 बड़बोला, शेखीबाज, डींग मारने वाला, फेंकू; **~ing** *n.* डींग, शेखी; **~ing** *adj.* डींग मारने वाला, शेखीबाज; **~ingly** *adv.* अकड़पूर्वक; **~-stick/ ~-cane** *n.* सैनिक अफसर की बेंत;

swagman/ swagie /स्वैगमअन/ स्वैगि/ *n., Austral.* घुमंतू दस्तकार, कारीगर

Swahili /स्वाहिली/ *n.* पूर्वी अफ्रीका की एक महत्त्वपूर्ण भाषा

swain /स्वेन/ *n., old use, poetic* 1 देहाती नौजवान 2 प्रेम-विह्वल युवक

SWALK *abbr.* **'Sealed with A Loving Kiss'** की प्रथमाक्षरी (प्रेम-पत्र के लिफाफे पर अक्षर लिखा जाने वाला संदेश)

swallow /स्वौलो/ *US* स्वाःलो/ *v., pt.* **~ed**, *pp* **~ing** 1 (*also* **~ sth up**) निगल जा., खाकर समाप्त क., लीलना: ~ at one gulp 2 निगल जाना, समा लेना: the sea **~ed** them up; this work **~s** the greatest part of his time; the rent **~ed** up most of their earnings 3 अप्रिय बात को मानने के लिए बाध्य हो. 4 झूठी बात पर विश्वास करने के लिए बाध्य हो., आंख मूंद कर विश्वास क.: ~ a story 5 बरदाश्त क., सह लेना, पी जाना: ~ an insult 6 भावनाओं के उमड़ाव को दबाना: ~ one's pride;

n. 1 एक प्रकार की चिड़िया 2 अबाबील, भांडीक 3 निगलने की क्रिया या भाव 4 निगरण 5 घूंट, ग्रास: take a ~ of water 6 गला, हलक, ग्रसिका;

dw/lw: **~er** *n.* गटकने या निगलने वाला; **~-hole** विलय-रंध्र; **~-tail** *n.* अबाबीलपुछी तितली; **~tailed** *adj.* अबाबीलपुछी

collocations: **~ dive** सिर के बल डुबकी; **~tail coat** दो-पुछी कोट; **~tailed duck** दुपुच्छल बत्तख; **~tailed kingfisher** दुपुच्छल रामचिरैया;

p&i: **~ sth up** हड़प जा., निगल जा., गटक जा.; **~ the bait/ a gudgeon** जाल में फंस जा.; **~ one's words** अपने शब्द वापस लेना (थूककर चाटना);

one ~ does not make a summer एक फूल के खिलने से बहार नहीं आती, अकेला चना भाड़ नहीं फोड़ सकता; **she ~ed a lump in her throat** उसके गले में ढेला अटक गया यानी अचानक घबराने से वह बोल नहीं पाई

swam /स्वैम/ *pt.*, **'swim'** का भूतकालिक रूप

swamp /स्वौंप/ *US* स्वांप/ *n.* कीचड़, दलदल, धसान, झाबर, अनूप;
v.**, pt.* **~ed**, *pp* **~ing** 1 लाद दे.: he was **~ed** with work 2 (syn.*** inundate) जलमग्न कर दे., जल से भर दे., समा लेना: a big wave **~ed** the boat; they **~ed** the village; he had debts enough to ~ any man 3 तर-बतर कर दे. 4 धंस जाना 5 से अभिभूत क., की भरमार या बौछार कर दे. 6 परेशान क.;
dw/lw: **~y** /स्वौंपि/ *adj., degr.* **~ier**, **~iest** दलदला, अनूपी, पंकिल;
collocations: ~ **deer** दलदली मृग; ~ **fever** मलेरिया; ~ **cabbage** पटुआसाग, कलमी-साग; ~ **dweller** अनूपवासी; ~ **land**/ ~ **ground**/ ~ **terrain** अनूप भूमि

swan /स्वौन/ *US* स्वाःन/ *n.* 1 हंस, मराल, राजहंस, सारस: white ~ 2 कवि, महाकवि: **Swan of Avon** (*see below under* ***p&i***);
v. *pt.* **~ned**, *pp* **~ning** आवारा डोलना, समय बर्बाद क.: just **~s** off whenever she feels like it; **~s** around in his Armani suit;
dw/lw: **~like** *adj.* हंस-जैसा; **~nery** /स्वौनरि/ *n.* हंसों, बतखों आदि का बाड़ा; **~'s-down** *n.* हंस के कोमल पंखों का पाउडर-पफ (ब्रुश); **~-upping** *n., Br.* 1 पहचान के लिए हंस की चोंच पर निशान लगाने की क्रिया 2 इस क्रिया को पूरा करने के लिए थेमस (Thames) नदी पर वार्षिक उत्सव;
collocations: ~ **neck** हंसग्रीव; ~ **song** मृत्यु या सेवानिवृत्ति से पहले किसी लेखक, कवि, कलाकार, चित्रकार आदि की अंतिम रचना; **black** ~ अनहोनी बात;
p&i: **a black** ~ अनहोनी बात; **graceful as a** ~ हंस-सा सौम्य; (Sweet) **Swan of Avon** बेन जॉनसन ने इन शब्दों में शेक्सपीयर को वर्णित किया था

swank /स्वैंक/ *colloq. v. pt.* **~ed**, *pp* **~ing** दिखावा क., आडंबर रचना, शेखी बघारना
n. 1 सुंदरता, सौंदर्य 2 तड़कीला-भड़कीलापन, दिखावा, आडंबर, शेखी;
***adj.**, degr.* **~er**, **~est** 1 सुंदर, तड़कीला-भड़कीला: wow! what a ~ car! 2 शेखीबाज, आडंबरी;
dw/lw: **~y** /स्वैंकि/ *adj., degr.* **~ier**, **~iest** *colloq.* 1 (***syn.*** posh) सुंदर 2 तड़कीला-भड़कीला आडंबरपूर्ण 3 शेखीबाज; **~ily** *adv.* 1 तड़क-भड़कपूर्वक 2 आडंबरपूर्वक; **~ness** *n.* 1 तड़क-भड़क 2 आडंबर

swap /स्वौप/ *US* स्वाःप/ (*also* **swop**) *v., pt.* **~ped**, *pp* **~ping** अदला-बदली क.: ~ watches; ~ shifts; ~ one's car for a newer model;
n. अदला-बदली;
dw/lw: **~per** *n.* अदला-बदली करने वाले; **~ping** *n.* अदला-बदली

SWAPO/ Swapo *abbr.* **'South West African People's Organization'** की प्रथमाक्षरी

sward /स्वॉःड/ *n.* 1 विशाल घास-स्थली, घास का मैदान 2 अधिकार-क्षेत्र;
dw/lw: **~ed** /स्वॉःडिड/ *adj.* घास से ढका; **~y** /स्वॉःडि/ *adj.* घसीला

swarf /स्वॉःफ/ *n.* 1 लोहचूर्ण, कतरन 2 चैलियां, कतरन

swarm /स्वॉःम/ *n.* 1 मधुमक्खियों आदि का झुंड: in **~s** 2 टिड्डी दल आदि: **~s** of locusts 3 (***syn.*** horde) समूह दल, गिरोह 4 बड़ी भीड़, भीड़-भाड़: **~s** of people; ~ attack;
***v.**, pt.* **~ed**, *pp* **~ing** 1 गिरोह/ दल में घूमना 2 झुंड बना कर छत्ता बदलना या छोड़ दे. 3 टिड्डी दल का घूमना 4 भीड़ में आना, बड़ी संख्या में एकत्र हो जाना, भीड़ का उमड़ना: people **~ed** into the cinema 5 (*often* **~ up sth**) (भीड़ से) भर जा.: the beach is **~ing** with bathers; ~ with sb/ sth (बहुत लोगों, कीड़े-मकोड़ों आदि का एक जगह एकत्रित हो.) 6 रस्सी आदि को हाथों और पांवों के बीच पकड़कर ऊपर चढ़ना;
dw/lw: **~er/~-spore** चल बीजाणु; **~ing** *adj.* भीड़ से भर देने वाला

swar\thy /स्वॉःदि/ *adj., degr.* **~thier**, **~thiest** सांवला: **~thy** cheeks; **~y** complexion;
dw/lw: **~thiness** *n.* सांवलापन; **~thy-faced** *adj.* सांवले चेहरे वाला

swash /स्वौश/ *US* स्वाःश/ *v. pt.* **~ed**, *pp* **~ing 1** पानी का तरंगित होना 2 छपछपाना 3 शेखी बघारना 4 जोर से आघात क.;
***n.**, pl.* **~es** 1 हिल्लोरा 2 छपछप, छपाका 3 एक प्रकार का आभूषण: ~-work 4 पुरानी शैली के बड़े अक्षर की एक तरह की लहराती रेखा: ~ letter 5 जोरदार आघात

swashbuckler /स्वौशबक्लः/ *US* स्वाःशबक्लः/ *n.* 1 दिलेर और जोखिम उटाने वाला या हिम्मती जांबाज, शेखीबाज 2 धौंसिया, दबंग 3 अति शैली-प्रधान फिल्म या उपन्यास आदि जिसमें जोखिम, रोमांच और जांबाजी की बाहुल्य रहती है;
dw/lw: **swashbuckling** /स्वौशबक्लिंग/ I *US* स्वाःशबक्लिंग/ स्वॉशबक्लिंग/ *adj.* जोखिम-जोश भरा तथा रोमानी

swat /स्वौट/ *US* स्वाःट/ *v., pt.* **~ted**, *pp* **~ting** मक्खी आदि को किसी चपटी चीज से झटके से मारना;
dw/lw: **swatter** /स्वौटः/ *n.* मक्खीमार

SWAT Team (**SWAT** = Special Weapons and Tactics) हिंसक घटनाओं से निपटने के लिए विशेष पुलिस दस्ता

swatch /स्वौच/ *US* स्वाःच/ *n.* 1 कपड़े के नमूने की छोटी-सी कतरन 2 (*also* **~book**) नमूना-कतरन पुस्तिका

swath /स्वॉथ/ स्वौथ/ *n., pl.* **~s** 1 दरांती, घास-कटिया मशीन या हार्वेस्टर (harvester) द्वारा काटी जाने वाली घास या मक्की आदि की पट्टी: ~ harvesting 2 इस पट्टी की चौड़ाई 3 भूमि की चौड़ी पट्टी;
p&i: **out a wide** ~ *US* 1 आंखों में धूल झोंकना 2 यौं ही हो-हल्ला मचाना

swathe /स्वेद/ *n., pl.* **~s** 1 पट्टी 2 लपेटन;
***v.**, pt.* **~d**, *pp* **swathing** 1 पट्टी बांधना 2 लपेटना

sway /स्वे/ *v., pt.* **~ed**, *pp* **~ing** 1 झूमना 2 झूलना, डोलना, झूलाना, डुलाना 3 प्रभावित क. 4 (*usually* **~ towards sth**) किसी दृष्टिकोण आदि की ओर झुकना 5 झुकाना: ~ to and fro; wind **~s** the trees 6 विचलित क.: his speech **~ed** thousands of votes; he is not to be **~ed** by argument or entreaty 7 शासन क., शासित क., नियंत्रित क.: ~ the sceptre;
n. 1 दोलन, झूल 2 (***syn.*** influence) प्रभाव: hold/ bear ~ over sb; have great ~ on sb; be under the ~ of passion; the ~ of fashion 3 झुकाव 4 शासन, हुकूमत 5 नियंत्रण अधिकार 6 क्षेत्र;
dw/lw: **~-back** *n., vet. med.* 1 घोड़े की पीठ का असाधारण झुकाव 2 भेड़ों में एक बीमारी; **~ing** *n.* दोलन, झूल; **~ing** *adj.* झूलने वाला;
p&i: **hold** ~ पर प्रभाव रखना, महत्त्व हो.

Swazi /स्वाजी/ *n., pl.* **Swazi/ Swazis** स्वाजी के लोग

swear /स्वेअः/ *v., pt.* **swore**, *pt. p.* **sworn**, *pp* **~ing** 1 गाली दे., गाली बकना: ~ an oath; he **swore** a profane oath (उसने भद्दी गाली दी) 2 (***syn.*** vow) शपथ ले., कसम खाना, सौगंध खाना: ~ by sth; ~ to do sth; he **swore** to say nothing; **swore** that he would say nothing; ~ an oath 3 शपथपूर्वक कहना: he had **sworn** a solemn oath to return; ~ an accusation/ a charge against sb; ~ allegiance 4 जोर देकर या दृढ़तापूर्वक कहना 5 कसम खिलाना 6 शपथ दिलाना, शपथ ग्रहण करवाना: ~ sb to secrecy; the judges were **sworn** into office;

dw/lw:* ~er** /स्वेअरः/ *n.* 1 कसम खाने वाला 2 गाली देने वाला, कोसने वाला; **~ing** /स्वेअरिंग *n.* 1 शपथ ग्रहण 2 गाली; **~er-in** *n.* शपथ-ग्राही; **~ing-in** *n.* शपथग्रहण समारोह; **~-word** *n.* (syn.*** expletive) अपशब्द, गाली;
p&i: **~ at** कोसना, कोसना-काटना, को गाली दे.; **~ at sb** किसी पर गालियां देते हुए चिल्लाना; **~ black is white** बलपूर्वक काले को सफेद बताना; **~ blind** *colloq.* दृढ़तापूर्वक कहना; **~ by** की शपथ खाना, पर अत्यधिक भरोसा रखना; **~ by sb/ sth** किसी देवी-देवता के नाम से कसम खाना; **~ like a bargee/ like a fishwife/ like a lord/ like a sailor/ like a trooper/ like blazes** भद्दी-भद्दी गालियां देना; **~ off sth** *colloq.* त्याग देने की कसम खाना, दृढ़तापूर्वक छोड़ दे.; **~ oneself blue** कसमें खा-खाकर गला बैठा लेना; **~ out** गिरफ्तार करने का अधिकार पाना; **~ sb in** किसी को पद और गोपनीयता की शपथ दिलाना; **~ sb to sth** किसी को शपथपूर्ण वचन से बांधना; **~ to sth** किसी बात की सच्चाई की शपथपूर्वक हामी भरना;
it is enough to make sb ~ यह किसी को भी गाली-गलौज पर उतर आने को मजबूर कर देगा; **not enough to ~ by** थोड़ा-सा; **these two colours ~at each other** ये दोनों रंग एक-दूसरे से मेल नहीं खाते

sweat /स्वेट/ *v., pt.* **~ed/ sweat**, *pp* **~ing** 1 (***syn.*** perspire) पसीना बहना, पसीना आना, निकलना: ~ with heat 2 बहना, रिसना, चूना, टपकना 3 बहाना, टपकाना, चुआना 4 किसी वस्तु द्वारा किसी तापमान पर तरल छोड़ना 5 घोर परिश्रम क., एड़ी चोटी का पसीना बहाना: ~ over a problem 6 पसीना निकालना: he **~ed** his shirt 7 का शोषण क., खून चूसना: **~ed** labour (शोषित श्रमिक) 8 घबराहट के कारण पसीना छूटना: ~ with fear 9 धीमी आग पर पकाते हुए गोश्त आदि से रस छुड़वाना 10 घोड़े आदि को दौड़ाकर पसीना छुड़वाना 11 चाकू की नोक पर कोई भेद निकलवाना;
n., *pl.* **~s** *1* पसीना, स्वेद, प्रस्वेद: be in a ~ (पसीने-पसीने होना) 2 नमी 3 कठिन काम, घोर परिश्रम 4 नीरस काम 5 व्यग्रता, बेचैनी, उत्सुकता के कारण छूटने वाला पसीना 6 (**~s**) *esp., N. Amer. colloq.* मुलायम सूती कमीज, पैंट सूट आदि (*also see below under* ***dw/lw***);
dw/lw: **~band** *n.* पसीना सोखने के लिए हाथ की कलाई, सिर आदि पर बांधी जाने वाली इलास्टिक वाली पट्टी; **~er** (*also UK* **jumper**) /स्वेटः/ *n.* 1 स्वेटर 2 पसीने बहाने वाला या निकालने वाला वस्त्र 3 शोषक; **~ing** /स्वेटिंग/ *n.* पसीने आने की क्रिया; **~s** /स्वेट्स/ *n., [pl.] US* व्यायाम करने के लिए मुलायम सूत के कमीज, पैंट आदि विशिष्ट कपड़े; **~shirt** /स्वेटशःट/ *n.* पूरी बाजू वाला मुलायम सूती कमीज; **~shop** /स्वेटशॉप/ *n.* छोटी फैक्टरी जहां लोगों को खराब हालात में देर तक काम करना पड़ता है; **~suit** /स्वेटसूट/ *n.* मुलायम सूती व्यायाम पोशाक; **~y** /स्वेटि/ *adj., degr.* ~ier, ~iest 1 पसीने से तर-बतर 2 पसीने का 3 पसीना लाने वाला, प्रस्वेदक 4 श्रम-साध्य; ~y hands पसीने वाले हाथ; ~y odour पसीने की दुर्गंध; ~y day उमस-भरा दिन;
collocations: **~ gland** स्वेद-ग्रंथि; **~ed labour** खराब हालात में किया जाने वाला खून-पसीने का श्रम; **~ pants** *pl. n., esp. N. Amer.* ढीली-ढाली मुलायम सूती पैंट;
bloody ~ जी-जान लगाकर की जाने वाली मेहनत; **old ~** मंजा हुआ पुराना सिपाही;
p&i: **~ it out** अंत तक झेलना; **~ one's guts out** काम करते-करते खून-पसीना एक क.; **~ over sth** कड़ा परिश्रम क.; **~ sth off** व्यायाम द्वारा वजन, चर्बी आदि कम क.;
an old ~ मंजा हुआ खिलाड़ी; **be in a ~** पसीने-पसीने होना, व्याकुल होना, अत्यधिक आतुर या आशंकित होना; **be dripping with ~** पसीने से तर-बतर हो.; **break into a ~** पसीना छूटना; **by/ in the ~ of one's brow** खून-पसीने की गाढ़ी कमाई; **good ~ will cure your cold** सर्दी-जुकाम से छुटकारा पाने के लिए पसीने से अच्छी तरह तर-बतर होना चाहिए; **I can't stand the ~ of it** मैं इस खून-पसीने की मेहनत वाले काम को और सहन नहीं कर सकता; **in a ~/ in a cold ~** *colloq.* व्यग्रता, बेचैनी, आशंका के कारण घबराया हुआ हो.; **in the ~ of one's brow** पसीना बहा कर, बड़े परिश्रम से; **to ~ blood** *colloq.* 1 खून-पसीना एक क. 2 घबराहट के मारे पसीना छूटना

swede /स्वीड/ *UK*, (*US* **rutabaga**, *Scot.* turnip) *n.* जमीन के नीचे उगने वाली एक सब्जी

Swede /स्वीड/ *n.* स्वीडन का नागरिक, वासी या स्वीडन में पैदा होने वाला व्यक्ति

Swedish /स्वीडिश/ *adj.* 1 स्वीडन की भाषा व उसके नागरिकों से संबंधित 2 (**the Swedish**) स्वीडन का नागरिक, वासी या स्वीडन में पैदा होने वाला व्यक्ति;
n. स्वीडन की भाषा, स्वीडिश भाषा

sweep /स्वीप/ *v., pt.* **swept**, *pp* **~ing** 1 (*also* **~ sth out/ up**) कमरे आदि में झाड़ू लगाना: ~ the floor; ~ clean; ~ the table clean 2 (*also* **~ sth away/ off/ up**) उठा ले., एक झटके में उठा लेना, बटोर लेना, समेट लेना: he **swept** the child into his arms; ~ the litter into a corner 3 (*often* **~ in, out**) आना, दूर तक फैल जा.: a new fitness craze is **~ing** the country 4 (*usually* **~ sth aside/ away**) ठुकरा दे., अस्वीकार कर दे.: she **swept** aside their objections 5 (*often* **~ sb/ sth away/ off/ past**) उठा या बहाकर ले जा., घसीटा जाना, घिसटना, उठा दे., समाप्त क., अंत कर दे.: the current **swept** the boat through the narrows; be **swept** along/ away, etc.; a storm **swept** the town; he **swept** all obstacles from his path 6 समस्या, गलती आदि मिटा दे., नष्ट क.: a need to ~ **away** the inadequacies of the past 7 किसी को गलत निर्णय या दिशा अख्तियार करने के लिए विवश क.: **swept** her into an erroneous resolution 8 चुनाव में भारी विजय पाना: expecting to ~ the country in next week's elections 9 अकड़कर या शान से चलना या आगे बढ़ना, आना, जाना: she **swept** across the room in her silk pyjamas; ~ along/ into/ past, etc. 10 तेजी से चलते हुए छू जाना: her dress **swept** the floor; **swept** along the floor 11 विचरना, चक्कर लगाना, तेजी से पार क. 12 पर गोलाबारी क. 13 घूमते-मुड़ते पसरना, फैलना; the mountains **swept** down to the sea 14 पर आंख या नजर दौड़ाना 15 भावनाओं द्वारा वश में किया जा.: she felt a chill ~ over her 16 जल, थल या नभ में ढूंढना: ~ the sea for enemy ships/ mines; the searchlights **swept** the sky 17 जोर-जोर से बाहें हिलाते हुए चलना;
n. 1 झाड़-बुहार, सफाई: give a room a good ~ 2 साफ किया जाने वाला कूड़ा-कर्कट 3 हाथों, दरांती, चप्पुओं आदि का घुमाव-फैलाव: the ~ of a scythe; a ~ of the oars 4 घूमता-मुड़ता हुआ फैलाव, घुमाव, मोड़, विस्तार: the ~ of meadows 5 फिसलन, निर्बाध चाल: move with a ~; she moves with a dignified ~ 6 एक लंबी अर्ध गोलाकार चाप 7 चिमनी साफ करने वाला: chimney ~ 8 (***syn.*** expanse) व्यापकता, गहनता: an extensive ~ (of concepts) 9 बहाव, प्रवाह, धारा: the ~ of the tides 10 (***syn.*** range) मार, पहुंच, परास: the ~ of vision; bring one's arguments within the ~ of one's audience 11 कमीना आदमी 12 लंबा चप्पू, डांड 13 (***syn.*** contours) आकार की बाहरी रेखाएं: the ~ of a motor car's lines 14 (**~s**) घुड़दौड़ में जुए की एक बाजी: **~ stake** 15 (**the ~s**) टेलीविजन कंपनियों के प्रसारण पहुंच का आकलन का समय 16 खेल के कई मुकाबलों में लगातार जीत: a world cup ~;
dw/lw: **~back** *n., aeronautics, biol.* 1 पक्षी या विमान के पंख की एक विशेष स्थिति, पृष्ठानत 2 विमान के पंख का एक निश्चित कोण पर मुड़ाव, झुकाव; **swept-back** *adj., aeronautics* पीछे की ओर झुका हुआ; **~er** /स्वीपः/ *n.* 1 झाड़ू लगाने वाला, झाड़ूकश, मेहतर, भंगी 2 सफाई मशीन 3 अपमार्जक; **~-forward** *adj.* अग्रांत; **~ing** /स्वीपिंग/ *adj.* 1 व्यापक: ~ing statement/

generalizations/ accusations; ~ changes; ~ victory 2 विशाल, विराट: ~ing victory 3 तेज 4 निर्बाध, सपाट; **~ings** *n., [pl.]* 1 साफ की जाने वाली वस्तुएं 2 झाड़न, सफाई 3 साफ किया जाने वाला कूड़ा-कर्कट; **~-net** *n.* महाजाल; **~stake** *UK* (*US* **~stakes**) *n.* घुड़-दौड़ का जुआ;

collocations: **~ hand/ ~ second hand** घड़ी की सेकंडों वाली सूई; **~ing statement** बहुत लंबा-चौड़ा कथन;

p&i: **~ an election** भारी बहुमत से चुनाव जीतना; **~ an audience** श्रोताओं को मंत्रमुग्ध क.; **~ away** साफ क., सफाई क.; **~ by** तेजी से पास से गुजर जा.; **~ down** पत्थर की तरह नीचे को गिरना; **~ the board** पूरी बाजी मार लेना, सारे इनाम जीत लेना; **~ in** 1 अंदर घुस आना 2 औपचारिक शान के साथ अंदर आना; **~ off** 1 बहाकर ले जाना 2 साफ क.; **~ on** निरंतर आगे बढ़ते रहना; **~ sb along/ away** भावुकता आदि के बहाव में बह जा.; **~ sb off their feet** 1 किसी को उसके विचारों से विचलित कर देना 2 प्यार के झोंके द्वारा विचलित कर दिया जा.; ; **~ sb to power** भारी बहुमत से चुनाव जीतना; **~ ab up** किसी को आकस्मिक हल्के झटके के साथ ऊपर उठाना; **~ sth aside** की पूर्णतः उपेक्षा क.; **~ sth out** कूड़ा-कर्कट बाहर निकालना; **~ sth under the carpet/ rug** मामले को छिपाने या दबाने की कोशिश क.; **~ the board** सारे इनाम जीतना; **~ up** ऊपर की ओर तेजी से बढ़ जा.;

at a/ one ~ बांहों के एक ही झटके में; **make a clean ~** किसी से पूरी तरह छुटकारा पाना, पिंड छुड़ाना; **the ~ings of the gutter** गटर के कीड़े

sweet /स्वीट/ *adj.* 1 मीठा, मधुर, मिष्ट, स्वादिष्ट, सुस्वादु: ~ apples; taste ~; ~ milk 2 (***syn.*** cute) रुचिकर, मनोहर, आकर्षक, रमणीय, सुंदर: ~ girl; he's so ~ when he smiles like that 3 विनम्र और सुमधुर: ~ temper/ disposition 4 मीठा, अक्षार, अलवण, असमुद्री, ताजा: ~ water 5 आकर्षक, खुशनुमा: ~ manners; it is ~ to know that one is loved 6 (***syn.*** fragrant) सुगंधित, खुशबूदार: smell ~/ have a ~ smell 7 श्रुति मधुर, मधुर, सुरीला: a ~ sound 8 सौम्य, शांत: ~ sleep 9 (*usually* **~ on sb**) किसी को चाहने वाला 10 शुद्ध, हानिकारक तत्त्वहीन: ~ air of mountains 11 संतोषजनक, सुप्रिय: goodnight, ~ dreams! 12 बहुत अच्छा: reduction in petrol prices? sweet!;

n. *UK* (*US* **candy**)1 मिठाई, मिष्टान्न: like **~s** 2 दही-चीनी 3 (***syn.*** afters, dessert, pudding) खाने के बाद परोसा जाने वाला मिष्टान्न 4 प्रेम-पात्र: addressing the loved -one: don't worry, ~ 5 सुख, सुख-चैन, ऐशो-आराम;

dw/lw: **~-and-sour** /स्वीट-अन-साउः/ *adj.* खट्टा-मीठा; **~bread** *n.* लबलबे का व्यंजन या बाल्यग्रंथि का मांस; **~corn** *UK* (*US* **corn**) *n.* भुट्टा, मक्की के कच्चे दाने; **sweeten** *see below under separate entry*; **~heart** /स्वीटहाःट/ *n.* प्रियतम, प्रियतमा, प्रेमी, प्रेमिका:; **~ie/ ~y** /स्वीटि/ *n., pl.* **~ies** *colloq.* 1 चूसने या चबाने की मिठाई 2 प्रिया या प्रेमी 3 प्यारा बच्चा 4 (*also* **~ie-pie**) प्रेम-बोधक शब्द; **~ish** /स्वीटिश/ *adj.* मीठा-सा, मधुर; **~ly** /स्वीटलि/ *adv.* प्यार से; **~meat** *n.* 1 मिठाई, मिष्टान्न 2 मुरब्बा; **~ness** /स्वीटनेस/ *n.* 1 मीठापन, मिठास, माधुर्य 2 ताजगी 3 सुगंध 4 सुरीलापन 5 रमणीयता, सौम्यता; **~sop** *n.* **1** मीठे फल देने वाली एक सदाबहार अमेरिकी झाड़ी 2 इस झाड़ी का फल; **~talk** *v., pt.* **~talked**, *pp* **~talking** चिकनी-चुपड़ी बातें करके फुसलाना;

collocations: **~ alyssum** सरसों परिवार का सुगंधित फूलों वाला एक सजावटी पौधा; **~ flay** बच, घोड़बच; **~ness and light** *colloq.* प्रियता, मिलनसारिता, न्यायपरकता; **~ nothings** *pl.* प्रेमियों के बीच चलने वाली गुटरगूं; **~ orange** मुसम्मी; **~ pea** मटर की बेल जैसी सुगंधित फूलों वाली एक बेल; **~ pepper** (*also* **capsicum**) शिमला मिर्च; **~ potato** मीठा आलू, शकरकंद; **~ spot** *sport* टेनिस आदि के रैकेट में वह आदर्श स्थान जहां गेंद लगनी चाहिए; **~ talk** खुशामद; **~ tooth** मिष्टान्न-प्रेम; **~ William** मीठी सुगंध वाला बगीचे का एक फूल;

p&i: **~ FA (Fanny Adams)** कोई बात नहीं, कुछ भी नहीं; **~heart agreement/ ~heart contract/ ~heart deal** मालिक और ट्रेड यूनियन के बीच मजदूरों के हितों के विरुद्ध समझौता या करार;

always goes her own ~ way वह सदा अपनी मर्जी से चलती है; **as ~ as honey/ sugar** शहद-सा मीठा, मीठी छुरी; **at one's own ~ will** अपनी मर्जी से, स्वेच्छानुसार; **be all ~ness and light** 1 विनम्र, विनयशील व प्रिय हो. 2 सरल और मधुर हो. ; **be ~ (up)on sb** किसी से लगाव हो.; **does his own ~ will** अपनी मर्जी से काम करता है; **have a ~ tooth** मिष्टान्न-प्रेम हो.; **keep sb ~** चापलूसी करके खुश रखना; **no ~ without sweat** मेहनत का फल मीठा होता है; **say ~ nothings to sb** प्रेमालाप में किसी को मीठी-मीठी बातें कहना; **~s to the ~** मधुर से मधुर; **~ and the bitter of life** सुख-दुःख, जीवन का हेर-फेर; **taste the ~ smell of success** सफलता का मिठास चखना

sweeten /स्वीटन/ *v., pt.* **~ed**, *pp* **~ing** 1 मीठा बनाना 2 (*also* **~ sb up**) *colloq.* मधुर, प्रिय आदि बनाना 3 शांत क. 4 दुख-दर्द हल्का कर दे. 5 आवेग आदि कम क.;

dw/lw: **~er** *n.* 1 मधुरक, मीठा करने वाला 2 किसी से कुछ कार्य करवाने के लिए इस्तेमाल की गई मधुर बात या घूस आदि; **~ing** *n.* मिठास, मीठा या मधुर बनाने की क्रिया

swell /स्वेल/ *v., pt.* **~ed**, *pt. p.* **swollen** or **~ed**, *pp* **~ing** 1 (*also* **~ up**) फूलना: the sails **~ed** (out); the wind **~ed** the sails 2 (***anton.*** shrink) संख्या, डील-डौल या तीव्रता में बढ़ना, बढ़ाना: the ranks of the dissatisfied people are **~ing** 3 सूजना, फूल जा. 4 उभरना, उमड़ना: the river is **swollen** (with melted snow); the river is **~ing** with rain water 5 बढ़ना, फूल जा.: buds are **~ing** 6 (*also* **~ up/ out** *or* **~ sth up/ out**) समुद्र आदि का लहरों में उठना, उमड़ना, बढ़ना 7 खुशी या गर्व से फूले न समाना, भावनाओं का उमड़ना: ~ with indignation; ~ with importance 8 ध्वनि का चढ़ाव-उतराव हो. या क.: ~ the chorus;

n. 1 लहरों का उमड़ाव 2 फुलाव, उभार 3 वृद्धि, बढ़ती, बढ़ाव, स्फीति 4 सूजन, उभार, उबार, उभाड़ 5 महातरंग हिल्लोलन, हिल्लोरा 6 चढ़ाव, चढ़ाई: **~s** and valleys 7 उदीयमानता, चढ़ाव, बड़ा आदमी बनने की क्रिया: he is a ~ in politics 8 (***syn.*** tumour) अर्बुद 9 हुनरमंद व्यक्ति: he is a ~ at cricket 10 (***syn.*** crescendo) आवाज में उछाल;

adj. 1 *US* फैशनेबुल, बना-ठना 2 बहुत बढ़िया, बड़ा अच्छा: have a ~ time; ~ oratory 3 फूलने वाला 4 उभारदार 5 उदात्त;

dw/lw: **~head** /स्वेलहेड/ *adj.* घमंडी; **~ing** /स्वेलिंग/ *n.* 1 सूजन: have a ~ing on the neck 2 फुलाव (फूलकर कुप्पा होने की क्रिया): the proud ~ing of his heart;

collocations: **~ box** *n., music* ऑर्गन का एक भाग; **~ed head घमंड**

p&i: **have a ~ed/ swollen head** अकड़ना, अभिमानी होना; **the ranks of the unemployed are daily ~ing** बेरोजगारों की फौज बढ़ती ही जा रही है

swellograph /स्वेलॉग्राफ/ *n.* फुल्ललेखी

swelter /स्वेल्टः/ *v., pt.* **~ed**, *pp* **~ing** 1 पसीने-पसीने होना, पसीने से तरबतर हो. 2 औंसना, उमस हो. 3 गर्मी से पसीने छूटना;

n. उमस, दमघोंटू गर्मी;

dw/lw: **~ing** /स्वेल्टरिंग/ *adj.* उमस भरी

swept /स्वेप्ट/ *pt.* **'sweep'** का भूतकालिक रूप

swer\ve /स्वःव/ *v., pt.* **~ved**, *pp* **~ving** 1 एकाएक तीव्र गति से मुड़ना, घूम जाना 2 पथ से विचलित हो., हट जाना: he never **~ves** from his duty; nothing shall **~ve** me from my opinion 3 मुड़ना, मोड़ना: the road **~ves** to the left;

n. तीव्र मोड़, घुमाव;

dw/lw: **~ver** /स्वःवः/ *n.* तेजी से मुड़ने वाला; **~ving** *n.* तीव्र घुमाव

swift /स्विफ्ट/ *adj.* 1 तेज, तीव्रगामी, शीघ्रगामी, द्रुतगामी: ~ glance; ~ in his movements 2 सत्वर, फुर्तीला: as ~ as an arrow 3 द्रुत कर्मी, शीघ्रगामी: be ~ to take offence 4 तत्पर, उद्यत, तैयार, मुस्तैद, हाजिर जवाब: ~ of wit; be ~ to imagine sth 5 शीघ्र, तत्काल, आशु, तुरंत: his friends were ~ to defend him;

adv. 1 तेजी से: the arrows fell as ~ as rain 2 शीघ्रतापूर्वक;

dw/lw: **~-footed** *adj.* तेजी से चलने वाला; **~-handed** *adj.* फुर्तीले हाथ वाला; **~ly** /स्विफ्टलि/ *adv.* 1 तेजी से, फुर्ती से: ~ly moving operations 2 तुरंत, तत्काल, अविलंब: answer ~ly; **~ness** *n.* 1 तेजी, वेग, शीघ्रता 2 फुर्तीलापन 3 स्फूर्ति;

p&i: **~ as an arrow** तीर-सा तेज;

be ~ to hear, slow to speak सुनो ज्यादा, बोलो कम!

swig /स्विग/ *v., pt.* **~ged**, *pp* **~ging** 1 गट-गट पी जाना 2 बड़ी-बड़ी घूंट भरना, गटकना;

n. 1 बड़ी घूंट 2 बड़ा पैग: take a ~ of whisky

swill /स्विल/ *v., pt.* **~ed**, *pp* **~ing** (*also* **~ sth**) 1 (*also* **~ out**, *syn.* rinse) खंगालकर साफ क., पानी से धोना 2 बड़ी घूंट ले., जल्दी-जल्दी गटकना: ~ oneself with beer;

n. जूठन, सुअर को दिया जाने वाला बचा हुआ खाना 2 घटिया खाना या शराब 4 बीयर या व्हिस्की की लंबी घूंट

swim /स्विम/ *v., pt.* **swam**, *pt. p.* **swum**, *pp* **~ming** 1 तैरना, पैरना, हेलना: ~ on one's chest/ on one's back/ on one's side; ~ to the bottom 2 तैरकर पार क.: ~ the English Channel 3 तैराकी की दौड़ में भाग लेना 4 तैराकी की किसी शैली अनुसार तैरना: **swam** breast stroke across the pool 5 घूमते दिखाई दे., तिरना, उतराना: the moon **~s** in the sky; the logs ~ in the river 6 बहना, बह जाना 7 तैराना: ~ a horse across a river 8 तर-बतर होना, छलकना, उमड़ना, से परिपूर्ण होना: eyes **~ming** in tears 9 को चक्कर आना, चकराना, चक्कर खाना, घूमना: my head **~s**;

n. तैराकी, तैराई, पैराई: have/ take a ~;

dw/lw: **~mer** *n.* तैराक, पैराक, तैराई; **~meret** /स्विमअरेट/ *n.* तरणपाद; **swimming** *see below under separate entry*; **~-suit** (*also* **swimming costume/ ~wear**) *n.* तैरने की पोशाक;

collocations: **~ bladder** *n.* वाताशय, कांटेदार मछली के पेट में उछाल को नियंत्रित करने के लिए फूलने वाली संरचना;

breast-stroke ~mer छाती के बल तैरने वाला; **free-style ~mer** फ्री-स्टाइल तैराक; **long-distance ~mer** लंबी दूरी का तैराक;

p&i: **~ against the stream/ the current/ the tide** लोकमत आदि के विपरीत चलना, विद्रोही हो.; **~ between two waters** दो नावों में सवार हो.; **~ like a brick/ stone/ like a tailor's goose** तैरना न जानने के कारण डूब जा.; **~ like a cork/ a duck/ fish** अच्छी तरह तैरना आना; **~ with the tide/ the stream** अवसरवादी हो., लोकमत के साथ चलना;

be in the ~ (of things) *colloq.* नवीनतम घटनाओं के बारे में जानना, दुनिया की खैर-खबर रखना, सामाजिक जीवन में भाग लेना; **be out of the ~** अनभिज्ञ हो.; **be in the ~ with sb** एक ही नाव में सवार; **be ~ming with sth** साथ बह जा.; **be ~ming in sth** से सराबोर हो; **get into the ~** मामले से परिचित हो.; **her head was in a ~** उसका सिर चकरा रहा था; **in the ~** मामले से अवगत; **out of the ~** मामले से अवगत न हो.; **sink or ~** आर या पार हो.

swimming /स्विमिंग/ *n.* 1 तैराकी: competitive/ fancy/ medley ~; freestyle ~ 2 सिर की चकराहट;

adj. 1 तैरने वाला 2 तैरने के लिए निर्धारित 3 (आंसुओं आदि से) भरा हुआ: ~ **eyes** 4 चकराता हुआ

dw/lw: **~-belt** *n.* रक्षा-पेटी; **~ly** /स्विमिंग्लि/ *adv.* 1 सफलतापूर्वक 2 अनायास 3 आराम से, आसानी से, मजे से;

collocations: **~ bladder** *see above under* **swim:** *collocations*; **~ motion** तरण गति; **~ bath** तरण ताल; **~ costume** *UK* (*US* **bathing suit**) = **swim-suit/ swimwear** तैराक की पोशाक; **~ pool** तरण ताल, तैरने का तालाब; **~ suit** तैराक (औरत) की पोशाक; **~ trunks** तैराक (आदमी) की पोशाक

swind\le /स्विंडल/ *v., pt.* **~led**, *pp* **~ling** 1 धोखा दे., ठगना, झांसा देना: **~le** sth out of sb/ **~le** sb out of sth 2 ऐंठ लेना, ठग लेना: I am not so easily **~led**;

~le *n.* 1 (*syn.* con) धोखा-धड़ी, ठगी: a money-making **~le** 2 मृग-मरीचिका, 'अच्छे दिन' आदि के सब्ज बाग

dw/lw: **~ler** /स्विंडलः/ *n.* (*syn.* conman) भगलिया, झांसिया, ठग, धोखेबाज, भगलबाज, जालसाज; **~ling** *n.* भगल, झांसा-पट्टी, ठगी, धोखा, भगलबाजी

swine /स्वाइन/ *n.* 1 *[pl.]* (*syn.* pig.) सूअर, सुअर: behave/ eat like a ~ 2 *pl.* **~s** घिनौना व्यक्ति, शूकर: be a ~ to sb;

dw/lw: **~-herd** *n., old use* सूअर चरवाह, शूकरपाल; **swinish** /स्वाइनिश/ *adj.* 1 सुअर-सा 2 गंदा, भद्दा 3 पेटू; **~ly** *adv.* सुअर की तरह; **~ness** *n.* सुअरपन

collocations: **~ fever** *vet med.* एक संक्रामक और कभी-कभी घातक बुखार

swing /स्विंग/ *v., pt.* **swung**, *pt. p.* **swung**, *pp* **~ing** 1 झूलना, झुलाना, डुलाना: the door **swung** shut behind her; ~ the door open 2 तेजी से मोड़ते हुए घुमाना: he **swung** the car into the driveway; **swung** himself into the saddle 3 अक्ष के इर्दगिर्द घुमाना 4 अचानक या आकस्मिक रूप से बदल जा.: opinion or feelings ~; he **swung** between extremes of mood; just needs a couple of free gifts to ~ the sale 5 लटकना, लटकाना, मंडराना: ~ in the wind; a hawk **swung** above us 6 फांसी पर चढ़ना 7 घूमना, फिरना, घुमाना, फिराना 8 डोलना, झूमना, झूमते हुए चलना: he **swung** along through the meadows 9 आगा-पीछा क. 10 (*often* **~ sb round**) राजी क., समझाना: that should ~ them round to our way of thinking 11 में सफलता प्राप्त क. 12 प्राप्त क. 13 क्रिकेट के खेल में बल्ले को घुमाकर गेंद को मारना: **swung** wildly at the ball 14 क्रिकेट में गेंद को हवा में घुमाते हुए फेंकना 15 (*often* **~ at sb/ sth**) हाथ से मारना: ~ one's arms 16 उत्सव या समारोह का जीवंत हो.: the party is **~ing** 17 खूब मजे क.: ~ merrily along 18 जैज (jazz) संगीत को झूलने की शैली में बजाना 19 किसी घटना या कार्य के परिणाम को नया मोड़ दे. या आ जा.: ~ an election; ~ the lead; the match could have **swung** either way at that point; the vote had **swung** decisively to the Aam Admi party;

n. 1 झूला, हिंडोला, पींग: give the hammock a ~; ~ round the circle 2 वार, प्रहार मार, घूंसा: a ~ with clenched fist 3 आकस्मिक बदलाव, चुनाव आदि के परिणामों में इधर-उधर होने वाला रुझान: a sudden ~ of public opinion; a ~ of 10% to BJP 4 दोलन, घुमाव, चक्र: the car started up at the first ~ 5 झूम, झूलन: walk with a ~ 6 क्रिकेट आदि में: बल्ले को घुमाकर मारा जाने वाला प्रहार: ~ shot/ stroke) 7 क्रिकेट आदि में: हवा में घूमने वाली या रुख बदलती गेंद: ~ ball 8 जैज (jazz) संगीत की झूम (swing) लय; 9 छूट, स्वतंत्रता: he gave us full ~ in the matter 10 शक्ति, संवेग, वेग, गति, तेजी: give the handle a ~; in the full ~ of sth; go with a ~ 11 (*syn.* course) चाल, (*syn.* rhythm) धुन: get into the ~ of the work;

adj. झूमने वाला, झूलनदार: ~ band;

dw/lw: **~beat** *n., music* रैप, हिप-हॉप या लयबंद नृत्य संगीत; **~-bridge** *n.* झूला पुल (लक्ष्मण झूला); **~boat** *n.* झूला-गाड़ी जैसी नाव; **~-door** घुमाऊ दरवाजा; **~er** /स्विंगः/ *n.,* 1 *old sl.*

use जोर का प्रहार 2 फैशनेबल और दावतबाज व्यक्ति 3 लंपट आदमी 4 गुरुघंटाल 5 सफेद झूठ 6 बहुत बड़ा आश्चर्य; **~ing** *adj.* 1 जीवंत 2 झूलने वाला, लटकने वाला, घूमने वाला, झूमने वाला, दोलायमान 3 जोरदार 4 झुमाने वाला; **~-swang** *n.* दोलन, हिलोर, झूमझाम; **~-wheel** *n.* दोलन-चक्र; **~-wing** *n., aeronautics* उड़ान भरते या उतरते हुए विमान का ऊपर-नीचे या आगे-पीछे घूमने वाला पंख;

collocations: ~ **bowler** हवा में घूमती गेंद फेंकने वाला; ~ **bridge** झूला पुल; ~ **door** झूलने वाला दरवाजा; ~ **motion** झूमने वाली गति; ~ **music** झूमने वाला या फड़कदार संगीत; ~ **set** बच्चों का झूला; ~ **shift** 1 *US* दूसरी पारी या शिफ्ट का समय (दोपहर 3 या 4 बजे से रात से 12 बजे तक) 2 इस पारी में काम करने वाले मजदूर या कर्मी; ~ **voter** ढुलमुल या अनिश्चयी मतदाता; **a ~ mirror** झूलने वाला दर्पण;

p&i: **~ around/ round** जल्दी से घूम जा.; **~ at sb** मारना; **~ both ways** *colloq.* उभयलिंगी हो.; **~ by/ ~ by sth** (***syn.*** drop by) किसी के यहां थोड़ी देर के लिए हो आना; **~ into action** काम में जुट जाना; **~ the balance = tip the balance** संतुलन बिगाड़ना; **~ the lead** *sl.* काम से बचने के लिए बहाने बाजी क.;

be asleep at the ~ ड्यूटी पर सोता हुआ पकड़ा जा.; **be in full ~/ into full ~** 1 शिखर पर 2 जोरों पर 3 बहार में; **get back into the ~ of things after a month off work** एक महीने बाद फिर से काम की लय में आना; **give free ~ to one's temper** अपने मिजाज को खुली छूट देना; **give free ~ to sb** किसी को पूरी आजादी देना; **go with a ~** 1 दावत आदि का मजेदार हो. 2 संगीत का जोरदार लय में बजना 3 सफलतापूर्वक चलना या हो., बिना किसी रुकावट के चलना; **let it have its ~** इसे पूरे जोश में आने दो; **lose on the ~s and gain on the roundabouts** *colloq.* (pluses and minuses of a situation) धूप भी हो., छांव भी, हार-जीत की बराबर की संभावना हो.; **no room to ~ a cat in** कुछ भी करने को स्थान नहीं, तिल रखने की भी जगह नहीं; **on the ~** बाएं-दाएं झूलते हुए; **the ~ of the pendulum** पेंडुलम का दोलन, उतार-चढ़ाव; **the ~ of things** काम की लय

swinge /स्विंज/ *v., pt.* **~d**, *pp* **swinging** 1 मारना, प्रहार क. 1 ठोकना, सजा दे., पीटना;

dw/lw: **~-buckler** *n.* शेखीबाज, धौंसिया; **swingeing** /स्विंजिंग/ *adj.* 1 असहनीय: ~ damages 2 जोरदार, बहुत बड़ा, भारी: ~ majority 3 *US* शानदार, बढ़िया 4 जोरदार, हक्का-बक्का कर देने वाला; **~r** *sees above under* **swing: *dw/lw***; **~ly** *adv.* जोरदार ढंग से

swing\le /स्विंगल/ *n.* धुनकी, फटका;

v. *v., pt.* **~led**, *pp* **~ling** धुनना

swingometer /स्विंगौमिटः/ *n., Brit., esp. formerly* घड़ी जैसे डायल और सूइयों वाला उपकरण जिसकी सूइयां चुनाव के हार-जीत के परिणाम दिखाती थीं

swinish *see above under* **swine: *dw/lw***

swipe /स्वाइप/ *v., pt.* **~d**, *pp* **swiping** 1 (*usually* **~ at sb/ sth**) जोर से आघात क.: he **~d** the ball into the next field 2 (***syn.*** pinch) चुराना, छीनना 3 क्रेडिट कार्ड आदि को भुगतान करने के लिए मशीन में लगाना;

n. 1 वार 2 अंधाधुंध मार 3 आलोचनात्मक कथन: take a ~ at sb 4 पतली या घटिया बीयर;

collocations: ~ **card** *n. UK* क्रेडिट कार्ड जिसे मशीन में लगाकर भुगतान किया जा सकता है

swirl /स्वःल/ *v., pt.* **~ed**, *pp* **~ing** 1 भंवर की तरह चक्कर काटना 2 में भंवर पड़ना 3 चकराना: my head is **~ing** 4 बल खाते हुए बहना, चक्कर खाते हुए उड़ना: the withered leaves were **~ed** round by the wind 5 चक्कर कटाना, घुमाना;

n. 1 भंवर: a ~ of water; in the ~ of modern life 2 चक्कर, छल्ला: **~s** of smoke;

dw/lw: **~ing** *adj.* चक्कर काटने वाला; **~y** *adj.* तूफानी

swish /स्विश/ *v., pt.* **~ed**, *pp* **~ing**, *s/he/ it* **~es** 1 सरसराते या घरघराते हुए चलना 2 पूंछ हिलाते हुए चलना: the horse **~ed** its tail 3 बेंत आदि घुमाना; ~ a cane;

n., pl. **~es** सरसराहट: the ~ of silk 2 बेंत का सरसराता प्रहार: the ~ of a cane;

adj., *colloq.* (***syn.*** smart) फैशनेबुल, आधुनिक: a ~ restaurant

Swiss /स्विस/ *adj.* स्विटजरलैंड का: ~ cheese; ~ cheese plant; ~ roll;

n., *pl.* **Swiss** स्विटजरलैंड का नागरिक

switch /स्विच/ *v., pt.* **~ed**, *pp* **~ing** 1 राय, मत, नीति या बातचीत का विषय आदि बदलना: ~ the conversation from one subject to another 2 (***syn.*** swap) ठगने के लिए जल्दी-जल्दी अदला-बदली क. 3 दूसरी पटरी पर लाना, लाइन बदलना 4 (~ off) बंद क., (~ on) खोलना 5 बदल दे., बदली कर दे., दूसरे काम में लगाना 6 बेंत, टहनी (कामची, *Hr.*) से पीटना 7 घुमाना, मारना: ~ one's whip; ~ one's head around 8 छीन लेना;

n. 1 बिजली के परिपथ (circuit) को बंद या चालू करने के लिए हस्त-चालित या स्वचालित उपकरण, खटका, स्विच: flick/ press a ~; the on/ off ~; main ~; plug ~ 2 बदलाव, कायापलट, भारी परिवर्तन 3 अदला-बदली, विशेषकर ठगी-आधारित अदला-बदली 4 शारीरिक दंड देने के लिए लंबा चाबुक या पतली टहनी, छड़ी (twig) या कामची: a riding ~ 5 कैंची 6 मार, घुमाव 7 कृत्रिम बालों की लट 8 टेढ़ा-मेढ़ा रेलपथ;

dw/lw: **~back** *n.* ऊपर-नीचे जाने वाली टेढ़ी-मेढ़ी सड़क 2 रोलर-कोस्टर (roller coaster); **~blade/ ~blade knife** *n., esp. N. Amer.* खटका/ बटनदार/ स्प्रिंग चाकू; **~-board** 1 विद्युत-पटल 2 टेलीफोन पटल; **~-hitter** *n.* गेंद को अपनी दोनों तरफ मार सकने वाला खिलाड़ी; **~-man** *n.* कैंची वाला; **~-over** *n.* भारी परिवर्तन, काया-पलट;

p&i: **~ and spurs** बहुत तेज या पूरा दम लगाकर (दौड़ना); **~ed on** *colloq.* 1 भली भांति अवगत या परिचित 2 *old use* नशीले पदार्थों के प्रभाव तले, नशे में; **~ off** सोचना बंद कर दे.; **~ sb on** *colloq.* किसी को किसी बात के बारे में अवगत कराना; **~ sth off** 1 बत्ती बुझाना, किसी उपकरण को बंद कर दे. 2 *UK* ध्यान न दे.; **~ sth on** 1 किसी उपकरण को चालू कर दे. 2 विशेष प्रभाव पैदा करने के लिए आंखों में आंसू भर लेना या दूसरी कोई नाटकीय बात क.; **~ over** रेडियो का स्टेशन या टेलीविजन का चैनल बदलना

swither /स्विदः/ *v., pt.* **~ed**, *pp* **~ing** 1 झिझकना, हिचकना, हिचकिचाना 2 दुविधा में हो.;

n. 1 हिचक, झिझक 2 दुविधा

swivel /स्विवल/ (*also* **~ around**) *v., UK pt.* **~led**, *pp* **~ling** *or US* **swivelling**, *pt.* **swivelled** 1 (***syn.*** spin) चूल छल्ले पर घूमना या घुमाना 2 (***syn.*** swing) शरीर को या उसके किसी अंग को जल्दी से घुमाना;

n. घूमने वाली लड़ी, चूल छल्ला

dw/lw: **~-bridge** *n.* मुड़वां या घुमाऊं पुल, झूला-पुल; **~-chair** घुमाऊं कुर्सी; **~-gun** घुमाऊं तोप;

collocations: ~ **warrior** रिजर्व सैनिक;

p&i: **~ sth to sth** किसी चीज को चूल छल्ले से जोड़ना

swizz /स्विज/ *n., pl.* **~es** 1 धोखा, ठगी 2 बढ़िया वस्तु का वायदा करके धोखे से दी जाने वाली बेहद घटिया वस्तु

swizzle /स्विजल/ *n.* 1 = swizz 2 रम और जिन का झागदार मिश्रण (cocktail);

dw/lw: **~-stick** *n.* कॉकटेल को मिलाने वाली या बुलबुले हटाने वाली छड़ी

swollen /स्वोलन/ *pt.,* **'swell'** का भूतकालिक कृदंत

adj. 1 सूजा हुआ, उभरा हुआ, फूला हुआ: ~ eyes; ~ (eye)-lids 2 उमड़ी हुई, उफान पर: ~ river 3 बढ़ा-चढ़ाकर बनाया हुआ: ~

estimates; ~ budget; a ~ head घमंडी आदमी;
***dw/lw:* ~-headed/ swell-headed** *adj.* अभिमानी, घमंडी

swoon /स्वून/ *n.* गश, बेहोशी, मूर्च्छा, बेसुधी: go off in a ~/ fall into a ~;
v., pt. **~ed**, *pp* **~ing** 1 (***syn.*** faint) गश आ जा., बेहोश हो जा., मूर्च्छा आना या खाना, बेसुध या मूर्च्छित होना 2 खिन्न या उदासीन हो. 3 मदमस्त हो.: girls **~ing** over sb;
***p&i:* ~ over sb /sth** किसी पर या किसी बात पर बेहद उत्तेजित होकर आनंद-अतिरेक या मदमस्त हो.

swoop /स्वूप/ *v., pt.* **~ed**, *pp* **~ing** 1 (***syn.*** dive) झपट्टा मारना, झपटना, हवा से डुबकी लगाना, तेजी से नीचे की ओर उड़ान भरना: the eagle **~ed** down on its prey 2 (***syn.*** raid) अचानक धावा बोलना 3 (*usually* **~ at sb/ sth**) किसी को या किसी चीज को पकड़ने के लिए टूट पड़ना;
n. 1 (***syn.*** dive) झपट्टा, हवा से लगाई जाने वाली डुबकी 2 (***syn.*** raid) धावा, छापा

swoosh /स्वूश/ *n., pl.* **~es** सरसराहट;
v., pt. **~ed**, *pp* **~ing**, *s/he, it* **~es** सरसराते हुए तेजी से चलना: the car **~ed** past very fast

swop /स्वॉप/ *v., pt.* **~ped**, *pp* **~ping** 1 *UK spelling* **'swap'** की वैकल्पिक वर्तनी 2 अदला-बदली क., के बदले में दे.

sword /सॉ: ड/ *n.* 1 तलवार, खंग, खड्ग, तेग, शमशीर, असि: sheathe the ~ (म्यान में तलवार डालना) 2 सैन्य बल 3 संहार, हिंसा और विनाश, विशेषकर युद्ध में 4 न्याय, बदला;
dw/lw:* ~-and-buckler** *n.* ढाल-तलवार; **~-arm** *n.* तलवारी या दाहिनी भुजा; **~-bearer** *n.* सामारोहिक तलवार वाहक, खड्गधारी; **~-belt** *n.* परतल; **~bill/ ~-billed hummingbird** *n.* गुनगुने पक्षी की एक प्रजाति जिसकी तलवारनुमा चोंच उसके शरीर और पूंछ दोनों से लंबी होती है; **~-blade** *n.* तलवार का फल; **~-cane** *n.* गुप्ती; **~-dancer** *n.* स्कॉटलैंड या उत्तरी इंग्लैंड में तलवार के साथ किया जाने वाला नृत्य; **~fish** *n. pl.* **~fish** तेगा मछली; **~-guard** *n.* तलवार की मूठ के पास हाथ को बचाने वाली संरचना; **~-hand** *n.* तलवारी हाथ; **~-hilt** *n.* मूठ; **~-knot** *n.* तेगबंद; **~-law** *n.* सैनिक शासन; **~play** *n.* 1 तलवार का खेल, तलवार चलाने का कौशल 2 (syn.*** repartee) अति चतुर जवाब, हाजिर जवाब; **~sman** *n.* तलवारिया, पटेबाज; **~smanship** *n.* असिकौशल, शमशीरबाजी, पटेबाजी; **~-stick** *n.* गुप्ती; **~tail** *n.* ताजे पानी की एक चमकीली मछली;
***collocations:* ~ dance** *n.* स्कॉटलैंड में (जमीन पर रखी हुई) तलवारों पर किया जाने वाला नृत्य; **fire and ~** लूटपाट; **~ grass** तलवारनुमा नुकीली लंबी घास; **the ~ of the spirit** ईश्वर की वाणी;
***p&i:* a double-edged ~** जोखिम भरा प्रस्ताव या कदम, जिसमें फायदा और नुकसान दोनों निहित हों; **a flaming ~** भरोसेमंद अंगरक्षक; **at ~s' points** खूनी दुश्मन; **at the point of ~** तलवार की नोक पर; **beat/ turn ~s into ploughshares** शांतिपूर्ण जीवन जीना शुरू कर दे.; **cross ~s with sb** किसी से बहस क., से संघर्ष या लड़ाई क.; **draw the ~ = cross/ measure ~s** लड़ाई शुरू क.; **draw the ~ and throw away the scabbard** अति निर्णायक कदम उठाने के लिए तैयार हो.; **maiden/ unfleshed sword** तलवार या योद्धा जिसने अभी तक लड़ाई में भाग न लिया हो; **put to fire and ~** तलवार खींचना, युद्ध छेड़ना, तलवार के घाट उतार देना; **put to the ~** तलवार से मार डालना; **sheathe the ~** तलवार को म्यान में रखना, लड़ाई खत्म क.; **the ~ of Damocles** गर्दन पर लटकती तलवार; **they that take ~ shall perish with ~** जो तलवार उठाएगा, तलवार से ही मारा जाएगा; **throw one's ~ into the scale** युद्ध द्वारा अपने दावे निपटाना

swore /स्वॉ:/ *pt.,* **'swear'** का भूतकालिक रूप

sworn /स्वॉ:न/ *adj.* 1 *pt. p.,* **'swear'** का भूतकालिक कृदंत 2 शपथबद्ध: ~ statement/ testimony/ evidence/ witness, etc. 3 घोर, जानी: ~ enemies 3 पक्का, घनिष्ठ: ~ friend

swot /स्वौट/ *US* स्वाःट/ *n.* 1(***syn.*** grind) *UK* पढ़ाकू, किताबी कीड़ा: have a ~ at a subject 2 कठिन विषय या कार्य: maths for him is a bit of a ~;
v., pt. **~ted**, *pp* **~ting** *UK* (*US* **cram**; *also* **~ sth up**) बहुत पढ़ना, रट्टा लगाना: ~ for an exam; ~ up one's grammar;
***dw/lw:* ~ting** *n.* रट्टा-लगाई

SWOT analysis *short of* 'strengths, weaknesses, opportunities and threat' analysis, *esp. marketing* किसी संगठन या माल के सार्थक या नकारात्मक पहलुओं, उसके लिए संभावनाओं और खतरों आदि का अध्ययन

swot card *n.* मुख्य बातें या तथ्यों वाला कार्ड

SWP *abbr.* **'Socialist Workers' Party'** की प्रथमाक्षरी

SWRI *abbr.* **'Scottish Women's Rural Institute'** की प्रथमाक्षरी

swum /स्वम/ *pt. p.,* **'swim'** का भूतकालिक कृदंत

swung /स्वंग/ *pt.,* **'swing'** का भूतकालिक रूप

swung dash = tilde as the sign (˜) over the letter **a** in the word São Paulo

SY *abbr.* **'Seychelles'** का अंतर्राष्ट्रीय वाहन पंजीकरण कोड (IVR)

sybari\te /सिबअराइट/ *n.* विषयी या विलासी व्यक्ति
***dw/lw:* ~tic** /सिबअरिटिक/ *adj.* विषयगत, विलासपूर्ण: sb's ~tic life style

sycamore /सिकअमॉ:/ *n.* 1 एक पेड़ जिसकी पत्तियां पांच हिस्सों में बंटी होती हैं, चिनार का पेड़, गूलर 2 इस पेड़ की कीमती सख्त लकड़ी

syconium /साइकोनिअम/ *n.* अंजीर फल, उदुंबरक

syco\phancy /सिकअफंसि/ *n.* चापलूसी, खुशामद;
***dw/lw:* ~phant** /सिकअफंट/ *n.* 1 चापलूस, चाटुकार, खुशामदी, तलवेचाट 2 खुशामदी टट्टू, पराश्रयी; **~phantic** /सिकअफैंटिक/ *adj.* चापलूसीपूर्ण; **~phantically** *adv.* चापलूसीपूर्वक

sycosis /साइकोसिस/ *n.* (दाढ़ी का) रोमकूपशोथ

Sydenham's chorea /सिडनअम्ज कअरिआ/ *n., pathol.* जीवाणु संक्रमण के कारण बच्चों में होने वाली एलर्जी (allergy) प्रतिक्रिया से चेहरे आदि पर बार-बार होने वाले अनियंत्रित खिंचाव व सिकुड़न

SYHA *abbr.* **'Scottish Youth Hostels Association'** की प्रथमाक्षरी

sylla\bary /सिलअबरि/ *n., pl.* **~baries** अक्षर-माला, शब्दांश-माला;
***dw/lw:* ~bicate/ ~bify/ ~bize** /सिलैबिकेट/ सिलैबिफाइ/ सिलैबाइज/ *v. pt.* **~bicated/ ~bified/ ~bized,** *pp* **~bicating/ ~bifying/ ~bizing** शब्दांश (syllable) का उच्चारण क.; **~bication** /सिलैबिकेशन/ *n.* शब्दांशीकरण, शब्दांश-विभाजन

syllabic /सिलैबिक/ *adj.* शब्दांश-संबंधी, शब्दांशिक, शब्दांशीय

syllable /सिलअबल/ *n.* शब्दांश: words of one ~, two **~s**, three **~s**; don't mention a ~ of this (इस बारे में एक शब्द न कहो!); the last ~; I know every ~ of the matter; he hardly uttered a ~ all evening

syllabub/ sillabub /सिलअबब/ *n.* झागदार मिष्टान्न

syllabus /सिलअबस/ *n., pl.* **~es/ syllabi** /सिलअबाइ/ 1 पाठ्य-विवरण, पाठ्य-क्रम 2 पाठ्य-क्रम सारांश, पाठ्य-क्रम संक्षेप, खुलासा, पाठ्य-क्रम-पुस्तिका 3 तालिका, फिहरिश्त, सूची

syllep\sis /सिलेप्सिस/ *n., pl.* **syllepses** /सिलेपसीज/ 1 वाक्य या वाक्यांश में एक शब्द का दो या अधिक शब्दों से समान संबंध, पर अलग-अलग अर्थ, अयुक्तान्वय, उभयान्वय 2 दीपक;

dw/lw: ~tic /सिलेप्टिक/ *adj.* अयुक्तान्वयी, उभयान्वयी, दीपक (अलंकार) संबंधी

syllo\gism /सिलअ\जिज्म/ *n.* 1 दो स्वतंत्र कथनों से निकाला जाने वाला निष्कर्ष, निगमानक तर्क 2 सूक्ष्म तर्क, चालाकीपूर्ण चाल 3 न्याय, न्याय वाक्य;

dw/lw: **~gistic** /~जिस्टिक/ *adj.* न्यायबद्ध, निगमनिक; **~gize/ ~gise** /~जाइज/ *v. pt.* **~gized**, *pp* **~gizing** न्यायबद्ध क., न्याय वाक्य कहना, न्यायबद्ध तर्क क.

sylph /सिल्फ/ *n.* 1 लोक साहित्य में वायु की आत्मा-परी, पवन देवी 2 सुंदर छरहरी लड़की, कृशांगी बाली 3 तन्वी;

dw/lw: **~like** *adj.* 1 परी जैसी 2 छरहरी

sylvan /सिल्वन/ *adj., lit.* 1 वन्य, वन-संबंधी 2 वृक्ष-बहुल

symbion(t) /सिंबायौंट/ सिंबिऔंट/ **n.**, *biol.* सहजीवी

symbiosis /सिंबायोसिस/ *US* सिंबिओसिस/ *n.* 1 (*syn.* mutualism) दो भिन्न-भिन्न जीवधारियों का साहचर्य, सहजीवन 2 *psychol.* दो व्यक्तियों के बीच पारस्परिक हित में संबंध;

dw/lw: **symbiotic** /सिंबायोटिक/ *US* सिंबायोटिक/ *adj.* (*syn.* mutual) दो व्यक्तियों के बीच पारस्परिक हित में संबंधों से जुड़ा हुआ

symbol /सिंबल/ *n.* 1 प्रतीक: status ~ 2 चिह्न, संकेताक्षर, संकेत;

dw/lw: **~ic** /सिंबौलिक/ *US* सिंबाःलिक/ (*also* **~ical**) *adj.* प्रतीकात्मक, प्रतीकी, द्योतक, सांकेतिक: ~ic interactionism; ~ic logic; **~ically** / सिंबौलिकलि *US* सिंबाःलिकलि/ *adv.* प्रतीक के रूप में; **~ics** /सिंबौलिक्स/ *US* सिंबाःलिक्स/ *n., [sing.]* 1 संकेत विज्ञान 2 गणित के चिह्नों का समुच्चय

symbolism /सिंबअलिज्म/ *n.* प्रतीकवाद 2 प्रतीकार्थकता, प्रतीकात्मकता, संकेतार्थकता, सांकेतिकता 3 प्रतीक-प्रयोग;

dw/lw: **~ist** /सिंबअलिस्ट/ *n.* प्रतीकवादी कवि आदि; **~listic** /सिंबअलिस्टिक/ *adj.* प्रतीकवादी; **~ization** /सिंबअलाइजेशन/ *n.* प्रतीकीकरण; **~ize** (*also UK* **-ise**) /सिंबअलाइज/ *v., pt.* **~ized**, *pp* **~izing** 1 (*syn.* represent) प्रतीक हो., का संकेत होना 2 प्रतीक (या संकेत) द्वारा प्रस्तुत क. या प्रकट क. 3 प्रतीक के रूप में प्रस्तुत क. या समझना

symbology /सिंबौलजि/ *US* सिंबाःलजि/ *n., pl.* **symbologies** प्रतीक-शास्त्र, प्रतीक-विद्या, प्रतीक-प्रयोग

symbololatry /सिंबअलौलअट्रि/ *US* सिंबअलाःलअट्रि/ *n.* प्रतीक उपासना

symmedian /सिमीडिअन/ *n.* समाध्यिका, संयुग्मी रेखा

symmetallism /सिमेटअलिज्म/ *n.* मिश्रधातु-मान

symme\trical /सिमेट्रिकल/ (*also* **~ric**) *adj.* सममित, समरूप 2 सुडौल 3 संतुलित सामंजस्यपूर्ण4 प्रतिसम;

dw/lw: **~trization** /सिमिट्राइजेशन/ *n.* सममितीकरण; **~trize** /सिमिट्राइज/ *v., pt.* ~trized, *pp* ~trizing सममित, सुडौल, संतुलित या प्रतिसम बनाना

symmetry /सिमअट्रि/ *n., pl.* **symmetries** 1 समरूपता, संतुलन 2 सममिति 3 सुडौलपन, सामंजस्य 4 प्रतिसाम्य 5 सौंदर्यबोध की दृष्टि से संतुलित सजावट

symmix /सिमिक्स/ *n.* सुमिश्रण

sympathetic /सिंपअथेटिक/ *adj.* 1 (*often* **~ to sb/ sth**) सहानुभूतिपूर्ण; be ~ to/ towards sth 2 अनुकूल, सहायक 3 हमदर्द, सहृदय 4 सहानुभूतिपूर्ण, सहानुभूतिसूचक 5 प्रीतिकर, आकर्षक: ~ smile/ glance; ~ face 6 मर्मस्पर्शी, करुण, कारुणिक 7 अनुकंपी, अनुसंवेदी, अनुसंवेदित 8 अनुनादी: ~ vibration 9 गुप्त, अदृश्य;

dw/lw: **~ally** *adv.* सहानुभूतिपूर्वक, हमदर्दी से;

collocations: **~ nervous system** *n., zool.* शरीर में 'autonomic nervous system' का एक भाग जो शरीर को क्रियात्मक बनाने के लिए दिल की धड़कन को बढ़ाता है और रक्त-वाहिकाओं को सिकोड़ता है

sympath\ize (*also UK* **-ise**) /सिंपअथाइज/ *v., pt.* **~ized**, *pp* **~izing** 1 सहानुभूति रखना 2 समर्थन या सहायता क. 3 सहानुभूति प्रकट क. 4 से सहमत होना: ~ with sb;

dw/lw: **~izer** (*also UK* **-iser**) /सिंपअथाइजः/ *n.* 1 सहानुभूति रहनेवाला 2 हमदर्द 3 समर्थक

sympathy /सिंपअथि/*n.* 1 (**~ for** or **with sb**) हमदर्दी, सहानुभूति, संवेदना: feel a ~ for sb; stir up ~; accept my deep ~; strike in ~; have/ express/ feel little, etc. ~ for sb; deep/ great/ heartfelt ~; words of ~ 2 दया, करुणा, अनुकंपा: a man of wide **sympathies**; look for ~ 3 पारस्परिक स्नेह, मेल, सामंजस्य, संगति: a ~ in years; prices go up in ~ with demand 4 अनुनादन, अनुकंपन 5 अनुसंवेदन 6 (*often* **sympathies**) किसी संगठन या विचारधारा के साथ सहमति या समर्थन: popular **sympathies** are on his side

sympatric species /सिंपैट्रिक स्पीशीज/ एक क्षेत्र में पाई जाने वाली विभिन्न प्रजातियां

sympetalous /सिंपेटअलस/ *adj.* संयुक्तदली

symphonic /सिंफौनिक/ (*also* **symphonous**) *adj.* सिम्फनी-संबंधी 2 समस्वर, सुस्वर

symphony /सिंफनि/ *n.* 1 स्वरसंगति, सुरीलापन 2 किसी संगीत रचना में समरसता, विभिन्न भागों, तत्त्वों, अवयवों का मेल, सामंजस्य, समरसता 3 लंबी वाद्यवृंदीय रचना, सिंफनी 4 संगीत रचना के बीच गायन का अनुच्छेद;

collocations: **~ orchestra** *n.* सिंफनी बजाने वाला विशाल वाद्यवृंद

symphysis /सिंफिसिस/ *n.* संधानक

sympodite /सिंपोडाइट/ *n.* संप्रादांश

sympodium /सिंपोडिअम/ *n.* संधित अक्ष

symposiarch /सिंपोजिआःक/ *n.* विचार-गोष्ठी का संचालक

symposiast /सिंपोजिऐस्ट/ *n.* 1 दावत में भाग लेने वाला 2 पुस्तक संकलन में सम्मिलित किसी लेख का लेखक

symposium /सिंपोजिअम/ *n., pl.* **symposia/ ~s** 1 परिचर्चा, विचार-गोष्ठी, संगोष्ठी, परिसंवाद 2 किसी एक विषय पर निबंध-संग्रह 3 पान-गोष्ठी, दावत

symptom /सिंप्टम/ *n., med.* 1 बीमारी के लक्षण, रोग लक्षण 2 (*syn.* indication) लक्षण, चिह्न, the increase in crime, a ~ of moral decline;

dw/lw: **~atic** /सिंप्टोमैटिक/ *adj.* लक्षणात्मक, रोग सूचक, लाक्षणिक: ~atic of common cold; **~atically** *adv.* लक्षणों के अनुसार; **~atize/ ~atise** /सिंप्टअमटाइज/ (*also* **~atize/ ~atise**) *v. pt.* ~atized, *pp* ~atizing किसी बात का लक्षण हो.; **~atology** /सिंप्टअमटॉलजि/ *n., pl.* **~atologies** *med.* 1 रोग लक्षण-विज्ञान, लाक्षणिक

snaky /सिनअक्मि/ *n., bot.* समकाल पक्वता

synaeresis /सिनैरअसिस/ *n., phon.* स्वरसंधि, द्वयक्षर-संकोचन

synaesthesia /सिनअस्थीजिआ/ *n., psychol.* सहसंवेदन

synagogue /सिनअगौग/ *n.* यहूदियों का सार्वजनिक पूजास्थल, यहूदी सभाघर या प्रार्थना भवन

synallagmatic /सिनअलैग्मैटिक/ *adj., law* द्विपक्षीय (सौदा), परस्परबद्ध

synalgia /सिनैल्जिआ/ *n.* अनुसंवेदित पीड़ा

synantherous /सिनैंथअरस/ *adj.* मुक्तपरागकोशी

synapse /साइनैप्स/ *n., anat.* सूत्रयुग्मन, अंतर्ग्रथन, दो तंत्र कोशिकाओं के बीच संबंध

synapsis /सिनैप्सिस/ *n., pl.* **synapses** अर्धसूत्र विभाजन

synarthrosis /सिनाःथ्रोसिस/ *n.* अचल संधि

syn-axial /सिनैक्सिअल/ *adj.* सम-अक्षीय

sync /सिंक/ (*also* **synch**) *n.* एककालिक, समकालिक: be in ~; be out of ~

syncarp /सिंकाःप/ *n.* युक्तांडप, जटिल फल

synchro /सिंक्रो/ *n., colloq., sport* एक साथ एक लय में तैराकी

synchromesh /सिंक्रोमेश/ *n.* गिअर के पहिए से सामंजस्यित गति प्रणाली

synchro\nic /सिंक्रौ\निक/ *US* सिंक्राः\निक/ (≠ diachronic) *adj. ling.* 1 भाषा के किसी एक समय के रूप का अवयव-विन्यासीय अध्ययन (ऐतिहासिक /diachronic/ अध्ययन के विपरीत) से संबंधित, वर्णनात्मक;
dw/lw: **~nical/ ~nistic** /~निकल/~निस्टिक/ *adj.* 1 समकालिक, एककालिक 2 तुल्यकालिक, तुल्यकाली 3 समक्रमिक; **~nicity** / सिंक्रअनिसिटि/ *n.* दो या अधिक बातों या घटनाओं का ऐन एक समय पर घटने का तथ्य; **~nism** /~निज़्म/ 1 समकालिकता, तुल्यकालिकता, समक्रमिकता 2 समकालिक घटना 3 समकालिक तालिका

synchronization /सिंक्रअनाइ\जेशन/ *n.* 1 तुल्यकालन, समकालन 2 समक्रमण 3 एककालीकरण, एककालन;
dw/lw: **synchro\nize** *(also UK* **~nise***)* /~ज/ *v., pt.* ~nized, *pp* ~nizing 1 एक-साथ करवाना या क., एक ही समय पड़ना या घटित होना, एक ही समय होना 2 समकालिक, तुल्यकालिक या समक्रमिक होना 3 तुल्यकालिक या समक्रमिक बना दे., एक ही समय रखना या घटित क. 4 घड़ियों में समय मिलाना: ~nize watches 5 की समकालिक तालिका बनाना;
dw/lw: **~nizer** /~जः/ *n.* तुल्यकालिक, समक्रामक;
collocations: **~nized swimming** *n.* समक्रमिक तैराकी

synchronous /सिंक्रअनस/ *adj.* 1 एक ही समय पर घटित होने वाला, समकालिक, एककालिक 2 एक ही आवृत्ति से होने वाला, समक्रमिक 3 कृत्रिम उपग्रह के कक्ष के बारे में: भूस्थिर उपग्रह से संबंधित

synchrony /सिंक्रअनि/ *n.* समकालिकता, एककालिकता, समक्रमिकता

synchroscope /सिंक्रअस्कोप/ *n.* तुल्यकालदर्शी

synchrotron /सिंक्रअट्रौन/ *n., phys.* सिंक्रअट्रौन

synchesis /सिंकिसिस/ *n.* शब्द अक्रमता, उल्ट-पुल्ट अर्थों के साथ शब्दों का मिलान

synclastic /सिन्क्लैस्टिक/ *adj.* सदृशवक्रित

synclinal /सिन्क्लाइनल/ *adj.* अभिनत

syncline /सिनक्लाइन/ *n., geol.* अभिनति

syncopa\te /सिन्कोपेट/ *v. pt.* **~ted**, *pp* **~ting** 1 ताल बदलना 2 अक्षरलोप क.;
dw/lw: **~copation** /सिन्कोपेशन/ *n.* 1 बलाघात परिवर्तन द्वारा ताल-परिवर्तन 2 मध्याक्षरलोप

syncope /सिंकअपि/ *n., med.* 1 *ling.* अक्षरलोप, मध्याक्षरलोप, e.g. **o'er = over 2** (*syn.* faint) थोड़े समय के लिए होने वाली आकस्मिक मूर्च्छा, बेहोशी

sync pulse *broadcasting* टीवी संकेतों से संबंधित गति

syncre\tic/ ~tistic /सिन्क्रअटिक/ सिन्क्रअटिस्टिक/ *adj.* विभिन्न सिद्धांतों या विश्वासों में समन्वय स्थापित करने वाला, समन्वयी या समन्वयात्मक;
dw/lw: **~tism** /सिन्क्रअ\टिजम/ *n.* 1 समन्वय, समुच्चय 2 समन्वयवाद, समुच्चयवाद; **~tist** /~टिस्ट/ *n.* समन्वयवादी; **~tize/ ~tise** /~टाइज/ *v. pt.* ~tized, *pp* ~tizing समन्वय क.

syndactyls /सिन्डैक्टिलिज्म/ *n.* युक्तांगुलिता, उंगलियों का जोड़

synderesis /सिंडअरेसिस/ *n.* सामान्य नीति बोध

syndesmology /सिंडेस्मॉलजि/ *n.* संधि-प्रकरण, अस्थिबंधन;
dw/lw: **~mosis** /सिंडेस्मोसिस/ *n., pl.* **~moses** /सिंडेस्मोसीज/ अस्थिबंधन, तंतु-संधि, स्नायु-संधि

syndetic /सिंडेटिक/ (*also* **~cal**) *adj.* संयोजी, संयोगी

syndic /सिंडिक/ *n.* 1 विश्वविद्यालय या कंपनी का अधिकारी 2 कानून अधिकारी

syndica\lism /सिंडिकअलिज्म/ *n.* श्रमिक संघवाद;
dw/lw: **~list** /सिंडिकअलिस्ट/ *n.* श्रमिक संघवादी

syndica\te /सिंडिकअट/ *n.* 1 व्यवसाय संघ 2 प्रकाशन-संघ 3 व्यापार संघ 4 अपराधियों का संघ 5 समाचार एजेंसी;
***v.**, pt.* **~ted**, *pp* **~ting** 1 संघ बनाना 2 संघ के माध्यम से कोई कार्य या कार्यक्रम क. 3 समाचार एजंसी द्वारा कई पत्र-पत्रिकाओं को लेख, खबर या फोटो बेचना 4 *US* बने बनाए टीवी कार्यक्रम किसी टीवी चैनल को बेचना
dw/lw: **~tion** *n.* संघठन या संघ द्वारा उपर्युक्त कार्यों का प्रयोजन; **~tor** *n.* उपर्युक्त किसी भी संघ का सदस्य

syndrome /सिंड्रोम/ *n.* 1 संलक्षण, लक्षण समष्टि या समूह 2 किसी समस्या या अवस्था का स्वरूप, गुण या विशेषताएं आदि

synecdoche /सिनेक्डअकि/ *n.* एक अलंकार जिसमें एक अंश या भाग को संपूर्ण वस्तु, व्यक्ति या प्रक्रिया का द्योतक मान लिया जाता है, e.g. in the sentence: here comes the **beard**, शब्द **beard** दाढ़ी वाले व्यक्ति द्योतक है

synecology /सिनिकौलजि/ *US* सिनिकाःलजि/ *n., ecology* 1 समुदाय पारिस्थितिकी 2 समुदाय या समाज और पर्यावरण के संबंधों का अध्ययन

synectics /सिनेक्टिक्स/ *n.* रचनात्मक चिंतन-प्रक्रिया अध्ययन विज्ञान

syner\gy /सिनःजि/ *n., pharmacol.* 1 ऐसी प्रक्रिया जब दो या अधिक यौगिकों का सामूहिक प्रभाव उन यौगिकों के अलग-अलग प्रभावों के जोड़ से अधिक होता है 2 ऐसी प्रक्रिया जब दो या अधिक मांस-पेशियों की सामूहिक क्रिया उन मांस-पेशियों के अलग-अलग क्रियाओं के जोड़ से अधिक होती है 3 दो या अधिक लोगों, संगठनों की सहक्रिया यानी सामूहिक कार्य से पैदा होने वाला अतिरिक्त बल या ऊर्जा;
dw/lw: **~getic** /सिनःजेटिक/ *adj.* सहक्रियाशील, सहयोगी; **~gism** /सिनःजिज्म/ *n.* सहक्रिया, सहक्रियावाद, सामूहिकतावाद; **~gic** /सिनःजिक/ *adj.* सहक्रियात्मक

synesis /सिनअसिस/ *n.* अर्थान्वय, शब्दों के अर्थ के अनुसार व्याकरणिक रूप

syngamy /सिनअगमि/ *n.* युग्मक संलयन

syngenesis /सिन्जेनिसिस/ *n.* सहजनन;
collocations: **~genetic** *adj.* सहजननात्मक, सहजात

synizesis /सिनिजीसिस/ *n.* स्वरसंकोचन, स्वरैक्य, आपुंजन, पलक-संवृत्ति

synod /सिनअड/ *n.* पदरियों की स्थानीय या राष्ट्रीय परिषद 2 धर्मसभा 3 सभा

synoecious /सिनीशिअस/ *adj.* उभयलिंगाश्रयी

synonym /सिनअनि\म/ *n.* पर्यायवाची शब्द, समानार्थक शब्द;
dw/lw: **~ist** /सिनौनिमिस्ट/ *n.* पर्यायज्ञ, पर्यायवाची शब्द विशेषज्ञ; **~ity** /सिनौनिमिटि/ *n.* समानार्थकता; **~ize** /सिनौनिमाइज/ *v., pt.* ~ized, *pp* ~zing का पर्याय दे., पर्याय का प्रयोग क.; **~y** /सिनौनिमि/ *n.* 1 पर्यायिकी 2 पर्याय-संग्रह, पर्याय-तालिका 3 समानार्थकता; **~ous** /सिनौनिमस/*adj.* (*often* **~ous with sth**) पर्यायवाची, पर्यायवाची, समानार्थी, समानार्थक: for some, football is ~ous with hooliganism;

synopsis /सिनौप्सिस/ *n., pl.* **synopses** /सिनौप्सीज/ 1 रूपरेखा 2 सारांश 3 संक्षेप, कथासार 4 सिंहावलोकन;
dw/lw: **synoptic** /सिनौप्टिक/ *adj.* सारांशीय, संक्षिप्त;
collocations: **Synoptic Gospels** *pl.* मैथ्यु (Matrhew), मार्क (Mark) और ल्यूक (Luke) की उपदेश-पुस्तिकाएं

synovia /साइनोविआ/ सिनोविआ / (*also* **synovial fluid**) *n.* जोड़ों की झिल्लियों से मिलने वाला संधि-स्नेहक तरल, श्लेषक;
collocations: **~l membrane** जोड़क ऊतक की झिल्ली

synovitis /साइनोवाइटिस/ *n., anat.* संधि या जोड़क-झिल्ली-शोथ

synroc /सिनरौक/ *n.* रेडियोधर्मी पदार्थ के साथ मिलकर उसे जमीन में दबाए रखने में सक्षम चट्टान

syntactic/ syntactical /सिंटैक्टिक/ ~ल/ *adj.* 1 वाक्यीय, वाक्यगत 2 वाक्य-विज्ञान-संबंधी 3 वाक्य-विषयक

syntagm /सिटैम/ (*also* **syntagma** /सिटैग्मा/) *n., ling.* स्वनिमों (phonemes), शब्दों (words) और वाक्यांशों (phrases) की क्रमिक व्यवस्था से बनी एक भाषा इकाई

syntax /सिंटैक्स/ *n., pl.* **~es**, *ling.* 1 वाक्य-रचना 2 वाक्य-विन्यास 3 वाक्य-विश्लेषण, वाक्य-विचार 4 *ling.* भाषा-विज्ञान की शाखा जो वाक्य-रचना एवं वाक्य के विभिन्न व्याकरणीय पहलुओं का अध्ययन करती है, वाक्य-विज्ञान

synthe\sis /सिंथअसिस/ *n., pl.* **syntheses** /सिंथअसीज/, *ling.* 1 भिन्न-भिन्न भागों या अवयवों को मिलाकर संपूर्ण वस्तु या विचार आदि बनाने की क्रिया 2 संश्लेषण 3 *chem.* सरल यौगिकों या तत्त्वों को मिलाकर जटिल रासायनिक यौगिक बनाने की क्रिया, संयोजन 4 *ling.* शब्दों के रूपांतर द्वारा उनके व्याकरणिक संबंधों की स्थापना, संश्लेषण;
dw/lw: **~sist** /सिंथअसिस्ट/ *n.* संश्लेषक; **~size** *(also UK* **-sise***)* /सिंथअसाइज/ *v., pt.* ~sized, *pp* ~sizing संश्लेषण क.; **~sizer** *(also UK* **-iser**, *short* **synth***)* /सिंथअसाइज़:/ *n., music* एक वाद्य यंत्र जिससे भिन्न-भिन्न स्वरों का मिश्रण किया जा सकता है

synthetic/ **~al** /सिंथेटिक/ ~ल/ *adj.* 1 संश्लेषण-संबंधी, संश्लेषी, संश्लेषणात्मक, सांश्लेषिक 2 संश्लिष्ट, संश्लेषित 3 संयोगात्मक 4 (***syn.*** man-made) मानव-निर्मित, कृत्रिम: ~ wool 5 नकली, बनावटी: ~ smile; ~ appearance of the set for the play 6 कपटी 7 *ling.* (***syn.*** agglutinative) शब्दों के रूपांतर यानी उनके अंतिम शब्दांश में परिवर्तन द्वारा व्याकरणिक संबंधों की स्थापना पर आधारित (भाषा), जैसे संस्कृत, रूसी आदि भाषाओं से संबंधित 8 भिन्न-भिन्न विचारों और मतों को एक करने वाला: the ~ power of his imagination;
n. **(synthetic)** कपड़े में कृत्रिम पदार्थ;
dw/lw: **~ally** /सिंथेटिकलि/ *adv.* 1 कृत्रिम ढंग से 2 बनावटी मुद्रा में

syphi\lis /सिफिलिस/ *n., med.* 1 यौन क्रिया द्वारा जनित रोग 2 गर्मी, सूजाक, उपदंश, आतशक 3 फिरंग;
dw/lw: **~litic** /सिफिलिटिक/ *adj.* उपदंशी

syphon *see* **siphon**

syringa /सिरिंगा/ *n.,* **~s** 1 जैसमिन परिवार का पौधा 2 नारंगी की नकली झाड़ी

syringe /सिरिंज/ *n., pl.* **~s** 1 टीका (इंजेक्शन) लगाने की सूई वाली पिचकारी 2 पिचकारीनुमा सूई: hypodermic ~ 3 अग्नि-शामक पंप 4 फूल-पौधों का सिंचाई के लिए फुआरा;
v., pt. **~d**, *pp* **syringing** 1 फुहारना, पिचकारी चलाना 2 पिचकारी या वस्ति दे., पिचकारी से साफ क.

syringitis /सिरिंजाइटिस/ सिरिंजिटिस/ *n.* शब्दिनी-शोथ, कुंबकर्णी नली शोथ

syrinx /सिरिंक्स/ *n., pl.* **syringes**/ **syrinxes** 1 बांसुरी की तरह का वाद्य 2 पक्षियों का ध्वनि-अंग 3 शब्दिनी

syrtis /स:टिस/ *n.* चोर-बालू, चोर-रेती, धसाने वाला रेत

syrup /सिरप/ *n.* 1 शर्बत, चाशनी, शीरा 2 चीनी के जायके वाली दवाई 3 अति भावुकता या चापलूसी;
dw/lw: **~y** /सिरपि/ *adj.*1 चाशनी-सा 2 मीठा-मीठा 3 अति भावुक 4 चिपकू, मिठबोला चापलूस

syssarcosis /सिसा:कोसिस/ *n.* पेशीय अस्थियोग

systaltic /सिस्टैल्टिक/ *adj.* दिल के बारे में: बारी-बारी से सिकुड़ने और खुलने वाला

system /सिस्टम/ *n.* 1 पद्धति, प्रणाली: the solar ~ *astron.* (सौर-परिवार, सौर-मंडल) 2 ढांचा, व्यवस्था: irrigation/ supply ~ 3 तंत्र, निकाय: the transport ~ 4 शारीरिक अंग-प्रणाली, शरीर: the human digestive ~; nervous ~; immune ~ 5 (**the system**) समुदाय या समूह की व्यवस्था, समाज का नियम-तंत्र: the capitalist ~ 6 ज्ञान के किसी क्षेत्र यानी सिद्धांतों, मतों आदि की क्रमबद्ध स्थापना यानी नीतियों, सिद्धांतों वादों का तंत्र, दर्शन, शास्त्र: ~ of philosophy 7 (***syn.*** method) ढंग, तरीका: a good ~ of teaching French 8 योजना: work without ~ 9 क्रम, व्यवस्था, क्रमबद्धता: his work lacks ~ 10 वर्गीकरण 11 यांत्रिक, वैद्युत या इलैक्ट्रोनी पुर्जों का एक इकाई के रूप में काम: a stereo ~; operating ~; public address ~ 12 कामकाजी तंत्र या प्रणाली: ~ of government; bipartisan/ two-party ~; closed/ written ~ (बंद अदालती ढांचा) 13 कार्य शैली की चुस्ती-दुरुस्ती, तरीकापसंदी, अनुशासन: a more efficient filing ~; ~ in sb's preparation for exam 14 शरीर और मन की तारतम्यता: get the anger out of your ~ 15 (**the society**) समाज और व्यवस्था का दबाव, अत्याचार 16 संसार का नक्षत्रीय तारतम्य 17 नियंत्रण पद्धति: control ~;
dw/lw: **systematic** *see below under separate entry*; **~artist** /सिस्टिअमैटिस्ट/ *n.* 1 वर्गीकरण-विशेषज्ञ 2 तरीके से काम करने वाला; **~atization** /सिस्टअमटाइजेशन/ *n.* 1 व्यवस्था-स्थापना, क्रम, क्रमबद्धता, क्रमबंधन 2 वर्गीकरण 3 सुव्यवस्था; **~atize** /सिस्टअमटाइज/ *v., pt.* ~atized, *pp* ~atizing व्यवस्थित या क्रमबद्ध क., वर्गीकृत क.
collocations: **~ building** *n., arch.* भवन निर्माण की गति तेज करने के लिए पहले से तैयारशुदा इमारती सामान जैसे प्रीफैब्रिकेटिड ब्लॉक (prefabricated blocks), पहले से बनी छत, खिड़कियों आदि का प्रयोग; **~ engineering**/ **~s engineering** भिन्न-भिन्न परियोजनाओं को तैयार करने के लिए सूचना की तकनीकों का प्रयोग करने वाली इंजिनियरिंग की शाखा; **~ date** *n., comput.* प्रयोग कर्ता के कार्यों को दर्ज करने के लिए कार्यकारी ढांचे द्वारा प्रदर्शित तिथि; **~ operator**/ **~s operator** कंप्यूटर प्रणाली को चलाने वाला या नियंत्रित करने वाला व्यक्ति; **~s analysis** 1 किसी व्यापारिक, औद्योगिक या वैज्ञानिक संगठन के कार्य को ज्यादा चुस्त-दुरुस्त बनाने के लिए कंप्यूटर की मदद से संगठन के कार्य के सभी कालों का अध्ययन 2 किसी संगठन के कार्य को कंप्यूटर कृत करने के लिए मानवीय पहलुओं का व्यापक अध्ययन;
p&i: **all ~s go**/ **all ~s are go** *colloq.* सब कुछ तैयार है; **get out of one's** ~ अपने दिमाग से निकाल बाहर क.; **the silent** ~ *US* कैद में बंदी को चुप रहने का हुक्म; **the spoils** ~ *US* लूट की बांट

systematic /सिस्टअमैटिक/ *adj.* 1 व्यवस्थित, क्रमबद्ध, नियमित: be ~ 2 आयोजित, योजनाबद्ध 3 जानबूझकर कर किया हुआ, ज्ञानकृत 4 बाकायदा तरीके से काम करने वाला 5 वर्गीकृत 6 पद्धति, प्रणाली संबंधी: ~ error; **~ botany** वर्गीकरण-वनस्पति विज्ञान; **~s** /~स/*n., biol.* 1 जीवों की वर्गीकृत समूहों की कड़ियों का वैज्ञानिक अध्ययन 2 वर्गीकरण-विज्ञान;
dw/lw: **~atically** /~लि/ *adv.* 1 व्यवस्थित ढंग से, नियमित (रूप से) 2 क्रमानुसार, क्रम से 3 जान-बूझ कर, इरादतन

systemic /सिस्टेमिक/ सिस्टीमिक/ *adj.* 1 *biol.* शरीर के सारे ढांचे से संबंधित, दैहिक 2 *med.* पूरे शरीर को प्रभावित करने वाला, सर्वांगी 3 *bot.* सारे पौधे में व्याप्त होकर उसे कीटाणुओं से बचाने वाला, व्यापक: ~ poison, ~ weed killers;
dw/lw: **~ally** /सिस्टीमिकलि/ *adv.* नियमित रूप से

systole /सिस्टअलि/ *n., pl.* **~s** *med.* हृदय की मांसपेशी का संकुचन;
dw/lw: **systolic** /सिस्टौलिक/ *adj.* संकुचक

syzygy /सिजिजि/ *n.* युति-अयुति-बिंदु, युति-वियुति-बिंदु, द्विपदी, संयुग

T t

T t /टी/ *n., pl.* **Ts, T's, t's** 1 अंग्रेजी वर्णमाला का बीसवां अक्षर 2 **T**-आकार: **T**-beam, **T**-bolt; **T**-pipe; **T**-shirt; **T**-square; ***p&i:*** **cross the t's and dot the i's** 1 अंतिम रूप दे. 2 किसी कार्य को बारीकी से संपूर्ण रूप देना; **hit it off to a T** ठीक निशाने पर बैठना; **know sth to a T/ tee** किसी चीज को आर-पार या पूरी तरह जानना; **marked with T** चोर के रूप में कुख्यात; **right to a T/ tee** 1 एकदम वही या वैसा ही, हू-ब-हू, यथातथ्य 2 बिल्कुल सही 3 पूरी तरह से: it suits me to a T

T *abbr.* 1 *music* 'tenor' का प्रथमाक्षर 2 'Thailand' थाइलैंड का अंतर्राष्ट्रीय वाहन पंजीकरण कोड (IVR) 3 *phys.* 'tesla' का प्रथमाक्षर

T *symbol, chem.* **'tritium'** का चिह्न

t *abbr., comm.* 'tare', 'temperature', 'tonne'/ 'ton', 'troy/ troy weight' का प्रथमाक्षर

't 'it' का छोटा रूप

TA *abbr.* 'Territorial Army', 'Travelling Allowance', 'Teaching Assistant' की प्रथमाक्षरी

Ta *symbol, chem.* 'tantalum' का चिह्न

ta /टाः/ *excl., Br., colloq., sl.* **Thank You** धन्यवाद!, शुक्रिया!

TAA *abbr.* 'Tata Archery Academy' की प्रथमाक्षरी

tab /टैब/ *n.* 1 लेबल, चिप्पी 2 कीमत, दाम 3 (***syn.*** strip) टंगनी, लटकन 4 **tab** *abbr.* 'tabulator, tablet' का छोटा रूप 5 नशीली दवा (*mainly of* **LSD/ Ecstasy**) की गोली 6 घुंडी 7 (***syn.*** tag) पट्टी, धज्जी, तस्मा, फीता 8 (***syn.*** bill) हिसाब, लेखा, बिल 9 *N. Eng. sl.* सिगरेट10 कंप्यूटर के कुंजी-पटल का बटन 11 गिटार आदि का बटन;

v. pt. **~bed**, *pp* **~bing** 1 टंगनी, घुंडी या पट्टी लगाना 2 लेखा या हिसाब रखना या क., लिख देना 3 कंप्यूटर के कुंजी-पटल के 'tab' बटन का प्रयोग क. 4 किसी कार्य के योग्य घोषित क.;

collocations: **~ key** *n.* कंप्यूटर का एक बटन; **~ stop** कंप्यूटर में टाइप करते समय पंक्ति के शुरू होने का निश्चित स्थान

p&i: **keep a ~/ ~s on sb/ sth** किसी पर या किसी बात पर ध्यान रखना, नजर रखना, पर निगरानी रखना; **keep (close) ~ on daily sales** हर दिन की बिक्री पर कड़ी नजर रखना; **pick up the ~** *mainly N. Amer.* पैसा चुकाना; **throw up a ~** उधार पर खरीदना

tabacious /टैबअशिअस/ *adj.* तंबाकूवर्णी

tabard /टैबःड/ *n.* 1 लबादा 2 बिना बाजू की जैकेट, जवाहर कट

tabaret /टैबअरिट/ *n.* धारीदार मोटा रेशम

Tabasco /टबैस्को/ *n., tradem.* लाल मिर्च की एक तीखी सॉस (एक प्रकार की चटनी)

tabbouleh /टैबूले/ *n.* 1 एक अरब व्यंजन 2 भूमध्यसागरीय क्षेत्र का सलाद

tab\by /टैबि/ *n., pl.* **~bies** 1 (*also* **~by cat**) धारीदार बिल्ली 2 कोई भी पालतू बिल्ली 3 मोटा लहरिया रेशम 4 बातूनी औरत, चुड़ैल 5 (***syn.*** old spinster) अधेड़ उम्र की अविवाहित औरत 6 पीतधूसर (जीन);

adj. चमकीला, धारीदार, लहरियादार

v., pt. **~bied**, *pp* **~bying** लहरियादार या धारीदार बना लेना बना दे.

tabefaction /टैबिफैक्शन/ *n.* घुलावट

tabernacle /टैबःनैक्ल/ *n.* 1 (*also* **the Tabernacle**) देवालय, पूजा गृह, मंदिर 2 अस्थायी निवास 3 काया, देह, शरीर 4 तंबू, खेमा, मंडप, डेरा, कुटिया 5 मस्तूल-चौखटा;

v., pt. **~d**, *pp* **tabernacling** डेरा दे., ठहराना, डेरा डालना, ठहरना;

collocations: **feast of ~s** मंडपों का पर्व या त्योहार

tabes /टेबीज/ *n., pathol.* 1 सूखा, क्षयरोग 2 कृशता, जर्जरण 3 घुलन;

dw/lw: **tabefy** /टेबीफाइ/ *v., pt.* **tabefied**, *pp* **tabefying** क्षीण क. या हो., घुलना;

dw/lw: **tabescence** /टेबीसंस/ *n.* क्षीयमाणता, शोष; **tabescent** /टेबीसंट/ *n.* क्षीयमाण, जरकुंचित; **tabetic/ tabid** /टबेटिक/ *adj.* क्षीयमाण

tablature /टैब्लेचः/ (*also* **tab**) *n.* संगीत स्वरों (musical notes) को दर्शाने का एक विशेष ढंग जिसके तहत स्वर-चिह्नों की बजाए वाद्य पर उंगलियों की स्थिति दर्शायी जाती है

table /टेबल/ *n.* 1 मेज: dining-room/ polished ~; moulding ~ (मुड़वां मेज); coffee ~; dressing ~ 2 मेज पर बैठे लोग, मंडली, टोली: set the ~ in a roar; keep the ~ amused 3 सारणी, तालिका 4 किसी घर में मेज पर परोसा जानेवाला भोजन: lay the ~ *UK* (*UK/ US* set the ~); the ~ groans/ is abundantly spread with good things; good/ liberal/ bountiful/ sumptuous ~; keep an open ~; be/ sit at the ~; clear the ~ 5 विधि-फलक, पट्टी, पट्ट: the ten **~s**/ the **~s** of the law 6 सूची, फिहरिस्त: go up to the top of the ~ 7 पहाड़ा: multiplication ~; learn one's ~ 8 (***syn.*** plateau) पठार, सपाट और समतल पहाड़ी 9 हथेली 10 गद्दी, सिंहासन: the Lord's/ the holy ~;

v., pt. **~d**, *pp* **tabling** 1 मेज पर रखना 2 मेज पर (ताश के) पत्ते या पैसे रखना: put/ lay one's cards (card) on the ~ (पत्ते खोल दे.) 3 सारणी, तालिका आदि बनाना 4 *UK* विचारार्थ प्रस्तुत क., प्रस्तावित क.: ~ a motion (विधेयक सदन में प्रस्तुत क.) 5 *US* बाद में विचार विमर्श करने का फैसला क., ताक पर रखना, ठंडे बस्ते में डालना: ~ the proposal until the next meeting 6 जहाज के पालों को और मजबूत क., कसना;

adj. मेज से संबंधित, मेज का: ~ salt; ~ fan; ~ tennis;

dw/lw: **~cloth** *n.* मेजपोश; **~ful** *n.* चम्मच (भर); **~hop** *v., pt.* ~hoped, *pp* ~hoping एक मेज से दूसरे मेज पर जा.; **~land** /टेबललैंड/ *n., geol.* (***syn.*** plateau) पठार; **~spoon** *n.* भोजन परोसने का चम्मच; **~spoonful** (*abbr.* **tbsp**) *n., pl.* ~spoonfuls चम्मच भर मात्रा; **~-talk** *n.* गपशप, बतकही; **~-top** *n.* 1 मेज का ऊपरी तल 2 मेज पर रखी जानेवाली कोई छोटी मशीन; **~ware** /टेबलवेअः/ *n.* भोजन परोसने या खाने के बर्तन, छुरी-कांटा, बर्तन-भांडे;

collocations: **~ bird** खास पक्षी; **~ dancing** रेस्त्रां, मयखाने आदि में नृत्यांगना द्वारा ग्राहक की मेज के ऐन पास किया जाने वाला नाच; **~ d'hôte** /टाबल डोट/ सामान्य भोजन; **~ fan** मेज पंखा; **~ lamp** टेबल लैंप, मेज पर रखा जाने वाला लैंप; **~ mountain** पठारी पर्वत; **~ football** विशेष प्रकार के उपकरणों द्वारा मेज पर खेला जाने वाला फुटबाल जैसा खेल; **~ licence** मात्र भोजन के साथ शराब परोसने का लाइसंस; **~ linen** मेजपोश व नैपकिन आदि; **~ manners** मेज पर बैठे लोगों के साथ भोजन करने के सही तौर-तरीके; **~ mat** मेज की सतह को गर्म चीजों से बचाने के लिए उनके नीचे रखी जाने वाली गद्दी या चटाई, मैट; **~ napkin** मेज पर रखा जाने वाला नैपकिन (हाथ-मुंह पोंछने का बड़ा-सा कागजी रूमाल); **~ of contents** विषय-सूची; **~ of differences** अंतर सारणी; **~ of lettering** अक्षरांकन सारणी; **~ salt** पेज पर परोसा जाने वाला नमक; **~ tennis** टेबल टेनिस;

p&i: **at ~** खाना खाने में व्यस्त; **drink sb under the ~** किसी को शराब पीने में मात दे दे.; **get round the ~** वार्तालाप या बातचीत शुरू क.; **lay sth on the ~** बहस या बातचीत के लिए मुद्दा प्रस्तुत क.; **lie on the ~** मेज पर परोसा हुआ; **on the ~** बहस का मुद्दा; **take from the ~** *US* (विधेयक) बहस के लिए वापस आना; **turn the ~s on sb** किसी को उसी के हथियार से मात दे., पासा पलट दे.; **under the ~** 1 चोरी-चोरी, चुपके-चुपके 2 पीकर धुत्त; **upon the ~** वार्तालाप का मुद्दा

tableau /टैब्लो/ *n., pl.* **tableaux** /टैब्लो/ टैब्लोज/ 1 मूक दृश्य 2 नाटकीय दृश्य 3 सजीव चित्र 4 प्रभावशाली दृश्य, झांकी

tableau vivant /टैब्लो विवां/ *n., pl.* **tableaux vivants** /टैब्लो विवां/ *literally* **living picture** किसी ऐतिहासिक घटना को दर्शाने वाली सजीव झांकी

tablet /टैब्लट/ *n.* 1 (***syn.*** pill) दवाई: take a ~; sleeping **~s**; headache **~s** 2 (***syn.*** plaque) खुदे हुए शब्दों वाली तख्ती/ पट्टी/ फलक/ पट्ट 3 *US* (*UK/ US* **pad**) लिखने का पैड, पत्रावली 4 (साबुन आदि की) टिकिया 5 दवाई की गोली, टिकिया 6 छोटा-सा कंप्यूटर

tabling /टेबलिंग/ *n.* 1 तालिकाओं को बनाने की क्रिया 2 मेज़पोश के लिए कपड़ा

tabloid /टैब्लॉइड/ *n.* 1 छोटे पन्नों वाला लघु समाचार-पत्र 2 टिकिया जैसे छोटे आकार में अधिक से अधिक समाचार सामग्री से भरा पत्र, यानी गागर में सागर भरने का काम करने वाला समाचार पत्र: in ~ form; ~ journalism 3 टिकिया, गुटिका;
adj. छोटे पन्नों वाले प्रचार माध्यमों से संबंधित: the ~ press; ~ television;
***collocations*: ~ TV/ ~ television** लघु समाचार-पत्र की तरह छोटी-छोटी सनसनीखेज रपटें देने वाला टीवी

taboo /टबू/ *n., pl.* **taboos/ tabus** 1 धार्मिक या सामाजिक दुराग्रहों के कारण वर्जन, निषेध: break or violate a ~ 2 वर्जित कर्म या निषिद्ध वस्तु 3 वर्जना, वर्जित शब्द;
adj. वर्जित, निषिद्ध: ~ custom; ~ word
***v.**, pt.* **~ed/ tabued**, *pp* **~ing/ tabuing**, *s/he/ it* **~s** 1 वर्जित क. 2 निषिद्ध समझकर छोड़ दे.: their names are **~ed**

tabor /टेबः/ *n.* तबला, छोटी-सी ढोलक

tabouret/ *US* **taboret** /टैबअरेट/ *n.* 1 चौकी, आसंदी 2 पीढ़ा

tabular /टैब्युलः, टैब्यलः / *adj.* 1 सारणीबद्ध, तालिकाबद्ध: in ~ from 2 सपाट, समतल: ~ surface; ~ bone (सपाटास्थि) 3 सारणिक, सारणीय: ~ difference (सारणीय अंतर); ~ arrangement (सारणीबद्ध व्यवस्था);
***collocs*: ~ guide** सारणीबद्ध निर्देशिका; **~ recording** सारणीबद्ध अभिलेखन; **~ sulphur** टिकिया गंधक

tabula rasa /टैब्युला राजा/ *n., pl.* **tabulae rasae** /टैब्युली राजी/ 1 कोरी स्लेट, रिक्त पटिया 2 निरंक मानस, कोरा मन

tabula\te /टैब्युले\ट/ *v., pt.* **~ted**, *pp* **~ting** 1 सारणीबद्ध क., तालिकाबद्ध क. 2 सपाट बना दे.;
adj. 1 सपाट 2 स्तरित, परतदार;
***dw/lw:* ~ted** /~टिड/ सारणीबद्ध: ~ted statement; **~tion** /~शन/ *n.* सारणीकरण, सारणीयन, सारणीबंधन; **~tor** /~लेटः/ *n., comput. formerly* 1 सारणी बनाने वाला, सारणीकार 2 सारणी-यंत्र 3 (**tab key**) *comput.* टैब कुंजी

TAC *abbr.* 'Tariff Advisory Committee', 'Telephone Advisory Committee', 'Total Access Communication' की प्रथमाक्षरी

tacamahac /टैकअमहैक/ *n.* बबूल आदि पेड़ों से मिलनेवला गोंद

tacan /टैकन/ (*short of* tactical **navigation**) *n., phys.* विमान के उतरने की एक कारगर प्रणाली

tac-au-tac /टैकोटैक/ *n., fencing* 1 तलवार के वार को टालने की क्रिया के साथ-साथ फुर्तीला जवाब 2 पटेबाजी में घात-प्रतिघात

tacent, satis laudant /टेसेंट सैटिस लॉडेंट/ *Lat.* उनका मौन रहना ही प्रशंसनीय है

tacet /टैसेट/ टेसिट/ टैकेट/ *adv., adj., music* मौन, यानी किसी निर्धारित स्थिति में कोई वाद्य नहीं बजाया जाना चाहिए

tache/ tash /टैश/ *n., pl.* **taches/ tashes** *colloq.* 1 मूंछ 2
tache /टैच/ *n.* कसन, जकड़, बकसुआ

tachism/ tachisme /टैशिजम/ *n., art* 1920 के दशक में प्रचलित एक अमूर्त कलात्मक (abstract art) शैली जिसमें पेंट के छोटे-छोटे रोचक धब्बे स्वतः लगाकर चित्र बनाए जाते थे

tachograph /टैकअग्राफ/ *n.* दूरीमापक उपकरण

tachometer /टैकौमिटः/ *US* टैकाःमिटः/ *n.* वेगमापी;
***dw/lw:* ~metry** /टैकौमिटरि/ *n.* वेग-मिति

tachycardia /टैकिकाःडिआ/ *n., pathol.* हृदय की अति तेज धड़कन, हृत्प्रवेग, हृद-क्षिप्रता

tachygrap\hy /टैकिग्रफि/ *n.* 1 प्राचीन यूनानियों व रोमवासियों द्वारा प्रयुक्त आशुलिपि 2 मध्यकाल में प्रचलित आशुलिपित यूनानी और लातिनी पांडुलिपियां;
***dw/lw:* ~her** /टैकिग्रफः/ *n.* यूनानी या रोमन आशुलिपिक

tacit /टैसिट\/ *adj.* 1 अध्वनित या सांकेतिक 2 अनकहा, अनुक्त: ~ approval; ~ understanding with sb 3 मौन: ~ spectator; ~ consent (मौन सहमति);
***dw/lw:* ~ly** /~लि/ *adv.* सांकेतिक रूप में, मौन रूप में; **~ness** *n.* सांकेतिकता, अनुक्तता

taciturn /टैसिटःन/ *adj.* 1 अल्पभाषी, चुप्पा, कमगो 2 शांत, सौम्य, गैरमिलनसार;
***dw/lw:* ~ity** /टैसिटःनिटि/ *n.* चुप्पापन, अल्पभाषिता, मौन; **~ly** *adv.*चुपके-चुपके

tack /टैक/ *n* 1 कार्यनीति, नीति परिवर्तन, सामरिक महत्त्व की चाल 2 छोटी कील 3 *US* **blu ~** (*UK* **drawing pin**) कटिया, ड्रॉइंग पिन 4 चिपटी बिरिंजी 5 सिए जा रहे कपड़े को इकट्ठा रखने के लिए लगाया जाने वाला बड़ा-सा कच्चा टांका, तोपा: hanging by a ~ 6 *naut.* जहाज की हवा के विपरीत दिशा: on the starboard ~ 7 *naut.* चलते जहाज का टेढ़ा-मेढ़ा रास्ता 8 दिशा, रास्ता: be on the right/ on the wrong ~; change one's ~; try/ go upon/ another ~ 9 संलग्न या आबद्ध वस्तु 10 घोड़े पर चढ़ने की सामग्री11 चिपचिपापन, चिपचिपाहट;
v.**, pt.* **~ed**, *pp* **~ing** 1 कटिया जड़ना: ~ a notice to the wall 2 (**~ sth down/ on**) बांधना, जोड़ना, नत्थी क.: ~ a ribbon on to a hat **3** (syn.*** nail) जड़ना 4 अतिरिक्त सामग्री के रूप में गाहे-बगाहे संलग्न क.: ~ a moral on to the end of a story; the poem was **~ed** at the end of the book 5 लंबे-लंबे कच्चे टांके लगाना, तुरपना, तुरुपना, टांकना 6 दिशा बदलना, टेढ़े-मेढ़े चलना 7 रंग बदलना 8 पैंतरा बदलना, नीति बदल देना;
***dw/lw:* ~-hammer** /टैक-हैमः/ *n.* हथौड़ी; **~iness** /टैकिनेस/ *n.* चिपचिपाहट;
***collocations:* hard ~** जहाजी बिस्कुट; **soft ~** ब्रेड
***p&i:* be on the right ~** सही रास्ते पर हो.; **be on the ~** शराब न पीना; **be on the wrong ~** गलत रास्ते पर हो.; **bring/ get/ haul/ put the ~ aboard** जहाज के पाल कसना; **change one's ~** अपनी नीति या रास्ता बदलना; **come/ get down to brass ~s** असली मुद्दे पर आना; **try a different ~** दूसरा रास्ता अपना कर देखना

tackie/ takkie /टैकी/ *n.* घर में पहनने की रबड़ के तल्ले (sole) वाली चप्पल आदि

tackle /टैक्ल/ *v., pt.* **~d**, *pp* **tackling** 1 से भिड़ना, से जूझना, सामना क., मुकाबला क.: ~ a difficulty 2 किसी समस्या का निपटारा क., समाधान क.: ~ a problem 3 *UK* पूछ-ताछ क. 4 फुटबाल, हाकी आदि खेलों में विपक्ष के खिलाड़ी से गेंद छीनना, उसका रास्ता रोकना 5 (कसकर) पकड़ना, जकड़ लेना, थामना: ~ a thief 6 (***syn.*** confront) रुखाई के साथ मिलना 7 किसी काम को जोशो-खरोश के साथ करने लगना, काम में जुट जाना: ~ down/ ~ to 8 बांधना, कसना 9 (***syn.*** harness) घोड़े पर काठी डालना, घोड़े को जोतना 10 किसी की राय या मत बदलने के लिए बातचीत क.: I'll ~ him on the point;
n. 1 भिड़ंत, टकराव, धर-पकड़, जूझ, छीना-झपटी: flying ~ 2 मछली पकड़ने का सामान 3 जहाज के रस्से-रस्सियां, कप्पी, घिरनी, गडारी 4 साजो-सामान, कील-कांटा, यंत्र, उपकरण, मशीन, औजार, राछ: shaving ~ 5 घोड़े की लगाम, काठी आदि डालने या जोतने का सामान 6 खान-पान;
***dw/lw:* ~r** *n.* प्रतिद्वंद्वी खिलाड़ी से निपटने या उसे रोकने वाला

tac\ky /टैकि/ *adj., degr.* **~kier**, **~kist** 1 (***syn.*** shabby, shoddy) घटिया: **~ky** souvenirs 2 चिपचिपा, श्लेषी, लसदार 3 गीला 4 (***syn.*** dowdy, vulgar) फूहड़, अश्लील;

***dw/lw:* ~kily** *adv.* फूहड़ ढंग से; **~kiness** *n.* फूहड़पन, अश्लीलता

taco /टैको/ *n., pl.* **~s** मैक्सिको का एक व्यंजन

tact /टैक्ट/ *n.* 1 व्यवहार-कौशल, शऊर, कार्य-कुशलता: have great ~ 2 (***syn.*** sensitivity) समझ, चतुराई, सूझ-बूझ, संवेदनशीलता 3 कूटनीति, जटिल स्थिति से निपटने का हुनर;

dw/lw:* ~ful** /टैक्टफुल/ *adj.* (syn.*** diplomatic) व्यवहार-कुशल, कार्यकुशल, व्यावहारिक, व्यवहारशील; **~fully** /टैक्टफुलि/ *adv.* व्यवहार-कुशलतापूर्वक, चतुराई से; **~fulness** *n.* व्यवहार-कुशलता; **~less** /टैक्टलस/ *adj.* 1 (***syn.*** insensitive) बेढब, अशिष्ट, बेशऊर 2 अभद्र, अप्रिय 3 अनुचित 4 असामयिक, अव्यावहारिक; **~lessly** *adv.* बेशऊरी से; **~lessness** *n.* व्यवहार-अकुशलता; बेशऊरी

tactic /टैक्टिक/ *n.* युक्ति, तरीका;

***dw/lw:* ~cal** /टैक्टिकल/ *adj.* 1 योजनापूर्ण, युक्तियुक्त: ~cal alliance; make a ~cal error 2 निपुण, कुशल 3 सामरिक, रणकौशल संबंधी, रणकौशल-युक्त: ~cal activities; ~cal approach; ~cal efficiency; **~ically** /टैक्टिकलि/ *adv.* युक्तियुक्त ढंग से, रणकौशल की दृष्टि से; **~cian** /टैक्टिशन/ *n.* योजना-निपुण, रणकौशल में माहिर, कार्यकुशल व्यक्ति; **~s** *see below under separate entry*;

***collocations*: ~cal voting** ऐसे उम्मीदवार को मत देना जिसे मतदाता पसंद नहीं करता, पर उसका प्रतिद्वंद्वी उससे कहीं ज्यादा बदतर है

tactics /टैक्टिक्स/ *n., sing./ pl.* 1 रणकौशल, व्यूहकौशल: adopt/ employ/ use **~s**; a change of **~s** 2 युक्ति 3 (***syn.*** manoeuvre) सामरिक पैंतरा या चाल: military **~s** 4 चाल, दांव, दांव-पेंच, तिकड़म: not to approve sb's dirty ~; bullying/ underhand **~s**; devious **~s**

tac\tile /टैक्टाइल/ *adj.* 1 स्पृश्य, स्पर्शग्राह्य, स्पर्शणीय: **~tile** sensibility 2 स्पर्शेंद्रिय-संबंधी: **~tile** organs (स्पर्शेंद्रियां) 3 स्पर्शक्षम, स्पर्शी: **~tile** qualities;

***dw/lw:* ~ility** /टैक्टिलिटि/ *n.* 1 स्पर्शता, स्पर्शत्व; **~tion** /टैक्शन/ *n.* 1 स्पर्शन 2 स्पर्श; **~tual** /टैक्ट्युल/ *adj.* 1 स्पर्शशील 2 स्पर्शजन्य;

***collocations:* ~tile cell** स्पर्श कोशिका; **~tile corpuscle** स्पर्श कणिका; **~tile hair** स्पर्श रोम; **~tile stimulus** स्पर्श उद्दीपक

tad /टैड/ *n.* 1थोड़ा-सी मात्रा, तनिक-सी संख्या 2 *US* बच्चा, बालक;

***p&i:* a tad** थोड़ा-सा, जरा-सा: just a ~ of milk in my tea

TA/DA *abbr.* 'travelling and dearness allowances' की प्रथमाक्षरी

TADAPA *abbr.* 'Terrorist and Disruptive Activities Prevention Act' की प्रथमाक्षरी (आतंकवाद-निरोधक अधिनियम)

ta-da /टा-डा/ *interj.* सुनिए!

tadpole /टैडपोल/ *n.* इल्ली, छुछमछली, बैंगची

taekwondo/ tac knon do /ताइकवौंडो/ *US* -वांडो/ *n.* कराटे जैसा कोरियायी लड़ाकू हुनर

taenia /टीनि/ *n., pl.* **itaeniae**/ **~s** 1 फीता सरबंद 2 फीता-कृमि 3 टीनिआ 4 बंद

Tafe /टेफि/ *abbr.* 'Technical and Further Education', 'Tractors and Farm Equipment Limited' की प्रथमाक्षरी

taffeta /टैफिटा/ *n.* ताफता, कड़ा व चमकदार कपड़ा

taffrail/ tafferel /टैफ्रेल/ *n., naut.* दुंबाल का जंगला, तफरैल

Taffy /टैफि/ *n., pl.* **Taffies** *sl., often offensive* इंग्लैंड में वेल्ज (Wales) का निवासी

TAFI *abbr.* 'Travel Agents Federation of India' की प्रथमाक्षरी

TAFN *abbr.,* 'that's all for now' की प्रथमाक्षरी

TAG *abbr.* 'Technology Advisory Group' की प्रथमाक्षरी

tag /टैग/ *n.* 1 लेबल, पर्ची, चिप्पी 2 धुंडी, पट्टी, लुपी टंगनी 3 लटकन 4 धज्जी 5 (घिसी-पिटी) सूक्ति, घिसा-पिटा उद्धरण, भरत-वाक्य: Latin ~ 6 नारा 7 उपनाम: it hardly justifies the discovery of the year ~ 8 (*also* **tig**) बच्चों का एक खेल 9 व्यक्तिगत चिह्न या दस्तखत;

v., *pt.* **~ged**, *pp* **~ging** 1 लेबल लगाना या चिपकाना: ~ trunks 2 जोड़ना, बांधना, कसना: ~ sth together 3 (*usually* **~ along/ on**) पीछे-पीछे चलना 4 छूना, छू जाना 5 तुक जोड़ना, रोचक बनाना: ~ one's speech with jokes;

***dw/lw:* ~ged** /टैग्ड/ *adj.* अंकित, चिह्नित, संहित; **~ging** /टैगिंग/ *n.* अंकन, नत्थी; **~-rag** /टैग-रैग/ *n.* गंदे-संदे लोगों की भीड़, फटेहाल व दीनहीन व्यक्ति, फटीचर: tag-rag and bobtail (ऐरा-गैरा, नत्थू खैरा); **~-rag** *adj.* फटेहाल, कंगला;

***collocations:* ~ day** किसी कार्य के लिए चंदा उगाहने का दिन; **~ end** अंतिम अंश/ छोर; **~ experiment** बंधन प्रयोग; **~ line = punch line** तीखा सार शब्द या वाक्य, नारा;

***p&i:* ~ after/ ~ along** के साथ चल दे., के पीछे चलना; **~ on** जोड़ दे.; **~ rag and Bobtail** ऐरा-गैरा नत्थू खैरा;

to a ~ हू-ब-हू

Tagalog /टअगालौग/ *n.* टैगालौग (भाषा या टैगालौग-भाषी), फिलिपीनी

tagliatelle /टैल्यटेलि/ टैगलिअटेलि/ *n.* पास्ता का एक व्यंजन

Tahitian /टअहीशिअन/ *adj.* दक्षिणी प्रशांत महासागर में स्थित फ्रांसीसी पोलिनेशिया के सबसे बड़े द्वीप ताहीती से संबंधित

TAI *abbr.* 'Tea Association of India', 'Technology Achievement Index' की प्रथमाक्षरी

Tai /ताइ/ *n.* 1 थाइलैंड, लाओस, वियतनाम और चीन के कुछ भागों में प्रचलित 40 भाषाओं का परिवार 2 इस परिवार की भाषाएं

t'ai chi /ताई ची/ *n.* व्यायाम की एक चीनी शैली

taiga /ताइगा/ (*Russian* **тайга́**) *n., geog.* साइबेरिया का सदाबहार घना वन

tail /टेल/ *n.* 1 दुम, पूंछ, पुच्छ: wag one's ~; bushy ~ 2 बाहरी कोना, नेत्रांत: ~ of an eye 3 पुछल्ला, कन्नी 4 तांता 5 अंत, पिछाड़ी, पिछला भाग या सिरा, पिछला हिस्सा: the ~ end of sth; ~ of a letter/ of a note; ~ of a procession 6 निचला भाग 7 पट, पुश्त 8 पीछे लगा रहने वाला व्यक्ति, पिछलग्गू 9 वायुयान का उठा हुआ पिछला भाग 10 पक्षी के पिछले भाग से निकलने वाले पंख, जैसे मोर-पंख 11 पुच्छल तारे या उल्का की पूंछ 12 सिक्के का उल्टा फलक 13 पुच्छल कोट 14 (**tails**) पुच्छल कोट और सफेद बो (bow) वाली शाम की पोशाक 15 (***syn.*** shadow) किसी पर लगातार नजर रखने वाला 16 *colloq.* चूतड़ 17 किसी दल का कम प्रभावशाली हिस्सा 18 किसी कार्य या प्रक्रिया का अंतिम चरण: the ~ of the storm 19 प्रतिबंधी या सीमित (limited) स्वामित्व या संपत्ति;

adj. 1 पिछला 2 प्रतिबंधी, परिसीमित;

v., *pt.* **~ed**, *pp* **~ing** 1 पीछा क. 2 (***syn.*** shadow) किसी पर नजर रखना 3 पिछड़ना, अलग पड़ जाना 4 पूंछ काटना 5 पीछे पड़े रहना;

dw/lw:* ~back** *n. UK* लंबी कतार; **~board/ ~gate** /टेल्बोःड/ टेलगेट/ *n.* ट्रक का पिछला हटाया-लगाया जा सकने वाला तख्ता; **~bone** *n.* (syn.*** coccyx) पीठ की हड्डी के सिरे पर एक छोटी-सी हड्डी; **~coat** *n.* (***syn.*** tails) ऐसा कोट जिसके आगे का हिस्सा छोटा होता है और पीछे का लंबा, पुच्छल कोट; **~ed** *adj.* पूंछ वाला, सपुच्छ, पुच्छल, दुमदार, पुच्छी; **~-end** *n.* अंतिम सिरा; **~-ender** *n.* अंत का, क्रिकेट के खेल में बल्लेबाजी की कतार में अंतिम कई खिलाड़ी; **~less** *adj.* बिना पूंछ का; **~-on-wind** *n.* जहाज के अनुकूल दिशा की हवा; **~piece** *n.* 1 अंत्यरचना 2 पश्च-लेख 3 अंतिम टिप्पणी; **~pipe** *US* (*UK* **exhaust pipe**) *n.* निर्वातक नली, गाड़ी के इंजन से खराब गैस बाहर निकालने की पाइप; **~s** *n. [pl.]* 1 सिक्के का एक पहलू 2 दो भागों में विभाजित कोट जिसके आगे का हिस्सा छोटा होता है और

पीछे का लंबा; **~spin** /टेलस्पिन/ *n., colloq.* 1 हवाई जहाज का चक्कर खाते हुए सिर के बल नीचे उतरना 2 विषम या नियंत्रण से बाहर हुई स्थिति;

collocations: ~ **area** पुच्छ क्षेत्र; **~ed rhyme** अतुकांत कविता; ~ **fork** पुच्छ द्विभुज; ~ **grab** पुच्छ पकड़; ~ **light** गाड़ी की पिछली बत्ती; ~ **of a speech** भाषण का अंतिम भाग; ~ **rope** पुच्छ रस्सी; ~ **terminal** पुच्छ उपांत; ~ **wind** अनुकूल हवा, अनुवात; **~whirl** पुच्छ चक्र;

p&i: ~ **after**/ ~ **along** पीछे-पीछे; ~ **away** 1 दूर पीछे छूट जा. 2 हवा आदि का मंद पड़ जा.; ~ **in** दीवार आदि में लगाना; ~ **inshore** जहाज द्वारा पिछला हिस्सा सिरा तट की ओर करके खड़ा हो.; ~ **off** 1 = ~ **away** 2 ~ **off** धीरे-धीरे क्षीणतर होते जा.; ~ **on** = ~ **after**; ~ **out** पीछे छूट जा.; **~s up** मजे में, प्रफुल्ल; **at sb's ~/ in the ~ of sb/ close on sb's ~** किसी के पीछे बहुत समीप हो.; **get one's ~ down** हौसला पस्त हो.; **get/ have/ keep one's ~ up** or **with one's ~(s) up** हौसला बुलंद हो., मिजाज अच्छा हो.; **out of/ with the ~ of one's eye** तिरछी आंख से, चुपके-चुपके; **the ~ wagging the dog** किसी गौण तत्त्व द्वारा कोई कार्य प्रभावित किया जा.; **turn ~** भाग जाना; **turn ~/ twist sb's ~** किसी की नाक में दम क., किसी की घोर आलोचना क.; **turn ~/ twist the lion's ~** ब्रितानवी शेर पर छींटा-कशी क.; **with one's ~ between one's legs** दम दबाकर (भाग जा.)

tailor /टेलः/ *n.* दर्जी, सूचिक, सूजी;

***v.**, pt.* **~ed**, *pp* **~ing** 1 सिलाई क., सीना 2 सिलना: this material **~s** well 3 आवश्यकता के अनुकूल बनाना: her novel is **~ed** to popular tastes;

dw/lw: **~-bird** *n.* दर्जिन फुदकी; **~ed** /टेलःड/ *adj.* 1 दर्जी द्वारा बनाया हुआ 2 शिक्षित-दीक्षित: a faultlessly ~ed man; **~ess** /टेलरेस/ *n.* दर्जिन; **~ing** /टेलरिंग/ *n.* दर्जी का धंधा, दर्जीगीरी, सिलाई; **~-made** *adj.* 1 किसी के लिए विशेष रूप से बनाया हुआ: ~-made clothes 2 तदनुकूल: a score ~-made for radio (रेडियो के आदेश अनुसार बनाया हुआ संगीत);

collocations: **~'s shop** दर्जी की दुकान; **~'s twist** मजबूत रेशमी धागा;

p&i: **ride like a** ~ घोड़े की काठी में भी न बैठ पाना; **the ~ makes the man** जैसी पोशाक वैसा आदमी; **the ~'s wife is worst clad** दीपक तले अंधेरा;

taint /टेंट/ *v., pt.* **~ed**, *pp* **~ing** 1 किसी की छवि बिगाड़ना: ~ sb's reputation 2 नैतिक रूप से दूषित क.: ~ sb's mind 3 भोजन में हानिकारक पदार्थ डालकर उसे दूषित कर दे., बिगाड़ना 4 दूषित होना, बिगड़ना: meat **~s** readily in hot weather; air **~ed** with smoke;

n. 1 पतन का कलंक: moral ~; there is a ~ of insanity in their family; ~ of corruption; ~ of commercialism 2 प्रदूषित अवस्था;

dw/lw: **~ed** *adj.* दूषित: ~ed goods; **~less** *adj.* 1 निष्कलंक 2 निर्दोष 3 बेऐब

'taint *contraction, sl.* **'it is not'** का छोटा रूप

taipan /टाइपैन/ *n.* आस्ट्रेलिया आदि में पाया जाने वाला अत्यंत जहरीला सांप

Taiwanese /टाइवनीज/ *n.* ताइवान का निवासी

taka /टका/ *n., pl.* **~s** बंगला देश की मुद्रा, टका

take /टेक/ *v., pt.* **took**, *pt. p.* **taken**, *pp* **taking** 1 (*often* ~ **sth down/ off/ out etc.**) लेना, ग्रहण क.: give and ~; ~ a book from the shelf; ~ a sheet of paper from/ out of the drawer; what you like ~? 2 हाथ में ले., पकड़ना, थामना: ~ sth in one's hand; ~ one's head in one's hand; ~ sb's hand/ ~ sb by the hand; ~ sb by the throat; ~ sth up with a pair of tongs 3 किसी को एक स्थान से दूसरे स्थान पर ले जा., पहुंचाना, तक जा.: ~ the table out of the room; this road will ~ you to the station; business **took** him to London; ~ sb over a house/ a museum 4 किराये पर घर आदि ले.: ~ a home/ for a year 5 सेवा को प्रयोग में लाना, इस्तेमाल क.: ~ lessons; ~ a book from the library 6 कोई चीज प्राप्त क., कब्जा आदि ले., जीत लेना, खरीदना: ~ a fortress/ a town by storm; ~ prisoners 7 स्वीकार ले.: ~ things as they are; ~ advice; ~ office; the eldest son shall ~ (the succession); ~ a dare/ a challenge (चुनौती स्वीकारना) 8 समय लगना या लेना: it will ~ all day to finish; it **~s** time, means and skill to undertake such a big project 9 कोई चीज खाना, दवाई ले.: ~ medicine; I don't ~ sugar in coffee 10 तापमान, नब्ज आदि नापना: ~ a temperature; ~ the pulse; ~ bearings 11 कपड़ों का नाप ले. 12 जगह हो., स्थान ले.: ~ seats in advance 13 यात्रा के लिए किसी एक प्रकार के वाहन को पकड़ना: ~ a tram/ a taxi 14 कुछ क.: ~ a walk; ~ one's revenge 15 सही या गलत मान लेना, मानकर चलना, समझना: ~ sb's word for it; ~ it from me (मेरी बात मानो); ~ sth as it is! (जैसा है वैसा ही मान लो!); I ~ it (that) (मैं मान लेता हूं कि...); I ~ it that we are to wait here; let us ~ it that it is so (मान लेते हैं कि ऐसा ही है); ~ a hint; ~ sb's meaning 16 फैसला क. या ले.: ~ a decision 17 सहन क., झेलना: cannot ~ his arrogance; she **~s** the rough with the smooth; not able to ~ criticism; he always **~s** what comes to him 18 लिखित में दर्ज क.: ~ the minutes of the meeting 19 फोटो लेना: ~ sb standing by the bridge 20 किसी विषय की पढ़ाई क. या उसे पढ़ाना: ~ to literature 21 कहीं से उद्धरण लेना: ~ a quotation from Shakespeare 22 के लिए स्थान हो. या उसके वजन को सहन करने में सक्षम हो.: the shelf won't ~ any more books 23 किसी को या किसी वस्तु को आदर्श या उदाहरणीय मानना 24 गलती से कोई और समझ लेना: **took** her to be a teacher; I **took** him for an Englishman; I am not the person you ~ me for 25 (*usually* **be taken with sb**) पर फिदा हो., पसंद आना: they have **~n** to each other; ~ to sb/ sth: ~ sb's fancy; the story **took** my fancy; her new novel **took** the fancy of the public; he was very much **~n** with the idea; the play didn't ~ 26 (*also* **~ sth away/ off**) 26.1 छीन ले. 26.2 (***syn.*** subtract) घटाना: if we ~ two from four we'll have two left 27 से निपटना: ~ the first two questions together 28 अपेक्षित असर क.: the vaccination didn't ~ 29 बीजों द्वारा जड़ पकड़ना: ~ roots 30 दायित्व ग्रहण क.: ~ command; ~ control; ~ charge of sb/ sth; she is to ~ charge of the children; ~ the consequences; ~ the blame upon oneself 31 का संज्ञान ले., बुरा या अच्छा मानना, समझना: can't ~ him/ his words/ seriously; ~ a joke in earnest; ~ sth amiss/ ill/ in bad part; ~ it ill of sb (किसी की बात का बुरा मानना); I'll ~ it kindly if you would answer my letter; ~ sth to heart (बुरा मानना); your words may be **~n** in a bad sense 32 छा जा., वश में कर ले.: when love **~s** a man; his conscience **~s** him when he is sober; he was **~n** with a fit of coughing/ of laughter 33 बिना पूछे ले जा., (किसी चीज को) अपनी बना ले.: she **took** all the credit to herself 34 रास्ता पकड़ना: he **took** the opposite direction; ~ the shortest way; ~ the wrong road 35 किसी प्रश्न पर कोई रुख अपनाना: ~ the attitude of an outsider; ~ a strong stand; ~ a jaundiced view; ~ a practical view of the situation 36 बाधा पार क.: the horse **took** the ditch/ the fence; ~ a different approach to the problem 37 विश्वास में ले.: ~ sb into the secret; ~ sb into one's confidence 38 दंड पाना, नुकसान उठाना: ~ a beating; ~ casualties; ~ a light/ severe punishment; ~ a direct hit 39 सोख लेना; a sponge **~s** up water quickly; the sand **took** all the water 40 चल पड़ना: he **took** to the road again; ~ to the open sea 41 शक्ल अख्तियार क.: the next class will ~ the form of a debate 42 की आवश्यकता हो.: it doesn't ~ much to make sb happy 43 प्रयोग में लाना: my new car **~s** diesel 44 धारण सामर्थ्य हो.: my new car ~ 7 persons 45 पढ़ाना: ~ the students for Spanish 46 परीक्षा देना: ~ the annual examination फुटबाल आदि के खेल में पेनल्टी स्ट्रोक मारना: ~ a penalty stroke किसी बात का पता लगाने के लिए किसी विधि का प्रयोग क.: ~ a vote 46 सफल हो.: the skin graft failed to ~ 47 व्याकरण में प्रयोग हो.: the verb 'take' can ~ the preposition 'on' after it ;

n. 1 ग्रहण, अभिग्रहण, पकड़ 2 एक बार में मछली आदि की पकड़, शिकार: great ~ of fish 3 (***syn.*** takings) प्राप्ति, आय, हिस्सा: sb's ~ in the booty 4 प्रयास (फिल्माने का): completed the war scene in just two **~s** 5 विचार, टिप्पणी: Obama's ~ on Donald Trump 6 कब्जा;

dw/lw: **~able** /टेकिएबल/ *adj.* ग्रहणीय; **~away** *UK* (*US* **~out**) *n.* 1 (***syn.*** carry-out) रेस्त्रां आदि से मंगाया हुआ भोजन 2 ऐसा भोजन देने वाला रेस्त्रां; **~away** *adj.* पका-पकाया घर भेजे जाने वाला; **~-down** *n.* 1 एक पहलवान द्वारा दूसरे को खड़ी अवस्था से जमीन पर पटकने का दांव 2 पुलिस का आकस्मिक छापा 3 अवमानना, मान-मर्दन; **~-in** *n.* छल-कपट, धोखा, झांसा-पट्टी; **~n** *adj.* 1 आक्रांत, ग्रस्त: ~n ill (अस्वस्थ हो गया) 2 मोहित, आकर्षित, अचंभित: ~n aback (हक्का-बक्का, आश्चर्यचकित, विस्मित); **~-off** *see below under separate entry*; **~r** /टेकः/ *n.* लेने वाला, स्वीकार करने वाला, ग्राहक; there were no ~rs; **~over** *v., pt.* tookover, *pt. p.* takenover, *pp* takingover 1 किसी संस्था या कंपनी आदि का नियंत्रण अपने हाथ में ले. 2 किसी कंपनी के अधिकतर शेयर खरीदकर उस पर कब्जा करने का कार्य; **~-up** *n.* 1 सरकारी फायदों आदि को स्वीकार करने का कार्य 2 उठावनी, उठौनी, कसन, समेट 3 निवारक, कसनी; **taking** *adj.* 1 मनोहर, मोहक: taking smile; taking manners 2 छुतहा, संक्रामक; **taking** *n.* 1 कब्जा 2 चंदे की उगाही, कमाई 3 गिरफ्तारी 4 मछली की पकड़ 5 घबराहट, डर; **takings** /टेकिंग्ज/ *UK* (*US* **receipts**) *n., [pl.]* आय, कमाई;

collocations: ~ **bid** अधिकार में लेने का प्रस्ताव, वश्यकरण-प्रस्ताव; **~-home pay** कटौतियों के बाद मिलने वाला वेतन, निवल वेतन; **~-up rate** किसी फायदे के हकदार लोगों की संख्या का वास्तव में फायदा उठाने वाले लोगों की संख्या से अनुपात;

p&i: ~ **aback** आश्चर्यचकित हो.; ~ **a back seat** पृष्ठभूमि में चला जा., पीछे हट जा.; ~ **about** साथ ले चलना; ~ **a bit between teeth** काबू से बाहर हो.; ~ **a break/ rest, etc.** अस्थायी अवकाश ले.; ~ **a (curtain) call** तालियों की गड़गड़ाहट के बीच निकलकर आना; ~ **a degree** शैक्षणिक डिग्री प्राप्त क.; ~ **a dim view of sth** निराशावादी हो.; ~ **a drop too much** थोड़ी ज्यादा पी लेना; ~ **advantage** का फायदा उठाना; ~ **a fancy for to** दिल आ जा.; ~ **a firm line** कड़ा रुख अपनाना; ~ **a fling at sth** कोशिश करके देखना; ~ **after sb** के अनुरूप हो., से मिलना; ~ **against sb** किसी को तुरंत नापसंद करने लगना; ~ **a gamble** चांस लेना, कोशिश करके देखना; ~ **a grip on oneself** अपने पर काबू रखना; ~ **aim/ sight** निशाना साधना; ~ **a drop** घूंट भर पीना; ~ **a drop/ glass too much** थोड़ा ज्यादा पी ले.; ~ **a hard line** कठोर रुख अपनाना; ~ **a hint** संकेत समझना; ~ **air** बात का फैल जा.; ~ **a joke in good part** मजाक को मजाक समझना; ~ **a leaf out of sb's book** किसी के उदाहरण से सीखना; ~ **a liking/ a fancy to sb** किसी पर फिदा हो जा.; ~ **a load from/ off one's feet** बैठ जा.; ~ **a load from/ off one's mind** अपने मन से चिंता का बोझ उतार दे.; ~ **a look** सरसरी नजर से देखना; ~ **a lot of doing** किसी काम को करने में बहुत मेहनत करना पड़ना; ~ **amiss** बुरा मान जा.; ~ **an examination** परीक्षा देना; ~ **a random shot** अंधेरे में तीर चलाना, अनुमान लगाना; ~ **a risk** जोखिम उठाना; ~ **a role in a play** नाटक में भूमिका ले.; ~ **a run at sth** कुछ करने की कोशिश क.; ~ **a shine to sb** किसी से लगाव हो जाना; ~ **a shot** निशाना साधना; ~ **a shot/ swing at doing sth** कोशिश क. या जोखिम उठाना; ~ **a step/ ~ steps/ action** कदम उठाना; ~ **asunder** अलग-अलग कर दे.; ~ **at sb's word** विश्वास कर लेना; ~ **a turn for the better/ ~ favourable turn** हालत सुधर जा.; ~ **a turn for the worse** हालत बद से बदतर हो जा.; ~ **a walk** सैर क.; ~ **away from sth** (***syn.*** distract) किसी चीज से ध्यान हटाना; ~ **bribes** रिश्वत लेना; ~ **care** देखभाल क., का ध्यान रखना; ~ **care of Dowd** भाई-भतीजावाद क.; ~ **care of the pennies/ pence and pounds will take care of themselves** बूंद-बूंद करके घड़ा भरता है; ~ **care of sb/ sth** किसी की देखभाल क.; ~ **comfort** सांत्वना पाना; ~ **counsel from one's pillow** आराम से सोचना-विचारना; ~ **courage/ heart** हिम्मत क.; ~ **cover** की आड़ ले.; ~ **down** उतारना, गिराना; ~ **effect** लागू हो.; ~ **exception to sb** किसी के बारे में इतराज क.; ~ **for granted** 1 को स्वतः सच मानकर चलना 2 किसी को अपनी जेब में गिनना 3 अहंकारी हो.; ~ **French leave** चुपके से गायब हो जा.; ~ **fright** डर जा.; ~ **from** घटाना; ~ **heart** हिम्मत रखना; ~ **heed** ध्यान दे.; ~ **in a reef** सावधानी बरतना, खर्चा या रफ्तार आदि कम रखना, ; ~ **in flank/ in rear** बगल या पीछे से आक्रमण क.; ~ **in hand** अपने हाथ में ले.; ~ **in one's stride** किसी बात या बाधा को सामान्य अर्थ में लेना; ~ **interest** रुचि ले.; ~ **into custody** गिरफ्तार क.; ~ **in tow** शागिर्दी में हो.; ~ **it easy** किसी खराब बात से आराम से निपटना ; ~ **it into one's head** अपने दिमाग में बैठा ले.; ~ **it lying down** बिना लड़े हार मान लेना; ~ **it on the chin** मुसीबत झेलना; ~ **it on the lam** छिप जा.; ~ **it or leave it** चाहे लो, चाहे छोड़ दो!; ~ **it out of sb** किसी को थकाकर चूर कर दे.; ~ **it out on sb** *colloq.* किसी पर अपनी भड़ास निकलना; ~ **it upon oneself** अपने ऊपर जिम्मेवारी लेना; ~ **law into one's hands** कानून को अपने हाथ में लेना, अवैध काम.; ~ **leave of one's senses** बेवकूफीपूर्ण काम क.; ~ **liberties with sb** किसी के साथ जरूरत से ज्यादा बेतकल्लुफ हो.; ~ **line of least resistance** कम जोखिम भरा रास्ता चुनना; ~ **lying down** चुपचाप सह लेना; ~ **no refusal** इन्कार बर्दाश्त न क.; ~ **notice** देखना, ध्यान दे., संज्ञान ले.; ~ **off** 1 उड़ान भरना 2 किसी वस्तु या माल का सफल हो. 3 अचानक चले जा.; ~ **offence** बुरा मानना; ~ **off one's hat to sb** किसी का कायल हो.; ~ **off the** बहस में लिहाज न क.; ~ **on** अत्यधिक बुरा लगना; ~ **one down a button-hole** ऐंठ निकालना, ऐंठ निकालना; ~ **one's courage in both hands** साहस बटोरना; ~ **one's gruel** किए की सजा पाना; ~ **one's hair down** खूब खुराफात क.; ~ **one's hook** खींच ले.; ~ **one's measure** थाह लेना; ~ **one's mind off sth** किसी बात से ध्यान हटाना; ~ **one's time** आराम से काम क., कोई जल्दी न हो.; ~ **on sb** किसी को चुनौती दे.; ~ **out of action** बिगाड़ दे.; ~ **pity** दया क.; ~ **place** घटना, हो.; ~ **pleasure/ pride/ an interest etc.** मजा/ गर्व/ रुचि ले.; ~ **possession** पर छा जा.; ~ **pride in one's work** अपने काम पर गर्वित हो.; ~ **refuge/ shelter** शरण ले.; ~ **root** जड़ें जमाना; ~ **sb aback** किसी को अत्यधिक चकरा दे.; ~ **sb away** दूर ले जा.; ~ **sb back** 1 किसी को पुरानी बातें याद दिलाना 2 अपने पुराने प्रेमी को वापस लेना; ~ **sb down** 1 भोजन के लिए ले जा. 2 किसी की ऐंठ निकालना; ~ **sb down a peg or two/ a button-hole/** *US* ~ **the starch/ the frills out of sb** किसी को सीधा क., किसी की फूंक या ऐंठ निकालना; ~ **sb for a ride** किसी को बुद्धू बनाना; ~ **sb in** 1

जेल में डालना 2 टिकाना, ठहराना 3 (*syn.* deceive) ठगना, चकमा दे. 4 किसी को शामिल क.; ~ **sb in the act** किसी को रंगे हाथ पकड़ना; ~ **sb into confidence** किसी से सलाह-मशवरा क.; ~ **sb off** 1 (*syn.* impersonate) किसी की आवाज, चाल-ढाल, लहजा आदि की नकल उतारना 2 चले जा.; ~ **sb off his feet** किसी को आनंद-विभोर कर दे.; ~ **sb on** 1 नौकरी दे. 2 किसी को चुनौती देना या उनका मुकाबला क.; ~ **sb out** 1 किसी को बाहर तक छोड़कर आना 2 *sl.* किसी को हराना, मार दे., नष्ट कर दे.; ~ **sb out of himself/ herself** किसी को उसकी चिताओ से निकालना; ~ **sb's side/ part/** ~ **sides/ part with sb** का पक्षपात क.; ~ **sb's word for it** किसी की बात पर विश्वास क.; ~ **sb through sth** एक-एक करके समझाना; ~ **sb through hell** किसी को भयंकर मुसीबत में फंसा दे.; ~ **sb to task** किसी को डांट-फटकार लगाना; ~ **sb unawares/ by surprise** किसी को रंगे हाथों पकड़ लेना; ~ **sb under one's wings** किसी अपनी देखभाल में लेना; ~ **sb up** किसी का समर्थक बन जा.; ~ **sb up on sth** 1 किसी बात, पेशकश, चुनौती को स्वीकार क. 2 पहले से चले आ रहे मामले पर बातचीत क.; ~ **sides with** पक्षपात क.; ~ **sth apart** 1 किसी की आलोचना क. 2 (*syn.* dismantle) खोलना, अलग-अलग क.; ~ **sth as it comes/** ~ **sb as they come** जैसा है वैसा स्वीकार कर ले.; ~ **sth as read** किसी प्रस्ताव आदि को पढ़ा जा चुका मान लेना; ~ **sth back** 1 वापस ले. 2 अपनी गलती मानना 3 पुरानी स्थिति में वापस आ जा. 4 किसी चीज को दुकान को वापस करने या अदला-बदली करने के लिए लाना; ~ **sth by storm** किसी को हमला करके धराशायी क.; ~ **sth down** 1 लिख ले., नोट क. 2 उतारना; ~ **sth in** 1 समझना 2 देना 3 टांके लगाकर छोटा क.; ~ **sth into account/** ~ **account of sth** पर ध्यान दे., को ध्यान में रखना; ~ **sth into head** जेहन में बिठा लेना; ~ **sth off** 1 उतारना 2 छुट्टी ले.; ~ **sth off one's mind** किसी चिंता को अपने मन से निकाल दे.; ~ **sth on/** ~ **on sth** 1 जिम्मेदारी ले. 2 नया अर्थ, गुण या विशेषता धारण क. 3 विमान या जहाज में नए यात्रियों को ले. या बिठाना; ~ **sth out** बाहर निकालना; ~ **sth out against sb** औपचारिक दस्तावेज के माध्यम से किसी के विरुद्ध कानूनी कार्रवाई क.; ~ **sth out on sb** किसी पर गुस्सा निकालना; ~ **sth over** जिम्मेदारी, कब्जा या नियंत्रण ले.; ~ **sth to heart** बुरा मानना; ~ **sth up** 1 उठाना 2 स्थान या समय ले. 3 किसी कार्य में रुचि हो जा. और उसे करना शुरू क. 4 फिर से कहानी या वर्णन शुरू कर दे. 5 कब्जा ले. 6 पेशकश स्वीकार क. 7 पोशाक आदि को छोटा क.; ~ **sth up with sb** किसी से किसी समस्या के बारे में बात क.; ~ **sth with a grain/ pinch of salt** किसी बात को कुछ हिचकिचाहट के साथ स्वीकार क.; ~ **stock of sth/ sb** को आंकना; ~ **the air** *old use* (खुली हवा में) सैर करने जा.; ~ **the ball before the bounce** समय रहते जवाबी कदम उठाना; ~ **the bread from sb's mouth** पेट पर लात मारना, रोजी-रोटी छीनना; ~ **the bull by the horns** डटकर मुकाबला क.; ~ **the chair** अध्यक्ष का पद ग्रहण क.; ~ **the edge off** मारक-शक्ति कुंद क.; ~ **the field** लड़ाई शुरू क.; ~ **the floor** बोलने के लिए खड़ा हो.; ~ **the gilt off the ginger bread** पोल खोलना; ~ **the name of God in vain** भगवान का नाम मिट्टी में मिलाना; ~ **the offence at** बुरा मानना; ~ **the opportunity** अवसर का फायदा उठाना; ~ **the place of** का स्थान लेना; ~ **the pledge** शपथ लेना; ~ **the plunge** किसी जोखिम भरे काम में कूद पड़ना; ~ **the privilege** विशेषाधिकार का फायदा उठाना; ~ **the rap** किसी दूसरे के कुसूर के लिए फटकार अपने ऊपर ले लेना; ~ **the risk** खतरा मोल लेना; ~ **the road** चल देना; ~ **the rough with the smooth** फूल के साथ कांटे भी स्वीकार क.; ~ **the rue** पश्चाताप क.; ~ **the trouble of** जहमत उठाना; ~ **the wind out of sb's sails** किसी की हिम्मत पस्त कर देना; ~ **the words out of sb's mouth** किसी दूसरे के विचार उससे पहले ही व्यक्त कर देना, दूसरे के मुंह की बात छीन लेना; ~ **time by the forelock** समय का सक्रियतापूर्वक सामना क., अवसर को हाथ से न जाने दे.; ~ **to bad habits** बुरी आदतें पड़ना; ~ **to drink/ to drinking/ to the bottle** पीने का व्यसनी हो जा.; ~ **to earth** शिकार का बिल में घुस जा.; ~ **to one's heels** नौ-दो ग्यारह हो.; ~ **to sth /doing sth** व्यसनी या लती हो जा.; ~ **to task** खरी-खोटी सुनाना; ~ **to the air** छोटे पक्षियों द्वारा पहली बार उड़ने लगना; ~ **to wings** चंपत हो जा,; ~ **trouble** जहमत उठाना; ~ **up a cause** कोई मुद्दा उठाना; ~ **up a challenge** चुनौती स्वीकार करके कदम उठाना; ~ **up arms** हथियार उठाना, विद्रोह क.; ~ **up the bucklers** हिमायत क.; ~ **up the cudgels** किसी की मदद क., किसी की ओर से मामला उठाना; ~ **up the gauntlet** = ~ **up the glove** चुनौती स्वीकार क.; ~ **up with sb** किसी के साथ कोई मुद्दा उठाना; ~ **with a pinch of salt** हिचकिचाहट के साथ लेना या मानना; ~ **your time!** आराम से, जल्दी न करो!; **taking it all round** सभी पहलुओं को परखकर; **took my care and nursing** मेरी देखभाल की;

be on the ~ रिश्वत लेकर किसी का काम क.; **be ~n aback** किंकर्त्तव्यविमूढ़ हो., हक्का-बक्का रह जा.; **be ~n in** धोखा खाना, ठगा जा.; **don't** ~ **any wooden money** सावधान रहें कि कहीं आप को ठग न लें; **have got what it ~s** सफल होने के लिए सब गुण हैं; **it ~s a poet to translate poetry** काव्य का अनुवाद करने के लिए कवि होना आवश्यक है; **it ~s some pluck to ...** ऐसा काम करने के लिए कुछ दिलेरी चाहिए; **it ~s two to make a quarrel** एक हाथ से ताली नहीं बजती; **I will** ~ **it out of you** मैं तुमसे इसका बदला लूंगा; **not to be taking any** मिजाज अच्छा न हो.; **the deuce** ~ **it!** कुत्ते का पिल्ला!; **the long climb took it out of me** लंबी चढ़ाई ने मेरा दम निकाल दिया; **what it ~s** गुण, क्षमता, विशेषता; **you can't take sb anywhere** किसी के अच्छे व्यवहार की गारंटी नहीं दी जा सकती; **you may** ~ **it from me/ you may** ~ **my word for it** मेरी बात मानो!

take off /टेकऑफ/ *v., pt.* **took off**, *pt. p.* **taken off**, *pp* **taking off** 1 हवाई जहाज का उड़ना 2 (*syn.* impersonate) किसी की नकल उतारना;
n. 1 प्रस्थान, उड़ान 2 नकल, चिद्रूप 3 घटती, कमी, त्रुटि;
collocations: ~ **distance** प्रस्थान दूरी; ~ **ground/ spot/ point** प्रस्थान बिंदु; ~ **line** प्रस्थान रेखा; ~ **roll** उड़ान भरते समय जमीन पर तेज चलने की दूरी; ~ **runway** उड़ान पट्टी; ~ **speed** उड़ान भरने की गति

TAL *abbr.* 'Tata Automation Limited', 'Transitional Administrative Law' की प्रथमाक्षरी

talaria /टलेरिआ/ *n., myth.* परदार पांव या जूते, पद्त्राण गुल्फ-पक्ष

talc/ talcum /टैल्क/ टैल्कम/ *n.* 1 सेलखड़ी 2 अबरक, अभ्रक, भोडल 3 (**talcum powder**, *also* **talc**) टैल्कम पाउडर

tale /टेल/ *n.* 1 कहानी, किस्सा: stirring ~; tell sb the ~ of one's adventures 2 किंवदंती 3 मनगढ़ंत किस्सा: it's only a ~ 4 विवरण, वृत्तांत 5 गप्प, दुराग्रहपूर्ण अफवाह, चुगली, उड़ती खबर;
collocations: ~ **bearer** 1 भेद की बातें बताने वाला 2 अफवाहें फैलाने वाला 3 चुगलखोर, पिशुन; ~ **bearing** चुगलखोरी; ~ **teller** 1 चुगलखोर 2 कथक, कथिक; ~ **of a tube** कपोल-कल्पना, मन-गढ़ंत बात; **fairy** ~ परी कथा;
p&i: **~s out of school** दूसरे के भेद का भंडाफोड़;
a Canterbury ~/ a ~ of a tub/ old wives/ travellers' ~s मनगढ़ंत किस्से; **a ~-bearer is worse than a thief** चुगलखोर आदमी चोर से ज्यादा खतरनाक होता है; **a ~ that is told** रात गई, बात गई; **hold/ make/ give/ tell ~ of sth** चुगली करते फिरना, अफवाहें फैलाना; **in a/ one ~/ in the same ~** एक ही थैली के चट्टे-बट्टे; **tell ~s** चुगली क., भेद खोलना; **tell ~s about sb** किसी की चुगली क.; **tell ~s out of**

school किसी का भेद खोल दे.; **tell/ bring/ carry ~s** अफवाहें या मनगढ़ंत किस्से फैलाना; **tell the ~** अनहोनी बातें बताना; **thereby hangs a ~** इसके बारे बहुत सारे किस्से हैं; **the ~ is complete** सब कुछ ठीकठाक है; **traveller's ~** शिकारियों के किस्से, अनहोनी बातें; **twice-told ~** बार-बार दोहराई जाने वाली बात, बासी बात

TALEEM *abbr.* 'Teach & Learn Environmental Modules' की प्रथमाक्षरी से बना परिवर्णी या आदिवर्णी शब्द (acronym)

talent /टैलंट/ *n.* 1 प्रतिभा, मेधा: a man of great ~; ~ search (प्रतिभा की खोज); have/ show a ~ for sth; a natural ~; a ~ for languages 2 गुण, विशेषता: a person of no ~ 3 योग्यता, क्षमता: develop one's ~ 4 प्रवीणता, निपुणता 5 प्रतिभाशाली व्यक्ति: no great **~s** were playing; encourage local/ young ~ 6 (unit of money and weight used by ancient Greeks and Romans) तोड़ा;

dw/lw: **~ed** /टैलंटिड/ *adj.* 1 प्रतिभा संपन्न, प्रतिभाशाली, मेधावी 2 सक्षम, योग्य 3 प्रवीण, निपुण: sb's ~ as sth;

collocations: **~ scout/ ~ spotter** प्रतिभा खोजी; **the ~** अपने लिए जोखिम व खतरा उठाकर काम करने वाले लोग;

p&i: **bury one's ~s in a napkin** अपनी प्रतिभा व योग्यता को दबा दे., उन्हें पनपने न दे.

tales /टेलीज/ *n.* **1** अतिरिक्त ज्यूरी सदस्य 2 ज्यूरी का विस्तार

talion /टैल्यन/ *n.* 1 प्रतिकार, प्रतिशोध, बदला 2 दंड, सजा

taliped /टैलिपेड/ *adj.* पांवफिरा

talipes /टैलिपीज/ *n.*, (*tech.* **Club foot)**

talipot /टैलिपॉट/ *n.* तालीपात, खजूर के पेड़ की एक प्रजाति

talesman /टेलिज्मन/ *n., pl.* **~s** ज्यूरी का नवमनोनीत सदस्य

talisman /टैलिज्मअन/ *n., pl.* **~s** जादुई ताबीज;

dw/lw: **~ic** /टैलिज्मैनिक/ *adj.* जादुई ताबीज के गुणों वाला

talk /टॉक/ *v., pt.* **~ed**, *pp* **~ing** 1 अपने विचार, भावनाएं आदि बोलकर या संकेत भाषा में बताना, बतलाना, कहना, बोलना: ~ by signs 2 (*often* **~ to/ with sb**) किसी से बात-चीत क., वार्तालाप क.: ~ with sb; ~ to sb 3 पर चर्चा क., बहस क.: ~ business/ politics, etc.; ~ about sth/ doing sth; ~ to the point (किसी मुद्दे पर बोलना); ~ sense/ business; ~ nonsense; ~ politics/ literature; ~ reason/ sense 4 बोली या वाक्-शक्ति का प्रयोग क.: ~ dialect; ~ at sb (किसी को निशाना बनाकर टिप्पणी क.); ~ fluently (फर्राटे से बोलना) 5 व्यक्त क., बोलना: **~ing** of sb or sth/ ~ about sb/ sth *UK* (*US* **speaking** of sth); ~ in one's sleep 6 गप मारना, बकबक क., गपशप क. 7 (***syn.*** gossip) किसी के व्यक्तिगत भेद खोल दे. 8 बोलने के लिए भाषा का प्रयोग क.: ~ Russian 9 बोल-बोलकर किसी शारीरिक अवस्था में पहुंचना या पहुंचाना.: ~ oneself hoarse (बोल-बोलकर गला बैठा ले.) 10 प्रभाव हो.;

n. 1 बात-चीत, वार्तालाप, चर्चा: lengthy/ secret/ urgent **~s**; **~s** about/ on sth 2 (*often* **talks**) समझौता-वार्ता, वार्ता: **~s** break down/ take place; summit **~s** (शिखर वार्ता) 3 गपशप, बतकही, बकवाद: sweet ~; small ~; trash ~; **4** अफवाह, उड़ती खबर, किंवदंती 5 भाषण 6 बोली 7 विचार-विमर्श, वाद-विवाद, बहस 8 चर्चा (का विषय) 9 थोथी बात 10 किसी समुदाय विशेष, का मुद्दा: a girl ~, not understandable to men;

dw/lw: **~able** *adj.* वार्ता योग्य, बातचीत के लायक, चर्चा का विषय; **~athon** /टॉकअथॉन/ *n.* 1 सरे-आम झगड़ा: television ~athon 2 बाधा; **~ative** /टॉकअटिव/ *adj.* बड़बोला, बातूनी, बकवादी, वाचाल; **~ee-~ee** /टॉːकि-टॉःकि/ 1 बकबक 2 टूटी-फूटी अंग्रेजी; **~er** *n.* 1 गपोड़शंख, बातूनी आदमी 2 वार्ताकार, बोलने वाला, वक्ता: the greatest ~ers, the least doers; **~ie** /टॉःकि/ *n., pl.* ~ies सवाक चलचित्र, बोल-सिनेमा; **~ie** *adj.* 1 बोलने वाला 2 अभिव्यंजक; **~ing-point** *n.* बातचीत या बहस का विषय; **~ing-shop** *n.* खोखली चपर-चपर करने का स्थान; **~ing-to** /टाःकिंग-टू/ *n., pl.* ~ing-tos/ ~ing-to's) *colloq.* 1 गलती करने वाले व्यक्ति को गंभीर वार्तालाप द्वारा समझाने की क्रिया 2 डांट, डांट-फटकार: give sb a ~ing-to (किसी को डांट-फटकार लगाना, झिड़कना); **~s** /टॉक्स/ *n., [pl.]* 1 वार्ता 2 विचार-विमर्श 3 बातचीत 4 बहस; **~time** *n.* फोन पर बात करने का अनुमत समय; **~y** /टॉःकि/ *adj.* बातूनी: ~y novel/ play;

collocations: **~ key** आलाप कुंजी; **~ show** *US* (*UK* **chat show**) *esp., N. Amer.* टीवी प्रोग्राम जहां लोग अपने जीवन के बारे में बातचीत करते हैं; **~ing head** टेलीविजन के लिए सीधे कैमरे पर बात क.; **~ing point** बातचीत का मुद्दा; **~ing shop** बिना कोई ठोस कदम उठाए थोथी बातें करने का स्थान; **summit ~s** शिखर वार्ता; **informal ~s** अनौपचारिक वार्ता;

p&i: **~ about...** *colloq.* अतिशयता का उदाहरण; **~ against time** समय सीमा पार करने के बाद भी बोलने जा.; **~ a dog's/ a donkey's/ horse's hind leg off** बकबक करके उबा दे.; **~ a person's head off** बकबक करके किसी का दिमाग चाट जा.; **~ around sth** गोलमोल बात क.; **~ at sb** किसी की बात या जवाब सुने बिना अपनी बात कहकर खत्म कर दे.; **~ away** गप-शप में रम जा., गप मारना; **~ back** बेहूदगी से जवाब दे.; **~ big/ large/ tall** शेखी बघारना; **~ by the hour** लगातार चपर-चपर क.; **~ cold/ turkey** पते की बात क., मुद्दे पर गंभीरतापूर्वक चर्चा क.; **~ dirty** किसी को उत्तेजित करने के लिए कामुकतापूर्ण बातें क.; **~ down** 1 दूसरे से ऊंचा चिल्लाकर उसे चुप करा दे. 2 श्रोताओं के स्तर पर बात क. 3 दंभपूर्वक बोलना, किसी को नीचा दिखाते हुए बात क. 4 किसी का मुंह बंद कर दे.; **~ down to sb** किसी को अधमतर व्यक्ति समझकर बात क.; **~ Greek/ Hebrew/ Double-Dutch/ gibberish** समझ में न आने वाले स्तर पर बात क.; **~ing of pictures** खैर, तस्वीरों के बारे में बात करें तो...; **~ like a book** पांडित्य बघारना; **~ nonsense** बकवास क.; **~ of** 1 की चर्चा क., पर विचार-विमर्श क. 2 की संभावना प्रकट क.; **~ of chalk and hear of cheese** कहना कुछ, सुनना कुछ; **~ of the devil, and the devil is here** or **he is sure to appear** किसी के बारे में बात करते समय उसका वहां आ धमकना; **~ one's way out of sth/ of doing sth** कोई काम न करने के बारे में बहाने बनाना; **~ out** 1 बातचीत के विषय को खत्म क. 2 ऊंचा-ऊंचा और साफ-साफ बोलना 3 संसद में मतदान का समय टालने के लिए बहस को लंबा खींचना; **~ over** 1 तफसील से चर्चा क., बहस क. 2 किसी को मनाकर अपनी ओर क.; **~ round** 1 टालमटोल क. 2 इधर-उधर की हांकना, मुद्दे से टलना 3 अपनी ओर मिला लेना, राजी कर लेना, कायल क.; **~ sb down** जमीनी नियंत्रण द्वारा विमान चालक से बात करके जहाज उतरवाना; **~ sb into agreement** फुसलाकर सहमत कर ले.; **~ sb into/out of (doing) sth** किसी को कुछ करने या न करने के लिए मना लेना; **~ sb round to sth** किसी को बातचीत करके मना लेना; **~ sb's head off/ ~ sb to death** चपर-चपर करके किसी की नाक में दम कर दे.; **~ sb/ sth up** किसी की बढ़ा-चढ़ाकर तारीफ क.; **~ through sth** किसी को किसी चीज, सुझाव या यंत्र की कार्य-विधि बताना; **~ shop** अपने पेशे के बारे में चपर-चपर क.; **~ small** तुच्छ बातें क.; **~ sth down** किसी बात की महत्ता कम करके बताना; **~ sth out** बातचीत से किसी समस्या को सुलझा लेना; **~ sth over with sb** किसी से किसी बात पर चर्चा क.; **~ sth through** किसी बात को विस्तार से बताकर समझाना; **~ tall** डींग हांकना; **~ the hind leg off a donkey** बहुत चपर-चपर क.; **~ the ~** आत्मविश्वासपूर्वक बात क.: one may ~ the ~, but one may not walk the ~; **~ through one's hat/ back of one's neck** कोरी बकवास क.; **~ to** फटकारना, डांटना, डपटना; **~ to death** बेबाकी से बोलना; **~ to sb like a Dutch uncle** बुजुर्ग की तरह फटकारना; **~ tough on sth** किसी को सख्ती से बताना कि आप क्या चाहते हैं; **~ turkey** खरी-खरी सुनाना; **~ up** 1 तारीफ क. 2 ऊंचा-ऊंचा और साफ-साफ बोलना 3 अभद्र भाषा में जवाब दे.; **~ wet** बकवास क.; **~ wine**

with हम-प्याला हो.; **a heart-to-heart** ~ विश्वसनीय व्यक्ति के साथ साफ-साफ बात; **all ~ and no cider** 1 बिल्कुल गैस या भूसा, थोथा चना बाजे घना 2 निस्सार; **a man to man** ~ बिना लाग-लपेट की साफ-साफ बात; **be all talk (and no action)** मात्र खोखली बातें, बकबक; **big/ tall** ~ शेखीबाजी, फेंकूपन; **end in** ~ मात्र शब्दों तक सीमित रह जा.; **fall into** ~ गपशप में उलझ जा.; **get ~ed about** चर्चा का विषय बनना; **give a ~ on disarmament** निःशस्त्रीकरण पर बोलना या भाषण दे.; **he's all** ~ वह निरा बातूनी है; **I'll make you** ~ तुम तो मेरे सामने ऐसा बोलोगे कि...!; **it's the ~ of the town** इस बात की गली-गली में चर्चा है; **let's ~ business** आओ धंधे की बात करें; **money ~s** पैसा सिर चढ़कर बोलता है; **now you're talking** *colloq.* अब आप ढंग की बात कर रहे हैं; **people are beginning to** ~ लोगों के बीच फुसफुसाहट फैल रही है; **sb's threats are just** ~ किसी की धमकियां थोथी बाते हैं; **small** ~ खोखली बातें, इधर-उधर की गप; **straight** ~ सीधी और दो टूक बात; **that will make** ~ इस पर लोग खूब चुस्कियां ले-लेकर बाते करेंगे; **the neighbours are sure to** ~ पड़ोसी अवश्य चुस्कियां ले-लेकर बाते करेंगे; **the ~ of the town** घर-घर चर्चा हो.; **you can't ~ = look who's talking = you're the fine one to ~** *colloq.* आपके मुंह से ऐसी बातें शोभा नहीं देतीं

tall /टॉल/ *adj., degr.* **~er, ~est** 1 लंबा: six feet ~; a ~ tree 2 ऊंची, ऊंचा: ~ man; ~ chimney/ mast 3 अविश्वसनीय, मनगढ़ंत: a ~ story;

dw/lw: **~boy** /टॉलबॉइ/ (*US* **highboy**) *n.* 1 एक ऊंची तिजौरी 2 कपड़ों आदि की ऊंची अल्मारी 3 लंबी टांग वाला प्याला; **~ish** /टॉलिश/ *adj.* लंबा-सा;

collocations: **~ poppy syndrome** *Austral.* दूसरों से ज्यादा धनी व सफल व्यक्तियों की आलोचना करने का सत्य

p&i: **~ as a maypole** लंबा या ऊंचा व्यक्ति;

be a ~ order 1 मुश्किल काम, कठिन कार्य 2 बेतुकी या अनुचित मांग, अनुचित फर्माइश; **a ~ story** मनगढ़ंत कहानी; **stand ~ अपने** आत्म-सम्मान के बचाते हुए बात क.; **talk** ~ डींग मारना, शेखी बघारना

tallith /टैलिथ/ *n., pl.* **~s/ tallithim** यहूदी आदमियों द्वारा प्रार्थना आदि के समय पहनी जाने वाली शाल

tallow /टैलो/ *n.* जमी हुई कड़ी चर्बी, पशुवसा: vegetable ~;

***v.**, pt.* **~ed**, *pp* **~ing** 1 चर्बी लगाना 2 अधिक चर्बी के लिए पशुओं को मोटा क.;

dw/lw: **~y** /टैलोई/ *adj.* 1 चर्बीदार, वसायुक्त 2 मोटा

tally /टैलि/ *n., pl.* **tallies** 1 गिनती में बराबरी, मिलान 2 कुल गिनती 3 हिसाब, लेखा 4 (***syn.*** label) पहचान चिह्न 5 प्रतिरूप, प्रतिलिपि, नकल, मेल, अनुरूपता 6 मिलान-चिह्न 7 हिसाब की दर्जन, कौड़ी आदि इकाइयां: buy goods by the ~;

v.**, pt.* **tallied**, *pp* **tallying**, *s/he/it* **tallies** 1 (syn.*** match up) मिलान क. 2 (*also* ~ **up**) कुल गिनती क. 3 से मिलना, के अनुरूप होना 4 हिसाब में दर्ज क. और अंक चिह्नित क. 5 चिप्पी या लेबल लगाना;

dw/lw: **~man** /टैलिमअन/ *n.* 1 मिलानकर्ता 2 किस्तों पर चीजें बेचने वाला;

collocations: **~ card** मिलान-कार्ड; **~ clerk** जहाज के माल का मिलान लिपिक; **~ mark** स्थिति चिह्न; **~ system** उधार खाता;

p&i: **live on** ~ सहवास क.

tallyho /टैलिहो/ *interj.* लोमड़ी का पीछा करने के लिए शिकारी कुत्तों को दी जाने वाली सिसकारी;

***v.**, pt.* **~-hoed/ ~-ho'd**, *pp* **~-hoing** शिकारी कुत्तों को सिसकारना

(the) Talmud /टैलमुड/ *US* टाःलमुड/ *n., Judaism* यहूदियों का प्राचीन विधि-ग्रंथ

talon /टैलन/ *n.* 1 शिकारी पक्षी आदि का मुड़ा हुआ चंगुल, पंजा 2 नख, नाखून 3 ताले का लीवर

talus /टेलस/ *n., pl.* **tali** /टेलाइ/ *anat.* 1 टखने की हड्डी, घुटिकास्थि 2 टखना, गुल्फ 3 शैल-मलबा 4 पदत्र

talweg /टैलवग/ *n.* घाटी रेखा

TAM *abbr.* 'Television Audience Measurement (Surveys)' की प्रथमाक्षरी

tamable *see below under* **tame: *dw/lw***

tamari /तैमारि/ *n.* एक जापानी सोया सॉस

tamarind /टैमअरिंड/ *n.* इमली

tamarisk /टैमअरिस्क/ *n.* भूमध्यसागर क्षेत्र की एक झाड़ी, झाऊ

tambour /टैंबुअः/ *n.* 1 कढ़ाई या कसीदाकारी का ढांचा 2 ढोल, तंबूर 3 गुलकारी का गोल फ्रेम 4 गुलकारी 5 खंभे का बेलनाकार पत्थर;

***v.**, pt.* **~ed**, *pp* **~ing** तंबूर, (कढ़ाई के) ढांचे पर कढ़ाई क.

tambourine /टैम्बअरीन/ *n.* डफली, खंजरी, झांझ

tame /टेम/ *adj., degr.* **~r, ~st** 1 पालतू, घरेलू: ~ cat 2 नीरस, फीका, अरुचिकर: ~ ending to the story; ~ talk; ~ poem; ~ draw 3 निस्तेज, वश्य, दब्बू, विनीत, अति आज्ञाकारी: ~ reply 4 नई तोड़ (भूमि) या पहली बार खेती योग्य बनाई हुई भूमि: ~ land 5 सौम्य,शांत 6 सधाया हुआ, सिखाया हुआ: ~ lion 7 (***anton.*** wild) फसल की तरह उगाया हुआ: ~ hay; ~ pasture (संवर्धित चरागाह);

***v.**, pt.* **~d**, *pp* **taming** 1 पालतू बनाना 2 वश्य बनाना: ~ wild animals 3 सधाना: ~ a horse 4 थोड़ा नर्म क., कम तीखा क.: ~ sb's tongue; ~ sb's temper; ~ sb's ardour; ~ sb's spirit;

dw/lw: **tamable/ ~able** /टेमअबल/ टेमिअबल/ *adj.* जिसे पालतू बनाया या सधाया जा सके, सधाने योग्य, वश्य; **~d** /टेमड/ *adj.* साधित, साधा हुआ; **~less** *adj.* जंगली, जिसे सधाया न गया हो; **~r** /टेमः/ *n.* 1 साधने वाला 2 प्रशिक्षक 3 वशीकर्ता, दमन करने वाला; **~ly** *adv.* विनतीपूर्वक, निस्तेज ढंग से

Tamil /तामिल/ *n.* 1 तमिल लोग 2 तमिल भाषा

tammany /टैमअनि/ *n.* 1 न्युयॉर्क में डेमोक्रेटिक पार्टी का एक स्वतंत्र संगठन 2 अमेरिका के राजनीतिक जीवन में प्रचलित भ्रष्टाचार का तारतम्य;

collocations: **Tammany Hall** न्युयॉर्क में 19वीं सदी के दौरान व 20वीं सदी के आरंभ तक पनपा एक भयंकर भ्रष्ट संगठन

tam\my /टैमि/ *n., pl.* **~mies** 1 चमकदार ऊनी धागा या कपड़ा 2 एक प्रकार की टोपी

tam-o'-shanter /टैमोशैंटः/ *n. Scottish* लकड़ी की एक गोल टोपी

tamp /टैंप/ *v., pt.* **~ed**, *pp* **~ing** 1 (सुराख को) कूट-कूट कर भरना 2 में ठोक-ठोककर धंसाना 3 विस्फोटक से भरे स्थान के सुराख को मिट्टी या सिमेंट से बंद क. 4 (*also* ~ **sth down**) पाइप या सिगरेट में तंबाकू भरना

tamper /टैंपः/ *v., pt.* **~ed**, *pp* **~ing** 1 (*usually* ~ **with sth**) खराब क. या बिगाड़ दे., छेड़छाड करके असली रूप को विकृत क.: the lock has been **~ed** with; ~ with an illness 2 बेईमानी से बदल दे., हेर-फेर या रद्दोबदल क.: ~ with a document 3 (***syn.*** interfere with) में हस्तक्षेप या दस्तंदाजी क. 4 भ्रष्ट गतिविधियों में मिला लेना, से सांठ-गांठ क., काली करतूतों में भाग ले.: ~ with sb's friends; ~ in a plot; charge of **~ing** with a jury;

n. 1 बिजली आदि की चोरी 2 अपराधी;

dw/lw: **~er** *n.* 1 अपराधी, षड्यंत्रकारी; **~-evident** *adj.* बांधने की एक प्रणाली जो छेड़छाड़ होने की क्रिया को दर्शा देती है; **~ing** *n.* छेड़छाड़, फेरबदल, हेरफेर, भ्रष्ट कार्य; **~-proof** *adj.* छेड़छाड़ या फेरबदल से सुरक्षित

tamping /टैंपिंग/ *adj.* अत्यधिक क्रुद्ध

tampion/ tompion /टैम्पिअन/ *n.* डाट, बंदूक के सिरे पर रखी जाने वाली सुरक्षात्मक डाट

tampon /टैंपौन/ *US* टैंपाःन/ *n.* फाहा, औरतों द्वारा मासिक धर्म के समय प्रयुक्त एक प्रकार का सेनिट्री नैपकिन
tam-tam /टैम-टैम/ *n.* घड़ियाल
tan /टैन/ (*also* **suntan**) *n.* 1 धूप सेंककर सांवला बनने की क्रिया 2 भूरापन, सांवला रंग 3 पीला-भूरा रंग: covered with ~ 4 धूप-ताम्रता 5 कस्सा, बकाल, छाल;
v., pt. **~ned**, *pp* **~ning** 1 धूप में बैठने या लेटने से सांवला हो.: the sun **~ned** his skin 2 सिझाना, कमाना, सीझना 3 ताम्र रंग का हो. 4 खाल को चमड़े में परिवर्तित क.: ~ a hide (***syn.*** tanning);
adj. 1 भूरा, सांवला 2 *US* (*UK/ US* **~ned**) ताम्रवर्णी 3 धूप से सांवला होने वाला: **~ned** shoes; black and **~ned**
tan *abbr., math.* 'tangent' का छोटा रूप (टैंजेंट)
T&B *abbr.* 'truck & bus' की प्रथमाक्षरी
T&C *abbr.* 'technical and commercial' की प्रथमाक्षरी
T&D *abbr.* 'transmission & distribution' की प्रथमाक्षरी
tandem /टैंडम/ *n.* 1 लंबी तिपहिया साइकिल जिस पर दो लोग आगे-पीछे सवार हो सकते हैं 2 किसी गाड़ी में एक के पीछे एक जुते दो घोड़ों की जोड़ी 3 एक-दूसरे के पीछे चलने वाले दो लोग या अन्य प्राणी;
adv. आगे-पीछे: drive ~;
adj. एक के पीछे एक जुड़े हुए: ~ bicycle; ~ canoe; ~ engine;
***p&i*: in ~ (with sb)** 1 एक के पीछे एक 2 एक साथ, मिलकर
tang /टैंग/ *n.* 1 तेज गंध या महक, तीखा स्वाद, चरपराहट: a ~ of onion 2 संकेत, सुराग, नामोनिशां 3 रेती, चाकू आदि का मूठ में धंसा तेज सिरा, नोक 4 विशेषता, खासियत, लक्षण: his language has a ~ of Shakespeare 5 मच्छर का दंश 6 सांप की जीभ 7 टनटन, झंकार, खनखनाहट;
v., pt. **~ed**, *pp* **~ing** 1 टनटनाना, झंकारना 2 टनटनाती आवाज में बोलना;
***dw/lw:* ~y** /टैंगि/ *adj., degr.* **~ier**, **~iest** 1 ताजी, तीखी महक वाला 2 महकदार 3 तीखे जायके वाला
tanga /टैंगा/ *n., pl.* **~s** दोनों तरफ मात्र फीतेवाला जांघिया
tangelo /टैंजअलो/ *n., pl.* **~s** नीबू की जाति का एक फल
tangency /टैंजंसि/ *n.* स्पर्शन, स्पर्शिता, स्पर्श-रेखा
tangent /टैंजंट/ *n.* 1 स्पर्शज्या 2 स्पशरिखा, स्पर्शज्या;
dw/lw: **~-balance** *n.* कांटा; **~-galvanometer** *n.* स्पर्शज्या-धारामापी; **~ial** /टैंजेंशिअल/ *adj.* 1 स्पशरिखीय, स्पर्शी, स्पर्शज्या-सा 2 ऊपरी, साधारण 3थोड़ा-सा या परोक्ष (संबंध); **~iality** /टैंजेंशिअलिटि/ *n.* स्पर्शज्याता; **~ially** /टैंजेंशिअलि/ *adv.* स्पशरिखा अनुसार;
collocations: **~ial acceleration** स्पशरिखीय त्वरण या गति वर्धन; **~ial path** रेल मार्ग के सीधे पथ का एक टुकड़ा; **~ial stress** स्पशरिखीय तनाव;
***p&i*: at a ~** बिल्कुल अलग दिशा में या पथ पर; **go off** or **fly off at/ in/ on/ upon a ~** 1 एकदम से उछल पड़ना 2 विचित्र व्यवहार क. 3 अचानक विषय बदल दे., विषयांतर क.
tangerine /टैंजअरीन/ *n.* 1 नारंगी, संतरा 2 नारंगी रंग;
adj. नारंगी रंग का: a ~ evening gown
tangibility /टैंजअबिलिटि/ (*also* **tangibleness**) *n.* 1 स्पर्शपूर्ण ग्राह्यता, स्पर्शणीयता 2 ठोसपन, साकारता 3 वास्तविक पदार्थ 4 सुनिश्चितता 5 मानसिक वास्तविकता,
tangible /टैंजबल/ *adj.* 1 स्पृश्य, स्पर्शणीय, जिसे छुआ जा सके: ~ property/ form 2 मूर्त्त, साकार, ठोस, वास्तविक: ~ advantage; ~ reasons/ benefits/ proofs 3 सुनिश्चित: ~ result; ~ assets;
dw/lw: **~s** /टैंजिबल्ज/ *n.* भौतिक वस्तुएं, भौतिक पदार्थ; **tangibly** /टैंजबलि/ *adv.* स्पृश्य रूप से, महत्त्वपूर्ण ढंग से
tangle /टैंगल/ *n.* 1 उलझाव, उलझेड़ा: ~ of briars 2 (***syn.*** muddle) पेचीदगी, गुत्थी, उलझन: make a ~ of sth; get sth in a ~ 3 (***syn.*** confusion) अस्त-व्यस्तता, उथल-पुथल: his thoughts are in a ~ 4 गड़बड़, घपला 5 उलझी-सुलझी लट आदि 6 उलझी-सुलझी व गंदी वस्तु 7 जटिल स्थिति 8 समुद्री शैवाल;
v., pt. **~d**, *pp* **tangling** 1 उलझ जा., उलझाना: ~ a knot 2 फंसा हो.: be **~d** in lies 3 (*usually* **~d with sb**) किसी से उलझना, जटिल स्थिति पैदा क. 4 अस्त-व्यस्त क. या हो.;
dw/lw: **~d** /टैंगलड/ (*also* **tangly** /टैंगलि/) *adj.* 1 (*also* **~d up**) उलझा हुआ: ~d knot 2 (***syn.*** muddled) गुत्थी बना हुआ, जटिल 3 किसी उलझन में फंसना be ~d up in/ with sth 4 फंसाना या गति को बाधित क.;
p&i: **~ with sb/ sth** किसी से उलझ पड़ना, बहस या झगड़े में फंस जा.; **a ~d skein** बुरी तरह उलझा हुआ जाला
tango /टैंगो/ *n., pl.* **~s** 1 एक प्रकार का लातीनी अमेरिकी नृत्य 2 टैंगो संगीत;
p&i: **it takes two to ~** एक हाथ से ताली नहीं बजती
tangra /टैंग्रा/ *n.* बिकिनी
tangram /टैंग्रैम/ *n.* एक चीनी पहेली
tank /टैंक/ *n.* 1 हौज, टंकी: *UK* a petrol ~/ *US* a gas ~ 2 तालाब, कुंड, जोहड़ 3 *milit.* सैनिक टैंक: ~ barrier/ obstacle/ mine/ ditch; ~ crew/ equipment;
v., pt. **~ed**, *pp* **~ing** 1 टंकी भरना 2 फट जा., ढह जा.;
dw/lw: **~age** /टैंकिज/ *n.* 1 टंकी-भार, टंकी-धारिता, टंकी-समाई, टंकी की धारण क्षमता 2 टंकी-भाड़ा 3 चर्बी की खाद, वसा-उर्वरक; **~ed-up** *adj.* 1 जिसकी टंकी भरी हो 2 नशे में चूर, नशे में धुत्त; **~er** /टैंकः/ *n.* 1 तेल-वाहक टैंकर 2 तेल-पोत 3 टंकी-ट्रक; **~ful** *n., pl.* **~fuls** टंकी-भार; **~ful** *adj.* टंकी-भर, कुंड-भर, तालाब-भर;
collocations: **~ top** ऊन की बुनी हुई ऊपरी पोशाक; **think ~** चिंतक मंडली;
p&i: **~ sth up** कार के टैंक को पेट्रोल से भरना
tankard /टैंकःड/ *n.* ढक्कनदार बड़ा बीयर (beer) मग;
collocations: **cold/ cool ~** शीतल पेय
tann\age /टैनिज/ *n.* चर्मशोधन;
dw/lw: **tanned** *adj.* 1 *see above under* **tan: *dw/lw*** 2 शोधित चमड़ा; **~er** /टैनः/ *n.* चर्मकार, चर्म-शोधक; **~ery** *n.* 1 चर्म-शोधनशाला, चर्म-शोधक कारखाना 2 चर्म-शोधन; **~ing** /टैनिंग/ *n.* 1 चर्म-शोधन 2 (*also see above under* **tan: *dw/lw***) धूप-स्नान: ~ing bed (*US* a **sun-bed**) (लेटकर धूप सेंकने का स्थान)
Tannoy /टैनॉइ/ *UK tradem.* (*UK/ US* **public address system**) *n.* लाउड-स्पीकर का एक प्रकार का तारतम्य
tansy /टैंजि/ *n., pl.* **tansies** सुगंधित पत्तों वाला एक सदाबहार यूरोपीय पौधा
tantali\zation /टैंटअलाइ\जेशन/ *n.* ललचाने की क्रिया, ललचाव;
dw/lw: **~ze/ ~se** /~ज/ *v., pt.* ~zed, *pp* ~zing 1 ललचाना, लालायित क., तरसाना, चिढ़ाना 2 ललचाकर सताना; **~zing** (*also UK* **-sing**) /~जिंग/ *adj.* आकर्षक, रिझाने वाला, लालायित करने वाला **~zingly** /~जिंगलि/ *adv.* लालायित करने के अंदाज में
tantalum /टैंटअलम/ *n., chem.* (*symbol* **Ta**) एक रासायनिक तत्त्व
tantamount /टैंटअमाउंट/ *adj.* समान, बराबर, तुल्य: be ~ to treachery (गद्दारी के समान हो.); that's ~ to blackmail
tantara /टंटअरा/ *n.* 1 तूर्यनाद 2 हॉर्न आदि बजने से पैदा होने वाली आवाज
tant\ra /तंत्रा/ *n.* तंत्र;
dw/lw: **~rism** *n.* तंत्र विद्या; **~rist**/तंत्रिष्ट/ *n.* तांत्रिक
tantrum /टैंट्रम/ *n.* 1 झल्लाहट, बौखलाहट, बौखलाकर किया गया विचित्र व्यवहार या तमाशा, झांझ, झोंक: fly/ go into a ~ 2 बदमिजाजी: she is in her usual **~s**;
p&i: **throw ~** विचित्र व्यवहार या तमाशा क.
TANUVAS *abbr.* 'Tamil Nadu Veterinary and Animal Sciences University' की प्रथमाक्षरी

Taoiseach /टीशअक्स/ चीशअक्स/ *n.* आयरलैंड का प्रधानमंत्री

Taoism /ताउइज्म/ डाउइज्म/ *n.* ताओवाद, एक चीनी दार्शनिक पद्धति जो सादगी में विश्वास करती है और प्रकृति के साथ छेड़छाड़ के विरुद्ध है;

dw/lw: **Taoist** *n.* ताओवादी

TAP *abbr.* 'Traffic Action Plan' की प्रथमाक्षरी

tap /टैप/ *n. UK* (*also US* **faucet**) 1 नल, टोंटी: turn on/ turn off a ~; a ~ is dripping/ leaking/ running; the cold/ hot ~; leave the **~s** running; ~ water 2 थपथपाहट, ठकठक, खटखट: give sb a ~ on the shoulder 3 चोरी-छिपे किसी का टेलीफोन सुनने के लिए लगाया जाने वाला उपकरण व उसके लगाने की क्रिया 4 नाली (barrel) के सिरे पर लगाई जाने वाली डाट या खूंटी 5 पेचतराश, चूड़ी काटने का सुंबा 6 (***syn.*** tap dance) जूते से फर्श पर टप-टप करके किया जाने वाला नाच: teach ballet and ~ 7 टैप-डांस के लिए जूते की एड़ी और तलवे पर लगाया जाने वाला धातु का टुकड़ा 8 *med.* शरीर के किसी विवर में जमा हुए तरल को निकालने की क्रिया: spinal ~ 9 गुणवत्ता, प्रकार: liquor of the same ~ 10 चुटकी भर, एक बूंद: he didn't do a ~ of work;

v., *pt.* **~ped**, *pp* **~ping** 1 (*sometimes* **~ at/ on sth**) थपथपाना, ठकठकाना, टपटपाना: ~ one's forehead; ~ the floor with one's stick/ ~ one's stick on the floor; ~ on/ at the window/ the door 2 आसानी से प्राप्त हो., आवश्यकता के समय उपलब्ध हो.: ~ a supply of sth; ~ into sth 3 चोरी-छिपे किसी का टेलीफोन सुनने के लिए उपकरण जोड़ना 4 टोंटी लगाना 5 टोंटी या शरीर के विवर से तरल निकालना: ~ liquor 6 (***syn.*** sap) पेड़ में कटाव या छेद करके रस निकालना 7 काम में लाना, आपूर्ति का उपयोग क.: ~ the renewable energy resources; ~ a treasury; ~ new sources of information 8 (*usually* **~ sb for sth**) से पैसा आदि मांगना या निकालना: ~ sb for money; ~ sb for information 9 छेड़ना, चर्चा चलाना, से संपर्क स्थापित क. 10 प्रवेश क., में व्यापार फैलाना 11 में चूड़ी काटना 12 टैप-डांस के लिए जूते की एड़ी और तलवे पर धातु का टुकड़ा लगाना: ~ the heel of a shoe; ~ a nail in 13 डाट लगाना: ~ a cask 14 जल आपूर्ति आदि का क्नैक्शन दे.: ~ the water-main to supply a new building; ~ the line 15 (*also* **~ sth out**) टैप-टैप करके टाइप क.: ~ out a message;

dw/lw: **~-borer** *n.* बर्मा; **~-dancer** *n.* टैप-नर्तक; **~-dancing** *n.* टैप-नाच; **tapping** /टैपिंग/ 1 उपयोग 2 थपथपाहट, ठकठक 3 निकासी, निष्कास 4 स्राव, निःस्राव; **~room** *n.* होटल आदि में मयखाना, मदिरालय; **~root** *n.* पौधे की मुख्य जड़; **~ster** /टैप्स्टः/ *n.* साकी, मदिरा परोसनेवाला;

collocations: **~ water** टोंटी का पानी;

p&i: **~ a house** ताला तोड़कर घर से चोरी क.; **~ sb for sth** किसी को कुछ देने के लिए राजी क.; **~ sb's claret** किसी की नाक में दम क.; **~ sth in/ out** मशीन में बटन दबाकर सूचना डालना: ~ ons's PAN No.; **~ sth out** संगीत की ताल में ताल मिलाते हुए मेज आदि थपथपाना; **~ the admiral** पीपे या कास्क से चोरी-छिपे शराब पीना; **~ the bank** पैसे अपनी जेब में डालना; **on ~** 1 हर समय उपलब्ध 2 लकड़ी के ढोलनुमा पीपे (cask) से निकलती बीयर आदि 3 जल्दी होने वाला कोई कार्य

tape /टेप/ *n.* (*also* **magnetic tape**) 1 ऑडियो, वीडियो टेप 2 चिपकाने वाला टेप: adhesive ~ 3 फीता, इंच-टेप, पट्टी, माप-पट्टी 4 बुने हुए कपड़े की पतली पट्टी, निवार 5 खेल मुकाबले यानी दौड़ आदि के समाप्ति-स्थान पर लगाया जाने वाला फीता;

v., *pt.* **~d**, *pp* **taping** 1 (ऑडियो, वीडियो कार्यक्रम) टेप क., रिकॉर्ड क., फीते पर उतार लेना, अभिलेखन क. 2 चिपकाना: ~ sth to/ on to, etc. 3 फीते से बांधना: ~ the sections of a book;

dw/lw: **~-controlled** *adj.* फीता-नियंत्रित; **~-limited** *adj.* फीता-सीमित; **~record** /टेपरिकॉःड/ *v., pt.* ~recorded, *pp* ~recording टेपरिकॉर्डर पर टेप या रिकॉर्ड क.;

collocations: **~ machine** तार यंत्र; **~ mark** टेपचिह्न; **~ measure/ measuring ~** इंचटेप, नापने का फीता; **~ punch** टेप-छिद्रित; **~ recorder** टेप करने वाला यंत्र, टेप-रिकॉर्डर; **~ recording** टेप किए जाने की क्रिया; **~ relay** टेप प्रसारण, टेप-रिले;

red ~ लालफीताशाही, नौकरशाही, सरकारी काम में टालमटोली; **Scotch ~** चिपकाने का फीता;

p&i: **at the ~** अंतिम बिंदु पर; **breast the ~** तैराकी आदि में अंतिम बिंदु पर पहुंचना; **have sb/ sth ~d** 1 किसी को या किसी बात को भांपना 2 किसी से या किसी समस्या से निपटना आना

taper /टेपः/ *v., pt.* **~ed**, *pp* **~ing** 1 एक सिरे से दूसरे तक धीरे-धीरे पतला या तंग होते जा. या क. 2 कम होते जाना या क.;

n. 1 पतली मोमबत्ती 2 धीमी रोशनी, धीमा प्रकाश 3 एक सिरे से दूसरे तक व्यास या चौड़ाई में क्रमिक घटाव: the ~ of a pyramid;

dw/lw: **~ed** /टेपःड/ *or* **~ing** /टेपरिंग/ *adj.* गावदुम आकार का, शुंडाकार;

p&i: **~ away/ ~ off** 1 एक सिरे से दूसरे तक पतला या तंग होते जा. 2 किसी चीज या प्रक्रिया का मात्रा, संख्या, तीव्रता आदि में कम होते जा.: the pain will ~ off

tapestried /टैपिस्ट्रिड/ *adj.* सजावटी कपड़ा-चढ़ा

tapestry /टैपिस्ट्रि/ *n., pl.* **tapestries** कपड़े पर की गई नक्काशी या कढ़ाई, चित्रपट, चित्रकंबल, दीवारदरी: Russian ~; ~ material

tapetum /टैपीटम/ *n.* स्तर, परत

tapeworm /टेपवःम/ *n.* आंतों में रहने वाला फीता-कृमि

taphonomy /टैफौनमि/ *US* टैफाःनमि/ *n.* पौधों और पशुओं के मरने और जीवावशेष बनने की क्रिया का अध्ययन विज्ञान

tapioca /टैपिओक/ *n.* 1 एक प्रकार का मांडदार पदार्थ 2 कसावा की जड़ों से मिलने वाले स्टार्च से बनने वाला हलवा

tapir /टेपः/ *n., pl.* **tapir/ tapirs** सुअर की जाति का एक जानवर

tapis /टैपिस/ *n.* पलंगपोश

v., *pt.* **~ed**, *pp* **~ing** छिपना;

p&i: **be/ come on the ~** विचाराधीन होना; **lay sth on/ upon the ~** विचारार्थ रखना; **on/ upon the ~** विचाराधीन

tapotement /टपोटमंट/ *n.* थपक, थपथपाहट

tappet /टैपिट/ *n.* यंत्र के एक भाग से दूसरे तक गति पहुंचाने वाला हत्था, खटका, भुज

tapping *see above under* **tap: *dw/lw***

taproom *see above under* **tap: *dw/lw***

taproot /टैपरूट/ *n.* गाजर जैसे पौधे की सीधी लंबी जड़

TAPS *abbr.* 'Tarapur Atomic Power Station' की प्रथमाक्षरी

taps /टैप्स/ *n.* सैनिक शिविर आदि में बत्तियां बुझाने का संकेत

tapster *see above under* **tap: *dw/lw***

tar /टाः/ *n.* 1 डामर, तारकोल 2 तंबाकू जलाने के बाद निकलने वाली राख 3 (*short of* **tarpaulin**, नाविक के लिए पुराना उपनाम) मल्लाह, नाविक: old ~ (1 मंजा हुआ नाविक 2 समुद्री भेड़िया);

v., *pt.* **~red**, *pp* **~ring** डामर लगाना;

collocations: **~ distillery** डामर कारखाना; **~ macadam** तारकोली रोड़ी; **~ spot** डामरी चकत्ता; **mineral ~** खनिज डामर;

p&i: **~ and feather sb** किसी का मुंह काला क.; **~red with the same brush** जैसे ऊधो, वैसे माधो, एक ही थैली के चट्टे-बट्टे;

beat the living ~ out of sb किसी की अच्छी खासी धुनाई क.

TARA *abbr.* 'Television Aimed at Regional Audiences' की प्रथमाक्षरी

taradiddle /टैरअडिडल/ *n.* गप, झूठ

tarantism /टैरंटिज्म/ *n.* बेतहाशा नाच, नृत्योन्माद

tarantella /टैरंनटेला/ *n.* दक्षिणी इटली के कृषकों का नृत्य

tarantula /टरैंचअला/ *n., pl.* **~s** लंबे बालों वाला बड़ा-सा जहरीला मकड़ा

taratantara /तारातैंतारा/ *sound imitation* तरताम-तराम, धूतू

tarboosh /टाःबूश/ *n., pl.* **~es** एक तरह की टोपी, कुल्ला
tardigrade /टाःडिग्रेड/ (*also* **water bear**) *n.* मंदगतिक जल भालू
tardi\ly /टाःडिलि/ *adv.* धीरे-धीरे;
dw/lw: **~ly** *adv.* विलंब से; **~ness** /टाःडिनेस/ *n.* धीमापन, शिथिलता, सुस्ती; **~o** /टाःडो/ *adv.* धीरे-धीरे
tar\dy /टाःडि/ *adj., degr.* **~dier, d~iest** 1 सुस्त, शिथिल, धीमा, मंद, मंदगति: **~dy** flight of time 2 देर से होनेवाला, विलंबित: **~dy** repentance; **~dy** in one's payments; make a **~dy** appearance 3 ढीला-ढाला, सुस्त, आलसी, निस्तेज 4 अनिच्छुक
tare /टैअः/ *n.* (*usually* **~s**) 1 (*abbr.* **t**) बेठन, पेटी आदि का वजन: customary ~ 2 कुल वजन में से वारदाने का वजन घटाने की क्रिया: real/ average ~ 3 धड़ा 4 खाली गाड़ी (बिना पेट्रोल, यात्रियों व सामान आदि के) का वजन या भार 5 चरी, मोठ 6 (***syn.*** weed) जंगली घास, खर-पतवार;
collocations: **~ and tret** खाली पेटी आदि का वजन आंकने के नियम;
p&i: **sow ~s among sb's wheat** किसी की जड़ों को तेल दे.
target /टाःगिट/ *n.* 1 निशानेबाजी या चांदमारी के मुकाबले में प्रयुक्त गत्ते आदि का गोल-सा निशाना जिसके केंद्र में 'bull's eye' का निशान बना होता है, चांद: off the ~; inside/ outside ~; attack/ hit/ miss/ strike a ~ 2 कोई भी निशाना: make a good ~; a ~ for sth 3 श्रोता या खरीदार जिसके लिए माल आदि बनाया गया हो: ~ audience/ market, etc. 4 लक्ष्य, लक्ष्यांक, लक्ष्य-प्राप्ति: be on ~; export ~; fuel ~; hit/ realize the ~; beat/ exceed/ outstrip/ smash the ~ 5 आलोचना आदि का निशाना: ~ for jeers; an obvious/ prime ~ 6 (***syn.*** shield) ढाल, सिपर 7 (***syn.*** signal) गोल सिकंदरा 8 भेड़ की ऊपरी धड़;
v., pt. **~ed**, *pp* **~ing** 1 निशाना बनाना 2 किसी के लिए विज्ञापन/ माल आदि बनाना 3 किसी स्थान, वस्तु या व्यक्ति को आक्रमण, आलोचना आदि का निशाना बनाना 4 किसी समुदाय विशेष को खास तौर पर मुखातिब हो.;
dw/lw: **~-practice** *n.* चांदमारी; **~-range** *n.* लक्ष्य-दूरी;
collocations: **~ area** लक्ष्य-क्षेत्र; **~ indication** लक्ष्य परख, लक्ष्य का संकेत; **~ language** *ling.* अध्ययन या अनुवाद की भाषा; **~ seeking bomb** स्वतः निशाना ढूंढ लेने वाला बम; **~ weight** लक्ष्य भार
tariff /टैरिफ/ *n.* 1 आयात-निर्यात शुल्क: preferential/ protective ~; retaliatory ~ 2 मूल्य-सूची 3 शुल्क-सूची 4 शुल्क-दर, दर-सूची 5 अपराधी के लिए दंड का स्तर;
v., pt. **~ed**, *pp* **~ing** शुल्क-सूची में रखना, पर शुल्क लगाना;
collocations: **~ wall** किसी वस्तु का आयात कम करने के लिए ऊंचा आयात शुल्क लगा दे.
tarlatan /टाःलअटन/ *n.* महीन मलमल
Tarmac /टाःमैक/ *n., tradem.* 1 *UK* (*US* **asphalt**) तारकोल से ढकी सतह, तारकोली रोड़ी 2 (**the ~**) पक्की सड़क
tarmac /टाःमैक/ *v., pt.* **~ed**, *pp* **~ing** (*US* **blacktop**) तारकोल और रोड़ी से सड़क को पक्का क.
tarmacadam/ Tarmacadam /टाःमअकैडम/ *n., tradem.* तारकोली रोड़ी
tarn /टाःन/ *n.* पहाड़ी (प्रायः गोलाकर) ताल या झील, गिरि-ताल
tarnation /टाःनेशन/ *excl.,* = *US* damnation सत्यानाश!
tarnish /टाःनिश/ *v., pt.* **~ed**, *pp* **~ing** 1 (***syn.*** taint) कलंकित क. या हो., धब्बा (बट्टा) लगाना या लग जाना: ~ sb's honour/ sb's reputation/ sb's name 2 भद्दा या बदरंग हो जा.: **~ed** by damp 3 (said of a metal) बदरंग (मलिन) बनना या क.;
n. 1 चमक-दमक की मलिनता, बदरंगी 2 धब्बा, बट्टा 3 धातु की बदरंग या धब्बेदार परत
taro /टारो/ *n., pl.* **~s** 1 अरबी या कचालू नामक कंद, छुइयां 2 मानकंद, सूरन
tarot /टैरो/ *n.* 78 पत्तों से खेला जाने वाला एक खेल जिससे किसी का भविष्य भी बताया जाता है
tarpan /टाःपन/ *n.* जंगली घोड़ा
tarpaulin /टाःपॉःलिन/ *n.* (*also US* **tarp**) *n.* डामर से पानी सह बनाया हुआ कपड़ा, तिरपाल
tarragon /टैरअगन/ *n.* एक सुगंधित पत्तों वाला, झाड़ीनुमा सदाबहार यूरोपीय पौधा, प्रनाग
tar\ry /टैरि/ *adj., degr.* **~rier, ~riest** 1 कोलतार से पुता हुआ, कोलतारी 2 तारकोल का या तारकोल-जैसा;
v., pt. **~ried**, *pp* **~rying**, *s/he/ it* **~ries** 1 जरूरत से ज्यादा मेहमान बनकर ठहरना, रहना, रुकना 2 (***syn.*** linger) देर क. आने या काम करने में शिथिल हो. 3 प्रतीक्षा क.: **~ry** for sb's arrival
tarsal /टाःसल/ *adj.* टखने की हड्डी से संबंधित, गुल्फ
TARSHI *abbr.* 'Talking About Reproductive and Sexual Health Issues' की प्रथमाक्षरी
tarsus /टाःसस/ *n., pl.* **tarsi** /टाःसाइ/*anat.* 1 टखना 2 पलकों को सहारा देनेवाला ऊतक
tart /टाःट/ *n.* 1 एक प्रकार की पेस्ट्री, फल की कचौरी: jam ~; apple ~ 2 *UK* वेश्या जैसा बरताव करने वाली महिला, कुलटा;
adj., *degr.* **~er, ~est** 1 तीखा, चरपरा, उग्र, खट्टा 2 (***syn.*** sharp) कटु, तीखा;
v., pt. **~ed**, *pp* **~ing** 1 (**~ sb/ sth up** *sl.*) भड़कीले कपड़े पहनना 2 भद्दे ढंग से सजाना, संवारना
tartan /टाःटन/ *n.* 1 चारखानेदार कपड़ा 2 चारखाना 3 ताना-बाना
Tartar /टाःटाः/ *n.* 1 तातार: the **~s** 2 मंगोल या तुर्क तातारी भाषा 3 खूंखार व्यक्ति, दुर्वासा, क्रोधी व्यक्ति;
p&i: **catch a ~** खुद से ज्यादा बलशाली आदमी से पाला पड़ना
tartar /टाःटः/ *n.* दांतों पर जमी मैल, टाटरी;
dw/lw: **tartaric** /टाःटैरिक/ *adj.* टाटरी-संबंधी, क्षारीय;
tartar sauce/ tartare sauce मछली के साथ परोसने के लिए मायनेस, अचार आदि से बनी सॉस
Tartarus /टाःटरस/ *n., Gr. myth.* पाताल
tarte tatin /टाःट टैटे/ *n.* एक फलदार भरवां मिठाई
tartrazine /टाःट्रअजीन/ *n.* खाद्य पदार्थों, दवाइयों आदि में मिलाया जाने वाला कृत्रिम रंग
Tartuffe /टाःटुफ/ *n.* 1 झां मोलेयर (Jean B. Molière) के नाटक का नायक 2 पाखंडी, दोमुंहा आदमी, बगुला-भगत
tar\ty /टाःटि/ *adj., degr.* **~tier, ~tiest** *derog.* 1 कामोत्तेजक (औरत, पोशाक) 2 (***syn.*** promiscuous) स्वच्छंद संभोगी (औरत)
Tarzan /टाःजन/ *n.* अति बलशाली व्यक्ति
TAS *abbr.* 'Taluk Automation Software' की प्रथमाक्षरी
Tas. *abbr., Austral. state* 'Tasmania' का छोटा रूप
TASD *abbr.* 'Technology and Action for Sustainable Development' की प्रथमाक्षरी
tash *see above under* **tache**
tasimeter /टअसिमिटः/ *n.* सूक्ष्म तापांतर-मापी
task /टास्क/ *n.* 1 काम, कार्य: arduous ~ (कठिन काम); ~ in hand; give sb a ~; set oneself a ~ 2 नियत या उजरती कार्य: work by/ to ~ 3 स्वेच्छया स्वीकृत कार्य 4 कृतिक बल (बेड़ा), कृत्यक बल (बेड़ा), कार्यदल: ~ force (fleet);
v., pt. **~ed**, *pp* **~ing** 1 काम दे. या सौंपना 2 भार या बोझ डालना: ~ one's memory/ one's mind with details 3 परखना: ~ sb's power of endurance; maths **~s** his brain;
dw/lw: **~bar** *n.* कंप्यूटर स्क्रीन की कार्य-चिह्न पट्टी; **~-work** *n.* 1 नियत कार्य 2 ठेके पर कराया जाने वाला फुटकर काम, उजरती काम;
collocations: **~ force** 1 किसी विशेष कार्य के लिए बनाया जाने वाला सैनिक दस्ता 2 किसी समस्या से निपटने के लिए बनाई जाने वाली टीम या मंडली; **hard ~master/ ~mistress** *n.*

कठोर अधिकारी, खूब काम लेने वाला व्यक्ति;
***p&i:* ~ sb's power of endurance** किसी की कार्यभार-सहन शक्ति पर बोझ डालकर परखना;
a Sisyphean ~ मुश्किल और व्यर्थ काम; **mathematics ~s his brain** गणित उसका दिमाग चाट जाता है; **take sb to ~** किसी को डांटना-डपटना, फटकारना

TASM *abbr.* 'tactical air-to-surface missile' की प्रथमाक्षरी

Tasmania /टैजमेनिआ/ *n.* तस्मानिया, दक्षिणी प्रशांत महासागर में आस्ट्रेलियायी द्वीप;
***dw/lw:* ~n** /टैजमेनिअन/ *n.* तस्मानी: ~n windbreak (तस्मानी वातरोध);
***collocations:* ~n devil/ ~n wolf/ ~n tiger** (*also called* **thylacine** /थाइलअसीन/) *n.* छोटा खूंखार धानी प्राणी

TASS *abbr.* 'Thursday Afternoon Seminars Series' की प्रथमाक्षरी

tass /टैस/ *n., hist., Scottish* 1 छोटा प्याला 2 थोड़ी-सी या घूंट भर शराब 3 ढेर, गांज, सूखी घास (hay) की टाल

Tass /तास/ *n., abbr.* 'Telegraphnoe agenstvo Sovetskogo soyuza' की प्रथमाक्षरी से बना परिवर्णी या आदिवर्णी शब्द (*Russian* TACC = Телегра́фное аге́нство Сове́тского Союза)

tassel /टैसल/ *n.* 1 फुंदना, झब्बा 2 पुष्प-बल्लड़ 3 फीता;
***v.**, pt.* **~led**, *pp* **~ling** 1 फुंदनों से सजाना 2 फुंदने लगाना 3 निकालना;
***dw/lw:* ~led** /टैसलड/ *adj.* फुंदनेदार

testable /टेस्टअबल/ *adj.* स्वाद्य, आस्वादनीय, स्वादिष्ट, जायकेदार

taste /टेस्ट/ *n.* 1 (***syn.*** flavour) स्वाद, जायका: disguise/ improve / like/ spoil a ~; a bitter/ pleasant/ strong/ unpleasant/ unusual/ pungent ~; nice to the ~; have a nice ~; dislike the ~ of onions 2 स्वाद पहचानने की क्षमता, आस्वादन की शक्ति, चखने की क्रिया: out of ~ (स्वाद पहचानने में अक्षम) 3 चखने पर होने वाला बोध, अहसास, अनुभूति, आभास, सनसनी: ~ of sth; sweet/ bitter ~; chocolate ~; give him a ~ of the whip; the sweet ~ of victory 4 रुचि, सुरुचि, पसंद, झुकाव: a ~ for sth; be in good/ bad/ poor ~; dress in good/ in bad ~; not at all to my ~; have a ~ for sth 5 रसानुभूति, सौंदर्य-अनुभूति: a man of ~/ with ~ 6 पुट, अल्प मात्रा, थोड़ा-सा: not a ~ of food in the house; there was a ~ of irritation/ of sadness in his remark 7 (***syn.*** tact) व्यवहार-कौशल, शऊर, शिष्टता: in bad ~; the remark was in bad ~/ out of ~; a joke in poor ~ 8 शैली, अंदाज: in the Moorish ~ 9 अनुभव, समझ, बानगी: get a ~ of sb's skill/ of sb's manners; a ~ of what was to come;
v.**, pt.* **~d**, *pp* **tasting** 1 चखकर देखना, स्वाद की अनुभूति क. 2 स्वाद देना, स्वाद होना: ~ sour/ sweet; **~s** of nothing at all; ~ of garlic/ of onions; this cake **~s** of vanilla 3 (syn.*** try) थोड़ा-सा लेना, थोड़ा-सा खा या पीकर चखना 4 चखने में सक्षम या समर्थ हो. 5 अनुभव क., भोगना, भुगतना: ~ the joys of freedom; ~ the fright of danger;
***dw/lw:* ~-bud/ ~-bulb** *n.* स्वाद कलिका; **~ful** /टेस्टफुल/ *adj.* 1 सुरुचि संपन्न 2 सुरुचिपूर्ण: ~ful man; ~ful decorations; **~fully** /टेस्टफुलि/ *adv.* 1 अच्छे स्वाद के साथ 2 अच्छे सौंदर्य-बोध के साथ; **~less** /टेस्टलेस/ *adj.* 1 स्वादहीन 2 घटिया 3 बेस्वाद 4 फीका 5 स्वाद-अक्षम, सुरुचिहीन 6 भद्दा, बेढंगा, कुरूप; **~r** /टेस्टः/ *n.* चखने वाला, स्वाद बताने वाला, स्वादक, स्वादी: wine **~r**;
***collocations:* ~ buds** जीभ पर स्वाद की चार कलिकाएं जो नमकीन, मीठे, खट्टे और कड़वे स्वाद का आभास कराती हैं; **true/ false ~** असली या नकली स्वाद;
***p&i:* ~ blood** नए अनुभव या सनसनी की अनुभूति पाना; **~ defeat** हार का सामना करना; **~s differ/ there is no accounting for ~s** स्वादों के बारे में कभी एक राय नहीं हो सकती;
he cannot ~ a joke against himself वह अपने खिलाफ मजाक सहन नहीं कर सकता; **every man to his ~** हर आदमी को उसकी पसंद या स्वाद के अनुसार; **he hasn't ~d food for two days** उसने दो दिनों से बिल्कुल खाना नहीं खाया है; **leave a bad ~ in the mouth** बुरा प्रभाव या छवि छोड़ना; **this is a matter of ~** अपने-अपने स्वाद की बात है; **to ~** स्वाद अनुसार: add salt to ~ (स्वाद अनुसार नमक डालना); salt/ sugar to ~

tasting /टेस्टिंग/ *n.* आस्वादन, स्वादन, स्वदन

tas\ty /टेस्टि/ *adj., degr.* **~tier**, **~tiest** स्वादिष्ट, जायकेदार, मजेदार: **~ty** dish;
***dw/lw:* ~tily** /टेस्टिलि/ *adv.* स्वादपूर्वक; **~tiness** /टेस्टिनेस/ *n.* स्वादिष्टता

TAT *abbr.* 'turn-around time' की प्रथमाक्षरी

tat /टैट/ *n., Br. colloq.* कूड़ा-कर्कट;
***v.**, pt.* **~ted**, *pp* **~ting** 1 लैस या झालर बुनना या बनाना 2 झालर गूंधना;
n. 1 आघात 2 टाट 3 टैट्टू (tattoo);
***dw/lw:* ~ting** /टैटिंग/ *n.* 1 लैस 2 लैस बुनने की कला 3 झालर
***p&i:* tit for ~** ईंट का जवाब पत्थर से (दे.)

ta-ta /टा-टा/ *interj.* अलविदा! टा-टा, बाई-बाई!

Tata-AIG *abbr.* 'Tata-American International Group' की प्रथमाक्षरी

Tatar /टाटअः/ *n. see above under* **Tartar**

TATT *abbr.* 'Transfer and Trading in Technology' की प्रथमाक्षरी

tatter /टैटः/ *n.* (*usually* **~s**) 1 धज्जी: hang in **~s** 2 फटे-पुराने वस्त्र, चिथड़ा, पुर्जा: dressed in **~s**;
***v.**, pt.* **~ed**, *pp* **~ing** 1 चिथड़े कर दे. 2 फटीचर बनना या बनाना 3 चिथाड़ना, धज्जियां उड़ाना: tear sb to **~s**;
***dw/lw:* ~demallion** /टैटःडअमेल्यन/ *n.* 1 फटीचर 2 गुदड़िया, चिरकुटिया; **~ed** /टैटःड/ *adj.* 1 टुकड़ों में: ~ed clouds 2 चिथड़ों में, फटा-पुराना 3 फटीचर, चिरकुटिया 4 जिसकी धज्जियां उड़ा दी गई हों, घिसी-पिटी: ~ed conventions (घिसी-पिटी प्रथाएं); **~s** /टैटःज/ *n.* चिथड़े-गुदड़े;
p&i:* in ~s** 1 (syn.*** in shreds) चिथड़े-चिथड़े बना हुआ 2 नष्ट हो जाने वाला 3 विकृत

tattie /टैटि/ *n., pl.* **tatties**, *Scots* आलू

tatt\le /टैटल/ *v., pt.* **~led**, *pp* **~ling** 1 बकबक करते हुए दूसरे के रहस्य खोल दे., चुगली क. **~le** a secret 2 मुखबरी क.: **~le** on sb 3 बकबक क.;
n. गप, बतकही, बकबक, बकवाद, बकवास;
***dw/lw:* ~letale** /टैटलटेल/ *n.* = **telltale** = **tattler** 1 चुगलखोर, पिशुन 2 गप्पी 3 भेद बताने वाला, पेट का हल्का; **~ler** /टैटलः/ *n.* 1 गप्पी, चुगलखोर 2 गपोड़शंख, बकवादी 3 टिटिहरी नामक पक्षी

tattoo /टैटू/ *n., pl.* **~s** 1 शरीर पर बनाया जाने वाला चित्र या लिखाई 2 गोदाई 3 सैनिकों को सोने का आदेश देनेवाला रात का बिगुल 4 सैनिक मार्च, परेड, बैंड आदि द्वारा मनोरंजन 5 सुर-ताल में ढमढम, टपटप: beat a ~ on the door; beat a ~ on the table;
***v.**, pt.* **~ed**, *pp* **~ing**, *s/he/ it* **~s** 1 गोदना, टैटू बनाना 2 टनटनाना, खटखटाना 3 उंगलियों से ढमढम बजाना;
***dw/lw:* ~ist** /टअटूइस्ट/ *n.* 1 गोदने वाला 2 उंगलियों से किसी चीज को ढोल की तरह बनानेवाला;
***p&i:* beat a ~** अधीरतापूर्वक उंगलियां मटकाना; **beat the devil's ~** मेज पर उंगलियों से टपटप बजाना

tatty /टैटि/ *adj., degr.* **tattier, tattiest** 1 (***syn.*** shabby) फटा-पुराना, मैला-कुचैला 2 खस्ता-हाल, पुराना, फटीचर 3 भड़कीला

tau /ताऊ/ *n.* यूनानी वर्णमाला का उन्नीसवां अक्षर
taught /टॉट/ *pt.,* **'teach'** का भूतकालिक रूप
taunt /टॉट/ *v., pt.* **~ed**, *pp* **~ing** 1 ताना मारना या दे. 2 उपहास क. 3 कटाक्ष क., बोली-ठोली मारना, डांट मारना (*Hr.*);
n. चुभने वाला ताना, उपहास, कटाक्ष, बोली-ठोली;
dw/lw: **~ing** /टॉटिंग/ *n.* ताने देने की क्रिया; **~ing** *adj.* अति कटु, जहर भरा, तीखा; **~ingly** *adv.* कटाक्षपूर्वक, ताने देते हुए
taupe /टोप/ *n.* भूरा-खाकी रंग;
adj. भूरा-खाकी
tauriform /टॉःरअफॉःम/ *adj.* वृषभाकार, बैल के आकार का
taurine /टॉःरीन/ *adj.* 1 वृषभीय, वृषभ-सदृश 2 बैल जैसा
tauromachy /टॉःरअमअकि/ *n.* वृषभ-युद्ध, बैलों की लड़ाई
Taurus /टॉरअस/ *n.* वृषभ राशि
taut /टॉट/ *adj.. degr.* **~er**, **~est** 1 कसा/ तना हुआ 2 तनावग्रस्त 3 जहाज के बारे में: ठीक-ठाक, अच्छी हालत में;
dw/lw: **~en** /टॉःटन/ *v., pt.* ~ened, *pp* ~ening कसना, तानना, तनना, खींचना; **~ness** *n.* 1 तन्यता 2 तनावग्रस्तता;
collocations: **~ nerves** तनावग्रस्त मानसिक अवस्था; **~ rope** कसी हुई रस्सी; **~ smile** तनावपूर्ण मुस्कान
tautochronous /टॉःटअक्रोनस/ *adj.* एककालिक, समसामयिक
tauto\logous /टॉटौलअगस/ *US* टॉटाःलअगस/*adj.* 1 द्विरुक्त, पुनरुक्त 2 पुनरुक्तिपूर्ण;
tauto\logy /टॉटौ\लजि/ *US* टॉटाः\लजि/ (**~logism**) *n., pl.* **~logies** शब्द की व्यर्थ दुहराई, पुनरुक्ति, पुनरावृत्ति;
dw/lw: **~logical** /टॉटअलौजिकल/ *US* टॉटअलाःजिकल/ *adj.* शब्द की पुनरावत्ति से संबंधित; **~logize** /~लअजाइज/ *v., pt.* ~logized, *pp* ~logizing पुनरुक्ति क., व्यर्थ में दोहराना; **~merism** /~मअरिजम/ *n., chem.* चलावयवता; **~phony** /~फनि/ *n.* ध्वनि पुनरुक्ति; **~zonal** /~जोनल/ *adj.* एककटिबंधीय
tavern /टैवःन/ *n.* 1 शराबघर वाली सराय 2 *US* मधुशाला, मदिरालय, शराबखाना, मयखाना, कलवरिया
taverna /टैवःना/ *n., pl.* **~s** 1 यूनान में: मयखानायुक्त अतिथिगृह 2 यूनानी रेस्त्रां
taw /टॉः/ *n.* गोली, कंचा;
v., pt. **~ed**, *pp* **~ing** 1 गोली या कंचे से निशाना लगाना 2 चर्मशोधन क., सिझाना;
dw/lw: **~er** /टॉवः/ *n.* चर्मकार, चर्मशोधक; **~ery** /टॉवरि/ *n.* चर्मशोधनालय, चर्मशोधनशाला
taw\dry /टॉड्रि/ *adj., degr.* **~drier**, **~driest** 1 अप्रिय और अनैतिक 2 भड़कीला, दिखावटी, घटिया: **~dry** garment; **~dry** colours;
n. 1 तड़क-भड़क 2 दिखावा 3 घटियापन;
dw/lw: **~drily** /टॉड्रिलि/ *adv.* भड़कीले रूप में, दिखावे के लिए; **~driness** /टॉड्रिनेस/ *n.* 1 भड़कीलापन 2 दिखावट, दिखावा
tawny /टॉनि/ *adj.* कपिल, पिंगल, पीला-भूरा, पीला-सांवला
n. पीला-भूरा रंग;
dw/lw: **~ owl** यूरोप और एशिया में पाए जाने वाले उल्लू की प्रजाति
taws (e)/ tawse /टॉःज/ *n., pl.* **~es** /टॉजीज/ कोड़ा, चाबुक
TAX *abbr.* 'trunk automatic exchanges' की प्रथमाक्षरी
tax /टैक्स/ *n., pl.* **~es** 1 कर, टैक्स, महसूल: national **~es**; local **~es**; direct/ indirect **~s**; single ~; impose/ levy a ~ on sb/ sth; collect **~es**; pay **~es**; deduct/ increase ~; high/low **~es** 2 दायित्व, भार, बोझ: this was a ~ on his patience;
v., pt. **~ed**, *pp* **~ing**, *s/he/ it* **~es** 1 कर लगाना 2 भार या बोझ डालना: ~ sb's patience; it **~es** one's memory 3 *law* अभियोग का खर्चा लगाना: ~ the costs of an action 4 (*usually* **~ sb with sth**) दोष या आरोप लगाना: ~ sb with trickery 5 दाम निर्धारित क.: what will you ~ me?
dw/ lw: **~able** /टैक्सअबल/ *adj.* जिस राशि पर कर देय हो; **~ation** /टैक्सेशन/ *n.* करारोपण, कराधान; **~-deductible** *adj.* कर-मुक्त राशि; **~-deferred** *adj.* स्थगित कर अदायगी; **~-dodger** /टैक्स-डौजः/ *n.* कर-चोर; **~-exempt** *adj.* कर-मुक्त; **~-evasion** *n.* कर चोरी; **~-free** *adj.* कर-मुक्तः ~free shopping; **~ing** /टैक्सिंग/ *adj.* 1 (***syn.*** demanding) दूभर, विकट, जिस पर बहुत अधिक शारीरिक प्रयास लगाने की आवश्यकता हो 2 कर लगाने से संबंधित: ~ing district; ~ing power (कर लगाने का अधिकार); **~ing** *n.* कर लगाने की क्रिया; **~man** *n.* आयकर अधिकारी; **~-payer** *n.* करदाता; **~paying** /टैक्सपेइंग/ *adj.* कर देनेवाला;
collocations: **~ avoidance** = **~-evasion** कर चोरी; **~ bracket** करदाताओं की श्रेणी; **~ break** कुछ विशेष लोगों के लिए कर में विशेष छूट; **~ collector** कर-समाहर्ता, कर उगाहने वाला, महसूलदार; **~ costs** मुकदमे की कानूनी लागत; **~ disc** = **road Fund Licence** कार के शीशे पर लगाई जाने वाली कर-अदायगी चिप्पी; **~ exile** अपने देश में ऊंचे करों से बचने के लिए कम करो वाले देश में रहने वाला व्यक्ति; **~ haven** वह देश जिसमें करों की दर बहुत कम हो; **~ inspector** कर-परीक्षक; **~ relief** कर में राहत; **~ return** आयकर विभाग को दिया जाने वाला आय का वार्षिक विवरण; **~ shelter** न्यूनतम कर देने के लिए किया जाने वाला आर्थिक प्रयोजन; **~ year/ financial year** कर या आय वर्ष;
nuisance ~ करदाताओं के लिए कष्टमय और सरकार के लिए अलाभकारी कर;
p&i: **~ one's brain** माथापच्ची क.
taxi /टैक्सि/ (*also* **~cab**) *n., pl.* **~s/ taxies** टैक्सी;
v., pt. taxied, *pp* ~ing/ ~ying, *s/he/ it* **taxis/ taxies** 1 टैक्सी में जाना या ले जाना 2 विमान आदि द्वारा टैक्सी क. (धीमी गति से उड़ान-पट्टी पर चलना);
dw/dw: **~cab** *n.* टैक्सी; **~-man** *n.* टैक्सीचालक, टैक्सीड्राइवर **~meter** *n.* टैक्सी मीटर; **~way** *n.* = **runway**;
collocations: **~ rank** *UK* (*US* **~ stand**) टैक्सी स्टैंड
taxider\my /टैक्सिडःमी/ *n.* पशुओं की खाल में भूसा आदि भरकर उन्हें सजीव-सा बनाने की कला, चर्म-प्रसाधन;
dw/lw: **~mal/ ~mic** *adj.* चर्म-प्रसाधनीय; **~mist** *n.* चर्म-प्रसाधक
taxing *see above under* **tax:** ***dw/lw***
taxis /टैक्सिस/ *n., pl.* **taxis** 1 *biol.* बाहरी प्रभाव तले कोशिका का एक ओर से दूसरी ओर चलन 2 प्रतिस्थापन, अनुचालन 3 वर्गीकरण 4 *ling.* वाक्य-विन्यास
taxono\my /टैक्सौनमि/ *US* टैक्साःनमि/*n., pl.* **~mies** 1 जीव-वर्गीकरण 2 वर्गीकरण-विज्ञान, वर्गिकी;
dw/lw: **~mic** /टैक्सअनौमिक/ *US* टैक्सअनाःमिक/*adj.* वर्गिक, वर्गिकीय, वर्गीकरण-विज्ञान संबंधी: ~mic category (वर्गिक संवर्ग); ~mic species वर्गिक जीव-प्रजाति; **~mist** /टैक्सौनअमिस्ट/ *US* टैक्साःनअमिस्ट/ *n.* वर्गीकरण-वैज्ञानिक
taxus /टैक्सस/ *n.* (***syn.*** baccata) तालीश-पत्र
tchick /चिक/ *n.* चिकचिक, टिकटिक;
v., pt. **~ed**, *pp* **~ing** चिक-चिक क., चुचकारना, चुमकारना
TB /टीबी/ *abbr.,* 'tuberculosis' का छोटा रूप (तपेदिक रोग)
Tb *symbol,* 1 *chem.* 'terbium' का चिह्न 2 (*also* **TB**) 'tetrabyte' की प्रथमाक्षरी
TBA *abbr.* 'Total Branch Automation', 'to be announced' की प्रथमाक्षरी
T-bill *abbr.* 'Treasury bill' का छोटा रूप
TBGRI *abbr.* 'Tropical Botanic Garden and Research Institute' की प्रथमाक्षरी
TBM *abbr.* 'tunnel boring machines' की प्रथमाक्षरी
Tbps *abbr.* 'tera bit per second' की प्रथमाक्षरी
TBS *abbr.* 'Turner Broadcasting System Inc.' की प्रथमाक्षरी

tbsp *abbr.*, 'tablespoon' *or* 'tablespoonful' का छोटा रूप: (चम्मच भर)
TBW *abbr.* 'Thermax Babcock & Wilcox' की प्रथमाक्षरी
Tc *symbol, chem.* 'technetium' का चिह्न
TC *abbr.* 'Trinamul Congress' की प्रथमाक्षरी
TCA *abbr.*, 'tricarboxylic acid cycle' की प्रथमाक्षरी
TC&S *abbr.* 'Training Centre and School' की प्रथमाक्षरी
TCAS *abbr.* 'tactical collision avoidance system', 'traffic alert collision avoidance system' की प्रथमाक्षरी
TCC *abbr.* 'tax credit certificates', 'Traffic Complaint Card' की प्रथमाक्षरी
TCCB *abbr.* 'Test and Country Cricket Board' की प्रथमाक्षरी
TCD *abbr.* 1 'IVR Chad (French name Tchad)' का अंतर्राष्ट्रीय वाहन पंजीकरण कोड (IVR) 2 'Trinity College, Dublin' की प्रथमाक्षरी
t-cell /टी-सेल/ *n., med.* पशुओं में वाइरस के विरुद्ध सुरक्षा पैदा करने वाले लिंफोसाइट (lymphocyte)
TCG *abbr.* 'technology co-ordination group' की प्रथमाक्षरी
TCI *abbr.* 'Transport Corporation of India', 'Travel Corporation of India' की प्रथमाक्षरी
TCIL *abbr.* 'Telecommunications Consultants India Limited' की प्रथमाक्षरी
TCM *abbr.* 'Tactical Cruise Missile', 'thousand cubic metres', 'Total Consumer Management', 'Trillion Cubic Meter', 'Trinity College of Music, London', 'Turner Classic Movies' की प्रथमाक्षरी
TCP *abbr.* 'Traffic Control Post' की प्रथमाक्षरी
TCP/ IP *abbr., comput.* 'transmission control protocol/ internet protocol' की प्रथमाक्षरी
TCPO *abbr.* 'Town and Country Planning Organisation' की प्रथमाक्षरी
TCS *abbr.* 'Traction Control System', 'traffic control station' की प्रथमाक्षरी
TD *abbr.* 'Technical Data', 'technology demonstrator', 'Tournament Director', 'Turbo Diesel' की प्रथमाक्षरी
TDA *abbr.* 'Trade Development Authority' की प्रथमाक्षरी
TDB *abbr.* 'Technology Development Board' की प्रथमाक्षरी
TDC *abbr.* 'topdead centre' की प्रथमाक्षरी
TDH *abbr.* 'Tall Dark Handsome' की प्रथमाक्षरी
TDIL *abbr.* 'Technology Development for Indian Languages' की प्रथमाक्षरी
TDM *abbr.* 'Time Division Multiplexing' की प्रथमाक्षरी
TDO *abbr.* 'Technical Data Office' की प्रथमाक्षरी
TDMA *abbr.* 'Time Division Multiple Access' की प्रथमाक्षरी
TDP *abbr.* 'Telugu Desam Party (Andhra)' की प्रथमाक्षरी
TDR *abbr.* 'Term Deposit Receipt', 'transferable development right' की प्रथमाक्षरी
TDS *abbr.* 'tax deduction at source', 'Total Dissolved Solids' की प्रथमाक्षरी
TDSAT *abbr.* 'Telecom Dispute Settlement and Appellate Tribunal' की प्रथमाक्षरी
Te *symbol, chem.* '**tellurium**' का चिह्न
TE *abbr.* 'test equipment', 'Trainee Engineers' की प्रथमाक्षरी
tea /टी/ *n., pl.* **~s** 1 चाय की सदाबहार झाड़ी 2 सुखाई हुई चाय की पत्ती 3 चाय: cup of ~ 3 (*also* **high tea**) चाय-पान: ask sb in to ~ 4 *UK* (*also* **afternoon ~**) बिस्कुट, केक आदि के साथ दोपहर का चाय-पान या नाश्ता: Russian ~ 5 चाय पत्ती जैसी अन्य पत्तों की चाय: peppermint ~;
dw/lw: **~-board** *n.* चाय की ट्रे; **~-cake** *n.* (चाय के साथ खाया जाने वाला) केक; **~cart** *n.* = **~ trolley**; **~cup** *n.* चाय का प्याला; **~cupful** *n., pl.* ~cupfuls प्याला-भर चाय; **~house** *n.* चाय की दुकान; **~-party** *n.* चायपान, चाय-पार्टी; **~pot** *n.* चायदानी; **~poy** /टीपॉय/ *n.* तिपाई; **~room** *n.* चाय-कक्ष; **~spoon** *n.* छोटा चम्मच, चमची; **~spoonful** *n., pl.* ~spoonfuls चम्मच भर; **~table** *n.* चाय-पान मेज: ~table talk/ conversation; **~time** /टीटाइम/ *n. UK* चाय का समय; **~shop** *n.*/ **~-stall** *n.* चाय की दुकान;
collocations: **~ bag** चाय की पत्ती की छोटी-सी थैली; **~ break** चाय अवकाश; **~ caddy** चाय का डिब्बा; **~ chest** चाय का बड़ा-सा बक्सा; **~ cloth** चाय की मेज या ट्रौली का कपड़ा; **~ cosy** चायदानी का आवरण; **~ dance** शाम के समय किया जाने वाला नाच, सायंकालीन नृत्य; **~ garden** चाय-बागान; **~ leaf** 1 चाय का पत्ता 2 चायदानी में बचे हुए पत्ते 3 *sl.* चोर; **~ party** चायपान-दावत; **~ rose** चाय-गुलाब; **~ towel** *UK* (*US* **dishtowel**) बर्तन पोंछने का कपड़ा; **~ tray** चाय परोसने की तस्तरी; **~ trolley** चाय परोसने की ट्रौली;
p&i: **husband's ~** अति हल्की चाय; **not ... for all the tea in China** किसी कीमत पर भी नहीं
teach /टीच/ *v., pt.* **taught**, *pt. p.* **taught** *pp* **~ing**, *s/he/ it* **~es** 1 पढ़ाना: ~ sb English/ ~ English to sb; ~ music/ history/ singing 2 सिखाना, सिखलाना: ~ sb to write 3 शिक्षा दे., ज्ञान प्रदान क., सीख दे.: experience will ~ him the folly of it; experience had **taught** her to be cautious; that'll ~ you to be politer 4 अनुभव दे. 5 अध्यापन क.: ~ for a living 6 शिक्षण दे., प्रशिक्षित क. 7 समझाना;
dw/lw: **~ability** /टीचअबिलिटि/ *n.* शिक्षणीयता; **~able** *adj.* 1 जिसे सिखाया-पढ़ाया जा सके, सिखाने या पढ़ाने के लायक 2 शिक्षा के योग्य, शिक्षणीय, अध्यापनीय; **~er** /टीचः/ *n.* अध्यापक, शिक्षक, शिक्षिका, अध्यापिका, आचार्य: ~er edition; ~er's college; ~er educator; **~-in** *n.* एक ही विशेषज्ञ द्वारा एक दिन में दिए जाने वाले कई व्याख्यानों की कड़ी; **~ing** *n.* अध्यापन, शिक्षण: ~ing of English; go in for ~ing; **~ing** *adj.* शिक्षण संबंधी~ing load; ~ing hospital; **~ings** /टीचिंग्ज/ *n., [pl.]* 1 सीख, शिक्षा 2 उपदेश: ~s of Buddha;
p&i: **~ a cock to crow/ a dog to bark/ a hen to cluck/ a serpent to hiss** सीखे हुए को सिखाना; **~ an old dog new tricks** बूढ़े तोते नहीं पढ़ते; **~ one's grandmother to suck eggs** *colloq.* चूजा मुर्गी को चूं-चूं करना सिखाए; **~ sb a lesson** सबक सिखाना; **~ school** *N. Amer.* स्कूल में पढ़ाना;
like ~er, like pupil जैसा अध्यापक, वैसा शिष्य
teak /टीक/ *n.* 1 सागवान, सागौन 2 सागवान या सागौन की लकड़ी
teal /टील/ *n., pl.* **~s/ teal** जंगली बत्तख, चैती, हंसक: bluewinged ~ (चैती); common ~ (बैजला)
team /टीम/ *n.* 1 दल, टोली, मंडली: inspection ~ 2 किसी खेल में दो प्रतिद्वंद्वी टोली, टीम: be in/ on a ~; join/ play for a ~; captain /coach/ member of a ~; national/ reserve ~; home ~; **~'s** line-up/ make-up; composition/ personnel of ~ 3 मिल कर काम करने वाला समूह: ~ spirit 4 जुए में जुते घोड़े, बैल इत्यादि: ~ of horses 5 पोशाक में भिन्न-भिन्न वस्त्रों का मिलान;
v., *pt.* **~ed**, *pp* **~ing** 1 साथ जोतना 2 मिल कर काम क.: ~ up with sb;
dw/lw: **~-mate** /टीममेट/ *n.* साथी, जोड़ीदार; **~ster** /टीमस्टः/ *n.* 1 जोड़ी हांकने वाला 2 (***syn.*** truck driver) ट्रक चालक; **~-work** /टीमवःक/ *n.* सामूहिक कार्य;
collocations: **~ placing** टीम की स्थिति; **~ player** टीम का खिलाड़ी; **~ spirit** समूह-भावना, टीम-भावना; **~ work** सामूहिक

कार्य;
p&i: ~ **up with sb** के मिलकर काम क.; ~ **sb up with sb** किसी के साथ मिलाकर टीम बनाना;
a full ~ प्रतिभाशाली व्यक्ति; **drive too much** ~ *US* अपनी क्षमता को बढ़ा-चढ़ाकर आंकना

tear /टेअः/ *v., pt.* **tore**, *pt. p.* **torn**, *pp* **~ing** 1 (***syn.*** rip apart) फाड़ना, चीरना, विदारण क.: ~ sth out of/ off/ down, etc.; ~ a paper; ~ sth to pieces; ~ sth in two; ~ one's hand on barbed wire; **tore** several pages out of the book 2 फटना, चिरना: paper, cloth, etc. **~s**; material that **~s** easily; ~ at the lining; a heart was **torn** by/ with grief 3 फूट डालना 4 (*usually* **~ at sth**) उखाड़ फेंकना, खसोटना, नोचना: ~ at sb's heart (किसी के मन को नोच डालना) 5 फाड़कर छेद क. 6 छीनना, अलग क. 7 (*often* **~ along/ away/ off/ past, etc.**) बड़ी तेजी से आगे बढ़ना: ~ along the road; ~ down the gorge 8 नष्ट क., बिगाड़ना: strife **torn** area;
n. 1 कपड़े या कागज में छेद 2 खोंच, चीर 3 चीर, दरार, शिगाफ 4 चीरा, चीर, फाड़न: full ~ 5 नुकसान: ~ and wear/ wear and ~ 6 ताबड़तोड़ दौड़ 7 रंगरेली, शराब-कवाब की महफिल: go on a ~ 8 आंसू, अश्रु, अश्रुजल: bitter **~s**; in **~s**; burst into **~s**; laugh to **~s**; move sb to **~s** 9 अश्रुबिंदु, अश्रुकला 10 आंसूनुमा बूंद, कतरा;
dw/lw: **~away** *n.* 1 दिलेर, बेधड़क आदमी 2 उतावला, जल्दबाज या दुस्साहसी नौजवान; **~-bomb** *n.* अश्रुगोला; **~drop** आंसू की एक बूंद, कतरा; **~-duct** *n.* अश्रुवाहिनी; **~-fault** *n.* विदारण-भ्रंश; **~ful** *adj.* रोता हुआ, रुआंसा, अश्रुमुख; **~fully** *adv.* बेतहाशा रोते हुए; **~-gland** *n.* अश्रु-ग्रंथि; **tearing** *see below under separate entry*; **~-jerker** *n.* (***syn.*** weepy) रुला देने वाली कहानी, फिल्म, पुस्तक आदि,; **~less** *adj.* अश्रुरहित, जो दुख-सुख आदि में कभी न रोए; **~-off** *adj.* फाड़ने लायक; **~-stained** *adj.* अश्रुपूर्ण, आंसुओं के धब्बों से भरा;
collocations: ~ **away** दुःसाहसी युवक; ~ **duct** (*also* **lachrymal ~**) अश्रु-वाहिका; ~ **gas** आंसू गैस, अश्रुगैस; **wear and ~** टूट-फूट;
p&i: ~ **about** 1 सरपट दौड़ना 2 लड़खड़ाना; ~ **along** तेजी से आगे बढ़ना; ~ **around** = ~ **about**; ~ **a strip off sb** *colloq.* किसी को डांटना-डपटना; ~ **at sb's heart** / ~ **sb's heart apart** किसी के दिल को चीर डालना; ~ **away** 1 से अलग हो. 2 से छुटकारा पाना; ~ **down** 1 ढहाना, ढहा दे., गिरा दे., उखाड़ दे. 2 खंडन क. 3 सूचना-पत्र आदि फाड़कर उखाड़ना; ~ **off** अलग क., फाड़ना; **~/ pull one's hair out** 1 अत्यधिक उलझन में हो. 2 अधीर और कुंठित होकर दुख में डूब जा.; ~ **sb apart** (***syn.*** rip apart) किसी को दुखी/ त्रस्त क.; ~ **sb away** किसी को किसी लत से हटाकर नए काम में लगाना; ~ **sb off a strip** किसी को खरी-खोटी सुनाना, डांटना-डपटना; ~ **sth apart** 1 धराशायी क. 2 नष्ट क.; ~ **sth down** (***syn.*** demolish) नष्ट क., गिराना, ढहा दे.; ~ **sth off** जल्दी में कपड़े उतारना; ~ **sth to pieces/ to bits/ to shreds/ to tatters** 1 फाड़कर चिथड़े-चिथड़े क. 2 आलोचना करते हुए धज्जियां उड़ाना; ~ **sth up** 1 (***syn.*** rip sth up) किसी चीज के टुकड़े-टुकड़े क. 2 किसी चीज को जबरदस्ती उखाड़ना; ~ **the guts out of sb** किसी की धज्जियां उड़ा दे.; ~ **up** फाड़कर टुकड़े-टुकड़े क.; ~ **up Jack** बखेड़ा खड़ा क.;
be in a tearing hurry/ rush बहुत जल्दी में हो.; **be torn between sth and sth** घोर दुविधा में हो.; **burst into ~s** आंसुओं का फूट पड़ना; **crocodile ~s** मगरमच्छ के आंसू, दिखावा; **in floods (flood) of ~s** आंसुओं के सागर में डूबा हुआ; **mingle ~s** इकट्ठे शोक मनाना; **tore the silence** नीरवता को भंग कर दिया

tearing /टेअरिंग/ *adj.* 1 उग्र, तेज, प्रचंड: ~ strain 2 उतावला, जल्दबाज 3 जबरदस्त, अत्यधिक: ~ beauty;
adv. प्रचंड रूप से: ~ angry;
collocations: ~ **hurry/ rage** जबरदस्त जल्दी या क्रोध;

tea\se /टीज/ *v., pt.* **~sed**, *pp* **~sing** 1 जान-बूझकर चिढ़ाना 2 किसी की खिल्ली उड़ाना 3 (*usually* **~se sb into sth**) लगातार तंग करके कोई बात मनवाना: **~se** sb for sth/ to do sth 4 छेड़खानी क. 5 उलझे बालों आदि को सुलझाना 6 जटिल शब्द का अर्थ निकालना: **~se** sth out 7 धुनना, धुनकना, तूमना 8 रोआं उठाना;
n. 1 दूसरों का मजाक उड़ाने वाला व्यक्ति 2 मजाक, चालाकी आदि करने का कार्य 3 कामोउत्तेजना पैदा करके तंग करने वाला व्यक्ति;
dw/lw: **~ser** /टीज़ः/ *n.* 1 चिढ़ाने वाला व्यक्ति 2 कठिन प्रश्न, समस्या, कठिन काम: a brain-~ser 3 (*also* **~ser ad**) बिना किसी माल या वस्तु का नाम लिए दर्शक, श्रोता या पाठक का ध्यान खींचने वाला विज्ञापन; **~sing** /टीजिंग/ *n.* छेड़खानी; **~singly** /टीजिंगलि/ *adv.* 1 चिढ़ाते हुए, छेड़खानी के अंदाज में 2 उत्सुकता या जिज्ञासा जगाने के अंदाज में 3 कामोत्तेजना पैदा करते हुए; **eve-~sing** *n.* औरतों से छेड़खानी;
p&i: **~se sth out** 1 बालों, ऊन आदि को धीरे-धीरे बुरुश करके सुलझाना 2 शब्द, मुहावरे, कविता आदि का अर्थ निकालने में सिर खपाना

teasel/ teasel/ teazle /टीजल/ 1 विलायती गोखरू 2 कपड़े पर रोएं उठाने का यंत्र, धुनकी;
v., *pt.* **~ed**, *pp* **~ing** रोएं उठाना;
dw/lw: **~er/ teazler** /टीजलः/ *n.* धुनिया

teat /टीट/ *n.* 1 (*US* **nipple**) बेबी की बोतल का चूसने वाला भाग 2 चूची, चुचुक, स्तनाग्र

TEC *abbr.* 'Telecom Engineering Centre' की प्रथमाक्षरी

tec *n., colloq.* 'detective' का छोटा रूप

tech *US short* 'technical college' का छोटा रूप

tech. *US* 'technology', 'technical', 'technician' का छोटा रूप

techie /टेकि/ (*also* **techy**) *n.* जिसे तकनीकी चीजों में रुचि है

technetium /टेकनिशिअम/ *n., chem.* (*symbol* **Tc**) एक रेडियो धर्मी धातु तत्त्व

technic /टेकनिक/ (*also* **technique** /टेकनीक/) *n.* तकनीक, शिल्प विज्ञान, औद्योगिकी (*also see below under* **technique**)

technical /टेकनिकल/ (*also* **technic**) *adj.* 1 तकनीकी, शिल्पीय: ~ education/ school/ college 2 प्राविधिक, पारिभाषिक: in a ~ sense; ~ terms 3 हुनर संबंधी: ~ difficulty; great ~ skill 4 तकनीक-शास्त्रीय 5 कानूनी, विधिक: ~ advice (कानूनी सलाह);
dw/lw: **~ity** /टेकनिकैलिटि/ *n.*, ~ities 1 प्राविधिकता, कानूनी बारीकियां 2 किसी यंत्र के कार्य की सूक्ष्मता, बारीकियां; **~ly** /टेकनीकलि/ *ad.* 1 तकनीकी आधार पर 2 तकनीकी हुनर से संबंधित 3 नियमों, विधान के आधार पर;
collocations: ~ **college** तकनीकी कालेज; ~ **data** तकनीकी आंकड़े; ~ **drawing** तकनीकी रेखाचित्र; ~ **efficiency** तकनीकी दक्षता; ~ **foul** बास्केट आदि के खेल में सही खेल के नियम का उल्लंघन; ~ **hitch** तकनीकी रुकावट, झिझक या समस्या; ~ **iron** औद्योगिक लोहा; ~ **knockout** (*abbr.* **TKO**) *boxing* बिना ध्वस्त हुए रैफरी द्वारा ध्वस्त घोषित; ~ **post** तकनीकी पद; ~ **personnel** तकनीकी कर्मचारी; ~ **sergeant** अमेरिकी वायु सेना में मध्यम स्तर का अफसर

technicalities *see above under* **technical: ~ity**

technicality *see above under* **technical: ~ity**

technician /टेकनीशिअन/ *n.* तकनीशियन, तकनिज्ञ, प्रविधिज्ञ, मिस्त्री, यंत्रविद, शिल्पी

technicolour /टेकनिकलः/ *n., tradem.* रंगीन फिल्म बनाने की तकनीक;

dw/lw: **~ed** *adj.* 1 चटकीला-भड़कीला 2 अतिरंजित
technics /टेक्निक्स/ *sing./ pl.* = technology (*see below*)
technikon /टेकनिकौन/ *n. US* व्यावहारिक तकनीकी विषय पढ़ाने वाला कालेज
technique /टैकनीक/ *n.* 1 तकनीक, विधि, शिल्प, हुनर; mountaineering/ rock climbing ~ 2 कौशल, निपुणता 3 प्रणाली, क्रिया विधि, कार्य-प्रणाली 4 प्रक्रिया 5 ढंग, तरीका, शैली: study the **~s** of film-making
techno /टेकनो/ *n. UK* एक प्रकार का तकनीकी प्रभाव वाला नृत्य संगीत
techno- /टेकनो-/ *prefix* तकनीक संबंधी: a ~phile
technobabble /टेकनोबैबल/ *n., colloq.* कंप्यूटर आदि में प्रयुक्त होने वाली तकनीकी शब्दों, परिभाषाओं, प्रथमाक्षरी आदि से भरपूर भाषा
techno\cracy /टेक्नौक्रअसि/ *US* टेक्नाःक्रअसि/*n., pl.* **~cracies** शिल्पी-तंत्र, प्रविधिज्ञ-तंत्र, तकनीकी-तंत्र, शिल्पतंत्र, उद्योग तंत्र;
dw/lw: **~crat** /टेक्नअक्रेट/ *n.* शिल्पी-तंत्र का सदस्य, तकनीकी-तंत्री, उद्योग-तंत्री
techno\logy /टेक्नौ\लअजि/ *US* टेक्नाः\लअजि/*n.* 1 प्रौद्योगिकी, उद्योग विद्या 2 (***syn.*** practical sciences) व्यावहारिक विज्ञान: information ~ 3 शिल्प विज्ञान, शिल्प शास्त्र 4 पारिभाषिक शब्दावली;
dw/lw: **~logical** /टेक्नअलौजिकल/ *adj.* शिल्प विज्ञान संबंधी, तकनीकी, प्रौद्योगीय, शिल्पवैज्ञानिक, शिल्पशास्त्रीय, शिल्पविज्ञानीय; **~logist** /~लअजिस्ट/ *n.* शिल्प-वैज्ञानिक, शिल्प-शास्त्री, शिल्प-विज्ञानी; **~logically** /टेक्नअलौजिकलि/ *adv.* तकनीकी/ प्रौद्योगीय आधार पर
techno\phile /टेक्नोफाइल/ *n.* नए शिल्प विज्ञान या प्रौद्योगिकी के प्रयोगों का समर्थक;
dw/lw: **~philia** /टेक्नअफीलिआ/ *n.* नव-शिल्प विज्ञान या प्रौद्योगिकी प्रेम; **~phobe** /टेक्नोफोब/ *n.* नव शिल्पविज्ञान या प्रौद्योगिकी से डरने वाला या ना पसंद करने वाला व्यक्ति; **~phobia** *n.* नव शिल्पविज्ञान या प्रौद्योगिकी भीति; **~phobic** *adj.* नव शिल्प विज्ञान या प्रौद्योगिकी भीति से संबंधित; **~pop** /टेकनअपौप/ *US* टेकनअपाःप/ *n., music* इलेक्ट्रोनी सिंथेसाइजरों के प्रयोग से बनाया जाने वाला पौप (लोकप्रिय) संगीत
techy /टेकि/ *n.* = techie (*see above*)
/टेचि/ *adj.* चिड़चिड़ा
techtogenesis /टेक्टअजेनिसिस/ *adj.* विवर्तनज जनन
tectology /टेक्टौलअजि/ *US* टेक्टाःलअजि/ *n.* संरचना-आकारिकी
tectonic /टेक्टौनिक/ *US* टेक्टाःनिक/ *adj.* 1 विवर्तनिक 2 भवन-निर्माण शिल्प संबंधी, वास्तुशिल्पीय;
collocations: ~ **axis** विवर्तनिक अक्ष; ~ **denudation** विवर्तनिक अनाच्छादन; ~ **depression** विवर्तनिक गर्त; ~ **melange** विवर्तनिक मिश्रण; ~ **scarp** विवर्तनिक कगार
tectonics /टेक्टौनिक्स/ *US* टेक्टाःनिक्स/ *n., sing., geol.* भवन-निर्माण शिल्प, वास्तुशिल्प, स्थापत्य
tectonism /टेक्टअनिजम/ *n.* विवर्तनिकता
tectorial /टेक्टॉःरिअल/ *adj., anat.* आच्छादक
tectrix /टेक्ट्रिक्स/ *n., pl.* **tectrices** /टेक्ट्राइसीज/ आच्छादक पंख
TED *abbr.* 'Technical Executive Design', 'Telecom Electrical Division', 'turtle excluder device' की प्रथमाक्षरी
Ted *n., Br. colloq. short,* 'Teddy boy' का छोटा रूप
ted /टेड/ *v. pt.* **~ed/ ~ded,** *pp* **~ing/ ~ding** लॉन के काटे हुए घास को फैलाना
teddy /टेडि/ (*in full* **teddy bear**) *n., pl.* **teddies** भरा हुआ भालू-खिलौना;
collocations: **teddy bear** = **teddy**
teddy boy (*also* **ted**) *n., Br. colloq.* 1 (1950-60 के दशकों में) ब्रिटेन में पनपी एक युवा शैली जिसके अनुसार युवा लोग ऐडवर्डीय शैली में पोशाक व बालों का प्रसाधन करते थे और वे रॉक संगीत के प्रशंसक थे 2 बिगड़ैल लड़का
TeDeum /टीडीअम/ टेडेअम/ *n., pl.* **Te Deums** एक लातीनी धन्यवाद-भजन
tedious /टीडिअस/ *adj.* लंबा और उबाऊ, नीरस, थकाऊ: ~ conversation/ lecture;
dw/lw: **~ly** /टीडिअस्लि/ *adv.* नीरस ढंग से; **~ness** /टीडिअसनेस/ *n.* नीरसता, उबाऊपन
tedium /टीडिअम/ *n.* (***syn.*** boredom) उबाऊपन, नीरसता, ऊब, उचाटता
TEE *abbr.* 'Training Programme in Environment Education' की प्रथमाक्षरी
tee /टी/ *n., pl.* **~s** 1 अंग्रेजी के अक्षर **'T'** का नाम 2 **'T'** आकार की वस्तु: **T-shirt** (टी-शर्ट) 3 गोल्फ में वह ढूह जिसपर खेल शुरू करते समय गेंद रखते हैं 4 निशाना 5 छतरी, शिखर;
v., pt. **~d,** *pp* **~ing** (*often* **tee up**) गोल्फ की गेंद को खेल में पहली बार मारने के लिए टी पर रखना;
p&i: ~ **off** गोल्फ के खेल में गेंद को पहली चोट लगाना, खेल शुरू क.; ~ **up** तैयार हो जाना; **to a** ~ बिल्कुल सही, सही-सही
teed off /टीद औफ/ अति क्रुद्ध
tee-hee/ te-hee *excl., v. pt.* **tee-heed,** *pp* **tee-heeing** आश्चर्यचकित या आनंद विभोर हो.
n. **tee-hees** आश्चर्य एवं आनंद
teem /टीम/ *v., pt.* **~ed,** *pp* **~ing** 1 किसी चीज या जीव से भरा हो.: be **~ing** with sb/ sth; the rivers ~ with fish/ fish ~ in the rivers 2 बड़ी संख्या में मौजूद हो., प्रचुर मात्रा में हो., से भरा हुआ हो.: the book **~s** with blunders; resort **~ing** with tourists 3 मूसलाधार वर्षा हो. 4 पानी का तेज प्रवाह से बाहर निकलना;
dw/lw: **~ing** /टीमिंग/ *adj.* से भरा हुआ: ~ing treasures; ~ing millions;
p&i: ~ **with sth** = **be ~ing with sth** से लबालब भरा हो.
-teen *suffix,* तेरह (thir**teen**) से उन्नीस (nine**teen**) संख्याओं में प्रयुक्त
teen /टीन/ *n., pl.* **~s** 1 *US short* '**teenager**' का छोटा रूप 2 तेरह (thir**teen**) से उन्नीस (nine**teen**) वर्ष के युवा लोग;
adj. किशोरावस्था संबंधी;
dw/lw: **~age** /टीनेज/ *adj.* (*also* **~aged**) 13-वर्षीय से 19-वर्षीय; **~ager** /टीनेजः/ *n.* 1 किशोर या किशोरी, 13 से 19 वर्ष के युवक या युवती 2 किशोर, किशोरी; **~s** /टीन्ज/ *n., [pl.]* 13 से 19 वर्ष की आयु, किशोर, किशोर-अवस्था: in one's ~s; just out of one's ~s; **~y/ ~sy** /टीनी/ टीनजि/ *adj., degr.* ~ier, ~iest *or* teensier, teensiest *colloq.* (***syn.*** tiny) नन्हा, बहुत छोटा; **~y-bopper** /टीनि-बौपः/ *US* टीनि-बाःपः/ *n.* फैशनेबुल छोकरी जो वस्त्रों और संगीत में नवीनतम फैशन पर चलती है और संगीत-समारोहों में बहुत किलकारियां मारती है; **~sy-weensy** /टीनजि-वीनजि/ *adj.* नन्हा, छोटा
tee shirt *n. spelling* **'T-shirt'** की वैकल्पिक वर्तनी, एक प्रकार की कमीज
teeter /टीटः/ *v., pt.* **~ed,** *pp* **~ing** 1 लड़खड़ाते हुए चलना: be **~ing** on the brink/ edge of sth 2 हिचकिचाना, आगा-पीछा क.: ~ about/ across/ around, etc. 3 झूमाझूमी खेलना;
n. झूमा-झूमी;
p&i: ~ **on the brink of sth** खतरे की कगार पर हो.
teeter-totter /टीटः-टौटः/ *US* टीटः-टाःटः/ (*UK/ US* **seesaw**) *n.* ढेंकी, झूमाझूमी
teeth /टीथ/ *pl.* **'tooth'** का बहुवचन (दांत)
teet\he /टीद/ *v., pt.* **~hed,** *pp* **~hing** दांत निकलना;

dw/lw: **~hing** /टीदिंग/ *adj.* दांत निकलने से संबंधित;
collocations: **~hing problems/ troubles** 1 दांत निकलने के समय होने वाला परेशानियां 2 प्रारंभिक कठिनाइयां; **~hing ring** बच्चों के चबाने का छल्ला

teetotal /टीटोट\ल/ *adj.* शराब को न छूने वाला;
dw/lw: **~ism** /~लिज्म/ *n.* मद्यत्याग;

teetotaller /टीटोटलः/ (*US* **teetotaler**) *n.* मद्यत्यागी, बिल्कुल शराब न पीने वाला

teetotum /टीटोटम/ *n., hist.* फिरकी, फिरिहरी, लट्टू

tefillin/ tephillin /टिफिलिन/ *n., [pl.] Judaism* 'Phylacteries' (यहूदियों का ग्रंथ) में निहित आध्यात्मिक पाठ

TEFL /टेफ्ल/ *n., abbr.,* 'Teaching English as a Foreign Language' की प्रथमाक्षरी

TEFR *abbr.* 'Techno-Economic Feasibility Report' की प्रथमाक्षरी

TEFS *abbr.* 'Techno-Economics Feasibility Studies' की प्रथमाक्षरी

teg /टेग/ *n.* दूसरे वर्ष में चल रही भेड़

tegular /टेग्यूलः/ *adj.* कछुए के खपड़े का, खपड़े-जैसा

tegulated /टेग्यूलेटिड/ *adj.* खपरैलदार, छोरच्छादी, कोरच्छादी

tegmen /टेमेन/ *n., pl.* **tegmina** 1 आवरण 2 अंतःकवच

tegument /टेग्युमं\ट/ *n.* (*comp.* integument) 1 बाह्य आवरण 2 कवच 3 त्वचा;
dw/lw: **~al** /~टल/ *adj.* आच्छादक

tehee /टीही/ *n.* ही-ही, ठी-ठी;
v., pt. **~d**, *pp* **~ing** ही-ही क., ठी-ठी क.

TEI *abbr.* 'Total Employee Involvement' की प्रथमाक्षरी

teknonymy /टेक्नौनिमि/ *US* टेक्नाःनिमि/ (*also* **paedonymy**) *n.* संतान के नाम से माता-पिता को बुलाने की प्रथा

tektite /टेक्टाइट/ *n.* छोटा-सा चमकदार पत्थर

TEL *abbr.* 'technology enhanced learning' की प्रथमाक्षरी

Tel. *abbr.,* टेलीफोन नंबर का संक्षेप

tel. *abbr.,* 'telephone', 'telephone number' का छोटा रूप

telaesthesia /टेलिस्थीज़िआ/ *n., psychol.* 1 अतीन्द्रिय दृष्टि 2 परोक्ष दर्शन 3 पांचों ज्ञानेंद्रियों से परे अन्य साधनों से होने वाली दूरस्थ वस्तुओं की अनुभूति

telamon /टेलअमन/ *n.* पुरुष स्तंभ, निराकृति स्तंभ

telary /टीलरि/ *adj.* जाले का, जाला संबंधी, जाला बनाने वाला

TELCO *abbr.* 'Tata Engineering & Locomotive Corporation Limited' की प्रथमाक्षरी

telco /टेल्को/ *n., short,* 'telecommunications company' का छोटा रूप

tele- /टेलि-/ *prefix, comb. form, signifying:* **at/ over/ to a distance** (दूरस्थ स्थान या समय पर): **tele**vision; **tele**phone;
dw/lw: **~ad** /टेलिऐड/ *n.* दूरस्थ विज्ञापन; **~banking** *n.* दूरस्थ बैंक-कार्य; **~camera** *n.* दूरदर्शन कैमरा, टीवी कैमरा; **~cast** /टेलिकास्ट/ *n.* दूरदर्शन प्रसारण; **~cast** *v., pt.* ~cast, *pt. p.* ~cast, *pp* ~casting दूरदर्शन प्रसारण क.; **~caster** *n.* दूरदर्शन-प्रसारक; **~cine** /टेलिसिने/ *n.* दूरदर्शन फिल्म; **~communications** /टेलिकम्यूनिकेशन्ज/ (*short* **telco**) *n.* दूर-संचार प्रणाली; **~commute** /टेलिकम्यूट/ *v., pt.* ~commuted, *pp* ~commuting अपने घर पर काम क.; **~commuter** /टेलिकम्यूटः/ (*also* **teleworker**) *n.* अपने घर पर काम करने वाला और कार्यालय से टेलीफोन या कंप्यूटर से संबंध रखने वाला; **~commuting** /टेलिकम्यूटिंग/ *US* (*UK* **teleworking**) *n.* टेलीफोन या कम्पयूटर द्वारा अपने कार्यालय से संपर्क बनाकर अपने घर पर काम करने की विधि; **~coms** /टेलिकॉम्ज/ *abbr.* 'telecommunications' का संक्षेप;

tele\conference /टेलिकौन्फ्रं\स/ *US* टेलिकांन्फ्रं\स/ *n.* टेलीफोन या इंटरनेट द्वारा की जाने वाली कॉन्फ्रेंस; **~conferencing** /~सिंग/ *n.* टेलीफोन या इंटरनेट द्वारा की जाने वाली कॉन्फ्रेंस प्रणाली;
dw/lw: **~controlled** /टेलिकंट्रॉल्ड/ *adj.* दूर से नियंत्रित या चालित: ~controlled aeroplane; **~cottage** *n.* दूर देहात में स्थित कंप्यूटरों और इंटरनेट आदि से लैस घर या दफ्तर; **~film** *n.* टीवी फिल्म

telegenic /टेलिजेनिक/ *adj.* टेलीविजन पर आकर्षक लगने वाला (व्यक्ति), दूरदर्शनीय

telegram /टेलिग्रैम/ *n.* तार: coded ~ (गुप्त तार); ~ address

telegraph /टेलिग्राफ/ *n.* 1 तार-प्रेषण यंत्र, तारयंत्र, तारप्रेषणः ~ form 2 संकेत-यंत्र: ~ cable;
v. pt. **~ed**, *pp* **~ing** 1 तार दे. या भेजना, तार से (समाचार) भेजना: ~ to one's brother 2 संकेत से बता दे.: ~ to him to come;
dw/lw: **~er/ ~ist** /टअलेग्रअफः/ टअलेग्रअफिस्ट/ *n.* तार-यांत्रिक; **~ese** /टेलिग्राफीज/ *n.* तार-भाषा; **~ic** /टेलिग्रैफिक/ *adj.* 1 तार का, तार-योग्य, तार संबंधी, तार द्वारा भेजा हुआ: ~ic communication; ~ic code; ~ic address 2 संक्षिप्त 3 तेज, क्षणिक: he threw a ~ic glance at her; **~y** /टलेग्रफि/ *n.* तार-संचार, टेलिग्राफी: wireless ~y;
collocations: **the bush ~** अफवाहों के तुरंत फैलने की क्रिया

telekinesis /टेलिकाइनीसिस/ टेलिकिनीसिस/ *n.* संकल्प शक्ति द्वारा दूर-स्थित वस्तुओं को हिलाने-डुलाने की क्रिया

tele\marketing /टेलिमाःकिटिंग/ (*also UK* **telesales**) *n.* टेलीफोन या कंप्यूटर द्वारा दूर-स्थित ग्राहक को क्रय-विक्रय

telematics /टेलिमैटिक्स/ *n.* कंप्यूटर से दूर-दराज सूचनाएं भेजने वाली तकनीक का प्रयोग और अध्ययन

Telemessage /टेलिमेसिज/ *n., Br. tradem.* टेलीग्राम के स्थान पर टेलेक्स या टेलीफोन से प्राप्त संदेश को टाइप करके देने की क्रिया

tele\meter/ tele\metre /टेलिमीटः/ *n.* दूरी मापी यंत्र;
dw/lw: **~metry** /टेलिमीटरि/ *n.* (*also* **remote sensing**) *n.* दूरी मापक यंत्र द्वारा सूचनाओं को प्राप्त करने और भेजने की क्रिया

teleological /टीलिअलौजिकल/ *US* टीलिअलाःजिकल/ *adj.* उद्देश्यवाद संबंधी, उद्देश्यमूलक, सोद्देश्यवादी , उद्देश्यपरक, प्रयोजनमूलक

teleology /टीलिऔलजि/ टीलिआःलअजि/ *n.* 1 एक विचारधारा जिसके अनुसार संसार और उसकी सभी क्रियाओं व प्राकृतिक प्रक्रियाओं के घटने का कोई उद्देश्य होता है, उद्देश्यवाद 2 सोद्देश्यवाद 3 सोद्देश्यता, प्रयोजनमूलकता, सप्रयोजनता 4 हेतु विज्ञान

teleopera\te /टेलिऔपअरेट/ *US* टेलिआःपअरेट/ *v. pt.* **~ted**, *pp* **~ting** दूर-स्थित यंत्र या मशीन को चलाना

telepa\thy /टअलेपथि/ *n.* 1 एक व्यक्ति की मन की बात या भावनाओं का बिना किसी भौतिक माध्यम या पांचों ज्ञानेंद्रियों के प्रयोग के दूसरे व्यक्ति तक पहुंचने की क्रिया, दूर-बोध, अतींद्रिय बोध, टेलिपथी, दूरसंवेदन;
dw/lw: **~thic** /टेलिपैथिक/ *adj.* दूर-बोध संबंधी, दूरसंवेदी, दूरबोधी; **~thically** *adv.* दूर-बोधपूर्वक

telepho\ne /टेलीफोन/ (*also* **phone**) *n.* 1 दूरभाष, टेलीफोन: be on the **~ne**; get sb on the **~ne**; speak through/ over the **~ne**; **~ne** booth; **~ne** call 2 (***syn.*** handset, receiver) टेलीफोन यंत्र: **~ne** set; answer/ pick up/ put down the **~ne**; the **~ne** rings;
v., *pt.* **~ned**, *pp* **~ning** 1 (***syn.*** call, phone) टेलीफोन क.: **~ne** a friend 2 (***syn.***) टेलीफोन से संदेश भेजना;
dw/lw: **~nic** /टअलेफौनिक/ *n.* दूरभाषिक; **~nist** /टेलिफअनिस्ट/ *n.* दूरभाषचालक; **~ny** /टअलेफअनि/ *n.* संचार माध्यमों में टेलीफोन प्रयोग करने की प्रणाली, टेलीफोनी;
collocations: **~ne banking** (*also* **telebanking**) टेलीफोन से दूर स्थित बैंक में अपना खाता चलाना; **~ne box/ ~ne booth** टेलीफोन कक्ष (बूथ); **~ne directory** दूरभाष नंबर निर्देशिका; **~ne exchange** दूरभाष संचार केंद्र; **~ne girl** लड़की-टेलीफोन ऑप्रेटर; **~ne number** (*also phone* **number)** दूरभाष नंबर; **~ne tapping/ phone tapping**

टेलीफोन यंत्र पर कोई सुनने वाला यंत्र लगाकर चोरी-छिपे किसी की बातें सुनने का चलन; **~ne transmitter** दूरभाष ट्रांसमीटर

telephoto /टेलीफोटो/ *adj.* = **telephotographic** दूर चित्रक; **telephoto** *n., pl.* ~**s** लेंस की मदद से लिया जाने वाला दूर-स्थित पिंड का चित्र; ***dw/lw:*** **~graph** /टेलिफोटअग्राफ/ *n.* दूर-स्थित पिंड का चित्र; **~graphy** /टेलिफअटअग्रफि/ *n.* दूर-स्थित पिंड का चित्रण, दूरचित्रक फोटोग्राफी; ***collocations:*** **~ lens** दूरचित्रक लेंस

teleport /टेलिपॉ:ट/ *v., pt.* **~ed**, *pp* **~ing** (*usually* in science fiction) किसी को यंत्रों द्वारा एक स्थान से दूसरे स्थान पर भेजना: the search party was **~ed** down to the planet's surface; ***dw/lw:*** **~action** /~टेशन/ *n.* उपर्युक्त तरीके से भेजने की क्रिया

telepresence /टेलिप्रेज़ंस/ *n.* कंप्यूटर की मदद से किसी अन्य स्थान पर संभव होने वाली मौजूदगी

tele\printer /टेलिप्रिंट:/ *n.* (*abbr.* **tpr**) दूर-मुद्रक, तारलेखी, टेलीप्रिंटर; ***dw/lw:*** **Teleprompter** /टेलिप्रॉम्प्ट:/ *n., tradem.* टीवी कैमरे के साथ रखा जाने वाला वक्ता के सम्मुख पांडुलिपि प्रदर्शित करने का उपकरण; **~ringer** /टेलीरिंग:/ *n.* दूर गणक; **~sales** /टेलिसेलज/ *UK* (*UK/ US* **~marketing**) *n.* टेलीफोन या इंटरनेट के माध्यम से माल का क्रय-विक्रय

telesco\pe /टेलिस्कोप/ *n.* दूरबीन, टेलीस्कोप, दूरदर्शक; ***v.*** *pt.* **~ped**, *pp* **~ping** 1 धंसाकर एक के अंदर एक बिठाना 2 एक दूसरे में धंस जाना या धंसना: the trains **~ped** 3 जोर से दबाकर एक कर दे., सम्पीड़ित क.; ***dw/lw:*** **~pic** /टेलिस्कौपिक/ *adj.* 1 दूरबीन-संबंधी, दूरबीनी: ~pic sight; ~pic observation/ investigation 2 केवल दूरबीन से दिखाई देने वाला: ~pic stars 3 धंसवां, अंतःसर्पी: ~pic tumblers/ drinking cups 4 दूरदर्शी (लेंस): ~pic lens; ~pic eyes 5 स्पष्ट: ~pic phrases; **~pically** *adv.* दूरबीन द्वारा

tele\shopping /टेलिशौपिंग/ *US* टेलिशा:पिंग/ *n.* इंटरनेट के माध्यम से की जाने वाली खरीदारी; ***dw/lw:*** **~text** /टेलिटेक्स्ट/ *n., tradem.* टीवी पर नीचे आने वाली लिखित खबरें; **~thon** /टेलीथोन/ *n.* दान-कर्म के लिए धन एकत्र करने के लिए दिन भर चलने वाला टीवी कार्यक्रम; **~transmitter** /टेलिट्रैंसमिट:/ *n.* दूरप्रेषित्र; **~typewriter** *n.* दूर टंकण-यंत्र

teletext /टेलिटेक्सट/ *n.* टेलीविजन के माध्यम से लिखित सूचनाएं मुहैया कराने वाली सेवा

telethon /टेलिथौन/ *US* टेलिथा:न/*n.* चंदा जुटाने के लिए किया जाने वाला एक लंबा टीवी प्रसारण

televangelist /टेलिवैंजअलिस्ट/ *n., US* टीवी के माध्यम से लोगों को पैसे का लालच देकर ईसाई बनने के लिए प्रोत्साहित करने वाला व्यक्ति

teleview /टेलिव्यु/ *v., pt.* **~ed**, *pp* **~ing** टेलीविजन, टीवी या दूरदर्शन देखना

tele\vise /टेलिवाइज/ *v., pt.* **~vised**, *pp* **~vising** दूरदर्शन पर दिखाना, टेलीविजन से प्रसारित क.; ***dw/lw:*** **~vision** /टेलीविजन/ *n.* (*abbr.* **TV**; *also* **~vision set**) 1 दूरदर्शन यंत्र: ~vision receiver/ set 2 दूरदर्शन पर दिखाये जाने वाले कार्यक्रम: ~vision broadcasting (दूरदर्शन प्रसारण); watch ~vision; see/ watch sth on ~vision; ~vision repeat 3 दूरदर्शन-प्रणाली: ~vision channel (दूरदर्शन चैनेल); ~vision station; a ~vision presenter/ programme/ series; closed-circuit ~vision; satellite ~vision; **~visual** /टेलीविज़ुअल/ *adj.* टीवी प्रसारण से संबंधित, टीवी प्रसारण के लायक; **~working** /टेलीवःकिंग/ *UK* (*US* **telecommuting**) *n.* घर बैठ कर इंटरनेट या टेलीफोन द्वारा काम करने की शैली या प्रणाली

telex /टेलेक्स/ *n., pl.* **~es** (*also* **Telex**) *telecomm.* 1 अंतर्राष्ट्रीय दूर-संचार जाल जो टेलीप्रिंटरों, रेडियो और उपग्रह-लिंक के प्रयोग की मदद से संदेश भेजने और प्राप्त करने का काम बखूबी कर सकता है 2 टेलेक्स; ***v.*** *pt.* **~ed**, *pp* **~ing** टेलेक्स भेजना

telic /टेलिक/ *adj., ling.* प्रयोजनपरक, लक्ष्य-उन्मुख

tell /टेल/ *v., pt.* **told**, *pt. p.* **told**, *pp* **~ing** 1 बोलकर या लिखकर बताना, प्रकट क.: ~ a story/ a tale; ~ sb the truth/ a lie/ falsehood; ~ sb about/ of sth; ~ of an incident/ of a clash 2 बोलना, कहना: as the story **~s** (जैसा कि इस कहानी में कहा गया है) 3 (*usually* **~ on sb**) भेद खोल दे., बताना, जताना, सूचित क., सूचना दे.: ~ a secret; ~ on one's sister; ~ sb's fortune 4 (*usually* **~ of sth**) वर्णन क. 5 (***syn.*** distinguish) अलग क., अंतर बता पाना, जान पाना: can't tell the twins apart; one can never ~ when he's lying and when he is telling the truth; one can ~ it by its smell; ~ the difference/ the cause; ~ one thing from another; you can always ~ him by his gait 6 जानना, निश्चय क., निर्णय क. 7 विश्वास दिलाना, भरोसा दे. 8 शब्दों में सुनाना, कहना, कह दे., निश्चयपूर्वक कहना ~ sb sth; ~ the time; ~ sb the facts/ the news/ ~ the facts/ the news to sb 9 (*also* **~ on sb**) असर क., प्रभाव डालना: age begins to ~ on him; the two colour spots ~ in the picture 10 गिनना: ~ noses (समर्थकों की संख्या गिनना); ~ one's money 11 (***syn.*** command or instruct) आज्ञा या आदेश दे.: ~ sb to do sth; you must do as you are **told**/ as I **told** you 12 सूचित/ प्रकट क. 13 (*usually* ~ against sb) किसी के विरुद्ध काम क.: it **~s** somewhat against him; ***dw/lw:*** **~able** /टेलअबल/ *adj.* कथनीय, वर्णनीय; **~er** *n.* 1 *US* बैंक का खजांची 2 वर्णन करने वाला व्यक्ति: fortune-~er 3 मत-गणक 4 कथाकार: a ~er of tales; **telling** *see below under separate entry*; **~tale** /टेलटेल/ *adj.* 1 संकेतक, सूचक, परिचायक: ~tale blush 2 चुगलखोर, गप्पी 3 भेद बताने वाला: ~tale signs 4 सूचक यंत्र: ~tale lamp/ indicator; ***p&i:*** **~ against sb** के विरुद्ध काम क.: her lack of experience told against her; **~ apart** अलग-अलग क., पृथक क., भेद क.; **~ a different story/ tale** पहले दी गई सूचना से हटकर बात बताना; **~ a tall story** लंबी-चौड़ी हांकना, लंबी फेंकना; **~ it like it is** कटु सत्य बताना; **~ it not in Gath!** अपना दुखड़ा बाहर मत निकालो, नहीं तो दुश्मन खुश होंगे!; **~ it to the marines!** बकवास!; **~ its own story/ tale** अपने आप पता चल जा. या भाव-भंगिमाओं से प्रकट हो जा.: his face told its own story; **~ lies** झूठ बोलना; **~ me about it** आप मुझे बता रहे हैं! (मैं तो भुक्तभोगी हूं); **~ me/ us another!** मनगढ़ंत किस्से मत सुनाओ!; **~ of sth** किसी बारे में कुछ बताना; **~ on sb** 1 थकाना, थका दे. 2 की चुगली क., पर दोष लगाना; **~ one's beads** माला फेरना, प्रार्थना कहना; **~ over** फिर से दोहराना; **~ sb/ sth apart** व्यक्तियों या वस्तुओं में भेद जान ले. या बताना; **~ sb his own** किसी को कटु सत्य कहना; **~ sb home truths** किसी को असलियत बताना; **~ sb off** 1 डांटना-फटकारना 2 हिसाब लगाना 3 किसी को कोई कार्य दे.; **~ sb where to get off** किसी को सीधा कर दे., सबक सिखाना; **~ sb where to put/ stick sth** or **~ sb what they can do with it** किसी को जताना कि आप नाखुश हैं और उनके प्रस्ताव को दर-किनार करते हैं; **~ sth in confidence** किसी को विश्वास में लेकर गुप्त तरीके से कोई बात बताना; **~ tales** मनगढ़ंत किस्से सुनाना, अफवाह फैलाना, चुगली क.; **~ tales out of school** किसी का भेद खोलना; **~ the fortunes** भाग्य बताना; **~ the time** घड़ी देखकर समय बताना; **~ the world** सरे आम घोषित क.; **all told** कुल मिलाकर: there were thirty all told; **don't ~ me!** क्या कह रहे हैं आप!; **(I'll) tell you what** मैं आपको

बताता हूं कि क्या क. चाहिए; **(I) told you so!** मैंने कहा था ना; **I'll ~ you what** आप को पता है?!; **live, etc., to ~ the tale** खतरनाक स्थिति से बचकर निकलना ताकि दूसरों को असलियत बताई जा सके; **one never can ~/ nobody can ~/ there is no ~ing/ who can ~?** कौन कह सकता है कि क्या होगा?; **take a ~ing** हुक्म बजाना; **there is no ~ing** कहना या बताना मुश्किल है; **to ~ you the truth** सच कहें तो; **you're ~ing me!** आप मुझे बता रहे हैं!

telling /टेलिंग/ *adj.* 1 धराशायी करने वाला सत्य-कथन जैसा कटु: ~ing blow/ reply 2 कारगर, प्रभावी, प्रभावशाली, जोरदार: ~ impact; the most ~ example;
dw/lw: **~-off** *n.* फटकार, डांट-डपट; **~ly** *adv.* प्रभावशाली ढंग से

telltale *see above under* **tell:** ***dw/lw***

tellu\rian /टेल्युरिअन/ टेलुरिअन/ *n.* in science fiction: भूवासी;
adj. भौमिक, धरती से संबंधित या धरती का;
dw/lw: **~ric** /टेल्युरिक/ *adj.* 1 भूमंडलीय 2 मिट्टी जनित

tellurium /टेल्युअरिअनम/ टेलुअरिअम/ *n., chem.* टेल्यूरियम, चांदी, सोने और तांबे से मिलने वाला भुरभुरा रुपहला तत्त्व जिसे सीसे व इस्पात के मिश्रण में मिलाने से उनकी कठोरता बढ़ जाती है

telly /टेलि/ *n., pl.* **tellies** *colloq.* 1 *UK* **'television'** का संक्षिप्त रूप: watch ~ 2 टीवी सेट

telnet /टेलनेट/ *n.* दो-तीन या अधिक कंप्यूटरों का जुड़ाव (network)

telomer /टेलअमेः/ *n., chem.* अन्त्यलक

telophase /टेलअफेज/ *n., boil.* कोशिकीय विभाजन का अंतिम चरण, अन्त्यावस्था

telpher /टेल्फः/ *adj.* रिज्जु, झूलता हुआ, झूलन, केबल (cable rail): ~ line/ railway; ~ train

telson /टेल्सन/ *n., zool.* पुच्छखंड

Telugu /तेलुगू/ *n.* 1 तेलगु या तेलुगु लोग 2 तेलगू या तेलुगू भाषा या लिपि

TEM *abbr.* 'Test for Employability as Manager' की प्रथमाक्षरी

temazepam /टअमैजिपैम/ *n.* अनिद्रा से आराम देने वाली दवा

temblor /टेम्बलः/ *n.* भूकंप

temerarious /टमअरेअरिअस\/ *adj.* 1 दुःसाहसी 2 धृष्ट, ढीठ 3 अविवेकी, उतावला;
dw/lw: **~ly** /~लि/ *adj.* बेधड़क, धृष्टतापूर्वक

temerity /टमेरिटि/ टिमेरिटि/ *n.* 1 दुस्साहस, धृष्टता 2 उतावलापन, जल्दबाजी 3 अविवेक

temp /टेंप/ *n.* अस्थायी कर्मचारी;
v., pt. **~ed**, *pp* **~ing** अस्थायी रूप से कार्य क.

temp. *abbr.* 'temperature', 'temporary' का छोटा रूप

tempe /टेंपि/ *n.* स्वर्ग जैसा कोना (स्थान)

temper /टेंपः/ *n.* 1 (***syn.*** mood) मिजाज, मनःस्थिति, तबियत, मनोदशा: be in no ~ for sth (किसी बात या काम के लिए मन न हो.) 2 स्वभाव, प्रकृति: calm/ fiery ~; have a good/ sweet ~ 3 शांति, निश्चिंतता, संयम, धैर्यशीलता: have an even ~; lose one's ~; in a good ~ 4 क्रोध, गुस्से का दौरा, क्रोधावेश: be in a ~; show/ display ~; have a ~; get/ fly/ go into a ~; lose one's ~; be out of ~ with sb; in a bad ~ 5 चिढ़, खीज, चिड़चिड़ापन: bad/ ill ~; keep/ control one's ~ 6 शीशे या धातु की मजबूती या कड़ापन 7 संरचना 8 उचित गाढ़ापन 9 कड़ेपन व लचीलेपन (tenacity) का स्तर;
v., pt. **~ed**, *pp* **~ing** 1 कठोरता कम क., थोड़ा मुलायम क., मंद क., नर्म क.: ~ firmness with understanding; ~ one's enthusiasm; ~ a strong drink with water 2 *engin.* किसी धातु, कठोर मिश्रित धातु (alloy) या शीशे को किसी विशेष तापमान तक गर्म करके धीरे-धीरे ठंडा क. ताकि कठोरता व भुरभुरापन कम होने की बदौलत वह और मजबूत बन सके 3 चिकनी मिट्टी, प्लास्टर या तारकोल में थोड़ा-थोड़ा पानी मिलाते हुए गूंधकर वांछित गाढ़ापन बनाना 4 किसी वाद्य का सुर-ताल मिलाना 5 रंग को कम भड़कीला बनाना;
p&i: **~ firmness with understanding** वांछित दया भाव बरतते हुए दृढ़ता दिखाना; **~ the wind to the shorn lamb** वंचित व गरीब लोगों पर दया क.;
be in a bad/ foul, etc. ~ क्रुद्ध हो., बुरे मिजाज में हो.; **fly into a ~** आपे से बाहर हो.; **have quite a ~** असंयत क्रोध के दौरों का शिकार हो.; **in a ~** असंयत क्रोध की चपेट में, चिड़चिड़ा, बदमिजाज; **lose/ keep one's ~ (with sb)** (किसी पर) बौखला जा., क्रुद्ध हो.; **out of ~** कुपित या क्रुद्ध; **quick/ short ~** चिड़चिड़ा, बदमिजाज

tempera /टेंपअरा/ *n., pl.* **~s** 1 अंडे में रंग मिलाकर चित्रण करने की पद्धति 2 इस पद्धति से बनाया हुआ चित्र 3 अंडा-मिश्रित रंग, डिस्टेंपर

temperament /टेंप्रअमंट/ *n.* 1 स्वभाव, प्रकृति, मिजाज: sanguine/ choleric/ phlegmatic/ melancholic ~; equal/ even/ unequal ~ 2 संवेदनशील, रचनात्मक और भावुक व्यक्तित्व: he has an excitable ~ 3 (***syn.*** hysteria) तुनुकमिजाजी, भाव-उन्मत्तता: throw ~ 4 *music* वाद्य के बटनों को सुर-ताल में मिलाने की क्रिया 5 (***syn.*** passion) भावावेश, उमंग, जोश: lack ~;
dw/lw: **~al** /टेंप्रअमंटल/ *adj.* 1 स्वभावगत, स्वाभाविक: he has a ~al dislike for such work 2 तुनुकमिजाज, मनमौजी 3 भावुक, भाव-उन्मत्त 4 जोशीला 5 (***syn.*** erratic) अनिश्चित स्वभाव वाला: a ~al vehicle, etc. (जल्दी-जल्दी खराब होने वाली गाड़ी); **~ally** /टेंप्रअमंटलि/ *adv.* स्वभाव से, स्वभावतः

temperance /टेंपअरंस/ 1 (***syn.*** moderation) संयम, आत्म संयम, मिताहार, मिताचार, परहेज: ~ in eating 2 मद्य का त्याग, मद्य त्याग: ~ association/ society; ~ movement; ~ hotel 3 संतुलन, संयमन, संयमिता;
p&i: **~ is the best medicine** संयम बेहतरीन दवा है

temperate /टेंपअरअट/ *adj.* 1 समशीतोष्ण, न अधिक गर्म, न अधिक ठंडा: ~ zones; ~ country 2 आत्म संयमी, मद्य त्यागी 3 (***anton.*** intemperate) शीलवंत, संयमी, मिताचारी, मिताहारी, संतुलित, परिमित: ~ in eating; ~ language 4 संकोची, घुन्ना;
dw/lw: **~ly** /टेंपअरअटलि/ *adv.* संयमपूर्वक, संयम से; **~ness** /टेंपअरअटनेस/ *n.* संयम, आत्मसंयम

temperative /टेंपअरअटिव/ *adj.* नर्म बनाने वाला

temperature /टेंपरअचः/ (*abbr.* **t.** or **temp.**) *n.* 1 किसी माध्यम, वस्तु यानी वायु, जल, शरीर आदि का तापमान: high/ low ~; absolute zero of ~; average/ extreme **~s**; **~s** drop/ fall /rise/ soar; keep one's room in due ~; ~ drop (तापमान में गिरावट) 2 शरीर का 98.6 फार्नहाइट से ऊपर का तापमान, बुखार, ताप: have/ run a ~; be sick and have a ~; take one's ~;
collocations: **~ chart** तापमान तालिका; **~ curve** तापमान वक्र; **~ cycle** ताप-चक्र; **~ density** ताप घनत्व; **~ map** तापमान मानचित्र; **~ parameter** ताप प्राचल; **~ sensations** ताप की सनसनाहट; **~ sheet** तापमान तालिका; **~ zone** ताप मंडल;
p&i: **have a ~** बुखार हो.; **raise/ lower the ~** किसी स्थिति में उत्तेजना आदि को कम या ज्यादा क.

tempered /टेंपःड/ *adj.* 1 पानी-चढ़ा, पनिया: ~ glass (पाचित कांच) 2 खास मिजाज वाला 3 नर्म, मृदु कृत, मंद, शांत, संयमित, संतुलित: ~ boldness 4 संस्कारित

tempest /टेंपिस्ट/ *n.* 1 तूफान 2 आंधी, झंझा, झंझावात 3 हलचल, गहमागहमी: political ~ 4 उपद्रव, हो-हल्ला, हुल्लड़ 5 शोर-शराबा: ~ of laughter; ~ of sobs/ of weeping;
dw/lw: **~uous** /टेंपेस्चुअस/ *adj.* 1 (***syn.*** stormy) तूफानी:

~uous wind; ~uous night 2 प्रचंड 3 तेज 4 अति भावुक व असंयत: ~uous sitting; ~uous debate; **~uously** /टेंपेस्चुअसलि/ *adv.* 1 तूफानी रफ्तार से 2 प्रचंडतापूर्वक, तेजी से 3 भावुक व असंतुलित ढंग से; **~uousness** /टेंपेस्चुअसनेस/ *n.* 1 प्रचंडता 2 अति भावुकता;

p&i: **a ~ in a tea-pot/ ~ in a tea-cup** बात का बतंगड़, तिल का ताड़

tempi *pl. of* **tempo** *see below under* **tempo**

Templar /टेंप्लः/ *n.* 1 जेरुसलम की एक प्राचीन धार्मिक-सैनिक संस्था का सदस्य, सैनिक धर्मसंघी 2 मद्यपान विरोधी संगठन का सदस्य: Good **~s**

template/ templet /टेंप्लेट/ टेंप्लअट/ *n.* 1 सांचा, नमूना, फर्मा 2 कंप्यूटर में प्रयुक्त पाठ के आकार-प्रकार को नियंत्रित करने की एक विधि 3 दीवार में लगाया जाने वाला एक शहतीर जो वजन को सहारा देता है, दासा

temple /टेंपल/ *n.* 1 मंदिर, देवालय, गिरजाघर 2 किसी गतिविधि का केंद्र या सम्माननीय स्थल: a ~ of literature/ learning 3 कनपटी, शंख, गंडस्थल

tempo /टेम्पो/ *n., pl.* **~s/ tempi** 1 संगीत धुन, लय, ताल 2 (***syn.*** pace) गति, रफ्तार: ~ of speech 3 शैली: ~ of modern living

temporal /टेंपअरल/ *adj.* 1 लौकिक, सांसारिक, ऐहिक, दुनियावी, पार्थिव: ~ affairs/ interests; ~ courts 2 *gramm.* कालवाचक: ~ conjunctions 3 कालिक, अल्पकालिक: ~ and spatial (कालिक एवं स्थानिक) 4 अस्थायी 5 कनपटी-संबंधी: ~ artery/ bone/ lobe/ vein;

dw/lw: **~ity** /टेंपअरअलिटि/ 1 धन-सम्पत्ति 2 अस्थायित्व, अल्पकालिकता 3 सांसारिक लोग, अयाजक-वर्ग

tempora\ry /टेंपअरअरि/ *adj.* 1 अल्पकालिक, अस्थायी: **~ry** post; **~ry** vacancy; **~ry** building/ possession/ relief/ job/ good fortune/ success; **~ry** stopping 2 अंतरिम, कामचलाऊ, कच्चा; **~ry** chairman; **~ry** teeth;

n., pl. **~ries** अस्थायी कर्मचारी या मजदूर;

dw/lw: **~rily** /टेंपअरअरिलि/ *adv.* अस्थायी रूप से, अल्पकाल के लिए; **~riness** /टेंपअरअरिनेस/ *n.* अस्थायित्व

tempori\zation /टेंपअराइ\जेशन/ *n.* टाल-मटोल, अवसरवादिता, समझौता;

dw/lw: **~zer** /~जः/ *n.* टाल-मटोल करने वाला व्यक्ति, फैसला करने से टलने वाला आदमी; **~ze** /~ज/ *v., pt.* ~zed, *pp* ~zing 1 अल्पकाल के लिए समझौता कर लेना 2 टाल-मटोल क. 3 किसी से या किसी परिस्थिति से अवसरवादितापूर्वक समझौता कर लेना: ~ze with sb; ~ze between the two parties

tempt /टेंप्ट/ *v., pt.* **~ed**, *pp* **~ing** 1 प्रलोभन दे., लुभाना, बहकाना: ~ sb into a trap 2 आकर्षित क., लुब्ध क., मोहित क., ललचाना: nothing would ~ me to do it; the devil **~ed** him 3 प्रेरित क., प्रवृत्त क.: ~ sb to do sth; ~ sb to steal/ to stealing 4 परखना, परीक्षा लेना, आजमाना: ~ the storm/ the sea; ~ Providence/ fate (जोखिम उठाना) 5 मन क.: be **~ed** to question sth;

dw/lw: **~able** /टेंप्टअबल/ *adj.* जिस पर मन ललचा उठे, प्रलोभनीय, लुभाने योग्य, परखने योग्य; **~ation** /टेंप्टेशन/ *n.* 1 लालच, लोभ, प्रलोभन, मोह: avoid/ resist (the) ~ation; give in to/ succumb to ~ation 2 लुभाने वाली वस्तु या व्यक्ति: there is no ~ation to go there; a strong ~ation; the ~ation of doing sth 3 लुभाने-ललचाने की क्रिया; **~er** /टेंप्टः/ *n.* लुभाने या मुग्ध करने वाला व्यक्ति या वस्तु, परीक्षा लेने वाला; **the Tempter** दैत्य, दानव (the Devil); **~ing** /टेंपटिंग/ *adj.* लुभावना, मोहक, आकर्षक, मनोहर: ~ing offer; look ~ing; **~ingly** /टेंपटिंगलि/ *adv.* लुभाने-ललचाने के अंदाज में, लुभावने ढंग से; **~ress** /टेंप्ट्रिस/ *n., pl.* ~es मोहिनी, लुभाकर फंसाने वाली स्त्री;

p&i: **~ fate/ providence** भाग्य पर जरूरत से ज्यादा भरोसा करते हुए दुस्साहसपूर्ण खतरा या जोखिम उठाना

tempura /टेंपुरा/ *n.* मछली का एक जापानी व्यंजन

tempus /टेंपस/ *n., pl.* **tempora**, *Lat.* समय, काल गति;

tempus edax rerum /टेंपअस इडैक्स रिअरअम/ *Lat.* काल हर वस्तु, जीव, प्रक्रियाओं आदि को अपने ग्रास में ले लेता है यानी समय बड़ा बलवान है

tempus fugit /टेंपअस फ्यूजिट/ टेंपअस फ्यूगिट/ *Lat.* = time flies समय तेजी से गुजर जाता है

temu\lent /टेम्युलंट/ *adj.* पियक्कड़, बेवड़ा;

dw/lw: **~lence** /टेम्युलंस/ *n.* नशा

TEN *abbr.* 'Trans-European Networks' की प्रथमाक्षरी या आदिवर्णी शब्द

ten /टेन/ *n., cardinal numeral* 1 दस, दश (10) 2 दस द्वारा दिखाई जाने वाली मात्रा या संख्या: ~ and ~ make twenty; ~ twos are twenty; chapter ~; ~-and-twenty = 30, ~-and-thirty = 40; 3 दहला (ताश में दस का पत्ता): he played his ~ 4 दस को दर्शाने वाले चिह्न **10** या **X** आदि: figure of ~ 5 दस का साइज 6 आधी रात के बाद के दस बजे: 10 o'clock, 10 am 7 शाम के दस बजे: 10 pm: come at ~ 8 दस लोगों का समूह: there were ~ of them; in **~s** (दस-दस करके);

adj. 1 कुल दस 2 दस वर्ष का;

dw/lw: **~fold** *adv.* 1 दस गुणा ज्यादा, दोगुना: ~fold increase; ~fold stronger 2 अत्यधिक: the population has increased ~fold; **~fold** *adj.* 1 दस गुणा के बराबर 2 दस भागों में विभक्त; **~ner** /टेनः/ *n. UK* दस रुपये, पौंड, डालर आदि का नोट; **~th** /टेन्थ/ (*also* **10th**) *adj.* दसवां, दसवीं: he is in his ~th year; finished a respectable ~th; ~th wave (दसवीं लहर); **~th** *n.* 1 दसमांश: a ~th share 2 (the ~th) महीने का दसवां दिन, दस तारीख; **~th** *adv.* दसवीं बार: he is doing it for the ~th time;

p&i: **~ out of ~ for sth** किसी कार्य के लिए पूर्णांक; **~ to one** एक के विरुद्ध दस;

a hart of ~ दस-सिंगा हिरन; **take ~** काम के बीच दस मिनट आराम क.; **the upper ~ (thousand)** समाज के उच्चतम वर्ग के दस हजार लोग

TENA *abbr.* 'Turner Entertainment Networks Asia Inc.' की प्रथमाक्षरी

tenability /टेनअबिलिटि/ *n.* 1 रक्षणीयता, दुर्विजेयता 2 तर्कसंगतता, तर्कसंगति 3 मान्यता 4 धार्यता 5 टिकाऊपन

tenable /टेनअबल/ *adj.* 1 रक्षणीय, दुर्विजेय, मजबूत, टिकाऊ: ~ position 2 (***anton.*** untenable) तर्कसंगत, युक्तियुक्त: ~ theory 3 (***syn.*** maintainable) समर्थनीय, पोषण 4 प्रति पाद्य 5 किसी के कब्जे में: ~ by sb; ~ for three years

tenace /टेनिस/ *US* टेनेस/ *n.* इक्का और बेगम, बादशाह और गुलाम

tenacious /टअनेशिअस\/ *adj.* 1 दृढ़, अटल, दृढ़निश्चयी: ~ in defence; ~ courage 2 चीमड़ 3 हठी, जिद्दी, अड़ियल, दुराग्रही: be ~ of one's opinions 4 धारण-सक्षम 5 तीक्ष्ण, तीव्र: ~ memory 6 चिपचिपा, लसलसा 7 (***syn.*** adhesive) लगिष्णु, अभिसक्त 8 मजबूत, टिकाऊ: ~ alloy 9 (***syn.*** persistent) देर तक टिकनेवाला, टिकाऊ;

dw/lw: **~ly** /~लि/ *adv.* दृढ़ता से; **~ness** /~नेस/ *n.* = **tenacity** (*see immediately below*)

tenacity /टनैसटि/ *n.* 1 दृढ़ता, मजबूती: ~ of purpose 2 लगन, अध्यवसाय 3 दुराग्रह 4 हठ 5 तीक्ष्णता 6 लगिष्णुता, अभिसक्ति, संसक्ति, चीमड़पन 7 चिपचिपाहट, लसलसाहट: ~ of glue

tenaculum /टिनैक्युलम/ *n., pl.* **tenacula** चिमटी

tenancy /टेनंसि/ *n., pl.* **tenancies** 1 किरायेदारी 2 काश्तकारी: ~ act (काश्तकारी-कानून) 3 किरायेदार का दखल, कब्जा 4 काश्तकारी की अवधि, पदावधि, कार्यकाल

tenant /टेनंट/ *n.* 1 किरायेदार: ~ of the house 2 काश्तकार, असामी, पट्टेधारी: ~ for life; ~ at will (आजीवन पट्टेदार); **~s** of the wood; ~ right 3 पदाधिकारी 4 दखलदार;

v., pt. **~ed**, *pp* **~ing** 1 काश्तकार या किरायेदार होना, पट्टे जमीन आदि पर लेना 2 दखल क., अधिभोग क.;

dw/lw: **~able** /टेनंटअबल/ *adj.* पट्टे पर या किराये पर देने योग्य; **~ed** /टेनंटिड/ *adj.* किराये या पट्टे पर दिया हुआ, किराये या पट्टे पर लिया हुआ; **~less** *adj.* खाली; **~ry** /टेनंटरि/ *n.* 1 किराएदार या काश्तकार समूह 2 किराएदार या काश्तकार का पद;

collocations: **~ farmer** पट्टेदार किसान

tench /टेंच/ *n., pl.* **tench/ ~es** ताजे पानी की एक यूरोपीय मछली

tend /टेंड/ *v., pt.* **~ed**, *pp* **~ing** 1 झुकाव हो., की ओर अभिमुख हो., प्रवृत्त होना: it **~s** to become cold; prices are **~ing** upwards; ~ to/ towards radicalism/ to the same conclusion 2 सहज ही (कुछ) क. 3 की ओर चलना या अग्रसर होना: ~ to sth 4 की ओर ले जाना, का कारण बनना, उत्पन्न क.: smoking **~s** to injure the voice 5 (*also* **~ to**) देखना, देख-रेख क., सेवा क., सेवा-शुश्रूषा क., परिचर्या क., देखभाल क., रखवाली क.: ~ one's plants/ the sick; ~ sheep 6 परोसना, ग्राहकों को देना: ~ out on sb (मेज पर बैठे लोगों को परोसना): **~ing** bar;

dw/lw: **~ence** /टेंडंस/ *n.* देखभाल, परिचर्या; **~ency** /टेंडंसि/ *n., pl.* tendencies 1 प्रवृत्ति, रुझान, झुकाव: ~ency to drink too much; ~ency to/ towards drinking 2 (***syn.*** trend) आम प्रचलन, प्रवाह, धारा: ~ency to indulge in blame game among the politicians; realistic ~encies in literature; ~ency play/ novel; **~er** *see below under* **tender: *n.***, *No.* 8

tendentious /टेंडेंशिअस\/ *adj.* 1 (***syn.*** controversial) पक्षपातपूर्ण, एकतरफा: ~ report 2 सोद्देश्य, प्रयोजनमूलक, ध्येयवादी: ~ criticism;

dw/lw: **~ly** /~लि/ *adv.* 1 पक्षपातपूर्वक 2 किसी उद्देश्य या विचार से; **~ness** /~नेस/ *n.* 1 पक्षपात, तरफदारी 2 प्रयोजनमूलकता

tender /टेंडः/ *adj.* 1 (***syn.*** delicate) सौम्य, सुकुमार: ~ look/ love; ~ breeding 2 कोमल, मुलायम, नर्म: ~ touch; ~ meat; ~ ground 3 संवेदनशील, सदय, कोमल: ~ mercies; ~ heart; ~ conscience 4 प्रेममय, स्नेहशील, स्नेही: ~ devotion (प्रेममय भक्ति); ~ words 5 कम उम्र का: ~ age; of ~ age 6 (***syn.*** delicate) कोमल, नाजुक, कमजोर, भीरु: ~ spot/ place; ~ health; ~ plant; ~ topic/ subject; ~ question 7 (***syn.*** sore) दर्दनाक, दुःखद: ~ sight (दर्दनाक नजारा) 8 (***syn.*** fragile, delicate) भंगुर, नाशवान: ~ because of having been hurt before 9 मितव्ययी, सावधान: ~ of praise 10 सतही: ~ knowledge 11 मंद, मद्धम, सुकूनमय, कोमल: ~ light; ~ blue (कोमल-नीला रंग);

n. 1 प्रस्ताव: ~ of friendship 2 (***syn.*** bid) निविदा, निविदा धनराशि: put sth out to ~; ~ samples (निविदा के नमूने); ~ system (ठेका-पद्धति) 3 *law* औपचारिक अदायगी-प्रस्ताव: plea of ~; legal/ lawful ~ (विधिमान्य चलार्थ) 4 देख-भाल या निगरानी करनेवाला व्यक्ति, चौकीदार, चरवाहा 5 जलयान पर माल लाने-लेजाने की छोटी नौका, सेवी-पोत 6 भाप इंजन के साथ का वह डिब्बा जिसमें कोयला तथा पानी रहता है, ईंधनगाड़ी 7 अग्नि-शामक गाड़ी (fire-~) 8 परिचर, टहलुआ, परिचारक: bar~;

v., *pt.* **~ed**, *pp* **~ing** 1 पेश क., प्रस्तुत क.: ~ one's services 2 देना, रखना: ~ an oath 3 अर्पित क. 4 (*usually* **~ for sth**) निविदा दे. 5 इस्तीफा दे.: ~ one's resignation;

dw/lw: **~er** /टेंडः/ *n.* निविदाकार, टेंडरदाता; **~foot** /टेंडःफुट/ *n., pl.* ~feet/ ~foots नौसिखुआ; **~-hearted** /टेंडः-हाःटिड/ *adj.* कोमल हृदय, दयालु, दिल-पसीज; **~-heartedly** *adv.* दयालुतापूर्वक; **~-heartedness** *n.* दयालुता; **~effect** *n.* दुर्बल प्रभाव; **~ing** *n.* टेंडरिंग/ दुर्बलन; **~ling** /टेंडःलिंग/ *n.* 1 नन्हा शिशु 2 गर्माहट देनेवाला पौधा; **~loin** /टेंडःलॉइन/ *n.* 1 कमर का कोमल मांस 2 मनोरंजन-स्थल; **~ize** /टेंडराइज/ *v., pt.* ~ized, *pp* ~izing और अधिक कोमल बनाना, कोमलतर क., मृदुकरण क.; **~izer** /टेंडराइजः/ *n.* कोमल बनानेवाला; **~ly** /टेंडःलि/ *adv.* कोमलता से, सदयतापूर्वक; **~ness** /टेंडःनेस/ *n.* कोमलता, नाजुकता, भंगुरता, सदयता, नजाकत, सुकुमारता

tendon /टेंडन/ *n., anat.* कंडरा, पेशी बंधनी, रेशे के ऊतकों की मजबूत डोरीनुमा तंतु जो मांसपेशी को हड्डी से जोड़ती है

tendril /टेंड्रिल/ *n.* तंतु, प्रतान

tenebrae /टेनिब्रे/ *n.* तिमिरिका

tene\brific /टेनिब्रिफिक/ *adj.* निशाकर, अंधकार करने वाला;

dw/lw: **~brio** /टेन्ब्रिओ/ *n.* निशाचरी, चुड़ैल, रात्रि में आखेट करने वाला

tenebrism /टेनअब्रिजम/ *n., art* इटली और स्पेन में 17वीं सदी की चित्रकारी में एक चलन, जिसके तहत चित्रों में छाया के विस्तृत क्षेत्र होते थे

tenebrous /टेनअब्रस/ *adj.* 1 (***syn.*** murky, gloomy) अंधकारपूर्ण, विषादपूर्ण, निरानंद 3 (***syn.*** obscure) दुरूह, दुर्बोध्य

tenement /टेनअमंट/ *n.* 1 (*also* **~ building**) *N. Amer.* कई फ्लैटों वाली इमारत 2 इस इमारत में सभी सुविधाओं से लैस मकान या घर: ~ householder 3 चाल, घर 4 किरायेदार के कब्जे वाली जमीन या संपत्ति: ~-house; lands and **~s**; ~ at will (बिना करारनामे की संपत्ति या घर) 5 काश्तकारी की जमीन 6 कोई भी निवास

tenesmus /टिनेजमस/ *n., med.* पेचिश

TeNET *abbr.* 'Telecommunications and computer network systems' की प्रथमाक्षरी आधारित आदिवर्णी शब्द (acronym)

tenet /टेनिट/ *n.* मत, सिद्धांत, विचार

tenfold *see above under* **ten: *dw/lw***

tenner *see above under* **ten: *dw/lw***

ten-gallon hat अमेरिकी कौऊ-बुऑए (cowboy) टोप

tennis /टेनिस/ (*also* **lawn ~**) *n.* टेनिस का खेल: play ~;

collocations: **~ court** टेनिस का मैदान; **~ elbow** ज्यादा टेनिस खेलने या काम करने के कारण कोहनी में दर्दनाक शोथ; **~ racket/ ~ racquet** टेनिस रैकिट; **~ shoe** (*also* **athletic shoe**) खिलाड़ियों के लिए एक विशेष प्रकार का जूता

tenon /टेनन/ *n.* चूल, डबचूल, जोड़: ~ and mortise;

colloccations: **~ saw** चूल आरा;

v., *pt.* **~ed**, *pp* **~ing** 1 जोड़ बिठाना 2 लकड़ी में चूल बनाना

tenor /टेनः/ *n.* 1 पुरुष-स्वर, गायक का उदात्त स्वर 2 पुरुष-स्वर-प्रधान गायक 3 पुरुष-स्वर युक्त वाद्य 4 पुरुष-स्वर के लिए उपयुक्त संगीत 5 बोले गए या लिखित शब्दों का जीवन में सामान्य अर्थ, अभिप्राय, तात्पर्य, भाव, दिशा, प्रवाह, गति: the even ~ of life; the tone and ~ of a speech 6 सही प्रतिलिपि: of the same ~

tenosynovitis /टेनोसाइनोवाइटस/ *n., pathol.* कंडरा, पेशीबंधनी का शोथ

tenotomy /टअनॉटमि/ *n.* कंडरा-छेदन

tenpenny /टेनपेनि/ *adj.* जिसका मूल्य दस पेंस हो

TENS *abbr.* 'transcutaneous electrical nerve stimulation' की प्रथमाक्षरी

tense /टेंस/ *adj., degr.* **~r**, **~st** 1 बेचैन, क्षुब्ध, व्यग्र, उत्तेजित, तनावग्रस्त 2 तनावपूर्ण: a ~ situation 3 (***syn.*** taut) कसा हुआ, तना हुआ, आतत: ~ muscles 4 आतनिक, तनावदार 5 अतिक्लांत, अतिश्रांत: ~ anxiety 6 (***anton.*** lax) तेज, चुस्त;

v., *pt.* **~d**, *pp* **tensing** 1 (*also* **~ up**) तनावग्रस्त हो जा.: he was **~d** before the operation 2 तनना, तानना, कसना, खिंचना;

n., *gramm.* व्याकरण में काल: present/ past/ future ~;

dw/lw: **~ly** /टेंसलि/ *adv.* तनावपूर्वक; **~ness** *n.* तनाव, खिंचाव, उद्वेग, क्षोभ;

collocations: **radical ~** मूल काल; **peri-phrastic ~** संयुक्त काल; **participial ~** कृदंती काल;

p&i: **be ~d up** तनावग्रस्त हो.

tensile /टेंसाइल/ *adj.* 1 तन्य, जिसे खींचा जा सके: ~ cable; ~ strength 2 तन्यता या खिंचाव से संबंधित: ~ strain;
dw/lw: **tensility** /टेंसाइलिटि/ *n.* तन्यता;
collocations: **~ strength** *phys.* तन्यता बल

tensi\meter /टेंसिमीटः/ *n.* वाष्प दाबमापी;
dw/lw: **~ometer** *n.* पृष्ठ तनाव-मापी, पृष्ठ तनन-मापी

tension /टेंशन/ *n.* 1 तनाव, तनन, तनावग्रस्तता, उद्वेग, क्षुब्धता, व्यग्रता, बेचैनी, उत्तेजना: reduce ~; ease/ relax/ slacken ~; create/ defuse/ ease ~; ~ mounts 2 मानसिक तनाव: inner **~s**; feeling of ~ 3 अनबन, तनातनी, खिंचाव, खींच-तान: **~s** on/ among the staff/ in the family; ~ between sb and sb 4 रिश्तों में कड़वाहट, तनाव: international ~; reduction/ easing/ lessening of ~; removal of ~; aggravate ~; growing/ increased/ mounting ~; ethnic/ racial **~s** 5 तन्यता, वितान 6 तनन 7 प्रयास 8 दाब, दबाव, प्रतिबल: arterial ~; ~ of the eye 9 विद्युत शक्ति: high/ low ~; high/ low ~ accumulator/ current;
***v.**, pt.* **~ed**, *pp* **~ing** वांछित दबाव या खिंचाव दे.;
dw/lw: **~al** /टेंशनल/ *adj.* तनाव-मूलक, तनाव-जन्य;
collocations: **~ belt** तनाव मेखला; **~ fracture** तनाव विभंग; **~ receptor** तनावग्राही; **~ spring** तनाव कमानी; **~ wood** तनाव दारु

tensity /टेंसिटि/ *n.* तनाव, व्यग्रता

tensive /टेंसिव/ *adj.* तनाव पैदा करने वाला, तनावपूर्ण

tensor /टेनसः/ *n., math.* टेंसर, आतानक, तानिका;
collocations: **~ algebra** प्रदिश बीजगणित; **tensor ellipsoid** प्रदिश दीर्घवृत्तज; **~ patagium** प्रदिश चर्मप्रसर

tent /टेंट/ *n.* 1 तंबू, कपड़कोट: bell/ circular ~; blizzard ~; pitch/ strike a ~ 2 खेमा, शिविर 3 छोलदारी 4 बत्ती;
***v.**, pt.* **~ed**, *pp* **~ing** 1 तंबू लगाना, तंबू में रहना 2 शिविर डालना 3 बत्ती लगाना;
dw/lw: **~-bed** *n.* 1 छत वाला पलंग 2 नीचा पलंग; **~ed** *adj.* तंबुओं वाला: a ~ed camp; **~-hill** *n.* तंबू पहाड़ी;
collocations: **~ show** तंबू में दिखाया जाने वाला तमाशा; **~ peg** तंबू की खूंटी;
dom ~ गुंबदनुमा तंबू; **ridge ~** ढलवां तंबू;
p&i: **have one's ~ (s)** अपना घर हो., सिर के ऊपर छत हो.; **pitch one's ~** डेरा डालना, तंबू गाड़ना, तानना या खड़ा क.; **strike one's ~** शिविर को बंद क.

tenta\cle /टेंटअकल/ *n.* 1 शिकंजा 2 मूंछ 3 स्पर्शक, स्पर्शिका 4 (**~cles**) तगड़ा प्रभाव, पहुंच: **~cles** of satellite TV;
dw/lw: **~cled** *adj.* स्पर्शक-युक्त; **~cular** /टेंटैक्युलः/ *adj.* 1 स्पर्शक: ~cular root (स्पर्शक मूल) 2 शिकंजानुमा;
collocations: **~cular eye** स्पर्शक नेत्र; **~cular growth** स्पर्शानी वृद्धि

tentaculum /टेंटैक्युलम/ *n., pl.* **tentacula** स्पर्शिका

tentative /टेंटअटिव/ *adj.* 1 (***syn.*** provisional) अंतरिम/ अस्थायी, प्रारंभिक, कामचलाऊ: a ~ idea, plan, agreement, etc.; ~ decision; ~ position 2 आजमाइशी, प्रायोगिक, प्रयोगात्मक: ~ definition 3 सुझाव के रूप में 4 (***syn.*** hesitant) अनिश्चित, सावधानीपूर्ण;
n. 1 प्रयोग, आजमाइश 2 सुझाव;
dw/lw: **~ly** /~लि/ *adv.* 1 अस्थायी रूप से 2 प्रयोगात्मक रूप में; **~ness** /~नेस/ *n.* अस्थायीपन, अंतरिमता

tenter /टेंटः/ *n.* 1 सुखाने के लिए तानकर कपड़े टांगने का ढांचा 2 चौकीदार, गार्ड 3 सहायक मजदूर;
***v.**, pt.* **~ed**, *pp* **~ing** ढांचे पर कपड़ा तानना;

tenter-hook /टेंटःहुक/ *n.* कपड़े तानने या सुखाने का अंकुड़ा, कांटा या अंकड़ी;
p&i: **be on (the) ~s** असमंजस में हो., बेचैन, चिंतित या व्यग्र होना, कांटों पर लेटना,; **keep sb on (the) ~s** किसी को दुविधा या अनिश्चितता की स्थिति में रखकर सताना, घोर मानसिक तनाव दे.; **on ~s** अनिश्चितता की स्थिति में, असमंजस में, सशोपंज में

tentergin /टेंटःजिन/ *n.* प्रलंबन, आतनन

tenth *see above under* **ten: *dw/lw***

tentillum /टेंटिलम/ *n.* स्पर्श शाखा

tentorium /टेंटॉरिअम/ *n., lat.* मस्तिष्कछदि, सिरकंक

tenuis /टेन्यूइस/ *n., pl.* **tenues** अघोष स्पर्श व्यंजन

tenuity /टेन्युइटि/ *n.* 1 पतलापन, बारीकी: ~ of hair 2 तनुता 3 विरलता 4 अभाव, कमी 5 दरिद्रता 6 सादगी (of style)

tenuous /टेन्युअस/ *adj.* 1 जरा-सा, छोटा-सा, तनु 2 कमजोर: a ~ connection, idea or situation; ~ plot 3 पतला 4 विरल 5 सूक्ष्म, बारीक 6 कच्चा 7 हल्का 8 तुच्छ 9 सारहीन 10 अति सरल, सादा;
dw/lw: **~ly** /टेन्युअसलि/ *adv.* बारीकी से; **~ness** /टेन्युअसनेस/ *n.* पतलापन, बारीकी, सूक्ष्मता, तनुता

tenure /टेन्यः/ *n.* 1 कार्यकाल पदावधि, सेवा-अवधि: during his ~ of office 2 विश्वविद्यालय आदि में स्थायी पद 3 धारण, धारण-अधिकार 4 काश्तकारी की अवधि: leasehold ~; ~ of land (पट्टा, पट्टेदारी) 5 पद या पट्टेदारी आदि की शर्तें;
dw/lw: **~d** *adj.* 1 सावधिक 2 स्थाई (पद) 3 स्थाई पद-धारी (अध्यापक आदि); **tenurial** *adj.* पट्टेदारी या कार्यकाल से संबंधित;
collocations: **~ of work** कार्यावधि; **~ post** सावधिक पद

tenuto /टेनूटो/ *music n., pl.* **~s/ tenuti** /टेनूटी/ दीर्घ स्वर;
adv. दीर्घीकृत रूप में

TEOA *abbr.* 'Telecom Engineering Officers' Association' की प्रथमाक्षरी

teosinte /टीअसिंटि/ *n., bot.* मकचरी

TEP *abbr.* 'Technical Executive Programming' की प्रथमाक्षरी

tepee/ teepee /टीपी/ *n., pl.* **~s** पशु-चर्म का नोकदार तंबू, शंकुरूपी तंबू

tepe\fy /टेपिफाइ/ *v., pt.* **~fied**, *pp* **~fying** हल्का-सा गर्म, कुनकुना या गुनगुना क.

tephra /टेफ्रा/ *n. pl.* **~s** *geol.* ज्वालामुखी द्वारा फेंका जानेवाला लावा

tephreus/ tephrus /टेफ्रस/ *n., bot.* भस्मवर्णी

tepid /टेपिड/ *adj.* 1 हल्का गर्म, गुनगुना, कुनकुना 2 ढीला, शिथिल, निरुत्साह;
dw/lw: **~ity** /टेपिडिटि/ *n.* 1 कुनकुनापन, गुनगुनापन 2 अल्पोष्णता 3 उत्साहहीनता, ढीलापन, शिथिलता, निरुत्साह; **~ness** /टेपिडनेस/ *n.* = **~ity**

tequila /तकीला/ *n., pl.* **~s** मैक्सिको की एक शराब

ter- *comb. form, signifying*: **three, threefold, thrice** (तीन, तीन गुना, तीन बार)

tera /टेरा/ *prefix, signifying* in the SI system: $\mathbf{10^{12}}$: terawatt;
dw/lw: **~byte** /टेराबाइट/ *n., comput.* टेराबाइट; **~togen** /टेरअटअजन/ टैरटअजन/ *n., med.* भ्रूण को नकारात्मक रूप से प्रभावित करने वाली दवा, रोग या विकिरणता (radiation) आदि; **~togenesis** /टेरअटोजेनअसिस/ *n., pathol.* भ्रूण का उपरोक्त रूप से प्रभावित होने से पैदा होने वाले जन्मजात विकार; **~toid** /टेरअटॉइड/ *adj., biol.* दानवी, राक्षसी

tera\tology /टेरअटौलजि/ *US* टेरअटाःलजि/*n.* 1 वैरूपिकी, विरूपिता-विज्ञान 2 चमत्कारों की कहानी; **~toma** /टेरअटोमा/ *n., pl.* ~tomata 1 (***syn.*** tumour) एक प्रकार का फोड़ा 2 अत्यधिक विकृत भ्रूण; **~tomorphic** /टेरअटॉमाःफिक/ *n.* विरूपी

terawatt /टेरावौट/ *US* टेरावाःट/ (*abbr.* **watt**) *n.* दस लाख (एक मिलियन) मेगावाट के बराबर की विद्युत-मापक इकाई

terbium /टःबिअम/ *n., chem.* (symbol **Tb**) एक रुपहला धातु

तत्त्व जो सेमीकडंक्टरों (semi-conductors) आदि में प्रयुक्त होता है

terce/ tierce /टःस/ टिअःस/ *n., now esp. RC Church* पूर्वाह्निका

tercel/ tiercel /टःसल/ टिअःसल/ *n.* बाज

tercentenary/ tercentennial /टःसेंटीनरि/ टःसेंटीनिअल/ *adj.* त्रिशतीय, त्रिशतवर्षीय;

n. त्रिशती, त्रिशताब्दी

tercet /टःसिट/ *n.* त्रिक्, त्रि-पंक्ति कविता

tercine /टःसिन/ *n.* तृतीयावरण

terebinth /टेरिबिंथ/ *n.* तारपीन का पेड़

teredo /टेरीडो/ *n., pl.* **~s/ teredines** पोत-कीट, जहाजी कीड़ा

terete /टअरीट/ *adj.* बेलनाकार, मूसलाकार

tergal /टःगल/ *adj.* पृष्ठीय

tergite /टःजाइट/ *n.* पृष्ठकांश

tergiversa\te /टःजिवःसेट/ *v., pt.* **~ted**, *pp* **~ting** 1 टालमटोल क. 2 आगा-पीछा क. 3 दल (मत, पक्ष) त्याग दे., रंग बदलना, मुकर जाना;

dw/lw: **~tion** /टःजिवःसेशन/ *n.* टालमटोल, बहानेबाजी, आगा-पीछा, दल-त्याग

tergum /टःगम/ *n., pl.* **terga** पृष्ठक

TERI *abbr.* 'Tata Energy Research Institute', 'Tata Environment Research Institute' की प्रथमाक्षरी

TERLS *abbr.* 'Thumba Equatorial Rocket Launching Station' की प्रथमाक्षरी

term /टःम/ *n.* 1 अवधि, मियाद, मीआद, मुद्दत: in the long/ short, etc. ~; sb's ~ of office; ~ of imprisonment; for the ~ of one's life; ~ insurance (अवधि बीमा) 2 सत्र: university ~; half-yearly ~; the ~ of court's session 3 पद: presidential ~ 4 शैली, भाषा, शब्दावली, पारिभाषिक शब्द: a scientific ~; technical/ scientific ~ 5 नियत तिथि: ~ of years absolute (1 किसी चीज पर अनंत काल के लिए मालिकाना हक 2 किराये की अदायगी की निश्चित तिथि) 6 सीमा: set a ~ to sth; await the ~ of one's existence 7 (**~s**) प्रयुक्त भाषा: in no uncertain **~s**; colloquial **~s**; in set **~s**; in vague **~s**; in flattering **~s**; in **~s** of high praise 8 रूप, मायने, अर्थ: in **~s** of the theory; in **~s** of money 9 (**~s**) लोगों या देशों के बीच रिश्ते-नाते, संबंध: be on good/ bad/ friendly, etc. **~s**; not be on speaking **~s**; be on visiting/ equal **~s** with sb; come to **~s** with sb (किसी के साथ सुलह क.); make **~s** with sb; bring sb to **~s**; keep **~s** with sb 10 (**~s**) सौदे, समझौते, नौकरी आदि की शर्तें: agree to the **~s**; break/ meet the **~s** of sth; **~s** of payment/ of an agreement/ of a treaty; **~s** of surrender; ~ of sale; an agreement in general **~s** 11 (**~s**) कार्य करने या सेवा मुहैया कराने के लिए निर्धारित शर्तें: on/ upon **~s**; on beneficial **~s**; not to do sth on any **~s**; **~s** for private lessons; bring/ reduce to its lowest **~s** 12 *math.* जोड़ी या घटाई जाने वाली संख्या: ~ value (पदमान) 13 *math.* एक कड़ी या लड़ी में एक संख्या: ~ series 14 *logic* किसी प्रस्ताव के कर्ता या कर्म बनने वाले शब्द या अभिव्यक्ति: contradiction in **~s**;

***v.**, pt.* **~ed**, *pp* **~ing** 1 शब्दावली या शैली बनाना 2 नाम देना, वर्णित क.: I ~ it a sheer nonsense;

dw/lw: **~less** *adj.* बिना अवधि के, असीम: ~less peace; ~less time; ~less grief; **~ly** *adj.* सत्र-संबंधी, सत्रीय, सत्रिक; **~time** *n.* शिक्षा-सत्र काल

collocations: **~s cash** नगदी अदायगी; **~s and conditions** निबंधन और शर्तें; **~s and conditions of service** सेवा शर्तें; **~s of delivery** माल देने की शर्तें; **~s of reference** कर्त्तव्य, अधिकार-क्षेत्र, शर्तें व निर्देश; **~ of years** नियत अवधि के लिए पट्टेदारी;

p&i: **be not on speaking** ~ बोलचाल बंद होना; **bring to** ~ समझौता करवाना; **come to ~s with sth** स्थिति से समझौता क., झुक जाना; **in ~s of sth** के लिहाज से, की दृष्टि से, के मायने में; **in no uncertain ~s** साफ-साफ; **in good set** ~ स्पष्ट शब्दों में; **in the long/ short/ medium** ~ देर तक/आने वाले थोड़े समय तक/ मध्यम समय अवधि में; **keep a** ~ पढ़ाई के सत्र में नियमित रूप से उपस्थित रहना; **on ~s** मैत्री संबंध आधारित; **stand upon ~s** शर्तें मानने पर बाध्य क.;

terma\gant /टःमागंट/ *n.* 1 दबंग औरत 2 कर्कशा, लड़ाकू स्त्री, चंडी;

adj. 1 उपद्रवी या उपद्रवपूर्ण 2 विक्षुब्ध 3 कर्कश, लड़ाका, झगड़ालू 4 ऊधमी;

dw/lw: **~gancy** /टःमागंसि/ *n.* 1 कर्कशता, झगड़ालूपन 2 उपद्रवी स्वभाव

termina\ble /टःमिनअबल/ *adj.* 1 समाप्य, समापनीय 2 सावधि, मीआदी;

dw/lw: **~bility** /टःमिनअबिलिटि/ (*also* **~bleness**) *n.* समापनीयता

terminal /टःमिनल/ *n.* 1 स्टेशन, बस, रेल या जहाज का आने-जाने का स्थान, हवाई अड्डा, बस अड्डा 2 कंप्यूटर का प्रयोग बिंदु 3 अंतिम स्टेशन, टर्मिनल, मंजिल 4 सिरा 5 घातक बीमारी 6 बिजली के करंट का प्रवेश या निकास बिंदु 7 तेल पाइप का वितरण बिंदु;

adj. 1 अंतिम, आखिरी: ~ syllable; ~ artery 2 घातक: ~ illness 3 आवधिक: ~ rent; ~ pay; ~ payment 4 सत्र संबंधी, त्रैमासिक: ~ examination 5 अग्रस्थ, सिरे का, अंतस्थ, सेवांत: ~ benefit; ~ branch (अंतस्थ शाखा) 6 सीमावर्ती: ~ stop 7 अत्यधिक, घोर: ~ laziness; ~ speed;

dw/lw: **~ly** /टःमिनलि/ *adv.* घातक रूप से

collocations: **~ body** अंत्यकाय; **~ centre** अंतस्थ केंद्र; **~ couple** चर बलयुग्म; **~ data** आद्यंत आंकड़े; **~ decision** समापन निर्णय; **~ guidance** अंतिम निर्देशन; **~ leaflet** अंतस्थ पत्रक; **~ leave** सेवांत अवकाश; **~ marking** अंतिम चिह्न; **~ point** आवधिक रिपोर्ट (या प्रतिवेदन); **~ tax** सीमा शुल्क

termina\te /टःमिनेट/ *v., pt.* **~ted**, *pp* **~ting** 1 अंत क., समाप्त क.: **~te** a controversy; the right to **~te** a contract 2 सीमाबद्ध क. 3 कृत्रिम ढंग से गर्भपात क. 4 अंतिम बस अड्डा हो. 5 समाप्त हो., अंत हो., पूरा हो जा.: **~te** at eleven o'clock; the word **~tes '-ism'**; the train **~tes** at Delhi;

adj. सीमित;

dw/lw: **~tion** /~शन/ *n.* 1 अंत, समाप्ति: ~tion of hostilities; ~tion of a journey; ~tion of a dispute; ~tion of an agreement; compensation for ~tion of contract 2 सीमा 3 (***syn.*** abortion) गर्भ-पात, अवसान 4 समापन, उपसंहार: bring sth to a ~tion 5 विभक्ति, अंत्याक्षर, अंतिम शब्दांश; **~tive** /~टिव/ *adj.* समापक, अंत्य; **~tor** /~टः/ *n.* 1 समापनकर्ता, अंत करने वाला 2 दीप्ति-सीमांत, दीप्ति रेखा, प्रकाशांत रेखा;

collocations: **~te-and-stay-resident program** *comput.* (*abbr.* **TSR**) ऐसा कार्यक्रम जो एक बार सक्रिय होने के बाद कंप्यूटर की स्मृति में तब भी रहता है जब वह काम न कर रहा हो, और एक विशेष बटन दबाने पर झट से काम करने लगता है

terminolo\gy /टःमिनौलजि/ *US* टःमिनाःलजि/ *n., pl.* **~gies** 1 वैज्ञानिक या तकनीकी शब्दावली 2 पारिभाषिक शब्दावली 3 पारिभाषिकी;

dw/lw: **~gical** /टःमिनअलौजि\कल/ *adj.* 1 वैज्ञानिक या तकनीकी शब्दावली-संबंधी 2 पारिभाषिक: ~gical inexactitude (गलती, झूठ); **~gically** /~कलि/ *adv.* पारिभाषिक शब्दों की दृष्टि से या उनके अनुसार

terminus /टःमिनस/ *n., pl.* **termini**/ **~es**, *Lat.* 1 रेल, बस आदि का अंतिम स्टेशन या अड्डा 2 यात्रा का अंतिम स्थल, मंजिल 3 सीमा-सूचक खंभा या पत्थर 4 लक्ष्य;

collocations: **~ ad quem** /टःमिनअस ऐड क्वेम/ *Lat.* यात्रा

का अंतिम/ लक्ष्य बिंदु; ~ **a quo** /टःमिनअस ए क्वो/ *Lat.* आरंभ-बिंदु

termitarium /टःमिटेअरिअम/ *n., pl.* **termitaria** दीमक की बांबी

termitary /टःमिटरि/ *n.* वल्मीक, बांबी, बंबइ, बिमौट, बिमौटा

termite /टःमाइट/ *n.* दीमक

tern /टःन/ *n.* 1 एक समुद्री पक्षी, कुट्टीः river ~ (बड़ी) 2 तीन वस्तुएं 3 तीन जीतने वाले नंबर 4 त्रिक्;

dw/lw: **~ary** /टःनरि/ *adj.* 1 तीन से बना, जिसमें तीन चीजें सम्मिलित हों 2 त्रिक्, त्रिधा, त्रयात्मक, त्रियात्मक, त्रिआधारी, त्रिधातुक; **~ate** /टःनिट/ *adj.* त्रिपर्णकी, त्रिक्विन्यासी

terpsicho\re /टःप्सिकरि/ नृत्यदेवी;

dw/lw: **~rean** /टःप्सिकरिअन/ *adj.* नृत्य से संबंधित

terr./ ter *abbr.* 'terrace', 'territory' का छोटा रूप'

terra /टेर/ *n., Lat.* पृथ्वी, धरती, मिट्टी;

dw/lw: **~-alpha** *n. Lat.* खड़िया मिट्टी; **~-cotta** /टेराकौटा/ *US* टेराकाःटा/ *n., pl.* **~s** 1 पकी मिट्टी 2 पकाई हुई मिट्टी 2 पकी मिट्टी से निर्मित कलाकृति 3 पकी मिट्टी का रंग, भूरा लाल रंग; **~-firma** *n.* (***syn.*** dry land) मुख्य भूमि, स्थल, ठोस भूमि; **~-incognita** *n.* अज्ञात देश; **~mara** *n.* इटली की प्रागैतिहासिक काली मिट्टी के अवशेष

terrace /टेरिस /*n.* 1 खुली छत 2 *UK* एक-दूसरे से जुड़े मकानों की पंक्ति 3 कगार 4 वेदिका, टीला 5 चबूतरा 6 बारजा, छज्जा 7 सीढ़ी 8 (**the ~es**) खेल के मैदान में सीढ़ीदार दर्शक-दीर्घा;

v. *pt.* **~d**, *pp* **terracing** सीढ़ियां-सी बनना;

dw/lw: **terracing** *n.* 1 स्टेडियम आदि में सीढ़ीनुमा बैठने का स्थान 2 पहाड़ पर सीढ़ीनुमा ढलान; **~-like** *adj.* सीढ़ी-नुमा;

collocations: **~ cultivation** सीढ़ीदार खेती; **~ house/ ~d house** *UK* (*US* **row house**) एक-दूसरे से जुड़े मकान, गृह-श्रेणी; **~ plain** वेदिका मैदान;

terracette /टेरअसिट/ *n., geol.* मेषपथ, लघुवेदिका

terracotta *see above under* **terra: *dw/lw***

terrain /टअरेन/ *n.* 1 भूभाग, क्षेत्र 2 कर्म भूमिः ~ of attack;

adj. स्थलीयः ~ flying (स्थलीय निशानियों के ऊपर से उड़ान);

dw/lw: **~eous** /टेरेनिअस/ *adj.* स्थल और जल से बना हुआ

collocations: **~ compartment** *milit.* स्थानीय धरती की परत, सतह; **~ feature** स्थानीय धरती की पहचान, निशानी

terraform /टेरअफॉ-म/ *v., pt.* **~ed**, *pp* **~ing** ग्रह को धरती समान रहने योग्य बनाना

terramycin *n.* टेरामाइसीन प्रतिजीवाणु (antibiotics)

terrapin /टेरअपिन/ *n.* कछुए-सा जीव

terraqueous /टेरेक्विअस/ *adj.* जल-स्थलमयः ~ globe

terrarium /टअरेरिअम/ *n.* 1 कांच पौधा घर, कांचवाटिका 2 स्थल-जीव अभय-क्षेत्र

terrazzo /टैरत्सो/ *n., pl.* **~s** संगमरमर के चिप्पड़ों का पक्का फर्श, मणि कुट्टिम, टैरत्सो

terrella /टेरअला/ *n.* पृथ्वी का चुंबकीय मॉडल

terremotive /टअरेमोटिव/ *adj.* भूकंपी

terrene /टेरीन/ 1 पार्थिव 2 सांसारिक, ऐहिक, लौकिक 3 उच्च समाज का/ के/ कीः ~ malice 4 मिट्टी का, धरती का;

n. 1 धरती की सतह 2 धरती, क्षेत्र

terrestrial /टेरेस्ट्रिअल/ *adj.* 1 भू-संबंधी, स्थलीय, थलः ~ globe; ~ magnetism; ~ telescope; ~ observation; ~ and naval battles; ~ forces; ~ parts of the world/ of the globe 2 पार्थिव, सांसारिक, लौकिक, ऐहिक, दुनियावीः ~ interests (अधम रुचियां) 3 स्थलीय वनस्पति या जीवों का द्योतकः ~ animals 4 उपग्रहीय संकेतों से भिन्न स्थलीय संकेतों से संबंधित;

n. 1 भू-वासी, सांसारिक व्यक्ति, सामान्य जन 2 स्थलचर, स्थलचारी 3 स्थलज (स्थलीय जीव-जंतु): ~ life 4 धरती;

collocations: **~ community** स्थलीय समुदाय; **~ ecology** सांसारिक पर्यावरण; **~ globe** पृथ्वी-गोलक; **~ planets** सौर-मंडल

terret /टेरिट/ *n.* लगाम या जंजीर बांधने का छल्ला, तुकमा, कुंडा

terre verte /तेः वेः/ हरी धरती, हरा रंग

terri\ble /टेरिब\ल/ *adj.* 1 डरावना, भीषण 2 भारी, भीषण, भयंकर, घोरः **~ble** frost/ heat; he is a **~ble** bore; **~ble** struggle 3 बहुत बुरा, भद्दाः **~ble** news; **~ble** in anger; **a ~ble** singer; a **~ble** gossip;

dw/lw: **~bleness** /~लनेस/ *n.* भीषणता, भयंकरता, विकरालता; **~bly** /~लि/ *adv.* 1 भीषण रूप से 2 बहुत खराब ढंग से 3 अत्यधिकः ~bly tired; ~bly nice of sb

terricole (terricolous) /टेरिकॉल/ टेरिकलस/ *adj.* स्थलीय

n. भू-वासी, भूमिश्रयी

terrier /टेरिअः/ *n.* छोटे आकार का एक कुत्ता

terrific /टरिफिक/ *adj.* 1 खूब, बहुत बढ़िया, चामत्कारिक, आश्चर्यजनक 2 भीषण, प्रचंडः a ~ storm 3 बहुत अधिक 4 भयानक, डरावना;

adv. **~ally** /टेरिफिकलि/ *adv.* भीषण रूप से

terri\fy /टेरिफा\इ/ *v., pt.* **~fied**, *pp* **~fying**, *s/he/ it* **~fies** 1 डराना, भयभीत क.: **~fy** sb to death 2 आतंकित क.: she was too **~fied** to cry 3 दहला दे.;

dw/lw: **~fied** /~इड/ *adj.* बहुत डरा हुआ, आतंकित; **~fying** /~इंग/ *adj.* भयंकर, अत्यधिक अच्छा

terrigenous /टेरिजिनस/ *adj.* स्थलजात, भूमि में पैदा होने वाला

terrine /टेरीन/ *n.* 1 एक मांसाहारी व्यंजन 2 हांडी में परोसा जाने वाला व्यंजन

territorial /टेरिटॉरिअ\ल/ *adj.* 1 क्षेत्रीय, प्रादेशिकः ~ possessions/ acquisitions 2 किसी क्षेत्र विशेष या जिले तक सीमित 3 पक्षियों और जानवरों का अधिकार क्षेत्रः ~ rights/ waters; ~ jurisdiction 4 उपग्रहीय संकेतों से भिन्न स्थलीय ट्रांसमीटर से भेजे जाने वाले संकेत;

collocations: **~ army** प्रादेशिक सेना; **~ waters** राजक्षेत्रीय समुद्र, सीमांतर्गत जलक्षेत्र;

n., *pl.* **Territorial** *Br.* प्रादेशिक सेना का सदस्य;

dw/lw: **~ity** /~लिटि/ *n.* क्षेत्रीय अधिकार-संपन्नता; **~ize** *v., pt.* ~ized, *pp* ~izing का (राज्य) क्षेत्र बढ़ाना, प्रादेशिक बनाना;

collocations; **Territorial Army** (*abbr.* **TA**) प्रादेशिक सेना; **~ waters** किसी देश का अधिकारित समुद्री क्षेत्र

territory /टेरिटरि/ *n., pl.* **territories** 1 भूमि, क्षेत्रः fertile ~ 2 राज्य क्षेत्रः inviolable/ mandated/ trust ~ 3 अधिकार क्षेत्र 4 ज्ञान का क्षेत्रः English not being sb's ~ 5 कार्य-क्षेत्र 6 (*often* **Territory**) प्रदेश, राजकीय क्षेत्र 7 खेल के मैदान का पालाः defensive ~

p&i: **come/ go with the ~** किसी नौकरी या स्थिति के लिए सामान्य बात हो.

terror /टेरः/ *n.* 1 दहशत, आतंक, त्रास, संत्रासः have a ~ of sth; strike ~ into sb 2 विभीषिका, अत्याचारः reign of ~; the White/ Red ~ 3 भयावह पहलूः ~ let loose in drunken state 4 असहनीय या चिड़चिड़ा व्यक्तिः here comes the ~ 5 नटखट बच्चे के लिए स्नेहपूर्वक प्रयुक्त, उपद्रवी, शरारतीः the child is such a ~!;

dw/lw: **~ization** /टेरअराइजेशन/ *n.* संत्रासन, दहशत, आतंकीकरण; **~ism** /टेरअरिजम/ *n.* आतंकवाद, आतंकित करने की क्रिया, दहशतगर्दी; **~ist** /टेररिस्ट/ *n.* आतंकी, आतंकवादी, दहशतगर्द; **~ize** (*also UK* **-ise**) /टेरअराइज/ *v., pt.* ~ized, *pp* ~izing 1 आतंकित क., दहलाना 2 दहशत/ आतंक फैलाना; **~-striken** *adj.* अत्यधिक डरा हुआ, संत्रस्त;

collocations: **~ novel** आतंक से परिपूर्ण रोमांचकारी उपन्यास; **a holy ~** राक्षस, दैत्य, डायन; **king of ~** मृत्यु; **rein of ~** आतंक का तांडव नृत्य

terry /टेरी/ *n., pl.* **terries** तौलिए का कपड़ाः ~ towelling

TERS *abbr.* 'Tara Educational Research Society

(Chennai)' की प्रथमाक्षरी

terse /टःस/ *adj., degr.* **~r**, **~st** 1 रूखा, बदतमीज, तीखा 2 संक्षिप्त, सुगठित: ~ lines 3 सारगर्भित;

dw/lw: **~ly** /~लि/ *adv.* रूखे ढंग से; **~ness** /~नेस/ *n.* संक्षेप, सुगठन, स्पष्टता

TERT *abbr.* 'Teacher Education Research and Training' की प्रथमाक्षरी

tertian /टःशिअन/ *adj.* अंतरा, त्र्याहिक, तीसरे दिन का, ;

n. तिजरा, तिजारी, तृतीयक अंतरा, तीसरे दिन आने वाला बुखार

tertiary /टःशिअरि/ *adj.* 1 क्रम, महत्त्व आदि में तीसरा, तृतीय: ~ industry (service industry) 2 (**Tertiary**) *geol.* तृतीय महाकल्प से संबंधित: ~ era (the first period of the Cenozoic era) 3 तृतीय महाकल्प के समय बनी चट्टानों से संबंधित 4 शिक्षा के संबंध में: क्रम में प्राथमिक और माध्यमिक शिक्षा के बाद का स्तर यानी तृतीय या कालेज और विश्वविद्यालयी (after primary and secondary education third level);

n., *pl.* **tertiaries** 1 (**the Tertiary**) तृतीय महाकल्प 2 *RC church* उपधर्मसंघी, गृहस्थ धर्मसंघी;

collocations: ~ **college** स्कूल और विश्वविद्यालय के बीच का ; ~ **education** स्कूल और विश्वविद्यालय के बीच की शिक्षा

tertium quid /टःशिअम-क्विड/ *Lat.* 1 तीसरी या मध्यम श्रेणी की वस्तु 2 उभयेतर वस्तु

tertius /टःशिअस/ *adj., Lat.* (दो लड़ने वालों के बीच फायदा उठाने वाला) तीसरा

terelyne /टेरअलीन/ *n., tradem.* टेरीलीन

TES *abbr.* 'Technology Experiment Satellite', 'Telemetering Evaluation Station', 'Test Evaluation Satellite' की प्रथमाक्षरी

TESA *abbr.* 'Telecom Engineering Services Association', 'the electronic securities architecture' की प्रथमाक्षरी

TESL *abbr.* 'Teaching English as a Second Language' की प्रथमाक्षरी

tesla /टेस्ला/ *n., pl.* **~s** *phys.* (*abbr.* **T**) चुंबकीय घनत्व की इकाई

TESOL *abbr.*, 'Teaching English to Speakers of Other Languages' की प्रथमाक्षरी

TESSA *abbr. Br. finance* 'Tax-Exempt Special Savings Account' की प्रथमाक्षरी

tessella\te /टेसअलेट/ *v., pt.* **~ted**, *pp* **~ting** फर्श पर टाइलें बिछाना, टाइलों से चारखानेदार फर्श बनाना, चौपड़दार फर्श लगाना;

dw/lw: **~ted** /टेसअलेटिड/ *adj.* 1 चौपड़दार 2 चारखानेदार; **~lation** /टेसअलेशन/ *n.* 1 चौपड़ टाइलें बिछाने का काम, पच्चीकारी 2 चारखाना टाइलों का फर्श

tessera /टेसअरा/ *n., pl* **tesserae** /टेसअरी/ पच्चीकारी में प्रयुक्त होनेवाला पत्थर या कांच का वर्गाकार टुकड़ा

test /टेस्ट/ *n.* 1 जांच, परीक्षण, परख: a severe ~ of character 2 चिकित्सा-परीक्षण: blood ~; put to a ~ 3 प्रयोग के माध्यम से किया जाने वाला परीक्षण: nuclear **~s**; a ~ on sth 4 परीक्षा, इम्तिहान: ~ of patience; as a ~ of his sincerity; absence is a real ~ of love 5 छोटी परीक्षा: class ~; ~ in English; do/ sit in/ take a ~; fail/ pass a ~; a spelling ~ 6 कसौटी, मापदंड: put/ bring sb to the ~; stand/ bear the ~; it is excluded by our ~ 7 (***syn.*** cupel) कुठाली, खर्पर 8 खोल (shell or hard cover of animals) 9 *sport* क्रिकेट के खेल में टेस्ट मैच: India won the first **~s** against West Indies;

adj. प्रयोगात्मक परीक्षण संबंधी: ~ ban;

v., *pt.* **~ed**, *pp* **~ing** 1 परीक्षण क., जांचना: ~ the water for microbes 2 चिकित्सा-टेस्ट करवाना या क.: ~ sb**'s** eyesight 3 चिकित्सा-टेस्ट का परिणाम दिखाना: **~ed** positive for the virus 4 परीक्षा दे.: take ~ in English 5 परखना, आजमाना: ~ the apparatus; ~ eggs 6 के लिए भार-स्वरूप होना, पर बहुत अधिक बोझ डालना 7 शोधन क.;

dw/lw: **~able** *adj.* परीक्षणीय; **testament** *see below under separate entry*; **~ed** *adj.* परीक्षित, जांचा हुआ; **~ee** /टेस्टी/ *n., pl.* **~s** परीक्षार्थी, जिसको परखा जा रहा है; **~er** /टेस्टः/ *n.* 1 परीक्षक 2 परखने वाला; **~ing** *see below under separate entry* ; **~-paper** *n.* परख-कागज, परीक्षण-पत्र; **~-tube** *n.* परखनली, परीक्षण नली: ~-tube baby;

collocations: ~ **assistant** परीक्षण (या जांच) सहायक; ~ **audit** नमूना लेखा-परीक्षा; ~ **ban** परमाणु परीक्षण पर प्रतिबंध; ~ **case** 1 मार्गदर्शक मामला 2 नमूने के रूप में लिया जाने वाला मुद्दा, मामला, वस्तु या प्रक्रिया; ~ **certificate** परीक्षण प्रमाण-पत्र; ~ **chart** परीक्षण चार्ट; ~ **data** जांच-पड़ताल के आंकड़े; ~ **drive** कार आदि को परखने के लिए ग्राहक द्वारा किया जाने वाला गाड़ी-चालन; ~ **efficiency** परीक्षण दक्षता; ~ **film** परीक्षण फिल्म; ~ **flight** परीक्षण उड़ान; ~ **glass** परीक्षण कांच; ~ **hole** परीक्षण छिद्र; ~ **machine** परीक्षण यंत्र; ~ **match** क्रिकेट का टेस्ट मैच; ~ **meal** प्रयोग आहार; ~ **object** परीक्षण की वस्तु; ~ **of hearing** श्रवण-क्षमता की परख; ~ **pattern** परीक्षण चित्राम; ~ **pilot** परीक्षण-उड़ान विमान-चालक; ~ **piece** परीक्षण नमूना; ~ **pit** परीक्षण गर्त; ~ **run** परीक्षण चालन या दौड़;

acid/ litmus ~ कड़ी परीक्षा; **a ~ing time** कड़ी परीक्षा की घड़ी; **routine** ~ सामान्य चिकित्सा-परीक्षण;

p&i: ~ **for sth** किसी तत्त्व की मौजूदगी का पता करने के लिए परीक्षण; ~ **the waters** स्थिति का पता लगाना;

put sb/ sth to the ~ किसी को या किसी चीज को कड़ी कसौटी पर परखना; **stand the** ~ **of time** समय के साथ किसी वस्तु या कार्य की गुणवत्ता सिद्ध हो.

testa /टेसटा/ *n. pl.* **testae** /टेस्टी/ *biol.* बीज-चोल, छिलका, बीजावरण;

dw/lw: **~cean** /टेस्टेशिअन/ *adj.* चोलदार; **~ceous** /टेस्टेशिअस/ *adj., biol.* 1 शंख, शुक्ति 2 शंखी 3 चोलदार

testacy /टेस्टसि/ *n., law* वसीयतनामा की मौजूदगी

testament /टेस्टअमंट/ *n.* 1 (***syn.*** dispensation) विधान: the New ~ (नया विधान); the Old ~ (पुराना विधान) 2 (***syn.*** testimony) प्रमाण: a ~ to sb's hard work 3 दित्सापत्र, इच्छापत्र, वसीयत, वसीयतनामा: last will and ~ 4 (***syn.*** covenant between God and man) आस्था-पत्रक;

dw/lw: **~ary** /टेस्टअमेंटरि/ *adj.* इच्छा-पत्र संबंधी, वसीयत-संबंधी, वसीयती, दित्सापत्रीय: ~ary capacity; ~ary estate; ~ary prescription (1 मत्यु होने की स्थिति में निर्देशनामा 2 पुराने या नए विधान से संबंधित)

testamur /टेस्टेमः/ *n., Lat.* परीक्षा में उत्तीर्ण होने का प्रमाण-पत्र, प्रमाणक

tasta\te /टेस्टेट/ *n.* वसीयत छोड़कर जाने वाला व्यक्ति;

adj. 1 वसीयत छोड़कर मरने वाला 2 वसीयती (वस्तु), बा-वसीयत;

v., *pt.* **~ted**, *pp* **~ting** 1 प्रमाणित क. 2 वसीयत बनाना

dw/lw: **~tion** /टेस्टेशन/ *n.* दित्सा, वसीयत; **~tor** /टेस्टेटः/ *n., law* वसीयतकर्ता, मरते समय वसीयत छोड़ने वाला व्यक्ति

testatrix /टेस्टेट्रिक्स/ *n., pl.* **~es/ testatrices** /टेस्टेट्रिसीज/ *law* दित्साकर्त्री, वसीयत करने वाली औरत

testes /टेस्टीज/ *n.*, pl. *of* **testis** अंडकोश

testicle /टेस्टिक्ल/ *n.* अंडग्रंथी, अंडकोश

testicu\lar /टेस्टिक्यूलः/ *adj.* वृषण;

dw/lw: **~late** /टेस्टिक्युलेट/ *adj.* अंडाकार

testifi\cation /टेस्टिफिकेशन/ *n.* 1 साक्ष्यदान या साक्ष्यण, प्रमाणीकरण 2 साक्ष्य

testifier /टेस्टिफाइः/ साक्षी, गवाह

testi\fy /टेस्टिफाइ/ *v., pt.* **~fied**, *pp* **~fying** 1 गवाही दे., साक्ष्य दे.: **~fy** to having seen the criminal; **~fy** against/ on behalf of sb 2 का प्रमाण होना, प्रमाणित क., सिद्ध क.: **~fy** to the fact that ...; **~fy** of spring 3 गंभीरतापूर्वक घोषित क.:

~fy one's sorrow 4 पर विश्वास प्रकट क. 5 किसी चीज या कार्य में रुचि दिखाना;
p&i: **~fy to sth** का प्रमाण होना
testily *see below under* **testy**
testimonial /टेस्टिमोनिअल/ *n.* 1 प्रमाण-पत्र, प्रमाणक 2 शंसापत्र, प्रशंसापत्र, सिफारिशनामा, सिफारिशी चिट्ठी 3 सेवाओं एवं व्यक्तिगत गुणों के सम्मान में दिया जाने वाला उपहार 4 फुटबाल आदि के खिलाड़ी के सम्मान में खेले जाने वाला मैच;
adj. साक्ष्य-संबंधी: ~ proof;
dw/lw: **~ize** *v., pt.* ~ized, *pp* ~izing शंसापत्र दे., उपहार प्रदान क.
testimony /टेस्टिमनि/ *n., pl.* **testimonies** 1 शपथ-पत्र, शपथपूर्ण कथन: give/ bear ~ to sth 2 (***syn.*** testament) प्रमाण, सबूत: ~ to sth; we have their ~ for it; his smile was a ~ of his disbelief; a ~ to her intelligence 3 (***syn.*** evidence) साक्ष्य, गवाही: false ~; expert ~; ~ for the prosecution; ~ for the defence; call sb in ~ 4 कथन या तथ्य की घोषणा, शब्द-प्रमाण: according to their ~
testiness *see below under* **testy**
test\ing *n.* परखने की क्रिया: ~ing of medicine on mice;
adj. परखने के लिए प्रयुक्त;
collocations: **~ing ground** नए विचारों, तरीकों आदि को परखने के लिए परिस्थिति 2 यंत्रों आदि को परखने का स्थान
testis /टेस्टिस/ *n., pl.* **testes** /टेस्टीज/ *anat.* अंडकोश
testosterone /टेस्टौस्टअरोन/ *n., physiol.* मुख्य पुरुष हार्मोन
tes\ty /टेस्टि/ *adj., degr.* **~tier**, **~tiest** (***syn.*** irritable) चिड़चिड़ा, तुनकमिजाज: **~ty** temper;
dw/lw: **~tily** /टेस्टिलि/ *adv.* चिड़चिड़ाहटपूर्वक; **~tiness** /टेस्टिनेस/ *n.* चिड़चिड़ापन, चिड़चिड़ाहट
tetanus /टेटअनस/ *n.* धनुष्टंकार, धनुस्तंभ, धनुवति, धनुकबाई, चांदनी नामक एक रोग, ऐंठन, मरोड़
tetany /टेटःनि/ *n.* पेशी-तनाव, अपतानिका
tetc\hy /टेचि/ *adj., degr.* **~hier**, **~hiest** (***syn.*** irritable) चिड़चिड़ा, तुनकमिजाज, बदमिजाज;
dw/lw: **~hily** *adv.* चिड़चिड़ाते हुए; **~hiness** *n.* तुनकमिजाजी, बदमिजाजी, चिड़चिड़ापन
tête-à-tête /टे टाः टेट/ *n., pl.* **tête-à-têtes** 1 दो व्यक्तियों के बीच में होने वाली गुफ्तगू: have a ~ with sb 2 एकांतमय भेंट: they whispered **tête-à-têtes** all evening 3 दो जनों के लिए एक छोटा-सा दीवान;
adj. एकांतमय, अंतरंग: ~ conversation;
adv. एकांत में एक साथ, अकेले में: speak ~ with sb
tether /टेदः/ *v., pt.* **~ed**, *pp* **~ing** 1 पशु को रस्सी के साथ खूंटे से बांधना 2 सीमित क., हद में रखना: **~ed** to the law;
n. 1 पशु को खूंटे से बांधने वाली रस्सी (ज्यौड़ा *Hr.*), पगहा, पघा 2 सीमा, हद, पहुंच क्षेत्र;
p&i: **be at the end of one's ~/ come to the end of one's ~/ at the ~'s end** सारी संभावनाओं का खत्म हो जा., आखिरी हद तक पहुंच जा.; **he is already beyond his** ~ वह कब का हद पार कर चुका
TETRA *abbr.* 'Terrestrial Trunked Radio (network)' की प्रथमाक्षरी
tetra /टेट्रा/ *n., pl.* **~s** मछली घर में रखी जाने वाली रंग-बिरंगी मछलियां
tetra- *comb. form, signifying:* **four** (चार);
dw/lw: **~basic** /टेट्रअ\बेसिक/ *adj.* चतुःक्षारकी; **~chord** /~कॉःड/ *n.* अर्ध-अष्टक; **~cycline** /~साइक्लीन/ *n., med.* एक ऐंटिबायोटिक दवाई; **~d** /टेटरैड/ *n.* 1 चतुष्टय, चतुष्क: ~d analysis (चतुष्क विश्लेषण) 2 चौका, चार, चौक, चौगड्डा 3 चार जनों या चार वस्तुओं आदि का समूह 4 चतुःसंयोजक तत्त्व; **~dactyl** /~डैक्टिल/ *adj.* हाथ या पैर की चार उंगलियों वाला, चतुरंगुलि; **~folius** /टेट्रअफोलिअस/ *adj.* चतुष्पर्णी; **~gon** /~गःन/ *n., geom.* चतुर्भुज, चतुष्कोण; **~gonal** *adj.* चतुष्कोणीय; **~gram** /~ग्रैम/ *n.* = **~grammaton** चतुःशब्दांशी (four-syllable) शब्द; **~gynous** /टेट्रैजिनस/ *adj.* चतुर्गर्भकेसरी; **~hedral** /~हेडरल/ *adj.* चतुष्फलकीय; **~hedron** /~हीड्रन/ *n., pl.* ~hedra/ ~s चतुष्फलक; **~kont** /~कंट/ *adj.* चतुष्कशाभी; **~logy** /टिट्रैलजि/ *n., pl.* ~logies नाटक-चतुष्टय; **~meral/ ~merous** /टिट्रैमअरल/ *adj.* चतुष्टयी; **~metre/ tetrameter** *n., poetry* चतुष्पदी; **~ndrous** /टिट्रैंडरस/ *adj.* चतुःपुंकेसरी; **~nuclear** /~न्युक्लिअः/ *adj.* चतुर्नाभिकीय; **~nucleate** /~न्युक्लिएट/ *adj.* चतुष्केंद्रकी; **~plegia** /~प्लेजिआ/ *n.* दोनों हाथों और पांवों में लकवा; **~petalous** /~पेटअलस/ *adj.* चतुर्दलीय; **~phyllous** /~फाइलस/ *adj.* चतुष्पर्णी; **~pod** /~पॉड/ *n., zool.* चतुष्पाद, चार पांवों वाला जीव; **~pody** /~पॉडि/ *n.* चतुष्पद (छंद); **~pterous** /टेट्रैप्टेरस/ *adj.* चतुष्पंखी; **~rch** /टेट्राःक/ *n.* राज्यपाल, शासक; **~spore** /~स्पॉः/ *n.* चतुष्कीबीजाणु; **~stich** /~स्टिक/ *n., poetry* चौपाई; **~syllabic** /~सिलैबिक/ *adj.* चतुःशब्दांशीय; **~syllable** /~सिलैबल/ *n.* चतुःशब्दांश; **~thlon** /टेट्रैथ्लौन/ *US* टेट्रैथ्लाःन/ *n.* ऐसा खेल मुकाबला जिस में खिलाड़ी या खिलाड़ी-समूह घुड़-सवारी, चांदमारी (shooting), तैराकी, दौड़ आदि चार खेलों में भाग लेते हैं; **~valent** /~वेलंट/ (*also* **quadravalent**) *adj.* चतुःसंयोजक;
collocations: **Tetra Pack** दूध आदि पेयों को डालकर रखने का कार्डबोर्ड पात्र
tetribrarch /टेट्रिबेराक/ *n.* तृतीयक बाहु
tetter /टेटः/ *n.* दाद, खाज
TEU *abbr.* 'twenty equivalent units' की प्रथमाक्षरी
Teuton /ट्यूटौ\न/ *US* टूटाः\न/ *n.* 1 जर्मन-भाषी व्यक्ति 2 *hist.* उत्तरी यूरोप की प्राचीन जर्मन;
dw/lw: **~ic** /~निक/ *adj.* 1 जर्मनी के लोगों से संबद्ध, जर्मनों-जैसा: ~ic thoroughness 2 जर्मेनिक भाषाओं से संबद्ध
TeV *abbr.* 'tera-electron volt' की प्रथमाक्षरी
tex /टेक्स/ *n.* टेक्स, सूत्र गणना पद्धति
Texprocil *abbr.* '(Cotton) Textiles Export Promotion Council' की प्रथमाक्षरी
text /टेक्स्ट/ *n.* 1 किताब आदि में लिखित पाठ: correct/ revised ~; agreed ~ 2 पाठ्य पुस्तक 3 फोन से आया हुआ लिखित संदेश: received ~ 4 अध्ययन के लिए निर्धारित मूल-पाठ, पुस्तक, उपन्यास, नाटक आदि: a set ~ 5 विषय: stick to one's ~ 6 उद्धरण, अवतरण 7 विषय-वाक्य 8 *comput.* स्क्रीन पर दिखने वाला पाठ 9 (***syn.*** passage) परीक्षा में उत्तर पाने के लिए दिया जाने वाला पाठ का टुकड़ा;
v., *pt.* **~ed**, *pp* **~ing** चल-फोन द्वारा संदेश भेजना;
adj. पाठ्य-पुस्तकीय, पाठ-संबंधी: ~ edition; ~ accountancy; a ~ message saying sth; a ~ message from/ to sb;
dw/lw: **~book** *n.* पाठ्य-पुस्तक; **~er** *n.* चल-फोन द्वारा संदेश भेजने वाला व्यक्ति
textile /टेक्स्टाइल/ *n.* 1 बुना हुआ कपड़ा, वस्त्र 2 रेशे या धागे, जिनसे कपड़ा बनाया जा सकता है;
adj. कपड़ा या वस्त्र संबंधी: ~ fibre; ~ plant; ~ industry
textual /टेक्सचुअ\ल/ *adj.* 1 मूलपाठ-संबंधी, मूलपाठ-विषयक, पाठीय: ~ual criticism; ~ual error; ~ual emendation (पाठीय त्रुटि-सुधार) 2 मूलपाठ पर आधारित: ~ual quotation 3 शाब्दिक, शब्दशः;
dw/lw: **~ualism** /~लिजम/ *n.* 1 = textology पाठ अध्ययन विज्ञान 2 शब्दशः अनुवाद या समझ; **~ualist** /~लिस्ट/ *n.* 1 मूलपाठवादी 2 शाब्दिक अनुवादक;
collocations: **~ linguistics** निबंध, पांडुलिपि, वार्तालाप आदि के पाठों का भाषायी अध्ययन; **~ message** चल-फोन द्वारा भेजा गया लिखित संदेश; **~ harassment** मोबाइल फोन आदि

पर संदेश भेजकर किसी को सताने या ठेस पहुंचाने की क्रिया

texture /टेक्स्चः/ *n.* 1 किसी सतह को स्पर्श करने पर होने वाली अनुभूति, सतह की पुताई, सतह की कठोरता या नर्मी 2 बुनावट, बुने हुए कपड़े को छूने या देखने से महसूस होने वाला मुलायमपन या कठोरता: a shirt of (a) fine/ a close/ a coarse ~ 3 बनावट, संरचना या गठन की बदौलत देखने, छूने या जायका लेने पर होने वाली अनुभूति: a crumbly ~ 4 भिन्न-भिन्न भागों से बना संगीत, साहित्यिक रचना, कला-कृति की संरचना, ताना-बाना: ~ of verse 5 प्रकृति, स्वभाव, विशिष्टता: a mind of fine ~ 6 ऊतक, तंतु-विन्यास: ~ of a plant/ of a bone;

v. *pt.* **~d**, *pp* **texturing** कपड़े या व्यंजन को विशेष अनुभूति या जायका दे.;

dw/lw: **~d** /टेक्स्चःड/ *adj.* विशेष शैली वाला, बुनावटदार: ~d wallpaper; ~d vegetable; **~less** *adj.* बिना विशिष्ट संरचना के, अरूप;

collocations: **~d vegetable protein** (*abbr.* **TVP**) सोयाबीन से बना गोश्त जैसा लगने वाला पदार्थ

textural /टेक्सचुर\ल/ *adj.* 1 बनावट संबंधी, बुनावट-संबंधी, बुनावटी, संरचनात्मक, गठनात्मक 2 स्वभावात्मक;

dw/lw: **~ly** /~लि/ *adv.*स्वभावतः, संरचनात्मक रूप से

texturi\ze/ texturi\se /टेक्स्चराइज/ *v. pt.* **~zed**, *pp* **~zing** कपड़े आदि को विशेष बनावट या जायका दे.

textus /टेक्सटस/ *n., Lat.* सर्वमान्य पाठ;

collocations: **textus receptus** *Lat.* प्राप्त मूल पाठ

TFA *abbr.* 'Tata Football Academy' की प्रथमाक्षरी

TFCI *abbr.* 'Trade Fairs & Conference International' की प्रथमाक्षरी

TFCL *abbr.* 'Tourism Finance Corporation of India Limited' की प्रथमाक्षरी

TFI *abbr.* 'The Taekwondo Federation of India' की प्रथमाक्षरी

TFO *abbr.* 'Two for One' की प्रथमाक्षरी

TFP *abbr.* 'total factor productivity' की प्रथमाक्षरी

TFR *abbr.* 'total fertility rate' की प्रथमाक्षरी

TG *abbr.* 1 'Transformational Grammar' की प्रथमाक्षरी (रूपांतरणक व्याकरण) 2 'Togo' का अंतर्राष्ट्रीय वाहन पंजीकरण कोड (IVR)

TGA *abbr.* 'therapertic goods administration' की प्रथमाक्षरी

TGF *abbr.* 'trade guarantee fund' की प्रथमाक्षरी

TGFA *abbr.* 'transforming growth factor-alpha' की प्रथमाक्षरी

TGFI *abbr.* 'Tourist Guides' Federation of India' की प्रथमाक्षरी

TGT *abbr.* 'trained graduate teachers' की प्रथमाक्षरी

TGWU *abbr.* 'Transport and General Workers Union' की प्रथमाक्षरी

Th *symbol, chem.* 'thorium' का चिह्न

Th. (*also* **Thur., Thurs.**) *abbr.* 'Thursday' का छोटा रूप

-th *suffix* 1 क्रमसूचक संख्याएं या गणन संख्या की भिन्न दर्शाने वाला प्रत्यय: four**th**; one four**th** 2 *suffix, forming nouns, signifying:* **action**, **process** *or* **condition**, etc. (क्रिया, प्रक्रिया या अवस्था को दर्शाने वाली संज्ञाएं): warm**th**; fil**th**; wid**th**

Thai /थाइ/ *n., pl.* **Thai/ Thais** 1 थाईलैंडवासी 2 थाई भाषा;

adj. थाईलैंड से संबंधित, स्यामी या सियामी

thalamus /थैलअमस/ *n., pl.* **thalami** /थैलअमाइ/ 1 मस्तिष्क का अग्र भाग जहां से दृक् तंत्रिका निकलती है: optic ~ 2 अंतःपुर, हरम 3 पुष्पासन 4 चेतक

thalassaemia (*US* **thalassemia**) /थैलअसीमिआ/ *n., pathol.* रक्त कोशिकाओं में होने वाले एक विचित्र हिमोग्लोबिन विकार

thala\ssian/ thala\ssic /थलैसिअन /थलैसिक/ *adj.* समुद्री, सागरी:

dw/lw: **~ssium** /थलैसिअम/ *n.* सागरी समुदाय;

thalasso\cracy /थैलअसौ\क्रसि/ *US* -साः\क्रसि/ *n.* (***syn.*** maritime supremacy) समुद्र-शासन तंत्र;

dw/lw: **~grapher** /~ग्रफः/ *n.* समुद्र विज्ञानी; **~graphy** /~ग्रफि/ *n.* समुद्र विज्ञान

thalassotherapy /थैलअसौथेरअपि/ *US* ~साः-/*n., alternative med.* गारा आदि के लेप, समुद्र-स्नान, मालिश आदि द्वारा किए जाने वाले इलाज की वैकल्पिक पद्धति

thallium /थैलिअम/ *n., chem.* (*symbol* **TI**) थैलियम

thallus /थैलस/ *n., pl.* **~es/ thalli** 1 फफूंदी, पत्ते, जड़ें, समुद्री खर-पतवार आदि की समतल परत

thalweg /टालवग/ *n.* नदीय घाटी रेखा, जलमार्ग-मध्यरेखा, मध्यधारा

Thames /टेम्ज/ *n.* टेम्ज नदी जिस पर लंदन स्थित है;

p&i: **he won't set the ~ on fire** वह आसमान के तारे नहीं तोड़ लाएगा; **set the ~ on fire** अनहोनी बात या काम क.

than /दअन/ *prep., conj.* 1 से, की अपेक्षा, की बनिस्बत: Ram is better ~ he/ she; she is taller ~ he 2 तुलनात्मक वाक्य में उस वस्तु, व्यक्ति, जीव या कार्य से पहले प्रयुक्त होता है जिसके साथ तुलना की जा रही है: easier said ~ done; he has more ~ doubled his output; he is more ~ twenty; this is due to nothing else ~ his obstinacy 3 विशिष्टता सूचक, पहचान-सूचक: he was no other ~ your brother; anywhere else ~ at home 2 एकदम बाद होने वाले कार्य या घटना को दर्शाने के लिए **no sooner/ hardly** आदि के साथ प्रयुक्त: no sooner had I begun writing **than** he came; hardly had he reached **than** the lecture began;

p&i: **he knows better ~ to start a quarrel** वह इतना मूर्ख नहीं कि झगड़ा शुरू करे; **I'd rather stay at home ~ go with you** तुम्हारे साथ जाने की बजाए मैं घर बैठना पसंद करूंगा; **I'll be left with no alternative ~ to resign** त्यागपत्र देने के सिवा मेरे पास और कोई चारा न होगा; **I would rather go swimming ~ play football** फुटबाल खेलने की बजाए मैं तैरने जाना चाहूंगा; **more ~ once** कई बार; **no sooner had he left the boat ~ it sank** ज्यों ही वह नाव से उतरा वह डूब गई; **you'd better speak to him ~ write** उसे लिखने की बजाए उससे बात करना बेहतर होगा;

thana\tism /थैनअटिज्म/ *n.* यह विश्वास या सिद्धांत कि शरीर के साथ आत्मा की भी मृत्यु हो जाती है;

dw/lw: **~toid** /थैनअटॉइड/ *adj.* मृत्यु समान, मृत-सा; **~tophobia** /थैनअटअफोबिआ/ *n.* मृत्यु-भीति; **~tology** /थैनअटौलजि/ *n., med.* मृत्यु विज्ञान; **Thanatos** /थैनअटॉस/ *n.* 1 मृत्यु 2 विनाशकारक प्रवृत्ति; **~tosis** /थैनअटोसिस/ *n.* मरणाभास

thane /थेन/ *n., hist.* 1 इंग्लैंड और स्कॉटलैंड में जागीरदार, सामंत 2 मुखिया, नवाब

thank /थैंक/ *v., pt.* **~ed**, *pp* **~ing** 1 धन्यवाद कहना: ~ you for your help 2 धन्यवाद दे., शुक्रिया अदा क., शुक्र क.: ~ one's lucky stars 3 आभार जताना, कृतज्ञता प्रकट क. 4 किसी को किसी अप्रिय कार्य के लिए जिम्मेवार ठहराना: he has only himself to ~ for the mess;

n. (*usually* **~s**) 1 धन्यवाद: offer **~s**; give **~s**; **~s** very much/ many **~s**; no **~s**; return **~s**; my best **~s** 2 आभार की अभिव्यक्ति: express one's **~s** 3 कृतज्ञता: **~s** be to God 4 (*usually* **~s to**) की बदौलत, की वजह से: **~s** to sb/ sth;

dw/lw: **~ful** /थैंकफुल/ *adj.* शुक्रगुजार, कृतज्ञ, एहसानमंद, नमक-हलाल: ~ful heart; you should be ~ful to him for it; **~fully** /थैंकफुलि/ *adv.* (***syn.*** fortunately) शुक्र है कि ...: ~fully, it didn't rain; **~fulness** /थैंक्फुलनेस/ *n.* कृतज्ञता;

~sgiver *n.* शुक्रगुजार; **Thanksgiving** /थैंक्सगिविंग/ *n.* 1 अमेरिका और कैनेडा में मनाया जाने वाला धन्यवाद-ज्ञापन दिवस 2 आभार या कृतज्ञता प्रकट करने का कार्य 3 धन्यवाद-प्रार्थना; **~less** /थैंकलस/ *adj.* 1 अफल, व्यर्थ, बेकार, अनुपादेय 2 कृतघ्न, अकृतज्ञ, नमक-हराम: ~less pupil 3 अप्रिय, अरुचिकर: a ~less job 4 उपेक्षित; **~lessly** /थैंकलेसलि/ *adv.* अकृतज्ञतापूर्वक, कृतघ्नता से; **~lessness** /थैंकलेसनेस/ *n.* कृतघ्नता; **~-offering** *n.* धन्यवाद रूप में बलि या चढ़ावा; **~s** /थैंक्स/ *excl.* 1 धन्यवाद!, शुक्रिया, शुक्र: ~s, yes (धन्यवाद, हां); ~, no (धन्यवाद, नहीं); **~s** *n. [pl.]* 1 धन्यवाद-ज्ञापन 2 कृतज्ञता; **~ you** *n.* 1 धन्यवाद सूचक शब्द 2 धन्यवाद की अभिव्यक्ति; **~you** *adj.* धन्यवादसूचक: a ~you letter;

p&i: **~ God/ goodness/ heavens, etc./ God be ~ed** खुदा का लाख-लाख शुक्र है; **~s to** की बदौलत: ~s to my foresight; **~s to sb/ sth** किसी की या किसी चीज की बदौलत; **~ your lucky stars** किसी के प्रति बहुत आभारी हो.; **have sb to ~ for** किसी बात के लिए जिम्मेवार; **no small ~s to** की बदौलत नहीं: I managed, but no small ~s to you **(**मैं सफल रहा, पर आपकी बदौलत नहीं**)**; **sb won't ~ you for sth** किसी का किसी बात को लेकर नाराज हो.

that /दैट/ *determiner/ adj., pl.* **those** 1 वह: this book is interesting and ~ one is not; he lives in ~ house across the street; ~ man we are speaking of has come; ~ part which concerns us 2 उस: everybody is agreed on ~ point; since ~ time/ moment/ day/ year 3 उतना, उतनी: he has ~ confidence in his theory; he blushed to ~ degree that I felt quite shy; I can't walk ~ far;

pron., *pl.* **those** 1 वह: ~ is what he told me; this is new and ~ is old; fine art is ~ in which the hand, the head and the heart go together; this gives us rest and ~ gives us energy; the letter ~ came yesterday; the man ~ we are speaking about 2 वे, वो: I prefer these to **those**; **those** who wish to go may do so;

conj. 1 कि: it seems ~ you have forgotten me; ~ they were brothers was clear; the fact ~ I am here proves the point; the thought ~ he would be late oppressed him; I'm sorry ~ this has happened; I am so tired ~ I can hardly stand; the light was so bright ~ it hurt our eyes; good ~ you have come; not ~ it matters, but the letter has not been sent yet; he spoke so quickly ~ I couldn't understand any thing 2 जो 3 क्योंकि, चूंकि: wicked man ~ he was he would not consent to it; wretch ~ I am!; fool ~ he is! 4 ताकि: finish the work so ~ we can rest tomorrow; come nearer ~ we may see you 5 इस मायने में कि (in that): some of his books have become classics in ~ they are read by most students interested in anthropology 6 के सिवाय: except ~ the accents are omitted ...;

adv. 1 इतना: ~ big 2 उतना: not (all) ~ big/ good/ warm, etc.; won't reach ~ far;

dw/lw: **~away** /दैटअवे/ *adv.* उस दिशा में: he went ~away;

p&i: **~ goes without saying** बेशक, कहने की जरूरत नहीं; **~ is (to say** *or* **i.e.)** अर्थात्, याने, यानी, यानि कि; **~'ll do** बस इतना काफी होगा; **~'s a good boy! / ~'s a dear!** क्या खूब लड़का है!; **~'s all** बस; **~'s done it** इसी से खात्मा हो गया; **~'s it** यही तो हमें चाहिए!; **~'s right!** ठीक है!; **~'s that!** बस यह अंतिम फैसला है!, बात खत्म!;

after ~ उसके बाद; **and all** ~ *colloq.* और इसी तरह कि बातें; **a man like** ~ वैसा आदमी; **and that** इत्यादि; **(and) that's** ~ बस हो गया;! **and all** ~ और ऐसी ही सब बातें; **at** ~ इसके बाद; **by** ~ उस समय तक; **come out of ~!** दफा हो जाओ!; **is ~ so?** ऐसी बात है क्या?; **it is not so cold as all** ~ उतनी सर्दी नहीं जितनी कि...; **it is only a joke and a poor one at** ~ यह तो मात्र एक मजाक है और ऊपर से एक घटिया मजाक; **I wouldn't give ~ for it** मैं इस चीज के लिए उतना पैसा न देता; **like** ~ इस प्रकार; **not that I like it** ऐसा नहीं कि मैं इसे पसंद करता हूं; **take ~!** ये लो एक और (वार)!; **~'s all there is to it** इसके बारे में बस इतना ही; **upon/ with** ~ ज्यों ही; **what do you mean by ~?** इससे आपका क्या मतलब है?

thatch /थैच/ *n., pl.* **~es** 1 छप्पर, छान, छानी, छाजन, छाज, फूस 2 छप्पर जैसे सिर के बाल;

v., *pt.* **~ed**, *pp* **~ing**, *s/he/ it* ~es छप्पर की छत डालना, छप्पर से ढकना;

dw/lw: **~ed** /थैचड/ *adj.* छप्पर की, छप्पर से ढकी: a ~ed roof; **~er** /थैचः/ *n.* छप्पर डालने वाला; **~ing** /थैचिंग/ *n.* छवाई, छाजन, छप्परबंदी, छप्पर

Thatcheri\sm /थैचअरिज्म/ *n.* ब्रिटेन की प्रधानमंत्री मार्ग्रेट थैचर के 1979 से 1990 तक के शासनकाल में अपनाई गईं धनतंत्रवादी एवं मजदूर विरोधी नीतियां;

dw/lw: मार्ग्रेट थैचर की नीतियों का समर्थक

thatness *n.* स्वतंत्र वजूद की विशिष्टता

thauma\togeny /थॉमअ\टःजनि/ *n.* जीवन के आश्चर्यजनक उद्भव का सिद्धांत

dw/lw: **~turge** /~टःज/ *n.* जादूगर, चमत्कारी, बाजीगर; **~turgist** /~टःजिस्ट/ *n.* 1 करामाती, चामत्कारिक व्यक्ति 2 जादूगर, ऐंद्रजालिक, मायावी आदमी; **~turgic** /~टःजिक/ *adj.* करामाती, चामत्कारिक, ऐंद्रजालिक; **~turgy** /~टःजि/ *n.* चमत्करण, इंद्रजाल, जादूगरी, बाजीगरी

thaw /थॉ/ *v., pt.* **~ed**, *pp* **~ing** 1 (*also* **~ out**; ***syn.*** melt) पिघल जा 2 (*also* **~ sth out**) गलाना, पिघलाना 3 द्रवित हो. 4 मौसम में बर्फ पिघलाने वाली गरमाहट आना 5 (*also* **~ out**/ **~ sth out**) अंगीठी आदि के पास बैठकर गरमाहट पाना: come and ~ out by the fire; he has **~ed** a bit after a glass of wine; be gradually **~ing** 6 संबंधों में गरमाहट आना;

n. (हिम) द्रवण, गलन: a ~ has set in

the /दि, द/ *definite article, determiner* 1 पूर्व-उल्लेखित संज्ञा से पहले प्रयुक्त होने वाला प्रविशेषण: give me ~ CD; follow ~ directions given 2 एक मात्र विशिष्ट व्यक्ति, स्थान या वस्तु से पहले प्रयुक्त होने वाला प्रविशेषण: ~ Pope; ~ sun; ~ moon; ~ Roman Empire; ~ Thames; ~ Black Sea 3 ऐसी एकवचनीय संज्ञा से पहले प्रयुक्त जो सब का यानी यानी वर्ग-विशेष का विवरण करती हो: a history of ~ novel 4 संज्ञा के अर्थ में प्रयुक्त विशेषण से पहले प्रयुक्त: ~ good; ~ evil; ~ beautiful; ~ learned; ~ poor; ~ rich; a home for ~ elderly 5 जितना-उतना, तुलनात्मक विशेषण या क्रिया-विशेषण से पहले: ~ sooner, ~ better; ~ longer we live here, ~ more we like it 6 हर, प्रत्येक के अर्थ में प्रयुक्त: how many rupees to ~ dollar? 7 शरीरिक अंग द्योतक संज्ञा से पहले प्रयुक्त: he held her tightly by ~ arm 8 दशक-विशेष से पहले प्रयुक्त: ~ sixties 9 निश्चितता सूचक: at ~ theatre, ~ musical theatre 10 वह, वही: it is ~ same place where we had been earlier 11 सर्वोत्तम, श्रेष्ठतम यानी उत्तम अवस्था (superlative degree) से पहले प्रयुक्त: ~ most talented student; ~ largest building; ~ best book 12 जाने माने व्यक्ति के नाम से पहले प्रयुक्त: Robert ~ Bruce 13 मात्रा या समय जताने के लिए पूर्वसर्ग (preposition) के बाद प्रयुक्त: a car which does twenty kilometres to ~ litre 14 उपनामों के बहुवचन के साथ प्रयुक्त: the Nehru's, the Gandhi's 15 **'my'**, **'our'** के अर्थ में प्रयुक्त: *colloq.* I'd better check with ~ wife 16 (**the** ⟶ दी) किसी व्यक्ति, वस्तु या स्थान के अति विशिष्ट या सर्वाधिक उपयुक्त होने के तथ्य पर बल देने के लिए प्रयुक्त: earlier London was ~ place to be; he is ~ man for you 17 पदार्थ या वस्तु, क्रिया या व्यक्ति के स्थान पर आने वाले शब्द के

आलंकारिक प्रयोग से पहले प्रयुक्त: ~ gloves (मुक्केबाजी), ~ bottle (शराब पीने की क्रिया); there goes ~ moustache (मूछों वाला व्यक्ति चला जा रहा है);

adv. 1 तुलनात्मक विशेषण या क्रिया-विशेषण से पहले प्रयुक्त: ~ sooner, ~ better; ~ more he has, ~ more he wants 2 विशेषण की उत्तम अवस्था के साथ प्रयुक्त: like this book ~ best

THC *abbr.* 'Technology Holding Company', 'tetrahydrocannabinol' की प्रथमाक्षरी

THDC *abbr.* 'Tehri Hydro Development Corporation' की प्रथमाक्षरी

theandric/ theanthropic(al) /थीऐंड्रिक/ थीऐंथ्रॉपिक(ल)/ *adj.* 1 ईश-मानवीय 2 मानव रूप में देवी-देवता से संबंधित

theanthropos /थिऐंथ्रॉपस/ *n.* ईश-मानव

thearchy /थीआःकि/ *n., pl.* **thearchies** देवी-देवताओं का शासन, ईशतंत्र, देवतंत्र

theatre *UK* (*US* **theater**) /थिअटः/ *n.* 1 नाट्यशाला, रंगशाला: go to the ~ 2 *US* सिनेमा घर 3 (*also* **the ~**) नाट्य-साहित्य रचना कार्य, नाट्य-मंचन, नाट्य-कला: the Greek/ the modern ~; Goethe's/ Dryden's ~ 4 *UK* शल्य-क्रिया कक्ष: operating/operation ~ (शल्य-शाला) 5 कक्ष, शाला: lecture ~ 6 (*also* **the ~**) नाट्य-कर्मियों, नाट्य कंपनियों आदि की दुनिया या व्यवसाय: he is still in ~; 7 घटना-स्थल, कार्यक्षेत्र, युद्धक्षेत्र, युद्ध-स्थल: the war ~;

adj. थियेटर से संबंधित: ~ assistant; ~ life;

dw/lw: **~-goer** *n.* नाटक दर्शक, नाटक-प्रेमी व्यक्ति; **~going** *adj.* नाटक-प्रेमी: ~going public; **~-in-the-round** *n., pl.* गोलाकार नाट्य-शाला के बीच में मंच वाला नाट्य-प्रदर्शन; **theatric/ theatrical** /थिएट्रिक/ थिएट्रिकल/ *adj.* 1 नाट्य-संबंधी: theatrical scenery; theatrical performance 2 नाटकीय, प्रभावशाली 3 अति नाटकीय, भावुकतापूर्ण 4 आडंबरी, कृत्रिम, दिखावटी: ~ manners/ gestures; **theatricality** /थिएट्रिकैलिटि/ *n.* नाटकीयता; **theatrically**/थिएट्रिकलि/ *adv.* 1 नाट्य-कला की दृष्टि से: theatrically talented students 2 अति नाटकीयतापूर्वक; **theatrics/ theatricals** /थिएट्रिक्स/ थिएट्रिकल्ज/ *n., pl.* 1 नाटकों का मंचन, नाट्य-अभिनय: amateur ~s; private ~s 2 बनावटी व्यवहार, नाटकीयता, ड्रामेबाजी: less of the theatrics, please!;

collocations: **Theatre of the Absurd** 1950 के दशक में नाट्य-कला के क्षेत्र में एक चलन जिसके तहत परंपरागत नाट्यकला के सभी पहलुओं का उल्लंघन करते हुए कथानक, विषय-वस्तु, अर्थपूर्ण किस्सागोही, संवाद, यथार्थपूर्ण स्थितियों आदि सभी आयामों को नकारा जाता था और मंच पर मानो अर्थहीनता, विचित्रता, पागलपन का नंगा नाच होता था

thebaine /थीबअन/ *n.* अफीम से मिलने वाला एक जहरीला पदार्थ: ~ drug

theca /थीका/ *n., pl.* **thecae** /थीसी/ *bot.* आवरण, बक्सा, थैली

thee /दी/ *pron., old use or dialect, also relig.* तुझे, तुझको

the 5 Fs of progress *abbr.* 'Framework symbolising fast, focussed, flexible, friendly and fun' प्रगति वाहक पांच अंग्रेजी अक्षर F आधारित शब्द

theft /थेफ्ट/ *n.* चोरी, चोरी की वस्तु

theic /थीक/ *n.* चाय-व्यसनी

theine /थेइन/ *n.* कैफीन

their /देअः/ *determiner/ adj./ possessive pron.* 1 उनका, उनकी, उनके: he is one of ~ friends; they all fell on ~ backs; nobody in ~ senses would believe such a story

theirs /देअःज/ *pron.* उनका: favourite habit of ~; those books are ~, not mine; that's ~

theism /थीइज्म/ *n.* 1 आस्तिकता, ईश्वरवाद, आस्तिकवाद 2 अस्वस्थ हालत;

dw/lw: **theist** /थीइस्ट/ *n.* आस्तिक, ईश्वरवादी व्यक्ति; **theistic** /थीइस्टिक/ *adj.* ईश्वर-वादी, आस्तिक

them /देम/ दअम/ *pron.* 1 उन्हें 2 उनको: they took the keys away with ~; just look at ~ giggling 3 *adj. colloq., dialect*, **those** वे, उन: I'll have one of **them** peppermints

thematic /थीमेटिक/ *adj.* 1 विषय-संबंधी, कथ्यपरक 2 *gramm.* धातुजनक (root forming): ~ vowel

theme /थीम/ *n.* 1 विषय: the ~ of to-day's lecture; the central/ main ~ 2 विषय-वस्तु 3 प्रकरण, प्रसंग: on the ~ of sth 4 मूल विषय: the ~ of sth 5 निबंध 6 विषय-संगीत: ~ music/ song/ tune 7 साहित्य में बार-बार आने वाला विषय: a ~ runs through sth; a recurring ~ 8 *ling.* वाक्य या वाक्यांश (clause) का वह भाग जिसमें दी जाने वाली सूचना या कही गई बात पाठकों के लिए नई सूचना या बात नहीं होती;

dw/lw: विषय आधारित मनोरंजन कार्यक्रम;

collocations: **~ park** मनोरंजन पार्क जहां तरह-तरह के खेल-तमाशे दिखाए जाते हैं; **~ music/ song/ ~ tune** 1 कथानक गीत 2 विषय-धुन 3 संकेत-धुन

themselves /देम्सेल्ज/ *reflexive pron.* 1 स्वयं: the teachers ~ said the test was too hard; they were not ~ for some time 2 अपने आप को: all to ~; the boys hurt ~ sliding downhill;

p&i: **all by ~** अकेले ही, अपने आप ही; **God helps those who help ~** खुदा उनकी मदद करता है जो स्वयं अपनी मदद करते हैं

then /देन/ *adv.* 1 उस समय, तब: he was a student ~ 2 उसी समय 3 उसके बाद: I looked at him, ~ turned away; ~ came a pause; have sth and ~ go to bed 4 तब, तो: if you're tired, ~ you should rest 5 और फिर: ~ there's the cost to take into account 6 ठीक है तो:**:** now ~/ right ~/ okay ~; your mind is made up, ~? 7 तब, इसके बाद, तत्पश्चात, तदनंतर: by the time she got to the top, ~ it had started to snow; from ~ onwards (उस के बाद से लेकर) 8 उस समय तक: by ~; till ~/ up to ~;

conj. तब तो, इसलिए, इस कारण से, अतः: now ~ (इसलिए अब...);

n. उस समय: but until ~, I think you should stay;

adj. उस समय का, तत्कालीन: the then Prime Minister; the ~ president/ secretary;

p&i: **and ~ some** और इसके अतिरिक्त कुछ अन्य; **but ~ = then again/ but then again** पर ऐसा तो होता ही था; **from ~ on** तब से लेकर; **now ~, what are you doing?** तो अब, आप क्या कर रहे हैं?; **now and ~/ every now and ~** जब-तब, कभी-कभार, अक्सर; **there and ~/ ~ and there** उसी समय, तुरंत; **well then** अच्छा तो तो फिर ठीक है ...; **What then?** तो फिर क्या हुआ?

thenar /थीनः/ *n., anat.* 1 हथेली, करतल 2 अंगूठे के मूल में मांसपेशियों का गोला 3 तलवा, तली

thence /देंस/ *adv., old use or formal* 1 उस स्थान से, वहां से: we went to Rome and ~ to Paris 2 तब से, उस समय से, तत्पश्चात: a year ~ 3 उस कारण से, इसलिए: hopeless and ~ helpless;

dw/lw: **~forth/ ~forward** /देंसफॉःथ/ *adv., old use or formal* तब से लेकर, तब से निरंतर

theo- *comb. form, signifying:* **belonging** or **relating to God** *or* **a god** (ईश्वर या देवी-देवता से संबंधित);

dw/lw: **~centric** /थिअसेंट्रिक/ *adj.* ईश-केंद्रित, ईश-केंद्रिक; **~cracy** /थिऔक्रसि/ *US* थिआक्रसि/*n.* 1 पुरोहिततंत्र, धर्मतंत्र 2 देवी-देवताओं का राज या उनके प्रतिनिधि पुरोहितों का शासन; **~crat** /थिअक्रैट/ *n.* धर्मतंत्रीय शासक; **~cratic** *adj.* धार्मिक मठ द्वारा शासित, धर्मतांत्रिक, धर्मतंत्रीय, धर्मतंत्रात्मक, पुरोहिततंत्रवादी,

मजहबी, सांप्रदायिक; **theodicy** /थिऔडिसि/ *US* थिआ:डिसि/ *n.* ईशशास्त्र
theodolite /थिऔडअलाइट/ *n., surveying* कोणमापी
theogony /थिऔगनि/ *US* थिआ:गनि/ *n.* देवोत्पत्ति;
theolatry /थिऔलअट्रि/ *US* थिआ:लअट्रि/ *n.* ईश-पूजा, देव-पूजा, ईश्वर के सामने नत-मस्तक होने की क्रिया
theolinguistics /थिऔलिंग्विस्टिक्स/ *US* थिआ:लिंग्विस्टिक्स/*n., [sing.]* धार्मिक मान्यताओं के प्रचार की भाषा के सिद्धांतों व व्यावहारिक रूपों का अध्ययन
theo\logize /थिऔलगाइज/ *US* थिआ:लगाइज/*v., pt.* **~logized,** *pp* **~logizing** धर्म विज्ञान पढ़ना, धर्म वैज्ञानिक शब्दों में व्यक्त क.;
dw/lw: **~logian** /थिअलौजिअन/ *n.* धर्मतत्त्वज्ञ, धर्मवेत्ता, धर्मशास्त्री, धर्म-मीमांसक; **~logical** /थिअलौजिकल/ *adj.* 1 धर्मतंत्रीय, धर्मशास्त्रीय, आध्यात्मिक 2 ब्रह्म-वैज्ञानिक 3 ईश्वरपरक;
theology /थिऔलजि/ *US* थिआ:लजि/*n.* धर्मतंत्र, धर्मशास्त्र, धर्म विद्या, ब्रह्मविज्ञान, धर्मविज्ञान, धर्म दर्शन, ईश्वर-मीमांसा
theo\machist /थिऔमअकिस्ट/ *US* थिआ:मअकिस्ट/ *n.* देव-योद्धा;
dw/lw: **~machy** /थिऔमअकि/ *US* थिआ:मअकि/ *n.* देवयुद्ध; **~mancy** /थिअमैंसि/ *n.* भविष्य-द्रष्टता, पैगंबरी शक्ति, ईश्वरीय देन; **~mania** /थीअमेनिआ/ *n.* धर्मोन्माद; **~morphic** /थीअमौ:फिक/ *US* थीअमा:फिक/*adj.* ईश्वररूपी, ईश्वराकार; **~phany** /थिऔफनि/ *US* थिआ:फनि/ *n.* ईशदर्शन, ईश-साक्षात्कार; **~pathy** /थिऔपअथि/ *US* थिआ:पअथि/ *n.* ईश्वर-भक्ति, धर्म-निष्ठा, धार्मिकता; **~phobia** /थिअफोबिआ/ *n.* ईश्वर-भीति
theorem /थिअरअम/ *n.* प्रमेय;
dw/lw: **~atic** /थिअरअमैटिक/ *adj.* प्रमेयी, प्रमेय
theore\tical /थिअरेटिकल/ *adj.* 1 सैद्धांतिक 2 काल्पनिक 3 मीमांसात्मक;
dw/lw: **~tically** /थिअरेटिकलि/ *adv.* सिद्धांत रूप से; **~tician** /थिअरेटीशिअन/ *n.* सिद्धांतकार; **~tics** /थिअरेटिक्स/ *n.* सैद्धांतिकी, सैद्धांत-पक्ष, सैद्धांतिक पक्ष; सैद्धांत मीमांसा;
collocations: **~tical geometry** सैद्धांतिक ज्यामिति; **~tical learning** सैद्धांतिक ज्ञान; **~tical mind** विश्लेषणात्मक बुद्धि; **~tical physics** सैद्धांतिक भौतिकी; **~tical sciences** सैद्धांतिक विज्ञान; **~tical treatment** सैद्धांतिक विश्लेषण
theorist /थिअरिस्ट/ *n.* सिद्धांतकार
theori\zation /थिअराइजेशन/ *n.* सिद्धांतीकरण, सिद्धांत-स्थापन;
dw/lw: **~ze** (*also UK* **-se**) /थिअराइज/ *v., pt.* ~zed, *pp* ~zing 1 सिद्धांत विकसित क. 2 सिद्धांत प्रस्तुत क. या स्थापित क. 3 चिंतन-मनन क., अनुमान लगाना, कल्पना क.
theory /थिअरि/ *n.*1 सिद्धांत, वाद, मत, विचार: a popular/ plausible/ new ~ 2 संसार के किसी पहलू के बारे में सिद्धांतों की सामान्य लड़ी: ~ of relativity; ~ of evolution; ~ of similarity; the ~ of numbers/ of probability 3 परिकल्पना, अनुमान: my ~ is that he is lying; my ~ is that he is jealous 4 किसी विषय के सामान्य सिद्धांत, नियम या विचार: the ~ of education/ of government/ of music 5 कल्पित, आदर्श-आधारित युक्ति या तर्क-सम्मत विचार: ~ and practice; challenge/ formulate/ prove/ test a ~; a ~ about sth 6 सिद्धांत रूप:a good idea in ~; the plan is good in ~
theoso\phy /थिऔसफि/ *US* थिआ:सफि/ *n.,* **~phies** 1 देवविद्या, ब्रह्मविद्या 2 इस मत में विश्वास कि ईश्वर को सहज ज्ञान (intuition), रहस्यवाद, और दैविक प्रेरणा से जाना जा सकता है;
dw/lw: **~phic/ ~phical** /थिअसौफिक\/ ~ल/ *US* थिअसा:फिक\/ ~ल/ *adj.* देवविद्या-संबंधी, ब्रह्मविद्या-विषयक; **~phist** /थिऔसफिस्ट/ *US* थिआ:सफिस्ट/*n.* देवविद्यावादी, ब्रह्म-विद्यावादी
the Ps *abbr.* 'Power, Prosperity, Property, Progress, Position and Pelf' अंग्रेजी के अक्षर **'P'** से शुरू होने वाले सत्ता-सूचक शब्द
therapeutic /थेरअप्यूटिक/ (*also* **~al**) *adj.* 1 रोगोपचारक, आरोग्यकर, रोगहर 2 कुशल-मंगल होने की अनुभूतिदायक;
dw/lw: **~s** /थेरअप्यूटिक्स/ *n., [sing.]med.* रोगोपचार, चिकित्सा
thera\py /थेरअपि/ *n., pl.* **~pies** 1 बिना शल्य-क्रिया के की जाने वाली चिकित्सा, रोगोपचार 2 सामाजिक या मानसिक विकारों का समझा-बुझाकर किया जाने वाला उपचार;
dw/lw: **~pist** /थेरअपिस्ट/ *n.* उपचारक, चिकित्सक
there /देअ:/ *adv.* 1 वहां, उस जगह पर, उस स्थान पर: be ~; stay ~ 2 भाषण, लेख, मंच आदि में उस बिंदु पर (अवसर, स्थिति) में: don't stop ~ 3 उधर: go ~ 4 इस या उस बात पर, इस मायने में: he did not stop ~; ~ I disagree with you; I agree with him ~; you are wrong ~/ **~'s** where you are wrong; you have me ~ (इस बात पर आपने मुझे मना लिया);
n. वह बिंदु या स्थान: from ~; up to ~;
adj. 1 वह, वे, वो: ~ is a good player; those men ~ can tell you sth; hand me that book ~, please 2 भरोसेमंद, सदा तत्पर: he is always ~;
excl. 1 संतोष, सहमति या सफलता जताने के लिए प्रयुक्त: **~!** I knew he would come; ~ he comes!; ~ goes the bell/ the whistle 2 सहानुभूति या दिलासा जतलाने के लिए प्रयुक्त: ~, **~!** he's just not worth it;
there 'be', 'is', 'are', 'was', 'were' आदि क्रिया रूपों के साथ बिना विशेष अर्थ के प्रयुक्त: ~ are no mistakes ~; ~ are many students in the hall; ~ comes a time when ...; ~ is no stopping her (उसे बोलने से कोई नहीं रोक सकता);
dw/lw: **~abouts/ ~about** *adv. UK* 1 के आस-पास, के करीब: he lives in Ashok Vihar or ~about 2 लगभग, करीब-करीब, के आस-पास: he is forty or ~about; a thousand people or ~abouts heard his speech; **~after** /देअ:आफ्ट:/ *adv., formal* तत्पश्चात्; **~at** *adv.* 1 वहीं 2 उसी समय 3 उसी कारण; **~by** *adv., formal* उसी के द्वारा, उसी कारण, उसी के संबंध में: ~by hangs a tale; **~for** *adv.* उस निमित्त; **~fore** *adv.* इसलिए, अतः, इस कारण से; **~from** *adv.* वहां से; **~in** *adv.* 1 इसमें, उसमें 2 वहां पर: ~in lies sth; ~in lay his strength; **~in after** /देअ:इनआफ्ट:/ *adv.* उसी के आगे; **~of** *adv., formal* उसका; **~on** *adv., formal* उस पर; **~to** *adv.* 1 उस तक 2 इसी, इस कारण से; **~'s** 1 'there is', 'there has' का संक्षेप; **~under** *adv., formal* उसके नीचे; **~upon** *adv., formal* 1 उसके ठीक बाद, तदनंतर 2 इसके फलस्वरूप; **~with** *adv.* 1 उसके साथ ही 2 तुरंत 3 इसके सिवा 3 इसके द्वारा;
p&i: **~ and then/ then and ~** वहीं पर, तुरंत; **~ it is!** तो स्थिति ऐसी है!; **~ or thereabouts** काफी अच्छा है या होगा; **~'s a good boy, girl, dog, etc.** बच्चों या जानवरों को प्रोत्साहित करने के लिए प्रयुक्त; **~ is gratitude for you** ताना देने के लिए प्रयुक्त (अहसानमंदी तो देखो!); **~'s lovely, nice etc.** वह अच्छा या भला है; **~'s sth for you** किसी बात का अच्छा उदाहरण; **~ you/ they go** 1 लो शुरू होता है! 2 ये लो, यह रही वह चीज जो आप मांग रहे हैं! 3 वे तो ऐसे ही हैं, वे नहीं बदलेंगे; **~ is many a true word soken in jest** मजाक में अक्सर गहन सच्चाई होती है; **~ you are/ go**! 1 यह लो, आप अपनी हरकतों से बाज नहीं आएंगे! 2 आप अपनी आदत से मजबूर हैं!; **~ is no such thing as free lunch** मुफ्त में कुछ नहीं मिलता; **~ is nothing good or bad, only thinking makes it so** अच्छा-बुरा नाम की कोई चीज नहीं, यह तो मात्र सोच की उपज है; **~ is only one thing worse than victory and that is defeat** विजय से एक ही चीज बदतर है और वह है – पराजय; **~ is safety in numbers** एक से दो भले, एक-एक दो ग्यारह; **~ is time for every thing** हर बात का

कोई समय होता है; ~ **was never a good war or a bad peace** युद्ध कभी अच्छा नहीं होता और शांति कभी बुरी नहीं होती; **be all** ~ अकल से सही-सलामत हो.; **been** ~/ **done that before** कोई स्थान या कार्य इसलिए दिलचस्प नहीं रहा क्योंकि आप पहले ही इसे अनुभव कर चुके; **be ~ for sb** मुसीबत में किसी को सहारा देने के लिए तत्पर हो.; **by** ~ वहां, उस स्थान को; **get** ~ अपना लक्ष्य प्राप्त करके रहना; **have been there before** *sl.* पहले के अनुभव की बदौलत स्थिति के बारे में सब कुछ जानना; **it not all** ~ मंद बुद्धि; **neither here, nor** ~ न तीन में, न तेरह में; **not all** ~ अकल से सब ठीक न हो.; **so** ~ यह नहीं बदलेगा;

theriac /थिअरिऐक/ *n.* विषहर

therianthropic /थिअरिऐंथ्रॉपिक/ *adj.* पशु-मानवीय

therm /थर्म/ *n.* 1 ताप या ऊष्मा की इकाई, थर्म (equal to 100000 British Thermal Units) 2 थर्मामीटर

thermal /थर्मल/ *adj.* 1 ऊष्मीय, तापीय, गर्म, ऊष्म 2 शरीर की गर्मी को व्यर्थ होने से रोकने वाले कपड़े: ~ vest;
n. 1 गर्म हवा का ऊपर उठता हुआ बहाव 2 (**~s**) अंदर का थर्मल कपड़ा;
dw/lw: **~ize**/ **~ise** *v. pt.* ~ized, *pp* ~izing परमाणु रिऐक्टर में तेज न्युट्रोनों की काइनेटिक ऊर्जा और गति घटाना; **~ly** /थःमलि/ *adv.* ताप के द्वारा
collocations: ~ **barrier** *see* **heat barrier**; ~ **conductivity** *see* **conductivity**; ~ **conductor** *see* **conductor**; ~ **imaging** वस्तुओं द्वारा छोड़ी जा रही इन्फरा रेड ऊर्जा को पहचानकर वस्तुओं और दृष्यों को देखने की क्रिया; ~ **power** ताप-ऊर्जा, ऊष्मीय शक्ति; ~ **printer** *comput.* ताप से काम करने वाला कंप्यूटर प्रिंटर; ~ **reactor** तापीय रिऐक्टर; ~ **shock** गर्मी का झटका; ~ **spring** गर्म सोता या झरना; ~ **state** ऊष्मावस्था; ~ **unit** ऊष्मा इकाई

thermic /थःमिक/ *adj.* ऊष्मीय, तापीय: ~ rays; ~ fever

thermion /थःमिअन/ *n., phys.* गर्म वस्तु द्वारा छोड़ा जाने वाला वैद्युत कण, तापायन;
dw/lw: **~ic** /थःमिअनिक/ *adj.* तापायनिक: ~ic emission; ~ic valve *electronics* इलेक्ट्रोन छोड़ने वाली वैक्युम ट्यूब; **~ics** /थःमिअनिक्स/ *n.* तापायनिकी

thermo- /थः मो-/ *prefix, signifying:* **heat** (ताप या ऊष्मा): a ~meter;
dw/lw: **~chemistry** *n.* ऊष्मा-रसायन; **~dynamics** *n., [sing.], phys.* ऊष्मा-गतिकी; **~electric** *adj.* ताप-वैद्युत; **~electricity** *n.* ताप-विद्युत; **~genic** *adj.* ताप-जनक; **~graph** *n.* तापलेखी; **~lysis** /थर्मॉलाइसिस/ *n.* ताप अपघटन; **~magnetic** *adj.* ताप चुंबकीय; **~metamorphism** /थःमोमेटअमॉःफिज्म/ *n.* स्पर्शीय कायांतरण या रूप परिवर्तन; **~meter** *n.* तापमापी, थर्मामीटर: Celsius/ Centigrade ~meter; clinical ~meter (चिकित्सकीय थर्मामीटर); **~metric** *adj.* तापमितीय; **~metry** *n.* तापमिति; **~nuclear** /थःमोन्यूक्लिअः/ *adj.* तापनाभिकीय: ~nuclear reaction; ~nuclear bomb; ~nuclear war (तापनाभिकीय युद्ध); **~pile** *n., phys.* ताप-विकिरणता की प्रचंडता पहचानने और मापने का उपकरण; **~plastic** /थःमोप्लैस्टिक/ *n.* ताप-सुनम्य पौलिमर; **~plegia** /थःमोपलीजिआ/ *n.* तापाघात, लू लगने की क्रिया; **thermos** *see below under separate entry*; **~scope** *n.* तापदर्शी; **~setting** *adj.* ताप-दृढ़; **~stable** *adj.* ऊष्मा-दृढ़; **thermostat** *see below under separate entry*; **~taxis** /थः मअटैक्सि/ *n.* ताप -नियंत्रण; **~therapy** *n.* ताप-चिकित्सा

thermoluminescence dating *n., archaeol.* मिट्टी के प्राचीन बर्तनों का काल बताने की विधि

thermos /थःमस/ *n. tradem. UK* (*US* **a Thermos flask**) थर्मस: a ~ bottle (निर्वात बोतल)

thermosphere /थःमअसफिअः/ *n., meteorol.* धरती से लगभग 80 किलोमीटर के ऊपर (इसमें ionosphere भी शामिल है) से शुरू होकर यानी मेसोस्फिअर (mesosphere) से ऊपर का वायुमंडल जहां ऊंचाई के साथ-साथ तापमान भी बढ़ता जाता है यद्यपि वास्तविक गर्मी बहुत कम होती है क्योंकि हवा बहुत पतली होती है

thermostat /थःमअस्टैट/ *n.* तापनियंत्रक, तापस्थायी यंत्र;
dw/lw: **~static** /थःमअस्टैटिक/ *adj.* ऊष्म-स्थैतिक; **~statics** /थःमअस्टैटिक्स/ *n.* ऊष्मास्थैतिकी;

theroid /थिअरॉइड/ *adj.* जानवरों जैसा

thersitical /थःसिटिकल/ *adj.* अपमानजनक, अभद्र, भद्दा

thesaurus /थिसॉरस/ *n., pl.* **~es**/ **thesauri** 1 पर्याय शब्दकोश, प्रयायवाची कोश 2 विश्व-कोश

these /दीज/ *pron., determiner, pl.* **'this'** का बहुवचन, ये

thesis /थीसिस/ *n., pl.* **theses** /थीसीज/ 1 शोध-प्रबंध जिसे पीएचडी आदि डिग्री प्राप्त करने के लिए प्रस्तुत किया जाता है 2 विचार-विमर्शीय या विचारणीय सिद्धांत, दलील देकर प्रतिपादित किया जाने वाला विचार या सिद्धांत 3 प्रमेय, दावा, धारणा

thespian /थेस्पिअन/ *adj.* 1 त्रासदी या दुखांत नाटक संबंधी 2 दुखपूर्ण: the ~ art (नाट्य कला) 2 नाट्य-शास्त्र संबंधी, रंगमंच-संबंधी;
n. त्रासदी-अभिनेता, त्रासदी-अभिनेत्री

Thess *abbr.* Book of the Bible 'Thessalonians' का छोटा रूप

theta /थीटा/ *n., pl.* **~s** यूनानी वर्णमाला का आठवां अक्षर

theta role = **thematic role**

theurgy /थीअःजि/ *n., pl.* **theurgies** 1 कल्याणकारी प्रेतात्माओं का चमत्कार, दैवी चमत्कार, देवकर्म 2 दैवी शक्तियों की करनी, जादू-टोना, इंद्रजाल

thew /थ्यू/ *n., pl.* **~s**/ **thewes**, *often in pl.* 1 नैतिक शक्ति, चारित्रिक बल 2 रीति-रिवाज, आचार-व्यवहार 3 शारीरिक सामर्थ्य, बाहु बल: **~s** and sinews;
dw/lw: **~ed**/ **~y** /थ्यूड/ थ्यूइ/ *adj.* 1 हृष्ट-पुष्ट, हट्टा-कट्टा 2 बलशाली, बाहुबली

they /दे/ *pron.* 1 वे: ~ alone can help us 2 वे सब: ~ were three of them 3 वे लोग 4 सत्तारूढ़ लोग: it can be done if ~ want;
p&i: **~ enough who know how to learn** जिन्हें ज्ञान प्राप्त करने का हुनर आता है वे काफी बड़े ज्ञानी होते हैं; **"they say so" is half the lie** कानों सुनी बात झूठी, आंखों देखी सच्ची

they'd /देड/ *contraction, short* 'they had', 'they would' का छोटा रूप

they'll /देल/ *contraction short* 'they will' का छोटा रूप

they're /देआः/ *contraction* short 'they are' का छोटा रूप

they've /देव/ contraction *short* 'they have' का छोटा रूप

thiamine /थिअइमीन/ (*also* **thiamin**) *n.* विटामिन बी (B)

thick /थिक/ *adj., degr.* **~er**, **~est** 1 (***anton.*** thin) मोटा, दबीज, व्यासीय रूप से मोटा, स्थूल: one inch ~; five cm/ two inch, etc. thick; ~ rope; ~ slice; ~ man 2 गहरा, गाढ़ा: ~ soup/ syrup; a ~ substance or liquid 3 (*usually* ~ with sth) से भरा हुआ: the air was ~ with snow/ with rain; the street was ~ with traffic 4 बहुत, बहुसंख्यक 5 घना, सघन, संकुल: ~ forest/ hair 6 गदला, गंदला, कीचड़-भरा, पंकिल 7 धुंधला: ~ smoke, cloud, or fog; ~ darkness; ~ with fumes/ with vapours 8 अस्पष्ट, भर्राया हुआ, रुंधा हुआ: ~ speech, ~ voice 9 (~ of intellect) मंदबुद्धि, जड़मति, मूर्ख 10 (*usually* ~ with sb) घनिष्ठ: he is very ~ with the new manager; as ~ as thieves 11 बार-बार, लगातार: ~ shower of blows; with honours ~ upon him 12 (***syn.*** strong) बोलने में किसी विशेष लहजे (accent) का पुट हो.: a ~ American accent;
adv. 1 जोर से, तड़ातड़ 2 लगातार 3 अंधाधुंध 4 मोटी परत के साथ: cut the bread ~; spread the butter on ~ 5 बड़ी संख्या में 6 अक्सर, तेजी से: doubts came ~ upon him; his heart

beat ~; the events came ~ and fast 7 अस्पष्ट ढंग से;
n. 1 बीच: in the ~ of a crowd; be in the ~ of things; in the ~ of an argument; in the ~ of the fighting 2 पराकाष्ठा, शिखर 3 मूढ़ व्यक्ति 4 झुरमुट, घनी झाड़ी;
dw/lw: **~-and-thin** *adj.* घनिष्ठ: a ~-and-thin friend; **thicken** *see below under separate entry*; **~ener** /थिक्नः/ *n.* प्रगाढ़क, गाढ़ा बनाने वाला; **~ening** *n.* 1 गाढ़ा या मोटा होने की क्रिया 2 गाढ़ा हुआ पदार्थ; **~ening** *adj.* गाढ़ा बनाने वाला; **~head** *n.* = **thicko** मूर्ख आदमी; **~headed** /थिक्हेडिड/ *adj.* मूर्ख, मूढ़; **~ish** /थिकिश/ *adj.* कुछ-कुछ गाढ़ा या मोटा; **~ly** /थिक्लि/ *adv.* 1 गाढ़ी परत के साथ 2 भर्राई आवाज में 3 लगातार; **~-knee** *n.* मोटे घुटनों वाला एक पक्षी; **~ness** *see below under separate entry*; **~set** /थिक्सेट/ *adj.* 1 घना, गझिन, सघन 2 हट्टा-कट्टा 3 नाटा और गठीला; **~skin** *n.* मोटी खाल; **~-skinned** /थिकस्किंड/ *adj.* 1 मोटी चमड़ी वाला 2 चिकना घड़ा, असंवेदनशील, भावशून्य; **~-skulled** /थिक-स्कलड/ *adj.* मूर्ख; **~-sown** *adj.* 1 सघन बीजा हुआ 2 सघन, बहुत अधिक डाला हुआ या फैलाया हुआ: speech ~-sown with proverbs; **~-witted** /थिक-विटिड/ *adj.* मूर्ख;
p&i: **~ and fast** जल्दी-जल्दी बहुत अधिक संख्या में हो.; **~ and threefold** निरंतर, एक के बाद एक; **~ as thieves** चोरों-सा घनिष्ठ;
a bit thick असहनीय; **as ~ as two short planks** निरा मूर्ख; **a ~ head** बीमारी के कारण या ज्यादा शराब पीने के कारण होशो-हवास गंवाने की अवस्था; **be ~ with sb** किसी के साथ घी-शक्कर हो.; **give sb a ~ ear** किसी को दंड के रूप में सिर पर मारना; **go through ~ and thin** हर मुश्किल को पार क., ऊबड़-खाबड़ रास्ते को पार करते हुए मंजिल तक पहुंचना; **have a ~ skin** असंवेदनशील हो.; **in the ~ of** के बीच में; **lay it on ~** चापलूसी क., बढ़ा-चढ़ा कर प्रशंसा क., अतिरंजना क.; **sb's ~ head** किसी द्वारा कोई बात न समझ पाने के कारण क्रुद्ध होने की स्थिति; **that's a bit ~!** थोड़ा ज्यादा हो गया!; **through ~ and thin** सुख-दुख में दृढ़तापूर्वक अंत तक चलना

thicken /थिकन/ *v., pt.* **~ed**, *pp* **~ing** 1 गाढ़ा हो. या क. 2 जटिल बनना: the plot **~s** 3 मोटा हो., परत आदि का मोटा हो.: the ice is **~ing** 4 धुंधला हो., अंधकारमय हो.: the storm/ fog **~s**; the light **~s** 5 सघन हो. या बनाना, बोझिल बनाना: the fumes **~ed** the air 6 आवाज का बैठना या भर्राना 7 संख्या का बढ़ना: the crowd **~ed** every instant;
dw/lw: **~ed** *adj.* 1 मुटाया हुआ 2 गाढ़ा बना हुआ: ~ed lubricant; **~ing** *n.* मोटा या स्थूल होने की क्रिया, स्थूलीभवन, प्रगाढ़न

thicket /थिकिट/ *n.* 1 झुरमुट, झाड़ी 2 बीहड़, जंगल

thickness /थिकनस/ *n.* 1 (***syn.*** width) मोटाई, मोटापन: a ~ of two inches/ two inches in ~; give a wall ~; ~ gauge 2 गाढ़ापन 3 सघनता: ~ of population 4 परत: three **~es** of cloth 5 मोटापा 6 बहुतायत 7 मूढ़ता 8 अस्पष्ट बोली 9 धुंधलापन: drive through the misty ~

thicko *see above under* **thick: *dw/lw:* thickhead**

thief /थीफ/ *n., pl.* **thieves** /थीव्ज/ 1 चोर: petty ~ 2 उचक्का, उठाईगीर 3 लुटेरा 4 तस्कर 5 कमीना आदमी;
p&i: **~ in the night** चोरी छिपे;
a ~ knows a ~ and a wolf knows a wolf चोर-चोर मौसेरे भाई; **all are not thieves that dogs bark at** जिन पर कुत्ते भौंकते हैं वे सभी चोर नहीं होते; **opportunity makes the ~ = open doors tempt even saints** खुले दरवाजे संत को भी चोर बना देते हैं; **set a ~ to catch a ~** चोर को कोतवाल बनाना

thie\ve /थीव/ *v., pt.* **~ved**, *pp* **~ving** चोरी क., चुराना;
dw/lw: **~very** /थीव्रि/ *n.* 1 चोरी 2 चोरी की आदत या लत; **~vish** /थीविश/ *adj.* 1 जिसे चोरी करने की लत हो 2 चोर-सा, चोर-जैसा 3 चोरटा, चौर्य-व्यसनी 4 बेईमान 5 नजर-चोर; **~vishly** *adv.* चोरों की तरह, चोरी छिपे; **~vishness** *n.* चोरपना

thigh /थाइ/ *n.* जांघ, जंघा, रान, ऊरु, उरु;
dw/lw: **~-bone** *n.* (***syn.*** femur) ऊर्वस्थि; **~-boot** *n.* ऊंचा जूता

thigmotaxis /थिग्मटैक्सिस/ *n.* स्पर्शानुचलन

thimble /थिंबल/ *n.* अंगुश्ताना, दर्जी का छल्ला

thimbleful /थिम्बलफुल/ *n., pl.* **~s** अल्पमात्रा, घूंटभर

thin /थिन/ *adj., degr.* **~ner**, **~nest** 1 (***anton.*** thick) चौड़ाई में कम या तंग: a ~ face 2 मोटाई में कम, पतला: ~ rope/ string; ~ skin/ paper/ wire/ blanket/ slice/ fingers; ~ in the face 3 पतला, बारीक, महीन, तनु 4 (***syn.*** lean) दुबला-पतला: a ~ person or animal; grow ~ 5 छरहरा 6 (***syn.*** sparse) विरल, कम, छितराया हुआ, छितरा: ~ forest/ ranks; ~ hair 7 पतला, महीन, पारदर्शी: ~ fabric; ~ veil of fog 8 क्षीण, कमजोर: ~ excuse; ~ argument; ~ story; that is too ~ 9 (***syn.*** runny) कम ठोस तरल, पतला, जो गाढ़ा न हो: a ~ substance or liquid; ~ soup/ porridge; ~ milk 10 निस्सार: ~ story; the plot of the book is rather ~ 11 अत्यल्प, नाकाफी, अल्पाहारी, अनुपजाऊ: ~ table; ~ diet; ~ soil 12 झीनी-झीनी: ~ rain 13 हल्का, छिछला, तुच्छ 14 पतला (हस्त-लेख) 15 बहुत कम आक्सीजन वाली (हवा): ~ air 16 कमजोर, पतला: ~ blood 17 कठिन, जटिल, खराब 18 संख्या में कम: ~ attendance; ~ audience; this month has been rather ~ for the theatre 19 पतली (आवाज) 20 मद्धम, अस्पष्ट, फीका: ~ light; ~ colour 21 छलावापूर्ण, फीकी: ~ smile;
v., pt. **~ned**, *pp* **~ning** 1 पतला बनाना या बनना 2 संख्या या मात्रा कम हो., घटना, कम हो जाना: ~ out 3 पतला, महीन या बारीक बनना या बनाना 4 छांटना, छंट जा.: the fog is **~ning** 5 (*often* **~ out**) विरल हो., छितर जा.: head **~ned** of hair; forest beginning to ~ 6 धार तेज क.: ~ a piece of wood 7 पतला हो., गाढ़ापन कम हो. या क 8 पतली परत लगाना 9 संख्या कम हो. या क.: ~ the ranks of an army 10 तरल को पतला क. या हो.: ~ the paint with water;
adv. degr. **~ner**, **~nest** पतली परत के रूप में;
dw/lw: **~ly** /थिनलि/ *adv.* 1 पतले-पतले 2 कम व्यक्तियों या लोगों वाला 3 थोड़ा, कम: clad ~ly; **~ner** /थिनः/ *n.* 1 तरल द्रावक, विरलक, तरल आदि को पतला करने वाला पदार्थ 2 (*comp. degree of* **thin**); **~ness** *n.* पतलापन, बारीकी, तनुता, विरलता; **~ning** *n.* विरलन, पतला या विरला होने की क्रिया; **~nish** /थिनिश/ *adj.* पतला-सा, कुछ-कुछ पतला; **~-skinned** *adj.* 1 अति संवेदनशील, पतली चमड़ी वाला 2 जिसे जरा-सी भी आलोचना बर्दाश्त न हो, चिड़चिड़ा, तुनुक-मिजाज;
p&i: **~ away/ ~ down** पतला क. या हो.; **~ off** धार तेज क.; **~ on the top** गंजा; **~ out** 1 छांटना या छंटना 2 विरल क. या हो. 3 संख्या में कम हो.; **~ skin** आलोचना के प्रति अत्यधिक चिड़चिड़ा हो.; **~ story** अपरिपक्व कहानी;
as ~ as lath तिनके-सा पतला; **a ~ disguise** लगभग पारदर्शी छद्म वेश; **a ~ audience** थोड़े-से दर्शक; **a ~ excuse** झूठा बहाना; **a ~ time** कष्टकारी घड़ियां; **be skating/ walking on thin ice** खतरा उठाना; **be ~ on the ground** संख्या में बहुत कम या विरल हो.; **have a ~ time off it** कठिन समय या समस्याओं में फंसा हो.; **on ~ ice** गर्त की कगार पर; **out of ~ air** न जाने कहां से (मानो जादुई चमत्कार से) आ टपकना; **that is too ~** यह बिल्कुल कमजोर या बेदम है; **the ~ edge of the wedge** अच्छे आसार वाली शुरुआत; **through thick and thin** *see above under* **thick**: ***p&i***; **vanish/ disappear into ~ air** ऐसे गायब होना जैसे गधे के सिर से सींग, लापता हो जा.; **wear ~** 1 सहनशीलता खोना: patience wears ~ 2 बहुत बार इस्तेमाल होने के कारण सड़कछाप हो जा.: a joke or explanation wears thin ~;

thine /दाइन/ *pron., old use or dialect, relig.* 1 तेरा, तेरे, तेरी,

अपना, अपने, अपनी: the fault is ~; do what thou wilt with ~ own; lift ~ eyes; is this mine or ~?

thing /थिंग/ *n.* 1 चीज, वस्तु, पदार्थ, जिंस, सामान: small ~; they had to come with all their **~s**; pack up one's **~s**; his **~s** are always lying around; bathing/ swimming **~s**; bought some new **~s** for sb 2 बात, तथ्य, घटना: it's a good ~; his death was a tragic ~ 3 खाने-पीने की चीजें: good **~s** for sb; one must avoid sweet or starchy **~s**; there was not a ~ to eat; breakfast **~s** 4 विषय: atrocities on *dalits* is a serious ~ 5 काम, कार्य, व्यवहार: he likes to make **~s** with his hands; I did no such ~; do the handsome ~ by sb (किसी से अच्छा व्यवहार क.); that's not at all the ~ to do (ऐसा व्यवहार नहीं करना चाहिए) 6 संपत्ति: **~s** personal/ real, *law* (चल या अचल संपत्ति) 7 कारोबार, व्यवसाय 8 व्यक्ति: you, poor, little thing!; a sweet little ~; foolish old ~; no living ~ has ever done it 9 गुण, विशेषता: have a ~ about sth/ sb (किसी में कोई गुण पसंद क.); be sb's ~ (किसी की मनपसंद विशेषता या गुण हो.); generosity is a great ~ 10 साहित्य आदि की कृतियां, संगीतीय या कलात्मक रचना: he wrote popular **~s** for jazz-bands 11 प्रक्रिया 12 (**~s**) स्थिति, परिस्थिति, हालात: the state of **~s**; tell me how **~s** go/ stand?; as **~s** go/ stand now; **~s** are getting better; **~s** might go wrong 13 मामला, समस्या: the ~ is (समस्या यह है कि); look at **~s** from one's own point of view; speak of different **~s**; strange **~s** happened; let's get this ~ over with quickly (आओ इस मामले को जल्दी से निपटा लें); I have several **~s** to attend to 14 बारीकी, पहलू: worry over every little ~ 15 कोई बात, कुछ-कुछ बातें, चीजें या विचार: think hard **~s** of a person; go about saying **~s**; don't put **~s** into his head; the important ~ to remember; the next best ~; it's a strange ~ that he doesn't write; say the right ~; say the wrong ~ 16 आवश्यक बात, लक्ष्य: that's the ~; the ~ was to get home;

dw/lw: **things** /थिंग्ज/ *n., [pl.]* 1 साजो-सामान, वस्तुएं 2 सामान 3 कीमती चीजें: she loves all ~s Japanese; **~ummy/ ~amy, ~ummyjig/ ~ummy bob** *n., pl.* ~ummies, *etc, colloq.* कोई वस्तु या व्यक्ति जिसके नाम के बारे में कुछ पता न हो या वह याददाश्त से निकल गया हो; **~y** /थिंगि/ *n. UK* उस समय कहना जब किसी वस्तु का नाम याद न आ रहा हो.: we ate that mutton ~y for lunch;

p&i: **~s are only worth what one makes them worth** किसी वस्तु का मूल्य वही होता जो दर्शक की नजर में होता है; **~s are sent to try us** जिसका कोई इलाज नहीं, उसे सहन करने ही बेहतर; **~s at worst will mend** कभी तो सुबह होगी या कभी न कभी तो अच्छे दिन आएंगे; **~s done cannot be undone = ~s past cannot be recalled** कमान से निकला तीर और मुंह से निकला शब्द वापस नहीं आते; **~s in action** *law* 1 मांग करने का अधिकार, मांग में सम्मिलित जायदाद 2 चीजें, सामान; **~s present are judged by ~s past** आज की कसौटी बीता हुआ कल है; **~s that go bump in the night** भूत-प्रेत आदि; **~s look black** आसार अच्छे नहीं;

above all ~s सबसे महत्त्वपूर्ण बात यह है कि...; **a good thrashing would be the ~ for him** उसे चाहिए अच्छी धुनाई; **A is one ~, B is another = it is one ~ to do A, it's another ~ to do B** दोनों अलग-अलग चीजें या बातें है; **all ~s considered** सब बातों पर सोच-विचार करने के बाद; **among other ~s** दूसरी बातों के अलावा; **and ~s like that** और ऐसी ही कुछ बातें या चीजें; **a square ~** सच्चा सौदा; **a ~ in itself** कोई अमूर्त चीज; **be all ~s to all men/ people** 1 सब को खुश करने के लिए अपना मत बदलते र. 2 अलग-अलग लोगों द्वारा अलग-अलग अर्थ निकाला जा.; **be hearing/ seeing ~s** कल्पना क. कि आप उन वस्तुओं को भी देख-सुन सकते हैं जो वजूद में ही नहीं हैं; **be up to a ~ or two** थोड़ा-बहुत जानना; **come to the same ~** एक ही परिणाम या अर्थ हो.; **be good thing that ...** अच्छा हुआ कि ...; **be onto a good ~** अच्छी नौकरी, स्थिति या शैली पा ले.; **do one's own ~** *colloq.* किसी की परवाह न करते हुए वह काम करना जो आपको पसंद है; **do ~s to sb** किसी पर सशक्त भावनात्मक प्रभाव रखना; **first ~ in the morning and last ~ in the evening** सवेरे पहला काम और शाम को आखिरी; **first ~s first** सबसे जरूरी काम सबसे पहले; **for one ~** पहली बात तो यह है कि...; **for another ~** दूसरी यह कि..., इसके अतिरिक्त; **good ~s of life** ऐशो-आराम का सामान; **have a ~ about sb/sth** किसी के या किसी बात के बारे में अटपटा विचार या रवैया रखना; **how are ~s?** क्या हाल है?; **if it's the last ~ I do** चाहे जो भी हो मुझे यह करना है; **if ~s were to be done twice all will be wise** हादसा होने के बाद सभी अक्लमंद हो जाते हैं; **if you want a ~ well done, do it yourself** आप मरे बिना स्वर्ग नहीं मिलता; **I'll write the letter, the first ~ in the morning** सवेरे-सवेरे पहला काम यह करूंगा कि पत्र लिखूंगा; **I'm not quite the ~ to-day** आज मेरी तबीयत ठीक नहीं; **it amounts to the same ~** एक ही बात है; **it isn't my ~** यह मेरी पसंद की बात या चीज नहीं; **it's just the ~** यही तो चाहिए!; **keep a ~ for seven years and you will find a use for it** सब पुरानी चीजें काम आ जाती हैं; **know a ~ or two** कुछ-कुछ जानना, अनुभव हो.; **learn a ~ or two** एक-दो बातें सीख लेना; **let ~s go hang** भाड़ में जाए!; **little knowledge is a dangerous ~** नीम हकीम खतरे जान; **little ~s amuse little minds** तुच्छ मानसिकता वाले ही तुच्छ बाते करते हैं; **make a big ~ of sth** किसी बात को यों ही बढ़ा-चढ़ाकर दिखाना; **make a good ~ of sth** किसी बात से कोई फायदा निकालना, से लाभ उठाना; **make a regular ~ of sth** कोई कार्य नियमित रूप से क.; **make a ~ of sth** कुछ ज्यादा ही हाय-तौबा (fuss) क.; **make ~s hum** स्फूर्तिपूर्वक काम क.; **near ~** खतरनाक स्थिति; **never do ~s by halves** काम आधा-अधूरा नहीं छोड़ना चाहिए; **next ~** उसके बाद; **new ~** नई धारा की रचना आदि; **no great ~s** कोई खास बात नहीं; **no such ~** ऐसी कोई बात नहीं; **not a ~** कुछ भी नहीं; **not to be/ feel the ~** खराब तबीयत हो.; **not know the first ~ about sb/ sth** किसी के या किसी चीज के बारे में कुछ न जानना; **not quite the ~** 1 जो सामान्य रूप से मान्य न हो 2 अस्वस्थ या असामान्य; **not to do a ~** हाथ पर हाथ धरे बैठे र.; **not to get a ~ out of sb** किसी से कुछ न उगलवा पाना; **of all the ~s** जरा सोचो तो!; **one of those ~s** ऐसी बात जो अक्सर होती है, जिसे टाला नहीं जा सकता और उसे स्वीकार करने में ही भला; **one damned/ damn ~ after another** एक के बाद एक खराब बातें; **one ~ leads to another** एक बात से दूसरी निकलती है; **other ~s being equal** दूसरे सब पहलू एक समान होने पर ...; **see ~s** दुस्स्वप्न आना; **spiritual ~s/ ~s of the mind** आध्यात्मिक मान्याताएं; **sure ~** पक्की बात; **the done ~** मान्य व्यवहार, सर्व-स्वीकार्य बात; **take ~s as they are** जैसा है वैसा मान लेना, अपनी किस्मत से समझौता कर लेना; **that's a nice ~ to do** अच्छा काम है; **the first ~ one knows** तुरंत, पल भर में; **the last ~** आखिरी वक्त पर; **the last ~ about sth** किसी चीज के बारे में नवीनतम बात; **the latest ~ in hats** टोपों में नवीनतम फैशन; **there is only one ~ for it** इस समस्या का केवल एक ही हल/ नाम है; **the same ~** वही बात; **the ~ is** बात यह है कि ...; **the ~ about sb/ sth is ...** किसी के या किसी चीज के साथ समस्या यह है कि ...; **the ~ with sb is ...** किसी के साथ समस्या यह है कि ...; **the ~ is to do better** उद्देश्य यह है कि और बेहतर करना है; **the ~s that are above us are nothing to us** जो समझ से बाहर, सो पहुंच से

बाहर; **the whole ~ is ...** सारी बात का निचोड़ यह है कि...; **too much of a good ~** जरूरत से ज्यादा ही मीठा या अच्छा हो.; **what with one ~ and another** किसी न किसी काम या समस्या में फंसा होने के कारण

think /थिंक/ *v., pt.* **thought** /थॉट/, *pt. p.* **thought**, *pp* **~ing** 1 (*often* **~ about sth**) सोचना, के बारे में सोच विचार क.: I'll ~ about/ of it; learn to ~ in English 2 किसी विचार या समस्या पर चिंतन-मनन क.: ~ of a way out of a difficulty 3 मन में विचार बनाना, अपने विचार में किसी को या किसी चीज को किसी विशेष अवस्था में समझना: tried to ~ himself thin; not ~ much of sb/ sth; ~ well/ highly of sb/ sth; ~ little/ nothing of sth; ~ badly of sb 4 मन में विचार या मत हो.: I ~ her charming 5 (*often* **~ of sb /sth**) विश्वास क., समझना, मानना: thought that you were kidding!; they think of themselves as great singers 6 (*often* **~ of** or **about sth**) की योजना बनाना, इरादा होना या बनाना: ~ about going to London; ~ no harm; I didn't ~ to tell them about it; ~ of marrying sb; ~ no evil/ no harm; ~ about/ of doing sth 7 (*often* **~ of sth**) कल्पना क., उम्मीद क., अनुमान होना कि कुछ होगा: I didn't ~ there would be any trouble; I ~ it will rain; I don't ~ so; I can't bear to ~ what might happen 8 (*often* **~ of sb** or **sth**) ध्यान में रखना, किसी पर या किसी बात पर गौर क., विचार क.: ~ of the children first; ~ only of one's own self 9 (*often* **~ of sth** or **to do sth**) याद क.: couldn't ~ of his name; ~ of old times 10 (*often* **~ of sth**) किसी चीज या कार्य के बारे में अपना मत बनाना: ~ of a plan 11 किसी के या किसी बात के बारे में चिंतित हो.: ~ a lot of sb/ sth 12 किसी बात के बारे में किसी विशेष प्रकार से सोचना: we must ~ big 13 गुस्से का इजहार क.: what do you ~ you are doing? 14 विनम्र ढंग से सुझाव देते हुए कहना: I **thought** we could dine together to night;

adj. 1 विचारशील 2 विवेकी, बुद्धिसंपन्न;

dw/lw: **~able** /थिंकअबल/ *adj.* 1 सोचने-योग्य, विचारणीय 2 कल्पनीय; **~er** *n.* विचारक: a wishful ~er (कोरी कल्पना करने वाला); **~ing** *see below under separate entry*;

collocations: **~ tank** 1 नीति-निर्धारक लोगों का समूह 2 विचारक-मंडल;

p&i: **~ again** दोबारा विचार क.; **~ ahead of sth** भविष्य में होने वाली बात, स्थिति या योजना के बारे में सोचना; **~ a lot of sb** 1 किसी के बारे में अच्छा विचार हो. 2 किसी से प्रेम क.; **~ aloud/ ~** out loud जैसा सोचते हो वैसा कहना, दूसरों के साथ विचार-विमर्श करते हुए सोचना; **~ away** दिमाग से निकाल बाहर क.; **~ back to sth** पुरानी बातें याद क.; **~ (the) better of sb** किसी के बारे में बेहतर सोचना; **~ better of it/ of doing sth** (*syn.* reconsider) किसी मामले के बारे में अपना विचार या मत बदल ले.; **~ clearly** स्पष्ट ढंग से सोचना; **~ fit/ good/ proper to do sth** कुछ करना ठीक समझना.; **~ for oneself** सबकी सुनना, पर मन की करना; **'~ I can' creates the force that can** यह सोचना कि मैं कर सकता हूं, करने की शक्ति देता है; **~ long** संतप्त हो.; **~ little/ nothing of sb** किसी को तुच्छ या ओछा समझना या किसी को कुछ न समझना; **~ much (well) of** की बहुत कदर क. ; **~ nothing of it** क्षमा मांगने या किसी द्वारा धन्यवाद दिए जाने पर यह जताना कि कोई खास बात नहीं; **~ nothing of sth/ of doing sth** 1 कुछ न, समझना 2 बायें हाथ का खेल समझना; **~ of sth/sb** 1 मन में किसी की छवि अंकित हो. 2 अपनी कल्पना में कोई विचार बनाना; **~ on one's feet** किसी बात या घटना के बारे में आनन-फानन प्रतिक्रिया दे.; **~ out** 1 सावधानी से विचार क. 2 सोच-विचारकर समस्या का हल निकालना; **~ outside the box** नए ढंग की बातें या तरीके सोचना; **~ shame** शर्मिंदा हो.; **~ sth over** किसी बात पर अच्छी तरह सोच-विचार क.; **~ sth through** किसी बात के संभावित परिणामों के बारे में ध्यान से सोच-विचार क.; **~ sth up** (***syn.*** devise/ invent) नया विचार आविष्कृत क.; **~ straight** स्पष्ट या तार्किक ढंग से सोचना; **~ the world highly/ a lot/ not much/ poorly/ little, etc.** दुनिया के बारे में बहुत ऊंचा/ बहुत कुछ/ बहुत ज्यादा नहीं/ बहुत कम आदि सोचना; **~ twice before/ about doing sth** कोई काम करने से पहले अच्छी तरह सोच-विचार क.; **~ with the wise, but talk with the vulgar** उदात्त विचारों को भी सरल से सरल भाषा में समझाना चाहिए;

come to ~ of it जरा सोचो तो; **first ~, then speak** पहले सोचो, फिर मुंह खोलो!; **have a ~ about sth** किसी बात के बारे में फैसला करने से पहले अच्छी तरह सोचना; **he ~s he is it** वह अपने को बड़ा तीस-मार-खां समझता है; **I don't ~ so** मैं सहमत नहीं; **if/ when you ~ about it** यदि इसे गिनती में लें तो; **I ~** मुझे लगता है कि; **I thought as much** मैं भी ऐसा ही सोचता था; **they that think they know everything, know nothing** जो सब कुछ जानने का दावा करते हैं, असल में कुछ नहीं जानते; **who would have thought...?** ऐसा कौन सोच सकता था...? **you have got another ~ coming** किसी गलत फैसले या मत के बारे में पुनर्विचार क.

thinking *n.* 1 दिमाग से सोचने की क्रिया 2 विचार, मत, राय, विचार-धारा, सोच, समझ: in my **~ing**/ to my way of **~ing** 3 विवेचन, चिंतन-मनन, सोच-विचार: do some hard ~ing; have a good **~ing**; the **~ing** behind/ on sth;

adj. 1 बुद्धिमान: the ~ women's journal 2 सोचने में सक्षम: man is ~ animal

collocations: **~ part** *theatre* निःशब्द भूमिका या अदाकारी; **wishful ~** कोरी कल्पना;

p&i: **~ is the talking of the soul with itself** चिंतन आत्मा का स्वयं से बातें करना है;

put on one's ~ cap सोच-विचार क.; **to my ~** मेरे विचार में; **what is your ~ on this?** इस बारे में आपका क्या विचार है?

thinly, **thinner**, **thin-skinned** *see above under* **thin: *dw/lw***

thio- *chem., comb. form, denoting:* **the presence of sulphur** (गंधक की मौजूदगी)

third /थ:ड/ (*often* **written 3rd**) *ordinal number* 1 तीसरा, तृतीय: he is in his ~ year; in the ~ place; the ~ largest town 2 तीसरी बार: he is doing it for the ~ time 3 (**the third**) महीने का तीसरा दिन या तीन तारीख; on the **3rd** of May 4 मोटर गाड़ी में: ~ gear 5 तीसरे दर्जे का, घटिया: articles of ~ quality;

n. 1 एक तिहाई भाग, तिहाई: two **~s** (दो-तिहाई) 2 (**a third**) तीसरा दर्जा, परीक्षा परिणाम में प्राप्त तीसरी डिवीजन/ श्रेणी (थर्ड डिवीजन): get a ~ in history 3 तृतीयांश, तीसरा अंश: a ~ share 4 रेल-यात्रा में तीसरी श्रेणी: I always travel ~ 5 तीसरा नंबर या स्थान: he arrived ~; he finished a triumphant ~ 6 (**the ~**) महीने का तीसरा दिन, तीन तारीख;

dw/lw: **~ly** /थ: डलि/ *adv.* तीसरी बात यह है कि...; **~-class** (घटिया) *adj.* 1 घटिया, निम्न कोटि का 2 *US* डाक भेजने का एक सस्ता तरीका 3 परीक्षा में तृतीय डिविजन या श्रेणी 4 अधमतर स्तर का व्यक्ति: they are treated as ~-class citizens; **~-degree** *adj.* 1 गंभीरतम ~-degree burns 2 जो ज्यादा गंभीर न हो: ~-degree murder/ assault/ dacoity, etc.; **~-generation** *adj.* (*abbr.* **3G**) तीसरी पीढ़ी का; **~-rate** घटिया; **~sman** *n.* दलाल;

collocations: **~ best** तीसरा सर्वोत्तम; **~ class** 1 तीसरी श्रेणी या तृतीय श्रेणी का 2 घटिया, तीसरे दर्जे का; **~ degree** कोई सूचना उगलवाने या अपराध कबूल करवाने के लिए पुलिस द्वारा अपराधी को दी जाने वाली यातना, उत्पीड़न; **~ day of the moon** तीज, तृतीया; **~ dimension** तृतीय विम, तीसरा आयाम; **~ estate**

जनता; ~ **party** अन्य पक्ष, तृतीय पक्ष; ~ **party insurance** अपनी गाड़ी से किसी अन्य को होनेवाले नुकसान की पूर्ति के लिए बीमा; **third person** 1 अन्य पुरुष (व्याकरण) 2 तिसरैत; ~ **way** दो अतिवादी नीतियों के बीच की नीति;
the ~ age अधेड़ उम्र और बुढ़ापे के बीच का समय; **the Third Reich** 1933 से 1945 तक जर्मनी में नाजी यानी फासीवादी राज; the **Third World** विकासशील देश (अफ्रीका, एशिया और दक्षिणी अमेरिका के देश); **silent** ~ (कम शोर वाला तीसरा गियर)

thirl /थ:ल/ *n.* छेद, सुराख, द्वार, मुख

thirst /थ:स्ट/ *n.* 1 प्यास: satisfy/ quench one's ~; die of ~ 2 (***syn.*** craving) पिपासा, तृष्णा: a ~ for/ of knowledge; ~ for pleasure;
v., *pt.* **~ed**, *pp* **~ing** 1 प्यास लगना, प्यासा होना: ~ for a drink 2 (***syn.*** crave) की अभिलाषा हो., की लालसा हो., के लिए तरसना: ~ after sb's blood; ~ for/ after knowledge; ~ for information;

thirsty /थ:स्टि/ *adj., degr.* **thirstier**, **thirstiest** 1 प्यासा: I am ~ 2 पिपासु, पिपासित, पिपासी, तृषित: ~ curiosity 3 सूखा: the fields were ~ for rain 4 मद्यप

thirteen /थ:टीन/ *n., cardinal numeral (number)* 1 तेरह (13): ~ and ~ make twenty six; ~ twos are twenty six; chapter ~; ~-and-twenty = (33); ~-and-thirty = (43) 2 तेरह द्वारा दिखाई जाने वाली मात्रा या संख्या या तेरह को दर्शाने वाले चिह्न 13 या XIII आदि: figure of ~ 3 तेरह का साइज 4 दोपहर बाद का एक बजे: 13.00 hours (*abbr.* **hrs**) 5 तेरह लोगों का समूह: there were ~ of them; in **~s** 6 अंग्रेजी में '**teen-age**' का प्रथम वर्ष;
adj. 1 कुल तेरह का 2 तेरह वर्ष का;
dw/lw: **~fold** *adv.* 1 तेरह गुणा ज्यादा, तेरह गुना: ~fold increase; ~fold stronger 2 अत्यधिक: the population has increased ~fold; **~fold** *adj.* 1 तेरह गुणा के बराबर 2 तेरह भागों में विभक्त; **~th** /थ:टीन्थ/ (*also* **13th**) *adj.* 1 तेरहवां, त्रयोदश: he is in his ~th year; he is doing it for the ~th time; finished a dismal ~th; **~th** *n.* 1 तेरहवांश: a ~th (share) 2 (the ~th) महीने का तेरहवां दिन, तेरह तारीख;
p&i: **~ to one** एक के विरुद्ध तेरह; **at** ~ तेरह वर्ष की उम्र में; **in ~s** तेरह-तेरह करके; **the ~ superstition** तेरह की संख्या के बारे में अंध-विश्वास

thirty /थ:टि/ *n., cardinal numeral (number), pl.* **thirties** 1 तीस, त्रिंशत् (30): ~ and ~ make sixty; ~ twos are sixty; ~-and-twenty = fifty (50), ~-and-forty = seventy (70) 2 तीस द्वारा दिखाई जाने वाली मात्रा या संख्या या तीस को दर्शाने वाले चिह्न **30** या **XXX** आदि: figure of ~ 3 तीस लोगों का समूह: there were ~ of them 4 अध्याय तीस: chapter ~;
adj. 1 कुल तीस का: he is ~ 2 तीस वर्ष का: he is not far off ~/ he is getting on for ~;
dw/lw: **~fold** *adv.* 1 तीस गुणा ज्यादा, तीसगुना: ~fold increase; ~fold stronger 2 अत्यधिक: the population has increased ~fold; **~fold** *n.* 1 तीसगुणा के बराबर 2 तीस भागों में विभक्त; **thirties** /थ:टीज/ *n., pl.* 2.1 30 से 39 के बीच की संख्या 2.2 (**the thirties**) 30 से 39 के बीच का दशक: nineteen thirties (1930 to 1939) 2.3 30 से 39 के बीच की उम्र का: she is in the early/ late thirties; be in one's thirties (in thirties); **thirtieth** /थ:टिअथ/ (*often* **written 30th**) *serial number/ ordinal, adj.* 1 तीसवां: he is in his thirtieth year; he is doing it for the thirtieth time; finished a dismal thirtieth; **thirtieth** *n.* 1 तीसवांश: a thirtieth (share) 2 (the thirtieth) महीने का तीसवां दिन, तीस तारीख 3 तीसवें स्थान पर: he finished an exhausted thirtieth;
p&i: **~ times as much** तीस गुणा; **the Thirty Years's war** मध्य यूरोप में 1618 से 1648 तक चलने वाला युद्ध जिसमें जर्मनी का सर्वाधिक नुक्सान हुआ था

this /दिस/ *determiner/ adj., pl.* **these** 1 यह: then I had ~ bright idea 2 यह (वाली): ~ book or that one 3 इस: look at ~ picture; in ~ country; he ought to be here by ~ side of midnight 4 यह (स्थान, वस्तु या व्यक्ति) 5 निकटतम (व्यक्ति, वस्तु, समय, विचार): I've been ill **these** last few days 6 यह, इस: ~ day; by ~ time he was far away 7 इतना: ~ much; ~ high; ~ far; ~ long; I know ~ much;
adv. इतना: I didn't think it would be ~ easy; like ~ (इस प्रकार); it was like ~; do it like ~;
pron. *pl.* **these** 1 यह (व्यक्ति, जीव, वस्तु, समय, विचार आदि के स्थान पर प्रयुक्त): **these** are my children; ~ is what he told me; ~ is what I think; dogs are more faithful animals than cats – **these** attach themselves to persons and **those** to places; I don't want the opinion of Mrs **This** or Mrs **That** 2 निकटतम (व्यक्ति, वस्तु, समय, विचार) के स्थान पर प्रयुक्त: I don't like ~ at all; ~ is a regular cinema-house; ~ is the time to speak 3 इसे, ये 4 क्रिया, घटना या स्थिति को दर्शाने के लिए प्रयुक्त: what do you think of ~?;
p&i: **~ and that** *colloq.* इधर-उधर की बातें: speaking of ~ and that; **~ way and that** इस या उस प्रकार; **~, that and the other** =**~ and that** 1 कभी यह, कभी वह, कभी और कुछ 2 भिन्न-भिन्न चीजें या गतिविधियां; **this world is a comedy to those who think, a tragedy to those who feel** चिंतक के लिए यह दुनिया एक विचित्र प्रहसन है, पर संवेदनशील के लिए यह एक त्रासदी है;
for all ~ इस सब के कारण/ के लिए; **it was like** ~ बात इस प्रकार हुई ...; **these days** इन दिनों; **upon** ~ इस समय, इस पल; **with/ at/ upon** ~ इन शब्दों के साथ

thistle /थिस्ल/ *n.* 1 ऊंटकटारा, भट-कटैया 2 एक प्रकार का पौधा जिसके फूल बैंगनी रंग के होते हैं 3 स्कॉटलैंट के राष्ट्रीय चिह्न के रूप में यह पौधा;
dw/lw: **~-down** /थिस्लडाउन/ *n.* ऊंटकटारा के बीचों बीच लगा रोआं, रोम: as light as ~-down;
p&i: **grasp the ~ firmly** कठिनाइयों का डटकर मुकाबला क.

thither /दिद:/ *adv., lit. or formal* उस ओर, उधर;
adj. परला, उधर का: the ~ bank of a river; on the ~ side of forty;
dw/lw: **~to** /दिद:टु/ *adv.* तब तक, उस समय तक; **~ward(s)** *adv.* उस ओर, उस दिशा में

thixotropy /थिक्सौट्रअपि/ *n., phys.* हिलाने पर कुछ तरलों में चिपचिपाहट कम होने का गुण

tho' *short of* **though**; *conj., adv., poetic* यद्यपि

tholepin /थोलअपिन/ *n.* (नाव में) चप्पू की टेक

Thomas /थौमस/ *US* थाःमस/ *n.* 1 अंग्रेज सिपाही 2 रेस्त्रां में बेयरा;
p&i: **doubting Thomas** विश्वास न करने वाला (शक्की) व्यक्ति

THNQ *abbr.*, 'thank you' का छोटा रूप (ई-मेल, एसएमएस (SMS) आदि संदेशों में प्रयुक्त)

thong /थौंग/ *US* थांग/ *n.*1 बिकिनी के नीचे वाला हिस्सा, लंगोटीनुमा जांघिया 2 कोड़ा 3 तस्मा, पट्टा 4 *US, Austral.* = **flip-flop** हवाई-चप्पल;
v., *pt.* **~ed**, *pt. pp* **~ing** कोड़े लगाना

thoracic /थौरैसिक/ *adj.* वक्षीय: ~ cavity/ duct (वक्षीय गुहा या वाहिनी)

thorax /थौरैक्स/ *n., pl.* **thoraxes/ thoraces** *anat., zool.* छाती, वक्ष, सीना

thorium /थॉरिअम/ *n., chem.* (symbol **Th**) रुपहला-भूरा रेडियो-धर्मी धातु-तत्त्व जिसे एक्स-रे ट्यूबों में प्रयोग किया जाता है

thorn /थॉ:न/ *n.* 1 कांटा, कंटक 2 कांटों वाली झाड़ी: ~ forest (कंटक वन); ~ woodland (कंटकी वनस्थली) 3 निरंतर होने वाली चुभन या चिड़चिड़ाहट 4 प्राचीन अंग्रेजी या आइसलैंडीय अक्षर (थ या द का द्योतक): ~ letter;
dw/lw: **~less** /थॉ:नलेस/ *adj.* कांटों रहित, निष्कंटक; **~y** *see below under separate entry*;
collocations: **~ apple** धतूरा;
p&i: **a ~ in sb's side/ in sb's flesh** जी का जंजाल; **be/ sit/ stand/ walk on ~s** कांटों पर चलना; **there's no rose without a ~** कांटों बिना गुलाब नहीं होते, अच्छी चीज के साथ बुरी भी जुड़ी रहती है;

thor\ny /थॉ:नि/ *adj., degr.* **~nier, ~niest** 1 कांटेदार, कंटीला, कंटककीर्ण: **~ny** bush 2 जटिल समस्या, प्रश्न, विषय आदि: a **~ny** problem, question, subject, etc. 3 कंटकाकीर्ण, पेचीला, कंकड़ीला: **~ny** ground; **~ny** path; tread a **~ny** path/ way (कांटों भरे रास्ते से चलना)

thorough /थरअ/ *US* थरो/ *adj.* 1 गहन, व्यापक, पूरा, पूर्ण, सम्यक: ~ investigation; ~ knowledge; ~ gentleman 2 पक्का, मंजा हुआ: ~ blackguard/ scoundrel (पक्का बदमाश) 3 श्रमसाध्य, श्रमसाधित: he is a ~ worker 4 अति सावधान, अध्यवसायी;
dw/lw: **~ness** /थरोनेस/ *n.* गहनता, पक्कापन, संपूर्णता, व्यापकता; **~bred** /थरअब्रेड/ *US* थरोब्रेड/ *n.* 1 कुलीन व्यक्ति, भद्र-पुरुष, अभिजात 2 परिष्कृत या सुसंस्कृत व्यक्ति 3 असली नस्ल का घोड़ा, असंकर जीव 4 नस्लदार जानवर; **~bred** *adj.* 1 कुलीन, भद्र 2 परिष्कृत या सुसंस्कृत 3 असली नस्ल का, असंकर, नस्लदार; **~fare** /थरोफेअ:/ *n.* आम रास्ता, सार्वजनिक मार्ग: no ~fare (यह आम रास्ता नहीं); **~going** /थरोगोइंग/ *adj.* (*syn.* conscientious, complete) 1 गहन: ~going investigator 2 व्यापक: ~going reforms/ measures 3 पूर्ण, संपूर्ण 4 निष्ठावान 5 पक्का, कट्टर; **~ly** /थरोलि/ *adv.* 1 पूर्ण/ गहन/ व्यापक रूप से 2 बहुत अधिक, पूर्णतया: ~ly spoiled 3 बारीकी से, बखूबी, अच्छी तरह से: do sth ~ly; **~-paced** /थरो-पेसट/ *adj.* सधा हुआ, अभ्यस्त: ~-paced liar

thorp/ Thorpe /थॉ:प/ *n., archaic* 1 गांव 2 पल्ली, खेड़ा 3 गढ़ी

those /दोज/ *pron., determiner, pl.,* **'that'** का बहुवचन;
p&i: **~ who do not remember the past are doomed to repeat it** जो इतिहास को याद नहीं रखते वे इसकी गलतियों को दोहराते हैं; **~ who live in glass houses should not throw stones at others** दूसरों में दोष निकालने से पहले अपने गरेबान में झांककर देखना चाहिए

thou /दाउ/ *pron., old use or dialect, also relig.* तू, तुम;

thou /थाउ/ *n., pl.* **'thous'/ 'thou'** *colloq.* 'thousand' का छोटा रूप

though /दो/ *conj.* (*often* **even** ~) 1 (*syn.* although) यद्यपि, हालांकि: even ~ they tried hard, they did not succeed; strange ~ it may appear; he is better, ~ not entirely cured; we like the new car, though not as much as the old one 2 के बावजूद, फिर भी, तो भी; even ~ he were here, he wouldn't help us 3 भले ही, हालांकि: she wouldn't marry him, ~ he was the richest man in the world;
adv. 1 तो भी, तथापि, फिर भी, तिस पर भी: it was a good shot ~; he did his work ~ 2 के बावजूद 3 लेकिन
p&i: **as ~** मानो, जैसे, गोया कि

thought /थॉ:ट/ *n.* 1 विचार, ख्याल/ खयाल, राय, मत, दृष्टिकोण, सुझाव: a secret/ sobering/ terrible ~; noble/ original/ striking/ first ~; full of dismal **~s**; read sb's **~s**; reject/ discard a ~; the ~ came suddenly to me/ to my head; such a ~ would never occur to me/ enter my head 2 चिंतन-प्रक्रिया, सोच-विचार: freedom of ~; be deep/ lost/ absorbed in ~ 3 (*syn.* consideration) ध्यान, चिंता, ख्याल, परवाह, लिहाज, मुलाहजा: spare a ~ for sb; give sth some ~; have a ~; you were always in my **~s**; full of ~ for sb; take/ show ~ for sb 4 विवेचन, विचारणा, विचारण, बुद्धि-व्यापार: animals are incapable of ~ 5 बुद्धि, विवेक, विवेकशीलता, विचार-शक्ति, तर्क-सामर्थ्य (power of reasoning): collect/ compose one's **~s** 6 विचारधारा: school of ~; modern/ scientific/ linguistic ~ 7 इरादा, अपेक्षा, आशा: second ~; have no **~(s)** of going there; I had a ~ of asking him to dinner 8 कल्पना: beauty beyond ~ 9 थोड़ा-सा, जरा-सा: a ~ shorter; be a ~ more careful 10 **(~s)** मन और उसके अंदर रमे विचार: her ~s turned to home 11 **thought** *pt.,* **'think'** का भूतकाल;
dw/lw: **~-crime** *n.* सामाजिक रूप से अपराधपूर्ण विचार; **~ful** /थॉटफुल/ *adj.* 1 विचारमग्न, ध्यानमग्न 2 (*syn.* considerate) लिहाजी, मुरव्वती, लिहाज करने वाला, सहृदय, संवेदनशील: ~ful friend; he is ~ful of others; such a ~ful boy 3 विचारपूर्ण, मौलिक: ~ful book/ lecture 4 विचारों में खोया हुआ: ~ful expression 5 विचारशील: a ~ful reply; **~fully** /थॉटफुलि/ *adv.* सोचते हुए, ध्यान-मग्न; **~fulness** *n.* सहृदयता, मुरव्वत, विचारशीलता; **~less** /थॉटलअस/ *adj.* विचारहीन, विचारशून्य, लापरवाह, बेपरवाह: ~less youth; ~less acts; ~less hours of leisure; he did not mean any harm/ he was simply ~less; ~less friend (लापरवाह, बेपरवाह दोस्त); **~lessly** /थॉटलअस्लि/ *adv.* बिना सोचे-समझे, लापरवाही से; **~lessness** /थॉटलेसनेस/ *n.* विचारहीनता, बेमुरव्वती, लापरवाही, बेपरवाही; **~-out** *adj.* सुविचारित: a well ~-out plan; **~-provoking** /थॉटप्रअवोकिंग/ *adj.* विचारोत्तेजक; **~-reader** *n.* पर-विचारज्ञ; **~-reading** *n.* परविचार-ज्ञान; **~-wave** *n.* विचार-लहर;
collocations: **~ police** (*also* **~ vigilantes**) *n.* दूसरों के विचारों को दबाने वाले युवकों का गुंडा-गिरोह; **second ~** पुनर्विचार: second ~s are best (सौ बार सोचो, एक बार करो!); on/ upon/ second ~ (s) ठंडे दिमाग से (दोबारा) सोचने पर; **~ transference** विचार-संप्रेषण;
p&i: **absorbed in ~** विचार-मग्न; **as quick/ as swift as ~** विचार जितना तेज; **collect one's ~s** अपने को संभालना, संतुलित हो.; **first ~s** पहले विचार; **give some ~ to the problem** समस्या पर थोड़ा विचार क.; **have second ~s** सोच-विचार के बाद मत बदल ले.; **on second ~s** दोबारा सोचने पर मत बदलकर; **second ~s are best** खूब नाप-तौलकर लिया जाने वाला फैसला सर्वोत्तम होता है; **show ~ for** किसी की देख-रेख क.; **take ~** सोच-विचार क.; **take no ~ for the morrow** कल के बारे में न सोचना, उच्छृंखल हो.; **without a second ~** बिना सोचे-समझे

thousand /थाउजंड/ *n., cardinal numeral/ number, pl.* **~s/ thousand** 1 एक हजार (1000): ~ and ~ make two thousand; ~ twos are two thousand; ~-and-~ = (2000), ~-and-forty = (1040) 2 सहस्र: one in a ~ 3 इस संख्या द्वारा दर्शायी जाने वाली मात्रा 4 100x10 = 1000; a man of eight hundred ~ (800x1000) a year 5 हजार को दर्शाने वाले चिह्न: 1000/ K 6 कोई भी वस्तु जो 1000 भागों से बनी हो 7 हजार लोगों का समूह: there were ~ of them 8 **(~s)** बहुत सारे, ढेरों: **~s** of people; **~s** upon **~s**; a ~ million; I have a ~ and one things to ask you; a ~ thanks; a ~ apologies; a ~ times no! 9 (*syn.* millennium) सहस्राब्दी: थोड़े दिन पहले दूसरी सहस्राब्दी मनाई गई थी;
adj. 1 हजार, सहस्र, अनेकानेक, अनेक: ~ and one (असंख्य, अगणित, अनगिनत, अगिनत, अनगिन) 2 हजार पृष्ठ का/ की: a 1000 page book 3 हजार वर्ष का: the city is ~ (शहर हजार वर्ष का है): the year four ~ B. C;
dw/lw: **~fold** *adv.* 1 हजार गुणा ज्यादा, हजारगुना: ~fold increase; ~fold stronger; ~fold more effective 2

अत्यधिक: the prices have increased ~fold; **~fold** *n.* 1 हजार गुणा के बराबर 2 हजार भागों में विभक्त, हजार हिस्सों वाला, सहस्रांगी, सहस्रगुण, सहस्रविध, सहस्रधा; **thousandth** (*often* written **1000th**/ **~th**) *serial number/ ordinal, adj.* हजारवां: a ~th part; the city is in its 1000th year; the ~-one-hundred-and-first (एक हजार एकवां); **thousandth** *n.* हजारवांश, हजार भागों में से एक: a ~th share;

collocations: **Thousand Island dressing** एक ठंडी सॉस (चटनी);

p&i: **~ and one** ढेरों, बहुत सारे; **~ to one chance** कोई संभावना न हो.;

he made a ~ and one excuses उसने ढेरों बहाने बनाए; **one in/ among a ~** हजारों में एक; **the ~ and one small worries of life** जीवन में ढेरों चिंताएं

thrall /थ्रॉल/ (*also* **~dom**) *n.* 1 दास, गुलाम: he is ~ to drink 2 दासता;

v. *pt.* **~ed**, *pp* **~ing** दास बना लेना

dw/lw: **~dom** /थ्रॉःलडम/ *n.* दासता, गुलामी;

p&i: **be held in ~ by sb's beauty** किसी के सौंदर्य का गुलाम बना हो.

thrash /थ्रैश/ (*also* **thresh**) *v. pt.* **~ed**, *pp* **~ing**, *s/he/ it* **~es** 1 (***syn.*** beat black and blue) मारना, पीटना, बुरी तरह धुनाई क. 2 (*usually* **~ about/ around**) बेतहाशा हिंसा करते हुए घूमना 3 बुरी तरह परास्त कर दे. 4 कोड़े लगाना 5 (**thresh**) (गेहूं, चने आदि) दांना, दांवना, गाहना 6 ठकठकाना 7 जहाज को हवा की विपरीत दिशा में चलाना 8 बहाव के विपरीत चलना;

n. 1 ठोकर 2 तैराकी में झटका;

dw/lw: **~er** /थ्रैशः/ *n.* 1 एक अमेरिकी पक्षी 2 पिटाई करने वाला 3 फसल की गहाई करने वाला 4 फसल की गहाई करने वाली मशीन; **~ing** /थ्रैशिंग/ *n.* 1 पिटाई, मार, धुनाई, कोड़े की मार: give sb a sound ~ing 2 हार 3 फसल की गहाई; **~ing** *adj.* फसल की गहाई करने वाली; **~ing-floor** *n.* खलिहान; **~ing-machine/ ~ing-mill** *n.* फसल की गाहाई करने वाली मशीन;

collocations: **~ metal** पंक (punk) से प्रभावित ऊंची आवाज वाला तेज रफ्तार का रॉक संगीत;

p&i: **~ about** छटपटाना, हाथ-पैर पटकना; **~ (about) in bed with a high fever** तेज बुखार से ग्रस्त होने पर बिस्तर में छटपटाना; **~ a horse** घोड़े को चाबुक से मारना; **~ over old straw = flog a dead horse** बेकार काम क.; **~ sth out** गहन विचार-विमर्श करके समस्या का समाधान निकालना; **~ the life out of sb** किसी को पीट-पीटकर बेहाल कर दे.

thrasonical /थ्रअसौनिकल/ *US* थ्रअसाःनिकल/ *adj.* शेखीबाज, आत्मश्लाघी

thrawn /थ्रॉन/ *adj., Scots* 1 मुड़ा हुआ 2 टेढ़ा-मेढ़ा 3 बिगड़ा हुआ 4 विकृत, उद्दंड 5 खिन्न, चिड़चिड़ा, रूठा हुआ

thread /थ्रेड/ *n.* 1 धागा, सूत्र, तागा, सूत: strong ~; sb's gold ~ suit 2 तंतु 3 मकड़ी के जाले जैसे रेशे या तंतु: ~s of a cobweb; grey **~s** of hair 4 पेंच की चूड़ी 5 खनिज पदार्थों में पतली परत या शिरा 6 कहानी आदि में सूत्र, सिलसिला, क्रम, तांता: the ~ of a story/ of an intrigue; the ~ of an argument; the ~ of one's thoughts; lose the ~ of sth; take up/ pick up the ~ of a conversation/ of a story; gather up the **~s** 7 रेखाएं, किरण, लिश्कारा, धारी: a ~ of light; a ~ of sound; **~s** of humour/ of satire 8 कपड़े: ~ stockings (सूती जुराबें); I haven't a ~ fit to wear;

v., *pt.* **~ed**, *pp* **~ing** 1 सूई में धागा डालना, पिरोना: ~ a needle 2 धागे से बांधना या धागे की डोरी से लटकाना 3 भीड़-भाड़ को फूंक-फूंक कर पैर रखते हुए पार कर जा., टेढ़े-मेढ़े रास्ते से आगे बढ़ना: ~ one's way through/ between, etc.; ~ one's way through the crowd; ~ one's path/ one's course through the forest 4 बालों आदि में रंग-बिरंगी धारियां डालना: hair **~ed** with white 5 पेंच की चूड़ियां बनाना 6 धागेनुमा तंतुओं का जाल बनाना 7 किसी चीज के बीचों-बीच रमा हो.: a note of hope **~ed** the story;

dw/lw: **~bare** /थ्रेडबेअः/ *adj.* 1 जीर्ण-शीर्ण, फटा-पुराना, फीका: ~bare clothes; ~bare carpet 2 फटीचर 3 घिसा-पिटा, सड़क-छाप: ~bare argument; ~bare joke; **~-paper** *n.* 1 कागज का रिबन 2 पतला-दुबला व्यक्ति: as thin as a ~-paper; **~worm** /थ्रेडवःम/ *n.* सूत्रकृमि; **~y** /थ्रेडि/ *adj., degr.* ~ier, ~iest 1 धागेदार: ~y worms/ roots; ~y pulse 2 रेशेदार 3 तंतुमय 4 श्यान 5 महीन;

collocations: **~ colour** त्रिवर्ण; **~ mark** बैंक नोटों में डाली जाने वाली रेशमी रेशों की धारी; **~wire** त्रितार; **gold ~** बादला, कलाबत्तू, जरी;

p&i: **~ and thrum** सब एक साथ;

gather up the ~s सब पहलुओं को मिलाकर निष्कर्ष निकालना; **hang by/ on a ~** खतरनाक स्थिति में हो.; **lose the ~ of what sb was saying** किसी द्वारा कही जाने वाली बात का सूत्र खो दे.; **not to have a dry ~ on** पूर्णतः भीग जा.; **pick up the ~** फिर से शुरू क.; **the fatal ~ of life** *myth.* जीवन-सूत्र; **the ~ of life** जीवन का धागा; **worn to the last ~** पहन-पहनकर चीथड़ा बनाया हुआ

threat /थ्रेट/ *n* 1 धमकी, घुड़की: use/ utter **~s**; answer **~s** with **~s** 2 खतरे का संकेत, संभावित खतरा: ~ of war/ of famine; a ~ to sb/sth; pose a ~ 3 खतरे का स्रोत: a potential ~; a growing/ serious ~; a security/ terrorist ~ 4 आशंका, खटका: there's a ~ of a storm

threaten *v., pt.* **~ed**, *pp* **~ing** 1 धमकी दे., डराना-धमकाना: ~ sb with punishment 2 धमकीभरी चेतावनी दे.: ~ sb with revenge 3 खतरे की आशंका पैदा क.: the clouds ~ very heavy rain 4 (***syn.*** endanger) जोखिम में डालना;

dw/: **~ed** /थ्रेटंड/ *adj.* संकटग्रस्त; **~ing** /थ्रेटनिंग/ *adj.* (***syn.*** menacing) धमकी भरा, अशुभ, खतरनाक; **~ingly** *adv.* धमकीपूर्वक, धमकी भरे अंदाज में

three /थ्री/ *n., cardinal numeral/* number 1 तीन, त्रय (3): ~ and ~ make six; ~ twos are six; chapter ~; ~-and-twenty = (23); ~-and-thirty = (33) 2 तीन द्वारा चिह्नित मात्रा या संख्या या तीन को दर्शाने वाले चिह्न **3** या **III**: figure of ~ 4 तीन का साइज 5 दोपहर बाद के तीन बजे: 15.00 hours (*abbr.* **hrs**) 6 तीन जने: there were ~ of them; in **~s**;

adj. 1 कुल तीन का, त्रय, त्रि: ~-way (त्रिपथ); ~-dimensional 2 तीन वर्ष का;

dw/lw: **~-cornered** /थ्री-कॉःनःड/ *adj.* तिकोना, त्रिकोण, त्रिकोणीय: ~-cornered fight; **~-decker** *n.* 1 त्रितल पोत 2 तीन खंडों (भागों) का उपन्यास 3 तीन स्लाइस वाली पावरोटी या हमबरगर; **three-D/ 3-D** *short,* 'three-dimensional' का छोटा रूप (त्रिविम): ~-D film/ movie; 3-D glasses; **~fold** *adv.* 1 तीन गुणा ज्यादा, तीन गुना: ~fold increase; ~fold stronger 2 अत्यधिक: the population has increased ~fold; **~fold** *adj.* 1 तिगुना 2 त्रिविध, त्रिधा; **~fold** *n.* 1 तीनगुणा के बराबर 2 तीन भागों में विभक्त; **~-fourths** *n.* = **~ quarters** पौना; **~-legged** /थ्री-लेग्ड/ *adj.* त्रिपाद, तिपाया: ~-legged stool; ~-legged race; **~-mile** *adj.* तीन मील की: ~-mile limit; **~-peat** *n.* (विशेषकर समाचार-पत्र में) ऐसा अवसर जब कोई व्यक्ति (टीम) तीसरी बार मुकाबला जीतता है; **~pence** /थ्रीपेंस/ *n., Br.* दशमलव प्रणाली लागू होने से पहले की तीन पैनी की राशि; **~penny** *adj., Br., hist.* 1 तीन पेंस की राशि 2 बहुत कम कीमत का, सस्ता; **~-phase** *n.* त्रिकल, त्रिप्रावस्था; **~-piece** *adj.* तीन अलग-अलग इकाइयों से बना हुआ: ~-piece suit; **~-ply** /थ्री-प्लाइ/ *n., adj.* तिलड़ा, तिपरती, तेहरा; **~-quarter** /थ्री-क्वॉःटः/ *adj.* तीन-चौथाई, पौना; **~-score** /थ्री-स्कोः/ *n.* साठ: ~score and ten; **~some** /थ्रीसम/ *n.* 1 तिगड्डा, तिकड़ी,

तीन जने 2 त्रयी, त्रिक्; **~-speed** *adj.* तीन रफ्तारोंवाली (गाड़ी): ~speed gear; **~-star** *adj.* तीन-सितारा जनरल या होटल; **~-way** *adj.* तीन प्रकार से या तीन पथों पर काम करने वाला: ~-way switch; ~-way discussion;**~-wheeler** /थ्री-व्हील:/ *n.* तिपहिया गाड़ी;

third *see above under a separate entry*;

collocations: **~-card trick** (*also* **find the lady**) तीन-पत्ती का जुए का खेल; **~-day event** *show jumping* तीन दिनों तक चलने वाला खेल-मुकाबला; **Three in One/ One in Three** *relig.* त्रिरूपेश्वर, त्रियेक परमेश्वर, त्रिदेव, ट्रिनिटि; **~-line whip** *politics* किसी राजनीतिक दल द्वारा अपने सदस्यों को संसद में उपस्थित रहकर किसी मुद्दे पर मतदान करने का तीन पंक्तियों का रेखांकित आदेश; **~penny bit/ ~penny piece** *Br. hist.* तीन पेंस का सिक्का; **~-point landing** विमान की ऐसी उतराई जिसमें विमान के सभी तीन पहिए जमीन को एक साथ छूते हैं; **~ quarters** तीन-चौथाई, पौणा; **~-ring circus** तीन अखाड़ों वाली सर्कस; **~ times** तीन गुना; **rule of ~** त्रैराशिक नियम; **the Three Wise Men** तीन बुद्धिमान व्यक्ति जो ईसा के जन्म के बाद कीमती उपहार लेकर उनके पास आए;

***p&i*:** **~ may keep a secret if two of them are dead** तीन व्यक्तियों तक पहुंचने के बाद कोई भी भेद छिपा नहीं रह सकता; **~ times as great as ours** हमसे तीन गुना ज्यादा; **~ sheets in the wind** पीकर धुत्त;

learn the ~ R's (reading, writing, arithmetic, all beginning with the sound represented by 'R') साक्षर हो.; **when ~ know it, all know it** जिसे तीन जानते हैं, उसे सारा जग जानता है

thremmatology /थ्रेमटौलजि/ *US* थ्रेमटाःलजि/ *n.* घरेलू पौधे या पशु पालन विज्ञान

threno\dy /थ्रेनअ\डि/ थ्रीनअडि/ (*also* **threnode** /थ्रेनोड/ थ्रीनोड/) *n., pl.* threnodies शोकगीत, अलानी, मरसिया, विलाप;

dw/lw: **~dial/ ~dic** /~डिअल/~डिक/ **adj.** शोक, शोकात्मक, मातमी; **~nodist** /~डिस्ट/ *n.* शोक गीतकार

thresh /थ्रेश/ (*also* **thrash**) *v. pt.* **~ed**, *pp* **~ing**, *s/he/ it* **~es** 1 दांवना, गाहना 2 पिटाई क. 3 (*often* **~ about/ around**) हिंसक अंदाज में घूमते फिरना;

dw/lw: **~er** /थ्रेशः/ *n.* 1 गाहने वाला 2 पीटने वाला 3 थ्रेशर; **~ing-floor** *n.* खलिहान; **~ing-machine** *n.* गाहने वाली मशीन

threshold /थ्रेशहोल्ड/ *n.* 1 सीमा, देहरी 2 दरवाजा या प्रवेश पथ, द्वार, प्रवेश-द्वार 3 प्रारंभिक बिंदु: ~ of sth (शुरुआत, प्रारंभ) 4 किसी कोशिका में हल-चल पैदा करने के लिए वांछित सक्रियता 5 कोई प्रभाव पैदा करने के लिए वांछित मात्रा 6 वेतन समझौता यानी कीमतों का वह स्तर जहां वेतन में पुनराकलन होना चाहिए 7 देहळी (*Hr.*), दहलीज;

p&i: **on the ~ of sth** से ऐन पहले, की पूर्व-संध्या

threw /थ्रू/ *pt.*, **'throw'** का भूतकाल

thribble /थ्रिबल/ *n.* = triple त्रिक्

thrice /थ्राइस/ *adv.* 1 तीन बार 2 तिगुना: ~ as much 3 घिसा-पिटा 4 अति, अत्यधिक;

dw/lw: **~-told** *adj.* घिसा-पिटा

thrift /थ्रिफ्ट/ *n.* किफायत, मितव्यय, मितव्ययिता, बचत;

dw/lw: **~ily** *adv.* किफायत से, मितव्ययितापूर्वक; **~iness** /थ्रिफ्टिनेस/ *n.*, किफायतशारी, मितव्ययिता, किफायत करने का स्वभाव; **~less** *adj.* अपव्ययी, फिजूलखर्च; **~lessness** *n.* अपव्यय, फिजूलखर्ची; **~y** /थ्रिफ्टि/ *adj., degr.* ~ier, ~iest 1 (***syn.*** frugal, ***anton.*** spendthrift) किफायती, मितव्ययी, कमखर्च: ~y housewife 2 फलता-फूलता: ~y tree; ~y colt;

collocations: **~ shop/ ~ store** *esp. US* (*UK* **charity shop**) जहां दान के लिए दिए हुए कपड़े बेचे जाते हैं

thrill /थ्रिल/ *n.* 1 रोमांच: ~ of anticipation; ~ of joy; get a ~ from/ out of doing sth 2 पुलक, रोमहर्ष(ण): feel a ~; a ~ seeker 3 झनझनी, सिहरी, सिहरन, स्पंदन, धड़कन, फुरहरी, कंपकंपी, कंपनः feel a ~ of horror 4 रोमांचकारी घटना: the film has a lot of ~; the sight was a real ~;

v., pt. **~ed**, *pp* **~ing** 1 रोमांचित क., पुलकित कर दे.: his voice **~ed** the listeners 2 भाव-विह्वल कर दे., उत्तेजित क.: our hearts were **~ed** by those tales 3 रोमांचित या पुलकित होना, गदगद होना, पुलकना: **~ed** with delight; fear **~ed** through his veins 4 कांपना, धड़कना, सिहरना थरथराना: ~ the land; ~ with horror; the earth seemed to ~; his voice **~ed** with emotion;

dw/lw: **~ed** /थ्रिल्ड/ *adj.* पुलकित, रोमांचित, खुश; **~er** /थ्रिलः/ *n.* रोमांचक कहानी, उत्तेजक या सनसनीखेज रचना (पुस्तक, नाटक, फिल्म); **~ing** /थ्रिलिंग/ *adj.* 1 रोमांचक 2 भावोत्तेजक, उत्तेजक, रोमहर्षक: ~ing news 3 स्पंदित, कंपित, कंपायमान;

p&i: **~ to sth** किसी बात या घटना को लेकर बहुत रोमांचित हो.;

the ~s and spills खतरनाक जोखिमों से मिलने वाला रोमांच;

thrips /थ्रिप्स/ *n., pl.* **~s** पौधों को लगने वाला एक प्रकार का कीड़ा, कीट

thri\ve /थ्राइव/ *v. pt.* **~ved/ throve**, *pt. p.* **~ved/ thriven**, *pp* **~ving**, *s/he/ it* **~ves** 1 मजबूत बनना, विकसित हो., पनपना: children **~ve** in fresh air 2 (***syn.*** flourish) सफल, सौभाग्यशाली या संपन्न होना, उन्नति क. 3 चमकना, उन्नति पर होना 4 फलना-फूलना, खूब बढ़ना: cattle **~ve** in rich pastures;

dw/lw: **~ving** *adj.* फलता-फूलता, पनपता: ~ving business man;

p&i: **~ve on sth** किसी प्रकार के भोजन पर फलना-फूलना;

he that will ~ve, must rise at five = early to bed, early to rise, makes a man healthy, wealthy and wise जो प्रभात काले जागत है, सो पावत है

thro *short*, 'through' का छोटा रूप

throat /थ्रोट/ *n* 1 कंठ, हलक: spare your ~ 2 गला: clear one's 3 ग्रसिका, हलक: stick in one's ~ 4 श्वासनली 5 गर्दन का अगला भाग 6 गले जैसी कोई नली: ~ of a bottle 7 आवाज: the sweet ~ of a nightingale;

v. pt. **~ed**, *pp* **~ing** 1 बुदबुदाना 2 फटी आवाज में गाना 3 नली या खांचा बनाना;

dw/lw: **~ily** *adv.* भर्राये गले से; **~iness** *n.* गले के शोथ से ग्रस्तता; **~y** /थ्रोटि/ *adj., degr.* ~ier, ~iest 1 कंठ्य (पंचम स्वर): a rich ~y voice 2 भर्राया हुआ, बैठा हुआ (गला): ~y voice/ laughter 3 फटा हुआ 4 गले के दर्द से संतप्त: she is ~y after a cold;

p&i: **~ of brass** ऊंची आवाज;

be at one another's ~s खूनी दुश्मनी हो.; **catch by the ~** गला पकड़ना, मजबूर क.; **cram /thrust/ stuff sth down sb's ~** किसी पर कुछ थोंपना; **cut one's own ~** अपने पांवों पर कुल्हाड़ी मारना, अपना गला रेतना, अपनी हानि क.; **full to the ~** पूरा भरा हुआ; **give sb the lie in his ~** किसी के सफेद झूठ का पर्दाफाश क.; **jump down sb's ~** किसी का मुंह बंद क., किसी का गला पकड़ने को तत्पर हो.; **lie in one's ~** बेशर्मी से झूठ बोलना; **pour/ send down the ~** अपनी संपत्ति को खाने-पीने में उड़ा दे.; **ram/ thrust sth down sb's ~** किसी पर कोई बात जबरदस्ती थोपना, किसी के गले मढ़ना; **sore ~** गलशोथ, दुखता गला; **stick in one's ~** शब्दों आदि का गले में अटकना, गले के नीचे नहीं उतरना, (दूसरे की) बात गले न उतरना; **take by the ~** गला दबाना या घोंटना

throb /थ्रौब/ *US* थ्राःब/ *v., pt.* **~bed**, *pp* **~bing** 1 (***syn.*** pulsate) धड़कना, धकधक क.: his heart **~bed** 2 स्पंदित हो. 3 कांपना, कंपित होना: his head/ his temples ~;

n. 1 धड़कन, धकधक: the ~ of one's heart 2 कंपन, स्पंदन, कंपकंपी: ~ of joy

throe /थ्रो/ *n., pl.* **~s** 1 तीव्र पीड़ा, वेदना: in the **~s** of birth pangs; in the **~s** of composition 2 पीड़ाजनक संघर्ष: in the **~s** of the storm;
dw/lw: **~s** /थ्रोज/ *n.* 1 घोर पीड़ा, वेदना, प्रसव-वेदना, व्यथा: in the ~s of sth 2 टीस, हूक, कसक, ऐंठन

thrombin /थ्रौंबिन/ *US* थ्रांबिन/ *n., biochem.* खून में थक्के (clot) बनाने वाला एंजाइम (किण्वक)

throm/bosis /थ्रौंबोसिस/ *US* थ्रांबोसिस/ *n., pl.* **~boses** /थ्रौंबोसीज/ रक्त वाहिका या रक्त-शिरा में परत बनने के कारण रक्त के थक्के या गांठ बनने कि क्रिया, रक्त-जमाव, शिरावरोध, धनास्रता;
dw/lw: **~botic** /थ्रौंबोटिक/ *adj.* रक्त-जमाव-संबंधी, रक्त-जमावजन्य; **~bus** /थ्रौंबस/ *n., pl.* **thrombi** /थ्रौंबाइ/ *US* थ्रांबाइ/ *pathol.* रक्त-धमनी या नस में बनने वाली रक्त-गांठ, खून का थक्का

throne /थ्रोन/ *n.* 1 सिंहासन, राजसिंहासन, गद्दी, तख्त: the ~ and altar (गद्दी और वेदी); sit on the ~ 2 राजसत्ता, राज: come to the ~/ take the ~; lose the ~; orders from the ~;
dw/lw: **~d** /थ्रोनड/ *adj.* 1 सिंहासनारूढ़, तख्तनशीन 2 सत्तारूढ़ 3 *facetious, colloq.* टॉयलेट की सीट 4 *relig.* पारंपरिक मध्ययुगीन नौ देवदूतों (Seraphim, Cherubim, Thrones/ Ophanim, Dominion, Virtue, Power, Principality, Archangel, Angel) के समूह में तीसरा उच्चतम देवदूत

throng /थ्रौंग/ *US* थ्रांग/ थ्रॉंग/ *n.* भीड़, जमघट, जमाव, भीड़-भाड़: rejoicing ~;
v., pt. **~ed**, *pp* **~ing** 1 भीड़ हो., भीड़ लगाना, भीड़ में आना: ~ to see sb; ~ round the gates 2 ठसाठस भर दे.: people **~ing** the streets; the audience **~ed** into the theatre 3 घिर आना: people **~ed** together from all parts of the city;
adj. 1 ठसाठस भरा हुआ 2 भीड़-भाड़ का 3 व्यस्त, कार्यों में डूबा हुआ: ~ time;
p&i: **~ with sb/ sth** = **be ~ed with sb/ sth** लोगों, कारों आदि से भर जा.

throstle /थ्रौसल/ *US* थ्राःसल/ *n., poetic* 1 सारिका, एक गायक पक्षी, बाम्कार 2 ऊन या सूत कातने का यंत्र

throttle /थ्रौटल/ *US* थ्राःटल/ *v., pt.* **~d**, *pp* **throttling** 1 गला दबाना 2 गला घोंटकर मार दे. 3 (***syn.*** suppress) आलोचना आदि दबाना: ~ freedom, freedom of expression, the press 4 बंद कर दे., ठप कर दे. 5 वाल्व (कपाट या ढक्कन) द्वारा पेट्रौल, डीजल, भाप आदि के बहाव को नियंत्रित क.;
n. वाष्परोधी, उपरोधक, वाल्व: close/ open the ~;
dw/lw: **~valve** *n.* नियंत्रण वाल्व; **throttling** /थ्रौटलिंग/ *adj.* उपरोधी
p&i: **~ back/ down** गति कम क.;
at full ~ पूरी रफ्तार से

through /थ्रू/ (*N. Amer.* **thru**) *prep.* 1 में से (बीचोबीच) होकर, के आर-पार, के बाहर: a road ~ the village; a path ~ the woods; he pushed ~ the crowd; drive a nail ~ the board; make a hole ~ sth; an idea flashed ~ my mind; we looked ~ the window at the street; a sigh of relief went ~ the audience; sail ~ the water 2 *US* (*UK* **from ... to**) से ... तक: searched ~ the house; continued ~ many centuries; all ~ the day; from May ~ September 3 शुरू से अंत तक, आदि से अंत: read ~ the magazine; go ~ the accounts; he could go ~ two books in a day 4 *N. Amer.* (***syn.*** up to and including) तक और को मिलाकर: Tuesday ~ Thursday; 9 ~ 19 sizes 5 के माध्यम से, के द्वारा, के जरिये से: he did it ~ an agent; I learned it ~ your secretary; look ~ a telescope; only ~ work one can attain good results; related ~ marriage 6 के कारण, की वजह से: lost his job ~ stupidity; it was all ~ you that we were late; overpaid the shop-keeper ~ error 7 खतरे या बाधा के पार: the child came very well ~ the illness; he has got ~ his examinations; the bill was put ~ Rajya Sabha last week; pass ~ many dangers;
adv. 1 के अंदर ... से बाहर 2 इस किनारे या सिरे से उस किनारे या सिरे तक 3 आर-पार, वार-पार: pierce sth ~ 4 शुरू से अंत तक, आद्योपांत: read/ think/ talk, etc. sth ~ 5 पूर्णतया: look sth ~; sing a song ~ 6 बाधा के पार: be ~ with sth 7 के बीच से होकर: the next train goes/ runs ~ the town; he heard the speech ~ without interruption 8 पूरे समय तक: he studied the whole summer ~;
adj. 1 सीधा, सीधी: a ~ train; a ~ ticket 2 बिना रुके जाने वाली: ~ traffic; ~ passage 3 खुला 4 बाधा या रोक-टोक रहित 5 खत्म करने वाला: nearly ~ with the book 6 संपूर्ण, पूरी की पूरी, बड़ी: ~ repairs 7 चुका हुआ: he's ~ in politics 8 मंजा हुआ, अनुभवी: a ~ businessman; ~ operator;
collocations: **~ way** = **thruway** द्रुत गमन के लिए धुर मार्ग;
p&i: **~ and** ~ पूरी तरह से: soaked ~ and ~; he is an honest man ~ and ~; **~ the ages** सदियों से; **~ thick and thin** सुख-दुःख में;
be ~ with sb किसी के साथ संबंध खत्म कर ले.; **be ~ with sth** किसी काम को पूरा कर ले.; **fall/ drop** ~ असफल हो जा.: the deal fell ~; the plan for our trip fell ~; **get ~ to sb** टेलीफोन के माध्यम से किसी से संपर्क हो जा.; **go straight ~** सीधे जा.; **pass** ~ पार क., पास क.: Pappu passed ~ the exam (पप्पू पास हो गया); **put the caller ~** फोन करने वाले को मिलाना

throughout /थ्रूआउट/ *adv.* 1 हर जगह, सर्वत्र: the house is well furnished ~; a house with carpets ~ 2 पूरे समय: remain friends ~ 3 पूर्णतया, नितांत, बिल्कुल, हर पहलू से, हर मायने में: he is an honest man ~; he was wrong ~; to-day has been fine ~ 4 शुरू से अंत तक, आद्योपांत;
prep. 1 के बीच से 2 सारे क्षेत्र में: ~ the country; this picture is famous ~ the world; decorated ~ the house 3 पूरे समय, पूरे समय के दौरान: ~ the week; it rained ~ the night; ~ the century (day); they chattered ~ the film

throughput /थ्रूपुट/ *n.* 1 कंप्यूटर या उत्पादन क्रिया में उत्पादित जाने वाले सामान की मात्रा 2 निपटाए गए मामलों या लोगों की संख्या

throve *pt.,* **'thrive'** का भूतकालिक रूप

throw /थ्रो/ *v., pt.* **threw**, *pt. p.* **thrown**, *pp* **~ing** 1 फेंकना: ~ sth in/ on, etc.; ~ a ball to sb; ~ (sb) a ball; he **threw** the ball up in the air; ~ the ball into the basket; ~ the discus 2 किसी को किसी विशेष अवस्था में पहुंचाना यानी विस्मित या भ्रमित आदि कर दे.: **threw** them into confusion/ disarray; ~ sth into good form; ~ sb into a dilemma; the tempest **threw** the room into darkness 3 रोशनी या परछाई डालना: the lamp **threw** a strong light on the table; ~ a shadow on sth; a candle **~ing** shadows on the wall 4 छोड़ना, निशाना बनाना, की ओर भेजना: ~ a glance; he **threw** an angry look/ glance at me; he **threw** an abrupt remark at me 5 डालना, डाल दे.: ~ sb into prison 6 घोड़े द्वारा उसके सवार को पटक दिया जा., फेंकना, गिराना: the horse **threw** him/ he was **thrown** by his horse 7 पहिये आदि का निकल जा. 8 पहलवान द्वारा अपने प्रतिपक्षी को पछाड़ना, पटकना, चित्त क.: ~ the opponent to the mat 9 नूरा कुश्ती लड़ना यानी रिश्वत लेकर या मिली-भगती से कुश्ती को हारना या जीतना 10 उतारना यानी सींग, खाल, कांजली (सांप द्वारा) आदि को उतार या छोड़ दिया जा. 11 डालना, ब्याना 12 गिरना, गिराना, बैठना: ~ oneself/ down on sb's knees; ~ oneself into an armchair 13 कुम्हार के चाक पर बर्तन बनाना, गढ़ना 14 किसी मशीन को चलाने के लिए हत्था या स्विच आदि घुमाना या उठाना 15 आगे की ओर फेंकना, बढ़ाना: ~ sth forward, etc. 16 विचित्र

व्यवहार क.: ~ a tantrum 17 पार्टी क., दावत दे.: ~ a party 18 घूंसा मारना: **threw** a hard blow at sb 19 टूट पड़ना: ~ oneself (up)on food 20 जाल फेंकना या बिछाना 21 अपने ऊपर स्वेटर आदि डालना या पहनना: ~ a shawl on one's shoulders 22 किसी और के माथे दोष मढ़ना: he **threw** the blame on me 23 पेड़ काटकर गिराना 24 दरवाजा खुला छोड़ना: ~ the door, etc. open 25 पुल बनाना 26 कलाबाजी क.: ~ a somersault 27 सूई लगाना 28 जोर-शोर से काम करने लगना 29 चौसर आदि की गिट्टी (dice) फेंकना, गिट्टी फेंककर विशेष संख्या पाना 30 झुकाना: ~ one's eyes to the ground 31 हवाई चुंबन दे.: ~ sb a kiss 32 किसी तथ्य पर प्रकाश डालना: ~ a new light on the mystery;

n. 1 फेंक, क्षेपण, फेंकने की क्रिया: have a ~ at sth; ~ from standing position; ~ with the hammer 2 उछाल 3 दांव 4 मौका, जोखिम 5 वार 6 (फेंक की) दूरी: at stone's ~ 7 वस्तु: sell them at rupees 100 a ~ 8 सोफा या बैड कवर;

dw/lw: **~-away** /थ्रोअवे/ *n.* 1 पर्चा 2 फेंकने योग्य वस्तु 3 यों ही कही गई बात: ~away comments; **~back** *n.* पुरानी या पूर्वजों की स्थिति में लौटने की क्रिया; **~-down** *n.* पछाड़; **~er** *n.* फेंकने वाला: discus ~er; **~-in** *n.* फुटबाल आदि के खेल में बाहर गई गेंद को वापस खेल में लाने की क्रिया; **~-off** *n.* प्रारंभ; **~-out** *n.* परित्यक्त वस्तु;

p&i: **~ a bomb into sth** सनसनी पैदा क.; **~ a damper/ a cold douche/ cold water upon sb** हतोत्साहित क.; **~ a fit** 1 मूर्च्छित हो जाना 2 आपे से बाहर हो जाना, आग-बबूला हो जाना; **~ a monkey wrench into** = **~ a spanner into** अड़ंगा लगाना, रोड़े अटकाना;**~ aside** ठुकराना; **~ a sprat to catch a herring** अच्छी चीज पाने के लिए कुछ खोना भी पड़ता है; **~ away the scabbard** सिर-धड़ की बाजी लगाना; **~ back to sth** पूर्वजों समान हो.; **~ brickbats at sb** किसी पर कोई दोष मढ़ना, किसी पर छिटपुट वार क.; **~ by** कोई महत्त्व न दे.; **~ caution to the wind** सावधानी छोड़ दे.; **~ cold water on** हतोत्साहित क.; **~ dirt/ mud at sb** = **~ a slur on sb/ sth** किसी पर कीचड़ उछालना, किसी को बदनाम क.; **~ doubt upon sth** किसी तथ्य के बारे में संदेह पैदा क.; **~ down** 1 गिरा दे. 2 हथियार डालना 3 किसी इमारत को गिराना 4 ठुकरा दे.; **~ down one's brief** वकील द्वारा आगे काम करने से मना कर दिया जाना; **~ down one's tools** हड़ताल पर चले जा.; **~ down the gauntlet/ glove** चुनौती दे., द्वंद्व युद्ध के लिए ललकारना; **~ dust into sb's eyes** किसी की आंखों में धूल झोंकना; **~ in one's hand** *colloq.* किए जा रहे काम को बीच में ही छोड़ दे., हार मानना, आत्मसमर्पण क.; **~ in one's lot with** किसी के साथ अपनी किस्मत जोड़ना; **~ in the teeth of** के कारण फटकारना या निंदा क.; **~ in the towel** हथियार डालना, हार मान लेना; **~ light on the matter** किसे मुद्दे पर रोशनी डालना; **~ obstacles in sb's way** किसी के रास्ते में रोड़े अटकाना; **~ off one's disguise** खुलकर सामने आना, मुखौटा उतार फेंकना; **~ one's arms around sb's neck** किसी के गले में बाहें डालना; **~ oneself at** 1 किसी पर हिंसक तरीके से टूट पड़ना 2 (किसी पुरुष की) प्रेमिका बनने की पूरी कोशिश क.; **~ oneself away on sb** किसी के साथ जुड़कर अपना जीवन तबाह कर ले.; **~ oneself down** लेट जाना, दंडवत प्रणाम क.; **~ oneself in sb's way** किसी के रास्ते में रोड़ा बनना; **~ oneself into sth** किसी काम में पूरे जोशो-खरोश के साथ जुट जा.; **~ oneself on the mercy of the court** अपने आपको अदालत की दया पर छोड़ दे.; **~ oneself on sth** अपने को किसी की दया या नेक नीयत के भरोसे छोड़ दे.; **~ one's hat into the ring** प्रतियोगिता में शामिल हो., चुनौती दे.; **~ one's weight about/ around** अपने पद (शक्ति) का दुरुपयोग क., अनुचित रूप से प्रभाव डालना, अपनी महत्ता जताते घूमना; **~ open** पूरा खोल दे., जनता के लिए खोलना; **~ out** 1 बाहर कर दे. 2 आनन-फानन में ठुकरा दे., से इन्कार कर दे. 3 अस्त-व्यस्त कर दे. 4 बीच में टोकना 5 बिना सोचे-समझे बक दे.; **~ out the baby along with the bath water** खराब चीज के साथ अच्छी को भी फेंक दे.; **~ over** दोस्तों आदि को छोड़ दे.; **~ overboard** छोड़ या तज दे.; **~ sb aside like a cast-off glove** बेकार समझकर फेंक या तज दे.; **~ sb/ sth back** 1 पीछे फेंकना 2 विकास आदि को धीमा क.; **~ sb off his balance** किसी को आपे से बाहर क.; **~ sb off his guard** किसी को चकमा दे.; **~ sb off the scent/ off the trail/ ~ sb off the track** किसी को सही सुराग से भटका दे.; **~ sb out** किसी को बाहर निकाल दे.; **~ sb over the perch** किसी को मार दे.; **~ sb/ sth into the background** किसी को या किसी बात को गौण स्थान पर खिसका दे.; **~ sb upon his own resources** किसी को उसके हाल पर छोड़ दे.; **~ sth about/ around** 1 पटकना, घुमाना 2 इधर-उधर फेंकना, बिखेरना, छितराना; **~ sth away** 1 दूर फेंकना 2 ठुकरा दे. 3 मौका हाथ से जाने दे.; **~ sth in** 1 लगाना, उपहार के रूप में कुछ जोड़ दे. 2 बहस को जारी रखना, बीच में टिप्पणी क. या बोलना 3 क्रिकेट के खेल में गेंद को वापस फेंकना 4 जाल बिछाना; **~ sth into the dustbin/ into the waste-paper basket** किसी चीज को बेकार समझकर फेंक दे.; **~ sth into the melting-pot** किसी चीज को पूर्णतः परिवर्तित क.; **~ sth off** 1 कपड़े आदि उतारना, दूर क., हटा दे. 2 से पीछा छुड़ाना, छोड़ दे., त्याग दे. 3 से छुटकारा पाना, से मुक्त हो जाना 4 जल्दी या तत्काल रच दे., बिना तैयारी किए तत्काल भाषण झाड़ दे. 5 सूची से हटा दे..; **~ sth on** (जल्दी या लापरवाही से) पहन लेना; **~ sth open** एकदम से खोल दे., किसी को भी अंदर आने देना या बहस में भाग लेने दे.; **~ sth overboard** ठुकरा दे.; **~ sth up** नए विचार निकलना; **~ the book** सारे घोड़े दौड़ा दे.; **~ the bull** गप्पें हांकना, लंबी छोड़ना या फेंकना, फेंकू हो.; **~ the great cast** दांव पर लगा दे.; **~ the handle after the blade** बेकार के काम करने पर अड़े रहना; **~ the helve after the hatchet** दुस्साहस क.; **~ the house out of the window** हर्ष अतिरेक में घर को उथल-पुथल क.; **~ together** 1 एकत्र क. 2 लापरवाही से जोड़-तोड़कर जल्दी-जल्दी बना लेना; **~ to the wolves** अत्याचार के हवाले क.; **~ up** 1 जल्दी-जल्दी बना ले. 2 चढ़ाना, ऊपर उठाना 3 ऊपर फेंकना 4 उल्टी क., वमन क. 5 भाग लेने से इन्कार क. 6 छोड़ दे. 7 इस्तीफा दे. 8 उल्लेख क., जिक्र क. 9 हार मान ले. 10 पत्ते खोल दे. 11 डांटना-डपटना; **~ up one's hands** निराशा दिखाना; **~ up the sponge/ ~ in the towel** हथियार डाल दे., हार मान ले., आत्मसमर्पण क.

thru /थ्रू/ *see above under* **through**

thrum /थ्रम/ *v., pt.* **~med**, *pp* **~ming** 1 तुनतुन क., तुनतुनाना 2 बजाना, झंकारना: ~ (on) a guitar/ on a piano 3 ठकठकाना: ~ on/ upon the table 4 धागों के टुकड़ों से सजाना;

n. 1 झब्बा: ~ beard 2 ताने का सिरा 3 तागा, धागा 4 कपड़े के टुकड़े, चीथड़े;

p&i: **thread and ~** कभी धूप, कभी छांव; सब-कुछ थोड़ा-थोड़ा

thrush /थ्रश/ *n.* 1 एक गाने वाली चिड़िया 2 बाम्कार, कस्तूरिका, चिलबिल 3 मुखपाक यानी बच्चों के मुंह, होंठ आदि में छाले 4 (a horse disease) रस, घोड़े के खुर का शोथ

thrust /थ्रस्ट/ *v., pt.* **thrust**, *pt. p.* **thrust**, *pp* **~ing** 1 भोंकना, घोंपना, गड़ाना, घुसेड़ना, घुसाना, ठूंसना: ~ a dagger into sb's breast; ~ sth behind/ into/ through, etc.; strike and ~ 2 (*usually* **~ sth on/ upon sb**) थोपना: ~ oneself upon sb's company; I don't want such things ~ on me 3 धकेलना, धक्का दे., पेलना, दबाना, दबाव डालना: ~ with the elbow; ~ sb forward; ~ sb out of the house; ~ at the door 4 डाल लेना: ~ one's hands into one's pockets; ~ in between sb 5 (अपने को आगे) बढ़ाना, अपने आपको ध्यान का केंद्र बनाना: ~ oneself forward (अपनी ओर ध्यान आकर्षित क.) 6 (*usually* **~ into/ through,** etc.) धकिया कर (जबरदस्ती या मुश्किल से)

आगे बढ़ना: ~ one's way/ oneself through the crowd;
n. 1 धकेलने की क्रिया, धक्का: with one ~ 2 झुकाव, रुझान, रुख 3 धक्कम-धक्का, धक्का-पेल 4 प्रहार: mount a ~; the ~ of sth 5 आक्रमण: deliver/ meet a ~ 6 दबाव 7 प्रतिबल, खींच 8 क्षेप;
***dw/lw:* ~er** *n.* अंतरिक्ष यान आदि के इंजन को अतिरिक्त बल देकर आगे धकेलने वाला
***collocations:* ~ cut** राकेट इंजन का कक्ष; **~ stage** *theat.* श्रोताओं की ओर बढ़ता मंच; **cut and ~** उत्तेजनापूर्ण बहस;
***p&i:* ~ at sth** की ओर बढ़ जा. या उसपर टूट पड़ना; **~ on** के गले मढ़ना, पर लादना; **~ one's nose into sb's affairs** दूसरों के मामलों में टांग अड़ाना; **~ sth down sb's throat** किसी पर कोई चीज जबरदस्ती थोपना; **~ through sth** में से चीरकर निकल जा.; **~ troops into combat** सैनिकों को लड़ाई में झोंकना;
a home ~ सही निशाने पर लगा तीर; **have a ~ with sb** किसी के साथ सुलह कर ले.; **rapier ~** चुभने वाला ताना; **the ~ went home** तीर निशाने पर लगा

THS *abbr.* 'The Home Stores' की प्रथमाक्षरी

thud /थड/ *n.* 1 धड़ाम 2 धब-धब: the ~ of (heavy) steps 3 धम, धमाका: the ~ of the steam-hammer 4 गड-गड: the ~ of hoofs;
***v., pt.* ~ded**, *pp* **~ding** 1 धड़ाम से गिरना 2 धमाके के साथ लगना: a bullet **~ded** into the wall 3 धब-धब क.: the carriage came **~ding** by 4 डब-डब या गद-गद क.: hear sb's feet **~ding** upon the stairs; the drum **~ded**

thug /ठग/ *n.* 1 ठग 2 लुटेरा 3 धोखेबाजी करने वाला;
***dw/lw:* ~gee** /ठगी/ *n.* ठगी, धोखेबाजी

thuja /थूज/ *n., bot.* थूजा, मोरपंखी

thulium /थ्यूलिअम/ *n., chem.* (*symbol* **Tm**) एक महीन रुपहला धातु तत्त्व

thumb /थंब/ *n.* 1 अंगूठा, अंगुष्ठ: with his ~ and finger 2 दस्ताने का अंगूठा;
***v., pt.* ~ed**, *pp* **~ing** 1 (*often* **~ through sth**) पन्ने पलटना 2 अंगूठे से मैली या खराब क.: the book was **~ed** out of existence 3 भद्दे ढंग से बजाना 4 अंगूठे से छूकर देखना 5 किसी काम को फूहड़ तरीके से क. 6 अंगूठे से हल्के-से दबाकर बराबर क.: ~ down the tobacco in a pipe 7 (*usually* **~ a lift/ ride**) राह चलते किसी गाड़ी में बिठाकर कुछ दूर तक ले जाने के लिए अंगूठा खड़ा करके इशारा क.: ~ a lift; **~ed** to Karnal last week;
***dw/lw:* ~-index** *n.* शब्दकोश आदि के हर पृष्ठ पर अक्षर दिखाने के लिए छोटा-सा कटाव; **~-nail** *n.* अंगूठे का नख या नाखून; **~-nail** *adj.* छोटा-सा, संक्षिप्त; **~-nut** *n.* अंगूठा-ढिबरी; **~-print** *n.* अंगूठा-निशान, अंगूठे की छाप; **~-screw** *n.* 1 अंगूठे का शिकंजा, जिसे यातना देने के काम में लाया जाता था 2 अंगूठे और तर्जनी से घुमाया जाने वाला पेंच; **~-stall** *n.* अंगुश्ताना; **~suck** *n.* काल्पनिक अनुमान, अंदाजा, तुक्का; **~tack** /थमटैक/ *US* (*UK* **drawing pin**) *n., N. Amer.* पिन जिससे कागजों को सूचना-पट्ट आदि पर लगाया जाता है;
***collocations:* ~ index** शब्दकोश आदि में बने अक्षर-निशान, पार्श्व-अनुक्रम; **~nail sketch** लघु चित्र, किसी चीज का संक्षिप्त विवरण; **~ print** अंगूठे की छाप;
***p&i:* ~ a ride** अंगूठे के इशारे से किसी वाहन को रोककर उस पर सवार होना; **~ one's nose at sth/ sb** किसी की खिल्ली उड़ाना, ठेंगा दिखाना; **~s down** अस्वीकृति का संकेत; **~s up** स्वीकृति का संकेत; **~s up!** शाबाश!;
all ~s भद्दा, फूहड़; **a rule of ~** अनुभवसिद्ध नियम यानी सिद्धांत या जोड़-तोड़ की बजाए अनुभव के आधार पर व्यवहार या काम करने का ढंग; **be all ~s** बेढब या फूहड़ हो.; **be under the ~ of** किसी की मुट्ठी में, के वश में या अधीन हो.; **bite one's ~s** गुस्सा हो., चिड़चिड़ा हो.; **have a green ~** *US* (*UK* **have green fingers**) बागबानी के काम में माहिर हो.; **put your ~s up!** डरो मत!; **stick/ stand out like a sore ~** आंखों में खटकना; **the ~ of sb** पूरी तरह से किसी के अधीन या मुट्ठी में; **Tom Thumb** बहुत छोटे कद का आदमी; **turn down the ~ (s) on sth** के विरुद्ध हो.; **turn up the ~s on sth** का समर्थन क.; **twiddle one's ~s** बेकार घूमना, कुछ न क.; **whistle on one's ~s** किसी तरह से सांत्वना पाना

thump /थंप/ *v., pt.* **~ed**, *pp* **~ing** *UK* 1 पीटना, मारना, प्रहार क. 2 किसी चीज को जोर-शोर से पीटना, मुकियाना, ठोकना, ठकठकाना: ~ (on) the door; ~ a drum; ~ the pulpit 3 धड़कना: his heart **~ed** 4 (*also* **~ sth out**) पियानों आदि के बटनों को जोर-जोर से पीटकर बजाना 5 (*usually* **~ along/ around**) भारी-भारी कदम पटकते हुए चलना: ~ sth down upon the floor; he **~ed** up the stairs;
n. 1 थपथप, ठकठक 2 घूंसा, मुक्का, प्रहार, आघात: give sb a ~ on the head 3 धमाका: with a ~ 4 धड़कन: his heart gave a ~;
dw/lw:* ~er** /थंप:/ *n.* 1 अघोष प्रहार 2 बड़ी-सी चीज 3 सफेद झूठ: his lies are such ~ers; **~ing** /थंपिंग/ *adj.* 1 (syn.*** huge) बहुत बड़ा, भारी, भारी-भरकम, अच्छा खासा: ~ing damages; ~ing lies; ~ing majority; a pair of ~ing great boots 2 बजने वाला, पीटने वाला 3 धड़कने वाला; **~ing** *adv.* बहुत अधिक: a ~ing good book; a ~ing big lie

thunder /थंड:/ *n.* 1 (***syn.*** rumbling sound) गरज, गड़गड़ाहट, (मेघ) गर्जन, कड़कड़ाहट: faint/ loud ~; we heard a distant ~ 2 बिजली, वज्र, गाज, वज्रपात, पवि, कुलिश: a crash of ~; a clap/ crack/ roll/ rumble of ~; ~ rumbles/ rolls 3 बुलंद आवाज, गड़गड़ाहट: **~s** of applause 4 गरp, गरजन, भर्त्सना, फटकार;
v., pt.* ~ed**, *pp* **~ing** 1 गरजना, गड़गड़ाना, कड़कड़ाना, कड़कना: it **~s**/ heaven **~s** 2 खूब शोर क.: ~ along/ down/ through, etc.; ~ at a drum; he **~ed** at the door with his fists; tanks **~ing** over a bridge 3 (syn.*** roar) ऊंचे-ऊंचे और आक्रामक ढंग से बात क., गरजना, दहाड़ना, गड़गड़ाना: his voice **~ed** in my ears; ~ applause; ~ threats 4 गड़गड़ाते हुए आगे बढ़ना 5 तीव्र गति से मारना या आगे बढ़ाना;
dw/lw:* ~-and-lightning** *n.* 1 गर्जन एवं कड़कड़ाहट, कटु आलोचना 2 रंग-बिरंगा कपड़ा; **~bolt** /थंड:बोल्ट/ *n.* 1 गाज, वज्र: this news was a ~bolt to her 2 वज्रपात: like a ~bolt from/ out of a clear sky/ from nowhere; **~-box** *n.* साधारण शौचालय; **~clap** /थंड:क्लैप/ *n.* बिजली की कड़क; **~cloud** *n.* गर्जन-मेघ; **~flash** *n.* बम के फटने से होनेवाला धमाका और चौंधियाहट; **~heads** *n., mainly US* तड़ित झंझा; **~ing** *colloq., adj.* 1 बहुत बड़ा: ~ing explosion; ~ing ass; ~ing lie; a ~ing idiot 2 बहुत तेज 3 अच्छा खासा: ~ing eloquence 5 बिजली की कड़कड़ाहट वाला 6 धमकी भरा: ~ing letters; **~ing** *adv.* बहुत अधिक: a ~ing soft thing; a ~ing great error; **~ous** /थंडरस/ *adj.* 1 (syn.*** deafening) गड़गड़ाहट भरा 2 गर्जनभरा: ~ous clouds; ~ous silence; a ~ous voice; ~ous applause; **~ously** /थंडरसलि/ *adv.* गरजते हुए, गड़गड़ाहटपूर्वक; **~peal** *n.* बिजली की कड़कड़ाहट; **~shower** *n.* गर्जन के साथ वर्षा, तड़ितवर्षा; **~storm** *n.* तूफान, तड़ित्-झंझा, गर्जन वाला तूफान; **~stroke** *n.* वज्राघात; **~struck** /थंड:स्ट्रक/ *adj.* 1 अत्यंत चकित, हतबुद्धि, हक्का-बक्का, भौचक्का: ~struck with the news; he was ~struck to see her 2 वज्राहत, बिजली का मारा: ~struck with his misfortune; **~y** /थंडरि/ *adj.* 1 गर्जन का, गर्जन-जैसा, धमकी भरा: ~y blow 2 भयावह, डरावना: a ~y state of affair;
***p&i:* go to ~!** दफा हो जा!; **loud as ~** गर्जन-सा शोर वाला; **steal sb's ~** किसी के विचार चुराकर उसका श्रेय छीनना; **struck with ~** भौचक्का हो.

Thur./ Thurs *abbr.* 'Thursday' का छोटा रूप

thurible /थ्युरिबल/ *n.* धूपदान
thurifer /थ्युरिफः/ *n.* धूपवाहक;
***dw/lw:* ~ous** /थ्युरिफःरस/ *adj.* लोबान पैदा करने वाला
thurification /थ्युरिफिकेशन/ *n.* धूपन
Thursday / (*abbr.*, **Thur**, **Thurs**) /थ:जडे/ थ:जडि/ *n.* गुरुवार, बृहस्पतिवार, वीरवार
thus /दस/ *adv.* 1 इसके फलस्वरूप 2 इस तरह: I lay ~; ~ and ~; ~ said the king 3 ऐसा, इस प्रकार, उस प्रकार: she began ~; ~ and so 4 (***syn.*** hence) इसलिए, अतः: ~ their happiness was complete 5 इतना, इस कदर: ~ far
thwack /थ्वैक/ *v., pt.* **~ed**, *pp* **~ing** 1 किसी चपटी चीज से मारना: ~ sb; ~ the cushions 2 लाठी, कोड़े, चाबुक आदि से मारना 3 अंदर डालना या ठूंसना: ~ Sanskrit into sb's head 4 जोड़ना, इकट्ठे क.: they were **~ed** together in one room;
n. (चपटी चीज से किया हुआ) प्रहार, (लाठी आदि की) मार
thwart /थ्वॉःट/ *v., pt.* **~ed**, *pp* **~ing** 1 रोकना, के विपरीत जा.: ~ sb's desire; **~ed** him 2 (***syn.*** frustrate) निष्फल या विफल क.: he found himself **~ed** by a conspiracy 3 व्यर्थ कर दे.: ~ progress 4 मतभेद हो.: ~ one another; ~ with sb; ~ with an idea;
n. नाव खेने वाले का आड़ा, तख्ता, बैठने का पट्टा;
adj. आड़ा, तिरछा: ~ motion; ~ lines; ~ wind;
adv. आड़े, तिरछे
thy /दाइ/ *adj., old use or dialect, also relig.* तेरा
thyme /टाइम/ *n.* एक प्रकार का पौधा जिसके पत्ते भोजन को जायकेदार बनाते हैं, बनजवायन: creeping ~; oil of ~
thymol /थाइमौल/ *n.* अजवायन का सत
thymus /थाइमस/ (*in full* **~ gland**) *n., pl.* **~es/ thyme** /थाइमाइ/ गर्दन के पास की एक ग्रंथि, थाइमस, बाल्यग्रंथि
thyroid /थाइरॉइड/ *n.* (*in full* **~ gland**) टेंटुआ, अवटुग्रंथि, जो ऐसे हारमोन को उत्पन्न करती है जो शारीरिक व मानसिक विकास को नियंत्रित करता है;
adj. पुरुषों में टेंटुआ बनाने वाली (चबनी हड्डी);
***collocations:* ~ cartilage** *anat.* टेंटुआ, उपास्थि; **~ hormone** *physiol.* अवटुग्रंथि से निकलने वाला हार्मोन जो शारीरिक, मानसिक व ऊतकों के विकास में सहायक होता है
thyroxine/ thyroxin /थाइरौक्सीन/ *US* थाइराःक्सीन/ *n., physiol.* 1 अवटुग्रंथि से निकलने वाला मुख्य हारमोन 2 इस हार्मोन का कृत्रिम रूप
thyself /दाइसेल्फ/ *pron., old use, dialect, relig.* तू खुद, तू स्वयं
TI *abbr.* 'Thermal Images', 'Traffic Inspector', 'Transparency International' की प्रथमाक्षरी
Ti *symbol, chem.* 'titanium' का चिह्न
TIA *abbr.* 'telecommunications industry association', 'thanks in advance' की प्रथमाक्षरी
tiara /टिआरा/ *n.* 1 स्त्रियों के पहनने की सिर की श्रृंगार पट्टी, जड़ाऊ मुकुट: crowned with the ~ 2 त्रिमुकुट, तेहरा, मुकुट 3 ईरानी सिरपेच या ऊंची नुकीली पगड़ी
Tibetan /तिबतन/ *adj.* तिब्बतवासी, तिब्बती भाषा
tibia /टिबिआ/ *n., pl.* **~s/ tibiae** /टिबी/ *anat.* टांग की मोटी नली, अंतर्जंघिका नली
tic /टिक/ *n., pathol.* 1 मांसपेशियों का संकुचन, पेशी (पेशियों) का खिंचाव, फुरन: ~ in one's leg 2 मुख-संकुचन, चेहरे का खिंचाव, मुख तंत्रिका-शूल: be ill with ~/ suffer from ~;
***collocations:* ~ douloureux** /टिकडुलअरू/ (*also* **trigeminal neuralgia**) नस में विकार के कारण चेहरे और माथे में होने वाले दर्द का दौरा
tick /टिक/ *n.* 1(***syn.*** ~-tack) घड़ी की टिकटिक: the ~ of the clock 2 *UK* (*US* **check mark, check**) सही का निशान (√); mark sth off with a ~ 3 भैंस आदि को लगने वाली चिचड़ी, चिचड़ा, किलनी, किलना (a parasite) 4 *UK informal* पलभर: in a ~; in two **~s** 5 समय: on the ~ 6 विश्वास, ईमानदार व उधार चुकाने में सक्षम व्यक्ति की नेकनामी 7 *Br. colloq.* (***syn.*** credit) उधार: buy it on ~ 8 (***syn.*** cover) गिलाफ, खोल, खोली 9 (***syn.*** covering) गिलाफ का मोटा कपड़ा 10 धड़कन, धक-धक: ~ of the blood;
***v., pt.* ~ed**, *pp* **~ing** 1 टिकटिक क.: the clock **~s**; the watch **~s** away the time; the tape-machine **~ed** out the news 2 (*often* **~ sth off** *UK*) (*US* **check sth off**) सही का निशान (√) लगाना: ~ sth off 3 *US* गुस्सा दिलाना 4 उधार बेचना 5 उधार खरीदना, उधार लेना, उधार पर काम चलाना, उधार में फंसना: ~ with the milkman 6 जीना, रहना, काम क. 7 (*usually* **~ away**) समय का बीतना;
dw/lw:* ~-box** *n.* = **checkbox**; **~er** /टिकः/ *n.* 1 घड़ी: ~er of a clock 2 दिल, हृदय 3 (syn.*** news ~er) टेलीप्रिंटर; **~ing-off** *n., Br. colloq.* डांट-फटकार; **~-infested** *adj.* चिचड़ियों से भरा;
***p&i:* ~ all the (sb's) boxes** किसी को खुश करने के लिए बिल्कुल सही बातें क.; **~ away/ by/ past** समय का बीतना; **~ sb off** *colloq.* 1 किसी के सामने (√) का चिह्न लगाना 2 किसी को फटकारना, डांटना; **~over** 1 चलते र. 2 इंजन का खाली (idle) यानी गियर से मुक्त चलना; **what makes sb ~?** कोई इस तरह का व्यवहार क्यों करता है?
ticket /टिकट/ *n.* 1 यात्रा-टिकट: through ~ (सीधी यात्रा का टिकट); take one's ~ to Mumbai/ for a Mumbai train; order/ reserve a ~ to Mumbai; book/ buy/ get/ purchase a ~; round-trip ~; season ~ 2 सिनेमा या थियेटर का प्रवेश-पत्र: concert/ excursion/ theatre ~; ~ of admittance/ entrance 3 रसीद, रसद-घर आदि की जमा रसीद, चिप्पी या टिकट: cloakroom ~ 4 गाड़ी खड़ी करने या गलत गाड़ी पार्किंग आदि की जुर्माना पर्ची: parking ~ 5 (***syn.*** tag) दाम-चिप्पी, लेबल: price ~ 6 चुनाव के लिए पार्टी के उम्मीदवार को दिया जाने वाला टिकट 7 नीति-पत्र: the Tory ~; the democratic ~ 8 पार्टी सदस्यता टिकट: was elected on the ... Party ~ 9 *sl.* सेना से निवृत्ति-पत्र: get one's ~; work one's ~; ~ of leave 10 *sl.* कामकाज-अनुमति-पत्र 11 सही या वांछित वस्तु: just the ~; not/ quite the ~; that's the ~;
***v., pt.* ~ed**, *pp* **~ing** 1 लेबल लगाना: ~ed with their prices 2 टिकट दे. या काटना 3 पर कोई मान्यता-सूचक तोहमत लगाना: he was **~ed** as unreliable; have **~s** on oneself;
***dw/lw:* ~ed** *adj.* प्रवेश टिकटों वाला (कार्यक्रम); **~ing** *n.* टिकट बनाने व बेचने का कार्य;
***collocations:* ~ checker** टिकट जांचकर्ता, टिकट-निरीक्षक; **~ collector** टिकट संग्राहक; **~ day** *stock exchange* सट्टा बाजार में बिकवाली से पहले का दिन जब खरीददारों के नाम दलालों को दिए जाते हैं; **~ inspector** टिकट निरीक्षक; **~ office** टिकट-घर; **~ of leave** *hist.* पुराने समय में आस्ट्रेलिया में कैदियों को कुछ समय के लिए दी जाने वाली जेल से छुट्टी यानी कारावकाश (parole); **~ tout** सिनेमा, थियेटर आदि के टिकट ब्लैक में बेचने वाला दलाल; **~ window** टिकट-खिड़की;
general ~ कुल प्रत्याशियों की सूची; **kangaroo ~** चुनाव जिसमें उप-प्रधान की उम्मीदवारी प्रधान की उम्मीदवारी से ज्यादा बलशाली हो; **a meal ~** अन्नदाता; **mixed ~** सभी दलों के प्रत्याशियों की सूची;
***p&i:* be ahead/ behind of one's ~** सबसे ज्यादा या सबसे कम मत पाना; **be ~ed for sth** किसी उद्देश्य के लिए रखा जा.; **carry a ~** किसी दल द्वारा अपने उम्मीदवारों को जिताना; **have ~s on oneself** अपने बारे में बढ़ा-चढ़ाकर सोचना; **not quite the ~** जैसा चाहिए वैसा नहीं; **put a ~ in the field** अपने उम्मीदवारों को खड़ा क.; **split a ~** मिला-जुला परिणाम आना; **straight ~** सभी उम्मीदवारों के नाम वाला मत-पत्र; **work**

one's ~ सेना से निवृत्ति पाने के लिए कोई बहाना क.

tickety-boo *adj., dated, Br., colloq.* बढ़िया, संतोषजनक

ticking /टिकिंग/ *n.* मोटा, खुरदरा धारीदार सूती कपड़ा जिससे दरियां और खोल आदि बनाए जाते हैं

tickle /टिकल/ *v., pt.* **~d**, *pp* **tickling** 1 गुदगुदाना, गुदगुदी क.: ~ sb with a straw 2 चुनचुनाना या चुनचुनी हो. 3 झुनझुनाना या झुनझुनी हो., सनसनाना 4 किसी को मुस्कराने के लिए उकसाना, उत्तेजित क., छेड़ना: ~ sb's fancy 5 रिझाना, हंसाना, मन बहलाना: the story **~d** me; ~ sb to death 6 खुश क., मजेदार हो.: ~ one's palate; ~ the ear 7 खुजली या सनसनाहट हो.: my nose **~s**;

n. 1 चुनचुनी, झुनझुनी, सनसनाहट: he had a ~ in the throat 2 गुदगुदी, गुदगुदाहट: give sb a ~ 3 मजे की अनुभूति: the dinner was a ~ of the palate;

dw/lw: **~r** /टिक्लः/ *n.* 1 गुदगुदाने वाला या चुनचुनी पैदा करने वाला 2 कठिन समस्या, पहेली, जटिल समस्या; **ticklish** *see below under separate entry*;

p&i: **~/ grease sb's palm** किसी को रिश्वत दे; **~d to death** गुदगुदी से लोटपोट; **~d with a feather** आसानी से हंस पड़ने वाला; **~ sb's fancy** किसी को प्रसन्न क.; **~ sb into the grave** किसी को मौत के मुंह में धकेल दे.; **~ sb with the birch** किसी को बेंत का मजा चखाना; **~ the strings of a guitar** गिटार को तुनतुनाना; **~ up** किसी को किसी बात के लिए उकसाना;

be ~d pink अत्यधिक प्रसन्न हो.; **he was highly ~d at the idea** इस विचार से वह बहुत उत्तेजित हुआ; **it ~d his vanity** इससे उसके अहम् को उछाल मिला

ticklish /टिक्लिश/ *adj.* 1 जिसे बहुत गुदगुदी होती हो, गुलगुलिया, गुदगुदिया: ~ person 2 (***syn.*** awkward) नाजुक, जटिल या कठिन: ~ situation/ question 3 कमजोर, असंतुलित: the boat is ~; such friendship is ~ 4 अतिसंवेदनशील, तुनुक-मिजाज: ~ person; ~ on those points;

dw/lw: **~ly** *adv.* नाजुक ढंग से; **~ness** *n.* जटिलता, नाजुकता

ticktock /टिकटौक/ *US* टिकटाःक/ *n.* घुड़दौड़ के मुकाबलों के बारे में जुआरियों द्वारा प्रयुक्त कोड भाषा

ticky-tacky /टिकिटैकि/ *n.* सस्ती और घटिया भवन-निर्माण सामग्री

tic-tac-toe *n., N. Amer.* एक अमेरिकी खेल, शून्य (0) और कांटे (X) का खेल (naughts and crosses)

tidal /टाइडल/ *adj.* ज्वार-संबंधी, ज्वारीय, ज्वार;

collocations: **~ air/ breath** एक सांस में अंदर-बाहर जाने वाली हवा की मात्रा; **~ alarm** ज्वारीय खतरे का संकेत; **~ basin** ज्वारीय द्रोणी; **~ bore** ज्वारीय भित्ति, बान; **~ breathing** सांस खींचने और छोड़ने की क्रिया; **~ bulge** ज्वारीय उभार; **~ clock/ watch** ज्वार-भाटे का समय दर्शाने वाली घड़ी; **~ current/ stream** ज्वारीय धारा, बहाव; **~ day** दो ज्वारीय उफानों के बीच का समय; **~ estuary** ज्वारीय नदमुख; **~ harbour** ज्वार के समय भी उपयुक्त बंदरगाह; **~ lag** ज्वारीय पश्चता; **~ lamination** ज्वारीय स्तरण; **~ marsh** ज्वारीय कच्छ; **~ power** ज्वारीय तरंगों के प्रयोग से पैदा की जाने वाली ऊर्जा; **~ river** ज्वारीय नदी; **~ station** ज्वारीय चांदा; **~ waters** ज्वारीय जल; **~ wave** 1 ज्वारीय तरंग (उफान, त्सुनामी) 2 बहुत बड़ी समुद्री लहर या उफान(tsunami त्सुनामी)

tidbit *US* /टिडबिट/ (*UK* **titbit**) *n.* 1 मजेदार वस्तु या खबर 2 कौर-भर खाने की कोई मजेदार वस्तु 3 मजेदार चुटकुला

tiddler /टिडलः/ *n., Br. colloq.* 1 एक छोटी मछली 2 छोटा आदमी या छोटी चीज

tiddly /टिडलि/ *adj., degr.* **tiddlier, tiddliest**, *Br. colloq.* 1 थोड़ा-सा पिए हुआ 2 (***syn.*** tiny) बहुत छोटा, ठिगना

tiddlywinks /टिडलिविंक्स/ *n., [sing.]* एक खेल

tide /टाइड/ *n.* 1 ज्वार-भाटा, ज्वार, भाटा: flowing ~; leeward/ windward ~ 2 (उत्सव आदि का) समय, काल (season) 3 ज्वार-भाटे के प्रभाव तले होने वाला पानी का स्तर 4 प्रवाह, बहाव: the **~s** of air; sluggish ~; the ~ of life 5 किसी भी क्षेत्र में आकस्मिक उछाल और उतराव (चढ़ाव-उतराव): the ~ of prejudice; the high ~ of fortune; the ~ of enthusiasm waned; the ~ of public opinion;

v., *pt.* **~d**, *pp* **tiding** 1 ज्वार-भाटे की तरह ऊपर उठना और नीचे गिरना 2 उमड़ना-उतरना 3 बहना, प्रवाहित होना: ~ sth up the river 4 ज्वार-भाटे के साथ बह जाना: ~ (it) up further with the flood 5 होना, घटना: ~ what may (जो होना है सो हो, चाहे जो हो) 6 उतारना: a flow of animal spirits **~d** (off) the boredom;

dw/lw: **~less** *adj.* जहां ज्वार-भाटा न आता हो: the Mediterranean is a ~less sea; **~mark** *n.* ज्वार-चिह्न; **~land** *n.* ज्वार-भूमि; **~water** *n.* ज्वार जल; **~way** *n.* ज्वार पथ: in the ~way of sth;

collocations: **~ line** ज्वार के समय लहरों के पहुंचने की रेखा; **~ pool** ज्वार ताल; **~ table** *किसी* स्थान पर ज्वार-भाटे की समय-सारणी;

double ~s बहुत जोर-शोर से, तनावपूर्वक; **flood ~/ high ~** ज्वार; **low ~** भाटा; **neap ~** लघु ज्वार-भाटा; **spring ~** बृहत ज्वार-भाटा;

p&i: **~ over** पार लगाना, पार क.; **~ sb over** किसी की समस्या पर काबू पाने में मदद क., मुश्किल समय में काम आना;

go with the ~ जैसे सब हैं वैसा बनना; **go/ swim/ row against the ~** लोकमत के विपरीत चलना; **roar double ~s** तूफान से भी ऊंचा दहाड़ना; **stem the ~** तूफान या मुसीबत को टालना या रोकना; **take the ~ at the flood** अवसर का फायदा उठाना; **the ~ turns** हालात बदल जाते हैं; **the turn of the ~** घटनाओं में मोड़, बेहतर दिन; **time and ~ wait for no man** समय और तूफान किसी का इंतजार नहीं करते; **turn the ~** घटनाओं का रुख बदल दे.

tidily /टाइडिलि/ *adv.* साफ-सुथरे ढंग से, स्वच्छता से

tidiness /टाइडिनेस/ *n.* सुव्यवस्था, साफ-सुथरापन

tidings /टाइडिंग्स/ *pl., n.* समाचार, खबर: good/ glad ~; evil ~; bear evil ~

tidology /टाइडौलजि/ *US* टाइडाःलजि/ *n.* ज्वार-भाटा विज्ञान

tidy /टाइडि/ *adj., degr.* **tidier, tidiest** 1 साफ-सुथरा: ~ room 2 व्यवस्थित 3 ठीक-ठाक, स्वस्थ, थोड़ा मोटा 4 तरतीबी, तरतीब-पसंद, व्यवस्था-प्रिय: ~ person 5 (***syn.*** considerable) काफी बड़ा: a ~ sum of money; ~ income; ~ walk; ~ load;

v., (*also* **~ up**) *pt.* **tidied**, *pp* **~ing**, *s/he/ it* **tidies** 1 (*also* **~ sth away/ up**) साफ क., सफाई क., साफ-सुथरा बनाना: ~ up a room 2 सजाना 3 से हटाना, व्यवस्थित या ठीक-ठाक क.: ~ the papers on the desk; nothing was **tidied** away from the table 4 साफ-सुथरा बनना: I must just ~ up a bit;

n., *pl.* **tidies** 1 रसोई आदि में कूड़ादान: a sink-**tidy** 2 मेज आदि पर पेपर-बास्किट, कलमदान आदि: a desk-**tidy**

dw/lw: **tidily** *adv.* साफ-सुथरे या व्यवस्थित ढंग से; **tidiness** *n.* साफ-सुथरापन, सुव्यवस्थता;

p&i: **~ sth away** *UK* व्यवस्थित करके रखना

TIE *abbr.* 'Theatre in Education' की प्रथमाक्षरी

tie /टाइ/ *v., pt.* **tied**, *pp* **tying**, *s/he/ it* **ties** 1 बांधना, बांध दे.: ~ sth to/ together/ around, etc.; ~ a horse to a tree; ~ one's shoes; ~ the string tighter 2 गांठ बांधना या लगाना: ~ a bonnet/ a tie/ a knot/ a loop/ a scarf 3 किसी चीज को गांठ से बांधना: the band **~s** in front 4 (*usually* **~ with sb**) खेल या चुनाव में बराबर हो जा.: the two parties **~d**; ~ with sb; ~ with sb for the first place 5 बंध जाना 6 जोड़ना, मिलाना: ~ the legs of a table 7 (*often* **~ sb down**) जीवन-शैली, कार्य करने की आजादी आदि को सीमित क., बांध कर रखना, बंधन में रखना: not to ~ sb too rigidly 8 हालात के कारण बंधा

हो., सीमित संभावनाएं हो.: **~d** to/ for time; be **~d** by the illness 9 शर्तें लगाकर बांधना: ~ sb's hands; ~ sb to secrecy 10 पूलियां आदि बांधना: ~ sth in a bunch 11 स्वरों को बांधना 12 जुड़ना, से संबद्ध हो., विवाह क.: he wants sb to ~ to 13 पट्टी बांधना या पट्टी से बांधना: ~ an artery;

n. 1 गले में पहनने का एक वस्त्र, कंठ बंध, नेकटाई: black ~; white ~; bow ~ 2 सीमाएं, बंधन, शर्तें: was under the ~ of secrecy 3 खेल में बराबरी, बराबर का खेल, चुनाव में बराबरी: end in a ~; play/ shoot off a ~ 4 (***syn.*** bond) बंधन, संबंध, सूत्र: the **~s** of friendship/ of marriage; the **~s** of blood/ blood **~s**; the old school **~s**; create/ forge **~s**; cut/ sever (all) **~s**; have **~s** with sb/sth; close/strong **~s**; **~s** between sb and sb 5 (***syn.*** obligation) दायित्व, बंधन: the **~s** of moral duty 6 *N. Amer.* रेलगाड़ी में स्लीपर, सिलिपट, सिलीपट 7 (***syn.*** beam, rod) तान, किसी इमारत को जोड़े रखनेवाला योजक दंड 8 (***syn.*** music) योजिका 9 बांधने की रस्सी, रिबन, डोरी आदि: the dog broke its ~ 10 निर्णायक खेल या मैच; the third round **ties** were all postponed;

dw/lw: **~-beam** *n.* धरन; **~-break** *n.* निर्धारित समय में खेल बराबरी पर छूटने के बाद अतिरिक्त निर्णायक खेल; **~-breaker** *n.* टाइब्रेकर, निर्णायक खेल या बाजी; **~d** /टाइड/ *adj.* 1 बंधा हुआ, बद्ध 2 बराबर का (मैच), सहबद्ध; **~-dye** *n.* (*also* **~-dyeing**) कपड़े के बीच-बीच में कसकर गांठें बांधकर की जाने वाली रंगाई; **~-dyed** *adj.* उपर्युक्त प्रकार से रंगा हुआ; **~-in** *n., pl.* ~-ins 1 गहरा संबंध 2 दो एक साथ किए जाने वाले कार्य 3 जबरदस्ती एक साथ मिलाई हुई चीजें: ads as ~-ins with feature films; **~pin** *n.* टाई का सजावटी पिन; **~-up** *n.* 1 जिच, गतिरोध, यातायात में रुकावट 2 संबंध, गठबंधन, गठजोड़ 3 बंधन: ~-up forces;

collocations: **~-and dye** बांधनू रंगाई, बंधेज; **~ clip/ ~ clasp** टाई का सजावटी क्लिप; **~d cottage** *Br.* मालिक की भूमि पर बने छोटे-छोटे घर जो उसके कर्मचारियों को रहने के लिए दिए जाते हैं; **~d house** *Br.* किसी विशेष कंपनी की बीयर बेचने वाला रेस्त्रां आदि;

four-in-hand ~ विशेष गांठ से बंधने वाली टाई; **old school** ~ पुराने स्कूल के संबंध या सूत्र;

p&i: **~ sb down** 1 बंधन में बांधना 2 सीमित क.; **~ in/ up with sth** मेल खाना: one idea or statement ~s in with another one; **~ one on** पीकर धुत्त हो जा.; **~ sb (up) in(to) knots** किसी को जाल या उलझन में फंस जा.; **~ sb down to doing sth** किसी पर कोई काम करने में लगा देना; **~ sb hand and foot/ ~ sb's neck and heels/ ~ sb by the leg** किसी के हाथ-पांव बांध दे. यानी उसे कोई कदम न उठाने दे.; **~ sb's tongue** किसी की जबान पर लगाम लगाना; **~ the marriage/ nuptial knot** विवाह क.; **~ up** 1 बंडल आदि बांधना: ~ up a parcel; ~ sth up 2 घोड़े आदि को बांधना: the horse is tied up 3 सीमित क.: he was ~d up by his father's will 4 पर प्रतिबंध लगाना: ~ up the money/ property 5 पैसे का निवेश क.: ~ up one's money in property 6 व्यस्त हो.: be tied up 7 शादी के बंधन में बंधना: ~ up the knot 8 मेल खाना: ~ up with sth 9 बांधना: ~ sb/ sth up;

count the ~s रेल-लाइन के साथ-साथ पैदल चलना

tier /टिअः/ *n.* 1 रेलगाड़ी में ऊपर-नीचे बनीं सीटें 2 पंक्ति, कतार: three **~s** of sheaves/ of arches 3 सोपान 4 बांधने वाला: ~ at a shop 5 रिबन या डोरी: strong **~s** 6 वर्ग, स्तर: **~s** of society; ***v.***, *pt.* **~ed**, *pp* **~ing** 1 पंक्ति-बद्ध क. या होना 2 पंक्ति में रखना 3 एक दूसरे के ऊपर या ऊपर-तले रखना;

dw/lw: **~d** /टिअःड/ *adj.* ऊपर-नीचे की कतार में बनी: a two-~d system; ~d seating;

collocations: **~ing table** चल मेज, चल सोपान

tierce /टिअःस/ *n.* 1 पूर्वाह्निका 2 प्रायः 42 गैलन का तौल 3 वाइन की पुरानी तौल-इकाई

tiercel /टिअःसल/ *n.* नर बाज

tiercet /टिअसिट/ *n.* त्रिक

tierra /टिअरः/ *n.* अयस्की धूल;

collocations: **~ caliente** उष्णण प्रदेश; **~ fria** शीत प्रदेश; **~ templada** शीतोष्ण प्रदेश

TIFAC *abbr.* 'Technology Information, Forecasting & Assessment Council (New Delhi)' की प्रथमाक्षरी

TIFF *abbr., comput.* 'tagged image file format' की प्रथमाक्षरी (कंप्यूटर में चित्र को संग्रहीत और प्रदर्शित करने का रूप)

tiff /टिफ/ *n.* 1 झगड़ा, अनबन 2 खीज, झुंझलाहट, बदमिजाजी का दौरा 3 घूंट;

v., *pt.* **~ed**, *pp* **~ing** 1 अनबन या छोटा-मोटा झगड़ा होना 2 खीजना, नाराज हो जाना, चुस्की लेना

tiffany /टिफनि/ *n., pl.* **tiffanies** टिफनी, महीन मलमली या रेशमी कपड़ा

tiffin /टिफिन/ *n., Anglo-Indian* 1 दफ्तर के बाबुओं आदि द्वारा अपन साथ डिब्बे आदि में लाया हुआ दोपहर का खाना 2 टिफिन;

dw/lw: **~-carrier** *n.* डिब्बे वाला

TIFR *abbr.* 'Tata Institute of Fundamental Research' की प्रथमाक्षरी

TIG *abbr.* 'The Inspector General' की प्रथमाक्षरी

Tig /टिग/ (*also* **tag**) *n.* बच्चों का एक खेल

tiger /टाइगः/ *n.* 1 बाघ, व्याघ्र: red ~; the ~ of the sea; work like a ~ 2 हिंसक बेरहम बदमाश, चटोरा: rouse the ~ in sb 3 *econ.* (*also* **~ economy**) कई एशियायी देशों की मजबूत होती आर्थिक स्थिति 4 *US:* **three cheers and a** ~ हिप-हप हुर्रे!;

dw/lw: **~-beetle** *n.* छद्म-बंदवा; **~'s-claw** *n.* बिच्छू-बूटी; **~ish** /टाइग्रिश/ *adj.* 1 बाघ-जैसा 2 क्रूर, नृशंस; **~ishly** *adv.* नृशंसतापूर्वक; **~ism** *n.* शेखीबाजी; **~-moth** *n.* बाघ-तितली; **~-nut** *n.* धुद्रमुस्ता; **tigress** *see below under separate entry*; **tigrine** *see below under separate entry*;

collocations: **~ balm** त्वचा की बीमारियों का उपचार करने के लिए लगाई जाने वाली जड़ी-बूटियों से बनी मलहम;

American ~ जगुआर; **~ lily** चीन में उगाई जाने वाली नारंगी रंग के फूलों वाली लिली (कुमुदिनी); **~ stripes** बाघ की धारियां; **the ~ish section of the jungle** बाघ-प्रधान जंगल; **~ shark** पुली सुरा, वागवीर

TIGF *abbr.* 'Templeton India Growth Fund' की प्रथमाक्षरी

tight /टाइट/ *adj., degr.* **~er**, **~est** 1 कसा हुआ, तना हुआ: ~ cloth/ wire/ skin; ~ belt; drum ~; his suit sits ~ upon him 2 दृढ़, मजबूती से बंधा हुआ, संहत: hold/ keep sth ~; he sat ~ on a horse 3 (***syn.*** close) कड़ा, सख्त, कठोर (मुकाबला): ~ match; a ~ race 4 फटेहाल, व्यस्त, तंग: ~ money/ time/ space; money is ~ 5 ठसाठस या कसकर भरा हुआ, सुसंहत 6 अछिद्र, अनचूना: ~ case; ~ cork 7 अभेद्य, (जल या वायु)-रोधी, रुद्ध 8 दुर्लभ, कम 9 (***syn.*** mean) कंजूस, ठस, मक्खीचूस, नीच, कमीना: he is very ~ with his money 10 (***syn.*** tipsy) नशे में धुत्त, मतवाला, मस्त: quite ~ 11 संकटग्रस्त, कठिन: ~ situation 12 सख्ती से नियंत्रित, कड़ा, सख्त: ~ restrictions; ~ rein; keep a ~ hand/ rein on sb 13 अत्यधिक निकट, अंतरंग, घनिष्ठ 14 रुचिकर, अनुशासित: ~ lad; ~ little vessel 15 तंग, भीड़ा (*Hr.*): the shoe is ~ 16 संक्षिप्त, सघन, संहत: his style is a little ~ 17 जीवंत, चुस्त-दुरुस्त, दक्ष, हुनरमंद: that's a ~ fellow! 17 (***syn.*** constricted) अकड़ा हुआ, खिंचा हुआ;

adv. 1 कसकर 2 सख्ती से, कड़ाई से 3 मजबूती से;

dw/lw: **~-arse** *n.* 1 कंजूस, कृपण 2 घुन्ना आदमी जो इंसान को नियम का गुलाम मानता है; **~-fisted** /~फिस्टिड/ *adj.* (***syn.*** mean, stingy) कंजूस, कृपण; **~-fitting** *adj.* तंग, कसकर आने वाली (पोशाक); **~-knit** /~-निट/ *adj.* सुसंघटित; **~-lipped** /~लिपड/ 1 निःशब्द, बिल्कुल चुप 2 बहुत कम या बिल्कुल न

बोलने वाला; **~ly** /टाइट्लि/ *adv.* 1 कसकर: bound ~ly down with a string; their hands clasped ~ly 2 सख्ती से: I was ~ly cross-examined about my journey 3 कड़े मुकाबले के साथ: the contests were fought out ~ly; **tighten** *see below under separate entry*; **~ness** /~नेस/ *n.* 1 कसाव 2 तनाव 3 तंगी, संहति 4 कड़ापन, चुस्ती; **~rock** *n.* संकृष्ट शैल; **~rope** *n.* नट का रस्सा, कसी हुई या तनी रस्सी: tread/ walk a ~rope (अत्यंत नाजुक स्थिति में हो.); **~s** /टाइट्स/ *UK* (*US* **pantyhose**) *n. [pl.]* महिलाओं की पतलून की जगह पहनी जाने वाली पतले कपड़े की कसी हुई पोशाक, कसावटी पोशाक; **~wad** /~वॉड/ *n., colloq., esp. N. Amer.* (***syn.*** a miser, a skinflint) कंजूस आदमी;

water~ *adj.* जलरुद्ध, जिस वस्तु में से पानी न निकल सके, न चू सके;

collocs: **~ end** अमेरिकी फुटबाल में: एक आक्रामक खिलाड़ी;

p&i: **~ bargain** कम लाभ देने वाला सौदा; **~ corner/ place/ squeeze** कठिन या खतरनाक स्थिति; **~ of money** तंग हाथ, पैसे की किल्लत;

as ~ as a drum ढोल की माफिक तना हुआ; **if everything remains ~** यदि सब कुछ ठीक-ठाक रहेगा, तो; **in a tight spot** खतरनाक स्थिति में; **keep a ~ rein on sb** कटोर नियंत्रण रखना; **keep one's mouth ~ shut** अपने मुंह को बिल्कुल बंद रखना; **run a ~ ship** संगठन को कड़ाई और अनुशासित ढंग से चलाना; **sit ~** टस से मस न होना, डटे रहना; **sleep ~** कम सोना; **walk a ~ rope** कठिन स्थिति में दक्षतापूर्वक काम ले.

tighten /टाइटन/ *v., pt.* **~ed**, *pp* **~ing** 1 कसना: ~ one's belt; ~ one's grip; ~ the reins; ~ sth up 2 कस जाना, तन जाना: his muscles **~ed** into steel bands; his hands **~ed** on the parapet of stone 3 तनावपूर्ण हो जा., कस जा.;

p&i: **~ one's belt** *colloq.* किफायत करने लगना; **~ (sth) up** कानून, नियम आदि को सख्त बनाना; **~ the noose around the neck of sb** किसी के गले में फंदा कसना; **~ the purse strings** किफायत से खर्च क.; **~ up** कड़ाई क. या सख्ती बर्तना; **~ the screws** शिकंजा कसना;

the market ~ed day by day दिन-प्रतिदिन बाजार की स्थिति कठिन होती गई

tigon/ tiglon /टाइगौन/ टाइग्लौन/ *n.* बाघ या शेर का बच्चा

tigress /टाइग्रिस/ *n., pl.* **~es** बाघिन: she turned on him like a ~ at bay

tigrine /टाइग्राइन/ *adj.* 1 बाघ या बाघिन का: ~ claws 2 बाघ से संबंधित 3 बाघ जैसा: ~ snakes (चितकबरा सांप) 4 खूंखार: ~ aspect (खूंखार शक्ल)

TII *abbr.* 'Tobacco Institute of India', 'Transparency International India' की प्रथमाक्षरी

TIIL *abbr.* 'Tourbo Infotech and Industries Limited' की प्रथमाक्षरी

tike /टाइक/ *n.* = **tyke** 1 कुत्ता 2 निकम्मा या दोगला कुत्ता 3 नीच आदमी

tikka /टिक्का/ *n., pl.* **~s**, *Ind. cookery* टिक्का

til, 'til = until

TIL *abbr.* 'Tata Infotech Limited', 'Tata International' की प्रथमाक्षरी

tilbury /टिल्बरि/ *n.* दोपहिया घोड़ा-गाड़ी

tilde /टिल्डअ/ *n.*, (~) टेढ़ू, लहरिल चिह्न, लहरिया, (***syn.*** swing dash) लहरिल डैश

tile /टाइल/ *n.* 1 खपड़ा, टाइल, खपरा, खपड़ी: ~ roof; ~ masonry 2 मिट्टी का पकाया हुआ नालीनुमा टुकड़ा जिसे नालियां (drains) बनाने में प्रयोग किया जाता है;

v., *pt.* **~d**, *pp* **tiling** 1 टाइल लगाना: ~ the walls 2 खपड़ा बिछाना: ~ a house;

dw/lw: **~r** *n.* टाइलें लगाने या बिछाने वाला; **tiling** /टाइलिंग/ *n.* 1 टाइलें लगाने या बिछाने का काम 2 टाइलों का फर्श;

collocations: **covering of ~s** खपड़ैल, खपरैल; **flat ~** थपुआ, खपुआ; **semicylindrical ~** 1 नरिया 2 रेशमी टोपी;

p&i: **have a ~ loose** थोड़ा पेंच ढीला हो.: he has a ~ loose; **on the tiles** खाते-पीते व नाचते हुए खूब मौज-मस्ती क.

till[1] /टिल/ *prep.* 1 किसी स्थान तक, कहीं तक (दूरी): go on ~ you reach the station; ~ the end 2 (समय) तक: wait ~ tomorrow; he will not come ~ after dinner; he did not learn of it ~ the next day; ~ the end; ~ three o'clock 3 अब तक: ~ now 4 तब तक: ~ then;

conj. **until** जब तक, जब तक... न, जब तक कि: wait ~ the rain has stopped/ stops; we can't begin ~ he's finished; it was not ~ I saw it myself that I believed it; laugh ~ one cries; enjoy the roses ~ they flourish;

p&i: **~ the cows come home** बहुत देर में; **~ the last breath** मरते दम तक;

till[2] /टिल/ *v., pt.* **~ed**, *pp* **~ing** 1 (खेत) जोतना, हल चलाना: ~ the land 2 कृषि-कार्य क.: ~ a farm;

dw/lw: **~able** /टिलअबल/ *adj.* जोतने-लायक; **~age** /टिलिज/ *n.* 1 जुताई, जोत: fit for ~age 2 जोती हुई भूमि 3 खेती, खेती-बाड़ी, कृषि, काश्त: ~age tools 4 खेत; **~ed** /टिल्ड/ *adj.* जुता हुआ: ~ed soil; ~ed land

till[3] *n.* 1 *UK* गोलक, गुल्ला, गुल्लक 2 छोटी तिजौरी, दुकान में पैसे रखने की जगह 3 दराज, ड्रावर (drawer)

till[4] *n.* सख्त मिट्टी का ढेला

tiller[1] /टिलः/ *n.* 1 जुताई करने वाला, किसान, खेतिहर 2 कृषि-औजार, कल्टीवेटर

tiller[2] *n.* पतवार का डंडा, कर्णदंड (handle of a boat-rudder)

tiller[3] *n.* 1 (***syn.*** sapling) अंकुर, बालवृक्ष 2 (shoot of a plant) तने से निकलने वाली कोंपल, अंतर्भूस्तरी: send up/ shoot out **~s**

tilt /टिल्ट/ *v., pt.* **~ed**, *pp* **~ing** 1 (***syn.*** tip) एक ओर झुकाना, झुकना: ~ a chair back 2 (*often* **~ at sb/ sth**) की आलोचना क., पर आक्षेप क., पीटना 3 चंदोवा (cloth-covering) तानना 4 (***syn.*** joust) घोड़े पर सवार होकर बर्छेबाजी क.: ~ sb out of the saddle 5 इस्पात ढालना 6 के साथ संघर्ष क.: ~ at wrongs 7 लहरों आदि पर नाव का झुकना, डुलना, लड़खड़ाना: a boat **~ed** on the waves 8 खेल मुकाबले में हिस्सा ले.: ~ in a tournament;

n. 1 झुकाव, नति, आनति: the ~ of a board; give sth a ~ 2 ढलान: at a perilous ~; the ~ towards the city 3 चंदोवा, वितान 4 घुड़सवारों की बर्छेबाजी: at a ~ (एक प्रहार में); run at (the) ~ 5 बर्छेबाजी में प्रहार 6 आक्षेप, आलोचना 7 मुठभेड़ में वार-प्रहार: have a ~ at sb 8 भारी हथौड़ा, पातघान;

dw/lw: **~ed** *adj.* नत, झुका हुआ, प्रवण: ~ed block (नत खंड); **~er** *n.* खेल मुकाबले में भाग लेने वाला; **~-hammer** *n.* भारी हथौड़ा; **~ing** *n.* झुकाव; **~-yard** *n.* बर्छेबाजी का अखाड़ा या मैदान

collocations: **~ boundary** प्रणति सीमा; **~ component** नति घटक;

p&i: **~ at the windmills** दोन क्विकजोट (Don Quixote) की तरह हवाई-चक्की के ढांचे के रूप में दिखने वाले काल्पनिक दुश्मनों से लड़ना, ख्याली दुश्मनों पर हमला क.; **~ at sb/ sth** बोलकर या लिखकर कड़ी आलोचना क.; **~ at sth** कुछ जीतने का प्रयास क.;

at full ~/ pelt पूरी रफ्तार से; **full ~** पूरी रफ्तार

tilth /टिल्थ/ *n.* जुताई, जोती हुई जमीन: the ~ of the ground

Tim. *abbr.* 'Timothy' का छोटा रूप

timbale /टिम्बल/ *n., cookery* कप जैसे बर्तन में पकाया जाने वाला गोश्त या मछली का व्यंजन

timber /टिम्बः/ *n.* 1 *UK* (*US* **lumber**) इमारती लकड़ी: the ~

of the oak 2 इमारती लकड़ी के पेड़: standing ~ 3 शहतीर, धरन: roof ~**s** 4 लट्ठा, बल्ला: fasten ~**s** 5 वन 6 शारीरिक डील-डौल: a man of small ~ 7 गुण: a man of his ~;

***v.**, pt.* **~ed**, *pp* **~ing** 1 सामान्य व इमारती लकड़ी की आपूर्ति क. 2 किसी स्थान या इमारत को लकड़ियों से ढकना या लकड़ी लगाकर उसे मजबूत क.;

dw/lw: **~ed** /टिंबःड/ *adj.* 1 इमारती लकड़ी से बना हुआ: ~ed houses; a little ancient church with a ~ed spire 2 इमारती लकड़ी से आच्छादित 3 वृक्ष-बहुल 4 अच्छे डील-डौल वाला: he is well ~ed; **~ing** /टिंबरिंग/ *n.* इमारती लकड़ी का काम; **~line/ tree line** *n.* पहाड़ों पर वह ऊंचाई जिससे ऊपर पेड़ नहीं उगते, वृक्ष-रेखा, वृक्ष-सीमा; **~-yard** *n.* लकड़ी का टाल;

collocations: **~ cup/ partition** कक्षों में विभाजन; **~ industry** लकड़ी उद्योग; **~ mining** वनीय संपदा का बेतहाशा उपयोग; **~ reserve** आरक्षित वन; **~ slide** लकड़ी का बहाव; **~ wolf** (*also* **grey ~**) उत्तरी अमेरिका के जंगलों में पाया जाने वाला भूरे रंग का भेड़िया; **~ work** लकड़ी का काम; **~ works** लकड़ी का कारखाना या उद्योग;

a rude ~ coffin साधारण ताबूत; **the ~ of the windows** खिड़कियों की लकड़ी

p&i: **my ~s!/ shiver my ~s!** हे भगवान!

timbre /टैंबः/ *n.* ध्वनि-गुण, ध्वनि का (विशिष्ट) स्वरूप, ध्वनिरूप

timbrel /टिम्ब्रल/ *n.* डफली, खंजरी

Timbuktu /टिंबक्टू/ *n.* कोई दूरस्थ व विचित्र स्थान

time /टाइम\/ *n.* 1 समय, काल, वक्त: space and ~ (दिक्-काल); absolute/ relative/ objective ~; ~ will show; ~ alone could answer the question; ~ flies; ~ is short; ~ is precious 2 जीवन-काल: in sb's life-~; it will last my ~; all these things happened in my ~ 3 (*also* **~s**) युग, काल: Vedic **~s**; (in) past **~(s)**; (in) old/ ancient **~s**; olden **~(s)**; the good old **~s**; the product of our **~s**; at all **~s**; from the earliest **~s**; from **~s** immemorial; other **~s**, other manners; in prehistoric **~s**; the **~s** of Shakespeare; the **~s** we live in; ahead of one's **~(s)**; behind one's **~(s)**; the ~ is out of joint 4 अवधि, मियाद, मुद्दत, समय सीमा: five-year plan ~; play ~ 5 दिन का कोई समय, पहर, घड़ी द्वारा दिखाया जाने वाला समय, सही समय या घंटों में से किसी घंटे का बजने का समय, पल: what's the ~?; show ~; lose/ gain ~; ahead of ~/ before one's ~; be in ~ for sth; it is ~ to go to bed; the ~ is up 6 समय प्रणाली: Greenwich ~; mean ~; Indian standard ~; East-European ~ 7 कुछ करने का उचित समय: it's time (for/ to do sth); keep/ good/ bad ~ 8 समय से पहले या उपयुक्त समय पर: in (good) ~ 9 समय, वक्त, अवसर, मौका: at the wrong ~ (बेमौके) 10 मौसम: at this ~ of year; for this ~ of year 11 खाली समय, वक्त, अवकाश, फुर्सत: find ~ (समय निकालना); have much/ plenty of/ loads of ~; have no ~; be hard pressed for ~; not to have much of a ~; have no ~ to spare; I have no ~ for such nonsense 12 दौड़ आदि में लिया जाने वाला समय: task ~; the winner's ~; some wonderful **~s** were put up; he is making excellent ~ 13 हालात, जमाना, समय: bad (good) **~s** (खराब या अच्छा समय, अच्छे-बुरे हालात) 14 बार, दफा, मर्तबा: first ~ (पहली बार); have been to Russia umpteen **~s**; a dozen **~s**; every ~; every ~; this ~; next ~; at a ~ (एक समय पर); ~ and again; from ~ to ~; nine **~s** out of ten (दस में से नौ बार) 15 गुणा, गुना: ten **~s** more (दस गुना अधिक); four **~s** three is twelve (चार गुना तीन बारह होते हैं); three **~s** six is/ are eighteen; twenty **~s** less; many **~s** as large (कई गुणा बड़ा) 16 संगीत या चाल की ताल: waltz ~; march in quick/ in slow ~; keep/ beat ~; in/ out of ~ 17 आयु, उम्र: in his ~ of life; I have now reached a ~ of life when ... 18 समय की मात्रा या अंतराल: period of ~; a long/ a short ~; some ~; for a ~; for vacation ~; in less than no ~; I'll come back in no ~; in the same flash of ~; for the ~ being; give sb ~ to turn round; there is no ~ to lose; ~ of orbiting 19 चाल, रफ्तार 20 कुछ समय: stayed there for a ~ 21 अनुभव: have a good/ a fine ~ in the pub; good **~s**; bad **~s**; hard ~ 22 (term) कैद आदि की मियाद 23 (***syn.*** apprenticeship) प्रशिक्षण अवस्था: served ~ 24 खुलने या बंद होने का समय 25 जन्म या मरण का समय 26 दैनिक कार्यकाल, दिनचर्या 27 कार्य-काल 28 दफ्तर आदि का समय: work full/ part ~; Sundays pay double ~;

***v.**, pt.* **~d**, *pp* **timing** 1 किसी कार्य को पूरा करने का समय निश्चित क.: he **~d** his arrival for six o'clock; the train was **~d** to reach **Delhi** at 8 a.m. 2 समय मापना, रफ्तार तय क.: ~ the speed of work; I **~d** his reading 3 समय चुनना या निश्चित क.: ~ oneself well; the remark was well/ ill **~d** 4 समय पर पूरा क. 5 घड़ियों को मिलाना: ~ your watch with mine; the alarm-clock was **~d** to go off at nine o'clock 6 किसी कार्य का समय मिलाना: ~ camera's exposure correctly; ~ one's steps to a march;

adj. कालिक, समयगत, मियादी, सावधि;

interj. समय हो गया!: it's ~!

dw/lw: **~-barred** /~-बाःड/ *adj.* कालातीत, अवधि से बाहर; **~-bound** /~-बाउंड/ *adj.* समयबद्ध; **~-card** *n.* समय-पत्रक, दफ्तर या फैक्टरी आदि में किए गए काम के घंटे दर्ज करने का कार्ड यानी ऐसा कार्ड जिस पर काम पर आने-जाने वाले कर्मियों का समय दर्ज होता है; **~-chart** *n.* समय-सारणी; **~-consuming** /~-कंज्युमिंग/ *adj.* समय-खाऊ; **~d** /टाइम्ड/ *adj.* किसी समय के हालात से मेल खाने वाला: ill-~d; **~-expired** *adj.* समय-निवृत्त, जिसकी अवधि बीत गई हो; **~-exposure** *n.* समय-उद्भासन, फोटो लेने के लिए फिल्म को दिए जाने वाले प्रकाश का समय; **~-fuse** *n.* मियादी पलीता, फ्यूज, समय-पलीता; **~-glass** *n.* रेतघड़ी; **~-honoured** *UK* (*US* **~-honored**) /~-ऑनःड/ *adj.* चिर सम्मानित प्रथा, अति प्राचीन: a ~-honoured tradition or way of doing things; **~keeper** *n.* समय पाल, टाइमकीपर; **~keeping** *n.* 1 समय का पाबंद होने की सक्षमता 2 किसी कार्य के पूरा होने का समय दर्ज करने की क्रिया; **~less** *adj.* 1 कालातीत, कालजयी: ~less art; ~less night 2 शाश्वत 3 अनंत; **~-line** *n.* समय की द्योतक रेखा; **~liness** *n.* समयोचित्य, सामयिकता; **~ly** /टाइमलि/ *adj., degr.* ~lier, ~liest 1 ठीक समय पर होने वाला, यथासमय, समयोचित, सामयिक: ~ly aid; ~ly joke 2 समय से पहले; **~ly** *adv.* समय पर: he got up ~ly; **~-out** *n.* खेल के मुकाबले के दौरान थोड़ा-सा विश्राम समय या में ठहराव: ~-out for rest; ~-out for substitution 2 *comput.* किसी क्रिया (operation) का कुछ समय बीतने पर अपने आप बंद हो जाने की प्रक्रिया; **~liness** *n.* समयोचित्य, सामयिकता; **~piece** *n.* घड़ी, घंटा; **~r** *n.* 1 समयांकक 2 समय पाल 3 काल मापी 4 काल समंजक; **~rate** *n.* समय-दर; **time\s** *prep.* गुना या गुणा: five ~s two is ten; **~saving** *adj.* समय-बचाऊ, समय बचाने वाला; **~scale** (*also* **~-frame**) *n.* किसी प्रयोजना के पूरा होने के चरणों की समय सारणी; **~-served** *adj.* पूर्णतः प्रशिक्षित: a ~-served electrician; **~-server** *n.* अवसरवादी, समयानुसारी, समय के अनुसार गिरगिट की तरह रंग बदलने वाला; **~serving** *n.* अवसरवाद, समयानुवर्तन, समयानुसरण; **~share** *n.* संपत्ति का अवधि-आधारित विभाजन; **~-sharing** *n.* 1 किसी अवधि के लिए किसी संपत्ति के उपयोग के अधिकारों की खरीद 2 *comput.* एक समय में एक कंप्यूटर पर कई सिरों से काम करने की क्रिया; **~-switch** *n.* टाइम-स्विच, आश्यकतानुसार चालू-बंद होने वाला नियतकालिक खटका या बटन; **~table** *n.* 1 (*also US* **schedule**) 1 समय सारणी, समय-सूची 2 कार्यक्रम: draw up/

give/ keep/ set a ~table for (doing) sth; **~table** *v. pt.* ~tabled, *pp* ~tabling कार्यक्रम बनाना, दिन, तिथि और समय अनुसार काम की योजना बनाना; **~-wasting** *n.* खेल मुकाबले में किसी टीम द्वारा जान-बूझकर समय बर्बाद करने की क्रिया; **~-work** *n.* सावधिक काम; **~worn** *adj.* (समय के साथ बना) गला-सड़ा, जीर्ण-शीर्ण या फटा-पुराना;

half-~ *n.* फुटबाल आदि के खेल में आधा समय; **night-~** *n.* रात का समय; **timing** *see below under separate entry*;

collocations: ; **~-and-motion study** कारखाने में उत्पादकता बढ़ाने के लिए कार्य शैली का अध्ययन; **~ bomb** टाइम-बम, मियादी बम, समय-बम; **~ capsule** काल-संपुटिका, समय-संपुटिका; **~ clock** समय-पत्रकों (time-cards) पर कर्मियों का आने और जाने का समय दर्ज करने वाला उपकरण; **~ code** चुंबकीय टेप में फ्रेमों के क्रमिक रूप से समय (घंटा, मिनट, सैंकड) दर्शाने वाले संकेत; **~ for meal** खाने का समय; **~ frame** समय अवधि; **~ lag** अंतराल, कालांतर, समयांतर, समयपश्चता, बीच का खाली समय; **~-lapse photography** किसी वस्तु या पिंड में समय के गुजरने के साथ होने वाले बदलाव को दिखाने के लिए नियमित अंतरालों पर खींची जाने वाली फोटो; **~ limit** निश्चित अवधि, अंतिम तिथि या समय, समय-सीमा; **~ lock** किसी उपकरण को निश्चित समय पर चालू करने के लिए बटन; **~ of life** उम्र, अवस्था; **~ range** समय की दूरी या विस्तार; **~ release** किसी पदार्थ को थोड़ी-थोड़ी मात्रा में निश्चित समयों पर छोड़ा जा.; **~ sense** समय बोध; **~ sheet** समय-फलक; **~ signal** समय-संकेत; **~ signature** *music* संगीत-स्वरों को चिह्नित करने की विधि; **~ slot** 1 टीवी या रेडियो आदि पर किसी कार्यक्रम के लिए निर्धारित समय अंतराल 2 किसी कार्य को करने की अवधि; **~ span** समय का अंतराल; **~ spirit** युग-चेतना, युग-सत्य; **~ warp** 1 वैज्ञानिक गल्प-साहित्य में काल्पनिक रूप से कालों को यानी भविष्य को भूत में, वर्तमान को भविष्य आदि में बदलने की क्रिया 2 समय के थमाव को दर्शाने के लिए पुराने फैशनों, शैलियों आदि का प्रचलन; **~ zone** अलग-अलग-अलग देशों या स्थानों से बने समयों का क्षेत्र-विभाजन;

local ~ स्थानीय समय; **old Father Time** पितामह समय; **prime ~** मुख्य समय; **the big ~** सफलता, प्रसिद्धि, मान्यता, मुख्य स्थान; **the first and last ~** पहली और आखिरी बार; **the unity of ~ and space** दिक्-काल का सामंजस्य;

p&i: **~ after ~ = ~ and (~) again = ~s out of number** बारंबार, लगातार, निरंतर, बार-बार, बहुत बार; **~ alone will tell = only time will** समय आने पर ही पता चलेगा; **~ and a half** डेढ़ गुणा; **~ and tide wait for no man** समय किसी का इंतजार नहीं करता; **~ cures all things = time is the best healer** समय के साथ सब घाव भर जाते हैं; **~ devours all things** काल के पेट में सब कुछ समा जाता है; **~ flies** समय बहुत जल्दी बीतता है; **~ hangs heavy on one's hands** समय मुश्किल से कट रहा है; **~ ill** बेमौके, बेवक्त या असमय कुछ करना या कहना; **~ immemorial/ ~ out of mind** अति प्राचीन काल; **~ is money** समय बहुत कीमती होता है; **~ is on sb's side** किसी के पास कुछ करने का अभी समय है; **~ is the best healer** *see above under* **~ cures all things**; **~ lost cannot be recalled** गया वक्त फिर हाथ नहीं आता; **~s out of number** असंख्य; **~ out of mind** *see above under* **~ immemorial**; **~ tames the strongest grief = ~ is the best healer**; **~ wasted is existence, used is life** गंवाया गया समय महज अस्तित्व है, जबकि ठीक ढंग से प्रयोग में लाया गया समय जीवन है; **~ well** ठीक मौके या समय पर कुछ करना या कहना; **~ with** 1 मिला लेना 2 साथ दे.; **~ works wonders** समय बहुत बड़ा जादूगर है;

abreast of the ~s समय या काल के साथ-साथ; **against ~** जल्दी से पूरा क. क्योंकि समय बहुत कम है; **ahead of ~** निश्चित समय से पहले; **ahead of one's ~** समय से कहीं आगे के विचार आदि हो.; **all the ~/ the whole ~** सारे समय, हमेशा, हर वक्त; **all in good ~** कोई जल्दी नहीं है; **and about ~ too** इसे तो अब तक हो जाना चाहिए था; **a period of ~ in the past** भूत काल में कोई समय; **a race against ~/ the clock** काम को पूरा करने के लिए समय का अभाव; **as old as ~** अनंत कालीन, चिर कालीन; **as ~s go** जैसे-जैसे समय गुजरता है; **a stitch in ~ saves nine** समय पर किया हुआ काम बहुत सारे लोगों के काम आता है; **at a ~** अलग-अलग करके; **at all ~s** सदा, हमेशा; **at my/ your/ her ... ~ of life** किसी के जीवन काल में; **at no ~** कभी नहीं, कदापि नहीं; **at one ~** पहले, किसी समय, कभी, एक जमाने में; **at other ~s** दूसरे अवसरों पर; **at the best of ~s** अनुकूलतम समय पर; **at the same ~** फिर भी, तिस पर भी, तथापि; **at this ~ of day** इतनी देरी से, इतनी देर गए; **at ~s** कभी-कभी; **bear the test of ~** समय की मार को झेलना, समय की कसौटी पर खरा उतरना; **beat ~** समय पर काम पूरा क.; **beat sb's ~** किसी के दोस्त को छीन ले.; **before sb's ~** 1 किसी के जन्म से पहले 2 (***syn.*** prematurely) समय से पहले; **beguile/ while away the ~** व्यर्थ समय गुजारना; **be behind ~** 1 दकियानूस हो. 2 विलंबित; **behind the ~s** दकियानूसी, पुराण-पंथी, अतीतवादी; **be struck in a time warp** भूतकाल के किसी बिंदु से अब तक बिल्कुल न बदलना, यद्यपि आसपास सब कुछ बदल गया है; **between ~s/ from ~ to ~** कभी-कभी, जब-तब, यदा-कदा, समय-समय पर; **bide one's ~** समय काटना और ठीक अवसर का इंतजार क.; **born before one's ~(s)** अपने समय से आगे के विचारों वाला हो., युग-द्रष्टा हो.; **buy ~** 1 पैसे देकर रेडियो या टीवी पर बोलने का अवसर पाना 2 उचित अवसर की प्रतीक्षा में समय गुजारना; **by this ~** अब तक; **devil's own ~** अत्यधिक कठिन समय; **do ~/ serve one's ~** कैद का समय काटना; **do one thing at a ~** एक समय पर एक ही काम क.; **every ~** हर हाल में; **every ~ one turns around** अक्सर, प्रायः; **fill in ~** समय काटना; **for a ~** कुछ समय तक; **for all the ~** हमेशा के लिए; **for a ~** कुछ समय के लिए; **for the nth ~** हजारों बार; **for the ~ being** 1 अस्थायी रूप से 2 इस समय, अभी के लिए, फिलहाल; **from ~ to ~** कभी-कभी; **gain ~** टालना, समय पाना, किसी काम को लंबा खींचना; **give sb a hard ~** किसी के लिए मुश्किल खड़ी क.; **give sb the ~ of day/ pass the ~ of day with sb** किसी से दुआ-सलाम क.; **go with the ~s** समय अनुसार चलना; **half the ~** बहुधा, अक्सर, प्रायः; **have all the ~ in the wold** बहुत फुर्सत हो.; **have lot of ~ for sb** किसी को बहुत पसंद क.; **have a rough ~** कठिन समय झेलना; **have a thin ~** कठिनाई झेलना; **have no ~ for sb** किसी को नापसंद क. और उसके लिए कोई समय न हो.; **have the ~ of one's life** अपने जीवन का सर्वोत्तम काल जीना, अपूर्व सुख (आनंद) पाना; **have ~** फुर्सत हो.; **have ~ on one's hands/ have ~ to kill** फुर्सत ही फुर्सत हो.; **his ~ has come** उसके मरने का समय आ गया है; **in a day's/ two months', etc. ~** एक दिन/ दो महीने आदि के समय में; **in bad ~** देर से; **in due ~** सही समय पर; **in good ~** समय से पहले; **all in good ~** अपने समय पर, समय से पहले नहीं; **in jig ~** चुटकी में, बहुत तेजी से; **in less than no ~ = in next to no ~ = in no ~** तुरंत, झट, झटपट, फौरन, चुटकी (चुटकियों) में, आनन-फानन में; **in ~** 1 (***syn.*** eventually) समय आने पर 2 सही वक्त आने पर 2 अंत में, आखिरकार 3 ताल के अनुसार; **in ~ for sth** कोई काम करने के लिए देर न हो., समय रहते; **in the nick of ~** ऐन समय पर; **in the retrospect of ~** भूतकाल के दर्पण में; **in your own/ good ~** आपके अपने समय पर, यानी जब आप तैयार हो जाएंगे; **in your own ~** फुर्सत के समय; **it beats my ~** यह मेरी समझ से बाहर है; **it is high ~** अब कुछ करने का समय आ गया है; **it's about ~** लगभग समय आ गया है; **it will last one's ~** किसी के जीवन भर के लिए काफी हो.;

keep ~ ताल के अनुसार (के साथ) गाना, बजाना या नाचना; **keep up/ move with the ~s** अपने काम या शैली में आधुनिकतम हो., समय के साथ चलना; **kill** ~ समय काटना; **knock sb out of** ~ किसी को घायल करके बेहोश कर दे; **live on borrowed** ~ कुछ दिनों का मेहमान हो.; **lose** ~ 1 समय गंवाना, देर क. 2 धीमे चलना; **lost ~ is never found again** हाथ से निकला समय वापस नहीं आता; **make a ~ about/ over sth** घबरा जा., हाय-तौबा मचाना; **make good** ~ तेज चलकर दूरी को जल्दी तय कर ले.; **make ~ with someone** किसी के साथ प्रेम-प्रसंग रचाना; **many a time/ many's the time that...** कई बार, अक्सर; **many ~s bigger, etc.** कई गुणा बड़ी या बड़ा; **make up for the lost** ~ गंवाए गए समय की भरपाई क.; **mark** ~ 1 एक ही स्थान पर डोलते रहना 2 समय काटना, कोई काम न क. 3 कदमताल क.; **my ~ was my own** मैंने अपना समय लिया; **needle** ~ रेडियो पर संगीत रिकॉर्ड बजाने का समय; **nine ~s out of ten/ ninety-nine ~s out of hundred** लगभग सही है या अक्सर हमेशा होता है; **no ~ at all** *colloq.* बहुत कम समय; **not give sb the ~ of the day** किसी से इसलिए बात न करना क्योंकि आप उसे पसंद नहीं करते; **of all** ~ जो कभी हुआ हो; **on** ~ 1 ठीक समय पर, यथासमय 2 किस्तवार; **once upon a** ~ एक बार; **one at a** ~ एक-एक करके; **one's ~ has come** किसी का समय आ गया; **one's ~ is up** किसी का समय खत्म; **one ~ or another** कभी न कभी, देर-सवेर; **on one's own** ~ मुफ्त; **out of** ~ बेमौके, असमय, बेमौसम, बेताल; **pass the ~ of day** राम-सलाम क.; **piping ~s of peace** शांतिपूर्वक मौज-मस्ती करने का समय; **play for** ~ जानबूझकर कर धीरे काम करके समय काटना और ठीक अवसर का इंतजार क.; **put sb to the ~ of day** किसी को वर्तमान स्थिति (सूरते हाल) से अवगत कराना; **run against** ~ पहले के किसी रिकॉर्ड को तोड़ना; **sell** ~ पैसे लेकर रेडियो आदि पर बोलने दे.; **serve one's** ~ कैद की सजा काटना; **she's near her** ~ वह जल्दी ही बच्चे को जन्म देने वाली है; **spar for** ~ और अधिक समय पाने के लिए बहस क.; **take one's** ~ जल्दी न क.; **take/ catch ~ by the forelock** अवसर को हाथ से न जाने देना; **take one's** ~ आराम से काम क.; **take your ~!** जल्दी मत कीजिए!; **take ~ out** अपने दैनिक कार्यक्रम से कुछ समय निकालकर आराम आदि क.; **ten ~s** दसगुणा; **that's the ~ of day!** स्थिति इस प्रकार है; **the end of** ~ संसार का अंत होने तक; **the next ~ round** जब अगली बार ऐसा होगा तो...; **there's no ~ like the present** काल करे सो आज कर, आज करे सो अब; **there is ~ for all things** हर काम का अपना समय होता है; **the ~ has come** (अब) किसी काम का समय आ गया है; **the ~ is out of joint** समयों का संबंध टूट गया; **the ~ of day** वर्तमान स्थिति; **the ~ is ripe**; अब समय आ गया है; **watch/ bide one's** ~ अपने अवसर का इंतजार क.; **what may be done at any ~, will be done at no time** किसी काम को करने का समय यदि तय नहीं होता, तो वह काम पूरा कभी नहीं होता; **with ~/ in (the) course of** ~ समय के साथ-साथ; **work against** ~ निर्धारित समय में क.

timid /टिमिड/ *adj., degr.* ~**er**, ~**est** 1 भीरु, कातर: ~ investor; as ~ as a hare/ as a rabbit; as ~ as a deer 2 कायर, डरपोक, बुजदिल 3 दब्बू, संकोची: ~ smile; ~ look; he is ~ about making decision;
dw/lw: ~**ly** /टिमिडलि/ *adv.* दब्बू तरीके से, डरते-डरते; ~**ity** /टिमिडिटि/ *n.* भीरुता, दब्बूपन, कातरता, संकोच, कायरपन, कायरता, बुजदिली;
p&i: ~ **as a rabbit** खरगोश-सा डरपोक

timing /टाइमिंग/ *n.* 1 किसी कार्य को पूरा करने का समय 2 ठीक समय पर कार्य करने का हुनर 3 काल-मापन, समय-मापन 4 समय-निर्धारण 5 समयानुपात 6 काल-समंजन 7 नाटक, फिल्म आदि में पात्रों के संवादों की रफ्तार, कार्य-कलापों और पारस्परिक संबंधों आदि का सामयिक नियंत्रण 8 किसी क्रिया का समय

timist /टाइमिस्ट/ *n.*सुर-ताल और समय की लय का जानकार: a good/ a poor ~

timocracy /टाइमौ\क्रसि/ *US* टाइमाः\क्रसि/ *n.* 1 आतंक आधारित शासन 2 धनिक-तंत्र, संपत्ति-संपन्नता आधारित तंत्र 3 सम्मानजनकता आधारित तंत्र;
dw/lw: ~**cratic** /~क्रअटिक/ *adj.* धनिक-तंत्रात्मक

timorous /टिमअरस\/ *adj.* (*syn.* timid) 1 डरपोक, भीरु, कातर: ~ deer 2 शर्मीला, संकोची: ~ objection; ~ policy;
dw/lw: ~**ly** /~लि/ *adv.* डरते-डरते, शर्माते हुए, संकोचपूर्वक; ~**ness** /~नेस/ *n.* 1 भीरुता, कातरता 2 शर्मीलापन, संकोच

timothy /टिमअथि/ (*also* ~ **grass**) *n.* एक तरह की घास

timpa\no /टिंपअनो/ *n., pl.* **timpani** /टिंपनि/ *n., [pl.]* नगाड़ा, नक्कारा;
dw/lw: ~**nist** /टिंपअनिस्ट/ *n.* नगाड़ा या ताशा बजाने वाला

TIN *abbr.* 'Tax Information Network', 'Tax Payer's Identification Number' की प्रथमाक्षरी

tin /टिन/ (*symbol* **Sn**) *n.* 1 टीन, टिन की चादर: house with a ~ roof 5 रांगा, कलई: coated with ~; a box made of ~ 2 *UK* (*UK/ US* **can**) डिब्बा, कनस्तर 3 *UK* खाने-पीने के पदार्थों को बचाकर रखने के लिए वायुरुद्ध कलई-लगा धातु का डब्बा: ~ of peaches 4 (*US* **pan**) तवा 5 *Br. sl.* पैसा: she married the old man for his ~;
v. *pt.* ~**ned**, *pp* ~**ning** 1 रांगा चढ़ाना, कलई क. 2 खाने-पीने के पदार्थों को डिब्बे में बंद क.: ~ fruit/ fish/ milk; this fish ~**s** well;
dw/lw: ~-**can** *n.* टिन का डिब्बा; ~**foil** *n.* वंगपन्न, टिन की पन्नी, वंग-पन्नी; ~**ful** *n., pl.* ~fuls डिब्बा भर; ~**horn** /टिनहॉःन/ *n., esp. US,, colloq.* नगण्य, घटिया आदमी; ~**horn** *adj.* नगण्य, घटिया, कमीना: ~horn gambler; ~-**man/** ~-**smith** *n.* कलईगर; ~**ned** *UK* (*UK/ US* **canned**) *adj.* 1 डिब्बाबंद: ~ned food 2 टीन में बंद 3 कलईदार; ~**ning** /टिनिंग/ *n.* 1 टीनबंदी, डिब्बाबंदी 2 कलईकारी; ~-**opener** *UK (UK/US* **can opener**) *n.* डब्बा खोलने वाला औजार; ~-**plate** *v. pt.* ~plated, *pp* ~-plating कलई क.; ~-**plated** *adj.* कलईदार, कलई किया हुआ; ~**plating** *n.* कलईगीरी; ~**pot** *adj.* बेकार, गौण: a ~**pot** dictatorship; ~**smith** *n.* 1 टीन के डिब्बे बनाने वाला 2 कलईगर; **Tinseltown** 1 कैलिफॉर्निया में हॉलीवुड का एक नाम; ~**ware** /टिनवेअः/ *n.* टिन के बर्तन;
collocations: ~ **box** संदेहपूर्ण स्रोतों से होने वाली आय; ~ **hat** धातु की टोपी; ~ **lizzie** सस्ती कार; **Tin horn** लंबी फेंकने या हांकने वाला भोंपू (गपबाज); **Tin Pal Alley** सर्वप्रिय गीत लिखने और प्रकाशित करने वाले; ~ **plate** कलईदार लोहा; ~ **wedding** विवाह की दसवीं जयंती; ~ **whistle** (*also* penny whistle) सीटी के मुंह वाली बांसुरी;
p&i: **a little ~ god** खोखला दंभी, शेखीबाज छुटभैया, बाबू; **it does exactly what it says on the ~** जैसा डिब्बे के बाहर दर्शाया गया है वैसा ही माल है; **straight from the ~ = from horse's mouth** मूल स्रोत से

TINA *abbr.* 'there is no alternative' की प्रथमाक्षरी

tincal /टिंकल/ *n.* टंकण, सोहागा

tinctorial /टिंक्टॉरिअल/ *adj.* रंग-, रंजक

tincture /टिंक्चः/ *n.* 1 टिंक्चर, घोल: ~ of iodine 2 आभा, झलक: with a ~ of red; there was a ~ of affectation in her bearing; there was not a ~ of fear in his behaviour 3 पुट, जायका, गंध: a faint ~ of vanilla 4 जमीन का रंग 5 छाप, झलक: a ~ of knowledge; a ~ of mind;
v., *pt.* ~**d**, *pp* **tincturing** 1 हल्की झलक दे. 2 हल्का रंग चढ़ाना: the wool is ~**d** with a different hue 3 का पुट दे.

tind /टिंड/ *v., pt.* ~**ed**, *pp* ~**ing** आग जलाना/ लगाना: ~ the fire;
dw/lw: ~**er** /टिंडः/ *n.* 1 अति ज्वलनशील सूखी लकड़ी 2 जल्दी

भड़क उठने वाली चीज 3 सोख्ता; **~erbox** /टिंडःबौक्स/ *US* टिंडःबाःक्स/ *n.* 1 ज्वलनशील पदार्थ से भरा डिब्बा 2 खतरनाक स्थिति 3 तुनुकमिजाज या चिड़चिड़ा व्यक्ति 4 सोख्तादान; **~ery** /टिंडरि/ *adj.* 1 अति ज्वलनशील 2 तुनुकमिजाज, भावुक;
p&i: **burn like** ~ मोमबत्ती की तरह जलना

tine /टाइन/ *n.* 1 कांटे, कंघे आदि का नुकीला सिरा, दांता 2 हिरन के सींगों का नुकीला सिरा

tinea /टीनिआ/ *n., pathol.* दाद

ting /टिंग/ *n.* टनटन;
v., *pt.* **~ed**, *pp* **~ing** टनटनाना;
p&i: **~-a-ling** टनटनाहट

tinge /टिंज/ *n.* 1 हल्का रंग: a yellowish ~; give sth the necessary ~ 2 छाप, झलक: a ~ of archaism; subjective ~; this gives her manners a charming ~ 3 पुट, गंध: his piety had a ~ of hypocrisy;
v., *pt.* **~d**, *pp* **tinging** 1 हल्का रंग चढ़ाना: the setting sun **~d** the sky with a rosy flush; the summit of the mountain was **~d** with the red light of morning; the solution **~s** a kind of orange colour 2 में किसी चीज का पुट दे.: the air was **~d** with the smell of roses 3 का पुट हो.: everything he said seemed to be **~d** with irony; his admiration was **~d** with envy 4 छाप छोड़ना: the influence of Marx **~s** his work;
dw/lw: **~d** *adj.* हल्के रंग का

tingle /टिंगल/ *v., pt.* **~d**, *pp* **tingling** 1 झुनझुनी या चुभन हो. या पैदा क.: their cheeks **~d** with the cold; his cheek **~d** from the slap 2 झुनझुनाना, सनसनाना: the exact details were on her tongue, **tingling** to be uttered; the reply **~d** in his ears 3 लज्जित हो., शर्म या गुस्से से मुंह लाल हो.: his cheeks **~d** with indignation/ with shame; his conscience begins to ~ 4 थरथराना, कांपना: he felt the lust of battle **tingling** in him from head to heel 5 चिढ़ाना, उत्तेजना पैदा क.: the book **~s** with interest; we were all **tingling** with eagerness and excitement; news that **~s** all hearts 6 घंटी का बजना: the little bell ceased to ~;
n. 1 झुनझुनी, सनसनाहट 2 चुभन 3 जलन

tinhorn *see above under* **tin:** ***dw/lw***

tininess /टाइनिनेस/ *n.* अत्यल्पता, नन्हापन

tinker /टिंकः/ *v., pt.* **~ed**, *pp* **~ing** 1 मशीनी पुर्जों, किसी अन्य वस्तु या काम से छेड़छाड़ क.: art does not admit of being **~ed** with 2 टांका लगाना 3 झालना, पांजना 4 मरम्मत क. 5 कच्चा काम क., जुगाड़ क.: ~ (up) a broken clock; his doctor **~ed** him up 6 कसेरा या घटिया घुमंतू मिस्त्री की तरह काम क.;
n. 1 ठठेरा, कसेरा, पंजेरा, घटिया मिस्त्री या कारीगर: swear like a ~ 2 नीम-हकीम, कच्चा काम करने वाला, जुगाड़बाज 3 मरम्मत, कच्चा-काम, जुगाड़: have an hour's ~ at sth;
p&i: **I don't care a ~'s damn/ curse/ cuss** मैं जरा भी परवाह नहीं करता; **it is not worth a ~'s damn/ curse** यह दो कौड़ी का भी काम या वस्तु नहीं

tinkle /टिंकल/ *v.. pt.* **~d**, *pp* **tinkling** 1 टुनटुन क., टनटनाना, सरसराना: the dry snow **~d** beneath my feet; ~ on a guitar 2 टल्ली की तरह बजना या बजाना: a bell **~d**; ~ a bell; the clock **~d** out nine 3 पेशाब क.;
n. 1 टनटनाहट, झनझनाहट: the ~ of falling glass; the high ~ of laughter 2 *Br.* टेलीफोन की घंटी 3 पेशाब करने की क्रिया

tinned *see above under* **tin:** ***dw/lw***

tinnitus /टिनाइटस/ टिनिटस/ *n., med.* कर्णस्वन, कान में कोई शोर, कुछ बजने आदि की आवाज होने की क्रिया

tinny /टिनी/ *adj., degr.* **tinnier** /टिनिअः/, **tinniest** /टिनिएस्ट/ 1 टीन-संबंधी 2 कलईदार 3 घटिया, बेकार, लचर 4 वंगमय 5 टिन की तरह बजने वाला: ~ sound;
n., *pl.* **tinnies** *Austral sl.* बीयर का डिब्बा (can);

tinplated *see above under* **tin:** ***dw/lw***

tinpot /टिनपौट/ *US* टिनपाःट/ *adj.* अधम, घटिया: ~ politicians;
n. टिन का बर्तन

tinsel /टिंसल/ *n.* 1 पन्नी, सलमा-सितारा: trimmed with gold ~ 2 तड़क-भड़क: ~ music; ~ cinema 3 भड़कीली सस्ती चीज 4 दिखावटी चमक-दमक: the ~ of politeness; the ~ of rhetoric; ~ splendour of language;
adj. भड़कीला, नुमाइशी, दिखावटी;
v., *pt.* **~led**, *pp* **~ling** 1 पन्नी या सलमा-सितारे लगाना, भड़कीला बना दे.;
dw/lw: **~town** *n.* चमकीली-दमकीली फिल्मी नगरी; **~ly** /टिंसलि/ *adj.* 1 तड़कीला-भड़कीला 2 दिखावटी

tinsmith *see above under* **tin:** ***dw/lw***

tinstone /टिन्स्टोन/ *n.* वंग-प्रस्तर

tint /टिंट/ *n.* 1 रंगों का हल्का पुट: ~ of yellow; red of ~ 2 वर्ण, रंगों की विविधता: ruled/ crossed ~ 3 आभा, रंगत, झलक 4 बालों को रंगने वाला पदार्थ;
v., *pt.* **~ed**, *pp* **~ing** 1 रंग भरना या लगाना 2 रंगना 3 रंग चढ़ाना 4 रंगत दे., हल्का रंग चढ़ाना;
dw/lw: **~ed** /टिंटिड/ *adj.* रंगा हुआ, रंगीन, रंजित: ~ed glass; ~ed paper; **~ing** /टिंटिंग/ *n.* रंगाई, रंगत; **~y** /टिंटि/ *adj.* बेमेल रंगा हुआ
p&i: **of the purest** ~ सर्वोत्तम, श्रेष्ठतम

tint-tack *n.* छोटी मेख या कील;
p&i: **come down to ~s** मामले के निचोड़ पर आना

tintinna\bulation /टिंटिनैब्यु\लेशन/ *n.* टनटन, टनटनाहट;
dw/lw: **~bulous**/ **~bular** /~लस/ ~लः/ *adj.* टनटनाता हुआ; **~bulum** /~लम/ *n.* 1 घंटी 2 झुनझुना

tinware *see above under* **tin:** ***dw/lw***

tiny /टाइनि/ *adj., degr.* **tinier** /टाइनिअः/, **tiniest** /टाइनिएस्ट/ बहुत छोटा, नन्हा-सा: ~ hands; ~ little child; ~ tot; ~ little piece; ~ bit (थोड़ा-सा);
n. नन्हा बच्चा: when they were **tinies**, we played together;
dw/lw: **tininess** *see above under separate entry*

-tion /-शन/ *suffix, forming nouns, signifying:* **action, result,** condi**tion** (क्रिया, परिणाम, अवस्था)

TIP *abbr.* 'test identification parade', 'threat-image projection', 'Training in Partnership' की प्रथमाक्षरी

tip /टिप/ *n.* 1 नोक, सिरा, छोर, अनी: walk on the **~s** of one's toes 2 अग्रभाग, अग्र, सिरा 3 नोक (of tongue): be/ have it on/ at the ~ of one's tongue 4 झुकाव: give a cask a ~ 5 शाम: metal ~ of a stick 6 चोटी, शिखर: ~ of the lung 7 सिरे की टोपी: the ~ of a stick/ of a spear/ of an umbrella 8 कूंची 9 बख्शीश, इनाम: give sb a tenner as ~ 10 (***syn.*** hint) संकेत, सुझाव, युक्ति, पते की बात: the straight ~; a ~ to do sth; give sb a ~ to buy shares; thanks for the ~; a handy/ helpful/ hot/ useful ~; **~s** for/ on sth 11 गुप्त सूचना: get a ~ 12 थपकी, हल्का स्पर्श: a ~ of the whip 13 हल्का धक्का या झटका 14 (*UK/US* **dump**) घूरा, कबाड़खाना, कूड़े का ढेर, गंदा और अव्यवस्थित स्थान;
v., *pt.* **~ped**, *pp* **~ping** 1 (***syn.*** tilt) झुकना, तिरछा होना, तिरछाना , झुकाना, तिरछा क.: ~ a barrel; ~ back in one's armchair 2 (*also* **~ up/ over**) उलटना, उलट जाना, उलटना, उल्ट दे.: the table **~ped**; the table **~ped** over; the cart **~ped** up; ~ a boat; the boat **~ped** over; ~ rubbish 3 (*also* **~ sth out**) उंडेलना: ~ sth into/ onto/ out of sth; ~ the tea into one's saucer; ~ the water out of the bucket 4 टोपी, सिरा लगाना: have one's stick **~ped**; a staff **~ped**

with gold 5 (*also* ~ **off**) संकेत क., सावधान क., सुझाना, युक्ति बताना: ~ sb a wink/ nod; they have been **~ped** off to come here 6 (*also* ~ **the wink**) पुलिस आदि को गुप्त सूचना दे.: ~ the police; ~ sb off that ... 7 हल्का स्पर्श क., थपथपाना, हल्का प्रहार क.: ~ sb on the shoulder 8 उठाना 9 बख्शीश दे.: ~ a waiter; ~ the porter (with) a tenner 10 टहनी आदि के सिरे, बालों आदि को छांटना या कतरना: ~ a bush; have one's hair **~ped** 11 किसी को कुछ दे., भेंट क.: ~ sb a note of thanks; ~ the company a song;

dw/lw: **~-and-run** *n.* बिजली की रफ्तार से बोला जाने वाला धावा: ~-and-run attack; **~cart** *n.* उल्टाऊ गाड़ी; **~cat** *n.* 1 गुल्ली 2 गुल्ली-डंडा; **~-in** *n.* बास्केटबाल में गेंद को टोकरी में डालने पर उछलकर वापस आती गेंद को दोबारा टोकरी में डालने पर मिलने वाला अंक; **~-off** *n., pl.,* (**~-offs**) 1 सलाह, सुझाव, संकेत 2 महत्त्वपूर्ण (गुप्त) सूचना; **~-off** *v., pt.* ~ped-off, *pp* ~ping-off संकेत दे., चेतावनी दे.: ~ped-off sb about; **~ped** *adj.* सिरे पर टोपी वाली बेंत या छड़ी; **~per** *n.* 1 (*also* **~er lorry/ truck**) डंपर 2 बख्शीश देने वाला; **~staff** *n., pl.* ~staffs/ ~staves गुप्त सूचना देने वाला; **tipster** /टिप्स्टः/ *n.* 1 घुड़दौड़ में घोड़ों पर बाजी लगाने के बारे में संकेत या सुझाव देनेवाला 2 पुलिस को गुप्त सूचना देनेवाला; **tiptoe, tiptop** *see below under separate entry*;

p&i: **~ the balance** or **scales/ swing the balance** पलड़ा भारी हो. या क.; **~ off/ over the perch = ~ up one's heels** मर जा.; **~ one's hat to sb** किसी के साथ लापरवाही से दुआ-सलाम क.; **~ over/ ~ sth over** उलटना, उंडेलना, लुढ़का दे.; **~ sb off** किसी को कीमती या गुप्त सूचना दे.; **~ sb the wink = ~ the wink to sb** किसी को आंखों से इशारा क.; **~ the scale** 1 पलड़ा भारी क., झुकाना 2 का प्रबल कारण होना; **~ the scales at sth** कोई वजन हो.; **~ your hand!** अपने पत्ते खोलो!; **~ up** 1 अपने बटुए का मुंह खोलना यानी पैसे देने लगना 2 उल्ट जाना, गिर जाना, उल्ट दे.; **~ up/ over = ~ sth up/ over** गिरना या उल्ट जा.; **be on the ~ of your tongue** किसी की जबान पर से बाहर निकलने को तैयार हो.;

be ~ped as/ to do/ for sth कुछ काम करवाने के लिए चुना जा.; **be the ~ of the iceberg** आने वाले किसी बड़े खतरे का छोटा-सा हिस्सा; **have sth at the ~s of one's fingers** कोई बात जबानी याद हो.; **he ~s the scale** उसका पलड़ा भारी है; **it was ~ping it down** मूसलाधार वर्षा हो रही थी; **miss one's ~** खराब तरीके से करतब दिखाना, असफल र.; **the ~s of one's fingers** पूरी तरह से;

tippet /टिपिट/ *n.* औपचारिक पोशाक का एक हिस्सा, दुपट्टा या गुलूबंद

Tipp-Ex *n., tradem.* गलती-सुधारक तरल पदार्थ (fluid);

v., *pt.* **Tipp-Exed**, *pp* **Tipp-Exing**, *s/he/ it* **Tipp-Exes** फ्लुइड लगाकर गलती सुधारना

tipple /टिपल/ *n.* 1 शराब, मद्य 2 रिक्तन, रिक्त स्थान;

v., *pt.* **~d**, *pp* **tippling** 1 मद्यप होना, शराबी होना 2 आदतन शराब पीना;

dw/lw: **~r** /टिपलः/ *n.* 1 आदतन मद्यपान करने वाला, शराब का व्यसनी, शराबी, मद्यप, बेवड़ा 2 रिक्तक

tipster *see above under* **tip: *dw/lw***

tipsy /टिप्सि/ *adj., degr.* **tipsier**, **tipsiest** जिसे हल्का नशा हो, जो सरूर या गुलाबी नशे में हो: he is a bit ~;

dw/lw: **tipsily** *adv.* नशे में, लड़खड़ाते हुए; **tipsiness** *n.* हल्का नशा;

collocations: **~ boat** लड़खड़ाने वाली नाव; **~ cake** एक स्पंजनुमा केक जिसमें मदिरा या शैरी आदि शराब रमी रहती है; **~ dance** सिर चकराने वाला नाच

tiptoe /टिपटो/ *n.* पंजा, पांव के अंगूठों की नोक: walk/ on ~; ~ curiosity (नियंत्रित जिज्ञासा); be on ~ with eagerness/ with curiosity;

adv. (*usually* **on** ~) 1 पंजों के बल 2 उत्सुक, व्यग्र, उत्तेजित: stand ~ (पंजों पर खड़े हो.);

v., *pt.* **~d**, *pp* **tiptoeing** चुपके-चुपके पंजों के बल चलना: ~ across/ down/ through, etc. (पंजों के बल चलना); ~ to have a better view (अच्छी तरह देखने के लिए पंजों के बल खड़ा हो.); ~ into/ out of the room

tiptop /टिपटौप/ *US* टिपटाःप/ *n.* 1 चोटी, शिखर, पराकाष्ठा, चरमोत्कर्ष 2 अधिकतम ऊंचाई: the ~ of a mast (मस्तूल का शिखर); shout at the very ~ of one's voice;

adj. (***syn.*** excellent) अत्युत्तम, उत्कृष्ट, बहुत बढ़िया: ~ film/ author/ concert/ dinner/ rider; in ~ condition

tip-up /टिप-अप/ *adj.* उल्टाऊ या मुड़वां (आसन या सीट): a ~ seat

tirade /टायरेड/ *n.* 1 फटकार, डांट-फटकार 2 उत्तेजनापूर्ण, लंबा व कटु आलोचनात्मक भाषण: break into a ~ against sb 3 कटु आलोचना

tirator /टाइरटः/ *n.* अनुमापक, अनुमापित्र

tirailleur /टिरायः/ *n.* बंदूकची, निशानेबाज

tire[1] /टायः/ *n.* 1*US spelling,* **'tyre'** की अमेरिकी वर्तनी 2 हाल (metal rim), पहिया 3 टायर: solid ~/ pneumatic ~; rubber **~s**; lorry had a flat ~; blow a ~; ~ puncture 4 शिरोवस्त्र 5 पोशाक;

v., *pt.* **~d**, *pp* **tiring** पहिए पर टायर चढ़ाना: ~ a wheel;

collocations: **flat ~** पंक्चर हुआ टायर; **~ iron** पहिए से टायर उतारने के लिए धातु की छड़

tire[2] /टायः/ *v., pt.* **~d**, *pp* **tiring** 1 थकना: I always ~ suddenly; he **~s** very soon if he exerts himself 2 (**~ of sth/ sb**) किसी चीज या किसी से ऊब जाना, उकताना, उचटना: you will never ~ of looking at the picture 3 थकाना: walking **~s** me; he was **~d** to death/ he was **~d** out; tire sb out (किसी को थकाकर चूर कर दे.) 4 उबाना: ~ sb's heart out 5 श्रृंगार क., कपड़े पहनाना;

dw/lw: **~d** /टायःड/ *adj.* 1 थका हुआ, क्लांत, थका-मांदा: he was too ~d to go any further; he was a ~d man when he reached his destination 2 ऊबा हुआ, उचाट, उकताया हुआ: ~d of doing sth; I am ~d of doing the same thing all the time 3 घिसा-पिटा: a ~d joke; a ~d old dress; ~d Tim (मंजा हुआ पोस्ती यानी आलसी आदमी); **~dness** /टायःडनेस/ *n.* थकान, थकावट, ऊब; **~less** /टायःलस/ (***syn.*** indefatigable) *adj.* न थकने वाला, अथक; **~lessly** *adv.* अथक, बिना थके; **~lessness** *n.* अनथकता; **~some** /टायःसम/ *adj.* 1 थकाऊ, थकाने वाला, क्लांतिकर 2 उबाऊ, नीरस, भारी: ~some work; ~some lecture 3 (***syn.*** annoying) कष्टकर, तकलीफदेह: ~some child; ~some illness; **~somely** *adv.* थकावट से चूर होकर; **~someness** /टाइअःसमनेस/ *n.* थकावट, क्लांति; **tiring** /टायःरिंग/ (***syn.*** exhausting) *adj.* थका देने वाला;

p&i: **~ of sth/ sb** किसी चीज या व्यक्ति से ऊब जा.; **never ~ of doing sth** कोई काम करने से कभी न थकना

tirimeter /टायरिमीटः/ *n.* अनुमापी

tiring *see above under* **tire: *dw/lw***

tiro /टाइरो/ *n.* नौसिखिया: ~ in music;

adj. नया-नया, **नौसिखुआ**: ~ member; ~ competition (नौसिखियों का मुकाबला);

dw/lw: **~cinium** /टायरोसिनिअम/ *n.* 1 नौसिखियापन 2 अनुभवहीनता 3 अनाड़ीपन 4 नौसिखियों का समूह

TIS *abbr.* 'Tagore International School' की प्रथमाक्षरी

'tis *contraction, old use or poetic* **'it is'** का छोटा रूप

tisane /टिजैन/ *n.* पथ्य पेय, जड़ी-बूटी के पेय का औषधीय सेवन

Tisco *abbr.* 'Tata Iron and Steel Company' की प्रथमाक्षरी

TISL *abbr.* 'Tata Information Systems Limited' की प्रथमाक्षरी

'tisn't *contraction, old use or poetic* 'it is not' का छोटा रूप

TISS *abbr.* 'Tata Institute of Social Sciences' की प्रथमाक्षरी

tissue /टिस्यू/टिशू/ *n.* 1 (*also* **~s**) ऊतक: muscle ~; nerve/ nervous ~; connective/ muscular ~; ~ culture (ऊतक संवर्धन); ~ system 2 हाथ-मुंह पोंछने के लिए अत्यंत पतला और महीन कागज 3 (*also* **~ paper**) चीजें लपेटने का पतला कागज 4 महीन या जालीदार कपड़ा 5 तमामी (fabric with gold thread) 6 (***syn.*** web) जाल, जाला, ताना-बाना: ~ of absurdities;
p&i: **a ~ of lies** झूठ का पुलिंदा;

tit /टिट/ *n., sl.* 1 *sl.* निप्पल, चूसनी 2 (***syn.*** titty) चूची 3 एक छोटा चुस्त गायक पक्षी 4 टट्टू, डग्गा;
dw/lw: **titmouse** *n.* गंगरा, रामगंगरा
p&i.: **~ for tat** ईंट का जवाब पत्थर; **give sb ~ for tat** जैसे को तैसा दे.

Tit *abbr.* 'Titus' का छोटा रूप (बाइबल का एक खंड)

titan /टाइटन/ *n.* 1 *Gr. myth.* यूनानी पौराणिक महाबली (Titans: family of giants, children of Earth and Heaven) 2 अत्यधिक बलवान या भीमकाय व्यक्ति 3 महत्त्वपूर्ण व्यक्ति 4 दानव, दैत्य 5 सूर्यदेव 6 असाधारण गुणों से संपन्न व्यक्ति: **~s** of science;
dw/lw: **~ess** *n.* दानवी; **~ic** /टाइटैनिक/ (***syn.*** colossal, gigantic) *adj.* 1 भीमकाय, विशाल: ~ic ship 2 महाबली 3 दैत्याकार 4 असीम, विशाल: ~ic energy/ effort/ strength 5 महत्त्वपूर्ण; **~ism** /टाइटैनिज्म/ *n.* 1 महा शक्ति 2 संसार की वर्तमान व्यवस्था के विरुद्ध विद्रोह;
***collocations*:** **~ crane** चल क्रेन; **the weary ~** थकी हुई महा-शक्ति

titanic *see above under* **titan:** ***dw/lw***

titanium /टाइटेनिअम/ *n., chem.* (*symbol* **Ti**) एक श्वेत धातु तत्त्व

titbit *UK* (*US* **tidbit**) /टिटबिट/ *n.* 1 मजेदार या स्वादिष्ट वस्तु, मजेदार निवाला, चाट 2 (***syn.*** snippet) मजेदार खबर या समाचार 3 मजेदार या चटपटी बात: **~s** of gossip

titch/ tich /टिच/ *n., pl.* **~es/ ~es** *Br., colloq.* ठिगना आदमी;
dw/lw: **titchy** /टिचि/ *adj., degr.* titchier, titchiest *Br. colloq.* ठिगना

titfer /टिट्फ़ः/ *n., rhyming sl.* टोप

tithable /टाइदअबल/ *adj., hist.* कर देने में समर्थ, पुरोहित को दिए जाने वाले दशम अंश के योग्य

tithe /टाइद/ *n., pl.* **~s** *hist.* (*often* **~s**) पुरोहित वर्ग को (कर के रूप में) दिया जाने वाला आय का दशम अंश, धर्म शुल्क-आरोपण: impose a ~ upon sb;
v., *pt.* **~d**, *pp* **tithing** दशमांश दे.;
p&i: **not a ~ of sth** अत्यंत कम, बहुत थोड़ा

Titian /टिशिअन/ *n.* (बालों का) चमकदार लाल-भूरा रंग, रक्ताभ पीत;
dw/lw: **~-coloured** *adj.* चमकदार लाल-भूरे रंग का

titilla\te /टिटिले\ट/ *v., pt.* **~ted**, *pp* **~ting** 1 उद्दीप्त या उत्तेजित क., उत्सुक कर दे. 2 गुदगुदाना या सहलाना 3 पुलकित कर दे.;
dw/lw: **~ting** /~टिंग/ *adj.* 1 उद्दीपक, उत्तेजक 2 गुदगुदानेवाला; **~tingly** /~टिंगलि/ *adv.* गुदगुदाते या सहलाते हुए; **~tion** /~शन/ *n.* उद्दीपन, उत्तेजन, पुलकन, रोमांचन, गुदगुदाहट, गुदगुदी, सनसनाहट

titiva\te /टिटिवे\ट/ *v., pt.* **~ted**, *pp* **~ting** 1 सजना-संवरना या सजाना-संवारना 2 श्रृंगार क.;
dw/lw: **~tion** /~शन/ *n.* सजावट, श्रृंगार

titlark /टिटलाःक/ *n.* एक पक्षी

title /टाइटल/ *n., pl.* **~s** 1 पुस्तक आदि का नाम: the ~ of a book/ of a film; go/ be known by/ under the ~ of ... ; this does not qualify for the ~ of poetry 2 शीर्षक या सिरनामा 3 सुर्खी 4 पुस्तक के नाम वाला यानी पहला पन्ना 5 (*often* **~s**) फिल्म की रील में नीचे लिखे जाने वाले संवाद: ~ cartoon 6 उपाधि, पदवी, खिताब, डिग्री: the ~ of master of sports; give sb a ~; ~ of honour (मानोपाधि) 7 *law* (**legal ~**) स्वत्वाधिकार, स्वत्व, स्वामित्व, हक, दावा: have a ~ to sth; inchoate ~ (प्राथमिक अधिकार); coloured ~ (काल्पनिक या कल्पित अधिकार): ~ by conquest 8 संपत्ति का अधिकार: ~ to land; give sb ~; slander of ~ (किसी के संपत्ति-अधिकार को षड्यंत्रपूर्वक विवादित बनाना) 9 खंड 10 सोने आदि का खरापन 11 *sports* प्रतियोगिता: defend/ lose/ retain/ take/ win the ~; the world ~ 12 आधार: sufficient ~; he has a ~ to a place among the greatest poets;
dw/lw: **~d** /टाइटल्ड/ *adj.* 1 सम्मान-उपाधि 2 शीर्षित यानी शीर्षक वाली 3 अभिजात; **~-deed** *n.* अधिकार-पत्र, आगम, स्वत्व-संलेख; **~-holder** *n.* 1 खेल के मुकाबले के प्रथम स्थान का धारक 2 वैध हकदार या दावेदार 3 सर्वोपरित्व का खिताब पाने वाला, उपाधिधारी; **titling** /टाइटलिंग/ (किताब के पुट्ठे पर) शीर्षक का अंकन; **~-page** *n.* मुख-पृष्ठ, पुस्तक का प्रथम पन्ना, जिस पर पुस्तक और लेखक का नाम लिखा होता है;
***collocations*:** **~ bar** *comput.* कंप्यूटर स्क्रीन के शिखर पर प्रोग्राम और फाइल के नाम को दर्शाने वाली लाइन; **~ role** मुख्य भूमिका; **courtesy ~** मानक उपाधि

titmouse /टिट्माउस/ *n.* गंगरा, रामगंगरा

titra\te /टाइट्रेट/ *v., pt.* **~ted**, *pp* **~ting** किसी रासायनिक पदार्थ के गाढ़ेपन का अनुमापन क.;
dw/lw: **~tion** /टाइट्रेशन/ *n.* गाढ़ेपन का अनुमापन

titre/ titer /टाइटः/ टीटः/ *n.* किसी रासायनिक पदार्थ के गाढ़ेपन का अनुमापांक

titter /टिटः/ *v., pt.* **~ed**, *pp* **~ing** (***syn.*** giggle) हीं-हीं क., ठी-ठी क., खिसियानी हंसी हंसना;
n. ठी-ठी, हीं, हीं, दबी हुई हंसी, खिसियानी हंसी

tittivate *see above under* **titivate**

tittle /टिटल/ *n.* 1 एक छोटा-सा लिखित या छपा हुआ चिह्न 2 कण: not a ~ of evidence; this does not add a ~ to our knowledge;
p&i: **to a ~** हू-ब-हू

tittle-tattle /टिटल-टैटल/ *v., pt.* **tittle-tattled**, *pp* **tittle-tattling** गपशप क.;
n. गपशप

tittup /टिटःप/ *v., pt.* **~ped**, *pp* **~ping** कुदकना, फुदकना, उछल-कूद क., कलोल क.;
n. 1 दीवानगी भरी मौज-मस्ती 2 हल्की तेज चाल

titty /टिटि/ *n., pl.* **titties** *sl.* 1 औरत का वक्ष 2 चूची

titubation /टिट्युबेशन/ टिच्युबेशन/ *n., pathol.* 1 दिमागी या पीठ के विकार के कारण होने वाली लड़खड़ाहट 2 बेचैनी

titular /टिट्युलः/ *US* टिचअलः/ *adj.* 1 उपाधिधारी: ~ professor 2 (***syn.*** nominal) नाम मात्र के पदाधिकारी से संबंधित: ~ head of the state; ~ sovereignty 3 नामधारी 4 औपाधिक: ~ saint (रक्षक संत);
n. 1 उपाधिधारी व्यक्ति 2 नाममात्र का पदाधिकारी

tizzy/ tizz /टिजी/ टिज/ *n., pl.* **tizzies/ tizzes** *colloq.* 1 मानसिक उत्तेजना या अस्त-व्यस्तता 2 घबराहट की स्थिति: go into a ~ 3 बतंगड़

TJ *abbr.* 'turbojet aircraft' की प्रथमाक्षरी

T-junction /टी-जंक्शन/ *UK* (*US* **intersection**) *n.* जहां दो सड़कें **'T'** के आकार में मिलती हैं

TKDL *abbr.* 'Traditional Knowledge Digital Library' की प्रथमाक्षरी

TKO *abbr.* 'technical knockout' का छोटा रूप

TKR *abbr.* 'total knee replacement' की प्रथमाक्षरी

TL *abbr.* 'truck loads' की प्रथमाक्षरी

TLA *abbr.* 'three-letter abbreviation' का संक्षेप (e.g. BBC, ABC, etc.)

TLC *abbr.* 'tender loving care', 'Total Literacy Campaign' की प्रथमाक्षरी

TLD *abbr.* 'top-level domain' की प्रथमाक्षरी

TLS *abbr.* 'Times Literary Supplement' की प्रथमाक्षरी

TM *abbr.* 'trade mark', 'town municipalities', 'transcendental meditation' की प्रथमाक्षरी

Tm *symbol, chem.* 'thulium' का चिह्न

TMA *abbr.* 'Treasury Management Account' की प्रथमाक्षरी

TMC *abbr.* 'thousand million cubic feet', 'trade mark certification' की प्रथमाक्षरी

TMD *abbr.* 'temporomandibular disorder', 'Theatre Missile Defence' की प्रथमाक्षरी

tmesis /ट्मीसिस/ *n.* समस्तपद-प्रवेश यानी शब्द के बीच में दूसरे शब्द का जोड़ (insertion): absolutely → abso-bloody-lutely

TMLR *abbr.* 'Trans Myocardial Laser Revascularisation' की प्रथमाक्षरी

TMT *abbr.* 'technology, media and telecommunication', 'Training Methods & Techniques', 'treadmill test' की प्रथमाक्षरी

TMU *abbr.* 'Traffic Management Unit' की प्रथमाक्षरी

TN *abbr.* 1 *US state* 'Tennessee' लिए प्रयुक्त (*also* Tenn. *or* **Ten.**) 2 'Tunisia' का अंतर्राष्ट्रीय वाहन पंजीकरण कोड (IVR)

TNA *abbr.* 'Training Needs Analysis' की प्रथमाक्षरी

TNAU *abbr.* 'Tamil Nadu Agricultural University (Coimbatore)' की प्रथमाक्षरी

TNC *abbr.* 'Transnational Corporations' की प्रथमाक्षरी

TNF *abbr.* 'technical non-feasibility' की प्रथमाक्षरी

TNM *abbr.* 'tactical nuclear missile' की प्रथमाक्षरी

TNP *abbr.* 'trinitrophynol' का संक्षेप

TNPCEE *abbr.* 'Tamil Nadu Professional Courses Entrance Examination' की प्रथमाक्षरी

TNPSC *abbr.* 'Tamil Nadu Public Service Commission' की प्रथमाक्षरी

TNSCHE *abbr.* 'Tamil Nadu State Council for Higher Education' की प्रथमाक्षरी

TNT *abbr.* 'Tamilnadu Tourism', 'Tri nitrate Toluene' की प्रथमाक्षरी

TNTU *abbr.* 'The Nottingham Trent University' की प्रथमाक्षरी

TO *abbr.* 'Tax Officer', 'telegraph office', 'transport officer', 'treasury officers', 'turn over' की प्रथमाक्षरी

to /टु/ 1 क्रिया के कर्म के रूप में प्रयुक्ति 2 के लिए

to /टु (before vowels), टअ (before consonants)/ *prep.* 1 की ओर, की दिशा में: the road ~ Delhi; the way ~ glory; turn ~ the left/ ~ the right; head ~ the sea/ ~ the wind; point ~ sth; lie ~ the south/ ~ the north of; the window looks ~ the north/ ~ the south 2 को, के पास: go ~ the theatre; he went ~ Ram; whom will he go ~?; send greetings ~ sb; explain sth ~ sb; reveal a secret ~ sb; clear ~ sb; it seems ~ me that ...; sth has happened ~ him; a hymn ~ the sun; he turned ~ the page he had marked; the conversation turned ~ painting 3 क्रिया के कर्ता के रूप में: ~ go away would be ~ admit defeat 4 के सामने, से सटकर: face ~ face; shoulder ~ shoulder 5 समय अनुसार, ठीक समय पर: the train arrived ~ a minute 6 के बदले 7 तक, पर्यंत, कहीं तक की हद तक: it is five miles ~ the station; ~ the end/ ~ the last; ~ a man (अंतिम व्यक्ति तक); from beginning ~ end; ~ a certain extent; ~ a high degree; was hot ~ suffocation; tired ~ death; wet ~ the skin; down ~ a minimum; filled ~ capacity; the custom survives ~ this day; tear ~ pieces/ ~ bits; it moved him ~ tears; from ... to; from east ~ west; go from bad ~ worse 8 के अनुसार, अनुरूप: ~ my mind/ thinking; ~ my knowledge; not ~ one's liking/ taste; the novel is true ~ life; made ~ order/ ~ measure; words set ~ music; keep ~ the left; keep ~ the rules; rise ~ the occasion; dance ~ the music 9 की अपेक्षा, की तुलना में: compared ~ ...; equal ~ sth; superior ~ sth; similar ~ sth; prefer coffee ~ tea; the chances are ten ~ one 10 के विषय में, के ऊपर: bear witness ~ sth; swear ~ sth; confess ~ sth; have a right ~ sth; lay a claim ~ sth; a document of title ~ land; what do you say ~ that? 11 लक्ष्य, के लिए: sentence ~ prison/ ~ deportation; ~ this end; tendency ~ sth; be given to sth; foreword ~ the book 12 (किसी चीज) में: add one ~ ten 13 संबंधवाचक का, के, की: ~ his surprise/ sorrow; ~ his credit; apprentice ~ a tailor; the key ~ the lock 14 पूरा घंटा होने में कम समय को दर्शाने के लिए प्रयुक्त: ten minutes ~ two 15 क्रियार्थक संज्ञा (infinive) को दर्शाने के लिए प्रयुक्त: ~ go away would be ~ admit defeat; he was the first/ the last ~ come; they had no time ~ lose; ~ say the truth; we parted never ~ meet again; this house is ~ let 16 से, के सम्मुख: apologize ~ sb 17 के प्रति: attitude ~ sb/ sth; be cruel ~ sb; be engaged ~ sth 18 के लिए: it was a mystery ~ them; injurious ~ sb/ sth; pleasing ~ sb; a toast ~ sb's success 19 अवस्था तक: he grew ~ manhood; boil the fruit ~ a pulp 20 के साथ: do sth ~ sb; do sth ~ one's hair 21 के जोड़ना: tie the rope ~ the tether 22 से संबंध जताने के लिए प्रयुक्त: married ~ a doctor 22 के समर्थन में: directed ~ world peace 23 अनुपात दर्शाने के लिए: chances are ten ~ one 24 को समर्पित, के सम्मान में: monument ~ Pushkin 25 कोई प्रतिक्रिया पैदा करते हुए: enter the hall ~ thundering applause 25 को लगना: ~ me he seemed pathetic;

adv. 1 की ओर: bring sb ~ with smelling salts 2 इधर-उधर, दो-तरफा (यात्रा): go ~ and fro; ~ and again 3 (अपने) स्थान पर: pull the shutters ~ 4 ठीक, ठीक-ठाक, होश में: he came ~ senses a few minutes later 5 पास: we were close ~ him when it happened 6 बंद: pulled the window ~ 7 वांछित दिशा में;

dw/lw: **~-and-fro** *phr. adv.* इधर-उधर; **~-and-fro** *n.* 1 लड़खड़ाहट 2 आगे-पीछे जाने की क्रिया: watch the ~-and-fro of a shuttle; the noisy ~-and-fro of a holiday crowd 3 बहस, संवाद; **~-and-fro** *adj.* आगे-पीछे घूमने वाली: ~-and-fro motion; ~-and-fro visiting between neighbours;

collocations: **toing and froing** 1 घबराहट के मारे इधर-उधर की जाने वाली चहल-कदमी 2 व्यर्थ की गहमागहमी;

p&i: **~ and fro** इधर-उधर, आगे-पीछे; **~ my surprise** मेरे आश्चर्य का कोई ठिकाना न था; **~ sb's disappointment/ relief/ surprise, etc**. किसी के लिए सुख या विस्मय आदि की अनुभूति; **~ the contrary** इसके ऐन विपरीत;

be born ~ a bitter fate बुरी किस्मत लेकर पैदा हो.; **he jumped ~ his feet** वह कूदकर खड़ा हो गया; **he was used ~ getting up early** वह सवेरे उठने का आदी था; **open ~ criticism** आलोचना स्वीकार्य हो.; **open ~ persuasion** मनाया जा सकना; **tell sth ~ one's face** कोई बात किसी के मुंह पर कह दे.; **that suits me ~ a T** यह मुझे पूर्णतः रास आता है; **there is no end ~ it** इसका कोई अंत नहीं; **there is no**

exception ~ this rule इस नियम का कोई अपवाद नहीं
toad /टोड/ *n.* 1 मेढक की प्रजाति का एक जहरीला जंतु, भेक, टोड 2 घिनौना व अधम व्यक्ति
dw/lw: **~-eat** *v., pt.* **~-ate**, *pt. p.* **~-eaten**, *pp* **~eating** चापलूसी क.; **~-eater** *n.* खुशामदी टट्टू, जीहुजूरिया; **~-eating** *n.* चापलूसी, जीहुजूरी; **~flax** *n.* तंग पत्तोंवाला एक सदाबहार पौधा; **~-in-the-hole** *n.* 1 मक्खन में पकाई हुई सॉसेज का व्यंजन 2 आटे में पकाया हुआ बीफ-स्टिक्स; **~stool** *n.* छत्रक, कुकुरमुत्ता; **toady** *see below under a separate entry*;
p&i: **~ under a harrow** सदा सताया जाने वाला व्यक्ति; **eat sb's ~s** किसी के यहां रोटी तोड़ने वाला हो.; **the biggest ~ in the smallest puddle** स्थानीय सरगना, मुखिया या सरदार
toady /टोडि/ *n., pl.* **toadies** (***syn.*** sycophant) खुशामदी व्यक्ति, चाटुकार, चापलूस मनुष्य;
v., pt. **toadied**, *pp* **toadying** (*usually* **~ to sb**) खुशामद क. चाटुकारी क., ठकुरसुहाती क.;
dw/lw: **~ish** *adj.* चाटुकार जैसा; **~ism** /टोडिइज्म/ *n.* चाटुकारिता, चापलूसी, जीहुजूरी;
p&i: **~ the memory of the dead** आसमान पर चढ़ाना, गुणगान क.; **~ to sb** की जीहुजूरी क.
to-and-fro *see above under* **to: *dw/lw***
toast /टोस्ट/ *n.* 1 डबल रोटी का सेंका हुआ टुकड़ा: as warm/ as dry as a ~ 2 किसी की मंगलकामना या सलामती के लिए उठाया जाने वाला जाम: propose/ give a ~ to sb 3 प्रशंसा का पात्र: her singing is the ~ of the festival 4 शुभकामना का पात्र: the ~ of the president 5 लोकप्रिय व्यक्ति;
v., pt. **~ed**, *pp* **~ing** 1 जाम उठाना 2 सलामती का जाम पीना: ~ to prosperity 3 स्वास्थ्य या शुभकामना का जाम पीना: ~ sb's health 4 ब्रेड आदि सेंकना: ~ bread/ bacon 5 सेंकना, तापना: ~ one's feet/ oneself at a fire; ~ on the beach;
dw/lw: **~er** /टोस्टः/ *n.* डबल रोटी सेंकने के लिए बिजली का उपकरण; **toastie** *n.* टोस्ट से बनी सैंडविच; **~ing-fork** *n.* जलती आग पर टोस्ट सेंकने के लिए लंबे हत्थे वाला कांटा; **~master**/ **~mistress** *n.* दावत में जाम उठाने की घोषणा करने वाला व्यक्ति; **~y** /टोस्टि/ *adj.* (***syn.*** cosy/ *US* cozy) गर्म और आरामदेह;
collocations: **~ rack** सेंकी हुई स्लाइस रखने का रैक (rack);
p&i: **drink a ~ to the bride and bridegroom** दुल्हन-दुल्हा की खुशी के लिए जाम; **have sb on ~** किसी को अपनी मुट्ठी में रखना; **you will be my ~** आपकी सेहत के लिए जाम उठा रहा हूं; **warm as ~** नर्म-गर्म
tobacco /टअबैको/ *n., pl.* **~s**/ **~es** 1 तंबाकू का पौधा 2 सिगरेट, सिगार, बीड़ी, सुरती, खैनी, जर्दा आदि बनाने के लिए प्रयुक्त तंबाकू के पौधे के सूखे पत्ते: smoke/ chew/ sniff ~; a mixture of the best **~s**; sell ~;
dw/lw: **~nist** /टबैकअनिस्ट/ *n.* सिगरेट, सिगार आदि बेचने वाला, तंबाकू-फरोश
-to-be *adj., in compounds* भावी: brides-**to-be**;
n. भविष्य
toboggan /टअबौगअ\न/ *US* टअबाःगअ\न *n.* बर्फ पर चलने वाली गाड़ी, बर्फगाड़ी;
v. pt. **~ed**, *pp* **~ing** बर्फगाड़ी पर सवारी क.
dw/lw: **~er**/ **~ist** /~नः/ ~निस्ट/ *n.* बर्फगाड़ी पर सवारी करने वाला; **~ing** /~निंग/ *n.* बर्फगाड़ी पर सवारी
toby jug /टोबि जग/ *n.* तिकोना हैट पहने मनुष्य जैसा जग
toccata /टकाःटा/ *n., pl.* **~s** पियानो के लिए एक प्रकार की संगीत रचना
to-come /टु-कम/ *adj.* आने वाला, भविष्य, भावी
tocopherol /टौकौफअरौल/ *US* टाःकाःफअराःल/ *n.* (***syn.*** vitamin E) विटामिन ई
tocsin /टौक्सिन/ *US* टाःक्सिन/ *n.* 1 खतरे की घंटी, संकट-घंटी 2 घंटी बजाने वाली घड़ी, अलार्म घड़ी 3 संकट-चेतावनी या संकेत
tod /टौड/ *US* टाःड/ *n., Br. colloq.* 1 लोमड़ी 2 चालाक या धूर्त व्यक्ति 3 ऊन के वजन की इकाई यानी एक;
p&i: **on one's ~** अकेले, अपने आप; **the ~'s bairns are ill to tame** बदजात कुत्ते को सधाया नहीं जा सकता;
today /टुडे/ *n. adv.* 1 आज, अद्य: **~'s** newspaper; the greatest feat of ~ 2 वर्तमान 3 आजकल: it doesn't happen much ~;
adv. (***syn.*** nowadays) आज, वर्तमान काल में, इन दिनों: this is no problem ~;
p&i: **~ a man tomorrow a mouse** सब दिन होत न एक समान; **~ is yesterday's pupil** आज कल का शिष्य है; **~ we, tomorrow thee** आज हमारा, कल तुम्हारी (बारी);
one ~ is worth two to-morrows = a bird in hand is better than two in the bush नौ नकद न तेरह उधार
toddle /टौडल/ *US* टाःडल/ *v., pt.* **~d**, *pp* **toddling** 1 (*usually* **~ off**) कहीं जा.: ~ down/ off to, etc. 2 (नन्हे-मुन्ने की तरह) ठुमक-ठुमककर चलना, ठुमकना: a child just beginning to ~ 3 लड़खड़ाते हुए या गिरते-पड़ते चलना 4 टहलना, चहलकदमी क.: let's ~ down to the club;
n. ठुमक, टहल, चहलकदमी;
dw/lw: **~r** /टौडलः/ टाःडलः/ *n.* बच्चा जिसने अभी अभी चलना सीखा है
toddy /टौडी/ *US* टाःडी/ *n., pl.* **toddies** 1 एक नशायुक्त पेय 2 ताड़ी
to-do /टु-डू/ *n., pl.* **~s** 1 (***syn.*** fuss) खलबली, हाय-तौबा 2 हुल्लड़बाजी, बतंगड़, उपद्रव: make a ~ 3 किया जाने वाला काम
toe /टो/ *n.* 1 पैर का अंगूठा, पादांगुष्ठ: great/ big ~ 2 जूते या मोजे का अंगूठा 3 पैर की उंगली, पादांगुली: turn one's **~s** out/ in; stub one's ~ on sth (ठोकर लगना); toast one's **~s** 4 पशुओं का खुर या सुम का अगला भाग 5 पंजा: on one's **~s** (अपने पंजों पर);
v., pt. **~d**, *pp* **toing** 1 पैर से छूना 2 पंजा लगाना या मरम्मत क. 3 *school sl.* ठोकर मारना 4 मोजे पहनना 5 कील गाड़ना;
dw/lw: **~cap** *n.* जूतों पर लगाया जाने वाला धातु या चमड़े का तल्ला; **~-curling** *adj.* बेहूदा और भद्दा होने के कारण अत्यधिक लज्जाजनक; **TOEFL** *see below under separate entry*; **~hold** *n.* 1 पंजे की पकड़ 2 शुरुआती स्थिति 3 कुश्ती में एक दांव या पेंच; **TOEIC** *see below under separate entry*; **~nail** *n.* 1 पैर की उंगली का नाखून, पादांगुलि-नख 2 *carpentry* टेढ़ी गाड़ी जाने वाली कील या मेख; **~rag** /टौरैग/ *n., Br. colloq.* 1 बदमाश 2 घिनौना आदमी; **~-tapping** *n.* व्यक्ति को अपने पांव टपटपाने को प्रेरित करने वाला जीवंत संगीत; **toey** /टअऊइ/ *adj., Austral., NZ* घबराया हुआ और बेचैन;
p&i: **~ forward** पंजों पर आगे को झुककर खड़ा हो.; **~ in** पांवों को पंजों के बल अंदर की ओर क.; **~ out** पांवों को पंजों के बल बाहर की ओर क.; **~ sb out of the room** किसी को ठोकर मारकर कमरे से बाहर कर दे.; **~ the line** *colloq.* आदेश का पालन क., हुक्म बजाना, किसी की नीति अनुसार चलना या काम क.; **~ the (party) line** अपने दल की नीति पर चलना; **~ the starting line** *or* **~ the line/ the mark** चाहे-अनचाहे अधिकारियों के हुक्म का पालन क.; **~ the scratch/ the crack** दौड़ में शुरुआती रेखा पर खड़ा हो.;
from top to ~ चोटी से एड़ी तक, सिर से पैर तक; **keep sb on their ~s** सतर्क रखना; **make sb's ~ curl** किसी विचलित क., किसी में घबराहट पैदा कर देना; **on one's ~s** सचेत, चौकस, सजग, सतर्क, होशियार, सावधान; **the light fantastic ~** *facetiously* नाच; **tread/ step on sb's ~s** किसी को नाराज क., किसी का जी दुखाना; **turn up one's ~s/ turn one's ~s up** *sl.* मर जा.
TOEFL *abbr.* 'Test of English as a Foreign Language'

की प्रथमाक्षरी (किसी व्यक्ति की अमेरिकी विश्वविद्यालय में अंग्रेजी में शिक्षा पाने की क्षमता को परखने के लिए अंग्रेजी के स्तर की परीक्षा)

TOEIC *abbr.* 'Test of English for International Communication' की प्रथमाक्षरी

toff /टौफ/ टाःफ/ *n., Br. sl.* 1 बना-ठना उच्च-वर्गीय आदमी 2 चिकनिया, बांका

toffee /टौफि/ *US* टाःफि/ *n., pl.* **~s** शक्कर से बनी गोली, टॉफी; *dw/lw:* **toffee-nosed** *adj., Br. colloq.* (*syn.* snobbish) अपने आप को तीस-मार खां समझने वाला धूर्त आदमी; *collocations:* **~ apple** टॉफी की परत वाला सेब *p&i:* **not to be able to do sth for ~/ can't act for toffee** बिल्कुल कुछ नहीं कर सकता

toft /टॉफ्ट/ *n.* टीला, पहाड़ीनुमा ऊपर उठती जमीन

tofu /टोफू/ (*also* **bean curd**) *n., pl.* **~s** सोया-दही

tog /टौग/ *US* टाःग/ *v., pt.* **~ged**, *pp* **~ging** (*usually* **~ up/ out**) वस्त्र धारण क.; *n., pl.* **~s** 1 ओवर-कोट आदि ऊपरी वस्त्र 2 पहनावा, कपड़े, वस्त्र: tennis **~s**; fine new **~s** 3 कपड़े की गर्माहट मापने की इकाई; *p&i:* **~ged out/ up in full uniform** पूरी वर्दी पहनकर सजा-धजा हो.

toga /टोगा/ *n., pl.* **~s** रोमवासियों का प्राचीन पहनावा, लबादा, चोगा

together /टुगेदः/ टअगेदः/ *adv.* 1 एक साथ: go for a walk ~; travel together 2 के साथ: send a letter ~ with a parcel 3 आपस में मिल कर, मिल-जुल कर, एक दूसरे के साथ मिल-मिला कर: ~ we managed to persuade him 4 एक ही समय में: all arrived together 5 एकत्र, इकट्ठे: get ~ on a point; get ~; gather ~ 6 एक स्थान पर 7 लगातार, बराबर: chatting on the phone for hours ~ 8 व्यवस्थित ढंग से: get your act ~; get things ~; *adj.* 1 सुव्यवस्थित 2 योग्य *dw/lw:* **~ness** /टअगेदःनस/ *n.* 1 मैत्री भाव, मैत्री 2 समीपता 3 भावनात्मक एकजुटता 4 सामंजस्य; *collocations:* **~ with** साथ ही, इसके साथ-साथ, साथ ही साथ; *p&i:* **~ with sb/ sth** 1 के साथ मिलकर 2 इसके अतिरिक्त; **sb who is ~** जिसकी जिंदगी सुव्यवस्थित हो

toggery /टौगरि/ *US* टाःगरि/ *n.* 1 अनौपचारिक पोशाक, पहनावा, वस्त्र, कपड़े: an actor's ~; a general's ~; a bishop's ~ 2 परिधान-गृह, परिधानालय, कपड़े की दुकान

toggle /टौग्ल/ *US* टाःग्ल/ *n.* 1 बांधने की खूंटी, गिल्ली, गुल्ली: ~ rope (खूंटी-रस्सा) 2 *comput.* की-बोर्ड के आदेश से भिन्न-भिन्न विशेषताओं (features) के बीच अदल-बदल; *v., pt.* **~d**, *pp* **toggling** 1 खूंटी से बांधना 2 *comput.* (*usually* **~ on/ off**) 2.1 की-बोर्ड से दिया जाने वाला आदेश जो सारी फाइल पर लागू होता है 2.2 की-बोर्ड के आदेश की मदद से भिन्न-भिन्न फाइलों या विशेषताओं के बीच फेर-बदल क.; *collocations*: **~ switch** *n. elec.* बिजली के सर्कट को बंद या चालू करने का स्विच

TOI *abbr.* 'Times of India' की प्रथमाक्षरी

toil /टॉइल/ *v., pt.* **~ed**, *pp* **~ing** 1 (*syn.* slave away) मेहनत क., घोर परिश्रम क., पसीना बहाना: ~ at a task 2 (*syn.* slog) बड़ी मुश्किल से आगे बढ़ना: ~ one's way; ~ up a hill; ~ along the road; *n. pl.* **~s** 1 कड़ी मेहनत, घोर परिश्रम, कठिन काम: intellectual ~ 2 नीरस काम, थकाऊ काम: some books are a ~ to read 3 (**~s**, *syn.* snare, trap) फंदा, जाल: in the **~s** (फंसा हुआ); in the **~s** of sth (फंसा हुआ, मोहित, सम्मोहित); *dw/lw:* **~er** *n.* मेहनती, परिश्रमी; **~ful** / **~some** *adj.* 1 श्रमसाध्य, थकाऊ 2 परिश्रमी, मेहनती; **~worn** /टॉइलवॉःन/ *adj.* कठोर परिश्रम से थका-टूटा हुआ, पस्त, थका-मांदा; *p&i:* **~ and moil** थकाऊ और नीरस काम क.; **~ out** घोर परिश्रम के कारण बेहाल हो जा.

toile /ट्वाल/ *n.* 1 वस्त्र बनाने का महीन सूती कपड़ा 2 सस्ते कपड़े से बनी प्रयोगात्मक पोशाक

toilet /टॉयलअट/ *n., pl.* **~s** 1 शौचालय: be on/ go to/ flush/ need the ~; a ~ seat 2 *UK* (*US* **bathroom**) शौचालय के साथ स्नान-घर: morning ~; ~ facilities; ~ soap 3 (*also* **toilette**) प्रसाधन, श्रृंगार, सिंगार, श्रृंगारण: spend time on ~; make one's ~; ~ articles; ~ powder 4 ऑप्रेशन आदि या प्रसव के बाद शरीर के किसी अंग की सफाई 5 वेशभूषा, परिधान, पहनावा, पोशाक: summer **~s** of the ladies; *dw/lw:* **~ry** /~रि/ *n., pl.* **~ries** /~रिज/ प्रसाधन सामग्री (साबुन, टूथ-पेस्ट आदि); **~-set** *n.* सिंगारदान; **~-table** *n.* सिंगार-मेज; **~-training** *n.* शिशुओं को टॉयलेट का प्रयोग करने का प्रशिक्षण; *collocations:* **~ paper/ ~ tissue** शौच-सफाई का कागज; **~ roll** *UK* शौचालय पेपर का रोल; **~ry bag** सिंगार-प्रसाधन बैग; **~ water** पानी-मिश्रित इत्र

toilette /ट्वालेट/ *n.* प्रसाधन, श्रृंगार, अलंकृत वेश-भूषा

toing, toing and froing *see above under* **to:** ***collocations***

toke /टोक/ *v., pt.* **~d**, *pp* **toking** *sl.* नशीली सिगरेट पीना; *n.* नशीली सिगरेट का सुट्टा (draw)

token /टोकन/ *n.* 1 प्रतीक: ~ of respect/ of regard/ of affection; in ~ of 2 धातु या प्लास्टिक का कार्ड या टोकन जिसे मशीन में डालकर पैसा निकाला जाता है 3 *UK* (*US* **gift certificate**) कागज का पुर्जा जिसके बदले में किताब या कोई उपहार लिया जा सकता हो: book ~ 4 मेट्रो रेल आदि का यात्रा टोकन 5 प्रमाण 6 यादगार उपहार, निशानी, स्मृति चिह्न 7 (*syn.* expression, mark) चिह्न, पहचान चिह्न, संकेत; *adj.* 1 सांकेतिक, प्रतीकात्मक: a ~ action; ~ strike (सांकेतिक हड़ताल) 2 प्रतिनिधि: a ~ person (प्रतिनिधि व्यक्ति) 3 (*syn.* nominal) नाममात्र का 4 हल्का, अपर्याप्त, अल्प *dw/lw:* **~ism** /टोकअनिज्म/ *n.* 1 हाथ भर लगाने की नीति, हथछुआई 2 प्रतीकात्मक कार्य या दिखावा करने की रीति; *collocations:* ~ **desegregation** *US* जाति भेद का प्रतीकात्मक खात्मा; ~ **gesture** प्रतीकात्मक पहल; ~ **occupation** आंशिक व्यवसाय; ~ **resistance** प्रतीकात्मक विरोध; ~ **smile** प्रतीकात्मक मुस्कान; ~ **strike** चेतावनी के रूप में हड़ताल; ~ **vote** प्रतीकात्मक मतदान; *p&i:* **by the same ~/ by this/ by that ~** उसी कारण से, उसी तरह से; **more by ~** इसके अलावा; **in ~ of sth** 1 प्रतीक के रूप में 2 प्रमाण स्वरूप

tokoloshe /टौकोलौश/ *US* टाःकअलाःश/ *n., N. Amer.* कुछ लोगों के मतानुसार एक ऐसा काल्पनिक जीव जो व्यक्ति को उसकी नींद में नुक्सान पहुंचा सकता है

Tok Pisin /टौक पिजन/ *US* टाःक पिजन/ *n.* पपुआ न्यु गिनी (Papua New Guinea) में बोली जाने वाली अंग्रेजी आधारित मेलानेशियायी (Melanesian) मिश्रित भाषा (pidgin)

told /टोल्ड/ *pt.,* 'tell' का भूतकालिक रूप

tolera\ble /टौलअरअ\बल/ *US* टाःलअरअ\बल/ *adj.* 1 (*syn.* bearable) सहने लायक, सह्य, सहनीय: the pain was severe, but **~ble** 2 (*syn.* reasonable) ठीकठाक, संतोषजनक: a very **~ble** lunch 3 कामचलाऊ; *dw/lw:* **~bly** /~बलि/ *adv.* ठीक-ठाक ढंग से; **~bility** /~बिलअटि/ *n.* सह्यता, सहने लायक होने की क्षमता; **~bleness** /~बलनेस/ *n.* सह्य होने का गुण

tolerance /टौलअरंस/ *US* टाःलअरंस/*n.* 1 सहनशक्ति, सहनशीलता, सहिष्णुता, बरदाश्त करने की क्षमता: show ~ 2 धैर्य 3 (*anton.* intolerance) धार्मिक सहिष्णुता, उदारता, दरियादिली: ~ of/ towards sb/ sth; racial/ religious ~ 4 पीड़ा-सहन-शक्ति: sb's ~ level; ~ limit 5 पहले दी जा रही दवाई: ~ dose

(सह्य मात्रा या खुराक);
p&i: **~ is the real test of civilisation** सहिष्णुता सभ्यता की सही कसौटी है
tolerant /टौलअरंट/ *US* टाःलअरंट/ *adj.* 1 सहनशील 2 (***anton.*** intolerant) उदार, उदारचेता, सहिष्णु: be ~ of sth;
dw/lw: **~ly** *adv.* सहनशीलतापूर्वक, सह्य ढंग से
tolera\te /टौलअरे\ट/ *US* टाःलअरे\ट/ *v., pt.* **~ted**, *pp* **~ting** 1 (***syn.*** put up with) सहना, बर्दाश्त क.: ~ sb's presence/ sb's impudence; not to ~ interference in one's affairs; not to ~ the severities of a northern climate 2 होने दे., उदार होना, उदारता बरतना 3 *med.* किसी नशीले पदार्थ की बढ़ी हुई मात्रा को सहन करने की क्षमता;
dw/lw: **~tion** /~शन/ *n.* 1 (***syn.*** tolerance) सहिष्णुता; उदारता 2 सहन करने की क्रिया
toll /टोल/ *n.* 1 कर, महसूल, चुंगी 2 मार्ग कर, राहदारी: road ~ 3 घंटा-नाद 4 दुर्घटना आदि में हत या लापता लोगों की संख्या: heavy ~; death ~;
v., pt. **~ed**, *pp* **~ing** 1 घंटी का धीरे-धीरे बजना: ~ a bell 2 धीरे-धीरे घंटा बजा कर किसी की मौत की सूचना दे.: ~ a funeral knell; for whom the bell **~s** 3 किसी अधिकार से वंचित क., रद्द क.: ~ an entry 4 हानि पहुंचाना: take ~ of;
dw/lw: **~able** /टोलअबल/ *adj.* शुल्क योग्य; **~age** /टोलिज/ *n.* मार्ग शुल्क; **~-bar**/ **~-gate** *n.* शुल्क-फाटक; **~booth** *n.* शुल्कगृह, चुंगी-घर; **~bridge** *n.* मार्ग-शुल्क-पुल, मार्ग-शुल्क देय पुल; **~-free** *US* (*UK* **freephone**) *adj.* 1 मार्ग कर-मुक्त 2 शुल्क-मुक्त, निःशुल्क (फोन-कॉल): a ~-free number; **~gate** *n.* शुल्कद्वार; **~-house** *n.* शुल्क-गृह, चुंगी-घर, महसूल-घर, टोल घर; **~man** *n.* मार्गकर वसूलने वाला;
collocations: **~ call** अंतर्नगरीय टेलीफोन; **~ clerk** पथ-कर लिपिक; **~ collector** पथ कर लेने वाला; **~ plaza** सड़क के बीचोबीच बना मार्ग-शुल्क बूथ
tollbooth/ tollbooth /टोलबूद/ *US* टोलबूथ/ *n.* चुंगी-घर
tol-lol /टॉल-लॉल/ *adj.* साधारण, संतोषजनक, ठीक-ठाक
Tom /टौम/ *US* टाःम/ *n.* 1 नर 2 नर बिल्ला 3 *derog.* साधारण व्यक्ति, अफ्रीकी मूल का अमेरिकी नागरिक 4 बड़े घंटे का नाम 5 जानवरों या पक्षियों का बच्चा;
dw/lw: **Tomming** *n.* 1 श्वेत लोगों की चापलूसी 2 अफ्रीकी मूल के लोगों के साथ विश्वासघात;
collocations: **~ o'Bedlam** पागल; **~ Collins** *n.* जिन (gin) से बनाया जाने वाला पैग; **~ Farthing** मूर्ख, बुद्धू, मूढ़; **~ Tyler** साधारण व्यक्ति, जोरू का गुलाम; **~ Thumb** 1 बौना, ठिगना, नाटा आदमी 2 तुच्छ चीज; **~ Long/ Long ~** धीमा व्यक्ति, भारी तोप; **~ Tailor** दर्जी; **~ Tiddler's ground** 1 आनन-फानन में धन कमाने का स्थान 2 विवादित क्षेत्र 3 निष्पक्ष भूमि (nobody's land); **a peeping ~** दूसरों के जीवन में ताकने-झांकने वाला व्यक्ति; **Old ~** तेज जिन (शराब);
p&i: **be Uncle Tom** 1 श्वेत लोगों की चापलूसी क. 2 अफ्रीकी मूल के लोगों के साथ विश्वासघात क.; **more people know Tom Fool than Tom Fool knows** जाने-माने मूर्ख को ज्यादा लोग जानते हैं, बनिस्बत उन लोगों के जिन्हें वह खुद जानता है; **~, Dick and Harry** (*esp.* **any/ every ~, Dick and Harry**) ऐरा-गैरा, नत्थू खैरा
tomahawk /टौम्हॉक/ *US* टाःम्हॉक/ *n.* छोटी कुल्हाड़ी, जिसे अफ्रीकी मूल के लोग हथियार के रूप में प्रयोग करते थे;
v., pt. **~d**, *pp* **~ing** 1 कुल्हाड़ी मारना, कुल्हाड़ी से मार दे. 2 अत्यंत कटु आलोचना क.;
p&i: **blow ~s** तेज हवाओं का चलना; **bury/ lay aside the ~** झगड़ों या लड़ाई को मिटाना; **dig up/ raise/ take up the ~** लड़ाई शुरू क.
tomato /टअमाटो/ *US* टअमेटो/ *n., pl.* **~es** 1 टमाटर 2 टमाटर का पौधा
tomb /टूम/ *n.* 1 कब्र, मकबरा, समाधि 2 (**the tomb**) *poetic* मृत्यु, मौत
tombac /टौम्बैक/ *US* टाःम्बैक/ *n.* तांबे और जस्ते का मिश्रण जिसे नकली गहने बनाने के लिए प्रयुक्त किया जाता
tombola /टौम्बोला/ *US* टाःम्बोला/ *n., pl.* **~s** तंबोला, लॉटरी जिसमें जीतने वाले टिकट ढोल आदि से निकाले जाते हैं
tombolo /टौम्बअलो/ *US* टोम्बअलो, टाःम्बअलो / *n.,* द्वीप को मुख्य भूमि से जोड़ने वाली पत्थरों और रेत से बनी पट्टी
tomboy /टौमबॉय/ *US* टाःमबॉय/ *n.* 1 चुलबुली या शोख लड़की 2 मर्दानी या बहादुर लड़की;
dw/lw: **~ish** *adj.* बहादुर लड़की-सा; **~ishness** *n.* मर्दानी या बहादुर लड़की के गुण
tombstone /टूमस्टोन/ *n.* कब्र पर लगा पत्थर, समाधि-प्रस्तर
tomcat /टौमकैट/ *US* टाःमकैट/ *n.* बिल्ला, बिलार, बिलाव, बिडाल
tome /टोम/ *n.* 1 भारी-भरकम पोथी, पोथा, वृहत् ग्रंथ 2 (***syn.*** volume) ग्रंथ खंड
tomentose /टोमेंटोस/ (*also* **tomentous** /टोमेंटस/) *adj.* घनरोमिल, कंबल की तरह रोंएंदार
tomentum /टोमेंटअम/ *n., pl.* **tomenta**, *bot.* घनरोम, कंबल जैसे रोंएं
tomfool /टौमफू\ल *US* टाःमफू\ल / *adj.* 1 मूर्ख व्यक्ति, बेवकूफ, उल्लू 2 मसखरा, भांड 3 जोकर: ~ costume; ~ speech;
v., pt. **~ed**, *pp* **~ing** 1 मूर्खतापूर्ण आचरण क. 2 छिछोरापन क., खिलवाड़ क.;
dw/lw: **~ery** /~लरि/ *n., pl.* **~eries** 1 मूर्खतापूर्ण आचरण 2 (***syn.*** foolishness) बेवकूफी की बात, बकवास, नादानी, छिछोरापन
tomic /टॉमिक/ *adj.* विखंडनज
tomium /टॉमिअम/ *n.* चंचुकोर
tommy /टौमि/ *US* टाःमि/ *n., pl.* **tommies** *colloq.* 1 सिपाही, अंग्रेज-सिपाही 2 *hist.* पुराने जमाने में सैनिकों को वेतन की बजाए खाने-पीने का सामान देने का चलन: ~ system 3 रोटी, ब्रेड: soft ~; brown ~;
dw/lw: **~-bar** *n.* सब्बल; **~gun** *n.* हल्की मशीन गन, टॉमीगन; **~rot** /टौमिरौट/ *US* टाःमिराःट/ *n., colloq.* बेवकूफी की बात, बकवास, अनाप-शनाप
tomnoddy /टौम्नौडि/ *US* टाःम्नाःडि/ *n.* उल्लू का पट्ठा, काठ का उल्लू, मूर्ख आदमी
tomography /टमौग्रअफि/ *US* टमाःग्रअफि/ *n., med.* एक नैदानिक स्कैन तकनीक (**CT** *abbr. of* 'computed tomography'; (*also* **CAT** *abbr. of* 'computed-aided tomography')
tomorrow /टअमौरो/ *US* टअमाःरो/ *n., adv.* 1 आने वाला कल: till ~ 2 निकट भविष्य: ~ is with us;
p&i: **~ come never** कल कभी नहीं आता; **~, ~ not today, hear the lazy people say** कल पर टालना सुस्त लोगों की आदत है; **~ is a new day** सुबह शाम से ज्यादा अक्लमंद होती है;
do sth as if there's no ~ अति क., कल की चिंता छोड़ आज खूब मौज-मस्ती क.; **never put off till ~ what you can do to-day** कल करता सो आज कर, आज करे सो अब; **see you ~** फिर मिलेंगे, खुदा हाफिज
TOMS *abbr.* 'Total Ozone Mapping Spectrometer' की प्रथमाक्षरी
tomtom /टॉम-टॉम/ *n.* छोटे सिर वाला एक ऊंचा ढोल जिसे हाथों से बजाया जाता है;
v., pt. **~med**, *pp* **~ming** ढोल बजाना
-tomy *med., comb. form forming nouns, denoting*: 1 **removal by surgery** (शल्य-क्रिया से हटाना): appendec**tomy**, hysterec**tomy** 2 **a surgical incision** (शल्य-क्रियात्मक चीरा): laparo**tomy**, lobo**tomy** 3 **a**

cutting up (कटाई): ana**tomy** 4 division into parts (अंगों में विभाजन): dicho**tomy**

ton /टन/ (*also in full* **tonne**) *n., pl.* **tons**/ **ton** 1 (*short* **ton**) टन = *UK* 1016 किलोग्राम; *US* 907 किलोग्राम 2 मीट्रिक टन (**metric** ~) = 1000 किलोग्राम 3 (**long** ~) लगभग 2240 पौंड (lb) या 1016.06 किलोग्राम के बराबर 4 (**displacement** ~) जहाज द्वारा हटाए जाने वाले पानी को मापने की इकाई = 2240 पौंड या 35 क्यूबिक फुट 5 (*also* **freight** ~) जहाज में सामान द्वारा लिए जाने वाले स्थान को मापने की इकाई = 40 कार्गो (cargo) फुट 6 (*usually* **~s**) *colloq.* ढेरों: **~s** of money; **~s** of time 7 (*in full* **register** ~) जहाज में मदिरा लादने के स्थान को मापने वाली 100 क्यूबिक फुट की इकाई 8 सौ (100) के बराबर रफ्तार का अंक (speed, score or sum of 100): at a ~ (सौ मील या उससे भी अधिक रफ्तार से) 9 फैशन 10 अभिजात वर्ग के लोग;
p&i: **come down on sb like a ~ of bricks** किसी पर घोर आलोचना करते हुए टूट पड़ना

tonal /टोनल/ *adj.* 1 (***anton.*** atonal) स्वर-संबंधी, स्वरपरक, स्वरिक 2 रंग-संबंधी 3 रंग-विन्यास या रंग-सामंजस्य संबंधी

tonality /टोनैलअटि/ *n., pl.* **tonalities** 1 स्वर-संगति 2 रंग-योजना, रंग-पद्धति, रंग-विन्यास या रंग-सामंजस्य

tondo /टौंडो/ *US* टांडो/ *n., pl.* **tondi** गोलाकार या चक्रिल चित्र (painting), चक्रिल उत्कीर्णन

tone /टोन/ *n.* 1 आवाज का लहजा, स्वर, स्वर-शैली: harsh/ gentle/ sweet/ silvery ~ 2 स्वर, ध्वनि, सुर, तान, स्वराघात: whole ~ 3 अंदाज, आवाज का उतार-चढ़ाव 4 टेलीफोन की घंटी 5 रंग, वर्ण, आभा, रंगत, रंग-संगति, रंग-सामंजस्य, छाया-आकृति: three **~s** of green 6 भाव, मिजाज, अंदाज, वातावरण की द्योतक आवाज, शैली: angry/ loving/ serious ~; a ~ of entreaty/ of apology; a ~ of contempt; the ~ of a letter; the ~ of a conversation; set the ~; good ~; bearish/ bullish ~ 7 वातावरण, परिस्थिति: a school with a good/ healthy ~; the house has a conservative ~ 8 उच्च कोटि, नैतिक स्तर: his coarse jokes lowered the ~ of the meeting 9 शारीरिक अंगों व तंतुओं की शक्ति: heart **~s**; recover mental ~;
***v.**, pt.* **~d**, *pp* **toning** 1 (*also* ~ **up**) स्वर ऊंचा क., सुदृढ़ बनाना 2 स्वर या शैली के तीखेपन को मंद क.: ~ sth down 3 सुर ठीक कर दे., सुर मिलाना 4 सस्वर सुनाना 5 उचित रंग भरना, रंग बदलना, (रंग) हल्का क., उग्रता घटाना 6 मेल खाना: ~ in with; the curtains ~ in with the carpet 7 समस्वर होना या क., समन्वय या सामंजस्य स्थापित क.;
dw/lw: **~d** *adj.* 1 स्वस्थ 2 थोड़ा-सा रंगा हुआ: ~d paper 3 हल्की रंगत के साथ: dark-~d painting 4 हल्का या पतला किया हुआ: ~d milk 5 मद्धम किया हुआ; **~-deaf** /टोन-डेफ/ *adj.* जिसे स्वरों के उतार-चढ़ाव के भेद का पता न चलता हो, तान-बधिर; **~-deafness** *n.* तान-बधिरता; **~-dialling** *n.* टेलीफोन मिलाने की एक विधि; **tone-in-tone** *adj.* एक ही रंग के कई रंगतों (shades) में रंगा हुआ; **~-scale** *n.* रंगत-मापक्रम; **~less** *adj.* 1 स्वरहीन 2 निर्जीव, नीरस, फीका: ~less poem 3 तान-रहित, सुररहित, एक-स्वरीय, कर्णकटु: ~less voice; **~lessly** *adv.* नीरस ढंग से; **tone-on-tone** *adj.* एक रंग की भिन्न-भिन्न रंगतों में रंगा हुआ; **~pad** *n. comput.* टीवी के रिमोट (remote) जैसा उपकरण जिसकी मदद से सूचनाएं एवं आंकड़े टेलीफोन आदि के माध्यम से केंद्रीय कंप्यूटर में डाले जाते हैं; **~r** *n.* 1 फोटो कॉपी और छपाई के यंत्रों में प्रयुक्त स्याही 2 चेहरे पर लगाई जाने वाली एक क्रीम (cream);
collocations: ~ **language** तान भाषा, तान प्रधान भाषा यानी ऐसी भाषा जिसमें ऊंचे या नीचे के स्वर के कारण एक ही शब्द के अर्थ बदल जाते हैं, जैसे चीनी भाषा में *ma* ऊंचे या नीचे स्वर के आधार पर मां, सन, घोड़ा, डांट आदि अर्थ दे सकता है; ~ **poem** साहित्यिक कृति पर आधारित संगीत रचना; ~ **unit**/ **group** *phon.* भाषा में लहजे (intonation) की मूल इकाई जो एक या ज्यादा शब्दांशों से बनती है
p&i: ~ **down** *or* ~ **sth down** स्वर या लहजे, रंग, शक्ति को कम, मंद या हल्का आदि बनाना; ~ **up**/ **tone sth up** स्वर या लहजे, रंग, शक्ति को तेज, तीव्र, गहरा या प्रबल आदि बनाना

toneme /टोनीम/ *n., ling.* तानग्राम यानी दो या अधिक स्वर या ध्वनियां जिनकी मदद से अलग-अलग शब्दों की पहचान हो सकती है

tong /टौंग/ *US* टांग/ *n.* गुप्त चीनी आपराधिक मंडली

tongs /टौंग्ज/ *US* टांग्ज/ *n., [pl.]* 1 चिमटा 2 चिमटा, संड़सा, चिमटी, संड़सी, संदशिका 3 बालों को घुंघराले बनाने के लिए प्रयुक्त एक चिमटी जिसे गर्म करके उसमें बाल लपेटे जाते हैं;
p&i: **not to touch sb with a pair of** ~ किसी से दूर का भी रिश्ता न रखना

tongue /टंग/ *n.* 1 जीभ, जबान, जिह्वा, रसना: furred/ dirty/ foul/ coated ~; put out one's ~ 2 भाषा, बोली: mother ~; the ancient **~s** 3 वाणी 4 आग की लपटों की जीभ, जिह्वा: ~ of fire 5 बोलने में सक्षमता 6 बोलने का लहजा या अंदाज: bad/ biting/ bitter/ caustic/ venomous/ wicked ~; oily ~; ready ~; sharp ~; glib ~ 7 जीभ जैसी कोई वस्तु या स्थान 8 (***syn.*** promontory) भूमि की एक तंग पट्टी जो समुद्री पानी के अंदर तक जाती है, अंतरीप 9 (***syn.*** clapper of a bell) टल्ली या घांडी (गाय आदि की गले की टल्ली, *Hr.*) आदि की दीवारों से टकराकर उसे बजाने वाला जीभ-नुमा धातु का टुकड़ा: ~ of a bell 10 (***syn.*** pin) सूई 11(***syn.*** pointer of a scale) कांटा 12 जीभ का गोश्त;
***v.**, pt.* **~d**, *pp* **tonguing** 1 जबान से छूना या चाटना 2 हवा से बजने वाले बाजे को जबान से छूकर बजाना 3 जबान से स्वर निकालना;
dw/lw: **~d** /टंग्ड/ *adj.* 1 जबान वाला 2 विशिष्ट ढंग से बोलने वाला; **~-in-cheek** /टंग-इन-चीक/ *adj.* मजाक में, व्यंग के रूप में; **~-lashing** /टंग-लैशिंग/ *n.* कड़ी फटकार, डपट; **~lamella** *n.* जिह्वा पटल; **~-tie** *n.* जिह्वाबंद विकार; **~-tied** /टंग-टाइड/ *adj.* 1 बद्ध जिह्वा 2 अवाक 3 संकोची 4 चुप, मौन, जिसकी बोलती बंद (हो गई) हो 4 जो न कुछ बोल, न कुछ कह पा रहा हो; **tonguing** /टंगिंग/ *n., music* हवाई वाद्य को बजाने का एक तरीका;
collocations: **~-and-groove joint** लकड़ी के दो टुकड़ों को मिलाकर बनाया जाने वाला जोड़; ~ **depressor** जीभ दबाने का औजार; ~ **twister** जबड़ा तोड़ शब्द यानी नजदीकी ध्वनियों वाले जल्दी-जल्दी बोले जाने वाले शब्द का समूह, जैसे:

Peter Piper picked a peck of pickled peppers.
Did Peter Piper pick a peck of pickled peppers?
If Peter Piper Picked a peck of pickled peppers,
Where's the peck of pickled peppers Peter Piper picked?

She sells seashells by the seashore.
The shells she sells are surely seashells.
So if she sells shells on the seashore,
I'm sure she sells seashore shells;

a sharp ~ तीखी जबान; **a slip of the** ~ जबान की फिसलन या अनजाने में कही जाने वाली बात; **gift of ~s** भाषाओं का वरदान;
p&i: ~ **ever turns to the aching tooth** जिससे लगाव होता है, उसी का ध्यान रखा जाता है; ~ **in cheek candour** व्यंग्यपूर्ण स्पष्टवादिता;
a good ~ is a good weather तीखी जबान तलवार से भी ज्यादा तेज होती है; **a honey ~, a heart of gall** जबान मीठी, पर मन कड़वा; **a still ~ makes a wise head** नाप-तौलकर बात करने में बुद्धिमानी है; **a ~ as long as a stock whip** लंबी जबान; **be on the tip of one's** ~ शब्द जबान से निकलने को हो.; **call sb everything one can lay one's ~ on** किसी को पानी पी-पीकर कोसना; **find one's** ~ फिर से धुआंधार बोलने लगना; **get one's ~ around/ round** कठिन शब्द को उचित ढंग से उच्चरित क.; **have a glib** ~ किसी की जबान बहुत लंबी हो.; **have a smooth** ~ चिकनी-चुपड़ी बातें करने की कला

आना, चापलूस हो.; **have a ~ in one's head** जबान बोलने के लिए ही दी गई है; **have lost one's ~** धुआंधार बोलने की क्षमता खो बैठना; **he knows much who knows how to hold his ~** जो अपनी जबान को लगाम दे सकता है, वह ज्ञान का धनी है; **his ~ failed him** वह कुछ भी न कह सका; **his ~ is too long for his teeth** वह चुप नहीं रह सकता; **his ~ glued itself to the roof of his mouth** वह कुछ भी नहीं कह सका; **hold one's ~** चुप रहना, चुप्पी साधना; **hold one's ~/ keep one's ~ between one's teeth** चुप रहना, जबान पर लगाम लगाना; **keep a civil ~ in one's head** विनम्र हो.; **keep a still ~ in one's head** चुप र.; **oil one's ~** चिकनी-चुपड़ी बातें करके चापलूसी क.; **loose sb's ~** किसी की जबान को बेलगाम क.; **one's ~ runs before one's wits** पहले सोचो, फिर बोलो!; **one's ~ runs nine to the dozen** लगातार चपर-चपर क.; **on the ~s of men** यह सब की जबान पर है, सभी इसके बारे में बातें कर रहे हैं; **on the tip of one's ~** शब्दों का जबान से निकलने को हो.; **roll/ slip/ trip of the ~** जबान की फिसलन या अनजाने में कही जाने वाली बात; **set ~s wagging** लोगों को जबान चलाने का मौका दे.; **speak with one's ~ in one's cheek** ईमानदारी से बात न क., छलपूर्वक बातें क.; **the ~ is not steel, yet it cuts** जबान मीठी छुरी होती है; **the ~ of idle persons is never idle** बेकार आदमी की जबान कैंची की तरह चलती है; **tie sb's ~** किसी की जबान बंद क.; **wag one's ~** चपर-चपर क.; **with ~ in cheek** व्यंग्यपूर्वक, मजाक में

tonic /टॉनिक/ टाःनिक/ *n.* 1 शराब आदि के पैग में मिलाया जाने वाला बुलबुलेदार पेय 2 पुष्टिकारक, शक्तिवर्धक औषधि: hair ~ 3 कोई भी स्फूर्तिदायक, बलवर्धक पदार्थ 4 (*also* **~ water**) स्फूर्तिदायक पानी 5 मूल-स्वर, तान या सुर विषय;
adj. 1 बलवर्धक, स्फूर्तिदायक: the ~ quality of the sea air; ~ drug 2 तान-विषयक, सुर-विषयक, तानात्मक, सुरात्मक: ~ contraction (तान संकुंचन) 3 तनावपूर्ण: ~ muscle (तनी हुई मांस पेशी) 4 बलाघात;
dw/lw: **~ity** /टॉनिसिटि/ *n.* 1 सुर, स्वर 2 स्फूर्ति;
***collocations*:** **~ sol-fa** सरगम; **~ spasm** *pathol.* मिर्गी आदि का लंबा दौरा

tonight/ to-night /टुनाइट/ टअनाइट/ *n.* 1 आज रात: **~'s** radio news 2 रंग-संस्कार, रंगत, छविकरण
adv. आज रात को (के दौरान)

tonnage /टनिज/ *n.* 1 टन भार, टन मान 2 प्रति टन भाड़ा 3 टनों में पोत की धारिता-क्षमता, टन-भार 4 टनों में पोत की धारिता-क्षमता के आधार पर भाड़ा 5 देश के व्यापारिक जहाजों की माल ढोने की कुल क्षमता;
collocations: **~ of ore/ of scrap** टनों में पोत की खनिज पदार्थ धारिता-क्षमता; **cargo ~** पोत की टनों में माल धारिता-क्षमता; **displacement ~** जहाज द्वारा किया जाने वाला पानी के स्थानांतरण का वजन

tonne /टन/ *n., pl.* **tonnes** or **tonne** *UK* टन, मीटरी टन (*also see above* **ton**)

tonner /टनः/ *n.* पोत की टनों में धारिता-क्षमता का द्योतक: a **10-~**

tonometer /टोनॉमिटः/ 1 टोनोमीटर 2 स्वरमापी, तानमापी 3 दाबमापी 4 तनावमापी

tonsil /टौंसल/ *US* टांसल/ *n., anat.* टौंसिल, गलतुंडिका, गद्दू: have one's ~ out;
dw/lw: **~lar** *adj.* गलतुंडिका संबंधी; **~lectomy** /टौंसिलेक्टमि/ *n., pl.* ~lectomies गलतुंडिका हटाने के लिए शल्य-क्रिया

tonsillitis /टौंसअलाइटिस/ *US* टांसअलाइटिस/ *n., pathol.* गद्दू-शोथ, तुंडिका-शोथ, टौंसिल-शोथ, गलांकुर

tonsor /टोंसः/ *n.* नाई;
dw/ lw: **tonsorial** /टोंसअरिअल/ *adj., often facetious* नाई-संबंधी, नापितीय या मुंडन-संबंधी

tonsure /टौंशः/ *US* टांशः/ *n.* 1 मुंडन संस्कार, चौल संस्कार 2 सिर का मुंडा हुआ भाग;
v., pt. **~d**, *pp* **tonsuring** किसी का मुंडन क., मूंडना;
dw/lw: **~d** /टौंशःड/ *US* टांशःड/ *adj.* मुंडित, मूंडा हुआ

tontine /टौंटीन/ *n., finance* सामूहिक वार्षिक वृत्ति (annuity), ऋणांश कोश

ton-up *old, sl., adj.* अक्सर 100 मील प्रति घंटा की रफ्तार से मोटरसाइकल चलाने वाला चालक

tonus /टोनस/ *n.* पेशी-संकोच, तनन

Tony /टोनी/ *n. US* अमेरिका में नाट्य-क्षेत्र में दिया जाने वाला सम्मान

tony /टोनी/ *adj., obsolete* 1 फैशनेबुल और महंगा 2 उच्च कोटि का, उत्तम श्रेणी का

too /टू/ *adv.* 1 (***syn.*** extremely) बहुत ज्यादा, अत्यधिक: ~ quickly; ~ many things to do 2 जरूरत से अधिक, थोड़ा ज्यादा/ कम/ बड़ा ...: you've given me two ~ many; you are really ~ kind; ~ much/ little; a little ~ small; a hat far ~ big for him (उसके लिए बहुत ज्यादा बड़ा टोप); you're ~ generous! 3 भी, उसी प्रकार: play and sing ~ 4 इसके अतिरिक्त ... भी: achieved, that ~ at small cost; loves Keats and likes Shelley ~ 5 ज्यादा ... नहीं: none ~ pleasant (ज्यादा रुचिकर नहीं); ~ good to last; we were none ~ early for the train 6 **only ~** केवल, मात्र: I shall be only ~ pleased to help you;
p&i: **~ big for one's boots** अपनी औकात से कहीं ज्यादा बढ़कर; **~ far east is west** अति होने से उलटा हो जाता है; **~ good to be true** इतना अच्छा! हो नहीं सकता!; **too many cooks spoil the broth** दो मुल्लाओं मुर्गी हराम; **~ much courtesy, too much craft** लंबा टीका, मधुर बानी, दगाबाज की यही निशानी; **~ much familiarity breeds contempt** जरूरत से ज्यादा हेल-मेल नफरत पैदा करता है; **~ much of everything is bad/ is good for nothing** अति सर्वत्र वर्जयेत;
go ~ far बहुत अधिक हो जा., ज्यादती हो जा.; **it is ~ much of a good thing** यह कुछ ज्यादा ही अच्छी चीज है

took /टुक/ *pt.,* **'take'** का भूतकालिक रूप

tool /टूल/ *n.* 1 औजार, हथियार, यंत्र, उपकरण: blacksmith's ~; the **~s** of one's trade; books are the **~s** of a scholar; power ~ (विद्युत-चालित उपकरण) 2 साधन: words, the **~s** of a writer 3 कठपुतली 4 छाप;
v., pt. **~ed**, *pp* **~ing** 1औजार से काम क. 2 यांत्रिक तरीके से तैयार क., गढ़ना, काटना 3 छाप लगाना 4 (*also* **~ up**/ **~ sth up**) कारखाने आदि में औजार या उपकरण लगाना 5 नक्काशी, अलंकरण आदि क. 6 किसी को कहीं ले जाना या छोड़ आना: let me ~ you down to the station 7 पत्थर आदि तराशना;
dw/lw: **~bag/ ~box** *n.* औजार रखने की पेटी; **~bar** *n.* कंप्यूटर स्क्रीन के ऊपर या नीचे क्रियात्मक चिह्नों (icons) की पट्टी; **~ed** *adj.* 1 यांत्रिक तरीके से बनाया हुआ 2 किसी उपकरण से नक्काशी करके सजाया हुआ; **~er** *n.* छेनी; **~kit** *n.* 1 औजारों की थैली 2 कंप्यूटर के चिह्नों का समुच्चय 3 काम करने के लिए आवश्यक चीजों का सेट; **~ing** /टूलिंग/ *n.* यांत्रिक तरीके से बनाने की क्रिया, नक्काशी, अलंकरण; **~maker** *n.* औजार बनाने वाला (या निर्माता); **~making** *n.* औजार बनाने का काम;
collocations: **~ checker** औजारों का निरीक्षण करने वाला; **~ fitter** औजार लगाने वाला; **~ keeper** औजार रक्षक; **~ room gunner** औजार कक्ष तोपची;
p&i: **~ along/ around** यों ही गाड़ी चलाते या सवारी करते घूमना;
a bad workman quarrels with his ~s नाच न जाने आंगन टेढ़ा; **be a poor ~ at sth** बेढब हो.; **down ~s** काम

बंद क., हड़ताल पर चले जा.; **jest/ play with edged ~s** तलवार की धार पर चलना, आग से खिलवाड़ क.

toot /टूट/ *UK* (*UK/ US* **honk**) *v., pt.* **~ed**, *pp* **~ing** 1 भोंपू या सीटी बजाना, तुरही बजाना 2 *US sl.* कोकेन सूंघना;
n. 1 भोंपू 2 सीटी या भोंपू की आवाज 3 तूर्य नाद;
p&i: **~ing one's horn** अपने मुंह मियां मिट्ठू; **you're damn ~ing** आप बिल्कुल सही हैं

tooth /टूथ/ *n., pl.* **teeth** 1 दांत, दंत, दशन: brush/ clean one's **teeth**; one's back/ front **teeth**; extract/ pull out sb's ~; have a ~ removed/ taken out; calf's **teeth** (दूध के दांत) 2 दंदाना, गरारी आदि का दांता, दांते: **teeth** of a saw 3 कांटा 4 खूंटी 5 दंताकार वस्तु 6 स्वाद, लज्जत, जायका, व्यंजन की पसंदगी;
v., *pt.* **~ed**, *pp* **~ing** 1 दांत लगाना, दांतेदार या दंतुर बना दे. 2 गरारी आदि के दंतों द्वारा पकड़ना या उनमें फंसाना 3 दांतों से काटना या कुतरना;
dw/lw: **~ache** /टूथेक/ *n.* दांत का दर्द, दंत शूल; **~brush** *n.* दांत साफ करने का ब्रुश, दातुन; **~-comb** *n.* महीन कंघी; **~ed** /टूथड/ *adj.* 1 दांतों वाला 2 दांतेदार, दंतुर, दंतुरित, दंदानेदार; **~ful** *n.* शराब की एक घूंट; **~ing** /टूथिंग/ *n.* 1 दूध के दांतों के स्थान पर असली दांतों के आने की क्रिया, दंतुरण 2 दाढ़ा 3 दांतेदार गरारी; **~ily** /टूथिलि/ *adv.* बड़े-बड़े दांत दिखाते हुए; **~iness** /टूथिनेस/ *n.* दांतों का बाहुल्य; **~less** /टूथलेस/ *adj.* 1 दंतहीन 2 बिना दांतों का, पोपला 3 शक्ति-विहीन, थोथा, खोखला; **~-mark** *n.* दंतक्षत; **~-plane** *n.* धारी रंदा; **~paste** *n.* दंतमंजन, मिस्सी; **~pick** *n.* दंत-खोदनी, दंत-कुरेदनी, सींक; **~-plate** *n.* दंत-पट्टिका; **~-shell** *n.* गजदंत-कवची, दंतकवच; **~some** *adj.* 1 (***syn.*** tasty) स्वादिष्ट, जायकेदार, मजेदार 2 आकर्षक; **~y** /टूथि/ *adj., degr.* ~ier, ~iest बड़े-बड़े दांतों वाला, दंतुल, दंतू: a ~y grin; **~wort** *n.* दंतिमूल; **wolf-~** *n.* चोर-दंत, कुकुरदंत;
collocations: **~brush moustache** छोटी-छोटी मूंछें **~ fairy** सोते बच्चे के सिरहाने तले रखे टूटे हुए दूध के दांतों के स्थान पर चुपके-से पैसे रख जाने वाली परी; ***natural*** **teeth** अपने यानी असली दांत; **second teeth** दूध के दांतों के टूटने के बाद आने वाले दांत; **set of teeth** दंतावली; **small ~** दंतिया; **the root of a ~** दांत की जड़; **wisdom ~** अक्ल का दांत;
p&i: **~ and nail** पूरा जोर लगाकर, पूरी शक्ति से, जी-जान से; **a colt's teeth** ऐयाशी, व्यसन; **armed to the teeth** पूर्णतया शस्त्र-सज्जित, सिर से पैर तक हथियारों से लैस; **cast in one's teeth** फटकारना या निंदा क.; **cast one's colt's teeth** संजीदा हो जा., अधिक गंभीर हो जा.; **cast/ throw sth in sb's teeth** मुंहतोड़ जवाब देना, सीधे डांटना ; **clench/ set one's teeth** दांत भींचना; **crown a ~** दांत पर धातु की टोपी चढ़ाना; **cut a ~** दांत निकलना; **cut one's teeth on sth** किसी कार्य में पहला अनुभव पाना; **escape by/ with the skin of one's teeth** बाल-बाल बचना; **fed to the teeth** 1 खूब छका हो. 2 से उकता या ऊब जा.; **fight/ struggle ~ and nail** जी-जान से संघर्ष क.; **from the teeth forward(s)/ outward(s) = from one's teeth** दिखावे के लिए; **get one's teeth into sth** किसी समस्या के समाधान में जोर-शोर से लगना; **go at it ~ and nail** किसी काम को जोर-शोर से करने लगना; **grit one's teeth** दांत पीसना; **have ~** दमखम हो., बलशाली हो.; **have a sweet ~** मिठाई पसंद हो.; **if you cannot bite, never show your teeth** बंदर घुड़की नहीं देनी चाहिए; **in the teeth of in spite of one's teeth** = के बावजूद, का सामना करते हुए, विरोध के बावजूद; **in the teeth of death** मौत के सामने, मौत की कगार पर; **in the teeth of public opinion** जन-मत के विपरीत; **in the teeth of starvation** भुखमरी की कगार पर; **in the teeth of the wind** हवा के विपरीत; **kick in the teeth** किसी को नीचा दिखाना; **kick sb in the teeth** किसी को दुत्कारना; **lie in one's teeth** बेशर्मी से झूठ बोलना; **long in the tooth** *colloq.* वृद्ध, बूढ़ा; **put teeth into** प्रभावी या कारगर बना दे., कड़ा या सख्त बनाना; **set one's teeth on edge** 1 दांतों में सिहरन पैदा हो. या क. 2 खटकने लगना, अप्रिय लगना 3 नफरत या नापसंदगी पैदा क.; **scarce as hen's teeth** बहुत कम; **sharp as serpent's teeth** सांप-सा जहरीला; **show one's teeth** दांत दिखाना, आंखें दिखाना; **sow dragon's teeth** झगड़ा टालने के चक्र में उसके बीज बो दे.; **take the teeth out of sth** किसी चीज को अहानिकर बनाना; **to one's teeth** सीधे, मुंह पर

tootle /टूटःल/ *v., pt.* **~d**, *pp* **tootling** 1 (*usually* **~ about/ round**) बांसुरी बजाना, हल्के से भोंपू बजाते रहना 2 कहीं पर बिना किसी जल्दी के टहलना या गाड़ी चलाना

tootsy/ tootsie /टुटसि/ *n., pl.* **tootsies** *colloq., children's or playful use* 1 पांव का अंगूठा या उंगली 2 (पुरुष की) प्रेमिका 3 लड़की या औरत

top /टॉप/ *US* टाःप/ (*also* **spinning ~**) *n.* 1 चोटी, शिखर, शीर्ष, शीर्ष भाग: the ~ of a mountain 2 परमोत्कर्ष, चरमोत्कर्ष, पराकाष्ठा, चरम बिंदु, बुलंदी: be at the ~ of one's profession; reach the ~; at the ~ of one's voice 3 (the ~) सबसे ऊंचा पद, सर्वोच्च पद, प्रथम स्थान: take the ~ of the table (मेज पर सर्वाधिक सम्माननीय स्थान पर बैठना) 4 ऊपरी तह, परत या तल: the ~ of the house 5 ढक्कन, ढकना या काग 6 औरत का वक्षीय वस्त्र 7 एक प्रकार का खिलौना, लट्टू: spinning ~; the ~ sleeps/ is asleep (लट्टू ऐसे घूम रहा है मानो खड़ा हो) 8 पत्ते की फुनगी 9 शिखर, ऊपरी सिरा: the ~ of a page 10 चांद 11 फलक 12 (***syn.*** cover) किसी गाड़ी का टप 13 (***syn.*** shoe upper) ऊपरी भाग, साज14 अत्यधिक तीव्रता 15 सर्वोत्तम अंश: the ~ of the milk (मलाई) 16 मचान (platform on masts) 17 कलईदार बटन 18 सर्वप्रथम भाग, शुरुआत: the ~ of the year 19 उच्चतम, सबसे ऊंचा, ऊंचा स्तर या ऊंचाई: at the ~ of one's voice; the ~ shelf/ step/ layer 20 (the **~s**) सर्वोत्तम व्यक्ति या वस्तु: Brits came out **~s** for humour 21 प्रथम स्थान: the ~ of the class;
adj. 1 सबसे अच्छा 2 सबसे ऊंचा: ~ storey 3 ऊपरला, ऊपरी: the ~ right hand corner 4 चर्म, सर्वोच्च, उच्चतम 5 सर्वश्रेष्ठ, सर्वोत्तम 6 सर्वप्रथम 7 अधिकतम: ~ speed;
v., *pt.* **~ped**, *pp* **~ping** 1 (***syn.*** surpass) से बेहतर क., से बढ़ कर या श्रेष्ठतर होना, से ऊंचा होना: he **~s** his father by half a head; he **~ped** my score by at least ten points 2 ऊपर से डालना: fruit salad **~ped** with cream 3 ढकना, टोपी लगाना, शिखर बनना: a mountain **~ped** with snow 4 सिरा काटना, फुनगियाना, छांटना (*Hr.*): ~ a tree/ a plant 5 शिखरतम बिंदु पर पहुंचना, ऊंचे स्तर तक पहुंचना 6 सर्वप्रथम होना, अगुआ हो.: ~ the list 7 किसी कार्य की पराकाष्ठा हो., शिखरतम बिंदु हो.: it **~s** all I ever saw 8 सूची में शिखरतम हो. 9 *sl.* फांसी पर चढ़ाकर मारना 10 (**~ oneself**) जानबूझकर आत्महत्या क.;
dw/lw: **topaz** *see below under separate entry*; **~-class** *adj.* ऊंचा, श्रेष्ठ, बढ़िया; **~coat** *n.* हल्का ओवरकोट; **~-down** *adj.* 1 किसी योजना आदि की सामान्य परिकल्पना से उसकी तफसील या विस्तृत वर्णन में जाने वाला 2 उच्च पदाधिकारियों से आरंभ करके नीचे तक जाने वाली (क्रिया); **~-drawer** *n.* सर्वोत्तम, सर्वश्रेष्ठ, पहले दर्जे का; **~-dress** *v., pt.* ~-dressed, *pp* ~-dressing जोते हुए खेत के ऊपर खाद छिड़कना; **~-dressing** *n.* 1 खाद छिड़कने का कार्य 2 इस प्रकार बिछायी जाने वाली खाद 3 छिछोरा व्यवहार 4 ऊपरी लेप; **tope** *see below under separate entry*; **~-end** *adj.* सबसे महंगा, बढ़िया और नवीनतम; **~flight** *adj.* अति उत्तम, बहुत बढ़िया, पहले दर्जे का, उच्च कोटि का, सर्वोत्तम; **~full** *adj.* लबालब या मुंहामुंह भरा हुआ; **~-grossing** *adj.* अपनी श्रेणी में सबसे अधिक पैसा कमाने वाला या वाली; **tophaceous** *see below under separate entry*; **~heavy** *adj.* 1 जिसका ऊपरी हिस्सा भारी हो, फलतः जिसके गिर पड़ने का अंदेशा हो 2 अस्थिर, डांवांडोल 3 पी कर डांवांडोल; **~-hole** *adj.* पहले दर्जे का, बहुत बढ़िया; **topiary,**

topic *see below under separate entry*; **~knot** /टौपनौट/ *US* टाःपनाःट/ *n.* 1 जूड़ा 2 चोटी 3 कलगी; **~less** *adj.* जिस पोशाक में वक्ष खुला रहे: ~less beaches; ~less bar (वह मदिरालय जिसमें नग्नवक्ष परिचारिकाएं हो, नग्नवक्ष मदिरालय); **~level** *adj.* उच्चस्तरीय: ~level negotiations; **~-loftiness** *n.* ठाठ-बाट, तड़क-भड़क; **~mast** *n.* दूसरा मस्तूल; **~most** *adj.* उच्चतम: ~most news; of ~most importance; **~notch** /टॉपनॉच/ *adj.* श्रेष्ठ, सर्वश्रेष्ठ, पहले दर्जे का, सर्वोत्तम: on the ~notch of the society; **~-rated** *adj.* सर्वाधिक सर्वप्रिय: ~-rated TV show; **~-ranking** *adj.* उच्च पदस्थ, सर्वोच्च; **topo-, topos** *see below under separate entry*; **topper, topping** *see below under separate entry*; **topple** *see below under separate entry*; **~sail** *n.* तिरकट सवर, गबर, पालपोत के दूसरे मस्तूल से बंधी पाल; **~-secret** *adj.* शिखरतम रहस्य, भेद; ~-secret information; **~-scorer** *n.* अधिकतम अंक या रन बनाने वाला; **~side** *n.* (बकरे आदि की) टांग के ऊपरी भाग के गोश्त का टुकड़ा; **~soil** *n.* मिट्टी की ऊपरी परत, उपरि मृदा; **~spin** *n.* गेंद को बल्ले आदि से मारकर ऊंचे ही ऊंचे पहुंचाने की क्रिया; **topsy-turvy** *see below under separate entry*; **~-up** *n.* 1आवश्यक स्तर तक भुगतान क. 2 पेय से आधे भरे गिलास आदि में और तरल डालकर पूरा भरना

collocations: **~ and lop** टहनियों समेत पेड़ की चोटी; **~ draining** खुली नालियां; **~ boots** ऊंचे बूट; **~ brass** (*also US* **brass**) सेना आदि में उच्चतम पदाधिकारी, वरिष्ठ अधिकारी गण; **~ coat** पेंट की अंतिम परत; **~ dog** 1 सबसे बेहतर, विजेता 2 मालिक, हाकिम; **~ dollar** बहुत सारे पैसे आदि की कमाई; **~ drawer** सर्वोत्तम, सर्वश्रेष्ठ; **~ gear** गाड़ी का उच्चतम गियर; **~ hat** (*also* **topper**) ऊंचा ढोलाकार रेशमी हैट; **~ kick** अगुआ; **~ management** उच्चस्तरीय प्रबंधन; **~ of the range/ line** अपनी श्रेणी में सर्वोत्तम या श्रेष्ठतम; **~ priority** सर्वोच्च प्राथमिकता; **~ secret** बिल्कुल गुप्त, चोटी का भेद; **~ table/ head table** सर्वाधिक सम्माननीय मेहमानों के लिए मेज; **(the) ~ ten** सर्वाधिक लोकप्रिय दस गाने; **~-up card** मोबाइल फोन में और पैसे डालने का कार्ड; **~ wall** उपरि भित्ति;

p&i: **~ and tail sth** सब्जी को पकाने के लिए उसके ऊपरी व निचले भाग को काटना; **~ off** पूरा क.; **~/ cap it all** पहले से खराब चीज को ऊपर से और खराब क.; **~ of sb's bent** 1 बिल्कुल, पूर्णतः 2 जितना मन करे उतना; **~ one's fruit** अपने माल को सराहना; **~ one's part** अपनी भूमिका को बढ़िया ढंग से निभाना, कमाल कर देना; **~ out sth** कीमतों आदि का चोटी पर पहुंचकर थम जा.; **~ sb up** किसी का गिलास फिर से पूरा भरना; **~ six feet** छह फुट ऊंचा हो.; **~ sth off** सजावट को अंतिम रूप दे., अच्छी तरह खत्म क.; **~ sth out** किसी भवन का शिखरतम पत्थर लगाना; **~ sth up** *UK* (*US* **~ sth off**) 1 फिर से ऊपर तक भर दे. 2 पैसे के निवेश को वांछित स्तर तक लाना; **~ the bill** 1 मुख्य आकर्षण हो. 2 कलाकारों में सर्वोपरि हो.; **~ up** पूरा या मुंह तक भरना;

at the ~ of one's voice *UK* (*US* **at the ~ of one's lungs**) ऊंची से ऊंची आवाज में चिल्लाना; **at the ~ of the tree** किसी व्यवसाय या जीवन वृत्ति (career) में उच्चतम पद पर; **be/ sit on ~ of the world** सातवें आसमान पर हो., बहुत खुश हो.; **blow one's ~** आपे से बाहर होना; **come out of the ~ drawer** भली भांति भद्र व्यवहार सीखा हुआ हो.; **come out on ~** जीत जा.; **come to the ~** विशिष्टतम स्थान प्राप्त क.; **from ~ to bottom** = **from ~ to toe** पूरी तरह से, सिर से पैरों तक; पूरे का पूरा, एड़ी से चोटी तक; **get on ~ of sb** *UK* मुसीबत का आ पड़ना; **go over the ~** 1 आक्रमण क., पर टूट पड़ना 2 निर्णायक कदम उठाना; **off the ~** दिमाग खराब हो.; **off the ~ of one's head** अचानक याददाश्त या अनुमान से कह दे.; **on ~** 1 किसी स्थान या सतह के उच्चतम बिंदु पर 2 सबसे आगे या प्रथम स्थान पर 3 के अतिरिक्त; **on ~ of everything else** = **on ~ of that** इसके अतिरिक्त, सबसे अहम बात यह है कि …; **on ~ of sth** 1 के नियंत्रण में हो. 2 के अलावा 3 के बहुत समीप 4 के ऊपर वाली या ढकने वाली; **on ~ of that** इसके अतिरिक्त; **on ~ of the heap** काफी ठीक स्थिति में हो.; **over the ~** *UK* 1 बढ़ा-चढ़ाकर और जरूरत से ज्यादा जोर लगाकर क. 2 जरूरत से ज्यादा तीखी प्रतिक्रिया; **pay, earn, charge, etc. ~ dollar** बहुत ज्यादा पैसे देना, पैसे कमाना, पैसे लेना आदि; **sleep like a ~** *or* **sleep like/ as sound as/ as fast as a ~** घोड़े बेचकर सोना, अत्यंत सुखद नींद में होना; **take sth from the ~** किसी गीत या संगीत की रचना को फिर आरंभ से शुरू क.; **the ~ of the ladder** समाज की उच्चतम श्रेणी या स्थान पर हो.; **the ~ of the morning to you** नमस्कार!; **up ~** किसी की बुद्धि या प्रतिभा: he hasn't got much up ~

topaz /टोपैज/ *n.* 1 पुखराज 2 पीला रंग, पुष्पराज, जबरजद

tope /टोप/ *v., pt.* **~d**, *pp* **toping** आदतन ढेरों शराब पीना;
n. 1 *IE* स्तूप 2 (***syn.*** groove) बाग, फलोद्यान 3 अमराई;
dw/lw: **~r** /टोपः/ *n.* मद्यप, शराबी, नशेबाज

tophaceous /टअफेशिअस/ *adj.* रेतीला, कंकड़ीला

Tophet /टोफेट/ *n.* जहन्नुम, नरक

topheavy *see above under* **top:** ***dw/lw***

topi/ topee *n., pl.* **topis/ topees** *IE* टोपी

topiary /टोपिअरि/ *n., pl.* **topiaries** पेड़ों की सजावटी छंटाई की कला: ~ art (कर्तन-कला); ~ garden;
dw/lw: **topiarist** /टोपिअरिस्ट/ *n.* कर्तन-कला में माहिर

topic /टौपि\क/ *US* टाःपि\क/ *n.* 1 विषय, मजमून: the ~ of the day; a ~ of conversation/ discussion 2 मुद्दा: cover/ discuss/ raise a ~; a controversial/ hot ~; the (main) ~ of sth 3 प्रसंग, प्रकरण;
dw/lw: **~al** /~कल/ *US* ~कल/ *adj.* 1 सामयिक: ~al question 2 प्राकरणिक, प्रासंगिक: ~al allusions in literature 3 आधुनिक 4 स्थानिक, सीमित: ~al remedy; **~ality** /~कैलिटि/ *n.* 1 सामयिकता 2 प्रासंगिकता; **~ally** /~कलि/ *adv.* सामयिक व प्रासंगिक रूप से

topo- *pref., denoting:* **place, land** (स्थल, स्थान या क्षेत्र)

topogra\pher /टपौग्रअ\फः/ *US* टपाःग्रअफः/ *n.* स्थलाकृति-विशेषज्ञ;
dw/lw: **~phic/ ~phical** /टौपअग्रैफिक/ *US* टाःपअग्रैफिकल/ *adj.* स्थलाकृतिक; ~graphic identification; ~graphic interpretation; ~graphic map (स्थलाकृतिक मानचित्र); ~graphic survey (स्थलाकृतिक सर्वेक्षण); ~graphic sheet (स्थलाकृतिक अंशचित्र)

topography /टपौग्रअफि/ *US* टपाःग्रअफि/ *n., pl.* ~graphies किसी क्षेत्र की भौगोलिक विशेषताओं का विस्तृत अध्ययन, स्थलाकृति विज्ञान, स्थान-वर्णन;

topological /टौपअलौजिकल/ *US* टाःपअलाःजिकल/ *adj.* स्थलाकृति विज्ञान-संबंधी, स्थलाकृतिक, सांस्थितिक: ~logical equivalence (सांस्थितिक तुल्यता); ~logical limit (सांस्थितिक सीमा); ~logical mapping (सांस्थितिक मानचित्रण);

topology /टपौलजि/ *US* टपाःलजि/ *n., geom.* 1 किसी क्षेत्र का भौगोलिक (topographic) अध्ययन, संस्थिति-विज्ञान, स्थलाकृति विज्ञान, स्थान-विज्ञान, सांस्थितिकी 2 अपरिवर्तनशील ज्यामितीय आकारों का अध्ययन 3 कंप्यूटर-विज्ञान में किसी जाल (network) के सिरों के जुड़ाव का अध्ययन;

topo-map /टपौमैप/ *US* टपाःमैप/ *n.* स्थलाकृति मानचित्र

toponym /टौपअनिम/ *US* टाःपअनिम/ *n.* स्थान नाम;
dw/lw: **~nymy** /टपौनिमि/ *US* टपाःनिमि/ *n.* स्थानवाची शब्दों का व्युत्पत्तिपरक अध्ययन, स्थल-नाम विज्ञान, स्थान-नाम विद्या

topos /टौपौस/ *US* टोपाःस/ *n., pl.* **topoi** /टौपॉइ/ *US* टोपॉइ or टाःपॉइ/ साहित्य में पारंपरिक विषय या विचार

topper /टौपः/ *US* टाःपर/ *n.* 1 सफल परीक्षार्थियों की सूची में) सब

से ऊपर, सर्वप्रथम, अव्वल विद्यार्थी 2 सर्वोत्तम व्यक्ति या वस्तु 3 ऊंचा ढोलनुमा रेशमी हैट

topping /टौपिंग/ *US* टाःपिंग/ *n.* (***syn.*** garnish) ऊपरी परत या सलाद आदि पर ऊपर से की जाने वाली सजावट: cheese ~;

adj. 1 अव्वल दर्जे का: ~ fellow; ~ cheat *sl.* (फांसी का फंदा); ~ cove/ fellow *sl.* (जल्लाद) 2 *Br. Dated, colloq.* बहुत बढ़िया: ~ dinner;

dw/lw: **~ly** *adv.* बढ़िया तरीके से: the car ran simply ~ly

topple /टौपल/ *US* टाःपल/ *v., pt.* **~d**, *pp* **toppling** 1 (*also* ~ down/ ~ over) उल्ट जा., गिराना, उल्टकर गिरना: the chimney **~d** and fell; ~ off (कुश्ती आदि में प्रतिद्वंद्वी को पछाड़ना) 2 (*also* **~ over**) सरकार का गिरना, तख्ता पलटना

topsy-turvy /टौप्सि-टःवि/ *US* टाःप्सि-टःवि/ *adj.* 1 उलट-पुलट, अस्त-व्यस्त 2 उलटा-पुलटा, औंधा 3 अस्त-व्यस्त, बेतरतीब, तितर-बितर: a ~ way of reasoning;

adv. उलटे-पुलटे, औंधें: turn ~;

v., *pt.* **topsy-turvied**, *pp* **topsy-turvying** उल्टना-पल्टना,;

dw/lw: **topsy-turvily** *adv.* अस्त-व्यस्त व बेतरतीब ढंग से; **topsy-turviness** *n.* उलट-पुलटपन, अस्त-व्यस्तता

toque /टोक/ *n.* 1 स्त्रियों के पहनने की टोपी 2 सोलहवीं सदी में प्रचलित एक टोपी

TOR *abbr.* 'Terms of Reference' की प्रथमाक्षरी

tor /टॉः/ (*also* **corestone**) *n.* 1 बुर्ज जैसी चट्टान 2 चट्टानी शिखर, कूट

tor-tor /टॉः-टॉः/ *n., zool.* महासीर

the Torah /टॉःरा/ *n., Judaism* यहूदियों के दिव्य ज्ञान की पोथी, मूसा-संहिता

torch /टॉःच/ *n., pl.* **~es** 1 *UK* (*US* **flashlight**) टॉर्च: electric ~ 2 मशाल: the ~ of learning/ of progress/ of liberty 3 गर्मी, प्रकाश, सजावटी जगमगाहट का स्रोत 4 चोरबत्ती 5 प्रकाश-स्तंभ, पथप्रदर्शक;

v., *pt.* **~ed**, *pp* **~ing** *US* जान-बूझकर आग लगाना;

dw/lw: **~bearer** *n.* 1 मशालची 2 प्रकाश-स्तंभ 3 पथप्रदर्शक, नेता, सरदार; **~light** *n.* मशाल या टॉर्च की रोशनी; **~wood** *n.* नेवारी, लोहजंघा, कोटा-गंधाल आदि की लकड़ी जिससे मशाल बनाए जाते हैं;

collocations: **~ singer** एकतरफा प्यार के बारे में शोकपूर्ण व भावुक गायक; **~ song** 1930 के दशक में प्रचलित गीत जिसमें एकतरफा प्यार के बारे में शोकपूर्वक व भावुकतापूर्वक गाया जाता था;

p&i: **carry a ~ for sb** किसी के प्रति प्रेम-भावना पालना; **hand on the** ~ ज्ञान देना या बांटना; **put sth to the** ~ जान-बूझकर आग लगाना

torchon paper /टॉःशॉन पेपः/ खुरदरा कागज

tore /टोः/ *pt.*, 'tear' का भूतकाल

toreador /टौरिअडॉः/ *US* टॉरिअडॉः/ टाःरिअडॉः/ *n.* सांडों से भिड़नेवाला घुड़सवार योद्धा

torero /टौरेरो/ टोरेरो/ (*also* **matador**) *n., pl.* **~s** सांडों से लड़ने वाला योद्धा

torma /टःम/ *n., zool.* अवट

torment /टॉःमेंट/ *v., pt.* **~ed**, *pp* **~ing** 1 (***syn.*** torture) भयंकर यंत्रणा दे., यातना दे. 2 पीड़ा दे., दर्दनाक हो.: be **~ed** by toothache/ with neuralgia 3 उत्पीड़ित क. 4 (***syn.*** plague) सताना, तंग क.: ~ a person with perpetual questions/ with one's complaints/ with demands for money;

n. 1 यातना 2 पीड़ा: be in ~; suffer ~ from toothache 3 (***syn.*** anguish) संताप: the ~ of one's life 4 (***syn.*** pain in the neck) कंटक: child is a positive ~;

dw/lw: **~ing** *adj.* पीड़ादायक, दर्दनाक: ~ing thought/ sight; **~or** /टॉमेंटः/ *n.* यातना देने वाला; **~ress** /टॉःमेंट्रिस/ *n.* पीड़ा देने वाली

tormentil /टॉःमेंटिल/ *n.* पंचपर्णी

tormina /टॉःमिना/ *n.* पेचिश, उदरशूल

torn /टॉन/ *pt. p.*, 'tear' का भूतकालिक कृदंत: that's **torn** it! (सब गड़बड़ हो गया)

tornado /टॉःनेडो/ (*also US* **twister**) *n., pl.* **~s** or **~es**; *meteorol.* 1 चक्रवात, घूर्णवायु, बवंडर, बबूला 2 तूफान 3 विस्फोट: a magnificent ~ of colours 4 गड़गड़ाहट: a great ~ of applause

tornate /टॉरनेट/ *n.* अतिशाग्र

torose /टॉःरोस/ *adj.* मणिमय

torpedo /टॉःपीःडो/ *n., pl.* **~es**/ **~s** 1 पनडुब्बी को नष्ट करने के लिए समुद्र-जल के अंदर छोड़ा जाने वाला प्रक्षेपास्त्र 2 (*also* **~ ray**) एक प्रकार की मछली;

v., *pt.* **~ed**, *pp* **~ing**, *s/he/ it* **~es** व्यर्थ कर दे., बर्बाद क., नष्ट कर दे.: ~ a ship;

collocations: **~ boat** टौरपीडो ढोने वाली नौका

torpid /टॉःपि\ड/ *adj.* 1 अक्रिय, अचेष्ट, निश्चेष्ट 2 मंद, तंद्रालु, प्रसुप्त 3 निर्जीव, भावशून्य, सुन्न 4 (***syn.*** lethargic) आलसी, सुस्त, काहिल 5 जड़, ठिठुरा हुआ;

dw/lw: **~ity** /~डिटि/ *n.* 1 निश्चेष्टता 2 (***syn.*** lethargy) आलस्य, सुस्ती, काहिली 3 निर्जीवता, जड़ता, ठिठुराहट 4 तंद्रा, प्रसुप्ति; **~ly** /~डलि/ *adv.* सुस्ती से

torpor /टॉःपः/ *n.* 1 निष्क्रियता, उदासीनता 2 (***syn.*** lethargy) काहिली, सुस्ती 3 निर्जीवता, जड़ता, जड़िमा

torque /टॉःक/ (*also* **torc**) *n.* 1 घूर्णन-बल, बल-आघूर्ण, ऐंठन 2 प्राचीन ब्रितानवी व फ्रांसीसी मूल के लोगों द्वारा पहने जाने वाला धातु से बना कंठा, हंसुली 3 *phys.* सीधी, लंबी रेखा (perpendicular) को शक्ति से गुणा करने पर मिलने वाली राशि की न्यूटन मीटरों में शक्ति

torre\faction /टॉरिफैक्शन/ *n.* लकड़ी आदि को आग पर सुखाने की क्रिया, तापन, शुष्कण;

dw/lw: **~fy** /टॉरिफाइ/ *v. pt.* ~fied, *pp* ~fying, *s/he/ it* **~fies** 1 आग पर तपाना या सुखाना 2 आग पर भूनना

torrent /टौरंट/ *US* टॉःरंट, टाःरंट/ *n.* 1 झड़ी: a ~ of sth 2 पानी, लावा आदि की प्रचंड धारा, वेगधारा, प्रवाह: a mountain ~; ~ of mountain-brook 3 मूसलाधार वर्षा, बौछार 4 (***syn.*** deluge) प्रश्नों, गालियों आदि की बौछार: ~ of words/ of insults/ of questions;

dw/lw: **~ial** /टरेंशिअल/ *adj.* 1 मूसलाधार: ~ial rain 2 वेगवान, वेगप्रवाही: ~ial flood 3 धुआंधार, प्रचंड बौछार भरी: ~ial abuse

torrid /टौरि\ड/ *US* टॉःरि\ड, टाःरि\ड/ *adj., degr.* **~er**, **~est** 1(***syn.*** passionate) अति भावुक, आवेशपूर्ण, आवेगपूर्ण: a ~ love affair 2 शुष्क, सूखा, बहुत गर्म, उष्ण, तप्त: ~ earth; ~ zone = the tropics (उष्ण कटिबंध) 3 घोर, अति तीव्र, उत्कट;

dw/lw: **~ity** /~डिटि/ *n.* 1 शुष्कता और उष्णता 2 भारी गर्मी 3 उत्कटता; **~ly** /~डलि/ *adv.* उत्कटतापूर्वक; **~ness** /~डनेस/ *n.* उष्णता या उत्कटता

torse /टॉःस/ *n.* विकासमान मोड़ (twist) या मरोड़

torsion /टॉःश\न/ *n.* 1 एक सिरे की ऐंठन, विमोटन 2 (***syn.*** twisting) मरोड़: ~ load;

dw/lw: **~al** /~नल/ *adj.* मरोड़ी, बलदार, विमोटित (तंतु)

torso /टॉःसो/ *n., pl.* **~s** 1 (***syn.*** trunk) धड़ 2 (***syn.*** statue, bust) नग्न धड़-प्रतिमा 3 अपूर्ण रचना, बिगाड़ी हुई रचना;

collocations: **~ murder** धड़ के टुकड़े-टुकड़े करके किया जाने वाला कत्ल

tort /टॉःट/ *n., law* 1 दुष्कर्म, दुष्कृति, अपकृत्य 2 संविदा-भंग, नागरिक विधि का उल्लंघन, अन्याय 3 हानि, क्षति, नुकसान: suing in ~ (क्षतिपूर्ति के लिए दावा);

dw/lw: **tortious** /टॉःशिअस/ *adj.* 1 अन्यायपूर्ण 2 हानिकारक

3 अनुचित नाजुक

torte /टॉःट/ टॉःटअ/ *n., pl.* **torten/ tortes**, *Ger.* केक

tortile /टॉःटाइल/ 1 ऐंठा या मरोड़ा हुआ, व्यावर्तित 2 टेढ़ा, वक्र 3 कुंडलित

tortelli /टॉःटेलि/ *n., [pl.]* गोश्त, पनीर, सब्जियों आदि से भरा पाश्ता

tortellini /टॉःटेलिनि/ *n., [pl.]* गोश्त, पनीर, सब्जियों आदि से भरे पाश्ता के डिब्बे

tortilla /टॉटीलाः/ *n., pl.* **~s** मैक्सिको की एक पतली गोल रोटी

torticollis /टॉःटिकोलिस/ (*also* **wryneck**) *n.,* गर्दन के ऊपर सिर की मुड़ी हुई स्थिति

tortious *see above under* **tort:** ***dw/lw***

tortoise /टॉःटअस/ *n.* 1 कछुआ, कच्छप, कमठ, कूर्म 2 धीमा व निष्क्रिय व्यक्ति;

collocations: **~ shell/ turtle shell** 1 कछुए की खोपड़ी 2 एक प्रकार की तितली 3 (***syn.*** calico cat) एक प्रकार की बिल्ली; **common roofed terrapin** ~ रामानंदी कछुआ; **Ganges soft shell** ~ सेवार कछुआ; **green sea ~ (turtle)** (समुद्री) हरा कछुआ; **hawk's beak ~ (turtle)** बाजठोंठी कछुआ; **land** ~ स्थल-कच्छप; **mud ~/ turtle** कछुई; **red streaked** ~ साल कछुआ; **sea** ~ समुद्री कच्छप; **starred** ~ छतनहिया कछुआ; **southern soft shell** ~ चिकना कछुआ; **water** ~ जल-कच्छप;

p&i: **hare and** ~ धैर्य की किसी के शारीरिक गुण पर जीत (कछुए और खरगोश की दौड़); **set the ~ to catch the hare** कछुए को खरगोश को पकड़ने के लिए दौड़ाना, अनहोनी बात क.; **the ~ wins the race while the hare is sleeping** खरगोश सोता रहा और कछुआ दौड़ जीत गया

tortuous /टॉःचुअस/ *adj.* 1 (***syn.*** winding) घुमावदार, चक्करदार, टेढ़ा-मेढ़ा: ~ path/ stream 2 (***syn.*** convoluted) जटिल, कुटिल, पेचीदा, समझने में कठिन 3 (***syn.*** devious) कपटी, कपटपूर्ण, धूर्त, धूर्ततापूर्ण: ~ mind; ~ argument; ~ policy; ~ politician;

dw/lw: **~ly** *adv.* 1 टेढ़े-मेढ़े रास्ते से 2 कपटपूर्वक; **~ness** *n.* धूर्तता, कुटिलता

torture /टॉःचः/ *v., pt.* **~d**, *pp* **torturing** 1 यंत्रणा दे.: ~ a prisoner until he makes a confession 2 शिकंजे में खिंचवाना, यातना दे. 3 (***syn.*** torment) उत्पीड़ित क., बहुत अधिक कष्ट दे., सताना, संतप्त क.: **~d** by gout/ by doubts/ by anxiety; don't ~ me by keeping me in suspense 4 खींच-तान क.: ~ words to make them fit one's argument;

n. 1 यंत्रणा, यातना: instrument of ~; put sb to (the) ~ 2 शारीरिक व मानसिक वेदना, पीड़ा: suffer ~; the **~s** of the damned 3 उत्पीड़न, अत्याचार 4 संताप 5 पीड़ा या उत्पीड़न का स्रोत;

dw/lw: **~d** /टॉःचःड/ *adj.* संतप्त, सताया हुआ: a ~d soul;**~r** /टॉःचरः/ *n.* यंत्रणा देनेवाला, संतापक, उत्पीड़क, अत्याचारी

torturous /टॉःचरस/ *adj.* 1 कष्टदायक, दुःखदायक 2 उत्पीड़क, उत्पीड़न-संबंधी 3 संतापी, संतप्त करने वाला;

dw/lw: **~ly** *adv.* कष्टपूर्वक, संतप्त करते हुए

torulose/ torulous /टॉरुलोस या टॉयुलोस/ टॉरुलस या टॉयुलस/ *adj.* मनकामय

torus /टॉःरस/ *n., pl.* **tori** /टोराइ/ 1 *bot.* पुष्पासन 2 *math.* वत्तज-वलय, ठोस-वलय

Tory /टोरी/ *adj.* 1 ब्रितानिया की एक दक्षिणपंथी पार्टी से संबद्ध 2 परंपरावादी, अनुदार;

n., pl. **Tories** 1 अनुदार दल 2 ब्रितानिया की एक राजनैतिक पार्टी का नाम 3 *hist.* ब्रितानिया के विरुद्ध अमेरिकी स्वतंत्रता संग्राम में ब्रितानवी साम्राज्य का साथ देने वाले अमेरिकी नागरिक

tosa /टोसा/ *n.* एक बड़ा-सा लड़ाकू कुत्ता

tosh /टॉश/ *US* टाःश/ *n., colloq.* (***syn.*** twaddle, rubbish, nonsense) अनाप-शनाप, अंडबंड, बकवास

toss /टॉस\/ *US* टाःस\/ *v., pt.* **~ed**, *pp* **~ing** 1 ऊपर फैंकना, डाल दे., उछालना: ~ one's hat on the table 2 (*also* **~ up**; ***syn.*** flip) सिक्का उछालकर निर्णय क. 3 (*also* **~ sth away/ aside** *or* **out**) छोड़ दे, तिरस्कारपूर्वक त्याग दे. 4 अधीरतापूर्वक या गुस्से से सिर झटकना: ~ one's head back 5 (*also* **~ sth about**) आलोड़ित क., हिचकोले खिलाना या खाना, हिचकाना, इधर से उधर फेंकना: a ship **~ed** by the storm 6 (*also* **~ about** *or* **around**) हिलाना, हिलाना-डुलाना: ~ sb in a blanket 7 अशांत होकर बार-बार इधर-उधर हिलना-डुलना या घूमना: the aeroplane **~ed** about in the stormy sky 8 अशांत होना, लहरें मारना, तरंगित होना: **~ed** about in the storms of life; ~ about 9 झूमना 10 डूबना-उतराना: **~ing** for days on the ocean 11 करवटें बदलते रहना: ~ (about) on the bed in pain 12 पकते व्यंजन को उछालकर पासा बदलना, सलाद आदि में तेल मिलाकर या अन्य पदार्थ से ड्रेसिंग क. 13 घोड़े द्वारा अपने सवार को पटक दे.: the horse **~ed** its rider 14 पशु द्वारा किसी व्यक्ति को सींगों से हवा में उछाल दिया जा. 15 *see below under* ***p&i:*** **~ about** *or* **around**;

n. 1 फेंक: ~ of a ball; a ~ of 5 metres 2 सिक्का-उछाल: the ~ of a coin 3 सिर का झटका 4 झटका, हचकोला 5 घोड़े द्वारा पटकने की क्रिया 6 जरा-सी चीज;

dw/ lw: **~er** /टॉसः/ *US* टॉसः/ *n., Brit, course sl.* मूर्ख और घिनौना व्यक्ति; **~pot** /~सपॉट/ *n.* पियक्कड़; **~up** /~अप/ *n., colloq.* 1 सिक्का-उछाल 2 बराबर का मौका 3 अस्पष्ट परिणाम; **~y** /टॉसि/ *US* टाःसि/ *adj.* घमंडी, दंभी

p&i: **~ about** *or* **around**) बहस में किसी विचार पर हल्के-फुल्के ढंग से तर्क-वितर्क क.; **~ aside** ठुकरा दे.; **~ off** 1 एक घूंट में पी जा.. 2 आसानी से या जल्दी कर डालना; **~ off/ ~ it off** *Brit, coarse sl.* हस्त-मैथुन क.; **~ oars** चप्पू ऊपर उठाना; **~ one's head** अधीरतापूर्वक सिर झटकना; **~ up** 1 सिक्का उछालकर फैसला क.: ~ a coin 2 शर्त लगाना: I'll ~ you for it (मैं तुम्हारे साथ शर्त लगाने के लिए तैयार हूं);

argue the ~ किसी फैसले पर बहस क.; **give a knowing/ a proud ~ of the head** समझते हुए या गौरवपूर्वक सिर हिलाना; **not give a ~ about sb/ sth** किसी की या किसी बात की कोई परवाह न क.; **take a** ~ गिरना, घोड़े से गिरना; **win/ lose the** ~ टॉस हारना या जीतना

TOT *abbr.* 'Training of Trainer', 'Transfer of Technology', 'turn over tax' की प्रथमाक्षरी

tot /टॉट/ *US* टाःट/ *n.* 1 छोटा बच्चा, नन्हा बच्चा 2 *UK* तेज शराब की थोड़ी मात्रा, शराब की घूंट: a ~ of whisky 3 जोड़, योग;

v., pt. **~ted**, *pp* **~ting** 1 (*esp.* **~ sth up**; ***syn.*** add up) जमा क., जोड़ना, कुल योग होना 2 पैसा बढ़ाना

total /टोटल/ *adj.* 1 कुल, सब: the ~ number of persons; ~ population; ~ strength; ~ weight; ~ income; ~ emission; a ~ loss after the accident 2 (***syn.*** complete) पूर्ण, पूरा, समस्त, समग्र, समूचा, सारा: ~ eclipse; ~ war; ~ width; ~ recall 3 (***syn.*** absolute) निरा, नितांत, निपट: ~ absurdity/ ignorance; ~ failure; ~ brightness;

n. 1 कुल योग, जोड़: the grand ~ 2 कुल जमा: reach a total of 50000/100000, etc. 3 कुल मीजान: the final/ overall/ sum ~; 50000/100000, etc., in ~;

v., UK pt. **~led**, *pp* **~ling** *or US pt.* **totaled**, *pp* **totaling** 1 कोई विशेष राशि बनना 2 (*also* **~ sth up**) कुल जोड़ हो. या क.: the figures **~led** 5000;

dw/lw: **totalitarian** *see below under separate entry*; **~ity** /टोटैलअटि/ *n., pl.* ~ities 1 संपूर्णता, समग्रता, समष्टि 2 कुल जोड़; **~ization** /टोटअलाइजेशन/ *n.* समग्र बनाने की क्रिया, राशिकरण; **~lizer/ ~liser** /टोटअलाइजः/ = **totalizator/ totalisator** /टोटअलाइजेटः/ (*often shortened to* **tote**) *n.*

पूर्णयोगित्र, योगमापी, सर्ववितरक (1 जुए की एक प्रणाली जिसमें बाजी की कुल राशि जीतने वाले को दे दी जाती है 2 एक स्वचालित यंत्र जो वितरित की जाने वाली कुल राशि का स्वतः योग कर देता है); **~ize**/ **~ise** /टोटअलाइज/ *v., pt.* ~ized, *pp* ~izing जोड़ लगाना, योग निकालना; **~ly** /टोटअलि/ *adv.* पूर्ण रूप से, बिल्कुल, पूर्णरूपेण, पूर्णतः, सर्वतः, सर्वथा: ~ly blind;

collocations: ~ **abstinence** शराब से पूरा परहेज; ~ **football** 1970 के दशक में हालैंड में प्रचलित फुटबाल की एक शैली जिसके अनुसार सभी खिलाड़ी (रक्षक पंक्ति भी) आक्रमण या धावे में शामिल हो जाते थे; ~ **physical response** (*abbr.* **TPR**) भाषा सीखने की एक विधि जिसके तहत विद्यार्थी ऐसी गतिविधियों के द्वारा शब्द या अभिव्यक्तियां सीखते हैं जो उन शब्दों व अभिव्यक्तियों से जुड़ी हैं; ~ **recall** सारी बातों या संपूर्ण विवरण को याद रखने या करने की क्षमता

totalitarian /टोटैलिटेरिअन/ *adj.* 1 एकदलीय, सर्वसत्तात्मक, सर्वाधिकारी: ~ state (सर्वसत्तावादी, सर्वाधिकारवादी राष्ट्र) 2 निरंकुश;

dw/lw: **~ism** /टोटैलिटेरिअनिज्म/ *n.* 1 सर्वसत्तावाद, सर्वाधिकारवाद 2 एकदलवाद, एकदलीय शासन-तंत्र, एक-दलीय शासन-पद्धति 3 अधिनायकवाद, निरंकुश शासन

tote /टोट/ *v., pt.* **~d**, *pp* **toting** 1 जोड़ क. या लगाना 2 ले जाना, ढोना, वहन क. 3 कोई भारी वस्त्र पहनना 4 अपने पास रखना;

collocations: ~ **bag** *US* बड़ा थैला या झोला

totem /टोटअम/ *n.* 1 जानवर, पशु, पौधा या अन्य प्राकृतिक प्रक्रियाएं आदि कबीले के प्रतीक या चिह्न के रूप में 2 कुल चिह्न, टोटेम, गण चिह्न;

dw/lw: **~ic** /टोटेमिक/ *adj.* कुलचिह्न-संबंधी; **~ism** /टोटेमिज्म/ *n.* टोटेमवाद, जानवर, पशु, पेड़-पौधे या अन्य प्राकृतिक प्रक्रियाओं आदि का कबीले के प्रतीक या चिह्न के रूप में प्रचलन; **~ist** /टोटेमिस्टि/ *n.* 1 टोटेम-विशेषज्ञ 2 किसी एक कुल-चिह्न समूह का सदस्य; **~istic** /टोटेमिस्टिक/ *adj.* टोटेमवादी;

collocations: ~ **exogamy** अलग कुल-चिह्न की लड़की से विवाह करने की प्रथा;

~ **pole**/ ~ **post** उत्तरी अमेरिकी आदिवासी संस्कृति में घर के बाहर गड़ा लकड़ी का एक ऊंचा स्तंभ जिस पर परिवार के कुलचिह्न या तो खुदे होते हैं या चित्रित

tother/ **t'other** /टदः/ *adj, pron., Br. jocular or dialect.* दूसरा: you grab that end and I'll get ~

totidem verbis /टॉटिडेम वःबिस/ *Lat.* इन्हीं शब्दों में, इतने ही शब्दों में

totiens quotiens /टोशिअन्ज क्वोशिअन्ज/ *Lat.* हर बार

toties quoties /टोशिईज क्वोशिईज/ *Lat.* हर बार

totipotent /टोटिपोटंट/ *adj., Lat.* पूर्णशक्त

toto *see* **in toto**

toto caelo / टोटो काइलो/ टोटो सिलो/ *Lat.* पूर्णतः विपरीत, आकाश पाताल का अंतर

totter /टॉटः/ *US* टाःटर/ *v., pt.* **~ed**, *pp* **~ing** 1 डगमगाना, लड़खड़ाना, लरजना: the baby **~ed** across the room 2 (***syn.*** stagger) डांवांडोल होना 3 गिरने को हो., की कगार पर होना: the tall chimney **~ed** and fell;

n. डांवांडोल सरकार;

dw/lw: **~ing** /टौटरिंग/ *US* टाःटरिंग/ *adj.* डांवांडोल; **~ingly** *adv.* लड़खड़ाते हुए; **~y** /टौटरि/ *US* टाःटरि/ *adj.* 1 लड़खड़ाता या डगमगाता हुआ 2 अस्थिर 3 डांवांडोल

totting-up /टौटिंग-अप/ *US* टाःटिंग-अप/ 1 जोड़ने की प्रक्रिया 2 *Br.* गाड़ी चालक द्वारा नियमों के उल्लंघन के कारण मिले दंडात्मक अंकों का जोड़ जो एक सीमा के बाद लाइसेंस को रद्द करने का आधार बन सकता है

totty /टौटि/ *US* टाःटि/ *n., offensive* कामुकतापूर्ण व आकर्षक औरत

toucan /टूकैन/ *n.* लंबी चोंच वाला एक अमेरिकी पक्षी

touch /टच/ *v., pt.* **~ed**, *pp* **~ing**, *s/he/ it* **~es** 1 छूना, स्पर्श क.: **~ed** the radiator to check that it was on; ~ a thing with the hand/ with a stick; ~ a person on the arm/ on the shoulder, etc. 2 दो जनों द्वारा शारीरिक रूप से एक दूसरे को छूना: they **~ed** each other's hands 3 प्रभावित हो. या क., द्रवित हो. या क., पर प्रभाव डालना, पर असर क., मर्म-स्पर्शी हो., हृदय को छू लेना, उत्तेजित क.: the story of his sad life **~ed** her; he is slightly **~ed** (वह थोड़ा हिला हुआ है); the fright has **~ed** his wits (डर के मारे वह हिल गया है); he was **~ed** by her kindness 4 स्पर्श कराना 5 मिलना, मिला हुआ या सटा हुआ होना: make sure the seats don't ~ the wallpaper; his garden **~es** mine 6 दबाना 7 तक पहुंचना: the temperature **~ed** 46^0 C 8 तुलना में बराबरी क.: nobody can ~ her at chess; there is nothing to ~ sea air for bracing you up; my cooking can't ~ yours 9 का असर पड़ना, का संबंध हो.: the question **~es** you nearly; the new law doesn't ~ the consumers at all 10 (*usually* ~ **with**) थोड़ी रंगत में रंगत मिलना, चित्र आदि में थोड़ा-बहुत फेर-बदल क.: a love that's **~ed** with sorrow; the sky was **~ed** with pink 11 (*often* ~ **in**) पर कूंची या पेंसिल फेरना 12 सुलझाना, निपटाना 13 (*usually* ~ **on/ upon**) जिक्र क., चर्चा चलाना, सरसरी चर्चा क.: ~ on sth; we **~ed** many topics in our talk 14 से संबंध या सरोकार रखना: it's a matter that **~es** us all; I would not ~ him with a bargepole/ with a pair of tongs 15 ठहरना, बंदरगाह आदि पर रुक जा., लंगर डालना: the ship **~ed**/ covered many ports; the ship **~ed** at the port of Sochi; ~ shore 16 हल्की क्षति या शारीरिक चोट पहुंचाना: the teacher didn't ~ the student, he fell down and injured himself; not ~ sb/ sth 17 पाना: he **~es** a thousand rupees a day 18 से उधार लेना: he **~ed** me for a large sum of money 19 छेड़ना, छेड़छाड़ क.: nobody has been **~ing** his things; nothing must be **~ed** until the police have seen 20 स्वीकार क., ले लेना: wouldn't ~ that kind of job 21 सेवन क.: he never **~es** alcohol; he never **~es** a drop 22 खर्च कर दे., काम में लाना 23 नुक्सानदायक असर डालना: frost had **~ed** the early crop; the leaves are **~ed** with frost; this acid will not ~ silver; ~ sb's deepest chords 24 हाथ न लगाना, खाने से बिल्कुल मना कर दे.: not ~ sth; he has not **~ed** food for two days 25 दुखती रग पर हाथ रखना: ~ a (raw) nerve; ~ sb to the quick/ ~ sb home/ on a raw/ on a sore/ on a tender place 26 विमान आदि का उतरना: the plane **~ed** down at Delhi at 10 a.m. 27 स्पर्श करने की अनुभूति या अहसास हो.: the rock **~es** rough;

n. 1 स्पर्श, संस्पर्श: give a ~; the silky ~ of the fabric against her skin 2 छूने की क्रिया: momentary ~ of the shoulders to the mat 3 स्पर्श (fifth organ of sense), स्पर्शना (sense or sensation of touch): ~ is the fifth of human senses; he felt a cold ~ on his arm 4 स्पर्श की अनुभूति या अहसास, स्पर्शन से किसी वस्तु या जीव के वजूद, गुण, बनावट, बुनावट, कठोरता, महीनता आदि की अनुभूति 5 स्पर्श, घसीट (stroke of brush): a few deft **~es**; put/ give the finishing/ the final **~es**; the personal ~ given to the dress 6 संसर्ग, संपर्क, संबंध, मेल-जोल (contact): in ~ with sb; keep in ~/ lose ~ with one's friends back home; put sb in ~ with sb; lose ~ with reality; out of ~ with the new technology 7 व्यक्तिगत विशेषता, रंगत, पुट: individual ~ about it 8 (***syn.*** trace) पुट, थोड़ा-सा, अल्प मात्रा: a ~ of fever (बुखार हल्का-सा झोंका); move it left a ~ (इसे थोड़ा-सा बाईं ओर सरका दो); a ~ of irony/ of bitterness/ of mockery; the first **~es** of autumn; a ~ of the sun (लू का हल्का झटका) 9 गुणवत्ता की जांच या परख: put to the ~ 10 (***syn.*** style, technique) शैली, ढंग, तरीका: bold ~; one can easily recognize the ~ of the master; need the expert's ~ 11 बारीकी: the flowers were an elegant ~ 12 संवेदनशीलता: have a wonderful ~ with animals; in ~ with her inner self 13 *sl.* उधार की मांग (टोक) और प्राप्ति: come for a ~ 14 बीमारी का हल्का-सा दौरा 15 सम्मोहन: ask me no more, for at a ~ I yield 16 राशि 17 फैशन: the latest ~;

dw/lw: **~able** /टचअबल/ *adj.* (***anton.*** untouchable) छूने योग्य, स्पृश्य, स्पर्शग्राह्य; **~-and-go** *adj.* 1 अनिश्चित 2 जोखिम-भरा: ~-and-go business/ affair 3 खतरनाक: ~-and-go battle 4 नितांत अनिश्चित 5 सरसरी; **~-and-go** *n.* खतरनाक हालत, अनिश्चय: it was ~-and-go with him; his brain was on the ~-and-go; **~down** /टचडाउन/ *n.* 1 (***syn.*** landing) विमान की नीचे उतरने की क्रिया 2 रगबी या अमेरिकी फुटबाल में अंक लेने का एक तरीका; **touché** *see below under separate entry*; **~ed** /टचड/ *adj.* 1 द्रवित या विचलित, भाव-विह्वल 2 प्रभावित 3 किंचित विक्षिप्त: ~ed in the upper story (दिमाग से हिला हुआ); ~ed in the wind (हांफा या सांस की बीमारी से त्रस्त); **~er** *n.* 1 निकट का संपर्क 2 छूने वाला: near ~er (लगभग छूने वाला); to a near ~er (अत्यधिक करीब); as near as a ~er (बिल्कुल करीब); as near as a ~er falling into the pit (वह गढ़े में गिरने से बाल-बाल बच गया); **~-hole** *n.* तोप में गोले डालने का मुंह; **~ily** *adv.* चिढ़कर, खीझते हुए, कटुतापूर्वक; **~iness** /टचिनेस/ *n.* 1 चिड़चिड़ापन, तुनुकमिजाजी 2 अति संवेदनशीलता; **~ing** /टचिंग/ *adj.* 1 (***syn.*** moving) मार्मिक, मर्मस्पर्शी, हृदयस्पर्शी, हृदयग्राही: ~ing story 2 करुणामय; **~ing** *prep.* के विषय में: ~ing the subject; **~ing** *n.* 1 स्पर्श 2 संदर्भ; **~line** *n.* मैदान की पार्श्व-रेखा; **~-me-not** *n.* 1 गुलमेंहदी 2 वर्जित विषय; **~needle** *n.* परख-सुई; **~paper** *n.* आग लगाने या बारूद को जलाने के लिए प्रयुक्त कागज; **~stone** /टचस्टोन/ n. कसौटी, निकष: time is the only true ~stone of merit; **~-type** *v., pt.* ~typed, *pp* typing की-बोर्ड को बिना देखे टाइप क.; **~-typing** *n.* की-बोर्ड को बिना देखे की जाने वाली टाइपिंग; **~-up** *n., pl.* ~-ups 1 चित्र आदि में किए जाने वाले अंतिम छिटपुट परिवर्तन 2 छिटपुट सुधार या परिवर्तन; **~-watch** *n.* ऐसी घड़ी जिसे छूकर समय का पता लगाया जा सकता है; **~wood** *n.* 1 सड़ी-गली लकड़ी 2 चिड़चिड़ा या तुनुकमिजाज व्यक्ति; **~y** *see below under separate entry*;

collocations: **~ judge** रगबी के खेल में सीमा-रेखा पर खड़ा होनेवाला दो में से एक लड़का या लड़की; **~ pad** *comput.* भिन्न-भिन्न स्थानों पर छूने से चलने वाला उपकरण; **~ screen** छूने से काम करने वाला स्क्रीन; **Touch Tone** *telephone system* टेलीफोन डायलिंग में अलग-अलग नंबर दबाने से अलग-अलग आवाज आने की क्रिया; **common ~** कोहनी का स्पर्श; **rum ~** विचित्र व्यक्ति;

p&i: **~ a string** किसी की मर्म को छू देना; **~ base (with sb)** किसी के साथ फिर से संपर्क स्थापित क.; **~ bottom** 1 पानी के तल तक डूब जा. 2 बुरी अवस्था में पहुंच जा.; **~ down** 1 विमान का नीचे उतरना 2 अंक बनाना (गोल के पीछे गेंद से जमीन छूना); **~ in** चित्र आदि को अंतिम तूलिका दे., पूरा क.; **~ off** 1 दागना, दाग दे. 2 झटपट बना लेना; **~ on/ ~ upon** 1 का उल्लेख क., की चर्चा चलाना 2 पर थोड़ा-सा प्रकाश डालना 3 की ओर झुकना 4 का अर्थ दे.: that ~es on the surreal; **~ pitch** संदेहपूर्ण संगठन या व्यक्ति से संबंध रखना; **~ sb for sth** *sl.* किसी से उपहार या उधार के रूप में पैसा मांगना और पाना; **~ sb home = ~ sb to the quick** दुःखती रग पर हाथ रख देना; **~ sth off** झगड़ा या लड़ाई आदि शुरू करवाना; **~ the right chord** सही निशाने पर तीर लगना, सटीक बात क.; **~ up** 1 ठीक कर दे., दुरुस्त क. 2 पूरा क., अंतिम रूप दे. 3 चाबुक मारना; **~ up** (*usually* **~ sb up**) *Br. sl.* 1 किसी को कामोत्तेजित करने के लिए उसे पुचकारना-दुलारना 2 किसी का यौन-उत्पीड़न क.; **~ed with sth** में किसी चीज की रंगत हो.; **~ wood! (knock on wood)** कहीं नजर न लग जाए!; **~ wood!** शुक्र है!; **Oh! Touch wood!** ओह, खुदा करे किसी की नजर न लगे!;

a near ~ बाल-बाल बचाव; **an easy/ soft ~** भोला-भाला आदमी, आसानी से पैसे आदि देने के लिए मान जाने वाला व्यक्ति; **at a ~** स्पर्श मात्र से; **a ~ to the cap** नमस्कार; **be/ get/ keep, etc. in touch** संपर्क में र./ रखना; **cut up ~es** गप्प लगाना, दूसरों के बारे में चटपटी बातें क.; **give the final ~es** अंतिम रूप दे.; **lose ~** संपर्क टूट जा.; **be out of ~** संपर्क में न हो.; **lose ~ with sb/ sth** किसी से या किसी स्थान आदि से संपर्क टूट जा.; **not ~ sth with a bargepole/ with a ten-foot pole** किसी को पास न फटकने दे.; **the common ~** आम आदमी के प्रति सहानुभूतिपूर्ण रवैया; **the Midas ~** हर चीज को सोने में परिवर्तित करने की जादुई शक्ति; **within/ in ~** समीप

touché /टूशे/ *interj., excl.* 1 *fencing* वार की स्वकारोक्ति 2 सही आरोप की मजाक में स्वीकारोक्ति

touchy /टचि/ *adj., degr.* **touchier**, **touchiest** *colloq.* 1 तुनुकमिजाज, चिड़चिड़ा: be ~; she was most ~ upon the subject of age 2 (***syn.*** sensitive) अति संवेदनशील: ~ subject/ issue, etc.; public opinion is very ~ with regard to terrorism 3 अति भावुक 4 (***syn.*** delicate) अति नाजुक 5 जोखिम भरा, खतरनाक: ~ point/ situation 6 अति ज्वलनशील;

dw/lw: **~-feely** *adj.* अपनी भावनाओं को जरूरत से ज्यादा खुल्लम-खुल्ला व्यक्त करने वाला

tough /टफ/ *adj.* 1 कठिन, दुष्कर, दुःसाध्य, मुश्किल: ~ fight; ~ resistance; ~ job/ proposition; a ~ nut to crack/ a ~ row to hoe; a ~ area 2 सख्त, कठोर, कड़ा: ~ rules; ~ customer (जटिल एवं कठिन व्यक्ति) 3 दृढ़, पक्का, दृढ़-निश्चयी, सहिष्णु: ~ soldier 4 तगड़ा, हट्टा-कट्टा, तितिक्षु 5 दुखदायी: a ~ story; a ~ decision 6 (***anton.*** tender) चीमड़, चिमड़ा: meat is as ~ as leather 7 मजबूत, टिकाऊ, पायेदार: ~ wood/ metal 8 उद्दंड, उजड्ड, उग्र, नृशंस, कठोर, हिंसक, आपराधिक 9 असंभव, अकल्पनीय, अविश्वसनीय 10 टस-से-मस न होनेवाला, हठीला, अड़ियल, जिद्दी: ~ spirit; ~ in one's opinion; ~ policy 11 (***anton.*** soft, ***syn.*** unfortunate) बेरहम, निष्ठुर, निर्मम, अन्यायपूर्ण: the divorce was ~ on the kids;

n. 1 गुंडा 2 उग्र, नृशंस, कठोर, हिंसक व आपराधिक व्यक्ति;

adv. मर्दाने दंभ (macho way) व उग्रतापूर्वक;

dw/lw: **~ie** /ठफि/ *n., colloq.* 1 अत्यंत उग्र व हिंसक व्यक्ति 2 अड़ियल, हठी तथा कठोर व्यक्ति 3 कठिन समस्या; **~en** /टफन/ (*also* **~en up**) *v., pt.* ~ened, *pp* ~ening (*also* **~en up** *or* **~en sb up**) कड़ा या कठोर बनाना या हो जा.; **~ly** /टफलि/ *adv.* सख्ती से, कड़ाई से; **~ish** *adj.* कठोर, कड़ा एवं हठी-सा; **~ness** /टफनेस/ *n.* 1 चीमड़पन 2 कठोरता, मजबूती, कड़ापन, सख्ती, कड़ाई 3 तगड़ापन 4 उद्दंडता, उग्रता 5 बेरहमी, निष्ठुरता 6 हठीलापन, अड़ियलपन, जटिलता; **~-minded** /टफ-माइंडिड/ *adj.* (***syn.*** hard-headed) मजबूत-दिल, दृढ़निश्चयी, पक्का;

collocations: **~ guy** 1 मर्दाने दंभ में चूर (macho) व उग्र व्यक्ति 2 कठोर अड़ियल व जटिल व्यक्ति; **~ love** किसी व्यसन से ग्रस्त अपने प्रिय व्यक्ति को स्नेहपूर्वक व नाजुक ढंग से व्यसन से यानी नशीले पदार्थों के सेवन से कड़ाई से दूर रखने की कोशिश क.; **~ luck** 1 दुर्भाग्य एवं निराशा की स्थिति में सहानुभूति जताने के लिए प्रयुक्त: it was ~ luck not winning the quiz 2 ऐसा गलत काम जो सहानुभूति के लायक न हो: it's just your ~ luck, you shouldn't drink and drive 3 *excl.* कुछ गड़बड़ हो जाने पर सहानुभूति जताते हुए 4 उग्र दुत्कार दिखाते हुए: well, tough luck! I'm not going!;

p&i: **~ as old boots = as ~ as nails** बहुत मजबूत व्यक्ति जो जटिल समस्याओं या स्थितियों से आसानी से निपट सकता है; **~ sth out** (*often* **~ it out**) कठिनाई झेलना;

a ~ nut to crack/ a ~ row to hoe मुश्किल काम; **get ~**

with sb *colloq.* किसी के साथ सख्ती व कड़ाई से पेश आना

toupee /टूपे/ *n., pl.* **toupees** (***syn.*** small wig) गंजेपन को ढकने के लिए पुरुषों द्वारा लगाई जाने वाली नकली बालों की टांकी

tour /टुअः/ *n.* 1 दफ्तरी यात्रा, दौरा: be on/ go on a ~ 2 कार्यक्रम यानी थियेटर, सर्कस के कलाकारों या खिलाड़ियों की टीमों का व्यावसायिक भ्रमण कार्यक्रम: a tour of Germany by Bol'shoi Theatre 3 पर्यटन, यात्रा, भ्रमण: wedding ~; organized ~; start on a ~; be on ~; sight-seeing ~; a guided/ world ~ 4 किसी जगह की सैर: a ~ of the cathedral 5 (**the Tour** or **the Grand Tour**) धनी विद्यार्थियों द्वारा पढ़ाई पूरी होने पर की जाने वाली फ्रांस, जर्मनी, स्विटजरलैंड और इटली की यात्रा 6 विदेश में सरकारी या कामकाजी निवास: ~ of duty; did a ~ of duty in France;

***v.**, pt.* **~ed**, *pp* **~ing** 1 घूमने जा., पर्यटक के रूप में सैर पर जा.: ~ (all over) the world 2 सरकारी दौरे पर जा.: ~ in/ through/ about a country/ a district; on tour 3 किसी एक स्थान की सैर क.: ~ Moscow University;

dw/lw: **~ing** *adj.* सैर करने वाला, व्यावसायिक दौरा करने वाला: ~ing Indian cricket team; **~ing** *n.* सैर, दौरा: the ~ing of Moscow State University; **~ism** /टुअरिज्म/ *n.* पर्यटन: ~ism director (पर्यटन निदेशक); **~ist** /टुअरिस्ट/ *n.* पर्यटक, सैलानी: experienced ~ist; great ~ist; **~ist** adj. पर्यटन संबंधी: ~ist ticket; ~ist route; **~istic** *adj.* पर्यटनीय; **~istically** पर्यटन के दृष्टिकोण से; **~isty** /टुअरिस्टि/ *adj.* जहां बहुत सारे सैलानी आते हैं;

collocations: **~ de force**, **Tourette's syndrome** *see below under separate entry*; **~ist class** सबसे सस्ती सीटें; **~ist guide** पर्यटन गाइड, पर्यटन पथ-प्रदर्शक; **~ist information office** पर्यटन सूचना कार्यालय; **~ist lodge** पर्यटन विश्राम गृह; **~ist office** पर्यटन कार्यालय; **~ist officer** पर्यटन अधिकारी; ~ **operator** यात्रा या पर्यटन व्यवसाय चलाने वाला; **~ist trap** ऐसा स्थान जहां बहुत सारे सैलानियों के कारण भोजन, और अन्य खाने-पीने की चीजें महंगी हो जाती हैं; **Tourist Trophy** आइल ऑव मैन (Isle of Man) में होने वाली वार्षिक मोटर-साइकिल दौड़;

a package ~ किसी यात्रा का समूचा प्रस्ताव यानी ऐसी यात्रा जिसमें आने-जाने, होटल, खाने-पीने आदि के खर्चे शामिल होते हैं

tourbillion /टुअःबिलिअन/ *n.* चर्खी

tour de force /टुअः दअ फॉःस/ *n., pl.* **tours de force** कौशलपूर्ण प्रदर्शन, कमाल, चमत्कार

Tourette's syndrome /टुरेट्स सिंडरम/ (*also* **corpolalia**) *n., med.* बहुअंगी पेशी या तंतु विकार जिसके कारण रोगी अचानक खुल्लम-खुल्ला अंट-शंट बकने और गुर्राने लगता है

tourmaline /टुअःमलिन/ *n., geol.* तुरमली

tournament /टुअःनमंट/ *n.* 1 (***syn.*** tourney) खेल-कूद प्रतियोगिता: host/ play in a ~; pull out of/ take part in/ win a ~; a major ~; a round/ stage of a ~ 2 खेल मुकाबले: chess ~

tournedos /टुअनअडो/ *n., pl.* **~s** गोश्त का एक व्यंजन

tourney /टुअःनि/ *n., pl.* **~s** = **tournament** (मध्ययुगीन) खेल मुकाबला;

v. *pt.* **~ed**, *pp* **~ing** खेल मुकाबले में भाग ले.

tourniquet /टुअनिके/ *US* टःनअकअट/ *n.* धमनी से रक्तस्राव रोकने की पट्टी, रक्त बंध

tournure /टुअन्यः/ *n., Fr.* 1 आकर्षक शक्ल 2 सौम्य चाल-ढाल, व्यवहार 3 नाजुक अंदाज

tousle /टाउजल/ *v., pt.* **~d**, *pp* **tousling** बालों को बिखरा दे. या अस्त-व्यस्त कर दे., उलट-पुलट कर दे.;

dw/lw: **~d** /टाउजल्ड/ *adj.* अस्त-व्यस्त: a boy with ~d hair (बिखरे हुए बालों वाला लड़का)

tousy /टाउजि/ *adj.* अस्त-व्यस्त, बिखरा हुआ, अव्यवस्थित

tout /टाउट/ *v., pt.* **~ed**, *pp* **~ing** 1 किसी की तारीफ क., किसी का उग्र प्रचार क. 2 (*usually* ~ **for sth**) ग्राहक को खरीदने के लिए जोर देकर मनाना 3 ग्राहक जुटाना, दलाली क.: ~ for customers 4 घुड़-दौड़ से पहले रेस के घोड़ों की हालत के बारे में गुप्त सूचनाएं देकर दलाली क.: ~ round;

n. (*in full* **ticket** ~) 1 *UK* (*US* **scalper**) दलाल, टिकटों की कालाबाजारी करने वाला दलाल: business ~ 2 घुड़दौड़ में भाग लेने वाले घोड़ों की हालत के बारे में गुप्त सूचना देने वाला

tout court /टु कुर / *Fr.* संक्षेप में, मात्र, केवल: it was a lie, **tout court**

tout de suite /टु(ट) स्वि/ *colloq.* (*also* **toot sweet**) *adv.* तुरंत, फौरन

tout ensemble /टूटांसांबले/ *Fr.* सामान्य मत, धारणा, विचार

tovarisch/ tovarish (*Russian* **товáрищ**) *n.* 1 साथी 2 साम्यवादियों के बीच प्रचलित संबोधन शब्द जिसका अर्थ है साथी या कामरेड

tow /टो/ *v. pt.* **~ed**, *pp* **~ing** 1 रस्सी या जंजीर आदि बांधकर कार, ट्रेलर, नाव आदि को खींचना: ~ a car; ~ a boat 2 गून से खींचना 3 नौकर्षण क. 4 घसीटना;

n. 1 सन के छोटे रेशे 2 मोटा सन 3 खिंचाव 4 खिंचाई, खिंचावट, घसीट: give the car a ~ 5 खींचे जाने वाले वाहनों की कतार: a ~ of barges 6 कर्षक पोत, नाव, कार आदि यानी खींची या घसीटी जाने वाली वस्तु या वाहन 7 टागबोट 8 ह्रस्व तंतु 9 शिरोगुच्छ;

adj. 1 खींचने वाली: a ~-rope 2 जंजीर या रस्सी से बंधी (नौका आदि): a ~-boat;

dw/lw: **~age** /टोइज/ *n.* 1 खींचे या घसीटे जाने की क्रिया 2 खींचने की मजदूरी, खिंचाई या अनुकर्षण-भाड़ा; **~able** /टोएबल/ *adj.* 1 जिसे खींचा या घसीटा जा सके 2 जो घसीटे जाने के लिए तैयार हो; **~-boat** *n.* खींचने या घसीटने वाली नौका, कर्षी नौका; **~-coloured** *adj.* सफेद (बाल); **~ed** /टोअःड/ *adj.* खींची जाने वाली; **~er** /टोअः/ *n.* खींचने वाली नौका आदि, खींचने वाला व्यक्ति; **~-head** *n.* सफेद बालों वाला सिर; **~-headed** *adj.* सफेद-बालों वाले सिर वाला, बूढ़ा; **~ing** /टोइंग/ *adj.* खींचने वाली: ~ing force; ~ing lights (कैरावान में एक दूसरे से बंधकर चलने वाले जहाजों की रोशनी); **~ing** *n.* खींच, खिंचाव, घसीट; **~(ing) line**/ **~(ing)-rope** *n.* गन, रस्सा, जंजीर; **~(ing)-net** *n.* महाजाल; **~path** *n.* अनुकर्षण-पथ, खींचने का पथ; **~y** /टोई/ *adj.* सन जैसा, सन का;

collocations: ~ **bar** वाहन के पीछे लगी छड़ जिससे खींचने वाली रस्सी बांधी जा सकती है; ~ **truck** खराब गाड़ी को खींचकर लाने वाला ट्रक;

p&i: **take a boat/ car in** ~ नौका या कार को खींचने के लिए बांधना; **have/ take sb in** ~ किसी को अपनी देख-रेख या नियंत्रण में ले लेना; **in** ~ खींचा जाने वाला वाहन 2 किसी के साथ आने या चलने वाला (व्यक्ति): arrive late with several men in ~ (अपने पीछे कई लोगों को लेकर देर से आना); **on** ~ खींचा जाने वाला वाहन; **under** ~ खींचा जाने वाला जहाज आदि

towan /टोअन/ *n.* तटीय बालू का टिब्बा, तोआन

towards /टवॉःड्ज/ *US* टॉःड्ज/ *prep.* 1 की ओर: they moved/ walked ~ the town; our window looks ~ the river; his back was ~ me 2 के पास 3 के प्रति: attitude ~ sb/ sth; feel friendly ~ sb; he feels very sympathetic ~ you; showed no respect ~ her boss 4 के लिए, के हेतु (a contribution ~): efforts ~ a peaceful settlement; a fund ~; save ~ the children's education; donated rupees 5000000 ~ the cost of a new hospital 5 के आस-पास, लगभग: the hall holds ~ a thousand; he had spoken ~ an hour and a half 6 के निकट, समीप: ~ evening; ~ the middle of the century; he went to bed ~ 11 o'clock; ~ midnight 7 *old use* जो हो रहा है: have heard what is **toward**? (सुना है, क्या हो रहा है?);

***p&i:* I look ~ you** मैं आपकी सेहत के लिए जाम उठा रहा हूं

towel /टाउअल/ *n.* 1 तौलिया, अंगोछा, गमछा: a bath ~; dry/ rub/ wipe with a ~ 2 तरल को चूसकर सुखानेवाला तौलिया: sanitary/ woman's ~; tea ~;

v., *UK pt.* **~led**, *pp* **~ling**/ *US* **~ed**, *pp* **~ing** 1 (तौलिये से) हाथ, शरीर आदि पोंछना 2 खूब मारना, धुनाई क.;

***dw/lw:* ~-horse** (*also* **~ rack**) *n.* तौलिया रखने या सुखाने की घोड़ी; **~ling** /टाउलिंग/ *n.* 1 तौलिए का कपड़ा 2 तौलिये से शरीर की पोंछाई 3 *sl.* पिटाई, धुनाई;

***collocations:* ~ rail** *UK* (*US* **~ rack**) तौलिया सुखाने का ढांचा; **lead ~** बंदूक की गोली; **oaken ~** डंडा, लाठी;

***p&i:* throw/ chuck/ toss, etc. in the ~/ sponge** हार मान लेना

tower /टाउअः/ *n.* 1 मीनार, लाट, बुर्ज 2 बुर्जदार किला, गढ़, दुर्ग, कोट 3 शक्ति-स्रोत: a ~ of strength;

v., *pt.* **~ed**, *pp* **~ing** 1 बुलंदियों तक उठना, ऊंचा उठना या चढ़ना: he **~ed** to fame; the hills **~ed** high their crowns 2 (*usually* **~ over sb**) किसी से कहीं ऊपर उठना: ~ over the city 3 किसी से कहीं बेहतर हो.;

***dw/lw:* ~ing** /टाउअ:रिंग/ *adj.* 1 बहुत ऊंचा, बुलंद: a man of ~ing ambition 2 प्रभावशाली: a ~ing personality 3 उग्र, अति तीव्र, प्रचंड: ~ing rage; ~ing passion; **~y** *adj.* 1 ऊंचे मीनारों वाला 2 बुर्जों द्वारा रक्षित 3 ऊंचे उठता हुआ 4 बुलंद;

***collocations:* ~ above** 1 बहुत ऊंचा 2 से बढ़ कर; **~ and town** बसा हुआ स्थान; **~ block** *UK* अनेक घरों या दफ्तरों वाली ऊंची इमारत;

absorbing ~ सोखने वाला बुर्ज; **boring ~** बेधन (जमीन आदि में छेद करने वाला) बुर्ज; **control ~** नियंत्रण बुर्ज; **ivory ~** अलगाव, पार्थक्य, जनता से दूरी; **observation ~** चौकसी बुर्ज; **staged ~** सीढ़ीदार मीनार; **the Tower of London** लंदन मीनार;

***p&i::* ~ of strength** भरोसेमंद सहारा, शक्ति स्रोत; **~ over/ above sb/ sth** दूसरों कहीं ज्यादा बुलंद हो.

town /टाउन/ *n.* 1 शहर: he is going into ~; I'm going down ~ to do some shopping 2 किसी क्षेत्र का व्यावसायिक केंद्र 3 क्षेत्र का मुख्य नगर या राजधानी 4 (**the ~**) शहर के निवासी: the whole town turned out when India won the T20 world cup 5 नगरी, पुर 6 *Ind., Austral.* कसबा 7 देहात के विपरीत शहरी जीवन: I don't think I like the ~; often left the country in order to live in the ~ 8 विश्वविद्यालय की चल जनसंख्या के विपरीत शहर के स्थायी बाशिंदे;

***dw/lw:* townee/ townie** /टाउनी/ *n., pl.* **~s/ townies** *colloq., often derog.* शहरिया, शहरुआ, शहरू; **~-planner** *n.* नगर की योजना बनानेवाला; **~-planning** *n.* नगर की विकास योजना; **~scape** *n.* 1 नगर का समूचा दृश्य: subtly coloured ~scapes of Chandigarh 2 शहर की तस्वीर; **~ship** *n.* 1 नगर-क्षेत्र 2 नस्ल-भेद काल में दक्षिणी अफ्रीका में अफ्रीकी मूल के निवासियों की अलग नगरी या बस्ती 3 *N. Amer.* देश की एक स्थानीय प्रबंधन इकाई 4 *N. Amer.* ऐसा जिला जो छः वर्ग मील क्षेत्र में फैला होता है और उसमें 36 विभाग (sections) होते हैं; **~-site** *n.* नगर स्थल; **~sman/ ~swoman/ ~sfolk/ ~speople** *n.* शहरी पुरुष या स्त्री, नगरवासी, शहरी लोग; **~-talk** *n.* अफवाह, गप्प; **~wards** /टाउनवःडज/ *adv.* नगर की ओर;

***collocations:* ~ and gown** विश्वविद्यालय की चल (gown) जनसंख्या और शहर के स्थायी बाशिंदों के बीच संबंध; **~ area** नगर-क्षेत्र; **~ centre** शहर का व्यावसायिक केंद्र; **~ clerk** नगरपालिका का मुंशी; **~ cluster** नगर समूह; **~ council** नगरपालिका; **~ councillor** नगरपाल; **~ crier** *hist.* नगर-पालिका की ओर से शहर की गलियों, कूचों, व्यापारिक केंद्रों आदि पर मुनादी करने वाला, ढंढोरची, ढंढोरिया; **~ gas** पहले कोयलों से मिलने वाली ज्वलनशील गैस; **~ hall** सरकारी कार्यालय केंद्र, टाउन हाल; **~ house** 1 बहुमंजिला घर जिसमें शयन कक्ष ऊपर की मंजिल पर होते हैं 2 किसी का शहर का घर 3 *Scots* = **~ hall**; **~ planning** नगरीय विकास योजना;

boom ~ सहसा फलने-फूलने वाला शहर; **chief ~** मुख्य नगर; **county ~** इंग्लैंड में प्रांतीय नगर; **down ~** नगर का केंद्र; **ghost ~** भुतहा शहर; **man about ~** शौकीन आदमी; **shanty ~** शहर का झुग्गी-झोंपड़ी क्षेत्र;

***p&i:* come to ~** पहली बार उच्च वर्ग के समाज में (मौज मस्ती के लिए) आना; **go out on the ~** *colloq.* शाम को होटलों या रेस्त्रांओं में जा कर खाना-पीना और मौज-मस्ती क.; **go to ~ (on sth)** किसी काम को पूरे जोशो-खरोश के साथ और अच्छी तरह क.; **it's the talk of the ~** यह बात हर किसी की जबान पर है; **let's do the ~** आओ मौज-मस्ती करें; **paint the ~ red** रंग-रलियां मनाना; **the whole ~ knows of it** सारा जग इस बात को जानता है;

toxaemia/ toxemia /टौक्सीमिअ/ *US* टाःक्सीमिआ/ (*non-techn. equiv.* **blood-poisoning**) *n.* 1 रक्त विषाक्तता 2 (*in full* **toxaemia of pregnancy**) गर्भकाल में या प्रसव के बाद होनेवाला विषाक्तता जिससे रक्त-चाप एकदम से नीचे आ जाती है

toxic /टौक्सि\क/ *US* टाःक्सि\क/ *adj.* 1 जहरीला, हानिकारक: ~ insanity 2 विषैला, जहरीला, विषाक्त: ~ substance; ~ agent 3 वैषिक, विषजन्य: ~ bomb;

***dw/lw:* ~ant** /~कंट/ *adj.* विषैला; **~ant** *n.* विष; **~ity** /~सिटि/ *n.* विषैलापन, विषाक्तता, जहरीलापन;

***collocations:* ~ shock syndrome** (*abbr.* **TSS**), *pathol.* रक्त-विषाक्तता के कारण औरतों में होनेवाला एक घातक विकार

toxico\logy /टौक्सि\कौलजि/ *US* टाःक्सि\काःलजि/ *n.* विषविज्ञान;

***dw/lw:* ~logical** /~कअलौजिकल/ *US* ~कअलाःजिकल/ *adj.* विष-विज्ञानीय; **~logist** /~कौलअजिस्ट/ *US* ~काःलअजिस्ट/ *n.* विष विज्ञानी, विष-विशेषज्ञ; **~mania** /~कोमेनिआ/ *n.* विषपानोन्माद, विषोन्माद, जहरीली वस्तुओं के लिए उन्माद; **~sis** /~कोसिस/ विषजन्य रोग;

toxin /टौक्सिन/ *US* टाःक्सिन/ *n.* जहरीला पदार्थ, जीव विष

toxiphobia /टौक्सिफोबिआ/ *US* टाःक्सिफोबिआ/ *n.* विष भीति

toxocara /टौक्सअकाःरा/ *US* टाःक्सअकाःरा/ *n., zool.* कुत्तों और बिल्लियों में पनपने वाले कई तरह के कृमि जो विष्ठा के माध्यम से मानवों में स्थानांतरित हो सकते हैं और उनमें आंख के दृष्टि पटल में विकार (**toxocariasis**) पैदा कर सकते हैं;

***dw/lw:* ~l** /टौक्सअकाःरल/ *adj.* उपर्युक्त विकार से संबंधित

toxoid /टौक्सॉइड/ *US* टाःक्सॉइड/ *n., biol.* रासायनिक तौर से सुधारा हुआ टौक्सिन

toxo\philite /टौक्सौ\फिलाइट/ *US* टाःक्साः\फिलाइट/ *n.* 1 तीरंदाजी का शौकीन 2 धनुर्द्धर, तीरंदाज, कमनैत;

***dw/lw:* ~phily** /~फिलि/ *n.* धनुर्विद्या, तीरंदाजी

toxoplasmosis /टौक्सोप्लैज्मोसिस/ *US* टाःक्सोप्लैज्मोसिस/ *n.* गंदगी और बिल्लियों की विष्ठा से पैदा होने वाला संक्रमण

toy /टॉइ/ *n.* 1 खिलौना 2 खिलवाड़ की वस्तु, मनोरंजन: make a ~ of sth 3 (***syn.*** plaything) खिलवाड़ बना व्यक्ति, कठपुतली: he was a mere ~ in her hands; the wrecked sailors were but helpless **~s** in the raging ocean 4 ठिगना-सा कुत्ता;

adj. खिलौना-सा, खिलौने जैसा: a ~ gun;

v., *pt.* **~ed**, *pp* **~ing** 1 किसी के साथ मजाकिया तौर पर अठखेलियां क.: he is merely **~ing** with you; **~ed** with his affections 2 छेड़-छाड़ क.: he **~ed** with a pencil; ~ with his food 3 (*usually* **~ with**; ***syn.*** flirt with) ऊपरी तौर से दिलचस्पी लेना, से खिलवाड़ क.: ~ with an idea; ~ with the muse; **~ed** with the idea of getting a new car;

***dw/lw:* ~boy** *n., colloq.* किसी औरत का प्रेमी जो उससे उम्र में काफी छोटा हो; **~ing** *adj.* अठखेलियां करने वाला, छेड़छाड़ करने

वाला; **~ing** *n.* अठखेलियां, छेड़छाड़, ठठा-मजाक;
p&i: **~ with sth** 1 सतही दिलचस्पी दिखाना 2 के साथ ठठा-मजाक क.

TP *abbr.* 'Town Planner' की प्रथमाक्षरी

tp *abbr.* 'township', 'troop' का छोटा रूप

TPA *abbr.* 'third party administrators', 'tissue plasminogen activator (drug)', 'tonnes per annum' की प्रथमाक्षरी

TPAS *abbr.* 'Trade Promotion Advisory Service' की प्रथमाक्षरी

TPBB *abbr.* 'Tata Power Broad Band' की प्रथमाक्षरी

TPC *abbr.* 'Tata Power Company' की प्रथमाक्षरी

TPDS *abbr.* 'targeted public distribution scheme' की प्रथमाक्षरी

TPI *abbr.* 'Town Planning Institute' की प्रथमाक्षरी

TPIT *abbr.* 'Toronto Institute of Pharmaceutical Technology' की प्रथमाक्षरी

TPM *abbr.* 'total productivity maintenance' की प्रथमाक्षरी

TPR *abbr.* 'Total Physical Response' की प्रथमाक्षरी

tpr *abbr.* ' Turkey' का अंतर्राष्ट्रीय वाहन पंजीकरण कोड (IVR)

TPS *abbr.* 'Thermal Power Station' की प्रथमाक्षरी

TPU *abbr.* 'Tax Planning Unit' की प्रथमाक्षरी

TQ *abbr.* 'Technology Quotient' की प्रथमाक्षरी

TQL *abbr.* 'Total Quality Learning' की प्रथमाक्षरी

TQM *abbr.* 'Total Quality Management' की प्रथमाक्षरी

tr. *abbr.* 'transactions', ' *gramm.* transitive', 'translator', '*proof reading* transpose', 'trustee' का छोटा रूप

trabecula /ट्रअबेक्युला/ *n., pl.* **trabeculae** /ट्रअबेक्युली/ *anat.* दिल जैसे अंग को भागों (chambers) में बांटने वाली संरचना

TRACE *abbr.* 'Transition Region and Coronal Explorer' की प्रथमाक्षरी

trace /ट्रेस/ *v., pt.* **~d**, *pp* **tracing** 1 (***syn.*** track down) ढूंढना: ~ a person/ an animal; ~ lost goods; ~ long-lost relations; the police have **~d** the criminal 2 (*also* **~ sth back**) मूल या स्रोत को खोज निकालना: they **~d** a person's footsteps in the snow; ~ the origin of a plot; ~ the etymology of a word; this custom has been **~d** back to the twentieth century; the form of the ancient manor house may still be **~d** 3 पता लगाना: the crime has been **~d** back to him; thrice he **~d** the runic rhyme 4 विचार या विकास की रेखा या रूपरेखा प्रस्तुत क.: ~ the development of medicine 5 किसी रूप-रेखा, डिजाइन के ऊपर tracing paper रखकर नकल उतारना, अनुरेखित क., खाका उतारना: the castle by which this citadel was **~d** 6 लिखना, कठिनाई से लिखना: ~ the words with a shaking hand 7 योजना की रूपरेखा बनाना : he never followed the policy he **~d (out)** for himself 8 योजना को वर्णित क.: ~ **(out)** a plan of the district 9 अंकित क.: ~ the route on the map in pencil 10 देखकर मानसिक खाका बनाना: I could scarcely ~ her features in the darkness 11 मशीन से दिल की धड़कन आदि का खाका (ultrasound report) बनाना;
n. 1 निशान, चिह्न, संकेत, अवशेष: **~s** of human; no **~s** remained of the old castle; without a ~ 2 संकेत, लक्षण: betray/ show **~s** of fear/ of anger/ of emotion 3 लेश, अल्प मात्रा, लवलेश, पुट: **~s** of sth; there is just a ~ of onion in the salad; no ~ of scent on the handkerchief; there is no ~ of truth in the story; leave no trace (of sth); found **~s** of cocaine 4 खोज, पदांक, पदचिह्न, निशानी, कदमों के निशान या छाप: war had left its **~s** on him; follow sb's **~s**; hot on the **~s** of sb; keep ~ of sth 5 नकल या अनुरेखन, अनुरेखण 6 रिकॉर्ड में दर्ज करने वाले चलते पैन या पेंसिल द्वारा बनाई जाने वाली रेखा 7 छाप, लक्षण, विशेषता, प्रभाव: sorrow and disappointment had left their **~s** upon his character; there were **~s** of deep emotion on her face 8 ट्रेसिंग पेपर से नकल की हुई रूप-रेखा 9 पथ, पथरेख;
dw/lw: **~ability** /ट्रेसअबिलिटि/ *n.* 1 खोजे जाने की संभावना 2 ट्रेसिंग पेपर से छाप ले ली जाने की संभावना; **~able** /ट्रेसअबल/ *adj.* 1 जिसकी खोज की जा सके 2 जिसे अनुरेखित किया जा सके; **~less** /ट्रेसलेस/ *adj.* जिसके पदांक, पदचिह्न, निशानी, कदमों के निशान या छाप मिट गए हों, खोज-मिटा; **~r** /ट्रेसः/ *n.* 1 खोजी, खोजने वाला व्यक्ति, अन्वेषक 2 अनुरेखक, अनुज्ञापक 3 रेल या जहाज आदि से ढोए जाने वाले माल की खोई वस्तुओं की सूची 4 दस्तावेज की ट्रेसिंग से नकल बनाने वाला 5 नुकसान को ढूंढने वाला उपकरण 6 खोजी बम 7 मानव शरीर की क्रियाओं को जानने के लिए उसमें भेजा जाने वाला रेडियों-धर्मित पदार्थ; **traceried** /ट्रेसरीड/ *adj.* रेखीय अलंकृत चित्र; **~ry** /ट्रेसरि/ *n., pl.* ~ries 1 रेखीय अलंकरण, नक्काशी: ~ry made by frost on a window-pane 2 पत्थर की सजावटी नक्काशी; **tracing** /ट्रेसिंग/ *n.* 1 खोज 2 किसी चित्र या रूप-रेखा की नकल (copy), अनुरेखन 3 इस ढंग से बनाई जाने वाली नकल (copy); इस ढंग से नकल (copy) बनाने की क्रिया;
collocations: ~ **element(s)** 1 सूक्ष्ममात्रिक तत्त्व 2 रासायनिक तत्त्व जिनकी जैव तत्त्वों को अपने विकास के लिए बहुत कम मात्रा में जरूरत है; ~ **fossil** किसी जानवर के पदांकों की निशानी के अवशेष; **~r ammunition** खोजी बारूद; **~r bullet** (*in full* **tracer bullet/ tracer shell**) प्रकाशमान खोजी गोली; **~r composition** खोजी दल की संरचना; **~r control** खोजी नियंत्रण;
tracing paper अनुरेखन कागज;
p&i: **in the ~s** जुटा हुआ, काम में जुटा हुआ: die in the **~s** (काम करते-करते मर जा.); **keep ~ of** खोज-खबर लेते रहना; **kick over the ~s** नियंत्रण से बाहर हो जा., विद्रोह क., उत्पात, उपद्रव या ऊधम मचाना; **lose ~ of** खोजी चिह्नांकों को खो दे.; **work in the ~s** 1 घिसे-पिटे तरीके से काम क. 2 नियमित काम क.

TRACECA *abbr.* 'Transport Corridor Europe-Caucasus-Asia' की प्रथमाक्षरी

trachea /ट्रअकी\आ/ *US* ट्रेकिआ/ *n., pl.* **~s/ tracheae** /ट्रअकिई/ 1 (*non-techn. equiv.* **windpipe**) श्वास नली 2 वाहिका 3 कीटों के शरीर पर श्वास-छेद 4 पौधों में कोई भी तरल-वाहिका;
dw/lw: **~l/ ~te/ ~ted** /~अल/ ~एट/ ~एटिड/ *adj.* श्वासनली-संबंधी, श्वासनलीय: ~l breathing

tracheid /ट्रेकिइड/ *n.* वाहिनिका

tracheitis /ट्रैकिआइटिस/ *n., med.* श्वासनली-शोथ

tracheostomy /ट्रैकिऔस्टमि/ *n., pl.* **tracheostomies** श्वास-नली में किया जाने वाला छेद, श्वासनलीच्छेदन

tracheotomy /ट्रैकिऔटमि/ *n., pl.* **tracheotomies** श्वास-नली में गर्दन के सामने से किया जाने वाला शल्य-चीरा या छेद, ताकि जब सामान्य तरीके से सांस लेना संभव न हो, तो इस छेद से सांस लिया जा सके

trachoma /ट्रकोम/ *n., med.* रोहे, कुकरे

trachyte /ट्रैकाइट/ ट्रेकाइट/ *n.* हल्के रंग की अनेकों खुरदरी ज्वालामुखी चट्टानों में से कोई एक

tracing *see above under* **trace:** ***dw/lw***

track /ट्रैक/ *n.* 1 पटरी, पगडंडी: road was only a slight ~ upon the grass 2 रेल की पटरी: *UK* (**a railway** ~/ *US* (**a railroad** ~); the ~ of a wagon; wait for the train to pass before you cross the **~s**; our train is on ~ number five 3 घुड़-दौड़ पथ, रेसकोर्स: a race ~ 4 *US* घुड़दौड़ 5 (***syn.*** groove) श्रव्य गीत की चक्रपट्टी यानी संगीत रिकॉर्ड में बना पथ, संगीत ऐल्बम, सीडी, कैसेट आदि में अकेला गीत 6 लीक, पहिए या टायर के चिह्न: a tyre ~; ~ of a wheel/ of a motor-car 7

पदांक, पदचिह्न: followed in her mother's ~s and studied medicine 8 निशानी, कदमों के निशान या पैड़, खोजी चिह्न, सुराग, अतापता: they followed his ~ through the snow; he came on the ~s of his enemies; keep ~ of sb 9 पैदल-पथ: far from ~ of men 10 मार्ग 11 दौड़ों का मुकाबला 12 पर्दो आदि का आगे-पीछे करने का रास्ता 13 चुंबकीय रिकॉर्डिंग के कई पथों में से एक: sound ~ 14 *comput.* चुंबकीय डिस्क की सतह पर वह क्षेत्र जहां सूचनाएं व आंकड़े एकत्रित होते हैं 15 आने-जाने का रास्ता, यात्रा-पथ: followed the ~ of the storm; the ~ of a comet; rough/ steep/ narrow ~ 16 तर्क-वितर्क या दलीलों का सिलसिला या दिशा: couldn't follow the ~ of his argument; follow the ~ of sb's thoughts 17 (*usually* ~s) *drug-taking sl.* अंतःशिरीय सुई (intravenous injection) से नशीली दवा लेने से त्वचा पर बनने वाला लाल निशान;

***v.**, pt.* **~ed**, *pp* **~ing** 1 किसी के पद-चिह्नों, पैड़ौं (*Hr.*) पर चलकर पीछा क., खोज पर चलना, खोज निकालना: ~ sth/ sb down 2 अपने निशान या निशानी छोड़ जाना: he **~ed** dirt over the floor 3 विमान मिसाइल आदि के उड़ान-पथ का रडार से पता लगाते रहना 4 खबर लेते र., का अतापता रखना: ~ the current events 5 (*often* ~ **in/ out/ back**) टीवी, फिल्म आदि पर चल वस्तु का अतपता क. 6 चुंबकीय माध्यम से सूचना निकालना 7 गाड़ी के अगले-पिछले पहियों का एक साथ चलना 8 पकड़ लेना 9 खींचना 10 रास्ता बनाना, रास्ता निश्चित क. 11 रास्ता तय या पार क.: ~ a desert;

dw/lw: **~age** /ट्रैकिज/ *n.* 1 समस्त रेल-पथ 2 कर्षण, खिंचाव 3 निजी रेल लाइन के इस्तेमाल की अनुमति; **~ball/ ~erball** *n., comput.* हथेली से कर्सर (cursor) चलाकर कंप्यूटर पर वांछित काम क.; **~bed** *n.* पत्थर की रोड़ियों पर बना रेल-पथ; **~er** /ट्रैकअः/ *n.* 1 खोजी 2 योजक डंडा; **~ing** *n.* 1 किसी का पीछा करने की क्रिया 2 फिल्म में पहले से रिकॉर्ड किया हुआ संगीत लगाने का कार्य 3 *elec. engineering* गीलेपन या गंदगी के कारण दो बंद बिंदुओं के बीच बिजली के चूने (leakage) की क्रिया; **~less** /ट्रैकलेस/ *adj.* सड़क या पगडंडी रहित, पथ विहीन; **~list** *n.* सीडी, ऐल्बम, कैसेट आदि में शामिल संगीत रचनाओं के नाम, उनकी लंबाई आदि की सूची; **~s** /ट्रैक्स/ *n., [pl.]* 1 पदचिह्न 2 लीक 3 धावन-पथ; **~suit** /ट्रैकसूट/ (*also* **jogging suit**) *n. UK* अभ्यास के दौरान धावक द्वारा पहनी जाने वाली ढीली-ढाली पोशाक;

collocations: **~ and field** *US* (*UK* **athletics**) दौड़, कूद, गोला, डिस्कस, जैवेलिअन की फेंक आदि के मुकाबले; **~ball/ ~er ball/ roller ball** *comput.* कंप्यूटर में कर्सर (cursor) को चलाने के लिए माउस (mouse) के स्थान पर प्रयुक्त होनेवाला गेंदनुमा माउस; **~ clearer** इंजन छाज; **~er dog** खोजी कुत्ता, अपराधियों या विस्फोटकों का पता लगाने वाला कुत्ता; **~ event** दौड़ मुकाबला; **~ gauge** पटरी की चौड़ाई; **~ing shot** *cinematog.* पहियों वाली गाड़ी पर रखे कैमरा द्वारा चल वस्तु, व्यक्ति या ऐक्शन को फिल्माने की क्रिया; **~ing space station** खोजी अंतरिक्ष स्टेशन; **~ing station** विमान पथ-प्रदर्शन स्टेशन; **~less trolley** ट्रौली बस; **~ record** 1 बीते समय में किए गए काम का ब्योरा: sb's CV shows impressive ~ record 2 *sport, athletics, cycling, etc.* रिकॉर्ड बनाने की क्रिया; **~ shoe** स्पाइक वाले धावन जूते; **~ supply officer** रेल पथ आपूर्ति अधिकारी; **~ without lanes** साझा पथ;

p&i: **~ sb/ sth down** किसी को ढूंढकर पकड़ ले.; **~ follows the flag** राजनीतिक विजय की बदौलत व्यापार भी पनपता है; **across the ~s** *colloq.* = **the wrong side of the ~s** शहर और समाज का पिछड़ा क्षेत्र; **a fast ~ (to sth)** जल्दी पहुंचाने वाला रास्ता; **back on ~** फिर से सामान्य तरीके से चालू हो जा.; **be/ go off the ~** 1 विषय से भटकना, विषयांतर क. 2 रास्ते से भटक जा.; **be on somebody's ~s** किसी का पीछा क., किसी की गुप्तचरी क.; **cover up one's ~s** अपने पीछे अपनी निशानियां, सुराग या निशान मिटा देना ; **fly the ~** घिसे-पिटे रास्ते से उतर जा.; **go off/ leave the ~ = jump the ~** पटरी से उतर जा.; **have a one-~ mind** एक ही लीक पर चलने वाला दिमाग हो., एक ही विषय में दिलचस्पी लेना; **in one's ~s** उसी जगह पर, जहां है, वहीं पर; **inside ~** लाभदायक स्थिति, सबसे छोटा रास्ता; **keep ~ of** की खोज-खबर रखना, पर दृष्टि रखना, अतापता रखना; **keep ~ of events** घटनाओं का अतापता रखना; **leave one's ~s everywhere** अपने निशान (सुराग) सब जगह छोड़ते जा.; **lose ~ of** 1 ध्यान से उतरना 2 का सूत्र सुराग या अतापता खो जाना; **make ~s for sth** *colloq.* घर आदि जाने के लिए तुरंत चल पड़ना; **never leave the beaten ~** सदा घिसे-पिटे रास्ते पर चलना; **off the beaten ~** लीक या घिसे-पिटे रास्ते से हटकर, मौलिक; **off the ~** रास्ते से भटका हुआ; **on ~** सही रास्ते पर; **on the open ~** पूरी रफ्तार से; **on the right/ wrong ~** सही या गलत रास्ते पर; **on the ~ of sb/ sth** किसी के पीछे-पीछे; **put upon the ~ of sb** किसी को किसी का सुराग देकर उसके पीछे लगाना; **roaring ~** खूब-जोर-शोर से होने वाला व्यापार; **stop/ halt sb in their ~s = stop/ halt/ freeze in sb's ~s** किसी को डराकर जहां है वहीं रोक दे.; **they ~ed game** उन्होंने शिकार का पता लगा लिया; **the first point was to ~ the animal to its den** सबसे पहला काम जानवर का उसकी गुफा तक पीछा करने का था; **wander from the ~** रास्ते से भटक जा.; **yield the ~ to sb** किसी को रास्ता दे.

tract /ट्रैक्ट/ *n.* 1 शरीर के अंगों की प्रणाली: the digestive ~ 2 (***syn.*** stretch) विशाल भूभाग, जल-क्षेत्र, प्रदेश, इलाका: a long ~ of land/ of forest; wide **~s** of smooth water; the northern **~s** of a country; large **~s** of unpopulated wilderness 3 *old use* समय की लंबाई 4 निबंध, प्रबंध, शोध-प्रबंध, विवरण पुस्तिका (brochure), छोटी निबंधिका, पत्रक, पुस्तिका (pamphlet): write/ publish/ distribute **~s**;

collocations: **~ house** (*also* **~ home**) ऐसे स्थान पर आधुनिक घर बनाना जहां पहले ही बहुत सारे मकान बने हों

tractability /ट्रैक्टअबिलिटि/ *n.* बस में रहने की क्षमता, वश्यता, विनय;

tractable /ट्रैक्टअबल/ *adj.* (***anton.*** intractable) 1 जिसे संभाला जा सके, वश्य, नियंत्रणीय: be as ~ble as a child; be of no ~ble spirit (उद्दंड या अड़ियल हो.) 2 विनीत 3 कोमल, लचीला 4 आघातवर्ध्य, कुटिलिकायनीय: gold is ~ble

Tractarianism /ट्रैक्टेअरिअनिजम/ (*also* **Oxford movement**) *n.* एक धार्मिक आंदोलन जो चर्च आव इंग्लैंड (Church of England) में उच्च स्तर, औपचारिकता एवं सामारोहिकता का पुनर्जीवन करवाना चाहता था जिसके कारण ऐंग्लो-कैथॉलिकवाद और कर्मकांडवाद पनपे

tractate /ट्रैक्टेट/ *n.* 1 निबंध, प्रबंध, शोध-प्रबंध 2 पुस्तिका

traction /ट्रैक्शन/ *n.* 1 खिंचाव 2 किसी चीज को किसी सतह पर खींचने की क्रिया 3 खींचने में लगाया जानेवाला बल 4 कर्षण: electric/ steam ~ 5 तनाव 6 पकड़ 7 *med.* अंग कर्षण या तनाव, मांस-पेशी की ऐंठन 8 *med.* टूटी हड्डी के जोड़ने की विधि: he spent eight weeks in ~ after he broke his hand 9 चलते वाहन आदि को रोकने में लगाया जाने वाला बल;

dw/lw: **~al** /ट्रैक्शनल/ *adj.* खींचने वाला, कर्षक: ~al effort;

collocations: **~ engine** कर्षण-इंजन; **~ inspector** कर्षण निरीक्षक; **~ power** कर्षण शक्ति; **~ superintendent** कर्षण अधीक्षक; **~ train examiner** कर्षण गाड़ी परीक्षक

tractive /ट्रैक्टिव/ *adj.* खींचने वाला: ~ effort

tractor /ट्रैक्टः/ *n.* 1 ट्रैक्टर 2 (*also* **~ unit**) भारी वजन खींचने वाली गाड़ी;

collocations: **~ feed** *adj.* प्रिंटर या टाइप-राइटर जिसमें कागज का निरंतर चलने वाला रोल लगा होता है; **~ trailer/ trailer truck** ड्राइवर के केबिन के साथ जुड़ी माल-वाहक डिब्बा या ट्रौली

trad *n. Br. colloq.* 'traditional jazz' का छोटा रूप

tradable (*also* **tradeable**) /ट्रेडअबल/ *adj.* (***syn.***

marketable) जिसे आसानी से खरीदा-बेचा जा सके

trade /ट्रेड/ *n.* 1 व्यापार, तिजारत: ~ in arms/ in cotton; liberty/ prohibition/ stoppage of ~; revive/ restrict ~ 2 किसी एक प्रकार का व्यवसाय, पेशा, व्यापार की शाखा: the building/ the furniture ~ 3 शिल्प, दस्तकारी, कारीगरी यानी ऐसा व्यवसाय जिसमें हाथ से काम करना पड़ता हो: the ~ of a weaver/ tailor/ shoemaker; a saddler/ a potter/ a blacksmith/ a grocer/ a mason/ a plumber by ~; put sb to a ~ (किसी को कोई शिल्प सिखाना); left school at 15 to learn a ~ 4 व्यवसायी समुदाय 5 दुकानदारी: fair ~; wholesale/ retail ~ 6 विशेष स्थान, समय पर व्यापार: the tourist ~ 7 कारोबार, वाणिज्य व्यापार, धंधा: coastal ~; domestic/ home/ inland ~; foreign/ overseas ~; be in ~; ~ between two countries/ regions; ~ with a country 8 लेन-देन: carry on/ engage in the ~ of sth 9 (*syn.* business) क्रय-विकर्य की मात्रा 10 (**trades**) व्यापारिक पवन, तिजारती हवा;

v., pt. **~d**, *pp* **trading** 1 व्यापार क., धंधा या कारोबार क: ~ in sth; ~ in silk/ in wool/ in cotton/ in salt; ~ in securities 2 *US* एक माल के बदले में दूसरा ले.: ~ knives and beads for skins 3 क्रय-विक्रय क. 4 एक दूसरे पर गाली-गलौज या थप्पड़-मुक्कों की बौछार क.: ~ blows 5 वस्तुओं की अदला-बदली क.: we **~d** seats with them 6 विदेश के साथ व्यापार क.: ~ with Germany/ with a foreign firm;

adj. व्यापारिक, कारोबारी: ~ agreement/ deal/ policy; a ~ dispute; ~ journal; ~ prices; ~ route; ~ secret;

dw/lw: **~able**/ **tradeable** /ट्रेडअबल/ *adj.* जिसे खरीदा या अदला-बदला जा सके; **~-in** *v., pt.* ~d-in, *pp* trading-in पुरानी चीज देकर नई ले.; **~-in** *n.* पुरानी वस्तु देकर नई वस्तु की खरीद; **~mark** (*in full* **registered ~mark**) *n.* 1 मार्का 2 कंपनी का पंजीकृत नाम या व्यापार चिह्न 3 विशेषता; **~name** *n.* 1 किसी वस्तु का व्यापारिक नाम 2 व्यापार का नाम 3 मार्के के रूप में नाम; **~-off** *n.* दो वांछित परंतु अधूरी चीजों के बारे में समझौता; **~plates** *n.* वाहन का पंजीकरण होने तक प्रयोग में लायी जाने वाली अस्थायी नंबर प्लेट; **~r** /ट्रेडः/ *n.* 1 व्यापारी, व्यवसायी, कारोबारी व्यक्ति 2 व्यापारिक जहाज; **trades** *n., [pl.]* 1 व्यवसाय, पेशा 2 कारीगरी या शिल्प के धंधे; **~scantia** /ट्रेडिस्कैंटिआ/ (*also* **spiderwort**) *n., pl.* ~scantias सुंदर पत्तों और फूलोंवाले पौधे; **~sman**/ **~swoman** *n., pl.* ~smen/ ~swomen *UK* व्यापारी, दुकानदार; **~speople**/ **~sfolk** *pl., n.* व्यापारी लोग; **~-unionist** *n.* श्रमिक-संघी; **~-up** *n.* बेहतर चीज खरीदने के लिए वर्तमान वस्तु का विक्रय;

collocations: **~ agent** व्यापारिक दलाल; **~ agreement/ deal/ policy** अंतर्राष्ट्रीय व्यापार-वाणिज्य समझौता/ सौदा/ नीति; **~ balance** 1 व्यापार संतुलन 2 आयात और निर्यात में अंतर; **~ cycle** *econ.* पूंजीवादी देश की आर्थिक हालत में निरंतर आनेवाले उतार-चढ़ाव जिसके कारण आर्थिक स्थिति में उत्कर्ष और मंदी आते-जाते रहते हैं; ; **~ deficit/ ~ gap** व्यापारिक घाटा, जब आयात निर्यात से अधिक होता है; **the Trade Description Act** ब्रिटेन में विज्ञापनों में माल का सही विवरण देने के बारे में कानून; **~ discount** व्यापारिक बट्टा यानी दर या कीमत में छूट या रियायत; **~d option** *stock exchange* विकल्प या चुनाव जिसे खरीदा या बेचा जा सकता है; **~ fair/ show** व्यापार मेला; **~ name** 1 ब्रांड 2 कंपनी के माल के लिए प्रयुक्त नाम; **~ price** थोक भाव; **~ route** व्यापार मार्ग **~ school** वाणिज्य स्कूल; **~ show** = **~ fair**; **~ surplus** देश के निर्यात की मात्रा आयात से ज्यादा होने की अवस्था; **~ union** (*also US* **labor union**) व्यावसायिकक संघ, मजदूर-संघ, श्रमिक-संघ; **~ unionism** श्रमिक-संघवाद; **Trades Union Congress** *Br.* ब्रिटेन में राष्ट्रीय मजदूर-संघ संगठन जिसकी साल में एक बार सभा होती है; **~ wind** लगातार भूमध्य-रेखा की ओर चलने वाली हवाएं जो उत्तरी गोलार्द्ध में धरती के पूर्व की ओर परिक्रमण द्वारा पश्चिम की ओर मोड़ दी जाती हैं;

p&i: **: ~ at sth** सामान को किसी विशेष स्टोर में खरीदना; **~ down** सामान पर पहले से कम खर्च क.; **~ in** *see above under* **trade:** ***dw/lw***; **~ off** 1 *see above under* **trade:** ***dw/lw*** 2 अदला-बदली; **~ on/ upon** लाभ उठाना: ~ on the credulity of a client; ~ on one's father's fair name; **~ up** और महंगी चीज खरीदने के लिए पुरानी चीज को बेच दे.;

by ~ के आधार पर; **jack of all ~s, master of none** नीम हकीम खतरे जान; **two of a ~ never/ seldom agree** एक म्यान में दो तलवारें नहीं समा सकती

trading /ट्रेडिंग/ *n.* 1 व्यापार, वाणिज्य 2 लेन-देन: ~ sth in 3 धंधा, कारोबार 4 दुकानदारी;

adj. 1 व्यापार करने वाला: ~ house; ~ vessel; ~ post/ station 2 व्यापारिक: ~ craft; ~ stamp 3 बिकाऊ: ~ politicians;

collocations: **~ at sth** सामान खरीदना; **~ card** प्रसिद्ध हस्तियों के फोटोवाले कार्ड जिनका बच्चे आपस में आदान-प्रदान करते हैं; **~ estate** *Br.* व्यापारिक संपत्ति; **~ floor** सट्टा बाजार में वह स्थान जहां शेयरों की खरीदो-फरोख्त होती है; **~ post/ station** कम आबादी वाले दूर-दराज के क्षेत्र में दुकान; **~ stamp** व्यापारिक कंपनी या दुकान द्वारा दिए जाने वाले इनामी कूपन

tradition /ट्रअडिशन्/ *n.* 1 परंपरा, प्रथा: by ~; religion is steeped in ~; an ancient/ old/ proud/ rich/ strong ~ 2 रिवाज, रीत, रीति-रिवाज, दस्तूर, रस्म: the great **~s** of the nation; keep up the family **~s**; the **~s** associated with the mountains 3 रूढ़ि: break will follow/ revive/ uphold a ~ 4 लीक 5 परिपाटी: the company has a long ~ of workmanship 6 साहित्यिक, कलात्मक, सांगीतीय सिद्धांतों आदि का निरंतर विकास 7 हिंदू पुराण, स्मृटति आदि से निकले उपदेश और किंवदंतियों आदि का समूह 8 हदीस, इस्लाम में प्रचलित कहावतों, दंतकथाओं व कर्मों आदि की लड़ी 9 *Judaism* भगवान द्वारा दी गई मोसिस (Moses) के समय से पीढ़ी-दर-पीढ़ी चली आ रही नियमावली 10 *Christianity* रोमन कैथोलिकों के अनुसार ईसा और उनके दूतों (apostles) के समय से चले आ रहे उपदेश और उन से बनी संहिता 11 *law* संपत्ति का नई पीढ़ी को स्थानांतरण;

dw/lw: **~al** /~ल/ *adj.* 1 पारंपरिक, परम्परागत: tribal dancers in their ~al costumes 2 (*syn.* conventional) अति परंपरावादी: ~al methods of teaching 3 जो आधुनिकता का विरोध करता है; **~alism** /~लिजम/ *n.* रूढ़िवाद, अति परम्परावाद, आधुनिकता का विरोध; **~alist** /~लिस्ट/ *n.* 1 रूढ़िवादी, अति परम्परावादी 2 परंपरावादी; **~ally** /~लि/ *adv.* परंपरा के अनुसार, पारंपरिक ढंग से;

collocations: **~al jazz** *see above under* **trad**;

p&i: **break with ~** अति परंपरावाद व रूढ़िवाद से नाता तोड़ना

traditor /ट्रैडिटः/ *n.* (धर्म-)विश्वासघाती व्यक्ति

traduce /ट्रड्यूस/ *US* ट्रडू्स *v., pt.* **~d**, *pp* **traducing** 1 (*syn.* slander) बदनाम क. 2 निंदा क. 3 मिथ्यापवाद क. 4 चुगली क., झूठी अफवाहें या किस्से फैलाना 5 कुत्सित रूप में प्रस्तुत क., किसी पर कालिख पोंछना;

dw/lw: **~ment** /~समंट/ *n.* बदनामी, चुगली, मिथ्यापवाद; **~er** /~सः/ *n.* चुगलखोर, झूठा प्रचार करनेवाला

traduction /ट्रडक्शन/ *n.* 1 एक पीढ़ी से दूसरी को स्थानांतरण 2 प्रसारण 3 उत्तराधिकार 4 बदनामी, चुगली, मिथ्यापवाद

traducianism /ट्रड्यूसिअनिज्म/ *n.* जीवानुवंशिकता, देहात्मसहजननवाद

traffic /ट्रैफिक/ *n.* 1 यातायात: road/ street ~; a great deal of ~; long line of moving ~; the ~ on the road; beware of **~!**; ~ bottleneck/ congestion/ jam; ~ capacity; ~ circle; be stuck in ~; a ~ accident; reduce/ ease/ divert/ slow down ~ 2 हवाई या जलमार्गी यातायात: bad/ heavy ~ 3 मादक पदार्थों, हथियारों आदि का अवैध या अनैतिक व्यापार: engaged in the ~ of cocaine; the liquor ~; ~ in arms;

unscrupulous ~ in lucrative appointments 4 व्यापार, वाणिज्य: carry on ~; engage/ be engaged in ~ 5 थल, जल और हवाई रास्ते (विमान) से लोगों का लाना-लेजाना: arterial ~ (हाईवे यानी बड़ी सड़कों पर आवा-जाही); ~ in transit; maritime ~ 6 स्थानांतरित लोग या माल 7 लोगों के बीच पारस्परिक संवाद या लेन-देन;

v., pt. **~ked**, *pp* **~king** 1 (*usually* ~ **in sth**) का व्यापार क.: ~ on the seas 2 विशेष माल का कारोबार क.: ~ in olive oil with Spain 3 अदला-बदली क. 4 का सौदा क.: ~ away one's honour 5 अवैध व्यापार क;

dw/lw: **~ker** /ट्रैफिकः/ *n.* मादक पदार्थों, हथियारों आदि का अनैतिक या अवैध व्यापारी: drug ~ker; **~king** /ट्रैफिकिंग/ *n.* मादक पदार्थों, हथियारों आदि का अनैतिक या अवैध व्यापार;

collocations: ~ **calming** स्पीड-ब्रेकरों आदि द्वारा गाड़ियों की रफ्तार धीमी करवाने की तरकीब; ~ **circle** *US* (*UK* **roundabout**) यातायात परिपथ, चक्कर; ~ **cone** सड़क के बीच प्लास्टिक आदि की तिकोनी पट्टी रखकर गाडियों का रास्ता आदि बदलने का संकेत; ~ **congestion** यातायात की भीड़ या जमघट; ~ **control** यातायात नियंत्रण; ~ **density** यातायात सघनता; ~ **flow** यातायात प्रवाह; ~ **flowline** यातायात प्रवाह रेखा; ~ **inspector** यातायात निरीक्षक; ~ **island/ refuge** सड़क के बीच सुरक्षित स्थान जहां खड़ा होकर पैदल पथिक गाड़ियों के गुजरने की प्रतीक्षा कर सकता है; ~ **jam** भीड़ में फंसी गाड़ियों का जमघट; ~ **lane** यातायात लेन या रास्ता; ~ **line** गाड़ियों की कतार; ~ **light** (*also* **lights** *[pl.]*) यातायात बत्तियां; ~ **node** यातायात संगम; ~ **police** यातायात पुलिस; ~ **signs** यातायात संकेत; ~ **warden** *Br.* यातायात पुलिस अधिकारी जो गाड़ियों के गलत ढंग से खड़ा करने (parking) पर नजर रखता है;

human ~ing मानवों का अनैतिक या अवैध व्यापार या तस्करी;

p&i: ~ **on** से अनुचित लाभ उठाना

tragacanth /ट्रैगअकैंथ/ *n.*1 गोंद पैदा करने वाला पेड़ या झाड़ी, कटीरा, कतीरा 2 कतीरा आदि से मिलने वाला गोंद

tragedian /ट्रअजीडिअन/ *n.* 1 त्रासदी का लेखक, त्रासदी-लेखक 2 त्रासदी का अभिनेता 3 त्रासदी-अभिनेता (~ **king**)

tragedienne /ट्रअजिडिएन/ *n.* त्रासदी-अभिनेत्री

tragedy /ट्रैजडि/ *n., pl.* **tragedies** 1 त्रासदी 2 दुखांत नाटक, दुःखांतकी, गंभीर नाटक, फिल्म, गीत-नाटिका आदि जिनमें मुख्य पात्र (नायक) का अनेक कारणों से त्रासदीपूर्ण अंत होता है: Shakespeare's **tragedies**; stage a ~ 3 (***anton.*** comedy) एक साहित्यिक विधा के रूप में त्रासदी 4 दुर्घटना, महाविपदा, दुःखद व दर्दनाक घटना: a ~ that he died very young; the ~ of sb's life; his father's death was a real ~ for him 5 त्रासदीपूर्ण स्थिति: he didn't realize the whole ~ of the situation

tragic /ट्रैजिक/ (*also* **tragical**) *adj.* 1 दुखांतक, दुःखांत: a typical ~ denouement 2 दुःखद, कारुणिक, दारुण: in a ~ voice; ~ event/ occurrence 3 *theatre* त्रासदी की शैली में, त्रासिक: the ~ art; ~ hero; ~ irony; ~ tale/ story/ scene 4 घातक;

dw/lw: **~ally** /ट्रैजिकलि/ *adv.* त्रासदीपूर्ण ढंग से;

collocations: ~ **hero** त्रासदीपूर्ण नायक ~ **irony** नायक की अपनी भूलों के कारण घटनेवाली त्रासदी, दखांतक व्यंग्य

tragicomedy /ट्रैजिकौमअडि/ *US* ट्रैजिकाःमअडि/ *n., pl.* **tragicomedies** दुःख-सुखांतक या त्रासिक प्रहसन (कौमअडी)

tragicomic /ट्रेजिकौमिक/ *US* ट्रेजिकाःमिक/ *adj.* दुःख-सुखांतक, त्रासिक प्रहसनात्मक

tragus /ट्रैगस/ *n., anat.* तुंगिका

TRAI *abbr.* 'Telecom Regulatory Authority of India' की प्रथमाक्षरी

trail /ट्रेल/ *n.* 1 निशानी: a ~ of blood 2 लगातार पीछे गिरती या छूटते जाने वाले धुआं, धूल, गंध आदि: the engine left a ~ of smoke/ of dust behind it 2 पगडंडी, ऊबड़-खाबड़ रास्ता: the ~ through the woods is overgrown with bushes 3 ट्रैक्टर आदि के पीछे लगाकर खींचा जाने वाला वाहन 4 उल्का, पुछल्ला: the ~ of a meteor 5 (***syn.*** track) खोजी पदचिह्न, सुराग, अतापता, चरण चिह्न, पैड़ (*Hr.*): be on the ~ of sb; get on/ hit the ~; throw sb off the ~; hot on the ~ 6 पीछा करके किया जाने वाला शिकार;

v., pt. **~ed**, *pp* **~ing** 1 की खोज पर चलना, का पीछा क.: ~ a deer; ~ a criminal; we **~ed** the car in front of us 2 लटकना, झूलना: the sound of the train whistle **~ed** off into the distance 3 (प्रतियोगी का) पीछे रह जा. या छूट जा.: **~ed** their opponents by 20 points 4 घसीटना, खींचना, घसीटा जाना: the child **~ed** his toy cart on a piece of string; ~ a fishing-line 5 नया रास्ता बनाना, घास आदि को कुचलकर पगडंडी बनाना 6 (*usually* ~ **along, behind**) धीरे-धीरे पीछे चलना, घिसटना: ~ along the ground; her long train (पल्ला); **~ed** in the mud; ~ wearily back 7 पौधे या बेल का बढ़कर जमीन पर फैल जाना: creepers **~ed** over roofs and walls 8 फिल्म आदि की चुनिंदा झलकियां (trailer) दिखाकर प्रचार क.;

dw/lw: **~blazer** /ट्रेलब्लेजः/ *n.* (***syn.*** pioneer) अग्रसर, पुरोगामी, अग्रदूत, मार्गदर्शक; **~blazing** /ट्रेलब्लेजिंग/ *n., adj.* प्रथम पथ-प्रदर्शक, नई राह बनाने वाला; **trailer** *see below under separate entry*; **~-net** *n.* महाजाल;

collocations: ~ **arms** तोल शस्त्र; ~ **bike** ऊबड़-खाबड़ रास्ते पर चलनेवाली साइकिल;

p&i: ~ **away/ off** पीछे छूटती आवाज का धीरे-धीरे मंद पड़ते जा.; ~ **one's coat** डरावनी मुद्रा में खड़ा हो., झगड़ा क.

trailer /ट्रेलः/ *n.* 1 ट्रैक्टर आदि के पीछे बंधकर घसीटा या खींचा जानेवाला वाहन 2 ट्रेलर ट्रक का पिछला भाग 3 *N. Amer.* कारवां (caravan) 4 फिल्म आदि की चुनिंदा झलकियां (trailer) दिखाकर किया जानेवाला प्रचार 5 फैलने वाला पौधा, भूस्तारी 6 *US* (*Br.* **mobile home**) कार के पीछे जुड़ा पहियों वाला घर;

collocations: ~ **park** *US* पहिये वाले घर खड़े करने का स्थान; ~ **trash** *US* निम्न स्तर के श्वेत अमेरिकियों के लिए प्रयुक्त; ~ **truck** ट्रैक्टर की ट्रौली

train /ट्रेन/ *n.* 1 रेलगाड़ी: by ~; take the ~; miss one's ~ 2 घटनाओं या विचारों आदि का तांता, कतार, पंक्ति, कारवां, क्रम, सिलसिला: ~ of thought/ events; a ~ of camels; ~ of sightseers; a ~ of reasoning; a ~ of misfortunes; a ~ of words 3 आपस में जुड़ी चीजों की कतार, श्रृंखला, माला 4 पोशाक (लहंगे आदि) का जमीन पर घिसटता पल्ला 5 अति विशिष्ट व्यक्ति के साथ चलने वाली नौकर-चाकरों की टोली 6 एक कतार में जुड़ी या चलने वाली गाड़ियां आदि 7 एक दूसरे से जुड़े पहियों की कतार 8 बारूद की पंक्ति 9 उल्का, पुछल्ला 10 छोर 11 धारा, सिलसिला, क्रम;

v., pt. **~ed**, *pp* **~ing** 1 प्रशिक्षित क., प्रशिक्षण दे.: ~ a girl in nursing; ~ sb for a contest/ for a championship; ~ a dog for the circus 2 सिखाना, सिखलाना: ~ a child to obey 3 प्रशिक्षित हो., प्रशिक्षण प्राप्त क.: **~ed** for the marathon 4 अभ्यास क. या कराना: ~ for a boat-race/ for a boxing match/ for mountain-climbing 5 सधाना: ~ a horse 6 विशेष प्रकार से अनुवर्धित क., विकसित क.: ~ roses against a wall 7 निशाने पर लगाना, किसी पर निशाना बांधना: ~ on the target; ~ a gun, camera, light, etc. at/ on sb or sth 8 रेलगाड़ी से यात्रा क.: ~ from Mumbai to Pune; we **~ed** all the way; ~ the rest of the way;

dw/lw: **~able** /ट्रेनअबल/ *adj.* 1 जिसे प्रशिक्षित किया जा सके 2 प्रशिक्षणीय 3 सधाने योग्य, सधाए जाने योग्य; **~-bearer** *n.* किसी की पोशाक का घिसटता पल्ला थामने वाला; **~ed** *adj.* 1 प्रशिक्षित: a ~ed nurse 2 अभ्यस्त, अनुभवी: a ~ed nurse can only be picked up by the ~ed eye 3 सधाया हुआ: ~ed horse 4 सिखलाया हुआ troupe of ~ed dogs 5 किसी विशेष प्रकार से बढ़ाया जानेवाला या संवर्धित (पौधा): the ~ed ivy (along the wall); **~ee** /ट्रेनी/ *n., pl.* ~s प्रशिक्षणार्थी, प्रशिक्षार्थी; **~er** /ट्रेनः/ *n.* 1 प्रशिक्षक 2 जो जानवरों यानी घोड़ों आदि को प्रशिक्षण देता है यानी अभ्यास कराने वाला, सधाने वाला 3 (**~ers**) *UK* (*US* **sneaker**) खेलते समय पहना जाने वाला एक प्रकार का जूता 4 प्रशिक्षण के दौरान प्रयोग किए जाने वाले यंत्र या मशीनें, जैसे ड्राइविंग के लिए कार और पायलट के लिए छोटा विमान; **training** *see below under separate entry*; **~-man** *n.* 1 रेल कर्मी 2 रेल-कडंक्टर या गार्ड; **~-spotter** *n.* 1 जिसे रेल इंजनों के नंबर दर्ज करने का शौक हो 2 वस्तुओं या कार्यों की बारीकियों के बारे में जरूरत से ज्यादा चिंतित रहने वाला;

collocations: **~ bombing** कड़ी के रूप में यानी लगातार बम-वर्षा; **~ clerk** गाड़ी क्लर्क; **~ controller** गाड़ी नियंत्रक; **~ corridor** यात्री-गाड़ी के डिब्बों के बीच ढका हुआ पार-पथ या जोड़; **~ dispatcher** गाड़ी प्रेषक; **~ driver** रेलगाड़ी चालक; **~ engine** रेलगाड़ी इंजन; **~ examiner** गाड़ी इंजन निरीक्षक; **~ inspector** गाड़ी निरीक्षक; **~ lighting inspector** गाड़ी-प्रकाश निरीक्षक; **~ recorder** गाड़ी अभिलेखक; **~ set** रेल-पथ के साथ खिलौना रेलगाड़ी; **~ starter** गाड़ी प्रवर्तक;

boat ~ जहाज की समय सारणी से जुड़ी नौका; **down ~** बड़े शहर या रेल केंद्र (देहली आदि) से छूटने वाली गाड़ी; **up ~** बड़े शहर या रेल केंद्र की ओर आने वाली गाड़ी; **wild ~** बेसमय की रेलगाड़ी;

p&i: **~ down** विशेष शारीरिक व्यायाम द्वारा वजन घटाना; **interrupted my ~ of thought** मेरे विचारों के सिलसिले को भंग कर दिया; **in ~** बिल्कुल तैयार; **in the ~ of** के परिणाम स्वरूप: the war brought famine and disease in its ~; **put things in ~** चालू करने के लिए तैयार क.; **ride the gravy ~** *US sl.* 1 छल-कपट से अच्छा पद पाना 2 अनुचित लाभ उठाना 3 रिश्वत ले.

training /ट्रेनिंग/ *n.* 1 प्रशिक्षण, अभ्यास, प्रशिक्षा: receive/ undergo ~; have/ give sb/ provide ~; ~ in/ on sth; under ~; on-the-job ~; ~ of mind and body; out of ~ 2 प्रतियोगिता आदि के लिए तैयारी: go into ~ for the marathon;

adj. 1 प्रशिक्षण संबंधी: ~ period; a ~ course/ day/ programme/ session 2 प्रशिक्षक: ~ airplane; ~ car;

dw/lw: **~-college** *n.* प्रशिक्षण महाविद्यालय; **~-school/ college** *n.* प्रशिक्षण स्कूल या महाविद्यालय;

collocations: **~ division** प्रशिक्षण प्रभाग; **~ officer** प्रशिक्षण अधिकारी; **~ wheels** = stabilisers;

medical ~-school चिकित्सा शिक्षा स्कूल

traipse/ trapes /ट्रेप्स/ *v., pt.* **~d/ trapesed**, *pp* **traipsing/ trapesing** यों ही थका-थका-सा चलना या घूमते फिरना: **~d** round the shops; **traipsing** the streets at one o'clock in the morning

trait /ट्रेट/ *n.* विशेष गुण, लक्षण, विशेषता: the chief **~s** of a person's character; the **~s** of her face have become more delicate; a ~ of humour

traitor /ट्रेटः/ *n.* 1 गद्दार, देशद्रोही 2 धोखेबाज, विश्वासघाती;

dw/lw: **~ous** /ट्रेटरस/ *adj.* 1 देशद्रोही, देशद्रोहपूर्ण, देशद्रोहात्मक 2 विश्वासघातक 3 विश्वासघातात्मक; **~ously** /~लि/ *adv.* देशद्रोहपूर्वक, गद्दारी से; **traitress** /ट्रेट्रिस/ *n.* विश्वासघातिनी

trajectory /ट्रजेक्टरि/ *n., pl.* **trajectories** 1 प्रक्षेपण पथ 2 प्रक्षेप-पथ, प्रक्षेप वक्र 3 समछेदी, संछेदी

tram /ट्रैम/ (*also* **~car**) *n.* 1 (*US* **streetcar**) सड़क पर बनी पटरियों पर चलने वाली गाड़ी, ट्राम: go by ~; take the ~ 2 खदानों में पटरी पर चलने वाला छकड़ानुमा छोटा-सा ठेहला 3 बटा हुआ रेशमी धागा;

dw/lw: **~line** *n., pl.* ~lines 1 (*often* **~lines**) ट्रैम लाइन या पटरी 2 (*N.Amer.E* **alley**) टेनिस कोर्ट के किनारे-किनारे समानांतर बनीं रेखाएं;

dw/lw: **~way** /ट्रैमवे/ *n.* ट्राम-पथ, ट्रामवे

trammel /ट्रैमल/ *n. usually* **~s**) 1 (*in full* **~ net**) मछली या पक्षी पकड़ने का (खेंचू) जाल 2 बाधा, अड़चन, रुकावट: **~s** imposed by poverty 3 (***syn.*** shackle) बेड़ी, पाबंदी, बंधन: trapped by the **~s** of convention; escape from the **~s** of examinations 4 कड़ा 5 (***syn.*** beam compass) दंड-परकार 6 (***syn.*** draw ellipses) दीर्घवृत्त-परकार 7 बर्तन लटकाने या आग के ऊपर पतीला रखने का कांटा;

v., *UK pt.* **~led**, *pp* **~ling**/ *US pt.* **~ed**, *pp* **~ing** 1 (***syn.*** restrict) बाधा या रुकावट डालना 2 बेड़ियां डालना, पाबंदी लगाना 3 जाल में फंसाकर पकड़ना;

dw/lw: **~led** *adj.* (***anton.*** untramelled) बाधित, जाल में फंसी हुई; **~ler** /ट्रैमलः/ *n.* 1 बाधा डालने वाला व्यक्ति या रूढ़ि आदि 2 जाल (~-net) फेंककर मछली आदि पकड़ने वाला

tramontana /ट्रैमंटाःना/ *n.* ऐल्प पर्वत (Alps) की ओर से इटली में आने वाली ठंडी हवाएं, उत्तरी हवा

tramontane/ transmontane /ट्रैमंटेन/ ट्रैंसमंटेन/ *adj.* 1 पर्वतों के उस पार का, पारपर्वतीय, पर्वतपारीय 2 विदेशी 3 अभद्र, बर्बर; ***n.*** विदेशी व्यक्ति, परदेशी

tramp /ट्रैंप/ *n.* 1 भिखारी 2 बेघर, बेठिकाना व्यक्ति, जो जहां-तहां काम करके या भीख मांगकर जीवन निर्वाह करता है: live as a ~; look like a ~ 3 आवारागर्द 4 देहात में लंबी पद-यात्रा 5 कदमताल, धब-धब, टप-टप: the ~ of marching soldiers 6 (*in full* **~ steamer**) बिना निश्चित पथ वाला मालवाहक जहाज 7 *sl.* स्वच्छंद संभोग करने वाली महिला, वेश्या 8 जूते के तलवे पर चढ़ाई जाने वाली लोहे की पत्ती;

v., *pt.* **~ed**, *pp* **~ing** 1 (***syn.*** trek) थके-हारे कदमों से पैदल चलना: ~ over the hills 2 पैदल पार क., पैदल चलना: he missed the train and had to ~ it 3 आवारा फिरना, मारा-मारा फिरना, आवारगी क.: ~ the streets 4 धब-धब क.: we heard him **~ing** overhead 5 बेघर, बेठिकाना हो., आवारा डोलना 6 (***syn.*** **trample**) रौंदना या कुचलना: he has **~ed** the whole country in his time

trampet/ trampette /ट्रैंपेट/ *n.* छोटी तुरही, तूर्य

trample /ट्रैंप्ल/ (*also* **~ on**) *v., pt.* **~d**, *pp* **trampling** 1 कुचलना, रौंदना, खूंदना: ~ under foot; ~ down; **~d** to death by elephants; ~ (down) the grass/ the flowers/ the growing corn; ~ on/ upon sb 2 को ठोकर मारना, पर आघात क. 3 किसी को बुरी तरह तिरस्कृत क.;

n. 1 रौंदने की क्रिया 2 रौंदने-कुचलने से होने वाली आवाज: the ~ of heavy feet;

dw/lw: **~d** *adj.* रौंदा-कुचला हुआ; **~r** *n.* रौंदने-कुचलने वाला

trampoline /ट्रैंपअलीन/ *n.* खेलने–कूदने या शारीरिक व्यायाम के लिए बनी एक विशेष संरचना;

v., *pt.* **~d**, *pp* **trampolining** ट्रैंपलीन से कूदना, कलाबाजी क.

trance / ट्रांस/ *US* ट्रैंस/ *n.* 1 भाव समाधि, ध्यान 2 तन्मयावस्था, स्तब्धता, तल्लीनता 3 मोहावस्था, आत्म-विस्मृति 4 भावातिरेक, अति आह्लाद, हर्षोन्माद 5 (***syn.*** daze) किंकर्त्व्यविमूढ़ता, हक्का-बक्कापन, अवचेतन, बेहोशी, मूर्च्छा;

collocations: **~ music** आवृत्तिपूर्ण इलेक्ट्रोनी नृत्य संगीत

tranche /ट्रांश/ *n.* 1 किसी वस्तु का भाग, हिस्सा, अंश, चरण 2 *econ.* ऋण की किश्त 3 सरकारी शेयरों, बौंडों का एक भाग

tranny /ट्रैनि/ (*also* **trannie**) *n.* 1 (***syn.*** transsexual/ transvestite) पारलैंगिक व्यक्ति 2 ट्रांजिस्टर रेडियो 3 पारदर्शिता

tranquil /ट्रैंक्विल/ *adj.* 1 (***syn.*** serene) शांत, नीरव: ~ life; ~ face 2 गुप-चुप तरीके से शांत, स्तब्ध 3 अतरंगित, टिका हुआ: the ~ waters of a lake 4 शांत-चित्त: ~ heart 5 स्थिर: ~ voice 6 टिकटिकी लगी होने की अवस्था;

dw/dw: **tranquilli\ty** /ट्रैंक्विलटि/ *n.* (*also US* **tranquili\ty**) 1 प्रशांति, शांति 2 शांतचित्तता 3 अक्षोभ; **~ze**

/ट्रैंक्वअलाइज/ *v., pt.* ~lized, *pp* ~lizing 1 शांत या प्रशांत क. या हो जा. 2 तनाव कम हो. 3 उपशमित क. 4 किसी को शांत करने वाली दवा दे.; **~lizer/ ~izer** (*also UK* **-liser**) /ट्रैंक्वअलाइजः/ *n.* 1 प्रशांतकारी या शांति और सुकून देने वाली औषधि 2 शामक, प्रशांतक पदार्थ

trans. *abbr.* 'transitive', 'translated', 'translation' का छोटा रूप

trans- /ट्रैंस-/ ट्रैंज/ *prefix., forming words, denoting:* 1 **across, beyond** (के पार): ~Yamuna 2 **on** or **to/ towards the other side** (उस पार) 3 **through** (में से): ~continental 4 **another state** or **place** (दूसरा प्रांत या स्थान) 5 **trans**form (बदलाव);
dw/lw: **transact** *see below under separate entry*; **trans-Alpine** /ट्रैंस-ऐल्पाइन/ *adj.* पार-अल्पीय, ऐल्पस (पहाड़) के उस पार का; **~atlantic** /ट्रैंजअटलैंटिक/ *adj.* 1 अटलांटिक महासागर के उस पार, पार-अटलांटिक: ~atlantic liner; ~atlantic voyage/ flight 2 *US* यूरोपीय 3 *Br.* अमेरिकी; **~-American** /ट्रैंस-अमेरिकन/ *adj.* अमेरिका के उस पार का

trans\act /ट्रैंजैक्ट/ ट्रैंसैक्ट/ 1 पूरा क., संपादित क. 2 कारोबार क., व्यवसाय क.: all his affairs were **~acted** by his secretary;

transaction /ट्रैंजैक्शन/ *n., pl.* **~s** 1 (***syn.*** deal) लेन-देन, सौदा: engaged in various ~s 2 व्यवहार, कार्य-कलाप, गतिविधि: mixed up in shady ~s 3 ली-दी जानेवाली वस्तु 4 लेन-देन की कार्रवाई 5 कार्य-संपादन, कार्रवाई: the ~s of affairs 6 सौदा 7 मामला: international ~s 8 किसी विद्वत् सभा की मीटिंगों का कार्यविवरण: ~s of the Philological Society

transactinide /ट्रैंजैक्टिनाइड/ *adj., chem.* ऐक्टिनाइड श्रेणी (actinide series) से ऊंचे अणु संख्या वाले रेडियोधर्मित तत्त्वों से संबंधित

transatlantic *for related words see above under* **trans-** : *dw/lw*

transcalency /ट्रैंस्केलंसि/ *n.* ऊष्माचालकता;
dw/lw: **~calent** /ट्रैंस्केलंट/ *n.* ऊष्माचालक

transceiver /ट्रैंसीवः/ *n.* प्रेषाभिग्राहित्र, प्रेषाभिग्राही

transcend /ट्रैंसेंड/ *v., pt.* **~ed**, *pp* **~ing** 1 (***syn.*** exceed) से परे जा., किसी चीज की सीमा, संभावनाओं, मारक दूरी आदि से परे निकलना: **~s** the bounds of human endurance 2 से बढ़कर होना, से श्रेष्ठतर होना 3 से अधिक होना, से आगे बढ़ना 4 मात क. या दे. 5 पर काबू पाना, बाधाएं पार क.: ~ all difficulties;
dw/lw: **~ence** /ट्रैंसेंडंस/ *n.* 1 उत्कर्ष, उत्कृष्टता 2 ज्ञानातीतत्व, अनुभवातीतत्व, लोकातीतत्व

transcendent/ ~al /ट्रैंसेंडेंट/ ट्रैंसेंडेंटल/ *adj.* 1 श्रेष्ठतम, उत्कृष्टतम, सर्वोत्तम: **~al** merit; **~al** beauty 2 सबसे बड़ी: ~ folly 3 मानव ज्ञानातीत 4 लोकातीत, लोकोत्तर 5 अनुभवातीत, इंद्रियातीत, प्रागनुभविक 6 अंतर्ज्ञात 7 मीमांसात्मक 8 गूढ़, दुरूह, दुर्बोध: **~al** style of writing 9 अबीजीय 10 भौतिक संसार से ऊपर या परे;
dw/lw: **~alism** /ट्रैंसेंडेंटअलिजम/ *n.* प्रागनुभववाद, अतींद्रियता, अंतर्ज्ञानवाद; **~alist** /ट्रैंसेंडेंटअलिस्ट/ *n.* प्रागनुभववादी, अतींद्रियतावादी;
collocations: **~al meditation** (*abbr.* **TM**) समाधि में अनुभवातीत ध्यान-मग्नता; **transcendental number** *math.* वास्तविक या जटिल संख्या

TRANSCO *abbr.* 'transmission company' की प्रथमाक्षरी

transcontinental /ट्रैंस्कौंटिनेंटल/ ट्रैंज्कौंटिनेंटल/ *US* ट्रैंस्कांटि~/ ट्रैंज्कां~/ *adj.* पारमहाद्वीपी: a ~ liner

transcribe /ट्रैंस्क्राइब/ *v., pt.* **~ed**, *pp* **~ing**; प्रतिलिपि क., नकल उतारना 2 प्रतिलेखन क., पूरी प्रतिलिपि तैयार क.: transcribed the poem into her album 3 लिप्यन्तरण क.: the shorthand notes will be transcribed later; 4 अभिलेखन क. 5 अन्य वाद्य के लिए तैयार क.;
dw/lw: **~r** /ट्रैंस्क्राइबः/ *n.* प्रति-लिपिक, प्रतिलेखक, लिप्यंतरकार, अनुलेखित्र

transcript /ट्रैंस्क्रिप्ट/ *n.* प्रतिलिपि, प्रतिलेख, नकल: a mistake in ~

transcription /ट्रैंसक्रिप्शन/ *n.* प्रतिलिपिकरण, प्रतिलेखन: electrical ~

transducer /ट्रैंस्ड्यूसः/ ट्रैंज्ड्यूसः/ *US* ट्रैंस्डूसः/ ट्रैंज्डूसः/ *n.* ऊर्जा-परिवर्तक, पारक्रमित्र, पारक्रमण यंत्र

transect /ट्रैंसेक्ट/ *n.* अध्ययनार्थ वनस्पति पट्टी

transelant /ट्रैंसेलंट/ *adj.* सदा श्वेत

transept /ट्रैंसेप्ट/ *n.* अनुप्रस्थ भाग, आड़ा बाजू, तिरछी या क्रूसाकार भुजा

transexual *see below under* **trans-sexual/ transsexual**

transf. *abbr.* **'transferred'** का संक्षेप

transfer /ट्रैंस्फः/ *v., pt.* **~red**, *pp* **~ring** 1 तबादला क., , बदली क., दूसरी जगह ले जाना या भेजना. 2 स्थानांतरण हो. या क.: ~ a child to another school 3 हस्तांतरित क.: ~ land 4 अंतरण क., अंतरित क. 5 हस्तांतरित क., दूसरे के नाम लिखवाना, देना, सौंपना 6 दूसरे खाते या सूची में लिखवाना या लिखना: ~ a name to a different list 7 अनुचित्रित क. 8 गाड़ी या विमान बदलना; ***n.*** 1 तबादला, बदली, स्थानांतरण, तबादला: carry out a ~; asked for a ~ to another department 2 हस्तांतरण: ~ of ownership; ~ of stock 3 अनुचित्रण, अनुमुद्रण 3 अंतरण: the ~ of meaning; ~ of authority 4 अंतरणपत्र: ~ deed; ~ certificate अन्तरण-प्रमाणक; ~ current अन्तरित धारा;
dw/lw: **~ee** /ट्रैंस्फरी/ *n.* 1 अंतरिती 2 स्थानांतरित व्यक्ति; **~or/~er** /ट्रैंस्फरः/ *n.* तबादला करने वाला व्यक्ति; **~red** /ट्रैंस्फरःड/ *adj.* अंतरित;
***collocations*:** **~ impedence** अंतरित प्रतिबाधा; **~ method** स्थानांतरण विधि

transferability /ट्रैंस्फरअबिलिटि/ *n.* अंतरणीयता, स्थांतरणीयता, हस्तांतरणीयता

transferable /ट्रैंस्फरअबल/ *adj.* 1 अंतरणीय: all parts of the machine were standard and ~; ~ vote 2 हस्तांतरणीय 3 स्थानान्तरणीय;
collocations: **~ vote** अंतरणीय मत; **~ account** अंतरणीय खाता; **~goods** अंतरणीय वस्तुएं; **~red epithet** विशेषण-विशेषण-विपर्यय; **~ring** स्थानांतरणीय

transference /ट्रैंस्फअरंस/ *US* ट्रैंस्फरंस/*n.* तबादला, अंतरण, हस्तांतरण: ~ of heat

transfiguration /ट्रांस्फिगरेशन/ ट्रैंस्फिगरेशन/ *n.* 1 स्वरूप-परिवर्तन, रूपांतरण 2 (**Transfiguration**) *Christ.* ईसा मसीह के रूप में एक दमकदार परिवर्तन

transfigure /ट्रैंस्फिगः\/ ट्रांस्फिगः\/ *v., pt.* **~d**, *pp* **transfiguring** 1 स्वरूप बदल दे., रूप या आकार प्रकार बदल दे. 2 रूप को और सुंदर और उदात्त बनाना 3 महिमान्वित क., गौरव प्रदान क. 4 रूपांतरित क.;
dw/lw: **~ment** /~मंट/ *n.* = **transfiguration**

transfinite /ट्रांस्फाइनाइट/ ट्रैंस्फाइनाइट/ *adj.* 1 अंतिम तौर पर निर्धारण से परे 2 नियत, परिमित या सीमित से बढ़कर संख्या

transfix /ट्रांस्फिक्स\/ ट्रैंस्फिक्स\/ *v., pt.* **~ed**, *pp* **~ing**, *s/he/ it* **~es** 1 नुकीले हथियार या औजार से बींध डालना, छेदना, बेधना, भेदन क.: ~ a bird with an arrow; ~ an enemy with a sword 2 (***syn.*** paralyse) आकस्मिकता, भय या भयावहता द्वारा स्तंभित या भौचक्का कर दे.: he was **~ed** with horror;
dw/lw: **~ed** /~ड/ *adj.* स्तंभित, किंकर्त्तव्यविमूढ़; **~ion** /~न/ *n.* 1 बेधन, वेधन, छेदन 2 स्तंभितता, किंकर्त्तव्यविमूढ़ता

transfluence /ट्रैंस्फ्लूअंस/ ट्रांस्फ्लूअंस/ *n.* नदी-पार प्रवाह

transfluvial /ट्रैंस्फ्लूविअल/ ट्रांस्फ्लूविअल/ *adj.* नदी-पार का, नदी के उस पार स्थित

transform /ट्रैंस्फॉ:\म/ ट्रैंज्फॉ:\म/ *v., pt.* **~ed**, *pp* **~ing** 1 (***syn.*** convert) बदल दे., बदल जाना: ~ beyond recognition; the fresh paint soon **~ed** the room 2 आकृति, स्वभाव, स्वरूप

बदल दे. या बदल जाना: success **~ed** his character; ~ a cottage into a mansion; ~ a criminal into a decent member of society 3 *electron.* विद्युत धारा की वोल्टेज (voltage) या दिष्ट (एकदिशा) धारा (direct current) को प्रत्यावर्ती धारा (alternate current) में बदल दे.;
dw/lw: **~able** /~मेबल/ *adj.* परिवर्तनीय, रूपांतरणीय; **~ant** /~मंट/ *n.* रूपांतरण; **~ed** /~मड/ *adj.* रूपांतरित; **~er** /~मः/ *n.* परिवर्तक (तकनीकी), रूपांतरक; **~ing** /~मिंग/ *n.* रूपांतरण; **~ism** /~मिज्म/ *n.* विवर्तनवाद, विकासवाद; **~ation** *see below under separate entry*

transforma\tion /ट्रांस्फःमे\शन/ ट्रैंस्फःमे\शन/ *n.* 1 रूपांतरण: undergo **~tion** 2 रूपांतर 3 परिवर्तन 4 कायापलट, कायांतरण 5 परिणमन;
dw/lw: **~tional** /~शनल/ *adj.* रचनांतरक; **~tive** /~टिव/ *adj.* रूपांतरकारी, रूपांतरात्मक; **~ted** /~टिड/ *adj.* रूपांरित
collocations: **~tional grammar** रूपांतरक व्याकरण.

transformer *see above under* **transform:** ***dw/lw***

trans\fuse /ट्रांस्फ्यू\ज/ ट्रांज्फ्यू\ज/ ट्रैंस्फ्यू\ज/ ट्रैंज्फ्यू\ज/ *v., pt.* **~fused,** *pp* **~fusing** 1 *med.* एक व्यक्ति का रक्त दूसरे व्यक्ति की रक्तवाहिनी में चढ़ाना, रक्ताधान क. 2 रक्त चढ़ाकर मनुष्य या जानवर का उपचार क. 3 एक पात्र से दूसरे में उंडेलना 4 के मन में बैठाना, दूसरे माध्यम में संचारित क.: **~fuse** one's own enthusiasm into one's audience 5 (***syn.*** permeate) में व्याप्त क. या हो.: pink and orange patterns **~fused** the dawn sky;
dw/lw: **~fusion** /~जन/ (*also* **blood ~fusion**) *n.* 1 रक्ताधान, रुधिर आधान, रक्त-संचरण या संचारण: ~fusion of blood 2 भावों का संचार 3 अंतर्मिश्रण; **~fusive** /~जिव/ *adj.* 1 संचारी 2 रक्ताधानकारी;
collocations **~fusion tissue** संचरण-ऊतक

transgender /ट्रैंस्जेंडः/ ट्रांस्जेंडः/ (*also* **transsexual** or **transvestite**) *adj.* 1 पारलिंगी 2 जो जन्म से एक-लिंगी हो पर बाद में उसमें दसरे लिंग की विशेषताएं पनपने लगी हों

transgenic /ट्रैंस्जेनिक\/ ट्रैंज्जेनिक\/ ट्रांस्जेनिक\/ ट्रांज्जेनिक\/ *adj., genetics* (*also* **genetically modified**) ऐसे पौधे या जीव से संबंधित जिसमें कृत्रिम ढंग से दूसरे पौधे या जीव के जैविक गुण चढ़ाए गए हों;
dw/lw: **~s** /~स/ *n.* कृत्रिम ढंग से दूसरे पौधे या जीव के जैविक गुण चढ़ाने की क्रिया व इसका अध्ययन

transgress /ट्रैंस्ग्रे\स/ ट्रैंज्ग्रे\स/ ट्रांस्ग्रे\स/ ट्रांज्ग्रे\स/ *v., pt.* **~ed,** *pp* **~ing,** *s/he, it* **~es** 1 अतिक्रमण क., उल्लंघन क. 2 परमात्मा द्वारा दत्त नियमों का उल्लंघन क., अतिचार क. 3 हद से आगे निकल जा., हद पार क., (सीमा) भंग क., उल्लंघन क.: ~ the bounds of decency; ~ the law; ~ a treaty 4 पाप क., अपराध क.;
dw/lw: **~ion** /~शन/ *n.* अतिक्रमण, उल्लंघन, अतिचार, भंजन, पाप, अपराध; **~ive** /~सिव/ *adj.* उल्लंघनात्मक, अतिक्रमी, अतिचारी; **~or** /~सः/ *n.* 1 अतिक्रमक, उल्लंघनकर्ता 2 पापी, पापात्मा, अपराधी

tranship /ट्रैंशिप\/ टरांशिप\/ (*also* **tranship** /ट्रैंस्शिप\/ टरांस्शिप\/) *v., pt.* **~ped,** *pp* **~ping** 1 एक जलयान से दूसरे जलयान पर (माल) स्थानांतरित क. 2 यानांतरण क. 3 जहाज या गाड़ी बदलना;
dw/lw: **~ment** /~मंट/ *n.* वाहनांतरण, यानांतरण, नौकांतरण

trans\humance /ट्रैंस्ह्यु\मंस/ ट्रैंज्ह्यु\मंस/ ट्रांस्ह्यु\मंस/ ट्रांज्ह्यु\मंस/ *n.* पशुओं को ऋतु अनुसार नई-नई चरागाहों में ले जाने की क्रिया, ऋतु-प्रवास;
dw/lw: **~humant** /~मंट/ *adj.* ऋतु-प्रवासी

trans\ience/ **~iency** /ट्रैंजि\अंस/ ट्रैंजि\अंसि/ *n.* अनित्यता, अस्थायित्व, क्षणभंगुरता, अल्पकालिकता;
dw/lw: **~ient** /ट्रैंजिअंट\/ *US* ट्रैंशिअंट\/ ट्रांजिअंट\/ *US* ट्रांशिअंट\/ *adj.* 1 (***syn.*** fleeting, temporary) अस्थायी, क्षणिक 2 किसी जगह पर अल्पकालिक निवासी 3 अनित्य, क्षणजीवी, नश्वर: ~ient success 4 अल्पस्थायी, क्षणभंगुर: ~ient smile; ~ient agent; ~ient target 5 अल्पकालिक, अल्पकालीन: ~ient tears 6 सरसरी: he snatched a ~ient glance; **~ient** *n. US* 1 अल्पकालिक निवासी या कर्मी 2 अल्पकालिक वस्तु या क्रिया; **~ly** /~लि/ *adv.* अल्पकालिक रूप से, अस्थायी रूप से, आकस्मिक रूप से

transili\ence /ट्रैंसिलि\अंस/ *n.* एक अवस्था से दूसरी में द्रुत गति से होने वाला परिवर्तन;
dw/lw: **~ent** /~अंट/ *adj.* 1 तेजी से बदलता हुआ 2 द्रुत गति से एक अवस्था से दूसरी में परिवर्तनशील

transillumina\te /ट्रैंसिल्यूमिने\ट/ ट्रांसिल्यूमिने\ट/ *v., pt.* **~ted,** *pp* **~ting** पार प्रदीपित क.;
dw/lw: **~tion** /~शन/ *n.* पार प्रदीपन

transire /ट्रैंजायः/ ट्रांजायर/ *n., law* 1 सीमा-शुल्क विभाग की माल को (आंतरिक) नौगामी जहाज में लादकर निशुल्क लेजाने की अनुमति 2 रवन्ना, निकासी-पत्र

transistor /ट्रैंजिस्ट\:/ ट्रैंसिस्ट\:/ ट्रांजिस्ट\:/ ट्रांसिस्ट\: *n.* 1 (*also informally* **tranny**) ट्रांजिस्टर रेडियो 2 रेडियो संकेत पकड़ने वाला उपकरण;
dw/lw: **~ize** /~राइज/ *v., pt.* ~ized, *pp* ~izing ट्रांजिस्टरों से युक्त क.; **~ized** *adj.* ट्रांजिस्टर-युक्त;
collocations: **~ amplifier** ट्रांजिस्टर प्रवर्धक; **~ oscillator** ट्रांजिस्टर दोलक

transit /ट्रैंजिट\/ ट्रैंसिट\/ ट्रांजिट\/ ट्रांसिट\/ *n.* 1 पारवहन, पार परिवहन: ~ goods; ~ traffic; overland ~; rapid ~; the ~ took two months; the goods were damaged in ~ 2 *N. Amer.* स्थानीय मार्गों पर परिवहन या आवा-गमन: improved methods of ~; ~ by rail; ~ workers 3 ग्रहों का भूमध्य या देशांतर रेखा के पार गमन, पारगमन, संक्रमण, याम्योत्तर-गमन: ~ over the meridian: lower ~, upper ~ 4 छोटे ग्रहों का बड़े ग्रहों के पार गमन: ~ of moon across its planet 5 स्पुतनिकों यानी उपग्रहों या उनकी छाया का ग्रहों की डिस्क के पार गमन 6 मार्ग; ***v., p.*** **~ed,** *pp* **~ing** 1 एक स्थान से हवाई उड़ान आदि से दूसरे पर जा. 2 के अंदर से पार क. 3 भूमध्य या देशांतर रेखा के पार गमन क.;
dw/lw: **~oriness** /~रिनेस/ *n.* 1 अल्पकालिकता, क्षणिकता 2 अस्थायित्व 3 अनित्यता, **~ory** /~रि/ *adj.* 1 (***syn.*** fleeting) अल्पकालिक, क्षणिक: this ~ory life 2 अस्थायी 3 अनित्य;
collocations: **~ camp** अस्थायी शिविर; **~ duty** पारगमन शुल्क; **~ instrument** *optics* एक प्रकार का टेलिस्कोप; **~ lounge**/ **~ room** *पारगमन* यात्रियों का कक्ष; **~ rot** संक्रमण विगलन; **~ visa** पारगमन वीजा (प्रवेश-पत्र);
p&i: **in ~** मार्गस्थ, एक उड़ान से दूसरी पर ले जाए जाने वाले यात्री या सामान

transition /ट्रैंजिशन\/ ट्रैंसिशन\/ ट्रांजिशन\/ ट्रांसिशन\/ *n.* 1 पारण, पारगमन 2 एक अवस्था, विषय, स्थान आदि से दूसरे में परिवर्तन: be subject to frequent **~s** from high spirits to depression; a sudden ~ from plain to hilly country; a gradual ~ from a tropical to a cold climate; he made a hurried ~ to indifferent topics 3 संक्रमण, संक्रांति 4 *music* एक सुर से दूसरे में परिवर्तन 5 एक शैली से दूसरी में गमन 6 संबंध शब्द, अभिव्यक्ति, अनुच्छेद 7 संधि-काल: period of ~;
dw/lw: **~al** /~ल/ *adj.* 1 परिवर्ती 2 संक्रमणकालीन 3 अंतर्वर्ती 4 अस्थायी;
collocations: **~ element** *chem.* अस्थायी तत्त्व; **~ metal** रसायन विज्ञान में तत्त्वों की सारणी या सूची के मध्य में स्थित धातु जो रंगदार यौगिक बनाने का काम करती हैं और रासायनिक क्रियाओं में उत्प्रेरक की भूमिका निभाती हैं; **~ period** संधि-काल, संक्रांति काल; **~ value** संक्रमण मान; **~ zone** संक्रमण क्षेत्र

transiti\ve /ट्रैंजिटि\व/ ट्रांजिटि\व/ *adj., gramm.* 1 सकर्मक: a

~**ve** verb 2 सक्रामक, सक्रमण: ~**ve** law (सक्रमण-नियम); *dw/lw:* ~**veness** /~वनेस/ *n.* सकर्मकता; ~**vity** /~विटि/ *n.* सक्रामिकता, सक्रमकता: the category of ~vity and **intransitivity** of the verb

transitory *see above under* **transit:** *dw/lw*

translata\bility /ट्रैंस्लेटअ\बिलिटि/ ट्रांसलेटअ\बिलअटि/ *n.* अनुवाद्यता; *dw/lw:* ~**ble** /~बल/ *adj.* 1 अनुवाद्य, जिसका अनुवाद किया जा सके 2 अनुवाद करने के योग्य

translate /ट्रांस्ले\ट/ ट्रांज्ले\ट/ ट्रैंस्ले\ट/ ट्रैंज्ले\ट/ *v., pt.* ~**ted**, *pp* ~**ting** 1 अनुवाद क., तर्जुमा क.: ~**te** the novel *Don Quixote* from Spanish into Hindi; ~**te** word for word/ adequately 2 एक भाषा के पाठ को दूसरी भाषा के पाठ में परिणत क., बदल दे. 3 अनुवाद के रूप में काम क. 4 स्पष्ट क., अर्थ बताना, अर्थ लगाना: ~**te** phonetic symbols into sounds; he ~**ted** her gestures to the by-standers 5 आसानी या कठिनाई से अनूदित हो.: poetry does not ~**te** easily; the passage/ his book ~**tes** well 6 किसी विचार को दूसरे शब्दों यानी सरल शब्दों में रखना 7 (*syn.* interpret) किसी पाठ की व्याख्या क. 8 किसी कार्य, कार्रवाई या कदम के महत्त्व की व्याख्या क. 9 स्थानांतरित क., बदली क. 10 विचारों, स्वप्नों आदि को कार्य या व्यवहार में परिणत क.: need to ~**te** their ideas into reality; ~**te** schemes/ promises into actions 11 के रूप में प्रस्तुत क. या हो. 12 एक अवस्था, व्यवस्था, व्यक्ति, स्थान से दूसरे में परिवर्तित या रूपांतरित क. या हो.: ~**te** the phonetic symbols into sounds; ~**te** into cipher/ out of cipher (किसी बात या तर्क को कूट भाषा में बदलना, /code/ या कूट-भाषा का अर्थ निकलना /decode/) 13 किसी संत के पवित्र अवशेष को किसी अन्य स्थान पर भेजना 14 *relig.* किसी को बिना मरे स्वर्ग भेजना: be ~**ted** into heaven 15 रेडियो से प्रसारण क.; *dw/lw:* ~**ted** /~टिड/ *adj.* अनूदित, अनुवादित; **translation** *see below under separate entry*; **translatology** /~टौलजि/ *US* ~टाःलजि/ *n.* अनुवाद-विज्ञान, अनुवादक; ~**tor** /~टः/ *n.* अनुवादक, अनुवाद कर्ता, तर्जुमान, स्थानांतरक; ~**tory** /~टरि/ *adj.* 1 अनुवाद संबंधी 2 अनुवादीय 3 स्थानांतरीय

translation /ट्रांस्लेशन\/ट्रांज्लेशन\/ ट्रैंस्लेशन\/ ट्रैंज्लेशन\/ *n* 1 अनुवाद, तर्जुमा, उल्था: good/ bad/ indifferent/ new ~ 2 अनुवाद की क्रिया: synchronous/ machine/ automatic/ Google ~; the ~ of this book took two years 3 भाषांतर 4 उल्था 5 तर्जुमा 6 (*syn.* interpretation) स्पष्टीकरण, व्याख्या 7 स्थानांतरण 8 (*syn.* realization, putting into practice) व्यवहार में रूपांतरण 9 गिनती की एक इकाई से दूसरी में परिवर्तन 10 रेडियो प्रसारण 11 *law* संपत्ति का स्थानांतरण 12 उद्ग्रहण (into heaven), जिंदा स्वर्ग भेजने की क्रिया; *dw/lw:* ~**al** /~नल/ *adj.* 1 अनुवादीय 2 स्थानांतरीय

transliterate /ट्रांस्लिटअरे\ट/ ट्रांज्लिटअरे\ट/ ट्रैंस्लिटअरे\ट/ ट्रैंज्लिटअरे\ट/ **v.**, *pt.* ~**ted**, *pp* ~**ting** लिप्यंतरण क., एक लिपि से दूसरी में परिवर्तन क.; *dw/lw:* ~**tor** /~टः/ *n.* लिप्यंतरक, लिप्यंतरण करने वाला; ~**tion** /~शन/ *n.* लिप्यंतरण

transloca\te / ट्रांस्लोके\ट/ ट्रांज्लोके\ट/ ट्रैंस्लोके\ट/ ट्रैंज्लोके\ट/ *v., pt.* ~**ted**, *pp* ~**ting** स्थानांतरित क.; *dw/lw:* ~**tion** /~शन/ *n.* स्थानांतरण

translucence /ट्रांस्लूसंस/ ट्रांज्लूसंस/ ट्रैंस्लूसंस/ ट्रैंज्लूसंस/ (*also* ~**cency** /~संसि) *n.* पारभासिकता, पारभासकता, पारदर्शकता, पारदर्शिता, निर्मलता, स्पष्टता; *dw/lw:* ~**cent** /~संट/ *adj.* पारभासक, पारदर्शक: ~cent glass

translunar / ट्रांस्लूनः/ ट्रांज्लूनः/ट्रैंस्लूनः/ ट्रैंज्लूनः/ *adj.* 1 चंद्रमा या चंद्रमा के कक्ष से आगे या परे का, चंद्रमा से पार का 2 पारलौकिक; *dw/lw:* ~**y** /~नरि/ *adj.* 1 चंद्रमा से पार का, पारलौकिक (unworldly or ethereal) 2 काल्पनिक, अव्यावहारिक

transmarine /ट्रांस्मअरीन/ ट्रैंज्मअरीन/ *adj.* पारसमुद्री, पारसागरीय, समुद्रपारीय: ~ dominions (समुद्रपारीय उपनिवेश)

transmigrant /ट्रांस्माइग्रंट ट्रांज्माइग्रंट/ट्रैंस्माइग्रंट/ ट्रैंज्माइग्रंट/ *n.* प्रवासी, प्रव्राजी

transmigra\te /ट्रांस्माइग्रे\ट/ ट्रांज्माइग्रे\ट/ ट्रैंस्माइग्रे\ट/ ट्रैंज्माइग्रे\ट/ *v., pt.* ~**ted**, *pp* ~**ting** 1 आत्मा का एक शरीर से निकलकर दूसरे में जा., देहांतर हो. 2 पुनर्जन्म होना 3 प्रवास क. 4 परदेश में जा कर बसना, प्रवासी हो जा.; *dw/lw:* ~**tion** /~शन/ *n.* 1 देहांतरण, पुनर्जन्म 2 जन्मांतर 3 प्रवास, प्रव्रजन, देशांतरण; ~**tionism** /~शनिज्म/ *n.* आत्मा के देहांतरण का सिद्धांत या विश्वास; ~**tor** /~टः/ *n.* प्रवासी; ~**tory** /~टरि/ *adj.* 1 देहांतरक 2 प्रवासी, प्रव्राजी

transmissi\bility /ट्रांस्मिसि\बिलिटि/ ट्रांज्मिसि\बिलिटि/ ट्रैंस्मिसि\बिलिटि/ ट्रैंज्मिसि\बिलिटि/ *n.* प्रेषणीयता, संचारणीयता, हस्तांतरणीयता, स्थानांतरणीयता; *dw/lw:* ~**ble** /~बल/ *adj.* 1 प्रेषणीय, संचारणीय 2 हस्तांतरणीय, स्थानांतरणीय, अंतरणीय 3 (*syn.* property) दाय योग्य 4 (*syn.* disease) संक्रमणीय, आनुवांशिक;

trans\mission / ट्रांस्मि\शन/ ट्रांज्मि\शन/ ट्रैंस्मि\शन/ ट्रैंज्मि\शन/ n. 1 प्रेषण 2 संचार, संचरण, प्रसारण 3 (*syn.* transfer) हस्तांतरण, स्थानांतरण, अंतरित की हुई वस्तु 4 दान, देयता 5 पारण, पारगमन 6 कार आदि में इंजन से शक्ति का अंतरण; *dw/lw:* ~**missive** /~सिव/ *adj.* 1 प्रेषक 2 संचारक, प्रसारक 3 दाता 4 पारगम्य; ~**missivity** /~सिविटि/ *n.* पारगम्यता; **transmit** *see below under separate entry*; *collocations:* ~**mission executive** प्रसारण कार्यपालक; ~**mission of rights** अधिकारों का प्रसारण; ~**mission shaft** इंजन की चालन शक्ति का अंतरण करने वाली छड़; ~**mission station** प्रसारण केंद्र; **radio** ~**mission** रेडियो प्रसारण; **picture** ~**mission** चित्र का प्रेषण; **the** ~**mission of disease** बीमारी का फैलाव, संक्रमण; **the** ~**mission of news** समाचार प्रसारण

transmit / ट्रांस्मि\ट/ ट्रांज्मि\ट/ ट्रैंस्मि\ट/ ट्रैंज्मि\ट/ *v., pt.* ~**ted**, *pp* ~**ting** 1 बताना, (संदेश आदि) भेजना 2 (*syn.* send) प्रेषित क., संप्रेषित क.: ~ a parcel by rail/ a letter by hand 3 (*syn.* convey) अर्थ आदि पहुंचाना, व्यक्त क.: a painting that ~**s** the artist's inner turmoil 4 (*syn.* communicate) संचारित क., प्रसारित क.: ~ a message by radio; ~ news 5 (*syn.* conduct) आगे बढ़ाना, दे., में से गुजारकर आगे दे.: iron ~**s** heat; wires ~ electric current 6 (*syn.* hand over) दे., सौंपना 7 (*syn.* transfer) हस्तांतरित क., स्थानांतरित क., अंतरित क. या हो. 8 वसीयत क., वसीयत में दे.: ~ a title/ property to one's heirs 9 पारित क. 10 पारगम्य होना 11 पीढ़ी से पीढ़ी को मिलना या दे.: ~ hereditary traits 12 फैलाना, संक्रमित क.: ~ disease etc.; *dw/lw:* ~**table** /~टअबल/ *adj.* 1 प्रेषणीय, संचारणीय 2 हस्तांतरणीय, स्थानांतरणीय, अंतरणीय 3 (*syn.* property) दाय योग्य 4 (*syn.* disease) आनुवांशिक, संक्रामक; ~**tance** /~टअंस/ *n.* 1 पारगम्यता 2 पारदर्शिता; ~**mitted** /~टिड/ *adj.* प्रेषित, संचारित, प्रसारित, प्रदत्त, पारगत; ~**ter** /~टः/ *n.* 1 ट्रांसमिटर, प्रेषित्र 2 प्रेषक 3 संचारक या प्रसारक उपकरण 4 माइक्रोफोन 5 दाता; ~**mittivity** /~टिविटि/ *n.* पारगम्यांक

transmogri\fication /ट्रांस्मौग्रि\फिकेशन/ ट्रैंज्मौग्रि\फिकेशन/ ट्रैंस्मौग्रि\फिकेशन/ ट्रैंज्मौग्रि\फिकेशन/ (*also US* /ट्रांस्माःग्रि\फिकेशन/ ...) *n.* रूपांतरण, आकृति-परिवर्तन, विचित्र काया-पलट या कायाकल्प; *dw/lw:* ~**fy** /~फाइ/ *US* ट्रांस्माःग्रिफाइ .../ *v., pt.* ~fied, *pp* ~fying 1 (*syn.* transform) (जादू से) रूपांतरित कर दे., आकृति बदल दे. 2 विचित्र ढंग से काया-पलट या कायाकल्प क.

transmontane *see above under* **tramontane**

transmuta\bility /ट्रांस्म्यू\टअबिलअटि/ ट्रांज्म्यू\टअबिलअटि/

ट्रैंस्यू\टअबिलअटि/ ट्रैंज्यू\टअबिलअटि/ *n.* रूपांतरणीयता, तत्त्वांतरणीयता;
***dw/lw:* ~ble** /~टअबल/ *adj.* परिवर्तनीय, रूपांतरणीय, तत्त्वांतरणीय; **~tion** /~टेशन/ *n.* 1 परिवर्तन: ~tions of fortune 2 रूपांतरण, रूपांतर, तत्त्वांतरण, तत्त्वांतर: artificial ~tion 3 *law* मालिक का बदलाव; **~tive** /~टेटिव/ *adj.* रूपांतरकारी, तत्त्वांतरकारी

transmute /ट्रांस्म्यूट/ ट्रांज्म्यूट/ ट्रैंस्म्यूट/ ट्रैंज्म्यूट/ *v., pt.* **~d**, *pp* **transmuting** 1 बदल दे., परिवर्तित कर दे. 2 काया-पलट कर दे., रूप या स्वरूप बदल दे. 3 तत्त्वांतरित क., का तत्त्वांतरण क. 4 *alchemy* सामान्य धातु को सोने में बदल दे.

transnational /ट्रांस्नैशनल/ ट्रांज्नैशनल/ ट्रैंस्नैशनल/ ट्रैंज्नैशनल/ *adj.* अंतर्राष्ट्रीय

transnormal /ट्रांस्नॉःमल/ ट्रांज्नॉःमल/ ट्रैंजनॉःमल/ ट्रैंजनॉःमल/ *adj.* असाधारण

transoceanic /ट्रांस्‌ओशिऐनिक/ ट्रांज्‌ओशिऐनिक/ ट्रैंस्‌ओशिऐनिक/ ट्रैंज्‌ओशिऐनिक/ *adj.* समुद्रपारीय, पार-महासागरीय, महासागरपारीय: ~ world; ~ flights

transoid /ट्रांसॉइड/ *adj. chem.* अंतरित विषम

transom /ट्रैंसम/ *n.* 1 सरदल: ~ window (सरदली या दरवाजे के ऊपर की खिड़की, पट्टीदार खिड़की) 2 आड़ा शहतीर

transpacific /ट्रांस्पैसिफिक/ ट्रैंस्पैसिफिक/ *adj.* प्रशांत महासागर के पार का

transpalatine /ट्रांस्पैलअटाइन/ *adj.* पारतालव, तालु के आर-पार

transpa\rence /ट्रैंस्पै\रंस/ ट्रैंस्पेअ\रंस/ ट्रांस्पै\रंस/ ट्रांस्पेअ\रंस/ *n.* पारदर्शकता;
dw/lw:* ~rency** /~रंसि/ *n., pl.* ~rencies 1 पारदर्शिता, पारदर्शकता: the ~rency of air/ of water/ of skin 2 (syn.*** slide) पारदर्शी चित्र;

transparent /ट्रैंस्पै\रंट/ ट्रैंस्पेअ\रंट/ ट्रांस्पै\रंट/ ट्रांस्पेअ\रंट/ *adj.* 1 (***anton.*** opaque) पारदर्शी, पारदर्शक: ~rent glass/ air; a man of ~rent honesty/ sincerity 2 सुभेद्य, कच्चा, खोखला 3 (***syn.*** obvious) सुस्पष्ट, प्रकट, साफ: ~rent lie 4 स्पष्टवादी, सच्चा, निष्कपट, खुले या साफ दिल का, खरा: ~rent answer; a writer with a ~rent style; **~rentness** /~रंटनेस/ *n.* पारदर्शिता, पारदर्शकता

transpicuous /ट्रांस्पिकुअस/ ट्रैंस्पिकुअस/ *adj.* = **transparent**

transpersonal /ट्रांस्पःसनल/ ट्रैंस्पःसनल/ *adj.* 1 निजी हितों या मामलों से परे 2 मानसिक विज्ञान या पद्धति जिसमें रहस्यवाद, अध्यात्मवाद, धार्मिकता का व्यक्ति की आत्मचेतना व सामर्थ्य को बढ़ावा देने के लिए प्रयोग किया जाता है

transpire\ce /ट्रांस्पिअःस/ ट्रैंस्पिअःस/ *v., pt.* **~ced**, *pp* **~cing** बींधना, छेदना

transpirable /ट्रैंस्पायरअबल/ ट्रांस्पायरअबल/ *adj.* 1 पारस्वेद्य 2 पारश्वसनीय 3 छिद्रों के माध्यम से निकलने योग्य

transpiration /ट्रैंस्पिरेशन/ *n.* 1 प्रस्वेदन, पारश्वसन 2 पौधों में वाष्पोत्सर्जन 3 पसीना आने की क्रिया 4 बातों के प्रकट होने की क्रिया

transpire /ट्रैंस्पायः/ *v., pt.* **~d**, *pp* **transpiring** 1 जानकारी में आना, प्रकट होना, मालूम हो जाना, खुल जाना: nothing **~d** of all that happened 2 *loosely* घटित होना, हो जाना, हो.: important events **~d** last week 3 प्रस्वेदित हो., पसीना निकलना 4 प्रश्वासित हो. 5 पौधों में से वाष्प निकलना

transplant / ट्रैंस्प्लां\ट/ ट्रैंज्प्लां\ट/ *US* ट्रैंस्प्लैं\ट/ ट्रैंज्प्लैं\ट/ *n.* 1 *surg.* शल्य-क्रिया द्वारा किसी अंग का प्रत्यारोपण: have / perform / undergo a ~ 2 प्रतिरोपित अंग 3 स्थानांतरण 4 दूसरे स्थान पर बसाने की क्रिया 5 पौधे का दूसरे स्थान पर आरोपण या लगाने की क्रिया: ~ water;
adj. अंग प्रत्यरोपण से संबद्ध: ~ patient / surgeon; a ~ donor/ operation;
***v., pt.* ~ed**, *pp* **~ing** 1 अंग प्रतिरोपित क.: ~ well/ badly 2 स्थानांतरित क. 3 पौधे को दूसरे स्थान पर आरोपित क.: ~ a tree 4 दूसरे स्थान पर बसाना: ~ to a new colony;
***dw/lw:* ~able** /~टेबल/ *adj.* प्रतिरोप्य; **~ation** /~टेशन/ *n.* 1 अंग-प्रतिरोपण 2 पौधे का प्रत्यारोपण; **~er** /~टः/ *n.* प्रतिरोपक

transpolar /ट्रैंस्पोलः/ ट्रैंज्पोलः/ ट्रांस्पोलः/ ट्रांज्पोलः/ *adj.* ध्रुवपारीय, पार-ध्रुवीय

transponder /ट्रैंस्पौंडः/ ट्रांस्पौंडः/ *n.* रेडियो और रडार जो संकेत प्राप्त करने के बाद अपने संकेत भेजते है, प्रषानुकर

transplendent /ट्रैंस्प्लेंडेंट/ ट्रांस्प्लेंडेंट/ *adj.* बढ़िया, अति उत्तम

transpontine /ट्रैंस्पौंटाइन/ *adj.* 1 पुल के उस पार का पुलपारीय, सेतुपारीय 2 *theatre* अति भावुक व नाटकीय: ~ drama; ~ hero

transport /ट्रैंस्\पॉःट/ *n.* 1 परिवहन, वाहन: inland water ~; overland/ overseas ~ 2 यातायात ~~के साधन:~~ motor ~; provide/ arrange/ improve ~; free /cheap ~; public ~ 3 व्यक्ति या वस्तु का वहन: the ~ of goods/ of mail 4 वाहन, कार, टैक्सी आदि 5 (**~s**) भावावेग, हर्षोन्माद, हर्षोल्लास: a ~ of joy/ of horror/ of rage/ of delight 6 सैनिकों और सैनिक सामान को लाने-लेजाने वाला समुद्री जहाज, विमान, बस आदि 7 *hist.* अपराधियों का काला-पानी निर्वासन;
adj. परिवहन या यातायात संबंधी: ~ airplane; ~ rocket;
v., pt.* ~ed**, *pp* **~ing** 1 वहन क.: ~ mail by airplane 2 (syn.*** carry) लाना-ले जाना, ढोना, वहन क.: ~ passengers and luggage 3 देश-निकाला दे., काला-पानी भेजना 4 भाव-विह्वल कर दे., आनंदविभोर कर दे.: the crowd was **~ed** by these words;
***dw/lw:* ~able** /~पॉःटअबल/ *adj.* लाने-ले जाने योग्य, ढोने योग्य, परिवहनीय; **~ation** /ट्रैंसपॉःटेश्न/ ट्रांसपॉःटेश्न/ *n.* 1 *US* (*UK* **transport**) वाहन, परिवहन: means of ~ation; ~ation over water 2 व्यक्ति या वस्तु का वहन: ~ation by air is quick but expensive; ~ation charges (ढुलाई शुल्क) 3 देश-निकाला, कालापानी: ~ation for life; **~ed** /~पॉःटिड/ *adj.* भावविह्वल, वाहित: ~ed with anger; **~er** /~पॉःटः/ *n.* 1 ट्रांसपोर्टर 2 परिवहन-संचालक 3 वाहक 4 बड़ी गाड़ियों को लाने-ले जाने वाली लॉरी;
***collocations:* ~ assistant** परिवहन सहायक; **~ café** (*also US equiv.* **truck stop**) ट्रक डाइवरों आदि के लिए सड़क के किनारे का ढाबा **~ number** अभिगमनांक; **~ officer** परिवहन अधिकारी; **~ town** परिवहन नगर

transpo\sable /ट्रैंस्\पोजअबल/ ट्रांस्\पोजअबल/ *adj.* 1 जिसका स्थान बदला जा सके 2 परिवर्तनीय;
dw/lw:* ~sal** /~पोजल/ 1 दो या अधिक वस्तुओं, अक्षरों, शब्दों आदि के स्थानों की अदला-बदली, स्थानांतरण, विपर्यय 2 क्रम-परिवर्तन 3 पक्षांतरण 4 स्वर-परिवर्तन; **~se** /~पोज/ *v., pt.* ~sed, *pp* ~sing 1 विपर्यय क., दो या अधिक वस्तुओं, अक्षरों, शब्दों आदि के स्थानों की अदला-बदली क.: ~se the words in a sentence 2 (syn.*** reverse) किसी लड़ी में क्रम-परिवर्तन क. 3 सुर-लय के स्थान बदल दे., स्वरांतरण क. 4 एक दूसरे के स्थान पर रखना; **~sition** /ट्रैंस्पजिशन/ *n.* 1 विपर्यय, क्रम-परिवर्तन, स्वरांतरण 2 पक्षांतर, स्वरांतर 3 स्वरांतरित संगीत
***collocations:* ~sing instrument** *music* 1 ऐसा उपकरण जिसमें सुरों के स्थानों की अदला-बदली करने का प्रावधान हो 2 सुरों के बटनों का स्थान बदल देनेवाला उपकरण

transputer /ट्रैंस्प्यूटर/ ट्रैंज्प्यूटर/ ट्रांस्प्यूटर/ ट्रांज्प्यूटर/ *n., comput.* ऐसी चिप (chip) जो माइक्रो-प्रोसेसर के सारे कार्य कर सकती है और जो बारी-बारी से भिन्न-भिन्न कार्य करने की बजाए समानांतर क्रियाएं चला सकती है

transcutaneous /ट्रैंस्क्युटेनिअस/ ट्रांसक्यूटेनिअस/ *adj.* त्वचाप्रवेशी, त्वचा के नीचे तक जाने वाला

trans-sexual\/ transexual /ट्रैंस्-सेक्शुअ\ल/ ट्रैंज्-सेक्शुअ\ल/ *n.* 1 वह व्यक्ति जो शारीरिक रूप से एक-लिंगी है, पर उसमें विपरीत लिंग के लक्षण धीरे-धीरे विकसित हो जाते हैं, परालिंगी 2 शल्य-क्रिया द्वारा लिंग परिवर्तन कराने वाला व्यक्ति;
***dw/lw:* ~ism** /~लिज्म/ *n.* परालिंगता में विश्वास; **~ity** /~लिटि/ *n.* परालिंगता की विशेषता

transship /ट्रैंसशिप/ ट्रांसिशप/ *v., pt.* **~ped**, *pp* **~ping** माल को एक जहाज से दूसरे जहाज या अन्य किसी वाहन में तबादला क.

trans-Siberian /ट्रैंस-साइबेरिअन/ ट्रांस-साइबेरिअन/ *adj.* साइबेरिया के पार का, साइबेरिया-पारीय

transubstantia\te /ट्रैंसबस्टैंशिए\ट/ *v., pt.* **~ted**, *pp* **~ting** तत्त्वांतरण क., दूसरे पदार्थ में परिवर्तित हो जा.;

dw/lw: **~tion** /~शन/ *n.* तत्त्वांतरण, तत्त्वपरिवर्तन, दूसरे पदार्थ में परिवर्तन

transudate *n.* /ट्रैंसअ\डेट/ *n.* पसीना आदि;

dw/lw: **~dation** /~डेशन/ *n.* 1 पार-स्रवण 2 छिद्रों में से स्राव, पारस्राव 3 पसीना आदि के आने की क्रिया; **~datory** /~डेटरि/ *adj.* (पार)-स्रावी; **~de** /~डेटिड/ *v. pt.* ~ded, *pp* transuding पसीना आदि का त्वचा के छिद्रों में से स्राव हो.

transuranic /ट्रैंज्युरैनिक/ ट्रांज्युरैनिक/ *adj., chem.* परायूरेनियम, कृत्रिम ढंग से बनाए जाने वाले रेडियो-धर्मी तत्त्व

Transvaal daisy /ट्रैंसवाल या ट्रांसवाल डेजी/ दक्षिणी अफ्रीका में उगने वाला गुलबहार प्रजाति का फूल

trans\valuation /ट्रैंसवैल्युएशन/ ट्रांसवैल्युएशन/ *n.* मूल्यांतरण;

dw/lw: **~value** *v., pt.* ~valued, *pp* ~valuing पुनर्मूल्यांकन क.

transvariation /ट्रैंजवेरिएशन/ ट्रांजवेरिएशन/ *n.* प्रतिविचरण

transvasate /ट्रैंज्वाःसट/ ट्रांज्वाःसट/ *n.* निस्तारण

transver\sal /ट्रैंज्वः\सल//ट्रांजवः\सल/ *n.* आड़ा, तिर्यक् छेदी-रेखा

transver\se /ट्रैंस्वःस\/ ट्रैंज्वःस\/ *v., pt.* **~sed**, *pp* **~sing** 1 आड़े काटना 2 तिरछा टिकाना 3 कविता में ढालना;

adj. (***syn.*** diagonal) आड़ा, तिरछा;

dw/lw: **~sely** /~लि/ *adv.* तिरछे, आड़े; **~sion** /~न/ *n.* 1 कवितामय रूपांतर 2 कवितामय रूप

collocations: **~se load** तिरछा वजन; **~se member** अनुप्रस्थ पेशी; **~se section** तिरछा खंड; **~se wave** (*also* **longitudinal wave**) तरंग की दिशा से 90^0 पर तरंगित होने वाली लहर

transvertism /ट्रैंस्वःटिज्म/ ट्रांस्वःटिज्म/ *n.* पुरुष द्वारा स्त्री का या स्त्री के द्वारा पुरुष का लिबास पहनने की क्रिया

transvest /ट्रैंस्\वेस्ट/ ट्रांस्\वेस्ट/ *v., pt.* **~ed**, *pp* **~ing** प्रतिजातीय या प्रतिलिंगी वस्त्र पहनाना या पहनना;

dw/lw: **~ism/ ~itism** /~वेस्टिज्म//~वेस्टिटिज्म/ *n.* प्रतिजातीय वेशधारण, भिन्न-लिंग-वस्त्रधारण; **~ite** /~वेस्टाइट/ *n.* विपरीत लिंग का वस्त्र धारण करने वाला पुरुष या स्त्री

trap /ट्रैप/ *n., pl.* **~s** 1 शिकार-पिंजरा, पाश, जाल: set a ~ for wolves; bait a ~; a mouse ~ 2 फंदा, चाल, घात: booby ~; be caught in a ~/ fall into a ~; walk/ straight into a ~ 3 फंदानुमा छत या फर्श-दरवाजा 4 खतरनाक या खराब स्थिति: poverty/ debt ~ 5 ड्रेनपाइप आदि में एक मोड़ जिसमें भरा तरल बदबूदार गैसों को पाइप में आने से रोकता है 6 घोड़ाजुती दोपहिया गाड़ी 7 *sl.* (***syn.*** gob) मुंह: shut your ~! 8 (**traps**) *jazz, sl.* ढोलक व अन्य ताल वाद्य 9 पुलिस का सिपाही 10 निजी सामान, माल, असबाब: pack up your **~s**;

v., pt. **~ped**, *pp* **~ping** 1 जाल या फंदा लगाना 2 जानवर को जाल में फंसाना 3 किसी को छल-कपट से चाल में फंसाना 4 फंस जा.: get **~ped** 5 रोकना, रोक रखना, फंसा रखना 6 छत या फर्श दरवाजा लगाना 7 साज चढ़ाना;

dw/lw: **~fall** *n.* फंदा, जाल, पाश; **~-hole** *n.* = **~fall**; **~per** /ट्रैपः/ *n.* बहेलिया शिकारी, फंदा-शिकारी; **rat-~** *n.* 1 चूहेदानी 2 फंदा, जाल;

collocations: **~ door** चोर दरवाजा; **~door spider** ऐसी मकड़ी जो अपना घर अपने पीछे रेशम के धागों से बुने जाले से बंद कर लेती है; **~ trench** चोरगढ़ा, कूटावपात;

booby ~ चोर-फंदा; **poverty ~** गरीबी का फंदा; **speed ~** निर्धारित गति से अधिक रफ्तार से चलाई जाने वाली वाहनों को पकड़ने का फंदा;

p&i: **avoid the ~ of doing sth** किसी गलत काम करने की चाल से बचना; **be up to ~** चालाक व चतुर हो.; **fall/ walk into the ~** किसी चाल में फंस जा.; **lay a ~** फंदा लगाना, चाल चलना; **understand ~** स्थिति को समझकर सतर्क रहना

trapes /ट्रैप्स/ (*also see above* **traipse**) 1 यों ही आवारा घूमते फिरना 2 थके-मांदे घूमते फिरना 3 घिसट कर चलना;

n. 1 थका देने वाली सैर 2 फूहड़ और मैला-कुचैला आदमी

trapeze /ट्रैपीज/ *n.* 1 सर्कस में लटकता झूला 2 कलाबाजी का झूला

trapeziform /ट्रअपीजिफॉःम/ *adj.* 1 समलंबाकार 2 कलाबाजी के झूले जैसा

trapezium /ट्रैपीजिअम/ *n., pl.* **~s/ trapezia** /ट्रअपीजिआ/ 1 विषम चतुर्भुज 2 सम-लंब

trapezius /ट्रअपीजिअस/ (*also* **~ muscle**) *n., pl.* **~es/ trapezii** /ट्रअपीजिआइ/ गर्दन और कंधों की दोनों तिकोनी मांसपेशियां

trapezoid /ट्रैपिजॉइड/ *n.* चतुर्भुज;

collocations: **~al rule** समलम्बी नियम

trapezohedron /ट्रअपीजोहीडरन/ *n., pl.* **trapezohedra** समलंबफलक

trapper *see above under* **trap: *dw/lw***

trappings /ट्रैपिंग्स/ *n., [pl.]* 1 ऊपरी दिखावे की चीजें, आडंबरपूर्ण सज्जा-सामग्री: all the ~ of self-seeking materialism 2 परेड की वर्दी 3 अश्व-सज्जा

traps /ट्रैप्स/ *n., [pl.]* निजी सामान

trapshooting /ट्रैपशूटिंग/ *n.* हवा में फेंके हुए मिट्टी के लोंदों या ढेलों पर निशाना लगाने की क्रिया, ट्रैप-शूटिंग

trash /ट्रैश/ *n.* 1 *US* (*UK* **rubbish**) कूड़ा-कर्कट, कचरा 2 बेकार सामान 3 घास-फूस, घात-पात, भूसा 4 रद्दी माल, रद्दी चीजें 5 घटिया रचना: that novel is a mere ~ 6 निकम्मा, घिनौना आदमी या निकम्मा, घिनौने लोग 7 अनाप-शनाप, अंडबंड 8 छांट 9 गन्ने की टूटी हुई सीठी या खोई (*Hr.*);

v., pt. **~ed**, *pp* **~ing**, *s/he/it* **~es** 1 तोड़ दे., नष्ट कर दे. 2 दिखा देना कि कोई चीज बेकार है 3 फिल्म, उपन्यास, नाटक आदि की आलोचना करते हुए उनकी धज्जियां उड़ा दे. 4 गन्ने की ऊपरी पत्ती हटाना 5 पत्ते छांटना;

dw/lw: **~iness** /ट्रैशिनेस/ *n.* घटियापन; **~y** /ट्रैशि/ *adj., degr.* ~ier, ~iest 1 रद्दी, बेकार 2 (***syn.*** rubbishy) घटिया: ~y novels;

collocations: **~ can** *N. Amer. esp. US* कूड़ादान, कूड़ा-कोठ

trattoria /ट्रैटअरीआ/ ट्रैटॉरीआ/ *n., pl.* **~s/ trattorie** इतालवी खाने का रेस्त्रां

trauma /ट्रॉमा/ *n., pl.* **~s/ traumata** 1 आकस्मिक चोट के कारण होने वाला सदमा, शारीरिक व मानसिक आघात 2 भावनात्मक आघात, सदमा 3 *loosely* कोई भी भावनात्मक आघात या ठेस पहुंचाने वाली अवस्था 4 घाव, जख्म, चोट;

dw/lw: **~tic** /ट्रॉमैटिक/ *adj.* 1 क्षतिकारक 2 शारीरिक आघात पहुंचाने वाला 3 मानसिक आघात पहुंचाने वाला; **~tism** /ट्रॉमैटिज्म/ *n.* 1 मानसिक व शारीरिक आघात के हानिकारक परिणाम 2 *loosely* कोई भी भावनात्मक आघात या सदमा, ठेस पहुंचाने वाला अनुभव; **~tize/ ~tise** /ट्रॉःमअटाइज/ *v., pt.* ~tized, *pp* ~tizing 1 चोटिल क., घायल क. 2 मानसिक आघात पहुंचाना 3 *loosely* भावनात्मक आघात या सदमा पहुंचाना; **~tized** (*also UK* **-ised**) /ट्रॉःमअटाइज्ड/ *adj.* 1 घायल, चोटिल 2 आघातित, जिसे गहरा सदमा पहुंचा हो

travail /ट्रैवेल/ ट्रवेल/ *n.* 1 कठोर श्रम, कड़ी मेहनत, घोर कष्टकर परिश्रम 2 प्रसव-वेदना;

v., pt. **~ed**, *pp* **~ing** 1 घोर कष्टकर परिश्रम क., कड़ी मेहनत क. 2 प्रसव-पीड़ा होना या सहना

travel /ट्रैवल/ *v., UK pt.* **~led**, *pp* **~ling**/ *US pt.* **~ed**, *pp* **~ing** 1 यात्रा क., सफर क.: ~ (for) thousands of kilometres; ~ for one's health; ~ the whole world 2 विक्रय-प्रतिनिधि आदि के रूप में एक जगह से दूसरी जगह जा., घूमना: ~ in

medicines 3 व्यापार-यात्रा क., व्यापार-यात्री होना 4 में भ्रमण क., सैर क., का पर्यटन क., घूमना 5 पर नजर दौड़ाना: his eyes **~led** over the enemy lines/ over the horizon 6 पर विचार क., एक-एक करके याद क.: his mind **~led** over recent events 7 तय क., चलना: light **~s** faster than sound 8 तेजी से चलना या फैलना: bad news **~s** quickly 9 लंबी यात्रा सह लेना 10 यंत्रों या प्राकृतिक क्रियाओं का निर्धारित पथ पर चलना: light **~s** in a straight line 11 आगे बढ़ना, चलना: a horse **~led** slowly;
n. 1 यात्रा की क्रिया: means of ~ 2 (*usually* **~s**) यात्रा, सफर: sb's **~s** abroad; back from one's **~s** 3 भ्रमण, सैर, पर्यटन 4 गति, चाल: ~ was slow and dangerous in olden days;
dw/lw: **~led** /ट्रैवलड/ *adj.* जो बहुत घूमा-फिरा हो, यात्रा-पारंगत: ~led man;
collocations: **~ agency** (*also* **~ agent's**) *n.* यात्रा एजंसी; **~ agent** यात्रा एजंट; **~ bureau** = **~ agency**; **a book of ~s** यात्रा का विवरण, सफरनामा; **~ sickness** यात्रा के दौरान किसी साधन (कार, बस, नाव, विमान, समुद्री जहाज) के कारण होने वाली मिचली, उल्टियां आदि;
p&i: **~ light** कम सामान के साथ यात्रा क.

traveller /ट्रैवलः/ *n.* 1 (*also US* **traveler**) यात्री, मुसाफिर, सैलानी: **~'s** tales 2 पर्यटक 3 व्यापार-यात्री, सफरी विक्रेता 4 *UK* '**gypsy**' का वैकल्पिक शब्द, पथिक, बटोही, बंजारा;
collocations: **~'s cheque** *UK* (*US* **traveler's check**) *n.* यात्री चैक; **~'s joy** एक प्रकार की बेल, मुर्वा; **~'s tale** मनगढ़ंत किस्सा;
p&i: **tip sb the ~** किसी में भटकाव पैदा क.

travelling /ट्रैवलिंग/ *adj.* 1 यात्रा करने वाला: ~ folk/ ~ people 2 सफरी: ~ dress; ~ expenses; ~ salesman 3 चल: ~ library; ~ staircase; ~ rug; ~ wave (प्रगामी तरंग);
n. 1 यात्रा, सफर: spend one's life in ~ 2 भ्रमण, सैर: have you done much ~? 3 पर्यटन;
dw/lw: **~-allowance** *n.* यात्रा-भत्ता

travelogue /ट्रैवअलौग/ *US* ट्रैवअलाःग/ ट्रैवअलॉग/*n.* 1 यात्रा-वृतांत, यात्रा-विवरण 2 सफरनामा 3 यात्रा-फिल्म

traversable /ट्रैअवःसअबल/ *adj.* 1 पारगम्य, पारणीय 2 *law* विवादित: ~ plea

traversal /ट्रैवःसल/ *n.* पारगमन

traverse /ट्रैवःस/ *v., pt.* **~d**, *pp* **traversing** 1 पार क., आर-पार जाना: ~ the desert/ ocean; the railway **~s** the country 2 तिरछे चलना 3 आड़ा पड़ा होना, काटना: a bridge **~s** the deep gorge 4 छानना 5 ध्यान से देखना 6 पर विचार क.: ~ a subject in a lecture 7 घूमना 8 *law* खंडन क., प्रत्याख्यान क., अस्वीकार क., विरोध जताना, बाधा डालना: ~ an opponent's arguments 9 व्यर्थ कर दे. 10 इधर-उधर होते र.;
adj. आड़ा, तिरछा, आर-पार का: ~ trench;
n. 1 आड़ी दीवार, आड़ भित्ति 2 तिर्यक् छेदी-रेखा, आड़ी रेखा 3 गलियारा 4 टेढ़ा-मेढ़ा रास्ता 5 तिरछी चाल 6 खंडन, प्रत्याख्यान 7 घुमाव 8 बाधा;
dw/lw: **traversing** *adj.* आड़ा, समतल, पट, क्षैतिज: traversing mechanism; traversing range; **traversing** *n.* क्षैतिज निर्माण;
p&i: **~ one's ground** एक स्थान से दूसरे स्थान पर जाना या घूमना

travesty /ट्रैवअस्टि/ *n., pl.* **travesties** 1 भद्दी विकृति 2 (***syn.*** parody) उपहास, मजाक: a ~ of justice/ of discipline/ of truth 3 विडंबना 4 नकल 5 हास्यास्पद बात: Hamlet in modern dress would be a ~;
v., pt. **travestied**, *pp* **~ing**, *s/he/ it* **travesties** 1 मजाक हो. 2 विडंबना होना 3 उपहासजनक रूप में नकल क.: ~ sb's manners/ mode of speech/ style 4 विकृत क., भूमिका आदि के साथ न्याय न कर पाना 5 उपहासजनक रचना (parody) गढ़ना, पहले की किसी रचना, नाटक, फिल्म, कविता, गीत आदि का मजाकिया स्वरूप (parody) बनाना 6 बाह्य रूप बदलना;
collocations: **~ role** *theatre* मजाकिया भूमिका जो विपरीत लिंग के व्यक्ति द्वारा अदा की जाती है

travois /ट्रवॉइ/ *n.* अमेरिकी आदिवासियों का एक पुरानी चाल का छकड़ा

travolator/ **travelator** (*also* **moving walkway**) /ट्रैवअलेटः/ *n.* हवाई अड्डों, रेलवे-स्टेशनों, बड़ी-बड़ी माल दुकानों में प्रयुक्त चल पैदल-पथ

trawl /ट्रॉल/ (*also* **trawl-net**) *n.* 1 बड़ा-सा थैलानुमा जाल जिसे समुद्र में मछलियां पकड़ने के लिए प्रयोग में लाया जाता है 2 गहन खोज, छानबीन: made a ~ through the library catalogue;
v., pt. **~ed**, *pp* **~ing** 1 बड़े जाल से मछलियां पकड़ना 2 छानबीन या जांच क.: had to ~ through hundreds of applications; ~ through sth;
dw/lw: **~er** /ट्रॉलः/ *n.* 1 मछली पकड़ने वाला जहाज 2 जाल से मछलियां पकड़ने वाला मछुआरा; **~ing** /ट्रॉलिंग/ *n.* 1 जाल से मछली पकड़ने की क्रिया 2 गहन खोज, छानबीन

tray /ट्रे/ *n., pl.* **~s** 1 भोजन, पेय आदि रखकर परोसने की एक बड़ी तश्तरी: serve breakfast/ dinner on a ~; carry sth on a ~; a whole ~ of food 2 अल्मारी, ट्रंक आदि में पोशाकों को सजाकर रखने का खाना 3 आना-जाने वाली डाक की दफ्तरी टोकरी या लकड़ी की तश्तरी: in/ out ~ 4 फूलदान के नीचे रखी जाने वाली तश्तरी;
dw/lw: **~ful** *n., pl.* ~s तश्तरी में परोसा जाने वाला खाना

TRC *abbr.* 'Tax Reforms Commission', 'Truth and Reconciliation Commission' (नस्ल-भेद काल की ज्यादतियों का पता लगाने के लिए दक्षिणी अफ्रीका में बना एक आयोग)

TRDO *abbr.* 'Talent Resource Development Officer' की प्रथमाक्षरी

treacherous /ट्रेचअरस/ *adj.* 1 विश्वासघाती: ~ officer; ~ action 2 बेवफा 3 बेईमान, निष्ठाहीन, कपटी 4 (***syn.*** deceitful) धोखेबाज: ~ ice/ branch/ rocks; ~ memory; ~ weather 5 जोखिम-भरा: black ice made the roads ~ 6 मायावी: ~ glance/ smile 7 कठिन और खतरनाक;
dw/lw: **~sly** /~लि/ *adv.* छलपूर्वक, धोखे से; **~ness** /~नेस/ *n.* धोखा, कपटीपन

treachery /ट्रेचरि/ *n., pl.* **treacheries** विश्वासघात, बेवफाई, बेईमानी, धोखेबाजी

treac\le /ट्रीकल/ *UK* (*UK/US* **molasses**; *also* **black ~le**) *n.* 1 राब, चाशनी, शीरा यानी गन्ने के रस से चीनी या गुड़ बनाने के बाद बचा गाढ़ा काले रंग का पदार्थ;

treacly /ट्रीक्लि/ *adj.* 1 चाशनी-जैसा, गाढ़ा और चिपचिपा, चाशनी-भरा 2 चिकना-चुपड़ा, चाटुकार, मीठी छुरी-सा मधुरभाषी: ~ly smile; ~ly sentiments

tread /ट्रेड/ *v., pt.* **trod**, *pt. p.* **tread/ trodden**, *pp* **~ing** 1 *UK* चलना, तय क: ~ carefully/ gently, etc.; ~ lightly in order not to wake sb; ~ the ground 2 पानी में खड़े-खड़े छप-छप क.: ~ water 3 (*usually* **~ on sth/ sb**) पर पैर रखना: **trod** on the cat's tail; ~ on a sharp stone 4 किसी रास्ते पर चलना: he **trod** the primrose path (उसने मजे की जिंदगी जी) 5 (***syn.*** trample) पांव तले दबाकर कुचलना: **~ing** ash into the carpet; don't ~ on the flower beds; ~ on a black beetle; ~ sth down 6 चल-चल कर रास्ता या पगडंडी बनाना: ~ a path through the grass 7 (*usually* **~ on sb**) किसी को कुचलना, बेरहमी से पेश आना: ~ under foot 8 नर पक्षी द्वारा मादा से संभोग क.;
n. 1 टायर की धारियां, इन धारियों की गहराई 2 कदम, पदचाप, कदमों की आहट, पग-ध्वनि: firm/ heavy/ sprightly/ airy ~; the ~ of armed men; that incessant ~ of feet wearing the rough stones smooth 3 चलने की शैली, चाल: she had

the ~ of an empress 4 चलने की क्रिया 5 सीढ़ियों के पायदान 6 पद-चिह्न, पैड़ (*Hr.*) 7 पहिए की लीक 8 जूते का तलवा या तल्ला 9 मैथुन;

dw/lw: **~er** /ट्रेडः/ *n.* चलने वाला, पैदल-पथिक; **~ing** *n.* टायर की मरम्मत; **~mill** /ट्रेडमिल/ *n.* 1 पुराने जमाने में गति पैदा करने वाला पहिया जिसके पायदानों पर चलकर घुमाते हुए गति पैदा की जाती थी 2 पांवचक्की 3 ऐसी मशीन जिस पर पैदल चलकर व्यायाम किया जा सकता है 4 थकाऊ काम;

p&i: **~ a dangerous path** खतरनाक रास्ते पर चलना; **~ a measure** सुर-ताल में नाचना; **~ (as) eggs** 1 सावधानी से काम शुरू क. 2 बड़ी नाज़ुक स्थिति में हो.; **~ carefully, warily, etc.** फूंक-फूंककर कदम रखना; **~ a dangerous/ difficult/ solitary path** खतरनाक या कठिन या अकेले जीवन-पथ पर चलना; **~ down** कुचलना; **~ grapes** (मदिरा बनाने के लिए) अंगूरों को पांव तले पीसना या रौंदना; **~ in** अंदर दबा लेना; **~ in a person's (foot) steps** किसी के पद चिह्नों पर चलना; **~ lightly** फूंक-फूंककर कदम रखना या चलना; **~ on air** खुशी के मारे पांव जमीन पर न पड़ना; **~ on delicate/ dangerous ground** or **~ on thin ice** भयंकर खतरनाक व नाज़ुक रास्ते पर संभलकर चलना; **~ on eggs** फूंक-फूंककर कदम रखना; **~ on one's kilbes** दिल को टेस पहुंचाना; **~ on sb's corns/ on sb's toes** किसी की दुखती रग पर हाथ रख दे.; **~ in somebody's steps** का अनुसरण क., के पद-चिह्नों पर चलना; **~ on sb's toes** किसी के काम में टांग अड़कर किसी का अपमान क.; **~ on the heels of** पीछे-पीछे चलना; **~ on the neck of sb** दमन क., अत्याचार क.; **~ out** फल को दबाकर रस निकालना; **~ sth into the ground** रौंदकर मिट्टी में मिला दे.; **~ the beaten track** लकीर का फकीर हो.; **~ the boards/ the stage** अभिनेता बनना; **~ the deck** नाविक हो.; **~ the path of exile** देश निकाला दे दिया जा.; **~ the primrose path** मजे की जिंदगी जीना; **~ this earth/ shoe-leather** जिंदा हो.; **~ to pieces** चूर-चूर क.; **~ under foot** कुचल देना; **~ water until help comes** मदद आने तक पानी में ही छप-छप क.; **where no foot may** ~ जहां किसी का पांव न पड़ा हो

treadle /ट्रेडल/ *n.* 1 साइकिल आदि का पैडल 2 छपाई या सिलाई मशीन को चलाने का पैडल या लीवर;

v., pt. **~d**, *pp* **treadling** पैडल से सिलाई मशीन आदि चलाना

treason /ट्रीज़न/ *n.* 1 (*in full* **high** ~) देशद्रोह, राजद्रोह 2 किसी भी प्रकार का विश्वासघात या धोखा: petty ~;

dw/lw: **~able** /ट्रीजनअबल\/ *adj.* देशद्रोह-संबंधी, राजद्रोह-संबंधी, देशद्रोहात्मक, राजद्रोहात्मक: ~able speech; **~ableness** /~नेस/ *n.* धोखा; **~-felony** *n.* राष्ट्रद्रोह; **~ous** /ट्रीजनस/ *adj.* देशद्रोहात्मक

treasurable /ट्रेजरअबल/ *adj.* संचित या जमा करने योग्य, संग्रहणीय

treasure /ट्रेजः/ *n.* 1 खजाना; buried ~ 2 सोना, हीरे, जवाहरात आदि बहुमूल्य चीजें 3 कोष, निधि 4 मूल्यवान व्यक्ति, मित्र, वस्तु आदि: the manuscript is a real ~;

v.**, pt.* **~d**, *pp* **treasuring** 1 (syn.*** cherish) बहुमूल्य समझकर संजोये रखना: ~ sb's memory; ~ (up) in one's heart the recollection of former days; ~ sb's friendship; **~d** him as a friend 2 (*usually* **~ up**) संजोना: he **~s** the watch his mother gave him; **~d** up all his old school photographs 4 संचित क.: ~ (up) money; ~ (up) postage stamps;

dw/lw: **~-house** *n.* 1 तोशकखाना, तोशाखाना, कोषागार 2 भंडार, खजाना: ~-house of literature/ of art; **~d** *adj.* अति प्रिय व मूल्यवान; **~r** /ट्रेजःरः/ *n.* खजांची, कोषाध्यक्ष, कोषपाल; ~r of a club; **~-trove** /ट्रेजः-ट्रोव/ *law* 1 धरती के भीतर दबा खजाना, निखात-निधि 2 महत्त्वपूर्ण व मूल्यवान खोज या प्राप्ति: his collection of short stories is a real treasure-trove of delights;

collocations: **~ hunt** 1 ऐसा खेल जिसमें किसी छिपी हुई बहुमूल्य वस्तु या इनाम को ढूंढना होता है 2 खजाने की खोज

treasury /ट्रेज़रि/ *n., pl.* **treasuries** 1 सरकार का वित्त विभाग 2 वित्त विभाग के अधिकारीगण 3 वित्त-विभाग का कोषागार, कोष, खजाना: the ~ is almost empty 4 सरकार या किसी संगठन की कुल आय 5 कीमती वस्तुओं का भंडार 6 किले या महल का कोषागार: the ~ was in the basement of the palace;

collocations: **~ bench** *Br.* ब्रिटेन और भारत आदि की संसदों में अध्यक्ष के दाईं ओर की प्रथम पंक्ति के स्थान जहां प्रधान मंत्री, वित्र मंत्री आदि बैठते हैं; **~ bill** (*also* **T-bill**) *US* सरकारी हुंडी; **~ bonds** लंबी अवधि की सरकारी हुंडी; **~ certificates** सरकारी वित्त-प्रमाणपत्र; **~ notes** सरकारी ऋणपत्र, सरकारी नोट; **~ officer** कोषाधिकारी

treat /ट्रीट/ *v., pt.* **~ed**, *pp* **~ing** 1 बर्ताव क., व्यवहार क., पेश आना: ~ sb badly/ kindly/ with consideration; ~ sb like a lord; ~ sb like dirt/ like a dog 2 मानना, समझना: don't ~ me as a child; ~ sth as a joke/ too lightly; ~ an information as strictly private; ~ sth as a laughing matter 3 चिकित्सा क., इलाज क., उपचार क.: a good doctor is **~ing** him for his illness; ~ with antibiotics 4 (*usually* **~ with**) किसी के साथ औपचारिक बातचीत क.: ~ with the enemy for peace; it's humiliating to have to ~ with a rogue 5 संसाधित क.: ~ dry leather with grease; ~ the wood with creosote; ~ fruit-trees with chemical mixtures 6 पर विचार-विमर्श क.: he **~ed** the subject thoroughly 7 विवेचन क., निरूपण क., प्रतिपादन क., प्रस्तुत क.: this essay **~s** the progress of medical science/ of poetry 8 मोल-तोल क., लेन-देन क., व्यापार क. 9 दावत दे., खिलाना: ~ sb to a good dinner/ to an ice-cream 10 (~ oneself to) खर्च क., आनंद उठाना: I shall ~ myself to a holiday;

n. 1 खातिर, दावत के लिए पैसे की अदायगी: this is my ~; the **~'s** on you this time; stand ~: they took the boy along for a ~ 2 मनोरंजन, आनंद: the music was a real ~; to be in the country (देहात) is really a great ~;

dw/lw: **~able** *adj.* 1 जिसका इलाज किया जा सके 2 जिसे संसाधित किया जा सके 3 जिसकी व्याख्या की जा सके; **~er** *n.* 1 लेखक 2 मालिक 3 दावत देने वाला; **~ing** *n.* 1 दावत 2 दावत का खर्च: ~ing in restaurants was forbidden during the war; **treatment** *see below under separate entry*;

collocations: **~ing tank** संसाधित करने की टंकी;

p&i: **~ sb white** *US* किसी से निष्ठा एवं न्यायपूर्वक पेश आना; **a treat** *colloq.* शानदार चीज, दृश्य: he looked a ~ in his kit; **how's the world has been ~ing you?** क्या हाल है?;

treatise /ट्रीटिज/ ट्रीटिस/ *n.* किसी ए क विषय पर निबंध, शोध-प्रबंध, पुस्तक आदि

treatment /ट्रीटमंट/ *n.* 1 चिकित्सा, उपचार, इलाज, दवा-दारू: early ~; ~ by exercises; undertake **~s**; be under ~; get/ have/ receive/ undergo ~; give/ provide ~; respond to ~; ~ for sth 2 व्यवहार, सत्कार, बर्ताव, सलूक: hard/ rough/ kind ~; accord favourable ~; ill ~ 3 निरूपण, प्रतिपादन, विवेचन, प्रस्तुति 4 व्याख्या, चित्रण: give a subject full ~; his sympathetic ~ of women characters 5 संसाधन, उपचार, अभिक्रिया: heat ~; method of ~; undergo ~; ~ of the target;

collocations: **most favoured nation** ~ परम अनुग्रहीत राष्ट्र; **surgical** ~ शल्य-क्रिया से उपचार; **the (full) treatment** *colloq.* उपयुक्त एवं सामान्य बर्ताव: the police took her in for questioning and gave her the full ~

treaty /ट्रीटि/ *n., pl.* **treaties** 1 संधि: draw up/ sign/ ratify a ~; the terms of a ~; under a ~; a peace ~; an

international ~; ~ obligations; renounce a ~ 2 समझौता: ~ of mutual assistance; enter into a ~; ~ of commerce and navigation; a ~ on sth; be in ~ with sb for sth 3 संधि या समझौते का दस्तावेज, संधिपत्र: observe/ register a ~ 4 सुलह, सुलहनामा: a ~ between sb and sb 5 किसी सौदे या संपत्ति की बिक्री के बारे में सहमति, सौदा;
collocations: **~ of alliance** गठबंधन संधि; **~ of cession** सत्तांतरण संधि; **~ of guarantee** प्रत्याभूति संधि; **~ of neutrality** निरपेक्षता संधि;
binding ~ अनिवार्य संधि या अनुबंध; **boundary** ~ सीमा संधि; **conciliation** ~ सुलहनामा; **peace** ~/ **~ of peace** शांति संधि

treble /ट्रेबल/ *adj.* 1 तिगुना, तिहरा 2 तीन गुणा ऊंची (आवाज) 3 तीक्ष्ण, कर्णभेदी;
n. 1 तीन गुणा ज्यादा वस्तु या लोग आदि: the enemy had ~ our numbers 2 *music* (***syn.*** soprano) गाने में उच्चतम स्वर 3 उच्चतम स्वर में गाने वाला गायक 4 उच्चतम स्वर में बजने वाला वाद्य 5 उच्चतम आवाज या ध्वनि 6 (***syn.*** range) रेडियो तरंगों की उच्चतम सीमा 7 घुड़दौड़ में एक विशेष बाजी 8 *darts* निशाने का सबसे छोटा छल्ला 9 *sports, Br.* एक वर्ष या मौसम में तीन प्रतियोगिताओं में जीत;
v.**, pt.* **~d**, *pp* **trebling** (syn.*** triple) तीन गुना क. या हो.: ~ the price; expenses have **~d**;
dw/lw: **trebly** /ट्रेबलि/ *adv.* 1 तिगुने रूप में 2 तिहरे रूप में, तीन गुना;
collocations: **~ chance** *Br.* फुटबाल पूल की एक प्रणाली; **~ clef** *music* संगीत स्वरों का एक चिह्न

trebuchet/ trebucket /ट्रेब्यूशेट/ ट्रेबूशेट/ *n.* 1 शिलाक्षेपक 2 गुलेल 3 तुला 4 फंदा

trecento /ट्रेचेंटो/ *n.* (इतालवी साहित्य एवं कला के संबंध में) चौदहवीं शताब्दी;
dw/lw: **trecentist** /ट्रेचेंटिस्ट/ *n.* चौदहवी सदी का (इतालवी) कलाकार

tre corde /ट्रे कोर्डे/ *Italian* 1 तीन तार 2 पियानो के सोफ्ट पैडल को छोड़ने का निर्देश

tree /ट्री/ *n., pl.* **~s** 1 पेड़, वृक्ष, दरख्त, गाछ, तरु, काठ, रूख: hollow ~; climb a ~ 2 परिवारीय या वंशानुगत वृक्ष: family ~/ genealogical ~; ~ of consanguinity (वंशानुगत पेड़) 3 स्रोत: the ~ of knowledge/ of good and evil 4 पेड़ की टहनीनुमा संरचना जिस पर वस्तुएं लटकाई जा सकती हैं 5 क्रिस्मस ट्री 6 फांसी का फंदा या तख्ता 7 कलबूत (boot ~) 8 टिकठी;
***v.**, pt.* **~d**, *pp* **~ing** 1 (बिल्ली आदि को) भगाकर पेड़ पर चढ़ाना: the dog **~d** the cat 2 कठिन स्थिति में डालना 3 पेड़ पर चढ़ जा.: the hunter had to ~ for his life 4 पेड़ के पीछे भागना;
dw/lw: **~diagram** *n.* वृक्षारेख; **~less** *adj.* वृक्षविहीन; **~-lined** *adj.* पैदल पथ के दोनों ओर पेड़ों की कतार; **~nail/ trenail** *n.* एक लंबी लकड़ी का फाना जो लकड़ियों के बांधने के काम आता है, गुज्झा; **~-nymph** *n.* वृक्ष परी; **~top** *n.* फुनगी, वृक्ष का ऊपरी भाग, वृक्ष का शिखर; **treen** /ट्रीन/ *adj.* लकड़ी का; **treens** *n. pl.* लकड़ी की घरेलू वस्तुएं, विशेषकर प्राचीन (antique) वस्तुएं; **~-trunk** *n.* तना;
collocations: **~ creeper** पेड़ों में अपना भोजन यानी कीटों को ढूंढने वाला पक्षी; **~ crop** वृक्ष फसल; **~ diagram** *math & ling.* टहनियों वाले वृक्ष का रेखा चित्र जो भिन्न-भिन्न तत्त्वों के बीच संबंधों का द्योतक है; **~ fern** सुई जैसे नुकीले पत्तों वाला पेड़; **~ frog** वृक्ष मंडूक; **~ hopper** तरु-फुदक; **~ house** वृक्ष गृह; **~ kangaroo** पेड़ों पर रहने वाला कंगारू; **~ of life** जीवन या शाश्वतता का द्योतक वृक्ष; **~ line** भूमि का वह स्तर जिससे ऊपर (जैसे पहाड़ों में) पेड़ नहीं उगते; **~ of knowledge** *Bible* ज्ञान वृक्ष; **~ of life** जीवन या शाश्वतता का द्योतक पेड़; **~ ring** पेड़ के तने में आरे से काटने पर दिखने वाले फेरे, इनमें से प्रत्येक फेरा एक वर्ष का द्योतक है; **~ sheet** वनस्पति शीट; **~ shrew** छछूंदर जैसा एक जीव; **~ snake** पेड़ों पर रहने वाला सांप; **~ surgery** बीमारी से ग्रस्त पेड़ का उपचार और रख-रखाव; **~ surgeon** रोग-ग्रस्त पेड़ का उपचार करने वाला चिकित्सक; **~ tomato** एक प्रकार का दक्षिणी अमेरिकी पेड़ जिसके फल टमाटर जैसे लाल होते हैं;
genealogical ~ वंश वृक्ष; **ring** ~ छल्लेदार पेड़; **shoe** ~ कलबूत;
***p&i*:** **a tree is known by its fruit** किसी की पहचान उसकी करनी से होती है, कथनों से नहीं; **at the top of the ~** व्यवसाय आदि में चोटी पर हो.; **be out of one's tree** पागलपन या मूर्खतापूर्वक व्यवहार क.; **be up a ~** फंदे में फंस जा., विकट स्थिति में हो.; **bark up the wrong ~** गलत सुराग पर चल पड़ना; **like ~, like fruit** जैसा बाप वैसा बेटा; **out of one's ~** पूर्णतः पागल; **the ~ is known by its fruit** फल ही पेड़ का वास्तविक प्रतिनिधि है; **up a ~** चाल में फंसा हुआ, मुसीबत में

trefa/ tref /ट्रेफा/ ट्रेफ/ *adj., Judaism* निर्धारित विधि अनुसार न काटा हुआ जानवर का गोश्त जो मानव के खाने के उपयुक्त नहीं माना जाता

trefoil /ट्रीफॉइल/ ट्रेफॉइल/ *n.* 1 तिपत्ति, त्रिपर्ण, तिपतिया 2 कोई भी तिपतिया पेड़: bird's ~-foot 3 एक नक्काशीदार आभूषण;
adj. तिपतिया, त्रिदली

trek /ट्रेक/ *n.* 1 (***syn.*** tramp) लंबा कष्टकर पैदल चलन: it's a long ~ into the town 2 कई दिनों तक चलने वाला पैदल-चलन, विशेषकर पहाड़ों में: go on the ~ 3 देशांतर-गमन 4 बैल-गाड़ी से कहीं की यात्रा
***v.**, pt.* **~ked**, *pp* **~king** 1 लंबी और कष्टकर पैदल यात्रा क., दूर तक पैदल चलना: had to ~ miles to the nearest station 2 कठिनाई से या धीरे-धीरे आगे बढ़ना 3 नई बस्ती की खोज में (बैलगाड़ी से) सफर क. या निकलना;
dw/lw: **~ker** /ट्रेकः/ *n.* लंबी तथा दुर्गम यात्रा/ यात्राएं करने वाला व्यक्ति

trellis /ट्रेलिस/ *n., pl.* **trellises** (*in full* **trellis-work**) 1 जाली, जाफरी, झंझरी 2 बल खाती बेलों आदि को ऊपर चढ़ाने के लिए सहारा-जाली;
***v.**, pt.* **~ed**, *pp* **~ing**, *s/he/ it* **~es** जाली से सहारा दे.
dw/lw: **~ed** /ट्रेलिसड/ *adj.* जालयुक्त, जालायित; **~-work** *n.* जालीदार वस्तु;
collocations: **~ window** जालीदार या सींखचों वाली खिड़की

trematode /ट्रेमअटोड/ *n.* 1 पर्णकृमि, पर्णाभकृमि 2 पशुओं और मनुष्यों की आहार नली में मिलने वाला कृमि

tremb\le /ट्रेंबल/ *v., pt.* **~led**, *pp* **~ling** 1 थर-थर कांपना, थरथराना 2 थर्रा उठना: **~le** with anger 3 लरजना 4 (***syn.*** shudder) भयभीत होकर कांपना: **~le** for sb/ for sb's safety/ for one's life; **~led** at the thought of having another interview 5 उत्तेजना के कारण कांपने लगना; his voice **~led** with excitement 6 रौंगटे खड़े हो जा., सिहर उठना: **~le** at the thought; I **~le** to think what might have happened 7 (***syn.*** quiver) हिलना, कंपायमान हो.: his hands **~led** with over-drinking; the leaves of the poplar **~le** in the breeze; the harebells **~led** in the wind 8 चौंककर कांपने लगना 9 लहराना: flags **~led** in the gale;
n. 1 कंपन, कंपकंपी: all in/ of a **~le**/ on the **~le** 2 उत्तेजना या घबराहट जनित कंपकपाहट: **~le** in sb's voice 3 थरथराहट 4 लरज 5 (**the ~les**) पशुकंप;
dw/lw: **~ler** /ट्रेंबलः/ *n.* कंपित्र, कांपने वाला; **~ling** /ट्रेंबलिंग/ *n.* कंपन, थर्राहट: ~ling of the leaves; in fear and ~ling; **~ling** *adj.* कंपायमान: in a ~ling voice; with ~ling hands; **~lingly** /ट्रेंबलिंगलि/ *adv.* कांपते हुए; **~ly** /ट्रेंबलि/ *adj., degr.* ~lier, ~liest स्पदंनशील, कंपित, कंपायमान;
collocations: **~ling poplar** कंपायमान पौपलर वृक्ष;
p&i: **~le in the balance** घोर संकट में होना; **~ like a leaf**

थर-थर कांपना;

go in fear and ~ling of sb/ sth *usually facetious* से बहुत भयभीत हो.

tremellose /ट्रेमलोस/ *adj.* जेलीनुमा, अवलेह सृश

tremendous /ट्रअमेंडस\/ *adj.* 1 (***syn.*** remarkable) बहुत अच्छा, शानदार; ~ house; it's a ~ thing for me 2 (***syn.*** huge) विशाल, भारी, जबरदस्त: ~ applause; get a ~ fright; take a ~ liking to sb; a ~ relief; a ~ loss of lives 3 आश्चर्यजनक, विस्मयकारी: ~ events 4 भयंकर, भयावह: ~ events of the war;

***dw/lw:* ~ly** /~लि/ *adv.* 1 बहुत अच्छी तरह से: ~ly well 2 बहुत अधिक, बहुत बड़े पैमाने पर: ~ly grateful; ~ly pleased; be ~ly obliged to sb; **~ness** /~नेस/ *n.* विशालता, उत्तमता

tremolo /ट्रेमअलो/ *n., pl.* **~s** 1 स्वरों की द्रुत गति से होने वाली आवृत्ति 2 स्वरों की द्रुत गति से होने वाली अदला-बदली द्वारा जनित स्वर-कंपन 3 गायन में स्वर-कंपन की क्रिया 4 (*in full* **~ arm**) गिटार में ऐसा बटन जिससे स्वर-कंपन पैदा होता है

tremor /ट्रेमः/ *n.* 1 (*in full* **earth ~**) कंपन, भूकंप: earthquake **~s** 2 थरथराहट: he faced death without a ~ 3 (***syn.*** quiver) सिहरन, रोमांच: a ~ in sb's voice; ~ of excitement;

v., pt. **~ed**, *pp* **~ing** 1 हिलना, कंपित हो. 2 भूकंप के झटके लगना

tremulous /ट्रेम्युलस\/ ट्रेम्यलस\/ *adj.* 1 (***syn.*** wavy, squiggly) कांपता, हिलता-डुलता या बल खाता हुआ, कंपित, कंपायमान: ~ writing/ line/ signature; ~ hand; ~ eyelids 2 भीरु, डरपोक, कातर 3 (***syn.*** quivering) भयभीत, डरा हुआ 4 (***syn.*** shy) संकोची: ~ maidens 5 हिचकने वाला, आगा-पीछा करने वाला 6 (***syn.*** trembling) कांपती हुई: ~ voice;

***dw/lw:* ~ly** /~लि/ *adv.* डरते-डरते या कांपते हुए, भयभीत होकर

trenail /ट्रीनेल/ *n.* = **treenail** *see above under* **tree:** ***dw/lw***

trench /ट्रेंच/ *n., pl.* **~es** 1 लंबा, तंग गड्ढा 2 *milit.* खाई-मोर्चा, खंदक, जिसमें थोड़ा-बहुत खाने-पीने और रहने-सहने का सामान भी रखा जा सकता है: dig a ~; open **~es**; mount/ relieve the **~es** (खाई-मोर्चे में बैठे सिपाहियों आदि की अदला-बदली क.) 3 (**~es**) खाई-मोर्चों की पंक्ति जो एक रक्षात्मक पंक्ति के रूप में काम करती है 4 महासागरीय खाई;

v., pt. **~ed**, *pp* **~ing** *s/he/ it* **~es** 1 खाई खोदना: ~ land; ~ the soil 2 में खांचा बनाना 3 आगे बढ़ना 4 (*usually* **~ on/ onto**) निकट आना, की कगार पर हो.;

dw/lw: **trenchant** *see below under separate entry*; **~coat** /ट्रेंचकोट/ *n.* बरसाती; **~-digging** *adj.* मोर्चों की खुदाई करने वाला: ~-digging machine; **~-digging** *n.* खाई खोदने की क्रिया; **~er** /ट्रेंचः/ *n.* 1 खाई खोदने वाला, खनक 2 सब्जी काटने की या खाना परोसने की लकड़ी की तख्ती: lick the ~er (चापलूस होना); **~erman** /ट्रेंचःमअन/ *n.* खूब खाने वाला, पेटू: good/ poor ~erman (बहुत ज्यादा या कम खाने वाला);

***collocations*: ~ fever** जूओं से होने वाला खाई ज्वर; **~ foot/ ~ feet** पांव के लंबे समय तक पानी या गारा में डूबे रहने के कारण होने वाली अति कष्टकर सूजन आदि; **~ opening** मोर्चे की खुदाई; **~ mortar** हथ-गोला; **~ warfare** 1 मोर्चेबंद सेनाओं का लंबा खिंचने वाला युद्ध 2 लंबी खिंची कोई भी लड़ाई: ongoing ~ warfare over rates of pay;

***p&i*: ~ about/ ~ around/ ~ upon/ ~ on** 1 अतिक्रमण क., अनाधिकार हस्तक्षेप क. 2 में ... की गंध होना 3 की सीमा तक पहुंचना

trenchancy /ट्रेंचंसि/ *n.* तीक्ष्णता, पैनापन, मर्मभेदिता

trenchant /ट्रेंचंट/ *adj.* 1 (***syn.*** vigorous) प्रबल, जोरदार, जबरदस्त, दृढ़, प्रभावशाली: a ~ policy to improve efficiency 2 (***syn.*** incisive) पैना, तेज, तीखा, तीक्ष्ण, मर्मभेदी: ~ mind; ~ style; ~ speech; ~ blade/ sword 3 (***syn.*** forthright) कटु, कड़ा: ~ criticism/ remarks 4 (***syn.*** fothright) जबरदस्त, दृढ़, प्रभावशाली: a ~ policy to improve efficiency;

***dw/lw:* ~ly** /ट्रेंचंटलि/ *adv.* जोरदार ढंग से, तीक्ष्णतापूर्वक

trend /ट्रेंड/ *n.* 1 (***syn.*** tendency) प्रवृत्ति, झुकाव, रुझान, प्रवणता, प्रवाह: the ~ of events 2 फैशन, शैली व पसंदों की सामान्य धारा, प्रचलन 3 दिशा: ~ of a coast-line 4 साहित्यिक, कलात्मक धारा: literary ~ 5 तात्पर्य, अभिप्राय;

v., pt. **~ed**, *pp* **~ing** 1 की ओर अभिमुख होना, की ओर फैलना 2 की ओर झुकाव होना 3 की ओर मुड़ना, की ओर ले जाना, बहना: the river/ road **~s** north;

***dw/lw:* ~graph** *n.* प्रवृत्ति आलेख; **~setter** *n.* 1 नया फैशन चलाने वाला 2 फैशन चलाने वाली या फैशन-चलाऊ वस्तु; **~ily** /ट्रेंडिलि/ *adv.* फैशनेबुल ढंग से; **~iness** *n.* फैशनपरस्ती, फैशनबाजी; **~y** /ट्रेंडि/ *adj., degr.* ~ier, ~iest *Br. colloq.* फैशनेबुल; **~y** *n., pl.* ~ies फैशन के मामले में अगुआ: young ~ies from the university;

***collocations:* ~ of thought** विचारों की दिशा

trental /ट्रेंटल/ *n.* दाहकरण संस्कार के बाद तीसवें दिन की जाने वाली स्मृति सभा

trente-et-quarante /त्रॉत-ए-क्रैरॉत/ *Fr.* लाल और काला (एक खेल)

trepan /ट्रिपैन/ *n., surg.* 1 गोल आरी जिसे पहले हड्डी काटने के लिए प्रयोग किया जाता था 2 बेधक;

v., pt. **~ned**, *pp* **~ning** 1 हड्डी का कोई भाग काटकर हटाना 2 पतले कपड़े आदि में बड़े छेद क. 3 कपाल में छेद क., कपाल छेदना 4 फंसाना;

***dw/lw:* ~ation** /ट्रेपैनअशन/ *n.* कपाल-छेदन, बेधन; **~ning** /ट्रेपैनिंग/ *n.* हड्डी काटने की क्रिया, कपाल-शल्यकर्म

trephine /ट्रिफीन/ ट्रिफाइन/ *n., surg.* उपर्युक्त **'trepanation'** से बेहतर छेदन शल्य-क्रिया

trepida\tion /ट्रेपिडेशन/ *n.* 1 भय, चिंता, संत्रास, भीति 2 उद्वेग, विह्वलता, घबराहट 3 कंपकंपी, अंगों का अनियंत्रित कंपन;

***dw/lw:* ~te** *v., pt.* ~ted, *pp* ~ting कांपना, धक-धक क.

trespass /ट्रेस्पअस/ *v., pt.* **~ed**, *pp* **~ing**, *s/he/ it* **~es** 1 (*usually* **~ on/ onto/ upon sb/ sth**) अतिक्रमण क., अतिचार क., अनधिकार प्रवेश क. 2 (***syn.*** encroach on) किसी के निजी जीवन, समय या अधिकारों का अतिक्रमण क.: ~ upon sb's time/ upon sb's hospitality 3 *law* उल्लंघन क., अपराध क., भंग क., कानून आदि तोड़ना;

n. 1 अतिक्रमण 2 भूमि आदि पर अवैध कब्जा 3 (***syn.*** sin) पाप;

***dw/lw:* ~er** /ट्रेस्पअसः/ *n.* 1 अतिक्रमणकारी, अतिक्रामक: ~ers will be prosecuted 2 अतिचारी, अपचारी, अपचारक 3 अपराधी; **~-offering** *n.* प्रायश्चित्त-यज्ञ;

***collocations:* ~ on** अतिक्रमण, अनधिकृत प्रवेश, अतिचार, अपराध, उल्लंघन

tress /ट्रेस/ *n., pl.* **~es** 1 लट, चोटी 2 (**~es**; ***syn.*** locks) औरत के लंबे केश;

v., pt. **~ed**, *pp* **~ing**; *s/he/it* **~es** 1 लटें बनाना, जुल्फें, बाल, केश बनाना 2 चोटी या वेणी गूंथना

trestle /ट्रेस्ल/ *n.* 1 फ्रेम, आधार, बाहर को खुलती टांगों वाली लकड़ी की घोड़ी: ~ for sawing 2 (*in full* **~-table**) बाहर खुलती टांगों पर टिकी मेज 3 (*in full* **~work**) बाहर खुलते स्तंभों पर बना पुल आदि

tret /ट्रेट/ *n.* करदा, बट्टा

trews /ट्रूज/ *n., [pl.], Br.* एक प्रकार की पैंट, एक प्रकार का पायजामा

trey /ट्रे/ *n., pl.* **~s** बास्केटबाल में तीन अंकों वाली बास्केट, तिक्की, तिड़ी, तिक्का

TRH *abbr.* 'Their Royal Highnesses' की प्रथमाक्षरी

tri- /ट्राइ-/ *comb. form, denoting;* **three** (तीन, त्रि-): **tri**angle; ~-weekly;

***dw/lw:* ~act** /ट्राइऐक्ट/ *n.* त्रिदिशिका

triable /ट्रायबल/ *adj.* 1 परीक्षण-योग्य, परीक्षणीय 2 अवेक्षणीय 3 विचार्य

triad /ट्राइऐड/ *n.* 1 तीन लोगों या वस्तुओं का समूह 2 त्रयी, त्रय, त्रिक्, त्रिसंयुज 3 (*also* **Triad Society**) चीनी गुप्तचरी संगठनों, जो गुप्तचरी व संगठित अपराधों आदि में लिप्त होते हैं, का अंग्रेजी नाम;
dw/lw: **~ic** /ट्राइऐडिक/ *adj.* त्रयात्मक: ~adic relation

triage /ट्राइइज/ *n.* 1 छंटाई, वर्गीकरण 2 (रोगियों का) आवश्यकतानुरूप क्रम या किए जाने वाले उपचार का श्रेणीकरण

trial\ /ट्रायल/ *n.* 1 मुकदमा, जांच: ~ for theft/ for murder; ~ by jury; ~ by media; ~ at nisi prius (ज्यूरी को शामिल करते हुए दीवानी अदालत द्वारा कार्रवाई); reopening of the ~; stand (one's) ~/ come up for one's ~; put sb to/ on ~; bring up sb for ~; be on ~/ stand ~ for sth; be awaiting/ be facing ~ 2 आजमाइश, परीक्षण, जांच, परीक्षा: ~ of strength; give sth a ~; give sb a ~; buy sth on ~; life is full of **~s**; on a ~ basis 3 प्रयोग 4 *sport* खिलाड़ी की क्षमता, योग्यता एवं शारीरिक उपयुक्तता (fitness) आदि का प्रारंभिक परीक्षण: on ~ found incompetent 5 चलाने के लिए गाड़ी की उपयुक्तता का परीक्षण 6 (*usually* **~s**) पशुओं के हुनरों का परीक्षण मुकाबला 7 (*syn.* vexation) कंटक, मुसीबत, तकलीफ, कष्ट, विपत्ति, संकट का कारण या स्रोत: it was a sore ~ for him; her son is great ~ to her;
adj. 1 अस्थायी, तदर्थ, परीक्षणार्थक: on a ~ basis 2 मुकदमे से संबंधित: a ~ court/ date/ judge;
v., UK pt. **~led**, *pp* **~ling**/ *US* **trialed**, **trialing** नए माल को परीक्षण के लिए बाजार आदि में भेज दे.;
dw/lw: **triallist**/ **trialist**/ /ट्रायलिस्ट/ *n.* 1 मुकाबलों के लिए चुने जाने के लिए परीक्षण में भाग लेने वाला खिलाड़ी आदि 2 त्रैतात्मवादी, त्रिगुणवादी, त्रयवादी; **~ogue** /ट्रायलॉग/ *n.* त्रिसंवाद; **~s** /ट्रायल्ज/ *n., [pl.]* परीक्षण के लिए प्रतिस्पर्धा या मुकाबला;
collocations: **~ and error** परीक्षण एवं चूक पर आधारित विधि; **~ balance** शेष-परीक्षण, कच्चा चिट्ठा; **~ balloon** किसी नीति या कार्य-दिशा के बारे में लोगों का मत जानने के लिए कही जाने वाली बात या उठाया जाने वाला कदम; **~ flight** परीक्षण उड़ान; **~ list** परीक्षण सूची; **~ load** परीक्षण वजन; **~ marriage** परीक्षण विवाह; **~ of strength** बल-परीक्षण; **~ period** परीक्षण काल; **qualification** ~ किसी विषय में मात्र परीक्षा देने के तथ्य की रिकार्ड पुस्तिका में दर्जगी; **~ run** = **test run** 1 नए उत्पाद की मार्केट में बिक्री शुरू करवाने से पहले निर्माण स्थल पर परीक्षण 2 परीक्षण करने के रूप में नई चीज या उत्पाद; **~s and tribulations** परीक्षा एवं विह्वलता की घड़ियां; **~ shot** गोली का परीक्षण चालन; **~ speed** परीक्षण रफ्तार;
p&i: **~ and error, a way of learning = by ~ and error method** बार-बार परीक्षण करके गलत नतीजों से सीखने की विधि या क्रिया;
be on ~ 1 पर मुकदमा चलना 2 का परीक्षण या जांच होना; **got there by ~ and error** गलती कर-करके सीखते हुए वहां पहुंच गया; **stand ~** मुकदमे का सामना क.

triandrous /ट्राइऐंड्रस/ *adj.* त्रिपुंकेसरी

triangle /ट्राइऐंग्ल/ *n.* 1 त्रिकोण, त्रिभुज 2 त्रिभुजाकार की कोई भी वस्तु 3 एक प्रकार का वाद्य 4 तीन लोगों के बीच प्रेम प्रसंग 5 (*in full* warning ~) सड़क पर रखा जाने वाला चेतावनी संकेत 6 समकोण त्रिभुजाकार का एक रेखा-चित्रक;
collocations: **acute-angled** ~ न्यूनकोण त्रिभुज; **obtuse-angled** ~ अधिकोण त्रिभुज; **solution of** ~ त्रिभुज का निर्धारण; **the eternal** ~ प्रेम-प्रसंग में कालजयी त्रिभुज

triangular /ट्राइऐंग्युलः/ ट्राइऐंग्यलः/ *adj.* 1 त्रिकोणीय, तिकोना: ~ contest 2 त्रिभुजीय 3 त्रिभुजाकार 4 त्रिपक्षीय: ~ agreement; ~ treaty/ pact; ~ fight;
dw/lw: **~ity** /ट्राइऐंग्युलैरिटि/ *n.* त्रिकोणीयता, तिकोनापन

triangula\te /ट्राइऐंग्युलेट/ *v., pt.* **~ted**, *pp* **~ting** 1 त्रिकोणीय रूप दे. 2 त्रिकोणों में विभक्त क. 3 त्रिभुजाकार बनाना 4 का त्रिभुजन क.;
dw/lw: **~tor** *n.* त्रिभुजनकर्ता; **~tion** /ट्राइऐंग्युलेशन/ *n.* त्रिभुजन, त्रिकोणीयन;
collocations: **~tion point** त्रिभुजन बिंदु

triarch /ट्राइआःच/ *n., bot.* त्रिआदिदारुक

triarchy /ट्राइआःकि/ *n.* त्रितंत्र, त्रिशासन

Triassic /ट्राइसिक/ *adj.* 'mesozoic' युग (23 करोड़ से 6.7 करोड़ वर्ष पहले के बीच का काल) का प्राचीनतम काल

triaster /ट्राइऐस्टः/ *n.* त्रितारक

triathlon /ट्राइऐथलन/ *n.* खेल-कूद (athletic) के तैराकी, दौड़ और साइकिल दौड़ आदि तीन स्पर्धाओं की प्रतियोगिता

triatomic /ट्राइअटौमिक/ *adj., chem.* त्रि-परमाणुक

triaxon /ट्राइअक्सन/ *n.* त्रयक्षिका

tribade /ट्रिबड/ *n.* (*syn.* lesbian) समलैंगिक महिलाओं से संबंधित

tribadism /ट्रिबडिज्म/ *n.* समलैंगिक महिलाओं की यौन क्रिया

tribal /ट्राइबल/ *n. adj.* जनजातीय, कबीलeR, आदिवासी;
dw/lw: **~ism** /ट्राइबलिज्म/ *n.* जनजातिवाद, कबीलावाद; **~ization** /ट्राइबलाइजेशन/ *n.* जनजातीयकरण, आदिवासीकरण;
collocations: **~ leader** आदिवासी नेता

tribasic /ट्राइबेसिक/ *adj.* त्रिक्षारकी, त्रिअम्ली

tribe /ट्राइब/ *n.* 1 आदिम जाति, आदिवासी 2 जनजाति, वंश, कुल, जाति 3 कबीला, उपकुल, उपगण 4 *often derog.* सामूहिक हितों और स्वार्थों के सूत्र में जुड़े लोगों का समुदाय: the scribbling ~ 5 *hist.* प्राचीन रमो के तीन वर्गों (Latins, Etruscans and Sabine's) में से कोई एक 6 *hist.* इजराइलवादियों के बारह समूहों में से एक 7 वनस्पति व जीव-जंतुओं का श्रेणीकरण: the whole ~ of parasites 8 संवर्ग, उपवर्ग: **~s** of children;
dw/lw: **~sman**/ **~swoman**/ **~speople** *n.* कबायली, आदिवासी लोग

tribo- /ट्राइबो/ *comb. form, denoting;* **rubbing, friction** (घर्षण, रगड़);

tribo\logy /ट्राइबौ\लअजि/ *US* ट्राइबाः\लअजि/ *n.* घर्षण (friction) विज्ञान, घिसाव अध्ययन विज्ञान एवं तकनीक;
dw/lw: **~logist** /~लअजिसट/ *n.* घर्षण, घिसाव व चिकनाहट (lubrication) विशेषज्ञ; **~meter** /~मीटर/ *n.* घर्षणमापी; **~luminescence** /~लुमिनिसंस/ *n.* तापमान से प्रकाश पैदा होने की क्रिया के विपरीत घर्षण व दबाव से प्रकाश की उत्पत्ति

tribrach /ट्राइब्रैक/ *n., pl.* **~s** छंदबद्धता की एक प्रकार, नगण (छंद-चरण), अक्षर नगण;
dw/lw: **~ic** /ट्राइब्रैकिक\/ (**~ical** /~ल/) *adj.* नगण-, त्रिबाहु

tribulation /ट्रिब्युलेशन/ 1 दुख-दर्द, तकलीफ, क्लेश, कष्ट, मुसीबत: in great ~; war is a time of ~; bear one's **~s** bravely; trials and **~s** 2 दुख-दर्द का स्रोत;
dw/lw: **~s** /ट्रिब्युलेशन्ज/ *n., [pl.]* संकट, घोर विपत्ति: be beset by **~s** of all kinds

tribunal /ट्राइब्यूनल/ ट्रिब्यूनल/ *n.* 1 न्यायाधिकरण, अदालत, न्यायालय, कचहरी 2 न्यायालय में न्यायाधीश की सीट 3 किसी मामले की जांच के लिए नियुक्त अधिकरण, किसी विशेष कार्य हेतु गठित अधिकरण: ~ of commerce; the ~ of public opinion; took her case to the rent ~;
p&i: **before the ~ of conscience** आत्मारूपी न्यायालय के सम्मुख

tribune /ट्रिब्यून/ *n.* (*in full* **~ of the people**) 1 जनाधिकारी 2 जन-नायक, जननेता, जनरक्षक, (लोकप्रिय) नेता, जनाभिवक्ता: ~ of the people 3 मंच 4 (*in full* **military tribune**) *hist.* रोमन लीजन (Roman Legion) के छः सैनिक अफसरों में से कोई एक;
collocations; **Tribune group** *Br.* ब्रिटेन की लेबर पार्टी के

वामपंथी नेताओं की मंडली

tributary /ट्रिब्यूटरि/ ट्रिब्यटरि/ *n., pl.* **tributaries** 1 सहायक नदी, उपनदी 2 अधीन राज्य, मांडलिक राज्य, करदाता देश;
adj. 1 अधीन करदाता: ~ states 2 गौण, सहायक: ~ stream 3 श्रद्धांजलि के रूप में

tribute /ट्रिब्यूट/ *n.* 1 सम्मान, श्रद्धांजलि: pay a ~ to sb; lay a ~ on/ to sb; as a ~ to the memory of the dead; floral **~s** 2 प्रशंसा, प्रशस्ति: a ~ of admiration/ of love 3 कर, खिराज, शुल्क, एक देश द्वारा दूसरे को छत्र-छाया देने के बदले में नियमित रूप से दी जाने वाली राशि 4 योगदान, सहयोग, अंशदान 5 *feudalism* अधीन देश द्वारा अपने स्वामी देश के राजा या सामंत को दिए जाने वाले उपहार, भेंट, नजराना 6 किसी महत्त्वपूर्ण बात का प्रमाण: her success was a ~ to all her hard work;
collocations: **~ band** 1 किसी दूसरे के गीत या धुन बजाने वाली गान-मंडली 2 अपने आप को किसी दूसरी जानी-मानी मंडली जैसी समझने वाली गान मंडली

tricameral /ट्राइकैमअरल/ *adj.* तीन सदनों वाली

tricar /ट्राइकाः/ *n.* तिपहिया मोटर

trice /ट्राइस/ *n.* 1 (***syn.*** in an instant) क्षण भर: in a ~ (क्षण भर में);
v., pt. **~d**, *pp* **tricing** (पाल) ऊपर खींच कर कसना

tricentenary /ट्राइसेंटीनरि/ (*also* **tercentenary** /टःसेंटीनरि/) *n.* त्रिशताब्दी

tricentennial /ट्राइसेंटेनिअल/ *n.* त्रिशताब्दी, त्रिशती, त्रिशतवार्षिकी

tricentric /ट्राइसेंट्रिक/ *adj.* त्रिकेंद्रिक

triceps /ट्राइसेप्स/ *n., pl.* **~es**/ **triceps** 1 त्रिशिरस्क 2 तीन स्थानों पर जुड़ने वाली मांसपेशी

triceratops /ट्राइसेरअटौप्स/ *n., pl.* **~es** चार टांगोंवाली शाकाहारी डायनॉसौर

trichiasis /ट्रिकायसिस/ *n., med.* ऐसी अवस्था जब बाल विचित्र ढंग से बढ़ते हैं

trichina /ट्रिकिना/ ट्रिकाइना/ *n., pl.* **trichinae** /ट्रिकिनी/ तंतु-कृमि

tricho- /ट्रिकाउ/ *comb. form, denoting:* **hair** (बाल);
dw/lw: **~cyst** /~सिस्ट/ *n.* दंशिकाभक; **~gen** /~जेन/ *n.* शूकजन; **~gyne** /~जिन/ *n.* स्त्रीधानी रोम; **~id** /ट्रिकॉयड/ *adj.* त्रिज्याज, चक्राभ; **~idal** /ट्रिकॉयडल/ *adj.* चक्रीय;

tricho\logy /ट्रिकौ\लजि/ *US* ट्रिकाः\लजि/*n.* केश-विज्ञान;
dw/lw: **~logist** /~लअजिस्ट/ *n.* केश-विशेषज्ञ; **~me** /ट्राइकोम/ ट्रिकोम/ *n., bot* त्वचारोम; **tricho\moniasis** /ट्रिकोमिनायसिस/ *n., pathol.* औरतों में एक यौन-क्रिया जनित बीमारी; **~pathy** /~पथि/ ***n.*** केश-चिकित्सा; **~sis** /ट्रिकोसिस/ *n.* केश-रोग

trichord /ट्राइकॉःड/ *n.* त्रितारा, तीन तारों वाला (वाद्य)

tricho\tomy /ट्राइकौट\अमि /ट्रिकौ\टअमि/ *US* ट्राइकाः\टअमि /ट्रिकाः\टअमि/ *n.* त्रिविभाजन;
dw/lw: **~tomous** /~टअमस/ *adj.* त्रिभागी

trichroic /ट्राइक्रोइक/ *adj.* त्रिवर्ण, तिरंगा

trichromat /ट्राइक्रोमैट/ *n.* व्यक्ति जिसमें रंग-भेद क्षमता सामान्य हो;
dw/lw: **~ic** /ट्राइक्रअमैटिक/ *adj.* 1 त्रिवर्ण, तिरंगा 2 तीन रंगों का प्रयोग करने वाला 3 तीन आधारभूत रंगों यानी लाल, हरा और बैंगनी रंगों का 4 तीनों रंगों में भेद कर सकने वाला यानी सामान्य रंगभेद क्षमता रखने वाला (व्यक्ति)

trick /ट्रिक/ *n.* 1 छल, कपट, धोखा, चाल, चालाकी, दांव-पेंच, छलबल: obtain money by ~; I suspect some ~; play sb a ~; a ~ of the senses; **~s** of the memory; a cheap/ cruel/ dirty/ sneaky ~ 2 तरकीब, युक्ति, कौशल, हस्तलाघव: **~s** of the trade; all the **~s** and turns 3 इंद्रजाल, बाजीगरी, हाथ की सफाई, करतब: conjuring **~s**; teach a dog some **~s** 4 हुनर, दक्षता, ढब: there's a ~ to making a good pie; learn/ get the ~ of it 5 ताश की बाजी 6 शरारत, नटखटी, शरारतपूर्ण योजना, मजाक: **~s** of fortune; are always up to **~s**; he's always playing mad **~s** 7 (***syn.*** mannerism) अनोखी आदत, व्यवहार-विचित्रता: he has a ~ of always saying inappropriate things; queer little **~s** of gesture and pronunciation; he has a ~ of repeating himself; his style is disfigured by **~s** 8 भ्रामक या कपटी शक्ल, मिथ्या धारणा, मरीचिका 9 कर्णधार की पारी (या दौर): take/ have/ stand one's ~ 10 बच्चा: little ~/ pretty ~ 11 *sl.* वेश्या का ग्राहक;
v., pt. **~ed**, *pp* **~ing** 1 धोखा दे., ठगना, चालबाजी क.: he found that he had been **~ed** 2 (**~ sb into/ out of sth**) फुसलाकर, बहका कर अपना काम निकालना या ठगना: he tried to ~ me into saying it; ~ a person out of his money 3 शरारत क., योजना को भंग क.;
adj. कपटपूर्ण, मायावी, हाथ की सफाई से संबंधित: ~ photography; played a ~ shot;
dw/lw: **~er** /ट्रिकः/ *n.* धोखेबाज व्यक्ति; **~ery** /ट्रिकरि/ *n., pl.* ~eries (***syn.*** deception) धोखाधड़ी, चालबाजी, धोखेबाजी, धूर्तता; **~ster** /ट्रिकस्टः/ *n.* 1 धोखेबाज, तिकड़मी, कपटी, कपटपूर्ण व्यक्ति 2 नटखट, विनोदी, जिंदादिल आदमी 3 अनोखा व्यवहार करने वाला आदमी; **~y** /ट्रिकि/ *adj., degr.* ~ier, ~iest 1 जटिल, पेचीदा: ~y lock; ~y problem (in mathematics); ~y argument 2 चालाक, धूर्त, कपटी, धोखेबाज: ~y politician 3 (***syn.*** crafty) चतुर, चालू, तिकड़मी 4 नाजुक 5 नटखट 6 दक्ष, निपुण: ~y acrobat; as ~y as a monkey 7 खतरनाक;
collocations: **~ cyclist** 1 सर्कस आदि में साइकिल पर कलाबाजी करने वाला बाजीगर 2 मानसिक चिकित्सक; **Trick or treat!** *mainly N. Amer.*: go ~ing or treating 1 'हैलोवीन' यानी 31 अक्तूबर को पड़ने वाला एक यूरोपीय त्योहार 2 'हैलोवीन' के समय बच्चों द्वारा खेला जाने वाला एक खेल जिस में बच्चे लोगों के घर जाकर 'ट्रिक ऑ ट्रीट' बोलकर उपहार मांगते हैं और नहीं देने पर शरारत करने की धमकी देते हैं; **~s of the trade** कारोबार के गुर;
p&i: **~ out/ ~ up** सजाना या सजना; **~ sb into doing sth** किसी चालाकी से कुछ करवाना;
a bag/ box of ~s प्रयोग में लाए जा सकने वाले तरीकों या उपकरणों का समुच्चय; **be up to a ~ or two** सब कुछ समझना; **be up to one's ~s again/ be up to one's old ~s (again)** *colloq.* फिर से अपनी चालाकियों पर उतर आना; **dirty ~** नीच काम, धूर्ततापूर्ण चालाकी; **dirty/ shabby/ nasty/ dog's ~** कमीनापन, नीचता, घटिया बात; **do the ~** तीर निशाने पर लगना, लक्ष्य प्राप्त क.: this will do the ~ *colloq.*; **every ~ in the book = every hook or crook** हर संभव चाल या तिकड़म; **get the ~ of it** काम अच्छी तरह सीख ले.; **have/ stand one's ~** जहाज आदि में (ड्यूटी की) अपनी पारी पूरी क.; **have ~ up one's sleeves** जैसी जरूरत पड़े वैसी योजना तैयार हो.; **How's ~s?** *colloq.* जिंदगी कैसी कट रही है?; **I know a ~ worth two of that** मुझे इससे भी बेहतर तरीका आता है; **not miss a ~** अपना अवसर न चूकना; **play a dirty/ a nasty/ ~ (up) on sb** किसी के साथ नीचतापूर्ण व्यवहार क.; **the hat ~** लगातार तीन सफलताएं; **the whole bag/ box of ~s = every ~ in the book** हर तरह की चालाकियां, बाजीगरी; **turn a ~** *sl.* पैसे के लिए संभोग किया जा.

trickle /ट्रिक्ल/ *v., pt.* **~d**, *pp* **trickling** 1 टपकना: ~ down/ from/ out of sth, etc.; the pipe was so small that the water could only ~; tears **~d** down her face; blood was trickling from the wound 2 टपकाना: ~ ink into a fountain-pen 3 थोड़ा-थोड़ा करके मिल जाना, पहुंचना या मालूम हो जाना: ~ in/ into/ out, etc.; the news **~d** out; the crowd began to ~ away;

n. बूंद, टपक, टपकन, टपका-टपकी, क्षीण धारा, अल्प मात्रा;
dw/lw: **~-down** *n.* देश की आर्थिक प्रणाली में धन का धनी लोगों से गरीब लोगों तक पहुंचने की क्रिया; **~let** /ट्रिक्लिट/ *n.* पतली धारा;
collocations: **~ charge** अल्पमात्रीय चार्ज;
p&i: **~ down** आर्थिक प्रणाली में धन का धनी लोगों से गरीब लोगों तक पहुंचना

trickster *see above under* **trick: *dw/lw***

tricksy /ट्रिक्सि/ *adj.* 1 बना-ठना, छैला 2 नटखट 3 जो भरोसेमंद न हो

tricky *see above under* **trick: *dw/lw***

triclinic /ट्राइक्लिनिक/ *adj., mineralogy* त्रिनताक्ष

triclinium /ट्रिक्लिनिअम/ *n.* प्राचीन रोम में भोजन पटल, भोजनालय

tricolour /ट्राइकलः/ ट्रिकलः/ (*US* **tricolor**) *adj.* तिरंगा;
n. 1 तिरंगा झंडा 2 भारत, फ्रांस, रूस आदि देशों का राष्ट्रीय तिरंगा झंडा

tricorne/ tricorn /ट्राइकॉःन/ *adj.* त्रिशृंग, तीन सींगोंवाला;
n. 1 तिकोना टोप 2 *myth.* तीन सींगों वाला जानवर

tricot /ट्रीकोट/ *n.* 1 हाथ से बुना हुआ ऊनी कपड़ा 2 औरतों के वस्त्रों के लिए महीन व बारीक कपड़ा

tricrepid /ट्राइक्रेपिड/ *n.* त्रिमूलिका

tricuspid /ट्राइकस्पिड/ *adj.* तीन नोकों वाला;
collocations: **~ valve** त्रिदंताग्र, त्रिवलनी

tricy\cle /ट्राइसिकल/ *n.* बच्चों की तीन पहियों की साइकिल, तिपहिया साइकल;
dw/lw:**~clic** /ट्राइसिकलिक/ *n.* त्रिचक्रीय; **~clist** /ट्राइसिकलिस्ट/ *n.* तिपहिया साइकल चलाने वाला

tridactyl /ट्राइडैक्टिल/ *adj.* त्रिअंगुलि
dw/lw: **~ism** /ट्राइडैक्टिलिज्म/ *n.* त्रिअंगुलिता

trident /ट्राइडंट/ *n.* त्रिशूलनुमा बर्छा, त्रिशूल;
dw/lw: **~ate** /ट्राइडंटेट/ (*also* **~al**) *n.* त्रिशूलदंती

tridimensional /ट्राइडाइमेंश्नल/ *adj.* त्रिविम

triduum /ट्रिड्यूम/ *n.* दिवसत्रय

triecious /ट्राइईशिअस/ *adj.* तीन प्रकार के फूलों वाला (पौधा)

tried /ट्राइड/ *pt. & pt. p.*, **'try'** का भूतकालिक या भूतकालिक कृदंती रूप
adj. 1 आजमाया हुआ, परीक्षित 2 सही उतरा हुआ: a book of ~ excellence;
p&i: **~ and tested/ trusted = ~ and true** जांचा-परखा हुआ

trienni\al /ट्राइएनिअल/ *adj.* 1 त्रैवार्षिक 2 त्रिवर्षीय;
n. 1 तीन वर्ष का समय 2 त्रैवार्षिक घटना या कार्य;
dw/lw: **~ally** /ट्राइएनिअलि/ *adv.* हर तीसरे वर्ष; **~um** /ट्राइएनिअम/ *n., pl.* ~s/ **triennia** /ट्राइएनिआ/ तीन वर्ष का समय

trier /ट्रायः/ *n.* 1 प्रयत्नकर्ता, उद्यमशील: Mala isn't very good at maths, but she is a ~ 2 भोजन का स्वाद चखने वाला 3 ज्युरी सदस्य के खिलाफ लगाए किसी आरोप की जांच करने वाला अधिकारी

trifacial nerve *see below under* **trigeminal nerve**

trifid /ट्राइफिड/ *adj., biol.* त्रिशाख

trifle /ट्राइफ्ल/ *n.* 1 थोड़ी-सी चीज: a ~ 2 सस्ती चीज, नगण्य तथ्य या बात: don't waste time on **~s** 3 *UK* एक प्रकार का मीठा व्यंजन 4 छोटी-सी मूर्खतापूर्ण बात 5 अल्प मात्रा: save a ~ for coming back; put just the merest ~ of sugar in my tea 6 सस्ता; it cost a mere ~;
adv. थोड़ा-सा: a ~ dull; a ~ (too) heavy; a ~ annoyed/ sad;
v. *pt.* **~d**, *pp* **trifling** 1 (*usually* **~ with**) किसी की भावनाओं के साथ खिलवाड़ क.: he is not a man to ~ with; ~ with/ over a meal 2 मजाक क., चुहलबाजी क., छिछोरापन क.: not to ~ with one's work 3 (*usually* **~ away**) समय गंवाना: he **~d** through the best years of his life 4 कपटपूर्ण व्यवहार क., कपट क. 5 झूठ बोलना;
dw/lw: **~r** /ट्राइफ्लः/ *n.* छिछोरा, कपटी; **trifling** /ट्राइफ्लिंग/ *adj.* 1 (***syn.*** frivolous, trivial) तुच्छ, नगण्य, महत्त्वहीन: ~ing reward 2 सस्ता;
p&i: **~ away** बर्बाद क; **~ with sb/ sth** दिखावे के लिए दिलचस्पी लेना;
a ~ थोड़ा-सा: he's a ~ upset; **he doesn't stick at ~s** उसके घिनौनेपन की कोई सीमा नहीं

triflorous /ट्राइफ्लोरस/ *adj.* त्रिपुष्पी

trifocal /ट्राइफोकल/ *adj.* फोकस की तीन दूरियों वाला;
dw/lw: **~s** /ट्राइफोकल्ज/ *n., [pl.]* तीन फोकस दूरियों वाला चश्मा, तिचश्मा

trifoliate /ट्राइफोलिअट/ *adj.* त्रिपर्णक

trifolium /ट्राइफॉलिअम/ *n., pl.* **trifolia** तिपतिया

triforium /ट्राइफॉःरिअम/ *n., pl.* **triforia** गलियारा

triform /ट्राइफॉःम/ (*also* **~ed**) *adj.* त्रिरूप, त्रिरूपी

trifunctional /ट्राइफंकशनल/ *adj.* त्रिक्रियात्मक

trifurca\te /ट्राइफःके\ट/ *v. pt.* **~ted**, *pp* **~ting** त्रिशाख क., तीन भागों में बटना;
adj. (*also* **~ted**) त्रिशाखी; **~tion** /~शन/ *n.* त्रिशाखन, तीन भागों में विभाजन

trig *short* 'trigonometry' का छोटा रूप

trig /ट्रिग/ *adj., old or colloq.* 1 बना-ठना, सजा-संवरा 2 हृष्ट-पुष्ट;
v., *pt.* **~ged**, *pp* **~ging** 1 बनना-ठनना 2 (**~ out**) सजाना-संवारना: **~ged** himself out in his Sunday best 3 रोकना, ब्रेक (brake) लगाना;
n. रोक

trigamous /ट्रिगअमस/ ट्राइगअमस/ *adj.* त्रिपत्नीक, त्रिपतिका;
dw/lw: **~gamy** /ट्रिगअमि/ *n.* त्रिविवाह, त्रिपत्नीत्व, त्रिपतित्व

trigeminal /ट्राइजेमिनल/ *adj., anat.* त्रिक्-तंत्रिका;
dw/lw: **trigeminus** /ट्राइजेमिनस/ (*also* **~ nerve/ trifacial nerve)** *n., pl.* **trigemini** /ट्राइजेमिनाइ/ *anat.* माथे की मुख्य संवेदक तंत्रिका

trigenic /ट्राइजेनिक/ *adj.* त्रिजीनी

trigger /ट्रिगः/ *v., pt.* **~ed**, *pp* **~ing** 1 (**~ off = set off**) शुरू क., चालू क. 2 बंदूक का घोड़ा दबाना;
n. 1 बंदूक चलाने का घोड़ा: easy on the ~ 2 चिंगारी 3 लिबलिबी, विमोचक;
dw/lw: **~fish** *n.* एक प्रकार की मछली; **~-happy** *adj., colloq.* 1 बात-बात पर गोली चला देने वाला 2 हिंसक व्यक्ति; **~man** *n.* अपराधी सरदार का निजी बंदूकधारी अंगरक्षक;
collocations: **~ finger** *colloq.* बंदूक का घोड़ा दबाने वाली उंगली;
p&i: **quick on the ~** सदा गोली चलाने को तत्पर

triglot /ट्राइग्लॉट/ *adj., ling.* त्रिभाषी

triglyph /ट्राइग्लिफ/ *n., archit.* त्रिधारी

trigon /ट्राइगौन/ *US* ट्राइगाःन/ *n.* त्रिकोण;
dw/lw: **~al** /~ल/ *adj.* त्रिकोणीय

trigonometry /ट्रिगनौमअट्रि/ *US* ट्रिगनाःमअट्रि/ *n., math.* त्रिकोणमिति;
dw/lw: **~meter** /~मिटः/ *n.* त्रिकोणमापी; **~metric** /~मअटरिक/ (*also* **~metrical**) *adj.* त्रिकोणमिति-संबंधी, त्रिकोणमितीय;
collocations: **~metrical point** (*also* **trig/ triangulation point)** मानचित्र निर्माण में प्रयुक्त प्रमुख संदर्भ बिंदु

trigonous /ट्राइगनस/ *adj.* त्रिकोणीय
trigraph/ trigram /ट्राइग्राफ/ ट्राइग्रैम/ *n.* एक ध्वनि के द्योतक तीन अक्षरों या चिह्नों का समूह, त्रिवर्ण
trihed\ral /ट्राइहेडरल/ *adj.* 1 त्रिफलकीय 2 त्रितल;
dw/lw: **~hedron** *n.* त्रिफलक
trijugate /ट्राइज्युगेट/ *adj.* त्रियुगली
trilaminar /ट्राइलैमिनः/ *adj.* त्रिपटली
trilateral /ट्राइलैटअरल/ *adj.* त्रिपक्षीय, त्रिपार्श्व
trilby /ट्रिलबि/ *n., pl.* **trilbies** पुरुषों का एक नर्म टोप
trilinear /ट्राइलिनिअः/ *adj.* त्रिरेखीय
trilingual /ट्राइलिंग्वल/ *adj.* त्रिभाषी, त्रिभाषा-सूत्र, त्रैभाषिक;
dw/lw: **~ism** /ट्राइलिंग्विलिज्म/ *n.* त्रिभाषिता
triliteral /ट्राइलिटरअल/ *adj.* तीन अक्षरों से बना, त्रिवर्णी, त्रिवर्ण
trilithic /ट्राइलिथिक/ *adj.* त्रिपाषाणी
trill /ट्रिल/ *n., music* 1 गिटकिरी, स्वर-कंपन 2 कंपित व्यंजन 3 (*syn.* warble) गायक पक्षी की कंपकपाती आवाज 4 **'r'** जैसी व्यंजन ध्वनि, जिसे उच्चरित करने में जीभ में कंपन होती है;
v., pt. **~ed**, *pp* **~ing** 1 गिटकिरी भरना 2 स्वर में कंपन उत्पन्न क., स्वर को कंपाना;
dw/lw: **~ed** *adj.* कंपित
trillion /ट्रिलिअन/ *n., pl.* **trillion** 1 *US* = 10^{12} (1,000,000,000,000) दस खरब, एक लाख करोड़ 2 (*British equiv.* **billion** = 10^{18}) (1,000,000,000,000,000,000) दस शंख, एक करोड़ खरब 3 (*usually* **trillions**) *colloq.* विशाल संख्या या मात्रा;
dw/lw: **trillionth** /ट्रिलिअंथ/ *adj.* 1 *US* एक लाख करोड़वां 2 *Br.* दस खरबवां
trilobate /ट्राइलोबेट/ (*also* **~d**) *adj., biol.* त्रिपंडक, त्रिपालिक
trilogy /ट्रिलजि/ *n., pl.* **trilogies** तीन खंडों वाली रचना, नाटकत्रय, ग्रंथत्रय, भाषणत्रय, त्रित्व, त्रयी
trim /ट्रिम/ *v., pt.* **~med**, *pp* **~ming** 1 (*also* **~ off**) पेड़ पौधों आदि की हल्की कटाई या छटाई क., छांटना: ~ a hedge; ~ dead branches off the tree 2 कतरना: ~ the wick of a lamp; have one's hair **~med** 3 (*also* **~ away/off**) कम क.: ~ hundreds of pounds off the cost 4 कटौती क.: ~ costs 5 रिबन यानी फीती आदि लगाकर सजाना, संवारना, ठीक-ठाक क., दुरुस्त क., सुव्यवस्थित क.: ~ a hat with flowers/ a jacket with fur; **~med** the dress with pink velvet 6 साफ क., साफ-सुथरा क. 7 समुद्री जहाज आदि में रखे सामान के स्थानों में फेर-बदल करके संतुलन बनाना 8 पाल पोत के पाल मौसम के अनुसार साधना: ~ the sails 9 दो परस्पर विरोधी लोगों या गुटों के बीच मध्यम मार्ग अपनाना: ~ one's sails 10 स्व-सिद्धि के लिए बार-बार मत बदलते रहना, गिरगिट की तरह रंग बदलना, घोर अवसरवादी हो.;
n. 1 हल्की कटाई या छटाई 2 सजावट का सामान 3 दुरुस्ती, सुव्यवस्था 4 बालों की हल्की कटाई: your hair needs a ~ 5 दुरुस्तगी, ठीक-ठाक हालत: in good ~ 6 कार में सजावटी फेर-बदल 7 समुद्री जहाज का पानी में संतुलन 8 पालपोत आदि की चलने की तैयारी: put sth in proper ~; in fighting ~ 9 विमान का उड़ान के दौरान झुकाव का कोण 10 काट-छांट द्वारा हटाए गए भाग;
adj., degr. **~mer**, **~mest** 1 ठीक-ठाक, बना-ठना 2 साफ-सुथरा: the house looked nice and ~ 3 छरहरा 4 दुरुस्त, सुव्यवस्थित: ~ ship 5 कटा-छंटा हुआ: ~ hedge;
dw/lw: **~mer** /ट्रिमअः/ *n.* 1 अवसरवादी, गिरकिट की तरह रंग बदलने वाला 2 काटने-छांटने वाला 3 कतरनी; **~ly** /ट्रिमलि/ *adv.* 1 सफाई से 2 अच्छे ढंग से, व्यवस्थित रूप में; **trimming** *see below under separate entry*;
p&i: **~ down** = **~ sth down** किसी चीज को काट-छांटकर छोटा क.; **~ sb's jacket** किसी की पिटाई क.; **~ the sails to the wind** =**~ one's sails** हवा देखकर पाल तानना, अवसरवादी हो.; **~ the shore** तट के करीब आना; **be out of ~** खराब हालत में हो.; **get into ~** खिलाड़ी द्वारा अपनी सर्वोत्तम अवस्था प्राप्त क.; **in bridegroom ~** शादी की पोशाक में; **in flying ~** उड़ान भरने के लिए तैयार; **in good ~** अच्छी हालत में
trimaran /ट्राइमअरैन/ *n.* तीन पेटे वाली नौका या पोत, जलयान
trimensual /ट्राइमेंशुअल/ (*also* **trimestr(i)al**) *adj.* त्रैमासिक, तिमाही
trimer /ट्राइमः/ *n., chem.* त्रितय, त्रितयानु
trimerous /ट्रिमअरस/ *adj., bot.* तीन भागों से बना, त्रितयी
trimester /ट्रिमेस्टः/ ट्राइमेस्टः/ *n.* 1 त्रैमासिक, त्रैमास्य, तिमाही 2 *US* विश्वविद्यालय आदि में तीन महीने का शैक्षणिक काल, तिमाही;
dw/lw: **trimestrial** /ट्राइमेस्ट्रिअल/ *adj.* तिमाही, त्रैमासिक,
trimeter /ट्रिमिटः/ *n., prosody* त्रिपदी छंद
trimming /ट्रिमिंग/ *n., pl.* **~mings** 1 सजावट के लिए रखे या लगाए जाने वाले रिबन, फीता, कतरन, गोटा-पट्टी, झालर आदि वस्तुएं: a dress with lace **~s** 2 सजावट, अलंकरण: tell me the truth without any **~s** 3 सामान, उपकरण 4 समांकृतन 5 (**~mings**) खाने के साथ दिए जाने वाले मिष्टान्न आदि 6 वेतन के साथ मिलने वाले भत्ते, सुविधाएं आदि: an executive post with all the trimmings – company car, private health scheme, etc. 7 (**~mings**) काटे या कतरे हुए भाग: swept up the hair **~mings**
trimolecular /ट्राइमलेक्युलः/ *adj.* त्रि-अणुक
trimonthly /ट्राइमंथलि/ *adj.* हर तीसरे महीने होने वाला, त्रैमासिक
trimor\phism /ट्राइमॉःफिज्म/ *n.* त्रिरूपता;
dw/lw: **~phous** /ट्राइमॉःफस/ (*also* **trimorphic** /ट्राइमॉःफिक/) *adj.* त्रिरूपी, त्रिरूपक
TRIMS *abbr.* 'Total Retail Infrastructure Management Services' की प्रथमाक्षरी
Trin. *abbr.* 'Trinity' का छोटा रूप
trinal /ट्राइनल/ (*also* **trinary**) *adj.* 1 त्रिगुण, तिगुना 2 त्रिविध 3 त्रिगुणात्मक
trine /ट्राइन/ *adj.* 1 त्रिगुण, त्रिविध, तीन गुना, तीन भागों में 2 *astrol.* शुभ;
n. 1 त्रिक्, त्रयी 2 तीन ग्रहों, तीन चीजों, तीन भागों आदि का समूह
tringle /ट्रिंगल/ *n.* छड़
Trinitarian /ट्रिनिटेरिअन/ *adj.* त्रित्ववादी;
n. त्रित्ववादी व्यक्ति;
dw/lw: **Trinitarianism** *n.* त्रित्ववाद
trinity /ट्रिनिटि/ *n., pl.* **trinities** 1 तीन होने की अवस्था, त्रित्व, त्रिक्, त्रयी 2 तीन का समूह 3 (**Trinity**) *Christ.* ईसाई धर्म में ईश्वर के तीन रूप यानी पिता (the Father), पुत्र (the Son) और पवित्र आत्मा (the Holy Spirit) का एक परमात्मा में संगम, त्रियेक परमेश्वर;
collocations **Trinity House** *Br.* विमान-चालकों के लाइसंस, समुद्र में दीप-गृहों, तैरते चिह्न (buoys) बनाने व रख-रखाव करने वाली ऐसोशिएशन; **Trinity Sunday** व्हिट संडे (Whit Sunday) के बाद आने वाला रविवार; **Trinity term** ईस्टर के बाद शुरू होने वाला विश्वविद्यालयीय शैक्षणिक सत्र
trinket /ट्रिंकिट/ *n.* 1 नगण्य वस्तु 2 टूम-छल्ला, बहुत साधारण या छोटा-मोटा गहना 3 बेकार या घटिया चीज 4 सस्ता खिलौना 5 लघुजल मार्ग;
collocations: **~ snake** अलंकृत सर्प
trinomial /ट्राइनोमिअल/ *adj.* 1 त्रिपद 2 त्रिनाम, तीन नामों वाला
n. तीन भागों में विभाजित वैज्ञानिक या गणितीय परिभाषा;
trinominal /ट्राइनॉमिनल/ *adj.* त्रिनाम
trio /ट्रिओ/ *n., pl.* **~s** 1 तीन लोगों (खिलाड़ियों) आदि की मंडली, तिकड़ी 2 तीन वाद्यों, गायकों आदि की मंडली 3 तीन विमानों की तिकड़ी 4 त्रिक्, त्रयी
triode /ट्राइओड/ *n., electon.* (*in full* **~ valve**) त्रायोड, त्रि-अग्र, त्र्यग्र;

trioecious /ट्राईईशिअस/ *adj.* तीन विभिन्न लैंगिक रूपों यानी नर, मादा और नंपुसक रूपों में मिलनेवाला पौधा

triole /त्रिओल/ *n., poetry* त्रिक

triolet /ट्राइलेट/ *n.* अष्टपदी छंद

trionym /ट्राइनिम/ *n.* त्रिनाम

trip /ट्रिप/ *n.* 1 यात्रा, भ्रमण: business ~; round ~; a ~ to the sea-side/ abroad; go on/ take a ~ 2 (***syn.*** excursion) आमोद-यात्रा, सैर: pleasure ~; a day/ two-day/ weekend ~ 3 ठोकर, अड़ंगा, आंटी 4 फुदकी 5 हल्की, तेज चाल: know sb by her/ his ~ 6 लड़खड़ाहट 7 भूल-चूक, गलती, गलत कदम: a ~ in one point would have spoiled all 8 मतिभ्रामक अनुभव जैसा कि मादक दवाओं के लेने से होता है: a bad ~ 9 घोर भावुक अनुभव;

v., *pt.* **~ped**, *pp* **~ping** 1 (*also* **~ over/ up**) ठोकर खाना, लड़खड़ाना, गिर जाना: he **~ped** over a stone and tumbled 2 टांग अड़ा कर किसी को गिराना, अड़ंगा, आंटी या अंटी मार कर गिराना 3 किसी की भूल पकड़ना: catch sb **~ping** 4 (**~ (sb) up**) गलती क. या करवाना, भूल क., पाप क.: all are apt to ~; the clever lawyer **~ped** the witness (up); she was not sure of her story and was easily **~ped** 5 फुदकना, कुदकना, थिरकना, नाचना: she came **~ping** down the garden path; ~ the light fantastic *jocular* (नाचना) 6 मादक दवाओं आदि के सेवन से मतिभ्रम हो. 7 शब्दों आदि का जबान से प्रवाहित हो.: words **~ping** off the tongue 8 छोटी-मोटी सैर पर जा. 9 किसी यंत्र को चालू कर दे. (release a switch), खोलना 10 हकलाना, लड़खड़ाना 11 प्रवृत्त क.;

dw/lw: **~per** /ट्रिपः/ *n.* 1 सैलानी, यात्री 2 मादक दवाओं आदि के सेवन से मतिभ्रमित होने वाला व्यक्ति; **~ping** /ट्रिपिंग/ *n.* 1 हल्की-फुल्की चाल 2 गरारियों का अलगाव 3 (***syn.*** switching off) बंद होने की क्रिया; **~ping** *adj.* 1 तेज चलने वाला 2 भटक जाने वाला 3 छटकने, थिरकने या फुदकने वाला; **~py** /ट्रिपि/ *adj., degr.* ~pier, ~piest *music* नशीली दवाओं-सा प्रभाव डालने वाला संगीत; **~py** *adj.* आशु खंडन;

collocations: **~ hammer** विद्युत-चालित हथौड़ा जिसे ऊपर उठाकर अपने आप गिरने के लिए छोड़ दिया जाता है, पात घन; **~ hop** अति कोमल वाद्य संगीत (a mixture of hip hop and reggae) जो मादक दवाओं-सा मतिभ्रामक (hallucinatory) प्रभाव छोड़ता है;

p&i: **~ up** or **~ sb up** किसी से गलती करवाना या चाल में फंसाना

triparti\te /ट्राइपाःटाइट/ *adj.* 1 त्रिपक्षीय, त्रिदलीय: **~te** treaty; **~te** conference 2 त्रिभागी: **~te** partition (त्रिविभाजन);

dw/lw: **~tely** /~टाइटलि/ *adv.* त्रिपक्षीय आधार पर; **~tion** /~टिशन/ *n.* त्रिविभाजन

tripe /ट्राइप/ *n.* 1 (***syn.*** garbage, rubbish) बेकार, रद्दी या तुच्छ वस्तु: publish ~ 2 अनाप-शनाप: that's all ~ 3 भेड़ आदि का जुगाली पेट 4 ओझर, ओझड़ी, अंतड़ी

tripectinate /ट्राइपेक्टिनेट/ *adj.* त्रिकंकती

tripetalous /ट्राइपेटअलस/ *adj.* त्रिदल, त्रि-पंखुड़ी

triphibious /ट्राइफिबिअस/ *adj.* जल, थल और हवा में कारगर होनेवाला: ~ warfare

TRIPS *abbr.* 'Trade Related Intellectual Property Rights (WTO)' की प्रथमाक्षरी

tripthong /ट्रिपथौंग/ *n., phon.* एक शब्दांश (syllable) में तीन स्वरों (vowels) का किसी शब्द में एक साथ उच्चारण या मिलान, त्रिस्वर, संध्य-स्वर

triphyllous /ट्राइफिलःस/ *adj.* त्रिपर्णक

triplane /ट्राइप्लेन/ *n.* त्रिपंखी वायुयान

triple /ट्रिपल/ *adj.* 1 त्रिपक्षीय: ~ tie (खेल के मुकाबले में तीन पक्षों की बराबरी) 2 तीन बार होने वाला 3 तिगुना, तीन गुना, त्रिगुण 4 तीन भागों से बना 5 त्रिविध 6 तिहरा: ~ cable 7 त्रियात्मक;

v., *pt.* **~d**, *pp* **tripling** (***syn.*** treble) तीन गुणा बढ़ाना या बढ़ना: ~ one's efforts; the export was **~d**; the output of textiles **~d**;

dw/lw: **triply** /ट्रिप्लि/ *adv.* तिगुने रूप में, तिगुनी मात्रा में;

collocations: **~ crown** *n.* 1 (***syn.*** tiara) पोप का मुकुट 2 *Br. horse-racing* टू थाउजेंड गिनीज (Two Thousand Guineas), डेर्बी (Derby) और सेंट लेजर (St. Leger) नामक तीनों घुड़दौड़ों में से किसी में जीत 3 ब्रिटेन में रगबी और हाकी के खेलों में एक टीम की लगातार तीन जीत; **(the) ~ jump** (*also* **hop step/ skip and jump**) उछल-कदम-कूद; **~ point** *phys.* ऐसा तापमान और दबाव जिस तले किसी पदार्थ की ठोस, तरल और वाष्पीय अवस्थाएं एक साथ वजूद में रह सकती हैं; **~ time** संगीतीय समय; **~ tree** फांसी का फंदा या तख्ता

triplet /ट्रिपलअट/ *n.* 1 तिड़वां, एक साथ जन्मे तीन बच्चे 2 तीन का समूह या टोली 3 *music* दो स्वरों के समय में तीन स्वर बजाने की क्रिया 4 कविता के तीन तुकांत छंद

triplex /ट्रिपलेक्स/ *adj.* 1 तीन भागों से बना, तिपरती (गत्ता) 2 त्रिगुण, त्रिविध, तिहरा

triplica\te /ट्रिप्लिके\ट/ *n.* 1 तीन प्रतियों का सेट 2 तीन प्रतियों से कोई एक 3 त्रयी, त्रिक 4 त्रिक का कोई एक अवयव

adj. 1 तीन प्रतियों में होनेवाला 2 तिगुना, तिहरा, त्रिगुण, त्रिविध;

v., *pt.* **~ted**, *pp* **~ting** 1 त्रिगुणित क. या किया जाना, तिगुना क. 2 एक जैसी तीन प्रतियां बनाना;

dw/lw: **~tion** /~ट/ *n.* त्रिगुणन;

p&i: **in ~cate** तीन प्रतियों में

triplicity /ट्रिप्लिसिटि/ *n.* त्रिगुणता, तिहरापन

triploid /ट्रिप्लॉइड/ *biol., adj.* त्रिगुणित

triply *see above under* **triple: *dw/lw***

tripod /ट्राइपौड/ *n.* 1 तिपाई, त्रिपाद, त्रिपादिका 2 तिपाई मेज या स्टूल: ~ mount;

dw/lw: **~al** /ट्राइपोडल/ *adj.* त्रिपदी

triporate /ट्राइपॉरेट/ *adj.* त्रिमुखी

tripos /ट्राइपौस/ *US* ट्राइपाःस/ *n.* 1 कैंब्रिज विश्वविद्यालय में बीए डिग्री के अंतिम वर्ष की परीक्षा 2 इस परीक्षा में उत्तीर्ण परीक्षार्थियों की सूची: ~ list; ~ paper

tripper *see above under* **trip: *dw/lw***

tripping /ट्रिपिंग/ *see above under* **trip: *dw/lw***

trippy *see above under* **trip: *dw/lw***

triptych /ट्रिप्टिक/ *n.* तीन टुकड़ों से बनने वाला चित्र (जिन्हें जोड़ने या सटाने से पूरा चित्र बनता है);

adj. त्रिफलक

triptyque /ट्रिपटिक/ *n.* सीमा-शुल्क विभाग की अनुमति दिलाने वाला अंतर्राष्ट्रीय अनुमति-पत्र (pass)

trip-wire /ट्रिप्वायः/ *n.* ठोकर-तार जिसके ऊपर किसी का पांव पड़ने पर कोई जीव फंदे में फंस जाता है या उस तार से जुड़े बम आदि का विस्फोट हो जाता है

triquetrous /ट्राइक्वेट्रस/ *adj.* त्रिकोणीय

triradiate /ट्राइरेडिइट/ *adj.* त्रि-अरी

trireme /ट्राइरीम/ *n.* पतवार नौका

trisect /ट्राइसेक्ट/ *v., pt.* **~ed**, *pp* **~ing** तीन (समान) हिस्सों में बांटना, त्रिभाजित या समत्रिभाजित क.;

dw/lw: **~ion** /ट्राइसेक्शन/ *n.* तीन (बराबर) हिस्सों में बांटने का कार्य, त्रिभाजन, समत्रिभाजन

trishaw /ट्राइशॉ/ *n.* रिक्शा या रिक्शा जैसी सवारी

triskaidekaphobia /ट्रिस्काइडेकअफोबिआ/ *n.* तेरह की संख्या का भय, त्रयोदश (संख्या) भीति

triskelion /ट्रिस्केलिअन/ (*also* **triskele** /ट्रिस्कील/) *n.* ऐसा प्रतीक जिसमें एक साझे केंद्र से निकलकर तीन अंग या रेखाएं नीचे को झुक रहीं हैं, जैसा कि आइल ऑव मैन (Isle of Man) के प्रतीक में दिखता है

trismus /ट्रिज्मस/ *n.* धनुक-बाई, हनुस्तंभ, जबड़े के अकड़ जाने का

रोग
trisomy /ट्राइसमि/ *n., med.* ऐसी अवस्था जिसमें कोशिका की नाभि में एक अतिरिक्त क्रोमोसोम पाया जाता है, उदाहरणतः: 'trisomy 21' जो Down's Syndrome से संबंधित है
trispermous /ट्राइस्पःमस/ *n.* त्रिबीजी
trisoctahedron /ट्रिसॉक्टअहेडरन/ *adj.* अष्टकत्रयफलक
tristesse /ट्रिस्टेस/ *n. Fr.* उदासी
trisyllabic /ट्राइसिलैबिक/ *adj.* त्रि-शब्दांशिक, त्रि-शब्दांशीय
trisyllable /ट्राइसिलअबल/ त्रि-शब्दांश
trite /ट्राइट\/ *adj.* (***syn.*** hackneyed, banal) 1 घिसा-पिटा, पिटा-पिटाया, सड़क-छाप: ~ remark/ idea, etc.; ~ expression 2 घिसा हुआ: a ~ bronze coin;
dw/lw: **~ly** *adv.* घिसे-पिटे तरीके से; **~ness** /~नेस/ *n.* घिसा-पिटापन, पुरानापन
trithe\ism /ट्राइथी\इज्म/ *n.* त्रिदेववाद;
dw/lw: **~ist** /~इस्ट/ *n.* त्रिदेववादी व्यक्ति; **~istic/ ~istical** /~इस्टिक/ ~इस्टिकल/ *adj.* त्रिदेववादी
triticum /ट्रिटिकम/ *n.* अनाज के पौधों वाला घास
tritium /ट्रिटिअम/ *n.* (***syn.*** isotope) त्रिगुण द्रव्यमान वाले हाइड्रोजन का एक समस्थानिकम
Triton /ट्राइटन/ *n., Gr. mythol.* एक समुद्री देवता;
p&i: **~ among minnows** अंधों में काना राजा
tritura\te /ट्रिच्युरे\ट/ ट्रिच्यरे\ट/ *v., pt.* **~ted**, *pp* **~ting** महीन पीसना, बारीक क., घोटना, संपेषण क.;
dw/lw: **~tion** /~शन/ *n.* महीन पिसाई, संपेषण; **~tor** /~टः/ *n.* महीन पिसाई करने वाला
triumph /ट्रायंफ/ *n.* 1 जीत, विजय, फतह: an easy ~; the ~ of good over evil 2 अपूर्व सफलता, कामयाबी: achieve great **~s** 3 उपलब्धि: the **~s** of modern science; his life was a ~ over weakness and ill health 4 विजयोल्लास, उल्लास, जीत की खुशी: a shout of ~; great was his ~ on hearing it; there was ~ in his eye 5 *Roman, hist.* रोम के जनरल द्वारा अपने देश के लिए विजय प्राप्त करके रोम लौटने पर निकाली जाने वाली विजय-यात्रा;
***v.**, pt.* **~ed**, *pp* **~ing** 1 (*usually* **~ over**) जीतना, विजय प्राप्त क. 2 सफल होना, फलना-फूलना: truth will ~ (in the end) 3 कामयाब हो.: reason has **~ed** over heart 4 उल्लसित होना, फूले न समाना 5 विजयोत्सव मनाना: ~ over a defeated enemy;
***dw/lw*:** **~al** /ट्रायंफल/ *adj.* विजय-संबंधी, विजयजन्य, विजय-उल्लसित: ~al procession/ arch; ~al wreath; **~alism** /ट्रायंफअलिज्म/ *n.* जीत का अतिशय दिखावा और दंभ; **~ant** /ट्रायंफंट/ *adj.* विजयी, सफल, विजयमान, उल्लसित, प्रफुल्ल, विजयोल्लसित: the ~ant army; the ~ant progress of knowledge; **~antly** /ट्रायंफंटलि/ *adv.* विजय-भाव से;
collocations: **~hal arch** *n., archit.* सामान्य तौर से द्वार के रूप में विजय स्मारक, विजयतोरण, विजयस्तंभ
p&i: **in ~** हर्षोल्लास के साथ; **his hat is a ~ of ugliness** उसका टोप भद्देपन की जीती-जागती तस्वीर है
triumvir /ट्राइम्विअ/ *n., pl.* **triumviri** /ट्राइम्विअरि/ **~s** 1 तीन शासकों में से कोई एक 2 *Roman* त्रिशासन का सदस्य, त्रिशासक;
dw/lw: **~al** /ट्राइम्विरल/ *adj.* त्रिशासकीय; **~ate** /ट्राइम्विरेट/ *n.* तीन व्यक्तियों का शासन, त्रिशासन, त्रिशासकत्व, त्रितंत्र
triune /ट्राइयून/ *adj.* 1 त्रियेक, त्रिदेववादी 2 एक व्यक्ति की तीन भूमिकाएं;
dw/lw: **triunity** = trinity (*see above*)
trivalent /ट्राइवेलंट/ *adj., chem.* त्रिसंयोजक;
dw/lw: **trivalence/ trivalency** /ट्राइवेलंस/ /ट्राइवेलंसि/ *n.* त्रिसंयोजकता
trivalvular /ट्राइवैल्व्युलः/ *adj.* त्रिकपाटी
trivariant /ट्राइवेरिअंट/ *adj.* त्रिचर
trivet /ट्रिविट/ *n.* धातु की बनी तिपाई: ~ table;
p&i: **as right as a ~** सब कुछ ठीकठाक है
trivia /ट्रिविआ/ *n., pl.* 1 छोटी-मोटी, मामूली बातें या मामले, क्षुद्रताएं 2 बेकार की सूचनाएं 3 किसी के ज्ञान की परीक्षा लेने में प्रयुक्त किसी विषय के बारे में तथ्य
trivial /ट्रिवि\अल/ *adj.* 1 मामूली, नगण्य: ~ injury; ~ matters; ~ expenses 2 हल्का, तुच्छ, ओछा: ~ mind 3 (***syn.*** frivolous) सतही: ~ objection 4 घिसा-पिटा, सड़क-छाप: ~ remark;
n. 1 (*usually* **the ~**) छोटी-मोटी व घिसी-पिटी बातों का पिटारा 2 (*usually* **~s**) मामूली या नगण्य वस्तु, कार्य या बातें;
dw/lw: **~ity** /~ऐलिटि/ (*also* **~ism**) *n., pl.* **trivialities** 1 तुच्छता, नगण्यता: the ~ity of the objection 2 तुच्छ वस्तु या कार्य 3 हल्कापन, ओछापन 4 घिसी-पिटी बात: speak in ~ities; **~ization** /~अलाइजेशन/ *n.* क्षुद्रीकरण, नगण्यकरण, ओछेपन या छुटपन के स्तर तक गिराना; **~ize** (*also UK* **-ise**) /~अलाइज/ *v., pt.* ~ized, *pp* ~izing किसी चीज या बात को महत्त्वहीन बना दे.; **~ness** *n.* छुटपन, ओछापन;
collocations: **Trivial Pursuit** *tradem.* भिन्न-भिन्न विषयों पर प्रश्नों का उत्तर देने का मुकाबला;
p&i: **the ~ round** दिन-प्रति दिन का घिसा-पिटापन; **~ name** रूढ़ नाम
trivium /ट्रिविअम/ *n., hist.* मध्यकालीन विश्वविद्यालय के पाठ्यक्रम में व्याकरण (grammar), व्याख्यान विद्या (rhetorics), तर्क-शास्त्र (logic) आदि तीन विषयों का समूह, त्रिविषय पाठ्यक्रम
triweekly /ट्राइवीक्लि/ *adj.* 1 सप्ताह में तीन बार होने वाला 2 तीन सप्ताह में एक बार होने वाला, त्रैसाप्ताहिक
-trix /ट्रिक्स/ *suffix* (*pl.* **-trices/ -trixes**) *esp. law, denoting:* **a feminine agent corresponding to the masculine '-tor'** (**'-tor'** का स्त्रीलिंग): executor → executrix
TRM *abbr.* 'timely reporting scheme' की प्रथमाक्षरी
TRMM *abbr.* '(NASA's) Tropical Rainfall Measuring Mission' की प्रथमाक्षरी
tRNA *abbr.* 'transfer **RNA**' का छोटा रूप
troat /ट्रोट/ *v., pt.* **~ed**, *pp* **~ing** (मस्त हिरन द्वारा) आवाज निकालना
trocar /ट्रोकाः/ *n., surg.* शरीर के विवरों में से तरल निकालने का औजार
trochaic /ट्रोकेइक/ *adj., prosody* 1 गुरू-लघु चरण छंद 2 छंद में घुरू-लघु-अबलघातित शब्दांश
trochal /ट्रोकल/ *adj., zool.* चक्राकार
trochanter /ट्रोकैंटः/ *n., anat.* शिखरक
troche /ट्रोकी/ *n.* दवा की छोटी गोली, टिकिया
trochee /ट्रोकी/ *n., prosody* पद्य का एक चरण जिसमें एक गुरु शब्दांश और उसके बाद एक लघु शब्दांश होता है, गुरु-लघु चरण
trochlea /ट्रॉक्लिआ/ *n., anat.* चक्रक
trochlear nerve *n., anat.* चक्रक तंत्रिका, चतुर्थ कपाल तंत्रिका
trochoid /ट्रोकॉइड/ *n., geom.* चक्राभ;
dw/lw: **~al** *adj.* चक्री, चक्रीय
trochometer /ट्रोकॉमिटः/ *n.* चक्करमापी
trod /ट्रॉड/ *pt.,* **'tread'** का भूतकालिक रूप
trodden /ट्रॉडन/ *pt. p.,* **'tread'** का भूतकालिक कृदंत
troglodyte /ट्रौग्लअडाइट/ *n.* 1 (***syn.*** cave dweller) कंदरावासी, गुफावासी 2 असमाजशील या समाज से कटा हुआ व्यक्ति, एकांतवासी
trogon /ट्रोगौन/ *n.* उष्ण कटिबंधी पक्षी जिसका धड़ रंग-बिरंगा और पूंछ लंबी होती है
troika /ट्रोइका/ (*Russian* **тройка**) *n., pl.* **~s** 1 तीन व्यक्तियों की परिषद 2 त्रोइका गाड़ी, तीन घोड़ों द्वारा खींची जाने वाली गाड़ी
troilism /ट्रोइलिजम/ *n.* तीन व्यक्तियों के बीच यौन-क्रिया
Trojan /ट्रोजन/ *adj.* 1 ट्रॉय नगर या उसके वासियों से संबद्ध: the ~

War; the ~ horse 2 अत्यधिक परिश्रम प्रेमी, उद्यमी;
n., hist. 1 ट्रायवासी 2 साहसी और परिश्रमी व्यक्ति: work like a ~;
adj. प्राचीन ट्रॉय नगर या उसके नागरिकों से संबंधित;
collocations: **Trojan Horse** *hist.* 1 लकड़ी का घोड़ा या उसका बुत जिसमें घुसकर या छिपकर यूनानी लोग शत्रु के शहर में प्रवेश करते थे 2 शत्रु को जाल में फंसाकर भेद जानने वाला व्यक्ति 3 *comput.* कंप्यूटर में आने वाला एक दोष (virus) जिसके छिपे हुए निर्देश पाठ या आंकड़ों को नष्ट कर देते हैं

troll /ट्रौल, ट्रोल/ *US* ट्रोल/ *v., pt.* **~ed**, *pp* **~ing** 1 दिल खोलकर या (मुक्त कंठ से) गाना गाना, मस्ती से गाना: ~ merrily; ~ a song 2 बंसी से मछलियां पकड़ना 3 घूमना, भ्रमण क. 4 भड़काने या दूसरों को ठेस पहुंचाने के लिए झूठी व भड़काऊ टिप्पणियां भेजना;
n., *Scandinavian mythol.* 1 एक भद्दा, दुष्ट, मानव जैसा जीव जो या तो बौने या महाबली का रूप धारण कर सकता था 2 बेताल 3 भड़काने या दूसरों को ठेस पहुंचाने के लिए झूठी व भड़काऊ टिप्पणियां भेजने की क्रिया;
v., *pt.* **~ed**, *pp* **~ing** 1 जाल में फंसाकर मछली पकड़ना 2 कुछ पाने के लिए ढूंढना: ~ the internet for seeking an advice about some disease

trolley/ trolly /ट्रौलि/ *US* ट्राःलि/ *n., pl.* **~s** 1 *UK* (*US* **cart**) ठेला 2 *US* (*UK/ US* **tram**) विद्युत चालित बस 3 (***syn.*** luggage ~; shopping ~/ cart) सामान इधर-उधर लाने-लेजाने के लिए पहियों वाला ठेला या ट्रॉली;
dw/lw: **~man** /ट्रॉलिमन/ *n.* ट्रॉली वाला;
collocations: **~ bus** (*US* **trackless ~**) विद्युत चालित बस; **~ car** *N. Amer.* = **tram**; **~ driver** ट्रॉली चालक; **~ wheel** विद्युत चालन उपकरण के साथ पहिया;
p&i: **be off one's** ~ बुद्धू हो., दिमाग खराब हो जा.

trollop /ट्रौलअप/ *US* ट्राःलअप/ *n.* 1 छिनाल, कुलटा, वेश्या 2 फूहड़ और मैली-कुचैली महिला

trombo\ne /ट्रौम्बो\न/ *US* ट्राःम्बो\न/ *n.*1 फूंक से बजाया जाने वाला तुरही की तरह का पीतल का बाजा 2 ट्रौम्बोन वादक: the **~nes** stood up;
dw/lw: **~nist** /~निस्ट/ *n.* ट्रौम्बोन बजाने वाला, तुरहीवादक

trommel /ट्रौमल/ *US* ट्राःमल/ *n., mining* घुमाऊ छलनी

tromometer /ट्रौमामिटः/ *n.* भूकंपमापी

trompe/ tromp /ट्रौंप/ *US* ट्रांप, ट्रॉप/ *n.* जलभ्रस्त्रा, पनधौंकनी

trompe l'oeil /ट्रौंप लॉइ/ *US* ट्रॉप लॉइ/ *n. pl.* **trompe l'oeils** यथार्थ का भ्रांतिपूर्ण प्रभाव पैदा करने वाला चित्र या सजावट, जिस देखकर दर्शक को ऐसा लगे कि दृश्य वस्तु चित्र नहीं, बल्कि असली प्राणी, वस्तु या प्रक्रिया है

-tron /ट्रौन/ *US* ट्राःन/ *suffix, phys., forming nouns denoting:* 1 **electron tube** (इलेक्टौनी ट्यूब): klys**tron** 2 **subatomic particle** (अपआणविक कण): posi**tron** 3 **a particle accelerator** (कणवर्धक)

troop /ट्रूप/ *n.* 1 झुंड: a ~ of school-children 2 मंडली, टोली: surrounded by **~s** of friends 3 दल 4 भीड़ 5 (*usually* **~s**) रिसाला, सेना, सैन्य बल, फौज: the enemy lost one third of his **~s**; ~ movement; ~ population; ~ training; ~ transport 6 घुड़सेना की टुकड़ी 7 टुकड़ियों में बंटा स्काउट दल;
v., *pt.* **~ed**, *pp* **~ing** 1 (*usually* **~ along/ off/ in etc.**): झुंड में चलना, दल बांधकर चलना: people came **~ing** out of the theatre 2 एकत्र हो जाना: ~ together;
dw/lw: **~er** /ट्रूपः/ *n.* 1 पुलिस अधिकारी 2 घुड़सवार सिपाही, अश्वारोही सैनिक 3 फौज का घोड़ा, युद्धाश्व; **~s** /ट्रूप्स/ *n. [pl.]* सैनिक बल; **~-ship**/ **~-carrier** *n.* सेना-वाहक जहाज;
p&i: **~ away**/ **~ off** दूर हटना या चले जा.; **~ round** किसी को घेर लेना या घेरकर खड़ा हो.; **~ the colours** सैनिक टुकड़ी की ध्वज को सामारोहिक ढंग से चढ़ाना, फहराना या उसके साथ मार्च क.; **lie like a ~er** बेशर्मी से झूठ बोलना; **swear like a ~er** बेहूदे ढंग से गाली-गलौज क.

tropaeolum /ट्रोपीलिअम/ *n., pl.* **tropaeola** एक बेलनुमा फूलदार पौधा

trope /ट्रोप/ *n.* 1 आलंकारिक, रूपात्मक या प्रतीकात्मक भाषा 2 आलंकारिक, लाक्षणिक प्रयोग 3 रूपक, अलंकार;
dw/lw: **tropic** /ट्रोपिक/ *adj.* 1 आलंकारिक, लाक्षणिक, रूपात्मक 2 *also see below under* **tropic**

trophic /ट्रौफिक, ट्रोफिक/ *US* ट्रोफिक/ *adj., boil.* भोजन या भोजन कराने से संबंधित 2 पोषणज, पोष- 2 अन्य हार्मोन छोड़ने वाला हार्मोन

tropho\blast /ट्रॉफःब्लैस्ट/ *n.* पोषणकारक, बीजपोषक;
dw/lw: **~plasm** *n.*पोषद्रव्य; **~zoid** *adj.* पोष जीवक; **~zoite** *n.* पोष जीवाणु, पोषाणु

trophy /ट्रोफि/ *n., pl.* **trophies** 1 प्रतियोगिता में जीतने वाले को दिया जाने वाला इनाम, विजयोपहार, पारितोषिक, पुरस्कार, ट्रॉफी 2 विजय स्मारक, विजय चिह्न 3 जीत की लूट: as a ~ in war 4 निशानी: **trophies** of the chase;
collocations: **~ wife** अधेड़ उम्र के पुरुष की युवा और सुंदर पत्नी

tropic /ट्रौपिक\/ *US* ट्राःपिक\/ *n.* 1 अक्षांश की दो रेखाएं, जो धरती को 23^0 26' उत्तर में (the **topic of Cancer**) और भूमध्य रेखा को दक्षिण में 23^0 26' (the **topic of Capricorn**) पर घेरती हैं 2 उष्णकटिबंधी 3 *also see under* **trope 4** अनुवर्तनी, अनुवर्ती; *phototropic* प्रकाश-अनुवर्तनी, प्रकाश-अनुवर्ती;
n. 1 कर्क (the **topic of Cancer**) या मकर रेखा (the **topic of Capricorn**) 2 उष्णकटिबंध 3 अयनमंडल;
adj. उष्ण-कटिबंधीय;
dw/lw: **~al** /~ल/ *adj.* 1 उष्ण-कटिबंधी: ~al vegetation/ climate; ~al diseases 2 अत्यधिक गर्म: a ~al climate 3 भावुक, आवेशपूर्ण, तीव्र, उत्कट 4 अत्यलंकृत, लाक्षणिक;
collocations: **~al month** सायन मास; **~al rainforest** उष्णकटिबंध वर्षा वन; **~al year** सायन वर्ष; **the tropics/ the Tropics** 1 उष्ण-कटिबंधीय प्रदेश, उष्ण-कटिबंध 2 कर्क या मकर रेखा के पास वाला क्षेत्र; **the ~ of Cancer** कर्क रेखा; **the ~ of Capricorn** मकर रेखा;
p&i: **in a fit of ~al rage** कोधाग्नि का दौरा पड़ने पर

tropism /ट्रोपिजम/ *n.* सूरज की रोशनी जैसे बाह्य प्रभावों तले पौधों आदि के वर्धन की दिशा में परिवर्तन, अनुवर्तन;
collocations: **negative geotropism** गुरुत्व के प्रभाव तले पौधों की जड़ों की मिट्टी से परे वृद्धि; **positive geotropism** गुरुत्व के प्रभाव तले पौधों की जड़ों की सीधे नीचे की ओर वृद्धि; **negative phototropism** पौधों की जड़ों का प्रकाश से दर वर्धन; **positive phototropism** पौधों की जड़ों का प्रकाश की ओर वर्धन

tropology /ट्रोपौलअजि/ *US* ट्रोपाःलअजि/ *n.* 1 अलंकार शास्त्र 2 लाक्षणिक प्रयोग, लाक्षणिकता, लाक्षणिक व्याख्या

tropopause /ट्रौपअपॉःज/ *US* ट्रोपअपॉःज/ *n., meteorol.* क्षोभ सीमा;
dw/lw: **~sphere** /ट्रौपअस्फिअः/ *US* ट्रोपअस्फिर, ट्रौपअस्फिर / *n., meteorol.* क्षोभमंडल, धरती की सतह से लगभग 6 से 10 किलोमीटर (भूमध्य रेखा पर 17 किलोमीटर) ऊपर तक की निम्नतम वायुमंडलीय सतह जिसकी विशेषता यह है कि ज्यों-ज्यों ऊपर चढ़ते जाते हैं, तापमान कम होता जाता है

tropotaxis /ट्रौपअटैक्सिस/ *US* ट्राःपअटैक्सिस/ *n.* सममितानुचलन, स्फूर्ति स्रोत की ओर या उससे परे चलन या गमन

troppo /ट्रौपो/ *US* ट्राःपो/ *adv.* अधिक, अतिशय (संकेत);
adj. *Austral., sl.* (उष्ण जलवायु के कारण बना) दिमागी संतप्त

Trot /ट्रोट/ *n., derog. colloq., short,* 'Trotskyte' का संक्षेप (स्टालिनवाद विरोधी सोवियत नेता लिओन त्रोत्स्की (Лев Троцкий) का अनुयायी, त्रोत्सकीवादी

trot /ट्रौट/ *US* ट्राःट/ *v., pt.* **~ted**, *pp* **~ting** 1 घोड़े का दुलकी

चाल से चलना 2 दुलकी चाल या तेज चलना: ~ down/ up/ along, etc. 3 घोड़े आदि को दुलकी चाल से चलाना;
n. 1 घोड़े की दुलकी चाल, तेज चाल: on the ~; go for a ~ 2 दुलकी चाल की रफ्तार: at a ~ 3 *US sl.* शाब्दिक अनुवाद 4 (**the ~s**) पेचिश का नर्म (euphemistic) नाम 5 एक के बाद एक, दुलकी, दुलकन;
p&i: **~ about** हाय-तौबा क., भाग-दौड़ क.; **~ along** कोई काम करने के लिए जल्दी से चलना.; **~ out** 1 दुलकी चाल दिखाना 2 किसी चीज को दिखाते हुए शेखी बघारना 3 दिखाने के लिए प्रस्तुत क.; **~ round** किसी को शहर दिखाना; **~ sb off his legs/ to death** थकाकर चूर कर दे.; **~ sth out** वही पुराने बहाने, तथ्य, स्पष्टीकरण आदि दे.: ~ out the same boring lectures every year;
be on the ~ दौड़-धूप से हालत पस्त हो. जा.; **keep sb on the ~** किसी को शांति से न बैठने दे., किसी को चैन न लेने दे.; **on the ~** 1 एक के बाद एक 2 लगातार चलते रहना, व्यस्त हो.

troth /ट्रोथ/ *US* ट्राःथ/ *n.* 1 विश्वास, सत्य, निष्ठा 2 प्रतिज्ञा 3 वचन, कौल, शादी का वायदा;
p&i: **by my ~** कसम से; **in ~** वास्तव में; **plight one's ~** वचन दे.

Trotsky\ism /त्रोत्स्किजम/ *Russian* **Троцкизм** /त्रोत्स्किज्म/ *n.* रूस की बोल्शेविक (большевик) क्रांति का एक जुझारू नेता, व्लादिमीर लेनिन (Владимир Ленин) का सहयोगी, घोर स्तालिन (Сталин) विरोधी लेव या लिओन त्रोत्स्की (Леон Троцкий) का क्रांतिकारी, आर्थिक व राजनीतिक सिद्धांत या दर्शन;
dw/lw: **~ist/ ~ite** /त्रोत्स्किस्ट/ त्रोत्स्किआइट/ *Russian* **Троцкист** /त्रोत्स्किस्त/ *US* ट्राःट्स्किस्ट, ट्राःट्स्किआइट/ *n. often derog,* त्रोत्स्किवादी व्यक्ति

trotter /ट्रौटः/ *US* ट्राःटः/ *n.* 1 दुलकी चाल चलने वाला घोड़ा 2 (*usually* **pig's ~s**) सुअर के पैर का मांस

troubadour /ट्रूःबअडॉ(र)/ ट्रूबअडॉः/ *n., hist.* 1 ग्यारहवीं से तेरहवीं सदियों में फ्रांस के दक्षिण में और इटली के उत्तर में रहनेवाले कवि जो आदर्शवादी प्रेम के बारे में कविताएं रचते थे 2 प्रेम कवि या गायक 3 चारण, भाट

trouble /ट्रबल/ *n.* 1 तकलीफ, कठिनाई, दिक्कत, समस्या: go to a lot of ~; have some ~ in reading sb's handwriting; he opened the safe without any ~ 2 (***syn.*** bother) व्याधि, परेशानी, झंझट: the ~ with sb/ sth; the dog was no ~; no ~ at all 3 विपत्ति, मुसीबत, संकट, कष्ट, चिंता: be in ~; get into/ run into ~; give sb ~; he has been through much ~ 4 विपत्ति, मुसीबत का स्रोत: I don't want to be a ~ to you 5 (*usually* **~s**) अशांति, गड़बड़ी, दंगा, उपद्रव: spots of ~ 5 दुःख, क्लेश, बीमारी: his heart was full of ~; life is full of petty **~s**; heart ~; lung ~; mental ~ 6 जोखिम 7 अनबन: have ~ with sb/ sth 8 (***syn.*** bother) परिश्रम, जहमत: save oneself the ~ of doing sth; take (the) ~; he did it to spare you ~; thank you for all your ~ on my behalf; an omelette is no ~ to make 9 (**the Trouble**) गृह-युद्ध (आयरलैंड में) 10 इंजन आदि में खराबी, दोष: engine ~;
v., pt. **~d**, *pp* **troubling** 1 चिंतित हो., दुःखी होना: we must not ~ about small misfortunes; what's **troubling** you? 2 (***syn.*** bother) सताना, कष्ट दे., दुःख दे., तंग क., परेशान क: his wound **~s** him a great deal; he is always **troubling** me about his private affairs 3 हिलाना, घबरा दे., व्यथित या व्याकुल कर दे., दुखाना: his weak knee always **~d** him 4 अशांत या उत्तेजित क. 5 उत्तेजित होना 6 तकलीफ क., कष्ट या जहमत उठाना: he never even **~d** to answer; he didn't even ~ to tell me what had happened 7 से दुख या कष्ट में होना: be **~d** with (asthma) 8 विनम्रतापूर्ण प्रार्थना क.: could I ~ you to open the window a little? 9 समस्या या कठिनाई पैदा क.: the learning of languages never **~d** him much;
dw/lw: **~d** /ट्रबल्ड/ *adj.* 1 परेशान, चिंतित, दुःखी, व्यथित, व्याकुल, संतप्त, त्रस्त: ~d countenance; a ~d look on her face 2 अशांत, उत्तेजित: ~d sky; ~d waters; guided the company through ~d waters; **~free** *adj.* बिना किसी परेशानी के होने या चलने वाला, निरापद; **~maker** *n.* 1 झगड़ा कराने वाला, आग लगाने वाला: he's a mean ~maker – always spreading nasty rumours 2 उपद्रवी, अशांति फैलाने वाला 3 कंटक, लोककंटक, टेढ़ा आदमी; **~shoot** *v., pt.* ~shot, *pp* ~shooting 1 मशीन आदि में खराबी का पता लगाकर उसे ठीक क. 2 समस्या की पहचान करके उसका समाधान क. 3 झगड़ों आदि का (मध्यस्थता द्वारा) निपटारा क.; **~shooter** /ट्रबलशूटः/ *n.* 1 मशीन की खराबी या दोष को पकड़कर उसे ठीक करने वाला मिस्त्री 2 अशांति या गड़बड़ी, दूर करने वाला; **~shooting** *n.* खराबी, दोष या झगड़ा मिटाने या दूर करने की क्रिया; **~shooting** *adj.* खराबी, दोष या झगड़ा मिटाने वाला: ~shooting mission; **~some** /ट्रबलसम/ *adj.* 1 (***syn.*** bother) कष्टप्रद, दुखदायी: ~some situation 2 कष्टदायक, कष्टकर 3 कठिन: ~some problem; ~some matter 4 कष्टदायक, तकलीफदेह: ~some headache/ cough 5 (***syn.*** annoying) ऊधमी, उपद्रवी, उत्पाती, गड़बड़ी करने वाला: ~some child; **~somely** *adv.* कष्टपूर्वक;
collocations: **~ and strife** *cockney rhyming sl.* पत्नी; **~ crew** खराबी ठीक करने वाले कर्मी; **~ man** यांत्रिक खराबी ठीक करने वाला आदमी; **~ spot** *गड़बड़ी* वाला स्थान: Syria has been one of the world's worst trouble spots in recent years;
labour ~ (s) प्रसव पीड़ा;
p&i: **~d families** मुसीबत के मारे परिवार;
ask for/ look for/ seek ~ आ बैल मुझे मार, मुसीबत मोल लेना; **a ~ shared is a ~ halved** दुख बांटने से दुख कम हो जाता है; **be in ~** 1 गर्भवती हो. 2 जेल में बंद हो.; **borrow ~** कल्पित समस्याओं के कारण यानी बेवजह परेशान हो.; **don't trouble ~ until ~ troubles you** नाहक में मुसीबत मोल न लो!; **fish in ~d waters** बहती गंगा में हाथ धोना; **get into ~** 1 गर्भवती हो जा. 2 जेल में डाल दिया जा.; **get sb into ~** किसी अविवाहित स्त्री को गर्भवती क.; **give sb some ~** किसी को कुछ तकलीफ दे.; **go to the ~ of** जहमत उठाना; **look for ~** झगड़ा करने पर उतारू हो.; **man is born unto ~** इंसान दुख-दर्द सहने के लिए पैदा हुआ है; **take (the) ~** कुछ करने का प्रयास क.; **what's the ~?** क्या बात है?

troublous /ट्रबलस/ *adj.* 1 उपद्रवी, उत्पाती 2 तूफानी 3 विक्षुब्ध, अशांत

trough /ट्रौफ/ *US* ट्रॉःफ/ *n.* 1 नांद, कुंडा, गमैण (*Hr.*) 2 आर्थिक मंदी, अवसाद-काल 3 द्रोण, द्रोणिका 4 नाली 5 (***syn.*** turbulence) हवाई गर्त्त, गड्ढा;
p&i: **feed at the public ~** बिना कोई ज्यादा काम वाली, पर अच्छी-खासी तनख्वाह वाली नौकरी; **have one's nose in the ~** बहुत सारा पैसा पाने की कोशिश क.; **peaks and ~s** उतार चढ़ाव; **walk up to the ~, fodder or no fodder** हर हाल में अपनी जिम्मेवारी निभाना

trounce /ट्राउंस/ *v., pt.* **~d**, *pp* **trouncing** 1 पछाड़ दे., हरा दे.: Australia **trounced** India three nil 2 पीटना, पिटाई क., धुनाई क., सजा दे., कटु आलोचना क., फटकारना;
dw/lw: **trouncing** *n.* पछाड़, पिटाई, धुनाई

troupe /ट्रूप/ *n.* अभिनेताओं या कलाकारों की मंडली, दल;
dw/lw: **~r** /ट्रूपः/ *n., pl.* **~s** 1 मंडली का सदस्य 2 अभिनेता या कलाकार

trouser /ट्राउजः/ *v. pt.* **~ed**, *pp* **~ing** (***syn.*** pocket) बहुत सारा पैसा लेना या हड़पना

trousers /ट्राउजःज/ (*also US* **pants**) *n., [pl.]* 1 पतलून 2 पैंट;
adj. पतलून संबंधी;

collocations: **trouser suit** *UK* (*US* **pant suit**) औरतों का पहनने का सूट;
p&i: **be/ get caught with one's ~ down** *colloq.* रंगे हाथों पकड़े जा.; **wear the ~** *colloq.* घर का मुखिया हो.

trousseau /ट्रूसो/ *n., pl.* **trousseaux** /ट्रूसो/ *or* **trousseaus** /ट्रूसोज/ दुल्हन के व्यक्तिगत परिधानों आदि का संग्रह, दुल्हन का साजो-सामान

trout /ट्राउट/ *n., pl.* **trout/ trouts** 1 नदी में पाये जाने वाली एक प्रकार की मछली 2 *derog.* दूसरों के मामलों में टांग अड़ाने वाला बेहूदा, बेढब व्यक्ति

trouvère/ trouveur /ट्रूवेअः/ ट्रूवअः/ *n., Fr.* चारण, दरबारी प्रेम का किस्सा-गोह कवि

trove *see* **treasure-trove**

trover /ट्रोवअः/ *n.* क्षतिपूर्ति का मुकदमा: action of ~

trowel /ट्राउल/ *n.* 1 करनी, कन्नी 2 खुरपी 3 पाटा 4 खुरपा, खुरपी 5 कन्नी;
v. *pt.* **~ed**, *pp* **~ing** 1 खुरपी आदि का प्रयोग क. 2 भद्दे तरीके से चाटुकारिता क.;
dw/lw: **~-fair/ ~-town** *n.* बिखराव, हो-हल्ला; **~ing** *n.* कन्नीयन;
p&i: **lay it on with a ~** बढ़ा-चढ़ाकर या चाटुकारितापूर्वक प्रस्तुत क.

troy /ट्रॉइ/ *n.* (*in full* **~ weight**) 1 हीरे-जवाहरात को तौलने में प्रयुक्त वजन की इकाई (12 औंस) 2 ट्राय प्रणाली

TRP *abbr.* 'television rating points' की प्रथमाक्षरी

TRQ *abbr.* 'tariff rate quota' की प्रथमाक्षरी

TRR *abbr.* 'today's radio report' की प्रथमाक्षरी

TRS *abbr.* 'Travel Related Services' की प्रथमाक्षरी

TRSSGM *abbr.* 'Tactical-Range Surface-to-Surface Guided Missile' की प्रथमाक्षरी

TRU *abbr.* 'Tax Research Unit' की प्रथमाक्षरी

truance /ट्रूअंस/ *n.* कर्त्तव्य-त्याग

truant /ट्रूअंट/ *n.* 1 स्कूल या नौकरी आदि से बिना अनुमति के गायब रहने वाला व्यक्ति 2 नागा करने वाला आदमी: play ~;
adj. 1 नागा करने वाला 2 कामचोर, कर्त्तव्य-त्यागी 3 आलसी 4 आवारा;
dw/lw: **truancy** /ट्रूअंसि/ *n.* बिना अनुमति के गैर-हाजिर रहने की क्रिया या प्रवृत्ति;
collocations: **~ officer** विद्यार्थियों के अनुपस्थित रहने के कारणों का पता लगाने वाला अधिकारी;
p&i: **play ~** *UK* बिना छुट्टी लिए स्कूल से अनुपस्थित रहना

truce /ट्रूस/ *n.* 1 अस्थायी शांति संधि: a twelve hours ~; agree/ call/ offer a ~ 2 युद्ध-विराम संधि: ~ of God (चर्च के प्रयत्नों से होने वाला युद्ध-विराम) 3 युद्ध विराम: the flag of ~ 4 विराम: a fragile/ uneasy ~; a ~ between sb and sb; a ~ with sb 5 आराम, राहत: ~ to one's pain;
p&i: **let there be a ~ to that!** बहुत हो गया, अब बंद करो!

truck /ट्रक/ (*also UK* **lorry**) *n.* 1 ट्रक, लॉरी: ~ standing/ ~ station 2 *Br.* ऊपर से खुला रेलवे माल-डिब्बा 3 रेलवे पहियों वाला ऐसा ढांचा जिस पर माल-डिब्बा टिकाया जाता है 4 कोई भी पहियों वाला ठेला 5 स्केटिंग के पहिए 6 लेन-देन, व्यवहार, वास्ता: have no ~ with anybody 7 अदला-बदली, वस्तु-विनिमय 8 कचरा, रद्दी चीजें: clear all the ~ from the floor 9 बकवास: I shall stand no ~;
v.*, pt.* **~ed**, *pp* **~ing** 1 (***syn.*** barter) विनिमय क., आदान-प्रदान क., अदला-बदली क.: they **~ed** for tobacco with soldiers 2 ट्रक में लादना और ले जाना 3 लेन-देन क., वास्ता रखना: have no ~ with sb/ sth 4 ट्रक-चालक का काम क.;
dw/lw: **~age** /ट्रकिज/ *n.* 1 ट्रक से माल की ढुलाई 2 ट्रक भाड़ा; **~er** *n. US* ट्रक चालक; **~ing** /ट्रकिंग/ *n.* ट्रक से ढुलाई का धंधा; **~ing** *adj.* ट्रक का/ के/ की: ~ing industry; ~ing strike; **~load** *n.* ट्रक-भार;
collocations: **~ crops** घरेलू बागबानी की फसलें; **~ system** 1 जिंस-अदायगी-पद्धति 2 लेन-देन, व्यापार, संबंध, वास्ता 3 बिक्री का छिटपुट सामान 4 अनाप-शनाप; **~ farm** साग-सब्जी फार्म; **~ stop** ट्रक अड्डा, ट्रक ढाबा;
p&i: **have no ~ with anybody** किसी से कोई वास्ता न रखना

truckle /ट्रकल/ *v., pt.* **~d**, *pp* **truckling** 1 झुक जाना, दब जाना 2 जी हुजूरी क., ठकुरसुहाती क.: too proud to ~ to a superior; ~ to (के तलवे सहलाना);
n. **~-bed** पहिएदार नीचा पलंग;
dw/lw: **~r** /ट्रकलः/ *n.* दब्बू व्यक्ति, जी-हुजूरिया, चापलूस

trucu\lent /ट्रक्यु\लंट/ *adj.* 1 तुनुकमिजाज 2 उग्र, आक्रामक 3 लड़ाका, धौंसिया 4 क्रूर, बर्बर 5 बदतमीज;
dw/lw: **~lence** /~लंस/ (*also* **~lency** /~लंसि/) *n.* 1 क्रूरता, बर्बरता 2 उग्रता, आक्रामकता 3 झगड़ालूपन4 तुनुकमिजाजी

trudge /ट्रज/ *v., pt.* **~d**, *pp* **trudging** 1 थके-मांदे और बोझिल कदमों से धीरे-धीरे चलना: ~ along/ through/ up, etc. 2 पैर घसीटकर चलना, घिसटकर चलना: **~d** through the snow 3 तय या बताई गई दूरी को थकते-हांफते (धीरे-धीरे) पूरा क.;
n. लंबी, थकाकर चूर कर देने वाली चाल

true /ट्रू/ *adj.* 1 सत्य, सच 2 सच्चा, निष्कपट, ईमानदार 3 सही, ठीक: a ~ sign of rain; ~ altitude; ~ pair of scales 4 यथातथ्य, तद्रूप, हूबहू: be ~ to type (खरा); behaved ~ to type; the photograph doesn't give a ~ idea of the size of the building 5 विशुद्ध, चोखा, खरा: ~ scholar; ~ son of his race 6 वास्तविक, असली, अकृत्रिम: ~ grief; the spider is not a ~ insect 7 अकूट, अचूक 8 (***syn.*** loyal, dependable) भरोसेमंद, विश्वसनीय, निष्ठावान, पक्का: be ~ to sb/ sth; ~ to one's principles/ to one's word; a ~ friend; ~ to one's friends 9 वैध, असली: ~ heir; ~ market value 10 सही स्थिति में, स्थिर, दृढ़: as ~ as steel;
adv. 1 सही, सही रूप से: his words ring ~; aim ~ 2 ईमानदारी से: breed ~ (नस्ल की विशुद्धता बनाए रखना) 3 (***syn.*** certainly) निश्चित रूप से: **true**, she isn't very happy here 4 सच्चे रूप में 5 स्वर में सही 6 पूर्वजों के अनुरूप;
n. सच्चाई, सत्य, विशुद्धता, विश्वसनीयता;
v.*, pt.* **~d**, *pp* **truing** यंत्र को सही स्थिति में लगाना;
dw/lw: **~-blue** /ट्रू-ब्लू/ *adj.* 1 पक्का 2 सच्चा 3 बिल्कुल वफादार, निष्ठावान, एकनिष्ठ 4 कट्टर पुरातन प्रेमी, रूढ़िवादी; **~-blue** *n.* 1 कट्टर पुरातन प्रेमी व्यक्ति 2 *Br.* ब्रिटेन में अनुदार दल (Conservative Party) का कट्टर समर्थक; **~born** /ट्रूबॉःन/ *adj.* सही नस्ल का: ~-born Scotch terrier; **~-bred** *adj.* विशुद्ध प्रजनित; **~hearted** /ट्रूहाःटिड/ *adj.* वफादार, निष्ठावान, सच्चा, ईमानदार; **~ness** *n.* सत्यता, सच्चाई;
collocations: **~-life story** सच्ची कहानी; **~ love** 1 प्रेयसी, प्रेमी, प्रेमिका 2 सच्चा प्यार; **~ north** उत्तरी ध्रुव की दिशा; **~ rib** छाती की हड्डी से जुड़ी पसली; **the ~ time** सूर्य-घड़ी द्वारा द्योतित समय;
p&i: **~ as I stand here** बिल्कुल सही; **~ blue will never stain** नेक आदमी कभी बुरा काम नहीं कर सकता; **~ praise roots and spreads** सच्ची तारीफ दूर-दूर तक फैलती है; **~ sincerity sends for no witnesses** सच्ची निष्ठा को साक्षी की जरूरत नहीं, सांच को आंच कहां; **~ to form** आपेक्षित मापदंडों के अनुसार खरा; **~ to life** यथातथ्य, हूबहू; **~ to one's salt** नमक हलाल;
be true to one's word वायदे का पक्का हो.; **come ~** सच सिद्ध हो.; **out of ~** असंतुलित, अस्थिर, जो ठीक से स्थापित या निर्धारित न हो.; **ring ~** सही दिखना; **sb's ~ colours** किसी का असली रूप; **too good to be ~** इतना अच्छा नहीं जितना कि वह लगता है; **twelve good men and true** ज्युरी के भरोसेमंद

सदस्य

truffle /ट्रफ्ल/ *n.* 1 एक प्रकार की चाकलेटी मिठाई 2 कवक, गुच्छी

trug /ट्रग/ *n., Brit* 1 आयताकार टोकरी 2 कठौती, कठौत, कठौता

tru\ism /ट्रूइज्म/ *n.* 1 सत्यकथन, सच्ची बात 2 स्वयंसिद्धि 3 घिसी-पिटी बात, सामान्योक्ति, सपाट बात;
dw/lw: **~istic** *adj.* स्वयंसिद्ध, घिसा-पिटा

trull /ट्रल/ *n.* वेश्या

truly /ट्रूलि/ *adv.* 1 सचमुच, सच में: be ~ happy 2 असल में, वस्तुतः, वास्तव में, वाकई में: I am ~ grateful to you; a ~ good man; a ~ beautiful picture 3 (***syn.*** honestly) ईमानदारी से: tell me ~ what you think 4 सही-सही, ठीक-ठीक: represent ~ 5 ठीक ढंग से 6 निष्ठापूर्वक: serve sb ~ 7 वैध रूप से 8 सही-सही कहा जाए तो...;
p&i: **yours ~** भवदीय, आप का ही; **~, I am puzzled** सच में, मैं हैरान हूं

trumeau /ट्रूमो/ *n., pl.* **trumeaux** /ट्रूमोज/ पत्थर का स्तंभ या दीवार का भाग जो दरवाजे को अलग करता है

trump /ट्रंप/ *n., pl.* **~s** 1 (**~ card**) रंग का पत्ता 2 (**~s**) रंग (ताश में): play a ~ 3 गुप्त बढ़त 4 निर्णायक चाल 5 अकाट्य युक्ति 6 भरोसेमंद, बढ़िया आदमी: does Trump seem to be a real ~? 7 *old, use, poetic* तुरही, तूती;
v., *pt.* **~ed**, *pp* **~ing** 1 रंग का पत्ता चलना, तुरुप चलना 2 रंग के पत्ते से काट दे. 3 आश्चर्यजनक ढंग से हरा दे., बेहतर हो. 4 मारना;
dw/lw: **~ed-up** *adj.* झूठा, मिथ्या, जाली
collocations: **~ ace** तुरुप का इक्का; **~ card** तुरुप का पत्ता, सर्वोत्तम साधन या युक्ति; **~ suit** तुरुप का रंग; **~ call** कयामत के दिन (the day of Judgement) मृत व्यक्ति को जगाने के लिए तुरही की आवाज;
p&i: **~ sth up** 1 झूठा गढ़ना, झूठी गवाही या आरोप गढ़ना 2 (बहाना) बनाना; **come up/ turn up ~s** *colloq.* 1 कठिन स्थिति में अचानक काम आना 2 अपेक्षा से बेहतर सिद्ध हो. 3 सफल हो.; **have all the ~s in one's hand** जीतने की स्थिति में हो., सारी चालें किसी के हाथ में हो.; **he behaved like a regular ~** उसने बढ़िया प्रतिक्रिया दी; **play the last ~/ the ~ of doom** अंतिम चाल, ब्रह्मास्त्र दागना; **put sb to (his) ~s** 1 किसी को उसकी आखिरी चाल चलने के लिए मजबूर क. 2 किसी को कठिन स्थिति में फंसा दे.; **turn up ~s** 1 सब कुछ ठीकठाक हो जा. 2 कठिन समय पर मदद क.

trumpery /ट्रंपरि/ *n., pl.* **trumperies** 1 भड़कीले पर बेकार कपड़े-लत्ते, टूम-टाम या अन्य वस्तुएं 2 रद्दी, बकवास 3 अनाप-शनाप
adj. झूठा, नकली: ~ ornaments; ~ furniture; ~ arguments

trumpet /ट्रंपिट/ *n.* 1 तुरही, तूर्य 2 भोंपू 3 तूर्यनाद 4 हाथी की चिंघाड़ 5 मेगाफोन;
v., *pt.* **~ed**, *pp* **~ing** 1 तुरही बजाना 2 घोषित क., ढिंढोरा पीटना: the radio **~ed** the news all over the world 3 हाथी का चिंघाड़ना;
dw/lw: **~-call** *n.* 1 भोंपू की आवाज 2 आह्वान; **~er** /ट्रंपिटः/ *n.* तुरही बजाने वाला, तूर्यवादक; **~ing** *n.* 1 तुरही या भोंपू की आवाज 2 हाथी की चिंघाड़; **~ing** *adj.* तुरही जैसी आवाज वाला; **~-like** *adj.* तुरही-जैसा;
collocations: **~er swan** तेज आवाज में चिंघाड़ने वाली सारस;
p&i: **be one's own ~er = blow one's own ~** अपने मुंह मियां मिट्ठू बनना, स्वयं अपनी प्रशंसा क.

trunca\te /ट्रंकेट/ *v., pt.* **~ted**, *pp* **~ting** 1 सिरे (छोर, अग्र, चोटी) को काटकर छोटा क., छांटना, छांगना (*Hr.*), रुंडित क. 2 अति संक्षिप्त क. 3 विकृत क., बिगाड़ना;
dw/lw: **~te** (*also* **~ted**) *adj.* आयताकार कटा (पेड़ का पत्ता); **~ted** /ट्रंकेटिड/ *adj.* 1 जिसका सिरा कटा हो, रुंडित, लूनाग्र 2 विकृत: gave a ~ted version of his lecture 3 खंडित, विच्छेदित; **~tion** /ट्रंकेशन/ *n.* 1 सिरे की कटाई, रुंडण 2 विच्छेदन 3 काट-छांट 4 संक्षेपण 5 विकृति

truncheon /ट्रंचिअन/ *UK* (*US* **nightstick**) *n.* 1 सिपाही या पुलिस वालों का डंडा 2 लाठी, गदा 3 सत्ता-द्योतक सोटी या डंडा

trundle /ट्रंडल/ *v., pt.* **~d**, *pp* **trundling** ठेलना, ठेला आदि पर रखकर लडखड़ाते हुए लुढ़काना, धकेलना, लुढ़कना;
n. 1 लुढ़कने या लुढ़काने की क्रिया 2 पहिया 3 रोलर, बेलन 4 छोटा पहिया 5 छोटे पहियों वाला ठेला या ट्रक, नीचा ठेला 6 पहियेदार नीचा पलंग

trunk /ट्रंक/ *n., pl.* **~s** 1 पेड़ का तना, कांड. रुंड 2 *US* (*UK* **boot**) कार में सामान रखने की डिक्की 3 हाथी की सूंड 4 संदूक 5 मनुष्य या पशु का धड़ 6 किसी भी चीज का मुख्य भाग 7 मुख्य मार्ग, मुख्य पथ, बड़ी रेल लाइन 8 (**trunks**) पुरुषों का तैराकी जांघिया, घुटन्ना 9 नस, तंतु, कोशिका, वाहिका, धमनियों आदि से बनी शारीरिक संरचना;
dw/lw: **~s** /ट्रंक्स/ *n., [pl.]* 1 (*also* **swimming ~s**) तैराकी की पोशाक 2 पुरुषों का जांघिया;
collocations: **~ call** *Br. old use* लंबी दूरी की टेलीफोनी बातचीत, ट्रंक काल; **~ line** 1 शहरों के बीच मुख्य टेलीफोन लाइन 2 मुख्य रेल लाइन; **~ road** *UK* दो बड़े नगरों के बीच मुख्य सड़क; **~ service** 1 हाईवे संचार 2 नगरों के बीच टेलीफोन संपर्क;
p&i: **live in one's ~s** समय या स्थान अभाव के कारण अपना सामान खोलकर लगा न पाना

trunnion /ट्रनिअन/ *n.* बंदूक आदि घुमाने के लिए टेक

truss /ट्रस/ *n., pl.* **~es** 1 कैंची 2 हर्निया की पेटी 3 फूलों या फलों का गुच्छा 4 पूला, गट्ठर 5 लकड़ी या लोहे के शहतीरों का ढांचा जिनपर पुल, छत आदि टिकाए जाते हैं 6 हर्निया पेटी;
v., *pt.* **~ed**, *pp* **~ing**, *s/he/it* **~es** 1 (*often* **~ up**) कसकर बांधना: the policeman **~ed** (up) the thief with ropes 2 भूनने से पहले मुर्गे की टांगें तथा पंख कसकर बांधना 3 कैंची पर खड़ा क., कैंची लगाना 4 की भुजाएं शरीर से सटा कर बांधना, मुश्कें बांधना 5 लकड़ी या लोहे के शहतीरों के ढांचे पर पुल, छत आदि टिकाना या बनाना;
dw/lw: **~ed** *adj.* कसकर या पूले में बांधा हुआ; **~er** *n.* पूले में बांधने वाला; **~ing** *n.* पूले आदि में बांधने का काम

trust /ट्रस्ट/ *v., pt.* **~ed**, *pp* **~ing** 1 (*usually* **~ sb** or **~ in sb**) पर विश्वास क., पर आस्था रखना: I ~ him as I would ~ myself; ~ sb to do a good job; he is not a man to be **~ed**; you may ~ this account 3 आशा क.: I ~ you had a good journey; **~ing** to receive sb's favourable reply; I ~ this is the book you wanted 4 पर भरोसा क. या रखना: I wouldn't ~ him with my new car; ~ sb to do sth; not to ~ to chance; he may be **~ed** to do the work well 5 (*usually* **~ sth/ sb to sb**) सौंपना, सुपुर्द क., अमानत या धरोहर रखना: **~ed** the children to their grandfather; I ~ my affairs to an experienced lawyer; he may be perfectly well **~ed** with large sums of money;
n. 1 (***anton.*** distrust, mistrust) विश्वास, ईमान, यकीन, ऐतबार: take sth/ sb on ~; have/ put/ repose one's ~ in sb/ sth; we've to take his story on ~; earn/ gain/ win sb's ~; ~ between two people 2 आस्था: he holds a position of great ~; regard sth as a sacred ~ 3 भरोसा, विश्वास: put ~ in the future; betray sb's ~ 4 सुपुर्दगी, जिम्मेवारी उत्तरदायित्व, जिम्मा, कर्तव्य: the child was placed in my ~; the property is not mine it is a ~ 5 धरोहर, थाती, अमानत: he would not desert his ~; I am holding the property in ~ for my nephew 6 आशा: he is our sole ~ 7 उधार: supply goods (up)on ~ 8 आसरा, सहारा, अवलंब 9 न्यास, ट्रस्ट, संगठन, व्यापार संघ;
adj. न्यास से संबंधित: ~ estate; ~ receipt; ~ property; ~ agreement; ~ company;
dw/dw: **~able** /ट्रस्टअबल/ *adj.* विश्वसनीय, विश्वस्त; **~ee**

/ट्रस्टी/ *n., pl.* ~ees 1 न्यासी, ट्रस्टी 2 अधिदेश शासन; **~eeship** /ट्रस्टिशिप/ *n.* न्यासिता, ट्रस्टीशिप: ~eeship agreement; the international ~eeship system; **~ful** *adj.* जिसे (किसी पर) पूरा विश्वास हो; **~fully** *adv.* विश्वासपूर्वक; **~iness** *n.* ईमानदारी; **~ing** /ट्रस्टिंग/ *adj.* दूसरों पर आसानी से विश्वास करने वाला; **~ingly** *adv.* विश्वास करते हुए; **~worthiness** /ट्रस्टवःदिनेस/ *n.* विश्वसनीयता, भरोसेमंदता; **~worthy** /ट्रस्टवःदि/ *adj.* 1 (*syn.* reliable) विश्वसनीय, जिस पर विश्वास किया जा सके 2 विश्वसनीय, विश्वास्य, विश्वस्त 3 भरोसेमंद 4 ईमानदार, सच्चा 5 सही, यथातथ्य, ठीक; **~y** /ट्रस्टी/ *adj., degr.* trustier, turstiest 1 (*syn.* reliable) विश्वसनीय, भरोसे का, ईमानदार 2 वफादार, निष्ठावान: ~y servant; ~y steed;

collocations: **~ fund** न्यास निधि; **~ territory** संयुक्त राष्ट्र संघ द्वारा या उस द्वारा मनोनीत देश द्वारा शासित क्षेत्र; **~ worthy** (*syn.* reliable) भरोसेमंद;

Brain(s) Trust राष्ट्रपति के सलाहकारों का दल, विशेषज्ञों की मंडली;

p&i: **~ as far as one can fling a bull by the tail** जरा भी विश्वास के योग्य न हो.; **~ to luck** भाग्य पर छोड़ दे.; **~ to sth** किसी चीज के भरोसे छोड़ देना;

cestui que ~ फायदा पाने वाला; **in ~** कानूनी तौर पर निर्धारित व्यक्ति की सुपुर्दगी में; **it is an equal failing to ~ everybody and to ~ nobody** सब पर विश्वास क. और किसी पर विश्वास न क. एक ही प्रकार के दोष हैं; **not to ~ sb an inch** किसी पर जरा भी विश्वास न हो.; **take sb on ~** किसी के कहे पर विश्वास कर लेना

truth /ट्रूथ/ *n., pl.* **~s** 1 (**the ~**) सच्चाई, सत्य, सत्यता, सच बात: tell/ speak the ~; discover/ find out/ learn/ uncover the ~ 2 (***anton.*** falsity/ falsehood) सच्ची बात, सत्यता, सच्चापन: general ~; fundamental **~s**; the great **~s** of morals/ of science/ of philosophy; the awful/ honest/ simple ~ 3 निष्कपटता, नेकनीयती 4 वास्तविकता, यथार्थता, असलियत: ~ to nature (जीवन का सत्य); the ~ comes out/ emerges 5 यथातथ्यता, हकीकत 6 ईमानदारी, खरापन, विशुद्धता: doubt a person's ~;

dw/lw: **~ful** /ट्रुथफल/ *adj.* 1 (***syn.*** honest) सत्यवादी, ईमानदार, सत्यनिष्ठ, सच्चा 2 यथार्थपूर्ण, यथातथ्य: ~ful portrait; ~ful portrayal (सच्चा चित्रण); **~fully** *adv.* ईमानदारी से, सच्चाईपूर्वकः; **~fulness** *n.* 1 ईमानदारी, सत्यशीलता, सत्यवादिता, सत्यनिष्ठता 2 यथातथ्यता; **~less** *adj.* 1 बेईमान, झूठा 2 असत्य, मिथ्या, झूठा;

collocations: **~ drug/ ~ serum** सच बुलवाने वाली दवा; **God's (honest) ~** सोलह आने सच; **scientific ~s** सत्य वैज्ञानिक धारणाएं; **Sunday-school ~** स्वयंसिद्ध सत्य, घिसी-पिटी बात;

p&i: **~ and roses have thorns** सच कड़वा होता है; **~ lies at the bottom of a well** सच्चाई गहराई में पैठने से मिलती है; **~ is stranger than fiction** वास्तविकता मनगढ़ंत बातों से कहीं ज्यादा विचित्र है; **~ will out** सच्चाई कभी नहीं छिपाई जा सकती; **~ will prevail** सत्य की जीत होगी;

if the ~ be known/ told यदि सच्चाई का पता चल जाए तो...; **in ~** असल में; **nothing can be further from ~** सच से परे और कई बात नहीं हो सकती, बिल्कुल झूठ; **out of ~** गलत; **say/ speak/ tell the ~ and shame the devil** सारी सच्चाई बता दे.; **tell/ say the ~** सच बोलना; **the ~ about sb/ sth** किसी के बारे में या किसी बात की सच्चाई; **the bitter ~** कड़वा सच; **the ~ shows best being naked** खुला सच सुंदर होता है; **the naked ~** साफ दिखने वाला सच; **to tell the ~/ ~ to tell** सच कहा जाए तो; **to tell the ~, I really can't stand her** सच कहूं तो मैं उसे सहन नहीं कर सकता

try /ट्राइ/ *v., pt.* **tried**, *pp* **~ing**, *s/he/it* **tries** 1 कोशिश क., प्रयास क.: ~ to come earlier; ~ one's best 2 (चखकर) स्वाद देखना: I've never **tried** this dish before 3 जांचना 4 आजमाना: ~ one's fortune/ one's luck; did you ~ this key? 5 परीक्षण क.: each machine is **tried** before it leaves the shops; the strength of the rope must be tried before it is used 6 मुकदमा चलाना, न्यायिक जांच क.: ~ a case; ~ a criminal; sb **tried** for murder 7 गवाही आदि के सभी दस्तावेजों की जांच पड़ताल और विचार करके फैसला क., न्याय क. 8 परेशान क., तंग क., दुःख दे.: he has been very sorely **tried** 9 धैर्य या शक्ति आदि की सीमा की परीक्षा लेना: ~ sb's patience; ~ how far you can jump; it **tries** the eyes to read in a bad light 10 शोधना 11 चिकनाना, रंदना;

n.**, pl.* **tries** 1 (syn.*** attempt) प्रयास, चेष्टा: have/ make a ~ at/ for/ to do sth; he had two **tries** and failed each time 2 प्रयोग द्वारा परीक्षण या अजमाइश: give sth a ~ 3 रगबी खेल में स्कोर बनाने का एक तरीका;

dw/lw: **~-and-buy** *adj.* परीक्षण करके खरीदा जाने वाला; **triable** /ट्रायबल/ *adj.* 1 जिसका परीक्षण किया जा सके 2 जिस पर मुकदमा चलाया जा सके; **trier** /ट्रायः/ *n.* परीक्षण करने वाला, परखने वाला; **~-on** *n.* (**~-ons**) *Br. colloq.* 1 धोखा देने की कोशिश 2 किसी के धैर्य की परीक्षा लेने का प्रयास; **~-out** *n., pl.* **~s** *colloq* परीक्षण, पूर्व-परीक्षा; **~-out** *adj.* पूर्वपरीक्षणात्मक; **~ing** /ट्राइइंग/ *adj.* 1 कष्टसाध्य, कष्टकर, क्लेशकरः ~ing journey; work that is ~ing to the eyes 2 कठिन (समय आदि): ~ing situation/ time 3 दुःखद, दुःखदायी 4 क्लांतिकर, थकाऊ 5 टेढ़ा, पेचीदा, जटिल: ~ing person to deal with 6 अरुचिकर: ~ing to the temper; **~-square** *n.* गुनिया;

p&i: **~ back** गलती पाकर फिर से परखना; **~ for** 1 कोशिश क. 2 किसी चीज को ढूंढ़ना या उसे प्राप्त करने की कोशिश क.; **~ it on** टालने की कोशिश क.; **~ it on the dog** कुत्ते पर खाने आदि का परीक्षण क.; **~ on** किसी को कोई पोशाक पहनाकर परखना, पहन कर देखना; **~ one's hand at sth** पहली बार कोई काम करके देखना; **~ one's level best** कोई कसर न छोड़ना; **~ one's luck/ fortune at sth** किसी कार्य में अपनी किस्मत आजमाना; **~ out** परीक्षण क., बारीकी से जांच क.; **~ sb's patience** किसी के धैर्य की परीक्षा लेना; **~ to come it over sb** रोब झाड़ना; **~ to fly without wings = ~ to make a silk purse out of sow's ears** अनहोनी बात करने की कोशिश क., शेखचिल्ली हो.;

not for want or **lack of ~ing** ऐसा इस लिए नहीं हुआ क्योंकि कोशिश नहीं की ..., असफलता प्रयास के अभाव के कारण नहीं मिली, बल्कि ...

trypanosomiasis /ट्रिपअनअसोमाइसिस/ *n.* निद्रा रोग

trypsin /ट्रिप्सिन/ *n., biochem.* एक पाचक ऐंजाइम (किण्वक)

tryptophan/ tryptophane /ट्रिपटोफैन/ ट्रिपटोफेन/ *n., biochem.* प्रोटीन में मिलने वाला अमीनो अम्ल जैसा आवश्यक तत्त्व

trysail /ट्राइसअल/ *n.*तूफानी मौसम में प्रयोग किया जाने वाला व आगे-पीछे लगाया जाने वाला पाल

tryst /ट्रिस्ट/ ट्राइस्ट/ *n.* 1 प्रेमियों का गुप्त मिलन 2 (*also* **~ing-place**) मिलन-स्थल, अभिसार-स्थल 4 पूर्वनिश्चित भेंट 5 पशु-मेला;

***v.**, pt.* **~ed**, *pp* **~ing** 1 (*usually* **~ with**) प्रेम-मिलन निश्चित क. 2 प्रेम-भेंट के लिए आना

tsar\/ **czar/ tzar** *UK* (*UK/US* **czar**) /त्सार/ जाः/ (*Russian* **царь** /त्सार/) *n. hist.* 1 रूसी सम्राट 2 निरंकुश एवं निष्ठुर शासक, तानाशाह 3 जालिम व्यक्ति, अत्याचारी, आततायी;

dw/lw: **~dom** /त्सारडम/ *n.* रूसी साम्राज्य; **~evitch** *Russian* **царевич** /त्सारेवित्च/ *n., pl.* **~~evitches** जार जादा, जार-पुत्र; **~evna** *Russian* **царевна** /त्सारेवना/ *n., pl.***~evna** जारजादी, जार-पुत्री; **tsarina/ czarina** *Russian* **царина**

/त्सारिना/ जारिना/ *n., pl.* ~s *hist.* रूसी सम्राज्ञी; **~ism** *Russian* **царизм** /त्सारीज्म/ *n.* रूसी साम्राज्य, जारशाही; **~ist** *Russian* **царист** /त्सारिस्ट/ *n.* त्सारवादी, जारवादी व्यक्ति

TSD *abbr.* 'time-speed-distance' की प्रथमाक्षरी

tsetse /त्सेत्सि/ (*in full* **tsetse fly**) *n.* अफ्रीकी मक्खी

TSG *abbr.* 'Technical Support Group' की प्रथमाक्षरी

T-shirt /टी-शःट/ (*also* **tee shirt**) *n.* '**T**' आकार की आधी बाजुओं की कमीज, टीशर्ट

TSIOS *abbr.* 'Tashkent State Institute of Oriental Studies' की प्रथमाक्षरी

TSL *abbr.* 'The Secret Lab' की प्रथमाक्षरी

TSP *abbr.* 'Total Solution Provider', 'Tribal Sub-Plan Strategy' की प्रथमाक्षरी

tsp *abbr., pl.* **tsps** 'teaspoonful' का छोटा रूप

T-square /टी-स्क्वेअः/ *n.* '**T**' आकार की पटरी या रूलर

TSR *abbr.* 'toxic shock syndrome' की प्रथमाक्षरी

TSSINSR *abbr.* 'T.S. Srinivasan Institute of Neurological Science and Research' की प्रथमाक्षरी

TSU *abbr.* 'Tear-Smoke Unit' की प्रथमाक्षरी

tsunami /सुनामी/ *n., pl.* **~s** 1 (***syn.*** tidal wave) त्सुनामी 2 विकराल समुद्री तूफान

TSV *abbr.* 'tobacco streak virus' की प्रथमाक्षरी

TT *abbr.* 1 'teetotal', 'teetotaller' 'tonnage tax', 'Tourist Trophy', 'Trade Tax', 'tuberculin-tested' की प्रथमाक्षरी 2 'Trinidad and Tobago' का अंतर्राष्टीय वाहन पंजीकरण कोड (**IVR**)

TTE *abbr.* 'Travelling Ticketing Examiner' की प्रथमाक्षरी

TTF *abbr.* 'Travel and Tourism Fair' की प्रथमाक्षरी

TTFI *abbr.* 'Table Tennis Federation of India' की प्रथमाक्षरी

TTI *abbr.* 'Technical Teachers' Training Institute' की प्रथमाक्षरी

TTL *abbr.* 'Tata Tea Limited', 'Tata Technologies', 'Tata Teleservices', 'through-the-lens' की प्रथमाक्षरी

TTPS *abbr.* 'Talcher Therma Power Station' की प्रथमाक्षरी

TTTI *abbr.* 'Technical Teachers' Training Institute (Bhopal)' की प्रथमाक्षरी

TU *abbr.* 'Trade Unions' की प्रथमाक्षरी

tub /टब/ *n.* 1 टब, नांद, कठौत, कंडाल: a ~ of water 2 खाना रखने का बर्तन 3 *US* (*UK* **bath**) स्नान: take/ have one's ~; a cold ~ would do him good 4 (*in full* **bathtub**) नहाने का टब: jumped into his ~ 5 बाल्टी, डोल 6 भद्दी लड़खड़ाती नाव: fixed ~; old ~ 7 कोयला ढोने का खुला ठेला 8 (**a tubful**) आइस्क्रीम का डब्बा: ate a whole ~ of ice-cream himself;
v., pt. **~bed**, *pp* **~bing** 1 टब में नहाना 2 टब में बंद क. 3 नौका खेना 4 गमले में लगाना 5 दीवार पर तख्ते या टीन आदि की चादरें लगाना;
dw/lw: **~-thumping** *n.* ऊंचा-ऊंचा बोलकर उग्र ढंग से विचार रखने की क्रिया; **~-thumping** *adj.* कोलाहलपूर्ण व उग्र;
p&i: **every ~ must stand on its own bottom** हर किसी को अपना ख्याल खुद रखना चाहिए; **throw out a ~ to the whale** अपने ऊपर से प्रतिपक्षी का ध्यान हटाना

tuba /ट्यूबा/ *n., pl.***~s** 1 एक प्रकार का फूंक मारने से बजने वाला संगीत वाद्य 2 इस वाद्य का वादक 3 नलिका, नली

tubal /ट्यूबल/ *adj.* 1 नली, नलाकार 2 डिंब वाहिनी: ~ pregnancy (डिंब वाहिनी सगर्भता)

tub\by /टबि/ *adj., degr.* **~bier**, **~biest** *colloq.* 1 (***syn.*** stout) गोल-मटोल, मोटा 2 टब-सा

tube /ट्यूब/ *n.* 1 नाली 2 नली, नलिका: glass/ metal ~ 3 टोंटी, नल 4 (**the Tube**) भूमिगत रेल, सुरंग रेल, मेट्रो: the ~ train 5 चोगा 6 शरीर की वाहिका: bronchial **~s** 7 दंत-मंजन (paste) आदि की ट्यूब 8 कथोड रे (cathode ray) ट्यूब, इलेक्ट्रोड लैंप 9 टेलीविजन सेट 10 *surfing* तरंगों के बीच रिक्त स्थान 11 टायर (tyre) के अंदर की ट्यूब 12 अत्यंत मूर्ख व्यक्ति 13 तोप की नाली: ~ mill; ~ mount;
v., pt. **~d**, *pp* **tubing** 1 नाली लगाना 2 ट्यूब में बंद क. 3 नाली-सा आकार दे. 4 *colloq.* मेट्रो से यात्रा क.: he had to ~ it;
dw/lw: **~less** *adj.* बिना ट्यूब का (विशेषकर बिना ट्यूब का टायर); **~well** *n.* नल-कूप, बोर-वैल: ~-well operator; **tubing** /ट्यूबिंग/ *n.* 1 लंबी ट्यूब, नलिका 2 नल-तंत्र;
p&i: **go down the ~s** बुरी तरह असफल हो जा., तबाह हो जा.

tubectomy /ट्यूबेक्टमि/ *US* टुबेक्टमि/ (*also* **salpingectomy**) *n., pl.* **tubectomies** *surg.* महिला नसबंदी

tuber /ट्यूबः/ चूबः/ *n.* 1 कंद 2 *anat.* गुमटा, गांठ

tubercle /ट्यूबःकल/ *US* टूबःकल/ *n.* 1 गुमटा, गुलिका, यक्ष्मिका 2 फेफड़े पर गांठ या गुमटा (क्षयरोग का कारण);
collocations: **~ bacillus** क्षयरोग पैदा करने वाला दंडाणु या जीवाणु

tuber\cular /ट्यूबःक्यु\लः/ (*also* **~culous** /~लस/) *adj.* 1 क्षय-संबंधी 2 क्षयग्रस्त, क्षय से पीड़ित 3 गुलिकीय 4 जिसके फेफड़े पर गांठ हो

tubercula\te /ट्यूबःक्युलेट/ *US* टुबःक्युलेट/ *adj.* गांठों या फोड़ों से ग्रस्त

tuberculin /ट्यूबःक्युलिन/ *n.* क्षयरोग जीवाणु से निकला द्रव जिसे क्षयरोग परीक्षण के लिए प्रयोग किया जाता है;
dw/lw: **~-tested** (*abbr.***TT**) क्षयरोग जीवाणु से मुक्त या ग्रस्त दर्शाने वाला परीक्षण

tuberculoid /ट्यूबःक्युलॉइड/ *adj.* गुलिकाभ

tuberculosis /ट्यूबः\क्युलोसिस/ *US* टूबः\क्यलोसिस/ *n.* (*abbr.,* **TB**) तपेदिक, क्षय, क्षयरोग, यक्ष्मा;
dw/lw: **tuberculous** *adj.* = **tubercular** /~क्युलः/ क्षय-रोग से ग्रस्त
collocations: **pulmonary ~** (formerly **consumption** or **scrofula**) फेफड़ों को प्रभावित करने वाला क्षय

tuberculum /टयूबःक्यूलम/ *n.* गुलिका

tubero\se /टयूबअरोस/ *n.* 1 कंद 2 गांठदार जड़ों वाला पौधा;
dw/lw: **~sity** /टयूबरॉसिटि/ *n.* अस्थिप्रोत्थ, गंडक; **~us** /ट्यूबअरस/ *adj.* गांठदार, कंदिल

tube-well *see above under* **tube: *dw/lw***

tubing *see above under* **tube: *dw/lw***

tub-thump\er *n., colloq.* धुआंधार वक्ता या प्रचारक;
dw/lw: **~ing** *adj.* धुआंधार वक्तृता संबंधी; **~ing** *n.* धुआंधार वक्तृता

tubu\lar /ट्यूब्युलः/ *adj.* 1 नलिका से बना 2 नलिका-आकार;
dw/lw: **~le** /ट्यूब्यूल/ *n.* जानवर या पौधे की नलिका; **~lated** /ट्यूब्यूलेटिड/ *adj.* 1 नलिकाकार 2 नलिका-युक्त, नलयुक्त;
collocations: **~lar bells** घंटे की तरह बजने वाला वाद्य

TUC *abbr.* 'Trades Union Congress' की प्रथमाक्षरी

tuck /टक/ *v., pt.* **~ed**, *pp* **~ing** 1 (**~ sth into/ behind/ under, etc.**) किसी चीज को किसी अन्य चीज या स्थान में डालना: **~ed** the note into the envelope; **~ed** her hair under her hat; ~ a letter/ a handkerchief into one's pocket; she **~ed** the baby in bed 2 संभालकर या छिपाकर रखना: ~ sth behind/ under/ in, etc. 3 (ऊपर) चढ़ाना, मोड़ना: he **~ed** up his shirt-sleeves; sit with one's legs **~ed** under one 4 चुन्नट डालना 5 तह लगाना, क्रीज या सिलवट बनाना 6 उभड़न सिलाई क. 7 समेटना: she **~ed** the ends of her hair into her bathing-cap 8 लपेटना: ~ sb in/ up 9 सिकुड़ना, सिकोड़ना 10 ठूंसना, भकोसना;
n. 1 तह 2 परत 3 चुन्नट 4 (*in full* **~ position**) उकड़ू बैठने की मुद्रा 5 स्कूल का खाना, मिठाई आदि 6 सिलवट: make a ~ in sleeves 7 उभड़न सिलाई 8 शिकन 9 झुर्रियां या चर्बी दूर करने की

क्रिया: had a tummy ~; take the ~ out of sb;
dw/lw: ~-in *n.* बड़ी-सी दावत; ~-**pointing** *n.* उभरी टीप;
collocations: ~ **box** खाने का डिब्बा; ~**ed up** 1 खिंचा हुआ 2 कसा हुआ 3 थककर चूर; ~ **shop** *Br.* मिठाई, केक, पेस्ट्री आदि की छोटी-सी दुकान;
p&i: ~ **in** (*also* ~ **into sth**) *colloq.* बच्चे को ओढ़नी में अच्छी तरह लपेटकर बिस्तर में सुलाना; ~ **sb up** अपने को अच्छी तरह कंबल आदि में लपेट ले.; ~ **sth away** *colloq.* 1 मजा ले-लेकर भारी मात्रा में खाना 2 अच्छी तरह छिपाकर रखना; ~ **sth up** मोड़कर रखना: ~ed her legs up;

tucker /टकअः/ *n.* 1 चुन्नट डालने वाला व्यक्ति या मशीन 2 खाना, मिठाई 3 *Austral., sl.* सोना निकालने वाले का दिनभर का राशन 4 खाना, खाद्य पदार्थ: earn/ make one's ~**er**;
v., pt. ~**ed**, *pp* ~**ing** थकाकर चूर कर दे.;
dw/lw: ~**bag**/ ~**box** *n., Austral. & NZ* खाने का बक्सा या बैग;
collocations: **best bib and** ~ *colloq.* सबसे बढ़िया कपड़े

tucket /टकिट/ *n.* तूर्य-नाद, बिगुल

Tudor /ट्यूडः/ *US* टूडः/ *adj.* 1 इंग्लैंड में 1485 से 1603 तक राज करने वाले ट्यूडः घराने से संबंधित 2 अंग्रेज इतिहास के इस वंश के काल से संबंधित यानी हेनरी VII (Henry VII) और हेनरी VIII (Henry VIII), एडवर्ड VI (Edward VI), मेरी I (Mary I) और एलिजाबेथ I (Elizabeth I) के कालों से जुड़ा हुआ 3 इस काल की भवन-निर्माण कला का द्योतक;
n. हाउस आव ट्यूडर (House of Tudor) का सदस्य;
dw/lw: **Tudoresque** /ट्यूड्रेस्क/ (*also* **Tudor-style**) *adj.* ट्यूडर शैली का

Tuesday /ट्यूज्डे/ (*abbr.,* **Tue., Tues.**) *n.* मंगलवार: on ~

TUFS *abbr.* 'Technology Upgradation Fund Scheme' की प्रथमाक्षरी

tuff /टफ/ *n.* ज्वालामुखी लावा से बनी चट्टान

tuffet /टफअट/ *n.* घास से ढका एक छोटा-सा टीला या ढेला

TUFS *abbr.* '(Textiles Ministry's) Technology Upgradation Fund Scheme' की प्रथमाक्षरी

tuft /टफ्ट/ *n.* 1 घास, बालों आदि का गुच्छा: a ~ of grass; a ~ of hair; a ~ of feathers 2 रक्त-तंतुओं का गुच्छ, स्तवक;
v., pt. ~**ed**, *pp* ~**ing** 1 गुच्छों में उगना या बढ़ना 2 रजाई, गद्दे आदि के आर-पार सीना;
dw/lw: ~**ed** *adj.* 1 गुच्छेदार 2 गुच्छेदार कलगी वाला (पक्षी): ~ed duck; ~-**hunter** *n.* अमीरों के साथ दोस्ती का लोलुप, अमीर-परस्त; ~**y** /टफ्टि/ *adj., degr.* tuftier, tuftiest गुच्छों में उगने वाला

tug /टग/ *v., pt.* ~**ged**, *pp* ~**ging** 1 (*sometimes* ~ **at**/ **on**) जोर से खींचना, झटके से खींचना, कस कर खींचना: we ~**ged** so hard that the rope broke 2 खसोटना, झटका दे., कचोटना: recollections ~**ged** at his heart 3 रस्से या जंजीर से बांधकर जहाज आदि को खींचना, घसीटना, घसीट लाना;
n. 1 खींचने की क्रिया या कार्य: give a ~ at sth 2 (*also* ~**boat**) जहाज को खींच कर लाने वाली नाव, कर्षनाव 3 भावना का आकस्मिक झटका, खसोट, कचोट: parting was a ~; he felt a great ~ at parting 4 घोर परिश्रम या संघर्ष 5 ग्लाइडर को खींचने वाला विमान 6 तनाव, चेष्टा, प्रयास: I had a great ~ to persuade him;
dw/lw: ~**boat** *n.* जहाज को खींच कर लाने वाली नाव, कर्षनाव; ~-**of-love** *n., pl.* ~s-of-love तलाकशुदा माता और पिता के बीच बच्चे की सुपुर्दगी के लिए झगड़ा; ~-**of-war** *n.* 1 रस्सा-कशी 2 खींच-तान;
p&i: ~ **at an oar** घोर परिश्रम का काम क.; ~ **at sb's heartstings** किसी की दिली भावना को छू ले.

tuition /ट्यूइशन/ *US* टूइशन/ *n.* 1 शिक्षण: get/ be given/ offer/ receive ~; expert ~; individual/ one-to-one/ private ~; ~ in sth 2 शिक्षा शुल्क, शिक्षण-शुल्क, फीस: pay one's ~ (fee)

tulip /ट्यूलिप/ *US* टूलिप/ *n.* कप के आकार का एक फूल;
adj. ट्यूलिप आकार का: ~ wine glasses;
collocations: ~ **root** जई की जड़ों में लगने वाला एक रोग; ~ **tree** उत्तरी अमेरिका में पाया जाने वाला एक पेड़; ~ **wood** इस पेड़ की बढ़िया दानेदार लकड़ी जिसे फर्नीचर बनाने के लिए प्रयोग किया जाता है

tulle /ट्यूल/ *US* टूल/ *n.* सिल्क या नाइलॉन का बढ़िया जालीदार कपड़ा, टूल, महीन रेशमी मलमल

tum /टम/ *n., Br. colloq.* पेट या पेट के आसपास के अंग

tumble /टंबल/ *v., pt.* ~**d**, *pp* **tumbling** 1 (*often* ~ **down, over etc.**) एकाएक या एकदम गिर पड़ना, धड़ाम से सिर के बल गिरना: ~ into a river; he tripped over a stone and ~**d**; ~ off a horse; ~**d** out of bed 2 एकाएक भाव या दाम गिर जा.: the international oil prices ~**d** sharply during 2015-16 3 (*often* ~ **about/ around**; *syn.* toss around) लोटपोट हो. या लुढ़कना: kids ~**d** around in the garden 4 ढेर हो जाना, ढह जाना: the buildings ~**d** into ruins 5 हड़बड़ाकर आना, जाना, भागना, उठना, दौड़ना: the boys ~**d** out of the classroom 6 ठोकर खाकर गिर पड़ना: ~ down the stairs 7 गिरते-पड़ते आगे बढ़ना, लड़खड़ाना: ~**d** out of the car 8 करवटें बदलते रहना: the sick man tossed and ~**d** in his bed 9 कलाबाजी खाना, कलैया मारना 10 अस्त-व्यस्त कर दे., उथल-पुथल कर दे.: ~ a bed/ one's clothes; ~ one's hair 11 (*also* ~ **to sth**) अकस्मात् समझ में आना: ~**d** to their intentions 12 गीले कपड़ों को टंबल ड्रायर (~ **drier**) में सुखाना;
n. 1 गिरने की क्रिया: had a nasty ~ 2 तेज गिरावट, गिराव: a ~ in stock market prices 3 कलाबाजी, कलैया, ढेंकली 4 पतन: the premier's ~ from office 5 अस्त-व्यस्तता, बिखराव: things were all in a ~;
dw/lw: ~-**down** *adj.* (*syn.* ramshackle, dilapidated) जर्जर, जीर्ण-शीर्ण, टूटा-फूटा: ~down house; ~-**dry** *v., pt.* ~-dried, *pp* ~-drying टंबल ड्रायर में कपड़े सुखाना; ~**weed** *n.* अमेरिका और आस्ट्रेलिया के सूखे क्षेत्रों में मिलने वाला घास जो सूखकर गुच्छा-सा बनकर हवा में इधर-उधर उड़ने लगता है; **tumbling** *n.* 1 बाजीगरी, कलाबाजी 2 संलोटन, अवपातन;
collocations: ~ **down fall**/ ~ **down collapse** जीर्ण-शीर्ण इमारत के ढहने की क्रिया; ~ **dryer**/ **tumble-drier** *n.* कपड़े सुखाने की मशीन;
p&i: ~ **in** 1 गिर पड़ना 2 सो जा.; ~ **over** ठोकर खाकर गिरना; ~ **to** समझ में आना, समझ जाना;
give sb a ~ में रुचि दिखाना; **take a** ~ **to** समझ जा., अंदाजा लगाना; **take a** ~ **to oneself** *colloq.* अपनी स्थिति का अवलोकन क. और इसे बेहतर बनाने के लिए कुछ क.

tumbler /टंबलः/ *n.* 1 गिलास 2 (*syn.* ~**ful**) गिलासभर मात्रा 3 कलाबाज 4 गिरहबाज 5 खटका 6 टंबलर-ड्रायर 7 (*in full* ~-**box**) हीरे-जवाहरात को साफ करने का यंत्र;
dw/lw: ~**ful** *n., pl.* ~**s** गिलासभर मात्रा

tumbrel/ tumbril /टमबरअल/ *n.* 1 छकड़ा 2 गोबर-गाड़ी 3 गोला-बारूद की गाड़ी

tume\facient /ट्यूमिफेशिअंट/ सूजन पैदा करने वाला, शोथकारी;
dw/lw: ~**faction** /ट्यूमिफेक्शन/ *n.* सूजन, शोथ, फुलाव; ~**fy** /ट्यूमिफाइ/ *v. pt.* ~fied, *pp* ~fying, *s/he/ it* tumefies 1 सूजना, फूलना 2 सूजन पैदा क., फुलाना

tume\scent /ट्यूमेसंट/ *adj.* (*syn.* swollen) सूजा या फूला हुआ;
dw/lw: ~**scence** /ट्यूमेसंस/ *n.* 1 सूजन, फुलाव 2 सूजने की प्रवृत्ति 3 फोड़ा, गुमटा, गुमड़ा (*Hr.*)

tumid /ट्यूमि\ड/ *adj.* 1 सूजा हुआ, फूला हुआ 2 आडंबरपूर्ण, आडंबरी 3 शब्दाडंबरपूर्ण 4 गर्भवती;
dw/lw: ~**ity** /~डिटि/ *n.* 1 सूजन 2 शब्दाडंबर 3 फोड़ा, गुमड़ा; ~**ness** /~डनेस/ *n.* 1 फुलाव 2 आडंबरपूर्णता; ~**ly** /~डलि/ *adv.*

शब्दाडंबरपूर्वक

tummy /टमि/ *n., pl.* **tummies** *colloq.* 1 पेट 2 विदेश यात्रा के दौरान होने वाली पेट की खराबी: spent most of the holiday suffering from Spanish ~;

dw/lw: **~-ache** /टमिएक्/ *n.* पेट-दर्द; **~-botton** *n.* नाभि, नाभी

tumour *UK* (*US* **tumor**) /ट्यूमः/ *n.* गांठ, फोड़ा, अर्बुद, रसौली: benign/ malignant ~;

dw/lw: **tumorous** /ट्यूमअरसः/ *adj.* फोड़ाग्रस्त, रसौलीग्रस्त

tump /टंप/ *n.* 1 टीला 2 ढूह, स्तूप 3 झुरमुट

tumtum /टमटम/ *n.* 1 टमटम 2 ढमढम

tumult /ट्यूमल्ट/ *n.* 1 (***syn.*** uproar) कोलाहल, हुल्लड़, शोरगुल, होहल्ला, गुलगपाड़ा, हंगामा 2 क्षोभ, घबराहट, उत्तेजना: his mind was in (a) ~; the ~ within him had subsided 3 भ्रांति 4 दंगा, फसाद, उथल-पुथल, उपद्रव 5 खलबली, हलचल;

dw/lw: **~uary** /ट्यूमल्चुअरि/ *adj.* 1 अस्त-व्यस्त 2 उग्र, प्रचंड 3 उत्तेजित, अशांत 4 उपद्रवी, ऊधमी, उत्पाती, हंगामी 5 अनुशासन-हीन, बेलगाम; **~uous** /ट्यूमल्चुअस/ *adj.* 1 (***syn.*** tempestuous) कोलाहलपूर्ण, तूफानी: ~uous crowd; ~uous river 2 उत्साहपूर्ण: ~uous reception/ welcome; ~uous applause 3 (***syn.*** stormy) विक्षुब्ध, व्यग्र: ~uous dream; **~uously** /~लि/ *adv.* उत्साहपूर्वक; **~ness** /~नेस/ *n.* 1 शोर-शराबा, हो-हल्ला 2 विक्षोभ, व्यग्रता

tumulus /ट्यूम्युलस/ ट्यूम्यलस/ *n., pl.* **tumuli** /ट्यूम्युलाइ/, *Lat.* 1 स्तूप 2 कब्र का टीला;

dw/lw: **tumular** /ट्यूम्युलः/ *adj.* स्तूप संबंधी

tun /टन/ *n.* 1 (***syn.*** barrel) बीयर या शराब आदि रखने का बड़ा पीपा 2 इस पात्र में आने वाली माप-इकाई के रूप में तरल की मात्रा;

v., pt. **~ned**, *pp* **~ning** बीयर या शराब आदि को उपर्युक्त पीपे में डालना, पीपे में भंडारित क.

dw/lw: **~-bellied** *adj.* तुंदिल, कुप्पा

tuna /ट्यूना/ *n., pl.* **tuna**/ **~s** (*in full* **~ fish**) एक बड़ी समुद्री मछली

tunable /ट्यूनअबल/ *adj.* 1 जिसका सुर, लय, ताल आदि ठीक किया जा सके 2 सुरीला, मधुर, श्रुतिमधुर 3 समस्वरणीय

tundra /टंड्रा/ *n., pl.* **~s** *geog.* अमेरिका और यूरेशिया के ध्रुवीय बर्फीले आवरण (polar ice cap) के दक्षिण में स्थित वृक्षविहीन समतल बर्फीला क्षेत्र

tune /ट्यून/ *n.* 1 धुन, राग, ताल, लय, सुर: hum/ play/ sing/ whistle a ~; popular ~; catchy ~; in tune (सुर में); out of ~ (बेसुरा); sing in/ out of ~ 2 स्वर-संगति 3 सामंजस्य, तालमेल, संगति 4 माधुर्य 5 स्वर-कंपन 6 लहजा, अंदाज, स्वर: change one's ~ (बात पलट दे.); change one's ~/ sing another/ a different ~ 7 अनुरूपता: be in ~ with sb; be in ~ with sth; be out of ~ with sb/ sth;

v., pt. **~d**, *pp* **tuning** 1 सुर में सुर मिलाना 2 रेडियो या टेलीविजन को सेट क. 3 (*also* **~ up**) वाद्य का सुर मिलाना, समस्वरित क.: ~ (sth) up; ~ a piano; ~ a song 4 (**~ in**) रेडियो, टीवी पर वांछित स्टेशन, चैनल या कार्यक्रम लगाना 5 गाड़ी के इंजन को अनुकूल बना लेना 6 के अनुकूल होना, से मेल खाना;

dw/lw: **~d** *adj.* समस्वरित; **~ful** *adj.* सुरीला, श्रुतिमधुर; **~ly** *adv.* श्रुतिमधुरतापूर्वक; **~less** *adj.* 1 बेसुरा 2 कर्णकटु 3 मौन; **~lessly** *adv.* कर्णकटुतापूर्वक; **~lessness** *n.* बेसुरापन; **~r** /ट्यूनः/ *n.* 1 समस्वरक 2 *electron.* रेडियो या टीवी आदि के चैनलों या स्टेशनों को चुनने वाला उपकरण 3 रेडियो के स्टेशन बदलने वाला मूठ या दस्ता; **~r-amplifier** *n.* रेडियो ट्यूनर और ध्वनि-संवर्धक को जोड़ने वाला उपकरण; **~smith** *n.* लोकप्रिय संगीत लिखने वाला संगीतकार;

collocations: **~d in** प्रचलित फैशनों आदि के समस्वर;

p&i: **~ in** रेडियो आदि पर कोई स्टेशन या कार्यक्रम लगाना; **~ up** वाद्यों का सुर मिलाना, समस्वरित क., ठीक क.;

be out of ~ for sth किसी बात की ओर झुकाव न हो.; **call the ~** *colloq.* मालिक की तरह हुक्म चलाना; **change one's ~** रंग बदलना, ढंग बदलना; **dance/ pipe to sb's ~** किसी के हुक्म पर नाचना या काम क.; **in ~** स्वर में; **in ~ with sb/ sth** किसी व्यक्ति के या किसी चीज के अनुकूल; **in ~ with public opinion** जनमत के अनुकूल; **out of ~ with** के प्रतिकूल, असंगत; **the ~ the (old) cow died of** कर्कश आवाज या धुन; **there's many a good ~ played on an old fiddle** पुरानी चीजें बेकार नहीं होतीं; **to some ~** कुछ हद तक, काफी बड़ी मात्रा में; **to the ~ of** की मात्रा या संख्या में, के पैमाने पर: had to shell out to the ~ of 50,000 rupees for the car repairs

tungsten /टंगस्टन/ *n., chem.* (*symbol* **W**) रुपहला-श्वेत धातु तत्त्व जिसके बहुत ऊंचे गलनांक की बदौलत उसे बिजली के बल्बों के फिलामेंट या एक्स-रे टूयूब आदि में प्रयुक्त किया जाता है, टंगस्टन: ~ lamp

Tungus /तुंगुस/ *n., pl.* **Tungus**/ **~es** 1 पूर्वी साइबेरिया में रहने वाली मंगोलियायी प्रजाति का व्यक्ति 2 इन लोगों की अल्तायी (Altaic) भाषा परिवार की भाषा

tunic /ट्यूनिक/ *n.* 1 सैनिक या पुलिस वर्दी के हिस्से के रूप में सटकर आने वाली बिना बांह की जैकेट, चुस्त कोट 2 कुरता, कंधों से घुटनों तक लटकने वाला ढीला वस्त्र 3 ऐसा ही वस्त्र जिसे प्राचीन रोम और यूनान में पहना जाता था 4 मध्यकाल में पहना जाने वाला ऐसा ही वस्त्र 5 औरतों की पोशाक का ऊपर का भाग 6 (*in full* **gym ~**) स्कूली छात्राओं की वर्दी 7 *anat.* शरीर में धारीदार एक अंग 8 कंचुक

tuning /ट्यूनिंग/ *n.* समस्वरण;

adj. समस्वरक;

dw/lw: **~-condenser** *n.* समस्वरक संधारित्र; **~-fork** *n.* स्वरित्र

Tunisian /ट्यूनिसिअन/ *adj.* 1 ट्यूनीसियायी 2 ट्यूनीसिया (Tunisia) की राजधानी ट्यूनिस से संबंधित;

n. ट्यूनीसियायी नागरिक, ट्यूनीसिया निवासी

tunnel /टनल/ *n.* 1 सुरंग, बोगदा 2 बिल 3 धुआंकश 4 मुसीबत या कठिनाई का समय: after years of poverty see the light at the end of the ~;

v., *UK pt.* **tunnelled**, *pp* **tunnelling**/ *US pt.* **tunneled**, *pp* **tunnelling** 1 सुरंग खोदना, सुरंग बनाना: ~ a hill 2 सुरंग पार क.: a train **~led** through the hill 3 भूमिगत रास्ता बनाना 4 (**~ one's way**) सुरंग खोदकर बाहर निकलने का रास्ता बनाना 5 भूमिगत रेल यानी मेट्रो-पथ बनाना;

dw/lw: **~-of-love** *n.* मनोरंजन मेले में प्रेमी युगलों को ले जाने के लिए अंधेरी सुरंग;

collocations: **~ vision** 1 *med.*एक दृष्टि विकार जब व्यक्ति को दृष्टि-क्षेत्र (field of vision) के आसपास के पिंड दिखाई नहीं देते 2 संकीर्ण (एकतरफा) दृष्टिकोण 3 एकचित्तता; **railway ~** मेट्रो, भूमिगत रेल;

p&i: **light at the end of the ~** मुसीबत में आशा की किरण

tunny /टनी/ *n., pl.* **tunnies** (*in full* **tunny-fish**, *esp. Br.* **tuna**) एक तरह की समुद्री मछली, टूना

tup /टप/ *n.* 1 मेढ़ा, भेड़ा, मेष 2 एक विशेष हथौड़े का मुंह;

v., pt. **~ped**, *pp* **~ping** (मेढ़े का भेड़ के साथ) जोड़ा खाना

tup-pence /टप-पेंस/ (*also* **twopence**) *n.* दो पेंस;

p&i: **not care/ give ~ for sb/ sth** किसी की या किसी बात की जरा भी परवाह न क.

tup-penny /टप-पेनी/ *n.* = **twopenny**

Tupperware /टपःवेअः/ *n.* खाद्य-पदार्थ रखने के लिए प्लास्टिक के डिब्बे

tu quoque /*Br.* ट्यू क्वोक्वि or टू क्वोक्वि/ टू क्वो क्वे/ *Lat.* तुम भी, तुम भी ऐसे ही हो

turban /टःबन/ *n.* पगड़ी, साफा;

dw/lw: **~ed** /टःबन्ड/ *adj.* पगड़ी वाला, पगड़ीधारी: ~ed Sikhs

turbid /टःबिड/ *adj.* 1 (***syn.*** muddy) गंदला, गदला, पंकिल 2

दुरूह, अस्पष्ट 3 मेघाच्छादित 4 धुंधला, घना, अंधकारमय 5 विभ्रमित 6 अस्तव्यस्त, अव्यवस्थित;
dw/lw: **~ity** /~डिटि/ (*also* **~ness**) *n.* 1 गंदलापन 2 अस्पष्टता, दुरूहता 3 विभ्रांति 4 अस्तव्यस्तता 5 धुंधलापन; **~ly** /~डलि/ *adv.* अस्पष्ट रूप में

turbi\nate /टःबिनेट/ (*also* **~nated**) *adj.* लट्टू-रूपी;
dw/lw: **~nal** *adj.* लट्टू-सा

turbine /टःबाइन/ *n.* टरबाइन

turbo /टःबो/ *n., pl.* **~s** 1 'turbocharger' का छोटा रूप 2 टरबोचार्जर से लैस कार

turbo- /टःबो/ *comb. form, forming words, denoting:* **turbine-driven** (टरबाइन-चालित);
dw/lw: **~charge** *v., pt.* ~charged, *pp* ~charging इंजन में टरबोचार्जर लगाना; **~charger** *n.* टरबाइन चालित सुपरचार्जर; **~fan** *n.* गैस टरबाइन चालित जेट इंजन; **~jet** *n.* (*in full* **turbojet engine**) गैस टरबाइन जो इंजन को धकेलने के लिए इग्जॉस्ट गैसों (exhaust gases) का प्रयोग करता है; **~prop** *n.* टरबाइन चालित प्रोपेलर वाला इंजन

turbot /टःबअट/ *n.* एक तरह की बड़ी चपटी समुद्री मछली

turbu\lent /टःब्युलंट/ टःब्यलंट/ *adj.* 1 *meteorol.* तूफानी: **~lent** air or water 2 (***syn.*** unruly) उपद्रवी: **~lent** crowd 3 उग्र 4 विक्षुब्ध, अशांत: he's had a **~lent** life 5 अस्तव्यस्त;
dw/lw: **~lence**/ **~lency** /~स/ ~सि/ *n.* 1 हवा के दबाव में तूफानी उतार-चढ़ाव 2 (***syn.*** upheaval) उपद्रव, दंगा 3 उग्रता, विक्षोभ 4 अशांति, अस्तव्यस्तता

Turcoman *see below under* **turkoman**

turd /टःड/ *n.* 1 गुह, गू, गूह 2 रद्दी व्यक्ति

tureen /ट्युरीन/ *n., colloq.* सूप परोसने का ढक्कनदार बर्तन

turf /टःफ/ *n., pl.* **~s**/ **turves** 1 घसीला मैदान 2 दर्भ स्थल, तृण भूमि, शाद्वल 3 घास की थिगली 4 पीट (peat), पांस की पटिया 5 (**the turf**) घुड़दौड़, घुड़दौड़ का मैदान, घुड़दौड़-जगत 6 ऊपरी परत 7 गतिविधि-क्षेत्र, प्रभाव-क्षेत्र;
v., *pt.* **~ed**, *pp* **~ing** किसी स्थान को घास (की थिगलियों) से ढकना;
dw/lw: **~man** *n.* घुड़सवारी प्रेमी; **~y** /टःफि/ *adj., degr.* turfier, turfiest 1 घुड़दौड़ से संबंधित 2 पांस से ढका; **~iness** /टःफिनेस/ *n.* 1 शाद्वलता 2 घुड़दौड़-प्रेम;
collocations: ~ **accountant** (**bookie,** ***syn.*** bookmaker) *Br.* जुआ खेलने की दुकान; ~ **war** किसी क्षेत्र या व्यापार को लेकर दो विरोधी धड़ों के बीच हिंसक टकराव;
p&i: **~ sb out/ off sth** (***syn.*** throw out) *UK* किसी को निकाल दे., निकाल फेंकना या बाहर जाने के लिए मजबूर क.

turge\scence /टःजेसंस/ *n.* 1 सूजन 2 स्फीति;
dw/lw: **~scent** /टःजेसंट/ *adj.* सूजा हुआ, फूला हुआ

turgid /टःजिड/ *adj.* 1 सूजा हुआ, फूला हुआ 2 स्फीत 3 (***syn.*** pompous) आडंबरपूर्ण, शब्दाडंबरपूर्ण;
dw/lw: **~ity** /टःजिडिटि/ *n.* 1 सूजन 2 आडंबर, शब्दाडंबर 3 स्फीति

turgor /टःगः/ *n., bot.* स्फीति

turion /ट्युरिअन/ *n.* भूमिगत कली जिससे नई कोंपल निकलती है

turista /टुरीस्टा/ *n.* (***syn.*** diarrhoea) सैलानियों को विदेश में होने वाली पेचिश

Turk /टःक/ *n.* 1 तुर्की का नागरिक, तुर्क 2 तुर्की भाषा बोलने वाला व्यक्ति 3 अक्खड़, निमानिया व्यक्ति;
p&i: **the ~s** तुर्क लोग; **turn/ become** ~ चिड़चिड़ा, दंभी और क्रूर बन जा.; **young ~s** किसी राजनीतिक संगठन में प्रगतिशील, विद्रोही युवा लोग

turkey /टःकि/ *n., pl.* **~s** 1 पीरू, एक प्रकार की बड़ी मुर्गी 2 इस पक्षी का गोश्त 3 *US* मूर्ख और फूहड़ आदमी 4 *US, colloq.* पूर्णतः असफल नाटक या फिल्म;
collocations: **~ buzzard**/ **~ vulture** अमेरिकी गिद्ध; ~ **cock** 1 नर-पीरू 2 अक्खड़ या अकड़बाज व्यक्ति; **cold ~** 1 कड़वी सच्चाई 2 पूरी नशाबंदी; **~ hen** मादा पीरू; **Turkey red** चमकीला लाल रंग; **~ shoot** दो विषम धड़ों के बीच झगड़ा या मुकाबला;
p&i: **~ turkey** *N. Amer. colloq.* 1 सीधे और साफ बोल दे. 2 धंधे की बात क.;
say ~ to one and buzzard to another एक की बड़ाई और दूसरे की बुराई क.; **walk ~** जहाज का डांवांडोल हो.

Turki /टःकि/ टुअकि/ *n., pl.* **Turki**/ **Turkis** 1 अल्तायी (Altaic) भाषाओं का समूह 2 अल्तायी भाषा बोलने वाला व्यक्ति;
adj. अल्तायी भाषाओं से संबंधित

Turkic /टःकिक/ *n.* उराल-अल्तायी (Ural-Altaic) भाषा परिवार जिसमें तुर्की, तातार और उजबेकी भाषाएं शामिल हैं

Turkish /टःकिश/ *adj.* तुर्की, तुर्की भाषा या लोगों से संबंधित;
n. अल्तायी भाषा परिवार से संबंध रखने वाली तुर्की भाषा;
collocations: **~ bath** 1 तुर्की स्नान यानी भाप से भरे कमरे में पसीना-पसीना होने के बाद ठंडा स्नान 2 तुर्की स्नान-घर; **~ coffee** 1 अत्यधिक तेज काली कॉफी 2 इस कॉफी का एक कप; **~ delight** एक विशेष प्रकार की तुर्की मिठाई; **~ towel** बूरदार तौलिया

Turkman /तुर्कमैन/ *n., pl.* **Turkmens**/ **Turkmen** 1 तुर्कमेनिस्तानी नागरिक 2 कास्पियायी समुद्र (Caspian Sea) के आसपास के क्षेत्र में रहने वाले अल्तायी परिवार की तुर्क भाषा बोलने वाले समुदाय का सदस्य 3 इन लोगों की भाषा;
adj. उपर्युक्त समुदाय के लोगों या उनकी भाषा से संबंधित

Turkoman /तुर्कमैन/ *n.* = **Turkman**

Turk's cap *n.* चमकदार फूलों वाला कुमुदिनी का फूल

turmeric /टःमरिक/ *n.* 1 हल्दी का पौधा 2 हल्दी की गांठ 3 पिसी हुई हल्दी;
dw/lw: **~paper** *n.* हरिद्रा-पत्र, हल्दी-कागज

turmoil /टःमॉइल/ *n.* 1 विक्षोभ, खलबली, अशांति, हलचल: racial ~; be in/ be thrown into ~; a state of ~ 2 (***syn.*** confusion) शोरगुल, हुल्लड़, होहल्ला 3 घबराहट, अशांति: emotional/ political ~; the ~ of (doing) sth

turn /टःन/ *v., pt.* **~ed**, *pp* **~ing** 1 घूमना, चक्कर काटना, फिरकना, फिरना: a gate **~ing** on its hinge; ~ on one's heels; the earth **~s** round the sun 2 बाएं या दाएं घुमाना: ~ a key/ a door-handle/ a tap 3 दूसरी तरफ मोड़ना या मुड़ना, फेरना, फिर जा.: ~ left at the corner; the conversation **~ed** to politics; his moustaches were **~ed** and curled; ~ one's horse to the hills; not to know which way to ~ 4 चकराना, चक्कर खिलाना: heights make my head ~ 5 फिराना, का चक्कर काटकर निकलना, के इर्दगिर्द निकल जाना, पार क., घूम कर जाना: the car **~ed** the corner too fast 6 पेंसिल आदि का गढ़ा जाना, गढ़ना, खरादना, खराद पर चढ़ाना: ~ well/ easily 7 कलैया मारना: ~ somersaults 8 लौटना: it is time to ~ now, if we wish to get home in time for dinner; he **~ed** on his heel(s) and went away in a rage 9 अवस्था का बदल जा.: water **~s** to ice; love which **~ed** to hate; joy has **~ed** into bitterness; ~ nasty; **~ed** to drink after the divorce; ~ a new leaf (नया या सुधरा हुआ जीवन शुरू क.); ~ into a criminal 10 उलट जाना, औंधाना 11 बदलना, बदल जाना, पलटना, स्वरूप या स्वभाव बदल जाना, रंग बदलना: fame **~ed** him into a real show-off; his hair has begun to ~; the shock **~ed** his hair white; the leaves begin to ~ in February; ~ blue/ cold/ sour, etc.; the world has **~ed** topsy-turvy; ~ pale; ~ red with anger 12 बदल दे., पलटना, रंग बदल दे.: ~ sb to one's own views 13 फलक या तरफ बदलना, उलटना, उल्टा क.: ~ the pages; ~ the leaves of a book; ~ to face the sun; he **~ed** his face toward the speaker; ~ a collar; ~ one's coat; ~ pancakes in the pan; ~ in bed/ in one's sleep; robbers had **~ed** the room upside down; have one's suit **~ed** 14 बन जाना, हो जाना, बना दे.: ~ a soldier/ cook/ schoolmaster; ~ traitor; it **~s** her nauseous 15 दूध आदि का फट जाना, बिगड़ जाना, खट्टा क., फाड़ना: the milk has **~ed** 16 परिणाम बदल दे., पासा पलट दे.: ~ the scale 17 में बदल दे., अदला-बदली क.: ~ cream into butter 18 में अनुवाद क., रूपांतरित क.: **~ed** Tolstoy's works into Hindi 19 विक्षिप्त कर दे., पागल बना दे. 20 मुग्ध क., अंधा क., मूर्ख बनाना 21 स्थिति बदलना: **~ed** the omelette from the pan on to the plate 22 किसी ओर मोड़ना, ध्यान आदि की दिशा बदलना: ~ your eyes this way; **~ed** his thoughts to the problem with his novel; ~ one's thoughts/ one's attention to one's work; at last they **~ed** their attention to him 23 उम्र का बदलना: **~ed** 60 this year 24 का सहारा ले., की ओर झुकना, को मुखातिब हो.: ~ to sb for help/ for support/ for advice; my heart **~s** to you; ~ to the dictionary/ to the reference-book; ~ to painting/ to music; ~ to the secretary for information 25 मितली या मिचली पैदा क. या हो.: ~ stomach; that scene is enough to ~ one's stomach 26 गढ़ना, रचना, व्यक्त क.: always **~ing** compliments; ~ (off) an epigram 27 टालना, दिशा बदल दे.: ~ the course of a river; ~ an attack; ~ a blow; ~ the tide (of events) 28 किसी के विरुद्ध हो जा. या क.: the poor **~ed** against the rich; his words **~ed** against himself; his own criticism was **~ed** against him; they **~ed** his family against him 29 पर आश्रित या निर्भर हो.: everything **~s** on his answer; the success of the picnic **~s** on the weather 30 पर टूट पड़ना: in his anger he **~ed** on me;

n. 1 घुमाव: give sth a ~; a ~ in a river 2 मोड़: the road takes a ~ to the right/ to the left; downhill/ uphill ~; the ~ of the century 3 (***syn.*** revolution) फेरा, चक्कर: a ~ of the wheel 4 (***syn.*** convolution) लपेट, बल, चक्र, किसी चीज के इर्दगिर्द का फेरा: ~ of coil or rope round sth; ~ of a bandage 5 (***syn.*** walk around) किसी स्थान का चारों ओर का चक्र 6 बारी, पारी: ~ and ~ about; in **~(s)**/ by **~s**; take **~s**; he went hot and cold by **~s**; my ~ will come!; her ~ to bat 7 परिवर्तन, फेर, पल्टा: the twists and **~s** of the saga; a ~ for the better/ for the worse; the patient has taken a ~ for the better 8 अवस्था, स्थिति, चरित्र, दिशा आदि में बदलाव: an unfortunate ~ of events; take a bad ~; things have taken a dangerous ~; give a new ~ to sth 9 स्वभाव, प्रकृति, मिजाज, झुकाव, रुझान, अभिरुचि, जन्मजात प्रवृत्ति: a pessimistic/ serious ~ of mind 10 शैली, अंदाज: a blunt ~ of phrase; a ~ of speech 11 मितली, मिचली, घबराहट, सदमा, बेहोशी: gave her quite a ~ 12 सुअवसर, मौका 13 छोटा-सा दौर: a ~ of work; take a ~ at gardening 14 आवेश का दौरा: ~ of anger 15 उपकार या अपकार, हित या अहित, भलाई या बुराई: always doing good **~s** for others; do sb a bad/ an ill ~ 16 प्रदर्शन 17 पणाया, सौदा 18 रजोधर्म, मासिक धर्म 19 चहलकदमी, सैर: went for a ~ round the garden 20 क्षमता, योग्यता: have a ~ for sth 21 स्वरूप, सूरत, आकृति, रूप, शक्ल 22 बनावट, रचना, गठन: the ~ of an ankle; I don't like the ~ of the sentence 23 रूपांतर, रूप, व्याख्या: she gave the sonata a new ~;

dw/lw: **~-about** *n.* 1 मत-परिवर्तन, निष्ठा-परिवर्तन 2 विपरीत दिशा में मोड़; **~around** *n.* 1 मुसीबतों के दौर का खात्मा, अच्छे दिनों का आगमन 2 किसी सामान या वस्तु की उत्पादन क्रिया 3 वाहन या जहाज की लदाई-उतराई; **~back** *n.* कायर, डरपोक, छुटदिल; **~-bridge** *n.* घुमाऊ पुल; **~coat** *n.* दलत्यागी, अवसरवादी; दलबदलू, पक्षत्यागी, पक्षघाती; **~er** *n.* 1 खरादी, टर्नर 2 गिरहबाज; **~ery** /टःनरि/ *n.* खराद; **~-in** *n.* टिकट खड़की को वापस लौटाया हुआ टिकट; **~ing**; **~key**; **~-out**; **~over** *see below under separate entries after* **turn:*p&i***; **~pike** /टःनपाइक/ *n., hist.* शुल्क द्वारों वाला द्रुतमार्ग या चौड़ी सड़क जिस पर तेज गति से गाड़ी चलाई जा सकती हैं; **~-screw** /टःन-स्क्रू/ *n.* पेचकश; **~sole** /टःनसोल/ *n.* सूरजमुखी; **~spit** /टःनस्पिट/ *n.* 1 कोयले पर कबाब आदि भूनने के लिए घूमने वाली तीली या सीख 2 सीख गोश्त भूनने वाला; **~stile** /टःनस्टाइल/ *n.* चक्रद्वार, एक समय पर मात्र एक व्यक्ति के घुसने के लिए घूमने वाला द्वार; **~table** *n.* 1 घूमती मेज 2 घूमता मंच, घूम-चक्कर 3 परिभ्रामक मंच; **~stile** /टःन्सटाइल/ *n.* घूमने वाला छोटा-सा गेट जिस में से एक समय पर केवल एक व्यक्ति गुजर सकता है; **~-up** /टःन-अप/ (*US* **cuff**) *n., pl.* ~-ups 1 ऊपर को मुड़ी मोहरी 2 हुल्लड़, उपद्रव 3 लोगों की उपस्थिति; **U-turn** *n.* उल्टा मोड़, पूर्ण बदलाव;

collocations: **~ of phrase** बोलने का ढंग या शैली; **~ of speed** तेज चलने की क्षमता: showed an unexpected ~ of speed; **~ signal** *US* (*UK* **indicator**) गाड़ी के आगे-पीछे की बत्तियां जो गाड़ी के दिशा बदलने या मुड़ने का संकेत देती हैं; **~-up for the book release** (*also* **a real ~-up for the book/s**) एकदम रोचक व आश्चर्यजनक बात;

a bad ~ अपकार, अहित,, बुराई; **a good ~** उपकार, हित, भलाई;

p&i: **~ about** दूसरी दिशा में मुड़ना; **~ a bridle** 1 घोड़े को वापस मोड़ना 2 पीछे हटना; **~ a deaf ear** किसी की अनसुनी क.; **~ adrift in the world** भगवान भरोसे छोड़ दे.; **~ against sb** किसी के विरुद्ध हो जा., का विरोधी बनना; **~ and ~ about** बारी-बारी से क.; **~ and rend sb** किसी पर गालियों की बौछार क.; **~ around/ round = ~ sth around/ round** कारोबार आदि के अच्छे दिन आना; **~ around/ round and say** पलटकर जवाब दे.; **~ aside** दूसरी तरफ देखना, दूसरी ओर मुड़ना, घूम जाना, मुंह फेर लेना; **~ a trick** चालाकी क.; **~ away** 1 उल्टी तरफ मुड़ना 2 से मुंह मोड़ना; **~ back** उल्टी दिशा में चलना, लौट जा., उलटना; **~ down** 1 घटाना, घटना 2 वस्त्र का फलक उल्टना, उल्ट दे. 3 मंद कर दे., घटाना, कम कर दे. 4 अस्वीकार क., ठुकराना; **~ down somewhere** or **~ sth down somewhere** नीचे की ओर रखना या नीचे की ओर जा.; **~ from** से मुंह मोड़ना, से विमुख हो., से निकाल दे.; **~ green with envy** छाती पर सांप लोटना; **~ grey** बाल पकना; **~ honest penny** हलाल की कमाई खाना; **~ in** 1 अंदर की ओर मोड़ना 2 सोने जाना; **~ in one's grave** आज की हालत इतनी खराब हो. कि मृत व्यक्ति भी कब्र में व्यथित होगा; **~ in on oneself** अपनी समस्याओं के बारे में अतिशय चिंतित रहने के कारण दूसरों के साथ संपर्क तोड़ लेना; **~ inside out** उल्ट दे.; **~ into** 1 में अनुवाद क. 2 हो जा., बन जाना 3 में प्रवेश क., के अंदर जाना; **~ loose** मुक्त क., जाने दे., भाग्य पर छोड़ दे.; **~ of events** घटना चक्र में बदलाव; **~ of fortune's wheel** किस्मत का फेर , भाग्यचक्र का फेर; **~ of the screw** दबाव; **~ off** 1 रेडियो आदि बंद क. 2 बत्ती बुझाना 3 टोंटी बंद क. 4 नौकरी से निकालना; **~ off somewhere** मुख्य सड़क से छोटी सड़क का निकलकर कहीं और जा.; **~ off sth** 1 पलट दे. 2 रास्ता बदल ले.; **~ of the century** 1 युग-संधि, नई और पुरानी सदियों का मिलन 2 सदी परिवर्तन, सदी का बदलाव; **~ of the tide** स्थिति में निश्चित सुधार; **~ on** 1 मादक पदार्थों के सेवन द्वारा कल्पित दुनिया में उड़ान भरना; **~ on one's heels** नौ-दो ग्यारह हो.; **~ one's ankle** टखने में मोच आना; **~ one's back on** 1 से मुंह फेर लेना, छोड़ दे.; **~ one's blind eye** अनदेखी क.; **~ one's coat** अपने सिद्धांतों के साथ गद्दारी क.; **~ one's nose up at sth** किसी चीज पर नाक-भौं सिकोड़ना; **~ out** 1 घटित हो., सिद्ध हो.: she ~ed out to be right 2 आना, उपस्थित होना, एकत्र हो जाना 3 बिस्तर से उठना; **~ over** 1 उल्टा क., उल्टना 2 लुढ़काना, लुढ़कना 3 करवट बदलना 4 इंजन का कम रफ्तार से काम करने लगना; **~ over a new leaf** नया जीवन शुरू क.; **~ pale** फक पड़ जा.; **~ round/ around** 1 उल्टी तरफ मुड़ना 2 जहाज आदि से यात्रियों और सामान का उतारा

जा. और फिर से यात्रियों को जहाज में बिठाया जा. और सामान को लादा जा. 3 भिन्न नीति अपनाना; **~ sb away** किसी को वापस लौटाना या भगाना; **~ (sb) back** किसी को वापस भेजना; **~ sb's head** किसी का दिमाग फिर जा., घमंड हो जा.; अहंकारी, दंभी और अति-आत्म-विश्वासी (conceited) हो जा.; **~ sb in** किसी को पुलिस आदि को सौंपना; **~ sb off** *colloq.* किसी का मन खराब क.; **~ sb on** *colloq.* किसी को उत्तेजित या आनंदित क.; **~ on sb/ sth** 1 अचानक किसी पर या किसी बात पर टूट पड़ना 2 पर निर्भर हो.; **~ sb over to** चोर आदि को पुलिस को सौंपना; **~ sb round one's little finger** किसी को उंगली पर नचाना; **~ sb/ sth down** मना क., अस्वीकार क., ठुकरा दे..; **~ sth away** किसी चीज को ठुकरा दे.; **~ sth back** मोड़कर तह क.; **~ sth down** 1 कम क.: ~ the radio down 2 ठुकरा दे.; **~ sb/ sth in** किसी को या किसी चीज को किसी के हवाले कर दे.; **~ sb over** *colloq.* किसी को सौंप दे.; **~ sth in** सफलता प्राप्त क.; **~ sth into sth** बदलना, रूपांतरित क.; **~ sth off** यंत्र आदि बंद क.; **~ sth on** चालू क.; **~ sth out** 1 किसी चीज को मोड़ना 2 बंद क. 3 बनाना, पैदा क., उत्पाद क. 4 खाली क. 5 बत्ती आदि बुझाना; **~ sth over** 1 इंजन का धीमी रफ्तार से चलना 2 पृष्ठ आदि बदलना 3 पर सोच-विचार क. 4 *sl.* लूट लेना 5 निश्चित राशि का कारोबार क. 6 चैनल आदि बदलना; **~ sth round** से निपटना; **~ sth to bad account** किसी बात का या स्थिति का नाजायज फायदा उठाना; **~ sth up** 1 आवाज, प्रकाश आदि तेज क., बढ़ाना 2 किसी कपड़े को मोड़कर छोटा करके सीना; **~ sth upside down** उल्टा-पुल्टा कर दे., फलक बदलना; **~ the blind eye to sth** किसी गलत काम या अपराध की जान-बूझकर अनदेखी क.; **~ sb's brain** 1 किसी के मन को ठेस पहुंचाना 2 पागल कर दे.; **~ the clock back** विकास की दिशा बदल दे., रोक दे.; **~ the cold shoulder to/ on sb** किसी से रूखे ढंग से मिलना, दुत्कारना; **~ the corner** कठिन स्थिति से निकलना, अच्छे दिनों का आना; **~ the heat on** वाद-विवाद आदि में किसी की रगड़ाई क.; **~ the other cheek** ईंट का जवाब पत्थर से **न** दे., एक गाल पर थप्पड़ मारने वाले को दूसरी गाल पर भी मारने को कहना; **~ the penny** पैसा बनाना; **~ the scale in sb's favour** किसी का पलड़ा भारी करवाना; **~ the tables (table) on sb** पासा पल्ट दे.; **~ the tail** दम दबाकर भाग जाना; **~ the tide** हालात या सोच की दिशा बदल दे.; **~ the trick** वांछित परिणाम पाना; **~ to** 1 में लग जाना, में दिलचस्पी लेने लगना 2 की शरण या सहारा लेना, की सहायता मांगना 3 पर निर्भर रहना 4 में बदल जाना 5 की राय लेना; **~ to ashes** भस्म कर दे. या हो.; **~ to bay** जी-जान से संघर्ष क.; **~ to sb** किसी से मदद मांगना; **~ to sth** 1 पृष्ठ पर जा. 2 किसी बुरे काम की ओर जा. या झुकना; **~ Turk** उग्रवादी हो.; **~ turtle** औंधा हो जाना, पल्ट जाना, उल्टना; **~ under** हल चलाकर जोतना; **~ up** 1 आना, आ जाना, उपस्थित होना 2 अचानक मिल जा. 3 दिखाई दे., खोजकर बता दे., का पता लगाना 4 हो जाना, घटना, पाया जाना 5 खोद निकालना 6 तेज क.; **~ up again like a bad penny/ like a bad halfpenny/ like a bad shilling** खोटे सिक्के का मालिक की मर्जी के खिलाफ वापस उसके पास लौट आना; **~ upon** 1 पर घूम पड़ना 2 पर निर्भर होना या रहना; **~ up one's nose** नाक-भौं सिकोड़ना, नाक चढ़ाना, नखरे क.; **~ up one's toes** मर जा.; **~ up trumps (trump)** तुरुप चाल चलना;

at every ~ 1 सब जगह 2 सदा, हमेशा 3 बराबर, निरंतर; **as it/ things ~ed out** जैसा कि बाद में हुआ; **a ~-up for the book** आकस्मिक आश्चर्यजनक बात; **be on the ~** 1 ज्वारभाटे द्वारा दिशा बदलने को हो. 2 दूध फटने को हो.; **done/ roasted to a ~** बिल्कुल सही भुना हुआ; **do sb a good ~** किसी का भला क.; **in ~/ by ~s** 1 व्यवस्थित तरीके से एक-एक करके 2 बारी-बारी से, एक के बाद एक; **in one's ~** बारी आने पर; **not know where/ which way to ~** कोई कदम उठाने के बारे में किंकर्त्तव्यविमूढ़ हो.; **not to do a hand's ~** जरा भी काम न क., हाथ पर हाथ धरे बैठे र.; **not to ~ a hair** जरा भी फर्क न पड़ना; **not to ~ one's finger** जरा भी काम न क.; **one good ~ asks/ deserves another** अहसान के बदले अहसान; **on the ~** 1 तूफान द्वारा दिशा बदल लेना 2 दूध फटने को हो.; **out of ~** बिना सोचे-समझे, बेमौके, असमय; **serve its ~** हाथ में लिए काम को करने में सक्षम हो.; **serve one's (own) ~** मांग या लक्ष्य के अनुसार हो.; **serve sb's ~** किसी को रास आना; **take a ~/ go for a ~** सैर के लिए जा.; **take a ~ for the better/ the worse** हालात थोड़े सुधरना या बिगड़ना; **take ~s** (*also UK* **~ it in ~s**) बारी-बारी से क., अपनी बारी ले.; **talk out of one's ~** जरूरत से ज्यादा कह डालना; **to a ~** एकदम ठीक, बिल्कुल सटीक; **walk a ~** आगे-पीछे टहलना

turning /टःनिंग/ *n.* 1 मोड़: take the first ~ to the right or left; stop at the next ~ 2 घुमाव 3 दोराहा, चौराहा 4 खराद 5 **(shavings)** खराद की छीलन 6 उत्कीरण 7 साहित्यिक कृति आदि को तराशने की क्रिया: skill in the ~ of phrases 8 गति की दिशा में बदलाव, पथ परिवर्तन, भुलाव, भटकाव: take the wrong ~ 9 जुताई द्वारा मिट्टी का उल्टाव: ~ of stubble;
adj. 1 खराद संबंधी, खरादी: ~ lathe (खराद) 2 घूमने वाला: ~ bridge; ~ table 3 बारी-बारी से आने वाला: ~ seasons;
dw/lw: **~-blade** *n.* वर्ती फलक; **~-circle** वाहन के घूमने योग्य सबसे छोटा वृत्त; **~-point** *n.* 1 मोड़ बिंदु 2 परिवर्तन बिंदु 3 निर्णायक मोड़: the ~-point in the negotiations; be at a ~-point; a crucial/ important/ major/ real ~-point; her promotion was the ~-point in her career 3 संधिकाल, युग-संधि: the ~-points of history 4 संकटकाल, आमूल-चूल परिवर्तन: the ~-point of a disease; the ~-point came; the ~-point for sb

turnip /टःनिप/ *n.* शलजम, शलगम

turn\key /टःनकी/ *n., pl.* ~keys *hist.* जेल की चाबियां रखने वाला व्यक्ति, जेलर;
dw/lw: **~key** *adj.* ठेकेदार द्वारा पूर्णतः तैयार हालत में सौंपा जाने वाला (भवन या अन्य परियोजना); **~-off** *n., pl.* ~-offs 1 शाखा-मार्ग 2 घिनौना या भद्दा व्यक्ति, वस्तु या दृश्य: blood-letting could be such a ~-off!; **~-on** *n., pl.* ~-ons दिलचस्पी पैदा करने वाली वस्तु या व्यक्ति

turn-out *n., pl.* **~-outs** 1 लोगों का आगमन या उपस्थिति: there was a good ~; a poor ~ at the match 2 चुनाव में मतदान करने वाले मतदाताओं की संख्या 3 पैदावार, उपज की मात्रा 4 वस्त्र-सज्जा, वर्दी 5 वस्त्र पहनने की शैली: smart ~; the ~ of a sportsman 6 जुता हुआ या सुसज्जित रथ 7 हड़ताल: general/ long ~ 8 सवेरे बिस्तर से उठने की क्रिया;
p&i: **have/ give tea and ~** चाय के साथ अल्पाहार दे.

turn\over /टःनओवः/ *n.* 1 किसी अवधि में किए गए व्यापार की मात्रा, कुल बिक्री, वारा-न्यारा, हेर-फेर: ~ capital 2 सट्टा बाजार के स्टॉकों की क्रय-विक्रय दर 3 श्रमिक-परिवर्तन यानी श्रमिकों द्वारा नौकरी छोड़ने और नई भर्ती की दर: labour ~; they pay rotten wages, so there is a high staff ~ 4 कुश्ती में दाव: ~ with body/ with leg/ hold; ~ with rear waist lock; ~ with wrist hold

turpentine /टःपनटाइन/ (*also UK* **turps**) *n.* 1 तारपीन: ~ tree 2 तारपीन का तेल 3 गंधबिरोजा

turpitude /टःपिट्यूड/ *US* टःपिटूड/ *n.* 1 (***syn.*** wickedness) अधमता, नीचता, दुष्टता, कमीनापन 2 चरित्रहीनता, भ्रष्टता: moral ~

turquoise /टःकवॉइज/ टःकवाःज/ *n.* 1 फिरोजा, पीरोजा 2 फिरोजी रंग;
adj. फिरोजी रंग का: a ~ bathroom suite

turret /टरिट/ *n.* 1 बुर्ज, कंगूरा: the **~s** of an ancient chateau 2 (*in full* **gun-~**) लड़ाकू जहाज या टैंक पर घूमती हुई संरचना जिस पर तोप टिकी रहती है 3 खराद का घूमनेवाला भाग;

dw/lw: **~ed** *adj.* 1 कंगूरेदार, कंगूरे वाला: ~ed armour; ~ed deck 2 कंगूरे जैसा, बुर्ज जैसा

turtle /टःटल/ *n.* 1 कछुआ 2 काल्हक फाख्ता 3 समुद्री कच्छप, हरा कछुआ 4 *comput.* एक प्रकार का करसर (cursor) जिसे घुमाकर चित्र बनाए जा सकते हैं;

v., pt. **~d**, *pp* **turtling** कछुओं का शिकार क.;

dw/lw: **~-dove** *n.* एक जंगली फाख्ता जो अपने मादा साथी व उनके चूजों के प्रति मृदुलता व कोमल कुहू-कहू के लिए जानी जाती है; **~neck** /टःटलनेक/ *n. US* (*UK* **polo neck**) ऊंचे तथा बंद गले का स्वेटर या अन्य वस्त्र: ~-neck T-shirt; **~shell** *n.* कछुए की खोपड़ी;

collocations: ~ **graphics** *comput.* कछुएनुमा कर्सर (cursor) से कंप्यूटर पर बनाए जाने वाले चित्र;

p&i: **turn** ~ गाड़ी आदि का उलट या पलट जा.

Turves *pl.,* **turf** का बहुवचन

tusche /टूश/ *n.* (***syn.*** water repellent) एक चिकना पानी विकर्षक

tush /टश/ *inter.* छी, छिः, छी, फिश;

n. 1 चूतड़ 2 (घोड़े का) लंबा नुकीला दांत 3 हाथी का छोटा दांत

tushery /टशरि/ *n.* आडंबरपूर्ण पुराकालीन (archaic) शैली

tusk /टस्क/ *n.* 1 हाथी आदि जानवरों के सूंड से निकलने वाला दांत 2 गजदंत 3 खांग;

dw/lw: **~ed** *adj.* खांगदार; **~er** /टसकः/ *n.* बड़े दांतों वाला हाथी

tusser/ tussore /टसः/ टसॉः/ *n.* (*in full* ~ **silk**) 1 एक प्रकार का रेशम 2 इस रेशम को पैदा करने वाला रेशम का कीड़ा 3 टसर

tussive /टसिव/ *adj., med.* 1 खांसी से संबंधित 2 खांसी द्वारा पैदा किया हुआ

tussle /टसल/ *n.* 1 शाब्दिक झड़प: verbal ~ for/ over sth 2 हाथापाई, संघर्ष, हाथाबांही: have a ~ with sb for sth;

v., pt. **~d**, *pp* **tussling** लड़ाई क.

tussock /टसक/ *n.* 1 घास का गुच्छा या जमाव: ~ grass 2 घास आदि का पूला, मुट्ठा

tut /टट/ (*also* **tut-tut**) *excl.* नापसंद चीज के बारे में विस्मयबोधक ध्वनि;

v., pt. **tutted**, *pp* **tutting** धतकारना, दुत्कारना

tutee /ट्यूटी/ *n.* ट्यूशन पढ़ने वाला छात्र

tute\lage /ट्यूटअलिज/ *n.* 1 अभिभावकता, संरक्षण, सरपरस्ती 2 संरक्षित होने की अवस्था: be in ~ 3 (***syn.*** tuition) अध्यापक द्वारा दिया जाने वाला निजी शिक्षण: be under the ~ of different teachers 4 निदेश 5 प्रतिपाल्यता;

dw/lw: **~lar** /ट्यूटअलः/ *n.* रक्षक देवता; **~lary** /ट्यूटअलरि/ *adj.* 1 अभिभावक-संबंधी: ~lary authority 2 संरक्षक, रक्षक: ~lary god (अधिष्ठाता देवता); ~lary saint (संरक्षक संत)

tutor /ट्यूटः/ *n.* 1 व्यक्तिगत रूप से पढ़ाने वाला अध्यापक, निजी शिक्षक 2 विश्वविद्यालय का अध्यापक जो एक समय में कुछ ही विद्यार्थियों को पढ़ाता है या उनके भले-बुरे का ध्यान रखता है 3 अभिभावक 4 पाठ्य-पुस्तक 5 विदेश में सैर का गाइड: travelling ~/ foreign ~;

v., pt. **~ed**, *pp* **~ing** 1 निजी रूप से पढ़ाना 2 पढ़ाना, सिखाना: ~ a pupil Russian 3 निजी शिक्षण पाना 4 अनुशासित क.: ~ oneself 5 डांटना, फटकारना;

dw/lw: **~age** /ट्युटअरिज/ *n.* 1 शिक्षक का पद या कार्य 2 निजी शिक्षण शुल्क; **~ial** /ट्युटॉःरिअल/ *n.* 1 अध्यापक और कुछ एक विद्यार्थियों (या एक विद्यार्थी) के बीच किसी विषय पर विमर्श के माध्यम से अध्यापन-अध्ययन की पद्धति 2 विद्यार्थी द्वारा तैयार किया जाने वाला पाठ: windows ~ials are quite useful; **~ial** *adj.* 1 निजी शिक्षण से संबंधित 2 अध्यापक और चंदेक विद्यार्थियों के बीच पारस्परिक विमर्श के माध्यम से अध्यापन-अध्ययन की पद्धति से संबंधित: ~ial system; ~ial classes; forgot his ~ial exercise; **~ing** *n.* अध्यापन-क्रिया; **~ship** /ट्यूटःशिप/ *n.* 1 (अनुशासन) अध्यापक का पद 2 संरक्षण

tutsan /टट्सन/ *n.* बसंत, बालशना, देंधू

tutti /टुटी/ *adv., music* सभी वादक और गायक मिलकर;

n. सभी वादकों और गायकों द्वारा मिलकर प्रस्तुत किया जाने वाला संगीत

tutti-fruiti /टूटी-फ्रूटी/ *n.* टूटी-फ्रूटी, फलों वाली आइसक्रीम

tutty /टटि/ *n.* तूतिया, जिसके पाउडर को पॉलिश के रूप प्रयुक्त किया जाता है

tutu /टूटू/ *n.* बैले नर्तकियों का झालरदार ऊंचा स्कर्ट

tu-whit, tu-whoo /टुविट टुवू/ *n.* (उल्लू की) घूग्घू की आवाज

tux /टक्स/ *n. US short* 'tuxedo' का छोटा रूप

tuxedo /टक्सीडो/ *n., pl.* **tuxedos/ tuxedoes** *mainly N. Amer. from* **Tuxedo** Park in New York where it was first worn (*UK* **dinner jacket/ suit**) *n.* डिनर जैकेट

tuyere/ tuyere /टियेअः/ *n.* शुंडिका, हवा-टोंटी, धमन-तुंड

TV (*also* **tv**) *abbr.,* 'television' का छोटा रूप

collocations: **TV dinner** टीवी देखते-देखते खाया जा सकने वाला रात्रि-भोजन; **TV movie** टीवी पर दिखाई जाने वाली फिल्म

TVEI *abbr., Br.* 'Technical and Vocational Education Initiative' की प्रथमाक्षरी

TVP *abbr.* 'textured vegetable protein' की प्रथमाक्षरी

TVPA *abbr.* 'Trafficking Victims Protection Act' की प्रथमाक्षरी

TVR *abbr.* 'television ratings' की प्रथमाक्षरी

TVU *abbr.* 'Thames Valley University' की प्रथमाक्षरी

TW *abbr.* 'terawatt(s)' का द्योतक

TWA *abbr.* 'Trans-World Airlines' की प्रथमाक्षरी

twad\dle /ट्वौडल/ *US* ट्वाःडल/ *n.* 1 (***syn.*** nonsense) बकवाद, बकबक, बकवास 2 गप: talk mere **~dle**;

v., pt. **~dled**, *pp* **~dling** बकबक क., गप लड़ाना: **~dle** out platitudes;

dw/lw: **~dler** /ट्वौडलः/ *n.* बकबक करने वाला व्यक्ति, बकवादी; **~dling** *adj.,* बकबक करने वाला; **~dling** *n.* बकवाद, बकबक

twain /ट्वेन/ *adj.* दो;

***n.**, old* 1 जोड़ा, युग्म 2 दोनों;

dw/lw: **in-~** *adv.* दो-टूक, दो टुकड़ों में;

p&i: **never the ~ shall meet** एक दूसरे से बिल्कुल भिन्न वस्तुएं, व्यक्ति आदि

twang /ट्वैंग/ *n.* 1 झंकार, टंकार 2 धनुष की टंकार: the ~ of a bow-string 3 नकियाहट (नाक में उच्चारण): French ~; speak with a ~;

v., pt. **~ed**, *pp* **~ing** 1 टंकारना, झंकारना: the fiddles **~ed**; ~ (on) a guitar/ (on) a violin 2 नकियाना;

dw/lw: **~ly** *adv.* झंकारते हुए, टंकारते हुए

twankay /ट्वैंके/ *n.* हरी चाय

'twas /ट्वौज/ *US* ट्वाःज/ *old use, poetic, short,* **'it was'** का संक्षेप

twat /ट्वैट/ ट्वौट/ *US* ट्वाःट/ *n., coarse sl.* 1 घिनौना, ओछा आदमी 2 मूर्ख व्यक्ति

TWC *abbr.* 'The Woolmark Company' की प्रथमाक्षरी

TWE *abbr.* 'Test of Written English', 'Time Warner Entertainment' की प्रथमाक्षरी

tweak /ट्वीक/ *v., pt.* **~ed**, *pp* **~ing** 1 बेहतर बनाने के लिए थोड़ी फेर-बदल क. 2 मरोड़ना 3 चिकोटी काटना, चिहुंटना: ~ a person's nose 4 उमेठना, ऐंठना: ~ a child's ears 5 झटके से खींचना, झटकना;

n. 1 चिकोटी 2 उमेठन 3 मरोड़ 4 झटका: it'll work if you give the button a ~

twee /ट्वी/ *Br., colloq., disparaging* **1** ढोंगी ढंग से सुंदर 2 विलक्षण 3 अति भावुक

tweed /ट्वीड/ *n.* 1 एक प्रकार का ऊनी कपड़ा: ~ suit 2 **(~s)** इस कपड़े से बने वस्त्र;

dw/lw: **~y** /ट्वीडि/ (*also* **green welne**) *adj., degr.* ~ier, ~iest 1 अक्सर ट्वीड वस्त्र पहनकर वनों, पहाड़ों आदि स्थानों पर घूमने जाने वाला प्रकृति प्रेमी 2 ट्वीड वस्त्र पहनने वाला और देहात में रहने वाला धनी व्यक्ति

tweedle /ट्वीडल/ *n.* झंकार;

v., pt. **~d**, *pp* **tweedling** 1 झंकारना 2 संगीत द्वारा फुसलाना: ~ sb into sth

tweedledum /ट्वीडलडम/ *n.*: **~ and tweedledee** 1 एक समान, एक दूसरे के बिल्कुल समान वस्तुएं, व्यक्ति आदि 2 नकारात्मक अर्थ में: एक सांपनाथ, तो दूसरा नागनाथ: it is a change from ~ to tweedledee

tweedy *see above under* **tweed:** *dw/lw*

'tween /ट्वीन/ (*also* **~-ager**) *n.* **tween** (*syn.* pre-teen) 10 से 12 वर्ष के बालक, बालिका

'tween *short, old use* **'between'** का छोटा रूप: 'tweet-decks (दो तलों के बीच)

tweet /ट्वीट/ *n.* पक्षियों की चेंचें, कलरव, चहक;

v., pt. **~ed**, *pp* **~ing** चेंचें क., चहकना

tweeter /ट्वीटः/ *n., electron.* 1 ऊंचे स्वर निकालने वाला लाउड-स्पीकर 2 चिमटी, मोचनी

tweezer /ट्वीजः/ *v., pt.* **~ed**, *pp* **~ing** चिमटी से उखाड़ना;

dw/lw: **~s** /ट्वीजःज/ *n., [pl.]* बाल आदि उखाड़ने के लिए छोटी चिमटी: pair of ~ (चिमटी, मोचनी)

twelfth /ट्वेल्फ्थ/ (*also* **12th**) *n., serial number* or *ordinal numeral* बारहांश, बारहवें का एक हिस्सा: a ~ share 2 (the ~) महीने का बारहवां दिन, बारह तारीख: on the ~ of May; I don't get paid till the ~;

dw/lw: **twelfth** *adj.* 1 बारहवां, द्वादशवां: he is in his ~ year; he is doing it for the ~ time; finished a dismal ~;

collocations: **Twelfth Day (T~ day)** 1 क्रिस्मस के बाद बारहवां दिन 2 प्रभु-प्रकाश का त्योहार; **~ man** *cricket* टीम का बारहवां (reserve) यानी अतिरिक्त खिलाड़ी; **Twelfth Night** प्रभु-प्रकाश से पहले की रात

twelve /ट्वेलव/ *n., cardinal numeral/ number* 1 बारह (12): ~ and ~ make twenty four; ~ twos are twenty four; chapter ~; ~-and-twenty = thirty two (32); ~-and-thirty = forty two (42) 2 बारह द्वारा द्योतित मात्रा या संख्या या बारह को दर्शानेवाले चिह्न 12 या XII आदि: figure of ~ **(12)** 3 बारह का साइज 4 दोपहर के बारह बजे: 12.00 hours (*abbr.* **hrs, 12 am**) 5 रात के बारह बजे: 24.00 hrs (**12 pm**) 6 बारह लोगों का समूह: there were ~ of them 7 बारह वर्ष की आयु: he is ~ 8 बारह या उससे ऊपर की उम्र के दर्शकों के लिए फिल्म (for adults) 9 एक दर्जन;

adj. 1 कुल बारह का 2 बारह वर्ष का;

dw/lw **~fold** *adj.* 1 बारह गुणा: prices had increased ~fold 2 बारह भागों से बना; **~fold** *adv.* 1 बारह गुणा ज्यादा, बारहगुना: ~fold increase; ~fold stronger 2 अत्यधिक: the population has increased ~fold; **~-month** *n.* वर्ष; **~note/ ~-tone** (*also* **dodecaphonic**) *adj., music* बारह स्वरीय;

collocations: **~-hour clock** बारह घंटे की घड़ी; **twelve-inch/ 12-inch** 1 बारह-इंच, फुट 2 रिकॉर्ड जो एक मिनट में 45 चक्कर काटता है;

p&i: **~ men** एक दर्जन आदमी; **~ times as much** बारह गुणा ज्यादा; **~ to one** 1 एक के विरुद्ध बारह 2 बारह के मुकाबले में एक अंक 3 एक बजने में 12 मिनट;

at ~ बारह वर्ष की उम्र में; **in ~s** बारह-बारह करके; **strike ~ the first time/ all at once** एक दम अपनी क्षमताओं की पहचान हो.; **this day** ~ आज के दिन बारह तारीख को

twenties /ट्वेंटीज/ *n.* 1 किसी सदी के बीस से उनतीस वर्षों का काल 2 बीस से उनतीस वर्षों की उम्र: she is in the early/ in the late ~; they are both in their ~ 3 बीसवें और तीसवें वर्ष के बीच का समय: the roaring twenties 4 बीस से उनतीस डिग्री तक का तापमान आदि: it was in the high ~ every day

twenty /ट्वेंटि/ *n., cardinal numeral/ number* 1 बीस (20): ~ and ~ make forty; ~ twos are forty; chapter ~; ~-and-twenty = (40); ~-and-thirty = (50) 2 बीस द्वारा द्योतित मात्रा या संख्या 3 बीस को दर्शाने वाले चिह्न 20 या XX आदि: figure of ~ 4 बीस का साइज 5 शाम के आठ बजे: 20.00 hours (*abbr.* **hrs**) 6 बीस लोगों का समूह: there were ~ of them 7 बीस वर्ष की आयु: he is ~ 8 (***syn.*** one score) एक कोड़ी, बीसी;

adj. 1 कुल बीस का 2 बीस वर्ष का;

dw/lw: **twentieth** /ट्वेंटिअथ/ *ordinal numeral/ serial number* बीसवां: a twentieth share; he is in his twentieth year; **~fold** *adj.* 1 बीस गुणा: prices had increased ~fold 2 बीस भागों से बना; **~fold** *adv.* 1 बीस गुणा ज्यादा, बीसगुना: ~fold increase; ~fold stronger 2 अत्यधिक: the population has increased ~fold;

dw/lw: **~-first** *n., colloq.* इक्कीसवां जन्मदिन (प्रौढ़ता का द्योतक): got a watch for her ~-first; **~-one** (*also* **~ one, vingt-et-un**) ताश का एक खेल; **~-one, ~-two ...** इक्कीस, बाइस ...; **twenty-twenty** (*often* **20/20**) *adj.* 1(***syn.*** normal) सामान्य: 20/20 eye-sight (सामान्य नेत्र-दृष्टि) 2 तेज एवं कुशाग्र (समझ या पैठ); **Twetnty-Twenty** (*also* **T-20**) क्रिकेट का 20-20 ओवरों का खेल;

collocations: **~-four-hour clock** 24 घंटे की समय प्रणाली; **~-four seven (24x7)** सातों दिन चौबीसों घंटे; **~ pence/ twenty pence piece/ 20p** बीस पेंस का सिक्का; **twenty-twenty** (*often* **20/20**) **vision** सामान्य नेत्र-दृष्टि;

p&i: **~ and ~ times** बारंबार, अनेकों बार, हजारों बार; **~ to one** 1 एक के विरुद्ध बीस 2 बीस के मुकाबले में एक अंक 3 एक बजने में 20 मिनट;

at ~ बीस वर्ष की उम्र में; **in/ by twenties** बीस-बीस करके; **~ times as much** बीस गुणा ज्यादा; **strike ~ the first time/ all at once** एक दम अपनी क्षमताओं की पहचान क.; **this day the ~** आज के दिन बीस तारीख को

'twere /ट्वॉः/ *abbr.* 'it were' का संक्षेप

twerp or **twirp** /ट्वःप/ *n.* 1 मूर्ख व्यक्ति 2 छुटभैया 3 पाजी, घिनौना आदमी

TWI *abbr.* 'Trans World International' की प्रथमाक्षरी

twibill /ट्वाइबिल/ ट्विबअल/ *n., hist.* 1 दो-सिरा कुल्हाड़ी 2 (***syn.*** mattock) फावड़ा, कुदाल

twice /ट्वाइस/ *adv.* 1 (***syn.*** double) दुगना: ~ as good/ as much; be ~ sb's age; have ~ the money 2 दो बार: ~ two is four; do sth ~;

dw/lw: **~-born** *adj.* द्विज; **~-told** *adj.* 1 दो बार सुनाया हुआ 2 दो बार रचा हुआ 3 जग-जाहिर 4 घिसा-पिटा, सुना-सुनाया: ~-told tale;

p&i: **~ as much** दूना, दुगुना ज्यादा; **~ over** एक बार नहीं, बल्कि दो बार: there was enough of the drug in his stomach to kill him ~ over; **~ two is four** दो दूनी चार; **not to think ~ about sth** बिल्कुल भी हिचकिचाने की आवश्यकता नहीं; **once bitten is ~ shy** दूध का जला छाछ को फूंक-फूंककर पीता है; **once or ~/ or thrice** कई बार; **pay a debt in ~** दो किश्तों में उधार चुकाना; **succeed in ~** दूसरी बार सफल हो.; **think ~ before doing sth = think before you leap** कुछ करने से पहले भली भांति सोच-विचार कर लेना चाहिए

twiddle /ट्विड्ल/ *v., pt.* **~d**, *pp* **twiddling** 1 यों ही उंगलियां घुमाना: ~ one's thumbs/ one's fingers 2 इर्दगिर्द लपेटना या फेरना: ~ one's hair; ~ one's moustache 3 बाएं-दाएं घुमाना: ~ the knob on the radio 4 से खेलना: ~ with the watch-

chain 5 समय गंवाना, मक्खी मारना, बेकार बैठना: ~ one's thumbs;
n. 1 इर्दगिर्द लपेट 2 छल्ला 3 आवाज की कंपन, गिटकरी;
dw/lw: **twiddling** *adj.* इर्दगिर्द लिपटा हुआ; **twiddling** *n.* इर्दगिर्द लपेट; **twiddly** *adv.* (***syn.*** fiddly) जटिल, अतिशय विवरण वाला या अति पेचीदा;
p&i: **twiddle one's thumbs/ fingers** बेकार बैठना, मक्खी मारना

twig /ट्विग/ *n.* 1 पतली टहनी: willow **~s** 2 छड़ी, बेंत 3 टहनीनुमा रक्त-धमनियां
v., *pt.* **~ged**, *pp* **~ging** *Br. colloq.* 1 मजाक या स्थिति को एकदम समझ जा., भांप जा.: he soon **~ged** their game 2 देख लेना: the hunter **~ged** an animal in front of him;
dw/lw: **~gy** /ट्विगि/ *adj., degr.* ~gier, ~giest 1 टहनीदार, टहनियों वाला 2 छरहरा, इकहरा 3 नाजुक, सुकुमार, कमजोर;
p&i: **as the ~ is bent, so the tree is inclined** बचपन में ही मनुष्य का स्वभाव और चरित्र बनते हैं; **hop the ~/ stick** मर जाना

twilight /ट्वाइलाइट/ *n.* 1 झुटपुटा, धुंधलका, धुंधला प्रकाश, अस्पष्टता: the ~ of an avenue; the ~ of the situation 2 झिलमिल 3 गोधूलि बेला, सांध्यकाल: evening ~; arranged to meet at ~ 4 अल्पज्ञान: Homer lived in the ~ of history 5 शक्ति या स्वास्थ्य ह्रास, क्षीणता, कमजोरी: the ~ of his life 6 पतन काल, अवनति: in her ~ years;
adj. 1 गोधूलि बेला से संबंधित या इस समय होनेवाला: ~ thoughts 2 धुंधला, अस्पष्ट: ~ images on the edge of consciousness 3 जो समाज में पूर्णतः रम न गए हों, अवैध;
dw/lw: **twilit**/ **~ed** /ट्वाइलिट/ ट्वाइलाइटिड/ *adj.* डूबते या चढ़ते सूरज की हल्की-सी रोशनी वाला, धुंधला;
collocations: **~ sleep** अर्धचेतन निद्रा; **~ vision** अस्पष्ट दृष्टि; **~ world** ऐसे लोगों की जिंदगी जो समाज में पूर्णतः रम न गए हों, वैध न हों: lives in a ~ world of drugs and crime; **~ zone** 1 उजाड़ व पतनशील नगर क्षेत्र 2 अनिश्चित या त्रिशंकु स्थिति

twill /ट्विल/ *n.* 1 तिरछी धारियोंवाला कपड़ा, ट्विल 2 रेखिका;
v., *pt.* **~ed**, *pp* **~ing** तिरछी धारियों वाला कपड़ा बुनना;
dw/lw: **~ed** /ट्विल्ड/ *adj.* तिरछी धारियों वाला

'twill /ट्विल/ *abbr.* 'it will' का संक्षेप

twin /ट्विन/ *n.* 1 जुड़वां बच्चे, यमज, यमल, जोड़ा, जोड़: a pair of **~s**; identical **~s** (एकांडी यमज, सर्वसम यमज); Siamese **~s** (जुड़े हुए यमल) 2 दो एकदम समान वस्तुएं, व्यक्ति आदि, प्रतिरूप: set of **~s** 3 (**the Twins**) मिथुन राशि (Gemini) 4 *chem.* (**~ crystals**) दो एक समान स्फटिकों से बना यौगिक स्फटिक;
adj. 1 जुड़वां, यमल, यमज: sb's ~ brother/ sister 2 सर्वसम: ~ set (जोड़ा, सूट); ~ souls 3 दोहरा, दुहरा: ~ barrel/ mount; ~ beds; ~ size; ~ tasks;
v., *pt.* **~ned**, *pp* **~ning** 1 जुड़वां बच्चों को जन्म दे. 2 जोड़ा बनना, जोड़ना: be **~ned** with sth 3 जुड़वां शहरों आदि का हो. 4 दो समान स्फटिकों से यौगिक स्फटिक बनना;
dw/lw: **~-born** *adj.* जुड़वां, यमज; **~-engined** *adj.* दो इंजन वाला; **~ning** /टिवनिंग/ *n.* यमल-जनन, यमलन; **~-screw** *n.* दुपेची जहाज; **~set** *n., Br.* मेल खाता जनाना स्वेटर आदि;
collocations: **~ bed** दोहरा बिस्तरा: a ~-bedded room; **~ town** जुड़वां शहर; **~ tub** दो ढोलों वाली वाशिंग मशीन

twine /ट्वाइन/ *n.* 1 बटा हुआ धागा, सुतली या रस्सी, डोरी 2 (***syn.*** coil) कुंडली, कुंडल 3 गुत्थी 4 कुंडली या डोरी आदि बनाने की क्रिया 5 चारों तरफ से लपेट 6 घेरा 7 बल, टेढ़ा-मेढ़ापन 8 ऐंठन (from pain, etc.);
v., *pt.* **~d**, *pp* **twining** 1 बाटना, गूंथना: ~ thin threads into a rope; ~ flowers into a wreath; our fortunes were **~d** together 2 कुंडली मारना, कुंडल बनाना 3 लिपटना, लपेटना: ~ one's arms round/ about the neck; ivy **~d** itself round the old tree trunk 4 टेढ़े-मेढ़े रास्ते से आगे बढ़ना या बहना 5 घेरना 6 ऐंठ जा.;
dw/lw: **~d** *adj.* गुंथा हुआ, लिपटा हुआ; **~r** *n.* 1 लपेटने वाला उपकरण 2 लिपटने वाली बेल आदि; **twining** *adj.* लिपटने वाली: twining plant; **twiny** /ट्वाइनि/ *adj.* लिपटने वाला

twinge /ट्विंज/ *n.* 1 हूक 2 (***syn.*** shooting pain) टीस, पीड़ा: a ~ of toothache; a ~ in the arm 3 अनुताप, पश्चात्ताप: ~ of bad conscience; a ~ of remorse;
v., *pt.* **~d**, *pp* **twinging** टीस उठना, हूक उठना

twinkle /ट्विंक्ल/ *v., pt.* **~d**, *pp* **twinkling** 1 टिमटिमाना: the lights of a big town **~d** in the distance 2 (***syn.*** sparkle) आंखों आदि का चमकना 3 झिलमिलाना, चमकना, जगमगाना 4 (***syn.*** flicker) मिचकना, मुलमुलाना, झपकना 5 आंखें मिचकाना, पलक मारना, झपकाना: his eyes **~d** with amusement 6 मुस्कराना 7 तेजी से थिरकना: the dancer's feet **~d** 8 प्रकाश-संकेत दे. या भेजना 9 पथ को प्रकाशमान क.;
n. 1 टिमटिमाहट, चमक 2 झिलमिलाहट, जगमगाहट, चमक 3 (***syn.*** glimmer) मिचकी, झपक, चमक: ~ in one's eye 4 थिरक, थिरकन 5 पल, क्षण: in a ~/ in the ~ of eye;
dw/lw: **twinkling** /ट्विंक्लिंग/ *n.* 1 टिमटिमाहट 2 झिलमिलाहट 3 आंखों में चमक 3 पल, क्षण: in a twinkling/ in the twinkling of an eye/ of a bed-post (पलक मारते, पलक झपकते, पल भर में); **twinkling** *adj.* टिमटिमाने वाला; **twinkly** *adj.* टिमटिमाने वाला;
p&i: **when you were just** (or **no more than**) **a ~ in your father's eye** जब आप पैदा भी नहीं हुए थे

twirl /ट्वःल/ *v., pt.* **~ed**, *pp* **~ing** 1 मोड़ना, घुमावदार बनाना: ~ one's moustache 2 तेजी से घूमना: ~ the wheel 3 (***syn.*** spin) तेजी से घुमाना 4 चक्करों में नाचना;
n. 1 तेज घुमाव, चक्रगति: did a ~ to show off her dress 2 मरोड़ 3 कुंडल 4 पैन आदि से घुमावदार घसीट 5 बबूला, चक्रवाती तूफान: dust ~;
p&i: **~ one's thumbs** बेकार बैठे रहना, आवारागर्दी क.

twist /ट्विस्ट/ *v., pt.* **~ed**, *pp* **~ing** 1 घुमाना, बाएं-दाएं फिराना, चक्कर खिलाना: ~ the knob; ~ the key 2 बुरी तरह मुड़ जा., मोच आना, मुड़काना: he **~ed** his ankle as he fell; he fell and **~ed** his knee 3 (*often* **~ sth off**) घुमाकर या टेढ़ा करके तोड़ दे. 4 नदी, सड़क आदि का घूमना, मोड़ ले., टेढ़े-मेढ़े बहना या आगे बढ़ना, घुमावदार होना: the road **~s** through the mountains 5 (***syn.*** contort, distort) मरोड़ आना, ऐंठना, विकृत हो.: her face was **~ed** with pain: **~ed** his face into an ugly sneer 6 मतलब बदल दे., गलत अर्थ लगाना, मिथ्या व्याख्या क., विकृत क.: ~ sb's words 7 गूथना, बाटना, लपेटना, लिपटना (a coil): ~ the pieces of string together; ~ a yarn/ a thread; ~ a ribbon round sth 8 अंग मरोड़ कर नाचना (उदाहरणतः, इस गाने में: 'आओ ट्विस्ट करें...') 9 सताना, उत्पीड़ित क., यातना दे., अंग मरोड़ना: ~ sb's arm 10 घूमना, चक्कर खाना, घुमाना, चक्कर कटाना: ~ silk thread on a reel; ~ a person round one's finger; ~ a shaft 11 मोड़ना, उमेठना 12 पार क., रास्ता निकालना 13 धोखा दे 14 (***syn.*** writhe) तड़फना, तड़पना, छटपटाना;
n. 1 घुमाव, चक्कर: a ~ in a road/ in a stream 2 मरोड़, मरोड़ी, ऐंठ, ऐंठन, बल: give a ~ to a person's arm 3 (***syn.*** contortion, distortion) मुंडन, विरूपण, विकृति, विकार 4 टेढ़ापन 5 आकस्मिक मोड़ या बदलाव: ~ in the plot 6 बटा हुआ धागा, रस्सी 7 बेलनदार रोटी 8 गांठ 9 लच्छा, अट्टी 10 पुड़िया, पुड़ा 11 गलत अर्थ, मिथ्या व्याख्या, मिथ्या विवरण या निरूपण 12 मोच: give one's knee a bad ~ 13 झुकाव, प्रवृत्ति: a ~ toward the new policy 14 हुनर 15 पेय में डाली जाने वाली मुड़ी हुई नींबू की फांक: served the drink with to a ~ of lemon;

dw/lw: **~ed** *adj.* 1 व्यावर्तित, बलदार, वक्र: a tree with knarled and ~ed branches 2 विकृत, बिगड़ा हुआ: a film that would appeal a ~ed mind 3 पगलाया हुआ; **~er** *n.* 1 ठग, धोखेबाज व बेईमान व्यक्ति 2 *Br. colloq.,* (*US* tornado) चक्रवाती तूफान 3 अंग मरोड़कर नाचने वाला; **~ing** /ट्विस्टिंग/ *n.* 1 मोड़ने की क्रिया 2 सुखाते समय लकड़ी में आने वाला मुड़ाव; **~y** /ट्विस्टि/ *adj., degr.* ~tier, ~iest 1 बट या गूंथकर बनाया हुआ 2 (***syn.*** winding, zigzag) घुमावदार, टेढ़ा-मेढ़ा 3 बेईमान: he's a bit of a ~y character; ~y politician;

collocations: **~ drill** धातुओं में छेद करने वाला बरमा; **~ of the wrist** हाथ की सफाई; **~s and turns** टेढ़े-मेढ़े मोड़; **tongue ~er** 1 (***syn.*** tornado) चक्रवाती तूफान, बबूला 2 जबड़ा तोड़ शब्द यानी नजदीकी ध्वनियों वाले जल्दी-जल्दी बोले जाने वाले शब्द का समूह;

p&i: ~ **about** दर्द के मारे ऐंठना; ~ **off** मैं से मरोड़ कर एक टुकड़ा तोड़ना; ~ **sb's arm** *colloq.* दबाव डालकर कोई काम करवाना; ~ **sb round one's little finger** किसी को अपनी उंगलियों पर नचाना; ~ **the lion's tail** अंग्रेजों को चिढ़ाना; ~ **the knife in the wound** कटे पर नमक छिड़कना;

a ~ in one's nature किसी के स्वभाव में छल, कपट; **a ~ on the shorts** शेयरों की ऊंचे दामों पर बिक्री; **get one's knickers in a** ~ घबरा जा., आतंकित हो जाना; **round the** ~ *colloq.* पागल, सिरफिरा

twit /ट्विट/ *noun., colloq., informal* 1 मूर्ख व्यक्ति 2 बोली-ठोली, ताना;

v., *pt.* **~ted**, *pp* **~ting** 1 (***syn.*** tease) मजाक उड़ाना, फब्ती कसना 2 ताना दे.: ~ a person with/ about his conceit

twitch /ट्विच/ *v., pt.* **~ed**, *pp* **~ing** 1 सिहरना, फड़कना, ऐंठ जाना, खिंच जाना: his face **~ed** with emotion/ with pain; my eye has been **~ing** all day 2 झटकना, झटका मारना, झटके से खींचना: his fingers **~ed** at the bed-clothes; a horse **~es** his ears; ~ the cloth off the table; the wind **~ed** the paper out of/ from his hand 3 चुटकी काटकर चोट पहुंचाना;

n., *pl.* **~es** 1 सिहरन, फड़क, स्फुरण, फड़कन: convulsive/ nervous ~ 2 झटकन, झटका: give a ~ at sb's sleeve 3 ऐंठन, मरोड़, खिंचाव 4 टीस की हूक 5 घोड़े को थामने के लिए फंदा;

dw/lw: **~er** /ट्विचः/ *n.* 1 सिहरनेवाला 2 पक्षी अवलोकक; **~y** /ट्विचि/ *adj., degr.* ~ier, ~iest *colloq.* 1 परेशान, बेचैन: been feeling ~y about the interview 2 आशंकापूर्ण 3 (***syn.*** jittery) आतुर, व्याकुल, बेकरार, बेताब: a ~y smile 4 फड़कनपूर्ण, सिहरनपूर्ण: a ~y eye;

collocations: **~ grass** दूब

twitter /ट्विटः/ *v., pt.* **~ed**, *pp* **~ing** 1 चहचहाना, चहकना, ही-ही क., चीं-चीं क. 2 चीं-चीं जैसी आवाज में कुछ कहना 3 (*also* ~ **on**/ **away**) जल्दी-जल्दी छोटी-मोटी बातें क. 4 कांपना: ~ with cold, with excitement 5 *comput.* सामाजिक नेटवर्किंग वैब साइट के माध्यम से अति संक्षिप्त संदेश भेजना;

n. 1 चहचह, चीं-चीं, ही-ही, चहक, चहचहाहट 2 बकवाद 3 व्याकुलता, घबराहट, आशंकित अवस्था, उत्तेजना: just the sound of her voice can make him go all of a ~; in a ~ (उत्तेजित, बैचेन या व्यग्र होकर, कांपते हुए) 4 एक सामाजिक नेटवर्किंग वैब साइट जिस पर अति संक्षिप्त संदेश भेजे जा सकते हैं;

dw/lw: **~ation** *n.* उत्तेजना, बेचैनी; **~ing** *adj.* 1 चहचहाने वाला 2 संक्षिप्त संदेश भेजने वाला; **~ing** *n.* 1 चहचहाहट 2 घबराहट 3 नेटवर्किंग वैब साइट पर संक्षिप्त संदेश भेजने की क्रिया

'twixt /ट्विक्स्ट/ *short* **'betwixt'**, *prep* के बीच में: there's many a slip ~ cup and lip = *US* there is many a slip between the cup and the lip (अभी दिल्ली दूर है)

twizzle /ट्विजल/ *v. pt.* **~d**, *pp* **twizzling** आइस-स्केटिंग करते हुए चक्कर काटना

two /टू/ *n., cardinal numeral/ number* 1 दो (2): ~ and ~ make four; ~ twos are four; chapter ~; ~-and-twenty = twenty two (22); ~-and-thirty = (32) 2 दो द्वारा द्योतित मात्रा या संख्या 3 दो को दर्शाने वाले चिह्न 2 या II आदि: figure of ~ 3 दो का साइज 4 दोपहर के दो बजे: 2 pm (14.00 hours): the meeting is at ~ 5 रात के दो बजे: 2 am (02.00 hrs) 6 दो जनों की जोड़ी: there were ~ of them 7 दो वर्ष की आयु: he is ~ 8 दुक्का 9 द्वय, युग्म, युगल, जोड़ी, जोड़ा 10 दो अंकों का स्कोर 11 ताश की दुग्गी: had to lay down his ~;

adj. 1 कुल दो का 2 दो वर्ष का;

dw/lw **~-bit** *adj., originally N. Amer. colloq.* नगण्य या सस्ती वस्तु, तुच्छ; **~-by-four** *adj.* बहुत छोटा; **~-dimensional** /टूडिमेन्शनल/ *adj.* द्विविम: his portrayal of Hamlet was totally ~-dimensional; **~-edged** *adj.* दुधारी; **~-eyed** *adj.* द्विनेत्र; **~-faced** *adj.* 1 धोखेबाज 2 बेईमान; **~fold** *adj.* 1 दो गुना, दुगणा: prices had increased ~fold 2 दो भागों से बना, दोहरा; **~fold** *adv.* 1 दो गुणा ज्यादा, दोगुना: ~fold increase; ~fold stronger 2 काफी ज्यादा: the population has increased ~fold; **~-handed** *adj.* 1 दो हाथों वाला 2 दुहत्थड़, दुहत्था: ~-handed saw (दुहत्था आरा); **~-horned** *adj.* द्विश्रृंगी, दुसिंगी; **~-legged** *adj.* द्विपद; **~-name** *adj.* द्विनामी; **~-party** *adj.* द्विदलीय; **~-man** *adj.* दो व्यक्तियों की: a ~-man committee; a ~-man comedy; a ~-man exhibition; **~-part** *adj.* दो भागों से बना: ~-part film; **~pence** *Br., n.* (*also* **tuppence**) दो पैंस, दो कौड़ी: not to care a ~pence; not care/ give ~pence to sth; I don't give tuppence for what you think; **~penny/ tuppenny** /टपनि/ *adj.* सस्ता, रद्दी: ~penny bun; **~penny** *n.* सिर, खोपड़ी: tuck in your ~penny; **~-halfpenny** *adj.* 1 सस्ता 2 तुच्छ, नगण्य; **~penny-halfpenny/ ~penny-ha'penny** *adj.* बेकार, दो-कौड़ी का: I don't want your nasty ~penny-ha'penny gift; **~-petalled** /टु-पिटलड/ *adj.* द्विपंखुड़ी; **~-phase** *adj.* द्विकल; **~-piece** *adj.* दो-भागों या दो टुकड़ों से बना; **~-point** *adj.* द्विबिंदुक; **~-pole** *adj.* द्विध्रुवी; **~-ply** *adj.* दो परतों वाला, दुपरती: ~-ply wood; **~-roomed** *adj.* दो कमरों का, द्विकक्षी; **~-seater** *n.* दो सीट वाला (आसन वाला) वाहन आदि; **~-sided** *adj.* 1 दो फलकों वाला 2 द्विपक्षीय, द्विपक्ष 3 दो पहलुओं वाला; **~some** *n.* 1 दो जनों के लिए खेल, नृत्य आदि 2 जोड़ा, जोड़ी, द्विक 3 मित्रद्वय; **~-speed** *n.* द्विचाल; **~-star** *adj.* 1 गुणवत्ता का द्योतक: ~-star hotel 2 दो-सितारा जनरल; **~-step** *n.* दो ताल का नृत्य या संगीत; **~-storied** *adj.* दुमंजिला; **~-tailed** *adj.* द्विपुच्छ; **~-tongued** *adj.* दोमुंहा, धोखेबाज, कपटी; **~-time** *v., pt.* ~-timed, *pp* ~-timing 1 पति या पत्नी के प्रति बेवफा हो. 2 ठगना, विश्वासघात क.; **~-timer** *n.* 1 बेवफा 2 ठग, विश्वासघाती; **~-tone** *n., Austral.* दो रंग या दो हल्की रंगत; **~-toothed** *adj.* द्विदंत; **~-track** *adj.* द्विपथ; **~-up-~-down** *adj.* ऊपर-नीचे दो-दो कमरे; **~-valued** *adj.* द्विमानित; **~-wire** *adj.* द्वितारीय; **~-year-old** *adj.* द्विवर्षीय; **~-way** *adj.* 1 दुतरफा: ~-way deal; ~-way communication 2 द्विपथीय: ~-way plough; ~-way traffic; ~-way mirror (एक तरफ से सामान्य दर्पण दूसरी तरफ से पारदर्शी शीशा) 3 द्विचर 4 आपसी, पारस्परिक; **~-wheeler** *n.* दुपहिया गाड़ी;

collocations: **~ bits** 1 नगण्य या सस्ती वस्तु 2 पच्चीस सेंट, क्षुद्र राशि; **~-horse race** दो घोड़ों की दौड़; **~ party system** द्विदलीय पद्धति; **~ fingers** (showing **'V'** sign) जीत का प्रतीक;

p&i: **~ and ~/ ~ by ~/ by ~s** 1 जोड़ों में; **~ by ~** दो गुणा दो; **~ a penny** दो कौड़ी का; **~ can play at that game/ it is a game at which ~ can play** देखते हैं किस की जीत होती है; **~ eyes can see more than one** एक दो ग्यारह; **~ in distress makes sorrow less** एक दो ग्यारह; **~ is**

company three is none साथ दो का होता है, तीसरा आंखों का ठीकरा; ~ **negatives make one affirmative** दो नकारात्मक मिलकर एक सकारात्मक हो जाता है; ~ **of** दो जने; ~ **of hearts** हुकम की दुग्गी; ~ **of a trade seldom agree** एक म्यान में वो तलवारें नहीं समा सकती; ~ **or three**/ ~**-three** लगभग दो या तीन, दो-तीन; ~ **times as much** दो गुणा ज्यादा; ~ **to one** 1 एक के विरुद्ध दो 2 दो के मुकाबले में एक अंक 3 एक बजने में दो मिनट; ~ **times as much** दो गुणा ज्यादा; ~ **wrongs cannot make one right** दो गलतियों से एक सही बात या चीज नहीं बनती;

as certain as ~ **and** ~ **make four** 1 अत्यधिक आश्वस्त 2 पूर्णतः पक्का; **at** ~ दो वर्ष की उम्र में; **be in** ~ **minds (mind)** दुविधा में हो.; **cut in** ~ दो भागों में काटना; **for a day or** ~ एक-दो दिन के लिए; **in** ~ दो टुकड़ों में, दो अलग-अलग भागों में; **in two ~s** तुरंत, फौरन; **in** ~ **ticks**/ ~ **shakes (of a lamb's tail)** जल्दी ही, क्षण या पल भर में; **it takes** ~ **to make a quarrel** एक हाथ से ताली नहीं बजती; **not have** ~ **beans, brain cells, etc. to rub together** 1 कोई पैसा न हो. 2 बिल्कुल बुद्धू या मूर्ख हो.; **one or** ~ थोड़े-से, कुछ, कतिपय; **put** ~ **and** ~ **together** सुस्पष्ट निष्कर्ष निकालना; **that makes** ~ **of us** *colloq.* यही बात मुझ पर भी लागू होती है, मैं आपसे सहमत हूं; **stand on your own** ~ **feet (foot)** आत्म-निर्भर हो.; **the lesser of** ~ **evils** दो बुराइयों में से छोटी बुराई

TWSI *abbr.* 'Tourism and Wildlife Society of India' की प्रथमाक्षरी

TWSP *abbr.* 'Total Web Software Manager' की प्रथमाक्षरी

TWU *abbr.* 'Transport Workers Union' की प्रथमाक्षरी

TX *abbr., US state* 'Texas' का छोटा रूप

-ty *suffix, forming nouns, denoting:* quali**ty** or **condition** (गुण या अवस्था): safe**ty**, certain**ty**

-ty *suffix, denoting*: **tens** (दस): ninety, seventy, etc.

tychism /टाइकिजम/ *n.* संयोगवाद, भाग्यवाद

tycoon /टाइकून/ *n.* धनी उद्योगपति, जिसका सत्ता में भी दखल हो

tying /टाइंग/ *present p.* **'tie'** का वर्तमानकालिक कृदंत

tyke /टाइक/ *n.* 1 छोटा (शरारती) बच्चा: stop pulling the cat's tail, you little ~ 2 दोगला कुत्ता 3 अनगढ़ और गंवार व्यक्ति

tylenol /टाइलःनॉल/ *n. US tradem.* बुखार की एक दवाई

tylus /टाइलस/ *n.* गुल्मक

tympan /टिंपैन/ *n., print.* छपाई मशीन का एक भाग

tympa\nic /टिंपैनिक/ *adj.* कर्णपटही;

dw/lw: **~nites** /टिंपअनाइटीज/ *n.* अफारा, गैस से पेट का फुलाव; **~nitis** /टिंपअनाइटिस/ *n.* कर्णपटल-शोथ; **~num** /टिंपअनम/ *n., pl.* ~na/ ~nums 1 कान का परदा, कर्ण पटल 2 पटह, ढोल

the Tynwald /टिनवअल्ड/ *n.* 'आइल आव मैन' की संसद

typal /टाइपल/ *adj.* प्ररूपी

type /टाइप/ *n.* 1 किस्म, प्रकार: modern ~ of a man; **~s** of speech; people of this ~; I dislike men of that ~; that ~ of thing; different/ various **~s** 2 जाति 3 नमूना, निदर्श 4 निदर्शन 5 वर्ग, समूह का प्रतिनिधि, आदर्श, नमूना: literary ~; blood ~ 6 वर्ग-चरित्र, स्वभाव: men of the Nordic/ of the Oriental ~ 7 प्ररूप, प्रकार, प्रजाति: ~ species; seedless ~ of orange 8 सिक्के आदि पर आकृति 9 छपाई के टाइप अक्षर: italic ~; a leaflet with bold red ~; black/ bold/ fat ~ 10 व्यक्ति, आदमी, अनोखा व्यक्ति, विशेष गुणों वाला व्यक्ति: the silent ~; not be sb's ~ (किसी की पसंद का व्यक्ति न हो.); a ~ of Italian beauty; athletic ~; asthenic ~ (क्षीणकाय) 11 प्रतीक 12 छाप 13 (*in full* ~ **specimen**) किसी प्रकार, जाति, समूह, वर्ग का वास्तविक प्रतिनिधि या आदर्श;

adj. वर्ग विशेष से संबंधित: ~ genus;

v., pt. **~d**, *pp* **typing** 1 (*sometime* **~write**) टंकण क.: ~ a letter; she **~s** well 2 (***syn.*** typify) का प्रतिनिधि, प्रतीक या नमूना हो. 3 का वर्गीकरण क.: **~d** the blood sample for cross-matching 4 प्रकार या जाति का पता लगाना 5 वर्ग निर्धारित क.;

dw/lw: **~cast** /टाइप\कास्ट/ ~कैस्ट/ *v., pt.* ~cast, *pp* ~casting (अभिनेता द्वारा) एक ही तरह की भूमिका किया जा.: angry about always being ~cast as a dumb bimbo; **~face** /टाइपफेस/ *n., print.* मुद्रण-रूप, टाइप फेस; **~-metal** *n.* मुद्रणधातु, टाइपधातु; **~r** *n.* टाइपर, मुद्र लेखक; **~script** /टाइपस्क्रिप्ट/ *n.* टंकित प्रति; **~set** *v., pt.* ~set, *pp* ~setting छपाई के लिए बैठाना; **~setter** *n.* 1 टाइप बैठानेवाला, कंपोजिटर 2 टाइप बैठाने वाला यंत्र, कंपोजिटर प्ररूपी संरचना; **~writer** *n.* टाइप मशीन; **~writing** *n.* टंकण, टाइपकारी; **~written** *adj.* टंकित, टाइप किया हुआ;

arche~ *n.* आदिरूप, आद्य रूप, आदर्श;

collocations: ~ **founder** *print.* धातु से छपाई अक्षर ढालने वाला; ~ **script** टंकित प्रति; ~ **specimen** प्ररूप, निदर्श, आदर्श नमूना (*also see under:* ***n.***, 13); ~ **structure** टाइप संरचना

typhlitis /टिफ्लाइटिस/ *n.* अंधनाल-शोथ

typhoid /टाइफॉइड/ *n.* (*in full* ~ **fever**) मोतीझारा, आंत्रज्वर, मियादी बुखार

typhoon /टाइफून/ *n., meteorol.* तूफान, प्रचंड चक्रवाती तूफान

typhus /टाइफस/ (*also* ~ **fever**) *n., med.* टाइफस, तंद्रिक ज्वर

typical /टिपिकल/ *adj.* 1 ठेठ, प्रारूपिक, प्ररूपी, प्रातिनिधिक: ~ Haryanavi 2 प्रतिरूपी 3 विशेषतासूचक, अभिलक्षक: it is ~ of English 4 प्रातिनिधिक, आदर्श, नमूनारूपी: in a ~ way/ manner 5 प्रतीकात्मक 6 सामान्य, अपेक्षा अनुसार, साधारण 7 नापसंदगी या घृणासूचक विस्मयबोधक: **~!** it always rains when we plan a picnic;

dw/lw: **~ly** /टिपिकलि/ *adv.* 1 प्रातिनिधिक रूप से 2 जो अक्सर होता है

typification /टिपिफिकेशन/ *n.* प्रतीकीकरण, प्ररूपण, प्रतिनिधित्व, आदिरूप

typify /टिपिफाइ/ *v., pt.* **typified**, *pp* **typifying**, *s/he/ it* **typifies** 1 का प्ररूप हो. 2 का प्रतीक हो.: in this picture the bomb **typifies** war and the dove **typifies** peace 3 का ठेठ नमूना होना, के गुण प्रदर्शित क. 4 प्रतिनिधित्व क.: they ~ strikingly the spirit of their time 5 का पूर्वाभास दे. 6 का आदिरूप (personification) होना: nobody thinks he **typifies** morals

typing /टाइपिंग/ *n.* टंकण, टाइप कार्य, टाइपिंग

typist /टाइपिस्ट/ *n.* जो टाइप करता है: he isn't a very fast ~

typo /टाइपो/ *n., pl.* **~s** *colloq.* छपाई की गलती, मुद्रण-त्रुटि

typographer /टाइपौ\ग्रफः/ *US* टाइपाः\ग्रफः/ *n.* 1 अक्षर या शब्द बैठाने वाला, मुद्रक 2 मुद्रण कार्य में दक्ष व्यक्ति

typogra\phy /टाइपौग्रफि/ *US* टाइपाःग्रफि/ *n.* 1 मुद्रण-कला 2 छपाई-सज्जा, मुद्रण-सज्जा: the ~phy was admirable;

dw/lw: **~phic**/ **~phical** /टाइपअग्रैफिक/ टाइपअग्रैफिकल/ *adj.* 1 मुद्रण संबंधी, छपाई-संबंधी 2 पुस्तक-मुद्रणीय

typological /टाइपअलौजिकल/ *US* टाइपअलाःजिकल/ *adj.* वर्गीकारक, प्रतीकात्मक

typology *n.* /टाइपौलजि/ *US* टाइपाःलजि/ *n.* 1 (प्ररूप) वर्गीकरण 2 प्रतिनिधिक प्ररूप विज्ञान, प्ररूप विद्या 3 प्रतीकात्मक व्याख्या

Tyr *symbol* **tyrosine** का चिह्न

tyra\nnic/ **~nnical**/ **~nnous** /टिरै\निक/ ~निकल/ ~नस/ *adj.* 1 (***syn.*** oppressive) अत्याचारी, जालिम, जालिमाना 2 (***syn.*** despotic, dictatorial, autocratic) निरंकुश, प्रजापीड़क, तानाशाही: **~nnical** dynasty; **~nnical** ruler 3 (***syn.*** cruel) क्रूर, नृशंस;

dw/lw: **~nnically**/ **~nnously** /~निकलि/ ~नसलि/ *adv.* क्रूरतापूर्वक, निरंकुशतापूर्वक; **~nnicide** /~निसाइड/ *n.* 1 तानाशाह की हत्या 2 तानाशाह का हत्यारा; **~nnize**/ **~nnise**

/टिरनाइज/ *v., pt.* ~nnized, *pp* ~nnizing 1 निरंकुश शासन क. 2 अत्याचार क., जुल्म ढाना 3 सताना: no habit ~nnized him; **~nny** /टिरनि/ *n., pl.* ~nnies 1 (***syn.*** dictatorship) निरंकुश शासन, निरंकुशता 2 तानाशाही, नादिरशाही, प्रजापीड़न 3 अत्याचार, जुल्म, क्रूरता

tyrannosaur /टिरैनअसॉः/ *n.* एक प्रकार का बहुत बड़ा डाइनासोर

tyrant /टायरंट/ *n.* 1 (***syn.*** dictator) निरंकुश शासक 2 तानाशाह, प्रजापीड़क 3 अत्याचारी, जालिम राजा 4 तानाशाह

tyre *UK* (*US* **tire**) /टायः/ *n.* 1 (*in full* **pneumatic tyre**) टायर और ट्यूब: pneumatic/ tubeless ~; ~ tube; ~ inflator; balloon ~ 2 ठेले या बैलगाड़ी के पहिए को मजबूती देने के लिए उस पर चढ़ाया जाने वाला लोहे का छल्लानुमा चक्र 3 हाल; ***collocations:*** **~ chain** (*also* **snow chain**) बर्फ आदि में फिसलने से बचने के लिए टायर के ऊपर चढ़ाई जाने वाली जंजीरनुमा पट्टी; **~ gauge** टायर में हवा का दबावमापक उपकरण

tyrian purple/ Tyrian red गहरा बैंगनी या लाल

tyro /टाइरो/ *n., pl.* **~s** (***syn.*** novice) नौसिखुआ, अनाड़ी, कच्चा

tyrosine *n.,* (*symbol* **Tyr** *biochem.*) प्रोटीन में मिलने वाली अमीनो एसिड

tzar /जाः/ **tzar**, **tzarevitch**, **tzarevna**, **tsarina** *see above under* **tsar**

tzatziki /त्सात्सीकि/ *n.* दही और खीरे से बनी चटनी (dip)

Tzigane /त्सिगान/ *n.* हंगरी का रोमा या बंजारा

U u

U u /यू/ *n., pl.* **Us, U's** *or* **u's** 1 अंग्रेजी वर्णमाला का इक्कीसवां अक्षर 2 '**U**' आकार की वस्तु;
adj. Br., colloq. उच्च वर्गीय, उच्च श्रेणी का (upper class) (भाषा आदि)
U *abbr.* 1 'unionist', 'united', 'universal (film, etc.)' का प्रथमाक्षर 2 'Uruguay' का अंतर्राष्ट्रीय वाहन पंजीकरण कोड (*IVR*)
u *symbol* 'uranium' का चिह्न
u *adj.* म्यांमार (बर्मा) में आदरसूचक उपाधि (title of respect)
UA *abbr.* 'United Airlines' की प्रथमाक्षरी
UAB *abbr.* 'University of Alabama at Birmingham' की प्रथमाक्षरी
UAE *abbr.* 'United Arab Emirates' की प्रथमाक्षरी
UAL *abbr.* 'Universal Access Levy' की प्रथमाक्षरी
UAM *abbr.* 'unit area method' की प्रथमाक्षरी
UAR *abbr.* 'United Arab Republic' की प्रथमाक्षरी
UARS *abbr.* 'Upper Atmosphere Research Satellite' की प्रथमाक्षरी
UAS *abbr.* 'Unified Access Service', 'University of Agricultural Sciences (Bangalore)' की प्रथमाक्षरी
UAV *abbr.* 'unmanned aerial vehicles' की प्रथमाक्षरी
UB40 *abbr. in the UK* बेरोजगारी फार्म नं. 40
ubac /यूबैक/ *n.* उत्तराभिमुखी ढाल, उत्तर की ओर झुकने वाली ढाल
U-bend *n.* किसी वस्तु को दोहरा करने वाला मोड़
uber- /यूब:-/ (*also* **über-**) *prefix, Ger.* श्रेष्ठतम, महानतम: an **uber**-taxi; a real ~-babe
Übermenschen /ईबर्मेंश/ ऊबर्मेंश/ *n., Ger.* सुपरमैन के लिए प्रयुक्त जर्मन शब्द
uberous /युबेरस/ *adj.* प्रचुर दुग्धप्रद, अति उत्पादनशील;
dw/lw: **uberty** /यूब:टि/ *n.* अति उत्पादनशीलता, उर्वरता
ubble-gubble /अबल-गबल/ *n.* बक-बक, बकवाद, बकवास
uberrima fides /यूबअरीमा फाइडीज/ *Lat., law* अधिकतम नेकनीयती, विश्वास की पराकाष्ठा: contract **uberrima fidei**
ubersexual /युबेरसेक्सुअल/ *n.* दूसरों की सदा सहायता करने को तत्पर सुंदर व्यक्ति
UBF *abbr.* 'UTI Bond Fund' की प्रथमाक्षरी
UBI *abbr.* 'United Bank of India' की प्रथमाक्षरी
ubiety /यूबायटि/ *n.* स्थानबद्धता, स्थानीय संबंध, अत्रत्यता
ubiquinone /युबिक्विनोन/ *n., biochem.* एक प्रकार की क्विनीन
ubiquitarian /यूबिक्विटेअरिअन/ *adj.* = **ubiquitous** सर्वव्यापक
ubiquitous /यूबिक्विटस/ *adj.* 1 सर्वव्यापक, सर्वव्यापी, सार्वत्रिक 2 अक्सर या सर्वत्र मिलने वाला: the ~ Spanish tourists;
dw/lw: **~ly** /~लि/ *adv.* सर्वव्यापी रूप से; **~ness** /~नेस/ *n.* सर्वव्यापकता
ubiquity /यूबिक्विटि/ *n.* 1 (***syn.*** omnipresence) एक समय पर समान सर्वव्यापकता, सर्वव्यापिता, विभुता 2 (*also* **Ubiquity**) *theol.* ईसा की सर्वव्यापकता
U-boat /यू-बोट/ *n.* जर्मनी की एक '**U**' आकार की पनडुब्बी
UBR *abbr.* 'Uniform Business Rate' की प्रथमाक्षरी
u's. *abbr.* 'upper case' की प्रथमाक्षरी
UC *abbr.* 'Utilization Certificate' की प्रथमाक्षरी
UCAS *abbr. in the UK* 'Universities and Colleges Admissions Service' की प्रथमाक्षरी
U-CAT *abbr.* 'Undergraduate Computing Aptitude Test' की प्रथमाक्षरी
UCB *abbr.* 'urban co-operative banks' की प्रथमाक्षरी
UCC *abbr.* 'Uniform Code Council' की प्रथमाक्षरी
UCCA *abbr.* 'Universities Central Council on Admissions' की प्रथमाक्षरी
UCI *abbr.* 'International Cycling Union' की प्रथमाक्षरी
UCIL *abbr.* 'Uranium Corporation of India Limited' की प्रथमाक्षरी
UCKU *abbr.* 'University and College Karamcharis' Union' की प्रथमाक्षरी
UCLA *abbr.* 'University of California, Los Angeles' की प्रथमाक्षरी
UCLES *abbr.* 'University of Cambridge Local Examinations Syndicate' की प्रथमाक्षरी
UCMS *abbr.* 'University College of Medical Sciences' की प्रथमाक्षरी
UCP1 *abbr.* 'uncoupling protein one' की प्रथमाक्षरी
UCPI *abbr.* 'United Communist Party of India' की प्रथमाक्षरी
UCSB *abbr.* 'University of California, Santa Barbara' की प्रथमाक्षरी
UCSD *abbr.* 'University of California, San Diego' की प्रथमाक्षरी
UCTC *abbr.* 'Voluntary Counselling and Testing Centres' की प्रथमाक्षरी
UCW *abbr.* 'Union of Communication Workers' की प्रथमाक्षरी
UDA *abbr.* 'United Democratic Alliance' की प्रथमाक्षरी
UDBT *abbr.* 'Unbanked Directed (to a specific patient only) Blood Transfusion' की प्रथमाक्षरी
UDC *abbr.* 'upper division clerk' की प्रथमाक्षरी
UDCF *abbr.* 'unilateral declaration of ceasefire' की प्रथमाक्षरी
udder /अड:/ *n.* (गाय, भैंस, बकरी आदि का) थन
UDE *abbr.* 'University of Distance Education' की प्रथमाक्षरी
UDF *abbr.* 'United Democratic Front' की प्रथमाक्षरी
UDI *abbr.* 'Unilateral Declaration of Independence' की प्रथमाक्षरी
UDMH *abbr.* 'unsymmetrical dimethyl' की प्रथमाक्षरी
udometer /यूडौमिट:/ *US* यूडा:मिट:/ *n.* वर्षामापक यंत्र
UDR *abbr.* 'Ulster Defence Regiment' की प्रथमाक्षरी
UDSC *abbr.* 'University of Delhi, South Campus' की प्रथमाक्षरी
UDW *abbr.* 'University of Westminster (London, UK)' की प्रथमाक्षरी
UED *abbr.* 'upper extreme disabilities' की प्रथमाक्षरी
UEE *abbr.* 'universal elementary education' की प्रथमाक्षरी
UEED *abbr.* 'Urban Engineering and Environment Department' की प्रथमाक्षरी
UEFA *abbr.* 'Union of European Football Associations' की प्रथमाक्षरी
UES *abbr.* 'Unified Energy System' की प्रथमाक्षरी
uey/ U-ey /यूइ/ *n., pl.* **ueys/ U-eys** *Austral. sl.* = **U-turn** उलटा मोड़
UF *abbr.* 'United Front' की प्रथमाक्षरी
UFC *abbr.* 'Universities Funding Council', 'UTI Finance Corporation' की प्रथमाक्षरी
U films *abbr.* 'Universal Films' की प्रथमाक्षरी
UFM *abbr.* 'Union Finance Ministry' की प्रथमाक्षरी
UFO *abbr.* 'unidentified flying object' की प्रथमाक्षरी (रहस्यमय उड़न तस्तरी)
ufology /युफौलजि/ *US* युफा:लजि/ *n.* उड़न तस्तरी-विज्ञान, यूफोविज्ञान

UFORA *abbr.* 'Unidentified Flying Objects Research Association' की प्रथमाक्षरी
UG *abbr.* 'under-graduate' की प्रथमाक्षरी
UGA *abbr.* 'Under-graduate Arts' की प्रथमाक्षरी
UGAT *abbr.* 'Under-Graduate Aptitude Test' की प्रथमाक्षरी
UGC *abbr.* 'Unit Growth Scheme', 'University Grants Commission' की प्रथमाक्षरी
UGCOM *abbr.* 'Undergraduate Commerce' की प्रथमाक्षरी
UGH *abbr.* 'University General Hospital' की प्रथमाक्षरी
ugh /अग/ *excl.* छी! उह!
ugli /अग्लि/ *n., tradem., pl.* **uglis**/ **uglies** 1 नारंगी की जाति का एक फल 2 नारंगी का पौधा
uglification /अग्लिफिकेशन/ *n.* विरूपण: ~ of spoken language
uglify /अग्लिफाइ/ *v. pt.* **uglified**, *pp* **uglifying**, *s/he/ it* **uglifes** 1 कुरूप बनाना 2 विकृत क., विरूपित क., बिगाड़ना: they **uglified** the edifice with a gallery
ugly /अग्लि/ *adj., degr.* **uglier**, **ugliest** 1 कुरूप, भद्दा, बदसूरत, भोंडा, भूंडा (*Hr.*), बदशक्ल, बदसूरत, बेढब: ~ face; ~ clothes; ~ building; grow ~ 2 भयावह. डरावना, खतरनाक: ~ news; the situation becomes more ~ every day; ~ customer (खतरनाक व्यक्ति या जानवर) 3 अप्रिय, घिनौना वीभत्स, घृणित, नीच, दुष्ट: ~ habits; the business was looking ~ 4 अशुभ, अनिष्टसूचक: raise/ rear its ~ head 5 गुस्सैल, चिड़चिड़ा, बदमिजाज: an ~ mood;
dw/lw: **ugliness** *n.* 1 भद्दापन, कुरूपता, बदसूरती, भोंडापन, घिनौनापन 2 गंदगी, भद्दापन: I've never seen so much ugliness in any other town;
collocations: ~ **duckling** शुरू में कुरूप और बेकार समझी जाने वाली वस्तु या व्यक्ति पर बाद में अत्यंत सुंदर व कीमती सिद्ध होने वाला;
p&i: ~ **duckling** छिपा रुस्तम, बचपन में बुद्धू लगने वाला पर बड़ा होकर विद्वान बनने वाला व्यक्ति; ~ **as sin** भयंकर रूप से कुरूप
Ugrian /ऊगरिअन/ *adj.* उग्रियन (उग्रिक) (जाति या भाषा)
dw/lw: **Ugric** /उग्रिक/ *adj.* = **Ugrian**
UGTS *abbr.* 'Undergraduate Tourism' की प्रथमाक्षरी
uh *US* (*UK* **er**) *excl.* संशयवाचक विस्मयबोधक
UHF *abbr. radio* 'ultrahigh frequency' की प्रथमाक्षरी
UHID *abbr.* 'unique health identification (number)' की प्रथमाक्षरी
uhlan /ऊलान/ *n. hist.* पोलैंड आदि की सेनाओं में घुड़सवार भालाबरदार
UHT *abbr.* 'ultra-heat-treated', 'ultrahigh temperature' की प्रथमाक्षरी
uhuru /ऊहूरू/ *n., esp. E. Afr.* 1 दासता से मुक्ति 2 राष्ट्रीय मुक्ति
UI *abbr.* 'United India' की प्रथमाक्षरी
UIA *abbr.* 'United India Association' की प्रथमाक्षरी
UIAC *abbr.* 'United India Assurance Company Limited' की प्रथमाक्षरी
UIDB *abbr.* 'unidentified dead bodies' की प्रथमाक्षरी
UIIC *abbr.* 'United India Insurance Company Limited' की प्रथमाक्षरी
uillean pipes (*also* **union pipes)** *[pl.]* मशकबीन
UIN *abbr.* 'unique identification numbers' की प्रथमाक्षरी
UIP *abbr.* 'Universal Immunisation Progamme' की प्रथमाक्षरी
UIT *abbr.* 'Urban Improvement Trust' की प्रथमाक्षरी
uitlander /एटलैंडः/ (*sometimes* **Uitlander**) *n.* विदेशी, अन्यदेशीय
UK *abbr.* 1 'United Kingdom' की प्रथमाक्षरी 2 ग्रेट ब्रिटेन और उत्तरी आयरलैंड से मिलकर बनी एक राजनीतिक इकाई (इसमें आइल ऑव मैन /Isle of Man/ व चैनल द्वीप /Channel Islands/ शामिल नहीं)
UKAEA *abbr.* 'United Kingdom Atomic Energy Authority' की प्रथमाक्षरी
ukase /उकास/ (*Russian* **указ**) *n.* जार का हुक्मनामा, मनमाना आदेश
UKCC *abbr.* 'UK Central Council (for Nursing' Midwifery and Health)' की प्रथमाक्षरी
Ukr *abbr.* 'Ukraine' का संक्षेप
Ukrainian /यूक्रेनिअन/ *adj.* 1 युक्रेनी 2 युक्रेन निवासी 3 युक्रेनी भाषा
ukulele/ ukelele /यूकअलेलि/ *n.* चार तारों वाली छोटी गिटार, चौतारा गिटार
UL *abbr.* 'Universal League' की प्रथमाक्षरी
ULA/ ula *abbr., comput.* 'uncommitted logic array' की प्रथमाक्षरी
ULB *abbr.* 'urban local bodies' की प्रथमाक्षरी
ulcer /अल्सः/ *n.* 1 फोड़ा जो शरीर के अंदरूनी भाग में होता है, व्रण 2 कलंक 3 नासूर;
dw/lw: **~ate** /अल्सरेट/ *v., pt.* ~ated, *pp* ~ating 1 फोड़ा या व्रण पड़ जाना, फोड़ा हो जाना 2 फोड़ा पैदा क., व्रण उत्पन्न क. 3 कटु बनना या बनाना; **~ated** /अल्सरेटिड/ *n.* व्रणित; **~ation** /अल्सरेशन/ *n.* व्रण, व्रणोत्पत्ति; **~ative** /अल्सरेटिव/ *n.* व्रणकारी; **~ed** /अल्सःड/ *adj.* फोड़ा-ग्रस्त; **~ous** /अल्सरस/ *adj.* 1 व्रणीय, फोड़े से ग्रस्त 2 व्रणी 3 व्रणित 4 दूषक, भ्रष्ट या दूषित करने वाला
ULCRA *abbr.* 'Urban Land Ceiling and Regulation Act' की प्रथमाक्षरी
ULDB *abbr.* 'ultra-long duration balloon' की प्रथमाक्षरी
ULDC *abbr.* 'unified load despatch and communication' की प्रथमाक्षरी
-ule *suffix, forming nouns, denoting*: **diminutive, smallness** (छोटापन, बौनापन): nod**ule**
ulema /उलेमा/ *n., pl.* **~s** मुसलमान समाज के धार्मिक विद्वानों की समिति, उलेमा
-ulent /युलंट/ *suffix, forming adjectives, denoting:* **full of** (से भरपूर): fraud**ulent**
uliginosus /यूलिजिनअसस/ *adj.* 1 दलदली 2 दलदल में उगने वाला
ULIP *abbr.* 'Unit Linked Insurance Plan' की प्रथमाक्षरी
ullage /उलिज/ *n.* 1 बिना भरा बर्तन, या भरने से कुछ खाली बोतल आदि 2 रॉकेट आदि के इंधन टैंक का बिना भरा स्थान 3 कमी, नोदक रिक्ति (पीपे में भरने की कमी) 4 चू जाने या वाष्पीकरण से कम हुए द्रव की मात्रा 5 *sl.* (***syn.*** dregs) शराब के जामों में बची आखिरी बूंदें 6 तलछट
ulna /अलना/ *n., pl.* **ulnae** /अल्नी/ or **~s** *anat.* हथेली और कोहनी के बीच की पतली हड्डी;
dw/lw: **~r** *adj.* कोहनी की नस
ULO *abbr.* 'ultra low oxygen' की प्रथमाक्षरी
ulotrichous /यूलौट्रिकस/ *US* यूलाःट्रिकस/ *adj., anthropol.* 1 घने घुंघराले बालों वाला 2 ऊर्णरोम, ऊर्णकेशी
ULSD *abbr.* 'ultra low sulphur diesel' की प्रथमाक्षरी
ulster /उल्स्टः/ *n.* लबादा, मोटा तथा ढीला-ढाला ओवरकोट जिसके ऊपर पेटी लगाई जा सकती है
Ulsterman/ Ulsterwoman *n.* अल्सटर का निवासी
ulterior /अल्टिरिअः/ *adj.* 1 अप्रत्यक्ष, परोक्ष, अव्यक्त, गूढ़, गुप्त: ~ motives/ objects/ plans 2 (***syn.*** subsequent) पारवर्ती, बाद का: without ~ argument 3 बाह्य, बाहरी 4 परला, दूरस्थ: on the ~ side of the river;
dw/w: **~ly** /अल्टिरिअःलि/ *adv.* बाद में, आगे, भविष्य में

ultima /अल्टिमा/ *n., pl.* **~s**, *Lat., ling.* अंतिम शब्दांश;
adj. अंतिम ~ **ratio** (अंतिम निर्णायक तर्क); ~ **ratio regum** राजाओं का अंतिम तर्क यानी युद्ध;~ **Thule** (अंतिम उत्तरी छोर)

ultimate /अल्टिमअट/ *adj.* (*abbr.* **ult.**) 1 दूरतम: ~ street 2 (*syn.* final) अंतिम, आखिरी: ~ end/ purpose; ~ truth; in the ~ analysis (अंततोगत्वा) 3 (*syn.* fundamental, basic) मूल, मूलभूत, आधारभूत, तत्त्वात्मक: ~ analysis (तत्त्वात्मक विश्लेषण) 4 सर्वाधिक महत्त्वपूर्ण व निर्णायक: ~ result/ decision 5 अधिकतम: ~ load 6 चरम, परम: ~ class; ~ truth 7 अंतिम शब्दांश पर पड़ने वाला (आघात या बल): ~ stress;
n. 1 पराकाष्ठा, उच्चतम या निम्नतम स्तर: the ~ of his desire; an absurdity carried to its ~; the marriage was still the ~ of her wishes 2 (~ **element**) मूलतत्त्व 3 अंतिम चरण 4 अंतिम बिंदु, समापन, निष्कर्ष 5 (**the ~**) किसी वस्तु या कार्य की सर्वश्रेष्ठ प्रकार: the ~ in computer technology;
dw/lw: **~ly** /अल्टिमिटलि/ *adv.* 1 अंत में 2 आखिरकार, अंततोगत्वा

ultimatum /अल्टिमेटम/ *n., pl.* **~s/ ultimata** 1 चेतावनी, धमकी, अंतिम चेतावनी: deliver/ give sb/ issue an ~; present a country with an ~ 2 अंतिम निर्णय 3 मूल सिद्धांत, मूलतत्त्व

ultimo /अल्टिमो/ *adj.* (*abbr.* **ult.**) गत मास का, पिछले महीने का: your letter of the tenth ~

ultimogeniture /अल्टिमोजेनिचः/ (*also* **postremogeniture**) *n., law* कनिष्ठाधिकार यानी सबसे छोटे बेटे को मिलने वाला उत्तराधिकार

ultra /अल्ट्रा/ *adj.* 1 अतिवादी, चरम पंथी 2 बहुत बढ़िया;
n., pl. **~s** 1 अतिवादी राजनीतिज्ञ 2 धार्मिक कट्टरवादी व्यक्ति;
adv. अत्यधिक रूप से;
collocations: ~ **basic** अति मूलभूत, आधारभूत, तत्त्वात्मक; **ultra vires** /अल्ट्रा वायरिज/ उल्ट्रा विरेज/ *Lat., law* कानूनी अधिकारों से परे का, अधिकारातीत, अवैध; ~ **wave** परासूक्ष्म तरंग

ultra- /अल्ट्रा/ *prefix, denoting:* 1 **beyond in place, range** or **limit** (स्थान या पहुंच से परे, के पार): ~-microscopic (अति सूक्ष्म) 2 **extreme** or **extremely** (अत्यधिक, अति): ~-conservative; ~-modern;
dw/lw: **~fine** *adj.* अति सूक्ष्म, अति महीन; **~centrifuge** *chem. n.* अति अपकेंद्रीकरण; **~centrifugal** *adj.* अति अपकेंद्रीकारक; **~fiche** /अल्ट्राफिश/ *n.* एक प्रकार की माइक्रोफिल्म जिसमें अति सूक्ष्म सूचनाएं या आंकड़े दर्ज रहते हैं; **~conservative** *adj.* अति रूढ़िवादी, अति अनुदार; **~critical** *adj.* अति छिद्रान्वेषी; **~fashionable** *adj.* अत्यधिक फैशनपरस्त; **~-heat-treated** *adj.* (*abbr.* **UHT**) बहुत ऊंचे तापमान पर गर्म करके तैयार किया हुआ (दूध) आदि; **~high frequency** (*abbr.* **UHF**) 300 से 3000 MHz की तरंग-सीमावाली रेडियो तरंगें; **~marine** /अल्ट्रामअरीन/ *n.* 1 (*syn.* pigment) गहरा नीला रंगद्रव्य, लाजवर्दी; **~marine** *adj.* 1 गहरे नीले रंग का, लाजवर्दी 2 समुद्र के पार स्थित, समुद्र पार का: ~marine dominions (समुद्र पार के अधीन राज्य); ~marine trade; **~miniature** /अल्ट्रामिनिएचः/ *adj.* अत्यंत सूक्ष्म; **~modern** *adj.* अत्याधुनिक; **~montane** /अल्ट्रामौंटेन/ *adj.* 1 पर्वतपारीय 2 पोपाधिकारवादी; **~mundane** /अल्ट्रामंडेन/ 1 पारलौकिक 2 सौर-मंडलबाह्य; **~nationalism** अतिराष्ट्रीयतावाद; **~pure** *adj.* अतिशुद्ध; **~-short** *adj.* अति-लघु; **~sonic** /अल्ट्रसॉनिक/ *adj.* पराध्वनिक, पराश्रव्य; **~sonics** *n.* पराश्रव्यकी, पराध्वानिकी; **~sound** *n.* पराध्वनि, जो मानव श्रवण शक्ति से सुना न जा सके: ~sound scan (पराध्वनिक चित्रण या खोज); ~sound scanner; **~violet** /अल्ट्रावायलट/ *adj.* (*abbr.*, **UV**) *adj.* पराबैंगनी; **~virus** *n., biol.* छन-छनकर आने वाला वायरस; **~vires** *see above under* **ultra:** ***collocations***; **~-zodiacal** *adj.* राशिचक्र-बाह्य

ultraism /अल्ट्राइज्म/ *n.* अतिवाद;
dw/lw: **~ist** /अल्ट्राइस्ट/ *n., adj.* अतिवादी;

ultramicro- /अल्ट्रामाइ\क्रो/ *prefix, denoting:* **smaller than micro-** or **dealing with quantities smaller than micro** (अत्यधिक सूक्ष्म);
dw/lw: **~be** /~क्रोब/ *n.* अत्यणुजीव; **~scope** /~क्रअस्कोप/ *n.* अतिसूक्ष्मदर्शी; **~scopic** /~क्रस्कोपिक/ *adj.* अति सूक्ष्म

ulula\te /यूल्यु\लेट, अल्यु\लेट/ *US* अल्यु\लेट/ *v., pt.* **~ted**, *pp* **~ting** 1 हूहू क., हुआना, हुहुआना 2 (*syn.* wail) जोर से विलाप क.;
dw/lw: **~nt** /~लंट/ *adj.* विलाप करने वाला; **~tion** /~लेशन/ *n.* हुआं-हुआं, विलाप

UMBC *abbr.* 'University of Maryland, Baltimore Country' की प्रथमाक्षरी

umbel /अंबअल/ *n., bot.* पुष्पछत्र;
dw/lw: **~lar** /अंबेलः/ *adj.* पुष्पछत्री; **~late** /अंबेलेट/ *adj.* पुष्पछत्री; **~lifer** /अंबेलिफः/ *n.* इस परिवार का एक पौधा; **~liferous** /अंबेलिफरस/ *adj.* छतरी के आकार का, पुष्पछत्रधर; **~liform** *n.* छत्राकार, छतरी का आकार; **~lule** /अंबेल्यूल/ *n.* लघुपुष्पछत्र

amber /अंबः/ *n.* 1 अंबर 2 तृणमणि 3 तृणमणि रंग 4 कहरुवा

UMBI *abbr.* 'University of Maryland Biotechnology Institute' की प्रथमाक्षरी

umble pie = **humble pie**: **eat a humble pie** नाक रगड़ना, अपमानित हो.

umbles /अंबल्ज/ *n., pl.* हिरण की अंतड़ियां

umbili\cal /अंबिलिकल/ *adj.* 1 केंद्रीय 2 नाभि-संबंधी 3 मां की तरफ के सगे-संबंधी से जुड़ा 4 नाभ्य;
dw/lw: **~cate** /अंबिलिकेट/ *adj.* 1 नाभिवत, नाभि जैसा 2 नाभिल; **~cus** /अंबिलिकस/ अंबिलाइकस/ *n., pl.* **~ci** /अंबिलिसाइ/ अंबिलाइसाइ/ 1 नाभि, तुंदी 2 शून्यवृत्तक;
collocations: **~cal cord** गर्भ नाल, नाभि-नाड़ी, नाभि-रज्जु; **~cal hernia** आंत्र-वृद्धि, नाभि हर्निया; **the ~cal pillar of a vault** मेहराब का केंद्रीय स्तंभ

umbo /अंबो/ *n., pl.* **~nes** /अंबोनीज/ *or* **~s** 1 ढाल के केंद्र में उभार 2 ककुद 3 *anat.* कान का एक अंग;
dw/lw: **~nate** /अंबोनेट/ *adj.* ककुदी

umbra /अम्ब्रा/ *n., pl.* **umbrae** /अंबरी/ *or* **~s**, *Lat.* 1 *astron.* ग्रहण के समय पृथ्वी पर चंद्रमा की पड़ने वाली छाया 2 छाया का गहनतम भाग 3 सूर्य के धब्बों में गहनतम काला भाग 4 मृत की आत्मा, भूत-प्रेत 5 आमंत्रित मेहमान के साथ आने वाला बिना बुलाया मेहमान

umbraculi\ferous /अंब्राक्युलिफरस/ *adj.* छत्रधर;
dw/lw: **~form** /अम्ब्राक्युलिफॉःम/ *n.* छातारूप

umbrage /अम्ब्रिज/ *n., Lat.* 1 *archaic* पेड़ की छाया 2 पेड़ पत्ते आदि 3 संकेत 4 (*esp.* **give/ take ~**) रोष, नाराजगी, असंतोष, मनोमालिन्य: take ~ (बुरा मानना);
dw/lw: **~ous** /अम्ब्रेजिअस/ *adj.* 1 छायादार, सायदार 2 तुनकमिजाज, शक्की, संशयालु

umbrella /अंब्रेला/ *n., pl.* **~s** 1 छाता, छतरी: put up one's ~ (छाता खोलना); take down/ fold (up) one's ~ (छाता बंद क.) 2 छत्र 3 *US sl.* पैराशूट;
adj. 1 रक्षात्मक, रक्षक 2 छत्रक: ~ tree (छत्रवृक्ष, मैगनोलिया); ~ stand (छत्राधार) 3 छातानुमा (वस्तु या जीव): ~ bird 4 छाते जैसा (पौधे का भाग) 5 रक्षात्मक: ~ barrage (लड़ाकू जहाज द्वारा दी जाने वाली रक्षात्मक ढाल या आवरण) 6 छत्रछाया या संरक्षण देनेवाला: most parties are **~s** for diverse groups

umbriferous /अम्ब्रिफरस/ *adj.* = **umbrageous** (*see above under* **umbrage**: ***dw/lw***)

umiak/ oomiak /ऊमिऐक/ *n.* चमड़े से ढकी लकड़ी की नाव

UMIOR *abbr.* 'University Mobility in the Indian Ocean

Region (Mauritius)' की प्रथमाक्षरी
UMIST *abbr.* 'University of Manchester, Institute of Science and Technology' की प्रथमाक्षरी
umlaut /उम्लाउट/ *n.* 1 जर्मनिक परिवार की भाषाओं में: पहले आए स्वर के प्रभाव तले किसी स्वर के उच्चारण में होने वाला परिवर्तन 2 विशेषक चिह्न, अभिश्रुति 3 स्वर के ऊपर दिए जाने वाले दो बिंदु (द्विबिंदु): **Übermenschen; für**
UMOR *abbr.* 'University Mobility in the Indian Ocean Region' की प्रथमाक्षरी
umpirage /अंपायरिज/ 1 मध्यस्थता 2 निर्णय, पंचाट 3 खेल पंच का कार्य
umpire /अंपाय:/ *n.* 1 निर्णायक, रेफ्री, खेल-पंच: be an ~ at a match; **~'s** stand 2 पंच, मध्यस्थ, निर्णायक: ~ between two parties 3 (***syn.*** scorer) अंककार;
v., pt. **~d**, *pp* **umpiring** 1 अंपायरी क., खेल पंच हो. 2 मध्यस्थ होना, रेफरी होना
umpteen /अंपटीन/ *quantifier, adj.* बहुतेरे, बहुत-से: have ~ reasons for doing sth; I've told you ~ times!;
dw/lw: **~th** /अंपटीन्थ/ *ordinal numeral/ serial number* कई बारहवां, सैंकड़ों बारवां: I'm telling you so for the **~th** time
UMTS *abbr.* 'Universal Mobile Telecommunication System', 'Universal Mobile Transmission Services' की प्रथमाक्षरी
UN *abbr.* 'United Nations' की प्रथमाक्षरी
un- /अन-/ *prefix, added to adjectives, nouns and adv., denoting:* **the opposite** 1 विरुद्ध या विपरीत, अ-, अन्, अप-, नि:, वि-, हीन, -रहित 2 **reversal of an action, process** or **state** (कार्य, प्रक्रिया या अवस्था में उल्टाव, निराकरण): ~curl; ~harness 3 *added to verbs, mainly denoting*: **release** or **reversal from deprivation**: (वंचन का उल्टाव): ~frock, ~gater
un/ un *pron., colloq.* = **one** एक: that's a nice **un** = that is nice **one**
unabashed /अनअबैशट/ *adj.* 1 बिना झेंपे, बिना शर्माए: ~ he replied 2 बिना संकोच के, बेझिझक: stick ~ to one's opinion
unabated /अनअबेटिड/ *adj.* 1 बिना क्षीण हुए, बिना कमजोर पड़े, बिना कम हुए: with ~ speed; for three days the storm continued ~ 2 अक्षुण्ण;
dw/lw: **unabating** /अनअबेटिंग/ *adj.* सतत सक्रिय, निरंतर अटूट, अनथक: with unabating zeal (अनथक लगन से)
unabbreviated /अनअब्रीविएटिड/ (*also* **unabridged**) *adj.* असंक्षिप्त, संपूर्ण, पूरा
unable /अनेब्ल/ *adj.* (*mainly* ~ **to do sth**) 1 असमर्थ, अक्षम 2 अशक्त, अयोग्य
unabridged /अनअब्रिज्ड/ *adj.* असंक्षिप्त, संपूर्ण, पूरा, पूरी
unacademic /अनऐकअडेमिक/ *adj.* अशास्त्रीय, अशैक्षिक, अवैदुषिक
unaccented /अनऐक्सेंटिड/ *adj.* बलाघातहीन, स्वराघातहीन
unacceptable /अनअकसेप्टअबल/ *adj.* 1 अस्वीकार्य, अग्राह्य: ~ terms; completely/ totally/ wholly ~ 2 अवांछनीय: find sth ~ 3 नापसंद, अप्रिय 4 अस्वीकृत, नामंजूर: unfair demands would be ~ to him
unaccommodating /अनअकॉमअडेटिंग/ *adj.* अनम्य, रूखा
unaccompanied /अनअकंपअनिड/ *adj.* 1 अकेला, असंगी: ~ baggage 2 *music* बिना वाद्य की संगती के संगीत संबंधी 3 अकेले
unaccomplished /अनअकॉम्पलिश्ट/ 1 अकृत, अपूर्ण, अधूरा 2 अप्रवीण, बेहुनर 3 बिना सामाजिक या बौद्धिक सफलता के
unaccount\able /अनअकाउंटअबल/ *adj.* 1 (***syn.*** inexplicable) अव्याख्येय 2 जिसका कारण न बताया जा सके 3 अनुत्तरदायी, गैर-जिम्मेवाराना 4 जिसका व्यवहार समझ से बाहर हो, रहस्यमय: **~able** reasons;
dw/lw: **~ed** /~टिड/ *adj.* 1 (*usually* ~ **for**) जिसका हिसाब न मिला हो: the ten lac rupees are ~ed for in the balance-sheet 2 बेहिसाब 3 अस्पष्टीकृत 4 लापता, गायब
unaccredited /अनअक्रेडिटिड/ *adj.* 1 जो अधिकार संपन्न न हो 2 अन-अधिकृत: information from an ~ source 3 अप्रत्ययित
unaccustomed /अनअकस्टअम्ड/ *adj.* 1 अनभ्यस्त, जो आदी न हो: I am ~ to being kept waiting 2 असाधारण, विलक्षण: the strange room and its ~ objects 3 असामान्य, जो अक्सर दिखने वाले या होने वाले रूप का न हो 4 (*usually* ~ **to sth**) जो किसी चीज या क्रिया का आदी न हो: ~ to hot climates
unacknowledged /अनअक्नौलिजड/ *US* अनअकना:लिजड/ *adj.* 1 अस्वीकार्य, अस्वीकृत, अमान्य: an ~ member of the family 2 अनुत्तरित: ~ greeting 3 अपुष्ट, जिसकी पुष्टि न हुई हो 4 जिसे कबूल न किया गया हो: ~ fault; ~ sin
una corda /ऊना को:डा/ *adj., adv. music* बायां पैडल दबाकर बजाया जाने वाला पिआनो
unacquainted /अनअक्वेंटिड/ *adj.*1 से अनभिज्ञ, जिसका जानकार न हो: he is ~ with French 2 अपरिचित: be ~ with him/ with you/ with customs
unacquired /अनअक्वाय:ड/ *adj.* 1 अनर्जित 2 सहज, स्वाभाविक, जन्मजात
unact\able /अनऐक्टअबल/ *adj.* अनभिनेय: **~able** play;
dw/lw: **~ed** /अनऐक्टिड/ *adj.* 1 अनभिनीत 2 अकायान्वित
unactuated /अनऐक्ट्यूएटिड/ *adj.* अप्रेरित
unadaptable /अनअडैप्टअबल/ *adj.* अननुकूलनीय, अपरिवर्तनीय
unaddressed /अनअड्रेस्ट/ *adj.* 1 पता-विहीन 2 जिसका समाधान न किया गया हो 3 जिसे निपटाया न गया हो: ~ problem
unadjusted /अनअड्जस्टिड/ *adj.* असमंजित, जो आदी न हो, अनभ्यस्त: ~ to the circumstances
unadmitted /अनअडमिटिड/ *adj.* 1 गोपित, गुप्त 2 अस्वीकृत
unadopted /अनअडौप्टिड/ *US* अनअडा:प्टिड/ *adj.* 1 अन-अंगीकृत 2 जिसे कार्य अधिकार में न लिया गया हो
unadorned /अनअडॉरंड/ *adj.* (***syn.*** simple) अनलंकृत
unadulterated /अनअडल्टअरेटिड/ *adj.* 1 पूर्णतया शुद्ध: ~ nonsense 2 (***syn.*** undiluted) बिना मिलावट का, अमिश्रित 3 असली: ~ joy
unadvisable /अनअडवाइजेबल/ *adj.* 1 जिसे कोई सलाह न दी जा सके 2 अवांछित, दुस्साहसपूर्ण
unadvised /अनअडवाइज्ड/ *adj.* 1 अविवेकपूर्ण, मूर्खतापूर्ण 2 अविवेकशील, अविवेकी 3 उतावला 4 अविवेचित, अविचारित;
dw/lw: **~ly** /अनअडवाइज्डलि/ *adv.* 1 बिना सोचे-समझे, बिना विचारे 2 अविवेकपूर्वक 3 बेतहाशा, अंधाधुंध
unaffected /अनअफेक्टिड/ *adj.* 1 अप्रभावित, अनाक्रांत, अछूता: he was quite ~ by the appeal; ~ by air or water; ~ by a treatment 2 अकृत्रिम, स्वाभाविक: ~ manners; ~ style 3 निष्कपट, असली, ईमानदार: ~ joy; ~ grief 4 आडंबरहीन, बिना छलावे के: ~ modesty
unaffiliated /अनअफिलिएटिड/ *adj.* जो किसी व्यक्ति या संगठन से संबद्ध न हो
unaffrighted /अनअफ्राइटिड/ *adj.* जो डरा न हो: ~ by the silence around them
unafraid /अनअफ्रेड/ *adj.* निर्भीक, निडर, जो डरा न हो
unaided /अनएडिड/ *adj.* 1 बिना सहायता के, बे-मदद, बिना सहारे के 2 अकेले: he did it ~ 3 बिना ऐनक के: see sth with the ~ eye
unaimed /अनेमड/ *adj.* लक्ष्यहीन: ~ fire
unaired /अनेअ:ड/ *adj.* 1 जो हवादार न हो: ~ room 2 जिसे कुछ देर हवा में न रखा गया हो: ~ sheets
unalarmed /अनअला:मड/ *adj.* जो डरा या भयभीत न हुआ हो:

be ~ about sth
unalarming /अनअलाःमिंग/ *adj.* जो भयावह न हो: illness of a very light and ~ character
unalienable /अनएलिनअबल/ *adj.* (***syn.*** inalienable) जिसे पृथक न किया जा सके, अवियोज्य: ~ right to liberty
unalienated /अनएलिअनेटिड/ *adj.* जो उदासीन न हुआ हो: his few remaining and ~ friends
unalike /अनलाइक/ *adj.* असदृश, असमान, अतुल्य
unalive /अनअलाइव/ *adj.* 1 निर्जीव 2 से अनवगत, से अपरिचित, के प्रति उदासीन
unalleviated /अनअलीविएटिड/ *adj.* जो कम न हुई हो: ~ despair
unallied /अनअलाइड/ *adj.* 1 असंश्रित 2 असंबद्ध
unallotted /अनअलौटिड/ *US* अनअलाःटिड/ *adj.* 1 अनियत, अनिर्धारित: ~ shares 2 अवितरित: have a spare hour or two ~
unalloyed /अनअलॉइड/ *adj.* 1 (***syn.*** pure) विशुद्ध, अमिश्रित 2 असली, भरपूर, पूर्ण: ~ happiness
unalter\able /अनऑल्टअ\रअबल/ *adj.* अपरिवर्तनीय, अटल: **~able** law; **~able** by the strongest heat;
***dw/lw:* ~ed** /~रड/ *adj.* अपरिवर्तित; **~ably** /~रअबलि/ *adv.* अपरिवर्तनीय ढंग से, अडिगतापूर्वक: he was not ~ably opposed to the plan
unambiguous /अनऐंबिग्युअस/ *adj.* असंदिग्ध, सुस्पष्ट
unambitious /अनऐंबिशअस/ *adj.* निराकांक्ष, महत्त्वाकांक्षाहीन
unamenable /अनअमीनअबल/ *adj.* 1 उद्धत, दुर्दमनीय, निमानिया 2 अप्रभावित, अप्रभावनीय: ~ to discipline 3 अनुत्तरदायी
unamended /अनअमेंडिड/ *adj.* असंशोधित: pass a bill ~
un-American /अनअमेरिकन/ *adj.* गैर-अमेरिकी, जो अमेरिका जैसा या जैसी न हो
unamiable /अनेमिअबल/ *adj.* 1 रूखा 2 अप्रिय
UNAMSIL *abbr.* 'United Nations (peacekeeping) Mission in Sierra Leone' की प्रथमाक्षरी
unanimated /अनैनिमेटिड/ *adj.* 1 निर्जीव, निष्प्राण, निरुत्साह 2 अप्रेरित: he was ~ by any selfish motive
unani\mous /यूनैनिमस/ *adj.* 1 सर्वसम्मत: **~mous** opinion; he was elected by a **~mous** vote 2 एकमत;
***dw/lw:* ~mity** /यूनैनिमिटि/ *n.* सर्वसम्मति, मतैक्य, सर्वसम्मतता: ~mity with; **~mously** /यूनैनिमसलि/ *adv.* सर्वसम्मति से
unannounced /अनअनाउंस्ड/ *adj., adv.* बिना बताए, अचानक;
***collocations:* enter ~** बिना पूर्व सूचना के या अप्रत्याशित रूप से प्रवेश क.
unanswer\able /अनआंसरअबल/ *adj.* (***syn.*** irrefutable) अकाट्य या लाजवाब, अखंडनीय: **~able** question;
***dw/lw:* ~ed** /अनआंसःड/ *adj.* 1 जिसका जवाब न दिया गया हो, अनुत्तरित: ~ed letter; ~ed affection 2 अखंडित; ~ed accusations
unanticipated /अनैंटिसिपेटिड/ *adj.* अप्रत्याशित
unapologetic /अनअपौलअजेटिक/ *US* अनअपाःलअजेटिक/ *adj.* अक्षमाशील, जो किसी गलती या भूल का प्रायश्चित करने के लिए तैयार न हो
unappeal\able /अनअपीलअबल/ *adj.* जिसके विरुद्ध अपील या प्रार्थना स्वीकार्य न हो;
***dw/lw:* ~ing** /अनअपीलिंग/ *adj.* जो आकर्षक न हो
unappeas\able /अनअपी\जअबल/ *adj.* अशाम्य, अतोष्य, जिसकी तुष्टि न की जा सके: **~able** hunger;
***dw/lw:* ~ed** /~जड/ *adj.* अशमित: ~ed passion (अतुष्ट भावावेग)
unappetizing /अनैपिटाइजिंग/ *adj.* 1 अपाचक 2 अनाकर्षक, अरुचिकर: ~ volumes
unapplied /अनअप्लाइड/ *adj.* अनुपयोगित: ~ funds
unappreciated /अनअप्रीशिएटिड/ *adj.* 1 जिसे ठीक से समझा न गया हो या जिसका सही मूल्यांकन न हुआ हो 2 उपेक्षित, तिरस्कृत: ~ poet
unapprehen\ded /अनैप्रिहें\डिड/ *adj.* 1 अनबूझा, अबोधित 2 जिसे गिरफ्तार न किया जा सका हो: the criminal remains **~ded**;
***dw/lw:* ~sible** /~सिबल/ *adj.* अबोधगम्य; **~sive** /~सिव/ *adj.* 1 अशंक: be ~sive of sth 2 मंदबुद्धि
unapprised /अनअप्राइजड/ *adj.* अनवगत, असूचित: be ~ of sth
unapproachable /अनअप्रोचअबल/ *adj.* 1 पहुंच के बाहर, गैर-मिलनसार: be ~ by anyone 2 बेजोड़, अद्वितीय, लाजवाब: paintings ~ in their excellence 3 अलंघ्य, अगम्य: the hill is ~ from the sea-side
unappropriate /अनअप्रोप्रिएट/ *adj.* अनुचित
unappropriated /अनअप्रोप्रिएटिड/ *adj.* 1 अविनियुक्त, अनियत: ~ balance 2 अस्वामिक, गैर-मालिकाना;
***collocations:* ~ blessing** 1 विवाह-योग्य युवती 2 अधेड़ उम्र की अविवाहित औरत (old spinster)
unapt /अनैप्ट\/ *adj.* (*usually* ~ **for sth**) 1 अनुपयुक्त: ~ comparison; ~ for food 2 मंदबुद्धि, अदक्ष 3 (*sometimes* ~ **to do sth**) अनिच्छुक; ~ to learn;
***dw/lw:* ~ly** /~लि/ *adv.* अनुपयुक्त ढंग से; **~ness** *n.* अनुपयुक्तता
unarguable /अनाःगुअबल/ *adj.* जिस बात के बारे में कोई मतभेद न हो, सर्वमान्य
unarm /अनआःम/ *v., pt.* **~ed**, *pp* **~ing** निरस्त्र क., शस्त्र उतारना;
***dw/lw:* ~ed** /अनाःमड/ *adj.* निहत्था, निरस्त्र, निरायुध
unarmoured /अनआःमःड/ *adj.* अकवचित, बेबख्तरबंद
unarranged /अनअरेंजड/ *adj.* आकस्मिक, बिना किसी पूर्व प्रयास के होने वाली: a chance (fortuitous) and ~ meeting
unartistic /अनाःटिस्टिक/ *adj.* अकलात्मक, कलाहीन, कला-विरक्त
unary /यूनरि/ *adj.* किसी समुच्चय के एक समय पर एक सदस्य वाला
unascertained /अनऐसःटेंड/ *adj.* बिना परखा या सिद्ध किया हुआ: ~ facts;
unashamed /अनअशेम्ड\/ *adj.* निर्लज्ज, बेशर्म: be ~ of doing sth;
***dw/lw:* ~ly** /~लि/ *adv.* निर्लज्जतापूर्वक, बेहयायी से
unasked /अनआस्क्ट/ *adj.* 1 (*often* **~for**) बिनमांगा, बे-मांगा, अप्रार्थित: **~for** advice 2 अनामंत्रित, बिना बुलाया: ~ guest
unaspirated /अनैस्पिरेटिड/ *adj.* 1 अनुत्साहित, हतोत्साह 1 *phon.* अल्पप्राण
unaspiring /अनअस्पाइरिंग/ 1 अनाकांक्षी, निराकांक्ष 2 विनीत, निरहंकार
unassail\able /अनअसेलअबल/ *adj.* 1 जिस पर आक्रमण न किया जा सके, अनाक्रमणीय, अविजेय: **~able** fortress; his reputation is **~able** 2 अकाट्य, अखंडनीय: **~able** argument;
***dw/lw:* ~ed** *adj.* अनाक्रांत, अविवादित
unassertive /अनअसःटिव/ *adj.* विनीत, नर्म
unassignable /अनअसाइनअबल/ *adj.* जिसे किसी बात से जोड़ा न जा सके: results ~ to any known cause
unassisted /अनअसिस्टिड/ *adj.* अकेला, बिना सहायता के, बे-मदद: he did it ~
unassuming /अनअस्यूमिं\ग/ *adj.* (***syn.*** modest) विनम्र, निरभिमान, सीधा, सरल, विनीत;
***dw/lw:* ~ly** /~लि/ *adv.* विनम्रतापूर्वक

unassured /अनअशुअःड/ *adj.* 1 अनिश्चित: she approached his bedside with ~ steps 2 अबीमाकृत
unattached /अनअटैचड/ *adj.* 1 असंबद्ध, जो किसी दल आदि के साथ जुड़ा हुआ न हो 2(*syn.* single) अकेला, बिना साथी के, जिसका अभी किसी से प्रेम प्रसंग न हुआ हो 3 अरक्षित, बिना रखवाले अथवा प्रभारी के 4 उपेक्षित
unattackable /अनअटैकअबल/ *adj.* जिस पर आक्रमण न किया जा सके, अनाक्रमणीय: the place is absolutely ~
untainted /अनटेंटिड/ *adj.* अकलंकित: ~ honour
unattainable /अनअटेनअबल/ *adj.* अप्राप्य, अलभ्य: ~ ideal
unattended /अनअटेंडिड/ *adj.* 1 जिसकी कोई देख भाल न कर रहा हो: remain ~ to; ~ wound 2 जिसमें कोई उपस्थित न हुआ हो: ~ meeting
unattractive /अनअट्रैक्टिव/ *adj.* 1 जो दिखने में आकर्षक न हो, कुरूप, बदसूरत 2 जिसकी जरूरत न हो
unauthentic /अनॉथेंटिक/ *adj.* (*syn.* inauthentic) अप्रामाणिक 2 (*syn.* spurious) नकली;
dw/lw: **~ated** /अनॉःथेंटिकेटिड/ *adj.* अप्रमाणीकृत, अप्रमाणित
unauthorized (*also UK* **-ised**) /अनऑथःराइजड/ *adj.* अनधिकृत, अवैध
unavailing /अनअवेलिंग/ *adj.* (*syn.* unsuccessful) व्यर्थ, निष्फल
unavailable /अनअवेलअबल/ *adj.* 1 जिसके पास समय का अभाव हो 2 जिसे खरीदा न जा सके 3 अप्राप्य, अनुपलभ्य: ticket ~ for an express train
unavailing /अनअवेलिंग/ *adj.* बेकार, निष्फल, व्यर्थ, बेकार: ~ efforts
unaverted /अनअवःटिड/ *adj.* जिसे टाला न जा सका हो: ~ decline
una voce /यूनअवोसि/ *adv.* एक मत से, सर्वसम्मति से
unavoidable /अनअवॉयडअबल/ *adj.* 1 अपरिहार्य, अनिवार्य 2 अटलनीय: the delay was ~
unawakened /अनअवेकंड/ *adj.* 1 सोया हुआ 2 प्रसुप्त: ~ emotions
unaware /अनअवेः/ *adj.* अनभिज्ञ, अनजान, बेखबर: he is ~ of it; they are ~ of the danger; blissfully/ completely/ seemingly/ totally ~;
dw/lw: **~s** /अनअवेअःज/ *adv.* 1 अचानक, अकस्मात्, एकाएक: catch/ take sb **~s** (रंगे हाथों पकड़ना) 2 अनजाने, अनजाने में, बिना जाने 3 चोरी-छिपे: do sth **~s**
unawed /अन-ऑःड/ *adj.* निडर, अविस्मित
unbacked /अनबैक्ट/ *adj.* 1 असमर्थित: ~ by popular support 2 बे-सधा, अनसधा: ~ horse 3 पृष्ठहीन
unbaked /अनबेक्ड/ *adj.* कच्चा, अनपका
unbalance /अनबैलंस/ *v., pt.* **~d**, *pp* **unbalancing** 1 संतुलन बिगाड़ दे., असंतुलित कर दे. 2 किसी को लड़खड़ा दे. 3 किसी का मानसिक संतुलन बिगाड़ना;
n. 1 असंतुलन: ~ in foreign trade 2 मानसिक विकार;
dw/lw: **~d** /अनबैलंस्ट/ *adj.* 1 जिसका दिमागी संतुलन बिगड़ा हुआ हो, विक्षिप्त 2 शारीरिक रूप से लड़खड़ाता हुआ 3 गलत 4 जो निष्पक्ष न हो, पक्षपातपूर्ण 5 असंतुलित:~ load
unballasted /अनबैलअस्टिड/ *adj.* 1 बेसहारा, डांवांडोल 2 असंयत, असंतुलित: an ~ character 3 अव्यवस्थित 4 अनर्गल
unbar /अनबाः/ *v., pt.* **~red**, *pp* **~ring** 1 अर्गला हटाना 2 (दरवाजा) खोलना 3 प्रतिबंध हटाना
unbated /अनबेटिड/ *adj.* जो कम न हुई हो: with ~ zeal
unbear\able /अनबेअरअ\बल/ *adj.* असह्य, असहनीय: **~able** conditions;
dw/lw: **~ably** /~बलि/ *adv.* असह्य रूप में
unbearded /अनबिअःडिड/ *adj.* बिना दाढ़ी के
unbeatable /अनबीटअबल/ *adj.* (*syn.* invincible) अपराजेय, बेजोड़, अविजेय, अद्वितीय;
dw/lw: **~ably** *adv.* बेजोड़ ढंग से; **~en** /अनबीटन/ *adj.* 1 अपराजित, अजेय, अविजित: ~en army 2 जिसे मात न दी जा सकी हो, अलंघित: ~en record 3 अद्वितीय, लाजवाब 4 नया पथ, ऐसा रास्ता जिस पर बहुत लोग न चले हों: ~en track
unbecoming /अनबिकमिंग/ *adj.* (*also* **~ for/ to sb**) 1 जो उपयुक्त न हो, अनुपयुक्त: it is ~ of him to act in this manner 2 (*syn.* unseemly) अशोभनीय, अनुचित: that hat is ~ of you 3 बेहूदा, भद्दा: ~ conduct
unbefitting /अनबिफिटिंग/ *adj.* 1अनुपयुक्त: ~ to sb's position 2 अयोग्य
unbefriended /अनबिफ्रेंडिड/ *adj.* मित्रहीन, अनुपकृत
unbegotten /अनबिगॉटन/ *adj.* 1 अप्रजात 2 शाश्वत, सार्वकालिक
unbeknown /अनबिनोन/ *adj.* किसी के ज्ञान के बिना होने वाला
un\belief /अनबिलीफ/ *n.* अविश्वास;
dw/lw: **~believing** /अनबिलीविंग/ *adj.* अविश्वासी; **~believable** /अनबिलीवअबल/ *adj.* 1 (*syn.* incredible) अविश्वसनीय 2 जो मुमकिन न हो 3 *colloq.* बहुत बढ़िया, आश्चर्यजनक; **~believably** *adv.* अविश्वसनीय ढंग से; **~believer** *n.* 1 अविश्वासी 2 नास्तिक; **~believing** *adj.* नास्तिक; **~believingly** *adv.* अविश्वासपूर्वक
unbend /अनबेंड/ *v., pt.* **unbent**, *pt. p.* **unbent**, *pp* **~ing** 1 सीधा क. या हो.: ~ a hook; ~ a bow 2 खोलना 3 ढीला क. 4 विश्राम क., दिमाग को थोड़ा सुकून दे.: ~ the mind; he only **~s** in the family circle 5 नर्म पड़ जाना;
dw/lw: **~ing** /अनबेंडिंग/ *adj.* 1 (*syn.* inflexible) अनम्य, अटल, हठीला: ~ character 2 न झुकने वाला 3 रूखा, रूक्ष, शुष्क; **~ly** *adv.* अटलतापूर्वक; **unbent** /अनबेंट/ *adj.* जो मुड़ा या झुका न हो;
p&i: **~ one's brow** भौंहें चढ़ाना, नाक-भौं सिकोड़ना, नाराज हो.
unbeneficial /अनबेनिफीशिअल/ *adj.* अलाभकारी, बेकार: he found the treatment to be ~
unbeseeming /अनबिसीमिंग/ *adj.* अनुचित, अशोभनीय: conduct ~ for such an occasion
unbesought /अनबिसॉट/ *adj.* बिन मांगा: do sth ~
unbiased/ unbiassed /अनबायसट/ *adj.* (*syn.* impartial) पूर्वाग्रह से मुक्त, पक्षपातरहित: ~ observer;
dw/lw: **~ly** *adv.* निष्पक्षतापूर्वक; **~ness** *n.* निष्पक्षता
unbidden /अनबिडन/ *adj.* 1 (*syn.* unasked) अयाचित, अनिमंत्रित, बिना बुलाया: ~ guests 2 स्वैच्छिक: do sth ~ 3 स्वप्रवाहित: ~ tears
unbind /अनबाइंड/ *v., pt.* **unbound**, *pp* **unbinding** 1 मुक्त क., बंधन खोलना: ~ a prisoner 2 ढीला क., खोलना: ~ ropes;
dw/lw: **~ing** *adj.* सख्त, कठोर
unbleached /अनब्लीचड/ *adj.* अविरंजित, कोरा
unblemished /अनब्लेमिश्ड/ 1 बेदाग 2 निष्कलंक: ~ reputation
unblessed /अनब्लेसड/ *adj.* अभागा, हतभागा, कमबख्त
unblighted /अनब्लाइटिड/ *adj.* बेदाग: ~ prospects; ~ happiness
unblinking /अनब्लिंकिंग/ *adj.* 1 पलक न झपकने वाला 2 रूखा
unblock /अनब्लौक/ *US* अनब्लाःक/ *v., pt.* **~ed**, *pp* **~ing** 1 बाधा या बाधाएं हटाना 2 (रास्ता) साफ कर दे. या खोल दे.
unblood\ed /अनब्लडिड/ *adj.* संकर, मिश्रित नस्ल का: **~ed** horse;
dw/lw: **~y** /अनब्लडि/ 1 रक्तपातहीन 2 अहिंसक
unblotted /अनब्लौटिड/ *US* अनब्लाःटिड/ *adj.* बेदाग: ~ thoughts
unblown /अनब्लोन/ *adj.* अनखिला, अधखिला, अविकसित
unblurred /अनब्लःड/ *adj.* 1 साफ, स्पष्ट: the sky was absolutely ~ 2 बेदाग

unblushing /अनब्लशिंग/ *adj.* 1 जो शर्मा न रहा हो 2 (***syn.*** brazen) बेहया, निर्लज्ज;
dw/lw: **~ly** *adv.* निर्लज्जतापूर्वक
unboiled /अनबॉयल्ड/ *adj.* कच्चा
unbolt /अनबोल्ट/ *v., pt.* **~ed**, *pp* **~ing** 1 कुंडा या सिटकिनी खोलना 2 काबला खोलना 3 खोलना 4 व्याख्या क., चिपा अर्थ खोलना;
dw/lw: **~ed** /अनबोल्टिड/ *adj.* 1 अनर्गल, बिना सिटकिनी लगाये 2 अनछना (coarse grain)
unbonnet /अनबौनिट/ *US* अनबाःनिट/ *v., pt.* **~ted**, *pp* **~ting** टोप उतारकर सलाम क.: ~ to sb
unborn /अनबॉःन/ *adj.* 1 अजन्मा, अनजन्मा: ~ generations 2 भविष्य में होनेवाला
unborrowed /अनबौरोड/ *US* अनबाःरोड/ *adj.* 1 जिसे उधार न लिया गया हो 2 मौलिक: ~ argument
unbosom /अनबुजम/ *v., pt.* **~ed**, *pp* **~ing** 1 (अपने विचारों को) अभिव्यक्त क. 2 (*often* **~ oneself**) (रहस्य) खोलकर मन हल्का क. 3 दिल की गांठ खोलना, दिल खोल कर रख दे.: ~ one's feelings; ~ one's thoughts/ one's secrets
unbottomed /अनबॉटअम्ड/ *adj.* 1 बेपेंदे का 2 अथाह: ~ wisdom
unbound /अनबाउंड/ *adj.* अजिल्द, बिना जिल्द के, अनबंधा
unbounded /अनबाउंडिड\/ *adj.* 1 अबद्ध, अनाबद्ध 2 मुक्त: ~ space 3 (***syn.*** boundless, infinite) अपार: ~ joy 4 अपरिबद्ध;
dw/lw: **~ly** /~लि/ *adv.* अपार मात्रा में; **~ness** /~नेस/ *n.* अपारता
unbowed /अनबाउड/ *adj.* 1 अनमित 2 अदमित, अदम्य 3 अविजित
unbrace /अनब्रेस/ *v., pt.* **~d**, *pp* **unbracing** 1 मुक्त क., बंधन खोलना 2 ढीला क.: ~ the muscles
unbranched /अनब्रैंचट/ *adj.* अशाखी: ~ trunk
unbranded /अनब्रांडिड/ *adj.* बेदागी, जिसे गर्म लोहे की छड़ से नहीं दागा गया हो: ~ cattle
unbreakable /अनब्रेकअबल/ *adj.* न टूटनेवाला
unbred /अनब्रेड/ *adj.* अशिष्ट, अशिक्षित
unbridled /अनब्राईडल्ड/ *adj.* 1 बेलगाम, अनियंत्रित 2 उग्र: ~ rage 3 अति भावुक, बेबाक
un-British *adj.* ब्रितानवी चरित्र या प्रथाओं के ऐन विपरीत
unbroken /अनब्रोकन/ *adj.* 1 अखंडित, अभग्न, अभंग, जो टूटी न हो 2 निरंतर, अखंड, अटूट: ~ fine weather 3 अटूट, अनटूटा, अविच्छिन्न: ~ promises 4 अदमित, अदम्य, अविजित: ~ spirit 5 अनसधा, बेसधा 6 अलंघित, अविजित, जिसे तोड़ा न गया हो: ~ record 7 अनजुती, जिसे जोता नहीं गया हो: ~ soil
unbuckle /अनबकल/ *v., pt.* **~d**, *pp* **unbuckling** पेटी आदि का बक्सुआ खोल दे.: ~ a belt; ~ a sword from its belt
unbudded /अनबडिड/ *adj.* अनखिला, जो अभी खिला न हो: ~ rose
unbuilt /अनबिल्ट/ *adj.* अनिर्मित, अधबना: ~ building
unbundle /अनबंडल/ *v., pt.* **~d**, *pp* **unbundling** 1 गठरी या बंडल खोलना 2 किसी गठरी या बंडल में बंधी वस्तुओं को एक-एक करके बेचना
unburden /अनबःडन/ *v., pt.* **~ed**, *pp* **~ing** 1 बोझ मुक्त क. 2 भार या बोझ उतारना 3 (*often* **~ oneself**) अपना भेद या दोष किसी को बताकर मन का बोझ हल्का क.: ~ one's mind
unburnt /अनबअंट/ *adj.* अदग्ध, अनजला
unbur\y /अनबरि/ *v., pt.* **~ied**, *pp* **~ying** कब्र से निकालना
unbusinesslike /अनबिज्नेसलाइक/ *adj.* 1 कारोबार में अकुशल, अदक्ष 2 अव्यावहारिक
unbutton /अनबटन/ *v., pt.* **~ed**, *pp* **~ing** बटन खोलना
unbuttressed /अनबटरिस्ट/ *adj.* अपुष्ट: ~ incidents; ~ facts

unca\ge /अनकेज/ *v., pt.* **~ged**, *pp* **~ging** पिंजरे से मुक्त क.
uncalled /अनकॉल्ड/ *adj.* 1 अनमांगा, जिसकी मांग न की गई हो: ~ capital 2 बिनबुलाया: come ~;
dw/lw: **~-for** *adj.* 1 (***syn.*** unnecessary) अनावश्यक, असंगत, अप्रासंगिक: an ~ for measure; ~-for remark 2 अप्रार्थित 3 अकारण
uncanny /अनकैनि/ *adj.* 1 (***syn.*** weird) विलक्षण, विचित्र: ~ shrewdness 2 अलौकिक, रहस्यमय 3 भयानक, डरावना: ~ sort of fear 4 खतरनाक, धोखेबाज;
dw/lw: **uncannily** /अनकैनिलि/ *adv.* विचित्र ढंग से
uncanonical /अनकनौनिकल/ *US* अनकनाःनिकल/ *adj.* अप्रामाणिक
uncap /अनकैप/ *v., pt.* **~ped**, *pp* **~ping** 1 टोपी उतारना 2 ढक्कन उतारना 3 अनावृत क. 4 मुद्रा आदि की कीमत के ऊपर से शिखरतम सीमा हटाना
uncared for /अनकेअःड फॉः/ *adj.* 1 (***syn.*** neglected) उपेक्षित: ~ child 2 अपरिष्कृत: ~ appearance
uncaring /अनकेअरिंग/ *adj.* 1 दूसरों की कदर न करने वाला 2 (syn. callous) असंवेदनशील 3 उपेक्षा करने वाला, बेपरवाह
uncase /अनकेस/ *v., pt.* **~d**, *pp* **uncasing** (खोल, बक्स, संदूक से) निकालना
uncashed /अनकैश्ट/ *adj.* अभुक्त, जिसे भुनाया नहीं गया हो
uncastrated /अनकैस्ट्रेटिड/ *adj.* जिसे बधिया न किया गया हो
uncatalogued /अनकैटअलॉग्ड/ *adj.* असूचीबद्ध
uncate /अनकेट/ *adj.* अंकुशरूप, अंकुशाकार
unceasing /अनसीसिंग/ *adj.* 1 अविच्छिन्न: be ~ in the search for peace 2 (***syn.*** incessant) सतत, अविरल, अनवरत, निरंतर, लगातार: wage ~ warfare with unemployment 3 अखंड;
dw/lw: **~ly** /अनसीजिंगलि/ *adv.* अविछिन्न रूप से, सतत रूप से, निरंतर
UNCED *abbr.* 'UN's Conference on Environment and Development' की प्रथमाक्षरी
uncensored /अनसेंसःड/ *adj.* 1 जो सेंसर द्वारा स्वीकृत न हो 2 सेंसर द्वारा अपरिवर्तित
unceremonious /अनसेरअमोनिअस\/ *adj.* 1 अनौपचारिक, बेतकल्लुफ: ~ gathering 2 अमर्यादित, मर्यादाहीन 3 अशिष्ट, अभद्र: ~ treatment 4 रूखा;
dw/lw: **~ly** /~लि/ *adv.* अनौपचारिक रूप से, अमर्यादित रूप से; **~ness** /~नेस/ *n.* अनौपचारिकता, अभद्रता, अशिष्टता
uncertain /अनसःटन/ *adj.* 1 (*often* **~ of sth**, ***syn.*** hesitant) अविश्वस्त, अनिश्चित: the date of their arrival is ~; a lady of ~ age; I am ~ of success 2 संदिग्ध: the result is ~ 3 ढुलमुल, अनिश्चयी, अदृढ़: ~ friends; ~ temper 4 डांवांडोल, अस्थिर: the market is ~ 5 परिवर्तनीय: ~ weather;
dw/lw: **~ly** /अनसःटनलि/ *adv.* (***syn.*** hesitantly) अविश्वस्त या अनिश्चित ढंग से; **~ty** /अनसःटंटि/ *n., pl.* **~ties** 1 अनिश्चितता, अनिश्चय: be in a state of ~ty; ~ty about/ as to/ over sth 2 अदृढ़ता: ~ty of temper 3 अस्थिरता: face ~ty;
collocations: **~ty principle** (*also* **Heisenberg ~ty principle**) अनिश्चितता का सिद्धांत, अनिश्चिति-सिद्धांत यानी यह सिद्धांत कि चल कण (moving particle) की स्थिति और गति शक्ति (momentum) का एक साथ पता लगाना असंभव बात है
UNCF *abbr.* 'United Nations' Childern's Fund' की प्रथमाक्षरी
unchain /अनचेन/ *v., pt.* **~ed**, *pp* **~ing** 1 बंधन खोलना 2 मुक्त क. 3 छुड़ाना 4 सीमाएं हटा दे.: ~ one's passions
unchalleng\ed /अनचैलिं\ज्ड/ *adj.* 1 बिना इतराज या विरोध के: let sth pass/ go **~ed** 2 जिसके लिए कोई चुनौती न हो;
dw/lw: **~eable** /~एबल/ *adj.* अप्रतिरोधनीय, अविवाद्य, अप्रतिवाद्य, निर्विरोध; **~ed** /~जड/ *adj.* अविवादित, निर्विवाद, अप्रतिवादित, निर्विरोध

unchancy /अनचांसि/ *adj.* 1 अशुभ 2 खतरनाक 3 बेमौका
unchang\eable /अनचें\जअबल/ *adj.* 1 अपरिवर्तनीय 2 अविकारी, निर्विकार;
dw/lw: **~ed** /~जड/ *adj.* अपरिवर्तित: the position is ~ed; **~ging** /~जिंग/ *adj.* अपरिवर्तनशील, अपरिवर्ती
unchaperoned /अनशैपरोंड/ *adj.* बिना किसी बड़ी औरत को साथ लिए आने-जाने वाली (लड़की): she went everywhere ~
uncharacteristic /अनकैरअक्टरिस्टिक/ *adj.* 1 विशेष, असामान्य, जो आम होने वाली बात न हो
uncharged /अनचाःजड/ 1 निरावेशित, खाली: ~ with responsibility 2 जिस पर दोषारोपण न किया गया हो
uncharitable /अनचैरिटअबल/ *adj.* 1 अनुदार, कठोर, निर्दय 2 स्वार्थी 3 विद्वेषी, द्वेषी
uncharted /अनचाःटिड/ *adj.* 1 जिसका मानचित्र में उल्लेख न हो, अमानचित्रित 2 अज्ञात (क्षेत्र आदि): ~ territory
unchartered /अनचाःटःड/ *adj.* घोषणा-पत्र विहीन, अप्राधिकृत
unchary /अनचेअरि/ *adj.* 1 लापरवाह 2 असंयत 3 फिजूलखर्च 4 उच्छृंखल
unchaste /अनचे\स्ट/ *adj.* 1 चरित्रहीन या कुलटा 2 व्यभिचारी 3 लंपट 4 निर्लज्ज, बेहया: ~ conduct;
dw/lw: **unchastity** /~स्टिटि/ *n.* व्यभिचार, लंपटता, निर्लज्जता
unchecked /अनचेकड/ *adj.* 1 अनिरुद्ध, अबाधित, बेरोक, अनियंत्रित: ~ advance; ~ passion; shed ~ tears 2 उच्छृंखल, अनुशासनहीन: ~ child 3 अनजंचा, अपरीक्षित, बेपरखा
uncheerful /अनचिअःफुल/ *adj.* उदासीभरा, खिन्न: ~ person; ~ place
UNCHR *abbr.* 'UN's Commission on Human Rights' की प्रथमाक्षरी
unchristened /अनक्रिसंड/ *adj.* अबपतिस्मित, बे-बपतिस्मा, जिसका ईसाई शैली में नाम न रखा गया हो
unchristian /अनक्रिस्चिअन/ *adj.* 1 अख्रीस्तीय 2 अनुदार, गैर-ईसाई
unchronicled /अनक्रॉनिकल्ड/ *adj.* अनुल्लिखित
unchurch /अनचःच/ *v., pt.* **~ed**, *pp* **~ing** चर्च से बहिष्कृत क., कलीसिया से निकाल दे.
uncial /अंसिअल/ *n.* 1 प्राचीन पांडुलिपियों में प्रयुक्त होनेवाला लिपि जैसी बृहदक्षर लिपि 2 अंसियल अक्षर या लिपि या पांडुलिपि, बड़ा अक्षर
unciform /अनसिफॉःम/ *n.* अंकुशाकार, अंकुशरूप
uncinate /अंसिनेट/ *adj.* 1 अंकुशी 2 अंकुशाकार, अंकुशरूपी
UNCIP *abbr.* 'UN's Committee on India and Pakistan' की प्रथमाक्षरी
uncircumcised /अनसःकम्साइज्ड/ *adj.* बेसुन्नत, बेखतना
uncircumscribed /अनसःकम्स्क्राइबड/ *adj.* असीम: an ~ field of action
uncivic /अनसिविक/ *adj.* अनागरिक, अभद्र
uncivil /अनसिविल/ *adj.* 1 अभद्र, अशिष्टः ~ language/ manners 2 अविनीत, गंवार;
dw/lw: **~ized** /अनसिविलाइज्ड/ *adj.* 1 असभ्य 2 अप्रबुद्ध
unclad /अनक्लैड/ *adj.* नंगा, निर्वस्त्र
unclaimed /अनक्लेम्ड/ *adj.* लावारिस, बेदावा: ~ goods
unclasp /अनक्लैस्प/ *v., pt.* **~ed**, *pp* **~ing** 1 बक्सुआ खोल दे.: ~ a brooch 2 हाथों की पकड़ ढीली क.: ~ one's hands
unclas\sable /अनक्ला\सेबल/ (*also* **~sifiable**) *adj.* अवर्गीकरणीय;
dw/lw: **~sed** /~सड/ *adj.* 1 अवर्गित, अवर्गीकृत 2 अश्रेणिक; **~sified** /~सिफाइड/ *adj.* अवर्गीकृत, अवर्गित, अगोपनीय: ~sified correspondences; **~sify** /~सिफाइ/ *v., pt.* ~sified, *pp* ~sifying गोपनीय सूची से निकालना या हटाना
uncle /अंकल/ *n.* 1 चाचा, ताऊ, मामा, काका 2 फूफा, मातुल, ममिया ससुर 3 मौसा, खालू 4 बच्चों द्वारा प्रयुक्त बड़ों के लिए संबोधन;
collocations: **Uncle Sam** अमेरिका, उसके लोग या सरकार: work for ~; an apt picture of ~; **Uncle Tom** श्वेत लोगों के प्रति चापलूसीपूर्ण रवैया अपनाने वाला अश्वेत व्यक्ति; **Uncle Tomism/ Tommery** श्वेतों के प्रति अश्वेतों का चापलूसीपूर्ण व्यवहार व अपनी जाति या वर्ग के साथ विश्वासघात (betrayal);
p&i: **Welsh** ~ चचेरा या ममेरा भाई; **talk to sb like a Dutch** ~ पिता की तरह उपदेश दे., किसी को हल्की-सी फटकार लगाना
unclean /अनक्लीन/ *adj.* 1 मैला, गंदा 2 (***syn.*** impure) अपवित्र, दूषित, नापाक: ~ spirits 3 पापी, गुनाहगार, दुष्ट, बुरा 4 व्यभिचारी;
dw/lw: **~ly** /अनक्लीनलि/ *adj.* 1 लंपट 2 दूषित: ~ly thoughts
unclear /अनक्लीअः/ *adj.* 1 जो समझ में न आए 2 (***syn.*** uncertain) जो स्पष्ट न हो: I am ~ as to their names;
dw/lw: **~ed** /~अःड/ *adj.* 1 अनधुला 2 जिसे साफ न किया गया हो: land ~ed of weeds; the table is still ~ed 3 त्रुटिपूर्ण, धूमिल: his character remains ~ed of a terrible suspicion 4 अस्पष्ट: the repugnancy remains ~ed 5 अनचुका (ऋण आदि)
unclench /अनक्लेंच/ *v., pt.* **~ed**, *pp* **~ing** खुलना, खोलना, छोड़ दे.
unclerical /अनक्लेरिकल/ *adj.* अयाजकीय: ~ dress
unclimb\able /अनक्लाइ\बअबल/ *adj.* जिसपर चढ़ा न जा सके;
dw/lw: **~ed** /~बड/ *adj.* जिस पर चढ़ा न जा सका हो
uncloak /अनक्लोक/ *v. pt.* **~ed**, *pp* **~ing** 1 लबादा उतारना 2 उधेड़ना 3 प्रकट क. 4 भंडा-फोड़ क., का भंडा फोड़ना
unclog /अनक्लौग/ अनक्लॉग/ *US* अनक्लाःग/ -/ *v. pt.* **~ged**, *pp* **~ging** 1 बाधा या फंसाव हटाना, खोलना 2 प्रकट क.
UNCLOS *abbr.* 'UN's Convention on Law of Sea' की प्रथमाक्षरी
unclosed *adj.* खुला: ~ door; ~ view
unclothe /अनक्लोद/ *v., pt.* **~d**, *pp* **unclothing** 1 नंगा कर दे., कपड़े उतार दे. 2 भेद खोल दे.: he **~d** his secret thoughts
unclouded /अनक्लाउडिड/ *adj.* 1 स्वच्छ, निर्मल: ~ skies/ happiness 2 साफ, शांत: my conscience was ~
unclubbable /अनक्लबअबल/ *adj.* असामाजिक, गैरमिलनसार: ~ man
unclutch /अनक्लच/ *v., pt.* **~ed**, *pp* **~ing** गरारी की पकड़ खोलना
uncluttered /अनक्लटःड/ *adj.* (***syn.*** tidy) जो बहुत सारी वस्तुओं, आंकडों आदि से न भरा हो
unco /अंको/ *adj., Scots* 1 असाधारण 2 अनोखा: I saw an ~ shadow;
n. 1 अजनबी 2 समाचार;
adv. अत्यधिक: he thinks an ~ lot of you
uncock /अनकॉक/ *v., pt.* **~ed**, *pp* **~ing** घोड़े से उतरना
uncodified /अनकोडिफाइड/ *adj.* असंहिताबद्ध
uncoil /अनकॉइल/ *v., pt.* **~ed**, *pp* **~ing** खोलना: ~ a rope
uncollected /अनकलेक्टिड/ *adj.* अनएकत्रित: ~ poems; ~ taxes; ~ thoughts
uncoloured /अनकलःड/ *adj.* 1 अरंजित, अरंगी, सादा 2 सच्चा, निष्पक्ष
uncombed /अनकोम्बड/ *adj.*1 बिना कंघी किए, बिखरे बालों वाला 2 अस्तव्यस्त
un-come-at-able /अनकमैटअबल/ *adj.* (***syn.*** inaccessible, un-get-at-able) अनभिगम्य, अप्राप्य, पहुंच से बाहर: he is ~, one never knows where to catch him; the valley was ~ **due** to landslide
uncomely /अनकमलि/ *adj.* 1 भद्दा, भोंडा 2 अनुचित, अशालीन 3 बदसूरत, कुरूप, बेढंगा

uncomforta\ble /अनकंफ़ःटअबल/ *adj.* 1 असुविधाजनक, बेआराम: feel **~ble** in high boots; **~ble** seat 2 अप्रिय, अप्रीतिकर, कष्टदायक: ~ facts 3 संकोचित, लज्जित: feel **~ble** with strangers 4 बेचैन, व्याकुल, घबराया हुआ, विकल: I feel **~ble** due to heat and humidity;
dw/lw: **~bly** *adv.* कष्टपूर्वक; **uncomfy** /अनकंफि/ *adj.*, (*syn.* uncomfortable), *colloq.* असुविधाजनक

uncommitted /अनकमिटिड/ *adj.* 1 अवचनबद्ध, अप्रतिबद्ध, स्वतंत्र 2 निष्पक्ष 3 अकृत 4 अनभिदिष्ट 5 जिसे जेल न भेजा गया हो, अदत्तकारावास;
collocations: **~ logic array** (*abbr.* **ULA/ ula**) *comput.* माइक्रोचिप जिसके मानक तर्क सर्कट (standardised logic circuit) कंप्यूटर बनाते वक्त लगाए जाते हैं, पर बाद में उन्हें हटाया या बदला भी जा सकता है

uncommon /अनकौमन\/ *US* अनकाःमन\/ *adj.* (*syn.* rare) असामान्य, असाधारण: ~ bird; an ~ act of courage; an ~ fine girl;
dw/lw: **~ly** /~लि/ *adv.* असाधारण रूप से: ~ly tall man; you are ~ly absent-minded to-day

uncommunicative /अनकम्यूनिकअटिव\/ *adj.* (*syn.* taciturn) असंवादी, चुप्पा

uncompanionable /अनकंपैनिअनअबल/ *adj.* गैरमिलनसार

uncomplaining /अनकंपलेनिंग/ *adj.* सहनशील, तितिक्षु, जो बात-बात में शिकायत न करता हो: ~ submission

uncompleted /अनकंपलीटिड/ *adj.* अपूर्ण, अधूरा: ~ play

uncomplicated /अनकौंपलिकेटिड/ *US* अनकांपलिकेटिड/ *adj.* सरल, सीधा

uncomplimentary /अनकौंपलिमेंटरि/ *US* -कांप-/ *adj.* 1 निंदात्मक 2 निंद्य, निंदनीय: ~ opinion/ remark on sb's part in the affair

uncomplying /अनकंप्लाइंग/ *adj.* 1 पालन न करने वाला 2 अनिष्ट, असम्मत, अनभिलाषित: ~ principles; ~ attitude

uncompounded /अनकंपाउंडिड/ *adj.* सरल, सीधा, साधारण: ~ operation

uncomprehended /अनकौंप्रिहेंडिड/ *US* ~कांप्रि-/ *adj.* अनसमझी, अनसुलझी: ~ mystery

uncompromising /अनकौंप्रअमाइजिंग\/ *US* -कांप्रअ-\/ *adj.* 1 अटल, जिद्दी, अपनी बात पर अड़ा रहनेवाला, अनम्य 2 हठधर्मी, हठी, मताग्रही;
dw/lw: **~ly** /~लि/ *adv.* दृढ़तापूर्वक; **~ness** /~नेस/ *n.* दृढ़ता, हठधर्मिता

unconcealed /अनकन्सीलड/ *adj.* (*syn.* obvious) साफ, खुली: ~ hatred

unconcern /अनकन\सःन/ *n.* 1 (*syn.* indifference) उदासीनता, उपेक्षा, बेपरवाही 2 निश्चिंतता, बेफिक्री: regard serious matters with complete ~;
dw/lw: **~ed** /~सःन्ड/ *adj.* 1 (*syn.* aloof, indifferent) उदासीन, बेपरवाह: be ~ed with a business 2 निश्चिंत, बेफिक्र: be ~ed about the future 3 में भाग न लेने वाला, से परे: he was ~ed in the conspiracy

unconcerted /अनकनसःटिड/ *adj.* बेमेल, बेताल, असंगत, अयोजित

unconditional /अन्कंडिशनल\/ *adj.* 1 बिना शर्त: ~ surrender 2 साफ, पूरा: ~ refusal;
dw/lw: **~ly** /~लि/ *adv.* बिना शर्त के

unconditioned /अनकंडिशन्ड/ *adj.* 1 बिना शर्त होनेवाला 2 (*syn.* untempered) अनुभवहीन, जो तपकर न निकला हो 3 परम, असीम 4 सहज, स्वाभाविक: ~ reflex.

unconfined /अनकनफाइंड/ *adj.* अबाधित, असीमित: thoughts ~ by prejudice

unconfirmed /अनकनफःम्ड/ *adj.* 1 अपुष्ट, अपरिपुष्ट: ~ rumours 2 अदृढ़ीकृत

unconform\able /अनकन्फॉः\मअबल/ *adj.* 1 असंगत, बेमेल: his testimony was ~ to the real facts 2 प्रतिकूल 3 विषम;
dw/lw: **~ity** /~मिटि/ *n.* 1 (*syn.* incongruity) असंगति, बेमेल 2 प्रतिकूलता, विरोध: in direct ~ity to the rules 3 विषमता

uncongenial /अनकन्जीनिअल/ *adj.* 1 बेमेल: in ~ company 2 अरुचिकर, अप्रिय: ~ task; ~ climate 3 प्रतिकूल: ~ religious atmosphere

unconnected /अनक्नेक्टिड/ *adj.* 1 अलग, असंबद्ध, जो जुड़ा न हो: the two events are totally ~; ~ narrative 2 अकेला, एकाकी: a lonely ~ person

unconquerable /अनकौंकरेबल/ *US* -कांक-/ *adj.* (*syn.* invincible) अविजेय, अजेय: ~ courage; ~ temper; ~ difficulties

unconscion\able /अनकौंशिअनअबल/ *US* -कांशिअ-/ *adj.* 1 अयुक्तियुक्त: take an ~ time doing sth 2 अनैतिक, सिद्धांतहीन: ~ liar/ rogue 3 अनुचित: ~ bargain

unconscious /अनकौंशिअस\/ *US* -कांशि-\/ *adj.* 1 बेहोश, बेसुध, अचेत, मूर्च्छित: the patient was ~ 2 (*usually* **~ of sth**) से अनजान, अनभिज्ञ: be ~ of danger 3 (*syn.* unaware) विद्यमानता के बारे में बेसुध 4 (*syn.* unintentional) अनजाने में किया जाने वाला, अनैच्छिक, अनभिप्रेत, अचेतन में: an ~ thought/feeling/ act;
n. **(the ~)** *psychol.* अचेतना, अचेतन मन;
dw/lw: **~ly** /~लि/ *adv.* अनजाने में; **~ness** /~नेस/ *n.* अचेतना, मूर्च्छा, बेहोशी, बेसुधी

unconsidered /अनकंसिडःड/ *adj.* 1 उपेक्षित 2 नगण्य 3 अविवेचित, अविचारित: the details of the matter were left ~

unconsolable /अनकनसोलअबल/ *adj.* = **inconsolable** जिसकी सांत्वना देकर धीरज न बंधाई जा सके, अति अधीर, विह्वल

unconsolidated /अनकन्सौलिडेटिड/ *US* अनकन्साः-/ *adj.* 1 अलग-अलग, असंपिंडित 2 ढीली, पोली: ~ soil

unconsonant /अनकौंसअनंट/ *US* अनकांसअ-/ *adj.* 1 अस्थिर, चलायमान, अनित्य 2 बेमेल, प्रतिकूल: ~ to reason

unconstitutional /अनकौंस्टिट्यूशन\ल/ *US* अनकांस्टिटूशन\ल/ *adj.* असंवैधानिक, अवैधानिक;
dw/lw: **~ism/ ~ity** /~लिजम/ ~लिटि/ *n.* असंवैधानिकता; **~ly** /~लि/ *adv.* असंवैधानिक रूप से

uncon\strained /अनकंस्ट्रेंड/ *adj.* 1 स्वैच्छिक, स्वेच्छाकृत 2 निर्द्वंद्व, स्वच्छंद: with an ~ air 3 बेरोक, अबाधित: ~ laughter; ~ freedom;
dw/lw: **~straint** /अनकंसट्रेंट/ *n.* स्वच्छंदता, निर्द्वंद्वता

uncontain\able /अनकन्\टेनअबल/ *adj.* जिसे रोका न जा सके, अबाधित: ~able laughter; with an ~able air; ~able freedom;
dw/lw: **~ed** /~टेंड/ *adj.* 1 निर्बाधित: ~ed war 2 असीम, अपार: he felt ~ed indignation

uncontaminated /अनकन्टैमिनेटिड़/ *adj.* अदूषित

uncontentious /अनकन्टेंशिअस/ *adj.* अविवादास्पद

uncontest\able /अनकंटे\स्टअबल/ *adj.* अविवाद्य: his rights are ~;
dw/lw: **~ed** /~स्टिड/ *adj.* निर्विरोध: ~ed fact; ~ed election

uncontradicted /अनकौंट्राडिक्टिड/ *US* -कांट्रा-/ *adj.* अखंडित, अविरोधित: remain ~; ~ evidence

uncontroll\able /अनकंट्रो\लअबल/ *adj.* 1 अनियंत्रणीय, असंचालनीय 2 अनियंत्रित, बेरोक: **~able** laughter 3 उच्छृंखल, बेलगाम: **~able** temper;
dw/lw: **~ably** /~लअबलि/ *adv.* अनियंत्रित ढंग से; **~ed** /~लड/ *adj.* अनियंत्रित: ~ed passions; ~ed liberty; ~ed fire

uncontrovertible /अनकंट्रोवःटिबल/ *adj.* अकाट्य, अखंडनीय: ~ proof

unconventional /अनकनवेंश\नल/ *adj.* 1 (***syn.*** unorthodox) अपरंपरागत: ~ weapons (अपरंपरागत या विशेष प्रकार के हथियार) 2 रूढ़िमुक्त, रूढ़ि-विरोधी: ~ dress 3 स्वच्छंद, स्वतंत्र, निर्द्वंद्व, उन्मुक्त: ~ behaviour; lead an ~ life 4 स्वेच्छाचारी;
dw/lw: **~ly** /~नलि/ *adv.* स्वच्छंदतापूर्वक; **~ity** /~नैलिटि/ *adj.* स्वच्छंदता

unconversant /अनकन्वःसंट/ *adj.* (से) अनभिज्ञ: be ~ with a subject/ with a question

unconvin\ced /अनकनविं\सड/ *adj.* अप्रत्ययित: he remained **~ced**;
dw/lw: **~cing** /~सिंग/ *adj.* जो यकीन न दिला सके, अप्रत्यायक: ~cing argument

uncooked *adj.* (***syn.*** raw) अनपका, अधपका

uncool /अनकूल/ *adj., colloq.* 1 जो फैशनेबल न हो 2 तनावग्रस्त, उत्तेजित

uncooperative /अनकोऔपअरेटिव/ *US* -आःपअरेटिव/ *adj.* असहयोगशील

uncoordinated /अनकोऑःडिनेटिड/ *adj.* असमन्वित, बिना तालमेल के: ~ manoeuvre

uncordial /अनकॉःडिअल/ *adj.* अमैत्रीपूर्ण: ~ feelings

uncork /अनकॉःक/ *v., pt.* **~ed**, *pp* **~ing** 1 काग निकालना, खोलना 2 व्यक्त क.

uncorrected /अनकरेक्टिड/ *adj.* 1 असंशोधित: ~ error 2 अदंडित

uncorrelated /अनकोरिलेटिड/ *adj.* असहसंबद्ध

uncorroborated /अनकरौबअरेटिड/ *US* -कराःबअरेटिड/ *adj.* अपुष्ट, असम्पुष्ट: ~ testimony

uncorrupt(ed) /अनकरप्टिड/ *adj.* 1 अदूषित 2 विशुद्ध 3 अभ्रष्ट

uncount\able /अनकाउं\टअबल/ *adj.* जिसे गिना न जा सके, अनगिनत, अगणनीय, अगण्य, असंख्य, बेशुमार: **~able** joy;
dw/lw: **~ed** /~टिड/ *adj.* 1 अनगिनत, अगणित 2 असंख्य;
collocations: **~able noun** (*also* **uncount noun**) *n.* अनगणनीय वस्तु को दर्शानेवाली संज्ञा, जैसे संगीत या शक्कर

uncouple /अनकपल/ *v., pt.* **~d**, *pp* **uncoupling** 1 वियुक्त क., अलग कर दे., काटना 2 अलग हो जा., खुल जा.

uncourteous /अनकःटिअस/ *adj.* अशिष्ट, अभद्र: ~ reply

uncourtly /अनकॉःट्लि/ *adj.* 1 अनादरपूर्ण 2 अभद्र, अशालीन

uncouth /अनकूथ\/ *adj.* 1 (***syn.*** coarse) असभ्य, अपरिष्कृत, भद्दा, अनगढ़: ~ manners 2 बदतमीज, गंवार 3 जंगली, उजाड़, बियाबानी: ~ path; ~ desert;
dw/lw: **~ly** /~लि/ *adv.* बदतमीजी से; **~ness** /~नेस/ *n.* भद्दापन

uncovenanted /अनकविनेंटिड/ *adj.* अप्रतिश्रुत, समझौते के दायरे से बाहर

uncover /अनकवः/ *v., pt.* **~ed**, *pp* **~ing** 1 भेद खोलना या निकालना: ~ the reason of sth; ~ evidence/ a plot/ a secret/ the truth; an investigation **~s** sth 2 आवरण हटाना 3 उघाड़ना: we **~ed** the enemy's right flank by a sudden attack 4 ढक्कन उतारना: **~ed** pot of soup 5 अरक्षित छोड़ दे. 6 सम्मान जताते हुए टोप उतारना.;
dw/lw: **~ed** *adj.* 1 उघड़ा हुआ, अपूरित: ~ed paper money 2 खुला 3 प्रकट 4 अरक्षित: ~ed and open to attack

uncreated /अनक्रिएटिड/ *adj.* 1 स्वयंभू 2 अविद्यमान 3 अजन्मा

uncritical /अनक्रिटिकल/ *adj.* 1 अविवेकी 2 अविवेचित, अविवेचनात्मक: ~ appreciation

uncropped /अनक्रौप्ट/ *US* -क्राःप्ट/ *adj.* 1 अनचरा 2 अनकटा: ~ hair 3 अनबोया

uncross /अनक्रॉस/ -क्रौस/ *US* -/ -क्राःस/ *v., pt.* **~ed**, *pp* **~ing** सीधा क.: **~ed** his legs;
dw/lw: **~ed** *adj.* 1 अबाधित: his rise to power was ~ed 2 अनकटा: ~ed cheque

uncrowned /अनक्राउंड/ *adj.* 1 बेताज: the ~ king of swindlers 2 अनभिषिक्त

uncrystallized /अनक्रिस्टअलाइजड/ *adj.* 1 बिना मणिभ या क्रिस्टल बने 2 अस्पष्ट: ~ ideas

UNCSD *abbr.* 'UN's Commission on Sustainable Trade and Development' की प्रथमाक्षरी

UNCSTD *abbr.* 'United Nations Conference on Science and Technology for Development' की प्रथमाक्षरी

UNCTAD *abbr.* 'United Nations Conference on Trade and Development' की प्रथमाक्षरी

unc\tion /अंक्शन/ *n. Christianity* 1 तेल का लेपन, मालिश, तैलमर्दन, चिकनाई 2 अत्यधिक विनम्रता 3 मरहम, विलेप, विलेपन 4 जोश, चाव, मजा: an amusing story told with **~tion** 5 चिकनी-चुपड़ी बातें 6 भावुकता;
dw/lw: **~tuosity** /अंक्च्युऑसिटि/ (*also* **~tuousness**) *n.* चिकनाहट; **~tuously** /अंक्च्युअसलि/ *adv.* चाटुकारितापूर्वक; **~tuous** /अंक्च्युअस/ *adj.* 1 चिक्कण, तैलाक्त 2 जोशपूर्ण 3 चिकना-चुपड़ा 4 चाटुकार, दंभी: ~tuous voice/ manners

uncultivated /अनकल्टिवेटिड/ *adj.* 1 अकृषित: ~ land 2 अकृष्ट 3 असभ्य 4 अविकसित: ~ talents 5 अशिक्षित

uncultured /अनकल्चःड/ *adj.* 1 अपरिष्कृत 2 अशिक्षित 3 अकृष्ट

uncurbed /अनकःबड/ *adj.* बेलगाम, अनियंत्रित: ~ ambition

uncured /अनक्युःड/ *adj.* 1 बिना सुखाया या बिना नमक लगा गोश्त, मछली आदि 2 जिसका इलाज न हुआ हो

uncut /अनकट/ *adj.* 1 अनकटा: ~ diamond 2 असंक्षिप्त 3 पूरा 4 अपरिष्कृत 5 बिना पृष्ठ खुले (नई पुस्तक) 6 शुद्ध, बिना मिलावट के (मादक दवा आदि)

UNDA *abbr.* 'University of Notre Dame, Australia' की प्रथमाक्षरी

undamaged /अनडैमिज्ड/ *adj.* जिसे क्षति न पहुंची हो, अक्षत, अक्षतिग्रस्त: ~ reputation

undamped /अनडैंप्ट/ *adj.* 1 जो हतोत्साह न हुआ हो: ~ by this failure

undated /अनडेटिड/ *adj.* 1 बिना तारीख का, अदिनांकित 2 तरंगित, लहरदार

undaunted /अनडॉंटिड/ *adj.* 1 (***syn.*** undeterred) अविचलित 2 जो पस्त-हौसला न हो 3 निडर, निर्भीक;
dw/lw: **~ly** *adv.* अविचलित ढंग से, निर्भीकतापूर्वक; **~ness** *n.* निर्भीकता

UNDCP *abbr.* 'UN's (International) Drug Control Programme' की प्रथमाक्षरी

undead *adj.* खूनी दरिंदों आदि के बारे में: जो मर तो गए हैं, पर अभी भी हिल-डुल सकते हैं

undealt /अनडेल्ट/ *adj.* जिसका समाधान न किया गया हो: problems still ~ with

undebated /अनडिबेटिड/ *adj.* जिस पर बहस या चर्चा न हुई हो: accept a motion ~

undecagon /अनडेकअगन/ *n.* एकादशभुज

undecayed /अनडिकेड/ *adj.* अक्षीण, अक्षय;
dw/lw: **~ing** *adj.* निर्विकार

un\deceive /अनडिसीव/ 1 आंखें खोलना, भ्रम दूर क. 2 मोह भंग क. 3 भटकाव का रास्ता छोड़ना: **~deceive** oneself;
dw/lw: **~deception** *n.* भ्रमनिवारण, मोहभंग; **~deceivable** *adj.* जिसका भटकाव दूर किया जा सके; **~deceived** *adj.* भटकाव-विमुख

undeci\deable /अनडिसाइ\डिअबल/ *adj.* जिसका समाधान संभव न हो;
dw/lw: **~dability** /~डअबिलिटि/ *n.* समाधान-असंभवता; **~ded** /~डिड/ *adj.* 1 अनिर्णीत, संशयशील: ~ded question;

be ~ded about going or staying 2 अनिश्चित, संदिग्ध: ~ded character; a person of ~ded future; **~dedly** /~डिडलि/ *adv.* अनिश्चिततापूर्वक; **~dedness** /~डिडनेस/ *n.* अनिश्चिततापूर्ण चरित्र; **~sive** /~सिव/ 1 निर्णय करने में असमर्थ 2 ढुलमुल

undecipherable /अनडिसाइफरअबल/ *adj.* अपाठ्य

undecked /अनडेक्ट/ *adj.* सादा, अनलंकृत

undeclared /अनडिक्लेअःड/ *adj.* 1 अघोषित: ~ war 2 गुप्त, अप्रदर्शित, असूचित

undeclined /अनडिक्लाइंड/ *adj.* 1 जिसे ठुकराया न गया हो 2 अविकृत, अविकारी

undefaced /अनडिफेस्ट/ *adj.* अविरूपित

undefeated /अनडिफीटिड/ *adj.* अविजित, अपराजित

undefended /अनडिफेंडिड/ *adj.* 1 (***syn.*** unprotected) अरक्षित: ~ town 2 बे-वकील: ~ prisoner 3 अप्रतिवादित: ~ measure

undefiled /अनडिफाइल्ड/ *adj.* 1 अदूषित, निष्कलंक, बेदाग 2 साफ, स्पष्ट: speak in ~ English

undefinable /अनडिफाइनअबल/ *adj.* 1 अपरिभाष्य: ~ crime 2 अस्पष्ट: ~ reverie

undefined /अनडिफाइंड/ *adj.* अपरिभाषित, अनिर्धारित

undelegated /अनडेलिगेटिड/ *adj.* अप्रतिदत्त

undelivered /अनडिलिवःड/ *adj.* 1 अवितरित: ~ letters 2 अपठित, अघोषित: ~ speech

undemarcated /अनडिमॉःकेटिड/ *adj.* असीमांकित

undemocratic /अडिमअक्रैटिक/ *adj.* अलोकतांत्रिक, अप्रजातांत्रिक, अलोकतंत्रीय, अप्रजातंत्रीय

undemons\trable /अनडिमौंस्ट्रअ\बल/ *US* -मांस्ट्रअ\-/ *adj.* अप्रमाण्य;

dw/lw: **~trative** /~टिव/ *adj.* अपनी भावनाओं का दिखावा न करने वाला, चुप्पा

undenia\ble /अनडिनाय\बल/ *adj.* 1 (***syn.*** indisputable) अकाट्य, जिसे नकारा न जा सके, अखंडनीय, अविवाद्य: **~ble** truth 2 असंदिग्ध, सुस्पष्ट: he is an **~ble** literary classic;

dw/lw: **~ably** /~बलि/ *adv.* अकाट्य रूप से; **~bleness** /~बलनेस/ *n.* अकाट्यता

undenominational /अनडिनौमिनेशनल/ *US* -डिनाःमि-/ *adj.* असंप्रदायी, असांप्रदायिक: ~ school

undenounced /अनडिनाउंस्ट/ *adj.* अपरित्यक्त: the treaty is still ~

under /अंडः/ *prep.* 1 के नीचे (ऊपरी सतह को स्पर्श न करते हुए): ~ the table; ~ the bed; live ~ the same roof; ~ a tree 2 (ऊपरी सतह को स्पर्श करते हुए) के नीचे: ~ the book; the village lies ~ a mountain; slip the letter ~ the door; ~ one's arm 3 सतह के नीचे: ~ a wall; ~ the ground 4 से कम, के नीचे: ~ 50 people were there; children ~ six years of age; books for ~ tens 5 के अधीन: ~ the British flag; ~ the direction of sb; ~ the chairmanship of sb; ~ government control 6 किसी प्रावधान के तहत: ~ article of law (कानून की किसी धारा के तहत या अनुसार); ~ agreement; ~ the terms of the agreement/ the treaty; ~ orders/ amnesty; ~ the rules of the club; ~ the new law this is punishable; ~ Section ... 7 किसी परिस्थिति के तहत: ~ the sun; ~ heaven; ~ the circumstances (ऐसे हालात में); you are ~ oath to tell the truth; be ~ contract/ a vow; ~ the necessity of; ~ constraint (विवश); be ~ a delusion that; ~ such conditions 8 प्रक्रिया में: die ~ an operation; ~ repair; the house is ~ construction; ~ consideration (विचाराधीन) 9 किसी नाम या उपनाम से: goes ~ the name of; ~ the mask of friendship; ~ an assumed name; live ~ the name of Jones; write ~ a penname; ~ sb's signature; ~ one's hand and seal 10 के अंदर 11 के अंतर्गत, के तहत: ~ capitalism 12 समय की किसी इकाई में या के भीतर: ~ an hour, etc. 13 की देख-रेख में, के संरक्षण में, के समय में, के शासन काल में: ~ Modi; ~ shelter; be ~ sb's care; ~ inspection/ observation; patients ~ treatment/ observation; the factory is ~ military control; take sb ~ one's wing/ one's protection 14 किसी श्रेणी या वर्ग में: ~ the column 15 के कारण, के प्रभाव तले: ~ chloroform; ~ pressure; ~ the threat of sth; ~ penalty; he broke down ~ the burden of sorrow/ of care; confess one's crime ~ the weight of evidence 16 रोपित, सिंचित: a field ~ wheat/ grass; land ~ irrigation 17 चालित: ~ sail 18 किसी राशि के प्रभाव तले: be born ~ a lucky star 19 के नेतृत्व में: ~ the editorship of sb 20 के मातहत, के अधीन; he ill-treated those ~ him; a corporal is ~ a sergeant;

adj. निचला, अवर, भीतरी: ~ jaw; the ~ layer; the ~ surface of a leaf;

adv. 1 नीचे की ओर: get ~ quick! 2 से नीचे, के नीचे: he was buried ~ by an avalanche 3 से कम: ten dollars or ~; children of seven years and ~ 4 आगे, परे: the list of players is as ~; see ~ for further discussion 5 के भीतर, अंदर: the swimmer went ~; he stayed two minutes ~ 6 दूर (क्षितिज पर): the sun went ~ an hour ago 7 नियंत्रण में: keep one's feelings ~; the fire was got ~; the weaker competitors were forced ~;

collocations: **~ age** अवयस्क, नाबालिग, अल्पवयस्क, कम-उम्र का; **~ arms** शस्त्र-सज्जित; **~ certificate of posting** डाक प्रमाणित; **~ consideration** विचाराधीन; **~ cover** सुरक्षित, छिपा हुआ; **~ examination** परीक्षणाधीन; **~ way** चालू;

p&i: **~ arrest** गिरफ्तार; **~ arms** हथियारों से लैस; **~ a bushel** चोरी-छिपे; **~ a cloud** जिस पर कोई तोहमत लगी हो; **~ cover of darkness** अंधेरे की आड़ में; **~ full sail** पूरी रफ्तार से; **~ lock and key** ताले में बंद; **~ one's belt** कीमती अनुभव, उपलब्धि आदि का धनी हो.; **~ one's hat** अपने विचारों में, अपने मन में: keep the news ~ one's hat; **~ one's nose/ ~ the very nose of sb** किसी के बिल्कुल सामने; **~ one's thumb** मुट्ठी में, काबू में;**~ orders** आदेश के तहत; **~ sb's will/ sb's advice** किसी की इच्छा या सलाह पर; **~ the counter** लुक-छिपकर, बेईमानी से; **~ the heading** शीर्षक तले; **~ the influence** के प्रभाव तले; **~ the knife** शल्य-क्रिया (surgical operation) द्वारा या उसकी प्रक्रिया में; **~ the pretence** के बहाने; **~ the rose** पर्दे के पीछे, छिपकर; **~ the umbrella** की छत्रच्छाया में; **~ the weather** 1 बीमार 2 थोड़ा पिए हुए;

a letter ~ date of the 5th instant पांच तारीख का पत्र; **be ~ a cloud** शक के घेरे में हो.; **be ~ fire** गोलीबारी का निशाना बना हो.; **be ~ sentence** सजायाफ्ता हो.; **bring ~** मातहत बनाना; **buckle ~** दबाव तले झुक जा.; **go ~** डूब जाना, हार जाना; **keep ~** फैलने या बढ़ने से रोकना; **she sighed ~ her breath** उसने धीमी आवाज में आह भरी; **tread ~ foot** पांव तले रौंदना; **visible ~ the microscope** माइक्रोस्कोप तले दिखना; **why ~ the sun?** आखिर ऐसा क्यों?

under- /अंडः-/ *prefix, comb. form, forming* words meaning: 1 **beneath** *or* **below** (नीचे) 2 **a little, insufficient/ insufficiently** (अपूर्ण, कम, थोड़ा) 3 **lower in rank** *or* **importance** (कनिष्ठ या गौण) 4 **less than** (से कम) 5 **less** *or* **lower than the expectations/ potential** (सामर्थ्य या क्षमता से नीचे या कम);

dw/lw: **~achieve** *v., pt.* ~achieved, *pp* ~achieving सामर्थ्य से कम सफलता पाना; **~act** *v., pt.* ~acted, *pp* ~acting

मंद, न्यून या सामर्थ्य से कम स्तर का अभिनय क., न्यूनाभिनय क., संयत अभिनय क.; **~activity** *n.* कम सक्रियता; **~active** *adj.* कम सक्रिय; **~age** *adj.* नाबालिग; **~arm** *adj.* 1 कांख में दबाया हुआ 2 बिना कंधे से ऊपर हाथ उठाकर फेंकी जाने वाली (गेंद); **~belly** (*also* **soft ~belly**) *n.* 1 जानवर का जमीन के करीब लगने वाला पेट 2 किसी वस्तु का पेट-सा भाग 3 (*also* **soft ~**) अरक्षित अंग 4 घिनौना जीवन: the sleazy ~belly of New York; **~bid** /अनडःबिड/ *v., pt.* ~bade; *pt.* ~bidden, *pp* ~bidding (नीलामी में) कम बोली बोलना या बोली लगाना, ताश के खेल में कम हाथ बोलना, कम दाम मांगना; **~bid** *n.* निषेधित कम बोली; **~bidder** *n.* कम बोली लगाने वाला; **~billing** *n.* कम बिल बनाने की क्रिया; **~blanket** *n.* रजाई के नीचे लगाया जाने वाला गर्म कंबल; **~body** *n.* जानवर का पेट-सा निचला अंग; **~bred** /अंडःब्रेड/ *adj.* 1 अल्पपोषित, कुपोषित 2 जो सही नस्ल का न हो, अशिष्ट, दोगला, वर्णसंकर; **~bridge** *n.* अधोसेतु; **~brush** *n.* झाड़-झंखाड़; **~buy** *v., pt.* ~bought, *pp* ~buying 1 आवश्यकता से कम खरीदना 2 दूसरों से कम दाम पर खरीदना 3 सही कीमत से कम दाम पर खरीदना; **~capitalize/ ~capitalise** *v., pt.* ~capitalized, *pp* ~capitalizing किसी कारोबार को सफलतापूर्वक चलाने के लिए आवश्यकता से कम पूंजी लगाना; **~card** *n., boxing* मुख्य मुकाबले के समर्थन में मुकाबलों का कार्यक्रम; **~carriage** /अंडःकैरिज/ *n.* 1 यान के उतरने के उपकरण यानी उसके पहिए, झटका-सह यंत्र आदि वाला निचला ढांचा 2 किसी गाड़ी के मुख्य ढांचे का आधार हिस्सा, (निचला) ढांचा; **~cart** *n., colloq. see above under* **~carriage**; **~charge** *v., pt.* ~charged, *pp* ~charging 1 कम मूल्य लेना 2 अल्पनिवेशित क. 3 बिजली का कम चार्ज दे. 4 कम बारूद लगाना, कम भरना; **~clad** *adj., old use, see below* **~clothed**; **~class** *n.* दमित, दलित और शोषित वर्ग; **~cliff** *n.* चट्टानों के टुकड़ों से बना सीढ़ीनुमा ढांचा; **~clothed** /अंडःक्लोद्ड/ *adj.* कम कपड़े पहने हुए; **~clothes/ ~clothing** /अंडःक्लोद्ज/ अंडःक्लोदिंग/ *n.* अंदर पहनने के कपड़े; **~coat** *n.* 1 कोट के नीचे पहना जाने वाला कोट, निचला कोट 2 रंग या पेंट का पहला लेप, अस्तर, अवलेप; **~cook** *v., pt.* ~cooked, *pp* ~cooking पूरी तरह से न पकाना, कच्चा रह जाना; **~cooling** *n.* अवशीतन; **~cover** *adj., adv.* गुप्त, छिपा हुआ: ~cover agent; working ~cover for the CIA; **~croft** *n.* तहखाना, तलघर; **~current** *n.* 1 अंतर्धारा, अंतःप्रवाह, प्रच्छन्न (विरोधी) प्रभाव या झुकाव 2 अंतर्भावना; **~cut** *v., pt.* ~cut, *pp* ~cuting 1 नीचे से काटना 2 दूसरे को नुकसान पहुंचाने के लिए कम दाम पर बेचना 3 अधोरदन क., काटना 4 कम दाम या वेतन मांगना; **~cut** *n.* 1 नीचे से प्रघात या कटाव 2 पुट्ठे का निचला पारचा 3 पेड़ के बीच में कटाव

underived /अनडिराइवड/ *adj.* मूलभूत, सहज

under\develop /अंडः\डिवेलअप/ *v., pt.* ~developed, *pp* ~developing बच्चे या किसी प्रक्रिया का कम विकास हो.;

dw/lw: **~developed** /~डिवेलअप्ट/ *adj.* 1 (***syn.*** undersized) अपूर्णविकसित, कम आकार का: ~developed child 2 अल्पविकसित 3 पिछड़ा हुआ: ~developed countries; **~do** *v., pt.* ~did, *pt. p.* ~done, *pp* ~doing क्षमता से कम काम क.; **~dog** *adj.* 1 कमजोर, पिछड़ा हुआ 2 पददलित: champion of the ~dog; **the ~dog** *n.* मुकाबले में जिसके जीतने की संभावना कम हो; **~done** *adj.* 1 जो ठीक से न पका हो, अधपका 2 जो अच्छी तरह से न किया गया हो, कच्चा, अधकचरा; **~dose** /~डोस/ *n.* अल्प मात्रा, दवाई की छोटी या कम खुराक; **~dose** *v., pt.* ~dosed, *pp* ~dosing कम खुराक दे.: ~dose a patient; ~dose oneself; **~drawers** /~ड्राअःज/ *n.* जांघिया; **~drawing** *n.* पेंट भरने से पहले कपड़े पर बनाया जाने वाला रेखाचित्र; **~dress** *v., pt.* ~dressed, *pp* ~dressing 1 किसी अवसर के लिए ज्यादा सादे कपड़े पहनना 2 कम कपड़े पहनना; **~dressed** *adj.* 1 अधनंगा, अर्ध नग्न; **~drive** *n.* चालक शाफ्ट को इंजन-रफ्तार से कम रफ्तार प्रदान करने वाला गिअर; **~educated** *adj.* अल्प शिक्षित; **~emphasize** *v., pt.* ~emphasized, *pp* ~emphasizing पूरा जोर न दे., कम बल दे.; **~employed** /~इंपलॉइड/ *adj.* अपूर्ण नियोजित, सामर्थ्य से कम कार्य में रत; **~estimate** /~एस्टिमेट/ *v., pt.* ~estimated, *pp* ~estimating 1 किसी की शक्ति को कम समझना 2 किसी का कम मूल्य आंकना, किसी को कम महत्त्व दे., कम समझना, वास्तविकता से कम कूतना, आंकना या आकलन क.: ~estimate sb's abilities; **~estimate** *n.* = **~estimation** *n.* न्यून-प्राक्कलन, कम अंदाजा; **~expose** /~इक्स्पोज/ *v., pt.* ~exposed, *pp* ~exposing कम रोशनी दिखाना, कम उद्भासित क.; **~exposure** *n.* न्यून-उद्भासन, न्यून प्रदर्शन; **~exposed** *adj.* न्यून प्रदर्शित; **~fed** /~फेड/ *adj.* (***syn.*** malnourished) अल्प पोषित, कुपोषित; **~feed** *v., pt.* ~fed, *pp* ~feeding. कम खिलाना, कुपोषित क.: ~feed a child; **~felt** *n.* नमदे से बनी अंदर की चद्दर; **~fill** *n.* अवभरण; **~floor** *adj.* फर्श के नीचे स्थित या लगा: ~floor heating; **~flow** *n.* अधःप्रवाह; **~flushing** *n.* अवधावन; **~foot** *adv.* 1 पांव तले, पैरों तले: it was slushy ~foot; we felt a tremor ~foot; strong current ~foot 2 दलित, दमित, शोषित: keep sb ~foot; **~foot** *adj.* पद-दलित; **~frame** (*also* **subframe**) *n.* निचला ढांचा, न्याधार; **~fund** *v., pt.* ~funded, *pp* ~funding किसी लोकसेवा या संगठन को कम धन दे.; **~fur** *n.* जानवर की फर के नीचे फर की एक परत; **~garment** *n.* अंतर वस्त्र, अंदर के कपड़े; **~glaze** /अंडःग्लेज/ *n.* चीनी मिट्टी के बर्तनों की वह चमकदार परत जिस पर सजावटी चित्रण किया जाता है; **under\go** *v., pt.* ~went, *pt. p.* ~gone, *pp* ~going 1 सहना, भुगतना, सहन क., अपने ऊपर झेलना: they ~went much suffering 2 अनुभव क., महसूस क.: he ~went a great change 3 भोगना 4 क., हो. 5 कराना: ~go an operation; **~graduate** /~ग्रैजुएट/ (*also* **~grad** /अंडःग्रैड/) *n.* विद्यार्थी जो अभी स्नातक न हुआ हो; **~ground** /~ग्राउंड/ *adj., adv.* 1 भूमिगत, अंतर्भौम, जमींदोज: ~ground cave; ~ground protection; ~ground mining; ~ground surveying; ~ground lake 2 गुप्त, प्रच्छन्न: ~ground political activities (गुप्त या षड्यंत्रकारी राजनीतिक गतिविधियां); ~ground intrigues; ~ground activities; ~ground dealings; went ~ground immediately after the robbery; ~ground music; **~ground** *UK* (*US* **subway**) *n.* (*often* the ~ground, Underground) 1 (***syn.*** metro, tube, subway) मेट्रो रेल, भूमिगत रेल, सुरंग-रेल: travel by the ~ground railway; take the ~ground; an ~ground station/ train 2 गुप्त संगठन: ~ground revolutionary party; **~grown** *adj.* अपूर्ण रूप से विकसित; **~growth** *adj.* पेड़ों के बीच उगने वाले झाड़-झंखाड़; **~hand** (*also* **~handed**) *adj.* चोरी-छिपा, धूर्ततापूर्ण, चालाक, धूर्त; **~hand** *adv.* चोरी-छिपे, धूर्ततापूर्वक; **~handed** *adj.* कपटपूर्ण; **~handedly** *adv.* चोरी-छिपे, धूर्ततापूर्वक; **~handedness** *n.* चालाकी, धूर्तता; **~hue** /~ह्यू/ *n.* अवछटा: she is slightly ~hue; **~hung** /~हंग/ *adj.* (निचले जबड़े के बारे में) ऊपरवाले जबड़े से ज्यादा बाहर निकला हुआ; **~invoicing** /अंडःइन्वाइसिंग/ *n.* सीमा-शुल्क आदि से बचने के लिए बिल में कम दाम दिखाने की क्रिया; **underived** *see below under separate entry*; **~jaw** *n.* निचला जबड़ा, कल्ला; **~lay** /अंडःले/ *v., pt.* ~laid, *pp* ~laying 1 (किसी चीज के) नीचे कोई चीज लगाना 2 के नीचे चद्दर लगाना 3 के नीचे कागज लगाना 4 अस्तर लगाना; **~lay** *n.* आधार, निचली चद्दर, निचला कागज; **~lay** *adj.* नतिपूरक: ~lay shaft (निम्नस्थ कूपक); **~lease** /~लीस/ *n.* शिकमी पट्टा; **~lease** *v., pt.* ~leased, *pp* ~leasing शिकमी पट्टे पर दे.; **~let** *v., pt.* ~let, *pp* ~letting बाजार भाव से कम किराये पर दे.; **~lie** *v., pt.* ~lay, *pt. p.* ~lain, *pp* ~lying 1 नीचे होना या रहना 2 आधार होना 3 के मूल में होना: the principles which ~lie our policy; **~line** *v., pt.* ~lined, *pp* ~lining 1 नीचे रेखा खींचना, रेखांकित क. 2

बल दे.; **~line** *n.* अधोरेखा; **~lining** *n.* अधोरेखण, रेखांकन; **~lined** *adj.* अधोरेखित, अधोरेखांकित; **~linen** *n.* अंदर के कपड़े; **~ling** *n.* 1 अधीनस्थ या मातहत कर्मचारी 2 (***syn.*** minion) टहलुआ; **~lip** *n.* निचला होंठ, अधर; **~lying** /~लाइंग/ *adj.* 1 (***syn.*** fundamental, basic) मूलभूत, मूलाधार: ~lying principles; ~lying right; ~lying causes 2 अंतर्निहित 3 छिपा, छिपी: sb's ~lying intentions 4 अधःस्थ, अधःशायी; **~manned** *adj.* (***syn.*** understaffed) जहां जरूरत से कम कर्मी हों, अल्पकर्मी: ~manned industries; we are ~manned;

undermentioned /अंडःमेंशन्ड/ *adj.* निम्नलिखित, अधोलिखित

undermi\ne /अंडःमाइन/ *v., pt.* **~ned**, *pp* **~ning** 1 कमजोर कर दे., दुर्बल बना दे.: **~ne** sb's authority; had **~ned** his health; **~ned** his confidence 2 की जड़ें खोदना या काटना 3 शनैः-शनैः (गुप्त रूप से) नष्ट क. 4 आधार या नींव को क्षति पहुंचाना: **~ne** a wall; the sea is **~ning** the cliffs of the south coast 5 के नीचे खुदाई क.;

dw/lw: **~ner** *n.* कमजोर या नष्ट करने वाला व्यक्ति; **~ning** *adj.* कमजोर या नष्ट करने वाला; **~ning** *n.* कमजोर या नष्ट करने की क्रिया; **~ningly** *adv.* कमजोर या नष्ट करते हुए

undermost *adj.* सब से निचला, निम्नतम;

undernamed *adj.* अधोनामित, जिनके नाम नीचे दिए गए हैं;

under\neath /अंडःनीथ/ *adv., prep.* 1 नीचे: there is an opening ~neath; a house with a solid foundation ~neath; the summary is given ~neath; put the date ~neath 2 नीचे की ओर: the river flowing ~neath 3 अंदर: he wore a coat and a shirt ~neath; blood vessels just ~neath the skin 4 (के) तले: sit ~neath the trees 5 के पीछे छिपा: treachery ~neath the mask of friendliness;

dw/lw: **~neath** *adj.* 1 निचला: ~neath man of an acrobatic team 2 छिपा हुआ, प्रच्छन्न: ~neath meaning; **(the) ~neath** *n.* किसी चीज या जीव का नीचे का हिस्सा, निचला भाग, तल

undernote *n.* 1 प्रच्छन्न भाव 2 सुझाव;

under\nourished /अंडः\नरिश्ड/ *adj.* कुपोषित, अल्पपोषित, न्यूनपोषित; **~paid** *adj.* कम वेतन पाने वाला, अल्पवैतनिक, न्यूनवैतनिक: ~paid workmen; **~pants** *n.* जांघिया; **~part** *n.* 1 (*usually* **~s**) निम्न भाग, अधोभाग 2 नाटक में गौण भाग; **~pass** *n.* भूमिगत मार्ग, उपमार्ग, सुरंग; **~pay** *v., pt.* ~paid, *pp* ~paying कम वेतन दे.; **~peopled** *adj.* कम जनसंख्या वाला (स्थान); **~perform** *v., pt.* ~performed, *pp* ~performing 1 अपेक्षा से नीचे अदाकारी क. 2 कम परिणाम दे.; **~performance** *n.* 1 अपेक्षा से नीचे अदाकारी 2 कम परिणाम; **~performer** *n.* अपेक्षा से कम स्तर की अदाकारी करने वाला; **~pin** *v., pt.* ~pinned, *pp* ~pinning 1 टेक या चांड़ लगाना 2 सहायता या समर्थन क. 3 नई नींव या आधार लगाना, पुश्ता लगाना 4 मजबूत क., सहारा दे.; **~pinning** /~पिनिंग/ *n.* टेक, चांड़, सहारा; **~play** *v., pt.* ~played, *pp* ~playing 1 अपनी क्षमता से नीचे अभिनय क. 2 मंद या संयत अभिनय क.; **~plot** *n.* 1 उपकथा, उपकथानक 2 अंतर्कथा 3 छिपी योजना; **~populated** *adj.* कम या थोड़ी आबादी वाला, कम जनसंख्या वाला, कम आबाद; **~priced** *adj.* असली से कम मूल्य वाला; **~privileged** /~प्रिविलिजड/ *adj.* 1 शोषित, दलित, अल्प-अधिकार प्राप्त: ~privileged children 2 **(the ~privileged)** पिछड़े, दमित-दलित लोग; **~production** *n.* क्षमता से कम उत्पादन; **~proof** *adj.* न्यून मद्य स्तर, न्यून मद्यसार; **~prop** *v., pt.* ~propped, *pp* ~propping टेक लगाना, सहारा दे.; **~quote** /~क्वोट/ *v., pt.* ~quoted, *pp* ~quoting कम दाम मांगना, कम बोली दे.; **~rate** *v., pt.* ~rated, *pp* ~rating 1 कम मूल्य आंकना 2 कम समझना 3 कम महत्त्व दे. 4 वास्तविकता से कम कूतना या आंकना: ~rate one's opponent; **~rated** /~रेटिड/ *adj.* जिसका मूल्य या महत्त्व काम आंका गया हो; **~represented** *adj.* अपर्याप्त प्रतिनिधित्व वाला (वर्ग या क्षेत्र); **~ripe**/ **~ripened** /~राइप/ ~राइपन्ड/ *adj.* कच्चा, अधपका; **~score** /~स्कॉः/ *v., pt.* ~scored, *pp* ~scoring 1 अधोरेखांकित क.: two lines were ~scored in red ink 2 किसी बात पर बल दे.; **~sea** *adv. & adj.* समद्र तल के नीचे (होने वाला), समुद्र के अंदर (होने वाला), समुद्रतलीय; **~secretary** *n.* अवर सचिव, उपसचिव, अनुसचिव; **~sell** *v., pt.* ~sold, *pp* ~selling दाम गिराकर बेचना, कम कीमत पर बेचना, ज्यादा सस्ता बेचना; **~sexed** *adj.* यौन रूप से शिथिल एवं कमजोर, क्षीणकामी; **~shirt** *US (UK* **vest**) *n.* बनियान; **~shoot** *v., pt.* ~shot, *pp* ~shooting 1 लक्ष्य तक निशाना न पहुंचा पाना 2 विमान का पत्तन-पट्टी से पहले उतर जा.; **~shot** *n.* 1 पानी के दबाव तले चलने वाला पन-पहिया 2 निचले जबड़े के ऊपर के जबड़े से ज्यादा बाहर निकले होने की अवस्था; **~shorts** *n.* कच्छा, जांघिया; **(the) ~side** *n.* किसी चीज का नीचे का हिस्सा; **~sign** *n.* के नीचे (पर) हस्ताक्षर क., दस्तखत क.; **~signed** *n.* अधोहस्ताक्षरी: we the ~signed ...; **~sized** /~साइज्ड/ *adj.* छोटे आकार का, अल्पाकार, हीनाकार, छोटा; **~skirt** /~स्कःट/ *n.* पेटीकोट, साया; **~slung** *adj.* ऊपर से नीचे लटकाया हुआ; **~spend** *v., pt.* ~spent, *pp* ~spending निर्धारित बजट से कम खर्च क.; **~staffed** *adj.* कम कर्मियों वाला: we are ~staffed; **~stamped** *adj.* कम टिकट लगा, न्यूनांकपत्रित

understand /अंडःस्टैं\ड/ *v., pt.* **understood**, *pt. p.* **understood**, *pp* **~ing** 1 अर्थ समझना, बात, विषय या मजमून समझना: ~ a question; it's difficult to ~ trigonometry; I could ~ him when he spoke more slowly; ~ Russian; I do not ~ the point of his remark 2 महत्त्व समझ में आना, पता चलना: I don't ~ what all the fuss is about 3 किसी के व्यवहार या बात को सहानुभूतिपूर्वक समझना: I fully ~ your point of view; ~ one another; try and ~ my difficulties 4 निष्कर्ष निकालना: I ~ that he has resigned and has not been sacked; what are we to ~ from such an act?; I ~ that he is going to marry 5 मानसिक रूप से मान लेना: a relative pronoun is **understood** to be there; it was **understood** that ...; am I to ~ that your refusal is final?

dw/lw: **~able** /~डअबल/ *adj.* 1 (***syn.*** comprehensible) समझने योग्य, बोधगम्य 2 (***syn.*** natural) तर्क संगत, स्वाभाविक: an ~able feeling or action 3 विवेकशील 4 न्यायपूर्ण; **~ability** /~डअबिलिटि/ *n.* तर्क-संगति, बोधगम्यता, स्वाभाविकता; **~ably** /~डअबलि/ *adv.* (***syn.*** naturally) स्वाभाविक रूप से, समझ में आता है कि; **~ing** /~डिंग/ *n.* 1 ज्ञान, जानकारी, समझ: he hasn't much ~ing of the question; a better/ clear ~ing 2 समझ में आने की क्रिया, समझने की क्षमता, ग्रहण शक्ति, बोध: he has an excellent ~ing 3 सद्भाव, सहानुभूति की भावना: a man of ~ing 4 समझ, बुद्धि, अक्ल, विवेक: my/ her/ his, etc. ~ing 5 व्याख्या, अर्थ, समझ: on this ~ing; develop/ gain/ have an ~ing (of sth) 6 अनौपचारिक सहमति, समझौता: private ~ing; reach/ come to an ~ing; they have a secret ~ing with other firms; on the ~ing that he would stay for six months; on the ~ing that ... 7 आपसी समझ, पारस्परिक विश्वास व समझ, मेल-मिलाप: he disturbed the good ~ing between them; **~ing** *adj.* 1 (***syn.*** sympathetic) सहानुभूतिपूर्ण, हमदर्द: ~ing parents 2 संवेदनशील: ~ing heart 3 समझदार 4 अनुकूल, उदार; **~ingly** *adv.* समझपूर्वक; **understood** /अंडःस्टुड/ *pt.,* '**understand**' का भूतकाल; **understood** *adj.* 1 ज्ञात 2 समझा हुआ, स्पष्ट: make oneself understood 3 माना हुआ: good honorarium is understood for the job;

p&i: **~ one another/ ~ each other** 1 एक दूसरे की बात व

भावनाएं समझना 2 एक-दूसरे के साथ सहमत हो.; **give to ~ that it was not true** समझा देना कि यह बात सही नहीं है; **we ~ (that)**... हम समझते हैं कि...; **make oneself understood** अपनी बात दूसरे व्यक्ति को समझाना

under\state /अंडः\स्टेट/ *v., pt.* ~stated, *pp* ~stating 1 कम करके बताना, न्यूनोक्त क. 2 का महत्त्व कम क.; ***dw/lw:*** **~stated** /~स्टेटिड/ *adj.* 1 (वेशभूषा, शक्ल आदि के बारे में) सादा पर सुंदर, अनलंकृत 2 शूक्ष्म या गूढ़ार्थक; **~statement** /~स्टेटमंट/ *n.* 1 न्यूनोक्ति 2 महत्त्व कम करने वाला या विनम्र कथन 3 गूढ़ार्थक कथन; **~stock** /~स्टॉक/ *v., pt.* ~stocked, *pp* ~stocking अपर्याप्त मात्रा या संख्या में रखना, संचित या संग्रहण क., कम सामान भरना; **~strapper** /~स्ट्रैपः/ *n.,* मातहत, टहलुआ; **~study** *n., pl.* ~studies 1 स्थानापन्न 2 अभिनेता या अभिनेत्री की अनुपस्थिति में दूसरे अभिनेता द्वारा उनकी भूमिका अदा करने का कार्य; **~study** *v., pt.* ~studied, *pp* ~studying 1 का स्थान लेना 2 अध्ययन या अभ्यास क.: he is ~studying Macbeth; **~subscribed** /~सब्स्क्राइबड/ *adj.* जब किसी शेयर को खरीदने वालों की संख्या कम हो, अवदत्त, अव-पूर्वक्रीत

under\take /अंडः\टेक/ *v., pt.* **~took**, *pt. p.* **~taken**, *pp* **~taking** 1 किसी काम को प्रारंभ क., कार्य में हाथ डालना या उसे हाथ में ले.: **~take** a project; **~take** a journey 2 का भार अपने ऊपर लेना, का बीड़ा उठाना, की जिम्मेवारी लेना: **~take** responsibility; he has **~taken** too much; **~take** a responsible post 3 वचन दे., वादा क., प्रतिज्ञा क., विश्वास दिलाना, दृढ़ता से कहना, आश्वासन दे.: **~take** to do sth (कुछ करने का वायदा क.); I ~ that he doesn't hear a word 4 धीमी ट्रैफिक से बचने के लिए अवैध रूप से सर्विस लेन में गाड़ी चलाना; ***dw/lw:*** **~taker** *n.* अंत्येष्टि-प्रबंधक; **~taking** *n.* 1 कर्त्तव्य, कार्य, उत्तरदायित्व, जिम्मेवारी: difficult/ dangerous ~taking 2 वचन, प्रतिज्ञा, आश्वासन: an ~taking to pay the debt within six months; give/ sign an ~taking; a written ~taking; an ~taking by/ from sb 3 उद्यम, काम-धंधा, कारोबार, व्यवसाय 4 उद्योग, औद्योगिक संस्थान: public ~taking 5 अंत्येष्टि-प्रबंध; **~took** *pt.,* '**undertake**' का भूतकाल

under\-tenant /अंडः\टेनंट/ *n.* शिकमी किरायेदार या काश्तकार; ***dw/lw:*** **~-the-counter** *adj.* अवैध रूप में बेचा जाने वाला सामान या माल; **~-the-table** *adj.* अवैध रूप से या चोरी-छिपे होने वाला (लेन-देन); **~things** *n., [pl.]* महिला या लड़की के अंदर के वस्त्र; **~thrust** /~थ्रस्ट/ *n.* अधःक्षेप, एक चट्टान का दूसरे के नीचे घुस जाने की स्थिति; **~tone** *n.* 1 दबी आवाज, मंद स्वर: they talked in ~tones 2 हल्का रंग 3 गौण तत्त्व 4 (***syn.*** undercurrent) प्रच्छन्न भाव या भावना: malicious ~tones; in ~tones; **~tow** /~टो/ *n.* 1 अंतर्धारा 2 ऊपरी बहाव के विपरीत दिशा में बहने वाली धारा; **~trial** /~ट्रायल/ *adv.* 1 जिस पर अभियोग चल रहा हो, अभियोगाधीन 2 जांचाधीन; **~use** *n.* 1 साधनों, सुविधाओं आदि का अपेक्षा से कम उपयोग 2 क्षमता, संभावना या सामर्थ्य से कम प्रयोग; **~used** *adj.* सामर्थ्य से कम उपयोगित; **~utilize/ ~utilise** /~युटिलाइज/ *v., pt.* ~utilized, *pp* ~utilizing क्षमता से कम उपयोग क.; **~utilization** *n.* क्षमता से कम उपयोग; **~-valuation** /~वैल्युएशन/ *n.* 1 अल्पमूल्यांकन, अधोमूल्यन 2 उपेक्षा; **~value** /~वैल्यु/ *v., pt.* ~valued, *pp* ~valuing 1 कम मूल्य आंकना, अल्पमूल्यांकन क. 2 कम महत्त्व आंकना या दे., कम समझना 3 दाम कम समझना; **~value** *n.* कम मूल्य या महत्त्व; **~valued** /~वैल्यूड/ *adj.* वास्तविक से कम दाम की (चीज); **~vest** /~वेस्ट/ *n.* फतूही, बंडी, बनियान; **~water** *adj.* 1 अंतर्जल, पानी के अंदर का: ~water sport; ~water swimming/ diving; ~water satellite 2 *naut.* जहाज की जल-रेखा के नीचे का: ~water firing; **~water** *adv.* पानी की सतह के नीचे: he stayed ~water for twenty-four hours; **~way** *adv.* जारी, चालू, सक्रिय; **~way** *adj.* रास्ते में, पथीय: ~way refuelling; ~way clothing; **~wear** /~वेअः/ *n.* कच्छा, जांघिया, बनियान; **~weight** /~वेट/ *adj.* न्यूनभार, प्रामाणिक मापदंड से कम वजन का, कमवजनी; **~weight** *n.* न्यून भार; **~went** /~वेंट/ *pt.*, '**undergo**' का भूतकाल; **~whelm** /~व्हैल्म/ *v. pt.* ~whelmed, *pp* ~whelming किसी पर कम प्रभाव डाल पाना; **~whelmed** /~व्हैल्मड/ *adj.* किसी बात के बारे में अनुत्साहित; **~whelming** /~व्हैल्मिंग/ *adj.* निराशाजनक, निरुत्साहक; **~wood** /अंडःवुड/ (*also* **~growth**) *n.* झाड़-झंखाड़; **~work** *v. pt.* ~worked, *pp* ~working 1 कम काम लेना: ~work a machine 2 कम काम क. 3 कम वेतन (मजदूरी) पर काम क.; **~work** *n.* कम काम; **~world** *n.* 1 अपराध जगत, समाज का निम्नस्तरीय तबका यानी अपराधी-वर्ग 2 (**the ~world**) अधोलोक, पाताल लोक 3 परस्पर विरोधी ध्रुव या खेमे; **~write** *v., pt.* ~wrote, *pt. p.* ~written, *pp* ~writing 1 पृष्ठांकन क. 2 आर्थिक उत्तरदायित्व या जिम्मा लेना 3 सारा अनबिका स्टॉक खरीदने के लिए तैयार होना, खरीदने का वादा क. 4 समुद्री बीमा क. 5 लागत की जिम्मेवारी लेना 6 के नीचे लिखना, हस्ताक्षर क.; **~writer** *n.* 1 समुद्री बीमाकर्ता: ~writer's policy 2 जिम्मेदार, उत्तरदायी; **~written** 1 *pt. p. of* write 2 *adj.* निम्नलिखित 3 निम्न-हस्ताक्षरित: the ~written names

un\deserved /अन\डिजःवड/ *adj.* 1 अन्यायसंगत 2 छलावापूर्ण, अनर्जित: **~deserved** praise; **~deserved** of respect/ of pity; ***dw/lw:*** **~deserving** *adj.* 1 अयोग्य 2 अपात्र, अनधिकारी; **~designed** /~डिजाइंड/ *adj.* 1 अनभिप्रेत, अनिच्छित, अनचाहा 2 अनियोजित 3 अज्ञानकृत, अनजाने में किया हुआ; **~designedly** *adv.* अनजाने में, अनजाने; **~designing** *adj.* निस्स्वार्थ, सच्चा, निष्कपट, सीधा, सादा; **~desirable** /~डिजायरअबल/ *adj.* 1 अवांछनीय 2 अप्रिय, अनिष्ट 3 आपत्तिजनक: ~desirable manners; **~desirable** *n.* बदमाश, गुंडा; **~desired** *adj.* अवांछित, अनचाहा, अनिच्छित; **~desiring/ ~desirous** *adj.* अनिच्छुक: be ~desirous of doing sth; **~desirability/ ~desirableness** *n.* अनिष्टता, अवांछनीयता; **~detectable** /~डिटेक्टअबल/ अनभिज्ञेय, पहचान में न आने योग्य, जिसे पहचाना न जा सके; **~determined** /~डिटःमिंड/ *adj.* 1 अनिर्धारित: one question still remains ~determined 2 अनिश्चित 3 अनिश्चयी, ढुलमुल: ~determined character; **~developed** *adj.* अविकसित: ~developed mind/ child; **~deviated** /~डिविएटिड/ *adj.* अविचलित; **~deviating** /~डीविएटिंग/ *adj.* अपथभ्रष्ट, सुमार्गी, अविचल; **~did** *pt.*, '**undo**' का भूतकाल; **~loyalty** *n.* बेवफाई

UNDF *abbr.* 'United Nations Development Fund' की प्रथमाक्षरी

undies /अंडीज/ *n., [pl.] colloq.* महिलाओं के अंदर के वस्त्र

un\differentiated /अन\डिफरेंशिएटिड/ *adj.* समरूप, अभिन्न; ***dw/lw:*** **~digested** /~डाइजेस्टिड/ *adj.* 1 अनपचा, अपचित, अजीर्ण 2 कच्चा 3 जिसे लागू करके परखा न गया हो: ~digested theories; **~dignified** /~डिग्निफाइड/ *adj.* अभद्र, अशोभनीय, मर्यादाहीन; **~diluted** /~डाइल्यूटिड/ *adj.* 1 बिना पतला या क्षीण किया हुआ 2 विशुद्ध, पक्का; **~diminished** *adj.* ज्यों का त्यों, जो कम न हुआ हो: respect for sb remains ~diminished; **~dimmed** /~डिमड/ *adj.* जो मद्धिम न पड़ा हो: ~dimmed light/ intelligence

undine /अंडीन/ *n.* जलपरी

un\diplomatic /अन\डिप्लअमैटिक/ *n.* अकूटनीतिक, अव्यावहारिक; ***dw/lw:*** **~disbursed** /~डिस्बःसड/ *adj.* अवितरित; **~discharged** /~डिस्चाःजड/ *adj.* 1 अकृत: ~discharged duty 2 अमुक्त 3 अभुक्त 4 अभारमुक्त 5 अनदागी, अनचली या बिना चली (गोली): ~discharged gun; **~disciplined** /~डिसिप्लिंड/ *adj.* 1 अनुशासनहीन, निमानिया 2 अप्रशिक्षित;

~disclosed *adj.* गुप्त: ~disclosed buyer/ seller; **~discovered** *adj.* 1 छिपा हुआ, अनदेखा 2 अज्ञात: land at that time ~discovered; the murderer remains ~discovered; **~discussed** *adj.* जिस पर विचार-विमर्श न हुआ हो, अविचारित; the plan remains ~discussed; **~disguised** /~डिस्गाइज्ड/ *adj.* बिना मुखौटे के, जो छिपा न हो, उन्मुक्त, खुला, प्रकट: ~disguised pleasure; ~disguised hatred; **~dismayed** /~डिस्मेड/ *adj.* (***syn.*** undaunted) जो पस्त-हाल न हुआ हो, अडिग; **~disposed** /~डिस्पोजड/ *adj.* 1 अनिच्छुक: ~disposed to do sth 2 अनबिकी: ~disposed property; **~disputed** *adj.* (***syn.*** irrefutable) अविवाद्य, अविवादित, निर्विवाद: her superiority over all others was ~disputed; **~dissociated** /~डिसोशिएटिड/ *adj.* असंबद्ध, अवियोजित; **~dissolved** *adj.* अविलीन, अनघुला; **~distempered** *adj.* 1 स्वस्थ 2 शांत 3 शुद्ध, जिसकी तेजी कम न की गई हो: ~distempered and unclouded spirit; **~distinguished** *adj.* साधारण, सामान्य, मामूली; **~distorted** /अनडिस्टॉःटिड/ *adj.* अविकृत, अविरूपित: ~distorted image; **~distracted** /अनडिस्ट्रैक्टिड/ *adj.* सकेंद्रित, जिसका ध्यान न हटा हो: ~distracted attention; **~distributed** *adj.* अवितरित; **~disturbed** *adj.* 1 (***syn.*** uninterrupted) बिना विघ्न के, निर्विघ्न 2 (***syn.*** unconcerned) शांत, अक्षुब्ध: ~disturbed sleep 3 (***syn.*** untouched) अप्रभावित 4 अनुत्तेजित; **~divided** *adj.* 1 अविभाजित, अविभक्त: ~divided property; ~divided opinion; ~divided profits 2 अनबांटा: ~divided attention 3 पूरा, अखंड: ~divided loyalty/ support, etc.; **~divulged** /~डाइवल्जड/ *adj.* गुप्त, अप्रकट: a secret that remains ~divulged to this day

un\do *v. pt.* **~did**, *pt. p.* **~done** *pp* **~doing**, *s/he/ it* **~does** 1 खोलना, पकड़ कम क.: ~do a button/ a collar/ a coat; ~do a hold 2 पहले किए काम को पल्ट दे.: ~do a treaty 3 नुकसान की भरपाई क.: ~do the damage 4 मिटा दे. रद्द क.: we cannot ~do the past; what is done cannot be undone 5 व्यर्थ कर दे. 6 बिगाड़ना 7 बर्बाद क., तबाह क., सर्वनाश क.: drinking has undone him;

dw/lw: **~doing** /~डूइंग/ *n.* (***syn.*** downfall) सर्वनाश, विनाश, तबाही, पतन: be sb's ~doing; **~domesticated** /~डमेस्टिकेटिड/ *adj.* 1 जो पालतू न हो 2 जंगली 3 आवारा; **~done** *adj.* 1 जो बंधा न हो, खुला हुआ 2

un\doubted /~डाउटिड/ *adj.* असंदिग्ध, निस्संदेह, पक्का: ~doubted evidence; ~doubted masterpiece;

dw/lw: **~doubtedly** /~डाउटिडलि/ *adv.* बेशक, निस्संदेह, निश्चित रूप से; **~doubting** /~डाउटिंग/ *adj.* विश्वासी, आश्वस्त; **~dramatic** *adj.* 1 अनाटकीय 2 शांत, संयत 3 जो सनसनीखेज न हो; **~draped** /अनड्रेप्ट/ *adj.* नग्न, निर्वस्त्र; **~dreamed** (*also* **undreamt**) *adj.* जिसे सपने में भी न देखा हो, अकल्पनीय: ~dreamed-of/ ~dreamt-of success; radio was ~dreamed of a century ago

UNDMT *abbr.* 'UN's Disaster Management Team' की प्रथमाक्षरी

UNDP *abbr.* 'United Nations Development Programme' की प्रथमाक्षरी

undress /अन\ड्रेस/ *v., pt.* **~ed**, *pp* **~ing** 1 कपड़े उतारना 2 नंगा हो. 3 नंगा क.;

n. निर्वस्त्रता, नग्नता: came out of the bathroom in a state of ~;

dw/lw: **~ed** /~ड्रेस्ड/ *adj.* 1 जिसने कपड़े उतार दिए हों, नंगा, नग्न, दिगंबर: get ~ed 2 बिना कंघी किए हुए (बाल) 3 जिसे तैयार या तराशा न गया हो (खाल या पत्थर आदि): ~ed furs/ leather; ~ed logs 4 बिना ड्रेसिंग के (सलाद आदि) 5 बिना सैनिक वर्दी के 6 बिना मरहम-पट्टी के

undrinkable *adj.* अपेय

undue *adj.* 1 (***syn.*** excessive) जरूरत से ज्यादा, अत्यधिक, बेहद, अनावश्यक: ~ influence; he had an ~ fondness for whisky; ~ bending; ~ levity (बेहद ओछापन, छिछोरापन) 2 अनुचित, जो न्यायसंगत न हो: ~ behaviour; ~ influence

unduly /अनड्यूलि/ *adv.* 1 (***syn.*** excessively) अत्यधिक: ~ high prices 2 अनुचित या अनावश्यक रूप से: be ~ optimistic

undu\lant /अंड्यु\लंट/ *US* अंजअ\लंट/ (*also* **~lating**) *adj.* 1 तरंगित, लहराता हुआ 2 लहरों की तरह उठने-गिरने वाला 3 लहरियादार 4 लहरदार;

collocations: **~lant fever** *med.* माल्टा ज्वर

undula\te /अंड्युले\ट/ *US* अंजअले\ट/ *v., pt.* ~ted, *pp* ~ting 1 तरंगित होना 2 लहराना: the ripe corn ~tes in the breeze 3 लहरियादार होना, लहरदार होना;. **~ted** /~टिड/ *adj.* लहरदार, तरंगित, ऊपर-नीचे गिरने-पड़ने वाला; **~tion** /~शन/ *n.* 1 तरंगण 2 लहर 3 ऊबड़-खाबड़पन 4 लहरिया चाल; ~ **tor** /~टः/ *n.* तरंगित होने वाली वस्तु; **~tory** /~टरि/ *adj.* 1 तरंगित 2 लहरदार: ~tory theory (of light);

unduly *see above under* **undue: *dw/lw***

undu\teous /अंड्यूटिअस/ (*also* **~tiful**) *adj.* 1 कर्त्तव्यच्युत: **~teous** son (कपूत) 2 अनाज्ञाकारी, निमानिया

undyed /अनडाइड/ *adj.* अरंजित, बेरंगा, सादा: ~ wool

undying /अनडाइंग/ *adj.* 1 (***syn.*** eternal) जो मर न रहा हो, न मरने वाला 2 अमर, शाश्वत: ~ glory 3 अनंत, अमिट

UNE *abbr.* 'University of New England' की प्रथमाक्षरी

unearned /अनअरंड/ *adj.* 1 अनर्जित: ~ income 2 अपात्रित

unearth /अनःथ/ *v., pt.* **~ed**, *pp* **~ing** 1 खोदकर निकालना 2 किसी रहस्य को उजागर क. या सामने लाना: ~ a plot/ a mystery 3 लोमड़ी आदि को बिल से निकाल दे. 4 (***syn.*** dig up) खोज निकालना, का पता लगाना: I **~ed** it in a curio shop (मैंने इसे विचित्रालय में ढूंढा);

dw/lw: **~ly** /अनःथलि/ *adj.* 1 (***syn.*** supernatural) अलौकिक, लोकोत्तर: ~ly beauty 2 अपार्थिव 3 (***syn.*** eerie) भयानक, रहस्यमय: ~ly light/ scream; ~ly din; at an ~ly hour 4 असाधारण, आश्चर्यजनक, अद्भुत

unea\se /अनी\ज/ *n.* (***syn.*** anxiety) बेचैनी, आकुलता, व्याकुलता;

dw/lw: **~sily** /~जिलि/ *adv.* बेचैनी से: sleep ~sily; **~siness** /~जिनेस/ *n.* 1 बेचैनी, चिंता: you have no cause for ~siness 2 आशंका, भय, घबराहट 3 संकोच; **~sy** /~जि/ *adj., degr.* ~sier, ~iest 1 (***syn.*** anxious) बेचैन: he passed an ~sy night; feel ~sy in tight clothes 2 चिंतित: feel ~sy about the future 3 आकुल, अशांत: an ~sy conscience; ~sy dreams 4 आशंकित, सशंक: ~sy silence 5 घबराया हुआ: I feel ~sy 6 संकुचित, ससंकोच: ~sy smile

uneat\able /अनीटअबल/ *adj.* न खाने योग्य, अखाद्य;

dw/lw: **~en** /अनईटन/ *adj.* अनखाया: ~en food

uneconomic /अनीकअनौमिक/ *US* अनीकअनाःमिक/ (*also* **~al**) *adj.* 1 अनार्थिक 2 जो किफायती न हो, खर्चीला, महंगा 3 अलाभकारी, घाटे का

unedifying /अनेडिफाइंग\/ *adj.* 1 अधम, घिनौना: ~ conduct 2 अशोभनीय 3 अश्लील, अनैतिक: ~ story 4 गंवारू 5 किंचित;

dw/lw: **~ly** /~लि/ *adv.* अनैतिक ढंग से

unedited /अनेडिटिड/ *adj.* असंपादित, अप्रकाशित

uneducated /अनऐज्युकेटिड/ *n.* अशिक्षित, अपढ़

unembarrassed /अनिंबैरअस्ट/ *adj.* 1 बेरोक 2 ऋण आदि के भार से मुक्त 3 निस्संकोच

unembroidered /अनिम्ब्रॉयडःड/ = unembellished *adj.* 1 सच्चा, सही, अनलंकृत, अनतिरंजित 2 अनकढ़ा

unemploy\able /अनिम्प्लॉय\बल/ *adj.* 1 अनियोज्य 2 अप्रयोग्य 3 जो नौकरी आदि पर लगाने के योग्य न हो;

dw/lw: **~ability** /~बिलिटि/ *n.* 1 नौकरी पर लगाए जाने की

योग्यता का अभाव; **~ed** /~इड/ *adj.* 1 बेरोजगार, बेकार 2 अनुपयोगित, अनधियुक्त: ~ed energies; ~ed capital 3 (**the ~ed**) बेरोजगार लोग या उनका समूह 4 अव्यस्त: have a few hours a day ~ed; **~ment** /~इमंट/ *n.* 1 बेरोजगारी: ~ment drops/ increases/ rises; a drop/ fall/ increase/ rise in ~ment; the ~ment rate 2 बेकारी: high/ low/ rising/ soaring ~ment;
***collocations:* ~ment benefit/ relief** *Brit.,* बेरोजगारी भत्ता या सहायता; **~ment insurance** रोजगार बीमा
unencumbered /अनिनकंबअःड/ *adj.* 1 भार-रहित, भारमुक्त 2 अबाधित, बेरोक 3 रहन मुक्त, ऋण मुक्त: ~ widow
unending /अनेंडिंग/ *adj.* 1 असीम, अंतहीन, अनंत: ~ bliss 2 (***syn.*** ceaseless) अविरल, बिना रुके चलने वाली: ~ chatter
unendorsed /अनिंडोःसड/ *adj.* असमर्थित, अस्वीकृत: opinion ~ by the government
unendowed /अनिंडाउड/ *adj.* 1 आर्थिक रूप से निर्भर या कमजोर, बे-मदद 2 प्रतिभाहीन, अप्रतिभ
unendurable /अनिंड्युअरअबल/ *adj.* (***syn.*** unbearable) असहनीय, जिसे सहा जाना कठिन हो
unenforce\able /अनिनफॉःसिअबल/ *adj.* जिसे लागू करना संभव न हो;
***dw/lw:* ~d** /अनिनफॉःसड/ *adj.* स्वैच्छिक: ~d obedience
unenfranchised /अनिनफ्रैंचाइज्ड/ *adj.* 1 मताधिकार से वंचित 2 प्रतिनिधित्व अधिकार से वंचित 3 परतंत्र
unenga\ged /अनिनगे\जड/ *adj.* 1 अप्रतिज्ञाबद्ध, अवाग्दत्त 2 खाली;
***dw/lw:* ~ging** /~जिंग/ 1 अप्रिय, अनाकर्षक 2 संमोहन-विहीन
un-English /अन-इंग्लिश/ *adj.* गैर-अंग्रेजी, अंग्रेजों से भिन्न: ~ pronunciation
unenlightened /अनिनलाइटंड/ *adj.* 1 अप्रबुद्ध 2 पिछड़ा, दकियानूसी 3 अशिक्षित, अज्ञानी: ~ as to the laws
unentailed /अनिनटेल्ड/ *adj., law* 1 जिसके उत्तराधिकार पर कोई रोक न हो 2 हस्तांरणीय, उन्मुक्त
unentangled /अनिनटैंगल्ड/ *adj.* अनउलझा: ~ with facts
unentered /अनेंटःड/ *adj.* अनिविष्ट, जिसे दर्ज न किया गया हो, असूचित: ~ monument
unenterprising /अनेंटःप्राइजिंग/ *adj.* अव्यवहार-कुशल, निरुत्साह
unentitled /अनिनटाइटल्ड/ *adj.* अपात्र: a distinction to which he was ~
unenviable /अनेनवायबल/ *adj.* अवांछनीय, अस्पृहणीय
unenvious /अनेनविअस/ *adj.* जो डाही न हो, जो ईर्ष्या न करता हो
UNEP *abbr.* 'United Nations' Environment Programme' की प्रथमाक्षरी
unequable /अनीक्वअबल/ *adj.* 1 अस्थिर 2 असंतुलित 3 अनियमित 4 तरंगी, चंचल, मौजी: ~ movement
unequal /अनीक्व\ल/ *adj.* 1 (***syn.*** unfair) असमान: ~ chances for success; ~ match; ~ in rank 2 जो बराबर न हो: planks of ~ length 3 असमतल 3 अन्यायपरक, असमान: ~ treaty 4 अनियमित, विषम: ~ pulsations 5 (*usually* **~ to sth**) कोई काम करने में असमर्थ: he was ~ to the difficulties; ***dw/lw:* ~ly** /~लि/ *adv.* असमान रूप से, अनियमित रूप से; **~led** /~ल्ड/ *adj.* (***syn.*** unparalleled) अद्वितीय, बेजोड़, लाजवाब: ~led beauty; ~led skill
unequipped /अनिक्विपड/ *adj.* जो तैयार न हो, अक्षम: he was ~ to face to-day's realities
unequivocal /अनिक्विव\कल/ *adj.* असंदिग्ध, सुस्पष्ट, साफ: give an ~ answer; the plain and ~ language of the law; she had an ~ success in the role; ~ refusal; ~ promise; ***dw/lw:* ~ity** /~कअलिटि/ *n.* असंदिग्धता; **~ly** /~कअलि/ *adv.* साफ-साफ
unerring /अनअरिंग/ *adj.* अचूक, अमोघ: ~ taste; an ~ shot (एक अचूक निशानेबाज)
UNESC *abbr.* 'United Nations Economic Social Council' की प्रथमाक्षरी
UN-ESCAP *abbr.* 'UN's Educational, Scientific and Cultural Organisation' की प्रथमाक्षरी
UNESCO *abbr.* 'United Nations' Economic Social Council' की प्रथमाक्षरी
unescapable /अनिस्केपअबल/ *adj.* जिससे बचा न जा सके, अपरिहार्य, अनिवार्य: ~ conclusion
UNESCO *abbr.* 'United Nations Educational, Scientific and Cultural Organization' की प्रथमाक्षरी
UNESCO-NLM *abbr. n.* 'UNESCO-National Literacy Mission' की प्रथमाक्षरी
unescorted /अनिस्कॉःटिड/ *adj.* अंगरक्षक के बिना, बिना किसी के साथ के
unessential /अनिसेंशिअल/ *adj.* अनावश्यक, गौण: ~ error
unessayed /अनेसेड/ *adj.* बिना परखे, बिना प्रयास किए: they left no method ~
unethical /अनेथिकल/ *adj.* अनैतिक, कपटपूर्ण
uneven /अनीवन/ *adj.* 1 असमतल, असम, ऊबड़-खाबड़, खुरदरा, ऊंचा-नीचा: ~ surface/ road 2 असम, अनियमित: the book is ~ in quality 3 विषम, टेढ़ा-मेढ़ा: ~ handwriting; ~ teeth 4 परिवर्तनशील: he is a man of ~ temper;
***dw/lw:* ~ly** /~लि/ *adv.* ऊबड़-खाबड़ तरीके से, असम ढंग से
uneventful /अनिवेंटफुल/ *adj.* सामान्य, साधारण, शांत: ~ life; recovery was ~;
***dw/lw:* ~ly** *adv.* साधारणतः, सामान्य रूप में
unexaggerated /अनिग्जैजअरेटिड/ *adj.* बिना बढ़ा-चढ़ाकर कहा या किया जाने वाला: the ~ truth
unexampled /अनिग्जेंपल्ड/ *adj.* दृष्टांतविहीन, बेमिसाल, अनुपम, अद्वितीय, लाजवाब, असाधारण: ~ heroism
unexception\able /अनिक्सेप्शनअ\बल/ *adj.* 1 निर्दोष, त्रुटिहीन: his taste was ~ 2 अनिंद्य, श्रेष्ठ 3 संतोषजनक;
***dw/lw:* ~ably** /~बलि/ *adv.* 1 अनिंद्य रूप में 2 बिना अपवाद के
unexceptional /अनिक्सेप्शनल\/ *adj.* 1 सामान्य, साधारण 2 निरपवाद: ~ rule;
***dw/lw:* ~ly** /~लि/ *adv.* सामान्यतः
unexci\table /अनिक्साइ\टअबल/ *adj.* जिसे उत्तेजित न किया जा सके: **~table** temperament;
***dw/lw:* ~ting** /~टिंग/ *adj.* रोमांचविहीन: ~ting life; ~ting novel
unexecuted /अनेक्सिक्यूटिड/ *adj.* जिसे लागू नहीं किया गया हो, अक्रियान्वित
unexhausted /अनिग्जॉःस्टिड/ *adj.* जिसे समाप्त नहीं किया गया हो: ~ fund
unexpected /अनिक्सपेक्टिड\/ *adj.* 1 अप्रत्याशित, अननुमानित: ~ change in the weather 2 विस्मयकारी: ~ news 3 अनपेक्षित, आकस्मिक 4 अकल्पित, अतर्कित;
***dw/lw:* ~ly** /~लि/ *adv.* अप्रत्याशित ढंग से, अचानक, सहसा; **~ness** /~नेस/ *n.* अप्रत्याशितता, आकस्मिकता;
***p&i:* ~ always happens** अनहोनी हो ही जाती है
unexpended /अनिक्सपेंडिड/ *adj.* जिसे खर्च न किया गया हो: ~ fund
unexpired /अनिक्स्पाइअःड/ *adj.* जो समाप्त न हुआ हो: the ~ term of the lease
unexplain\able /अनिक्सप्लेनअबल/ *adj.* जिसे समझाया न जा सके: **~able** fear;
***dw/lw:* ~ed** /अनिक्सप्लेंड/ *adj.* अव्याख्यायित: ~en error
unexploded /अनिक्सप्लोडिड/ *adj.* अविस्फोटित, बिना फटा: ~

shell

unexploited /अनिक्सप्लॉइटिड/ *adj.* 1 जिसका शोषण न हुआ 2 जिसका पूरी तरह उपयोग न हुआ हो: ~ natural resources

unexplored /अनिक्स्प्लॉःड/ *adj.* अनन्वेषित: ~ wilderness

unexposed /अनिक्सपोजड/ *adj.* जिसका पर्दाफाश न हुआ हो: ~ swindler; ~ crime

unexpressed /अनिक्स्प्रेस्ड/ *adj.* अनभिव्यक्त, अनकहा: ~ emotion

unexpressive /अनिक्स्प्रेसिव/ *adj.* अभिव्यक्तिहीन: ~ face

unexpurgated /अनेक्स्पःगेटिड/ *adj.* बिना कुछ काटा-छांटा, संपूर्ण, अपरिशोधित: ~ edition

unextinguishable /अनिक्सटिंग्विशअबल/ *adj.* जिसे बुझाया या दबाया न जा सके: ~ laughter

unextirpated /अनेक्सटःपेटिड/ *adj.* अनष्ट, जिसे खत्म न किया जा सका हो: vicious habits still ~

unextorted /अनिक्सटॉःटिड/ *adj.* जिसे जबरदस्ती लिया या निकाला नहीं गया: ~ promise of silence

unfad\able /अनफे\डअबल/ *adj.* जो फीका न पड़ सके: **~able** act of courage; **~able** colours;
***dw/lw:* ~ing** /~डिंग/ *adj.* अमिट, अनश्वर, अविनाशी: ~ing glory

unfailing /अनफेलिंग\/ *adj.* 1 सदाबहार, सतत सजीव: ~ good spirits 2 (***syn.*** unerring) अचूक, विश्वसनीय: ~ test 3 अनंत, अक्षय, कभी क्षीण न होने वाली: an ~ quality or ability; ~ courage 4 अविरल: an ~ supply of water;
***dw/lw:* ~ly** /~लि/ *adv.* बिना कभी चूके, निरंतर, सतत रूप से

unfainting /अनफेंटिंग/ *adj.* कभी मूर्च्छित या क्षीण न होनेवाला: ~ perseverance

unfair /अनफेअः\/ *adj.* 1 (***syn.*** unjust) अन्यायपूर्ण: ~ judg(e)ment; ~ competition; got by ~ means 2 पक्षपातपूर्ण, अनैतिक: ~ player/ opponent 3 अनुचित: ~ methods 4 प्रतिकूल: ~ wind;
***dw/lw:* ~ly** /~लि/ *adv.* अन्यायपूर्वक या अनुचित ढंग से; **~ness** /~नेस/ *n.* अन्याय, अनैतिकता, अनौचित्य

unfaithful /अनफेथफुल/ *adj.* 1 बेवफा, दगाबाज: ~ husband/ wife 2 निष्ठाहीन 3 बेईमान, विश्वासघाती: ~ friend 4 जबान का कच्चा 5 गलत (अनुवाद आदि), विकृत: ~ version 6 धर्म या भगवान में विश्वास न करने वाला, नास्तिक;
***dw/lw:* ~ly** *adv.* निष्ठाहीनता से, बेईमानी से; **~ness** *n.* निष्ठाहीनता, बेईमानी

unfaltering /अनफाःल्टरिंग/ *adj.* अटल, अडिग, दृढ़: ~ voice; ~ gaze; ~ courage

unfamiliar /अनफअमिलिअः/ *adj.* 1 (*usually* **~ with sth**) अपरिचित, अनजान, अनभिज्ञ: quite ~ with the habits of the country 2 विचित्र: ~ faces 3 अनाड़ी, अननुभवी;
***dw/lw:* ~ity** /~अरिटि/ *n.* अपरिचय, अनभिज्ञता, अज्ञान; **~ly** /~अःलि/ *adv.* अपरिचित या अनजान ढंग से

unfancied /अनफैंसिड/ *adj.* 1 अकल्पनीय: ~ falsehood 2 जिसके मुकाबला जीतने की कम आशा हो: ~ race horse/ team

unfashion\able /अनफै\शनअबल/ *adj.* 1 जो फैशन में न हो 2 अप्रचलित, अलोकप्रिय, गैरफैशनेबुल: **~able** clothes;
***dw/lw:* ~ed** /~शंड/ *adj.* अनगढ़, अपरिष्कृत: ~ed jewel

unfasten /अनफासन/ *US* अनफैसन/ *v., pt.* **~ed**, *pp* **~ing** 1 खोल दे.: he began to ~ the boat 2 ढीला क. या हो.: she **~ed** the string; ~ one's hold 3 चिटकनी आदि खोलना: ~ the bolt of a door;
***dw/lw:* ~ed** *adj.* 1 खुला, खुली: ~ed sleeve; ~ed hair; he left his door ~ed 2 ढीला, ढीली

unfather\ed /अनफा\दःड/ *adj.* 1 जारज 2 अप्रामाणिक: ~ theory;
***dw/lw:* ~ly** /~दःलि/ *adj.* जो पिता जैसा न हो, क्रूर: ~ly attitude

unfathom\able /अनफैद\मअबल/ *adj.* 1 अथाह, अगाधः **~able** depths 2 गूढ़, गहन: **~able** darkness; **~able** mystery;
***dw/lw:* ~fathomed** /~मड/ *adj.* अज्ञात, अथाह; **~ableness** /~मअबलनेस/ *n.* अथाहपन, अगाधता

unfatiguing /अनफटीगिंग/ *adj.* अनथकाऊ: ~ work

unfavour\able *UK* (*US* **unfavorable**) /अनफेवरअ\बल/ *adj.* 1 प्रतिकूल: **~able** response/ wind; **~able** criticism 2 अशुभ, जिससे मुसीबत हो सकती हो 3 मनहूस, भद्दा: **~able** appearance 4 नकारात्मक (of trade balance);
***dw/lw:* ~ableness** /~बलनेस/ *n.* प्रतिकूलता; **~ably** /~बलि/ *adv.* प्रतिकूल ढंग से

unfavourite/ unfavorite /अनफेवरिट/ *adj.* जिसके जीतने की संभावना न हो

unfa\zed /अनफे\जड/ *adj., colloq.* 1 बेफिक्र, अचिंतित 2 जो घबराया न हो;
***dw/lw:* ~zable/ ~zeable** /~जअबल/ ~जिअबल/ *adj.* जिसमें घबराहट पैदा न की जा सके

UNFCCC *abbr.* 'UN's Framework Convention on Climate Change' की प्रथमाक्षरी

unfearing /अनफिअरिंग/ *adj.* जो डरे न, अभय, निडर: ~ mind

unfeathered /अनफेदःड/ *adj.* 1 लुंडा, पंखरहित: ~ brood 2 पंख-कटा, पंख-मुंडा: ~ goose

unfed /अनफेड/ *adj.* 1 अभोजित, अपोषित 2 जिसके पास कोई बहाना या आधार न हो

unfeeling /अनफीलिंग/ *adj.* 1 संवेदनविहीन, असंवेदनशील 2 निष्ठुर, कठोर, संगदिल, बेरहम, पाषाणहृदय: ~ villain 3 भावशून्य: ~ corpse

unfeigned /अनफेंड\/ *adj.* (***syn.*** genuine) खरा, निष्कपट, सच्चा: show ~ satisfaction;
***dw/lw:* ~ly** /~लि/ *adv.* सच में: be ~ly glad to see one's old teacher

unfeminine /अनफेमिनिन/ *adj.* अस्त्रियोचित, नारीस्वभाव-प्रतिकूल

unfenced /अनफेंसड/ *adj.* बाड़रहित, अरक्षित: ~ pasture; ~ shore

unfermented /अनफःमेंटिड/ *adj.* अकिण्वित

unfertile /अनफःटाइल/ *adj.* अनुर्वर, बंजर, अनुपजाऊ: ~ land

unfetter /अनफेटः/ *v., pt.* **~ed**, *pp* **~ing** बेड़ी-मुक्त क., आजाद क.: ~ a prisoner; it **~s** the mind from prejudices of every kind;
***dw/lw:* ~ed** /अनफेटःड/ *adj.* 1 मुक्त, रिहा: leave sb ~ed 2 उन्मुक्त, स्वच्छंद: ~ed from conventions

unfigured /अनफिगःड/ *adj.* अचित्रित, अनकढ़ा, अनलंकृत

unfilial /अनफिलिअल/ *adj.* जो औलाद जैसा न हो (बर्ताव)

unfilled /अनफिलड/ *adj.* खाली, अपूरित: ~ bottle; ~ post

unfiltered /अनफिल्टःड/ *adj.* 1 अनछना 2 बिना फिल्टर का

unfinished /अनफिनिश्ट/ *adj.* 1 अपूर्ण, अधूरा: ~ story; ~ goods 2 अपरिष्कृत, कच्चा: ~ style

unfired /अनफायःड/ *adj.* निरुत्साहित: ~ countenance; ~ by rage

unfit /अनफि\ट/ *adj.* 1 (*often* **~ for/ to do sth**) अयोग्य, अनुपयुक्त: ~ for a doctor; be ~ for some profession; he is certified as ~ for army service; ~ to drink 2 (*often* ~ for sth) किसी वस्तु या अवसर के लिए अनुपयुक्त: houses ~ for habitation 3 *UK* अस्वस्थ: he is ~ to take a journey;
***v., pt.* ~ted**, *pp* **~ting** अयोग्य या अनुपयुक्त बनाना: his age **~s** him for such a job;
***dw/lw:* ~ness** /~टनेस/ *n.* अयोग्यता, अनुपयुक्तता: the ~ness of the gesture; ~ness for military service; **~ted** /~टिड/

adj. 1 अनुपयुक्त, असज्जित 2 जो किन्हीं सुविधाओं से लैस न हो: houses ~ed with baths; **~ting** /~टिंग/ *adj.* अनुचित: ~ting atmosphere; ~ting remark

unfix /अनफिक्स/ *v., pt.* **~ed**, *pp* **~ing** 1 खोलना, अलग क.: ~ bayonets! 2 डांवांडोल कर दे., अस्त-व्यस्त कर दे. 3 घबरा दे.: a new discovery that **~ed** all established notions;

***dw/lw:* ~ed** /अनफिक्स्ड/ *adj.* 1 खुला: ~ed ammunition 2 अनिश्चित, अनियत: date as yet ~ed 3 डांवांडोल, अस्त-व्यस्त, अस्थिर

unflagging /अनफ्लैगिंग/ *adj.* 1 पीछे न हटने वाला 2 जोरदार, अथक: ~ zeal

unflappa\ble /अनफ्लैपअ\बल/ *adj.* (***syn.*** imperturbable) धीर, शांत;

***dw/lw:* ~bility** /~बिलअटि/ *n.* धीरज, शांति, अनुद्विग्नता; **~bly** /~बलि/ *adv.* धैर्यपूर्वक, शांति से

unflattering /अनफ्लैटरिंग/ *adj.* 1 जो किसी के ऊपर अच्छा न लगे 2 अप्रशंसनीय 3 स्पष्टवादी 4 अनलंकृत: ~ portrait

unflawed /अनफ्लॉड/ *adj.* 1 बिना तरेड़ों का, जिसमें तरेड़ न पड़ी हों 2 बिना धब्बों के: an ~ sky

unfledged /अनफ्लेज्ड/ *adj.* 1 बेपर, जिसके (पूरे) पंख न निकले हों, जो उड़ने में असमर्थ हो 2 अनुभवहीन, अनाड़ी: ~ novice

unflinching /अनफ्लिंचिंग\/ *adj.* 1 (***syn.*** steadfast) दृढ़, अटल, दृढ़प्रतिज्ञ: ~ courage; ~ determination 2 निर्भीक, निडर;

***dw/lw:* ~ly** /~लि/ *adv.* दृढ़तापूर्वक

unfold /अनफोल्ड/ *v., pt.* **~ed**, *pp* **~ing** 1 प्रकट हो. या क.: he **~ed** to me his desire for the university; the scheme began gradually to ~ 2 खोलना या खुलना, फैलाना या फैल जाना: ~ a newspaper/ a parcel; ~ a table-cloth; the plain **~ed** (itself) before us 3 बतलाना, वर्णन क. 4 खिलना;

***dw/lw:* ~ed** /अनफोल्डिड/ *adj.* प्रकट, खुला, खिला हुआ

unforced /अनफॉःस्ट/ *adj.* 1 स्वैच्छिक 2 स्वाभाविक, सहज: ~ laugh 3 धाराप्रवाह

unfordable /अनफॉःडअबल/ *adj.* जिसे पैदल पार करना असंभव हो, अपारगम्य: ~ river; ~ future

unforeseen /अनफॉःसीन/ *adj.* 1 अप्रत्याशित, अदृष्ट, अनपेक्षित: ~ events/ consequences 2 (***syn.*** unexpected) आकस्मिक 3 अतर्कित;

***p&i:* ~ always happens** अनहोनी हो ही जाती है

unforgettable /अनफःगेटअबल/ *adj.* जिसे भुलाया न जा सके, अविस्मरणीय: ~ occurrence

unforgiv\able /अनफःगि\वअबल/ *adj.* (***syn.*** inexcusable) अक्षम्य: **~able** sin;

***dw/lw:* ~en** /~वन/ *adj.* अक्षमित; **~ing** /~विंग/ *adj.* 1 अक्षमाशील, क्षमा न करने वाला 2 निष्ठुर, कठोर

unforgotten /अनफःगॉटन/ *adj.* जो भुलाया न गया हो: he remains ~

unformed /अनफॉःम्ड/ *adj.* 1 अनगढ़: ~ ball of clay 2 अविकसित, अपरिष्कृत: ~ mind 3 अप्रशिक्षित 4 अस्पष्ट 5 जो बन न पाई हो: an as yet ~ government

unforthcoming /अनफॉःथकमिंग/ *adj.* (***syn.*** reticent) साफ बात न कहने वाला

unfortunate /अनफॉःचअनअट\/ *adj.* 1 (***syn.*** unlucky) अभागा, बदकिस्मत, कमबख्त, हतभाग्य, बदनसीब: ~ person 2 अशुभ 3 (***syn.*** regrettable) खेदजनक, दुर्भाग्यपूर्ण: ~ remark; ~ joke; his phrasing was rather ~;

***dw/lw:* ~ly** /~लि/ *adv.* दुर्भाग्यवश

unfounded /अनफाउंडिड\/ *adj.* निराधार: ~ accusations/ rumours;

***dw/lw:* ~ly** /~लि/ *adv.* निराधार रूप में; **~ness** *n.* निराधारता

UNFPA *abbr.* 'United Nations' Funds for Populations Activities' की प्रथमाक्षरी

unfreeze /अनफ्रीज/ *v., pt.* **unfroze**, *pt. p.* **unfrozen**, *pp* **unfreezing** 1 पिघलाना 2 वेतन, कीमतों आदि पर से सरकारी प्रतिबंध हटाना

unfrequent /अनफ्रिक्वंट/ *adj.* बिरला: not ~ (कभी-कभार होने वाला);

***dw/lw:* ~ed** /अनफ्रिक्वेंटिड/ *adj.* 1 निर्जन-प्राय, एकांत 2 जहां कम लोग आते-जाते हैं; **~ly** *adv.* कभी-कभी, कभी-कभार

unfriend\ed /अनफ्रें\डिड/ *adj.* मित्रहीन;

***dw/lw:* ~liness** /~डलिनेस/ *n.* 1 रुखाई, रूखापन 2 शत्रुता, दुश्मनी; **~ly** /~डलि/ *adj.* 1 अमैत्रीपूर्ण: be ~ly towards sb 2 रूखा 3 विरोधी, बैरी 4 प्रतिकूल 5 शत्रुतापूर्ण

unfrock /अनफ्रॉक/ *v., pt.* **~ed**, *pp* **~ing** 1 पादरी को पदमुक्त या बर्खास्त कर दे., पुरोहितवर्ग या धर्मसंघ से निकालना 2 पोल खोलना, कलई खोलना, का भंडा फोड़ना: ~ hypocrisy

unfruitful /अनफ्रूटफुल/ *adj.* 1 फलहीन: ~ trees 2 अनुत्पादक 3 अनुर्वर या बंजर: ~ land 4 निष्फल, असफल: ~ marriage 5 व्यर्थ, बेकार, बेफायदा: ~ efforts

unfulfilled /अनफुल्फिल्ड/ *adj.* 1 जो पूरी न हुई हो: ~ task/ promise; our hopes remained ~ 2 अधूरा (सपना या महत्वाकांक्षा): an ~ wish, hope, promise, etc.

unfunded /अनफंडिड/ *adj.* अनिधिक, अनिधिबद्ध

unfurl /अनफःल/ *v., pt.* **~ed**, *pp* **~ing** 1 किसी गठरी आदि में बंधे वस्तु, कपड़े आदि को खोलना या फहराना 2 खुलना 3 झंडा फहराना

unfurnished /अनफःनिश्ट/ *adj.* 1 फर्नीचर-रहित, असज्जित, बेफर्नीचर 2 जो किसी सूचना से लैस न हो: ~ with news

unfurrowed /अनफरोड/ *adj.*, बिना हल चलाकर जुता हुआ, अनजुता: ~ field

UNGA *abbr.* 'United Nations' General Assembly' की प्रथमाक्षरी

ungain\ly /अनगेनलि/ *adj., degr.* **~lier**, **~liest** 1 (***syn.*** awkward) भद्दा, भोंडा, फूहड़: tall **~ly** figure 2 अनाड़ी;

adv. बेढब तरीके से;

***dw/lw:* ~liness** *n.* 1 भोंडापन 2 फूहड़पन, बेढबपन

ungallant /अनगैलंट/ *adj.* अभद्र, अशिष्ट

ungalled /अनगॉल्ड/ *adj.* 1 बिना खरौंच के 2 जो चिड़चिड़ा न हो, शांत: her conscience was ~

ungarbled /अनगाःबल्ड/ *adj.* अविकृत, सच्चा: ~ report

ungarnished /अनगाःनिश्ट/ *adj.* अनलंकृत, बिना सजावट के

ungathered /अनगदःड/ *adj.* असंग्रहीत: enormous quantities of ~ materials

ungenerous /अनजेनःरस/ *adj.* 1 जो उदार न हो, अनुदार 2 स्वार्थी 3 नीच 4 अनुचित

ungenial /अनजीनिअल/ *adj.* 1 अप्रिय 2 प्रतिकूल

ungentle /अनजेंटल\/ *adj.* 1 रूखा 2 अशिष्ट: ~ speech

***dw/lw:* ~manly** /~मैनलि/ *adj.* अभद्र

ungettable /अनगेटअबल/ *adj.* अप्राप्य, अगम्य, पहुंच से बाहर

ungifted /अनगिफ्टिड/ *adj.* अप्रतिभ, प्रतिभाहीन;

***p&i:* go ~ away** खाली हाथ जा.

ungird /अनगःड/ *v., pt.* **~ed**, *pp* **~ing** (कमरबंद) खोलना, उतारना

ungirt /अनगाःट/ *adj.* 1 जिसकी कमर न बंधी हो 2 जो एकजुट न हों

ungiving /अनगिविंग/ *adj.* अनम्य, अटल, हठीला

unglazed /अनग्लेज्ड/ *adj.* अकाचित

ungodly /अनगॉडलि/ *adj.* 1 अधर्मी, नास्तिक 2 दुष्ट, पापी 3 असुविधाजनक: at an ~ hour 4, बेतुका: pay an ~ price 5 भयंकर: ~ noise

ungovern\able /अनगवःन\अबल/ *adj.* 1 अनियंत्रणीय, बेकाबू, बे-लगाम: ~ passions; ~ temper 2 उच्छृंखल 3 दुर्दमनीय, दुर्दम:

stiff and ~ hair
ungraceful /अनग्रेसफुल/ *adj.* भद्दा, भोंडा, अशालीन
ungracious /अनग्रेशिअस/ *adj.* 1 रूखा: meet with an ~ reception 2 अशिष्ट, अभद्र: ~ remark 3 अप्रिय, अरुचिकर: ~ duty; ~ task;
dw/lw: **~ly** /~लि/ *adv.* अभद्रतापूर्वक, अशालीनतापूर्वक
ungraded /अनग्रेडिड/ *adj.* अवर्गित, अवर्गीकृत: ~ school
ungrammatical /अनग्रअमैटिकल/ *adj.* जो व्याकरण-सम्मत न हो, अव्याकरणिक
ungraspable /अनग्रास्पअबल/ *adj.* जो समझ में न आ सके
ungrateful /अनग्रेटफुल/ *adj.* अकृतज्ञ, कृतघ्न
ungreen /अनग्रीन/ *adj.* पर्यावरण के प्रति असंवेदनशील
ungrounded /अनग्राउंडिड/ *adj.* 1 निराधार, आधारहीन, बेबुनियाद, निर्मूल 2 मिथ्या
ungrouped /अन्ग्रूप्ट/ *adj.* अवर्गीकृत
ungrudging /अनग्रजिंग/ *adj.* 1 मुक्तहस्त, उदार: ~ praise 2 उदार, उन्मुक्त;
dw/lw: **~ly** /अनग्रजिंगलि/ *adv.* उदारतापूर्वक, मुक्तहस्त से, खुले दिल से, खुशी से
ungual /अंगवल/ *adj., anat.* 1 नखी 2 खुरदार 3 खुर या पंजे से संबंधित;
n. पंजा, खुर
unguarded *adj.* 1 अरक्षित 2 असावधान, असतर्क, बेखबर;
dw/lw: **~ly** /~लि/ *adv.* असावधानी से
unguent /अंगवअट/ *n.* मलहम, विलेप, उबटन
unguided /अनगाइडिड/ *adj.* 1 बिना गाइड का: ~ tour 2 अनियंत्रित: ~ missile
ungu\iculate /अंगवि\क्युलेट/ *adj.* 1 नखी 2 नखरित;
dw/lw: **~iform** *n.* नखाकार; **~is** /~स/ *n.* नखर; **~late** /अंग्युलअट/ *n.* खुर वाला या खुरदार पशु
unhabituated /अनहैबिच्युअटिड/ *adj.* जिसका आदी न हो: ~ to the climate
unhackneyed /अनहैक्निड/ *adj.* 1 अभिनव, ताजा 2 जो घिसा-पिटा न हो: ~ design
unhallowed /अनहैलोड/ *adj.* 1 अप्रकाशमान 2 अपवित्र, दुष्ट
unhampered /अनहैंपःड/ *adj.* बेरोक, अबाधित
unhand /अनहैंड/ *v., pt.* **~ed**, *pp* **~ing** 1 हाथ खींच लेना 2 जाने दे., छोड़ दे., हाथ हटा लेना;
dw/lw: **~y** /अनहैंडि/ *adj.* 1 बेढब, फूहड़ 2 अदक्ष 3 बेहुनर
unhandled /अनहैंडल्ड/ *adj.* 1 हाथ द्वारा अनछुआ 2 अनसधा
unhandsome /अनहैंडसम/ *adj.* 1 असुंदर, कुरूप 2 भद्दा: ~ action
unhang /अनहैंग/ *v., pt.* **unhung**, *pt. p.* **unhung**, *pp* **~ing** उतारना: ~ a mirror from the wall
unhap\py /अनहैपि/ *adj.* 1 दुःखभरा: **~py** life 2 अप्रसन्न, उदास: **~py** face; he looks **~py** 3 अभागा 4 अनुचित, असामयिक: **~py** translation; **~py** remark 5 दुखद, दर्दनाक: an **~py** ending to the film;
dw/lw: **~pily** /अनहैपिलि/ *adv.* 1 दुखी होकर 2 (***syn.*** unfortunately) दुर्भाग्यवश, दुर्भाग्य से: ~ily we unintentionally offended him 3 दुःखग्रस्त, दुःख में: they lived ~ily; **~happiness** *n.* दुःख, दर्द, संताप, अप्रसन्नता
unharmed /अनहाःम्ड/ *adj.* 1 बिना चोट खाये 2 अक्षत, अनटूटा 3 सकुशल, सही-सलामत: we're safe and ~;
adv. निरापद, कुशलपूर्वक
unharnessed /अनहाःनिसड/ *adj.* 1 साजो-सामान या कवच से मुक्त 2 अप्रयुक्त
unhasp /अनहास्प/ *v., pt.* **~ed**, *pp* **~ing** कुंडी खोलना
UNHCR *abbr.* 'United Nations High Commissioner for Refugees' की प्रथमाक्षरी
unheal\thy /अनहेल्दि/ *adj.* 1 अस्वास्थ्यकर, हानिकर: **~thy** climate; **~thy** trades 2 अशक्त, रुग्ण: **~thy** complexion 3 बुरा: the most **~thy** season of the year 4 विकृत, दूषित, अस्वस्थ;
dw/lw: **~thily** *adv.* दूषित ढंग से; **~thiness** *n.* अशक्तता, रुग्णता
unheard /अनहःड/ *adj.* 1 जो सुना न गया हो, अनसुना 2 अनसुना, अश्रुत 3 अनूठा, अनोखा, विलक्षण 4 अपूर्व, अभूतपूर्व, असाधारण 5 निर्लज्ज
unheard-of *adj.* 1 अभूतपूर्व, जो पहले कभी न हुआ हो, अनसुना, अनहोनी: ~ calamity 2 दृष्टांतविहीन, असाधारण: an ~ comedian 3 आघातकारी 4 अवहेलनापूर्ण
unheed\ed /अनही\डिड/ *adj.* 1 न देखा हुआ 2 अनदेखा, अदृष्ट: pass ~ 3 उपेक्षित;
dw/lw: **~ing** /~डिंग/ *adj.* असावधान, लापरवाह; **~ful** /~डफुल/*adj.* बेपरवाह, लापरवाह, असावधान
unhelpful /अनहेल्पफुल/ *adj.* जो दूसरों की मदद न करता हो, असंवेदनशील
unhesitating /अनहेजिटेटिंग/ *adj.* 1 बेझिझक, निस्संकोच, बेधड़क: ~ reply 2 निर्द्वंद्व, पूर्णतः तत्पर, उद्यत, संपूर्ण: ~ obedience
unhewn /अनह्यून/ *adj.* 1 अनगढ़ 2 अपरिष्कृत
unhinge /अनहिंज/ *v., pt.* **~d**, *pp* **unhinging** 1 दरवाजे का पल्ला खोलना, कब्जे या चूल पर से दरवाजा आदि उतारना 2 विखंडित या विचलित कर दे. 3 घबराहट पैदा कर दे. 4 पागल या विक्षिप्त बना दे.: his nerves are completely **~d**; his mind is **~d** 5 प्रगति की प्रक्रिया को अस्त-व्यस्त क.: the supplies are coming in very irregularly and this has **~d** the trade;
dw/lw: **~d** *adj.* 1 कब्जे या चूल से उतरा हुआ 2 जिसके कब्जे या चूल उतार दिए गए हों 3 अस्त-व्यस्त, विक्षिप्त, पागल: Kamal has been ~d for years now
unhip /अनहिप/ *adj., colloq.* जो फैशनेबल न हो
unhistoric/ ~al /अनहिस्टौरि\क/ ~कल/ *US* अनहिस्टाःरि\क/ ~कल/ 1 अनैतिहासिक 2 कल्पित
unhitch /अनहिच/ *v., pt.* **~ed**, *pp* **~ing** खूंटे आदि से खोलना
unho\ly /अनहोलि/ *adj.* 1 अपवित्र, अपावन, नापाक: take **~ly** joy in sth 2 अनैतिक, घोर, भयानक: **~ly** row; ~ **ly** clatter (भयंकर शोर); **~ly** mess 3 बुरा, दुष्ट, पापी;
dw/lw: **~liness** /~नेस/ *n.* अनैतिकता, अपावनता;
***collocations:* ~ly alliance** अनैतिक या असैद्धांतिक गठजोड़
unhonoured /अनऑनःड/ *adj.* असम्मानित
unhook /अनहुक/ *v., pt.* **~ed**, *pp* **~ing** 1 कांटा खोलना 2 कंटिया से उतारना, कंटिया निकालना 3 छुड़ाना
unhorse /अनहॉःस/ *v., pt.* **~d**, *pp* **unhorsing** 1 घोड़े द्वारा पटक दिया जाना, घोड़े से गिराना 2 पदच्युत कर दे.
unhouse /अनहाउस/ *v., pt.* **~d**, *pp* **unhousing** घर से निकालना
UNHQ *abbr.* 'UN's Headquarters' की प्रथमाक्षरी
UNHRC *abbr.* 'United Nations' Human Rights Commission' की प्रथमाक्षरी
unhurt /अनहःट/ *adj.* (***syn.*** unharmed) जिसे चोट न लगी हो, अक्षत, बेचोट
unhulled /अनहलड/ *adj.* बिना छिलका उतारा हुआ: ~ rice
unhusk /अनहस्क/ *v., pt.* **~ed**, *pp* **~ing** 1 छिलका निकालना 2 भूसी निकालना
unhygienic /अनहाइजीनिक/ *adj.* गंदा, रोगाणुओं से भरा
uni *short, colloq.* 'university' का छोटा रूप
uni- *comb. form, signifying:* **one** (एक): unidirectional;
dw/lw: **~ax(i)al** /यूनि\ऐक्सिअल/ *adj.* एक-अक्षीय, एक-धुरीय; **~cameral** /~कैमअरल/ *adj.* एक सदन वाली (संसद)
unibrow /यूनिब्रौ/ (*also* **moobrow**) *n.* किसी की भौंहों को मिलाकर एक करने वाली रेखा

UNIC *abbr.* 'UN's Information Centre' की प्रथमाक्षरी

UNICEF *abbr.* 'United Nations Children's Fund', *formerly* 'United Nations International Children's Emergency Fund' की प्रथमाक्षरी

uni\cellular /यूनि\सेल्युलः/ *adj.* एककोषीय;
dw/lw: **~cellularity** /~सेल्युलअरिटि/ *n.* एककोषीयता; **~colour(ed)** /~कलःड/ *adj.* एकरंगा; **~component** /~कॉम्पअनंट/ *adj.* एकघटकी; **~corn** /~कॉःन/ *n.* सफेद रंग का कल्पित घोड़ा जिसके माथे पर एक सींग हो; **~costate** /~कॉस्टेट/ *adj.* एकशिरीय; **~cycle** /~साइक्ल/ *n.* एक पहिएवाली साइकिल

UNICRI *abbr.* 'UN's Interregional Crime and Justice Research Institute' की प्रथमाक्षरी

unidentified /अनआइडेंटिफाइड/ *adj.* जिसे पहचाना न गया हो;
collocations: **~ flying object** (*abbr.* **UFO**) उड़न तस्तरी

uni\dimensioal /यूनि\डाइमअनश्नल/ *adj.* एकविम; **~directional** /~डिरेक्शनल/ *adj.* एकदिशी, एकदिश, एकदिशीय

UNIDO *abbr.* 'United Nations Industrial Development Organization' की प्रथमाक्षरी

UNIFEM *abbr.* 'United Nations' Development Fund for Women (translated from French)' की प्रथमाक्षरी

uni\fiable/ unifier /यूनि\फायबल/ यूनि\फायः/ *adj.* जिसे एक किया जा सके;
dw/lw: **~fic** /~फिक/ *adj.* एक कर देने वाला, एकीकारी; **~fication** /~फिकेशन/ *n.* एकीकरण: the ~fication of East and West Germany took place in 1990; **~ficationist** /~फिकेशनिस्ट/ *n.* एकीकरण का समर्थक; **~ficatory** /~फिकेटरि/ *adj.* एकीकरण करने वाला; **~fied** /~फाइड/ *adj.* एकीकृत, संयुक्त; **~filar** /~फिलः/ *adj.* एकतंतु; **~florous** /~फ्लॉरस/ *adj.* एकपुष्पी; **~focal** /~फोकल/ *adj.* एककेंद्रिक; **~foliate** /~फॉलिएट/ *adj.* एकपर्णी, एक पत्ते वाला

uniform /यूनिफॉःम/ *n.* 1 वर्दी: school ~; ~ allowance 2 एकरूपी पोशाक: out of ~; put into ~ (सैनिक सेवा के लिए आह्वान क.);
adj. 1 एकरूप, समरूप, एक समान: ~ scale 2 अचर 3 अपरिवर्ती, अविकारी: keep the room at a ~ temperature 4 एक-सा: ~ life; ~ cargo;
v. *pt.* **~ed**, *pp* **~ing** 1 वर्दी पहनना 2 एक समान बनाना;
dw/lw: **~ed** /~फॉःमड/ *adj.* वर्दी में, वर्दीधारी; **~ity** /~फॉःमिटि/ *n.* एकसमानता, अचरता, एकरूपता; **~ly** /~फॉःमलि/ *adv.* समान रूप से; **~ness** /~फॉःमनेस/ *n.* एकसमानता, एकरूपता

uniformitarian /यूनिफॉःमिटेअरि\अन/ *n.* एकरूपतावादी व्यक्ति;
dw/lw: **~ism** /~निज्म/ *n.* एकरूपतावाद

uni\fy /यूनिफाइ/ *v., pt.* **~fied**, *pp* **~fying** एक क., संयुक्त बनाना;
dw/lw: **~fying** /यूनिफाइंग/ *adj.* समेकक, एकजुट करने वाला; **unifiable, unified, unifier, unification** *see above under* **unifiable/ unifier: *dw/lw***

unigeniture /यूनिजेनिचः/ *n.* एक पिता की एक ही संतान होने की स्थिति

unilateral /यूनिलैटअरअ\ल/ *adj.* 1 एकतरफा, एकपक्षीय: ~ declaration; ~ disarmament 2 एक व्यक्ति से संबंधित 3 *law* एकतरफा: ~ contract 4 एकपार्श्वी, एकपार्श्विक;
dw/lw: **~ism** /~लिज्म/ *n.* एकपक्षीयतावाद; **~ist** /~लिस्ट/ *n.* एकपक्षीयतावादी; **~ity** /~लिटि/ *n.* एकपक्षीयता; **~ly** /यूनिलैटअलि/ *adv.* एकतरफा तरीके से
collocations: **Unilateral Declaration of Independence** (*abbr.* **UDI**) स्वतंत्रता की एकतरफा घोषणा

unilinear /यूनिलीनिअः/ *adj.* एक-रेखी

unilingual /यूनिलिंग्वल/ *adj.* एकभाषी

uni\literal /यूनिलिटरःल/ *adj.* एकवर्णी, एक अक्षर से बना

unimagi\nable /अनइमैजिनअबल/ *adj.* अकल्पनीय, कल्पनातीत, अचिंत्य: **~nable** privations (अकल्पनीय दुख-दर्द);
dw/lw: **~native** /अनिमैजिनअटिव/ *adj.* 1 अकल्पनाशील, कल्पना-विहीन, कल्पनाशक्तिहीन 2 (***syn.*** dull) घिसा-पिटा; **~gined** /अनइमैजिन्ड/ *adj.* अकल्पित

uni\modal /यूनिमोडल/ *adj.* एकबहुलकी;
dw/lw: **~molecular** /यूनिमलेक्यूलः/ *adj.* एकाणविक, एक-अणुक

un\impaired /अनिंपेअःड/ *adj.* अक्षुण्ण, अक्षत: ~ health; his mind is ~; ~ rights

unimpassioned /अनिंपैशन्ड/ *adj.* अनुत्तेजित: ~ speech

unimpeacha\ble /अनिंपीचअ\बल/ *adj.* 1 जिसपर महाभियोग न चलाया जा सके 2 निर्दोष, बेदाग: ~ honesty 3 अनिंद्य;
dw/lw: **~bly** /~बलि/ *adv.* बेदाग तरीके से

unimpeded /अनिंपीडिड/ *adj.* अबाधित, अनवरुद्ध

unimpor\tance /अनिमपॉःटंस/ *n.* महत्त्वहीनता, नगण्यता;
dw/lw: **~tant** /~टंट/ *adj.* महत्त्वहीन, नगण्य, हल्का, तुच्छ

unimposing /अनिंपोजिंग/ *adj.* अप्रभावशाली, प्रभावशून्य

unimpress\ed /अनिंप्रेस्ट/ *adj.* अप्रभावित: be **~ed** by sb's point;
dw/lw: **~ive** /~सिव/ *adj.* प्रभावहीन, अप्रभावी

unimproved /अनिंप्रूवड/ *adj.* 1 अनसुधरा 2 बिना जुती (जमीन) 3 अनुपयोगित, बिना फायदा उठाए: leave an advantage ~

uninflected /अनिन्फ्लेक्टिड/ *adj.* *gramm.* 1 जब शब्द विभक्तियों में परिवर्तित न हों 2 अंदर की ओर मुड़ा हुआ

uninfluential /अनिनफ्लुऐंशिअल/ *adj.* प्रभावहीन, निष्प्रभावी

uninformed /अनिन्फॉःमड/ *adj.* अनभिज्ञ, अनजान: be ~ on sth

uningenious /अनिनजीनिअस/ *adj.* मूर्खतापूर्ण, अप्रवीण: ~ paradoxes

uninhabi\table /अनिनहैबि\टअबल/ *adj.* अनिवासीय, जो रहने लायक न हो, आवास-अयोग्य;
dw/lw: **~ted** /~टिड/ *adj.* निर्जन, वीरान, अनबसा

uninhibited /अनइनहिबिटिड/ *adj.* (***syn.*** unrestrained) जो बाधित न हो, अनवरुद्ध, निरविरोध

uninitiated /अनइनिशिएटिड/ *adj.* अदीक्षित, जिसे प्रशिक्षित नहीं किया गया हो: ~ reader

uninspired /अनिंस्पायःड/ *adj.* 1 अप्रेरित, प्रेरणाहीन, निरुत्साह 2 (***syn.*** dull) निर्जीव, फीका: write ~ verse

uninstall /अनिन्स्टॉल/ *v., pt.* **~ed**, *pp* **~ing** हटाना

uninsured /अनिन्श्यूःड/ *adj.* अबीमाकृत

unintelligent /अनिंटेलिजंट/ *adj.* जो कुशाग्र बुद्धि न हो, मंदबुद्धि, नासमझ, नादान

unintelligible /अनिंटेलिजिबल/ *adj.* (***syn.*** incomprehensible) दुर्बोध्य, दुरूह, गूढ़, अबोधगम्य

uninten\ded /अनिनटें\डिड/ *adj.* जो जान-बूझकर न किया गया हो, अनभिप्रेत;
dw/lw: **~tional** /~शनल/ *adj.* जो जान-बूझ कर न किया गया हो, अनभिप्रेत, अज्ञानकृत, अनैच्छिक; **~tionally** /~शनलि/ *adv.* अनजाने में: offend sb ~tionally

uninterest\ed /अनिंटरअ\स्टिड/ *adj.* 1 दिलचस्पी न लेने वाला 2 अनाकृष्ट, उदासीन 3 ऊबा हुआ, उचाट;
dw/lw: **~ing** /~स्टिंग/ *adj.* उबाऊ, जो दिलचस्प न हो; **~ingly** /~स्टिंगलि/ *adv.* उदासीनतापूर्वक; **~edness** /~स्टिडनेस/ *n.* अनाकृष्टता, उदासीनता

uninterrupted /अनिंटअरप्टिड\/ *adj.* बिना रुके, अविच्छिन्न, अविरल, निरंतर: ~ correspondence;
dw/lw: **~ly** /~लि/ *adv.* निरंतर, लगातार

uninucleate /यूनिन्युक्लिएट/ *adj.* एककेंद्रक

uninvi\ted /अनिन्वाइ\टिड/ *adj.* अनिमंत्रित, बिन बुलाया;

***dw/lw:* ~ting** /~टिंग/ *adj.* अनाकर्षक, अप्रीतिकर, घिनौना

unintoxicating /अनिंटौक्सिकेटिंग/ *US* -टाःक्सि-/ *adj.* जिससे नशा न हो: ~ drinks

union /यूनिअन/ *n.* 1 (*also* **trade** ~; *also US* **labor** ~) मजदूर या छात्र संघ आदि, यूनियन: join the ~; ~ labourer/ man; ~ wages; a ~ leader/ member/ official/ representative 2 संघ, देश: customs ~ 3 संयोग, सम्मिलन, जोड़, एकता 4 संयुक्तता 5 मेल-मिलाप 6 विवाह: ~ of hearts; a happy ~; live in perfect ~ 7 (हड्डी आदि का) जोड़ 8 योजक 9 (***syn.*** harmony) समझौता, सहमति या सामंजस्य 10 भिन्न-भिन्न प्रकार के धागों से बना कपड़ा: ~ cloth 11 (**the Union**) इंग्लैंड, स्कॉटलैंड आदि का संघ 12 संयुक्त राज्य अमेरिका का संघ 13 भूतपूर्व सोवियत संघ 14 यूरोपीय संघ 15 राष्ट्र ध्वज में बना चिह्न;
***dw/lw:* ~ism** /यूनिअनिज्म/ *n.* संघवाद; **~ist** /यूनिअनिस्ट/ *n.* संघी, संघवादी; **~ization** /यूनियनाइजेशन/ *n.* संघीकरण; **~ize** /यूनियनाइज/ *v., pt.* ~ized, *pp* ~izing संघ बनाना, संघटित क.
***collocations:* ~ catalogue** कई यूनियन पुस्तकालयों के प्रकाशित साहित्य की सूची; **~ list** संघ-सूची; **~ parliament** राष्ट्रीय संसद; **~ territory** संघ-राज्य क्षेत्र; **Union Jack** (*also* **Union flag**) *n.* ब्रितानिया का झंडा; **the European Union** यूरोपीय संघ;
***p&i:* ~ is strength** एकता में शक्ति है; **in ~ with** किसी के साथ संयुक्त रूप से; **~ of hearts** दो प्रेमियों का विवाह

uni/ovular /यूनिओव्यूलः/ *adj.* एकांडी;
***dw/lw:* ~parous** /यूनिपअरअस/ *adj.*1 एकप्रसू, एक प्रसव में एक संतान पैदा करने वाला 2 जिसमें एक गांठ से एक शाखा निकलती है, एकशाखी; **~partite** /यूनिपाःटाइट/ *adj.* अविभाजित, इक-अंगा; **~ped** /यूनिपेड/ *adj.* एकपाद, एक पांव वाला; **~personal** *adj.* एकव्यक्तीय; **~planar** *adj.* समतलीय, एकतलीय; **~pod** /यूनिपॉड/ *n., photog.* कैमरा लगाने को एक डंडे वाली तिपाई; **~polar** /यूनिपोलः/ *adj.* एकध्रुवी(य); **~polarity** /यूनिपोलअरिटि/ *n.* एकध्रुवीयता

unique /युनीक\/ *adj.* 1 (*usually* ~ **to sb/ sth**) विशिष्ट, व्यक्ति या वस्तु विशेष का, अलग 2 बेजोड़, लाजवाब, अनुपम, अपूर्व, अप्रतिम, अद्वितीय: this picture is thought to be ~; ~ feature; ~ opportunity; possess ~ ability in sth 3 एकमात्र, अकेला, अनन्य: perhaps a ~ survival 4 अनोखा, निराला, अनूठा, विचित्र: she is dressed in a most ~ fashion;
n. 1 किसी सिक्के, पदक आदि की एक मात्र प्रति 2 बेजोड़ वस्तु, तथ्य, कार्य या व्यक्ति;
***dw/lw:* ~ly** /~लि/ *adv.* बेजोड़ ढंग से; **~ness** /~नेस/ *n.* अनोखापन, अद्वितीयता, विचित्रता

uni/ramous /यूनिरेमस/ *adj.* एकशाखी;

uniserial /यूनिसिरिअल/ *adj.* एक-पंक्तिक, एक-क्रमिक

unisex /यूनिसेक्स\/ *adj.* दोनों लिंगों (पुरुषों व महिलाओं) के लिए: ~ sauna; ~ hair salon; ~ jeans;
***dw/lw:* unisexual** /~सेक्शुअल/ *adj.* एक लिंग का, जिसमें या पुरुष के या महिला के यौनांग हों; **~sexualism** /~सेक्शुअलिज्म/ *n.* एकलिंगता

UNISON *n. in the UK* ब्रिटेन में मिले जुले संघों का संयुक्त संघ

unison /यूनिस\न/ *n.* 1 एकस्वरता, स्वर-मेल, स्वरैक्य: sing in ~ 2 मैत्री, मेल-मिलाप 3 सामंजस्य: they acted in perfect ~;
***dw/lw:* ~al/ ~ant/ ~ous** /~नल /~नंट/ ~नस/ *adj.* एकस्वर, समस्वर, सुसंगत;
***p&i:* in ~** समरसता में, एक साथ मिलकर

unit /यूनिट/ *n.* 1 समय, दूरी, वजन आदि की मापक इकाई: the metre is a ~ of length; ~ of account; per ~; power ~ 2 टुकड़ी, दस्ता: an army ~; ~ of combined arms; ~ commander 3 एकांश, एक्र भाग 4 किसी समूह का एक अंग 5 (*also* **home** ~) बड़ी इमारत का एक हिस्सा 6 मात्रक: ~ mass (एकांक द्रव्यमान) 7 *non-technical* किलोवाट-आवर: amplifying ~ (प्रवर्धक एकक) 8 (0) से (9) तक का कोई पूर्ण अंक: ~ value 9 फर्नीचर सेट की कोई एक वस्तु 10 दवाई की खुराक की मात्रा 11 शराब मापने की एक इकाई 12 यूनिट ट्रस्ट में निवेश की एक इकाई 13 अमेरिका, न्यूजीलैंड आदि में मकान की एक प्रकार 14 पाठ्य-पुस्तक में किसी विषय की इकाइयों की संख्या;
adj. एक की मात्रा से संबंधित;
***dw/lw:* ~ary** /यूनिटरि/ *adj.* 1 एकात्मक, ऐकिक 2 इकाई की प्रकार 3 इकाई या इकाइयों से संबंधित 4 कई इकाइयों (प्रदेशों) से बना कोई देश या संघ; **~holder** *n.* यूनिट का धारक; **~ive** /यूनिटिव/ *adj.* 1 संयोजक, एकता-प्रवर्धक 2 सहार्थी; **~linked** *adj.* सामान्य शेयरों से जुड़ा हुआ; **~ize/ ~ise** /युनिटाइज/ *v. pt.* ~ized, *pp* ~izing 1 इकाइयों में बांटना 2 एकताबद्ध क. 3 जहाज के माल को इकाइयों में बांटना 4 *finance* एक इकाई के ट्रस्ट में बदलना;
***collocations:* ~ cost** किसी माल की एक नग को पैदा करने की लागत; **~ of account** हिसाब-किताब की इकाई; **~ price** दिए गए माल की प्रत्येक इकाई का मूल्य; **~ pricing** *खाद्य* पदार्थों आदि की इकाइयों यानी प्रति किलोग्राम आदि में मूल्य-निर्धारण की क्रिया; **~ trust** 1 यूनिटों में निवेश की एक योजना 2 यूनिटों में निवेश का एक संगठन, ट्रस्ट; **~ way** संयोजन मार्ग

unitard /यूनीटाःड/ *n.* सिर से पैर तक आने वाली कसावदार कपड़े की पोशाक

Unitarian /यूनिटेरिअन/ *n.* 1 एकेश्वरवादी 2 केंद्रीकरणवादी 3 एक-व्यक्तिवादी;
***dw/lw:* ~ism** /यूनिटेरिअनिज्म/ *n.* एकेश्वरवाद

unitary *see above under* **unit: *dw/lw***

uni\te /युनाइ\ट/ *v., pt.* **~ted**, *pp* **~ting** 1 जोड़ना, इकट्ठा क., मिलाना, एक कर दे.: **~te** the parts with cement; **~te** two companies; **~te** in an attempt to do sth 2 मिलना, मिल कर काम क., एक हो जाना: oil and water will not **~te**; England and Scotland **~ted** in 1707 3 विवाह कराना, विवाह-संस्कार संपन्न क. 4 समझौता करवाना या क., संश्रय या संधि क.: **~te** two parties 5 एकता के सूत्र में बंधना या पिरोना: **~ed** we stand, divided we fall;
***dw/lw:* ~ted** /~टिड/ *adj.* 1 एकजुट, एकताबद्ध: ~ted action/ effort 2 संयुक्त, संगठित, सामूहिक: ~ted front; ~ted family 3 विवाहित 4 सहमत 5 संश्रित, से मिला हुआ: ~ted with; **~tedly** /~टिडलि/ *adv.* संयुक्त रूप से, एकताबद्ध होकर, मिलकर; **~tedness** /~टिडनेस/ *n.* एकजुटता, एकत्व; **~ting** /~टिंग/ *n.* एकजुट होने की क्रिया; **~ting** *adj.* एकजुट करने वाला;
***collocations:* United Kingdom** (*abbr.* **UK**; *in full* **United Kingdom of Great Britain and Northern Ireland**) ब्रिटेन, ब्रितानिया; **~ed services** संयुक्त सेना, संयुक्त सैनिक सेवाएं; **United Service Ribbon** संयुक्त राष्ट्र संघ की सैनिक सेवा रिबन; **United States** (*in full* **United States of America**; *abbr.* **US/ USA**) अमेरिका; **the United Nations** (*abbr.* **UN**) संयुक्त राष्ट्र संघ; **United Nations Security Council** संयुक्त राष्ट्र संघ की सुरक्षा परिषद; **United Press International** (**UPI**) एक अमेरिकी सूचना संगठन;
***p&i:* ~ted we stand divided we fall** एकता में बल है, कलह में विनाश

unitive *see above under* **unit**: ***dw/lw***

unity /यूनिटि/ *n., pl.* **unities** 1 एकता, एकत्व, एका, मेल-मिलाप, मैत्री: national ~; diversity in ~ (एकता में अनेकता); ~ among/ between sb; a show of ~ 2 इकाई, एक: 4 इकाइयों से बनी पूर्ण वस्तु (single unified whole) आदि बनाने की क्रिया 5 सहमति, सामंजस्य, सुसंगति, समरसता, एकता, सहयोग (harmonious co-operation): live in ~/ at ~ with 6 काल, स्थान और क्रिया की एकता (*in literature, drama:* ~ of place, time and action: the picture lacks ~; ~ of command 7 (***syn.*** uniformity) समरसता 8 (***syn.*** coherence) तालमेल या

संबद्धता 9 *law* सामूहिक मालिकाना हक: ~ of joint property 10 *math.* (***syn.*** number one) एक: the probability is ~;

Univ *abbr.* 'University' का छोटा रूप

uni\valence /यूनिवलंस/ *n.* एकसंयोजकता;

dw/lw: **~valent** *adj.* एकसंयोजक, एकसंयोजी; **~valve** *zool. adj.* एककपाटी, एककपाट; **univariate** *adj.* एकचर

universal /यूनिवःस\ल/ *adj.* 1 विश्वव्यापी, सार्वभौमिक, विश्वव्यापक, आलमगीर, सार्वलौकिक: he has a ~ mind; ~ money; ~ donor (जिसका रक्त वर्ग O^+ हो, जो सब वर्गों के खून वालों को दिया जा सकता है) 2 सर्व, सार्वत्रिक, सर्वव्यापी, सामान्य: ~ rule; ~ suffrage (सर्वव्यापक मताधिकार); ~ service (सार्वत्रिक सैनिक भरती) 3 सर्वव्यापक, संपूर्ण, सर्व-जनीन: met with ~ applause; ~ and over-all disarmament; ~ gravitation (सर्वव्यापक गुरुत्व का नियम) 4 सर्वप्रयोजन, बहु-उद्देश्यीय: ~ agent; ~ importance 5 *logic* सर्वतोमुखी 6 विश्व-भाषी, सर्व-संवादी, विश्व-जनीन 7 सर्व-ज्ञाता, बहुमुखी, सर्वांगीण 8 (**universal**, *abbr.* **U**) सभी उम्र या वर्गों के लिए, सर्व-वर्गीय: U-film = universal film;

n. 1 सार्व-भौमिक वस्तु या क्रिया 2 सर्वसमाहितता 3 सर्व-वर्गीयता 4 *logic* (***syn.*** proposition) सार्वभौमिक या सर्व-सत्य कथन या प्रस्ताव 5 सामान्य पद या प्रत्यय 6 (***syn.*** U-film) सर्व-वर्गीय फिल्म आदि;

dw/lw: **~isation** /~लाइज़ेशन/ *n.* सार्वजनीकरण, साधारणीकरण, सामान्यकरण; **~ism** /~लिज़्म/ *n.* 1 सर्वहितवाद 2 सर्वमुक्तिवाद 3 सर्वव्यापकतावाद; **~list** *n.* सर्वमुक्तिवादी; **~ity** /~अलिटि/ (*also* **~ness** /~लनेस/) *n.* सर्वव्यापकता, विश्वव्यापकता, सार्विकता, विश्वजनीनता, संपूर्णता; **~ize**/ **~ise** /~लाइज़/ *v. pt.* ~ized, *pp* ~izing 1 सार्विक, व्यापक या सामान्य आदि बनाना या मान लेना 2 किसी वस्तु को व्यापक उपयोग में लाना; **~ly** /~लि/ *adv.* 1 विश्वव्यापी, सर्वव्यापी या सार्वभौमिक रूप से 2 सर्वत्र, सभी द्वारा: it is ~ly acknowledged that … 3 सदा;

collocations: **~ grammar** *ling.* ऐसे नियम जो सभी भाषाओं की व्याकरण पर लागू होते हैं; **~ indicator** *chem.* कई रासायनिक संकेतकों (indicators) का मिश्रण जिसे घोल के pH (तुलनात्मक अम्लता या क्षारीयता) मापने के लिए प्रयोग किया जाता है; ~ **release** सभी सिनेमा थियेटरों में या DVD पर एक साथ प्रस्तुत की जाने वाली फिल्म; **~ set** *maths.* समाधानीय प्रश्न के सभी तत्त्वों वाला सेट; **~ time** = **GMT** (Greenwich Mean Time)

(the) universe /यूनिवःस/ *n.* 1 सृष्टि, समष्टि, ब्रह्मांड, विश्व 2 वर्तमान अंतरिक्ष, ऊर्जा और पदार्थ अर्थात् सारा अंतरिक्ष, तारा मंडल, मंदाकिनी, ग्रह, चंद्रमा और दसरे पिंडों का समूह, कायनात 3 तारा-मंडल, आकाश-गंगा आदि की संरचना 4 कर्म-भूमि 5 मानवजाति;

collocations: **~ of discourse** *logic* तर्क-वितर्क में अभिव्यक्त किए जाने वाले विचार आदि

university /यूनिवःसटि/ *n., pl.* **universities** विश्वविद्यालय, यूनिवर्सिटी: ~ chair विश्वविद्यालयीय आचार्य का पद (professorship); go to ~; at ~ (विश्वविद्यालय में); a ~ coarse;

dw/lw: **universitarian** /यूनिवःसिटेअरिअन/ *adj.* विश्वविद्यालयीय;

p&i: **blue-brick** ~ पुराने विश्वविद्यालय, विशेषकर ऑक्सफोर्ड और कैंब्रिज विश्वविद्यालय; **red-brick** ~ नए (विशेषकर द्वितीय विश्व युद्ध के बाद बने) विश्वविद्यालय, विशेषकर ऑक्सफोर्ड और कैंब्रिज विश्वविद्यालय

univocal /यूनिवोकल/ यूनिवअकल/ *adj., mainly logic* एक स्पष्ट अर्थ वाला;

n. एक स्पष्ट अर्थ या परिभाषा;

lw/lw: **univocality** /यूनिवोकैलिटि/ *n.* एक अर्थता; **~ly** /यूनिवोकलि/ यूनिवकअलि/ *adv.* एकार्थक रूप से

UNIX/ Unix /यूनिक्स/ *n., tradem., comput.* कंप्यूटर की ऐसी कार्यकारी प्रणाली (operating system) जिसके तहत बड़ी फाइलों का स्थानांतरण (large file transfer) और सूचनाओं का कई प्रयोगकर्ताओं (multi-user access) द्वारा इस्तेमाल हो सकता है

unjaded /अनजेडिड/ *adj.* 1 जो संतप्त, थका या सताया हुआ न हो, ताजा, स्पष्ट: her ~ mind 2 अतृप्त, जो अघाया न हो: the public taste as yet ~

unjaundiced /अनजॉडिसड/ *adj.* 1 *med.* जिसे पीलिया न हुआ हो 2 अदुराग्रहित: ~ mind

unjust /अनजस्ट/ *adj.* 1 अन्यायपूर्ण, अनुचित: ~ sentence 2 गलत, बेसही: ~ scales;

dw/lw: **~ifiable** /~स्टिफायबल/ *adj.* 1 जिसे न्यायपूर्ण न ठहराया जा सके, अन्यायपूर्ण 2 अनुचित, नाजायज, बेजा; **~ified** /~स्टिफाइड/ *adj.* 1 अन्यायपूर्ण, अनुचित 2 (***syn.*** unwarranted) निराधार, नाहक: be absolutely ~ified in doing sth; **~ly** /~स्टलि/ *adv.* अन्यायपूर्वक या अनुचित ढंग से, नाहक में

unkempt /अनकेंप्ट/ *adj.* 1 मैला-कुचला 2 बिना कंघी किए हुआ, बिखरे बालों वाला, अस्त-व्यस्त, बिखरा हुआ 3 फूहड़, मैला-कुचैला 4 अपरिष्कृत: ~ appearance

unkennel /अनकेनल/ *v., pt.* **~led**, *pp* **~ling** 1 मांद से खदेड़ना या निकालना 2 छोड़ दे. 3 का पर्दाफाश क.: ~ traitors

unkind /अनकाइंड/ *adj.* 1 अनुदार, क्रूर, निर्दय, निष्ठुर, कठोर, कठोर-हृदय, बेदर्द: ~ fate; be ~ 2 रूखा, दूसरों का ध्यान न रखने वाला, बेमुरौवत, बेलिहाज: that's very ~ of him;

dw/lw: **~ly** /~लि/ *adv.* 1 कठोरतापूर्वक, निर्दयता से, रुखाई से; **~ly** *adj.* कठोर, निर्दय, प्रचंड: ~ly weather; **~ness** /~नेस/ *n.* कठोरता, क्रूरता, निर्दयता, रुखाई

unkindled /अनकिंडलड/ *adj.* 1 अनजला: the ~ lamp stood on the table 2 अनचिंगारित

unknightly /अननाइटलि/ *adj.* अशूरवीरोचित, शूरवीरों के लिए अशोभनीय

unknit /अननिट/ *v., pt.* **~ted/ unknit**, *pp* **~ting** 1 उधेड़ना, खोलना 2 कमजोर क. 3 ढीला क.: ~ the brow (भौंहें सीधी क.)

unknot /अननॉट/ *v., pt.* **~ted** *pp* **~ting** गांठ आदि खोलना

unknow\able /अननो\वअबल/ *adj.* अज्ञेय, ज्ञानातीत;

dw/lw: **~ing** /~इंग/ *adj.* (*often* **~ing of sth**) अनभिज्ञ, जिसे किसी बात या घटना के बारे में कुछ मालूम न हो; **~ingly** /~इंगलि/ *adv.* अनजाने में;

unknown /अननोन/ *adj.* 1 अनभिज्ञ, अपरिचित: what he wanted was ~ to me; experience ~ delights; the person ~ to us 2 अज्ञात, अनजान: the ~ warrior/ soldier; address ~; x, y, z are the ~ quantities 3 अप्रसिद्ध: the role is played by some ~ actor 4 जो पहले कभी न हुआ हो: the global warming was ~ to us a few decades ago;

n. 1 अज्ञात स्थान, वस्तु आदि 2 अज्ञात व्यक्ति, अप्रसिद्ध आदमी 4 अपरिचित या अज्ञात पहलू, तथ्य आदि 4 अनजानी दुनिया: they launched themselves into the ~ 5 *maths.* अज्ञात संख्या: in the equation x and y are the **~s**;

collocations: **~ quantity** ऐसा व्यक्ति या वस्तु जिसके गुण-दोषों के बारे में कुछ पता न हो; the **Unknown Soldier/ Warrior** अनाम या अज्ञात सिपाही, योद्धा जो किसी भी युद्ध में मारा गया हो

UNL *abbr.* 'Universal Networking Language' की प्रथमाक्षरी

unlaboured /अनलेबःड/ *adj.* सहज, स्वाभाविक, अकृत्रिम

unlace /अनलेस/ *v., pt.* **~d**, *pp* **unlacing** (जूते आदि का) फीता खोलना

unladderable /अनलैडरअबल/ *adj.* न उधड़ने वाला

unladen /अनलेड/ *v., pt.* **~d**, *pt. p.* **~n**, *pp* **unlading** 1 (माल, बोझ) उतारना 2 बोझ से मुक्त हो.;

dw/lw: ~ /~न/ *adj.* 1 माल जिसे लादा या उतारा न गया हो, अनलदा या अनउतारा माल या भार: ~ weight 2 ऐसी गाड़ी जिसमें

माल लादा न गया हो या जिससे माल उतारा न गया हो: ~n truck

unlaid /अनलेड/ *adj.* 1 बिना बिछाई हुई: the carpets were still ~ 2 जिसे पर कहीं रखा न गया हो 3 जिसे न लगाया या तैयार न किया गया हो: the table is still ~ 4 चिंतित 5 अरेखित 6 जिसे दफनाया न गया हो, आवारा, अनिरसित (of ghost)

unlamented /अनलअमेंटिड/ *adj.* 1 जिस पर शोक न मनाया गया हो 2 अरोदित, अविलापित

unlatch /अनलैच/ *v., pt.* **~ed**, *pp* **~ing** (सिटकनी) खोलना

UNLAV *abbr.* 'UN's Leadership Academy University' की प्रथमाक्षरी

unlawful /अनलॉफु\ल/ *adj.* 1 (***syn.*** illegal) गैर-कानूनी, अवैध: ~ measures; ~ assembly 2 अनैतिक;
dw/lw: **~ly** /~लि/ *adv.* गैर-कानूनी या अवैध ढंग से

unlay /अनले/ *v., pt.* **unlaid**, *pp* **~ing** रस्सी आदि को खोलना या उधेड़ना

unleaded /अनलेडिड/ *adj.* 1 जिसमें सीसा न मिला हो 2 (*also* **lead-free**) जिस पेट्रोल में सीसा न हो: ~ petrol

unlearn /अनलः\न/ *v., pt.* **~ed/ unlearnt**, *pp* **~ing** 1 (जान-बूझकर) भुला देना 2 आदत छुड़ा देना या छोड़ देना 3 किसी काम को करने का हुनर भुला देना;
dw/lw: **~ed** /~निड/ *adj.* 1 अशिक्षित, अज्ञानी, अनसिखा, अनजान 2 भुलाया हुआ, विस्मृत; **~ed/ unlearnt** /अनलरंट/ *adj.* 1 अपठित, अनपढ़ा (पाठ आदि), अनसीखा 2 (***syn.*** instinctive, innate) बिना औपचारिक प्रशिक्षण के सीखा हुआ (हुनर), प्रकृति-जनित, सहज; **~edly** /~निडलि/ *adv.* अज्ञानी की तरह

unleash /अनलीश/ *v., pt.* **~ed**, *pp* **~ing** 1 छोड़ना, मुक्त कर दे. 2 बंधनमुक्त क., उन्मुक्त क. 3 खुली छूट देना 4 जोर के साथ छोड़ देना या शुरू क.: ~ed a torrent of choicest invectives 4 छेड़ना: ~ a war of words

unleavened /अनलेवंड/ *adj.* 1 जो खमीर उठाकर न बनाया गया हो 2 बेखमीर, कड़ी (ब्रेड आदि) 3 फीका, निस्तेज, अनलंकृत: works ~ by imagination; justice ~ with mercy

unless /अनलेस/ *conj.* 1 जब तक ... नहीं: I shall not write ~ you do; he never does anything ~ compelled to 2 यदि ...नहीं: ~ it rains I go every day; ~ you start at once, you will be late;
p&i: **~ and until it has been approved by the director** जब तक यह डायरेक्टर द्वारा स्वीकृत नहीं होता; **~ you hear to the contrary/ ~ otherwise stated** जब तक आप को इसके उलट बता नहीं दिया जाता;
let's have no unlesses आइए, शर्तों की बात न करें; **no other metal ~ iron can be used here** यहां लोहे के सिवा और किसी धातु का प्रयोग नहीं किया जा सकता

unlettered /अनलेटःड/ *adj.* 1 अनपढ़ 2 निरक्षर

unlicensed /अनलाइसंसट/ *adj.* अननुज्ञप्त, बिना वैध अनुमति-पत्र या लाइसंस के

unlike /अनलाइक\/ *prep.* 1 से भिन्न, से अलग: ~ her, he's going shopping today; he, ~ his father, is tall 2 के स्वभाव या विशेषता के विपरीत: it is ~ him to refuse;
adj. असमान, असदृश, भिन्न: brothers having ~ trait; as ~ as day and night;
dw/lw: **~liness** /~लिनेस/ *n.* असमानता, भिन्नता; **~ly** /~लि/ *adj.* 1 असंभव-सा: he is ~ly to come 2 (***syn.*** implausible) अकल्पनीय, अविश्वसनीय: ~ly tale; a victory is ~ly but not impossible; we found the ring at the most ~ly place; ~ly companions

unlimited /अनलिमिटिड/ *adj.* 1 असीम, जो सीमित न हो, अपार: an ~ field for talents; he has ~ possibilities; an ~ expanse of sea 2 अपरिमित, जो छोटे-से दायरे तक सीमित न हो; ~ company; ~ partnership 3 निरंकुश: ~ monarchy

unline /अनलाइन/ *v., pt.* **~d**, *pp* **unlining** अस्तर निकालना;
dw/lw: **~d** /अनलाइंड/ *adj.* 1 अरेखित 2 बिना लाइन का 3 बिना झुर्रियों के: a youthful ~d face

unlink /अनलिंक/ *v., pt.* **~ed**, *pp* **~ing** खोलना: ~ hands

unliquidated /अनलिक्विडेटिड/ *adj.* जिसे समाप्त नहीं किया गया हो, जिसकी भरपाई न की गई हो: ~ damages

unlisted /अनलिस्टिड/ *adj.* असूचीगत, असूचीबद्ध: ~ telephone/ number

unlit /अनलिट/ *adj.* जहां प्रकाश की व्यवस्था न हो: the ~ streets; the ~ lamp

unlived-in *adj.* 1 जिस घर में अभी रहा न गया हो 2 बेआराम, बेसुकून: the cottage looks ~

unload /अनलोड/ *v., pt.* **~ed**, *pp* **~ing** 1 पर से माल (भार या बोझ) उतारना, खाली क.: ~ cargo from a ship 2 खाली हो.: a ship/ aircraft **~s** 3 से पिंड छुड़ाना 4 बेच डालना 5 मन की बात कह डालना, अपनी बात बताकर मन हल्का क. 6 बंदूक खाली क.

unlock /अनलौक/ *US* अनलाःक/ *v., pt.* **~ed**, *pp* **~ing** 1 ताला खोलना 2 ताला खोलकर बाहर निकालना 3 भावनाओं या विचारों को व्यक्त क., प्रकट क.: ~ one's heart; **~ed** his tongue 4 किसी पहेली या समस्या का हल निकालना.

unlooked\ ~-at *adj.* बिना किसी द्वारा देखे या परवाह किए पड़े र.: the magazines lay **~-at**;
dw/lw: **~-for** /अनलुक्ड-फॉः/ *adj.* 1 अप्रत्याशित: ~-for events 2 अनामंत्रित: come ~-for

unloose/ unloose\n /अनलूस/ अनलूसन/ *v., pt.* **~ed/ ~ned**, *pp* **unloosing/ ~ning** 1 ढीला कर दे. 2 खोल या छोड़ दे., मुक्त क.

unlopped /अनलॉप्ट/ *adj.* कटा या छंटा हुआ: trees with their heads ~

unlovable /अनलवअबल/ 1 अप्रीतिकर 2 अनाकर्षक 3 घिनौना;

unlove\d /अन\लवड/ *adj.* 1 जिसका प्यार ठुकरा दिया गया हो 2 जिसे पसंद न किया गया हो: a poet ~ed by most critics;
dw/lw: **~ely** /~लवलि/ *adj.* 1 अनाकर्षक 2 असुंदर, बदसूरत, कुरूप: a very ~ely quarrel; **~ing** /~लविंग/ *adj.* प्रेमरहित, संवेदनाशून्य, भावशून्य

unluck\ily /अनलकिलि/ *adv.* 1 दुर्भाग्य से, दुर्भाग्यवश: **~ily** it is true;

unlucky /अनलकि/ *adj.* 1 (***syn.*** unfortunate) अभागा, बदकिस्मत, बदनसीब: born under an ~ star 2 असफल, विफल: this has been an ~ year for us 3 अशुभ: ~ omen 4 दुर्भाग्यपूर्ण 5 असामयिक

UNM *abbr.* 'United News and Media' की प्रथमाक्षरी

unmade /अनमेड/ *adj.* 1 अनिर्मित: ~ road 2 अव्यवस्थित: ~ bed 3 स्वयंभू (uncreated), अज (self-existing) 4 तबाह 5 (***syn.*** deposed) अपदस्थ;
dw/lw: **~-up** *adj.* जिसने मेक-अप न लगाया हो

unmake *v., pt.* unmade *pp* unmaking 1 चौपट या नष्ट क. 2 प्रभाव खत्म क. 3 खोलना 4 अपदस्थ क. 5 तबाह क. 6 बदल लेना: ~ one's mind

unmaidenly /अनमेडनलि/ *adj.* निर्लज्ज, बेहया

unmaintainable /अनमेनटेनअबल/ *adj.* जिसे बनाए न रखा जा सके, जिसका बचाव न किया जा सके: ~ position; ~ opinion

unmalleable /अनमैलिअबल/ *adj.* 1 जिसे खींचकर बढ़ाया न जा सके, अवर्ध्य 2 अड़ियल, जो लचीला न हो

unman *v., pt.* **~ned**, *pp* **~ning** 1 निरुत्साहित कर दे., हिम्मत तोड़ना, हतोत्साह क.: he was quite **~ned** by the terrible news 2 किसी का संयम बिगाड़ दे. 3 दुर्बल क., के छक्के छुड़ा दे. 4 बधिया या नामर्द कर दे., नपुंसक बनाना;
dw/lw: **~ly** *adj.* 1 जो पुरुषोचित न हो या पुरुषों जैसा न हो 2 नामर्द 3 जनाना, स्त्रैण

unmanageable /अनमैनिजअबल/ *adj.* 1 टेढ़ा, निमानिया,

अड़ियल: ~ child 2 अनियंत्रणीय, बेकाबू 3 असंचालनीय, अपरिचालनीय 4 दुष्प्रयोज्य: ~ material
unmanned /अनमैंड/ *adj.* बिना कर्मीदल का, स्वचालित: ~ned space ship
unmanner\ly /अनमैनःलि/ *adj.* अशिष्ट, असभ्य, बे-अदब, बदतमीज;
dw/lw: **~ed** /~ड/ *n.* अशिष्ट, असभ्य, बदतमीज; **~liness** /~लिनेस/ *n.* अशिष्टता, असभ्यता, बदतमीजी
unmapped /अनमैप्ट/ *adj.* अमानचित्रित
unmarked /अनमाःकड/ *adj.* 1 जहां कुछ लिखा न हो 2 अचिह्नित 3 बेदाग 4 अलक्षित, अनदेखा 5 असंशोधित: the mistake passed ~
unmarketable /अनमाःकटअबल/ *adj.* अविक्रेय, अपण्य
unmarred /अनमाःड/ *adj.* 1 बेदाग, निष्कलंक 2 अविकृत 3 अक्षत
unmarriageable /अनमैरिजिअबल/ *adj.* अविवाह्य
unmarried /अनमैरिड/ *adj.* (***syn.*** single) अविवाहित, कुंवारा, कुंवारी
unmask /अनमास्क/ *US* अनमैस्क/ *v., pt.* **~ed**, *pp* **~ing** 1 (***syn.*** expose) नकाब उतारना, बेनकाब क. 2 पोल या कलई खोल दे., भंडाफोड़ क.: ~ a conspiracy 3 प्रकट क.
unmatched /अनमैचड/ *adj.* बेजोड़, अद्वितीय
unmatured /अनमअच्योःड/ *adj.* अपरिपक्व, अप्रौढ़
unmeaning /अनमीनिंग/ *adj.* 1 अर्थहीन, बेमानी, निरर्थक 2 बिना उद्देश्य के 3 भावशून्य
unmeant /अनमेंट/ *adj.* अनभिप्रेत, अज्ञानकृत, जिसे जान-बूझकर न किया गया हो
unmeasur\able /अनमेजर\अबल/ *adj.* अपरिमेय, असीम;
dw/lw: **~ed** /~ड/ *adj.* 1 असीम, अनंत 2 अमित, बेहिसाब 3 अत्यधिक
unmeditated /अनमेडिटेटिड/ *adj.* अविवेचित, अविमर्शित
unmelodious /अनमेलोडिअस/ *adj.* बेसुरा, कर्कश
unmelted /अनमेल्टिड/ *adj.* अद्रवित, अगलित, बिना गला या पिघला हुआ
unmentionable /अनमेंशनअबल/ *adj.* 1 जिसका जिक्र न किया जा सके, अकथनीय, अकथ्य 2 वीभत्स 3 बुरा या अश्लील;
n. (*often* **~s**) *humorous* जांघिया, कच्छा; **~mentioned** /अनमेंशंड/ *adj.* अनुल्लिखित
unmerchantable /अनमःचंटअबल/ *adj.* अविक्रेय, वाणिज्य-अनुपयोगी
unmerciful /अनमःसि\फुल/ *adj.* 1 निर्दय, बेदर्द, क्रूर, निष्ठुर 2 भयंकर, भीमकाय;
dw/lw: **~ly** /~फुलि/ *adv.* निर्दयतापूर्वक; **~ness** /~फुलनेस/ *n.* निर्दयता, क्रूरता, निष्ठुरता
unmerited /अनमेरिटिड/ *adj.* अनर्जित
unmesh /अनमेश/ *v., pt.* **~ed**, *pp* **~ing** सुलझाना
unmet /अनमेट/ *adj.* अलब्ध, अपूरित, अप्राप्त
unmetrical /अनमेट्रिकल/ *adj.* 1 अछंदोबद्ध 2 छंदोभ्रष्ट, पिंगल-विरुद्ध
unmetalled /अनमेटल्ड/ *adj.* कच्ची (सड़क आदि)
unmind\ed /अनमाइं\डिड/ *adj.* 1 जिसकी परवाह या देखभाल न की गई हो 2 उपेक्षित 3 अरक्षित 4 बेइरादा: be **~ed** to come (आने का इरादा न होना);
dw/lw: **~ful** /~डफुल/ *adj.* (*often* **~ful of sth**) लापरवाह, बेपरवाह: be ~ful of; be ~ful of others; **~fully** /~डफुलि/ *adv.* 1 बिना ध्यान दिए 2 लापरवाही या बेपरवाही से; **~fulness** /~डफुलनेस/ *n.* लापरवाही, बेपरवाही, उपेक्षा
unmingled /अनमिंगल्ड/ *adj.* अमिश्रित, बिना कोई पदार्थ मिलाए: ~ wine
unmissable /अनमिसअबल/ *adj.* न छोड़ा जाने वाला कार्यक्रम
unmistak\able/ ~eable /अनमिस्टे\कअबल/ ~किअबल/ *adj.* सुस्पष्ट, त्रुटिहीन, पक्का: an **~eable**/ **~eable** sign of sth;
dw/lw: **~ably**/ **~eably** *adv.* /~कअबलि/ ~किअबलि/ *adv.* बिना किसी गलती के; **~en** /~कन/ *adj.* 1 निर्भ्रांत, असंदिग्ध 2 सही
unmistrusting /अनमिस्ट्रस्टिंग/ *adj.* अनशंकालु, विश्वासपूर्ण: ~ simplicity
unmitiga\ble /अनमिटिगअ\बल/ *adj.* अप्रशम्य, जिसकी तीव्रता कम न की जा सके;
dw/lw: **~ted** /~टिड/ *adj.* 1 घोर: ~ted suffering; an ~ted disaster 2 अप्रशमित: the heat is ~ted 3 (***syn.*** absolute) पक्का, पूर्ण: ~ted fib/ lie; ~ted blackguard; **~tedly** /~टिडलि/ *adv.* बिना कम किए या हुए
unmixed /अनमिक्स्ट/ *adj.* अमिश्रित, पूर्ण, पूरा, विशुद्ध
UNMO *abbr.* 'UN's Military Observers' की प्रथमाक्षरी
UNMOGIP *abbr.* 'United Nations' Military Observers' Group for India and Pakistan' की प्रथमाक्षरी
unmolested /अनमलेस्टिड/ *adj.* 1 जिसे छेड़ा न गया हो, जिससे छेड़खानी न की गई हो 2 अनाक्रांत
unmoor /अनमुअः/ *v., pt.* **~ed**, *pp* **~ing** लंगर उठाना, खोलना
unmoral /अनमौरल/ *US* अनमाःरल/ *adj.* 1 (***syn.*** immoral) अनैतिक 2 कदाचारी
unmortgaged /अनमॉःगिज्ड/ *adj.* रहन-मुक्त
unmortified /अनमॉःटिफाइड/ *adj.* 1 अदमित, अदलित: ~ spirit 2 जिसे दबाया न जा सके, जिसे नियंत्रित न किया जा सके
unmotherly /अनमदःलि/ *adj.* 1 जो मां जैसा न हो 2 मां के लिए अशोभनीय
unmotivated /अनमोटिवेटिड/ *adj.* अनभिप्रेरित, अप्रेरित
unmount /अनमाउंट/ *v., pt.* **~ed**, *pp* **~ing** 1 पुर्जे खोलना, उतारना 2 (घोड़े आदि से) उतरना या उतारना;
dw/lw: **~ed** *adj.* 1 गैरसवार, जो घोड़े आदि पर सवार न हो: ~ed police 2 बिना चौखटे वाला, बिना चौखटे का 3 अनचढ़ा
unmoved /अनमूवड/ *adj.* 1 अचल, दृढ़, अटल: we found everything ~ 2 अप्रभावित, भावशून्य, अनुत्तेजित, उदासीन: not be able to hear the dialogue ~; he remained ~ by all entreaties 3 शांत: the ~ glance of her large dark eyes;
dw/lw: **unmoving** *adj.* 1 अचल 2 अप्रभावी
unmuff\le /अनमफल/ *v., pt.* **~led**, *pp* **~ling** 1 खोलना 2 उघाड़ना 3 आवाज को दबाने वाला उपकरण उतारना
unmurmuring /अनमःमरिंग/ *adj.* 1 चूं न करने वाला 2 सहिष्णु
unmusical /अनम्यूजिकल/ *adj.* 1 असंगीतीय, संगीतहीन, असांगीतिक 2 बेसुरा, कर्णकटु, कर्कश
unmuz\zle /अनमजल/ *v., pt.* **~zled**, *pp* **~zling** 1 मोहरा हटाना 2 बोलने दे.;
dw/lw: **~zled** *adj.* जिसकी आवाज न दबाई गई हो
unnail /अननेल/ *v., pt.* **~ed**, *pp* **~ing** कीलें निकालना, खोलना
unnam(e)able /अननेमअबल/ 1 अकथनीय, अकथ्य 2 वीभत्स, घिनौना 3 जिसका जिक्र न किया जा सके
unnamed *adj.* 1 जिसका नाम न लिया गया हो 2 अकथित 3 अनाम, बेनाम, गुमनाम, अज्ञात: the grave of two ~ soldiers
unnatural /अननैचर\ल/ *adj.* 1 अप्राकृतिक, अप्रकृत, असहज, कृत्रिम: ~ laugh 2 अनैसर्गिक, अस्वाभाविक: ~ parents/ children 3 असाधारण 4 असामान्य 5 विकृत, विकृतांग 6 अलौकिक, लोकोत्तर 7 विकराल, घृणित, जघन्य, घिनौना: ~ crimes;
dw/lw: **~ly** /~लि/ *adv.* असहज या कृत्रिम तरीके से; **~ness** /~नेस/ *n.* असहजता, कृत्रिमता
unnavigable /अननेविगेबल/ *adj.* अनौगम्य, जहां जहाज न चलाए जा सकें
unnecessa\ry /अननेसअसरि\/ *adj.* 1 अनावश्यक 2 व्यर्थ, फिजूल: spoke with **~ry** haste;
n. व्यर्थ बात, चीज, कार्य: the **~ry** of life

dw/lw: **~rily** /~लि/ *adv.* अनावश्यक रूप से, व्यर्थ, बेकार, नाहक; **~riness** /~नेस/ *n.* अनावश्यकता, व्यर्थता
unneed\ed /अननीडिड/ (*also* **~ful**) *adj.* अनावश्यक
unnegotiable /अननिगोशिअबल/ *adj.* 1 अविनिमेय, अविक्रेय 2 जिस पर आगे कोई जोड़-तोड़ या सौदेबाजी न हो सके
unneighbourly /अननेबःलि/ *adj.* 1 गैरमिलनसार 2 पड़ोसी के लिए अशोभनीय
unner\ve /अननः \व/ *v., pt.* **~ved**, *pp* **~ving** 1 घबराहट पैदा कर दे., हिम्मत पस्त कर दे., हतोत्साह क.: the fear completely **~ved** him 2 दुर्बल कर दे.;
dw/lw: **~ving** /~विंग/ *adj.* 1 घबराहट पैदा करने वाला 2 हिम्मत पस्त करने वाला; **~vingly** *adv.* घबराहट पैदा करते हुए
unneutral /अनन्यूटरल/ *adj.* अतटस्थ, पक्षपातपूर्ण
unnil- *chem., comb. form, denoting:* **names of recently discovered elements** (नव-खोजित तत्त्वों के नाम)
unnoted /अननोटिड/ *adj.* अनदेखा, अलक्षित, अज्ञात
unnotice\able /अननोटिसिअबल/ *adj.* अलक्ष्य, अदृश्य;
dw/lw: **~d** /~स्ट/ *adj.* जो दिखा न हो, अलक्षित: an event that passed almost ~d
unnumbered /अननंबःड/ *adj.* 1 संख्यारहित 2 असंख्य, अगणित, बेशुमार 3 असंख्यांकित, अक्रमांकित: ~ pages
UNO *abbr.* 'United Nations Organization' की प्रथमाक्षरी
unobjectionable /अनअब्जेक्शनअबल/ *adj.* 1 (*syn.* acceptable) अन-आपत्तिजनक, स्वीकार्य 2 अनिंद्य
unobliterated /अनअबलिटअरेटिड/ *adj.* अमिट, अनष्ट: ~ stain
unobser\vable /अनअबजः\वअबल/ *adj.* 1 अदृश्य, अगोचर 2 अपरिदर्शक, असावधान 3 अननुपालक, पालन न करने वाला: be **~vable** servant of the law;
dw/lw: **~ved** /~वड/ *adj.* अनदेखा: go out ~ved; ~ved fire
unobstructed /अनबस्ट्रक्टिड/ *adj.* अबाधित, बेरोक: ~ sight
unobtainable /अनअबटेनअबल/ *adj.* अप्राप्य, अगम्य
unobtrusive /अनअबट्रूसिव/ *adj.* 1 अप्रत्यक्ष, जो दिखाई न पड़े, परोक्ष, प्रच्छन्न: quiet ~ life 2 विनीत, विनम्र, संकोची 3 सतर्क, सावधान;
dw/lw: **~ly** /~लि/ *adv.* बिना दिखे, बिना किसी दिखावे के
unoccupied /अनऔक्युपाइड/ *US* -आःक्यु-/ *adj.* बेकार, व्यर्थ, खोखला: lead an ~ life 2 गैर-आबाद, अनबसा: ~ house 3 खाली, बिना भरी: ~ post 4 क्षेत्र या देश जो किसी दूसरे देश के कब्जे में न हो: ~ territory 5 अकृषित
unoffending /अनअफेडिंग/ *adj.* 1 अहानिकर, सुशील 2 निरपराध, निर्दोष 3 अनपमानक
unofficial /अनअफिशि\अल/ *adj.* 1 अशासकीय, गैर-सरकारी 2 अनौपचारिक 3 अनधिकारिक;
dw/lw: **~ly** /~अलि/ *adv.* गैर-सरकारी तौर पर
unopened /अनओपंड/ *adj.* बंद, बिना खोला हुआ, बिना काटा हुआ
unopposed /अनअपोज्ड/ *adj.* निर्विरोध: ~ candidate
UNOPS *abbr.* 'UN's Office for Project Services' की प्रथमाक्षरी
unordinary /अनॉःडिनरि/ *adj.* असाधारण, अनोखा: ~ ideas
unorganized /अनआःगअनाइजड/ *adj.* 1 असंगठित, अव्यवस्थित 2 अजैव, अवयवरहित 3 संरचनारहित: ~ ferment
unoriginal /अनअरिजनल/ *adj.* अमौलिक, किसी पुस्तक से सामग्री की चोरी
unornamented /अनअःनअमेंटिड/ *adj.* अनलंकृत, सादा
unorthodox /अनऑःथअडौक्स/ *US* -डाःक्स/ *adj.* 1 अमान्य, आधुनिक प्रचलन से भिन्न 2 शास्त्र-विरुद्ध, रूढ़ि-विरुद्ध, रूढ़ि-विरोधी, अपरंपरागत, परंपरा-विरुद्ध, परंपरा-विरोधी 3 स्वच्छंद
unostentatious /अनौस्टेंटेशिअस/ *US* अनाःस्टें-/ *adj.* 1 अनाडंबरी, आडंबर-रहित 2 विनीत 3 सादा
unowned /अनओन्ड/ *adj.* अस्वामिक, लावारिस
UNP *abbr.* 'United National Party (Sri Lanka)' की प्रथमाक्षरी
unpack /अनपैक/ *v., pt.* **~ed**, *pp* **~ing** 1 बक्से या बैग आदि को खोलना: ~ a trunk 2 बंधी गठरी आदि को खोलना, सामान निकालना 3 *comput.* अनजिप (unzip) क.;
dw/lw: **~ed** *adj.* अवेष्टित, जिप (zip) से खोला हुआ (पाठ)
unpaged /अनपेजड/ *adj.* अपृष्ठांकित
unpaid /अनपेड/ *adj.* 1 अदत्त, अभुक्त, अशोधित: an ~ debt/ tax, etc. 2 बिना पैसों का काम 3 अदत्त शुल्क, अदत्त भार: car ~ for 4 अवैतनिक, अदत्त वेतन: ~ work
unpaired /अनपेअःड/ *adj.* अयुग्मित, अयुग्म
unpalatable /अनपैलअटअबल/ *adj.* 1 (*syn.* distasteful) अस्वादिष्ट, अप्रिय, कटु, अरुचिकर: ~ medicine; tell the truth, however ~ it may be
unparalleled /अनपैरअलअल्ड/ *adj.* 1 (*syn.* unequalled) अद्वितीय, बेजोड़, अप्रतिम, अपूर्व, लाजवाब, निरुपम 2 अपूर्व
unpardonable /अनपाःडनअबल/ *adj.* (*syn.* unforgivable) अक्षम्य: ~ sin
unparliamentary /अनपाःलअमेंटरि/ *adj.* 1 असांसदीय, असंसदीय 2 जो संसद के लिए अशोभनीय हो, अश्लील: ~ language/ word
unpassable /अनपासअबल/ *US* -पैसअ-/ *adj.* 1 अद्वितीय 2 खोटा 3 अपारणीय
unpatriotic /अनपैट्रिऔटिक/ *US* -आः-/ *adj.* अदेशभक्त, देश-विरोधी
unpatterned /अनपैटःन्ड/ *adj.* सादा
unpa\ve /अनपेव/ *v., pt.* **~ved**, *pp* **~ving** पटरी या खड़ंजा हटाना
unpeg /अनपेग/ *v., pt.* **~ged**, *pp* **~ging** 1 खूंटी निकालना 2 मूल्यों आदि पर से प्रतिबंध हटाना 3 छुड़ाना, छोड़ दे.
unpeop\le /अनपीपल/ *v., pt.* **~ved**, *pp* **~ving** जनशून्य कर दे., उजाड़ना: the war **~ved** many areas Syria
unperceiv\able /अनपःसीवअबल/ *adj.* अदृश्य, अलक्ष्य, अकल्पनीय, अननुभूतनीय;
unperformed /अनपफॉःमड/ *adj.* अकृत, अप्रदर्शित
unperishable /अनपेरिशेबल/ *adj.* 1 अनश्वर 2 खराब न होनेवाला, अविकारी, न बिगड़ने वाला
unperplexed /अनपःप्लेक्स्ट/ *adj.* शांत, अविक्षुब्ध, अविकल
UNPF *abbr.* 'United Nations' Population Fund' की प्रथमाक्षरी
unpick /अनपिक/ *v., pt.* **~ed**, *pp* **~ing** टांके खोलना, उधेड़ना;
dw/lw: **~ed** *adj.* 1 सामान्य 2 अनतोड़ा, अनछांटा 3 जिसे उधेड़ा न गया हो
unpickupable /अनपिकअबल/ *adj. colloq.* उबाऊ (पुस्तक)
unpiloted /अनपायलटिड/ *adj.* बिना पायलट के: ~ drone
unpin /अनपिन/ *v., pt.* **~ned**, *pp* **~ning** 1 खोलना: she **~ned** her hat 2 पिन निकालना
UNPKF *abbr.* 'UN's Peace Keeping Force' की प्रथमाक्षरी
unplaced /अनप्लेस्ट/ *adj.* 1 असमाहित 2 अश्रेणिक 3 जिसे मुकाबले आदि में स्थान न मिला हो
unplait /अनप्लेट/ *v., pt.* **~ned**, *pp* **~ning** चुनन निकालना
unplanned /अनप्लैंड/ *adj.* 1 अनियोजित, बिना योजना के 2 सांयोगिक, आकस्मिक 3 बेतरतीब, अस्त-व्यस्त: ~ order
unplantable /अनप्लांटअबल/ *adj.* जहां पेड़-पौधे न उगाए जा सकें: land hitherto regarded as ~
unplayable /अनप्लेअबल/ *adj.* 1 जो खेलने लायक न हो, खेल के अनुपयुक्त 2 क्रिकेट आदि में ऐसी गेंद जिसे खेला न जा सके, कठिन गेंद, असाध्य
unpleasant /अनप्लेजंट/ *adj.* 1 (*syn.* disagreeable) अप्रिय 2 कटु, अभद्र, अप्रीतिकर, अरुचिकर: ~ personality;
dw/lw: **~ly** /~लि/ *adv.* अप्रिय ढंग से; **~ness** /~नेस/ *n.* 1

अप्रियता: the ~ness of a sight 2 कटुता, मनोमालिन्य, नाराजगी, विद्वेष, झगड़ा, अनबन: have a slight ~ness with sb;
***p&i:* the late ~ness** अमेरिकी गृह-युद्ध

unpledged /अनप्लेजड/ *adj.* जो किसी राजनीतिक दल से संबद्ध न हो: be ~ to any party

unplug /अनप्लग/ *v., pt.* **~ged**, *pp* **~ging** प्लग से हटाना, खोलना

unplumbed /अनप्लंबड/ *adj.* 1 ऐसी इमारत जिसमें जल-आपूर्ति व निकासी की पाइप आदि लगाने का काम न हुआ हो 2 जिसकी गहराई मापी न गई हो, अज्ञात 3 जिसे पूरी तरह समझा न गया हो

unpoetic /अनपोअटिक/ *adj.* अकाव्यात्मक, अकाव्योचित, काव्य नियम-विरुद्ध

unpointed /अनपॉइंटिड/ *adj.* 1 भोथरा, बेनोक 2 अनिर्दिष्ट, स्वरचिह्न-रहित, नुकता-रहित

unpolished /अनपॉलिश्ट/ *adj.* 1 अपरिष्कृत, अपरिमार्जित: ~ literary style; ~ manners 2 जिसे चमकाया न गया हो: ~ shoes

unpolitic /अनपअलिटिक/ *adj.* 1 अनुचित, अविवेकपूर्ण 2 नीति-विरुद्ध

unpolitical /अनपअलिटिकल/ *adj.* 1 जो राजनीति से संबंधित न हो 2 राजनीतिक रूप ले असंबद्ध 3 जिसकी कोई विचारधारा न हो

unpolluted /अनपलूटिड/ *adj.* अप्रदूषित

unpopular /अनपौप्यु\लः/ अनपौप्य\लः/ *US* -पाःप्यु-\, -पाःप्य-\/ *adj.* अलोकप्रिय, जो लोकप्रिय न हो, अप्रिय: ~ ideas;
***dw/lw:* ~ity** /~लैरअटि/ *n.* अलोकप्रियता

unpossessed /अनपअजेस्ट/ *adj.* 1 जमीन-जायदाद विहीन: ~ of sth 2 जो संपत्ति किसी की भी न हो

unpracti\cable /अनप्रैक्टि\कअबल/ *adj.* अव्यवहार्य;
***dw/lw:* ~cal** /~कल/ *adj.* 1 अव्यावहारिक 2 अकार्यकुशल, अकुशल, अदक्ष: ~cal plan/ method; **~sed** /अनप्रैक्टिजड/ *adj.* 1 अनभ्यस्त, अनुभवहीन, अनाड़ी 2 अप्रचलित: ~tised in business

unpractical /अनप्रैक्टि\कल/ *adj.* 1 जो व्यावहारिक हुनरों में पारंगत न हो 2 अव्यावहारिक;
***dw/lw:* ~ity** *n.* /~कैलिटि/ *n.* अव्यावहारिकता.

unprecedented /अनप्रेसिडेंटिड/ *adj.* अपूर्व, अभूतपूर्व, बेमिसाल, बेनजीर, दृष्टांतविहीन, अद्वितीय: an ~ victory of science and technology

unpredicta\bility /अनप्रिडिक्टअ\बिलअटि/ *n.* अनुमान की असंभवता;
***dw/lw:* ~ble** /~बल/ *adj.* 1 जिसका अनुमान लगाना असंभव हो 2 जिसके बारे में कुछ कहना संभव न हो

unprejudiced /अनप्रेजुडिस्ट\/ अनप्रेजअडिस्ट\/ *adj.* पूर्वाग्रहरहित, पक्षपातरहित, निष्पक्ष;
***dw/lw:* ~ly** /~लि/ *adv.* निष्पक्षतापूर्वक: judge ~ly; **~ness** /~नेस/ *n.* निष्पक्षता

unpremeditated /अनप्रिमेडिटेटिड/ *adj.* जिसकी योजना पहले से न बनाई गई, अपूर्वविमर्शित, अपूर्वयोजित, अनायोजित, जो पहले से नियोजित न हो

unprepared /अनप्रिपेअःड/ *adj.* 1 जो पहले से तैयार न हो या तैयार न किया गया हो, बिना तैयारी का: ~ translation; he delivered an ~ speech 2 अप्रस्तुत 3 अनिच्छुक, अतत्पर: I was not ~ for it

unprepossessing /अनप्रीपजेसिंग/ (***anton.*** pretentious) *adj.* 1 अनाकर्षक, अप्रभावी, अशुभ 2 जो प्रभावकारी या आकर्षक होने में समर्थ न हो

unpretending /अनप्रिटेंडिंग/ *adj.* 1 जो बहाना न बना रहा हो, जो दिखावा न कर रहा हो 2 आडंबरहीन: live in an ~ way

unpresentable /अनप्रिजेंटअबल/ *adj.* भोंडा, भद्दा, अपरिष्कृत

unpresuming /अनप्रिज्यूमिंग/ (*also* **unpretending/ unpretentious**) *adj.* विनीत, विनम्र, निरहंकार, निरभिमान

unpretentious /अनप्रिटेंशिअस/ (*also* **unpresuming**) *adj.* सीधा-सादा, भोला-भाला, आडंबरहीन, विनीत, विनम्र: live in an ~ way

unprincipled /अनप्रिंसिपल्ड\/ *adj.* 1 सिद्धांतहीन, नीतिहीन: ~ conduct 2 बेईमान, अनैतिक, चरित्रहीन: ~ rogue;
***dw/lw:* ~ness** /~नेस/ *n.* सिद्धांतहीनता

unprintable /अनप्रिंटअबल/ *adj.* 1 जो छापने योग्य न हो, अमुद्रणीय 2 घोर अश्लील

unprivileged /अनप्रिविलिजड/ *adj.* 1 अप्राधिकृत 2 दमित, दलित, शोषित

unproblematic /अनप्रौब्लअमैटिक/ *US* -प्राःब्लअ-/ *adj.* समस्या-रहित

unproclaimed /अनप्रअक्लेमड/ *adj.* अघोषित

unprocurable /अनप्रोक्युरअबल/ *adj.* अप्राप्य

unproductive /अनप्रअडक्टिव/ *adj.* 1 अनुत्पादक: ~ capital 2 अनुर्वर

unprofessional /अनप्रअफेशनल/ *adj.* 1 अव्यावसायिक: ~ advice 2 अनुचित: a physician's ~ conduct

unprofitable /अनप्रौफिटअबल/ *US* -प्राःफि-/ *adj.* अलाभप्रद, अलाभकर, व्यर्थ, बेफायदा, बेकार

UNPROFOR/ Unprofor *abbr.* 'United Nations Protection Force' की प्रथमाक्षरी

unprogressive /अनप्रअग्रेसिव/ *adj.* अप्रगतिशील, प्रतिक्रियावादी

unpromising /अनप्रौमिसिंग/ *US* -प्राःमि-/ *adj.* 1 मंदबुद्धि, प्रतिभाहीन 2 निराशाजनक, अनाशाजनक

unprompted /अनप्रौंप्टिड/ *US* -प्राःम्प्टिड/ *adj.* किसी के बिना कहे या बताए किया जाने वाला

unpronounceable /अनप्रनाउंसअबल/ *adj.* अनुच्चरणीय

unproportioned /अनप्रअपॉःशंड/ *adj.* अननुपातिक, असंतुलित

unprosperous /अनप्रौस्परस/ *US* -प्राःस्प-/ *adj.* तंगहाल, असमृद्ध

unprotected /अनप्रअटेक्टिड/ *adj.* अरक्षित

unprotest\ed /अनप्रअटे\स्टिड/ *adj.* निर्विरोध;
***dw/lw:* ~ing** /~स्टिंग/ *adj.* जो बिल्कुल विरोध न करता हो

unprov\able /अनप्रू\वःबल/ *adj.* अप्रमाण्य;
***dw/lw:* ~ed/ ~en** /~वड/ ~वन/ *adj.* 1 अप्रमाणित 2 अपरीक्षित

unprovided /अनप्रअवाइडिड/ *adj.* 1 अनापूर्तित, साधनहीन: be left ~ for 2 बिना तैयारी के, असज्जित: be ~ against an attack 3 जिसका प्रावधान न किया गया हो: a case ~ for by the rules

unprovoked /अनप्रअवोक्ट/ *adj.* बिना किसी उकसावे के: ~ abuse; remain ~

unpublish\ed /अनपब्लि\श्ट/ *adj.* अप्रकाशित: the **~ed** facts;
***dw/lw:* ~able** /~शबल/ *adj.* अदंडनीय

unputdownable /अनपुटडाउनअबल/ *adj.* अत्यंत रोचक (पुस्तक आदि, जिसे पढ़ते-पढ़ते नीचे रखने का मन न करे)

unpunished /अनपनिश्ट/ *adj.* अदंडित

unpurified /अनप्युअरिफाइड/ *adj.* अशोधित, अपवित्रीकृत

Unq *symbol* 'unnilquadium' का चिह्न

unquali\fied /अनक्वौलि\फाइड/ *US* -क्वाः-/ *adj.* 1 जब किसी के पास किसी नौकरी या पद के लिए निर्धारित औपचारिक विशिष्टता न हो, अयोग्य 2 अबाधित, बेशर्त: **~fied** denial; **~fied** statement 3 पूर्ण, संपूर्ण, अप्रतिबंध, अबाधित: an **~fied** success 4 पक्का: **~fied** support

unquenchable /अनक्वेंचअबल/ *adj.* 1 न बुझाई जा सकने वाली (प्यास): ~ thirst 2 अशमनीय 3 अदम्य 4 स्थिरस्थायी, चिरस्थायी

unquestion\able /अनक्वेस्च\नअबल/ *adj.* 1 असंदिग्ध 2 निर्विवाद, निश्चित, अविवाद्य, अशंकनीय: ~able evidence;
***dw/lw:* ~ability** /~नअबिलिटि/ *n.* निर्विवादता; **~ably** /~नअबलि/ *adv.* निर्विवाद, निस्संदेह; **~ed** /~न्ड/ *adj.* निर्विवाद, असंदिग्ध, अप्रश्नित: the ~ed masterpieces of our epoch; **~ing** /~निंग/ *adj.* 1 जो प्रश्न न करता हो, संदेह या आपत्ति न करने

वाला: ~ing obedience 2 बिना संदेह या आपत्ति के होनेवाला; **~ingly** /~निंगलि/ *adv.* निर्विवाद ढंग से

unquiet /अनक्वायट\/ *adj.* 1 बेचैन, आंदोलित, उद्विग्न, अशांत: ~ days 2 चिंतित;
dw/lw: **~ly** /~लि/ *adv.* बेचैनी से; **~ness** /~नेस/ *n.* बेचैनी, उद्विग्नता, अशांति

unquo\table /अनक्वो\टअबल/ *adj.* अनुद्धरणीय, जो दोहराने लायक न हो, अकथ्य;
dw/lw: **~te** /~ट/ *v., pt.* ~ed, *pp* ~ing कथन को उद्धरण चिह्न से बंद क.; **~ed** /~टिड/ *adj.* अनुद्धृत

unransomed /अनरैन्समड/ *adj.* बिना फिरौती का, बिना अपहरण धन दिए

unrationed /अनरैशंड/ *adj.* अनियंत्रित, अननुभक्त

unravel /अनरैवल/ *v., UK pt.* **~led**, *pp* **~ling**/ *US pt.* **unraveled**, **unraveling** 1 रस्सी आदि सुलझाना 2 पहेली, गुत्थी, रहस्य आदि सुलझाना 3 उकेलना, सुलझाना 4 सुलझ जाना 5 बुनाई उधेड़ना

unreachable /अनरीचअबल/ *adj.* अनधिगम्य, अलभ्य, जहां पहुंचा न जा सकं

unread /अनरेड/ *adj.* 1 जो पाठ पढ़ा न गया हो 2 (व्यक्ति) जो पढ़ा न हो, अनपढ़, अपढ़;
dw/lw: **~able** /अनरीडअ\बल/ *adj.* जिसे पढ़ पाना कठिन हो, अपाठ्य, अस्पष्ट, अपठनीय; **~ability**/ **~ableness** /~बिलिटि/ ~बलनेस/ *n.* अपठनीयता

unrea\dy /अनरेडि\/ *adj.* 1 जो तैयार न हो 2 अनिच्छुक, अतत्पर 3 अनिश्चयी, ढुलमुल;
dw/lw: **~dily** /~लि/ *adv.* अनिच्छुक ढंग से; **~diness** /~नेस/ *n.* ढुलमुलपन

unreal /अनरिअ\ल/ *adj.* 1 जो असली न हो, अवास्तविक, नकली 2 भ्रामक, काल्पनिक, कल्पित, खयाली 3 अति विचित्र;
dw/lw: **~istic** /~लिस्टिक/ *adj.* अयथार्थवादी, काल्पनिक

unrealised /अनरीअलाइज्ड/ *adj.* अप्राप्त, जिसे व्यावहारिक रूप न दिया गया हो

unreason/अनरीजन/ *n.* 1 अविवेक 2 मूर्खता, बेतुकापन;

unreason\able /अनरीज\नअबल/ *adj.* 1 अतर्कशील, अनुचित: ~able conduct; at this ~able hour 2 अविवेकी, हठीला, असंतुलित, नासमझ: ~able beasts 3 (***syn.*** immoderate) बेजा, अतिशय, हद से ज्यादा: ~able price; ~able claim 4 अविवेचित, अकारण, निर्मूल, असंगत: ~able delay; **~ably** /~नअबलि/ *adv.* अयुक्तियुक्त या अनुचित ढंग से; **~ableness** /~नअबलनेस/ *n.* अविवेकता, असंतुलन, नासमझी; **~ed** /अनरीजंड/ *adj.* अतर्कसंगत, अविवेकशील, अकारण, निर्मूल, अविवेचित; **~ing** /~निंग/ *adj.* 1 अयुक्तिपूर्ण, तर्कविहीन 2 अविवेकी 3 अविवेचित, अकारण, निर्मूल, अयुक्तिक, असंगत; **~ingly** /~निंगलि/ *adv.* अतर्कपूर्वक, अविवेकपूर्वक;
p&i: **~able silence is folly** अनुचित चुप्पी मूर्खता है

unreclaimed /अनरिक्लेमड/ *adj.* 1 बिना सुधारा हुआ, बिन सुधरा 2 जिसे भूल का पश्चात्ताप न हुआ हो 3 अकृषित

unrecognized /अनरेकग्नाइज्ड/ *adj.* 1 मान्यतारहित, अमान्यताप्राप्त 2 अनभिज्ञात 3 उपेक्षित

unreconstructed /अनरीकंस्ट्रिक्टिड/ *adj.* 1 अपुनरुद्धारित 2 पुराणपंथी, दकियानूसी 3 जिसे नव-निर्मित न किया गया हो

unrecorded /अनरीकॉःडिड/ *adj.* 1 अनभिलिखित 2 अलिखित: ~ book

unrecoverable /अनरिकवरअबल/ *adj.* जिसे वसूला न जा सके, अप्राप्य

unrectified /अनरेक्टिफाइड/ *adj.* 1 अपरिशोधित, असमायोजित 2 जिसे सुधारा न गया हो

unredeem\able /अनरिडी\मअबल/ *adj.* 1 अनिष्क्रेय, अनुद्धार्य 2 अविमोच्य, अपरिशोधनीय 3 अपूरणीय 4 अनिष्पाद्य;
dw/lw: **~ed** /~मड/ *adj.* 1 अनुद्धारित 2 अपरिशोधित: sale of ~deemed shares 3 अपूरित 4 अनिष्पादित: ~ed bill of Exchange

unreel /अनरील/ *v., pt.* **~ed**, *pp* **~ing** फिर्की या चर्खी से उतारना

unree\ve /अनरी\व/ *v. pt.* **unrove**/ **~ed**, *pp* **~ing** नहीं पिरोना, नहीं पार क., ब्लौक से निकालना

unrefined /अनरिफाइंड/ *adj.* 1 असभ्य 2 अपरिमार्जित, अपरिष्कृत, अशुद्ध

unreflecting /अनरिफ्लेक्टिंग/ *adj.* 1 अपरावर्ती 2 लापरवाह, बेलिहाज

unreform\able /अनरिफॉः\मअबल/ *adj.* जिसे सुधारा न जा सके, सुधारातीत;
dw/lw: **~ed** /~मड/ *adj.* अनसुधरा, बिना सुधारा हुआ

unrefreshed /अनरिफ्रेश्ट/ *adj.* जो तरोताजा न हुआ हो

unregarded /अनरिगाःडिड/ *adj.* 1 जिस पर कोई ध्यान न दे 2 अनादृत, अवमानित 3 तिरस्कृत, उपेक्षित

unregenerate /अनरिजेनअरेट/ *adj.* 1 जो सुधरा न हो 2 जो पश्चाताप करके पापों या भूलों से मुक्त न हुआ हो 3 पाप के रास्ते पर चलते रहने वाला

unregistered /अनरिजिस्टःड/ *adj.* 1 अपंजीकृत, अरजिस्ट्रीकृत 2 साधारण: ~ citizen

unregulated /अनरेग्यूलेटिड/ *adj.* 1 अनियंत्रित, अनियमित: ~ traffic 2 अस्त-व्यस्त, खोया-खोया-सा: ~ mind

unrehearsed /अनरिहःस्ट/ *adj.* 1 बिना अभ्यास किए: ~ speech 2 सहज, स्वाभाविक, अनायोजित: ~ effect; ~ play

unreined /अनरअंड/ *adj.* अनियंत्रित, बेलगाम: ~ passions

unrelated /अनरिलेटिड/ *adj.* 1 असंबंधित, असंबद्ध 2 से कटा हुआ: ~ to the realities of life; they are entirely ~

unreleased /अनरिलीजड/ *adj.* 1 जिसे छोड़ा न गया हो 2 औपचारिक रूप से अविमोचित (फिल्म आदि)

unrelenting /अनरिलेंटिंग\/ *adj.* 1 (***syn.*** relentless) टस से मस न होने वाला, अटल 2 कठोर, बेदर्द, निष्ठुर 3 निरंतर, अविरत, अविरल 4 अथक;
dw/lw: **~ly** /~लि/ *adv.* दृढ़तापूर्वक; **~ness** /~नेस/ *n.* अड़ियलपन

unrelia\bility /अनरिलाय\बिलअटि/ *n.* अविश्वसनीयता, बेईमानी;
dw/lw: **~ble** /~बल/ *adj.* 1 अविश्वसनीय, अविश्वस्त: have sth from an ~ source 2 बेईमान 3 अयथार्थ, अशुद्ध, गलत 4 जो भरोसेमंद न हो

unrelieved /अनरिलीव्ड/ *adj.* 1 जिसे पीड़ा आदि से आराम न मिला हो, अप्रशमित 2 बिना सहायता के, बे-मदद: many sufferers are ~ for want of funds 3 पूरा, अन्यूनीकृत 4 पक्का 5 जिसे किसी कार्य, पद आदि से निवृत न किया गया हो 6 एकरस, नीरस 7 जिसका कोई विकल्प न हो

unreligious /अनरिलिजिअस/ *adj.* अधार्मिक, अधर्मी, नास्तिक: ~ education

unremarkable /अनरिमाःकअबल/ *adj.* साधारण

unremit\ted /अनरिमि\टिड/ *adj.* 1 अक्षमित 2 निरंतर: **~ted** attention 3 अथक;
dw/lw: **~ting** /~टिंग/ *adj.* 1 निरंतर एक चाल से चलने वाला, अविरत, अविरल: ~ting rain 2 अथक: ~ting energy; ~ting toil; **~tingly** /~टिंगलि/ *adv.* निरंतर, लगातार

unremunerative /अनरिम्यूनअरेटिव/ *adj.* अलाभकारी, घाटे का: ~ occupation

unrepaired /अनरिपेअःड/ *adj.* 1 बेमरम्मत, जीर्ण-शीर्ण 2 अक्षतिपूर्तित

unrepeatable /अनरिपीटअबल/ *adj.* 1 अकथ्य, अकथनीय, अश्लील 2 जिसे दोहराया न जा सके

unrepentant /अनरिपेंटंट/ *adj.* जिसे पछतावा न हो: ~ sinner

unrepining /अनरिपाइनिंग/ *adj.* चुपचाप सह लेने वाला, सहिष्णु

unreplaceable /अनरिप्लेसिअबल/ *adj.* जसका कोई विकल्प न हो, अप्रतिस्थाप्य

unrepresent\ative /अनरेप्रिजें\टअटिव/ *adj.* (***syn.***

untypical) अप्रातिनिधिक;
dw/lw: **~ed** /~टिड/ *adj.* 1 प्रतिनिधित्व-रहित: a nation ~ed at a conference 2 रिक्त 3 अनिवेदित, अनभिवेदित 4 अप्रदर्शित
unrequited /अनरिक्वाइटिड/ *adj.* 1 एकतरफा: ~ love 2 अप्रतिदत्त या अपुरस्कृत: ~ labour 3 अनक्षतिशमित, अप्रतिशोधित
unreserve /अनरिज़ःव/ *n.* बेतकल्लुफी, सरलता;
dw/lw: **~d** /~ड/ *adj.* 1 बेतकल्लुफ, निस्संकोच 2 स्पष्टवादी, सरल, सच्चा, निष्कपट: ~d nature 3 अबाध, अप्रतिबंधित: ~d confidence 4 अनारक्षित, अप्रारक्षित, असुरक्षित (not booked or ~d; ~d seats; **~dly** /~डलि/ *adv.* पूर्णत:, बिना किसी शर्त के, निस्संकोच, पूर्णतया; **~dness** /~डनेस/ *n.* निस्संकोचता
unresolved /अनरिजौल्व्ड/ *US* -जाःल्व्ड/ *adj.* 1 अनसुलझी, बिना हल के, अनुत्तरित, अनिर्णीत: an ~ problem or question; ~ conflict; ~ problem 2 डांवांडोल, अकृतसंकल्प 3 अविघटित, अवियोजित
unresponsive /अनरिस्पौंसिव/ *US* -स्पांसिव/ *adj.* 1 अप्रतिक्रियाशील, अप्रतिसंवेदी 2 उदासीन, भावशून्य, प्रतिकूल
unrest /अनरेस्ट/ *n.* 1 अशांति, असंतोष: cause ~; continuing/ growing ~ 2 उत्तेजना, गड़बड़, उपद्रव, हलचल: a wave of ~; political/ social ~ 3 बेचैनी, घबराहट, व्यग्रता, चिंता: ~ among sb; ~ over sth;
dw/lw: **~ful** /~फुल/ *adj.* 1 अशांत 2 अशामक 3 बेचैन, अधीर, विकल
unrestored /अनरिस्टॉःड/ *adj.* बेमरम्मत, अप्रतिदत्त, अपुनरुद्धरित
unrestrained /अनरिस्ट्रेंड/ *adj.* असंयत, बेलगाम, असंयमित: ~ praise; ~ laughter
unrestricted /अनरिस्ट्रिक्टिड/ *adj.* 1 (***syn.*** unlimited) अनियंत्रित, अप्रतिबंधित 2 अबाधित, अनियंत्रित: ~ authority
unretentive /अनरिटेंटिव/ *adj.* 1 कमजोर 2 धारणअक्षम: ~ memory
unreturned /अनरिटःन्ड/ *adj.* 1 अप्रत्यावर्तित, अप्रत्यर्पित, अनावर्तित 2 अनिर्वाचित 3 अप्रतिदत्त, जिसे वापस न दिया गया हो
unrevealed /अनरिवीलड/ *adj.* 1 अनुद्घाटित, अप्रकाशित 2 गुप्त
unreversed /अनरिवःसड/ *adj.* जिसे बदला न गया हो: the sentence remains ~
unrevo\ked /अनरिवो\क्ट/ *adj.* अनिरस्त: the order remained ~;
dw/lw: **~ken** /~कन/ *adj.* अब तक लागू, अनिरस्त
unrewarding /अनरिवॉःडिंग/ *adj.* अलाभकर
unrhythmical /अनरिद्मिकल/ *adj.* लयहीन, बेताल
unrid\dle /अनरिड\ल/ *v., pt.* **~dled**, *pp* **~dling** पहेली बूझना, सुलझाना;
dw/lw: **~dler** /~लः/ *n.* पहेली बूझने वाला
unrig /अनरिग/ *v., pt.* **~ged**, *pp* **~ging** पालपोत की रस्सी उतारना
unrighteous /अनराइचिअस/ *adj.* 1 अन्यायी, अनीतिपरायण 2 दुष्ट, अनैतिक 3 अन्यायपूर्ण, अनुचित: ~ sentence 4 अकारण;
dw/lw: **~ly** /~लि/ *adv.* दुष्टतापूर्वक, अनैतिक ढंग से; **~ness** /~नेस/ *adj.* 1 अन्याय, अनीतिपरायणता 2 दुष्टता
unrip /अनरिप/ *v. pt.* **~ped**, *pp* **~ping** 1 फाड़कर खोलना 2 उधेड़ना 3 प्रकट क.: ~ your plan!
unripe /अनराइप/ *adj.* 1 जो अभी पका न हो, कच्चा, बेपका: ~ fruit 2 अपरिपक्व, अपक्व 3 अप्रौढ़;
dw/lw: **~ness** /~नेस/ *n.* कच्चापन, अपरिपक्वता
unrivalled /अनराइवल्ड/ (*US* **unrivaled**) *adj.* (***syn.*** unsurpassed) अनुपम, बेजोड़, अद्वितीय, अप्रतिम: our goods are ~
unrivet /अनरिविट/ *v., pt.* **~ed**, *pp* **~ing** 1 रिवेट (या कीलक) खोलना, निकालना, या हटाना 2 शिथिल क., ढीला क.
unrob\e /अनरोब/ *v., pt.* **~ed**, *pp* **~ing** कपड़े उतारना, नंगा हो. या क.
unroll /अनरोल/ *v., pt.* **~ed**, *pp* **~ing** 1 रोल खोलना, फैला दे.: ~ a banner 2 खुल जाना, फैल जाना 3 दिखलाना, प्रदर्शित क.
unromantic /अनरमैंटिक/ *adj.* नीरस, फीका, साधारण
unroof /अनरूफ/ *v., pt.* **~ed**, *pp* **~ing** छत उतारना: **~ed** (खुला)
unroot /अनरूट/ *v., pt.* **~ed**, *pp* **~ing** जड़ से उखाड़ना
unrop\e /अनरोप/ *v., pt.* **~ed**, *pp* **~ing** रस्सी खोलना, बंधन खोलना, मुक्त क.
unrounded /अनराउंडिड/ *adj.* 1 जो गोल न हो, अवर्तुलित, अवर्तुल, अगोलित 2 *phon.* फैले होंठों के साथ उच्चरित
unruf\fled /अनर\फ्लड/ *adj.* 1 (***syn.*** unperturbed) अक्षुब्ध, शांत 2 चिकना, समतल 3 अनुद्विग्न, अनुत्तेजित;
dw/lw: **~flable** /~फ्लेबल/ *adj.* जिसे क्षुब्ध न किया जा सके; **~fledness** /~फ्लडनेस/ *n.* अक्षुब्धता, अनुद्विग्नता
unrul\ed /अनरू\ल्ड/ *adj.* अरेखित, जिस कागज पर रेखाएं न छपी हों
unruly /अनरूलि/ *adj.* 1 अनुशासनहीन, काबू से बाहर, बेकाबू, बेलगाम 2 बिखरा हुआ 3 अवश्य, अनियंत्रित 4 प्रचंड, तूफानी: ~ streams
UNRWA *abbr.* 'United Nations Relief and Works Agency' की प्रथमाक्षरी
Uns *symbol* **'**unnilseptium' का चिह्न
unsad\dle /अनसैडल/ *v., pt.* **~dled**, *pp* **~dling** 1 (***syn.*** unseat) काठी या जीन उतारना 2 सवार को उतार फेंकना या पटक देना
unsafe /अनसेफ/ *adj.* 1 खतरनाक: ~ bridge 2 असुरक्षित: feel ~; ~ method 3 संकटपूर्ण
unsaid /अनसेड/ *adj.* अनकहा, अकथित: left ~
unsal(e)able /अनसेलिअबल/ *adj.* अविक्रेय, अपण्य
unsalaried /अनसैलअरिड/ *adj.* अवैतनिक
unsalted /अनसॉःल्टिड/ *adj.* बिना नमक का, बेनमक, अलोना
UNSAMIL *abbr.* 'United Nations' Mission in Sierra Leone' की प्रथमाक्षरी
unsanctified /अनसैंक्टिफाइड/ *adj.* अपवित्र, नापाक
unsanitary /अनसैनिटरि/ *adj.* 1 गंदा 2 अस्वास्थ्यकर, हानिकर
UNSAS *abbr.* 'United Nations' Standby Arrangements Systems' की प्रथमाक्षरी
unsatiated /अनसैटिएटिड/ *adj.* अतुष्ट, अपरितुष्ट
unsatis\factory /अनसैटि\स्फैक्टरि/ *adj.* (***syn.*** inadequate) असंतोषजनक, साधारण;
dw/lw: **~fied** /~स्फआइड/ *adj.* असंतुष्ट: his curiosity is ~fied; ~fied demand; **~fying** /~स्फाइंग/ *adj.* अतुष्टकारी: ~fying meal
unsatura\ted /अनसैचुरे\टिड/ अनसैचअरे\टिड/ *adj.* असंतृप्त;
dw/lw: **~tion** /~शन/ *n.* असंतृप्ति
unsavou\ry *UK* (*US* **unsavory**) /अनसेवरि/ *adj.* 1 बेस्वाद, अस्वादिष्ट, अरुचिकर, बदजायका, बदमजा 2 खराब, कलंकित: **~ry** reputation 3 अनैतिक: **~ry** role 4 घृणित, घिनौना, अश्लील 5 बदबूदार: **~ry** smell;
dw/lw: **~rily** /~लि/ *adv.* घृणित ढंग से; **~riness** /~नेस/ *n.* अनैतिकता, घिनौनापन
unsay /अनसे/ *v., pt.* **unsaid**, *pp* **~ing** 1 पीछे हट जाना, कही गई बात वापस ले लेना 2 मुकर जाना: the criminal just wanted to ~ the confession;
dw/lw: **unsaid** *adj.* अनकहा; **~able** /अनसेअबल/ *adj.* जिसे कहा न जा सके
UNSC *abbr.* 'UN Security Council' की प्रथमाक्षरी
unscalable /अनस्केलअबल/ *adj.* अलंघ्य, अनारुह्य
unscared /अनस्केःड/ *adj.* बेखौफ, निडर
unscarred /अनस्काःड/ *adj.* बेखरौंच, बेदाग

unscathed /अनस्केदड/ *adj.* (***syn.*** unharmed) सही-सलामत, निरापद, अक्षत

UNSCEAR *abbr.* 'UN's Scientific Committee on the Effects of Atomic Radiation' की प्रथमाक्षरी

unscented /अनसेंटिड/ *adj.* बेखुशबूदार: ~ soap

unscheduled /अनशेड्यूल्ड/ *US* अनश्कअड्यूल्ड/ *adj.* 1 असूचीबद्ध, असारणीबद्ध 2 (***syn.*** unplanned) अनियोजित

unscholarly /अनस्कॉलःलि/ *US* -स्काः-/ *adj.* 1 अवैज्ञानिक 2 पांडित्यहीन

unschooled /अनस्कूलड/ *adj.* 1 जो स्कूल में न पढ़ा हो, अनपढ़ 2 अप्रशिक्षित: ~ talent 3 अनुभवहीन

unscientific /अनसायंटिफिक/ *adj.* अवैज्ञानिक

UNSCOM *abbr.* 'UN's Special Commission' की प्रथमाक्षरी

unscramb\le /अनस्क्रैंबल/ *v., pt.* **~led**, *pp* **~ling** 1 सुलझाना 2 बोधगम्य बनाना 3 गुप्त संदेश की गुत्थी सुलझाना

unscratched /अनस्कैचड/ *adj.* 1 जिसे खरोंच न लगी हो 2 जिसे हानि न पहुंची हो, सही-सलामत, अक्षत

unscreened /अनस्क्रीन्ड/ *adj.* 1 खुला, बेपरदा 2 अनजांचा 3 अचलचित्रित

unscrew /अनस्क्रू/ *v., pt.* **~ed**, *pp* **~ing** 1 पेंच खोलना 2 पेंच निकालना

unscripted /अनस्क्रिप्टिड/ *adj.* 1 अलिखित 2 (***syn.*** spontaneous) तात्कालिक

unscriptural /अनस्क्रिप्चरल/ *adj.* धर्मग्रंथ-निरपेक्ष, धर्मग्रंथ-विरुद्ध

unscrupulous /अनस्क्रूप्युलस\/ *adj.* 1 (***syn.*** unprincipled) अविवेकी, सिद्धांतहीन, अनैतिक 2 चरित्रहीन, बेईमान;
dw/lw: **~ly** /~लि/ *adv.* अविवेक-पूर्वक, बेईमानी से; **~ness** /~नेस/ *n.* सिद्धांतहीनता, अनैतिकता

unseal /अनसील/ *v., pt.* **~ed**, *pp* **~ing** 1 सील तोड़ना या खोलना 2 खोलना: ~ sb's lips;
dw/lw: **~ed** /अनसील्ड/ *adj.* खुला, जो सील करके बंद न किया गया हो

unseam /अनसीम/ *v., pt.* **~ed**, *pp* **~ing** दोफाड़ क., बीचों-बीच चीरना: ~ a shirt from top to bottom

unsearchable /अनसःचअबल/ *adj.* रहस्यमय, अनन्वेषणीय

unseason\able /अनसीजनअ\बल/ *adj.* (*also* **unseasonal**) 1 बेमौसम का, बेमौसमी: **~able** heat 2 असामयिक, बेवक्त का, बेमौका: at an **~able** hour 3 अनुपयुक्त, अनुचित: **~able** humour/ joke; **~able** request;
dw/lw: **~ableness** /~बलनेस/ *n.* असामयिकता, अनुपयुक्तता

unseasoned /अनसीजन्ड/ *adj.* 1 जो छौंका या बघारा न गया हो, बेछौंका या सादा, फीका 2 (लकड़ी) जो पूरी तरह से सूखी न हो, कच्ची या गीली: ~ timber or wood 3 कच्चा, कोरा, अनभ्यस्त, अनुभवहीन

unseat /अनसीट/ *v., pt.* **~ed**, *pp* **~ing** 1 अपदस्थ क., पदच्युत क. 3 गिरा दे. 4 हरा दे: he was **~ed** at the last general election

unsecured /अनसिक्योःड/ *adj.* असुरक्षित, प्रतिभूतिरहित: ~ creditor

unseeded /अनसीडिड/ *adj.* वरीयताविहीन, अवरीयताप्राप्त

unseeing /अनसीइंग/ *adj.* 1 अप्रतिबोधी, असावधान 2 असंदेही: he looked at her face with ~ eyes 3 अंधा

unseem\liness /अनसीम्लि\नेस/ *n.* अनौचित्य, असंगति;
adv. अशोभनीय ढंग से, अनुचित रीति से;
dw/lw: **~ly** /अनसीम्लि/ *adj., degr.* ~lier, ~liest 1 अशोभनीय 2 (***syn.*** improper) अनुचित, नामुनासिब: ~ly intrusion 3 बेमौका: at the most ~ly hours 4 असंगत

unseen /अनसीन/ *adj., adv.* 1 अनदेखा, जिसे देखा न गया हो, 2 अलक्षित, अदृष्ट: ~ firing 3 जिस पाठ का अनुवाद पहले से न किया गया हो: ~ translation

unsegmented /अनसेग्मेंटिड/ *adv.* अखंड

unself-conscious /अनसेल्फकौंशिअस/ *US* -सेल्फ्कां-/ 1 असंकोची, संकोच-रहित 2 स्वाभाविक, सहज

unselfish /अनसेल्फिश\/ *adj.* (***syn.*** selfless) निस्स्वार्थ, परोपकारी: ~ service;
dw/lw: **~ly** /~लि/ *adv.* निस्स्वार्थपूर्वक; **~ness** /~नेस/ *n.* निस्स्वार्थता

unsent /अनसेंट/ *adj.* अप्रेषित, बिना भेजा: the missive is ~;
p&i: **~ for** बिन बुलाया, अनबुलाया: he came ~ for

unseptate /अनसेप्टेट/ *adj.* पटहीन

unserved /अनसःवड/ *adj.* 1 असेवित 2 जिसे परोसा न गया हो

unserviceable /अनसःविसिअबल/ *adj.* 1 बेकार, बेकाम, अनुपयोगी: ~ equipment; go ~ (बिगड जा.) 2 अप्रयोज्य, अव्यवहार्य

unset /अनसेट/ *adj.* अजटित, अस्थापित

unsett\le /अनसेट\ल/ *v., pt.* **~led**, *pp* **~ling** 1 अशांत क., घबराहट पैदा क. डांवांडोल क.: his narrative **~led** us 2 अस्त-व्यस्त क., अव्यवस्थित क.: holidays **~le** me 3 अस्थिर क.: **~le** old beliefs;
dw/lw: **~led** /~लड/ *adj.* 1 अस्थिर, अव्यवस्थित: the weather is ~led; prices remain ~led 2 अशांत, बेचैन 3 अनिश्चयी, डांवांडोल, असंतुलित 4 (***syn.*** unresolved) अनिश्चित, अनिर्णीत: the point is ~led 5 अदत्त: ~led debts 6 जो आबाद न हुआ हो, अनबसा; **~ledness** /~लडनेस/ *n.* अस्थिरता, अनिश्चितता; **~ling** /~लिंग/ *adj.* घबराहट पैदा करने वाला, क्षोभकारी: ~ling news

unsew /अनसो/ *v., pt.* **~ed**, *pp* **~ing** उधेड़ना;
dw/lw: **~n** /अनसोन/ 1 *pt. p. of* '**unsew**' 2 *adj.* अनसिला

unsex /अनसे\क्स/ *v., pt.* **~ed**, *pp* **~ing** 1 अशक्त बनाना, नपुंसक बनाना 2 पुरुषत्वहीन या नारीत्वहीन कर दे.;
dw/lw: **~ed** /~क्सड/ *adj.* 1 नपुंसक, पुरुषत्वहीन, नारीत्वहीन 2 (लिंग के आधार पर) अपृथक्कृत; **~ual** /~क्सुअल/ *adj.* अलैंगिक

unsha\ckle /अनशैकल/ *v., pt.* **~ckled**, *pp* **~ckling** 1 बेड़ियों से मुक्त क., छुड़ाना 2 बंधनमुक्त क. या बेबाक हो.: **~ckled** by conventions, the conversation was **~ckled**

unshaded /अनशेडिड/ *adj.* खुला, अनावृत, अछादित

unshadowed /अनशैडोड/ *adj.* 1 अनाच्छादित: a life ~ by any calamity 2 खुश, प्रसन्न, विषादरहित: ~ day

unshakable /अनशेकअबल/ *adj.* (***syn.*** firm) दृढ़, अटल, अविचल: ~ faith

unshaped /अनशेपड/ *adj.* आकारहीन

unshapely /अनशेपलि/ *adj.* भद्दा, बेढंगा, बेडौल, बदसूरत, कुरूप

unshaven /अनशेवन/ *adj.* 1 बेहजामत 2 बिना दाढ़ी बना

unshea\the /अनशीद/ *v., pt.* **~thed**, *pp* **~thing** म्यान से बाहर निकालना, खींचना: **~the** the sword

unshell /अनशेल/ *v., pt.* **~ed**, *pp* **~ing** 1 खोल उतारना, छिलका या आवरण हटाना 2 गोलाबारी न क.

unsheltered /अनशेल्टःड/ *adj.* 1 अरक्षित 2 निराश्रय, बेपनाह

unship /अनशिप/ *v., pt.* **~ped**, *pp* **~ping** 1 जहाज से उतरना 2 जहाज से माल उतारना

unshod /अनशॉड/ *adj.* 1 नंगपैरा 2 बेनाल, नाल-रहित
adv. नंगे पांव, बिना जूते के

unshoe /अनशू/ *v., pt.* **~d**, *pp* **unshoing** नाल उतारना

unshorn /अनशॉःन/ *adj.* अकर्तित, जिसकी ऊन न उतारी गई हो

unshrinkable /अनश्रिंकअबल/ *adj.* न सिकुड़ने वाला, असंकुच्य

unshrinking /अनश्रिंकिंग/ *adj.* 1 न सिकुड़ने वाला 2 दृढ़, पक्का

unshunnable /अनशनअबल/ *adj.* जिसे टाला नहीं जा सकता: ~ doom

unsifted /अनसिफ्टिड/ *adj.* 1 अनछना 2 अनजांचा

unsight\ed /अनसाइ\टिड/ *adj.* 1 अदृष्ट, अलक्षित: the ship is

still **~ed** 2 बिना दीदबान का 3 बाधित 4 दृष्टिहीन;
dw/lw: **~ly** /~ट्लि/ *adj., degr.* ~lier, ~liest 1 (***syn.*** ugly) अनाकर्षक, कुरूप, असुंदर, बदसूरत 2 अप्रिय, घिनौना, घृणित; **~liness** /~ट्लिनेस/ *n.* कुरूपता, बदसूरती
unsigned /अनसाइन्ड/ *adj.* अहस्ताक्षरित, बिना हस्ताक्षर के
unsinew /अनसिन्यू/ *v., pt.* **~ed**, *pp* **~ing** दुर्बल कर दे.: ~ the enemy
unskilled /अनस्किल्ड/ *adj.* 1 अकुशल 2 अप्रशिक्षित व्यक्ति द्वारा किया जाने वाला (कार्य), बेहुनर, अकुशल: ~ jobs; ~ labour
unskilful /अनस्किल्फुल/ *adj.* 1 कौशलहीन 2 फूहड़, अनाड़ी, अदक्ष: ~ attempt
unskimmed /अनस्किमड/ *adj.* मलाईदार: ~ milk
unslaked /अनस्लेक्ट/ *adj.* 1 अनबुझा, बिना बूझा 2 अशमित
unsleeping /अनस्लीपिंग/ *adj.* 1 अनिद्रित, असुप्त, जागता हुआ, जाग्रत 2 अविरत, निरंतर सक्रिय: ~ vigilance 3 अथक
unslept /अनस्लेप्ट/ *adj.* उन्निद्र: he arose early ~
unsling /अनस्लिंग/ *v., pt.* **unslung**, *pp* **~ing** खोलना, उतारना
UNSMA *abbr.* 'UN Special Mission to Afghanistan' की प्रथमाक्षरी
unsmoked /अनस्मोक्ड/ *adj.* बिना धुआं दी हुई (सलामी अदि)
unsnap /अनस्नैप/ *v., pt.* **~ped**, *pp* **~ping** टूटी चीज को जोड़ना
unsnarl /अनस्नाःल/ *v., pt.* **~ed**, *pp* **~ing** सुलझाना: ~ the company's affairs
unsociable /अनसोशिअबल/ *adj.* 1 गैरमिलनसार, रूखा, शुष्क: ~ nature; ~ demeanour 2 असामाजिक, अलग रहने वाला;
unsocial /अनसोशल/ *adj.* 1 असामाजिक, असमाजशील, गैर-मिलनसार 2 असामाजिक, समाज-विरोधी
unsoiled /अनसॉयल्ड/ *adj.* 1 जो गंदा न हुआ हो: ~ handkerchief 2 अकलंकित, बेदाग: ~ name
unsolder /अनसोल्डर/ *v., pt.* **~ed**, *pp* **~ing** नष्ट क.: nothing would ~ fraternal bonds
unsoldierly /अनसोल्जःलि/ *adj.* गैरसिपाहियाना, असैनिकोचित
unsolicited /अनसअलिसिटिड/ *adj.* 1 अप्रार्थित 2 बिन बुलाए या कहे किया हुआ (कार्य) 3 अकारण
unsolicitous /अनसअलिसिटस/ *adj.* परवाह न करने वाला, ध्यान न रखने वाला: he is ~ about the welfare of others
unsolvable /अनसौल्वअबल/ *US* -साःल्व-/ *adj.* असमाधेय, जिसका समाधान हो सके: ~ problems
unsolved /अनसौल्वड/ *US* -सौल्वड/ *adj.* जिसका समाधान या हल न निकला हो, असमाधानित, असाधित, अनसुलझा, अनुत्तरित
unsophistica\ted /अनसफिस्टिके\टिड/ *adj.* 1 (***syn.*** crude) अपरिष्कृत 2 अजटिल 3 सरल, निष्कपट, भोला-भाला, सीधा 4 अनुभवहीन 5 शुद्ध, अमिश्रित;
dw/lw: **~tedly** /~टिडलि/ *adv.* अपरिष्कृत ढंग से; **~tedness** /~टिडनेस/ *n.* = **~tion** /~शन/ *n.* अपरिष्कृतता
unsorted /अनसॉःटिड/ *adj.* बिना छांटे हुए: ~ goods
unsought /अनसॉःट/ *adj.* अयाचित, बिन मांगा: ~ help; ~ compliments
unsound /अनसाउंड/ *adj.* 1 दोषपूर्ण 2 बिगड़ा हुआ, दूषित, सड़ा हुआ, खराब: ~ fruit 3 (***syn.*** unreliable) अप्रामाणिक, अयुक्तियुक्त, गलत, झूठा: an ~ argument 4 अस्वस्थ: ~ lungs; of ~ mind (विक्षिप्त, विकृतमानस) 5 डांवांडोल, अस्थिर, अविश्वस्त 6 खराब, क्षत, क्षतिग्रस्त 7 बेकार, निकम्मा 8 हल्का;
dw/lw: **~ed** /~डिड/ *adj.* 1 जिसकी गहराई न मापी गई हो: the ~ depths of human misery 2 अनकहा, बिना शोर की (आवाज)
unspaced /अनस्पेस्ट/ *adj.* अनंतर, अंतर-रहित
unsparing /अनस्पेअरिंग\/ *adj.* 1 बेदर्द, निष्ठुर, कठोर: he is ~ of others 2 प्रचुर, बहुल, अत्यधिक, विपुल, उदार, मुक्तहस्त: he is ~ in praise; he is ~ in his efforts;
dw/lw: **~ly** /~लि/ *adv.* 1 कठोरतापूर्वक 2 उदारतापूर्वक
unspeakable /अनस्पीकअबल/ *adj.* 1 (***syn.*** indescribable) अकथनीय, अकथ्य: ~ delight; his manners are ~ 2 घृणित, वीभत्स: ~ bore; ~ odour
unspecialized /अनस्पेशलाइजड/ *adj.* 1 अविशेषज्ञीय 2 अविशेषित 3 सामान्य
unspecified /अनस्पेसिफाइड/ *adj.* अनिर्दिष्ट
unspent /अनस्पेंट/ *adj.* 1 जो खर्च न किया गया हो, अव्ययित, अप्रयुक्त 2 अश्रांत
unsplit /अनस्पलिट/ *adj.* अविदलित
unspoiled /अनस्पॉयल्ड/ (*also UK* **unspoilt**) *adj.* 1 जो बिगड़ा न हो, बिन बिगड़ा, अक्षत, अविकृत (प्राकृतिक सौंदर्य आदि) 2 जो कुत्सित न हुआ हो 3 सुशील
unspoken /अनस्पोकन/ *adj.* (***syn.*** unstated) अनकहा, अकथित, मौन
unsponsored /अनस्पॉसःड/ *adj.* अप्रतिभूत, असमर्थित, अप्रवर्तित
unsporting /अनस्पॉःटिंग/ (*also* **unsportsmanlike**) *adj.* (खिलाड़ी के लिए) अनुचित, अशोभनीय, अनुदार
unspotted /अनस्पॉटिड/ *adj.* 1 अनदेखा, जिसे देखा न गया हो 2 बेदाग, निर्मल, निर्दोष, निष्कलंक: ~ honour
UNSRVAW *abbr.* 'United Nations' Special Rapporteur on Violence against Women' की प्रथमाक्षरी
unstable /अनस्टेबल/ *adj.* 1 (***syn.*** volatile) अस्थिर, अस्थायी: ~ peace; ~ climate 2 विक्षिप्त 3 ढुलमुल, डांवांडोल 4 अविश्वसनीय 5 असंतुलित: ~ equilibrium 6 चंचल
unstamped /अनस्टैम्पट/ *adj.* 1 अमुद्रांकित, जिस पर मोहर न लगी हो 2 बेटिकट: ~ letter
unstarch /अनस्टाःच\/ *v., pt.* **~ed**, *pp* **~ing** कल्फ निकालना, ढीला क.;
dw/lw: **~ed** /~ड/ *adj.* बेकल्फ
unstarred /अनस्टाःड/ *adj.* अतारकित, अतारांकित
unsteadfast /अनस्टेडफअस्ट/ *adj.* 1 अदृढ़, परिवर्तनशील 2 फिसलने वाला: a man of ~ heart
unstea\dy /अनस्टेडि\/ *adj.* 1 अस्थिर: the market is **~dy** 2 अदृढ़, लड़खड़ाता हुआ: he was **~dy** on his feet; control one's **~dy** hands 3 अविश्वसनीय 4 चंचल, परिवर्तनशील 5 गैर-बराबर: **~dy** light;
dw/lw: **~dily** /~लि/ *adv.* लड़खड़ाते हुए; **~diness** /~नेस/ *n.* अदृढ़ता
unsterilized /अनस्टेरिलाइजड/ *adj.* अरोगाणुरहित: ~ milk
unstiffen /अनस्टिफन/ *v., pt.* **~ed**, *pp* **~ing ढीला** हो., तनावमुक्त हो.: her rigid face **~ed**
un\stinted /अनस्टिंटिड/ *adj.* असीम, प्रचुर, विपुल, अत्यधिक: excite ~ admiration;
dw/lw: **~stinting** /अनस्टिंटिंग/ *adj.* 1 प्रचुर 2 संपूर्ण, अप्रतिबंधित, अबाधित
unstirred /अनस्टःड/ *adj.* स्थिर, अचल, बिना हलचल के: ~ by these events
unstitch /अनस्टिच/ *v., pt.* **~ed**, *pp* **~ing** उधेड़ना: come **~ed**
unstick /अनस्टिक/ *v., pt.* **unstuck**, *pp* **~ing** 1 फंसी चीज को निकालना 2 विमान का उड़ान भरना (take off)
unstop /अनस्टौप/ *US* अनस्टाः\प/ *v., pt.* **~ped**, *pp* **~ping** 1 बाधा या रुकावट दूर क. 2 खोलना, डाट या डट्टा निकालना;
dw/lw: **~pable** /~पअबल/ *adj.* जिसे रोका न जा सके; **~ped** /~प्ड/ *adj.* 1 अबाधित, बिना रुके 2 *phon.* अस्पर्श (ध्वनि)
unstoppered /अनस्टौपःड/ *US* अनस्टाःपःड/ *adj.* बिना डाट का
unstrained /अनस्ट्रेंड/ *adj.* तनावमुक्त: his playing is facile and ~
unstrap /अनस्ट्रैप/ *v., pt.* **~ped**, *pp* **~ping** फीता खोलना, पट्टा या तस्मा खोलना
unstratified /अनस्ट्रैटिफाइड/ *adj.* बेपरतदार, अस्तरित

unstreamed /अनस्ट्रीमड/ *adj.* बिना वर्गों में बांटे हुए, अस्तरित
unstressed /अनस्ट्रेस्ड/ *adj.* 1 अबलाघातित, बलाघातहीन, बलाघात-रहित 2 तनावरहित
unstretched /अनस्ट्रेच्ट/ *adj.* अनखिंचा, अतानित
unstriated /अनस्ट्राइएटिड/ *adj.* अरेखित, बिना पट्टियों के
unst\ring /अनस्ट्रिंग/ *v., pt.* **unstrung**, *pp* **unstringing** 1 ढीला क., डोरी खोलना, निकालना: **~ring** a necklace of pearls 2 माला के मनके खोलना 3 अव्यवस्थित क 4 थैली ढीली क.;
dw/lw: **~rung** /अनस्ट्रंग/ *adj.* 1 ढीला 2 घबराया हुआ, व्याकुल
unstriped /अनस्ट्राइप्ट/ *adj.* अरेखित, बेलाइनदार, बिना धारियों या पट्टियों के
unstructured /अनस्ट्रक्चःड/ *adj.* बिना औपचारिक संरचना के
unstruck /अनस्ट्रक/ *adj.* 1 असंलग्न, अलग 2 उखड़ा या उधड़ा हुआ 3 ढीला 4 अलग, खुला;
p&i: **come** ~ 1 उखड़ जा. 2 विफल होना, निष्फल होना, बीमार पड़ जाना
unstudied /अनस्टडीड/ *adj.* 1 (*usually* ~ **in sth**) जिसका अध्ययन न किया गया हो, से अनभिज्ञ: he is ~ in Russian 2 स्वाभाविक, सहज: ~ pose
unsubscribe // *v., pt.* **~d**, *pp* **unsubscribing** *comput.* इंटरनेट मेलिंग लिस्ट से अपना इमेल पता (e-mail) हटा लेना
unsubsidized /अनसब्सिडाइज्ड/ *adj.* बिना अनुदान या सब्सिडी के
unsubstan\tial /अनसबस्टैंशि\अल/ *adj.* 1 सारहीन, असार, निर्मूल, अतात्त्विक, अभौतिक 2 निराधार, अप्रमाणित 3 कच्चा, कमजोर: **~tial** building 4 हल्का, अल्प, अपर्याप्त: **~tial** hopes; **~tial** meal;
dw/lw: **~tiality** /~अलिटि/ *n.* 1 अतात्त्विकता 2 अवास्तविकता, अप्रामाणिकता 3 अल्पता; **~tiated** /~एटिड/ *adj.* (***syn.*** unsupported) अप्रमाणित, असंपुष्ट, निराधार: ~tiated report/ charges
unsubstituted /अनसब्स्टिट्यूटिड/ *adj.* अप्रतिस्थापित
unsuccess /अनसक्सेस\/ *n.* विफलता;
dw/lw: **~ful** /~फुल/ *adj.* विफल, असफल: ~ful efforts; ~ful suitor; **~fully** /~फुलि/ *adv.* असफल ढंग से
unsufferable /अनसफरअबल/ *adj.* असहनीय: ~ cold; ~ pain
unsuit\ability /अनसू\टअबिलिटि/ *n.* अनुपयुक्तता, अनौचित्य;
dw/lw: **~ed** /~टिड/ (*also* **~able** /~टअबल/) *adj.* 1 अनुपयुक्त, अनुचित 2 अननुकूल, असंगत: an ~able article for export; a garment ~ed to the climate
unsullied /अनसलिड/ *adj.* 1 (***syn.*** unspoiled) बेदाग, निर्मल 2 निष्कलंक: ~ reputation
unsung /अनसंग/ *adj.* अगुणगानित, अकीर्तित: ~ hero
unsupported /अनसपॉःटिड/ *adj.* 1 निरवलंब, बे-मदद 2 असमर्थित 3 (***syn.*** unsubstantiated) असंपुष्ट, निराधार 4 बिना टेक के
unsuppressed /अनसप्रेस्ट/ *adj.* अनदबा: ~ rage
unsure /अनशुअः/ *adj.* 1 अनिश्चित: ~ of oneself 2 संदिग्ध 3 असुरक्षित 4 अविश्वसनीय, अविश्वस्त 5 जो भरोसेमंद न हो;
dw/lw: **unsurmountable** /अनसःमाउंटअबल/ *adj.* अलंघ्य, अलंघनीय, अपारणीय: ~ obstacle
unsurpassed /अनसःपास्ट/ *adj.* (***syn.*** unrivalled) सर्वोत्तम, सर्वाधिक
unsusceptible /अनससेप्टअबल/ *adj.* अग्रहणशील, आसानी से प्रभावित न होने वाला: he is generally ~ to disease
unsuspect\ed /अनसस्पे\क्टिड/ *adj.* 1 असंदिग्ध 2 अज्ञात या जो नहीं होना चाहिए: **~ed** turnings in roadways 3 अकल्पित: a storm was near, an **~ed** storm;
dw/lw: **~ing** /~क्टिंग/ *adj.* जिसे संदेह न हो, असंदेही: the ~ing public
unsuspicious /अनसस्पिशिअस/ 1 असंदेही 2 असंदेहजनक: be ~ of sth
unsustained /अनसस्टेंड/ *adj.* अनटिकाऊ: ~ interest
UNSW *abbr.* 'University of New South Wales' की प्रथमाक्षरी
unswad\dle/ unswa\the /अनस्वॉडल/अनस्वेद/ *v., pt.* **~dled/ ~thed**, *pp* **~dling/ thing** कपड़े खोलना
unswayed /अनस्वेड/ *adj.* 1 अविचलित, अप्रभावित 2 निष्पक्ष
unswerving /अनस्वःविंग\/ *adj.* अटल, दृढ़, अविपथी: ~ loyalty;
dw/lw: **~ly** /~लि/ *adv.* दृढ़तापूर्वक
unsymmetrical /अनसिमेट्रिकल/ *adj.* असमित, असम्मित
unsympathetic /अनसिंपेथेटिक/ *adj.* 1 सहानुभूतिविहीन 2 बेदर्द, कठोर, संगदिल 3 अप्रीतिकर, अप्रिय, घृणित, घिनौना
unsystematic /अनसिस्टअमैटिक/ *adj.* 1 अव्यवस्थित, घालमेल: do one's work in an ~ manner 2 अटकलपच्चू, जुगाड़ू
untack /अनटैक/ *v., pt.* **~ed**, *pp* **~ing** 1 खोलना 2 उधेड़ना 3 कीलें निकालना
untainted /अनटेंटिड/ *adj.* बेदाग, निष्कलंक, अदूषित
untamed /अनटेम्ड/ *adj.* 1 वन्य, बनैला, जंगली 2 अनसधा, जो पालतू न बना हो 3 अदमित, अविजित 4 अनियंत्रित
untangl\e /अनटैंगल/ *v., pt.* **~ed**, *pp* **~ing** 1 अलग क., सुलझाना 2 सुलझना
untanned /अनटैंड/ *adj.* 1 कच्चा 2 जो धूप से सांवला न बना हो
untapped /अनटैप्ट/ *adj.* 1 जिसे अभी तक उपयोग में न लाया गया हो 2 अप्रयुक्त
untarnished /अनटाःनिशड/ *adj.* अकलंकित: ~ reputation
untasted /अनटेस्टिड/ 1 अननुभूत 2 अनचखा, अछूता
untaught /अनटॉट/ *adj.* 1 अशिक्षित, अप्रशिक्षित 2 अपाठित, अनसिखा 3 सहज, स्वाभाविक: ~ kindness
untaxed /अनटैक्स्ट/ *adj.* 1 कर मुक्त 2 कम भारित
untempered /अनटेंपःड/ *adj.* 1 अमंदित 2 असंतुलित, असंयमित, असंयत, उग्र, तेज: ~ severity 3 अ-पनिया, पानी उतारा हुआ
untena\ble /अनटेनअ\बल/ *adj.* 1 अयुक्तियुक्त, अतर्कसंगत: an **~ble** argument/ action/ situation 2 अनिवासीय 3 अरक्षणीय: **~ble** position; an opinion **~ble** by those who know the facts;
dw/lw: **~bility**/ **~bleness** /~बिलिटि/ ~बलनेस/ *n.* अयुक्तियुक्तता
untended /अनटेंडिड/ *adj.* उपेक्षित, बिना देखभाल के
untested /अनटेस्टिड/ *adj.* जिसे परखा न गया हो: ~ theory
untether /अनटेदः/ *v., pt.* **~ed**, *pp* **~ing** (खूंटे आदि से) खोलना
unthankful /अनथैंकफुल/ *adj.* 1 नमकहराम, कृतघ्न 2 बेकार, व्यर्थ 3 अप्रिय
unthink /अनथिं\क/ *v., pt.* **unthought**, *pp* **~ing** मन से निकालना;
dw/lw: **~able** /~कअबल/ *adj.* 1 सोच के परे, जिसकी कल्पना भी न की जा सके: ~able joy 2 अविचार्य, अचिंत्य, कल्पनातीत: it seems ~able that ... 3 असंभव 4 अव्यावहारिक 5 भयंकर 6 वीभत्स; **~ing** /~किंग/ *adj.* 1 विचारहीन, निर्विचार, उच्छृंखल 2 (***syn.*** careless) लापरवाह 3 (***syn.*** inconsiderate) बेलिहाज; **~ingly** /~किंगलि/ *adv.* अनजाने में
unthorough /अनथरअ/ *adj.* लापरवाह, घासकटिया: he is incapable of an ~ job
unthought\-of *adj.* 1 अविचारित 2 अकल्पित 3 अप्रत्याशित, अनपेक्षित, आकस्मिक;
dw/lw: **~ful** /अनथॉःटफुल/ *adj.* 1 अविचारी, अगंभीर: ~ful behaviour 2 परवाह या देखभाल न करने वाला
unthread /अनथ्रेड/ *v., pt.* **~ed**, *pp* **~ing** 1 धागा निकालना 2

सुलझाना: ~ a maze
unthrifty /अनथ्रिफ्टि/ *adj.* अपव्ययी, फिजूलखर्च
unthro\ne /अनथ्रोन/ *v., pt.* **~ned**, *pp* **~ning** 1 गद्दी से हटाना 2 पदच्युत क.
un\tidily /अनटाइडिलि/ *adv.* लापरवाही से, अस्त-व्यस्त तरीके से;
dw/lw: **~tidiness** *n.* अस्तव्यस्तता, अव्यवस्था, बेढंगापन, फूहड़पन
unti\dy /अनटाइ\डि/ *adj.* 1 मैला, गंदा, फूहड़ 2 (***syn.*** messy) अस्तव्यस्त, बेढंगा;
dw/lw: **~dily** /~डिलि/ *adv.* फूहड़ या अस्तव्यस्त ढंग से; **~diness** /~डिनेस/ *n.*
untie /अनटाइ/ *v., pt.* **~d**, *pp* **untying** 1 गांठ खोलना, खोलना: he **~d** the horse from the tree; ~ the package 2 मुक्त क.: she **~d** him from his promise
until /अनटिल/ (*also* **till**) *prep.* 1 ...तक: it rained ~ four o'clock; the exhibition is open ~ to-morrow 2 तब तक: the show doesn't begin ~ 6 p.m. 3 जब तक... न;
conj. 1 उस समय तक जब कि: they worked ~ it got dark; he walked slowly ~ he was out of sight 2 तब तक नहीं जब...: he didn't reach the station ~ after the train had left; not ~ I say so 3 यहां तक कि...: often years pass ~ experiments give the expected results; he gripped the iron bar ~ his fingers were white
until\e /अनटाइल/ *v., pt.* **~ed**, *pp* **~ing** खपड़ैल उतारना
untilled /अनटिलड/ *adj.* अकृषिकृत, बिना जोती हुई: ~ land
untimbered /अनटिंबःड/ *adj.* वृक्षहीन
untimely /अनटाइमलि/ *adj.* 1 (***syn.*** ill-timed) बेमौके की, बेवक्त 2 असामयिक, अकाल: an ~ death 3 असमयोचित
untinged /अनटिंजड/ *adj.* 1 अरंजित 2 अप्रभावित, अछूता: joy not ~ with gloom
untiring /अनटायरिंग/ *adj.* (***syn.*** tireless) न थकने वाला, अथक: with ~ energy
untithed /अनटाइद्ड/ *adj.* (दशमांश) कर मुक्त
untitled /अनटाइटल्ड/ *adj.* बिना शीर्षक का
unto /अनटु/ *prep., archaic or lit.* 1 की तरफ: turn ~ sb; path which runs ~ the hills 2 को, के प्रति, पर: lean ~ sth; press sb ~ one's heart; and I say ~ you 3 के संबंध में 4 तक: come/ be nigh ~ sth; cut ~ the bone; ~ this day 5 के साथ: liken sb/ sth ~ sb/ sth;
***p&i:* Do ~ others as you would be done by** दूसरों के साथ वैसा बर्ताव करो जैसा तुम अपने साथ करवाना चाहते हो
untold /अनटोल्ड/ *adj.* 1 (***syn.*** immeasurable) अत्यधिक, बहुत ज्यादा, असीम, अपार: ~ money; ~ wealth; ~ losses; ~ suffering 2 अकथनीय, अकथित: he left the story ~ 3 अवर्णित, अप्रकटित
untomb /अनटूम/ *v., pt.* **~ed**, *pp* **~ing** कब्र से खोद निकालना
untoucha\bility /अनटचअ\बिलिटि/ (*also* **~bleness**) *n.* अस्पृश्यता, छुआछूत;
dw/lw: **~ble** /~बल/ *adj.* 1 अस्पृश्य, अछूत 2 अगम्य;
n. अछूत, अस्पृश्य व्यक्ति
untouched /अनटचड/ *adj.* 1 अनछुआ, बिना किसी बदलाव के: the question remains ~ upon; he published the full and ~ text of his diary 2 जिसे खाने के लिए छूआ भी न गया हो: he left the food ~ 3 अस्पृष्ट, अछूता: explorations in almost ~ territories 4 अद्वितीय 5 अक्षुण्ण, अक्षत: a perfection of form ~ in English letters 6 अप्रभावित, भावशून्य: ~ by sb's sufferings
untoward /अनटअवॉःड\/ *adj.* 1 अशुभ, बुरा, अमंगल, अनुचित: I hope nothing ~ has happened 2 नकारात्मक, प्रतिकूल: ~ conditions 3 अप्रिय, अशोभनीय: make an ~ choice 4 जिद्दी;
dw/lw: **~ness** /~नेस/ *n.* नकारात्मकता, प्रतिकूलता

untraceable /अनट्रेसिअबल/ *adj.* जिसका पता न लगाया जा सके, न खोजे जाने योग्य
untrained /अनट्रेन्ड/ *adj.* 1 अकुशल, अप्रशिक्षित, अहुनरमंद 2 अविशेषज्ञीय, अदक्ष: ~ diagnosis
untranquil /अनट्रैंक्विल/ *adj.* अशांत, व्याकुल: ~ night
untrammelled /अनट्रैमल्ड/ *adj.* अबाधित, स्वच्छंद
untransferable /अनट्रैंसफअरअबल/ *adj.* अनंतरणीय, अहस्तांरणीय, अस्थानांतरणीय
untranslata\ble /अनट्रैंसलेटअ\बल/ *adj.* अननुवाद्य, जिसका अनुवाद न किया जा सके;
dw/lw: **~bility** /~बिलिटि/ *n.* अननुवाद्यता
untravelled /अनट्रैवलड/ *adj.* अपर्यटित, जिस स्थान तक यात्रायें न की गई हों: ~ desert
untreated /अनट्रीटिड/ *adj.* 1 असंसाधित 2 अनुपचारित
untressed /अनट्रेस्ट/ *adj.* बिना पट्टियां बने: ~ hair
untried /अनट्राइड/ *adj.* 1 (***syn.*** untested) अपरीक्षित, जिसे परखा न गया हो 2 अनजांचा 3 अविचारित 4 जिस पर अभी मुकदमा न चला हो: ~ prisoner
untrilled /अनट्रिल्ड/ *adj.* अकंपायमान: the peculiar English ~ "r"
untrimmed /अनट्रिमड/ *adj.* अकर्तित, ऊपर से थोड़ा-थोड़ा न कटा हुआ, अनछंटा
untrod /अनट्रॉड/ *adj.* जिस सतह पर चलकर रौंदा न गया हो, अगत: ~ path;
dw/lw: **~den** /अनट्रॉडन/ *adj.* अगत, एकांत, निर्जन
untroubled /अनट्रब्लड/ *adj.* शांत, अविकल
untrue /अनट्रू/ *adj.* 1 झूठा, असत्य, मिथ्या: it is absolutely ~ 2 गलत, भ्रांतिपूर्ण, अयथातथ्य: ~ methods 3 (***syn.*** unfaithful) बेईमान, विश्वासघाती, अनिष्ठावान: ~ to sb 4 अशुद्ध 5 अनसही, बेमेल: ~ doors and windows; ~ to type
untruss /अनट्रःस/ *v., pt.* **~ed**, *pp* **~ing** खोलना, छुड़ाना
untrustworthy /अनट्रस्टवःदि/ *adj.* अविश्वास्य, अविश्वसनीय: ~ memory/ person; take facts from ~ sources
untruth /अनट्रुथ\/ *n.* 1 असत्य, झूठ: he never told an ~ in his life 2 असत्यता, मिथ्यात्व;
dw/lw: **~ful** /~फुल/ *adj.* 1 झूठ बोलने वाला, झूठा 2 असत्य, मिथ्या: ~ful report 3 मिथ्यावादी; **~fully** /~फुलि/ *adv.* झूठे तरीके से; **~ness** /~फुलनेस/ *n.* असत्यता, मिथ्यावादिता
untuck /अनटक/ *adj.* तह खोलना, चुनट उतारना: he stooped to ~ the rug
untu\ne /अनट्यून/ *v., pt.* **~ned**, *pp* **~ning** 1 बेसुरा कर दे. 2 हिलाकर रख दे., अस्त-व्यस्त कर दे.: troubles had **~ned** his mind;
adj. 1 बेसुरा, असमस्वरित 2 बेमेल 3 वांछित स्टेशन पर न लगा हुआ (रेडियो आदि)
unturned /अनटःन्ड/ *adj.* उल्टाया हुआ: leave no stone ~ (कोई कसर न छोड़ना)
untutored /अनट्यूटःड/ *adj.* 1 अशिक्षित, कोरा 2 अप्रशिक्षित: ~ ear 3 असभ्य, गंवार, गंवारू 4 भोला-भाला
untwin\e /अनट्वाइन/ *v., pt.* **~ed**, *pp* **~ing** 1 खोलना, खुल जाना 2 सुलझाना 3 तोड़ ले., अलग हो; **~e** the ties of friendship
untwist /अनट्विस्ट/ *v., pt.* **~ed**, *pp* **~ing** 1 खोलना, ढीला क.: ~ a knot 2 खुलना, ढीला हो जाना
untypable /अनटाइपअबल/ *adj., med., biol.* जिसे किसी श्रेणी विशेष में न रखा जा सके
unurged /अनअःज्ड/ *adj.* सहज या स्वैच्छिक रूप से: do sth ~
unusable /अनयूजअबल/ *adj.* बेकार, अनुपयोगी, अप्रयोज्य
unused /अनयूज्ड/ *adj.* 1 अप्रयुक्त: ~ annual leave 2 (*always* **~ to sth**) जिसकी आदत छूट जाए: he is quite ~ to public speaking; he is ~ to city ways 3 अप्रयुक्त

unusual /अनयूज़ुअ\ल/ *adj.* 1 (***syn.*** uncommon) असामान्य, असाधारण, गैरमामूली: ~ event; a man of ~ ability 2 अप्रायिक, विरला, चलन के विरुद्ध, अरीतिक: nothing ~;
dw/lw: **~ly** /~लि/ *adv.* असामान्य रूप से: ~ly big/ strong/ good, etc.; ~ly for sb (किसी के लिए असामान्य रूप से)
unutter\able /अनअट\रअबल/ *adj.* 1 अकथनीय, अनिर्वचनीय अकथ्य 2 वर्णनातीत: **~able** despair; **~able** joy 3 पक्का: **~able** scoundrel;
dw/lw: **~ably** /~रअबलि/ *adv.* अकथनीय रूप से; **~ed** /~ड/ *adj.* अकथित, अप्रकटित
UNV *abbr.* 'United Nations Volunteers' की प्रथमाक्षरी
unvalued /अनवैल्यूड/ *adj.* 1 अमूल्यांकित 2 मूल्यहीन
unvanquish\able /अनवैंक्वि\शअबल/ *adj.* अपराजेय, अविजेय;
dw/lw: **~ed** /~शड/ *adj.* अविजित, अपराजित
unvaried /अनवेअरिड/ *adj.* 1 अपरिवर्ती, अपरिवर्तनीय: ~ kindness; ~ hostility 2 उबाऊ, नीरस: ~ food
unvarnished /अनवानिश्ट/ *adj.* 1 बेरोगन: ~ doors 2 अनलंकृत: ~ tale
unvarying /अनवेअरिइंग/ *adj.* अपरिवर्ती, न बदलने वाला
unveil /अनवे\ल/ *v., pt.* **~ed**, *pp* **~ing** 1 (***syn.*** reveal) भेद खोलना: ~ sb's purposes 2 औपचारिक उद्घाटन करते हुए मूर्ति आदि से आवरण हटाना 3 घूंघट उतारना 4 प्रकाशित क., प्रकट क.: ~ a programme;
dw/lw: **~ing** /~लिंग/ *n.* 1 अनावरण-समारोह 2 घूंघट उठाने की क्रिया
unventilated /अनवेंटिलेटिड/ *adj.* 1 बिना खिड़की का 2 वातायन-रहित, असंवातित 3 अनभिव्यक्त, अविचारित
unveracious /अनवेरेशिअस/ *adj.* असत्य, अप्रमाणित
unverifi\able /अनवेरिफा\यबल/ *adj.* असत्यापनीय, जिसे परखा न जा सके: ~ reports;
dw/lw: **~ed** /~इड/ *adj.* असत्यापित, अप्रमाणित: ~ed information
unversed /अनवःसड/ *adj.* 1 (*usually* **~ in sth**) नौसिखुआ, अनभ्यस्त 2 अप्रशिक्षित, अकुशल, अदक्ष, अनिपुण
unviolated /अनवायलेटिड/ *adj.* अनुल्लंघित, अक्षुण्ण, अक्षत
unvitiated /अनविशिएटिड/ *adj.* अदूषित, शुद्ध
unvoiced /अनवाइसड/ *adj.* 1 (***syn.*** voiceless) अघोष (वर्ण) 2 अकथित, अप्रकटित, मौन: ~ pact between us
unvoluntary /अनवॉलंटरि/ *adj.* अनैच्छिक
unvouched (for) /अनवाउच्ट/ *adj.* अप्रतिभूत
unwaged /अनवेजिड/ *adj.* 1 (***syn.*** unpaid) अवैतनिक 2 बेरोजगार
unwakened /अनवेकंड/ *adj.* सुप्त, सोया हुआ, निद्रित
unwanted /अनवॉंटिड/ *adj.* जो नहीं चाहिये, आवांछित, अनचाहा, अनावश्यक: ignore ~ advice
unwar\ily /अनवेअ\रिलि/ *adv.* 1 असावधानी से 2 अंधाधुंध;
dw/lw: **~iness** /~रिनेस/ *n.* 1 असावधानी, बेखबरी 2 उतावलापन, अविवेक; **~y** /~रि/ *adj.* 1 असतर्क, असावधान, बेखबर 2 उतावला, अंधाधुंध 3 अविवेकी, अविचारी, अविवेचित
unwarlike /अनवॉःलाइक/ *adj.* 1 असामरिक, असैनिक 2 शांतिप्रिय, शांतिमय
unwarmed /अनवॉःमड/ *adj.* जिसे गर्म न किया गया हो: ~ rooms; heart ~ by affection
unwarned /अनवॉःनड/ *adj.* बिना पूर्व सूचना या चेतावनी के, अपूर्वसूचित
unwarped /अनवॉःप्ट/ *adj.* असंवलित, जो मुड़कर टेढ़ा न हुआ हो
unwarrant\able /अनवौरं\टअबल/ *US* -वाःरं\-/ *adj.* 1 अन्यायसंगत: **~able** conduct 2 अनधिकृत;
dw/lw: **~ably** /~टअबलि/ *adv.* अनधिकृत रूप में; **~ed** *adj.* 1 (***syn.*** unjustified) अनुचित: ~ed conclusion; ~ed remark 2 अकारण, नाहक 3 अप्राधिकृत: ~ed restriction; ~ed search
unwary *see above under* **unwarily:** ***dw/lw***
unwashed /अनवौश्ड/ *US* अनवाःश्ट/ *adj.* 1 मैला, गंदा 2 बिना धुला, अनधुला 3 अप्रक्षालित 4 असिंचित;
p&i: **the great ~** निम्न वर्ग
unwatch\able /अनवॉच\अबल/ *adj.* जिसे देखा न जा सके;
dw/lw: **~ful** /~फुल/ *adj.* असावधान, बेखबर
unwatered /अनवॉःटःड/ *adj.* 1 असिंचित: ~ desert 2 शुद्ध, बिना मिलावट का: ~ alcohol
unwaved /अनवेवड/ *adj.* 1 जो लहरदार न हो 2 जो घुंघराले न हों: ~ hair
unwavering /अनवेवरिंग/ *adj.* 1 अटल, दृढ़: ~ policy; ~ gaze; ~ faith 2 दृढ़निश्चय
unweaned /अनवीन्ड/ *adj.* दुधमुंहा, बिना दूध छुड़ाया हुआ
unwearable /अनवेअरअबल/ *adj.* 1 जो पहनने योग्य न हो, अपरिधेय: ~ style 2 फटा हुआ, चीथड़े-चीथड़े
unwear\iable /अनविअ\रिअबल/ *adj.* अथक;
dw/lw: **~ied** /~रीड/ *adj.* अक्लांत, अथकित, अथक; **~ying** /~रिंग/ *adj.* 1 अथक 2 अध्यवसायी, निरंतर, अविरल, अविरत: ~ying efforts
unweave /अनवीव/ *v., pt.* **unwove**, *pt. p.* **unwoven**, *pp* **~ing** उधेड़ना, खोलना: ~ a knot
unwed /अनवेड/ (*also* **~ded**) *adj.* अविवाहित
unweigh\ed /अनव्हेड/ *adj.* 1 जो तोली न गई हो 2 अल्प-विचारित: **~ed** behaviour;
dw/lw: **~ted** /अनवेटिड/ *adj.* जिस पर बोझ न पड़ा हो
unwelcome /अनवेलकम/ *adj.* 1 जो स्वागत योग्य न हो, अवांछनीय: you will be ~ 2 अप्रिय, अरुचिकर: ~ news
unwell /अनवेल/ *adj.* अस्वस्थ: she is ~
unwept /अनवेप्ट/ *adj.* 1 जिसकी मौत आदि पर किसी ने आंसू न बहाए हों, शोक न मनाया गया हो 2 अरोदित, अविलपित
unwholesome /अनहोल्सम\/ *adj.* 1 (***syn.*** unhealthy) दूषित करने वाला, हानिकर, अहितकर: ~ book 2 रुग्ण, बीमार 3 चरित्र भ्रष्ट, चरित्रहीन;
dw/lw: **~ness** /~नेस/ *n.* हानिकारकता, चरित्रहीनता, बीमारी
unwiel\dy /अनवील्डि\/ *adj.* 1 भद्दा, भोंडा 2 (***syn.*** cumbersome) अति भारी-भरकम होने के कारण चलने में अक्षम, बोझिल, दुर्वह: an **~dy** object 3 भीमकाय होने के कारण अनियंत्रणीय;
dw/lw: **~dily** /~लि/ *adv.* भद्दे या बोझिल ढंग से; **~diness** /~नेस/ *n.* भद्दापन, बोझिलता
unwifely /अनवाइफ्लि/ *adj.* पत्नी के लिए अशोभनीय, अभार्योचित
unwilling /अनविलिंग/ *adj.* बेमन, अनिच्छुक: he appeared ~ to accept;
dw/lw: **~ly** /~लि/ *adv.* बेमन से, अनिच्छापूर्वक; **~ness** /~नेस/ *n.* अनिच्छा
unwind /अनवाइंड/ *v., pt.* **unwound**, *pp* **~ing** 1 आराम क., सुस्ताना 2 कमानी आदि खोलना या उसका खुलना 3 अटेरन आदि से धागा खोलना: ~ thread from a spool 4 खुलते जा.: the narrative **~s** slowly 5 (***syn.*** relax) नर्म पड़ जाना, तनावमुक्त हो जाना
unwinking /अनविकिंग/ *adj.* 1 पलक न झपकनेवाला: ~ stare 2 सतर्क, चौकस, चौकन्ना
unwinnable /अनविनअबल/ *adj.* अजेय: ~ fortress
unwisdom /अनविज्डम/ *n.* अविवेक, मूर्खता, बेवकूफी
unwise /अनवाइज\/ *adj.* 1 बेवकूफीपूर्ण, नासमझ, अविवेकी: that was very ~ of you 2 मूर्खतापूर्ण, अनुचित;
dw/lw: **~ly** /~लि/ *adv.* मूर्खतापूर्वक; **~ness** /~नेस/ *n.* मूर्खता
unwished /अनविश्ड/ *adj.* (*usually* **~ for**) अनचाहा,

अनिच्छित

unwitnessed /अनविटनिस्ट/ *adj.* 1 असाक्षीकृत, जो गवाही से पुष्ट न हुआ हो: ~ legal document 2 अदृष्ट, अलक्षित 3 जिसे देखा न गया हो

unwitting /अनविटिंग/ *adj.* 1 अनभिप्रेत, अनैच्छिक, अज्ञानकृत, जो अनजाने में हुई हो: ~ mistake 2 अनजान, अनभिज्ञ;
dw/lw: **~ly** /~लि/ *adv.* अनजाने में; **~ness** /~नेस/ *n.* अनभिज्ञता, अनैच्छिकता

unwomanly /अनवुमन्लि/ *adj.* अस्त्रियोचित, स्त्री के लिए अशोभनीय

unwonted /अनवोंटिड/ *adj.* 1 असामान्य, असाधारण: ~ generosity 2 अनभ्यस्त 3 बिरला, अरीतिक, परम्परा-विरुद्ध, रीति-विरुद्ध, चलन या रिवाज के विरुद्ध;
dw/lw: **~ly** /~लि/ *adv.* असामान्य रूप से; **~ness** /~नेस/ *n.* असाधारणता, अपरंपारिकता;
p&i: **~ to sth** किसी बात का अनभ्यस्त

unwork\able /अनवःक\अबल/ *adj.* 1 जिसे पूरा न किया जा सके 2 अव्यवहार्य, असाध्य, असंभव;
dw/lw: **~manlike** /~मैनलाइक/ *adj.* शौकिया किया हुआ

unworld\liness /अनवःल्ड\लिनेस/ *n.* असांसारिकता, अलौकिकता;
dw/lw: **~ly** /~लि/ *adj.* 1 असांसारिक, असंसारी, अलौकिक 2 आध्यात्मिक 3 (***syn.*** naive) जो दुनियादार न हो

unworn /अनवॉःन/ *adj.* 1 दुरुस्त, साबुत, अजीर्ण 2 बिना पहना, बेपहना

unworth\iness /अनवः\दिनेस/ *n.* 1 अयोग्यता, अपात्रता, नालायकी 2 निकम्मापन 3 अनधिकार;
dw/lw: **~y** /~दि/ *adj.* 1 (*often* **~y of sb/ sth**) अयोग्य, निकम्मा, अपात्र, नालायक: ~y person 2 बेकार, रद्दी, निकम्मा 3 (***syn.*** unbefitting) के अयोग्य, अनधिकारी: he is ~y of respect;
dw/lw: **~ily** *adv.* अपात्रता से, अनधिकारपूर्वक

unwound /अनवाउंड/ *pt. p. of* **unwind** *adj.* 1 जिस घड़ी को चाबी न दी गई हो: ~ clock 2 जिसे अटेरन आदि से खोला या सुलझाया गया हो 3 अटेरन आदि से उधड़ा या खुला (धागा या डोरी आदि): the bobbin has come ~

unwounded /अनवूंडिड/ *adj.* अक्षत, जो घायल न हुआ हो

unwrap /अनरैप/ *v., pt.* **~ped**, *pp* **~ping** आवरण आदि हटाना, खोलना: ~ a package

unwritten /अनरिटन/ *adj.* 1 अलिखित: an ~ agreement/ law/ rule (अलिखित करार/ कानून/ नियम आदि); ~ law 2 अनभिलिखित, जो रिकॉर्ड न किए गए हों: ~ songs of country people

unwrought /अनरॉःट/ *adj.* अनगढ़, कच्चा, अपरिष्कृत

unyielding /अनयील्डिंग/ *adj.* 1 (***syn.*** inflexible) न झुकने वाला, अड़ियल, हठी, जिद्दी: ~ in his opinion 2 दृढ़, दृढ़ निश्चय, अटल 3 सख्त, कड़ा

unyo\ke /अनयोक/ *v., pt.* **~ked**, *pp* **~king** 1 जुते बैलों या घोड़ों आदि का जुआ खोलना 2 अलग क.

unzip /अनज़िप/ (*also* **unpack**) *v., pt.* **~ped**, *pp* **~ping** 1 जिप खोलना, खुलना: ~ a bag 2 (***syn.*** decompress) कंप्यूटर में जिपड (zipped) पाठ को खोलना या मूल रूप में लाना

UoH *abbr.* 'University of Hyderabad' की प्रथमाक्षरी

UoI *abbr.* 'Union of India' की प्रथमाक्षरी

UOR *abbr.* 'University of Rurkee' की प्रथमाक्षरी

UP *abbr.* 'United Press', 'Uttar Pradesh', 'unfabourably placed' की प्रथमाक्षरी

up /अप/ *prep.* 1 ऊपर (की ओर): go ~ a ladder; the smoke goes ~ the chimney 2 के रास्ते से को, तक: he walked ~ the aisle to his seat; go/ walk, etc. ~ to sb/ sth; ~ to 10.20 hours, etc. 3 के भीतर तक: travel ~ the country; they tiptoed ~ the yard 4 नदी आदि के साथ-साथ ऊपर तक: sail ~ the river/ the Thames; ~ stream; ~ the wind 5 के शिखर या चोटी पर: the cat is ~ the tree 6 से आगे खत्म: further ~ the road 7 सफलता, तरक्की, पदोन्नति: work one's way ~ a university; he steadily went ~ the social scale 8 आगे-पीछे, ऊपर-नीचे, सब जगह, सर्वत्र: walk ~ and down the room; hints were whispered ~ and down the city; I've looked for it ~ and down;
adv. 1 पर, ऊपर की ओर, ऊंचा: lift it ~; prices went ~ 2 ऊंचे स्थान पर या की ओर: we live ~ on a hill; the flames mounted ~; fly ~; look ~; the temperature has gone ~; the moon is ~; he lives three storeys ~; the tide is ~ 3 सीधे या सीधी स्थिति में, खड़े: stood ~; get ~; sit ~ 4 पूरी तरह से: use ~; eat ~ 5 एकत्रित: saved ~ for it; parcel ~ the presents 6 भंडारण या ठहरने के स्थान पर: put sb ~ for the night 7 बिस्तरे से: got ~ 8 कचहरी में, अदालत में: the case is ~ before the court 9 को, तक: went ~ to the town; travelling ~ to Karnal; walked ~ to him 10 ऊपर को (वृद्धि): prices are going ~; the rent is ~; he has gone ~ in my estimation 11 प्रश्न का उठ खड़ा हो.: the subject may come ~ in the committee; problem came ~ in conversation; bring ~ a new topic 12 पूरी तरह से (समाप्त): Parliament is ~; your time is ~; drink/ eat ~; the stream has dried ~; the party ended ~ with a dance 13 खेल में अंकों से आगे: be one ~; even ~ scores 14 टुकड़ों में: tear the paper ~ 15 कुछ होने की कगार पर: sth is ~ there in the hostel;
adj. *degr.* **upper**, **uppermost/ upmost** 1 ऊंचा, उच्च, ऊपर वाला, ऊपरला 2 जगा हुआ: he's not ~ yet 3 वरिष्ठ 4 अगला 5 ऊपर चढ़ता हुआ: with a slight ~ gradient; ~ escalator; amount is ~ 6 उत्तरोत्तर बढ़ता हुआ: the ~ trend; be on the ~ grade (सुधरना, उन्नति क.) 7 ज्वलंत, जीवंत: ~ mood 8 राजधानी से बाहर जाने वाली (रेलगाड़ी): an ~ train;
v., pt. **~ped**, *pp* **~ping** 1 (***syn.*** raise) बढ़ाना, ऊंचा क.: **~ped** the price; he **~ped** one end of the plank; the private school sharply **~ped** the fee; they are **~ping** the production 2 उठ खड़ा होना: he **~s** and says ... 3 सहसा करने लगना या कर बैठना: he **~ped** and struck me 4 बोल उठना, कह डालना 5 उठाना
n. 1 सफलता: be on the ~ and ~ 2 समृद्धि 3 चढ़ाव: **~s** and downs;
p&i: **~ a gumtree** किंकर्त्तव्यविमढ़; **~ and about** भला-चंगा; **~ and down** 1 ऊपर-नीचे 2 इधर-उधर, आगे-पीछे; उतार-चढ़ाव वाला 3 सरसरी नजर: give a letter the up and down; give sb the ~ and down (किसी को सरसरी नजर में आंकना); **~ and coming** होनहार; **~ and ~** दिनोंदन आगे बढ़ता हुआ; **~ and running** काम कर रहा है, चालू है: the new computer is ~ and running well; **~ in arms** शस्त्र-सज्जित, युद्ध रत, विद्रोह पर उतारू; **~s and downs** उतार-चढ़ाव: an ~s and downs in life; **~s and downs of fortune** भाग्य के चढ़ाव-उतार; **~ to** 1 करने में समर्थ, में लगा हुआ 2 तक, पर्यंत; **~ before sb** मामला किसी के सामने सुनवाई के लिए हो.; **~ for sth** 1 के लिए प्रस्तुत: the house ~ for sale 2 के लिए उम्मीदवारी आदि: be ~ for an election; **~ sticks** = *US* **pull up stakes** आनन-फानन में घर बदल लेना; **~ to date** आज तक; **~ to sb** किसी की जिम्मेवारी है; **~ to snuff** भला-चंगा हो., चौकन्ना हो.; **~ to speed** 1 यथोचित तेज 2 किसी विषय में माहिर; **~ to sth** 1 किसी स्तर का 2 कुछ करने को हो.: ~ to sth/ doing sth 3 तक (उसके बाद नहीं): ~ to now he has been good 4 के योग्य हो.: he is not ~ to the job; **~ to the minute** मिनट-दर-मिनट; **~ the pole** असंजस या दुविधा में; **~ top** *colloq.* दिमाग में या मन

में; ~ **with** 1 के आगे 2 के बराबर 3 जिंदाबाद!: Up with justice!;
a period of time is ~ समय आदि का समाप्त हो.; **a road is ~** सड़क बंद है; **be ~ against** का सामना करना पड़ना; **be ~ against sb/ sth** के विरुद्ध हो.; **be ~ and around/ about** बीमारी के बाद ठीक हो.; **be ~ and running** संगठन या मशीन का चालू हालत में हो.; **be ~ for grab** कोई भी हथिया सकता है; **be ~ for sth** कुछ करने की इच्छा रखना; **be ~ to** गुप्त रूप से सक्रिय होना, छिपे-छिपे क.; **be up to sb** किसी पर निर्भर क.; **be ~ to (sth)** छिपकर कोई चाल चलने को हो.; **be well ~ in** का विशेषज्ञ होना, अच्छी तरह से जानना; **be well ~ on/ in sth** किसी चीज या क्षेत्र का अच्छा ज्ञान हो.; **dry ~** सोख लेना, सूख जा.; **eat ~** खा डालना; **engaged in doing sth ~ to the neck** कुछ करने में पूर्णतः रत हो.; **his blood is ~** उसका खून खौल रहा है; **it's all ~** सर्वनाश हो गया है!; **it's all ~ with sb** *colloq.* किसी का खेल खत्म; **it's ~ to us** यह हम पर निर्भर करता है; **not be ~ to much** कुछ काल न हो.; **on the ~** लगातार सुधार हो., ऊपर बढ़ता हुआ; **on the ~ and ~** 1 निरंतर सफलता की सीढ़ी पर ऊपर चढ़ते जा. 2 उन्नति पर 3 ईमानदार, सच्चा; **speak ~** जोर से बोलना; **the whole country is ~** सारे देश विद्रोह में उठ खड़ा हुआ है; **the ups and downs of politics** राजनीति के उतार-चढ़ाव; **the ups and downs of the market** बाजार के उतार-चढ़ाव; **time is ~** समय खत्म हो गया; **was ~ to his usual tricks** अपनी सामान्य बातों पर उतर आया; **what are you ~ to?** तुम चाहते क्या हो?; **not ~ to his usual standard** अपने सामान्य स्तर के बराबर भी नहीं; **what's ~?** क्या हो रहा है? बात क्या है... ?

up\- *pref., signifying up*: **upper** or **upward** (उच्चतर या ऊपर की ओर);
dw/lw: **~-anchor** *v., pt.* **~-anchored**, *pp* **~-anchoring**, *intr, naut.* जहाज द्वारा चलने के लिए लंगर उठाया जा.; **~-and-coming** /अप-ऐंड-कमिंग/ *adj.* होनहार; **~-and-down** *adj.* 1 लहरों की तरह उतार-चढ़ाव करने वाला 2 बारी-बारी से ऊपर-नीचे जाने वाला, उतार-चढ़ाव वाला: an ~-and-down in life; ~-and-down country (ऊबड़-खाबड़ देहात); **~-and-over** *adj.* समतल खुलनेवाला (दरवाजा); **~-and-under** *n.* रग्बी के खेल में गेंद को लगाई जाने वाली एक ऊंची ठोकर

UPA *abbr.* 'United Progressive Alliance' की प्रथमाक्षरी

Upanishad *n.* उपनिषद

upas /यूपःस/ *n.* 1 विषवृक्ष, विष 2 घातक विष

up\beat /अप\बीट/ *adj.* 1 (*syn.* optimistic) प्रसन्न, आशावादी, आशान्वित, उत्साहित 2 बलाघात रहित 3 अप्रघात;
dw/lw: **~braid** /~ब्रेड/ *v. pt.* ~braided, *pp* ~braiding 1 भर्त्सना क., उलाहना दे. 2 डांटना, झिड़कना, फटकारना: she ~braided me for my carelessness; **~braiding** /~ब्रेडिंग/ *n.* भर्त्सना, डांट-डपट, फटकार; **~braiding** *adj.* फटकारभरा: ~braiding looks; **~braidingly** /~ब्रेडिंगलि/ *adv.* फटकारते हुए; **~bringing** /~ब्रिंगिंग/ *n.* लालन-पालन और पढ़ाई-लिखाई, शिक्षा;

UPC 'Universal Product Code' की प्रथमाक्षरी

up\cast /अप\का:स्ट/ *adj.* ऊपर की ओर फेंका हुआ;
dw/lw: **~change** *v., pt.* ~changed, *pp* ~changing ऊंचे गियर में डालना; **~chuck** /~चक/ *v., pt.* ~chucked, *pp* ~chucking उल्टी क., कै क.; **~chuck** *n.* उल्टी, कै; **~coming** /~कमिंग/ *adj., colloq., esp. N. Amer.* आने वाला, भावी, आगामी: the ~coming musicals and plays; **~country** /~कंट्रि/ *n.* देश का भीतरी भाग, देहात; **~country** *adj., adv.* भीतरी भाग से संबद्ध, भीतरी भाग से आने वाला, देहाती; **~date** /~डेट/ *v., pt.* ~dated, *pp* ~dating 1 अद्यतन क. 2 आधुनिकतम बनाना, आधुनिक बनाना, सुधार करके नवीनतम स्तर पर लाना; **~date** *n.* 1 नवीनतम जानकारी: get/ give an ~date; an ~date on sth; an ~date from sb 2 किसी पुरानी चीज का नवीनतम रूप; **~datable/ ~dateable** /~डेटअबल/ *adj.* जिसे नवीनतम किया जा सके; **~dater** *n.* नवीनतम करने वाला; **~dated** /~डेटिड/ *adj.* अद्यतन, नवीनतम, आधुनिकतम; **~-end** /अपैंड/ *v., pt.* ~-ended, *pp* ~-ending 1 उलटा खड़ा हो जाना, उलट जाना 2 खड़ा क., औंधाना, उल्टा क.: he ~-ended the basket and sat down; **~field** *adv.* विरोधी टीम के पाले में; **~-fold** /~फोल्ड/ *n.* तह करने की क्रिया; **~front** /~फ्रंट/ (*also* **up-front**) *adj.* 1 (*syn.* candid, honest, frank) स्पष्ट, खुला, निष्कपट 2 अग्रिम (पैसा); **~front** (*also* **~-front**) *adv.* 1 (*syn.* candidly) स्पष्ट रूप से, खुले रूप से 2 काम करवाने से पहले पैसा देकर

UPES *abbr.* 'University of Petroleum and Energy Studies' की प्रथमाक्षरी

upgra\de /अपग्रेड/ *v., pt.* **~ded**, *pp* **~ding** 1 पुराने को नया बनाना 2 (*syn.* promote) पदोन्नति क. 3 पद का स्तर बढ़ाना 4 यंत्र का स्तर या क्षमता और ऊंचा क. 5 मूल्य बढ़ाना 6 विमान में किसी को बेहतर स्थान दे. 7 सार्वजनिक स्थानों पर जन-सुविधाएं बेहतर क.;
adv. ऊपर की ओर;
n. 1 चढ़ाई 2 पदोन्नति 3 बढ़ी क्षमता वाला यंत्र 4 स्तर या क्षमता बढ़ाने वाला तत्त्व;
dw/lw: **~dation** *n.* स्तर में सुधार;
***p&i*: on the ~de** उन्नति पर, उन्नतिशील, सुधरने वाला, बढ़ने वाला

up-gradient /अपग्रेडिअंट/ *n.* उत्प्रवणता

upgrowth /अपग्रोथ/ *n.* उठान, बढ़ाव, विकास: ~ of science

upheaval /अपहीवल/ *n.* 1 (*syn.* disruption) कायापलट, उथल-पुथल: political ~ 2 महापरिवर्तन 3 होहल्ला, हुल्लड़ 4 भूकम्प

uphea\ve /अपहीव/ *v., pt.* **~ved**, *pp* **~ving** 1 उभारना, ऊपर उठाना 2 उभरना, ऊपर उठना, उभर आना

upheld /अपहेल्ड/ *adj.* समर्थित, प्रोत्साहित, अनुमोदित, परिपुष्ट

uphill /अपहिल/ *adj.* 1 ऊपर की ओर चढ़ते हुए, चढ़ाऊ, चढ़ावदार: the road is ~ all the way; ~ climbing 2 कठिन, दुःसाध्य, श्रमसाध्य: an ~ battle/ struggle/ task (दुष्कर या कठिन लड़ाई/ कार्य /संघर्ष);
adv. पहाड़ के ऊपर, ऊपर की ओर, ऊर्ध्व: the path ~ is very steep

uphold /अपहोल्ड/ *v., pt.* **upheld**, *pt. p.* **upheld**, *pp* **~ing** 1 समर्थन क., अनुमोदन क., पुष्ट क. 2 बरकरार रखना, बनाये रखना: ~ the verdict of the lower coiurt 3 रक्षित क. 4 थामना, संभालना, उठाए रखना: slender columns ~ the dome; they **upheld** their clenched hands 5 प्रोत्साहित क., प्रोत्साहन दे. 6 कायम रखना, (की मर्यादा) बनाए रखना

upholster /अपहोल्स\टः/ *v., pt.* **~ed**, *pp* **~ing** 1 (फर्नीचर पर) गद्दियां रखना, गद्दियों, कुर्सियों आदि पर खोल चढ़ाना आदि 2 सुसज्जित क.;
dw/lw: **~er** /~टरः/ *n.* सोफासाज, गद्देदार फर्नीचर का दूकानदार; **~ed** /~टःड/ *adj.* सुसज्जित, गद्देदार फर्नीचर पर खोल चढ़ा हुआ: ~ed in/ with velvet; ~ed carriage; **well-~ed** /वेल-~टःड/ *adj.* 1 सुसज्जित, अच्छा खोल चढ़ा (गद्देदार फर्नीचर) 2 *jocular* मोटा (व्यक्ति); **~y** /~टरि/ *n.* 1 फर्नीचर का रख-रखाव 2 कमरे का साजो-सामान (कालीन, पर्दे और गद्देदार कुर्सियां) 3 गद्देदार फर्नीचर की दुकान

UPI *abbr.* 'United Press International' की प्रथमाक्षरी

upkeep /अपकीप/ *n.* 1 (*syn.* maintenance) देख-भाल, संभाल, रख-रखाव: sb's ~ 2 रख-रखाव, देख-भाल, लालन-पालन की कीमत

upland /अपलैंड/ *adj.* समुद्र तट से दूर स्थित पहाड़ी, उच्चभूमि-संबंधी: ~ road

n. (*often* **~s**) पहाड़ी या उच्च भूमि, ऊंची भूमि या प्रदेश

uplift /अपलि\फ्ट/ *v., pt.* **~ed,** *pp* **~ing** 1 ऊंचा उठाना 2 (स्तर) ऊंचा क. 3 उद्धार क., उन्नत क., सुधारना 4 ढाढस बंधाना, में जान डालना 5 आनंदित क.: **~ed** by the news;

n. 1 उद्धार, उत्थान 2 उत्थापन 3 प्रेरणा 4 प्रोत्थान 5 (*also* **upheaval**) पहाड़ आदि बनते समय जमीन में आने वाला उभार;

dw/lw: **~ed** *adj.* 1 प्रसन्न व आशावान 2 की ओर उन्मुख (चेहरे): a huge gathering of ~ed faces; **~ing** /~फ्टिंग/ *adj.* उत्साह बढाने वाला; **~ment** /~फ्टमंट/ *n.* उद्धार, उन्नयन, उत्थान

uplight/ ~er /अपलाइ\ट/ ~टः/ *n.* ऊपर की ओर प्रकाश फैंकनेवाला लैंप

uplink /अपलिंक/ *v., pt.* **~ed,** *pp* **~ing** जोड़ना, योजित क.

upload /अपलोड/ *v., pt.* **~ed,** *pp* **~ing** *comput.* एक कंप्यूटर से दूसरे कंप्यूटर में पाठ या दस्तावेज भेजना;

n. *comput.* छोटे कंप्यूटर से बड़ी कंप्यूटर प्रणाली को सूचनाएं व आंकड़े भेजना

up-market *UK* (*US* **upscale**) *adj.* ऊंचे दामों या सेवाओं वाला (बाजार): lives in an ~ area of town

upmost /अपमोस्ट/ *adj.* सबसे ऊंचा, उच्चतम, सर्वोच्च (*also see below* **uppermost**)

upon /अपौन/ *US* अपाःन/ *prep.* 1 पर, के ऊपर: he jumped ~ the horse; ~ a mountain 2 के बाद 3 के समय 4 के विषय में 5 के पास: summer holidays are ~ us 6 प्रभाव तले: the enchantment of the beautiful scenery was still ~ me;

p&i: **~ my word (of honour)!/ ~ my honour!** मैं वचन देता हूं; **~ my faith!** अपने मान-सम्मान की कसम!;

be confident ~ sb's fidelity किसी की वफादारी पर विश्वस्त हो.; **be thrown ~ one's own resources** अपने साधनों के सहारे गुजारा क.; **came ~ misplaced documents** अचानक खोए दस्तावेज मिल जा.; **count ~ succour** मदद पर निर्भर क.; **doubt came ~ her** उसे शंकाओं ने घेर लिया; **he had nothing to live ~** उसके पास जीने का कोई जरिया न था; **he is not to be relied ~** उस पर भरोसा नहीं किया जा सकता; **I came ~ the right answer by accident** मुझे अचानक सही उत्तर मिल गया; **I had always looked ~ him as an authority on that subject** मैंने हमेशा उसे इस विषय का माहिर माना है; **Kingston ~ Thames** थेमज नदी पर बसा किंग्स्टन शहर; **once ~ a time** एक बार की बात है...; **one may depend ~ it** इस बात पर भरोसा किया जा सकता है; **stand ~ one's rights** अपने अधिकारों की रक्षा क.; **what does he insist ~?** वह किस बात पर अड़ा है; **write letter ~ letter/ petition ~ petition** पत्र पर पत्र या प्रार्थना पर प्रार्थना लिखना

UPOV *abbr.* 'Union for the Protection of New Varities of Corps' की प्रथमाक्षरी

upper /अपः/ *adj.* 1 उच्चतर, ऊपरी स्तर, ऊपर की ओर, ऊपरला 2 उच्च (सामाजिक वर्ग) 3 उच्च, प्रवर, वरिष्ठ 4 अधिकतम समय या अवधि जो किसी कार्य को करने के लिये मुमकिन हो 5 राजधानी से दूरतर, भीतरी क्षेत्रों की ओर;

n. 1 जूते का ऊपरला भाग 2 उच्चतर 3 उल्लासोन्माद या आनंद-उन्माद (euphoria) पैदा करने वाला मादक पदार्थ;

dw/lw; **~-class/ ~-crust** *n.* (***syn.*** aristocracy) उच्चवर्गीय समाज; **~-class** *adj.* उच्च-वर्गीय: ~-class etiquette; **~-cut** *n.* ऊर्ध्वप्राघात, ठोडी आदि से ऊपर की ओर जाता हुआ प्रहार **~cut** *v. pt.* ~cut, *pp* ~-cutting ठोडी आदि से ऊपर की ओर जाता हुआ प्रहार क.; **~most** (*also* **upmost**) *adj.* 1 *superlative degree of* **'up/ upper'** उच्चतम (स्थान): the ~most floor 2 प्रबल: be ~most in sb's mind 3 अभिभावी 4 प्रमुख, प्रधान: the ~most subject of conversation; **~most** *adv.* ऊपर, ऊर्ध्व, सर्वोच्च (स्थिति में): his friend's fate was ~most in his thoughts; she said whatever came ~most;

collocations: **~ air** उपरितन वायु; **~ arm** प्रगंड, ऊपरली बाजू; **~ atmosphere** *meteorol.* धरती के वायुमंडल के ट्रोपोस्फिअर के ऊपर का भाग; **~ bar** शिरोरेखा; **~ case** बड़े अक्षर (रोमन लिपि के): wrote the sign all in ~ case; **~ chamber/ ~ house** संसद का उच्च सदन (राज्य सभा); **~ class** उच्च वर्ग; **~ crust**, *colloq.* उच्चतर वर्ग; **~ deck** समुद्री जहाज का ऊपरला डेक; **~ hand** (*usually* **the ~ hand**) भारी पलड़ा, किसी के मुकाबले में बेहतर स्थिति, प्रभुत्व: have/ get the ~ hand; **~ jaw/ lip** ऊपरला जबड़ा या होंठ, ऊपरी जबड़ा, ऊर्ध्वहनु; **~ layer** ऊपरी स्तर; **~ lid** ऊपरला ढक्कन; **~ limit** उच्च सीमा; **~ regions** (*usually* **the ~ regions**) 1 स्वर्ग लोक 2 आकाश; **~ servants** वरिष्ठ घरेलू नौकर; **~ storey** 1 ऊपरली मंजिल, ऊपरी तल्ला 2 दिमाग; **the ~ ten thousand** समाज का उच्चतर भाग, अभिजात-वर्ग; **~ works** माल से लदे जहाज का पानी से ऊपर का भाग;

p&i: **be on one's ~s** *colloq.* कंगाल, फटे-हाल, तंग-हाथ हो.; **gain/ have the ~ hand** प्रबल या हावी हो जाना, पलड़ा भारी हो जा.; **be in one's ~ eighties** नौवें दशक के दूसरे भाग की उम्र का हो.

uppish /अपिश/ *adj.* 1 दंभी, अहंकारी, अहम्मन्य, अभिमानी 2 उद्धत, ढीठ, धृष्ट, गुस्ताख 3 गर्वीला 4 चिड़चिड़ा, तुनुकमिजाज 5 क्रिकेट में ऊपर उठता हुआ (शॉट);

dw/lw: **~ly** *adv.* अहंकारपूर्वक; **~ness** *n.* अहंकार

uppi\ty /अपि\टि/ *adj.* = 1 **uppish** 2 अहम्मन्य; **~tiness** /~टिनेस/ *n.* अहंकार

uprai\se /अप्रेज/ *v., pt.* **~sed,** *pp* **~sing,** *mainly literary* 1 (ऊपर) उठाना: with hands **~sed** to heaven 2 ऊपर चढ़ाना 3 प्रोत्साहित क. 4 भवन बनाना

uprate /अप्रेट/ *v., pt.* **~d,** *pp* **uprating** किसी चीज के मूल्य, कीमत, कार्य-क्षमता या स्तर को बढ़ाना

uprear /अपरिअः/ 1 उठाना, खड़ा क.: ~ one's head 2 उन्नत क. 3 पालन-पोषण क. 4 उठना

upright /अपराइट\/ *adj.* 1 (***syn.*** erect, vertical) सीधा, खड़ा: an ~ tree 2 ईमानदार, सच्चा, खरा: ~ judge 3 लंब, अभिलंब;

adv. (***syn.*** erectly, vertically) सीधे, खड़ी स्थिति में: stand/ hold oneself ~;

n. खड़ा खंभा;

dw/lw: **~ly** /~लि/ *adv.* ईमानदारी से, सच्चाई से; **~ness** /~नेस/ *n.* ईमानदारी, सच्चाई;

collocations: **~ piano** ऐसा पियानो जिसमें की-बोर्ड के ऊपर स्थित बक्से में डोरियां लंबाकार लगी होती हैं

upri\se /अप्राइज/ *mainly poetic, v., pt.* **uprose,** *pt. p.* **uprisen,** *pp* **~ing** 1 सूर्य का उदय हो. 2 खड़ा हो. 3 मृतक का उठ खड़ा हो. 4 प्रकट हो., बनकर तैयार हो. 5 पानी आदि के स्तर का ऊपर उठना;

n. 1 सूर्योदय 2 प्रकट होने की क्रिया: the **~se** of a new school of painters 3 उच्चतर स्तर या स्थिति तक चढ़ाव: the **~se** of the flood water 4 उठाव, उफान;

dw/lw: **~sing** /अपराइजिंग/ *n.* (***syn.*** rebellion) विद्रोह, बगावत

upriver /अपरिवः/ *adj. & adv.* धारा के उल्टे, नदी के उद्गम की ओर

uproar /अपरो\र/ *n.* 1 हंगामा, होहल्ला, शोरगुल, शोर-शराबा, कोलाहल, गुलगपाड़ा: cause/ provoke (an) ~; in an ~ 2 (***syn.*** outcry) क्रोध भरा विरोध: ~ at/ over sth 3 उपद्रव, उत्पात: ~ among sb;

dw/lw: **~ious** /~रिअस/ *adj.* 1 कोलाहलपूर्ण, शोर-शराबापूर्ण: ~ious meeting; ~ious applause 2 ऊधमी, उपद्रवी 3 अट्टहासपूर्ण (हंसी): ~ious laughter (कहकहा, ठहाका); burst into the most ~ious laughter 4 विचित्र, हास्यास्पद 5 मनमौजी, जिंदादिल; **~ness** *n.* अट्टहासपूर्णता

uproot /अपरूट/ *v., pt.* **~ed**, *pp* **~ing** 1 उखाड़ना: the wind **~ed** some tress 2 बेघर कर दे.: ~ sb from his home; many Syrians have been **~ed** by the war 3 उन्मूलन क.: ~ evil customs/ habits 4 सामान्य निवास-स्थान से कहीं और चले जा.: **~ed** and moved to the country शहर छोड़कर देहात में चला गया

uprush /अपरश/ *v., pt.* **~ed**, *pp* **~ing**, *poetic* तेजी से ऊपर की ओर बढ़ना
n. ऊपर को आकस्मिक झपट्टा

ups and downs *n.*, उतार-चढ़ाव *see also under* **up:** ***p&i***

ups-a-daisy/ **upsy-daisy**/अपस-ए-डेजि/ अपसि-डेजि/ *excl.* गलती करने पर, गिर जाने आदि की स्थिति में प्रयुक्त

UPSC *abbr.* 'Union Public Service Commission' की प्रथमाक्षरी

UPSCA *abbr.* 'Union Public Services Association' की प्रथमाक्षरी

upscale /अपस्केल/ *US (UK* **upmarket***) adj.* महंगा, केवल धनी तथा उच्च वर्ग के लोगों द्वारा प्रयुक्त: an ~ restaurant

upset /अपसेट/ *adj.* 1 (***syn.*** distressed) दुखी, व्यथित 2 आहत, क्रुद्ध 3 घबराया हुआ, अशांत, व्याकुल, परेशान: she is ~ about her brother going away 4 बिगड़ा हुआ, खराब: ~ stomach/ tummy;
n. 1 प्रतियोगिता में उलट-पुलट, उल्टाव 2 घबराहट, परेशानी 3 मुसीबत 4 उल्टाव, गिरावट 5 गड़बड़, गड़बड़ी, अस्त-व्यस्तता 6 कष्ट, कंटक, बीमारी, अस्वस्थता, खराबी: a stomach ~ 7 झगड़ा: a bit of an ~ with his father;
v., pt. **upset**, *pp* **~ting** 1 दुःखी क., व्यथित क., अशांत क.: bad news completely ~ him 2 चौपट कर दे: ~ sb's plans 3 पेट आदि का खराब हो जा. या क.: ~ sb's stomach 4 उलट दे., उलट जाना: ~ a boat; if you don't sit still, the boat will ~ 5 गिरा दे., गिराया जाना: ~ the government 6 औंधना 7 में गड़बड़ पैदा क., गड़बड़ा दे., विपर्यस्त क., अस्तव्यस्त क.: ~ everything in the house 8 परेशान क., तंग क. 9 अस्वस्थ या बीमार कर दे.: he ate something that ~ him;
dw/lw: **~ting** /अपसेटिंग/ *adj.* चिंताजनक, घबराहट या गड़बड़ पैदा करने वाला;
collocations: **~ price** 1 सरकारी बोली 2 नीलामी में लगाया जाने वाला सब से कम तयशुदा शुरुआती दाम;
p&i: **~ the applecart** खेल बिगाड़ दे.

upshift /अपशिफ्ट/ *v., pt.* **~ed**, *pp* **~ing** गाड़ी में ऊपर का गियर लगाना

upshot /अपशॉट/ (**the ~**) *n.* 1 (***syn.*** outcome) अंतिम परिणाम: what will be the ~ of it all? 2 निष्कर्ष, सार: come to the ~ 3 अंतिम शॉट

upside /अपसाइड/ *n.* 1 ऊपरी भाग, ऊपरी सतह या तरफ 2 सकारात्मक पहलू

upside down (*also* **upside-down**) *adj.* 1 उल्टा: **upside-down** cake; ~ ideas 2 उल्टा-पुल्टा, औंधा, अस्त-व्यस्त, तितर-बितर: an ~ way of seeing things; the room was completely ~ half an hour ago;
adv. 1 उल्टे: turn sth ~ 2 उल्टे-पुल्टे, औंधे, अस्त-व्यस्त: he turned the table ~; why does buttered toast always fall ~ on the floor?

upsides /अपसाइड्ज/ *adv.* (*usually* **~ with sb**) *Br.* बदला लेकर बराबरी पर: get ~ with sb

upstage /अपस्टेज/ *v., pt.* **~d**, *pp* **upstaging** 1 किसी दूसरे की तरफ से ध्यान हटाकर अपनी ओर आकर्षित क.;
adv. 1 नेपथ्य की तरफ 2 दंभपूर्वक, रूखे ढंग से;
adj. 1 दंभी, गैरमिलनसार, शुष्क, रूखा 2 नेपथ्य में घटने वाला

upstairs /अपस्टेअःज/ *adv.* 1 ऊपरी मंजिल को या पर, ऊपर: she is ~; go/ walk ~ 2 वरिष्ठ पद पर 3 दिमाग में 4 उड़ान में, हवा में;
adj. (*also* **upstair**) ऊपरी मंजिल का, ऊपरी;
n. 1 ऊपरी मंजिल 2 ऊपरी मंजिल पर रहनेवाला व्यक्ति या परिवार

upstanding /अपस्टैंडिंग/ *adj.* 1 खड़ा, सीधा: ~ collar 2 (***syn.*** upright) सच्चा, ईमानदार, भरोसेमंद, आदरणीय: an ~ member of society 3 सीधा, ऊर्जावान, स्वस्थ, तगड़ा 4 तयशुदा, पक्की: ~ wage;
p&i: **be ~** *formal* कचहरी, औपचारिक भोज या उत्सव में लोगों को खड़ा रहने का निर्देश

upstart /अपस्टाःट/ *n., derog.* 1 दंभी नव-धनाढ्य, नव-दौलतिया 2 नौसिखिया 3 कल का नवाब, कल का आदमी;
adj. 1 (***syn.*** nouveau riche /नूवोरीश/) नौबढ़, नव-दौलतिया, नव-धनाढ्य 2 दंभी, उद्धत, घमंडी

upstate /अपस्टेट/ *adj. US* देश के मुख्य शहर से दूरतम या उत्तर में स्थित (स्थान): ~ New York;
n. किसी प्रांत का दूरतम या दूरतम उत्तरी स्थान

upstream /अपस्ट्रीम/ *adv.* 1 बहाव के विरुद्ध, नदी के उद्गम की ओर 2 तेल और गैस उत्पाद के उद्गम स्थान की ओर;
adj. 1 नदी के उद्गम की ओर स्थित 2 उजान का, ऊपरी, धारा-प्रतिकूल 3 तेल और गैस उत्पाद की एक अवस्था

upstretched /अपस्ट्रेचड/ *adj.* ऊपर की ओर फैले हुए (हाथ)

upstroke /अपस्ट्रोक/ *n.* 1 पेन या बुरुश की ऊपर की ओर घसीट 2 इस तरह घसीटने से बनने वाला चिह्न 3 इंजन में पिस्टन की ऊपर की ओर गति

upsur\ge /अपसःज/ *n.* एकाएक होने वाली वृद्धि, उमड़ाव या लहर: revolutionary **~ge**; the **~ge** of violence developed into full-scale rioting;
dw/lw: **~gence** /~जंस/ *n.* आकस्मिक वृद्धि: ~gence of neo-fascism in India

UPVT *abbr.* 'Ultrasonic Pulse Velocity Test' की प्रथमाक्षरी

upsweep /अनस्वीप/ *n.* ऊपर की ओर मुड़े बालों की एक शैली

upswell /अप्सवेल/ (*also* **~ing**) *n.* किसी चीज (भावना आदि) में वृद्धि: an ~ of emotion

upswept /अपस्वेप्ट/ *adj.* 1 ऊर्ध्वानत 2 ऊपर की ओर मुड़ता हुआ (वक्र) 3 ऊपर की ओर मुड़े बालों की एक शैली वाला

unswing /अपस्विंग/ *n. econ.* (***syn.*** upturn) 1 व्यापार चक्र में उछाल 2 ऊपर की ओर गति 3 वृद्धि और सुधार का समय

upsy-daisy (*also* **oops-a-daisy**) *see above under* **ups-a-daisy**

uptake /अप्टेक/ *n.* 1 ऊपर की ओर बहाव वाली पाइप या नाली 2 उठाव 3 उद्ग्रहण 4 समझ, बुद्धि;
p&i: **be slow/ quick on the ~** बात को समझने में धीमा या तीव्र हो.; **be quick on the ~** बुद्धिमान, समझदार हो.

up-tempo/ **uptempo** *adj., adv., music* द्रुत गति से

upthrow /अप्थ्रो/ 1 उत्क्षेप 2 ऊर्ध्वपात

upthrust /अप्थ्रस्ट/ *n.* 1 ऊपर की ओर धक्का, उत्क्षेप 2 ज्वालामुखी क्रिया द्वारा ऊपर या बाहर की ओर फेंकने या धकेलने की क्रिया 3 उत्प्लावन 4 प्रोत्थान;
adj. उत्प्लावक

uptick /अप्टिक/ *n.* थोड़ी-सी वृद्धि

uptight /अप्टाइट/ *adj.* 1 घबराया हुआ, तनावग्रस्त 2 क्रुद्ध, चिड़चिड़ा, तिलमिलाया हुआ 3 परंपरागत

uptilt /अप्टिल्ट/ *n.* उपरिनति

uptime /अप्टाइम/ *n.* (***anton.*** downtime) कंप्यूटर या अन्य उपकरणों का चालू रहने का समय

up to *phrase, prep.* 1 सक्षम: I don't feel ~ it 2 के अनुसार या अनुरूप: ~ sample/ standard; be (not) ~ the mark; ~ one's income; he is not ~ his work; he acted ~ his promise; he did not come ~ my expectations 3 (समय, स्थान) तक: ~ what age did you live in the country?; ~ here; ~ page fifteen; he is ~ the ears in love/ in debt; praise sb ~ the skies 4 (मात्रा या संख्या) तक: he has learned to count ~ a hundred 5 के पास: he came ~ me and asked the time; he went straight ~ the entrance; they advanced ~ the walls of the city; get/ catch ~ sb 6 के स्तर पर: keep ~ the times 7 पर निर्भर: it's ~ us to give them all the help we can; it's ~ you to decide;

p&i: **be ~ anything** कुछ भी करने के लिए सक्षम हो.; **be ~ sth** 1 कुछ करने या चाल चलने की सोचना 2 के लिए सक्षम हो.; **be ~ a thing or two** सब-कुछ समझना, चतुर हो.; **be ~ the ears/ chin/ eyes** अत्यधिक व्यस्त हो.; **be ~ one's elbow** सिर से पांव तक काम में डूबा हो.; **this book is not ~ much** यह पुस्तक ध्यान देने लायक नहीं

up to date/ up-to-date *adj.* 1 नवीनतम सूचनाओं एवं जानकारियों से लैस: bring a report ~ 2 तकनीक का इस्तेमाल करने वाला 3 आधुनिकतम, अद्यतन, अद्यावधिक, अद्यावत, दिनांकित: ~ model 4 आधुनिकतम शैलियों को जानने या अपनाने वाला

up-to-the-minute /अप-टु-द-मिनट/ *adj.* आधुनिकतम, नवीनतम

uptown /अपटाउन/ *adj.* 1 *US* शहर के केंद्र से दूर या उत्तरी हिस्से से जुड़ा समृद्ध रिहाइशी क्षेत्र से संबंधित;

adv. शहर के केंद्र से दूर की ओर;

n. शहर के केंद्र से दूर या उत्तरी हिस्सा, समृद्ध रिहाइशी क्षेत्र;

dw/lw: **~er** *n.* शहर के केंद्र से दूर या समृद्ध क्षेत्र का निवासी

uptrend /अपट्रेंड/ *n.* व्यापार में सुधार का समय

upturn /अपटः न/ *n.* 1 (***syn.*** upswing) सुधार: an ~ in business 2 उल्टाव 3 हलचल;

v., *pt.* **~ed**, *pp* **~ing** 1 उल्ट दे./ जा. 2 औंधना 3 ऊपर उठाना;

dw/lw: **~ed** *adj.* 1 उल्टा या पल्टा हुआ: ~ed nose 2 खोदा हुआ

UPU *abbr.* 'Universal Postal Union' की प्रथमाक्षरी

uPVC मोटा और मजबूत प्लास्टिक जिससे खिड़कियों के ढांचे, नालियां आदि बनाए जाते हैं,

UPWA *abbr.* 'United Packing House Workers of America' की प्रथमाक्षरी

upward /अपवःड/ *adv.* 1 (*usually* **~s**) ऊपर की ओर: look/ move **~s**; follow the river **~s** 2 से ज्यादा: **~s** of sth; **~s** of a thousand people; children of six years old and **~s**; from my early youth **~s** 3 अतीत की ओर 4 ऊपर, ऊर्ध्व 5 (**up a river**) उजान;

adj. ऊर्ध्वगामी, उपरिमुखी, ऊर्ध्वमुखी, ऊपर की ओर बढ़ने या उठने वाला: an ~ glance; prices show an ~ tendency;

dw/lw: **~ly** *adv.* ऊपर की ओर; **~ness** *n.* ऊर्ध्वगम्यता;

collocations: **~ly mobile** उच्चतर वर्ग या आय-श्रेणी की ओर बढ़ने वाला; **~ mobility** उच्चतर वर्ग या आय-श्रेणी की ओर उन्मुखता;

p&i: **~ of** 1 से अधिक, से ज्यादा 2 लगभग: ~s of a thousand words; **and** ~ और इससे अधिक या ज्यादा

upwards /अप्वःड्ज/ (*also* **upward**) *adv.* 1 ऊंचे स्थान की ओर 2 ज्यादा महंगा होने की ओर 3 राशि या संख्या से अदिक होने की तरफ

upwind /अप्विंड/ *adv.* 1 हवा के विपरीत 2 हवा के आगे;

adj. हवा के उलट

ur- /उअः/ *prefix* प्राचीनतम या मूल (original)

UR *abbr.* 'Unreserved', 'Uruguay Round' की प्रथमाक्षरी

URA *abbr.* 'Uruguay Round Agreement' की प्रथमाक्षरी

uraemia/ uremia /युअरीमिअ/ *n., med.* मूत्र-रक्तदोष

uraemic/ uremic *adj.* मूत्र-रक्तदोष से ग्रस्त

Ural-Altaic /युअरल-ऐल्टाइक/ *n.* पूर्वी यूरोप और उत्तरी एशिया की उराल एवं अल्ताय भाषाओं का समूह;

adj. 1 उराल एवं अल्ताय भाषा परिवार से संबंधित 2 यूरोप और एशिया को अलग करने वाली रूस की उराल पर्वतमाला एवं केंद्रीय एशिया के अल्ताय पर्वतों से संबंधित

Uralic/ Uralian /युअरअलिक/ *n.* फिनलैंडी और हंगेरियायी भाषाओं का परिवार

Uranian /युअरेनिअन/ *adj.* हर्शल (Herschel) द्वारा 1781 में खोजे युरेनस नामक सूर्य के सातवें ग्रह से संबंधित;

n. युरेनस ग्रह का कल्पित निवासी

uranic /युरैनिक/ *adj.* यूरेनियम-संबंधी

URIF *abbr.* 'Urban Reforms Incentive Fund' की प्रथमाक्षरी

uranism /युरेनिज्म/ *n.* (***syn.*** homosexualism) पुरुष-समलिंग-कामुकता

uranium /यूरेनिअम/ *n., chem.* (*symbol* **U**) एक प्रकार की धातु जो आणविक शस्त्र आदि बनाने में प्रयुक्त होती है: ~ reactor

urano- /युअरअनो/ युअरअनौ/ *comb. form, denoting:* 1 **the sky** or **the heavens** (आकाश या स्वर्ग लोक) 2 *med.* **the roof of mouth, the palate** (तलवा)

urano\graphy /युरअनौग्रफि/ *US* युरअनाः\ग्रफि/ *n.* वर्णनात्मक एवं मानचित्रात्मक खगोल-विज्ञान;

dw/lw: **~grapher** /~ग्रअफः/ *n.* खगोल-विज्ञानी; **~graphic/ ~graphical** /~ग्रअफिक/~ग्रअफिकल/ *adj.* खगोल-विज्ञानीय; **urano\logy** /~लअजि/ *n.* (a treatise on celestial bodies) गणित-ज्योतिष, खगोल-विज्ञान; **~metry** /~मिट्रि/ *n.* खगोल-मिति

Uranus /युअरेनस/ *n.* युरेनस नामक सूर्य का सातवां ग्रह, यूरेनस, उरण

urate /युअरेट/ *n., chem.* यूरिक अम्ल का लवण

urban /अःब\न/ *adj.* 1 शहरी, नगरीय: ~ life; the ~ landscape 2 नागर 3 नगर निवासी: ~ population; an ~ fox; ~ guerrilla;

dw/lw: **~ism** /~निज्म/ *n.* 1 शहरी जीवन-शैली 2 इस शैली का अध्ययन; **~ist** /~निस्ट/ *n.* शहरी जीवन-शैली का विशेषज्ञ; **~ite** /~नाइट/ *n.* शहरी व्यक्ति, शहरी, नगरवासी; **~ity** /अःबैनिटि/ *n., pl.* **~ities** भद्रता, सौम्यता; **~ization** /~नाइजेशन/ *n.* नगरीकरण; **~ize** /~नाइज/ *v., pt.* ~ized, *pp* ~izing नगरीकरण क.;

collocations: **~ myth** सड़क-छाप बना शहरी चुटकुला; **~ renewal** बड़े शहरों में झुग्गी-झोंपड़ी बस्तियों के स्थान पर भवन-निर्माण

urbane /अःबेन\/ *adj.* 1 शिष्ट, सभ्य, सौम्य, भद्र, विनीत;

dw/lw: **~ly** /~लि/ *adv.* सौम्य ढंग से; **~ness** /~नेस/ *n.* शिष्टता, सौम्यता

urceolate /अःसिअलिट/ *adj., mainly biol.* कुंभाकार

urchin /अःचिन/ *n.* 1 नटखट बालक 2 गरीब लड़का 3 छोकरा 4 जल-साही

Urdu /उर्दू/ *n.* उड़दू (भाषा)

-ure *suffix, forming nouns, denoting:* **the action, process or result of** (क्रिया, प्रक्रिया या परिणाम): seiz**ure**; clos**ure**; fail**ure**

urea /युरिअ/ *n.* यूरिया, नाइट्रोजनयुक्त साफ पदार्थ जो खाद के रूप में प्रयुक्त होता है

ureter /युरी\टः/ *n.* मूत्रवाहिनी, गवीनी;

dw/lw: **~al/ ~ic** /~टरल/ ~टरिक/ *adj.* मूत्रवाहिनी संबंधी; **~ritis** /~ट्राइटिस/ *n., med.* गवीनी-शोथ;

ureth\ra /युरी\थ्रा/ *n., pl.* **~ras/ ~rae** अमाशय से शरीर के बाहर जाने वाला मूत्रमार्ग;

dw/lw: **~ritis** /~थ्राइटिस/ *n., med.* मूत्रमार्ग-शोथ; **~roscope** /~थ्रअस्कोप/ *n., med.* मूत्रवाहिनी निरीक्षण उपकरण

uretic /युरेटिक/ *adj.* 1 मूत्रीय 2 मूत्रवर्धक, मूत्रल

urge /अःज/ *v., pt.* **~d**, *pp* **urging** 1 अनुरोध क., आग्रह क., से अनुनय-विनय क.: we **~d** him to take steps 2 तंग क. 3 (*usually* **~ that…**) परामर्श क., सलाह दे.: he **~d** every argument he could think of; **~d** prudence 4 हांकना: with whip and spur the rider **~d** his horse onward 5 (*also* ~

sb on) प्रेरित क. उकसाना, भड़काना, उत्तेजित क.: he **~d** (on) the crew to greater efforts; three general purposes have **~d** me to the task; let me ~ upon you the importance of this measure 6 जल्दी कराना;

n. 1 उग्र इच्छा: ~ to write; feel the ~ of ambition 2 आवेग, प्रेरणा 3 प्रवृत्ति 4 ललक, लालसा: feel/ have /resist/ satisfy an ~; an irresistible/ overwhelming/ strong/ sudden/ uncontrollable ~;

dw/lw: **urge\ncy** /अजंसि/ *n.* 1 अत्यधिक जल्दी: a matter of ~ncy; a sense of ~ncy; the ~ncy of sth 2 अत्यावश्यकता: in case of ~ncy 3 आग्रह, दुराग्रह, महत्त्व: the ~ncy of a claimant; yield to sb's urgencies;

urgent /अजंट/ *adj.* 1 तात्कालिक, बहुत जरूरी: ~ order 2 अत्यावश्यक, बहुत जरूरी: ~ business; be in ~ need of help 3 आग्रही, दुराग्रही, हठीला 4 अत्यंत, महत्त्वपूर्ण: ~ question 5 त्वरित, तुरंत: ~ surgery; ~ message;

dw/lw: **~ ly** /अजंट्लि/ *adv.* अत्यधिक जरूरी रूप से

-uria *suffix, forming, nouns, denoting:* **abnormal/ diseased conditions of the urine** (रुग्ण पेशाब): dys**uria**

urial/ oorial *n.* हिमालयायी जंगली भेड़

uric /यूरिक/ *adj.* 1 मूत्रीय, मूत्र-संबंधी 2 मूत्र में होने वाला, मूत्रोपलब्ध: ~ acid

urinal /युअरि\नल/ युअराइ\नल/ *US* युरअ\नल/ *n.* 1 पुरुषों का पेशाब करने का बेसिन 2 रोगी के लिए पेशाब बर्तन;

dw/lw: **urinal\ysis** /~नैलिसिस/ *n.* मूत्र-विश्लेषण;

urina\ry /युअरि\नरि/ *US* युरअ\नरि/ *adj.* मूत्रीय, मूत्र-संबंधी: ~ary bladder (मूत्राशय); ~ary disease;

dw/lw: **~te**/~नेट/ *v., pt.* ~ated, *pp* ~ating पेशाब क., लघुशंका मिटाना, मूतना; **~tion** /~नेशन/ *n.* पेशाब करने की क्रिया., मुताई, मूत्र त्याग, मेहन, लघुशंका निवारण;

uri\ne /यूरी\न/ *n.* पेशाब, मूत्र;

dw/lw: **~niferous** /~निफरस/ *adj.* मूत्र वाही; **~nogenital/ urogenital** /~नोजेनिटल/ युरोजेनिटल/ *adj.* मूत्र तथा प्रजनन अंगों से संबद्ध, मूत्र-प्रजननीय; **uri\nous** /युरिनस/ *adj.* मूत्रीय, मूत्र सदृश. मूत्र जैसा

URL /यूआरएल/ *abbr.,* 'uniform/ universal resource locator' की प्रथमाक्षरी (कंप्यूटर पर कुछ ढूंढने के लिए कोड)

urn /अःन/ *n.* **urn** /अःन/ 1 कलश, घट 2 भस्म-कलश, अस्थि-कलश 3 कब्र 4 केतली;

dw/lw: **~field** /अःनफील्ड/ *n., archaeol.* प्राचीन काल में कलश-कब्र

uro- *comb. form, denoting:* 1 **urine** or **the urinary tract** (मूत्र या मूत्र-वाहिनी) 2 **tail** (पूंछ)

uro\genital /युरोजेनिटल/ *adj.* मूत्र तथा प्रजनन अंगों से संबद्ध;

dw/lw: **~chrome** /~क्रोम/ *n.* मूत्रवर्णक; **~graphy** /यूरौग्रअफि/ *n., med.* गवीनी (ureters), गुर्दों (kidneys) आदि को परखने के लिए किया जाने वाला निरीक्षण, मूत्रवाहक पथ का एक्स-रे निरीक्षण;

uro\logy /युरौ\लअजि/ *US* युराः\लअजि/ *n.* मूत्र विज्ञान;

dw/lw: **~logic** /युअरअलौजिक/ *US* युअरअलाःजिक/ *adj.* मूत्रविज्ञान-संबंधी; **uro\logist** /युरौलअजिस्ट/ *US* युराःलअजिस्ट/ *n.* मूत्रविज्ञानी; **~meter** /~मिटः/ (*also* **urinometer**) *n.* मूत्रमापी; **~pod** *n.* पश्चांत पाद; **~pygium** *n.* पश्चांत कूट; **~scopy** /~स्कपि/ (**urinoscopy**) *n.* मूत्रपरीक्षण, मूत्रगुरुत्वमापी; **~style** *n.* पुच्छदंड

URS *abbr.* 'under relaxed specification', 'United Registrar of Systems Limited' की प्रथमाक्षरी

Ursa\ Major /अःस\ मेजः/ (*also* **the Great Bear**) सप्तर्षि;

collocations: **~ Minor** /~ माइनः/ (*also* **the Little Bear**) लघु सप्तर्षि

ursine /अःसाइन/ *adj.* 1 भालू-संबंधी 2 ऋक्षीय

urtext /उअःटेक्स्ट/ *n.*

urtica /अःटिका/ *n., pl.* **~s** बिच्छू बूटी की एक प्रकार

urticaria /अःटिकेरिआ/ (*also* **nettle rash/ hives**) *n., med.* पित्ती

urtica\te /अःटि\केट/ *v. pt.* **~ted**, *pp* **~ting** जलन पैदा क.;

dw/lw: **~tion** /~केशन/ *n.* जलन

Uruguayan /युअरअग्वाइन/ *adj.* उरुअग्वाय से संबंधित

US *abbr.* 'ultrasonography', 'Under-Secretary', 'United States (of America)', 'Unit Scheme' की प्रथमाक्षरी

us /अस/ *pron.* 1 हम, हमें: he would not believe that it was ~ 2 हम सब को, अपने आप को: we looked about ~ in surprise 3 मुझ से, हम से: asked ~ the way 4 हमें, अपने आप को; give it to ~; computers can help ~ to work more efficiently; give ~ a hand 5 राजे-महाराजाओं द्वारा प्रयुक्त: we took the documents away with ~;

p&i: **be us** हम जैसा, हमें रास आने वाला: breakdancing is just not ~.

USA /यूएसए/ (*also* **U.S.A.**) *n. abbr.,* 'United States of America' की प्रथमाक्षरी

usa\bility /यूजअ\बिलिटि/ *n.* प्रयोज्यता, व्यवहार्यता;

dw/lw: **~ble** /~बल/ *adj.* जिसे प्रयोग में लाया जा सके, प्रयोज्य, व्यवहार्य: this machine is very old, but it is still ~ble

USADA *abbr.* 'US Anti-Doping Agency' की प्रथमाक्षरी

US-AEP *abbr.* 'US-Asia Environment Partnership' की प्रथमाक्षरी

USAF *abbr.* 'United States Air Force' की प्रथमाक्षरी

usage /यूसिज/ *n.* 1 प्रयोग: in accordance with the general ~ 2 इस्तेमाल, उपयोग: rough/ good ~ 3 व्यवहार, बर्ताव: ~ of trade 4 रिवाज, प्रथा, दस्तूर, आचार, रूढ़ि, लोकाचार, प्रचलन: ancient ~; sanctified by ~ 5 भाषायी संरचनाओं का प्रयोग: expression that has come into ~ 6 प्रयोग या आवृत्ति दर

USAID *abbr.* 'US Agency for International Development' की प्रथमाक्षरी

USAMRIID *abbr.* 'US Army's Medical Research Institute of Infectious Diseases' की प्रथमाक्षरी

usance /यूजंस/ *n., comm.* 1 (भुगतान आदि की) मियाद, मोहलत, अवधि 2 रिवाज, प्रथा

USATF *abbr.* 'US Track and Field Federation' की प्रथमाक्षरी

USB *abbr.* 'Universal Serial Bus' की प्रथमाक्षरी

USBLS *abbr.* 'US Bureau of Labor Statistics' की प्रथमाक्षरी

USC *abbr.* 'United States Code' की प्रथमाक्षरी

USCIRF *abbr.* 'U.S. Commission on International Religious Freedom' की प्रथमाक्षरी

USCIS *abbr.* 'US Citizenship and Immigration Services' की प्रथमाक्षरी

USD *abbr.* 'University of San Diego' की प्रथमाक्षरी

USDA *abbr.* 'US Department of Agriculture' की प्रथमाक्षरी

USDAW *abbr.* 'Union of Shop, Distributive and Allied Workers' की प्रथमाक्षरी

USDMF *abbr.* 'US Drug Master Files' की प्रथमाक्षरी

use /यूज/ *v., pt.* **~d**, *pp* **using** 1 किसी काम में लाना, उपयोग में लाना, इस्तेमाल क.: ~ one's brains/ one's wits 2 प्रयोग में ला.: may I ~ your telephone? 3 ईंधन आदि खर्च क.: ~ coal for heating; ~ gas; we have **~d** all the eggs for this omelette; they ~ a ton of coal in a month; they **~d** thirty days in travelling about 1,000 miles 4 अपने स्वार्थ के लिए इस्तेमाल क.: ~ to advantage; they **~d** every trick to get our help 5 भाषायी संरचनाओं या शब्दों का प्रयोग क.: ~ language 6 के साथ अच्छा या बुरा व्यवहार क., बर्ताव क., के साथ पेश आना: if persuasion fails we shall have to ~ force; ~ sb well/ ill; ~ sb like a dog 7 (*usually* **~d to**) की आदत होना, का अभ्यास होना, अभ्यस्त होना, आदी हो जा.: I **~d** to take the bus early in the morning; there **~d** to be a cinema in this street; it **~d** to be said that ...; **~d** to sth/ sb/ to doing/ to being sth; not be **~d** to working very fast; **~d** to being in charge of two hundred people; the puppies haven't got **~d** to us yet 8 किसी को इस्तेमाल करते हुए शोषण क.: ~ sb for one's selfish ends 9 शराब आदि या अवैध नशीले पदार्थों का सेवन क.: in the hostel several inmates have been **using** drugs 10 अपने विवेक का इस्तेमाल क.: ~ one's discretion 11 सेवाओं का फायदा उठाना या इस्तेमाल क.: we must ~ the services of an agent; may I ~ your name? 12 जरूरत पड़ने के समय कहना: आप इसका उपयोग कर सकते हैं...: *US* one could ~ it;

n. 1 प्रयोग, उपयोग: the ~ of the telephone/ of electricity; he gave his friend the ~ of his library 2 बर्ताव, व्यवहार 3 इस्तेमाल: the ~ of sth; be in ~ 4 प्रयोग करने की विधि: directions/ instructions for ~ 5 प्रयोजन: is there any ~ in discussing the matter further? 6 उपयोग, उपयोगिता: is this spanner of any ~?; lost the ~ of her leg after the accident; have no ~ for sth/ sb; make ~ of sth 7 लाभ, फायदा: it's no ~ complaining; should give you plenty of ~ 8 प्रथा, रिवाज, दस्तूर: go out of ~; not in ~; be/ fall/ out of ~; in daily ~ 9 आदत, अभ्यास: it was his ~ to walk ten miles every day; 10 उपभोग, लाभ: make ~ of sb's name; put sth to a good/ to a wrong ~; be of (no) ~ 11 पद्धति, प्रथा: according to an ancient ~;

dw/lw: **~d**[1] /यूस्ट/ *adj.* 1 (~d to) आदी, अभ्यस्त: ~d to sth/ doing sth; you'll get ~d to it; I'm not ~d to being talked to in that rude way 2 (**used to**) भूतकाल में कोई काम लगातार क.: they used to be friends, but they aren't any more; I **~d** live at Hyderabad earlier; **~d**[2] /यूज्ड/ *adj.* 1 (***syn.*** secondhand) पुरानी, प्रयुक्त, काम में लाई हुई: ~d car 2 व्यवहृत; **~d-up** *adj.* चकनाचूर, थका-मांदा; **use\ful** /यूसफुल/ *adj.* उपयोगी: this book was very ~ful to me; come in ~ful; **~fully** *adv.* उपयोगी ढंग से; **~fulness** /यूजफुल्नेस/ *n.* उपयोगिता; **~less** /यूसलअस/ *adj.* 1 बेकार 2 (*often* ~less at sth) कुछ करने में अक्षम या अदक्ष 3 निकम्मा, व्यर्थ 4 बेकार, निरर्थक, बेफायदा: ~less attempts; I am feeling ~less; **~lessly** /यूसलसलि/ *adv.* व्यर्थ, बेकार, बेफायदा; **~r** /यूजः/ *n.* 1 प्रयोगकर्ता 2 इस्तेमाल करने वाला, प्रयोक्ता, उपभोक्ता: telephone ~rs; **~r-friendly** /यूजःफ्रेंडलि/ *adj.* जिसे उपभोक्ता आसानी से प्रयोग कर सके: ~r-friendly software/ Windows - 10;

collocations: **~r fee** आम जनता को दी जाने वाली सेवा पर शुल्क; **~r group** किसी एक वस्तु विशेष का किसी विशेष समूह द्वारा प्रयोग और उसके बारे जानकारी का एक-दूसरे के बीच इंटरनेट द्वारा आदान-प्रदान; **~r name** कंप्यूटर चालू करने के लिए नाम या पासवर्ड;

p&i: **~ and wont** आम प्रथा और प्रचलन, रिवाज; **~ by a certain date** दवाई आदि को किसी अवधि या तिथि तक प्रयोग में लाने की हिदायत; **~d key is always bright** उपयोग में रहने से कोई वस्तु या उपकरण ठीक रहता है; **~ is second nature** आदत व्यक्ति दूसरा स्वभाव होता है; **~ makes mastery** करत-करत अभ्यास के जड़मति होए सुजान; **~ one like a dog** गुलाम की तरह काम करवाना; **~ sb as cat's paw** किसी को मोहरा या बलि का बकरा बनाना; **~ sth up** किसी चीज को प्रयोग करके खत्म क.; **~ up** खर्च कर डालना, समाप्त क.; **~ your head** (*also Br.* **~ your loaf**) किसी बात के बारे में पना दिमाग इस्तेमाल क.

be no ~ doing sth कुछ करना बेकार हो.; **be (of) any/ some use to** उपयोगी हो.; **be (of) no use** बेकार हो., काम की चीज न हो.; **have no ~ for** 1 की आवश्यकता न रहना 2 नापसंद क.; **he lost the ~ of his left arm** उसका बायां हाथ बेकार हो गया; **in** ~ प्रचलित; **it's no ~ talking** बातें करने का कोई फायदा नहीं; **make ~ of sb** का नाजायज फायदा उठाना; **make ~ of sth** किसी चीज को इस्तेमाल में ला.; **of ~** उपयोगी; **no earthly ~** बेकार, किसी काम का नहीं; **of no ~** निकम्मा, बेकार; **out of ~** पुराना, अप्रचलित; **put sth to good ~** किसी चीज या हुनर का अच्छा फायदा उठाना; **the use-by date was clearly marked** प्रयोग में लाने की अवधि (तिथि) साफ-साफ अंकित थी;

USEFI *abbr.* 'US Educational Foundation in India' की प्रथमाक्षरी

USER *abbr.* 'User Science and Experience Research' की प्रथमाक्षरी

USERC *abbr.* 'US Environment and Resources Council' की प्रथमाक्षरी

USERS *abbr.* 'Urban Services Environment Ration System' की प्रथमाक्षरी

USFDA *abbr.* 'United States Food and Drug Administration' की प्रथमाक्षरी

USFR *abbr.* 'US Federal Reserve' की प्रथमाक्षरी

USFTC *abbr.* 'United States Federal Trade Commission' की प्रथमाक्षरी

US GAAP *abbr.* 'US Generally Accepted Accounting Principles' की प्रथमाक्षरी

USGS *abbr.* 'U.S. Geological Survey' की प्रथमाक्षरी

U-shaped /यू-शेपड/ *adj.* नाल-रूपी

usher /अशः/ *v., pt.* **~ed**, *pp* **~ing** 1 (*usually* **~ sb in/ out**) किसी को कहीं बैठाना, हॉल आदि में अंदर ले जाकर ठीक जगह पर बैठाना: ~ sb into/ to/ across, etc.; the butler **~ed** him into the drawing-room 2 (*usually* **~ sth in**) का अग्रदूत होना, उद्घाटित क., प्रारंभ क: technology that will ~ in a new age in communication;

n. 1 प्रवेशक, स्वागतक, परिचायक 2 मेहमानों की अगवाई करने वाला यानी जो औपचारिक समारोहों में मेहमानों की अगवाई करता है और उनका परिचय करवाता है 3 अदालत आदि में आगंतुकों के अंदर आने या बाहर जाने को नियंत्रित करने वाला 4 वर सखा (best man);

dw/lw: **~ette** /अशअरेट/ *n.* प्रवेशक महिला, प्रविशिका, स्वागतिका, परिचायिका

p&i: **~ in sth** कोई कार्य शुरू क.

USI *abbr.* 'Uni Style Image', 'universal salt iodisation' की प्रथमाक्षरी

USIA *abbr.* 'United States Information Agency' की प्रथमाक्षरी

USIBC *abbr.* 'United States-India Business Council' की प्रथमाक्षरी

USIFVE *abbr.* 'US International Film and Video Festival' की प्रथमाक्षरी

USIS *abbr.* 'United States Information Service' की प्रथमाक्षरी

USITC *abbr.* 'US International Trade Commission' की प्रथमाक्षरी

USM *abbr.* 'Underwater-to-surface missile', 'Unlisted Securities Market' की प्रथमाक्षरी

USMG *abbr.* 'US Marine General' की प्रथमाक्षरी

USMLE *abbr.* 'United States Medical Licensure Examination' की प्रथमाक्षरी

USN *abbr.*, 'United States Navy' की प्रथमाक्षरी

USO *abbr.* 'Universal Service Obligation' की प्रथमाक्षरी
USOC *abbr.* 'United States Olympic Committee' की प्रथमाक्षरी
USOTC *abbr.* 'US Olympic Training Centre' की प्रथमाक्षरी
USP *abbr.* 'Unique Selling Proposition' की प्रथमाक्षरी
USPH *abbr.* 'United States Public Health' की प्रथमाक्षरी
USPS *abbr.* 'US's Postal Service' की प्रथमाक्षरी
USPTO *abbr.* 'United States Patent and Trademark Office' की प्रथमाक्षरी
usquebaugh /असक्विबॉः/ *n.* स्कॉच या आयरलैंडी व्हिस्की
USS *abbr.,* United States Ship or Steamer' की प्रथमाक्षरी
USSR *abbr., hist.* 'Union of Soviet Socialist Republics' की प्रथमाक्षरी
UST *abbr.* 'University of Santo Tomas' की प्रथमाक्षरी
USTDA *abbr.* 'US Trade Development Agency' की प्रथमाक्षरी
USTR *abbr.* 'United States Trade Representative' की प्रथमाक्षरी
usual /यूज़ुअल\/ *adj.* 1 सामान्य, मामूली, साधारण, घिसा-पिटा: the ~ terms; he said all the ~ things 2 (***syn.*** normal) हमेशा की तरह का: as ~; he is drunk as ~; he came later than ~ 3 (*usually* **the**/ **my** ~) दैनिक, प्रायिक, रिवाजी, परंपरागत: took the ~ route to work;
dw/lw: **usual\ly** /यूज़ुअलि/ *adv.* (***syn.*** normally) सामान्यतः, सामान्यतया, साधारणतया, प्रायः, अक्सर: he ~ly spends the morning at work; **~ness** /~नेस/ *n.* सामान्यता, घिसा-पिटापन
usucapion /यूज्युकेपिअन/ (**usucaption**/यूज़ूकैप्शन/) *n. law* किसी दूसरे की संपत्ति पर लंबी अवधि के लिए भोगाधिकार
usufruct /यूज्युफ्रक्ट/ *n., law* **किसी** और की संपत्ति पर भोगाधिकार;
v., *pt.* **~ed,** *pp* **~ing** दूसरे की संपत्ति पर भोगाधिकार रखना;
dw/lw: **usufructuary** /यूज्युफ्रक्चुअरि/ *n.* दूसरे की संपत्ति पर भोगाधिकार करने वाला व्यक्ति
USUHS *abbr.* 'Uniformed Services University of Health Sciences' की प्रथमाक्षरी
usu\rer /यूज़अ\रः/ *n.* बहुत ज्यादा ब्याज वसूलने वाला सूदखोर, कुसीद, कुसीदजीवी;
dw/lw: **usu\ry** /यूज़रि/ *n., pl.* ~ries सूदखोरी: practise ~ry; with ~ry (ईंट का जवाब पत्थर से); repay a service with ~ry; **~rious** /यूज़अरिअस/ *adj.* अत्यधिक ब्याज वाला, कुसीदात्मक: a ~rious rate of interest
usurp /यूज़ःप/ *v., pt.* **~ed,** *pp* **~ing** 1 हड़पना 2 अनधिकार ग्रहण क. या कब्जा जमाना 3 छीन लेना;
dw/lw: **usurp\ation** /यूज़ःपेशन/ *n.* 1 हड़पने की क्रिया 2 अनधिकार कब्जा 3 अपहरण; **~er** /यूज़ःपः/ *n.* हड़पने वाला, अनधिकार ग्राही, अपहर्ता
usury *see above under* **usurer: *dw/lw***
USW *abbr., radio* 'ultrashort wave/s', 'ultrasonic wave/s' की प्रथमाक्षरी
UT *abbr.,* 'Universal Time', *US state* 'Utah' की प्रथमाक्षरी
UTC *abbr.,* 'Universal Time Co-ordinates' की प्रथमाक्षरी
Utd 'united' का छोटा रूप
ute /यूट/ *n., Austral. & NZ colloq.* 'Utility Truck' or 'Utility vehicle' का छोटा रूप
utensil /युटेंसल/ *n.* 1 बर्तन, बर्तन-भांडे: kitchen **~s**; chamber **~s** 2 उपकरण, औजार: writing **~s**
uterine /यूटअराइन/ *adj., med.* 1 गर्भाशय-संबंधी 2 एक ही माता परंतु भिन्न-भिन्न पिताओं से उत्पन्न, कठ, एकोदर: ~ brothers and sisters
uterus /यूटअरस/ *n., pl.* **uteri** /युटअराइ/ गर्भाशय
UTI *abbr.* 'Unit Trust of India', 'uninary tract infection' की प्रथमाक्षरी
utilitarian /यूटिलिटेअरिअ\न/ *adj.* 1 (सुंदर होने के विपरीत) मात्र उपयोगी 2 अति-व्यावहारिक: from the merely ~ point of view 3 (***syn.*** functional) क्रियात्मक, उपयोगात्मक 4 लाभाकांक्षी, लाभार्थी, स्वार्थी 5 उपयोगितावादी;
dw/lw: **~ism** /~निज्म/ *n., ethics* 1 उपयोगितावाद 2 मान्यताओं का समुच्चय जिसके तहत माना जाता है कि समाज हित में कोई भी कार्य नैतिक रूप से सही है
utility /यूटिलिटि/ (*also* **public** ~) *n., pl.* **utilities** 1 उपयोगिता, उपयोग, लाभ: of no ~ 2 *philos.* किसी में अधिकतर लोगों की जरूरतें पूरी करने की क्षमता 3 किसी वस्तु या माल का मानवीय जरूरतों को पूरा करने में सामर्थ्य 4 उपयोगी वस्तुएं व जनोपयोगी सेवाएं जैसे गैस, पानी, बिजली आदि: the rent of the house includes all **utilities** 5 प्रयोज्यता, व्यवहार्यता 6 जन-सुविधाएं: public **utilities** 7 *comput.* दिन-प्रतिदिन का काम करने के लिए उपयोगी कंप्यूटर प्रोग्राम;
adj. 1 शुद्ध व्यावहारिक या प्रायोगिक 2 कुत्तों की व्यावहारिक नस्ल से संबंधित;
collocations: ~ **actor** गौण अभिनेता, सह अभिनेता; ~ **art** व्यावहारिक कला; ~ **aviation** सहायक रक्षा वायु सेवा; ~ **bag** घर के सामान का थैला; ~ **boat** जहाज पर चढ़ने-उतरने की या सेवा नौका; ~ **clothes** व्यावहारिक वस्त्र; ~ **furniture** व्यावहारिक फर्नीचर; ~ **man** रिजर्व खिलाड़ी; ~ **poultry/ livestock/ sheep** व्यावहारिक पक्षी व पशु धन; ~ **room** कपड़े धोने की मशीन, रेफ्रिजरेटर आदि उपयोगी वस्तुएं व सेवाओं का कक्ष; ~ **truck/** ~ **vehicle** *Austral., NZ* जनता या माल को ढोने वाला छोटा ट्रक; ~ **workers** सहायक मजदूर; **public** ~ **companies** जनोपयोगी सेवाओं को मुहैया कराने वाली कंपनियां
utili\zable /यूटिलाइ\जअबल/ *adj.* उपयोज्य, प्रयोज्य, व्यवहार्य, उपयोगी;
dw/lw: **utili\zation** /~जेशन/ *n.* 1 उपभोग, उपयोग, प्रयोग, इस्तेमाल: ~ation of terrain features 2 व्यवहार; **~zer** /~जः/ *n.* उपभोग या उपयोग करने वाला; **utili\ze** (*also UK* **-ise**) /~ज/ *v., pt.* ~zed, *pp* ~zing (***syn.*** make use of) काम में ला., का उपयोग क., इस्तेमाल क., व्यवहार क., से लाभ उठाना
UTIRIS *abbr.* 'UTI Regular Income Scheme' की प्रथमाक्षरी
UTL *abbr.* 'United Telecoms' की प्रथमाक्षरी
utmost /अटमोस्ट/ *adj.* 1 चरम, परम, अधिकतम: of the ~ urgency; with the ~ pleasure; it is of the ~ importance that ...; that is the ~ I can do; irritate sb to the ~ 2 उच्चतम 3 बाह्यतम, अन्त्य, अंतिम: the ~ ends of the earth; the ~ point of the earth; the ~ limits;
n. 1 अधिकतम मात्रा, संख्या, हद 2 श्रेष्ठतम गुण, उच्चतम क्षमता, अधिकतम शक्ति:
p&i: **at the** ~ अधिक से अधिक **do one's** ~ पूरी या भरसक कोशिश क., कुछ कसर न उठा रखना; **to the** ~ अधिक से अधिक, अधिकतम सीमा तक
uTOK *abbr.* 'User's Tree of Knowledge' की प्रथमाक्षरी
utopia /यूटोपि\आ/ *n., pl.* **Utopias/ ~s** 1 (***anton.*** dystopia) ऐसा आदर्श लोक या ढांचा जिसकी स्थापना असंभव हो 2 कल्पना लोक, रामराज्य;
dw/lw: **~n** /~अन/ *adj.* 1 अति-आदर्शवादी, काल्पनिक, अप्राप्य: a ~n idea or plan 2 आदर्श 3 अव्यावहारिक, अव्यवहार्य 4 स्वप्नदर्शी; **~nism** /~अनिज्म/ *n.* अति-आदर्शवादिता, काल्पनिकता, अव्यवहार्यता
utricle /यूट्रिकल/ *n., anat., zool.* दृति, कान की छोटी थैली
UTS *abbr.* 'ultimate tensile strength' की प्रथमाक्षरी
utter /अटः/ *adj.* 1 पूर्ण, कुल, पूरा, संपूर्ण: ~ ruin; ~ refusal; ~

disbelief 2 परम, चरम: ~ darkness; the ~ folly of such a policy 3 पक्का, निरा, निपट: he is an ~ stranger to me; ~ scoundrel;

***v.**, pt.* **~ed**, *pp* **~ing** 1 कहना, मुंह से निकालना, उच्चारण क., बोलना, कहना: not a sound was **~ed**; ~ a groan/ a sigh; **~ed** a piercing cry 2 चलाना, जारी क. 3 व्यक्त क., प्रकट क.: ~ one's thoughts/ feelings 4 घोषित क.:

dw/lw: **~able** /अटरअबल/ *adj.* उच्चार्य, प्रकाश्य; **utter\ance** /अटरंस/ *n.* 1 अभिव्यक्ति, कथन, बोलने की शैली: give ~ance to sth (शब्दों में बयां क.); clear ~ance; defective ~ance 2 वक्तृत्व: he has no gift of ~ance 3 कथन, उक्ति, उद्गार: public ~ance 4 सिक्के आदि के निकलने की क्रिया: the ~ance of false coins 5 चरम सीमा: to the ~ance; **~er** /अटरः/ *n.* बोलने वाला, व्यक्त करने वाला;

utter\ly /अटः\लि/ *adv.* पूरी तरह से, बुरी तरह, पूर्ण रूप से, पूर्णरूपेण, पूर्णतः, नितांत, निहायत, अत्यधिक, निपट, सर्वथा, बिल्कुल: I am ~ly exhausted/ ruined;

dw/lw: **~ less** *adv.* अनुच्चार्य, अकथनीय; **~ness** /~नेस/ *n.* पूर्णता, गंभीरता

uttermost /अटःमोस्ट/ *adj.* = **utmost** 1 परम, अधिकतम 2 आत्यंतिक 3 उच्चतम 4 बाह्यतम, अन्त्य, अंतिम

U-turn /यूटःन/ *n.* 1 उल्टी दिशा में (180^0 यानी **U**- आकार में) मोड़ 2 नीति में उलटाव या पूर्ण बजलाव 3 विपरीत सोच

UTV *abbr.* 'underwater television', 'United Televisions' की प्रथमाक्षरी

UUK *abbr.* 'Universities UK' की प्रथमाक्षरी

UUP *abbr.* 'Ulster Unionist Party' की प्रथमाक्षरी

UV *abbr.* 'ultraviolet', 'utility vehicles' की प्रथमाक्षरी

UV-A/ UVA *abbr.* 'ultraviolet A' का संक्षेप

uvarovite /यूवाःरअवाइट/ *n., mineralogy* हरे पन्ने के रंग की रक्त-मणि

UV-B/ UVB *abbr.* 'ultraviolet B' का संक्षेप

UV-C/ UVC *abbr.* 'ultraviolet C' का संक्षेप

uvea /यूविआ/ *n.* रंजित पटल

UVF *abbr.* 'Ulster Volunteer Force', 'UTI Venture Funds' की प्रथमाक्षरी

UVM *abbr.* 'University of Vermont (Montrelier)' की प्रथमाक्षरी

uvula /यूव्युला/ यूव्यला/ *n., pl.* **~s/ uvulae** कौआ, अलिजिह्व, गले की घंटी, काकल(क);

dw/lw: **~r** /यूव्युलः/ *adj.* अलिजिह्वीय

UWE *abbr.* 'University of the West of England' की प्रथमाक्षरी

UWIST *abbr.* 'University of Wales Institute of Science and Technology' की प्रथमाक्षरी

uxori\al /अक्सॉरि\अल/ *adj.* पत्नी या पत्नियों से संबंधित;

dw/lw: **uxori\cide** /~साइड/ *n.* 1 पत्नी-हत्या 2 पत्नी-हत्यारा पति; **~ous** /~अस/ *adj.* 1 पत्नी-भक्त, पत्नीप्रेमी 2 पत्नीपरायण 3 जोरू का गुलाम; **~ously** /~असलि/ *adv.* पत्नीप्रेमी की भांति; **~ousness** /~सनेस/ *n.* पत्नी-परायणता, पत्नीभक्ति, पत्नीप्रेम

Uzb *abbr.* 'Uzbekistan' का संक्षेप

Uzbek /उजबेक/ अजबेक/ *n., pl.* **Uzbek/ Uzbeks** उज्बेकी व्यक्ति या भाषा

V v

V v /वी/ *n. n., pl.* **Vs, V's, v's** अंग्रेजी वर्णमाला का बाईसवां अक्षर

V 1 *numeral* '5' का *Roman* चिह्न 2 **V**-आकृति की वस्तु: **V**-neck; **V**-sign

V *abbr.*, **'volt'** का प्रथमाक्षर (विद्युत तरंग को मापने की एक इकाई);

V *symbol, chem.,* **'vanadium'** का चिह्न

V वैटिकन सिटी (**Vatican City**) का अंतर्राष्ट्रीय वाहन पंजीकरण कोड (IVR)

V 'victory' का प्रथमाक्षर: **V**-sign

V *UK* (*UK/ US* **vs**) *abbr.*, **'versus'** का प्रथमाक्षर

V-1, V-2 दूसरे विश्व-युद्ध में जर्मनी द्वारा इंग्लैंड आदि के खिलाफ प्रयुक्त उड़ते रोबोट बम या रॉकेट से चलने वाली मिसाइलें

v *or* **v.** *abbr.* 'velocity', 'verb', 'verse' (पद, छंद), 'verso' (बायां पृष्ठ, सिक्के का पृष्ठ भाग), 'very', 'vide' का प्रथमाक्षर

VA *abbr. US state* 'Virginia' (*also* **Va**), *Royal order* 'Victoria and Albert' का छोटा रूप

Vac /वैक/ *compression* 'vacation' का छोटा रूप

VACA *abbr.* 'Voluntary Adoptions Coordinating Associations' की प्रथमाक्षरी

vacancy /वेकंसि/ *n., pl.* **vacancies** 1 होटल आदि में खाली कमरा 2 खाली या रिक्त पद: a ~ of Registrar in the university; fill a ~ 3 खाली जगह, रिक्त स्थान 4 (***syn.*** emptiness) रिक्तता, रिक्ति, खालीपन: ~ of mind/ of thought; a ~ in one's knowledge 5 शून्यता, शून्य स्थान: stare into ~ 6 अवकाश, अंतराल 7 मूर्खता 8 अभाव, कमी 9 सुस्ती, काहिली

vacant /वेकंट/ *adj.* 1 (***syn.*** unoccupied) खाली, रिक्त: gaze into ~ space; ~ seat; ~ apartment 2 स्थान जहां अभी भवन-निर्माण न हुआ हो: ~ lot 3 रिक्त (पद): a ~ post; a ~ position; ~ professorship 4 भावशून्य, निर्भाव: a ~ expression 5 शून्य, रिक्त, खोखला: ~ eye/ stare; ~ mind; ~ face 6 अव्यस्त, फुरसत की (घड़ियां आदि): ~ hours; be ~ of business 7 मूर्ख 8 निर्जीव 9 काहिल, सुस्त 10 खोखला, खाली, थोथा: ~ frivolities; idle and ~ life; ~ run (इंजन का न्यूटर /neuter gear/ में चलन);
dw/lw: **~ly** /वेकंटलि/ *adv.* भावशून्य ढंग से, खोए-खोए-से;
collocations: **~ succession** बेदावेदार उत्तराधिकार; **~ possession** खाली घर आदि का कब्जा या स्वामित्व

vaca\te /वेकेट/ वकेट/ *v., pt.* **~ted**, *pp* **~ting** 1 खाली क. 2 किराए का मकान छोड़ दे.: **~te** premises; **~te** an apartment; **~te** an office 3 मुकदमे या किसी कार्रवाई पर लगाई रोक (stay) को रद्द क., अभिशून्य क. 4 भेंट रद्द क.: **~te** appointment 5 सैनिक कब्जा छोड़ना; **~te** civilians from the city; **~te** command;
dw/lw: **~table** *adj.* खाली करने योग्य;

vacation /वकेशन/ *n.* 1 *N. Amer., esp. US* (*UK* **holiday**) अवकाश, (लंबी) छुट्टी: long/ summer ~; two weeks' ~ 2 छूट: ~ from labour 3 अधिश्राम, परित्याग: ~ of a position 4 अदालती रोक की रद्दगी: ~ of stay;
adj. छुट्टियों से संबंधित, छुट्टियों के दिनों का/ के/ की: ~ pay; ~ time; ~ subscription; ~ judge;
v., *pt.* **~ed**, *pp* **~ing** 1 कहीं पर छुट्टियां बिताना: *US* (*UK* **holiday**): ~ in/ on/ by, etc.; he **~ed** in Greece 2 छुट्टियां लेना;
dw/lw: **~er** /वकेशनः/ (*also* **~ist** /वकेशनिस्ट/) *n.* छुट्टी या अवकाश लेने वाला व्यक्ति

VACB *abbr.* 'Vigilance and Anti-Corruption Bureau' की प्रथमाक्षरी

vaccina\te /वैक्सिने\ट/ *v., pt.* **~ted**, *pp* **~ting** टीका लगाना;
dw/lw: **~tion** /~शन/ *n.* टीका: ~tion law; ~tion rash; **~nator** /~टः/ *n.* टीका लगाने वाला व्यक्ति

vaccine /वैक्सीन/ *n., med.* टीके की दवा, टीका-द्रव्य, टीका: ~ disease; ~ point; ~ inoculation (टीका); ~ treatment

vaccinia /वैक्सीनिआ/ *n.* चेचक, गौशीतला

vacilla\te /वैसिले\ट/ *v., pt.* **~ted**, *pp* **~ting** 1 (***syn.*** waver) अनिश्चय की स्थिति में होना, ढुलमुल होना, बार-बार विचार बदलना: **~te** between hope and fear; she **~tes** in her feeling 2 हिलना-डुलना, झूमना, दोलन क., डोलना: **~te** on one's feet 3 आगा-पीछा क., हिचकना;
dw/lw: **~ting** /~टिंग/ *adj.* ढुलमुल, दोलायमान: ~ting pulse; ~ting steps; **~tingly** /~टिंगलि/ *adv.* ढुलमुल तरीके से, हिचकिचाहटपूर्वक; **~tion** /~शन/ *n.* 1 हिलने-डुलने या झूमने की क्रिया या भाव 2 अनिश्चय 3 आगा-पीछा 4 हिचकिचाहट, दुविधा, दोलन

vacua /वैक्युआ/ *see under* **vacuum**

vacuity /वक्यूअटि/ *n., pl.* **vacuities** 1 खालीपन, रिक्तता, खोखलापन 2 बुद्धिहीनता, शून्यता, मूर्खता: fill one's speech with **vacuities** 3 खाली स्थान

vacu\olar /वैक्युओ\लः/ *adj.* धानी, रिक्तिता संबंधी;
dw/lw: **~olate** /~लेट/ *adj.* रिक्तिकायुत; **~ole** /~ल/ *n.* रिक्तिका, धानी, रसधानी

vacuous /वैक्युअस\/ *adj.* 1 खाली, रिक्त, शून्य: ~ stare 2 बुद्धिहीन, अनुभव-रिक्त, अनुभव-शून्य: ~ remark 3 निर्बुद्धि, मूर्ख: ~ individual 4 निर्भाव: ~ life 5 निर्वात;
dw/lw: **~ly** /~लि/ *adv.* मूर्खतापूर्वक, बेकार में; **~ness** /~नेस/ (*also* **vacuity** *see above under separate entry*) *n.* 1 खालीपन, रिक्तता, खोखलापन 2 बुद्धिहीनता, अनुभव-रिक्तता, अनुभव-शून्यता

vacuum /वैक्युम/ *n., pl.* **~s** *or techn.* **vacua** /वैक्युआ/ 1 खाली जगह, रिक्त स्थान: nature abhors a ~ 2 शून्य, रिक्तता, निर्वातता: Torricellian ~ 3 वायु और गैस रहित स्थान 4 खालीपन की अवस्था, आंतरिक खोखलापन 5 किसी के न होने से जीवन में पैदा होने वाली नीरसता 6 कमी, अभाव 7 बाह्य प्रभावों से मुक्ति 8 वैक्यूम क्लीनर;
adj. रिक्तता-चालित;
v., *pt.* **~ed**, *pp* **~ing** 1 वैक्यूम क्लीनर से सफाई क.
collocations: **~ brake** निर्वात ब्रेक; **~ cleaner** (*also UK* **Hoover**) गंदगी को खींचकर सफाई करने वाली मशीन, निर्वात मार्जक; **~ drier** निर्वात शोषित्र; **~ drying** निर्वात सुखाने की क्रिया (शुष्कन); **~ flask** निर्वात फ्लास्क, थर्मस बोतल; **~ gauge** निर्वात गेज; **~ jar** मर्तबान; **~ packed** निर्वात बर्तन में बंद भोजन आदि; **~ pump** निर्वात पंप; **~ tube** निर्वात नली; **~ valve** = **~ tube**;
p&i: **feel ~ in the lower regions** बहुत भूख लगना

VAD *abbr.* 'Vitamin A Deficiency', 'Voluntary Aid Detachment' की प्रथमाक्षरी

vade mecum /वादिमेकम/ *n.* उपयोगी पुस्तिका, सदा साथ रहने वाली पुस्तक

vadose /वेडोस/ *adj.* अधिभौमजलीय: ~ zone (अधिभौम जल क्षेत्र)

vagabond /वैगअबौं\ड/ *US* वैगअबां\ड/ *n.* 1 घुमक्कड़ व्यक्ति, आवारागर्द, खानाबदोश 2 बेकार, कामचोर आदमी, बदमाश;
adj. 1 घुमक्कड़, आवारा: ~ Gipsies 2 घुमंतू, घूमता-फिरता, हिंडक, भ्रमणशील: ~ life; ~ heart 3 अनियमित: ~ current;
v., *pt.* **~ed**, *pp* **~ing** आवारा फिरना, मारा-मारा फिरना: **~ing** about the world;
dw/lw: **~age** /~डिज/ *n.* 1 घुमक्कड़पन, आवारापन 2 आवारागर्दी, आवारगी

vagal /वेगल/ *adj.* भटकते तंतु से संबंधित

vagary /वेगरि/ *n., pl.* **vagaries** 1 सनक, खब्त, मौज, तरंग, लहर, अजीब हरकत: another ~ of his!; **vagaries** of weather 2 अचानक आए हुए बदलाव, विचित्रता: **vagaries** of fashion

vagiformis /वजिफॉ:मिस/ *n.* अनियत आकृति

vagility /वजिलिटि/ *n.* प्रकीर्णता

vagina /वजाइ\ना/ *n., pl.* **~nas/ vaginae** 1 योनि, योनी, स्त्री जननांग 2 आच्छद;

dw/lw: **~al** /~नल/ *adj.* योनिक, भगीय, आच्छदी; **~ismus** /वैजिनिजमस/ *n., med.* योनिपीड़ा; **~itis** /वैजिनाइटिस/ *n., pathol.* योनिशोथ

vagran\cy /वेग्रंसि/ *n.* 1 आवारागर्दी, आवारगी 2 बंजारापन, बंजारी घुमक्कड़ता: taken up for ~ 3 विषयांतर;

dw/lw: **~t** /वेग्रंट/ *n.* 1 खानाबदोश, घुमंतू आदमी, बहेलू; **~t** *adj.* घुमक्कड़, आवारा, घुमंतू: ~t life 2 परिभ्रामी, भ्रमणशील: ~t musicians 3 स्वेच्छाचारी, तरंगी, मौजी: ~t boys; indulge in ~t speculations

vague /वेग\/ *adj., degr.* **~r, ~st** 1 अस्पष्ट, अनिश्चित: ~ answer/ rumour; ~ hope; ~ idea; ~ term ; ~ resemblance; a ~ feeling/ impression/ memory/ promise; speak in ~ language; a ~ expression 2 (***syn.*** absent-minded) ढुलमुल, आत्म-विश्वास-विहीन, उदासीन: as usual he was ~ 3 (***syn.*** faint) धूमिल, धुंधला: not the **~st** notion;

dw/lw: **~ly** /~लि/ *adv.* थोड़ा-थोड़ा, अस्पष्ट ढंग से, धुंधले या अनिश्चित रूप से; **~ness** /~नेस/ *n.* अस्पष्टता

vagus /वेगस/ *n., pl.* **vagi**, *anat.* भटकता तंतु

vain /वेन/ *adj.* 1 (***syn.*** useless) बेकार, व्यर्थ, निष्फल: ~ attempt/ hope (व्यर्थ प्रयास/ आशा); ~ efforts; ~ attempt/ endeavour; our hopes were ~; all resistance is ~/ to resist is ~/ it is ~ to resist; take sb's name in ~ 2 (***syn.*** conceited) अहम्मन्य, गर्वीला: ~ promise; ~ boasts; ~ pomp; a ~ pretext 3 निस्सार, खोखला, खाली, थोथा, असार 4 निरर्थक, तुच्छ;

dw/lw: **~ hope** दुराशा; **~ly** /वेनलि/ *adv.* बेकार में, व्यर्थ, गर्व से; **~ness** /वेननेस/ *n.* अहंकार, दंभ, मिथ्याभिमान, शेखी;

p&i: **in ~** बेकार में, व्यर्थ, बेफायदा: it was in ~ that we protested; all our work was in ~; **as ~ as a peacock** अत्यधिक दंभी

vain\glory /वेनग्लऑरि\/ *n., lit.* 1 मिथ्याभिमान, शेखी, शेखीबाजी 2 आत्मश्लाघा 3 अहम्मन्यता;

dw/lw: **~glorious** /~अस/ *adj.* (***syn.*** conceited) अत्यंत दंभी, शेखीबाज, आत्मश्लाघी, गर्वीला, मिथ्याभिमानी, अहम्मन्य: ~glorious utterances; **~gloriously** /~असलि/ *adv.* अहंकारपूर्वक;

valance /वैलंस/ *n.* 1 झालर 2 = pelmet

vale /वेलि/ *n., Lat.* 1 अलविदा: say one's **~s** 2 *interj.* अलविदा!

vale /वेल/ *n., lit.* **a valley** 1 घाटी 2 दुनिया, संसार;

p&i: **the ~ of years** ढलती उम्र; **the ~ of tears/ of woe/ of misery** आंसुओं व दुख-दर्द का सागर

valedic\torian /वैलिडि\क्टॉरिअन/ *n.* स्कूल, कॉलेज या विश्वविद्यालय का पुराना विद्यार्थी जो विदाई भाषण देता है: he was **~torian** of his class;

n. विदाई-भाषण;

dw/lw: **~tion** /~क्शन/ *n.* अलविदा, विदाई भाषण; **~tory** /~क्टरि/ *adj.* विदाई, विदाई संबंधी: a ~tory speech

valence /वेलंस/ *n.* संयोजन-क्षमता;

collocations: **~ electron** *chem.* संयोजक इलेक्ट्रॉन

valency /वेलंसि/ *n., pl.* **valencies/ valences** *chem.* (*also* **valence**, *esp. N. Amer.*) संयोजकता, कर्षणशक्ति

Valentine /वैलंटाइन/ (*also* **Valentine card**) *n.* 1 वैलंटाइन के दिन दिया जाने वाला प्रेम-सूचक बधाई कार्ड 2 वैलंटाइन दिवस पर अपने प्रेमी या प्रेयसी को भेजा जाने वाला शुभकामना कार्ड या उपहार 3 प्रेमी या प्रेयसी 4 प्रेमिका या प्रेमी का प्रेमपत्र;

collocations: **Valentine's Day** 14 फरवरी, जिसे प्रेम दिवस के रूप में मनाया जाता है

valerian /वलिअरिअन/ *n.* (*in full* **red valerian**) बिल्लीलोटन, टागर

valet /वैले/ वैलिट/ *n.* कार रखने वाला सेवक, टहलुआ, नौकर; ***v.**, pt.* **~ed**, *pp* **~ing** 1 कार सेवक का काम क. 2 साफ क.;

collocations: **~ parking** *esp. N. Amer.* रेस्त्रां, होटेल आदि में कार-सेवक द्वारा गाड़ी खड़ी करने की सेवा

valeting /वैलिटिंग/ *adj.* द्रुत इस्त्री सेवा: ~ service/ company

valetudinarian /वैलिट्युडिनेअरिअ\न/ *adj.* 1 लंबी बीमारी से ग्रस्त या बीमारू 2 (***syn.*** hypochondriac) रोगभ्रमी;

dw/lw: **~ism** /~निज्म/ *n.* 1 बीमारूपन 2 रोगभ्रमता

valgus /वैल्गस/ संहतजानु, संघट्टजानु(क)

Valhalla /वेल्हैला/ *n., Scandanavian mythol.* स्वर्ग, जहां मारे गए शूरवीरों की आत्माएं आदिन (Odin, the supreme creator) के साथ सदा रंगरलियां मनाती हैं

vali\ance /वैलिअंस/ (*also* **~ancy**) *n.* अद्भुत शौर्य, बहादुरी;

valiant /वैलिअंट\/ *adj.* (***syn.*** courageous) शूरवीर, दिलेर, पराक्रमी, बहादुर;

dw/lw: **~ly** /~लि/ *adv.* अद्भुत पराक्रम व बहादुरी से

valid /वैलिड\/ *adj.* 1 तर्क संगत, मान्य: ~ objection; ~ argument/ reason; ~ proof; ~ criticism 2 विधिमान्य, वैध, प्रामाणिक: ~ deed; ~ claim; a ~ ticket or document; ~ in law; ~ ordinance; ~ title; ~ ballot papers; ticket ~ for three months; ~ until recalled 3 युक्तियुक्त, अकाट्य, ठोस, प्रभावी: ~ method of testing/ of investigating sth; ~ target 4 स्वस्थ, तगड़ा, हृष्ट-पुष्ट: be of not very ~ health;

dw/lw: **~ity** /वैलिडिटि/ *n.* वैधता; **~ly** /~लि/ *adv.* वैध रूप से;

collocations: **~ date** मान्यता अवधि; **~ deed** वैध बैनामा, दस्तावेज, करारनामा; **~ group** मान्य समूह; **~ reason** मान्य कारण; **a ~ passport** वैध पासपोर्ट

valida\te/वैलिडे\ट/ *v., pt.* **~ted**, *pp* **~ting** 1 विधिमान्य क. या वैध बनाना 2 मान्य क., मान्य ठहराना: **~te** a passport; **~te** a report 3 अभिपुष्ट क., प्रमाणित क. **~te** a conclusion by demonstration; **~te** a policy;

dw/lw: **~ted** /~टिड/ *adj.* 1 विधिमान्यकृत, विधिमान्य 2 सत्यापित 3 वैधीकृत, अभिपुष्ट; **~ting** /~टिंग/ *adj.* प्रमाणक, समर्थक: ~ting act; ~ting voucher; **~tion** /वैलिडेशन/ *n.* वैध बनाने की क्रिया, मान्यकरण, वैधीकरण, प्रामाणिकता

validity /वअलिडिटि/ *n.* 1 प्रामाणिकता, विधिमान्यता, वैधता, तर्कसंगति: dispute the ~ of a document; ~ of an argument 2 विश्वसनीयता, सटीकता, भरोसेमंदी: ~ of a conclusion ~ of forecast; the ~ of troops

valise /वअलीज/ *n., now mainly US* झोला या छोटा सूटकेस, बैग

vallate /वैलेट/ *adj.* परिभित्तिक

vallation /वलेशन/ *n.* परकोटा, फसील, किलेबंदी

vallecula /वैलेक्यूला/ *n.* खांचा;

dw/lw: **~te** /वैलेक्युलेट/ *adj.* खांचेदार

valley /वैलि/ *n., pl.* **~s** 1 घाटी, उपत्यका: up the ~; down the ~ (मई लिली); lily of the valley 2 नाली;

p&i: **~ girl** धनी, उच्छृंखल लड़की जो मात्र महंगी खरीदारी आदि में दिलचस्पी रखती है; **~ of tears** जीवन; **~ of the shadow of death** मृत्यु-छाया (खतरे की) घाटी; **~ bottom** घाटी तली; **~ flat** घाटी वेदिका; **~ in/ ~valley** अंतर्घाटी; **~ train** घाटी तिमोड़

vallum /वैलम/ *n., archaeol.* मिट्टी का परकोटा

valorem /वअलॉरम/ *n., Lat.* **ad ~** लागत में से, घोषित मूल्य से, कीमत में से: ad ~ duty मूल्यवर्धित शुल्क

valori\ze/ valori\se /वैलअराइ\ज/ (*also* **valouri\ze,**) *v. pt.* **~zed**, *pp* **~zing** 1 सरकार द्वारा कीमतों को निर्धारित या स्थिर क. (stabilise) 2 (***syn.*** revaluate) कृत्रिम तरीके से किसी वस्तु या मुद्रा की नई कीमत निश्चित क. 3 किसी चीज को मूल्यवान आंकना; ***dw/lw:*** **~zation** /~जेशन/ *n.* 1 कीमतों का निर्धारण या स्थायीकरण 2 मुद्रा का नव-मूल्य निर्धारण

valour *UK* (*US* **valor**) /वैलः/ *n.* 1 वीरता, शौर्य, बहादुरी 2 पराक्रम: deeds of ~ 3 दिलेरी;

dw/lw: **~ous/ valorous** /वैलअरस\/ *adj.* 1 वीर, शूरवीर 2 दिलेर, पराक्रमी 3 साहसिक, साहसपूर्ण; **valour\ously** /~लि/ *adv.* बहादुरी से;

p&i: **~ is worth nothing without discretion** विवेक बिना बल किस काम का; **~ will fight but discretion would run away** खतरनाक स्थिति में टलकर निकल जाने में ही समझदारी है; **pot** ~ पीकर शेखी बघारना

valse /वाल्स/ *n., Fr.* वाल्स नृत्य

valuable /वैल्यूअबल/ *adj.* 1 बहुमूल्य, कीमती, मूल्यवान: ~ objects; ~ picture/ furniture/ horse/ dog/ land; ~ effects (कीमती वस्तुएं) 2 महत्त्वपूर्ण, कीमती: ~ information; ~ service/ assistance 3 अति उपयोगी, लाभकारी: ~ help, advice, etc.; ~ discovery/ piece of evidence; quinine is ~ for curing fevers; ~ to the community; food is ~ to the animal and moisture to the plant 4 मूल्यांकन संबंधी: not ~ in money;

n. (*usually* **~s**) 1 कीमती या बहुमूल्य वस्तुएं 2 हीरे-जवाहिरात, जवाहरात;

***p&i*:** **~ consideration** स्वार्थी हित; **for a ~ consideration** *law* दाम पर, कीमत देकर प्राप्य

valua\te /वैल्युएट/ *v., pt.* **~ted**, *pp* **~ting** मूल्यांकन क., मूल्य निर्धारण क.;

valuation /वैल्युए\शन/ *n.* 1 मूल्यांकन, मूल्यन, मूल्य-निर्धारण, मूल्य 2 आंका गया मूल्य: customs ~; his ~ of our work was not high;

dw/lw: **~tor** /वैल्यूएटः/ *n.* मूल्यांकनकर्ता;

collocations: **~ certificate** मूल्यन प्रमाणपत्र; **~ report** मूल्यांकन रिपोर्ट;

p&i: **take sb at his own ~** किसी द्वारा कही गई बात पर विश्वास क.

value /वैल्यू/ *n.* 1 मूल्य, कीमत, दाम: set a ~ upon sth; this article is of very good ~; pay the ~ of lost property; commercial ~; market ~; nominal/ face ~; current **~s**; the ~ of a dollar fluctuates; fall/ go down in ~; **~s** go up/ increase; **~s** decrease/ go down; a drop/ fall/ increase/ rise in ~; exchange ~; surplus ~ 2 महत्त्व, गरिमा: of no ~; he sets a high ~ on his time 3 उपयोगिता, लाभदायकता: the ~ of exercise/ of fresh water/ of accuracy/ of quinine; the book will be of great ~ to all 4 अर्थ, तात्पर्य: the precise ~ of a word; give full ~ to each word 5 (*usually* **~s**) मान्यताएं, नैतिक मूल्य, सिद्धांत या मान्यताएं: ethical/ eternal/ cultural **~s**; sense of **~s** 6 परिमाण, राशि: to the ~ of; jewels to the ~ of four lac rupees; absolute/ actual/ average/ negative ~; initial ~; crest/ peak ~ 7 खरा सौदा, मिलने वाली सही कीमत: good ~ for money (पैसे वसूल यानी सही कीमत); he gives you ~ for your money; the book is quite good ~ for five hundred rupees 8 श्रेणी 9 *music* स्वर की दीर्घता: throw away a ~; acute accent has not always the same ~ 10 *math.* किसी चिह्न द्वारा द्योतित मात्रा या संख्या: numerical ~;

v., pt. **~d**, *pp* **valuing** 1 अत्यंत मूल्यवान समझना 2 मूल्य आंकना 3 मूल्यांकन क., मूल्य निर्धारित क.: ~ a house at 80,000,00 rupees 4 कूतना, आंकना 5 कदर क., महत्त्व दे., महत्त्वपूर्ण समझना, सम्मान क., आदर क.: ~ sth or sb; ~ honour/ health/ one's life; I ~ your friendship/ your sincerity;

dw/lw: **~d** /वैल्यूड/ *adj.* 1 मूल्य-निर्धारित, मूल्यांकित 2 आदरणीय, मूल्यवान: ~d opinion; **~-free** *adj.* निष्पक्ष; **~-laden** *adj.* व्यक्तिगत आकलन द्वारा प्रभावित, जो निष्पक्ष न हो; **~less** /वैल्यूलेस/ *adj.* 1 (***syn.*** worthless) निकम्मा, व्यर्थ, बेकार 2 मूल्यहीन, तुच्छ; **~r** /वैल्यूअः/ *n.* मूल्य-निर्धारक, मूल्यांकन-कर्ता, मूल्यांकक; **~s** /वैल्यूज/ *n., [pl.]* मान्यताएं, मूल्य, सिद्धांत;

collocations: **~-added tax** *n., Br.* (*abbr.* **VAT**) *econ.* मूल्य-वर्धित कर; **~ index** मानानुपात; **~ judgement** मूल्याओं के अर्थ में व्यक्तिगत आकलन, मान्यतागत आकलन; **~ payable** देय मूल्य;

face ~ नामित मूल्य, स्पष्ट-दर्शी मूल्य;

p&i: **~ oneself on/ upon/ for sth** किसी बात पर गर्वित हो.; **~ sth above rubies** किन्हीं मूल्यों को सोने से भी ऊपर समझना; **accept/ take sth at face ~** किसी बात को ज्यों का त्यों मान लेना;

valuta /वाल्यूता/ *n., Italian* विनिमय-दर, दूसरी मुद्रा के मुकाबले में कीमत

valvate /वैल्विट/ *adj.* 1 कपाट या वाल्व लगा 2 किनारे-स्पर्शी

valve /वैल्व/ *n.* 1 तरल-कपाट, ढक्कन 2 पुटक 3 फलखंड 4 एक दिशा में बहाव होने देने वाला उपकरण 5 *anat.* दिल या नसों की कपाटिका जैसे अंग जो रक्त का एक ही दिशा में बहाव होने देते हैं 6 उंगलियों से दबाकर बजाए जाने वाले वाद्य;

dw/lw: **~let** /वैल्वलअट/ *n.* लघु कपाट; **valvular** /वैल्व्यूलः/ *adj.* कपाट-जैसा, कपाटों वाला; **valvule** /वैल्व्युल/ *n.* कपाटिका

VAM *abbr.* 'Vinyl acetate monomor' की प्रथमाक्षरी

vambrace /वैंब्रेस/ *n.* प्रकोष्ठ-कवच

vamoo\se /वमूस/ *v., pt.* **~sed**, *pp* **~sing** *N. Amer., esp. US sl.* जल्दी से चले जाना, नौ दो ग्यारह होना: **~se** a town; **~se** the camp

vamp /वैंप/ *n.* 1 जूते का ऊपरी अगला भाग 2 साज 3 पैबंद 4 संगत 5 यौन आकर्षण से मोहने वाली औरत, पुरुषों को सम्मोहन जाल में बांधने वाली मोहिनी;

v., pt. **~ed**, *pp* **~ing** 1 जूते का ऊपरी अगला भाग बदल दे., पैबंद लगाना 2 मरम्मत क.: ~ up नया कर दे. 3 चमकाना: ~ up old furniture; ~ up an old lecture 4 इधर-उधर की सामग्री जुटा कर तैयार क.: ~ up an article/ a farce; ~ books together 5 तत्काल तैयार क.: ~ together 6 सम्मोहन द्वारा फंसाना, लुभाना, स्त्री द्वारा सम्मोहन द्वारा पुरुष का शोषण किया जा.;

dw/lw: **~ed** /वैंपड/ *adj.* 1 मरम्मत किया हुआ 2 सुधारा हुआ: ~ed play; **~er** /वैंपः/ मोची

vampi\re /वैम्पा\यः/ *n.* 1 रक्त-चू<क प्रेत 2 नरपिशाच, राक्षस 3 पशुओं या मानव का खून चूसनेवाला चमगादड़ 4 घोर शोषक 5 फर्श-दरवाजा;

dw/lw: **~rism** /~यरिज्म/ *n.* 1 रक्त-चूसक प्रेतों में विश्वास 2 रक्त-शोषण 3 घोर शोषण;

collocations: **~re bat** पशुओं या मानव का खून चूसने वाला चमगादड़

vamplate /वैंप्लेट/ *n.* बरछे आदि पर चढ़ी हाथ को बचाने वाली धातु की आड़

VAN *abbr.* 'Value Added Network Service' की प्रथमाक्षरी

van /वैन/ *n.* 1 यान, बंद गाड़ी: television reporting ~ 2 (*also* **luggage ~**) बंद माल डिब्बा या बोगी 3 (*see also below* **vanguard**) अग्रणी दस्ता: in the ~ of progress (प्रगति का अग्रणी)

vanadium /वनेडिअम/ *n., chem.* (*symbol* **V**) वैनेडियम, एक रुपहला-भूरा तत्त्व जिसे धातु मिश्रणों को मजबूत करने के लिए प्रयोग में लाया जाता है

Van Allen belt *astron.* धरती के गिर्द 1000 से 5000 किलोमीटर तक और 15000 से 25000 किलोमीटर तक विद्युत कणों से बने दो चक्र

V&A/ V and A *abbr., colloq.* ब्रिटेन में लंदन का विक्टोरिया और अल्बेर्ट विचित्रालय (Victoria and Albert Museum)

vandal /वैंडल/ *n., hist.* 1 संपत्ति-विध्वंसक 2 असभ्य, बर्बर 3 कलाकृति-ध्वंसक

vanda\lism /वैंडअ\लिज्म/ *n.* 1 संपत्ति-विनाश, कलाकृति-ध्वंसन, कला-विध्वंस 2 बर्बरता;

dw/lw: **~lize** (*also UK* **-lise**) /~लाइज/ *v., pt.* ~lized, *pp* ~lizing जान-बूझ कर संपत्ति नष्ट क.

van der Waals' force /वैन डः वाल्ज फोःस/ *phys.* अणुओं और परमाणुओं के बीच एक कमजोर आकर्षक शक्ति

vandyke/ Vandyke /वैंडाइक/ *n.* 1 तावदार मूछें, गाल पूरी तरह साफ और छोटी नुकीली दाढ़ी यानी बकरदाढ़ी की शैली 2 (*in full* **~ collar**) कटी किनारी वाला चौड़ा कॉलर

vane /वेन/ *n.* 1 (*also* **weathervane**) वातसूचक यंत्र 2 हवाई चक्की, घूमते पंखे आदि का फलक 3 पिच्छ-फलक 4 लक्षक

vang /वैंग/ *n.* सिरे की रस्सी

vanguard /वैन\गाःड/ *n.* 1 हरावल, सेनामुख, नासीर, अग्रणी दस्ता: be in the ~/ lead the ~; form the ~ of scientific progress 2 नेतागण, अग्रसर, अग्रणी 3 अग्रणी मोर्चा: be in the ~ of a movement 4 नई शैली, धारा आदि के कर्णधार: ~ artists;

dw/lw: ~**ism** /~गार्डिज्म/ *n.* नई शैली, धारा आदि की कर्णधारिता

vani\lla /वनिला/ *n.* 1 वनीला नामक एक पेड़ और उसके फल, वैनिला 2 वनीला आइस्क्रीम: ~ ice cream;

dw/lw: **~llin** /वनीलिन/ *n.* वनिला को खुशबूदार बाने वाला तीव्र गंधमय रसायन

vanish /वैनि\श/ *v., pt.* **~ed**, *pp* **~ing**, *s/he/ it* **~es** 1 गायब हो जा., ओझल, अंतर्धान, लुप्त या अदृश्य हो जाना: he **~ed** in the crowd; ~ in the dark; ~ out of sight 2 लुप्त या अदृश्य क.: the magician **~ed** the swords 3 विलीन हो जाना: disappear/ ~ into thin air 4 मिटना, नष्ट हो जाना: suspicions/ prospects/ stains/ ghosts **~ed** 5 शून्य होना;

dw/lw: **~ed** /~शड/ *adj.* लुप्त, गायब: ~ed species; ~ed hopes; **~ing** /~शिंग/ *adj.* 1 लुप्त होने वाला: ~ing line; be at the ~ing point; ~ing hopes; ~ing species; ~ing man 2 विलीन या लुप्त हो जाने वाली: ~ing cream;

collocations: **~ing point** लोपी बिंदु, समांतर रेखाओं के छद्म-मिलन का बिंद

vanitas /वैनितैस/ *n., art* सत्रहवीं सदी में हालैंड के चित्रकारों द्वारा बनाए गए स्थिर जीवन के चित्र जिनमें चित्रकार प्रतीकात्मक लक्षण जैसे मरे आदमी की खोपड़ी, फटी-पुरानी पुस्तकों आदि का प्रयोग इंसानी जीवन की नश्वरता जताने के लिए करते थे

vanity /वैनअटि/ *n., pl.* **vanities** 1 अहंमन्यता, दंभ, अहंकार, मिथ्याभिमान, घमंड: injured/ wounded ~; do sth out of ~ 2 आडंबर, दिखावा, आत्मप्रदर्शन 3 असारता, खोखलापन, निस्सारता 4 व्यर्थता, निरर्थकता: the ~ of worldly wealth/ of human achievements/ of life/ of pleasures;

collocations: **~ bag**/ **~ case** बटुए में रखने की प्रसाधन डिबिया; **Vanity Fair** 1 विलियम मेकपीस ठैकरे (William Makepeace Thackeray) द्वारा लिखित और 1847-48 में प्रकाशित उपन्यास 2 मिथ्याभिमान का मेला; **~ press**/**~ publisher**/ **~ publishing** लेखकों से पैसा लेकर पुस्तक-प्रकाशन; **~ unit** ड्रेसिंग टेबल और हाथ धोने की तश्तरी वाले फर्नीचर की इकाई;

p&i: **all is ~ of vanities** संसार दौड़-धूप का मेला है

vanquish /वैंक्वि\श/ *v., pt.* **~ed**, *pp* **~ing**, *s/he/ it* **~es**, *lit.* 1 (***syn.*** defeat, conquer) हराना, पराभूत या परास्त क., पराजित क.: ~ the enemy; ~ an opponent in debate; ~ a country 2 अभिभूत क., दमन क.: ~ fear/ shame/ passion/ pride;

dw/lw: **~ed** /~श्ट/ *adj.* जिसे पूर्णतः धराशायी कर दिया गया है; **~able** /~शअबल/ *adj.* पराजेय; **~er** /~शः/ *n.* विजेता: sleep, the universal ~er

vantage /वांटिज/ *n.* 1 *short of* '**advantage**' 2 बेहतर स्थिति: hold/ take/ catch sb at the ~ 3 बढ़िया मौका 4 लाभ 5 उत्कर्ष, श्रेष्ठता 6 सुविधा, अनुकूल परिस्थिति;

collocations: **coign** /कॉइन/ **of vantage = ~-ground** अनुकूल स्थिति; **~-ground of truth** सच्चाई का अजेय दुर्ग; **~ in** टेनिस आदि के खेल में सर्विस करने वाले की बढ़त; **~ out** सर्विस को ओटने वाले की बढ़त; **~ place/ point** 1 मोर्चे पर महत्त्वपूर्ण बिंदु या स्थान 2 बढ़िया स्थिति 3 ऐसा स्थान या बिंदु जिससे भूतकाल घटनाओं आदि का ठीक से अवलोकन किया जा सकता है

vapid /वैपि\ड/ *adj.* 1 (***syn.*** dull) नीरस, अरोचक: ~ conversation 2 फीका, सीठा: ~ food 3 उबाऊ, निस्सार: orator's ~ outpourings 4 निर्जीव, निस्तेज: ~ smile 5 सड़क-छाप, सतही: ~ style;

dw/lw: **~ity** /~डिटि/ (*also* **~ness**) *n.* फीकापन, नीरसता; **~ly** *adv.* नीरस ढंग से

vapor = vapour

vapor\able /वेपअ\रअबल/ *adj.* वाष्पणीय;

dw/lw: **~escent** /~रेसंट/ *adj.* वाष्पशील; **~imeter** /~रिमिटः/ वाष्प मापी; **~izable** /~राइजेबल/ *adj.* वाष्पणीय; **~ization** /~राइजेशन/ *n.* वाष्पण: ~ization property (वाष्पण गुण); **~rize** /~राइज/ *v. pt.* ~rized, *pp* ~rizing वाष्प बनना, वाष्पण क., वाष्प में बदल दे.; **vapor\rizer** /~राइजः/ *n.* वाष्पित्र; **~ous** /~अरस/ *adj.* 1 वाष्पों से भरा, वाष्पीय 2 अस्थायी 3 असार, निस्सार, खोखली: ~ous conjecture 4 धुंधला, अस्पष्ट: ~ous style; ~ous hills 5 काल्पनिक **~ousness** /~अरसनेस/ *n.* 1 वाष्परूपता, वाष्पीयता 2 निस्सारता, खोखलापन

vaporetto /वैपअरेटो/ *n., pl.* **~s/ vaporetti** वेनिस (Venice, Italy) की नहरों में भाप से या मोटर से चलने वाला छोटा जहाज

vapour *UK* (*US* **vapor**) /वेपः/ *n.* 1 वाष्प, भाप: disappear as ~ 2 बफारा, अफारा 3 कोहरा 4 धुआं 5 असार वस्तु 6 कपोल-कल्पना 7 (***syn.*** spleen, hypochondriac) रोग-भ्रम, वातोन्माद (hysteria), उदासी, विषाद, ग्लानि (melancholy): the **~s** of a disordered mind; a fit of the **~s**;

v. *pt.* **~ed**, *pp* **~ing** 1 वाष्प छोड़ना 2 शेखी बघारना, गप्पें लड़ाना: ~ away/ ~ forth/ ~ out/ ~ up;

dw/lw: **~er** /वेपःरः/ शेखीबाज; **~ings** /वेपःरिंग्ज/ *n., [pl.]* अनापशनाप; **~ish** *adj.* वाष्पी-सा; **~y** /वेपःरि/ *adj.* 1 वाष्प भरा, वाष्पीय, वाष्पमय 2 कोहरेदार, धुंधला;

collocations: **~ pressure** *phys.* वाष्पीय दबाव; **~ trail** ऊंचे उड़ने वाले विमान के गैस-निष्कासन नली से निकलते सफेद धुएं की लंबी रेखा; **~ ware** *comput.* 1 ऐसा कंप्यूटर सॉफ्टवेयर या अन्य फलक जिसके बार में इश्तिहार तो दे दिए गए हैं, पर वह बाजार में उपलब्ध नहीं 2 मात्र अटकलपच्ची, कपोल-कल्पना

vaquero /वैकेअरो/ *n.* पाली (पाळी, *Hr.*), चरवाहा

VAR *abbr.* 'value added reseller' की प्रथमाक्षरी

varactor /वैरैकटः/ *n., electron.* वैरेक्टर

variability /वेअरिअबिलअटि/ (*also* **variableness**) *n.* 1 परिवर्तिता, परिवर्तनशीलता, अस्थिरता 2 चंचलता: ~ of temper

variable /वेअरिअबल/ *adj.* 1 (***syn.*** fluctuating) परिवर्तनीय, परिवर्तनशील, अस्थिर, चल: ~ weather; ~ standards; ~ exchange; ~ wind; ~ capital 2 परिवर्तनीय 3 चंचल, चंचल चित्त: ~ mood/ temper;

n. 1 परिवर्तनशील वस्तु, व्यक्ति या प्रक्रिया 2 परिवर्तनीय तत्त्व 3 गुणन खंड, भाज्य, अंश 4 *math.* गणित या ऐल्जेब्रा में अक्षर द्योतित चिह्न 5 परिवर्तनशील तारा;

dw/lw: **variably** *adv.* परिवर्तनशील रूप से;

collocations: **~ costs** *परिवर्तनशील* लागत; **~ interest**

rate परिवर्तनशील ब्याज दर; ~ **star** *परिवर्तनशील* चमक वाला तारा; ~ **zone** *geog.* समशीतोष्ण क्षेत्र

variance /वेअरिअंस/ *n.* 1 अनबन, फूट, वैमनस्य, विवाद, झगड़ा: at ~; family at ~; states at ~; set at ~; be at ~ (में अनबन होना) 2 मतभेद: historians are at ~ on this point 3 अंतर, भेद: there was some ~ between them 4 *law* असंगति, विसंगति, विरोधाभास: the witnesses are at ~; the theory is at ~ with all that is known on the subject; at ~ with sth 5 परिवर्तन, उतार-चढ़ाव: ~**s** in temperature; fortune's ~

variant /वेअरिअंट/ *n.* 1 रूपांतर, पाठांतर, पाठ भेद 2 रूप भेद, भिन्न स्वरूप: ~**s** of a word 3 मानक से भिन्न उदाहरण;
adj. 1 भिन्न-भिन्न: 40 ~ types of pigeon; ~ forms of a word 2 असंगत 3 अलग, दूसरी तरह का 4 परिवर्तनशील 5 भिन्न-भिन्न प्रकार का;

variate /वेरिइट/ *n., statistics* = **variant** भिन्न राशि या संख्या, भिन्न स्वरूप

variation /वेअरिएशन/ *n.* 1 परिवर्तन, घट-बढ़, अस्थिरता: not liable to ~; ~**s** in public opinion; ~ in/ of prices; daily/ diurnal ~ 2 अंतर: magnetic ~; position ~ 3 परिवर्तन, रूपांतरण: ~ of altitude of the pole 4 रूपांतर, रूप भेद: be a ~ of/ on sth; ~ in two readings 5 विभिन्नता 6 दिक्पात, अपक्रम 7 परिवर्तित रूप 8 अलंकृत रूप;
dw/lw: ~**al** *adj.* भिन्न-भिन्न रूपों या प्रकारों से संबंधित;
collocations: ~ **diagram** विभिन्नता आरेख; ~ **equation** विचरण समीकरण

varicated /वैरिकेटिड/ *adj.* उत्कूटी

varicella /वैरिसेला/ *n., med.* मोती-माता, मोतीझारा, छोटी माता, लघु मसूरिका

varicoloured /वेरिकलःड/ *adj.* 1 बहुरंगा, रंगबिरंगा, चितकबरा, शबल 2 विविध

varicose /वैरिकोस/ *adj.* 1 सामान्य से अधिक सूजी व मुड़ी हुई सतही नस जिससे त्वचा पर गांठें, स्फीत (शिरा) दिखती हैं: ~ veins 2 उपर्युक्त सूजन या गांठ से बना फोड़ा;
dw/lw: **varicosity** /वैरिकोसिटि/ *n.* 1 = varicose 2 सामान्य से अधिक सूजी नस

varicotomy /वैरिकौटमि/ *n., pl.* **varicotomies** शिरा-स्फीति को शल्य-कर्म से हटाने की क्रिया

varied /वेअरिड/ *adj.* 1 विविध, नानारूप: ~ in form; ~ opinions 2 परिवर्तित, परिवर्तनशील, परिवर्ती: ~ career 3 चितकबरा 4 रंग-बिरंगी: ~ scenery

variega\te /वेअरिगे\ट/ *v. pt.* ~**ted**, *pp* ~**ting** 1 रंगबिरंगा कर दे. 2 चितकबरा बनाकर शक्ल बदल दे.;
dw/lw: ~**ted** /~टिड/ *adj.* 1 रंग-बिरंगा, बहुरंगा 2 विविधतापूर्ण: ~ted career 3 चितकबरा: ~ted leaves; ~**gation** /~शन/ *n.* रंगबिरंगापन, चितकबरापन, शबलता

varietal /वराइटल/ *adj.* उपजाति-, उपजातीय: ~ minerals

variety /वरायटि/ *n., pl.* **varieties** 1 (***syn.*** diversity) विविधता, वैविध्य, अनेकरूपता, बहुमुखता: ~ in food; life full of ~; the ~ of sb's attainments; bewildering/ great/ infinite/ wide ~; offer/ provide ~ 2 प्रकार, किस्म, उपजाति: ~ of shapes; deal in a ~ of goods 3 अलग-अलग कार्य, स्थितियां, लोग: for a ~ of reasons/ causes 4 संग्रह: rare **varieties** of Jubilee stamps 5 भिन्नता, भेद, मतभेद: ~ of opinions 6 बहु-रंगा मनोरंजन कार्य-क्रम 7 बारीकियां, पेचीदगियां, उतार-चढ़ाव: **varieties** of fortune;
adj. बहु-रंगा: ~ artist; ~ theatre; ~ test plot (कृषि में: किस्म परखने के लिए भूमि का टुकड़ा);
collocations: ~ **entertainment** बहु-रंगा मनोरंजन; ~ **show** रंगारंग तमाशा या कार्यक्रम; ~ **store** विविध वस्तुओं की दुकान;
p&i: ~ **is the spice/sauce of life** विविधता रोचकता की कुंजी है

varifocals /वेअरिफोकल्ज/ (*also compare* **bifocal**) *n. [pl.]* भिन्न-भिन्न फोकस-बिंदुओं वाला लैंस

variform /वेरिफॉःम/ *adj.* 1 अनेकरूप 2 विभिन्न-रूपी

variola /वरिओ\ल/ *n., med.* चेचक, शीतला;
dw/lw: ~**r** /~लः/ *adj.* चेचक संबंधी

variometer /वेरिऑमिटः/ *adj.* 1 भिन्न-भिन्न चुंबकीय शक्तियों की तुलना करने वाला उपकरण 2 *aeronautics* उड़ान की ऊंचाई या निचाई मापक उपकरण

variorum /वेरिओरम/ *adj.* विभिन्न विद्वानों की टिप्पणियों व पाठों को समाहित करने वाला, विविध-टीका-समन्वित: **Variorum** Shakespeare; ~ notae (भिन्न-भिन्न लेखकों की टीका-टिप्पणियां)

various /वेअरिअस\/ *adj.* 1 (***syn.*** diverse) विविध, नानाविध, बहुविध: known under ~ names; come across ~ people; his conversation was ~ and delightful 2 नाना प्रकार का, भांति-भांति का, तरह-तरह का: talk about ~ things 3 भिन्न, विभिन्न: the ~ bits of evidence don't tie into a consistent explanation 3 अलग-अलग, पृथक: ~ sections of the country 4 अनेक, कई: ~ types 5 परिवर्तनशील: his behaviour was very ~;
dw/lw: ~**ly** /~लि/ *adv.* अनेक प्रकार से; ~**ness** /~नेस/ *n.* वैविध्य, विविधता

varix /वेअरिक्स/ *n., pl.* **varices** /वेअरिसीज/, *med.* 1 शिरा-स्फीति 2 स्फीत शिरा 3 उत्कूट

varlet /वाःलेट/ *n., old use* 1 छोटे-मोटे काम करने वाला नौकर, चाकर, टहलुआ 2 परिचर 3 बदमाश

varmint /वाःमिंट/ *n., N. Amer., esp. US sl.* 1 दुष्ट व्यक्ति या पशु: the ~ (लोमड़ी) 2 (***syn.*** vermin) बदमाश, लुटेरा, दरिंदा

varnish /वाःनि\श/ *n., pl.* ~**es** 1 वार्निश, रोगन: oil/ spirit ~; take the ~ off; ~ remover 2 आडंबर, दिखावा: put a ~ of legality on one's actions 3 सतही सजावटी परत, चमक-दमक, मुलम्मा, चिकनाई, लीपा-पोती;
v., *pt.* ~**ed**, *pp* ~**ing**, *s/he/ it* ~**es** 1 वार्निश लगाना, रोगन क., पेंट क. 2 चिकनाना, चमकाना 3 पर पर्दा डालना, पर लीपा-पोती क.: ~ a man's reputation 4 नमक-मिर्च मिलाना;
dw/lw: ~**ed** /~शड/ *adj.* 1 रोगन किया हुआ: ~ed table; ~ed car 2 लीपा-पोती की हुई: ~ed reputation; ~**er** /~शः/ *n.* 1 रोगन करने वाला 2 लीपा-पोती करने वाला; ~**ing** /~शिंग/ *n.* 1 रोगन करने की क्रिया 2 लीपा-पोती

varsal /वाःसअल/ *adj.* सारा, सार्वजनिक, सर्वव्यापी: in the ~ world

varsity /वाःसिटी/ *n., pl.* **varsities** *colloq.* 1 विश्वविद्यालय, यूनिवर्सिटी 2 *N. Amer.* विश्वविद्यालय की प्रमुख टीम

varus /वेअरस/ *adj., pathol.* 1 मुंहासा 2 वक्रपाद

varve /वाःव/ *n., geol* अनुवर्षस्तर, खड़े पानी में बनने वाली मौसमी परतें

vary /वेअरि/ *US* वेरि, वैरि/ *v., pt.* **varied**, *pp* **varying** 1 (***syn.*** differ) परिवर्तन हो. या क., परिवर्तित क. या होना, बदल जाना, बदल दे.: ~ the treatment/ the routine/ the diet; his mood **varies** from day to day 2 बदल-बदलकर क.: ~ the menu/ the programme/ the methods 3 में हेर-फेर क., किंचित परिवर्तन क., रूपांतरित क.: the second edition **varied** little from the first 4 भिन्न होना या हो जाना, अलग होना: ~ directly/ inversely; ~ from the type; the laws of India ~ from those of America 5 तरह-तरह का होना 6 घटना-बढ़ना, घटाना-बढ़ाना, बदल जा.: witnesses **varied** from their former depositions 7 विविध हो या क., में विविधता लाना या उत्पन्न क.: opinions ~ on this point;
dw/lw: **varied** /वेअरिड/ *adj.* 1 भिन्न-भिन्न प्रकार का 2 विविध; ~**ing** /वेअरिंग/ *adj.* 1 परिवर्ती, घटता-बढ़ता: ~ing

success 2 परिवर्तनशील, बदलती रहने वाली: ~ing duty; ~ing terrain; **~ingly** /वेअरिंगलि/ *adv.* अलग-अलग तरह से;
p&i: **~ directly as** अनुक्रमानुपाती हो.; **~ indirectly as** का व्युत्क्रमानुपाती हो.

VAs *abbr.* 'Volunatry Agreements' की प्रथमाक्षरी

vas /वैस/ *n., pl.* **vasa** /वेसअ/ *anat., biol.* वाहिनी, नलिका;
collocations: **~ deferens** /वैस डेफअरेंज/ या **~ efferens** /वैस एफअरेंज/ शुक्रवाहक, शुक्रवाहिका

VASAT *abbr.* 'Virtual Academy for the Semi-Arid Tropics' की प्रथमाक्षरी

vascular /वैस्क्युलः/ *adj., biol.* वाहिका-संबंधी, संवहनी, संवहन;
collocations: **~ bundle** *bot.* वाहकीय ऊतकों का बंडल; **~ disease** रक्त-वाहिकाओं की रुग्ण अवस्था; **~ tissue** *biol.* वाहकीय ऊतक

vasculum /वैस्क्यूलम/ *n.* 1 पेटी, (टीन का) डिब्बा 2 नलिका

vase /वाज/ *US* वेज, वेस/ *n.* 1 फूलदान: flower ~ 2 कलश, घट

vasectom\y /वसेक्टमि/ *n., pl.* **~ies** नसबंदी, शुक्रवाहिका-उच्छेदन

Vaseline /वैस्लीन/ *n., tradem.* वैसलीन

vaso- *combining, form, med., denoting:* **a duct or vessel** (वाहिका, धमनी, शिरा)

vaso/constrictor /वेजोकंस्ट्रिक्टः/ *n., physiol.* शिरा-संकीर्णक;
dw/lw: **~dilator** *n., physiol.* शिरा-विस्तारक; **~dilation** *n..* शिरा-विस्तारण; **~motor** *n.* शिरा-प्रेरक; **~pressin** /वेजोप्रेसिन/ *n., physiol.* ऐसा हार्मोन जो रक्त-चाप और गुर्दों द्वारा पानी को चूसने की क्रिया को बढ़ाता है जिसके कारण शरीर से कम पानी बाहर जाता है

vassal /वैस्ल/ *n., feudalism* 1 सुरक्षा और जमीन पाने के लिए सामंती स्वामी के लिए लड़ने वाला या उसकी सेवा करने वाला, जागीरदार 2 मातहत व्यक्ति या देश 3 नौकर, दास, चाकर, टहलुआ;
adj. अधीन, मातहत: ~ state;
dw/lw: **~age** /वैसअलिज/ *n.* 1 अधीनता, दासता, जागीरदारी: hold land in ~ 2 चाकरी, टहलुआगीरी: mental ~

vast /वास्ट\/ *US* वैस्ट\/ *adj.* 1 (***syn.*** huge) विशाल, विराट, विस्तृत, अपार: ~ scheme; ~ empires; ~ scale; the ~ expanse of water/ of desert/ of sky; ~ plains 2 बृहत्, बहुत बड़ा: ~ mind; a man of ~ soul 3 विपुल, बहुसंख्यीय: ~ interests; ~ herds of cattle; a ~ number of people 4 तीव्र, उत्कट, तेज 5 भारी-भरकम: ~ sums of money/ of expense 6 गहन, अथाह: ~ knowledge/ difference; this gave him ~ satisfaction; his reading was ~;
n. 1 विशालता, अपार क्षेत्र: the ~ of ocean; the ~ of heaven 2 विपुलता: a ~ of trouble 3 तीव्रता 4 गहनता;
dw/lw: **~ly** /~लि/ *adv.* बहुत ज्यादा, विराट पैमाने पर: I shall be ~ly obliged; you are ~ly mistaken; conditions are ~ly different; **~ness** /~नेस/ *n.* विशालता, अपारता, असीमता, विपुलता

VAT *abbr.,* 'value added tax', 'Voest Alpine Tech' की प्रथमाक्षरी

vat /वैट/ *n.* (चमड़ा-शोधन) हौज, कुंड, टंकी;
v., pt. **~ted**, *pp* **~ting** शोधन क.;
dw/lw: **~-dyed** *adj.* कुंड में डले रंगदार तरल में रंगा हुआ;
collocations: **~ dye** शोधन रंग

vatic /वैटिक/ *adj.* भविष्यसूचक

Vatican /वैटिक\न/ *n.* (*usually* **the Vatican**) 1 वैटिकन, 1929 से एक स्वतंत्र राज्य के रूप में रोम में मौजूद एक विशाल भवन-समूह जिसमें पोप का निवास भी शामिल है 2 पोप की सत्ता;
dw/lw: **~ism** /~निज्म/ *n.* चर्च-आधारित व पोप अधिशासित धर्म-प्रणाली

vaticina\te /वैटिसिने\ट/ *v., pt.* **~ted**, *pp* **~ting** भविष्यवाणी क., पहले से बता दे.;
dw/lw: **~tion** /~शन/ *n.* भविष्य-कथन, भविष्यवाणी; **~tor** /~नेटः/ *n.* भविष्यवक्ता, भविष्यवक्त्री

Vatman /वैटमअन/ *n., Br. colloq.* मूल्य-वर्धित कर को आंकने वाला अधिकारी

vaudeville /वोडअविल/ वॉडअविल/ *n., N. Amer., esp. US* 1 नाटिका 2 विविध मनोरंजन कार्यक्रम: be in ~ 3 संगीत सभागार;
collocations: **~ theatre = music hall**

vault /वॉल्ट/ *n.* 1 तहखाना या भूमिगत ताला बंद मेहराब: cloister ~ 2 चर्च भवन के नीचे कब्र 3 शव-कक्ष: family ~ 4 मेहराबी छत, चाप छत 5 अति-सुरक्षित तिजोरी-कक्ष: safety ~ 6 वाइन-सेलर, शराब का तहखाना 7 *poetic* आकाश, स्वर्ग 8 छलांग, कूद: ~ over a gate/ from the saddle/ upon a horse 9 पोल-छलांग (लाठी-कूद): pole ~; free ~; rear ~; double-rear ~; flank/ side ~; straddle ~;
v., *pt.* **~ed**, *pp* **~ing** 1 फांदना, छलांग लगाना, कूदना: ~ over; ~ (over) a fence; ~ into the saddle; ~ a river 2 मेहराब बनाना 3 कमान की तरह मुड़ना या झुकना: ~ like the rainbow;
dw/lw: **~ed** /वॉल्टिड/ *adj.* गुंबदी, मेहराबी, मेहराबदार; **~er** /वॉल्टः/ *n.* कूदने या छलांग लगाने वाला **~ing** /वॉल्टिंग/ *n.* मेहराब-निर्माण, मेहराबदार भवन, मेहराब; **~ing** *adj.* 1 गुंबद या मेहराब से संबंधित: ~ing masonry 2 कूदने वाला: ~ing horse; ~ing pole 3 अतिशय: ~ing ambition (अतिशय महत्त्वाकांक्षा)

vaunt /वॉंट/ *v., pt.* **~ed**, *pp* **~ing** शेखी बघारना, पर गर्व क.: ~ of one's success;
n. शेखी: make a ~;
dw/lw: **~ed** /वॉंटिड/ *adj.* प्रशंसनीय: ~ed works of arts; sb's ~ed goodness; **~er** /वॉंटः/ *n.* शेखीबाज; **~ing** /वॉंटिंग/ *adj.* शेखीबाज, शेखीखोर; **~ingly** /वॉंटिंगलि/ *adv.* शेखीबाजी करते हुए;
p&i: **charity ~eth not itself** नेकी कर दरिया में डाल

vavasory /वैवअसरि/ *n.* जागीरदारी

vavasour /वैवअसुअः/ *n., feudalism* जागीरदार

vb *abbr.* 'verb' का छोटा रूप

VBR *abbr.* 'variable bit rate' की प्रथमाक्षरी

VC *abbr.* 'valuable cargo', 'Vatican City', 'venture capital', 'venture capitalists', 'vice-chancellor', 'Vice-Counsel', 'Victoria Cross', 'Vir Chakra' की प्रथमाक्षरी

VCC *abbr.* 'virtual calling card' की प्रथमाक्षरी

VCD *abbr.* 'video compact discs' की प्रथमाक्षरी

VCDS *abbr.* 'Vice-Chief of Defence Staff' की प्रथमाक्षरी

VCF *abbr.* 'venture capital funds' की प्रथमाक्षरी

VCI *abbr.* 'Virtual Channel Identifier' की प्रथमाक्षरी

VCL *abbr.* 'Vasta Cyberiology Institute' की प्रथमाक्षरी

VCO *abbr.* 'voluntary consumer organisations' की प्रथमाक्षरी

VCR *US* (*UK* **video**) *abbr.,* 'video cassette recorder' की प्रथमाक्षरी

VCSEL *abbr.* 'Vertical-Cavity Surface-Emitting Laser' की प्रथमाक्षरी

VCTC *abbr.* 'Voluntary Counselling and Testing Centres' की प्रथमाक्षरी

VD *abbr.* 'venereal disease' की प्रथमाक्षरी

VDC *abbr.* 'Village Development Committee' की प्रथमाक्षरी

VDIS *abbr.* 'Voluntary Disclosure of Income Scheme' की प्रथमाक्षरी

VDR *abbr.* 'Vitamin D receptor' की प्रथमाक्षरी

VDT *abbr.* 'video display terminals' की प्रथमाक्षरी

VDU *UK abbr.,* 'visual display unit' की प्रथमाक्षरी

've /व/ *short/ contraction* **'have'** का छोटा रूप: we**'ve**

VE *abbr.* 'Victory in Europe' की प्रथमाक्षरी
veal /वील/ *n.* बछड़े का मांस
VECC *abbr.* 'Variable Energy Cyclotron Centre (Calcutta)' की प्रथमाक्षरी
vectograph /वेक्टअग्राफ/ *n.* दिक्-रेखी
vector /वेक्टः/ *n.* 1 सदिश मात्रा, वेक्टर 2 विमान या मिसाइल का पथ, वायु पथ, वायुमार्ग 3 रोगवाहक जीवाणु;
v., pt. **~ed**, *pp* **~ing** विमान को यथोचित मंजिल को भेजना: ~ a fighter plane;
collocations: **~ lattice** सदिश जालक; **~ model** सदिश मॉडल; **~ of translation** स्थानांतरण सदिश; **~ space** सदिश समष्टि
Veda /वेद/ *n., pl.* **Vedas** वेद: Sama-**veda** (साम-वेद), Yajur-**veda** (यजुर्वेद), Atharva-**veda** (अथर्वेद), Rig-**veda** (ऋग्वेद);
dw/lw: **Vedic** /वेदिक/ *adj.* वैदिक, वेदकालीन, वेद से संबंधित
Vedanta /वेदांता/ *n.* वेदांत
VE day *n.* 'Victory in Europe day' की प्रथमाक्षरी (8 मई, हिटलरवादी या फासीवादी जर्मनी पर रूस, इंग्लैंड, फ्रांस, अमेरिका आदि देशों की विजय)
vedette /विडेट/ *n.* 1 घुड़सवार संतरी 2 तारिका
vedda /वेदः/ *n.* श्रीलंका की आदिवासी जनजाति वेद्दा
veduta /वेडूटा/ *n., pl.* **vedute** /वेडूटे/ नगर का रमणीय दृश्यात्मक चित्र
vee /वी/ *n., pl.* **~s** 1 अंग्रेजी वर्णमाला का बाईसवां अक्षर 2 V-आकार की वस्तु: V-necked (वी-आकार के गले वाला);
adj. विजय-द्योतक: ~ day; ~ formation; ~jay (विधि जॉकी)
veep /वीप/ *n.* 'vice-president' का संक्षेप
veer /विअः/ *v., pt.* **~ed**, *pp* **~ing** 1 (*syn.* swerve) अचानक दिशा बदलना, घुमाना, घूमना: the car **~ed** off the road into the ditch 2 हवा की दिशा बदलना 3 समुद्री जहाज द्वारा अपना पथ बदला जा., विशेषकर हवा के रुख के अनुसार 4 बदल जाना, बदल दे.: ~ round in sth 5 मत बदल लेना, रंग बदलना, रुख बदलना: the world's opinion **~ed** completely round 6 परिवर्तनशील हो., ढुलमुल हो.: he **~s** about like a weathercock;
dw/lw: **~ing** *n.* दिशा परिवर्तन, दिक्परिवर्तन: ~ing of wind; **~ing** *adj.* दिक्परिवर्तित, दिशा बदली हुई: ~ing wind
veg /वेज/ *n., pl.* **veg** *UK short,* **'vegetables'** 1 का छोटा रूप, 2 सब्जियां: a meal of meat and two ~;
v., pt. **~ged**, *pp* **~ging**, *s/he/ it* **~ges** 1 असक्रिय हो. 2 अत्यधिक थकान के बाद नासमझी की हरकतें क.: he **~es** out every evening in front of the TV
Vega /वेगा/ *n.* उत्तरी नक्षत्र-पुंज का सर्वाधिक महत्त्वपूर्ण तारा
vegan /वीगन/ *n.* मांस, मछली, अंडा, दूध और पनीर आदि चर्बीदार पदार्थों से परहेज करने वाला व्यक्ति;
adj. शाकाहारी;
dw/lw: **~ism** /~निज्म/ *n.* मांस, मछली, अंडा, दूध और पनीर आदि चर्बीदार पदार्थों से परहेज
vegeburger /वेजिबःगः/ *n.* शाकाहारी बर्गर
vegetable /वेजटअबल/ वेजिटअबल/ *n.* 1 तरकारी, साग, सब्जी 2 वनस्पति, पौधा 3 साग-पात: green **~s** 4 मानसिक आघात के कारण शारीरिक व मानसिक रूप से अक्षम बना व्यक्ति: be a mere ~;
adj. वानस्पतिक, वनस्पति-उद्भिज: ~ butter; ~ dish; ~ farm; ~ garden; ~ world/ kingdom; ~ life; ~ oil; ~ parchment; ~ soil;
collocations: **~ diet** शाकाहार, फलाहार; **~ earth** खाद-मिट्टी; **~ kingdom** वनस्पति-जगत; **~ market** सब्जी-मंडी; **~ marrow** विलायती कद्दू, चप्पन कद्दू; **~ physiology** वनस्पतियों की संरचना; **~ theory** पेट्रोल आदि के उद्भव के वानस्पतिक आधार का सिद्धांत; **~ wax** पौधों द्वारा छोड़ा गया मोम;
p&i: **become a mere ~** नीरस जीवन बिताना, सब्जियों की तरह गलते-सड़ते जा.
vegetal /वेजिटल/ *adj.* वनस्पति, वनस्पति-उद्भिज: animal and ~ life; ~ functions; ~ principles
vegetarian /वेजिटेअरिअन/ *n.* (*also* **veggie**) शाकाहारी व्यक्ति, शाकाहारी, निरामिषभोजी;
adj. शाकाहारी, निरामिष;
dw/lw: **~ism** *n.* शाकाहार, शाकाहारवाद
vegeta\te /वेजिटेट/ *v., pt.* **~ted**, *pp* **~ting** 1 वनस्पतियों के रूप में बढ़ना 2 निष्क्रिय (या नीरस) जीवन बिताना: **~te** in obscurity;
dw/lw: **~tion** /~शन/ *n.* 1 हरियाली, वनस्पतियों के बढ़ने की क्रिया: in Russia ~tion almost ceases in autumn; emergent ~tion 2 पेड़-पौधे: burst into ~tion ; a ~tion springs up 3 निष्क्रिय एवं नीरस जीवन 4 प्ररोहण 5 *med.* उद्बेद;
dw/lw: **~tive** /~टिव/ *adj.* 1 पेड़-पौधों-संबंधी, वानस्पतिक: ~tive cover; ~tive season 2 वर्धी, प्ररोही, उद्भिज 3 निष्क्रिय, नीरस;
collocations: **~tive body** वर्धी काय; **~tive cell** कायिक कोशिका; **~tive generation** अलैंगिक पीढ़ी; **~tive pole** अल्प क्रिया ध्रुव; **~tive nervous system** वानस्पतिक तंतु प्रणाली; **~tive propagation/ reproduction** *bot.* वानस्पतिक अलैंगिक वृद्धि
VEGF *abbr.* 'vascular endothelial growth factor' की प्रथमाक्षरी
veggie/ vegie /वेजि/ *n.* शाकाहारी व्यक्ति;
adj. शाकाहारी, निरामिष;
collocations: **~ burger** (*also* **Vegeburger™**) शाकाहारी बर्गर
vehe\mence /~mency /वीअमंस/ *n.* 1 तीव्रता, प्रचंडता: **~mence** of desires; **~mence** of the wind/ of the storm; **~mence** of the noise 2 ओजस्विता 3 प्रगाढ़ता: speak/ gesticulate/ defend sth with **~mence** 4 (*syn.* passionateness) मनोवेग, आवेग, जुनून: **~mence** of resistance; fiery **~mence** of youth;
dw/lw: **~ment** /वीअमंट/ *adj.* 1 उत्कट, प्रचंड, तीव्र, संवेगी, उग्र: ~ment desire; ~ment wind; ~ment pains 2 (*syn.* forceful) जोरदार, प्रबल: ~ment protest; ~ment strife; ~ment dissent/ opposition 3 ओजस्वी, प्रभावशाली: ~ speaker; ~ment language 4 प्रगाढ़, भावपूर्ण: ~ment protestations of gratitude; ~ment prejudice 5 मनोवेगी, आवेगपूर्ण: ~ment rage; ~ment onset (उग्र प्रहार या आक्रमण); man of ~ment character; **~ly** /वीअमंटलि/ *adv.* प्रबलतापूर्वक, प्रचंडतापूर्वक
vehicle /वीअकल/ *n.* 1 वाहन, यान, सवारी: commercial **~s**; ~ of the sea; railway **~s** 2 गाड़ी, चक्रयान: space ~ 3 माध्यम: a ~ for sth/ for doing sth (अभिव्यक्ति आदि या किसी कार्य का माध्यम); newspapers as **~s** for political propaganda or for advertising; he used the press as a ~ for his political opinions 4 साधन, उपाय 5 अभिव्यक्ति का रूप: a form of verse as a ~ in poetry; a starring ~ for an actress; as a ~ for a virtuoso; an excellent ~ for the genius of Shabana 6 सेवन के लिए तटस्थ पदार्थ: syrup as a ~ for taking medicine 7 आवरण: souls divested of their grosser **~s** (कठोर आवरण से मुक्त आत्मा) 8 ध्वनि-वाहक, प्रकाश-वाहक 9 रॉकेट-वाहक 10 घोलक तरल: oil or water – a ~ for paint 11 रोगाणु वाहक माध्यम: ~ of disease;
collocations: **~ non-runner** बिगड़ी हुई कार; **~ density** यातायात की गहनता; **Vehicle Registration Document** वाहन पंजीकरण पत्रक; **~ weapon** चल तोप
vehicular /विहिक्युलः/ विहिक्यलः/ *adj.* यान-संबंधी, वाहन-

संबंधी, यानिक, वाहनिक: ~ inspection; ~ mileage; ~ tunnel; ~ casualty; ~ troops; ~ transport; extra ~ activity (अंतरिक्ष यात्री द्वारा यान से निकलकर खुले अंतरिक्ष में विचरण);
dw/lw: **~ized** /~लराइजड/ *adj.* गाड़ी पर चढ़ाया हुआ या सवार: ~ized infantry
veil /वेल/ *n.* 1 घूंघट: she dropped/ raised her ~; eye ~; bridal ~ 2 नकाब, पर्दा 3 दुपट्टा, दुपट्टानुमा जाली, ओढ़नी, चादर 4 बुर्का 5 आवरण 6 आड़, मुखौटा, बहाना: a ~ of secrecy; draw a ~ over sth (किसी चीज या बात पर पर्दा डालना); the ~ of silence; the ~ of darkness; a ~ of mist; cast/ draw/ throw a ~ (over); under the ~ of religion; under the ~ of anonymity; conceal one's designs under the ~ of politeness/ of secrecy 7 (**the veil**) ईसाई धर्मसंघिनी (nun) का जीवन: take the ~; renounce the ~; admit to the ~ 8 तालु: ~ of the palate;
v. *pt.* **~ed**, *pp* **~ing** 1 (***syn.*** shroud) पर पर्दा डालना, आच्छादित क., ढकना 2 घूंघट क. या काढ़ना: ~ oneself; she **~ed** herself before going out 3 छिपाना, पर्दे में रखना, प्रकट न होने दे.: ~ one's distrust/ one's hostility/ one's motives, one's designs, one's views, one's purposes; **~ed** his threats in pleasantries 4 छद्म वेश धारण क., वेश बदलना, मुखौटा पहनकर छिपाना;
dw/lw: **~ed** *adj.* 1 पर्दे में, अवगुंठित, बुर्कापोश: ~ed Muslim women 2 छिपा हुआ, गुप्त: ~ed sneer; thinly ~ed threat; ~ed hint; ~ed hostility; hardly ~ed scorn; a place ~ed from the eyes of the world 3 अस्पष्ट, अप्रत्यक्ष: a ~ed reference to sb's mistakes 4 ढका हुआ, आच्छादित: ~ed passage; **~ing** /वेलिंग/ *n.* 1 पर्दा या घूंघट करने की क्रिया या भाव 2 पर्दे का महीन कपड़ा, जालीदार कपड़ा;
p&i: **beyond the ~** परलोक; **draw a ~ over** पर पर्दा डालना; **humeral ~** स्कंधावरण; **take the ~** धर्मसंघिनी (nun) बनना; **within/ beyond/ behind the ~** 1 पर्दे में 2 पवित्र व्यक्ति 3 परलोक में: enter/ go beyond the ~
vein /वेन/ *n., anat.* 1 नस, नाड़ी, वाहिका, रग, शिरा 2 पत्तों की शिरा 3 (***syn.*** seam) रंग आदि की धारी, रंगत 4 प्रवृत्ति, मनोवृत्ति: a ~ of cruelty 5 मनोदशा, मिजाज, तबीयत: he is a man of an imaginative ~; be in the ~ for (doing) sth; I am not in the ~ for it; he writes poetry when he is in the ~ 6 (***syn.*** tone, style) ढंग, शैली, लहजा, अंदाज: in the same ~ (उसी अंदाज में); a ~ of humour/ a humorous ~; speak in a serious ~; other remarks in the same ~; written in a sarcastic ~;
v., *pt.* **~ed**, *pp* **~ing** धारियां बनाना, शिरामय बनाना;
dw/lw: **~ed** *adj.* शिरामय, धारीदार: ~ed wood; ~ed with red; **~ing** *n.* शिरातंत्र; **~let** *n.* शिरिका, लघुशिरा; **~ous** /वेनस/ *adj.* मोटी या घनी नसों वाला; **~stone** *n.* शिराप्रस्त; **~y** /वेनी/ *adj.* 1 नसों से भरा 2 धारीदार
velamen/ ~tum /वअलेमअन/ वअलेमअनटम/ *n., pl.* **velamina** /वअलेमिना/ 1 झिल्ली 2 गुंठिका 3 आर्द्रताग्राही गुंठिका
velar /वीलः/ *adj.* तालव्य, कंठ्य, पश्च;
dw/lw **~ize/ ~ise** /वीलअराइज/ *v., pt.* ~ized, *pp* ~izing तालव्य ध्वनि उच्चरित क.; **~ization** /~जेशन/ *n.* तालव्य-उच्चारण
Velcro /वेल्क्रो/ *n. tradem.* दो टुकड़ों से बना नाइलोनी कपड़ा
velleity /वेलीइटि/ *n.* 1 ढुलमुल इच्छा, अल्प इच्छा, दुर्बल इच्छा 2 सपना 3 नेक चाह
vellum /वेलम/ *n.* (***syn.*** parchment) 1 चर्म-पत्र 2 चर्म-पत्र पर लिखी पांडुलिपि 3 चर्म-पत्र-सा भूरे रंग का मोटा कागज
veloce /वअलोचे/ *adv., adj., Italian, music* अति द्रुत गति से
velocimeter /वेलअसिमिटः/ *n.* वेगमापी
velocipede /वअलौसिपीड/ *US* वअलाःसिपीड/ *n. hist.* साइकिल का शुरुआती रूप जिसे चलाने के लिए चालक जमीन पर पांवों से धक्का देता था
velocity /वअलौसिटि/ *US* वअलाःसिटि/ *n., pl.* **velocities** 1 *techn.* गति दर यानी प्रति सेकंड या मिनट या घंटा आदि की गति, वेग: the ~ of light/ of sound/ of wind; initial ~ 2 *loosely* रफ्तार, गति: act with the ~ of thought;
collocations: **~ function** वेग फलन; **~ gradient** वेग प्रवणता; **~ head/ pressure** रफ्तार का दबाव; **~ time curve** वेग समय वक्र; **~ time graph** वेग समय रेखा-चित्र
velodrome /वेलअड्रोम/ *n.* साइकिल-दौड़ पथ वाला भवन: indoor ~
velour/ velours/ velure /वलुअः/ वलुः/ *n.* फर्नीचर पर चढ़ाने के कपड़े के रूप में प्रयुक्त होने वाला मखमल का कपड़ा
velum /वीलम/ *n., pl.* **vela/ ~s** 1 गुंठिका 2 कोमल तालु (soft palate);
dw/lw: **velar** *see above under separate entry*
velutinous /विल्यूटिनस/ *adj.* मखमली
velveret /वेल्वरेट/ *n.* घटिया मखमल
velvet /वेलविट/ *n.* 1 मखमल: raised ~; stamped ~; worsted ~; the ~ of her skin/ of the meadow 2 रोयेंदार मुलायम चमड़ा 3 *colloq.* लाभ, फायदा, पैसा;
adj. मखमली: ~ finish (मखमली परिष्कृति); ~ rug; ~ satin (मखमली साटन);
dw/lw: **~een** /वेल्वटीन/ *n.* सूती मखमल; **~ing** /वेल्विटिंग/ *n.* मखमली माल; **~y** /वेल्विटि/ *adj.* मखमल की तरह मुलायम, मखमली;
p&i: **~ glove** बाहर से नर्म पर अंदर से कठोर व्यक्ति; **~ paw/ ~ paws hide sharp claws** छद्म कोमलता, मुंह में राम बगल में छुरी;
be a hundred rupees to the ~ सौ रुपए जीतना; **be on ~** पांचों उंगलियां घी में होना; **iron hand in a ~ glove** बाहर से नर्म पर अंदर से कठोर व्यक्ति; **on ~** फायदे में; **with ~ tread** 1 धीमे कदमों से 2 घुड़दौड़ में जीतने की स्थिति में
Ven *abbr.* 'Venerable' का छोटा रूप
vena /वीना/ *n., pl.* **venae** /वीनी/ *anat.* = vein
vena cava /वीना केवा/ *n., pl.* **venae cava** /वीनी केवा/ दो बड़ी वाहिकाओं में से कोई भी यानी '**superior** or **inferior vena cava**', जो हृदय को आक्सीजन रहित रक्त पहुंचाती हैं
venal /वीनल/ *adj.* 1 (***syn.*** corrupt) भ्रष्ट: ~ politicians; ~ vote/ voters; ~ practices; a ~ arrangement whereby some contractors are favoured; the ~ sale of political offices 2 धनलोलुप, स्वार्थी, घूसखोर 3 शिरा-संबंधी, शिरीय;
dw/lw: **~ity** /वीनैलिटि/ *n.* भ्रष्टता, घूसखोरी, भ्रष्टाचार, धनलोलुपता, स्वार्थ; **~ly** /वीनलि/ *adv.* भ्रष्ट तरीके से
venation /विनेशन/ *n., biol.* 1 कीट के पंख में शिराविन्यास 2 पौधे के पत्ते में शिराविन्यास
vend /वेंड/ *v., pt.* **~ed**, *pp* **~ing** छोटी-मोटी चीजें बेचना, बिक्री क., विक्रय क.: the right to ~ books and newspapers;
dw/lw: **~ee** /वेंडी/ *n., pl.* ~ees क्रेता, खरीदार, खरीददार, क्रेता; **~ible** /वेंडिबल/ *adj.* 1 विक्रेय, बेचने योग्य: ~ible coal; the oranges will not be ~ible for another two weeks 2 भ्रष्ट, बिकाऊ: ~ible bureaucrats; ~ible votes; ~ible titles/ honours; **~ibility** /वेंडिबिलिटि/ *n.* बिकाऊपन, विक्रेयता; **~ing** /वेंडिंग/ *n.* स्वचालित बिक्री मशीन, विक्रय; **~ing** *adj.* बेचने वाली: ~ing machine; **~or/ ~er** /वेंडः/ *n.* 1 *law* विक्रेता, बेचने वाला: ~or delivery (पहुंचाने की जिम्मेवारी विक्रेता की) 2 विक्रेता एवं सेवा कंपनी 3 बेचने वाली स्वचालित मशीन
vendetta /वेंडेटा/ *n.* 1 प्रतिशोध, बदला 2 कुलबैर-बदला 3 (***syn.*** long-standing bitter feud) लंबा खिंचने वाला कलह, पीढ़ी-दर-पीढ़ी की दुश्मनी

veneer /वनिअः/ *US* वनिर/ *n.* 1 दिखावापूर्ण काष्ठ-परत 2 दिखावा, आडंबर: a ~ of sth; a ~ of culture/ of civilization 3 दिखावापूर्ण बाह्य रूप: a ~ of respectability 4 पृष्ठावरण, परत 5 मुलम्मा 6 कलई, ऊपरी तड़क-भड़क;
v., pt. **~ed**, *pp* **~ing** पृष्ठावरण लगाना, मुलम्मा चढ़ाना;
dw/lw: **~ing** /वनिअरिंग/ *n.* 1 काष्ठ-परतन 2 बाहरी अलंकरण

venenation /वेनअनेशन/ *n.* जीविषीकरण

venenatus /वेनअनेटस/ *adj.* विषाक्त, विषैला

venepuncture/ **venipuncture** /वेनिपंक्चः/ *n., med.* नसछेदन, नस छेदन द्वारा रक्त का नमूना लेना या कोई दवाई चढ़ाना

venera\bility /वेनअरअबिलिटि/ (*also* **~bleness**) *n.* आदर, श्रद्धा, पूज्यभाव

venera\ble /वेनअ\रअबल/ *adj.* 1 आदरणीय: **~ble** age; **~ble** scholar 2 श्रद्धेय: **~ble** to all posterity 3 पूजनीय, पूज्य: **~ble** relics/ ruins;
dw/lw: **~te** /~रेट/ *v., pt.* ~ted, *pp* ~ting 1 (***syn.*** revere) का आदर क., का सम्मान क.: ~te great men 2 श्रद्धा रखना, पूज्य भाव रखना, आदर क. 3 पूजा क., उपासना क.: thrice he ~ted the sacred remains; **~tion** /~रेशन/ *n.* 1 आदर, सम्मान 2 श्रद्धा: have ~tion for sb/ sth; hold sth in ~tion 3 पूजा, उपासना; **~tor** /~रेटः/ *n.* श्रद्धावान, श्रद्धालु, उपासक: ~tor of tradition

venere\al /वनिअरि\अल/ *US* वनिरिअ\ल/ *adj.* 1 रतिज, मैथुनिक, रतिरोग संबंधी: **~al** diseases dispensary; **~al** rate 2 कामैच्छिक, कामोन्मादीय: **~al** excitement; **~al** desire;
collocations: **~al disease** *med.* (*abbr.* **VD**) रतिरोग, यौन-रोग

venereo\logy / वनिअरि\औलजि/ *n.* यौन-रोग विज्ञान;
dw/lw: **~logical** /~अलौजिकल/ *adj.* यौन-रोग विज्ञान से संबंधित;

venesection /वेनिसेक्शन/ (*also* **phlebotomy**) *n.* शिरा-शल्य क्रिया

Venetian /वअनीशन/ *adj.* 1 इटली के वेनिस (नगर) का 2 वेनिस संबंधी: ~ glass/ pint; ~ window; ~ red; ~ mast;
n. 1 वेनिस का निवासी 2 वेनिस में पैदा होनेवाला व्यक्ति;
collocations: **~ blind** खिड़कियों का झिलमिल पर्दा

venge\ance /वेंजंस/ *n.* 1 (***syn.*** revenge) बदला, प्रतिशोध, प्रतिकार: fearful/ bloody **~ance**; swift **~ance**; take/ inflict/ exact/ wreak **~ance** on sb for sth; seek **~ance** upon a person 2 प्रतिहिंसा या बदले की भावना से दिया जाने वाला दंड: a crime that cries for **~ance**;
dw/lw: **~ful** /वेंजफुल/ *adj.* 1 बदला लेने को आतुर (प्रतिशोधी): ~ful hand 2 प्रतिशोधात्मक ~ful victimisation; **~fully** *adv.* बदले की भावना से; **~fulness** *n.* प्रतिशोध, बदले की भावना;
p&i: **with a ~ance** 1 जरूरत से ज्यादा, अत्यधिक 2 प्रतिशोध स्वरूप दुगने-तिगुने परिमाण में कार्य क. या हो.: belabour sb with a ~ance; the rain came down with a ~ance; that was ill-luck with a ~ance!; he is a demagogue with a ~ance

venial /वीनिअ\ल/ *adj.* 1 क्षम्य: ~ sin 2 जो गंभीर न हो, छोटा-मोटा: ~ offence 3 गौण;
dw/lw: **~ity** /~लिटि/ *n.* क्षम्यता, गौणता

venipuncture *see above under* **venepuncture**

venison /वेनिसन/ वेनिजन/ *n.* हिरण का गोश्त, मृग-मांस

venom /वेनम\/ *n.* 1 विष, जहर, गरल 2 वैमनस्य, वैर, द्वेष 3 उग्रता, कटुता;
dw/lw: **~ed** /~ड/ *adj.* 1 विषैला, विषाक्त 2 हानिकर; **~ous** /~स/ *adj.* 1 विषैला, जहरीला: ~ous snakes/ spiders/ plants 2 द्वेषी, द्वेषपूर्ण: ~ous criticism; **~ously** /~सलि/ *adv.* द्वेषपूर्वक; **~ousness** /~सनेस/ *n.* 1 विषाक्तता 2 द्वेषपूर्णता

venose /वीनोस/ *adj.* शिरायुक्त, शिराबहुल

venous /वीनस/ *adj.* 1 शिरा या नस से संबंधित: ~ blood; ~ pulse 2 शिरायुक्त

vent /वेंट/ *n.* 1 पोशाक में हवा आदि आने के लिए, आरामदेह बनाने के लिए या फैशन के लिए किया जाने वाला छेद, चीर 2 किसी बर्तन, बंद स्थान आदि से बाहर जाने या अंदर आने के लिए छेद, सुराख, रंध्र, छिद्र 3 निकास, मुख, द्वार, निर्गम 4 हवाकश, धुआंकश, चिमनी 5 गुदा, मलद्वार 6 प्याला 7 पैराशूट में बना छेद, जिससे नियंत्रित रूप में हवा बाहर निकलती है 8 अभिव्यक्ति, भड़ास निकालने की क्रिया: give ~ to one's feelings; give ~ to threats; his sorrow finds ~ in reproaches; he found a ~ for his anger in smashing the crockery;
v., pt. **~ed**, *pp* **~ing** 1 छेद बनाना, छोड़ना, निकालना 2 (***syn.*** air) अभिव्यक्त क., गुस्सा या हताशा व्यक्त क., भड़ास निकालना: ~ one's anger; **~ed** his frustration shaking his fists; ~ one's feelings/ one's wrath/ one's spite/ one's indignation; ~ one's ill-humour on sb; ~ one's grief in a torrent of tears; **~ed** himself in an outburst of profanity (अश्लीलता); ~ a grievance; ~ an opinion 3 ऊपर आना;
dw/lw: **~age** /वेंटिज/ *n.* छेद; **~-hole** *n.* 1 वातायन, रोशनदान 2 हवाकश, धुआंकश; **~iduct** /वेंटिडक्ट/ *n.* हवाकश; **~-pipe** *n.* निकास-नली;
p&i: **give ~ to** प्रकट क., अभिव्यक्त क., भड़ास निकालना

vent\er /वेंटः/ 1 उदर, पेट 2 उदरतल 3 गर्भाशय, कोख: brothers of the same **~er**; children by different **~ers**; of one **~er** (सहोदर);
dw/lw: **~ral** /वेंट्रल/ *adj.* 1 उदरीय 2 अधर, उदर 3 अभ्यक्ष;
collocations: **~er breathing** उदरीय श्वसन; **~er laughter** उदरीय हंसी; **~er disc** अधर बिंब; **~er flexor** अधर अकोचनी; **~er gland** अधर ग्रंथि

ventifact /वेंटिफैक्ट/ *n.* वायुघृष्टाशम

ventil /वेंटिल/ *n., music* 1 (***syn.*** valve) कपाट, वायु-वाद्य की कपाटिका 2 पर्दा

ventila\te /वेंटिलेट/ *v., pt.* **~ted**, *pp* **~ting** 1 हवादार बनाना, हवा को कमरे में आने दे. 2 में हवा क., संवातित क., वायु-संचार क. 3 साफ क., रक्त में आक्सीजन भरना: the lungs **~te** the blood 4 फेफड़ों में हवा पहुंचाना 5 पर खुले आम विचार-विमर्श क.: the matter should not be hushed up but freely **~ted** 6 प्रकाश में लाना, जनता के सामने रखना: **~te** certain subjects; **~te** certain points; **~te** a grievance;
dw/lw: **~ting** *adj.* हवा देने वाली, संवाती: ~ting fan; ~ting pipe; **~tion** /वेंटिलेशन/ *n.* 1 कमरे में हवा का संचार, संवातन 2 हवादारी, वायु-संचालन 3 आम चर्चा, सार्वजनिक बहस: enter upon the ~tion of a question; calling for ~tion; the matter requires ~tion; **~tive** *adj.* ताजी हवा देनेवाला (उपकरण); **~tor** /वेंटिलेटः/ *n.* 1 रोशनदान, वातायन 2 पंखा, संवातक 3 हवाकश, वातायनी

ventral *see above under* **venter: *dw/lw***

ventri\cle /वेंट्रि\कल/ *n., anat.* 1 निलय 2 हृदय के निचले भाग के दो कक्षों (chambers) में से कोई एक, हृदय संपुट, प्रवेश्म;
dw/lw: **~cose** /~कोस/ *adj., bot, zool.* 1 तुंदिल 2 फूला हुआ, सूझा हुआ, स्फीत; **~cular** /वेंट्रिक्युलः/ *adj.* हृदय-संपुट संबंधी, निलय संबंधी; **~culus** /~क्युलस/ *n.* = **~cle** पेट, उदर, निलय; **~loquial** /~लोक्विअल/ *adj.* नाभिवाणी-संबंधी; **~loquism** /~लअक्विज्म/ *n.* नाभिवाणी, पेटबोली; **~loquy** /~लअक्वि/ *n.* पेटबोली; **~loquist** /~लअक्विस्ट/ *n.* पेटबोला; **~loquize**/ **~loquise** /~लअक्वाइज/ *v. pt.* ~loquized, *pp* ~loquizing नाभिवाणी या ऐंद्रजालिक वाणी निकालना, गरुड़वाद क.; **~potent** /~पअटंट/ *adj.* 1 बड़े पेट वाला, भारी-भरकम 2 पेटू

ventromedial /वेंट्रोमीडिअल/ *adj.* उदर मध्यस्थ

venture /वेंचः\/ *n.* 1 जोखिम भरा काम, साहसिक कार्य: run the ~; decline a ~; ready for any ~ 2 जोखिम भरी व्यापारिक

परियोजना: one lucky ~ made his fortune 3 प्रयासित उद्यम: make a desperate ~ to do sth 4 सट्टेबाजी: fail in all one's **~s**;

***v.**, pt.* **~d**, *pp* **venturing** 1 जोखिम उठाकर कोई कार्य क.: ~ into/ out/ outside, etc.; ~ upon a new step/ on a new task 2 साहस क., जोखिम उठाना, खतरा उठाना: ~ one's life/ one's money; ~ one's neck 3 किसी को जोखिम में डालना, खतरे में डालना 4 दांव पर लगाना: ~ one's fortune in an enterprise; ~ on sth 5 विरोध के बावजूद सुझाव देने का दुस्साहस क.: ~ (on) an opinion/ on a guess/ on a protest; I ~ to write to you; I ~ to disagree; don't ~ to do such a thing!; **~d** to criticize the chairman; **~d** a different opinion 6 सट्टेबाजी क.;

dw/lw: **~r** /वेंचरर/ *n.* 1 किसी उद्यम का हिस्सेदार 2 किसी व्यापारिक योजना का भागीदार; **~some** /~सम/ *adj.* 1 जोखिम उठाने वाला, जोखिमी 2 जोखिम-भरा 3 (***syn.*** daring) निडर, निर्भीक, साहसिक, साहसी: ~some attempt; ~some journey; **~somely** /~समलि/ *adv.* जोखिम उठाकर, जोखिम उठाते हुए; **~someness** /~समनेस/ *n.* जोखिमी प्रवृत्ति;

collocations: **~ capital** नए उद्यम, विशेषकर जोखिम भरे धंधे में, अलग-अलग पूंजीधारियों द्वारा लगाई जाने वाली पूंजी; **joint ~** साझा कारोबार; **Venture Scout** वरिष्ठ स्काउट संगठन का सोलह से बीस वर्ष की आयु का सदस्य; **Venture Scouting** *वरिष्ठ* स्काउट मुहिम;

p&i: **~ into / on sth** जोखिम उठाकर कुछ क.;

answer at a ~ अनुमान से; **at a** ~ अंदाजे से; **draw one's bow at** ~ इधर-उधर तीर चलाना, तुक्के लगाना; **nothing ~d, nothing gained** बिना जोखिम उठाए कुछ नहीं मिलता; **shoot at a** ~ अंदाजे से गोली चलाना, तुक्का लगाना

Venturi/ ~ tube *n., pl.* **~s/ ~ tubes** तरलों व हवा का बहाव दर मापने या दबाव बदलने के लिए प्रयुक्त बीच में तंग और सिरों पर चौड़ी नली या वाहिका

venturous /वेंचरस/ *adj.* 1 जोखिम-भरा, जोखिमी: ~ opinion 2 साहसी, दिलेर: ~ test-pilot 3 जोखिम-प्रेमी 4 खतरनाक: ~ crossing

venue /वेन्यू/ *n.* 1 किसी कार्यक्रम का स्थान, स्थल: change the ~ 2 मिलन-स्थान 3 घटना-स्थल 4 अदालत जहां मुकदमा चल रहा है 5 क्षेत्र

Venus /वीनस/ *n.* 1 *astron.* शुक्र ग्रह 2 प्रेम की देवी 3 रति 4 काम 5 सर्वांगसुंदरी: sable **~es** (सांवली सुंदरियां);

collocations: **~ fly trap** कीटों-पतंगों को अपने पत्तों में दबोच लेने वाला पौधा

VEP *abbr.* 'Vehicle Entry Points' की प्रथमाक्षरी

vera\cious /वेरेशिअस\/ *adj.* 1 (***syn.*** mendacious) सच्चा, सत्य भाषी: **~cious** witness 2 सत्य, सही, ठीक, यथातथ्य: **~cious** story; **~cious** account/ news; **~cious** testimony; **~cious** statement 3 सत्यवादी, सत्यनिष्ठ 4 न्यायपरक, भटकाव से परे;

dw/lw: **~city** /वैरसिटि/ *n.* 1 (***syn.*** truthfulness) सत्यवादिता, सत्यनिष्ठा: a ~city of soul; a witness of doubtless ~city 2 (***syn.*** truth) सच्चाई, यथातथ्यता: the ~city of a report; doubt sb's ~city 3 न्यायपरकता: a man of perfect ~city; **~ly** /~लि/ *adv.* सत्यतापूर्वक, सच-सच

veranda (*also* **verandah**) /वैरंडा/ *n., pl.* **~s/ verandahs** बरामदा

verb /वःब/ (*abbr.* **vb**, **v.**) *n.* क्रिया: auxiliary ~; modal ~; phrasal ~

verbal /वःब\ल/ *adj.* 1 अलिखित, मौखिक, जबानी: ~ agreement; ~ communication; ~ order; ~ order (मौखिक आदेश); ~ statement (मौखिक बयान) 2 शब्द-संबंधी, शब्द-संपन्न, शाब्दिक रूप से सशक्त: ~ subtleties/ niceties; ~ difficulties; ~ corrections; ~ error; ~ infelicities (शाब्दिक कमियां); ~ dispute; good ~ memory; ~ critic 3 भाषायी, भाषा संबंधी: ~ expression 4 (***syn.*** literal, word-for-word) शब्दशः, अक्षरशः, शाब्दिक: ~ translation; ~ report; ~ accuracy; ~ process (शब्दशः वर्णन) 5 (***syn.*** talkative, articulate) बातूनी, वाचाल, शब्द-जादूगर 6 मात्र शब्द-सीमित, व्यावहारिक कदम-शून्य: his sympathy was purely ~ 7 शब्दों का, शब्द-बाहुल्य: ~ duel; ~ diarrhoea *US sl.* (शाब्दिक अतिशयता, अनियंत्रता (शाब्दिक पेचिश) 8 शब्द-आधारित: ~ note; ~ announcement; ~ abuse; ~ communication 9 *gramm.* क्रिया-विषयक, क्रियार्थक, क्रियामूलक: ~ stem; ~ adjective; ~ noun (क्रियार्थक संज्ञा) (*also see below* under **verbal: *collocations***);

dw/lw: **~ism** /~लिज्म/ *n.* 1 शाब्दिक अभिव्यक्ति, शब्दाडंबर 2 समालोचना; **~list** /~लिस्ट/ *n.* शब्द-समालोचक; **~ity** /वःबैलिटि/ *n.* खोखले या दिखावा पूर्ण शब्द, शब्दाडंबर; **~ization** /~लाइजेशन/ *n.* शब्दों के द्वारा होने वाली अभिव्यक्ति, शब्द-अभिव्यक्ति, क्रियारूप, क्रिया-रूपांतरण, शब्दाडंबर; **~ize/ ~ise** /~लाइज/ *v., pt.* ~ized, *pp* ~izing (***syn.*** put into words) 1 शब्दों में व्यक्त क.: ~ize an idea 2 क्रिया रूप में बदलना, क्रिया रूप बनाना 3 वाचाल होना; **~ly** /~लि/ *adv.* 1 मौखिक रूप से: communicated with them ~ly; explain sth ~ly; translate a letter ~ly 2 जबानी: impress a passage ~ly on one's memory;

collocations: **~ noun** *n.* संज्ञा के रूप में क्रिया: ***to err*** is human; ***swimming*** keeps one fit

verbatim /वःबैटिम/ *adv.* (***syn.*** literally, word-for-word) शब्दशः, अक्षरशः, हू-ब-हू, उन्हीं शब्दों में: that is ~ what he said; take down ~;

adj. शाब्दिक, स्टेनोग्राफिक; ~ report; ~ reporters

ver\bena /वःबीना/ *n., pl.* **~s** औषधीय फूलों वाला पौधा, गंधबेन

dw/lw.: **ver\biage** /वःबीइज/ *n.* 1 शब्द-बाहुल्यता 2 शब्दाडंबर, शब्दजाल, शब्द प्रपंच: mere ~biage; florid ~ 3 वाचालता: lose oneself in ~biage

verbo\se /वःबो\स/ *adj.* 1 (***syn.*** long-winded) शब्दाडंबर-पूर्ण, शब्दबहुल: **~se** statement 2 शब्दाडंबरी, वागाडंबरी, वाचाल: **~se** attorney;

dw/lw: **~sity** /वःबौसिटि/ *US* वःबाःसिटि/ (*also* **~seness**) *n.* शब्दाडंबर, शब्दबहुलता, शब्दबाहुल्य; **~sely** /~सलि/ *adv.* वाचालतापूर्वक

verboten /वःबोटन/ *Ger. adj.* निषिद्ध, वर्जित

Verbum /वःबम/ *n.* शब्द

verbum sap /वःबम सैप/ *Lat.* (*short of,* **verbum sapient sat est**) समझदार को इशारा काफी

verdancy /वःडंसि/ *n.* 1 हरापन, हरियाली, सर-सब्जी 2 अनाड़ीपन, अनुभवहीनता, भोलापन

verdant /वःडंट\/ *adj.* 1 हरी-भरी घास या पेड़-पौधों से आच्छादित: ~ avenues 2 गहरा-हरा: ~ grass; ~ canopy (हरा वितान) 3 हरा-भरा, सरसब्ज: ~ groves 4 अनाड़ी, सीधा-सादा, कानों का कच्चा, भोला

verd-antique /वःड-ऐंटीक/ *n.* गहरा-हरा संगमरमर

verdict /वःडिक्ट/ *n.* 1 अदालत का निर्णय, फैसला, न्याय, पंचनिर्णय: arbitral ~; open ~; ~ of acquittal; deliver/ give a ~; bring in a ~ of not guilty; return a ~ of guilty 2 मत, विचार, राय: not to dispute sb's ~; the doctor has not yet given his ~

verdigris /वःडिग्री/ वःडिग्रीस/ *n., chem.* पीतल, तांबे आदि पर लगने वाला हरे रंग का जंग, जंगाल, जंगार

verdu\re /वःड्यः\/ *n., lit.* 1 हरे-भरे पेड़-पौधे, हरियाली: the perennial ~ of the cypress 2 सरसब्जी 3 हरापन 4 ताजगी;

dw/lw: **~red** /~ड/ *adj.* हरा-भरा; **~rous** /~रस/ *adj.* (***syn.***

verdant) हरा-भरा, गहरा हरा: ~rous hills; ~rous pastures

verge /व:ज/ *n.* 1 किनारा, छोर, सिरा: the ~ of a forest 2 कगार, दहलीज: be on the ~ of sth/ doing sth; on the very ~ of the roof; on the ~ of war/ of ruin/ of destruction/ of suicide; be on the ~ of telling all/ of bursting into tears/ of betraying one's secret; be on the ~ of sixty; on the ~ of manhood 3 सड़क के घास का किनारा 4 सीमा: within the ~ of the Tower 5 अधिकार-क्षेत्र: go beyond the ~ of constitutional powers;

v. pt.* ~d**, *pp* **verging** 1 सीमा, छोर या किनारा होना: ~ on sth (के छोर या किनारे पर हो); at that point the estate **~s** on the sea 2 झुकना, उतरना, की ओर बढ़ना: he is verging towards senility/ towards bankruptcy; events are **verging** towards a climax 3 (syn.*** border on sth) के समीप या कगार पर हो.: a path **~s** on the edge of the precipice; this **~s** on foolhardiness/ disingenuousness/ extravagance (यह दुस्साहस, कपट या फिजूलखर्ची के करीब है); **verging** on the tragic/ on the improper/ on the ridiculous 4 अवस्था बदलने को हो.: broad humour **verging** on slapstick (भोंडा हास्य उजड्ड मसखरेपन में बदल रहा था) 5 सूर्य आदि का अस्त होने को हो. 6 की कगार पर हो.; **verging** into a state of monomania (एकोन्माद की अवस्था में पहुंचने को होने वाला); dark red **verging** on purple; enthusiasm **verging** on obsession (जोश का उन्मादी एक-धुन की कगार पर हो.);

***p&i:* on the ~ of sth/ doing sth** की कगार पर

vergence /व:जंस/ *n.* सृति

verger /व:ज:/ *n.* भालाबरदार सेवक, गिरजादार, बल्लम-बरदार

verglas /व:ग्ला/ *n.* चट्टान आदि पर जमी बर्फ की पारदर्शक परत

veridical /वरिडिकल/ *adj.* 1 सच्चा, सत्यभाषी 2 यथार्थ के समीप

veriest /वेरिइस्ट/ *adj.* परम

verifiability /वेरि\फायबिलिटि/ *n.* सत्यापनीयता, प्रमाणिकता;

veri\fiable /~फायबल/ *adj.* सत्यापनीय, प्रमाणनीय: ~fiable of stores;

dw/lw:* ~fication** /~फिकेशन/ *n.* सत्यापन, जांच, प्रमाणन, प्रमाणीकरण; **~fier** /~फाय:/ *n.* सत्यापनकर्ता, प्रमाणकर्ता; **~fy** /~फाइ/ *v., pt.* ~fied, *pp* ~fying 1 (syn.*** confirm) सत्यापित क., सत्यापन क.: ~fy a statement/ figures/ an account 2 जांच क.: ~fy details; ~fy the items; ~fy all the citations in a book 3 (***syn.*** testify) सत्य सिद्ध क., सच्चा साबित या प्रमाणित क.: subsequent events ~fied his suspicion/ his prediction; the prediction of a storm was ~fied in every detail 4 पूरा क.

verily /वेरिलि/ *adv., old use* सच में, वस्तुत:, वास्तव में

verisimi\lar /वेरिसिमि\ल:/ *adj.* 1 संभाव्य 2 सत्याभासी;

dw/lw:* ~litude** /~लिचूड/ *n.* 1 संभाव्यता, संभावना: the ~litude of the tale 2 (syn.*** authenticity) सत्याभास, सच्चाई: beyond the bounds of ~litudes; ~litudes of fiction 3 यथार्थता, यथार्थतुल्यता: the ~litude of a dream; the ~litude of Shakespeare's characters

verism /वेरिज्म/ *n., art history* कला और साहित्य में एक प्रकार का यथार्थवाद जिसके तहत दिन-प्रतिदिन की सामग्री का, जिसमें भद्दापन एवं घिनौनापन शामिल हैं, अतिशय प्रयोग होता है

verismo /वेरिज्मो/ *n., music* दिन-प्रतिदिन की सामग्री पर आधारित गीतिनाट्य

veritable /वेरिटअबल/ *adj.* 1 (***syn.*** positive, real) असल, वास्तविक: we had a ~ deluge; he is a ~ tyrant/ fool; a ~ genius! 2 सच्चा, पक्का, खरा: the ~ son of God

verité *see* **cinema verité**

verity /वेरिटि/ *n., pl.* **verities** 1 (***syn.*** maxim) मूलभूत विवेक की वास्तविकता, सच्चाई पर आधारित कथन: the eternal/ the unquestionable **verities**; these things are **verities** 2 सत्य, सत्यता: ~ and falsity; the ~ of miracles; attest the ~ of the presidential signature 3 यथार्थता

verjuice /व:जूस/ *n.* 1 खट्टा रस 2 खटाई, कड़वाहट: she looked vinegar and ~;

***dw/lw:* ~d** /व:जूसड/ *adj.* 1 खट्टा 2 कटु

vermeil /व:मिल/ *n.* 1 सुनहरी चांदी, मुलम्मेदार चांदी 2 हल्का सिंदूरी 3 मुलम्मे की वारनिश

vermi- /वर्मि/ *comb. form, denoting:* **worm** (कृमि)

vermian /व:मिअन/ *adj.* कृमि, कृमि-जैसा, कृमि रूप

vermicelli /व:मिचेलि/ *n.* एक तरह की (इतालवी) सेवइयां

vermi\cide /व:मि\साइड/ *n.* कीटनाशक पदार्थ;

***dw/lw:* ~cular** /~क्यूल:/ *adj.* कृमिरूपी; **~culation** /~क्युलेशन/ *n.* 1 कृमिणता, कृमिलता 2 कृमिगति; **~culture** *n.* केंचुओं का पालन; **~form** /~फॉ:म/ *adj.* कीड़े के आकार का; **~fugal**/ **~fuge** /~फ्यूगल/ *adj.* कृमिहर, कृमिहारी, कृमिनिस्सारक; **~grade** /~ग्रेड/ *n.* कृमिचारी

vermilion /व:मिलिअन/ *n.* सिंदूर, ईंगुर, हिंगुल, सिंगरफ;

adj. सिंदूरी (रंग) का

vermin /व:मि\न/ *n., [sing. or pl.]* 1 नुकसान करने वाले जीव-जंतु: snakes and other poisonous ~ 2 हिंसक जानवर 3 परजीवी पीड़क जंतु (जिनका शिकार किया जा सकता है): lions are protected, but crocodiles are ~ 4 कीड़े-मकोड़े 5 घिनौना, परजीवी व्यक्ति, नराधम, बदमाश, लुच्चा-लफंगा 6 निम्नवर्ग;

***dw/lw:* verminous** /~नस/ *adj.* 1 छोटे-मोटे जीव-जंतुओं से ग्रस्त, जिसमें कीड़े पड़े हों 2 कीड़े-मकोड़ों के कारण होने वाला, कृमिज 3 कृमिण, कृमिल 4 गंदा, घिनौना, नीच, परजीवी 5 निम्न-स्तरीय; **vermivorous** /व:मिवरस/ *adj.* कृमिभक्षी

vermis /व:मिस/ *n., pl.* **vermes** /व:मीज/ *anat.* केंचुए-सी संरचना;

***collocations:* vermis cerebella** पश्च मस्तिष्क पिंड में केंचुए-सी संरचना

vermouth /व:मूथ/ *n.* एक तरह की श्वेत मदिरा

vernacular /व:नैक्यु\ल:/ व:नैक्य\ल:/ *n.* (*usually* **the** ~) 1 मातृ-भाषा, स्थानिक भाषा, जनभाषा, देशी भाषा, देशी (देसी) बोली: our own ~; Latin gave place to the ~; the **~s** of the USA 2 रोजमर्रा की जबान, बोलचाल की भाषा: English is the ~ tongue of the USA 3 (***syn.*** jargon) खास बोली, विशिष्ट शब्दावली: the ~ of the stage 4 *humorous, sl.* अश्लील भाषा, गाली;

adj. 1 देसी बोली का, बोलीगत: the ~ languages of India 2 स्थानीय बोली संबंधी: the ~ arts of Brittany 3 स्थानीय: ~ disease; our ~ literature; ~ poetry; ~ architecture;

***dw/lw:* ~ism** /~लअरिज्म/ *n.* देसी शब्द, अभिव्यक्तियां, मुहावरे आदि या उनका प्रयोग; **~ly** /~लि/ *adv.* स्थानीय तौर पर;

***p&i:* in the ~** अश्लील भाषा में; **the ~ of Covent Garden to use** मछली-बाजार की गाली-गलौज वाली भाषा; **the ~ of teachers** जैसे कि अध्यापक गण बोलते हैं

vernal /व:नल/ *adj.* 1 वसंत ऋतु में होने वाला, वासंतिक, वसंतकालीन: ~ season; ~ bloom/ blossoms 2 ताजा, अभिनव, तरुण;

***collocations:* ~ aspect** वसंती छवि; **~ equinox/ point** *astron.* वसंत-विषुव, महाविषुव, वसंतकालीन (20 मार्च) जब सूर्य भूमध्य रेखा के ऐन ऊपर होता है और दिन और रात बराबर होते हैं

vernali\zation/ ~sation /व:नअलाइजेशन/ *n., bot.* ऐसी प्रक्रिया जिसके तहत बीज कम तापमान पर रखे जाते हैं ताकि वे बाद में या देर से अंकुरित हों

vernant /व:नंट/ *adj.* वसंतकालीन

vernation /व:नेशन/ *n.* किसलय-विन्यास, कली में पंखुड़ियों का विन्यास

vernier /व:निअ:/ *n.* वर्नियर, मापक उपकरणों में भिन्नों में माप लेने वाला भाग

vernisage /वःनिसाज/ *n.* प्रदर्शनी में भेजने से पहले चित्रों का घर में कुछ विशेष मेहमानों के सामने प्रदर्शन
veronica /विरौनिका/ *US* विराःनिका/*n.* एक पौधा जिसमें नीले, गुलाबी और सफेद रंग के फूल लगते हैं
verru\ca /वेरू\का/ (*also* **plantar wart**) *n., pl.* **~s/ verrucae** /वेरूसी/ मसा, मस्सा, चर्मकील, किणक;
dw/lw: **~cose/ ~cous** /~कोस/ ~कअस/ *adj.* मस्सेदार, किणमय
versal /वःसल/ *adj.* विश्व संबंधी: ~ world (अखिल संसार)
versant /वःसंट/ *n.* जमीन की ढलान, गिरि पार्श्व
versatile /वःसअटाइ\ल/ *adj.* 1 बहुमुखी प्रतिभावान: ~ genius 2 बहुत से काम करने में सक्षम, सर्वतोमुखी: ~ inventor; ~ author/ writer; ~ mind 3 मुक्तदोली: ~ antler 4 घुमाऊ 5 परिवर्तनशील, अस्थिर: ~ loyalty; ~ tenderness 6 बहु-उद्देश्यीय: ~ aircraft;
dw/lw: **~ly** /~ललि/ *adv.* सर्वतोमुखी ढंग से; **~ness/ versatility** /~लनेस/ ~लिटि/ *n.* बहुमुखी प्रतिभा, बहुविज्ञता, मुक्तदोलिता;
collocations: **~ training** बहु-अंगी प्रशिक्षण
verse /वःस\/ *n.* 1 (***syn.*** stanza) पद्य का चरण, पद, छंद: a stanza of six **~s** 2 (***syn.*** poetry) पद्य, कविता: prose and ~; written in ~ 3 पंक्ति, छंद, श्लोक, दोहा, कवित्त, वृत्त 4 तुकबंदी: blank ~ (अतुकांत छंद); free ~ (मुक्त छंद) 5 अनुवाक्य, आयत;
v., pt. **~d,** *pp* **versing** 1 कविताएं लिखना 2 कविताओं में व्यक्त क.: ~ one's love;
dw/lw: **~d** /~ड/ *adj.* (*always* **~d in sth**) 1 (***syn.*** expert) में कुशल, दक्ष, प्रवीण: ~d in music/ in art 2 से परिचित, का जानकार, ज्ञानी: well ~d in the dialects; **~let** /वःसलिट/ *n.* छोटी-सी कविता या छंद; **~-monger** /~मोंगः/ *n.* तुक्कड़, तुक मिलाने वाला; **~-mongering** *n.* तुकबंदी; **~t** /वःसिट/ *n.* 1 छोटी-सी कविता 2 = **versicle**
collocations: **~d cosine** शरकोज्या; **~d sine** शरज्या;
p&i: **cap ~s** अंताक्षरी में कविता पढ़ना; **chapter and ~** सही संदर्भ के साथ: convey sth chapter and ~
versicle /वःसिकल/ *n.* पादरी द्वारा पढ़ा या गाया जाने वाला छंद, जिसे पादरी के पीछे-पीछे श्रोतागण गाते हैं
versicoloured /वःसिकलःड/ *adj.* वर्णशबल, रंगबिरंगा, बहुरंगा
versi\fication /वःसि\फिकेशन/ *n.* 1 पद्य रचना, शायरी 2 पद्यकरण 3 छंद-रचना;
dw/lw: **~ficator/ ~fier** /~फिकेटः/ ~फायः/ *n.* कवि, शायर; **~form** /वःसिफॉःम/ *adj.* मुक्तरूपी; **~fy** /वःसिफाइ/ *v., pt.* ~fied, *pp* ~fying 1 छंदोबद्ध क., पद्यबद्ध क.: ~fy a tale 2 पद्य, कविता क.
version /वःशन/ *n.* 1 विविध रूप, प्रतिलिपि: foreign ~; the original ~; a new/ the latest ~ 2 संस्करण, अनुवाद: the Russian ~ of Shakespeare 3 विविध विवरण या वृत्तांत: two ~s of an event; his ~ agreed with ours 4 विविध व्याख्या: an idealized ~ of sb's life 5 रूपांतर: screen ~ 6 पाठांतर: the Russian ~ of the treaty; both ~s are authentic 7 गर्भवर्तन, कोख में बच्चे की करवट में बदलाव
vers libre /वेअःलीब्रअ/ *n., pl.* **vers libres,** *Fr.* मुक्त छंद;
dw/lw: **verslibrist** /वेअःलीब्रलिस्ट/ *n.* मुक्त छंदकार
verso /वःसो/ (***anton.*** recto) *n., pl.* **~s** *print.* 1 छपे ताव की पिछली तरफ 2 खुली पुस्तक का बाईं ओर का पृष्ठ, बायां पृष्ठ 3 टट पीछा 4 वाम पृष्ठ
versus /वः सस/ (*abbr.* **vs, V**) *prep.* 1 बनाम, के विरुद्ध, के बीच, प्रति 2 विपरीत 3 दो व्यक्तियों, चीजों या बातों के बीच तुलना में: man-made fibres ~ natural fibres; free will ~ necessity; debate the question of free trade ~ protection
versute /वःस्यूट/ *adj.* चालाक, कपटी, छलिया
vert /वःट/ *adj.* 1 हरा 2 धर्मांतरित;
n. 1 हरियाली 2 जंगल के हरे-भरे वृक्षों का अधिकार 3 हरा रंग;
v., pt. **~ed,** *pp* **~ing** 1 अपना धर्म बदलना 2 टेढ़ा होना
vertebra /वःटि\ब्रा/ *n., pl.* **vertebrae** /~ब्रे/ ~ब्री/ रीढ़ की हड्डी की गुर्री, कशेरूका;
dw/lw: **~l** /~ब्रल/ *adj.* कशेरुका-संबंधी; **~te** /~ब्रेट/~ब्रिट/ *n.* मछली, रेंगने वाले जीवों, पक्षियों आदि समेत कोई भी जीव जिनकी पीठ की हड्डी होती है; **~tion** /~ब्रेशन/ *n.* कशेरुक-घटन, कशेरुक-भवन, कशेरुक-विन्यास;
collocations: **~l column** पीठ
vertex /वःटेक्स/ *n., pl.* **~es/ vertices** 1 शीर्ष, शिखर: a monument on the ~ of the hill 2 शिरोबिंदु 3 *astron.* सर्वोच्च शिखर
vertical /वःटिक\ल/ *adj.* 1 (***syn.*** upright) सीधा, खड़ा, ऊर्ध्व: ~ lines/ planes/ angles; ~ piling; ~ field of fire 2 (***syn.*** perpendicular) लंब, अनुलंब, लंबमान, लंबवत्: ~ cliffs/ rays of the sun; ~ handwriting; ~ dive 3 (***syn.*** acceleration) ऊर्ध्वाधर 4 (***syn.*** as bar, axis) उदग्र 5 (***syn.*** zenith) शीर्ष 6 (***syn.*** overhead) ऊर्ध्वस्थ;
n. **(the ~;** ***syn.*** perpendicular) लंबाकार रेखा
dw/lw: **~ly** /~लि/ *adv.* खड़े रूप में, लंबाकार;
collocations: **~ angles** *pl., geom.* विपरीत शीर्ष कोण; **~ circle** स्वर्ग का महान वृत्त जो शिखर (zenith) और निम्नतम (nadir) बिंदुओं में से गुजरता है; **~ definition** ऊर्ध्व विभेदन; **~ integration** *commer.* व्यापार में ऐसी स्थिति जब कोई कंपनी अपने आपूर्तिकर्ताओं और ग्राहकों को खरीदकर सर्वेसर्वा बन जाती है; **~ lathe** लंबाकार खराद; **~ly challenged** *adj., euphemistic* ठिगना, बौना, कम कद का; **~ motion** ऊर्ध्व गति; **~ post** खड़ा खंबा; **~ plane** समतल; **~ take-off** *धरती* से सीधी उड़ान; **~ visibility** ऊर्ध्वाधर दृश्यता
verticil /वःटिसिल/ *n., bot.* चक्रक;
dw/lw: **~late** /वःटिसिलेट/ *adj.* चक्रकी
vertiginous /वःटिजिनस\/ *adj.* 1 (***syn.*** dizzying) सिर को चकरा देनेवाला: ~ height 2 (***syn.*** relating to vertigo) सिर के चकराने से आक्रांत: ~ attacks; he grew/ felt ~ 3 घुमटा लाने वाला, चकराने वाला 4 परिभ्रामी, घूमने वाला;
dw/lw: **~ly** /~लि/ *adv.* सिर चकराते हुए; **~ness** /~नेस/ *n.* चकराने से आक्रांतता;
collocations: **~ current** भंवर; **~ wind** बबूला (*Hr.*), बगूला;
p&i: **a ~ whirl of fortune** भाग्य का सिर चकरा देनेवाला चक्र
vertigo /वःटि\गो/ *n., pl.* **~s/ ~es/ vertigines** /~जिनीज/ 1 सिर चकराने की क्रिया, सिर की चकराहट 2 घुमड़ी, घुमटा 3 भ्रमि
vervain /वःवेन/ *n.* जंगली गंधबेन
verve / वःव/ *n.* 1 (***syn.*** gusto) उत्साह, जोश, उमंग: play/ act with ~ 2 तेजी, ऊर्जस्विता 3 ओज: do sth with ~
very /वेरि/ *adv.* 1 विशेषण या क्रिया विशेषण पर बल देने के लिए प्रयुक्त, बहुत, अधिक: ~ good/ tall/ happy, etc.; he wore a ~ pained/ pleased/ puzzled/ troubled expression; I was ~ much pleased/ surprised/ annoyed 2 ठीक-ठीक, काफी: I feel ~ much better 3 काफी, काफी हद तक: ~ difficult/ funny/ slow; a ~ trying time; ~ high; ~ early warning system 4 सचमुच, बहुत: ~ short-range ballistic missile; that's not a ~ nice thing to say 5 बिल्कुल, पूर्णतया, सर्वथा, नितांत: ~ well/ ~ good; not ~ well; I am not so ~ sure; you are not ~ polite; the ~ first/ last/ best; ~ much the other way 6 अधिकतम, न्यूनतम, ज्यादा से ज्यादा, कम से कम: at the ~ most/ least; at the ~ latest; I did the ~ best I could; I did my ~ utmost 7 वही, वैसे ही, उसी, अपना/ अपने/ अपने ही (same, own आदि शब्दों के साथ): in the ~ same words; the ~ same day the year before; my ~ own friends; my ~ own room 8 लगभग: ~ nearly; he ~ nearly

died;
adj. 1 संज्ञा पर बल देने के लिए प्रयुक्त, बहुत अच्छा, अत्यधिक, बिल्कुल, ऐन: this is the ~ reverse of the truth; it grieves me to the ~ heart; catch in the ~ act 2 वही, यही: the ~ truth; the ~ man I saw; this is the ~ spot where I found it 3 (***syn.*** absolute) पक्का, पूरा 4 (***syn.*** actual) यथार्थ, असली: in ~ deed; in ~ truth 5 बिल्कुल सही: the ~ thing for headache; the ~ idea!; that's the ~ tool for the job 6 (***syn.*** mere) मात्र: the ~ thought frightens me; their ~ language is becoming unintelligible to us 7 केवल मात्र: shocked by the ~ thought 8 अपना, अपनी, अपना: these are his ~ words 9 इसी: this ~ minute

very high frequency *n.* 1 (*abbr.* **VHF**) रेडियो का 30 से 300 MHz आवृत्ति का बैंड 2 इन आवृत्तियों के बीच की रेडियो आवृत्ति

Very light/ **Verey light** क्षेत्र को प्रकाशमान करने का संकेत देते हुए पिस्टल से दागी जाने वाली एक रंगदार हल्की रोशनी

very low frequency *n.* (*abbr.* **VLF**) 1 रेडियो का 3 से 30 kHz आवृत्ति का बैंड 2 इन आवृत्तियों के बीच की रेडियो आवृत्ति

vesica /वेसिका/ *n., pl.* **vesicae** /वेसिसी/ 1 आशय, कोश, पुटी 2 मूत्राशय 3 अंडाकार प्रभा मंडल;
dw/lw: **~l** /वेसिकल/ *adj.* मूत्राशय से संबंधित, आशयिक

vesi\cant /वेसि\कंट/ (*also* **~catory**) *adj.* (***syn.*** blistering) व्रणोत्पादक, स्फोटकर, फफोले पैदा करने वाला: **~cant** agent;
dw/lw: **~cate** /~केट/ *v., pt.* ~cated, *pp* ~cating फफोले या छाले उत्पन्न क.; **~cation** /~केशन/ *n.* व्रणोत्पादन, फफोले बनने की क्रिया

vesi\cle /वेसि\कल/ *n.* 1 *med.* छाला, फफोला 2 (***syn.*** sac/ cavity filled with fluid) आशय, कोश, पुटी 3 पुटिका 4 स्फोटगर्त;
dw/lw **~cular** /~क्युलः/ 1 छालेदार, फफोलेदार 2 आशयिक, आशय-युक्त 3 बुलबुलेदार, पुटिकामय 4 स्फोट-गर्ती 5 छिद्रिल; **~culation** /~क्युलेशन/ *n.* स्फोटगर्तन

Vespa /वेस्पा/ *n.* वरट प्रजाति, वरट वंश;
dw/lw: **vepiary** /वेस्पिअरि/ *n.* भिड़ का छत्ता

vesper\s /वेस्पःज/ *n., [sing.]* 1 सांध्य तारा, शुक्र (ग्रह) 2 *poetic* संध्या, संध्या बेला 3 *now esp. RC Church* संध्या-प्रार्थना;
adj. सांध्यकालीन, सांध्य;
dw/lw: **~ine** /वेस्पअरिन/ *adj.* सांध्योन्मीली, सांझ में खिलनेवाला (फूल); **~tine** /वेस्पःटाइन/ *adj.* सांध्यकालीन, सांध्य

vespiary *see above under* **Vespa: *dw/lw***

vespid /वेस्पिड/ *n.* भिड़, बर्र, ततैया

vessel /वेसल/ *n.* 1 जहाज, पोत, जलयान: war ~; fishing ~; ~ in distress 2 बर्तन, पात्र, भाजन, भांडा, बासण (*Hr.*) 3 तरल-वाहिका, रक्त-वाहिका (blood ~), नलिका: communicating **~s** 4 सुपात्र, पात्र, भाजन, आधान: measuring ~; pressure ~; reactor ~; mixing ~;
collocations: **~ idleness** जहाज का ठहराव समय; **~ rating** जहाजों का वर्गीकरण; **blood** ~ रक्त-वाहिका;
p&i: **leaky** ~ 1 छलनी 2 बातूनी व्यक्ति, जिसके पेट में बात न पचती हो; **sacred** ~ पूजा-पात्र, यज्ञ-पात्र; **the empty ~s make the greatest sound/ an empty ~ makes much noise** थोथा चना बाजे घना; **the weaker** ~ *old use* नारी

vest /वेस्ट/ *n.* 1 *UK* (*US* **undershirt**) बनियान, गंजी 2 (*US, Austral.* **waistcoat**) बंडी, फतूही, वास्कट: sleeved ~ 3 = *US* waistcoat;
v., *pt.* **~ed**, *pp* **~ing** 1 प्रदान क.: ~ a person with rights in an estate; be **~ed** with a right 2 से संपन्न क., अधिकार देना: authority **~ed** in the people; the chairman is **~ed** with absolute authority; ~ sb with a function 3 में निहित होना, जमीन-जायदाद का वैध अधिकारी बनाना: authority **~ed** in him; the estate **~s** in the heir at law 4 पादरी बनना यानी पादरी के वस्त्र धारण क. 5 पहनाना;
dw/lw: **~ed** *adj.* 1 न्यास में रखी (संपत्ति या राशि) 2 वैध (अधिकार) 3 निहित 4 बड़े-बड़े (पूंजीपति); **~ing** /वेस्टिंग/ *n.* गंजी या वास्कट का कपड़ा;
p&i: **~ed interest** निहित स्वार्थ; **~ sth in sb/ sb with sth** किसी को किसी चीज पर वैध अधिकार दे.; **play it close to the** ~ व्यर्थ के खतरे से बचना

Vesta /वेस्टः/ *n.* 1 गृहदेवी 2 वेस्टा नक्षत्र;
dw/lw: **vesta** मोमिया दियासलाई या दीयासलाई

vestal /वेस्टल/ *adj.* कुंआरी, कुमारी: ~ virgin
n. *hist.* चिरकुंआरी कन्या;

vestiary /वेस्टिअरि/ *n.* 1 वस्त्रालय, पोशाकघर 2 अमानती सामानघर

vestibule /वेस्टिब्यूल/ *n.* 1 बड़ी ड्योढ़ी, प्रवेश हाल, द्वारमंडप 2 आगे का हाल, चौक 3 मुख्य सभागार के सामने का गलियारा

vestige /वेस्टिज/ *n.* 1 (***syn.*** grain, iota) लेश मात्र अंश, जरा-सा लक्षण: not a ~ of truth; not a ~ of common sense; not a ~ of evidence; without a ~ of clothing 2 अवशेष: **~s** of an earlier civilization; **~s** of feudalism 3 (***syn.*** trace) नामोनिशान: of this ancient custom no ~ remained; there are no **~s** of his presence;
dw/lw: **vestigial/ vestigiary** /वेस्टिजिअल/ वेस्टिजिअरि/ *adj.* 1 अवशेषी: vestigial organ (अवशेषांग) 2 प्रारंभिक 3 गायब होने वाला

vestigial ... nulla retrorsum *Lat.* जहां से वापस लौटना संभव न हो (footprints do not go backwards)

vestiture /वेस्टिचः/ *n.* 1 आवरण 2 वस्त्र 3 पदासीनता

vestiver /वेस्टिवः/ *n.* खसखस

vestment /वेस्टमंट/ *n.* 1 रस्मी कपड़े, औपचारिक परिधान: sacred ~ (यज्ञपरिधान, पूजा-परिधान) 2 आवरण: green ~ of the earth;

vest-pocket /वेस्ट-पॉकिट/ *adj.* बहुत छोटा, जेबी: ~ edition of a book; ~ radio

vestry /वेस्ट्रि/ *n., pl.* **vestries** 1 (***syn.*** sacristy) गिरजे का वस्त्रागार 2 गिरजे का प्रार्थना-कक्ष 3 *hist.* चर्च के सदस्यों की सभा;
dw/lw: **vestral** /वेस्ट्रल/ *adj.* गिरजे के वस्त्रागार संबंधी

vesture /वेस्चः/ *n.* 1 पोशाक, वस्त्र 2 आवरण: under the ~ of innocence; white **~s** 3 धरती पर उगने वाला सब कुछ (पेड़ों को छोड़कर) यानी घास, फसलें आदि;
v., *pt.* **~d**, *pp* **vesturing** पहनाना

vesuvian /विसूविअन/ *adj.* ज्वालामुखीय

VET *abbr.* 'vocational education and training' की प्रथमाक्षरी

vet /वेट/ (*short of* **veterinary**) *n.* 1 पशु-चिकित्सक 2 *colloq. N. Amer., esp. US,* short for **'veteran'** पुराना योद्धा: a war ~;
v., *pt.* **~ted**, *pp* **~ting** 1 पूर्णतः निरीक्षण क., परीक्षण क., जांचना, डाक्टरी जांच क., पुनरीक्षण क. 2 पशु की चिकित्सा क., जांच-पड़ताल क.: have a horse **~ted** 3 (***syn.*** screen) अशुद्धियां दूर क., संशोधन क.: ~ a manuscript 4 इलाज क., चिकित्सा क.;
dw/lw: **~ting** *n.* निरीक्षण, जांच: security ~ting

vetch /वेच/ *n.* (***syn.*** tare) मोठ: chickling ~ (मटरी)

veteran /वेटअरन/ *n.* 1 भूतपूर्व सिपाही या योद्धा: **~s** of World War II; young **~s** 2 *US* सेवा-निवृत्त सैनिक: **~s'** benefits/ preference 3 अनुभवी या मंजा हुआ व्यक्ति: **~s** of the stage; **~s** of the law;
adj. 1 पुराना, भूतपूर्व: a ~ member of Parliament 2 अनुभवी या मंजा हुआ: ~ officer; ~ troops; ~ teacher 3 भूतपूर्व (सैनिक): ~ benefits;

dw/lw: **~car** *n.* पुरानी कार; **Veterans' Day** भूतपूर्व योद्धा दिवस

veterina\ry /वेटरिनरि\/ *n., pl.* **~ries** पशु-चिकित्सा विशेषज्ञ; ***adj.*** पशु-चिकित्सा संबंधी: **~ry** surgeon; **~ry** hospital;
dw/lw: **~rian** /~अन/ (*also* **~ry surgeon**) *n. US* पशु-चिकित्सक;
collocations: **~ry science** पशु-चिकित्सा-विज्ञान, शालिहोत्र; **~ry surgeon** (*abbr.* **Vet. Surg.**; *N. Amer.* **~rian**) *UK* पशु-चिकित्सक, शालिहोत्री

veto /वीटो/ *v., pt.* **~ed**, *pp* **~ing** 1 निषेध क., मना क.: the police **~ed** the procession 2 रोकना, अवरुद्ध क.: ~ a proposal/ a bill/ a resolution 3 (***syn.*** reject) अस्वीकार क.: ~ a candidate;
n. *pl.* **~es** 1 निषेधाधिकार, वीटो, प्रतिषेधाधिकार: absolute ~; set a ~ on/ upon sth; the ~ power; have the power/ the right of ~ 2 प्रतिषेधन, निषेधन 3 (***syn.*** prohibition, ban) प्रतिषेध, निषेध, मनाही: father put/ set a ~ on our staying out late;
p&i: **a pocket** ~ अमेरिका में कांग्रेस के भंग होने तक राष्ट्रपति द्वारा विधेयक पर हस्ताक्षर करने में देरी

vex /वेक्स/ *v., pt.* **~ed**, *pp* **~ing**, *s/he/ it* **~es** 1 तंग क., परेशान क., दिक क., सताना: ~ with ridicule; ~ one's mind with insoluble problems; ~ oneself about sb 2 (***syn.*** irritate) खिझाना, चिढ़ाना, नाराज क. या हो.: be/ get **~ed** at sth; he is **~ed** with sb; don't be **~ed** with me; how foolish to ~ over such trivia?; this would ~ a saint! 3 दुःख दे., दुखाना, कष्ट दे: sore **~ed** with the gout;
dw/lw: **~ation** /वेक्सेशन/ *n.* 1 परेशानी, तकलीफ, कष्ट: the little ~ations of life; multiplication is a ~ation 2 खीझ, चिढ़, नाराजगी, रंज: imagine my ~ation! 3 उत्पीड़न, संतापन: constant ~ations on the part of the landlord; ~ation of spirit 4 मुसीबत, आफत: the ~ations put upon them 5 दुख, दर्द; **~atious** /वेक्सेशिअस/ *adj.* 1 (***syn.*** annoying) खिजाने वाला, चिढ़ाऊ: ~atious action/ proceeding; ~atious suit 2 कष्टकर, कष्टप्रद, कष्टदायक, तकलीफदेह: it is most ~atious to miss one's train; ~atious life; ~atious tax 3 क्लेशकर, दुखदायी, बोझ डालने वाला: ~atious neighbours; ~atious to sb; **~atiously** /वेक्सेशिअसलि/ *adv.* चिढ़ाते हुए, क्लेशपूर्वक; **~ed** /वेक्स्ड/ *adj.* 1 क्रुद्ध, चिढ़ा हुआ, अप्रसन्न, रूठा हुआ 2 परेशान, व्याकुल, उद्विग्न, दुःखी 3 (***syn.*** thorny) जटिल, परेशानी भरा: ~ed question/ issue/ point, etc. (परेशानी में डालने वाला, जटिल प्रश्न/ मुद्दा/ दलील आदि) 4 विवादग्रस्त, विवादास्पद; **~edly** /वेक्सिडलि/ *adv.* तंग आकर, परेशान होकर, चिढ़कर; **~ing** /वेक्सिंग/ *adj.* = **~atious**

vexillum /वेक्सिलम/ *n., pl.* **vexilla**, *Lat.* 1 झंडा 2 ध्वज 3 *orinthol.* पंख पर कांटों की लड़ी, पिच्छ-फलक 4 *bot.* फूल की ऊपरी बड़ी पंखुड़ी

VFC *abbr.* 'Village Forest Committees' की प्रथमाक्षरी

VFR *abbr.* 'visiting friends and relatives' की प्रथमाक्षरी

VFS *abbr.* 'Vulture Feeding Stations' की प्रथमाक्षरी

VG *abbr.* 'vicar-general' की प्रथमाक्षरी

vg *abbr.* 'very good' की प्रथमाक्षरी

VGA *abbr. comput.* 'video graphics array' की प्रथमाक्षरी

VGB *abbr.* 'Vision Group on Biotechnology' की प्रथमाक्षरी

VGF *abbr.* 'Voluntary Group Feeding (Programme)' की प्रथमाक्षरी

VHF *abbr., radio* 'very high frequency' की प्रथमाक्षरी

VHP *abbr.* 'Vishwa Hindu Parishad' की प्रथमाक्षरी

VHRR *abbr.* 'Very High Resolution Radiometer' की प्रथमाक्षरी

VHS *abbr.* 'video home system', 'Voluntary Health Services' की प्रथमाक्षरी

VHSV *abbr.* 'viral haemorrhagic septicaemia virus' की प्रथमाक्षरी

VI *abbr.* 'Venture Infotek' की प्रथमाक्षरी

via /वाया/ *Lat., prep.* 1 के रास्ते से, बरास्ते, से हो कर, के मार्ग से: ~ Moscow; ~ Frankfurt; travelled from Edinburgh to London ~ York; sent it ~ head office 2 के द्वारा, से: go ~ car or railroad 3 माध्यम से: communication ~ the air waves; make one's views known ~ a magazine article; ***n.*** मार्ग;
collocations: **~ lactea** *Lat.* आकाश गंगा; **~ media** *Lat.* मध्य मार्ग, दो विपरीत मतों के बीच का रास्ता, समझौते का मार्ग

via\ble /वाय\बल/ *adj.* 1 व्यवहार्य, व्यावहारिक 2 (***syn.*** feasible) सफल होने में सक्षम: ~ ideas/ theories 3 अंकुरणक्षम, उग सकने वाला;
dw/lw: **via\bility** /~बिलिटि/ *n.* 1 व्यावहारिकता, व्यवहार्यता 2 जीवनक्षमता 3 अंकुरणक्षमता

viaduct /वायडक्ट/ *n.* घाटी पर बना पुल, सेतु

Viagra /वायैग्रा/ *n.* नंपुसकता का समाधान करने वाली दवा

vial /वाइल/ *n.* (*US* **phial**) शीशी, बोतल, कूपक;
p&i: **pour out the ~s of one's wrath on sb** अपना गुस्सा (अपनी भड़ास) किसी पर निकालना

viands /वायंड्ज/ *n., [pl.], formal* 1 खाद्य पदार्थ, व्यंजन 2 रसद, खाद्य-सामग्री

viatic /वाइऐटिक\/ (*also* **~al** /~ल/) *adj.* यात्रा में साथ ले जाने वाला, यात्रा-संबंधी;
dw/lw: **~als** *n., [pl.]* 1 यात्रा की चीजें 2 यात्रा के लिए बचाकर रखी हुई वस्तुएं, संचित सामान

viator /वायटः/ *n.* पथिक, यात्री, मुसाफिर

viaticum /वायटिकम/ *n., pl.* **~s/ viatica** /वायटिका/, *Lat.* 1 राह खर्च या पाथेय, यात्रा के लिए खाद्य-पदार्थ 2 (***syn.*** Eucharist) दिव्य-संबल: administer the ~

vibes /वाइब्ज/ (*abbr. of* **vibrations**) *n., [pl., sing.* **vibe***]* 1 भावनाएं, भावगुण 2 संवेदना, बोध, अनुभूति 3 वातावरण, कंपन, जीवंतता, प्रतिक्रिया, किसी द्वारा पैदा की जाने वाली सनसनी: bad **~s** in the room; got a really bad **vibe** from her 4 = **vibraphone** (*see below*)

vibex /वाइबेक्स/ *n., pl.* **vibices** /वाइबाइसीज/ *med.* (***syn.*** streak) त्वचा के नीचे रक्त की धारी या रेखा

VIBGYOR *abbr.* '(Colours of Rainbow) Violet, Indigo, Blue, Green, Yellow, Orange, Red' की प्रथमाक्षरी आधारित या परिवर्णी शब्द (acronym)

vibraculum /वाइब्रैक्युलम/ *n., pl.* **vibracula** कशाप्रवर्ध

vibra\nt /वाइब्र\ंट/ *adj.* 1 जीवंत, सक्रिय: ~ personality; ~ streets; ~ with health/ with life/ with energy 2 कंपायमान, कंपित: ~ with emotion/ with passion; ~ with eagerness 3 गुंजायमान, अनुनादी 4 (***syn.*** brilliant) चमकदार: a ~ colour (जीवंत रंग);
dw/lw: **~ncy** /~सि/ *n.* 1 जीवंतता, सक्रियता 2 चमक, दमक; **~ntly** /~टलि/ *adv.* जीवंततापूर्वक

vibrapho\ne /वाइब्रअफो\न/ *n., music, esp. jazz* कंपन का प्रभाव पैदा करने वाला तालवाद्य (percussion instrument);
dw/lw: **~nist** /~निस्ट/ *n.* वाइब्रफोन वादक

vibra\te /वाइ\ब्रेट/ *v., pt.* **~ted**, *pp* **~ting** 1 कंपित/ कंपायमान होना, कांपना, हिलना: palm trees **~ted** in the breeze 2 स्पंदित हो.: **~te** at sb's touch 3 डोलना, झूमना, दोलन क. 4 पुलकित हो., सिहरना: **~te** with passion; his heart **~ted** to the call; **~te** in the memory 5 गूंजना, बजना, अनुनादित हो. 6 ढुलमुल हो., डांवांडोल हो.: **~te** between two opinions; **~te** from one extreme to another 7 आगे-पीछे, बाएं-दाएं झूलना:

a pendulum **~ting** seconds; **~te** about;

dw/lw: **~tile** /~ब्रअटाइल/ *adj.* कंपनशील; **~ting** /~ब्रेटिंग/ *adj.* कंपनशील: ~ing pulse; **~tion** /~ब्रेशन/ *n.* 1 कंपन, कंपकंपी: ~tion test; ~tion resistance 2 स्पंदन, सिहरन, 3 दोलन, प्रदोलन: ~tion frequency 4 आगे-पीछे द्रुत गमन: ~tion of opinion 5 (**~tions = vibes**) *see above under* **vibes**; **~tional** /~ब्रेशनल/ *adj.* 1 कंपित/ कंपायमान 2 कंपन-संबंधी; **~tor** /~ब्रेटः/ *n.* 1 कंपित्र 2 कंपन पैदा करने वाला उपकरण; **~tory** /~ब्रअटरि/ *adj.* कंपनकारी, कंपनमय: ~tory massage

vibrato /विब्राटो/ *n., pl.* **~s** *music* 1 गायन या तार-आधारित वाद्यों में कंपन प्रभाव 2 प्रकंपन, गिटकिरी

vibrissa /वाइब्रिसा/ *n., pl.* **vibrissae** /वाइब्रिसी/ 1 दृढ़ रोम 2 कड़ा खड़ा बाल 3 नथुनी के बाल

vibroscope /वाइब्रअस्कोप/ कंपनदर्शी

Vic *abbr.* 'Vicar', 'Vicarage' का प्रथमाक्षर

vicar /विकः/ *n.* 1 पादरी, सहायक बिशप: clerk/ lay/ secular ~ 2 प्रतिनिधि 3 पल्ली-पुरोहित;

dw/lw: **~age** /विकअरिज/ *n.* 1 पादरी-निवास, पुरोहिताश्रम 2 पादरी का पद; **~ial** /विकेअरिअल/ *adj.* पादरी संबंधी: ~ial duties; **~iate** /विकेअरिअट/ *adj., n.* उपधर्मप्रांत; **~ship** *n.* पादरी-पद, पौरोहित्य;

collocations: **~ apostolic** धर्मपाल; **~ forane** (उपधर्मप्रांत) अध्यक्ष; **~ general** प्रतिधर्माध्यक्ष; **~ of Christ** पोप, संत पिता, संत पापा, परमधर्माध्यक्ष; **cardinal** ~ पोप का बिशप;

p&i: **the ~ of Bray** सिद्धांतहीन व्यक्ति, गद्दार

vicarious /विकेअरिअस/ *US* वाइकेरिअस/ *adj.* 1 दूसरे व्यक्ति के अनुभव से होने वाली, अनुभूतिमूलक: ~ pleasure in seeing his children learn; get a ~ thrill from sth 2 दूसरों की भलाई के लिए काम करने वाला: ~ work 3 पश्चात्तापरूपी: ~ punishment 4 किसी और की तरफ से प्रतिनिधित्व करने वाला 5 किसी और द्वारा दिए गए अधिकार या हक से काम करने वाला: ~ authority/ power; ~ agent; ~ ruler 6 पराया, पराई: men who live by ~ labour;

collocations: **~ious sacrifice** ईसा का बलिदान;

vice /वाइस/ *n.* 1 दुर्गुण, अवगुण 2 त्रुटि, दोष, कमी, खराबी, बुराई, कमजोरी: **~s** of a style; inherited ~ 3 ऐब, व्यसन: sunk in ~ 4 दुष्टता, भ्रष्टता, भ्रष्टाचार, चरित्रहीनता, पापाचार, दुराचार, व्यभिचार: ~ squad; organized ~ (गिरोह आधारित अपराध) 5 मादक पदार्थों के सेवन व व्यभिचार से पैदा होने वाला दुराचार, पापाचार 6 *UK* (*US* **vise**) शिकंजा, बांक, संडासी, खराद का काम करने के लिए औजार को पकड़कर रखने वाला उपकरण: carpenter ~; ~ clamp;

prep., *Lat.* के स्थान पर, के बदले में: he was appointed manager ~ Mr. Wadhwa;

collocations: **~ squad** अपराध (वेश्यावृत्ति, जुआ) विरोधी पुलिस दस्ता; **vice versa** *see below under separate entry*

p&i: **grip sb like a ~** शिकंजे में कसना; **organized ~** अपराधी गिरोह

vice\- *prefix, comb. form denoting:* **next in rank** (वाइस, उप-);

dw/lw: **~-admiral** *n.* उप-एडमिरल; **~-chamberlain** *n.* लॉर्ड चैंबरलेन का सहायक; **~-chancellor** *n.* कुलपति; **~-consul** *n.* उप-वीजा-अधिकारी; **~gerent** /वाइसजेरंट/ *n.* उपशासक, वरिष्ठ अधिकारी के स्थान पर नियुक्त कार्यकारी अधिकारी

vicennial /वाइसेनिअल/ *adj.* 1 बीस वर्ष चलने वाला या बीस वर्ष बाद आने वाला 2 हर बीस वर्ष में होने वाला, विंशतिवर्षीय, बीस साला

vice\-president *n.* 1 उपराष्ट्रपति 2 *US* कंपनी का उपप्रधान;

dw/lw: **~regal** /वाइस-रीगल/ *adj.* वाइसरायीय: the ~regal palace; **~regent** /वाइसरीजंट/ *n.* राजा की अक्षमता के कारण उसके स्थान पर राज करने वाला व्यक्ति; **~reine** /वाइसराइन/ *n.* वाइसराय की पत्नी; **~roy** /वाइसरॉय/ *n., pl.* **~s** वाइसराय, बड़े लाट, उपराजा

vice versa /वाइस वःसा/ वाइसि वःसा/ *adv., Lat.* 1 और उल्टा, इसके उल्टा, उल्टे: from me to you and ~; I dislike him and ~ 2 विपरीत क्रम से, दूसरी ओर से, विलोमतः, इसके विपरीत: he calls black white and ~ (वह काले को सफेद या इसके विपरीत बताता है)

vicinage /विसिनिज/ *n.* समीपता, निकटता, पड़ोस: the ladies in my ~; the metropolis and its ~

vicinal /विसिनल/ *adj.* 1 निकटस्थ, समीपवर्ती, निकटवर्ती 2 स्थानीय, परिवेशी, पास का: ~ way/ road 3 *mineralogy* मूलाभ

vicinity /विसिनिटि/ *n., pl.* **vicinities** 1 निकटता, समीपता: in the ~ (of sth) (के समीप, के आसपास) 2 सामीप्य, नजदीकी: ~ to the capital 3 पड़ोस, पास-पड़ोस, अड़ोस-पड़ोस: there is no library in the ~ 4 पड़ोसी क्षेत्र, प्रतिवेश, प्रतिवास: in the ~ of the university; it is not found in such **vicinities** 5 निकट संबंध;

p&i: **he is in the ~ of sixty** वह लगभग 60 वर्ष का है; **in close ~ to sth** के ऐन पास; **in the ~ of** लगभग, के आस-पास

vicious /विशिअस/ *adj.* 1 नीच, बुरा, कमीना 2 (***syn.*** sinful) पापमय, पापी, अनैतिक, दूषित: ~ practices; ~ life; form ~ habits 3 (***syn.*** wicked) दुष्ट, चरित्रहीन, भ्रष्ट: ~ person; ~ companions 4 (***syn.*** incorrect, unsound) दोषपूर्ण, खराब, सदोष, त्रुटिपूर्ण: ~ style of writing; ~ reasoning; ~ argument 5 कठोर 6 (***syn.*** ferocious, brutal) हिंसक, क्रूर, खतरनाक: ~ temper/ look; ~ slander; ~ remark; ~ rumour; ~ bigot; ~ blow/ kick; a ~ spurt of temper 7 (***syn.*** spiteful, malicious) कटु, द्वेषपूर्ण 8 बदमिजाज, चिड़चिड़ा 9 कटखना, काट खाने वाला 10 *horse* बदजात 11 भयंकर, कष्टकर: ~ headache; ~ mood 12 विकृत, तोड़ा-मरोड़ा हुआ: a notoriously ~ manuscript;

dw/lw: **~ly** /विशिअसलि/ *adv.* नीचतापूर्वक, दुष्टतापूर्वक, खतरनाक ढंग से; **~ness** *n.* दुष्टता, नीचता, क्रूरता, त्रुटिपूर्णता;

collocations: **~ circle** (*also* **~ cycle**) *n.* 1 दुष्चक्र, विषम चक्र 2 गोले दलील

vicissitu\de /विसिसिट्यू\ड/ *US* विसिसिटू\ड/ *n.* 1 भाग्य का फेर: **~s** of life 2 उतार-चढ़ाव, सुख-दुख 3 (***syn.*** alternation) प्रत्यावर्तन: the ~ of the seasons; ~ of light and shade 4 परिवर्तन, हेर-फेर;

dw/lw: **~dinous** /~डिनस/ *adj.* अस्थिर, भाग्याधीन

victim /विक्टि\म/ *n.* 1 पीड़ित व्यक्ति, जुल्म, विपदा आदि का शिकार: **~s** of war/ of an accident/ of pestilence/ of circumstances; the ~ of malice/ of hatred; the ~ of his own folly 2 (***syn.*** prey) शिकार, अहेर: fall a ~ to sth/ sb 3 बलि, बलिपशु: perish a ~ to sb 4 (***syn.*** target) धोखे का शिकार: **~s** of a cruel hoax;

dw/lw: **~ization** /~माइजेशन/ *n.* 1 धोखा 2 मजाक, खिल्ली, जग-हंसाई 3 बलि का चढ़ावा 4 उत्पीड़न, अत्याचार, दमन 5 नौकरी से निकालने का कदम: there shall be no ~ization; **~ize** (*also UK* **-ise**) /~माइज/ *v., pt.* ~ized, *pp* ~izing 1 1 उत्पीड़ित क., परेशान क.: he was ~ized by swindlers 2 सताना, दमन क.: be ~ized the whole evening by the worst bore in the room 3 दंडित क., दंड दे. 4 नौकरी आदि से निकालना.; **~izer** /~माइजः/ *n.* उत्पीड़क, दमनकारी; **~less** /~मलेस/ *adj.* हादसे से अधिक नुकसान न उठाने वाला;

p&i: **fall a ~ to sth** किसी बात का शिकार हो.

victor /विक्टः/ *n.* विजेता, विजयी: the ~; crown sb ~;

adj. विजयी: ~ troops

victoria /विक्टोरिआ/ *n., pl.* **~s** एक फल, आलूबुखारा

Victoria /विक्टोरि\आ/ *n., pl.* **~s** चौपहिया गाड़ी, बग्घी;

dw/lw: **~n** /~न/ *adj.* 1 विक्टोरिया-कालीन (1837 से1901 तक

का): ~n furniture; ~n manners 2 विक्टोरियायी (रुख, रवैया, आचार-विचार): झूठी लज्जा, कठोरता, प्रतिक्रियावाद आदि मूल्यों से संबंधित 3 विक्टोरिया-कालीन पुरातनपंथी, रूढ़िवादी, दोमुंहापन, कठोरता;

dw/lw: **Victoriana** /~आना/ *pl. n.* विक्टोरिया काल या उसकी शैली की वस्तुएं

Victoria Cross *n.* (*abbr.* **VC**) ब्रिटेन का सर्वोच्च सैनिक सम्मान

victorious /विक्टॉरिअस/ *adj.* (***syn.*** triumphant) विजयी, विजयमान, फतहमंद: ~ troops; ~ team; ~ strategy; be ~/ come out ~ (विजयी हो.); ~ against obstacles/ against difficulties;

dw/lw: **~ly** /~लि/ *adv.* विजयपूर्वक; **~ness** *n.* फतहमंदता

victory /विक्टरी/ *n., pl.* **victories** विजय, जीत, जय, फतह: ~ in battle; ~ by fall; ~ over self (आत्मविजय); a comfortable ~; claim/ secure ~; easy/ impressive ~ over sb;

p&i: **roar/ romp/ sweep, etc. to victory** जीत जा.; **Pyrrhic ~** बहुत बड़ी कीमत चुकाकर पाई जाने वाली विजय

victress /विक्ट्रिस/ *n.* विजयिनी

victual /विट्\ल/ *v., UK pt.* **~led**, *pp* **~ling**/ *US pt.* **~ed**, *pp* **~ing** 1 रसद पहुंचाना, रसद भरना: ~ a ship 2 रसद लेना: the ship **~led** at Colombo 3 चारा आदि खाना;

n. 1 खाद्य पदार्थ 2 खाने योग्य पदार्थ: with **~s** (अपने खाने-पीने के सामान के साथ);

dw/lw: **~ler** /~लः/ (*US* **~er**) *n.* 1 खाने-पीने का सामान बेचने वाली दुकान 2 खाद्य-प्रबंधक 3 (*in full* **licensed ~ler**) खाने-पीने और शराब बेचने के लिए अधिकारित पब (pub) आदि 4 खाद्य-पदार्थों को ढोने वाला जहाज; **~ling** /~लिंग/ *n.* 1 खाद्य पदार्थों की आपूर्ति 2 खाद्य पदार्थों का भंडारण: ~ling ship

victuals /विटल्ज/ *n., [pl.],* (*occasionally* **victual**) रसद, खाद्य-सामग्री

vicuña/ vicuna /विकून्या/ *n., pl.* **~s** ऊंट परिवार का जुगाली करने वाला जानवर

vid *short for* **'video'** का छोटा रूप

vide /वीडे/ वाइडी/ (*abbr.* **vid**) *Lat.* देखिए!: ~ p. 47 (पृष्ठ 47 पर देखिए!);

p&i: **~ ante/ supra** ऊपर देखिए!; **~ infra** निम्नलिखित देखिए!; **~ post** बाद में आने वाला देखिए!; **~ ut supra** उपर्युक्त देखिए!

videlicet /विडेलिकेट/ विडेलिसेट/ *Lat.* अर्थात्, यानी, यथा (1 *abbr.* as **viz.**, and usually pronounced as **'namely'** 2 that is to say)

video /वीडिओ/ *n., pl.* **~s** 1 *short,* **'video cassette'** का संक्षेप 2 वीडियो पर रिकॉर्ड किया हुआ कार्यक्रम: now available as a ~ 3 चुंबकीय टेप पर रिकॉर्ड करने और टीवी पर दर्शाने की क्रिया 4 वीडियो कैमरा से रिकॉर्ड किया हुआ कार्यक्रम;

adj. वीडियो द्वारा रिकॉर्ड करने की क्रिया से संबंधित;

v., *pt.* **~ed**, *pp* **~ing**, *s/he/ it* **~s** 1 किसी कार्यक्रम को वीडियो कैसेट पर रिकॉर्ड क. 2 वीडियो कैमरे से फिल्म ले.;

dw/lw: **~fit** (*also* **identkit**) *n.* किसी व्यक्ति के बारे में आवश्यक जानकारी सहित फोटो-कार्ड; **~-on-demand** *n.* (*abbr.* **VOD**) ग्राहक की निजी मांग पर दिखाई जाने वाली फिल्म; **~phone** *n.* फोन करने वाले या फोन सुनने वाले व्यक्ति की तस्वीर दिखाने वाला फोन; **~tape** *n.* टेप जिस पर टीवी के कार्यक्रम और फिल्म रिकॉर्ड किए जा सकते हैं; **~telephony** *n.* टेलीफोन से दृश्य संकेत भेजने की क्रिया; **~tex** *n.* ऐसी प्रणाली जिसके द्वारा कंप्यूटर के पाठ को टेलीफोन के माध्यम से टीवी स्क्रीन पर देखा जा सके; **~text** *n.* कंप्यूटर द्वारा दर्शनीय जानकारियों का स्क्रीन पर प्रदर्शन; **~-wall** *n.* कई स्क्रीनों से बनी पंक्ति पर फिल्म का प्रदर्शन;

collocations: **~ amplifier** वीडियो प्रवर्धक; **~ arcade** मशीन में सिक्के डालकर वीडियो खेल खेलने का स्थान; **~ camera** वीडियो रिकॉर्डिंग करने का कैमरा; **~ card** (*also* **graphics adapter**) कंप्यूटर स्क्रीन पर बिंब दिखाने वाला उपकरण; **~ cassette** वीडियो कैसेट; **~ clip** छोटी वीडियो फिल्म; **~conference** इंटरनेट (Skype, etc.) के माध्यम से बातचीत; **~ diary** किसी व्यक्ति के अनुभवों की दृश्य रिकॉर्डिंग; **~ cassette recorder** (*abbr.* **VCR**) टीवी कार्यक्रमों को रिकॉर्ड करने का कैमरा और देखने का उपकरण; **~ disk** टीवी आदि पर दिखाने के लिए दृश्य और श्रव्य कार्यक्रम रिकॉर्ड करने के लिए डिस्क; **~ frequency** वीडियो आवृत्ति; **~ game** कंप्यूटर या टीवी पर खेला जाने वाला खेल; **~ jockey** संगीत दृश्यों को टीवी पर चलाने वाला व्यक्ति; **~ nasty** *colloq.* अश्लील या हिंसक वीडियो फिल्म; **~ mapping** वीडियो मानचित्रीकरण; **~ mixer** वीडियो मिश्रक; **~ RAM/ VRAM** *abbr., comput.,* 'random access memory' का प्रथमाक्षरी आधारित या आदिवर्णी शब्द (acronym) यानी कंप्यूटर मैमोरी (computer memory) प्रणाली का भाग; **~ signal** वीडियो संकेत; **~ system** वीडियो प्रणाली; **~ transmitter** वीडियो प्रेषित्र

vidimus /वाइडिमस/ *n.* 1 प्रमाणित या सत्यापित प्रतिलिपि 2 लेखा का निरीक्षण

vidual /विड्यूअल/ *adj.* 1 विधवा संबंधी 2 रिक्त, खाली;

dw/lw: **viduity** /विड्यूइटि/ *n.* विधवापन, वैधव्य, रंडापा

vie /वाइ/ *v., pt.* **~d**, *pp* **vying** 1 (*often* **~ with sb for sth**) प्रतिस्पर्धा क. 2 (***syn.*** compete) होड़ लगाना, मुकाबला क.: ~ in doing sth; ~ with one another for sth/ for power; they all **~d** in paying sb every attention

Viennese /विअनीज/ *n.* वियेना-निवासी;

adj. वियना-संबंधी

Vietnamese /विएतअनमीज/ *n., pl.* **Vietnamese** वियतनाम का निवासी या नागरिक;

adj. वियतनाम-संबंधी

vieux-jeu /विअ जअ/ *Fr.* वियु जु/ *adj.* 1 (***syn.*** hackneyed) घिसापिटा 2 (***syn.*** old-fashioned) पुराने ढंग का

VIEW *abbr.* 'Vision Improvement Experts' Working Council' की प्रथमाक्षरी

view /व्यू/ *n.* 1 राय, मत, दृष्टिकोण, नजरिया, विचार, समझ, आकलन: express/ have/ hold a ~; strong **~s**; point of ~; sb's ~ on homelessness; a dim ~ of the situation; exchange of **~s**; state one's **~s**; in my ~; hold extreme **~s** in politics; take a favourable/ a correct ~ of sth; take a grave/ an extreme ~ of sb's utterance; he takes a different ~; form a clear ~ of the facts; the scientific ~ of the world; this poet's depressing ~ of life 2 दृश्य, झांकी, पहलू, आयाम: a magnificent ~ from the summit; a glorious ~; a house that affords a ~ of the ocean; a superb ~ from the window/ over the lake; a good ~ of the stage; I should like to get a nearer ~ of it; top ~; distant ~; general ~; perspective ~; close-up ~ 3 दर्शन, प्रदर्शन, प्रदर्शनी, अवलोकन, पर्यवलोकन, दृष्टि, नजर, निगाह: the latest styles are now on ~; the first ~ would displease many 4 दिखाई पड़ने की दूरी, सीमा, दृश्यता, दृष्टिक्षेत्र: field of ~/ angle of ~; out of ~; not a person in ~; the car came in/ into ~ from a distance; out of ~; out of human ~; burst into/ upon the ~; fade from ~ 5 निरीक्षण, जांच: upon a closer ~ he noticed that ... 6 दृश्य का चित्र: postcards with **~s**; **~s** of Paris; he took a ~ of the castle/ of the lake/ of Tajmahal 7 सिंहावलोकन, वर्णन, प्रभाव, अवधारणा, तासीर, छाप, व्याख्या: the book gives a ~ of life in Roman times; he presented quite a new ~ of the incident; the author gave a brief ~ of his book 8 किसी बात पर विचार करने और निष्कर्ष निकालने का तरीका: a short-term ~ of the situation

9 उद्देश्य, लक्ष्य, योजना, इरादा, मंसूबा: with a ~ to doing sth (कुछ करने के इरादे से); have in ~; with this in ~; he had a ~ to bettering his condition; have other **~s** for sth; meet sb's private **~s**; with a ~ to .../ with a ~ of (के उद्देश्य से); he has bought land with a ~ to building a house; with the ~ of proving his innocence; 10 (**View**) गली आदि के नामों का हिस्सा: Atlantic **View**; Hill **View** Street;

***v.**, pt.* **~ed**, *pp* **~ing** 1 देखना, निहारना, अवलोकन क.: ~ a house and grounds; ~ pictures 2 धारणा हो., मत हो.: ~ the future with misgiving 3 पर्यवलोकन क., सर्वेक्षण क. 4 निरीक्षण क., जांचना: **~ed** the house that was for sale 5 पर विचार क., समझना: he **~s** the matter in a different light; the subject may be **~ed** in different ways 6 टीवी आदि के कार्यक्रम देखना 7 आंकना, अनुमान लगाना: the proposal is **~ed** unfavourably; he is **~ed** unfavourably;

dw/lw: **~able** /व्यूअबल/ *adj.* 1 दृश्य, जिसे देखा जा सके 2 देखने योग्य, आकर्षक, रुचिकर; **~data** *n.* ऐसी प्रणाली जिसके द्वारा कंप्यूटर के पाठ या जानकारी को टेलीफोन के माध्यम से टीवी स्क्रीन पर देखा जा सके; **~er** /व्यूअः/ *n.* 1 स्लाइड आदि देखने का उपकरण 2 दूरदर्शन के कार्यक्रम देखने वाला, दर्शक; **~finder** /व्यूफाइंडः/ *n.* दृश्य दर्शी; **~ing** /व्यूइंग/ *n.* फिल्म आदि को देखने या दिखाने की क्रिया: ~ing is on Sundays from 6 pm; **~less** /व्यूलेस/ 1 अदृश्य 2 दृश्यहीन 3 देखने में असमर्थ, अंधा; **~point** /व्यूपॉइंट/ = **point of view** *n.* 1 दृष्टिकोण 2 दृष्टि, विचार 3 (***syn.*** angle) प्रेक्षणस्थान; **~port** *n.* 1 *comput.* कंप्यूटर स्क्रीन पर दिखने वाला दृश्य 2 अंतरिक्षयान की खिड़की; **~ership** *n.* टीवी के किसी कार्यक्रम के दर्शकों की संख्या व विविधता; **~y** /व्यूइ/ *adj.* 1 विचित्र-सा 2 दुरूह विचारों वाला: ~ person 3 देखने योग्य, आकर्षक;

collocations: ~ **day** सीमित लोगों के लिए प्रदर्शन या दिखाने का दिन; ~ **slit** दूरबीन या अन्य पर्यवेक्षण यंत्र का छिद्र;

p&i: **a bird's eye ~** विहंगम दृष्टि, उड़ती नजर से देखा जाने वाला दृश्य; **a worm's-eye ~ = a bird's eye ~** निम्नतर स्तर से दिखने वाला दृश्य; **be very much in ~** हर कदम पर दिखाई पड़ना; **come in ~ of** देख पाना; **come into ~** प्रकट हो.; **have sth in view/ have sth in mind** कोई बात ध्यान में हो. या रखना; **in ~** 1 दृश्य, दृश्यमान 2 विचाराधीन, ध्यान में; **in ~ of** के मद्दे नजर; **in full ~ of everybody** सबके सामने; **in ~ of previous obligations** पहले की जिम्मेवारियों को ध्यान में रखते हुए; **in ~ of sb's confession** किसी के (जुर्म आदि) कबूलने के मद्दे नजर; **in sb's ~** किसी के विचार में; **keep/ have sth in ~** किसी बात को ध्यान में रखना; **no alterations are in ~** कोई भी परिवर्तन नजर नहीं आ रहा ; **on ~** प्रदर्शित; **on a long ~** दूरदर्शितापूर्वक; **on a short ~** अदूरदर्शितापूर्वक; **on the ~** जांचने-परखने पर; **point of ~** नजरिया, दृष्टिकोण; **take a dim ~ of sth** किसी बात को निराशावादी ढंग से लेना; **take a jaundiced ~ of sth** किसी बात को दुराग्रहपूर्वक लेना; **take a rose-coloured ~ of sth** आशावादी ढंग से लेना; **take the long ~** दूर भविष्य की सोचना, दूरदर्शिता दिखलाना; **take short ~s** निकटतम समय की सोचना, अदूरदर्शिता दिखलाना; **to the ~** खुले आम, प्रकट रूप से; **with a ~ to/ with the ~ of** के उद्देश्य या विचार से

vigesi\mal /वाइजेसिमल/ (*also* **vicesimal** /वाइसेसिमल/) *adj.* बीस की संख्या पर आधारित, बीसवां;

dw/lw: **~mo-quarto** /वाइजेसिमो-क्वॉःतो/ *n. print.* पुस्तक की ऊंचाई-चौड़ाई (format, 1/24 of the sheet)

vigil /विजिल/ *n.* 1 निगरानी, चौकसी: keep ~ 2 किसी समय-अवधि के लिए देखभाल; keep ~ over a sick child 3 किसी बड़े कार्य के लिए शांतिपूर्ण प्रदर्शन: overnight ~ in support of *dalits* 4 किसी बड़े धार्मिक उत्सव के एक दिन पहले प्रार्थना में बिताया जाने वाला दिन, पूर्वदिन 5 धार्मिक जागरण, जागा, रतजगा;

vigilance / विजिलंस/ *n.* 1 (***syn.*** watchfulness) निगरानी, चौकसी: vigilance committee 2 सतर्कता, गुप्तचरी: vigilance man; vigilance case; vigilance clearance

vigilant /विजिलंट\/ *adj.* 1 (***syn.*** alert, watchful) सचेत, चौकस, चौकन्ना: be vigilant against sth 2 सतर्क, सावधान 3 उत्साह-वर्धक, जाग्रत, अनिद्र, उन्निद्र: be sober, be vigilant (पिओ मत, सतर्क रहो!);

dw/lw: **vigilantly** /~लि/ *adv.* सतर्कतापूर्वक, चौकसी से

vigilan\te /विजिलैं\टि/ *n., pl.* **~s**, *Spanish* 1 किसी संगठन का स्वयंभू सतर्कता सदस्य जो अपने निशानों को सीधे दंड देते हैं 2 अमेरिका में: सतर्कता समिति का सदस्य;

dw/lw: **~tism** /~टिजम/ *n.* किसी संगठन के स्वयंभू सदस्यों द्वारा कानून को अपने हाथ में लेकर अपने निशानों को स्वयं दंड देने की क्रिया

vignette /वीन्येत/ विन्येत/ *n.* 1 अंगूर की लता का आलंकारिक रेखाचित्र 2 बड़े अक्षर के चारों ओर बने बेल-बूटे, गुलकारी 3 छोटा साहित्यिक (या किसी की जीवनी पर) निबंध, लघु निबंध, लघुचित्र 4 शब्दचित्र;

***v.**, pt.* **~d**, *pp* **vignetting** 1 छोटा साहित्यिक निबंध या किसी का जीवन-वृत्त लिखना 2 बेल-बूटेदार रेखाचित्रण क.

vignettist /वीन्येतिस्ट/ *n.* 1 बेल-बूटेदार रेखाचित्रक 2 साहित्यिक निबंधों, रेखा-चित्रों या कहानियों का लेखक

vigor /विगः/ *n. US spelling,* '**vigour**' की अमेरिकी वर्तनी

vigorish /विगअरिश/ *n., US sl.* 1 जुआरी की जीत का प्रतिशत 2 ऋण पर कमरतोड़ ब्याज

vigoro /विगअरो/ *n., pl.* **~s** *Austral.* 12-सदस्यीय टीमों के बीच क्रिकेट जैसा खेल

vigoroso /विगअरोसो/ *adv.* ओजपूर्वक, जोश के साथ

vigorous /विगअरस\/ *adj.* 1 (***syn.*** alert, energetic) जोरदार, प्रबल, सशक्त, ऊर्जावान: ~ root; ~ plant 2 ओजपूर्ण, ओजस्वी, जोशीला: a ~ approach to life; ~ of mind 3 हृष्ट-पुष्ट, बलवान, तगड़ा, हट्टा-कट्टा, सुस्वस्थ, भला-चंगा, तंदुरुस्त: ~ of body; he is quite ~ for his age; ~ of frame 4 कर्मठ, तेजस्वी, प्रभावशाली, उत्साही: ~ of step; ~ style; ~ commander;

dw/lw: **~ly** /~लि/ *adv.* 1 जोश के साथ 2 ओजपूर्वक 3 जोरदार ढंग से; **~ness** /~नेस/ *n.* प्रबलता, सशक्तता, ओजपूर्णता, कर्मठता, उत्साह, सुस्वस्थता

vigour *UK* (*US* **vigor**) /विगः/ *n.* 1 (***syn.*** vitality) ओज, बल. ऊर्जा, ताकत: wanting in ~ 2 तंदुरुस्ती 3 ओजस्विता, उत्साह, तेजस्विता, जोश: the ~ of an argument; full of ~ 4 *law* विद्यमानता, वैधता, निरंतरता: laws still in ~

viking /वाइकिंग/ (*often* **Viking**) *n.* स्कैंडेनेवियाई समुद्री यात्री (seafaring people) जिन्होंने 8वीं से 11वीं सदियों के बीच ब्रिटेन सहित उत्तरी-पश्चिमी यूरोप को जीतकर वहां अपना साम्राज्य स्थापित किया;

collocations: **Viking ship** स्कैंडेनेवियाई समुद्री यात्रियों का जहाज

vile /वाइल\/ *adj., degr.* **~r**, **~st** 1 दुष्टतापूर्ण, कमीना, नीच, तुच्छ, हेय: ~ insinuation; ~ practices; ~ language; the ~ trade of an informer; ~ rags 2 (***syn.*** disgusting) घिनौना, घृणित: be ~ to the senses 3 (***syn.*** wicked) दुष्ट, भ्रष्ट, चरित्रहीन, पापी: the **~st** of mankind 4 निकम्मा, एकदम रद्दी, बेकार, बुरा, घटिया: ~ weather; very ~ phrase;

dw/lw: **~ly** /वाइललि/ *adv.* घिनौने तरीके से; **~ness** /~नेस/ *n.* कमीनापन, नीचता, घिनौनापन, दुष्टता, भ्रष्टता, घटियापन

vili\fication /विलि\फिकेशन/ *n.* 1 गाली-गलौज 2 मिथ्यापवाद, निंदा, बदगोई, चुगली;

dw/lw: **~fier** /~फायः/ *n.* अपवादक, निंदक, चुगलखोर; **~fy** /~फाइ/ *v., pt.* ~fied, *pp* ~fying, *s/he/ it* **~fies** 1 (***syn.*** malign, revile) बदनाम क., अपशब्द कहना 2 निंदा क., मिथ्यापवाद क., गाली दे. 3 भ्रष्ट क., दूषित क.

vilipend /विलिपेंड/ *v., pt.* **~ed**, *pp* **~ing** 1 का तिरस्कार क.,

उपेक्षा क. 2 तुच्छ समझना 3 बदनाम क., निंदा क.

villa /विला/ *n., pl.* **~s** 1 प्राचीन रोम में: विशाल देहाती बंगला 2 *Br.* उपनगरीय भवन, हवेली, विला: a semi-detached ~ 3 ग्राम-निवास

village /विलिज/ *n.* 1 गांव, ग्राम: ~ headman; ~ town (ग्रामीण नगर); ~ upliftment 2 मौजा: ~ settlement (ग्राम-बस्ती, डेरा) 3 खेड़ा 4 एक गांव के समस्त निवासी: the ~ has started to gossip about the Sarpanch's misdoings 5 किसी बड़ी खेल प्रतियोगिता के लिए बना आवासीय इकाइयों का समूह: Olympic ~, Asiad ~;
dw/lw: **~r** /विलिजः/ *n.* देहाती, ग्रामवासी: all the ~rs came;
collocations: **~ idiot** गांव में मूर्ख समझा जाने वाला व्यक्ति; **Village of Magnificent Distances** न्युयॉर्क नगर का हास्यास्पद नाम

villain /विलअ\न/ *n.* 1 दुष्ट व्यक्ति, खल: desperate **~s** 2 बदमाश, दुर्जन 3 खलनायक 4 नटखट, शरारती बच्चा: the little ~ hid my slippers 5 *hist.* कृषिदास (serf);
dw/lw: **~ess** /~नेस/ *n.* खलनायिका; **~ous** /~नस/ *adj.* 1 दुष्टतापूर्ण, नीच, अधम, घिनौना: ~ous countenance (घिनौनी मुखाकृति); ~ous squint (दुष्टतापूर्ण भेंगापन); ~ous judg(e)ment; ~ous deeds 2 बुरा, खराब: the weather was ~ous; a ~ous storm; ~ous handwriting; ~ous jargon; **~ously** /~नसलि/ *adj.* दुष्टतापूर्वक; **~y** /~नि/ (*also* **~ousness**) *n., pl.* **~ies** 1 दुष्कर्म 2 दुष्टता, दुष्टतापूर्ण आचरण: sunk in ~y 3 बदमाशी, नीचता, बुराई;
p&i: **the ~ of the piece** 1 कहानी में खल नायक 2 किसी गड़बड़, शरारत या दुष्टता के लिए जिम्मेवार व्यक्ति

-ville *comb. form, signifying:* **a specific place** or **world** (विशेष स्थान या संसार): sleazeville; squaresville

villein /विलअन/ विलेन/ *n., hist., feudalism* कृषिदास (serf);
dw/lw: **~age** /विलअनिज/ *n.* (*syn.* serfdom) कृषिदासता: tenure in ~age; tenants in ~age

ville maitress /विलअमाइत्रः/ *n.* मुख्य गांव

villose/villous /विलोस/ *adj.* 1 अधिक बालों वाला 2 दीर्घरोमी

villus /विलस/ *n., pl.* **villi** /विलाइ/ /विली/ *anat.* 1 उद्वर्ध, रसांकुर, अंकुर 2 दीर्घरोम

VIM *abbr.* 'virtual internet markets' की प्रथमाक्षरी

vim /विम/ *n., colloq.* ऊर्जा, शक्ति, उत्साह, ओज, जीवंतता, जोश: full of ~; do sth with ~

VIMHANS *abbr.* 'Vidya Sagar Institute of Mental Health and Neuro-Sciences' की प्रथमाक्षरी

vinaceous /वाइनेशिअस/ *adj.* अंगूरी मदिरा संबंधी

vinaigrette /विनिग्रेट/ (*also* **~ sauce**) *n.* 1 (*syn.* French dressing) सलाद आदि पर डालने की सिरके और तेल आदि से बनी ड्रेसिंग 2 खुशबूदार नमक की शीशी, नमकदानी 3 इत्र की शीशी, इत्रदान

vinca /विंका/ *n.* सदाबहार

vincibility /विंसिबिलिटि/ *n.* पराजेयता

vincible /विंसिबल/ *adj., lit.* जिसे परास्त किया जा सके, पराजेय, विजेय

vinculum /विंक्युलम/ *n., pl.* **vincula** *math.* (रेखा)बंधनी, रेखाकोष्ठक

vin de pays /वैनडुपेई/ *French* देहाती या स्थानीय मदिरा

vindica\te /विंडिके\ट/ *v., pt.* **~ted**, *pp* **~ting** 1 संदेहमुक्त क.: **~te** one's veracity/ one's courage 2 निर्दोष साबित क. या प्रमाणित क.: **~te** sb's conduct/ sb's act; **~te** sb from a charge (of) ... 3 (*syn.* justify) किसी कार्य को सही सिद्ध क.: **~te** one's assertion/ one's claim; his assertion/ his opinion was **~ted**; the year's results **~ted** their cautious planning 4 किसी दृष्टिकोण आदि की पुष्टि क., रक्षा क., का समर्थन क.: **~te** one's honour/ one's convictions/ one's cause; **~te** one's character; **~te** one's claim to a privilege 5 प्राप्त क.;
dw/lw: **~ble** /~बल/ *adj.* 1 जिसे निर्दोष ठहराया जा सके 2 जिसका समर्थन या रक्षा की जा सके; **~tion** /~शन/ *n.* 1 दोषमोचन, दोषमुक्ति 2 समर्थन, रक्षण: in ~tion of one's conduct; **~tive** /~टिव/ *adj.* 1 निर्दोष ठहराने वाला 2 समर्थक, रक्षक; **~tor** /~टः/ *n.* 1 निर्दोष ठहराने वाला व्यक्ति 2 समर्थक, रक्षक; **~tory** /~टरि/ *n.* रक्षात्मक, समर्थनात्मक

vindictive /विंडिक्टिव\/ *adj.* 1 (*syn.* spiteful) प्रतिशोधी 2 बदले की भावना पालने वाला: ~ punishment 3 प्रतिशोधात्मक 4 दंडात्मक: ~ damages;
dw/lw: **~ly** /~लि/ *adv.* दंडात्मक रूप से; **~ness** /~नेस/ *n.* बदले की भावना, प्रतिशोध की भावना

vine /वाइन/ *n.* 1 लता, बेल 2 अंगूर की बेल, दाख 3 बल्ली, वल्लरी;
dw/lw: **~-dresser** *n.* अंगूर-कृषक; **~ry** /वाइनरि/ *n.* 1 अंगूर बागान 2 लता-समूह 3 अंगूर का गर्मखाना; **~yard** /विन्यअड/ *US* विनअयार्ड/ *n.* अंगूर बागान, दाखबारी, अंगूर का बाग; **viny** /वाइनि/ *adj.* 1 अंगूर की बेल से संबंधित 2 बल खाती हुई चढ़ने वाली;
p&i: **clinging ~** कमजोर जीव (about a woman); **die on the ~** पूरा न हो.; **under one's ~ and fig-tree** अपने घर में

vinegar /विनि\गः/ *n.* 1 सिरका 2 चिड़चिड़ापन 3 चिड़चिड़ापन भरी;
dw/lw: **~ish** /~गरिश/ *adj.* तीखा, कटु, जहरीला; **~y** /~गरि/ *adj.* 1 सिरके-जैसा 2 सिरकेदार 3 खट्टा 4 तीखा, कटु, जहरीला;
p&i: **~ essence mingled with gall** फूटी किस्मत; **there is ~ and pepper in it** 1 इससे कोई भला न होगा 2 चिड़चिड़ा स्वभाव

vinicul\ture /वीनिक\ल्चः/ *n.* 1 अंगूरों की खेती 2 अंगूरोत्पादन;
dw/lw: **~turist** /~ल्चरिस्ट/ *n.* अंगूर-कृषक

vino /विनो/ *n., pl.* **~s** घटिया किस्म की मदिरा

vin ordinaire (वैन ऑःडिनेअः) सस्ती मदिरा

vinous /वाइनस/ *adj.* 1 मदिरा-संबंधी 2 मदिरा जैसी, अंगूरी 3 मदिरा की अतिशय मौजूदगी: ~ state; a ~ complexion

vintage /विंटिज/ *adj.* 1 बढ़िया, ऊंची किस्म का 2 पुरानी (1919 से 1930 के बीच बनी) ऊंची किस्म की या आदर्श (कार): ~ comedy from silent era 3 परिपक्व काल की (सर्वोत्तम रचना); ***n.*** 1 किसी विशिष्ट ऋतु के अंगूरों से बनी मदिरा 2 एक वर्ष की फसल से बनाई जाने वाली मदिरा 3 मदिरा बनाने के लिए किया जाने वाला अंगूरों का एकत्रीकरण 4 द्राक्षा-संचयन 5 किसी वर्ष विशेष की अंगूर की फसल 6 अंगूर की फसल लेने का समय 7 किसी कार्य के लिए अत्यधिक फलदायक समय: literature of a post-war ~; ~ plays; old ~ joke 8 प्रतिनिधि, विशेषतासूचक: that remark was ~ Churchill;
dw/lw: **~r** /विंटिजः/ *n.* अंगूर की खेती करने वाला, अंगूर बटोरने वाला, द्राक्षा-संचायक;
collocations: **~ wine** बढ़िया शराब जो किसी विशिष्ट ऋतु के अंगूरों से बनी हो; **~ year** वह वर्ष जिसमें बढ़िया शराब तैयार हो, अंगूरी वर्ष, सुद्राक्षा-वर्ष

vintner /विंटनः/ *n., formal* मदिरा-विक्रेता, अंगूरी का व्यापारी

viny *see above under* **vine: *dw/lw***

vinyl /वाइनल/ *n.* 1 एक प्रकार का मजबूत प्लास्टिक: ~ record 2 प्लास्टिक रिकॉर्ड

viol /वायल/ वील/ *n.* एक तरह की वायलिन, मध्यकालीन वायलिन

viola /विओला/ *n., pl.* **~s** 1 एक प्रकार का वाद्य, बड़ी वायलिन 2 इस वाद्य का वादक 3 बनफशा, नीलपुष्प

violable /वायलअबल/ *adj.* उल्लंघनीय, अतिक्रमणीय

violaceous /वायलेशिअस/ *adj.* बैंगनी, नीललोहित

viola\te /वायले\ट/ *v., pt.* **~ted**, *pp* **~ting** 1 (*syn.* flout) उल्लंघन क., अधिकारों आदि का अतिक्रमण क.: **~te** the law 2 भंग क., तोड़ना: **~te** an oath 3 (*syn.* desecrate) अपवित्र क.,

दूषित क.: **~te** a tomb/ a shrine/ a church 4 तिरस्कार क., अपमान क., उपेक्षा क., अनादर क.: **~te** feelings; **~te** one's conscience 5 बिगाड़ना, में बाधा डालना, भंग क.: **~te** a person's peace/ privacy 6 नष्ट क., अतिक्रमण क. 7 (***syn.*** rape) बलात्कार क., शील भंग क.;

dw/lw: **viola\tion** /~शन/ *n.* 1 उल्लंघन, अतिक्रमण, भंग: the ~tion of a treaty; a ~tion of military discipline; ~tion of signals 2 (***syn.*** sacrilege) अपवित्रीकरण, दूषण: the ~tion of a sacred place 3 तिरस्कार, अपमान: a ~tion of the fundamental principles of sth 4 बलात्कार; **~tive** /~टिव/ *adj.* उल्लंघनकारी, अतिक्रामक: ~tive of the constitution; **~tor** /~टः/ अतिक्रामक, भंजक, दूषक, तिरस्कारी, बलात्कारी

violence /वायलंस/ *n.* 1 हिंसा, प्रहार, मार-पिटाई, दुर्व्यवहार, बलप्रयोग: attack an enemy with ~; mingled persuasion and ~; handle sb with ~; resort to ~; die by ~; crimes of ~; enter a house by ~; erupt into/ renounce/ use ~ 2 प्रचंडता, उग्रता, प्रबलता: ~ of passions/ of emotions; the ~ of the wind and waves 3 तेजी, तीव्रता, सख्ती, तीक्ष्णता, उग्रता: ~ of invective 4 जोर-जबरदस्ती, सीनाजोरी, धींगा-मस्ती: do ~ to no man; escalating/ extreme/ gratuitous ~ 5 अत्याचार, उल्लंघन: he did ~ to our principles; ~ against/ towards sb 6 अपमान, दुर्व्यवहार, तिरस्कार: ~ to a superior; do ~ to one's conscience; do ~ to a person's feelings; do ~ to truth 7 बलात्कार: offer ~ 8 उल्लंघन, विकृति: do ~ to sth; do ~ to reason; do ~ to a text;

p&i: **do ~ to** 1 अपमान क. 2 के विरुद्ध आचरण क. 3 दुखाना, सताना 4 विकृत क., एकदम गलत अर्थ लगाना

violent /वायलंट/ *adj.* 1 हिंसक: ~ blow; ~ death; resort to ~ means 2 बर्बर, खूंखार: lay ~ hands (on) 3 तोड़-फोड़ करने वाला: ~ storm/ wind/ earthquake; ~ scene 4 प्रचंड, तीव्र, अंधाधुंध, उग्र: ~ passions; ~ rage; ~ controversy; ~ speech; apt to form ~ attachments; take a ~ dislike to sb 5 हिंसापूर्ण, हिंसात्मक 6 सख्त, प्रखर, तेज, तीक्ष्ण: ~ exercise 7 उग्र, उत्कट, विकट, अति कष्टकर: ~ pain; ~ attack of gout 8 प्रगाढ़, गहन: ~ revulsion/ dislike; ~ mental exertion 9 जोरदार, प्रबल, जबरदस्त: ~ efforts; ~ discrepancy; in ~ contrast 10 असंयत, आक्रामक: in a ~ temper; ~ man; ~ language; he became ~; ~ delirium (असंयत प्रलाप); a ~ construction of the text;

dw/lw: **~ly** /वायलंटलि/ *adv.* 1 हिंसक तरीके से 2 बर्बरता से 3 बलपूर्वक, जबरदस्ती; **non-~** *adj.* अहिंसक;

collocations: **~ death** हिंसक मृत्यु; **~ gust** प्रचंड झोंका या झकोरा; **~ squall** प्रचंड झंझा;

p&i: **lay ~ hands on** मारना

violet /वायलट/ *n.* 1 बैंगनी रंग का फूल 2 बैंगनी रंग, नीललोहित, जांब 3 बनफशा;

adj. बैंगनी रंग का: ~ ray अल्ट्रा-वायलेट;

p&i: **play the shrinking ~** निर्दोषता का नाटक क.

violin /वायलिन/ *n.* 1 वाद्य यंत्र, वायलन, बेला: play the/ on a ~; teach the ~; ~ string; ~ case 2 संगीत मंडली में मुख्य वायलन वादक: play first ~;

dw/lw: **~ist** /वायलिनिस्ट/ *n.* वायलन-वादक

violoncello /वायलनचेलो/ *n., pl.* **~s** मंद्र वायलिन

VIP *abbr.,* 'very important person' की प्रथमाक्षरी

viper /वाइपः/ *n.* 1 एक छोटा-सा अति जहरीला सांप 2 घिनौना या दुष्ट व्यक्ति, द्वेषी, विश्वासघाती: cherish a ~ in one's bosom 3 वाइपर, पृदाकु, घोणस;

dw/lw: **~fish** *adj.* मछलीनुमा जहरीला सांप; **~ine** /~रिन/ *adj.* जहरीला, विषाक्त; **~ous** /~रस/ *adj.* 1 जहरीला, विषाक्त: ~ous brood/ generation 2 सांप जैसा 3 सांप का/ की/ के: ~ous hiss (सांप की फुंफकार) 4 जहरीला, क्रूर, चिड़चिड़ा;

collocations: **~'s bugloss** नीले फूलों वाला और कठोर रेशों वाला एक पौधा; **Russell's ~** दुबोइया; **scaled ~** फुरसा;

p&i: nourish/ warm a ~ in one's bosom आस्तीन में सांप पालना

virago /विरागो/ *n., pl.* **~es**/ **~s** झगड़ालू स्त्री, कर्कशा, चंडी

viral /वायरल/ *adj.* विषाणु द्वारा पैदा किया हुआ, विषाणुक;

collocations: **~ antigen** विषाणुक प्रतिजन; **~ disease** विषाणु रोग; **~ infection** विषाणु संक्रमण; **~ marketing** ई-मेल के माध्यम से किसी माल की मशहूरी क.

virement /वायमंट/ *n., finance* पैसे का एक खाते से दूसरे में वैध स्थानांतरण

vire\scence /विरेसं\स/ *n.* हरा होने की क्रिया, हरितायन;

dw/lw: **~scent** /~ट/ *adj.* हरा होता हुआ, हरा-सा, हरिताभ

virga /वःगा/ *n., pl.* **virgae** /वःगी/, *meteorol.* बादलों से छूटने वाली बूंदों आदि की धार जो धरती पर पहुंचने से पहले ही वाष्प बनकर उड़ जाती है

virgate /वःगिट/ *adj.* डंडाकार, वेत्राकार

virgin /वःजि\न/ *n.* 1 कुमारी, कन्या 2 अक्षतयोनि, कुंवारी, कुंआरी कन्या, अक्षता 3 कुंवारा, कुंआरा, अक्षतवीर्य, कुमार 4 मां मरियम के लिए प्रयुक्त नाम 5 (**Virgin**) मां मरियम का चित्र या बुत 6 (**Virgin**) *astron., astrol.* '**Virgo**' के अर्थ में;

adj. 1 कुंवारी-सुलभ, कुंवारी का: ~ birth (मां मरियम से ईसा का जन्म); ~ modesty/ blushes/ fancies 2 शुद्ध, विशुद्ध: ~ wool 3 निर्मल, बेदाग, निष्कलंक, अदूषित 4 अप्रयुक्त, अछूता: ~ snow; ~ peak; ~ forest; ~ sword (जिस तलवार से खून न बहा हो); ~ forest; a forest ~ of hunters 5 अक्षत 6 अकृष्टपूर्व, अनजोती, अनजुती, जहां पहले कभी खेती न की गई हो: ~ land/ soil 7 प्राकृत: ~ gold/ silver/ sulphur 8 ताजा 9 पहली बार होनेवाला: ~ cruise 10 अनसधा, अप्रशिक्षित: a horse ~ to harness;

dw/lw: **~al** /~नल/ *adj.* 1 कुंवारी, कुंवारा: ~al modesty 2 कुंवारापन के उपयुक्त 3 बेदाग, निष्कलंक, अदूषित 4 पवित्र 5 विशुद्ध 6 अछूता; **Virginian** *adj.* अमेरिकी प्रांत वर्जीनिया से संबंधित: Virginian hemp (वर्जीनिया में उगने वाला भांग का पौधा, गांजा, चरस); **virginity** /~निटि/ *n., pl.* **virginities** 1 कौमार्य, कुंवारापन, कुंआरापन 2 शुद्धता, शुचिता 3 निर्मलता, अछूतापन, अक्षतता;

collocations: **the Blessed Virgin** संत कुंवारी मरियम;

p&i: **~ land, etc.** भूमि जिसे कभी भी न जोता गया हो

Virgo /वःगो/ *n.* 1 कन्या राशि 2 राशिचक्र (constellation of zodiac);

collocations: **~ intacta** /वःगो इनटैक्टा/ (***syn.*** virgin) कुंवारी, अक्षतयोनी स्त्री

virgule /वःग्यूल/ *n.* (***syn.*** solidus, slash, oblique) तिर्यक निशान या रेखा (/)

viride\scence /विरिडिसं\स/ *n.* 1 हरापन 2 ताजगी 3 तरुणाई;

dw/lw: **~scent** /~ट/ *adj.* हरा-भरा, ताजा, तरुण

viridity /वरिडिटि/ *n.* 1 हरापन, हरियाली 2 ताजगी, ताजापन 3 अपरिपक्वता

viridis /विरिडिस/ *adj.* हरित

viridian /विरिडिअन/ *adj.* कलात्मक रचनाओं में प्रयुक्त होने वाला नीला-हरा

viri\le /विराइ\ल/ *US* विरअ\ल/ *adj.* 1 पुरुषोचित, पौरुषेय: **~le** strength; **~le** courage; **~le** member 2 वीर्यवान, जननक्षम, मरदाना, कामातुर, मैथुनसमर्थ, मैथुनक्षम: the **~le** age 3 शक्तिशाली, ओजस्वी, तेजस्वी: **~le** character; **~le** mind; **~le** literary style (जीवंत साहित्यिक शैली);

dw/lw: **viri\lescence** /~लेसंस/ *n.* मादा में नरलक्षण; **~lescent** /~लेसंट/ *n.* नरलक्षण प्राप्त करने वाली (मादा); **~lism** /~लिज्म/ *n.* मादा या स्त्री में नर के लक्षणों का विकास

virility /वरिलअटि/ *n.* 1 पौरुष, पुरुषत्व 2 मरदानगी 3 यौनावस्था, मैथुनसामर्थ्य 4 साहस, ऊर्जा, चरित्रवानता

virocracy /वाइरअक्रअसि/ *n.* पुरुषों का राज
virolo\gy /विरौलअ\जि/ *US* विराःलअ\जि/ *n., med.* वाइरस-विज्ञान, विषाणु-विज्ञान;
dw/lw: **~gical** / विरअलौजिकल/ *adj.* विषाणु संबंधी; **~gist** /~जिस्ट/ *n.* वाइरस-विज्ञानी, विषाणु-विज्ञानी
virose /वायरोस/ *adj.* 1 विषाक्त 2 बदबूदार
virtu /वःटू/ *n., pl.* **~s/ vertus** 1 ललित कलाप्रेम 2 कलाकृतियों का समूह: article/ object/ piece of ~ (कला-कृति); gentleman/ man of ~ (कलात्मक कृतियों का पारखी) 3 किसी व्यक्ति या बात में विशेष नैतिक गुण
virtual /वःचुअ\ल/ *adj.* 1 वास्तविक, असली: the ~ manager of a business; ~ rulers of a country 2 लगभग, हकीकी: he is a ~ stranger, although we've met; a ~ state of war; the ~ collapse of the steel industry 3 अप्रत्यक्ष, परोक्ष: pay by ~ money 4 *comput. sl.* कंप्यूटरकृत विद्यमानता या यथार्थ होने का आभास पैदा करने वाला 5 कल्पित, आभासी, प्रतीयमान: ~ length; ~ velocity; ~ image; ~ rating;
dw/lw: **~ity** /~लिटि/ *n.* 1 वास्तविकता, असलियत 2 संभावना, सामर्थ्य 3 कंप्यूटर द्वारा बनाए जाने वाले लगभग असली लगने वाले बिंब; **virtual\ly** /~लि/ *adv.* 1 वास्तव में, असल में, वस्तुतः 2 लगभग: ~ly powerless; ~ly the same;
collocations: **~ memory** (*also* **~ storage**) सामान्य स्मृति के प्रयुक्त होते समय स्वतः पैदा होने वाली अतिरिक्त स्मृति; **~ reality** (*abbr.* **VR**) कंप्यूटरकृत बिंबों का वास्तविक या यथार्थ में होने का आभास; **virtual pet = digital pet = cyberpet** कंप्यूटरकृत पालतू जानवरों का वास्तविक होने का आभास
virt\ue /वःचू/ *n.* 1 खासियत, खूबी, विशेषता, विशिष्टता: have many **~ues**, including honesty; the **~ue** of sth is its long life 2 गुण, सद्गुण; **~ues** and shortcomings; cardinal (मूल या स्वभाविक) **~ues** are justice, prudence, temperance and fortitude; theological (धार्मिक) **~ues** are faith, hope and charity; negative/ passive **~ue**; clarity is a **~ue** of style 3 सद्गुणता, नैतिकता, सदाचार, ईमानदारी, सच्चाई: **~ue** and vice; the path of **~ue**; follow **~ue**; win sb to **~ue**; there is some **~ue** (truth) in what you say 4 नैतिक शक्ति या क्षमता: the **~ues** of teaching as a profession 5 नैतिक भलाई: a hundred heavenly **~ues** rise 6 कौमार्य, शुद्धता, शुचिता: a woman of **~ue**; a woman of easy **~ue** (छिनाल) 7 (***syn.*** effectiveness) प्रभावशीलता, कारगरता: there is no **~ue** in such drugs; the **~ue** of a medicine/ of a remedy; have faith in the **~ue** of herbs to heal sickness 8 *Christ.* देवदूतों के क्रम में पांचवां देवदूत: 1 Seraph 2 Cherub 3 Throne 4 Dominion 5 ***Power*** 6 Principality 7 Archangel 8 Angel;
dw/lw: **~ued** /वःच्यूड/ *adj.* 1 गुणी, सद्गुणी, गुणों का धनी 3 सशक्त, प्रभावशाली; **~uosity** /वःचुऔसिटि/ *US* वःचुआःसिटि/ *n.* कला विज्ञता, प्रवीणता, कला-प्रेम, कला-मर्मज्ञता; **~uoso** /वःचुओसो/ *n.* धुरंधर कलाविज्ञ, कला-मर्मज्ञ, कला-प्रेमी; **~uoso** *adj.* अद्भुत: a ~uoso performance; **~uous** /वःचुअस/ *adj.* 1 (*syn.* irreproachable) सद्गुणी, सदाचारी, भला, अच्छा, नेक, सच्चरित्र, ईमानदार: a wise and ~uous man 2 शुद्ध, शुचि, नेक 3 सशक्त, प्रभावशाली: ~uous herbs 4 जादुई: the ~uous glass; **~uously** /वःचुअसलि/ *adv.* सद्गुणता से, शराफत से; **~uousness** /वःचुसनेस/ *n.* सद्गुणता, नैतिकता, सदाचार, सच्चरित्रता, नेकी;
collocations: **~uous circle ≠ vicious circle** किसी समूह में जब दूसरा अवयव पहले की और तीसरा दूसरे आदि की स्थिति में सुधार लाता हो;
acquired ~ue अभ्यासजनित सद्गुण; **cardinal ~ue** मूल या स्वभाविक सद्गुण; **infused ~ue** ईश्वरदत्त, सदगुण; **practise ~ue** सद्गुणों की साधना क.; **theological ~ue** धार्मिक सद्गुण;
p&i: **~ue is its own reward** सद्गुणता को किसी इनाम की आवश्यकता नहीं;
by ~ue of agreement समझौते की बदौलत; **claim sth in ~ue of long service** लंबी सेवा के एवज में कोई मांग रखना; **cloisted ~ue** अच्छी तरह सुरक्षित रखी हुई कोई अच्छी चीज या बात; **in/ by ~ue of** के आधार पर, की वजह से; **make a ~ue of necessity** मजबूरी को सद्गुण जताना; **make a ~ue of sth** किसी बात को अपनी उपलब्धि गिनाना; **succeed by ~ue of one's authority/ of one's influence/ of one's persistence** अपनी नैतिक शक्ति/ अपने प्रभाव/ अपनी लगन या धुन की बदौलत सफल हो.
viru\lence /विरु\लंस/ *n.* 1 विषाक्तता, विषालुता, कटुता, कड़वापन 2 भयंकरता, उग्रता: attack sb with **~lence** 3 सांघातकता;
dw/lw: **~lent** /~लंट/ *adj.* 1 विषाक्त, विषभरा, जहरीला: ~lent poison; ~lent pen 2 (***syn.*** malignant) हानिकर, सांघातिक: a ~lent disease or poison 3 कटु, कड़आ, तीव्र, द्वेषपूर्ण: ~lent abuse; ~lent animosity; in a ~lent tone 4 भयंकर: ~lent exaggeration 5 वाइरस संबंधी
virus /वायरस/ *n.* 1 जीवाणु, विषाणु, संक्रामक रोग फैलानेवाला जीवाणु: carry/ contract/ have/ transmit a ~; a deadly/ rare ~ 2 *loosely* विषाणुओं द्वारा फैलाई जाने वाली बीमारी, विषाणु रोग: ~ disease 3 हानिकारक व घातक वस्तु या बात: ~ of prejudice 4 (*in full* **computer** ~) कंप्यूटर के प्रोग्रामों में व्यवधान डालने वाला दूसरा प्रोग्राम 5 विष, विष की गांठ: the ~ of an asp;
dw/lw: **~-free** *adj.* विषाणु मुक्त; **~-induced** *adj.* विषाणु-प्रेरित;
*collocations***:** **~ infection** विषाणु संक्रमण; **~ strain** विषाणु विभेद
vis /विस/ *n.* शक्ति, बल;
collocations: **~ inertiae** निष्क्रियता; **~ major** आकस्मिक पैदा होने वाली आपात स्थिति; **~ vitae** जीवन-शक्ति; **~ viva** गतिज (kinetic) ऊर्जा
Vis. *abbr.* 'Viscount' का प्रथमाक्षर
visa /वीजा/ (*also* **visé**) *n., pl.* **~s** प्रवेशानुमति, वीजा, अनुवेशिका, प्रवेशपत्र, पारपत्र: entry/ exit ~; apply for a ~; grant a ~;
v., *pt.* **~ed**, *pp* **~ing** पासपोर्ट में विजा लगाना;
dw/lw: **~ed** /वीजाइड/ *adj.* 1 प्रवेशानुमति युक्त, जिस पर प्रवेशानुमति अंकित हो 2 जिसे पारपत्र मिला हो
visage /विजिज/ *n.* 1 *lit.* शक्ल, सूरत, चेहरा 2 चेहरे के हाव-भाव 3 रुख, मुद्रा, मुंह, आकृति
VISAR *abbr.* 'Video Image Stabilisation and Registration' की प्रथमाक्षरी
vis-à-vis /वीजावी/ *prep., Fr.* 1 के संबंध में: be responsible ~ sb; he is responsible ~ the government for it; obligations ~ sb/ sth; *U.S.* policy ~ India 2 की तुलना में: poetry ~ prose 3 के सामने, आमने-सामने: he found himself ~ his friend;
adv. के सामने, आमने-सामने: he sat ~ at dinner;
n., *pl.* **vis-a-vis** 1 विरोध पक्ष, विरोधी जोड़ीदार: my ~; I haven't spoken to my ~ 2 सामने वाला (व्यक्ति) 3 जोड़ीदार व्यक्ति या वस्तु 4 बिना गवाहों के भेंट 5 आमने-सामने सीटोंवाली बाल गाड़ी
viscera /विसअरा/ *pl. n.* 1 शरीर के भीतरी अंग (जैसे हृदय, गुर्दे, फेफड़े आदि), आंतरांग (आंतर+अंग) 2 आंतें, अंतड़ियां;
dw/lw **~l** /विसअरल/ *adj.* आंतरांगी, आंत संबंधी, आंत्रिक: ~l cavity; ~l divination; **~te** /विसअरेट/ *v., pt.* ~ted, *pp* ~ting आंते निकालना
viscid /विसिड/ *adj.* 1 लेसदार, चिपचिपा, लसीला, लसलसा 2 श्यान

vicidity /विसिडिटि/ *n.* चिपचिपापन, चिपचिपाहट, लसीलापन, श्यानता
viscometer /विस्कॉ\मिटः/ (*also* **viscosimeter**) *n.* श्यानतामापी;
dw/lw: **viscometric** /~मेट्रिक/ *adj.* श्यानतामितीय
viscose /विस्कोस/ *n.* विस्कोस, रेयन: spun ~; ~ silk
viscosity /विस्कौसिटि/ *US* विस्काःसिटि/ *n., pl.* **viscosities** 1 चिपचिपापन 2 चिपचिपाहट, लसीलापन 3 श्यानता
viscount /वाइकाउंट/ *n.* ब्रिटिश, सामंत, विस्काउंट;
dw/lw: **~cy**/ **~y** *pl.* ~cies/ ~ies *n.* विस्काउंट का पद; **~ship** *n.* = **~cy** *n.*
viscous\ /विस्कस\/ *adj.* 1 लेसदार, चिपचिपा, लसीला 2 श्यान;
dw/lw: **~ly** /~लि/ *adv.* चिपचिपे ढंग से; **~ness** /~नेस/ *n.* चिपचिपापन, लसीलापन
viscus /विस्कस/ *n.* (*pl.* **viscera**) *med.* अंतड़ी
vise /वाइस/ *n. US spelling* 1 **'vice'** की अमेरिकी वर्तनी 2 बढ़ई का शिकंजा, संडासी
visi\bility /विजि\बिलिटि/ *n.* 1 दृश्यता, दृष्टिगोचरता: mutual **~bility** 2 दृश्यता-परास 3 दृश्यता सीमा, दृष्टि क्षेत्र: **~bility** chart 4 प्रत्यक्षता, समक्षता, खुलापन स्पष्टता: intermittent **~bility**;
visi\ble /~बल/ *adj.* 1 दृष्टिगोचर, दृश्य: **~ble** at 100 feet; **~ble** to the naked eye; the house was **~ble** in the distance; the lights are no longer **~ble** 2 (***syn.*** obvious) सुस्पष्ट, स्पष्ट, प्रत्यक्ष, समक्ष, प्रकट, जाहिर: his **~ble** discomfort; he spoke with **~ble** impatience; without any **~ble** cause 3 वास्तविक, मौजूद (सामान, माल): without **~ble** means of support; **~ble** items; **~ble** supply; **~ble** trade;
dw/lw: **~bly** /~बलि/ *adv.* स्पष्टतः, प्रत्यक्षतः: he was ~bly annoyed/ excited/ moved; not ~bly larger than it was an hour ago; **~bleness** /~बलनेस/ *n.* दृश्यता, स्पष्टता;
collocations**:** **~ble error** दृश्य या स्पष्ट अशुद्धि; **~ble import** आयात किया जाने वाला माल; **~ble exports** निर्यात किया जाने वाला माल; **~ble horizon** दृश्य क्षितिज; **~ble minority** समाज की बहुसंख्यक प्रजाति से स्पष्ट रूप से भिन्न प्रजाति के अल्प-संख्यक लोगों का समूह
Visigoth /विजिगौथ/ *n., hist.* पांचवीं सदी में स्पेन और फ्रांस में बसे और आठवीं सदी में स्पेन में राज करने वाली पश्चिमी गौथ प्रजाति क सदस्य
vision /विज्न/ *n.* 1 (***syn.*** view, world-view) दृश्य चित्र, दृष्टि, दृष्टिकोण: the ~ of a poet; the ~ of the world; a true ~ of the life of primitive man 2 मानसिक चित्रण 3 भविष्य-दृष्टि, भविष्य-चित्रण, भविष्य-निरूपण: a ~ of the future 4 (***syn.*** foresight) दूरदर्शिता: a man of ~; breadth of ~; the ~ of natural objects 5 दिव्यदृष्टि, विलक्षणता, अलौकिक दृश्य (भूत-प्रेत) 6 सर्वांग सुंदरी, अलौकिक सौंदर्य: a ~ in pink taffeta 7 दृष्टि, अवलोकन, दर्शन, नजर, निगाह: the organ of ~ is the eye; sth has impaired his ~ 8 टीवी स्क्रीन आदि पर चित्र 9 (***syn.*** sight) दृश्य, झांकी, झलक: the bride was a lovely ~; we had only a momentary ~ of the sea; the lake was a ~ 10 दृष्टि-सीमा, दृष्टि-क्षेत्र: beyond our ~; glasses for far/ for close ~; back/ forward ~; ~ of lens 11 सूक्ष्म दृष्टि 12 स्वप्न, छवि, बिंब, चित्र, कल्पना-शक्ति, आभास: **~s** of power/ of wealth/ of fame; romantic **~s** of youth;
v.*, pt.* **~ed**, *pp* **~ing** 1 स्वप्न देखना 2 कल्पना क., कल्पना में मानसिक चित्र बनाना 3 स्वप्न प्रस्तुत क. 4 झांकी प्रस्तुत क.;
dw/lw: **~al** / विज्नल/ *adj.* 1 काल्पनिक, अव्यावहारिक 2 जिसकी कल्पना की जा रही है, कल्पित 3 प्रेतवत, भूत तुल्य;
collocations: **~ disorders** दृष्टि-दोष; **~ frequency** चित्र वाहक (दृश्य वाहक) आवृत्ति; **~ mixer** वीडियो और फिल्म बनाने के कार्य में निर्देशक के अनुसार भिन्न-भिन्न दृश्यों का मिश्रण करके कोई विशेष प्रभाव पैदा करने वाला; **~ slit** दिखने का छिद्र; **beatific ~** भगवद्‌दर्शन, ईश्वर-दर्शन
visionary /विज्नरि/ *adj.* 1 दूरदर्शी, भविष्य-दृष्टा, स्वप्न-दृष्टाः ~ mind 2 काल्पनिक, अव्यावहारिक: ~ schemes/ projects; the airplane was once a ~ dream 3 अलौकिक दृश्य एवं भूत-प्रेतों को देख सकने वाला: ~ world; ~ form; ~ happiness/ danger; ~ revelation 4 स्वप्नशील, कल्पना की उड़ान भरने वाला: ~ enthusiast;
n.*, pl.* **visionaries** 1 फरिश्ता 2 दूरदर्शी व्यक्ति, दिव्य-द्रष्टा 3 स्वप्नदर्शी, कल्पना-विहारी कवि 4 काल्पनिक, अवास्तविक कार्य या बात 5 अव्यावहारिक, खयाली प्रस्ताव आदि 6 आदर्शवादी व्यक्ति;
dw/lw: **visionariness** *n.* दूरदर्शिता
visit /विजिट/ *v., pt.* **~ed**, *pp* **~ing** 1 मिलने जा., से भेंट क., से मुलाकात क., के यहां ठहरना: ~ a neighbour/ an old friend/ a sick person 2 कोई स्थान देखने जा. या आना: ~ in the country 3 दर्शन क. 4 *N. Amer. colloq.* (*usually* **~ with sb**) किसी के साथ गप-शप क. 5 की सैर क., का भ्रमण क., की यात्रा क.: ~ foreign countries 6 का निरीक्षण क., मुआयना क.: a doctor **~s** his patients; ~ the scene of a crime 7 (*usually* **~ sth on sb**) आघात या प्रहार क. 8 (*usually* **~ sb with sth**) परेशान क., सताना, पीड़ित क., आक्रांत क.: the plague **~ed** the villagers with dire consequences; famine often **~s** this area; **~ed** by a disease; the poet was **~ed** by fits of gloom 9 के लिए दंडित क., का बदला चुकाना: ~ with punishment/ with suffering; ~ the sins/ the iniquity of the fathers upon the children; do not ~ on us the blood of these men; ~ (one's wrath) upon (अपना क्रोध किसी पर उतारना) 10 कंप्यूटर में इंटरनेट द्वारा वेबसाइट देखना 11 पहुंचना: a place never **~ed** by the sun;
n. 1 कहीं या किसी के पास गमन या किसी का आगमन: return a ~; mutual/ reciprocal **~s**; goodwill ~; make/ pay a ~; he has a ~ from his neighbour; go out on a ~ 2 ठहराव, टिकाव: I don't live here, I am only on a ~; we decided to prolong our ~ to Rome 3 भेंट, मुलाकात: social ~; courtesy ~; the President received a ~ from the Ambassador; have a ~ from sb 4 का दर्शन: a ~ to a museum/ to theatre/ to a gallery; on a ~ 5 सैर, भ्रमण: ~ to sth; a flying ~ 6 निरीक्षण: make a ~ to a patient; ~ to the scene of a crime; a surprise ~ 7 तलाशी 8 *US* दोस्ताना गपशप;
dw/lw: **~ant** /विजिटंट/ *n.* 1 आगंतुक, मुलाकाती, भेंट कर्ता 2 प्रवासी पक्षी 3 भूत, प्रेत; **~ation** /विजिटेशन/ *n.* 1 मुलाकात 2 औपचारिक निरीक्षण: ~ation of the sick 3 विपदा, विपत्ति, दैव-कृपा या दैव-कोप: year marked by a ~ation of pestilence (प्लेग जैसी महामारी) 4 भूत-प्रेत का आगमन 5 (**the Visitation**) *Bible* मां मरियम का उसकी चचेरी बहन ऐलिजाबेथ के यहां आगमन, अभ्यागमन 6 इस आगमन के उपलक्ष्य में 2 जुलाई को ईसाई त्योहार 7 अति थकाऊ यात्रा 8 प्रवसन, देशांतर गमन, देशांतरण 9 दंड: a ~ation of God for the people's sins; died by the ~ation of God; **visitatorial** /विजिटअटॉःरिअल/ *adj.* 1 औपचारिक निरीक्षण से संबंधित 2 निरीक्षण करने वाला
visiting /विजिटिंग/ *n.* 1 मिलन, भेंट, मुलाकात 2 निरीक्षण;
adj. 1 मुलाकात-संबंधी: ~ hours; ~ day 2 अतिथि, मेहमान: ~ team; ~ teacher; ~ professor;
dw/lw: **~-card** *n.* परिचय पत्रक या कार्ड; **~-list** *n.* भेंट-सूची: he is not on my ~-list
visitor /विजिटः/ *n.* 1 आगंतुक: we have **~s** 2 भेंट कर्ता, मिलने वाला, मुलाकाती: official ~ 3 अतिथि, मेहमान, पाहुना: take in **~s**; **~s** to a hotel 4 दर्शक, दर्शनार्थी 5 पर्यटक: **~'s** passport 6 निरीक्षक 7 परिदर्शक 8 विश्व-विद्यालय आदि का विजिटर, कुलाध्यक्ष: the President of India is the ~ of Indian

central universities;
collocations: **summer ~s** गर्मियों के निवास (dacha) के वासी; **health** ~ घर पर मदद करने वाली सिस्टर; **~'s book** अतिथि-पुस्तिका; **~s' gallery** दर्शक-दीर्घा

visor/ vizor /वाइज़ः/ *n.* 1 हेल्मेट का मुखावरण 2 नकाब 3 आंखों को धूप से बचाने वाला हैट 4 सूरज की चौंधियाहट से बचाने वाला कार का पर्दा: sun ~ 5 अग्रभाग 6 नेत्र रक्षक

vista /विस्टा/ *n., pl.* **~s** 1 दूर से दिखने वाला आकर्षक दृश्य, दृश्य: a ~ of the church spire between the trees; a long ~ of Ashok-trees 2 संदर्श, परिदृश्य 3 मानसिक चित्रण, प्रत्याशा: the **~s** of bygone times; **~s** of memory 4 सिंहावलोकन, अनुदर्शन 5 संभावनाएं: open up new **~s**

visual /विजुअ\ल/ *adj.* 1 दिखने वाला, दृश्य, चाक्षुष: ~ nerve/ perception/ sensations/ impressions; ~ organ/ acuity/ disturbance (दृष्टि अंग/ तीक्ष्णता/ खराबी) 2 दृश्यता की बदौलत स्पष्ट मानसिक बिंब पैदा करने वाला: ~ poetry; a very ~ play 4 सुनने की बजाए दिखने की बदौलत जोरदार प्रभाव छोड़ने वाला 5 दृश्यमय: ~ observation; ~ distance 6 बिंबीय: ~ epithets; a ~ image 7 (***syn.*** optical) प्रकाशीय: ~ signal 8 दृष्टि संबंधी: ~ aids 9 सरसरी नजर से देखा जाने वाला, ऊपरी, बाह्य: ~ reconnaissance 10 सीधा प्रसारित होने वाला: ~ show;
n. 1 विज्ञापन की अपरिष्कृत (rough) रूपरेखा 2 (*usually* **~s**) शब्दों और ध्वनि के बिना फिल्म का एक चित्र या उसका एक टुकड़ा;
dw/lw: **visual\ly** /~लि/ *adv.* 1 दृष्टिगत रूप से, दृश्य रूप से 2 आंखों से देखने पर: ~ly challenged *euphemistic* (दृष्टि बाधित, अंधा) 3 स्पष्टतया; **~ization** /~लाइजेशन/ *n.* 1 मानसिक बिंब बनाने की क्रिया 2 मानस दर्शन, कल्पना: ~ization of the future (भविष्य की मानसिक तस्वीर); **~ize** (*also UK* **-ise**) /~लाइज/ *v., pt.* ~ized, *pp* ~izing 1 मन में चित्र बनाना 2 मन में स्पष्ट रूप से देखना 3 की (सजीव) कल्पना क.;
collocations: ~ **aid** चाक्षुष शैक्षणिक सहायतार्थ सामग्री; ~ **angle** दर्शन-कोण; ~ **arts** (*usually* **the ~ arts**) दृश्य कला, चाक्षुष कला; **~-aural range** दृश्य-ध्वनि परास; ~ **broadcast service** दृश्य प्रसारण सेवा; ~ **centre** दृष्टि-केंद्रक; ~ **darkening** चाक्षुष धूमिलन; ~ **display unit** (*abbr.* **VDU**) दृश्य प्रदर्शन इकाई, चाक्षुष प्रदर्शन इकाई; ~ **instrument (aids)** चाक्षुष उपकरण (साधन); ~ **organs** दर्शनांग; ~ **pigment** चाक्षुष वर्णक; ~ **range** दृष्टि-परास; ~ **tract** दृष्टि-पथ

visualization *see above under:* **visual:** ***dw/lw***

visually *see above under:* **visual:** ***dw/lw***

vital /वाइट\ल/ *adj.* 1 जीवनाधार रूपी, प्राणाधार रूपी: ~ force/ power; ~ principle; ~ functions; ~ capacity; ~ parts; wounded in a ~ part 2 महत्त्वपूर्ण, अनिवार्य, अत्यावश्यक: ~ blood; ~ spark; ~ interests; ~ necessity; ~ question; ~ point; ~ to one's purpose; question ~ to all social happiness; secrecy is ~ to the success of the scheme; his support is ~ to us 3 ऊर्जावान, जीवंत, सशक्त: ~ personality; ~ style 4 जैव, जीव-संबंधी 5 सक्रिय, तेजस्वी, ओजस्वी, सजीव, जानदार;
n., pl. **~s** मर्म स्थान, मर्म स्थल;
dw/lw: **~ism** /~लिज्म/ *n.* जैव-शक्तित्व; **~ist** /~लिस्ट/ *n.* जैव-शक्तिवादी; **~ize** /~लाइज/ *v., pt.* ~ized, *pp* ~izing 1 जीवंत बनाना, प्राण फूंकना या डालना, जान डालना 2 जीवन प्रदान क., जिंदा क., में जीवन का संचार क.; **vital\ly** /वाइटलि/ *adv.* अत्यधिक महत्त्वपूर्ण ढंग से; **vital\s** /~ल्ज/ *n.* मर्म स्थल, इंसान के जिंदा रहने के लिए दिमाग, दिल, फेफड़े आदि मार्मिक अंग;
collocations: ~ **air** प्राण-वायु; ~ **capacity** *physiol.* गहरा सांस लेने पर फेफड़ों से निकलने वाली वायु की मात्रा; ~ **error** घातक भूल; ~ **part** मर्म स्थान या अंग; ~ **sign** नब्ज और सांस का चलन, शरीर का तापमान आदि इंसान के जिंदा होने के लक्षण; ~ **spark** मानवों में जीवन का अहम सिद्धांत; ~ **statistics** 1 जनसंख्या की स्वाभाविक गतिशीलता के आंकड़े यानी जन्म-मरण के आंकड़े 2 औरत की कमर, नितंबों और छाती के नाप के आंकड़े

vitality /वाइटैलअटि/ *n.* 1 ऊर्जा, शक्ति, जीवंतता, प्राण-शक्ति: intense ~; full of ~; style devoid of ~ 2 जीवन-शक्ति: an artificial language has no ~ 3 तेजस्विता, ओजस्विता, तेज, ओज 4 जीवन-स्थायित्व: ~ of seeds; the ~ of slang

vitamin /विटअमिन/ *US* वाइटअमिन/ *n.* विटामिन;
dw/lw: **~ize** *v., pt.* ~ized, *pp* ~izing विटामिन जोड़ना, विटामिन-युक्त क.;

vitellin /विटेलिन/ *n.* पीतकी

vitellus /विटेलस/ *n.* पीतक, अंडपीत, अंडे की जर्दी

vitia\te /विशिएट/ *v., pt.* **~ted**, *pp* **~ting** 1 बिगाड़ दे., दूषित कर दे.: his constitution was **~ted** by excess 2 खराब कर दे., बिगाड़ दे.: **~te** the style; **~te** literary works 3 विकृत कर दे.: plays that **~te** taste 4 अशक्त कर दे., निष्प्रभावी बनाना 5 अवैध कर दे., रद्द कर दे., अमान्य क.: **~te** a will/ a contract/ a transaction 6 व्यर्थ या निष्प्रभावी कर दे.;
dw/lw: **~ted** /विशिएटिड/ *adj.* दूषित: ~ted air; ~ted judg(e)ment; ~ted taste; ~ted by luxury; **~tion** /विशिएशन/ *n.* 1 दूषण, संदूषण, व्यर्थ कर देने की क्रिया 2 विकार, बिगाड़, खराबी, प्रदूषण, दोष; **~tor** /विशिएटः/ *n.* दूषक, संदूषक

viticolous /विटिकलस/ *adj.* लतावासी

viticul\ture /विटिकल्च/ *US* वाइटि\-/ *n.* 1 अंगूरों की खेती 2 अंगूरोत्पादन;
dw/lw: **~tural** /~कल्चरल/ *adj.* अंगूरों की खेती से संबंधित

vitilitiga\tion /विटिलिटिगे\शन/ *n.* व्यर्थ विवाद, बहस;
dw/lw: **~te** *v., pt.* ~ted, *pp* ~ting. व्यर्थ विवाद या बहस क.

vitiligo /विटिलाइगो/ *n., pathol.* त्वचा पर सफेद धब्बे बनने की अवस्था, चर्म रोग

vitiosity /विशिऔसिटि/ *US* विशिआःसिटि/ *n.* 1 दुष्टता, भ्रष्टता 2 खराबी 3 कटुता, चिड़चिड़ापन 4 दुर्दम्यता

vitreosity /विट्रिऔसिटि/ *US* -आः-/ *n.* काचाभता

vitreous /विटरिअस\/ *adj.* 1 कांच जैसा, काचाभ, काचसम: ~ body/ humour; ~ grain 2 भुरभुरा;
collocations: ~ **humour** आंख के भीतर जैली जैसा पारदर्शी पदार्थ

vitre\scent /विट्रे\संट/ *adj.* कांचसम, कांच बनाने वाला;
dw/lw: **~scence** /~संस/ *n.* काचाभता, कांच बनने की क्रिया

vitri\fication /विटरि\फिकेशन/ *n.* कांच में ढालना, कांचीकरण;
dw/lw: **~fiable** *adj.* कांचनीय; **~fied** /~फाइड/ *adj.* कांचित: ~fied brick; ~fied tiles; **~fy** /~फाइ/ *v., pt.* ~fied, *pp* ~fying, *s/he/ it* ~fies 1 कांच बनना या बनाना 2 कांच में ढाला जाना;
collocations: **~fied tiles** कांचित टाइलें

vitriol /विटरिऔ\ल/ *US* -आः\ल/ *n.* 1 तूतिया, कसीस: blue/ green ~ 2 गंधक का तेजाब: throwing ~ at/ over sb 3 (***syn.*** abuse) जहरीला व घिनौना भाषण या आलोचना: put plenty of ~ into a speech 4 विष: pen dipped in ~;
dw/lw: **~ic** /~लिक/ *adj.* 1 (***syn.*** bitter, vicious) अत्यधिक कटु या घिनौना 2 गंधक अम्ल का;
collocations: **blue** ~ तूतिया, नीला थोथा; **green** ~ कासीस, कसीस; **white** ~ जिंक सल्फेट

vitro /वीट्रो/ → **in vitro** इंसान के शरीर से बाहर यानी टेस्ट ट्यूब आदि में होने वाला

vitta /विटअ/ *n., pl.* **vittae** /विटी/ 1 माला 2 तैल-नलिका

vitupera\te /विट्युपअरे\ट/ *US* वाइटूपअरे\ट/ *v., pt.* **~ted**, *pp* **~ting** 1 गाली दे., कोसना: **~te** against sb 2 बुरा-भला कहना 3 घोर निंदा क. 4 झिड़कना, डांटना, आड़े हाथों लेना;
dw/lw: **~tion** /~शन/ *n.* 1 (***syn.*** abuse) गाली, अपशब्द, दुर्वचन: language of ~tion 2 निंदन, निंदा; **~tive** /~टिव/ *adj.* निंदात्मक; **~tor** /~टः/ *n.* निंदक, गाली-गलौज करने वाला,

गालियां देने वाला

viva[1] /वाइवा/ (*in full* ~ **voce** /वाइवा वोचि/) *n. pl.* **vivas** *UK* मौखिक परीक्षा;
adj. मौखिक, जबानी;
adv. मौखिक रूप से;
v., pt. ~**ed**, *pp* ~**ing** मौखिक परीक्षा लेना या दे.

viva[2] /वीवा/ *excl., Spanish* जिंदाबाद!: loud ~**s**

vivace /विवात्चे/ *adv., Italian* फुर्ती से, स्फूर्ति से
n., pl. ~**s** जीवंत संगीत

vivacious /विवेशिअस/ *US* वाइवेशिअस/ *adj.* 1 जीवंत, सजीव, स्फूर्त, प्राणवंत 2 जिंदादिल 3 फुर्तीला 4 *bot.* बहुवर्षी;
dw/lw: **vivacious\ly** /~लि/ *adv.* सजीव रूप से; **vivacious\ness** /~नेस/ *n.* 1 जीवंतता, सजीवता, जिंदादिली 2 ओज, जोश, उत्साह 3 चटकीलापन, दीप्ति

vivacity /विवैसिटि/*US* वाइवैसिटि/ (*also* **vivaciousness**) *n.* 1 जीवंतता, सजीवता, जिंदादिली 2 ओज, जोश, उत्साह 3 चटकीलापन, दीप्ति

vivarium /वाइवेअरिअम/ *US* वाइवेरिअम/ *n., pl.* **vivariums/ vivaria** 1 जानवरों को रखने की प्रकृतशाला, प्रशाला 2 जीवशाला, मछलीघर

vivat /वाइवैट/ *Lat.* जीते रहो! की जय हो!, ... जिंदाबाद!;
n. जयकार

viva voce /वाइवा वोचि/ (*also* ***viva***) *adv.* बोलकर, मौखिक रूप से: speak ~;
n., pl. **viva voces** (***syn.*** written exam) मौखिक परीक्षा;
adj. मौखिक: ~ examination; ~ voting

vive la difference /वीव ला डिफरौंस/ *US* -रांस/ अच्छा है कि दो व्यक्तियों (स्त्री-पुरुष), वस्तुओं आदि में में फर्क है!

vivers /वाइवःज/ *n., [pl.], Scot.* आहार, रसद

vivid /विविड/ *adj.* 1 (***syn.*** vivacious) जीवंत, सजीव, जिंदादिल, ओजस्वी, तेजस्वी, जोशपूर्ण: ~ interest ~ descriptions or memories; ~ imagination 2 चटकीला, शोख, चमकीला: a ~ colour; ~ colouring 3 (***syn.*** graphic) उज्ज्वल, सुस्पष्ट: a ~ reflection in the water; a ~ recollection of the scene; gave a ~ account of the incident 4 तेज, तीव्र, तीक्ष्ण: a ~ flash of lightning 5 विशद, जीता-जागता;
dw/lw: **vivid\ly** /~लि/ adv. सजीव रूप से, सशक्त ढंग से, सुस्पष्ट शैली में; ~**ness** /~नेस/ *n.* 1 जीवंतता, स्फूर्ति, चटकीलापन, ताजगी 2 सुस्पष्टता

vivi\fication /विवि\फिकेशन/ *n.* 1 सजीवीकरण, संजीवन 2 जीवन-दान, प्राण-संचारण;
dw/lw: ~**fy** /~फाइ/ *v., pt.* ~fied, *pp* ~fying, *s/he/ it* ~fies 1 सजीव बनाना, जीवंत बनाना 2 प्राण फूंकना, में जीवन का संचार क. 3 जीवन प्रदान क. 4 पुनर्जीवित क.; ~**fying** /विविफाइंग/ *adj.* जीवन-दायक, जीवन-संचारक

vivipa\rity /विविपैरिटि/ *n.* जरायुजता;
dw/lw: ~**rous** /विविपअरस/ *adj.* 1 शावकों को सीधे (अंडों के बिना) जन्म देने वाला (प्राणी) 2 जरायुज, सजीव-प्रजनक, पिंडज

vivisect /विविसे\क्ट/ *v., pt.* ~**ed**, *pp* ~**ing** जीवोच्छेदन क.;
dw/lw: ~**ion** /~क्शन/ *n.* जीवों पर शल्य प्रयोग, जीवोच्छेदन; ~**ional** /~क्शनल/ *adj.* जीवोच्छेदनीय; ~ **ionist** /~क्शनिस्ट/ *n.* 1 जीवच्छेदनवादी 2 जीवच्छेदक

vivo /वीवो/ *adv.* → **in vivo** स्फूर्ति से

vixen /विक्स\न/ *n.* 1 मादा लोमड़ी 2 झगड़ालू स्त्री, कर्कशा;
dw/lw: ~**ish**/ ~**ly** /~निश/ ~नलि/ *adj.* झगड़ालू, लड़ाकी

viz. /विज/ *adv.* (*in full* **videlicet** /विडेलिसेट/), *Lat.* (***syn.*** namely, that is) अर्थात्

vizor *see above* **visor**

vlei /वलॉइ/ *n.* झील

V-J Day यूरोप में जापान पर विजय दिवस यानी 15 अगस्त, जब मित्र राष्ट्रों ने जापान पर विजय पाई थी

VJs *abbr.* 'Video jockeys' की प्रथमाक्षरी

VLA *abbr.* 'Very Large Aircraft' की प्रथमाक्षरी

VLCC *abbr.* ' 'very large crude carriers' की प्रथमाक्षरी

VLDL *abbr.* 'very low density lipoprotein' की प्रथमाक्षरी

VLF *abbr., radio* 'very low frequency' की प्रथमाक्षरी

VLIW *abbr.* 'Very Long Instruction Work' की प्रथमाक्षरी

VLPs *abbr.* 'very light pistols' की प्रथमाक्षरी

VLSI *abbr.* 'Very Large Scale Integration' की प्रथमाक्षरी

VM *abbr.* 'Vayu-Sena Medal' की प्रथमाक्षरी

VMC *abbr.* 'Vivekananda Mahila College' की प्रथमाक्षरी

VMH *abbr.* 'Victoria Medal of Honour' की प्रथमाक्षरी

VMS *abbr.* 'Voice Mail Service' की प्रथमाक्षरी

VN *abbr.* **Vietnam** का अंतर्राष्ट्रीय वाहन पंजीकरण कोड (*IVR*)

V-neck /वीनेक/ *n.* **'V'** शक्ल का गला;
dw/lw: **V-necked** /वीनेक्ड/ *adj.* **'V'** शक्ल के गले वाली पोशाक

VNS *abbr.* 'Voter News Service' की प्रथमाक्षरी

VO *abbr.* 'various organisations', 'voluntary organisation' की प्रथमाक्षरी

VOA *abbr.* 'Voice of America' की प्रथमाक्षरी

VOB *abbr.* 'Victoria Over-Bridge' की प्रथमाक्षरी

voc. *abbr.* 'vocative' का छोटा रूप

vocab /वोकैब/ *n., colloq.* **'vocabulary'** का छोटा रूप

vocable /वोकअबल/ *n., ling.* 1 उच्चरित शब्द या ध्वनि 2 कई ध्वनियों या अक्षरों से बना लिखित या उच्चरित शब्द

vocabulary /वकअब्युलरि/ वकअब्यलरि/ *n., pl.* **vocabularies** 1 शब्द समूह: ~ entry (शब्द कोश में शब्द-प्रवेशिका): widen one's ~ 2 दूसरी भाषा में अनुवाद के साथ शब्दावली, शब्द सूची: be in sb's ~ 3 शब्द भंडार, शब्दसंग्रह: passive ~; a limited/ wide ~ 4 कलात्मक रूपों और तकनीकों का विस्तार 5 पारिभाषिक शब्दों का संग्रह: scientific ~

vocal /वोकल/ *adj.* 1 मुखर, मुखरित: public opinion has become ~; be very ~ in her support for the homeless 2 उच्चारण संबंधी: ~ organs; ~ band/ cord; ~ apparatus; ~ fremitus, *med.* (आवाज में कंपन) 3 उच्चरित, वाचिक 4 मौखिक, वाचनिक: ~ communication; ~ prayer 5 *phon.* (***syn.*** voiced) सघोष 6 सवाक्, वाक्शक्ति-संपन्न 7 ऊंची आवाज (शोर) वाला: ~ persons; the most ~ member of the audience 8 झंकृत, झंकारमय: ~ fountain; woods ~ with the sound of birds; ~ music;
dw/lw: ~**ic** /वोकैलिक/ *adj.* 1 स्वर 2 स्वरीय: ~ic harmony; **vocalese** /वोकअलीज/ *n., music* गीत; ~**ism** /वोकअलिज्म/ *n.* 1 स्वर-उच्चारण प्रणाली 2 स्वर-प्रयोग, स्वर-साधना 3 स्वर-संगीत; ~**ist** /वोकअलिस्ट/ *n.* गायक; ~**ity** /वोकैलिटि/ *n.* 1 वाक्शक्ति-संपन्नता, वाचिकता 2 शाब्दिक या ध्वनिक अभिव्यक्ति; ~**ization** /वोकअलाइजेशन/ *n.* 1 उच्चारण, स्वरोच्चारण, ध्वनिकरण 2 कंठ-साधना; ~**ize**/ ~**ise** /वोकअलाइज/ *v., pt.* ~ized, *pp* ~izing 1 उच्चारण क., स्वर बना दे., सस्वर उच्चारण क., कंठ-साधना क. 2 ध्वनित क. 3 (***syn.*** articulate, express) शब्दों में अभिव्यक्त क. 4 गाना; ~**ly** /वोकलि/ *adv.* 1 मौखिक रूप से, जबानी 2 वाणी से 3 गाकर 4 ऊंची आवाज में, चीखकर; ~**s** /वोकल्ज/ *n., [pl.]* जो गाया जाए;
collocations: ~ **cord**/ (*also* ~ **chords**) *n., [pl.]* स्वरतंत्री, वाक्-तंतु, स्वर-सूत्र

vocation /वोकेशन/ *n.* 1 (***syn.*** occupation, profession, calling) व्यवसाय, वृत्ति, पेशा, धंधा: choose medicine as one's ~; choose the right ~ 2 (***syn.*** duty, call) अंतःप्रेरणा, झुकाव: ~ for teaching; ~ to literature 3 (***syn.*** fitness) योग्यता 4 आह्वान, कर्त्तव्य the sense of ~; miss one's ~;
dw/lw: ~**al** /~ल/ *adj.* व्यावसायिक: ~al education and

skills; ~al training;
collocations: **~al guidance** (*also* **career counselling**) पेशा या व्यवसाय चुनने के बारे में परामर्श; **~al school** पेशा या हुनर शिक्षण विद्यालय

vocative /वौकअटिव/ US वाःकअटिव/ (*abbr.* **voc.**) *adj., gramm.* संबोधनवाचक, संबोधक;
n. संबोधन

vociferant /वोसिफरंट/ *n.* चिल्लाने वाला

vocifera\te /वअसिफरे\ट/ *US* वोसिफरे\ट/ *v., pt.* **~ted**, *pp* **~ting** 1 चीखना-चिल्लाना, गला फाड़ना: **~te** oaths/ threats (चीख-चीखकर गालियां या धमकी दे.) 2 शोर मचाना, हो-हल्ला क.: **~te** against sb 3 पुकारकर कहना;
dw/lw: **~tion** ~फरेशन/ *n.* 1 चीख, चिल्लाहट, शोर, हो-हल्ला: ~tion against sb 2 कोलाहल, शोरगुल

vociferous\ /वअसिफरस\/ *US* वोसि-\/ *adj.* 1 शोर-शराबे वाला, कोलाहलपूर्ण: ~ crowd; the audience became ~ 2 (***syn.*** strident) जबरदस्त, जोरदार: ~ cheers; ~ protests;
dw/lw: **~ly** /~लि/ *adv.* चीखते-चिल्लाते हुए; **~ness** /~नेस/ *n.* कोलाहलपूर्णता

vocoder /वोकोडः/ *n.* वाक् कोडित्र, यानी संगीत वाद्यों पर मानवीय भाषा स्वरूप पैदा करने वाला उपकरण

VOD *abbr.* 'video on demand' की प्रथमाक्षरी

vodka /वोद्का/ (*Russian* **водка**) *n., pl.* **~s** गेहूं आदि से बनाई जाने वाली रूसी शराब: ~ is gaining in popularity very fast in India

voe /वो/ *n.* 1 उपखाड़ी 2 नदिया

vogue /वोग/ *n.* (*usually* **the ~**) 1 प्रचलित शैली 2 लोकमान्यता, लोकप्रियता: a good deal of ~ as a sculptor; a theory, having the general ~; war novels had a great ~ a few years ago 3 प्रचलन, फैशन: the ~ of large hats; all the ~ (नवीनतम फैशन); come into ~ 4 रीति, रिवाज: the **~s** of the 18th century 5 शैली का प्रचलन काल: out of ~; black is in ~ again;
dw/lw: **voguish** *adj.* फैशनेबल;
collocations: **~ word** *n.* वर्तमान में अति प्रचलित शब्द
p&i: **in** ~ फैशन में

voice /वॉइस/ *n.* 1 आवाज, कंठध्वनि, वाणी, कंठ-स्वर: rough/ sweet/ thin/ sepulchral ~; in a gentle ~; in a loud ~; a deep/ husky/ low ~; lower/ raise one's ~ 2 वाक्-शक्ति, वाक्-क्षमता: lose one's ~/ be out of ~ (गला बैठना) 3 बोलने की शैली: couldn't recognize the ~; in a bored ~ 4 लहजा, अंदाज: in a nervous ~; one's tone of ~ 5 ध्वनि, स्वरित उच्चारण: heard a ~; the **~s** of the night; the ~ of the waves/ of the sea/ of the storm 6 गायन-सक्षमता: has a lovely ~;: sing in good ~ 7 अभिव्यक्ति, कथन: gave ~ to their feelings/ indignation; give ~ to the general opinion; give few thy ~ (कम बोलो!) (Shakespeare) 8 अभिव्यक्ति या संवाद का माध्यम: newspapers as the ~ of the rich; find ~ to express oneself 9 विचार, मत, राय, दखल: has no ~; have a ~ in sth; have no ~ in the matter; he likes to hear his own ~; ~ of duty/ of conscience/ of law/ of blood; my ~ is for peace; raise one's ~ against sth 10 अधिकार, मताधिकार, बोलेने का अधिकार: without a dissenting ~ 11 *gramm.* वाच्य, कर्तृवाच्य या कर्मवाच्य: the active or passive ~ 12 *phon.* वाक्तंतुओं या स्वररज्जुओं के कंपन से पैदा होने वाली ध्वनि: **~d** consonants;
v., pt. **~d**, *pp* **voicing** 1 कंठध्वनि, वाणी, कंठ-स्वर या आवाज निकालना, बोलना 2 स्वरित या सस्वर उच्चारण क. 3 आवाज उठाना, मुखरित क., व्यक्त क., कहना: give ~ to sth (कोई समस्या उठाना); ~ one's protest/ one's desire/ one's hope/ the general sentiment; he was chosen to ~ their grievance; ~ the opposition; ~ one's disapproval 4 गाना;
dw/lw: **~-activated** *adj.* ध्वनित, ध्वनि-चालित: a ~-activated machine; **~d** /वॉइसड/ *adj.* 1 सघोष (वर्ण), स्वरित 2 अभिव्यक्त, व्यक्त 3 सवाक्, सस्वर 4 जिसके गायन में अच्छी या अन्य तरह की आवाज हो: sweet-~d; husky-~d; **~ful** *adj.* गुंजायमान, दमदार आवाज वाला: ~ful sea; **~less** *adj.* 1 *phon.* 1 (***syn.*** unvoiced) अघोष (वर्ण) 2 गूंगा 3 मूक, अनुच्चरित 4 मौन: ~less wish 5 अवाक् 6 सन्नाटापूर्ण: ~less desert; **~lessly** *adv.* 1 अघोष ढंग से 2 मौन साधकर; **~lessness** *n.* आवाकता, अघोषता; **~mail** *n.* 1 टेलीफोन आदि में इलेक्ट्रोनिक माध्यम जे रिकॉर्ड होने वाली आवाज, जिसे बाद में सुना जा सकता है 2 टेलीफोन में स्वतः उत्तर देने वाली प्रणाली; **~-over** /वॉइस-ओवः/ *n., pl.* ~-overs दूरदर्शन या फिल्म में जब वक्ता दिखाई नहीं देता, केवल उसकी आवाज सुनाई देती है, ऊपरी आवाज; **~print** *n.* इलेक्ट्रोनिक ढंग से की जाने वाली रिकॉर्डिंग द्वारा आवाज का बाह्य रूप यानी आवृत्ति (frequency), आवाज की ऊंचाई (amplitude), दीर्घता (duration) आदि का चित्रण;
collocations: **~ box** *colloq.* 1 (***syn.*** larynx) कंठ का उच्चतम क्षेत्र 2 वाक्यंत्र; **~ call sign** माइक्रोफोन से बुलावा-संकेत; **~ channel** ध्वनि चैनल; **~ coil** वाक् कुंडली; **Voice of America** (*abbr.* **VOA**) अमेरिकी रेडियो-प्रसारण कंपनी; **~ mechanism** वाक्-यंत्र-प्रणाली; **~ modulation** ध्वनि का उतार-चढ़ाव; **~ recorder** आवाज को रिकॉर्ड करने वाला उपकरण; **~ recording** आवाज की रिकॉर्डिंग (ध्वनि-लेखन); **~ trial** ध्वनि या आवाज की परख, गायकों की आवाज की सुनवाई या परख; **~ vote** बोलकर दिया जाने वाला मत;
active ~ कर्तृवाच्य; **impersonal ~** भाव-वाच्य; **range of ~** ध्वनि की पहुंच-दूरी; **passive ~** 1 कर्मवाच्य 2 गायक; **the ~ of Nature** प्रकृति का आह्वान;
p&i: **a gin-and-fog ~** फटी आवाज; **be ~d abroad** अफवाह का फैलना; **be in ~** गला अच्छा होना; **count on sb's ~** किसी द्वारा अपने पक्ष में विचारों की अभिव्यक्ति पर भरोसा क.; **give ~ to** व्यक्त क.; **have a ~ in** के विषय में बोलने का अधिकार होना; **inner ~** अंतर्वाणी; **lift up one's ~** आवाज उठाना, ऊंची आवाज में कोई बात रखना; **lose one's ~** गला बैठना; **sepulchral ~** शमशान घाट की आवाज, सुनसान व डरावनी आवाज; **stentorian ~** बिजली की कड़क; **still small ~** अंतरात्मा की आवाज; **the ~ of one man is the ~ of no one** अकेला चना भाड़ नहीं फोड़ सकता; **the ~ of the people is the ~ of God** लोक मत, भगवान का मत; **the ~ of the turtle** प्रेम का आह्वान; **they cried out all with one ~** उन्होंने एक आवाज में कहा; **with one ~** एक मत से

void /वॉइड/ *adj.* 1 *law* अवैध, अमान्य: ~ contract; consider null and ~; declared the contract null and ~ 2 (***syn.*** devoid) खाली, रिक्त: be ~ of sth; the earth was ~ 3 जो भरा न गया हो (पद), जिस पर कोई नियुक्त न हुआ हो: fall/ remain ~ 4 (*usually* **~ of sth**) अर्थहीन, बुद्धिहीन, कमी से ग्रस्त: ~ of humour; ~ of reason/ of prejudice; ~ offence 5 रद्द, बेकार, व्यर्थ, शून्य 6 फुर्सत का, अव्यस्त;
n. 1 शून्यता, खालीपन, रिक्तता, खोखलापन: an aching ~ 2 रिक्त या खाली स्थान: fill the ~ 3 खाली भवन या घर 4 रिक्ति 5 अभाव, किसी की कमी: sb's untimely demise has left a gaping ~;
v., pt. **~ed**, *pp* **~ing** 1 (***syn.*** invalidate) अमान्य या रद्द कर दे., अवैध घोषित कर दे. 2 उत्सर्जित क., निकालना, वमन या कै क. 3 खाली क. 4 शून्य कर दे., नष्ट कर दे.;
dw/lw: **~able** /वॉइडबल/ *adj.* अमान्य करने योग्य, शून्यकरणीय, व्यर्थनीय: ~able act; **~ance** /वॉइडंस/ *n.* 1 शून्यता, खालीपन, खोखलापन 2 अमान्यकरण, अवैधीकरण 3 खाली करने की क्रिया 4 बहिष्करण 5 रिक्ति 6 व्यर्थ करने की क्रिया, अभिशून्यन;
collocations: **~ deck** किसी भवन का साझे उपयोग के लिए

खाली छोड़े जाने वाले निम्नतम मंजिल के कई फ्लैट; ~ **interval** खाली या रिक्त स्थान; ~ **set** शून्य समुच्चय; ~ **symbol** रिक्ति प्रतीक; ~ **space** रिक्तता, खालीपन;
***p&i:* an aching** ~ खालीपन या खोखलेपन का आभास; **null and** ~ अवैध, अमान्य

voile /वॉइल/ *n.* वायल, महीन, पारदर्शी कपड़ा

VoIP *abbr.* 'Voice over Internet Protocol' की प्रथमाक्षरी

vol./ vol *abbr.,* 'volume', 'volunteer', 'voluntary' का छोटा रूप

volant /वोलंट/ *adj.* 1 उड़ाका, उड़ने में सक्षम: ~ adaptation (उड्डयन अनुकूलन) 2 *heraldry* उड़ान की अवस्था में चित्रित 3 *poetic* फुर्तीला, चुस्त-दुरुस्त

volar /वोलः/ *adj.* 1 हथेली का, करतलीय 2 तलवे का

volati\le /वौलअ\टाइल/ *US* वाःलअ\-/ *adj.* 1 विस्फोटक: a **~le** situation 2 वाष्पशील: **~le** oil; **~le** liniment (मलहम) 3 चलचित, चुलबुला, चंचल, चपल: **~le** person: **~le** disposition 4 (***syn.*** unstable) अस्थिर, क्षणभंगुर 5 तुनकमिजाज, चिड़चिड़ा, हिंसक 6 *comput.* बिजली बंद होने पर कंप्यूटर के स्मृति-पटल पर न प्रकट होने वाले (सूचना, पाठ आंकड़े आदि);
***dw/lw:* ~leness** /~टाइलनेस/ (*also* **~lity** /~टिलिटि/) *n.* 1 विस्फोटकता 2 वाष्पशीलता 3 चंचलता, चपलता 4 तुनुकमिजाजी 5 अस्थिरता; **~lizable** /~टिलाइजअबल/ *adj.* वाष्पकरणीय; **~lization** /~टिलाइजेशन/ *n.* वाष्पीकरण; **~lize** /~टिलाइज/ *v., pt.* ~lized, *pp* ~lizing भाप बनकर उड़ जा., वाष्पित हो जा.

volca\nic /वौलकैनि\क/ *US* वाःलकैनि\क/ *adj.* 1 ज्वालामुखी संबंधी: **~nic** activity; **~nic** rock 2 विस्फोटक 3 ज्वालामुखीय: **~nic** eruption 4 तूफानी, प्रचंड: **~nic** character;
***dw/lw:* ~nicity** /~सिटि/ (= **~nism**) *n.* ज्वालामुखीयता, ज्वालामुखी प्रक्रियाएं;
***collocations*: ~nic action** ज्वालामुखी क्रिया; **~nic activity** ज्वालामुखी सक्रियता; **~nic cliffs** ज्वालामुखी चट्टानें; **~nic deposit** ज्वालामुखी निक्षेप; **~nic eruption** ज्वालामुखी विस्फोट; **~nic province** ज्वालामुखी शैल-क्षेत्र; **~nic quicksand** ज्वालामुखी चोर-रेत; **~nic rock** ज्वालामुखी शैल

volcano /वौल्केनो\/ *US* वाःल्केनो\/ *n., pl.* **~es** or **~s** ज्वालामुखी: active/ dormant/ extinct ~ 2 विद्रोहात्मक वातावरण: ~ of wrath;
***p&i:* a dance on a** ~ आग से खिलवाड़; **sit on a** ~ सर्वनाश की कगार पर हो.

volcano\logy /वौल्कअनौ\लजि/ *US* वाःल्कअनाः\लजि/ *n.* ज्वालामुखी-विज्ञान;
***dw/lw:* ~logical** /वौल्कअनअलौजिकल/ *US* वाःल्कअनअलाःजिकल/ *adj.* ज्वालामुखीय; **~logist** /~लजिस्ट/ *n.* ज्वालामुखी वैज्ञानिक; **~tectonic** /~टेक्टौनिक/ *adj.* ज्वालामुखी विवर्तनिक;

vole /वोल/ *n.* 1 चूहे की जाति का एक जंतु 2 मूस 3 पूरी बाजी की जीत 4 वायु विसर्पण;
***p&i:* go the** ~ ज्यादा जीतने के चक्कर में सब कुछ दाव पर लगा दे.

volens nolens /वोलेंज नोलेंज/ *Lat.* चाहे-अनचाहे

volet /वॉले/ *n., Fr.* फलक, खंड

volitant /वॉलिटंट/ *adj.* उड़ाका

volition /वलिशन/ *US* वोलिशन/ *n.* 1 (***syn.*** free will) इच्छा, मर्जी, संकल्प: of his own ~ 2 संकल्प-शक्ति, इच्छा-शक्ति 3 इच्छा को व्यवहार में लाने की क्रिया;
***dw/lw:* ~al** /वोलिशनल/ *adj.* संकल्पात्मक, इच्छार्थक सांकल्पिक; **~ally** /वोलिशनलि/ *adv.* अपनी मर्जी से

volitive /वॉलिटिव/ *adj.* 1 सांकल्पिक, संकल्पमूलक 2 इच्छार्थक

volkslied /फॉल्क्स्लीट/ *n., Ger.* लोकगीत

Volkswagen /फॉक्सवागन/ *n., Ger., trademark* फॉक्सवागन कार

volley /वौलि/ *US* वाःलि/ *n., pl.* **~s** 1 क्रिकेट या टेनिस आदि के खेल में गेंद को टप्पा खाने से पहले मारने की क्रिया 2 छोड़े या फेंके गए कई अस्त्रों या गोलियों की बौछार: a ~ of shots/ gunfire, etc.; fire/ discharge a ~; a ~ of arrows/ of stones 3 बाढ़, अनियंत्रित बहाव: **~s** of laughter 4 (***syn.*** torrent) बौछार, वर्षा, झड़ी 5 गालियों आदि की बौछार: a ~ of abuse/ complaints, etc.; let fly a ~ of oaths;
***v., pt.* ~ed,** *pp* **~ing,** *s/he/it* **~s** 1 गेंद को टप्पा खाने से पहले मार दे. 2 कई बंदूकों से गोलियों की बौछार क., झड़ी लगाना 3 गालियों आदि की झड़ी लगाना

volleyball /वौलिबॉःल/ *US* वाःलिबॉःल/ *n.* 1 वॉलीबॉल का खेल 2 इस खेल में प्रयुक्त गेंद

vols. *abbr.* 'volumes' का छोटा रूप

volt /वोल्ट/ (*abbr.,* **V**) *n. symbol* विद्युत प्रवाह या धारा को मापने की इकाई

volt *v. pt.* **~ed,** *pp* **~ing** *fencing* तलवारबाजी में विरोधी के वार को टालना;
n. 1 वार को टालने के लिए एक तरफ छलांग 2 *dressage* घोड़े की वृत्ताकार घूमते हुए चाल 3 घोड़े द्वारा इस तरह घूमते हुए बनाया जाने वाला रास्ता

volt\age /वोल्टिज/ *n., elec.* विद्युत प्रवाह का माप, वोल्टता, वोल्टेज;
***dw/lw:* ~aic** /वौल्टेइक/ *adj.* वोल्टीय;
***collocations:* ~aic pile** अलेसांद्रो वोल्टा (Allesandro Volta, 1745-1827) द्वारा निर्मित बैट्री का प्रारंभिक रूप; **~age divider** वोल्टेज विभाजक; **~age drop** वोल्टेज पात; **~age multiplier** वोल्टेज संवर्धक; **~age regulator** वोल्टेज नियंत्रक

volte /वौल्टि/ *n.* 1 पैंतरा 2 तलवारबाजी में वार टालने की क्रिया

volte-face /वौल्ट-फास/ *US* वॉल्ट-फास/ *n.* 1 (***syn.*** about-turn) पल्टा, उल्टाव 2 फेर, संपूर्ण बदलाव 3 मत-परिवर्तन 4 कायापलट

voltmetre /वोल्टमीटः/ *n., elec.* वोल्टमीटर

volu\bility /वौल्यु\बिलिटि/ *US* वाःल्यु\-/ *n.* 1 बातूनीपन, वाचालता, जबानदराजी 2 बातचीत या भाषण में धाराप्रवाहिता, प्रवाह
***dw/lw:* ~ble** /~बल/ *adj.* 1 बातूनी, वाचाल 2 धाराप्रवाह, प्रवाही 3 लिपटने वाली (बेल आदि) 4 चल, घूमने वाला

volume /वौल्यूम/ *US* वाःल्यूम/ *n.* 1 ध्वनि की प्रबलता (ऊंचाई या निचाई) 2 ध्वनि की प्रबलता नियंत्रक 3 ढेर, राशि, मात्रा, परिमाण: ~ of traffic 4 त्रिविम जगह, आयतन 5 किताब, पुस्तक का भाग या खंड, ग्रंथ: five-~ encyclopedia 6 परिणाम 7 पत्रिका के भिन्न-भिन्न अंक;
collocations: ~ **compression** प्रबलता संकुचन; ~ **control** प्रबलता नियंत्रण; ~ **density** आयतन घनत्व; **omnibus** ~ कई उपन्यासों आदि का संकलन (खंड);
***p&i*: speak ~s** बहुत कह दे., काफी प्रशंसनीय हो.,

volumenometer/ ~meter /वलूमिनॉमिटः/ *n.* आयतनमापी

volumet\er /वॉल्यु\मिटः/ *n.* तरल, गैस पदार्थों का आयतनमापी;
***dw/lw:* ~ric** /~मेटरिक/ *adj.* आयतनी, अनुमापी; **~ry** /~मेटरि/ *n.* आयतनमिति; **~ric-analysis** *n., chem.* एक रासायनिक विश्लेषण जिसके तहत किसी निश्चित परिमाण वाले घोल की अज्ञात सघनता टाइट्रेशन (titration) द्वारा निकाली जाती है

voluminosity /वल्युमिनॉसिटि/ *n.* विशालता, विस्तारता, विपुलता

voluminous /वअल्यूमिनस\/ *adj.* 1 बड़ा, भारी-भरकम, बड़े आयतन का 2 (***syn.*** ample) विपुल आयतनी, विशाल, शानदार: ~ drapery 3 बृहदाकार 4 विस्तृत, बहुखंडीय (ग्रंथ) 5 प्रचुर, विपुल (लेखन), बहुसर्जक 6 ढीला-ढाला;
***dw/lw:* ~ly** /~लि/ *adv.* बढ़िया ढंग से; **~ness** /~नेस/ *n.*

प्रचुरता, विपुलता, बाहुल्य

volumize /वौल्युमाइज/ *US* वाःल्युमाइज/ *v., pt.* **~d**, *pp* **volumizing** बालों को ज्यादा मोटा दिखाना

voluntar\ily /वौलंटरअलि/ *US* वाःलंटअ\रअलि/ *adv.* 1 अपनी मर्जी से, स्वेच्छापूर्वक, अपने आप, स्वेच्छा से, स्वेच्छया, खुशी से 2 अवैतनिक रूप से;;

dw/lw: **~ism** /~रिज्म/ *n.* संकल्पवाद, इच्छा-शक्तिवाद यानी एक ऐसा दर्शन जिसके तहत इच्छा-शक्ति बुद्धि पर हावी रहने की बदौलत संसार में सर्वाधिक महत्त्वपूर्ण तत्त्व बन जाती है; **~ist** /~रिस्ट/ *n.* इच्छा-शक्तिवादी, संकल्पवादी

volunta\ry /वौलंट्रि/ *US* वाःलंटअ\रि/ *adj.* 1 स्वैच्छिक, अपनी मर्जी से किया जानेवाला: **~ry** work; **~ry** settlement (स्वैच्छिक निपटारा) 2 निःस्वार्थ, अवैतनिक 3 स्वयंसेवी, दान-आश्रित 4 ऐच्छिक 5 ज्ञानकृत, संकल्पित, विमर्शित, विवेचित, अभिप्रेत 6 स्वतः होने वाला;

n.*, pl.* **~ries** चर्च में प्रार्थना के समय बजाई जाने वाली धुन;

collocations: **~ry-aided school** सरकारी अनुदान और दान पर आश्रित स्कूल; **~ry-controlled school** सरकारी अनुदान पर आश्रित व नियंत्रित स्कूल; **~ry muscle** *anat.* सचेत रूप में नियंत्रित मांस-पेशी; **Voluntary Service Overseas** (*abbr.* **VSO**) एक ब्रितानवी दान संस्था जो डाक्टर, अध्यापक आदि प्रशिक्षित लोगों को दूसरे देशों में स्वयं सेवी कर्मियों के रूप में भेजती है

voluntative /वौलंटेटिव/ *adj.* इच्छार्थक, इच्छामूलक, स्वैच्छिक

volunteer /वौलंटिअः/ *v., pt.* **~ed**, *pp* **~ing** 1 स्वयं सेवक बनना, स्वयं सेवक के रूप में काम क., वालंटियर बनना 2 अपनी मर्जी से सेना में भर्ती हो. 3 अपनी इच्छा से दे. 4 अपनी सेवा या सहायता निःशुल्क अर्पित क. 5 (*often* ~ **for sth**) अपने आप कहना, स्वेच्छा से कोई काम, जिम्मेवारी या भार स्वीकार क.: ~ oneself for playground duty 6 स्वेच्छा से सूचना आदि दे.;

n. 1 स्वयंसेवक 2 युद्ध आदि के समय अव्यावसायिक संगठन का सदस्य 3 अपने आप उगने वाला पौधा

voluptuary /वलप्चुअरि/ *n., pl.* विषयी, विषयासक्त, भोगी, ऐयाश

voluptuous /वलप्चुअस\/ *adj.* 1 (***syn.*** buxom) हसीन, कमनीय, कामिनी, बड़े उरोजों वाली, कामोत्तेजक (स्त्री) 2 विलासमय, विलासी, विलासप्रिय, भोगी, विषयी, विषयरत, विषयासक्त, ऐयाश, इंद्रियपरायण 3 (***syn.*** sensual) कामुक, कामी 4 सुखदायी, आनंददायक;

dw/lw: **~ness** /~नेस/ *n.* 1 इंद्रियपरायणता, विषय-रति 2 कामुकता, कामोत्तेजकता 3 विलासिता, ऐयाशी, विलासप्रियता 4 आनंद-प्रियता

volute /वल्यूट/ *adj.* 1 पेचदार, कुंडलीदार, चक्राकार 2 घुमावदार 3 सर्पिल, वलित;

dw/lw: **volution** /वलूशन/ *n.* 1 वलन 2 कुंडली, घुमाव, चक्र 3 फेरा, लपेट

volva /वॉल्वा/ *n.* अधोवेष्टन

volvulus /वॉल्व्यूलस/ *n.* अंत्रग्रंथि

vomer /वोमः/ *n.* सीरिका;

adj. **~ine** /वोमरिन/ *adj.* सीरिक

vomit /वौमि\ट/ *US* वाःमि\ट/ *v., pt.* **~ed**, *pp* **~ing** 1 वमन क., कै क., उल्टी क. 2 बाहर निकालना, छोड़ना 3 उगलना;

n. 1 वमन, कै, उल्टी 2 वमनकारी औषध, कै लाने वाली दवा;

dw/lw: **~ive/ ~ory** /~टिव/ /~टरि/ *adj.* वमनकारी, उल्टी लाने वाला; **~-nut** *n.* कुचला; **~urition** /वॉमिट्युअरिशन/ *n.* मतली, उबाक, ओकाई

VoN *abbr.* 'Voice over Network' की प्रथमाक्षरी

voodoo /वूडू/ *n., pl.* **~s** वेस्ट-इंडीज या दक्षिणी अमेरिका के अफ्रीकी मूल के लोगों के बीच प्रचलित जादू-टोना, तंत्र-मंत्र;

v.*, pt.* **~ed**, *pp* **~ing**, *s/he/ it* **~s** पर जादू डालना, पर जादू जमाना

VoP *abbr.* 'Voice over Pocket' की प्रथमाक्षरी

voracious /वरेशिअस\/ *adj.* 1 अत्यधिक उत्सुक, लालायित, आतुर 2 (***syn.*** greedy) खाऊ, पेटू, अतिभक्षक, उदरपिशाच, भुक्खड़ 3 अति लालची, लोलुप 4 (***syn.*** avid) अतोषणीय, अतृप्य: a ~ reader;

dw/lw: **~ness** /~नेस/ (**voracity** /वरैसिटि/) *n.* 1 पेटूपन, भुक्खड़पन 2 अतृप्यता 3 आतुरता, उत्सुकता, अच्छे काम की भूख 4 लोलुपता, लालच, लोभ; **voracious\ly** /~लि/ *adv.* 1 लालायित ढंग से 2 अतृप्यतापूर्वक, दबादब

vortex /वॉःटेक्स/ *n.* 1 (***syn.*** whirpool) भंवर जलावर्त 2 (***syn.*** whirlwind) वातावर्त, बवंडर, चक्रवात, बगूला, बबूला 3 जंजाल, चक्कर, फंसावड़ा: ~ of politics; in a ~ of gaiety 4 भ्रमिल;

dw/lw: **~-ring** *n.* भ्रमिल वलय

vorticism /वॉःटिसिज्म/ *n., art* कला के क्षेत्र में एक ब्रितानवी आंदोलन जो भविष्यवाद (futurism) से निकला था और जिसके तहत घन-चित्रणवाद (cubism) एवं अभिव्यक्तिवाद (expressionism) का मिश्रण किया जाता था

vortical /वॉःटिकल/ (*also* **vorticular**) *adj.* 1 भंवर-संबंधी, भ्रमिल 2 जलावर्ती, वातावर्ती, चक्रवाती, चक्राकार

vorticity /वॉःटिसिटि/ *n.* 1 भ्रमिलता 2 जलावर्तता, वातावर्तता,

votable /वोटअबल/ *adj.* मतदेय, मत देने योग्य

votary /वोटरि/ *n., pl.* **votaries** 1 धर्मनिष्ठ, धर्मव्रती, जो धार्मिक जीवन जीने के लिए शपथ-बद्ध हो, भक्त 2 धर्मसंघी 3 उपासक 4 समर्थक, अनुयायी 5 शौकीन

vote /वोट/ *v., pt.* **~d**, *pp* **voting** 1 मत दे., राय दे.: ~ for or against a candidate; ~ by ballot; ~ by a show of hands 2 चुनना या हराना: ~ sb/ sth down; ~ for/ against sth/ sb 3 बहुमत से पारित, स्वीकृत या अनुमोदित क.: they **~d** that the tax be abolished 4 विधेयक को पारित क., स्वीकार क. 5 सर्व-सम्मति से मान लेना या घोषित क.: the show was **~d** a success 6 सुझाव दे., प्रस्ताव रखना: I ~ that we go for a swim;

n. 1 मत, वोट, राय: cast one's ~ 2 मतदान 3 कुलमत संख्या 4 मताधिकार: foreigners do not have a ~ 5 विचार, मत आदि की अभिव्यक्ति: ~ in favour of a motion; a ~ against/ for sb/ sth; a ~ on the motion 6 समर्थन: he'll attract the middle-class ~;

dw/lw: **~r** /वोटः/ *n.* मतदाता;

collocations: ~ **on account** लेखानुदान; ~ **of censure** निंदा-प्रस्ताव; ~ **of confidence** विश्वास-मत; ~ **of no-confidence** अविश्वास-प्रस्ताव; ~ **of thanks** धन्यवाद-प्रस्ताव;

a faggot ~ अस्थायी संपत्ति स्थानांतरण की बदौलत मिलने वाला मताधिकार; **a floating** ~ अनिश्चित मतदाता; **a silent** ~ अपने राजनीतिक रवैये के बारे चुप रहने वाले मतदाता; **casting** ~ निर्णायक मत; **cumulative** ~ संचयी मत; **the block** ~ सामूहिक मत; **the cemetery** ~ (मतदाता सूची में शामिल) मृत लोगों के मत;

p&i: ~ **down** (बहुमत से) अस्वीकार क., हरा दे.; ~ **in** चुनना; ~ **sb out** किसी को बरखास्त कर दे.; **split one's** ~ अपने मत अलग-अलग उम्मीदवारों को बांटकर दे.;

voting *n.* मतदान: voting-paper; abstain from voting;

collocations: ~ **citizen** मताधिकार प्राप्त नागरिक; ~ **members of a committee** समिति के पूर्ण मताधिकार प्राप्त सदस्य; ~ **machine** मतदान मशीन; ~ **precinct** *US* मतदान केंद्र; ~ **power/ right** मताधिकार;

absent ~/ postal ~ डाक से भेजे जाने वाले मत; **cumulative** ~ सामूहिक मत; **full ~ status** निर्णायक मत का अधिकार

votive /वोटिव/ *adj.* 1 *rel.* संकल्पित, व्रतानुष्ठित 2 मन्नत माना हुआ, मनौती का, मन्नत का: ~ offering (मन्नत का चढ़ावा) 3 वैकल्पिक: ~ mass (वैकल्पिक याग, इष्टयाग)

vouch /वाउच/ *v., pt.* **~ed**, *pp* **~ing**, *s/he/ it* **~es** 1 (*usually* ~ **for sb/ sth**) सत्यापित क., प्रमाणित मानना: I cannot ~ for the truth of that statement 2 (***syn.*** confirm) सही होने का

भरोसा दे.: ~ for sb's ability to pay 3 समर्थन क., निश्चित क.: all expenses must be strictly **~ed**; ~ one's words by one's deeds 4 विश्वास दिलाना, आश्वस्त क.: he **~es** that he was absent at the time;
***dw/lw:* ~er** /वाउचः/ *n.* 1 रसीद, भुगतान का प्रमाण, खर्चे का पुर्जा: ~er for receipt; cash ~er 2 आधारपत्र: sick ~er 3 प्रमाणक, प्रमाण-पत्र: ~er copy;
***collocations:* ~er scheme** *education* सरकार द्वारा दिया जाने वाला बच्चे की पढ़ाई के खर्चे का आधारपत्र;
***p&i:* ~ed by authority** प्रमाणित स्रोत द्वारा स्थापित; **~ for** 1 किसी की ईमानदारी का भरोसा या साक्ष्य दे. 2 की सच्चाई का आश्वासन दे. 3 का जिम्मा लेना 4 प्रमाणित होने का विश्वास दिलाना, निश्चित रूप से या दृढ़तापूर्वक कहना; **~ for sb/ sth** सत्यापित क., सही होने का आश्वासन दे.; **~ to warrant** गवाही दे.

vouchsa\fe /वॉउचसेफ/ *v., pt.* **~fed**, *pp* **~fing** 1 अनुग्रह क., अनुग्रहपूर्वक दे.: he **~fed** no reply 2 कृपापूर्वक प्रदान क., (देने, करने) की कृपा क. 3 (*usually* **~fe to do sth**) कुछ करने की कृपा क.: he **~fed** me a visit 4 किसी को कुछ बताना

voussoir /वूस्वाः/ (*also* **arch stone**) *n., archit.* डाट-पत्थर

VOW *abbr.* 'Video-on-Wheels' की प्रथमाक्षरी

vow /वाउ/ *v., pt.* **~ed**, *pp* **~ing** 1 वचन दे. 2 प्रतिज्ञा ले., संकल्प क.: ~ celibacy/ obedience 3 निष्ठापूर्वक घोषित क.: she **~ed** that she was delighted 3 व्रत लेना, मन्नत मानना, करार क.: ~ vengeance against; ~ eternal friendship 4 समर्पित क.: ~ oneself to a life of self-sacrifice;
***n.**, pl.* **~s** 1 प्रतिज्ञा, वचन, करार, इकरार, वादा: break/ hold/ keep a ~; exchange **~s** 2 (*often* **~s**) व्रत, शपथ, सौगंध: the marriage **~s**; lovers' **~s**; make a ~; be under a ~/ be bound by a ~ to do sth; I am under a ~ to drink no wine 3 मन्नत, मनौती 4 साधु रूप धारण क., का व्रत ले.: take the **~s**; the ~ of poverty/ of chastity/ of obedience;
***collocations:* fulfillment of ~s** व्रतपालन; **fulfil a ~** मन्नत उतारना; **perpetual ~s** आजीवन व्रत; **simple ~s** साधारण व्रत; **solemn ~s** महाव्रत; **temporary ~s** अस्थायी व्रत; **take a ~** शपथ उठाना; **renovation of ~s** व्रतावर्तन; **taking of ~s** व्रतग्रहण; **violation of ~s** व्रत-उल्लंघन;
***p&i:* ~ and declare** औपचारिक या सामारोहिक रूप से घोषित क.; **~ and protest** सशपथ वचन दे.;
take the ~s साधु संघ में शामिल हो.

vowel /वाउअल/ *n., phon.* 1 स्वर 2 स्वर-द्योतक अक्षर: a, e, i, o, u, (*also* y);
adj. स्वरीय;
***dw/lw:* ~ize** *v. pt.* ~ized, *pp* ~izing 1 स्वर अंकित क. 2 (*also* vocalise) स्वरित क.;
collocations:* ~ cardinal** मानक स्वर; **~ gradation** (syn.*** ablaut) अपश्रुति; **~ mutation** अभिश्रुति; **~ point** हीब्रू, अरबी आदि भाषाओं में किसी स्वरीय चिह्न का प्रयोग; **back ~** पश्च स्वर; **close ~** संवृत स्वर; **consonantal ~** व्यंजनात्मक स्वर; **front ~** अग्र स्वर; **open ~** विवृत स्वर; **pure ~** मूल स्वर;

vox /वौक्स/ *US* वाःक्स/ *n., pl.* **voces**, *Lat.* आवाज, वाणी: ~ populi लोग मत;
***collocations:* ~ angelica** *music* ऑरगन वाद्य से निकलने वाली एक मृदुल वाणी; **~ humana** ऑरगन वाद्य से निकलने वाली एक मानवीय वाणी; **~ pop** *broadcasting* 1 जनता की टिप्पणियों में अभिव्यक्त जनमत 2 लोकमत परिचायक साक्षात्कार; **~ populi** /वौक्सपौपुली/ वौक्सपौपुलाइ/ *n.* जनता की आवाज, जनमत, लोकमत, लोक निर्णय;
***p&i:* vox populi, vox Dei** /वोक्स पोपुली वोक्स दे/ *Br.* वौक्स पोप्यलाइ वौक्स दिआइ/ *Lat.* जनता की आवाज, भगवान की आवाज

voyage /वॉइ\ज/ *n.* 1 समुद्री यात्रा: homeward ~; outward ~ (विदेश यात्रा) 2 हवाई यात्रा: balloon ~ 3 अंतरिक्ष यात्रा 4 प्रगति, उन्नति;
***v.**, pt.* **~d**, *pp* **voyaging** यात्रा पर जा.: ~ across the Atlantic;
***dw/lw:* ~r** /~जः/ *n.* यात्री; **~ur** /~जः/ *n.* 1 यात्री, मल्लाह 2 दलाल

voyeur /वॉयः/ *n.* 1 दूसरों के गुप्त अंग या यौन क्रियाएं देखकर आनंदित होने वाला, कामदर्शी, दृश्यरतिक 2 यौन क्रियाओं का कल्पना-दर्शी 3 दूसरे के मामलों में ताक-झांक करने वाला;
***dw/lw:* voyeur\ism** /वॉयरिज्म/ *n.* यौन क्रियाओं का कल्पना-दर्शन; **~istic** /वॉयरिस्टिक/ *adj.* यौन क्रियाओं का कल्पना-दर्शन संबंधी

VP *abbr.* 'Vice-President' की प्रथमाक्षरी

VPI *abbr.* 'Virtual Path Identifier' की प्रथमाक्षरी

VPL *abbr.* 'visible parity line' की प्रथमाक्षरी

VPN *abbr.* 'Virtual Private Networks' की प्रथमाक्षरी

VPNI *abbr.* 'Vegetarian Nutrition Promotion Network, India' की प्रथमाक्षरी

VPT *abbr.* 'Visakhapatnam Port Trust' की प्रथमाक्षरी

VR *abbr.* 'Victoria Regina की प्रथमाक्षरी

vraisemblance /वेसांब्लांस/ *n., Fr.* संभाव्यता, सत्याभास

VRAM *see* **VIDEO RAM**

VrC *abbr.* 'Vir Chakra' की प्रथमाक्षरी

VRDE *abbr.* 'Vehicle Research Development Establishment' की प्रथमाक्षरी

V. Rev. *abbr.* 'Very Reverend' का छोटा रूप

VRI *abbr.* 'Victoria Regina et Imperatrix', *Lat.* की प्रथमाक्षरी

VRIPL *abbr.* 'Virtual Reality Infosystems Private Limited' की प्रथमाक्षरी

VRLA *abbr.* 'value regulated lead acid' की प्रथमाक्षरी

vroom /व्रूम/ व्रुम/ *n. colloq.* शक्ति, जोश और ऊर्जा: he's got ~
***v.**, pt.* **~ed**, *pp* **~ing** 1 तेज रफ्तार से गाड़ी चलाकर जा.: Rohit **~ed** along the motorway 2 रफ्तार बढ़ाना: ~ the engine at the traffic lights

VRS *abbr.* 'voluntary retirement scheme' की प्रथमाक्षरी

VS *abbr.* 'Veterinary Surgeon' की प्रथमाक्षरी

vs/ VS (*also UK* **v**) *abbr.*, 'versus' का छोटा रूप (विपरीत, बनाम)

VSAT *abbr.* 'very small aperture terminals' की प्रथमाक्षरी

VSD *abbr.* 'Ventricular Septal Defect' की प्रथमाक्षरी

V-shaped *adj.* **V** आकार का

V-sign *n., Br.* 'Victory sign' का छोटा रूप (विजय का चिह्न)

VSM *abbr.* 'Vishisht Sewa Medal' की प्रथमाक्षरी

VSNL *abbr.* 'Videsh Sanchar Nigam Limited' की प्रथमाक्षरी

VSP *abbr.* 'viscose staple fibre' की प्रथमाक्षरी

VSSC *abbr.* 'Vikram Sarabhai Space Centre' की प्रथमाक्षरी

VT *abbr. US state* 'Vermont' का छोटा रूप

VTMS *abbr.* 'Vessel Traffic Management System' की प्रथमाक्षरी

VTOL *abbr.* 'Vertical Take off and land' की प्रथमाक्षरी

VTR *abbr.* 'videotape recorder' की प्रथमाक्षरी

VTU *abbr.* 'Vishveswaraiya Technological University' की प्रथमाक्षरी

VUE *abbr.* 'Virtual University Enterprise' की प्रथमाक्षरी

vug /वग/ *n.* गड्ढा, आस्तरित गुहिका (cavity)

Vulcan /वल्कन/ *n.* 1 अग्निदेवता 2 शिल्पदेवता

vulcani\te /वल्कअनाइ\ट/ *n.* सख्त काली रबड़;
***dw/lw:* ~zation** /~जेशन/ *n.* वल्कन, सख्त काली रबड़ बनाने की क्रिया; **~ze** /~ज/ *v., pt.* ~zed, *pp* ~zing ऊंचे तापमान पर

रबड़ को गंधक से शोधित क., वल्कन क., वल्कनित क., सख्त काली रबड़ बनाना

Vulcanolo\gy, ~gical, ~gist *see above under* **volcanology**

vulg. *abbr.* 'vulgar' का छोटा रूप

vulgar /वल्गः/ *adj.* 1 (***syn.*** coarse) अशिष्ट, अभद्र, घटिया, अपरिष्कृत, सड़क-छाप: ~ manners/ expressions; ~ tastes 2 (***syn.*** crude) उजड्ड, फूहड़: ~ fellow 3 गंवारू, गंवार: be ~ of speech; grow ~ 4 आम, सामान्य, जनसाधारण का, लोकमतीय: ~ superstition; ~ sayings 5 मातृभाषीय: in the ~ tongue; ***n.*** **(the ~)** जनसाधारण, आम आदमी;
dw/lw: **~ian** /वल्गेरिअन/ *n.* 1 गंवार (रईस) व्यक्ति 2 गंवार करोड़पति 3 (***syn.*** nouveau riche) कल का नवाब; **~ism** /वल्गअरिज्म/ *n.* 1 फूहड़ शब्द या बात 2 अशिष्टता, ग्राम्य, ग्राम्य-दोष, ग्राम्य प्रयोग; **~ity** /वल्गैरिटि/ *n.* 1 अभद्रता, अशिष्टता, गाली-गलौज 2 गंवारपन, असभ्यता 3 ग्राम्य-दोष, ग्राम्य प्रयोग 4 कुरुचि, घटियापन; **~ization** /वल्गअराइजेशन/ *n.* 1 अभद्रताकरण, ग्राम्यकरण, असभ्यकरण 2 सामान्यकरण, निम्नीकरण; **~ize/ ~ise** /वल्गअराइज/ *v., pt.* ~ized, *p* ~izing 1 गंवार बना दे. 2 गंवार बनना, अभद्रतापूर्ण व्यवहार क. 3 चौपट होना 4 निम्नस्तरीय बना दे.; **~ly** /वल्गःलि/ *adv.* 1 फूहड़ या गंवारू ढंग से 2 घटिया तरीके से 3 लोकमत में प्रचलित रूप में;
collocations: ~ **error/ notion, fallacy** दूर-दूर तक फैली हुई गलती, भूल या भ्रांति; ~ **era** ईसाई काल; ~ **fraction** साधारण भिन्न; **Vulgar Latin** बोलचाल की लातीनी भाषा; ~ **tongue** बोली, देसी भाषा

(the) **Vulgate** /वल्गेट/ *n.* 1 बाइबल का लातीनी संस्करण 2 बोलचाल की भाषा में पाठ 3 बोलचाल की लातीनी में बाइबिल

vulnera\ble /वल्नअरअ\बल/ *adj.* 1 (*often* **~ble to sth/ sb**) असुरक्षित, कमजोर: **~ble** spot; ~ **ble** section 2 छेद्य 3 आलोच्य, दोषपूर्ण 4 नाजुक, सुकुमार, कोमल, अति संवेदनशील, मर्मशील: **~ble** point 5 जिसे आसानी से ललचाया या फुसलाया जा सके 6 मारक दूरी: **~ble** range; **~ble** to air attacks;
dw/lw: **vulnera\bility** /~बिलटि/ (*also* **~bleness**) *n.* 1 असुरक्षा, कमजोरी: ~bility factor; financial ~bility 2 छेद्यता, भेद्यता 3 कोमलता, नजाकत

vulnerary /वल्नअरअरि/ *adj.* घाव भरने वाला: ~ plants; ***n., pl.*** **vulneraries** घाव भरने वाला लेप या औषध

vulpine /वल्पाइन/ वल्पिन/ *adj.* 1 लोमड़ी-संबंधी 2 लोमड़ी-सदृश, लोमड़ी-जैसा 3 धूर्त, धूर्ततापूर्ण, घाघ, चालाक, चालबाज

vultu\re /वल्चः/ *n.* 1 गिद्ध, गीध, गृध्र 2 मृत जानवरों को खाने वाला या उन पर पलने वाला जीव 3 घिनौना व्यक्ति: the **~res** of the mind 4 दूसरों की विपदा का फायदा उठाने वाला व्यक्ति;
dw/lw: **~rine** /वल्चराइन/ वल्चरिन/ *adj.* 1 गीध संबंधी 2 गीध-जैसा 3 धूर्त या धूर्ततापूर्ण 4 खसोटने वाला, लूटने वाला; **~rous** /वल्चरस/ *adj.* 1 गीध जैसा 2 दूसरों का शिकार करने वाला, अत्याचारी 3 लालची, लोभी;
collocations: **a culture** ~ सांस्कृतिक कार्यक्रमों के चक्कर लगाने वाला व्यक्ति; **king** ~ राजगिद्ध; **scavenger** ~ 1 गोबरगिद्ध 2 लोभी व्यक्ति, खसोट; **whitebacked** ~ चमरगिद्ध

vulva /वल्वा/ *n., pl.* **vulvas** स्त्री का बाह्य यौनि अंग, भग;
dw/lw: **~l** /वल्वल/ *adj.* भग-संबंधी; **vulviform** /वल्विफाःम/ *adj.* भगाकार

vv., *abbr.* 'verses', ''vice versa', 'volumes' का छोटा रूप

VVA *abbr.* 'variable valve actuation' की प्रथमाक्षरी

VVVF *abbr.* 'variable voltage variable frequency' की प्रथमाक्षरी

Vow *abbr.* 'View' का छोटा रूप

vying /वाइइंग/ *pp,* 1 **'vie'** का वर्तमानकालिक कृदंत 2 स्पर्धा करने वाला, होड़ करने वाला;
n. होड़, प्रतिस्पर्धा, हमसरी;
adj. होड़ लगाने वाला, प्रतिस्पर्धी, हमसर

VZV *abbr.* 'Varicella-Zoater Virus' की प्रथमाक्षरी

W w

W w /डब्ल्यू/ *n., pl.* **Ws, W's, ws** अंग्रेजी वर्णमाला का तेईसवां अक्षर

W *abbr.*, 'watt', 'West', 'Welsh', 'Western', 'winter', 'women', 'women's', 'work' का प्रथमाक्षर

W *symbol, chem.* 'wolfram/ tungsten' का चिह्न

w ***abbr.*** 'week', 'weight', 'wicker', 'wicket', 'wide', 'width', 'wife', 'with' का प्रथमाक्षर

WA *abbr. US state* 'Washington', 'West Africa', *Australian state* 'Western Australia' की प्रथमाक्षरी

WAAC/ Waac *abbr., hist.* 'Women's Army Auxiliary Corps' की प्रथमाक्षरी

WAB *abbr.* 'Works Advisory Board' की प्रथमाक्षरी

WAC *abbr.* 'Western Air Command' की प्रथमाक्षरी

W-2 form *US* अमेरिका में किसी संगठन या कंपनी के मालिक द्वारा नए कर्मी को दिया जाने वाला पत्रक जिसमें वेतन और काटे जाने वाले वार्षिक कर की राशि लिखी होती है

wack /वैक/ *n.* 1 घटिया, रद्दी 2 सनकी या पागल व्यक्ति;
dw/lw:* ~ily** /वैकिलि/ *adv.* सनकी ढंग से; **~iness** /वैकिनेस/ *n.* सनक, खब्त; **~o** /वैको/ *colloq. adj.* पागल, सनकी, खब्ती; **~o** *n., pl.* ~s (syn.*** crazy person) पागल, सनकी या खब्ती व्यक्ति; **~y/ whacky** /वैकि/ *adj., degr.* ~ier, ~iest/ whackier, whackiest *colloq., originally N. Amer., esp. US* पगला, सनकी, खब्ती, तर्कहीन

wacky-baccy /वैकि-बैक्कि/ *n.* (***syn.*** cannabis) भांग, भांग का पौधा

wad /वौड\/ *US* वाःड\/ *n.* 1 कागज या रुपये आदि की गड्डी 2 पैकिंग में प्रयुक्त होने वाली दबी हुई (compressed) गद्दीदार सामग्री 3 रुई का फाहा 4 *Br. sl.* सैंडविच, केक 5 गड्ड: a ~ of chewing tobacco;
***v., pt.* ~ded**, *pp* **~ding** 1 गद्दी लगाना, गद्दीदार तह लगाना 2 मोटा अस्तर लगाना 3 नमदा बनाना 4 रुई भरना 5 कागज आदि की गड्डी की डाट लगाना;
***dw/lw:* wadable** /वेडअबल/ *adj.* पांझ, सुगाध; **~ding** /वौडिंग/ *US* वाःडिंग/ *n.* 1 रुई आदि की गद्दी या फाहा 2 भराव 3 रुई 4 गड्ड;
***collocations:* ~ thread** पूर्ण सूत्र;
***p&i:* shoot one's** ~ सब कुछ दाव पर लगा दे.; **well ~ded with conceit** अति-आत्मविश्वास से फूलकर कुप्पा बना हुआ

WADA *abbr.* 'World Anti-Doping Agency' की प्रथमाक्षरी

waddle /वौडल/ *US* वाःडल/ *v., pt.* **~d**, *pp* **waddling** 1 बतख की तरह चलना 2 ठुमक-ठुमककर चलना;
n. बतख की चाल

wad\dy /वौडि/ *US* वाःडि/ *n., pl.* **waddies** 1 गदा, मुद्गर 2 छड़ी, बेंत;
***v., pt.* ~died**, *pp* **~dying**, *s/he/ it* **~dies** गदा से प्रहार क.

wade /वेड/ *v., pt.* **~d**, *pp* **wading** 1 बड़ी मुश्किल से आगे बढ़ पाना: ~ across/ through, etc.; ~ through the mud; the moon **~d** through clouds 2 पार क., पैदल पार क.: ~ (across) a river 3 कठिनाई से पार क., उबाऊ कार्य को पूरा क.: ~ through a dull book, ~ through the work of dictionary writing; ~ through innumerable details;
***dw/lw:* ~r** /वेडः/ *n., pl.* **~rs** 1 पानी में टहलने वाला, जगल 2 जल पक्षी, जगल पक्षी 3 (**~rs**) वाटरप्रूफ जूते या पोशाक;
***collocations:* wading bird** उथले पानी में चलने वाला लंबी टांगों वाला जल पक्षी; **wading pool = paddling pool**;
***p&i:* ~ in** 1 जानबूझकर किसी कार्य में रत हो जा. 2 पैठना, हेलना 3 बीच में पड़ना; **~ into** 1 पानी में घुसना 2 आक्रमण क. 3 घोर निंदा क. 4 कटु आलोचना क.; **~ into sb** किसी पर भयंकर हमला क., किसी की बेतहाशा निंदा या आलोचना क.; **~ through sth** 1 बड़ी मेहनत से पार क. या पूरा क. 2 पूरा पढ़ना; **~ through slaughter** (blood) मार-काटकर आगे बढ़ना

wadi/ wady /वौडि/ *n., pl.* **wadies** चट्टानी नदी तल

WADP *abbr.* 'World Association for Development of Philately' की प्रथमाक्षरी

w.a.f., *abbr.* 'with all faults' की प्रथमाक्षरी (सारे दोषों या सारी त्रुटियों के बावजूद)

wafer /वेफः/ *n.* 1 एक बहुत पतला बिस्कुट, वेफर 2 *Christ.*, Holy communion में प्रवेश पाने वालों को परोसी जाने वाली रोटी या चावल का पापड़, रोटिका 3 लेई की टिकली 4 *comput.* सिलिकोन की एक बड़ी टिकिया जिस में से काटकर कंप्यूटर चिप्स (chips) बनाए जाते हैं;
***v., pt.* ~ed**, *pp* **~ing** लेई की टिकली कसकर चिपकाना;
***dw/lw:* ~-thin** *adj.* = **paper-thin** 1 बहुत बारीक, पतला 2 कम अंतर की; **wafery** /वेफरि/ *adj.* वेफर बनाने का कारखाना;
***collocations* ~ paper** वेफर पेपर, पतला कागज; **~ socket** पट किला सॉकेट; **wafer-irons/ wafer-tongs** क्रीम के साथ (वेफर)

waffle /वौफल/ *US* वाःफल/ *n.* 1 अस्पष्ट तथा शब्द बहुल कथन या लेख, गप 2 *cookery* **~-iron** में लगाकर पकाया जाने वाला एक प्रकार का केक या रोटी 3 पतली मीठी रोटी;
n. *US sl.* 1 ढुलमुल या अस्पष्ट घोषणा, कथन 2 खतरनाक कार्य 3 गप, सारहीन डींग 4 घिनौना या घृणित व्यक्ति: old ~;
***v., pt.* ~d**, *pp* **waffling** 1 (*also* **~ on**) शब्द बहुल सारहीन बातें करना या लिखना, गप लड़ाना 2 ढुलमुल हो.

waft /वौफ्ट/ *US* वाःफ्ट/ *v., pt.* **~ed**, *pp* **~ing** 1 महक आदि का हवा में उड़ना, बिखरना 2 (***syn.*** drift) पत्तों आदि का उड़कर फैल जाना, दूर तक पहुंचना: **~ing** from/ through, etc.; the leaves were **~ed** along by the breeze; scents/ sounds were **~ed** all around in the air 3 बहा दे., उड़ा ले जाना 4 आवाज आदि को पहुंचाना या आवाज का पहुंचना: a distant song was **~ed** to our ears; shouts **~ed** near the university 5 दूसरी तरफ ले जा.: ~ across; ~ over; the ferryman **~ed** them over the river 6 चलाकर या उड़ाकर ले जा.: ~ a ship; the wind ~ed the clouds to the west quickly 7 हवा का चलना;
n. 1 झकोला, उड़ा ले जाने की क्रिया 2 महक या धुएं आदि का बिखराव, फैलाव 3 संकेत के रूप में लहराई जाने वाली पताका 4 पताका आदि की फरफराहट 5 बोध;
***p&i*: ~ aside = ~ away** हवा आदि द्वारा उड़ाकर ले जाया जा.

wag /वैग/ *v., pt.* **~ged**, *pp* **~ging** 1 कुत्ते-बिल्ली आदि द्वारा दुम हिलाया जा.: ~ with a tail 2 जोर-जोर से हिलाना-डुलाना, लहराना 3 किसी को डांटते हुए या चेतावनी आदि देते हुए उंगली को ऊपर-नीचे हिलाना: ~ one's finger 4 ठोडी, सिर आदि को गप-शप करते हुए हिलाना-डुलाना: ~ one's head; their heads **~ged** in time to the music; ~ one's chin/ one's jaws/ one's beard; set tongues/ chins/ jaws/ beards, etc. **~ging** (अफवाहों या चुगलखोरी को जन्म दे.) 5 झूमना 6 चूतड़ों के बल हिलना-डोलना 7 (***syn.*** play truant) स्कूल आदि से गैर-हाजिर हो.: play the ~;
n. 1 हिलाने-डुलाने की क्रिया, हिलाव-डुलाव, झोल: with a ~ of the tail 2 (***syn.*** joker) ठट्ठेबाज, दिल्लगीबाज, शब्द का धनी, तीखी बात कहने वाला 3 सुस्त आदमी, स्कूल, कॉलेज या काम से गायब रहने वाला आदमी;
***dw/lw:* ~ging** /वैगिंग/ *adj.* दोलन, हिलने-डुलने की क्रिया: ~ vibration (अभिदोली कंपन); **~gish** *adj.* 1 शरारती, नटखट 2 गप्पी, गपौड़ी 3 रोचक 4 मजाकिया, मजाक भरा, विनोदी: ~gish remark 5 हंसोड़, दिल्लगीबाज, मजाकपसंद;
***p&i:* ~ one's tongue** जबान को कैंची की तरह चलाना; **how ~s the world?** क्या हाल है?; **let the world ~ as it will** दुनिया जो चाहे कहे, दुनिया मेरी जूती की नोक पर; **set the tail wagging** किसी कार्य को अपन हित में मोड़ दे.; **that's the**

way the world ~s दुनिया इसी तरह चलती है; **the ~ging of a straw** छोटी-सी बात के लिए कहा-सुनी क.

wage /वेज/ *n.* 1 (*often* **wages** *[pl.]*) दिहाड़ी, हफ्ता आदि की मजदूरी: pay (the) ~; ~ labour 2 वेतन, तनख्वाह, तनखाह, तलब: **~s** and salaries; ~ cut/ increase; ~ scale; ~ escalation 3 (**wages**), *sing. & pl., lit.* पारिश्रमिक, प्रतिदान, भुगतान: dismissal/ terminal ~;
v., pt. **~d**, *pp* **waging** संघर्ष, लड़ाई या युद्ध चलाना: ~ a battle/ campaign/ war, etc. against sb/sth;
dw/lw: **~-earner** /वेज-अःनः/ *n.* वेतन-भोगी, मजदूर, उजरतदार; **~-earning** *n.* मजदूरी, उजरतदारी, वेतन-भोग; **~d** *adj.* 1 पक्की दिहाड़ी या नौकरी पर लगा हुआ: a ~d worker 2 कार्य जिसके एवज में वेतन मिलता: ~d employment;
collocations: **~ board** वेतन बोर्ड; **~ ceiling/ floor** वेतन की निम्नतम व अधिकतम सीमा; **~ determination equation** मजदूरी निर्धारण समीकरण; **~ differential** मजदूरी में अंतर, मजदूरी विभेद; **~ freeze** वेतन-स्थिरीकरण; **~ incentive** प्रोत्साहन मजदूरी प्रणाली; **~ packet** 1 वेतन 2 कुल वेतन; **~ payment** मजदूरी या वेतन का भुगतान; **~ regulation** मजदूरी या वेतन नियमन; **~ rate** मजदूरी दर; **~ scale** वेतन-क्रम; **~ slavery** बंधुआ मजदूरी, मजदूरी दासता; **~ statistics** मजदूरी के आंकड़े;
daily ~ रोजी, दिहाड़ी; **family ~** पारिवारिक वेतन; **living ~** निर्वाह-वेतन; **piece ~** उजरत;
p&i: **~ a campaign** अभियान चलाना; **~ battle** 1 मुकाबले के लिए चुनौती दे. 2 संघर्ष या लड़ाई लड़ना; **~ one's law** निर्दोष होने की शपथ लेना; **~ war on/ against sb** किसी के विरुद्ध युद्ध छेड़ना या चलाना;
the ~s of sin is death पाप का फल मृत्यु होता है

wager /वेजः/ *v., pt.* **~ed**, *pp* **~ing** 1 शर्त या बाजी लगाना: ~ five thousand on a horse 2 दांव पर रखना या लगाना 3 खतरा मोल लेना;
n. (***syn.*** bet) शर्त, बाजी, पण: lay a ~ (शर्त लगाना); win/ lose a ~ (शर्त जीतना या हारना); ~ of battle (द्वंद्व-युद्ध-परीक्षा); ~ of law (निर्दोषता की शपथ);
p&i: **~ is a fool's argument** जब मूर्ख व्यक्ति के पास तर्क नहीं रहते तो वह शर्त लगाने की बात करने लगता है

waggery /वैग्रि/ *n.* 1 मजाक, हंसी की बात 2 खिलवाड़ 3 हंसी-ठट्ठा, मसखरी, ठठोली, दिल्लगी, परिहास, दिल्लगीबाजी, मसखरापन, ठट्ठेबाजी

WAGGGS *abbr.* 'World Association of Girl Guides and Girl Scouts' की प्रथमाक्षरी

wagging, waggish *see above under* **wag:** ***dw/lw***

wagg\le /वैगल/ *v., pt.* **~led**, *pp* **~ling** हिलना-डुलना या हिलाना-डुलाना, घुमाना: **~le** one's head;
n. 1 हिलाव-डुलाव, लहराव, दोलन 2 संचालन;
dw/lw: **~ly** /वैगलि/ *adj.* डांवांडोल, अस्थिर

waggon/ wagon *see below under* **wagon**

Wagnerian /वाःगनिअरिअन/ *US* -निरिअन/ *adj.* 1 जर्मनी के संगीतकार रिचर्ड वागनर (Richard Wagner, 1813-1883) से या उसके संगीत से संबंधित 2 महान 3 अति गंभीर व अतिशयोक्तिपूर्ण, अति नाटकीय 4 अति आकर्षक व सशक्त औरत या उसके व्यक्तित्व से संबंधित 5 संगीत या संगीतीय सिद्धांतों में माहिर

wagon /वैगन/ *n.* 1 गाड़ी, बैलगाड़ी आदि, अक्सर घोड़ों द्वारा चालित चौपहिया गाड़ी 2 बच्चे का प्रैम या चल-पालना 3 बड़ी गाड़ी, वैगन, फर्गुसन: covered ~ 4 रेलगाड़ी का डिब्बा: ~ works 5 बड़ी कार 6 चाय की ट्रौली;
dw/lw: **~age** /वैगअनिज/ *n.* 1 वैगनों से ढुलाई 2 वैगन का ढुलाई-भाड़ा 3 वैगन-समूह; **~er** /वैगअनः/ *n.* वैगन का चालक, चौपहिया घोड़ा-गाड़ी; **~ette** /वैगअनेट/ *n.* एक या दो सीटों वाली घोड़ा-गाड़ी; **wagonlit** /वैगोंलि/ *n., Fr. pl.* **~s** यूरोपीय यात्री गाड़ी में शयनयान, शायिका; **~load** *n.* 1 वैगन भर 2 बहुत बड़ी मात्रा;
collocations: **~ boss** *hist.* कैरावान या काफिले का अगुआ; **~ boy** छिटपुट या भाग-दौड़ का काम करने वाला लड़का; **paddy ~** जेल-गाड़ी; **police ~/ patrol ~** पुलिस/ गश्ती गाड़ी;
p&i: **be off the ~** फिर से पीने लगना; **be on the (water) ~** पीना छोड़ दे.; **climb/ get/ jump/ hop aboard** or **on the band-wagon** पहले से चले किसी अभियान या कार्यक्रम में शामिल हो जा.; **fix sb's ~** 1 किसी को असफल कर दे. 2 किसी को मार दे.; **hitch one's wagon to a star** 1 सफल हस्ती के साथ रिश्ता बनाकर लक्ष्य प्राप्त क. 2 बहुत महत्त्वाकांक्षी या ऊंचा लक्ष्य रखना

wagtail /वैग्टेल/ *n.* खंजन पक्षी

wahine /वाःहीःने/ *n., pl.* **wahine** माओरी स्त्री

wahoo /वैहू/ *n., pl.* **~s** तीव्रगामी आहार व शिकार मछली

WAI *abbr.* 'Web Accessibility Initiative' की प्रथमाक्षरी

waif /वेफ/ *n.* 1 लावारिस बच्चा, अनाथ बालक, परित्यक्त शिशु या बालक 2 लावारिस वस्तु, लावारिस माल 3 आवारा पशु, बेघर व्यक्ति या जानवर 4 झंडी 5 अति कुपोषित व्यक्ति;
dw/lw: **~like** *adj.* लावारिस-सा;
p&i: **~s and strays** 1 अनाथ बच्चे 2 फुटकर या छिटपुट सामान

wail /वेल/ *v., pt.* **~ed**, *pp* **~ing** 1 (***syn.*** moan) रोना, चीखना-चिल्लाना, विलाप क., बिलबिलाना, बिलखना: ~ one's misfortunes for/ over one's dead 2 रोने-धोने सदृश ध्वनि निकालना: a siren **~s** the wind **~ed**;
n. 1 (***syn.*** moan) चीख, चिल्लाहट, विलाप: ~ of anguish/ despair 2 हवा की सांय-सांय या सरसराहट: ~ of the wind;
dw/lw: **~er** /वेलः/ *n.* विलाप करने वाला; **~ful** /वेल्फुल/ *adj.* शोकपूर्ण, मातमी; **~ing** /वेलिंग/ *n.* विलाप; **~ing** *adj.* विलाप करने वाला: ~ing voice; ~ing Winnie (साइरन); **~ingly** /वेलिंगलि/ *adv.* विलाप करते हुए

wain /वेन/ *n., usually poetic, often in compounds* छकड़ा या घास आदि ढोने की ट्रौली: hay**wain**

wainscot /वेन्स्को\ट/ *n.* (***syn.*** panelling) दीवारों पर लगाए जाने वाले तख्ते या फट्टे, तख्तबंदी: ~ oak;
dw/lw: **~ing** /~टिंग/ *n.* 1 दीवारों पर लगाए जाने वाले तख्तों की लकड़ी 2 तख्तबंदी

wainwright /वेनराइट/ *n.* बैलगाड़ी बनाने वाला कारीगर, शकटकार

waist /वेस्ट/ *n.* 1 कमर, कटि, मध्य भाग: small ~ 2 परिधान का वह हिस्सा जो कमर के चारों ओर होता है, कमर का घेरा: dress with a high ~ 3 कटि-विस्तार 4 वायलन आदि का तंग मध्य भाग 5 जहाज का मध्य भाग;
dw/lw: **~-band/ ~-belt** *n.* 1 कमरबंद, कटिबंध, पेटी 2 मेखला, पटका, पटुका; **~-cloth** *n.* धोती, लुंगी; **~coat** *n. UK* (*US* **vest**) *n.* वास्कट, फतूही; **~-deep** *adj.* कमर तक गहरा, कमर-भर, कमर-कमर; **~ed** *adj., often in compound words* कमर वाली: a small-~ed girl; a high-~ed dress; **~-high** *adj.* कमर तक की ऊंचाई वाला, कमर तक ऊंचा: the wheat was ~-high; **~line** /वेस्टलाइन/ *n.* 1 कमर-रेखा 2 कमर का नाप

wait /वेट/ *v., pt.* **~ed**, *pp* **~ing** 1 की प्रतीक्षा क., की बाट जोहना, इंतजार क.: ~ for a person/ for a train/ for news/ for a reply 2 की ताक में रहना: ~ for sth to happen 3 आगे न बढ़ाना, कुछ समय के लिए स्थगित क., कुछ समय के लिए रुका र.: ~ until he comes; ~ sb's convenience/ sb's pleasure; don't ~ dinner for me.; that can ~ (इस काम को अभी रहने दो) 4 रुकना, ठहर जा.: ~ a minute! 5 (*also* **~ about/ around**) किसी स्थान पर तैयार रहकर प्रतीक्षा क.: keep sb **~ing** 6 किसी काम को करने में देरी क.: that work will have to ~ 7 अपनी बारी का इंतजार क.: ~ one's opportunity/ one's chance 8

कार को थोड़ी देर के लिए सड़क के किनारे रोक कर खड़ा क.; no ~ing 9 रेस्त्रां आदि में वेटर के रूप में काम क., परोसना, बैरा बनना, की सेवा-टहल क.: ~ at/ on/ upon a table; ~ tables; she has learnt to ~;

n. 1 प्रतीक्षा, इंतजार, बाट: have a long ~ for sth; face/ have a ~; an agonizing/ anxious/ long ~; sth is (well) worth the ~ 2 स्थगन: four-hour ~ 3 ठहराव 4 सेवा-टहल 5 घात: lie in ~; lay in ~ for sb (घात में बैठना, घात में रहना, ताक में रहना); ***dw/lw:*** **~er/ ~ress** /वेटः/ *n.* 1 बैरा, परिचारक/ परिचारिका, वेटर, परिवेशक 2 प्रतीक्षक 3 किश्ती; **~ing** *see below under separate entry*; **~-list** = **~ing list**; **~person** ***n.*** = **waiter**; **~ressing** *n.* महिला बैरे का काम; **~staff** *n.* किसी मेज का परिचारक समूह;

collocations: **~ list** = **waiting list** *see below under* **waiting:** ***collocations***;

p&i: **~ a bit/ a jiffy** = **~ a minute/ second/ moment!** तनिक इंतजार कीजिए!; **~ about or around** कहीं पर किसी बात के होने के इंतजार में रहना; **~ and see** देखते हैं क्या होता है; **~ at table/ ~ tables** बैरे के रूप में खाना परोसना; **~ behind** दूसरों के चले जाने तक इंतजार क.; **~er upon Providence** हवा के रुख के साथ चलने वाला व्यक्ति; **~ for it!** शांत, जल्दी मत करो!; **~ing for a pair of dead man's shoes** अनंतकाल तक कुछ पाने की अपेक्षा क.; **~ on sb** किसी के परिचर के रूप में काम क.; **~ on sb hand and foot** किसी की अच्छी तरह देख-भाल क.; **~ sth out** किसी अरुचिकर बात के खत्म होने तक इंतजार क.; **~ till/ until** देखना जरा मैं क्या दिखाता हूं; **~ till the cows come home** अनिश्चित काल तक इंतजार क.; **~ up** किसी को रुकने या धीमा चलने के लिए कहना; **~ up (for sb)** किसी के लौटने तक न सोना;

an accident/ disaster ~ing to happen दुर्घटना आदि होने की कगार पर हो. (कारण पहले से मौजूद हो.); **be ~ing** कार्य करने को बचा हो.; **dumb ~er** घूमने वाली खाने की मेज; **keep sb ~ing** किसी को इंतजार में बैठाए रखना; **just you ~!** किसी को धमकाना (तुझसे अभी निपटते हैं!); **sb can't ~/ can hardly ~** कुछ करने को उतावला या अधीर हो., बहुत उत्तेजित हो.; **what are we ~ing for?** तुरंत काम शुरू करने के लिए कहना

Waitangi Day /वाइतंगि डे/ छः फरवरी, न्युजीलैंड का राष्ट्र दिवस

waiting /वेटिंग/ *n.* 1 प्रतीक्षा, इंतजार: tedious ~ 2 प्रतीक्षा काल, प्रतीक्षा की घड़ियां 3 हाजिरी, दरबारदारी, सेवा-टहल: the coach was in ~ (गाड़ी इंतजार में थी) 4 बैरा का काम, परोस, परिवेषण;

adj. प्रतीक्षीय, इंतजार की;

collocations: **~ area** मोर्चे पर प्रतीक्षा क्षेत्र; **~ game** समय काटने की चाल; **~ guard** अतिरिक्त या रिजर्व संतरी; **~ list** प्रतीक्षा-सूची: put sb on the ~ list; **~ line** प्रतीक्षा-पंक्ति; **~ line system** प्रतीक्षा-पंक्ति प्रणाली; **~ room** प्रतीक्षालय; **~ time** प्रतीक्षा काल;

p&i: **in ~** 1 जो सेवा में हो, टहल में लगा हुआ 2 जिसके काम की बारी आने को हो; **play a ~ game** अनुकूल अवसर आने तक किसी कार्य या फैसले को टालते रहना

waive /वेव/ *v., pt.* **~ed**, *pp* **~ing** 1 (***syn.*** forgo) *law* छोड़ दे., जाने दे., त्याग दे.: ~ a claim 2 पाने का अधिकार त्याग दे. 3 के बिना काम चलाना 4 दूर क., हटाना: ~ immunity; ~ an objection 5 किसी नियम या दंड को लागू न क.: ~ a rule/ a law; ~ ceremony/ etiquette 6 से टलना: ~ the exercise of one's duty 7 अनिश्चित काल के लिए स्थगित क., टालना: ~ discussion; let's ~ this question until later

waiver /वेवः/ *n.* 1 अधिकार का त्याग, अधिकार-त्याग 2 अधित्याग-पत्र: we signed a ~ of our claim 3 बाजदावा 4 किसी नियम या दंड को निरस्त करने का कार्य या पत्र: ~ of immunity 5 टालने का कार्य

wake /वेक/ *v., pt.* **woke/ ~ed**, *pt. p.* **woken**, *pp* **~ing** 1 (*also* **~ up/ ~ sb up**) जाग उठना, जागना, जगाना: ~ (up) early; he **woke** up with a start (वह घबराकर उठा या जगा); the noise **woke** me (up); what time do you want to be **woken**?; he needs someone to ~ him up 2 होश में आना या लाना: ~ from a stupor/ from a trance 3 निष्क्रियता की अवस्था से जाग्रत होना या क., सचेत होना या क., जीवंत क. या हो., उत्तेजित क. या हो.: ~ memories; ~ emotion; ~ up strife; nature **~s** in spring; his conscience **woke**; it is time for you to ~ up and attend to your business 4 सतर्क रहना 5 शोर से बाधा पहुंचाना 6 रात को जागते रहना, जागरण क.: **waking** or sleeping; they cannot be **waking** at this late hour; ~ the night 7 का अहसास या आभास हो.: ~ to danger/ to a possibility; ~ to a realization of sth; he is **waking** up to the truth;

n. 1 पानी में नाव या पोत के आगे बढ़ने से पीछे बनने वाली लीक या लकीर, निशान रेखा (track): the ~ of a meteor 2 मृतक भोज, मरने के बाद पारिवारिक व परिजनों की शोक सभा 3 (***syn.*** vigil) शव के पास जागरण, रतजगा 4 (of ship) अनुजल, अनुतरंग 5 पश्चवर्त्य 6 वार्षिक अवकाश 7 जगराता: sleep and ~;

dw/lw: **~boarding** *n.* नाव से बंधे तख्ते या पटरी पर खड़ा होकर लहरों की सवारी क.; **~ful** /वेकफु\ल/ *adj.* 1 जिसे नींद न आती हो, जागते रहने वाला, जागने वाला, जाग्रत: lie ~ful at night 2 (***syn.*** sleepless) निद्राविहीन, उन्निद्र: ~ful nights 3 जागरूक, सचेत: ~ful doze 4 सजग, चौकस, जागरूक: ~ful eye; **~fully** /~लि/ *adv.* उन्निद्र रहकर; **~fulness** /~लनेस/ *n.* 1 जागते रहने की अवस्था या भाव 2 जागरूकता, सतर्कता; **waken, waking** *see below under separate entry*; **wakey-wakey** *excl.* किसी को जाने या नींद से उठाने के लिए प्रयुक्त;

collocations: **~-up call** 1 सुबह उठाने के लिए बजने वाली (टेलीफोन) घंटी 2 कोई अप्रिय घटना होने पर नकारात्मक प्रक्रिया के कारणों की ओर ध्यान-आकर्षण एवं सतर्कता;

p&i: **~ snakes** बर्र के छत्ते में हाथ डालना; **~ up and smell the coffee** आंखें खोलो और देखो क्या गुल खिल रहे हैं!; **~ up/ ~ sb up to sth** हालात के प्रति जागरूक या जीवंत हो. या किसी को जागरूक या जीवंत क.; **~ up to sth** के प्रति के बारे में सजग हो.;

in one's ~ के बाद या परिणाम स्वरूप जो कुछ भी कोई रहा हो; **in the ~ of sb/ sth** 1 के पीछे-पीछे: in the ~ of a meteor; in the ~ of an army (सेना के पीछे-पीछे); wars bring misery in their ~ 2 के परिणाम स्वरूप, की वजह से: in the ~ of sb's policy

waken /वेकन/ *v., pt.* **~ed**, *pp* **~ing** 1 जगाना या जगाया जा.: ~ from sleep; ~ hopes; ~ sb's anger 2 निष्क्रियता या शैथिल्य से जगाया जा.: ~ sb to activity; ~ the wind; ~ fire (flame) 3 किसी को कुछ याद दिलाना या होश में लाना: ~ out of a trance/ out of a stupor 4 के प्रति सचेत हो.: ~ ear; ~ to sth

waking /वेकिंग/ *n.* 1 जागृति 2 जागरण, अनिद्रा: nights of ~;

adj. 1 जागता हुआ, जाग्रत, जाग्रत अवस्था में होनेवाला: one's ~ hours; I never saw such a thing in all my ~ hours 2 सतर्क: keep sb ~ 3 अर्ध सुप्त-अर्ध जाग्रत अवस्था में होने वाला: ~ dream;

WAL *n.* सिएरा लिओन (Sierra Leone) का अंतर्राष्ट्रीय वाहन पंजीकरण कोड (*IVR*)

wale /वेल/ *n.* 1 शरीर पर पड़ने वाले कोड़े या चोट का नीला निशान, नील 2 कपड़े पर उभारदार धारी, जैसे कॉर्डुरॉय के कपड़े की धारियां 3 जहाज पर लगी पट्टियों की पंक्ति 4 बद्धी, सांट 5 खड़ी लकीर;

***v.**, pt.* **~d**, *pp* **waling** उभारदार धारियां बनाना या डालना

Waler /वेलअः/ *n.* आस्ट्रेलियायी नस्ल का फौजी घोड़ा

walk /वॉक/ *v., pt.* **~ed**, *pp* **~ing** 1 चलना: Navira has just learnt to ~; don't run, ~ 2 व्यायाम के रूप में चलना-फिरना,

सैर या भ्रमण क., घूमना-फिरना, विचरना, टहलना, चहलकदमी क., हवा खाना: ~ slowly/ steadily/ up and down; ~ with a stick/ on crutches/ barefoot; ~ along the road 3 पदयात्रा क., पैदल चलना: he ~ed (for) fifteen miles 4 कदम-ताल चलना: ~ in step 5 पैदल पार क. 6 टहलाना, के साथ चलना, किसी को साथ चलाना: ~ sb home/ to sth; ~ one's horse down hill; ~ a baby 7 मारा-मारा फिरना 8 कुत्ते को घुमाना: ~ one's dog 9 *colloq.* गायब हो जा.: my book has **~ed** 10 (***syn.*** haunt) भूत-प्रेत का दिखना: the ghost **~s** at midnight 11 पैदल चलकर या चलाकर किसी अवस्था तक पहुंचा दे.: ~ oneself lame 12 चक्कर काटकर जा.: ~ the round(s) 13 नाटक में मूक भूमिका निभाना 14 चलने में मुकाबला क.: I'll ~ you ten miles any day you like;

n. 1 (***syn.*** perambulation) सैर, चहलकदमी, टहल, हवाखोरी: go for a ~; take a ~; long-distance ~; a long/ short ~ 2 चाल, चलन, चाल की प्रकार या रफ्तार: elastic/ easy/ graceful/ clumsy ~; dignified ~; shambling ~ (चक्करदार चाल); a brisk ~; know sb by his ~ 3 (***syn.*** promenade) विहार स्थल, विचरण स्थल, घूमने की जगह: a ~ in a garden; sb's favourite ~ 4 पथ, रास्ता: a milk man's ~ 5 डाकिये आदि द्वारा लगाया जाने वाला चक्कर 6 चलकर तय की गई दूरी, सैर में लगाया जाने वाला समय: a short/ ten-minute, etc. ~ 7 (***syn.*** ~ of life) जीवन-पथ, सामाजिक स्थितियां, भिन्न-भिन्न तरह के लोग: ~ of life/ ~ in life/ people in the humbler **~s** of life; people from different **~s** of life 8 पैदल गमन या आगमन: the station is only a short ~ from my house 9 कदम-चाल: go at a ~ 10 पदयात्रा, भ्रमण 11 (***syn.*** perambulation in procession) जलूस में पैदल चलने की क्रिया;

dw/lw: **walk\able** /वॉकअबल/ *adj.* 1 जिसे चलकर पार किया जा सके: ~able distance 2 पैदल-पथी; **~about** *n.* 1 जनता के बीच किसी प्रसिद्ध हस्ती की चहलकदमी 2 *Austral.* आस्ट्रेलिया के आदिवासी का समय-समय पर घुमंतू जीवन 3 पैदल सैर-सपाटा; **~athon** /वॉकअथौन/ *n.* लंबी दूरी का पैदल चलन; **~-away** *n.* 1 आसान जीत, सुगम विजय 2 सुगम उपलब्धि; **~er** /वॉकः/ *n.* 1 सैर करने वाला 2 पैदल-पथिक प्रतियोगी 3 (*also* **babywalker**) बच्चों को चलना सिखाने वाला उपकरण 4 चलने में सहायक ढांचा; **~ies** /वाकीज/ *pl. n., colloq.* कुत्ते के लिए चहलकदमी; **~ies** *adv.* खोया हुआ; **~ie-talkie/ ~y-talky** /वॉकि-टॉकि/ *n., pl.* ~ie-talkies *colloq.* वॉकी-टॉकी, दो-तरफा बात करने का छोटा रेडियो; **~-in** *adj.* 1 प्रवेश-सुलभ 2 अलग प्रवेश द्वार वाला 3 अचानक आ जाने वाला, अप्रयोजित ढंग से किया जाने वाला: ~-in trader; ~-in interview, a ~-in clinic; **~-in** *n.* 1 प्रवेश 2 आकस्मिक आगमन; **walking** *see below under separate entry*; **~-on** *n.* (***syn.*** opera) गीति-नाटिका, फिल्म आदि आदि में छोटी-मोटी मूक भूमिका; **~-on** *adj.* मूक: ~-on part/ role; **~out** *n.* 1 सदन त्याग, सभा-त्याग, वाक-आउट 2 आकस्मिक हड़ताल: national ~-out; **~over** *n.* (खिलाड़ी या टीम को) बिना भिड़े ही मिलने वाली जीत, निर्विरोध जीत, आसान जीत, सहज विजय: a job like that is a ~over for him; **~-through** *n.* 1 श्रोताओं की अनुपस्थिति में भूमिका का अभ्यास 2 किसी प्रक्रिया की तफसील से व्याख्या; **~-up** *n.* बिना लिफ्ट वाला मकान; **~-up** *adj.* 1 बिना लिफ्ट वाला 2 पैदल: ~-up approach; **~-way** *n.* पैदल रास्ता, भ्रमण मार्ग;

p&i: ~ **about** चहल-कदमी क.; ~ **abroad** भूत-प्रेत का प्रकट हो.; ~ **after the flesh** व्यभिचार में लिप्त हो.; ~ **after the spirit** आध्यात्मिक जीवन जीना; ~ **all over sb** 1 किसी के साथ बुरा व्यवहार क. 2 किसी को आसानी से हरा देना; ~ **a person off his feet** चला कर थका दे.; ~ **around** 1 घूमना, विचरण क. 2 हर पहलू पर विचार क. 3 बाएं-दाएं हांकना, मुद्दे पर न आना; ~ **away** 1 आसानी से पीछे छोड़ना 2 साथ ले जाना: the mother ~ed her child away; ~ **away from sb** *colloq.* किसी से दूर हट जा. या आगे निकल जा.; ~ **away from sth** 1 किसी स्थिति से निपटने की बजाए उससे दूर हट जा. 2 दुर्घटना से बाल-बाल बच जा.; ~ **away with sth** 1 आसानी से जीत लेना, कोई पुरस्कार जीतना 2 चुरा ले जा.; ~ **backwards** पीछे हटना; ~ **by/ after a rule** नियम अनुसार काम क.; ~ **by faith** धार्मिक जीवन जीना; ~ **down** नीचे उतरना; ~ **free** अदालत से छूट जा; ~ **humbly** विनम्र व्यवहार क.; ~ **in** अंदर आना; ~ **in fear** भय से थर-थर कांपते हुए चलना; ~ **in golden/ in silver slippers** ऐशो-आराम की जिंदगी में रमा हो.; ~ **in love** प्रेम-भाव से पेश आना; ~ **in on sb** 1 बिना बुलाए मेहमान बन जा. 2 अचानक अंदर आकर किसी के काम में बाधा डालना; ~ **into** 1 (खाने आदि पर) पर टूट पड़ना 2 मारना-पीटना, डांटना, झिड़कना, पर हाथ साफ क.; ~ **into sth** 1 टकरा जा. या अचानक मिल जा., आसानी से मिल जा. 2 अपनी भूल से किसी कठिनाई में फंस जा.; ~ **it** 1 कहीं पर गाड़ी की बजाए पैदल जा. 2 आसानी से सफल हो जा.; ~ **not in the public ways** भेड़-चाल न चलो!; ~ **off** गुस्सा होकर चल दे., प्रस्थान क.; ~ **off the job** हड़ताल पर चले जा.; ~ **off sth** पैदल घूमकर पेट आदि की परेशानी या बुरे विचारों से छुटकारा पाना; ~ **off with sth** 1 कोई वस्तु पुरस्कार में जीतना 2 आसानी से जीत जाना 3 चुरा लेना; ~ **of life** व्यवसाय, धंधा, पेशा, (सामाजिक) स्थिति; ~ **on air** सातवें आसमान में उड़ना, खुशी के मारे फूले न समाना; ~ **out** 1 कारखाने के मजदूरों द्वारा एकजुट होकर बहिर्गमन क., हड़ताल क. 2 विरोध रूप में सदन आदि से बाहर चले जा., किसी सभा का बहिष्कार कर उससे बाहर निकालना; ~ **out on sb** 1 (***syn.*** desert) त्याग दे., किसी को छोड़कर चले जा., किसी को तज दे. 2 क्रुद्ध हो कर चले जाना; ~ **out with sb** किसी के साथ प्रेम-प्रसंग चलाना; ~ **over** 1 स्थान पार या दूरी तय क. 2 बिना मुकाबले के कोई प्रतियोगिता या गेम जीत जा. 3 आसान जीत या सफलता पाना; ~ **over the course** आसान जीत पा ले.; ~ **round** आसानी से जीत ले.; ~ **sb off their feet** किसी को ज्यादा दूर या ज्यादा तेज चलाकर थका दे.; ~ **sb through** किसी को घुमाकर दिखाना और बताना; ~ **sb Spanish** किसी को गर्दन पकड़कर बीयर बार से बाहर कर दे.; ~ **straight into the trap** सीधे जाल में फंस जा.; ~ **tall** गर्वित हो., अपना सर ऊपर उठाकर चलना, इतराकर चलना; ~ **the beat** पुलिस द्वारा अपनी चौकी की गश्त लगाई जा.; ~ **the boards** अभिनेता हो. या बनना; ~ **the hospitals** चिकित्सा के विद्यार्थी द्वारा अस्पताल में प्रशिक्षण ले.; ~ **the plank** समुद्री दस्युओं द्वारा नाविकों को जहाज की एक तरफ लटकाए पट्टियों से बने खतरनाक रास्ते से चलाकर डुबो दे.; ~ **the streets** 1 वेश्या होना 2 काम या रोजगार की खोज में सड़क की खाक छानना 3 शहर की गलियों में घूमना-फिरना; ~ **the talk** चहल-कदमी करते हुए बातें क.; ~ **the** ~ कथनी और करनी में फर्क न हो.: you can talk the talk, but can you ~ the walk?; ~ **the wards** संगीत का छात्र बनना या होना; ~ **together** = ~ **out**; ~ **through a dance** नाच में एक स्थान पर टप-टप क.; ~ **through one's part** अनमने ढंग से अभिनय क.; ~ **up** 1 पास आना 2 चहल-कदमी क. 3 ऊपर चढ़ना 4 सर्कस हाल आदि में प्रवेश क.; ~ **up to sb/sth** किसी या किसी चीज की ओर विश्वासपूर्वक जा. या पास आना;~ **while you have the light** = **make hay while the sun shines** बहती गंगा में हाथ धोना, अवसर का फायदा उठाना; ~ **with the chalk** नशे की मात्रा (गंभीरता) का परीक्षण क.;

a ~ of life समाज में किसी का कार्य या हैसियत; **cock of the ~** अगुवा, मुखिया; **don't run before you can ~** आगे दौड़ पीछे चौड़ न क.; **go walkabout** 1 किसी चीज का खो जाना 2 आस्ट्रेलिया के आदिवासी द्वारा देहात में जाकर सहज जीवन जीने लगना; **her tongue ~s well** उसकी जबान कैंची की तरह चलती है; **my pen has ~ed** मेरा पैन गायब हो गया; **run before you walk** मुश्किल काम को बिना उसे करने का हुनर सीखे करने लगना; **shall we ~ it?** पैदल चलें?

walking /वॉःकिंग/ *adj.* 1 सैर करने वाला 2 पैदल चलने वाला: ~

distance 3 मानवाकार का, साक्षात: a ~ encyclopaedia/ dictionary 4 पैदल चलने वालों या सैर करने वालों के प्रयोग हेतु 5 वर्तमान: ~ case 6 चलने-फिरने में समर्थ रोगी: ~ corpse 7 *milit.* हल्के रूप से घायल: **~ing** wounded 8 चल, चलायमान: ~ elevator; ~ cultivator 9 *theat., film, etc.* मूक: ~ lady; ~ gentlemen; ~ part 10 प्रकट होने वाला (भूत-प्रेत) 11 *in a restaurant* घर ले जाने के लिए खाना खरीदने वाला;

n. 1 चाल, पैदल चलन: be fond of ~; prefer ~ to driving 2 खेल संबंधी, (तेज) चाल, पैदल रफ्तार: ~ judge 3 चलने की शैली 4 पैदल पथ: easy ~; the ~ here is bad 5 व्यवहार शैली: wary ~ (सावधानी);

***dw/lw:* ~-frame** *n.* चलने में सहायक एक ढांचा;

***collocations*:** **~ bus** ब्रिटेन आदि देशों में बच्चों के समूह द्वारा किसी वयस्क की अगवाई में अपने घरों के रास्ते पर चलने की क्रिया; **~ corpse** अत्यंत दुबला-पतला, चलता-फिरता अस्थि-पंजर; **~ dictionary** व्यक्ति, जो चलता-फिरता शब्दकोश समान हो, साक्षात शब्दकोश; **~ dress** दिन-प्रतिदिन की पोशाक; **~ foot** गमन-पाद; **~ gentleman/ lady of theatre** अतिरिक्त अभिनेता (अभिनेत्री); **~ing wounded** 1 हल्के रूप से घायल 2 मानसिक तनावों से ग्रस्त व्यक्ति; **~- on part** मौन भूमिका; **~ papers** बरखास्तगी या पदच्युति की सूचना; **~ shoes** सैर-सपाटे के लिए जूते; **~-stick** चलने में सहायक छड़ी

Walkman /वॉकमन/ *n., pl.,* **Walkmans/ Walkmen** *tradem.* चलते-फिरते सुने जाने वाला टेप-रिकॉडर

wall /वॉल/ *n.* 1 कमरे की दीवार, भित्ति: blank/ dead ~; hang sth on the ~; stand at the ~; within the **~s** (अपने घर में) 2 (***syn.*** partition) किसी जगह को बांटने वाली दीवार, आड़: ~ of partition; the Berlin Wall 3 (**walls**) परकोटा, प्राचीर, शहरपनाह, फसील, सहारा, सुरक्षा-आड़: ~ of armed men/ of bayonets 4 शहर, शहर के चारों ओर बनी दीवार: without the **~s** (शहर से बाहर) 5 बांध 6 रोक, रोध अपारणीय बाधा: the Great **Wall** of China 7 कनात 8 दीवार-सी संरचना या क्रिया: a ~ of fire; a ~ of secrecy 9 कोशिका आदि का बाह्य आवरण: the **~s** of the heart 10 खाली गड्ढे या गुहिका आदि का फलक 11 चट्टान के सामने का भाग;

adj. दीवार से संबंधित, दीवार पर लगने वाला: ~ newspaper; ~ panel; ~ board; ~ tree;

v., pt. **~ed**, *pp* **~ing** 1 किसी स्थान को दीवार या दीवार-जैसी संरचना से घेरना या बंद क. 2 दीवार या दीवार-जैसी संरचना बनाकर मजबूत क., सुरक्षित बनाना 3 (*usually* **~ sth off** or **in**) दीवार या दीवार-जैसी संरचना से अलग क. या उसमें बंद क.: that garden has been **~ed** off for years;

dw/lw: **wallaby** *see below under separate entry*; **~board** *n.* स्लैब, खंड; **~chart** *n.* दीवार पर लगाया जाने वाला चार्ट, दीवार पर लगा सूचना पत्र; **~-clock** *n.* दीवार-घड़ी; **~covering** *n.* = **~paper** दीवारी कागज या अन्य सजावटी आवरण; **~ed** *adj.* चारों ओर से दीवार से घिरा: ~ed garden/ city; ~ed lake; ~ed town; **~ed-in** *adj.* दीवार से घिरा: a large ~ed-in garden; **~ing** *n.* 1 दीवार बनाने की सामग्री 2 दीवार बनाने का हुनर या क्रिया; **~-map** *n.* भित्ति-मानचित्र; **~-mounted** *adj.* दीवार पर लगाया हुआ; **~-plate** *n.* दासा; **~paper** *n.* दीवार पर चिपकाया जाने वाला कागज, भित्ति कागज; **~paper** *v., pt.* ~papered, *pp* ~papering दीवार पर कागज चिपकाना; **~-to-wall** *adj.* 1 कमरे के फर्श के नाप का, पूरे कमरे का, कमरे के नाप का 2 लगातार होने या चलने वाला 3 प्रचुर, सर्वव्यापक, सार्वत्रिक;

collocations: **wall anchor = Rawlplug = screw anchor = dowel** दीवार में किसी चीज को जोड़ने या लगाने का पेंच; **~ brush** दीवार बुरूश; **~ hanging** भित्ति अलंकरण; **~ map** भित्ति-मानचित्र; **~ net** भित्ति जाल; **~ painting** भित्ति-चित्र; **~ rock** भित्ति शैल; **~ sided glacier** ऊर्ध्वाधर हिमनद; **~ tent = frame tent**;

baffle ~ थामक दीवार; **blank ~** पूरी दीवार; **partition ~** विभाजक दीवार; **retaining ~** पुश्ता दीवार;

p&i: **~ about/ ~ around/ ~ round/ ~ in** दीवार से घेरा बनाना या बंद क.; **~s have ears** दीवारों के भी कान होते हैं; **~ off** से अलग क., बीच में दीवार खड़ी क.; **~ sth up** दीवार में छेद आदि बंद क.; **~ sb up** जेल में डालना; **~ sth up** खाली जगह को दीवार से भरना;

a ~ of partition बाधा, के बीच में अड़चन; **be banging one's head against a brick ~/ run one's head against the ~** दीवार से मारकर अपना सिर फोड़ना, असंभव काम करने का प्रयास क.; **come up against a blank ~** कोई समर्थन या सहारा न पाना; **drive sb to the ~** 1किसी को अतिवाद की चरम सीमा पर पहुंचा दे. 2 किसी को बेहद विवश या लाचार कर दे.; **fight with one's back to the ~** विकट स्थिति में संघर्ष क., कठिन परिस्थिति में अंधाधुंध या जोखिम भरा प्रयास क.; **give sb the ~** किसी के लिए सर्वोत्तम स्थान छोड़ना; **go over the ~** जेल से भाग जा.; **go to the ~** नष्ट हो जा., असफल हो जा., दिवालिया हो जा.; **go up the ~** पागल हो जा.; **have the ~** दीवार के सहारे खड़ा हो.; **have/ take the ~ of sb** किसी को रास्ता न दे.; **his honour went to the ~** उसकी इज्जत मिट्टी में मिल गई; **like a stone ~** मजबूती से (डटा र.); **off the ~** विचित्र, पगला-सा; **push/ drive/ force/ put sb against the ~** किसी को गर्त में धकेलना; **put sb against the ~** किसी को गोली मारकर मार दे.; **see through a brick ~/ through a stone ~/ through a mud ~** बहुत गहरे पैठने की क्षमता हो., दिव्य दृष्टि रखना; **the weakest goes/ must go to the ~** माड़े (कमजोर) की बहू भाभी सारे गाम की (*Hr.*); **turn one's face to the ~** मृत्यु-दंड पाना; **up the ~** *colloq.* 1 क्रुद्ध 2 सिरफिरा या पागल; **within four ~s** किसी बात को घर से बाहर न जाने दे. यानी बात को गुप्त रखना; **writing on the ~** अशुभ बात होने का स्पष्ट संकेत

wallaby /वौलअबि/ *US* वाःलअबि/ *n., pl.* **wallabies/ wallaby** 1 आस्ट्रेलिया और तस्मानिया में पाया जाने वाला कंगारू प्रजाति का एक जीव 2 (**the Wallabies**) *colloq.* आस्ट्रेलियायी राष्ट्रीय रगबी यूनियन फुटबाल टीम;

p&i: **on the ~ (track)** बेघर, आवारा

wallah/ walla *n., IndE, in compounds* –वाला (दारू वाला)

wallaroo /वॉलअरू/ *n., pl.* **~s/ wallaroo** विशालकाय कंगारू

wallet /वौलिट/ *US* वाःलिट/ (*also US* **billfold**) *n.* 1 बटुआ, पर्स, थैली 2 पेटी 3 कागजात फोल्डर या फाइल

walleye /वॉलाइ/ *n.* 1 भेंगी आंख 2 अपसारी तिर्यक दृष्टि 3 चिट्टा;

dw/lw: **~d** /वॉलाइड/ *adj.* भेंगा, ताखी;

collocations: **~d pike** एक बड़ी मछली

wallflower *n.* 1 एक सुगंधपूर्ण बागबानी फूल 2 नाच पार्टी में सारा समय बिना बुलाए बैठे रहने वाला व्यक्ति 3 देर तक गोदी में खड़ा रहने वाला जहाज

wallies *pl. of* **wally**, *see below under separate entry*

Walloon /वॉलून/ *n.* बेल्जियम की फ्रेंचभाषी जनता का सदस्य

wallop /वौल\प/ *US* वाःल\प/ *v., pt.* **~ed**, *pp* **~ing** 1 सरपट दौड़ना, तेजी से चलना 2 लड़खड़ाना 3 (***syn.*** thrash) मुकाबले या खेल की बाजी में किसी को बुरी तरह पछाड़ना 4 (***syn.*** thump) पिटाई क., खूब मारना 5 प्रहार क., टकराना 6 किसी पर या किसी चीज पर जबरदस्त चोट क.;

n. 1 पिटाई, प्रहार: land/ strike a ~; he packs a ~ 2 जबरदस्त प्रभाव, हतप्रभता, धक्का: a movie with a ~ 3 सुखद उत्तेजना: get a big ~ out of sth 4 शोर, गड़गड़ाहट: fall/ go down with a ~ 5 *Brit sl.* बीयर;

dw/lw: **~er** /~पः/ *n.* 1 पिटाई करने वाला व्यक्ति 2 पुलिस; **~ing** /~पिंग/ *n.* 1 पिटाई 2 पराजय, हार; **~ing** *adj.* 1 बहुत बड़ा, विशाल: a ~ing collection 2 आश्चर्यजनक, विस्मयकारी: a

~ing new production

wallow /वौलो/ *US* वाःलो/ *v., pt.* **~ed**, *pp* **~ing** 1 गुलछर्रे उड़ाना, भोग विलास या मौज-मस्ती में रम जा.: ~ in money/ in luxury; ~ in vice; ~ in sin 2 दुख में डूब जा.: ~ in grief 3 (*often* ~ **in sth**) जमीन पर या पानी आदि में मजा लेने के लिए लोट-पोट हो.: children were **~ing** in the pool 4 (पशुओं का) मिट्टी, बालू, गारा आदि में लोटनी लेना, लोट-पोट होना: pigs ~ in mud 5 जहाज का बाएं-दाएं डोलने या लड़खड़ाने के कारण तेजी से आगे न बढ़ पाना 6 किसी परियोजना या उद्यम द्वारा आगे न बढ़ पाना 7 लड़खड़ाते हुए चलना 8 धुएं आदि का ऊपर उठना;

n. 1 लोट-पोट 2 भोग विलास, मौज-मस्ती, गुलछर्रे 3 पशुओं के लोटने की जगह, गड्ढा, कीचड़, दलदल;

dw/lw: **~er** *n.* भोग विलास, मौज-मस्ती में रमने वाला व्यक्ति; **~ing** *n.* भोग विलास, मौज-मस्ती; **~ing** *adj.* भोग विलास आदि में रमने वाला;

p&i: **~ in money** रुपये-पैसों का अंबार लगा हो.

Wall Street *n* न्यू यॉर्क शहर की शेयर बाजार व आर्थिक केंद्र सड़क (न्यू यॉर्क की दलाल स्ट्रीट)

wally /वौलि/ *US* वाःलि/ *n., pl.* **wallies** *Br.* 1 सनकी आदमी 2 मूर्ख, अयोग्य व्यक्ति

walnut /वॉलनट/ *n.* 1 अखरोट: shelled **~s** 2 फर्नीचर आदि में प्रयुक्त होने वाली अखरोट के पेड़ की लकड़ी, शिरीष: ~ suite (for furniture);

p&i: **over the ~s and the wine** रात्रि-भोज में मिष्टान्न के बाद पुरुषों के बीच परोसी जाने वाली मदिरा पान के दौरान की जाने वाली गप-शप

walrus /वॉलरस/ *n., pl.* **~es/ walrus** 1 दरियायी घोड़ा 2 एक प्रकार का मांसाहारी जीव जो समुद्र में पाया जाता है और जिसकी लंबी मूंछें और दो बड़े-बड़े दांत होते हैं;

collocations: **~ moustache** मुंह के दोनों तरफ से नीचे लटकने वाली घनी मूंछें

Walter Mitty जेमज थुर्बर (James Thurber) की कहानी 'वॉल्टर मिट्टी का गुप्त जीवन' (*The Secret Life of Walter Mitty*) के पात्र के समान ऐसा व्यक्ति जो एक बहुत साधारण और उबाऊ जीवन जीते हुए कल्पना करता है कि उसकी जिंदगी हलचलों और तहलकाओं से परिपूर्ण है

waltz /वॉल्स/ *US* वॉल्ट्स/ *n., pl.* **~es** 1 एक धीमा बाल रूम नृत्य 2 इस नृत्य के लिए संगीत: ask sb for a ~;

v., *pt.* **~ed**, *pp* **~ing**, *s/he/it* **~es** 1 वॉल्ट्स नृत्य क.: will you ~ with me?; they **~ed** round the room 2 (*often* ~ **in/ off**) *colloq.* जीवंतता और आत्म-विश्वास के साथ चलना: ~ in/ off, etc. (अहंकार से चलते हुए बिना बुलाए आना) 3 खींचकर ले जा.: he grabbed the child's arm and **~ed** him upstairs;

dw/le: **~er** /वॉल्सः/ वॉल्ट्सः/ *n.* 1 वॉल्ट्स नृत्य करने वाला व्यक्ति 2 मेले में एक प्रकार का गोलाकार झूला;

p&i: **~ into** पर टूट पड़ना; **~ off** आसानी से जीत ले.; **~ off (with) sth** अति अभद्र तरीके से (अक्सर कोई चीज चुराते हुए) किसी व्यक्ति या स्थान को छोड़कर जा.

WAN *abbr., comput.* 'wide idea network' (***anton.*** **LAN** 'limited area network') की प्रथमाक्षरी

WAN *abbr.* 'World Association of Newspapers (Paris)' की प्रथमाक्षरी

wan /वौन\/ *US* वाःन\/ *adj., degr.* **~ner**, **~nest** 1 जिसका रंग बीमारी या अन्य किसी विषाद के कारण पीला पड़ गया हो, विवर्ण, पांडु, पांडुर: ~ complexion 2 निस्तेज, फीका, हल्का: ~ light; ~ smile 3 मंद पड़ता हुआ, क्षीण: ~ hope 4 मंद, धुंधला: ~ stars;

dw/lw: **~ly** /~लि/ *adv.* निस्तेजतापूर्वक; **~ness** *n.* निस्तेजता

wand /वौंड/ *US* वांड/ *n.* 1 जादू की छड़ी: with a wave of a ~ 2 राज छड़ी;

p&i: **wave a magic ~** जादू की छड़ी घुमाकर तुरंत कुछ प्रकट या पैदा कर दे.

W&CW *abbr.* 'Women and Child Welfare' की प्रथमाक्षरी

W&E *abbr.* 'weapons and equipment' की प्रथमाक्षरी

wander /वौंड\:/ *US* वांड\:/ *v., pt.* **~ed**, *pp* **~ing** 1 (***syn.*** ramble) इधर-उधर घूमना, मटरगश्ती क.: ~ up and down aimlessly; ~ over the country-side 2 (*also* ~ **off**) थोड़ी देर के लिए कहीं चले जा. 3 (***syn.*** stray) भटक जाना, खो जा.: ~ out of one's way/ off the track/ from a path; ~ from a course 4 विषयांतर कर दे.: ~ from the subject/ from the point 5 वृद्धावस्था आदि में बहकी-बहकी बातें क., बेसिरपैर की बातें क., प्रलाप क.: his mind is **~ing**; his wits are **~ing** 6 (***syn.*** flit randomly, drift) विचारों का विचरना, मंडराना: sb's attention/ mind/ thoughts, etc. ~; his eyes **~ed** the forests; his eyes **~ed** over the landscape 7 नदिया का टेढ़े-मेढ़े बहना 8 अफवाहों आदि का फैलना: strange whispers **~ed** about the camp;

n. चहलकदमी: have a ~ around in the park;

dw/lw: **~er** /~रः/ *n.* 1 घुमक्कड़ व्यक्ति 2 बंजारा, पथिक 3 भटका हुआ (रमता) पशु 4 (***syn.*** comet) भटकता तारा, पुच्छल तारा; **~ing** /~रिंग/ *adj.* 1 घुमक्कड़, घुमंतू, भ्रमणशील: ~ing minstrels (घुमंतू गायक); ~ing stars/ thoughts/ eyes/ lights 2 खानाबदोश, बंजारा 3 सरकने वाली 4 टेढ़ा-मेढ़ा 5 परिभ्रमी 6 प्रलापी, बहका-बहका; **~ings** *n., pl.* 1 प्रयोजनहीन यात्राएं, भ्रमण, मटरगश्ती, घुमाव-फिराव 2 भटकाव 3 प्रलाप; **~lust** /~:लस्ट/ *n.* घूमने की ललक, भ्रमण-लालसा;

collocations: **~ing Jew** *folklore* ईसा को क्रूसारोपण (Crucifixion, सूली पर चढ़ाने) के लिए ले जाते समय उसका अपमान करने वाला कयामत के दिन तक मौत न पाने और सदा मारा-मारा फिरने के लिए अभिशप्त यहूदी;

p&i: **~ about** इधर-उधर घूमना; **~ away** भटक जा., काफिले से पिछड़ जा.; **~ away from the point** मूल मुद्दे से भटक जा.; **~ forth** जिधर मन करे उधर जा.; **~ in the wilderness** कोई सहारा न रहना, सब कुछ खो देने पर मारे-मारे फिरना; **~ off** कहीं जाकर खो जा.; **~ out = ~ forth**

wanderoo /वौंडरू/ *US* वांडरू/ *n., pl.* **~s** नीलगिरि लंगूर

wane /वेन/ *v., pt.* **~d**, *pp* **waning** 1 (***syn.*** decrease) कम/ क्षीण हो., घटना, क्षय होना: his fame **~d** rapidly 2 दुर्बल या कमजोर हो. 3 अवनति पर होना, समाप्त हो.: the day **~s**;

n. 1 घटाव, ह्रास: the moon is on the ~; his power is on the ~ 2 (***syn.*** declining) ह्रास, क्षीणता, क्षय: be on/ upon the ~; be in the/ in its ~; ~ be in one's ~ 3 अवनति, समाप्ति: the day was in its ~;

dw/lw: **waning** /वेनिंग/ *adj.* 1 क्षीण होने वाला 2 अवनति या समाप्ति की राह पर अग्रसर: ~ing day; ~ing light; ~ing ice;

p&i: **be in its ~/ be on the ~** (***syn.*** declining) अवनति की राह पर हो.

wangle /वैंग\ल/ *v., pt.* **~d**, *pp* **wangling** 1 (***syn.*** contrive) तिकड़म, जोड़-तोड़ या चापलूसी से प्राप्त क.: ~ five thousand rupees out of a person; ~ an invitation 2 बाएं-दाएं करके काम निकालना, चालाकी से कर डालना 3 (***syn.*** fudge) हेरफेर क., जालसाजी क., गोलमाल क.: ~ statistics 4 किसी को चालाकी से मनाना या फंसाना: ~ sb into loaning money;

n. चालबाजी, झांसा-पट्टी, धोखेबाजी;

dw/lw: **~r** /~लः/ *n.* चालबाज, झांसिया, धोखेबाज

waning *see above under* **wane: *dw/lw***

wank /वैंक/ *v., pt.* **~ed**, *pp* **~ing** हस्तमैथुन क.;

n. हस्तमैथुन;

dw/lw: **~er** *n.* 1 हस्तमैथुन करने वाला 2 घृणित व्यक्ति, नकारा आदमी

Wankel engine /वैंकल इंजन/ कार का घूमने वाला एक विशेष प्रकार का इंजन

wannabe /वौनअबी/ वॉनअबी/ वनअबी/ *US* वाःनअबी, वॉनअबी, वनअबी/ *n., pl.* **~s** *colloq.*, प्रसिद्ध हस्ती जैसा बनना चाहने वाला

व्यक्ति

WANs *abbr.* 'wide area networks' की प्रथमाक्षरी

want /वौंट/ *US* वांट/ *v., pt.* **~ed**, *pp* **~ing** 1 चाहना, चाह हो., इच्छा हो.: ~ to do sth; he **~s** to go; I ~ you to copy this letter; he **~s** adventure 2 (***syn.*** lack, be short of; *often* **~ for sth**; ***syn.*** short of) किसी चीज की कमी हो., का अभाव होना, कमी महसूस हो., से रहित होना: he **~s** energy/ courage/ self-confidence/ brains; he certainly does not ~ intelligence; ~ for nothing; we must not let parents ~ in their old age 3 जरूरत हो., आवश्यकता होना, दरकार होना: your mother **~s** you; I ~ you for a few minutes; you won't be **~ed** to-day 4 (***syn.*** ought to, need) जरूरी, आवश्यक या अपेक्षित होना: it **~s** to be done with great care; this dress **~s** to be washed; the bin **~s** emptying; you ~ to take more care 5 गरीब हो.: he never **~s** for money 6 मांगना, मांग क. 7 मिलने की चाह हो.: you are **~ed** next door 8 पुलिस आदि का किसी की तलाश में हो.: he is **~ed** by the police;

n. 1 कमी, अनुपस्थिति, अभाव: for ~ of sth; ~ of common sense; ~ of judg(e)ment; there is ~ of confidence in him; ~ of appetite; ~ of rain; the plant died from ~ of water 2 जरूरत, आवश्यकता: I am in ~ of a good dictionary; be in ~ of money; the house is in ~ of repair 3 अपेक्षा, चाह, इच्छा, मांग, जरूरतें: my **~s** are few; we can meet all your **~s** 4 तंगी, गरीबी, दरिद्रता: live in ~; be reduced to ~; fall into ~;

dw/lw: **~age** /वौंटिज/ *US* वांटिज/ *n.* 1 अभाव, कमी 2 कम पड़ने वाली मात्रा 3 (***syn.*** leakage, spillage) सामान की छिटपुट चोरी; **~ed** *adj.* 1 जिसकी पुलिस को तलाश हो: ~ed for murder; be on the ~ed list/ circular 2 जिसकी जरूरत हो: ~ed a fair complexioned girl for a ...; **~er** /वौंटः/ *US* वांटः/ *n.* 1 दूल्हे की तलाश में लड़की 2 दुल्हन की तलाश में लड़का; **wanting** *see below under separate entry*; **want\s** / वौंट्स/ वांट्स/ *n., pl.* जरूरतें; **~-wit** *n.* मूर्ख व्यक्ति

collocations: **~ ad** *mainly US* (*UK* **classified advertisement**/ **small ad**) 'आवश्यकता है' शीर्षित विज्ञापन;

p&i: **~ for sth** किसी चीज का अभाव हो.; **~ in** प्रवेश करना चाहना; **~ is the mother of industry** अभाव उद्यम की जननी है; **~ out** *colloq.* बाहर जाने की इच्छा हो.; **~ rid of sb/sth** से पिंड छुड़ाना चाहना; **~ sth from/ out of sth/ sb** किसी के अनुभव आदि या व्यक्ति से कुछ पाने की इच्छा रखना; **then ~ must be your master** आपके चाहने से क्या होता है!; **~ to do sth/ ~ sb to do sth** कुछ करना चाहना या यह चाहना कि कोई अमुक कार्य करे;

for ~ of sth किसी बात या वस्तु के अभाव या अनुपस्थिति में; **in ~ of sth** किसी चीज के टोह में; **not ~ to know (about sth)** कोई दिलचस्पी न हो. **what does one want with...?** उसे क्या चाहिए ...?

wanting /वौंटिंग/ *US* वांटिंग/ *adj.* 1 गायब, अनुपस्थित: there is a volume ~ to complete the set 2 (***syn.*** lacking) अभावग्रस्त: be not ~ in intelligence; ~ in alacrity (फुर्तीलेपन का अभाव हो.); ~ to one's duty; ~ in sth 3 अपर्याप्त, अपूर्ण: ~ in initiative; was weighed and found ~ 4 कम, अपेक्षा या प्रत्याशा से कम: has been found ~ 5 आवश्यक, जरूरी, दरकार, अपेक्षित 6 पगलैट, सनकी, बुद्धू: ~ in some respects

prep. 1 से रहित: ~ mutual trust, friendship is impossible 2 से कम: a month ~ two days

wanton /वौंट\न/ *US* वांट\न/ *adj., degr.* **~er, ~est** 1 बेहद क्रूर, निर्दय, विद्वेषपूर्ण: ~ cruelty/ destruction; ~ insult; ~ tricks; the ~ exercise of power 2 (***syn.*** lewd, licentious, lecherous) लंपट, व्यभिचारी, घिनौना: ~ man; ~ thoughts 3 बेलगाम, गैर जिम्मेदाराना, अनुशासनहीन, अनियंत्रित, मनमाना, निमानिया 4 अकारण किया जाने वाला, लक्ष्यहीन, निरर्थक 5 (***syn.*** playfully fanciful, whimsical) जिंदादिल, विनोदी, मनमौजी, तरंगी, चंचल 6 अस्थिर, अदृढ़: ~ wind; ~ mood 7 तूफानी, जबरदस्त, अत्यधिक: ~ imagination; ~ growth; ~ dress (अति तड़कीली-भड़कीली पोशाक); ~ destruction 8 शरारती, नटखट, उच्छृंखल;

n. 1 व्यभिचारिणी, कुलटा: play the ~;

v., pt. **~ed**, *pp* **~ing** 1 उछल-कूद क., आमोद-प्रमोद क., कूद-फांद क. 2 लंपटता क. 3 से खिलवाड़ क. 4 दरिंदों-सा व्यवहार क. 5 फड़फड़ाना: leaves ~ in the wind;

dw/lw: **~ly** /~नलि/ *adv.* अनियंत्रित रूप से, बेहद, बेइंतिहा: ~ly wasting time; ~ly cruel; **~ness** /~ननेस/ *n.* 1 उछल-कूद, कूद-फांद, आमोद-प्रमोद, शरारत 2 लंपटता, व्यभिचार: walk in ~ness (व्यभिचार में लिप्त हो.);

p&i: **play the ~** उच्छृंखल व्यवहार क.

wany *see under* **wane:** ***dw/lw***

WAP *abbr.* 'wireless access protocol', 'wireless application protocol' की प्रथमाक्षरी (मोबाइल फोन आदि को इंटरनेट से जोड़ने वाला उपकरण)

WAPCOS *abbr.* 'Water and Power Consultancy Services (India) Limited' की प्रथमाक्षरी

wapiti /वौपिटि/ *US* वाःपिटि/ *n., pl.* **wapiti**/ **~s** (*US* **elk**) अमेरिका और कैनेडा का एक विशाल हिरण

WAPS *abbr.* 'World Academy of Productivity Sciences' की प्रथमाक्षरी

war /वॉः/ *n.* 1 युद्ध, समर, संग्राम, लड़ाई: atomic ~; contained ~; the two countries were at ~; all-out/ full-scale ~ 2 हथियारबंद झगड़ा: ~ of attrition/ of extermination (क्षीणकारी या विनाशकारी युद्ध); ~ of aggression; fan/ stir up/ incite ~ 3 आंतरिक युद्ध, गृह-युद्ध: fratricidal ~; **War** of Secession (अमेरिकी गृह-युद्ध, 1861-1865) 4 खुल्लम-खुल्ला विद्वेष, शत्रुता, दुश्मनी: cold ~; have ~ in one's heart 5 गला-काट मुकाबला, स्पर्धा: tariff ~ 6 युद्ध-विज्ञान: laws of ~; art of ~ 7 संघर्ष, निरंतर जद्दोजहद: wage/ make/ levy ~ on/ against sb; ~ against hunger/ against illiteracy/ against disease/ against vice 8 प्रचंड बहस, तर्क-वितर्क, शाब्दिक कलह: ~ of words;

dw/lw: **~-baby** *n.* 1 युद्धकालीन बच्चा 2 (युद्धकाल में पैदा हुआ) अवैध बच्चा; **~chalking** *n.* पास में स्थित इंटरनेट सुविधा को दर्शाने वाला दीवार आदि पर बना चिह्न; **~-cloud** *n.* युद्ध की आशंका; **~-dog** *n.* 1 पुलिस या सैनिक कुत्ता 2 मंजा हुआ योद्धा 3 युद्ध भड़काने वाला व्यक्ति; **~fare** /वॉःफेअः/ *n.* युद्ध, संग्राम: conduct ~fare; the science of ~fare; rules of ~fare; ~fare agent; **~-game** *n.* सैनिक अभ्यास, युद्धाभ्यास; **~-god** *n.* कार्तिकेय; **~-harness** *n.* युद्ध सज्जा; **~-head** *n.* क्षेप्यास्त्र का अग्र भाग जिसमें विस्फोटक पदार्थ भरा होता है, स्फोटक शीर्ष; **~horse** *n.* 1 जंगी घोड़ा, समराश्व 2 अनेक युद्धों में लड़ चुका सैनिक, मंजा हुआ फौजी 3 अनेक चुनाव लड़ चुकने वाला राजनीतिज्ञ, पुराना खिलाड़ी 4 लड़ाका या युद्धप्रिय व्यक्ति; **~like** *adj.* 1 (***syn.*** military) युद्ध-संबंधी, सामरिक 2 (***syn.*** belligerent) युद्धप्रिय, लड़ाकू, जंगजू, रणप्रिय, युयुत्सु 3 युद्ध की धमकी देनेवाला 4 रण कुशल; **~lord** *n.* सैनिक अधिकारी जिसके कब्जे में देश का कोई भाग हो, युद्ध-नेता; **~-memorial** *n.* युद्ध-स्मारक; **~monger** /वॉःमंगः/ *n.* युद्धलोलुप, जंगखोर; **~mongering** /वॉःमंगरिंग/ *n.* युद्धलोलुपता, जंगखोरी; **~-paint** *n.* 1 (युद्ध से पहले शरीर पर लगाया जाने वाला) रंग द्रव्य 2 औपचारिक वेशभूषा, रस्मी लिबास या पोशाक 3 तड़क-भड़क, सजधज 4 वेश, भेस; **~path** *n.* युद्ध-पथ, युद्धोन्मुखता, रण-

अभियान, रण-मार्ग: be/ go on the ~path; be on the ~path (अति उग्र होना); **~paint** 1 (अमेरिकी) आदिवासियों द्वारा लड़ाई से अपने मुंह पर लगाया जाने वाला रोगन 2 घना, चमकीला रूप-सज्जात्मक लेप (make-up); **~plane** *n.* बम वाहक विमान, लड़ाकू विमान; **~ring** /वॉरिंग/ *adj.* 1 एक दूसरे के विरुद्ध कलह या युद्ध में रत: ~ring nations/ powers 2 युद्धरत परस्पर विरोधी पक्ष: ~ring factions/ parties/ sides, etc. 3 असंगत: ~ring passions 4 प्रतिस्पर्धी, प्रतिद्वंद्वी: ~ring elements; **war\rior** /वौरिअः/ *US* वाःरिअः, वॉरिअः/ *n.* योद्धा, सिपाही: the Unknown Warrior; cold ~riors (युद्ध समर्थक); **~rior** *adj.* युद्धप्रिय, शूरवीर, बहादुर; **~ship** *n.* युद्ध पोत, जंगी जहाज; **~-song** *n.* युद्ध-गीत; **~time** *n.* युद्ध-काल: ~time memoirs; ~time production; **~time** *adj.* युद्धकालीन; **~-torn** /वौःटॉन/ *US* वाःटॉन/ *adj.* युद्ध द्वारा क्षत-विक्षत; **~-wary** /वौः-विअरि/ *adj.* युद्ध-क्लांत, युद्ध से त्रस्त, संतप्त; **~whoop** /वाःव्हूप/ *n.* युद्ध में जाते समय किया जाने वाला शोर, युद्धनाद; **~-widow** *n.* युद्ध द्वारा बनाई विधवा; **~-worn** /वौःवॉःन/*US* वाःवॉःन/ *adj.* युद्ध-क्षत, युद्ध-क्षतिग्रस्त, युद्ध से त्रस्त: ~-worn visage; ~-worn region 3 युद्ध-परिश्रांत;

collocations: ~ **bonds** युद्धकालीन ऋण-पत्र; ~ **bride** युद्धकालीन दुल्हन; ~ **budget** रक्षा बजट; ~ **capability/ potential** युद्ध क्षमता या सक्षमता; ~ **chest** किसी योजना पर खर्च करने के लिए सरकार के पास उपलब्ध धन; ~ **clouds** युद्ध के बादल, युद्ध छिड़ने की आशंका; ~ **correspondent** युद्ध संवाददाता; ~ **crime** युद्ध अपराध; ~ **criminal** युद्ध अपराधी; ~ **cry** 1 युद्ध हुंकार, युद्धघोष 2 रणनाद, युद्ध का नारा; ~ **conditions** युद्धकालीन हालात; ~ **cripple** युद्धकालीन विकलांग; ~ **dance** युद्ध आरंभ होने के पहले या युद्ध में जीत होने पर आदिवासियों द्वारा किया जाने वाला नृत्य, युद्ध नृत्य; ~ **decoration** युद्धकालीन सम्मान; ~ **effort** युद्धकालीन रक्षा प्रयास; ~ **equipment** रक्षा सामग्री व यंत्र-तंत्र; ~ **establishment** रक्षा मंत्रालय; ~ **footing** युद्ध स्तर: put on a ~ footing; ~ **guilt** युद्ध छेड़ने की जिम्मेवारी, युद्ध अपराध; ~ **hawk/ eagle** युद्ध उन्मादी; ~ **hysteria** युद्ध उन्माद; ~ **material** युद्ध सामग्री; ~ **outfit** 1 युद्ध तंत्र 2 रक्षा प्रशासन 3 रक्षा तकनीकी सामग्री; ~ **peril** युद्ध का खतरा; ~ **power(s)** युद्धकालीन आपात अधिकार; ~ **preparations** युद्ध के लिए तैयारी; ~ **prisoner** युद्ध बंदी; ~ **risk insurance** युद्ध बीमा; ~ **service** रक्षा सेवा; ~ **stores** रक्षा सामग्री भंडार; ~ **tribe** योद्धा प्रजाति;

cold ~ बिना युद्ध के युद्ध जैसा माहौल यानी दो पक्षों के बीच लंबे समय तक चलने वाला कलह; **hot** ~ खुला या वास्तविक युद्ध; **phony** ~ युद्ध में कृत्रिम ठहराव;

p&i: **~ breaks out** युद्ध छिड़ गया या छिड़ जाता है; **~ is the sport of kings** युद्ध राजे-महाराजाओं का खेल है; **~ of elements** प्राकृतिक आपदा, तूफान, झंझावात, चक्रवात, त्सुनामी आदि; **~ of nerves** मानसिक दबाव; **~ of words** 1 वाक्-युद्ध 2 लंबे समय तक चलने वाली कलहपूर्ण बहस; **~ to the knife** विकराल युद्ध;

a ~ to the death/ to the knife विनाशकारी युद्ध; **be at ~** युद्ध या सशस्त्र संघर्ष में रत हो.; **carry the ~ into the enemy's country/ into the enemy's camp** 1 दुश्मन के क्षेत्र में युद्ध को पहुंचाना 2 आक्रामक लड़ाई अभियान चलाना 3 बहस में आक्रामक रवैया अपनाना; **go to/ declare ~** युद्ध प्रारम्भ क., युद्ध घोषित क.; **have been in the ~s** *colloq.* लड़ाई या दुर्घटना में घायल; **make ~ against = wage ~ on/ against sb** किसी के विरुद्ध लड़ाई या संघर्ष चलाना; **press-button ~** परमाणु युद्ध; **private ~** 1 खून का बदला 2 लंबा उत्तराधिकार कलह या लड़ाई; **the ~s of Roses** पंद्रहवीं सदी में इंग्लैंड में होने वाला गृह-युद्ध;

warb\le /वॉःब\ल/ *v., pt.* **~led**, *pp* **~ling** 1 पक्षियों का चहचहाना 2 कूजना, गाना 3 गिटकिरी भरना 4 पद्य में वर्णित क.;

n. 1 चहचहाहट 2 कूजन 3 (***syn.*** lump on the skin) घट्टा, सूजन, रसौली (*Hr.*) 4 डांस का डिंभक (larva of gadfly);

dw/lw: **~ler** /~लः/ *n.* 1 छोटा पक्षी, फुदकी: Indian wren ~ler (पिटपिटी फुदकी); streaked fantail ~ler (टुनटुनी फुदकी); **~ling** /~लिंग/ *n.* 1 कूजन 2 गिटकिरी

***collocations*:** **~le fly** एक मक्खी जिसके काटने से घोड़े की खाल पर रसौलियां-सी बन जाती हैं; **~le tone** कंपित स्वर

ward /वॉःड\/ *n.* 1 कक्ष, रोगी कक्ष: maternity ~; ~ treatment 2 वार्ड का रोगी समूह 3 हल्का, वार्ड: municipal ~ 4 जेल के भाग, विभाग: condemned ~ (मौत की सजायाफ्ता कैदी विभाग) 5 (***syn.*** a child under sb's guardianship) आरक्षित बालक, आश्रित, प्रतिपाल्य: a child in ~; not daughter but his ~ 6 (***syn.*** guardianship) अभिरक्षा, बचाव 7 ताले में विशेष चाबी से खुलना वाला सुरक्षात्मक उभार 8 सुरक्षा पहरा: hold/ keep ~; put sb in ~;

v., *pt.* **~ed**, *pp* **~ing** 1 वार टालना: ~ off an attack 2 मुसीबत, भुखमरी, बीमारियों को दूर रखना 3 निगरानी रखना 4 रक्षा क. 5 अभिभावक होना;

dw/lw: **~ship** /वाःडशिप/ *n.* 1 अभिभावकता 2 अभिरक्षकता: he is under the ~ship of Mr. A;

p&i: **~ in** रक्षा घेरा डालना; **~ off** 1 टालना 2 खाली कर दे. 3 निवारण क., से बचाव क., रोकना, अलग क.: ~ sth off; **~ up** = **~ in**;

warden /वॉःडन/ *n.* 1 *US* (*UK* **governor**) थानेदार, जेलर 2 *UK* छात्रावास का अभिरक्षक, छात्र पाल 3 *Br.* कॉलेज प्रबंधन का अध्यक्ष 4 रक्षक, अध्यक्ष 4 भिन्न-भिन्न क्षेत्रों में व्यवस्था बनाए रखने वाला अधिकारी: traffic ~; game ~;

dw/lw: **~ship** /~शिप/ *n.* अभिरक्षक का पद, अभिरक्षकता

warder/ wardress /वॉःडः/ वॉःड्रेस/ *n.* 1 *UK* जेल अधिकारी, जेलर, कारापाल 2 किसी का अंग-रक्षक

wardrobe /वॉःड्रोब/ *n. UK* (*US* **closet**) 1 वस्त्र-अल्मारी 2 व्यक्तिगत वस्त्र-संग्रह, कपड़े: ~ dealer (कपड़ा-व्यापारी) 3 थियेटर कंपनी का वस्त्र-भंडार 4 तोशखाना 5 रूस आदि देशों में सर्दियों आदि के समय किसी भवन के भीतरी भागों में जाने से पहले ओवर-कोट आदि उतारने का स्थान;

collocations: ~ **mistress/** ~ **master** 1परिधान कक्ष की संरक्षिका 2 भवन के भीतरी भागों में जाने से पहले ओवर-कोट आदि उतारने के स्थान पर या थियेटर आदि के ऊपरी वस्त्रों को रखने के स्थान पर काम करने वाली महिला या पुरुष

wardroom /वॉःडरूम/ *n.* 1 युद्ध पोत का भोजन-कक्ष 2 (जंगी जहाज पर) अफसरों का कमरा

-wards *comb. form, signifying:* **direction** (दिशा): back**wards**; to**ward**

ware /वेअः/ *n., pl.* **~s** 1 निर्मित वस्तुएं, माल: display one's **~s**; silver ~ 2 बेचे जाने वाला माल, वस्तुएं: grocery-~; travel~; kitchen~ 3 मिट्टी के बर्तन, मृद्भांड, मृण्पात्र: earthen~; potter's ~; brown-~; glass~ 4 दस्तकारी या अन्य वस्तुएं: soft~ (कंप्यूटर प्रोग्राम); hard~ (कंप्यूटर के यंत्र); soft **~s** (वस्त्रों का कपड़ा); foreign **~s**; literary **~s**;

adj. सचेत, सतर्क, सावधान: ~ and waking; be ~ of doing sth;

v., *pt.* **~d**, *pp* **waring** 1 से सचेत रहना, से सावधान रहना 2 से दूर रहना;

dw/lw: **~ful** /वेअःफुल/ *adj.* सावधान; **ware\s** /वेअःस/ *n. [pl.]* बिक्री का सामान: display one's ~s

warehouse /वेअःहाउस/ *n. pl.* **~s** /वेअःहाउसिज/ 1 गोदाम, भंडार: customs ~; bonded ~ 2 थोक के माल की बड़ी-सी दुकान;

v., *pt.* **~d**, *pp* **warehousing** (माल को) गोदाम में रखना;

dw/lw: **~-keeper/ ~houseman** *n.*गोदाम अधिकारी या

रक्षक
warehousing *n.* 1 गोदाम में सामान जमा करने की क्रिया 2 *stock exchange* शेयर खरीदने की एक विशेष प्रणाली
wareroom /वेअ:रूम/ *n.* 1 शोरूम 2 गोदाम
wari\ly /वेअरिलि/ *adv.* 1 सावधानी से 2 सतर्कतापूर्वक;
dw/lw: **~ness** /वेअरिनेस/ *n.* सावधानी, सतर्कता
warison /वैरिसन/ *n.* श्रेष्ठ व्यक्ति या अधिकारी द्वारा दिया हुआ पुरस्कार या उपहार
warlock /वा:लॉक/ *n.* जादू-टोना करने वाला, टोहनिया
warm /वॉ:म/ *adj., degr.* **~er**, **~est** 1 गुनगुना, कुनकुना, नीम गर्म: ~ milk/ coffee 2 नर्म गर्म, उष्ण: ~ weather; ~ countries 3 गर्म (वस्त्र): ~ clothes or covers; ~ clothing 4 स्नेही, स्नेहिल, स्नेहपूर्ण, संवेदनशील: ~ to sb; she is such a ~ person!; ~ heart; they are ~ friends 5 भावुक, भावप्रवण: heart ~ with love 6 उत्साहपूर्ण, सरगर्म, जोशीला: ~ support; give ~ encouragement to sb/ sth; ~ imagination; ~ blood; do sth in ~ blood; ~ partisan of sth; ~ about the idea/ about the plan 7 हार्दिक: ~ thanks; a ~ welcome; a ~ reception 8 सुखद, सौहार्दपूर्ण: ~ in manner 9 ताजी सुगंध वाला 10 उत्तेजनापूर्ण, उत्तेजित: ~ with wine/ with battle; ~ with indignation 11 तुनकमिजाज, तीखा: ~ temper; the dispute grew ~; ~ temperament 12 खतरनाक, संकटपूर्ण 13 भड़कीला, चटकीला: ~ descriptions 14 मंद (सक्रियता) 15 स्निग्ध (रंग): red/ yellow and orange are called ~ colours; ~ in colour 16 कोमल: ~ to the touch 17 लक्ष्य के समीप 18 कामुक, 19 सजीव, प्रफुल्ल;
n. 1 ऊष्मा, गर्मी 2 मोटा कोट 3 गर्म करने की क्रिया: have a ~; give a ~; it must have another ~ first; come inside into the ~;
adv. *degr.* **~er**, **~est** (***syn.*** warmly) गर्म तरीके से, या गर्मी देनेवाले ढंग से: wrap up ~ before you go out;
v., *pt.* **~ed**, *pp* **~ing** 1 गर्म क. 2 गर्माहट दे.: a fire **~s** the room; ~ oneself/ one's hands at the fire 3 खाने को फिर से गर्म क.: ~ over the tea 4 स्नेहपूर्ण बनाना या बनना: ~ one's heart; his heart **~ed** to her 5 उत्साहपूर्ण हो. या जोश से भरना: he **~ed** up as he went on with his speech; ~ to one's work 6 दावत को और जीवंत बनाना 7 उत्तेजित क. 8 भड़काना या भड़क जाना 9 जीवन-प्रकाश दे., दिव्य-ज्ञान दे. 10 चमकाना 11 पीटना 12 इंजन का पूरी क्षमता से काम करने लगना;
dw/lw: **~-blooded** /वॉ:म-ब्लडिड/ *adj.* 1 जिसके रक्त में अपेक्षाकृत ज्यादा उष्णता हो, उष्णरक्त, नियततापी (प्राणी) 2 उत्साही, जोशीला, उत्कट, प्रचंड; **~-down** *n.* तनावपूर्ण मुकाबले आदि के बाद तनाव कम करने के लिए व्यायाम; **~ed-over** /वॉ:मड-ओव:/ *adj.* दोबारा गर्म किया हुआ: ~ed-over soup; **~er** *n.* गर्माहट देनेवाला कपड़ा आदि; **~-hearted** /वॉ:महा:टिड/ *adj.* 1 दयालु 2 मैत्रीपूर्ण 3 सहानुभूतिशील; **~-heartedly** *adv.* स्नेहपूर्वक; **~-heartedness** *n.* स्नेहशीलता; **~ing** /वॉ:मिंग/ *n.* 1 गर्माने का काम, तापन, तापवृद्धि 2 पिटाई; **~ing-pan** *n., hist.* सुलगते कोयले से भरी छोटी-सी अंगीठी जिसे गर्माहट पाने के लिए आदमी के पहने या ओढ़े हुए कपड़ों के भीतर रखा जाता है; **~ish** /वॉ:मिश/ *adj.* कुछ-कुछ गर्म, गुनगुना, कुनकुना; **~ly** /वॉ:मलि/ *adv.* स्नेहपूर्वक, गर्मजोशी के साथ; **~ness** /वॉ:मनेस/ *n.* गर्माहट, गर्मजोशी; **~-up** /वॉ:मअप/ *n.* व्यायाम की तैयारी; **~th** *see below under separate entry*;
collocations: **~ boot** *n., comput.* कंप्यूटर को बिना पूरी तरह बंद किए फिर से चालू क.; **~ corner** खतरनाक स्थान; **~ front** उष्णाग्र, उष्ण वाताग्र; **~ sector** उष्ण क्षेत्र; **~ temperate** शीतोष्ण; **~ up** स्पर्धापूर्व व्यायाम, व्यायाम की तैयारी; **~ work** शारीरिक रूप से तनावपूर्ण काम;
British/ Service ~ सर्दियों का छोटे साइज का ओवर-कोट;
p&i: **~ as toast** अलाव-सा सुखकर; **~ down** थकाऊ व्यायाम के बाद हल्का व्यायाम क.; **~ front** *meteorol.* गर्म हवा और ठंडी हवाओं का टकराहट बिंदु; **~ one's jacket** पिटाई-धुनाई क.;**~ sb's ears** बहुत ऊंचा बोल-बोलकर किसी के कानों को बहरा क.; **~ (sb/ sth) up** 1 किसी में जोश भरना 2 गर्म क., गर्म हो.; **~ up** और अधिक उमंग से भरना; **~ sb up** किसी को और प्रफुल्ल क.; **~ sth up** पहले से पकाए हुए खाने को गर्म क.; **~ the bench** थोड़ी देर बैठकर बैंच को गर्म क.; **~ the cockles (of sb's heart)** किसी को प्रसन्नता दे.; **~ to/ towards sb/ sth** किसी को पसंद करने लगना; **~ wise to sth** थोड़ा-बहुत समझ जा.;
get ~ by the fire आग पर हाथ सेंकना; **get ~ playing in the sun** धूप में खेलते हुए गर्मी लगना; **keep a business prospect ~** व्यापारिक संभावनाओं को जिंदा रखना; **keep the seat ~ for sb** किसी के स्थान पर थोड़े समय के लिए काम क.; **make it/ things ~ for sb** किसी का जीना दूभर कर दे.;
warmth /वॉ:म्थ/ *n.* 1 गर्माहट, ताप: ~ of love/ of piety; the ~ of the sun/ of a room 2 प्यार, दुलार, स्नेह: reply with some ~ 3 उत्साह, जोश, सरगर्मी: pleased with the ~ of his welcome 4 गर्मी, तपाक 5 हार्दिकता 6 सौहार्द 7 उत्तेजना 8 आवेश, तीव्रता, उग्रता
warn /वॉ:न/ *v., pt.* **~ed**, *pp* **~ing** 1 (*usually* **~ sb of/ about sth**) सावधान क., आगाह क., चेतावनी दे., सचेत क., चेताना: he was **~ed** of the danger; the doctor **~ed** him against working too hard 2 (*often* **~ sb against sb/ sth**) सावधान या सतर्क क. 3 (पूर्व) सूचना दे., जताना, बतलाना 4 (***syn.*** advise) बलपूर्वक सलाह दे.: we **~ed** them not to go skating on such thin ice 5 डांटना, फटकारना और गलती के दोहराये जाने पर दंड देने की धमकी या चेतावनी दे.: you have been **~ed** against smoking here 6 बुलाना: ~ to duty; ~ to a place; officers and men are **~ed** for guard;
p&i: **~ away/ ~ from/ ~ out of** (a place) किसी स्थान को छोड़ने की आवश्यकता के बारे में औपचारिक सूचना या चेतावनी दे.; **take ~** सावधान होना, खबरदार होना; **~ sb off** किसी को किसी जगह से दूर रहने या चले जाने की धमकी दे.
warning /वॉ:निंग/ *n.* 1 चेतावनी: deliver/ give/ heed/ ignore/ issue a ~ 2 पूर्वसूचना: give a month's ~; without ~ (बिना पूर्व-सूचना के) 3 संभावित बात या घटना के बारे में पूर्वसंकेत, पूर्वप्रतीक: the branch fell without the slightest ~ 4 (***syn.*** caution) नौकरी आदि से निकाल दिए जाने के बारे में चेतावनी या धमकी: a blunt/ final/ stern ~ 5 चेतावनी चिह्न, खतरे का निशान 6 पूर्व-सतर्कता: take ~ by sb's example; ~ to stand-to (लड़ाई के लिए तैयारी के लिए पूर्व-सतर्कता);
adj. 1 चेताने वाला 2 सतर्क करने वाला 3 पूर्वसूचक, पूर्वसंकेतक: ~ lights; ~ sign; ~ signal; ~ radar 4 *naut.* मांगसूचक गोली की धांय-धांय वाला 5 धमकी भरा: he gave me a ~ look; ~ colouration/ mimicry (भयसूचक रंग/ नकल);
collocations: **~ area** विमान उड्डयन क्षेत्र; **~ bell** खतरे की घंटी; **~ colouration** *zool.* बर्र जैसे विषैले जीवों के शरीर पर चमकदार धारियां; **~ station** खोजी स्टेशन; **~ triangle** गाड़ी की खराबी, दुर्घटना आदि के बारे में सड़क पर रखी जाने वाली फ्लोरेसंट चमक वाली त्रिभुज
warp /वॉ:प/ *v., pt.* **~ed**, *pp* **~ing** 1 आकार बिगड़ जा., टेढ़ा-मेढ़ा हो जा., लकड़ी आदि में बल पड़ जा., संवलित हो जा.: seasoned timber does not ~; the sun **~ed** the boards; the covers of the book are **~ed** 2 पथभ्रष्ट हो. या क.: ~ one's life 3 विकृत क. या हो जाना: gramophone records ~ in very hot weather; hardship **~ed** his disposition 4 अर्थ को तोड़ना-मरोड़ना 5 पोत आदि को रस्सी से बांधकर खींचना 6 जमीन पर रेंगना 7 पंक या गाद के खाद से मिट्टी को उपजाऊ बनाना;
n. 1 टेढ़ा-मेढ़ापन, संवलन 2 ताना (in cloth: lengthwise thread: ~ and woof/ weft (ताना-बाना) 3 व्यक्तित्व आदि में

विकृति, विकार 4 रस्सी 5 गाद, रेग;

***dw/lw:* ~ed** /वॉःपड/ *adj.* 1 विचित्र, क्रूर, भ्रष्ट (मन) 2 विकृत: ~ed account; ~ed views; ~ed judg(e)ment 3 टेढ़ा-मेढ़ा: ~ed tree; **~er** /वाःपः/ *n.* ताना-बाना बुनने वाला उपकरण;

***p&i:* ~ aside** एक तरफ झुकाना या क.; **~ from** किसी बात या पथ से अलग क., पथ-भ्रष्ट क.; **~ into** में बुनना; **~ together** जोड़ना, में बुनना; **~ up** खेत में पंक या गाद डालना

warrant /वौरंट/ *US* वाःरंट/ *n.* 1 वारंट, आदेश-पत्र, परवाना, कार्रवाई करने का लिखित अधिकार पत्र: ~ of caption (भगोड़े अपराधी को पकड़ने का आदेश); ~ of death; ~ of executions 2 वारंट-गिरफ्तारी, वारंट-तलाशी, वारंट-रिहाई: ~ of arrest; bailable ~; non-bailable ~; a ~ is out against sb 3 समादेश, लेख 4 नियुक्ति-पत्र 5 प्रमाण-पत्र: dividend ~ 6 सबूत, पुष्टि: his presence here is a ~ of his sincerity 7 लाइसंस, रसीद आदि जो किसी कार्रवाई का सबूत हो 8 आधार: he has no ~ for saying so/ for what he did; there is no ~ for such a belief 9 कार्रवाई का औचित्य, उचित कारण: good intentions are no ~ for irregular actions 10 गारंटी देने वाला, जामिन: I will be your ~; take ~ on oneself 11 *milit.* सेना में वॉरंट अधिकारी नियुक्त करने का आदेश 12 माल रसीदी फार्म;

v.**, pt.* **~ed**, *pp* **~ing** 1 जरूरी बनाना 2 अधिकार दे., प्राधिकार दे., प्राधिकृत क.: the law **~s** this procedure 3 (syn.*** justify) उचित या न्यायसंगत सिद्ध क.: nothing can ~ such an insolence; the need **~s** the expenditure 4 का आधार प्रस्तुत क. 5 सच्चाई या शुद्धता का विश्वास जताना, सही माल होने का आश्वासन या गारंटी दे., औचित्य प्रमाणित क.: this material is **~ed** (to be) colour-fast; the genuineness is **~ed** by several facts 6 पुष्टि क., निश्चयपूर्वक कहना: I'll ~ him an honest fellow;

dw/lw:* ~able** /वौरंटअबल/ *US* वाःरंटअबल/ *adj.* 1 न्यायसंगत, उचित 2 प्रमाणीय 3 जिसे उचित ठहराया जा सके, औचित्यपूर्ण; **warrant\ee** /वौरंटी/ *US* वाःरंटी/ *n.* वह जिसे वारंटी दी गई हो, वारंटीधारी, वारंटीधारक, समाश्वासित; **~or/ ~er** / /वौरंटः/ *US* वाःरंटः/ *n., law* 1 समाश्वासक, समाश्वासी, आश्वासन देने वाला 2 गारंटी देने वाला, वारंटीकर्ता, वारंटीदाता, जामिन; **~y** /वौरंटि/ *US* वाःरंटि/ *n., pl.* **~ies** 1 (syn.*** guarantee) माल खराब होने या बिगड़ जाने पर उसे बदलने या ठीक करने की गारंटी 2 सही माल होने का आश्वासन, समाश्वासन, प्रतिश्रुति 3 प्राधिकरण, अनुज्ञप्ति 4 उचित कारण, आधार, औचित्य-प्रतिपादन 5 प्रमाण: ~y for sth;

***collocations*: ~ officer** (*abbr.* **WO**) वॉरंट ऑफिसर; **~ of precedence** वरीयता-अधिपत्र;

***p&i*: I/ I'll warrant** मुझे जरा भी शक नहीं, अवश्य

warranty *see above under* **warrant: *dw/lw***

warren /वौरअन/ *US* वाःरअन, वॉरअन/ (*also* **rabbit** ~) *n.* 1 खरगोश-बाड़ा 2 (***syn.*** labyrinth) एक दूसरे से जुड़ने वाले खरगोश के बिलों की भूमिगत भूलभुलैया: a ~ of passages 3 भीड़-भड़क्कम वाला रिहायशी स्थान: packed like/ thick as rabbits in a ~;

***dw/lw:* ~er** /वौरअनः/ *US* वाःरअनः/ *n.* खरगोश-बाड़े का मालिक, खरगोश पालक

warrigal/ warragal /वौरिगल/ वारगल/ *n., Austral* 1 एक जंगली कुत्ता 2 एक जंगली घोड़ा

warrior *see above under* **war: *dw/lw***

wart /वॉःट/ *n.* 1 मस्सा, खुदरा मुहांसा 2 कीलक 3 पौधे या पेड़ पर बना ऐसा ही उभार;

***dw/lw:* ~-hog** *n.* खांगदार जंगली सूअर; **~y** /वॉःटि/ *adj.* मस्सों से भरा, मस्सेदार;

***p&i:* ~ disease of potatoes** आलुओं की एक बीमारी; **paint sb ~s and all** चित्र को सभी मस्सों व कीलकों के साथ यानी हू-ब-हू बनाना

warthog /वॉःटहॉग/ *n.* जंगली सुअर

Warwicks /वौरिक्स/ *abbr., English county* 'Warwickshire' का छोटा रूप

war\y /वेअरि\/ *adj., degr.* **~ier**, **~iest** 1 (***syn.*** vigilant, alert) सतर्क, चौकन्ना, चौकस: be **~y** of giving offence; be **~y** in the choice of words 2 (*often* **~y of sth/ sb**) सावधान, खबरदार: be **~y** of sb/ sth 3 (***syn.*** cautious) विश्वास न करने वाला, आशंकित: be **~y** of trouble/ of consequences; a **~y** look; be **~y** of such invitations; keep a **~y** eye on sth;

***dw/lw:* ~ily** /~लि/ *adv.* सतर्कतापूर्ण; **~iness** /~नेस/ *n.* चौकसी, आशंका

was /वौज/ *US* वाःज/ *pt.*, **'be'** का भूतकाल (था, थी)

wash /वौःश/ *US* वाःश, वॉश/ *v., pt.* **~ed**, *pp* **~ing**, *s/he/ it* **~es** 1 धोना: ~ a cup/ the floor 2 हाथ-मुंह आदि धोना: ~ one's face; ~ one's eyes; ~ one's mouth; ~ one's hands/ one's feet 3 नहाना, स्नान क.: ~ oneself; I must ~ before dinner 4 (*usually* **~ off/ out** or **~ sth off/ out**) धोकर साफ क., गंदगी, धब्बे आदि हटाना: ~ a dress/ a shirt; she **~es** for a living (वह धुलाई करके रोजी-रोटी कमाती है); ~ clean/ white 5 भिगोना, भीगना, तर क. या हो.: flowers **~ed** with dew 6 (*usually* **~ against/ over sth**) बहना, बह जाना: be **~ed** away/ out/ up, etc. 7 (***syn.*** erode *or* gouge out) पानी की धारा द्वारा मिट्टी आदि को काट कर बहा ले जाना या मिट्टी काटकर नाला बनाना: ~ against/ on, etc.; water had **~ed** a channel 8 धुलाई में रंग आदि का न धुलना, फीका न पड़ना, बदरंग न हो. 9 बिल्ली आदि जानवरों द्वारा चाटकर अपने को या अपने बच्चे को साफ क. 10 मुलम्मा चढ़ाना, पतला लेप चढ़ाना, कलई क.: ~ with varnish 11 कागज पर पेंट या स्याही फेरना 12 (of metal, ore) अयस्क पानी में खंगालना, पानी में छानना, पानी से धोकर छानना: ~ gravel for gold 13 *colloq.* परखने पर खरा उतरना, अग्नि-परीक्षा झेलना, जांच आदि में खरा उतरना, युक्तियुक्त होना: that excuse just won't ~; the explanation just won't ~; his story will not ~ 14 पाप धोना: ~ from sin 15 समुद्र, नदी के पानी या धूप आदि से धुलना: great spaces **~ed** with sun; the waves ~ the shore; **~ed** by the Danube/ Volga/ Ganges;

n.**, pl.* **~es** 1 स्नान, नहाने की क्रिया: have a ~ 2 *UK* धुलाई, सफाई: ~ for the eyes; hair ~ 3 कपड़ों की धुलाई: weekly ~ of clothes 4 धुलाई घर: at the ~ 5 धुलाई के कपड़े, धोवन: hang out the ~ to dry; the ~ goes out on Tuesday and comes back on Monday 6 धुलाई का सामान, घोल, लोशन 7 (syn.*** rough waves) पोत-तरंग, लहरों का उछाल: the ~ of the waves 8 पतला पेय: this soup/ this tea is mere ~ 9 (***syn.*** thin coating) पतला लेप, कलई, मुलम्मा 10 (***syn.*** silt) गाद 12 (***syn.*** twaddle) बकबक;

adj. 1 धुलने योग्य, जिसे धोया जा सकता है: ~ goods: a ~ dress 2 धुलाई करने वाला (चूरा या घोल आदि): ~ solution 3 स्नान या नहाने का: ~ bath;

dw/lw:* ~ability** /वौःशअ\बिलिटि/ *US* वाःशअ\बिलिटि/ *n.* धुलाई-सहायता, धोया जा सकने का गुण: ~ability is important for toys; **~able** /~बल/ *adj.* धोने योग्य, जो धोने पर खराब न हो, धुलाई-सह: ~able toys; ~able dolls; hand ~able; machine ~able; **~-and-wear** *adj.* (ऐसा कपड़ा) जिसे धोने के बाद इस्त्री करने की आवश्यकता न हो: ~-and-wear suit; **~bag** = **sponge bag** प्रसाधन थैली; **~basin/ ~hand basin** *UK* (*UK/US* sink) *n.* 1 चिलमची, जिसमें हाथ-मुंह धोते है 2 धोवन-कुंड, धोवन-पात्र; **~board** *n.* धोबी या धुलाई का पटरा; **~bowl** *n.* = **~basin**; **~cloth/ ~rag** *US* (*UK* **flannel**) *n., N. Amer.* हाथ-मुंह पोंछने का कपड़ा (तौलिया); **~day/ ~ing day** *n.* धुलाई का दिन; **~ed-out** *adj., colloq.* 1 (syn.*** exhausted) थककर चूर, थका-मांदा, पस्त हाल, क्लांत: feel

~ed-out 2 दुर्बल, कमजोर, ऊर्जाहीन 3 निस्तेज, निर्जीव 4 हतोत्साह, निराश 5 (*usually* all ~ed-up) *sl.* तबाह, चुका हुआ, खत्म, धूल में मिला हुआ, विफल, ध्वस्त, चकनाचूर (plans, dreams) 6 कपड़ा जिसका रंग फीका पड़ गया हो 7 निरस्त या रद्द (मैच आदि); **~ed-up** *adj.* समाप्त, चुका हुआ: his singing career was all ~ed-up due to drinking; **~er** *n.*1 वाशर, छल्ला 2 कपड़े धोने वाली या धोने की मशीन 3 धोने वाला, धोबी, धोबिन; **~er-dryer** = **~er-drier** /वौशः-ड्रायः/ *US* वाःशः/वॉशः-ड्रायः/ *n.* धुलाई-सुखाई मशीन; **~erman/ ~erwoman** *n.* धोबी, धोबिन; **~ery** /वौशरि/ *US* वाःशरि/ वॉशरि/ *n.* कोयला धोने वाली मशीन; **~er-up** *n.* बर्तन धोने वाला व्यक्ति; **~-hand** *adj.* हाथ धोने का: ~-hand basin; ~-hand stand; ~-hand table; **~-house** *n.* धोबी घर; **~ing** *see below under separate entry*; **~-land** *n.* खादर; **~-out** *n.* 1 पूर्ण विफलता: the attempt was a complete ~out; he was a ~out as a lecturer 2 संपूर्ण धुलाई 3 कटाव 4 निकम्मा आदमी; **~out** *adj.* 1 (***syn.*** exhausted) थक के चूर 2 फीका, निस्तेज 3 बदरंग 4 रद्द; **~out** *v., pt.* ~ed-out, *pp* ~ing-out 1 धो डालना 3 खंगालना 4 मिटा दे., व्यर्थ कर दे. 5 रद्द क. 6 धुल-धुलकर कपड़े का फीका हो जा.; **~rag** = **~cloth**; **~room** *n.* *US* टॉयलट, बाथरूम; **~-stand** *n.* धुलाई स्थान; **~-tub** *n.* धुलाई या स्नान का टब; **~-tank n.** धुलाई-टंकी;

face~ *n.* चेहरे को धोने का पदार्थ;

collocations: **~ liquid** धुलाई का द्रव; **~ day** = **~ing day** धुलाई का दिन; **~ slope** मद ढाल; **~ sprays** धोवन फुहार; **~ unit** धोवन इकाई; **~ wheel** प्रक्षालन चक्र;

p&i: **~ a brick** भाड़ झोंकना, बेकार का काम क.; **~ a dog, comb a dog, still a dog is a dog** रस्सी जल गई पर बल नहीं गया; **~ an ass's head/ ears** व्यर्थ में प्रयास क.; **~ off** धोकर कपड़ों से धब्बे आदि हटाना; **~ one's dirty linen in public** अपने घर का कलह या भेद जग-जाहिर क.; **~ one's hands of sb** से कुछ लेना-देना न हो., से किनारा क., जिम्मेवारी लेने से इन्कार क.; **~ one's head/ one's brain** थोड़ा पीकर अपना दिमाग तरोताजा क.; **~ out** 1 कपड़ों से धब्बे आदि हटाना 2 अंदर से साफ क.; **~ over sb/ ~ through sb** किसी के या किसी बात के जोरदार प्रभाव तले थोड़ी देर के लिए होश खो बैठना, पूरी तरह किसी की या किसी चीज की गिरफ्त या प्रभाव में जकड़ा जा.: a wave of nausea ~ed over him; **~ sth away** 1 धोकर धब्बा आदि हटाना 2 किसी चीज को पानी द्वारा बहाया जा.; **~ sth down** 1 गले में अटके खाने या दवा की टिकिया आदि को कुछ पीकर गले के नीचे उतारना 2 मिट्टी आदि को बहाकर ले जा. 3 ऊपर से नीचे तक अच्छी तरह धोना; **~ sth out** बर्बाद क.; **~ (sth) up** 1 (*also* **do the dishes**) *UK* बर्तन-भांडे और छुरी-कांटे धोना, मांजना 2 खाने के बाद हाथ धोना 3 समुद्र की लहरों द्वारा किनारे पर फेंक दिया जा. 4 असफल हो जा.;

be ~ed out बाढ़ आदि द्वारा सड़क आदि को बहाकर ले जाया जा.: the flood ~ed out the road; **come out in the ~** 1 भेद खुल जा.: it'll all come out in the ~ 2 धुलाई के समय धब्बों का धुलना 3 अंततः सब ठीक हो जा., सब सुलझ जा. 4 थकाकर चूर कर दे. 5 परीक्षा में असफल हो जा. 6 रंग उड़ना; **it will all come out in the ~** 1 सच्चाई सिर चढ़कर बोलेगी 2 कोई बात नहीं, आगे सब ठीक हो जाएगा; **sth doesn't ~ with sth/ it will not ~** 1 दिया गया स्पष्टीकरण या बहाना नहीं चलेगा 2 यह बिल्कुल बेकार है

Wash *short,* 'Washington' का छोटा रूप (*also see under* **WA**)

washing / वौशिंग/ *US* वाःशिंग, वॉशिंग/ *n.* 1 धुलाई, प्रक्षालन, धोवन 2 धुलाई के कपड़े 3 तरल का लेप;

adj. 1 धुलाई-सह: ~ toys; ~ fabrics 2 धोने वाला: ~ machine (धावित्र) 3 धोने का: ~ powder; ~ things; ~ soda;

dw/lw: **~-up** *n.* 1 (***syn.*** dish-wising) *UK* बर्तनों की धुलाई 2 धुलाई के बर्तन;

collocations: **~ allowance** धुलाई भत्ता; **~ line** = **clothesline**; **~ machine** कपड़े धोने की मशीन; **~ powder/ washing liquid** *UK* (*US* **laundry detergent**) कपड़े धोने का चूरा, पाउडर, तरल आदि; **~-up liquid** *UK* (*US* **dish soap**) बर्तन धोने का तरल साबुन

wash\y /वौशि/ *US* वाःशि/ *adj., degr.* **~ier**, **~iest** *colloq.* 1 पतला, पानी जैसा 2 कमजोर, दुर्बल 3 पनिहा, पनीला, पतला, झल्ला 4 फीका, मलिन 5 निस्तेज

wasn't /वौजंट/ *short,* 'was not' का छोटा रूप

WASP *abbr.* 1 'White Anglo-Saxon Protestant', 'wireless application service provider' की प्रथमाक्षरी 2 (*also* **Wasp**) /वौस्प/ *US* वाःस्प/ *n. N. Amer., derog.* अति विशिष्ट वर्ग का एक गोरा व्यक्ति (उत्तरी यूरोप से आकर बसने वाला तथाकथित 100% अमेरिकी व्यक्ति)

wasp /वौस्प/ *US* वाःस्प/ *n.* भिड़, भिरड़ (*Hr.*), बर्र, पीली ततैया, वरट, वरटा;

dw/lw: **~ish** /वौसपिश\/ *US* वाःस्पिश\/ *adj.* (***syn.*** irritable) चिड़चिड़ा, तुनुकमिजाज, क्रोधी; **~ishly** /~लि/ *adv.* तुनुकमिजाजी से; **~ness** /~नेस/ *n.* तुनुकमिजाजी, चिड़चिड़ापन; **~-waist** /वौस्प-वेस्ट/ *n.* पतली कमर; **~-waisted** *adj.* तनुमध्य, क्षीणकटि, पतली कमर वाली; **~y** /वौस्पि/ *adj., degr.* ~ier, ~iest 1 चिड़चिड़ा, तुनुकमिजाज 2 भिरड़ों से भरा;

p&i: **~ nest/ wasp's nest/ wasps' nest** /*colloq.* 1 भिरड़ों का छाता 2 *fig.* दुश्मनों का गढ़; **sting like ~** बहुत ठेस पहुंचाना

wassail /वौसे\ल/ *US* वाःसे\ल/ *n., old use* 1 मदिरापान का दौर, मदिरा-गोष्ठी 2 ऐसे दौर में उठाया जाने वाला जाम 3 जाम में पी जाने वाली मदिरा;

v., *pt.* **~ed**, *pp* **~ing** 1 मदिरापान का दौर चलाना 2 रंगरलियां मनाना, खूब पीना 3 क्रिस्मस के दौरान ईसाई भजन (carols) और उल्लासमय गीत गाते हुए घर-घर जा.;

dw/lw: **~er** /~लः/ *n.* मौज उड़ाने वाला, पियक्कड़, मद्यप

Wassermann's test/ Wassermann's reaction *n., med.* सूजाक या उपदंश (syphilis) के लिए रक्त-जांच (blood test)

wast /वौस्ट/ *v. old use or dialect, II person sing. past, used with the pronoun* '**thou**': thou **wast**

wastage /वेस्टिज/ *n.* 1 बर्बादी, अपव्ययः ~ of time/ money/ energy 2 छीज, छीजन 3 हानि, क्षति 4 (*esp.* **natural ~**) वेतन-निवृत्ति एवं त्याग-पत्र दिलवाकर कर्मचारियों या कर्मियों की संख्या में की जाने वाली कमी

waste /वेस्ट/ *n.* 1 बर्बादी, अपव्यय, फिजूलखर्ची, विनाशः ~ of fuel; ~ of energy; a ~ of effort/ money/ time 2 बर्बादी या अपव्यय करने की क्रिया, छीजन, छीजः go/ run to ~ (बेकार हो., बर्बाद हो.); cut to ~ (दर्जी द्वारा कपड़े की कटाई के दौरान बर्बाद होने वाली कतरनें) 3 अपव्यय से होनेवाला क्षति, हानिः thread/ yarn ~ 4 अमूल्य वस्तु या व्यक्ति को गंवा देने की क्रियाः a ~ of talent 5 घिसाई, क्षय 6 (***syn.*** refuse, rubbish) कूड़ा-कर्कट, रद्दीः ~ disposal; ~ utilization 7 घर का या औद्योगिक कचराः household/ industrial ~ 8 उजाड़, निर्जन स्थान, सुनसान दृश्य 9 (**~s**) ऊसर, बंजर या अकृषित भूमि का विशाल मैदान या महासागरीय विशालताः a ~ of waters 10 अपशेषः atomic/ nuclear ~; fission-product ~ 11 गंदा पानी 12 (***syn.*** left-over food crumbs) जूठन, उच्छिष्टः ~ products 13 *physiol.* (***syn.*** excretion from body) उत्सर्ग 14 वजन में गिरावट, ऊर्जा में गिरावट, सजीवता का ह्रासः run to ~/ go to ~;

v., *pt.* **~d**, *pp* **wasting** 1 बर्बाद क.: turn the water off, don't ~ it! 2 (***syn.*** squander) अवसर गंवानाः ~ an opportunity/ a chance 3 *old use* जमीन को तबाह क., तहस-नहस क.: Roman legions **~d** their country 4 (***syn.***

ravage) उजड़ने या बिगड़ने दे., बिगाड़ना, उजाड़ना 5 अपव्यय क., फिज़ूलखर्ची क., व्यर्थ व्यय हो जा. या क. 6 नष्ट क., नष्ट हो जा., व्यर्थ जा., शक्ति, ऊर्जा आदि बर्बाद हो.: ~ one's life; his efforts were **~d** 7 उड़ाना, लुटाना, फूंकना: his resources were rapidly **wasting** 8 (***syn.*** wear and tear) घिस जाना, छीजना, क्षय हो., घटना 9 छिजाना 10 बिना उपयोग किए फेंक दे. 11 बिना मांगे सलाह-मशवरा दे. 12 (***also*** **~ away**) पतला या दुर्बल हो. (become emaciated): frame **~d** by disease; ~ away for lack of food 13 थककर चूर हो., थकावट से टूट जा. 14 *US sl.* प्रहार क., कत्ल क. 15 किसी की समझ से बाहर हो., कोई प्रभाव न पड़ना, व्यर्थ जा.: be **~d** on sb (भैंस के आगे बीन बजाना, भैंस खड़ी पगुराए); my joke was **~d** on him; all advice will be **~d** on him;

adj. 1 फालतू 2 (***syn.*** good-for-nothing) व्यर्थ, बेकार: **~d** effort 3(***syn.*** defective) दोषपूर्ण, अनुपयुक्त 3 (***syn.*** uncultivated) अकृषित, बंजर, बंजर भूमि: ~ land; ~ field (पड़ती) 4 निर्जन, गैर-आबाद, वीरान, नीरस, सुनसान, उजाड़: lie ~; lay ~ 5 रद्दी, अपशिष्ट: ~ products; ~ wood; ~ paper (रद्दी कागज, रद्दी); ~ matter 6 (***syn.*** squandered) व्यर्थ गंवाया हुआ: ~ life 7 अप्रयुक्त, खाली, बेकार: ~ stowage/ tonnage (जहाज की माल ढोने की खाली पड़ी क्षमता);

dw/lw: **~-basket** *n.* रद्दी की टोकरी; **~-bin** *n.* कूड़ा-धानी; **~-book** *n.* अस्थायी खाता; **~d** *adj.* 1 व्यर्थ, बेकार 2 सूखकर कांटा बना हुआ 3 पियक्कड़, बेवड़ा, नशेड़ी; **~ful** *adj.* 1 खर्चीला, फिज़ूलखर्च, उजाड़ 2 अपव्ययपूर्ण, अपव्ययी, बेकार: ~ful expenditure; ~ful of time; ~ful of words; **~fully** *adv.* व्यर्थ ढंग से, बेकार में; **~fulness** *n.* खर्चीलापन, अपव्ययिता; **~land** (***syn.*** desolate land) *n.* 1 उजाड़, सुनसान धरती 2 बंजर भूमि; **~ness** /वेस्टनेस/ *n.* 1 बर्बादी, विनाश 2 उजाड़; **~-paper-basket** *n.* रद्दी की टोकरी; **waste\r** /वेस्टः/ *n.* 1 अपव्ययी, फिज़ूलखर्च: a time ~r 2 (***syn.*** defective article) सदोष सामान 3 (***syn.*** idler, good-for-nothing) निकम्मा या निखट्टू आदमी: a bad ~r; **~-weir** /वेस्टविअः/ *n.* पक्की ढाल; **waisting**, **wastrel**, **wasty** *see below under separate entry*;

collocations: **~ bin/ ~ basket** रद्दी की टोकरी; **~ breath** बोलना; **~ disposal unit** (*also* **~ disposer**; *US* **garbage disposal/ dispoal**) कूड़ा-कर्कट का निपटारा संयंत्र; **~ ground** (*also* **~ lot**) निर्मित मकानों के बीच पड़ी खाली जगह; **~ land** बंजर भूमि; **~ paper** रद्दी कागज; **~-paper basket/ ~-paper bin/ ~ bin/ ~ basket** *UK* (*US* **~-basket**) रद्दी की टोकरी; **~ product** अपशिष्ट पदार्थ; **~ pipe** निकास-नल **~ wool** मिलावटी ऊन;

p&i: **~ away** घुलना, झुरना, दुर्बल या क्षीण हो जाना; **~ not, want not** यदि आप कोई चीज व्यर्थ (जाया) न करोगे, तो उसका कभी अभाव न होगा; **~ one's breath** बेकार बोलना;

a ~ of space निकम्मा, निखट्टू आदमी; **lay sth ~/ lay sth to ~** तहस-नहस कर दे.; **the ~ periods of history** इतिहास का महत्त्वपूर्ण घटनाविहीन काल; **willful ~ makes woeful want** = **~ not, want not** *see above*

wasting /वेस्टिंग/ *adj.* 1 क्षयकारक 2 विनाशक 3 अपव्ययी 4 विनाशकारी, क्षयकारी; ~ wars; ~ disease (क्षय-रोग);

collocations: **~ asset** दिन-प्रतिदिन बर्बाद होता हुआ या घटता हुआ प्राकृतिक संपदा: coal or petroleum products as ~ asset

wastrel /वेस्टरल/ (= waster = good-for-nothing fellow) *n.* 1 निकम्मा या निखट्टू आदमी 2 (***syn.*** spendthrift man) अपव्ययी व्यक्ति, उड़ाऊ सुस्त व्यक्ति 3 आवारा छोकरा 4 (***syn.*** waif) परित्यक्त शिशु या बालक

wasty /वेस्टि/ *adj.* 1 अनटिकाऊ, क्षणभंगुर 2 गंदगीभरा, कूड़ा-कर्कटी 3 रद्दी, मिलावटी: ~ wool 4 खाली या बेकार पड़ा (यंत्र आदि)

WAT *abbr.* 'Written Admission Test' की प्रथमाक्षरी

watch /वौच/ *US* वाःच\, वॉच/ *v., pt.* **~ed**, *pp* **~ing** 1 ध्यान से देखना, अवलोकन क., घटनाचक्र पर नजर रखना: ~ the development of affairs; ~ for the symptoms of measles; my solicitor is **~ing** the case for me 2 पर ध्यान रखना, निगरानी रखना, पहरा दे.: the shepherd was **~ing** his sheep; there is a policeman **~ing** outside the building; will you ~ (over) my clothes while I have a swim?; ~ and ward 3 (*also* **~ for sth**) अवसर की तलाश में रहना, की राह देखना, की प्रतीक्षा क., ताक में रहना: ~for; **~ing** for a signal; ~ for one's time; ~ for a chance/ for a favourable opportunity 4 (*also* **keep a vigil**) की रक्षा क., रखवाली क., की देख-रेख क. देखभाल, सेवा-शुश्रूसा क.: ~ with a sick person/ ~ at sb's bedside; ~ beside a sick bed 5 चौकन्ना होना, चौकसी क., सतर्क या सावधान रहना: ~ out; ~ one's step; ~ your steering! 6 जागना, जागरण क.: ~ and pray 7 किसी चीज (टीवी, कार्यक्रम, खेल-कूद का कार्यक्रम आदि) को ध्यान से देखना: ~ television; ~ what I do and how I do it 8 किसी बात पर उचित ध्यान दे.: ~ one's diet;

n. 1 *pl.* **~as** (*also* **wristwatch**) घड़ी: 10 o'clock by my ~; my ~ is slow; ~ chain; glance at/ look at one's ~; wear a ~; wind a ~ 2 पहरा, रखवाली, पहरा-चौकी पर तैनात व्यक्ति: the town ~; the **~es** of the night 3 प्रतीक्षा, ताक: be on the ~ for sth; be on the ~ for an opportunity 4 कड़ी निगरानी: ~ over sth/ sb; keep a good ~ on sth/ sb; close ~; be on ~ 5 शव के पास रतजगा 6 *naut.* चार-घंटे की कार्य पारी 7 पहरेदारों का समूह;

dw/lw: **~able** /~अबल/ *adj.* देखने योग्य; **~-band** *n.* = **~ strap** घड़ी का फीता; **~-case** *n.* घड़ी-दान; **~-chain** *n.* घड़ी की जंजीर; **~dog** *n.* 1 रखवाला, प्रहरी, कुत्ता 2 सरकारी दफ्तरों या संगठनों की आर्थिक गतिविधियों पर कड़ी निगरानी करने वाला संगठन: ~dog of the Treasury; ~dog committee; ~dog report; **watch\er** *n.* 1 पहरेदार, चौकीदार, रखवाला 2 रक्षक 3 कड़ी निगरानी रखने वाला दर्शक; **~-fire** *n.* पहरेदार (संतरी, चौकीदार) द्वारा जलाई जाने वाली आग, अलाव; **~ful** *adj.* 1 सावधान, सतर्क, खबरदार: keep ~ful guard 2 जागरूक, चौकन्ना, चौकस: be ~ful of the symptom; be ~ful of sb/ sth 3 जागते हुए: ~ful nights; **~fully** *adv.* ध्यानपूर्वक, चौकसी से, सावधानी से; **~fulness** *n.* चौकसी, सतर्कता, सावधानी, जागरूकता; **~glass** *n.* 1 घड़ी का डायल 2 प्रयोगशाला में प्रयुक्त होने वाली शीशे की एक छोटी-सी कटोरीनुमा प्लेट; **~-guard** *n.* 1 जेबघड़ी का कवच 2 घड़ी की जंजीर, चेन; **~-key** *n.* घड़ी को चाबी देने का मूठ या बटन; **~maker** *n.* घड़ीसाज; **~making** *n.* घड़ीसाजी; **~man** (*also* **night-watchman** *n.* पहरेदार, चौकीदार, प्रहरी, संतरी: ~man's rattle (चौकीदार की लाठी की ठक-ठक); **~-night** *n.* रतजगा; (*in full* **~night service**) आधी रात से ज्यादा देर तक चलने वाली चर्च प्रार्थना; **~spring** *n.* घड़ी का स्प्रिंग; **~strap** *n.* (***syn.*** ~band) घड़ी का फीता; **~tower** /~टाउअः/ *n.* निगरानी बुर्ज, गरगज; **~word** *n.* 1 (***syn.*** password) संकेत-शब्द 2 (***syn.*** slogan, catchphrase) नारा, आदर्श वाक्य;

collocations: **~ and ward staff** सुरक्षा कर्मी; **~ oil** घड़ी तेल; **~ strap** घड़ी का फीता;

p&i: **~ed pot never boils** किसी काम में अधीरता बर्तने से वह अंतहीन हो जाता है; **~ for sb/ sth** किसी के आने या कुछ होने तक इंतजार क.; **~ it!** सावधान!; **~ one's mouth/ tongue/ words** पहले तोलो, फिर बोलो!; **~ oneself** *colloq.* अपने व्यवहार या कार्यों में सावधानी बर्तना; **~ one's step** देखकर चलना; **~ one's time** अवसर की ताक में रहना; **~ out** सतर्क रहना; **~ out!** ध्यान से! सतर्क रहो!; **~ out for sth/ sb** 1 के प्रति सावधान रहना 2 की तलाश में हो.; **~ over** की रक्षा क., की

देख-रेख क.; ~ **over sb/sth** किसी पर या किसी चीज पर निगरानी रखना; ~ **sb like a cat ~es a mouse** किसी पर कड़ी निगरानी रखना; ~ **the clock** काम के बारे में न सोचकर, यह सोचना कि छुट्टी कब होगी; ~ **the time** किसी कार्य को समय-सीमा के भीतर खत्म करने के लिए समय का ध्यान रखना; ~ **the space** कोई नई बात होने के बारे में इंतजार करने की सलाह दे.; ~ **the world go by** उतावले मत बनो, देखो कि दुनिया कैसे घूमती है!;
be on the ~ for sth की तलाश में हो.; **keep ~** नजर रखना, पहरा दे.; **pass as a ~ in the night** अपने पीछे कोई निशान न छोड़ना

watching *n.* 1 देखने की क्रिया 2 निगरानी 3 पहरा;
collocations: ~ **brief** 1 ग्राहक की ओर से वकील को उसके हित-रक्षा के रूप में अदालत की कार्रवाई पर नजर रखने का निर्देश 2 किसी क्षेत्र विशेष में घटना-क्रम पर नजर रखने की जिम्मेवारी;
collocations: **bird ~** पक्षी अवलोकन

-watch *comb. form, signifying:* **vigilance** (सतर्कता): crime-~; nature-~; bird-~

water /वॉटः\/ *US* वाःटः\/ *n.* 1 पानी (H_2O), जल, आब, नीर, सलिल: drinking ~; mineral ~; tap ~; hot/ salt/ tap/ boiled ~; fresh/ sweet ~; cut off the ~; turn on/ off the ~ 2 (*also* **~s**, ~ **body**) समुद्र, नदी, झीलों आदि में जल-मग्न क्षेत्र यानी समुद्र, झील, नदी, तालाब आदि जल-क्षेत्र, जलाशय: a sheet of ~; on/ upon the ~; across/ over the ~; cross the ~; by ~ 3 जलाशय की सतह 4 (*also* **~s**) देश के चारों ओर फैला समुद्र जो देश के क्षेत्र का हिस्सा है: in British **~s**; territorial **~s** 5 पानी से बना घोल: **rose**~ 6 तरंगें, ज्वार-भाटा या पानी का स्तर 7 बाढ़: the **~s** are out; the **~s** have fallen 8 (**the ~s**) औषधीय गुणों वाला खनिज-युक्त जलाशयों का पानी: table/ mineral ~; drink the **~s** 9 *physiol.* पेशाब, मूत्र, मूत, पसीना, आंसू आदि के रूप में शरीर से निकलने वाला पानी: pass/ make ~; it brought the ~ into his eyes 10 (***syn.*** saliva) लार 11 पानी-वाहक क्रिया जैसे वर्षा, बर्फबारी 12 वनस्पति को दिया जाने वाला पानी 13 (**~s**) कोख में भ्रूण को घेरे रहने वाला गर्भोदक (amniotic fluid) या द्रव: the **~s** broke (प्रसव से पहले गर्भोदक या द्रव पीछे हट गया) 14 (*of diamonds, brilliance*) पानी यानी हीरों की चमक व पारदर्शिता का स्तर 15 रेशम या सैटिन आदि के कपड़े पर चमकदार धारियों की रंगत 16 गुणवत्ता, उत्तमता, श्रेष्ठता, गंभीरता, अधमता: of first/ finest ~; an artist of the first ~; scoundrel of the first ~; blunder of the first ~;
v., *pt.* **~ed**, *pp* **~ing** 1 पौधों को पानी दे.: ~ the garden/ plants 2 सींचना, सिंचाई क. 3 तर क., पानी दे., पानी छिड़कना, पानी चूसना 4 किसी तरल को पानी मिलाकर कम गाढ़ा क., पानी मिलाना: this milk has been **~ed** (down) 5 स्वादिष्ट व्यंजन आदि देखकर लार टपकना, मुंह में पानी आना, मुंह भर आना: it makes one's mouth ~ 6 आंसू बहना या आना, डबडबाना: ~ (one's) pillow with tears; smoke made his eyes ~ 7 पशुओं को पानी दिखाना, पशुओं द्वारा पानी पिया जा.: ~ horses; ~ the cattle; **~ed** in the lake; fed and **~ed** 8 पीने जाना 9 पानी की आपूर्ति क.: the country is **~ed** by numerous rivers 10 गीला करके दबाकर कपड़े को लहरियादार बनाना: **~ed** silk 11 बिना संपत्ति के आधार के नए शेयर जारी करके कंपनी का ऋण बढ़ाना 12 कथन को कम कठोर क.: the statement has been **~ed** down;
adj. 1 जल, जलीय: ~ sports; ~ gods; ~ spirits; ~ erosion; ~ pageant; ~ exchange/ metabolism 2 समुद्री, नदीय: ~ voyage 3 पानी से संबंधित: ~ pail/ cask; ~ box; ~ reed 4 पानी-सा 5 पन्न- 6 जल-आपूर्ति संबंधी: ~ authority;
dw/lw: **~age** /वॉटरिज/ *n.* जलपरिवहन(-शुल्क); **~-based** *adj.* जल-आधारित; **~-bearer** *n.* पनहारा, पनहरा, पनभरा, रहार, पनिहारिन, पनहारन, कहारिन; **~-bearing** *adj.* जलधारी; **~-bed** *n.* पानी से भरा प्लास्टिक या रबड़ का गद्दा (mattress); **~-beetle** *n.* जलभौंरा, जलभृंग; **~-bellows** *n., [pl.]* पनधौंकनी; **~-blister** *n.* फफोला; **water\borne** /~बोःन/ *adj.* 1 जलमार्ग से ले जाया जाने वाला, जलवाहित: ~borne transportation 2 समुद्री-यात्रा पर 3 *med.* पानी द्वारा फैलाई जाने वाली (बीमारियां); **~-bottle** *n.* पानी की बोतल; **~-bound** *adj.* जलबद्ध, पानी से घिरा हुआ; **~buck** *n.* अफ्रीका के दलदली जंगलों में पाया जाने वाला एक हिरन; **Water-carrier/ Water-bearer** *n., astron.* (***syn.*** Aquarius) कुंभ, कुंभराशि; **~-cart** *n.* पनगाड़ी; **~-clock** *n.* जलघड़ी; **~-cooled** *adj.* जलशीतित; **~colour** *UK (US* **watercolor)** *n.* चित्र बनाने के लिए पानी मिला पेंट; **~-cooled** *adj.* पानी द्वारा ठंडा किया जाने वाला इंजन; **~course** *n.* नदी, नहर, धारा; **~craft** /~क्राफ्ट/ ~क्रैफ्ट/ *n.* जलयान; **~-cress** *n.* जलकुंभी, जल-बहुल क्षेत्रों में उगने वाला एक पौधा जिसे सलाद और सूप आदि में प्रयुक्त किया जाता है; **~-diviner** *n.* 'divining rod' यानी जादुई छड़ी की मदद से धरती में पानी का पता लगाने वाला जल-ज्योतिषी; **~ed** /~ड/ *adj.* 1 लहरियादार (कपड़ा): ~ed silk 2 कमजोर पड़ा: ~ed stock/ capital; **~ed-down** *adj.* 1 अति पतला (तरल) 2 कठोरता कम करके नर्म बनाया हुआ; **water\er** *n.* पौधों को पानी देने वाला; **~fall** *n.* झरना, जलप्रपात; **~feature** *n.* बाग में ऐसा क्षेत्र जहां पानी बहता हो; **~-flood** *n.* बाढ़; **~fowl** /~फाउल/ *n.* बतख, सारस या मुर्गाबी, जल-कुक्कुट; **~front** *n.* समुद्र या नदी के सामने बसा हुआ शहर; **~-glass** *n.* पोटाशियम या सोडियम-सिलिकेट का पानी में घोल, जिसे अंडों को देर तक रखने के लिए सुरक्षात्मक लेप के रूप में प्रयोग किया जाता था; **~-hen** *n.* जलमुर्गी, बंसमुर्गी, डाहुक; **~hole** /~होल/ (*also* **~ing hole**) *n.* मरुस्थल या अन्य सूखे स्थानों पर जानवरों के पानी पीने के लिए तालाब, जलकुंड या फौव्वारा जलकुंड, गड्ढा, जलगर्त; **~ing** *n.* 1 छिड़काव, छिड़काई 2 सिंचाई: folly grows without ~ing (बुराई आसानी से पनपती है) 3 जलभरन; **~ing-can/ ~ing-pot** *n.* हजारा, फौव्वारा, पौधों को पानी देने का बर्तन; **~ing place = spa** खनिज जल-स्थल; **~ish** *adj.* 1 पानी मिला, पानी जैसा पतला 2 जलीय 3 जलसोह 4 पनीला, पनिहा 5 फीका, मलिन, निर्जीव, निस्तेज; **~-joint** /~जॉइंट/ *n.* जलरोधी; **~less** *adj.* जलविहीन, निर्जल; **~logged** /~लौग्ड/ *adj.* जलाक्रांत, जलग्रस्त: ~logged land (पानी से भरी/ तर/ गीली/ ओदी जमीन); **~logging** *n.* जलाक्रांति; **~-man** *n.* 1 मांझी, केवट, नाविक 2 पानी पिलाने वाला; **~mark** *n.* 1 समुद्र में ज्वार और भाटे के समय जल-स्तर या जल-स्तर रेखा 2 कागज पर बना हुआ निर्माता का चिह्न जो सिर्फ रोशनी में ही दिखता है; **~melon** /वॉटःमेलन/ *n.* तरबूज; **~-mint** *n.* हरा पुदीना; **~-ordeal** /~ऑःडील/ *n.* जल-परीक्षा; **~-pool** *n.* जलकुंड; **~-pot** *n.* घड़ा, मटका; **~proof** /~प्रूफ/ *adj.* जलसह, पानी से प्रभावित न होने वाला: ~proof slicker (रेन कोट); **~-rat**/ *n.* पनचूहा; **~-rate**/ *n.* जल-शुल्क दर; **~-repellent** /~रिपअलंट/ *adj.* = **~-resistant** *adj.* जलसह, जल-रोधी; **~-rich** *adj.* जल-प्रचुर; **waters** *n. [pl.]* किसी देश के समुद्रीतटीय जल-क्षेत्र जो उस देश के क्षेत्र का भाग होता है; **~-sac** *n.* जलकोष; **~-scorpion** /~स्कॉःपिअन/ *adj.* पनबिच्छू; **~shed** /~शेड/ *n.* 1 दो नदी-द्रोणियों या घाटियों की विभाजन रेखा, जल-विभाजक 2 महत्त्वपूर्ण मोड़ या बिंदु 3 पनढाल, जलसंभर 4 ब्रिटेन में ऐसी समय-सीमा जिससे पहले बच्चों के लिए अनुपयुक्त टीवी कार्यक्रम नहीं दिखाए जा सकते; **~side** *n.* नदी, झील या समुद्र के किनारे का भूभाग, तटीय क्षेत्र, तट क्षेत्र; **~sink** *n.* जल गर्तिका; **~-ski** *n.* शक्तिशाली नाव द्वारा खींचे जाने वाले स्की-पट पर खड़ा होकर पानी पर की जाने वाली स्की, जल स्की; **~-skier** *n.* जल स्की करने वाला; **~-skiing** *n.* = **~-ski** जल स्की करने की क्रिया; **~-skin** *n.* मशक; **~-snake** *n.* पनिहा; **~-softening** *n.* जल-मृदुकरण; **~-soluble** *adj.* पानी में घुलनशील, जलविलेय; **~spout** /~स्पाउट/ *n., meteorol.* 1 चक्रवाती जल-तूफान, जलस्तंभ 2 मूसलाधार वर्षा 3 ऐसी पाइप जिससे बहुत जोर से पानी निकलता है; **~tank** *n.* पानी की टंकी, जल-टंकी; **~-tap** *n.* नल, कल; **~tight**

/~टाइट/ *adj.* 1 इस तरह सील करके बंद किया हुआ कि पानी उस बर्तन के अंदर बाहर न जा सके; जलरोधी: ~tight boots; ~tight compartment 2 अकाट्य तर्क या दलील, एकदम सटीक और सही: a ~tight reason; ~tight integrity; ~tight plan; ~tight alibi (पक्का बहाना); **~-tube** *n.* जलनलिका; **~-vapour** *n.* जलवाष्प; **~vein** *n.* जलशिरा; **~-wash** *n.* जल-धुलाई; **~-way** *n.* जलमार्ग, नहर; **~-weed** *n.* जल-वनस्पति; **~works** *n., [sing.]* 1 जल-शोधन संयंत्र, जल-कल 2 *[pl.]*, *euphemistic* मूत्राशय, मूत्र-प्रणाली 3 *facetious* आंसू, रोने की क्रिया, विलाप: turn on the ~works (रोना शुरू कर दे.) 4 गुर्दा; **~-worn** /~वॉःन/ *adj.* पानी के प्रभाव तले घिसा हुआ; ~ gravel;

water\y *adj., degr.* ~ier, ~iest 1 ज्यादा पानी वाला, पनीला, पानी-जैसा पतला, जो बिल्कुल गाढ़ा न हो: ~y tea 2 जलीय, पानी संबंधी: ~y grave/ death; ~y waste 3 वर्षा-सूचक, वर्षा होने की संकेत देनेवाला: ~y cloud; ~y wind 4 जिसमें से पानी निकल रहा हो: ~y skin 5 फीकी (धूप), धूप-छांव का 6 जलसोह, नीरस 7 पीला, निर्जीव, निस्तेज, नीरस, फीका, मलिन 8 जलीय 9 रुआंसा (चेहरा), आंसू-भरा, डबकौंहा: ~y eyes; ~y complaints (रोते हुए की जाने वाली शिकायत);

collocations: ~ **bag** जल थैली; ~ **bailiff** आरक्षित जलाशयों में मछली पकड़ने आदि के नियम लागू करने वाला अधिकारी; ~ **bear** समुद्री भालू; ~ **bird** जल पक्षी; ~ **biscuit** सादा बिस्कुट; ~ **boatman** परभक्षी जल कीट जो अपनी अगली टांगों से अपना शिकार पकड़ता है; ~ **buffalo** भारत, श्रीलंका आदि देशों में मिलने वाली भैंस; ~ **bus** झील के आर-पार या नदी आदि के किनारे चलने वाली बस; ~ **butt** वर्षा के पानी को इकट्ठा करने वाला उपकरण; ~ **cannon** भीड़ को तितर-बितर करने के लिए पानी की जोरदार धार फेंकने वाला पाइप; **Water Carrier/ Water Bearer** *astron., astrol.* = **Aquarius**; ~ **chestnut** सिंघाड़ा; ~ **clock** पानी के बहाव से चलने वाली घड़ी; ~ **closet** जल-शौचालय; ~ **cooler** ठंडा करने वाली मशीन; ~ **cure** (***syn.*** hydrotherapy, hydropathy) जल-चिकित्सा; ~ **cycle** *geog.* समुद्र से वाष्पित होकर पानी का बादलों से वर्षा या बर्फ के रूप में धरती पर आना और फिर नदी-नालों के रास्ते समुद्र में वापस आने का चक्र; ~ **drinker** मद्य त्यागी; ~ **feature** कृत्रिम झरना, फव्वारा आदि; ~ **flea** (*also* **daphnia**) कड़े खोल वाला जल जीव; ~ **fly** जुलाहा; ~ **form** जलीय आकृति; ~ **fountain** फव्वारा; ~ **fowl** *see above under* ***dw/lw***; ~ **funk** तैराकी-भीरु; ~ **gas** भाप-अंगार-गैस; ~ **gate** 1 बाढ़-द्वार, जल-कपाट 2 नदी या नदी जैसी पानी की धारा से खुलने वाला जल द्वार; ~ **gauge** जलमापी यंत्र; ~ **gun** = ~ **pistol** = **squirt pistol**; ~ **hammer** पानी की पाइप में पानी के जोरदार बहाव को अचानक बंद करने से होने वाला धमाका; ~ **ice** फलों का मीठा रस या रात्रि के भोननोपरांत परोसी जाने वाली आइस्क्रीम, शरबत; **~ing place** = **spa** खनिज जल स्थल; ~ **jacket** 1 आंतरिक ज्वलन इंजन पर लपेटी हुई चलते पानी की जैकेट 2 इसी तरह की जैकेट जो आसवन (distillation) उपकरण पर लिपटी होती है; ~ **jump** 1 लंबी बाधा दौड़ (steeplechase) 2 पानी से भरे गड्ढे आदि के ऊपर से छलांग; ~ **level** 1 जलस्तर, भूमिगत पानी का स्तर 2 पाणसल, साधनी 3 जलतल, जलपृष्ठ; ~ **lily** 1 कमल, कुमुद 2 कोकनद, कंवल, कमल 3 नीलकमल; ~ **line** जल रेखा; ~ **main** जल-आपूर्ति की बड़ी भूमिगत पाइप; ~ **meadow** सिंचित चरागाह; ~ **mill** पनचक्की; ~ **nymph** जलपरी; ~ **pipe** 1 पाइप, नल 2 हुक्का, गुड़गुड़ी; ~ **pistol** (*also* ~ **gun/ squirt gun**) पानी की फुहार या छर्रे छोड़ने वाली खिलौना-पिस्तौल; ~ **plantain** एक दलदली पौधा; ~ **point** जल आपूर्ति स्टेशन; ~ **pollution** *ecol.* जल प्रदूषण; ~ **polo** वाटर पोलो; ~ **power** जल-शक्ति; ~ **plant** जल-शोधक संयंत्र; ~ **pump** नलका; ~ **rail** एक लंबी चोंच वाला दलदली क्षेत्र में रहने वाला पक्षी; ~ **rat** = **~-rat** जल मूस; ~ **rate** पानी-शुल्क दर; ~ **snake** जल सर्प, मीठे पानी में पाया जाने वाला सांप; ~ **softener** पानी से कैल्सियम हटाकर पानी को नर्म बनाने वाला पदार्थ; ~ **strider** pond skater; ~ **supply** जलप्रदाय, जलपूर्ति, जल-आपूर्ति, जल का प्रबंध; ~ **table** *geol.* 1 भूमिगत पानी का स्तर 2 चट्टानों में पानी का स्तर; ~ **tax** जल-कर; ~ **thrush** एक उत्तरी अमेरिकी पक्षी; ~ **torture** एक प्रकार की यातना जिसके तहत पानी लगातार शिकार बने व्यक्ति के माथे पर डाला जाता है; ~ **tower** मीनार-टंकी, बुर्ज-टंकी, जल-मीनार; ~ **vapour** क्वथनांक के नीचे आसवन होने पर बनी भाप; ~ **vole** जल मूस; ~ **wheel** पानी के बहाव या गिरने से चलने वाला पहिया, पनपहिया, पनचक्की का पहिया, पन-चक्की; ~ **wings** तैरना सीखने के लिए फुलाए जा सकने वाले जलपंख;

boiled ~ उबला (पक्का) पानी; **deep** ~ 1 मुसीबत, संकट 2 रहस्य; **fresh** ~ मीठा पानी; **hard** ~ भारी पानी; **heavy** ~ गुरु जल; **high** ~ ज्वार ≠ भाटा; **holy** ~ आशीष का जल, अभिमंत्रित जल; **low** ~ भाटा ≠ ज्वार; **mineral** ~ खनिज जल; **salt** ~ खारा या नुनखरा पानी; **soft** ~ नर्म या हल्का पानी; **unboiled** ~ कच्चा पानी, बिना उबला पानी;

p&i: ~ **bewitched** 1 हल्की चाय 2 थोथी या खोखली बात; ~ **down** कम कठोर या गाढ़ा कर दे.; ~ **down the wine** मदिरा को थोड़ा पतला क.; ~ **finds its own level** प्रकृति सहज चाल से चलती है; ~ **in a sieve** छलनी में पानी, अनहोनी बात; ~ **of life** सुरा; ~ **one's clay** पीकर गले को थोड़ा गीला क.; ~ **over the dam** = **~under the bridge** रात गई, बात गई; **~s of forgetfulness** मृत्यु; ~ **sth down** 1 (***syn.*** dilute) द्रव को पानी डालकर पतला क. 2 किसी उग्र योजना या विचार को नर्म क. 3 कठोरता कम क.; **~, ~ everywhere, not a drop to drink** समुद्र किनारे प्यासा मरे; ~ **will flow downwards** कहीं दरिया रुके भी हैं, कहीं पर्वत झुके भी है!;

above ~ निश्चिन्त, संकट से मुक्त; **a lot of water has flowed under the bridge since** उस समय से अब तक बहुत कुछ बदल गया है; **back** ~ नाव को उल्टी दिशा में खेना; **be in low** ~ खस्ता हाल हो., जेब खाली हो.; **be (like)** ~ **off a duck's back** कोई असर न हो., चिकना घड़ा हो.; **blue** ~ खुला समुद्र; **bubbly** ~ बुलबुलेदार मदिरा (शैंपेन); **by** ~ समुद्र के रास्ते से, जलमार्ग से; **carry** ~ **in a sieve** अनहोनी बात क.; **cast one's bread upon the ~s** निस्स्वार्थ परोपकार क.; **come in on, the** ~ **is fine!** शुरू करो, हालात ठीकठाक हैं!; **draw a lot of** ~ बड़ी तोप (प्रभावशाली व्यक्ति) हो.; **fire** ~ शराब; **fish in troubled** ~ किसी की मुसीबत का फायदा उठाना; **get into hot** ~ अपनी गलती से कठिनाई में फंस जा.; **have** ~ **on the brain** दिमाग से पैदल हो.; **hold** ~ 1 जल-रोधी होना 2 दुरुस्त होना, तर्क संगत होना, सही हो., युक्तियुक्त हो.; **in deep ~s** भारी मुसीबत या मुश्किल में हो.; **in hot** ~ मुसीबत में; **in low** ~ पैसे की कमी या अभाव से ग्रस्त; **in smooth** ~ सुखपूर्ण; **it's (all)** ~ **under the bridge** जो हुआ सो हुआ, अब इसका कोई महत्त्व नहीं, रात गई बात गई; **keep one's head above** ~ मुसीबत या कठिनाई से बाहर र.; **like a fish out of water** बिन पानी की मछली की तरह छटपटाना; **like** ~ *colloq.* अंधाधुंध, पानी की तरह; **make sb's mouth water** किसी के मुंह में पानी लाना; **make** ~ मूतना, पेशाब क.; **much** ~ **runs by the mill that the miller knows not of** हमारे आसपास अक्सर बहुत कुछ ऐसा भी होता है जिसका हमें पता ही नहीं चलता; **no safe wading in an unknown** ~ अनजाने मैदान में तलवारबाजी नहीं करते; **of the first/ finest water** सर्वश्रेष्ठ, सर्वोत्तम, बढ़िया; **pour oil on troubled ~s** जलती आग में घी डालना; **shed blood like** ~ खून की नदियां बहा दे.; **spend money like** ~ पानी की तरह पैसा बहाना; **still ~s run deep/ have deep bottoms** चुप व्यक्ति गहराई तक पैठता है; **take the** ~ 1 नए जहाज को पानी में उतारना 2 पानी में घुसना; **test the ~/ ~s** वांछित कार्य की सफलता की संभावनाओं को टटोलना; **throw cold** ~ **upon** 1 आशाओं पर पानी फेर देना 2 असहमति प्रकट क., बाधा पैदा क.;

too much ~ drowned the miller अति सर्वत्र वर्जयेत्, थोड़ा-थोड़ा, पर ज्यादा; **tread ~** खड़े-खड़े तैरना; **under ~** 1 पानी की सतह के नीचे, पानी में 2 जिसकी आशाएं चकनाचूर हो गई हों; **unstable as ~** पानी की तरह अस्थिर; **written in/ on ~** क्षणभंगुर, पानी का बुलबुला

Watergate /वाःटःगेट/ *n.* 1 अमेरिका में 1972 में हुआ एक घोटाला जिसमें प्रेजिडेंट निक्सन और उसके अधिकारियों ने डेमोक्रेटिक पार्टी के मुख्यालय में गुप्तचरी यंत्र लगाने की कोशिश की थी। पकड़े जाने पर इस षड्यंत्र को दबाने की घिनौनी कोशिश की गई 2 इसी प्रकार अन्य कोई घोटाला

Waterloo /वाःटःलू/ *n.* 1 बेल्जियम का एक कस्बा, जहां ब्रिटिश सेना ने नेपोलियन की फ्रांसीसी सेना को 1815 में हराया था 2 भारी पराजय;
p&i: **meet one's ~** भारी पराजय सहना

watt /वौट/ *US* वाःट/ (*abbr., W*) *n.* विद्युत शक्ति माप इकाई, वाट;
dw/lw: **~age** /वॉटिज/ *n.* वाट-संख्या, वाटेज; **~-hour** *n.* वाट-घंटा; **~less** *adj.* वाटहीन, कार्यहीन; **~meter** *n.* वाटमापी

wattle /वौटल/ *US* वाःटल/ *n.* 1 (***syn.*** fence) बुनी हुई छड़ियों का ढांचा, ठट्ठर, ठाठ, ठाठर 2 कुछ पक्षियों, मछलियों या छिपकलियों के गले से लटकने वाली ढीली खाल, लोलकी, गलचर्म, स्पर्शक (of fish) 3 ललटी;
v., pt. **~d**, *pp* **wattling** छड़ियों से बांधना, ठाठना, ठट्ठर लगाना;
dw/lw: **~d** /~टलड/ *adj.* छड़ियों से बंधा या बुना हुआ; **~-work** *n.* टट्टी, ठट्ठर;
collocations: **~ and daub** गारा से प्लास्टर किया हुआ ठट्ठर

waul/ wawl /वॉःल/ *v. pt.* **~ed**, *pp* **~ing** आंऊ-आंऊं करके (बिल्ली की तरह) रोना

wave /वेव/ *v., pt.* **~d**, *pp* **waving** 1 (*esp.* **~ sb on/ through**) हाथ या अन्य वस्तु हिलाना, हाथ हिलाकर संकेत दे.: ~ sb in/ on/ through, etc. (राह दिखाने के लिए हाथ हिलाना); the officer **~d** his men on with his sword; ~ a person nearer (हाथ हिलाकर पास बुलाना) 2 हाथ हिलाकर अलविदा कहना: ~ in farewell; ~ a farewell; ~ sb off 3 (*also* ~ **about/ around**) लहरना, लहराना, फहराना: ~ a banner 4 समुद्र का तरंगित होना, लहरें मारना 5 झूमना, हिलना-डुलना, झुलाना, हिलाना-डुलाना 6 घुमाना, भांजना: ~ a sword 7 बालों का लहरियादार, लहरदार या छल्लेदार हो. या क.;
n. 1 लहर, तरंग: breaking **~s** 2 बालों का घुमाव, लहराव, घूंघर, छल्ला: natural ~; permanent ~ 3 पानी, समुद्री की लहर, हिलोर, हिलकोरा, हिल्लोल: ~ crest; tidal ~ 4 हाथ आदि हिलाने की क्रिया: a ~ of the hand 5 हाथ आदि हिलाकर दिया जाने वाला संकेत, झोला, इशारा 6 भूकंप आदि का झटका: seismic/ air/ explosion/ sound/ neutron ~ 7 भावनाओं आदि का उमड़ाव यानी दुख/ सुख/ नफरत/ आवेग आदि की लहर: a ~ of enthusiasm/ of indignation/ of emotion 8 आकस्मिक वृद्धि या उछाल, बाढ़: a crime ~; heat ~; a ~ of hatred/ enthusiasm/ sadness, etc. 9 भीड़ आदि का उमड़ाव: attack in **~s** 10 ऊपर-नीचे चढ़ते-उतरते घुमाव या छल्ले 11 ध्वनि/ बिजली/ रेडियो आदि की तरंग: radio **~s**; cosmic radio **~s** 12 नया चलन, आंदोलन, लहर: new ~ 13 (**the wave**) = **Mexican ~** दर्शकों द्वारा एक विशेष शैली में खड़े होकर या बैठकर बनाया जाने वाला एक लहरदार दृश्य 14(**the ~s**) समुद्र;
dw/lw: **~band** /वेवबैंड/ *n.* (***syn.*** range, spectrum) तरंग-पट्टी, रेडियो व टीवी प्रसारण द्वारा प्रयुक्त वैद्युत-चुंबकीय विस्तार; **~d** /वेवड/ *adj.* लहरदार: ~d hair; **~form/ ~shape** *n., phys.* विद्युत संकेत के उतार-चढ़ाव का रेखाचित्र, तरंगाकार; **~length** *n.* 1 तरंग-दीर्घता यानी तरंग के दो लगातार शिखर-चढ़ावों के बीच का अंतर 2 रेडियो प्रसारण द्वारा प्रयुक्त रेडियो तरंगों की लंबाई: be on the same ~length (समान सोच या समझ हो.); **~let** *n.* लहरी, उर्मि, तरंगिका, छोटी लहर;
collocations: **~ action** *phys.* तरंग क्रिया; **~ cut** तरंगकर्तित; **~ drog** तरंग कर्षण; **~ energy** तरंग ऊर्जा; **~ erosion** तरंग अपरदन; **~ front** तरंगाग्र; **~ function** *phys.* प्रमात्रा यांत्रिकी (quantum mechanics) का गणितीय समीकरण; **~ guide** तरंगपथ-निर्धारित्र; **~ mechanics** तरंग यांत्रिकी; **~ of light** प्रकाश तरंग; **~ power/ energy** समुद्री तरंगों से जनित विद्युत ऊर्जा; **~ region** तरंग-क्षेत्र; **~ theory** तरंग सिद्धांत; **~ train** तरंगावलि; **~ wear** तरंग घर्षण;
cold ~ शीत लहर;
p&i: **~ aside** 1 टाल दे., की उपेक्षा क., पर ध्यान न दे. 2 रद्द क., खारिज क., निरस्त क.; **~ back** जवाब में हाथ हिलाना; **~ down** रुकने का संकेत दे.; **~ off** 1 = **~ aside** 2 हाथ हिलाकर अलविदा कहना;
lash the ~s खाली, खोखला जीवन व्यतीत क., हवा में तलवार भांजना; **like waving a red flag before a bull = red rag to a bull** आ बैल मुझे मार; **make ~s** 1 खलबली मचा दे. 2 नयेपन द्वारा नई लहर पैदा क.

waver /वेवः/ *v., pt.* **~ed**, *pp* **~ing** 1 आगे-पीछे चलना 2 कम या कमजोर हो. 3 (***syn.*** vacillate) हिचकिचाना, वचन या निश्चय से विचलित हो. 4 शारीरिक रूप से विचलित हो., लड़खड़ाना, डगमगाना, डांवांडोल होना: the front line **~ed** under fire 5 आवेगवश आवाज का कांपना: his voice **~ed** 6 हट जाना, पीछे हटना, झुकना 7 (***syn.*** hesitate) ढुलमुल हो., आगा-पीछा क., हिचकना 8 अस्थिर होना, बदलते रहना, घटना-बढ़ना 9 (***syn.*** flicker and shimmer) लौ या दिये का टिमटिमाना, कम-ज्यादा हो. 10 (***syn.*** fluctuate) दो पराकाष्ठाओं के बीच डोलना: ~ between two opinions; ~ in one's convictions 11 फहराना, फड़फड़ाना: banners **~ing** in the wind;
dw/lw: **wav\er** /वेवरः/ *n.* हिचकिचाने वाला, आगा-पीछा करने वाला या ढुलमुल व्यक्ति; **~ing** /वेवरिंग/ *n.* हिचकिचाहट, ढुलमुलपन; **~ing** *adj.* हिचकिचाने वाला, ढुलमुल; **~ingly** *adv.* ढुलमुल तरीके से;
p&i: **~ering as wind** हवा की तरह अस्थिर, तिनके की तरह डांवांडोल

wavy /वेवि/ *adj., degr.* **wavier**, **waviest** 1 घुंघराले, छल्लेदार 2 ऊपर-नीचे चढ़ने-उतरने वाली (तरंगमय) 3 तरंगित, ऊर्मिल, लहराता, लहरदार 4 लहरियादार: ~ underlining; ~ rule 5 डांवांडोल, दोलायमान;
dw/lw: **wavily** *adv.* तरंगित या लहरदार ढंग से; **waviness** *n.* तरंगता, घुंघरालापन
collocations: **~ butter** लहरदार ढंग से सजाया हुआ मक्खन; **~ breath/ respiration** बीच-बीच में टूटता सांस

wax /वैक्स/ *n., pl.* **~es** 1 मधु-मक्खी का मोम 2 पैराफिन, मोम, शमा, सिक्थ 3 कान की मैल, खूंट: sticky ~ 4 *dated Br. colloq.* (***syn.*** a fit of anger, a fit of temper) क्रोधावेश, गुस्से का दौरा, शीघ्र प्रभावित होने वाला या नरम दिल व्यक्ति 5 लाख, सील-बंद करने का मोम 6 मोची का मोम: cobblers' ~/ shoemakers' ~ 7 बढ़ोतरी, बढ़ती 8 शुक्ल पक्ष;
v., pt. **~ed**, *pp* **~ing** 1 मोम लगाकर चमकाना 2 मोम लगा कर हाथ-पैरों के बाल निकालना: ~ one's legs 3 मोम लगाना 4 (anton. wane) चंद्रमा आदि का (पूर्ण चंद्रमा तक) बढ़ना, बढ़ोतरी होना: ~ and wane (चांद की तरह बढ़ना और घटना); ~ in size and strength (आकार और शक्ति में बढ़ना;)
dw/lw: **~cloth** *n.* मोमजामा, मोमी कपड़ा; **~ed** *adj.* मोम-चढ़ा: ~ed floors; **~en** /वैक्सन/ *adj.* 1 चिकना: ~en complexion 2 मोमी, मोमिया 3 मोम जैसा, पीला 4 चिपचिपा 5 प्रभाव्य, जो आसानी से किसी के प्रभाव तले आ जाए 6 मोम से बना; **~iness** /वैक्सिनेस/ *n.* मोमीपन; **~-pocket** *n.* मोमधानी; **~work** *n., pl.* ~works 1 मोमी प्रतिमा, मोमी कलाकृति, मोम का पुतला 2 मोमी संग्रहालय; **wax\y** /वैक्सि/ *adj.* 1 मोम का बना: ~y doll (मोम-सी चिकनी व नर्म गुड़िया) 2 मोमी 3 मोम-जैसा: ~y pallor (मोम-सा पीलापन); ~y person (मोम-सा नर्म व्यक्ति) 4 चिपचिपा या

चिकना 5 क्रुद्ध, खफा; **~iness** *n.* चिकनाहट या चिपचिपाहट; **~y** *adj.* मोम-सा, मोम से बना;
ear-~ *n.* खूंट, कान की मैल; **sealing-~** *n.* लाख, लाह;
collocations: **~ candle** मोमबत्ती, शमा;**~ed paper** मोमी कागज; **~ flower** एक गुलाबी फूलों वाला आस्ट्रेलियायी पौधा; **~ museum** प्रसिद्ध हस्तियों के मोमी बुतों वाला विचित्रालय; **~ myrtle** (*also* **bayberry**, **waxberry**) मोम-सी चिकनी बैरी (berry) वाली झाड़ी; **~ plant** आस्ट्रेलियायी लता; **~ tree** मेहंदी का पौधा;
p&i: **~ and wane** चांद की तरह बढ़ना-घटना; **~ angry/ wrath** क्रोध से लाल-पीला हो.; **~ deaf** बहरा हो जा.; **~ doll** मोम की गुड़िया-सा क्षणभंगुर; **~ fat and thick** अहंकार हो जा.; **~ floors** फर्श को मोम से चमकाना; **~ indignant** क्रोध से लाल-पीला हो.; **~ merry** मौज-मस्ती क.; **~ old and feeble** बूढ़ा और जर्जर हो.; **~ one's moustaches** मूंछों पर मोम लगाना; **~ strong in spirit** मनोबल सशक्त हो.; **~ thread** धागे पर मोम चढ़ाना;
be ~ in sb hands किसी के हाथों में कठपुतली की तरह नाचना; **in a ~** क्रोधावेश में; **it was now ~ing towards morning** समय सुबह की ओर बढ़ रहा था; **melt like ~** आसानी से ढह जा.; **mould sb like ~** किसी को अपनी उंगली पर नचाना; **that put him in a ~** इससे वह आग-बबूला हो गया; **time ~ed on** समय बीतता गया; **yielding as ~** बिना चूं किए हुक्म बजाने वाला
waxwing /वैक्स्विंग/ *n.* एक गायक पक्षी
way /वे/ *n., pl.* **~s** 1 मार्ग, पथ, रास्ता: the ~ was rough; a ~ down/ up; ~ across; a ~ through a forest; on the ~ to town; he went this/ that/ the other ~ 2 प्रवेश, बहिर्गमन, पहुंच का रास्ता: this ~, please!; a ~ out of the wood 3 पहुंच, यात्रा: they are on the ~ 4 यात्रा की दिशा और रास्ता: this village is very much out of the ~ 5 पगडंडी या सड़क: pick one's ~ along a muddy road 6 (**Way**) गली के नामों में प्रयुक्त: Broad**way** 7 यातायात, वाहनों, संचार आदि के चलने की दिशा: one-~ street; two-~ radio 8 स्थिति: the wrong ~ up; the other ~ round; you've got your hat on the wrong ~ round; look the other ~ 9 दूरी, समय: little ~ ahead; a long ~ from home; the roots go a long ~ down; your work is still a long ~ off perfection; we have still some ~ to go; all the ~; all the ~ from the Atlantic to the Pacific 10 क्षेत्र, बस्ती: if you are round the ~, do drop in at our place 11 राह, मार्ग, तय दिशा, सड़क: take one's ~ (to/ towards); he knows his ~ about 12 युक्ति, साधन, उपाय: **~s** and means 13 शैली, तरीका, ढंग: try new **~s** of working; this is the ~ to do it; speak in a careless ~ 14 (**~s**) रिवाज, दस्तूर, रीति-रिवाज, चलन, प्रथा: the **~s** of the world; good old **~s** 15 व्यवहार शैली: it is not his ~ to be generous/ mean; it is not my ~ to desert people in misfortune; you must learn their **~s**; the American ~ of life 16 आदत, चालचलन, आचरण, व्यक्तिगत विशेषता, दिन-प्रति दिन की तौर-तरीका: fall into evil **~s**; mend one's **~s** 17 प्रतिनिधिक तौर-तरीका या ढंग: it's always the ~; don't take offence, it is only his ~; it is always the ~ with him 18 मानसिक दृष्टिकोण, पहुंच, पद्धति: different **~s** of looking at it; my ~ of thinking; in one's ~ 19 (***syn.*** respect) प्रकार, लिहाज, पहलू, मायना: correct in some **~s**; you will never manage it that ~; he is not built that ~; in no ~ inferior; in a ~ (एक प्रकार से); the work was well done in a ~; kind/ handsome/ interesting/ clever/ wonderful in a ~; a plan good in every ~; in many ~s (कई मायनों में) 20 विकल्प, संभावना, चयन 21 दशा, हालत, अवस्था (state or condition): be in a bad ~; things are in a bad ~; in the family ~ (गर्भवती); the business is in a fine ~ 22 (***syn.*** scale) मात्रा, पैमाना: in a small/ big ~; he is an author in a small ~; live in a great ~ 23 प्रगति, अग्रसरता, आगे को बढ़त: made their ~ through the crowd; push one's ~ forward; work one's ~ through college; gather ~; lose ~; make ~ 24 *naut.* जहाज द्वारा तय की गई दूरी, यात्रा की प्रगति: made little ~ that day due to technical snags 25 नए जहाज को पानी में उतारने का लकड़ी का बना रास्ता;
adv. बहुत, दूर (तक): ~ behind/ ahead (बहुत पीछे या आगे); they are ~ ahead of us; ~ back in the nineties (बहुत पहले, नौवें दशक में); ~ up in Canada (उत्तर में बहुत दूर, कैनेडा में); ~ above/ behind (काफी ऊंचा या पीछे); from ~ back (बहुत पहले से); met ~ back in the 60s;
dw/lw: **~bill** /वेबिल/ *n.* मार्ग-पत्रक, यात्री-सूची, माल-सूची, रवन्ना, चालान; **~farer** /वेफेअरः/ *n.* पैदल यात्री, पर्यटक, राह-चलता आदमी, राही, राहगीर, बटोही; **~faring** /वेफेअरिंग/ *n.* पैदल यात्रा, पैदल सफर, भ्रमण, पदयात्रा; **~faring-tree** *n.* यूरोप और एशिया में मिलने वाली एक झाड़ी; **~lay** /वेले/ *v., pt.* ~laid, *pp* ~laying 1 घात में बैठे होना, ताक में रहकर टूट पड़ना 2 रास्ते में रोककर लूट लेना; **~-leave** *n.* 1 दूसरे की जमीन में से आने-जाने का अधिकार, केबल डालने का अधिकार 2 किसी क्षेत्र के ऊपर उड़ान भरने का अधिकार 3 उपर्युक्त संपत्ति में से गुजरने का शुल्क; **~less** /वेलेस/ *adj.* जहां से गुजरा न जा सके, पथहीन, सड़कहीन; **~mark** *n.* यात्रियों के पथ-प्रदर्शन के लिए सड़क के किनारों पर गड़े मील (किलोमीटर) पत्थर; **~-out** *n.* (***syn.*** exit) बाहर जाने का रास्ता 2 मुसीबत निकलने का रास्ता; **~-out** *adv.* 1 तहे दिल से; **~-out** *adj. US* 1 (***syn.*** weird) विचित्र: ~-out plans 2 जीवन से कटा हुआ 3 नशेड़ी; **~point** *n.* 1 यात्रा के दौरान ठहराव 2 कंप्यूटर द्वारा निर्देशित (coordinated) विमान या समुद्री जहाज के चालन बिंदु; **~side** *n.* सड़क की एक तरफ, सड़क का किनारा: fall by the ~side; ~side weed; ~side inn; ~side trees; **~-up** *adj. US* 1 बढ़िया, ठाठ-बाट वाला 2 उच्च समाज का; **~ward** /वेवःड/ *adj.* 1 (***syn.*** headstrong) निमानिया, निरंकुश, अड़ियल, हठधर्मी, जिद्दी, हठी: ~ward son; ~ward mood 2 अस्थिर, मन-मौजी, तरंगी, सनकी, झक्की, वहमी: ~ward fate; ~ward opinion; ~ward minor; **~wardly** *adv.* अड़ियलपन से; सनकी तरीके से; **~wardness** /~नेस/ *n.* सनकीपन, अड़ियलपन, अस्थिरता; **~worn** /वेवॉःन/ *adj.* यात्रा से थककर चूर, थका-मांदा;
collocations: **~ in** अंदर; **~ of the Cross** क्रूस-रास्ता, क्रूस-यात्रा; **~ out** 1 (***syn.*** exit) बाहर का रास्ता 2 समाधान; **~ of life** *जीवन* शैली; **~ station** रास्ते में पड़ने वाला बस-अड्डा या रेल स्टेशन आदि;
earth's ~ भू-मार्गीय कोण; **illuminative ~** बोधन-मार्ग; **Milky Way** आकाश-गंगा; **permanent ~** पक्का रेल पथ; **perfection ~** सिद्धि-मार्ग; **right of ~** मार्गाधिकार, रास्ते का अधिकार;
p&i: **~s and means to do sth/ of doing sth** कुछ करने के तौर-तरीके; **(a) ~ into sth** किसी बात या चीज में शामिल होने का तरीका; **~ to hell is paved with good intentions** अकेली नेक नीयत से काम नहीं चलेगा, साधन और तरीके भी नेक होने चाहिए; **~ to sth** काम करने का सही तरीका;
across/ over the ~ दूसरी तरफ हो.; **a little way off ≠ a long ~ off**; **all the other ~** बिल्कुल उल्टा; **all the ~** 1 (*also* **the whole ~**) सारे रास्ते 2 पूरी तरह से; **all the ~ from** से ... तक; **a long ~** बहुत दूर; **anger gives ~ to curiosity** गुस्सा उत्सुकता में बदल जाता है; **any ~** 1 किसी तरह 2 खैर, बहरहाल; **any ~ you slice it** स्थिति को चाहे कैसे भी देखें; **a third of the ~/ most of the ~, etc.** एक तिहाई या अधिकतर रास्ता या काम; **beat one's ~** 1 आवारा घूमना 2 बिना टिकट यात्रा क.; **be born/ be made that way** वैसी है वह, उसका ऐसा ही स्वभाव है; **be in the ~** बाधा हो.; **be in the family**

~ गर्भवती हो.; **be on her/ my / its, etc.** ~ रास्ते में हो.; **be on/ get on one's** ~ यात्रा पर रवाना हो; **be (stand) in the** ~ रुकावट (बाधा) बनना., रोकना; **be on the ~ out** पदच्युत होने की कगार पर हो.; **be set in one's ~s** अपनी आदतों में पक्का जमा हुआ हो.; **be under** ~ जारी हो., चालू हो.; **be well on one's ~ to sth** प्राप्त करने की राह पर हो.; **bluff one's ~ out of sth** कठिन स्थिति से धोखाधड़ी करके बाहर निकलना; **books that are out of the** ~ निराली पुस्तकें; **both ~s** दोनों तरह से, दोनों अर्थों में; **bring sb up the hard** ~ किसी का सख्ती से पालन-पोषण क.; **by the** ~ अरे हां, वैसे देखा जाए तो; **by ~ of** 1 (***syn.*** via) से होकर, बरास्ते, के रास्ते से: by ~ of Moscow 2 = **in the ~ of sth** के रूप में, के तौर पर 3 के अभिप्राय से, के मतलब से; **by ~ of joking** मजाक में; **by ~ of somewhere** किसी स्थान से, बरास्ता; **can't fight his ~ out of a paper bag** वह अपने विचार पर अडिग नहीं रह सकता; **clear the ~/ pave the ~ for** मार्ग प्रशस्त क., रास्ता बनाना, रास्ते के कांटे दूर क., तैयारी क.; **come one's** ~ किसी के साथ कुछ अचानक हो जा. या किसी को कुछ अचानक मिल जा.; **come up the hard** ~ मुसीबतें झेलते हुए आगे बढ़ना; **cut both ~s** किसी दलील के दोनों अर्थ (विपरीतार्थक) हो.; **do nothing out of the** ~ कुछ भी लीक से हटकर या अनूठा न क.; **do you really want it this ~?** क्या सचमुच आप ऐसा चाहते हैं?; **either ~/ one ~ or the other** दोनों विकल्पों में से कोई भी; **every which** ~ हर दिशा में, हर तरह से; **face both ~s** दोमुंहा हो.; **fall by the ~side** पिछड़ जा., आगे न बढ़ पाना, असफल हो जा.; **feel one's** ~ रास्ता टटोलते हुए जा.; **fight one's** ~ संघर्ष से अपना रास्ता बनाना; **find one's** ~ पहुंच जाना, रास्ता निकाल लेना; **follow one's own** ~ अपने तरीके से आगे बढ़ना; **gather** ~ गति बढ़ना; **get in the ~ of sth/ sb** किसी के रास्ते का रोड़ा बनना; **get/ have one's (own)** ~ अपनी बात मनवा लेना, मन मर्जी क.; **get (have) one's own** ~ अपनी बात मनवाना; **get into the ~ of doing sth** कुछ करने का आदी हो जा., से भली भांति परिचित हो जा.; **get out of the** ~ 1 हट जाना 2 हटा दे., दूर क. 3 से पिंड छुड़ाना, से पीछा छुड़ाना 4 निपटाना, सुलझाना; **get out of the ~ of doing sth** कुछ करने की आदत छूट जा.; **get sth out of the** ~ 1 किसी चीज या समस्या से निपटना 2 रास्ते से हटा दे.; **get that** ~ कठिनाई में फंस जा.; **get under** ~ रवाना हो., शुरू हो.; **get ~ on her** रफ्तार बढ़ाना; **give him ~ to work his will** उसे अपनी मर्जी से काम करने दे.; **give** ~ टूट जा.; **give ~ to sth** 1 में परिवर्तित हो जा. 2 होने दे.; **give ~ (to sth/ sb)** 1 रास्ते से हट जा. 2 (*US* **yield**) झुक जा., रियायत क.; **give** ~ 1 गिर या ढह जा., टूट जाना 2 झुकना, हार मानना 3 हट जाना, रास्ता दे.; **go all the ~ with sb** 1 किसी के साथ पूर्णतः सहमत हो. 2 संभोग क.; **go a long ~ towards sth** कुछ प्राप्त करने में काफी मदद क.; **go a very little ~ with sb** किसी पर बहुत कम प्रभाव हो.; **go one's own** ~ मनमानी क., अपनी खिचड़ी अलग पकाना, अपना रास्ता अलग बनाना; **go one's** ~ चले जाना; **go out of one's ~ to do sth** हर संभव कोशिश क.; **go sb's** ~ 1 किसी बात का किसी के हक में जा. 2 किसी के साथ एक साथ हो.; **go the ~ of** पतन हो., ढह जा.; **go the ~ of all flesh/ of all the earth/ of nature/ of all living** चल बसना, मर जाना; **go the ~ of all good things** घिस जा., किसी चीज का सेवा काल खत्म हो.; **go the wrong** ~ गले में फंस जा.; **have a ~ with (children)** (बच्चों को) आसानी से मना लेना; **have a ~ of doing things** कुछ बातें अपने आप हो जाती हैं: love has a ~ of happening; **have a** ~ आकर्षक हो., सौम्य या शालीन हो.; **have a ~ with one** *colloq.* किसी के पास आकर्षक शैली हो.; **have a ~ with sb/ sth** किसी से निपटने में सक्षम हो.; **have it both ~s** दोनों परस्पर विरोधी बातें एक साथ नहीं हो सकती; **have it/ everything one's ~/ one's own** ~ अपनी बात मनवाना; **hold one's** ~ अपने रास्ते पर चलते जा., पीछे न छूटना; **in a big/ small** ~ बड़े या छोटे पैमाने पर; **in a fair ~ to do sth** सही रास्ते पर; **in a family** ~ 1 घर की तरह 2 गर्भवती; **in a good** ~ सुख-समृद्धि में; **in a tin-pot** ~ बेकार ढंग से; **in a** ~ 1 एक तरह से 2 एक मायने में 3 किसी हद तक 4 एक दृष्टि से; **in every** ~ हर तरह से, हर प्रकार से; **in more ~s than one** कई मायनों में; **in no** ~ बिल्कुल नहीं; **in one's** ~ अपने ढंग से; **in sb's own** ~ किसी के अपने तरीके से; **in some ~s/ in a ~/ in one way** कुछ मायनों में या एक मायने में; **in the ~ of sth** 1 किसी बात के संबंध में 2 के रूप में; **in the ~ of doing sth** कुछ करने के ढंग से; **it is always the ~ with him** वह सदा ऐसा ही करती है; **keep/ stay out of sb's** ~ किसी के रास्ते से टलना; **know one's ~ about** रास्ता जानना; **lay sth in sb's** ~ किसी को अवसर दे.; **learn one's ~ around** नई परिस्थिति का आदी हो जा.; **look this** ~ इधर देखो!; **look the other** ~ अनदेखी क.; **lose one's** ~ 1 रास्ता भूलना, भटक जा 2 रास्ता दे.; **lose** ~ गति कम हो.; **make** ~ कार, जहाज आदि द्वारा आगे बढ़ना; **make ~ for sb/ sth** किसी को या किसी चीज को रास्ता या स्थान दे.; **make one's** ~ उन्नति क., आगे बढ़ना; **make one's ~ to/ through/ towards, etc.** मुश्किलों का सामना करते हुए रास्ता या जगह बनाना, आगे बढ़ना, उन्नति क.; **make ~ or highway** रास्ता दो, या दफा हो जाओ; **mend one's ~s** अपने तौर-तरीके सुधारना, बेहतर ढंग से पेश आना; **nothing came my** ~ मैं कुछ भी करने में सफल न हुआ; **not to know which ~ to turn** किंकर्त्तव्यविमूढ़ हो., बुरी तरह निढाल हो जा.; **no two ~s about it** इसके बारे में दो राय नहीं हो सकतीं, इसमें कोई शक नहीं; **no ~!** बिल्कुल नहीं**!**; **no** ~ किसी भी तरह मुमकिन नहीं; **no ~ (inferior)** किसी भी तरह (कम...) नहीं; **one cannot have it both ~s** आप दो परस्पर विरोधी काम एक साथ नहीं कर सकते; **one ~ and another** किसी न किसी रूप में; **one is not built that** ~ वह इस प्रकार का व्यक्ति नहीं; **on the ~ out** समाप्ति की राह पर, बरखास्त होने की राह पर; **on the ~ to ...** के रास्ते में, की राह पर अग्रसर; **out of harm's** ~ खतरे से परे, खतरे की पहुंच से बाहर; **out of sb's** ~ किसी के रास्ते से परे; **out of the** ~ 1 बाधा की समाप्ति 2 रास्ते से हटकर 3 भटका हुआ 4 असाधारण, अनोखा 5 दुर्गम, अगम्य; **pave the ~ for sth** के लिए रास्ता बनाना; **parting of the ~s** रास्ते अलग-अलग होने की क्रिया; **pay one's** ~ 1 अपने ऋण और जीवन-यापन का खर्चा खुद दे. 2 जितनी चादर देखना उतने पांव पसारना; **plough one's** ~ धीरे-धीरे आगे बढ़ना; **pretty Fanny's** ~ किसी की विचित्र हरकतों के प्रति नर्मी से पेश आना; **put obstacles in sb's** ~ किसी के रास्ते में रोड़े अटकाना; **put out of the** ~ 1 मार डालना 2 हटा दे., समाप्त क., निपटाना; **put sb in the ~ of sth** किसी को कुछ दिलाने के लिए तिकड़म क.; **quite/ all/ very much the other ~ about/ round** बिल्कुल उल्टे; **rub sb up the right** ~ किसी को तुष्ट क., किसी के तलवे चाटना; **rub sb up the wrong** ~ *UK* (*US* **rub sb the wrong** ~) किसी को आहत क. या चोट पहुंचाना; **say a few words by ~ of introduction** भूमिका के रूप में कुछ शब्द कहना; **sb's ~ of life** किसी की जीवन शैली; **see one's ~ to** समझना कि क्या करना चाहिए, के लिए तैयार होना; **see one's ~ clear to doing sth** कुछ करने को तत्पर और सक्षम हो.; **see which ~ the wind blows** कोई कदम उठाने से पहले स्थिति को अच्छी तरह जान-पहचान ले.; **some** ~ कुछ हद तक; **stand in the ~ of sth** किसी बात के रास्ते में बाधा हो.; **take one's** ~ चले जाना; **that's the ~!** शाबाश! ऐसे ही करते रहो!; **that is the ~ the cookie crumbles** दुनिया ऐसी ही है, इसे नहीं बदल सकते; **the dam gave** ~ बांध ढह या टूट गया; **the farthest ~ about is the longest ~ home** आगे दौड़ पीछे चौड़; **the hard** ~ बड़ी मुश्किल से; **the other ~ round** इसके ऐन उल्टे; **the picture is nothing out of the ~ yet** चित्र में कुछ भी

अनूठा नहीं; **there's more than one ~ to skin a cat = there are more ~s of killing a dog than hanging it = there are more ~s to the wood than one** काम करने के कई तरीके हो सकते हैं; **the right ~** सही रास्ता; **the, this/ that ~** किसी व्यक्ति की भावनाओं को व्यक्त करने का तरीका; **the ~ of all flesh** देह धरे का दंड है, सब काहु को होए; **the ~ of the world** दुनिया का यही रिवाज है; **the ~ to be happy is to help make others so** दूसरों के सुख में अपना सुख; **the ~ to sb's heart** किसी के दिल का रास्ता; **the ~ to man's heart is through his stomach** आदमी के दिल का रास्ता पेट से होकर जाता है; **the worst ~** *US* अत्यधिक; **this will go a long ~ towards** यह किसी दिशा में बड़ी भूमिका निभायेगा; **to my ~ of thinking** मेरी समझ में; **wedge one's ~** कठिनाई से आगे बढ़ पाना; **well on the ~ to becoming** कुछ बनने के लिए बिल्कुल सही रास्ते पर हो.; **wheedle one's ~** कहीं पर घुस आना, जैसे-तैसे कुछ बन जा.; **work one's ~ through college, round the world** अपनी शिक्षा का खर्चा उठाने के लिए दुनिया की यात्रा के रास्ते में तरह-तरह के काम करके कमाना; **work one's ~ through** धीरे-धीरे अपनी नौकरी में ऊंचा उठना; **worm one ~** रेंगते-रेंगते घुस आना, चुपके-चुपके अपनी राह बना ले.;

-ways *comb. form, forming adjectives and adv., denoting* **direction or manner** (दिशा, शैली, ढंग या दिशा का सूचक प्रत्यय): lengthways; broadways; longways

wazygoose /वेजगूस/ *n.* वार्षिक भोज

WB *abbr.* 'Web Developers', 'World Bank' की प्रथमाक्षरी

Wb *symbol* 'weber' का चिह्न

WBA *abbr.* 'World Boxing Association' की प्रथमाक्षरी

WBC *abbr.* 'White Blood Corpuscles', 'World Boxing Council' की प्रथमाक्षरी

WC *abbr.* 'West Central' की प्रथमाक्षरी

WC *abbr., UK* 'water closet' की प्रथमाक्षरी (शौचालय)

WCAC *abbr.* 'World Cricket Action Committee' की प्रथमाक्षरी

WCAI *abbr.* 'Women's Cricket Association of India' की प्रथमाक्षरी

WCAR *abbr.* '(UN-sponsored) World Conference against Racism, Racial Discrimination, Xenophobia and Related Intolerance' की प्रथमाक्षरी

WCC *abbr.* 'World Chess Champion' की प्रथमाक्षरी

WCD *abbr.* 'Women and Child Development', 'World Commission on Dams' की प्रथमाक्षरी

WCDMA *abbr.* 'wide band code division multiple access' की प्रथमाक्षरी

W/cdr *or* **W/C** *abbr.* 'wing commander' की प्रथमाक्षरी

WCLD *abbr.* 'World Computer Literacy Day' की प्रथमाक्षरी

WCO *abbr.* 'white collar offences', 'World Customs Organisation' की प्रथमाक्षरी

WCPS *abbr.* 'World Confederation of Productivity Science' की प्रथमाक्षरी

WD *abbr.* 1 'War Department', 'Works Department' की प्रथमाक्षरी 2 Dominica 'Windward Islands' का अंतर्राष्ट्रीय वाहन पंजीकरण कोड (*IVR*)

WDM *abbr.* 'Wave Division Multiplexing' की प्रथमाक्षरी

WDP *abbr.* 'Women Development Programmes' की प्रथमाक्षरी

WDR *abbr.* 'World Development Report' की प्रथमाक्षरी

WDV *abbr.* 'written down value' की प्रथमाक्षरी

we /वी/ *pron.* 1 हम: ~ both thank you 2 हम लोग: the times ~ live in 3 शाही व्यक्ति, लेखकों, संपादकों द्वारा प्रयुक्त 4 (*syn.* patronising) कृपासूचक: how are ~ feeling today?

weak /वीक/ *adj., degr.* **~er, ~est** 1 दुर्बल, क्षीण: ~ muscles/ nerves/ stomach; ~ constitution 2 कमजोर, अशक्त: ~ sight; ~ point/ spot; ~ with loss of blood; in a ~ moment 3 (*syn.* unsound, unconvincing) लचर, तर्कहीन, आधारहीन: a ~ reason or excuse (लचर दलील या बहाना); ~ evidence; ~ logic 4 नैतिक रूप से कमजोर (temptation prone) 5 हल्का, पतला, कम तेज: a ~ drink; ~ tea/ coffee; ~ decoction 6 ढुलमुल, अदृढ़, ढीला, कमजोर इच्छा-शक्ति वाला: ~ in spirit; ~ will; ~ man; ~ character; ~ surrender 7 (*sometimes* **~ on/ in sth**; *syn.* inadequate) किसी हुनर या प्रतिभा में कमजोर: ~ in intellect; ~ in maths. 8 (*syn.* faint) धूमिल, धुंधला 9 सुकुमार, नाजुक, कोमल, प्रभाव्य 10 (*syn.* half-hearted) धीमा, धीमी, शिथिल, मंद, निष्प्रभावी: a ~ signal 11 कम, संख्या में थोड़े, अल्पसंख्यक 12 महीन: ~ flour 13 पतला, तनु 14 (*syn.* flavourless) फीका, नीरस, सीठा 15 (*syn.* lack-lustre) निस्तेज, फीका: a ~ smile 16 *phon.* (*syn.* unstressed) स्वराघात-हीन 17 *commer.* कमजोर (मुद्रा का मजबूत न हो.), गिरती हुई (मांग, दाम), मंदी से ग्रस्त: prices are ~; **~er** tendency in prices; ~ demand for goods 18 *gramm.* निर्बल: ~ verb/ declension/ conjugation;

dw/lw: **~en** /वीकन/ *v., pt.* ~ened, *pp* ~ening 1 कमजोर हो. या बनाना: he has been ~ened by illness 2 अनिश्चित हो. 3 दबाव तले घुटने टेक दे.; **~-eyed** *adj.* मंद-दृष्टि; **~-headed** *adj.* मंद-बुद्धि, अल्पबुद्धि; **~-hearted** *adj.* भीरु, डरपोक, बुजदिल; **~-kneed** /वीक-नीड/ *adj.* 1 भीरु, कायर, डरपोक, घुटने-टेक 2 ढुलमुल, डांवांडोल; **~ling** /वीकलिंग/ *n.* 1 शारीरिक रूप से कमजोर व्यक्ति या अन्य जीव 2 किसी दोष या कमजोरी से ग्रस्त प्राणी: a moral ~ling; **~ly** /वीकलि/ *adj., degr.* ~lier, ~liest 1 अस्वस्थ, 2 दुर्बल, अशक्त; **~ly** *adv.* कमजोर ढंग से; **~-minded** /वीकमाइंडिड/ *adj.* बोदा, भोंदू, कमजोर-मन; **~ness** *see below under separate entry*; **~-sighted** /वीक-साइटिड/ *adj.* मंद-दृष्टि, कमजोर नजर वाला; **~-spirited** /वीक-स्पिरिटिड/ *adj.* भीरु, दब्बू, बुजदिल, कातर; **~-willed** *adj.* ढुलमुल, अदृढ़, कमजोर इच्छा-शक्ति वाला;

collocations: **~ knees** जिसमें कोई दमखम न हो, ढुलमुल, अदृढ़, अनिश्चयी; **~ moment** क्षणिक असंयम, कमजोरी; **~ point/ ~ side/ ~ spot** कमजोर बिंदु, कमजोर पहलू; **~ well** खनिजविहीन खान;

a ~ brother/ sister/ vessel *US* डरपोक, अविश्वसनीय व्यक्ति; **the ~er sex** *derog.* **'women'** नारी-जाति;

p&i: **~ as a kitten** बेहद कमजोर, अशक्त; **~ as water** पानी की तरह पतला; **~ at the knees** भावावेश, डर या बीमारी के कारण खड़ा रहने में असमर्थ;

one's ~ point कमजोरी, कमी, दोष, भेद्य बिंदु; **the ~ link in the chain** किसी ढांचे में कमजोर कड़ी; **the ~est goes to the wall** कमजोर की कोई मदद नहीं करता, माड़े की बहू भाभी सारे गाम की (*Hr.*)

weakness /वीकनअस/ *n., pl.* **~nesses** 1 दुर्बलता, कमजोरी, असमर्थता: ~ of memory; the ~ of old age 2 अपर्याप्तता, कमी, विहीनता: ~ of brain power; ~ of mind; ~ in scholarship 3 ढुलमुलपन, इच्छाशक्ति-विहीनता, शिथिलता, निस्तेजता: ~ in resistance 4 लचरता, तर्कहीनता, आधारहीनता: ~ of argument 5 (*syn.* shortcoming, failing, fault) दोष, दुर्गुण, कमी, लत, व्यसन, चस्का, शौक 6 (*often* **a ~ for sth/ sb**) किसी के प्रति विशेष आकर्षण या अभिरुचि, किसी के प्रति कमजोरी: have a ~ for sth/ sb; his boss's ~ is a fondness for the bottle/ being too easily amenable to flattery 7 *market* मंदी

weal /वील/ *n.* 1 सांट, नील, त्वचा पर कोड़े आदि की मार का निशान 2 *old use* कल्याण, (*esp.* **the public/ general/ common**

~) समृद्धि, हित 3 सुख-चैन, शांति: for the ~ of sb's soul 4 वैभव: the ~ of a country;
p&i: **for ~ and woe** चाहे सुख मिले या दुःख

weald /वील्ड/ *n., archaic* खुला वनीय क्षेत्र

wealth /वेल्थ/ *n.* 1 धन-संपत्ति, धन-दौलत: possess ~ 2 धनाढ्यता, दौलतमंदी, अमीरी 3 संपदा, हीरे-जवाहरात: not for all the ~ of India; the ~ of the oceans; the country's mineral ~ 4 बहुतायत, बाहुल्य, बहुलता, प्राचुर्य, प्रचुरता: a ~ of sth; a ~ of deep black hair; a dictionary with a ~ of examples; a ~ of ideas 5 वैभव: intellectual ~ 6 गुण, विशेषता: a ~ of wit;
dw/lw: **~iness** /वेल्दिनेस/ *n.* 1 समृद्धि, अमीरी, रईसी, धनाढ्यता 2 बाहुल्य, बहुलता, प्राचुर्य, प्रचुरता; **wealth\y** /वेल्थि/ *adj., degr.* ~ier, ~iest 1 (***syn.*** rich) अमीर, धनी, धनाढ्य, दौलतमंद, धनवान: ~y man; ~y country 2 (~y in sth) प्रचुर, बहुल: language ~y in nuances; **~y** *n.* धनी लोग: power in the hands of the ~y;
collocations: **~ tax** धन-कर;
p&i: **~ maketh many friends** दौलत के सब दोस्त; **~ maketh wit waver** दौलत से दिमाग फिर जाता है;
roll/ wallow in ~ धन-दौलत में खेलना, अत्यधिक धनी हो.; **health is** ~ सेहत एक नेमत है, स्वास्थ्य एक वरदान है

wean /वीन/ *v., pt.* **~ed**, *pp* **~ing** 1 स्तनपान छुड़ाना, छाती छुड़ाना 2 से अलग कर दे.: how can we ~ him away from his bad companions? 3 मुक्त क., छुड़ाना 4 आदत छुड़ाना: ~ sb from a habit/ from an occupation/ from an object of affection; ~ sb off sth; how to ~ him off drugs;
dw/lw: **~ing** /वीनिंग/ *n.* दूध-छुड़ाई; **~ling** *adj.* दूध-छूटा बच्चा

weapon /वेपन/ *n.* 1 अस्त्र, शस्त्र, हथियार: biological/ chemical/ nuclear **~s**; deadly/ lethal/ offensive **~s**; carry/ possess a ~ 2 परमाणु हथियार: atomic **~s** 3 साधन: the strike as a political ~; tariffs as a ~ for bargaining; fight an adversary with his own **~/s**; patience is our best ~ 4 आयुध;
dw/lw: **~ed** *adj.* सशस्त्र; **~less** *adj.* निहत्था, निरस्त्र; **weapon\ry** /वेपनरि/ *n., pl.* ~ries अस्त्र-शस्त्र, हथियार, आयुध;
collocations: **~s of mass destruction/ of annihilation/ of extermination** सर्व-व्यापी विनाश, संपूर्ण विनाश, सर्वनाश व विध्वंस के हथियार;
p&i: **a double-edged ~** दुधार तलवार, असुरक्षित हथियार; **beat sb with his own ~s** किसी को उसी के हथकंडों से मात दे.

wear /वे/ *v., pt.* **wore**, *pt. p.* **worn**, *pp* **~ing** 1 पहनना, कपड़े पहनना: ~ shoes/ stockings; she **wore** a black gown; she was **~ing** diamonds; I have nothing to ~; she **~s** the trousers 2 शरीर पर कुछ लगाना: ~ scent/ perfume 3 बाल बनाना, बालों की कोई विशेष शैली धारण क. 4 चेहरे पर कोई भाव दिखाना, प्रकट क., विशेष मुद्रा धारण क., कोई शैली प्रदर्शित क., सिर ऊंचा करके चलना, उदास हो.: he **~s** a sad look; ~ one's head high; ~ a troubled look 5 पास में रखना: ~ a sword/ a cane; ~ sb/ sth in one's heart 6 विमान या समुद्री जहाज द्वारा पताका का लहराया जा. 7 खराब या अच्छा दिखना या हो. : the house **wore** a neglected look 8 रगड़ने आदि से घिस जाना, घिस-पिट जा., घिसना, छीजना, छिजाना, कट-फट जाना, जीर्ण-शीर्ण या पुराना हो जाना: ~ threadbare; ~ (sth) out (घिसा दे.); **worn** to a frazzle (तार-तार किया हुआ); ~ smooth; ~ thin (कम हो.); hair **~ing** thin on top; be **worn** by anxiety 8 ज्यादा प्रयोग करने से किसी चीज में छेद हो जा.: ~ one's shoes into holes 9 थक जाना, थकाना 10 बहाने या मनगढ़ंत कहानी को स्वीकारना, किसी स्थिति को सहन क. 11 समुद्री जहाज को हवा की दिशा में या दूसरे रास्ते पर मोड़ना या उसका मुड़ जा. 12 टिकाऊ हो., टिकना, बहुत चलना, शारीरिक रूप से अच्छी अवस्था में बने रहना: ~ one's years well; good leather will ~ for years; this cloth **~s** well/ badly; ~ through the day 13 नाम, उपनाम या पदवी आदि का धारक हो.: ~ a famous name; ~ the King's/ the Queen's coat; ~ the crown; ~ the ensign/ the flag of; ~ the breeches 14 धीरे-धीरे समाप्त हो.: his stock of money began to ~ very low/ thin; the day **~s** towards its close 15 (***syn.*** erode) अपक्षारित हो., कटाव-ग्रस्त हो;
n. 1 (*also* **~ and tear**) घिसाव, छीज, घिसावट, कट-फट, टूट-फूट: the carpets are showing ~ 2 पहनने की क्रिया, पहनाई: clothes for everyday ~; a dress for winter/ for summer ~ 3 कपड़े, पहनावा, पोशाक, लिबास, परिधान: men's ~; working ~ 4 उपयोग, व्यवहार, इस्तेमाल: this is no longer in ~ 5 टिकाऊपन: there is still much ~ in these shoes;
suffix **(-wear)** प्रत्यय के साथ बने परिधान परिचायक संयुक्त शब्द: men's-~; foot-~; under-~; knit-~;
dw/lw: **~able** /वेअरअ\बल/ *adj.* पहनने योग्य, परिधेय, जिसे पहना जा सके: bag ~able with evening gown; this hat is simply not ~able; **~ability** /~बिलिटि/ *n.* पहनने के लिए उपयुक्तता; **~er** /वेअरः / *n.* पहनने वाला: only the ~er knows where the shoe pinches (भुक्तभोगी ही मर्म को जानता है); **~ing** *adj.* शारीरिक व मानसिक रूप से थका देनेवाला (*also see below under separate entry*); **wearisome, weary** *see below under separate entry*;
collocations: **~ allowance** छीजन की संभावना सीमा; **~ and tear** कट-फट, टूट-फूट, क्षय, छीजन; **~ and tear of life** जिंदगी के हादसे; **~ fabrics** परिधान का कपड़ा; **~ performance** पोशाक, जूते आदि की उत्तमता, उत्कृष्टता; **~ resistance** टूट-फूट या घिसावट सह गुण;
evening ~ संध्याकालीन परिधान; **fair ~ and tear** सामान्य टूट-फूट या घिसावट; **men's** ~ पुरुषों का लिबास;
p&i: **~/ lead a charmed life** बहुत भाग्यशाली हो.; **~ a long face** मुंह लटकाना; **~ away** घिस जाना, घिसना, मिटना, खराब हो जा., धीरे-धीरे बीत जाना; **~ down/ ~ sth down** घट जाना, घटा दे., समाप्त हो जाना या कर दे.; **~ off** 1 दर्द का धीरे-धीरे लुप्त हो. 2 धीरे-धीरे क्षीण होते जा.; **~ on** समय का किसी-न-किसी तरह या धीरे-धीरे बीतते जाना.: times ~ on; **~ on sb** किसी को चिढ़ाना, सताना; **~ one's heart on one's sleeve** अपनी भावनाओं को खुल्लमखुल्ला प्रदर्शित क.; **~ one's years well** उम्र की मार को भली भांति झेलना; **~ out** 1 फट जा., खराब हो जा. 2 छिजाना 3 थका दे: ~ sb out; **~ out one's welcome** एक दिन मेहमान, दो दिन मेहमान, तीसरे दिन बला-ए-जान; **~ sb down** 1 निरंतर या लगातार एतराजों और मांगों द्वारा किसी पर काबू पा ले. 2 किसी को थका डालना; **~ sb out** किसी को बुरी तरह थका दे., थकाकर चूर कर दे.; **~ sth out** किसी चीज को फाड़कर तार-तार कर दे.; **~ sth away** घिसाकर फाड़ना, मिटाना, खराब क.; **~ the breeches/ the pants/ the trousers** घर में मालिक हो. या हुक्म चलाना; **~ the willow** मातम में हो.; **~ thin** 1 खत्म होने को हो. 2 फटकर चिथड़े बनने को हो. 3 दलीलों का बासी और अग्राह्य हो जा.; **~ through** ज्यादा पहनने से पोशाक में छेद हो जा.; **~ through the day** जैसे-जैसे दिन काटना; **~ well** अपनी उम्र से छोटा लगना, शक्ल से ठीकठाक दिखना; **~ yellow stockings** ईर्ष्या क.;
be the worse for ~ 1 फटने को हो., बुरी हालत में हो. 2 थकावट या नशे की अवस्था में पहुंचने की कगार पर हो.; **the wearer alone knows where the shoe pinches** जेहि तन लागे, सोहि तन जाने, कौन जाने पीर पराई; **win and ~** का स्वामी होना व उसका जैसे चाहे उपयोग क.

wear\ily /विअरि\लि/ *adv.* 1 थकाऊ ढंग से 2 थके-मांदे ढंग से,

थककर, ऊबकर: say sth **~ily**;
***dw/lw:* ~iness** /~नेस/ *n.* थकावट, थकान, श्रांति, क्लांति;
wearing /वेअरिंग/ *adj.* 1 (***syn.*** exhausting) थका देने वाला, थकाऊ, क्लांतिकर: ~ journey; ~ occupation 2 उबाऊ: ~ companion 3 पहनने का: ~ apparel;
n. 1 पहनाई: in (the) ~ 2 पहनावा: worse for ~ 3 छीजन;
collocations: ~ **capacity** पहनने की मियाद; ~ **gear** पोशाक, लिबास; ~ **quality** छीजन सह क्षमता; ~ **test** खराबी की जांच-परीक्षण
wearisome /विअरिसम/ *adj.* 1 थकाने वाला, थकाऊ 2 (***syn.*** tedious) उबाऊ, उकता देने वाला, उचाट कर देने वाला 3 नीरस, फीका;
***dw/lw:* ~ly** /~लि/ *adv.* उबाऊ या नीरस ढंग से
weary /विअरि/ *adj., degr.* **wearier**, **weariest** 1 थका हुआ, श्रांत, थका-मांदा, निढाल, क्लांत: ~ sigh; ~ with resistance/ with excitements of the day; make ~ 2 हतोत्साह, मुर्दादिल: ~ in body and mind 3 (*usually* ~ **of sth**) से ऊबा हुआ, उकताया हुआ: ~ of sth/ sb; they were ~ of the subject/ of the conversation; I am ~ of life; I am ~ of his complaints/ of her chatter/ of this nonsense 4 उबाऊ, नीरस, थकाऊ: ~ wait; a ~ world
v., pt.* wearied**, *pp* **wearying**, *s/he/ it* **wearies** 1 (syn.*** tire) थकाना 2 उकता दे.: ~ sb with idle chatter 3 थक जाना: be **wearied** of loneliness 4 ऊब जाना या उकता जा.: ~ of idle chatter 5 अधीरतापूर्वक इंतजार क.;
***dw/lw:* ~ing** *adj.* 1 थकाऊ, थकाकर चूर कर देने वाली 2 उबाऊ, उकता देने वाली;
p&i: ~ **for sb/ sth** के लिए तड़पना; ~ **for quiet** शांति के लिए तड़पना; ~ **of** 1 अधीर हो., के साथ धैर्यहीन हो. 2 से चिढ़ा हुआ; ~ **willie** मरियल टट्टू;
weasand /विजंड/ *n.* 1 गला या हलक 2 ग्रसिका, ग्रास नली
weasel /वीजल/ *n.* 1 नेवला, नकुल, कथियान्याल 2 *colloq.* चालाक व धूर्त व्यक्ति, कपटी आदमी 3 पुलिस मुखबिर 4 चापलूस व्यक्ति;
***v.**, pt.* **~led**, *pp* **~ling** *US pt.* **~ed**, *pp* **~ing** 1 दोमुंही बात क., आगा-पीछा क. 2 मुखबिरी क., ताक-झांक क.;
***dw/lw:* ~-faced** *adj.* भद्दा; **~ly** /वीजलि/ *adv.* धूर्ततापूर्वक;
collocations: ~ **words** अस्पष्ट या दोहरे अर्थ वाले शब्द, खोखली बात;
p&i: ~ **out of/ on** *or* **round, etc. sth** *colloq.* जिम्मेवारी से धूर्ततापूर्वक टलना; **catch a** ~ **asleep** ताकू-झांकू व्यक्ति को चकमा दे.
weather /वेदः/ *n.* 1 मौसम: fine/ fair/ dirty/ dull/ foul ~; rough ~; thawing ~; broken ~ (अस्थिर मौसम); bad/ cold/ good/ hot/ stormy/ warm/ wet ~; ~ brightens up/ improves/ worsens 2 मौसम की स्थिति 3 ऋतु 4 तूफान 5 तेज हवा वाला फलक;
***v.**, pt.* **~ed**, *pp* **~ing** 1 हवा, धूप, वर्षा आदि के खुले प्रभाव तले आना यानी खुली हवा में रखना या छोड़ने से किसी पदार्थ या कपड़े आदि की रंगत या बनावट आदि का बदल जाना, अपक्षय हो जाना 2 तूफान या कठिन हालात को सकुशल पार क., सफलतापूर्वक झेलना: ~ a storm/ a financial crisis; he **~ed** out the reign of Stalin 3 *naut.* जहाज द्वारा हवा की दिशा का रास्ता लिया जाना;
adj. 1 मौसम से संबंधित: ~ sign; ~ ageing (वायुमंडल के दबाव के कारण होनेवाली वयोवृद्धता) 2 मौसम विभाग की सूचनाओं से संबंधित: ~ message/ report; ~ observation 3 हवा की ओर का, पवनाभिमुख, वाताभिमुख: ~ roll;
***dw/lw:* ~-beaten/ ~-worn** /वेदःबीटन/ वेदःवॉःन/ *adj.* 1 जो धूप, बरसात, ठंड आदि से बुरी तरह प्रभावित हुआ हो: ~-beaten face 2 जो धूप से पीला पड़ गया हो या कड़ा हो गया हो: ~-beaten skin; **~board** *n.* दरवाजे या खिड़की पर लगी वर्षा के पानी को रोकने की पत्ती; **~-bound** /वेदःबाउंड/ *adj.* जो खराब मौसम के कारण गंतव्य तक न पहुच सका हो या कोई अन्य कार्य न हुआ हो; **~-cock**/ **~vane** *n.* 1 वात सूचक, घूमने वाला वायुदिशा सूचक ढांचा 2 अस्थिर व जल्दी-जल्दी पाला बदलने वाला अवसरवादी आदमी; **~ed** /वेदःड/ *adj.* 1 झुर्रीदार कठोर चेहरा, जिसने अनेकों तूफान झेले हों 2 जिस जहाज ने तूफान को झेल लिया हो 3 जो वायुमंडलीय प्रभाव तले आ गया हो; **~-gage**/ **~-gauge** /वेदःगेज/ *n., naut.* वायु दाब मापी, बैरोमीटर; **~-glass** *n.* वायु दाब मापी; **~ing** /वेदरिंग/ *n.* चट्टानों आदि पर धूप, हवा, वर्षा आदि का क्षयकारी प्रभाव; **~ize/~ise** *v., pt.* ~ized, *pp* ~izing किसी इमारत को कठोर सर्दी से बचाने के लिए कदम उठाना; **~man** *n.* मौसम-विज्ञानी; **~ology** /वेदरौलजि/ *n.* मौसम-विज्ञान; **~ometer** *n.* वातहतिमापी; **~pits** *n., [pl.]* अपक्षय गर्त; **~-report** *n.* मौसम-रिपोर्ट; **~proof** *adj.* मौसम-सह: ~proof house; ~proof window; ~proof jacket; ~proof suit; ~proof container; **~proof** *v., pt.* ~proofed, *pp* ~proofing मौसम-सह बनाना; **~-vane** *n.* घूमने वाला वायु दिशा सूचक ढांचा; **~-wise** /वेदअःवाइज/ *adj.* 1 ऋतु-ज्ञानी, मौसम-पारखी 2 घटना-चक्र को जल्दी भांप लेने वाला; **~worn** /वेदःवॉःन/ *adj.* जो धूप, बरसात, ठंड आदि से बदरंग या विकृत हो गया हो, ऋतु-विकृत;
collocations: ~ **balloon** वायु मंडल में मौसम के हालात का पता लगाने वाले उपकरण ले जाने वाला गुब्बारा; ~ **centre** (*US* ~ **bureau**) मौसम केंद्र; ~ **eye** 1 देखकर मौसम का अनुमान लगाने में सक्षम व्यक्ति 2 घटना-चक्र के बारे में चौकस, चौकन्ना, सतर्क: keep one's ~ open; ~ **forecast** (*also* **forecast**) मौसम का पूर्वानुमान; ~ **map**/ ~ **chart** देश के बड़े क्षेत्र के मौसम के हाल का चित्रण; ~ **side** वायु-अभिमुख फलक या तरफ; ~ **station** मौसम-चौकी, जहां मौसम संबंधी जानकारी संग्रहीत की जाती है; ~ **strip**/ **~stripping** = **draught excluder** हवा और बाहरी सर्दी को अंदर आने से रोकने के लिए दरवाजे या खिड़की पर लगाई जाने वाली पट्टी; ~ **window** मौसम का ऐसा अंतराल जो किसी कार्य या गतिविधि के अनुकूल हो;
bad ~ खराब या बुरा मौसम; **fair** ~ अच्छा मौसम; **foul** ~ खराब मौसम, आंधी-पानी;
p&i: **be/ feel under the** ~ थोड़ी तबीयत खराब हो., अस्वस्थ हो.; **change like a ~cock** गिरगिट की तरह रंग बदलना, अवसरवाद की पराकाष्ठा लांघना; **drive with the** ~ लहरों और हवा के अनुरूप जहाज चलाना; **in all ~s** हर प्रकार के मौसम में; **in the** ~ खुले आसमान तले; **keep one's ~ eye open** घटनाओं के बारे में चौकन्ना रहना; **king's/ queen's** ~ शानदार मौसम; **make fair ~ with** चापलूसी करके किसी के विश्वास का पात्र बनना; **make heavy ~ of one's work** अपने काम को कठिन बनाना; **make heavy ~ of sth** किसी कार्य की प्रगति को अनावश्यक रूप से कठिन और धीमा बनाना; **make heavy ~ of the simplest tasks** सरलतम काम को भी पहाड़ बनाना; **protection against the** ~ खराब मौसम या खतरे से सुरक्षा; **under the** ~ *colloq.* 1 अस्वस्थ 2 उदास, खिन्न; **under stress of** ~ खराब मौसम के कारण, तूफान के कारण
weave /वीव/ *v., pt.* **wove**, *pt.* **woven**. *p. pp* **weaving** 1 कर्घे पर बुनना, ताना-बाना बनाना: ~ threads together 2 छड़ियों से टोकरियां आदि बुनना या बनाना.: ~ a basket/ a wreath/ a web 3 मकड़ी द्वारा जाला बुना जा. 4 कथा का ताना-बाना बुनना, गढ़ना, रचना: ~ a romance/ a story round a person or an incident; ~ flowers into a garland 5 (***syn.*** introduce) सन् निविष्ट क., बैठा दे. 6 (***syn.*** devise) सोच निकालना 7 दाएं-बाएं या टेढ़े-मेढ़े चलना: ~ one's way through a crowd (भीड़ को चीर कर निकलना) 8 (***syn.*** dodge) बचकर निकल जाना, टाल जा. 9 झंडी से संकेत दे;
n. बुनावट: basket ~; sponge ~;

dw/lw: **weave\r** /वीवः/ *n.* बुनकर, जुलाहा: ~r's knot (जुलाहा गांठ); **~rbird** /वीवःबःड/ *n.* बया, बया पक्षी;
p&i: **~ one's magic/ ~ a spell over sb** जादुई कमाल क. या किसी को जादुई पाश में बांधना

weaving /वीविंग/ *n.* 1 बुनकर का काम, बुनाई, वयन: cotton ~; fancy ~ 2 टोकरी की बुनाई: basket~; **wire** ~;
p&i: **get** ~ *colloq.* 1 व्यस्त हो जा. 2 जल्दी क.

web /वेब/ *n.* 1 (***syn.*** cobweb) मकड़ी का जाला" spider's ~ 2 **the Web** (*short for* **the World Wide Web**) इंटरनेट पर वेब स्थान: (as *adj.*): **Web** page; **Web** site; **~ address** वेब-साइट का पता 3 (*also* **~ offset**) ऑफसेट छपाई में कागज के गोले (roller) से आपूर्ति 4 जटिल संरचना: be caught in tangled ~ 5 (***syn.*** hosiery, knitted wear) बुना हुआ कपड़ा: circular ~ (बुनावटी कपड़े का गोलाकार बंडल) 6 कपड़े का थान: in ~ 7(***syn.*** knitted wear) बुनावटी कपड़े से बने वस्त्र, आदि: chair ~; furniture/ upholstery ~ 8 जाल, चाल, षड्यंत्र का तानाबाना: a ~ of lies/ of intrigue; the ~ of life 9 रेडियो व टेलिवीजन स्टेशनों आदि का जाल 10 पादजाल, झिल्ली, आंख पर जाला 11 पिच्छ-फलक (of a feather) 12 (***syn.*** plate) जोड़-पट्टी 13 तस्मा, फीता;
v., *pt.* **~bed**, *pp* **~bing** 1 जाला बनाना 2 झूठ आदि का जाल बुनना 3 वेब-साइट से जुड़ना;
dw/lw: **~bed** /वेब्ड/ *adj.* 1 वेब-साइट सज्जित 2 जालपाद 3 जाल में फंसा हुआ 4 जोड़क आवरण से ढका; **~bing** *n.* 1 निवार, नेवार 2 जाली 3 जालन 4 किनारा 5 कपड़े का फीता, तस्मा: elastic ~bing 6 पतलून, पाजामा आदि थामे रखने की रबड़ की पट्टी: garter ~bing; cable ~bing 7 बुनावटी कपड़ा; **~ builder** *n.* जाल बुनकर; **~er** /वैबः/ *n.* (*symbol* **Wb**) कुल चुंबकीय विस्तार (flux) की मापक इकाई; **~cam** /वेबकैम/ *n* कैमरा जिससे चित्र और ध्वनि को रिकॉर्ड कर इंटरनेट से कंप्यूटर पर दिखाया जा सकता है; **~cast** /वैबकास्ट/ *n.* इंटरनेट पर प्रसारण; **~-eye** *n.* आंख का जाला; **~-footed/ ~-toed** /वेब-फुटिड/ वेब-टोअड/ *adj.* जालपाद; **~-head** *n.* इंटरनेट दीवाना, हर समय इंटरनेट पर लटका रहने वाला बंदा; **~liography** (*comp.* **bibliography**) *n.* किसी रचना, लेख या शोध आदि को लिखने में प्रयुक्त होने वाले वैब्साइटों की सूची; **~log** /वेब्लौग/ *US* वेब्लाःग, वेब्लॉग/ *n.* किसी व्यक्ति विशेष का वेब्साइट; **~master** *n.* वैब साइट पर सूचनाएं डालने वाला; **web\site** /वैब्साइट/ *n.* इंटरनेट पर वह स्थान जहां पर किसी संस्था, संगठन, व्यक्ति या विषय के बारे में सूचना संग्रहीत रहती है; **~zine** *n.* इंटरनेट पर प्रकाशित की जाने वाली पत्रिका;
collocations: **~ browser** इंटरनेट पर सूचना ढूंढने की सुविधा; **~ page** वेब-साइट पते का पृष्ठ जिसे कंप्यूटर पर पढ़ा जा सके;
p&i: **Penelope's ~** टालने और लंबा खींचने का पैंतरा; **the ~ of life** चालें, षड्यंत्र

we'd /वीड/ *short* 'we had', 'we would' का संक्षिप्त रूप

Wed (*also* **Weds.**) *abbr.*, 'Wednesday' का संक्षिप्त रूप

WED *abbr.* 'World Environmental Day' की प्रथमाक्षरी

wed /वेड/ *v.*, *pt.* **~ded**, *pp* **~ding** 1 विवाह क., शादी क. 2 विवाह कराना 3 संयुक्त क., जोड़ना, एक कर दे.: ~ simplicity to or with beauty 4 (किसी को) ब्याहना, विवाह-संस्कार संपन्न क., विवाह कराना: ~ one's daughter to a doctor;
dw/lw: **~ded** /वेडिड/ *adj.* 1 विवाहित, ब्याहता, परिणीत, शादीशुदा 2 बंधे हुए, संयुक्त: ~ded to a habit; ~ded by common interests 3 वैवाहिक: ~ded love 4 के प्रति समर्पित, से प्रतिबद्ध, के लिए वचनबद्ध: ~ded to his work; he is ~ded to his own opinion; I am not ~ded to the idea

wedding /वेडिंग/ *n.* 1 शादी, विवाह; विवाह की रस्म, विवाहोत्सव: church ~; members of the ~; go to/ be invited to a ~; at a ~; sb's ~ to sb;
adj. शादी से संबंधित: ~ ring; ~ present/ gift; ~ invitation/ ~ card; ~ day; ~ ceremony; ~ breakfast; ~ cake; a ~ dress/ guest/ present/ reception; ~ fixings/ fix (दुल्हन का परिधान); ~ announcement; ~ journey/ ~ march (बारात) 2 विवाह-वार्षिकी;
collocations: **~ anniversary** विवाह-वर्षगांठ; **~ band** वैवाहिक अंगुठी के स्थान पर सोने की पट्टी; **china ~** बीसवीं विवाह-वर्षगांठ; **crystal ~** पंद्रहवीं विवाह-वर्षगांठ; **diamond ~** साठवीं विवाह-वर्षगांठ; **golden ~** पचासवीं विवाह-वर्षगांठ; **ruby ~** चालीसवीं विवाह-वर्षगांठ; **silver ~** पच्चीसवीं विवाह-वर्षगांठ; **tin ~** दसवीं विवाह-वर्षगांठ; **wooden ~** पांचवीं विवाह-वर्षगांठ

wedge /वेज/ *n.* 1 लकड़ी आदि का टुकड़ा जिसका एक सिरा दूसरे से ज्यादा चौड़ा होता है, पच्चर, पच्चड़, फन्नी, फान्ना, फाना: force/ drive a ~ 2 फान्ने जैसी कोई वस्तु: a ~ of cake/ of cheese 3 फान्ना आकार की जूते की एड़ी: ~ shoes 4 *meteorol.* झोंका: a cold ~; a ~ of high pressure 5 त्रिभुजाकार प्रिज्म (prism): ~ writing;
v., *pt.* **~d**, *pp* **wedging** 1 फान्ने से जड़ दे., जड़ना, लगा दे.: ~ in/ on/ up (फान्ना गाड़ना) 2 फन्नी लगाना 3 फाना लगाना, घुसा दे. 4 फन्नी लगाकर उखाड़ना: ~ out 5 (***syn.*** jam) फान्ने की तरह थोड़े से स्थान में सिकोड़ना या सिकुड़ जा., फंस जा.: ~d herself into the corner 6 फान्ने की तरह भीड़-भाड़ में से गुजरना, रास्ता बनाना: ~ one's way through;
dw/lw: **~photometer** *n.* फान्ना प्रकाशमापी; **~-shaped** *adj.* फानाकार; **wedged** *adj.* फान्ने जैसा;
collocations: **~ effect** फाना प्रभाव;
p&i: **~ apart/ ~ asunder/ ~ open** फन्नी लगाकर अलग-अलग क., खोलना; **~ sth open/ shut** पच्चर या फन्नी लगाकर खोलना या बंद क.;
drive a ~ between people लोगों के बीच फूट डालना; **the thin edge/ end of the ~** पहला कदम, विनम्र पर निर्णायक कदम

wedlock /वेडलौक/ *US* वेडलाःक/ *n.* 1 विवाहित अवस्था, वैवाहिक बंधन; **children** born in ~; children born out of ~ 2 गठजोड़, गठबंधन;
p&i: **born out of ~** (जो पति की संतान न हो, जारज); **born in lawful ~** औरस

Wednesday /वेंज्डे/ वेंज्डि/ (*abbr.*, **Wed.**, **Weds.**) *n.* बुधवार: on ~

wee /वी/ *n.*, *pl.* **~s** *UK* 1 थोड़ी मात्रा: drink a ~; wait a ~ 2 पेशाब;
v., **~/ wee-wee** *colloq.* *pt.* **~d**, *pp* **~ing**, *s/he/ it* **~s** पेशाब क.;
adj., *degr.* **weer, weest** *esp. Scots.* छोटा-सा, छोटी-सी: a ~ girl; ~ lad; the ~ folk (बौना-ठिगना प्रेत आदि); a ~ drop of whisky; a ~ bit थोड़ा-सा;
p&i: **the ~ small hours = the ~ hours** आधी रात के बाद का समय, रात के एक-दो बजे का समय

weed /वीड/ *n.*, *pl.* **~s** 1 खर-पतवार, घास-पात: ~ control 2 मीठे या नमकीन पानी में उगने वाले पौधे: pond~; sea~ 3 (**the ~**) तंबाकू, चुरुट, सिगार 4 पतला-दुबला क्षीण व्यक्ति 5 (***syn.*** marijuana) *sl.* भांग, चरस, गांजा: drag the ~ 6 मातमी पोशाक: window's **~s**;
v., *pt.* **~ed**, *pp* **~ing** खर-पतवार या घास-फूस निकालना: ~ the garden 2 निराना, नींदना 3 अनावश्यक वस्तुएं बाहर निकालकर सफाई क., कोई भी फालतू चीज निकालना, बाहर क.: ~ a library; ~ useless books 4 *thieves' sl.* जेब आदि साफ क.; ~ a purse;
dw/lw: **weed\er** /वीडः/ *n.* खर-पतवार निकालने वाला यंत्र आदि; **~iness** /वीडिनेस/ *n.* खर-पतवार से भरे होने की स्थिति; **~ing** /वीडिंग/ *n.* निराई, निंदाई; **~-hook** *n.* खुर्पा, खुरपा, खुर्पी,

खुरपी; **~icide** /वीडिसाइड/ *n.* घासपातनाशी दवाई; **~-killer** *n.* खर-पतवार-नाशी; **~less** /वीडलेस/ *adj.* खर-पतवार से रहित; **~y** /वीडि/ *adj., degr.* ~ier, ~iest *UK* 1 दुबला और कमजोर 2 खर-पतवार से भरा 3 तांतिया;

p&i: **~ away** खर-पतवार या घास-फूस निकालना; **~ off** *US colloq.* पैसे गिनना; **~ to** पैसे दे.; **~ up** = **~ sth out** 1 छांटना, निकालना, उखाड़ना 2 खर-पतवार निकालना 3 छंटनी या छंटाई क., सफाई क; ***grow*** **like ~s** बहुत तेजी से उगना; **ill ~s grow apace = the ~ overgrow the corn** बुराई बहुत जल्दी पनपती है

week /वीक/ *n.* 1 सप्ताह, हफ्ता, रविवार से शनिवार तक सात दिन: in a ~ (एक सप्ताह बाद); three times a ~; a **~'s** notice; he'll stay for another three **~s**; I haven't seen you for **~s** 2 (*also* **working ~**) सोमवार से शुक्रवार तक के पांच दिन जब लोग काम पर जाते हैं 3 सप्ताह में काम किए जाने का कुल समय 4 (**weeks**) अनिश्चित रूप से लंबा समय;

adv. निश्चित दिन से सात दिन पहले या बाद में: we leave Tuesday week; **Friday/ Saturday/ week** पिछले शुक्रवार या शनिवार से सात दिन पहले या बाद में;

dw/lw: **~day** *n.* सोमवार से शुक्रवार तक के पांच दिनों में से कोई एक दिन जब लोग काम पर जाते हैं: ~day service (1 सप्ताह की समय-सारणी 2 कामकाजी दिन के दोपहर बाद की प्रार्थना-सभा); **weekend** *see below under separate entry*; **~ly** /वीकलि/ *adj., adv.* साप्ताहिक: ~ly publication; ~ly instalment; ~ly wages; ~ly fixtures/ money; **~ly** *n., pl.* **~lies** साप्ताहिक पत्रिका आदि; **~night** /वीकनाइट/ *n.* कामकाजी दिन की संध्या या रात; **~old** *adj.* एक सप्ताह की उम्र का: a ~old child; ~old news;

collocations: **~ arrear statement** बचे हुए कामों का साप्ताहिक विवरण; **~ off reserve** साप्ताहिक छुट्टी रिजर्व; **~ report** साप्ताहिक रिपोर्ट, साप्ताहिक प्रतिवेदन;

p&i: **~ after ~** लगातार कई सप्ताह तक; **~ by ~** सप्ताह-दर-सप्ताह, हर सप्ताह गुजरने पर; **~ in, ~ out** हर सप्ताह: she goes to her friend ~ in, ~ out; **~ and ~ about** हर सप्ताह बारी-बारी से;

a ~ of Sundays बहुत लंबा समय: you won't meet his like in a ~ of Sundays; **a ~ on next Friday/ Saturday**अगले शुक्रवार या शनिवार से एक सप्ताह बाद; **a ~ tomorrow/ tomorrow week = a ~ from tomorrow** अगले कल से एक सप्ताह बाद; **a ~, two weeks, etc. today** आज से एक या दो सप्ताह बाद; **a ~ yesterday** or **a ~ last Friday/ Saturday** कल से एक सप्ताह पहले या पिछले शुक्रवार या शनिवार से एक सप्ताह पहले; **Holy Week** पुण्य सप्ताह; **like a wet ~** मनहूस तरीके से; **today, tomorrow, Monday, etc. week** = a week from today etc; आज, कल, सोमवार आदि से लेकर एक सप्ताह बाद; **too late a ~** बहुत ज्यादा देर हो गई; **what do you think this is – Bush ~?** यह पैंतरा नहीं चलेगा; **yesterday ~** कल से एक सप्ताह पहले

weekend *n.* 1 सप्ताहांत, शनिवार और रविवार छुट्टी के दो दिन: at the ~; on the ~ (शनिवार और रविवार के दिन); spend the ~ with friends; long ~; ~ visitors; ~ visits to the country; ~ tickets; ~ artist/ painter; ~ warrior, *sl.* (रिजर्व का सिपाही);

dw/lw: **~er** *n.* 1 जो शनिवार-इतवार को छुट्टी मनाने घर से कहीं और चले जाते हैं: we have many ~ers here 2 *Austral. sl.* शनिवार-इतवार के समय प्रयोग किया जाने वाला अतिथि-घर 3 *US* शनिवार-इतवार की छुट्टी मनाने के लिए छोटी नाव; **~-long** *adj.* सप्ताह-भर चलने वाला;

p&i: **dirty ~** प्रेम-लीला का सप्ताहांत

ween /वीन/ *v., pt.* **~ed**, *pp* **~ing** *archaic* **सोचना** या समझना

weenie /वीनि/ *n.* 1 (***syn.*** wimp) दुर्बल, भीरु आदमी 2 = frankfurter

weeny /वीनी/ *adj., degr.* **weenier, weeniest** 1 क्षणिक: she gave a ~ yawn 2 (***syn.*** tiny) बहुत छोटा, नन्हा, थोड़ा-सा, तनिक: a ~ bit scared

weep /वीप/ *v., pt.* **wept**, *pt. p.* **wept**, *pp* **~ing** 1 रोना, विलाप क. आंसू बहाना, आंसू टपकना, टपकाना, रुदन या क्रंदन क.: ~ bitter tears; ~ for sth; ~ for joy/ with pain; ~ one's fill; sth to make the angels ~ 2 रोते-रोते कुछ कहना, दुख-दर्द, पीड़ा, ठेस व्यक्त क.: my heart **~s** for you; she **wept** her goodbyes; ~ for sb; ~ for one's sad fate/ for one's sins 3 (***syn.*** leak) चूना, चुआना, रिसना: sb's legs covered with **~ing** sores 4 बूंदा-बांदी या वर्षा हो.: the sky ceased to ~; cold pipes ~ in hot weather; ~ oneself to sleep;

n. 1 रुदन, रुलाई, क्रंदन 2 विलाप 3 (***syn.*** dripping) स्पंदन: have a good ~; turn on the **~s** (दहाड़ मार कर रो पड़ना) 4 गीलापन, रिसाव;

dw/lw: **weep\er** /वीपः/ *n.* 1 रोने या विलाप करने वाला, रोवनहार 2 मातम करने वाला, मातमी; **~ing** /वीपिंग/ *adj.* 1 लटकती, झूलती या झुकी हुई शाखाओं वाला (पेड़): ~ing willow (बेद-मजनूं), ~ing birch 2 बरसता हुआ: ~ing skies 3 रिसता हुआ; ~ing rock (रिसती चट्टान); **~ing** *n.* 1 विलाप, आंसू 2 रिसाव 3 पसीने आदि की बूंदें; **~y** /वीपि/ *adj., degr.* ~ier, ~iest 1 रो देने वाला, रुआंसा 2 आंसा, रोआसा 3 रुलाने वाला, भावुकतापूर्ण (उपन्यास, फिल्म आदि); **weep\y** *n., pl.* ~ies (***syn.*** tear jerker) आंसू लाने वाला, भावुकतापूर्ण उपन्यास, फिल्म, कहानी आदि;

p&i: **~ away** खूब रोना; **~ down** सुबह से शाम तक या शाम से सुबह तक रोना; **~ out** 1 रो-रोकर अपना हृदय चीरकर दिखाना: ~ one's heart out 2 चीख-चीखकर क्रंदन क.: ~ oneself out; **~ millstones** पत्थरों को भी रुला देने वाला, संगदिल, निष्ठुर; **~ oneself out** जी भर कर रोना; **~ over** किसी त्रासदी पर रोना, तड़पना

weevil /वीविल/ *n.* 1 घुन, घुण 2 भंडारित अनाज को नुकसान करने वाला कीड़ा;

dw/lw: **~ed** /वीविल्ड/ (*also* **weevily** /वीविलि/) *adj.* घुन-लगा

weewee *see above under* **wee**

WEF *abbr.* '(Geneva-based) World Economic Forum' की प्रथमाक्षरी

w.e.f *abbr.* 'with effect from' की प्रथमाक्षरी (अमुक समय से)

weft /वेफ्ट/ *n., weaving* 1 ताना-बाना 2 बुना हुआ कपड़ा, बाना, भरनी 3 धुंधलके का ऊपर उठता हुआ लट या गुच्छ

weigh /व्हे/ *v., pt.* **~ed**, *pp* **~ing** 1 वजन हो.: it **~s** five tons 2 (**~ sth out**) वजन क., तौलना, तोलना, वजन लेना: ~ sugar/ grain/ cement; ~ oneself; when did you ~ (yourself) last? 3 (*also UK* **~ up**) सब बातों को गहराई से नापना-तौलना, आंकना, सोचना-समझना. किसी अन्य वस्तु या व्यक्ति से तुलना क.: ~ one's words; ~ the consequences/ the pros and cons/ the chances of success; ~ the evidence; ~ an argument/ an oath with or against another 4 किसी चीज को हाथ में लेकर वजन का अनुमान लगाना: I **~ed** the stone in my hand 5 महत्त्व हो.: personal considerations ought not to ~ at all in the matter; his word **~s** heavily with me; his evidence did not ~ much with the judge 6 जहाज द्वारा लंगर उठाया जा.: ~ anchor;

dw/lw: **~-in** *n.* 1 होने वाली कुश्ती के संबंध में पहलवान आदि की औपचारिक तौर पर वजन लेने की क्रिया 2 नाप-तौल, मूल्यांकन; **~bridge** /व्हेब्रिज/ *n.* कांटा, तुला-चौकी, तौल-पटल; **~ed** /व्हेड/ *adj.* तौला हुआ: ~ed and wrapped fruit; **~ing** /व्हेइंग/ *n.* माप-तौल, तौलने की क्रिया: control ~ing (परीक्षण तौल) 2 जहाज के लंगर को उठाने की क्रिया;

collocations: ~**ing machine** तुला, (धर्म) कांटा
p&i: ~ **in** 1 कुश्ती से पहले पहलवानों का वजन ले. 2 पर बल दे.: ~ in with sth; ~ **on/ upon sb** किसी को सताना, पर जुल्म ढाना; ~ **one's words** नाप-तौलकर बात क.; ~ **out** 1 तौलना, तोलना 2 दोबारा वजन लेकर परखना; ~ **sb down** किसी को बोझ तले दबाना, किसी को सताना; ~ **sth against sth** दो चीजों की तुलना करके आंकना; ~ **sth out** मापना-तौलना; ~ **up** 1 वजन बराबर क. 2 उत्तोलक से उठाना 3 व्यक्ति को आंकना; ~ **upon** छाती पर बोझ हो.; ~ **with sb** किसी पर प्रभाव डालना;
be ~ed balance and found wanting कसौटी पर खरा न उतरना; **be ~ed down by/ with cares** 1 बोझ तले दबा हो. 2 चिंतित हो.

weight /व्हेट/ *v., pt.* ~**ed**, *pp* ~**ing** 1 वजन ले., तोलना, तौलना 2 चलने या हिलने से रोकने के लिए भार बांधना या रखना 3 (*often* ~ **sth down**) भार डालकर नीचे दबाए रखना 4 किसी पर बोझ डालना, किसी को सताना 5 असंतुलन पैदा क., पर ज्यादा बल दे.: the tax system in the country ~**ed** in favour of the wealthy 6 *statistics* आवृति वितरण (frequency distribution) के तहत आवृत्ति संख्या लगाना 7 कृत्रिम तरीके से भारी बनाना 8 महत्त्व दे., महत्त्वपूर्ण हो. 9 आंकना, मूल्यांकन क. 10 वजनी, भारी हो.;
n. 1 वजन, भार: carry/ lift/ support a ~; average/ excess/ heavy/ ideal/ light ~; gain/ put on ~; lose ~; specific/ atomic/ molecular ~; he is twice my ~; two boys are of the same ~; sell by ~; apothecaries ~ (चिकित्सकीय वजन) 2 किसी पिंड पर असर डालने वाला गुरुत्व (gravitational force) 3 वजन की इकाई: unit of ~ 4 बाट-माप, बाट, बटखरा 5 दाब, दबाव, भार, बोझ 6 भारी बोझ या वजन, भारीपन: be under/ over ~; ~ of roof/ roof ~ 7 *athletics* (***syn.*** ~**s**) भार-उत्तोलन में प्रयुक्त वजनदार चक्के: he must not lift ~**s** 8 मुक्केबाज का मानक वजन 9 महत्त्व, बल, प्रभाव, विश्वसनीयता: carry ~; give ~ to (महत्त्व दे.); lay ~ on (बल दे.); an argument/ a matter of great ~; matters of small ~; considerations of no ~; men of ~ (प्रभावशाली व्यक्ति); his word carries great ~ with us 10 (***syn.*** burden) मानसिक बोझ: a ~ off one's mind; feel the ~ of sth; he felt the ~ of years 11 मुख्य शक्ति (main thrust or force) 12 *sl.* नशीले द्रव का माप 13 मात्रा या संख्या की महत्ता 14 समर्थन: throw one's ~ to the opposition/ to the losing side/ behind sb or sth 15 प्रहार शक्ति: throw the main ~ (into); the ~ of an onslaught 16 दबाव, गंभीरता: ~ of guilt; ~ of accusation;
dw/lw: ~**age** /वेटिज/ *n.* 1 महत्त्व, बल 2 भार 3 वरीयता, अधिप्रतिनिधित्व; ~**ed** /व्हेटिड/ *adj.* (***syn.*** biased) किसी के पक्ष या विरोध में होने के कारण असंतुलित: be ~ed in favour of/ towards/ against sth; ~**iness** /व्हेटिनेस/ *n.* 1 भारीपन, बोझपन 2 महत्त्व; ~**ing** *n.* 1 (***syn.*** hardship allowance) किसी दुर्गम या जोखिम भरे स्थान पर काम करने के लिए मिलने वाला अतिरिक्त भत्ता 2 महत्त्व: each question in the exam has equal ~ing; ~**less** *n.* 1 भारहीन, गुरुत्वहीन 2 महत्त्वहीन; ~**lessness** /व्हेटलेसनस/ *n.* 1 भारहीनता, गुरुत्वहीनता 2 महत्त्वहीनता: state of ~lessness; ~**lifting** /व्हेटलिफ्टिंग/ *n.* भारोत्तोलन; ~**ment** /व्हेटमंट/ *n.* तुलाई; ~**s** /व्होट्स/ *n., [pl.]* भोरोत्तोलन में प्रयुक्त वजनदार चक्के; ~-**training** *n.* उपयुक्त वजनदार चक्कों को उठाकर मांसपेशियों का संवर्धन; ~**watcher** *n.* खुराक आदि में संतुलन के माध्यम से वजन कम करने वाला; ~**y** /व्हेटि/ *adj., degr.* ~ier, ~iest 1 भारी, वजनदार: ~y steps 2 महत्त्वपूर्ण, वजनी, वजनदार: ~y consideration/ reason; ~y matters of state; ~y argument; ~y opinions 3 प्रभावशाली 4 चिंताजनक, गंभीर: ~y cares 5 बोझ डालने वाला, असहनीय: ~y responsibilities; ~y problem;
collocations: ~ **allowance** वजन भत्ता; ~ **belt** पानी के नीचे तैरते रहने में मदद करने वाली वजनदार पेटी; ~ **certificate** वजन का प्रमाण-पत्र; ~ **of numbers** किसी खेमे का सामूहिक बल; ~ **pattern** भार प्रतिरूप; ~ **thermometer** भार तापमापी; **a clock worked by ~s** वजन से चलने वाला घंटा; **dead ~** अपना वजन; **gross ~** कुल भार; **net ~** शुद्ध भार; **suit of summer ~** गर्मियों के लिए हल्का सूट;
p&i: **a ~ off one's mind** मन का बोझ हल्का हो.; **be worth one's ~ of/ in gold** सोने के भाव हो., अत्यंत महत्त्वपूर्ण हो.; **carry ~** महत्त्व हो.; **give due ~ to sth** सभी पहलुओं पर अच्छी तरह गौर क.; **pull one's ~** समूह में पूरी मेहनत से काम क.; **swing one's ~** अपने प्रभाव का इस्तेमाल क.; **take the ~ off one's feet** बैठकर आराम क.; **throw one's ~ about** *colloq.* अपनी धौंस जमाना, रोब झाड़ना; **throw one's ~ behind sb** किसी का पूरा समर्थन क.; **under its own ~** अपने बोझ तले; **whip one's ~ in wildcats** *US* तत्परता के साथ झगड़े में शामिल होकर खूब झगड़ना

weir /विअः/ *n. UK* 1 नदी पर बना छोटा उथला बांध 2 नदी में मछलियां पकड़ने के लिए बनाया हुआ घेरा 3 बंधारा, बंधिका

weird /विअःड/ *US* विर्ड/ *adj., degr.* ~**er**, ~**est** 1 (***syn.*** strange, queer, bizarre) विचित्र: ~ shapes; what a ~ idea!; what ~ hats people wear nowadays! 2 (***syn.*** eerie, uncanny, supernatural) भयावह, रहस्यमय, अलौकिक 3 अनोखा, अनूठा, निराला 4 (***syn.*** eccentric, odd) सनकी, विचित्र;
dw/lw: ~**ly** /~लि/ *adv.* विचित्र ढंग से; ~**ness** /~नेस/ *n.* विचित्रता, निरालापन;
p&i: **after word comes** ~ शब्द मुसीबत का कारण बन सकते हैं; **dree one's ~** अपनी किस्मत से समझौता कर लेना; **The Weird Sisters/ ~ sisters** 1 भाग्य-देवियां, शेक्सपीयर के नायक मैकबेथ (Macbeth) में तीन डायनें

weirdo/ weirdie /विअःडो/ विअःडि/ *US* विर्डो/ विर्डि/ *n., pl.* ~**s/ weirdoes weirdies** विचित्र व्यवहार करने वाला या विचित्र पोशाक पहनने वाला व्यक्ति

weisenheimer /वाइजन्हाइमः/ *n., US* 1 सब-कुछ जानने वाला व्यक्ति 2 *ironic* जरूरत से ज्यादा चतुर

Weismannism /वाइज्मैनिज्म/ *n. biol.* (जर्मन जीव विज्ञानी ऑगस्त वाइज्मैन, 1834-1934 के नाम पर स्थापित) यह सिद्धांत कि व्यक्ति द्वारा प्राप्त किए गुण वंशजन्य (genetically inherited) नहीं होते

weka /वेका/ *n.* (न्यूजीलैंड का) एक पक्षी

Welch /वेल्च/ वेल्श/ = **welsh**

welcome /वेल्कम/ *excl.* स्वागत, स्वागतम! जी आया नूं!;
n. 1 स्वागत, अभिनंदन, आदर-सत्कार, आव-भगत: warm/ cold/ qualified/ rousing ~; get/ be given a ~; a big/ friendly, etc. ~ 2 अतिथि-सत्कार 3 समर्थन, प्रोत्साहन, सहर्ष दी जाने वाली स्वीकृति या अनुमति;
***v.**, pt.* ~**d**, *pp* **welcoming** 1 स्वागत क., अभिनंदन क. 2 सहर्ष अपनाना 3 आदर-सत्कार या आव-भगत क. 4 किसी के आगमन को प्रोत्साहित क.: ~ sb at one's home; ~ a friend home 5 सुझाव व अन्य योगदान आमंत्रित या उनका स्वागत क.: ~ suggestion/ an idea, a plan, criticism 6 किसी बात या कार्रवाई का समर्थन या स्वागत क.;
adj. 1 जिसका गर्मजोशी से स्वागत किया गया हो, अभिनंदित: ~ guest; make a person ~; make sb (feel) ~ 2 स्वागत योग्य, अभिनंदनीय: ~ gift/ letter; ~ suggestion; you are always ~ at our house 3 सहर्ष अनुमत या प्रोत्साहित: you are ~ to (आपको... की पूरी छूट है); you are ~ to use my car; you are ~ to your opinion; he is ~ to any illusion he may have 4 जिसकी काफी प्रशंसा हुई हो 5 वांछित, इष्ट, चिर-प्रतीक्षित, सुखद, सुखदायक, सकारात्मक: ~ news; ~ as flowers in spring; ~ as rains in July-August; make ~;

dw/lw: **welcoming** *adj.* 1 प्रोत्साहक, समर्थक 2 सुखद, सुखदायक, सकारात्मक;
collocations: **~ mat** करने के लिए बिछाई जाने वाली दरी;
p&i: **~ sb with open arms** गर्मजोशी के साथ स्वागत क.; **as ~ as a storm** अवांछित; **bid a ~** स्वागत क.; **lay/put/roll, etc. out the ~ mat** गर्मजोशी से स्वागत क.; **wear out/ outstay/overstay one's ~** एक दिन मेहमान, दो दिन मेहमान, तीसरे दिन बला-ए-जान; **you're welcome**! धन्यवाद का उत्तर देते हुए प्रयुक्त

weld /वेल्ड/ *v., pt.* **~ed**, *pp* **~ing** 1 *engin.* झलाई या वेल्ड क.: ~ two pieces of metal 2 टांका लगाना, जोड़ना, एक कर दे.: ~ the different elements together; ~ a nation; **~ed** by common interests; arguments that are closely **~ed**;
n. 1 धातु के दो टुकड़ों की झलाई करने से बना जोड़ 2 टांका 3 सुगंधहीन पौधा जिससे पीला रंग मिलता है 4 पीला रंग;
dw/lw: **~able** /वेल्डअबल/ *adj.* जिसे झलाई करके जोड़ा जा सके; **~ed** /वेल्डिड/ *adj.* झलाई करके जोड़ा हुआ; **~er/ ~or** *n.* /वेल्डः/ *n.* झलाईगर, वेल्डर; **~ing** /वेल्डिंग/ *n.* झलाई, वेल्डिंग; **~ing** *adj.* झलाई का, झलाई के लिए: ~ing rod; ~ing stress

welfare /वेलफेअः/ (*also* **~ work**) *n.* 1 (***syn.*** wellbeing) व्यक्ति या जनता का स्वास्थ्य, सुख-चैन, आम सुख-समृद्धि: one's happiness and ~ 2 जनता की भलाई, कल्याण, हित, कुशल-क्षेम, खैरियत: for the ~ of the people 3 *US* (*UK* **social security**) जरूरतमंद लोगों को सरकार द्वारा बेकारी भत्ता आदि के रूप में दी जाने वाली सहायता: on ~ *mainly US* (बेकारी भत्ता आदि सरकारी सहायता पर आश्रित) 4 जरूरतमंद लोगों की मदद के रूप में किया जाने वाला कल्याण-कार्य: ~ work;
collocations: **~ centre** कल्याण-केंद्र; **~ economics** ऐसा अर्थ-तंत्र जिसके तहत कुल राष्ट्रीय उत्पाद व धन को जनता के भिन्न-भिन्न वर्गों के बीच न्यायसंगत ढंग से बांटने की संभावनाओं व सरकार के संभावित दखल का अध्ययन किया जता है; **~ State** *UK* (*US* **welfare state**) 1 कल्याणकारी राज्य 2 ऐसा तंत्र या प्रणाली जिसके तहत कर आदि के रूप में एकत्रित राजस्व या धन को सरकार लोगों के लिए कल्याणकारी कार्य-कलापों में खर्च करती है यानी सरकार इस धन को जनता को स्वास्थ्य-सुविधाएं, वृद्धावस्था पेन्शन, शिक्षा, विकलांगों को आर्थिक सहायता आदि सुविधाएं मुहैया कराने पर खर्च करती है

welkin /वेल्किन/ *n.* आकाश, आसमान, ब्रह्मांड, व्योम मंडल: rend the ~; **make/ let the ~ ring** बहुत ज्यादा शोर-शराबा क.

we'll /वील/ *short* 'we shall'/ 'we will' का छोटा रूप

well /वेल/ *adj., degr.* **better**, **best** 1 अच्छा, स्वस्थ, नीरोग, चंगा, तंदुरुस्त, भला: I am not very ~ to-day; I hope you'll soon get ~ again 2 ठीक, ठीक-ठाक: all is ~; all is not ~ with him 3 उचित, अच्छा, करने योग्य: it would be ~ to inquire; ~ and good; it may be as ~ to explain 4 संतोषजनक: ~ enough संतोषजनक 5 अनुकूल, शुभ: be all very ~ (in one's way);
adv., *degr.* **better**, **best** 1 (***syn.*** competently, skillfully) बड़े कौशल से, निपुणता से: speak English ~; the work is ~ done; ~ done/ run!; not too ~ 2 अच्छी तरह से, भली भांति, बखूबी: mother and child are doing ~; modesty becomes him ~ (विनम्रता उसे खूब जचती है); think/ speak ~ of sb; turn out ~/ come off ~ (अच्छा हो.); go ~ together (अच्छी तरह मेल खाना) 3 (***syn.*** thoroughly, adequately) पूर्णतया, पूर्ण रूप से, पूरी तरह से, पर्याप्त मात्रा में: be ~ out of sth (किसी मुसीबत से पूर्णतया बाहर हो.); you know perfectly ~ that he was there; you are ~ able to settle this affair 4 बहुत अच्छी प्रकार, बहुत अधिक: shake ~ before using; you may ~ say so 5 (***syn.*** favourably, kindly) सौहार्दपूर्वक, सहानुभूतिपूर्वक 6 आसानी से, सहज ही 7 (***syn.*** justifiably) ठीक ही, औचित्यपूर्वक; he is ~ among the leaders of thought 8 (***syn.*** wisely) बुद्धिमानी से 9 (***syn.*** intimately) करीब से 10 सफलतापूर्वक, फलता-फूलते हुए: doing ~ 11 (***syn.*** approvingly) सहमति जताते हुए 12 (***syn.*** attractively) आकर्षक ढंग से 13 (***syn.*** quite possibly) संभवतः: it may ~ be true; you may ~ be surprised 14 (***syn.*** understandably) समझ में आने की बात है 15 काफी अंतर से: ~ past midnight; he must be ~ over fifty; ~ into the afternoon/ into the night 16 बिल्कुल: he was ~ out of sight 17 ध्यानपूर्वक 18 कई अभिव्यक्तियों में बल देने के लिए प्रयुक्त: can't very ~ ignore him; may ~ be right; if she objects, she may as ~; ~ worth doing; I'm jolly ~ going to; I was ~ pleased!;
n. 1 कुशल-क्षेम, कल्याण 2 भलाई 3 कुआं, कूप: artesian ~ (उत्स्रुत कूप, बुंब, कूप); oil ~ (तैल-कूप) 4 कुंड 5 उद्गम, स्रोत, मूल स्रोत, प्रचुर मात्रा का स्रोत: a ~ of life/ of knowledge/ information 6 सोता, चश्मा, झरना 7 गोलाकार सीढ़ियां, कूपक: stair**well** 8 संयुक्त शब्दों में: कोई बर्तन: ink**well** 9 संसद या अदालत में अध्यक्ष या न्यायाधीश के सामने का खाली स्थान: slogan shouting members came to the ~ of the house;
v., *pt.* **~ed**, *pp* **~ing** 1 (*often* **~ up**) उमड़ना, उमड़ आना: tears **~ed** up in her eyes 2 (*often* **~ out/ forth**) पानी आदि का फव्वारे या चश्मे के रूप में बह निकलना 3 (**~ over**) भावनाओं का गुबार उठना: his heart **~ed** over with joy;
excl. अच्छा, शायद: ~, I haven't made up my mind 2 (*also* **well, well**) ठीक है, ठीक है 3 अच्छा!: oh ~! (ठीक है!) 4 अस्तु, खैर 5 अरे! अहो, ओह! अहा!, आहा!, ओहो! 6 यही सही 7 अच्छा फिर: ~, to be sure;
dw/lw: **~-adjusted** *adj.* 1 भावनात्मक व मानसिक रूप से मजबूत 2 भली प्रकार सामंजस्यित; **~-advised** *adj.* 1 सुमंत्रित, सुविविचित 2 बुद्धिमान; **~-appointed** *adj.* सुसज्जित; **~-acquainted** *adj.* 1 करीब से परिचित 2 निजी रूप से संज्ञानित; **~-armed** *adj.* शस्त्रसज्जित; **~-assorted** *adj.* सुवर्गित; **~-attended** *adj.* जिसमें बहुत सारे लोग उपस्थित रहे हों; **~-balanced** *adj.* सुसंतुलित: a ~-balanced diet/ meal (संतुलित खुराक या आहार); ~-balanced people; **~-behaved** *adj.* 1 सुशील, विनम्र 2 शिष्ट, शालीन; **~-being** /वेलबीइंग/ *n.* कुशल-क्षेम, कुशलता, सुख-समृद्धि, तंदरुस्ती: the ~-being of the nation; **~-beloved** *adj.* अति प्रिय; **~-born** *adj.* कुलीन, भले घर का; **~-bred** *adj.* 1 अच्छी नस्ल का, नस्लदार 2 शिष्ट, शालीन; **~-built** *adj.* अच्छे कद-काठी वाला, डील-डौल वाला; **~-chosen** *adj.* सुचयनित; **~-conditioned** *adj.* 1 शांत, संतुलित स्वभाव वाला 2 अच्छी हालत में 3 शिष्ट, शालीन 4 अच्छी शर्तों पर आधारित; **~-conducted** *adj.* 1 ठीक ढंग से प्रबंधित या चालित 2 उचित ढंग से काम करने वाला (व्यक्ति); **~-connected** *adj.* जिसके महत्त्वपूर्ण लोगों के साथ तिकड़मी संबंध या जान-पहचान हो; **~-content** *adj.* पूर्णतः संतुष्ट; **~-cooked** *adj.* भली भांति पकाया हुआ: ~-cooked dinner; **~-covered** *adj.* मोटा, स्थूलकाय; **~-cut** *adj.* महंगी सिलाई की (पोशाक); **~-defined** *adj.* अच्छी तरह परिभाषित, सुपरिभाषित, पूर्णतः स्पष्ट; **~-deserved** *adj.* अच्छी योग्यता व पात्रता के आधार पर मिला हुआ; **~-designed** *adj.* 1 सुसंरचित (भवन आदि) 2 स्पष्ट, हुनरमंद व व्यावहारिक (संरचना); **~-developed** *adj.* सुविकसित, पूर्णविकसित; **~-disposed** *adj.* अनुकूल, मैत्रीपूर्ण, सहानुभूतिपूर्ण; **~-documented** *adj.* ढेर सारे दस्तावेजों पर आधारित; **~-done** *adj.* अच्छी तरह पकाया हुआ (व्यंजन): well-done meat; **~-dressed** *adj.* सजा-धजा, बना-ठना; **~-earned** *adj.* सुअर्जित, सुपात्रित: ~-earned break/ holiday/ rest, etc; **~-educated** *adj.* जिसने अच्छी पढ़ाई की हो, सुशिक्षित; **~-endowed** *adj. colloq.* 1 किसी चीज, गुण, विशेषता आदि का प्रचुर मात्रा में धनी 2 बड़े उरोजों वाली; **~-favoured** /वेलफेवःड/ *adj.* सुंदर, आकर्षक; **~-fed** *adj.* 1

हट्टा-कट्टा, दृष्ट-पुष्ट 2 स्थूल, भली प्रकार पोषित; **~-formed** *adj.* 1 सुगढ़, सुगठित, सुडौल 2 सुरचित: ~-formed sentence 3 (*also* **~-formed formula**) सुसूत्रित; **~-found** *adj.* सुसज्जित; **~-founded** *adj.* (***anton.*** ill-founded) तथ्यों पर आधारित, सु-आधारित: ~-founded belief/ suspicion/ charge; ~-founded statement; **~-furnished** *adj.* सुसज्जित; **~-groomed** *adj.* 1 सजाया-संवारा हुआ, साफ-सुथरा बनाकर तैयार किया हुआ: a ~-groomed image 2 सही ढंग से पाला-पोसा हुआ; **~-grounded** *adj.* सु-आधारित: ~-grounded argument 2 (*usually* ~-grounded in sth) सुशिक्षित व प्रशिक्षित; **~-handled** *adj.* सुसंचालित; **~head** /वेलहेड/ *n.* 1 सोते का उद्गम 2 स्रोत 3 कुएं की चक्राकार दीवार का शिखर; **~-heeled** *adj., colloq.* (***syn.*** rich) धनी; **~-informed** *adj.* (***anton.*** ill-informed) बहुविज्ञ, बहुश्रुत, तथ्यों से सुपरिचित; **wellington** *see below under separate entry*; **~-intentioned** *adj.* (***syn.*** well-meaning) नेकनीयत, सदाशय, अच्छे इरादों वाला; **~-kept** *adj.* 1 जिसे अच्छी तरह छिपा कर रखा गया हो 2 जिसकी अच्छी देख-रेख हुई हो; **~-knit** *adj.* सुगठित: ~-knit organization; ~-knit resistance; **~-known** *adj.* विख्यात, प्रसिद्ध: it is a ~-known fact; **~-liked** *adj.* बहुत पसंद की जाने वाली: a ~-liked girl; **~-loved** *adj.* जिसे भरपूर प्यार व स्नेह मिला हो: a ~-loved person; **~-made** *adj.* सुनिर्मित; **~-mannered** /वेल-मेनःड/ *adj.* (***syn.*** polite) शिष्ट, शिष्टतापूर्ण, शालीन; **~-marked** *adj.* आसानी से पहचाना जा सकने वाला; **~-matched** *adj.* सुमेल, सुसामंजस्यित; **~-meaning** *adj.* (***syn.*** well-intentioned) नेक-नीयत, सदाशय; **~-meant** *adj.* सदाशयपूर्ण, सच्चा, निष्कपट; **~ness** *n.* सकुशलता; **~-nigh** *adv.* करीब-करीब, प्रायः, लगभग; **~-off** *adj.* धनी, खुशहाल: ~-off for books; we are very ~-off for flowers here; he is ~-off; **~-oiled** *adj.* 1 चुस्त-दुरुस्त और अच्छी प्रकार काम करने वाला (यंत्र, संगठन आदि): the system ran like a ~-oiled machine 2 नशे में धुत, गुलाबी नशे में 3 चिकना-चुपड़ा; **~-ordered** *adj.* सुव्यवस्थित, सुक्रमित; **~-organized** (*also UK* **-ised**) *adj.* सुनियोजित; **~-padded** *adj.* 1 नर्म गद्देदार 2 स्थूलकाय; **~-paid** *adj.* अच्छा वेतन पाने वाला; **~-placed** *adj.* अच्छी जगह पर स्थापित या नौकरी में; **~-planned** *adj.* सुनियोजित; **~-pleasing** *adj.*सुरम्य, मनोहर; **~-prepared** *adj.* अच्छी तरह तैयार; **~-preserved** *adj.* सुस्थित, स्वस्थ; **~-proportioned** *adj.* संतुलित आकार-प्रकार का; **~-read** *adj.* पढ़ा-लिखा, बहुश्रुत, बहु-पठित; **~-reasoned** *adj.* सुविचारित; **~-reputed** *adj.* नेकनाम, सुख्यात; **~-rounded** *adj.* 1 आकर्षक ढंग से स्थूलकाय 2 व्यापक, गहन व संतुलित शिक्षा पाने वाला; **~-run** *adj.* सुसंचालित; **~-seasoned** *adj.* मसालेदार; **~-spent** *adj.* अच्छी तरह बिताया हुआ: it was ~-spent time; **~-spoken** *adj.* 1 सुकथित 2 मृदुभाषी 3 सुभाषित, सूक्त 4 शिष्ट, मधुरभाषी, सुभाषी; **~-spring** *n.* 1 जलस्रोत, सोता 2 प्रचुर स्रोत या भंडार; **~-stacked** *adj.* बहुतायत में, काफी, बड़ी संख्या में (पुस्तकों आदि) से भंडारित; **~-thought-of** *adj.* नामी, नेकनाम, सुप्रसिद्ध; **~-thought-out** *adj.* जिसकी योजना सोच-समझकर और सावधानी से बनाई गई हो; **~-thumbed** *adj.* अत्यधिक प्रयुक्त या इस्तेमाल की जाने वाली (पुस्तक), अभ्यास-चिह्नित: a ~-thumbed dictionary; **~-timed** *adj.* (***syn.*** judicious, opportune, timely) समयोचित; **~-to-do** *adj.* 1 धनी, समृद्ध, खुशहाल: they are ~-to-do in the world 2 फलता-फूलता 3 धनाढ्य (वर्ग); **~-travelled** *adj.* 1 जो खूब घूमा-फिरा हो 2 जिसने दूर-दूर तक यात्राएं की हो; **~-tried** *adj.* अच्छी तरह परखा हुआ: ~-tried methods/ remedies; **~-trodden** *adj.* जहां बहुत चला-फिरा गया हो; **~-turned** *adj.* 1 सुगठित, सुविन्यस्त 2 सुरूपायित 3 सुव्यक्त: ~-turned compliment; **~-upholstered** *adj., facetious* मोटा और स्थूलकाय; **~-used** *adj.* जिसका काफी प्रयोग हुआ हो; **~-versed** *adj.* निपुण, प्रवीण; **~-wisher** *n.* शुभचिंतक, हितैषी; **~-worn** *adj.* 1 घिसा हुआ, पुराना, जीर्ण-शीर्ण 2 (***syn.*** hackneyed) घिसा-पिटा;

collocations: **~ established** सुस्थापित; **~ hung** *1* अच्छे पर्दों से सज्जित 2 ठीक बैठने वाली (पोशाक); **~ judged** भली भांति अनुमानित या निर्णीत, सोचा-समझा; **~-woman clinic** (*male equivalent:* **~-men clinic**) *med.* छोटी-मोटी स्त्री-रोग समस्याओं और यौन-क्रियाओं संबंधी सलाहकार चिकित्सालय;

p&i: **~ above/ ahead/ below, etc.** काफी ऊपर/ आगे/ नीचे आदि; **~ and good** सकुशल; **~ and truly** पूरी तरह से, ईमानदारी से; **~ away** 1 द्रुत गति से बेहतर होने की राह पर 2 पिए हुए या नींद में; **~ begun is half done** शुरुआत अच्छी तो सफलता पक्की; **~ done** शाबाश! खूब अच्छा!, साधु-साधु!; **~ enough** कुछ हद तक ठीक; **~ met!** क्या खूब मुलाकात है!; **~ off** 1 धनी, खुशहाल 2 भाग्यशाली 3 सफल; **~ out of sth** *colloq.* से रुखसत पाकर खुश-किस्मत; **~ set-up** हट्टा-कट्टा, तगड़ा; **~ to pass** *Scots* धनी, खुशहाल; **~ under** *sl.* नशे में; **~ up in sth** का अच्छा ज्ञान हो.; **~ worth sth** निश्चित रूप से अच्छा होगा;

all's well that ends अंत भला सो भला; **all very ~** *colloq.* ठीक है, पर कहना आसान है: it's all very ~ to criticize; **as ~** 1 भी, के अतिरिक्त, के अलावा: he gave me money and clothes as ~; he is a crook as ~ (ऊपर से वह धोखेबाज है) 2 (*also* **just as ~**): I may as ~ tell you (मैं तुम्हें यह भी बता दूं कि ...) 3 (***syn.*** preferably) बेहतर होगा: I might as ~ go home (मेरे लिए घर जाना बेहतर होगा); we may as ~ begin at once (अच्छा रहेगा यदि हम तुरंत शुरू कर दें); **as ~ as sth** 1 साथ में, भी 2 किसी दूसरी चीज की भांति अच्छा, भला-चंगा; **be alive and kicking ~** कुशल-क्षेम; **be as ~ to do sth** कुछ करना समझदारी की बात होगी; **be doing ~** 1 बीमारी आदि के बाद ठीक हो. 2 जन्म के बाद मां-बच्चे का अच्छा हो.; **be (just) as ~** एक प्रकार से ठीक ही है; **can't/ couldn't very ~ do sth** कुछ कर न पाना; **come off ~** अच्छा क. या हो., सफल होना, विशिष्टता प्राप्त क.; **do oneself ~** किसी भी अच्छी चीज से इन्कार न क.; **do ~ out of sth** से लाभान्वित हो.; **he can never let ~ alone** वह सदा असंतुष्ट ही रहता है; **it may ~ be** बहुत संभव है कि; **it is all very well** कहना आसान है; **it was just as ~ you came when you did** अच्छा हुआ कि तुम आ गए; **just as ~** कोई हर्ज नहीं, बुरा क्या है, बिल्कुल अच्छा रहेगा; **leave/ let ~ alone** 1 इसे ऐसे ही रहने दो 2 कभी-कभी सर्व-श्रेष्ठ श्रेष्ठ का शत्रु हो जाता है; **let ~ enough alone** जो बात आप से संबंध नहीं रखती उसमें न फंसना; **may/ might as ~ do sth** अच्छा होगा कि कुछ किया जाए; **may /might/ could ~ be** शायद सच हो; **may /might as ~ be hanged/ hung for a sheep as for a lamb** यदि किसी छोटे-से अपराध के लिए दंडित अवश्य होना है, तो क्यों न बड़ा अपराध किया जाए; **mean ~** किसी के अच्छे की कामना क.; **poison the ~s** अपने विरोधी पर धूर्तता से विजय पाना; **stand ~ with** से अच्छे संबंध होना, का कृपा पात्र होना; **well ~** आश्चर्य व्यक्त करने के लिए प्रयुक्त; **would be ~ to check** बेहतर होगा कि जांच लिया जाए

wellies /वेलीज/ *UK* (*US* **rubber boots**) *n., [pl.]* रबर के बड़े-बड़े जूते

wellingtons /वेलिंगटन्ज/ (*also* **wellington boot**; *US* rubber **boot**) *n., [pl.] UK* **welly/ wellie** /वेलि/ *n., pl.* **wellies** *colloq.,* or **welly-boot** 1 रबर के बड़े जूते: a pair of ~2 घुटनों तक के घुड़-सवारी के जूते;

welly /वेलि/ *n.* = **wellington** *see above*;

v., pt. **wellied**, *pp* **wellying**, *s/he/ it* **wellies** जोर की ठोकर या चोट मारना;

p&i: **give it ~** or **give it some ~** *sl.* 1 कार के एक्सेलरेटर को जोर से दबाना 2 किसी कार्य को करने के लिए काफी शारीरिक

बल प्रयोग क.

Welsh /वेल्श/ *n.* 1 ब्रिटेन के वेल्ज प्रांत (Wales) का निवासी या नागरिक 2 वेल्ज की सरकारी भाषा यानी सेल्टिक या केल्टिक भाषा (Celtic language) 3 **the Welsh** वेल्ज के लोग; ***adj.*** वेल्ज और उसके लोगों व भाषा से संबंधित; ***v.*** (**welsh/ Welch** /वेल्श/), *pt.* **~ed**, *pp* **~ing**, *s/he/it* **~es** 1 (*usually* **~ on sb**) वायदा न निभाना 2 झूठा वायदा देकर ठगना, धोखा दे. 3 (*usually* **~ on sth**) अपना कर्जा न चुकाना, ऋण दिये बिना भाग जाना 4 अपना दायित्व न निभाना, ठगना; ***dw/lw:*** **~man/ ~woman** *n.* वेल्ज प्रांत (Wales) का पुरुष या वहां की महिला; ***collocations:*** **~ dresser** अल्मारी या बर्तन का चौक; **~ harp** वीणा जैसा तीन-तारा विदेशी वाद्य; **~ rarebit**/ (*also* **rarebit**) पिघले पनीर, मक्खन आदि से बना एक टोस्ट (toast); **the Welsh Assembly** (*also* **the National Assembly for Wales**) वेल्ज की विधान सभा

welt /वेल्ट/ *n.* 1 कपड़े की पट्टी 2 जूते के ऊपरी भाग को तल्ले से जोड़ने की चमड़े की पट्टी 3 सांट, बद्धी 4 (***syn.*** weal) सांटे या कोड़े की मार से त्वचा पर पड़ा निशान 5 किनारा, गोट; ***v.***, *pt.* **~ed**, *pp* **~ing** 1 पट्टी लगाना 2 खूब पिटाई क., कोड़े लगाना 3 किनारा लगाना

Weltanschauung /वल्टैनशाउउंग/ *n.*, *Ger.* (***syn.*** worldview) विश्व दृष्टि, जीवन-दर्शन

welter /वेलटः/ *v.*, *pt.* **~ed**, *pp* **~ing** 1 (***syn.*** wallow) (मिट्टी, दलदल आदि में) लोटना, लोट-पोट होना 2 *poetic* (खून आदि में) लथ-पथ होना, तर होना: ~ in one's blood 3 लहरों का ऊपर उठना और गिरना, हिलोरे मारना 4 विक्षुब्ध होना 5 अपराध या व्यसन आदि में डूबा होना, लीन हो.: ~ in vice/ in sin; ~ in pleasure 6 जहाज का लहरों पर तरंगित होना; ***n.*** 1 विक्षुब्ध अवस्था, विक्षोभ, अशांति: ~ of tumultuous events 2 (***syn.*** turmoil, tumult) हुल्लड़, होहल्ला, उपद्रव, हंगामा 3 (***syn.*** confusion, muddle) घालमेल, उलझेड़ा, अंध-व्यवस्था: a ~ of confused ideas 4 गड़बड़ी, गड़बड़झाला 5 तूफानी उथल-पुथल, बखेड़ा: the ~ of the waves; the ~ of a crowd

welterweight /वेल्टःवेट/ *n.* 1 मुक्केबाजों या पहलवानों की 61 और 67 किलोग्राम के बीच की श्रेणी 2 इस श्रेणी का मुक्केबाज या पहलवान

weltschmerz /वेल्टश्मेअत्स/ *US* वेल्टश्मेअर्त्स/ *n.*, *Ger.* संसार की हालत को लेकर होने वाली उदासी या विषाद

wen /वेन/ *n.* 1 *pathol.* गुमड़ा, गिल्टी, मस्सा, पूयकोष (sebaceous cyst) 2 अर्बुद 3 घेघा (रोग), गलगल, गलगंड 4 बहुत ज्यादा जमघट वाला शहर: the Great ~ (लंदन)

wench /वेंच/ *n.*, *pl.* **~es** 1 युवती, तरुणी 2 युवा नौकरानी 3 *archaic* वेश्या; ***v.***, *pt.* **~ed**, *pp* **~ing** 1 वेश्याओं से संबंध रखना, व्यभिचार क. 2 लड़कियों के पीछे भागना; ***dw/lw:*** **~er** /वेंचः/ *n.* वेश्यागामी

wend /वेंड/ *v.*, *pt.* **~ed**, *pp* **~ing** 1 जाना 2 *archaic* यात्रा क.

went /वेंट/ *pt.*, **'go'** का भूतकालिक रूप

wept /वेप्ट/ *pt.*, 'weep' का भूतकालिक रूप

we're /विअः/ *short,* 'we are' का छोटा रूप

were /वः/ *pt.*, you/ we/ they के साथ प्रयोग होनेवाला **'be'** का भूतकालिक रूप

weren't /वःरंट/ *short,* 'were not' का संक्षिप्त रूप

werewolf /वेअःवुल्फ/ *US* वेर्वुल्फ/ *n.*, *folklore* ऐसा प्राणी जो प्रायः पूर्ण चंद्रमा के दिन जब चाहे भेड़िया का रूप धारण कर लेता है

Wernicke's area /वःनिकअज एअरिआ/ दिमाग में भाषा समझने वाला क्षेत्र

Wesleyan /वेजलिअन/ *Christianity* 1 प्रोटेस्टंटवाद के संस्थापक जोन वेजली (John Wesley, 1703-1791) से संबंधित 2 मेथॉडिज्म (Methodism) यानी प्रोटेस्टंटवाद (Protestantism) से संबंधित

west, West /वेस्ट/ *n.* 1 पश्चिम, मगरिब 2 प्रतीची, पच्छिम, वारुणी, पश्चिमा 3 (**the west**) पश्चिम में स्थित स्थान 4 (**the West**) 4.1 पश्चिम यानी उत्तरी अमेरिका और पश्चिमी यूरोप के देश 4.2 *old use* गैर-साम्यवादी पश्चिम के देशों का खेमा 4.3 मिसिसिपी (Mississippi) नदी के पश्चिम का अमेरिकी क्षेत्र 4.4 रोमन साम्राज्य का पश्चिमी भाग 5 कुतुबनुमा या दिक्सूचक (compass) की चार स्थितियों या दिशाओं में से एक; ***adj.*** पश्चिमी, पछवा: ~ wind; ~ country; ~ aspect (खिड़की आदि से दिखने वाला पश्चिम की ओर का दृश्य); ***adv.*** *colloq.* पश्चिम की ओर: face ~; travel ~; ~ of Moscow; due ~ (सीधे पश्चिम की ओर); the wind blows ~; ***dw/lw:*** **~bound** /वेस्टबाउंड/ *adj.* पश्चिम की ओर जाने वाला, पश्चिमोन्मुखी; **~ering** /वेस्टरिंग/ *adj.* पश्चिमोन्मुखी, पश्चिम में डूबने वाला (सूर्य); **~erly** /वेस्टःलि/ *adj.* 1 पश्चिम में दूरस्थ 2 पश्चिम दिशा से चलने वाली: a ~erly wind (पछवा हवा); a ~erly suburb; the room has ~erly aspect (कमरा पश्चिम की ओर खुलता है); ~erly variation (चुंबकीय सिरे की पश्चिम की ओर झुकाव); **~erly** *adv.* पश्चिम की ओर; **~erly** *n. pl.* the westerlies/ the Westerlies 1 पश्चिम में दूरस्थ स्थान 2 पश्चिम दिशा से चलने वाली हवा, पछुआ या पछवा हवाएं; **western** *see below under separate entry*; **Westminster** /वेस्टमिंस्टः/ *n.* ब्रितानवी संसद; **~-north-~** (**WNW**)/ **~-south-~** (**WSW**) *n.* पश्चिम से 22.5^0 उत्तर या दक्षिण की ओर; **~ward/ ~wards** /वेस्टवः ड/ वेस्टवः ड्ज/ *adv.* पश्चिम की ओर; **~ward** *adj.* पश्चिमाभिमुख, पश्चिम की ओर का: ~ward of sth; **~ward** *adv.* पश्चिम की ओर; **~ward** *n.* पश्चिमाभिमुखता, पछांह; ***collocations*: geographic(al)/ true ~** भौगोलिक या असली पश्चिम; **the West Coast** अमेरिका के पश्चिमी तट पर स्थित प्रांत, विशेषकर कैलिफोर्निया (California); **the West Country** इंग्लैंड के दक्षिण-पश्चिमी जिले (counties) यानी सॉमर्सेट (Somerset), देवोन (Devon), कॉर्नवाल (Cornwall) आदि; **the West End** लंदन शहर का वह हिस्सा जो बड़े-बड़े बाजारों, खान-पान तथा मनोरंजन की चीजों के लिए मशहूर है; **~ by north/ ~ by south** कुतुबनुमा पर उत्तर से पश्चिम की ओर का बिंदु या दक्षिण से पश्चिम की ओर का बिंदु; **West Highland white terrier** कुत्ते की एक नस्ल; **West Indian** 1 वेस्ट-इंडीज (**West Indies**) से संबंधित 2 वेस्ट इंडीज का नागरिक या निवासी; **the West Indies** *[pl.]* एक द्वीप-समूह जो मैक्सिको की खाड़ी और कैरबिअन समुद्र को अटलांटिक महासागर से अलग करता है; **the West Side** न्युयॉर्क में मैनहैटन (Manhattan) का पश्चिमी भाग, जहां ब्रोडवे (Broadway) और सेंट्रल पार्क (Central Park) आदि स्थित हैं; ***p&i:*** **go ~** 1 मर जाना, खत्म होना 2 कारोबार का खात्मा हो जा.

western /वेस्टःन/ *adj.* 1 पश्चिम में, पश्चिमी 2 पश्चिम यानी उत्तरी अमेरिका और पश्चिमी यूरोप के देशों से संबंधित 3 पाश्चात्य, प्रतीच्य, प्रतीचीन; ***n.*** **Western** 1 पाश्चात्य सभ्यता से संबंधित एक काल का चित्रण करने वाली फिल्म 2 पश्चिम-संबंधी अमेरिकी फिल्म (उपन्यास); ***dw/lw:*** **Westerner** /वेस्टःनः/ *n.* पश्चिमवासी, पश्चिमी यूरोप या अमेरिका वासी, पश्चिम-निवासी; **~ization** /वेस्टःनाइजेशन/ *n.* पाश्चात्यीकरण, पश्चिमीकरण; **~ize/ ~ise** /वेस्टःनाइज/ *v.*, *pt.* ~ized, *pp* ~izing पश्चिमी रंग में रंग दे., पाश्चात्यीकरण क., **पाश्चात्य** (ढंग का) बना दे., पाश्चात्य रंग में रंगना; **~ized** (*also UK* **-ised**) /वेस्टः नाइजड/ *adj.* पाश्चात्य सभ्यता का अनुयायी; **~most** /वेस्टःनमोस्ट/ *adj.*, *superl. degree* सुदूर पश्चिम का; ***collocations:*** **Western hemisphere** पश्चिमी गोलार्द्ध; **~ roll** *athletics* ऊंची कूद की एक शैली जिसमें सिर नीचे रखते हुए हवा में बल खाया जाता है

WestLB *abbr.* 'Westdeutsche Landesbank

(Girozentrale)' की प्रथमाक्षरी

WET *abbr.* 'Water and Effluent Treatment' की प्रथमाक्षरी

wet /वेट/ *adj., degr.* **wetter**, **wettest** 1 गीला, तर, तर-बतर, सराबोर, तराबोर, किसी भी तरल में भीगा हुआ, आर्द्र, नम, सीला (damp), चकाचक, आल्ला (*Hr.*): ~ clothes/ sponge; ~ with rain/ with sweat; grass ~ with dew; wringing ~ (निचोड़ने लायक गीला); be dripping ~ (टपकता हुआ); ~ to the skin; ~ thorough 2 (***syn.*** rainy) बरसाती, वर्षा वाला: ~ day; ~ spell; Meghalaya gave us a ~ welcome 3 जो अभी सूखा न हो (सिमेंट, पेंट आदि): ~ timber; ~ paint/ ink 4 आंसुओं से सराबोर: ~ with tears; ~ smile 5 जब बच्चे का पोतड़ा पेशाब से भीगा हो 6 *UK, sl.* (***syn.*** feeble, wimpish) कमजोर (व्यक्ति) 7 *Br. derog.* घोर दकियानूसी नजरिये से नर्म-रूढ़िवादी 8 जहां मद्यपान या मद्य विक्रय अनुमत हो: ~ state/ town; ~ canteen 9 भावुक 10 निर्जीव 11 व्यर्थ 12 तरल (प्राकृतिक गैस) 13 पतला, जो गाढ़ा न हो: ~ mud;

n. 1 नमी, तरी, आर्द्रता 2 (**the** ~) बरसाती मौसम, वर्षा: stay outside in the ~ 3 गीलापन 4 (***syn.*** a spiritless, feeble person, wimp) कमजोर व निस्तेज व्यक्ति, भीगी बिल्ली 5 नर्म-रूढ़िवाद 6 पतली शराब का घूंट;

***v.**, pt.* **wet** or **wetted**, *pt. p.* **wet** or **wetted**, *pp* **~ting** 1 गीला क., भिगोना, तर क., तरबोना: ~ with water; don't ~ your feet; ~ to the skin 2 तर-बतर क., सराबोर क. 3 अनजाने में पेशाब करके जांघिया आदि गीला क.: ~ the bed/ one's pants/ oneself, etc. 4 किसी बात में सफलता के लिए के पीना या जाम उठाना: ~ a bargain;

dw/lw: **~back** /~बैक/ *n. US, derog.* अमेरिका में अवैध मैक्सिको वासी; **~land** /~लैंड/ *n.* दलदल; **~ness** /~नेस/ *n.* नमी, तरी, गीलापन, सीलापन, आर्द्रता, आल्लापन; **~-nurse** दूसरे के बच्चे को स्तनपान कराने वाली सेविका, धाय-मां, दूध-मां; **~-nurse** *v., pt.* ~-nursed, *pp* ~-nursing 1 दूसरे के बच्चे को स्तनपान कराना 2 दूध-पिलाई कराना 3 लाड़-प्यार से परिचर्या क.; **~ted** /वेटिड/ *adj.* आर्द्रक, क्लेदक; **~ting** *n.* क्लेदन: ~ting agent *chem.* (साबुन जैसा सफाई पदार्थ);

collocations: **~ air** नम वायु; **~-and-dry-bulb thermometer** एक सूखे और दूसरे गीले यानी दो थर्मोमीटरों से बना थर्मोमीटर (hygrometer); **~ blanket** रंग में भंग डालने वाला, मजा किरकिरा करने वाला; **~ chaff** खल आदि डालकर भिगोया हुआ चारा; **~ day** 1 मद्य-दिन 2 आर्द्र दिवस; **~ dock** जल-गोदी; **~ dream** स्वप्न दोष; **~ fish** बाजार में बिकने वाली कच्ची मछली; **~fly** *angling* मछली पकड़ने के लिए पानी या पानी से बाहर प्रयुक्त मक्खी; **~ fodder** = **~ chaff** *see above*; **~ fog** आर्द्र कोहरा; **~ foothills** तराई, तलहटी; **~ grinding** पिट्ठी पिसाई; **~ lease** सकार्मिक पट्टा यानी प्रायः विमान का उसके चालक दल, रख-रखाव व अन्य सेवाओं के साथ थोड़े समय के लिए दिया-लिया जाने वाला पट्टा; **~ look** 1 चमकदार सामग्री से बनी गीली लगने वाली (पोशाक) 2 क्रीम लगाने से गीले-से (बाल); **~ monsoon** अत्यधिक वर्षा वाली मौनसून; **~ pack** *med.* 1 बीमार व्यक्ति को गीले कंबलों या अन्य कपड़ों में लपेट कर इलाज करने की विधि या पद्धति 2 इस प्रक्रिया में प्रयुक्त गीला कपड़ा; **~ party** पीने-पिलाने के साथ प्रीतिभोज; **~ process** आर्द्र प्रक्रिया; **~ rot** *bot.* लकड़ी में गीले-सूखेपन की वजह से सड़ने की बीमारी; **~ season** नम ऋतु; **~ smack** उबाऊ व्यक्ति; **~ spell** आर्द्र अंतराल; **~ suit** पानी के नीचे तैरने की पोशाक; **~ ware** मनुष्य का दिमाग जो कंप्यूटर की तरह काम करता है; **~ weather** = rainy season वर्षा ऋतु, बरसाती मौसम;

p&i: **~ baby's head** बच्चे के जन्मदिन को शराब पीकर मनाना; **~ behind the ears** अनाड़ी, अनुभवहीन, कोरा; **~ down** जलते अंगारों पर पानी डालना; **~ one's whistle** घूंट भर पीना; **~ out** भिगोना; **~ the bed/ one's pants/ oneself, etc.** नींद में या उत्तेजना, भय आदि के कारण अनजाने में अपने कपड़ों में पेशाब क.;

all ~ बिल्कुल गलत; **come with a ~ sail** बहुत तेजी से जहाज चलाकर आना

wether /वेदः/ *n.* बधिया भेड़ा, मेढ़ा, खस्सी भेड़ा

we've /वीव/ विव/ *short,* 'we have' का संक्षिप्त रूप

wf *abbr., print.* 'wrong fount' की प्रथमाक्षरी

WFI *abbr.* 'Weightlifting Federation of India', 'Wrestling Federation of India' की प्रथमाक्षरी

WFP *abbr.* 'World Food Programme' की प्रथमाक्षरी

WFTU *abbr.* 'World Federation of Trade Unions' की प्रथमाक्षरी

WFUNA *abbr.* 'World Federation of United Nations Association' की प्रथमाक्षरी

WGA *abbr.* 'Writer's Guild of America' की प्रथमाक्षरी

WGC *abbr.* 'World Gold Council' की प्रथमाक्षरी

WGM *abbr.* 'Women Grandmaster' की प्रथमाक्षरी

whack /वैक/ *v., pt.* **~ed**, *pp* **~ing** 1 तड़ाक से या जोर से मारना या प्रहार क., (लाठी से) मारना 2 तमाचा मारना 3 हरा दे. 4 (***syn.*** knock) खटखटाना 5 (आपस में) बांटना;

n. 1 (लाठी की) मार 2 तमाचा 3 मारने की आवाज 4 हिस्सा: go **~s** (हिस्सेदार हो.); have one's ~ (share) of sth; I have had my ~ of pleasure; haven't had their ~ yet 5 प्रयास, कोशिश: I had a ~ at the problem (मैंने इस समस्या को हल करने की कोशिश की);

dw/lw: **~ed** /वैकड/ (*also* **~ed-out**) *adj., colloq.* 1 थका-मांदा, थककर चूर; **~er** /वैकः/ *n., colloq.* 1 बहुत बड़ा आदमी (तोप) 2 बहुत बड़ी झूठ आदि; **~ing** /वैकिंग/ *colloq. n.* पिटाई, हाथापाई; **~ing** *adj.* (***syn.*** huge, enormous, whopping) विशाल, बहुत बड़ा;

p&i: **~ in** पूरे दमखम से (काम में) पिल पड़ना; **~ out** बुरी तरह हार जा.; **~ up** तेज क.;

have a ~ at sth कोशिश क.; **out of ~** 1 गड्डमड्ड, तितर, बितर 2 अव्यवस्थित 3 *esp. Austral. & US* (***syn.*** malfunctioning) बिगड़ा हुआ, खराब; **top full** or **the full ~** सर्वाधिक दाम, दर, पारिश्रमिक या वेतन;

whacko /वैको/ (*also* **wacko**) *excl.* पगलैट!

whacky /वैकि/ *adj.* = wacky पगला, सनकी, खब्ती, तर्कहीन

whale /वेल/ *n., pl.* **whale**/ **~s** 1 व्हेल (मछली), तिमिंगल, तिमि 2 शानदार, विशिष्ट या विशाल जीव, वस्तु, गुण या प्रक्रिया: a ~ of a story (शानदार कहानी); a ~ of a fellow; a ~ of a difference; have a ~ of a time;

***v.**, pt.* **~d**, *pp* **whaling** 1 ह्वेल का शिकार क. 2 प्रतिपक्ष को पछाड़ना, हराना;

dw/lw: **~boat** (*also* **~r**) *n.* पतली, लंबी व दोनों सिरों पर नुकीली नौका जिसे पहले व्हेल का शिकार करने के लिए प्रयोग किया जाता था; **~bone** *n.* कचकड़, कचकड़ा: white as ~bone; **~r** /वेलः/ *n.* ह्वेल का शिकारी पोत या मनुष्य; **whaling** /वेलिंग/ *n.* 1 व्हेल मछलियों का शिकार 2 कोड़ों आदि से पिटाई; **whaling** *adj.* विशाल: a whaling sum of money;

collocations: **~ shark** विशालतम मछली; **~ ship** तिमि-पोत

p&i: **a ~ for work** अनथक या कर्मठ कर्मी; **a ~ at tennis** टेनिस का माहिर; **a ~ of a ...** *colloq.* शानदार या मजेदार (कार्यक्रम ... आदि); **be a ~ on/ at/ for** किसी बात या कार्य का माहिर या कायल हो; **have a ~ of a time** खूब मजा या मौज-मस्ती क.; **he's a ~ for facts** उसके लिए तथ्य ही सब कुछ हैं

wham /वैम/ *n.* जोरदार आघात या प्रहार;

***v.**, pt.* **~med**, *pp* **~ming** 1 जोरदार प्रहार क. 2 कार आदि का जोर से टकराना: the car **~med** into a truck;

dw/lw: **~my** /वैमि/ *n., pl.* ~mies 1 जोरदार प्रहार: double ~my (दोनों आंखें खुली रखते हुए किया जाने वाला प्रहार) 2 (***syn.*** evil eye, malevolent influence) बुरी नजर;

p&i: **put a ~my on** बुरी नजर डालना या लगाना; **shoot the ~my** किसी को एक आंख खुली रखते हुए उंगली साधकर श्राप दे.

whang /वैंग/ *n.* प्रहार का जबरदस्त धमाका;

***v.**, pt.* **~ed**, *pp* **~ing** = **whack** 1 जोर से मारना 2 ढमकना;

n. धम, धड़ाक, धम-धड़ाका

wharf /वॉफ/ *n., pl.* **wharves** /वॉःव्ज/ समुद्र या नदी के किनारे वह स्थान जहां सामान उतारा या लादा जाता है, घाट, जहाज-घाट, गोदी;

***v.**, pt.* **~ed**, *pp* **~ing** 1 घाट पर लगाना, घाट पर सामान उतारना 2 घाट पर ठहरना;

dw/lw: **~age** /वाःफिज/ *n.* 1 घाट का उपयोग 2 घाट का उपयोग शुल्क, घाट-शुल्क, घाट-किराया, घाट-भाड़ा

wharfie /वॉःफि/ *n., pl.* **~s** *Austral. & NZ colloq.* तट पर काम करने वाला श्रमिक

wharfinger /वॉःफिंजः/ *n.* घाट-स्वामी या घाट-प्रबंधक

what /वौट/ *US* वाःट, वट/ *pron.* 1 (interrogative) क्या?: ~ are you doing? 2 सुनाई न पड़ने पर दोबारा पूछने के लिए प्रयुक्तः क्या?: ~**!** you didn't pass?; ~**?** I didn't catch what you said 3 हां, क्या है? 4 कौन?, क्या काम करता है?: ~ is he? 5 कितना?: ~ did you pay for it? ~ is the time? 6 भावुकतापूर्ण प्रतिक्रिया: so ~? 7 और क्या? … and ~ more he can wish for? 8 कौन-सा? 9 क्यों? ~ for are you doing this? (क्यों कर रहे हो इसे?) 10 किस?: at ~ place? 11 कब?: at ~ time?;

adj. interrogative 1 कैसा?: ~ manner/ kind/ sort of man is he? 2 किस प्रकार का?: tell me ~ flowers these are 3 जैसी, जितनी: he will give ~ help he can 4 कौन, कौन-सा, कौन-सी, कैसी: he told me ~ book he needs 5 कितना, कितने: I know ~ money he paid 6 किस, क्या: ~ good/ use is it? (यह किस या क्या काम आएगी?); I see you ~ you are, you are too proud;

interj. or ***excl.***: **what**! क्या?! कितना बड़ा!, कैसा! कितना विलक्षण!, कितना!: what mess! (कितना गड़बड़-घोटाला है!); ~ a fool!; ~ she has to put up with!; ~ a pity!; ~ nonsense!; ~ an idea! ~ the hell!; ~ the deuce/ the devil!;

conj. जो, जो कुछ, जितना, कैसा, क्या...: I've just realized ~ man you meant; he does not know ~ he wants; he is sorry about ~ had happened;

relative pron.: जो, जितना, वह जो, जैसा: it is not a good play though better than ~ I saw yesterday; it is just ~ I thought; they gave ~ money they could;

dw/lw: **whatchamacallit** /वौचअमअकॉलिट/ *US* वाःचअमअकॉलिट/ जब किसी चीज या व्यक्ति नाम याद न आ रहा हो, तब प्रयुक्त किया जाता है; **what-d'you-call it/ what's-its-name** *n., colloq.* क्या कहते है...; **~'s-his-name/ ~'s-her-name/ ~'s-its-name/ ~sisface/ ~sit = ~-d'ye-call–him/ ~-d'ye-call–her/ ~-d'ye-call -it** संवाद में किसी व्यक्ति या वस्तु आदि का नाम आदि भूल जाने पर प्रयुक्त किया जाता है;

p&i: **~ about…?** *colloq.*किसी मामले के बारे में सुझाव या राय जानने के लिए प्रयुक्त: ~ about stopping for a cup of tea first?; **~ is allotted cannot be blotted** भाग्य में लिखे को कौन टाल सकता है!; **~ can't be cured must be endured** असाध्य को तो सहना ही पड़ेगा; **~ (do you) say?** क्या कहा आपने? (फिर से कहना!); **~ else?** और क्या हो सकता है?; **~ … for?** किस कारण से?, किस उद्देश्य से? क्यों?: ~ did you do that for?; **~ have you** *colloq.* और इस तरह की दूसरी चीजें या बातें; **~ if...?** के बारे में क्या विचार है?, यदि ऐसा हो तो कैसा रहेगा?; **~ in the world/ in thunder/ the blazes/ on earth/ do you mean?** आखिर तुम्हारा मतलब क्या है?; **~ is bred in bone will come out in flesh** आदत, व्यवहार व विरासत में मिले गुण नहीं बदलते; **~ is done cannot be undone** जो हो गया सो हो गया; **~ is more/ ~'s more** इसके सिवा, ऊपर से: they came and ~'s more, they stayed all evening; **~ is new is not true and ~ is true is not new** (पत्रकारिता में) जो नया है वह सच नहीं और सच है वह नया नहीं; **~ is that to me** इससे मेरा क्या बिगड़ेगा; **~… like?** कैसा? कैसी? कैसे? (किसी चीज का वर्णन, उसके बारे में राय आदि जानने के लिए निवेदन): ~ does he look like?; **~ must/ will be, must/ will be** जो होना है सो होगा; **~ next?** अब आगे क्या किया जाए?; **~ now?** 1 अब क्या किया जा सकता है? 2 अब क्या समस्या आ गई?; **~ of it?** तो क्या हुआ?, इसका कुछ मतलब या महत्त्व नहीं; **~'s it?** क्या नाम है (उसका)?; **~'s it all about?** यह क्या गड़बड़झाला है?; **~'s new?** *colloq.* 1 क्या हाल है? क्या नई-ताजी है? 2 इसमें कौन-सी नई बात है?; **~'s up (with sb)?** क्या बात है (यदि कोई दुखी दिख रहा हो), बात क्या है? कुछ गड़बड़ हो गई क्या?; **~'s with you?** क्या हुआ?; **~ the eye doesn't see, the heart doesn't grieve over** आंख ओझल पहाड़ ओझल; **~ the hell** बेपरवाही जताते हुए कहना: Oh! ~ the hell, I'll buy both of them; **~ the orators want in depth they give you in length = brevity is the soul of wit** कथन का विस्तार उसकी गहराई का दुश्मन है; **~ then?** इसका क्या परिणाम होगा; **~ we like determines ~ we are** हमारी पसंद हमारा स्वभाव या चरित्र का द्योतक है; **~ with** के कारण: we were exhausted, ~ with the delays and everything;

and ~ not(s) ... और न जाने क्या-क्या नहीं ...; **be told ~ was ~** खरी-खरी सुनाना; **come ~ may/ will ...** चाहे जो हो जाए; **give sb ~ for** *colloq.* फटकार लगाना; **he has ~ it takes** वह इसे करने में सक्षम है; **know ~ it is** किसी कार्य, स्थिति, अनुभव आदि की वस्तु-स्थिति यानी असलियत से परिचित हो: he knows ~ it is to be bullied; **know ~'s ~** समझदार होना, सयाना हो. अनुभवी होना; **she has ~ it takes** उसे जो चाहिए उसके पास है, वह सक्षम है; **show sb ~ is ~!** किसी को सबक सिखाना; **so ~?/ ~ of it? / ~ of that?** तो क्या हुआ?, इसका क्या मतलब है? यानी इसका कुछ मतलब या महत्त्व नहीं

whatever /वौटएवः/ *US* वाःटएवः, वटएवः/ (*also* **what-ever**) *adj., pron.* 1 जो कुछ, चाहे जितना, कुछ भी, जैसी भी हो: ~ he says is of no importance; every treaty of ~ character 2 जो भी, जो कुछ भी: take ~ you want or like; ~ you hear, say nothing; ~ we may think of his wisdom, there is no doubting his courage; a didgeridoo, ~ that is (... इसका जो भी अर्थ हो) 3 सब कुछ, जो भी, जैसे भी: ~ orders he may give they must be obeyed 4 *with negatives:* बिल्कुल भी (नहीं), जरा भी नहीं: has nothing ~ to do with you 5 किसी भी, कैसा भी: has disappeared, for ~ reason 6 चाहे जो (हो), जो भी हो: I must finish, ~ happens; ~ happens/ he is safe;

p&i: **… or** ~ *colloq.* या कुछ भी: use tape, glue or ~; **~ you do** किसी हाल में भी नहीं (बताना आदि), चाहे जो हो जाए: don't tell Rima ~ you do

what-for *n.* फटकार, डांट: give sb ~

whatnot /वौटनौट/ *US* वाःटनाःट/ *n.* 1 और न जाने क्या-क्या: they make toys and ~ 2 और ऐसी अन्य चीजें: grammar and ~; paper, pens, pencils and ~ 4 अलग-अलग प्रकार की चीजें या अलग-अलग लोग: humans and ~

whatsit/वौट्सिट/ *US* वाःट्सिट/ *n.* (संवाद में प्रयुक्त) क्या नाम है उसका जो हमें चाहिए?

whatsoever /वौटसोएवः/ *US* वाःट-/ वट-/ (*also* **whatever**) *adv.* किसी प्रकार का भी नहीं, बिल्कुल भी नहीं: no **...** ~ (नहीं... बिल्कुल भी नहीं); none ~ (बिल्कुल कोई भी नहीं)

WHDO *abbr.* 'World Homeopathic Development Organisation' की प्रथमाक्षरी

wheal /वील/ *n.* (***syn.*** rash, prickly heat) चकत्ता, ददोरा, चट्टा,

बतौरी, घमौरा, पित्ती

wheat /वीट/ *n.* 1 गेहूं, कनक, गंदम, गोधूम, मथूली: winter ~; ~ bran (गेहूं की भूसी या चोकर) 2 गेहूं का आटा;

dw/lw: **~-bread** *n.* गेहूं की डबल-रोटी; **~-coloured** *adj.* गेहुंआ; **~-corn** गेहूं का दाना, गेहूं का अनाज; **~ear** /वीटईअः/ *n.* 1 गेहूं की बाल 2 एक प्रकार की चिड़िया; **~en** /वीटन/ *adj.* 1 गेहूं का बना हुआ 2 पकी गेहूं के रंग का; **~ish** *adj.* गेहुंआ; **~meal** *n.* सूजी; **~sheaf** *n.* गेहूं की पूली; **~worm** /वीटवःम/ *n.* घुन, घुण;

collocations: **~ germ** गेहूं के दाने का बीच का हिस्सा जो सेहत के लिए अच्छा होता है; **~stone bridge** *elec.* बिजली की प्रतिरोधक क्षमता मापक सेतु; **the Wheat Belt** अमेरिका का पश्चिमी-केंद्रीय क्षेत्र जहां बहुत गेहूं पैदा होता है

p&i: **good as ~** बढ़िया, उपयुक्त; **separate the ~ from the chaff** गेहूं से भूसा अलग क., असली चीज को बेकार से अलग क.

whee /वीः/ *excl.* आनंदमय उत्तेजना द्योतक

wheed\le /वीड\ल/ *v., pt.* **~led**, *pp* **~ling** 1 (*syn.* coax) फुसलाना, फुसला या बहका लेना, राजी कर लेना, झांसना: **~le** sb into doing sth 2 फुसलाकर या झांसा देकर प्राप्त क., ऐंठना: **~le** a gift out of/ from sb; **~le** sth out of sb;

dw/lw: **~ler** /~लः/ *n.* झांसिया, चापलूस; **~ling** /~लिंग/ *adj.* चापलूसीपूर्ण: ~ling speech;

p&i: **~le one's way** धीरे-धीरे घुस आना; **he ~led his way onto the stage** वह आहिस्ता-आहिस्ता मंच पर घुस आया

wheel /वील/ *n., pl.* **~s** 1 पहिया: front/ back ~; change ~ (अतिरिक्त या रिजर्व पहिया) 2 चक, चक्का, चक्कर: turn **~s** 3 चक्र, घुमाव 4 चाक (potter's ~) 5 यंत्र का चक्र 6 चक्राकार अभियान, चक्रगति 7 (*usually* **the** ~) *hist.* यातना-चक्र, शिकंजा 8 बागडोर, नियंत्रण (controlling power) 9 टेक, चक्राकार छंद या पद (refrain, chorus) 10 (**~s**) *colloq.* निजी गाड़ी: on the ~/ on **~s**; at/ behind the ~; don't speak to the man at the ~ 11 (**~s**) किसी संगठन की कामकाजी प्रक्रिया: the **~s** of justice; the **~s** of state; the **~s** of progress 12 जुएबाजी का चक्र: a roulette ~ 13 सेना का चक्राकार कूच: right/ left **~!** 14 घुमावदार कलाबाजी 15 चक्राकार आकार 16 पहिए वाले प्रैम आदि में टहल, सैर: went out for a ~ in the pram 17 *sl.* खास आदमी, तोप 18 भाग्य-चक्र: the **~s** of life; at the next turn of the ~ (जब भाग्य बदलेगा);

v., pt. **~ed**, *pp* **~ing** 1 घूमना, घुमाना, मुड़ना, मोड़ना: ~ around/ round; ~ sth around/ into/ to, etc. 2 जल्दी से घूमना या मुड़ना: ~ about/ wheel round 3 आगे बढ़ना, चलना, आगे बढ़ाना 4 ठेलना: ~ the cart into the yard; ~ the rubbish to the dump 5 साइकिल चलाना: he **~ed** the bike outside 6 चक्कर काटना, धुरी का इर्द-गिर्द चक्र काटना: the sails of the windmill were **~ing** round 7 अचानक अपना मन बदलना;

dw/lw: **~barrow** /वीलबैरो/ *n.* एक पहिये वाला ठेला; **~base** *n.* गाड़ी के सामने और पिछली धुरी के बीच फासला; **~chair** *n.* पहियेदार कुर्सी; **~diagram** *n.* चक्ररेख; **~er** /वीलः/ *n.* पहिए या पहियों वाला; **~er-dealing**/ **~ing-dealing** *n.* धंधेबाजी, सौदेबाजी; **~erdealer** *n.* धंधेबाज, सौदेबाज; **~house** *n.* जहाज के चालन-पहिए का कमरा; **wheel\ie** /वीली/ *n., pl.* ~ies चलते साइकिल या मोटर साइकिल पर अगला पहिया उठाकर दिखाया जाने वाला करतब; **tread-~** *n.* पांव-चक्की पहिया; **~wright** /वीलराइट/ *n.* 1 पहिए बनाने वाला या पहियों की मरम्मत करने वाला कारीगर 2 छकड़ा बनाने वाला 3 पहिएसाज, बढ़ई;

balance-~ *n.* संतुलन-चक्र; **cog-~** *n.* दंत-चक्र; **fly-~** *n.* गतिपालक चक्र या पहिया; **steering-~** *n.* गाड़ी चालन चक्का, स्टीयरिंग व्हील; **water-~** *n.* जल-चाक, पनचक्का;

collocations: **~ and axle** धुरी से पहिए को सीधी मिलने वाली यांत्रिक शक्ति; **~ animalcule** एक बहुकोशिकीय जल-जानवर; **~ assembly** पहिए वाली गाड़ी का ढांचा; **~ bin** पहियों वाला कूड़ादान; **~ brake** पहिए की ब्रेक; **~ clamp = clamp**; **Fortune's ~** भाग्य-चक्र; **~ map** चक्र-मानचित्र; **~ ore** चक्र-अयस्क; **~ organ** चक्रांग; **~ planimeter** चक्र-क्षेत्रफल मापी; **~ track** लीक; **~ spin** बिना आगे बढ़े (फंसे होने के कारण) गाड़ी के पहिए का घूमना; **spinning ~** चर्खा; **~ spoke** पहिए का अरा; **Ferris ~** बड़ा ऊंचा झूला, चर्खी झूला, फेरिस झूला; **potter's ~** चाक;

p&i: **~ about** 1 पूरा चक्कर लगाना 2 अपना दृष्टिकोण पूर्णतः बदल लेना; **~ and deal** 1 धंधेबाजी क. 2 सौदेबाजी क.; **~ in** (स्ट्रेचर आदि पर अंदर लाना); **~ sth forward/ out** 1 घिसे-पिटे विचार या सुझाव रखना 2 प्रस्तुत या प्रकट क.; **~s within ~s** 1 जटिल एवं पेचीदा संरचना, भूलभुलैया 2 विकट व षड्यंत्रपूर्ण स्थिति, गोरखधंधा;

a fifth ~ कबाब में हड्डी; **be at the ~** अगुआ हो., नेतृत्व क.; **break a butterfly/ a fly on the ~** मक्खी को तलवार से मारना, मक्खी को तोप से उड़ाना; **go on ~s** आसानी से आगे बढ़ना, सुचारु रूप से चलना; **grease the ~s** चापलूसी या रिश्वत देकर काम निकलवाना; **have ~s in one's head** दिमाग में कुछ गड़बड़ हो., कोई पेंच ढीला हो.; **on ~s** बिल्कुल सही, सहर्ष; **reinvent the ~** पहले हो चुकी खोज को फिर से खोजने में व्यर्थ समय गंवाना; **see the ~s go round** स्थिति या कामकाज से भली भांति परिचित हो.; **the ~ has come full circle** जहां से चले थे वहीं पर लौट आए; **the ~s of state** शासन-तंत्र; **turn back the ~ of history** इतिहास की चाल को उल्टा मोड़ने का व्यर्थ प्रयास क.; **turn of the ~** भाग्य परिवर्तन

whee\ze /वीज/ *v., pt.* **~zed**, *pp* **~zing** 1 घर-घर करते हुए या घरघराहट के साथ सांस लेना 2 नींद में बुदबुदाना;

n. 1 घर्र-घर्राहट, घर्र-घर्र 2 चाल, पैंतरेबाजी, दांव 3 *theat.* मजाक, तेज-तर्रार जुमला: a good **~ze** 4 घिसा-पिटा जुमला;

dw/lw: **~zer** /वीजः/ *n.* 1 घर्रघर्राहट के साथ सांस लेने वाला 2 चालबाज, पैंतरेबाज; **~zily** /वीजिलि/ *adv.* घर्रघर्राहट के साथ; **~ziness** /वीजिनेस/ *n.* घर्रघर्राहट; **~zy** *adj.* /वीजि/ *adj.* 1 घर्रघर्राने वाला 2 हंफैल, हांफने वाला

whelk /वेल्क/ *n.* 1 शंख मीन, एक परभक्षक मछली 2 फुंसी, पिटिका

whelm /ह्वेल्म/ वेल्म/ *v., pt.* **~ed**, *pp* **~ing** 1 पराभूत कर दे. 2 डुबो दे., निमग्न कर दे. 3 अभिभूत क.: sorrow **~ed** his soul

whelp /वेल्प/ *n.* 1 पिल्ला 2 भेड़िए का बच्चा 3 शेर या बाघ का बच्चा, डांबरू, सिंहशावक 4 छोकरा;

v., pt. **~ed**, *pp* **~ing** 1 कुतिया आदि का का ब्याना 2 जानवर द्वारा जन्म दे.

when /वेन/ *adv., interrogative* 1 कब?: ~ can you come? 2 कितने बजे?: ~ did it begin to rain? 2 किस दौरान? 3 किस समय (से)?: since ~ has she been ill? 4 किस अवसर पर?, कब तक?: until ~ can you stay?;

conj. 1 के दौरान, जब 2 जब, तब, जब कि: ~ he listens to music, he falls asleep; why just watch, ~ you could be dancing? be careful ~ crossing the street 3 जितना जल्दी हो सके 4 उस समय जब, जब कभी, के बाद: I shall see you ~ I return 5 कब: I don't know ~ I shall come; I don't know ~ I can do it 6 के बावजूद, इस बात को ध्यान में रखते हुए कि 7 जब कि: how dare you blame me ~ you are just as much to blame? 8 यदि: how to convince him ~ he will not listen?;

relative pron. जब, जो, जब-जब, ज्योंही, हालांकि, यद्यपि, जब कि: the day ~ I met you; Sunday is the day ~ I am least busy; you can go ~ the work is done; an era ~ life was harder;

n. समय, अवसर, तिथि: the wheres and **~s** are important; he told me the ~ and the why of it;

pron. कब, तब: till ~ (कब तक); they stayed talking. until

I can't say ~; since ~ she hasn't spoken to me;

p&i: **~ a Greek meets a Greek, the is the tug of war** जब एक यूनानी दूसरे यूनानी से मिलेगा तो रस्सा-कशी तो होगी ही (historically the Greeks loved tug of war and wrestling); **~ aleb/ wine is in, wit is out** शराब अंदर तो बुद्धि बाहर, मदिरा आए, मति जाए; **~ all is said and done** जब बात पूरी हो जाए; **~ all men speak, no man hears** जब सब एक साथ बोलेंगे तो सुनेगा कौन?; **~ I die the world dies with me** मैं नहीं तो जहां नहीं (a metaphysical view of life); **~ in Rome do as the Romans do** जैसा देस वैसा भेस; **~ one has time** जब समय हो, जब फुर्सत हो; **~ the blind lead the blind both shall fall into the ditch** अंधे अंधा ठेलिया दोनों कूप पड़ंत; **~ the cat is away the mice will play** घर वाला घर नहीं, और किसी का डर नहीं; **~ the devil prays, he has a booty in his eye** शैतान की प्रार्थना का भी निशाना शिकार होता है; **~ the heart is full of fire some sparks will fly out of the mouth** अगर किसी में दमखम है तो वह अवश्य गुल खिलाएगा; **~ the well is full, it will run over** पाप का घड़ा भरकर फूट जाता है; **~ three Thursdays come together** जब सूरज पश्चिम से निकलता है यानी कभी नहीं;

say ~ *colloq.* जाम बनाते समय पूछना कि कब डालना बंद करना है; **strike ~ the iron is hot** सही समय पर कदम उठाना

whence /वेंस/ *old use, formal/ lit. adv.*, कहां से?, किधर से?, = **where from**: he enquired ~ I came from; ~ does he come?;

conj. कि कहां से, कि किधर से, जहां से: tell me ~ you come; go back ~ you came from;

pron. कहां से, जहां से: the town from ~ he came;

n. उद्गम: can't explain ~ the mistake arose; the source ~ these evils spring;

dw/lw: **~soever** /वेंसोएवः/ *adv., conj.* जहां कहीं से, जिस किसी जगह से, जहां से भी

whenever /वेनेवः/ *conj.* 1 जब-जब, जिस-जिस समय, हर बार: gets furious ~ he doesn't get his way 2 (*also formal* **~soever**) जब कभी, यदि कभी: I'll be here ~ you need me; come to us ~ you find time; ~ I see him I think of you;

adv. (*also* **when ever**) 1 जब भी (बल देकर): ~ could I have said that? 2 किसी काम के होने आदि के बारे में अनिश्चितता जताते हुए: at Pentecost, ~ that is 3 कब, कहां से: ~ did you find time to write? (आपको लिखने का कब या कहां से समय मिल गया?)

p&i: **... or whenever** *colloq.* ... या जब कभी भी

whensoever /वेनसोएवः/ *adv.* जब भी, जब कभी भी, जिस समय भी

where /वेअः/ *adv., interrogative* 1 कहां?, कहां पर?, किस स्थान पर?, किस जगह?, किधर?, किधर को?: ~ have you been? 2 किस मायने में: ~ had I gone wrong? 3 किस स्रोत से: ~ did you get this information from?; ~ did you hear that tale? 4 किस पड़ाव पर: ~ are you in your work? 5 किस हालत में: ~ will you be if we lose?; ~ should I be if I followed your advice? 6 किस तरह से: ~ do I come into the matter?;

conj. 1 कहां, कहां पर, जहां, किधर को, जहां, जिधर: who knows ~ he has gone; I am ~ I should be; stay ~ you are; he went ~ he pleased 2 किस ओर से, जहां से: stopped at ITO, ~ we picked up Kiran 3 जहां पर, जब भी: you will find good roads ~ you go around here 4 किसी भी हालत में, जहां तक हो सके: keep families together ~ possible;

relative pron. कौन-सा, कहां से, जहां: I don't know ~ to begin; ~ have you come from?; this is ~ we get out;

n. स्थान, जगह, घटनास्थल: the ~ and when of his birth are unknown; the ~ and how of the accident; the **~s** and whences are important;

p&i: **~ drums beat, laws are silent = every thing is fair in love and war** युद्ध में कायदे-कानून नहीं चलते; **~ ignorance is bliss, it's folly to be wise = wit works woe** नक्कारखाने में तूती की आवाज; **~ in thunder/ the dickens/ the devil/ the deuce/ the hell/ the blazes ...** खुदा के वास्ते कोई बताए कि; **~ is the good, the use of being obstinate?** जिद करने का क्या फायदा?; **~ it hurts** दुखती रग; **~ it's at** घटनाओं के केंद्र में; **~ there's a will, there's a way** जहां चाह, वहां राह;

only the wearer knows ~ the shoe pinches भुक्तभोगी ही जानता है कि मर्ज क्या है; **tell sb ~ to get off** *colloq.* किसी को बताना कि उसका व्यवहार ठीक नहीं और उसे सहन नहीं किया जाएगा; **that's ~ it is** यहीं तो समस्या है; **~ does he/ she get off** वह न जाने अपने बारे में क्या सोचता है!, वह बहुत तीस मार-खां बनता है; **~ sb is coming from/ where sb is** *dated sl.* वह क्या कहना चाहता है?

whereabouts /वेअः अबाउट्स/ *adv.* किस जगह, लगभग कहां पर: ~ are you?;

n. पता-ठिकाना: her present ~ is unknown

conj. कहां पर, किधर: don't know ~ to look for him

whereafter *conj., formal or old use* जिसके बाद

whereas /वेअःऐज/ *conj.* 1 जबकि, परंतु, वास्तव में: he was spending all his time on teaching, ~ he was eager to do research work 2 परंतु, इसके ऐन विपरीत: she is always ailing, ~ he is never ill; she thought she'd failed, ~ she'd done well; I'm a pessimist, ~ my wife is an optimist 3 क्योंकि, चूंकि, के मद्दे नजर: ~ it is dangerous to draw conclusions, one cannot avoid noticing some changes;

n. किंतु-परंतु: a statement diluted with various **~es**

where\at /वेअःऐट/ *adv., conj., formal or old use* जिस पर, जहां पर: the spot ~ he kept his watch;

conj. जिसके बाद: he turned to leave, ~ she began to weep;

dw/lw: **~by** *adv.* जिसकी वजह से, जिससे, जिसके द्वारा: a device ~by to make money; he devised a plan ~by he might escape; **~fore** *adv., formal, old use/ law* 1 क्यों? किस लिए?: ~fore did you go?; never mind the why(s) and the ~fore(s) 2 किस कारण से?: the reason ~fore we have met; **~fore *conj.*** जिस कारण से (कि), जिसके बाद: we ran out of water, ~fore we surrendered; **~fore** *n.* कारण या प्रयोजन: the whys and ~fores; **~in** *formal, old use or law, adv.* किस में, कहां पर, किस (बात) में, किस दृष्टि से, जिस में: ~in was I wrong?; ~in is the justification?; **~in *conj.*** वहां, जहां पर: the room, ~in he lay, was warm; **~insoever** *adv.* जहां कहीं भी हो; **~of** *adv & conj. or old use* 1 जिसमें से, जहां से 2 जिसके बारे में: the person ~of he speaks; he knows ~of he speaks; in witness/ in faith ~of ... (जिसके प्रमाण के रूप में ...); **~on** *adv. & conj.* 1 किस स्थान पर?: ~on do you look? 2 जहां पर, जिस पर: the hill ~on we stand; **~to** *adv.* किस बात में? कहां, किस दिशा में; **~under** *adv.* जिसके नीचे; **~unto** *adv.* कहां, जहां; **~upon** /वेअःअपॉन/ *conj.* जिसके बाद, तत्पश्चात्, तदनंतर: I explained the matter, ~upon he laughed heartily

where\ver /वेअःएवः/ (*also* **where ever**) *adv.* 1 कहां पर? 2 कहां? कहां से? किधर को?, जिधर, जहां: I'll take it to **~ver** you like; **~ver** are you **~ver** is he? (जहां आप होंगे, वहीं वह भी होगा); the Round House, **~ver** that is;

conj. 1 (*syn.* everywhere) जहां भी, जहां कहीं, सब जगह: **~ver** possible; **~ver** he is, he always does well; he will get lost **~ver** he goes 2 (*syn.* whenever) जब भी, जहां भी: **~ver** there is need he lends aid; they were welcomed **~ver** they went;
***dw/lw:* ~with** /वेअःविथ/ किस से, जिस से: I have not the money ~with to pay them;
***p&i:* ... or ~ver** या जहां भी हो

wherewithal /वेअःविदॉल/ *n.* (**the** ~) साधन, संसाधन, धन: the ~ to do sth (कुछ करने के लिए आवश्यक साजो-सामान): have you the ~ for a holiday?; I haven't the ~ to continue

wherry /वेरि/ *n., pl.* **wherries** नौका, किश्ती, पनसुइया;
***dw/lw:* ~man** *n.* नाविक, ह्वेरी चालक

whet /वेट/ *v., pt.* **~ted**, *pp* **~ting** 1 (छुरी आदि) को पैना क., तेज क., सान चढ़ाना, पैनाना, टेना, पर सान दे. 2 भूख, भावुकता आदि उद्दीप्त क., उत्तेजित क., तेज क., तीव्र क., बढ़ाना;
n. 1 सान-धराई 2 भूख आदि बढ़ाने के लिए पेय की एक घूंट 3 उत्सुकता या रुचि वर्धक पदार्थ या बात 4 उपयुक्त अवसर;
***dw/lw:* ~ter** /वेटः/ *n.* तीव्रता बढ़ाने वाला;
***p&i:* ~ a knife for one's own throat** अपने लिए गड्ढा खोदना

whether /वेदः/ *conj.* 1 कि: he asked ~ he could help; I am not informed as to ~ he did the work or not; asked ~ it was raining 2 (*also* ~ **or no**/**not**) या, दो में से एक: it matters little ~ we go or stay; he was completely ignored, ~ by accident or design 3 कि... या नहीं: ~ or not...; I don't know ~ it is true or not; this is what I think, ~ right or wrong; ~ we live or die (हम चाहे मर जाएं या जिंदा रहें); the rules, ~ fair or unfair, are not our concern (नियम चाहे सही हों या गलत, हमें परवाह नहीं);
n. प्रश्न या प्रश्न-चिह्न: considering all the whys and **~s**;
***p&i:* ~ or no / not** 1 हो या न हो 2 जो भी हो, बहरहाल

whetstone /वेटस्टोन/ *n.* 1 सान, सिल्ली 2 कसौटी 3 भूख को तेज करने वाला पदार्थ;
***p&i:* lie for the** ~ बेशर्मी से झूठ बोलना

whew /फ्यू/ *excl.* 1 ओह! (थकान या राहत की अभिव्यक्ति), ओह! अरे! धत! 2 छी! वाह!

whey /वे/ *n.* तोड़, दही का पानी;
***dw/lw:* ~faced** *adj.* पीला, फीका;
***collocations*: ~ face** पीला, निस्तेज चेहरा

which /विच/ *pron.* कौन-सा?: ~ is more, thirty or thirteen?; ~ of the two is better?; ~ of the members were present?; ~ would you like best?;
conj. जो, जिस, जिन, कौन-सा: of these two I do not know ~ to prefer; will you advise me ~ to take?;
relative pron. 1 जो: take the book ~ is on the table; the house in ~ he lives; the country of ~ I was speaking; the places to ~ we are going 2 जो कि: he looked like a retired general, ~ indeed he was; this fact, ~ I think you have forgotten, proves the contrary 3 जो (कर्ता के रूप में): he lost his way, ~ delayed him considerably; he said he saw me there, ~ was a lie; it is raining hard, ~ prevents me from going out 4 **'so'**+***adj.***+ **which**: there is not any argument so absurd, which is not daily received 5 ऐसा प्रयोग जिसमें **'which'** को छोड़ा जा सकता है: this is their due, and (~) ought to be rendered to them by all people;
adj.: 1 कौन-सा?, कौन-सी?, कौन-से?, कैसा?, कैसी?, कैसे?: ~ boy won the prize?; ~ road is the right?; she knew ~ shops were the best; ~ Miss Kapoor do you mean, the younger or the elder one? can't decide ~ book is better 2 कौन-सा, जिस, उस: he came at noon, at ~ time I am usually at home; he stayed here two weeks, during ~ time he never left the house; ~ chapter do you prefer?
***p&i:* ~ is ~?** कौन क्या है: they are so alike I can never tell ~ is ~

whichever /विचएवः/ *pron., adj.* 1 कोई भी: ~ you may take, you will be satisfied 2 में से कोई भी: ~ you choose, you will have a good bargain;
relative adj. 1 जिस भी, जो भी, जिधर भी, कैसे भी: ~ way he turned he saw nothing but sand; take ~ are suitable 2 कोई भी, कैसा भी: take ~ suit you like best; take ~ coat fits better; at 10.00 or 10.30, ~ is more convenient

whicker /विकः/ *v. pt.* **~ed**, *pp* **~ing** (घोड़े का) हिनहिनाना;
n. हिनहिनाहट

whiff /विफ/ *n.* 1 (*syn.* gush of air) झोंका: a ~ of fresh air 2 फूंक, सांस (breath): give her another ~ of chloroform 3 (*syn.* odour) बू का झोंका, गमक, गंध, हल्की बदबू: a ~ of garlic 4 (*syn.* cigar) छोटा चुरुट 5 (*syn.* puff) कश, सुट्टा, दम: take a ~ or two; they stopped work to have a few **~s** 6 इशारा, निशान: at the first ~ of scandal;
***v., pt.* ~ed**, *pp* **~ing** 1 फूंकना, फूंक मारना 2 कश लगाना, सुट्टा मारकर धुएं के छल्ले हवा में छोड़ना 3 हल्की बदबू आना 4 हवा का हल्का-हल्का झोंका आना;
***p&i*: ~ away**/ **~ off** उड़ाकर दूर ले जाना

whiff\le /विफल/ *v., pt.* **~led**, *pp* **~ling** 1 हवा के झोंके से उड़ाया या छितराया जाना, छितराना: the leaves **~led** in the breeze 2 सरसराना, सनसनाना 3 हवा का मंद-मंद बहना 4 बदल जाना 5 टिमटिमाना (of flame: flicker) 6 हिलना-डुलना 7 (अपना दृष्टिकोण आदि) बदलते रहना, अस्थिर होना, विचारों में उतार-चढ़ाव आना, भावनाओं का दौरा-सा पड़ना (of thoughts: wander) 8 व्यर्थ में टर्र-टर्र या चपर-चपर क. 9 (*syn.* vacillate) हीला-हवाला क., टालमटोल या आगा-पीछा क.

Whig /विग/ *n.* 1 विग, 1679-80 में बना एक ब्रितानवी उदारवादी दल (आजकल Liberal Party) 2 अमेरिका में ब्रितानवी हुकूमत के विरुद्ध स्वतंत्रता संग्राम का समर्थक

while /वाइल/ (*also UK* **whilst**) *conj.* 1 (*syn.* when) के समय, के दौरान, जब तक, जब: they guard us ~ we sleep; he fell asleep ~ reading; he had an accident ~ (he was) coming here; finished the work ~ there was light; make hay ~ the sun shines 2 किसी अंतराल के दौरान: happened ~ we were abroad 3 = **whereas** के विपरीत: he likes camping, ~ she prefers sailing; one of the sisters was in white, ~ the other was all in black 4 जबकि, यद्यपि, हालांकि: ~ I see your point, I still cannot agree; he was generous towards others, ~ stinting himself; ~ I don't like it, I'll do it 5 न केवल, बल्कि: ~ the book will be welcomed by scholars, it will be liked by the general reader as well;
n. 1 समय का अंतराल: a long/ a short ~; between **~s** (अंतरालों के समय) 2 काल, समय: a ~ ago; a long ~ ago; wait a ~ 3 अवधि: quite a ~ (लंबी अवधि); a short ~ 4 थोड़ी देर: we must rest a ~; in a little ~; after/ for/ in a ~ 5 अर्सा: for a ~ (कुछ अर्से के लिए);
***v., pt.* ~d**, *pp* **whiling** 1 (*often* **~ away sth**) आराम से समय बिताना, काटना, गुजारना 2 समय का लंबा खिंचना 3 किसी काम में रम जाने के कारण सुख-दुख से ध्यान हट जा.: ~ sorrow;
***p&i:* ~ away the time** व्यर्थ में समय गंवाना; **~ sb is at it** किसी काम को करने के दौरान; **~ sth away** मौज-मस्ती करते हुए समय बिताना;
a long ~ ago बहुत पहले; **all the** ~ सारे समय; **at ~s** कभी-कभार; **between ~s** अंतरालों के दौरान, कभी-कभार; **every once in a ~/ once in** ~ कभी-कभार, बीच-बीच में; **in a ~**

थोड़ी देर में; **in a little** ~ जल्दी ही, कुछ ही देर में; **make hay ~ the sun shines** बहती गंगा में हाथ धो लो!; **make it worth sb's** ~ *colloq.* किसी को उसकी मेहनत के लिए भली भांति पुरस्कृत या सम्मानित क.; **once in a** ~ कभी-कभार, कभी-कभी, समय-समय पर; **worth ~/ worth one's** ~ किसी द्वारा लगाए गए समय या प्रयासों के लायक

whilom /वाइलम/ *adv.* पहले

whilst /वाइल्स्ट/ *conj.* = **while**

whim /विम/ *n.* 1 (***syn.*** caprice) झक, सनक: **~s** of fate 2 (***syn.*** sudden fanciful idea) तरंग, लहर: **~s** and fancies 3 मौज

whimper /विंपः/ *n.* 1 धीमा दर्दनाक रुदन या चीख 2 झीख;
v., *pt.* **~ed**, *pp* **~ing** 1 रोना-चिल्लाना, कराहना, क्रंदन क. 2 शोकाकुल होकर झीखना, झीकना 3 रिरियाना 4 पिनपिनाते हुए शिकायत करते र.;
dw/lw: **whimper\er** /विंपरः/ *n.* पिनपिनाने या ठिनकने वाला व्यक्ति; **~ing** *n.* रुदन, क्रंदन, पिनपिनाहट; **~ing** *adj.* रोना-चिल्लाना करने वाला, पिनपिनाने वाला; **~ingly** /विंपरिंगलि/ *adv.* रिरियाते हुए, पिनपिनाते हुए

whimsical /विम्जि\कल/ *adj.* 1 (***syn.*** capricious) झक्की, सनकी, वहमी 2 अस्थिर, डांवांडोल, ढुलमुल 3 विचित्र, विलक्षण, तुनुकमिजाज: be ~ in one's manner or moods; he is ~ in his ways; be was ~ about the matter;
dw/lw: **~ity** /~कैलिटि/ *n.* 1 झक्क, सनकीपन 2 अस्थिरता 3 विचित्रता, तुनुकमिजाजी; **~ly** /~कलि/ *adv.* 1 सनकी या वहमी ढंग से 2 विचित्रतापूर्वक, तुनुकमिजाजी से

whim\sy/ whimsey /विम्जि/ *n., pl.* **~sies** (***syn.*** idiosyncrasy) विचित्र विनोदशीलता या हास्य-रस, कल्पनाशीलता;
adj., *degr.* **~sier**, **~siest** विचित्र, विलक्षण, अनूठा, विचित्र विनोदशील;
dw/lw: **~sily** /विम्जिलि/ *adv.* विचित्र ढंग से

whin *n.* 1 एक झाड़ी, भटकटैया 2 = **whinstone** *see below*

whi\ne /वाइ\न/ *v., pt.* **~ned**, *pp* **~ning** 1 रोना-चिल्लाना, कराहना, क्रंदन क. 2 चिल्लम-पों मचाना 3 शिकायती टट्टू की तरह कुछ कहना 4 पिनपिनाना;
n. 1 चिल्लम-पों, फटी आवाज का शोर, भिनभिनाहट 2 शिकायतपूर्ण रुदन या पिनपिनाहट: utter a **~ne**;
dw/lw: **~ner** /~नः/ *n.* शिकायती टट्टू, पिनपिनाने एवं कुढ़ने वाला व्यक्ति; **~ning** *adj.* शिकायती, कुढ़ने वाला, क्रंदन करने वाला; **~ningly** /~निंगलि/ *adv.* चिल्लम-पों मचाते हुए, शिकायतपूर्वक; **~y** *adj.* सदा कुढ़ने वाला, पिनपिनाने वाला

whin\ge /विंज/ *v., pt.* **~ged**, *pp* **~ging** चिड़चिड़ाते हुए शिकायत क., रिरियाते हुए शिकायत या प्रतिवाद क.;
n.: **a whinge** *UK* रिरियायी;
dw/lw: **whinger** /विंगः/ *n.* खंजर, कटार

whin\ny /विनी/ *v. pt.* **~nied**, *pp* **~ning**, *s/he/ it* **~nies** 1 (घोड़े का) हिनहिनाना 2 हींसना, हिनकना, हिंकरना 3 (गधों आदि का) रेंकना;
n. 1 धीमी हिनहिनाहट, हिनक 2 हींस

whinstone /विनस्टोन/ *n., geol.* ह्विन-शैल (quartz-dolerite or quartz-basalt igneous rock)

whip /विप/ *n.* 1 चाबुक, कोड़ा, हंटर, सांटा, कशा 2 चाबुक की मार 3 संसद या विधान सभा में सचेतक: withdraw the ~ from sb (किसी की संसदीय दल की सदस्यता खत्म क.) 4 सचेतक द्वारा सदस्यों को भेजा जाने वाला निर्देश पत्र: give three line ~ 5 चाबुक लगाने में माहिर कोचवान आदि: be a good/ a poor ~ 6 (***syn.*** blow) कशाघात 7 कुत्तों को संभालने वाला शिकारी का सहायक 8 (***syn.*** pulley) घिरनी 9 मिठाई;
v., *pt.* **~ped**, *pp* **~ping** 1 चाबुक से मारना, कोड़े लगाना 2 हंटर लगाकर सजा दे. या चमड़ी उधेड़ना 3 हवा के झोंकों आदि द्वारा थपेड़ा जा.: a sharp wind **~ped** their faces 4 फेंटना (beat into froth) 5 पर सुतली लपेटकर बांधना 6 तुरपना (sew over) 7 (***syn.*** outwit, outdo, defeat) परास्त क., मात कर दे. 8 झपटना, लपकना, चाबुक-सी रफ्तार से टूट पड़ना (move quickly): the branch **~ped** back; ~ downstairs 9 (*usually* ~ **sth off/ out**) झपट्टे से छीन लेना या पिस्तौल आदि तानना: **~ped** out a revolver 10 *colloq.* चुराकर रफू-चक्कर हो जा.: **~ped** out of sight 11 ऊपर से आर-पार सीना, जल्दी-जल्दी सीकर तैयार क., टांकना 12 उधड़ने से या घिसकर टूटने से बचाने के लिए रस्सी पर डोरी लपेटना 13 हवा में फड़फड़ाना: flags ~ in the wind 14.1 शिकारी कुत्तों आदि को हांककर एक झुंड में इकट्ठा क. 14.2 लोगों को धकेलकर एक कोने या झुंड में इकट्ठा क.: ~ round the corner; ~ behind the cupboard 15 एक घूंट शराब का गटकना 16 मछली फंसाना 17 धागों या कपड़े को समेटना 18 संसद आदि में किसी दल के सचेतक द्वारा सचेतना का जारी किया जा. 19 (***syn.*** rouse) भड़काना: **~ped** the crowd into a fury;
dw/lw: **~bird** *n.* चाबुक की मार जैसी आवाज करने वाला आस्ट्रेलियायी पक्षी; **~cord** /विपकॉःड/ *n.* कोड़े का बटा हुआ डोरा या पट्टी; **~graft** *verb, pt.* ~grafted, *pp* ~grafting, *hortic.*, कलम बनाना; **~grafting** *n.* कलम बनाने की क्रिया; **~-hand** *n.* 1 चाबुक पकड़ने वाला हाथ 2 (*often* ~ **in this situation**) किसी के पलड़ा भारी होने की स्थिति: have the ~hand of/ over sb; he has the ~hand; **~lash** /विपलैश/ (*also* **~lash injury**) *n.* चाबुक या कोड़े की मार से गर्दन पर आने वाली चोट; **~ped** 1 *pt. of* **whip** 2 **~ped-up** *adj.* हारा हुआ, थककर चूर; **~per** /विपः/ *n., pl.* ~pers कोड़े लगाने वाला; **~per-in** *n., pl.* ~pers-in शिकारी कुत्तों को संभालने वाला सहायक; **~-round** *n.* लोगों के किसी समूह से किसी नेक कार्य के लिए जल्दी-जल्दी पैसा इकट्ठा करने की क्रिया; **~per-snapper** /विपः-स्नैपः/ *n., colloq.* 1 उद्धत या ढीठ बच्चा 2 छुटभैया, नीच व्यक्ति; **whipping** *see below under separate entry*;
collocations: ~ **scorpion** 1 लूता, लूताभ 2 बिच्छू या मकड़ी-सा जीव; ~ **snake** हंटर-सा लगने वाला लंबा, पतला सांप;
p&i: ~ **away** 1 भाग जा. 2 हथियार हाथ में तानना 3 से झपटना; ~ **in** 1 हांकना 2 सचेतना जारी क. 3 चंपत हो जा., चुपके से खिसक ले. 4 एक घूंट शराब की गटकना; ~ **off** 1 उतार फेंकना 2 भाग जा. 3 चाबुक से हांकना 4 पी डालना; ~ **into shape** *US* 1 सिखाना 2 सुनियोजित क. 3 वांछित आकार का बनाना; ~ **on** 1 चाबुक से हांककर पास ले आना 2 चाबुक मारकर उत्तेजित क., भड़काना; ~ **out** 1 हथियार तानना 2 लपक कर भाग जा, या खिसक जा., चंपत हो जा. 3 चाबुक से हांकना 4 झल्लाकर कुछ कहना 5 झटके से खींचना या निकालना या बाहर जाना, कह डालना, बघारना; ~ **round** झटके के साथ मुड़ना; ~ **(sth) away/ off/ out, etc.** एक ही झटके में निकालना; ~ **swing mount** जिमनास्टिक्स में झटके से उठने की क्रिया; ~ **the cat** 1 निजी घरों में दिहाड़ी पर दर्जी या बढ़ई का काम करते घूमना 2 कंजूसी क.; ~ **the devil/ the old gentleman round the post/** *US* **around the stump** 1 किसी तरह अपने फर्ज से टलना 2 तिकड़म लगाकर अपना काम निकालना; ~ **through** 1 एक पल में ठीक क. 2 लपेटना; ~ **up** 1 हथियार तानना 2 जल्दी-जल्दी कुछ कर ले. 3 प्रेरित क., प्रेरणा दे. 4 उत्तेजित क., भड़काना 5 एकत्र क., जमा क. 6 छीनना 7 फेंटना; ~ **up sth** 1 उकसाना, भड़काना 2 जल्दी से कुछ खाने के लिए बनाना;
a fair crack of the ~ सुअवसर; **a three-line** ~ तीन पंक्तियों की संचेतना; **have the ~ in hand** or **have/ hold, etc. the** ~ नियंत्रण हाथ में होना, मालिक होना; **lash like a** ~ कोड़ों से पीटना; **ride ~ and spur** सरपट दौड़ना; **with a ~ of scorpions** क्रूरतापूर्वक, निर्दयता से

whippet /विपिट/ *n.* 1 एक प्रकार का छोटा धावक कुत्ता 2 छोटा तेज टैंक

whipping /विपिंग/ *n.* 1 कोड़े लगाने की क्रिया 2 चाबुक से या सख्त

पिटाई 3 कोड़ों की मार 4 करारी हार 5 तुरपन, टांका;
adj. 1 चाबुक से पिटाई के माध्यम से शिक्षित (बालक) 2 पिटाई के लिए निर्धारित छोकरा यानी बलि का बकरा;
dw/lw: **~-cart** *n., hist.* बैल या घोड़ा गाड़ी जिससे बांधकर किसी व्यक्ति को घसीटकर दंड दिया जाता था; **~-post** *n., hist.* शर्मसार करने वाला स्तंभ, जिससे बांधकर किसी आदमी को कोड़ों से पीटकर दंड दिया जाता था; **~-top** *n.* 1 लट्टू 2 चंचल (जो एक स्थान पर टिककर न रह सकता हो) लड़का; **~-~around n. ~-around** *n.* लोगों के किसी समूह से जल्दी-जल्दी पैसा इकट्ठा करने की क्रिया;
collocations: **~ boy** बलि का बकरा, विशेषतः हर बात के लिए दोषी ठहराया जाने तथा दंडित होने वाला व्यक्ति; **~ cream** मलाई

whip\py /विपि/ *adj., degr.* **~pier, ~piest** 1 छरहरा 2 चाबुक की तरह लचीला, फुर्तीला;
dw/lw: **~-saw** /विप-साः/ *n.* दोतरफा आरा, चौखटा-आरा; **~-saw** *v., pt.* ~-sawed, *pp* ~-sawing 1 दोतरफा आरे से चीरना या काटना 2 किसी को दो मायनों में हराना या नुकसान क.; **~-staff** *n.* चाबुक का हत्था; **~ster** /विप्स्टः/ *n.* 1 नीच या खोखला व्यक्ति 2 अनाड़ी छोकरा 3 लंपट 4 क्रूर आदमी; **~stick** *n.* = **~-staff**; **~stitch** *n.* ऊपरी टांका, आर-पार का टांका; **~stock** *n.* = **~-staff** चाबुक या हंटर का हत्था

whir /वः/ *n.* = **whirr**, *see below*

whirl /वःल/ *v., pt.* **~ed**, *pp* **~ing** 1 घूमना या घुमाना 2 गर्दन पर तेजी से घुमाना 3 (***syn.*** spin) वेगपूर्वक हिलना-डुलना: the leaves **~ed** in the wind 4 पहियों पर या पहियों की तरह तेजी से चक्कर खाना, चलना या चलाना 5 (***syn.*** reel) (उत्तेजना आदि के कारण) सिर में चक्कर आना, सिर चकराना 6 घबरा जाना;
n. 1 चक्राकार (circling) या सर्पिल (spiralling) गति, चक्र, चक्कर, फेरी: a ~ of cyclone/ whirlwind/ vortex/ whirlpool (चक्रवाती तूफान, बबूला, बवंडर की बलखाती, ऊपर उठती गति) 2 घुमाव, घूर्णन, चक्कर 3 झपट, लपक 4 भाग-दौड़, गहमागहमी, हड़बड़ाहट का दौर 5 (***syn.*** dizziness) घबराहट, चकराहट: his brain was in a ~; a ~ of emotion 6 (***syn.*** commotion) हलचल, खलबली, हंगामा, तहलका, बलवा, हो-हल्ला;
dw/lw: **whirl\er** *n.* घुमाने वाली मशीन, चक्रायक; **~ing** /वःलिंग/ *n.* 1 घुमाव, चक्कर लगाने की क्रिया, घूर्णन, भ्रमण 2 चक्राकार या सर्पिल गति 3 घबराहट, चक्राहट; **~ing** *adj.* 1 घुमानेवाली, चक्र लगाने वाली 2 चक्रवाती, तूफानी, बवंडरी, वातावर्त 3 बिखरावपूर्ण, भ्रामक, अनुपयुक्त: ~ing words; **~pool** /वःलपूल/ *n.* 1 भंवर, भंवरी, घुमरी, चकोह, दरणी 2 जलावर्त: ~pool bath (जाकुजी) 3 भूलभुलैया 4 (***syn.*** turbulence, eddy) उथलपुथल: ~pool of adversities/ emotions; **~wind** /वःलविंड/ *n.* 1 तूफानी आंधी, बवंडर, बबूला, चक्रवात: a ~wind of sth 2 प्रचुरता, बाहुल्य: a ~wind of applause; ~wind of passion; **~wind** *adj.* तूफानी, बवंडरपूर्ण: a ~wind romance/ visit/ tour, etc. (तूफानी प्रेम/ दौरा/ भ्रमण आदि); a ~wind courtship (तूफानी प्रणय-प्रसंग);
p&i: **~ away** 1 हवा के झोंके या तीव्र धारा द्वारा बहा लिया जा. 2 सरपट दौड़ना;
give sth a ~ की कोशिश क., चालू क., लागू क., आजमाकर देख लेना; **ride the ~wind** स्थिति का काबू में हो.; **sow the wind, reap the ~wind** जो बोए सो काटे, बोए पेड़ बबूल के आम कहां से होए; **the social ~** मौज-मस्ती की दावतों की भूलभुलैया

whirligig /वःलिगिग/ *n.* 1 लट्टू 2 चक्रदोला 3 चक्कर 4 गतिविधियों और घटनाओं का सिर-चक्राहक दौर 5 (***syn.*** cycle) चक्र: the ~ of history; ~ of time (भाग्यचक्र, काल-चक्र, समय का फेर) 6 (*in full* **whirligig beetle**) जलभौंरा;
p&i: **the ~ of time** काल-चक्र का खेल

whirlybird /वःलिबःड/ *n., colloq.* हेलिकॉप्टर

whirr *UK* (*US* **whir**) /वः/ *n.* घर्र-घर्र की आवाज, खरखराहट, फरफर, भनभनाहट, घर्र;
v., *pt.* **~ed**, *pp* **~ing** 1 घर्र-घर्र करते हुए घूमना 2 घर्घराहना, घड़घड़ाना, खरखराना 3 फरफराना 4 भनभनाना

whisht/ whist/ wheesht /हविश्ट/ *mainly Scottish v.* चुप रहना, चुप हो जा.

whisk /विस्क/ *v., pt.* **~ed**, *pp* **~ing** 1 किसी को तेजी से कहीं ले जा.: ~ sb away/ off/ into, etc.; he was **~ed** into hospital; they **~ed** him off to Delhi in an aeroplane 2 (***syn.*** beat) तेजी से फेंटना 3 फुर्ती से सरकाना, हटाना, उठा ले जाना 4 झाड़न आदि से उड़ा दे. (flap away flies etc.): ~ away/ ~ off 5 (***syn.*** ~ broom) झाड़ना, झाड़ू दे., सफाई क. 6 हिलाना, घुमाना (swing, brandish lightly): he went **~ing** a cane 7 जल्दी या झपटकर ले जाना 8 तेजी से चला या खिसक जाना, छिप जा. (move away briskly);
n. 1 फेंटनी, रई, उपकरण जिससे कुछ फेंटा जा सके 2 चंवर, चामर, झाड़ू, कूंचा 3 तेज घुमाव या चलाव, झटका: with a ~/ in a ~; the horse brushed off the flies with a ~ of its tail 4 कहीं जल्दी-जल्दी ले जाने की क्रिया

whisker /विस्कः/ *n.*, **~s** 1 चूहे, बिल्ली, शेर आदि के मुंह का कड़ा लंबा बाल 2 मूंछ, दाढ़ी 3 न्यूनतम अंतर या दूरी: won by a ~; got saved by a ~;
dw/lw: **~ed** /विस्कःड/ (*also* **~y** /विस्करि/) *adj.* मुच्छल, मुछैल, जिसके गलमुच्छे हों; **~s** /विस्कःज/ *n., [pl.]* गलमुच्छे;
p&i: **by a ~** बहुत थोड़े से अंतर से; **come within the ~ of sth/ doing sth** किसी चीज या कुछ करने की ऐन कगार पर हो. या उसके बिल्कुल करीब हो.; **have ~s** दढ़ियल, बूढ़ा लगना; **mutton-chop ~s** गलमुच्छा, गोंछ, गलगोंछा

whiskey/ Whiskey /विस्कि/ *n. Ireland, US* **whisky** /विस्कि/ *n.* जौ, गेहूं, राई आदि से निकाली जाने वाली एक शराब

whisper /विस्पः/ *v., pt.* **~ed**, *pp* **~ing** 1 फुसफुसाना, कानाफूसी क., खुसर-फुसुर क. 2 (***syn.*** murmur) मरमराना, अफवाह हो.: it's **~ed** that she's leaving him;
n., *pl.* **~s** 1 कानाफूसी 2 फुसफुसाहट, खुसर-फुसुर: speak in a ~/ in ~s 3 (**~s, *syn.*** murmur) मरमराहट, अफवाह: **~s** of scandal 4 इशारा, संकेत: not a ~ of reproach; give the ~ 5 सरसराहट 6 कानाबाती, सरगोशी 7 जरा-सी या छोटी-सी मात्रा: not a ~ of; a ~ of the perfume; hardly a ~ of concern was voiced;
dw/lw: **~er** /विस्पःरः/ *n.* कनफुसका, चुगलखोर, कान भरने वाला: a ~er separates chief friends (Bible); **~ing** /विस्पिरिंग/ *n.* (***syn.*** murmur, rumour) फुसफुस, कानाफूसी, फुसफुसाहट, सरगोशी, कनबतिया; **~ing** *adj.* अफवाहपूर्ण, फुसफुसाहट वाला, कानाफूसीपूर्ण, कानों-कान फैलाया जाने वाला: ~ing campaign; **~ingly** *adv.* खुसुर-फुसुर करते हुए, फुस-फुसाकर; **~ous** /विस्परस/ *adj.* कानाफूसी भरा;
collocations: **~ing gallery/ ~ing dome** मर्मरश्रावी गैलरी

whist /विस्ट/ *n.* 1 ताश का खेल 2 चुप्पी: hold your ~ (चुप रहो!);
adj. 1 गूंगा, बेजबान 2 मूक, मौन, खामोश, बेआवाज: they were ~ folks about their concerns;
inter. चुप!

whistle /विसल/ *v., pt.* **~d**, *pp* **whistling** 1 सीटी बजाना, सीटी दे.: the audience **~d**; ~ appreciation 2 हवा का सरसराना, सनसनाना: the wind **~d** up the chimney 3 बोलना 4 पक्षी द्वारा चहचहाना 5 (*often* **~ up sb/ sth**) किसी को सीटी देकर बुलाना, इशारा क. 6 रेलगाड़ी या उबलती केतली द्वारा सीटी देना या छोड़ना: the steam-engine **~d** 7 (***syn.*** whizz past) गोली आदि द्वारा सरसराते हुए हवा को चीर जा.: the bullets/ the arrows **~d** past our ears 8 व्यर्थ कोशिश क.: he did a sloppy job so he can ~ for his money;
n. 1 सीटी 2 सीटी की आवाज: penny/ tin ~ 3 गला: wet one's

~ 4 पक्षी की चहचहाहट, हवा की सरसराहट 5 रेफ्री आदि द्वारा किया जाने वाला खेल का संचालन व नियंत्रण 6 रेल की सीटी 7 हवा से बजने वाला वाद्य 8 सीटी का इशारा: at sb's ~;

adj. सरसराहट करने वाला, सीटी बजाने वाला: ~ bomb

dw/lw: **~-blower** *n., colloq.* पर्दाफाश या भंडाफोड़ करने वाला; **~r** /विसलः/ *n.* सीटीबाज; **~-stop** *n.* छोटा स्टेशन या बस-अड्डा; **~-stop** *adj.* छोटी-छोटी जगहों पर थोड़ी-थोड़ी देर के लिए होने वाला: ~-stop campaign: ~-stop speech; **whistling** /विसलिंग/ *n.* 1 सीटी बजाने या बजने की क्रिया 2 सीटी; **whistling** *adj.* सीटी की तरह बजने वाला;

p&i: **~ away** 1 सीटी बजाना 2 अनहोनी बात की प्रतीक्षा क.; **~ bait** *US, sl.* छैल-छबीली; **~ down the wind** 1 किसी चीज को छोड़ दे., तज दे. 2 बेकार में चपर-चपर क.; **~ for** बेकार में चाहना; **~ for the wind/ ~ for sth** *colloq.* व्यर्थ की आशाएं रखना, व्यर्थ में इंतजार क.; **~/ whistling in the dark** 1 झूठा आशावाद 2 अपना डर छिपाने के लिए की जाने वाली बड़-बड़; **~ off** 1 पिंड छुड़ाना 2 को शून्य समझना 3 जल्दी-जल्दी दूर चले जा.; **~ psalms to the taffrails** भैंस के आगे बीन बजाना और भैंस खड़ी गुर्राए; **~ up** सीटी दे कर बुलाना, बुला भेजना; **~ up the law** कानून का दरवाजा खटखटाना;

as clean/ as clear/ as dry as a ~ बहुत बढ़िया, उत्तम, बहुत साफ, स्पष्ट; **at sb's ~** किसी का हुक्म बजाने को तत्पर; **bid/ tell/ let sb go ~** किसी को बदतमीजी से इन्कार क., किसी की अवहेलना क.; **blow the ~ on sb/ sth** *colloq.* किसी के अवैध कारनामों का पर्दाफाश क.; **go ~** इन्कार पाना, ठुकरा दिया जा.; **let sb go ~** किसी की अपेक्षाओं की उपेक्षा क.; **let the law go ~ (Shakespeare)** कानून इसमें कुछ नहीं कर सकता; **not worth a ~** बेकार; **pay (too dear) for one's ~** अपनी सनक के लिए बड़ी कीमत चुकाना; **wet one's ~** *colloq.* थोड़ा पीना, अपनी प्यास मिटाना

Whit /विट/ *n.* त्रिदेव (Trinity) से संबंधित ईसाई त्यौहार पेंतकोस्त, पंचाशती;

collocations: **Whit Sunday** सफेद (त्रिदेव) रविवार

whit /विट/ *n.* 1 थोड़ा-सा, जरा-सा टुकड़ा: not a ~ better; I don't care a ~; he doesn't seem a ~ concerned 2 लवलेश: every ~ as good as this 3 अल्प मात्रा, रत्तीभर: not a ~ of truth in the statement (इस कथन में रत्ती-भर भी सच्चाई नहीं);

p&i: **not a ~/ no ~/ never a ~** जरा भी नहीं, रत्ती-भर भी नहीं

white /वाइट/ *adj.*, ***degr.*** **~r, ~st** *adj.* 1 सफेद, श्वेत, धवल: ~ as snow 2 (*often* **White**) गोरी चमड़ी वाला, गोरा: a ~ person 3 दूधिया 4 रजत, रुपहला 5 शुक्ल 6 पीला, विवर्ण, सफेद पड़े या फीके चेहरे वाला, निस्तेज 7 कोरा 8 पारदर्शक 9 ईमानदार, सच्चा 10 *poetic* (of a soul): शुद्ध, पवित्र, निष्कलंक, निर्दोष 11 नेक (लक्ष्य, कार्य) 12 हानिकर 13 (***syn.*** comlexionless) रंगहीन, वर्णहीन 14 सफेद (बाल) 15 सफेद (डबल-रोटी) 16 *UK* दूध-मिली (कॉफी): ~ coffee;

n. 1 सफेद रंग: snow ~ 2 सफेद रोगन आदि 3 सफेद पोशाक, सफेद कपड़ा, श्वेद प्रदर: woman in ~; the man in the ~ 4 (*often* **White**) गोरी नस्ल का आदमी, गोरा 5 (*in full* **egg-~**) अंडे का सफेद हिस्सा: the **~s** of three eggs 6 आंख का सफेद भाग: turn up the **~s** of one's eyes (त्योड़ियां चढ़ाना, आंखें तरेरना) 7 सफेद तितली 8 (**the whites**) सफेद पोशाक, श्वेत परिधान, घर में सफेद (धुलाई के) कपड़े (*also see under* ***dw/lw:*** **whites**) 9 क्रिकेट आदि के खेल में पहनी जाने वाली सफेद पोशाक;

***v.**, pt.* **~d**, *pp* **whiting** 1 दीवारों आदि पर सफेदी क. 2 कपड़ों को सफेद रंग में रंगना;

dw/lw: **~bait** *n.* छोटी मछली; **~board** *n.* प्लास्टिक का सफेद बोर्ड जिसपर काले या अन्य रंग के ब्रशनुमा (felt-tipped) कलम से लिखा जा सकता है; **~caps** *n.* समुद्र में झागदार लहर; **Whitechapel** /वाइटचैपल/ *n.* लंदन की गरीब बस्ती; **~-collar** /वाइटकॉलः/ *adj.* वेतन भोगी कर्मी, सफेदपोश बाबू; **~-collar-class** *n.* बाबू-वर्ग; **~-complexioned** *adj.* गौर वर्ण का; **~-eye** *n.* आंखों के आस-पास महीन सफेद बालों वाला एक पक्षी; **~face** *n.* मसखरों, जोकरों आदि के मुंह का सफेद रंग का मेकअप; **~-faced** *adj.* जिसमें काटो तो खून नहीं: ~-faced with anger/ with anxiety/ with pain; **~fly** *n.* पौधों का रस चूसने वाली एक मक्खी; **~-haired** *adj.* पलित-केशी, श्वेत केशी; **Whitehall** *n.* 1 लंदन में सरकारी दफ्तरों वाली एक गली, वाईट हॉल 2 ब्रितानवी सरकार; **~-handed** *adj.* निर्दोष, निरपराध; **~head** *n.* सफेदमुंहा फुंसी; **~-hot** *adj.* 1 श्वेत-तप्त, अत्यधिक गर्म धातु जिससे सफेद रोशनी निकलती है 2 अति आवेगपूर्ण, प्रचंड रूप से भावुक; **~-knuckle** /वाइट-नकल/ *adj., colloq.* अत्यधिक भय, आतंक और चिंता का लक्षण; **~-leg** (*also* **milk-leg**) *n., pathol.* प्रसव के बाद होने वाला एक प्रकार का शिराशोथ; **~-livered** *adj.* डरपोक, कायर; **whiten** /वाइटन/ *v., pt.* whitened, *pp* whitening 1 सफेद बनाना या बनना 2 विरंजित क.; **~ner** /वाइटनः/ *n.* श्वेतक; **~ness** *n.* 1 सफेदी 2 धवलता, श्वेतता, श्वेतिमा 3 रजतिमा 4 दूधियापन 5 गोरापन; **whitening** *n.* 1 कलईगरी 2 सफेदी 3 चूने का घोल; **~-out** *n.* बर्फीले मौसम में मेघाच्छादित आकाश की सफेद परिदृश्य में विलीनता; **whites** /वाइटस/ *n.* 1 (**the whites**) गृहस्थी के सूती कपड़े 2 सफेद पोशाक, श्वेत परिधान 3 श्वेत प्रदर (leucorrhoea) नामक स्त्री-रोग; **~smith** /वाइटस्मिथ/ *n.* कलईगर; **~throat** *n.* गले पर सफेद बालों वाला पक्षी;

collocations: **~ admiral** पंखों पर सफेद पट्टियों वाली तितली; **~ alloy** (सस्ती) नकली चांदी; **~ ant** दीमक; **~ bear** सफेद भालू; **~ beard** सफेद दाढ़ी वाला व्यक्ति, वृद्ध आदमी; **~ blood cell** (*also* **leucocyte**) श्वेत रक्त-कोषाणु; **~ bread** सफेद डबल-रोटी, मैदे की रोटी; **~ clipper** श्वेत कर्तक; **~ compression** 1 श्वेत संपीडन 2 विपर्यास संकोच; **~ corpuscle** श्वेताणु; **~ cow** *US, sl.* वनिला आइस्क्रीम; **~ Christmas** बर्फबारी वाला बड़ा दिन (क्रिस्मस); **(a) ~ crow** अपवाद; **~ dwarf** श्वेत वामन (तारा); **~ feather** कायरता, कायर: show the ~ feather (कायरता दिखाना); **~d sepulchre** *formal or lit.* जिसके बगल में छुरी और मुंह में राम-राम हो, दो-मुंहा व्यक्ति; **~ elephant** बहुत महंगे रख-रखाव वाली वस्तु या प्राणी; **White Ensign** इंग्लैंड की नौसेना की पताका; **~ feather** कायरता द्योतक: show the ~ feather; **~ finger** *med.* रक्त-प्रवाह अवरुद्ध धमनियों के रोग से ग्रस्त उंगली; **~ fish** खाने योग्य समुद्री मछली; **~ flag** हार या समर्पण-सूचक श्वेत पताका; **~ flight** शहर में अपराध से डरकर अमीर लोगों का शहर से बाहरी क्षेत्र में आवासीय पलायन; **~ flour** सफेद आटा, मैदा; **White Friar/ ~ friar** सफेद वस्त्रधारी (Carmelite) साधु, श्वेतांबर संन्यासी; **~-fronted goose** कारंडक; **~ frost** पाला, धवल तुषार; **~ gold** सोने, प्लैटिनम, चांदी आदि की एक चमकदार सफेद मिश्रित धातु; **~ goods** 1 मेजपोश, चादरें, तौलिए आदि घर-गृहस्थी के कपड़े 2 धुलाई मशीन, फ्रिज आदि गृहस्थी के बड़े-बड़े उपकरण; **~ hands** निर्दोषता; **~ harvest** देर से उठाई जाने वाली फसल; **~ heat** 1 श्वेत ताप 2 तीव्र आवेग, तीव्र उत्तेजना, जोश, प्रचंडता: the ~ heat of technology; **~ hope** 1 भविष्य में महान आशाओं का स्रोत (व्यक्ति): he is our ~ hope 2 मुक्केबाजी के मुकाबले में अश्वेत मुक्केबाज का श्वेत प्रतिद्वंद्वी; **~ horses** समुद्र में बनने वाली सफेद झागदार लहरें; **the White House** 1 अमेरिकी राष्ट्रपति और सरकार 2 अमेरिकी राष्ट्रपति का सरकारी निवास; **~ knight** किसी कंपनी को किसी दूसरी कंपनी द्वारा हड़प लिए जाने से बचाने वाला व्यक्ति; **~-knuckle ride** मेले में रोलर-कोस्टर (roller coaster) आदि में भयावह पर मजेदार सवारी; **~ lead** सफेदा; **~ lie** 1 सफेद झूठ, कोरा झूठ 2 विशेषकर ऐसा झूठ जो दूसरों की भावनाओं को ठेस न पहुंचाने के लिए बोला गया हो; **~ light** बेलाग राय या फैसला, रंगहीन प्रकाश; **~ lightning/ mule** *US* घटिया व्हिस्की; **~ line** सड़क के बीच में बनी गलियारों (lanes)

आदि की द्योतक रेखा; ~ **lotus** श्वेत कमल, कमलिनी, नलिनी, पद्मिनी, मृणालिनी; ~ **magic** नेक इरादों से, जैसे बीमारी का इलाज आदि के लिए किया जाने वाला जादू; ~ **man** 1 गोरा 2 सच्चा, ईमानदार आदमी; ~ **man's burden** श्वेत व्यक्ति का बोझ (उपनिवेशवादियों का नारा); ~ **man's grave** अत्यधिक गर्मी व भीषण जलवायु आदि के कारण असंख्य श्वेत लोगों की जानलेवा क्षेत्र; ~ **matter** *anat.* दिमाग और रीढ़ रज्जु या मेरुरज्जु में एक रेशेदार तंतु; ~ **meat** मुर्गे, खरगोश आदि का सफेद गोश्त; ~ **metal** टिन, सीसे, सुरमा आदि की मिश्रित धातु; ~ **metamorphic limestone** संगमरमर; ~ **night** 1 विनिद्र रात्रि 2 सेंट पीटर्जबर्ग (रूस) आदि शहरों की जून-जुलाई के महीनों की रातें जब लगभग सारी रात अंधेरा नहीं होता; ~ **noise** बहुत सारी आवृत्तियों (frequencies) वाली ध्वनि तरंगें; **(the) ~ pages** टेलीफोन डायरेक्टरी के टेलीफोन नंबरों वाले सफेद पृष्ठ; ~ **paper** *UK* सफेद कागज पर छपी आधिकारिक सरकारी रिपोर्ट; ~ **pepper** सफेद (बिना काले छिलके के काली मिर्च का पाउडर) मिर्च; ~ **propaganda** *milit.* खुल्लम-खुल्ला प्रचार; ~ **pudding** एक मसालेदार चटनी या सॉस; ~ **raid** *milit.* पर्चे फेंकने के लिए उड़ान; ~ **rice** पालिश किया हुआ चावल; **White Russian** अक्तूबर क्रांति के बाद विदेश चले जाने वाले क्रांति-विरोधी रूसी लोग; ~ **sale** घरेलू उपयोग के कपड़ों की कम दाम पर बिक्री; ~ **salt** सामान्य नमक; ~ **sauce** आटे, चर्बी और दूध आदि से बनी सॉस; ~ **slave** ऐसी युवती जिससे उसकी मर्जी के खिलाफ बंधक बनाकर व्यभिचार करवाया जाता है; ~ **spirit** पेट्रोल से आसवित (distilled) एक रंगहीन तरल जो रोगनों आदि को पतला करने के लिए प्रयुक्त होता है; ~ **stick** नेत्रहीन लोगों द्वारा प्रयुक्त सफेद छड़ी; ~ **supremacy** श्वेतों का प्रभुत्व या बोलबाला; ~ **squall** बिन बादल बरसात; ~ **stuff** *US* कोकीन, मोर्फीन आदि मादक द्रव्य; ~ **trash** *US* अमेरिका के दक्षिणी प्रांतों में श्वेत खेत-मजदूर के लिए घृणास्पद शब्द; ~ **sugar** खूब अच्छी तरह साफ की हुई सफेद चीनी; ~ **tie** 1 पुरुष के औपचारिक परिधान के साथ लगाई जाने वाली श्वेत बो-टाई (bow-tie); ~**-van man** आजकल का उग्र स्वभाव का बदतमीज व हिंसक आदमी; ~ **vitriol** जिंक सल्फेट; ~ **war** 1 रक्तपातहीन युद्ध 2 बिना खून बहाए लड़ा जाने वाला युद्ध यानी आर्थिक युद्ध; **~wash** *see below under separate entry*; ~ **water** तूफानी नदी या समुद्र का लहरों वाला पानी; ~ **witch** दयालु जादूगरनी, डायन; ~ **water** उग्र समुद्री लहरों का सफेद झागदार पानी; ~ **wedding** पारंपरिक ढंग से चर्च में की जाने वाली शादी जिसमें दुल्हन श्वेत परिधान पहनती है;

p&i: ~ **and lily liver** कायरता, भीरुता; ~ **as a ghost/ as ashes/ as death/ as a sheet** इतना डरा हुआ व्यक्ति जिसे काटो तो खून नहीं; ~ **as milk/ as driven snow** बिल्कुल सफेद; ~ **hands** साफ-सुथरे निष्कलंक हाथ; **~r than ~** बिल्कुल ईमानदार आदमी; ~ **with rage/ with passion/ with anxiety** आवेश, आवेग और चिंता आदि के मारे हवाइयां उड़ जा.; **as ~ a man as I ever knew** मेरे परिचितों में से सर्वाधिक सच्चा व्यक्ति; **bleed ~** फटे-हाल कर दे.; **call ~ black/ turn ~ into black** सफेद को काला बताते हुए सफेद झूठ बोलना; **in black and ~** लिखित में; **show the ~ feather** डर जाना; **turn ~** फक होना या पीला पड़ना; **wave the ~ flag** हथियार डालना

whitewash /वाइटवौश/ *US* वाइटवा:श, वाइटवॉश/ *n.* 1 (***syn.*** cover-up) लीपा-पोती 2 (*also* **lime~**) चूना, खड़िया आदि 3 पुताई, सफेदी, कलई;

v., *pt.* **~ed**, *pp* **~ing** 1 (*also* **lime ~**) सफेदी क., पुताई क. 2 (***syn.*** cover-up) किसी घोटाले पर लीपा-पोती करके उसे दबा दे., निर्दोष ठहराना, घोटाले को छिपाना, सफाई दे. 3 बुरी तरह से हराना;

dw/lw: **~ing** *n.* पुताई, कलई

whitey /वाइटि/ (*also* **Whitey)** *n., colloq., often derog.* (अश्वेत लोगों द्वारा प्रयुक्त) गोरे लोग

whither /विदः/ *adv., old use or poetic* 1 किस दिशा में? कहां? किधर?: ~ did they go? 2 किस स्थान को?;

pron., conj. 1 किसी दिशा में, जहां: went ~ he was bid 2 किसी स्थान को जहां, जहां कहीं, जिधर: the island ~ we drifted; some miles away lay London, ~ they journeyed; let them go ~ they will;

n. गंतव्य स्थान;

dw/lw: **~soever** *adv.* जहां कहीं, किसी भी स्थान को

whiting /वाइटिंग/ *n.* 1 एक तरह की छोटी समुद्री मछली, उजली मछली 2 खड़िया मिट्टी, खड़िया, चाक

whitish /वाइटिश/ *adj.* सफेद-सा, कुछ-कुछ सफेद

whitlow /विटलो/ *n.* 1 गलका, जलका 2 उंगली या अंगूठे में, विशेषकर नाखून क पास शोथ, नखव्रण

Whitsunday *see above under* **Whit:** ***collocations***

whittle /विटल/ *v., pt.* **~d**, *pp* **whittling** 1 छुरी या छेनी से लकड़ी में से पट्टियां या खपचियां निकालना: ~ a shoot for a rod 2 छीलना या तराशना, छील या तराशकर बनाना: ~ a pencil; ~ at sth 3 छीजना, धीरे-धीरे क्षय होना;

p&i: ~ **away** 1 छीलना 2 थोड़ा-थोड़ा करके खत्म क., कम क., नहीं के बराबर कर दे.: ~ away a fortune/ a doctrine; **~ down** = ~ away धीरे-धीरे कम क.: ~ down expenses/ cost; **~ off** छीलना, घटाना;

dw/lw: **whittling** *n.* छीलन

whity /वाइटी/ (*also* **whitey**) *adj.* कुछ-कुछ सफेद

whizz /व्हिज/ (*also US* **whiz**) *v., pt.* **~ed**, *pp* **~ing**, *s/he/ it* **~es** 1 जल्दी से सनसन करते हुए या फर्राटे से गुजर जा.: ~ by/ past/ through, etc. 2 तेजी से या फर्राटे से जाना या चलना 3 सिर का चकराना: that makes my head ~;

n., *pl.* **~es** 1 सनसनाहट, सरसराहट या फर्राटे की आवाज: ~ of bullets; go with a ~; a ~ of an automobile 2 किसी चीज में माहिर 3 *US* सहमति, सौदा (पक्का): it is a ~**!**;

dw/lw: **~-bang** *n. World War I sl.* 1 एक हल्का पर तेजी से फटने वाला बम 2 इस बम से मिलती-जुलती आतिश-बाजी; **~er** /व्हिजर/ *n.* जल-निष्कर्षक; **~-kid/ whiz kid/ wiz kid** (*also* **whizkid**) /व्हिजकिड/ *n.* अत्यंत मेधावी व तीव्रगामी (dynamic) युवक जो तेजी से सफलता प्राप्त करता जाता है; **whizz\y** /व्हिजि/ *adj., degr.* ~ier, ~iest नवीनतम तकनीक से लैस: a ~y new handheld computer/ ipad

p&i: ~ **through sth** जल्दी से पूरा क.

WHO *abbr.* 'World Health Organization' की प्रथमाक्षरी

who /हू/ *pron.* 1 कौन?: ~ is speaking?; ~ of us can still remember his name?; ~ do you want? 2 किसने? 3 क्या है क्या चीज है! 4 जिसे, जिसको 5 जो 6 प्रश्नालंकार या अलंकारपूर्ण प्रश्नों में प्रयुक्त: ~ among you but would have done the same?;

conj. 1 परोक्ष प्रश्नों और उप-वाक्यों में 'कौन' के अर्थ में प्रयुक्त did he know ~ I was? 2 भावुकतापूर्ण वाक्यों में बल देने लिए ~ do you think you are? 3 '**whom**' के स्थान पर प्रयुक्त: know ~ he is thinking of;

rel. pron. उप-वाक्यों में मुख्य वाक्य को परिभाषित करने के लिए 'कौन' आदि के अर्थ में प्रयुक्त: कौन-सा, कौन-सी, कौन-से, कौन जो, जिसने, जिन्होंने आदि: the man ~ was here is an artist he does not know the people, ~ live next door; he struck his opponent, ~ promptly returned the blow deny it ~ may; ~ eats must pay; ~ does not work, does not eat;

p&i: ~ **am I to question the decision?** इस फैसले पर सवालिया निशान लगाने वाला मैं कौन होता हूं?; **Who is Who** जीवनी-वार्षिकी (महत्त्वपूर्ण लोगों और उनके कार्य-कलापों के बारे में जानकारी): he knows ~ is ~; ~ **in thunder/ ~ the dickens/ ~ the devil/ ~ the deuce/ ~ the hell/ ~ the blazes ...?** or ~ **the devil told you that?** भला कौन-स

दुष्ट आदमी तुम्हें इसके बारे में बता सकता था?; **~ hunts two hares leaves one and loses the other** आधी छोड़ सारी को धावे, आधी मिले न सारी पावे, दुविधा में दोनों गए माया मिली न राम; **~ knows** किसे पता (क्या होगा); **~ looks not before finds himself behind** देखे न अगाड़ी, रहे पिछाड़ी; **~ on earth is it?** आखिर इस समय कौन (आया) होगा?; **~ so blind as he that will not see** जो देखकर भी नहीं देखता, उससे बड़ा अंधा कोई और नहीं; **~ will bell the cat** म्याऊं का ठौर कौन पकड़ेगा?;

Julius Caesar, **who was murdered in 44 BC** जुलियस सीजर, जिसे 44 ईस्वी पूर्व में मार दिया गया था

whoa /वो/ *excl./ interj.* घोड़े को दिया जाने वाला रुकने का आदेश (रुको!)

who'd /हूड/ 1 *short,* 'who had' का संक्षिप्त रूप 2 *short,* 'who would' का संक्षिप्त रूप

whodunit/ whodunnit /हूडनिट/ *n.* 1 अपराध, रहस्य तथा हिंसा-प्रधान कहानी, नाटक या उपन्यास 2 जासूसी उपन्यास

whoever /हूएवः/ (*also* **who ever**) *pron.* 1 परोक्ष प्रश्नों व कथनों में '**who**', '**whom**' के बल देने वाले रूपों में प्रयुक्त, जिस किसी ने, जिस किसी को: ~ wrote this letter is a fool; ~ is that at the door?; ask ~ you like 2 चाहे जो कोई भी, जो भी हो: ~ you may be, sir, I am deeply grateful to you; I don't want to see them, ~ they are; ~ comes shall be welcome; ~ finds it may keep it 3 पता नहीं कौन, जो कोई भी हो: St Fiacre, ~ he was;

p&i: **… or whoever** *colloq.* या ऐसे ही अन्य लोग

whole /होल/ *n.* 1 (***syn.*** in one piece) किसी वस्तु का संपूर्ण रूप: he ate the ~ of it 2 अपने में संपूर्ण वस्तु: the ~ of sth; the ~ of arithmetic 3 समष्टि: nature is a ~ 4 कुल योग, कुल जोड़, सर्वयोग 5 संपूर्णता, समग्रता: we must consider these matters as a ~; the assembly will sit as a committee of the ~ 6 संपूर्ण इकाई: the ~ and the parts; four quarters make a ~;

adj. 1 संपूर्ण: I want to know the ~ truth; with one's ~ heart 2 पूरा का पूरा, सारा, समूचा, समस्त, समग्र: ~ outfit; the ~ world; the ~ country/ village; the ~ street heard you; the concert lasted four ~ hours 3 अविभाजित, अखंड: ~ number; swallowed it ~ 4 अविकल, अक्षुण्ण, अक्षत: escape with a ~ skin 5 (***syn.*** unprocessed) प्राकृतिक, अपरिष्कृत: ~ milk; ~ food 6 विशाल, बहुत बड़ा: a ~ series of battles; he talked a ~ lot of nonsense; he has eaten the ~ lot; a ~ pile of work to do 7 *old use* तंदुरुस्त, भला-चंगा: the miracle that made him ~ 8 एक ही माता-पिता से पैदा होने वाले: ~ brother/ sister 9 बिना टूटा या टूटी: there is not a plate left ~; only two cups left ~;

adv. (***syn***. completely) पूर्णतः, कुल मिलाकर, सामान्यतः: found a ~ new approach;

dw/lw: **~-bred** *adj.* शुद्ध नस्ल का, शुद्ध खून का; **~-coloured** *adj.* एकरंग, एकरंगा; **~food** *n.* (*sometimes* **~foods**) *UK* 1 कम से कम पकाए, परिष्कृत किए हुए खाद्य पदार्थ 2 बिना मिलावट के खाद्य पदार्थ; **~-grain** *adj.* पूरे दाने का यानी अनछना आटा आदि; **~hearted** *see below under separate entry*; **~-hoofed** *adj.* एक खुर वाला; **~-hog** *adv.* 1 पूरी तरह से, अंत तक 2 किसी कारणवश न रुकते हुए 3 बिना कोई कसर छोड़े; **~-hogger** *n.* 1 उत्साही समर्थक 2 अंधभक्त 3 कोई कसर न छोड़ने वाला 4 अंत तक कोशिश करने वाला; **~-length** *adj.* 1 पूरा-पूरा 2 सिर से पांव तक का चित्र या तस्वीर: the ~-length portrait; **~meal** (*also* **~wheat**) बिना छंटाई किए हुए पूरे दानों का मोटा आटा, सूजी; **~ness** *n.* 1 संपूर्णता, अखंडता 2 एकांगता; **wholesale** *see below under separate entry*; **wholesome** *see below under separate entry*; **~-time** *adj.* पूर्णकालिक;

collocations: **~ and sole owner** संपूर्ण अधिकार प्राप्त स्वामी, मालिक; **~ blood** एक ही माता-पिता की संतान: brothers/ sisters of the ~ blood; **~ cloth** कपड़े का पूरा थान; **~ life assurance/ insurance** जीवन पर्यंत बीमा, जीवन बीमा; **~ milk** 1 शुद्ध दूध, बिना मिलावट का दूध 2 अपरिष्कृत दूध; **~ number** पूर्णांक; **the ~-cheese/ show** *US* अकेली बड़ी तोप (खास आदमी); **~-tone scale** *music* संगीत स्वरों का पैमाना; **~ wheat** (*also UK* **wholemeal**) अनछना गेहूं का आटा;

p&i: **~ bag of tricks** सभी हथकंडे;

as a ~ सामान्यतः, समूचे या पूर्ण रूप में; **a ~ lot** *colloq.* काफी, काफी सारा: I feel a ~ lot better; **a ~ new ball game** बिल्कुल अलग बात; **go the ~ hog** 1 पूरा जोर लगाना 2 किसी बात की परवाह किए बिना आगे बढ़ना, कोई कसर न छोड़ना 3 कोई काम अच्छी तरह से क., उसे पूरा क.; **in (the) ~** पूर्णतः; **made out of ~ cloth** कपोल कल्पना, सफेद झूठ; **on the ~** सब बातों को ध्यान में रखते हुए, कुल मिला कर; **~ number** पूर्णांक; **the ~ world** सारी खुदाई, सारी दुनिया; **the ~ of morality** संपूर्ण नैतिकता ...

wholehearted /होलहाःटिड/ *adj.* ईमानदार, सच्चा, खरा, निष्कपट, नेकनीयत, हार्दिक, एकनिष्ठ: ~ agreement/ approval/ support, etc.; ~ in one's devotion (अपनी निष्ठा में खरा); ~ repentance (सच्चा पश्चात्ताप या पछतावा); ~ in one's sympathy;

dw/lw: **~ly** /~लि/ *adv.* सच्चे मन से, पूरी निष्ठा या श्रद्धा से, पूरी जी-जान से, तहे दिल से; **~ness** /~नेस/ *n.* हार्दिकता, श्रद्धा, एकनिष्ठा

wholesale /होलसेल/ *adj.* 1 थोक: ~ business/ trade 2 व्यापक, बड़े पैमाने पर होने वाला: ~ store; ~ manufacturing 3 सर्व-व्यापक, अंधाधुंध: ~ slaughter/ massacre 4 असीम, अपरिमित 5 मंजा हुआ, पक्का: ~ liar;

adv. 1 थोक में, थोक भाव से: buy/ sell ~ 2 व्यापक रूप से, अंधाधुंध: waste one's money ~ 3 बड़े पैमाने पर: kill people ~;

n. 1 थोक: by/ at ~ (थोक में); throw contempt at a book by ~ 2 व्यापकता 3 विशालता;

dw/lw: **~r** /होलसेलः/ *n.* थोक व्यापारी

wholesome /होलसम/ *adj.* 1 पौष्टिक: ~ food 2 *old use* (नैतिक रूप से) हितकर, हितकारी: ~ advice 3 स्वास्थ्यकर, स्वास्थ्यवर्धक, पथ्य: ~ surroundings/ climate; the place is not ~ for us 4 स्वस्थ, तंदुरुस्त, भला-चंगा 5 विवेकपूर्ण, दुरुस्त: books that are a ~ reading; a ~ dislike of sophistry; the novel is not ~ (यह उपन्यास विवेकपूर्ण नहीं); a ~ respect for the sea;

dw/lw: **~ly** *adv.* विवेकपूर्वक; **~ness** *n.* विवेकशीलता

who'll /हूल/ *short* 'who will' का संक्षिप्त रूप

wholly /होलि/ *adv.* 1 (***syn.*** totally) पूर्ण रूप से, पूर्णतया: not ~ satisfied with the job they did; I do not ~ agree 2 बिल्कुल, निपट, सरासर: be ~ at a loss 3 सर्वथा: ~ bad; ~ given to sth

whom /हूम/ *pron.* 1 '**who**' के स्थान पर कर्म रूप में प्रयुक्त 2 किसे? किसको?: ~ do you want?; to ~ are you referring? 3 पारिभाषिक या टीकाकारक उपवाक्य में: जिसे, जिसको, जिसके बारे में इत्यादि अर्थों में: this is the man ~ I was speaking about; I am looking for the man ~ I met earlier;

p&i: **~ God will destroy He first makes mad** विनाश काले विपरीत बुद्धि; **~ the Gods love die young** भले लोग जल्दी भगवान को प्यारे हो जाते हैं;

whomever /हूमएवअः/ (*also* **whomsoever**) *pron.* कोई भी जो..., जिस किसी को: I will write to ~ I deem fit

whoop /वूप/ *n., US, sl.* 1 खुशी से निकली चीख, हुंकार: **~s** of joy; warlike **~s** 2 /हूप/ आह के रूप में निकलने वाली लंबी सांस

या खांसी;
v., pt. **~ed**, *pp* **~ing** 1 हुंकारना, उल्लासपूर्वक चिल्लाना: ~ for joy 2 खों-खों क., खांसना, खांय-खांय क.;
p&i: **~ it up** *colloq.* शोर-शराबे के साथ खुशियां मनाना; **I don't care a ~** मैं जरा भी परवाह नहीं करता, मेरी बला से; **not worth a ~** कौड़ी के दाम भी नहीं; **~ it/ her things up** बखेड़ा खड़ा क.

whoopee /व्हूपी/ *excl./ interj.* वाह! (उल्लास की अभिव्यक्ति);
n., *pl.* **~s** 1 उल्लासपूर्ण प्रसन्नता 2 धूम-धड़ाक्का 3 मौज-मस्ती;
collocations: **~ cushion** पानी से भरा रबड़ का सिरहाना; **~ water** *sl.* वोदका, मदिरा, शैंपेन;
p&i: **make ~** *colloq.* उल्लासपूर्वक खुशियां मनाना, रंगरलियां मनाना

whooper /हूपः/ (*also* **~ swan**) *n.* राजहंस

whooping cough /हूपिंग कफ/ काली खांसी, कुकर खांसी, कुकास, ढांसी

whoops /वूप्स/ *excl.* गलती होने पर अनायास निकलने वाली ध्वनि

whoosh/ woosh /वूश/ *n., pl.* **~es** सरसराहट, सनसनाहट, सांयसांय;
v., pt. **~ed**, *pp* **~ing** हवा को सांयसांय करते हुए चीरकर जा.

whop /वौप/ *v., pt.* **~ped**, *pp* **~ping** 1 कोड़े या चाबुक से मारना, खूब पीटना 2 झटके से फेंकना या खींचना या चलना 3 टकराना, पटकना 4 हरा दे., मात दे., पराजित क.;

whopper /वौपः/ *US* वाःपः/ *n.* 1 विशालकाय (चीज) 2 बहुत बड़ा झूठ: ~s about sb's past

whopping /वौपिंग/ *US* वाःपिंग/ (*also* **~ great**) *adj., colloq.* 1 डील-डौल में अद्वितीय, विशालकाय 2 बहुत बड़ा: a ~ing lie; a profit of ~ 50 million rupees;
n. 1 पिटाई, धुनाई 2 (खेल में) मात, हार

who're /हुअः/ *contraction/ short,* 'who are' का संक्षिप्त रूप

whore /हॉः/ *n., offensive* 1 वेश्या, रंडी: play the ~ 2 लंपट;
v., pt. **~d**, *pp* **whoring** 1 रंडीबाजी क., वेश्या हो. 2 व्यभिचार किया जा.;
dw/lw: **~dom** /हॉःडम/ *n.* 1 वेश्यावृत्ति या रंडीबाजी 2 वेश्यागमन, लंपटता; **~house** /हॉःहाउस/ *n.* वेश्यालय, चकला, रंडी का कोठा; **~master** /हॉःमास्टः/ हॉःमैस्टः/ *n.* 1 रंडीबाज 2 रंडियों का दलाल, भड़ुआ, कुटना, राल; **~monger** /हॉःमंगः/ *n.* रंडीबाज, वेश्यागामी, लंपट; **~mongering** /हॉःमंगरिंग/ *n.* (***syn.*** lechery) रंडीबाजी; **~son** /हॉःसन/ *n.* जारज, दोगला; **whoring** /हॉःरिंग/ 1 वेश्यावृत्ति 2 रंडीबाजी, वेश्यागमन; **whorish** /हॉःरिश/ *adj.* लुच्चा, लंपट; **whorishly** /हॉःरिशलि/ *adv.* लंपटतापूर्वक; **whorishness** /हॉःरिशनेस/ *n.* लंपटता, लुच्चापन;
p&i: **~ after sth** दुष्कर्म क., ओच्छे कामों की ताक में रहना; **~'s bird!** कुत्ते का पिल्ला! (एक गाली)

whorl /वःल/ *US* वर्ल/ *n.* 1 चक्र: the **~s** at sb's fingertips 2 (***syn.*** spiral) कुंडली, छल्ला 3 चक्राकार गोला 4 भ्रमि, चक्कर;
dw/lw: **~ed** *adj.* चक्रित फूल; **~er** *n.* चक्करदार संरचना

whortleberry /वःटलबेरि/ *n.* एक गहरी नीली झड़बेरी

who's /हूज/ *short,* 'who is', 'who has' का संक्षिप्त रूप

whose /हूज/ *pron., interrogative* 1 किसका?, किसकी?, किसके: ~ umbrella is this?; ~ daughter are you?; ~ are these gloves? 2 जिसका;
relative adj. 1 कौना-सा?, कौन-सी?, कौन-से? कैसा, कैसी, कैसे 2 जिसका, जिसकी, जिनका, जिनकी, जिनके: my parents, without ~ help I could not have succeeded; the house ~ windows are broken 3 जिसका, जिसकी, जिसके, किसी की: this is the person for ~ sake he did it; the pupil ~ work I showed you; take ~ advice you will (जिसकी मर्जी सलाह ले लो!);
conj. किसका, किसकी, किसके: I wonder ~ house that is

whosesoever /हूजसोएवअः/ *pron.* जिस किसी का भी हो

whosoever /हूसोएवअः/ *pron. formal or old use* 1 जो कोई भी हो: ~ you are ... 2 कौन-सा भी हो, जिसको भी: ~ they choose will have this right

who've /हूव/ *short,* 'who have' का संक्षिप्त रूप

why /वाइ/ *adv.* 1 क्यों?: ~ don't you?; ~ not do sth? 2 किस कारण (से)?: ~ did you do that? 3 किस लिए? काहे को?: ~ so? 4 किस आधार पर? 5 जिस कारण से, जिन कारणों से 6 क्यों नहीं?: ~ not?;
relative किस कारणवश?: I can think of no reason ~ you should not go; I don't know ~ they are late;
n. कारण, वजह: the **~s** and the wherefores; every ~ has a wherefore;
p&i: **~ in thunder ...? / ~ the blazes...? / ~ the dickens ...?/ ~ the deuce ...?/ ~ the devil/ ~ the hell ...?** खुदा के वास्ते, भला क्यों?; **no reason ~ I should get involved** मेरे बीच में फंसने का कोई कारण नहीं; **~, you little monster!** छुटकू बदमाश, तूने क्यों ऐसा किया?; **~, have you any objection?** क्यों भला, तुम्हें कोई एतराज है क्या?

WI *abbr.* 'West Indies', *US state* 'Wisconsin', *in the UK* 'Women's Institute' की प्रथमाक्षरी

WIAA *abbr.* 'Western India Automotive Association' की प्रथमाक्षरी

WICB *abbr.* 'West Indies Cricket Board' की प्रथमाक्षरी

Wicca /विका/ *n.* धर्म के रूप में माना जाने वाला जादू-टोने का आधुनिक रूप

wick /विक/ *n.* बत्ती, बाती, वर्तिका, वर्ती, पलीता;
p&i: **dip one's ~** *sl.* किसी को चिढ़ाना या तंग क.

wicked /विकिड/ *adj., degr.* **~er, ~est** 1 (***syn.*** evil) बुरा, दुष्ट, भ्रष्ट, पापी, चरित्रहीन 2 (***syn.*** mischievous) बदमाश, शरारती, शरारतपूर्ण, नटखट, शैतान: a ~ person; throw a ~ look 3 भयंकर, दुष्कर, घिनौना, कुत्सित, बदबूदार: ~ odour; ~ dog 4 अत्याचारी, अन्यायपूर्ण, क्रूर, निर्दयतापूर्ण, अनैतिक: ~ intents; war is ~; ~ designs; man ~ in his behaviour 5 (***syn.*** spiteful) खतरनाक, द्वेषपूर्ण, निर्दय, खूंखार, निर्मम, कुटिल, मक्कार: ~ blow; ~ world 6 बदमिजाज 7 (**the ~**) दुष्ट प्रजाति 8 दुर्दम्य, कटखना, काटने वाला 9 खराब, तूफानी: ~ weather; a ~ hot day 10 *sl.* बहुत अच्छा;
n. (**the ~**) दुष्ट व्यक्ति, दुष्ट लोग;
dw/lw: **~ly** /~लि/ *adv.* दुष्टतापूर्वक, अनैतिकतापूर्वक; **~ness** /~नेस/ *n.* 1 बुराई, दुष्टता, शरारत, अनैतिकता 2 दुष्टतापूर्ण कार्य 3 अन्याय, द्वेषपूर्णता;
p&i: **she shakes a ~ calf** *US* वह बहुत अच्छा नाचती है; **there's no peace/ rest for the ~** दुष्ट लोग कभी दुष्टता से बाज नहीं आते

wicker /विकः/ *n.* 1 पतली लचीली टहनी 2 खपची, खपच्ची, 3 तीली, सींक 4 सींकों की बनी वस्तु;
adj. पतली लचीली टहनियों से बनी या बुनी हुई: ~ basket (टोकरा, टोकरी);
dw/lw: **~ed** *adj.* पतली लचीली टहनियों से बना या बुना हुआ; **~work** *n.* पतली टहनियों या खपचियों की बनी कोई वस्तु (टोकरी, कुर्सी आदि)

wicket /विकिट/ *n.* 1 *cricket* क्रिकेट में विकेट और उसके आसपास का खेल-क्षेत्र 2 बल्लेबाजी करने वाला खिलाड़ी: 45 runs for two **~s**; win by 7 **~s** 3 बल्लेबाज को बाहर (out) करने की क्रिया: get/ take, *etc.* a ~ 4 आधा दरवाजा (half door) 5 (*in full* **~ gate/ ~ door**), ***syn.*** turnstile gate) विकेट-डोर, चक्रद्वार, बड़े दरवाजे में बना छोटा दरवाजा 6 छोटा फाटक, छोटा दरवाजा, दरीच 7 *US* जालीदार खिड़की, टिकट खिड़की;
dw/lw: **~keeper** *n.* विकेट कीपर;
p&i: **on a good ~** अनुकूल स्थिति में; **on a sticky ~** जटिल स्थिति में

wide /वाइड\/ *adj., degr.* **~r, ~st** 1 (***anton.*** narrow) चौड़ा: 5 feet/ 3 inches/ 6 metres, etc. ~; ~ road/ river/ bed; ~ screen; three feet ~ 2 (***syn.*** extensive) व्यापक, विस्तृत: ~ knowledge; ~ interests/ views/ generalizations/ fame; ~ reading; ~ connections; be of ~ distribution (व्यापक वितरण हो.); ~ support; the **wide\r** implications (दूरगामी दुष्परिणाम) 3 लंबा-चौड़ा: at ~ intervals 4 बड़ा, वृहत्: ~ difference; ~ world 5 (***syn.*** loose, baggy) ढीला: a ~ skirt/ trousers 6 उदार 7 (***syn.*** general) सामान्य 8 निष्पक्ष 9 धूर्त, चालाक: ~ fellow 10 पूरी खुली (आंखें आदि): stare with ~ eyes; eyes ~ with astonishment/ with horror 11 (***syn.*** range of selection) विभिन्नता, विविधता की व्यापकता: a ~ range/ selection/ variety, etc.; a ~ choice of films 12 निशाने या अन्य पिंड से परे: his aim was ~ of the target; ~ of the mark; this is ~ of the truth; views ~ of ours; a ~ cricket ball/ shot, etc. 13 (***syn.*** lax in morals) नैतिक रूप से लचर 14 खुला: ~ to the world 15 असंतुलित, अतिवादी 16 परिवर्तनशील, बदलते हुए: ~ prices; ~ opening;

adv. 1 दूर तक, दूर-दूर: he travelled far and ~; fly ~ 2 पूरा-पूरा, पूरी तरह से, पूर्ण रूप से: ~ apart/ open; ~ awake; to the ~ (पूर्णतया, निहायत, निपट, सर्वथा) 3 चौड़ा, पूरी तरह खुला: open/ fling/ throw ~; the door was ~ open 4 लक्ष्य से दूर, दूर-दूर, बिल्कुल गलत, असंगत: the arrow fell ~; his aim went wide; his blow went ~; speak ~ 5 दूर, बहुत अलग, भिन्न; ~ apart; the issues are ~ apart 6 कभी-कभार;

n. 1 विस्तार, व्यापकता 2 सारी दुनिया;

dw/lw: **~-angle** *adj., photog., cinematog.* वृहद्-कोणीय: ~-angle lens; **~-awake** *adj.* 1 पूरी तरह जागा हुआ 2 पूर्ण रूप से जाग्रत, चौकन्ना, चौकस, सचेत, होशियार, सतर्क 3 चालाक, चतुर, धूर्त; **~-eyed** /~-आइड/ *adj.* आश्चर्य से विस्फारित आंखों के साथ 2 (***syn.*** naive) अनाड़ी, भोला, कानों का कच्चा;; **~ly** *see below under separate entry*; **~mouthed** /~माउथड/ *adj.* 1 बड़े-चौड़े मुंह वाला 2 आश्चर्य-चकित, हक्का-बक्का: listen in ~mouthed astonishment 3 पेटू, खाऊ 4 चौड़े मुंह वाली (बोतल आदि); **~n** /वाइडन/ *v., pt.* ~ned, *pp* ~ning 1 चौड़ा क., चौड़ा हो जाना 2 फैलाना, फैलना 3 बढ़ाना, बढ़ना 4 व्यापक हो. या क.; **~ner** *n.* चौड़ा करने वाला; **~ness** *n.* चौड़ाई; **~ning** *n.* 1 चौड़ा करने की क्रिया 2 फैलाव, प्रचार, विस्तार; **~-open** *adj.* 1 पूरी तरह से खुला 2 (ऐसी प्रतियोगिता) जिसमें कोई भी भाग ले सकता है 3 क्रय-विक्रय में खुली छूट वाला 4 *US* शराब की असीमित बिक्री, जुआ-घरों व वेश्यावृत्ति के लिए खुला: ~-open town (ऐबों के लिए खुला शहर); **~-ranging** /~रेंजिंग/ *adj.* व्यापक, विस्तृत; **~-screen** *adj.* चौड़े पर्दे वाला: ~-screen TV; **~-spread** *adj.* दूर-दूर तक फैला हुआ; **widish** *adj.* चौड़ा-सा;

collocations: **~ angle** विशाल कोण; **~ apart** 1 चौड़ी, खुली 2 से अलग; **~ awake** पूरी तरह जागा हुआ; **~ body/ ~ bodied** लंबे-चौड़े डील-डौल वाला; **~ boy** *colloq.* चालाक धूर्त व्यक्ति; **~ envelopment** विमार्ग, घुमावदार रास्ता; **~ margin** पर्याप्त गुंजाइश; **~ necked** पृथुग्रीव; **~ open** पूरा खुला; **~ ranging** विस्तृत, दूरव्यापी, व्यापक; **~ range/ choice/ variety** व्यापक विविधता; **~ receiver** *Amer. football* गेंद को पकड़कर दौड़ने वाली आक्रमण टोली का सदस्य;

p&i: **~ of the mark** 1 गलत, असंगत 2 निशाने से परे;

broke to the ~ बिल्कुल खाली जेब के साथ; **done/ whacked to the ~** थककर चूर, थका-हारा; **far and ~** दूर-दूर तक; **give sb/ sth a ~ berth** के पास न फटकना; **in the whole ~ world** सारी दुनिया में;

-wide *comb. form, indicating:* **through-out the extent of sth** (आर-पार) **far and wide** (दूर-दूर तक): nation**wide**

widely /वाइडलि/ *adv.* 1 दूर तक: ~ known; he travelled ~ 2 व्यापक रूप से: appeal ~ for support; ~ scattered 3 दूरी पर: ~ separated; ~ spaced (दीर्घ-अंतराली) 4 भरपूर, पर्याप्त मात्रा में: differ/ vary ~ 5 काफी हद तक: ~ different; differ ~ in opinions; be ~ mistaken; a ~ differing attitude 6 बहुत सारे लोगों द्वारा: a ~ accepted theory; ~ read book;

dw/lw: **~-read** *adj.* जिसने बहुत सारा साहित्य पढ़ा हो

widen *see above under* **wide:** ***dw/lw***

widgeon /विजन/ (*also* **wigeon**) *n., pl.* **~s** जंगली बत्तख, पतेरा

widget /विजिट/ *n. US sl.* 1 व्यर्थ की सजावट 2 मूर्खों के लिए झांसा, बकवास 3 (***syn.*** gadget) छोटा-मोटा औजार या मशीन जिसका नाम आप नहीं जानते

widow /विडो/ *n.* 1 विधवा, बेवा, रांड: become a ~ 2 *colloq., in compounds* पतिहीन, ऐसी औरत जिसका पति लंबे अर्से तक उससे दूर रहता है: golf **~s**; ~ right (विधवा का हक); a ~ bewitched (त्यक्त या तलाकशुदा पत्नी);

v., pt. **~ed**, *pp* **~ing** 1 विधवा बना दे.: she was **~ed** by the war 2 किसी बहुमूल्य वस्तु से वंचित क.: ~ someone of sth;

dw/lw: **~ed** /विडोड/ *adj.* विधवा; **~er** /विडोअः/ *n.* विधुर, रंडुआ; **~hood** /विडोहुड/ *n.* 1 विधवापन, वैधव्य 2 रंडापा;

collocations: **~ bird** (*also* **whydah**) एक अफ्रीकी बुनकर पक्षी; **~'s peak** माथे के ऊपर **V** आकार के बालों की लट जो पहले विधवाओं द्वारा पहनी जाने वाली टोपी से मिलती है; **~'s weeds** काला मातमी परिधान;

p&i: **a golf ~** गोल्फ के खेल में अतिशय रमा हुआ पति; **a grass ~er** वियुक्त पति *compare* **a grass ~** विरहिणी पत्नी

width /विड्थ/ *n.* 1 (***syn.*** breadth) चौड़ाई: in ~ 2 (*also* **wideness**) चौड़ा होने की अवस्था, विस्तृति, विस्तार 3 तरणताल की लंबाकार चौड़ाई 4 कपड़े के टुकड़े या थान की चौड़ाई: you need three **~s** for the skirt; ~ of sth 5 दृष्टिकोण की उदारता: a ~ of mind/ of intellect/ of views

dw/lw: **~ways/ ~wise** *adv., adj.* चौड़ाई के आर-पार: cut the cake ~ways

wield /वील्ड/ *v., pt.* **~ed**, *pp* **~ing** 1 (***syn.*** brandish) अस्त्र तानना या चमकाना 2 सत्ता हो., प्रभावी हो., नियंत्रित क. 3 कुशलतापूर्वक प्रयोग क. 3 चलाना, काम में लाना 4 संभावना रखना;

dw/lw: **~er** *n.* 1 प्रयोग करने वाला 2 अस्त्र आदि तानने वाला;

wield\y /वील्डि/ *adj., degr.* ~ier, ~iest 1 (***anton.*** un~y) जिसे आसानी से प्रयोग में लाया जा सके, ताना जा सके 2 सुप्रबंधनीय;

p&i: **~ an axe** कुल्हाड़ी चलाना; **~ a sword** तलवार तानना या भांजना; **~ influence/ power, etc.** प्रभाव या सत्ता रखना; **~ the sceptre** शासन क.;

brush ~ed by a skilful hand किसी दक्ष हाथ द्वारा प्रयोग में लाया हुआ ब्रश

wiener /वीनः/ *n.* 1 = frankfurter 2 *US* सॉसेज जिसे ब्रेड के साथ खाते हैं

Wiener schnitzel /विनः शनित्सल/ *cookery* अंडे और ब्रेड के टुकड़ों के साथ बनाई हुई एक कटलेट

wier /वीअः/ *n.* 1 नदी पर छोटा-सा बांध 2 मछली पकड़ने के लिए जाल से नदी में डाला जाने वाला घेरा

wife /वाइफ/ *n. pl.* **wives** /वाइव्ज/ 1 पत्नी, भार्या, सहधर्मिणी, जीवनसंगिनी, अर्धांगिनी, परिणीता, वामा, लुगाई, जोरू, बीवी, बेगम 2 *in compound words:* स्त्री, औरत, गृहिणी: house**wife**; fish**wife**;

dw/lw: **~hood** *n.* पत्नीपन, पत्नीत्व; **~less** *adj.* कुंआरा या रंडुआ; **~ly** *adj.* पत्नी-सुलभ, पत्नी-संबंधी, पत्नी-जैसा; **~-ridden** *adj.* स्त्रैण, जोरू का गुलाम; **~-swapping** *n., colloq.* पत्नियों का आदान-प्रदान;

p&i: **~ to Ram** राम की पत्नी;

a bachelor's ~ काल्पनिक पत्नी; **all the world and his ~** सारी खुदाई, सब लोग; **an old ~** चुगलखोर बुढ़िया, मंथरा; **Caesar's ~** जिस पर शक न किया जा सके; **Caesar's ~ must**

be above suspicion राजा की पत्नी शक से परे होनी चाहिए; **old wives tale** अंध-विश्वास; **take a ~** शादी क.; **take to ~** किसी से विवाह क.; **the cobbler's ~ is the worst shoed** दीपक तले अंधेरा, गंगा के किनारे प्यासा; **there is one good ~ in the country, and every man thinks he has her** हर पति सोचता है कि उसकी पत्नी से बेहतर कोई नहीं

wi-fi /वाई-फाई/ (*in full* **wireless fidelity**) *n., comput.* कंप्यूटर नेटवर्क्स या इंटरनेट से पाठ, सूचनाएं, आंकड़े (ई-मेल आदि) भेजने की प्रणाली

wig /विग/ *n.* 1 नकली बाल 2 इंग्लैंड आदि देशों में नकली बाल पहने हुआ न्यायाधीश 3 डांट-फटकार 4 *US, sl.* दिमाग: blow one's ~ (पागल हो जा.) 5 *US, sl.* बुद्धिमान, चतुर 6 *US, sl.* (अश्वेतों के शब्दों में): गोरा या श्वेत अमेरिकी नागरिक;

v., pt. **~ged**, *pp* **~ging** डांटना-फटकारना;

dw/lw: **~ged** /विगड/ *adj.* जिसने नकली बाल लगाए हों, जो विग लगाए या पहने हो; **~ging** /विगिंग/ *n.* डांट-डपट, फटकार; **~let** *n.* छोटी विग; **~-maker** *n.* विग बनाने वाला, नाई;

p&i: **~ out** अत्यधिक उत्तेजित हो जा., पगला जा.; **~s on the green** 1 प्रचंड बहस 2 कचरा, कूड़ा-कर्कट;

my ~ (s) हे भगवान!; **dash my ~ (s)!** भाड़ में जाए!; **the ~, the scalpel and the cloth** कानून, चिकित्सा और चर्च

wigeon *see above under* **widgeon**

wigg\le /विगल/ *v., pt.* **~led**, *pp* **~ling** 1 डोलना या डुलाना 2 (***syn.*** wriggle) हिलना या हिलाना, हिलना-डुलना या हिलाना-डुलाना: **~le** one's eyebrows/ one's toes; the screen image **~led**;

n. 1 हिलने-डुलने या हिलाने-डुलाने की क्रिया 2 चढ़ती-उतरती बल खाती या टेढ़ी-मेढ़ी रेखा;

dw/lw: **~ly** /विगलि/ *adj., degr.* ~lier, ~liest (***syn.*** wavy) घुमावदार या टेढ़ी-मेढ़ी (रेखा)

wight /वाइट/ *n.* 1 चीज 2 (***syn.*** creature) प्राणी, व्यक्ति: sorry ~ (दयनीय प्राणी) 3 भूत-प्रेत

wigwag /विगवैग/ *v., pt.* **~ged**, *pp* **~ging** 1 संकेत देने के लिए झंडी आदि लहराना, फहराना 2 आगे-पीछे डोलना

wigwam /विगवैम/ *US* विगवाःम/ *n.* 1 खालों या छालों से ढकी हुई गुंबदनुमा झोंपड़ी, अमेरिकी आदिवासियों की झोंपड़ी 2 बच्चों के खेलने के लिए तंबू 3 *humorous* घर

WII *abbr.* 'Wildlife Institute of India' की प्रथमाक्षरी

wilco /विल्को/ *excl./ interj.* टेली-संचार प्रणाली में: निर्देश की प्राप्ति व पालन की अभिव्यक्ति, कुछ करने के लिए सहमति

wild /वाइल्ड\/ *adj., degr.* **~er**, **~est** 1 (***syn.*** savage, uncivilized) जंगली, अपरिष्कृत, असभ्य: ~ man; ~ fellow; he was rather ~ as a young man; ~ ballad; ~ tune 2 नैसर्गिक: ~ animals; ~ plants; ~ flowers; ~ tree; ~ country; ~ forest; ~ scenery 3 उच्छृंखल, बेलगाम, निरंकुश, अनियंत्रित, ऊधमी, उद्दंड, उद्दाम: ~ fury; ~ children; a ~ youth; ~ dance; a ~ part 4 (***syn.*** stormy) तूफानी, प्रचंड, भीषण, तेज, तीव्र: ~ with joy/ with excitement/ with pleasure/ with anger/ with desperation; ~ wind; it was a ~ night; a ~ coast/ seacoast; ~ shouts; ~ uproar; fit of ~ weeping 5 **the wild** (***syn.*** desolate, rugged, inhospitable) उजाड़, बंजर, बीहड़: returned the cub to the ~; upturn ~ land for cultivation 6 (***syn.*** untamed, undomesticated) वन्य, वहशी, वहशियाना, जंगली, हिंस्र 7 दुराचारी, भ्रष्ट, चरित्रहीन 8 (***syn.*** dishevelled, disordered) अस्तव्यस्त: ~ attire; ~ dress; ~ looks/ appearance; a state of ~ confusion 9 (***syn.*** frantically excited) अत्युत्तेजित, व्यग्र, अत्युत्सुक, कुछ करने को उतावला: ~ delight; ~ enthusiasm; ~ applause/ cheers; ~ passions; be ~ to do sth; he is ~ to start/ to try/ to go; make a ~ rush at sth 10 (***syn.*** distraught) उद्विग्न, व्यग्र, व्याकुल, परेशान, विक्षिप्त: ~ with grief 11 (***syn.*** crazy, demented) दीवाना, सनकी, पागल: run ~ (बौरा जा., दीवाना हो जा.); ~ about a play/ about a film star; he is ~ over her beauty 12 तुक्के के तर्क से प्रेरित, अंधाधुंध, अटकल-पच्चू, ऊट-पटांग, अलक्ष्यबद्ध, भ्रष्टलक्ष्य: a ~ accusation/ guess/ rumour/ talk, etc.; ~ exaggeration 13 अविवेचित: make ~ statements; ~ remark; ~ nonsense/ fancies 14 पागलपन के जुनून से परिपूर्ण, खयाली, अव्यावहारिक: beyond one's **wildest** dreams (dream); ~ schemes/ ideas/ opinions 15 घबराई हुई व खोई-खोई-सी नजर से देखती हुई 16 क्रोध से आग-बबूला, प्रचंड, उग्र: it is enough to drive one ~; it made me ~ to see such cruelty/ to hear such nonsense;

n. 1 प्राकृतिक स्थल: in the ~ 2 (**the ~**) निर्जन, प्रकृति की गोद: the call of the ~ (पूर्वजों का आह्वान, प्रकृति की गोद में जाने की ललक) 3 (**the wilds**) ऊसर, उजाड़, बंजर भूमि, बीहड़: in the **~s** of Africa; the **~s** of Alaska;

dw/lw: **~cat** *see below under separate entry*; **wildebeest**, **wilderness** *see below under separate entry*; **~fire** *n.* 1 जंगल की आग, दावानल, अग्निकांड 2 चद्दरी बिजली; **~fowl** *n.* जंगली बत्तख; **wild\ing** *n.* 1 खर-पतवार की तरह उगने वाला जंगली पौधा 2 जंगली जानवर: go ~ing *US* (युवकों के गिरोहों द्वारा दिन-दहाड़े गलियों में लूटते-पीटते फिरने की क्रिया); **~ish** *adj.* जंगली-सा; **~life** *n.* वन्य जीवों: ~life conservation (वन्य जीवों की रक्षा या संरक्षण); ~life park; **~ly** /~लि/ *adv.* 1 बेतहाशा, अंधाधुंध 2 बहुत ज्यादा; **~ness** /~नेस/ *n.* वन्यता, जंगलीपन, वीरानापन, प्रचंडता, उत्तेजना ; **~s** /वाइल्ड्ज/ *n., [pl.]* शहर से दूर स्थित वन, वनांचल; **~wood** /~वुड/ *n., poetic* 1 स्वतः उगने वाले वन का क्षेत्र 2 अनकटा, अनछटा वन;

collocations: **~ almond** जंगली बादाम; **~ and woolly** बदतमीज, जंगली; **~ ass** गोरखर; **~ basil** बन-तुलसी, बर्बरी; **~ beast** वनचर, जंगली जानवर; **~ beet** जंगली चुकंदर; **~ boar** जंगली सुअर; **~ buffalo** अरना; **~ card** 1 ऐसा खिलाड़ी जो किसी प्रतियोगिता के लिए सामान्य योग्यताएं पूरी न करता हो पर उसे भाग लेने की अनुमति दे दी गई हो 2 कंप्यूटर पाठ में ऐसा चिह्न जैसे '~, *' आदि जो किसी अक्षर या शब्द आदि को द्योतित करता है; **~ dog** कुत्ते की जंगली नस्ल; **~ flower** जंगली पौधा और उसका फूल; **~ goose** जंगली बत्तख; **~goose chase** व्यर्थ की खोज-बीन, बेकार का पीछा, निरर्थक परिश्रम, व्यर्थ उद्यम; **~ guess** तुक्का, अटकल; **~ horse** 1 अनसधा घोड़ा 2 (**~ horses**) अधिकतम प्रेरणा या प्रभाव; **~ hyacinth** जलकुंभी जैसा एक फूल (*also* bluebell); **~ life** वन्य प्राणी, वन्य जंतु, वन्य जीव; **~ life preservation area** अभयारण्य, वन्य जीव-जंतु रक्षण क्षेत्र; **~ mine** अवैध खान; **~ oat** एक ऊंचा सदाबहार खर-पतवारनुमा पेड़: sow one's ~ oats; **~ plum** झड़बेर; **~ rice** चावल जैसे दानों वाला एक जंगली पौधा; **~ rose** कठगुलाब; **~ seedlings** मुख्य पेड़ के आसपास अपने आप उगने वाले पौधे या खर-पतवार; **~ silk** खुरदरी-सी रेशम; **~ times** तूफानी समय; **~ type** मसालेदार पौधों की एक प्रकार, विशेषकर वे जो सामान्य परिस्थितियों में पैदा होती हों; **(the) Wild West** *hist.* जंगली पश्चिम (अमेरिका का पश्चिमी भाग, यानी मिसिसिपी नदी से पश्चिम के क्षेत्र जो अपने घोड़ों पर सवार शूरवीर चरवाहों के लिए प्रसिद्ध है); **Wild West film/ novel** पश्चिमी क्षेत्र के घुड़सवार शूरवीर चरवाहों आदि के बहादुरी के किस्सों के बारे में फिल्म, उपन्यास आदि;

the ~ men 1 उग्रवादी 2 भयंकर प्रतिक्रियावादी; **the ~s of jurisprudence** कानून का जंगल

p&i: **~ about sb or sth** किसी के लिए या किसी बात के लिए दीवाना हो.; **~ and woolly** अपरिष्कृत, अशिष्ट, भोंडा, असभ्य; **~ horses won't drag it out of/ from me** इस बात को मेरे अंदर से कोई नहीं निकाल सकता, मैं अपनी बात पर अडिग हूं; **~ man of the woods** जंगली व्यक्ति;

be drawn by ~ horses *hist.* घोड़ों द्वारा फांसी देने या टुकड़े-टुकड़े किए जाने (quartering) के लिए ले जाया जा.; **beyond sb's ~est dreams = not/ never in sb's ~est dreams** सपने में भी नहीं देखा होगा; **like ~ fire** दावानल की तरह बड़ी तेजी से फैलना; **play the ~** 1 असंतुलित ढंग से व्यवहार क. 2 किसी को डरा दे.; **run ~** 1 जंगली जीवन शैली को लौट जा. 2 खर-पतवार से भर जा., खूब फैल जाना 3 बेलगाम बनना, निरंकुश बनना 4 बिना देख-रेख के यानी जंगलियों की तरह बड़ा हो.: they allow their children to run ~

wildcat /वाइल्डकैट/ *n., pl.* **~cats**/ **~cat** 1 (**wild cat**) जो बिल्ली पालतू न हो 2 (**wild cat**) जंगली बिल्ली, बन-बिलाव 3 तुनकमिजाज, उग्र या प्रचंड व्यक्ति 4 खोजी तेल कुआं;
adj. 1 जोखिमी, जोखिम भरी, आर्थिक रूप से खोखला, कपोल-कल्पना पर आधारित: ~ venture; ~ schemes 2 आकस्मिक, अनधिकृत: ~ strike 3 खोजी या प्रयोगात्मक (तेल कुआं आदि) 4 मन-मौजी 5 बिना समय-सारणी के चलने वाली (रेल गाड़ी);
***v.**, pt.* **~ed**, *pp* **~ing** तेल, गैस आदि के लिए नए क्षेत्रों में खुदाई क. यानी खोजी कुएं खोदना;
collocations: **~ goose chase** असंभव कार्य; **~ strike** आकस्मिक या अनधिकृत हड़ताल

wildebeest /विल्डअबीस्ट/ (*also* **gnu**) *n., pl.* ~/ **~s** अफ्रीका के घसीले मैदानों में पाया जाने वाला मुड़े सींगों वाला हिरण, चौसिंगा (antelope)

wilderness /विल्डःनस/ *n.* 1 निर्जन स्थान, उजाड़, ऊसर, बीहड़, बियाबान 2 (राज नेता का) भूला-बिसरापन 3 (**a ~ of**) असंख्य लोग, एक बड़ी अस्त-व्यस्त भीड़ 4 जोखिम भरी भूलभुलैया;
p&i: **howling ~** सुनसान बियाबान; **in the ~** भूला-बिसरा, चुका हुआ; **voice in the ~/ a voice crying in the ~** अरण्यरोदन

wile /वाइल/ *n., pl.* **~s** 1 चाल, तिकड़म, दांव-पेंच, छल-बल 2 (**~s**) छल-कपट, चालें, झूठ, चालाकी, धूर्तता, मक्कारी, दगाबाजी 3 अठखेलियां चोंचला या नखरा 4 फुसलाहट;
***v.**, pt.* **~d**, *pp* **wiling** (*usually* **~ sb away/ into sth**) 1 बहकाना, फुसलाना 2 ललचाना, लुभाना;
dw/lw: **wiliness** /वाइलिनेस/ *n.* धूर्तता, चालाकी; **wily** *see below under separate entry*;
p&i: **~ away the time** आनंदपूर्वक (leisurely and pleasurably) समय बिताना; **the ~s of the devil** दानवी कुचक्र या चाल

wilful /विल्फुल/ *UK* (*US* **willful**) *adj.* (***syn.*** headstrong) 1 जिद्दी, मनमानी करने वाला, हठधर्मी, दुराग्रही: ~ child; ~ horse 2 जानबूझ कर किया हुआ, सोचा-समझा, पूर्वविमर्शित: ~ murder; ~ disobedience/ defiance of an order;
dw/lw: **~ly** /विल्फुलि/ *adv.* मनमाने ढंग से, जान-बूझकर; **~ness** /विल्फुलनेस/ *n.* जिद, हठ, दुराग्रह, अभिप्राय;
p&i: **~ waste makes woeful want** अपव्यय अभाव की जड़ है

wiliness *see above under* **wile: *dw/lw***

WILL *abbr.* 'wireless-in-local loop' की प्रथमाक्षरी

will[1] /विल/ *auxiliary/ modal v.* (*short* **'ll**, *negative* **will not**: *short negative* **won't** /वोंट/; *pt.* **would**, *short* **'d**, *negative* **would not**, *short negative* **wouldn't** /वुडंट/), *see below under separate entry*;
1 सहायक क्रिया रूप जो अन्य क्रियाओं को (subject being ***s/he/ it/ they/* you**) भविष्यकालिक रूप देता है: they ~ succeed; any of our branches ~ exchange the goods 2 मंशा, पक्का इरादा या अडिगता जतलाना (subject being ***I*** or ***we***): we ~ not give in 3 विनय, प्रार्थना क.: ~ you please shut the door? 4 सलाह, आदेश या हुक्म देना: you ~ apologize to your mother; you ~ leave immediately; you ~ do what I say at once; you ~ report to the colonel 5 अकाट्यता जताना: what ~ be, ~ be (जो होना है, सो होगा); truth ~ out (सच्चाई नहीं छुप सकती); boys ~ be boys (लड़के तो लड़के ही रहेंगे) 6 किसी कार्य का बार-बार दोहराया जाने या आदत को दर्शाना: she ~ listen to music for hours alone 7 निमंत्रणात्मक प्रश्न पूछना : ~ you have a coffee? 8 विशेष अवस्था या दशा जतलाना: the experienced teacher ~ know when a child is unhappy 9 कुछ शर्तों को द्योतित क.: those who wilfully do not work, ~ not receive welfare benefit 9 संभावना या क्षमता जतलाना: the back seat ~ hold three passengers; three metres of cloth ~ make a skirt and jacket; that ~ be Paul at the door 10 चुनाव या चाह को द्योतित क.: make what you ~ of that; call it what you will, it, nevertheless, is a problem;

will[2] *v., pt.* **~ed**/ **would**, *pp* **~ing** 1 अपनी इच्छा जाहिर करके किसी को कोई कार्य करने के लिए मजबूर क., आदेश दे.: Her Majesty **~s** it; ~ sb to do/ into doing sth 2 इच्छा हो., संकल्प होना, इरादा होना, निर्णय क.: they have to obey, whether they ~ or not; come whenever you ~ (जब चाहो, आ जाओ!); do as you ~ (जो मर्जी हो, सो करो!); whatever he **~s**, he may accomplish (वह जो चाहे कर सकता है); let him do what he ~; God **~ing**, it will happen (इंशा अल्लाह, ऐसा होगा) 3 कुछ करने को तैयार हो.: ~ oneself to fall asleep; I can and I ~ learn it 4 चाहना, पसंद क.: let him do what he ~ 5 विनती क., निमंत्रण दे., सुझाव दे.: ~ you come in?; ~ you hold your tongue!; you**'ll** pack at once and leave 6 संभावना या क्षमता जताना: the back seat ~ hold three passengers; three metres of cloth ~ make a skirt and jacket; this ~ be your cousin 7 अकाट्यता जताना: what ~ be, ~ be (जो होना है, सो होगा); truth ~ out (सच्चाई नहीं छुप सकती); boys ~ be boys (लड़के तो लड़के ही रहेंगे) 8 किसी कार्य का बार-बार दोहराया जाना: he ~ sit hour after hour; the drawer ~ not open 9 (*pt.* **would**) सहायक क्रिया के रूप में: I shall tell you everything and you ~ give me your opinion; when ~ it be ready? 10 किसी की इच्छा को प्रभावित क.;

will[3] *v., pt.* **~ed**, *pp* **~ing** वसीयत क., वसीयत में दे.: ~ one's money to charities;
n. 1 इच्छा शक्ति, संकल्प-शक्ति, तमन्ना, आत्मबल, चरित्र बल: strong/ weak/ iron ~; ~ to win/ ~ to victory 2 मर्जी, अभिलाषा, कामना, चाह, अपेक्षा: against one's ~; a ~ of one's own; work one's ~ upon sb; such is our ~ and pleasure 3 ऊर्जा, जोश, दृढ़ इरादा, संकल्प, अभिप्राय: do sth with a ~; they pulled with a ~ 4 वसीयत: last ~ and testament 6 वसीयतनामा, दित्सापत्र: make/ draw up/ write a ~; mention sb in one's ~;
dw/lw: **~able** /विलअबल/ *adj.* चाहने योग्य; **~-call** *n.* (***syn.*** delivery counter) बड़ी दुकान में खरीदी हुई वस्तुओं को ग्राहक को देने का स्थान या काउंटर; **~ed** /विल्ड/ *adj.* 1 संयुक्त शब्दों में: इच्छा-शक्ति वाला: self-~ed; weak-~ed; strong-~ed 2 वसीयत में मिला या दिया हुआ 3 मन-मौजी 4 दूसरे की मर्जी पर आश्रित; **willie**, **~ing**, **will-o'-the wisp**; **willow** *see below under separate entry*; **~power** /विलपाउअः/ *n.* इच्छा-शक्ति, संकल्प-शक्ति, आत्मसंयम;
collocations: **God's ~** भगवान की मर्जी; **free ~** अपने मन की मर्जी; **good ~** सद्भाव; **ill ~** दुर्भाव; **tenant at ~** किसी भी समय बेदखल किया जा सकने वाला किरायेदार;
p&i: **~ away** किसी को वसीयत से वंचित क.; **~ to live** जिजीविषा, जीने की चाह या तमन्ना;
a clash of ~s इच्छाओं का टकराव; **against one's ~** अपनी मर्जी के खिलाफ; **at ~** इच्छानुसार, जब जी चाहे: he may come and go at ~; **at one's own sweet ~** अपनी मर्जी से; **a ~ of**

one's own अपनी मर्जी; **at sb's ~** किसी के हाथ में कठपुतली हो.; **bend sb to one's ~** किसी को अपनी इच्छानुसार ढालना; **come what ~** जो होना है सो हो!; **exercise one's ~** अपनी इच्छा या मर्जी अनुसार क.; **felt no ill-~ towards her** उसने उसके प्रति कोई दुर्भावना महसूस नहीं की; **God has ~ed it so** भगवान की यही मर्जी थी; men of good~; **if you ~ ...** आपकी आज्ञा से ...; **in sb's ~** किसी के वसीयतनामे में; **I'll be hanged if ...** यदि ऐसा नहीं होता, मुझे यहीं पर गाड़ दिया जाए!; **it/ that ~ be** *UK* निश्चय ही; **leave sb/ sth in one's ~** अपनी वसीयत में किसी को या किसी चीज को छोड़ दे.; **of my own free ~** स्वेच्छया, अपनी मर्जी से; **take the ~ for the deed** किसी द्वारा सहायता करने के वायदे के लिए कृतज्ञता जाहिर क.; **the ~ to live** जिंदा रहने की तमन्ना; **work/ have one's ~** अपनी चलाना; **where there's a ~, there's a way = he who ~s success is half-way to it** जहां चाह, वहां राह; **with a ~** जी-जान से; **with the best ~ in the world** चाहे जितना चाहो पर होगा नहीं

willet /विलिट/ *n., pl.* **willet** एक उत्तरी अमेरिकी पक्षी

willful /विल्फुल/ *adj. US spelling,* **'wilful'** की अमेरिकी वर्तनी

willies /विलीज/ *n., pl. colloq.* 1 घबराहट, छटपटाहट: a fit of the ~; get the ~ (बहुत अधिक घबरा जाना) 2 सिहरन;
p&i: **give sb the ~** किसी को भयभीत क., परेशान क.

willing /विलिंग\/ *adj.* 1 (***anton.*** un~) इच्छुक, उत्सुक, तैयार, तत्पर, सहमत: be ~ to do sth; I am quite ~; ~ to oblige 2 सहयोगशील, प्रयत्नशील: ~ worker; ~ hands; lend a ~ hand; be able and ~ 3 सहर्ष प्रस्तुत: ~ sacrifice; ~ obedience 4 *philos.* स्वैच्छिक;
dw/lw: **~ly** /~लि/ *adv.* 1 सहर्ष, खुशी से 2 अपनी मर्जी से, स्वेच्छया; **~ness** /~नेस/ *n.* इच्छा, उत्सुकता;
p&i: **~ ear** सुनने को तत्पर; **~ horse** परिश्रमी व्यक्ति, मेहनती आदमी;
be ~ to do sth कुछ करने के लिए राजी या इच्छुक हो.; **God ~** यदि भगवान ने चाहा तो, इंशा अल्लाह; **nothing is impossible to a ~ heart/ mind** जहां चाह, वहां राह; **spur/ flog a ~ horse** व्यर्थ में उस व्यक्ति को और तेजी से काम करने के लिए कहना जो पहले से ही जी-जान से कार्य-रत हो

will-o'-the wisp /विल-ओ-द-विस्प/ *n., pl.* **will-o'-the wisp/ will-o' the-wisps** 1 पकड़ में न आने वाला व्यक्ति या चीज, बेताल 2 (*also* **ignis fatuus**) कच्छ (दलदल) का प्रकाश, मृग-मरीचिका, झूठी आशा 3 छलावा 4 बालू की भीत

willow /विलो/ *n.* 1 लंबी पत्तियों वाला एक प्रकार का वृक्ष जो पानी के किनारे उगता है 2 इस पेड़ की लकड़ी जिससे क्रिकेट का बल्ला बनता है 2 नम्रा, बेद, बैंत-वृक्ष 3 भिसा 4 धुनकी, धुनाई यंत्र;
v., pt. **~ed**, *pp* **~ing** 1 (ऊन आदि को) झाड़ना 2 धुनना, धुनाई यंत्र से साफ क.;
dw/lw: **~wearer** *n.* मातम मनाने वाला; **willow\y** /विलोइ/ *adj.* 1 लचकदार 2 लंबी, छरहरी और सुंदर, दिलकश;
collocations: **~ herb** (*also* **fireweed**) एक सदाबहार जड़ी-बूटी; **~ pattern** चीनी मिट्टी के बर्तनों पर नीले या सफेद पृष्ठभूमि में बनाए जाने वाले बेल-बूटे; **weeping ~** बेद मजनूं;
p&i: **~y figure** छरहरा, लचकदार शरीर; **wield the ~** क्रिकेट खेलना; **wear the (green) ~** 1 मृत पति या प्रेमी के लिए मातम मनाना 2 छोड़कर चले जाने वाले या प्यार को प्यार न देनेवाले व्यक्ति को लेकर शोक मनाना

willy/ willie /विलि/ *n., pl.* **willies** *colloq.* पुरुष का लिंग

willy-nilly /विलि-निलि/ *adv.* 1 चाहे-अनचाहे 2 लापरवाही से, अस्त-व्यस्त ढंग से

wilt /विल्ट/ *v., pt.* **~ed**, *pp* **~ing** 1 (***syn.*** droop) मुर्झाना, कुम्हलाना, शिथिल या निस्तेज पड़ जाना, सूख जाना 2 (***syn.*** flag) गर्मी या थकावट से शिथिल या कमजोर हो जा. 3 निरुत्साह हो जा. 4 आत्म-विश्वास गंवा दे. 5 **thou wilt** *old use* = you will;
dw/lw: **~ing** *n.* मुर्झाने की क्रिया; **~y** *adj.* म्लानिकर

Wilts *abbr. English county* 'Wiltshire' का छोटा रूप

wily /वाइलि/ *adj., degr.* wilier, wiliest (***syn.*** cunning) चालाक, धूर्त, चंट: a **~ old** fox; wily beguile/ wily beguily (धूर्त, नीच या मक्कार आदमी, अपनी ही चाल में फंसने वाला)

wimble /विंबल/ *n.* बरमी, बरमा, हाथ बरमा;
v., pt. **~d**, *pp* **wimbling** बरमी या बरमे से छेद क.;

WIMP *abbr., comput.* 'windows, icons, menus/ mouse printer' की प्रथमाक्षरी

wimp /विंप/ *n.* (***syn.*** weed) कायर, कमजोर, ढुलमुल व्यक्ति;
v., pt. **~ed**, *pp* **~ing** (*always* **~ out**) कायरता या कमजोरी के कारण पीछे हट जा., मुकर जा.
dw/lw: **~ish** /विंपिश/ *adj.* भीरु, ढुलमुल; **~ishly** /विंपिशलि/ *adv.* ढुलमुल तरीके से; **~ishness** /विंपिशनेस/ *n.* कायरता, ढुलमुलपन; **wimp\y** /विंपि/ *adj.* कायर, डरपोक;
p&i: **~ out of sth** डर के मारे वांछित कार्य न कर पाना

wimple /विंपल/ *n.* ईसाई साध्वी (nun) का शिरोवस्त्र, मुख-पर्दा;
v. *pt.* **~d**, *pp* **wimpling** 1 पल्ले से ढक लेना 2 चुनना 3 लहराना

Wimpy /विंपि/ *n., tradem.* एक प्रकार का हम-बर्गर (hamburger)

WIMT *abbr.* 'Wintel Institute of Medical Transcription' की प्रथमाक्षरी

win /विन/ *v., pt.* **won**, *pt. p.* **won**, *pp* **~ning** 1 जीतना: ~ a battle/ a war/ a game/ a bet; ~ a race; ~ a match; ~ a prize 2 विजयी हो., जीतना: ~ an election/ a contest 3 प्रतियोगिता जीतना: ~ in a lottery/ in a race/ at cards; ~ championship; ~ four goals to nil 4 संघर्ष करके प्राप्त क., पाना, हासिल क., कमाना: ~ one's livelihood/ one's daily bread; ~ clear of dangers/ of difficulties; ~ fame; ~ power; ~ a reputation 5 मुश्किल से कहीं तक पहुंचना: ~ the shore; ~ the summit/ the mountain-top; they **won** the camp by noon; ~ one's way (to); he **won** loose from the crowd; ~ home (1 घर तक पहुंच जा. 2 अपना लक्ष्य पा लेना) 6 आसानी से जीतना, सफल होना, सफलता प्राप्त क.: ~ hands down; ~ in a canter/ ~ in a walk; ~ on points; ~ a piece (शतरंज का मोहरा पाना) 7.1 किला आदि फतह कर लेना: ~ a fortress 7.2 शिकार आदि को पकड़ लेना 8 (**~ over, ~ round**) मना लेना, समझाना, राजी कर लेना, कायल क., मित्र बना लेना: ~ sb over; ~ approval/ consent/ respect/ support, etc.; ~ sb to consent; ~ affection/ sympathy; ~ confidence/ praise; ~ a supporter/ a friend; ~ sb over to one's cause 9 आकर्षित क., प्रभाव डालना, मोह लेना: ~ all hearts; ~ sb's love 10 खान से खनिज पदार्थ निकालना;
n. 1 जीत, विजय: a comfortable/ convincing/ emphatic ~; a ~ against/ over sb 2 सफलता: a ~ for sb 3 जीती हुई वस्तु 4 जुआ में जीता हुआ पैसा;
dw/lw: **~nable** /विनअबल/ *adj.* 1 विजय योग्य 2 जिसे जीता जा सके; **~ner** *n.* विजयी, विजेता, जीतने वाला व्यक्ति; **~ning** /विनिंग/ *n.* 1 विजय, जीत 2 जीतने की क्रिया 3 (जुआ आदि में) जीता हुआ पैसा 4 प्यार आदि में वश में करने की क्रिया 5 फसल की कटाई-उठाई 6 खान में कोयले की खुदाई; **~ning** *adj.* 1 विजयी, विजयमान: ~ning team; ~ning stroke 2 सुंदर, खूबसूरत, आकर्षक, रमणीय, मनोहर, दिलरुबा: have a ~ning personality 3 मोहक; **~ningly** *adv.* विजयपूर्वक, जीतते हुए; **~ning-post** *n., horse-racing* लक्ष्य या समाप्ति-स्तंभ; **~nings** /विनिंग्ज/ *n., [pl.]* जूए में जीत का पैसा;
p&i: **~ across** नदी आदि पार क.; **~ and wear** दिल जीतकर मालिक बन जा.; **~ and wear a lady as one's wife** किसी से शादी कर लेना; **~ away** किसी से छीन लेना; **~ (sth/ sb)**

back 1 वापस प्राप्त कर लेना 2 खोया हुआ पैसा वापस पा लेना; **~ by** 1 बचकर निकल जा. 2 चुपके से खिसक जा.; **~ by a head/ a short head** मुश्किल से जीतना; **~ forward** आगे बढ़ना; **~ in a breeze** आसानी से जीत ले.; **~ in a canter** आसानी से जीत जा.; **~ (sth) hands down** आसानी से जीत जाना; **~ laurels** नाम कमाना; **~ one's letter** खेल संगठन का सदस्य बनने का अधिकार पा लेना; **~ one's spurs** 1 विशिष्टता या उपाधि प्राप्त क. 2 ख्याति प्राप्त क., नाम कमाना; **~ one's way** संघर्षशील होकर आगे बढ़ना; **~ out** विजयी हो.; **~ over** राजी कर लेना, मना लेना; **~ sb's heart** किसी का दिल जीतना; **~ sb over/ round** किसी को राजी कर लेना; **~ sth back** हारी चीज को वापस जीत लेना; **~ the day/ the field** विजयी हो. या मैदान मारना; **~ the horse or loose the saddle = ~ the mare or loose the halter** तख्त या तख्ता, आर या पार; **~ through/ out** कठिनाइयों के बावजूद सफल हो., संघर्ष करते हुए बाधाएं पार क.; **~ up** मुश्किल से खड़ा हो पाना;

either to ~ the horse or lose the saddle तख्त (राजगद्दी) मिलेगी या तख्ता (फांसी); **lightly won, lightly gone** हराम की कमाई हराम में जाती है; **you can't ~** इस स्थिति में जीतना असंभव है; **you can't ~ them all, you ~ some, you lose some** हार-जीत तो लगी रहती है, कभी हार, कभी जीत; **you ~** आप जीत गए, मैं मानता हूं कि मैं गलत था

wince /विंस/ *v., pt.* **~d**, *pp* **wincing** 1 सिहर उठना या सिकुड़ जा., नाक-भौंह सिकोड़ना, चौंक जाना: ~ at a blow; ~ at an allusion/ at a remark; he said things that made his wife ~ 2 झिझकना, हिचकना, हिचकिचाना: without **wincing** 3 पीछे हटना, कतराना;

n. 1 चौंक, कंपकंपी, सिहरन: with a ~ 2 सिकुड़न 3 झिझक, हिचक, ठिठक

winceyette /विंसिएट/ *n.* महीन मलमल का कपड़ा: a ~ nightdress

winch /विंच/ *n., pl.* **~es** 1 (***syn.*** windlass) जंजीर वाली मशीन जिससे भारी सामान उठाया जा सकता है, अस्थापनी 2 पहिए की धुरी या मशीन को चलाने के लिए हत्था;

v., *pt.* **~ed**, *pp* **~ing** (*usually* **~ sth up/ in**) अस्थापनी से किसी को या किसी सामान को उठाना या ऊपर चढ़ाना

wind[1] /विंड/ *n.* 1 वायु, हवा, पवन, वात, बयार, मरुत, अनिल, समीर: strong/ high ~; fair/ favourable ~; foul ~ (उल्टी दिशा की हवा); wet ~; cardinal **~s** (चारों दिशाओं की हवा); dead ~ (सामने से आने वाली हवा); the ~ was dead against us (हवा हमारे ठीक सामने से चल रही थी); before/ down with the ~ (साथ की हवा); up the ~ (हवा के विपरीत दिशा में); off the ~ (1.1 हवा की ओर पीठ रखना 1.2 हवा की दिशा के साथ-साथ); into the ~ (हवा के विपरीत); on the ~ (हवा पर सवार होकर); ~ rises/ falls (हवा चढ़ती-उतरती है); in the eye/ in the teeth of the ~/ in the **~'s** eye (हवा के ऐन विपरीत); the ~ blows; a biting/ light/ strong ~; high **~s** 2 पंखे आदि की हवा 3 दिग्बिंदु 4 हवा का झोंका, झंझा: a gust/ a blast of ~; the ~ of a passing train/ of a shell 5 (***syn.*** current) वायु-प्रवाह 6 घटनाओं को नया मोड़ देने वाला प्रभाव: a ~ of change 7 सांस, श्वास, दम, सांस लेने के लिए हवा: get one's ~ (back) (सांस में सांस आना); broken ~ (7.1 उखड़ी सांस, हांफा, दमा 7.2 झोंका); second ~ (नया जोश); lose one's ~ (सांस उखड़ना, हांफा हो.); get/ recover/ fetch one's ~ (सांस में सांस आना) 8.1 (***syn.*** scent) शिकारियों आदि की गंध, संकेत, भनक: the deer got ~ of the hunter; the dogs are keeping the ~; within ~ of (शिकार से थोड़ी दूरी पर) 8.2 गुप्त खबर: get ~ of sth (खबर लगना); get/ catch/ have the ~ of; get/ catch ~ of a plot/ of sb's plans; there is something in the ~ (कुछ चल रहा है, कोई खिचड़ी पक रही है); what's in the ~? (क्या हो रहा है? कुछ सुना?) 9 (***syn.*** fart, flatulence) बादी, बाई, अफरा, अपान वायु, पेट की हवा 10 थोथी या खोखली बात (*US* gas), आएं-बाएं, अनाप-शनाप, अल्लम-गल्लम: their arguments/ promises are but/ merely ~ 11 बाजे में वायु वाद्य: the brass ~ (तांबे का वायु वाद्य) 12 (*also* **winds**) वायु वाद्यों के वादक;

v. *pt.* **~ed**, *pp* **~ing** 1 पेट पर मारकर किसी की सांस उखाड़ना 2 सांस या दम फूलना, दम चढ़ाना: the stiff climb **~ed** him 3 सांस लेने दे.: we stopped to ~ our horses 4 दम लेना, सांस लेना 5 (***syn.*** burp) (शिशु को) डकार दिलाना, डकार लेना 6 गंध का पता चलना, गंध पा लेना 7 वायु-बाजा बजाना;

dw/lw: **~age** /विंडिज/ *n.* 1 गुंजाइश, अंतर: ~age adjustment/ correction/ allowance 2 मिसाइल आदि उड़ान पथ में हवा द्वारा किया जाने वाला दिशा-परिवर्तन, पवनांतर; **~-bag** *n.* 1 बकवादी, अल्लम-गल्लम करने वाला, गपौड़ी, बातूनी 2 मशक बाजे की थैली; **~-blown** /विंड-ब्लोन/ *adj.* 1 हवा द्वारा उड़ाया हुआ 2 वातोढ़: ~-blown pollination; ~-blown coiffure/ hair-do (हवा से उड़कर बने बाल); **~borne** *adj.* हवा द्वारा उड़ाकर लाए जाने वाले (बीज, पराग आदि); **~bound** /विंडबाउंड/ *adj.* प्रतिकूल हवाओं द्वारा चलने से रोका हुआ जहाज; **~break** *n.* हवा की गति को रोकने या बाधित करने वाली बाड़ वृक्षावली(जो रास्ते में पड़ती हो), घेरा; **~broken** /विंडब्रोकन/ *adj.* जिसे सांस लेने में कष्ट हो, श्वास-पीड़ित, शेरदम, हंफैल; **~burn** /विंडबःन/ *n.* ललछौंहां, हवा के थपेड़ों के कारण होने वाला त्वचाशोथ; **~cheater** /विंडचीटः/ *n.* कसकर आने वाला वायु रोधक जैकेट आदि; **~-chest** *n.* वायु-कोष्ठ; **~chill** /विंडचिल/ *n., meteorol.* हवा द्वारा पैदा की जाने वाली अतिरिक्त ठंडक; **~-colic** /विंडकॉलिक/ *n.* वात-शूल; **~down** (*also* **~ing down**) *n.* किसी कंपनी या धंधे को बंद करने की धीमे चलने वाली क्रिया; **~ed** /विंडिड/ *adj.* जिसका सांस फूल गया हो, हंफैल; **~-egg** *n.* 1 सड़ा अंडा 2 बातूनी; **~fall** /विंडफॉल/ *n.* 1 अप्रत्याशित लाभ: ~fall receipts 2 हवा से नीचे गिरा फल; **~-furnace** *n.* पवन-भट्ठी; **~-gall** *n.* बैजा; **~-gauge/ ~-gage** /विंडगेज/ *n.* पवनगति-मापी; **~hover** /विंडहॉव/ *n.* खेरमुतिया; **winding** *see below under separate entry*; **~-jammer** /विंडजैमः/ *n., hist.* 1 तेज चलने वाला बड़ा पाल-पोत 2 = **~-cheater**; **~lass** /विंडलअस/ *n.* 1 चर्खी, चरखी, बेलन-चर्खा 2 भारी सामान को उठाकर कहीं रखने की मशीन; **~lass** *v., pt.* ~lassed, *pp* ~lassing, *s/he/ it* ~lasses चर्खी-बेलन का प्रयोग करके किसी वस्तु को ऊपर उठाना; **~mill** *see below under separate entry*; **~pipe** /विंडपाइप/ *n.* (***syn.*** trachea) श्वास नली; **~power** *n.* वायुचालित टरबाइनों से पैदा होने वाली ऊर्जा; **~screen** /विंडस्क्रीन/ *UK* (*US* **windshield** /विंडशील्ड/) *n.* कार का सामने का शीशा, हवा-रोक शीशा; **~screen wiper** *UK* (*US* **~shield wiper**) कार के सामने लगे शीशे को साफ करने वाला उपकरण; **~sock / ~cone** *n.* हवा की दिशा और गति दर्शाने वाली तिकोनी झंडी; **~storm** *n.* आंधी, तूफान; **~-sucker** /विंडसकः/ *n.* हवा पीने वाला; **~surfing** /विंडसःफिंग/ *n.* बोर्ड पर खड़े होकर जल तरंगों पर घूमने की क्रिया; **~surfer** *n.* बोर्ड पर खड़े होकर जल तरंगों पर घूमने वाला; **~swept** /विंडस्वेप्ट/ *adj.* 1 ऐसा स्थान जहां तेज हवाएं आती हों: a ~swept place 2 हवा से अस्त-व्यस्त (बाल आदि); **~ward** *n.* हवा की विपरीत दिशा में चलने वाली नौका आदि; **~ward** *adj.* (***anton.*** leeward) पवनाभिमुख, प्रतिवात: ~ward side; **~ward** *adv.* (***anton.*** leeward) हवा के रुख के उल्टे, हवा के विरुद्ध; **windy** *see below under separate entry*;

collocations: **~ band** वायु वाद्यों का बाजा; **~chill factor** *meteorol.* हवा द्वारा तापमान को कम करने वाले प्रभाव का मापन; **~ chimes** घंटे की झंकार करने वाला हवा में झूलने वाला धातु का हथौड़ी-नुमा स्ट्राइकर; **~ direction** पवन दिशा; **~ drift** वात-प्रवाह; **~ drifted** वात-प्रवाहित; **~ engine** हवाई चक्की; **~ erosion** वायु अपरदन; **~ excavated** वात-उत्खनित; **~ farm** बिजली पैदा करने वाली वायुचालित टरबाइनों का समूह; **~ harp**

बीन; ~ **instrument** फूंक मारकर बजाया जाने वाला बाजा, वायु-बाजा; ~ **lull** पवन विराम, हवा का थमाव; ~ **machine** *mainly theat.* नाट्यशाला में हवा के चलने जैसा प्रभाव पैदा करने वाला यंत्र; ~ **motor** वायु इंजन; ~ **power** पवन ऊर्जा; ~ **resistance** वायु प्रतिरोध; **Windsor knot** /विंजअ नौट/ *US* विंजः नाःट/ पुरुष की टाई में ढीली गांठ; ~ **sprint** नया जोश; ~ **tunnel** *aeronautics* एक ऐसा प्रयोग कक्ष जहां कृत्रिम हवा चलाकर विमानों, कारों, रेलगाड़ियों की हवा में चलने की विशेषताओं का पता लगाया जाता है;

bad/ short ~ हांफा, दमा, उखड़ी सांस; **following** ~ अनुकूल हवा; **head** ~ प्रतिकूल हवा; **hot** ~ लू; **the four ~s** चतुर्दिक, दुनिया के देश; **the Windies** वेस्ट इंडीज क्रिकेट टीम;

p&i: ~ **and weather** तेज हवा और खराब मौसम; ~ **and weather permitting** यदि मौसम इजाजत देगा ...; ~ **in the head** कोरी या कपोल कल्पना; ~ **pudding** कुछ भी खाने को न हो.; ~**/ ~s of change** परिवर्तन की हवा;

be/ go down the ~ हवा में उड़ता हुआ; **before the** ~ हवा की दिशा में (जब हवा पीछे से धकेल रही हो) जहाज का चलना; **be in the ~/ three sheets in the** ~ थोड़ा पी लेना; **between ~ and water** सबसे कमजोर स्थान पर; **break** ~ पादना; **broken ~/ broken-winded** हंफैल; **cast/ fling/ throw/ scatter sth to the ~s** 1 लापरवाही से फेंकना 2 सावधानी, संयम या बुद्धिमानी को तिलांजलि दे देना; **catch/ get ~ of sth** गुप्त बात या निजी भेद का समय रहते पता चल जा.; **catch the ~ in a net** व्यर्थ में प्रयास क.; **down the** ~ हवा के रुख अनुसार; **down ~ from sth** किसी चीज की दुर्गंधित हवा का आना; **exposed to every ~/ to the four ~s of heaven** सभी तरफ से खुला (घर आदि); **find out how the ~ blows (lies)** परिस्थिति का पता लगाना, लोकमत का पता लगाना; **fly/ go to the** ~ बिना नामो-निशान के गायब हो जा.; **from the four ~s of heaven** सभी ओर से, दुनिया भर से; **get one's second** ~ थकावट आदि से पूर्णतः छुटकारा पाकर नया जोश पाना; **get/ have the ~ up** *colloq.* 1 परेशान या उत्तेजित हो जा. 2 डर जा.; **get/ take** ~ प्रसिद्ध हो जा., फैल जा.; **get ~ of sth** रहस्य या भेद का पता चलना, पता लगाना; **give sb the** ~ किसी को निकाल दे.; **gone with the** ~ बिना कोई निशानी छोड़े लुप्त हो गया; **hang in the** ~ ढुलमुल या डांवांडोल स्थिति में हो.; **have (get) the ~ up** डर जाना; **have one's ~ taken** पेट के गढ़े में चोट खाना; **have the ~ in one's face** 1 हवा की विपरीत दिशा में चलना 2 कठिन रास्ते से जाना; **he has/ got the ~ knocked out of him** पेट के गढ़े में चोट से उसका सांस उखड़ गया; **hit in the** ~ पेट के गढ़े में चोट क.; **how the ~ blows** स्थिति कैसी है?, क्या हाल-चाल हैं?; **in the** ~ होने या घटने को हो.; **in the ~'s eye** हवा के बिल्कुल उलट; **into the** ~ हवा के विरुद्ध; **it's an ill ~ that blows nobody good** मुसीबतों के साथ अच्छी बातें भी आती हैं; **knock the ~ out of** थकाकर चूर कर दे.; **know which way the ~ lies** हवा के रुख को जानना और सदा उसके साथ चलना (अवसरवादी हो.); **like the** ~ बड़ी तेजी से, एक चुटकी में; **lose one's** ~ सांस चढ़ना या उखड़ना, हांफने लगना; **put the ~ up sb** किसी को डरा दे., भयभीत क.; **raise the** ~ रुपये-पैसे का प्रबंध क.; **run like the** ~ सिर पर पांव रखकर सरपट दौड़ना; **sail/ be/ close to** or **near the** ~ = **sail close hauled** 1 हवा के रुख के विपरीत चलना 2 कानून और शालीनता आदि का उल्लंघन करने की कगार पर हो.; **sail with every (shift of)** ~ हर मौके का फायदा उठाना; **scatter/ blow to the four ~s of heaven** 1 सभी ओर, चारों तरफ या दुनिया भर में फैलाना 2 धराशायी कर दे.; **sound in ~ and limb** बिल्कुल सकुशल व अच्छी हालत में; **sow the ~, reap the whirlwind = who seeds ~, shall harvest whirlwind** जैसा करना, वैसा भरना; **stand four square to all the winds** अडिग रहना; **strike between ~ and water** 1 सबसे कमजोर स्थान पर चोट क. 2 पेट के गड्ढे पर चोट करके बहुत पीड़ा दे.; **take (get)** ~ भनक पड़ जाना, अफवाह, होना; **take the ~ out of sb's sail** 1 किसी की हवा निकाल दे., उसे मात दे दे. 2 किसी को जटिल स्थिति में फंसा दे.; **talk/ preach to the** ~ भैंस के आगे बीन बजाना; **temper the ~ to the shorn lamb** असहाय व्यक्ति की कठिन स्थिति को थोड़ा आसान क.; **the four ~s of heaven** सभी ओर, चारों तरफ (खुला), दुनिया भर में; **there is sth in the** ~ चोरी-छिपे तैयारी हो., कुछ खिचड़ी पकना; **the ~ is in that quarter** ऐसा ही लगता है, ऐसे ही आसार हैं; **throw one's cares to the ~s** दुख-दर्द हल्का क.; **throw caution to the** ~ सावधानी छोड़ दे.; **up the** ~ हवा के खिलाफ; **what good ~ brings you here?** आप इधर कैसे आए?; **whistle for a** ~ सुअवसर की प्रतीक्षा में हो.;

wind[2] /वाइंड/ *v., pt.* **wound** /वाउंड/, *pt. p.* **wound**, *pp* **~ing** 1 चाबी दे., चाबी भरना: ~ (up) a clock/ toy/ watch, etc. 2 (*also* **~ sth up)** कसना, हत्था या चाबी घुमाना 3 घूमना 4 टेढ़े-मेढ़े चलना, घूमते-फिरते आगे बढ़ना: ~ along/ down/ through, etc.; the path/ the river **~s** 5 धीरे-धीरे अपने लिए रास्ता बना लेना 6 लिपटना 7 (*often* **~ round/ up)** लपेटना, फेरना: ~ sth around/ round, etc.; ~ thread on a reel; ~ yarn; ~ the bandage round sb's finger; ~ a shawl round a baby, ~ a baby in a shawl; she wound her arms round the child, she wound the child in her arms 8 समापन क., समाहार क.: how does the story/ the play ~ up?; he wound up his speech by declaring ... 9 संक्षिप्त विवरण दे., सार प्रस्तुत क. 10 समाप्त क.: ~ up a company 11 कुंडली मारना 12 गले लगाना 13 उठाना: ~ a bucket from a well 14 गोला, गोली या लच्छी बनाना;

n. 1 गोला, गोली, लच्छी 2 (***syn.*** coil) कुंडली 3 (***syn.*** twist, turn) मोड़, फेर, घुमाव 4 (***syn.*** turn) लपेट;

dw/lw: **~er** /वाइंडः/ *n.* 1 चाबी भरने वाला 2 रस्सी या जंजीर आदि लपेटने वाला उपकरण या बेलन आदि 3 घड़ी में चाबी भरने वाला हत्था या बटन 4 मुड़ने या लिपटने वाला पौधा 5 सीढ़ी में त्रिभुजी पैड़ (कदम); **winding** *see below under separate entry*; **~up** /वाइंडअप/ *n.* 1 उपसंहार, समापन 2 किसी को चिढ़ाने के लिए जान-बूझकर की जाने वाली कोई हरकत या मजाक; **~up** *adj.* चाबी घुमाने से चलने वाला (ग्रामाफोन रिकॉर्ड, खिलौना आदि) 2 समापक, समापन: ~-up speech

p&i: ~ **down** भाग-दौड़ के बाद तोड़ा सांस लेना; ~ **in** लपेटना, समेटना; ~ **into** 1 में बुनना 2 में घुस जा. या रास्ता बना लेना; ~ **off** उधेड़ना, खोलना, उतारना; ~ **sb round one's finger** उंगली पर नचाना; ~ **sb up** 1 किसी को तनावग्रस्त, उत्तेजित या परेशान क., चिढ़ाना 2 पंप क. यानी किसी में चाबी भरना या उकसाना; ~ **sth down** (*also* **unwind**) 1 धीरे-धीरे कोई धंधा या कारोबार बंद क. 2 चाबी घटाना या कम क. 3 (**~ down**) तनावपूर्ण कार्य या परिश्रम के बाद आराम क. 4 कार आदि की खिड़की का शीशा नीचे क.; ~ **(sth) up** 1 हत्था घुमाकर कार का शीशा आदि ऊपर उठाना 2 पूरा कर लेना या मीटिंग आदि खत्म क. 4 कारोबार आदि बंद क.; ~ **up** 1 लपेटना 2 कसना, कड़ा क. 3 कहीं पर जाकर खत्म हो. या पहुंच जा.: he wound up in jail; ~ **up oneself** तैयार हो जाना; ~ **sb up** किसी को चिढ़ाने या परेशान करने के लिए जान-बूझकर कुछ कहना

windier, windiest, windily/ windiness *see under* **windy**

winding /वाइंडिंग/ *adj.* 1 (***syn.*** meandering) टेढ़ा-मेढ़ा: a ~ path/ road/ street etc 2 घुमावदार, पेचदार: ~ stairs 3 कुंडलित 4 असंबद्ध;

n. 1 लपेटन: in ~ (गोले में लिपटा हुआ); out of ~ (सुलझा हुआ); ~-sheet (कफन, shroud) 2 कुंडलन 3 (***syn.*** meandering) विसर्पण 4 चालबाजी, छल-कपट 5 घुमाव, मोड़;

dw/lw: **~-sheet** *n.* (***syn.*** shroud) कफन; **~-up** *n.* समापन

windlass *see above under* **wind:** ***dw/lw***

windmill /विंडमिल/ *n.* 1 पवन-चक्की 2 हवा में घूमने वाली फिर्की या फिरकी 3 *sl.* हेलिकॉप्टर;

p&i: **fling/ throw one's cap over the ~** 1 मूर्खतापूर्ण व्यवहार क. 2 शालीनता की हद पार क.; **have ~s in one's head** दिवा स्वप्न-द्रष्टा हो.; **tilt at ~s/ fight ~s** दोन-क्विक्जोटी (Don Quixotic) हरकतें क. या विचित्र दुस्साहस दिखाना

window /विंडो/ *n.* 1 खिड़की, झांकी: break/ wash the **~s** 2 गवाक्ष, झरोखा: look out of the ~; the **~s** of heaven opened (स्वर्ग का झरोखा खुल गया) 3 कंप्यूटर पर अलग-अलग दृश्य या झांकियां 4 दुकान की प्रदर्शन झांकी: look in at the ~; articles shown in the ~ 5 टिकट-खिड़की: ~ catch/ fastener 6 दो घटनाओं या कार्यक्रमों की समय-सारणी के बीच में अंतराल 7 अनुभव पाने का अवसर 8 मौसम-दर्पण 9 आंख: those **~s** of mine (Shakespeare) 10 *sl.* चश्मा 11 कैमरे का छेद आदि: ~ recess; ~ shutters;

dw/lw: **~-dressing** *n.* 1 खिड़की पर वस्तुएं सजाने की कला 2 दक्ष प्रस्तुति द्वारा बाह्य आकर्षण प्रदान करने का हुनर: the reforms are merely a **~-dressing**; **~ed** *adj.* खिड़कीदार; **~-envelope** *n.* दरीचेदार लिफाफा; **~less** *adj.* बिना खिड़की के; **~pane** *n.* खिड़की के पल्ले का शीशा;

collocations: **~ box** पौधे उगाने के लिए खिड़की में लगा बक्सा; **~ cleaner** 1 खिड़की साफ करने वाला व्यक्ति 2 खिड़की साफ करने का साबुन या अन्य द्रव; **~ ledge** = *see below* **windowsill**; **~ sash** ढांचा, जिसमें खिड़की के शीशे लगाए जाते हैं; **~ seat** खिड़की के नीचे का तल; **~ shade** = **blind** खिड़की जाली; **~shop** *see below under separate entry*; **~sill** /विंडोसिल/ *n.* = **~ ledge** खिड़की के नीचे बनी कगार या किनारा, तलशिला;

French ~s फ्रेंच कपाट;

p&i: **out the ~** 1 समाप्त 2 त्यक्त वस्तु

window-shop /विंडोशॉप/ *v., pt.* **~ped**, *pp* **~ping** दुकान की प्रदर्शन-खिड़की में प्रदर्शित वस्तुओं को देखना (अर्थात् उन्हें खरीदने के लिए दुकान के अंदर न जाना);

dw/lw: **~per** *n.* खिड़की में प्रदर्शित वस्तुओं का दर्शक; **~-ping** *n.* प्रदर्शन-खिड़की में प्रदर्शित वस्तुओं को देखने की क्रिया

windy /विंडि/ *adj., degr.* **windier**, **windiest** 1 (***anton.*** windless) तेज हवाओं वाला, वातल जब या जहां तेज हवाएं चल रही हों: ~ day/ weather 2 जहां तेज हवाएं आती हों, वातग्रस्त: ~ plain/ hills 2 तूफानी, हंगामी: ~ passion; ~ anger 3 पादू (suffering from flatulence) 4 शब्दाडंबरपूर्ण, शब्दबहुल: ~ politician 5 खोखला, थोथा, सारहीन, निरर्थक: ~ eloquence/ rhetoric; ~ logic 6 परेशान, घबराया हुआ, डरा हुआ 7 पेट में गैस बनाने वाला: ~ food;

dw/lw: **windiness** *n.* वातलता, वातग्रस्तता;

collocations: **the Windy City** वातल शहर शिकागो (Chicago)

p&i: **on the ~ side** अप्राप्य, प्राप्यता की हद से परे; **keep on the ~ side of the law** पुलिस या हुकूमत से दूर रहना

wine /वाइन/ *n.* 1 मदिरा: glass of ~; dry/ red/ sparkling/ sweet/ white ~; have a ~ in one's room 2 अंगूर से बनी एक प्रकार की मदिरा, अंगूरी: green/ new ~; thin ~ (खराब मदिरा); the ~ of the country (देहाती मदिरा) 3 द्राक्षिरा, द्राक्षासव 4 मद्य, वारुणी 5 सुरा, हाला 6 मदिरा का गहरा लाल रंग 7 नशा, मदहोशी: warm with ~ (थोड़ा नशे में);

v., *pt.* **~d**, *pp* **wining** 1 मदिरा पीना 2 मदिरा पिलाना

dw/lw: **~-bag** *n.* 1 मदिरा-थैला 2 पियक्कड़, मद्यप; **~bibber** *n.* मद्यप, बेवड़ा; **~bibbing** *n.* मद्यपान, शराबखोरी; **~glass** *n.* प्याला, पैमाना, चषक, जाम, शीशा, सागर, सुबू; **~glassful** *n., pl.* ~glassfuls मदिरा से भरा प्याला, छलकता जाम; **~grower** /वाइनग्रोअः/ *n.* शराब के लिए अंगूर की खेती करने वाला; **~-merchant** *n.* मदिरा-व्यापारी; **~press** *n.* अंगूर पेरने या पीड़ने यानी रस निकालने का कोल्हू; **wine\ry** /वाइनरि/ *n., pl.* wineries (***syn.*** vineyard) शराब घर, शराब भट्ठी व भंडार; **~skin** /वाइनस्किन/ *n.* भेड़ की खाल की मशक जिसमें मदिरा रखी जा सकती है; **winy** /वाइनि/ *adj., degr.* **winier**, **winiest** जिसका स्वाद शराब-जैसा हो, मदिरामय, शराब-जैसा;

collocations: **Adam's ~** *facetious* पानी, जल; **~ bar** मदिरालय, मधुशाला, मयखाना; **~ bottle** मदिरा की बोतल; **~ cellar** मदिरा तहखाना, मद्यगार; **~ cooler** मद्य शीतलक; **~ district/ country** अंगूर-कृषि क्षेत्र; **~ list** रेस्त्रां में विद्यमान मदिरा-सूची; **~ tasting** मदिरा को चखकर परखने की क्रिया; **the ~ trade** मदिरा व्यापार; **~ vault** मदिरा का तहखाना या भूमिगत भंडार; **~ vinegar** मदिरा से बनाया जाने वाला सिरका;

p&i: **~ and dine** शराब के साथ भोजन कराना; **dine and ~ sb** किसी को खिलाना-पिलाना; **falser than vows made in ~ (Shakespeare)** शराब पीकर किए गए वायदों से भी झूठा या कपटपूर्ण; **good ~ needs no ivy bush** अच्छे माल को इश्तिहार की जरूरत नहीं होती; **in ~** पिए हुआ, नशे में; **look on the ~ when it is red** कुछ ज्यादा पी लेना; **put old ~ into new bottles** मात्र पात्र बदल देना और सार में कोई फर्क न हो.; **put new ~ into old bottles** मात्र सार बदल देना और पात्र में कोई फर्क न हो.; **when ~ is in, wit/ truth is out** जो बात सुध-बुध वाले या सचेत व्यक्ति (बिन पिए) के मन में होती है, वह पिए हुए की जबान पर आ जाती है

wing /विंग/ *n.* 1 पंख, पर, डैना, पक्ष, पखौटा, पांख: **~s** of birds/ of insects 2 हवाई जहाज का पंख: **~s** of airplanes/ of windmills 3 *UK* (*US* **fender**) कार के पहियों के ऊपर का हिस्सा, मडगार्ड: a ~ of an automobile 4 मकान का एक हिस्सा: the east ~ 5 वर्ग 6 पार्श्व खिलाड़ी 7 पक्ष, बाजू, पार्श्व 8 कक्ष, खंड, नगर-खंड, भाग, विभाग 9 पार्श्वभाग 10 उग्र पक्ष 11 करवट 12 सैनिक टुकड़ी 13 उपभवन 14 (**~s**) नाट्यशाला में मंच के दोनों तरफ कलाकारों के लिए मंच पर आने का स्थान: in the **~s** 15 (***syn.*** arm) राजनीतिक दल का गुट, पक्ष: left/ right ~ of a political party 16 वायुसेना में कई स्कवैड्रनों से बनी इकाई 17 (**~s**; ***syn.*** badge) प्रशिक्षित पायलट का बिल्ला: hang up one's **~s** (पायलट द्वारा पेंशन पर चला जा.) 18 (**~s**) *literary* रफ्तार की जादुई हिलोर या रेला 19 *bot.* पौधे का समतल या बाहर निकलता भाग 20 *facetious* हाथ: a touch in the ~ हाथ में थोड़ा-सा घाव;

v., *pt.* **~d**, *pp* **winging** (*often* **~ one's way**) 1 उड़ना, उड़कर या तेज गति से अपना रास्ता बनाना 2 पंख, बाहु या पैर में गोली मारना यानी पक्षी को पंख में या किसी व्यक्ति को उसके बाजू में या किसी को सतही रूप से घायल क. या किसी चीज को गोली आदि लगना: ~ a bird; the shot missed him and **~ed** the looking glass 3 किसी चीज के ऊपर से हल्के से उड़ या कूदकर जा. 4 तीर दागना: ~ an arrow at sb/ at the mark 5 (***syn.*** spur up) पंख लगाना या तेज रफ्तार से दौड़ाना: fear **~ed** his steps; ambition **~ed** his spirit; vengeance **~ed** the shaft (बदले की प्यास ने वारों को तीक्ष्णता प्रदान की) 6.1 उड़ना: ~ the air; a bird **~s** the sky 6.2 विमान चलाना, उड़ाना, विमान में उड़ना: ~ away through the air 7 किसी चीज में पंख लगाना: ~ an arrow with eagle's feathers 8 भवन के बाजू में एक खंड जोड़ना;

dw/lw: **~beat** *n.* पक्षी या कीट के पंखों की फड़फड़ाहट; **~-covert** *n.* पक्षावरक; **~ding** /विंगडिंग/ *n. US sl.* 1 दावत, अनौपचारिक हंगामी पार्टी 2 नशेड़ी के शरीर की अकड़न 3 अकड़न का छलावा; **~ed** /विंगड/ *adj.* 1 सपक्ष, पंखों वाला: ~ed game (पंखदार शिकार); the ~ed horse; ~ed bomb; ~ed arm 2 द्रुतगामी 3 घायल 4 उदात्त, उच्च; **~er** /विंगः/ *n., sport* विंगर, पिछली पंक्ति का खिलाड़ी; **~-footed** /विंग-फुटिड/ *adj.* तीव्रगामी, तेज, द्रुतगामी; **~less** /विंगलेस/ *adj.* पंखविहीन; **~-**

sheath *n.* पक्ष-शल्क, पंख-आवरण; **~-span/ ~-spread** *n.* पंख-विस्तार, पक्ष-विस्तार; **~-tip** पंख की नोक; **~-tips** *n., [pl.]* चमड़े का एक मजबूत जूता जिसकी उंगलियों की नोक पर छेद बना होता है;

collocations: **~ bomber/ fighter** मुख्य बमवर्षक या लड़ाकू विमान; **~ case** कई कीटों के पंखों पर कांटेदार आवरण; **~ chair** पंखदार कुर्सी यानी ऊंची पीठ और दोनों तरफ बाहर निकलती बाजुओं वाली कुर्सी; **~ collar** ऊंचा उठता और नीचे मुड़ती नोकों वाला कॉलर; **~ commander** वायुसेना का एक अधिकारी; **~ed words** *n. [pl.], literary* अर्थपूर्ण पैने शब्द जो एक से दूसरे व्यक्ति तक द्रुत गति से फैलते हैं; **~ mirror** *UK* (*US* **side-view mirror**) *n.* कार के बाजू में लगा शीशा; **~ nut** पंखनुमा पेंच की ढिबरी; **~ signal** एक तरफ से दूसरी तरफ हिल-डुलकर दिया जाने वाला संकेत; **~ tank** पेट्रोल या डीजल की बाजू की टंकी; **grey-goose ~** तीर; **the ~s** /विंग्ज/ *n., [pl.]* पार्श्व भाग; **white ~s** 1 पोत के पाल 2 सफेद पोशाक पहने गलियां साफ करने वाला व्यक्ति;

p&i: **~ it** (***syn.*** improvise) जुगाड़ करके कोई काम पूरा क.: I didn't know I had to make a speech, I just ~ed it; **~ its flight** पक्षी द्वारा हवा को चीरते हुए उड़ना;

add (lend) ~s to 1 रफ्तार या वेग बढ़ाना 2 पंख लगाना, रफ्तार को और गति दे.: fear lent him ~s; this success lends you ~s; **be waiting in the ~s** (नाटक में भूमिका अदा करने के लिए) तैयार रहना; **clip sb's ~** किसी की क्षमता व अधिकार कम कर दे., कुतर दे.; **don't try to fly without ~s** बिना तैयारी के कोई काम नहीं करना चाहिए; **he ~ed his words** उसके शब्द निशाने पर बैठ रहे थे; **her ~s are sprouting** वह बिल्कुल परी-सी लगती है; **in the ~s** *theat.* अपनी भूमिका अदा करने की प्रतीक्षा में; **listen for the ~s of Azrael** मौत की समीपता का अनुभव क.; **money takes itself to ~s** पैसे ताबड़तोड़ गति से खर्च हो रहे हैं; **my watch has taken ~s** मेरी घड़ी गायब हो गई; **on a ~ and a prayer** सफलता की बहुत कम संभावना हो.; **on the ~** 1 उड़ान में, उड़ते हुए 2 रास्ते में 3 चलते-चलते; **on the ~s of the wind** हवा के पंखों पर सवार, हवा की रफ्तार से; **shoot a bird on the ~** उड़ते पक्षी को मार गिराना; **spread/ stretch one's ~s** 1 अपने सामर्थ्य का भरपूर उपयोग क. 2 अपने सामर्थ्य का भरपूर उपयोग करने के लिए दमघोंटू वातावरण से बचकर चले जा.; **take sb under one's ~s** संरक्षण में ले., आश्रय दे.; **take (to itself) ~s** खिसक जा.; **take ~** 1 उड़ जाना 2 खिसक जा.; **try one's ~s** अपनी क्षमता को परखना; **under the ~ (of)** किसी के संरक्षण में; **wait in the ~s** नाट्यशाला के मंच के बाईं या दाईं ओर खड़े होकर अपनी भूमिका की अदायगी का इंतजार क.

wink /विंक/ *v., pt.* **~ed**, *pp* **~ing** 1 पलकें झपकना, पलक मारना 2 आंख मिचकाना: ~ one's eyes 3 आंख मारना 4 कनखियाना 5 अनदेखी क., चश्मपोशी क. 6 नाजनखरा क. 7 मुलमुलाना 8 (***syn.*** flicker, twinkle) टिमटिमाना, झिलमिलाना;

n. 1 आंख मारने या पलकें झपकने की क्रिया: without a ~ of the eyelid 2 (*also* **forty ~s**) झपकी (short spell of sleep), पल: have one's forty **~s** 3 कनखी 4 इशारा, संकेत: give sb a ~; he gave me the ~ that the lady was a friend of his; tip/ give sb the ~/ tip the ~ to sb (किसी को सचेतक संकेत दे.) 5 (***syn.*** flicker) प्रकाश की झिलमिलाहट, टिमटिमाहट 6 रत्ती, बूंद (भर): not a ~ of (एक बूंद भी नहीं): I could not see a ~;

dw/lw: **~er** /विंकः/ *n.* (*usually* **~ers**) 1 आंख मारने या पलकें झपकने वाला 2 (***syn.*** blink) मोटर-गाड़ी पर संकेत-दीप 3 पलकें 4 टांगे के घोड़े की आंखों के अंटौतल (eye-flaps), दिशा-संकेतक; **~ing** *n.* 1 आंख मारने या पलकें झपकने की क्रिया 2 टिमटमाहट: like ~ing (1 एक पल में, एक चुटकी में 2 बिना किसी झिझक के); **~ing** *adj.* आंख मारने या पलकें झपकने वाला; **~ingly** *adv.* पलकें झपकते हुए;

p&i: **~ at sth** 1 आंख मिचकाना, कनखियाना 2 आंख उठाकर न देखना, उपेक्षा क.; **~ away** की ओर से आंख बंद क., अनदेखी क.; **~ the other eye** विश्वास न करते हुए मुस्कराना; **easy as ~ing** *colloq.* बहुत आसान; **forty ~s** झपकी; **like ~ing** चुटकी में, पल भर में, पलक झपकते ही; **not to get a ~ of sleep/ not to sleep a ~** एक पल भी न सोना; **tip sb the ~** 1 किसी को सावधान रहने का संकेत दे. 2 किसी को चुपके से इशारा क.;

winkle /विंकल/ *n.* 1 एक छोटी घोंघा मछली 2 *sl.* पुरुष का लिंग;

p&i: **~ sth/ sb out of sth** किसी वस्तु या व्यक्ति को किसी स्थान या स्थिति में से कठिनतापूर्वक निकालना; **~ sth out of sb** किसी व्यक्ति से कठिनतापूर्वक कोई सूचना निकालना

winkle-picker /विंकल-पिकः/ *n., colloq.* 1960 के दशक के फैशन का तंग लंबी नोक का जूता

winnable; **winner**; **winning**; **~ningly**; **winning-post**; **winnings** *see above under* **win:** ***dw/lw***

winnebago /विनिबेगउ/ *US* विनिबेगो/ *n.* निवास के रूप में सज्जित एक बड़ी शिविर (camping) गाड़ी

winningest /विनिंगेस्ट/ *adj., US* सर्वाधिक खेल, मुकाबले, दौड़ें आदि जीतने वाला व्यक्ति

winnow /विनो/ *v. pt.* **~ed**, *pp* **~ing** 1 अनाज को ओसाना, पछोड़ना, फटकना, बरसाना यानी चलती हवा में बरसाकर अनाज में से भूसा अलग क.: ~ sth away/ ~ sth out (1 अनाज में से भूसा अलग क. 2 किसी समूह में से अवांछित तत्त्वों को पहचानकर ठुकरा दे.) 2 (***syn.*** sift out) छांटना, चुनना, जांचना, परखना: ~ candidates; ~ evidence 3 पंख आदि फड़फड़ाना;

dw/lw: **~er** /विनोअः/ *n.* 1 ओसाने वाला 2 ओसाई-मशीन; **~ing** /विनोइंग/ *n.* ओसाई, फटकन; **~ing-basket** *n.* छाज (*Hr.*), सूप, फटकनी; **~ing-machine** *n.* = **~er**; **~-mill** *n.* ओसाई-चक्की या कारखाना;

p&i: **~ sb/ sth out of sth** किसी समूह से चुनकर किन्हीं लोगों या वस्तुओं को निकालना ताकि वहां सर्वोत्तम लोग रह जाएं

wino /वाइनो/ *n., pl.* **~s** घटिया दारू का लती (alcoholic) आवारा आदमी

winsome /विनसम/ *adj., old use* (***syn.*** charming, captivating) सुंदर, आकर्षक, लुभावना, रमणीय: ~ smile; ~ manner;

dw/lw: **~ly** /विनसमलि/ *adv.* सुंदर ढंग से; **~ness** /विनसमनेस/ *n.* सौंदर्य, आकर्षण, लुभावनापन

Wintel *abbr.* 'Windows plus Intel' का संक्षेप या परिवर्णी शब्द (acronym)

winter /विंटः/ *n.* 1 सर्दी, कड़ाके की सर्दी, जाड़ा 2 जाड़े का मौसम, शीत काल, शीत ऋतु, तुषार ऋतु, शरद् ऋतु, शिशिर काल, सियारा, जाड़ा: in ~; in (the) ~; a cold/ severe ~; last/ next ~; a mild ~ 3 उत्तरी गोलार्ध में दिसंबर से मार्च तक की ऋतु 4 *astron.* दिसंबर में आने वाले सर्द संक्रांति या दक्षिण अयनांत (winter solstice, 21-22 दिसंबर) से लेकर मार्च में आने वाले वसंत विषुव (vernal/ spring equinox, 20 मार्च) तक का काल 5 (*often* **~s**) *literary* जीवन के वर्ष (आयु से संबंधित): fifty **~s**; a man of eighty **~s** 6 वृद्ध अवस्था;

adj. 1 शीतकालीन: a ~ weather; a ~ dish; the ~ months; ~ day/ season/ resort/ clothes/ frosts 2 रबी की फसल (सर्दियों यानी नवंबर-दिसंबर में बोई जाने वाली और वसंत में कटने वाली फसलें): ~ wheat;

v., pt. **~ed**, *pp* **~ing** 1 जाड़ा बिताना, जाड़ा काटना 2 जाड़े में पशुओं, पौधों आदि को सुरक्षित रखना 3 जाड़े में खिलाना;

dw/lw: **~green** *n.* 1 (***syn.*** creeper) एक सदाबहार बेल 2 (*in full* **oil of ~green**) उपरोक्त बेल से प्राप्त होने वाला सुगंधित तेल; **~ization** /विंटराइजेशन/ *n.* शीत ऋतुकरण; **~ize/ ~ise** /विंटराइज/ *v., pt.* ~ized, *pp* ~izing *esp. US* कार आदि में शीत ऋतु में प्रयोग के लिए फेर-बदल क.; **~-solstice** *n.* दक्षिण

अयनांत, सर्द संक्रांति (21-22 दिसंबर); **~time** *n.* शीतकालीन सत्र; **~time** *adj.* शीतकालीन, शरदकालीन, सर्द, ठंडा, बर्फीला, शिशिर, सियराता, सियराती; **wintry/ wintery** /विंटरि/ *adj., degr.* wintrier, wintriest 1 शीतकालीन, जाड़े का, ठंडा, शीत 2 निरानंद, फीका, उत्साहहीन 3 भावशून्य, शुष्क, रूखा, रूखी: wintry/ wintery welcome; wintry/ wintery smile;
collocations: **~ aconite** सर्द ऋतु का बच्छनाग यानी एक जहरीला पौधा; **~ apple** शीतकालीन सेब; **~ capital** शीतकालीन राजधानी; **~ cherry** असगंध; **~ dwelling** शीतकालीन आवास; **~ green** गंधपूरा; **~ provender** शीतकालीन चारा; **~ sleep** शीत निष्क्रियता, शीत स्वाप, शीत निद्रा; **~ sports** बर्फ पर खेले जाने वाले शीतकालीन खेल; **~ wear** गर्म कपड़े; **green ~** हिमपात-रहित सर्द ऋतु

winterval /विंटःवल/ *n.* सर्दियों के बीच में क्रिस्मस आदि त्योहार मनाने का अंतराल

win-win /विन-विन/ *adj.* जीत ही जीत वाली (स्थिति): a ~ situation (ऐसी स्थिति जिसमें सभी पक्षों की जीत हो, सभी के लिए लाभकारी)

winy *see above under* **wine:** ***dw/lw***

wipe /वाइप/ *v., pt.* **~d**, *pp* **wiping** 1 पोंछना: ~ one's nose 2 (**~ sth from/ away/ off/ out/ up, etc.**) से धूल आदि साफ क., हटाना, पोंछ डालना: ~ the floor/ a table/ a car/ windows/ a rifle 3 हाथ व बर्तनों आदि को पोंछना, सुखाना: ~ tables/ dishes/ hands 4 आंसू पोंछना: ~ sb's tears 5 धब्बा मिटाना 6 *comput.* (***syn.*** erase) चुंबकीय टेप या डिस्क से सूचनाएं आदि मिटाना (cancel, obliterate, ~ away, ~ out) 7 (***syn.*** erase) स्मृति से किसी बात को निकाल दे., भुला दे., विस्मृत क.: **~d** the incident from her memory 8 किसी सतह को गीले कपड़े से पोंछना या पोतना 9 प्रहार क., मारना: he **~d** his stick at me; ~ sb with one's stick 10 *Austral. colloq.* रद्द क., खारिज क., अस्वीकार क., अमान्य क. (discard a person, idea, proposition, etc.) 11 निरुत्तर कर दे. 12 मात दे दे. 13 नष्ट क.: ~ out the enemy's forces;
n. 1 पोंछने की क्रिया: give the table a quick ~; give sth a ~ 2 अपने आप को पोंछने की क्रिया: give oneself a ~ 3 *sl.* रूमाल, पोंछने का कागज, कपड़ा, झाड़न आदि (*also* wiper) 4 *cinematog.* किसी दृश्य या संवाद को आने वाले दृश्य या संवाद से दबाकर लुप्त कर देने का कार्य 6 प्रहार: fetch sb a ~/ take a ~ at sb;
dw/lw: **~out** *n., sl.* 1 तरंग-तख्ते (surfboard) या स्की आदि से गिर जाने की क्रिया 2 पूर्ण असफलता, तबाही 3 (***syn.*** jamming) रेडियो संकेतों को बाधित करने की क्रिया; **wipe\r** /वाइपः/ (*also* **windscreen ~r**) *n.* 1 कार के आगे या पीछे के शीशों को साफ करने वाला उपकरण, पोंछा 2 पोंछा 3 पोचारा, पोता, पोतारा 4 जूना (बटी घास का स्पंज) 5 झाड़न;
dw/lw: **~out** /वाइपआउट/ *n.* पूर्ण सफाया, पराजय
collocs.: **~d out** थककर बिल्कुल चूर;
p&i: **~ away** 1 पोंछ डालना 2 आंसू पोंछना; **~ off** 1 ब्लैक-बोर्ड आदि से लिखावट को साफ क. 2 किसी का सफाया कर दे., किसी को नष्ट कर दे. 3 ऋण आदि को पूरी तरह चुका दे.; **~ off the slate** 1 हिसाब चुकता कर दे. 2 अपने भूतकाल से पूर्णतः नाता तोड़ ले.; **~ off the score** किसी को धूल चटाना, हरा दे., मात दे दे.; **~ one's boots on** कीचड़ में फंसना; **~ out** 1 अंदर से साफ क. 2 कलंक या धब्बे आदि को मिटाना: ~ out the disgrace; ~ out the past 3 नामो-निशान मिटा दे. 4 विरोधी को नष्ट कर दे. 5 *sl.* तरंग-तख्ते (surfboard) या स्की आदि से गिर जा.; **~ sb out** *sl.* किसी को खत्म क दे.; **~ sb's eyes** 1 प्रहार से किसी की आंखों के नीचे नील डाल दे. 2 मात दे दे. 3 किसी को सीधा कर दे., सबक सिखाना; **~ sb/ sth off the face of the earth/ ~ sth off the map** किसी का या किसी चीज का नामो-निशान मिटा दे. या श्याम-पट लिखे पाठ या बने चित्र को मिटा दे.; **~ sth down** ऊपर से नीचे तक साफ क., पोंछना; **~ sth off sth** किसी चीज को कहीं से हटा दे.; **~ sth out** 1 अंदर से साफ क. 2 से छुटकारा पाना या पिंड छुड़ाना; **~ the floor/ ground with sb** किसी को पूर्णतः ध्वस्त क., हरा दे.; **~ the slate clean** पुरानी बातों को भूलकर नए सिरे से शुरू क.; **~ up** फर्श आदि पर गिरी हुई चीज को पोंछना: ~ up the spilt milk;

wipeout; **wiper** *see above under* **wipe:** ***dw/lw***

WIPO *abbr.* 'World Intellectual Property Organisation' की प्रथमाक्षरी

wire /वायः/ *n.* 1 तार: elastic ~; ~ basket/ netting/ gauze; barbed ~ (कांटेदार तार) 2 बिजली का तार: ~ a house for electricity 3 धात्विक तंतु या धागा: ~ bed/ mattress 4 *telecomm.* (***syn.*** cable) एक स्थान को दूसरे से जोड़ने वाली तार: ~ laying (तारों की बिछाई) 5 टेलिग्राम, तार: by ~; send a ~; give sb the ~; ~ service 6 *originally US horse-racing* दौड़ मुकाबलों के अंत में धावन-पथ के आर-पार बांधी जाने वाली तार 7 गुप्त संदेश या संकेत 8 (**the wire**, *sing.*) तारों की बाड़: live ~ (गर्म या बिजली की तार की बाड़); ~ entanglement 9 (***syn.*** string) वाद्य की तार: सितार, गीतार, इकतारा आदि 10 रस्सा, रज्जु, केबल: ~ rope/ cable;
v., *pt.* **~d**, *pp* **wiring** 1 (*also* **~ sth up**) बिजली के तार लगाना 2 संचार प्रणाली को तार से जोड़ना 3 तार भेजना: ~ to sb; ~ for sb 4 (***syn.*** bug) किसी की चोरी-छिपे बातें आदि सुनने के लिए गुप्त तारें या उपकरण लगाना 5 तार से बांधना या कसना 6 तार में पिरोना 7 जानवर को तारों के जाल में फंसाना 8 (कांटेदार) तारों की बाड़ लगाना;
dw/lw: **~-cloth/ ~-netting** *n.* तार-जाली; **~cutter** *n.* तार काटने का औजार, तारकट; **~d** *adj., sl.* 1 बुरी तरह आहत 2 तनाव-ग्रस्त; **~draw** *see below under separate entry*; **~-fraud** *n.* कंप्यूटर व टेलीफोन के माध्यम से भ्रष्ट तरीके से पैसे ऐंठना; **~-gauge** /वायःगेज/ *n.* तारमापी; **~-haired** *adj.* छोटे कड़े बालों वाला (टेरिए कुत्ता); **~less** *see below under separate entry*; **~man** *n.* = **lineman** बिजली की लाइन की मरम्मत करने वाला कारीगर; **~puller** /वायःपुलः/ *n.* 1 सूत्रधार, कुचक्री 2 बड़े लोगों से अपने संबंधों का दुरुपयोग करके अपने काम निकालने वाला (तिड़ीबाज छुटभैया या नेता आदि); **~stripper** /वायःस्ट्रिपः/ *n.* तारों के ऊपर चढ़े सुरक्षात्मक आवरण को उतारने वाला औजार; **~tap** *v., pt.* ~tapped, *pp* ~tapping किसी दूसरे के टेलीफोन को चोरी-छिपे सुनना; **~tapping** *n.* सरकार या गुप्तचरों आदि द्वारा चोरी-छिपे टेलीफोन सुनने की क्रिया या प्रणाली; **~-worm** /वायःवःम/ *n.* तंतु कृमि; **wiry** *see below under separate entry*;
collocations: **~ brush** धातु के तंतुओं से बना सफाई करने का ब्रश; **~ channel/ circuit** तार-संचार लाइन; **~ city** *thieves' sl.* जेल; **~ gauze[1]** /वायःगेज/ भिन्न-भिन्न आकारों व चौड़ाई के छिद्रों वाली तार की चौड़ाई-मोटाई मापने की डिस्क या प्लेट, तारमापी; **~ gauze[2]** /वायःगेज/ 1 तारों से बना घना कपड़ा, तार तंतुओं या धागों से बना जालीदार कपड़ा 2 जाली 3 झंझरी; **~ glass** जाली के ऊपर चढ़ाकर बनाया हुआ शीशा; **~ netting** जाली; **~ roll** टैंकरोधी तारों की कुंडली (spiral); **~ rope** तारों से बटी रस्सी; **~ trunk** बड़ी सड़कों की लाइन; **~ wheel** खेल कारों आदि में लगने वाले तारनुमा ताड़ियों वाले पहिए; **~ wool** पतली तारों का गुच्छा;
p&i: **~ away/ in** जोशो-खरोश से काम क.; **~ in** 1 कांटेदार तारों की बाड़ लगाना 2 जरूरत से ज्यादा कोशिश क.; **~ into** पर टूट पड़ना; **~ off** कांटेदार तारों को लगाकर किसी स्थान को अलग क.;
a live ~ सक्रिय, ऊर्जाशील व जीवंत व्यक्ति; **be all on ~s** अत्यधिक उत्तेजित या घबराया हुआ हो.; **be on ~s** मानसिक रूप से व्याकुल या व्यथित हो.; **by ~** तार से, तार द्वारा; **down to the ~** समय के अभाव से ग्रस्त हो.; **get one's ~s crossed** 1 चकरा

जाना, घालमेल हो जा. (get confused about sth) 2 संभ्रमित हो जाना, भ्रम में पड़ जाना, कुछ समझ न पाना (misunderstand); **get under the ~** *US* मुश्किल से पाना या पहुंच पाना; **lay ~s for sth** किसी काम के लिए काफी समय पहले से तैयारी क.; **pull the ~s = ~ strings** 1 गुप्त रूप से नियंत्रित क. 2 बड़े लोगों से संबंधों का दुरुपयोग क.; **tap a ~** चोरी-छिपे दूसरों का टेलीफोन सुनना; **tough as fencing ~** अत्यधिक मजबूत व टिकाऊ; **under the ~** आखिरी पलों में

wiredraw /वायःड्रॉ/ *v. pt.* **~drew**, *pt. p.* **~drawn**, *pp* **~ing** 1 धातु के टुकड़ों को सांचे में बने सुराखों में से खींचकर तार बनाना या तार कसना 2 किसी काम या बात को लंबा खींचना;
dw/lw: **~er** *n.* तारकश, तार खींचने का उपकरण; **~ing** *n.* तार खींचने या बनाने की क्रिया, तारकशी; **~n** *adj.* 1 तारकश से खींची हुई 2 बहुत पतली 3 लंबा खिंचा हुआ (मामला)

wireless /वायःलस/ *n.* रेडियो;
adj. 1 बेतार: ~ telegraphy/ ~ telephony; ~ set; ~ fan (रेडियो का शौकीन);
v. pt. **~ed**, *pp* **~ing** 1 रेडियो द्वारा भेजना या प्रसारित क. 2 बेतार का तार भेजना;
collocations: **~ silence** रेडियो की मौन प्रणाली; **~ tender** कार रेडियो स्टेशन; **~ direction finder** बेतार दिशा खोजी; **~ direction finding** बेतार दिशा खोजने का काम; **~ link** रेडियो संचार दिशा;

wiring /वायरिंग/ *n.* 1 बिजली के तारों को लगाने का कार्य या फिटिंग 2 कांटेदार तारों की बाड़ लगाने का कार्य

wiry /वायरि/ *adj., degr.* **wirier, wiriest** 1 (***syn.*** sinewy) छरहरा, छरहरी, लचकदार लेकिन मजबूत और फुर्तीला, फुर्तीली (तार की तरह) 2 दम-खम से परिपूर्ण 3 मोटे और कड़े बाल (तार की तरह) सख्त व कठोर: ~ hair 4 तार का, तार-जैसा 5 तनावग्रस्त (नब्ज) 6 चीमड़;
dw/lw: **wirily** /वायरिलि/ *adv.* स्फूर्तिपूर्वक; **wiriness** /वायरिनेस/ *n.* लचक, लचकीलापन, फुर्तीलापन

wisdom /विज्डम/ *n.* 1 बुद्धि 2 बुद्धिमत्ता: the ~ of sth; I doubt the ~ of trusting him 3 बुद्धिमानी, अक्लमंदी, समझदारी: years bring ~ 4 प्रज्ञा, मेधा, प्रतिभा 5 विवेक 6 ज्ञान, विद्वत्ता, पांडित्य: the ~ of the ages; the ~ of the ancients 7 बुद्धिमत्तापूर्ण कथन, सूक्ति: pour forth ~ 8 (***syn.*** conventional received ~) लोकमत, परंपरागत मत;
collocations: **~ tooth** *pl.* ~ teeth अक्ल दाढ़; **serpentine ~** सांप बुद्धि; **Solomon's ~** सुलेमान की सूक्तियां;
p&i: **~ is the wealth of the wise** बुद्धि समझदार के लिए धन समान होती है; **cut one's ~ teeth** अक्ल दाढ़ का फूटना या निकलना; **learn ~ by the follies of others** दूसरों की गलतियों से सीखकर बुद्धिमत्ता प्राप्त क.; **no ~ like silence = silence is gold** मौन रहना समझदारी का काम है;

wise[1] /वाइज/ *adj., degr.* **~r, ~st** 1 अक्लमंद, समझदार, सयाना: get/ grow **~r**; ~ after the event 2 बुद्धिमान: the child is ~ for his age; one will get **~r** as one gets older; be/ get **~r** 3 (***syn.*** prudent) समझदार: ~ policy/ course; ~ saying (बुद्धिमत्तापूर्ण कथन या कहावत); ~ words of the ancients 4 प्रज्ञ, ज्ञानी, मनीषी 5 विवेकी, विवेकशील 6 विवेकपूर्ण 7 जानकार, अच्छी तरह अवगत: he is ~ to the true facts of the story; put sb ~ to/ of/ about/ concerning sth 8 पहले से अधिक सूचनाओं या जानकारी से लैस, सुविज्ञ, जिसे पता चल गया हो, किसी स्थिति के बारे में अवगत: I was none the **~r** for his explanation (उसके स्पष्टीकरण से मुझे कोई जानकारी नहीं मिली); they laughed at him and he was never the **~r**; do sth without anyone being the **~r** (किसी को कानों-कान खबर न लगने देते हुए कोई काम क.); if you hold your tongue no one will be any the **~r** 9 (***syn.*** shrewd, sagacious) दूरदर्शी, तेज, विचक्षण, मेधावी 10 ज्ञान या बुद्धिमत्ता का दिखावा करने वाला 11 (***syn.*** astute) कुशाग्र-बुद्धि, विदग्ध, घाघ, चतुर, चालाक, चालू: you should have been **~r** than to do that;
dw/lw: **~ly** *adv.* बुद्धिमत्तापूर्वक; **~ness** *n.* 1 विवेक, दानिशमंदी 2 दूरदर्शिता 3 परख, पहचान 4 प्रज्ञा, प्रतिभा, बुद्धि 5 पौढ़ता, भले-बुरे की पहचान 6 विचार-शक्ति; **~-up** *v., pt.* **~d-up**, *pp* **wising-up** 1 समझ में आना, जानकारी प्राप्त क. 2 सूचित क., चेताना, सावधान क., सचेत क.;
worldly-~ *adj.* सयाना, घाट-घाट का पानी पिए हुआ, अपना नफा-नुकसान जानने वाला;
collocations: **~ guy** (***syn.*** know-all) 1 निर्लज्ज, धृष्ट 2 स्वयं-सिद्ध दंभी जानकार; **~ man** 1 ज्ञानी व्यक्ति, विचारक 2 जादूगर; **~ person** बुद्धिमान व्यक्ति, बृहस्पति, अफलातून, लुकमान, सुकरात, सुलेमान, विदुर; **~ woman** 1 मनीषी स्त्री, विचारक 2 पारंपरिक दवा-दारू को जानने वाली औरत 3 जादूगरनी, टोनहाई 4 दाई, धात्री; **~ saw** सूक्ति, कहावत;
the Three Wise Men/ the Wise Men of the East पूर्व के तीन बुद्धिमान पुरुष जो ईसा के जन्म के उपलक्ष्य में उपहार लेकर येरुस्लम पहुंचे थे;
p&i: **~ fox will never rob his henroost** चुड़ैल भी तीन घर छोड़ देती है, बाहर बदमाश, मुहल्ले में शरीफ; **~ look** चिंतनशील शक्ल; **~ men learn by other men's mistakes fools by their own** समझदार लोग दूसरों की गलतियों से सीखते हैं, मूर्ख अपनी गलतियों से; **up to sb/ sth** किसी के या किसी बात के बारे आवश्यक सूचना या जानकारी पाना; **and no one is the ~r** चोरी-छिपे, किसी को कानों-कान खबर न लगना; **as ~ as before** पहले से ज्यादा समझदार या जानकार नहीं, कुछ नहीं सीखा; **be none the ~r** समझाने के बाद भी समझ न पाना; **be ~ after the event** अब पछताए होत क्या जब चिड़ियां चुग गईं खेत; **be ~ to sth** *colloq.* किसी बात के बारे में जानकार, भली-भांति अवगत; **get ~** निर्लज्जता दिखाना; **get ~ with sb** किसी के साथ बेशर्मी से पेश आना; **look ~** चिंतनशील शक्ल अख्तियार क.; **put sb ~** *colloq.* किसी को आवश्यक सूचना दे.; **put sb ~ to sth** से सावधान क., की जानकारी दे., से अवगत कराना; **with a ~ shake of the head** समझदारी से सिर हिलाते हुए;

wise[2] ढंग, प्रकार, रीति: no ~ (किसी प्रकार भी नहीं); in no ~ to blame (किसी भी तरह से दोष नहीं दिया जा सकता); in like ~ (इसी तरह से)

-wise /-वाइज/ *suffix, comb. form, signifying:* 1 **direction** or **manner** (दिशा या शैली): clockwise; otherwise 2 **respect** or **relevance** (उपयुक्तता): money-wise; business-wise

wiseacre /वाइजेकः/ *n.* 1 अपने को बहुत अक्लमंद समझने वाला व्यक्ति, तीसमारखां 2 (***syn.*** Mr. know-all) स्वयं-सिद्ध दंभी जानकार, दंभी सर्व-ज्ञानी

wisecrack /वाइजक्रैक/ *n., US colloq.* 1 कटाक्ष, ताना, कड़वी बात, कटूक्ति, चुटकी, छेपटी, डाट (*Hr.*) 2 हास्योक्ति, परिहासोक्ति, विनोदोक्ति, व्यंग्योक्ति, वक्रोक्ति, चुटकुला, लतीफा;
v., pt. **~ed**, *pp* **~ing** 1 ताने मारना या कसना 2 जली-कटी सुनाना, चुभती बात कहना 3 चुटकुला छोड़ना, लतीफा कसना

wish /विश/ *v. pt.* **~ed**, *pp* **~ing**, *s/he/ it* **~es** 1 इच्छा क., चाहना 2 कामना क. 3 किसी को शुभकामना दे.: ~ sb luck/ success, etc.; ~ sb well; I ~ you joy/ luck, ~ a pleasant journey; ~ sb welcome 4 कुछ करने की चाह हो.: ~ to do sth 5 आशा, अपेक्षा, आकांक्षा रखना 6 दिवास्वप्न देखना 7 मन्नत मांगना 8 विनती क. 9 इरादा या संकल्प हो. 10 बददुआ या श्राप दे.;
n. 1 इच्छा, चाह, तमन्ना, अभिलाषा: have a ~ to do sth; have no ~ to do anything; he had no ~ to stay; ~ to leave now 2 कामना, मनोरथ, मर्जी: do sth at sb's ~; it was done against my **~es**; according to/ against sb's **~s** 3 आशा, अपेक्षा, आकांक्षा, आदेश: disobey sb's **~es**; in obedience

to your **~es**; it is her ~ that you came; grant/ comply with sb's ~; ignore/ respect sb's **~es** 4 शुभकामना: with best **~es** for a happy New Year; best **~es** 5 मनोकामना, मन्नत: she got her ~; you shall have your ~ 6 जिजीविषा, दिवास्वप्न, लालसा: ~ a person at the devil/ further (मन ही मन किसी को परे रखना चाहना) 7 इरादा, संकल्प: ~ for sth (किसी चीज को व्यर्थ में प्राप्त करने का इरादा रखना) 8 विनती, कुछ करवाने की इच्छा: I ~ you would be quiet/ be more attentive; I ~ you to understand;

dw/lw: **~bone** /विशबोन/ *n.* मुर्गे आदि की छाती में **V**-आकार की हड्डी = *tech. equivalent* **furcula**; **~book** *n. US* डाक से भेजे जाने वाले दुकान के सामान की सूची; **~er** *n.* शुभकामनाएं देने वाला; **~ful** *adj.* 1 जिसकी कोई इच्छा या चाह हो 2 इच्छुक, अभिलाषी, आकांक्षी 3 काल्पनिक, दिवा-स्वप्नीय; **~fulfilling** *adj.* इच्छापूरक, मनोरथप्रद: ~fulfilling cow (कामधेनु); ~fulfilling tree (कल्प-तरु; **~fully** *adv.* दिवा-स्वप्न के रूप में; **~fulness** *n.* दिवा-स्वप्नीयता, कपोल कल्पना; **~fulfilment** *n., psychol.* मन्नत या मनोरथ की पूर्ति;

collocations: **~ful thinking** कपोल कल्पना: it's only ~ful thinking on their part; **wishing well** ऐसा कुआं जिसमें सिक्का डालते हुए कोई मन्नत मांगी जाती है; **~ list** वांछित चीजों की सूची;

p&i: **~ bon voyage** शुभ यात्रा की कामना क.; **~ for** 1 चाहना, मन क. 2 मन्नत मांगना 3 के लिए प्रयास क.; **~ ill** बददुआ दे., शाप दे.; **~ on** किसी पर थोंपना; **~ sb/ sth on sb** किसी के लिए बददुआ मांगना; **~ sb well** 1 किसी की सफलता की कामना क., मंगल कामना क., भला चाहना, दुआ दे., आशीर्वाद दे., सलामती चाहना, कुशल-क्षेम होने की कामना क. 2 किसी के प्रति कोई दुर्भावना न हो.; **~ sb at Jericho/ at the devil** किसी के जहन्नुम चले जाने की कामना क.; **~ sth away** यह सोचकर या चाहकर कि कोई चीज है ही नहीं, किसी बात से छुटकारा पाने की कोशिश क.;

if wishes were horses, beggars would ride इच्छाएं यदि घोड़े होते तो, भिखारी उन पर सवारी करते यानी बिना परिश्रम फल नहीं मिलता; **I ~!** काश कि ऐसा हो जाता; **I ~ to God** कितना ही अच्छा होता यदि यह मुझे मिल जाता!; **~/ not ~ sth on sb** 1 किसी पर थोपना: I expect he'll ~ himself on us for Diwali 2 किसी के साथ कुछ बुरा होना न चाहना: I wouldn't ~ it on my worst enemy; **the ~ is father to the thought** चाह या कामना विचारों की जननी है या लोग उसी बात में विश्वास करते हैं, जिसमें वे करना चाहते हैं; **your ~ is my command** आपकी इच्छा मेरे लिए हुक्म है

wish-wash /विशवॉश/ *n.* 1 पतला पेय, घटिया चाय या मदिरा 2 बकबक, थोथी बातें

wishy-washy /विशि-वॉशि/ *adj.* 1 पतली, घटिया 2 निश्चयहीन, ढुलमुल, दुर्बल 3 नीरस, फीका, निस्तेज

wisp /विस्प/ *n.* 1 बादल/ धुएं या भाप की लपट: a ~ of cloud/ smoke/ steam 2 घास का गट्ठर, पूली, बालों की गुच्छ या लच्छा: a ~ of hair/ grass, etc. 3 झुंड 4 (***syn.*** shred, fine tuft) तंतु, धज्जी 5 बटी घास, झाड़;

v., pt. **~ed**, *pp* **~ing** 1 घास-फूस या झाड़ू से खुरचना 2 घास को बाटना (रस्सीनुमा बनाना), जूण बनाना 3 धुएं की तरह लपट बनकर उड़ जा.;

dw/lw: **~y** /विस्पि/ *adj., degr.* ~ier, ~iest 1 हल्का, महीन, पतला, नाजुक, नर्म 2 गुच्छेदार, लच्छेदार; **~ily** /विस्पिलि/ *adv.* हल्के से, नाजुक तरीके से; **~iness** /विस्पिनेस/ *n.* नाजुकता

WISPA *abbr.* 'Women's International Squash Players' Association' की प्रथमाक्षरी

wisteria/ wistaria /विस्टिअरिआ/ विस्टेअरिआ/ *n., pl.* **~s** एक फूलदार लता

wistful /विस्टफु\ल/ *adj.* 1 (***syn.*** pensive) चिंतातुर, विचारमग्न 2 (***syn.*** vainly yearning) चाह पूरी न होने के कारण उदास, विषण्ण 3 उद्विग्न, उत्कंठ, उत्कंठित 4 स्वप्नशील 5 ललचौहां, ललचौहीं (आंखें, शक्ल); **~ly** /~लि/ *adv.* टुकर-टुकर (देखना); **~ness** /~लनेस/ *n.* चिंतातुरता, विचारमग्नता, उदासी, उद्विग्नता

wit /विट/ *n.* 1 वाक्चातुर्य, विनोदशीलता, युक्तिकौशल 2 (*also* **~s**) सहज बुद्धि, प्रतिभा, मेधा, समझ, व्यवहार-कुशलता: quick/ slow/ dull **~s** 3 बौद्धिक तीक्ष्णता, बुद्धि-प्रखरता: he had the ~ to call the doctor 4 वाक्चातुर्य, वाग्वैदग्ध्य, हाजिर-जवाबी 5 हाजिर-जवाब व्यक्ति 6 हास्यपूर्ण भाषण या लेख 7 (**~s**) सूझबूझ, बौद्धिक साधन-संपन्नता: he needs all his **~s** to find a way out;

v., pt. **wist**, *pt. p.* **wist**, *pp* **~ting**, *present tense:* I/ s/he/ it **wot**; you/ we/ they **wit** (*archaic*) 1 कुछ हुनर जानना या सीखना 2 (***syn.*** discern) देखना;

dw/lw: **quick-witted** *adj.* हाजिर-जवाब, प्रखर-बुद्धि; **~less** /विटलेस/ *adj.* 1 (***syn.*** brainless, stupid) मूर्ख, मूढ़, नासमझ, बेवकूफ 2 (***syn.*** crazy) पागल 3 अनभिज्ञ: ~less of the crime; ~less of what was happening; **wits** /विट्स/ *n. [pl.]* जल्दी सोच पाने की क्षमता, हाजिर-जवाबी; **~ted** /विटिड/ *adj.* विनोदी, विनोदशील; **wititicism** /विटिसिज्म/ *n.* 1 ठिठोली, व्यंग्योक्ति, फबती 2 चुटकुला, लतीफा, नुकता 3 मजाक; **~tily** /विटिलि/ *adv.* विनोदपूर्वक, हाजिर-जवाबी से; **~tiness** /विटिनेस/ *n.* विनोदशीलता, हाजिर-जवाबी; **~ty** /विटि/ *adj., degr.* ~tier/ ~tiest 1 मजेदार, विनोदपूर्ण 2 वाग्विदग्ध, हाजिर-जवाब 3 मजेदार, विनोदपूर्ण;

collocations: **battle of ~s** एक-दूसरे से ज्यादा हाजिर-जवाब होने का मुकाबला;

p&i: **~ in poor man's breast is little thought of** गरीब की बुद्धि की कौन कदर करता है; ***Wit Works Woe*** (the title of Russian writer A. Griboedov's comedy, 1822-24) जिसका अर्थ है कि जड़बुद्धि समाज में बुद्धिमत्ता या हाजिर-जवाबी दुखों की जननी है; **~ to do sth** सही कार्य को करने के लिए बुद्धि-सक्षमता; **~ once bought is worth twice taught** आप मरे बिना स्वर्ग नहीं मिलता;

be at one's ~'s end/ bring or **drive to sb's ~'s end** किंकर्त्तव्यविमूढ़ हो. या क.; **be out of one's ~s** बुद्धि-प्रखरता खो दे., पगलैट हो.; **beyond the ~ of man** आदमी की समझ से परे; **frighten sb out of his ~s** किसी की सिट्टी-पिट्टी गुम कर दे.; **gather/ collect one's ~s** अपने आपको संभालना, सूझ-बूझ को काम में ला.; **good ~s jump** समझदार लोग एक-दूसरे को समझ लेते हैं; **have a quick ~** हाजिर-जवाब हो.; **have slow ~** जड़-बुद्धि हो.; **have/ keep one's ~s about one** 1 सतर्क हो. 2 तिड़ीबाज या चलता-पुर्जा हो.; **have ~ at will** हाजिर-जवाब हो.; **he has all his ~s about him** उसे बुद्धू नहीं बनाया जा सकता; **keep/ have your ~s** हाजिरजवाबी न खोना; **live by one's ~s** हाजिर-जवाबी या वाक्चातुर्य की कमाई खाना; **lost of ~s** जड़-बुद्धि; **more ~ in his little finger than in your whole body** तुम तो उसके सामने ऐसे हो जैसे हाथी के सामने चींटी; **sb's ~s are gone wool gathering** हवाई किले बनानेवाला; **scare/frighten sb out of their ~s** किसी की सिट्टी-पिट्टी गायब कर दे.; **scared**, *etc.* **out of one's ~s** बुरी तरह डरा या घबराया हुआ; **set one's ~s to work/ to a problem** किसी समस्या के हल के लिए दिमाग के घोड़े दौड़ाना; **to ~** 1 (वाक्य के आरंभ में) अर्थात्, यानी (that is to say) 2 यथा, जैसे (namely)

witch /विच/ *n., pl.* **~es** 1 (***syn.*** hag) डाइन, चुड़ैल: ~es' trial; old ~ (एक गाली) 2 जादूगरनी 3 (***syn.*** bewitching) घातक रूप से सुंदर औरत, मोहिनी;

v. pt. **~ed**, *pp* **~ing**, *s/he/ it* **~es** 1 जादू डालना 2 सम्मोहन पाश में जकड़ना;

dw/lw: **~craft** /विचक्राफ्ट/ *n.* जादू-टोना, अभिचार 3 सम्मोहन-शक्ति; **~ery** /विचरि/ *n., pl.* ~eries 1 जादू-टोने की जकड़ 2 जादू-

टोना, वशीकरण, मोह-माया, सम्मोहन; **~ing** /विचिंग/ *adj.* 1 जादू का 2 सम्मोहक: ~ing hour/ time (जादू-टोने का समय यानी आधी रात); **~like** *adj.* जादू-सा; **~ment** *n.* सुनने वाले या देखने वाले की आंखों पर जादू करने की क्रिया (दीठबंदी);
collocations: **~ doctor** ओझा, टोनहाया; **~ elm** *see below under* **wych elm**; **~ hazel/ wych hazel** पीले फूलों वाली एक अमेरिकी झाड़ी; **~es' broom** पेड़ों में लगने वाली एक बीमारी जिसके कारण पेड़ की टहनियों में झाड़ूनुमा गुच्छे बन जाते हैं; **~ hunt** 1 राजनीतिक कारणों से किया जाने वाला अन्यायपूर्ण उत्पीड़न 2 डाइनों की खोज; **the ~ing hour/ time** आधी रात का समय जब, लोकमतानुसार, जादू सिर चढ़कर बोलता है;
p&i: **as nervous as a ~** *US* एक पल की भी शांति नहीं; **a white ~** दयावान परी (जादूगरनी); **~ is in it** इस स्थान पर जादू-टोना किया हुआ है (यह तो डायन का कमाल है!)

witchetty /विचअटि/ *n., pl.* **witchetties** (*in full* **witchetty grub**) कवक-कूर्चिका

witeout /वाइटाउट/ *n.* गलती सुधारने के लिए प्रयुक्त सफेद द्रव

witenagemot/~e /विटनअगिमोट/ *n., hist.* ऐंग्लोसैक्सों (Anglo-Saxons) के राजा की परामर्श-परिषद

with /विद/ *prep.* 1.1 किसी के साथ: went ~ him; danced ~ her; play ~ Dhiraj; work/ together ~ sb; have dinner ~ a friend; in company ~; I shall be ~ you in a moment 1.2 साथ में, साथ-साथ: he bought the chairs together ~ the table 1.3 पास-पास, आमने-सामने: side by side ~ sb; face to face ~ sb 1.4 की संगत में, के साथ कदम से कदम मिलाकर: go ~ the times 1.5 आपस में, एक-दूसरे के साथ, के साथ: ~ each other/ one another; correspond/ speak ~ sb; make friends ~ sb 1.6 के साथ जुड़ाव, मेल-मिलाप: be connected ~ sb 2 के साथ (मिलन, घुलन-मिलन): mingled ~ people; he did not like to mix ~ such people 3.1 से, के द्वारा (औजार, जरिया, तरीके आदि द्वारा): raised it ~ a crowbar; I saw it ~ my own eyes; he made it ~ his own hands; take sth ~ both hands; light a hall ~ candles 3.2 साधन, से, के साथ: buy sth ~ money; pay for sth ~ one's life; treat ~ a serum 4.1 के साथ ढकना, आदि: plastered ~ cement; the ground was covered ~ snow, ~ dew; the room was hung ~ pictures; a house surrounded ~ trees 4.2 भरना, से (भरा), अंतर्वस्तु, अवयव: filled ~ rubbish; stuffed ~ straw 5 से लैस: equipped ~ firearms 6 के कारण, की वजह से: shaking ~ fear; blush ~ shame; eyes dim ~ tears; be ill ~ fever; be faint ~ hunger 7 की दिशा में, के साथ: drift ~ the current; go ~ the tide; gone ~ the wind 8 के समय, के साथ-साथ, साथ-साथ होने वाला कार्य: discretion comes ~ age; ~ those/ these words she went away; his health will improve ~ the spring 9 विरोधाभास द्योतक क्रियाओं के साथ, के विरुद्ध: quarrelled/ argues ~ her brother; fight/ struggle ~ sb; be at odds ~ sb 10 तुलनात्मक स्थितियों में, सहमति, असहमति, मेल, बेमेल आदि जताने के लिए प्रयुक्त: compared ~ last year; compete ~ sb; compare one thing ~ another; in comparison ~; (in)consistent ~; the shirt did not go ~ the suit; be in/ out of keeping ~ sth 11 विशेषता या गुण वाला (के साथ): a man ~ a limp; a house ~ a red roof; a room ~ a bath 12 शैली, ढंग द्योतक स्थितियों में, (कैसे?) प्रश्न के उत्तर में: won ~ ease 13 से, के साथ, के सहारे: ~ your talents, you'll surely get the job 14 के बावजूद, के होते हुए भी: ~ all his money he's still unhappy; ~ all his faults we liked him 15 ऐसे हालात में: I can't go abroad ~ my mother so ill 16 फिल्म आदि में किन्हीं कलाकारों के साथ: '*Lagaan*' with Aamir Khan 17 के पास: leave the child ~ me; leave the key ~ the neighbours; stay ~ one's parents/ with one's friends 18 से जुदाई, से पिंड छुड़ाई: dispensed ~ his crutches/ plaster; down ~ tyranny!; away ~ him!; away ~ it!; off ~ you! 19 आर-पार करके (बैठना): ~ legs crossed 20 के विषय में, के साथ: what shall we do ~ this?; can't do a thing ~ my hair 21.1 नीतियों और सोच-समझ में एक साथ, के साथ, के पक्ष में: are you with me?; we're ~ you all the way; agree ~ sb; side ~ sb; who is not ~ us is against us 21.2 दोस्ताना या गैर-दोस्ताना संबंध: be in/ out of harmony ~ sb; be patient ~ sb; be rough/ strict ~ sb; be friendly ~ sb; be angry ~ sb; be familiar ~; be acquainted ~ sb 22 कहीं काम क.: he worked ~ a firm for five years 23 के साथ मिलाना: mix it ~ water 24 साथ लेकर, के साथ: he came ~ all his luggage; he always carries a stick ~ him 25 कार्य या क्रिया की विशेषता द्योतक 'किस प्रकार?, कैसे?' आदि प्रश्नों के उत्तर में: ~ a smile; ~ a laugh; handle ~ care!; speak ~ an accent/ a stutter; walk ~ a limp; ~ all one's heart; receive sb ~ open arms; he looked at his work ~ a critical eye; he sat ~ his head down 26 से जुड़ा हुआ, रुचि, चिंता का विषय या वस्तु, के साथ: he was concerned ~ English poetry; this film is made ~ children in mind; we can do nothing ~ him 27 उपहार या जिम्मेवारी का विषय: entrust sb/ sth ~ sth; this decision rests/ lies ~ you 28 भावनात्मक या बौद्धिक आकलन का विषय: we are pleased ~ the house 29 शर्त या आधार: ~ the condition; ~ his intelligence he will easily understand that; ~ your consent 30 आदत, झुकाव, रुचि; ~ him it's all a matter of money; it was a custom/ a habit ~ them 31 जहां तक किसी का संबंध है: ~ his work it was different;
collocations: **~ child** गर्भवती
p&i: **~ a grain/ pinch of salt** हिचकिचाते हुए, संदेहपूर्वक; **~ a halo** तेजोमंडित; **~ a heavy hand** क्रूरतापूर्वक, कठोरता से; **~ a heavy heart** भारी मन से; **~ a high hand** निरंकुशतापूर्वक, मनमाने ढंग से; **~ a hook at the end** अनमने से; **~ all my heart** दिलोजान से; **~ arms reaching thighs** विशालबाहु; **~ a sense of gratitude/ obligation** कृतज्ञतापूर्वक; **~ a vengeance** कोई कसर न छोड़ते हुए; **~ a wet finger** आसानी से; **~ due consideration** ध्यान में रखते हुए; **~ egg on one's face** शर्मसार; **~ gusto** जोशोखरोश के साथ; **~ hammer and tongs** पूरे दमखम से; **~ heart and hand** जोश-खरोश से; **~ heart and soul** तन-मन से; **~ his hackles up** लड़ने-मरने को आमादा होते हुए; **~ it** 1 (***syn.*** trendy) वर्तमान के संदर्भों व विषयों से परिचित 2 (***syn.*** alert) आसपास की घटनाओं से अवगत; **~ might and main** पूरा जोर लगाकर; **~ modern conveniences** सब सुविधाओं से लैस; **~ much ado** काफी झंझट या झमेला करते हुए; **~ one accord** एक मत से; **~ ~ one foot in the grave** मौत की कगार पर; **~ one's back to the wall** विकट परिस्थितियों में; **~ one's tail between one's legs** दुम दबाकर भागता हुआ; **~ one voice** सर्वसहमति से; **~ open arms** जोशो-खरोश से; **~ open eyes** सतर्कतापूर्वक; **~ open mind** बिना पूर्व धारणा के, खुले मन से;**~ particulars** विवरण के साथ; **~ pleasure** सहर्ष; **~ regard to** जहां तक किसी बात का संबंध है ...; **~ reference to/ ~ relation to/ ~ respect to** के संबंध में; **~ that** इस पर, उस समय, तब: with that, Ram left the room; **~ the beard on the shoulder** चौकन्ना, जागरूक; **~ the condition that** इस शर्त के साथ कि ...; **~ tongue in one's cheek** व्यंग्यपूर्वक; **~ winsome ways** आकर्षक ढंग से; **~ zeal** लगन या जोश के साथ; **~ zest** आतुरतापूर्वक;
be with me/ you किसी को समझने में समर्थ हो., के समर्थन में हो.; **be ~ it** आधुनिकतम विचारों का साथ दे.; **be ~ sb on sth** किसी बात पर किसी से सहमत हो.; **in ~ sb** *colloq.* से दोस्ती या

सांठगांठ होना

withal /विदॉःल/ *adv.* 1 भी, सौदे में शामिल, के अतिरिक्त 2 तिस पर, इसपर, इस प्रकार 3 फिर भी, के बावजूद 4 के बाद, इन शब्दों के साथ;
prep. के साथ: flesh to bait fish ~

Withania radia असगंध, अश्वगंधा

with\draw /विदड्रॉ/ *v., pt.* **~drew**, *pt. p.* **~drawn**, *pp* **~drawing** 1 बैंक से पैसे निकालना: ~ a sum of money; ~ credit 2 मीटिंग आदि से निकल आना, कंपनी की भागीदारी, संगठन की सदस्यता आदि से बाहर आ जाना: **~draw** from partnership/ membership 3 (***syn.*** retreat, pull out) फौज आदि का पीछे हटना, किसी क्षेत्र से पीछे हटना: a military force **~drew**; **~draw** troops (from); we tactfully **~drew** 4 मुकाबले या प्रतियोगिता में भाग न ले., नाम वापस ले लेना: **~draw** from competition/ championship 5 (***syn.*** retract) प्रत्याहार क., वापस लेना, कथन या शब्द वापस ले.: he refused to ~ his statement 6 प्रस्ताव, सुझाव आदि वापस ले लेना: ~ an offer/ a promise; ~ a motion/ a candidate 7 खींच लेना, पीछे की ओर खींचना, एक ओर खींचना: ~ one's hand 8 प्रभाव या चंगुल आदि से निकालना: ~ sb from an influence 9 (***syn.*** retire) आराम आदि करने के लिए हट जाना, से अलग हो जाना, एक कोने में सिमट जा.: **~drew** into her bedroom; after dinner the ladies **~drew**; the jury **~drew** for discussing the case 10 नशीले पदार्थों का सेवन छोड़ना: ~ from sth 11 दीन-दुनिया से नाता तोड़ ले.: **~drew** into oneself 12 जारी रखना बंद कर दे. 13 आरोप या मुकदमा वापस ले.: ~ an accusation; ~ opposition (from); ~ an action; ~ an attachment (संपत्ति की कुड़की वापस लेना) 14 बच्चे को स्कूल आदि से निकाल लेना: ~ a boy from school; ~ envoys 15 समझौता आदि रद्द क.: ~ from a treaty;
dw/lw: **~able** /विदड्रॉःअबल/ *adj.* 1 प्रत्याहार्य 2 (***syn.*** portable) चल; **withdrawal** *see below under separate entry*; **~drawer** /विदड्रॉवः/ *n.* 1 प्रत्याहर्ता 2 बैंक से पैसा आदि निकालने वाला व्यक्ति; **~drawing-chamber** *n.* आराम-कक्ष; **~drawn** /~ड्रॉन/ *adj.* 1 अलग-थलग, ओलगिया 2 (***syn.*** unsociable) गैर-मिलनसार, असामाजिक, एकांतप्रिय 3 (***syn.*** introvert) गुमसुम, अंतर्मुखी 4 (***syn.*** absent-minded) अन्यमनस्क, दुचित्ता

withdrawal /विदड्रॉअल/ *n.* 1 (*usually* **make a ~**) रुपये आदि की निकासी: **~drawal** slip (निकासी पर्ची) 2 मदद या वायदे आदि की समाप्ति 3 (***syn.*** retreat) सैनिक टुकड़ियों की वापसी, पलटाव, लौटाव, व्यवस्थित वापसी 4 *med.* मादक पदार्थों का सेवन बंद करने से होने वाली बेचैनी: ~ symptoms 5 (***syn.*** retreat into self-absorption, introversion) अलग-थलग होने या अपने में गुमसुम हो जाने की क्रिया, वैराग्य 6 संबंध-विच्छेद 7 निर्लिप्तता 8 बाहर को खिंचाव या निकालने की क्रिया 9 विरोध, एतराज आदि की वापसी 10 (***syn.*** escapism) पलायनवाद 11 (***syn.*** retraction) कथन आदि की वापसी;
collocations: **~drawal symptoms/ syndrome** मादक पदार्थों का सेवन बंद करने से होने वाली बेचैनी, पीड़ा, उल्टियां, पसीना, हाथों का कंपन, विषाद, निराशा, बेदिली आदि लक्षण

withe /विद/ विथ/ वाइद/ (*also* **withy**) *n.* 1 लचीली टहनी 2 टहनी का कोड़ा, कामची (*Hr.*) 3 अलग-थलग, ओझल (स्थान)

wither /विदः/ (*also* **~ away**) *v., pt.* **~ed**, *pp* **~ing** 1 मुर्झाना, मुरझाना 2 कुम्हलाना, सूख जाना: flowers/ leaves, plants, wreaths ~ 3 (*sometimes* **~ away**) निस्तेज या शिथिल पड़ जाना, फीका पड़ना: beauty often **~s** fast; her affection **~ed** 4 (***syn.*** shrivel) मुर्झाने की अवस्था में पहुंचाना, सुखाना: the sun/ the frost **~s** the plants/ the meadows 5 अहंकारपूर्ण घूर (scornful expression) से किसी को नीचा दिखाना (humble, disconcert): ~ sb with a look 6 निरुत्तर कर दे. 7 विषादमय हो जा. या क.: his heart **~ed**; illness has **~ed** him मुर्झाना, निस्तेज क.;
dw/lw: **~ed** /विदःड/ *adj.* 1 कुम्हलाया हुआ, मुर्झाया हुआ: ~ed heart 2 सूखा हुआ, झुर्रियों से भरा: ~ed hand 3 कांतिहीन, निस्तेज, फक, फीका, क्लांत, पांडुर 4 बेनूर, बेरौनक; **~ing** /विदरिंग/ *adj.* 1 कुम्हलाने वाला, मुर्झाने वाला 2 सुखा देने वाला, नष्ट करने वाला: ~ing stare; **~ing** *n.* म्लानन, म्लानी, मुर्झाने की क्रिया, पांडुरण; **~ingly** *adv.* विनाशकारी ढंग से
p&i: **~ away** 1 नष्ट हो जा. 2 (राष्ट्र आदि का) मर जा.; **~ up** = **~ away**;

withering /विदरिंग/ *adj.* **withering attack/ contempt/ look** मूर्ख सिद्ध करने वाला आक्रमण/ घृणा/ नजर, मुर्झाने वाला, अवज्ञापूर्ण, तिरस्कारपूर्ण

withers /विदःज/ *n., [pl.]* घोड़े की पीठ का शिखरतम हिस्सा, कंधों के बीच ढालू खांदा, डिल्ला, मद्द, स्कंध;
p&i: **our ~ are unwrung** अफवाहों, दोषारोपण का हम से कोई मतलब नहीं

withershins/ widdershins /विदशिन्ज/ *adv., Scots* वामावर्त, उल्टी दिशा में

withhold /विद्होल्ड/ *v., pt.* **withheld**, *pp* **~ing** 1 इन्कार कर दे., ठुकरा दे.: ~ one's consent; ~ one's help; ~ one's promise 2 (***syn.*** keep back) रोक ले., रोके रखना: ~ payment; ~ comment/ judg(e)ment; ~ one's hand 3 दबाए रखना, छिपाए रखना: **withheld** evidence; ~ property; ~ information/ evidence/ the truth

within /विदिन/ *prep.* 1 के अंदर, के भीतर: ~ the four walls; ~ the country; ~ the city 2 से परे नहीं, हद के बाहर नहीं (not beyond): ~ sight; live/ keep ~ one's means; the task is ~ his powers 3 दूरी की सीमा के भीतर, से कम: ~ a few kilometres of Delhi; ~ hearing/ call; ~ reach; he was ~ a couple of paces of us; we are ~ walking distance of Sanjay; ~ an inch of death; 4 समय सीमा के भीतर: finished ~ a week; you must answer ~ three days; an order to vacate the premises ~ twenty-four hours; ~ a year of his retirement 5 मनःस्थिति, मन में: hope sprang ~ him; his heart sank ~ him; a voice ~ me said ... 6 के दायरे में, के अधिकार क्षेत्र में: keep ~ the law; ~ one's right(s); let's settle this ~;
adv. 1 के अंदर, हद के भीतर: apply ~; there is someone ~ 2 *old use* मकान के भीतर (की तरफ से), के अंदर से: he whitewashed the walls ~ and without; the door was bolted ~; those apples are rotten ~ 3 *old use* मन में, आत्मा, दिल में: be pure ~; he was outwardly calm, but raging ~; keep one's thoughts ~; the person ~ named (इस दस्तावेज में नामित व्यक्ति);
n. भीतरी भाग: the ~ of the box is red
adj. लिफाफे के भीतर स्थित: the ~ complaint;
p&i: **~ an inch of doing sth** कुछ करने की कगार पर हो.; **~ reach** पहुंच के भीतर; **~ the law/ the rules/ one's rights, etc.** कानून/ नियम/ अधिकारों की हद या दायरे में

with-it *adj.* 1 फैशनेबल: ~ sweater 2 आधुनिक: ~ poetry;
collocations: **feel ~** (किसी संगति में) अपना-सा अनुभव क.

without /विदाउट/ *prep.* 1 के बिना: go/ do without sth: ~ money/ friends 2 किसी व्यक्ति के साथ के बिना: she went home ~ him 3 से बिछुड़कर: he can't live ~ her 4 से मुक्त, से रहित, के बिना: a blue sky ~ a cloud; books ~ covers 5 बिना सामान्य व्यवहार के: answered ~ smiling; did it ~ being told; she sat ~ moving; act ~ thinking 6 बिना कुछ बोले: complied ~ a murmur; he left ~ a word 7 बिना किसी भावना विशेष के: admitted it ~ shame; work ~ fear 8 बिना कोई विशेष स्थिति पैदा किए: managed ~ difficulty;

completed the rescue ~ anyone getting hurt 9 बिना वांछित शर्तें पूरी किए: imprisoned ~ trial; entered the room ~ permission; he will not come ~ being invited 10 बिना किसी औजार या सहायता के: opened it ~ a key; found our way ~ a map; walk ~ a stick 11 बिना किसी चीज के: drove the motor-cycle ~ a helmet 12 के बिना नकारात्मक परिणाम न टलता: would have died ~ their help 13 के बाहर: ~ the walls 14 किसी वस्तु या प्रक्रिया का अभाव: he answered ~ delay; ~ doubt; ~ end; ~ hope of reward;

adv. 1 बाहर से: the house was decent enough ~ 2 बाहर, खुली सड़क पर, खुले आसमान तले: the postman stands ~ 3 ऊपर से, शक्ल से: he was at ease ~; turn the seamy side ~; ***n.*** बाहरी फलक या तरफ: on the ~;

p&i: **~ aim** बिना किसी ध्येय के; **~ a leg to stand on** असहाय, बेसहारा; **~ any kith and kin** न कोई सगा, न कोई संबंधी; **~ any qualms** बिना किसी हिचकिचाहट के; **~ basis** निराधार; **~ bias** बिना किसी दुराग्रह के; **~ blinking** बिना पलक झपके; **~ day/ date** बिना दिन और तारीख के; **~ delay** अविलंब, तत्काल; **~ doubt** निस्संदेह; **~ end** अनंत, अंतहीन; **~ envy** बिना ईर्ष्या के; **~ exception** बिना अपवाद के; **~ fail** अवश्यमेव, अवश्य ही, निश्चय ही; **~ form** निराकार; **~ light and shade** निर्जीव, नीरस (चित्र); **~ limit** बेहद, बिना किसी सीमा के; **~ odour** गंधहीन; **~ omission** आदि से अंत तक, बिना कुछ छोड़े; **~ permission** बिना अनुमति के; **~ prejudice** बिना किसी दुराग्रह के; **~ rhyme or reason** बेवजह, अकारण; **~ reason** अकारण; **~ regard to** के बिना; **~ reservation** बिना किसी हिचकिचाहट के; **~ restraint** बेबाकी से, दो टूक; **~ substance** निस्सार, सारहीन; **~ success** बिना सफलता के; **~ the shadow of doubt** बेशक, बिना किसी शक के; **~ turning a hair** बिना किसी कोशिश के; **~ veil** बिना किसी घूंघट या पर्दे के;

do ~ के बिना काम चलाना; **fair ~ and foul within** ऊंची दुकान, फीका पकवान, मुंह में राम-राम, बगल में छुरी; **from ~** बाहर से; **not ~ difficulty** आसानी से नहीं; **that goes ~ saying** निस्संदेह, यह मानी हुई बात है; **things ~ oneself** बाहरी दुनिया; **those ~** पराए लोग

with-profit (*also* **with-profits**) कंपनी के लाभ में हिस्सेदारी के साथ बीमा-पॉलिसी

withstand /विदस्टैंड/ *v., pt.* **withstood**, *pt. p.* **withstood**, *pp* **~ing** 1 सह सकना, झेलना, बर्दाश्त कर लेना, ओट ले.: ~ temptation; ~ a siege; **~ing** the storm 2 का विरोध क., का मुकाबला क., का सामना क., रोकना: ~ an assault; **withstood** his insults 3 अपनी स्थिति या अपनी बात पर अडिग र.;

dw/lw: **~er** /~डः/ *n.* 1 सामना करने वाला, झेलने वाला

witless *see above under* **wit: *dw/lw***

witness /विटनस/ *n., pl.* **~es** 1 गवाह, साक्षी: hear/ examine a ~; challenge a ~; examination of a ~; swearing of a ~; ~ for the prosecution/ against the accused; hostile ~; false ~; key ~ 2 चश्मदीद गवाह, प्रत्यक्षदर्शी, चक्षुदर्शी: the ~ for the defence; **~es** of the accident; God is my ~ that ...; a ~ to sth 3 गवाही, साक्ष्य, शहादत: give ~; bear ~ (of/ to); in ~ of/ whereof; thou shalt not bear false ~ against thy neighbour; a ~'s account/ testimony 4 हस्ताक्षर करके दस्तावेज का प्रमाणीकरण: attesting/ subscribing ~, ~ to a signature 5 दस्तावेजी या अन्य प्रकार का प्रमाण, सबूत, उदाहरण: prehistoric bridge – that is a ~ to the ingenuity of primitive 6 प्रमाणीकरण करने वाला व्यक्ति, प्रमाणकर्ता 7 दर्शक, प्रेक्षक, साक्ष्य 8 पुष्टि: ~ sth/ ~ to sth (पुष्टि क.);

v., pt. **~ed**, *pp* **~ing** 1 चश्मदीद गवाह या साक्षी हो., देखना, झेलना: ~ an accident; the area has **~ed** many a battle 2 साक्ष्य दे., गवाही दे.: ~ against/ for sb; she **~ed** to having seen the defendant near the scene of the crime 3 हस्ताक्षर करके दस्तावेज को प्रमाणित क.: ~ a will 4 कुछ घटनाओं का जीवंत वर्णन प्रस्तुत क., गवाह के रूप में सबूत पेश क. 5 का प्रमाण होना, प्रमाणित क., सिद्ध क., दर्शाना, उदाहरण हो.: politicians do not get everything right, ~ the toll tax 6 सूचित क., बताना;

dw/lw: **~er** *n.* 1 चक्षुदर्शी व्यक्ति 2 चश्मदीद गवाह;

collocations: **~ box** *UK* (*UK/US* **~ stand**) कठघरा; **~ stand** कठघरा;

p&i: **bear ~ to sth** का प्रमाण दे. या हो.; **be ~ to sth** का साक्षी या चक्षुदर्शी हो.

wits *see above under* **wit: *dw/lw***

WITSA *abbr.* 'World Information Technology and Services Alliance' की प्रथमाक्षरी

witted *see above under* **wit: *dw/lw***

witter /विटः/ *v., pt.* **~ed**, *pp* **~ing** (*usually* **~ on**) व्यर्थ में लगातार बुदबुदाते रहना

witticism *see above under* **wit: *dw/lw***

witting /विटिंग/ *adj.* 1 जान-बूझकर किया जाने वाला 2 सचेत, जागरूक 3 ज्ञानकृत, संकल्पित;

dw/lw: **~ly** /विटिंगलि/ *adv.* (***syn.*** intentionally) जानबूझकर कर

witty, **wittily**, **wittiness** *see above under* **wit: *dw/lw***

wive /वाइव/ *v., pt.* **~d**, *pp* **wiving** 1 पत्नी बनाना 2 आदमी द्वारा विवाह किया जा. 3 स्त्री द्वारा विवाह किया जा.

wivern /वाइवःन/ *n.* 1 परदार सांप, अजगर 2 (***syn.*** dragon) दैत्य

wives /वाइव्ज/ *n., [pl.]* **'wife'** का बहुवचन

wizard /विजःड/ *n.* 1 भूत-साधक 2 ओझा, जादूगर, अभिचारक, ऐंद्रजालिक, मायावी 3 करामाती, होशियार, कुशल, दक्ष व्यक्ति 4 प्रतिभाशाली व्यक्ति 5 (*often* **a ~ at/ with sth**) विशेषज्ञ, उस्ताद, प्रवीण व्यक्ति: financial ~; electronic ~;

adj. 1 चामत्कारिक, करिश्माई 2 करामाती, होशियार, कुशल, दक्ष;

dw/lw: **~ry** /विजःडरि/ *n.* 1 जादू-टोना, जादूगरी, अभिचार 2 करिश्मा, चमत्कार 3 असाधारण कौशल, प्रवीणता, निपुणता;

collocations: **the Welsh Wizard** लॉयड जॉर्ज (Lloyd George) का मजाकिया नाम; **the Wizard of the North** वॉल्टर स्कॉट (Walter Scott) का मजाकिया नाम

wizen /विजन/ *v. pt.* **~ed**, *pp* **~ing** 1 सूख जा., मुर्झा जा. 2 (***syn.*** shrivelled) झुर्रियों से भर जा.;

dw/lw: **~ed** /विजन्ड/ *adj.* 1 सूखा या मुर्झाया हुआ 2 झुर्रीदार, झुर्रियों से भरा

wiz kid = **whizz kid** छोटी उम्र में असाधारण सफलता प्राप्त करने वाला बालक

wk *abbr.* 'week', 'work' का छोटा रूप

WKF *abbr.* 'World Karate Federation' की प्रथमाक्षरी

wks *abbr.* 'weeks' का छोटा रूप

WLAN *abbr.* 'wireless local area network' की प्रथमाक्षरी

WLR *abbr.* 'Weapon Locating Radars' की प्रथमाक्षरी

WLTM *abbr.* 'would like to meet' की प्रथमाक्षरी

WMA *abbr.* 'ways and means advances', 'Windows Media Audio' की प्रथमाक्षरी

WMD *abbr.* 'Weapon of Mass Destruction' की प्रथमाक्षरी

WMITA *abbr.* 'Works Management IT Application' की प्रथमाक्षरी

WML *abbr.* 'wireless mark-up language' की प्रथमाक्षरी

WMO *abbr.* 'World Meteorological Organization' की प्रथमाक्षरी

WMP *abbr.* 'weapon of mass putrefaction' की प्रथमाक्षरी

WMW *abbr.* 'Women's Media Watch' की प्रथमाक्षरी

WNO *abbr.* 'Welsh National Opera' की प्रथमाक्षरी

WNP *abbr.* 'Welsh National Party' की प्रथमाक्षरी

WNW *abbr.* 'west-north-west' की प्रथमाक्षरी
WO *abbr.* 'War Office', 'Warrant Officer' की प्रथमाक्षरी
w.o. *abbr.* 'walk-over' की प्रथमाक्षरी
woad /वोड/ *n.* 1 एक पौधा 2 इस पौधे से मिलने वाला नीला रंग जिसे पुराने जमाने में लोग अपने शरीर पर लगाते थे
wobbegong /वौबिगौं/ (*also* **carpet shark)** *n.* एक भूरे रंग की आस्ट्रेलियायी शार्क मछली
wobble /वौब्ल/ *US* वाःब्ल/ *v., pt.* **~d**, *pp* **wobbling** 1 लड़खड़ाना, डगमगाना, झूलना, दोलायित हो., हिलना-डुलना: **~d** down the street; this table **~s**; her chin **~d** 2 अस्थिर होना, बदलते रहना, डांवांडोल होना, आगा-पीछा क., हिचकिचाना, ढुलमुल होना, रंग बदलते रहना: ~ in one's opinions 3 आवाज का कांपना: the choir singer's voice **~s**;
n. लड़खड़ाहट, डगमगाहट, हिचकिचाहट, अस्थिरता;
dw/lw: **~r** /वौब्लः/ *US* वाःब्लर/ *n.* 1 लड़खड़ाने वाला व्यक्ति 2 विचारों में अस्थिर, डांवांडोल, अवसरवादी, फिसलने वाला व्यक्ति 3 विचित्र व्यक्ति; **wobbliness** /वौब्लिनेस/ *US* वाःब्लिनेस/ *n.* लड़खड़ाहट, डगमगाहट, अस्थिरता; **wobbly** /वॉब्लि/ *US* वाःब्लि/ *adj., degr.* wobblier, wobbliest (***syn.*** shaky) लड़खड़ाने वाला, ढुलमुल, डांवांडोल: wobbly singing of the choir; **wobbly** *n., pl.* wobblies *colloq.* 1 गुस्से का दौरा 2 झल्लाहट या चिड़चिड़ेपन का दौरा;
collocations: ~ **board** *Austral.* सख्त तख्ते का बोर्ड जिसे एक वाद्य के रूप में प्रयोग किया जाता है;
p&i: **throw a wobbly** क्रोध का दौरा पड़ना, अचानक आपे से बाहर हो जा.
WOBC *abbr.* 'World Open Billiard Championship' की प्रथमाक्षरी
wodge /वौज/ *US* वाःज/ *n., colloq.* 1 लोंदा, पिंड, ढेला 2 पूली, गठरी, गड्डः a ~ of 1000 rupee notes
woe /वो/ *n., pl.* **~s** 1 (***syn.*** misery) शोक, विषाद, घोर कष्ट, तकलीफ: financial **~s**; ~ betide anyone who disturbs him 2 (*often* **~s**, ***syn.*** misery) विपत्ति, संकट, दुर्भाग्यपूर्ण घटना, मुसीबत: a tale of ~; listen to sb's **~s** 3 बीमारी, संताप, दुख-दर्द, व्यथा: poverty, illness and other **~s**; tell all one's **~s**;
dw/lw: **~-be-gone** /वोबिगौन/ *US* वोबिगाःन, वोबिगॉन/ *adj.* 1 मलिनमुख, उदास, गमगीन 2 (***syn.*** miserable) दुखी, संतप्त, शोकाकुल, शोकसंतप्त, शोकार्त्त; **~ful** /वोफुल/ *adj.* 1 दुखमय, दुखद, दुखपूर्ण, शोकमय, विकट, संकटपूर्ण, खेदजनक: ~ful news; ~ful cry; ~ful want 2 (***syn.*** deplorable) शर्मनाक, दयनीय: ~ful spectacle; ~ful ignorance; a ~ful lack of interest; **~fully** /वोफुलि/ *adv.* खेदजनक/ दुखद ढंग से; **~fulness** /वोफुलनेस/ *n.* दुखद अवस्था, दयनीयता; **~s** /वोज/ *n. [pl.]* दुर्भाग्य, मुसीबत; **~some** /वोसम/ *adj.*= **~ful**;
p&i: ~ **is me** हाय! काश!; ~ **be to (you)** (तुमको) धिक्कार है!, लानत है (तुम पर)!; ~ **betide anyone who disturbs him** *old use, facetious* उस व्यक्ति पर दुखों का पहाड़ टूट पड़े जो उसे तंग करता है; **Wit Works Woe** *see above under* **wit**
WOFS *abbr.* 'Weather Observing and Forecasting System' की प्रथमाक्षरी
wog[1] /वौग/ *US* वाःग/ *n., Br. offensive sl.* अश्वेत व्यक्ति
wog[2] बीमारी, रोग, नजला जैसी छूत की बीमारी: a flu ~
woggle /वौगल/ *US* वाःगल/ *n.* नेक्टाई डालने का चमड़े या प्लास्टिक का छल्ला
wok /वॉक/ *n.* बड़ा कटोरा कड़ाही या तवा जिसमें चीनी ढंग से खाना पकाया जाता है
woke /वोक/ *pt.*, **'wake'** का भूतकालिक रूप
woken /वोकन/ *pt. p.*, **'wake'** का भूतकालिक कृदंत रूप
wolds /वोल्ड्ज/ *n.* 1 वनस्पतिहीन पठार क्षेत्र 2 खुली जगह, खाली बंजर भूमि
wolf /वुल्फ/ *n., pl.* **wolves** /वुल्वज/ 1 भेड़िया, वृक, हुंडार, अरण्यश्वान, शृगाल 2 क्रूर, खूंखार, लालची, लोभी व्यक्ति 3 *US* लंपट, घोर औरतबाज आदमी 4 *music* (~ **note**) कर्कश स्वर, तारदार वाद्य से निकलने वाली बेसुरी ध्वनि;
v., *pt.* **~ed**, *pp* **~ing** 1 (*usually* ~ **sth down**/ ~ **down** *colloq.*) 1 जल्दी से चट कर जा., भकोसना, गटकना (***syn.*** gobble) 2 भेड़ियों का शिकार क.;
dw/lw: **~cub** *n.* भेड़िये का बच्चा; **~hound**/ **~-dog** *n.* भेड़ियों का शिकार करने वाला कुत्ता; **~ish** /वुल्फिश/ *adj.* 1 हिंस्र, खूंखार, क्रूर, निष्ठुर, नृशंस: ~ish cruelty 2 लोभी, पेटूः ~ish appetite; feel ~ish 3 लंपट, कामुक; **~ishly** *adv.* 1 क्रूरतापूर्वक 2 लालची तरीके से 3 लंपटतापूर्वक; **~like** *adj.* भेड़िया-सा; **~sbane** *n.* 1 जड़ी-बूटी, मोहरी 2 इन जड़ी-बूटियों से मिलने वाली एक नशीली दवा; **~-tooth** *n.* चोरदंत, कुकुरदंत, गजदंत;
collocations: ~ **pack** शिकारी कुत्तों का झुंड; ~ **spider** (*also* **hunting spider**) शिकार का पीछा करके पकड़ने वाली मकड़ी; ~ **whistle** सुंदर स्त्री को देखकर उसकी प्रशंसा के रूप में बजाई जाने वाली सीटी (आजकल स्त्री-उत्पीड़न का एक रूप);
p&i: **a lone** ~ अकेला चलने वाला व्यक्ति; **a ~ in a lamb's skin/ in sheep's clothing** भेड़ की खाल में भेड़िया, छुपा हुआ दुष्ट आदमी, पाखंडी, बगुला-भगत, गोमुख नाहर या व्याघ्र; **cry** ~ झूठे खतरे की घंटी बजाना या शोर क.; **cry ~ too often** झूठ-मूठ के खतरे की घंटी बजाने के कारण उसकी विश्वसनीयता घटाना; **eat like** ~ भूखे भेड़िये की तरह खाने पर टूट पड़ना; **have/ hold a ~ by the ears** जटिल स्थिति में फंसा होना, जिस में से पीछे हटने की कोई सूरत न हो, संकट में होना; **have seen a** ~ भाषण क्षमता खो दे.; **keep the ~ from the door** भुखमरी और गरीबी को दूर रखना, किसी-न-किसी तरह निर्वाह क.; **one must howl with the** ~ जैसी संगत वैसी रंगत; **set the ~ to keep the sheep** भक्षक को रक्षक बनाना; **the big bad** ~ खतरनाक व भयानक व्यक्ति; **throw** or **fling sb/ sth to the wolves** किसी को खूंखार या निष्ठुर लोगों द्वारा उत्पीड़ित किए जाने के लिए छोड़ दे.; **wake a sleeping** ~ आ बैल मुझे मार; **who is afraid of the big bad wolf?** फ्रैंक चर्चिल द्वारा लिखित एक लोकप्रिय डिसनी कार्टून (Disney Cartoon) गीत
wolfish /वुल्फिश/ (**wolf-fish**) *n.* नमकीन पानी में पाई जाने वाली लंबे दांतों वाली खूंखार मछली
wolfish /वुल्फिश/ *adj.* भेड़िये जैसा
wolfram /वुल्फ्रअम/ *n., chem.* टंगस्टन, वुलफ्रैम
wolverine /वुलवरीन/ *n.* एक तरह का नेवला
woman /वुमअ\न/ *n., pl.* **women** /विमिन/ 1 महिला, औरत, स्त्री, नारी, त्रिया, तिरिया, भामा, भामिनी, मानसी, ललना, महिषी, मानवी, वामा: young ~; single ~; the new ~; emancipated ~; a ~ of the world 2 मातृजाति, नारीजाति, स्त्री-लिंग: **~'s/ women's** rights 3 (**the woman**) नारी स्वभाव या प्रवृत्ति, नारीत्व 4 मेहरा, जनखा 5 पत्नी, प्रेमिका: a new ~ in his life 6 एक अशिष्ट संबोधन: stop it, ~!;
dw/lw: **~-hater** *n.* (***syn.*** misogynist /मिसौजअनिस्ट/) नारी-द्वेषी; **~hood** /वुमनहुड/ *n.* 1 महिला परिपक्वता, प्रौढ़ता: she has now grown to ~hood; one's ~hood 2 स्त्रीत्व, नारीत्व, स्त्रियोचित गुण, औरतपन 3 नारीजाति, स्त्री लिंग; **~ish** /वुमअनिश/ *adj.* 1 स्त्री-सदृश: their tears are ~ish (Shakespeare); ~ish sentiments 2 (***syn.*** effeminate, unmanly) औरतों का-सा व्यवहार करने वाला (पुरुष), जनाना, स्त्रैण; **~ism** /~निज्म/ *n.* = feminism नारीवाद; **~ize**/ **~ise** /~नाइज/ *derog. colloq. v., pt.* ~ized/ ~ised, *pp* ~izing/ ~ising 1 जनाना या स्त्रैण बनाना 2 औरतों से यारी गांठना, लंपटता या व्यभिचार क., छोकरीबाजी क.; **~like** *adj.* नारी जैसी सहज प्रवृत्ति या स्वभाव का; **~kind/ womenfolk/ womenkind** /~फोक/ ~काइंड/ (*also* **~hood**) *n.* स्त्री जाति, नारी जाति, स्त्रियां, महिलाएं; **~ly** /~लि/

adj., degr. ~lier, ~liest 1 (***syn.*** suitable to a woman) स्त्रियोचित, स्त्री-सुलभ, नारी-सुलभ: ~ly self-sacrifice 2 (***syn.*** feminine) स्त्री-सदृश: ~ly virtues; ~ly figure; she is so ~ly 3 कोमल, नाजुक, ममतामय; **~power** *n.* 1 महिला शक्ति 2 महिला कर्मी: police ~power (पुलिस-महिला); **marks~** *n.* महिला निशानेबाज;

collocations:* ~ chaser** औरतों के पीछे भागने वाला; **~ doctor** महिला चिकित्सक; **~'s doctor** स्त्रीरोग विशेषज्ञ; **~ friend** महिला मित्र; **~ of the streets** वेश्या (syn.*** a whore); **~ of the world** 1 दुनियादारी को जानने-पहचानने वाली महिला 2 जिसने दुनिया देखी और समझी हो; **~'s man** स्त्री-संगी या स्त्री-प्रेमी, औरतों का चाटुकार; **~'s wit** नारी का सहज स्वभाव या प्रवृत्ति; **~ suffrage** महिला मताधिकार; **~ teacher** महिला अध्यापक; **women's home** नारी निकेतन; **women's liberation** (*also* **women's lib**) नारी मुक्ति; **women's libber** नारी मुक्तिवादी; **women's movement** नारी आंदोलन; **women question** नारी अधिकारों एवं उद्धार का प्रश्न; **women's rights** नारी अधिकार; **women's studies** नारी अध्ययन यानी स्त्रियों का समाज में स्थान व समाज में उनकी भूमिका आदि का अध्ययन; **women's wear** औरतों का परिधान, पोशाक;

single ~ अविवाहिता, अविवाहित स्त्री; **kept ~** रखैल; **the little woman** पत्नी; **the woman** नारी का सहज स्वभाव या प्रवृत्ति;

***p&i:* an old ~** भीरु, बेचैन पुरुष; **a ~ of letters** विदुषी, लेखिका; **a ~ of pleasure** वेश्या; **be always running after women** सदा औरतों के पीछे भागना; **be your own ~** औरत द्वारा स्वतंत्र रूप से सोचना और कार्य क.; **it's the ~ in her** उसमें औरत स्वभाव सिर चढ़कर बोल रहा है; **make an honest ~ of** प्रेमिका को पत्नी बनाना; **my good woman** प्रिये! (condescending address); **one's young ~** प्रेमिका; **play the ~** रोना-धोना, डर जाना, पुरुष-सा व्यवहार न क.; **the old ~ is picking her geese** बर्फ पड़ रही है; **there is a ~ in it** दाल में कुछ काला है, इसमें किसी और का हाथ है; **there is something of the ~ in his character** उसके स्वभाव में औरतों जैसी प्रवृत्तियां हैं

womb /वूम/ *n., anat.* 1 (*tech, equivalent* **uterus**) गर्भाशय: fruit of the ~ 2 कोख 3 बच्चादानी 4 उद्गम भूमि, जन्म स्थान: the ~ of civilization 5 *lit.* एक गहरा काला-स्याह केंद्र, घोर अंधकार: in the ~ of the earth; through the ~ of night; it still lies in the ~ of time;

***p&i:* from ~ to tomb** आदि से अंत तक, जन्म से मृत्यु पर्यंत; **in earth's ~** धरती की कोख में

wombat /वौमबैट/ *US* वाːमबैट/ *n.* रीछ जाति का एक आस्ट्रेलियायी जानवर

women *see also above under* **woman,** *pl.*;

***dw/lw:* womenfolk** /विमिफोक/ *n.[pl.]* किसी समाज या परिवार की महिलाएं; **women's libber** नारी-उद्धार समर्थक; **women's studies** नारी अध्ययन; **womenswear** *n.* महिलाओं को परिधान

womera *see below under* **woomera**

won /वन/ *pt.,* **'win'** का भूतकालिक रूप

wonder /वंडːV *v., pt.* **~ed**, *pp* **~ing** 1 चकित होना, आश्चर्यचकित हो. 2 ताज्जुब हो., अचंभे में पड़ना, अचंभा हो. 3 विस्मित होना 4 कुतूहल हो., जिज्ञासा हो., जानने के लिए उत्सुक होना: **~ed** about her background; I ~ who he is/ what he wants/ why he is late/ how it was done/ whether he will come 5 अनिश्चित हो., संदेह हो.: I ~ if he will come (मुझे संदेह है कि वह आएगा) 6 विनम्र विनती करने के लिए प्रयुक्त: I ~ whether you can tell me ...; I ~ if you could help me 7 आकस्मिकता के कारण विस्मित हो.;

n. 1 (***syn.*** amazement) अचंभा, आश्चर्य, आश्चर्य की बात: they were filled with ~ 2 (***syn.*** marvel) अजूबा 3 (***syn.*** bafflement) अचरज, ताज्जुब, विस्मय, हैरानी 4 अद्भुत वस्तु, अजीब चीज: the **~s** of modern science 5 चमत्कार: work **~s** 6 करामात 7 (***syn.*** awe) कौतुक: a new **~**, a new drug 8 विलक्षण प्रतिभा-संपन्न व्यक्ति: sb is simply a ~!;

dw/lw:* ~ful** /~फुल/ *adj.* 1 (syn.*** remarkable) उत्कृष्ट, बहुत अच्छा, बढ़िया: instrument is ~ful for its accuracy; we had a ~ful weather; he was ~ful to me 2 आश्चर्यजनक, अद्भुत, असाधारण: there is a ~ful likeness 3 चमत्कारी: you've a ~ful memory; **~fully** /~फुलि/ *adv.* 1 बहुत अच्छे ढंग से 2 अपूर्व रीति से, निराले ढंग से; **~fulness** /~फुलनेस/ *n.* अद्भुतता, चमत्कार; **~ing** /~रिंग/ *adj.* आश्चर्यपूर्ण: ~ing expression; **~ingly** *adv.* विस्मयपूर्वक; **~land** /~लैंड/ *n.* 1 स्वप्न-जगत, कल्पनालोक, परीलोक: *Alice in Wonderland* 2 अत्युर्वर या अति संपन्न देश; **~worker** *n.* चमत्कारी, करामाती कर्मी; **~ment** /~मंट/ *n.* आश्चर्य, विस्मय: it is a ~ment to me, how you got off; **~struck/ ~stricken** /~स्ट्रक/ ~स्ट्रिकन/ *adj.* चकित, भौचक्का, हक्का-बक्का;

***collocations:* seven ~s of the world** दुनिया के सात अजूबे (*also see under* **seven**);

***p&i:* ~s will never cease** *colloq.* अजूबे तो होते ही रहेंगे; **a nine days' ~** चार दिन की चांदनी, फिर अंधेरी रात; **be struck with ~** विस्मित हो.; **do ~s for sb** किसी पर बड़ा अच्छा प्रभाव डालना; **for a ~** चमत्कारवश; **I shouldn't ~ if ...** मुझे कोई आश्चर्य नहीं होगा यदि ...; **I ~ at you sometimes!** मुझे आपसे ऐसी आशा न थी; **it is no ~/ it is little/ small ~ that ...** आश्चर्य की बात नहीं कि ...; **no little/ small ~** आश्चर्य की कोई बात नहीं; **no ~** सहज ही, स्वाभाविक बात; **they are punctual for a ~** कितना ही विचित्र क्यों न लगे, पर वे समय के पाबंद हैं; **to a ~** आश्चर्य की बात है; **work ~s** चमत्कार क., चमत्कारी कार्य क., कमाल क., अपूर्व सफलता प्राप्त क.

wondrous /वंडरस\/ *adj.* 1 (***syn.*** wonderful) आश्चर्यजनक, विस्मयकारी: ~ beauty 2 विचित्र 3 चामत्कारिक: ~ vision;

***dw/lw:* ~ly** /~लि/ *adv.* आश्चर्यजनक ढंग से; **~ness** /~नेस/ *adv.* आश्चर्यजनकता, विचित्रता

wonga /वौंगा/ *n., sl.* पैसा

wonk /वौंक/ *US* वांक/ *n., derog, sl.* बाल की खाल उतारने वाला या गहराई में जाकर अध्ययन करने वाला व्यक्ति: PM's chief economic ~

wonk\y /वौंकि/ *US* वांकि/ *adj., degr.* **~ier, ~iest** 1 डांवांडोल, डगमगाता हुआ, अस्थिर 2 *Br. colloq.* थोड़ा हिला हुआ, पगलैट 3 कांपने वाला, लड़खड़ाने वाला 4 कमजोर, अस्वस्थ 5 ढुलमुल, अनिश्चयी, हिचकिचाने वाला, जो भरोसेमंद न हो

wont /वोंट/ वौंट/ *adj., mainly formal, lit., old use* 1 (***syn.*** accustomed) आदी, अभ्यस्त: he is ~ to retire to bed early 2 आदत का पाबंद: he was ~ to say … (वह कहा करता था ...);

n. 1 (***syn.*** habit) आदत, अभ्यास: it was her ~ to rise early; according to his ~; he came home later than was his ~ 2 रिवाज, दस्तूर, प्रथा: it is my ~ to ...;

***v., pt.* wont/ ~ed,** *pp* **~ing,** *s/he/it* **wont/ ~s** 1 आदत पड़ना 2 किसी को आदत डलवाना;

predict. adj. जिसकी आदत या रीति हो: as he was ~ to say; he was ~ to rise early;

***dw/lw:* ~ed** /वोंटिड/ *adj.* 1 सामान्य, रिवाजी, नित्य, स्वाभाविक, स्वभावगत, प्रथागत, प्रचलित, रीति-रिवाज पर आधारित: they returned at their ~ed way of life 2 साधारण, नित्य की आदत वाला: ~ed hour 3 जिसे आदत पड़ गई हो

won't /वॉंट/ *short,* 'will not' का संक्षिप्त रूप

woo /वू/ *v., pt.* **~ed**, *pp* **~ing** 1 किसी को समर्थन देने के लिए

फुसलाना, राजी क.: ~ sb to compliance; ~ sb to do sth; ~ the audience; ~ the voters 2 ख्याति, सफलता आदि प्राप्त करने की कोशिश क., पीछे लगे रहना: ~ fame/ fortune 3 बहुत चाहना: ~ slumber/ one's pillow 4 (*syn.* court) प्रणय-निवेदन क., प्रण याचना क., प्रेम जताना, से आग्रह क. 5 खोजना, की खोज में लगे रहना;

dw/lw: **~er** /वूअः/ *n.* प्रणययाचना या प्रणय-प्रपंच करने वाला; **~ing** /वूइंग/ *n., adj.* प्रणययाचना या प्रणय-प्रपंच; **~ingly** /वूइंगलि/ *adv.* फुसलाते हुए;

p&i: **happy the wooing that's not long doing** लंबी खिंची प्रेम लीला का अंत भला न होगा

wood /वुड/ (*also* **~s**) *n.* 1 (*syn.* timber) लकड़ी, काठ, काष्ठ: soft ~; a house/ a table made of ~ 2 (*also* **~s**) छोटा जंगल, वन, अरणि: a ~ of beech-trees; a house in the middle of a ~; go riding through the ~; a clearing in the **~s** (like Yasnaya Polyana) 3 (*syn.* firewood) लकड़ी, जलाऊ लकड़ी, जलावन काष्ठ, दारु, दारू: small ~ 4 (*syn.* casks/ barrels) पीपा 5 सुषिर काष्ठ-वाद्य 6 लकड़ी की बड़ी गेंद;

adj. 1 लकड़ी या काठ का, काठ से बना हुआ: ~ floors/ barrels/ ties; ~ pavement; ~ planking 2 वन्य, जंगली: ~ flowers; ~ apple-tree; ~ folk 3 लकड़ी का: ~ chip; ~ distillation; ~ shrinkage 4 लकड़ी व्यापार, धंधे आदि से संबंधित: ~ lot (छोटा-सा वन्य क्षेत्र); ~ industry 5 जलाऊ लकड़ी से संबंधित: ~ fire;

dw/lw: **~bine** *n.* मधु चूष, मधु लवंग; **~block** *n.* 1 लकड़ी का ठप्पा 2 फर्श आदि में लगाने के लिए लकड़ी के तख्ते 3 छपाई में प्रयुक्त बेल-बूटेदार या काष्ठ-चित्रोंवाले तख्ते; **~craft** *n.* 1 काष्ठ शिल्प 2 वन-विद्या, वन्य-जीवन संबंधी अनुभव; **~carver** /वुडकाःवः/ *n.* लकड़ी पर नक्काशी का काम करने वाला व्यक्ति, काष्ठतक्षक; **~carving** *n.* लकड़ी पर नक्काशी का काम; **~chip** *n.* लकड़ी का छोटा, पतला टुकड़ा; **~chuck** (*also* **groundhog**) *n.* अमेरिका में पाया जाने वाला गिलहरी की जाति का जीव; **~chopper** /वुडचॉपः/ *n.* लकड़ी पर नक्काशी करने की कला, काष्ठ तक्षण, काष्ठ कला; **~cock** /वुडकॉक/ *n.* चाहे की जाति का एक पक्षी; **~cut** *n.* 1 लकड़ी का ठप्पा 2 उक्त ठप्पे की छाप; **~cutter** *n.* 1 लकड़हारा 2 ठप्पे बनानेवाला 3 काष्ठ-चित्रकार; **~ed** /वुडिड/ *adj.* पेड़ों से भरा, वृक्ष संकुल, वृक्षावृत, वृक्षयुक्त; **~en** /वुडन/ (*also* **~ed/ ~y**) *adj., degr.* ~ener, ~enest 1 लकड़ी का बना, काष्ठीय, काष्ठ: ~en fence 2 जड़मति, बुद्धिहीन, अल्पबुद्धि, बेवकूफ, मूर्ख: ~en face 3 (*syn.* stiff) भावशून्य, निर्जीव: ~en smile 4 संवेदना-शून्य: ~en stare 5 भद्दा, भोंडा: ~en style 6 शुष्क, रूखा 7 मंद; **~en** *v., pt.* ~ed, *pp* ~ing जड़मति या बुद्धिहीन हो जा.; **~enheaded** /वुडनहेडिड/ *adj.* मूर्ख, बुद्धू; **~enly** /वुडनलि/ *adv.* बिना किसी हाव-भाव के, जड़ होकर; **~-fibre/ ~ fibre** *n.* कागज आदि बनाने में प्रयुक्त काष्ठ-तंतु; **~grouse** /वुडग्राउज/ (*also* **capercaillie**) *n.* मुर्गजातीय पक्षी; **~iness** *n.* 1 निर्जीवता, निस्तेजता 2 जकड़न, संकोच; **~ness** *n.* भावशून्यता, निर्जीवता, संवेदना-शून्यता; **~land** (*also* **~lands**) *n.* मानव-रोपित वनस्थली; **~lander** *n.* वनवासी; **~lark** *n.* पेड़ों पर रहने वाली और उड़ते समय गाने वाली बगेरी; **~lot** *n.* छोटा-सा वृक्ष क्षेत्र, वन्य-क्षेत्र; **~-louse** (*also* **slater**) *n.* दीमक, काष्ठयूका; **~man/ ~sman** *n.* 1 वनपाल, वन-रक्षक 2 लकड़हारा 3 वनवासी, वनचारी; **~smanship** बढ़ईगीरी; **~-note** *n.* चहचहाहट; **~-nymph** *n.* वन-देवी; **~pecker** /वुडपेकः/ *n.* कठफोड़वा; **~-pigeon** (*also* **ring-dove**) *n.* धवर; **~pile** /वुडपाइल/ *n.* जलाने की लकड़ी का टाल; **~-pulp** *n.* काष्ठ-लुगदी; **~ruff** /वुडरफ/ *n.* एक सुगंधित पौधा; **~s** /वुडस/ *n.* छोटा जंगल; **~screw** *n.* लकड़ियों या धातुओं को जोड़ने के लिए ऊपर से नीचे की ओर पतला होता पेंच; **~-shed** *n.* लकड़ी का गोदाम: something nasty in the ~shed (भूतकाल में होने वाला पर गुप्त रखा हुआ कोई घिनौना अनुभव); **~stone** *n.* काष्ठाश्म; **~-sugar** *n.* काष्ठ-शर्करा; **~sy** /वुडसि/ *adj.* पेड़ों से ढका; **~turner** *n.* लकड़ी-खराद; **~wind** (*also* **~winds**) *n.* 1 फूंक मारकर बजाए जाने वाले वाद्य 2 इन वाद्यों के वादक; **~work** *n.* 1 लकड़ी का काम 2 लकड़ी से नाना प्रकार की वस्तुएं बनाने का कार्य 3 लकड़ी का काम करने की क्रिया, काष्ठशिल्प: crawl out from the ~work (बहती गंगा में हाथ धोने के लिए आ धमकना); blend/ fade into the ~work (लुप्त हो जा., छिप जा.) 4 बढ़ईगीरी 5 काष्ठ कर्म, लकड़ी का काम; **~worm** /वुडवःम/ *n.* घुन, घुण; **wood\y** /वुडि/ *adj., degr.* ~ier, ~iest 1 लकड़ी से बना 2 पेड़ों से भरा 3 जंगली 4 वृक्ष संकुल 5 काष्ठीय, काष्ठ-सदृश 6 जंगली: plants with ~y stems 7 मोटी छाल वाला 8 वन्य गंध वाला;

collocations: **~ alcohol/ ~ spirit** काष्ठज अल्कोहल (शराब); **~ apple** कैथ, कपित्थ, कठबेल, बिल्वफल, महा फल, श्रीफल; **~ed area** वनांचल; **~ engraving** 1 काष्ठ उत्कीर्ण, उकेरी, काष्ठ तक्षण 2 काष्ठ उत्कीर्ण करने का सांचा; **~ engraver** काष्ठ उत्कीर्णक; **~en horse** 1 *see above* **Trojan:** ***collocations*** 2 जिमनास्ट की घोड़ी 3 फांसी का तख्ता; **~en Indian** 1 अमेरिकी (रेड) इंडियन की लकड़ी में उकेरी हुई मूर्ति 2 मूर्ख 3 चुप्पा, गुम-सुम रहने वाला व्यक्ति; **~en mallet** (घड़ियाल आदि बजाने के लिए) लकड़ी का हथौड़ा, मूसल; **~en mortar** ओखली, ऊखल, ओखल; **~en overcoat** *US sl.* ताबूत, कफन; **~en pestle** सोटा, मूसल, भंग घोटना; **~en sandals** खड़ाऊं, चरण पादुका, पांवड़ी, पांवरी; **~en spoon** *University sl.* परीक्षा में अंतिम स्थान: get/ take the ~en spoon; **~en wedding** पांचवीं विवाह-वर्षगांठ; **~ industry** काष्ठ उद्योग; **~ nightshade** *see below* **woody nightshade**; **~ nymph** *mythol.* वन देवी; **~ plank** तख्ता, पटल; **~ sandpiper** चुपका; **~ smashing** बढ़ईगीरी; **~ sorrel** तिकोना पत्तों वाला एक पौधा, चूक; **~ spirit** लकड़ी से बनाई जाने वाली अपरिष्कृत मिथाइल अल्कोहल; **~ stain** लकड़ी पर धब्बे लगाने वाला पदार्थ; **~ tar** लकड़ी की, विशेषकर चीड़ की लकड़ी का विनाशकारी आसवन; **~ warbler** 1 एक हरा-पीला गवैया पक्षी; **~y nightshade/ ~ nightshade** एक यूरोपीय लता जिस पर जहरीली लाल बेरी (berries) लगती हैं;

dead ~ बेकार वस्तु;

p&i: **babes in the ~** भोलेभाले लोग; **be unable to see the ~ for the trees** बाल की खाल उतारने की प्रवृत्ति के कारण असली यानी बड़े मुद्दे को न समझ पाना; **in the ~s** *US sl.* सैनिक अभ्यास पर; **out of the ~** खतरे से बाहर, कठिनाई या संकट से मुक्त: we are not out of the ~ yet; don't halloo till you are out of the ~; **saw ~** 1 खर्राटे मारना 2 सब कुछ दाव पर लगाना 3 अपने काम से काम रखना; **take in ~** पीना; **take to the ~s** 1 भाग जा., खिसक जा., छिप जा. 2 जिम्मेवारी से टलना; **touch ~** खुदा खैर करे, ऐसा न हो कि नजर लग जाए

wooer *see under* **woo: *dw/lw***

woof /वुफ/ *n.* 1 कुत्ते की भौंक, भौं-भौं या उसकी नकल 2 *weaving* बाना, ताना-बाना, भरनी;

v., pt. **~ed**, *pp* **~ing** 1 (कुत्ते का) भौंकना 2 बक-बक क., झख मारना;

dw/lw: **~er** /वूफः/ *n., electronics* लाउडस्पीकर

wool /वुल/ *n.* 1 ऊन, ऊर्ण, ऊनी सूत, पशम, पशु-रोम, सूफ: ~ in fleece/ fleece ~; raw ~/ ~ in grease (अनधुली ऊन); hand-knitting ~ 2 (*syn.* yarn) ऊनी धागा: brushed ~; mending ~ (रफूगरी का धागा); embroidery ~ (कढ़ाई का धागा) 3 बुनी ऊन का कपड़ा: ~ goods; ~ merchant 4 किसी व्यक्ति के कड़े घुंघराले बाल, केश 5 रोआं, रोम 6 रूई: cotton ~ 7 (कृत्रिम) रेशे: artificial ~; willow ~; poplar ~ 8 *in compound words:* घुंघराला, नर्म, रोयेंदार या फूला हुआ पदार्थ या वस्तु: steel ~;

adj. 1 ऊनी, ऊन का: ~ waste; ~ cattle/ sheep 2 दुचित्ता, अन्यमनस्क;

dw/lw: **~-carding/ ~-combing** *n.* ऊन-धुनाई; **~-fat/ ~-oil** *n.* ऊन का वसा या तेल, लैनोलिन, ऊर्ण-वसा; **~-fell** *n.*

ऊनदार खाल, भेड़ की खाल; **~-like** *adj.* ऊन जैसा; **~-gathering** *n.* 1 ऊन इकट्ठा करने की क्रिया 2 हवाई किले बनाने की क्रिया, दुचित्तता, अन्यमनस्कता: go to ~gathering (दिवा-स्वप्न देखने की क्रिया); **~-gathering** *adj.* दुचित्त, अन्यमनस्क; **~len** *UK* (*US* **woollen**) /वुलन/ *adj.* ऊनी: ~en dresses/ blankets, stockings; ~en cloth; ~en goods; **wool\lens** /वूलन्ज/ *n., [pl.]* 1 ऊनी धागा 2 ऊनी कपड़े: fancy ~s; **~ly** *see below under separate entry*; **~-pack** *n.* 1 ऊन का गट्ठा 2 विमान से देखने पर कपास जैसे लगने वाले मेघ; **~sack** (*also* **Woolsack**) *n.* 1 *Br. parliament* ऊनी गद्दी, लॉर्ड चांसलर की गद्दी: reach the ~sack (लॉर्ड चांसलर बनना); address the ~sack 2 ऊन का गट्ठा; **~shed** *n., Austral., NZ* ऊन मूंडने व उसके गट्ठे बनाने का बड़ा-सा दालान; **~-skin** *n.* भेड़ की खाल; **~-sorter** *n.* ऊन छांटने वाला व्यक्ति: ~-sorter's disease; **~-staple** *n.* ऊन का बाजार; **~-stapler** *n.* 1 ऊन को वर्गीकृत करने वाला व्यक्ति 2 ऊन का व्यापारी; **~-work** *n.* 1 ऊन की फुलकारी 2 हाथ से बुना ऊनी कपड़ा;

collocations: **animal** ~ पशुओं से मिलने वाली स्वाभाविक ऊन; **cloth** ~ बनात; **crude** ~ अनधुली ऊन; **dead** ~ कारखाने में बनी ऊन; **downy** ~ मुंडाई के नीचे की ऊन; **out of the** ~ मुंडी हुई (भेड़ आदि); **pelt** ~ भेड़ की ऊन; **wear** ~ ऊनी (गर्म) कपड़े पहनना;

p&i: **~ on the back** धन-दौलत, संपत्ति;

a dyed in the ~ conservative घोर प्रतिक्रियावादी तत्त्व; **all ~ and a yard wide** 1 वास्तविक, असली, सोलह आने खरा 2 बढ़िया, शानदार; **dyed in the** ~ 1 कातने से पहले रंगा हुआ 2 पक्का; **go for ~ and come home shorn** चौबे गये छब्बे बनने दुब्बे होकर लौटे; **go/ run ~gathering** दिवा-स्वप्न देखना; **keep your ~ on!** गुस्सा मत करो!; **lose one's** ~ आपे से बाहर हो., अत्यधिक क्रुद्ध हो.; **much cry and little** ~ खोदा पहाड़, निकली चुहिया; **out of the** ~ मुंडी हुई (भेड़); **pull/ draw the ~ over somebody's eyes** आंखों में धूल झोंकना, झांसा दे., धोखा दे.

wool\ly *UK* (*US* **wooly**) /वुलि/ *adj., degr.* **~lier**, **~liest** 1 (***syn.*** woollen) ऊन का बना हुआ, ऊन जैसा 2 (***syn.*** fluffy) लोमेश, रोएंदार, फूला हुआ: **~ly** bear; **~ly** clouds 3 ऊनदार 4 घुंघराले घने (बाल) 5 (***syn.*** confused) अस्पष्ट, उलझा हुआ: **~ly** mind/ thinking; **~ly**-minded; **~ly** style; **~ly** outlines; the **~ly** sound of a worn record; **~ly** argument 6 गंवार, असभ्य: wild and **~ly** ऊनी कपड़ा, स्वेटर;

dw/lw: **~ly-headed** *adj.* उलझी बुद्धि वाला; **~liness** /वूलिनेस/ *n.* 1 झबरापन, लोमशपन, रोयेंदारी 2 *Austral. & NZ* भेड़

woomera /वूमअरा/ (*also* **womera** /वौमअरा/) *n., pl.* **~s** *Austral.* आस्ट्रेलिया के आदिवासियों द्वारा प्रयुक्त तेजी से तीर या भाला छोड़ने का एक विशेष जुगाड़

woop woop /वॉप-वॉप/ *n., Austral.* पिछवाड़े का दूरवर्ती नगर या जिला

woozy /वूजि/ *adj., degr.* **woozier, wooziest** 1 (***syn.*** dizzy) जिसे चक्कर आ रहे हों 2 भ्रमित, भ्रम में पड़ा हुआ 3 (***syn.*** dazed, stupefied) भौचक्का, अस्थिर, स्तब्ध, हक्का-बक्का 4 कुछ-कुछ पिए हुए, हल्के नशे में 5 (***syn.*** vague, woolly) धुंधला, धुंधला-धुंधला, अस्पष्ट

Wop /वॉप/ *n., offensive sl.* लैटिन या भूमध्यसागरीय प्रजाति का सदस्य, विशेषकर इतालवी नागरिक

Worcester sauce/ Worcestershire sauce /वुस्टअ सॉस/ वुस्टअशायः सॉस/ सोया, सिरका और मसालों से बनी तेज सॉस

word /वःड/ *n.* 1 (***syn.*** lexicon) शब्द, लफ्ज, पद: convey in **~s**; a ~ in/ out of season (उपयुक्त या अनुपयुक्त शब्द) 2 (***syn.*** statement, utterance) कथन, कथनी, उक्ति: ~ and deed; remembered her mother's **~s**; take sb's ~ for it (किसी के कथन पर विश्वास क.); in sb's **~s** (किसी के शब्दों में) 3 बात, बातें: a ~ in sb's ear (किसी के कानों में कही जाने वाली बात) 4 (***syn.*** message) संदेश: ~ came that I was wanted at the office 5 (***syn.*** dialogue, discussion) संवाद, बातचीत: have a ~ with sb 6 (***syn.*** order) आदेश, हुक्म: expects her ~ to be obeyed; give the ~/ give ~ or command/ say the ~; ~ to be passed! (सब सुनें!); his ~ is law; sharp's the **~!** (जल्दी करो!); mum's the **~!** (एक शब्द भी बाहर न जाए!) 7 (***syn.*** promise) वचन, बचन, प्रतिज्ञा, वादा, कौल, आश्वासन: give sb one's ~; ~ of honour (वचन); give/ pledge/ pawn one's ~; keep/ break one's ~; a man of his ~; be as good as one's ~; be better than one's ~; his ~ is as good as his bond; take my ~ for it (मेरे कहे का विश्वास कीजिए); take sb at his ~ (किसी के कहे का विश्वास क.) 8 (***syn.*** signal) संकेत-शब्द, संकेत: wait till I give the ~ 9 (***syn.*** motto, slogan, catchword) आदर्श वाक्य 10 (***syn.*** password) कूट शब्द: give the ~ (कूट-शब्द बताना) 11 वाद-विवाद, झगड़ा: we had **~s** when he returned 12 (***syn.*** the Word/ God's word/ Word of God) धर्मग्रंथ, बाइबल: preach the **Word** 13 (***syn.*** gospel, teachings) उपदेश, सुसमाचार, इंजील 14 (***syn.*** logos) शब्द: not believe/ understand/ hear, etc. a ~ 15 (***syn.*** advice) सलाह, परामर्श: a ~ of caution; put in a good ~ for sb; a ~ of warning/ advice/ thanks, etc. 16 (***syn.*** news) समाचार, खबर: any ~ of Ram?; received ~ of sb's coming; send sb ~ as soon as possible 17 (***syn.*** rumour) अफवाह: the ~ is that he's bankrupt 18 (**words**; ***syn.*** language) भाषा 19 (***syn.*** harangue, verbosity, demagoguery) शब्द-जाल, जुम्लेबाजी: **~s** alone will get us nowhere 20 (***syn.*** words) कविता या गीत में बोल 21 *comput.* (***syn.*** a group of bits, bytes, characters) कई चिह्नों का समूह 22 (***syn.*** taboo words) अपशब्द, अभिशाप-सूचक शब्द: m-word (marriage), c-word (cancer), f-word (एक गाली);

v., pt. **~ed**, *pp* **~ing** 1 शब्दों में अभिव्यक्त क. 2 सही शब्द चुनना 3 शब्दों का प्रयोग क.: I should rather ~ it differently; how should it be **~ed**? 4 संवाद क., बहस क.: ~ it with sb;

dw/lw: **~age** /वःडिज/ *n., pl.* **~s** 1 पुस्तक में प्रयुक्त शब्द-संख्या 2 शब्द-विन्यास; **~-blind** *adj.* शब्द देख कर अर्थ लगाने में असमर्थ; **~-blindness** *n.* (***syn.*** alexia, dyslexia) शब्द देख कर अर्थ लगाने में असमर्थता; **~-book** *n.* 1 शब्दसंग्रह, शब्दावली, शब्दकोश 2 गीति-नाट्य की पुस्तिका; **~class** *n., gramm.* व्याकरणीय विशेषताओं के आधार पर एक ही वर्ग के शब्द, शब्द भेद; **~-deaf** *adj.* शब्द सुन कर अर्थ लगाने में असमर्थ; **~-formation** *n.* शब्द-रचना, पद-रचना; **~ed** /वःडिड/ *adj.* 1 शब्दों में व्यक्त या वर्णित 2 विशेष शब्दों से बना; **~finder** *n.* 1 शब्द ढूंढने के लिए पुस्तक 2 (***syn.*** thesaurus) पर्याय शब्द कोश; **~game** *n.* शब्द बनाने और बूझने का खेल; **~iness** /वःडिनेस/ *n.* (***syn.*** verbosity) शब्दाडंबर, शब्दबहुलता, शब्दबाहुल्य; **~ing** /वःडिंग/ *n.* 1 प्रयुक्त शब्द, शब्द चयन: change the ~ing; the exact ~ing; the ~ing of sth 2 शब्द-विन्यास, शैली, वाक्य रचना: a form of ~ing 3 शब्दावली; **~less** /वःडलेस/ 1 निःशब्द 2 अवाक्: ~less grief; **~-lore** /वःडलोः/ *n.* शब्दशास्त्र; **~-meaning** *n.* शब्दार्थ; **~-order** *n.* शब्द क्रम, पद क्रम, पदानुक्रम; **~-painting/ ~-picture** *n.* शब्द चित्र; **~-perfect** *adj.* 1 सुकंठस्थ 2 स्मरण-दक्ष, शब्दशः कंठस्थ रखकर उसे ज्यों का त्यों दोहरा देने वाला; **~-play** *n.* 1 श्लेष, यमक 2 नोक-झोंक 3 शब्दों को जोड़कर, तोड़कर, तोड़-मरोड़कर नए-नए रूप या विचित्रताएं प्रदान करने की क्रिया; **~-processing** *n., comput.* वर्ड प्रोसेसर से पाठ का निर्माण; **~-processing** *n., comput.* वर्ड प्रोसेसर जिससे पाठ लिखा जाता है; **~search** *n.* क्रॉस वर्ड के द्वारा शब्दों का एक खेल; **wordsmith** /वर्ड-स्मिथ/ *n. sometimes* *ironic* 1 शब्दों का दक्षतापूर्वक प्रयोग करने वाला व्यक्ति 2 नए शब्दों का निर्माण करने वाला व्यक्ति; **~-splitter** *n.* (***syn.*** pedant) वितंडी; **~-splitting** *n.* वितंडावाद, बारीकीबीनी, वितंडा; **~-square** *n.* शब्द वर्ग; **~-war** *n.* वाग्युद्ध; **~wrap** *n., comput.* पंक्ति में टाइप किए जाने वाले शब्दों में से किसी पंक्ति में न समा सकने वाले (आखिरी) शब्द का स्वतः अगली पंक्ति में स्थानांतरण; **~y** /वःडि/ *adj., degr.* ~ier, ~iest 1 (***syn.*** verbose) शब्दाडंबरपूर्ण, शब्दबहुल 2 शाब्दिक;

collocations: **~ accent/ stress** शब्द पर बलाघात; **~ and deed** कथनी और करनी; **~ association** *psychol.* 1 अचेतन मन की क्षमता को उजागर करने की क्रिया यानी रोगी को कोई शब्द दिखाकर उसकी प्रतिक्रिया लेकर उसके अचेतन मन की विशेषताओं को उजागर करने की क्रिया 2 दो समूहों के बीच खेला जाने वाला अंताक्षरी जैसा शब्द-आधारित खेल; **~ blindness** शब्द-अंधापन यानी लिखित शब्द को समझने में असमर्थता; **~ break/ division** लिखे या टाइप किए जा रहे पाठ की पंक्ति के आखिरी शब्द का हाइफन से दो पंक्तियों में विभाजन; **~ class = parts of speech** व्याकरणीय शब्द भेद, शब्द खंड या शब्द वर्ग; **~ for ~** शब्दशः, अक्षरशः, ठीक-ठीक; **~ index** शब्द-सूची; **~ of honour** वचन; **~ of mouth** जबानी: by ~ of mouth; **~ process** पाठ लिखने, भंडारित आदि करने के लिए कंप्यूटर का प्रयोग; **~ processor** (*abbr.* **WP**) *comput.* पाठ लिखने, भंडारित आदि करने के प्रोग्राम को चलाने वाला कंप्यूटर; **~ transfer = ~ wrapping** *comput.* दूसरी पंक्ति में पूरे शब्द का स्थानांतरण; **"A ~ to the Reader"** (पाठक के लिए दो शब्द); **big ~s** शेखी, शेखीबाजी, डींग; **fair/ good ~s** प्रशंसापूर्ण कथन (compliment); **last ~s** किसी के मृत्यु-पूर्व के अंतिम शब्द; **swear ~** गाली;

p&i: **~s are but wind** खोखली बातों से पेट नहीं भरता; **~s are the wise man's counters and the fool's money** 1 जबानी कथन पर केवल मूर्ख व्यक्ति विश्वास करता है 2 बुद्धिमान व्यक्ति नाप-तौलकर बात करता है, जबकि मूर्ख जो मन में आए बक देता है; **~s cut more than the swords** शब्द तलवार से ज्यादा खतरनाक हो सकते हैं; **~s fail me** इसे अभिव्यक्त करने के लिए मेरे पास शब्द नहीं; **~s or things/ ~s and deeds** कथनी और करनी; **~ for ~/ to a ~** शब्दशः; **~ in season** उचित समय उचित सलाह; **~ of command** आदेश; **~ out of season** बमके की सलाह; **~s ran high** पारा चढ़ गया, गर्मागर्मी हो गई; **~s to that effect** ऐसे ही कुछ शब्द;

a good ~ सिफारिश; **a household ~** सर्व विदित या ज्ञात शब्द, दूर-दूर तक प्रसिद्ध शब्द; **a man of few ~s** मितभाषी या अल्पभाषी व्यक्ति; **a man of his ~/ as good as his ~** बात का धनी, वचन का पक्का, सत्यप्रतिज्ञ, कौल का पक्का; **a man of many ~s** वाचाल, बातूनी; **a play on ~s** श्लेष, यमक, शब्दों के प्रयोग में विचित्र जोड़-तोड़, शब्दों से खिलवाड़; **a truer ~ was never spoken** बिल्कुल सही या सच; **a ~ and a blow** 1 गाली या धमकी 2 बेवकूफीपूर्ण कार्य, दुस्साहसपूर्ण या उग्र कदम; **a ~ in season** ठीक समय पर दी जाने वाली सलाह या चेतावनी; **a ~ in someone's ear** कान में कही जाने वाली गोपनीय बात; **a ~ or two** संक्षिप्त संवाद, एक-दो शब्दों का आदान-प्रदान; **a ~ out of season** असामयिक सलाह या चेतावनी; **a ~ spoken is past recalling** जबान से निकला शब्द और कमान से निकला तीर वापस नहीं आते; **a ~ to the wise** समझदार को इशारा काफी; **be not the ~ for it** उपयुक्त शब्द न हो.; **bold in ~ only** केवल बोलने में शेर; **break one's ~** वायदा तोड़ दे.; **by ~ of mouth** जबानी बताकर, जबानी-जबानी; **eat/ swallow one's ~s** अपनी बात वापस ले लेना; थूककर चाटना; **conduct beyond ~s** शब्दों से परे व्यवहार; **fine/ fair/ soft ~s butter no parsnips** or **~s are but wind** सुंदर या लच्छेदार शब्द थोथे होते हैं; **from the ~ go** बिल्कुल शुरू से; **get/ put in a ~** किसी से किसी की सिफारिश क.; **God's ~** भगवान के पवित्र शब्द; **hang on sb's ~s** किसी को ध्यान से सुनना; **have a kind/ a good ~ for everyone** सभी की तारीफ क.; **have a ~ with sb** 1 किसी से कोई विनती क. 2 किसी के साथ बात क., विचार-विमर्श क.; **have/ exchange ~s with** से दो-चार बातें क., बहस क.; **have no ~s for sb/ sth** किसी का या किसी बात का वर्णन करते समय शब्द न हो.; **have no ~s to express one's gratitude** आभार प्रकट करने के लिए किसी के पास शब्द न हो.; **have the last ~** आखिरी फैसला तय क. या निष्कर्ष स्वरूप आखिरी बात कहना; **have ~s with** से (के साथ) झगड़ा क.; **hard ~s break no bones** तीखे शब्द पत्थर नहीं फोड़ सकते; **he did not say that in so many ~s, but that's what he meant** उसने स्पष्ट शब्दों में ऐसा नहीं कहा, पर उसका अर्थ यही था; **he hasn't a ~ to throw at a dog** उससे एक शब्द भी नहीं बुलवाया जा सकता; **high/ hard/ warm/ hot/ sharp ~s** गर्मागर्मी, तू-तू-मैं-मैं; **I am not taken in with fine ~s** चिकनी-चुपड़ी बातें मुझे नहीं फुसला सकतीं; **in a/ one ~** संक्षिप्त में; **in other ~s** दूसरे शब्दों में कहा जाए तो; **in so many ~s** सुस्पष्ट शब्दों में, स्पष्टतया; **in ~s of one syllables** सरल शब्दों या भाषा में; **man of few ~s** चुप्पा, अल्पभाषी; **my ~/ upon my ~** आश्चर्य-द्योतक अभिव्यक्ति; **never to have a good ~ for everyone** कभी भी किसी की तारीफ न क.; **in the ~s of ...** किसी के शब्दों में; **last ~ (in)** 1 निष्कर्ष के रूप में अंतिम भाषण या टिप्पणी 2 सब से नया, नवीनतम मॉडल या डिजाइन 3 सर्वोत्तम चीज; **leave ~** किसी के लिए कोई संदेश छोड़ना; **make ~s** बातूनी हो., अतिशय बकबक क.; **many a true ~ is spoken in zest** हर मजाक में कुछ सच्चाई होती है; **mere words will not fill a bushel** खाली शब्दों से पेट नहीं भरता; **my ~ upon it!** कसम से!; **not a ~!** एक शब्द भी नहीं कहना!; **not a ~ to throw at a dog** (Shakespeare) बिल्कुल चुप्पा या गुमसुम हो., मिलनसार न हो.; **not breathe a ~** बिल्कुल गुप्त रखना; **not get a word in edgeways** *UK* (*US* **not get a word in edgewise**) कुछ न बोल पाना क्योंकि कोई दूसरा बहुत बोल रहा है; **not the ~ for it** इस बात के लिए उपयुक्त रूप से तीखी अभिव्यक्ति (expression) नहीं; **not to know the first ~ about sth** किसी विषय के बारे में क-ख न जानना; **not to make ~s** चुप हो जा.; **of many/ few words** बातूनी या चुप्पा बने रहने को तत्पर; **pass the ~** आदेश को आगे बताना; **play on ~s** शब्दों के साथ खेलना, शब्दों को तोड़-मरोड़कर नए शब्द बनाना या उनका विचित्र प्रयोग क.; **portmanteau ~** शब्द से शब्द या शब्द के किसी खंड से मिलाकर बनाए जाने वाले मिश्रित शब्द; **put a good ~ in for sb** किसी के लिए प्रशंसनीय शब्द क.; **put sth into ~s/ give ~s to sth** किसी बात को शब्दों में अभिव्यक्त क.; **put ~s into sb's mouth** किसी के मुंह में अपने शब्द डालना; **repeat sb's very/ actual ~s** किसी के वास्तविक शब्द दोहराना; **right from the ~ go** बिल्कुल शुरू से; **say a few ~s** संक्षिप्त-सा भाषण दे.; **say/ give a ~** कहना, विनती क., हुक्म दे., वायदा क.; **say/ put in a good ~ for sb/ give sb one's good ~** किसी की सिफारिश क.; **say the ~** किसी कार्य के लिए अपनी स्वीकृति या आदेश दे.; **sb's ~ is their bond** किसी के वायदे पर पूर्णतः भरोसा किया जा सकता है; **send ~** सूचित क.; **sesquipedalian** /सेसक्विपिडेलिअन/ **~s** लंबे-लंबे (bombastic) दुरूह शब्द; **sharp's the ~!** जल्दी करो!; **spread the ~** अफवाह फैलाना; **suit the action to the ~** कथनी और करनी में मेल बनाना; **take sb at their ~** किसी के कथन पर विश्वास कर ले., किसी के सुझाव या प्रस्ताव को शब्दशः लेना; **take the ~** अपनी बात कहना शुरू क.; **take the ~s out of sb's mouth** किसी के मुंह से उसके शब्द छीनना; **take (up) the ~** बोलने लगना, बीच में टोकना; **the last ~ has not yet been said on this matter** इस मामले के बारे में अंतिम फैसला नहीं हुआ है; **the last ~ in good taste** रस-ज्ञान में सर्वोत्तम; **the last ~ in radio/ in fashion** रेडियो या फैशन के क्षेत्र में

नवीनतम उपलब्धि; **the ~ and deed** कथनी और करनी; **they had ~s/ ~s passed between them** उनके बीच तू-तू-मैं-मैं हुई; **too funny/ silly/ stupid/ ridiculous for ~s** *colloq.* इतना विचित्र, मूर्खतापूर्ण या बेतुका कि शब्दों में बयां नहीं किया जा सकता; **upon/ on my** ~ 1 मैं वायदा करता हू 2 आश्चर्य-सूचक अभिव्यक्ति; **waste ~s** बकवाद क., बकना; **weasel ~** घुमा-फिराकर कहे जाने वाले अस्पष्ट व निरर्थक या द्वि-अर्थक शब्द, जो वक्ता पर कोई जिम्मेवारी नहीं डालते; **weigh one's ~** अपने शब्दों को नाप-तौलकर बोलना; **what's the good ~** क्या हाल है? क्या नई-ताजी (बात या खबर) है?; **winged ~s** 1 जोशपूर्ण या जोशीले शब्द जो सीधे निशाने पर लगते हैं 2 महाकथन, लोकोक्तियां, मुहावरे आदि; **without a ~** बिना एक शब्द कहे; **without many ~s** बिना फालतू की बातों के;

wore /वोः *pt.*, **'wear'** का भूतकालिक रूप

work /वःक/ *v., pt.* **~ed**, *pp* **~ing** 1 काम क., कार्य क., काम में लगे रहना: ~ like a horse; ~ like a navvy (भूमि खोदने वाले मजदूर तरह काम क.); ~ like a slave; he who does not ~, shall not eat (*also see under* ***p&i***) 2 शारीरिक या मानसिक रूप से प्रयत्न क. 3 मेहनत क., परिश्रम क.: ~ one's fingers to the bone (*also see under* ***p&i***) 4 मजदूरी क.: he is **~ing** in a factory 5 पढ़ना, अध्ययन क. 6 काम, मेहनत या प्रयत्न करवाना, से (अधिक) काम लेना, काम में लगाना: she **~s** her staff too hard; ~ sb long hours; ~ sb/ oneself to death 7 मशीन का चलना या चालू हो., ठीक चलना: this radio doesn't ~; the pump/ the bell/ the lift will not ~; the handle **~s** freely/ stiffly; his heart is **~ing** badly 8.1 (***syn.*** operate) चालू क. या रखना, चलाना: know how to ~ sth; ~ a ship .8.2 चलना 9 संचालन क. 10 (***syn.*** operate successfully) योजना, विचार आदि का सफल हो. 11 नौकरी में होना, नौकरी-पेशा क. 12 चाल-चलन या रीति-रिवाजों का चलना, जीवन के ढर्रे या पद्धति का चलना: that's not how life **~s** 13 किसी शिल्प में माहिर हो., का कारीगर या शिल्पकार हो.: he **~s** in brass 14.1 की शक्ल दे., में ढालना या आकार बनाना, गढ़ना, रूप देना: earrings **~ed** in silver 14.2 किसी को अपने मत के अनुसार ढालना: ~ sb to one's way of thinking 15 (*also pt.* **wrought**) भूमि को जोतना, कृषि क.: ~ the soil 16 खान से खनिज निकलना 17 (*also pt.* **wrought**) आटा आदि गूंधना, तैयार क.: ~ a vein/ a quarry; ~ dough/ clay; ~ butter; butter **~s** more easily in this weather 18 विक्रेता के रूप में किसी क्षेत्र को पूरी तरह तय कर लेना 19 बनाना, तैयार क., सीना, बुनना 20 चमत्कार क.: ~ wonders/ miracles 21 धीरे-धीरे अपना रास्ता बनाना या कठिनाई से आगे बढ़ना: ~ one's way forward; ~ one's way around/ through/ up, etc.; he **~ed** his way to the front of the crowd; ~ one's way upwards 22 ढांचे या नियमों को अपने फायदे के लिए इस्तेमाल क.: ~ one's connections; ~ one's charm to get one's way 23 पेंच आदि को धीरे-धीरे ढीला क., खोलना 24 (***syn.*** move to and fro) इधर-उधर चलना या चलाना 24.1 आंदोलित होना, उत्तेजित होना 24.2 चेहरे या शक्ल का अनियंत्रित ढंग से बदलना, शरीर के किसी अंग का हिलना-डुलना, में हरकत होना, व्यायाम क.: his face **~ed** with emotion; his mouth **~ed** 25 (***syn.*** ferment) खमीर का उठना, उबाल आना 26 समुद्री जहाज आदि पर बिना पैसे लिए काम करके अपने टिकट का पैसा कमाना: ~ one's passage 27 (*also pt.* **wrought**; ***syn.*** influence, be effective) असर क., प्रभावित क., प्रभाव डालना: the medicine did not ~; it **~ed** like a charm 28 का प्रबंध क. 29 (***syn.*** obtain cunningly) गांठना, ऐंठना 30 पूरा क., संपादित क., संपन्न क. 31 हल क., उत्तर निकालना: can ~ sth out 32 (*pt.* **wrought**) क्षति आदि पहुंचाना: **wrought** havoc; the storm **~ed/ wrought** great ruin; time has **~ed/ wrought** many changes; ~ the ruin of sb; time is **~ing** against them 33 किसी के या किसी समस्या के विरुद्ध संघर्ष क., किसी नेक काम के लिए संघर्ष क.: we must ~ our own happiness; ~ against poverty/ against ignorance/ against crime; ~ for peace/ for victory/ for a just cause 34 (*also pt.* **wrought**) किसी को किसी अवस्था में पहुंचाना: **wrought** oneself into a rage; he **~ed** his audience into enthusiasm 35 किसी को या किसी वस्तु को शारीरिक रूप से किसी अवस्था तक पहुंचाना: ~ one's hands free; ~ sth tight; ~ oneself free; ~ oneself loose; ~ the key out of the hole; ~ one's foot into a boot 36 कीमत आदि का किसी आंकड़े तक पहुंचना: the cost **~ed out** at 1000 rupees per head;

n. 1 काम, कार्य, कर्म, कृत्य, क्रिया: clerical/ dirty/ hard/ part-time/ pioneering ~; right to ~; to each according to his ~; do no ~; I have ~ to do; his ~ has improved 2 (***syn.*** employment) काम, नौकरी, रोजगार: do/ find/ finish/ have ~; easy/ hard/ well-paid ~; he is fond of his ~; in ~ (नौकरी में); out of ~ (बेरोजगार); he is looking for ~ (वह नौकरी ढूंढ रहा है); he is in regular ~ (वह पक्की नौकरी में है); throw sb out of ~ (किसी को नौकरी से निकाल दे.) 3 नौकरी करने का स्थान: father's at ~ now; he leaves ~ at 4:30; 4 (***syn.*** task, jobs, pieces of work) काम, नियत कार्य: bring ~ home with oneself; I have some ~ to do in the garden; a job or ~; a piece of ~ (1 दिया जाने वाला काम 2 तैयार की हुई वस्तु या दस्तकारी की चीज): a nice piece of ~ he has done here! 5 काम या धंधे संबंधी समस्या या प्रश्न 6 कार्य, व्यवहार, कदम: dirty ~; bloody ~; wild ~; what has happened was none of my ~; you did a good day's ~ when you bought that house (तुमने वह घर खरीदकर अच्छा काम किया) 7 कार्य, कार्य का फल, परिणाम: piece ~; day ~ 8 लेखकों, शिल्पकारों या चित्रकारों की रचनायें, कृतियां, कृत्य, कलाकृति, बनाई हुई वस्तुएं: the villagers sell their ~ to the tourists (गांव वाले अपनी दस्तकारी की वस्तुएं सैलानियों को बेचते हैं); a ~ of art; **~s** of Shakespeare/ of Beethoven, of Michelangelo; a learned/ a historical ~; ~ of genius; selected **~s**; a lifetime's ~ 9 परिश्रम, मेहनत, उद्यम: manual ~ (शारीरिक श्रम); he is not fond of ~; render to sb according to sb's **~(s)**; donkey's ~ (बहुत अधिक व कठिन काम) 10 धंधा, पेशा, व्यवसाय 11 सूईकारी, गुलकारी, फुलकारी, कसीदा, कशीदा 12 कल-पुर्जे, यंत्रावली, यंत्र-रचना 13 (**~s**) कारखाना, कर्मशाला, कारीगरी के कार्य, किसी कार्य से संबंधित गतिविधियां: water **~s**; metal **~s** basket**work**; stone**work**; road**works**; earth**works**; gas**works** 14 किले-बंदी, मोर्चेबंदी 15 भवन, इमारतें, पुल, बांध 16 हुनर, कार्य-विधि 17 कारीगरी, शिल्पकारी 18 नेक कार्य, परोपकार 19 दस्तकारी की वस्तुएं 20 भवन–निर्माण में भिन्न-भिन्न कार्य: stone**work,** masonry ~ 21 (**the ~s**) नाना प्रकार की प्रक्रियाएं 22 *phys.* शक्ति लगाने पर ऊर्जा का किसी पिंड पर होने वाला स्थानांतरण 23 बनाने की क्रिया या विधि 24 दुख, दर्द 25 खमीर, खमीर की झाग 26 (**the ~s**) सब कुछ: went to the shop and bought the ~s;

adj. काम से संबंधित या काम के लिए उपयुक्त, कामकाजी: ~ clothes; ~ ethic;

dw/lw: **~able** /वःकअबल/ *adj.* 1 (***syn.*** practical) व्यावहारिक, व्यवहार्य, करणीय: a ~able plan or system 2 चलने योग्य 3 संचालनीय; **~ability/ ~ableness** *n.* 1 व्यावहारिकता 2 संचालनीयता; **~aday** /वःकअडे/ *adj.* (***syn.*** every day, routine) साधारण, यंत्रवत् होने वाला; **~aholic** /वःकअहौलिक/ *US* -हाःलिक/ *n.* कार्योन्मादी, कर्मठ, काम का धुनी या लती, कर्मानुरागी; **~aholism** /वःकअहौलिज्म/ *US* -हाःलिज्म/ *n.* कार्योन्माद, काम के प्रति मोह; **~around** *n.* घुमाव-फिराव, टालमटोल; **~bag/ ~basket/ ~box** *n.* कर्मी का झोला, औजार रखने का थैला, औजार-पेटी; **~bench** *n.* कार्य-बैंच या

मेज; **~book** *n.* अभ्यास-पुस्तिका; **~day** /वःकडे/ *n.* कार्य दिवस, कार्य दिन; **~ed** /वःकड/ *adj.* किसी विशेष प्रकार से बनाया या तैयार किया हुआ: ~ed up (1 नाराज 2 घबराया हुआ 3 उत्तेजित); **worker** *see below under separate entry*; **~fare** *n., US* अमेरिका में बेरोजगार व्यक्ति को किसी लोक सेवा के एवज में मिलने वाला भत्ता; **~force** *n.* 1 मजदूरों की संख्या 2 देश में काम करने योग्य व्यक्तियों की संख्या: the factory's ~force; the nation's ~force; **~horse** /वःकहॉःस/ *n.* 1 कामकाजी घोड़ा 2 अत्यधिक मेहनती व भरोसेमंद मजदूर; **~house** *n.* काम-घर, दरिद्रालय, मुहताज-खाना; **~-in** *n.* श्रमिकों द्वारा कारखाने के अहाते में बैठकर किया जाने वाला विरोध-प्रदर्शन; **working** *see below under separate entry*; **~less** *adj.* बेकार, बेरोजगार; **~load** *n.* कार्यभार; **~man** *see below under separate entry*; **~mate** /वर्कमेट/ *n., colloq.* (***syn.*** colleague) सहकर्मी; **~out** /वःकआउट/ *n.* 1 व्यायाम 2 अभ्यास 3 परीक्षण, परख; **~people** *n., pl.* शारीरिक श्रम (manual labour) में रत लोग; **~-permit** *n.* विदेश में काम करने के लिए अनुमति-पत्र; **~piece** *n.* मशीन या औजार से बनाई हुई वस्तु; **~place** *n.* कार्य-स्थान; **~room** *n.* काम करने का कमरा, कार्य कक्ष, कार्यशाला, शिल्प शाला; **works** *see below under separate entry*; **~sheet** *n.* अभ्यास-पुस्तिका, कार्य पत्रक; **~shop** *see below under separate entry*; **~shy** /वर्कशई/ *adj., colloq.* सुस्त, कामचोर; **~space** *n.* काम करने के लिए आवश्यक स्थान; **~station** *n.* 1 कार्यालय आदि 2 कंप्यूटर सेट यानी की-बोर्ड, स्क्रीन और प्रोसेसर 3 कंप्यूटर पर बैठकर काम करने का स्थान 4 उत्पाद पंक्ति में किसी उत्पाद को बनाने का स्थान; **~table** /वःकटेबल/ *n.* काम करने की मेज; **~top** *n.* = **~ surface** (*see below under* ***collocations***); **~-to-rule** *n.* कर्मियों द्वारा औपचारिक नियमों के अनुसार काम करने के काल की अवधि; **~wear** *n.* कामकाजी पोशाक; **~week** *n.* कार्य-सप्ताह;

collocations: **~ of art** सुंदर और महत्त्वपूर्ण चित्र, कला-कृति; **~ capacity** कार्य-क्षमता; **~ clothes** कामकाजी कपड़े; **~ horse** कामकाजी घोड़ा; **~ ethic** कार्य नैतिकता, काम करने के नैतिक सिद्धांत; **~ experience** कार्य का अनुभव; **~ load** कार्य बोझ; **~ out** 1 निपटारा क., हल क. 2 रूपायित क., तैयार क. 3 घटित होना; **~ placement** नौकरी में नियुक्ति; **~ release** एक प्रणाली जिसके तहत कैदियों को जेल से बाहर काम करने की अनुमति दी जाती है; **~s of charity** दान-पुण्य का कार्य; **~s of mercy** दया कार्य; **~s council** श्रमिक प्रतिनिधि समिति; **~ surface/ ~top** (*also* **~top** /वःकटॉप/) *n.* रसोई में सब्जी आदि काटने की जगह; **~ task** करने के लिए काम; **~ to rule** विरोध के रूप में मजदूरों या कर्मियों द्वारा औपचारिक नियमानुसार काम क. ;

a person of good ~s सत्काम करने वाला व्यक्ति; **a ~ of time** बहुत देर का काम; **bad ~s** दुष्कर्म, बुरे काम; **chased ~** (लकड़ी पर) उत्कीर्णन, तक्षण या खुदाई आदि का काम; **crochet ~** कांटे से बुनाई; **dirty ~** कमीनापन, नीच हरकतें; **dry/ thirsty ~** धूल-धूसर भरा काम; **fancy ~** ललित कार्य; **faulty ~** खराब या दोषपूर्ण काम; **good ~s** सत्कार्य, सत्कर्म; **indifferent ~s** खराब काम; **in ~** नौकरी में; **it won't ~** ऐसा नहीं चलेगा; **meritorious ~s** पुण्य-कर्म, शानदार काम; **mighty ~s** चमत्कार; **out of ~** बेकार, बेरोजगार; **piece ~** खुदरा काम; **public ~s** लोक-निर्माण; **the forces at ~** सक्रिय शक्तियां; **the ~ of a moment** थोड़ी देर का काम; **the ~s of God** प्रकृति, व्यक्ति; **the ~s of the devil** दैत्य का कुचक्र;

p&i: **~ against sb** किसी के विरुद्ध काम क.; **~ around** बातचीत को धीरे-धीरे विषय की ओर मोड़ दे.; **~ at sth** 1 किसी समस्या पर काम क. 2 किसी कार्य को करने की चेष्टा क.; **~ away** मेहनत से काम करते रहना; **~ down** 1 धीरे-धीरे नीचे उतर जा. 2 रगड़ खाकर घिस जा.; **~ double tides** जी-तोड़ मेहनत क.; **~ for a dead horse** पुराने कर्जे निपटाने में लगा रहना; **~ in** 1 सन्निविष्ट क. या किया जाना, शामिल क. या किया जाना 2 घुसेड़ना, घुसाना, के लिए जगह बना लेना, बीच-बीच में डालना; **~ in the field of** के क्षेत्र में कार्यरत हो.; **~ in with** से मेल खाना, में सामंजस्य होना; **~ in process/ progress** काम चालू है; **~ is worship** काम ही पूजा है; **~ it/ things** चालाकी से प्राप्त क.; **~ like a horse** कोल्हू के बैल की तरह काम क.; **~ one's fingers to the bone** बहुत मेहनत क.; **~ one's will** अपनी बात मनवाना; **~ sth in/ ~ sth into sth** 1 में मिलाकर मिश्रण बनाना 2 के लिए जगह बनाना; **~ sth off** 1 दूर क., निकालना, से छुटकारा पाना: ~ off one's fat 2 बेच डालना: ~ off 1000 copies 3 पूरा क.; **~ one's passage** अपनी यात्रा का रास्ता तय क.; **~ one's will** अपना लक्ष्य प्राप्त क.; **~ one's will upon sb** किसी पर अपनी इच्छा थोपना; **~ on sb** 1 किसी को समझाना, मनाना 2 कायल करने की कोशिश क.; **~ on/ ~ upon sth** 1 प्रभावित क., असर डालना 2 समझना: ~ing on that assumption that ... 3 पर काम क. 4 कुछ ठीक करने के लिए काम क.; **~ out** 1 व्यायाम क. 2 हल क., हल हो जाना, समाधान निकल आना, परिणाम निकलना, हो जा., काम का पूरा हो जा.: ~ out badly/ well, etc. 3 संपादित क. 4 (ब्योरेवार) तैयार क. 5 गिनना, हिसाब लगाना, कुल योग होना, कुल मिलाकर हो.: ~ out arithmetical problem; ~ out a problem 6 योजना बनाना, कार्यान्वित क.: ~ out one's time; the plan ~ed out badly 7 खाली क., खत्म क.: a mine is now ~ed out; the emotion ~ed itself out 8 प्राप्त क.: ~ out one's own salvation 9 बाहर निकलना: the shirt has ~ed out; **~ over** दोबारा बनाना; **~ round** 1 दिशा बदलना 2 पहले की स्थिति में वापस लौटना; **~ sb out** किसी के व्यवहार, स्वभाव या चरित्र को समझना; **~ sth off** वजन आदि कम क., दुबला हो.; **~ sth out** 1 कुल जोड़ क. 2 कोई हल निकालना; **~ sb over** *sl.* किसी पर प्रहार क., पीट दे.; **~ the oracle** सांठ-गांठ से अपना काम निकलवाना; **~ to rule** कामगारों के संघर्ष का एक रूप जिसके तहत कर्मी नियमों की बाल की खाल उतारते हुए काम करते है यानी काम या उत्पादन धीमा करते हैं; **~ to sth** कार्य योजना आदि के अनुसार काम क.; **~ towards sth** किसी लक्ष्य को प्राप्त करने की ओर बढ़ना; **~ up** 1 कोई वस्तु बनाना या उसमें सुधार क.: ~ up a lump of clay into a statuette; ~ up a sketch 2 उकसाना, उत्तेजित क.: ~ up a rebellion 3 (~ sth up into sth) जीतना, धीरे-धीरे सुधारना या उन्नति क., अच्छी स्थिति में लाना: ~ up a reputation; ~ the notes up into a dissertation 4 के आसपास पहुंच जा.: our speed ~ up to 150 kilometres per hour 5 सविस्तार प्रस्तुत क., विस्तार दे. 6 के रूप में लाना, गढ़ना; **~ up to sth** धीरे-धीरे किसी कठिन कार्य को उत्साहपूर्ण अंत की ओर ले जाना: the play ~ed up to a rousing finale; **~ up to the collar** जी-जान से काम क.; **~ wonders** कमाल क., आश्चर्यजनक रूप से सफल होना;

a good day's ~ अच्छा या बहुत काम किया; **all in the day's ~** सब ठीक-ठाक, साधारण या सामान्य बात; **all ~ and no play makes Jack a dull boy** काम ही काम, न कोई आमोद, न आराम, फिर कैसे चमके चिपटू राम; **a … piece/ bit of ~** *colloq.* घिनौना व्यक्ति: he's a nasty piece of ~; **at ~** कार्य रत, आवश्यक कदम उठाने में संलग्न; **a ~ of time** लंबा व जटिल कार्य; **be at ~ upon sth** किसी समस्या या प्रश्न पर काम करने में रत; **dirty ~ at the cross-roads** खतरनाक या गंभीर स्थिति; **do its ~** अपना प्रभाव दिखाना, गुल खिलाना; **do sb's dirty ~** किसी का अप्रिय काम क.; **factory at ~** चालू कारखाना; **get down to/ go (set) to ~** कार्य प्रारंभ क.; **get the ~s** 1 दुर्व्यवहार का शिकार हो. 2 मार दिया जा.; **give sb the ~s** *colloq.* 1 किसी को सब कुछ बता दे. 2 किसी को सबक सिखाने या सजा देने के लिए हर संभव तिकड़म काम में लाना; **good ~s** अच्छे काम; **go/set to ~** काम शुरू क.; **gum up the ~s** 1 खराब क., बिगाड़ दे. 2 सारा काम खराब कर दे.; **have a headache, fever, cold – the ~** हर प्रकार की बीमारी हो.;

have one's ~ cut out for one किसी के सामने कठिन कार्य करने के लिए हो., किसी का चुनौतीपूर्ण काम से पाला पड़ना; **I don't think your plan/ your idea will ~** लगता नहीं कि आपकी योजना या विचार सफल होगा; **in the ~s** तैयार होने की अवस्था में हो.; **make short ~ of sth/ sb** 1 जल्दी पूरा क. 2 समाप्त क. या नष्ट क. 3 किसी समस्या या किसी व्यक्ति को शीघ्रतापूर्वक व असरदार ढंग से निपटाना; **set a machine to ~** किसी यंत्र या मशीन को चालू क.; **make a piece of ~ about sth** किसी कार्य की जटिलता को बढ़ा-चढ़ाकर पेश क.; **make hard ~ of sth** कठिनाई को बढ़ा-चढ़ाकर पेश क.; **make short/ quick ~ of sth** किसी कार्य को चुटकी में कर देना; **make short/ quick/ ~ of sb** किसी का चुटकी में काम तमाम कर देना; **set/ go about one's work** अपना काम शुरू क.; **set sb to ~** किसी को काम करने में लगाना; **shoot the ~s** काम को (पूरे-जोर-शोर से) खत्म करके ही दम ले.; **the ~ of a moment, second, etc.** चुटकी में किया जा सकने वाला काम; **this is the ~ of an enemy** यह दुश्मन का किया हुआ काम है; **uphill ~** कठिन काम; **warm ~** 1 तनावपूर्ण या खतरनाक काम 2 कड़ा संघर्ष

worker /व:क:/ *n.* 1 मजदूर: **~s** and peasants; **~s** of the world, unite! 2 कर्मी, कर्मचारी, कार्यकर्ता: a quick/ slow/ good, etc. ~; good/ bad/ diligent/ efficient **~s**; industrial and office **~s** 3 शारीरिक श्रम करने वाला व्यक्ति 4 मादा मधुमक्खी आदि जिनका काम प्रजनन की बजाए मधुमक्खियों की बस्ती यानी छाते और भोजन आदि का प्रबंध करना होता है;
collocations: **~ priest** *RC* जनता की समस्याओं को समझने के लिए आंशिक रूप से सामान्य कार्य करने वाला पादरी; **~s of evil** दुष्ट लोग; **~s of miracles** चमत्कारपूर्ण कार्य करनेवाले लोग; **~ parties** मजदूर दल; **social ~** सामाजिक कार्यकर्ता;
p&i: **~s by hand and brain** शारीरिक व बौद्धिक श्रमिक; **a fast ~** चालू या तेज आदमी; **a white-collar ~** बाबू, फाइलों में दबा रहने वाला कर्मचारी

working /व:किंग/ *adj.* 1 नौकरी संबंधी: ~ woman/ girl 2 नौकरी करने वाला: a ~ man/ woman, etc. (मजदूर, श्रमिक, वेतनभोगी पुरुष या महिला); ~ people 3 काम चलाऊ, काफी: a working knowledge of sth; ~ knowledge of a foreign language; ~ majority 4 चलता, चालू, काम करने की हालत में: in ~ order; are the brakes in ~ order?; ~ machine 5 श्रमयोग्य, श्रमजीवी, परिश्रमी, काम करने वाला: hard-~ 6 कामकाजी: ~ horse; ~ capacity 7 काम से संबंधित: ~ hours: ~ detail/ party; ~ costs/ expenses; ~ committee 8 काम के उपयुक्त, व्यवहार्य: ~ map/ drawing; ~ conditions 9 तूफानी (sea) 10 फड़कने वाली (cheeks);
n. 1 क्रिया, चलन: the **~s** of the mind; the **~s** of conscience 2 प्रक्रिया, गतिविधि 3 (**~s**, ***syn.*** mode of operation) कार्यप्रणाली, क्रियाविधि 4 काम, कार्य 5 संचालन, प्रचालन, कार्य-संचालन (कार्यसमिति, कार्यकारिणी समिति) 6 (**~s**, ***syn.*** excavations at a mine *or* quarry) खदान की खुदाई 7 गणित के सवाल के हल पर पहुंचने के कदमों का लिखित में ब्योरा 8 (**~s**, ***syn.*** fermentation) खमीर उठने की क्रिया;
dw/lw: **~-out** *n.* 1 परिकलन 2 विस्तार, विस्तरण; **~s** /व:किंग्ज/ *n.* काम करने का तरीका या प्रक्रिया: the ~s of sth;
collocations: **~ capital** संचालन पूंजी; **~ class** श्रमिक-वर्ग, वेतन भोगी-वर्ग; **~ committee** प्रबंध-समिति; **~ day**/ *N. Amer.* workday 1 कार्य दिवस, कार्य दिन 2 कार्यकाल; **~ drawing** कामकाजी नक्शा; **~ efficiency** कार्यकुशलता; **~ formula** कार्यकारी सूत्र; **~ girl/ ~ woman** कामकाजी महिला; **~ group** कार्य दल; **~ hours** कार्य-घंटे; **~ hypothesis** कार्यकारी अवधारणा; **~ life** कार्यकारी आयु; **~ lunch** दोपहर का कार्यकारी भोजन; **~ majority** *politics* कामकाजी बहुमत; **~ model** कार्यकारी नमूना; **~ order** चालू हालत; **~ man** मजदूर, श्रमिक; **~ paper** आधार-पत्र; **~ party** अध्ययन-समिति; **~ profit** शुद्ध लाभ; **~ rule** व्यावहारिक नियम, कार्य नियम; **~ result** कार्य परिणाम; **~ study** कार्य अध्ययन; **~ week** (*N. Amer.* **workweek**) कामकाजी सप्ताह

workman *n., pl.* **~men** 1 कारीगर, शिल्पी: good ~man 2 मजदूर, श्रमिक: ~man's insurance;
dw/lw: **~manlike** *adj.* कारीगर-जैसी, कौशलपूर्ण; **~manship** *n.* शिल्प, कारीगरी;
p&i: **a bad ~man finds fault with his tools** *or* **an ill (a bad) ~man quarrels with his tools** नाच न जाने आंगन टेढ़ा; **the ~man is known by his work** कारीगर का काम सिर चढ़कर बोलता है; **what is a ~man without his tools?** हथौड़े बिना लोहार नहीं

works /वर्कस/ *n. [pl.]* 1 यंत्र के चल पुर्जे या संयंत्र: the ~ of a clock; something wrong with the ~ 2 कारखाना, कार्यशालाएं: the iron/ the brick/ the glass ~; ~ council/ ~ committee (कार्यशाला समिति) 3 *facetious* मानवीय शरीर संरचना 4 सेवाएं: public ~ 5.1 तकनीकी बनावट 5.2 भवन-निर्माण कार्य 6 संपूर्ण साजो-सामान, संपूर्ण प्रक्रिया: the barber gave him the ~ 7 *milit.* मोर्चाबंदी, किलाबंदी: defensive ~ 8.1 *US sl.* घातक पिटाई: give sb ~ 8.2 कत्ल, हत्या: get the ~ (मारा जा.)

workshop /व:कशॉप/ *n.* 1 कार्यशाला 2 कारखाना 3 वर्कशप, कारखाना 4 कार्य-शिविर, कार्यशाला: ~shop committee;
p&i: **~ of the world** डिजराइली (B. Disraeli) द्वारा प्रयुक्त इंग्लैंड के लिए एक नाम: "The Continent will not suffer England to be the ~ of the world";
An idle man's brain is a devil's ~ बेकार (जो किसी कार्य में रत न हो) व्यक्ति का दिमाग शरारतों का घर है

world /व:ल्ड/ *n.* 1 विश्व, दुनिया, संसार, जगत, जहान, खुदाई: travel the ~; in the ~; across/ all over the ~; the whole ~; the external ~ (अंतरात्मा से बाहरी दुनिया); come down in the ~ (पहले की उदात्त अवस्था खो दे.); a citizen of the ~ 2 पृथ्वी, धरती, भू, सृष्टि, ब्रह्मांड, लोक 3 धरती के लोग, मानव जीवन, समाज: tell the ~; begin the ~; begin the ~ anew; her middle-class ~ 4 ग्रह, तारा, खगोलीय पिंड यानी कोई दूसरा ग्रह जिसे मानव जाति अपना घर बना सकती है 5 कुछ देशों का समूह एक वर्ग के रूप में: the Third **World**; the New **World**; the Old **World** 6 (*also* **World**) किसी काल के लोग और उनकी संस्कृति: the ancient / the medieval ~ 7 वजूद की अवस्था: in this ~ or the next; forsake the ~ दुनिया को छोड़ दे.; go to a better ~ (बेहतर लोक, परलोक जा.); the other/ the next ~/ the ~ to come; in this ~ and the next (इह लोक और परलोक में) 8 भौतिक संसार, इह लोक, दुनिया, समाज: escape from the ~ of today; the great ~/ the ~ of fashion; he lives out of the ~; what will the ~ say? 9 आध्यात्मिक जगत: spiritual ~ 10 किसी की अपनी दुनिया या अनुभव का विस्तार: he's in a ~ of his own 11 वातावरण: enter a ~ of make-believe 12 गतिविधियों का विशेष क्षेत्र, दायरा, परिसार: the ~ of books/ of art/ of music; the scientific/ the literary/ the musical ~; the ~ of politics 13 जीवों का वर्ग: the insect ~ 14 बहुत अधिक, अत्यधिक: did her a ~ of good; she and I are ~ apart; a ~ of faults; bring upon oneself a ~ of trouble; a ~ of money; the holiday did me a ~/ **~s** of good 15 मानवी गोरख-धंधे, अवस्था: the present state of the ~ 16 वनस्पति, जीव जगत: the animal the vegetable ~ 17 बल देने के लिए प्रयुक्त, आखिर: what in the ~ does he mean?; who in the ~ is that fellow?;
adj. 1 विश्व, विश्व संबंधी 2 विश्वव्यापी 3 इहलोकीय, सांसारिक;
dw/lw: **~-beater** *n.* सर्वोत्तम व्यक्ति या वस्तु; **~-class** *adj.* अंतर्राष्ट्रीय स्तर का; **~-famous** *adj.* विश्व-विख्यात; **~liness**

/वःडलिनेस/ *n.* सांसारिकता, इहलोकता; **~ling** /वःल्डलिंग/ *n.* सांसारिक प्रलोभनों से ग्रस्त व विषयी व्यक्ति; **~ly** *see below under separate entry*; **~-shaking/ ~-shattering** *adj., colloq.* अति महत्त्वपूर्ण व प्रभावशाली; **~-view** *n.* विश्वदृष्टि, विश्वदर्शन, दृष्टिकोण; **~-weary** /वःल्डविअरि/ *adj.* (***syn.*** jaded) 1 निराश, हताश 2 आत्म-विश्वासविहीन, दुनिया से ऊबा हुआ 3 जो दुनिया से तंग आ चुका हो, दुनिया के प्रपंचों से ऊब गया हो, विरक्त; **~-wide** /वःल्डवाइड/ *adj., adv.* विश्वव्यापी, दुनिया भर में फैला हुआ: ~wide fame;

collocations: **World Bank** विश्व बैंक; **~ beater** सबसे अच्छा व्यक्ति या वस्तु; **~ champion** विश्व विजेता; **~ championship** विश्व प्रतियोगिता; **World Cup** *esp. football* विश्व कप; **~ English** दुनिया भर की बोलचाल की भाषा के रूप में अंग्रेजी; **~ ether** सर्वव्यापी ईथर; **~ forum** विश्व मंच; **~ ground** जगदाधार; **World Heritage Site** प्राकृतिक या मानव निर्मित स्थान जिसे विश्व-व्यापी विरासत के महत्त्वपूर्ण स्थान के रूप में मान्यता दी गई है; **~ language** विश्व भाषा; **~ music** विश्व संगीत; **~ of conscience** आत्म-गलानी; **~ of dreams** स्वप्न लोक; **~ organization** विश्व संगठन; **~ power** विश्व-शक्ति, महाशक्ति; **~ record-breaker** विश्व रिकॉर्ड तोड़ने वाला; **~ revolution** विश्व क्रांति; **~ sadness/ sorrow** संसार का संताप; **~ Soul** विश्वात्मा; **~ spirit** विश्वव्यापी भावना; **World War I** प्रथम विश्व युद्ध; **World War II/ Second World War** द्वितीय विश्व-युद्ध; **~ without end** अनंतकाल तक;
man of the ~ दुनियादार या अनुभवी व्यक्ति; **Prince of this ~** शैतान; **the developing/ industrialized/ Western, etc. ~** विकासशील/ औद्योगिक/ पश्चिमी आदि संसार; **the lower ~/ the nether ~** 1 पाताल लोक, अधोलोक, नरक, नारकीय लोक 2 धरती, इहलोक; **the next ~/ the other ~/ the ~ to come** परलोक; **the plant/ animal, etc. ~** वनस्पति जगत, जीव-जंतु जगत; **this ~** इहलोक, संसार, मर्त्यलोक; **the New World** नई दुनिया (अमेरिका); **the Old World** पुरानी दुनिया (एशिया, अफ्रीका. यूरोप); **the whole ~** सभी, सारी दुनिया, हर कोई; **your ~** आपका जीवन-संसार;

p&i: **~ is but a small place after all** दुनिया बहुत छोटी है, इसमें अक्सर जाने-पहचाने लोग मिलते रहते हैं; **~'s fair** दुनिया एक मेला है; **~ without end** अंतहीन, अनंत, चिरकालीन संसार; **a better ~** परलोक, दूसरी दुनिया; **a dream ~** सपनों की दुनिया, स्वप्न लोक; **a journey round the ~** दुनिया भर की सैर; **all the ~ and his wife** *colloq.* सारी खुदाई, सारा उच्च समाज, सभी; **all's right with the ~** सब ठीक ठाक है; **all the ~** 1 बिल्कुल सब कुछ, सारी दुनिया 2 सारा उच्च वर्ग 3 दुनिया में सब-कुछ किसी न किसी के लिए है; **all the ~ knows that ...** सारी खुदाई जानती है कि ...; **all the ~ over/ all over the ~** दुनिया भर में; **a man/ woman of the ~** व्यक्ति जिसने दुनिया देखी हो और जिसे आसानी से विस्मित नहीं किया जा सकता; **as the ~ goes** जैसा कि दुनिया में होता है, वर्तमान समय में जैसा होता है; **begin the ~** नया जीवन शुरू क.; **be/ mean all the ~ to sb** किसी के लिए बहुत अहम और कीमती हो.; **be in the ~ by oneself** अपनी दुनिया में बंद हो जा.; **be/ live in a ~ of one's own** अपनी ही दुनिया में खोए रहना; **be on top of the ~** *colloq.* आनंदविभोर हो., सातवें आसमान पर हो.; **be out of this ~** अलौकिक, भव्य, शानदार होना: she had a figure which was out of this ~; **bring into ~** पैदा क.; **carry the ~ before one** जीवन में सफल हो.; **come down in the ~** बदतर हो., पहले-सा न रहना; **come into the ~** पैदा हो.; **come up in the ~** जीवन में सफल हो., आजीविका (career) की दौड़ में आगे बढ़ना; **dead to the ~** नशे में चूर; **do sb a/ the ~ of good** किसी के स्वास्थ्य आदि के लिए बहुत लाभदायक सिद्ध हो.; **drunk to the ~** पीकर धुत्त, नशे में चूर; **for all the ~ like/ as if...** बिल्कुल जैसे कि, ठीक.... के समान; **go down in the ~** आजीविका (career) की दौड़ में या सामाजिक सीढ़ियों पर पतन हो.; **have/ make the best of both ~s** सारे अवसरों का खूब फायदा उठाना; **have the ~ at one's feet** बहुत सफल और सर्वप्रिय हो., दुनिया को अपनी नोक पर रखना; **how goes the ~ with you? the ~ goes very well with me/ without a care in the ~** क्या हाल हैं? मेरे हाल बहुत अच्छे हैं या कोई चिंता नहीं; **how in the ~...?** आखिर यह कैसे हुआ?; **in an ideal/ a perfect ~** यदि दुनिया पूर्णतः दोषमुक्त होती तो ...; **in the ~** बल देने के लिए प्रयुक्त, आखिर; **I'll tell the ~** निस्संदेह; **it's a small ~** *colloq.* दुनिया कितनी छोटी है कि इसमें इतनी समानताएं मिल जाती हैं; **know the ~** दुनिया देखना, घाट-घाट का पानी पीना; **let the ~ wag** लोगों को जो कहना है सो कहने दो; **make the ~ kin** संसार को एक परिवार बनाना (Shakespeare); **not for all the ~** किसी भी कीमत पर नहीं; **not be the end of the ~** यहीं दुनिया खत्म नहीं होती, अभी बहुत जिंदगी बाकी है; **not to be long for this ~** थोड़ी जिंदगी बची है; **one would give the ~ to know** ज्ञान प्राप्त करने के लिए सारी खुदाई दे देता; **see the ~** दुनिया भर में यात्रा करना और अनुभव पाना; **set/ put the ~ to rights** *ironic* इस विषय में बात करना कि दुनिया को कैसे बेहतर बनाया जाए, दुनिया की समस्याओं को हल करने के बारे में बात क.; **set the ~ on fire/ alight** सफलता पाकर दूसरों की प्रशंसा जीतना; **she is all the ~ to him** वह उसके लिए सारी खुदाई समान है; **so goes/ wags the ~** दुनिया ऐसी ही है; **take the ~ as it is/ as one finds it!** दुनिया जैसी है वैसी ही उसे कबूल कर लो!; **tell the ~** सारी दुनिया को बताना; **the literary ~** साहित्य-जगत; **the lower ~** पाताल लोक, नरक; **the New World** अमेरिका; **the Old World** एशिया, अफ्रीका, यूरोप; **the weight of the ~ on one's shoulders** भारी बोझ; **the wide ~** विश्वव्यापी; **the whole ~ over** सारी दुनिया में; **the ~ is a small place** दुनिया बहुत छोटी है, इसमें कदम-कदम पर समानताएं मिल जाएंगी; **the ~ is your**, *etc.* **oyster** दुनिया और उसमें मौजूद शानदार संभावनाएं आपका इंतजार कर रही हैं; **the ~ of difference** बहुत बड़ा अंतर; **the ~ on wheels** संसार काल चक्र के साथ चल रहा है; **the ~, the flesh and the devil** सांसारिक, दैहिक तथा शैतानी प्रलोभन; **the outside ~** अंतरात्मा से बाहर की दुनिया; **tired to the ~** थककर बुरी तरह चूर; **think the ~ of sb** किसी का बहुत बड़ा कद्रदान हो., किसी को बेहद पसंद करना और उसे चाहना; **this ~** इहलोकीय जीवन; **to the ~** पूरी तरह, अत्यधिक; **what is the world coming to?** दुनिया को हो क्या रहा है?!

worldly /वःल्डलि/ *adj., degr.* **worldier, worldiest** 1 सांसारिक, ऐहिक, लौकिक, दुनियावी: sb's ~ goods/ possessions; ~ pleasures; he is a child in ~ matters 2 पार्थिव 3 (***anton.*** spiritual) भौतिक: ~ interests 4 जिसने घाट-घाट का पानी पिया हो यानी जिसने दुनिया देखी हो;
dw/lw: **~-minded** *adj.* सांसारिक धन-संपत्ति पाने को आतुर या तत्पर; **~wise** /वःल्डलिवाइज/ *adj.* दुनियादार, सयाना, दुनियादारी जानने वाला;
collocations: **~ goods** धन-संपत्ति; **~ wisdom** दुनियादारी

the World Wide Web (*abbr.* ***WWW***) *n.* इंटरनेट पर हाइपर मीडिया (hypermedia) की फाइलों का विश्वव्यापी जाल (network) जिसकी बदौलत हाइपर लिंक्स (hyperlinks/ hypertext) के माध्यम से फाइलों को कहीं पर भी पढ़ा जा सकता है (*also see under* **Appendix: Terms used in Internet**)

WORM *abbr., comput.* 'write once and read many' की प्रथमाक्षरी (एक CD प्रणाली जो प्रयोगकर्ता को अपनी सूचनाओं, पाठ या आंकड़ों को भंडारित करने और फिर उन्हें अनेकों बार पढ़ने की सुविधा देता है)

worm /वःम/ *n., pl.*~**s** *pathol.* 1 कीड़ा, कृमि, किक्किश, पिल्लू;

the dog/ the child has **~s**; cure for **~s** 2 कीड़ा, इल्ली 3 कमीना, नीच, घिनौना आदमी: he is a ~ of a man 4 पेंच की चूड़ी 5 घुण की तरह किसी चीज को नष्ट करने या गलाने-सड़ाने वाला जीव या कृमि 6 (**~s**) आंतों आदि में कृमि होने के कारण पैदा होने वाला रोग 7 नस 8 *comput.* कंप्यूटरों में फैलाया जाने वाला अवैध प्रोग्राम, जो वाइरस (virus) से इस मायने में भिन्न होता है कि यह छोटे-छोटे टुकड़ों की बजाए एक स्वतंत्र प्रोग्राम होता है;

v.**, pt.* **~ed**, *pp* **~ing** 1 रेंगना 2 कठिनाई से आगे बढ़ना: he **~ed** his way/ himself through the bushes 3 (syn.*** insinuate oneself) चुपके से (चुपके-चुपके, युक्ति से) किसी के विश्वास में स्थान बना लेना या कृपा-पात्र बन जा.: ~ oneself into sb's confidence; ~ one's way into society; ~ oneself/ one's way into a party/ into a movement 4 (*also* **~ sth out**) युक्ति से भीतर घुसकर भेद लेना 5 (**deworm**) कीड़ों को दवाई से मारकर बाहर निकालना 6 पौधों के कीड़े खत्म क.;

dw/lw: **~-cast** *adj.* 1 कृमिकंचुक 2 केंचुओं द्वारा बाहर निकाली हुई (मिट्टी का ढेर); **~-eaten** /वःमईटन/ *adj.* 1 घुन-लगा, घुन द्वारा खाया हुआ 2 कीड़ों द्वारा खाया हुआ 3 सड़ा-गला; **~-infested** *adj.* कीड़ों से भरा, कीड़े-लगा; **~hole** /वःम होल/ *n.* घुण आदि द्वारा फर्नीचर की लकड़ी आदि में किया जाने वाला छेद; **~-seed** /वःमसीड/ *n.* किर्मल; **~wood** /वःमवुड/ *n.* 1 अत्यधिक कड़वी जड़ी-बूटी, अफसंतीन 2 कटु अनुभव, अत्यधिक कड़वाहट, झुंझलाहट, खीज, झेंप 3 नागदौन, नागदौना, नागदमनी, नागदमन; **~y** /वःमी/ *adj., degr.* ~ier, ~iest 1 कीड़ों से भरा 2 घुना हुआ, घुणी 3 कीड़ों जैसा 4 चुपके-चुपके घुसने वाला: ~y feelers 5 बाएं-दाएं चलकर रास्ता बनाने वाला 6 (***syn.*** grovelling/ sycophantic) कमीना, नीच, अधम, चाटुकार;

collocations: ~ **gear** 1 सर्पिल गियर 2 (*also* ~ **wheel**) सर्पिल गियर द्वारा चलाया जाने वाला दांतेदार पहिया; ~ **spindle** सर्पिल तकला; **~'s eye view ≠ bird's eye view** निचले स्तर से मिलने वाला दर्शन; ~ **tube** सर्पिल नलिका;

a can of ~s 1 गंदगी का घर 2 जटिल समस्याओं का पिटारा; **round** ~ केंचुआ, केंचुली; **slow** ~ यूरोप का गिरगिट; **tape** ~ 1 फीता-कृमि 2 कृमि रोग; **the ~ of conscience** पश्चात्ताप, अनुताप, आत्मा को लगने वाला दंश;

p&i: **~ out** कठिन स्थिति में से निकलना; **~ sth out of sb** 1 किसी से भेद लेना 2 किसी को पदच्युत करके उसका स्थान ले लेना 3 चालाकी से किसी को किसी चीज से वंचित क.; **~ one's way/ oneself into sth** चुपके-चुपके किसी का विश्वास पात्र आदि बनाना या किसी के यहां अपना स्थान बना ले.;

be food/ meat for ~s कब्र के कीड़ों का भोजन बनना, मृत हो.; **be a ~ to-day** बहुत हताश हो.; **even a ~ will turn** तंग आने पर दुर्बल भी विद्रोह कर करता है; **have a ~ in one's tongue** कटु शब्द बोलने वाला या काट खाने वाला व्यक्ति; **the ~ has turned!** धैर्य का बांध टूट गया; **tread on a ~ and it will turn** बेहद सताने पर किसी के भी धैर्य का बांध टूट जाएगा

worn /वॉःन/ 1 *pt. p.,* **'wear'** भूतकालिक कृदंत 2 *adj.* इस्तेमाल किया हुआ, पहना हुआ: ~ clothes 3 घिसा हुआ, घिसा-पिटा: ~ rope; ~ joke 4 (***syn.*** weary) थका-मांदा, थकाहारा: he looked ~;

dw/lw: **~-out** /वॉन-आउट/ *adj.* 1 लस्त-पस्त, पस्त-हाल 2 फटा-पुराना: ~ carpets 3 घिसा-पिटा 4 बीता हुई, चुका हुआ: ~ age

worried /वरिड/ *adj.* 1 चिंतित, चिंताग्रस्त, चिंतामग्न 2 अशांतचित्त, उद्विग्न, बेचैन, व्याकुल, विकल, व्यग्र, व्यथित, त्रस्त 3 आशंकित, सशंक 4 परेशान, घबराया हुआ;

p&i: **you had me ~** किसी को ठीक से न समझ पाने के कारण चिंतित हो.

worrier /वरिअः/ *n.* परेशान रहने वाला, परेशान करने वाला

worriment /वरिमंट/ *n., mainly US colloq.* 1 चिंता, बेचैनी 2 व्याकुलता, परेशानी 3 विपदा, आपदा 4 झंझट

worrisome /वरिसम/ *adj.* 1 चिंतित, बेचैन, परेशान, व्याकुल आदि करने वाला, त्रासक 2 चिंतित, बेचैन, व्याकुल, परेशान होने वाला 3 डर जाने वाला

worry /वरि/ *v., pt.* **worried**, *pp* **~ing**, *s/he/ it* **worries** 1 (***syn.*** be anxious, fret) चिंता क., बेचैन हो.: ~ about nothing; it's nothing to ~ about; she **worries** about little things 2 किसी के लिए चिंता पैदा क.: ~ sb with foolish questions; ~ sb with demands; he is **worried** on every side 3 (***syn.*** bother, pester, harass) परेशान क., तंग क., नाक में दम क., सताना: his old wound/ toothache **worries** him 4 (*often* **~ at sth**) किसी समस्या को हल करने की कोशिश क. 5 कुत्ते द्वारा फाड़ खाना, चीथना, झकझोरना, झंझोड़ना, भेड़ आदि को भगाकर काटना: a cat **~ing** a mouse;

n.**, pl.* **worries** 1 (syn.*** anxiety) चिंता, फिक्र, परेशानी: little domestic **worries**; that's the least of my **worries**; allay/ ease/ express a ~ 2 चिंताग्रस्तता, बेचैनी का कारण: he has always been a ~ to me; what a ~ that child is!; a constant/ lingering/ nagging/ real ~ 3 शंका, आशंका, उत्कंठा, भय 4 बेचैनी, व्याकुलता, घबराहट, सोच: he was showing signs of ~; a ~ about/ over sth 5 कुत्ते, बिल्ली आदि द्वारा किसी को काट खाने की क्रिया 6 झकझोर, हंगामा, हलचल, खलबली;

dw/lw: **worried** *see above under separate entry*; **~ing** /वरिइंग/ *adj.* चिंताजनक, चिंता पैदा करने वाला; **~ing** *n.* चिंताग्रस्तता; **~guts** *(esp. US)*/ **~wart** /वरिवॉःट/ *adj.* स्वभावतः सदा चिंतित रहने वाला;

collocations: **~ beads** चिंता से ध्यान हटाने के लिए हाथ से फेरी जाने वाली मनकों की माला

p&i: **~ along** किसी-न-किसी तरह आगे बढ़ना; **~ along/ through** चिंताओं, बाधाओं के बावजूद आगे बढ़ते रहना; **~ at sth** किसी चीज को काट खाना या उसे दांतों से पकड़कर झकझोरना या खींचना; **~ out** 1 कठिनाई पार क., समस्या का हल निकालना 2 पीछे पड़ना: ~ him out till he gives his consent; **~ to death** अत्यधिक चिंता क.: she is ~ing herself to death;

I should ~! मुझे कुछ लेना-देना नहीं; **not to ~/ no worries** *colloq.* चिंता की कोई बात नहीं

worse /वःस/ *adj.* 1 (*comparative degree of* **'bad'**) बदतर, अधिक खराब, ज्यादा बुरा: Tom is bad but his brother is ~ 2 और बुरा, से ज्यादा बुरा: we couldn't have had ~ weather; so much the ~ for him (उसके लिए और भी बुरा); make matters ~ ... (मामले को और पेचीदा बनाना या और खराब क.) 3 ज्यादा बुरी (हालत में) 4 ज्यादा बीमार 5 से ज्यादा घटिया;

adv. 1 कम अच्छी तरह से, से बदतर ढंग से 2 और ज्यादा बुरी तरह से: he's doing ~ at school; you are playing ~ than you did last week; he behaves ~ than ever; he could do ~ than ...; it is raining ~ than ever 3 और अधिक संख्या या मात्रा में: I hate/ fear him ~ than before; I like him none the ~ for being outspoken;

dw/lw: **~n** /वःसन/ *v., pt.* ~ned, *pp* ~ning 1 (***syn.*** deteriorate) और खराब क. या हो जा. 2 और बुरा होना या कर दे. **~ning** /वःसनिंग/ *n.* बिगाड़, विकृति;

collocations: **~ off** और अधिक खराब (स्थिति);

p&i: **~ and ~** 1 अधिकाधिक बुरा 2 और ज्यादा बीमार; **~ luck** अफसोस की बात है, हमें खेद है कि ...; **~ off** और बुरी हालत में; **~ was to follow** इससे बदतर होने वाला था;

a change/ a turn for the ~ बदतर बदलाव; **be none the ~ for sth** जैसे कुछ हुआ ही न हो या जरा भी नुकसान न हुआ हो; **be ~ off** 1 बद से बदतर हो. 2 और अधिक खराब; **came off ~** मुकाबले में हार जा.; **could/ might do ~ than ...** कुछ तो करना चाहिए; **for better or for ~** बेहतर या बदतर, जो भी हो; **for the ~** स्थिति का बदतर हो., और बिगड़ जा.; **go from bad**

to ~ (हालत, समस्या आदि का) और बिगड़ जा., बद से बदतर हो.; **have the** ~ हार जाना; **have the ~ to tell** (मुझे) इससे भी ज्यादा बुरी खबर देनी है; **he was the ~ for drink** दिख रहा था कि उसने पी रखी है; **I have seen ~/ I have been through ~ (than that)** मैंने इससे भी ज्यादा खराब दिन देखे हैं; **none the ~ for** बिनबिगड़ा, अविकृत, अक्षत, अक्षतिग्रस्त, अक्षुण्ण; **put to the** ~ हरा डालना, परास्त कर दे.; **the ~ for** बिगड़ा हुआ, क्षतिग्रस्त; **the remedy is ~ than useless** यह दवा न केवल बेकार है, बल्कि खतरनाक भी; **the ~ for wear** 1 पहनने के कारण घिसा हुआ 2 बुरी हालत में 3 नशे में; **think ~ of sb for doing sth** किसी व्यवहार या कदम के कारण किसी के बारे में अपना विचार या आकलन बदलना; **you might do** ~ बुरा नहीं (इससे बदतर हो सकता था)

worship /वःशिप/ *v., pt.* **~ped**, *pp* **~ping**/ *also US, pt.* **worshiped**, *pp* **worshiping** 1 पूजा क., आराधना क.: ~ God/ idols 2 श्रद्धा रखना, पर श्रद्धा रखना या श्रद्धेय मानना, पूज्य मानना: he **~s** his mother 3 समादर क. 4 किसी को अंध रूप से चाहना या आदर क. 5 भौतिक वस्तुओं या पैसे को उदात्त समझना: ~ money/ success;

n. 1 पूजा, अर्चना: an object of ~; freedom of ~; forms of ~; place of ~ (मंदिर) 2 उपासना: act of ~ 3 भक्ति: ~ of images; men of ~ 4 कुछ महानुभावों के लिए संबोधन शब्द: Your **Worship**/ His **Worship** महामहिम 5 भौतिक वस्तुओं या पैसे को उदात्तता: the ~ of rank/ of wealth/ of intellect/ of success; hero ~;

dw/lw: **~ful** /वःशिपफुल/ *adj.* श्रद्धेय, आदरणीय: ~ful feeling; **~fully** *adv.* भक्ति भाव से; **~per** /वःशिपः/ *n.* पुजारी, उपासक: the church was full of ~pers;

collocations: **hero** ~ (***syn.*** adoration) व्यक्ति पूजा;

p&i: **~ the golden calf** पैसे की पूजा क.;

work is ~ *see above under* **work: *p&i***

worst /वःस्ट/ *adj.* 1 (*superlative degree of* '**bad**') सबसे खराब, बुरा या भद्दा: the ~ weather in years; the ~ dinner I ever ate 2 सर्वाधिक महत्त्वपूर्ण 3 गंभीरतम, भीषणतम, तीव्रतम, सबसे घातक: the ~ of all evils; his ~ enemy; the ~ kind of fool; fall for sb in the ~ way 4 सबसे घटिया;

n. 1 सबसे बुरा समय, वस्तु, संभावना आदि 2 सर्वाधिक घटिया बात 3 सबसे भद्दी घटना या बात 4 (**the worst**) सबसे खराब आदमी, हालात या वस्तु: you must be prepared for the ~; the ~ of it is that ...; if the ~ comes to the ~ (यदि बुरी से बुरी बात भी हो जाए तो ...); at the ~ our lives will be safe (बुरी से बुरी स्थिति में भी हमारी जिंदगी सुरक्षित रहेगी); ~ of sth (किसी चीज का सबसे बुरा पहलू);

adv. 1 (*superlative degree of* '**badly**' की उत्तम श्रेणी) 1 सबसे खराब ढंग से: Tom played the ~ 2 सबसे खराब, सबसे खराब ढंग से: we were the ~ treated 3 अधिकतम या सबसे भयंकर ढंग से: that frightened me ~ of all 4 न्यूनतम स्तर पर, सबसे कम: the ~ educated;

v., pt. **~ed**, *pp* **~ing** 1 (***syn.*** get the better of) किसी को परास्त क.: be **~ed** 2 किसी पर बढ़त पाना;

dw/lw: **~-case** *n.* सबसे खराब मुद्दा, मामला;

p&i: **at its** ~ 1 बुरे से बुरे हालात में 2 सर्वाधिक निराशावादी रवैया अपनाते हुए; **at one's** ~ किसी के सबसे खराब पहलू या दृष्टिकोण से; **at (the)** ~ सबसे खराब बात यह हो सकती है कि ..., सबसे खराब बात होने पर ...; **be one's own ~ enemy** स्वयं अपना सबसे बड़ा दुश्मन हो.; **bring out the ~ in sb** किसी के सबसे खराब पहलू को दिखाना; **do one's** ~ अधिक से अधिक नुकसान क.; **get the ~ of/ come off ~ in sth** बहस या दलील में परास्त हो जा.; **give sb the ~ of it** 1 परास्त क. 2 धोखा दे., बुद्धू बनाना; **if the ~ comes to the ~/ if ~ comes to** ~ यदि सबसे खराब बात भी हो जाए, तो ...; **make the ~ of both worlds ≠ make the best of both worlds** जिधर जाओ उधर कांटे बोना; **make the ~ of sth** कुछ कर न पाना; **one of the world's** ~ घिनौना, नीच आदमी; **sput to the** ~ परास्त क.; **the ~ of all (possible) worlds** सभी खराब पहलू; **when things are at the/ their** ~ जब घटनाएं या बातें अधमतम स्तर पर पहुंच जाएं, तो ...

worsted /वःस्टिड/ *n.* 1 बटा हुआ बढ़िया मजबूत धागा 2 उक्त धागे का कपड़ा

wort /वःट/ *n.* 1 जड़ी-बूटी या पौधा: liver**wort** 2 बीयर या व्हिस्की बनाने के लिए जौ का उठा हुआ मिश्रित द्रव (खमीर)

worth /वःथ/ *adj., pred.* 1 मूल्य का, कीमत का, कीमती, मूल्यवान: what is it ~?; ~ the money; a suit well ~ the money at 5000 rupees; be ~ something; be ~ one's while (काफी कीमती हो.); be ~ 50 rupees 2 के लायक, के योग्य, काबिल: be ~ doing/ seeing/ trying, etc.; be ~ it; ~ consideration; ~ attention; be ~ little; be ~ nothing; a thing ~ having; it is not ~ mentioning; is life ~ living?; it is as much as my life is ~; he is ~ money; he died ~ a million 3 महत्त्वपूर्ण 4 प्रशंसनीय, आदरणीय;

n. 1 मूल्य: a pearl of great ~ 2 लाभदायकता: one's money's ~ 3 महत्त्व, उत्कर्ष: discoveries of great ~; poems of little ~; be of no ~ 4 गुण, योग्यता: know a friend's ~; true ~ often goes unrecognized 5 आर्थिक कीमत 6 दाम 7 प्रतिष्ठा, सम्मान: a man of ~ 8 धनाढ्यता: count one's ~ 9 जागीर, देहात में जमींदारी आवास;

dw/lw: **~ily** /वःदिलि/ *adv.* उचित रीति से; **~iness** /वःदिनेस/ *n.* पात्रता, (ऋण)-पात्रता, योग्यता, गुण, नेकनामी; **~less** /वःथलस/ *adj.* 1 व्यर्थ, बेकार, रद्दी: ~less excuses; ~less arguments 2 मूल्यहीन, पात्रता-अयोग्य: ~less of such honour 3 निकम्मा: ~less fellow; **~lessly** /वःथलसलि/ *adv.* व्यर्थ या बेकार में; **~lessness** *n.* 1 व्यर्थता 2 महत्त्वहीनता 3 अयोग्यता 4 निकम्मापन; **~while** /वःथवाइल/ *adj.* 1 काफी महत्त्वपूर्ण: a ~while person 2 लाभकर, लाभप्रद 3 सार्थक, उचित: ~while experiment; **worthy** *see below under separate entry*;

collocations: ~ **considering** विचार करने योग्य;

p&i: **~ it** लेने योग्य है, बढ़िया है; **~ one's salt** अच्छे काम करने वाला व्यक्ति का आदर होता है; **~ one's/ its weight in gold** अत्यधिक कीमती, लाभदायक; **~ one's while** लेने लायक है, सही कीमत है;

a month's/ year's, etc. ~ of sth महीने भर का/ साल भर आदि का मूल्य; **be ~ one's salt/ one's keep/ one's meat and drink** काम का अच्छा पैसा मिलता है; **for all one/ it is** ~ पूरे दमखम से, भरसक, पूरी शक्ति से; **for what it is** ~ जैसा भी है ..., जैसी भी है ...; **I give you this for what it is** ~ जैसी भी है, मैं इसे तुम्हें देता हूं; **it was ~ it** (यह लेने लायक था) मुझे इसे लेने का कोई अफसोस नहीं; **make it ~ sb's while** किसी को चाहिए कि उसे उसकी सेवाओं के लिए उदारतापूर्वक इनाम दे; **not ~ a hang/ a button/ a bean/ a curse/ a damn/ a dump/ a farthing/ a fig/ a halfpenny/ an old song/ a pin/ a pinch of snuff/ a straw** एक फूटी कौड़ी भी दाम नहीं, दमड़ी बराबर भी नहीं; **not ~ the paper it's written on** (जिस कागज पर लिखा है उसके बराबर भी दाम नहीं) बेकार (समझौता) आदि; **run for all one is** ~ पूरे दमखम से दौड़ना; **the game is not ~ the candle** इतना प्रयास करने योग्य नहीं, बेकार; **the ~ of a thing is best known by the want of it = we never know the ~ of water till the well is dry** अभाव होने पर ही हम किसी चीज की कीमत पहचानते हैं; **we never know the ~ of water till the well is dry** खो देने के बाद ही किसी चीज के असली महत्त्व का पता चलता है; **woe ~ the day** उस दिन को धिक्कार या लानत

है उस दिन पर **you have my support**, **for what it's worth** जैसा भी है, तुम्हें मेरा पूरा समर्थन है; **you must take it for what it is** ~ जैसा भी है आपको इसे ले लेना चाहिए;

worthy /वःदि/ *adj., degr.* **worthier**, **worthiest** 1 (*syn.* deserving) योग्य, पात्र, अधिकारी: ~ of punishment/ of being punished; poetry ~ of the name 2 माननीय, सम्माननीय, आदरणीय: ~ man 3 सराहनीय, प्रशंसनीय, बढ़िया, श्रेष्ठ, सुयोग्य: ~ friend; ~ life; receive a ~ reward; a speech ~ of the occasion 4 (संयुक्त शब्दों में) 4.1 उपयुक्त, समुचित: road**worthy** 4.2 किसी कार्य के योग्य: note**worthy**; blame**worthy**; trust**worthy** 5 के लायक: be ~ of attention/ respect (ध्यान देने योग्य); ~ of sb; ~ of sth; ~ of praise; the plan is ~ of consideration;

n., pl. **worthies** 1 यशस्वी व्यक्ति, श्रेष्ठ व्यक्ति: the Nine **Worthies**: a) तीन श्रेष्ठ बुतपरस्त या मूर्तिपूजक: 1.1 हेक्टर (Hector) 1.2 अलेक्सांदर महान (Alexander the Great) 1.3 जूलिअस सीजर (Julius Caesar); b) तीन श्रेष्ठ यहूदी: 1.4 जोशुआ (Joshua) 1.5 डेविड (David) 1.6 जुडास मैकेब्यूस (Judas Maccabeus); c) तीन श्रेष्ठ ईसाई: 1.7 राजा आर्थर (King Arthur) 1.8 शार्लेमाग्ने (Charlemagne) 1.9 बुअलन के गॉडफ्रे (Godfrey of Bouillon) 2 विभूति: who is the ~ who has just arrived?;

dw/lw: **worthily** /वःदिलि/ *adv.* यशपूर्वक, उपयुक्त ढंग से; **worthiness** /वःदिनेस/ *n.* 1 श्रेष्ठता 2 पात्रता 3 योग्यता, काबिलीयत 4 उपयुक्तता

wotcher /वॉचः/ *excl., sl.* मैं आपकी कुशल-क्षेमता की कामना करता हूं!

would /वुड/ *modal/ auxiliary v.* 1 तत्परता, आशा या संभावना, झुकाव जताना: he was asked to help, but he **~n't**; the radio just ~ not work; they ~ surely have heard; I ~ not do it for anything; I ~ have stayed there forever 2 **'will'** का भूतकालिक रूप जताना: he told me he ~ be there soon 3 किसी से नम्रतापूर्वक कुछ पूछने, कहने, विनती करने के लिए प्रयुक्त: ~ you ring her back?; ~ you mind coming/ repeating it?; ~ like/ love to say sth (कुछ कहना चाहूंगा) 4 '~ **imagine**/ **say**/ **think**, etc. that' के प्रयोग द्वारा अनिश्चितता जताना: I ~ like to imagine that the work will be finished soon; I ~ think that he may agree 5 (*syn.* used to do sth) नियमितता जताना: he ~ always telephone at six; he ~ always be the first to offer help 6 उद्धृत कथन में **'will'** के भूतकालिक रूप में प्रयुक्त: said she ~ leave at 8 a.m.; said they ~ do it at once 7 यह जताना कि कोई घटना या बात का होना अवश्यंभावी था या आश्चर्यजनक नहीं था: she refused, but I suppose she ~; they ~ have helped us if they had been there 8 किसी सलाह का साग्रह विरोध: he ~ have his own way 9 किसी घटना या प्रक्रिया पर निराशा जताना: it ~ rain, just as we're setting out 10 किसी अवस्था का संभावित परिणाम बताना: in your place, I ~ have told her; if he were in your place he ~ do it 11 निम्न प्रकार की अभिव्यक्तियों में प्रयुक्त: **wish (that) sb/ sth** (के प्रयोग द्वारा इच्छा या चाह को दर्शाना); **I wish that she ~ stop talking ...** 12 विनम्रतापूर्वक विचार जताना: I ~ suggest; ~ you not agree? 13 किसी द्वारा किए जाने वाले कार्य को **'so that/ in order that sb/ sth'** के प्रयोग द्वारा कारण जताना: she burnt the letters **so that her husband would** never read them 14 '**~ like/ love/ hate/ prefer**, **etc. sth/ sb to do sth** *or* **~ rather do sth**' प्रयोग द्वारा किसी कार्य के पूरा होने की कामना क.: I ~ **love** a cup of coffee; I ~ **rather** come with you;

dw/lw: **would-be** *adj.* 1 तथाकथित, अभिलाषी: ~-be poets; ~-be poetical phrases 2 भावी: ~-be candidate 3 दिखावापूर्ण: ~-be tone of cynicism;

p&i: **~ that...** *old use* यदि ऐसा होता: ~ that I were thirty again = I wish I were thirty again! ; ~ to God it were a mistake भगवान करे यह गलती हो

wouldn't /वुडंट/ *short* 'would not' का संक्षिप्त रूप

wound[1] /वाउंड/ 1 *pt., pt. p.* **'wind'** का भूतकालिक व भूतकालिक कृदंत रूप 2 जिसे चाबी दी गई हो 3 लपेटा हुआ;

dw/lw: **~-up** *adj.* 1 जिसे चाबी दी गई हो 2 उत्तेजित;

p&i: **~ up** कार्य समाप्त कर दिया, समेट दिया

wound[2] /वुंड/ *n.* 1 जख्म, घाव: green ~; a ~ heals (up); bullet/ gunshot/ stab **~s**; an open ~ 2 चोट: ~ in the arm; inflict/ sustain a ~; a ~ on/ to sb's back, etc. 3 ठेस: a lover's **~s**; reopen a ~; inflict a ~ upon sb's honour; a ~ to one's vanity; it was a ~ to my pride 4 क्षति 5 शल्य कर्मी (surgeon) द्वारा दिया जाने वाला चीरा;

v., pt. **~ed**, *pp* **~ing** 1 जख्मी क. या हो. 2 जख्मी या घायल हो. 3 चुटियाना, चोट खाना, चोट पहुंचाना 4 ठेस लगना, आहत क., ठेस लगाना या पहुंचाना 5 हानि पहुंचाना;

dw/lw: **~ed** /वूंडिड/ *adj.* 1 जख्मी, घायल: ~ed casualty 2 (the ~ed) चोटिल, चोट खाया हुआ 3 आहत, अपमानित: ~ed pride; **~edly** /वूंडिडलि/ *adv.* आहत होते हुए, ठेस झेलते हुए: be ~edly afraid; **~ing** /वूंडिंग/ *n.* घायल करने की क्रिया या भाव; **~-wort** /वूंड-वःट/ *n.* पुदीने परिवार का घाव भरने वाला पत्ता;

collocations: **~ dressing** घाव पट्टी; **~ healing** घाव भरने की क्रिया;

p&i: **lick one's ~s** हार के बाद अपने घाव भरने और शक्ति की पुनः प्राप्ति में समय बिताना; **reopen old ~s** पुराने घावों को ताजा क.; **rub salt into sb's ~** कटे पर नमक छिड़कना

wove /वोव/ *pt.,* 'weave' का भूतकालिक रूप, बुना;

woven /वोवन/ *pt.,* 'weave' का भूतकालिक कृदंत रूप, बुना हुआ;

collocations: **~ paper** जालीदार बनावट का या बुना कागज, जालांक कागज

woven /वोवन/ *pt. p.* **'weave'** बुना हुआ

wow[1] /वाउ/ (*also* **~ee**) *excl.* आश्चर्य, उत्तेजना आदि की अभिव्यक्ति;

n. सफल प्रदर्शन (नाटक आदि): go with a ~;

v., pt. **~ed**, *pp* **~ing** आश्चर्य-चकित क.: she **~ed** both young and old;

collocations: **~ factor** लोगों पर प्रभाव पैदा करने व आश्चर्यचकित करने का गुण

wow[2] *n., electron.* आवाज में बार-बार आने वाला परिवर्तन

wowser /वाउजः/ *n., Austral., NZ, sl.* 1 कट्टर धर्मनिष्ठ, अति नैतिकतावादी 2 (*syn.* kill joy) कबाब में हड्डी 3 (*syn.* teetotaller) शराब न पीने वाला

WP *abbr.* 'word processing', 'word processor' की प्रथमाक्षरी

wp *abbr.* 'weather permitting' की प्रथमाक्षरी (यदि मौसम ठीक रहा तो)

wpb *abbr.* 'wastepaper basket' की प्रथमाक्षरी

WPC *abbr.* 'Wildlife Protection Act', 'Wireless Planning Cell', 'Wireless Programming Cell', 'Woman Police Constable', 'Women Power Connect', 'World Peace Congress', 'World Professional Championship' की प्रथमाक्षरी

WPD *abbr.* 'Western Power Distribution' की प्रथमाक्षरी

WPI *abbr.* 'wholesale price index' की प्रथमाक्षरी

WPIO *abbr.* 'Watershed Project Implementation Office' की प्रथमाक्षरी

wpm *abbr.* 'words per minute' की प्रथमाक्षरी

WPMS *abbr.* 'warrior personnel monitoring system' की प्रथमाक्षरी

WPSI *abbr.* 'Wildlife Protection Society of India' की प्रथमाक्षरी
WRAC *abbr., Br.* 'Women's Royal Army Corps' की प्रथमाक्षरी
wrack /रैक/ *n.* 1(*syn.* rack) विनाश, विध्वंस: ~ and ruin; go/ run to ~; be **~ed** 2 (किनारे पर पड़ा हुआ) समुद्री शैवाल 3 (*syn.* wreck/ wreckage, *see below under* '**wreck**') दुर्घटनाग्रस्त जहाज के अवशेष
WRAF *abbr., Br.* 'Women's Royal Air Force' की प्रथमाक्षरी
wraith /रे/ *n.* 1 (*syn.* spectre) प्रेत, प्रेतात्मा 2 अति दुबला-पतला व्यक्ति;
dw/lw: **~like** *adj.* प्रेत-सा
wrangle /रैंग्ल/ *n.* 1 गर्मागर्म बहस, वाद-विवाद: be involved in/ get into a ~; a bitter/ legal ~; a ~ over sth 2 झगड़ा, तकरार, कहा-सुनी, तू-तू-मैं-मैं: a ~ between sb and sb; a ~ with sb; *v., pt.* **~d**, *pp* **wrangling** 1 बहस क., वाद-विवाद क.: ~ sb out of his faith 2 लड़ना-झगड़ना: ~ out;
dw/lw: **~r** /रैंगलः/ *n.* 1 घुड़सवार (घोड़ों का) चरवाहा 2 बहस करने वाला, झगड़ालू व्यक्ति 3 *Br.* कैंब्रिज विश्वविद्यालय में गणित की अंतिम वर्ष की परीक्षा को प्रथम श्रेणी में पास करने वाला परीक्षार्थी; **wrangling** *n.* 1 बहस या वाद-विवाद 2 लड़ाई-झगड़ा; **wrangling** *adj.* बहस या लड़ाई-झगड़ा करने वाला;
p&i: **~ with sb over/ about sth** किसी से बहस या झगड़ा क.
wrap /रैप/ *v., pt.* **~ped**, *pp* **~ping** 1 लपेटना, किसी चीज को किसी के या किसी चीज के इर्द-गिर्द लपेटना, बांधना: ~ sth around sb/ sth; ~ sth in paper/ in cottonwool; ~ a child in a shawl; ~ oneself (up); ~ a napkin 2 (*also* **~ sth round sth/ sb**) गर्म कपड़े आदि को लपेटना, से ढकना: ~ sth round oneself/ sb; she **~ped** the scarf round her neck 3 आवृत क., आच्छादित क.: **~ped** in mist/ in smoke/ in darkness 4 छिपाना, छिपा हो., ढका हो.: the affair is **~ped** in mystery 5 में लीन, तल्लीन, रमा या डूबा हो.: **~ped** up in sth/ sb; **~ped** in woe; **~ped** in slumber; she is **~ped** up in her children; he is **~ped** up in work 6 आलिंगन क., किसी के गले आदि में बाहें डालना: ~ one's arms, etc. around sb/ sth; *n.* 1 आवरण, आच्छादन 2 गर्म कपड़े, विशेषकर शाल, गुलूबंद, कंबल, आदि 3 सुरक्षात्मक आवरण 4 *cinematog., TV, etc.* फिल्म बनाने यानी शूटिंग, संवादों की रिकॉर्डिंग आदि का समापन 5 भेद या रहस्य का छिपाव, पर्दा;
adj. (*also* **~over**) 1 कमर के गिर्द लपेटा जाने वाला (स्कर्ट या ब्लाउज, आदि) 2 लपेटकर पहना जाने वाला;
dw/lw: **~around/ ~round** *n.* 1 *comput.* कंप्यूटर में पाठ को टाइप करते समय पंक्तियों में स्वतः विभाजन 2 *printing* सिलंडरनुमा प्लेट के इर्दगिर्द लिपटने वाली रबड़, प्लास्टिक या धातु की सामग्री 3 लपेटकर पहना जाने वाला लबादा, स्कर्ट आदि; **~arounds** *n., [pl.]* अर्ध-गोलाकार चश्मा; **~per** /रैपः/ *n.* 1 (*UK* sweet **~pers/** *US* candy **~pers**) लपेटने का कागज 2 लपेटकर पहना जाने वाला लबादा, ड्रेसिंग गाउन 3 आवरण, रैपर; **~ping** /रैपिंग/ *n., pl.* ~pings लपेटने का कागज; **~-up** *n.* 1 सार, सारांश 2 समेटन, समाप्ति;
collocations: **~ping paper** *n.* उपहार आदि लपेटने का सुंदर कागज;
p&i: **~ about** 1 में लपेटना 2 किसी चीज पर लपेटना 3 के इर्दगिर्द लेपटना; **~ around** 1 के चारों ओर डालना या लपेटना 2 के चारों ओर लिपटना; **~ on** पर लपेटना; **~ round** 1 = **~ around** 2 *comput.* पाठ टाइप करते समय पिछली पंक्ति खत्म होने पर स्वतः नयी पंक्ति में नये शब्द का चला जा.; **~ sth round sth** कार आदि से खंभे या पेड़ आदि को टक्कर मार दे.; **~ sth round oneself** or **sb** के इर्दगिर्द लपेटना या किसी कपड़े को किसी पर डालना; **~ped up in sb/ sth** किसी में या किसी कार्य में रमा हो., डूबा हो., लीन हो.; **~ sth up** *colloq.* 1 (उपहार आदि को) कागज या कपड़े में लपेटना 2 अंतिम रूप दे., खत्म क., समेटना; **~ up** 1 (*syn.* engrossed, absorbed) किसी में या किसी कार्य में रमा हो. 2 समेटना, समाप्त क. 3 गर्म कपड़ों से अपने को ढकना, गर्म कपड़े पहनना: ~ up warm before you leave! 4 *sl.* चुप रहना;
be ~ped up in sth/ sb 1 किसी में या किसी बात में इतना डूबा होना कि दीन-दुनिया का खयाल ही न रहे 2 से जुड़ा हो.: country's prosperity is ~ped up in its shipping; **keep sth under ~s** *colloq.* गुप्त रखना, छिपाकर रखना: the plan was kept carefully under ~s; **take ~s off** भेद खोलना; **under ~s (in secrecy)** गुप्त ढंग से, छिपाकर
wrasse /रैस/ *n., pl.* **~s** तीखे दांतों वाली चमकीली समुद्री मछली
wrath /रौथ/ *US* रैथ/ *n.* 1 भीषण रोष: vent one's ~; bottle up one's ~ 2 क्रोध, कोप: God's ~; slow to ~;
dw/lw: **~ful** /~फुल/ *adj., lit.* रोषपूर्ण, कुपित, क्रुद्ध
WRD *abbr.* 'Water Resources Department' की प्रथमाक्षरी
wreak /रीक/ *v., pt.* **wrought/ wreaked**, *pp* **~ing** 1 गुस्सा उतारना 2 क्रोध या घृणा को बेबाकी से निकलने दे. 3 बदला या प्रतिशोध लेना: ~ vengeance/ punishment on *or* upon sb 4 तबाही क.: ~ havoc (तहस-नहस क.);
dw/lw: **~er** /रीकः/ *n.* 1 बदला लेने वाला 2 तबाही करने वाला
wreath /रीथ/ *n., pl.* **~s** /रीद्ज़/ 1 पत्ती, फूलों आदि का गोल हार या माला, फूलमाला: funeral ~; ~ of roses 2 विजेता का फूलों का मुकुट: laurel ~ 3 (*usually* **~s**) धुएं या धुंध का ऊपर उठता छल्ला 4 गजरा 5 सेहरा
wreathe /रीद्/ *v., pt.* **~d**, *pt. p.* **~d**, *pp* **wreathing** 1 पत्तियों, फूलों आदि का चक्र या हार बनाना, माला या हार गूंथना 2 चक्र, छल्ले या माला का रूप प्राप्त क. 3 लपेट लेना, लपेटना, लिपटना, लिपट जाना 4 टेढ़े-मेढ़े चलना 5 (*syn.* weave) धुएं, धुंध आदि का छल्ले के रूप में ऊपर उठना 6 झुर्रियों से भर जा. 7 ऐंठना, छटपटाना: lips **~d** with fear; he **~d** with pain;
dw/lw: **~d** /रीद्ड/ *adj.* 1 माला में गुंथा हुआ 2 ढका हुआ, भरा हुआ: ~ed in wrinkles; ~ed in smiles 2 धुएं का छल्ला-सा बनता हुआ 4 चक्रदार 3 (रस्सी की तरह) बटा हुआ; **~y** /रीथि/ *adj.* फूल-चक्र या चक्रों से सजा हुआ, फूलमाला या फूलमालाओं से सज्जित
wreck /रेक/ *v., pt.* **~ed**, *pp* **~ing** 1 नष्ट या ध्वस्त कर दे. 2 जहाज का टूटना, जहाज आदि का दुर्घटना आदि में ध्वस्त हो.: be **~ed** 3 बर्बाद क., बिगाड़ना: ~ sb's health/ nerves 4 तोड़ना, क्षतिग्रस्त क. 5 पटरी से उतारना 6 (*syn.* demolish) मकान आदि ढाना, गिरा दे. 7 दुर्घटना आदि में तबाह हो जाना 8 योजनाएं, आशाएं, छुट्टियां, रिश्ते-नाते तबाह क., खराब क.: ~ sb's plans; ~ sb's cause 9 खंडहर के टूटे-फूटे टुकड़े या अवशेष इकट्ठा क.: ~ for sth 10 *US* मुद्रा का विनिमय क.: ~ a buck;
n. 1 (*usually* **~ of sth**) ध्वस्त गाड़ी या विमान, पोत-भंग, बर्बाद जहाज, क्षतिग्रस्त या भग्न पोत: suffer ~; go to ~ 2 (*syn.* broken remains) पोतावशेष, भग्नावशेष 3 (*syn.* rubble) मलबा, खंडहर: the building/ the car is a mere ~ 4 (*syn.* jetsam) समुद्र में फेंका हुआ माल, क्षिप्तक 5 *US* दुर्घटना 6 शारीरिक या मानसिक रूप से ध्वस्त व्यक्ति: human **~s**; he is a nervous ~; be a ~ of one's former self 7 बर्बादी, तबाही, विनाश, विध्वंस 8 (*syn.* a pitiable remnant) अवशेष, छाया;
dw/lw: **~age** /रेकिज/ *n.* 1 मलबा, नष्ट हुई वस्तु के अवशेष: be cut (free) from/ pulled from/ recovered from the ~age 2 पोतावशेष, भग्नावशेष, मलबा: be trapped in the ~age; a piece of ~age; the tangled ~age of sth 3 विनाश; **~ed** /रेकड/ *adj.* 1 दुर्घटना-ग्रस्त: ~ed ship 2 विनष्ट, टूटा-फूटा हुआ, विध्वंस हुआ 3 *sl.* नशे में धुत या मादक दवाओं के प्रभाव तले 4 थककर चूर; **~er** /रेकः/ *n.* 1 जलयान विध्वंसक, नष्ट करने वाला, तोड़-फोड़ करने वाला, तबाह या बर्बाद करने वाला 2 *US* इमारतों

को गिराने और पुरानी गाड़ियों को तोड़ने का काम करने वाला कारीगर या व्यावसायी 3 ध्वस्त जलयान के अवशेषों को हटाने वाला; **~ing** *n.* 1 नष्ट करने की क्रिया 2 योजना-भंजन 3 मकान आदि को ढाने की क्रिया 4 *US* आपात बचाव कार्य; **~ing** *adj.* 1 आपात बचाव से संबंधित (क्रेन, गाड़ी आदि): ~ing crane; ~ing crew 2 विध्वंसक, तोड़ने वाला: ~ing ball (लोहे की चीजें तोड़ने के लिए क्रेन से जुड़ा गेंदनुमा हथौड़ा)

wren /रेन/ *n.*एक छोटी गाने वाली चिड़िया, फुदकी

wrench /रेंच/ *v., pt.* **~ed**, *pp* **~ing**, *s/he/ it* **~es** 1 (*syn.* jerk) किसी को या किसी चीज को झटके से निकाल ले.: ~ sth from/ off sb or sth; ~ the door/ a box open; ~ a plant out of the ground; ~ oneself free; ~ oneself from sb's clutches 2 (*syn.* twist, sprain) ऐंठन पैदा क., मरोड़ना, टखने आदि में मोच आना, मुड़काना 3 छीन लेना 4 अर्थ विकृत कर दे., बिगाड़ना; **n.**, *pl.* **~es** 1 झटके से निकालने या झटकने की क्रिया: a ~ at the door handle; give sth a ~ 2 *US* (*UK* **spanner**) नट-बोल्ट को घुमाने का एक उपकरण, रैंच, पेंचों की चाबी 3 मरोड़ 4 मोच: give one's ankle a ~ 5 बिछुड़ने की पीड़ा, टीस: leaving home was a ~; the ~ of parting 6 विकृति, बिगड़ाव;
p&i: **~ out** झटके से बाहर निकालना, (पेंच को) घुमाकर बाहर निकालना; **~ sb away** खींचकर बाहर निकालना;
throw a ~ in/ into sth = throw a monkey ~ in/ into sth अड़चन डालना, भीतरघात क.

wrest /रेस्ट/ *v., pt.* **~ed**, *pp* **~ing** 1 (*syn.* wrench) झटके से लेना, छीन लेना: he **~ed** his antagonist's gun from him 2 झटके से खींचना, कस कर खींचना 3 मरोड़ना, ऐंठना, मोड़ना, झुकाना 4 किसी बात या वायदे को बड़ी मुश्किल से प्राप्त क. 5 कड़ी मेहनत से कुछ प्राप्त क.: ~ a living from barren land 6 संभावित विजेता से कड़ी मेहनत से जीत छीन ले. 7 सही अर्थ को विकृत क., अर्थ का अनर्थ क., बिगाड़ना: he **~s** the law to suit himself; **n.** 1 झटक लेने की क्रिया 2 खूंटी 3 मरोड़ 4 पिआनो के बटन कसने के लिए रेंच जैसा औजार;
p&i: **~ off** 1 खींचकर अलग क. 2 तोड़कर अलग क.: he ~ed the fowl's head off; **~ out** खींचकर या झटके से निकालना; **~ sth from sb/ sth** किसी से जबरदस्ती हथिया लेना

wrest\le /रेसल/ *v., pt.* **~led**, *pp* **~ling** 1 कुश्ती लड़ना, मल्लयुद्ध क.: **~le** a man/ **~le** a fall with a man 2 (*syn.* battle/ grapple) कठिनाई के साथ संघर्ष क.: **~le** with sth; **~le** with a task; **~le** with a problem; **~le** with a subject 3 से लड़ना, से भिड़ना, का सामना क., का मुकाबला क., संघर्ष क.: who can **~le** against sleep? **~le** with or against temptation/ evil/ adversity/ one's passions; **~le** with or against sb/ sth 4 के लिए कड़ा संघर्ष क.: **~le** for a prize 5 सिकुड़कर कुंडली-सी बनना 6 धरती पर पटककर दबा ले.;
n. 1 कुश्ती, मल्लयुद्ध 2 कड़ा संघर्ष;
dw/lw: **~ler** /रेस्लः/ *n.* पहलवान, कुश्तीबाज, मल्ल; **~ling** /रेस्लिंग/ *n.* कुश्ती, मल्लयुद्ध, पहलवानी, मल्लविद्या, बाहु-युद्ध, हाथाबांही: free-style/ catch-as-catch-can ~ling; Greco-Roman ~ling; **~ling** *adj.* कुश्ती संबंधी, कुश्ती का: ~ling bout; ~ling school; **~ling-match** *adj.* दंगल, कुश्ती का मुकाबला; **~ling-ring** *n.* अखाड़ा, दंगल, कुश्ती;
p&i: **~le down** चित्त क.; **~le out** 1 से छूट जा. 2 कुछ हासिल क.; **~le through** (भीड़ आदि) में से गुजरना; **~le together** आपस में या एक-दूसरे के साथ संघर्ष क.

wretch /रेच/ *n., pl.* **~es** 1 हेय व्यक्ति, बेचारा: poor ~ 2 अभागा व्यक्ति, कमबख़्त 3 घटिया, कमीना, नीच आदमी 4 दुष्ट आदमी 5 *facetious* छोटा बच्चा: pretty ~; you little ~!;
p&i: **a ~ of** मंजा हुआ: a ~ of a pendant (बाल की खाल उतारने वाला व्यक्ति)

wretched /रेचिड/ *adj.* 1 (*syn.* distressed, distraught, pitiful) दुखी, शोक संतप्त, फटेहाल, दयनीय, गरीब: feel ~; look ~ 2 अभागा, बदनसीब, बदकिस्मत, हतभागा 3 घटिया, बेकार, रद्दी, मनहूस, निरानंद: ~ hovel (भद्दी झोंपड़ी); this coffee is ~ stuff; ~ food; ~ health/ writer/ singer 4 घिनौना, घृणित, अधम, नीच, तुच्छ: ~ weather; I can't find that ~ umbrella/ key 5 असंतोषजनक 6 गंदा, मैला 7 (*syn.* infuriating, awful) घोर, भयंकर, दर्दनाक: ~ poverty; ~ toothache;
dw/lw: **~ly** /~लि/ *adv.* दयनीय ढंग से, दीन-हीन होकर; **~ness** /~नेस/ *n.* अत्यंत दीन-हीन अवस्था, कमबख्ती, गरीबी

WRI *abbr.* 'World Resources Organisation' की प्रथमाक्षरी

wrick /रिक/ (*also* **rick**) *n.* ऐंठन या मोच;
v., pt. **~ed**, *pp* **~ing** (*syn.* sprain) मुड़काना, मोच आना

wriggle /रिगल/ *v., pt.* **~d**, *pp* **wriggling** 1 तोड़-मरोड़ क., आगे-पीछे मोड़ना 2 (*syn.* slip out, squirm) हाथ-पैर मारकर रास्ता बनाना, टाल-मटोल क., टालम-टूल क., बहानेबाजी करते हुए जटिल स्थिति से बच निकलना.: ~ out of a difficulty; ~ out of a promise; ~ out of doing sth; ~ out of expressing an opinion; 3 (*syn.* sinuously, deviously) टेढ़े-मेढ़े रास्ते से चलते हुए आगे बढ़ना, कैरियर आदि बनाना: ~ one's way to or into sth 4 कुलबुलाना, छटपटाना, तड़पना 5 रेंगना 6 दुम हिलाना, चाटुकारिता क.: ~ the tail; ~ into favour;
n. 1 टेढ़ी-मेढ़ी चाल, युक्तिबाजी, पैंतरेबाजी, चालबाजी, जोड़तोड़ 2 परिसर्पण-गति 3 कुलबुलाहट, छटपटाहट;
dw/lw: **~r** /रिगलः/ *n.* पैंतरेबाज, चालबाज, बहानेबाज, कुलबुलाने वाला, रेंगने वाला;
p&i: **~ along** रेंग-रांगकर आगे बढ़ना; **~ out of doing sth** कोई काम करने से टलना या टाल-मटोल क.

wright /राइट/ *n.* 1 रचनाकार: play**wright** 2 बनाने वाला, मरम्मत करने वाला: ship**wright**

wring /रिंग/ *v., pt.* **wrung**, *pt. p.* **wrung**, *pp* **~ing** 1 (*also* **~ sth out**) गीला कपड़ा आदि निचोड़ना: ~ clothes 2 किसी से सूचना, स्वीकृति, आंसू आदि निकालना: ~ consent; I **wrung** a promise from him; ~ tears from sb 3 ऐंठना, ऐंठ लेना 4 मुर्गे आदि की गर्दन मरोड़कर तोड़ना 5 शोक-संतप्तता या उत्तेजना के मारे हाथों या उंगलियों को मरोड़ना: ~ one's hands 6 किसी के हाथ को अपने हाथ में दबाकर स्वागत क.: ~ sb's hand 7 हृदय का तड़पना या उसे तड़पाना: a soul **wrung** with agony; the sad story **wrung** his heart 8 विकृत क., अर्थ का अनर्थ क. 9 जूते आदि द्वारा दबाया या काटा जाना: a boot **~s** the toe;
n. मरोड़, दबाव, निचोड़: she gave the shirt a ~;
dw/lw: **~er** /रिंगः/ (*also* **mangle**) *n.* 1 धुले कपड़े को निचोड़ने का उपकरण: put through a ~er 2 किसी जीव का कचूमर निकालने वाला;
collocations: **~ing wet** (*syn.* soaked) बिल्कुल गीला, पूर्णतः तृप्त;
p&i: **~ about** किसी के हाथ को अपने हाथ में लेकर दबाना; **~ down** दबाना; **~ sb's neck** किसी की गर्दन मरोड़ना; **~ off** अलग क.; **~ sb's hands** किसी का हाथ भींचना; **~ one's hands** 1 हाथ मलते रह जाना 2 पछताना; **~ out** निचोड़ना; **~ sth from/ out of sb** (*syn.* extract) किसी से कोई चीज कठिनाई के साथ निकलवाना; **~ round = ~ about**; **~ up** लपेटना; **wrung in the withers** 1 बाल उड़ी गर्दन वाला (घोड़ा) 2 दोषपूर्ण आत्मा से ग्रस्त व्यक्ति;
go through a ~er अति कटु अनुभव हो.; **know where the shoe ~s/ pinches (one)** यह जानना कि दर्द कहां होता है यानी समस्या क्या है

wrink\le /रिंकल/ *n.* 1 झुर्री: **~les** on the face 2 (*syn.* crease) शिकन, सिलवट, सिकुड़न, चुनट: iron out the **~les** in a dress; fit without a **~le** 3 छोटी-मोटी समस्या 4 लाभदायक गुर, सलाह, संकेत, गुप्त सूचना, युक्ति;
v., pt. **~led**, *pp* **~ling** 1 झुर्रियां पड़ना, चिंगुड़ना, चुचकना 2 भौंह या त्यौरियां चढ़ाना: **~le** (up) one's forehead (नाक-भौंह

सिकोड़ना); **~le** up one's nose (नाक चढ़ाना) 3 शिकन या सिलवटें पड़ना या डालना: her trousers were **~led**;

dw/lw: **~led** /रिंकल्ड/ *adj.* झुर्रीदार, चुचका हुआ, शिकनदार; **wrinkling** *n.* चेहरे आदि पर झुर्रियां पड़ने की क्रिया; **~ly** /रिंकलि/ *adj., degr.* ~lier, ~liest झुर्रीदार, शिकनदार; **~ly** *n.* (*usually* **wrinkles**), *offensive* झुर्रियों भरे चेहरे वाला व्यक्ति;

p&i: **~led purses make ~led faces** दरिद्रता चेहरे पर झुर्रियों के रूप में खुद जाती है;

he put me up to a ~le or two उसने मुझे दो-चार गुर सिखाए; **that's a new ~le** यह कोई बिल्कुल नई चीज है; **the latest ~le** नवीनतम फैशन; **without spot or ~le** पूर्णतः निष्कलंक

wrist /रिस्ट/ *n.* 1 (*tech.* **carpus**) कलाई, पहुंचा, मणिबंध 2 वस्त्र का कफ, गट्टा;

dw/lw: **~band** /~बैंड/ *n.* 1 कलाई पर आने वाली कमीज की कफ 2 कलाई पर बंधी पट्टी; **~let** /~लेट/ *n.* पहुंची; **~watch** /~वौच/ *US* ~वाःच/ *n.* कलाई-घड़ी; **~y** /रिस्टि/ *adj., degr.* ~ier, ~iest कलाई के प्रयोग से मारा जाने वाला (टेनिस शॉट);

collocations: **~ pin** *mech.* छड़ और पिस्टन के जोड़ में डाली जाने वाली पिन

writ[1] /रिट/ *n.* 1 आदेश: ~ of error (उच्चतर न्यायालय द्वारा निचले न्यायालय को उसके फैसले में हुई गलती को सुधारने का आदेश); serve a ~ on sb; issue a ~ against sb 2 हुक्म-नामा, परवाना, परमादेश: ~ of attachment (कुड़की का हुक्म-नामा); ~ of execution 3 हुकूमत 4 *archaic* लेख: a Holy/ Sacred ~;

collocations: **~ of assistance** कब्जा दिलाने का आदेश; **~ of habeas corpus** बंदीप्रत्यक्षीकरण याचिका; **~ of mandamus** परमादेश; **~ of petition** समादेश-याचिका; **~ of prohibition** निषेध-लेख; **~ of quo warranto** अधिकारपृच्छा-लेख; **~ of subpoena** /सपीना/ अदालत में आने के लिए न्यायालय का हुक्म;

Holy Writ धर्मग्रंथ, बाइबिल

writ[2] *archaic, v., pt. & pt. p.,* '**write**' का भूतकालिक व भूतकालिक कृदंत रूप;

p&i: **~ large** 1 बड़े अक्षरों में लिखा हुआ: the same thing only ~ large; ~ small 2 बड़े पैमाने पर 3 बिल्कुल स्पष्ट: the agony was ~ large on his face

write /राइट/ *v., pt.* **wrote**/ writ, *pt. p.* **written**/ writ, *pp* **writing** 1 लिखना: ~ large/ small/ plain; ~ in ink/ in pencil; ~ with a pen/ with a brush/ with a piece of chalk; this pen **~s** well/ scratchily; ~ a good/ a legible/ an illegible hand; ~ from dictation; ~ shorthand; ~ Russian 2 अंकित क. 3 कलमकार हो., रचित क. यानी कहानी, कविता, उपन्यास, नाटक, लेख आदि रचना: ~ books/ articles/ poems/ reviews; ~ in/ for papers; ~ for "*The Times of India*"/ "*The Tribune*"; ~ for the stage; ~ for the screen; ~ for a living; ~ from experience; ~ a news report 4 संगीत रचना: ~ music 5 (***syn.*** inscribe, engrave) किसी सतह पर उकेरना या अंकित क. 6 पत्र या अन्य दस्तावेज लिखना या उस पर हस्ताक्षर क: ~ a letter/ a note/ an application/ an exercise; ~ home once a week; ~ a cheque/ a prescription 7 अभिव्यक्त क. या हो.: fear is **written** on his face; he has candour **written** in his face; guilt was **written** all over his face 8 डायरी आदि में सूचना दर्ज क. 9 लिखकर कागज काले क. 10 (*also* ~ **out**) वर्णन क. 11 प्रपत्र भरना, भर दे. 12 स्पष्ट रूप से दिखाना या दिखना 13 भविष्यवाणी क. 14 *comput.* कंप्यूटर के स्मृति पटल में सूचनाएं, पाठ या आंकड़े आदि दर्ज क. 15 के नाम से हस्ताक्षर क.: ~ oneself (अपना नाम रखना); he **~s** himself 'Colonel'/ 'Judge' 16 ब्लॉग (blog) लिखना, ट्वीट (tweet) या एसएमएस (SMS) लिखना: ~ and post entries in a blog; ~ a blog/ twit/ SMS;

dw/lw: **~-back** *n.* किसी संपत्ति या खोई हुई कीमत को जोड़ना; **~-down** *n., business* 1 संपत्ति की किताबी कीमत में कमी 2 मानक मूल्यों में कमी; **~-in** *n.* 1 प्रत्याशियों की सूची से बाहर के व्यक्ति को मत देने की क्रिया 2 अतिरिक्त उम्मीदवार; **~-in** *adj.* मतादाताओं का (उम्मीदवार); **~-off** *n. UK* 1 निरस्तीकरण, रद्दगी 2 लिखित इन्कार 3 ऋण वापस न मिलने पर खाते को बंद करने की क्रिया 4 कीमतों में गिरावट 5 असुधार्य कार आदि 6 कुल हानि; **~r** *see below under separate entry*; **~-protect** *v., pt.* ~-protected, *pp* ~-protecting **CD** में दर्ज पाठ को बदलने या मिटाने से सुरक्षित क.; **~-up** *n.* समीक्षा, लेख, प्रशंसात्मक विवरण या विज्ञापन;

collocations: **writer's block** लेखक का लेखन का थम जाने की क्रिया यानी जब उसे लिखने के लिए नया कुछ सूझ न रहा हो; **writer's cramp** लंबे समय तक लिखने के कारण लेखक के हाथ में होने वाली ऐंठन;

p&i: **~ away** *see below under* '**~ off**'; **~ back (to sb) = reply** पत्र आदि का उत्तर दे., जवाब दे.; **~ down** 1 लिखना, दर्ज क, कलमबंद क.: ~ sth down 2 अखबारों में नकारात्मक टिप्पणी लिखना 3 विशेषता आधारित वर्ग में दर्ज क.; **~ for** 1 पत्र लिखकर बुलाना 2 कुछ खरीदने का पत्र भेजना: ~ for fresh supply; **~ illegibly** गिचपिच लिखना, कीड़े-मकौड़े बनाना; **~ in** 1 (***syn.*** insert) पाठ के अंदर शब्द आदि जोड़ना 2 *US* अधिकारी को शिकायत आदि लिखकर दे. 3 संपादक या टीवी कंपनी को पत्र लिखना; **~ in for** लिख कर आवेदन क.; **~ legibly** साफ-साफ लिखना; **~ like an angel** साफ-साफ और सुंदर ढंग से लिखना; **~ off** 1 जल्दी-जल्दी लिख दे. 2 लिख कर भेजना 3 रद्द कर दे. 4 बट्टे-खाते में डालना: ~ off bad debts 5 नष्ट समझ लेना 6 *UK* मरम्मत न की जा सकने वाली कार का पंजीकरण खत्म क. 7 याद से निकाल दे. 8 खत्म कर दे., मार दे. 9 (***syn.*** dismiss) किसी को त्याग दे. या जहन से निकाल फेंक दे.: ~ somebody/ sth off; **~ oneself man/ woman** प्रौढ़ हो जा.; **~ oneself out** और कुछ न लिख पाना, लिखने में ठहराव आ जा.; **~ one's own ticket** किसी को किसी कार्य पर मनमर्जी से खर्च करने के लिए अपार धन दे.: he allowed the scientists to ~ their own tickets for research; **~ out** 1 किसी पाठ में से कुछ अंश उतारना 2 दोबारा से साफ-साफ लिखना 3 प्रथमाक्षरों (initials) की बजाए पूरा नाम लिखना 4 पर्चे पर पूरा वर्णन लिखना 5 चैक या हुंडी लिखना; **~ over** 1 पूरा पाठ दोबारा से लिखना 2 नोट लिखना; **~ sth into it** समझौते के पाठ आदि में कुछ जोड़ना; **~ sth up** 1 वर्तमान समय तक लिखकर पूरा क., लिख कर अद्यतन बनाना 2 तफसील से वर्णन क. 3 पूरा पाठ दोबारा लिखना 4 प्रशंसा क. 5 बढ़ा-चढ़ा कर लिखना 6 पत्र-पत्रिकाओं में लिखना;

be written all over sb's face किसी की चेहरे की मुद्रा से सब कुछ पता चल जा.; **have sth/ sb written all over it/ sb** बताई गई विशेषता या उल्लेखित व्यक्ति के प्रभाव को साफ-साफ दिखाना; **nothing to ~ home about** लिखने के लिए कोई विशेष बात न हो., सामान्य बात हो.; **something to ~ home about** (लिखने योग्य) शानदार घटना या बात; **what I have written I have written** जो मैंने लिखना था लिख दिया; **written in the dust/ in the sand/ in the wind** or **written** or **writ in/ on water** जो दर्ज न हुआ हो, जो तुरंत मिट गया हो

writer /राइटः/ *n.* 1 लेखक, कवि, नाटककार: a ~ of novels/ short-stories/ lyrics/ potboilers/ satires; a hack ~ (बिकाऊ या किराए का टट्टू लेखक) 2 मुन्शी, क्लर्क, कातिब, लिपिक, किरानी 3 ग्रंथकार, रचयिता, रचनाकार: be a ready ~ (सक्रिय लेखक हो.); be a good/ a bad ~ (अच्छा या बुरा लेखक हो.) 4 अधो-हस्ताक्षरित लेखक;

collocations: **~'s block** प्रेरणा का अभाव, लेखन में थमाव का समय; **~r's cramp/ paisy/ paralysis** अधिक देर तक लिखने के फलस्वरूप हाथ में होनेवाला ऐंठन या लकवा; **Writer to the Signet** *(abbr.* **WS)** स्कॉटलैंड में एक समाज जिसके

सदस्यों को शाही अदालत में कानूनी कार्य-कलाप करने का अधिकार था;

a ghost ~ छद्म नाम से लिखने वाला लेखक

writ\he /राइद/ *v., pt.* **~hed**, *pp* **~hing** 1 दर्द के मारे छटपटाना, तड़पना: **~he** in agony 2 शर्म से व्यथित हो.: **~he** with shame; **~he** under/ at an insult;

dw/lw: **~hing** *n.* छटपटाहट; **~hing** *adj.* छटपटाने वाला; **~hingly** *adv.* छटपटाते हुए

writing /राइटिंग/ *n.* 1 शब्दों में लिखा या छपा हुआ पाठ 2 लेखन 3 लिखावट, लिखाई: hand~ 4 रचना 5 लिपि: Chinese ~ 6 हस्तलिपि, पांडुलिपि 7 लिखने की शैली 8 (*usually* **~s**) किसी एक लेखक द्वारा लिखी गई किताबें, रचनाएं, लेख, दस्तावेज 9 लेखन या लिखने की क्रिया: creative ~; feminist ~; travel ~ 10 लेखक का व्यवसाय;

dw/lw: **~-block** *n.* नोट पैड; **~-case** *n.* लेखन-डिब्बा; **~-desk/ ~-table** *n.* लिखने की मेज;

collocations: **~ material** लेखन-सामग्री; **~ paper** लिखने का कागज; **~ pad** प्रत्राली, पत्रावली; **the sacred/ holy ~s** गीता, गुरु ग्रंथ साहिब, कुरान, बाइबल आदि पवित्र ग्रंथ; **the ~s of Shakespeare** शेक्सपियर की रचनाएं; **the ~ profession** लेखन-व्यवसाय;

p&i: **~ on the wall/** *US* **the handwriting on the wall** असफलता का एक अटलनीय कटु सत्य हो., पतन या घोर विपदा का आना अवश्यंभावी हो.;

at this/ present ~ ये पंक्तियां लिखते समय; **commit to** ~ लिखना, लिखकर दर्ज क.; **in** ~ लिखित रूप में; **present an amendment in** ~ लिखित में संशोधन प्रस्तुत क. **put in** ~ लिखकर दे.

written /रिटन/ *adj.* 1 *pt. p.,* **'write'** का भूतकालिक कृदंत रूप 2 लिखित, लिखा हुआ: ~ invitation/ apology/ reply; ~ order; ~ constitution; read ~ hand; well/ badly/ quickly ~; ~ examination 3 लिखा हुआ होने के कारण अकाट्य, जिससे इन्कार न किया जा सके 4 लिपिबद्ध: a ~ undertaking; ~ law;

collocations: **the ~ word** लिखित भाषा (≠ **spoken language**);

p&i: **~ in marble** अमर, अमिट; ~ in water क्षणभंगुर, नश्वर

WRNS *abbr.* 'Women's Royal Naval Service' की प्रथमाक्षरी

WRO *abbr.* 'Water Resources Organisation' की प्रथमाक्षरी

wrong /रौंग/ *US* रॉंग/ *adj.* 1 गलत, अशुद्ध: ~ answer/ opinion; ~ statement; ~ ideas; ~ note (अशुद्ध सुर); get the ~ number; sorry, ~ number!; that's just where you are ~ 2 असत्य, झूठा: I can prove that you are ~ 3 अनैतिक, दुष्टतापूर्ण, अनैतिक: he always does the ~ thing; it is ~ to steal; that's very ~ of you 4 दोषपूर्ण, खराब, बिगड़ा हुआ: this watch goes two minutes ~; something is ~ with the machinery; there's something ~ somewhere 5 गलत, अनुचित, अनुपयुक्त: ~ use of a word; a ~ move; we got into the ~ train; things are all ~; say it in the ~ way/ at the ~ time; take the ~ turning/ path; laugh in the ~ place; quite the ~ clothes for the hot weather 6 उल्टा, उल्टी (कमीज आदि): ~ side out; ~ side up 7 भ्रांतिपूर्ण, भ्रमित, भ्रांत: put sb on the ~ track 8 अन्यायपूर्ण, अधर्म्य 9 अवैध, गैरकानूनी, अविधिक 10 गड़बड़, दर्दनाक, रुग्ण: what's ~ with you?; sth ~ with his nerves/ with his eyes; there is sth ~ with me; my liver is/ has gone/ has got ~; ~ in the head 11 जो भरोसेमंद न हो, बेईमान, आपराधिक 12 बाएं हाथ से काम करने वाला, खब्बू;

n. 1 गलती: be in the ~; can two **~s** make a right? 2 पाप, अधर्म, अनैतिक कार्य, झूठ: do ~; right and ~ (भलाई और बुराई); make ~ right (काले को सफेद बताना) 3 अन्याय, बेइंसाफी: do ~ to sb (किसी के साथ अन्याय क.): he has done me a great ~ 4 अपराध, दोष: put one in the ~; be in the ~; suffer ~ 5 ठेस, दुर्व्यवहार: labour under a sense of ~ (आहत होने के बोध तले दबे हो.); she complains of her **~s**;

v., pt. **~ed**, *pp* **~ing** 1 किसी से ठीक व्यवहार न क., आहत क., ठेस पहुंचाना, दुर्व्यवहार क.: he **~ed** me when he said I was envious 2 अन्याय क. 3 (***syn.*** defraud, deprive) किसी का अधिकार छीनना, को हानि पहुंचाना, अपकार क, किसी को किसी चीज से वंचित क. 4 (***syn.*** judge unfairly) गलत आकलन क., के बारे में गलत सोचना, गलत समझना: don't get me ~! (मुझे गलत न समझो!) 5 किसी को बदनाम क.;

adv. 1 गलत ढंग से: guess ~; answer ~; you have spelt the word ~ 2 बुरी तरह से, घिनौने ढंग से: you are treating him all ~;

dw/lw: **~doer** /~डुअः/ *n.* 1 (***syn.*** criminal) गलत काम करने वाला व्यक्ति 2 अन्यायी 3 अपकार, अधर्म, पाप आदि करने वाला आदमी, पापाचारी, दोषकर्ता; **~doing** /~डूइंग/ *n.* 1 (***syn.*** crime) गलत काम, पाप, अधर्म, अनैतिक कार्य, दुराचार आदि 2 अन्याय; **~ed** /~ड/ *adj.* 1 अपकृत 2 अन्यायग्रस्त 3 आहत; **~foot** *v., pt.* ~footed, *pp* ~footing 1 टेनिस आदि के खेल में प्रतिपक्षी को आकस्मिक शॉट द्वारा चकमा दे. 2 रंगे हाथों पकड़े जाना; **~ful** /~फुल/ *adj.* 1 अन्यायपूर्ण: ~ful charge/ accusation; ~ful dismissal 2 अनुचित, बेजा: ~ful act; ~ful arrest/ conviction/ imprisonment, etc. 3 अवैध, सदोष; **~fully** /~फुलि/ *adv.* अनुचित या गलत ढंग से; **~headed** /~हेडिड/ *adj.* 1 हमेशा गलत निर्णय करने वाला 2 अत्यधिक जिद्दी, हठधर्मी, दुराग्रही; **~-headedly** /~हेडिडलि/ *adv.* दुराग्रहपूर्वक, हठधर्मिता से; **~-headedness** /~हेडिडनेस/ *n.* जिद्दीपन, हठधर्मी, दुराग्रह; **~ly** /~लि/ *adv.* गलत ढंग से, अनुचित तरीके से: ~ly accused/ convicted/ imprisoned, etc.; **~ness** /~नेस/ *n. colloq.* गलती, अनुचितता या अनौचित्य, अन्याय;

collocations: **~ number** 1 टेलीफोन पर गलत नंबर मिलने की स्थिति 2 गलत नंबर पर आधारित टेलीफोन की घंटी;

private ~ व्यक्तिगत अधिकारों व हितों का हनन; **public** ~ सरकारी या सार्वजनिक हितों का नुकसान;

p&i: **~ side (of a fabric)** कपड़े की उल्टी तरफ;

acknowledge oneself in the ~ अपनी गलती मानना; **all our plans went** ~ हमारी सारी योजनाएं गड़बड़ा गईं; **be born on the ~ side of the tracks** *US* गरीब परिवार में पैदा हो.; **be in the ~ box** कठिन या जटिल स्थिति में हो.; **everything went** ~ सब कुछ गड़बड़ हो गया; **get in ~ with sb** किसी को नाराज कर ले.; **get off on the ~ foot** 1 खराब शुरुआत हो. 2 खराब प्रभाव छोड़ना; **get on the ~ side of sb** *colloq.* किसी को नाराज क., का कोप भाजन बनना; **get out of bed on the ~ side** सवेरे-सवेरे खराब मिजाज में उठना; **get sb in** ~ किसी को धोखा देना, किसी को प्रहार तले धकेल दे.; **get sth** ~ गलत समझना; **get/ have the ~ end of the stick** 1 गलत समझ लेना 2 गलत अर्थ लगाना 3 विकृत क.; **go** ~ 1 भूल क., गलती क., गलती हो जा. 2 भटक जा., पथभ्रष्ट हो जाना, गलत राह पर चल पड़ना, नैतिक पतन हो., घिनौनी आदतों का शिकार हो जा. 3 गड़बड़ा जा., यंत्र आदि का खराब हो.; **he tried to put me in the** ~ उसने सारा दोष मुझ पर मढ़ने की कोशिश की; **in the** ~ गलती पर हो.; **my digestion went** ~ मेरा हाजमा बिगड़ गया; **not far** ~ लगभग सही, ज्यादा गलत नहीं; **on the ~ side of forty** चालीस से अधिक आयु का; **on the ~ side of the law** कानून का उल्लंघन करने की वजह से पुलिस के साथ समस्या हो.; **put oneself in the** ~ अपने को दोषी की स्थिति में रखना; **rub sb up the ~ way** किसी की दुखती रग पर हाथ रख दे.; **take sth the ~ way** किसी की टिप्पणी को गलत समझकर आहत हो.; **the dead are always** ~ मृत लोगों पर आसानी से दोष मढ़ा जा सकता है; **the king can do no** ~ *law* संवैधानिक एकतंत्रवाद

में (monarchy) राजा-रानी की कोई जिम्मेवारी नहीं होती; **two ~s don't make a right** बुराई से बुराई को ठीक नहीं ठहराया जा सकता; **what's ~ with it?** इसमें क्या गड़बड़ है? यह क्यों उपयुक्त नहीं?; **you've got it** ~ आप गलती कर गए

wrote /रोट/ *pt.*, '*write*' का भूतकालिक रूप

wroth /रोथ/ रौथ/ रॉथ/ (*Anglo-Saxon* = **wrath**) *adj., old use* 1 अप्रसन्न, रुष्ट, नाराज 2 क्रुद्ध, कुपित

wrought /रॉट/ 1 *pt.*, **'wreak'** का भूतकालिक रूप 2 *old use* आकार का, शक्ल का 3 *old use* सजाया हुआ, अलंकृत 4 गढ़ा हुआ, पीट-पीटकर ढाली हुई धातु की वस्तु: ~ iron (पिटवां लोहा); ***dw/lw:*** **~-up** *adj.* व्यग्र, अति उत्तेजित, अतिश्रांत, विक्षुब्ध, परेशान: ~-up nerves; in a highly ~-up state; get ~-up over nothing;
collocations: **~ iron/ ~-iron** ढलवां लोहा जिसे पीटकर कोई भी रूप दिया जा सकता है

WRP *abbr.* 'war risk primiums' की प्रथमाक्षरी

WRVS *abbr.* 'Women's Royal Voluntary Service' की प्रथमाक्षरी

wrung /रंग/ *pt.*, 'wring' का भूतकालिक रूप

wry /राइ/ *adj., degr.* **wryer/ wrier, wryest/ wriest** 1 (***syn.*** mocking/ bitter/ ironic) 1 व्यंग्यपूर्ण, उपहासजनक: ~ smile; a ~ expression or remark 2 कड़वे स्वाद आदि के कारण बिगड़ी (शक्ल): ~ nose; ~ look 3 (***syn.*** awry, twisted to one side) टेढ़ा, तिरछा: make a ~ face; make a ~ mouth 4 कटु 5 अप्रसन्न, नाराज;
dw/lw: **~ly** /राइलि/ *adv.* व्यंग्यपूर्वक, वक्रतापूर्वक; **~neck** /राईनेक/ *adj.* 1 एक छोटा-सा कठफोड़वा 2 टेढ़ी गर्दन वाला, वक्रग्रीव, गर्दन ऐंठा; **~-necked** *adj.* टेढ़ी गर्दन-वाला, वक्रग्रीव, कज गर्दन;

WS *abbr.* 1 'Western Samoa' का अंतर्राष्ट्रीय वाहन पंजीकरण कोड (*IVR*) 2 'Writer to the Signet' की प्रथमाक्षरी

WSD *abbr.* 'War Studies Division' की प्रथमाक्षरी

WSPA *abbr.* 'World Society for the Protection of Animals' की प्रथमाक्षरी

WSSI *abbr.* 'World Seismic Safety Initiative' की प्रथमाक्षरी

WSU *abbr.* 'Wright State University' की प्रथमाक्षरी

WSW *abbr.* 'west-south-west' की प्रथमाक्षरी

wt *abbr.* 'weight' का छोटा रूप

WTA *abbr.* 'Wireless Telephony Applications' की प्रथमाक्षरी

WTAA *abbr.* 'World Trade Agreement in Agriculture' की प्रथमाक्षरी

WTC *abbr.* 'World Trade Centre' की प्रथमाक्षरी

WTE *abbr.* 'waste-to-energy' की प्रथमाक्षरी

WTF *abbr.* 'World Taekwondo Federation' की प्रथमाक्षरी

WTI *abbr.* 'Wildlife Trust of India' की प्रथमाक्षरी

WTO *abbr.* 'World Trade Organisation' की प्रथमाक्षरी

WTPF *abbr.* 'World Telecommunication Policy Forum' की प्रथमाक्षरी

WTR *abbr.* 'Wireless Technology Research' की प्रथमाक्षरी

WTTC *abbr.* 'World Travel and Tourism Council की प्रथमाक्षरी

wunderkind /वुंडःकिंड/ *n., pl.* **~s/ wunderkinder**, *Gr.* 1 मेधावी शिशु, चमत्कारी शिशु 2 बचपन में ही अद्भुत सफलता प्राप्त करने वाला बालक या बालिका

wurst /वुअस्ट/ वःस्ट/ *n., Gr.* एक बड़ी जर्मन या आस्ट्रियायी सॉसिज (sausage)

WUSL *abbr.* 'Washington University in St. Louis' की प्रथमाक्षरी

wuss/ wussy /वुस/ वुसि/ *n., pl.* **wusses/ wussies** *N. Amer. sl.* कमजोर और असहाय आदमी

wuthering /वदरिंग/ *adj., Gr.* 1 तूफानी (हवा) 2 तेज हवाओं वाला स्थान: ***Wuthering** Heights* (Emily Brontë's only novel, written between October 1845 and June 1846)

WV *abbr.* 1 St. Vincent **'Windward Islands'** का अंतर्राष्ट्रीय वाहन पंजीकरण कोड (*IVR*) 2 *US state* 'West Virginia' (*also* **W. Va**) की प्रथमाक्षरी

WWE *abbr.* 'Web World Express' की प्रथमाक्षरी

WWF *abbr.* 'World Wide Fund for Nature', 'World Wrestling Federation' की प्रथमाक्षरी

WWFN *abbr.* 'World Wide Fund For Nature' की प्रथमाक्षरी

WWW/ (*in* **Web addresses) www** *abbr.* 'World Wide Web' की प्रथमाक्षरी

WY *abbr. US state* 'Wyoming' (*also* Wy/ Wyo) का छोटा रूप

Wy *abbr.* 'Way' का छोटा रूप (गली के नामों में)

Wyandot/ Wyandotte /वायनडौट/ *n., pl.* **Wyandots/ Wyandot** 1 स्थानीय अमेरिकी आदिवासी जनजाति का सदस्य 2 इस जनजाति की भाषा

wych-elm/ witch elm /विचेल्म/ *n.* उत्तरी यूरोप व एशिया में मिलने वाला एक जंगली बड़ा पेड़

wych hazel एक उत्तरी अमेरिकी झाड़ी

wye /वाइ/ *n.* अंग्रेजी वर्ण माला का पच्चीसवां अक्षर **(Y)**

wynd /वेंड/ *n., Scottish* मुख्य गली से निकलने वाली तंग गली

Wyo *see above under* WY

WYSIWYG/ wysiwyg /विजिविग/ *acronym, comput.* 'what you see is what you get' की प्रथमाक्षरी (स्क्रीन पर दिखने वाला पाठ वैसा ही है जैसा छपे पृष्ठ पर दिखेगा)

wyvern/ wivern /वाइवःन/ *n., heraldry* परदार सांप

X x

X x /एक्स/ *n., pl.* **Xs**, **X's** or **x's** 1 अंग्रेजी वर्णमाला का चौबीसवां अक्षर 2 गलती दिखाने के लिए प्रयुक्त चिह्न (**X**) 3 पत्र के अंत में चुंबन या प्यार दर्शाने के लिए चिह्न: love and **xxxx** (ढेर सारा प्यार और अनगिनत चुंबन) 4 *symbol, math.* (*usually* **x**) अनजाना या अमुक यानी अज्ञात (या अनिर्दिष्ट) व्यक्ति या वस्तु) 5 *Roman numeral* 10 (दस) को दर्शाने के लिए प्रयुक्त 6 *symbol* 'for adults only' 'केवल वयस्कों के लिए' का चिह्न 7 **'X's'** और **'O's'** का खेल 8 **Xtianity = Christianity, Xmas** आदि शब्दों में ईसा का द्योतक 9 X-आकार का

xanth- /जैंथ-/ *tech., comb. form, denoting:* **yellow** (पीला)

xanthan gum /जैनथैन गम/ *n. US* एक रासायनिक पदार्थ जिसे भोजन को गाढ़ा (thicker) करने के लिए प्रयुक्त किया जाता है

xanthene /जैंथीन/ *n., pl.* **~s** *chem.* फफूंदी मारने या भिन्न-भिन्न रंग बनाने के लिए प्रयुक्त क्रिस्टिलीय या पारदर्शक (स्फटिक) पदार्थ

xanthic /जैंथिक/ *adj.* पीताभ

Xanthippe /जैंटिपि/ *n., hist.* (in connection with Greek philosopher Socrates's wife) झुझारू, चंडी, लड़ाकू स्त्री

xanthoma /जैंथोमा/ *n., pl.* **xanthomata**, *med.* पलकों पर होने वाली चर्बी की सख्त फुंसी, पीतार्बुद, जैंथोमा

xanthophyll /जैंथोफिल/ *n.* पर्णपीत, जैंथोफिल

xanthopsia /जैंथॉप्सिआ/ *n.* आंख का एक रोग जिसके कारण सब चीजें पीली दिखती हैं, पीतदृष्टि, कामला रोग, जैंथॉप्सिस

xanthosis /जैंथोसिस/ *n.* पीतरोग

xanthous /जैंथस/ *adj.* पीला

x-axis /एक्स-ऐक्सिस/ *n., math.* ग्राफ में x-अक्ष: **x-axis** body (x-कायापिंड)

x-chromosome /एक्सक्रोमोसोम/ *n.* **x**-गुणसूत्र, सभी प्राणियों में स्त्री गुण दायक पहलू

x-cut /एक्स कट/ *n.* x-कट

Xe *symbol, chem.* **'xenon'** का चिह्न

xebic /जीबेक/ *n.* पाल-नाव

xenia /जीनिआ/ *n.* अतिप्रबलता, जीनिया, पराग के फल पर प्रभाव, आतिथ्य उपहार

xenial /जेनिअल/ *adj.* पराग के फल पर प्रभाव संबंधी, अतिथि विषयक, आतिथ्य संबंधी: ~ customs (अतिथि सत्कार के नियम)

xeno\- /जेनो\-/ जेनौ\-/ **xen-** *comb. form, denoting:* 1 **strange, foreign** (विचित्र, पराया, विदेशी) 2 **stranger, foreigner** (पराया या विदेशी व्यक्ति);
dw/lw: **~carpy** /~काःपि/ *n.* परफलन, परफलोत्पत्ति; **~gamy** /~गमि/ *n.* परपरागण; **~lith** /~लिथ/ *n.* अपराश्म, चट्टान में बाहरी तत्व;

xenomania /जेनोमेनिआ/ *n.* विदेश-प्रेम;

xenomorphic /जेनोमॉःफिक/ *adj.* अपरूपक

xenoglossia /जेनोग्लौसिआ/ *n.* 1 (*syn.* glossolalia) भाषा का तात्क्षणिक (spontaneous) प्रयोग जिसे वक्ता ने भी पहले कभी न सुना हो 2 अनर्गल या विक्षिप्त भाषा

xenon /जेनौन/ *US* जेनाःन / *n., chem.* (*symbol* **Xe**) जीनॉन, जेनौन

xeno\phobe /जेनो\फोब/ *n.* विदेशियों से घृणा करने वाला व्यक्ति, अज्ञातजन-भीरु;
dw/lw: **~phobia** /~फोबिआ/ *n.* 1 विदेशियों के प्रति घृणा, विदेशी-द्वेष 2 विदेशी-भीति, अज्ञातजन-भीरुता; **~phobic** /~फोबिक/ *adj.* विदेशियों से घृणा करने वाला

xeno transplantation /जेनो ट्रैंस्प्लांटेशन/ *US, med.* पशुओं के अंग मानवों में स्थानांतरित करने की क्रिया

xeransis /जिअरैंसिस/ *n.* शुष्कण

xerarch /जिअराःक/ *n.* शुष्क मूल

xerasia /जिअरेजिआ/ *n.* बाल-शुष्कता, केश-शुष्कता व बालों का न बढ़ने का रोग

xero- /जिअरो\/ जिअरौ/ *prefix., comb. form, signifying:* **dry** (शुष्क);
dw/lw: **~colous** /~कलस/ *adj.* अति शुष्क जलवायु या भूमि को सह सकने वाला; **~derma** /~डःमा/ *n.* चर्म-शुष्कता, त्वचाखरता;

xero\graphy / जिअरो\ग्रफि/ *n.* (*syn.* photocopying) शुष्कलेखन, इलेक्ट्रस्टेटिकी फोटोकॉपिंग, विद्युत्-छायाचित्रण;
dw/lw: **~hylium** /~हीलिअम/ *n.* शुष्क वन; **~morphic** /~मॉःफिक/ *adj.* शुष्कतानुकूलित; **~morphosis** /~मॉःफोसिस/ *n.* शुष्क-रूपांतरण; **~morphy** ~मॉःफि/ *n.* शुष्कता अनुरूपता; **~phil** /~फिल/ *n.* मरुरागी, शुष्क क्षेत्रों में उगने वाला पौधा; **~philous**/ **~phytic** /~फिलस/ ~फिटिक/ *adj.* मरुद्भिदी; **~phily**/ **~phytism** /~फिलि/ ~फिटिज्म/ *n.* मरुद्भिदता; **~phthalmia** /~पथैल्मिआ/ *n., pathol.* विटामिन A की कमी के कारण पैदा होने वाला शुष्क नेत्रप्रदाह, शुष्काक्षिपाक; **~phyte** /~फाइट/ *n.* मरु प्रदेश में होने वाला पौधा

xeros /जिरस/ *adj.* शुष्क;
dw/lw: **~is** /जिरअसिस/ *n.* शुष्कता

xerothermic /जिरौथःमिक/ *adj.* शुष्कतापीय

Xerox /जिरौक्स/ *US* जिराःक्स/ *n.* प्रतिलिपि तैयार करने वाली मशीन: ~ copy;
v., pt. **~ed**, *pp* **~ing** फोटोकॉपी बनाना

xi /क्साई/ *n., pl.* **xis** यूनानी वर्णमाला का चौदहवां अक्षर

xiphiform /जिफिफॉःम/ *n.* असिरूप, अस्याकार

xiphoid /जिफॉइड/ *adj.* असिरूप, खड्गाकार

XL /एक्स एल/ *abbr.,* 'extra large' की प्रथमाक्षरी (कपड़ों का बड़े माप (size) को दर्शाने के लिए प्रयुक्त)

Xmas /क्रिस्मस/ एक्स्मस/ *n., informal* 'Christmas' का संक्षिप्त रूप (सर्वाधिक महत्त्वपूर्ण ईसाई त्योहार)

XML *abbr.* 'Extensible Markup Language' की प्रथमाक्षरी (कंप्यूटर में पाठ, सूचनाएं, आंकड़े आदि दर्ज करने की विधि)

XOIL *abbr.* 'XO Infotech Limited' की प्रथमाक्षरी

XPS *abbr.* 'X-ray Photoeletion' की प्रथमाक्षरी

x-rated /एक्स-रेटिड/ *adj.* ऐसी फिल्में जिन्हें अप्रौढ़ (सत्रह या अठारह वर्ष से कम) व्यक्तियों को देखने की इजाजत न हो

X-ray /एक्सरे/ *n.* 1 एक्स-किरण, एक्सरे, एक वैद्युत-चुंबकीय किरण जो बहुत सारे पिंडों में घुस सकती है और शरीर या अन्य किसी वस्तु के अंदर की तस्वीर ले सकती है 2 एक्सरे द्वारा ली जाने वाली फोटो 3 एक्स-किरण द्वारा चिकित्सीय जांच;
v., pt. **~ed**, *pp* **~ing** एक्स किरणों से फोटो लेना: he is to be **~ed**;
adj. एक्स-किरण संबंधी;
collocations: **~ astronomy** *astron.* रॉकेटों और स्पुतनिकों में लगे उपकरणों द्वारा खगोलीय पिंडों से निकलने वाली एक्स-किरणों का अध्ययन; **~ crystallography**, *chem.* एक्स-किरणों द्वारा क्रिस्टल (स्फटिक) में अणुओं की संरचना का अध्ययन; **~ diffraction**, *chem.* क्रिस्टलों में से एक्स-किरणों को गुजारते समय आने वाली बाधाओं का अध्ययन; **~ examination** एक्सरे जांच; **~ room** एक्सरे कक्ष; **~ photography** एक्सरे फोटोग्राफी; **~ therapy/ treatment** एक्सरे द्वारा चिकित्सा

XX *n.* 1 बीस 2 (*syn.* double-cross) गद्दारी: you gave me the **XX** dollar (मुझे पता है कि तुमने मुझे धोखा दिया/ बेच दिया)

xylem /जाइलम/ *n.* काष्ठ ऊतक जो जड़ों से लेकर पौधे के दूसरे भागों तक पानी आदि पहुंचाता है;
dw/lw: **~ray** *n.* दारु-अर

xylo\- /जाइलो\/ जाइलौ/ *comb. form, signifying:* **wood** (लकड़ी);
dw/lw: **~carp** /~काःप/ *n.* काष्ठ-फल; **~grapher** /~ग्रफः/ *n.* काष्ठ-चित्रकार; **~graphic** /~ग्रफिक/ *adj.* काष्ठचित्रीय; **~graphy** /~ग्रफि/ *n.* लकड़ी पर की जाने वाली नक्काशी, काष्ठ-उत्कीर्णन; **~id** /~इड/ *adj.* काष्ठीय; **~phagous** /~फअगस/ *adj.*

काष्ठ-भक्षी; **~phone** /~फोन/ *n.* काष्ठतरंग, एक वाद्य; **~podium** /~पोडियम/ *n.* काजू फल; **~se** /~स/ *n.* काष्ठ-शर्करा; **~tomous** /~टमस/ *adj.* काष्ठकर्तक

xyster /जिस्टः/ *n.* खुर्चनी, खुरचनी, हड्डी खुर्चने का एक जर्हाई यंत्र

xystus /जिस्टस/ *n.* 1 व्यायाम-मंडप, व्यायाम प्रांगण 2 उद्यान मार्ग, वीथी

Y y

Y y /वाइ/ *n., pl.* **Ys, Y's/ y's** 1 अंग्रेजी वर्णमाला का पच्चीसवां अक्षर 2 **y**-shaped '**Y**' आकार 3 *maths.* ऐसी संख्या का द्योतक जिसकी मात्रा अज्ञात है 4 अज्ञात व्यक्ति, वस्तु, घटना, तथ्य आदि का द्योतक

the Y *n., colloq.* '**the YMCA**', '**the YWCA**' का द्योतक

y *abbr.* 'yen', 'year' का प्रथमाक्षर

-y[1] *suffix, forming adjectives* (*degr.* **-ier**, **-iest**), *signifying:* **full of** or **being keen on** (पर तत्पर): ic**y**; shin**y**; horse**y**

-y[2] *suffix, forming nouns* (*pl.* **-ies**), *indicating:* 1 **term of affection** (स्नेहपूर्ण शब्द): dogg**y**; dadd**y** 2 **sb/ sth with a specific characteristic** (किसी के किसी गुण का द्योतक): fatt**y, lazy**

-y[3] *suffix, forming nouns* (*pl.* **-ies**), *signifying:* 1 **a quality** or **state of being** (गुण या अवस्था): jealous**y**; modest**y** 2 **an action** (कार्य): entreat**y**, expir**y**

ya /या/ *pron.* 'yes' के लिए बोलचाल की भाषा में प्रयुक्त रूप

yabber /यैबः/ *v., pt.* **~ed**, *pp* **~ing** बकवाद क.;
n. छोटा बजरा, पनसुआ;
dw/lw: **~ing** /यैबरिंग/ *n.* नौका-विहार; **~sman** /यैबःज्मअन/ *n.* बजरा चालक, खेवक, मल्लाह

yacht /यौट/ *US* याःट/ (*also* **sail-boat**) *n.* केलिपोत, मनोरंजन यात्रा हेतु प्रयुक्त नौका;
dw/lw: **~ing** /यौटिंग/ *US* याःटिंग/ *n.* नौका-दौड़, नौका-विहार; **~sman** /यौटस्मअन/ *US* याःटसमअन/ *n.* मनोरंजन नौका का नाविक;
collocations: **~ club** नौका क्लब

yack/ yak /यैक/ *v., pt.* **~ed**, *pp* **~ing** बक-बक क.
n. बक-बक, बकवास

yackety-yak *excl.* 1 आश्चर्य-द्योतक 2 = yak-yak

yagan /याःगन/ *n.* यागन; **~ fish-spear** यागन मत्स्य भाला

yah /या/ *interj.* 1 हां! 2 छीः!, धत्!

yahoo /याःहू/ *n., pl.* **~s** *excl.* 1 आनंद-द्योतक 2 (***syn.*** lout, ruffian) बदमाश, फूहड़, नृशंस व्यक्ति 3 नर-पशु

Yahweh /यावे/ *n.* = **Jenovah** यहोवा, ईश्वर का एक नाम

YAI *abbr.* 'Yachting Association of India' की प्रथमाक्षरी

yak /यैक/ *n.* 1 तिब्बती सांड, याक 2 सुरागाय 3 चपर-चपर, बकवाद;
v., pt. **~ed**, *pp* **~ing** चपर-चपर क., बोलते जाना, बकवाद क.

yakka /यैका/ *n.* कठिन शारीरिक कार्य या मेहनत का काम: hard ~

Yakut /याकूत/ *n.* 1 उत्तरी-पूर्व साइबेरिया में बसने वाली एक जन-जाति 2 इस प्रजाति का सदस्य 3 याकूती भाषा;
adj. याकूत जन-जाति से संबंधित

Yale /येल/ *n.* येल विश्वविद्यालय: ~ University;
dw/lw: **yale** *n.* स्वचालित येल ताला: yale lock; yale key;
collocations: **~ blue** चमकदार नीला रंग

y'all = **you all** *see below under* **you**

yam /यैम/ *n.* 1 रतालू 2 अरबी, अरुई, घुइयां 3 *N. Amer.* (sweet potato) शकरकंद

yammer /यैमः/ *v., pt.* **~ed**, *pp* **~ing** 1 हर समय शिकायत करते रहना, भुनभुनाना, झीखना, बड़बड़ाना 2 रिरियाना, पिनपिनाना 3 शिकायती अंदाज में विलाप क.

yand\y /यैंडि/ *v., pt.* **~ied**, *pp* **~ying** फटकना, ओसाना

yang /यैंग/ *n.* यांग, पुंतत्त्व

Yank /यैंक/ (*also* **Yankee**) *n.* अमेरिकी व्यक्ति के लिए प्रयुक्त हास्यप्रद शब्द

yank /यैंक/ *v., pt.* **~ed**, *pp* **~ing** झटके से खींचना: **~ed** the window open;
n. झटका: gave the wet shirt a ~

Yankee /यैंकी\/ *adj. n., pl.* **~s** *Br. colloq.* 1 अमेरिकी या अमरीकी व्यक्ति 2 *N. Amer., esp. US* न्यु-इंग्लैंड वासी 3 अमेरिका के उत्तरी प्रांतों का नागरिक 4 (***syn.*** dialect) अमेरिका के उत्तरी प्रांतों में प्रचलित अंग्रेजी बोली 5 अमेरिकी अंग्रेजी;
adj. 1 अमेरिकी 2 न्यु-इंग्लैंड से संबंधित 3 उत्तरी प्रांतों से संबंधित, उत्तरी;
dw/lw: **~dom** /~डम/ *n.* = Yankeeland; **~fied** /यैंकिज्म/ *adj.* यैंकी बना हुआ; **~ish** /यैंकिश/ *adj., derog.* यैंकियों-सा; **~ism** /~डम/ *n.* अमेरिकावाद, यैंकीवाद;
collocations: **~ Doodle** 1 स्वतंत्रता संग्राम के दिनों का एक गीत 2 अमेरिकी लोग; **~ notions** छुट-पुट सामान; **~ State** ओहियो (Ohio) प्रांत का मजाकिया नाम

yaourt /याउर्ट/ (*also* yoghurt) *n.* दही

YAP *abbr.* 'Yamuna Action Plan' की प्रथमाक्षरी

yap /यैप/ *v., pt.* **~ped**, *pp* **~ping** 1 कुत्ते के पिल्ले का भौंकना 2 फटी आवाज में बकना, टेंटें क.;
n. भों-भों, भौंक, बकवाद, टेंटें;
dw/lw: **~per** /यैपः/ *n.* बक-बक करने वाला आदमी; **~ping** /यैपिंग/ *n.* बक-बक; **~py** /यैपि/ *adj., degr.* ~pier, ~piest बकवादी

the Yard *n., colloq.* New Scotland Yard ब्रितानवी पुलिस का मुख्यालय

yard /याःड/ *n.* 1 मीटर 0.914 या 3 (तीन) फुट के बराबर लंबाई = गज: sell by the ~ 2 एक गज की छड़ 3 *US* (*UK* **garden**) प्रांगण, घर के आगे या पीछे का हिस्सा 4 अहाता 5 पशुओं का बाड़ा 6 लकड़ी-भंडार 7 *naut.* पीरमान, अड़-डंडा, पाल बांधने का डंडा 8 *poetic* एक गज, इंच, बालिश्त: fight for every ~ 9 मदिरा के लिए पतला ऊंचा गिलास: ~ of satin (जिन का गिलास) 10 किसी विशेष कार्य के लिए बंद अहाता या स्थान 11 बंदरगाह की कार्यशाला 12 रेल-तंत्र की कार्यशालाओं का समूह (पार्क);
v., pt. **~ed**, *pp* **~ing** बाड़े में रखना या बंद क., प्रांगण में रखना;
dw/lw: **~age** /याःडिज/ *n., pl.* ~ages 1 किसी चीज की गजों में लंबाई-चौड़ाई या क्षेत्रफल 2 कार्यशाला, बाड़े, प्रांगण आदि का किराया या शुल्क; **~arm** *n., naut.* पाल के डंडे का सिरा; **~bird** *n., sl.* कैदी; **~man** *n.* 1 कार्यशाला में कार्य-रत कर्मी 2 रंगरूट 3 कैदी, अपराधी; **~master** *n.* रेल-गाड़ियों के आवा-गमन का प्रबंधक, यार्डमास्टर; **~sman** = **~man**; **yardstick** *see below under separate entry*; **~-wand** /याःडवॉड / *n.* = **yardstick**;
collocations: **~ bird** 1 नया-नया रंगरूट 2 *US* पैदल सैनिक 3 कैदी; **~ drying** लकड़ी का स्वतः या सहज शुष्कण; **~ manure** एक जगह पर पड़े रहकर गलने वाली खाद; **~ of clay** चिलम, चिलम जैसी लंबी पाइप; **~ of tin** गाड़ीवान का सींग(ड़ा), तुरही; **~ of pump water** *sl.* पतला-दुबला व्यक्ति; **~ repair** कार्यशाला में की जाने वाली मरम्मत; **~ sale** किसी के घर के आंगन में की जाने वाली बिक्री; **~ space** किसी स्टेशन की गाड़ियों की आवा-गमन क्षमता;
Scotland yard *see above under* **the Yard**;
p&i: **talk by the ~** बिना रुके चपर-चपर करते रहना

Yardie /याःडि/ *n., pl.* **Yardies** ब्रिटेन में जमेयका मूल के अपराधी-गिरोह का सदस्य

yardstick /याःडस्टिक/ *n.* 1 मापदंड, मानदंड: success is not to be measured by the ~ of the dollar 2 तुलना का मानदंड: a ~ of comparison 3 एक गज लंबी छड़, गजा 4 कसौटी: time is the only true ~ of a book's merit 5 प्रतिमान: apply one's ~

yarmulka/ yarmulke /याःमुल्का/ (*also* **kippa**) *n., pl.* **~s/ ~s** यहूदी टोपी

yarn /याःन/ *n.* 1 सूत: cotton/ bleached/ weft ~ 2 सूत, ऊन आदि का धागा, डोरी, डोरा: mending ~; fingering ~ (हाथ से बुनाई का धागा) 3 लंतरानी, लंबा किस्सा या गप: spin a ~ (किस्सा

गढ़ना); ~ sb a yarn;

***v.**, pt.* **~ed**, *pp* **~ing** 1 किस्से गढ़ना 2 चपर-चपर क.;

dw/lw: **~-beam** *n.* बुनकर का कर्घा; **~-dyed** *adj.* रंगा धागा; **~-spinner** *n.* 1 बुनकर 2 किस्सा-गो, किस्से सुनाने वाला व्यक्ति; **~-windle** *n.* फेंटी, गोला

yarrow /यैरो/ *n.* जड़ी-बूटियों में प्रयुक्त होने वाली सहस्रपर्णी

yashmak, yashmac /यैशमैक/ याशमाक/ *n.* 1 चादर 2 दुहरा बुर्का

yataghan /यैटअगैन/ *n.* खंजर

yaw /याः/ *v., pt.* **~ed**, *pp* **~ing** 1 विमान या जलयान का सहसा सीधे मार्ग से हटना, पथभ्रष्ट होना, रास्ते से भटकना 2 विमान या जलयान का टेढ़े-मेढ़े चलना या जाना;

n. हट-बढ़, पथभ्रष्टता, विचलन

yawl /याःल/ *n.* 1 दो मस्तूलों वाली मछली पकड़ने या यात्रा करने वाली नाव 2 डोंगी, छोटी नाव

yawn /यॉन/ *v., pt.* **~ed**, *pp* **~ing** 1 जंभाई ले., ऊब जाना: the audience **~ed** through the play 2 उकता दे.: make sb ~ 3 ऊंघना: he **~ed** good night 4 (***syn.*** gape) पूरा खुलना, दरार का खुलना: the graves **~ed**;

n. 1 जंभाई 3 उबाऊ कार्यक्रम या विचार: the discussion was one big ~;

dw/lw: **~ing** /यॉनिंग/ *adj.* पुरा खुला: a ~ing gap (चौड़ा अंतराल) between haves and have-nots; **~y** /यॉनि/ *adj.* जंभाइयां लेने वाला, ऊबा हुआ

yaws /यॉज/ *n.* एक चर्मरोग, जिसमें बड़े-बड़े लाल चकत्ते या फुंसियां निकल आती हैं

y-axis /वाई-ऐक्सिस/ *n., math.* ग्राफ में y-अक्ष: **y-axis** body (**y**-कायपिंड)

yay /ये/ *excl.* प्रसन्नता जाहिर करने के लिए प्रयुक्त: he won! yay!

adv. 1 (***syn.*** so) इतना, इतनी 2 (***syn.*** extremely) अत्यधिक: ~ good film!

Yb *symbol, chem.* 'ytterbium' का चिह्न

YBA *abbr.* 'Young British Artists' की प्रथमाक्षरी

YC *Br. abbr.* 'Young Conservatives' की प्रथमाक्षरी;

n., pl. **YCs** ब्रिटेन की दक्षिणपंथी पार्टी के युवा सदस्य

YC *abbr.* 'Youth Congress' की प्रथमाक्षरी

Y-chromosome *n., biol.* **y**-गुणसूत्र, सभी प्राणियों में पुरुष-गुण द्योतक पहलू

YCMOU *abbr.* 'Yashwant Rao Chavan Maharashtra Open University' की प्रथमाक्षरी

yd *abbr.*, 'yard' का संक्षिप्त रूप

YDEP *abbr.* 'Youth Development Exchange Programme' की प्रथमाक्षरी

ye /यी/ यि/ *pron., archaic* = **you** तुम: how d' **ye** do? = how do **you** do?

ye /यी/ यि/ *pron., definite article, old or affected use* = **the**: **Ye** Olde Englishe Tea Shoppe

yea, (yeah) *n., pl.* **yeas** = **yes** 1 हां: his ~ is worth more than the oath of most men; **~s** and nays; his motion was defeated by a vote of 129 **~s** to 232 nays; let your ~ be ~ 2 'हां' में मत देने वाला;

interj. हां!;

adv. इसके सिवा, भी: he is a good, **~,** a fine man

yean /यीन/ *v., pt.* **~ed**, *pp* **~ing** भेड़ आदि का ब्याना, पशु द्वारा बच्चे देना;

dw/lw: **~ling** /यीनलिंग/ *n.* 1 मेमना, बकरी की बच्चा 2 ब्याने वाली (भेड़);

p&i: **~, right** ठीक है, मुझे नहीं लगता

year /यिअः/ *US* यिर/ (*also* **calendar ~**) *n.* 1 साल, वर्ष, बरस, संवत्सर, अब्द, 12 महीने या 52 सप्ताह या 365 दिन का समय: this/ each/ every/ last/ next ~ 2 सन: Gandhiji was born in the ~ 1869; in the ~ A.D 1967 (सन 1967 ई. में) 3 हयन, हायन 4 वित्तीय वर्ष: financial, etc. ~; business ~; fiscal ~; ~ under review 5 शैक्षिक सत्र या वर्ष: had a meeting with the 3rd (third) ~ this morning; an academic ~ in the university runs from July to May 6 उम्र, अवस्था: be two/ twelve/ thirty five, etc. **~s** old 7 *UK* एक शैक्षिक सत्र के सहपाठी 8 (**~s**) लंबा समय, कई सालों से: he had been working on the dictionary for **~s**;

dw/lw: **~book** *n.* 1 वार्षिकी, अब्दकोश 2 साल में एक बार प्रकाशित होने वाली पत्रिका आदि; **~end** *n.* वर्ष का अंतिम अंश, वर्षांत; **~end** *adj.* वर्षांत में होने वाला, वर्षांतिक; **~ling** /~लिंग/ *adj.* एक वर्ष का, एक वर्षीय; **~ling** *n.* एक और दो बरस के बीच का पशु शावक; **~-long** *adj.* वर्ष भर होने वाला, वर्ष भर चलने वाला: a ~long contract; ~long alliance; **~ly** /~लि/ *adj.* 1 सालाना, वार्षिक: ~ly ball/ holiday/ settlement; ~ly periodical; ~ly income/ output/ subscription 2 (***syn.*** valid for one year) एक वर्ष के लिए वैध; **~ly** *adv.* प्रतिवर्ष: issued ~ly; **~-on-~** /~-ऑन-~/ *adj., econ.* (पिछले) वर्ष की तुलना में इस वर्ष, दो वर्षों की तुलना; **~-round** *adj.* सारा साल; **~s** *n., pl.* 1 आयु, उम्र 2 लंबा समय: he is wise for his ~s (वह अपनी उम्र क लिहाज से काफी बुद्धिमान है);

collocations: **~ of grace/ ~ of our Lord** सन ईसवी या ईस्वी; **anomalistic** ~ परिवर्ष = **sidereal** ~ नाक्षत्र वर्ष (time of the earth's revolution from perihelion to perihelion again; 365 days and 6 hour and 13 minute and 53.1 second); **astronomical** ~ खगोलीय वर्ष; **calendar/ civil, legal** ~ पत्रीवर्ष; **canicular** ~ (*also* **Sothic year**) लुब्धक वर्ष (मिश्र और नील नदी से संबंधित जुलाई से सितंबर तक के गर्म मौसम के कष्टकर दिन /*also* **dog days**/); **ecclesiastical** ~ कलीसियाई वर्ष; **embolismic** ~ 13 चांद्र मासों (384 दिनो) का वर्ष; **equinoctial/ natural/ solar** ~ = **tropical** ~ विषुव या प्राकृतिक या सौर या सायन वर्ष; **financial/ fiscal** ~ वित्तीय वर्ष; **Hebrw** ~ ; हीब्रू (यहूदी) वर्ष = चांद्र-सौर वर्ष; **Holy** ~ पुण्य-वर्ष; **leap** ~/ **bissextile** ~ लौंद का वर्ष, लीप वर्ष, अधिवर्ष; **Julian** ~ जूलियन वर्ष (symbol: **a**), जिसे यूनान में 1923 और रूस में 14.02.1918 तक प्रयोग में लाया गया; **light** ~ प्रकाश वर्ष; **Lunar** ~ चांद्र वर्ष; **New year** नव वर्ष; **liturgical** ~ पूजन वर्ष; **Platonic** ~ अफलातूनी वर्ष; **sabbatical** ~ *US* हर बार निश्चित वर्षों के बाद पढ़ाने आदि से मिलने वाला अवकाश; **sidereal** ~ *see above under* **anomalistic** ~;

p&i: **~ after ~/ ~ by ~/ ~ to ~** साल-दर-साल, प्रत्येक वर्ष, प्रतिवर्ष; हर साल; **~ in, ~ out** हर साल लगातार; **~s knows more than books** वक्त सबसे बड़ा उस्ताद है;

a man in ~s अधेड़ उम्र का आदमी; **carry one's ~s well** उम्र के लिहाज से ठीक-ठाक दिखना; **for donkey's ~s** बहुत लंबे समय तक; **from ~ to ~** साल-दर-साल; **grow in ~s** उम्र का बढ़ना; **he is old/ young for his ~s** अपनी उम्र के लिहाज से वह वृद्ध या युवा लगता है; **I haven't seen him for ~s and ~s** मैंने उसे वर्षों से नहीं देखा; **in a ~'s time** लगभग एक साल में; **in ~s to come** आने वाले वर्षों या समय में; **in the ~ one** कहीं दूर अतीत में; **in ~s gone by** बीते वर्षों में; **man/ woman/ player, etc. of the ~** वर्ष का सर्वश्रेष्ठ पुरुष, महिला या खिलाड़ी आदि; **not/ never in a hundred ~s** कभी नहीं; **once a ~** साल में एक बार; **over the ~s** पिछले कुछ वर्षों से; **put ~s on sb** किसी को उम्र से ज्यादा वृद्ध दिखाना या बताना; **she's been coming for ~s** वह वर्षों से यहां आती रही है; **since the ~ dot** न जाने कब से, जब से दुनिया शुरू हुई; **take ~s off sb** किसी को उम्र से कम दिखाना या बताना; **the ~ round** सारा साल; **this ~** इस वर्ष; **we shall return one ~**

from to-day हम आज से एक साल बाद लौटेंगे

yearn /यःन/ *v., pt.* **~ed**, *pp* **~ing** 1 (**yearn for/ after sth**; **yearn to do sth**; ***syn.*** long) किसी बात के लिए बहुत लालसा हो., के लिए ललकना, तरसना, तड़पना, लालायित होना: ~ for home; ~ after one's absent friends; ~ for rest; I ~ to hear from you; the child **~ed** to be out of doors; ~ to be free; I am **~ing** to make myself useful 2 पर तरस खाना, तरस आना 3 विलाप करवाना, मातम मनाना;

dw/lw: **~er** *n.* तरसने वाला; **~ful** *adj.* विषादमय, मातमी; **~ing** /यःनिंग/ *n.* (***syn.*** longing) लालसा, ललक, उत्कंठा, तृष्णा, तरस, चाह, तमन्ना, हसरत, साध; **~ingly** /यःनिंगलि/ *adv.* लालसापूर्वक, बड़ी साध से

yeast /यीस्ट/ *n.* 1 खमीर, यीस्ट 2 परिवर्तन का उत्प्रेरक;

dw/lw: **~-plant** *n., bot., brewing* खमीरी कोशिका या खमीर जो अलकतरा की चीनी के द्रवों (saccharine fluids) में खमीर उठाता है;

collocations: **~extract** खमीर से बना पदार्थ जिसे ब्रेड पर लगाकर खाया जाता है; ~ **infection** = **thrush** योनि संक्रमण

yeasty /यीस्टि/ *adj., degr.* **~ier**, **~iest** 1 खमीर-युक्त, खमीरा 2 खमीर उठाने वाला, खमीरा बनाने वाला 3 झाग वाला, झागयुक्त 4 अति प्रसन्न, प्रफुल्ल 5 बेचैन, विक्षुब्ध, अशांत 6 छिछोरा, हल्का, सतही, तुच्छ, नगण्य, मामूली, क्षुद्र, घिसा-पिटा

yegg /येग/ *n.* सेंधमार, चोर

Yehudi /यहूदी/ *n.* यहूदी (Jew)

yell /येल/ *v., pt.* **~ed**, *pp* **~ing** 1 चिल्लाना, चीखना: ~ out curses2 भौंकना 3 ठठा कर हंसना, ठहाका लगाना 4 किलकारना;

n. 1 चीख, चिल्लाहट: let out or give a ~ 2 ठहाका, अट्टहास 3 खिलाड़ी के समर्थन में किलकारी, किलकार

yellow /ये लो/ *adj., degr.* **~ery**, **~Est** 1 पीला, पीत, जर्द: ~ dresses/ hats/ leaves 2 फीका, निष्तेज, पांडुर 3 *derog.* पीली चमड़ी वाला: the ~ race 4 (***syn.*** cowardly) डरपोक, कायर, नीच 5 जरतुवा, डाही, ईर्ष्यालु 6 उदास 7 सनसनीखेज, सड़क छाप: ~ journalism;

n. 1 पीला रंग, पीत, जर्दी 2 कायरता 3 नीचता 4 पीलिया;

v., *pt.* **~ed**, *pp* **~ing** पीला पड़ना, जर्द पड़ना, पीला कर दे., पीला बनना या बनाना;

dw/lw: **~back** *n.* घटिया सड़कछाप उपन्यास; **~bellied** /येलोबेलिड/ *adj., sl.* डरपोक; **~-belly** *n. sl.* डरपोक व्यक्ति; **~-book** *n.* फ्रांसीसी सरकार के सरकारी दस्तावेजों का संकलन; **~hammer** *n.* एक छोटा पक्षी; **~ish**/ **~y** पीला-सा, आपीत; **~-livered** *adj.* कायर, डरपोक;

collocations: ~ **alert** गंभीरतम खतरे (red alert) से एक स्तर नीचे के खतरे की चेतावनी; ~ **contract** श्रमिक संघ का सदस्य न बनने का श्रमिक द्वारा हस्ताक्षरित आश्वासन; ~ **discharge** अनुशासनात्मक कार्रवाई के रूप में सेना से बर्खास्तगी; ~ **dog** 1 घटिया, नीच पिल्ला 2 कमीना व्यक्ति 3 मजदूर-विरोधी; ~ **earth** पीली मिट्टी; ~ **Fever**/~ **Jack** पीत-ज्वर, पीलिया; ~ **flag** संघरोधन (quarantine) पताका; ~ **fund** व्यापार में अपने काम निकलवाने के लिए रखी जाने वाली रिश्वत निधि; ~ **heat** धातु को पीला हो जाने तक गर्म करने की क्रिया; ~ **jersey** फ्रांस की साइकिल यात्रा में जीते जाने वाले पुरस्कार; ~ **line** सड़क पर गाड़ी खड़ी करने या खड़ा होकर प्रतीक्षा पर प्रतिबंध द्योतक पीली रेखा; ~ **metal** सोना, पीतल; **Yellow Pages** *UK tradem.* (*US* **the Yellow Pages**) टेलीफोन निर्देशिका में विभिन्न व्यापारों से संबंधित व्यावसायिक संस्थाओं या संगठनों की निर्देशिका; ~ **peril** *dated, facetious* 1 एशियायी, विशेषकर चीनी लोगों द्वारा पश्चिम पर विजय पाकर पश्चिमी सभ्यता को रौंद दिया जाने का काल्पनिक खतरा 2 चीनी और जापानी लोग 3 पीत आतंक; ~ **plague**/ **sickness** पीलिया, कामला; ~ **press** सनसनीखेज समाचार पत्र; ~ **ribbon** अमेरिका में किसी खतरे से बचकर घर लौटने वालों के स्वागत का प्रतीक; ~ **sheet**/ **rag** सनसनीखेज अखबारिया; ~ **spot** पीतबिंदु; ~ **streak** भीरुता, कायरता की कमजोरी; ~ **ticket**/ **card** फुटबाल आदि खेल में नियम उल्लंघन करने वाले खिलाड़ी को दिखाया जाने वाला चेतावनी-सूचक कार्ड; **wear ~ hose**/ **stockings** ईर्ष्या क.;

yelp /येल्प/ *v., pt.* **~ed**, *pp* **~ing** 1 कुत्ते का फटी आवाज में भौंकना 2 दर्द से कराह उठना 3 ललकना;

n. ललक;

dw/lw: **~er** *n.* भौंकने या चीखने वाला

yen[1] /येन/ *n., pl.* **yen** जापानी मुद्रा;

yen[2] *colloq.* लालसा, ललक, उत्कंठा, तृष्णा, तरस, चाह, तमन्ना: a ~ for far-off places;

v. pt. **~ned**, *pp* **~ning** (*usually* ~ **for sth**) चाह या उत्कंठा हो.

yeoman /योमअन/ *n., pl.* **yeomen** *hist.* 1 अपनी जमीन पर स्वयं खेती करने वाला किसान 2 छोटा जमींदार 3 स्वगठित घुड़सेना (Yeomanry) का सदस्य, स्वयं-सेवी रिसालदार 4 पहरेदार या सुरक्षा कर्मी: ~ of the Guard; ~ of the cellar (मदिरा भंडार का रक्षक);

dw/lw: **~ry** /योमनरि/ *n., pl.* **yeomanries** 1 भूमिधर-वर्ग 2 *Br., milit.* कृषकों का स्वयंसेवी रिसाला या घुड़सेना;

collocations: ~ **of the cord** जल्लाद; ~ **of the guard** ब्रितानवी राजा या रानी की प्राचीनतम अंग-रक्षक टुकड़ी का सदस्य; ~ **of the signals** नौ-सैनिक सिगनल अधिकारी; **~'s service** मुसीबत में की जाने वाली सहायता, काम आने वाली मदद या सेवा

yep /येप/ *excl.* हां!

yes /येस/ *excl.* 1 हां, ठीक है: ~ I am ready 2 सकारात्मक जवाब: ~ sir! 3 वह है, सचमुच, अवश्य ही, सच, हां: this is a possible, ~, a probable explanation; I shall be ready, ~, eager to help you;

n., *pl.* **yesses** हां: carried with a margin of ten **~ses**;

v. pt. **~sed**, *pp* **~sing** हां कहना, हां भरना, हामी भरना;

dw/lw: **~-man** *n. derog.* जीहजूरिया, चमचा;

collocations: ~ **and no** ना-नुकर, हां भी और न भी; **~-no question** ऐसा प्रश्न जिसका उत्तर या तो 'हां' में हो सकता है या 'न' में

yeshiva /येशीवा/ *n., pl.* **~s**/ **yeshivoth** 1 यहूदियों का प्राथमिक विद्यालय 2 यहूदी पादरियों (rabbis) का प्रशिक्षण विद्यालय 3 कट्टरपंथी यहूदियों का प्राथमिक विद्यालय

yester /येस्टः/ *adj.* कल का, पूर्व, पिछला

yester\day /येस्टःडे/ *n., pl.* **~days** 1 (गुजरा हुआ) कल, थोड़ा समय पहले: the day before **~day** 2 (**~s**) थोड़े दिनों पहले: it is but of **~day**; an invention of **~day**; all pomp of **~day** 3 भूतकाल, बीता हुआ समय: **~day** morning; **~day** evening;

adv. कल, बीत जाने वाला कल, प्राचीन काल: he arrived **~day** 2 कल, हाल में: I was not born **~day**; towns that **~day** were hamlets, ...;

dw/lw: **~een** /येस्ट्रीन/ *adv., lit. Scottish* कल शाम; **~evening**/ **yestreen** कल शाम (को), कल सांझ (को), कल सायंकाल; **~night** *n.* कल की रात; **~year** /येस्टःयिअः/ *n.* गत वर्ष, पिछला बरस; **~year** *adv.* पिछले वर्ष, गत वर्ष;

collocations: **the day before ~day** परसों; **~day evening**/ **~day morning**/ **yester-morn(ing)** कल प्रातः, कल सुबह; **~day night** कल रात;

p&i: **yesterday will not be called again** बीता समय नहीं लौटता;

yet /येट/ *adv.* (*also* **as** ~) 1 अब, तब, इस समय: as ~ we have not made any plans for the holiday 2 अब तक, अभी तक, तब तक, उस समय तक: I haven't done it ~; he had not ~ finished eating; I wonder whether they have finished the work ~; I have lived some thirty years on this planet, and I have ~ to hear valuable advice; never ~

seen; there was never ~ philosopher that could endure the toothache patiently (Shakespeare); I have ~ to think otherwise; I have ~ to see a better man; when dawn broke the reinforcements had not ~ arrived 3 अब से पहले ही 4 अभी, अभी तक: not ~ (अभी नहीं); I can't come just ~; don't go ~; it is not time ~; not selling tickets ~ 5 (***syn.*** still) अभी भी: is he ~ alive?; he loves her ~; it was ~ morning; I can see him ~ 6 अभी तक का: the best/ worst, etc. ~ (अभी तक का सर्वश्रेष्ठ/ सबसे खराब); the largest diamond ~ found; I have never found a fault in him ~ 7 कभी न कभी, किसी समय, किसी दिन, आखिरकार, अंततोगत्वा: he may surprise you ~; he will ~ be victorious; I'll do it **~!** 8 (***syn.*** even, still) और, इसके अतिरिक्त, इसके-अलावा, इससे अधिक, एक बार और: ~ again/ another/ more, etc. (एक बार और/ एक और/ कुछ और); could/ may/ might, etc. ~ (अभी भी कर सकता है); there is one ~ missing; there is much ~ to do; a ~ harder task; have ~ to do sth (किसी काम को और करना बाकी है) 9 इससे भी अधिक, और भी: ~ bigger problem; at a ~ faster speed; nearer and ~ nearer; the wind was strong yesterday, but to-day it's stronger ~; she would not do it for him, nor ~ for me; I have never voted for him, nor ~ intend to; and with a discount ~; ~ once more I ask you not to go; ~ another attempt;

adj. वर्तमान: the ~ ruler;

conj. 1 परंतु 2 (***syn.*** nevertheless) तो भी, फिर भी, तिस पर भी: ~ nevertheless (फिर भी); not very good, ~ not bad 3 यद्यपि, तथापि, फिर भी: the work is good, ~ it could be better; it seems proved, ~ I doubt it; although he didn't promise, ~ I think he'll do it; there have been criticisms of his proposals, ~ his program will not be without support 4 (इस) के बावजूद: he worked well, and ~ he failed; he is old, ~ energetic;

p&i: **while there is ~ time** समय रहते

yeti /येति/ (*also* **abominable snowman**) *n., pl.* **~s** हिम मानव

yew /यू/ *n.* एक प्रकार का वृक्ष, सदाबहार

Y-fronts *n., [pl.]* पुरुषों का **Y**-आकार का जांघिया

YHA *abbr.* 'Youth Hostels Association' की प्रथमाक्षरी

YHFI *abbr.* 'Youth Hostels Federation of India' की प्रथमाक्षरी

Yid/ yid /यिड/ *n., offensive* यहूदियों के लिए अपमानजनक शब्द;

dw/lw: **Yiddish** /यिडिश/ *n.* यहूदियों की एक प्राचीन भाषा; **Yiddisher/ yiddisher** /यिडिशः/ *adj.* इड्डिश भाषी, यहूदी

yield /यील्ड/ *v., pt.* **~ed**, *pp* **~ing** 1 पैदा क., परिणाम दे.: the research **~ed** no result; shares ~ dividends 2 उत्पन्न क., फसल दे., फल देना: this land **~s** poorly 3 लाभ होना या पहुंचाना 4 अर्पित क., के हवाले क., सौंपना, छोड़ दे.: ~ ground/ a position/ a fortress to the enemy 5 (***syn.*** give way) बड़ी गाड़ियों आदि को या किसी को रास्ता दे., पीछे हट जा., स्थान दे देना, बारी दे देना: ~ the floor; the disease **~s** to treatment; his courage never **~s** 6 को रियायत दे., झुक जाना, मान जाना: ~ to demands/ pressure, etc. (मांगों/ दबाव आदि के सामने झुक जा.), स्वीकृति आदि दे देना; ~ consent; ~ to do sth; ~ that sth should be done; we will never ~; ~ to force; ~ to superior force; ~ a point in a debate; ~ to entreaties/ to demands/ to urgent solicitations/ to remonstrances; ~ to pressure/ to temptation/ to persuasion 7 स्प्रिंग की तरह ऊपर नीचे दबना-उठना, लचीला हो. 8 (***syn.*** surrender) आत्मसमर्पण क.: ~ oneself to another man's mercy 9 किसी से बदतर या कम आदि हो., पीछे छूटना: I ~ to none in my enthusiasm for the plan;

n. 1 फसल, पैदावार, उपज, उत्पाद 2 लाभ, नफा, मुनाफा, प्राप्ति: ~ of bonds 3 सरकार द्वारा करों की प्राप्ति 4 उपार्जन, अर्जन, प्राप्ति 5 (***syn.*** mechanics) पराभवः ~ condition (पराभव-प्रतिबंध); ~ function (पराभव फलन) 6 मछली आदि की पकड़ (प्राप्ति) 7 खान से कोयला या खनिज की प्रतिदिन प्राप्ति या निकासी 8 क्षमता, मात्रा: milk ~ (दूध-दोहन क्षमता या मात्रा);

dw/lw: **~er** /यील्डः/ *n.* पैदावार, उत्पादन, उपज, लाभ, नफा, मुनाफा, प्राप्ति आदि देने वाला: this apple-tree is a poor ~er; a variety of corn that is a good ~er; these taxes proved poor ~ers; **~ing** /यील्डिंग/ *adj.* 1 झुकने-वाला, अनुकूल, विचलित होने वाला 2 सुनम्य, लचीला 3 दबैल, अनुवर्ती, आज्ञाकारी; **~ing** *n.* 1 फसल, पैदावार, उत्पाद, उपज 2 प्राप्ति: **~ing** of crystals 3 लाभ, नफा, मुनाफा, प्राप्ति 4 सुनम्यता, लचीलापन 5 क्षमता; **~ingly** *adv.* सुनम्य या लचीले ढंग से; **~ingness** *n.* सुनम्यता, लचीलापन;

collocations: **~ limit** पराभव-सीमा; **~ load** पराभव उद्भार; **~ moment** पराभव आघूर्ण; **~ point** *engin.* पारण क्षमता या सीमा; **~ statistics** उपज के आंकड़े; **~ value** 1 पराभव मान 2 उत्पादन मूल्य;

p&i: **~ing as wax** मोम की माफिक मुलायम; **~ the palm** हार मानना; **~ the point** बात स्वीकार क.; **~ to treatment** (उपचार के सामने बीमारी का झुकना या पीछे हटना) उपचार से अच्छा होना; **~ up** 1 आत्म-समर्पण क. 2 अपने अधिकार या अपनी वस्तु को किसी और को दे देना.; **~ up one's breath/ life** मर जा.; **~ up the ghost** मर जा.

YIHAT *abbr.* 'Young Intelligent Hackers Against Terror' की प्रथमाक्षरी

yikker /यिकः/ *v. pt.* **~ed**, *pp* **~ing** पक्षियों द्वारा जोर की चीख निकालना

yin /यिन/ *n.* परंपरागत चीनी दर्शन, धर्म, औषध-विज्ञान में परस्पर विरोधी या पूरक दो सिद्धांतों में से एक यानी नकारात्मक यानी स्त्रीवादी, काला, सर्द और असक्रिय (सकारात्मक यानी पुरुषवादी, गर्म, सक्रिय आदि के विपरीत)

yip /यिप/ *v., pt.* **~ped**, *pp* **~ping** चीखना, चिल्लाना

yippee /यिपी/ *excl., colloq.* हर्ष, आनंद आदि का सूचक, विस्मयबोधक

YL *abbr.* 'Young Learners' की प्रथमाक्षरी

ylang-ylang (ilang-ilang) /इलैंग-इलैंग/ *n.* मलेशिया और फिलिपींस में पाया जाने वाला एक सदाबहार पेड़

ylem /आइलअम/ *n., phys.* बड़े धमाके (big bang) के सिद्धांत के अनुसार वह मूल पदार्थ जिससे तत्त्व प्राप्त किए जाते हैं

YMA *abbr.* 'Young Mizo Association' की प्रथमाक्षरी

YMCA *abbr.* 'Young Men's Christian Association' की प्रथमाक्षरी

yo /यो/ *excl. US* अभिवादन के लिए प्रयुक्त

yob /यॉब/ *n.* 1 *UK* बदतमीज व उग्र युवक 2 (***syn.*** lout) गंवार, लोफर

yobbo /यौबो/ *n., pl.* **~s** *sl.* = **yob**

yodel /योडल/ *v., pt.* **~led**, *pp* **~ling** स्विस (Swiss) शैली में गाना, अलापना;

n. अलाप

yoga /योगा/ *n.* योग, शारीरिक व्यायाम की एक परंपरागत भारतीय पद्धति;

dw/lw: **yogi** /योगी/ *n.* योगी; **yogini** /योगिनी/ *n.* महिला योगी, योगिनी

yoghurt/ yoghourt /यौगःट/ योगर्ट/ (*also* **yogurt)** *n.* दही

yoicks /यॉइक्स/ *excl.* 1 लोमड़ी का शिकार करते समय कुत्तों को उकसाने के लिए प्रयुक्त शब्द या पुचकार आदि 2 उत्तेजना द्योतक

yoke /योक/ *n., pl.* **~s** 1 जुआ, जूआ 2 (बैलों आदि की) जोड़ी, युग्म, युग 3 बहंगी 4 भार, बोझ 5 पोशाक का कंधे पर आने वाला हिस्सा 6 डंडी 7 जोड़ 8 दासता, गुलामी, पराधीनता: the ~ of slavery; shake/ throw off the ~; the ~ of servitude 9 शासन, हुकूमत: colonial ~ 10 बंधन, विवाह-बंधन;

v., pt. ~**ed**, *pp* ~**ing** 1 (*always* ~ **sth to another**/ ~ **two things together**) जुए में जोतना: ~ to a plough 2 जोड़ना या जुड़ना: ~ the forces of nature 3 विवाह क.: ~**d** in marriage 4 मिलकर काम क. 5 मेल खाना: they do not ~ well;

dw/lw: ~-**bone** *n.* गंडास्थि; ~**fellow**/ ~**mate** *n.* 1 सहयोगी, सहकर्मी, सहचर, साथी 2 पति, भर्ता 3 पत्नी, जोरू

p&i: **send under the** ~ 1 के जुआ तले चलाना 2 दुश्मन को करारी हार दे.; **pass/ come under the** ~ 1 के जुआ तले चलना 2 दुश्मन के सामने घुटने टेक दे.

yokel /योकल/ *n., derog.* देहाती, गंवार

yolk /योक/ (*also* **egg-**~, ~ **of egg**) *n.* 1 अंडे की जर्दी, पीतक: ~-bag/~-sac (पीतक झिल्ली) 2 ऊर्णवसा, लैनोलिन;

dw/lw: ~**y** /योकि/ *adj.* पीतक का, पीतक-जैसा, पीतक-मय, वसामय

Yom Kippur /योमकिपुअः/ (*also* **Day of Atonement**) *n.* यहूदियों का धार्मिक दिन जो सितंबर या अक्तूबर के महीने में आता है

yon /यॉन/ *adj., old use, dialect* = **that** वह, वे: do you see ~ fellow?

yonder /यौंडः/*US* यांडः/ *adv.* वहां, उस दिशा में, उधर: what do you see ~?; hither and ~ (आगे पीछे);

adj./ demonstrative pron. वहां का, उधर स्थित: on the ~ side;

collocations: **the wide blue** ~ दूर कहीं दूर

yoni /योनि/ *n., pl.* **yonis** *Hindi* योनि

yonks /यौंक्स/ *n., colloq.* (**for** ~ *usually with negatives*) बहुत दिन, लंबा समय, काफी समय: I haven't seen him for ~

yoo-hoo /यू-हू/ *excl., colloq.* ध्यान खींचने के लिए प्रयुक्त

yore /योः/ (*also* **days of** ~) *n., lit./ archaic* बहुत पहले का समय, प्राचीन काल, पुराना जमाना;

collocations: **of** ~ पुराने जमाने का, पहले का

yorker /यॉःकः/ *n.* क्रिकेट के खेल में जमीन पर गड़े विकटों के निचले भाग से सीधे टकराने वाली गेंद, यौरकर

Yorkie/ **yorkie** /यॉःकी/ *n.* कुत्ते की एक नस्ल

Yorks *abbr.* 'Yorkshire' का छोटा रूप

Yorkshire /यॉःकशायः/ *n.* 1 उत्तरी इंग्लैंड और इंग्लैंड की सबसे बड़ी काउंटी (county) 2 चतुराई, हाथ की सफाई, व्यापार करने का हुनर;

collocations: ~ **fog** *bot.* घास की एक प्रकार; ~ **kidney** आलू; ~ **pudding** एक व्यंजन; ~ **terrier** कुत्ते की एक नस्ल;

p&i: **come/ put** ~ **on sb** बुद्धू बनाना, ठगना

you /यू/ यु/ यअः/ *pron.* 1 तू, तुम, तुम लोग, आप, आप लोग: ~ are all guilty; I choose ~ three, the rest of ~ can stay here; I'm pleased with all of ~ 2 निजवाचक सर्वनाम के साथ प्रयुक्त: home ~ idle creatures, get ~ home (तुम बेकार लोगों, घर चले जाओ!) 3 तुम (एकवचन) विनम्र रूप यानी 'आप' के अर्थ में प्रयुक्त: ~ are my friend; ~ know it perfectly well 4 अनिश्चय-सूचक सर्वनाम '**one**' के अर्थ में प्रयुक्त (कई जनों में से किसी एक के लिए): ~ never can tell = **one** can never tell; ~ cannot predict your fate; what are ~ to do with a child like this?; ~ don't often see that nowadays;

dw/lw: ~-**all** /यूआःल/ *pron.* तुम सब, तुम सभी लोग; ~-**be-damned** *adj.* दूसरों के प्रति असंवेदनशील (तुम भाड़ में जाओ!) रवैया रखने वाला व्यक्ति: ~-be-damned attitude; **you'd** /यूड/ *contraction/ short,* 'you had', 'you would' का संक्षेप; **you'll** /यूल/ *contraction/ short,* 'you will' का संक्षेप

p&i: ~ **cannot have your cake and eat it too** परस्पर विरोधी बातें एक साथ नहीं हो सकतीं; ~ **cannot make an omelette without breaking eggs** कुछ पाने के लिए कुछ खोना पड़ता है, बिना कुछ खोए अच्छी चीज नहीं मिलती; ~ **can't make a silk purse out of a sow's ear** चूहे के चाम से जूते नहीं बनते; ~ **cannot make bricks without straw** हर काम को करने के लिए साधन चाहिए; ~ **cannot please everyone** हर किसी को खुश करना नामुमकिन है; ~ **cannot teach old dog new tricks** बूढ़े तोते नहीं पढ़ते; ~ **can take a horse to water but** ~ **can't make him drink** किसी से उसकी मर्जी के विरुद्ध काम नहीं करवाया जा सकता; ~ **never miss the water till the well runs dry** किसी चीज के अभाव में ही उसकी ज्यादा याद आती है;

sth is you *or* **really**, *etc.* **you** *colloq.* यह आप पर खूब जचता है; **you know who/ what** आप सब जानते हैं कि कौन या क्या है

young /यंग/ *adj., degr.* ~**er**, ~**est** 1 अनाड़ी, कच्चा, बच्चा, अनुभवहीन, अपरिपक्व, अल्पवयस्क: ~ in crime 2 किशोर, युवा, तरुण, कम उम्र का/ की: ~ girl; ~ man; ~ thing; ~ ones; ~ child; ~ animal; ~ tree/ plant; ~ people/ folk; a ~ family; ~ days; ~ looking; die ~; grow ~ again; he is ~ for his age; ~ stock 3 कमसिन, युवती, जवान: ~ woman; ~ lady; my ~ lady 4 पशुओं, जानवरों, पक्षियों आदि के शावकों से संबंधित: sth's ~ (जानवर का बच्चा या के बच्चे); some birds feed their ~ on insects 5 ताजा, चुस्त, फुर्तीला 6 किसी प्रक्रिया या वस्तु की प्रारंभिक अवस्था: the night is still ~; ~ love; ~ country/ nation; the year/ the century is yet ~; a ~ science; ~ tide; ~ ice; ~ river; ~ valley; ~ fruit 7 नया, नयी, अभी-अभी का 8 कनिष्ठ, अनुज: young Henry Jones 9 कद या डील-डौल में ठिगना, मात्रा में कम, थोड़ा-सा: ~ fortune; we have a ~ hurricane outdoors 10 युवा वर्ग, युवाजन: popular with the ~; old and ~; books for the ~ 11 (***syn.*** youthful) युवकों या युवाजनों के लिए उपयुक्त: ~ fashion; her dress is much too ~ for her age;

dw/lw: ~**er** /यंगः/ *adj. comp. degree,* '**young**' की तुलनात्मक श्रेणी: you are looking years ~er!; ~er brother; ~er children; ~er hand; the ~er should obey the elder; ~**ers** /यंगःज/ *n., [pl.]* लघुजन, अनुज लोग; ~**ish** /यंगिश/ *adj.* 1 बच्चा-सा या युवा-सा 2 किशोर, तरुण; ~**ling** /यंग्लिंग/ *n.* 1 बच्चा 2 छोटा प्राणी 3 शावक 4 छोटा-सा पेड़; ~-**of-the-year** *n.* इसी साल की (मछली); ~-**old** *adj.* उम्र से कम लगने वाला; ~**ster** *n., colloq.* 1 अल्पवयस्क, लड़का, लौंडा, छोकरा, किशोर, बच्चा-लोग: the ~sters; are the ~sters all right? 2 शावक, पिल्ला, बछड़ा, बछड़ी, बछेरा, बछेरी आदि;

collocations: ~ **blood** 1 युवा व्यक्ति, युवा वर्ग 2 जोश से ओत-प्रोत नयी पीढ़ी: ~ bloods 3 ताजा विचार: be with ~ blood; **Young Farmers Association** युवा कृषक संघ; ~ **fustic** = *techn.* **cotinus coggygria** 1 कई यूरोपीय पेड़ों की लकड़ी 2 इन लकड़ियों से मिलने वाला रंग; ~ **grammarians** युवा व्याकरणविद्, भाषाविद्; ~ **horse** रोस्टबीफ; ~ **lady**/ ~ **woman** *dated or facetious* प्रेमिका, प्रेयसी; ~ **man** *dated/ facetious* प्रेमी, यार; **Young's modulus** यंग का लचक या लचीलेपन का सिद्धांत; ~ **offender** *Br.* युवा या बाल अपराधी; ~ **offender institution** *Br.* (*abbr.* **YOI**) अल्पवयस्क अपराधियों का बंदीघर ~; ~ **person** *law* 14 से 17 वर्षीय व्यक्ति; ~ **thing** कंप्यूटर उद्योग में रत युवक; ~ **woman** = **young lady**;

the young युवा लोग, युवजन, लड़के-लड़कियां; **the Young Pretender** *hist.* चार्ल्स एडवर्ड स्टुअर्ट (Charles Edward Stuart) का उपनाम (nickname); **Young Turk** 1 किसी संगठन का विद्रोही सदस्य 2 तुर्की में आधुनिकीकरण व पश्चिमीकरण के हिमायती संगठन का सदस्य, जिसने 1908 की क्रांति की थी; **with** ~ गर्भिणी, गाभिन (पशु);

p&i: ~ **at heart** दिल से जवान; ~ **saints old sinners**/

devils जवानी में हाजी, बुढ़ापे में पाजी;
be getting ~er पहले से ज्यादा छोटी उम्र में वे बातें करने लग जाना जो पहले काफी देर बाद की जाती थीं; **not be getting any ~er** अब और जवान नहीं हो रहा

younker /यंकः/ *n.* अभिजातीय युवक

your /यॉः/ *US* युर/ *adj./ determiner* 1 तुम्हारा, अपना: girls, you can take ~ toys 2 *colloq., often derog.* मामूली, साधारण, सामान्य: ~ politicians nowadays have no principles 3 आपका: show me ~ hands; these were ~ own words; thank you for ~ kindness; you cannot alter ~ nature; you know ~ grammar 4 विशेषण के अर्थ में: none of ~ jokes; ~ great writer is possessed of a devil 5 महामहिम: **Your** Majesty; **Your** Highness; **Your** Honour; **Your** Holiness;
p&i: **~ grandmother/ granny!** जो भी हो! भाड़ में जाए!

you're /युअ(र), यॉःर/ *US* युर/ *short/ contraction,* 'you are' का संक्षेप

yours /यॉःज/ *US* यअर्ज, यॉर्ज, युर्ज/ *pron.* 1 तुम्हारा, आपका: here is our place and there is ~; take our pens and we shall take ~; it is much more ~ than mine; I'd like to read something of ~ 2 भवदीय: **Yours** faithfully/ sincerely/ truly, etc. (भवदीय, आपका); but ~ truly was not there (पर आपका आज्ञाकारी सेवक यानी मैं वहां न था); then ~ truly had to go and fetch it (तब आपके आज्ञाकारी सेवक यानी मुझे जाकर उसे लाना पड़ा);
p&i: **what's** ~ आप कौन-सा पेय (ड्रिंक) लेंगे यानी आपकी पसंद क्या है?

yourself /यॉःसेल्फ/ युअःसेल्फ/ *pron., pl.* **yourselves** /*see below under separate entry*/ 1 तुम स्वयं, तुम खुद: are you coming ~?; what will you do with ~ this evening? 2 आप स्वयं, आप खुद, आप, आप ही, अपने आप: you told me so ~/ you ~ said 3 अपने आप को: have you hurt ~?; are you enjoying **~?**; look at ~ 4 अकेले: all by ~; have you been all by ~ the whole day?; have you done it (all) by ~? 5 केवल अपने लिए: haven't you done it for ~?;
p&i: **all by yourself** सब कुछ अकेले ही क.; **(all) to ~/ yourselves** सिर्फ तुम्हारे लिए; **be** ~ अपने जैसा हो., संभल जा.; **by** ~ अकेला; **how is ~?** कैसे हैं आप?; **you are not quite ~ to-day** आज आप अपने जैसे नहीं लग रहे (अपने को संभालो!); **you** ~ आप स्वयं

yourselves /यॉःसेल्वज/ *US* युर्सेल्व्ज, यॉःर्सेल्व्ज/ *pron., [pl.]* 1 आप स्वयं 2 अपने आपको: you will only harm ~; boys, look at ~ in the mirror 3 स्वयं, अकेले ही: (all) by ~(अकेले ही, अपने आप); have you done it by ~?

youth /यूथ/ *n., pl.* **~s** /यूद्ज/ 1 (*sing./ pl.*) नौजवान लोग, युवाजन, युवा पीढ़ी, युवजन, लड़के-लड़कियां: the ~ of the world; the ~ of our country will take their places when the time comes 2 युवक, नवयुवक, जवान, नौजवान 3 चढ़ती जवानी, किशोरावस्था, तरुणाई: sb's ~; the first blush of ~; from ~ upwards he showed talent 4 यौवन, जवानी: she is past her first ~; they knew each other in their ~ 5 जवानी का जोश, उग्रता, उतावलापन, मनचलापन: ~ will have its fling/ its way 6 युवक/ युवती, लड़का/ लड़की: a most agreeable ~; a ~ of promise;
dw/lw: **~s** *[pl.]* युवक/ युवती, लड़का/ लड़की; **~ful** *see below under separate entry*;
collocations: ~ **club** युवा क्लब; ~ **custody centre** *Br.* बाल अपराधी बंदी-गृह; ~ **hostel** युवा आवास गृह; ~ **hosteller** युवा आवास का निवासी; ~ **hostelling** युवा आवास घरों में रहने की क्रिया; ~ **movement** युवा आंदोलन; ~ **organization** युवा संगठन; ~ **Training Scheme** युवा प्रशिक्षण योजना;
gilded ~ धन्ना सेठों के बिगड़े नवाब;
p&i: **be no longer in one's first** ~ पहली जवानी से पार हो.; **if ~ knew, if age could** काश जवानी जानती और बुढ़ापा कर सकता! (काश जवान लोग जानते कि क्या करना है और वृद्धों में करने की शक्ति होती!)

youthful /यूथफल/ *adj.* 1 तरुण, युवा: portrait of a ~ Bhagat Singh 2 दिखने और शैली में युवा, तरुण: in a dress too ~ for her age 3 युवा की ऊर्जा से परिपूर्ण, तरुणाई भरा: ~ enthusiasm/ ardour; ~ spirits 4 युवकों के लिए उपयुक्त या सामान्य: ~ indiscretions/ follies 5 नव, नया, किशोरावस्था का: the ~ season of the year 6 बाल्यकाल सदृश: ~ mountains;
dw/lw: **~ly** *adv.* तरुणाईपूर्वक; **~ness** *n.* तरुणाई, नयापन;
collocations: ~ **offender** बाल-अपराधी; ~ **stage** तरुणावस्था

you've /यूव/ *short,* 'you have' का संक्षेप

yo-yo /योयो/ *n., pl.* **yo-yos** 1 एक प्रकार का खिलौना, चकई 2 डांवांडोल व्यक्ति, लगातार रंग बदलने वाला आदमी;
p&i: **go up and down like a** ~ यो-यो खिलौने की तरह ऊपर-नीचे फुदकना

yowl /याउल/ *v., pt.* **~ed**, *pp* **~ing** (***syn.*** wail) हुआंना या चिल्लाना, विलाप क.;
n. हुआं-हुआं, चीख, चिल्लाहट, विलाप;
dw/lw: **~ing** /याउलिंग/ *n.* हुआंने या चिल्लाने की क्रिया

yr *abbr.* 'year', 'younger', 'your' का संक्षेप

yrs *abbr.* 'years' का संक्षेप

YS *abbr.* 'yield strength', 'yield stress' की प्रथमाक्षरी

YSM *abbr.* 'Young Software Manager' की प्रथमाक्षरी

YT *abbr. Canadian province* 'Yukon Territory' का संक्षेप

YTM *abbr.* 'Yield-to-maturity' की प्रथमाक्षरी

YTS *abbr.* 'Youth Training Scheme' की प्रथमाक्षरी

ytterbium /इटःबिअम/ *n., chem.* (*symbol* **Yb**) इटर्बियम

yttrium /इट्रिअम/ *n., chem.* (*symbol* **Y**) इट्रियम

YU *abbr.* 'Yugoslavia' भूतपूर्व यूगोस्लाविया का अंतर्राष्ट्रीय वाहन पंजीकरण (***IVR***) अक्षर

yuan /युआन/ *n., pl.* yuan चीनी मुद्रा

yucca /यका/ *n., pl.* **~s** कुमुदिनी की जाति का पौधा और फूल

yuck/ yuk /यक/ *colloq. excl.* 1 बेस्वाद! 2 छीः! गंदा, घिनौना!;
dw/lw: **~y** /यकि/ *adj.* घिनौना, फीका, अतिभावुक

Yugoslav /यूगोस्लाव/ (*also* **Yugoslavian**) *adj.* भूतपूर्व यूगोस्लाविया वासी

yuko /यूको/ *n., pl.* **~s**, *judo* जूडो में पांच अंक

Yule /यूल/ *n., pl.* **Yules** *old, lit. & dialect* क्रिस्मस यानी बड़े दिन का त्योहार, बड़ा दिन, ईसा-जयंती;
dw/dw: **~tide** *n.* क्रिस्मस के आसपास का समय: ~tide food;
collocations: ~ **log** 1 क्रिस्मस की पूर्व संध्या पर जलाया जाने वाला लकड़ी का लट्ठा 2 क्रिस्मस के समय खाया जाने वाला लट्ठानुमा चाकलेट;

YUM *abbr.* '(the)Young Upwardly-Mobiles' की प्रथमाक्षरी

yum /यम/ (*also* **yum yum**) *excl.* स्वादिष्ट!

yummy /यमि/ *adj., degr.* yummier, yummiest *colloq.* (***syn.*** delicious) स्वादिष्ट, मजेदार

yup /यप/ *excl., colloq.* = **jep**

yuppie /यपि/ (*also* **yuppy**) *n., pl.* **yuppies** *derog, colloq.* (*acronym,* formed from the first letters of **'young urban professional'**) पैसा बनाने और खर्च करने में लिप्त शहरी युवक

yuppie flu *n., colloq., non-techn.* कमजोर करने वाला एक लंबा, थकाऊ विकार

yuppi\fy /यपि\फाइ/ *v. pt.* **~fied**, *pp* **~fying**, *s/he/it* **~fies** उपरोक्त यपियों जैसा स्वाद और शौक अपनाना

dw/lw: **~fication** /~फिकेशन/ *n.* यपियों (**yuppies**) जैसा स्वाद और शौक अपनाने की क्रिया

yurt /य:ट/ *US* यर्ट/ *n.* मंगोलिया और साइबेरिया में प्रयुक्त रोमाओं के गोल तंबू

YV *abbr.* **'Venezuela'** वेनेजुएला का अंतर्राष्ट्रीय वाहन पंजीकरण कोड (***IVR***)

ywa /यवा:/ *n.* ईवा, ग्राम

YWCA (*informal* **the Y**) *abbr.* 'Young Women's Christian Association' की प्रथमाक्षरी

Z z

Z z /जेड/ (*N. Amer.* /जी/) *n., pl.* **Zs**, **Z's** or **z's** 1 अंग्रेजी वर्णमाला का छब्बीसवां और अंतिम अक्षर 2 **Z**-आकार की वस्तु 3 **Z's** *see below under* **zed**

Z *abbr.* 1 'Zaire/ Zaires' का प्रथमाक्षर 2 Zambia का अंतर्राष्ट्रीय वाहन पंजीकरण कोड (IVR)

Z *symbol, math* (*usually* **z**) तीन अज्ञात संख्याओं से एक (दूसरी दो संख्याएं: **x** and **y**)

Z *symbol* 1 *chem.* परमाणु संख्या (atomic number) 2 *phys.* प्रतिबाधा, प्रतिक्रिया

ZA *abbr.* Zuid Afrika (**Afrikaans** दक्षिणी अफ्रीका) का अंतर्राष्ट्रीय वाहन पंजीकरण कोड (***IVR***)

zaffre /जैफ़ः/ *n.* जाफर (रंग)

zag/ **zagging** /जैग/ जैगिंग/ *n.* त्वरित दिशा-परिवर्तन, तीव्र मोड़;
dw/lw: **~ged** /जैगड/ *adj.* दांतेदार, मोड़दार

Zairean /जायरिअन/ *adj.* जायरे (**Zaire**) से संबंधित

Zambian /जांबियन/ *adj.* जांबिया (**Zambia**) से संबंधित

zaniness /जेनिनेस/ *n.* मसखरापन

ZANU *abbr.* 'Zimbabwe African National Union' की प्रथमाक्षरी

zany /जेनि/ *adj., degr.* **zanier**, **zaniest** 1 (***syn.*** wacky) विचित्र, सनकी, पागल 2 भांड सदृश, मजाकिया, विदूषक जैसा 3 भंडेहरी 4 मूर्ख, बेवकूफ, नासमझ;
dw/lw: **zanily** /जेनिलि/ *adv.* 1 मूर्खतापूर्वक 2 मसखरों की तरह; **zaniness** /जेनिनेस/ *n.* 1 भांडपना, मसखरापन 2 मूर्खता

zap /जैप/ *v., pt.* **~ped**, *pp* **~ping** 1 तीव्र प्रहार क., मारना, नष्ट क. 2 अचानक चोट क. (घूंसा मारना), ठोकर लगाना, जोर से टक्कर मारना 3 (***syn.*** zip past) गाड़ी आदि तेज चलाकर पास से गुजर जा. 4 भाव-विह्वल कर दे. 5 *comput.* कंप्यूटर के स्मृति-पटल से सारे पाठ, सूचनाएं या आंकड़े आदि लोप कर दे., मिटा देना, बदल दे. 6 रिमोट कंट्रोल द्वारा बार-बार चैनल बदलना;
n. फुर्ती, ऊर्जा, बल, जोश, हिम्मत;
dw/lw: **~per** /जैपः/ *n., colloq.* टीवी आदि का रिमोट कंट्रोल, दूर-नियंत्रक; **~ping** /जैपिंग/ *n.* 1 रिमोट कंट्रोल द्वारा बार-बार चैनल बदलने की क्रिया 2 झट से मार देने वाला उपकरण: a bug ~per; **~py** /जैपि/ *adj.* 1 जीवंत, प्राणवंत, ओजस्वी, फुर्तीला, ऊर्जस्वी, ओजस्वी 2 प्रभावशाली, प्रभावपूर्ण

ZAPU *abbr.* Zimbabwe African People's Union की प्रथमाक्षरी

ZAR *abbr.* 'Zouth African Rand' का परिवर्णी शब्द (acronym)

Zarathus\tra /जैरअथूसट्रा/ *n.* जरतुश्त, जरदुश्त, पारसी;
dw/lw: **~trian** /जैरअथूसट्रिअन/ *adj.* = **Zoroastrian** जरतुश्ती, पारसी

zaratite /जैरःटाइट/ *n.* जैराटाइट (खनिज)

zariba, **zareba** /जरीबः/ *n.* घेरा, कांटेदार बाड़, लकड़कोट: ~ camp (कांटेदार बाड़ से घिरा शिविर)

zarzuela /जारज्वेला/ *n.* थारथुआला, एक लोकप्रिय स्पेनी संगीत नाटिका

z-axis *n., math.* त्रीविम या तीन आयामी ग्राफों में **X-axis** और **Y-axis** के समकोणीय आधार या अक्ष-रेखा

ZCI *abbr.* 'Zooligical Survey of India' की प्रथमाक्षरी

ZDT *abbr.* 'Zero Draft Technique' की प्रथमाक्षरी

zeal /जील/ *n.* जोश, ऊर्जा, अत्यधिक उत्साह, उमंग: show ~ for sth; a novice's ~

zealot /जेलट/ *n., often derog.* 1 (***syn.*** fanatic) धार्मिक कट्टरपंथी या उन्मादी व्यक्ति 2 कट्टर समर्थक 3 (**the Zealots**) *hist.* ईसवी की पहली सदी में पनपा यहूदी कट्टरपंथी उग्रवाद जो फिलस्तीन में रोमन साम्राज्य के विरुद्ध होने के कारण येरुसलम के पतन का कारण बना;
dw/lw: **~ry** /जेलअटरि/ *n.* कट्टरपंथीपन, धर्मांधता

zealous /जेलस\/ *adj.* (***syn.*** keen, enthusiastic) 1 उत्साही, जोशीला: a ~ supporter of sth 2 धर्मोत्साही, कट्टरपंथी;
dw/lw: **~ly** /~लि/ *adv.* उत्साहपूर्वक; **~ness** /~नेस/ *n.* 1 जोश, उमंग, उत्साह 2 धर्मोत्साह, कट्टरपंथीपन

zebra /जेब्रा/ जीब्रा/ *n., pl.* **~s/ zebra** जेबरा (एक अफ्रीकी धारीदार जानवर);
collocations: **~ crossing** (*also* **pedestrian crossing**) पैदल-पथिकों के लिए सड़क पार करने का रेखांकित स्थान

zebroid /जीब्रोइड/ *n.* जेबरा और घोड़े का संकर जीव;
adj. जेबरा से मिलता-जुलता

zebu /जीब्यू/ *n., pl.* **~s/ zebu** लद्दू बैल

Zech *abbr.* 'Zachariah' का संक्षेप

zed /जेड/ *n.,* 1 *Br.* अक्षर **Z** का नाम; *N. Amer. equiv.* **zee** (जी) 2 **zeds** *sl.,* नींद: catch some **~s** or **Z's** (नींद की झपकी ले.)

zedoary /जेडोअरि/ *n., pl.* **zedoaries** अदरक परिवार का पौधा, जदवार, कचूर, आमाहल्दी, आंबाहल्दी;
collocations: **black ~** नरकचूर

zee /जी/ *n., pl.* **~s** अक्षर **Z** का उत्तरी अमेरिकी नाम, जी

zeitgeist /जाइतगाइस्त/ *n., pl.* **zeitgeist**, *Ger.* (***syn.*** spirit of the times) किसी काल की वैचारिक प्रवृति, युगचेतना

zemindar *n.* जमींदार

zemstvo /जेम्स्त्वा/ (*Russian* **зéмство**) *n.* स्थानीय स्वशासन, पंचायत आदि

Zen /जेन/ *n.* जापान में प्रचलित बौद्ध धर्म का स्वरूप: ~ hipster (सत्य का खोजी)

zenana /जनाना/ *n., pl.* **zenanas** जनानखाना, अंतःपुर, जनाना;
collocations: **~ mission** औरतों को काम देने-दिलाने का अभियान

zend /जेंद/ *n.* जेंद: **~-Avesta** जेंद-अवेस्ता, जरतुश्ती (Zoroastrian) साहित्य

zenith /जेनिथ/ जीनिथ/ (*also* **vertex**) *n.* 1 (***syn.*** peak; ***anton.*** nadir) चरम बिंदु, चरम शिखर, पराकाष्ठा: at the ~ of fame; reached the ~ of his career 2 शिरोबिंदु, खमध्य;
dw/lw: **zenith\al** /जेनिथल/ *adj.* 1 खमध्यीय 2 शिरोबिंदु-संबंधी;
collocations: **~al projection** *geog.* उभारदार मानचित्र

zeolite /जीअलाइट/ *n., pl.* **~s** जल को स्वच्छ बनाने वाला एक खनिज

Zeph. *abbr. Book of the Bible* 'Zephaniah' का संक्षेप

zephyr /जेफः/ *n., lit.* 1 शीलत समीर 2 हल्की पछवा, बयार 3 कपड़ा 4 पारदर्शी बनियान, हल्का गुलुबंद, जर्सी: ~ cloth; ~ yarn

Zeppelin/ **zeppelin** /जेपअलिन/ *n.* जर्मन काउंट जेपेलिन द्वारा प्रायोजित सिगार के आकार का एक विमान, जर्मन शैली का एक विशाल विमान (airship)

zero /जीअरो/ *US* जीरो/ *n., pl.* **~s** 1 (*also* **nought**) **0**, शून्य, सिफर, जीरो, सुन्ना: three **~s**; 25 multiplied by ~ gives ~; absolute ~ 2 कुछ नहीं: reduce to ~; his chances sank to ~; his courage sank to ~; she has ~ confidence 3 थर्मामीटर आदि पर शून्यांक 4 हिमांक, हिमायन अंक, प्रारंभांक: degrees below ~; time ~; ~ level; ~ setting (शून्यांक पर रखने की क्रिया) 5 नगण्य व्यक्ति 6 अधोबिंदु: sth drops to/ falls to ~;
adj. शून्य-आकार का, नकारात्मक: ~ mark; ~ point;
v., *pt.* **~ed**, *pp* **~ing**, *s/he/it* **~es** 1 किसी यंत्र को शून्य पर निश्चित क., रखना 2 शून्य कर दे. 3 किसी वस्तु या व्यक्ति पर पूरा ध्यान सकेंद्रित क. 4 निर्दिष्ट व्यक्ति या वस्तु पर निशाना साधना;
dw/lw: **~-rate** *v., pt.* ~-rated, *pp* ~-rating माल को उसके दाम में जुड़े कर (**VAT**) को शून्य मानकर आकलन क.; **~-rated** *adj.* दाम जुड़े कर (**VAT**) को शून्य मानकर आंका हुआ (माल); **~th** /जिरोथ/ *adj., math. etc.* शून्य कोटि; **zero-zero** *adj.,*

meteorol., aeronautics ऊपर और सामने की शून्य दृश्यता;
collocations: **~-coupon bond** *stock exchange* भुनाते समय मूल दाम से अधिक दाम वाले बौंड; **~ gravity** शून्य गुरुत्व; **~ grazing** *agric.* पशुओं को खेत में चराने की बजाए दलान या बाड़े में रखकर चारा आदि डालने की प्रणाली; **~ hour** 1 अभियान-वेला, आक्रमण-वेला 2 संकट-वेला, संकट की घड़ी 3 विमान से सैनिक टुकड़ियां उतारने का समय 4 फैसले की घड़ी 5 संसद में शून्य काल, कार्यारंभ काल: ~ hour in parliament; **~ line** शून्य रेखा, गोली दागने की मुख्य रेखा; **~ option** 1 नाभिक हथियारों की तैनाती के संबंध में छोटी दूरी की मिसाइलों की तैनाती को सीमित या शून्य करने का विकल्प 2 किसी नियत दूरी के मिसाइलों या प्रक्षेपकों को त्याग देने का विकल्प; **~ sequence** शून्यांकी अनुक्रम; **~ state** शून्यावस्था; **~ sum** शून्य योग; **~ sum game** ऐसी स्थिति जिसमें एक व्यक्ति का लाभ दूसरे की हानि होती है; **~ tolerance** किसी अपराध या आतंक को बिल्कुल भी न सहने की नीति; **~ valent** शून्य संयोजक; **~ visibility** शून्य दृश्यता; **zero-zero option** *meterol.* ऊपर और सामने की दृश्यता के शून्य होने की अवस्था;
absolute ~ परम शून्य;
p&i: **~ in on sth** 1 पर निशाना साधना 2 पर ध्यान केंद्रित क. 3 लक्ष्य रखना, की ओर बढ़ना;
add/ give ~ to sth किसी अंक के साथ शून्य जोड़ना

zest /जेस्ट/ *n.* 1 लगन, उत्साह, उमंग, जोश: do sth with ~ 2 (***syn.*** appetite) दिलचस्पी, रुचि, चाव: ~ for life 3 नींबू या नारंगी का छिलका जो स्वाद के लिए भोजन में डाला जाता है 4 मजा, सुस्वाद, चटपटापन, रस 5 ऊर्जा, जीवंतता: full of ~;
dw/lw: **~er** *n.* छिलका उतारने का उपकरण; **~ful** /जेस्टफुल/ *adj.* 1 मजेदार, जोशीला, उत्साही 2 उमंग-भरा; **~fully** /जेस्टफुलि/ *adj.* उत्साहपूर्वक, उमंग से भरकर, जोश से; **~fulness** *n.* जोशीलापन, जीवंतता; **zest\y** /जेस्टि/ *adj., degr.* ~ier, ~iest 1 चटपटा, चरपरा, तीक्ष्ण 2 जीवंत, जोशीला, उत्साही

ZETA/ Zeta *abbr.* 'zero-energy thermonuclear apparatus' की प्रथमाक्षरी

zeta /जीटा/ *n., pl.* **~s** यूनानी वर्णमाला का छठवां अक्षर

zetetic /जीटेटिक/ *adj.* 1 अन्वेषणात्मक 2 जिज्ञासापूर्ण 3 खोजी 4 *philos.* संशयात्मक, संदेहवादी;
n. 1 अन्वेषणात्मकता 2 जिज्ञासापूर्णता 3 खोज 4 *philos.* संशयात्मकता, संदेहवाद

zeugma /ज्यूग्मा/ *n., pl.* **~s** *gramm.* पदलोपालंकार, दीपक

Zeus /जूस/ *n.Gr. myth.* 1 सर्वोच्च देवता, देवाधीश, देवताओं के पिता, (यूनानी) देवराज 2 रोमन जुपिटर 3 श्वेत वृष रूपी देवता

ZEV-2 wheeler *abbr.* 'Zero Emission Vehicle - 2 wheeler' की प्रथमाक्षरी

ziff *n., Austral. & NZ sl.* एक पक्षी

ZIFT/ Zift *abbr., med.* 'zygote intrafallopian transfer' की प्रथमाक्षरी

ziggurat /जिगुरैट/ जिगअरैट/ *n.* जिग्गुरत, जग्गुरत, प्राचीन मेसोपोटेमिया (Mesopotamia) में पिरामिड जैसा बहुमंजिला मंदिर

zigzag /जिगजैग/ *n., pl.* **~s** 1 टेढ़ा-मेढ़ा रास्ता 2 टेढ़ी-मेढ़ी रेखा, सड़क या खाई;
v., *pt.* **~ged**, *pp* **~ging** 1 टेढ़ा-मेढ़ा चलना या जा. 2 टेढ़े-मेढ़े रास्ते से आगे बढ़ना 3 टेढ़े-मेढ़े चलाना;
adj. टेढ़ा-मेढ़ा, टेढ़ी-मेढ़ी, टेढ़े-मेढ़े: ~ course; ~ harrow

zilch /जिल्च/ *n., sl.* नगण्य, तुच्छ, शून्य

zillion /जिलिअन/ *quantifier* बहुत बड़ी राशि या संख्या

Zimmer/ zimmer /जिमः/ (*also* **Zimmer frame/ zimmer frame**) *n., tradem.* धातु का नलीदार ढांचा, जिसे शारीरिक रूप से विकलांग लोग चलने के लिए प्रयोग में लाते हैं

zinc /जिंक/ *n., chem..* (*symbol* **Zn**) जस्ता, जिंक धातु, यशद: ~ plate;
v., *pt.* **~ed**, *pp* **~ing** जस्ता चढ़ाना;
dw/lw: **zincite** /जिंकाइट/ *n., geol.* जिंक ऑक्साइड का पीला, नारंगी या गहरा लाल खनिज रूप; **~ograph** /जिंकअग्राफ/ *n.* यशद-मुद्र; **~ograph** *v., pt.* ~ographed, *pp* ~ographing यशदमुद्रण क., यशद पर अंकित क.; **~ography** *n.* यशद-मुद्रण; **zinky** /जिंकि/ *adj.* यशदीय, यशदमय;
collocations: **~ ointment** जिंक ऑक्साइड, पेट्रोलियम जैली आदि से बनी एक आरामदेह मलहम; **~ oxide** मलहम, रोगनों, प्लास्टिकों, मिट्टी के बर्तनों आदि में प्रयुक्त होने वाला एक क्रिस्टलीय पदार्थ; **~ white** रंगद्रव्य या रंजक रूप में प्रयुक्त होने वाला एक क्रिस्टिलीय पदार्थ

zine /जीन/ *n., sl.* विशेषज्ञता या विशेष प्रकार के पाठक या लक्ष्य आधारित पत्रिका: fan**zine**; teen-**zine**; queer-**zine**; cyber-**zine**

zineb /जिनेब/ *n.* फफूंदी को मारने के लिए प्रयुक्त एक जैविक कीटनाशक दवाई

zing /जिंग/ *n.* 1 शूंशूं, सरसराहट, सनसनाहट 2 ओज, शक्ति, स्फूर्ति, बल, ऊर्जा, जीवंतता;
v., *pt.* **~ed**, *pp* **~ing** शूं या सरसराहट के साथ निकलना;
dw/lw: **~er** /जिंगः/ *n., colloq. esp. US* 1 एक अपवादजनक उदाहरण 2 एक-पंक्ति की चटपटी व चतुर टिप्पणी 3 तकिया-कलाम, अंतिम पंक्ति, फल-श्रुति, अंतिम भाग (the final part of a joke, comedy sketch, profound statement, or story); **~y** /जिंगि/ *adj.* शूं या सरसराहट की आवाज करने वाला

zinnia /जिनिआ/ *n.* दक्षिणी अमेरिका का एक पौधा और उसके चमकीले फूल

zion /जाइन/ *n.* 1 स्वर्ग 2 एक पहाड़ी का नाम जिसपर येरुशलम नगर बसा है 3 यहूदियों की जन्मभूमि 4 सियोन

Zion\ism /जाइनिज्म/ *n.* यहूदियों द्वारा इजरायल को अपना देश बनाने का आंदोलन, कट्टरपंथी यहूदीवाद;
dw/lw: **~ist** /जाइनिस्ट/ *n.* कट्टरपंथी यहूदीवादी व्यक्ति

zip /जिप/ *UK* (*US* **zipper**; *also* **~ fastner**, **~-top**; **~-neck**) *n., US sl.* 1 पोशाक या थैले के दो हिस्सों को मिलाकर जोड़ने वाली चेन, जिप 2 सनसनाहट: ~ gun; ~ fuel 3 ऊर्जा, उत्साह, तेजस्विता, ओज, मुस्तैदी;
v., *pt.* **~ped**, *pp* **~ping** 1 (*also* **~ up**) जिप लगाना, जिप से बंद क., बांधना 2 सरसराहट करती आवाज के साथ चलना 3 तेजी से आना-जाना या पार क. 4 *comput.* कंप्यूटर फाइल को छोटा (compress) क.;
dw/lw: **~per** /जिपः/ *n. N. Amer.* जिप बांधने वाला; **~per** *v., pt.* ~pered, *pp* ~pering जिप से बंद क.; **zip\py** /जिपि/ *adj., degr.* ~pier, ~piest *colloq.* 1 जीवंत 2 ओजस्वी, उत्साही, फुर्तीला, मुस्तैद, तेज; **~-up** *n.* जिप से बंद होने वाली पोशाक, थैली आदि;
collocations: **~ code** *US* पते के अंत में दिया जाने वला क्षेत्र-सूचक नंबर, पिनकोड; **~ drive** कंप्यूटर की फाइलों को बचाकर अलग से सुरक्षित रखने का एक उपकरण; **~ fastener** पोशाक या थैले के दो हिस्सों को मिलाकर जोड़ने वाली चेन, जिप; **~ file** कंप्यूटर की संकुचित फाइल; **~ gun** खुद की बनाई हुई साधारण बंदूक; **~loc bag** मुंह पर कसकर बंद होने वाली प्लास्टिक की थैली;
p&i: **~ along/ around/ past, etc.** तीव्र गति से जा.

zip- *comb. form, used with the following adverb, forming adjectives, denoting:* **able to be added, removed, inserted** (जिसे जिप की मदद से जोड़ा, हटाया या अंदर डाला जा सके)

zircaloy/ Zircoloy /जःकअलॉय/ *n., pl.* **~s/ ~s** जर्कोनिअम का टिन, क्रोमियम, निकल आदि के साथ मिलकर बनने वाली मिश्रित धातु (alloy) जिसका ताप व संक्षारण सह (heat and corrosion resistance) गुणों की बदौलत नाभिक ऊर्जा के क्षेत्र में व्यापक उपयोग होता है

zircon /जःकन/ *n.* जर्कोनिअम सिलिकेट का खनिज रूप, तुरसावा,

जरकान

zirconium /जिःकोनिअम/ *n., chem.* (*symbol* **Zr**) एक रुपहला-भूरा धातु तत्त्व

zit /जिट/ *n.* (***syn.*** pimple) फुंसी

zither /जिदः/ *n.* सितार की तरह का एक वाद्य, सितार

Zizyphus /जिजिफःस/ *n.* बेर

Zizz/ ziz /जिज/ *sl. n., pl.* **zizzes** 1 भिनभिनाहट, भनभनाहट, भनभन 2 सनसनाहट, गूंज 3 झपकी;

v. pt. **~ed,** ***pp*** **~ing** नींद की झपकी लेना

Zl *abbr.* 'zloty' का संक्षेप

ZLE *abbr.* 'Zero Latency Enterprise' की प्रथमाक्षरी

zloty /जलोति/ *n.* पोलैंड की मुद्रा, ज्लोती

ZMA *abbr.* 'Zip Media Avenue' की प्रथमाक्षरी

Zn *symbol, chem., see above under* **zinc**

Zoar /जोआ/ *n.* शरण-स्थान, शरण्य

zodiac /जोडिऐक/ *n.* राशिचक्र, राशिफल: sign of the ~ (राशि);

dw/lw: **~al** /जोडिऐकल/ *adj.* राशिचक्रीय: ~al light राशिचक्रीय प्रकाश, नीहारिका, प्रकाश सांध्य

zoetrope /जोइट्रोप/ *n.* जीवन-चक्र

zoic /जोइक/ *adj.* 1 जैव 2 जीवाश्म-मय

Zolaism /जोलिज्म/ *n.* जोलावाद, विकृत यथार्थवाद, फ्रांसीसी लेखक एमिल जोला (Emile Zola,1840-1902) के लेखन में पनपने वाला फोटोग्राफिक यथार्थवाद (naturalism)

zollverein /टसॉल्फराइन/ *n.* सीमाशुल्क-संघ

zombie /जौंबि/ *n., pl.* **zombies/ zombis** 1 जादू-टोने से जीवित किया गया शव: like a ~ (बहुत थका हुआ) 2 अजगर-देवता 3 शव-प्रवेशी जिन 4 ढीला-ढाला, मूर्ख, असंवेदनशील व्यक्ति;

collocations: **~ computer** वायरस से ग्रस्त कंप्यूटर

zonal /जोनल/ *adj.* क्षेत्रीय, मंडलीय, आंचलिक, कटिबंधीय: ~ final

zonary /जोनरि/ *adj.* कमर के आकार का (arranged in a band), मेखलाकार

zonate /जोनेट/ *adj.* धारीदार

zonation /जोनेशन/ *n.* अनुक्षेत्र वर्गीकरण

zone /जोन/ *n.* 1 मंडल, अंचल, क्षेत्र: free ~; demilitarized ~ 2 विशेष लक्ष्य के लिए निर्धारित क्षेत्र: No-Fly Zone 3 कटिबंध 4 मेखला, कमरबंद, पेटी 5 धारी 6 धरती के पांच समतल क्षेत्र जिन्हें उत्तरी ध्रुव वृत्त (Arctic Circle), कर्क रेखा (Tropic of Cancer), मकर रेखा (Tropic of Capricorn) और दक्षिणी ध्रुवीय वृत्त (Antarctic Circle) ने बांटा है: frigid/ torrid ~;

v., pt. **~d,** ***pp*** **zoning** 1 (*also* **~ sth off**) क्षेत्रों (मंडलों) में विभाजित क. 2 पेटी लगाना, वलयित क. 3 धारियां लगाना, धारीदार क.;

dw/lw: **~d** *adj.* 1 क्षेत्रों में बंटा 2 (*also* **~d out**) नशीली दवाइयों के प्रभाव तले खोया हुआ; **zoning** /जोनिंग/ *n.* क्षेत्रों में विभाजन, क्षेत्रण, मंडलन, अंचलन;

collocations: **~ of advance/ of defence** आक्रमण या रक्षण क्षेत्र; **~ of contention** विवाद क्षेत्र; **~ of convergence** अंतःउष्णकटिबंधीय अभिसरण क्षेत्र; **~ of depreciation** अवमूल्यन क्षेत्र; **~ of divergence** अंतःउष्णकटिबंधीय विस्तार या छितराव क्षेत्र; **~ of fire** गोलीबारी का क्षेत्र; **~ of preference** वरीयता क्षेत्र; **~ time** स्थानीय समय; **~ torrid** उष्ण क्षेत्र;

frigid ~ शीत क्षेत्र; **temperate ~** शीतोष्ण (नर्म जलवायु) क्षेत्र;

p&i: **~ out** 1 नींद आ जाना 2 बेहोश हो जा. 3 दिवा स्वप्नों में खो जा.

zonk /जौंक/ *US* जांक/ *v., pt.* **~ed,** *pp* **~ing** तेज धारी वस्तु से प्रहार क.

zonked /जौंक्ट/ *US* जांक्ट/ (**zonked out**) *adj., colloq.* 1 थका-मांदा 2 नशीली दवाइयों या शराब के नशे में

zoo /जू/ *n., pl.* **~s** चिड़िया-घर

zoo- *scientific, comb. form, denoting:* **animal** (पशु);

dw/lw: **~blast** *n.* जीव-कोरक, जंतुरोपण; **~chemistry** *n.* जीव-रसायन; **~ecium** *n.* जीवकधानी; **~gamete** *n.* जल-युग्मक; **~gamy** *n.* लैंगिक जनन; **~genic** *adj.* जीवप्रभूति; **~geography** *n.* प्राणि-भूगोल; **zoogloea** /जोवअग्लिआ/ *n.* श्लेष्मावृत जीवाणु; **~graphy** *n.* प्राणि-विवरण; **~id** /जोऑइड/ *adj.* जीवक, पशुवत्; **~id** *n.* पशु जैसा शरीर; **~keeper** *n.* चिड़ियाघर में जानवरों की देखभाल करने वाला व्यक्ति; **~latry** /जोऑलअट्रि/ *n.* प्राणि-पूजा, जंतु-पूजा; **~lite** /जोअलाइट/ *n.* अश्मीभूत प्राणी

zoological /जोअलौजिकल, जुअलौजिकल/ *US* जोअलाःजिकल/ *adj.* प्राणि-विज्ञान संबंधी: ~logical garden(s) (चिड़ियाघर, चिड़ियाखाना, जंतु-शाला)

zoo\logy / जोऔलजि, जुऔलजि/ *US* जोआःलजि/ *n.* प्राणि-विज्ञान, जंतु-विज्ञान;

dw/lw: **~logist** /जुऔलअजिस्ट, जुऔलअजिस्ट/ *US* जोआःलअजिस्ट, जुआःलअजिस्ट *n.* प्राणि-विज्ञानी; **~mancy** /जोअमैंसि/ *n.* पशु-सगुनौती, पशुओं के व्यवहार पर आधारित ज्योतिष; **zoomorphic** /जोअमॉःफिक/ *adj.* 1 पशुरूप 2 पशुत्वारोपी, पशुओं को चित्रित करने वाला; **~morphism** *n.* पशुत्वारोप, पशुओं का चित्रण; **~parasite** *n.* प्राणि-परजीवी; **zoophagous** /जूवाफअगस/ जोवाफअगस/ *adj.* प्राणि-भक्षी; **~philous** *adj.* प्राणि-प्रेमी, जंतु-चीराफाड़ी (dissection, vivisection) विरोधी; **~phobia** *n.* जंतु-भीति; **zoophyte**/जोअफाइट/ *n., zool.* उद्भिज प्राणि, पौधों जैसे प्राणि (e.g., sponges, coral, etc.); **~plankton** *n., zool.* तैरते जीव, पल्वक; **~sperm** *n.* शुक्राणु; **~spore** *n.* चलबीजाणु; **~tomy** *n.* 1 जंतु-शरीर-विज्ञान 2 जंतु-व्यवच्छेदन;

zoom /जूम/ *v., pt.* **~ed,** *pp* **~ing** 1 (**~ along/ down/ past, etc.**; ***syn.*** rush/ whizz) सरसराते हुए तेजी से गुजरना 2 (*usually* **~ away/ off,** *etc.*) सरसराते हुए तेजी से दूर हटना 3 गुंजारते हुए या गरजते हुए उड़ना 4 (*often* **~ over/ past**) तेजी से (सीधे) ऊपर उड़ना या उड़ाना 5 अचानक बढ़ना या वृद्धि हो.: prices have **~ed** in the past year;

n. तेज ऊर्ध्व उड़ान;

collocations: **~ in** टीवी कैमरा के लेंस द्वारा व्यक्ति या वस्तु को करीब से दिखाने की क्रिया: ~ in/ ~ (a camera) in on sb/ sth; **~ out/ ~ (a camera) out** टीवी कैमरा के लेंस द्वारा व्यक्ति या वस्तु को दूर से दिखाने की क्रिया; **~ lens** कैमरा का लेंस जिससे दूर की चीजें पास और बड़ी दिखाई पड़ती हैं

zoot suit *sl.* 1940 के दशक में प्रचलित चौड़ी पैंट और ढीले लंबे कोट वाला सूट

Zoroas\ter /जौरोऐ\स्टः/ *US* जॉरोऐ\स्टः/ *n.* जरतुश्त, जरदश्त;

dw/lw: **~trian** /~स्ट्रिअन/ *adj.* जरतुश्ती, जरदुश्त धर्म विषयक; **~trian** *n.* पारसी, जरतुश्त धर्म अनुयायी व्यक्ति; **~trianism** /~स्ट्रिअनिज्म/ *n.* जरतुश्त-धर्म, पारसी धर्म

zoster /जेस्ट/ *n., patrol.* कमर पेटी, भैंसिया दाद

zouk /जक/ *n.* फ्रांसीसी ऐंटाइल्ज (Antilles) में प्रचलित दक्षिणी अमेरिकी, अफ्रीकी और पश्चिमी संगीत का मिश्रित नृत्य संगीत

ZPG *abbr.* 'zero population growth' की प्रथमाक्षरी

Zr *symbol, chem.* zirconium का चिह्न

ZRO *abbr.* 'Zonal Recruitment Office' की प्रथमाक्षरी

zucchetto/ zucchetto /त्सुकेटो/ *n., pl.* **~s** रोमन कैथोलिक पादरियों द्वारा पहनी जाने वाली सिर पर कसकर बैठने वाली छोटी-सी टोपी (skull cap)

zucchini /जुकीनि/ *US* (*UK* **courgette**) *n. pl.* **zucchini** or **zucchinis**, *esp. N. Amer. & Austral.* ककड़ी जाति की एक प्रकार की सब्जी

Zulu /जूलू/ *n., pl.* **Zulu/ Zulus** 1 दक्षिणी अफ्रीका की बंटु प्रजाति 2 इस प्रजाति का सदस्य

Zuni /जूनि/ *n.* मैक्सिको में रहने वाली अमेरिकी आदिवासी जनजाति

का सदस्य

ZW *abbr.* **Zimbabwe** का अंतर्राष्ट्रीय वाहन पंजीकरण कोड (*IVR*)

zwitterion /त्स्विटअरायन/ *n., chem.* ऐसा ion जिसमें सकारात्मक व नकारात्मक दोनों धाराएं होती हैं

zygodactyl /जाइगोडैक्टिल/ *n.* युग्मांगुलि

zygodont /जाइगअडंट/ *n.* युग्मदंती

zygoma /जाइगोमा/ *n.* गंडास्थि

zygo\morphic /जाइगोमॉःफिक/ *adj.* एकव्यास-सममित; *dw/lw:* **~morphism** *n.* एकव्यास-सममिति

zygosis /जाइगोसिस/ *n.* संयुग्मन

zygospore /जाइगोस्पॉः/ *n.* युग्माणु

zygote /जाइगोट/ *n. biol.* युग्मनज

zymase /जाइमेस/ *n., chem.* प्रकिण्व

zymo-/ zym- *comb. form, denoting:* **fermentation** (खमीरीकरण);

zymology /जाइमौलजि/ *US* जाइमाःलजि/ *n.* किण्व-विज्ञान, कैण्विकी; *dw/lw:* **~sis** /जाइमौसिस/ *US* जाइमाःसिस/ *n.* किण्वन; **~tic** /जाइमौटिक/ *US* जाइमाःटिक/*adj.* किण्विक, किण्व

zymurgy /जाइमःर्जि/ *n.* आसव बनाने का रसायन, किण्व-रसायन

Appendix परिशिष्ट

French, Italian, Latin, Russian, Spanish, etc. Words and Expressions Frequently Used in English

अंग्रेजी में प्रायः प्रयुक्त होने वाले फ्रांसीसी, इतालवी, लातीनी, रूसी, स्पेनी आदि भाषाओं के शब्द व अभिव्यक्तियां

A

ab absurdo /ऐब ऐब्सरडो/ *Lat.* मूर्खता से
ab antiquo /ऐब ऐंटिक्वो/ *Lat.* प्राचीन काल से
abbé /ऐबि/ *n., Fr.* फ्रांसीसी महंत (पादरी)
ab extra /ऐब एक्स्ट्रा/ *Lat.* बाहर से, बाह्यतः
ab initio /ऐब इनीशिओ/ *adv., Lat.* आरंभ से
ab intra /ऐब इंट्रा/ *adv., Lat.* भीतर से, अंतरतः
a bon marche /आबॉन्माःरशे/ *Fr.* सस्ता, सस्ते दाम पर
ab origine /ऐबोरिजिनि/ *Lat.* प्रारंभ से, उद्गम बिंदु से
ab ovo /ऐब ओवो/ *adv., Lat.* अंडे से, प्रारंभ से, एकदम शुरू से
absente reo /ऐब्सेंति रिओ/ *Lat.* प्रतिवादी या अपराधी की गैरहाजिरी में
a capite ad calcem /आ कापिते आद काल्केम/ *Lat.* सिर से पैर तक
accouchement /अकूशमां/ *n., Fr.* प्रसव, प्रसूति, सौरी, बच्चा जनने की अवस्था
accouch\eur /ऐकूशः/ *n., Fr.* प्रसावक, पुरुष धाय
accoucheuse /ऐकूशःज/ *n., Fr.* प्रसाविका, धाय, दायी
a couvert /आ कुवे/ *Fr.* पर्दे में
actionnaire /ऐकशिओनेअः/ *Fr.* हिस्सेदार
addio /अडीओ/ *It.* विदाई
à demi /आ डेमि/ *Fr.* आधा, आधा-आधा करके
à deux /आड्यु/ *adv., Fr.* 1 दोनों 2 दो जनों के लिए: dinner à deux
ad extra /ऐड ऐक्स्ट्रा/ *It.* बाहरी ओर
ad extremum /आड एक्स्त्रेमम/ *Lat.* आखिरी हद तक, ज्यादा से ज्यादा
ad hoc /ऐड-हौक/ *US* ऐड-हाःक/ *adj., Lat.* 1 तदर्थ, जो नियमित न हो
ad hominem /ऐड हौमिनेम/ *US* ऐड हाःमिनेम/ *adj., adv., Lat.* 1 अपने श्रोताओं के तर्कों की बजाए उनके आग्रहों या दुराग्रहों को ध्यान में रखकर बात या काम क. 2 अपने प्रतिवादी के तर्कों का जवाब न देकर उसका चरित्र-हनन क.
ad infinitum /ऐडइनफिनाइटम/ *adv., Lat.* सदा के लिए, अनंत काल तक, असीम
ad interim /ऐडइंटअरिम/ *adj., Lat.* अंतरिम, अस्थायी, अल्पकालीन
adios /अदिऔस/ अदिओस/ *interj., Sp.* अलविदा!
ad libitum /ऐड लिबिटम/ *adv., Lat.* 1 जितना चाहो, जैसे चाहो 2 जैसी मर्जी, इच्छानुसार 3 चुन-चुन कर
ad manum /ऐड मानम/ *adj., Lat.* तैयार, प्रस्तुत
ad modum /ऐड मोडुम/ *Lat.* रीति के अनुसार
ad nauseam /ऐड्नॉजिऐम/ *adv., Lat.* 1 (बार-बार दोहराना कि कोई) ऊब जाए 2 घृणास्पद बन जाने की हद तक 3 अतिशय करते हुए
ad rem /ऐड रेम/ *adv., adj., Lat.* 1 (***syn.*** to the point) सीधे मुद्दे पर 2 सीधे निशाने पर
ad referendum /एडरेफरेंडम/ *Lat.* आगे विचार किए जाने के लिए
ad summum /एडसुम्मम/ *adv., Lat.* उच्चतम बिंदु को या पर
ad unum omnes /आड उनुम ओमनेस/ *Lat.* अंतिम व्यक्ति तक, सभी
ad valorem /ऐडवलॉःरेम/ *adv., Lat.* यथा मूल्य, लागत मूल्यानुसार
ad verbum /ऐडवेःबम/ *adv., Lat.* शब्दशः, अक्षरशः
dvivum /द्विवुम/ *Lat.* जीवन पर्यंत
aequo animo /आइक्वो ऐनिमो/ *Lat.* संतुलित मन से, शांत चित्त से
affaire d' amour /अफेर दा अमूर/ *Fr.* प्रेम प्रसंग, प्रेम कहानी
affaire d' honneur /अफेर दा ऑनोअः/ *Fr.* (***syn.*** duel) आत्म सम्मान की रक्षा के लिए किया जाने वाला द्वंद्व युद्ध
a fond /आःफॉं/ *adv., Fr.* 1 पूर्णतः, अंत तक 2 पूरी तरह
a fortiori /ए फॉःटिऑराइ/ *adv., Lat.* और भी अधिक, से बढ़कर, से अधिक सशक्त
agnomen /ऐग्नोमेन/ *n., pl.* **~ina** /ऐग्नोमीना/, *Lat.* उपनाम
à grands frais /आ ग्रॉं फ्रे/ *Fr.* बहुत बड़ी कीमत चुकाकर
aide-memoire /एड मेम्वाः/ *Fr.* याद दिलाने वाली पुस्तिका
à la belle etoile /आ ला बेलि त्वाल/ *Fr.* खुले आसमान तले
à la /आःलाः/ *prep., Fr.* 1 के अनुसार: **à la carte** /आ ला कार्त/ *Fr.* रेस्त्रां आदि के मेन्यु अनुसार 2, की तरह, की शैली में: **à la** Raj Kapur (राज कपूर की शैली में); ~ mode (फैशन के अनुरूप); a new band sings ~ Beatles
à la belle etoile la militaire /आ ला बेलि त्वाल ला मिलितोअर/ *Fr.* फौजी रीति-रिवाज के अनुसार खुले आसमान तले
à la mode /आ ला मोड/ *Fr.* फैशन या चलन के अनुसार
à la mort /अलअमॉःट/ *adj., Fr.* 1 घातक रूप से (हताश, निराश, निरुत्साह 2 अत्यधिक सताया हुआ
allocator /ऐलअकेतः/ *Lat.,* अनुमत, अनुमति दी जाती है
alma mater /ऐल्मा माटः/ ऐल्मा मेटः/ *pl.* **alma maters**, *Lat.* 1 मातृ-विद्यालय या शिक्षण संस्थान 2 किसी का पुराना स्कूल, कालेज, विश्व विद्यालय, छात्रावास आदि
alter ego /ऐल्टः-ईगो/ ऑल्टः-ईगो/ *n., Lat.* 1 घनिष्ठ/ अभिन्न/ अंतरंग मित्र 2 किसी का दूसरा 'मैं' यानी हू-ब-हू उसके समान, उसकी छाया जैसा
altum selentium /ऐल्तुम सिलेंतिअम/ *Lat.* पूर्ण शांति, पूरी चुप्पी
alumna /अलम्ना/ *n., Lat., pl.* **alumnae** /अलम्नी/ स्कूल, कालेज या विश्वविद्यालय की भूतपूर्व छात्रा, भूतपूर्व स्नातिका;
alumnus /अलम्नस/ *n., pl.* **alumni** /अल्मनाइ/ स्कूल, कालेज या विश्वविद्यालय का भूतपूर्व छात्र, भूतपूर्व स्नातक
a maximis ad minima /आ मैक्सिमिस ऐड मिनिमा/ *Lat.* बड़े-

से बड़े से लेकर छोटे-से छोटे तक

ame de boue /ऐम द बोए/ *Fr.* नीच मनुष्य, नीच विचारों का व्यक्ति

amende honorable /अमेंड औनरअबल/ *Fr.* अमांड औनॉराबल/ 1 पूरी क्षतिपूर्ति 2 अपमान करने के लिए सब के सामने क्षमा-याचना, सार्वजनिक क्षमायाचना

amicus humani generis /अमिकुस हुमानि गेनेरिस/ *Br.* अमाइकस ह्युमेनाइ जेनेरिस/ *Lat.* मानव जाति का मित्र

amigo /अमीगो/ *n., pl.* **~s**, *Sp., mainly US, esp. in Spanish-speaking areas* मित्र, दोस्त, यार

à mom avis /अमोमवी/ *Fr.* मेरे विचार में

amor vincit ommnia / अमोर विन्सित ओमनिआ / *Lat.* प्रेम सबको जीत लेता है

amour /अमुअः/ *US* अमुर *n., Fr., old use* प्रेम-प्रपंच, प्यार का सिलसिला, गुप्त प्रेम, (गुप्त) प्रेम-संबंध;

dw/lw: **amour-propre** /अमुअः प्रौप्र/ *n., Fr.* आत्म-सम्मान

ancien régime /आंस्यां रेजीम/ *n., pl.* **anciens regimes**, *Fr.* 1 फ्रांस में 1789 की क्रांति से पहले राजनीतिक और सामाजिक तानाबाना 2 पुरातनपंथी व जर्जर ढांचा

animo et fide /अनिमो ऐत फिदे/ *Lat.* साहस और विश्वास

anno domini /ऐनो डोमिनाइ या ऐनो डोमिनि/ *Lat.* ईस्वी सन में

anno mundi /ऐनो मुंडी या ऐनो मंडाइ / *Lat.* सृष्टि के आरंभ के वर्ष में

annum /ऐनम/ *adj., Lat.* वर्ष: per ~ (प्रति वर्ष)

annus horribilis /ऐनुस हौरीबिलिस/ *Lat., n. pl.* **anni horribiles** /ऐनी हौरीबिलेज/ विपदाओं और आपदाओं से भरा वर्ष

annus mirabilis /ऐनुस मिरैबिलिस/ *Lat., n., pl.* **anni mirabilis** /ऐनी मिरैबिलेज/ शुभ वर्ष, अद्भुत घटनाओं का वर्ष

ante-bellum /ऐंटिबेलम/ *adj., Lat.* 1 युद्ध तक, युद्ध तक का 2 *US* अमेरिका के गृह-युद्ध तक

ante meridian /ऐंटि मअरिडिअन/ *adj., Lat.* दोपहर से पहले का, पूर्वाह्निक

ante meridiem /ऐंटि मेरिडिअम/ *Lat.* (*abbr.* **a.m./am, A.M./AM**) *adv.* पूर्वाह्न में, दोपहर से पहले (आधी रात से दोपहर तक के समय में)

ante mortem /ऐंटि मोःटेम/ *Lat.* मृत्यु-पूर्व

antiquarium /ऐंटिक्वेरिअम/ *Lat.* प्राचीन वस्तुओं का संग्रह

apercu /ऐपेअःस्यू/ *US* ऐपरसू/ *n., Fr.* 1 (***syn.*** outline, overview) संक्षिप्त रूपरेखा, संक्षिप्त रिज्युमे, संक्षिप्त निबंध 2 (***syn.*** glimpse, insight) उड़ती-उड़ती-सी झलक, सरसरी झलक 3 पलभर की छाप 4 किसी समस्या को आसान बना देने वाली टिप्पणी

à point /आ पुंआ/ *Fr.* ठीक तरह से, उत्तम ढंग से

apologia /ऐपअलोजिआ/ *Gr.* अपनी या किसी की दलील या कार्य का लिखित बचाव

a posteriori /एपौस्टेरिऑराइ/ *US* एपाःस्टेरिऑराइ/ *adj., Lat.* 1 कार्य-कारण न्याय के अनुसार 2 अनुभवजन्य, अनुभव सापेक्ष, अनुभवाधारित

apparatchik /अपअरात्चिक/ (*Russian* **аппарáтчик**) *n., pl.,* **apparatchiks**/ *Russian* **apparatchiki (аппарáтчики)** अफसरशाह या पार्टी-ब्यूरोक्रेट, पार्टी-बाबू

a priori /एप्राइऑ\राइ/ *adv., Lat.* 1 कारण-कार्य-न्याय के अनुसार (तर्क) 2 आम सिद्धांत से विशेष उदाहरण की ओर 2 अनुभव की बजाय सिद्धांत पर आधारित, अनुभव-निरपेक्ष

à propos /आप्रअपो/ *Fr.* उचित, अवसर के बिल्कुल अनुकूल

à prima vista /आ प्रीमा विस्ता/ *It.* = **prime facie** पहली नजर में

aqua /ऐक्वा/ *Lat.* जल, पानी

aqua-belle /ऐक्वा-बेल/ *n., facetious* (समुद्र-स्नान करने वाली) सुंदरी, तैराकी पोशाक पहने सुंदरी

aqua bulliens / ऐक्वा बुलिएं/ *Lat.* खौलता हुआ पानी

aqua-vitae /ऐक्वा-वीताइ/ ऐक्वा-वाइति/ (शाब्दिक अर्थ: 'जीवन-जल', अमृत) *n., Lat.* (रूसी वोद्का जैसी) एक तेज स्कैंडेनेवियायी शराब

argumenti causa /आर्गुमेंती काउजा/ *Lat.* मात्र तर्क के रूप में

arriere-pensee /आरिआः पांसे/ *n., Fr.* 1 (***syn.*** ulterior motive) बुरा इरादा, घटिया मंशा

artel /आःत्चेल/ (*also in Russian* **артéль**) *n.* सहकारी संघ, साझा काम

arts longa, vita brevis /आर्ज लॉगा, वाइता ब्रेविस/ *Lat.* कला विशाल जीवन निढाल

artium Baccalaureus /आःटियूम बैकालाउरिअस/ *Lat.* **Bachelor of arts** बी.ए.

asinus ad lyram /आजिनुसादम लीरम/ *Lat.* भैंस के आगे बीन बजाना

assemblage /असैंब्लैज/ *n., Fr.* 1950 के दशक के अंत में DADAism को फिर से जीवित करने के प्रयास के तहत भिन्न-भिन्न वस्तुओं, कागजों, लकड़ियों, धातुओं, बोरियों आदि को जोड़कर नई कलात्मक वस्तुएं बनाने की प्रक्रिया, सज्जा, सज्जाकरण, संयोजन

ataman /अतामान/ (*in Russian* **атамáн**) *n., pl.* **~s** रूस में कोजाक (Cossack) गांव का सरदार या सरपंच

atelier /अतेलिए/ *US* ऐतलिए/ *n., Fr.* 1 (***syn.*** workshop) कला-गृह, कर्मशाला या शिल्पशाला 2 (***syn.*** studio) स्टुडियो 3 दर्जी की दुकान आदि

astrakhan /आस्त्राखान/ (*derived from Russian Volga river city* **Áстрахань** /Astrakhan = आस्त्राखान/) *n.* भेड़ के मेमने की खाल से बना जैकट

à travers /अत्रावेः/ *adv., Fr.* पार, के पार, से होकर

à tort et a travers /आ तोरि आ त्रावेः/ *Fr.* बिना किसी कारण के (without any reason or rhyme)

à toute force /आ तूत फोःस/ *Fr.* किसी भी कीमत पर

à tout prix /आ तूत प्रि/ *Fr.* किसी भी दाम पर

attaché /अतैशे/ *n., Fr., pl.* **attachés** 1 अताशे, राजदूत का सहायक 2 विशेष योग्यता की बदौलत बना कूट-नीति विभाग का सदस्य: naval/ military/ commercial ~;

dw/lw: **attaché-case** /अतैशिकेस/ *n.* अटैची, सूटकेस, चमड़े की पेटी

aubade /ओबाड/ *n., Fr., poetic* प्रभात काल में गाया जाने वाला गीत, प्रभाती

au courant /ओकूरां/ *adj., Fr.* (*literally:* in the stream/ current) 1 सुविज्ञ, ज्ञाता 2 नवीनतम सूचनाओं से लैस 3 वर्तमान परिस्थितियों से भली भांति परिचित

audaces/ audentes foruna juvat /ऑदाचेस/ आउदेंतेस फोर्त्यूना युवात/ *Lat.* भाग्य बहादुर का साथ देता है

au fait /ओफे/ *adj., Fr.* (*usually* **au fait with something**) किसी चीज या बात से अच्छी तरह परिचित: be ~ in/ at sth

au lait /ओले/*adj., Fr.* 1 दूध से बना या दूध के साथ परोसा जाने वाला: café **au lait** (दूध के साथ कॉफी)

au pair /ओ पेअः/ *n., pl.* **~s**, *Fr.* ऐसा युवक या ऐसी युवती जो भाषा सीखने के लिए विदेश में किसी परिवार के साथ रहकर परिवार के बच्चों की देख-रेख और अन्य घरेलू काम करता या करती है

au pied de la letter /ओ प्येडअ लै लेटः/ *Fr.* शब्दशः, अक्षरशः
au revoir /ओ रेववार/ *excl. n., Fr. pl.* **(au revoirs)** अलविदा!
auriga /औरीगा/ *Lat.* सारथी, उत्तरी तारक पुंज
aut Caesar aut nullus/ nihil /*Br.* ऑट सीजर ऑट नुलेस/ नाइहिल/ आउट काइजार आउट नुलेस/ निहिल/ *Lat.* या तो सीजर अन्यथा कोई नहीं, या तो सब कुछ या कुछ नहीं
aux armes /ओक्स आर्म्ज/ *Fr.* शस्त्र धारण करो!
avant propos /आवां पॉपु/ *Fr.* (***syn.*** foreword) प्रस्तावना, प्राक्कथन, भूमिका
ave /आवि/ *interj., Lat.* स्वागतम्!, आइए!
avion /आवियॉं/ *n., Fr.* हवाई जहाज

B

baba /बाबा/ *n.* (*Russian* **бáба**), *derog.* बूढ़ी औरत
babushka /बाबुश्का/ (*also Russian* **бáбушка**) *n., pl.* **babushkas/ babushki (бáбушки)** दादी, नानी, बुढ़िया
Babiyo leto (бабьё лéто /बाबियो लेता, *see also under* **Indian summer**) रूस आदि देशों में पतझड़ के अक्सर बादलों से घिरे और हल्की वर्षा से लबालब व बोझिल मौसम के बीच चंद दिनों के लिए खिलने वाली सौंधी-सौंधी धूप
Baccalaureus Litterarum /बकालाउरिअस लितिरारुम/ *Lat.* (**BLitt '**Bachelor of Letters) बीए (डिग्री)
baculus /बैक्युलस/ *n., pl.* **baculi** *Lat.* सत्ता का प्रतीक डंडा या बेंत
badaud /बैडो/ *Fr.* बादु/ *Fr.* मूर्ख, भोंदू, बुद्धू
banc /बैंक/ (*also* **banco** /बांको/) *n., Lat.* 1 **in ~/ in banco** खंडपीठ पूरी या खंडपीठ या ज्युरी (jury) उपस्थित
badinage /बैडिनाज/ *n., Fr.* (***syn.*** banter) फबती, परिहास, ठठ्ठा, छेड़छाड़, हंसी-दिल्लगी
baguette /बैगेट/ *n.Fr.* 1 फ्रेंच ब्रेड 2 लंबा आयताकार कीमती पत्थर
Bavardage /बवादाश/ बवरदाज/ *Fr.* बिल्कुल बकवास, कोरी गप
beau /बो/ *n., pl.* **beaux/ beaus** /बोज/, *Fr.* 1 छैला, बांका 2 *Br. or US* प्रेमी, यार: an old ~; she had many **~s**;
dw/lw: **beau-ideal** /बोआइडीअल/ *n., Fr.* आदर्श: the beau-ideal of fashion; **beaucoup** /बोकू/ *Fr.* बहुत सारे, काफी ज्यादा: you can spend beaucoup bucks;
collocations: **Beau Brummel** /बो ब्रमअल/ *hist.* 1 सुंदर युवक ब्रमेल 2 (***syn.*** dandy) फैशनेबल युवक, डेंडी /dandy/ 3 फैशन का विधाता; **beau garcon** /बोगाःशॉन/ *Fr.* फैशनेबल, बांका, छैला; **beau monde** /बो-मॉड/ *n., pl.* **beaux mondes/ beau mondes** /बोज मॉड्ज/ फैशनपरस्त लोग या फैशनेबल उच्च समाज
beaux arts /बोज आः/*n., [pl.], Fr.* 1 ललित कला 2 *archit.* फ्रांस में 19वीं सदी में भवन-शिल्प में प्रचलित एक सज्जा प्रणाली
bella, horrid bella /बेल्ला, हौरिड बेल्ला/ *Lat.* (Virgil) युद्ध, भयंकर युद्ध
belle amie /बेलअमी/ *Fr.* सखी, सहेली, महिला मित्र
belles letters /बेल-लेट्रा/ *n.* (*pl.*), *Fr.* (विज्ञान या तकनीकी साहित्य से अलग) ललित या उदात्त कृतियां या साहित्य: ~ style;
dw/lw: **belletrist** /बेलेतरिस्त/ *n.* साहित्यकार
bellum lethale /बेलम लिथाले/ *Lat.* (deadly war) भयंकर युद्ध, भीषण संग्राम
berceuse /बेरसःज/ *n., Fr.* लोरी गीत
bête noire /बेटअनवाः(र)/ *n., pl.* **bêtes noires** /बेटनवाः(र)/ *US* /बेटअनवाः(र)ज/ *Fr.* नापसंद व्यक्ति, घृणित या हेय व्यक्ति या वस्तु
bevue /बेवि/ *n., Fr.* (***syn.*** blunder) भारी भूल
bibelot /बीबअलो/ *n., Fr.* छोटी कलाकृति, गुटका, छोटी पुस्तक
bibliotheca /बिब्लिआथीका/ *Lat.* पुस्तकालय
biennium /बिअनिअम/ *Lat.* दो वर्ष का काल या समय
bijouterie /बिजूटअरी/ *n., Fr.* 1 आभूषण, टूम-छल्ला 2 हीरे-जवाहरात 3 मंजूषा, पेटिका
bis in dies /बिस इन डाइज/ *Lat.* दिन में दो बार
bizarre /बिजाः\/ *US* बिजाःर\/ *adj., Fr., Sp.* 1 (***syn.*** weird) विचित्र, बेतुका 2 (***syn.*** incongruous) गड़बड़, बेतुका;
dw/lw: **~ly** /~लि/ *adv.* विचित्र ढंग से; **~ness** /~नेस/ *n.* विचित्रता; ***collocations:*** **~ behaviour** विचित्र व्यवहार
blague /ब्लाःग/ *n., Fr.* 1 बकवास 2 थोथी बातें 3 अपने मुंह मियां-मिठ्ठूपन, गपोड़पन 4 आंखों में धूल झोंकने की क्रिया
boite de nuit /ब्वात-ड-नुइ/ (*also* **discotheque**) *Fr.* रात्रि-क्लब
Bolshevik /बोल्शेविक/ (*also in Russian* **Бóльшевик**) *n., pl.* **Bolsheviks**/ *sometimes* **Bolsheviki** (*also Russian* **Бóльшевики**) बोल्शेविक, व्लाडीमीर लेनिन की पार्टी का सदस्य
bombe /बौम्ब/ *US* बाःम्ब/ *n., Fr., cookery* भोजनोपरांत आइस्क्रीम जैसा मिष्टान्न
bon /बौं/ *US* बान/ *adj., Fr.* अच्छा, प्रिय;
collocations: **~ voyage!** /बों वोयाज/ *US* बान वोयाज शुभ यात्रा! **~ ami!** /बोंआमि/ सुहृद, सुसखा
bona fide /बोनअफाइडि/ *US* बोनअफाइड/ *adj., Lat.* 1 सच्चा, खरा 2 वास्तविक एवं प्रामाणिक, वैध 3 निष्कपट, नेकनीयतपूर्ण; ***adv.*** सद्भाव से;
bonafides /बोनअफाइडीज/ *US* बोनअफिडेज/ *n.* 1 खरापन 2 नेकनीयती, निष्कपटता 3 सद्भावना, सदाशय, सद्भाव
bona mobilia /बोनअ मअबीलिआ/ *Lat.* (***syn.*** movables) चल संपति
bona vacantia /बोनअवकैंशिआ/ *Lat., law* बेमालिक संपत्ति
bonhomie /बौनअमी/ *US* बाःनअमी/ *n., Fr.* सौजन्य, तार-तम्यता, आत्मीयता
bonjour /बुंजु/ *Fr.* (***syn.*** Good mrning!, Hello!) नमस्कार
bon mot /बौंमो/ *US* बांमो/*n., pl.* **bons mots**, *Fr.* 1 फब्ती 2 तीखा शब्द 3 ठीक निशाने पर बैठने वाला शब्द 4 सूक्ति
bonne fortune /बॉन फॉर्च्यून/ *Fr.* सौभाग्य
bonsoir /बूस्वाः/ बॉस्वार/ *Fr.* संध्या का नमस्कार
Bon ton /बॉन्टॉन/ *Fr.* 1 सजने-धजने की पराकाष्ठा 2 उच्च समाज
bon vivant /बौंवीवौं/ *US* बांवीवां/ (*also* **bon viveur** /बौंविवः/ *pl.* **bons/ bon viveurs**) *n., Fr.* खाने-पीने और मौज-मस्ती करने वाला व्यक्ति
bordereau /बोडेरो/ *n., pl.* **bordereaux** *Fr.* ज्ञापन, विस्तृत वर्णन
borsch /बोर्श/ (*Russian* **борщ**) *n.* चुकंदर का रूसी शोरबा
borzoi /बःजोय/ *n., pl.* **borzois**, (*Russian* борзой) बड़ा रूसी शिकारी कुत्ता

bourasque /बौरस्क/ *n., Fr.* तूफान, झक्कड़, झंझा
bouffant /बूफौंत/ *US* बूफांत/ *adj., Fr.* 1 लबालब भरा हुआ 2 *hair* फूले हुए (बाल), फूला या फुलाया हुआ
boulevard /बूलअवाःड/ *US* बुलवाःर्ड/ *n., Fr.* 1 तरु वीथी, तरु पथ 2 दोनों तरफ पेड़ों की कतार वाली बड़ी सड़क या मुख्य प
bourse /बुअस/ *US* बुर्स/ *n.* (*usually* **Bourse**), *Fr.* सराफा, सट्टा-बाजार (विशेषकर पेरिस का सट्टा-बाजार)
boutique /बूटीक/ *Fr.* फैशनेबल व कीमती सामान की छोटी-सी दुकान
brevi masu /ब्रेवि मासु/ *Lat.* तुरंत, तत्काल
bric-a-brac /ब्रिक-अ-ब्रैक/ *n., Fr.* छोटी-मोटी चीजों का संग्रह, सस्ती कलाकृतियों का संग्रह
bravo /ब्रावो/ *It.* शाबाश, खूब!

C

cache /कैश/ *n., Fr.* **1** हथियारों आदि का गुप्त जखीरा या छिपाने का स्थान **2** गुप्त भंडार या खेप, छिपी हुई रसद 3 छिपी हुई चीजों का संग्रह
cachet /कैशे/ *n., Fr.* **1** सरकारी मोहर **2** (***syn.*** prestige) प्रतिष्ठा, मान विशिष्टता, उत्कृष्टता 3 *old use, med.* छोटा कैप्सूल, संपुटिका, पुटी, पुटक 4 विशिष्टता चिह्न 5 स्मृति डाक टिकट
cachot /केशो/ *Fr.* काल-कोठरी, कैदखाना, जेल
cadre /काडः/ *US* काडरि/ *Fr.* 1 कर्मचारी 2 क्रांतिकारी समूह के सक्रिय सदस्य
caftan/ **kaftan** /कफ्तान/ *Russian* कफ्तान/ (*also in Russian* **кафтáн**) *n.* कफ्तान, चोगा, लबादा
calembour /कालंबुअः/ *n., Fr.* श्लेष, शब्दों का खेल या शब्दों की जादूगरी
carpe diem /काःपेडायम/ *Lat.* बहती गंगा में हाथ धो लो! आज के दिन का आनंद लो! आज के दिन का आनंद लो
casus belli /केसस बेलाइ/ काःसुस बेली/ *Lat.* युद्ध का कारण बनने वाली तात्कालिक परिस्थिति या घटना; ~ **conscientiae** /केसस कॉन्शिऐंशी/ अंतःकरण प्रेरित, अंतरआत्मा की आवाज के रूप में; ~ **foederis** /केसस फीडरस/ गठबंधन या संधि की धाराओं के लागू होने की स्थिति
catalogue raisonne /कैटालोग रेजौने/ *Fr.* पुस्तकों की विषयानुसार या लेखक अनुसार प्रकाशन सूचनाओं सहित सूची
causa causans /कॉजा कॉजन्ज/ *Lat.* मूल कारण, सृष्टि कर्ता
causa sine qua non /काउजा सिने क्वा नोन/ *Br.* कॉजा साइनि क्वे नौन/ *Lat.* (***syn.*** requisite) अनिवार्य शर्त
cause célèbre /कॉज सलेब्रअ/ *n., pl.* **causes célèbre** *Fr.* सनसनीखेज मुकदमा या अन्य कोई मामला जो विवाद पैदा करता है और जनता के ध्यान का केंद्र बन जाता है
caveat actor /कैविऐट ऐक्टॉर/ कर्ता, सावधान!;
caveat emptor /कैविऐट ऐम्टॉर/ *Lat., law* 1 खरीदार, सावधान! 2 खरीददार को चेतावनी कि वह सामान को ठोक बजाकर खरीदे, अन्यथा खरीदे गए माल में खराबी के लिए विक्रेता जिम्मेवार न होगा!; **caveat venditor**! /कैविऐट वेंडिटर/ *Lat., law* विक्रेता सावधान! देखकर बेचो!
cavendo tutus /कवेंदो टूटुस/ *Lat.* सावधानी की बदौलत सुरक्षित
cave canem /कावे कैनम/ *Br.* केवे केनम/ *Lat.* कुत्ते से सावधान!
cedant arma togae /केडंट आर्मा टोगाए/ *Br.* सिडंट आर्मा टोजि/ *Lat.* सैनिक शक्ति कार्यकारिणी के अधीन रहे

cela va sans die /सेला वा सान डायः/ *Fr.* (***syn.*** it goes without saying …) जाहिर है, निस्संदेह
centum /सेंटम/ *Lat.* शत, एक सौ
cestus /सेसटस/ *n., Lat.* 1 पेटी 2 *myth.* रति देवी (Venus) की कमर 3 प्रेम-झांसा
chalet /शैले/ *n., Fr.* 1 पहाड़ों आदि में लकड़ी का अवकाश घर (**дáча** = summer cottage) 2 सड़क पर लकड़ी का मूत्रालय
chanson /शांसॉ/ *n., Fr.* गीत, वीर-गाथा;
dw/lw: **~ette** /शैंसअनेट/ *n., Fr.* छोटा-सा गीत
chanteuse /शांटज/ *n., Fr.* नाइट-क्लब गायिका
chapeau /शापो/ *n., pl.* **–peaux/ -peaus** /शापोस/ शापोज/ *Fr.* टोपी
charivari /शारिवारि/ *n., Fr.* शोरगुल, गुलगपाड़ा, भद्दा संगीत
chasseur /शैसः/ *n., Fr.* 1 *cookery* खुमी और श्वेत मदिरा की सॉस 2 शिकारी, तीरंदाज 3 चपरासी
chassis /शैसि/ *n. pl.* **chassis** /शैसिज/ *Fr.* 1 ढांचा जिस पर कार बनी होती है, न्याधार (मोटर गाड़ी का नीचे का ढांचा) 2 रेडियो, टीवी आदि का ढांचा 3 चौकी, चौखटा 4 (***syn.*** landing gear) विमान को नीचे उतारने के लिए गियर
château /शैटो/ *n. pl.* **~x** /शैटोज/ *Fr.* 1 फ्रांसीसी दुर्ग, गढ़ी 2 दुर्ग के गिर्द अंगूरों का बगीचा
chateaubriand /शैटोब्रिऑं/ *n., Fr.* भुने बीफ का चपटा टुकड़ा
chauffer /चॉफः/ *n., Fr.* आतिशदान, चूल्हा, अंगीठी
chauffeur /शोफः/ *n.* , *Fr.* ड्राइवर, गाड़ी-चालक, वाहक; ***v.***, *pt.* **~ed**, *pp* **~ing** गाड़ी चलाना
chauffeuse /शोफज/ *n.* , *Fr.* महिला ड्राइवर, गाड़ी-चालिका
chaussee /शोस/ शुसे/ *n., Fr.* (***syn.*** highway) दो बड़े शहरों के बीच राजमार्ग
chaussure /शोसूर/ *n., Fr.* जूता
chef /शेफ/ *n., Fr.* प्रधान रसोइया, बावर्ची;
collocations: **~'s salad** एक प्रकार का सलाद जिसमें हरी सब्जियां, उबले हुए अंडे तथा पनीर होते हैं
chef de cuisine /शेफ डअ क्विजीन/ *Fr.* मुख्य रसोइया
chef-d'oeuvre /शेडअवः/ *Fr.* शेडुवअ/ *n., pl.* **chefs d'oeuvre** /शेडअवः/ *Fr.* (***syn.*** master-piece) उत्कृष्ट कलाकृति, कलाकार की महान कृति
chernozem /छिर्नोजेम/ (*also in Russian* **чернозём**) *n., geol.* रूस, उक्राइना आदि देशों में पाई जाने वाली अति उपजाऊ काली मिट्टी वाला भूमि-क्षेत्र
chinoiserie /शिनवाःजरि/ *n. Fr.* पश्चिमी कला, फर्नीचर व सज्जा में चीनी बिंबों और शैली का प्रयोग
ci-devant /सिडअवां/ *adj., Fr.* भूतपूर्व: ~ president; a ~ friend of mine
cliché /क्लीशे/ (*also* **cliche**) *n., pl.* **~s**, *Fr.* घिसी-पिटी बात, सड़कछाप जुमला 2 पदबंध रूढ़ोक्ति 3 (***syn.*** stamp) ठप्पा, छापा; ***dw/lw:*** **~d**/ **cliché'd** /क्लीशेड/ *adj.* घिसा-पिटा, सड़कछाप: a ~d view of life
clientele /क्लीअंटेल/ क्लीऔटैल/ *US* क्लायंटेल/ *n., Fr.* 1 ग्राहक समुदाय, स्थाई ग्राहक 2 मुवक्किल, ग्राहक-गण 3 थियेटर, पब, क्लब आदि स्थानों पर आदतन जाने वाले लोग
cloture /क्लोचः/ *n., Fr.* (**cloture = closure**) विधानसभा, संसद आदि में बहस की समाप्ति व मतदान
clou /क्लू/ *n., Fr.* सबसे दिलचस्प बात: the ~ of the party
coiffeur /क्वाःफः/ *n., pl.* **~s**, *Fr.* केश-प्रसाधक

coiffeuse /क्वाःफ़ःज/ *n., pl.* **~s**, *Fr.* केश-प्रसाधिका

coiffure /क्वाःफ्युअः/ *n., Fr.* बाल बनाने-संवारने की शैली, केश विन्यास;

v. pt. **~d**, *pp* **coiffuring** केश-प्रसाधन क.

collectanea /कौलेक्टानिआ/ *US* काःलेक्टानिआ/ *Lat.* ग्रंथों में से संग्रहीत किए हुए अंश

comedienne /कमीडिअन/ *n., Fr.* 1 विदूषिका, जोकर 2 हास्य-अभिनेत्री 3 हंसोड़ अभिनेत्री

comme il faut /कॉमीलफो/ *Fr.* सौम्य, शिष्ट

commune bonum /कॉमूने बोनम / *Lat.* 1 सार्वजनिक हित 2 कई यूरोपीय देशों में सबसे छोटी प्रशासनिक इकाई

communibus annis /कम्यूनिबस ऐनिस/ *Lat.* वार्षिक औसत दर से

compagnon de voyage /कॉम्पान्यों दअ वयाज/ *Fr.* यात्रा का साथी

compos mentis /कौपॉस मेंतिस/ *Lat.* स्थिर चित्त वाला, संयत, संतुलित

compte rendu /कौंटरॉद्यू/ *Fr.* पेश किया गया लेखा या हिसाब-किताब विवरण

con amore /कॉनैमॉरे/ *It.* प्रेम से, बहुत सच्ची लगन से

conditio sine qua non /कंडीशिओ सिने क्वा नोन/ *Br.* कॉडीशिओ साइनि क्वे नौन/ *Lat.* आवश्यक या अनिवार्य शर्त

concierge /कौन्सिअःज/ *US* काःन्सिअःज/ *n., Fr.* भवन का रख-रखाव करने वाला

confisery /कॉन्फिसरि/ *n. , Fr.* मिष्टान्नशाला

confrère /कॉन्फ्रेअः/ *n., Fr.* (***syn.*** colleague) सहयोगी, सहकर्मी

congé /कॉन्जे/ *n., Fr.* 1 (***syn.*** dismissal) आकस्मिक विसर्जन 2 (***syn.*** permission) जाने की अनुमति

conseil /कन्सिइल/ *n. Fr.* 1 परामर्श, सलाह 2 परिषद, समिति

constantia et virtute /कॉस्टेंशिआ एट वर्ट्यूट/ *Lat.* दृढ निश्चय और हिम्मत के साथ

contretemps /कौंट्रअटां/ *US* कांट्रअटां\/ *n., pl.* **contretemps**, *Fr.* 1 अप्रिय बात **~ déshabillé/ dishabille** /~ डेजैबीले/ ~ डिसअबीःल/ *n., Fr.* 1 अधनंगा 2 ढीले-ढाले कपड़े: in ~ (ढीले-ढाले कपड़ों में) या घटना 2 आकस्मिक अटकाव 3 अनिष्ट 4 आकस्मिक जटिलीकरण

copia verborum / कॉपिआ वेःबूम/ *Lat.* शब्दों की अधिकता, शब्द-बाहुल्य

coram nobis /कोरैम नोबिस/ *Lat.* अदालत की गलती से हुए नुक्सान की भरपाई के लिए दावा

cordon bleu /कॉडॉबल/ *n., pl.* **~s bleus** /कॉडॉबल्ज/ *Fr.* 1 नीला फीता (ribbon) 2 विशिष्ट व्यक्ति 3 *facetious* बढ़िया रसोइया 4 बढ़िया खाना 5 ऊंची किस्म की पाक विद्या 6 अति उच्च कोटि का रसोइया

corpus juris canonici /कॉर्पेस जुअरेस कनौनिसाइ/ *Lat.* विधि शास्त्र का अंग

cossack /कॉसैक/ कॉजैक/ (*also in Russian* **казáк**) *n.,* रूस के काला सागर के तटीय क्षेत्र में बसने वाली कजाक प्रजाति का सदस्य

coup /कू/ *n.* 1 (*also* **coup d'état** /कू डेटाः/) 1 चाल 2 राज्य-विप्लव, तख्ता-पलट, विद्रोह 3 आकस्मिक शासन परिवर्तन;

p&i: **~ the cran** निराश क.

coup de grâce /कू-डअ-ग्रास/ *pl.* **coups de grace** *Fr.* 1 मारक/ घातक प्रहार 2 (***syn.*** euthanasia) करुणा-प्रहार

coup d'état /कू डेटाः/ *pl.* **coups d'état** *Fr. see above under* **coup**

coup de théâtre /कू डअ तेआतरअ/ *pl., Fr.* **coups de theatre** 1 नाटक आदि में होने वाली अति विचित्र बात 2 अत्यधिक सफल नाटक या कार्यक्रम

coupé /कूपे/ *n. Fr.* 1 दो सीटो वाली कार 2 दो सीटो वाला डिब्बा, द्विशायिका 3 दो सीटो वाली बग्गी 4 (***syn.*** dessert) फल-आइसक्रीम मिष्टान्न 5 इस मिष्टान्न को परोसने के लिए प्याला

cream /क्रीम/ *n.* दही जैसी खट्टी क्रीम (*also in Russian* **сметáна** /स्मिताना/)

crème de la crème /क्रेम डअ लाः क्रेम/ *adj., Fr.* श्रेष्ठ, उत्तम व्यक्ति या वस्तु

crème de menthe /क्रेम डअ मौंथ/ *n., Fr.* एक तरह की लिकर (liqueur)

crêpe /क्रेप/ (*also* **crape**; *also* **crêpe rubber**) *Fr. n.* 1 क्रेप 2 मैदे और अंडे से बना मीठा पुआ;

collocations: **~ paper** क्रेप कागज; **~ soled** क्रेपसोल, क्रेपतलीय

coute que coute /कूटकेकूट/ *Fr.* हर कीमत पर, किसी भी कीमत पर

couture /कुट्युअः/ *n., Fr.* महंगे फैशनेबल कपड़ों को डिजाइन करने, बनाने और बेचने का धंधा, वस्त्र-निर्माण;

dw/lw: **couturier** /कुट्युअःरिए/ (*also* **fashion designer**) *n.* महंगे फैशनेबल कपड़ों का डिजाइनर, वस्त्र-निर्माता

cui bono? /कुई बोनो/ *Lat.* किसी कार्य से जिसको लाभ मिलना है उसी की जिम्मेवारी का सिद्धांत

cul-de-sac /कल-डि-सैक/ *n., pl.* **culs-de-sac/ cul-de-sacs** *Fr.* एक सिरे पर बंद छोटी गली जिसके दोनों ओर मकान हों, अंधी गली

D

dacha /दाछा/ (*also in Russian* **дáчa**) *n.* (रूस में: (***syn.*** summer-cottage) देहात में स्थित विश्राम-घर

danse macabre /डांस मअकाब्र/ *n., Fr.* यम नृत्य, प्रेत नृत्य, तांडव नृत्य

de bonne grace /दे बोन ग्रास/ *Fr.* सहर्ष, शालीनतापूर्वक

de facto /डेफैक्टो/ *adv., Lat.* वास्तव में, वस्तुतः, असल में, यथार्थतः, सचमुच;

adj. वास्तविक, यथार्थ, असलः ~ husband and wife

de fide /डिफायडि/ *Lat.* न्यास रूप, धरोहर रूप

dégagé /डेगजे/ *adj., Fr.* 1 सहज, सरल, बिना किसी विवशता के 2 संलग्न, अलिप्त

dei gratia /*Lat.* डेइग्रातिआ/ *Br.* डीइग्रेशिआ, डेइग्राटिआ/ *Lat.* भगवान की कृपा से, भगवान की मर्जी से, इंशा अल्लाह

dehors /डअऑः/ *prep, Fr., law* (***syn.*** outside) बाहर

dejá vu /डेजाः वू/ *n., Fr.* 1 पुरानी सामग्री 2 पूर्वाभासजन्य/ पूर्वानुभव भ्रांति (ऐसा लगता है कि इसे पहले कहीं देखा, सुना या पढ़ा है)

déjeuner /डेजअने/ *n., Fr.* औपचारिक नाश्ता, दूसरा नाश्ता (दोपहर का भोजन)

de jure /डेज्युअरि/ *US* डेजुरि/ *adv., Lat.* विधितः, कानूनन: the king ~;

adj., *law.* कानूनी, वैध, विधिक, विधिसम्मत, विधिवत्, कानूनन

Dekabrist /दिकाब्रीस्त/ (*also Russian* **Декабрист**) *n.* जारशाही के विरुद्ध 1825 के दिसंबर विद्रोह में भाग लेने वाला व्यक्ति
del credere /डेल क्रिडेरे/ *adj, Lat.* जामुनी देने वाला, प्रत्यायक, आश्वासी, परिशोधक
delenda /डिलेंडा/ *n., [pl.], Lat.* '**δ**' चिह्न लगाकर द्योतित हटाए जाने वाले अक्षर, शब्दांश, शब्द या पाठ के अन्य अंश
delineavit /डीलिनिअविट/ *Br.* डीलिनिएविट/ *Lat.* अमुक ने चित्र बनाया
démêlé /डिमेले/ *n., Fr.* झगड़ा, बहस
demeure /डीमेः/ *Fr.* निवास, रहने का घर
demi-jour /दमिझूः/ *Fr.* अर्द्ध प्रकाश, दबी हुई रोशनी, गोधूली बेला प्रकाश, धुंधलका
demitasse /डेमिटैस/ *n., Fr.* 1 भोजनोपरांत कॉफी पीने के लिए छोटा प्याला 2 उक्त प्याले में कॉफी
démodé/ demoded /डेमोडे/ डिमोडिड/ *adj., Fr.* पुराना, पुराने ढंग का, दकियानूसी, जिसका फैशन न रहा हो
denouement/ dénouement /डेनूमां/ *n., Fr.* 1 किसी साहित्यिक रचना का सार या निष्कर्ष 2 कहानी का समस्या-निवारक अंत, उपसंहार 3 *loosely* कोई भी समाधान
de novo /डी नोवो/ *adv., Lat.* नए सिरे से, फिर आरंभ से
deo gratias /देओ ग्रात्सिआस/ *Lat.* ईश्वर को धन्यवाद
deo volente /देओ वलेंते/ *Lat.* (***syn.*** God willing) भगवान की मर्जी से, इंशा अल्लाह
depeche mode /देपेश मोड/ *Fr.* फैशन समाचार, नवीनतम फैशन बुलेटिन
de rigueur /डअ रिगः/ *adj., Fr.* 1 फैशन, परंपरा व शालीन व्यवहार एवं शिष्टाचार के अनुसार 2 पारंपरिक, रिवाजी
dernier /डःनिअ/ *adj., Fr.* अंतिम;
collocations: ~ **resort** अंतिम चारा, अंतिम शरण-स्थान; **the ~ cri** /डेअनए क्री/ नवीनतम फैशन
desagrement /डिसेग्रेमेंत/ *Fr.* अरूचिकर वस्तु
detenu /डिटेन्यु/ *Fr.* कैदी
de trop /डेट्रो/ *adj., Fr.* 1 कबाब में हड्डी 2 अत्यधिक 3 बेकार
deus avertat /डेअस ऐवःटाट/ *Lat.* (God forbid) ईश्वर न करे
deus det /डेअस डेट/ *Lat.* ईश्वर करे
deus vobiscum /डेअस वोबिस्कम/ *Lat.* भगवान भला करे
dévot /डेवो/ *adj., Fr.* धार्मिक कट्टरतावादी
dictum de dicto /डिक्टम डे डिक्टो/ *Lat.* जनश्रुति, अफवाह
dictum de omni et nullo /डिक्टम डे ओमने एट नुलो/ *Lat.* हाथी के पांव में सबके पांव
dictum Sapienti Satest /डिक्टम सेपिअंटि सेटेस्ट/ *Lat.* बुद्धिमान के लिये संकेत ही पर्याप्त, अक्लमंद को इशारा काफी
dies /डाइज/ *n., Lat.* दिन, दिवस;
collocations: **dies fest** *Lat.* उत्सव-दिवस; **dies irae** /डीएज इराइ/ *Lat.* कोप-दिवस, कयामत का दिन; **dies non** /डाइज नॉन/ *Lat.* छुट्टी (गैर हाजिरी) का दिन
dieu vous grade /डीइवु गार्द/ *Fr.* ईश्वर तुम्हारी रक्षा करे
disjecta membra /डिस्जेक्टा मेंबरा/ *Lat.* 1 टुकड़े, अलग-अलग किए हुए अंग 2 असंबद्ध उद्धरण (quotations)
disour /डिज़ुअः/ *n., Fr.* 1 कहानी सुनाने वाला 2 राजा के दरबार में मसखरा, जोकर
distrait /डिस्ट्रे/ *Fr.* अस्थिर चित्त, बेमना-सा, खोया-खोया-सा (आदमी)
divide et impera /डिविडे ऐट इम्पिरा/ *Lat.* फूट डालो और राज करो!
Doctor Ingenierie /डॉक्टर ऐंजिनिअरी/ *Lat.*, (***syn.*** Doctor of Engineering) डॉक्टर ऑव इंजीनिअरिंग की डिग्री
Doctor Litterarum /डॉक्टर लितिरारम/ *Lat.* (***syn.*** Doctor of Literature) डॉक्टर ऑव लिट्रेचर की डिग्री
domine, dirige nos /डोमिने डिरिगे नोस/ *Br.* डौमअनि डिरअजि नोस/ *Lat.* ईश्वर हमें मार्ग दिखाए ("Master guide us": motto of the city of London)
double entendre /डूबल औतौंद्र/ डबल औतौंद्र/ *Fr.* दोहरा अर्थ, जिन शब्दों के दो अर्थ निकल सकते हैं
douceur /डूसः/ *n., Fr.* 1 (***syn.*** bribe) घूस 2 टिप
douche /डूश/ *n., Fr.* 1 तेज पतली जलधार (water jet), डूश 2 तेज जलधार से शरीर के किसी अंदरूनी अंग की धुलाई 3 डूश से स्नान
droshky/ drosky /द्रोश्कि/ (*also Russian* **дрóжки**) *n.* टमटम, चौपहिया खुली गाड़ी
Duma /दूमा/ *n.* 1 रूसी संसद (*Russian* **Дýма**) 2 विचार (*Russian* **Дýма**)
dura mater /ड्युअर मेटः/ *n. Lat.* /ड्यूरै माटेर/ दृढ़तानिका, दिमाग और मेरुदंड का सबसे मोटा व दृढ़ बाहरी आवरण
durante /ड्युरैंटि/ *prep., Lat.* चालू रखते हुए (in continuation);
collocations: **durante vita** /ड्युरैंटि वीटा/ *Lat.* जिंदगी भर, पूरे जीवन में, जीवन-काल में

E

écarté /एकाःते/ *n., Fr., ballet.* बैले नृत्य में एक मुद्रा जिसमें बाजू और पांव बाएं-दाएं उठे होते हैं
éclaircissement /एक्लेअःसीस्मां/ *n., Fr.* भ्रम-निवारण, स्पष्टीकरण
édition de luxe /इडिशन डअ ल्युक्स/) *Fr.* किसी पुस्तक का डीलक्स या राज संस्करण
editio princeps /इडिशिओ प्रिंसेप्स/ *Lat.* किसी पुस्तक का प्रथम मुद्रित संस्करण
elegante /ऐलिगांति/ *Sp.* शालीन व सुंदर
élite /इलीट/ एलीट/ *Fr.* उत्तम अंश, सर्वश्रेष्ठ व्यक्तिगण
embonpoint /ऑम्बॉप्वें/ *n., Fr.* (***syn.*** plumpness) मोटापन, स्थूलता
émeute /एमॉःट/ *n., Fr.* जन-विद्रोह, जन-आक्रोश बलवा
émigré /एमिग्रे/ *n., Fr.* 1 (***syn.*** exile) 1 राजनीतिक प्रवासी व्यक्ति 2 परदेशी
éminence grise /एमिनैंस ग्रिज/ *Fr.,* **éminences grises** गैर ओहदेदार आदमी जिसका शासक पर बहुत बड़ा प्रभाव हो
en ami /ऐन ऐमि/ *Fr.* मित्रवत
en avant /ऐन अवांत/ *Fr.* आगे की ओर
en badinant /ऐन बैडिनैंट/ *Fr.* दुष्टतापूर्वक, शठता से
enceinte /आंसैंट/ *n., Fr.* 1 गर्भवती या पेटवाली औरत 2 घेरा, बाड़ या चारदीवारी से घिरा स्थान 3 प्राचीर, चहारदीवारी;
adj., *Fr.* गर्भवती, रोचक अवस्था में: she is ~
en face /ऐंफेस/ *Fr. adv.* आमने-सामने: a portrait ~; French poems with English Translation ~
en famille /आंफैमिय/ *adv., Fr.* 1 घर की बात घर में 2 परिवार में ही
enfant terrible /औफौंटेरीब्ल/ *US* आंफांटेरीब्ल *n., pl.* **enfants terribles** *Fr.* 1 सरेआम परेशान करने वाला व्यक्ति 2 खतरनाक आदमी 3 दुर्व्यवहार करने वाला बालक, असहनीय बालक

en fête /ऐन फेत/ *Fr.* उत्सव में, छुट्टी मनाते हुए
engagé /ऐंगजे/ *adj., Fr.* राजनीतिक या नैतिक रूप से प्रतिबद्ध
en masse /औन मैस/ *Fr.* सामूहिक रूप में
ennui /औवि/ आंवि/ *n., Fr.* ऊब, उकताहट, ग्लानि; ***dw/lw:*** **~ed** /औविड/ *adj.* ऊबा या उकताया हुआ
en passant /औपैसौं/ *US* आंपैसां/ *adv., Fr.* 1 प्रसंगवश, चलते-चलते 2 शतरंज के खेल में एक चाल
en rapport /ऐंरापो:/ *adv., Fr.* निकट संबंध या आपसी समझ में
en règle /औं रेग्ले/ *Fr.* नियमानुसार
en route /औं रूट/ *Fr.* मार्ग में, राह में
ensemble /औन्सौंबल/ *US* आन्सांबल/ *n., Fr.* 1 ओपिरा (opera) के सभी गायकों, नर्तकों व संगीतकारों द्वारा एक साथ अदा की जाने वाली संगीत रचना 2 एक संपूर्ण वस्तु 3 किसी चीज का संपूर्ण और सामूहिक प्रतिनिधित्व 4 एक साथ पहनी जाने वाली पोशाक का कई कपड़ों का सेट (set): a dress-and-jacket ~
en suite /औं स्वीट/ *Fr.* (***syn.*** attached) कमरे आदि से संलग्न: a room having a ~ bath room; rooms with ~ facilities
entente /औंटौंट/ *US* आंटांट/ *n., Fr.* 1 समझौता 2 सहमति 3 *diplomacy* देशों के बीच मैत्रीपूर्ण समझौता
entourage /औंटुरा:ज/ *US* आंटुरा:ज/ *n., Fr.* 1 छुटभैयों का समूह 2 चाटुकार संगी-समूह 3 संगी-साथी, सोहबत, संगत
entre nous /आंत्र नु/ *adv., adj., Fr.* गुप्त बात जो किसी को भी नहीं बताई जानी चाहिए
entrepot/ entrepôt /औत्रअपो/ *n., Fr.* बंदरगाह में गोदाम जहां आयात-निर्यात का माल रखा जाता है और जहां से इस माल को फिर किसी अन्य देश को बिना सीमा शुल्क दिए निर्यात कर दिया जाता है
entrepreneur /औत्रअप्रन:/ *US* आंत्रअप्रन:/ *n., Fr.* 1 उद्योगी, उद्यमी 2 जोखिम उठाने वाला व्यक्ति; ***dw/lw:*** **~ial** /औत्रअप्रअनरिअल/ *adj., Fr.* उद्योग संबंधी, उद्यमी
entrepreneuse /औत्रप्रअन:ज/ *US* आंत्रप्रअन:ज/ *n., Fr.* 1 महिला उद्यमी / उद्यमी 2 जोखिम उठाने वाली उद्यमी महिला
entresol /औत्रअसॉल/ *US* आंत्रअसॉल/ *n., Fr., arch.* 1 पहली और दूसरी मंजिल के बीच अधमंजिल 2 बिचला तल्ला, परछत्ती, दुछत्ती
eo nomine /एओ नोमिनअ/ *Br.* इओ नोमिनि/ *Lat.* इस नाम का
ergo /अ:गो/ *adv., Lat.* अत:, इसलिए
errare est humanum /एरारे एस्त हुमानुम/ *Lat.* (***syn.*** to err is human) इंसान से गलती हो ही जाती है
esprit /ऐस्प्री/ *n., Fr., formal or lit.* 1 जीवंतता, आत्मा 2 हाजिरजवाबी, वाग्विदग्धता: ~ fort (स्वच्छंद विचारक); ***collocations:*** **~ de corps** /एस्प्री डअ कॉ:(र)/ 1 अपने संगठन के प्रति वफादारी और उसके मान-सम्मान की चिंता 2 संघ-भाव
esse /ऐस्से/ ऐसि/ *n., Lat.* अस्तित्व, सार; ***collocation:*** **esse quam videri** /ऐस्से क्वाम वीदेरि/ लगने की बजाए होना; **in esse law** वास्तव में, अस्तित्व में, वजूद में
et al. /एट ऐल/ *Lat.* **'et alia'** का संक्षेप, और अन्य चीजें; **et alii** /एटैलिआइ/ *Lat.* और अन्य लोग
et alibi /एटैलिबाई/ *Lat.* और अन्य स्थानों पर
et hoc genus omne /एट हौक जिनस औमनि/ *Lat.* = **et id genus omne** /एट इड जिनस औमनि/ और इस तरह की चीजें
ethos /ईथौस/ *Gr.* संस्कार, मूल प्रकृति एवं संस्कृति
ex hypothesi /ऐक्स्हाइपौथअसि, एक्स्हाइपौथअसाइ/ *US* ऐक्स्हाइपा:थअसि, एक्स्हाइपा:थअसाइ/ *adv., Lat.* निर्दिष्ट अभिधारणा या परिकल्पना के अनुसार
etourderie /इतोदरि/ *Fr.* (***syn.*** a thoughtless blunder) लापरवाही से की जाने वाली भूल
et tu, Brute /ऐत तू ब्रूते/ *Lat.* ब्रूटस, तुम भी!
étude /एच्यूड/ *US* एटूड/ *n., Fr. music* एक ही वाद्य के लिए रचित छोटी-सी संगीत कृति
euge /यूजि/ *Gr.* शाबाश
Eureka! /युरीका/ *Gr.* मैने पा लिया, मुझे मिल गया!
ex abundantia /एक्स अबंदांतिआ/ *Lat.* प्रचुरता या दरियादिली की बदौलत
excelsior /*Br.* इक्सेलसिऑर/ एक्सेलसिओर/ *Lat.* 1 *adj.* सदा आगे बढ़ते जाने वाला (Ever upward: motto of New York State) 2 *interj.* (excellent!) अति उत्तम!, बढ़िया!
ex curia /एक्स क्युअरिआ/ *Lat.* अदालत के बाहर किया जाने वाला समझौता
exempli gratia /*Br.* इक्जेंप्लाइ ग्राटिआ या ग्रेशिआ/ एक्सेंप्लि ग्रातिआ/ (*abbr.* **e.g.** *or* **eg** /ईजी/) *Lat.* उदाहरण के तौर पर, उदाहरणत:, उदाहरण के लिए, यथा
ex improviso /एक्स इंप्रअवाइजो/ *Lat.* अचानक, सहसा
ex libris /ऐक्स लिब्रिस *or* एक्स लीब्रीस/ एक्सलाइब्रिस/ *Lat.* 1 पुस्तक-पत्रक, एक पुस्तकालय चिह्न 2 अमुक लेखक की पुस्तक से
ex mero motu /ऐक्स मेरो मोटु/ *Lat.* अंत:प्रेरणा से, स्वेच्छया, अपनी इच्छा से
ex natura rei /ऐक्स नतूरा रे/ *Lat.* किसी मामले की प्रकृति से, मामले की प्रवृत्ति अनुसार
ex nihilo /ऐक्स नाहिलो/ ऐक्स निअलो/ *Lat.* बिना किसी चीज के, की अनुपस्थिति में
ex nihilo nihil fit / एक्स नाइहिलो नाइहिल फिट/ = nothing comes out of nothing शून्य से शून्य ही पैदा होता है
ex officio /ऐक्सअफिशिओ/ *adv., Lat.* पद की बदौलत, पद के नाते, पदेन
ex parte /एक्स पार्टि/ एक्स पार्ते/ *Lat.* एकतरफा
experimentum crucis /इक्सपेरिमेंटम क्रूसिस/ *Lat.* अंतिम रूप से सही प्रकृति बताने वाला (परीक्षण आदि)
expressis verbis /एक्सप्रेसिस वर्बिस/ *Lat.* (***syn.*** explicitly) स्पष्ट शब्दों में
expropriio mobi /एक्सप्रोप्रिओ मोबि/ *Lat.* इच्छानुसार, अपने आप
extra modum /एक्सट्रा मोडुम/ *Lat.* अत्यधिक व्यय करने वाला, सीमा से अधिक
ex-professo /ऐक्सप्रोफेसो/ *Lat.* अपने व्यवसाय या विशेषज्ञता के अनुसार
ex-promissor /ऐक्सप्रमिस:/ *n., law* दूसरे के ऋण की जिम्मेवारी अपने ऊपर लेने वाला
ex propriis /एक्स प्रोप्रीस/ *Lat.* अपने संसाधनों से
ex proprio motu /एक्सप्रोप्रिओ मोटु/ *adv., Lat.* स्वेच्छा से, स्वेच्छया
ex tacito /ऐक्स टैसिटो/ *Lat.* चुपचाप, खामोशी से
extempore /एक्सटेंपरि/ *adj., Lat.* 1 (***syn.*** impromptu) पहले से तैयार न किया हुआ: an ~ speech; ~ translation 2 अलिखित भाषण: ~ address 3 आकस्मिक: ~ business; ***adv.*** बिना तैयारी के: speak ~
ex utraque parte /ऐक्स उतराक्वा पार्ता/ *Lat.* दोनों तरफ से, दोनों तरफ

F

fabliau /फैब्लिओ/ *n., pl.* **fabliaux** /फैब्लिओज/, *Fr.* यथार्थ गाथा, पदबद्ध कथा
facetiae /फसीशिई/ *n., [pl.] Lat.* 1 चुटकुले, फब्तियां, लतीफे 2 घटिया साहित्य
facon de parler /फशों द पार्ले/ *Fr.* कथन-शैली, बोलने का अंदाज, अंदाजे बयां
facta non verba /फाक्ता नौन वेःबा/ *Lat.* (***syn.*** deeds, not words) काम ज्यादा बातें कम
facula /फैक्युला/ फैक्यला/ *n., pl.* ~e, *Lat., astron.* सूर्य का चमकीला भाग
faience/ faïence /फाइआंस/ फेआंस/ *n., Fr.* मिट्टी के चिकने-चमकीले, सुसज्जित एवं उत्तम बर्तन
fainéant /फेअनेआं/ *n., Fr.* 1 निष्क्रिय, बेकार 2 सुस्त, कामचोर, खोखला
fait accompli /फेट अकौम्पली/ *US* फेट अकाःम्पली/ *n., Fr.* 1 पहले से संपन्न कार्य 2 स्थापित तथ्य 3 पहले किया हुआ काम
falsi crimen /फाल्सि क्रिमेन/ *Lat.* जालसाजी या धोखाधड़ी का अपराध
faubourg /फोबुअग/ *n. Fr.* शहर के एकदम साथ लगने वाला उप नगर
faute de mieux /फोट डअ म्यः/ *Fr.* क्योंकि इससे बेहतर और कुछ नहीं था
faux ami /फोजामि/ *n., pl.* **faux amis**, *Fr.* विदेशी भाषा में अपनी भाषा के शब्दों जैसे दिखने वाले पर अर्थ में बिल्कुल भिन्न शब्द (अनुवादक के 'दगाबाज मित्र'/ false friends of a translator/)
faux /फो/ *adj., Fr.* असली के रूप दिखाई जाने वाली नकली वस्तु से संबंधित: ~ accent
faux pas /फोपाः/ *n., Fr.* भूल, चूक, शर्मसार करने वाली (embarrassing) गलती, गलत कदम
fec. *abbr.* = **fecit** /फेकिट/ *Lat.* फलां-फलां ने इसे किया या बनाया
feerie /फेअरी/ *Fr.* परियों का प्रदेश
felicitas multos habet amicos /फेलिसिटास मुल्तोस हाबेट अमिकोस/ *Lat.* सुख के साथी सब बने, दुख का साथी न कोय
fille de joie /फिए दअ ज्वा/ *Fr.* वेश्या
femme fatale /फैम फताल/ *US* फअम फतैल/ *n., pl.* **~s**, *Fr.* मोहिनी, अति सुंदर व आकर्षक नारी जो उसके चाहने वाले को बर्बाद कर देती है;
collocations: **~ covert** /फीम कवःट/ फैम कवःट/ *Fr.* विवाहिता; **~ savante** /फैम सअवॉत/ विदुषी (*The Learned Lady* by Molière); **~ sole/ feme sole** /फेम सोल/ फीम सोल/ अविवाहिता, तलाकशुदा स्त्री, स्वतंत्र नारी, विधवा औरत
fet\e/ fet\e /फेट/ *n., Fr.* 1 *UK* आनंद-मेला 2 *US* उत्सव, समारोह; ***v.***, *pt.* **~ed**, *pp* **~ing** 1 अच्छी खातिर क. 2 आनंद-मेला या उत्सव का आयोजन क.
feuilleton /फुइटॉन/फॉइटन/ *n., Fr.* पत्रिका आदि में लगातार छपने वाला उपन्यास
fide /फाइडि/ *n.* विश्वास, आस्था;
collocations: **~ et amore** /फाइडि ऐट अमोरे/ *Lat.* श्रद्धा और प्रेम से; **~ et fiducia** /फाइडि ऐट फिदूसिआ/ *Lat.* आस्था और विश्वास के साथ; **~ et fortitudine** /फाइडि ऐट फॉःतितूदिने/ *Lat.* आस्था और धैर्य के साथ; **fidei defensor** /फिदे डेफेंसोर/ फाइदिआइ डेफेंसॉः/ *Lat.* धर्म रक्षक; **~ implicita** /फाइडि इम्पलिसिता/ आंतरिक श्रद्धा (विश्वास); **~ non armis** /फिडि नौन आर्मिस/ आस्था से, न कि अस्त्रों से; **~s et Justitia** /फाइडिज एट जस्टिशिआ/ *Lat.* निष्ठा और न्याय
filet /फिले/ *Fr.* (*US spelling* **'fillet'**) *n.* पुट्ठे की बोटी से बना कटलेट जैसा व्यंजन: ~ de boeuf;
collocations: **~ mignon** /फिले मिन्यॉन/ *pl.* filets mignons पुट्ठे की बोटी
nullius fillius /नुलीअस फीलिअस/ *Lat.* (***syn.*** bastard) अवैध संतान
fin de siecle /फैंडे-स्येक्ल/ *adj., Fr.* 19वीं शताब्दी का अंतिम चरण जैसा
finis /फिनिस/ *n., Lat.* अंत, समाप्ति, इति, इतिश्री (the end)
flacon /फ्लैकॉ/ *n., Fr.* फ्लाकोन, पर्फ्यूम आदि की छोटी-सी शीशी
flair /फ्लेअः/ *Fr.* 1 गंध 2 सहज योग्यता
folie a deux /फॉलि अ डू/ फॉलि अ डअ/ *n., Fr., pathol.* एक प्रकार का मानसिक रोग जिसमें दो आपस में निकट व्यक्तियों को एक ही प्रकार की भ्रामकता होती है
folie de grandeur /फौलि ड ग्रांडर/ *Fr.* अपने को बहुत दौलतमंद व सुंदर समझकर इतराने का मानसिक रोग 2 (***syn.*** megalomania, delusion of grandeur) महान या शानदार होने की भ्रामकता
force majeure /फॉःस-मैजः/ फॉःस-मैजुअः/ *Fr.* आकस्मिक व अनहोनी घटनाएं जिन पर इंसान का कोई वश नहीं चलता (आयात-निर्यात के समझौतों में फॉःस-मैजः की धारा संबंधित पार्टी को समझौता की शर्तें लागू करने से मुक्त कर देती है)
fortiter et recte /फॉटीटेर एट रेक्टे/ *Lat.* साहस और सच्चाई से
fortuna favet fortibus /फॉःचूना फावेट फॉःटिबस/ *Lat.* भाग्य बहादुरों का साथ देता है
fureur /फ्युअः/ *Fr.* अति अधिक प्रशंसा
furor scribendi /फ्युरॉः स्क्रिबेंदि/ *Lat.* लिखने का आवेग (जोश)
functus officio /फंक्टस अफिशिओ/ *Lat.* अधिकारहीन, भार मुक्त, सत्ता मुक्त

G

gamin /गैमिन/ *n., Fr.* (***syn.*** street urchin) आवारा अनाथ बच्चा
gite/ gîte /जीट/ *n., pl.* **~s/ ~s**, *Fr.* फ्रांस में स्वयं सेवा (self-service or self-catering) आधारित छुट्टी बिताने की कॉटेज
glacé /ग्लैसे/ *adj., Fr.* 1 चीनी की परत वाला: ~ cherries 2 चाशनी में पगा हुआ 3 केक के ऊपर बनी सजावटी परत वाला: fairy cakes with ~ icing 4 मुलायम तथा चमकीला: ~ silk; ~ finish
Glagolitsa /ग्लागोलित्सा/ (*Russian* **глаго́лица**) *adj.* स्लाव (Slav) भाषाओं (Russian, Bulgarian, Serbian etc.) की प्राचीन लिपि जिसके स्थान पर बाद में सिरिलिक (Cyrillic - *Russian* **кирилица**) लिपि प्रयुक्त होने लगी
grace a Dieu /ग्रेस आ डियु/ *Fr.* ईश्वर को धन्यवाद
grand merci /ग्रॉ मेर्सी/ *Fr.* अनेक धन्यवाद
grex venalium /ग्रेक्स वेनैलिअम/ *Lat.* भाड़े के टट्टुओं का समूह
grosgrain /ग्रोग्रेन/ *n., Fr.* भारी रस्सीनुमा रेशम जिसे डोरियां और पट्टियां बनाने के लिए प्रयोग में लाया जाता है

H

hoc /हॉक/ *Lat.* यह;
collocations: **hoc anno** /हॉक ऐनो/ इस वर्ष में; **hoc genus omne** /हॉक जिनस ओम्ने/ उस प्रकार का सभी कुछ; **hoc loco** /हॉक लोको/ इस स्थान पर, इस जगह में; **hoc tampore** /हॉक टेंपोरि/ इस समय

Homo erectus /हौमो इरेक्टस, होमो -/ *US* हाःमो इरेक्टस, होमो -/ *Lat.* दो टांगों पर चल सकने वाले आदि मानव का प्रारंभिक रूप

homo habilis / हौमो हैबिलिस/ *US* हाःमो हैबिलिस/ *Lat.* सर्व प्रथम औजारों का प्रयोग करने वाला आदि मानव

homo legalis /होमौ लिगेलिस/ *US* होमाः -/ *Lat.* वैध संस्था, कानूनी अधिकार प्राप्त संस्था

homo sapiens /हौमो सैपिएन्ज/ *US* हाःमो सैपिएन्ज/ *Lat.* मानव जाति, मनुष्य की नस्ल

honi soit qui mal y pense /औनि स्वा कि मालइ पेंस/ *Fr.* जो दूसरे की बुराई सोचता है उसे शर्मशार होना चाहिए

honneur etpatrie /ऑनः एतपात्रि/ *Fr.* प्रतिष्ठा और स्वदेश

honoris causa /औनॉरीस काउजा/ *US* ओनोरीस काउजा/ (*also* **honoris gratia**) *adv., Lat.* मानद या सम्मानार्थ दी जाने वाली (डिग्री आदि)

horae canonicae /हॉरि कनॉनिका / *Lat.* ईसाई चर्च के अनुसार दिन के निहित घंटे

horrible dictu /हॉरिबल डिक्टु/ *Lat.* वर्णन करना भयंकर है

hors de combat /ऑः डअ कॉम्बाः/ *Fr.* 1 लड़ने में अक्षम 2 अपाहिज

hors d'oeuvre / ऑः डःव/*US* ऑः डःवर/ *n.* (*comp.* **starter**), *Fr.* भोजन से पहले लिया जाने वाला पाचक व्यंजन

hussar /हुस्सार/*US* हजार/ (*Russian* **гусáр**) *n.* (प्राचीन काल में) रूस या हंगरी का घुड़सवार सैनिक

I

ibidem /इबीडेम/ इबाइडम/ (*short* **idem**) *adv., Lat.* 1 उसी पुस्तक, अध्याय और पृष्ठ पर, तत्रैव, वहीं 2 वही, पूर्वोक्त, उपर्युक्त

idem /आइडेम/ इदेम/ *Lat.* 1 यथोक्त जैसा कि ऊपर कहा गया है 2 वही;
collocations: **alter idem** /आल्टर इडेम/ हू-ब-हू इसी प्रकार एक और; **semper idem** /सेंपेर इडेम/ हमेशा वैसा ही

id est /इडैस्ट/ *Lat.* **i.e.** (***syn.*** that is) अर्थात्

Id genus omne /इड जिनस ओमनि/ *Lat.* और इस प्रकार की अन्य चीजें

ignoratio elenchi /इग्नअरेशिओ इलेन्काइ/ *Lat.* 1 बहस के मुख्य मुद्दे की होने वाली या की जाने वाली उपेक्षा या अनदेखी 2 संदर्भ से हटकर निकाला जाने वाला निष्कर्ष

ignoti nulla cupido /इग्नौटि नूला कुपीडो/ *Lat.* आंख ओझल पहाड़ ओझल (अज्ञात वस्तु के लिये अभिलाषा नहीं हो सकती)

illustrissimo /इलुत्रीसिमो/ *It.* सबसे अधिक प्रसिद्ध

impasse /ऐम्पास/ *US* इम्पैस/ *Fr.* (***syn.*** deadlock) न सुलझने वाली असहमति (गुत्थी)

impayable /इंपेयबल/ *Fr.* अमूल्य

impedimenta /इम्पेडिमेंटा/ *Lat.* यात्रा की सामग्री

imperium /इम्पीरिअम/ *n., Lat.* 1 सर्वोच्च सत्ता, प्रभुत्व 2 **imperium in imperio** /इम्पीरिअम इन इम्पीरिओ/ *Lat.* राष्ट्र में समानांतर सत्ता 3 राष्ट्र में राष्ट्र

imprimatur /इम्प्रिमाःटः/ इम्प्रिमेटः/ *n., Lat.* 1 मुद्रण या प्रकाशन की अनुमति 2 छपाईनामा 3 स्वीकृति, अनुमति

impromptu /इम्प्रोंम्ट्यु/ *Lat.* (***syn.*** off the cuff) बिना तैयारी के

in absentia /इन ऐबसेंशिआ/ *Lat.* की अनुपस्थिति में, गैरहाजिरी में

in abstracto /इन ऐबस्ट्रैक्टो/ *Lat.* अमूर्त रूप में

in articulo mortis /इन आर्तिकुलो मोर्तिस/ *Lat.* मरणासन्न, काल के ग्रास में, मृत्यु की कगार पर

in camera /इन कैमरा/ *Lat.* कमरे के भीतर, गुप्त (स्थान पर)

incunabula /इन्क्यूनैब्युला/ *n., Lat.* 1 शैशव-काल 2 प्रारंभिक काल, पहले-पहले दिन 3 प्राचीन (1501 तक) प्रकाशित ग्रंथ

in curia /इन क्यूरिआ/ *Lat.* पोप के न्यायालय में

index auctorum /इंडेक्स ऑक्टोरम/ *Lat.* लेखक सूची;
collocations: **index librorum prohibitorum** /इंडेक्स लाइब्रॉरम प्रोहिबिटॉरम/ = **index expurgatorius** /इंडेक्स एक्सपःगटॉरिअस/ चर्च द्वारा वर्जित पुस्तकों की सूची; **index locorum** /इंडेक्स लोकॉरम/ स्थान नामावली या सूची; **index number** सूचकांक, सूचनांक; **index rerum** /इंडेक्स रेरम/ वस्तु सूची या तालिका; **index verborum** /इंडेक्स वेर्बोरम/ शब्दावली, शब्द सूची

Indian summer रूस आदि देशों में पतझड़ के समय वर्षा आदि कारण हुए बोझिल मौसम के बीच निकलने वाली धूप, सुनहरा पतझड़ (*Russian* **бабьё лéто** /बाबियो लेता/)

in Domino /इन डौमिनो/ *Lat.* ईश्वर में

in esse /इनेसि/ *Lat.* वास्तविक (real), जो वजूद में है, वस्तुतः

in excelsis /इन एक्सेल्सिस/ *Lat.* उच्च शिखर पर, उच्चतम कोटि पर

in extenso /इनेक्सटेंसो/ *Lat.* पूरा का पूरा, बिना छोटा किए

in extremis /इन इक्स्ट्रीमिस/ *adv., Lat.* 1 ठीक मरते समय, अंतिम घड़ी में, प्राण-संकट काल में 2 मुश्किल घड़ी में, विपदा के समय

in faciae curiae /इन फेशी क्यूरी/ *Lat.* अदालत में, जज के सामने

infima species /इनफीमा स्पिसीज/ *Lat.* किसी वंश या वर्ग में सम्मिलित निम्नतम जाति

in fine /इन फाइनि/ *Lat.* अध्याय या पृष्ठ आदि के अंत में दिया जाने वाला पाठ

in flagrante delicto /इन्फ्लअग्रैंति डिलिक्तो/ *adv.* (*short* **in flagrante**) *Lat., law* रंगे हाथों (पकड़े जा.)

informatus non sum *Lat.* मुझे इस विषय में कोई आदेश नहीं है

in forma pauperis /इन फॉःमा पॉपअरिस/ *Lat.* निर्धन व्यक्ति की तरह

in foro /इनफोरो/ *Lat.* न्यायाधीश के सम्मुख;

in foro conscientiae /इनफोरो कौन्शिऐंति / *Lat.* अंतरात्मा की अदालत में

infra /इन्फ्रा/ *adv., Lat.* 1 नीचे (in books, texts, etc.), आगे चलकर: See **infra** p. 150, etc. 2 पृष्ठ पर नीचे

infra dig /इन्फ्रा डिग/ (*in full* **infra dignitatem** /इन्फ्रा डिग्निटाटेम/) *Lat.* (***syn.*** beneath one's dignity) मर्यादा के विरूद्ध, अपने आत्म-सम्मान के नीचे

ingénue /ऐन्जेन्यू/ *n., Fr.* सीधी-सादी, भोली-भाली लड़की

in gremio /इन ग्रेमिओ/ *Lat.* हृदय में, दिल में;
collocations: **in gremio legis** /इन ग्रेमिओ लेजिस/ (*literally:* in the bosom of law) कानून द्वारा रक्षित

in invitum /इनिनवाइटम/ *Lat.* विवश होकर, विवशतापूर्वक

in judicio /इनजुडिशिओ/ *Lat., law* 1 जज के सामने 2 अदालत में सुनवाई के दौरान
injuria /इंजुअरिआ/ *n., Lat., pl.* **injuriae** /इंजुअरी/ *law* अन्याय, दूसरों के अधिकारों का अतिक्रमण
in limine /इनलीमिने/ *Lat.* प्रारंभ में, देहरी पर, देहलीज पर
in loco parentis /इन लोको पअरंतिस/ *Lat.* बच्चे के लिए माता-पिता की तरह का व्यक्ति
in malam partem /इन मैलैम पाःतेम/ *Lat.* प्रतिकूल दृष्टि से, बुरे काम के संबंध में: परिणाम की बजाए उसके किए जाने की मंशा या उद्देश्य ज्यादा अहम है
in medias res /इन मीडिऐस रेज/ इन मीडिऐस रीज/ *adv., Lat.* 1 सीधे बीच से 2 कहानी को सीधे (बिना भूमिका बांधे) शुरू क.
in medias res *Lat.* अन्य पदार्थों के बीच में
in memoriam /इन मअमॉरिअम/ *prep., Lat.* 1 की स्मृति में 2 कब्र का शिलालेख, स्मृति लेख, स्मरणांजलि
in nubibus /इन न्यूबिबस/ *Lat.* बादलों में
in partibus in fidelium /इन पार्टिबस इन फिडेलिअम / *Lat.* ईश्वर को न मानने वाले क्षेत्रों में
in personam /इन पःसोनैम/ *adj., Lat,. law* किसी व्यक्ति विशेष या संगठन के विरुद्ध की जाने वाली कार्रवाई या मुकदमा
in petto /इन पेटो/ *adv. Lat.* मन ही मन अप्रकट, चुपके-चुपके, चोरी-छिपे
in principio /इन प्रिंसिपिओ/ इन प्रिंकिपिओ/ *Lat.* आरंभ में
literatim /लिटअरातिम/ *adv., Lat.* अक्षरशः, शब्दशः
in propria persona /इन प्रोप्रिअ पःसोना/ *Lat.* साक्षात्, स्वयं, प्रत्यक्ष रूप में
in puris naturalibus /इन्प्यूरीस नैच्यूरालिबस/ *Lat.* एकदम नग्न, पूर्णतः निर्वस्त्र
in re /इन री/ *prep., Lat., formal, business* इस विषय में, इस बारे में
in rem /इन रेम/ *adj., Lat., law* किसी वस्तु या जायदाद के मालिकाना हक के विरुद्ध कार्रवाई (न कि किसी व्यक्ति के खिलाफ)
in rerum natura /इन रेरुम नैटुअरा/ *Lat.* (***syn.*** in the nature of things) प्रकृति में, प्राकृतिक क्रम में
in saecula saeculorum /इन साइकुला साइकुलोरम/ *Br.* इन सेकुला सेकुलॉरम/ *Lat.* हमेशा के लिए, सदा बहार
in situ /इनसाइट्यू/ *adv., Lat.* अपने मूल या सही स्थान में/ पर, अपनी जगह पर, स्वस्थाने
instanter /इंस्टेंटः/ *adv., Lat.* तुरंत, पल भर में
instar omniam /इन्स्टार ओमनिअम/ *Lat.* शेष इसी तरह (like all)
in status quo /इन स्टेटस क्वो/ *US* इन स्टैटस क्वो/ *Lat.* पहले की अवस्था में
inter /इंटः/ *prep., Lat.* के बीच, के साथ-साथ;
collocations: **inter alia** /इंटःएलिआ/ *Lat.* इंटः ऐलिआ/ अन्य बातों के साथ-साथ, साथ-साथ; **inter alios** /इंटः एलिओस/ अन्य लोगों के साथ; **inter nos** /इंटः नोस/ अपने बीच, परस्पर, आपस में; **inter se** /इंटःसे/ पारस्परिक रूप से, आपस में, अपने बीच; **inter vivos** /इंटः विवोस/ इंटः वीवोस/ इंटः वाइवोस/ जीवित लोगों के बीच
interrex /इंटअरेक्स/ *n. Lat.* अंतरिम या अस्थायी सरकार
in terrorem /इन टेरॉरेम/ *Lat.* चेतावनी के तौर पर:
collocations: **in terrorem clause** वसीयत नामे में नामित उत्तराधिकारी के लिए चेतावनी धारा कि वसीयत के खिलाफ एतराज करने पर वह अपने अधिकार से वंचित हो जाएगा
in toto /इनटोटो/ *adv., Lat.* पूर्णतः, सर्वथा, संपूर्णतः, पूर्ण रूप से, निपट
intra muros /इंत्रा मूरोस/ *Eng.* इंत्रआ मयुअरोस/ *Lat.* चारदीवारी के भीतर
in transitu /हन ट्रैंजिटु/ *Lat.* रास्ते में
in vacuo /इन वाकुओ/ *adj., Lat.* खाली जगह में, रिक्त स्थान में
invenit /इनविनीट/ *Lat.* 1 उसने इसका आविष्कार किया, उसने इसको गढ़ा 2 इस कार्य को संपन्न किया
ipse dixit /इप्से डिक्सिट/ *Lat.* 1 स्वयं उसने यह कहा था, केवल उसका शब्द 2 अप्रामाणिक (कट्टरवादी या कठमुल्लई) कथन
ipsissima verba /इप्सिसिमा वेर्बा/ *adv., Lat.* (*syn.* verbatim) इन्हीं शब्दों में;
n. सही शब्द
ipso facto /इप्सो फैक्टो/ *adv., Lat.* स्वतः, स्वयमेव, इसी से, इसी आधार पर
ipso jure /इप्सोजूरे/ *adv., Lat.* विधितः, विधि अनुसार, कानूनन

J

justitia omnibus /जस्टिशिआ ओमनिबस/ *Lat.* सब के लिए न्याय

K

Kalashnikov /कलाश्निकोव/ (*Russian* **Калáшников**) *n.* अक्सर आतंकवादियों द्वारा प्रयोग में लाई जाने वाली रूसी इंजीनियर कलाश्निकोव द्वारा निर्मित कुख्यात राइफल कलाश्निकोव
kasha /काशा/ (*Russian* **кáша**) *n.* (***syn.*** porridge) दलिया
kolkhoz /कल्खोस/ (*Russian* **колхóз**) *n., pl.* **~es/ ~y** सामूहिक या साझा खेत
kopeck /कोपेक/ (*Russian* **копéйка** /कपेयका/) *n.* रूसी मुद्रा रूबल का सौवां भाग, कोपेक
Kremlin /क्रेम्लिन/ (*Russian* **Кремлин**) *n.* 1 मास्को का क्रेमलिन नामक दुर्ग 2 रूसी सरकार का शाही महल 3 प्राचीन काल में रूसी नगरों के चारों ओर बनाई जाने वाली दीवारनुमा प्राचीर
kulak /कुलाक/ (*Russian* **кулáк** /मुट्ठी या मुक्का/) *n.* समृद्ध किसान, लंबरदार

L

labor improbus /लाबर इम्प्रोबुस/ *Lat.* कड़ी मेहनत, कठिन परिश्रम, मशक्कत
labor omnia vincit /लाबर ओमनिआ विंकेत/ *Lat.* मेहनत हर चीज पर विजय पा लेती है
latifundia /लाःटिफंडिआ/ *n., pl., Lat.* विशाल जागीर
lex /लेक्स/ *n., Lat.* कानून;
collocations: **~ non scripta** अलिखित कानून; **~ scripta** लिखित कानून
lex talionis /लेक्स टैलिनोसिस/ *Lat.* (***syn.*** retributive justice) बदला लेने का नियम (आंख के बदले आंख, खून के बदले खून आदि)
loc cit /लौक सिट/ *abbr.* 'loco citato' *Lat.* का संक्षेप (*see immedidiately below*)
loco citato /लोको कितातो/ *Lat.* ऊपर उद्धृत अनुच्छेद (para) में

locus /लोकस/ *n., pl.* **loci** /लोसाइ/ लोकी/ *Lat.* 1 *law* बिंदी, बिंदु, नुक्ता 2 घटना का सही स्थान या स्थल 3 पुस्तक का अनुच्छेद 4 *genetics* क्रोमोसोम में किसी विशेष जीन की स्थिति; ***collocations:*** ~ **communis** /लोकस कौम्यनिस/ *Lat.* सड़कछाप बात; ~ **classicus** /लोकस क्लैसिकस/ आधिकारिक अभिदेश; **locus in quo** /लोकस इन क्वो/ *Lat.* घटना-स्थल; ~ **standi** /लोकस स्टैंडाइ/ *Lat.* आधिकारिक स्थिति, अधिकारिता, दखल देने का अधिकार

loquitur /लॉक्विटः/ *Lat.* बोल रहा है/ बोलता है

lusus (naturae) /लूसस नच्युअरि/ *Lat.* सामान्य से हटकर

lorgnette /लॉःन्येत/ *n., Fr.* 1 मुठियादार चश्मा 2 थियेटर में देखने की दूरबीन

luxe /लक्स/ लूक्स/ *n., Fr.* 1 सुख-साधन, विलास-बाहुल्य 2 शानदार, अति उत्तम: edition de ~; articles de ~

lux mundi /लक्स मंडी/ *Lat.* विश्व का प्रकाश, जगत-प्रकाश

lycee /लीसे/ *n. Fr.* फ्रांस में सरकारी माध्यमिक (बड़े बच्चों के लिए) स्कूल

M

ma chere /मा शेर/ *Fr.* मेरी प्यारी

Magister Artium /मगीस्तर आःटियूम/ *Lat.* **Master of Arts** एम. ए.

magna cum laude /मैग्नअ कुम लॉडि/ मैग्नअ कुम लाउडे/ *adv., Lat.* उच्चतर दर्जे पर, तीन उच्चतम स्तरों में से दूसरे स्थान पर (आना): he graduated ~

magna est veritas et praevalebit *Lat.* सत्य में शक्ति है और अंत में उसी की विजय होगी

Magnum opus /मैगनम ओपस/ *Lat.* बड़ा कार्य

maillot /मैयो/ *n., Fr.* 1 जिमनास्टों, कलाबाजों आदि के शरीर पर सटकर आने वाली पोशाक 2 महिला स्नान परिधान

Maitre d' hotel /मेतर दोतेल/ *Fr.* होटल का अधिकारी

mala fide /मेलअफाइडि/ *adj., Lat.* 1 (***anton.*** bona fide) बदनीयत, दुराग्रहपूर्ण, दुर्भावपूर्ण 2 जाली, कपटपूर्ण; ***adv.*** बदनीयती से, बेईमानी से, दुर्भावनापूर्वक; ***dw/lw*:** **mala fides** /मेलअफाइडीज/ *n., Lat.* कदाशय, बदनीयती, दुर्भाव, विश्वाघात

malaprop /मैलैप्रौ\प/ *US* मैलैप्राः\प/ *n., Fr.* शब्दों का अनुचित या तोड़-मरोड़कर किया जाने वाला प्रयोग

malentendu /मालांतांदू/ *Fr.* गलतफहमी, भूल, आशंका

mal vu /मैल वू/ *Fr.* अस्वीकार्य

manqué /मौंके/ *US* मांके/ *adj., Fr., lit.* 1 विफल, असफल 2 अप्राप्तलक्ष्य, अकृतकार्य: an artist ~ 3 लक्ष्यच्युत

manu propia /मेन्यु प्रोपिअ/ *Lat.* अपने हाथ से

maquis /मैकी/ *n. [sing. & pl.], Fr.* 1 झाड़ियों का समूह, क्षुप गुच्छ 2 दूसरे विश्वयुद्ध में जर्मन फासीवाद के विरुद्ध फ्रांसीसी गुरिल्ला सैनिक

marasmus /मैरैज्मस/ *n.* शरीर-क्षय, सूखा (रोग): **marasmus senillis** /मैरैज्मस सेंसिलिस/ *Lat.* (बुढ़ापे में होने वाला शरीर-क्षय)

mare /मेअरि/ *Lat.* (***syn.*** sea) खुला सागर; **mare clausum** *Lat.* बंद सागर, किसी देश की वैध समुद्री सीमा; **mare librum** *Lat.* खुला सागर; **mare nostrum** /माःरे नौस्ट्रम/ *Lat.* (हमारा समुद्र) भूमध्य सागर (Latin name for Mediterranean)

Marseillaise /माःसअलेज/ *n., Fr.* फ्रांस का राष्ट्रीय गान

Materfamilias /मेटर फमिलिअस/ *Lat.* कुल माता, कुटुम्ब की जननी

materia medica /मअटिरिआ मेडिका/ *Lat.* 1 औषध सामग्री, औषध विवरणी 2 (***syn.*** pharmacology) औषध-शास्त्र

matériel /मअटिअरिएल/ *n., Fr.* सेना के लिए साजो-सामान, उपकरण, विशेषकर गोला-बारूद, रसद आदि: ~ support

matinée /मैटिने/ *n., Fr.* दोपहर बाद का फिल्म शो, मैटिनी शो; ***collocations:*** औरतों का पसंदीदा कलाकार

mauvaise honte /मोवेजॉःण्ट/ *Fr.* बनावटी लज्जा

mayonnaise /मेअनेज/ *n., Fr.* अंडे से बनाई जाने वाली एक प्रकार की चटनी

mea culpa /मेअ कुल्पा/ *excl., Lat.* अपने अपराध या अपनी भूल की स्वीकारोक्ति (मैं कुसूरवार हूं, मेरी गलती है) करते हुए प्रयुक्त

me judice /मे ज्यूडिसि/ *Lat.* मेरी राय में, मेरी सम्मति से

mélange /मेलाञ्झ/ *n., Fr., pl.* **~s** 1 मिश्रण 2 गड्डमड्ड, खिचड़ी: ~ of strange characters (विचित्र पात्रों की खिचड़ी)

ménage à trois /मेनाज आ त्रवा/ *n., Fr., pl.* घर में तीन लोगों यानी पति, पत्नी और उन में से किसी एक का प्रेमी या प्रेमिका का सहवास

melancholia /मेलनकोलिआ/ *n., pl.* **melancholiae** /मेलनकोलिआइ/ *Lat.* एक मानसिक रोग, जिसमें व्यक्ति छोटी-छोटी बातों के डर के कारण अवसाद और तनाव का शिकार हो जाता है और आत्म-विश्वास खोकर अपने को बहुत दुर्बल महसूस करता है

memorabilia /मेमअरअबिलिआ/ *n., [pl.], Lat.* 1 याद दिलाने वाली छोटी-छोटी चीजें, स्मृति-चिन्ह, स्मारिकायें, निशानियां 2 स्मरणीय-वस्तुएं, स्मरणीय तथ्य

Menshevik /मेंशेविक/ (*Russian* **Меньшевик**) *n.* रूस में 1904 में पहले बोल्शेविकों के विरोध में बना एक नर्म पंथी मार्क्सवादी दल

meo periculo /मिओ पेरिक्युलो/ *Lat.* मेरी जिम्मेदारी पर (at my own risk)

meringue /मअरैंग/ *n., Fr.* 1 अंडे की सफेदी और चीनी से बना एक प्रकार का मिश्रण 2 इस मिश्रण से बने केक, पेस्ट्री आदि

métier /मेतिए/ *n., Fr.* 1 पेशा, व्यवसाय, धंधा 2 विशेषज्ञता का क्षेत्र

meum /मीअम/ *Lat.*: ~ **et tuum** मेरी और तेरी (संपत्ति), मेरी-तेरी

mignon /मिन्यौं/ *adj., Fr.* 1 नाजुक, पतला-दुबला 2 छोटा और नर्म

milieu /मीलयू/ मीलु/ मीलय/ *n., pl.* **~s**/ **milieu**, *Fr.* 1 (***syn.*** background) सामाजिक वातावरण, परिवेश 2 पर्यावरण 3 परिस्थितियां

minauderie /मिनॉःडरी/ *n., Fr.* 1 ढोंग 2 नखरेबाजी, चोंचलेबाजी

minutia/ minutiae /मिन्यूशि/ माइन्यूशी *or* मिन्युशिआई/ माइन्युशिआई/ *n., [pl.], Lat.* छोटी-मोटी बात, गैर जरूरी बारीकियां

mir /मीर/ (*also Russian* **мир**) *n.* 1 मीर 2 (*Russian*) 2.1 शांति 2.2 संसार, दुनिया 3 अंतरिक्ष यान मीर (Mir)

mirabilia /मीराबीलिआ/ *Lat.* चमत्कार, विलक्षण बातें

mesalliance /मेजऐलिअंस/ *US* मेजअलायंस/ *n., Fr., lit.* बेमेल या अनुपयुक्त विवाह

miscella\nea /मिसअलेनिआ/ (= **~ny** /मिसेलनि/ *n., pl.*

~nies) *n., [pl.], Lat.* 1 विविध-निबंध-संग्रह 2 विविध सामग्रियों का योग, विविधतापूर्ण संकलन, विविधा 3 प्रकीर्णक
mise en scène /मीजौनसेन/ *US* मीजाःनसेन/ *Fr.* (*UK* **stage setting**), *n., pl.* **mise en scènes**, *theat.* अभिनय सेट की तैयारी, नाटक के दृश्य या पर्यावरण की रचना, दृश्य-सज्जा
Messieurs /मेसयःज/ *Fr.* मेसयो/ *Br.* मेसय/ *n. [pl.],* **'Monsieur'** का बहुवचन; श्रीमन, महोदय
modus operandi /मोडअस औपअरैंडी/ *Lat.* काम करने का ढंग
mora /मौःरा/ *n.* 1 *Lat., law* देरी
moire /म्वाःर/ (*also* **moiré** /म्वाःरे/) *n., pl.* **~s**, *Fr.* एक तरह का रेशम, लहरियादार रेशम
mon ami /मोनामी/ *Fr.* मेरा मित्र
mon cher /मॉ शेर/ *Fr.* मेरे प्यारे
mora /मौःरा/ *n. Lat., law* देरी
monsieur /मअसये/ *Fr.* महाशय, श्री
morceau /मॉःसो/ *n., pl.* **~x**/ **~s** /मॉःसो/ मॉःसोज/, *Fr.* संगीत या साहित्यिक कृति, लेख का टुकड़ा, ग्रास, छोटा गीत
more suo /मॉरे सूओ/ *Lat.* अपनी निजी रीति (ढंग) से
mot /मो/ *n., Fr.* 1 कहावत, लोकोक्ति, सूक्ति 2 उपयुक्त या सही शब्द: ~ juste
mot juste /मो जूस्ट/ *n., pl.* **mots justes** /मो जूस्ट/ *Fr.* किसी स्थिति में उपयुक्त या सही शब्द
mouchoir /मूशवा/ *n., Fr.* नाक पोंछने का रूमाल
moue /मू/ *n., Fr.* खीझ, खीझ द्योतक भाव-भंगिमा
mouzhik /मुझिक/ (*Russian* **мужик**) *n., pl.* **~s** अनपढ़, अनगढ़ किसान, 19वीं सदी के अंत तक रूस में दासता में पिसता हुआ फटेहाल खेतिहर
multum in parvo /मल्टअमिन पाःवो/ *Lat.* गागर में सागर
mutatis mutandis /म्यूटाटिस म्यूटैंडिस/ *adv., Lat.* 1 आवश्यक परिवर्तन या भिन्नताओं के साथ, तफसील में अलगाव को मानते हुए 2 आवश्यक परिवर्तन या फेर-बदल करते हुए
mutuus consensus /म्यूचुअस कन्सेंसस/ *Lat.* **mutuus** ≠ **mutuus dissensus** /म्यूचुअस डिसेंसस/ पारस्परिक स्वीकृति या सहमति

N

Necessitas non habet legem /निकेसितास नॉन आबेत लेगम/ *Lat.* आवश्यकता या मजबूरी कानून से ऊपर है
ne exeat /नि ऐक्जिएट/ *Lat.* किसी को स्थान या देश न छोड़ने देने के लिए दावा
nemine /नेमिनी/ *Lat.* कोई भी नहीं; **nem. con** /नेम कॉन/ *abbr.* **'nemine contradicente'** /नेमनी /कॉन्त्रादिसेंते/ का संक्षेप, सर्वसम्मति से, निर्विरोध
nem. diss *abbr.* **'nemine dissentiente** /नेमिने डिसेंशिएंटि/' का संक्षेप *Lat.* कोई भी असहमत नहीं, सर्वसम्मति से
Nep/ nep/ NEP (*Russian* **НЭП**) *abbr., n.,* 'New Economic Policy' नयी आर्थिक नीति
ne plus ultra /ने-प्लुस-उल्ट्रा/ *Lat.* (***syn.*** acme, zenith) किसी भी वस्तु या काम की संपूर्णता की पराकाष्ठा, संपूर्णावस्था, चरमावस्था, श्रेष्ठतम नमूना
ne quid nimis /ने क्विड निमिस/ *Lat.* आवश्यकता से अधिक या जरूरत से ज्यादा कुछ न होने दो
névé /नेवे/ *n., pl.* **~s**, *Fr.* 1 दानेदार हिम, मुलायम या रुई जैसे हिमकण (वर्षा की बूंदों के स्थान पर) 2 दानेदार बर्फ से ढका स्थान
nihil /नाइल/ नाइहिल/ *Lat.* 1 कुछ नहीं 2 शून्य 3 नगण्य वस्तु;
nihil ad rem /नाइल ऐड रेम/ *Lat., law* जिसका मुकदमे, तथ्य आदि से कोई सरोकार न हो, असंगत, बेतुका
nihil dicit /नाइल डाइसिट/ *Lat., law* 1 प्रतिवादी का गवाही देने से इन्कार 2 प्रतिवादी के प्रतिवाद के अभाव में वादी यानी मुद्दई के हक में फैसला
nihil habet /नाइल हेबेट/ *Lat., law* ऋणी के पास कुड़की योग्य संपत्ति का अभाव;
nisi /नाइसाइ/ *adj., Lat., law* 1 किसी तिथि विशेष से लागू होने वाला अदालती हुक्म, बशर्ते कोई एतराज न करे 2 जब तक कि किसी को एतराज न हो
Nisi Dominus frustra /निसी डोमिनुस फ्रूस्तरा/ *Lat.* ईश्वर जब तक तुम्हारी सहायता न करे तब तक तुम्हारा सारा परिश्रम व्यर्थ है
nisi prius /नाइसाइ प्रायस/ *Lat., law*: **court of nisi prius** जज और ज्यूरी के
nolens volens /नोलेन्ज वोलेन्ज/ *adv., Lat.* (***syn.*** willy-nilly) चाहे-अनचाहे में, मर्जी-बेमर्जी से
nolle pros /नौलि प्रॉस/ = **nolle prosequi** /नौलि प्रौसिक्वाइ/ *Lat.* वादी और प्रतिवादी द्वारा मुकदमा वापस लेने की क्रिया
nolo contendere /नोलो कंटेंडरि/ *Lat., law* बचाव पक्ष की दलील कि वे जुर्म स्वीकार नहीं करते पर अदालत द्वारा दी जाने वाली सजा उन्हें मान्य है
nolo episcopari /नोलो एपिस्कपेराइ/ *Lat.* 1 शब्दशः: मैं बिशप नहीं बनना चाहता 2 जिम्मेवारी का कोई पद लेने से इन्कार
nom /नौम/ *Fr.* नाम;
collocations: **nom de guerre** /नौम डअ गेअः/ *pl.* **noms de guerre** 1 लेखक द्वारा धारण किया जाने वाला साहित्यिक नाम, छद्म नाम 2 कल्पित नाम, उपनाम, तखल्लुस; **nom de plume** /नौमडअप्लूम/ (*also* **nom-de-plume**) *pl.* **noms de plume** 1 उपनाम, तखल्लुस 2 लेखक का छद्म नाम
non compos mentis /नौन कॉपस मंतिस/ *adj., Lat., often humorous* विक्षिप्त, दिमाग से हिला हुआ: the jury brought him in ~ (ज्युरी ने उसे पागल करार दिया)
non est inventus /नौन एस्त इनवेंटस/ *Lat.* कार्य-सूची आदि में 'मिला नहीं' का निशान
non placet /नौन-प्लेसेट/ *US* नाःन-/ *Lat.* विरोध में मत
non plus ultra /नौन प्लुस उल्ट्रा *Lat. see above under* **ne plus ultra**
non sequitur /नौन सेक्विटः/ *Lat.* अतार्किक निष्कर्ष वाला कथन
notandum /नोटैंडम/ *n., pl.* **notenda** *Lat.* 1 टिप्पणी 2 नोट, मेमो, सूचना 3 विवरण 4 स्मरण-पत्र
notitia /नोटिशिआ/ *n., pl.* **notitiae** /नोटिशिई/ *Lat.* सूचीपत्र, फेहरिस्त
nouveau riche /नूःवो रीश/ *n.,* **nouveaux riches** /नूवो रीश/ 1 नवधनाढ्य, नया-नया रईस 2 नया-नया नवाब, कल का नवाब
nouveaute /नूःवोटे/ *n., Fr.* नई वस्तु, पुस्तक आदि
novellae /नोवेलीः/ *n., [pl.], Lat., law* विधि-संहिता में नवीनतम जुड़ाव
nouvelle cuisine /नूवेल क्विजीन/ *Fr.* खाना बनाने की एक सरल शैली जिसमें ताजी सब्जियों, गोश्त आदि की बहुलता होती है और खाने को आकर्षक ढंग से परोसा जाता है
nouvelle vague /नूवेल वाःग/ *Fr.* 1 (***syn.*** wave, trend, phase) नयी प्रवृत्ति 2 1950-60 के दशक में फ्रांसीसी सिनेमा में एक चलन जिसमें कथानक की बजाए कैमरा की कलाबाजी को काफी

छूट दी गई थी 3 जैज (jazz) संगीत में एक शैली जिसमें स्थापित शैलियों से छेड़छाड़ की जाती है

Nullum simile quatuor pedibus currit /नुलम सिमिली क्वाटुअर पिडिबस क्युरिट/ *Lat.* उपमा के दो पहलुओं के बीच कभी हू-ब-हू समानता नहीं होती

numerous clausus /न्यूमरस क्लाउसस/ *Lat.* प्रतिशतात्मक मानक

nunc dimittis /नंक डिमिटिस/ *Lat., Christ.* 1 रोमन कैथौलिक सभा में सिम्योन का गीत: sing one's ~ 2 जाने की अनुमति: receive one's ~

O

obiter dictum /औबिटः डिक्टम/ *Lat.* मुकदमे की सुनवाई के दौरान न्यायाधीश द्वारा चलते-चलते की जाने वाली टिप्पणी

ob., *abbr.*, **'obiit'** /ओबीट/ अबीट/ *Lat.* का संक्षेप (कब्र की पट्टी पर लेख: वह मर गया (गयी) है); **'obiter'** *Lat.* का संक्षेप

obiter /औबिटः/ *US* आःबिटः/ *adv., Lat.* यों ही, चलते-चलते; ~ **dictum** /औबिटः डिक्टम/ *Lat., law* 1 अदालत में कार्यवाई के चलते न्यायाधीश द्वारा की जाने वाली टिप्पणी, जो अंतिम निर्णय पर आवश्यक रूप से लागू नहीं होती 2 बात-बात में, यों ही चलते-चलते की जाने वाली टिप्पणी, सरसरे ढंग से कही जाने वाली बात

oblast /ओब्लस्त्व/ (*Russian* **область**) *n., pl.* **~s/ óblasti** (**области**) /ओब्लस्त्ची/ (रूस में) प्रांत, प्रशासनिक क्षेत्र

octroi /औक्ट्रवाः/ *US* आःक्ट्र\वाः/ *n.*, **octrois** /~वाःज/, *Fr.* चुंगी, नगर के फाटक पर दी जाने वाली चुंगी;
collocations: ~ **barrier** चुंगी नाका; ~ **post** चुंगी चौकी

opere citato (*also* **op. cit.**) /*Lat.* ओपेरे किताते/ *Eng.* ओपअरि साइतेतो *or* ओपअरि सितैतो/ *Lat.* पूर्वोक्त रचना में, उक्त ग्रंथ में

ora et labora /ऑरा एट लैबॉराः/ *Lat.* काम करना और पूजा क.

ore rotundo /ओरे रोतुंदो/ *Lat.* (with full round voice) उच्च स्वर में

osp *abbr.* 'obiit sine prole /ओबीट सिने प्रोलि/, *Lat.* का संक्षेप: बेऔलाद मृत्यु को प्राप्त हुआ

otium cum dignitate /ओशिअम कम डिग्निटाटि/ *Lat.* काबिले आराम, शांति और सुख के लायक, सुख-चैन का पात्र

oubliette /ऊब्लिएट/ *n., Fr., hist.* तहखाना, धरती के नीचे ऊपर को खुलने वाली एक छेदवाली गुप्त कालकोठरी

outré /ऊट्रे/ *adj., Fr.* 1 अनुचित: ~ conduct 2 अजीब, विचित्र: ~ dress 3 आघात पहुंचाने वाला; **~ness** /ऊट्रेनेस/ *n.* विचित्रता, सनकीपन, ठेस

P

paletot /पैल्तो/ पैलितो/ (*Russian* **пальто́**) *n.* ओवरकोट, लबादा

par avion /पाः एविओं/ *adv., Fr.* हवाई डाक से (पत्रों को हवाई डाक से भेजना)

par excellence /पाः ऐक्सअलांस/ *Fr.* श्रेष्ठता या ख्याति से

par exemple /पाः एक्जांप/ *Fr.* उदाहरण के रूप में, यथा

pari passu /पैरीः पैसुः/ *adv., Lat., usually law* 1 साथ-साथ और बराबर-बराबर: stock-raising goes ~ with agriculture (पशु-पालन खेती के साथ-साथ चलता है) 2 सम गति से, समरूप 3 सम अनुपात अनुसार बराबरी की गति से, एक साथ

parterre /पाःतेअः/ *n., Fr.* 1 फूलों की क्यारी: ~ gardening 2 थियेटर में गैलरी के नीचे अलग बॉक्स

parti /पाःटि/ *n., Fr.* लाभकारी वर-वधू

partim /पेरटिम/ *Lat.* अंशतः, आंशिक रूप से

parti pris /पाःटि प्रीः/ *Fr.* दुराग्रह, पहले से तैयार दलील या निष्कर्ष

parvenu/ parvenue /पाःवअन्यु/ *US* पाःवअनु/ *n., pl.* **~s/ ~s**, *Fr., derog.* 1 नौबढ़ 2 (**syn. nouveau riche**) नया रईस, नवधनाढ्य, कल का नवाब 3 गंवार रईस 4 अभी-अभी धनी बना असभ्य व्यक्ति;
adj. अश्लील

pasear /पाःसअआः/ *n., Fr.* सैर, भ्रमण, चहलकदमी

passé /पैस्से/ पास्से/ *adj., Fr.* 1 (***syn.*** outmoded) प्रचलन से बाहर

paterfamilias /पेटःफेमिलिऐस/ *Lat.* कुटुम्ब का बड़ा बूढ़ा

patois /पैटवाः/ *Fr., n., pl.* **patois** स्थानीय बोली

pax vobiscum /पैक्स वौबिस्कम/ *Lat.* तुम्हें शांति मिले!

peccavi /पेकाःवीः/ *Lat.*: **cry** ~ अपना दोष स्वीकार क.

pede\rast /पअडऔरे\स्त/ (*also* **paede\rast**; (*Russian* **педера́ст**) *n.*, लौंडेबाज;
dw/lw: **~rasty** /~स्ति/ *n.* लौंडेबाजी

peignoir /पेनवाः/ *n., Fr.* औरतों का हल्का गाउन

penchant /पांशॉं/ *US* पेन्शेंट/ *n., Fr.* पसंद, झुकाव, अभिरुचि, शौक, इच्छा

per /पः/ *prep., Lat.* 1 प्रति, हर, फी;
collocations: **per accidens** /पः एक्सीडेंस/ *Lat.* संयोग से; ~ **annum** (*abbr.* **p. a.** or **per an.**) /पः ऐनम/ *Lat.* वार्षिक, सालाना; ~ **bearer** /पः बिअरः/ *Lat.* दस्ती; ~ **capita** /पः कैपिटा/ *Lat.* प्रति व्यक्ति: income ~ capita; GDP ~ capita; ~ **cent** /पः सेंट/ प्रतिशत, फीसदी, प्रति सैंकड़ा; ~ **centum** /पः सेंटम/ *Lat.* प्रति सैकड़ा; ~ **contra** /पः कौंट्रा/ *Lat.* प्रति पक्षी, दूसरी तरफ; ~ **diem** /पः डीम/ *adv., Lat.* प्रतिदिन का, दैनिक: ~ diem rate; ~ diem costs; ~ **diem** *n., Lat.* दैनिक भत्ता: work for a measly ~ (बहुत कम भत्ते के लिए काम क.); ~ **mensem** /पः मेंसम/ *Lat.* प्रति मास; **per saltum** /पः सौल्टम या सॉल्टम/ *Lat.* एक छलांग में, एकदम, तुरंत

per fas et nefas /पः फास ऐट नेफास/ *Lat.* (***syn.*** by hook or crook) सही या गलत, किसी भी तरीके से

per se /पः से/ *Lat.* अपने आप में, स्वभावतः, स्वतः

persona /पःसोना/ *n., pl.* **personae** /पःसोनी/ or **~s**, *Lat.* 1 साहित्यिक कृतियों में पात्र 2 जंग (Jung) के मानसिक विज्ञान में व्यक्ति के दो चेहरे: एक दुनिया को दिखाने के लिए और दूसरा छिपा हुआ 3 स्वरूप;
collocations: ~ **grata** /पःसोना ग्राःटा/ *pl.* **personae gratae** /पःसोनी ग्राःटी/ स्वीकार्य व्यक्ति, वांछित व्यक्ति, कूटनीतिज्ञ के रूप में स्वीकार्य व्यक्ति; ~ **non grata** /पःसोना नौन ग्राःटा/ किसी विशेष समूह या समाज में अस्वीकार्य या अवांछित व्यक्ति

personnel /पःसअनेल/ *Fr.* किसी कार्य में नियुक्त व्यक्तियों का वर्ग

petit /पअटीट/*Fr.* पअटी/ *adj.* छोटी पर आकर्षक, क्षुद्र

petitio /पिटिशिओ/ *n., Lat.* पेटिशन, अपील, दावा, अर्जी, याचना;
collocations: **petitio principii** /पिटिशिओ प्रिंसिपिआइ/ *logic* भ्रांति, जो अप्रमाणित निष्कर्ष पर आधारित यानी झूठे तर्क से पैदा होती है

pica /पाइका/ *n., pl.* **~s**, *Lat.* 1 *med.* चाक, मिट्टी आदि खाने की

असाधारण भूख

piece-de-resistance /पिएस-दअ-रेजिस्टांस/ *pl.* pieces-de-resistance, *Fr.* 1 भोजन का मुख्य व्यंजन 2 प्रमुख मद/ चीज 3 सर्वोत्तम दर्शनीय स्थान

Pierrot /पीअरो/ *n., Fr.* विदूषक, भांड, जोकर

piqué /पीःके/ *n., Fr.* कॉर्डरोय (corduroy) जैसा डोरीदार कपड़ा

pis aller /पीज ऐले/ *Fr.* अंतिम हथियार के रूप में प्रयोग, अतिवादी साधन: as a ~

pisé /पीःजे/ *n., Fr.* गोंदा, कच्ची ईंट: ~ wall

pissoir /पिसवाः/ *US* पीसवार/ *n., Fr.* स्क्रीन या दीवार की ओट वाला पेशाब घर

placet /प्लेसेट/ प्लैकेट/ *n., Lat.* 1 सकारात्मक मत: the report was rejected by 40 **non-~s** to 39 **~s** 2 प्रबंधन समिति में स्वीकृति 3 *hist.* राजा को धार्मिक आदेश आदि जारी करने की अनुमति

plafond /प्लअफान/ *n., Fr.* अलंकृत या चित्रों से सजी हुई (भीतरी) छत

plage /प्लाझ/ *n., Fr.* (*syn.* beach, *Russian* **пляж**) समुद्रतट, बेलांचल, बीच (beach)

plaque /प्लाक/ प्लैक/ *n., Fr.* 1 स्मृति-पट्टिका 2 चपटी जड़ाऊ पिन

pochoir /पौश्वा/ *n., print., publishing, Fr.* छपे हुए चित्र पर हाथ से की जाने वाली स्टेंसिल चित्रकारी

pogróm /पोग्रोम/ (*Russian* **погрóм**) *n.* किसी जाति के लोगों का योजनाबद्ध संहार, जनसंहार, सामूहिक हत्या, लूट-मार

politesse /पौलिटेस/ *US* पाःलिटेस/ *n., Fr.* औपचारिक या दिखावापूर्ण विनम्रता

poltroon /पौल्ट्रून\/ *US* पाःल्ट्रून\/ *n., lit., old use, Fr.* घिनौना कायर व्यक्ति

pont-levis /पौंट-लेविस/ *US* पांट-लेविस/ *n., Fr.* उठाऊ पुल

pourboire /पुरबवार/ *n. Fr.* बख्शीश

postmortem /पोस्टमॉःटम/ (*in full* ~ **examination**) *n.* (*abbr.* **p. m.**), *Lat.* 1 (*syn.* autopsy) शव-परीक्षा, पोस्टमार्टम 2 किसी घटना की गहन समीक्षा; **postmortem** *adj.* मरणोत्तर, मृत्यु के उपरान्त

post obitum /पोस्ट ओबिटुम/ *Lat.* मृत्यु के बाद

post scriptum /पोस्ट स्क्रिप्टम/ (*abbr.* **PS**) *Lat.* बाद में लिखी जाने वाली टिप्पणी

pratique /प्रैटिक/ *n., Fr., naut.* 1 (*syn.* quarantine) मिलने-जुलने पर लगी रोक से मुक्ति का आदेश 2 समुद्र तट से संवाद की अनुमति

prescriptum/प्रैस्क्रिप्टम/ *Lat.* बताये गये पदार्थ, नुस्खा

presto /प्रैस्टो/ *It.* शीघ्रता से

prie-dieu /प्रि-ड्यू/ प्रीड्यु/ *n., pl.* **prie-dieux/ prie-dieus**, *Fr.* छोटी प्रार्थना डेस्क, पीठिका

prima facie /प्राइमा फेशी/ *Lat.* पहली नजर में, सरसरी नजर में

primo /प्रीमो/ *n. It.* गान समूह आदि में प्रमुख भूमिका;
adj. (*syn.* topmost) बहुत बढ़िया, शानदार

primum mobile /प्रीमम मौबिलि/ प्राइमम मोबिलि/ *Lat.* 1 किसी कार्रवाई का मुख्य प्रोत्साहक कारण 2 संसार के बाह्यतम समकेंद्रित क्षेत्र जो 24 घंटे में अपना चक्र पूरा करता है

primus /प्राइमस/ *adj., Lat.* 1 प्रथम: ~ inter pares = first among the equals (बराबर लोगों या वस्तुओं में सर्वप्रथम) 2 वरिष्ठ: Kennedy ~ (वरिष्ठ कैनेडी);
n. (*also* **Primus stove**) *tradem.* एक चल शिविर चूल्हा

princeps /प्रिंसेप्स/ *n., Lat.* प्रथम, प्रथम संस्करण से संबंधित: edition ~

principium /प्रिंसिपिअम/ *n., pl., Lat.* 1 (*syn.* principle) सिद्धांत 2 (*pl.*) आधार, नींव

pro bono /प्रो बोनो/ *adj., Lat., US law* 1 गरीब ग्राहक के मुकदमे की मुफ्त पैरवी करने वाले वकील से संबंधित 2 निःशुल्क (पैरवी)

pro bono publico /प्रोबोनो पुब्लिको/ *Lat.* जनता की भलाई के लिए

prochain /प्रोशेन/ *adj., Fr., law:* ~ **ami** नाबालिगों का अभिभावक

pro forma *Lat.* रीति के अनुसार

proneur /प्रोनः/ *n., Fr.* प्रशंसक

pro rata /प्रोराःटा/ *adv., Lat.* यथानुपात, किसी दर के अनुसार; *adj.* अनुपात में, यथोचित

prosit /प्रोसिट/ प्रोजिट/ *Lat.* (Cheers!) आपकी सेहत के लिए यह जाम!

pro tanto /प्रो टैंटो/ *Lat.* (accordingly) के अनुसार, अनुपातिक रूप में

pro tempore /प्रो टेंपॅरे/ *adv., adj., Lat.* 1 अभी के लिए, कुछ समय के लिए 2 अस्थायी रूप में: act as consul ~; President ~ of the *US* Senate

proxime accessit /प्रौक्सिमे ऐकसेसिट/ *US* प्राःक्सिमे ऐकसेसिट/*Lat.* परीक्षा या मुकाबले में दूसरे स्थान पर आने वाले व्यक्ति के लिए प्रयुक्त

proximo /प्रौक्सिमो/ *US* प्राःक्सिमो *adv.* (*abbr.* **'prox'**), *Lat.* अगले मास, आगामी मास में: on the 3d ~ (आगामी मास की तीन तारीख को

purée /प्युअरे/ *n., Fr.* शोरबा, गूदेदार व्यंजन)

Q

quaere /क्विअरि/ *Lat.* क्या यह सही है?: he is going home, ~? (वह घर जा रहा है, क्या यह सही है?)

quid pro quo /क्विड प्रो क्वो/ *pl.* **~s**, *Lat.* 1(*syn.* compensation) मुआवजा, हरजाना, क्षतिपूर्ति 2 बदले में दी हुई वस्तु, प्रतिदान 3 भूल 4 (*syn.* substitute) एवजी, क्षतिपूर्ति 5 (*syn.* tit for tat) प्रतिकार, बदला 6 किसी वस्तु के समान या ऐवज में दी या ली जाने वाली वस्तु

qui vive /की वीव/ *n., Fr.* (*usually* **be on the qui vive**) 1 सतर्क या चौकन्ना रहना 2 कार्रवाई करने के लिए तैयार रहना

quantum meruit /क्वौंटम मेरुइट/ *US* क्वांटम -/ *Lat.* जितना पाने का अधिकार है

quantum sufficit /क्वौंटम सुफिकिट/ *US* क्वांमटम -/ *Lat.* उतना जितना काफी हो, काफी

quoad /क्वॉआड/ *prep., Lat.* 1 के विषय में, के संबंध में 2 जहां तक किसी बात का संबंध है;

quoad hoc /क्वॉआड होक/ *Lat.* यहां तक तो ...;

quoad omnia /क्वॉआड ओमनिआ/*Lat.* सब बातों के बारे में

quod /क्वौड/ *US* क्वाःड/ *Lat.* यही: **quod erat demonstrandum** /क्वौड ऐरैट डेमंस्ट्रैंडम/ = **quod erat faciendum** (**Q.E.F**) /क्वौड ऐरैट फेसिएंडम/ *Lat.* यही वह बात थी जिसे सिद्ध करना था, ज्यामितीय परिमेय के निष्कर्ष रूप में प्रयुक्त

quondam /क्वौंडैम/ *US* क्वांडैम/ *adj., Lat.* भूतपूर्व, पहले का: ~ friend

quod vide /क्वौड वाइडि/ (*abbr.* **q.v.**) *Lat.* किसी तथ्य या उद्धहरण को पुस्तक के किसी अन्य भाग में देखने का निर्देश देने के लिए प्रयुक्त

quo vadis? /क्वो वादिस?/ *Lat.* तुम कहां जा रहे हो?

R

raison d'ét /रेजौंडेट/ *n., Fr., often ironical* सरकार की सोच

raison d'être /रेजौं डेःट्र/ *n., pl.* **raisons d'etre** *Fr.* किसी या किसी वस्तु के अस्तित्व का युक्तियुक्त उद्देश्य या औचित्य

raisonneur /रेजअनः/ रेजौंनः/ रेजॉनः/ *n., pl.* **~s**, *Fr.* 1 उपन्यास या नाटक आदि में लेखक के दृष्टिकोण का वाहक पात्र 2 दार्शनिक

rapporteur /रैपॉटर/ *n., Fr.* रिपोर्ट प्रस्तुत करने वाला

rara avis /रेअरअ एविस/ *Lat.* 1 विरला, अद्वितीय व दुर्लभ व्यक्ति, पक्षी आदि 2 अनहोनी बात

ratatouille /रैटअटूइ/ *n., Fr.* एक दक्षिण फांसीसी व्यंजन

rechauffe /रेशोफे/ *n., Fr.* 1 हल्का-सा गर्म किया हुआ व्यंजन 2 पुरानी रचना का संशोधित रूप

recherché /रअशेअःशे/ *adj., Fr.* 1 जिसको केवल विशेषज्ञ जानते हों 2 क्लिष्ट-कल्पित, लोगों पर धाक जमाने के लिए आडंबरपूर्ण ढंग से परिष्कृत 3 असाधारण (uncommon), मोहक, उत्कृष्ट. अन्यस्थानिकः ~ taste 4 (***syn.*** choice) सावधानी से चुना हुआ, चुनिंदा, बढ़िया, शानदारः ~ dinners

réclame /रेक्लाःम/ *n., Fr.* 1 विज्ञापन 2 विज्ञापित करने का कार्य 3 किसी चीज या बात के बारे में शोर-शराबा 4 स्व-विज्ञापन

reductio ad absurdum /रिडक्शिओ ऐड ऐब्सःडम/ *Lat.* = **reduction to absurdity**1 असंगति प्रदर्शन, किसी बात या आधार-वाक्य को अनर्गल बनाने की क्रिया 2 किसी नियम या सिद्धांत को अतिशय सख्ती से या शब्दशः लागू करके उसे असंगत या मूर्खतापूर्ण कार्य बनाने की क्रिया

reduit /रेद्वीः/ *n., Fr.* अंतर्दुर्ग, मुख्य भरोसेमंद पंक्ति

reflet /रअफ्ले/ *n., pl.* **~s** /रअफ्ले/ *Fr.* (***syn.*** lustre, iridescence) चमक, आभा

régime /रेजीःम/ *n., Fr.* 1 शासन प्रणालीः protectorate ~; democratic ~ 2 शासक

reglement / रेगलअमेंट/ *Fr.* रेगलअमां/ *n., Fr.* नियंत्रण, समय अवधि आदि का नियमन

regressus ad infinitum /रेग्रेसस आड इनफिनाइटम/ *Lat.* = Process of going back endlessly निरंतर पश्चगमन की क्रिया

reliquae /रिलिक्विई/ *n., [pl.], Lat.* वनस्पति व जानवरों के अवशेष

remarque /रिमाःक/ *n., engraving., Fr.* उत्कीरित प्लेट पर बनाया जाने वाला चिह्न जो कार्य की प्रगति दर्शाता है

rentier /रौंटिए/ *US* रांटिए/ *n., Fr.* 1 वार्षिकी-भोगी 2 संपत्ति से मिलने वाले किराये से अपनी रोजी-रोटी कमाने वाला

repoussé /रअपूःसे/ *adj., Fr.* उभारदार (धातु आदि)

res gestae /रेस जेस्टि/ *Lat.* 1 साहसिक कार्य 2 *law* साक्ष्य के रूप में मान्य किसी मामले से संबद्ध तथ्य

résumé /रेज्युमे/ *US* (*UK* **CV**) *n., Fr.* 1 सारांश, संक्षेप, सार 2 निजी योग्यता संबंधी विवरण, जीवनी-सार, तत्व

rete /रीःतीः/ *n., pl.* **retia** /रीःशिआ/ रीःतिआ/ *Lat., anat.* (***syn.*** flexus) रक्त-वाहिकाओं, रेशों, तंतुओं आदि का जाल

retenue /रेटिअनू/ *n. Fr.* आत्मसंयम, आत्म-नियंत्रण

revue /रिव्यूः/ *n., Fr.* प्रहसन, नौटंकी, समसामयिक प्रहसन, रंगारंग कार्यक्रम

rodomonta\de /रौडअमौंटेड/ रौडअमौंटाःड/ *US* राःडअमांटेड/ राःडअमांटाःड/ *n., Fr. lit.* 1 (bragging) शेखीपूर्ण भाषण 2 हेकड़ी, डींग, शेखीबाजी

rouble /रूबल/ (*Russian* **рубль**) *n.* रूबल, रूस की मुद्रा

RSVP *abbr., Fr.* 'repondez s'il vous plait' /रेपॉडे सिल्वु प्ले/ की प्रथमाक्षरी (कृपया उत्तर दें!)

S

samovar /सामोवार/ (*Russian* **самовáр**) *n.* सामोवार, चाय के लिए उबले पानी से भरी एक विशेष रूसी केतली

samizdat /सामिज्दात/ (*Russian* **сáмиздат**) *n.* स्वयं लेखक द्वारा प्रकाशन

sanctum sanctorum /सेंक्टम सेंक्टोरम/ *Lat.* अति पवित्र स्थान

sangfroid /सौंग-फ्रवाः/ *US* सांग-फ्रवाः/ *n., Fr.* कठिन घड़ी में धैर्य और आत्मसंयम रखने की क्षमताः lose one's ~

sans /सैंज/ *prep., Fr.* के बिना;

collocations: **~ appeal** अपील के अधिकार के बिना; **sans ceremonie** *Fr.* बिना औपचारिकता के; **~ doute** /सां डूट/ बेशक; **~ phrase** एक शब्द में; **sans peur** /सॉ पअः/ बेझिझक, बिना डर के

satis /सैटिस/ *adv., Lat.* काफी, पर्याप्त

savant /*Br.* सैवांत/ *Fr.* सअवां/*Fr.* विद्वान

savoir faire /सैवाः फेअः/ *n., Fr.* 1 कार्य दक्षता, कार्य-कौशल 2 व्यवहार-कुशलता

savoir vivre /सैवाः वीःवरअ/ *n., Fr.* शिष्ट व्यवहार-कुशलता

Scientiae Baccalaureus /साइंशी या सिअंशिआइ बैक्लॉरिअस/ (*abbr.* **ScB**) *Lat.* बीएससी

scilicet /साइलिसेट/ सकीःलिसेट/ *Lat.,* (*abbr.* **sc.**) अर्थात्, दूसरे शब्दों में

sculpsit /स्क्ल्पसिट/ *Lat.* इसे अमुक ने बनाया है (मूर्तिकार का नाम आदि)

secretaire /सेक्रअटेअः/ *n., pl.* **~s**, *Fr.* डेस्क में लगी मुड़वां (folding) लेखन पट्टी

secundum /सिकंदम/ *Lat.* के अनुसार;

collocations: **~ artem** /सिकंदम आर्तेम/ *Lat.* कुशलतापूर्वक, व्यावसायिक ढंग से; **~ ordinem** /सिकंदम ऑःडिनेम/ *Lat.* क्रमशः, क्रमिक रूप से; **~ quid** /सिकंदम क्विड/ *Lat.* कुछ बातों तक, कुछ हद तक

semper /सेंपेः/ *Lat.* हमेशा, सर्वदा;

collocations: **~ idem** /सेंपेर ईदम/ *Lat.* सर्वदा वही; **~ paratus** /सेंपेर परातुस/ *Lat.* सर्वदा प्रस्तुत, सदा तत्पर; **~ fidelis** /सेंपेर फिदेलिस/ *Lat.* सदा आपको समर्पित

separatum /सेपअरेटम/ *Lat.* = **separate** अलग

sic /सिक/ सीक/ *adv., Lat.* 1 मूल लेख के अशुद्ध शब्द को नए लेख में यथावत (**sic!**) के साथ (दिखाना) 2 इस प्रकार

sigla /सिगला/ *n., [pl.], Lat.* पांडुलिपियों, दस्तावेजों, मुहरों आदि में प्रयुक्त होने वाले प्रथमाक्षरी, संक्षेपण, चिह्न, प्रतीक आदि

simulacrum /सिम्युलेक्रम/ *n., pl.* **simulacra**, *Lat.* 1 (***syn.*** copy) प्रतिकृति 2 प्रतिमा 3 सादृश्य, समानता, नकल 4 छाया 5 आभास

sine /साइनि/ सिने/ *prep. Lat.* के बिना;

sine die /साअनि डाइ/ सिने डीए/ अगली तिथि तय किए बिना,

अनिश्चित काल तक: adjourn the house ~ die
sine prole/साअनि प्रोल/ *Lat.* संतान से वंचित, निस्संतान
sine qua non /साइनि-क्वा-नोन या सिने क्वा नोन/ अनिवार्य शर्त: ~ qua non of/ for sth (किसी लक्ष्य की प्राप्ति के लिए अनिवार्य शर्त)
situs /साइटस/ *n., Lat.* 1 स्थान 2 स्थिति 3 दशा
soi-disant /स्वाडीजां/ *adj., Fr.* स्वघोषित, बनने वाला: a ~ artist
soigné/ soignée /स्वान्ये/ *adj., Fr.* परिष्कृत, बढ़िया: ~ restaurant
Soiree/ soirée /स्वाःरे/ *n., Fr.* 1 शाम की दावत 2 शाम का मनोरंजन कार्यक्रम
souterrain /सूटअरेन/ *n., Fr.* भूमिगत कक्ष (chamber), रास्ता (passage)
sparsus /स्पाःसस/ *adj., Lat.* बिखरा हुआ, जो सघन न हो, दूर-दूर
spécialité de la maison /स्पेस्यालिते दे ला मेजों/ *Fr.* (*also* **Speciality of the House**) किसी रेस्त्रां का विशेष व्यंजन
spirituel /स्पिरिट्यूएल/ *adj., Fr.* 1 सुसंस्कृत, परिष्कृत 2 वाग्विदग्ध, वाक्-पटु;
collocations: **~ quo** *Fr.* बुद्धिमान्, ठिठोलिया
spolia opima /स्पोलिआ ओपाइमा/ *Lat.* 1 सर्वाधिक लूट का माल 2 युद्ध में एक नेता द्वारा दूसरे से प्राप्त लूट की संपत्ति या हथियार
sponte sua /स्पौंटअ सुआ/ *US* स्पांटअ सुआ *Lat.* अपनी मर्जी से, स्वेच्छया
Sputnik /स्पूतनिक/ (*Russian* **спутник**) *n.* 1 रूसी कृत्रिम उपग्रह 2 धरती आदि का उपग्रह
status quo /स्टेटसक्वो/ *Lat.* (*usually* **the status quo**) यथास्थिति; **the status quo ante** /स्टेटसक्वो ऐंटि/ *Lat.* यथापूर्व स्थिति, जैसी पहले थी वैसी स्थिति; **the status quo ante bellum** /स्टेटसक्वो ऐंटि बेलम/ *Lat.* युद्ध से पहले की स्थिति
strapontin /स्ट्रैपौंटिन/ *n., Fr.* विमान, थियेटर आदि में मुड़वां (folding) सीट
sub judice /सब ज्युडिस/ *Lat.* न्यायालय के विचाराधीन
sub poena /सपीना/ *n. Fr.* अदालत का बुलावा आदेश; **sub poena** *v.* अदालत में आने के लिए नोटिस या सम्मन दिया जाना
sub rosa /सब रोजा/ *adv., Lat.* गुप्त तरीके से
subsidium /सबसीडिअम/ *n., pl.* **subsidia**, *Lat.* सहायता, इमदाद, मदद
sub specie /सब स्पिसी/ *Lat.* इस दृष्टि से, इस ढंग से
sub voce /सब वोचि/ सब वोके/ *Lat.* = **sub verbo** कथित शब्द या शीर्षक के तहत
sudarium /स्यूडेरिअम/ सूडेरिअम/ *n., Lat., pl.* **sudaria** (संत विरोनिका का) रूमाल
sui /सुई/ *Lat.* अपना, उनका;
collocations: **~ generis** /सुई जेनेरिस/ *Lat.* सुआइ जेनेरिस/ 1 अद्वितीय 2 अपनी तरह का अकेला, विशिष्ट; **~ juris** /सुई जुअरिस/ *Lat.* पूर्णतः बालिग व कानूनी अधिकार प्राप्त, अपने निर्णय लेने में आत्मनिर्भर व स्वतंत्र
summum bonum /समम बोनम/ *n., pl.* **summa bona**, *Lat.* नैतिक मूल्यों की प्रणाली में भलाई का सर्वोच्च सिद्धांत, परमार्थ, पुरुषार्थ, परम हित, परम शुभ
supernaculum /सुपःनैक्युलम/ *adv. Lat.* (***syn.*** bottoms up) अंतिम बूंद तक, पैग बिल्कुल खत्म: drink ~
suppressio veri /सपरेशिओ विराइ/ *Lat.* सच्चाई का दूषण या कुरूपण
supra /सूप्रा/ *Lat., adv.* 1 पृष्ठ में ऊपर 2 पुस्तक या लेख में ऊपर या पहले;
collocations: **ut supra** /*Lat.* उट सूप्रा/ *Eng.* अट सूप्रा/ (as above) उपर्युक्त
suslik/ souslik /सूसलिक/ (*Russian* **суслик** /सूसलिक/) *n.* दक्षिणी यूरोप व एशिया में पाई जाने वाली गिलहरी, भूगिलहरी, गोफर

T

taiga /ताइगा/ (*Russian* **тайга́**) *n., geog.* साइबेरिया का सदाबहार घना वन
tout ensemble /टूटांसांबले/ *Fr.* सामान्य मत, धारणा, विचार
tu quoque Brute /तु क्वाके ब्रूते/ *Lat.* और ब्रूटस तू भी!
tacent, satis laudant /टेसेंट, सैटिस लॉडेंट/ *Lat.* उनका मौन रहना ही प्रशंसनीय है
Tass /तास/ *n., abbr.* 'Telegraphnoe agenstvo Sovetskogo soyuza' की प्रथमाक्षरी से बना आदिवर्णी शब्द (*Russian* **TACC** = **Телегра́фное аге́нство Сове́тского Союза**)
tempus /टेंपस/ *n., pl.* **tempora**, *Lat.* समय, काल गति;
tempus edax rerum /टेंपअस इडैक्स रिअरअम/ *Lat.* काल हर वस्तु, जीव, प्रक्रियाओं आदि को अपने ग्रास में ले लेता है यानी समय बड़ा बलवान है
tempus fugit /टेंपअस फ्यूजिट/ टेंपअस फ्यूगिट/ *Lat.* = time flies समय तेजी से गुजर जाता है
terra firma /टेरा फःमा/ *Lat.* (***syn.*** dry land) मुख्य भूमि, स्थल, ठोस भूमि
terminus /टःमिनस/ *n., pl.* **termini**/ **~es**, *Lat.* 1 रेल, बस आदि का अंतिम स्टेशन या अड्डा 2 यात्रा का अंतिम स्थल, मंजिल 3 सीमा-सूचक खंभा या पत्थर 4 लक्ष्य;
collocations: **~ ad quem** /टःमिनअस ऐड क्वेम/ *Lat.* यात्रा का अंतिम या लक्ष्य बिंदु; **~ a quo** /टःमिनअस ए क्वो/ *Lat.* आरंभ-बिंदु
terra /टेरा/ *n., Lat.* पृथ्वी, धरती, मिट्टी;
dw/lw: **~-alpha** *n., Lat.* खड़िया मिट्टी; **~-cotta** /टेराकौटा/ *US* टेराकाःटा/ *n., pl.* **~s** 1 पकी मिट्टी 2 पकाई हुई मिट्टी 2 पकी मिट्टी से निर्मित कलाकृति 3 पकी मिट्टी का रंग, भूरा लाल रंग; **~-firma** *see above*; **~-incognita** /टेरा-इन्कौग्निता/ *n., Lat.* अज्ञात देश, अनजुती भूमि (virgin land); **~mara** /टेरा-मारा/ *n., Lat.* इटली की प्रागैतिहासिक काली मिट्टी के अवशेष
tertium quid /टःशिअम-क्विड/ *Lat.* 1 तीसरी या मध्यम श्रेणी की वस्तु 2 उभयेतर वस्तु
testamur /टेस्टेमः/ *n., Lat.* परीक्षा में उत्तीर्ण होने का प्रमाण-पत्र, प्रमाणक
tete-a-tete /टेटे-आ-टेटे/ *Fr.* गुप्त वार्तालाप, गुफ्तगू
textus /टेक्सटस/ *n., Lat.* सर्वमान्य पाठ;
collocations: **~ receptus** /टेक्सटस रिसेप्टिव/ *Lat.* प्राप्त मूल पाठ
totidem verbis /टॉटिडेम वःबिस/ *Lat.* इन्हीं शब्दों में, इतने ही शब्दों में
totiens quotiens /टोशिअन्ज क्वोशिअन्ज/ *Lat.* हर बार
toties quoties /टोशिईज क्वोशिईज/ *Lat.* हर बार
totipotent /टोटिपोटंट/ *adj., Lat.* पूर्णतः सशक्त
toto caelo / टोटो काइलो/ टोटो सिलो/ *Lat.* पूर्णतः विपरीत,

आकाश पाताल का अंतर

tour de force /टुअः डअ फॉःस/ *Fr.* 1 शानदार हुनर का कार्य 2 जबरदस्त रचना, कृति, प्रभाव या सफलता

tout à fait /तूता फे/ *Lat.* पूर्ण रूप से

tovarisch/ tovarish (*Russian* **товáрищ**) *n.* 1 साथी 2 साम्यवादियों के बीच प्रचलित संबोधन शब्द जिसका अर्थ है साथी या कामरेड

trente-et-quarante /त्रॉंत-ए-क्रैरॉंत/ *Fr.* लाल और काला (एक खेल)

tristesse /ट्रिस्टेस/ *n. Fr.* उदासी

troika /ट्रोइका/ (*Russian* **трóйка**) *n., pl.* **~s** 1 तीन व्यक्तियों की परिषद 2 त्रोइका गाड़ी, तीन घोड़ों द्वारा खींची जाने वाली गाड़ी

trouvère/ trouveur /ट्रूवेअः/ ट्रूवअः/ *n., Fr.* चारण, दरबारी प्रेम का किस्सा-गोह कवि

tsar√ **czar/ tzar** *UK* (*UK/US* **czar**) /त्सार/ जाः/ (*Russian* **царь** /त्सार/) *n. hist.* 1 रूसी सम्राट 2 निरंकुश एवं निष्ठुर शासक, तानाशाह 3 जालिम व्यक्ति, अत्याचारी, आततायी;
dw/lw: **~dom** /त्सारडम/ *n.* रूसी साम्राज्य; **~evitch** *Russian* **царевич** /त्सारेवित्च/ *n., pl.* **~~evitches** जार जादा, जार-पुत्र; **~evna** *Russian* **царевна** /त्सारेवना/ *n., pl.*~**evna** जारजादी, जार-पुत्री; **tsarina/ czarina** *Russian* **царина** /त्सारिना/ जारिना/ *n., pl.* ~s *hist.* रूसी सम्राज्ञी; **~ism** *Russian* **царизм** /त्सारीज्म/ *n.* रूसी साम्राज्य, जारशाही; **~ist** *Russian* **царист** /त्सारिस्ट/ *n.* त्सारवादी, जारवादी व्यक्ति

tumulus /ट्यूम्युलस/ ट्यूम्यलस/ *n., pl.* **tumuli** /ट्यूम्युलाइ/, *Lat.* 1 स्तूप 2 कब्र का टीला

tu quoque /*Br.* ट्यू क्वोक्वि or टू क्वोक्वि/ टू क्वो क्वे/ *Lat.* तुम भी ऐसे ही हो;
collocations: **tu quoque Brute** *Lat.* और ब्रूटस् तू भी

U

ukase /उकास/ (*Russian* **указ**) *n.* जार का हुक्मनामा, मनमाना आदेश

ultra vires /अल्ट्रा वायरिज/ उल्ट्रा विरेज/ *Lat., law* 1 कानूनी अधिकारों से परे का, अधिकारातीत, अवैध 2 किसी की शक्ति या सामर्थ्य से बाहर

uberrima fides /यूबअरीमा फाइडीज/ *Lat., law* अधिकतम नेकनीयती, विश्वास की पराकाष्ठा: contract **uberrima fidei**

ultima /अल्टिमा/ *n., pl.* **~s** *ling., Lat.* अंतिम शब्दांश;
adj. अंतिम **~ ratio** /अल्टिमा रेशिओ/ *Lat.* अंतिम निर्णायक तर्क; **~ ratio regum** /अल्टिमा रेशिओ रेगम/ *Lat.* राजाओं का अंतिम तर्क यानी युद्ध; **~ Thule** /अल्टिमा ठुली/ *Lat.* अंतिम उत्तरी छोर

ultra vires /उल्ट्रा वायरेज/ *Lat.* किसी की शक्ति (सामर्थ्य) के बाहर

umbra /अम्ब्रा/ *n., pl.* **umbrae** /अंबरी/ *or* **~s**, *Lat.* 1 *astron.* ग्रहण के समय पृथ्वी पर चंद्रमा की पड़ने वाली छाया 2 छाया का गहनतम भाग 3 सूर्य के धब्बों में गहनतम काला भाग 4 मृत की आत्मा, भूत-प्रेत 5 आमंत्रित मेहमान के साथ आने वाला बिना बुलाया मेहमान

umbrage /अम्ब्रिज/ *n., Lat.* 1 *archaic* पेड़ की छाया 2 पेड़ पत्ते आदि 3 संकेत 4 (*esp.* **give**/ **take ~**) रोष, नाराजगी, असंतोष, मनोमालिन्य

V

vale /वेलि/ *n., Lat.* 1 अलविदा: say one's **~s** 2 *interj.* अलविदा!

valet de chambre /*Br.* वाले डअ चैंब्र/ *Fr.* वाले डअ शांबअ/ *Fr.* सेवक, टहलुआ

valorem /वअलोरम/ *n., Lat. See above under* **ad valorem**

valse /वाल्स/ *n., Fr.* वाल्स नृत्य

veni, vidi, vici – Julius Caesar *Lat.* मैं आया, मैंने देखा, मैंने जीत लिया

verbatim er literatim /वःबाटिम एट लिटिराटिम/ *Eng.* वःबेटिम एट लिटिरेटिम/ *Lat.* शब्द के बदले शब्द, शब्दशः, अक्षर के बदले अक्षर, अक्षरशः, बिल्कुल उन्ही शब्दों में

verbum sap /वःबम सैप/ *Lat.* (*short of,* **verbum sapient sat est**) समझदार को इशारा काफी

vers libre /वेअःलीब्रअ/ *n., pl.* **vers libres**, *Fr.* मुक्त छंद;
dw/lw: **verslibrist** /वेअःलीब्रलिस्ट/ *n.* मुक्त छंदकार

versus /वःसस/ *Lat.* विरुद्ध

vestigia /वेस्टीजिआ/ *Lat.* चिन्ह, आकृति

vestigial … nulla retrorsum /वेस्टीजिअल नूला रेस्टोरम/ *Lat.* जहां से वापस लौटना संभव न हो (footprints do not go backwards)

vexillum /वेक्सिलम/ *n., pl.* **vexilla**, *Lat.* 1 झंडा 2 ध्वज 3 *orinthol.* पंख पर कांटों की लड़ी, पिच्छ-फलक 4 *bot.* फूल की ऊपरी बड़ी पंखुड़ी

via /वाया/*prep., Lat.* 1 के रास्ते से, बरास्ते, से हो कर, के मार्ग से: ~ Moscow; ~ Frankfurt 2 के द्वारा, से: go ~ car or railroad 3 माध्यम से: air one's views ~ a magazine article;
collocations: **~ lactea** /वाया लेक्तिआ/ *Lat.* आकाश गंगा; **~ media** /वाया मीडिआ/ *Lat.* मध्य मार्ग, दो विपरीत मतों के बीच का रास्ता, समझौते के रास्ते से

viaticum /वायटिकम/ *n., pl.* **~s/ viatica** /वायटिका/, *Lat.* 1 राह खर्च या पाथेय, यात्रा के लिए खाद्य-पदार्थ 2 (***syn.*** Eucharist) दिव्य-संबल: administer the ~

vice /वाइस/ *prep.*, *Lat.* के स्थान पर, के बदले में: he was appointed manager ~ Mr. Wadhwa;

vice versa /वाइस वःसा/ वाइसि वःसा/ *adv.*, *Lat.* 1 और उल्टा, इसके उल्टा, उल्टे: from me to you and ~; I dislike him and ~ 2 विपरीत क्रम से, दूसरी ओर से, विलोमतः, इसके विपरीत: he calls black white and ~ (वह काले को सफेद या सपेद को काला बताता है)

vide /वीडे/ वाइडी/ (*abbr.* **vid**) *Lat.* देखिए!: ~ p. 47 (पृष्ठ 47 पर देखिए!);
collocations: **~ ante/ supra** वाइडी ऐंटि or सुप्रा/ ऊपर देखिए!; **~ infra** / वाइडी इनफ्रा/ निम्नलिखित देखिए!; **~ post** बाद में आने वाला देखिए!; **~ ut supra** /वीडे/ वाइडी उट सुप्रा/ *Lat.* उपर्युक्त देखिए!

videlicet /विडेलिकेट/ विडेलिसेट/ *Lat.* अर्थात्, यानी, यथा (1 *abbr.* as **viz.**, and usually pronounced as **'namely'** 2 that is to say)

vieux-jeu /विअ जअ/ *Fr.* वियु जु/ *adj.* 1 (***syn.*** hackneyed) घिसापिटा 2 (***syn.*** old-fashioned) पुराने ढंग का

vis-à-vis /वीजावी/ *prep., Fr.* 1 के संबंध में: U.S. policy ~ India 2 की तुलना में: poetry ~ prose 3 के सामने, आमने-सामने:

he found himself ~ his friend;

adv. के सामने, आमने-सामने: he sat ~ at dinner;

***n.**, pl.* **vis-a-vis** 1 विरोध पक्ष, विरोधी जोड़ीदार: speak to one's ~ 2 सामने वाला (व्यक्ति) 3 जोड़ीदार व्यक्ति या वस्तु 4 बिना गवाहों के भेंट 5 आमने-सामने सीटों वाली बाल गाड़ी

vivat /वाइवैट/ *n., Lat.* जीते रहो! की जय हो!, ... जिंदाबाद!, जयकार

viva voce /वाइवा वोचि/ (*also* ***viva***) *adv.* बोलकर, मौखिक रूप से: speak ~;

n.**, pl.* **viva voces** (syn.*** oral exam) मौखिक परीक्षा;

adj. मौखिक: ~ examination; ~ voting

Vive l' empereur /वीव लॉफः/ *Fr.* महाराजाधिराज दीर्घायु हों!

Vive, valeque /वीव वलेक/ *Lat.* आप दीर्घायु और आरोग्य रहें! आपके जीवन और स्वास्थय के लिये शुभकामना!

viz. /विज/ *adv.* (*in full* **videlicet** /विडेलिसेट/), *Lat.* (***syn.*** namely, that is) अर्थात्

vodka /वोद्का/ (*Russian* **водка**) *n., pl.* **~s** गेहूं आदि से बनाई जाने वाली रूसी शराब: ~ is gaining in popularity very fast in India

voila *Fr.* देखो, वहां है या हैं

volens nolens /वोलेंज नोलेंज/ *Lat.* = **nolens volens** चाहे-अनचाहे

volet /वॉले/ *n., Fr.* फलक, खंड

vox /वौक्स/ *US* वाःक्स/ *n., pl.* **voces**, *Lat.* आवाज, वाणी: ~ populi लोग मत;

collocations: **vox angelica** /वौक्स अंजेलिका/ *Lat., music* ऑरगन वाद्य से निकलने वाली एक मृदुल वाणी; **vox humana** /वाक्स ह्युमेना/ *Lat.* ऑरगन वाद्य से निकलने वाली एक मानवीय वाणी; **vox pop** /वाक्स पौप/ *Lat. broadcasting* 1 जनता की टिप्पणियों में अभिव्यक्त जनमत 2 लोकमत परिचायक साक्षात्कार; **~ populi** /वौक्सपौपुली/ वौक्सपौपुलाइ/ *n.* जनता की आवाज, जनमत, लोकमत, लोक निर्णय;

p&i: **vox populi, vox Dei** /वोक्स पोपुली वोक्स दे/ *Br.* वौक्स पोप्यलाइ वौक्स दिआइ/ *Lat.* जनता की आवाज, भगवान की आवाज

vraisemblance /वेसांब्लांस/ *n., Fr.* संभाव्यता, सत्याभास

W

wagonlit /वैगोंलि/ *n., Fr. pl.* **~s** यूरोपीय यात्री गाड़ी में शयनयान, शायिका

X

xystum /जिस्टम/ जाइस्टम/ *pl.* **Xysta** /जिस्टा/ *Lat.* वृक्षों से आच्छादित मार्ग

Y

yaboo *Pers.* अफगानी टट्टू

Z

zoon politikon *Ger.* राजनीतिक प्राणी (मनुष्य)

Countries of the world and their Capitals (the county's name underlined)

विश्व के देशों और उनकी राजधानियों के नाम (देश का नाम चिह्नित)

Country	Capital	देश	राजधानी
1 Afghanistan	Kabul	अफगानिस्तान	काबुल
2 Albania	Tirana	अल्बानिया	टिराना
3 Algeria	Algiers	अल्जीरिया	अल्जीर्ज
4 Andorra	Andorra la Vella	अंडोरा	अंडोरा ला वेला
5 Angola	Luanda	अंगोला	लुआंडा
6 Antigua and Barbuda	Saint John's	अंटिगुआ ऐंड बरबूडा	सेंट जोन्ज
7 Argentina	Buenos Aires	अर्जेंटीना	बुएनोस आयरेस
8 Armenia	Yerevan	आर्मीनिया	येरेवान
9 Australia	Canberra	आस्ट्रेलिया	कैन्बरा
10 Austria	Vienna	आस्ट्रिया	वियेना
11 Azerbaijan	Baku	आजरबाइजान	बाकू
12 The Bahamas	Nassau	दि बाहामास	नैसो
13 Bahrain	Manama	बहरैन	मानामा
14 Bangladesh	Dhaka	बांग्लादेश	ढाका
15 Barbados	Bridgetown	बारबेडोस	ब्रिज टाउन
16 Belorus	Minsk	बेलोरूस	मिंस्क
17 Belgium	Brussels	बेल्जियम	ब्रसल्ज
18 Belize	Belmopan	बलीज	बेल्मोपैन
19 Benin	Porto-Novo	बेनीन	पोर्टो-नोवो
20 Bhutan	Thimphu	भुटान	थिंपू
21 Bolivia	Sucre (constitutional), La Paz (administrative)	बोलीविया	सूक्रे (वैधानिक), ला पाज (प्रशासनिक)
22 Bosnia and Herzegovina	Sarajevo	बोस्निया एवं हेर्त्सेगोविना	सारायेवो
23 Botswana	Gaborone	बोत्स्वाना	गैबरोनी
24 Brazil	Brasilia	ब्राजील	ब्राजीलिया
25 Brunei	Bandar Seri Begawan	ब्रुनेई	बंदर सेरी बेगावन
26 Bulgaria	Sofia	बल्गारिया	सोफिया
27 Burkina Faso	Ouagadougou	बर्किना फासो	वागाडूगू
28 Burundi	Bujumbura	बुरूंडी	बुजुमबूरा
29 Cambodia	Phnom Penh	कैंबोडिया	नौमपेन
30 Cameroon	Yaounde	कैमरून	याऊंदे
31 Canada	Ottawa	कैनेडा	ओटावा
32 Cape Verde	Praia	केप वर्ड	प्राया
33 Central African Republic	Bangui	सेंट्रल अफ्रीकन रिपब्लिक	बांगी
34 Chad	N'Djamena	चैड	अंजामेना
35 Chile	Santiago	चिली	सैंटियागो
36 China	Beijing	चीन	बीजिंग
37 Colombia	Bogota	कोलंबिया	बोगोता
38 Comoros	Moroni	कौमोरोज	मॉरोनी
39 Congo, Republic of the	Brazzaville	कौंगो गणतंत्र	ब्रैजावील
40 Congo, Democratic Republic of the	Kinshasa	जनतांत्रिक गणतंत्र कौंगो	किंशासा
41 Costa Rica	San Jose	कौस्टा रीका	सान होजे
42 Cote d'Ivoire(Ivory Coast)	Yamoussoukro	आइवरी कोस्ट	यैमोसूक्रो
43 Croatia	Zagreb	क्रोएशिआ	जाग्रेब
44 Cuba	Havana	क्यूबा	हवाना
45 Cyprus	Nicosia	साइप्रस	निकोसिया
46 Czech Republic	Prague	चेक गणतंत्र	प्राग
47 Denmark	Copenhagen	डेन्मार्क	कोपनहेगन
48 Djibouti	Djibouti	जिबूती	जिबूती
49 Dominica	Roseau	डोमिनिका	रोजो
50 Dominican Republic	Santo Domingo	डोमिनिकन गणतंत्र	सेंतो डोमिंगो
51 East Timor	(Timor-Leste) Dili	ईस्ट टीमोर	दिली
52 Ecuador	Quito	ऐक्वाडोर	कीतो
53 Egypt	Cairo	मिस्र	काहिरा
54 El Salvador	San Salvador	ऐल सल्वादोर	सैन सल्वादोर
55 Equatorial Guinea	Malabo	ऐक्वाटोरिअल गिनी	मलाबो
56 Eritrea	Asmara	एरिट्रिआ	अस्मारा
57 Estonia	Tallinn	इस्तोनिया	तालीन
58 Ethiopia	Addis Ababa	इथिओपिया	अदीस अबाबा
59 Fiji	Suva	फीजी	सूवा
60 Finland	Helsinki	फिनलैंड	हेल्सिंकी
61 France	Paris	फ्रांस	पेरिस
62 Gabon	Libreville	गैबों	लिब्रैविल
63 Gambia	Banjul	गैंबिया	बांजुल
64 Georgia	Tbilisi	जोर्जिया	त्बिलिसी
65 Germany	Berlin	जर्मनी	बर्लिन
66 Ghana	Accra	घाना	अक्रा
67 Greece	Athens	यूनान	अदन
68 Grenada	Saint George's	ग्रेनेडा	सेंट ज्योर्जिज
69 Guatemala	Guatemala City	ग्वाटेमाला	ग्वाटेमाला सिटी
70 Guinea	Conakry	गिनी	कॉनाक्री
71 Guinea-Bissau	Bissau	गिनी बिसाउ	बिसाउ
72 Guyana	Georgetown	गियाना	ज्योर्जटाउन
73 Haiti	Port-au-Prince	हेटी	पॉर्टो-प्रिंस
74 Honduras	Tegucigalpa	हौंडुरास	टेगुसिगैल्पा
75 Hungary	Budapest	हंगरी	बूडापेस्ट
76 Iceland	Reykjavik	आइसलंड	रेक्याविक
77 India	New Delhi	भारत	नई दिल्ली
78 Indonesia	Jakarta	इंडोनेशिया	जकार्ता
79 Iran	Tehran	ईरान	तेहरान
80 Iraq	Baghdad	इराक	बग्दाद
81 Ireland	Dublin	आयरलैंड	डब्लिन
82 Israel	Jerusalem?	इजराइल	यरूशलम?
83 Ivory Coast	Yamoussoukro	आइवरी कोस्ट	यैमुसूक्रो

83	Italy	Rome	इटली	रोम
84	Jamaica	Kingston	जमेका	किंग्सटन
85	Japan	Tokyo	जापान	टोकियो
86	Jordan	Amman	जॉर्डन	अम्मान
87	Kazakhstan	Astana	कजाख्स्तान	अस्ताना
88	Kenya	Nairobi	केन्या	नैरोबी
89	Kiribati	Tarawa Atoll	किरिबाती/ किरिबैस/ किरिबैटी	तरावा अटौल
90	Korea (North)	Pyongyang	उत्तरी कोरिया	प्यौंगयांग
91	Korea (South)	Seoul	दक्षिणी कोरिया	सियोल
92	Kosovo	Pristina	कोसोवा	प्रिस्टीना
93	Kuwait	Kuwait City	कुवैत	कुवैत शहर
94	Kyrgyzstan	Bishkek	किर्गिजस्तान	बिश्केक
95	Laos	Vientiane	लाओस	वियेंत्यान
96	Latvia	Riga	लात्विया	रीगा
97	Lebanon	Beirut	लेबनान	बेरूत
98	Lesotho	Maseru	लिसूटू/लेसोठो	मसेरू
99	Liberia	Monrovia	लाइबीरिया	मोन्रोविआ
100	Libya	Tripoli	लीबिया	ट्रिपोली
101	Liechtenstein	Vaduz	लिक्टेनस्टाइन	फादुत्स
102	Lithuania	Vilnius	लिथुआनिया	वील्न्युस
103	Luxembourg	Luxembourg	लक्समबर्ग	लक्समबर्ग
104	Macedonia	Skopje	मैसिदोनिया	स्कोपिये
105	Madagascar	Antananarivo	मैडगैस्कर	ऐंतानैनारीवो/ आंतानानारीवो
106	Malawi	Lilongwe	मलावी	लिलौंग्वे
107	Malaysia	Kuala Lumpur	मलेशिया	कुआला लुंपुर
108	Maldives	Malé	माल्दीव्ज	माले
109	Mali	Bamako	माली	बामको
110	Malta	Valletta	माल्टा	वलेटा
111	Marshall Islands	Majuro	मार्शल द्वीपसमूह	मज्यूरो
112	Mauritania	Nouakchott	मौरिटैनिया	न्वाकशौट
113	Mauritius	Port Louis	मारीशिस	पोर्ट लुइस
114	Mexico	Mexico City	मैक्सिको	मैक्सिको सिटी
115	Micronesia	Palikir	माइक्रनेजिआ	पालिकीर
116	Moldova	Chisinau	मल्दोवा	किशीन्योव
117	Monaco	Monaco	मोनैको	मोनैको
118	Mongolia	Ulaanbaatar	मंगोलिया	उलानबातर
119	Montenegro	Podgorica	मौंटिनीग्रो	पदगोरित्सा
120	Morocco	Rabat	मरौको	रबात
121	Mozambique	Maputo	मोजैंबीक	मपूतो
122	Myanmar (Burma)	Naypyidaw	म्यांमार	नेप्यिडॉ
123	Namibia	Windhoek	नमीबिआ	विंटहोक
124	Nauru	Yaren (de facto)	नाऊरू	यारेन
125	Nepal	Kathmandu	नेपाल	काठमांडू
126	Netherlands (Holland)	Amsterdam	नेदरलैंड्ज	ऐम्सटरडैम
127	New Zealand	Wellington	न्यूजीलैंड	वेलिंगटन
128	Nicaragua	Managua	निकारागुआ	मनाग्वा
129	Niger	Niamey	नाइजर	निआमे
130	Nigeria	Abuja	नाइजीरिया	अबूजा
131	Norway	Oslo	नारवे	ओस्लो
132	Oman	Muscat	उमान	मस्कट
133	Pakistan	Islamabad	पाकिस्तान	इस्लामाबाद
134	Palau	Melekeok	पालाउ	मलेकिओक
135	Palestine	proclaimed Jeruslam	फिलिस्तीन	घोषित राजधानी यरूशलम

135	Panama	Panama City	पानामा	पानामा सिटी
136	Papua New Guinea	Port Moresby	पपुआ न्यू गिनी	पोर्ट मॉर्जबि
137	Paraguay	Asuncion	परागवे,पेराग्वे	आसुनस्योन
138	Peru	Lima	पेरू	लीमा
139	Philippines	Manila	फिलिपीन	मनिला
140	Poland	Warsaw	पोलैंड	वारसा
141	Portugal	Lisbon	पुर्तगाल	लिस्बन
142	Qatar	Doha	कतर	दोहा
143	Romania	Bucharest	रूमानिया	बुखारेस्त
144	Russia	Moscow	रूस	मास्को
145	Rwanda	Kigali	रुआंडा	किगाली
146	Saint Kitts and Nevis	Basseterre	सेंट किट्स एंड नेविस	बास्टेअर
147	Saint Lucia	Castries	संत लूसिया	कैसट्रीज
148	Saint Vincent and the Grenadines	Kingstown	सेंट विनसेंट ऐंड ग्रेनैडीनज	किंग्जटाउन
149	Samoa	Apia	समोआ	आपिआ
150	San Marino	San Marino	सान मरीनो	सान मरीनो
151	Sao Tome and Principe	Sao Tome	साओ टमे ऐंड प्रिंसिपे	साओ टमे
152	Saudi Arabia	Riyadh	साऊदी अरब	रियाद
153	Senegal	Dakar	सेनिगाल	डाकर
154	Serbia	Belgrade	सेरबिया	बैलग्रेड
155	Seychelles	Victoria	सेशेल्ज	विक्टोरिया
156	Sierra Leone	Freetown	सिएरा लिओनी	फ्रीटाउन
157	Singapore	Singapore	सिंगापुर	सिंगापुर
158	Slovakia	Bratislava	स्लावाकिया	ब्रात्चिस्लावा
159	Slovenia	Lubljana	स्लावेनिया	लुबल्याना
160	Solomon Islands	Honiara	सौलेमन आइलैंड्ज	होनिआरा
161	Somalia	Mogadishu	सोमालिया	मोगादिशु
162	South Africa	Pretoria (administrative); Cape Town Bloemfontein (judiciary)	दक्षिण अफ्रीका	प्रीटोरिया (वैधानिक), केपटाउन ब्लूमफोंटेन (न्यायिक)
163	South Sudan	Juba	दक्षिण सुडान	ज्यूबा
164	Spain	Madrid	स्पेन	मैड्रिड
165	Sri Lanka	Sri Jayewardenepura Kotte (administrative); Colombo (trade)	श्रीलंका	श्री जयवरदेनेपुरा कोटे (प्रशासनिक), कोलोम्बो व्यापारिक)
166	Sudan	Khartoum	सुडान	खर्तूम
167	Suriname	Paramaribo	सुरिनाम	पारामारीबो
168	Swaziland	Mbabane (Admin.)/ Lobamba (Royal and Legislative)	स्वाजीलैंड	अम्बाबानी (प्रशासनिक), लोबाम्बा (शाही एवं वैधानिक)
169	Sweden	Stockholm	स्वीडन	स्टॉकहोम
170	Switzerland	Bern	स्विटजरलैंड	बेर्न
171	Syria	Damascus	सीरिया	दमिश्क
172	Taiwan	Taipei	ताइवान	ताइपे
173	Tajikistan	Dushanbe	ताजिकस्तान	दुशांबे
174	Tanzania	Dodoma/ Dares Salaam	टांजानिया	डोडोमा/ दारेस्लाम
175	Thailand	Bangkok	थाइलैंड	बैगकॉक
176	Togo	Lome	टोगो	लोमे
177	Tonga	Nuku'alofa	टोंगा	नुकुआलोफा

178	Trinidad and Tobago	Port-of-Spain	ट्रिनिडाड ऐंड टोबैगो	पोर्ट आव स्पेन
179	Tunisia	Tunis	ट्यूनीसिया	ट्यूनिस
180	Turkey	Ankara	टर्की	अंकारा
181	Turkmenistan	Ashgabat	तुर्कमेनिस्तान	अशगाबाद
182	Tuvalu	Funafuti	तुवालू	फुनाफूटी
183	Uganda	Kampala	युगांडा	कंपाला
184	Ukraine	Kiev	उक्राइना	कीएव
185	United Arab Emirates	Abu Dhabi	युनाइटिड अरब ऐमिरेट्स	आबु धाबी
186	United Kingdom	London	ब्रिटेन	लंदन
187	United States of America	Washington	अमेरिका/ अमरीका	वाशिंगटन
188	Uruguay	Montevideo	उरूग्वे	मोंटिवीडिओ
189	Uzbekistan	Tashkent	उज्बेकिस्तान	ताशकंद
190	Vanuatu	Port-Vila	वनुआटु	पोर्ट-विला
191	Vatican	Vatican City	वेटिकन	वेटिकन सिटी (रोम)
192	Venezuela	Caracas	वेनेज़ुयेला	कराकस
193	Vietnam	Hanoi	वियतनाम	हनोई
194	Yemen	Sanaa	यमन	साना
195	Zambia	Lusaka	जांबिया	लुसाका
196	Zimbabwe	Harare	जिम्बाब्वे	हरारे

Names of the Main Geographical Places of the World (minus the countries and capitals given above)
विश्व के मुख्य भौगोलिक स्थानों के नाम (देशों और उनकी राजधानियों को छोड़कर)

Abadan अबादान
Aberdeen एबरडीन
Aberdeenshire एबरडीनशायर
Abidjan अबिजान
Abu Dhabi अबू धाबी
Abyssinia अबिसीनिया
Accra अक्रा
Adelaide ऐडअलेड (आस्ट्रेलिया का एक नगर)
Aden अदन
Aden Gulf अदन की खाड़ी
Adriatic Sea ऐड्रिऐटिक सागर
Aegean Sea इजीअन सागर (टर्की और यूनान के बीच भूमध्य सागर की एक शाखा)
Africa अफ्रीका
Agra आगरा (विश्व विख्यात ताजमहल का नगर)
Agartala भारतीय प्रांत त्रिपुरा की राजधानी
Ahmadabad अहमदाबाद (गुजरात का सबसे बड़ा नगर)
Aizawl ऐजावल (भारतीय प्रांत मिजोरम की राजधानी)
Alabama अलाबामा (अमेरिका का एक प्रांत)
Allahabad इलाहाबाद (भारतीय प्रांत उत्तर प्रदेश का प्रमुख नगर)
Alaska ऐलास्का
Alaska Gulf ऐलास्का की खाड़ी
Alaska Peninsula ऐलास्का प्रायद्वीप
Alaska Range ऐलास्का क्षेत्र
Alberta कैनेडा का एक प्रांत
Alep(po) अलेपो (सीरिया का एक शहर)
Alexandria ऐलिग्जैंड्रिया (मिस्र का मुख्य बंदरगाह नगर)
Algeria अल्जीरिया
Alma-Ata आल्मा-आटा (कजाखस्तान की भूतपूर्व राजधानी)
Alps ऐल्प्स पर्वत माला
Altai अल्ताय
Altai Territory अल्ताय प्रदेश
Amazon ऐमैजन
Ambala अंबाला (भारत के प्रांत हरियाणा का एक नगर)
America अमेरिका
Amritsar अमृतसर (भारत के प्रांत पंजाब का परम पवित्र स्वर्ण मंदिर का नगर)
Amu Darya अमू दरिया
Andalusia ऐंडालूजिया *Sp.* ऐंडालूसिया (स्पेन का नगर व क्षेत्र)
Andaman Islands अंडेमान द्वीप समूह
Andamans अंडेमान नगर
Andaman Sea अंडेमान सागर
Andhra-Pradesh आंध्र-प्रदेश (भारत का एक प्रांत)
Angara अंगारा (रूस की एक मुख्य नदी)
Antarctica अंटार्कटिक महाद्वीप
Antarctic Regions अंटार्कटिक क्षेत्र
Arabia अरब, अरबिस्तान
Arabian Desert अरेबियायी मरुस्थल
Arabian Sea अरब सागर
Aragon ऐरागन (स्पेन का एक स्वशासित क्षेत्र)
Aral Lake अराल सागर
Ararat अरारात पर्वत
Arctic Archipelago आर्कटिक द्वीपसमूह
Arctic Ocean आर्कटिक महासागर
Arctic Regions आर्कटिक क्षेत्र
Arizona ऐरिजोना (अमेरिका का एक प्रांत)
Arkansas अर्कनसॉ या आरकैंजस (अमेरिका का एक प्रांत)
Arunachal Pradesh अरुणाचल प्रदेश (भारत का एक प्रांत)
Asia एशिया
Asia Minor एशिया माइनर (अंतोलिया)
Assam असाम (भारत का एक प्रांत)
Astrakhan आस्त्राखान या अस्त्राखां (वोलगा नदी पर स्थित रूस का एक प्राचीन नगर)
Atlanta अटलांटा, अमेरिका के जोर्जिया प्रांत की राजधानी
Atlantic Ocean अटलांटिक महासागर
Auckland ऑकलैंड, न्यूजीलैंड का सबसे बड़ा नगर एवं बंदरगाह
Austin आस्टिन (अमेरिकी प्रांत टेक्सास की राजधानी)
Australian Alps आस्ट्रेलियायी ऐल्प्स पर्वतमाला
Azov, Sea of अजोव सागर
Babylon बेबिलोन (विश्व प्रसिद्ध प्रागैतिहासिक नगर)
Baikal बैकाल, रूस की विशालतम झील
Balaton बलातोन (हंगरी की एक अति सुंदर झील)
Bali बाली (इंडोनेसिया का एक द्वीप व प्रांत)
Bali Sea बाली सागर
Balkan Mountains बाल्कन पर्वत माला
Balkan Peninsula बाल्कन प्रायद्वीप
Balkan States बाल्कन देश
Balkhash Lake बाल्कश झील
Baltic Sea बाल्टिक सागर
Baltimore बाल्टिमोर (अमेरिकी प्रांत मेरीलैंड (Maryland) का सबसे बड़ा नगर)
Baluchistan बलूचिस्तान
Bandoeng, Bandung बांडूंग (इंडोनेशिया के जावा प्रांत की राजधानी)
Bangkok बंगकाक
Barcelona बारसिलोना (स्पेन का एक मुख्य नगर)
Barents Sea बारेंट्स सागर
Basra बसरा (इराक का बंदरगाह नगर)
Bavaria बवेरिया (जर्मनी का एक संघीय राज्य)
Bay of Bengal बंगाल की खाड़ी
Belfast बेलफास्ट (उत्तरी आयरलैंड की राजधानी)
Benares बनारस, वाराणसी, काशी (भारत का एक प्राचीन नगर)
Bengal बंगाल (भारत का एक प्रांत)
Bengaluru बंगालूरु (भारत के प्रांत कर्नाटक की राजधानी)

Bengasi बेंगाजी (लीबिया का ट्रिपोली के बाद दूसरा सबसे बड़ा नगर)
Bering Sea बेरिंग सागर
Bering Strait बेरिंग जल-डमरूमध्य
Berkeley बेर्कली (अमेरिकी प्रांत कैलिफोर्निया का एक नगर)
Bermuda Islands बरमूदा आइलैंल्ज (बरमूदा द्वीप समूह)
Beverley बेवरली (इंग्लैंड का एक नगर)
Bhopal भोपाल (भारत के प्रांत मध्य-प्रदेश की राजधानी)
Bhubaneswar भुवनेश्वर (भारतीय प्रांत ओड़िसा की राजधानी)
Bihar बिहार (भारत का एक प्रांत)
Bilbao बिल्बाओ (स्पेन का एक नगर)
Birmingham बर्मिंघम (इंग्लैंड का मुख्य नगर)
Blackburn ब्लैकबर्न (इंग्लैंड का एक नगर)
Black Forest जर्मनी की एक विशाल वनीय पर्वतमाला
Blackpool ब्लैक्पूल (इंग्लैंड का एक समुद्रतटीय स्थल)
Black Sea काला सागर
Bloomfield ब्लूमफील्ड (आस्ट्रेलिया का एक नगर)
Bloomington ब्लूमिंगटन (अमेरिका के इंडिआना प्रांत का एक नगर)
Blue Nile ब्लू नाइल (मिस्र की नील नद की एक सहायक नदिया)
Bohemia बोहेमिया (चेक गणतंत्र का एक ऐतिहासिक क्षेत्र)
Bologna बालोनिया (इटली का एक बड़ा नगर)
Bombay बाम्बे, बम्बई (वर्तमान में मुंबई, महाराष्ट्र की राजधानी)
Bonn बोन (जर्मनी के प्राचीनतम नगरों में से एक)
Borneo बोर्नियो (इंडोनेशिया का एक द्वीप)
Boston बॉस्टन (अमेरिका के मैसाचुसेट्स क्षेत्र की राजधानी)
Bougainville Island बूगिनवील आइलैंड (पपुआ न्यु गिनी के स्वशासित क्षेत्र बूगेनविले का मुख्य द्वीप)
Brahmaputra ब्रहमपुत्र (भारत की एक प्रमुख नदी)
Brighton ब्राइटन (इंग्लैंड की एक समुद्रतटीय नगरी)
Brisbane ब्रिस्बेन (आस्ट्रेलियायी प्रांत क्वीन्जलैंड की राजधानी)
Bristol ब्रिस्टल (ब्रिटेन का आठवां सबसे बड़ा नगर)
British Columbia ब्रिटिश कोलंबिया (कैनेडा का एक प्रांत)
British Isles ब्रिटिश द्वीप समूह जिन पर दो देश यानी ग्रेट ब्रिटेन और आयरलैंड बसे हैं
Brittany ब्रिटनी (फ्रांस का एक विशेष सांस्कृतिक क्षेत्र)
Bukhara बुखारा (उज्बेकीस्तान का मुख्य शहर)
Byzantium *see under letter* **B** *in the text of the main body of the dictionary*
Calcutta कलकत्ता (अब *कलकुत्ता*, भारत के प्रांत बंगाल की राजधानी)
California कैलिफोर्निया (एक अमेरिकी प्रांत)
Canary Islands कैनरी द्वीपसमूह
Cannes कन्नेस (अंतर्राष्ट्रीय फिल्म फेस्टिवल के लिए प्रसिद्ध फ्रांस का एक नगर)
Canterbury कैंटरबरी (ब्रिटेन की एक ऐतिहासिक चर्च नगरी)
Cape of Good Hope आशा अंतरीप
Cape Town दक्षिण अफ्रीका का एक सुंदर बंदरगाह नगर
Caribbean Sea कैरीबियन सागर
Carpathian Mountains कर्पाती पर्वत माला
Casablanca कैसाब्लांका (मोरौक्को का सबसे बड़ा नगर)
Caspian Sea कैस्पियायी सागर
Caucasus Mountains काला सागर के तट पर स्थित कॉकेसस पर्वतमाला
Chandigarh चंडीगढ़ (भारत के प्रांत पंजाब एवं हरियाणा की राजधानी)
Chechnya चेच्न्या (रूस का एक रिपब्लिक)
Chelyabinsk चिल्याबिंस्क (रूस का एक नगर)
Chennai चेन्नई (भारत के प्रांत तामिलनाडु की राजधानी)
Chicago शिकागो (अमेरिका का तीसरा सबसे बड़ा नगर)
China Sea चाइना सागर
Chita चिता (रूस का एक शहर)
Christchurch क्राइस्टचर्च (न्यूजीलैंड के साउथ आइलैंड का सबसे बड़ा नगर)
Chuvashia चुवाशिया (रूस का एक क्षेत्र)
Chukot(ski) Peninsula रूस का चुकोत्स्का प्रायद्वीप
Cleveland क्लीव्लैंड (अमेरिका के ओहियो प्रांत का मुख्य नगर)
Cologne कोलोन (जर्मनी का एक प्रमुख नगर)
Colorado कोलेरैडो (अमेरिका का एक राज्य)
Columbia Cape कोलंबिया अंतरीप
Comorin Cape कन्याकुमारी अंतरीप
Connecticut कनेटिकट (अमेरिका का एक राज्य)
Constantinople कौंस्टैंटिनोपल (टर्की की राजधानी इस्तंबूल का रोमन साम्राज्य के समय का नाम)
Cracow क्राकोव (पोलैंड का दूसरा सबसे बड़ा व प्राचीन नगर)
Crimea क्राइमिआ (उत्तरी काला सागर तट पर स्थित रूस का प्रायद्वीप)
Dadra and Nagar Haveli दादरा एवं नागर हवेली नामक भारतीय संघीय क्षेत्र
Dagestan दागेस्तान (रूस का एक रिपब्लिक)
Dakar डाकर
Dallas डैलस (अमेरिकी राज्य टेक्सास का प्रमुख नगर)
Dalmatia दलमातिआ (ऐड्रिऐटिक सागर के पूर्वी तट पर स्थित क्रोएशिया /Croatia/ का क्षेत्र)
Daman and Diu दमन एवं दीव (भारत का एक संघीय क्षेत्र)
Damodar दामोदर नदी
Danube देन्यूब (यूरोप की एक प्रमुख नदी)
Darjeeling दार्जिलिंग
Darwin डार्विन (आस्ट्रेलिया का एक नगर)
Davenport डेवनपोर्ट (एक अमेरिकी नगर))
Dehradun देहरादून (भारतीय प्रांत उत्तराखंड की राजधानी)
Denver डेनवर (अमेरिका के राज्य कोलेरैडो की राजधानी)
Derby डार्बी (इंग्लैंड का एक नगर)
Detroit डिट्रॉइट (अमेरिकी राज्य मिशिगन की राजधानी)
Devon डेवन (इंग्लैंड की काउंटी **Devonshire** का संक्षेप)
Dhaulagiri धौलागिरी (पर्वतमाला)
Dispur दिसपुर (भारतीय प्रांत असाम की राजधानी)
Dnepropetrovsk द्रेप्रोपित्रोव्स्क (अब /Dnepro/ द्रीप्रो या नीप्रो, उक्राइना का एक नगर)
Dnieper नीपर (द्रीपर) (रूस, बिलोरूस, उक्राइना में से बहकर काला सागर में गिरने वाली एक नदी)
Don दोन (रूस की एक नदी, शोलोखोव का उपन्यास *धीरे बह दोन रे* इसी के नाम पर है)
Dover डोवर (इंग्लैंड का एक बंदरगाह नगर)
Dresden ड्रेस्डेन (पूर्वी जर्मनी के प्रांत सैक्सोनी की राजधानी)
Dubai दुबाई
Dublin डब्लिन (आयरलैंड का सबसे बड़ा नगर)
Durban डरबन (दक्षिण अफ्रीका का प्रमुख नगर)
Durham डरहम (अमेरिका के राज्य नॉर्थ कैरोलाइना का एक नगर)

Dusseldorf डुसेलडोर्फ (फैशन उद्योग के लिए विख्यात जर्मन नगर)
East Siberian Sea पूर्वी साइबेरियाई सागर
Edinburgh एडिनबरा (स्कॉटलैंड की राजधानी)
Edmonton ऐडमंटन (कैनेडा के प्रांत ऐल्बर्टा की राजधानी)
Ekaterinburg इकैटिरिनबुर्ग (रूस का एक प्रमुख शहर)
Elburz Mountains ऐलबोर्ज (ईरान के उत्तर में एक पर्वतमाला)
English Channel (*also* **the Channel**) इंग्लिश चैनल या दि चैनल (दक्षिणी इंग्लैंड और उत्तरी फ्रांस के बीच एक जलमार्ग)
Enisei येनिसेइ (रूस की सबसे लंबी) नदी
Epsom ऐप्सम (इंग्लैंड का एक नगर)
Erzurum एर्जुरम (टर्की का एक नगर)
Essex एसिक्स (इंग्लैंड की एक काउंटी)
Euphrates युफ्रेटस (पश्चिम एशिया की सबसे लंबी एवं ऐतिहासिक नदी)
Eurasia यूरेशिया (यूरोप और एशिया के कुछ भागों से मिलकर बना एक क्षेत्र)
Europe यूरोप
Everest Mount एवरेस्ट शिखर
Fairfield फेयरफील्ड (क्नेटिकट काउंटी में स्थित एक अमेरिकी नगर)
Falkland Islands फाक्लैंड द्वीपसमूह (इंग्लैंड का समुद्रपारीय /overseas/ क्षेत्र जिस पर अर्जेंटीना भी दावा करता है)
Farewell Cape न्यूज़ीलैंड का अंतरीप (जिसे घर /इंग्लैंड/ वापसी से पहले जेम्ज कुक ने अलविदा कहा था)
Fiji Islands फिजी द्वीप-समूह
Finland Gulf of फिनलैंड की खाड़ी
Florence फ्लॉरंस (इटली का एक ऐतिहासिक नगर)
Florida फ्लोरिडा (अमेरिका का दक्षिण-पूर्वी राज्य)
Frankfurt am Main फ्रांकफुर्ट ऐम माइन (जर्मनी का पांचवां सबसे बड़ा शहर)
Fuji(yama), *also* **Mount Fugi** फूजी पर्वत (जापान का उच्चतम पर्वत)
Gallipoli Peninsula गालिपोली प्रायद्वीप
Gandhinagar गांधीनगर (भारत के प्रांत गुजरात की राजधानी)
Ganges गंगा नदी (भारत की पवित्र मानी जाने वाली नदी)
Gangtok गंगटोक (भारतीय प्रांत सिक्किम की राजधानी)
Gdansk ग्दांस्क (बाल्टिक समुद्र तट पर स्थित पोलैंड का बंदरगाह नगर)
Geneva जेनेवा (स्विटजरलैंड का दूसरा सबसे बड़ा नगर)
Georgia जोर्जिया (यूरेशिया के कॉकेशियायी क्षेत्र में स्थित एक स्वतंत्र देश)
Ghazni गजनी (अफगानिस्तान का एक शहर)
Gibraltar जिब्राल्टर (ब्रेटेन का समुद्रपारीय क्षेत्र, जिस पर स्पेन भी दावा करता है)
Gibraltar Strait जिब्राल्टर जलडमरुमध्य
Gilbert Islands गिलबर्ट द्वीप-समूह (अब स्वतंत्र देश किरीबाती एवं तुवालु का हिस्सा)
Glasgow ग्लाज़्गो (स्कॉटलैंड का सबसे बड़ा नगर)
Gloucester ग्लौस्टर (**Gloucestershire** काउंटी में स्थित एक ब्रितानवी नगर)
Gloucestershire ग्लौस्टरशायर (इंग्लैंड की एक काउंटी)
Goa गोआ, गोवा (भारत के प्रांत गोआ का राजधानी नगर एवं विख्यात सैलानी क्षेत्र)
Godavari गोदावरी (भारत की एक नदी)
Gohati/ Gohati गौहाटी (भारत के प्रांत असाम के उच्च न्यायालय का केंद्र)
Gomati गोमती नदी
Gold Coast गोल्ड कोस्ट, घाना
Goteborg गोटेबर्ग (स्वीडन का दूसरा सबसे बड़ा नगर)
Gotha गोथा (जर्मनी का एक नगर)
Gotland गौटलैंड (स्वीडन का विशालतम द्वीप)
Gottingen गौटिंगन (जर्मनी का एक विश्वविद्यायीय नगर)
Granada ग्रानादा (स्पेन के अंदालूसिया क्षेत्र का मुख्य नगर)
Greater Antilles ग्रेटर एंटीलिज (कैरिबियायी द्वीप समूह में बड़े द्वीपों का समूह)
Great Falls ग्रेट फाल्ज (अमेरिका का एक नगर)
Great Salt Lake ग्रेट सॉल्ट लेक (अमेरिकी राज्य ऊटा में स्थित एक बहुत बड़ी झील)
Greenland ग्रीनलैंड (डेन्मार्क के उपनिवेश के रूप में एक विशाल द्वीप जिसका 75% क्षेत्र स्थायी बर्फ से आच्छादित है)
Greenville ग्रीनविले (अमेरिकी राज्य दक्षिण कैरोलाइना का एक काउंटी नगर)
Greenwich ग्रीनिच (दक्षिण-पूर्वी लंदन के भाग के रूप में यह नगर ग्रीनविच मीन टाइम (**Greenwich Mean Time = GMT**) से जुड़ा होने के कारण विख्यात है
Grozny ग्रोज्नी (रूसी राज्य चेच्न्या की राजधानी)
Guam गुआम (पश्चिमी प्रशांत महासागर में स्थित माइक्रोनेशिया में अमेरिकी क्षेत्र)
Guantanamo ग्वांतानामो (क्यूबा की ग्वांतानामो खाड़ी में स्थित अमेरिका का अवैध जेल शिविर)
Gujarat गुजरात (भारत का एक प्रांत)
Gulf States खाड़ी राज्य (फारस की खाड़ी के Bahrain, Iraq, Kuwait, Oman, Qatar, Saudi Arabia and the United Arab Emirates आदि देशों का समूह)
Hague हेग (नेदरलैंड्ज के राज्य साउथ हॉलैंड का राजधानी नगर)
Haifa हैफा (इजराइल का तीसरा सबसे बड़ा शहर)
Hamburg हैमबर्ग (जर्मनी का एक नगर)
Hamilton Inlet हैमिल्टन खाड़ी
Hampshire हैम्पशायर (इंग्लैंड की एक काउंटी)
Hampstead हैम्पस्टेड (बुद्धिजीवियों, कलाकारों व लेखकों आदि के लिए प्रसिद्ध लंदन का एक क्षेत्र)
Hanover हनोवर (जर्मनी का एक नगर)
Harbin हार्बिन (चीन का एक नगर)
Harrogate हैरोगेट (इंग्लैंड के उत्तरी यॉर्कशायर का एक नगर)
Harvard हार्वर्ड (अमेरिका का एक विख्यात विश्वविद्यालय)
Haryana हरियाणा (भारत का एक प्रांत)
Hawaii हवाई (अमेरिका का पचासवां व नवीनतम राज्य)
Hawaiian Islands हवाइयन द्वीप-समूह
Heidelberg हाइडल्बर्ग (दक्षिण-पश्चिमी जर्मनी में स्थित एक नगर)
Helena हेलिना (अमेरिकी राज्य मौंताना (Montana) की राजधानी
Helvetia हेलविशा (स्विटजरलैंड की राष्ट्रीयता की साक्षात् देवी मूर्त)
Himachal Pradesh हिमाचल-प्रदेश (भारत का एक प्रांत)
Himalaya(s) हिमालय पर्वतमाला
Hindu Kush हिंदुकुश पर्वत
Hindustan हिंदुस्तान
Hiroshima हिरोशीमा (जापानी शहर जहां अमेरिका ने प्रथम परमाणु बम गिराया था)
Holland हॉलैंड (नेदरलैंड्ज के उत्तरी हॉलैंड और दक्षिणी हॉलैंड प्रांतों का क्षेत्र)

Hollywood हॉलीवुड (अमेरिका की फिल्म नगरी)
Hong-Kong हांगकांग
Honolulu होनोलुलू (अमेरिका के पचासवें व नवीनतम राज्य हवाई की राजधानी)
Hyderabad हैदराबाद (भारत के प्रांत तेलंगाना की राजधानी)
Iberian Peninsula आइबेरिया (पुर्तगाल, स्पेन, फ्रांस आदि के कुछ भागों से बना एक प्रायद्वीप)
Iceland आइसलैंड
Illinois इलिनोइ (अमेरिका का एक राज्य)
Imphal इंफाल (भारत के प्रांत मनिपुर की राधानी)
Ind सिंधु
Indiana इंडिऐना (एक अमेरिकी राज्य)
Indianapolis इंडिऐनैपलिस (अमेरिकी राज्य इंडिऐना की राजधानी)
Indian Ocean हिंद महासागर
Indochina इंडोचीन
Indore इंदौर (भारत के प्रांत मध्य प्रदेश का एक नगर)
Indus River सिंधु नदी
Ingushetia इंगुशेतिया (चेच्न्या के पास स्थित रूस का एक प्रांत)
Innsbruck इंसब्रुक (आस्ट्रिया के पश्चिमी प्रांत टायरोल (Tyrol) की राजधानी)
Iowa आयोवा (अमेरिका का एक राज्य)
Ipswich इप्सविच (इंग्लैंड का एक नगर)
Iran Plateau ईरान के पठार
Irkutsk इर्कूत्सक (अंगारा नदी पर स्थित रूस का मुख्य साइबेरियायी नगर)
Irrawaddy River ईरावदी नदी (म्यांमार की एक नदी)
Irtish (river) इर्तिश नदी (रूस, चीन, कजाख्स्तान में बहनेवाली ओब /Ob/ नदी की सहायक नदिया)
Isle of Man आइल ऑव मैन (इंग्लैंड और आयरलैंड के बीच स्थित ब्रिटेन की एक स्वशासित आश्रित रियासत)
Itanagar ईटानगर (भारतीय प्रांत अरुणाचल प्रदेश की राजधानी)
Ivanovo इवानोवा (रूस का एक नगर)
Izhevsk इझेव्स्क (रूस का एक नगर)
Jaipur जयपुर (भारतीय प्रांत राजस्थान की राजधानी)
Jammu जम्मू (जम्मू और कश्मीर की सर्दियों की राजधानी)
Jammu and Kashmir जम्मू और कश्मीर (भारत का एक प्रांत)
Japan Sea जापान सागर
Jersey City जर्सी सिटी (अमेरिकी राज्य न्यू जर्सी का दूसरा सबसे बड़ा शहर)
Jharkhand झारखंड (भारत का एक प्रांत)
Jidda/ Jeddah जेडा (साऊदी अरब का बंदरगाह शहर)
Johannesburg जोहानसबर्ग (दक्षिण अफ्रीका का सबसे बड़ा शहर)
Jordan जोर्डन नदी
Jutland जटलैंड (जर्मनी और डेन्मार्क के भागों से बना उत्तरी यूरोप का प्रायद्वीप)
Kalahari Desert कालाहारी मरुस्थल
Kamchatka कमचात्का (रूसी प्रायद्वीप)
Kandhar कंधार (अफगानिस्तान का एक शहर)
Kannya Kumari (Cape Comorin) कन्याकुमारी अंतरीप
Kanpur कानपुर (भारत के प्रांत उत्तर प्रदेश का एक प्रमुख नगर)
Kansas City कन्सास सिटी (अमेरिकी राज्य मिजरी /Missouri/ का सबसे बड़ा शहर)
Karachi कराची (पाकिस्तान का एक बंदरगाह शहर)
Karaganda कारागांदा (कजाखस्तान का एक शहर)
Karakoram Range काराकोरम पर्वतमाला
Kara Kum काराकूम (तुर्कमेनिस्तान का मरुस्थल)
Kara Sea कारा सागर
Karelia कारेलिया (फिनलैंड की सीमा के समीप स्थित रूसी क्षेत्र)
Karnatak कर्नाटक (भारत का एक प्रांत)
Kashmir कश्मीर (भारत की कश्मीर घाटी)
Kavaratti कावाराती (भारतीय क्षेत्र लक्षद्वीप की राजधानी)
Kaveri कावेरी नदी
Kazan कजान (रूस का एक नगर)
Kazbek काजबेक (कॉकेशिया क्षेत्र के देश जोर्जिया में स्थित एक पर्वत)
Kentucky केंटकी (अमेरिका का एक राज्य)
Kerala केरल (भारत का एक प्रांत)
Khabarovsk खबारोवस्क (सुदूर पूर्व में स्थित रूस का एक नगर)
Kharkov खार्किव (पूर्वी उक्राइना का एक बड़ा नगर)
Kirovograd किरोव (रूस का एक नगर)
Kishinev किशीन्योव (मोलदोवा का एक नगर)
Kohima कोहिमा (भारतीय प्रांत नागालैंड की राजधानी)
Komi कोमी (रूस का एक छोटा-सा रिपब्लिक)
Krasnodar क्रास्नोदार (कुबान नदी पर स्थित रूस का एक शहर)
Kuban कूबान (रूस के दक्षिण में एक क्षेत्र)
Kurdistan कुर्दिस्तान (कुर्द लोगों का क्षेत्र)
Kurukshetra कुरुक्षेत्र (*महाभारत व गीता* से जुड़ा भारत के प्रांत हरियाणा का नगर)
Kyoto क्योटो (जापान का एक शहर)
Lagos लागोस (नाइजीरिया का सबसे बड़ा शहर)
Lahore लाहौर (पाकिस्तान का एक प्रमुख शहर)
Lakshadweep लक्षद्वीप
Lancashire लंकाशायर (इंग्लैंड की एक काउंटी)
Lancaster लैंकेस्टर (लंकाशायर का एक नगर)
Lapland लैपलैंड (फिनलैंड का सुदूरतम उत्तरी क्षेत्र जो आधी रात में दिखने वाले सूर्य या उत्तरी रोशनी (Northern lights) के लिए मशहूर है)
Las Vegas लास वेगास (अमेरिकी राज्य नेवादा में स्थित अमेरिका का एक शहर जो मनोरंजन स्थली के रूप में रंग-बिरंगी रातों के लिए मशहूर है)
Latin America लेटिन अमेरिका (दक्षिण अमेरिका)
Leeds लीड्स (इंग्लैंड का एक नगर)
Leicestershire लेस्टरशायर (इंग्लैंड की एक काउंटी)
Leiden लायडन (नेदरलैंड्ज का एक प्रमुख नगर)
Leinster लेंस्टर (आयरलैंड का एक प्रांत)
Leipzing लाइपत्सिग (जर्मनी के सैक्सोनी /Saxony/ राज्य का सबसे बड़ा शहर)
Lena लेना (रूस की एक नदी)
Leningrad लेनिनग्राद (सेंट पीटर्जबर्ग का पुराना नाम, रूस का दूसरा सबसे बड़ा नगर)
Lhasa ल्हासा (दुनिया में सबसे उंचे स्थल पर स्थित तिब्बत का राजधानी-नगर)
Libyan Desert लीबियायी रेगिस्तान
Liechtenstein लिकटेनस्टाइन (आस्ट्रिया और स्विटजरलैंड के बीच स्थित एक रियासत)
Lincolnshire लिंकनशायर (इंग्लैंड की एक ऐतिहासिक काउंटी)
Liverpool लिवरपूल (इंग्लैंड का एक नगर)
Los Angeles लास एंजिल्स (कैलिफोर्निया में स्थित न्यु यॉर्क के बाद

अमेरिका का दूसरा सबसे बड़ा शहर)

Louisiana लुइजिऐना (अमेरिका का एक दक्षिणी राज्य)

Louisville लुइविल (अमेरिका के केंटकी राज्य संघ /commonwealth/ का सबसे बड़ा नगर)

Lucknow लखनऊ (भारत के प्रांत उत्तर प्रदेश की राजधानी)

Lyons लिऔं (फ्रांस का एक महत्त्वपूर्ण ऐतिहासिक नगर)

Macao मकाओ (चीन का एक स्वशासित क्षेत्र)

Machu Picchu माचू पिचू (दुनिया के सात अजूबों में से एक, पेरू की इंका सभ्यता का एक आश्चर्यजनक दुर्ग)

Madgaskar मडागास्कर (मैडगैस्कर), अफ्रीका दक्षिणी तट पर स्थित एक द्वीप-राष्ट्र

Madhya Pradesh मध्य-प्रदेश (भारत का एक प्रांत)

Madras मद्रास (वर्तमान चेन्नई का पुराना नाम)

Magdeburg मागदेबुर्ग (जर्मनी का एक महत्त्वपूर्ण प्राचीन नगर)

Magnitogorsk मग्नितोगोरस्क (रूस का एक शहर)

Maharashtra महाराष्ट्र (भारत का एक प्रांत)

Makhachkala मखचकला (रूस के दागेस्तान रिपब्लिक की राजधानी)

Malabar Coast भारत का मालाबार तट

Malay Archipelago मलय द्वीपसमूह

Malay Peninsula मलय प्रायद्वीप

Malmo माल्मो (स्वीडन का तीसरा सबसे बड़ा नगर)

Manchester मैनचिस्टर (इंग्लैंड का एक प्रमुख नगर)

Manchuria मंचूरिया (चीन और रूस के बीच स्थित चीन का एक बड़ा क्षेत्र)

Manhattan मैनहैट्टन (न्यु यॉर्क में अति घनी आबादी वाला क्षेत्र एवं नगर का मुख्य आर्थिक व प्रशासनिक केंद्र)

Manipur मणिपुर (भारत का एक प्रांत)

Manitoba मैनिटोबा (कैनेडा का एक प्रांत)

Mannar Gulf मन्नार की खाड़ी

Marseilles मार्से (फ्रांस का दूसरा सबसे बड़ा एवं प्राचीन नगर)

Marshall Islands मार्शल द्वीपसमूह

Maryland मैरीलैंड (वाशिगग्टन डी. सी का सीमांत अमेरिकी राज्य)

Massachusetts मैसाचुसेट्स (अमेरिका के न्यु इंग्लैंड क्षेत्र का सर्वाधिक सघन जनसंख्या वाला राज्य)

Massachusetts Bay मैसाचुसेट्स खाड़ी

Mathura मथुरा (भारत का एक नगर, श्रीकृष्ण की क्रीड़ास्थली)

Mecca मक्का (साऊदी अरब में स्थित इस्लाम का पवित्र स्थल)

Medina मदीना (साऊदी अरब में स्थित मक्का के बाद दूसरी पवित्र नगरी)

Mediterranean Sea भूमध्य सागर

Meghalaya मेघालय (भारत का एक प्रांत)

Mekong मीकांग (विश्व की ग्यहरहवीं सबसे लंबी नदी जो तिब्बत के पठार से निकलकर चीन, म्यांमार, लाओस, थाइलैंड, कंबोडिया, वियतनाम आदि देशों में से बहती है)

Melanesia मेलानेशिया (ओसिआनिया /Oceania/ का भाग जो प्रशांत महासागर के पश्चिमी सिरे से लेकर पूर्व में फिजी तक फैला है और इसमें वानुआटु, सोलोमन द्वीप समूह, फिजी, पपुआ न्यु गिनी, फ्रांस का समुद्रपारीय क्षेत्र न्यु कालिडोनिया /New Caledonia/, इंडोनेशिया के क्षेत्र पश्चिमी पपुआ, मालुकु द्वीपसमूह शामिल हैं)

Melbourne मेलबोर्न (आस्ट्रेलिया के प्रांत विक्टोरिया /Victoria/ की राजधानी)

Mesopotamia मेसोपोटेमिआ (टिगरिस-युफरेटस नदियों के बीच के क्षेत्र का नाम जिसमें आधुनिक इराक, कुवेत, सीरिया का पूर्वी भाग शामिल हैं)

Messina मसीना (इटली का एक नगर)

Miami माइऐमी (अमेरिकी राज्य फ्लोरीडा का बंदरगाह नगर)

Michigan मिशिगन (अमेरिका का एक राज्य)

Micronesia माइक्रोनेशिया (मेलानेशिआ की तरह ओसिआनिया का भाग जिसका मेलानेशिया और पौलिनोशिया /Polynesia/ के साथ एक साझा सांस्कृतिक इतिहास है)

Midlands मिडलैंड्स (मध्य इंग्लैंड में फैला एक सांस्कृतिक एवं भौगोलिक क्षेत्र)

Milan मीलान/ मिलान (इटली के लंबार्डी क्षेत्र में स्थित फैशन नगरी)

Milwaukee मिल्वॉकी (अमेरिकी राज्य विस्कौंनसिन का सबसे बड़ा शहर)

Minnesota मिनिसोटा (कैनेडा की सीमा के साथ स्थित एक अमेरिकी राज्य)

Mississippi मिसिसिपी (मिसिसिपी नदी के एक ओर स्थित अमेरिका का दक्षिणी राज्य)

Missouri मिजरी (एक अमेरिकी राज्य)

Mizoram मिजोरम (भारत का एक प्रांत)

Mombasa मोम्बासा (केन्या का दूसरा सबसे बड़ा शहर)

Montana मोंटैना (अमेरिका का एक राज्य)

Mont Blanc (*also* **Monte Bianco**) मांट ब्लांक या मों ब्लां (ऐल्प्स पर्वतमाला का उच्चतम पहाड़)

Monte Carlo मोंटे कार्लो (मोनैको का एक प्रशासनिक क्षेत्र)

Montgomery मोंटगमरी (अमेरिकी राज्य अल्बामा की राजधानी)

Montreal मंट्रिआल (कैनेडा का एक प्रमुख नगर)

Moravia मोराविया (चेक गणतंत्र का एक ऐतिहासिक क्षेत्र)

Mordovia (*also* **Mordvinia**) मोर्दोविया (रूस का एक रिपब्लिक)

Mumbai मुम्बई (भारत के प्रांत महाराष्ट्र की राजधानी)

Munich म्यूनिक (जर्मन राज्य बावारिया की राजधानी)

Murcia मुर्सिया (स्पेन का एक नगर)

Murmansk मूर्मांस्क (रूस का एक बंदरगाह नगर)

Mysore मैसूर (भारत के कर्नाटक राज्य का एक प्रमुख नगर)

Nagaland नागालैंड (भारत का एक प्रांत)

Nagasaki नागासाकी (जापान का अमेरिकी परमाणु बम का शिकार दूसरा नगर)

Nagpur नागपुर (भारत के महाराष्ट्र प्रांत का एक प्रमुख नगर)

Nanking नानकिंग (चीन का एक शहर जहां 1937 में जापानी सेना ने भीषण नर-संहार और ब्लातकारों का नंगा नाच किया था)

Nantes नैंटेस (पश्चिमी फ्रांस का एक प्रमुख नगर)

Napier नेपियर (न्यूजीलैंड का एक समुद्रतटीय नगर

Naples (*also* **Neapole**) नेपल्ज (इटली के कंपानिया क्षेत्र की राजधानी और इटली का तीसरा सबसे बड़ा शहर)

Narbada नर्बदा नदी

Nashville नैशविले (अमेरिका के राज्य टेनिसी /Tennessee/ की राजधानी)

Navarre नवार (स्पेन का स्वशासित क्षेत्र)

Nazareth नाजारेथ (इजराइल का एक नगर)

Nebraska नेब्रैस्का (अमेरिका का एक राज्य)

Nelson नेल्सन (न्यूजीलैंड का एक नगर)

Neva नेवा नदी (जिस पर रूस का सेंट पीटर्जबर्ग नगर स्थित है)

Nevada नेवादा (अमेरिका का एक राज्य)

New Amsterdam न्यु ऐम्स्टर्डैम (अंग्रेजों ने 1664 में इसे

बदलकर न्यु यॉर्क नाम दिया)
Newark न्यूऐक या नुवर्क (जनसंख्या के आधार पर अमेरिकी राज्य न्यु जर्सी का सबसे बड़ा नगर)
New Bedford न्यू बेडफोर्ड (अमेरिका के मैसाचुसेट्स राज्य का एक नगर)
New Britain नई ब्रिटेन (पपुआ न्यु गिनी के बिस्मार्क द्वीपसमूह का सबसे बड़ा द्वीप)
New Brunswick न्यु ब्रंज्विक (कैनेडा का एक राज्य)
New Caledonia नयू कैलिडोनिया (दक्षिण प्रशांत महासागर में फांस का समुद्रपारीय क्षेत्र /overseas territory/)
New Castile न्यू कैस्टील (स्पेन का एक ऐतिहासिक क्षेत्र)
Newcastle न्यूकैसल (इंग्लैंड का एक नगर)
New Delhi नई दिल्ली (भारत की राजधानी)
New England न्यू इंग्लैंड (अमेरिका के छः राज्यों /Maine, Massachusetts, New Hampshire, Rhode Island, Vermont and Connecticut/ से बना एक भौगोलिक क्षेत्र)
Newfoundland न्यूफाउंडलैंड (कैनेडा का सुदूरपूर्वी नगर)
New Guinea न्यू गिनी (दक्षिण प्रशांत महासागर में स्थित विश्व का दूसरा /ग्रीनलैंड के बाद/ विशालतम द्वीप)
New Hampshire न्यू हैम्पशायर (अमेरिका के न्यु इंग्लैंड क्षेत्र में स्थित एक राज्य)
New Ireland न्यू आयरलैंड (पपुआ न्यु गिनी में एक बड़ा द्वीप)
New Jersey न्यु जर्सी (अमेरिका का एक राज्य)
New Mexico न्यू मैक्सिको (अमेरिका के दक्षिण-पश्चिमी क्षेत्र में स्थित एक राज्य)
New Orleans न्यू ऑरलिन्ज (अमेरिकी राज्य लुइजिऐना में स्थित अमेरिका का मुख्य बंदरगाह नगर)
New Plymouth न्यू प्लाइमाउथ (न्युजीलैंड के तारानाकी क्षेत्र में स्थित मुख्य नगर)
New Siberian Islands न्यू साइबेरियायी द्वीप-समूह
New South Wales न्यू साउथ वेल्स (आस्ट्रेलिया का एक राज्य)
New Westminster न्यू वेस्टमिंस्टर (कैनेडा के ब्रिटिश कोलंबिया में स्थित एक नगर)
New York न्यू यॉर्क (अमेरिका का एक राज्य)
New York City न्यु यॉर्क सिटी (अमेरिका का सघनतम आबादी वाला सर्वाधिक महत्त्वपूर्ण नगर)
Niagara Falls नयागरा फाल्ज या नयागरा जल प्रपात (कैनेडा के ओंटारियो प्रांत /Ontario province/ और न्यु यॉर्क राज्य के बीच स्थित अति सुंदर नयागरा जल प्रपात)
Nice नीस (फ्रांस का पांचवां सबसे बड़ा नगर)
Nicobar Islands भारत का निकोबार द्वीप समूह
Nicosia निकोसिआ (साइप्रस का सबसे बड़ा नगर)
Nile नील (मिस्र की अति महत्त्वपूर्ण नदी)
Nizhnyi Novogorod नीझनी नोवगोरोद (रूस का एक प्राचीन नगर)
Normandy नॉरमैंडी (उत्तरी फ्रांस में स्थित एक ऐतिहासिक क्षेत्र)
North America उत्तर अमेरिका
Northampton नॉर्थम्प्टन (इंग्लैंड का एक नगर)
Northamptonshire नॉर्थम्प्टनशायर (काउंटी)
North Carolina नॉर्थ कैरोलाइना (अमेरिका का एक राज्य)
North Pole उत्तरी ध्रुव
Norwegian Sea नारवे सागर
Nottingham नॉटिंघम (नॉटिंघमशायर में स्थित एक नगर)
Nottinghamshire नॉटिंघमशायर (एक काउंटी)
Noumea नाउमिया (फ्रांस के समुद्रपारीय क्षेत्र न्यु कॉलिडोनिया का मुख्य नगर)
Nova Scotia नोवा स्कोशिआ (कैनेडा का एक बड़ा बंदरगाह नगर)
Novgorod नोवगोरोद (एक रूसी ऐतिहासिक नगर)
Novosibirsk नोवोसिबिर्स्क (एक रूसी नगर)
Nuremberg न्यरेम्बर्ग (जर्मन राज्य बावारिया का एक नगर)
Oakland ओकलैंड (अमेरिका के कैलिफोर्निया राज्य का एक नगर)
Oak Park ओक पार्क
Ob ओब (रूस के पश्चिमी साइबेरिया में बहने वाली दुनिया की सातवीं सबसे लंबी नदी)
Oceania ओशिआनिया (उष्णकटिबंधीय प्रशांत महासागर के द्वीपों का क्षेत्र यानी मेलानेशिया, माक्रोनेशिया और पौलिनेशिजिया का क्षेत्र)
Odessa ओडेसा (उक्राइना का एक बंदरगाह नगर)
Odisha उड़िसा (भारत का एक प्रांत)
Ohio ओहायो (अमेरिका एक राज्य)
Oka ओका (रूस की एक नदी)
Okinawa ओकिनावा (जापान का एक द्वीप)
Oklahoma ओक्लाहोमा (अमेरिका का एक राज्य)
Oklahoma City ओक्लाहोमा सिटी (अमेरिका के राज्य ओक्लाहोमा की राजधानी)
Olympia ओलंपिया (ओलिंपिक खेलों का यूनानी जन्म स्थल)
Oman Gulf उमान की खाड़ी
Omsk ओम्स्क (एक रूसी नगर)
Ontario ओंटारियो (कैनाडा का एक प्रांत)
Orange River ऑरेंज रिवर (दक्षिण अफ्रीका की सबसे लंबी नदी)
Oregon ऑरिगन (अमेरिका का एक राज्य)
Orenburg ऑरिनबर्ग (रूस का एक नगर)
Orlando ऑरलैंडो (अमेरिकी राज्य फ्लोरिडा का एक नगर)
Orleans ऑरलिअंज (उत्तर-केंद्रीय फांस का एक नगर)
Osaka ओसाका (जापान का एक नगर)
Ostend ऑस्टेंड (बेल्जियम का एक समुद्रतटीय नगर)
Oxford ऑक्सफोर्ड (इंग्लैंड की काउंटी **Oxfordshire** का नगर जहां ऑक्सफोर्ड विश्वविद्यालय स्थित है)
Oxfordshire ऑक्सफोर्डशायर (इंग्लैंड की एक काउंटी)
Pacific Ocean प्रशांत महासागर
Palermo पालेर्मो (इटली का एक नगर)
Palm Beach पाम बीच (अमेरिकी राज्य फ्लोरिडा का एक नगर)
Panaji पणजी (भारतीय प्रांत गोआ की राजधानी)
Panama Canal पैनामा नहर
Patna पटना (भारतीय प्रांत बिहार की राजधानी)
Pennsylvania पेनसिल्वेनिया (अमेरिका का एक राज्य)
Penza पेंजा (रूस का एक शहर)
Perm पेर्म (कामा नदी पर स्थित रूस का एक नगर)
Persia फारस (ईरान का फारसी नाम)
Persian Gulf फारस की खाड़ी
Perth पर्थ (आस्ट्रेलिया का एक नगर)
Peshawar पेशावर (पाकिस्तान का एक सहर)
Philadelphia फिलाडेल्फिया (पेनसिल्वेनिया राज्य का मुख्य नगर)
Philippine Island फिलिपीन द्वीप
Phoenix Islands फीनिक्स द्वीप समूह
Picardy पिकार्डी (उत्तरी फ्रांस का एक नगर)

Pisa पीसा (इटली के केंद्रीय भाग में एक नगर)
Pittsburgh पिट्सबर्ग (अमेरिका के पेनसिल्वेनिया राज्य का एक नगर)
Plovdiv प्लोव्दिव (बल्गारिया का दूसरा सबसे बड़ा नगर)
Poltava पोल्तावा (उक्राइना का एक ऐतिहासिक नगर)
Polynesia पौलिनीजिया या पौलिनेशिया (ओशिआनिया का एक क्षेत्र जो दक्षिणी प्रशांत महासागर में फैली हजारों द्वीपों से बना है)
Pomerania पोमेरानिया (जर्मनी और पोलैंड के बीच बाल्टिक समुद्र तट पर फैला एक क्षेत्र)
Port Blair पोर्ट ब्लेअर (अंडेमान एवं निकोबार द्वीपसमूह की राजधानी)
Portland पोर्टलैंड (अमेरिकी राज्य ओरिगन का सबसे बड़ा शहर)
Porto Rico पोर्टो रिको (अमेरिका के कब्जे में एक कैरिबियायी द्वीप)
Port Said पोर्ट सईद (भूमध्य सागर के तट पर मिस्र का एक शहर)
Potsdam पॉट्स्डैम (जर्मनी के राज्य ब्रैंडेनबर्ग की राजधानी और सबसे बड़ा नगर)
Poznan पोज्नान (पोलैंड का एक नगर)
Pretoria प्रीटोरिया (दक्षिण अफ्रीका की तीन राजधानियों में से एक)
Prussia प्रशिआ (जर्मनी का एक राज्य)
Pskov प्सकोव (रूस का एक नगर)
Puducherry पुडुचेरी (संघीय क्षेत्र पुडुचेरी की राजधानी)
Puerto Rico प्यूर्टो रिको (अमेरिका के कब्जे वाला एक कैरिबियायी द्वीप)
Punjab पंजाब (भारत का एक प्रांत)
Quebec क्विबेक (कैनेडा का दूसरा सर्वाधिक सघन आबादी वाला फ्रेंच भाषी प्रांत)
Queensland क्वीन्जलैंड (आस्ट्रेलिया का दूसरा सबसे बड़ा व तीसरा सर्वाधिक आबादी वाला प्रांत)
Racine रैसीन (विस्कौंनसिन राज्य का एक नगर)
Raipur रायपुर (भारत के प्रांत छत्तीसगढ़ की राजधानी)
Rajasthan राजस्थान (भारत का एक प्रांत)
Ranchi रांची (भारत के राज्य झारखंड की राजधानी)
Rangoon रंगून (म्यांमार या बर्मा का भूतपूर्व राजधानी नगर)
Rawalpindi रावलपिंडी (पाकिस्तान का एक शहर)
Reading रीडिंग (इंग्लैंड का एक नगर)
Red Sea लाल सागर
Reno रेनो (अमेरिकी प्रांत नेवाडा का एक नगर)
Rhine राइन (यूरोप की एक प्रमुख नदी)
Rhode Island रोड आइलैंड (न्यु इंग्लैंड क्षेत्र में अमेरिका का एक प्रांत)
Rio de Janeiro रियो दे जानेरो (ब्राजील का पाम बीचों वाला एक विशाल नगर)
Rio Grande रिओ ग्रैंड (दक्षिण-पश्चिम अमेरिका और उत्तरी मैक्सिको की प्रमुख नदी)
Rochester रोचेस्टर (अमेरिकी राज्य न्यु यॉर्क के पश्चिमी भाग में स्थित ओंटारियो झील के दक्षिण किनारे पर बसा शहर)
Rockford रॉकफोर्ड (अमेरिकी राज्य इलिनोइ का तीसरा सबसे बड़ा नगर)
Roman Empire रोमन साम्राज्य
Rosario रोसारियो (आर्जेनटीना का एक नगर)
Ross Island रॉस द्वीप (भारत के अंडेमान द्वीप समूह में एक द्वीप)
Rostov-on Don रोस्तोव-ऑन-दोन (रूस का एक नगर)
Rotterdam रौटरडैम (नेदरलैंड्ज़ का एक नगर)
Roxburghshire रॉक्सबर्गशायर (स्कॉटलैंड की एक काउंटी)
Ryazan रियाजान (रूस का एक नगर)
Saarland सारलैंड (जर्मनी का एक राज्य)
Sahara सहारा नामक दुनिया का विशालतम गर्म मरुस्थल
Saigon साइगॉन (अब हो ची मिन्ह सिटी नामक वियतनाम का सबसे बड़ा नगर)
Saint Helena सेंट हेलेना (दक्षिण अटलांटिक महासागर में एक ज्वालामुखी द्वीप)
Saint Louis संत लुइस (अमेरिकी राज्य मिजरी (Missouri) में एक बंदरगाह नगर)
Sakhalin साखालीन (रूस का एक द्वीप)
Salt Lake City साल्ट लेक सिटी (अमेरिकी राज्य ऊटा /Utah/ की राजधानी)
Samara समारा (रूस का एक नगर)
Samarkand समरकंद (उजबेकिस्तान का एक प्राचीन नगर)
San Diego सैन डिएगो (अमेरिकी राज्य कैलिफोर्निया का एक प्रमुख नगर)
San Francisco सैन फ्रांसिस्को (कैलिफोर्निया का सांस्कृतिक एवं आर्थिक केंद्र)
San Marino सैन मारिनो (इटली से घिरा एक छोटा राज्य /enclaved microstate/)
San Remo सैन रेमो (इटली का एक नगर)
Santa Barbara सैंटा बारबरा (अमेरिकी राज्य कैलिफोर्निया का नगर)
Santa Cruz सांता क्रूज (अमेरिकी राज्य कैलिफोर्निया का नगर)
Saragossa सारागोसा (स्पेन का एक शहर)
Saratov सरातोव (रूस का एक शहर)
Sardinia सार्डिनिया (भूमध्य सागर में दूसरा सबसे बड़ा द्वीप, इटली का स्वशासित क्षेत्र)
Satlaj सतलुज नदी
Savoy सेवॉय (दक्षिण-पूर्व फ्रांस में एक सांस्कृतिक क्षेत्र)
Saxony सेक्सोनी (जर्मनी का एक संघीय राज्य)
Scandinavia स्कैंडिनेविया (उत्तरी यूरोप में एक सांस्कृतिक क्षेत्र)
Schleswig-Holstein श्लेस्विक हॉल्स्टाइन (जर्मनी के सोलह राज्यों में से एक)
Scilly Islands सिली द्वीप समूह (ब्रिटेन)
Scotland स्कॉटलैंड (ग्रेट ब्रिटेन का एक राज्य)
Seattle सिएटेल (अमेरिकी राज्य वाशिंगटन का सबसे बड़ा नगर)
Sevastopol सेवास्तोपल (रूस के क्राइमिया प्रायद्वीप का मुख्य नगर)
Shanghai शंघाई (चीन का एक प्रमुख व्यापारिक नगर)
Shannon शैनन (आयरलैंड में लिम्रिक के पास एक अंतर्राष्ट्रीय हवाई अड्डा)
Sheffield शेफील्ड (इंग्लैंड का एक नगर)
Sherwood Forest शेरवुड फॉरेस्ट (इंग्लैंड में नॉटिंगमशायर में स्थित सरकारी वन)
Shillong शिलोंग (भारतीय प्रांत मेघालय की राजधानी)
Shimla शिमला (भारत के प्रांत हिमाचल प्रदेश की राजधानी)
Siam सियाम (थाइलैंड में बैंगकॉक का एक क्षेत्र)
Siberia साइबेरिया (रूस का तेल और गैस आदि के भंडारों से भरा विशाल क्षेत्र)
Sicily सिसिली (भूमध्य सागर में विशालतम द्वीप, जो इटली का स्वशासित क्षेत्र है)

Sidney सिडनी (कैनेडा के ब्रिटिश कोलंबिया प्रांत में स्थित एक नगर)
Sikkim सिक्किम (भारत का एक राज्य)
Simferopol सिम्फरोपल (क्राइमिया प्रायद्वीप में स्थित एक नगर)
Sinai सिनाई (मिस्र का एक प्रायद्वीप)
Sinai Mount सिनाई पर्वत
Smolensk स्मोलेंस्क (रूस का एक नगर)
Sochi सोची (काला सागर तट पर स्थित एक अति सुंदर रूसी नगर)
Somerset समरसेट (इंग्लैंड की एक काउंटी)
Southampton साउथेम्प्टन (इंग्लैंड की हैंप्सायर काउंटी का सबसे बड़ा नगर)
Southampton Island साउथेम्प्टन द्वीप
South Australia साउथ आस्ट्रेलिया (आस्ट्रेलिया का एक राज्य)
South Carolina साउथ कैरालाइना (अमेरिका के दक्षिण-पूर्वी क्षेत्र का एक राज्य)
South China Sea साउथ चाइना सागर (प्रशांत महासागर का एक गौण सागर जो जहाजरानी के कारण काफी महत्त्वपूर्ण हो गया है और चीन इस पर एकाधिकार का दावा करता है)
South Dakota साउथ डकोटा (अमेरिका का एक राज्य)
South Pole दक्षिण ध्रुव
South-West Africa दक्षिण-पश्चिमी अफ्रीका
Sparta स्पार्टा (प्राचीन यूनान में एक महत्त्वपूर्ण नगर-राज्य)
Springfield स्प्रिंगफील्ड (अमेरिकी राज्य इलिनोइ की राजधानी)
Srinagar श्रीनगर (भारतीय प्रांत जम्मू-कश्मीर की ग्रीष्मकालीन राजधानी)
Stafford स्टैफ़ःड (/**Staffordshire** स्टैफ़ःडशायर/ काउंटी का एक नगर)
States of the Church अमेरिका के चर्च राज्य
Stavropol स्तावरोपल (रूस का एक नगर)
Stirlingshire स्टर्लिंगशायर (स्कॉटलैंड की एक काउंटी)
St. Petersburg सेंट पीटर्जबर्ग (*old name:* लेनिनग्राद, रूस का दूसरा सबसे बड़ा शहर)
Straits of Dover डोवर के जलडमरूमध्य
Stuttgart श्टुटगार्ट (जर्मन स्टेट बाडेम-बुटेमबर्ग की राजधानी)
Suez Canal मिस्र की स्वेज नहर
Sula Islands सुला द्वीप समूह
Sulu Archipelago सुलु द्वीपसमूह
Sulu Sea सुलु सागर
Sumatra सुमात्रा (पश्चिमी इंडोनेशिया में एक द्वीप)
Suomi सुओमी (फिनलैंड का फिनिश भाषा में नाम)
Surrey सरी (इंग्लैंड की एक काउंटी)
Sussex ससिक्स (इंग्लैंड की एक काऊंटी)
Sutherland सदरलैंड (स्कॉटलैंड की Sutherlandshire काउंटी का नगर)
Sverdlovsk स्वेर्द्लोव्स्क (रूस का एक शहर)
Sydney सिडनी (न्यु साउथ वेल्ज काउंटी की राजधानी और आस्ट्रेलिया का सबसे बड़ा नगर)
Syrian Desert सीरिया का रेगिस्तान
Szeged सेग्द (हंगरी का एक नगर)
Tabriz ताब्रीज (ईरानी आजरबाइजान का एक नगर)
Tahiti ताहिती (फ्रांसीसी पौलिनेशिया में सबसे बड़ा द्वीप)
Taipei ताइपे (ताइवान की राजधानी)
Tamil Nadu तमिलनाडु (भारत का एक प्रांत)
Tapti तापती (भारत की) नदी
Tartu तारतु (इस्तोनिया का दूसरा सबसे बड़ा नगर और बुद्धिजीवी केंद्र)
Tatarstan तातारस्तान (रूस का एक रिपब्लिक)
Tasmania तैज्मेनिया (आस्ट्रेलिया का एक द्वीप राज्य)
Tasman Sea तस्मान सागर
Tver त्वेर (रूस का एक प्राचीन नगर)
Telangana तेलंगाना (भारत का एक राज्य)
Tel Aviv तेल अवीव (भूमध्य सागर के तट पर स्थित इजराइल का अति महत्त्वपूर्ण नगर))
Tennessee टैनिसी (अमेरिका का एक राज्य)
Texas टेक्सस (अमेरिका का दूसरा सबसे बड़ा राज्य)
Thames टेम्स (इंग्लैंड की सबसे लंबी और ब्रिटेन /UK/ की दूसरी सबसे लंबी नदी)
Thar Desert थार रेगिस्तान (भारत के राजस्थान प्रांत में स्थित एक विशाल मरुस्थल)
Thiruvananthapuram थीरुवांथापुरम (भारतीय प्रांत केरल की राजधानी)
Thrace थ्रेस (बल्गारिया, यूनान, टर्की के बीच फैला एक ऐतिहासिक क्षेत्र)
Tibet तिब्बत (प्राचीन सभ्यता का स्रोत चीन का एक भाग)
Tobago टबेगो (त्रिनिडाड ऐंड टबेगो गणतंत्र का स्वशासित भाग)
Tomsk तोमस्क (साइबेरिया में स्थित रूस का एक नगर)
Toronto टोरंटो (कैनेडा के प्रांत ओंटारियो की राजधानी और देश का अधिकतम आबादी वाला नगर))
Torquay टॉरकी (इंग्लैंड का एक समुद्रतटीय नगर)
Transvaal ट्रांस्वाल (दक्षिण अफ्रीका का एक प्रांत)
Trenton ट्रेंटन (अमेरिकी राज्य न्यु जर्सी की राजधानी और अमेरिका की भूतपूर्व राजधानी)
Tripura भारत का एक राज्य
Troy ट्रॉय (यूनानी महाकाव्य इलिऐड /*Illiad*/ में वर्णित ट्रोजन युद्ध का स्थल /setting for Trojan War/, एशिया माइनर /Asia Minor/ का प्राचीन रूप व आधुनिक टर्की में अनातोलिआ /Anatolia/, यद्यपि वर्तमान में यह स्थल हिसारलिक नाम से जाना जाता है)
Tula तूला (रूस का एक प्राचीन नगर)
Tyumen त्युमेन (रूस का एक नगर)
Turin ट्यूरिन या तोरीनो (इटली का एक नगर)
Turku टूर्कू (फिनलैंड का प्राचीनतम नगर)
Ufa ऊफा (रूस का एक शहर)
Ulyanovsk उल्यानोव्सक (रूस का एक शहर)
United Arab Republic (U.A.R.) संयुक्त अरब गणराज्य (मिस्र और सीरिया का अल्पकालिक संयुक्त गणराज्य)
Ural Mountains उराल पर्वतमाला (रूस की पर्वतमाला जिसे यूरोप और एशिया के बीच सीमा-रेखा माना जाता है)
Utah ऊटा (अमेरिका का एक राज्य)
Uttarakhand उत्तराखंड (भारत का एक राज्य)
Uttar Pradesh उत्तर प्रदेश (आबादी के लिहाज से भारत का सबसे बड़ा प्रांत)
Valencia वालेंसिया (स्पेन का भूमध्यसागर तटीय नगर)
Vancouver वैंकूवर (कैनेडा के प्रांत ब्रिटिश कोलंबिया का समुद्रतटीय नगर)
Varanasi वाराणसी (गंगा किनारे बसी भारत की प्राचीन नगरी, *see also under* **Benaras**)
Varna वार्ना (बल्गारिया का काला सागर तट पर बसा एक सुंदर

शहर)

Venice वीनिस (इटली का नहरों का शहर)

Venice Gulf वीनिस की खाड़ी

Vermont वरमोंट (न्यु इंग्लैंड क्षेत्र में स्थित एक अमेरिकी राज्य)

Victoria विक्टोरिया (आस्ट्रेलिया का एक प्रांत)

Victoria Island विक्टोरिया द्वीप

Victoria Lake विक्टोरिया झील

Virginia वर्जीनिया (अमेरिका का एक राज्य)

Virgin Islands वर्जिन द्वीपसमूह

Vistula विस्तुला (पोलैंड की सबसे लंबी व विशालतम नदी)

Vitebsk वितेब्स्क (बेलोरूस का एक नगर)

Vladivostok व्लादिवस्तोक (रूस के सदूर पूर्व का बंदरगाह नगर)

Volga वोल्गा (रूस की सर्वाधिक महत्त्वपूर्ण नदी)

Volgograd वोल्गोग्राद (वोल्गा नदी पर स्थित रूस का एक नगर)

Voronezh वोरोनिश (रूस का एक नगर)

Vyborg व्योबर्ग (फिनलैंड के साथ सीमांत रूसी नगर)

Wales वेल्स (ग्रेट ब्रिटेन की एक काउंटी एवं एक महत्त्वपूर्ण भाग)

Warwick वौरिक (वौरिकशायर काउंटी का एक विश्वविद्यालयीय नगर)

Weimar वेमार (जर्मनी का एक नगर)

West Bengal पश्चिम बंगाल (भारत का एक प्रांत)

Western Australia वेस्टर्न आस्ट्रेलिया (आस्ट्रेलिया का एक राज्य)

West Indies वेस्ट इंडीज (उत्तरी अटलांटिक महासागर में स्थित कैरिबिअन का एक क्षेत्र)

Westminster वेस्टमिंस्टर (वेस्टमिंस्टर शहर का मध्य लंदन का एक क्षेत्र)

West Virginia वेस्ट वर्जीनिया (अमेरिका का एक राज्य)

White Sea श्वेत सागर (रूस के उत्तर-पश्चिम में स्थित बेरेंत्स सागर का दक्षिणी द्वार)

Wimbledon विंबल्डन (लंदन का एक जिला, विंबल्डन टेनिस प्रतियोगिता)

Winchester विनचेस्टर (इंग्लैंड के हैंपशायर काउंटी में स्थित एक नगर)

Wisconsin विस्कौन्सिन (अमेरिका का एक राज्य)

Wolverhampton वॉल्वरहैम्पटन (इंग्लैंड का एक शहर)

Worcester वूस्टर (इंग्लैंड की **Worcestershire** काउंटी में स्थित एक नगर)

Wroclaw व्रोत्स्लाव (पश्चिमी पौलैंड का सबसे बड़ा नगर)

Wyoming वायोमिंग (अमेरिका का एक पश्चिमी राज्य)

Yakutsk यकूत्सक (रूस के साखा /Sakha/ रिपब्लिक की राजधानी)

Yalta याल्टा (रूस के क्राइमिया प्रायद्वीप में स्थित एक अति सुंदर स्वास्थ्यवर्धक स्थल)

Yamuna यमुना नदी

Yaroslavl यारोस्लावल (रूस का एक ऐतिहासिक नगर)

Yellow River पीली या हुआंघ नदी (दुनिया की छटी सबसे लंबी चीनी नदी)

Yellow Sea पीला सागर (चीन और कोरियायी प्रायद्वीप के बीच स्थित प्रशांत महासागर का एक गौण समुद्र)

Yenisei (*also* **Enisei**) येनिसेइ (रूस की सबसे लंबी नदी)

Yokohama योकोहामा (आबादी के लिहाज से जापान का दूसरा सबसे बड़ा नगर)

York यॉर्क (इंग्लैंड की काउंटी **Yorkshire** का चारदीवारी से घिरा /enclaved/ नगर)

Youngstown यंग्स्टाउन (अमेरिकी राज्य ओहायो में स्थित एक नगर)

Zanzibar जंजीबार (टांजानिया का द्वीप)

Zealand जीलैंड (डेन्मार्क का सघनतम आबादी वाला द्वीप)

Zurich जूरिख या ज्यूरिख (स्विटजरलैंड का सबसे बड़ा नगर)

Terms Used in Computer System and Internet Communication
कंप्यूटर प्रणाली व इंटरनेट में प्रयुक्त शब्दावली

1xRTT *abbr.* 'Single Carrier (1x) Radio Transmission Technology' की प्रथमाक्षरी: a wireless communications protocol used for connections to networks by devices such as laptop computers;
1xRTT: बेतार संचार प्रोटोकोल जिसे लैप टॉप आदि कंप्यूटरों को नेटवर्क से जोड़ने के लिए प्रयोग किया जाता है।

A

access पहुंच, प्रवेश
accessories सहायक चीजें या कल-पुर्जे
add-on card ऊपरी कार्ड
add-ons (*also* **plug-in or extension**) like Adblock Plus, Google Translator, and Imagus, an additional program performance enhancement software application अतिरिक्त सॉफ्टवेयर जो प्रोग्राम की कार्यक्षमता को बढ़ाता है।
ADN *abbr.* 'Advanced Digital Network' की प्रथमाक्षरी: usually refers to a 56 Kbps leased-line प्राय: 56 Kbps लीज्ड लाइन से संबंधित होता है
ADSL *abbr.* 'Asymmetric Digital Subscriber Line' की प्रथमाक्षरी: a DSL line where the upload speed is different from the download speed as the download speed is much greater;
'**ADSL**' ऐसी DSL लाइन है जिसमें वैबसाइट में आंकड़े, सूचनाएं आदि डालने की रफ्तार उन्हें डाउनलोड करने की गति से काफी कम होती है।
ajax *abbr.* 'Asynchronous JavaScript and XML' की प्रथमाक्षरी: a way of including content in a web page in which javascript code in the web page fetches some data from a server and displays it without re-fetching the entire surrounding page at the same time;
'**ajax**': वैब पृष्ठ पर विषय सामग्री डालने का एक तरीका जिसके तहत javascript code की मदद से सरवर से चुनिंदा data लिया जाता।
alphanumeric अक्षरांकी
ALU (arithmetic logic unit) अंकगणितीय तार्किक इकाई
analog: data in the form of a continuous flow: record or a tape is an analog;
अनालोग: लगातार चलने वाला प्रोग्राम: रिकॉर्ड या टेप अनालोग के उदाहरण हैं।
anonymous FTP: an act of getting connected to an FTP server without providing a personal login ID and password;
'**anonymous FTP**': यह एक ऐसी क्रिया है जिसके तहत व्यक्तिगत login ID और पासवर्ड के बिना FTP सरवर के साथ जुड़ा जा सकता है।
ANSI: *abbr.* American National Standards Institute that sets standards for data communications, like the Internet;
ANSI: इंटरनेट जैसे संचार के लिए मानक स्थापित करने वाला अमेरिकी संस्थान
apache, the most common web server (or HTTP server) software on the Internet;
apache: यह इंटरनेट पर सर्वाधिक प्रयुक्त वैब सरवर या HTTP सरवर सोफ्टवेयर है।
appendix परिशिष्ट
AppleShare: network system of Apple Computer, allowing several different end users to get attached to one central location and get files;
AppleShare: ऐपल कंप्यूटर का संजाल जो भिन्न-भिन्न प्रयोगकर्ताओं को किसी केंद्रीय बिंदु से जुड़कर फाइलें आदि प्राप्त करने में मदद करता है।
applet, a small Java program that can be embedded in an HTML page;
applet: एक छोटा-सा Java प्रोग्राम जो HTML पृष्ठ में समाहित होता है।
application server, a server software that manages one or more other pieces of software in a way that makes the managed software available over a network, usually to a Web server;
application server: यह एक ऐसा सरवर सॉफ्टवेयर है जो एक-दो और सॉफ्टवेयर के टुकड़ों में फेर-बदल करके उन्हें नेटवर्क या वैब सरवर पर मुहैया करवाता है।
apps *abbr.* 'application' का संक्षेप: a program operating within a mobile system
apps: चल फोन या स्मार्टफोन में कार्यरत अतिरिक्त सॉफ्टवेयर
archie: a search tool used to find files stored on Internet-based anonymous FTP servers;
archie: इंटरनेट पर आधारित एफटीपी सरवरों में संग्रहीत तथ्यों को खोजने का यंत्र
archives/Archiving Internet data: collection of information files, visit numbers or website 'hits' and media files, etc.
archives: सूचनाओं, तथ्यों लेखों आदि का लेखागार या संग्रह
arithmetics अंक गणित
ARPANet *acronym* 'Advanced Research Projects Agency Network' का आदिवर्णी शब्द: the precursor to the Internet;
ARPANet: इंटरनेट से पहले आया प्रोग्राम
article लेख
asterisk तारा
ASCII*abbr.*'American Standard Code Information Interchange' की प्रथमाक्षरी: 128 standard ASCII text codes, each of which can be represented by a 7-digit binary number, 0000000 through 1111111;
ASCII: 128 मानक ASCII पाठ कोड जिन में से प्रत्येक सात-अंकीय बाइनरी संख्या 0000000 से 1111111 तक के माध्यम से द्योतित होती है।
asynchronous refers to communication that does not occur in real-time, i.e. for communicating both users do not have to be logged in at the same time; for

example, in an online discussion forum one person posts a comment or question and another person reads and replies to the posting at a later time;

asynchronous: विचारों का एक ऐसा आदान-प्रदान है जिसमें भाग लेने वाले व्यक्ति एक ही समय पर कंप्यूटररत (logged in) नहीं होते; उन में से एक टिप्पणी या प्रश्न लिखकर भेज देता है और दूसरा बाद में, जब कभी वह log-in करता है, उसका जवाब भेजता है।

ASP *abbr.* 'Active Server Pages' की प्रथमाक्षरी: Microsoft invention that runs on their server software;

ASP: माइक्रोसोफ्ट द्वारा आविष्कृत प्रणाली जो उसके सरवरों पर काम करती है।

atom, an evolving protocol being developed as a successor to and improvement over RSS;

atom: 'RSS' से बेहतर प्रोटोकोल जिसमें कई नई विशेषताएं (features) हैं

attachment is an electronic file (such as a document, image, movie, etc.) that is included in addition to the text of an e-mail message;

attachment: यह एक ऐसी इलेक्ट्रोनी फाइल है जिसे ई-मेल के संदेश के साथ अतिरिक्त रूप में जोड़ा जाता है।

attribute गुण, विशेषता

AU: A common audio file format for UNIX systems (.au);

AU: UNIX प्रणालियों (.au) के लिए एक सामान्य श्रव्य फाइल फोर्मेट

automatic स्वचालित

auxiliary सहायक

AVI *abbr.* Audio/Video Interleaved की प्रथमाक्षरी: Microsoft's format for encoding video & audio for digital transmission;

AVI: अंकीय आंकड़ों के स्थानांतरण के लिए श्रव्य व दृश्य सूचनाओं को कूट रूप देने के लिए माक्रोसोफ्ट का स्वरूप (format)

AVI *abbr.* 'Audio/Video Interleaved' की प्रथमाक्षरी: a common video file format (.avi), in which Video quality can be good at smaller resolutions, but files tend to be large;

AVI: एक सामान्य दृश्य फाइल स्वरूप (format) (.avi) है जिसमें जितने छोटे रेजोलूशन (the number of pixels per square inch on a computer-generated display) होंगे उतनी अच्छी फोटो की गुणवत्ता होगी, परंतु फाइल बड़ी होती जाएगी।

axis धुरी

B

backbone: a high-speed line for interlinking computers on the Internet which is National Science Foundation Net, i.e. NSFNet;

backbone: कंप्यूटरों को इंटरनेट से जोड़ने की अमेरिकी NSFNet आधार प्रणाली

back slash उलटी तिर्यक रेखा '\'

background पृष्ठभूमि

bandwidth: the capacity/ throughput or the transmission capacity of the lines that carry the Internet's electronic traffic; in other words, it is the capacity of a wire attached from one computer to another to carry the amount of bits;

bandwidth: दो कंप्यूटरों को जोड़ने वाली लाइन या तार की आंकड़ों को bits के रूप में स्थानांतरण करने की क्षमता या रफ्तार (transmission capacity)

base address आधार पता

baud: a measurement of the amount of data that can be transferred in one second;

baud: एक सेकंड में आंकड़ों के स्थानांतरण की मात्रा का माप

BBS *abbr.* 'Bulletin Board Service/ System' की प्रथमाक्षरी: a computerized meeting and information system that allows people to carry on discussions, upload and download or transfer files and make announcements without the people being connected to the computer at the same time;

BBS: एक कंप्यूटरित मुलाकात एवं सूचना प्रणाली जो उपभतक्ताओं को एक साथ या एक ही समय पर बिना कंप्यूटर से जुड़े विचार-विमर्श आदि करने और अपलोड और डाउनलोड करने की सुविधा प्रदान करती है।

bcc *abbr.* 'Blind Carbon Copy' की प्रथमाक्षरी: an electronic mail header which lists addresses to which a copy of a message should be sent, but these addresses are not visible to the recipient of the copy of the message;

bcc: ई-मेल का शीर्षक जिसमें भेजे जाने वाले संदेश की प्रति पर कई पते लिखे रहते हैं, परंतु ये पते संदेश की प्रति के प्राप्तकर्ता को नहीं दिखाई पड़ते।

Binhex *acronym* 'BINary HEXadecimal' का परिवर्णी शब्द: a method for converting non-text files into ASCII files; this is required because Internet e-mail can only handle ASCII files;

Binhex: अपाठीय (non-text) फाइलों को ASCII फाइलों में बदलने का एक तरीका जिसकी जरूरत इसलिए पड़ती है क्योंकि इंटरनेट ई-मेल मात्र ASCII फाइलों को ही निपटा सकती है।

BIOS *abbr.* Basic Input/ Output System की प्रथमाक्षरी: a set of programs allowing all the different parts of a computer talk to each other

BIOS: कंप्यूटर के भिन्न-भिन्न भागों के बीच तालमेल बैठाने वाला एक प्रोग्राम

binary a basic system of numbering using ones and zeros

binary: एक (1 = one) और शून्य (0 = zero) से बनी द्विपदी प्रणाली

bit/s *acronym* 'Binary Digit' का आदिवर्णी शब्द: a bit is the smallest unit of computerized data; it is a combination of the words 'binary' and 'digits'which helps to make up ASCII code; the bandwidth or and data transfer rate is measured in terms of the number of these 'bits per second (bps)';

bit/s: यह कंप्यूटर data की सबसे छोटी इकाई है जो द्विपदी शब्दों और अंकों का एक समूह है जिसकी मदद से ASCII कोड बनाया जा सकता है और जिसे pfms 'bits' के रूप में स्थानांतरण किया जा सकता है; इसकी रफ्तार बिट प्रति सेकंड (bit per second = bps) में मापी जाती है।

BITNET *acronym* 'Because It's Time NETwork' or 'Because It's Their NETwork' का अदिवर्णी शब्द है: a network of educational sites for getting linked with each other and it is different from the Internet;

BITNET: इंटरनेट से भिन्न, यह शैक्षणिक संस्थाओं द्वारा आपस में जुड़ने के लिए एक नेटवर्क है।

blog: a website consisting of a kind of a journal, articles, or 'posts', generally associated with a single person or organization;

blog: एक पत्रिका, चिट्ठा या एक व्यक्ति या संगठन के लेखों, टिपणियों आदि का वेबसाइट है।

blogosphere or **blogsphere**, the current state of all information available on blogs;

blogosphere: ब्लॉग पर उपलब्ध सूचनाओं की वर्तमान अवस्था

BMP (pronounced as 'bimp), a **BMP file format** or **bitmap file image** or **device independent bitmap (DIB) file format** or simply a **bitmap** used to store bitmap digital images which, simply put, is an image made up of little dots;

BMP: यह बिटमैप के अंकीय बिंबों को सग्रंहीत करने के लिए प्रयुक्त होता है, सरल शब्दों में कहा जाए तो छोटे-छोटे बिंदुओं से बना बिंब 'bitmap' कहलाता है।

bps *abbr.* 'Bits-Per-Second' की प्रथमाक्षरी: a measurement of the data transfer speed from one place to another, e.g. a 56K modem can move about 57,000 bits per second;

bps आंकड़ों, सूचनाओं आदि के स्थानांतरण की गति का एक माप है, उदाहरण के लिए एक 56K मोडेम एक सेकंड में 5700 बिट स्थानांतरित कर सकता है।

bookmark, an indicator to a web site that interests a user;

bookmark: यह उपभोक्ता की रुचि के वैब को संकेतित करने वाला एक चिह्न है।

broadband: a high speed internet connection;

broadband: द्रुत गति का इंटरनेट जुड़ाव

browser: Chrome, Firefox, Internet Explorer, etc. software apps or a client program (software) that facilitates accessing, browsing and viewing of the websites and other Internet resources;

browser: वैब तक पहुंचने और उसे खंगालने में सहायक एक सॉफ्टवेयर प्रोग्राम

BTW *abbr.* 'By The Way' की प्रथमाक्षरी: a shorthand appended to a comment written in an online forum or e-mail;

BTW: किसी टिप्पणी के साथ 'online' रूप में या ई-मेल के साथ जोड़े जाने वाले शब्द

buffer: a section of the computer for storing data before being used;

buffer: कंप्यूटर का वह भाग जिसमें प्रयोग में लाने से पहले आंकड़ों कों संग्रहीत किया जाता है।

burst: instead of sending data in small bits over a longer time it is sending it in one go in a large package;

burst: आंकड़ों को एक-एक करके काफी समय में भेजने की बजाए बड़ी मात्रा में एकमुश्त भेजने की क्रिया को बर्स्ट (**burst**) कहते हैं।

bus: the wires between different parts of a computer are called busses and they differ from one another by data transfer capacity at one go;

bus: कंप्यूटर के भिन्न-भिन्न भागों को जोड़ने वाली तारें bus कहलाती हैं जो एक दूसरे से एक समय पर आंकड़ों को स्थानांतरित करने की क्षमता के आधार पर अलग-अलग होती हैं।

button बटन, कुंजी

byte: a set of bits representing a single character or a unit of space used to represent a series of seven or eight ASCII code digits forming a character;

byte: यह एक character बनाने वाला बिटों (bits) का एक समुच्चय है या '**byte**' स्थान (space) की इकाई है जिसे 7 या 8 कोड अंकों (bits) के character बनाने में प्रयुक्त किया जाता है।

C

cache: a memory section that holds data while the CPU (computer brain) is working on it;

cache: CPU (कंप्यूटर मस्तिष्क) द्वारा सूचनाओं आदि पर काम करते समय आंकड़ों को संचित करने का स्थान

cancel निरस्त क.

CATP *abbr.* 'Caffeine Access Transport Protocol' की प्रथमाक्षरी: a method of moving caffeine across the Internet;

CATP: कैफीन को इंटरनेट पर प्रसारित करने का एक तरीका

Cc *abbr.* 'Carbon Copy' की प्रथमाक्षरी: an electronic mail header which lists of addresses to which a copy of a message has been sent and these addresses are visible to the recipient of the copy of the message;

Cc: ई-मेल का शीर्षक जिसमें भेजे जाने वाले संदेश की प्रति के पानेवालों की ई-मेल प्रति लिखे रहते हैं और वे संदेश के प्राप्तकर्ताओं को भी दिखाई पड़ते हैं।

CDMA *abbr.* 'Code Division Multiple Access' की प्रथमाक्षरी: a protocol for wireless data and voice communication which is widely used in cellphone networks and in many other data communications systems;

CDMA: आंकड़ों और ध्वनि का बेतार संचार का प्रोटोकोल है जिसे मोबाइल फोन तंत्र व अन्य संचार प्रणालियों में प्रयोग किया जाता है।

CD-ROM, Compact **D**isc - **R**ead **O**nly **M**emory की प्रथमाक्षरी: a storage place disc, allowing only recording of data;

CD-ROM: केवल रिकॉर्ड करने के लिए संग्रहण डिस्क

central processing unit (CPU): a processing unit, consisting of Arithmetic Logic Unit and Control Unit;

central processing unit (CPU): केंद्रीय संसाधन इकाई यानी कंप्यूटर का दिमाग जो Arithmetic Logic Unit यानी संसाधन और Control Unit नियंत्रण इकाइयों से बना है।

Certificate Authority, an issuer of security certificates used in SSL connections;

Certificate Authority: SSL क्नेक्शनों में प्रयुक्त होने वाले सुरक्षा प्रमाण-पत्र देने वाला संगठन

CGA *abbr.* 'Color Graphics Adapter' की प्रथमाक्षरी: a piece of hardware that plays with colors;

CGA: रंगों का रचनात्मक प्रयोग करने वाला यंत्र

CGI *abbr.* 'Common Gateway Interface' की प्रथमाक्षरी: a programming language used to convert data gathered from a web page into another form; i.e. it is a set of

rules that describe how a web server communicates with another piece of software on the same machine, and how the other piece of software talks to the web server; any piece of software can be a CGI program if it handles input and output according to CGI standard;
CGI: यह वैब पृष्ठ के data को दूसरे रूप में बदलने के लिए प्रोग्राम भाषा है यानी ऐसी नियमावली जो वैब सरवर के एक यंत्र पर काम करने वाले दूसरे सॉफ्टवेयर के साथ संवाद शैली को वर्णित करता है; हर सॉफ्टवेयर जो आंकड़ों के प्रवेश और निकास को 'CGI' मानदंडों के अनुसार नियंत्रित करता है 'CGI' प्रोग्राम हो सकता है।

cgi-bin, a most common name of a directory on a web server in which CGI programs are stored; the 'bin' part of 'cgi-bin' is an abbreviation of 'binary';
cgi-bin: वैब सरवर पर ऐसी डायरेक्टरी का नाम है जिसमें CGI प्रोग्राम संग्रहीत रहते हैं; 'bin' मात्र 'binary' का संक्षेप है।

charge वैद्युत आवेश

circuit परिपथ

ClariNet, a commercial news service dedicated to a wide range of topics that provides tailored news reports via the internet;
ClariNet: इंटरनेट के माध्यम से तैयार शुदा समाचारों या रपटों का प्रसारण करने वाली व्यापारिक प्रसारण सेवा

classification वर्गीकरण

click कंप्यूटर आदि का बटन दबाना

client (vs server) is a computer connected to an Internet server, e.g. a software program that is used to contact and obtain data from a server software program on another computer, often across a great distance; thus a seeker of data is a client and the giver of it is server; each server requires a specific kind of client;
client: इंटरनेट सरवर से जुड़ा एक कंप्यूटर है यानी यह ऐसा सॉफ्टवेयर प्रोग्राम है जो सरवर सॉफ्टवेअर प्रोग्राम से दूसरे कंप्यूटर पर आंकड़े, सूचनाएं प्राप्त करता है यानी आंकड़े प्राप्त करने वाला प्रोग्राम **'client'** या ग्राहक है और देने वाला **'server'** सरवर।

cloud computing: use of a network of remote servers hosted on the Internet to store, process and manage data
cloud computing: आंकड़ों, तथ्यों, सूचनाओं आदि को संग्रहीत, संसाधित या व्यवस्थित करने आदि के लिए इंटरनेट पर लगे दूरस्थ सरवरों का प्रयोग

COBOL *abbr.* 'Common Business Oriented Language' की प्रथमाक्षरी: trade related language;
COBOL: व्यापार से जुड़ी भाषा

code कूट शब्द या संकेत

COM *abbr.* 'Component Object Module' की प्रथमाक्षरी

compiler: an application, converting a programming language into a machine language program;
compiler: ऐसा प्रोग्राम जो प्रोग्राम की भाषा को यंत्र की भाषा में बदलता है।

configure: to build a structural form;
configure: संरचनात्मक रूप का फेर-बदल करके निर्माण क.

co-location: means to have a server belonging to one person or group physically located on an Internet-connected network belonging to another person or group;
co-location: इसका अर्थ है कि इंटरनेट से जुड़े किसी व्यक्ति या संगठन के पास ऐसे सरवर का होना जो इंटरनेट पर स्थित दूसरे व्यक्ति या संगठन से जुड़ा हो।

compression, data files meant for uploading and downloading may be compressed for saving space and reducing transfer time;
compression: स्थान बचाने के लिए अपलोड और डाउनलोड की जाने वाली data फ़ाइलों के संकुचित करने को **'compression'** कहते हैं।

console डिब्बा

cookie: a cookie on the Internet refers to a piece of information sent by a web server to a web browser that its software is expected to save and send back to the server as and when it makes additional requests from the server; the cookies might contain information such as login or registration information, online 'shopping cart' information, user preferences, etc.; cookies expire after a predecided amount of time;
'Cookie: इंटरनेट पर वैब सरवर द्वारा किसी वैब ब्राउजर को भेजी जाने वाली ऐसी सूचना, जिसे ब्राउजर का सॉफ्टवेयर सुरक्षित करके या बचाकर वापस सरवर के पास तब भेजता है जब ब्राउजर सरवर से अतिरिक्त मांग करता है; कुकी में 'log in', रजिस्ट्रेशन नंबर, उपभोक्ता की पसंद आदि के बारे में सूचनाएं हो सकती हैं; कुछ समय बाद कुकी अपने आप खत्म हो जाती हैं।

core memory मूल स्मृति

crawl (a website) संजालघर (website) को सरकाना

CSS *abbr., acronym* 'Cascading Style Sheets' का आदिवर्णी शब्द; a computer language that lays down the shape of webpage through HyperText Markup Language (HTML);
CSS: ऐसी कंप्यूटर भाषा जो HyperText Markup Language के माध्यम से वेब पृष्ठ का स्वरूप निर्धारित करती है।

ctrl (key) *abbr.* 'control' का संक्षेप, कुंजी पटल पर कंट्रोल बटन

cursor कर्सर, संकेतक

cyberpunk is a cultural label encompassing different kinds of human, machine and punk attitudes which includes clothing and lifestyle choices as well; originally it was a cultural sub-genre of science fiction characteristic of a not-too-distant, dystopian, over-industrialized society;
cyberpunk: एक सांस्कृतिक नाम है जिसमें भिन्न-भिन्न प्रकार के मानवीय, यांत्रिक और पंक (punk) रवैए तथा मूल्य शामिल हैं; शुरू-शुरू में यह भविष्य में घटने वाली विरूपित (dystopian), अतिशय औद्योगिक सामाज के बारे में वैज्ञानिक गल्प की सांस्कृतिक उप-विधा मानी जाती थी।

cyberspace, a generic term for the whole range of Internet processes used to 'see' what we are surfing while on the net, i.e. the entire gamut of information resources available through computer networks;
cyberspace इंटरनेट को खंगालते समय की जाने वाली हर प्रकार की खोज (search) या इंटरनेट पर उपलब्ध नाना प्रकार की सूचनाओं, तथ्यों, आंकड़ों, पाठों आदि के अर्थ में प्रयुक्त शब्द।

cycle चक्र

D

data कंप्यूटर में डाले जाने वाले या स्थानांतरित किए जाने वाले तथ्य, आंकड़े, सूचनाएं, पाठ आदि

database: anything that accepts data is a database;
database: तथ्य, आंकड़ों, सूचनाओं को समाहित करने वाला आगार या आधार

data rate: speed of dara transfer (in bits) आंकड़ों को स्थानांतरण की गति

DDS *abbr.* 'Direct Digital Signal' की प्रथमाक्षरी

dedicated line: a phone line meant only for one type of operation
dedicated line: मात्र किसी एक कार्य के लिए लगाई जाने वाली फोन लाइन

default: presets or factory presets
default: कंप्यूटर में पहले से मौजूद मूल्य या मापदंड

demodulation: a process of converting analog information, i.e, continuously flowing information into a digital one (like in a computer)
demodulation: निरंतर चलने वाली सूचनाओं को अंकीय रूप देने की क्रिया

DHCP *abbr.* 'Dynamic Host Configuration Protocol' की प्रथमाक्षरी: a protocol through which a machine can obtain from a server on the local network an IP number, and other network configuration information;
DHCP एक ऐसा प्रोटोकोल है जिसके माध्यम से यंत्र स्थानीय नेटवर्क से IP नंबर व नेटवर्क की संरचना (configuration) के बारे में अन्य सूचनाएं प्राप्त कर सकता है।

DHTML *abbr.* 'Dynamic HyperText Markup Language' की प्रथमाक्षरी: DHTML relates to web pages that use a combination of HTML, JavaScript and CSS to create features such as letting the user drag items around on the web page, some simple kinds of animation and others;
DHTML: ऐसे वैब पृष्ठों से संबंध रखता है जो वैब पृष्ठ पर किसी आइटम को खींचकर कहीं छोड़ने का कार्य, सरल सजीवीकरण (animation) व अन्य विशेषताएं पैदा करने के लिए HTML, जावा स्क्रिप्ट और CSS का प्रयोग करता है।

dial-in: an internet account that connects a PC directly to the Internet; such accounts use a software application to connect to an Internet Service Provider (ISP) and establish a TCP/IP link to the Internet; to access a dial-in connection a PC needs either a modem to get connected via a regular phone line or a terminal adapter (TA) to be connected via an ISDN phone line;
dial-in: इंटरनेट से सीधे जुड़ने के लिए '**dial-in**' एक इंटरनेट खाता है; ऐसे खातों को इंटरनेट सेवा दाता (ISP) से जुड़ने के लिए और TCP/IP जुडाव स्थापित करने के लिए सॉफ्टवेयर प्रोग्राम का आवश्यकता होती है; '**dial-in**' तक सामान्य टेलीफोन द्वारा पहुंचने के लिए एक मोडेम, और ISDN फोन लाइन के माध्यम से पहुंचने के लिए एक टर्मिनल अडाप्टर (TA) की आवश्कता होती है।

dial-up line: a telephone line connected to a server
dial-up line: सरवर से सीधे जुड़ने वाली टेलीफोन लाइन

digerati: a digerati, like literati, refers to people who are connoisseurs of digital revolution and Internet savy;
'**digerati**': 'literati' की तरह यह शब्द अंक (digital) क्रांति और कंप्यूटर के बारे में जानकार लोगों के समूह से संबंध रखता है।

digital: a series of small amounts of data playing together very quickly (30,000 times a second); digital recording of information means to represent the bits of data through ones and zeros and playing the bits back to again create what had been recorded which is called digital processing;
digital: अंकीय सूचना का अर्थ है किसी सूचना की रिकॉर्डिंग एक और शून्य के रूप में करके बहुत बड़ी रफ्तार (30,000 गुणा प्रति सेकंड) से उसे बजाना।

discussion group/ forum (*also* **newsgroups**), a section/ forum within USENET dedicated to some particular topic of common interest, i.e. discussion groups or forums are a tool used in online discourses to provide a means of asynchronous communication between two or more persons;
discussion group: यह USENET में किसी विषय को समर्पित एक भाग है जिसे समाचार समूह भी कहा जाता है यानी '**discussion group/ forum**' एक इंटरनेट माध्यम है जसके तहत दो या अधिक व्यक्ति asynchronous communication यानी अलग-अलग समयों पर प्रश्नोत्तरी के रूप में या लिखित टिप्पणियां भेजकर और उत्तर पाकर बातचीत कर सकते हैं या संवाद स्थापित कर सकते हैं।

DNS *abbr.* 'Domain Name System' की प्रथमाक्षरी: it is the computer program that translates Internet domain names into IP numbers and vice versa; a 'DNS Server', the backbone of the internet, performs this kind of translation;
'**DNS**' एक ऐसी कंप्यूटर प्रणाली है जो इंटरनेट डोमेन नामों को IP नंबरों में परिवर्तित करता है; इंटरनेट का मुख्य आधार यानी 'DNS Server' ऐसा सरवर है जो इस प्रकार के परिवर्तन करता है।

domain, a higher level section of the Internet, usually with its own DNS; the domain is the part of an address before the start of the directory slashes;
'**domain**' इंटरनेट साइट का वह भाग है जो पते में तिर्यक रेखा (slash) से पहले आता है।

domain control panel: a password access section of a site that domain registrants and partners use to make domain modifications, receive proprietary scripting code, and use the management system;
domain control panel: डोमेन में परिवर्तन करने, स्करिप्टिंग कोड लाइसेंस प्राप्त करने और व्यवस्थापन प्रणाली को प्रयोग में लाने के लिए डोमेन को पंजीकृत करने वालों और सहभागियों द्वारा प्रयुक्त पासवर्ड

domain name is a unique name that identifies an Internet site;
domain name एक अनूठा नाम है जो इंटरनेट साइट की पहचान करता है।

DOS *abbr.* Disc Operating System' की प्रथमाक्षरी: a generic term for many programs that accept commands to trip applications to run, e.g. MS-DOS (MS stands for **Mi**cro**s**oft);
DOS उन प्रोग्रामों के लिए प्रजातिगत या वर्गीय शब्द है जो किसी प्रोग्राम को चलने से रोकने वाले आदेशों को प्राप्त करता है।

download is transferring of data from a remote computer to a local computer, which means copying data from one computer system to another via the Internet or from a remote server;
download: इसका अर्थ है इंटरनेट के माध्यम से सूचनाओं को किसी दूरस्थ सरवर से उपभोक्ता के कंप्यूर में स्थानांतरित क., यानी इंटरनेट के माध्यम से एक कंप्यूटर से सूचनाओं या आंकड़ों की प्रतिलिपि दूसरे में प्राप्त क.

DPI *abbr.* 'Dots Per Inch' की प्रथमाक्षरी

drag and drop: to select and drag the data from one place to another and paste it there;
drag and drop: सूचना या पाठ के किसी भाग को माउस द्वारा एक स्थान से खींचकर किसी अन्य स्थान पर लगाना

DSL *abbr.* 'Digital Subscriber Line' की प्रथमाक्षरी: '**DSL**' is a method for moving data over regular phone line;
DSL आंकड़ों, सूचनाओं आदि को सामान्य टेलीफोन लाइन से स्थानांतरित करने की एक विधि है।

dumb terminal: a video screen that sees manipulation in another computer; it's a terminal, but it just watches and does nothing else, hence a dumb terminal;
dumb terminal: ऐसा दृश्य स्क्रीन जो दूसरे कंप्यूटर की क्रियाओं को देख सकता है; यह मात्र मूक दर्शक टर्मिनल है जो कुछ भी करने में अक्षम है।

E

EBCDIC *abbr.* 'Extended Binary Coded Decimal Interchange Code' की प्रथमाक्षरी: it is also termed as the Extended ASCII Code since it adds an eighth digit to the normal seven-digit code;
EBCDIC: क्योंकि यह सात अंकीय कोड में आठवां अंक जोड़ता है, इसे Extended ASCII Code भी कहा जाता है।

e-mail *abbr.* 'electronic mail' का संक्षेप: a method of transferring files or messages from computer to computer;
ई-मेल कंप्यूटरों के बीच फाइलों या संदेशों का आदान-प्रदान करने का एक तरीका है।

engine (as in 'Search Engine'): the working part of a database or application;
'**engine**' आंकड़ों के संग्रह या प्रोग्राम का कार्यकारी आयाम

ecommerce refers to the buying and selling of items on the Internet;
ecommerce: इंटरनेट के माध्यम से क्रय-विक्रय का एक तरीका

Emoticon: a sign depicting different emotions;
Emoticon: भावों या भाव-भंगिमाओं को प्रदर्शित करने वाला एक चिह्न

Encryption: any one of many methods to transfer a file into a hard-to-crack code;
Encryption: सूचनाओं की सुरक्षा हेतु फाइल या सूचनाओं को कूट भाषा में परिवर्तित करने का एक तरीका

ethernet, a method of networking computers in a Local Area Network (LAN) or a method of file transfer, in which instead of using dial up phone lines, dedicated cables are used; Ethernets connect end-users to a central system like an intranet;
'**ethernet**' स्थानीय क्षेत्र में फाइलें स्थानांतरित करने का एक तरीका यानी ऐसा तरीका जिसके तहत डायल-फोन की बजाए इस काम के लिए निर्धारित तारें प्रयोग की जाती हैं; इथरनेट उपभोक्ताओं को इंटरनेट की तरह स्थानीय केंद्र बिंदुओं या प्रणालियों से जोड़ता है।

Extranet: an intranet that is accesible to computers which are not physically part of an organisation's own private network; however, it is not accessible to general public;
'**Extranet**' एक अंदरूनी जाल (intranet) है जो किसी संगठन के अपने कंप्यूटरों के अतिरिक्त बाहर के व्यापारिक सहयोगियों के कंप्यूटरों की पहुंच के भीतर होता है, पर वह आम जनता के लिए खुला नहीं होता।

F

FAQ *abbr.* 'Frequently Asked Questions' की प्रथमाक्षरी: a file or document of commonly asked questions and their answers;
FAQ: अक्सर पूछे जाने वाले प्रश्नों और उनके उत्तरों की फाइल

FAT *abbr.* 'File Allocation Table' की प्रथमाक्षरी: a table of contents in a directory telling the computer about the content;
FAT: विषय वस्तु क्रमांक जिसमें कंप्यूटर को विषय वस्तु का ब्योरा दिया जाता है।

FDDI *aabr.* 'Fiber Distributed Data Interface' की प्रथमाक्षरी: a standard for transmitting data on optical fiber cables at a rate of around 100,000,000 bits-per-second;
FDDI: आंकड़ों, सूचनाओं, तथ्यों आदि को ऑपटीकल फाइबर से 100,000,000 बिट प्रति सैंकड (bits-per-second) की दर से स्थानांतरित करने का मानक

FQDN *abbr.* 'Fully Qualified Domain Name' की प्रथमाक्षरी: the official name assigned to an individual computer;
FQDN: अलग-अलग कंप्यूटरों को दिया जाने वाला आधिकारिक नाम

fiber-optic: a new style of cable being used for very high speed data transmission
fiber-optic: अति द्रुत गति से आंकड़ों का स्थांतरण करने की एक नई शैली की तार

file sharing: a method of allowing one server to share the same file with many different end users
file sharing: एक सरवर द्वारा फाइल या सूचनाओं को बहुत सारे उपभोक्ताओं को मुहैया कराने की सुविधा

finger: an internet software tool for locating people on other internet sites; finger sometimes is also used to give access to non-personal information; the most common use of finger is to see if a person has an account at a particular Internet site;
finger: यह दूसरे इंटरनेट साइटों पर लोगों को ढूंढने के लिए एक इंटरनेट सॉफ्टवेयर औजार है; कभी-कभी '**finger**' को ऐसी सूचनाएं प्राप्त करने के लिए प्रयुक्त किया जाता है जो व्यक्तिगत नहीं हैं; '**finger**' का सर्वाधिक उपयोग किसी व्यक्ति का किसी इंटरनेट पर खाते का पता लगाने के लिए किया जाता है।

firewall, a combination of hardware and software that blocks unwanted traffic to a computer and intranet;

firewall: ऐसा सॉफ्टवेयर जो अवांछित सूचनाओं या वायरस आदि को कंप्यूटर में आने से रोकता है।

flame: an art form, originally involved the use of flowery language; thus the "flame" meant to conduct oneself in a passionate manner; however, more recently 'flame' has come to refer to any kind of derogatory comment, be that witless or crude;

'flame', एक कलात्मक रूप है जिसमें रंग-बिरंगी भाषा के प्रयोग का पुट रहता था; एक प्रकार से 'flame' का अर्थ था अति भावुक (passionate) व्यवहार; परंतु पिछले दिनों 'flame' का प्रचलित अर्थ है कोई भी नकारात्मक व निंदात्मक टिप्पणी, चाहे वह कितनी ही अश्लील क्यों न हो।

flame war, a situation in which an online discussion degenerates into a series of personal attacks against each other among the debaters, rather than discussion of their positions;

flame war: ऐसी स्थिति से संबंध रखता है जब इंटरनेट पर की जाने वाली बहस मुद्दों से हटकर एक-दूसरे के विरुद्ध व्यक्तिगत आरोप-प्रत्यारोप में बदल जाती है।

FORTRAN Stands for FORmula TRANslation इसका अर्थ है उच्चस्तरीय प्रोग्रामिंग भाषा जिसे डिजिटल गणना में प्रयोग किया जाता है।

forward or forwarding refers to the act of sending an existing e-mail message further to someone else;

forward का अर्थ है किसी द्वारा प्राप्त ई-मेल को आगे किसी अन्य व्यक्ति को भेजना

freeware *acronym* 'Free Software' का परिवर्णी या आदिवर्णी शब्द: the programmes or software available for downloading and unlimited use without charge;

freeware: का अर्थ है मुफ्त में मुहैया कराए जाने वाले प्रोग्राम

FTP *abbr.* 'File Transfer Protocol' की प्रथमाक्षरी (*also called* **'anonymous FTP servers**); a common method of moving files between two Internet sites; it is a way to login using the account name 'anonymous' to the internet sites that have established publicly accessible repositories of material for the purposes of retrieving and/or sending files;

FTP: खाते का नाम 'anonymous' (अनाम) डालकर दूसरे इंटनेट साइट, जिन पर सभी के लिए खुले सामग्री के भंडार (publicly accessible repositories) हैं, में login करके फाइलों को लेने या भेजने का काम करने का **'FTP'** एक तरीका है।

G

gateway: a piece of hardware or software set up to translate between two different protocols; another definition of gateway is any mechanism or software that provides access to another system or that allows two items to communicate with each other thanks to the connections facilated by gateways between computers and systems; in other words, 'gateway' means any mechanism for providing access to another system, e.g. AOL might be called a gateway to the Internet;

gateway: यह एक यंत्र या सॉफ्टवेयर है जो भिन्न-भिन्न प्रोटोकोलों के बीच आदान-प्रदान का कार्य करता है; एक दूसरी परिभाषा के अनुसार **'gateway'** एक ऐसा सॉफ्टवेयर है जो दो कंप्यूटरों के बीच संपर्क स्थापित करता है, उदाहरणतः AOL को इंटरनेट का गेटवे कहा जा सकता है।

GIF (pronounced 'jif'), *acronym* 'Graphic Interchange Format' का परिवर्णी शब्द: a graphics file format commonly used on the Internet to provide images on web pages. GIF images are 8-bit (256-color) graphics;

GIF: वैब पृष्ठों पर बिंब बनाने के लिए प्रयुक्त file format है जो 8-बिट (256-रंग) में होते हैं।

Gigabyte (GB) – about a billion bytes;

गीगाबाइट लगभग एक बिलियन बाइटों (technically 2^{10} or 1024 GB) के बराबर होते हैं।

GIGO *acronym* 'Garbage In, Garbage Out' का परिवर्णी शब्द

Gopher: one of the first internet interfaces or a searching tool for finding information on the internet that was created by the University of Minnesota whose mascot is the gopher; although Gopher spread rapidly across the globe in only a couple of years, it has been largely supplanted by Hypertext, also known as *WWW (World Wide Web)*;

Gopher: यह इंटरनेट पर सूचनाएं ढूंढने का सबसे पहला इंटरनेट खोजी औजार का सॉफ्टवेयर है, जिसे मिनिसोटा यूनिवर्सिटी ने बनाया, जिसका प्रतीक शुभंकर (gopher)r है; यद्यपि दुनिया भर में **'Gopher'** बहुत जल्दी फैल गया, फिर भी उसे बाद में हाइपरटेक्स्ट *WWW* (World wide Web) ने पदच्युत कर दिया।

Graymail refers to unwanted non-spam e-mail messages

Graymail: स्पैम से भिन्न अवांछित संदेश

GUI (*pronounced "gooey"*), *abbr.* 'Graphical User Interface' की प्रथमाक्षरी: graphical representations seen on the screen

GUI: स्क्रीन पर दिखने वाला रेखाचित्र

H

hardware: the physical items like computer and floppy discs, etc.;

hardware: कंप्यूटर, डिस्क व अन्य यंत्र

hashtag (#) is used to label keywords or phrases in a tweet or any other social media message, converting the keywords and phrases into active links to a dynamic feed; hashtags are searchable;

hashtag (#): ट्वीटों या अन्य सामाजिक वैब साइट संदेशों में महत्त्वपूर्ण शब्द के शुरू में लगाया जाने वाला चिह्न # जिसकी बदौलत इस शब्द को खोजने वाले ढूंढ सकते हैं।

helper application: a program, allowing to view multimedia files (images, audio, video) or an application used by the browser to work on a downloaded program;

helper application: एक ऐसा प्रोग्राम है जो डाउन लोड की जाने वाली मल्टीमीडिया फाइलों को देखना संभव बनाता है या यह डाउनलोड किए गए प्रोग्राम के साथ आगे कार्य करने के लिए प्रयुक्त एक प्रोग्राम है।

hit: as a reference to the *World Wide Web* 'hit' means a single request from a web browser for a single item

from a web server; 'hits' are often used to roughly measure load on a server;
World Wide Web के संदर्भ में '**hit**' का अर्थ है ब्राउजर की सरवर से मात्र एक अनुरोध; '**hit**' सरवर पर अनुमानतः बोझ (load) मापने का तरीका है।

home page (or **homepage**): originally, the web page was the one that a user's browser was set to use when it started up; however, the more common meaning refers to the main web page for a business, organization, person or simply the main page out of a collection of web pages;
शुरू-शुरू में '**home page**' वह पृष्ठ था जो कंप्यूटर के शुरू होने पर किसी के साइट पर खुलता था, परंतु बाद में किसी कारोबार, संगठन या व्यक्ति के वैब साइट का मुख्य पेज होम पेज बन गया।

host: any computer on a network that is a nodal point or repository for services available to other computers on the network, thus becoming one host machine providing several services, such as SMTP (e-mail) and HTTP (web);
host: नेटवर्क से जुड़ा ऐसा कंप्यूटर जो नेटवर्क से जुड़े दूसरे कंप्यूटरों को सेवाएं उपलब्ध कराता है, असल में यह SMTP (e-mail) और HTTP (web) जैसी सेवाएं मुहैया करवाने वाली एक 'host' मशीन होती है।

hotlist: a list of URLs saved within the Mosaic Web browser;
hotlist: मोजाइक वैब ब्राउजर के भीतर बचाकर रखे हुए URLs की सूची

HTML *abbr.* 'HyperText Markup Language' की प्रथमाक्षरी: a kind of coding language used to design and create documents on the *WWW* (websites); HTML files can be viewed using a 'web browser'; they are merely plain ASCII-text documents interpreted by a web browser to display formatted text and fonts, color, graphic images, and links;
HTML: वैब साइटों (*World Wide Web*) के लिए हाइपर टेक्स्ट दस्तावेज तैयार करने की कूट भाषा है; HTML को वैब ब्राउजर के माध्यम से देखा जा सकता है; वे मात्र ASCII पाठ्य दस्तावेज हैं जिन्हें वैब ब्राउजर फोर्मैट किए हुए पाठ एवं फोंट, रंग. रेखाचित्रीय बिंब और लिंक को दिखाने के लिए प्रयोग में लाता है।

HTTP *abbr.* '*HyperText Transport Protocol*' की प्रथमाक्षरी: a common protocol for moving hypertext (HTML) files across the Internet, i.e. a protocol used to communicate between *World Wide Web* servers; it requires a HTTP client program on one end, and an HTTP server program (such as apache) on the other end;
HTTP: हाइपरटेक्स्ट (HTML) फाइलों को इंटरनेट पर चलाने का एक सामान्य प्रोटोकोल है यानी *WWW* उपभोक्ताओं के बीच संवाद के लिए प्रयुक्त सामान्य प्रोटोकोल है जिसकी बदौलत *hypertext* फाइलों को इंटरनेट पर घुमाया जा सकता है; इसके लिए एक सिरे पर HTTP के ग्राहक प्रोग्राम और दूसरे पर Apache जैसे HTTP सरवर प्रोग्राम की आवश्यकता होती है।

hyperlink/ link: a hyperlink is an item such as a word, phrase, or image that when clicked on, takes the user to a website, a new location on a current webpage or to a new page or document; hyperlinks are created using HTML and can be added to web pages, e-mail messages and other documents that support HTML;
hyperlink एक ऐसा शब्द, वाक्य या बिंब है जिस पर बटन दबाने (click) पर उपभोक्ता वैब पर ठीक पते पर पहुंचकर वांछित दस्तावेज को खोल सकता है।

hypertext: a mark-up language that allows non-linear transfers of data, i.e., any text that contains links to other documents, i.e. words or phrases that lead to the retrieval and display of the text chosen by a reader; the hypertexts are used in Windows help programs, CD encyclopedias and web pages for linking reference related information across documents;
hypertext एक चिह्नित भाषा है जिसकी बदौलत आंकड़ों, सूचनाओं आदि का non-linear स्थानांतरण हो सकता है यानी ऐसा पाठ जिसमें ऐसे शब्द हों जो दूसरे पाठों से जुड़ाव स्थापित कर सकते हों जिसके फलस्वरूप नए दस्तावेज बन सकते हों या जिन्हें पाठक की आवश्यकता अनुसार निकाला और प्रदर्शित किया जा सकता हो; विंडो प्रोग्रामों, CD विश्वकोशों और वैब पृष्ठों में हाइपर टेक्स्ट को संदर्भ संबंधित सूचनाओं को दस्तावेजों से जोड़ने के लिए प्रयोग में लाया जाता है।

I

IBM *abbr.* 'International Business Machines' की प्रथमाक्षरी

Icon: a small visible display that acts as an activation link when clicked on;
Icon: एक छोटा-सा दृश्य चिह्न या अक्षर है जिस पर क्लिक करने से वांछित प्रोग्राम खुल जाता है।

IMAP *abbr.* 'Internet Message Access Protocol' की प्रथमाक्षरी: IMAP (*also* IMAP is defined in RFC 2060) is the main protocol used by e-mail clients in communicating with e-mail servers and it is gradually replacing POP; by using IMAP an e-mail client program can retrieve an e-mail, manipulate the messages stored on the server in a way that messages can be deleted, have their status changed, multiple mail boxes can be managed, etc.;
IMAP: ई-मेल सरवरों के साथ संपर्क स्थापित करने के लिए ई-मेल ग्राहकों द्वारा प्रयुक्त **IMAP** एक मुख्य प्रोटोकोल है और यह धीरे-धीरे POP का स्थान ले रहा है; **IMAP** के माध्यम से ई-मेल ग्राहक प्रोग्राम ई-मेल सरवर में पड़ी ई-मेल को निकाल सकता है, संदेशों में ऐसे फेर-बदल कर सकता है कि संदेश मिट जाएं या उनका रूप बदल जाए आदि।

IMHO *abbr.* 'In My Humble Opinion' की प्रथमाक्षरी: a shorthand appended to a comment written in an online forum;
IMHO: 'मेरे विनम्र विचार में' कथन के आरंभ में जोड़ा जाने वाला भूमिका बांधने वाले शब्द

information superhighway (SH): according to some it refers to the future, where everyone will have fast, easy access to the Internet, video conferencing, etc., while for others the Internet, as we already know it, is the information superhighway;
information superhighway (SH): के बारे में दो मत हैं: पहला यह कि यह भविष्य से संबंध रखता है जब सभी के पास तेज

रफ्तार का इंटरनेट होगा जो दृश्य मिलने को आसानी से संभव बनाएगा; दूसरा यह कि सारा का सारा इंटरनेट ही SH है।

interface: a type of point where two different things come together; what one sees on the screen is the interface between one and what one's computer is doing

interface: दो चीजों या किसी वस्तु और व्यक्ति का मिलन बिंदु; कंप्यूटर स्क्रीन पर दृश्य वस्तुएं और दर्शक के बीच रिश्ता एक प्रकार का interface है।

internet (lower case i) as and when two or more networks are linked together, an internet gets created;

internet (lower case i): जब भी दो नेटवर्क आपस में जुड़ते हैं तो छोटी आई (i) वाला इंटरनेट स्थापित हो जाता है।

Internet (upper case I): a vast collection of inter-connected networks that are connected by using the TCP/IP protocols;

TCP/IP प्रोटोकोलों के माध्यम से परस्पर जुड़े इंटरनेट कन्क्शनों के समुच्चय को इंटरनेट कहते हैं।

Intranet: a private network inside a company or organization; a company web server available only to its employees would be an intranet.

Intranet: किसी कंपनी या संगठन के सभी कंप्यूटरों के अंदरूनी जुड़ाव को इंट्रानेट कहते हैं।

IP Address (*also* **dotted squad**) or **IP Number** *abbr.* 'Internet Protocol Number' की प्रथमाक्षरी: a unique number consisting of 4 parts separated by dots, e.g. 165.113.245.2, which identifies a piece of hardware on the Internet; every machine that is on the Internet has a unique IP number;

IP Address: बिंदुओं द्वारा अलग किए हुए चार भागों से बना एक अनोखा नंबर जिसकी बदौलत किसी यंत्र (hardware piece) को इंटरनेट पर पहचाना जा सकता है; इंटरनेट से जुड़े हर यंत्र का एक unique IP number होता है।

IPv4 *abbr.* 'Internet Protocol, version 4' की प्रथमाक्षरी: the most widely used version of the Internet protocol (the 'IP' part of TCP/IP);

IPv4: इंटरनेट प्रोटोकोल (TCP/IP का 'IP' वाला हिस्सा) की सर्वाधिक प्रयुक्त प्रकार

IPv6 *abbr.* 'Internet Protocol, version 6' की प्रथमाक्षरी: the successor to IPv4; **IPv6**, providing a huge number of available IP Numbers, i.e. over a sextillion addresses (theoretically 2^{128}); IPv6 allows every device on the planet to have its own IP Number;

IPv6' असल में '**IPv4**' का उत्तराधिकारी है जो सिद्धांतः बहुत बड़ी संख्या में यानी 2^{128} या सेक्सटिलिअन IP Numbers उपलब्ध करा सकता है जिसका अर्थ होगा कि **IPv6** दुनिया के हर यंत्र को IP Number मुहैया करा सकता है।

IRC *abbr.* 'Internet Relay Chat' की प्रथमाक्षरी: a huge multi-user live chat facility;

IRC अनेकों उपभोक्ताओं के लिए इंटरनेट पर बातचीत करने की एक सुविधा है।

IS *abbr.* 'Information System' की प्रथमाक्षरी: सूचना प्रणाली

ISO *abbr.* 'International Standards Organization' की प्रथमाक्षरी (स्थानांतरणीय आंकड़ों, सूचनाओं का मानक स्तर निर्धारित करने वाला संगठन)

ISDN *abbr.* 'Integrated Services Digital Network' की प्रथमाक्षरी: a high-speed way to move data over existing phone lines; it can provide speeds of roughly 128,000 bits-per-second over regular phone lines; however, in practice, most people will be limited to 56,000 or 64,000 bits-per-second; ISDN can connect to many different locations, one at a time, if the other location also has ISDN;

ISDN वर्तमान टेलीफोन लाइनों पर अत्यधिक आंकड़े, पाठ आदि द्रुत गति से भेजने का एक तरीका है जिसके माध्यम से सामान्य फोन लाइन पर लगभग 128000 बिट प्रति सेकंड की रफ्तार से आंकड़ों का स्थानांतरण किया जा सकता है; परंतु अधिकतर लोगों के यंत्रों की 56000 या 64000 बिट प्रति सेकंड की रफ्तार होगी; यदि दूसरे सिरे पर '**ISDN**' की सुविधा हो तो 'ISDN' एक समय पर एक यंत्र से बहुत सारी जगहों से जुड़ सकती है।

ISOC *acronym* '**I**nternet **SOC**iety' का परिवर्णी शब्द: the Internet Society, based in Herndon, Virginia, USA that promotes the Internet and coordinates standards;

ISOC अमेरिका के विर्जीनिया प्रांत के हेरंडन नगर में स्थित एक संगठन है जो इंटरनेट को बढ़ावा देता है और मानकों की स्थापना में सामंजस्य बिठाता है।

ISP *abbr.* 'Internet Service Provider' की प्रथमाक्षरी: a business organisation that delivers internet access to subscribing customers;

ISP: उपभोक्तओं को इंटरनेट क्नेक्श्न मुहैया कराने वाला एक संगठन

IT *abbr.* 'information technology' की प्रथमाक्षरी: a very general term encompassing the entire field of information technology: computer hardware, programming, network management and so on;

IT एक सामान्य पारिभाषिक शब्द है जो कंप्यूटर के क्षेत्र के सभी आयामों यानी कंप्यूटर hardware, सॉफ्टवेयर, प्रोग्राम बनाने की प्रक्रियाओं आदि से जुड़ा है।

J

Java: an Object Oriented Program, i.e. a network-friendly programming language that is delivered over the Internet in the form of little applications or 'applets'; Java is also used to create software with graphical user interfaces such as editors, audio players, web browsers, etc.; Java is also popular for creating programs that run in small electronic devices, such as mobile telephones; using small Java programs (called 'applets'), Web pages can include functions such as animations, calculators, and other fancy tricks;

Java: जावा एक Object Oriented Program है जिसे इंटरनेट के माध्यम से छोटे-छोटे प्रोग्रामों या 'applets' के रूप में मुहैया कराया जाता है; संपादक, दृश्य चित्रों को चलाने वाली मशीनों, वैब ब्राउजरों आदि के लिए सॉफ्टवेयर बनाने में जावा का प्रयोग होता है; मोबाइल फोनों आदि छोटे यंत्रों में प्रयुक्त होने वाले प्रोग्राम भी जावा की मदद से बनाए जाते हैं; 'Applets' जैसे छोटे प्रोग्रामों का प्रयोग करके वैब पृष्ठों के लिए सजीव चित्र, कैल्कुलेटर और दूसरी रोचक सामग्री बनाई जा सकती है।

JavaScript: a computer programming language primarily used in the design and development of websites and their content; combined with Cascading Style Sheets (CSS), and later versions of HTML (4.0 and later) the result is often called DHTML;
JavaScript: कंप्यूटर प्रोग्राम भाषा जिसे वैबसाइट और उसके विषय-वस्तु को बनाने में प्रयुक्त किया जाता है; कैस्केडिंग स्टाइल शीटों (CSS) और HTML (4.0 और बाद के) के साथ जोड़ने से DHTML प्राप्त होता है।

JDK *abbr.* 'Java Development Kit' की प्रथमाक्षरी: a software development package, a basic set of tools needed to write, test and debug Java applications and applets;
JDK एक सॉफ्टवेयर विकास पैकेज है जो जावा प्रोग्रामों और applets को बनाने, टेस्ट करने, वायरसरहित बनाने के लिए मूलभूत औजार के रूप में काम करता है।

JPEG (pronounced as 'J-Peg'), *acronym* 'Joint Photographic Experts Group' का परिवर्णी शब्द: **JPEG** is most commonly mentioned as a format for image files; being an image format it allows for compression when stored;
JPEG बिंब के रूप में संग्रहीत करते समय फाइलों को संकुचित किया जा सकता है।

JPG *abbr.* 'Joint Photographic Group' की प्रथमाक्षरी: the name of the committee that designed the photographic image-compression standard; the format (.jpg) is optimized for compressing full-color or grayscale photographic images, and it does not work well for line drawings or black-and-white images; JPG images are 24-bit (16.7 million color) graphics;
JPG उस कमेटी का नाम है जिसने फोटोग्राफ बिंब-संकुचन के मानक निर्धारित किए हैं; (.jpg) फोर्मैट को संपूर्ण रंग की या ग्रेस्केल (grayscale) फोटोग्राफीय बिंब में विकसित किया जाता है; परंतु यह विधि रेखाचित्रों या काले-सफेद चित्र में ठीक से काम नहीं करती; JPG बिंब 24-bit (16.7 million color) रेखाचित्र (graphics) होते हैं।

jughead: search browser like 'archie';
यह 'archie' की तरह का एक खोजी ब्राउजर है।

K

Keywords are words or phrases that describe the focus of webpages and they are part of SEO;
Keywords ऐसे शब्द या शब्द समूह हैं जो वैब पृष्ठों का फोकस (focus) वर्णित करते हैं और वे SEO का हिस्सा हैं।

Kbit/s stands for a thousand of bits per second;
Kbit/s का अर्थ है हजार बिट प्रति सेकंड

Kilobyte (KB) pertain to a thousand **bytes** or 1024 (2^{10}) **bytes** of space;
किलोबाइट 1000 या 1024 (2^{10}) बाइट स्थान से संबंध रखता है।

L

LAMP acronym that is made of 'Linux (operating system), 'Apache' (web server software), 'MySQL' (database management system) and 'PHP' (web scripting language)' is commonly applied for the four basic software technologies used to create a fully functional website; 'Linux, 'Apache', 'MySQL', 'PHP' शब्दों से बना परिवर्णी शब्द जो वैबसाइट बनाने के लिए पूर्णतः क्रियाशील सॉफ्टवेयर तकनीकें हैं।

LAN *abbr.* 'Local Area Network' की प्रथमाक्षरी: a computer network limited to the immediate area, the same building or floor of a building;
एक ही भवन या मंजिल आदि तक सीमित कंप्यूटर नेटवर्क को 'LAN' कहते हैं।

leased line: relates to telephone like line or fiber-optic cable which is exclusively rented on full-time basis from one's location to another location; the leased line is ideal for very high speed data transfer;
leased line: अत्यधिक तेज गति से आंकड़ों, तथ्यों आदि के स्थानांतरण के लिए पूरे समय प्रयोग में लाने के लिए किराये पर ली जाने वाली टेलीफोन या फाइबर-ऑप्टिक तार जैसी लाइन **leased line** कहलाती है।

links are pieces of text embedded in larger bodies of content which, when clicked, take the user to a different web page or website. As a general rule they are highlighted in blue and underlined. However, they can be of any color and don't have to be underlined. Images can also serve as links to other pages or online destinations;
links पाठ के ऐसे टुकड़े होते हैं जो किसी बड़े पाठ के भीतर नीले रंग में रेखांकित रूप में दिए होते हैं; हो सकता कभी-कभी यह लिंक नीले की बजाए अन्य रंग में हो और वह रेखांकित भी न हो।

Linux: a widely used open source Unix-like operating system; the inner workings of Linux are open and available for anyone to change provided the changes are made available to the public;
दूर-दूर तक प्रयोग में लाया जाने वाला **Linux** एक Unix जैसी खुले स्रोत वाली कार्यकारी प्रणाली है जिसकी आंतरिक कार्य विधियां खुली और सब की पहुंच के अंदर होती हैं और कोई भी व्यक्ति अपनी ओर से इन विधियों में कोई सुधार या नया आयाम जोड़ सकता है बशर्ते कि ऐसे जुड़ाव सभी उपभोक्ताओं के लिए उपलब्ध हों।

list server, the most common kind of mailing list; the list servers originated on BITNET, but are now common on the Internet;
list server: सर्वाधिक प्रचलित पत्र-व्यवहार सूची; इस सूची के सरवर BITNET में पनपे, पर अब इंटरनेट पर फल-फूल रहे हैं।

Listserv ® is an e-mail list management software that allows individuals to subscribe and send messages through a mailing list; when a member of the listserv sends a message to the list, all members receive a copy;
Listserv एक सामान्य प्रकार का 'maillist' सॉफ्टवेयर है जिसकी बदौलत बहुत सारे लोग 'maillist' के सदस्य बन सकते हैं; इस सूची के एक सदस्य को भेजी जाने वाली मेल सूची के सभी सदस्यों को मिलती है।

live script: the old name of 'Java Script', with a few updates between the two; a hardware that allows the computers that are part of a network to communicate with each other
यह 'Java Script' का नया नाम है और यह दोनों के बीच कुछ **Network Adapter** संबंधी फेर-बदलाव करके बना है, जिसकी

बदौलत एक नेटवर्क से जुड़े दो या अधिक कंप्यूटर एक दूसरे से बातचीत कर सकते हैं।

Login means to get connected to a computer through 'User ID/ account name';
Login का अर्थ अहै पने 'User ID/ account name' के माध्यम से कंप्यूटर से जुड़ना

login script: a small text file run by a server gateway for establishing contact between itself and user's computer
login script: यह एक छोटी फाइल है जिसे सरवर अपने और उपभोक्ता के बीच संपर्क स्थापित करने के लिए प्रयोग में लाता है।

lurking means to read through mailing lists or newsgroups and get a feel of the topic before posting one's own messages; it is considered good netiquette to 'lurk' a while before joining an online discussion;
अपने संदेश भेजने से पहले डाक सूची या समाचारसमूहों को खंगालने को **'lurking'** कहते हैं; अपना संदेश भेजने से पहले थोड़ी देर 'lurk' करना एक अच्छा इंटरनेट शिष्टाचार है।

M

mailing list, an e-mail-based discussion group, sending one e-mail message to the addresses of the list making it thus a chain-reaction;
mailing list एक प्रकार का विचार-विमर्श मंच है जिसके सदस्य एक संदेश को आगे अपनी पता-सूची के लोगों को भेजकर एक तरह की निरंतर कड़ी बनाते हैं।

maillist (or **mailing list**): a (usually automated) e-mail address system;
Maillist: ई-मोल पतों की सूची

mainframe: mostly a mainframe is much bigger and more powerful than a desktop computer; sometimes it's called a server or CPU 'mainframe';
mainframe: डेस्क टॉप कंप्यूटर से बड़ा एवं अधिक शक्तिशाली होता है, कभी-कभी इसे सरवर या CPU भी कहते हैं।

malware is a software specifically designed to damage or disrupt a computer system; the most common malwares are designed to access and collect sensitive data or to force access into a protected computer system;
malwares कंप्यूटर तंत्र को तहस-नहस करने के लिए बनाए जाते हैं; अधिकतर 'malwares' कंप्यूटर में घुसकर आंकड़े और कीमती सूचनाएं चुराने के लिए बनाए जाते हैं; कभी-कभी वे अति सुरक्षित कंप्यूटर तंत्र में भी घुस जाते हैं।

mashup, a web page or site made by automatically combining content from other sources such as RSS feeds and/ or REST interfaces;
Mashup: यह एक 'RSS feeds' या 'REST interfaces' आदि से ली जाने वाली और स्वतः जुड़ जाने वाली विषय-वस्तु (content) से बना वैब पृष्ठ या साइट है।

masking means to conceal a web site's URL, normally by using a domain name;
masking का अर्थ है डोमेन नाम का प्रयोग करके वैब साइट की URL को छिपाना

megabyte (MB) is approximately a million bytes of space; in fact, it's 2^{20} (2 raised to the 20th power) or 1,048,576 bytes of space;
Megabyte (MB) लगभग दस लाख बाइट का स्थान घेरता है; असल में यह 2^{20} या 1,048,576 बाइट के बराबर होता है।

meta tag: it is an HTML tag that contains specific information about a web page; they generally contain an abbreviated description of the page's subject matter and other information; meta tags are used by search engines to index web pages and filter online content, and they are not seen in the user's browser display;
Meta Tag एक 'HTML' टैग होता है और उसमें वैब पृष्ठ की विषय-वस्तु का संक्षिप्त वर्णन और उसके के बारे में सूचनाएं रहती हैं।

MIDI *abbr.* 'Musical Instrument Digital Interface' की प्रथमाक्षरी: a high-quality audio file format that facilitatets a computer to store and replay a musical instrument's output;
MIDI के माध्यम से संगीत वाद्य अपने संगीत को संग्रहीत कर सकता है और फिर कभी उसे बजा सकता है।

MIME *abbr.* 'Multipurpose Internet Mail Extensions' की प्रथमाक्षरी: a standard for defining the types of files attached to standard Internet mail messages;
MIME इंटरनेट मेल संदेशों के साथ जोड़ी जाने वाली फाइलों का मानक है।

mirror, 'to mirror' is to maintain an exact copy of something and 'mirror sites' are those web sites or FTP sites that maintain copies of material originally stored at another location; in another sense the term "mirror" means to write information to more than one hard disk simultaneously in order to prevent its loss or destruction;
Mirror का अर्थ है किसी दस्तावेज की हू-ब-हू प्रति बचाकर रखना और 'mirror sites' या FTP दस्तावेजों की प्रतियां दूसरे स्थान पर बचाकर रखते हैं; एक और अर्थ में **'mirror'** का प्रयोग सूचना को नष्ट होने से बचाने के लिए कई हार्ड डिस्कों में रिकॉर्ड करके बचाकर रखना है।

modem is an acronym made from 'Modulation-Demodulation'; the words mean the changing of data from digital (computer language) to analog (phone line language) and then back again; thus a modem is a device that connects a computer to a phone line;
modem दो शब्दों यानी 'modulation-demodulation' का परिवर्णी शब्द है; इसकी मदद से कंप्यूटर की भाषा 'digital language' को 'analog' यानी टेलीफोन लाइन की भाषा में बदला जा सकता है; सरल शब्दों में, **'modem'** कंप्यूटर को फोन लाइन से जोड़ने का उपकरण है।

mod_perl, an add-on for the 'apache' web server software and it facilitates the use of the perl language to add new features to the apache server and to increase the speed of perl applications by as much as 30 times;
apache सरवर के लिए **'mod_perl'** एक अतिरिक्त विशेषता (add-on) है जो 'perl' भाषा के माध्यम से 'apache' सरवर में नई विशेषताएं जोड़ देता है और 'perl' प्रोग्राम की गति को तीस गुणा बढ़ा देता है।

PHP *abbr.* 'Hypertext Preprocessor' की प्रथमाक्षरी: a programming language that is used mainly for creating web site software through the intermingling with the HTML used to create web pages;
HTML के साथ मिलकर वैब साइट सॉफ्टवेयर बनाने के लिए प्रयुक्त **PHP** एक प्रोग्राम बनाने वाली भाषा है।

PICT is an image format; '**PICT**' एक बिंबीय स्वरूप है।

ping is a sound sign used to to check if a server is running or not;
ping: एक ध्वनि चिह्न है जिसे सरवर द्वारा ठीकठाक काम किए जाने को परखने के लिए प्रयोग में लाया जाता है।

pixel, *short* 'picture element' का संक्षेप: a pixel is the smallest unit of resolution on a monitor commonly used as a unit of measurement;
'**pixel**' मॉनिटर पर माप यानी लंबाई-चौड़ाई या समय की सूक्ष्मतम इकाई है।

PKZIP: a widely available shareware utility that allows users to compress and decompress data files;
PKZIP: एक साझी सुविधा जो उपभोक्ता को data files को संकुचित या विस्तृत करने देता है।

plug-in, a program, working inside the browser window, used by browser for manipulating a downloaded file;
plug-in: ब्राउजर विंडो के भीतर काम करने वाला यह डाउनलोड की हुई बड़ी फाइल में ब्राउजर द्वारा फेर-बदल किए जाने के लिए एक प्रोग्राम है।

PNG *abbr.* 'Portable Network Graphics' की प्रथमाक्षरी: PNG is a graphics format that is especially designed for being used on the *World Wide Web*;
PNG: वर्ल्ड वाइड वैब पर प्रयोग किए जाने के लिए विशेष रूप से बनाई हुई **PNG** एक रेखाचित्र स्वरूप है

podcasting or **pod-casting**: made from 'iPod' and 'broadcasting', podcasting is a form of audio broadcasting through internet;
दो शब्दों यानी 'iPod' और 'broadcasting' से बना '**podcasting**' इंटरनेट के माध्यम से श्रव्य प्रसारण का एक स्वरूप है।

POP *abbr.* 'Point of Presence *or* Post Office Protocol' की प्रथमाक्षरी: as is evident from the name it has two meanings: point of presence and the post office protocol; a point of presence means the location where a network can be connected to; the 'post office protocol' means the way the e-mail client software gets mail from a mail server;
POP: जैसा कि नाम से स्पष्ट है, **POP** के दो अर्थ हैं: पहले अर्थ में वह स्थान जहां नेटवर्क को जोड़ा जा सकता है; दूसरे अर्थ में वह तरीका जिसके द्वारा ग्राहक सॉफ्टवेयर मेल सरवर से ई-मेल प्राप्त करता है।

Port: firstly, is a connecting component or hardware that allows two computers to get attached to one another; in other words, this is a place where information goes into or out of a computer, or both; secondly, the internet port often refers to a number that is part of a URL, appearing after a colon (:) right after the domain name; thirdly, port also refers to translating a piece of software to bring it from one type of computer system to another;
सबसे पहले तो '**port**' दो कंप्यूटरों को एक दूसरे से जोड़ने का उपकरण या तार है जिसके माध्यम से सूचनाएं अंदर-बाहर जाती हैं; दूसरे अर्थ में, पोर्ट URL के एक भाग के रूप एक नंबर से संबंध रखती है और तीसरे मायने में, पोर्ट किसी सॉफ्टवेयर को या एक प्रकार की कंप्यूटर प्रणाली को किसी दूसरी कंप्यूटर प्रणाली में बदलना है।

portal is a marketing term for a web site which is the first place people see or come to while using the web; apart from a catalog of web sites, a search engine, a portal site may also offer e-mail and other services with a view to attract clients to choose that site as the main 'point of entry' (from here the term 'portal') to the Web;
portal एक व्यापारिक शब्द है जिसे लोग वैब साइट का उपयोग करते समय प्रवेश द्वार के रूप में देखते हैं; वैब साइटों की सूची और खोजी इंजन के अतिरिक्त '**portal**' ग्राहकों को लुभाने के लिए ई-मेल व अन्य सेवाएं भी दे सकता है ताकि वह मुख्य प्रवेश द्वार बन जाए।

posting, a single entery made into a network communications system;
नेटवर्क संचार नेटवर्क में की जाने वाली एक प्रविष्टि को **posting** कहते हैं।

PPP *abbr.* 'Point to Point Protocol' की प्रथमाक्षरी: a protocol used to link home computers to the Internet through regular phone lines and a modem to make TCP/IP connections;
PPP घरेलू कंप्यूटरों को सामान्य टेलीफोन लाइनों व TCP/IP कनेक्शन को मोडेम के माध्यम से इंटरनेट से जोड़ने का एक प्रोटोकोल है।

protocol encompasses a set of rules that define a precise format or uniform specifications for communication between systems; almost all the internet protocols are defined in RFC documents;
protocol दो प्रणालियों के बीच संचार के आकार-प्रकार व विशेषताओं को परिभाषित करनी वाली एक नियमावली है।

proxy server: it comes somewhere in between a client and the 'real' server used by a client;
proxy server ग्राहक और उस द्वारा प्रयुक्त 'असली' सरवर के बीच में आता है।

PSTN *abbr.* 'Public Switched Telephone Network' की प्रथमाक्षरी: the common old-styled telephone system;
PSTN पुरानी शैली की टेलीफोन प्रणाली या नेटवर्क

Q

query is a request of a computer for something from a database;
डेटाबेस को कंप्यूटर की मांग भेजने के लिए कार्रवाई

quick time, a common video file format created by Apple Computers, in which video files found on the Internet are often stored and they require a browser plug-in to be viewed;
quick time: Apple Computers द्वारा बनाई जाने वाली एक दृश्य फाइल जिसमें इंटरनेट पर मिलने वाली दृश्य फाइल संग्रहीत की

जाती हैं जिन्हें देखने के लिए browser plug-in की आवश्यकता होती है।

R

RDF *abbr.* 'Resource Definition Framework' की प्रथमाक्षरी: a sort of rules or language for laying down descriptions of information available on the *World Wide Web*. RDF is used for describing a set of books/ artists/ a collection of web pages;
RDF वर्ल्ड वाइड लैब पर उपलब्ध सामग्री को वर्णित करने के लिए नियमावली या भाषा है; '**RDF**' का प्रयोग पुस्तकों, कलाकारों या वैब पृष्ठों के समूह का वर्णन देने के लिए भी किया जाता है।

RAM *abbr.* 'Random Access Memory' की प्रथमाक्षरी: **RAM** is the memory of the computer;
RAM कंप्यूटर की कुल स्मृति होती है

RealAudio: a method of playing sounds (invented by Rob Glasse) that creates a buffer between the supplying server and user's computer; the file is played without downloading it completely;
RealAudio ध्वनियों की बजाने की ऐसी विधि है जो भेजने वाले सरवर और उपभोक्ता के कंप्यूटर के बीच प्रतिरोधक (buffer) पैदा करता है; ऐसी फाइल को बिना पूरी तरह डाउनलोड किए बजाया जाता है।

real time is a method of processing data the moment it is received;
real time ऐसी विधि है जिसके तहत आंकड़ों आदि को प्राप्त होते ही संसाधित (process) किया जाता है।

reciprocal links links are mutually agreed upon links between two websites; reciprocal links are generally used to establish a relationship between websites and to boost search engine ranking;
reciprocal links दो वैबसाइटों के बीच सहमति से बनाए जाने वाले लिंक होते हैं जिनकी बदौलत वैबसाइटों के खोजी इंजन का स्तर ऊंचा किया जा सकता है।

register means to pay a software company for a product, to receive the full working copy;
register का अर्थ है किसी सॉफ्टवेयर की संपूर्ण सक्रिय प्रति प्राप्त करने के लिए सॉफ्टवेयर कंपनी को कीमत अदा क.।

REST *abbr.* 'REpresentational State Transfer' की प्रथमाक्षरी: a loose specification for HTTP-based services where all the information required to process a request is present in the initial request and where each request receives only a single response, and where the response is in a machine-readable form;
REST: यह HTTP की मोटे तौर पर एक विशेषता है जहां किसी अनुरोध पर काम करने के लिए सारी सूचनाएं प्रारंभिक रूप में मौजूद हैं और जहां प्रत्येक अनुरोध की मशीन-पठनीय रूप में मात्र एक प्रतिक्रिया होती है।

RFC *abbr.* 'Request for Comments' की प्रथमाक्षरी: the required name of the result and the process for creating a standard on the Internet;
RFC इंटरनेट पर मानक स्थापित करने के लिए प्रक्रिया एवं परिणाम का वांछित नाम है।

robot, a program that automatically searches the *WWW* for files and catalogues the results;
robot एक ऐसा प्रोग्राम है जो स्वतः *WWW* पर फाइलों को खोजता है और परिणामों की सूची बनाता है।

ROM *abbr.* 'Read-Only Memory' की प्रथमाक्षरी: this memory and information cannot be changed;
ROM केवल पढ़ने के लिए एक अपरिवर्तनीय स्मृति है।

router, a special-purpose computer (or software package) that deals with the connection between two or more packet-switched networks; routers scrutinize the source and destination addresses of the packets passing through them and decide the route on which they should be sent;
router किसी विशेष उद्देश्य के लिए निहित कंप्यूटर या सॉफ्टवेयर पैकेज है जो दो या अधिक पैकेट द्वारा चालू किए जाने वाले नेटवर्कों के बीच जुड़ाव को नियंत्रित करता है; रूटर अपने बीच से होकर गुजरने वाले पैकेटों के स्रोत एवं मंजिल के पतों की जांच करके उनका भावी पथ तय करता है।

RSS *abbr.* 'Rich Site Summary or RDF Site Summary or Real Simple Syndication' की प्रथमाक्षरी: an XML-based summary of a web site or an often used protocol for syndication and sharing of content of news articles, is now widely used to share the contents of blogs;
RSS वैब साइट का एक XML आधारित संक्षिप्ति है या फिर यह अक्सर प्रयोग में लाया जाने वाला प्रोटोकोल है जिसके द्वारा समाचार पत्रों के लेखों का समूह द्वारा प्रकाशन और विषय-वस्तु को बांटकर उपयोग किया जाता है; आजकल इसे बलॉग की विषय-वस्तु का उपयोग मिलजुलकर करने के लिए प्रयुक्त किया जाता है।

RTFM *abbr.* 'Read The F***ing Manual' की प्रथमाक्षरी: a commonly used abbreviation in online forums and e-mail in response to foolish question or questions that are already answered in the FAQ;
RTFM ऑनलाइन मंचों व इ-मेलों में प्रायः प्रयुक्त अश्लील शब्द, जो अक्सर पूछे जाने वाले प्रश्नों के उत्तरों में निहित सूचना के बावजूद पूछे जाने वाले मूर्खतापूर्ण प्रश्नों के जवाबों में प्रयोग में आता है।

RTSP *abbr.* 'Real Time Streaming Protocol' की प्रथमाक्षरी: for supplying and receiving audio and video data, RTSP is an official internet standard (RFC 2326) which permits for both live (real-time) streams of data as well as the streams from stored data;
श्रव्य व दृश्य data को भेजने और प्राप्त करने के लिए **RTSP** एक आधिकारिक इंटरनेट मानक (RFC 2326) है जो वर्तमान में चालू या पहले से संग्रहीत सूचनाओं या तथ्यों आदि को आने-जाने की अनुमति देता है।

S

search engine, a web-based system for searching and locating the information available on the *Web*;
search engine वैब पर सामग्री ढूंढने के लिए एक वैब-आधारित खोज प्रणाली है।

SDSL *abbr.* 'Symmetric Digital Subscriber Line' की प्रथमाक्षरी: a version of DSL with identical upload and download speeds;
SDSL डाउनलोड और अपलोड करने की समान गति वाली DSL की एक प्रकार है।

security certificate, a piece of information, often stored as a text file, used by the SSL protocol to establish a secure connection;
security certificate सुरक्षित जुड़ाव पाने के लिए SSL प्रोटोकोल द्वारा प्रयुक्त सूचना का एक टुकड़ा जिसे पाठ-फाइल के रूप में संग्रहीत रखा जाता है।

SEO, *acronym* 'Search Engine Optimization' का परिवर्णी शब्द: practice of designing web pages in a way that they rank as highly as possible in search engines for search results;
SEO ऐसा प्रयास है जिसके द्वारा वैब पृष्ठों की महत्ता को खोजी इंजनों की नजर में ऊंचा उठाने के लिए विशेष रूप से बनाया जाता है।

serial: a consecutive occurrence of two items in the same channel;
serial एक ही चैनल में दो चीजों का एक के बाद दूसरे के आने की क्रिया है।

server, a mainframe computer or a software package that serves the other computers attached to it, i.e provides a specific kind of service to client software running on other computers;
server एक मेनफ्रेम कंप्यूटर है जो इससे जुड़े दूसरे कंप्यूटरों को सेवा देता है यानी दूसरे कंप्यूटरों पर चलने वाले ग्राहक सॉफ्टवेयर को वांछित सेवा प्रदान करता है

servlet, a small software designed to enhance capabilities of a larger piece of server software;
servlet एक छोटा-सा कंप्यूटर प्रोग्राम है जिसे किसी बड़े सरवर सॉफ्टवेयर की कार्य-क्षमता बढ़ाने के लिए बनाया जाता है।

SGML *abbr.* 'Standard Generalized Markup Language' की प्रथमाक्षरी: SGML is an International Standards Organization (ISO) and it provides a set of rules for defining new data formats;
SGML अंतर्राष्ट्रीय मानक संगठन (ISO) का मानक है जो नए आंकड़ों आदि के आकार-प्रकार के निर्धारण के लिए नियमावली उपलब्ध कराता है।

shareware, an application that a programmer makes available to users on a limited free trial basis and then asks for a donation; in return for the donation, a registration number is often returned that can be used to 'turn on' the features of the program;
Shareware एक ऐसा प्रोग्राम है जिसे प्रोग्राम बनाने वाला उपभोक्ताओं को किसी निश्चित समय के लिए मुहैया करवाता है जिसके एवज में वह अंत में कुछ राशि दान रूप में मांगता है जिसके बदले कंप्यूटर पर इस प्रोग्राम को चालू कर दिया जाता है।

shell, a program that sets parameters and acts as a series of boundaries in which an application can run;
Shell एक ऐसा प्रोग्राम है जो मानदंड तय करता है और किसी प्रोग्राम के चलने के लिए सीमाएं तय करता है।

shell account: a software application that allows use of another machine's Internet connection; users do not have a direct Internet connection; instead, an Internet connection is made through a host computer's connection;
shell account एक ऐसा सॉफ्टवेयर प्रोग्राम है जो दूसरी मशीन के इंटरनेट क्नेक्शन को प्रयुक्त करने की अनुमति देता है; उपभोक्ता के पास सीधा इंटरनेट क्नेक्शन नहीं होता; इसकी बजाए कंप्यूटर के क्नेक्शन के माध्यम से इंटरनेट क्नेकशन मुहैया कराया जाता है।

signature file, an ASCII text file containing the text for someone's signature; most e-mail programs will automatically attach a signature file to all messages sent;
signature file: एक ASCII पाठ फाइल है जिसमें किसी द्वारा दस्तखत किए जाने के लिए पाठ होता है; प्रायः सभी ई-मेलों के साथ हस्ताक्षर फाइल लगी रहती है।

SIP *abbr.* 'Session Initiated Protocol' or 'Session Initiation Protocol' की प्रथमाक्षरी: an application-layer control protocol; a signalling protocol for Internet Telephony; SIP can establish sessions for features such as audio/ videoconferencing, and call forwarding to be deployed over IP networks;
SIP एक प्रोग्राम प्रोटोकोल और इंटरनेट टेलीफोन तंत्र के लिए प्रोटोकोल है; SIP के माध्यम से audio/videoconferencing के सत्र लगाए जा सकते हैं और IP नेटवर्क से टेलीफोन वार्तालाप को आगे किसी को forward किया जा सकता है।

SLIP *abbr.* 'Serial Line Interface Protocol' की प्रथमाक्षरी: this is an application or standard that permits a connection to Internet; it has now been replaced by PPP;
SLIP एक और प्रोग्राम जो इंटरनेट से जुड़ने की अनुमति देता है, पर अब इसका स्थान PPP ने ले लिया है।

SMDS *abbr.* 'Switched Multimegabit Data Service' की प्रथमाक्षरी: a very high-speed data transfer standard;
SMDS अति द्रुत गति से data के स्थानांतरण का एक मानक है

SMTP *abbr.* 'Simple Mail Transfer Protocol' की प्रथमाक्षरी: the main protocol used to send electronic mail from one server to another server on the Internet; STMP consists of a set of rules for how the sending and receiving programs should interact;
SMTP इंटरनेट पर एक सरवर से दूसरे को इलेक्ट्रोनी डाक भेजने का मुख्य प्रोटोकोल है; यह प्रोटोकोल भेजनेवाले व प्राप्त करने वाले पक्षों द्वारा एक-दूसरे से संपर्क स्थापित करने के बारे में एक नियमावली है।

SNMP *abbr.* 'Simple Network Management Protocol' की प्रथमाक्षरी: a set of standards for communication with devices linked to a TCP/IP network;
SNMP मानकों का एक समुच्चय है जिसे TCP/IP नेटवर्क से जुड़े उपकरणों के साथ संवाद करने के लिए प्रयोग में लाया जाता है

SOAP *abbr.* 'Simple Object Access Protocol' की प्रथमाक्षरी: a protocol for client-server communication that sends and receives information 'on top of' *HTTP*, the data so sent and received is in a particular *XML* format specifically designed for use with SOAP;
'on top of' *HTTP* पर सूचनाएं भेजने और प्राप्त करने वाले ग्राहक सरवर संचार के लिए '**SOAP**' एक ऐसा प्रोटोकोल है जिसमें data भेजने और प्राप्त करने के लिए उसे ऐसे *XML* फोर्मेट में होना चाहिए जिसे **SOAP** के साथ प्रयुक्त करने के लिए बनाया गया है।

social media refers to various websites and applications that support and facilitate online social networking; the well known examples of social media are: twitter, facebook, blog, etc.;

Social Media ऐसे वैबसाइटों से संबंध रखते हैं जिनके माध्यम से ऑनलाइन सामाजिक संबंध बनाए जा सकते हैं; सामाजिक मीडिया के प्रमुख उदाहरण हैं: ट्विटर, फेसबुक, ब्लौग आदि।

software, a program, the actual code the computer reads (all other stuff is hardware, a floppy disc is hardware); ऐसे प्रोग्राम या वास्तविक कोड जिसे कंप्यूटर पढ़ता है; कंप्यूटर मशीन, डिस्कें आदि सब हार्डवेयर है।

spam/ spamming relates to unsolicited or junk mail and blog comments, etc.; 'spamming' is considered a very poor netiquette; CAUCE (The Coalition Against Unsolicited Commercial E-mail) is an organization dedicated to removing spam from the Internet;

spam ई-मेल के द्वारा भेजी जाने वाली अवांछित डाक या ब्लौग की टिप्पणियों से संबंध रखता है; स्पैम भेजना एक इंटरनेटी दुर्व्यवहार है; इंटनेट से स्पैमों को हटाने के लिए The Coalition Against Unsolicited Commercial E-mail (CAUCE) एक समर्पित संगठन है।

spamming refers to the bulk dissemination of spam posts, or the repetitive posting of spam on public forums;

spamming अवांछित संदेशों को बार-बार भेजने की क्रिया है।

spyware, a term referring to software that is secretly installed on a user's computer that monitors the use of the computer without the users' knowledge or consent;

spyware एक ऐसा सॉफ्टवेयर है जिसे उपभोक्ता से छिपाकर उसके कंप्यूटर में डाल दिया जाता है जो चोरी-छिपे उस कंप्यूटर से सामग्री चुराने के लिए उस पर चलने वाले प्रोग्रामों पर नजर रखता है।

SQL *abbr.* 'Structured Query Language' की प्रथमाक्षरी: a specialized programming language for sending queries to databases; each application will have its own version of SQL-implementing features unique to that application, but all SQL-capable databases will support a common subset of SQL;

SQL डेटाबेसों को प्रार्थनाएं भेजने के लिए एक प्रोग्रामिंग भाषा है; प्रत्येक प्रोग्राम की अपनी खुद की विशेषताएं (own version of SQL-implementing features) होती हैं, परंतु सभी SQL सक्षम आंकड़ेगार (SQL-capable databases) साझे SQL उपनियमों का आधार होते हैं।

SRS *abbr.* 'Shared Registry Server' की प्रथमाक्षरी: the central system for all accredited registrars to access and register/ control domain names.;

SRS सभी वैध रूप से जुड़े रजिस्ट्रारों के लिए डोमेन नामों तक पहुंचने और उन्हें नियंत्रित करने के लिए एक केंद्रीय प्रणाली है।

SSL *abbr.* 'Secure Socket Layer' की प्रथमाक्षरी: a protocol designed by Netscape Communications to enable encrypted, authenticated communications across the Internet, i.e. in communications between web browsers and web servers; a URL that begins with "https" instead of "http" indicates an SSL connection will be used;

'**SSL**' कूट व आधिकारिक इंटरनेट संवाद बनाने के लिए यानी वैब ब्राउजरों और सरवरों के बीच संवाद के लिए और नेटस्केप कम्यूनिकेशन्ज द्वारा विकसित एक प्रोटोकोल है, जिसका "http" की बजाए "https" से शुरू होने वाला URL दर्शाता है कि SSL क्नेक्शन का प्रयोग होगा।

subscribe means to become a member of a mailing list, newsgroup, or other online service;

subscribe का अर्थ मेलिंग सूची, समाचार समूह या किसी ऑनलाइन सेवा का सदस्य बनना

sysop *acronym* 'SYStem OPerator' का परिवर्णी शब्द: a person responsible for the physical operations of a computer system or network resource;

sysop: ऐसा व्यक्ति जो कंप्यूटर तंत्र और नेटवर्क स्रोत के रख-रखाव और उन्हें चालू रखने के लिए जिम्मेवार होता है।

SVGA *abbr.* 'Super Video Graphics Adapter' की प्रथमाक्षरी: it is a high level monitor;

SVGA एक उच्च स्तर का मॉनीटर है।

synchronous (***anton.*** asynchronous) refers to communication that occurs in real-time, for example in an online chat all participants need to be logged in and accessing the chat window at the same time;

synchronous एक ऐसा संवाद है जो दो या अधिक लोगों के बीच एक साथ होता है, इस चर्चा में भाग लेने वाले सभी व्यक्ति एक साथ कंप्यूटर या इंटरनेट के माध्यम से चैट विंडों में logged-in होते हैं।

T

TAR *acronym* 'Tape Archive' का परिवर्णी शब्द: a compression format commonly used in the transfer and storage of files on UNIX computers (.tar);

TAR: UNIX कंप्यूटरों पर फाइलों को स्थानांतरित और संग्रहीत करने के लिए प्रायः प्रयुक्त एक संकुचन स्वरूप (compression format) है।

T-1, a leased-line connection that can carry data at 1,544,000 bits-per-second, which means that at maximum theoretical capacity, a T-1 line could move a megabyte in less than 10 seconds; but for full-screen, full-motion video that is still not fast enough because for that at least 10,000,000 bits-per-second is needed; T-1 lines are commonly used to connect large LANs to the internet;

T-1 एक ऐसा लीज्ड-लाइन जुड़ाव है जो आंकड़ों को 1,544,000 बिट प्रति सेकंड की दर से ले जा सकता है, जिसका अर्थ होगा कि अधिकतम सैद्धांतिक क्षमता होते हुए भी T-1 लाइन 1(सेकंड में एक मेगबाइट ढो सकती है जबकि पूरे पर्दे पर पूरी गति लिए 10,000,000 बिट प्रति सेकंड की गति चाहिए; **T-1** ला बड़े LANs को इंटरनेट से जोड़ने के लिए प्रयुक्त किया जाता है।

T-3, a leased-line connection that can carry dat 44,736,000 bits-per-second which is more than en for a full-screen, full-motion video;

T-3 एक ऐसा लीज्ड-लाइन जुड़ाव है जो आंकड़ों को 44,7 बिट प्रति सेकंड की दर से ढो सकता है जो पूरे पर्दे पर पू लिए पर्याप्त है।

tag, a formatting tool used in HTML and XML languages to indicate how content will be dis a given web page; in the meaning of a verb the blogs and other content which mea assigns a keyword, such as 'politics' or enables searches for all the blog pos foregoing week, etc.;

Tag वैब पृष्ठ बनाने का एक साधन है जो 'HTML और 'XML markup languages' में वैब पृष्ठ पर सामग्री को प्रदर्शित करने के स्वरूप को तय करने में प्रयुक्त होता है; क्रिया के रूप में उपभोक्ता ब्लौगों व अन्य विषय-वस्तु को '**tag**' करता है यानी वह सामग्री को 'राजनीति' या 'संगीत' जैसे मुख्य शब्दों से नामित करता है जिसकी बदौलत बीते सप्ताह में भेजे गए ब्लौगों को खोजना आसान हो जाता है।

TCP/IP *abbr.* 'Transmission Control Protocol/ Internet Protocol' की प्रथमाक्षरी: a large grouping of protocals, programs and standards that govern the flow of information around the Internet or define the Internet; to connect to the Internet, a computer must have TCP/IP software;
TCP/IP प्रोग्रामों और मानकों का समूह जो इंटरनेट पर आंकड़ों, सूचनाओं आदि के प्रसार को नियंत्रित करता है यानी इंटरनेट को परिभाषित करता है; इंटरनेट से जुड़ने के लिए कंप्यूटर में TCP/IP सॉफ्टवेयर होना आवश्यक है।

telnet: a user command and TCP/IP protocol that allows one to remotely access a host computer; this often provides the ability to use all the software and capabilities of the host computer.
telnet एक उपभोक्ता कमांड और 'TCP/IP' प्रोटोकोल है जो दूर स्थित मेजबान कंप्यूटर में प्रवेश को संभव करता है जिसकी बदौलत मेजबान के सारे सॉफ्टवेयर और क्षमताओं का उपयोग संभव हो सकता है।

terabyte (TB), approximately a trillion bytes or to be precise it is equal to 2^{40} or 1,009,511,627,776 bytes;
terabyte लगभग एक ट्रिलिअन बाइटों के बराबर या बिल्कुल सही रूप में यह 2^{40} या 1,009,511,627,776 बाइटों के बराबर होता है

terminal: a device that allows the user to send commands to a computer located somewhere else; terminal usually includes a keyboard and a computer screen and some simple circuitry;
terminal ऐसा उपकरण है जो उपभोक्ता के दूर स्थित कंप्यूटर को कमांड भेजना संभव बनाता है; कुंजी-पटल, कंप्यूटर स्क्रीन व सरल परिपथों के समुच्चय को टर्मिनल कहते है।

terminal adapter, an electronic device that interfaces a PC with a host computer via an ISDN phone line;
terminal adapter एक ऐसी इलेक्ट्रोनी उपकरण है जो ISDN फोन लाइन के माध्यम से PC को मेजबान कंप्यूटर से जोड़ता है।

rminal emulation, an application that allows one's erminal to act as a dumb terminal;
rminal emulation एक ऐसा प्रोग्राम है जो उपभोक्ता के र्मिनल द्वारा मूक दर्शक टर्मिनल के रूप में काम करना संभव बनाता

inal server, a special purpose computer that can g in many modems on one end, and a connection host machine on the other side; thus, the terminal er does the work of answering the calls and ng the connections on to the appropriate node;
nal server एक विशेष उद्देश्य के लिए लगा कंप्यूटर जिसके र पर कई मोडेम (modems) लगे होते हैं और दूसरे सिरे पर मशीन; इस प्रकार टर्मिनल सरवर आने वाली टेलीफोन ा जवाब देता है और साथ ही टेलीफोन घंटी को आगे उचित तक पहुंचाता है।

thread, an ongoing message-based conversation on a single subject; '**thread**' एक किसी विषय पर निरंतर चलने वाला संदेश-आधारित संवाद है।

TIFF *abbr.* 'Tag Image File Format' की प्रथमाक्षरी: a popular graphic image file format (.tif);
TIFF एक लोकप्रिय रेखाचित्र बिंब फाइल फोर्मैट (.tif)

transparent is something that occurs without the knowledge of the user;
transparent एक ऐसी बात है जो उपभोक्ता के संज्ञान के बिना होती है।

throughput (*also* **bandwidth**) is the capacity to carry data through a connection; throughput is usually measured in bits-per-second (bps);
एक क्नेक्शन में से आंकड़े भेजने की क्षमता को '**throughput**' कहते हैं और इसे बिट्स प्रति सेकंड (bps) के रूप में मापा जाता है।

TLD *abbr.* 'Top Level Domain' की प्रथमाक्षरी: the last (right-hand) part of a complete domain name;
TLD पूरे डोमेन नाम का दाहिनी ओर दिया जाने वाला यानी अंतिम भाग

trojan horse, a computer program, either hidden inside another program or masquerading as something that it is not so that the user is tricked to run it; a trojan horse program may spread itself by sending copies of itself from the host computer to other computers;
'**trojan horse**' एक ऐसा कंप्यूटर वायरस प्रोग्राम है जो किसी दूसरे प्राग्राम में छिपा हो सकता है या वह किसी छद्म रूप में कंप्यूटर में घुस जाता है और कंप्यूटर पर किए जा रहे काम में बाधा डालता है।

Trolling: the act of deliberately posting false or inflammatory information in order to start a flame war or cause aggravation to others;
trolling आग लगाने यानी किसी बुरी बात की शुरुआत करवाने या दूसरों को ठेस पहुंचाने के लिए झूठी व भड़काऊ टिप्पणियां भेजने की करतूत।

TWAIN *abbr.* 'Technology without an Interesting Name' की प्रथमाक्षरी; ऐसी बात जो उसे कोई परिभाषित नाम दिए बताई जाती है।

U

UDP *abbr.* 'User Datagram Protocol' की प्रथमाक्षरी: one of the protocols for data transfer that is part of the TCP/IP set of protocols;
UDP आंकड़ों को स्थानांतरित करने का एक प्रोटोकोल है, जो TCP/IP प्रोटोकोलों के समुच्चय का एक हिस्सा है।

UNIX is an operating system that allows one server to service many different end-users, having TCP/IP built in, at one time;
UNIX एक कंप्यूटर कार्यकारी प्रणाली है जिसकी बदौलत एक सरवर एक समय पर कई ऐसे उपभोक्ताओं को सेवाएं प्रदान कर सकता है जिनके कंप्यूटर में TCP/IP है।

upload means transferring data (usually a file) from one computer to another (remote) computer through the Internet;
upload का अर्थ है आंकड़ों को (फाइल के रूप में) इंटरनेट के माध्यम से एक कंप्यूटर से दूसरे में स्थानांतरित क.।

URI *abbr.* 'Uniform Resource Identifier' की प्रथमाक्षरी: an address for some resource available on the internet; the first part of a URI is namesd as 'scheme', a well known example of which is *http*;
URI इंटरनेट पर उपलब्ध किसी स्रोत का पता है, जिसके पहले भाग को 'scheme' कहते हैं जिसका*http* एक उदाहरण है।

URL *abbr.* 'Uniform Resource Locator' की प्रथमाक्षरी: the standard method of giving the address for any resource on the *WWW*, i.e. it is the URL that indicates the location of a web page or other kinds of data on the web, allowing users to quickly and accurately access the online content;
URL वैब पर उपलब्ध किसी भी सामग्री का पता बताने वाला एक मानक तरीका है, अर्थात् यह वैब पृष्ठ के स्थान और वैब पर उपलब्ध अन्य सूचनाओं के बारे में बताता है।

URN *abbr.* 'Uniform Resource Name' की प्रथमाक्षरी: a URI is an address that is available on the web for a long time;
URN एक ऐसा पता है जो इंटरनेट पर काफी समय उपलब्ध रहता है।

USENET, a distributed bulletin board system that runs on news servers, UNIX hosts, online services and bulletin board systems, i.e. it is a world-wide system of discussion groups, with comments passed among hundreds and thousands of machines; collectively, USENET is made up of over 10,000 discussion areas called newsgroups of all the users who post and read newsgroup articles; the USENET is the largest decentralized information utility available today;
USENET दुनिया भर में फैला विकेंद्रित सूचनाओं का एक आदान-प्रदान तंत्र है जिसके तहत समाचार सरवरों, UNIX hosts, ऑनलाइन सेवाओं और bulletin board systems के माध्यम से विचार-विमर्श समूहों (newsgroups) के रूप में हजारों मशीनों पर टिप्पणियों का संचार होता है।

user is someone attached to a server or host;
user: सरवर या कंप्यूटर का प्रयोग करने वाला व्यक्ति यानी उपभोक्ता

UUENCODE *acronym* 'Unix to Unix Encoding' का परिवर्णी शब्द: a method for converting files from Binary to ASCII (text) so that they can be sent across the internet via *e-mail*;
UUENCODE बाइनरी फाइलों को ASCII (text) में परिवर्तित करने का एक तरीका है ताकि उसे ASCII (text) ई-मेल के माध्यम से इंटरनेट पर उपलब्ध कराया जा सके।

V

VDD *abbr.* 'Virtual Device Driver' की प्रथमाक्षरी

Veronica *acronym* 'Very Easy Rodent Oriented Net-wide Index to Computerized Archives' का परिवर्णी शब्द: a database of menu names from a large number of Gopher servers; the Veronica database could be searched from most major gopher menus; now made obsolete by web-bases search engines;
Veronica गोफर सरवरों में से लिए जाने वाले मेन्यु (menu) नामों का आगार (database) है; सभी मुख्य गोफर मेन्युओं में से वेरोनिका का आंकड़ा-संग्रह ढूंढा जा सकता है; वर्तमान में वैब बेस खोजी इंजनों द्वारा वेरोनिका को निरस्त कर दिया है।

VGA *abbr.* 'Video Graphics Adapter' की प्रथमाक्षरी: a lower level color monitor;
VGA एक निम्न स्तर का रंग-मॉनीटर है।

VIRUS *abbr.* 'Very Important Resource Under Siege' or 'Vicious Internal Rabbit/Rodent Uprooting Stuff' की प्रथमाक्षरी: = **Malware**, it is a software or computer programming code specifically designed to damage or disrupt a computer system; it makes copies of itself without user's intervention; some viruses might display messages, install other software or files, delete software of files, etc.; the most common malware are designed to access and collect sensitive data or to force access into a protected computer system;
अधिकतर '**VIRUS**' (= malwares)' कंप्यूटर में घुसकर आंकडों और कीमती सूचनाओं को चुराने या कंप्यूटर तंत्र को तहस-नहस करने के लिए बनाए जाते हैं; '**VIRUS**' स्वतः अपनी प्रतियां बनाकर अन्य फाइलों में फैल जाते हैं; कई '**VIRUS**' संदेश प्रदर्शित करते हैं, दूसरे सॉफ्टवेयर फाइलें कंप्यूटर में डाल देते हैं या वे सॉफ्टवेयर फाइलों को मिटा देते हैं, कभी-कभी वे अति सुरक्षित कंप्यूटर तंत्र में भी घुस जाते हैं।

VOIP *abbr.* 'Voice Over IP' की प्रथमाक्षरी: a specification of various technologies used to allow making telephone calls over IP networks, in particular the Internet;
VOIP भिन्न-भिन्न तकनीकों से बना IP नेटवर्क, विशेषकर इंटरनेट के माध्यम से टेलीफोन करने की क्रिया को संभव बनाता है।

VPN *abbr.* 'Virtual Private Network' की प्रथमाक्षरी: it relates to a network in which some of the parts are connected through the public internet, but the data sent across the internet is encrypted form, meaning thereby that the entire network is "virtually" private;
VPN ऐसे नेटवर्क से संबंध रखता है जिसमें कुछ भाग सामान्य इंटरनेट के माध्यम से जुड़ा होता है, परंतु इंटरनेट से भेजे जाने वाले आंकड़े या सूचनाएं आदि कूट भाषा में होते हैं, जिसकी बदौलत सारा नेटवर्क लगभग व्यक्तिगत बन जाता है।

VRML *abbr.* 'Virtual Reality Modelling Language' की प्रथमाक्षरी: a form of application that gives a 3-D effect to pictures;
VRML एक ऐसा प्रोग्राम है जो चित्रों को त्रिविमी प्रभाव देता है।

VMS *abbr.* Video Memory System' की प्रथमाक्षरी

W

WWW *abbr.* '*World Wide Web*' की प्रथमाक्षरी = **Web**
WWW: a term that has two major meanings: firstly, the whole gamut of resources that can be accessed using *Gopher, FTP, HTTP, telnet, USENET, WAIS* and some other tools; secondly, the universe of hypertext servers (HTTP servers), more commonly called "web servers", which are the servers that serve *web pages* to web *browsers*;

WWW के दो मुख्य अर्थ हैं: प्रथमतः, यह स्रोतों का एक पिटारा है जिस तक '*Gopher, FTP, HTTP, telnet, USENET, WAIS*' के माध्यम से पहुंचा जा सकता है, दूसरे अर्थ में, यह हाइपर टेक्स्ट सरवरों (HTTP servers) की दुनिया है, जिन्हें अक्सर वैब सरवर कहा जाता है यानी वे सरवर जो वैब ब्राऊजरों को वैब पृष्ठ पहुंचाते हैं।

WAIS *abbr.* 'Wide Area Information Servers' की प्रथमाक्षरी: a truly large-scale system that allowed the indexing of big quantities of information on the *Web* and then made those indices searchable across networks, including the Internet;
WAIS वास्तव में एक बड़ी प्रणाली है जिसकी बदौलत वैब पर बड़े पैमाने पर सूचनाओं को खोजकर वैब पर क्रमबद्ध तालिका बनाना और इंटरनेट सहित सभी नेटवर्कों पर प्रसारित करना संभव होता है।

WAN *abbr.* 'Wide Area Network' की प्रथमाक्षरी = the Internet, i.e. any Internet or network that encompasses an area larger than a single building or campus
WAN ऐसा इंटरनेट है जिसका क्षेत्र एक भवन या परिसर की सीमाओं से बाहर भी फैला हुआ है।

WAP *abbr.* 'Wireless Application Protocol' की प्रथमाक्षरी, a secure specification that allows users to access information instantly via handheld wireless devices such as mobile phones, pagers, two-way radios, smartphones and communicators;
WAP एक ऐसी सुरक्षित प्रणाली है जो उपभोक्ता के मोबाइल फोन, पेजरों, स्मार्ट फोनों व अन्य बेतार उपकरणों के माध्यम से तत्काल सूचनाएं उपलब्ध कराती है।

WAV *abbr.* 'WAVeform sound format' का परिवर्णी शब्द: Microsoft's format for encoding sound files;
WAV ध्वनि फाइलों को कूट रूप देने की Microsoft की फोर्मैट है।

web page, a document written in *HTML* designed for viewing in a web browser; a web site is made of one or several web pages;
web page एक ऐसा पृष्ठ है जो *HTML* में लिखा होता है और वैब ब्राउजर द्वारा देखा या पढ़ा जा सकता है; एक वैब साइट एक या कई वैब पेजों से बना होता है।

webDAV *abbr.* 'Web-based Distributed Authoring and Versioning' की प्रथमाक्षरी: a set of extensions to the *HTTP* protocol allowing multiple users to read, add, delete and change documents available on a web server.;
webDAV: यह *HTTP* प्रोटोकोल से जुड़ी एक कड़ी है जो अनगिनत इंटरनेट उपभोक्ताओं द्वारा वैब सरवर पर उपलब्ध दस्तावेजों को पढ़ना, उनमें कुछ जोड़ना, मिटाना या बदलना संभव बनाता है।

website: a virtual location on the internet generally consisting of one or more web pages, i.e. the entire collection of web pages, images, sound and video files, etc. that are made available to users through a a so-called single web server;
website: एक या अधिक पृष्ठों से बना इंटरनेट पर ऐसा लगभग वास्तविक (virtual) स्थान होता है जिस पर उपभोक्ताओं द्वारा प्रयोग में लाए जाने के लिए आंकडों, तथ्यों, सूचनाओं, पाठों आदि के बिंबों (images), ध्वनि (sound) और दृश्य फाइलें आदि (video files, etc.) मौजूद होते हैं।

Wi-Fi *abbr.* 'Wireless Fidelity' की प्रथमाक्षरी: basically Wi-Fi is 'wireless ethernet', a form of wireless data communication;
मूलतः '**Wi-Fi**' एक बेतार इथरनेट है जो data का बेतार संचार का माध्यम है।

wiki, derived from the Hawaiian phrase "wiki, wiki," meaning fast or quick; a wiki is any website that allows or encourages users to add or modify online content, for example Wikipedia, the online encyclopedia edited and maintained through the collaborative efforts of the site's visitors;
Wiki का हवाई भाषा में अर्थ है *जल्दी*, इस प्रकार **Wiki** एक ऐसा वैबसाहइट है जिस पर उपभोक्ता अपनी तरफ से भी सूचनाएं, आंकड़े या पाठ आदि जोड़ सकता; ऐसे ही प्रयास की बदौलत ऑनलाइन विश्वकोश Wikipedia बना है।

Wiki-leaks/ WikiLeaks, an international organisation that publishes secret information, news leaks, and classified media from anonymous sources; its website, initiated in 2006 in Iceland, claimed a database of more than 1.2 million documents within a year of its launch; Julian Assange, an Australian Internet activist, is generally described as founder, editor-in-chief, and director of **Wiki-leaks**;
Wiki-leaks एक अंतर्राष्ट्रीय संगठन है जो गुप्त सूचनाएं, भंडाफोड़ खबरें और अज्ञात स्रोतों से प्राप्त गुप्त सामग्री प्रकाशित करता है; 2006 में आइस्लैंड में स्थापित '**Wiki-leaks**' का वैब साइट एक साल में 1.2 मिलियन या 12 लाख दस्तावेजों का मेजबान बन गया; जूलयन असांज, एक आस्ट्रेलियायी इंटरनेट कार्यकर्ता **Wiki-leaks**' का संस्थापक, प्रधान संपादक व डायरेक्टर माना जाता है।

worm, a virus that does not infect other programs; it makes copies of itself, and infects additional computers through network connections; it does not attach itself to additional programs; however, a worm might alter, install, or destroy files and programs;
worm एक ऐसा वायरस है जो दूसरे प्रोग्रामों को संक्रमित नहीं करता; यह स्वतः अपनी प्रतिलिपियां बनाता है और नेटवर्क के माध्यम से अतिरिक्त कंप्यूटरों को संक्रमित करता है; यह अतिरिक्त प्रोग्रामों से नहीं जुड़ता, फिर भी '**worm**' फाइलों और प्रोग्रामों को बदल सकता है, या उन्हें नष्ट कर सकता है।

workgroup, persons sharing files and data between themselves;
workgroup उन लोगों का समूह है जो आपस में फाइलें, आंकड़े, सूचनाएं आदि बांटकर इस्तेमाल करते हैं।

workstation, the computer attached to the Internet;
इंटरनेट से जुड़ा हुआ कंप्यूटर **workstation** कहलाता है।

WPG *abbr.* 'Word Perfect Graphics' की प्रथमाक्षरी

X

XHTML *abbr.* 'eXtensible HyperText Markup Language' की प्रथमाक्षरी: it is basically *HTML* expressed as valid *XML*. XHTML; like HTML, it is to be used for creating web pages and thanks to its strict definition it makes a lot easier to create software that can read it, edit it, check it for errors, etc.; XHTML is expected to eventually replace HTML;

XHTML मूलतः *HTML* है जिसे वैध *XML*. XHTML के रूप में व्यक्त किया गया है; *HTML* की तरह इसे वैब पृष्ठ बनाने के लिए प्रयोग किया जाता है; इसकी सटीक परिभाषा की बदौलत ऐसा सॉफ्टवेयर बनाया जा सकता है जो इसे पढ़ सकता है, संपादित कर सकता है, अशुद्धियां परख सकता है, आदि; '**XHTML**'अंततः HTML का स्थान ले लेगा।

XML *abbr.* 'eXtensible Markup Language' की प्रथमाक्षरी: a widely used system for defining data formats, complex documents and data structures such as news feeds, glossaries, inventory descriptions, real estate properties, etc.;
XML आंकड़ों के आकार-प्रकार, जटिल दस्तावेज और आंकड़ों की संरचना, समाचार सामग्री, शब्दावली, सूची-वर्णन, जमीन-जायदाद के आंकड़ों आदि को परिभाषित करने की लिए प्रयुक्त एक प्रणाली है।

XMLRPC *abbr.* 'XML Remote Procedure Call' की प्रथमाक्षरी: a protocol for client-server communication that sends and receives information 'on top of' HTTP; the data so sent and received is in a special XML format designed specifically for use with XMLRPC;
XMLRPC ग्राहक-सरवर संचार के लिए एक प्रोटोकोल है जो HTTP के माध्यम से सूचनाएं भेजता और प्राप्त करता है; इस प्रकार से भेजी और प्राप्त की जाने वाली सूचनाएं एक विशेष XML स्वरूप में होती हैं जिसे XMLRPC के साथ प्रयोग में लाने के लिए विशेष रूप से तैयार किया जाता है।

XPFE *abbr.*'Cross Platform Front End' की प्रथमाक्षरी: a set of technologies used to create programs that will work and look the same on different computer operating systems.; a widely used XPFE application is the Mozilla web browser;
XPFE ऐसी तकनीकों का समुच्चय है जिन्हें ऐसे प्रोग्राम बनाने के लिए प्रयोग किया जाता है जो भिन्न-भिन्न कंप्यूटर तंत्रों पर समान रूप से काम करेंगे और एक जैसे दिखेंगे; ऐसा एक अत्यधिक सर्वप्रिय प्रोग्राम Mozilla वैब ब्राउजर है।

XUL *abbr.* 'eXtensible User-interface Language' की प्रथमाक्षरी: a markup language based on XML and similar to HTML;
XUL एक XML आधारित एवं HTML markup जैसी भाषा है।

Internet-based Communication
इंटरनेट आधारित संचार

Web 2.0 and Social Media
वैब 2.0 और सामाजिक संचार माध्यम

Web 2.0 is a term used to describe advanced Internet technologies and applications that enable collaboration and information sharing. Some of the popular Web 2.0 technologies are **blogs**, **social networks** and **RSS**;

Web 2.0 एक ऐसा शब्द-समूह है जिसका संबंध लोगों के बीच सहयोग व सूचानाओं के आदान-प्रदान की अति आधुनिक इंटरनेट तकनीकों से है।

Social Media: a major phenomenon of Web 2.0 technologies is the rise of **social media** which is the online platforms and technologies that people use to build social networks by communicating with others and sharing experiences, opinions, insights and perceptions. Social media not only includes text, but also images, audio and video;

सामाजिक संचार माध्यम वैब 2.0 तकनीकों का एक मुख्य अंग है जिसका अर्थ है सामाचिक संबंध बनाने या 'नेटवर्किंग' के लिए ऑनलाइन मंचों और तकनीकों का प्रयोग जिसके तहत लोग एक दूसरे से ऑनलाइन बातचीत करते हैं, अपने अनुभव, मत, विचार और समझ आदि एक दूसरे के साथ साझी (share) करते हैं।

Blog: a website consisting of a kind of a journal, articles, or 'posts', generally associated with a single person or organization; somewhat like a journal blogs can be on practically any topic and are created by litterateurs, professionals, hobbyists, entrepreneurs, etc.;

ब्लौग एक ऑनलाइन पत्रिका, चिट्ठा, एक व्यक्ति या संगठन के लेखों, टिपणियों आदि का वेबसाइट है, जहां पर साहित्यकार, व्यावसायिक विशेषज्ञ, कारोबारी लोग, लौबी करने वाले, बिजनेसमैन आदि सभी अपने ब्लौग चलाते हैं।

Chat makes it possible for real-time interactive conversations over the Internet, communicate with each other; in a chat group everyone can see the messages posted by others in the group; some popular chats are **AOL** and **Delphi Forums**; **Instant Messaging (IM)** is also a type of chat service, allowing participants to create private cannels;

वार्तालाप के तहत इंटरनेट में एक साथ log-in करके बातचीत या गपशप की जा सकती है। **वार्तालाप** समूह के एक सदस्य द्वारा भेजे गए संदेश सभी सदस्य पढ़ सकते हैं। **Instant Messaging (IM)** भी एक प्रकार की **वार्तालाप** सेवा है जिसकी बदौलत निजी चैनल शुरू किए जा सकते हैं।

e-mail *short* 'electronic-mail' का संक्षेप: it is the most popular and widespread method of electronic communication; e-mail facilitates person-to-person messaging and document sharing; it expedites communication and enables messages to be sent to multiple people very fast;

ई-मेल सर्वाधिक लोकप्रिय व जन-जन में फैला हुआ इलेक्ट्रोनी पत्र-व्यवहार का एक सशक्त माध्यम है। ई-मेल की बदौलत अविलंब संपर्क, संदेशों के भेजने का कार्य और दस्तोंवेजों का आदान-प्रदान हो सकता है।

facebook is a social networking site that connects users to friends, family, co-workers, groups and businesses. Users create profiles and develop a network in which they can exchange information, share thoughts, photos, news stories and much more;

फेसबुक एक ऐसा सामाजिक नेटवर्किंग साइट है जो इसके उपभोक्ताओं को दोस्तों, परिवार जनों, सहकर्मियों, सामाजिक और कारोबारी समूहों से जोड़ता है। उपभोक्ता अपना व्यक्तिगत रेखाचित्र बनाकर अपने सामाजिक संजाल के साथ इंटरनेट के माध्यम से साझा करते हैं, दिन-प्रतिदिन के अनुभवों, विचारों, मतों, सुझावों आदि को फेसबुक पर बांटते हैं।

Internet Telephony consists of a combination of hardware and software that enables you to use the Internet as the transmission medium for telephone calls;

Internet Telephony यंत्रों और सॉफ्टवेयर को मिलाकर इंटरनेट के माध्यम से टेलिफोन पर बात करने का एक अच्छा माध्यम है।

Newsgroups, the name for discussion groups on USENET; people share information and ideas on a specific topic; anyone can post messages to newsgroups; it is a world-wide system of discussion groups, with comments passed among hundreds and thousands of machines; in other words, discussion groups or forums is a tool used in online discourses to provide a means of asynchronous communication between two or more persons on practically any topic imaginable;

USENET के माध्यम से दुनिया भर में फैला **Newsgroups** वार्तालाप समूहों का आदान-प्रदान तंत्र है जिसके तहत समाचार सरवरों, UNIX hosts, ऑनलाइन सेवाओं और bulletin board systems के माध्यम से दो या अधिक व्यक्ति asynchronous communication यानी अलग-अलग समयों पर प्रश्नोत्तरी के रूप में या लिखित टिप्पणियां भेजकर और उत्तर पाकर विचार-विमर्श कर सकते हैं।

SMS *abbr.* 'Short Message Service' की प्रथमाक्षरी: a global wireless service that enables the transmission of alphanumeric messages between mobile subscribers and external systems such as e-mail, paging and voice-mail systems. Messages can be no longer than 160 alpha-numeric characters and must contain no images or graphics;

एसएमएस एक संक्षिप्त संदेशों की विश्व सेवा है, जिसके तहत '160 alphanumeric characters' के संदेशों का मोबाइल टेलीफोनों के

बीच आदान-प्रदान किया जा सकता है, संदेशों में बिंब या चित्र नहीं भेजे जा सकते।

Twitter is an online news and social networking service where users post and read short 140-character messages called 'tweets'. Registered users can post and read tweets, but those who are unregistered can only read them. Users access Twitter through the website interface, SMS or mobile device app.

ट्विटर एक ऑनलाइन समाचार व सामाजिक नेटवर्किंग सेवा है जिसके तहत उपभोक्ता 140 कैरेक्टर का संदेश, जिन्हें 'ट्वीट' कहते हैं, भेज सकते हैं। पंजीकृत उपभोक्ता ट्वीट भेज भी सकते हैं और पढ़ भी, परंतु जो पंजीकृत नहीं वे केवल ट्वीट पढ़ सकते हैं। ट्विटर वैब साइट, एसएमएस या मोबाइल के माध्यम से पहुंच सकते हैं।

YouTube is a Video sharing website with its headquarters in San Bruno, California; it was started in 2005 and now it is one of the most popular video channel;

YouTube एक दृश्य चित्रों, चलचित्रों के आदान-प्रदान का अत्यधिक लोकप्रिय वैब साइट है जो 2005 में शुरू होकर अब तक का सर्वाधिक लोकप्रिय माध्यम बन गया।

VOIP *abbr.* 'Voice Over IP' की प्रथमाक्षरी: another Internet-based communications method, i.e. a specification of various technologies used to allow making telephone calls over IP networks, in particular the Internet;

VOIP भिन्न-भिन्न तकनीकों से बना IP नेटवर्कों, विशेषकर इंटरनेट के माध्यम से टेलीफोन करने की क्रिया को संभव बनाता है।

Videoconferencing is a conference between two or more participants located at different sites by using computer networks to transmit audio and video data. For making videoconferencing to succeed, the conference participants must use the same client or compatible software;

Videoconferencing एक दूसरे से दूर-दूर जगहों पर स्थित दो या अधिक लोगों के बीच इंटरनेट के माध्यम से कांफ्रेंस या विचार-विमर्श करने का एक सफल तरीका है।

Whats App is a free, cross-platform, end-to-end encrypted instant messaging, proprietary and social media application for smart phones; apart from the written messages, photos, live shows, telephone conversations, etc. can also be exchanged through this medum;

Whats App कंप्यूटर-रत दो या अधिक लोगों के बीच एक निशुल्क संचार सेवा है जिसके माध्यम से कूट भाषा द्वारा सुरक्षित तत्काल संदेश भेजे और प्राप्त किए जा सकते हैं। इस माध्यम से लिखित पाठ, चित्र, सजीव गायन या अभिनी कार्यक्रम आदि का आदान-प्रदान हो सकता है। इस माध्यम से निशुल्क टेलीफोन संवाद भी संभव है।

Text Message and Chat Abbreviations
संदेशों व बातचीत के शब्दों का आदिवर्णी संक्षेपण

?	I have a question मुझे एक सवाल पूछना है		**Text Message and Chat Abbreviations: 'A'**
?	I don't understand what you mean आपका मतलब मेरी समझ में नहीं आया	A3	Anytime, anywhere, anyplace कभी भी, कहीं भी
?4U	I have a question for you मुझे आपसे एक सवाल पूछना है	AA	Alcoholics Anonymous अनाम नशाबंदी
;S	What did you say? आपने क्या कहा?	AA	As above जैसा कि ऊपर कहा गया है
^^	"read message" above ऊपर संदेश पढ़िए!	AA	Ask about किसी बात के बारे पूछना
@TEOTD	At the end of the day अंततोगत्वा, आखिरकार	AAF	As a matter of fact असल में
121	One-to-one दो जनों के बीच में	AAF	As a friend एक दोस्त के रूप में
1337	Elite भद्र लोग	AAK	Asleep at keyboard थककर चूर हो गया (लिखते-लिखते सो गया)
143	I love you मैं तुम्हें प्यार करता हूं।	AAK	Alive and kicking बिल्कुल ठीक-ठाक
1432	I love you too मैं भी।	AAMOF	As a matter of fact असल में
14AA41	One for all, and all for one एक सब के लिए, सब एक के लिए	AAMOI	As a matter of interest किसी बात में दिलचस्पी के कारण
182	I hate you मैं तुम से नफरत करता हूं।	AAP	Always a pleasure बहुत खुशी से, सहर्ष
10X	Thanks! धन्यवाद!	AAR	At any rate किसी भी कीमत पर, दर असल
10Q	Thank you. आपका शुक्रिया।	AAS	Alive and smiling पूर्णतः सकुशल
1CE	Once एक बार	AASHTA	As always, Sheldon has the answer. (Bike mechanic Sheldon Brown) हमेशा की तरह राम के पास हर सवाल का जवाब है।
1DR	I wonder मैं हैरान हूं।	AATK	Always at the keyboard हमेशा कंप्यूटर पर व्यस्त
1NAM	One in a million लाखों में एक	AAYF	As always, your friend सदा तुम्हारा दोस्त
2	"to" in SMS, SMS में 'to' के अर्थ में	ABBR	abbreviation प्रथमाक्षरी, संक्षेपण, संक्षिप्ति, आदिवर्णी शब्द
20	'location' के अर्थ में	ABC	Already been chewed. खूब सोच-विचार लिया गया है।
2B	To be होना	ABD	Already been done. पहले ही हो गया।
2EZ	Too easy बहुत आसान	ABT	About के बारे में
2G2BT	Too good to be true. इस बात का सच होना जरूरत से ज्यादा अच्छी बात है या यह सच नहीं हो सकता।	ABT2	About to कुछ करने को होना
2M2H	Too much too handle इससे निपटना बहुत कठिन है	ABTA	Good-bye (sign off) अलविदा!, इति!
511	Too much information (more than 411) जरूरत से ज्यादा सूचनाएं	ABU	All bugged up! सब गुड़ गोबर हो गया!
555	Sobbing, crying सुबक रहा है, रो रहा है।	AC	Acceptable content मान्य विषय-वस्तु
55555	Crying your eyes out रो-रोकर बेहाल है।	ACC	Anyone can come. कोई भी आ सकता है।

6Y	Sexy कामुक	ACD	ALT / CONTROL / DELETE कुंजी-पटल में आदेश
2MOR	Tomorrow कल	ACDNT	Accident दुर्घटना
2NTE	Tonight आज रात को	ACE	marijuana cigarette गांजा भरी सिगरेट
4	in SMS 'for', SMS में 'for' के अर्थ में	ACK	Acknowledge मानना, पावती देना
411	information सूचना के अर्थ में	ACPT	Accept मान्य
2MI	Too much information जरूरत से ज्यादा सूचनाएं	ACQSTN	Acquisition प्राप्ति
404	I don't know. मुझे नहीं मालूम।	ADAD	Another day, another dollar रात गई, बात गई
420	Lets get high. आओ थोड़ी-सी पी लें.	ADBB	All done, bye-bye! सब हो गया, बाई-बाई!
459	I love you. (in keypad numbers ILY = 459) मैं तुम्हें प्यार करता हूं।	ADD	Address पता
4AO	For adults only केवल वयस्कों के लिए	ADIH	Another day in hell चक्की में एक दिन और पिसना है
4COL	For crying out loud ऊंचा-ऊंचा रोने के लिए	ADIP	Another day in paradise चार दिन की चांदनी फिर अंधेरी रात
4EAE	Forever and ever हमेशा के लिए	ADMIN	Administrator प्रशासक, प्रबंधक
4NR	Foreigner विदेशी व्यक्ति	ADMINR	Administrator प्रशासक, प्रबंधक
			Text Message / Chat Abbreviations: 'B'
7K	Sick बीमार	B	Back वापस
831	I love you. (8 letters, 3 words, 1 meaning) मैं तुमसे प्यार करता हूं।	B	Be होना
86	Over इति, समाप्त	B&	Banned वर्जित
88	Bye-bye अलविदा	B2B	Business-to-business कारोबार से कारोबार तक
88	Hugs and kisses! जप्फियां-पपियां!	B2C	Business-to-consumer व्यापारी से उपभोक्ता तक
9	Parent is watching. माता या पिता पास में है।	B2W	Back to work वापस काम पर
s	Meaning "smile" मुस्कराहट	B8	Bait (person teased or joked with, or under-aged person/teen) मजाक का निशाना
w	Meaning "wink" आंख मारना	B9	Boss is watching. बौस सब कुछ देख रहा है।
ADN	Any day now अब कभी भी	B/F	Boyfriend लड़की का दोस्त
ADR	Address पता	B/G	Background (personal information request) अपने बारे में ब्योरा
AEAP	As early as possible जितना जल्दी हो सके	B4	Before पहले
AF	April Fools पहली अप्रैल के मूर्ख	B4N	Bye for now फिर मिलेंगे, अलविदा
AFC	Away from computer कंप्यूटर से दूर	BAG	Busting a gut एड़ी चोटी का जोर लगाना
AFAIAA	As far as I am aware जहां तक मुझे पता है	BAE	Before anyone else किसी दूसरे से पहले
AFAIC	As far as I am concerned जहां तक मेरा सवाल है	BAE	Babe or baby बेबी
AFAIK	As far as I know जितना मुझे पता है	BAFO	Best and final offer सर्वोत्तम अंतिम प्रस्ताव
AFAIUI	As far as I understand it जितना मेरी समझ में आता है	BAK	Back at keyboard कंप्यूटर पर (काम करने के लिए) वापस आ गया
AFAP	As far as possible जितना संभव है	BAM	Below average mentality मंदबुद्धि

AFFA	Angels Forever, Forever Angels हमेशा देवदूतों-सा	BAO	Be aware of इसके बारे में सूचित रहें
AFJ	April Fool's joke पहली अप्रैल के मूर्खों का मजाक	BASOR	Breathing a sigh of relief चैन की सांस लेना
AFK	Away from keyboard पढ़ाई-लिखाई से कोसों दूर	BAU	Business as usual कुछ नया नहीं
AFZ	Acronym Free Zone यहां परिवर्णी या आदिवर्णी शब्द नहीं चलते	BAY	Back at ya = same to you आपको भी
AFPOE	A fresh pair of eyes किसी की ताजी-ताजी नजर	BB	Be back वापस आना
AH	At home घर पर	BB	Big brother धौंस देने वाला साथी
AIGHT	Alright ओके, ठीकठाक	BBC	Big bad challenge भीषण चुनौती
AIR	As I remember जैसा कि मुझे याद है	BBIAB	Be back in a bit जल्दी वापस आना
AISB	As it should be जैसा कि होना चाहिए	BBIAF	Be back in a few कुछ क्षणों में वापस आना
AISB	As I said before जैसा कि मैंने पहले कहा था	BBIAM	Be back in a minute जल्दी वापस आना
AISI	As I see it जैसा कि मुझे लगता है	BBIAS/ BBS	Be back in a sec चुटकी में वापस आना
AITR	Adult in the room कमरे में प्रौढ़ व्यक्ति है	BBL	Be back later बाद में वापस आना
AKA	Also known as के नाम से भी जाना जाता है	BBN	Bye, bye now अलविदा
ALCON	All concerned सभी, जिनका वास्ता है	BBC or B/C	Because क्योंकि
ALOL	Actually laughing out loud असल में हंसकर टालना	BBC	Be cool निश्चिंत रहो
AMAP	As much as possible जितना हो सकता है	BBCNU	Be seeing you जल्दी आप से मिलूंगा
AMBW	All my best wishes मेरी बहुत सारी शुभ कामनाएं!	BCOS	Because क्योंकि
AML	All my love ढेर सारा प्यार!	BCO/ BCOY	Big crush on किसी पर बहुत फिदा हो.
AMOF	As a matter of fact असल में	BD	Big deal क्या पहाड़ गिर गया?
A/N	Author's note लेखक की ओर से	BDAY/B-DAY	Birthday जन्म दिन
AOC	Available on cell मोबाइल पर उपलब्ध	BDN	Big darn number बहुत बड़ी संख्या
AOM	Age of majority बहुमत का जमाना	BEG	Big evil grin बड़ी दुष्टतापूर्ण मुस्कान
AOTA	All of the above ऊपर दिया हुआ सारे का सारा	BF	Boyfriend लड़की का दोस्त
AOYP	Angel on your pillow = sweet dreams! आप को ढेरों सुनहरे सपने!	BF	Brain fart क्षणिक चूक
APAC	All praise and credit हर तरह की तारीफ	BFAW	Best friend at work कार्य स्थल पर सबसे अच्छा दोस्त
APP	Application प्रार्थना पत्र, प्रोग्राम	BF	Best friend सर्वश्रेष्ठ मित्र, घनिष्ठ मित्र
APP	Appreciate मैं कायल हूं	BFF	Best friends forever हमेशा के लिए सबसे अच्छा दोस्त
AQAP	As quick/quiet as possible जितना जल्दी या खामोश हो सके	BFFL	Best friends for life जीवन भर के लिए सबसे अच्छा दोस्त
ARC	Archive (compressed files) संग्रहीत फाइलें	BFFLNMW	Best friends for life, no matter what चाह जो भी हो, जीवन भर के लिए सबसे अच्छा दोस्त
ARG	Argument झगड़ा, बहस	BFG	Big freaking grin भयंकर मुस्कान
ASIG	And so it goes और इसी तरह आगे चलता है	BFFN	Best friend for now इस समय सबसे घनिष्ठ मित्र
ASAP	As soon as possible जितना ज़ल्दी हो सके	BFN	Bye for now अभी के लिए अलविदा!
A/S/L or ASL	Age/sex/location उम्र/ यौन क्रिया /स्थान	BG	Big grin लंबी-चौड़ी मुस्कान
AT	At your terminal आपके सिरे पर	BGWM	Be gentle with me मेरे साथ थोड़ी नजाकत से पेश आओ!
ATB	All the best! आपको सब कुछ शुभ-शुभ!	BHL8	Be home late घर देर से लोटना

ATEOTD	At the end of the day अंततोगत्वा	BIB	Boss is back बौस लोट आया है
ATM	At the moment इस समय, अभी-अभी	BIBO	Beer in, beer out बहुत बीयर पीना और टॉयलेट में उसे निकालना
ATSITS	All the stars in the sky सारी दुनिया मिलकर	BIC	Butt in chair कुर्सी में धंसना
ATSL	Along the same line (or lines) इसी ढंग से	BIF	Before I forget इस से पहले कि मैं भूल जाऊं
AWC	After awhile crocodile फिर मिलेंगे यार दसविदानिया	BIH	Burn in hell गुस्से में जहन्नुम में जाने का श्राप देना
AWESO	Awesome बहुत बढ़िया	BIL	Brother in law साला, बहनोई
AWOL	Away without leaving कहीं खोया होना	BION	Believe it or not विश्वास करो या न करो
AWOL	Absent without leave बिना वैध छुट्टी के गैर हाजिर	BIOYN	Blow it out your nose गंदगी को अपनी नाक से निकाल दो
AYDY	Are you done yet? तुमने अभी खत्म नहीं किया?	BISFLATM	Boy, I sure feel like a turquoise monkey! अजीब लगना
AYEC	At your earliest convenience जितना जल्दी हो सके	BITMT	But in the mean time परंतु इस बीच में
AYOR	At your own risk अपने जोखिम पर	BL	Belly laugh ठहाका
AYSOS	Are you stupid or something? तुम बुद्धू तो नहीं?	BLNT	Better luck next time अगली बार भाग्य आपका साथ दे!
AYS	Are you serious? क्या तुम सचमुच ऐसा चाहते हो?	BM	Bite me भाड़ में जाओ!
AYT	Are you there? क्या तुम वहां पर हो?	BME	Based on my experience मेरे अनुभव के आधार पर
AYTMTB	And you're telling me this because और तुम मुझे इस बारे इसलिए बता रहे हो क्योंकि	BM&Y	Between me and you इसे हम दोनों के बीच में ही रखा जाए
AYW	As you were पहले कही बात को वापस लेना	BOB	Back off *buddy* दोस्त जरा जबान पर लगाम लगाओ
AYW	As you want / As you wish जैसी तुम्हारी मर्जी	BN	Bad news बुरी खबर
AZN	Asian एशिया वासी	BOL	Best of luck भाग्य तुम्हारा साथ दे!
		BOLO	Be on the look out की खोज में होना
	Text Message / Chat Abbreviations: 'C'	BOOMS	Bored out of my skull अत्यधिक उकता जाना
C&G	Chuckle & grin! हंसो और मुस्कराओ!	BOT	Back on topic विषय पर फिर वापस
C4N	Ciao for now अभी के लिए अलविदा	BOT	Be on that इसी बात पर कायम रहना
CAD	Control + Alt + Delete कुंजी पटल परी दी जाने वाली एक कमांड	BPLM	Big person little mind नाम बड़ा और दर्शन छोटे
CAD	*Short* for Canada/ Canadian की संक्षिप्ति	BRB	Be right back अभी वापस आता हूं
CAM	Camera (SMS) कैमरा की संक्षिप्ति	BR	Best regards ढेर सारा स्नेह
CB	Coffee break कॉफी पीने का अंतराल	BRBB	Be right back *babe* अभी वापस आता हूं, प्रिये
CB	Chat break गपशप करने का अंतराल	BRNC	Be right back, nature calls टॉयलेट जाना है, अभी वापस आता हूं
CD9	parents are around माता-पिता घर पर हैं	BRD	Bored उचाट
CFY	Calling for you आपको बुला रहे हैं	BRH	Be right here अभी आया
CHK	Check परखना, जांचना	BRT	Be right there अभी वहां पहुंचा
CIAO (चाओ)	Good-bye! (Italian word) अलविदा!	BSF	But seriously folks दोस्तो, यदि गंभीरता से सोचें तो
CICO	Coffee in, coffee out बहुत सारी कॉफी पीना और पेशाब से बाहर निकाल देना	BSOD	Blue screen of death गंभीर समस्या के कारण कंप्यूटर का बंद हो जाना
CID	Consider it done. बस सोच लो कि हो गया।	BSTS	Better safe than sorry दुर्घटना में जान गंवाने से तो गाड़ी सुरक्षित चलाना बेहतर है

CLAB	Crying like a baby बच्चे की तरह रोना	BT	Bite this दफा हो जाओ!
CLD	Could भूतकालिक रूप (can)	BTA	But then again पर तब फिर
CLK	Click कंप्यूटर के माउस का बटन दबाना	BTDT	Been there, done that यह सब मैं देख चुका हूं
CM	Call me. मुझे टेलीफोन करना।	BTW	By the way वैसे
CMB	Call me back. मुझे वापस टेलीफोन करना।	BUBU	*Sl.* the most beautiful of women सबसे सुंदर औरत
CMIIW	Correct me if I'm wrong यदि मैं गलत हूं तो मुझे दुरुस्त करना	BWL	Bursting with laughter हंसी से लोट-पोट
CMON	Come on! छोड़ो भी!	BYOB	Bring your own beer (दावत आदि में) अपनी बीयर अपने साथ लाओ!
CNP	Continued (in) next post अगले संदेश में जारी	BYOC/ BYOD	Bring your own computer/device कंपनी के कर्मियों को कंप्यूटर आदि उपकरण साथ लाकर काम करने देने की नीति
COB	Close of business कारोबार बंद करने का समय	BYOP	Bring your own paint (paintball) अपना सामान स्वयं लाएं
COS	Because क्योंकि	BYTM	Better you than me मुझ से जायादा आप बेहतर रहेंगे
CR8/ CRE8	Create बनाना		
CRA CRA	*Sl.* 'crazy' पागल	DMNO	Dude Mean No Offense. दोस्त, मैं तुम्हें ठेस नहीं पहुंचाना चाहता था।
CRAFT	Can't remember a *freaking* thing. कुछ भी याद नहीं।	DMY	Don't mess yourself. अपने को गोरख धंधे में मत फंसाओ!
CRB	Come right back अभी आता हूं	DN	Down नीचे
CRBT	Crying really big tears. फूट-फूटकर रो रहा है।	DNC	Do not compute. मुझे नहीं समझ आता।
CRZ	Crazy पागल	DNR	Dinner (SMS) शाम का खाना
CSG	Chuckle, snicker, grin मन ही मन दबी हंसी हंसना, मुस्कराना	DOE	Daughter of Eve महिला
CSL	Can't stop laughing. हंसी नहीं रोक सकता।	DQMOT	Don't quote me on this. इस विषय में मेरा नाम न लेना।
CT	Can't talk. बोल नहीं सकता।	DR	Didn't read नहीं पढ़ा
ICTC	Care to chat? गपशप करना चाहोगे?	DS	Dear (or Darling) son! प्रिय बेटा!
CTN	Can't talk now अब बोल नहीं सकता	DTR	Define the relationship रिश्ते को सटीक नाम देना
CTO	Check this out इसे परख लो!	DTRT	Do the right thing. सही काम क.।
CU	See you/ See you too. तुम्हें मिलता हूं।	DTS	Don't think so मैं ऐसा नहीं सोचता
CUA	See you around. कभी मिलता हूं आप से।	DUPE	Duplicate नकली, जाली
CCUL	See you later. बाद में मिलता हूं आप से।	DUR	Do you remember? क्या आपको याद है?
CCULA	See you later alligator. बाद में मिलता हूं तुम से।	DV8	Deviate पथ से भटकना
CCUL8R	See you later बाद में मिलता हूं आप से	DDW	Dear (or Darling) wife प्रिय पत्नी
CCUMID	See you in my dreams! मैं तुम्हें अपने सपनों में देखूं!	DWF	Divorced white female तलाकशुदा श्वेत महिला
CCWOT	Complete waste of time समय की पूरी बर्बादी	DWM	Divorced white male तलाकशुदा श्वेत पुरुष
CCWYL	Chat with you later. बाद में आप से गपशप करेंगे।	DXNRY	Dictionary शब्दकोश
CCX	'Correction' अशुद्धियों को ठीक करने की क्रिया	DYNWUTB	Do you know what you are talking about? क्या आपको पता है आप क्या बक रहे हो?
CCYA	See you मिलेंगे	DYFI	Did you find it? क्या आपको मिला?

CCYAL8R	See you later बाद में मिलेंगे	DYFM	Dude, you fascinate me. दोस्त, मैं तुम्हारा कायल हो गया हूं।
CCYE	Check your e-mail! अपनी ई-मेल देखो!	DYOR	Do your own research. *sl.* अपनी तहकीकात खुद करें।
CCYO	See you online. इंटरनेट पर आप से मिलते हैं।		**Text Message / Chat Abbreviations: 'E'**
	Text Message / Chat Abbreviations: 'D'		
DD2	Dedos / fingers (Spanish SMS) उंगलियां	E	Ecstasy आनंद, परमानंद
DBAU	Doing business as usual. सामान्य ढंग से धंधा चल रहा है।	E1	Everyone प्रत्येक
DBEYR	Don't believe everything you read! हर पढ़ी जाने वाली बात पर विश्वास न करो!	E123	Easy as one, two, three एक, दो, तीन जैसा आसान
DC	Disconnect! बंद करो!	E2EG	Ear to ear grin पूरी, खुली मुस्कराहट
DD	Dear (or Darling) daughter प्रिय बेटी	EAK	Eating at keyboard कंप्यूटर पर काम में अत्यधिक व्यस्त
DD	Due diligence आवश्यक प्रयत्न	EBKAC	Error between keyboard and chair नाच न जाने आंगन टेढ़ा यानी कर्मी की गलती है न कि कंप्यूटर की
DEEZ NUTZ	गपशप करने वाले सहभागी को क्रुद्ध करने के लिए प्रयुक्त	ED	Erase display मिटाने की क्रिया का प्रदर्शन
DERP	stupid or silly मूर्ख	EF4T	Effort प्रयास
DGA	Don't go anywhere! कहीं मत जाओ!	EG	Evil grin दुष्टतापूर्ण मुस्कान
DGT	Don't go there! वहां मत जाओ!	EI	Eat it औंधे मुंह गिरना
DH	Dear (or Darling) husband प्रिय पति (देव)	EIP	Editing in progress संपादन का कार्य चल रहा है
DIIK	Darned if I know यदि मुझे पता हो तो मैं मर जाऊं	EM	E-mail (Twitter slang) ई-मेल
DIKU	Do I know you? क्या मैं आपको जानता हूं?	EMA	E-mail address (Twitter slang) ई-मेल पता
DIS	Did I say? क्या मैंने ऐसा कहा?	EMBAR	Embarrassing शर्मसार करने वाला
DITYID	Did I tell you I'm distressed? क्या मैंने तुम्हें बताया कि मैं त्रस्त हूं?	EMFBI	Excuse me for butting in. दखल के लिए मुझे माफ कीजिए!
DIY	Do it yourself. अपने आप करो!	EMFBI	Excuse me for jumping in. दखल के लिए मुझे माफ कीजिए!
DKDC	Don't know, don't care मैं न तो जानता हूं, न परवाह करता हूं	EMSG	E-mail message ई-मेल संदेश
D/L or DL	Download डाउनलोड	ENUF	Enough काफी
DLBBB	Don't let (the) bed bugs bite. दुष्ट को पास न फटकने दो!	EOD	End of day दिन की समाप्ति
DM	Doesn't matter! कोई फर्क नहीं पड़ता!	EOD	End of discussion बहस की समाप्ति
DM	Direct message (Twitter slang) सीधा संदेश	EOL	End of lecture व्याख्यान की समाप्ति
	Text Message / Chat Abbreviations: 'F'	EOL	End of life जीवन का अंत
F	Female महिला	EOM	End of message संदेश की समाप्ति
F2F	Face to face आमने-सामने बैठकर	EOS	End of show खेल खत्म
FAAK	Falling asleep at keyboard इतना थका हुआ कि कुंजी-पटल पर ही नींद आ रही है	EOT	End of transmission स्थानांतरण की समाप्ति
FAB	Fabulous बढ़िया, शानदार	ES	Erase screen स्क्रीन को मिटाना
Facepalm	smacking your forehead with your palm शर्म से मुंह छिपाना	ETA	Estimated time (of) arrival पहुंचने का अनुमानित समय

FAQ	Frequently asked questions अक्सर पूछे जाने वाले प्रश्न	ETA	Edited to add जोड़ने के लिए संपादित किया गया
FB	Facebook फेसबुक	EVA	Ever हमेशा (के लिए)
FBC	Facebook chat फेसबुक गपशप	EVO	Evolution विकास
FBF	Fat boy food (e.g. pizza, burgers, fries) जंक फूड, खाने के अंट-शंट व्यंजन	EWG	Evil wicked grin (in fun, teasing) धृष्टतापूर्ण मुसकान
FBFR	FaceBook friend फेसबुक मित्र	EWI	E-mailing while intoxicated पीकर कर ईमेल कर रहा हूं
FBM	Fine by me मेरे हिसाब से ठीक	EYC	Excitable, yet calm रोमांचक पर शांत
FBOW	For better or worse बेहतर हो या बदतर	EZ/ EZY	Easy आसान
FC	Fingers crossed आतुरतापूर्वक		
FC'INGO/ FCOL	For crying out loud जोर-जोर से चिल्लाने के लिए	G2G	Got to go मुझे जाना है
FF	Follow Friday (Twitter slang) अगला शुक्रवार	G2GICYAL8ER	Got to go I'll see you later मुझे अभी जाना है, तुम से बाद में मिलूंगा।
FICCL	Frankly I couldn't care less साफ-साफ कहें तो मुझे कोई परवाह नहीं।	G2R	Got to run मुझे दौड़कर जाना चाहिए
FIIOOH	Forget it, I'm out of here छोड़ो, मैं इसमें नहीं हूं	G2TU	Got to tell you मुझे तुम्हें बताना है
FIL	Father in law ससुर	G4C	Going for coffee कॉफी पीने जा रहें हैं
FIMH	Forever in my heart सदा मेरे दिल में	G9	Genius मेधावी
FISH	First in, still here सबसे पहले आया, अभी भी यहीं	GA	Go ahead कर डालो!
FITB	Fill in the blank रिक्त स्थानों की पूर्ति क.	GAC	Get a clue अतापता मिलना
FOMC	Falling off my chair कुर्सी से गिर रहा हूं	GAL	Get a life छोटी-छोटी बातों में न उलझकर जीवन में कुछ रोमांचक करो!
FOAF	Friend of a friend दोस्त का दोस्त	GAS	Got a second? थोड़ा समय है?
FOMCL	Falling off my chair laughing हंसते-हंसते लोट-पोट हो.	GAS	Greetings and salutations बधाइयां और सलाम!
FRT	For real though बिल्कुल सच	GB	Goodbye अलविदा!
FTBOMH	From the bottom of my heart तहे दिल से	GBTW	Get back to work काम दोबारा शुरू क.
FTL	For the loss नुक्सान उठाने के लिए	GBU	God bless you भगवान भला करे!
FTW	For the win जीत के लिए	GD	Good अच्छा, बढ़िया
FUBAR	Fouled up beyond all recognition इतना बिगड़ गया कि पहचान में भी नहीं आता।	GFI	Go for it इसे कर डालो!
FUBB	Fouled up beyond belief इतना बिगड़ गया कि विश्वास नहीं होता।	GF	Girl friend दोस्त लड़की
FW	Forward आगे भेजना	GFN	Gone for now अभी के लिए चला गया
FWB	Friend with benefits फायदे का दोस्त	GG	Gotta Go जाना है
FWIW	For what it's worth जो भी हो	GGU2	Good game, you too अच्छा है, तुम भी खेलो!
FWM	Fine with me मेरे लिए ठीक है	GGMSOT	Gotta get me some of that इसे थोड़ा मेरे लिए भी लाओ!
FYEO	For your eyes only केवल आपके लिए	GGOH	Gotta Get Outa Here यहां अवश्य पहुंचना है
FYA	For your amusement आपके मनोरंजन के लिए	GGP	Got to go pee पेशाब करना है
FYI	For your information आपके संज्ञान के लिए	GIAR	Give it a rest थोड़ा सांस ले लो!
	Text Message / Chat Abbreviations:'G'	GIGO	Garbage in, garbage out बोए पेड़ बबूल के आम कहां से होए
G	Grin मुसकान	GIRL	Guy in real life बिल्कुल सही बंदा

G	Giggle ही-ही	GJ	Good job अच्छा काम
G/F	Girl friend दोस्त लड़की	GL	Good luck भाग्य आपका साथ दे!
G2CU	Good to see you आपसे मिलकर बड़ी खुशी हुई	GMTA	Great minds think alike महान लोगों की एक-सी सोच
		GMV	Got my vote मेरा मत तुम्हें
	Text Message / Chat Abbreviations: 'H'	GN	Good night शुभ रात्रि!
H	Hug जफ्फियां!	GNA	Good night all सभी को शुभ रात्रि!
H8	Hate घृणा	GNE1	Good night everyone सभी को शुभ रात्रि!
H8TTU	Hate to be you तुम जैसा होने से नफरत करता हूं।	GNIGHT	Good night शुभ रात्रि!
HAG1	Have a good one अच्छी तरह करो!	GNITE	Good night शुभ रात्रि!
HAK	Hug and kiss जफ्फियां-पप्पियां!	GNSD	Good night, sweet dreams शुभ रात्रि और शुभ सपने!
HAU	How about you? अपने बारे में क्या ख्याल है?	GOI	Get over it इसे अब भूल जाओ!
H&K	Hugs & kisses जफ्फियां-पप्पियां!	GOL	Giggling out loud जोर-जोर से ही-ही क.
H2CUS	Hope to see you soon उम्मीद है कि जल्दी मिलेंगे	GOMB	Get off my back मेरा पीछा छोड़ो!
HAGN	Have a good night शुभ रात्रि!	GPOY	Gratuitous picture of yourself आत्मतुष्टि की जीवंत तस्वीर
HAGO	Have a good one अच्छी तरह करो!	GR8	Great बहुत बढ़िया
HAND	Have a nice day शुभ दिन!	GRATZ	Congratulations बधाइयां
HAWT	Have a wonderful day खूब मजे करो!	GRL	Girl लड़की
HAWT	sexy or attractive कामुक, अति सुंदर	GRWG	Get right with God भगवान को मना लो
HB	Hurry back जल्दी से वापस आना	GS	Good shot क्या बढ़िया मारा!
HB	Hug back मेरी तरफ से भी जफ्फियां!	GT	Good try अच्छी कोशिश!
H-BDAY	Happy Birthday जन्म दिन मुबारक हो!	GTG	Got to go अब बस जाना है
HBU	How about you? आप लेंगे?	GTM	Giggling to myself मन ही मन हंस रहा हूं
HF	Have fun खूब मजे करो!	GTRM	Going to read mail मेल पढ़ने जा रहा हूं
H-FDAY	Happy Father's Day पितृ दिवस की बधाई!	GTSY	Great (or good) to see you बहुत अच्छा कि तुम से मुलाकात हो गई
HHIS	Head hanging in shame शर्म के मारे सिर झुक गया	GUD	Good बढ़िया! अच्छा
H-MDAY	Happy Mother's Day मातृ दिवस की बधाई!	GWHTLC	Glad we had this little chat अच्छा रहा कि हमने थोड़ी गपशप कर ली
HOAS	Hold on a second थोड़ा रुको!		
HRU	How are you? क्या हाल है?		**Text Message/ Chat Abbreviations: 'I'**
HTH	Hope this helps उम्मीद है कि इससे फायदा होगा	I2	I too (me too) मैं भी
HUB	Head up butt उलटा-सुलटा	IA8	I already ate मैंने पहले ही खा लिया
HV	Have रखना, होना	IAAA	I am an accountant मैं एक मुनीम हूं।
HW	Homework घर पर किया जाने वाला पढ़ाई का काम	IAAD	I am a doctor मैं एक डॉक्टर हूं
		IAAL	I am a lawyer मैं एक वकील हूं
	Text Message / Chat Abbreviations: 'J'	IAC	In any case हर सूरते हाल में
j00	You आप	IAE	In any event हर सूरत में
j00r	Your आपका, तुम्हारा	IANAC	I am not a crook मैं ठग नहीं

JAC/ JAS	Just a second एक सेकंड!	IANAL	I am not a lawyer मैं एक वकील नहीं हूं
JAM	Just a minute एक मिनट!	IAO	I am out (of here) मैं इस पचड़े में नहीं
JC (J/C)	Just checking बस जांच ही रहा हूं	IB	I'm back मैं वापस आ गया
JDI	Just do it बस इसे कर डालो!	IC	I see अच्छा!
JELLY	'jealous' ईर्ष्या होना	ICAM	I couldn't agree more मैं पूर्णतः सहमत हूं
JFF	Just for fun मजाक मात्र में	ICBW	It could be worse इससे भी बदतर हो सकता था
JIC	Just in case किसी अनहोनी सूरते हाल के लिए	ICEDI	I can't even discuss it मैं इस पर बहस नहीं कर सकता
JJ (J/J)	Just joking बस मजाक कर रहा हूं	ICFILWU	I could fall in love with you मुझे तुम से प्यार हो सकता है
JJA	Just joking around वैसे ही बस मजाक कर रहा हूं	ICYMI	In case you missed it यदि तुमसे यह छूट गया
JK (J/K)	Just kidding बस मजाक कर रहा हूं	IDBI	I don't believe it मैं इसे सच नहीं समझता
JLMK	Just let me know बस मुझे बता देना	IDC	I don't care मुझे परवाह नहीं
JMO	Just my opinion बस मेरा विचार मात्र है	IDK	I don't know मुझे नहीं मालूम
JP	Just playing बस खेल रहा हूं	IDTS	I don't think so मैं ऐसा नहीं सोचता
JT (J/T)	Just teasing बस तुम्हें चिढ़ा रहा हूं	IDUNNO	I don't know मुझे नहीं मालूम
JTLYK	Just to let you know मात्र तुम्हें बताने के लिए	IFYP	I feel your pain मैं आपके दर्द को समझ सकता हूं
JV	Joint venture साझा कारोबार	IG2R	I got to run मुझे जल्दी जाना है
JW	Just wondering बस सोच रहा था	IGHT	I got high tonight आज मुझे चढ़ गई
		IGN	I (I've) got nothing मेरे पास कुछ नहीं
	Text Messages / Chat Abbreviations: 'K'	IGP	I got to pee मुझे पेशाब करना है
K	Okay ओके, अच्छा	IHNI	I have no idea मुझे बिल्कुल नहीं मालूम
KK	Knock, knock ठक, ठक	IIRC	If I remember correctly यदि मुझे ठीक से याद है तो
KK	Okay, Okay! ओके, ओके	IIIO	Intel inside, idiot outside (कंप्यूटर के) भीतर इंटेल, बाहर मूर्ख
K8T	Katie कैटी	IK	I know मुझे पता है
k/b or KB	Keyboard कुंजी-पटल	IKR	I know, right? जानते हो कि मुझे पता है
KEWL	Cool शांत. धीर, धैर्यशील	ILBL8	I'll be late मैं देर से आऊंगा
KEYA	I will key you later मैं बाद में तुमसे संपर्क करूंगा	ILU	I love you मुझे तुम से प्यार है
KEYME	Key me when you get in जब वापस आओ तो मुझे बताना	ILUM	I love you man दोस्त तुम मुझे अच्छे लगते हो
KFY	Kiss for you तुम्हारे लिए ढेर सारी पप्पियां!	ILYSM	I love you so much मैं तुम्हें इतना चाहता हूं!
KIA	Know it all इस सब का संज्ञान लीजिए	ILY	I love you मुझे तुम से प्यार है
KISS	Keep it simple, stupid इसे सरल रखो, बुद्धू!	IM	Instant message तत्काल संदेश
KIT	Keep in touch संपर्क में रहो!	IMAO	In my arrogant opinion मेरे दुस्साहसी विचार में
KOC/KOL	Kiss on cheek गालों पर स्नेहपूर्ण चुंबन	IMHO	In my humble opinion मेरे विनम्र विचार में
KOW	Knock on wood कहीं नजर न लग जाए	ImL	I love you मुझे तुम से प्यार है
KOTC	Kiss on the cheek गालों पर स्नेहपूर्ण चुंबन	IMNSHO	In my not so humble opinion मेरे कम विनम्र विचार में

KNIM	Know what I mean? मेरे मतलब को जानिए!	IMO	In my opinion मेरे विचार में
KNOW	Knowledge ज्ञान	IMS	I am sorry मुझे अफसोस है
KPC	Keeping parents clueless माता-पिता को बिल्कुल पता नहीं लगना चाहिए	IMSB	I am so bored मैं इतना उकता गया हूं कि ...
KSC	Kind (of) sort (of) chuckle एक प्रकार की दबी हंसी	IMTM	I am the man मैं ही वह व्यक्ति हूं
KUTGW	Keep up the good work अच्छे काम को जारी रखो!	IMU	I miss u (you) मुझे तुम बहुत याद आते हो
	Text Messages / Chat Abbreviations: 'L'	INAL	I'm not a lawyer मैं वकील नहीं
L2G	Like to go? चलेंगे क्या?	INV	Invite निमंत्रण
L2G	(would) Love to go मैं अवश्य जाना चाहूंगा	IOMH	In over my head मेरे सिर के ऊपर से गुजर गया
L2K	Like to come? आना चाहोगे?	IOW	In other words दूसरे शब्दों में कहें तो
L2P	Learn to play खेलना सीखो	IRL	In real life वास्तविक जीवन में
L33t	Elite भद्र लोक	IRMC	I rest my case मैं अपने पक्ष को विराम देता हूं
L8R	Later बाद में	ISLY	I still love you मैं अब भी तुम्हें चाहता हूं
LBAY	Laughing back at you वापस तुम पर हंस रहा है	ITAM	It's the Accounting, Man अरे, यह बही-खाते की बात है
LBS/ LBVS	Laughing, but serious हंस रहा है, पर गंभीर है	ITYK	I thought you knew मैंने सोचा तुम्हें पता है
LD	Later, dude बाद में, दोस्त	IUSS	If you say so यदि आपका ऐसा कहना है तो
LD	Long distance लंबी दूरी की	IWALU	I will always love you मैं सदा तुम्हें चाहूंगा
LEMENO	Let me know मुझे बताइयेगा	IWAWO	I want a way out मैं इसका कोई हल निकालना चाहता हूं
LERK	Leaving easy reach of keyboard कंप्यूटर से दूर जा रहा हूं	IWIAM	Idiot wrapped in a moron एक तो करेला ऊपर से नीम चढ़ा
LFD	Left for day दिन भर के लिए छुट्टी	IYKWIM	If you know what I mean यदि आप मेरा मतलब समझते हैं
LGH	Lets get high आओ थोड़ी चढ़ा लें	IYO	In your opinion तुम्हारे विचार में
LHM	Lord help me भगवान भला करे	IYQ	I like you मुझे तुम पसंद हो
LHO	Laughing head off हंसी से लोट-पोट हो.	IYSS	If you say so यदि आप ऐसा कहते हो तो
LI	Linked in इंटरनेट लिंक से जुड़ गया		
LIC	Like I care जैसे कि मैं परवाह करता हूं		**Text Messages & Chat Abbreviations: 'M'**
LIK	Liquor शराब	M$	Microsoft माइक्रोसॉफ्ट
LIMT	Laugh in my tummy दबी हंसी	M8	Mate दोस्त, यार
LLGB	Love, later, God bless ढेर सारा प्यार, बाद में मिलेंगे, भगवान भला करे!	MB	Mamma's boy मां का लाडला
LLS	Laughing like *silly* मूर्खों की तरह हंस रहा है	MC	Merry Christmas क्रिस्मस की बधाइयां
LMIRL	Lets meet in real life आओ यथार्थ के धरातल पर मिलते हैं	MDIAC	My Dad is a cop मेरे पिता एक पुलिस वाले हैं
LMK	Let me know मुझे बताइए	MFI	Mad for it के पीछे दीवाना
LMNK	Leave my name out मेरा नाम निकाल दीजिए	MGB	May God bless भगवान भला करे!
LNT	Meaning lost in translation अनुवाद में अर्थ खो गया	MGMT	Management प्रबंधन

LOA	List of acronyms परिवर्णी शब्दों की सूची	MIRL	Meet in real life वास्तविक जीवन में मिलेंगे
LOL	Laughing out loud जोर-जोर से हंस रहा है	Miss.3	3-year old daughter 3 साल की बेटी
LOL	Lots of love ढेर सारा प्यार	MKAY	Mmm, okay हां, ठीक है
LOLH	Laughing out loud hysterically ऐसे हंस रहा है जैसे पागलपन का दौरा पड़ा हो	MMK	okay? क्या यह ठीक है?
LOLO	Lots of love ढेर सारा प्यार	MNC	Mother nature calls जंगल-पानी जाना है
LOTI	Laughing on the inside दबी हंसी हंस रहा है	MOD	Moderator बहस को सुव्यवस्थित करने वाला
LQTM	Laughing quietly to myself मन ही मन हंस रहा हूं	MORF	Male or female? पुरुष या महिला?
LSHMBH	Laugh so hard my belly hurts इतने जोरों से हंसा कि पेट में बल पड़ गए	MOMBOY	Mamma's boy मां का लाडला
LSV	Language, sex and violence भाषा, सेक्स व हिंसा	MOO	My own opinion मेरा अपना विचार या मत
LTD	Living the dream अपने सपनों का साकार कर रहा है	MOOS	Member of the opposite sex विपरीत लिंग का सदस्य
LTLWDLS	Let's twist like we did last summer आओ वैसे टविस्ट करें जैसे पिछली गर्मियों में किया था	MOSS	Member of same sex एक ही लिंग के व्यक्ति
LTNS	Long time no see हम काफी समय से नहीं मिले	MR.3	3-year old son 3 वर्ष का बेटा
LTS	Laughing to self मन ही मन हंसना	MRT	Modified ReTweet (*sl.*) सुधारा हुआ ट्वीट
LULT	Love you long time मैं कब से तुम्हें चाहता हूं	MSG	Message संदेश
LVM	Left voice mail ध्वनि मेल भेजी है	MTF	More to follow और बाद में आएगा
LWOS	Laughing without smiling बिना मुस्कराए हंस रहा है	MTFBWU	May the force be with you ईश्वर आप को शक्ति दे
LY	Love ya तुम्हें बहुत सारा प्यार	MU	Miss U (you) तुम बहुत याद आते हो
LYLAS	Love you like a sis तुम्हें बहन की तरह प्यार करती हूं	MUSM	Miss you so much तुम बहुत याद आते हो
LYLC	Love you like crazy पागलों की तरह प्यार करता हूं	MWAH	Sound of aerial kiss हवाई चुंबन की आवाज
LYSM	Love you so much बहुत प्यार करता हूं तुम से	MYO/ MYOB	Mind your own (business) अपने काम से काम रखो!
	Text Message & Chat Abbreviations: 'N'		**Text Message / Chat Abbreviations: 'O'**
n00b	Newbie नई चीज	O4U	Only for you केवल तुम्हारे लिए
N1	Nice one बढ़िया चीज	O	Hugs जफ्फियां
N2M	Nothing too much ज्यादा कुछ नहीं	O	Over खत्म
NADT	Not a darn thing कुछ भी नहीं	OA	Online auctions ऑनलाइन नीलामी
NALOPKT	Not a lot of people know that इसके बारे में ज्यादा लोग नहीं जानते	OATUS	On a totally unrelated subject बिल्कुल अलग विषय पर
NANA	Not now, no need अब नहीं, कोई जरूरत नहीं	OB	Oh baby ओह, बेबी
NBD	No big deal कोई पहाड़ नहीं टूट पड़ा	OB	Oh brother ओह ,भाई
NE	Any कोई	OBV	Obviously निस्संदेह, स्पष्टतः
NE1	Anyone कोई भी	OFC	Of course निस्संदेह
NFM	None for me मैं ऐसा नहीं कर सकता	OG	Original gangster मूल लुटेरा
NFM	Not for me यह मेरे लिए नहीं	OGIM	Oh God, it's Monday हे भगवान, आज तो सोमवार है!
NGL	Not gonna (going to) lie झूठ नहीं बोलूंगा	OH	Overheard मेरे कानों में बात पड़ गई

NFS	Not for sale बिकाऊ नहीं	OI	Operator indisposed मशीन चालक बीमार हो गया
NFW	Not for work काम के लिए नहीं	OIB	Oh, I'm back ओह, मैं वापस आ गया!
NIGI	Now I get it अब मुझे समझ में आया	OIC	Oh, I see ओह, मैं समझ गया
NIMBY	Not in my back yard मेरे यहां नहीं	OJ	Only joking केवल मजाक कर रहा हूं
NIROK	Not in reach of keyboard कंप्यूटर से दूर	OL	Old lady अधेड़ उम्र की औरत
NLT	No later than के बाद नहीं	OM	Old man बूढ़ा व्यक्ति
NM	Nothing much ज्यादा कुछ नहीं	OMDB	Over my dead body जब तक मैं जिंदा हूं यह नहीं होगा
NM	Never mind कोई बात नहीं	OMG	Oh my God हे भगवान!
NMH	Not much here यहां ज्यादा कुछ नहीं	OMG	Oh my gosh हे भगवान!
NMJC	Nothing much, just chilling ज्यादा कुछ नहीं, बस थोड़ा सुस्ता रहा हूं	OMGYG2BK	Oh my God, you got to be kidding हे भगवान! तुम मजाक तो नहीं कर रहे!
NO1	No one कोई नहीं	OMS	On my soul (promise) वादा रहा
NOWL	Knowledge ज्ञान	OMW	On my way रास्ते में
NOYB	None of your business आपसे कोई वास्ता नहीं	ONL	Online ऑनलाइन (इंटरनेट पर)
NP	No problem कोई समस्या नहीं	OO	Over and out पूर्णतः समाप्त, खेल खत्म
NQT	Newly qualified teacher नया-नया बना अध्यापक	OOC	Out of character दिमाग खराब है
NRN	No response/reply necessary कोई जवाब नहीं या उत्तर वांछित	OOH	Out of here यहां से दफा हो जाओ!
NSA	No strings attached बिना किसी शर्त के	OOTD	One of these days कभी न कभी
NSFW	Not safe for work काम करने के लिए सुरक्षित नहीं	OOTO	Out of the office नौकरी से बाहर
NSISR	Not sure if spelled right नहीं पता कि वर्तनी ठीक है या नहीं	OP	On phone फोन पर
NT	Nice try अच्छा प्रयास	ORLY	Oh really? क्या वास्तव में ऐसा है?
NTHING	Nothing (SMS) कुछ नहीं	OS	Operating system कार्यकारी प्रणाली
NTS	Note to self अपने लिए कोई नोट	OT	Off topic (discussion forums) विषय से परे
NVM	Never mind कोई बात नहीं	OTB	Off to bed सोने जाना है
NVR	Never कभी नहीं	OTFL	On the floor laughing हंसी से लोट-पोट होते हुए गिर पड़ा
NW	No way बिल्कुल नहीं	OTL	Out to lunch दोपहर का भोजन करने बाहर चले गए
NWO	No way out कोई रास्ता या हल नहीं!	OTOH	On the other hand दूसरी तरफ
		OTP	On the phone फोन पर
	Text Message / Chat Abbreviations: 'P'	OTT	Over the top सिर के ऊपर से
P2P	Peer to peer तरह-तरह के हमउम्र होते हैं	OTTOMH	Off the top of my head मेरे सिर के ऊपर से
P911	Parents coming into room alert माता-पिता कमरे में आ रहे हैं	OTW	Off to work काम पर जा रहे हैं
PAW	Parents are watching माता-पिता देख रहे हैं	OVA	Over खत्म
PBOOK	Phonebook (e-mail) फोन पुस्तिका (ई-मेल)	OYO	On your own अपने आप
PCM	Please call me कृपया मुझे फोन करें!		
PDA	Personal display (of) affection स्नेह का निजी इजहार		**Text Message / Chat Abbreviations: 'Q'**

PDH	Pretty darn happy खूब खुश	Q	Queue पंक्ति
PDS	Please don't shoot कृपया गोली न चलाएं!	Q4U	(I have a) question for you मुझे आप से एक प्रश्न पूछना है
PDQ	Pretty darn quick खूब तेज	QC	Quality control गुणवत्ता नियंत्रण
PEEPS	People लोग	QFE	Question for everyone हर किसी के लिए प्रश्न
PIC	Picture चित्र	QFI	Quoted for idiocy मूर्खता के कारण उद्धृत किया गया
PIR	Parents in room माता-पिता कमरे में हैं	QFI	Quoted for irony ताना देने के लिए उद्धृत किया गया
PISS	Put in some sugar कुछ चीनी डालो!	QIK	Quick जल्दी
PL8	Plate प्लेट	QL	Quit laughing हंसते हुए छोड़ना
PLD	Played खेला	QOTD	Quote of the day आज के दिन का सर्वोत्तम कथन
PLMK	Please let me know कृपया मुझे बताएं	QQ	crying eyes रुदन करती आंखें
PLS/ PLZ	Please कृपया	QQ	Quick question छोटा-सा प्रश्न
PLU	People like us लोग हमें पसंद करते हैं	QSL	Reply जवाब
PLZTLME	Please tell me कृपया मुझे बताइए	QSO	Conversation वार्तालाप
PM	Private Message निजी संदेश	QT	Cutie अति सुंदर
PMFJI	Pardon me for jumping in दखल देने के लिए मुझे माफ करें		
POAHF	Put on a happy face दिखावे के लिए प्रसन्नचित्त दिखना		**Text Message / Chat Abbreviations: 'R'**
POV	Point of view नजरिया, दृष्टिकोण	R	Are हैं
POV	Privately owned vehicle निजी गाड़ी	R8	Rate (SMS) दर, दाम
PPL	People लोग, जनता	RBAY	Right back at you तुरंत आपसे संपर्क करूंगा
PPU	Pending pick-up बची हुई उठाई जाने वाली सामग्री	RGR	Roger (I agree, I understand) रोझे, मैं सहमत हूं
PRESH	Precious कीमती	RHIP	Rank has its privileges पद के विशेषाधिकार भी होते हैं
PROBS	Probably शायद	RIP	Rest in peace! ईश्वर उनकी आत्मा को शांति दे!
PROGGY	computer program कंप्यूटर प्रोग्राम	RL	Real life असली जीवन
PRON	Pornography अश्लील फिल्में, साहित्य आदि	RLY	Really वास्तव में
PRT	Party पार्टी, दावत	RMLB	Read my lips baby मैं जो कह रहा हूं मेरे होंठों के चलन से समझो, बेबी
PRT	Please Retweet (Twitter slang) कृपया दोबारा ट्वीट भेजें	RMMM	Read my mail man दोस्त, मेरा मेल पढ़िए
PRW	People/ parents are watching लोग/ माता-पिता देख रहे हैं	RSN	Real soon now अब जल्दी ही होगा
PSOS	Parent standing over shoulder माता-पिता पास में खड़े होकर देख रहे हैं	RT	Retweet (Twitter slang) दोबारा ट्वीट कीजिए
PSP	Playstation Portable हाथ में पकड़ा जा सकने वाला खेलने का यंत्र	RTBS	Reason to be single अविवाहित रहने का कारण
PTIYPASI	Put that in your pipe and smoke it यह भाड़ में जाए!	RTHX	Thanks for the RT (Retweet) दोबारा ट्वीट करने के लिए धन्यवाद
PTL	Praise the Lord खुदा की मेहर	RTRMT	Retirement mail सेवा निवृत्ति के बारे में ई-मेल
PTMM	Please tell me more कृपया कुछ और बताएं	RU	Are you? तुम हो?
PTO	Paid time off खरीदा हुआ समय समाप्त	RUT	Are u (you) there? तुम वहां पर हो क्या?
PTO	Personal time off निजी समय समाप्त	RUOK	Are you okay? तुम ठीक तो हो?
PTO	Parent Teacher Organization माता-पिता व अध्यापकों का संगठन	RX	Regards सादर अभिवादन

PXT	Please explain that कृपया इसकी व्याख्या करें	RW	Real world असली दुनिया
PU	That stinks! इससे बदबू आ रही है	RX	drugs or prescriptions मादक पदार्थ या नुस्खा
PUKS	Pick up kids (SMS) बच्चों को लिवा लाएं	RYS	Read your screen अपना स्क्रीन पढ़िए
PYT	Pretty young thing सुंदर व आकर्षक युवती	RYS	Are you single? क्या आप अविवाहित हैं?
PZ	Peace शांति		
PZA	Pizza पीत्सा		**Text Message / Chat Abbreviations: 'T'**
		T+	Think positive सकारात्मक सोच बनाइए
	Text Message / Chat Abbreviations: 'S'	T4BU	Thanks for being you जैसे तुम हो वैसा होने के लिए शुक्रिया
S2R	Send to receive (meaning send me your picture to get mine) मेरी तस्वीर पाने के लिए पहले अपनी फोटो भेजिए	T:)T	Think happy thoughts खुशियों भरे विचारों से ओतप्रोत होइए
S2S	Sorry to say ऐसा कहने के लिए मुझे खेद है	TA	Thanks a lot बहुत-बहुत धन्यवाद
SAL	Such a laugh ऐसी हंसी!	TAFN	That's all for now अब के लिए बस इतना ही
SAT/ SBT	Sorry about that इसके लिए मुझे खेद है	TAM	Tomorrow a.m. कल दोपहर से पहले
SB	Should be होना चाहिए	TANK	really strong वास्तव में बहुत बलशाली
SB	Smiling back जवाब में मुस्करा रहा है	TAU	Thinking about u (you) तुम्हारे बारे सोच रहा था
SBIA	Standing back in amazement अचंभित होकर खड़ा होना	TAUMUALU	Thinking about you, miss you, always love you तुम्हारे बारे में हमेशा सोचता हूं, याद करता हूं, प्यार करता हूं
SC	Stay cool शांत रहना, निश्चिंत रहना	TBC	To be continued जारी रखा जाएगा
SD	Sweet dreams आपको सुंदर सपने दिखें!	TBD	To be determined निश्चित किया जाएगा
SETE	Smiling Ear-to-Ear खूब मुस्कराने वाला	TBH	To be honest ईमानदारी से बात करें तो
SELFIE	A photo that is taken of oneself अपने आप ली जाने वाली स्वयं की फोटो	TBL	Text back later बाद में संदेश भेजना
SFAIK	So far as I know जहां तक मुझे पता है	TC	Take care अपना ख्याल रखना
SH	Same here हम भी वैसा ही अनुभव कर रहे हैं	TCB	Take care of business कारोबार का ख्याल रखो!
SH^	Shut up चुप रहो!	TCOY	Take care of yourself अपना ख्याल रखो
SHID	Slapping head in disgust त्रस्त होकर सिर को पीटना	TFS	Thanks for sharing साझा करने के लिए शुक्रिया
SICNR	Sorry, I could not resist माफ कीजिए, मैं अपने को रोक न सका	TFTI	Thanks for the invitation निमंत्रण के लिए धन्यवाद
SIG2R	Sorry, I got to run माफ कीजिए, मुझे जल्दी जाना है	TG	Thank goodness शुक्र है कि ...
SIHTH	Stupidity is hard to take मूर्खता आसानी से नहीं पचती	TGIF	Thank God it's Friday शुक्र है कि आज शुक्रवार है
SIMYC	Sorry I missed your call माफ कीजिए मैं आप की कॉल न ले सका	THX	Thanks धन्यवाद
SIR	Strike it rich बड़ा खजाना खोज लेना	THT	Think happy thoughts आनंदपूर्ण विचारों को मन में लाइए

SIS	Snickering in silence चुपके-चपके ही-ही क.	THNX	Thanks शुक्रिया
SIS	Sister बहन	THNQ	Thank-you (SMS) आपका धन्यवाद
SIT	Stay in touch संपर्क में रहिए!	TIA	Thanks in advance पहले ही धन्यवाद देते हैं
SJW	Social justice warrior सामाजिक न्याय का योद्धा	TIAD	Tomorrow is another day कल नई सुबह होगी
SK8	Skate स्केट क.	TIC	Tongue-in-cheek चुस्कियां लेते हुए
SK8NG	Skating स्केटिंग	TIL	Today I learned आज मुझे पता लगा
SK8R	Skater स्केट करने वाला	TILIS	Tell it like it is सच-सच बताओ
SK8RBOI	Skater Boy स्केट करने वाला बालक	TIR	Teacher in room अध्यापक पढ़ा रहा है
SLAP	Sounds like a plan योजना-सी बात लगती है	TLK2UL8R	Talk to you later तुम से बाद में बात करूंगा
SMEXI	sexy + Mexican, attractive people सुंदर और आकर्षक	TL	Too long बहुत लंबा खिंच गया
SMHID	Scratching my head in disbelief अविश्वास में मैं अपना सिर झकझोर रहा हूं	TL;DR	Too long; didn't read बहुत लंबा था, अभी पढ़ नहीं पाया
SNERT	Snot nosed egotistical rude teenager नक चढ़ा स्वार्थी व बदतमीज लड़का	TMA	Take my advice मेरी सलाह मानो
SO	Significant other महत्त्वपूर्ण साथी: पति या पत्नी, प्रेमी या प्रेमिका	TMB	Text me back मुझे जवाबी संदेश देना
S'OK	It' (s) okay (ok) ठीक-ठाक है	TMB	Tweet me back (Twitter slang) मेरे ट्वीट का जवाब देना
SOL	Sooner or later देर-सवेर	TMI	Too much information जरूरत से ज्यादा सूचनाएं हैं
SOMY	Sick of me yet? मुझ से उचाट तो नहीं हुए?	TMOT	Trust me on this इस बात के बारे में मेरा विश्वास कीजिए
SOS	Save our souls विपदा में फंसे हैं, बचाइए!	TMTH	Too much to handle इससे निपटना आसान नहीं
SOT	Short of time समय की किल्लत है	TMYL	Tell me your location आप कहां हैं?
SOTMG	Short of time, must go जल्दी में हूं, मुझे जाना है	TMWFI	Take my word for it मेरी बात का विश्वास करो
SOWM	Someone with me मेरे साथ कोई है	TNSTAAFL	There's no such thing as a free lunch मुफ्त में कभी कुछ नहीं मिलता
SPK	Speak (SMS) बोलो	TNT	Till next time अगली बार तक
SRSLY	Seriously गंभीरतापूर्वक	TOJ	Tears of joy खुशी के आंसु
SPST	Same place, same time उसी जगह, उसी समय	TOS	Terms of service सेवा शर्तें
SPTO	Spoke to से बात क.	TOTES	Totally पूर्णतः
SQ	Square वर्ग	TOU/ TOY	Thinking of you तुम्हारे बारे में सोच रहा हूं
SRY	Sorry मुझे खेद है	TPM	Tomorrow p.m. कल दोपहर बाद
SS	So sorry बहुत खेद की बात है	TPTB	The powers that be जो भी शासक शक्तियां हों
SSDD	Same stuff, different day नई बोतल में पुरानी मदिरा	TSH	Tripping so hard इतनी बुरी तरह से फिसल रहा है
SSIF	So stupid it's funny इतनी मूर्खतापूर्ण बात है कि हंसी आती है	TSNF	That's so not fair यह उचित नहीं
SSINF	So stupid it's not funny कितनी मूर्खतापूर्ण बात है और इसमें मजाक की कोई बात ही नहीं	TSTB	The sooner, the better जितना जल्दी उतना बेहतर
ST&D	Stop texting and drive संदेश टाइप करते हुए गाड़ी नहीं चलानी चाहिए	TTFN	Ta ta for now अभी के लिए बाई-बाई

STR8	Straight सीधा, सामान्य	TTLY	Totally पूर्णत:
STW	Search the Web वैब को खंगालना	TTTT	These things take time ऐसे कामों में देर तो लगती है
SUITM	See you in the morning कल सवेरे मिलेंगे	TTUL	Talk to you later आपसे बाद में बात करेंगे
SUL	See you later बाद में मिलेंगे	TU	Thank you आपका शुक्रिया
SUP	What's up? क्या हो रहा है?	TWSS	That's what she said उसने यही कहा था
SUTH	So use(d) to haters (Facebook) नफरत करने वालों का आदि हो गया हूं	TTG	Time to go जाने का समय हो गया
SUYF	Shut up you fool पागल, चुप हो जाओ!	TTYAFN	Talk to you awhile from now तुम से थोड़ी देर बाद बात करूंगा
SWAK	Sent (or sealed) with a kiss चुंबन के साथ (लिफाफे को) भेजा या बंद किया	TTYL	Talk to you later तुम से बाद में बात करूंगा
SWALK	Sealed (or sealed) with a loving kiss प्यार भरे चुंबन के साथ (लिफाफे को) बंद किया	TTYS	Talk to you soon तुम से जल्दी बात करूंगा
SWL	Screaming with laughter चिल्ला-चिल्लाकर हंस रहा है या था	TY	Thank you शुक्रिया
SWMBO	She who must be obeyed वह (पत्नी या प्रेमिका) जिसका हुक्म चलता है	TYFYC	Thank you for your comment आपकी टिप्पणी के लिए शुक्रिया
SYL	See you later बाद में मिलेंगे	TYS	Told you so मैंने आपको पहले ही बताया था
SYS	See you soon जल्दी ही मिलेंगे	TYT	Take your time आराम से काम करो
		TYSO	Thank you so much आपका बहुत-बहुत धन्यवाद
	Text Message / Chat Abbreviations: 'U'	TYVM	Thank you very much आपका बहुत-बहुत धन्यवाद
UCMU	You crack me up तुमने मुझे भांप लिया		
UDI	Unidentified drinking injury (meaning bruise, scratch, ache and so on) पीने के कारण लगने वाली चोटें		**Text Message / Chat Abbreviations: 'V'**
UDM	U (You) da (the) man आप बिल्कुल सही व्यक्ति हैं	V/ VRY	Very बहुत
UDS	Ugly domestic scene भद्दा घरेलू कलह	VAT	Value added tax मूल्य वर्धित कर
UFN	Until further notice अगली सूचना तक	VBS	Very big smile बहुत बड़ी मुस्कान
UGTBK	You've got to be kidding आप मजाक तो नहीं कर रहे	VEG	Very evil grin बहुत दुष्टतापूर्ण मुस्कान
UKTR	You know that's right आप जानते हैं कि यह सच है	VFM	Value for money पैसा वसूल हो गया
UL	Upload सूचनाओं आदि को इंटरनेट पर डालना	VGC	Very good condition बहुत अच्छी हालत में
U-L	You will आप करेंगे	VIP	Very important person अति विशिष्ट व्यक्ति
UNA	Use no acronyms परिवर्णी शब्दों का प्रयोग न करें	VM	Voice mail ध्वनि मेल
UN4TUN8	Unfortunate दुर्भाग्यपूर्ण	VN	Very nice बहुत अच्छा
UNCRTN	Uncertain अनिश्चित	VSC	Very soft chuckle अति कोमल दबी-दबी-सी हंसी
UNPC	Un- (not) politically correct राजनीतिक रूप से गलत	VSF	Very sad face अति उदास चेहरा
UOK	(Are) You ok? आप ठीक हैं		**Text Message / Chat Abbreviations: 'W'**
UR	You are / You're आप हैं	W@	What? क्या?

UR2YS4ME	You are too wise for me तुम जरूरत से ज्यादा चतुर हो	W/	With के साथ, से
URA*	You are a star तुम तो एक सितारे हो	W/B or WB	Welcome back वापस आने पर स्वागत है
URSKTM	You are so kind to me आपकी मुझ पर बड़ी कृपा है	W3	*WWW* (Web address) वर्ल्ड वाइड वैब
URTM	You are the man आप सही व्यक्ति हैं	W8	Wait प्रतीक्षा
URW	You are welcome आपका स्वागत है	WAH	Working at home घर पर काम क.
USBCA	Until something better comes along कुछ बेहतर बात होने तक	WAJ	What a jerk क्या झटका है!
USU	Usually सामान्यतः	WAM	Wait a minute जरा इंतजार कीजिए
UT2L	You take too long आप बहुत देर लगाते हो	WAN2	Want to? (SMS) (कुछ करना) चाहना
UTM	You tell me आप मुझे बताइए	WAN2TLK	Want to talk बात करना चाहना
UV	Unpleasant visual अप्रिय चित्र या दृश्य	WAREZ	pirated (illegally gained) software अवैध सॉफ्टवेयर
UW	You're welcome धन्यवाद देने की कोई बात नहीं	WAS	Wait a second तनिक इंतजार कीजिए
		WAWA	Where are we at? हम कहा पर हैं? किस बिंदु पर अटकें हैं?
	Text Message / Chat Abbreviations: 'X'	WAYF	Where are you from? आपका जन्म स्थान कौन-सा है?
X-1-10	Exciting रोमांचक	W/B	Write back जवाब में लिखें
X	Kiss चुंबन	WBS	Write back soon शीघ्र जवाब दें
X!	a typical woman बिल्कुल सामान्य महिला है!	WBU	What about you? और आप?
XD	devilish smile राक्षसी मुस्कान	WC	Welcome स्वागत है
XME	Excuse Me क्षमा कीजिए	WC	Who cares कौन परवाह करता है
XOXOXO	Hugs & Kisses जफ्फियां, पप्पियां	WCA	Who cares anyway वैसे भी कौन परवाह करता है
XLNT	Excellent बहुत बढ़िया	W/E	Whatever जो भी है
XLR8	faster or going faster तेज, और तेज गाड़ी चलाना	W/END	Weekend सप्ताहांत, शनिवार, रविवार के दिन
XYL	Ex-young lady, meaning wife पत्नी	WE	Whatever जो भी है
	Text Message / Chat Abbreviations: 'Y	WEBO	Webopedia वैब का विश्वकोश
Y?	Why? क्यों?	WEEBO	a person obsessed with of Japanese culture जापानी संस्कृति के पीछे दीवाना आदमी
Y	Meaning yawn जंभाई लेना	WH5	Who, what, when, where, why कौन, क्या, कब, कहां, क्यों
Y2K	You're too kind आप बहुत दयालु हैं	WIBNI	Wouldn't it be nice if क्या यह अच्छा नहीं रहेगा यदि ...
YA	Your आपका	WDALYIC	Who died and left you in charge मरते हुए किसने आपको कर्ता-धरता बनाया?
YAA/ YABA	Yet another acronym फिर एक और (दुष्ट) आदिवर्णी शब्द!	WDYK	What do you know? आप क्या जानते हैं?
YARLY	Ya, really? अच्छा?	WDYT	What do you think? आपका क्या विचार है?
YBS	You'll be sorry आप पछताओगे	WIIFM	What's in it for me? मेरे लिए इसमें क्या है?

YCDBWY CID	You can't do business when your computer is down जब आपका कंप्यूटर खराब है तो आप धंधा नहीं कर सकते	WISP	Winning is so pleasurable जीतना कितना अच्छा लगता है!
YCLIU	You can look it up आप इसे खोज सकते हैं	WITP	What is the point? क्या फायदा?
YCMU	You crack me up आपने मुझे भांप लिया	WITW	What in the world आखिर क्या आफत आ गई कि ...
YCT	Your comment to? इसके बारे में आपकी टिप्पणी?	WIU	Wrap it up इसे समेटो!
YD	Yesterday कल	WK	Week सप्ताह
YF	Wife पत्नी	WKD	Weekend सप्ताहांत
YG	Young gentleman शालीन युवक	WRT	With regard to के संबंध में
YGTBKM	You've got to be kidding me तुम मेरे साथ मजाक कर रहे हो	WL	Whatta loser क्या हारने वाला है!
YHBT	You have been trolled आपको ठेस पहुंचाने के लिए झूठी व भड़काऊ टिप्पणियां भेजी गई हैं	W/O	Without के बिना
YHBW	You have been warned आपको चेतावनी दे दी गई है	WOMBAT	Waste of money, brains and time पैसा, दिमाग, समय की बर्बादी
YHL	You have lost आप हार गए हैं	WRK	Work कार्य, काम
YIU	Yes, I understand हां, मैं समझता हूं	WRU@	Where are you at? आप कहां तक पहुंचे?, आप कहां पर हैं?
YKW	You know what आप जानते हैं क्या समस्या है	WRUD	What are you doing? आप क्या कर रहे हैं?
YKWYCD	You know what you can do आप जानते हैं कि आप क्या कर सकते हैं	WTG	Way to go काम करने का सही तरीका
YL	Young lady नवयुवती	WTGP	Want to go private (talk out of public chat area) सामान्य गपशप के कोने से अलग हटकर बात करना चाहता हूं
YMMV	Your mileage may vary ईंधन की खपत की दर अलग-अलग हो सकती है	WTH	What the heck? क्या आफत है?
YNK	You never know क्या पता	WTM	Who's the man? कौन है?
YR	Your आपका	WU/ WUP	What's up? क्या हो रहा है?
YR	Yeah right हां, ठीक है	WUCIWUG	What you see is what you get आपको जो मिल रहा है वही देख रहे हैं
YSYD	Yeah sure you do हां, बिल्कुल आपके पास है	WUF	Where are you from? आप किस क्षेत्र या स्थान से आए हैं?
YT	You there? क्या तुम वहां हो?	WUT	What क्या?
YTB	You're the best तुम सबसे अच्छे हो!	WUW	What u (you) want? आप क्या चाहते हैं?
YTB	Youth talk back नौजवान पीढ़ी जवाब देती है	WUU2	What are you up to? आप क्या शरारत करना चाहते हो?
YTG	You're the greatest तुम सबसे महान हो	WWJD	What would Jesus do? भगवान इसमें क्या करेगा?
YW	You're welcome आपका स्वागत है	WWNC	Will wonders never cease? क्या अजूबे कभी खत्म न होंगे?
YWSYLS	You win some, you lose some कुछ तुम जीतते हो, कुछ हारते हो	WWYC	Write when you can जब हो सके लिखना
YYSSW	Yeah, yeah, sure, sure, whatever हां, हां, पक्का, पक्का, जो भी है	WYCM	Will you call me? क्या तुम मुझे फोन करोगे?
	Text Message / Chat Abbreviations: 'Z'	WYD	What (are) you doing? तुम क्या कर रहे हो?
Z	Zero शून्य	WYGAM	When you get a minute जब आपको थोड़ा समय मिले

Z	Z's are calling सोने जा रहा हूं	WYHAM	When you have a minute जब आपके पास थोड़ा समय होगा
Z	Said कहा	WYLEI	When you least expect it जब आपको जरा भी अंदेशा न हो
Z%	Zoo चिड़ियाघर	WYSIWYG	What you see is what you get आपको जो मिल रहा है वही देख रहे हैं
ZH	Sleeping Hour सोने का समय	WYWH	Wish you were here काश तुम यहां होते!
ZOMG	= OMG (Oh My God) हे भगवान!		
ZOT	Zero tolerance बिल्कुल सहा नहीं जाएगा		
ZUP	What's up? क्या हो रहा है?		
ZZZZ	Sleeping (or bored) सो रहा है या उकता गया है		